I0592922

GLOSSARIUM

MEDIÆ ET INFIMÆ LATINITATIS.

TOMUS VI.

SIGLÆ BENEDICTINORUM :

¶ Præponitur vocabulis de novo additis.

☞ Præponitur explicationibus quibus aut apertius Cangii sententia explanatur, aut emendatur opinio.

[ ] Includuntur quæ in ipsum textum Cangii inserta sunt.

SIGLÆ NOSTRÆ :

* Additamenta CARPENTERII separatim posita.

[*] Additamenta CARPENTERII Cangiano textui inserta.

** Voces novæ quæ in hac editione accesserunt.

[**] Additamenta Editoris suis locis inserta.

Iis quæ sunt Adelungii subjectum ADEL.

GLOSSARIUM

MEDIÆ ET INFIMÆ LATINITATIS

CONDITUM A CAROLO DUFRESNE

DOMINO DU CANGE

CUM SUPPLEMENTIS INTEGRIS

MONACHORUM ORDINIS S. BENEDICTI

D. P. CARPENTERII

ADELUNGII, ALIORUM, SUISQUE

DIGESSIT

G. A. L. HENSCHEL.

Tomus Sextus.

PARISIIS,

EXCUDEBANT FIRMIN DIDOT FRATRES,

INSTITUTI REGII FRANCIÆ TYPOGRAPHI.

1846.

Emptoribus nostris undetricesimo hoc fasciculo ipse finis Glossarii Cangiani traditur ante tempus ab nobis in Prospectu constitutum. Qui restant fasciculi tres comprehendent :

1° Indicem plenum vocum omnium franco-gallicarum veterum et provincialium quæ in Cangiano opere aucto exponuntur. Adjicientur significationes et copiosa additamenta una cum explicationibus, adeo ut scriptores vetusta et abrogata hodie lingua gallica utentes legentibus pro glossario hic index noster esse possit.

2° Indicem vocabulorum franco-gallicorum hodienum in usu versantium, quorum origo etymologica in Glossario vel in Additamentis exponitur.

3° Indicem peregrinorum vocabulorum, græcorum puta, anglosaxonicorum, germanicorum, etc., quæ in Glossario vel in Additamentis memorantur.

4° Indicem nova cura exactum manuscriptorum codicum et editionum excusarum, quibus Cangius et qui post eum in Glossario elaborarunt in singulis monumentis sunt usi.

5° Nomenclatorem ad disciplinarum seriem et ordinem descriptum, quo adjuvante antiquitatum studia minore cum difficultate otiique dispendio agi poterunt.

Indicum horum non unum ullum haberi in altera editione Glossarii a Benedictinis facta, notum est : in prima Cangii ipsius pars eorum exstat, hæc modo, ut apparet, amplectentium quæ in illa editione memorantur; alia collecta sunt a Carpenterio in quarto volumine, sed ille ut sua additamenta eniteant potius curavit, quam ut memorabilia omnia sincerus recenseret. Facile igitur vidimus longum nos indices illos denuo condendi laborem effugere non posse. Quare integram lectionem Glossarii in hunc finem institutam quanto fieri potest studio urgemus : ea moram quidem injiciet editioni nostræ, certo tamen emptorum emolumento satis, ut putamus, compensatam. Diutius autem si morari videmur, ita velimus existiment emptores nostri, ipsorum exspectatione longiore, velut usuris caput, supplementa illa evasura esse copiosiora et solidiora.

Tres qui edendi supersunt fasciculi auctiore erunt plagularum numero quam ceteri, et abunde sarcient quod deest huic fasciculo 29 paullo tenuiori. Ceterum quum promisissemus in octo volumina opus Cangianum distributuros esse, hos fasciculos undetriginta ubi vidimus posse contineri voluminibus sex, prospectum iri credidimus lectorum commodis si minorem numerum præferremus; quo plura enim comprehensa sunt in uno volumine, eo ad usum habilius est opus quod non legitur continuum, sed evolvitur data occasione.

Præter indices quinque quos recensuimus, volumen septimum, fasciculis 30, 31, 32 componendum, exhibebit Cangii *dissertationem de imperatorum Constantinopolitanorum numismatibus*, ejusdem dissertationes editioni historiarum Joinvillii subjectas, et alia.

Jam speramus fore ut litterati homines agnoscant, omnibus nos quæ in hoc opere præstitum iri promisimus satisfecisse et medii ævi rerum studia haud paullum adjuvisse ejus libri, qui præcipuum eorum fundamentum est, editione plena, commodo ordine disposita, quantum fieri potest parvo parabili. Quod ut efficeremus, sumptibus vel maximis non esse parcendum putavimus : vicissim optamus ne deseratur confidentia illa nostra qua seriis studiis necessarium ultro porreximus instrumentum.

GLOSSARIUM

AD SCRIPTORES

MEDIÆ ET INFIMÆ LATINITATIS.

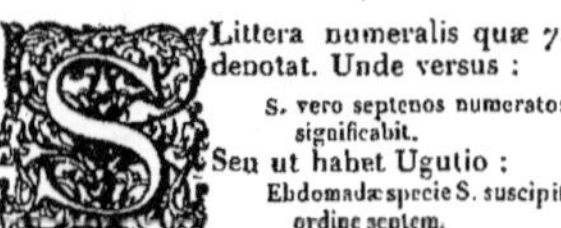

Littera numeralis quæ 7. denotat. Unde versus :

> S. vero septenos numeratos significabit.

Seu ut habet Ugutio :

> Ebdomadæ specie S. suscipit ordine septem.

At in Notis numerorum antiquis dicitur littera S. conficere septuaginta. Eidem si recta linea superaddatur, 70. millia significat.

S. in superscriptione cantilenæ, susum vel sursum scandere, sibilat. Ita Notkerus Balbulus in Opusc.: *Quid singulæ litteræ significent in superscriptione cantilenæ.* Vide *A.*

¶ S. pro C. sæpius in MSS. Codicibus præmittitur vocalibus e, i, y; et vicissim C. pro S. ante easdem vocales non raro occurrit.

¶ S. pro H. scriptum aliquando monet Eccardus, in Notis ad Pactum Leg. Sal. pag. 15. Hinc Germani *Sutte* vel *Sude* dicunt a Saxon. *Hudde.*

¶ S. in R. mutatum legitur in *was* pro *war*, in *virlos* pro *virlor*. Vide eumdem Eccard. ibid. pag. 47. 48. et Schilter. in Gloss. Teuton.

¶ S. vocibus etiam a consona incipientibus ex crassiore pronunciatione præfixum', ut pluribus ostendit Claubergius in tractatu de sibilo veterum Germanorum. Exempla præterea proferunt laudati Eccardus pag. 32. 75. et Schilterus.

¶ S. notis arithmeticis postpositum, semissem denotat.

* Quod gratis dictum videtur; semissem significat hæc litera apud Romanos, quando ponderibus, numismatibusve aut monetis insculpa est. Vide Molinetum in Museo S. Genov. pag. 49.

SA, Persica lingua, *Rex;* quo nomine donantur plerique e Sultanis. Vide Will. Tyrium lib. 3. cap. 1. Reyneccium in Stemmate Persicorum Sultan. in Appendice ad Aitonum, Scaligerum lib. 3. Canonum Isagogic. pag. 315. ult. edit. Seldenum de Tit. honorariis 1. part. cap. 6. § 5. 6. 7. et Henricum Valesium ad Ammian. lib. 19.

¶ **SA**, interjectio est apud Schilterum in Glossario Teutonico.

SAAL. Andreas Suenonis lib. 5. Legum Scaniæ cap. 2 : *Satis liquet omnibus divisionem in tres partes æquales, videlicet in tres tertias faciendam, quarum quælibet ob frequentem usum, speciali nomine, in vulgari nostro Saal.* Vide *Gorsum.*

* Quantitas pecuniæ triginta marcas comprehendens. Leg. Danicæ apud Ludewig. tom. 12. Reliq. MSS. pag. 178 : *Item quicunque fuerit executor homicidii, habeat de quolibet Saal tres marcas pro executione et labore suo.* Et pag. 183 : *Item statuendum est, quod in quolibet Saal, sit summa triginta marcarum in prompeta pecunia.*

* **SAARI**, Hæretici Valdensium sectarii in Constit. Freder. imper. ex Cod. reg. 10197. 2. 2. fol. 20. r°. Vide *Sabatati.*

SABAJA, Cerevisiæ, vel potus species apud Illyrios. Ammianus lib. 26 : *Cujus e muris probra in eum jaciebantur, et injuriose compellebatur, ut sabajarius. Est autem Sabaja ex ordeo vel frumento in liquorem conversus paupertinus in Illyrico potus.* Vide ibi. Henr. Valesium. S. Hieronymus in Isaiæ cap. 19. de Zytho : *Genus potionis ex frugibus a quoque confectum, et vulgo in Dalmatiæ Pannoniæque provinciis gentili barbaroque sermone appellatur Sabajum.*

¶ **SABAJARIUS.** Vide in *Sabaja.*

¶ **SABANA.** Vide mox in *Sabanum.*

SABANUM, Mappa, vel *facitergium*, Ugutioni et Joanni de Janua. Glossarium Gr. Lat. : Σάβανον, *Sabanum, linteum.* Glossæ MSS. : *Sabanum, linteum villosum.* Lexicon Gr. MS. Reg. cod. 930 : Περίψημα, τὸ Σάβανον τοὺς ἱδρῶτας τοῦ κάμνοντος ἀποψῆχον. Glossæ antiquæ MSS : *Manutergium, ad tergendas manus vocatum, Sabanus autem Græcum est.* Glossæ ad lib. 1. Alexandri Iatrosophistæ de Passionibus : *Sabanum, pannus subtilis.* Alibi : *Sabanum, pannus factus de cotone.* Matth. Silvaticus : *Sabanon, Gr. Sabanum, indumentum est, pannus asper abstersorius, scilicet quo homines utuntur in balneis, vel etiam quodlibet linteum ad hoc deputatum.* Denique Papias : *Sabanum, lavamentum.* In MS. *laumentum* : sed legendum *linteamentum.* Vegetius lib. 3. Artis veterinariæ : *Sabanis validioribus abstergatur.* Gregorius M. lib. 3. Dial. cap. 17 : *Vestimentis indutum, et constrictum Sabano, supervenieute vespere, sepelire nequiverunt.* Ita enim legendum pro *Sabbato* convincit Græcus Paraphrastes, καὶ τῷ σαβάνῳ περιλίσαντες. Occurrit passim hæc vox apud Scriptores, eumdem Gregorium lib. 4. Dial. cap. 55. Theodorum Priscianum lib. 2. cap. 9. Victorem lib. 3. de Persecut. Vandal. veterem Interpretem Juvenal. Sat. 14. v. 22. Octavium Horatianum de Rebus medic. pag. 40. 41. 44. 90. Marcellum Empiric. cap. 8. 15. 20. 26. Interpretem Histor. Apollonii Tyrii pag. 9. Aldhelmum de Laude Virgin. Fortunatum in Vita S. Radegundis cap. 9. 17. Baudoniniam in Vita ejusdem Radegundis cap. 11. Rudesindum Episc. Dumiensem in Charta æræ 1016. apud *Yepez* et tom. 5. pag. 435. 444. Hermam lib. 3. Pastor. cap. 8. Bonifacium Moguntin. Epist. 10. Guibertum Novig. lib. de Laudibus S. Mariæ cap. 10. et lib. 3. de Vita sua cap. 10. in Notis Tyronis, in Codice Carolino Epist. 27. in Vita S. Paterni Senonensis Mon. cap. 15. Gariopont. lib. 3. cap. 26. 71. Gloss. Lindenbrogii in *Lino inciso*, et Cujacium lib. 9. Observ. cap. 9. etc.

Sabana, in Charta Aldegastri, filii Sylonis Regis Ovetensis ann. 781. apud Sandovallium, quomodo Hispani *sabanas* etiamnum hac notione usurpant. Vide Sebast. de Cobarruvias in Thesauro linguæ Castell. [Exposit. ant. Liturg Gall. apud Marten. tom. 5. Ampl. Collect. col. 98 : *Membra parvoli Sabana, id est candido ac vilati* (villoso) *linteo extergantur, ne corium ei ledatur.*]

¶ Sabanes, Eadem notione. Vide *Galnabis.*

Savanum non semel dixit, Græca scilicet enuntiatione, Apitius lib. 5. cap. 1. 5. 6. lib. 7. cap. 6. [* Sic emenda : lib. 6. cap. 2. et 8. lib. 7. cap. 6. et lib. 8. cap. 7. Vide Rhodium de Acia pag. 175. 176. et 177. ubi ex hac voce Apicium fuisse Hispanum Carol. Avantius conjicit.] Argumentum Epistolæ S. Basilii ad Simpliciam apud Lambecium lib. 3. de Bibl. Cæsarea pag. 132 : Ἡ αὐτὴ Σιμπλικία προστάττει εὐνούχοις καὶ κορασίοις ῥιφῆναι τὰ σάβανα αὐτοῦ ἔξω. Vide Nicolaum Myrepsum sect. 1. cap. 190.

☞ Varii usus fuit *Sabanum*, ut ex allatis colligitur : quod ut apertius rursum pateat, potiores annotabimus. Ac primo quidem eo utebantur ad suscipiendum infantem de fonte baptismi. Paulus I. PP. in Epist. ad Pippinum : *Attulit Sabanum in quo nostra dulcissima atque amantissima spiritualis filia, sacratissimo lavacro abluta, suscepta est.* In balneis ad abstergendum corpus. Paschas. Radbert. de Corp. et Sang. Dom. apud Marten. tom. 9. Ampliss. Collect. col. 418 : *Thermas cum die quadam ex more fuisset ingressus, invenit quemdam incognitum virum ad suum obsequium præparatum... ut exeunti a caloribus Sabana præberet.* Eo involvebantur corpora defunctorum : unde Siculi, *b* in *v* mutato, *Insavonare*, pro sepelire dicunt, ut observant Macri in Hierolex. Vita S. Bibiani Sancton. Episc. apud eumd. Marten. tom. 6. ejusd. Collect. col. 768 : *Communem viam omni carni sub funereo exitu cuidam necessitas accidit sequi..... Componitur itaque juxta morem Sabano atque sudarii operimento, levatur feretro, etc.*

¶ **SABARIUM**, *Atrium templi.* Gloss. Isidori. Vide *Pastophorium*, et infra *Safarium.*

SABATATI, Insabatati, Hæretici Valdensium asseclæ et sectarii, dicti, *non quod in Sabbato judaizarent*, ut volunt quidam, aut quod nullum Sabbatum observarent, sed solum diem Dominicum, ut Vignerius ann. 1159. et Perrinus : verum ut Prateolus, *quod qui inter eos perfectiores erant, signum quoddam in superiore parte sui sotularis, quod Sabbatem appellabant, deferre solerent.* Huic consentit Ebrardus Bethuniensis contra Valdens. cap. 25 : *Quidam autem, qui Vallenses se appellant, eo quod in Valle lacrimarum maneant :... et etiam Xabatenses, a Xabata potius, quam Christiani a Christo, se volunt appellari Sotulares cruciant, cum membra potius debeant cruciare, calceamenta coronant, caput autem non coronant.* [Constit. Petri I. Reg. Aragon. ann. 1197. in Append. ad Marcam Hispan. col. 1384 : *Valdenses, qui vulgariter dicuntur Sabatati : qui et alio nomine se vocant Pauperes de Lugduno, et omnes alios hæreticos.... ab omni regno et potestativo nostro.... exire ac fugere districte et irremeabiliter præcipimus.*] Petrus IV. Reg. Arag. in Chron. lib. 3. cap. 16 : *Ecalces del dit drap sens Sabates.* Sacramentum Vicariorum, in Constitutionibus Catalaniæ MSS : *Promitto insuper sub religione ejusdem Sacramenti, quod Valdenses sive Sabatatos, et alios hæreticos omnes persequar, etc.* In Concilio Tarraconensi ann. 1242. *Inzabbattati* perpetuo dicuntur, adeo ut hanc Valdensium sectam in Hispania præsertim viguisse par sit credere, quorum hæresis propria fuisse ibi annotatur, quod dicerent *in aliquo casu non esse jurandum, et potestatibus Ecclesiasticis vel secularibus, non esse obediendum, et pœnam corporalem non esse infligendam in aliquo; et similia.* Exstat apud Marianam in Præfat. ad Chronic. Lucæ Tudensis Diploma Aldefonsi Regis Aragonum contra *Valdenses* et *Insabbatatos.* [De iisdem præterea pluribus agitur in Doctrina de modo procedendi contra hæreticos, apud Marten. tom. 5. Anecd. col. 1797.] *Insabbati* dicuntur Groppero lib. de Euchar. art. 4. cap. 36. quam appellationem sortiti videntur ab ea calceorum specie, quos nostri *Sabots* vocant, id est, calceis ligneis, quibus potissimum utebantur. De vocis *Sabot* etymo, vide conjecturas Oct. Ferrarii in *Ciabatta.*

* 1. **SABATERIA**, *Sabateriorum* ars et opificium, in Stat. sabater. Carcass. ann. 1402. tom. 8. Ordinat. reg. Franc. pag. 557 : *Operatoria Sabateriæ in burgo Carcassonæ, etc.* Vide *Sabaterius.*

* Sabbateria, Vicus seu regio urbis, ubi *Sabaterii* habitant, vel mercem suam venum exponunt. Lit. admort. ann. 1375. in Reg. 109. Chartoph. reg. ch. 401 : *Item dictus cardinalis Albanensis emit lij. libras dictæ monetæ et xij. denarios Turon. quas dictus Petrus habebat et habere consueverat sine laudimio, in Sabbateria nova Montispessulani.*

* 2. **SABATERIA** *et* Sabina, *Navis. Genus ligni.* Glossar. vet. ex Cod. reg. 7613.

¶ **SABATERIUS**, Sabbaterius, *Sabbatorum* seu calceorum sutor, vel sartor, Gall. *Cordonnier, Savetier.* Vide *Sabbatum* 1. *Sabatée*, in Foris Navarræ tit. 28. art. 33. Enumerat. Jur. Comit. Biterr. ann. 1252 : *Leuda cordonariorum, Sabateriorum et merceriorum, etc. Ita videlicet quod fabri, Sabaterii, textores, etc.* in Charta ann. 1288. ex Tabul. Episc. Auxit. Transactio inter Abbat. et Monachos Crassenses ann. 1351. ex lib. viridi fol. 53 : *Tenetur habere Sabaterium pro omnibus illis qui recipiunt ab eo vestiarium, qui Sabaterius facit ad minus cuilibet ipsorum tria paria sotularium.* Tabul. Commun. Massil. : *Oblata supplicatione ex parte Sabateriorum contra blanquerios et conresatores, etc.* Conc. Bitur. ann. 1280. apud Marten. tom. 4. Anecdot. col. 191 : *Item sutores sotularium, sive Sabbaterii.* Vide *Curaterius.*

¶ Sabatherius, Eadem notione, in vet. Catalogo MS. Confrater. B. M. Deauratæ Tolos.

¶ Sabatius, pro *Sabaterius*, in Statuto Johannis XXII. PP. apud Fanton. Hist. Avenion. tom. 1. pag. 175.

¶ **SABBAS**, ut *Sabbatum* 1. Vide *Sabatati.*

¶ **SABBATARIUS** Luxus, apud Sidon. lib. 1. Epist. 2. id est major et uberior, qualis festis diebus solet esse. Vide ibi Sirmondum pag. 9. et infra *Sabbatum* 1.

¶ **SABBATIANI**, Hæretici, quorum auctor fuit Sabbatius quidam e Judæo Christianus factus ann. circ. 399. Pascha cum Judæis celebrabant. De his mentio est in Cod. Theod. tit. de Hæret. leg. 59. et 65. Vide Niceph. Hist. Eccl. lib. 12. cap. 31. et Stockman. Lex. Hæres.

¶ **SABBATINÆ**, Consessus judicum in Parlamento Tolosano die Sabbati pomeridianis horis, ubi sportulæ accipiebantur. Vide Bertrandum de Vir. Jurisperit. cap. 5. num. 6.

¶ 1. **SABBATINUS**, Sabbaticus, festivus, quod ab opere vacatur, ad Sabbatum pertinens. Litteræ Johannis Regis Franc. ann. 1351. tom. 2. Ordinat. pag. 409 : *Item, ordinaverunt... quod nullus operetur de dicto misterio... in diebus Sabbatinis cum lumine.* Occurrit præterea non semel apud Radulfum Tungrens. proposit. 20. Vide in *Sabbatum* 2.

¶ Sabbativus, Eadem notione, in vet. Catalogo Confratern. B. M. Deauratæ Tolos.

* 2. **SABBATINUS**. Sabbatina Forma. Lib. de Mirabil. Romæ ex Cod. reg. 4188 : *In medio cantari est pinea ærea.... In quam pineam subterranea fistula subministrabat aquam ex forma Sabbatina, quæ toto tempore plena præbebat aquam per foramina.*

¶ **SABBATISMUS**, Sabbatizare. Vide infra *Sabbatum* 2.

¶ 1. **SABBATUM**, Calceus, *Soulier*, Provincialibus *Sabbato*, Vasconibus *Sabatou.* Statuta Arelat. MSS. art. 167 : *Sabbaterii accipiant pro solandis Sabbatis grossis nunciorum... Arelatis III. den. tantum.* Vide *Sabatati.*

2. **SABBATUM**, apud Hebræos pro tota Hebdomada, et pro septimo Hebdomadis die sumitur. Euseb. Pamphili in illud : Ὀψὲ σαββάτων. Ἔθος γὰρ ἦν τὴν ὅλην ἑβδομάδα σάββατον καλεῖν, καὶ πάσας τὰς ἡμέρας σάββατον ὀνομάζειν. Cum Hebdomadam significat,

in dies dividitur, quorum primus, *Prima Sabbati*; secundus, *secunda Sabbati*, et sic deinceps; septimus denique, *Sabbatum*, ut observatum a S. Hieronymo in Epistola ad Hedibiam, quæst. 4. et S. Augustino in Psalm. 80. Eodem Eusebio in Resurect. Dom. pag. 477. edit. Combefisii, et Hesychio Presb. Hierosolymit. Homil. in Dominicam resurrect. pag. 748. edit. ejusdem Combefisii. Sic Cassianus lib. 3. de Cœnob. Institut. cap. 9. *Sextam Sabbati,* lib. 4. cap. 19. *secundam Sabbati*, pro sexta et secunda feria dixit. Quam loquendi formulam usurpavit etiam auctor Vitæ S. Rusticulæ Abbatissæ Arelat. cap. 31.

Una Sabbati, Dies Dominicus. Glossæ Gr. MSS. in Cod. Regio 2062. : Μίαν σαββάτων, τὴν κυριακὴν καλεῖ ὁ ἀπόςολος. S. Augustinus Epist. 86 : *Una Sabbati tunc appellabatur dies, qui nunc Dominicus appellatur, quod in Evangeliis apertius invenitur : nam dies Resurrectionis Domini prima Sabbati a Matthæo, a cæteris autem Una Sabbati dicitur, quem constat eum esse, qui Dominicus postea appellatus est.* Adde Concilium Cabilonense ann. 650. cap. 18. Rabanum lib. de Computo cap. 26. et Durandum lib. 7. Ration. cap. 1. num. 7. etc.

Sabbatum Sanctum, dicitur illud, quod Pascha præcedit, *tum propter alia plura, tum maxime propter hoc, quod ad suscipiendam tantam luminis claritatem nova Ecclesia sacro baptismi fonte sacratur. Hac enim die solenne est juxta veram et angelicam Patrum traditionem fontes benedici, etc.* Rupertus lib. de Divin. Offic. cap. 35. [Gesta S. Conwoionis sæc. 4. Bened. part. 2. pag. 215 : *Receptusque est in monasterio in sancto Sabbato, id est in Ramis-palmarum.* Vita S. Roberti sæc. 6. Bened. part. 2. pag. 211 : *Ad Sabbatum quod Sanctum dicitur vigilia Paschalis festivitatis pervenit.*]

Sabbatum, *requies Dominici corporis* appellatur, etiam in veteri Missali Gallicano pag. 464. et in Missali Gotthico pag. 324.

Sabbatum in Albis, Quod præcedit Dominicam primam post Pascha, quia hac die Baptizati in *Sabbato sancto*, deponebant in *Sabbato in albis* albas stolas, seu vestes, quas in baptismo susceperant. Beletus cap. 121. et ex eo Durandus lib. 6. Rat. cap. 81. num. 16. et cap. 95. S. Athanasius Orat. in Sanct. Pascha pag. 545. edit. Combefisii : Σήμερον ἀποδύεσθε τὴν φορουμένην ἐσθῆτα, ἀλλὰ μὴ ἀπόθεσθε τὴν κεκρυμμένην σφραγίδα, etc. Vide *Alba* 4.

Sabbatum Magnum, Quod Dominicam Paschæ præcedit. Exstat Amphilochii Episcopi Iconiensis sermo, dictus, τῷ μεγάλῳ Σαββάτῳ. Idem dicitur

Sabbatum Luminum, in Chronico Orientali pag. 125. quod in eo baptismi fierent, quos φωτισμοὺς vocant Græci.

Sabbatum 12. Lectionum. Ita appellatum Sabbatum Quatuor Temporum auctor est Amalarius lib. 2. cap. 1.

¶ Sabbatum *in Traditione Symboli*, Quod Dominicam Palmarum præcedit, in Ritu Ambrosiano : cum Mediolani eo die Catechumenis symbolum addiscendum tradetur, quod alibi in die palmarum dabatur. Vide *Symbolum*.

Sabbatum Vacat, ita dictum Sabbatum ante Palmas, seu diem Dominicum, qui Pascha præcedit, in Sacramentario Gregoriano, quia proprio officio caret: [propterea quod Papa ipso die occuparetur eleemosyna eroganda.] Vide Alcuinum lib. de Divin. Offic. Amalarium lib. 1. de Eccles. Offic. cap. 9. Hugonem a S. Victore lib. 3. Observat. Eccl. cap. 16. [Mabill. Commentar. in Ordin. Roman. pag. LXIV. etc.]

Sabbatum, Quodvis festum ; unde *luxum Sabbatarium* dixit Sidonius lib. 1. Epist. 2. qui diebus festis potissimum obtinebat. Deus apud Isaiam : *Sabbata vestra odivit anima mea.* Quæ quidem ea sunt, quæ Judæi *consumebant in luxuriis, et ebrietate, et comesatione*, ut ait Auctor libri Anticimenon, Bertharius scilicet Abbas Casinensis, qui vixit sub Ludovico Pio, ut est apud Leonem Ostiensem lib. 1. cap. 32. et Petrum Diacon. de Viris illustr. Casin. cap. 12. Isidorus Pelusiotes lib. 3 : Σάββατον πᾶσαν ἑορτὴν καλοῦσιν.

* Testam. Const. Sancii ann. 1269. tom. 1. Probat. Hist. geneal. domus reg. Portug. pag. 23 : *Item ad unum Sabbatum faciendum mando duas libras.* Vide mox *Sabbatizare.*

* Sabbatum Sabbatorum, Requies vitæ æternæ. Acta S. Gauger. tom. 2. Aug. pag. 687. col. 1 : *Cum de labore hujus vitæ migraret ad Sabbatum, in hoc quasi quodam terræ matris gremiolo non ejus gravarentur sepelire corpusculum, eo usque corruptibiliter dormiturum ; donec, vocante Domino, resurgat incorruptibile ad Sabbatum sabbatorum.* Vide mox *Sabbatisare.*

¶ Sabbatum, Solstitium dicitur, quia tunc temporis sol immobilis videtur. Chron. Joh. Whethamstedii pag. 405 : *Dum transisset Sabbatum sive solstitium anni istius, descendissetque sol ymius, et ymius, etc.*

Sabbatum, pro Pace. Domesday, tit. Sudsex. Terra Willelmi Episcopi de Tetfort. *Bisedes* Hundred. num. 18 : *Postquam Willelmus Rex advenit, et sedebat in Sabbato, et Willelmus Malet fecit suum Castellum de Eja, etc.* ex Spelmanno.

Sabbatismus, Sabbati celebratio apud Judæos. Agobardus de Insolentia Judæor. : *Cum.... ne Sabbatismus eorum impediretur, mercata, quæ in Sabbatis solebant fieri, transmutari præceperint.* [Adde S. August. lib. 22. de Civ. Dei cap. 30. et Joh. Abrinc. de Offic. divin. pag. 43. 44.]

* Gloss. Bibl. ex Cod. reg. : *Sabbatismus dicitur Sabbati observantia vel feriatio, summa requies. Sabbatizare, requiescere vel sabbatum observare.*

Sabbatizare, Papiæ, *Sabbatum colere*, ab opere vacare, otiari, feriari : idem enim valet vox *Sabbatum*, quod *Requies.* Joan. de Garlandia in Æquivocis :

Sabbata dicuntur requies, et vita perennis.

Lexicon Gr. MS. Reg. Cod. 930 : Σαβὰτ, ἐςὶν ἡ ἀνάπαυσις, ἐξ οὗ τὸ Σάββατον. Aliud Lexicon Græc. MS. Cod. 2062 : Δευτερόπρωτον Σάββατον, ὅταν διπλὴ ἡ ἀργία ᾖ, καὶ τοῦ Σαββάτου τοῦ κυρίου, καὶ ἑτέρας ἑορτῆς διαδεχμένην, Σάββατον γὰρ ἑκάςην ἀργίαν καλοῦσι. Hayto Basileensis Episc. cap. 8. de Die Dominico : *Sabbatum vero operandum a mane usque in vesperam, ne in Judaismo capiantur.* Capitula S. Bonifacii Archiep. Moguntini cap. 36 : *Adnuntient Presbyteri diebus dominicis per annum Sabbatizandum.* Unde lib. 6. Capitul. cap. 189. [** 192.] : *Has quidem festivitates annuntient Presbyteri, ut diebus dominicis Sabbatizare, etc.* [Elmham. in Vita Henrici V. Regis Angl. edit. Hearnii cap. 93. pag. 271 : *Nec ab infestatione custodum continua ullo dierum per obsidionis tempora Sabbatizat.*] Adde Petrum Blesensem Epist. 14. et alios.

* Glossar. Lat. Gall. ex Cod. reg. 7692 : *Sabbatizare, fere* (faire) *feste.*

¶ Sabbatisare, dicitur de corporibus quæ in sepulcro quiescunt, in Exordio Monast. S. Medardi Tornac. inter Instr. tom. 3. novæ Gall. Christ. col. 66 : *Cujus* (Monini) *anima in requie sit, cujus ossa in medio ecclesiæ B. Medardi Sabbatisant.*

* *Sabbat à Juifs*, apud Suessiones appellabatur locus quidam, ubi forte Sabbato celebrando congregabantur Judæi. Charta ann. 1341. in Reg. Caroli Pulc. fol. 190. v°. ex Cam. Comput. Paris. : *Comme il ait esté mandé que la place ou lieu, appellé le Sabbat à Juifs en la ville de Soissons, vous feissiez crier et subhaster, etc.*

SABEA, Lorica. Vide *Zaba.*

¶ **SABELINUS**. Vide in *Sabelum.*

¶ **SABELLIANI**, Hæretici post tertium sæculum medium nati, quorum præcipuus error fuit ut unam tantum in SS. Trinitate personam esse dicerent. Vide S. August. Hær. 41. Epiph. hær. 62. Philastrium cap. 54. et infra *Unionitæ.*

¶ **SABELLUM**, ὑποπόδιον, in Gloss. Lat. Gr. Leg. *Scabellum.* Eadem notione qua *Sabellum*, vide in *Schuba.*

SABELUM, Martes, Gallis *Marte*, mustelæ species, nobili pelle insignis : Anglis, et nostris olim, *Sable*, tametsi martes a sabelo distinguant ferme Scriptores omnes. Alanus Insulanus in Planctu naturæ : *Illic martes et Sabelo semiplenam palliorum pulchritudinem, eorum postulantem subsidia, suarum nobilitate pellium, ad plenum deducebant.* Gervasius Dorobernensis : *Statutum est, quod nullus... utatur vario vel gristo, vel Sabelo, vel scarlato, etc.* Le Roman *de la prise de Hierusalem* MS :

Porpres et ciglotons del regne d'Aumarie.
Vairs, et gris, et ermines, et Sables de Rosie.

Philippus *Mouskes* in Hist. Franc. MS :

Sables, ermins, et vair et gris.

De vocis etymo, vide Dissertat. 1. ad Joinvillam pag. 137. et Henschenium ad Vitam S. Guthlaci num. 17.

Sabelinæ Pelles : *Sabelines*, in nova Consuet. Normanniæ art. 603. *Sebelines*, in veteri cap. 17. Rogerus Hovedenus pag. 758 : *Petiit ab Episcopo Lincolniensi singulis annis unum mantellum furratum de Sabelinis.* Idem, et Bromptonus ann. 1188 : *Statutum fuit in Anglorum gente, ne quis escarleto, Sabelino, vario, vel griseo... uteretur.* Occurrit in Concilio Londinensi ann. 1138. cap. 15. in Hist. Ricardi Hagustaldensis pag. 328. apud Will. Neubrigensem lib. 3. cap. 22. etc.

¶ Sebelinum Indumentum, in Statutis antiquis apud Marten. tom. 4. Anecdot. col. 1189 : *Sancimus ne clerici vel laici, viri et mulieres infra quinquennium aliquo indumento Sebelino utantur. Pelles Sebelinæ*, in Leg. Norman. apud Ludewig. tom. 7. Reliq. MSS. pag. 187.

Gebellinica Pellis, apud Petrum Damian. lib. 2. Epist. 1 : *Non ergo constat Episcopatus in turritis Gebellinorum, transmarinarumve ferarum pileis, non in flammantibus martorum submentalibus rosis, etc.* Lib. 2. Epist. 2 : *Et cum domestici murices nostris aspectibus sordeant, transmarinorum pelles, qui magno pretio coemuntur, oblectant. Ovium itaque simul et agnorum despiciuntur exuviæ, Ermelini, Gebelini Martores exquiruntur et vulpes.* Idem lib. 5. Epist. 16 : *Hic itaque nitidulus, et semper ornatus... incedebat, ita ut caput ejus numquam nisi Gibellinica pellis obtegeret.* Almuciam intelligit, nam de Clerico loquitur.

* Glossar. Lat. Gall. ex Cod. reg. 7679 : *Sabellinus, Sabellin, a Sebera regione.*

Zebellina Pellis. Paulus Venetus lib. 3. cap. 47 : *Inter parva vero animalia est quædam species apud illos* (Tartaros), *quæ delicatissimas suppeditat pelles, quas vulgo Zebellinas vocant.*

Zobellina Pellicula, apud Arnoldum Lubec. lib. 2. cap. 5.

Sobolus. Michalo Lithuanus de Moribus Moscovit. Fragm. 2 : *Etsi Mosci soli Sobolis aliarumque ferarum genere abundent, tamen vulgo Sobolos pretiosos non ferunt : sed missos in Lituaniam, molles mollibus, aurum pro eis auferunt, etc.* Legendum forte *Sobelis*. Le Roman *de Garin* MS :

Vestent bliaus, et pelicons hermins,
Et afublerent les mautiax Sebelins.

Octavianus *de saint Gelais*, in Viridario honoris :

Vestus d'habits moult somptueusement,
Tres bien fourrez de martres Subelines.

SABER, *Sabrum, Asperum, nodosum.* Papias, et ex eo Joan. de Janua. Forte pro *Scaber*. Catholicon parvum : *Saber, aspre, sabloneux.*

¶ **SABES**, Sebes, λέρες. Gloss. Lat. Gr. Legendum suspicantur viri docti, *Sebum*, λῖπος. Eædem Gloss. : *Sebrum*, λῖπος.

* **SABINA**. Vide supra *Sabateria* 2.

¶ **SABIONUM**, ab Ital. *Sabione*, ut infra *Sablo*. Vide in hac voce.

¶ **SABLÆ**, f. Fabæ nigræ, ut videtur Bollandistis. Acta S. Francisci de Paula tom. 1. April. pag. 137 : *Quod esset dies jejunii, et mare fluctibus agitaretur, et propterea appositæ essent Sablæ, quia pisces deerant.*

¶ **SABLERIA**, a Gall. *Sabliere*, Tignum, tabulati trabs. Charta ann. 1417. ex Tabul. Sangerm. : *Ad faciendum fieri cathenas et corbeyos de lapidibus talliatis et Sablerias ligneas subtus eorum solivas.*

SABLO, Arena, Sabulum, Gallis *Sablon*. [Memoriale Potest. Regiens. ad ann. 1218. apud Murator. tom. 8. col. 1087 : *Tanquam angeli per Sablonem catervatim contra inimicos pergere videbantur.*] Fortunatus lib. 9. Poem. 15 :

Quidquid saxa, Sablo, calces, argilla tuentur.

S. Aldhelmus de Laude Virg. :

Squalidus ut Sablo spreti sub cespite ruris
Bractea flaventis depromit fila metalli.

Idem cap. 25 :

Et simul in crypta pausant Sablone sepulti.

Ubi male *inscripta*. Et infra cap. 28 :

Sic fuit, ut verax fatur sermone Sacerdos,
Funere transacto tectum Sablone cadaver.

Sablonum Glureæ, in Epistola 44. S. Bonifacii Archiepisc. Moguntini. Aldhelmus Abbas Malmesburiensis : *Nec non frustra talenti fænora subterraneis clanculantur obstructa Sablonibus, etc.* Vita S. Guthlaci cap. 30 : *Binas flasculas celia impletas.... sub quodam palustri Sablone absconderunt.* Epitaphium Hariolfi Abbatis Elwacensis :

Idibus Augusti resolutus, somata plasti
Commendans urano, sarcea sicque Sablo.

[** *Aggestis de fossato Sablonibus*, in Aldhelm. Gramm. apud Maium. Classic. Auct. tom. 5. pag. 589.]

* Interdum Locus arenosus, forte et incultus. Charta ann. 1056. inter Instr. tom. 11. Gall. Christ. col. 228 : *Richardus etiam Bloet dedit eidem ecclesiæ cœnobii S. Trinitatis.... unam acram terræ in Sablone de villa Criencis.*

¶ Sablonatus, Arenosus, *sabulo* abundans. Charta ann. 1207. apud Stephanot. tom. 1. Antiquit. Bened. Occitan. MSS. pag. 406 : *Tamen si in tempore solutionis in condamina quam habeo.... fuerit factum garratum Sapsonatum, vel bladum seminatum, etc.* Ubi leg. existimo *Sablonatum*.

Sabulo. Gloss. Lat. MS : *Sabulum, arenam, glaream, vel sabulonem.* Gilda Sapiens de Excidio Britanniæ : *Mittuntur queruli scissis, ut dicitur, vestibus, opertisque Sabulone capitibus, impetrantes a Romanis auxilia, etc.* Charta Ricardi II. Regis Angl. tom. 2. Monast. Anglic. pag. 632 : *Et sic per Sabulones versus orientem, etc.* [Charta ann. 1284. in Chartul. S. Vandreg. tom. 2. pag. 1444 : *Supra unam peciam terræ in Sabulonibus.*] Occurrit non semel apud Palladium seu Anonynum de re architectonica cap. 3. 26. ubi in MSS. legitur *sablo*.

¶ Sablum, pro Sabulum, ἄμμος, in Gl. Lat. Gr.

¶ Sabionum, Sablonum, ut *Sablo*. Statuta Mont. Regal. fol. 205 : *Et quod aliqua persona non debeat tenere pannos, telam, Sabionum, lapides, ligna.... super pontes.* Ibid. fol. 226. legitur *Sablonum*. Statuta Astens. cap. 61. fol. 32 : *Quilibet de glarea, burburis, et tanagri garavellam et Sablonum possit ducere et duci facere ad suam voluntatem.* Supra habent, *Sabionum*. Tabul. Calense ann. 1206 : *Unum obolum de Sablonno de Chievrerue.*

¶ Sabularia, Sabulonaria, Arenariæ, Gall. *Sablonniere*. Charta Mariæ de Acigniaco ann. 1255. ex Tabul. Bellilarici : *Dedit fratribus Bellilarici usagium in Sabularia sua de Bruas, quæ Sabularia sita est, etc.* Charta Balduini Comit. Ghisn. ann. 1200. ex Tabular. S. Bertini : *Eadem via satis recta divisione per Septentrionalem partem Sabulonariæ, quæ est in nemore, dirigitur.*

Sabulonosus. *Terra sabulonosa*, in Fleta lib. 2. cap. 76. § 3.

* **SABOGA**, Hispanis, Piscis species. Vide supra *Alosa*.

* **SABONUS**, Sapo, Gall. *Savon; Savelon*, in Pedag. Peron. ex Chartul. 21. Corb. Leudæ major. Carcass. MSS. : *Item pro cargua de Sabono duro, xviij. den.* Ubi versio Gall. ann. 1544 : *D'une charge de Sabot dur, etc. Savelon* sabulum sonat, in Lib. rub. fol. magn. domus publ. Abbavil. art. 47 : *Que le faisil de leurs forges,.... il mettent ès fossez, esquelles on a prins le Savelon*

¶ **SABRIERIUM**, Condimentum acuti saporis, ni fallor, Gallis *Saupiquet*. Constitut. pro Abbatia S. Pauli Narbon. ann. 1127. inter Instrum. tom. 6. Gall. Christ. novæ edit. col. 33 : *In omnibus secundis feriis dent illis ova quatuor unicuique clerico pinguia cum bono Sabrierio.*

¶ **SABRINUS**, contracte, ni fallor, pro *Saburrinus*, Sabulosus, saburralis. Vita MS. S. Winwaloei : *Cui soli fœcunditas suberat, et Sabrina actamenta fluvii per plana diffusi.* Ubi *actamenta* idem sonat quod Latinis *Acta* et Græcis ἀκτή.

¶ **SABUCUS**, ἀκτή, εἶδος βοτάνης. ἀκτή, τὸ φυτόν. Gl. Lat. Græc. [* Pro *Sambucus*.]

¶ **SABULARIA**, Sabulonosus. Vide *Sablo*.

¶ **SABULUM**, γῆ μιλίνη, ἀμμώδης, in Gloss. Latino Græc. Ejusmodi videtur Sabulum quod aqua delibutum vini colorem referre poterat, de quo in Vita B. Alcuini sæc. 4. Benedict. part. 1. pag. 157 : *Mandavit... provisoribus monasterii, ut tenerent interim ductores vini, quousque coram eis de vasculis, in quibus ipsum vinum adduxerant, in alia mutaretur : quia aliqui ex eis inde furtive sumentes, in vascula, quatenus plena essent cum ad monasterium pervenirent, Sabulum aquæ miscuerant.*

SABURRARE. Fortunatus in Epist. ad Martinum Episc. Galliciæ lib. 5. poem. : *Paradisiaci horti odoramenta Saburrans, etc.* ubi Gloss. MS. i. *spirans, odorans.*

SABUTA, Sambuta, Sambuca, Currus, quo nobiles feminæ vehebantur, species : [item Currus vel equi ornatus.] Glossæ Isonis Magistri ad Prudentium pag. 824 : *Essedum genus vehiculi Gallicani*, i. *Sambuch, quasi assedum, ab assidendo dictum.* Diarium Thesaurarii Reg. ann. 1299 : *Pro Sabutis, lorenis, palefridis, et aliis necessariis ad equitandum.* Aliud ann. 1300. M. Febr. : *Pro curribus, chariotis, et Sambutis, etc.*

Sambuca. Ordericus Vitalis lib. 8. pag. 694 : *Mannos et mulas cum Sambucis muliebribus prospexit.* [Formulæ Andegav. apud Mabill. tom. 4. Analect. pag. 236 : *Cido tibi caballus cum Sambuca et omnia stratura sua, etc.* Constitut. Friderici Reg. Siciliæ cap. 92 : *Item quod nulla domina sive mulier cujuscumque conditionis existat, audeat portare in equitatura, quam equitaverit, Sambucam, in qua sit aurum, vel argentum sive perlæ... Quod faldæ Sambucæ ipsius non sint de samito, vel de panno auri... Quod aliquis aurifex sive sutor, sive alius Sambucam, vel frenum facere, vel vendere non præsumat, etc.*]

Sambua. Rotulus pro expensis coronamenti Reginæ apud Senonas ann. 1234 : *Die Dom. Ante Ascens. pro Sambuis Reginæ redimendis, 22. s. 8. d.* Computum Stephani *de la Fontaine* Argentarii Regis ann. 1352 : *Parties de la litiere et des Sam-*

buës pour madite Dame. Sic vero clauditur hoc caput : *Pour 2. pieces de velluau vermeil des fors 2. pieces de cendal vert des larges, pour quart et demy de drap d'or, et demie aune de camocas d'outremer, pour les Sambuès de madite Dame.* Aliud Computum ejusdem Stephani ann. 1350 : *Pour 3. Sembuès l'une d'escarlate azurée armoiée de Navarre et d'Evreux, l'autre à arçons azurez semez de perles, etc.* Speculum Historiale MS. Joan. Abbatis Laudun. scriptum ann. 1488. lib. 10 : *Une autre journée avint que les meschines de la Roine avoient fait une buée, et avoient mises les napes de l'Hostel du Roy et de la Roine, et draps, linges, Sambuès, cuevrechefs : et fut la buée estenduë ou riès de la Magdeleine pour seicher, etc.* [Le Roman *de la Rose* MS :

> Comme royne fust vestue,
> Et chevauchast à grand Sambue.]

¶ Saubua. Comput. ann. 1237. ex Bibl. reg. : *Pro* vi. *Saubuis per Johannem Goudrichum,* viii. *l.* x. *s. Pro capellis de paonis et ourillieris ad sedendum super Saubuas,* xi. *l.* xiiii. *s.* Le Roman *de Garin :*

> Li palefrois sor coi la dame sist,
> Estoit plus blanc que nule flor de lis,
> Li loreins vaut mil sols Parisis,
> Et la Saubue nul plus riche ne vist.

Cambuca, vel Çambuca. Vincentius Bellov. lib. 30. cap. 85. ubi describit ornatum mulierum Tartariæ : *Palefridos equitant magnos et pingues : habentque Cambucas de corio diversis coloribus depicto, cum auro multo inserto, ex utroque equi latère dependentes.*

* **SABUTIZ,** Sambucus, Gall. *Sureau.* Charta fundat. abbat. Aquilar. ann. 832. inter Probat. tom. 1. Annal. Præmonst. col. 104 : *Invenit unam porcam cum suos filios latitantem super unam ecclesiam, subtus unum arborem Sabutiz.* Vide infra *Sacucus.*

¶ **SABUUM,** Sabuletum, arenariæ, Gallis *Sablonniere.* Tabul. Veteris villæ : *Ego Guillelmus Guidonis filius, dedi monachis Veteris-villæ medietatem Sabui mei, quod est juxta Charuel super mare.* Vide in *Sablo.*

SAC, Saca, Sacha, Mulcta judiciaria, vox deducta a Saxonico sace, causa, lis, Germanis *Sach,* unde *Sacha* cum aspiratione in Legibus Edwardi Confess. cap. 21. [** Vide Graff. Thesaur. Ling. Franc. tom. 6. col. 71. sqq.] [Vocabular. Anglic. annorum circ. 400. in Tabul. Beccensi : *Saca, estre quitte de meslée muë par autre.*] Willel. Thorn in Chronic. pag. 2030 : *Sake, hoc est placitum et emenda de transgressione hominum in Curia domini : quia* Sak *Anglice,* Encheyson *Gallice, et Sak dicitur pro forfait.* Eadem pene habet Rastallus. Est autem *Encheison,* idem quod *occasio,* præstatio, tributum. Vide in hac voce. Leges Edwardi Confess. cap. 22 : *Saca est, quod si quilibet nominatim de aliquo calumniatus fuerit, et ille negaverit, forisfactura probationis vel negationis, si evenerit, sua erit.*

Saca, generaliter dicitur cognitio, quam dominus habet in Curia sua de causis et litibus, quæ inter vassallos emergunt, qui eorum ratione, amerciamenta seu mulctas et emendas iis imponendi et ab iis levandi et colligendi jus habet. Cowello lib. 2. Instit. tit. 2. § 7. est regale privilegium, quo qui gaudet, pœnam actori calumnioso, si crimen alteri objectum non probaverit, aut reo, si vere eum accusari constet, impositam sibi vindicat. Hinc passim *Sacam, et Socam, thol, theam, et infangthefe,* habere dicuntur domini feudales, quibus eæ jurisdictiones competunt, in Legibus Edwardi Confess. cap. 21. 28. Willelmi Nothi vernacul. cap. 3. et Henrici I. cap. 20. in Regiam Majestatem lib. 1. cap. 4. 5. 2. in Quoniam attachiamenta cap. 100. in Monastico Anglic. tom. 1. pag. 29. et Chartis Anglicis passim : apud Bractonum lib. 3. tract. 2. cap. 35. § 1. [Hickes. in Thes. ling. Septentr. tom. 1. pag. 159.] etc. Vide infra *Soca,* 4. [** et Phillips. de Jure Anglos. § 26.]

SACA. Charta Mathildis Comitissæ ann. 1096. in Bullario Casinensi tom. 2. pag. 117 : *Ab aquilone contra currente aqua eundo usque ad illam viam, quæ antiquitus per Sacam ibat Gubernulum : per quæ loca signa arborum et lapidum posita sunt, supradicta via per Sacam a solis occasu extenditur usque ad jam dictam roverinam, etc.* Vide *Sac.*

SACABUTA, Armorum species, quam sic describit Joannes Abbas Laudunensis in Speculo Historiali MS. lib. 10. (ejus historia desinit in ann. 1380.) in Philippo IV : *Li Roux de Fauquemont sceut cette affaire par un espie que il avoit, adonc fit sa gent armer, et il aussi s'arma, et fit faire dales le fer de sa lance un graouet de fer pour les garçons sachier jus de leurs chevaus : et cele lance fut appellée Sachèboute, dont depuis Flamens firent faire plusieurs d'iceux bastons.* Guillelmus *Guiart* in Philippo Augusto :

> A crochez et à Saqueboutes,
> Le trebuchent entre leurs routes.

Et anno 1301 :

> Par portes et parois routes
> Fichent lances et Saqueboutes,
> Desquels les destriers ocient.

* *Saqueboute,* Gladii genus est, in Lit. remiss. ann. 1472. ex Reg. 195. Chartoph. reg. ch. 772 : *Un baston, appellé Saqueboute.... Icellui Jacob tira ladite Saqueboute, et quant le suppliant vit qu'elle issoit de son fourreau.*

* **SACANDRUS,** *Pudendum muliebre,* apud Laur. in Amalth. nec alibi invenitur, ut observat D. *Falconet,* nisi in enodatione aliquot vocabulorum H. Susannei, ubi : *Clitorium, Sacandurus, pudendum muliebre.*

¶ **SACARIUM.** Vide *Sacorium.*

¶ **SACBORGH.** Vide *Saccabor.*

SACCA. Martinus Didacus *Daux* Justitia Aragon. lib. 4. Observantiar. Regni Aragon. tit. de Consortib. § 9 : *De renditionibus factis per Curiam, non habet locum Sacca de consuetudine regni.*

* Hispanis, *Saca* est Extractio, exportatio.

SACCABOR, Sachiber, Stanfordio lib. 1. de Placit. Coronæ cap. 21. *Sacaburth* aliis. *Sakeber,* et *Sakebere,* Britonni in Legib. Angl. pag. 22. v. 72. v. Bracton. lib. 3. tract. 2. cap. 32. n. 2 : *Furtum vero manifestum est, ubi latro deprehensus est saisitus de aliquo latrocinio, scilicet Hondhabende, et Bacberende, et insecutus fuerit per aliquem, cujus res illa fuerit, quæ dicitur Sakaburth, et si sine secta cognoverit, se inde esse latronem coram Vicecomite vel Coronatore Regis, cum testimonio bonorum et proborum hominum, ex tunc furtum dedicere non possit, quia tales in hoc habent recordum.* Et cap. 35 : *Sunt enim quidam Barones alii, qui libertatem habent, scilicet Sok, Sak, Thol et Theam : isti possunt judicare in Curia sua, si quis inventus fuerit infra libertatem suam saisitus de aliquo latrocinio manifesto, et insecutus fuerit per Saccabor, quia nisi fuerit in saisina, licet aliquis sequatur versus eum, sicut versus latronem, non pertinebit ad Curiam, Hundreda, vel Wapentakia cognoscere de hujusmodi furtis, etc.* Eadem habet Fleta lib. 1. cap. 38. § 1. cap. 47. § 5. ubi *Sacborgh* scribitur, de qua voce ita Spelmannus : *Sacaburth* idem significare opinor, quod apud Scotos *Sacreborgh* et *Sikerborgh :* hoc est certum vel securum plegium vel pignus. *Siker* enim *securus ; borgh, plegius,* vel *pignus,* ac si qui cum re ipsa furtiva fugiens apprehensus sit, suum per hanc reatum tanquam per certissimum pignus prodidisse videatur : vel *Sacaburth* dicitur a sac, sive saca, i. lis, causa, prosecutio, et burgh, pignus, propterea, quod res furtiva sit quasi causæ pignus, hoc est furti symbolum : vel denique saccabor dicitur quasi causam ferens, vel prosequens vel litis prosequendæ plegius. Vide *Sikerborgh.*

☞ Huc etiam spectat vox *Sacrabarum* apud eumd. Spelmannum ; ubi *implacitari per Sacrabarum* significare videtur teneri ad dandum pignus vel plegium de stando juri : *Concedo etiam quod nec Prior nec tenentes sui per aliquam actionem, querelam vel Sacrabarum in curia de Thornton in valle de Pickering, nec alibi ubicunque in com. Ebor. implacitentur, nec aliqua occasione, exactione, vel demanda, per me vel hæredes meos distringentur.*

¶ **SACCAGERE,** a Gall. *Saccager,* Depopulari, vastare, diripere. Consilium Massil. ann. 1376. ex Tabular. ejusd. urbis : *Iniquarum societatum in hanc provinciam discurrentium et rapacibus eorum manibus Saccagentium tiranniter vi armorum, etc.* Vide infra *Sacomanare.*

¶ **SACCAGIUM.** Vide infra *Saccare.*

¶ **SACCAGO.** Inventar. ann. 1342. in Tabular. S. Victoris Massil. : *Apud focariam duo incepienda, unam Saccaginem, etc.* Sed legendum *Sartaginem.*

¶ **SACCAMANNUM.** Vide *Saccomannum.*

¶ **SACCAMENUM,** Sordidum quoddam amiculum, Gall. *Sac.* Chronic. Petri Azarii apud Murator. tom. 16. col. 394 : *Non cognoverat enim præfatum dominum eo quod vestitus erat de uno Saccameno nigro.* Vide *Saccus* 3.

SACCARE, In saccum mittere, et per saccum colare et exprimere : *Insaccare,* in saccum mittere, vel consummare : *Desaccare,* extra saccum ponere. Joan. de Janua. Gloss. Arabico-Lat. : *Sacco, exprimo.* [Gloss. Lat. Græc. : *Sacco,* διηθῶ, διϋλίζω, id est, defeco, percolo. Vide *Saccatum.*] Hispani *Sacar* dicunt, quomodo Picardi nostri *Sa-*

quer une épée, pro ensem de vagina extrahere. [*Sacher son épée*, apud Bellomaner.] Chronicon Flandriæ cap. 1 : *Le vaillant Comte Sacqua son épée, etc.* Adde cap. 8. [Le Roman *de Rou* MS :

Saillir hors et nefs deschargier,
Ancres jetter, cordes Sachier.

Le Roman *de Garin le Loherans* MS. :

Et dit un Rois, por Deu merey vos pri
Sachiez moi fors cest quarrious qui m'occi.
Il li Sacherent, et li cors s'estandit,
L'arme s'en part que lons sejor n'i fit.]

* Glossar. Gall. Lat. ex Cod. reg. 7684 : *Saccare, Ensacher.* Nostri opposito sensu *Sacher* et *Saicher* dixerunt, pro *Tirer*, Extrahere. Joinvil. in S. Ludov. edit. reg. pag. 124 : *Quant en les* (ars) *Sachoit hors, etc.* Lit. remiss. ann. 1386. in Reg. 137. Chartoph. reg. ch. 38 : *Icellui Jehan Saicha une vielle guisarme qu'il avoit pendue à sa sainture. Saquier l'iaue*, Aquam haurire, in Stat. ann. 1355. tom. 5. Ordinat. reg. Franc. pag. 511. art. 13. *Resacquer l'ancre*, pro Ancoram tollere, apud Villehard. paragr. 69. Unde *Sacheur de dens*, Dentium extractor, in aliis Lit. ann. 1402. ex Reg 157. ch. 356. Alia notione *Sacher, Sacer* et *Saker*, pro Trahere scilicet et exagitare, legitur in Charta commun. Tornac. ann. 1187. ex Cod. reg. 10196. 2. 2. fol. 93. v° : *Se aucuns hom boute ou Sake un autre homme par ire et par courouch,.... il payera l'amende de cinquante solz, au bouteit et au Sakiet xxiij. solz.* Ubi Charta Latina tom. 3. Spicil. pag. 552. habet : *Si aliquis aliquem pulsaverit iracunde aut traxerit,..... tracto vel pulsato, etc.* Lit. remiss. ann. 1409. in Reg. 163. ch. 367 : *Iceulx Philippe et Didier tant bouterent et Sacherent l'un l'autre, etc.* Aliæ ann. 1467. in reg. 195. ch. 43 : *Lesquelz compaignons s'avancerent...... de tireret Sacer Jehannin le bouchier, pour prendre et avoir sa bourse.* Unde *Saichement*, vulgo *Tiraillement*, Tractio, in Lit. remiss. ann. 1362. ex Reg. 91. ch. 372 : *Après plusieurs paroles et Saichemens d'une partie et d'autre, ledit Jehan fut par eulx rescoux.*

Saccagium, *droit de Sacquage*, in Consuetudine Tervannensi art. 7. quod pro iis speciebus, quæ in saccum mittuntur, pensitatur.

☞ In Glossario Juris Gallici definitur Jus quod ex quolibet frumenti sacco competit domino pro mensuratione frumentaria. Vide in *Saccus* 1.

¶ **SACCARIA**, Quantum homo ferre potest in sacco. Conventiones civit. Saonæ ann. 1526 : *Item pro salmata collo, seu minu frumentorum,... et aliorum victualium similium, quæ vulgariter appellantur Saccariæ, denarios sex.* Vide *Saccarii* et *Saccus* 2.

SACCARII, σακκοπλόκοι, in Gloss. Græc. Lat. [*Portatores Saccorum*, in Vita Eugenii IV. PP. apud Baluz. tom. 7. Miscell. pag. 507.]

* Gall. *Porte-sac; Sacquiers*, in Consuet. maris : *Sakeurs*, in Lit. remiss. ann. 1394. ex Reg. 146. Chartoph. reg. ch. 395 : *Martin Hemet Sakeur de nefs en la ville d'Amiens, etc.* Vide infra *Saccophori* 2.

Saccarii *portus Romæ*, de quibus est titulus in Codice Theodosiano 22. lib. 14. qui species aliunde advectas comportant, et saccis gestandis operam suam mercede locant. Ita *Saccarios* habet Ulpianus Lege 4. § 3. D. de contrahenda emptione; et *saccariam facere* dixit Apuleius lib. 1. Metamorphos.

☞ *Sacards* Divionensibus dicuntur, qui pestis tempore cadaveribus sepeliendis incumbunt, quique hac occasione domos dilapidant : unde ad quosvis nebulones mansit nomenclatura. Vide Glossarium ad Cantica natalitia Burgundica.

SACCATELLUS, in Statut. Venetor. lib. 5. cap. 7.

SACCATI. Vide *Sacci*.

SACCATUM. Isidorus lib. 20. cap. 3. sect. 11 : *Saccatum, liquor est aquæ fæci vini admixtus, sacco expressus.* [*Saccatum vinum, per saccum expressum*, in Gloss. MSS. Sangerm. num. 501.] Catholicon parvum : *Saccatum, bufet, c'est beuvraige de lie de vin et d'eau coulée parmy un sac.* Scribonius Largus cap. 122 : *Postea vini Falerni non Saccati cyathus adjicitur.* Agobardus Lugdun. de Privileg et iure Sacerdotii cap. 11. de Sacerdotibus domesticis : *Ita ut plerique inveniantur, qui aut ad mensas ministrent, aut Saccata vina misceant, aut canes ducant, aut caballos, quibus fœminæ sedent.* [* Vide infra *Vinum saquatum.*]

¶ **SACCATUS**. Vide infra *Scatatus.*

¶ **SACCEBORO**. Vide *Sagibarones.*

SACCELLARE, Saccos medicinales affectæ parti apponere. Vox Medicorum. Gariopontus lib. 1. cap. 16 : *Quod si surditas fuerit sine ullo dolore, maxime Saccellentur* (aures.) Ibid.: *Quibus cura adhibeatur; ex furfure in vino calido cocto Saccellamus, etc.* Cap. 17 : *Si dolor dentium fuerit sine ulla commotione vel putredine, ex Saccello salis tosti regionem doloris extra vaporamus.* Adde cap. 23. lib. 2. cap. 1. 13. 20. 30. 62. lib. 3. cap. 1. 25. 61. etc. Hinc

¶ Saccellatio, Sacellorum impositio, apud Veget. lib. 2. cap. 11 : *Saccellationibus caput vaporare.*

¶ **SACCELLARIUS**. Vide in *Saccus* 4.

¶ **SACCELLUM**. Vide in *Saccus* 4. et *Sacellum.*

¶ **SACCELLUS**, Sacculus, Gall. *Sachet.* Fragm. ex libris Herberti inter opera S. Bernardi tom. 2. col. 1225 : *Possidebat nihilominus et Saccellum parvissimum collo vel renibus appensum quo supradictas alimonias inferebat.*

* *Ung Sacquelet de toile*, in Lit. remiss. ann. 1447. ex Reg. 176. Chartoph. reg ch. 566. *Ly Sacquiaulx d'espices, j. den.* in Pedag. Bappal. ex Chartul. 21. Corb.

¶ **SACCHI**, pro *Scachi*, in Statutis Vercell. lib. 1. fol. 6. v°. Vide *Scaci.*

SACCI, Saccini, Saccitæ, Saccati, ita appellati Monachi quidam, quod *Saccis* pro veste uterentur, qui *de Pœnitentia Jesu Christi, vel de Saccis*, dicuntur in Bulla Joannis ann. 1319. apud Cognatum lib. 4. Hist. Tornac. cap. 22. [*Freres aus sacs*, in Chronic. Franciæ vernaculo MS. ad ann. 1273. Provincialibus, *Fraires Ensaques.*] *Fratrum Saccorum Parisiensium* mentio est in Testamentis S. Ludovici Regis Fr. ann. 1269. et Philippi Regis ann. 1284. et in Charta ejusdem Philippi apud Doubletum in Hist. Sandionysiana lib. 3. cap. 18. *Senonensium*, in Charta ann. 1266. in Regesto 30. Tabularii Regii ch. 367. *Virdunensium*, in Bulla Bonifacii VIII. PP. ann. 1301. apud Waddingum; *Andegavensium*, in Gestis Guillelmi Majoris Episc. Andegav. cap. 3. [apud Acher. tom. 10. Spicil. pag. 250. ubi leg. *Saccini* :] *Massiliensium*, apud Guesnaium in Annalibus Massil. pag. 195. 590. [et Ruffium Hist. Massil. 2. edit. tom. 2. pag. 108. et 373. *Aquensium*, apud Pitton. Annal. Eccl. Aquens. pag. 163.] *Rotomagensium*, in Charta Philippi Pulchri Reg. Franc. ann. 1309. quo eorum Monasterium Eremitis Augustinianis concessit, in 2. Regesto ejusdem Reg. ch. 38. ex Tabulario regio : *Tornacensium*, apud Cognatum loco laudato. [*Bruxellensium*, in Bulla Pii II. PP. ann. 1458. apud Miræum tom. 1. pag. 231.] In Angliam hunc *Saccorum* Ordinem transiisse sub ann. 1257. scribit Matthæus Paris : *Eodem tempore novus ordo apparuit Londini : de quibus fratribus ignotis et non prævisis, qui quia saccis incedebant induti, Fratres Saccati vocabantur.* [** Notit. ann. 8. Edw. II. (1315.) Civit. Cantuar. rot. 114 : *Domus,... quæ quondam fuerunt fratrum de penitencia, quia dicebantur fratres de Saccis.*] Horum tandem Ordo in Concilio Lugdunensi ann. 1275. proscriptus. Tho. Walsinghamus : *Aliquos status de Ordinibus mendicantium approbavit,.... aliquos reprobavit, ut Saccinos, qui intitulantur de Pœnitentia, sive de Valle viridi. Saccitas* hoc loco vocat Chronicon sancti Martialis ann. 1274. ut et Chronicon Colmariense 1. part. ann. 1279. *Saccatos* idem Chronicon Colmar. ann. 1274. *Sororum* denique *de Sacco* meminit Raymundus de Capua in Vita S. Agnetis de Montepolitiano num. 7. aitque, ita appellatas *propter Scapulare, quod ex humilitate de sachino panno ferebant*, seu *saccino*, id est, ex quo sacci confici solent. *Sacs*, et *Sachez*, nostris dictos ejusmodi Monachos docet Guillelmus de Villanova :

Du pain aux Sacs, pain aus Barrez,
Aus pauvres prisons enserrez,
A cels du Val des Escoliers,
Les Filles Dieu sevent bien dire,
Du pain por Dieu nostre Sire.

Guill. *Guiart* in S. Ludovico :

Et mist les Sachez en leur ordre,
Dont puis perdirent les dessaisines,
Aveugles, Filles Dieu, Beguines.

* *Sachetez* nuncupantur in Chartul. Thesaur. S. Germ. Prat. fol. 9. r°.

¶ **SACCIA**, σάκκος, in Gloss. Lat. Græc.

¶ **SACCIBUCCIS**, Bucculentus. Arnobius lib. 3. pag. 108 : *Buccarum cumulatione Saccibucces.*

¶ **SACCINEUS**, saccos spectans. Vide *Saccus* 3.

¶ **SACCINUS**. Vide infra *Socinus.*

SACCIPERIUM, Pera Pastoralis : Pera in modum sacci, vel saccus in modum peræ. Acta S. Marcelli PP. lib. 1. num. 13 : *Ubi pugnaturus, non Sacciperium cum David defert, sed patientia obarmatus, etc.*; Nonio Marcello, et Plauto in Rudente : *Sacciperium est major crumena, et minoris marsupii receptaculum.* Vide S. Fulgentium Homil. 73.

SACCITÆ. Vide *Sacci.*

¶ 1. **SACCO**, Saccus, crumena. Cencii Ordo Roman. cap. 43 : *Pro implendo domini Papæ Saccone debet habere* XVIII. *Provis.* Occurrit rursum cap. 47. Vide in *Saccus* 4.

2. **SACCO**, [ut infra *Saccus*, culcitra straminea, vulgo, *Paillasse.*] Vide *Fisco*, et *Laneus*.

* 3. **SACCO**, Pulvinus, ut videtur. Canonizat. S. Ludov. episc. Tolos. in Reg. Joan. PP. XXII. fol. 5. v°. col. 1 : *Monialis quædam, quæ..... nisi alieno adjutorio de lecto non poterat se movere, portata sibi pedali seu Saccone quodam, qui sancti hujus dicebatur fuisse, ac sibi applicato ad carnem, sana et incolumis est effecta*. Vide mox *Sacconus*.

¶ **SACCOMA** Dotis, JC. dicitur donatio quæ uxori a marito fit in compensationem dotis ab ea acceptæ, a voce *Sacoma*, Græc. σάκωμα, quæ æquipondium notat.

¶ **SACCOMANARE**, SACCOMANNARE, Italis est Depopulari, vastare, diripere, Gall. *Saccager*. Vide *Saccagere*. Chron. Andr. Danduli apud Murator. tom. 12. col. 481 : *Volebant et jam incœperant Saccomanare civitatem*. Occurrit rursum ibid. col. 445. Chron. Petri Azarii ad ann. 1351. apud eumd. Murator. tom. 16. col. 328 : *Una nocte pernoctaverunt, multas pulchras domos et palatia cum ædificiis Saccomannando et comburendo*. Adde col. 353. Hinc

* **SACCOMANNI**, Iidem qui *Ribaldi*, prædatores qui, quoties occasio ferebat, ad prædam, saccum deferendo, convolabant. Ita Muratorius, quem consulesis tom. 2. Antiq. Ital. med. ævi col. 528. et 529. Oliver. *Maillard* in serm. de S. Georgio fol. 53. v° : *Miles fuit* (S. Georgius) *dotatus laudabilibus conditionibus militum, non autem depravatus vitiis Saccomanorum*. Ejusmodi sunt milites, quos *Saquemens* vocat Hist. abbrev. Caroli VII. pag. 340 : *L'évesque de Liege avec grosse armée se mit aux champs, pour délivrer son pays d'aucuns Saquemens, qui le gastoient*. Vide *Saccomanare*.

¶ **SACCOMANNUM**, SACCOMANUM, Depopulatio, expilatio, Gall. *Saccagement*. Chronicon ejusd. Azarii col. 348 : *Nec de Saccomanno, tamquam nobilissimus stirpe, curabat*. Chronic. Astense apud eumd. Murator. tom. 11. col. 279 : *Et ipsam* (Placentiam)... *vi acceperunt* (Mediolanenses) *post obsidionem* 32. *dierum, et ut asseritur ipsam ad Saccomanum posuerunt*. Chron. Foroliv. apud eumdem tom. 19. col. 894 : *Deinde iverunt versus Pisaurum et quatuor castra posuerunt ad deprædationem seu ad Saccomanum*. Vide *Saccum*.

¶ SACCAMANNUM, Eadem notione, nisi etiam legendum est *Saccomannum*, in Appellatione Cardinalium ann. 1408. apud Marten. tom. 2. Anecdot. col. 1396 : *Item, quia domum præfati dom. Cardinalis postea pergentes, sanctitatis vestræ ultra omnem modestiam, posita fuit ad Saccamannum in Luca*.

SACCONALIA. Charta Conradi Imper. ann. 1027. apud Ughellum in Episcopis Fesulanis : *Cum omnibus suis pertinentibus, curtis videlicet, titulis, castellis, villis, terris cultis et incultis, Sacconalibus, aquis, aquarumque decursibus*, etc. Forte *ac canalibus*. [Vide *Sacharia*.]

* Haud scio an non melius legeretur *Sationalia*. Vide in hac voce.

* **SACCONUS**, Italis *Saccone*; Culcitra stramentitia, vel Pulvinus. Constit. MSS. Caroli reg. Sicil. : *Lectus intelligatur mataratium vel Sacconus vel culcitra; quod, qui vel quæ habeat linteamina vel cultram*. Vide supra *Sacco* 3.

SACCOPHORI, Hæretici, Manichæorum asseclæ, de quibus in Cod. Th. leg. 7. 9. 11. de Hæreticis(16,5.), sic dicti forte, quod *saccis* pro veste uterentur. Horum meminit S. Basilius in Epist. ad Amphiloch. cap. 47. et Balsamon ad eamdem Epist. cap. 72. [Eo nomine potissimum designati *Messaliani* qui singularem sanctitatem affectantes saccis induebantur. Vide Stockmanni Lex. Hæres.]

* Acta capitul. eccl. S. Petri Insul. ann. 1555. ex Tabul. ejusd. : *Super requesta per Saccophoros hujus oppidi dicta die* 15. *Nov. in scriptis porrecta, etc*. In quo libello infra dicuntur *Porteurs au sac*.

¶ SACCOPHORI, Iidem qui supra *Saccarii portus Romæ*. Vide *Saccarii*.

¶ **SACCULARII**, Ulpiano lib. 9. de Offic. Procons. dicuntur *qui vetitas in sacculo artes exercentes, partem subducunt, partem subtrahunt*. Gloss. Latino-Græc. : *Saccularii*, ῥαδιοῦργοι : ῥαδιουργοί legit Martinius ex Gloss. Græc. Lat. : Ῥαδιουργός, falsarius. Vide Cujac. lib. 10. Observat. cap. 27. et Struvium Exercit. 48. cap. 80. *Saccularius* interdum nuncupatus *Sacculi* seu fisci custos, idem proinde qui *Sacellarius* infra in *Saccus* 4.

* **SACCULI**. Annal. Victor. MSS. ad ann. 1215 : *Ibi* (in Concilio Lateranensi) *fuit etiam confirmatus ordo fratrum de Valle scolarium nuper fundatus apud Lingonas, ordo etiam fratrum de Monte Carmeli, qui prius dicebantur Sacculi, et habitus eorum mutatus*. Vide *Sacu*.

¶ **SACCULUM**, SACCULUS. Vide *Saccus* 1. 2. et 4.

* **SACCULUS**. Gesta quarundam Sororum ord. Prædic. ex Cod. reg. 5642. fol. 34. r° : *Prædones deprædantes dictam* (domum) *et cum Sacculis ardentibus quærentes eumdem* (dominum) *in domo propria, etc*. Ubi legendum arbitror *Faculis ardentibus*.

¶ **SACCUM**, Italis *Sacco*, Gall. *Sac*, eadem notione qua *Saccomannum*. Acta S. Venantii tom. 7. Maii pag. 805 : *Post desolatam urbem Camerinum per Manfredum Siciniæ Regem... gentilis primus Varanius, Sacco sibi donato ab Alexandro IV. Pontifice, urbem Camerinam instaurat ann*. 1260.

1. **SACCUS**. *Sacci, Sacculi*, in ministeriis Ecclesiasticis recensentur. Ordo Romanus de Pontifice ex Secretario ad altare procedente : *Acolyti autem, qui inde fuerint, observant, ut portent chrisma ante Pontificem, Evangelia, sindones, et Sacculos, et aquammanus post eum*. Infra : *Post expletum, Agnus Dei : et accedentes Subdiaconi sequentes cum Acolytis, qui Saccula portant a dextris et a sinistris altaris, extendentibus Acolytis brachia cum Sacculis, Subdiaconi sequentes stant a fronte, ut parent sinus Sacculorum Archidiacono, ad ponendas oblationes, prius a dextris, deinde a sinistris*. Mox enarrat ut eæ oblationes ab Acolytis confringantur, et ex iis populus communicet. [Vide Mabill. Commentar. in Ordinem Roman. pag. LIV. LV. et CV.]

SACCULUS *ad reponenda corporalia*, in Charta ann. 1197. apud Ughellum tom. 7. pag. 1275.

SACCORUM CONSUETUDO, seu Præstatio saccorum ad frumentum dominorum adducendum. Tabularium Ecclesiæ Carnotensis ann. 1207. ch. 91 : *Excepta una mina avenæ, pro submonitione Saccorum facienda*. Charta Hugonis Decani Altissiodorens. ann. 1280. Tabular. Eccl. Altis. fol. 249 : *Consuetudinem de saccis tradendis ad dictum bladum adducendum... remittimus*. Nescio, an aliud fuerit, *saccagium*, seu *le droit de saccage*, quod ad Episcopum Morinensem pertinere dicitur in Consuetudine Tarvannensi art. 7. [Aliam notionem profert supra in *Saccare*.]

¶ SACCUS CUM BROCHIA, Servitii species debiti a tenentibus domino, cum in exercitum proficiscitur. Vide *Brochia*, et infra in *Sagma*.

* Nostri *Faire le sac à une fille* dixerunt, pro Puellam liberiori impudentique joco, lecti linteo quasi sacco involvere. Lit. remiss. ann. 1375. in Reg. 107. Chartoph. reg. ch. 209 : *Icellui Fenin ala au lit de ladite fille, et de l'un des draps dudit lit y fist le Sac, dont grans paroles furent par laditte ville.... Girart dit audit Fenin, Laisse-moi en paix, mieulx te vausist depporter de moi plus dire villenie, et aussi de fréquenter avec la fille de Guibert mon compere contre sa voulenté ; à laquelle fille tu as fait le Sac en son lit et la deshonores, dont tu fais mal et peichié*.

* SACCOS AD SUBMERGENDUM habere, majoribus justitiariis tantum competit. Privil. civit. Caturc. ann. 1344. in Reg. 68. Chartoph. reg. ch. 312 : *Habent* (consules) *publice compedes ligneos et ferreos, et archam ad incarcerandum maleficos, et Saccos ad submergendum, et construunt, mutant et reparant spillorium et furchas patibulares*. Vide *Submergium*.

2. **SACCUS**, Ponderis lanarii species. Constat autem 28. petris, *petra* vero 12. libris et dimidia, in Fleta lib. 2. cap. 12. § 1. cap. 79. § 10. At Spelmannus ait, *saccum lanæ* apud Anglos continere 26. petras : petram libras 14. ex 1. Statuto Edw. III. cap. 21. Aliter denique Regestum Peagiorum Parisiens. : *Le Sac de laine d'Angleterre doit peser* 39. *pierres, et s'il pesoit moins, le vendeur deveroit restorer à l'acheteur le moins*. Ita in Anglia diversimode acceptum hoc pondus. Skenæus ad Statuta Davidis II. Regis Scotiæ cap. 39. ait, apud Scotos *Saccum lanæ* 24. petras, *petram* vero 16. pondo Turonensia continere. Vide Guill. Prynneum in Libertatibus Eccl. Angl. tom. 3. pag. 185.

¶ SACHUS, Eadem notione, in Epist. Simonis Buchanigræ Ducis Januens. ann. 1358. ex Tabular. Massil. : *Quidam super una bancha derrobavit de Sachis sex lanæ, etc*.

¶ SACCUS SALIS. *Le sel se met aucunes fois en sacz, et contient chascun sac, les ungs un quintal de grenier, les autres trois quartes*, in Charta ann. 1445. tom. I. Hist. Dalph. pag. 90. col. 2.

¶ Sacculum Vini, Vas vinarium, seu potius mensuræ vinariæ species. Charta ann. 1266. ex Chartul. S. Vandreg. tom. 2. pag. 1411 : *Vendidimus... viris religiosis dom. abbati et conventui S. Vandregisilli quoddam Sacculum vini, seu totum vinum quod percipiebamus... in clauso sive in pressorio dictorum religiosorum ratione servicii nostri feodati, et omne illud quod poteramus petere seu exigere ab ipsis ratione dicti Sacculi, sive ratione dicti vini in tempore vindemiarum, pro decem lib. Paris.* In Glossis Lat. Græc. *Saccus vinarius*, ὑλιςήρ, est colum seu saccus per quem vinum expurgatur. Vide *Saccare*.

* Dubito an huc spectet vox Gallica *Sac* inter Jura buticularii, in Reg. Cam. Comput. Paris. sign. *Pater* fol. 155. v°. col. 2 : *Celui qui les va querre* (les lies) *et les prent ou nom du bouteiller, il convient qu'il apporte ou celier son Sac et sa jalle.* Vide in *Saccus* 2.

3. **SACCUS**, inter vestes regias recensetur in Ordine ad consecrandum Regem Franciæ : *Item caligis sericis et jacinthinis intextis per totum liliis aureis et tunica ejusdem coloris et operis, in modum tunicalis, quo induuntur Subdiaconi ad Missam, nec non et Succo prorsus ejusdem coloris et operis, qui est factus in modum cappæ sericæ absque caperone.* Ubi Renatus Benedictus vertit, *un sac, ou manteau, etc.*

☞ *Saccus* eo loci idem quod nostris olim *Sercot*, ut perspicuum fit ex vernacula Ordinat. eadem de re in Cod. MS. Sangerman. fol. 15 : *Item les chauces de soie de couleur de violete broudées ou tissuès de flour de Lys d'or, et la cote de celle couleur et de cel euvre meismes faite en manere de tunique dont les soudiacres sont vestus à la Messe, et ovecques ce le Sercot qui doit estre du tout en tout de celle meismes couleur et de celle meismes euvre, et si est fait à bien près en manere d'une chappe de soie sans chaperon.*

Σάκκον etiam seu *Saccum* induebant Imperatores Constantinopolitani, ut est apud Codinum de Offic. cap. 6. n. 35 : Ὅτε γοῦν ὁ βασιλεὺς τὸ ςέμμα φορεῖ, ἕτερόν τε ἔνδυμα οὐ φορεῖ, εἰ μὴ τὸν σάκκον καὶ τὸ διάδημα. Ubi Goarus : *Talaris tunica ex villoso serico totum corpus obtegens, nullisque sinuum undis circa illud ludens, aut mota, verum nonnihil angusta, liberos, ut videtur, incessus non permittens, ac denique Sacci figuram referens, Saccus est.* Quibus verbis innuit, eas vestes, quibus Theodorus Lascaris, Michael Palæologus, aliique Imperatores vulgo effinguntur in edit. Nicephori Gregoræ Wolphiana, Willharduini edit. Lugdun. Rhamnusii Hist. CP. et alibi passim. [Vide Gloss. med. Græcit. col. 1323. in Σάκκος.]

Fuit etiam *Saccus* apud Græcos vestis Patriarcharum, vel Episcoporum de qua Phranzes lib. 3. cap. 23. Hist. Polit. pag. 20. et alii a Meursio laudati Scriptores. [Hæc vestis tanti apud Græcos æstimatur, ut singulis annis ter tantum a majoribus Episcopis deferri licitum sit, et ideo purpureum esse non possit. Vide Gloss. mediæ Græc. in Σάκκος, et Marcam de Concor. sac. et imp. pag. 808.]

Saccus, vulgo inter Monachicas vestes recensetur, diciturque fuisse sordidum quoddam amiculum, quod cæteris vestimentis superaddebatur : in quo a cilicio differebat, seu tunica, e pilis caprinis texta, quæ carni nudæ adhærebat. *Saccinea tunica*, apud S. Hieronymum in Vita S. Hilarionis cap. 38. Alibi *Saccum* vocat S. Augustin. in Psal. 29. enarat. 2 : *Saccus de capris conficitur et hædis.* Basilius M. Ep. 120. apud Hoeschelium ad Vitam S. Antonii : Σάκκῳ δὲ τραχεῖ τὸ σῶμά σου διανύττων, καὶ ζώνῃ σκληρᾷ τὴν ὀσφῦν σου περισφίγγων, καρτερικῶς τὰ ὀςᾶ σου διέθλιβες. Gregorius Decapolita de Miracul. S. Gregorii num. 47. de Saraceno, qui Monachum induerat : Καὶ ἐξεδύθη τὰ τῆς βασιλείας χρύσεα ἱμάτια, καὶ ἐνεδύθη τινὰ πενιχρὸν σάκκον τρίχινον, etc. Et n. 49 : Ἐνδεδυμένος τὰ δυσώδη τρίχινα, etc. Vide Socratem lib. 7. cap. 22. *Cingulum sacceum*, apud S. Hieronym. Epist. 22. cap. 12. ex eodem panno, quo sacci fiebant. [Vide Gloss. med. Græcit. in Σάκκος.]

Saccus, pro eo lecti instrumento, quod *Paillasse* vocamus. Regula Ordinis Canonicorum S. Marci de Mantua in Regesto Alexandri IV. PP. anni 7. Epist. 24. ex Bibl. Regia : *Sufficiat autem cuilibet unus Saccus et unum capitale de plumis, quod duorum pedum logitudinem non excedat.* [Charta ann. 1267. in Chartul. Domus Dei Pontisar. : *Debet unum sextarium avenæ, ... et culcitram et Saccum et duas corvatas in anno.*] Vide *Fisco*.

4. **SACCUS**, Fiscus, thesaurus. Augustinus in Psalmum 146. et ex eo Isidor. lib. 20. cap. 9 : *Fiscus, Saccus est publicus.* Charta Rogerii Regis Siciliæ apud Constant. lib. 4. Hist. Siculæ pag. 187 : *Sed si ex commissis per eos aliquid regio competat Sacco, etc.*

Sacculus, Eadem notione. Arnobius in Psalm. 118 : *Nummus non est in Sacculo, vestimentum in conditis non est, etc.* Μιλιαρασίων σακκία ἐννέα, apud Scylitzen pag. 545. Gregorius M. lib. I. Epist 42 : *Quia nos Sacculum Ecclesiæ ex lucris turpibus nolumus inquinari.* [Huc etiam spectant quæ de Johanne Gorziensi leguntur apud Mabill. tom. 3. Annal. pag. 418 : *Illud semper cavit, ne Sacculus monasterii qualibet unquam doli vel miserorum fraude vel calamitate contaminaretur*] Charta Longob. in Bullario Casinensi tom. 2. pag. 12 : *Quia suscepi in præsentia testium ego Rotharit Abbas a vobis Anselperga Abbatissa ex Sacculo ipsius Monasterii per Misso vestro in auro solidos novos prælestatos ac coloratos numero 44. finitum pretium, etc.*

Saccellum et Sacellum, Eodem etiam significatu. Corippus lib. 4. vers. 334 :

Gratior Augusti servans pia gaza Sacelli.

Gregorius M. lib. 12. Epist. 27 : *Et quia easdem Chartas emere paratus est, et dixi, non valde necesse est, ut ex me aliquid serenissimis Principibus dicatur; sed magis ex se agat Dilectio tua, quatenus oblatis in Sacella consuetudinibus honores mereatur accipere.* Anastasius Bibl. in Vita S. Joannis Eleemosyn. num. 18 : *Quæ deferuntur tibi pecuniæ, da eas Imperio, da eas in publicum Saccellum.* Charta Childeberti Reg. pro Monasterio S. Sergii Andegav. : *Nisi quod inferendam ipsam idem Abbas.... annis singulis in Sacellum publicum reddere deberet.* Charta Theodorici Regis Franc. in Actis Episcopor. Cenoman. pag. 186 : *Et illos alios 200. auro pagens.... vel qui ipsam Ecclesiam sperare videntur, reddebatur, et in Sacello publico fuit consuetudo reddendi, etc.* Adde pag. 217. *Sacellum Regis*, pro *fiscus*, in Concilio Metensi ann. 753. cap. 3. 4. et in Capitul. Caroli M. lib. 5. cap. II. 13. Charta ejusdem Caroli M. apud Sammarthanos in Episcopis Cabilonensibus : *Si quis autem... violare præsumpserit, solidorum sexcentorum munere se cognoscat culpabilem, ita ut duas partes in archivum ipsius Monasterii reddat, et tertia parte ad fiscum nostro Sacello multam componat.* Rogerus Hovedenus pag. 704 : *Thesaurum quoque Regis exinaniverat prorsus, ut in omnibus Scriniis vel sacellis nihil præter claves, de toto isto biennio posset inveniri.*

* Saccus, Crumena, marsupium. Arest. scac. Paschæ ann. 1286. in Reg. S. Just. ex Cam. Comput. Paris. fol. 40. r°. col. 2 : *Quicumque de parentela vendentis, hujus hæreditatem retrahere voluerit, infra quadraginta dies a publicatione hujus numerandos veniens cum Sacco paratus audietur.* Id est, cum pecunia ad redemptionem necessaria.

Sacellum, est Crumena. Gloss. Græc Lat. : Βαλαντίδιον, *Sacellum*. Glossæ S. Benedicti cap. de vestimentis : *Sacellum*, μαρσύπιον. Paulus lib. 2. Sentent. : *Si Sacellum vel argentum deposuero, et is, penes quem depositum fuit me invito contrectavit, etc.* Acta purgationis Cæciliani : *Confitere, quod folles dedit Victor, ut Presbyter fieret. Castus dixit : Obtulit, domine, Sacellum, et quod habuerit, nescio.*

Sacellarius, Sacelli, seu fisci custos. Gloss. Gr. Lat. : Βαλαντιοφύλαξ, *Sacellarius*. Scholiastes Gregorii Nazianz. Orat. I. in Julian. : Σακέλλιον, Ῥωμαϊκὴ λέξις ἐςί, φυλακὴν τῶν χρημάτων σημαίνουσα, ὅθεν καὶ Σακελλάριον καλοῦσι τὸν ταμίαν καὶ φύλακα τῶν χρημάτων.

* Tract. de Nomin. judic. ad calcem Ord. Rom. ex Cod. reg. 4188 : *Saccellarius debet habere curam monasteriorum, ancillarum Dei et in festivitatibus debet introducere ante impetarorem.* Vide *Sacella sacra*. Lib. de Mirabil. Romæ ibid. : *Qualiter milites accipiebant a senatu donativa sua per Saccellarium, qui administrabat hoc.* Male *Savellarius* editum apud Montemfalc. in Diar. Ital. pag. 290.

¶ Saccellarius Pauperum, Qui *Sacellum* seu marsupium defert, unde pauperibus eleemosynam erogat. Vita S. Ramuoldi sæc. 6. Bened. part. I. pag. 13 : *Ipse vero marsupium secum portans, unde propriis manibus nummos et obulos egenis et peregrinis tempore opportuno erogaret, Saccellarius eorum appellari et esse non erubuit.* [** Arnoldus de S. Emmer. lib. 2. cap. 16.]

Habuisse Imperatores Constantinopolitanos *Sacellarios suos*, docet Theophanes anno 25. Heraclii, et in Justiniano, cui βασιλικοὶ Σακελλάριοι dicuntur. Gregorius M. lib. 4. Epist. 34. ad Constantinam Augustam : *Sed breviter judica, quia sicut in Ravennæ partibus Dominorum pietas apud primum exercitum Italiæ Sacellarium habet, qui causis supervenientibus quotidianas expensas facit; ita et in hac urbe in causis talibus eorum Sacellarius ego sum.* Vide Anastasium Biblioth. in Theodoro PP. et Glossar. med. Græcit. col. 1320.

Habuerunt etiam Imperatores Occidentis. Gerardus Episcopus Cameracensis in Epistola ad Henricum III. Imp. : *Sicut Liberalitas vestra Sacellarium habet, quo causis supervenientibus cotidianas expensas faciat, ita, etc.*

Habuerunt pariter Reges nostri *Sacellarios* suos, quos Hincmarus in opusculo de Ordine Palatii, minoribus Officialibus accenset. *Tancolfi Sacellarii* sub Ludovico Pio mentio est in Annalibus Eginhardi.

Suos etiam *Sacellarios* habuisse Anglo-Saxones testatur Adam Bremensis cap. 215.

Ecclesiæ Romanæ Sacellariorum, quibus perinde Sacelli seu fisci Ecclesiastici cura incubuit, mentio est in Concilio Romano sub Zacharia PP. ann. 745. in Annalibus Francor. ann. 801. apud Joannem Diacon. in Vita S. Gregorii M. lib. 2. cap. 23. Anastasium in Constantino PP. pag. 65. in Gregorio II. pag. 66. [** Liutprand. Histor. Otton. cap. 9.] [Mich. Cerularium Patr. CP. in Edicto de projecto pittatio pag. 166, apud Allatium de Libr. Eccl. Gr.] et Auctorem Ordinis Romani, qui ait, *Sacellarium unum fuisse ex quatuor, qui equitantem Pontificem comitantur, et supplicantium preces una cum Nomenclatore discussisse.*

Denique *Sacellarii* dignitas magna fuit in Ecclesia Constantinopolitana. Guillelmus Bibliothecarius in Hadriano II. pag. 228 : *Ibi a Paulo librorum custode, Joseph, vasorum custode, simulque Basilio Sacellario, Ecclesiasticis vestibus indutis salutati, etc.* Μέγας Σακελλάριος, apud Gregorium in Vita S. Basilii Junioris num. 26. Τῆς μεγάλης ἐκκλησίας Σακελλάριος, apud Nicetam in Isaacio lib. 2. num. 4. Σακελλάριος τοῦ Πατριάρχου, in Chronico Alexandrino pag. 872. Vide præterea quæ de hacce dignitate adnotamus in Constantinopoli nostra Christiana, ubi de Secretis Ecclesiasticis agimus, et Glossar. med. Græcit. col. 1320.

¶ 5. **SACCUS**, Instrumentum piscandi, retis genus. Litteræ Philippi Aug. Reg. Fr. ex Tabul. S. Quintini de insula pag. 79 : *Ad vervilia rotunda et ad Saccum piscari poterunt.* Vide *Sach* et *Sachus*, 2.

* **SACCUTELLA**, Sacculus, pera. Vita S. Margar. viduæ tom. 2. Aug. pag. 120. col. 2 : *Panem omnem quem perpaucum tulerat, ex sacculo, quem rustici Saccutellam vocitant, accipiens, etc.*

¶ **SACEBARO**, Saceboro. Vide *Sagibarones.*

¶ **SACELLA** Sacra, Monialium clausura. *Iste* (magnus Sacellarius) *administrat et curat sacras Sacellas, nempe Monasteria monialium*, apud Macros in Hierolex. ex quodam MS. Augustano *Turco-græcia* nuncupato pag. 203. Ineptum esse glossema nemo non videt : ibi enim *Sacella* idem omnino est quod *Sacellum*, fiscus regius seu publicus.

¶ **SACELLANUS**, Capellanus, sacello præfectus, in Charta Henrici VIII. Reg. Angl. ann. 1531. apud Rymer. tom. 14. pag. 419 : *Dilecti nobis Johannis Olyver legum doctoris Sacellani nostri, etc.* Infra pag. 421 pro *Sacellani* legitur *Capellani*, ut et pag. 781. Ceremoniale Benedictino-Rom. edit. 1621. part. 2. pag. 80 : *Fuit quidam Papa, qui dum in extremum venisset, interrogabat Sacellanum suum, virum idoneum et devotum, quem plurimum diligebat, quibus suffragiis post mortem eum vellet apud Deum juvare.* Adde Monum. sacr. Antiquit. tom. 2. pag. 227.

¶ **SACELLARIUS**, Fisci custos. Vide *Saccus* 4.

¶ **SACELLUM**, Cistula Reliquiis recondendis aptata. Hist. Translat. SS. Sebast. et Gregorii sæc. 4. Bened. part. 1. pag. 405 : *Rodoinus concitatos illorum contra se animos videns,... linteum diligentius replicans cistula recolligit... At Rodoinus suorum precibus flexus, non totum ut prius, sed partem sacerdotum manibus sectam largiri jussit. Quam illi multo gratiosius quam ante devotis fidei mysteriis excipientes, et honorifice præparato Sacello reponentes, etc.* Leg. forte *Saccello.* Alia notione, vide in *Saccus* 4.

* **SACELLUS**, Sacculus. Alex Iatrosoph. MS. lib. 2. Passion. cap. 71 : *Mirabiliter enim juvant et de sale Sacelli, si quis singulos Sacellos salis et ordei torrefactos singillatim imponat.* Vide *Saccellare.*

1. **SACER**, Species Falconis, quibusdam *Britannicus*, aliis *aërius; Hierax*, Thuano de Re accipitraria, vulgo *Sacre*, [Anglis *Saker.*] Describitur a Friderico II. Imper. lib. 2. de Arte ven. cap. 22. Alberto M. lib. 23. de Animalib. 5. et ab eodem Thuano pag. 22.

¶ 2. **SACER**, pro Sacerdos, Episcopus. Ermoldi Nigelli carmen elegiacum pro Ludovico Imperat. apud Murator. tom. 2. part 2. col. 30 :

> Hoc Sacer aspiciens, sella se sustolit ardens
> Compellare sacrum cum pietate virum.

Pluries ibidem occurrit, ut monet Cl. Editor. *Sacré*, eadem notione usurpat *le Roman de Rou* MS. ubi de Odone Episcopo Bajocensi :

> Ode li bon correnez,
> Qui de Baex estait Sacrez.

¶ **SACERBORO.** Vide *Sagibarones.*

SACERDOS, ut ait Honorius Augustod. lib. 1. cap. 182. et ex eo Rhabanus lib. 1. de Instit. Cleric. cap. 5. *vocari potest, sive Episcopus sit, sive Presbyter.* [Cujus vocis etymon sic profert Atto apud Acher. tom. 8. Spicil. pag. 126 : *Sacerdos, quasi sacrum dans Dei ministeria administrando.*]

Olim vero et in primitiva Ecclesia id nominis pro Episcopo usurpatum testantur passim Cyprianus, Augustinus, etc. S. Ambrosius lib. 5. Epist. 30 : *Sanctus Damasus Romanæ Ecclesiæ Sacerdos.* Innocentius I. Epist. 1. cap. 3 : *Nam Presbyteri, licet sint Sacerdotes, Pontificatus tamen apicem non habent.* Gregorius Turon. lib. de Gloria Confess. cap. 107 : *Decedente Sacerdote apud Nolanam urbem, ipse in locum Episcopi subrogatur. Ecclesiæ Catholicæ Sacerdotes*, in leg. 45. Cod. Th. de Hæreticis. (16, 5.) Gesta de nomine Acacii : *Apud Alexandriam Proterius Catholicus fit Sacerdos.* Ita Fortunatus lib. 1. de Vita S. Martini, ubi de S. Hilario Episc. Pictav. :

> Rite Sacerdotis penetralia jura gubernans.

[Hinc promiscue *Episcopum* vel *Sacerdotem Eccl. Cenoman.* seipsum inscribit Hamelinus in Chartis ex Tabular. Major. Monast. ut et Reginaldus Episcopus Carnot. Exstat in ejusd. Monast. Archivis sigillum Quiriaci Episc. Nannet. cum hac epigraphe : *Petri et Pauli. Sacerdotis Nannensis Quiriaci*]. Vide leg. 3. et 4. Cod. Th. de Fide Cathol. (16, 1.) leg. 31. 35. 43. de Episcop. (16, 2.) eod. Cod. [et ibi Pithœum ad leg. 7.] Gregorium Turon. in Vitis Patrum cap. 17. lib. 2. Hist. cap. 23. et alios passim.

Sacerdotium, pro Episcopatu usurpat Lex 35 44. Cod. Th. de Episcopis, lex 3. de Fide Cathol. lex 1. Ne sanctum Baptisma, (16, 6.) Gregorius Turon. de Vitis Patrum cap. 6. Sidonius lib. 4. Epist. 25. etc.

Sacerdotium, Titulus honorarius Episcoporum, apud S. Augustinum Epist. 143.

¶ Sacerdotes Cantariales, Cantores. Testam. Rotherami Eborac. Episc. ann. 1498. in Lib. nig. Scaccarii pag. 670 : *Et quod vidi Sacerdotes Cantariales ibidem singuli in singulis locis laicorum commensare, ad eorum scandalum, et ruinam aliorum.* Iidem qui

¶ Sacerdotes Chorales dicuntur ibid. pag. 671 : *Sacerdotes Chorales non obligo ad aliquod spirituale.*

Sacerdotes Conventuales, et

Sacedotes Obedientiæ, in Ordine S. Joannis Hieros. de quibus in Statutis ejusd. Ord. tit. 2. § 2.

Sacerdotes Decumani. Vetus Charta apud Pucinellum in Vita S. Simpliciani Arch. Mediol. : *Tunc omnia sicut supradicta sunt, in potestate decumanorum Sacerdotum transeunt, etc.* [Vide *Decumani.*]

¶ Sacerdotes Magni, apud Mabillon. tom. 2. Annal. pag. 566. dici videntur Episcopi.

Sacerdos Missalis, in Charta Edwardi I. Reg Angl. apud Prynneum in Libertat. Eccl. Anglic. tom. 3. pag. 668. Vide *Missæ Presbyter.*

Sacerdos Parochianus, Parochus, apud Alexandrum III. PP. in Appendice ad Concilium Lateranense III. part. 31. cap. 6.

☞ Interdum *Sacerdos* nude appellatur, ut in Charta de Juribus Canonicorum Eccl. Ambian. in villa *de Camons*, ex Tabul. ejusd. Eccl. : *In ecclesia de Camons habent decanus et canonici in tribus solemnitatibus, Nativitatis, Purificationis et Paschæ duas partes, et Sacerdos tertiam... Similiter in omnibus decimis minutis per annum, inter decanum et canonicos et Sacerdotem eadem debet esse partitio. Sacerdos autem debet canonicis pro synodo IV. den.* Pluries ibi.

Sacerdos Primus, Primas. Pelagius II. PP. in Epist. ad Sapaudum Arelat. Episc. cui suas vices delegat : *Hinc est, quod et nos Fraternitati tuæ hujusmodi curas injungimus, ut Sedis nostræ Vicarius institutus ad instar nostrum in Galliarum partibus Primi Sacerdotis locum obtineas.*

☞ Eodem nomine designatus Romanus Pontifex. in Missali Gothiæ ad Natalem S. Sixti PP. apud Mabillon. Liturg. Gall. pag. 276 : *Ex quibus* (testibus) *est sanctus ac venerabilis Sixtus martyr,... qui dum apostolicæ sedis excepisset insignia, et se Primum esse conspiceret Sacerdotum, etc.*

¶ SACERDOS SUMMUS, Eadem notione : ut ab ea vero appellatione abstineant primæ sedis Episcopi, præcipitur in Conc. Carthagin. III. can. 26. Interdum tamen Episcopi nude *Summi Sacerdotes* nuncupati, ut in Charta ex Tabulario S. Albini Andegavens. : *De qua rapina vel violentia clamorem fecit Abbas Otrinus sancti Albini apud Brunonem Summum Andecavensis Ecclesiæ Sacerdotem.* [** Adde Monach. Sangall. de Vita Carol. M. lib. 1. cap. 18.]

SACERDOS PROPRIUS dicitur Episcopus, vel Parochus, qui in diœcesi aut parochia sua ex officii ratione munus suum exsequitur. Gelasius PP. ad Sabinum Episc. apud Holstenium in Collectione Romana : *Hunc ergo... Diaconii provectione decorabis : ut noverit tua Dilectio hoc se delegantibus nobis exequi Visitatoris officio, non potestate proprii Sacerdotis.* Idem in Epist. ad Celestinum Episcop. : *Sciturus, eum Visitatoris te nomine, non Cardinalis creasse Pontificis.* Ubi *Cardinalis Pontifex*, idem est, qui *proprius Sacerdos*. Adde Concilium Toletanum II. cap. 2. et Romanum sub Innocentio II. cap. 10.

SACERDOS SECUNDI ORDINIS, Presbyter non Episcopus. Leo IX. PP. Epist. 4 : *Sacerdotum ordo bipartitus est, nec amplius quam duos ordines, id est, Episcoporum et Presbyterorum nobis collati sunt, nec Apostoli docuerunt.* Sidonius lib. 4. Epist. 25 : *Attamen hunc jam secundi ordinis Sacerdotem, dissonas inter partium voces, etc.* Et in Carm. : *Antistes fuit ordine in secundo.* Optatus lib. 2 : *Quid* (commemorem) *Diacones in tertio, quid Presbyteros in secundo Sacerdotio constitutos.* Facundus Hermianensis lib. 12. cap. 3 : *Sciens igitur ille modestissimus Princeps, Oziæ Regi non impune cessisse, quia sacrificare præsumpsit, quod licitum est singulo cuique etiam secundi ordinis Sacerdoti : multo magis impune sibi cedere non posse cognovit, vel quæ jam de fide Christiana rite fuerant constituta discutere, quod nullatenus licet, vel novos constituere Canones, quod non nisi multis et in unum congregatis primi ordinis Sacerdotibus licet.* Rhabanus lib. 1. de Instit. Cleric. cap. 6 : *Secundi vero ordinis viri, Presbyteri sunt, quorum typum præferebant 70. viri in veteri Testamento, etc.* Æneas Parisiensis adversus Græcos quæst. 4 : *Nam Presbyteri, licet sint secundi Sacerdotes, Pontificatus tamen apicem non habent.* Constitutio Riculfi Episcopi Suessionensis ann. 889. cap. 1 : *Attendite ergo, quia nobiscum sollicitudinem gregis dominici percepistis, et in sacerdotali ministerio, secundi ordinis et dignitatis locum possidetis, etc.* Lupus Servatus in Vita S. Wicberti cap. 5 : *Meque multo post* (Bonifacius) *ad amplissimum Pontificalis gradum dignitatis Moguntiaci divina gratia provectus, Wicbertum Sacerdotem secundi ordinis cœnobio... Magistrum præfecit.* Fridegodus in S. Wilfrido cap. 8 :

Tandem colla jugo subdens delecta petito,
Ordinis aptatur cœlebs in honore secundi.

Id est, fit Presbyter. Adde Synodum Romanam IV. sub Symmacho cap. 6. et Hincmarum Remensem Epist. 7. cap. 20. Præterea Gloss. med. Græc. in Πρεσβύτερος. Iidem dicuntur

SACERDOTES SECUNDI, in Appendice ad Codicem Theodos. Constit. 20 : *Audemus quidem sermonem facere solito plus timore capti, de sanctis ac venerabilibus Sacerdotibus, et secundis Sacerdotibus, vel etiam Levitis, et eos cum omni timore nominare, quibus omnis terra caput inclinat.*

SACERDOTES MINORES, apud Æneam Parisiensem lib. advers. Græcos quæst. 7 : *In sublimitate majoris Pontificis consistit etiam honor minoris Sacerdotis.* Ita *majoris ordinis Sacerdotes* Episcopos vocat Agobardus lib. de Sacerdotio cap. 11.

SACERDOTES, seu *Presbyteri villani*, Qui rurales Ecclesias regunt, in Edicto Pistensi cap. 30.

SACERDOS, pro mago ac divino, non semel in Querolo pag. 34. 54. 1. edit. Vide *Presbyter.*

* **SACERDOTALE**, Officium, vel munus, quod a sacerdote exsequitur. Ordo eccl. Ambros. Mediol. ann. circ. 1130. apud Murator. tom. 4. Antiq. Ital. med. ævi col. 894 : *Cantatur episcopale, aut Sacerdotale, sive diaconile jussu archiepiscopi.*

¶ 1. **SACERDOTALES**, Vestes omnes quibus Sacerdos in divinis utitur. Bulla Alexandri III. PP. in Chartular. Gemetic. tom. 1. fol. 116 : *Vestris in hac parte supplicationibus inclinati, ut tu fili abbas et successores tui abbates... calices, corporalia, pallas, altaria vestra, Sacerdotales monasterii, prioratuum eidem monasterio subjectorum, ac parochialium et aliarum ecclesiarum ad vos communiter vel divisim pertinentium,... ac etiam aquam, cineres et sal in monasterto prioratibus... consecrare seu benedicere possitis... indulgemus.*

2. **SACERDOTALES** LITTERÆ, Papiæ, ἱερατικαί, id est Epistolæ Canonicæ, formatæ, de quibus suo loco.

¶ **SACERDOTALIA** BENEFICIA, Obventiones quæ sacerdoti seu parocho competunt. Charta Johannis Episc. Maclov. in Tabul. Major. Monast. : *Concessi ecclesiam B. Mariæ de Lehone... eo tenore ut tam oblationes, altaria, quam Sacerdotalia beneficia, quam etiam partem decimarum tertiam, prædicti monachi cum sacerdotibus harum ecclesiarum... æqualiter inter se dividant.* V. *Sacerdotium*, et in *Feudum*, pag. 269. col. 1.

¶ 1. **SACERDOTALIS**, Liber in quo ritus ad sacerdotem pertinentes continentur, recentiori rituali copiosior. Eodem præterea vocabulo denotant Præmonstratenses versiculum quod initio Laudum recitant. Ita Macri in Hierolex.

2. **SACERDOTALIS**, Qui Sacerdotio in Provincia functus est, ita interpretantur Viri docti apud Ammianum lib. 28. Gruterum 20. 3. 325. 12. et in Cod. Theodos. non semel. Vide Gloss. nomicum Jacobi Gothofredi, et notas Lindenbrogii et Henrici Valesii ad eumdem Ammianum.

¶ 1. **SACERDOTALITER**, More Sacerdotis, ut sacerdotem decet. Vita S. Leobini Episc. Carnot. sæc. 1. Bened. pag. 123 : *Deinde Gavalensem expetens urbem, cum beatissimo Hilaro ejusdem urbis antistite Sacerdotaliter fuisset susceptus, etc.*

* 2. **SACERDOTALITER**, Officia sacerdotis peragendo. Charta ann. 1127. inter Instr. tom. 12. Gall. Christ. col. 29 : *Canonici vero S. Salvatoris duas hebdomadas Sacerdotaliter consummabunt in ecclesia nostra* (Senonensi) *per vices suas.*

¶ **SACERDOTARE**, ad Sacerdotium promoveri. Chron. Corn. *Zantfliet* ad ann. 1364. apud Marten. tom. 5. Ampl. Collect. col. 284 : *Qui* (Engelbertus) *cum infra tempus præscriptum nollet Sacerdotare, sed aspiraret ad Comitatum Clevensem,... renuntiavit electioni de se factæ Coloniæ.*

¶ **SACERDOTATUS**, Sacerdotium. Vita S. Chartaci Episc. tom. 3. Maii pag. 279 : *Quodam autem die postquam Sacerdotatum S. Mochuda accepit.*

¶ 1. **SACERDOTISSA**. Chronic. Rotomag. ad ann. 1251. apud Labbeum tom. 1. Bibl. pag. 377 : *Die Paschæ in sero quasi in media nocte cœpit ignis in vico Sacerdotissarum, qui totum combussit.* Hujusce nominis vicum quondam Rotomagi exstitisse, qui hodie vicus veteramentariorum dicitur, etiam aliunde constat. Obsoletæ nomenclaturæ originem probabiliter omnino repetendam existimo a S. Romani Canonicis mulieribus quæ ibi vitam communem tunc agentes habitabant. Vide *Presbyteræ.*

* 2. **SACERDOTISSA**, Uxor sacerdotis seu presbyteri. Tabul. Major. monast. tom. 1. Probat. Hist. Brit. col. 463 : *Quædam nobilis mulier Orvenna Hamonis Comburnensis presbyteri uxor*, etc. Et col. 464 : *Pratum Orvennis Sacerdotissæ monachis adquiritur.* Vide *Presbyteræ.*

¶ 1. **SACERDOTIUM**, Beneficium ecclesiasticum, *præbenda* sacerdotis. Vita S. Guillelmi Archiepisc. apud Surium : *Imo votis omnibus non sine miraculo in id consentientibus, ut jus conferendi Sacerdotia, quæ vulgo Præbendas vocant, in Gulielmum, et ejus gratia in successores illius transferrent.* Vide *Sacerdos.*

* Charta ann. 900. apud Ughell. tom. 1. Ital. sacr. col. 835. edit. ann. 1717 : *Memoratam matrem ecclesiam una cum Sacerdotiis et ecclesiis baptismalibus*, etc.

¶ SACERDOTIUM, Obventiones Sacerdotis parochialis. Tabul. Vindocin. Ch. 484 : *Dedi ecclesiam Thiuciliaci cum toto Sacerdotio et toto burgio et toto cimiterio.* Vide *Sacerdotalia Beneficia.*

* 2. **SACERDOTIUM**, Sacerdotis parochialis electio et nominatio. Charta ann. 1206. ex Chartul. S. Joan. de Valle : *Ecclesiam parochialem ibidem fieri mihi complacuit sub hac forma, quod quidam de canonicis B. Johannis semper ibidem divina celebrabit, et Sacerdotium ecclesiæ ad ecclesiam B. Johannis pertinebit; ita quod ecclesia ad supplementum et incrementum prædictæ capellæ villæ prænominatæ redditum parochialem concedet in perpetuum et donabit; et ego quod amplius erit necessarium sufficienter ad victum canonici et clerici sui et servientis sui in redditu competenti assignabo.*

¶ **SACERIUM**, f. idem quod infra *Sach.* Vide in *Vista* 2.

SACERNUS, *Sacer, a, um, et dicitur hic Sacernus, ni, i. sacer animus, vel excellentior pars animæ. Et videtur componi ex sacer, et animus.* Jo. de Janua.

SACH. Charta Wincmari Castellani Gan-

densis apud Duchesn. in Hist. Guinensi pag. 66 : *Unum mansum terræ inter Broclant et Gestlant, præter jus ad dicum, nec non et unum Sach ad turnos* (forte *sturnos*) [** *turvos* melius legitur in *Turba*, 1.] *et ad silvam, unum stele in Valham ad pisces, etc.* Apud Kilianum, *Sack-net*, est genus retis, quo ficedulæ, et id genus aliæ aves capiuntur. [Vide *Saccus* 5. Charta Godefridi Barbati Ducis Lothar. ac Brabant. ann. 1125. apud Miræum tom. 2. pag. 817 : *Rusticis et colonis Ecclesiæ, sive pauperes essent, sive divites, jus illud quod Sach appellatur in sylva de Buckenholtconcessit, vechtinam autem de porcis hominum suorum Ecclesia habebit.*] [** Confer mox *Sacium*.]

¶ **SACHA**, ut supra *Sac*. V. in hac voce.

* **SACHANRE**, Fustis vel gladii species, vox Gallica. Lit. remiss. ann. 1402. in Reg. 157. Chartoph. reg. ch. 308 : *Jacobus Bourrée clericus...... ad pœnitentiam septennalem in panem doloris et aquam tristitiæ..... fuit condempnatus, occasione cujusdam omicidii per ipsum confessati et perpetrati,..... cum quodam baculo, vocato Sachanre.* Vide mox *Sachs*.

SACHARIA. Consuetudines Aquarum mortuarum : *Quilibet habitator loci illius, possit bladum, quod habebit de terris suis et Sachariis, per aquam et terram portare, quocumque voluerit omni tempore, etc.* [Eædem Consuetudines editæ tom. 4. Ordinat. pag. 51. habent, *Facheriis* : quæ lectio legitima est. Vide *Facheria*.]

* **SACHATA**, Saccus plenus, Gall. *Sachée*, alias *Saquée*. Stat. Avellæ ann. 1496. cap. 46. ex Cod. reg. 4624 : *Quæ extraxerit seu exportaverit alienum canapum vel linum, in et de aliena canaperia,..., solvat.... pro qualibet Sachata seu fasso vel onere solidos tres.* Lit. remiss. ann. 1468. in Reg. 195. Chartoph. reg. ch. 71 : *Le suppliant a prins trois ou quatre Saquées de blé.* Vide *Saccaria*.

¶ **SACHEIRATA**, Mensuræ agrariæ species. Enumeratio bonorum Vicariæ Brignol. ann. 1245 : *Item unum pratum ibidem contiguum circa duas Sacheiratas.* Idem f. quod *Falcata*, quantum unus sector per diem *falcare* seu secare potest. Vide infra in *Secare*.

* Mendum esse videtur pro *Sechoirata*, quantum unus sector per diem secare potest de prato. Vide in hac voce.

¶ **SACHELLUS**, **Sachettus**, Sacculus, Italice *Sacchetto*, nostris *Sachet*. Statuta Vercell. lib. 7. fol. 205 : *Nomina scripta in singulis cedulis ponantur in uno Saccheto.* Ibid. fol. 212. v° : *Quæ Latina sint scripta in ipsis cedulis, et involuta sive posita in uno Sachello.* Inventar. ann. 1419. in Tabul. Eccles. Noviom. : *Item unus Sachettus de tela in quo repositæ sunt plures peciæ crystalli.*

¶ **SACHIBARO.** Vide *Sagibarones*.

¶ **SACHIBER.** Vide *Saccabor*.

¶ **SACHINUS Pannus**, Rudis, saccis conficiendis aptus. Vide in *Sacci*.

¶ **SACHONUS.** Statuta Cadubrii cap. 12. *de Sachonis et aliis mercimoniis conducendis per rodullum. Obtentum et affirmatum fuit, quod totum vinum de Bassano et vinum navigatum et Sachoni, et alia mercimonia, etc.* [* Vide supra *Sacconus*.]

* **SACHPAY**, Culcitra stramentitia. Constit. MSS. Petri III. reg. Aragon. ex Cod. reg. 4671 : *Quod habeat* (maritus) *dare eidem Eulaliæ unum Sachpay sufficiens in quo dormiat, et unum lodicem, cum quo valeat se cohopertire.*

¶ **SACHS**, Gladius longus, ex Gloss. Vulcanii, ap. Schilterum in Gloss. Teuton.

* Vita B. Altman. tom. 2. Aug. pag. 366. col. 2 : *Hi homines* (Thuringi) *longis cultellis, ut hodie Slavi, pro gladiis utebantur, qui lingua eorum Sachs dicebantur; a quibus Sachsones, non Saxones appellabantur.* [** Adde Widukind. lib. 1. cap. 7. et vide Graff. Thes. Ling. Fr. tom. 6. col. 90. voce *Sahs*.]

¶ 1. **SACHUS**, pro Saccus. Statuta Vercell. lib. 3. fol. 72. v° : *Item quod nullus asinarius seu molendinarius sedeat seu ascendat Sachum vel Sachos farine vel grani, sed vadat pedester.* Vide *Saccus* 2.

* 2. **SACHUS**, Instrumentum piscandi, retis genus. Charta ann. 1386. apud Pez. tom. 6. Anecdot. part. 3. pag. 76. col. 2 : *Nostri censuales homines, hæredes et successores eorum in aqua Multavæ cum parsis seu retibus, quæ vulgariter Sachi et ezrizeny appellantur, poterint piscari duntaxat.* Vide *Saccus* 5.

* **SACHUSFAGUS**, Fagi species. Charta Rob. comit. Alenc. in Reg. forest. ejusd. comitat. ex Cam. Comput. Paris. fol. 22. r° : *Concedo* (monachis de Persania) *usagium suum ad omnia et singula loca prædicta,... etiam medietatem de albaspina, de aprella, de Sachofago, etc.*

SACIANI, Qui et *Anthropomorphitæ*, Hæretici, de quibus Facundus Hermianensis lib. 8. cap. 7. ubi consulendus Sirmondus.

¶ **SACIBARO.** Vide *Sagibarones*.

¶ **SACIMA**, pro *Sagma*. V. in hac voce.

SACIRE. Formula solennis precariæ 29 : *Et ipsam rem dum advivo pro vestro beneficio tenere, et usufructuare faciam, in ea ratione, ut alibi ipsas res nec vendere, nec donare, nec alienare, nec ad alias casas Dei delegare, nec in naufragium ponere, nec ad proprium Sacire, nec hæredibus meis in alode derelinquere, pontificium habeam ad faciendum.* Eadem verba habentur form. 30. *Alterius rem ad proprietatem Sacire*, form. 150. quod Lex Bajwar. dixit, *sibi in patrimonium sociare.* Ubi formulæ Parensales Bignonii cap. 20. 21. habent *ad proprium ponere. Saccire*, inquit Salmasius ad Historiam Augustam dicebant veteres τὸ σακκίζειν, nos *Saisir*, et infima latinitas *saisire*. Videant igitur eruditi, an *Sacire*, positum fuerit pro sociare; an vero a *saccire*, deducatur : denique an inde vox *saisire* ortum ducat. [** Vide Graff. Thesaur. Ling. Franc. tom. 6. col. 290. voce *Sazjan*, Ponere.]

SACIS, *Clyster*, in Gloss. Arabico-Lat.

* **SACIUM**, f. Ager sationi idoneus. Glossæ Cæsar. Heisterbac. in Reg. Prum. tom. 1. Hist. Trevir. Joan. Nic. ab *Hontheim* pag. 678. col. 1 : *Est in Puzol mansus unus et Sacium unum.... Reddiderunt Albricus et Gerbertus de his supradictis mansis in Pozul Sacium unum.* Vide *Sationalia*. [** Graff. Thesaur. Ling. Franc. tom. 6. col. 307. voce *Siaza*.]

¶ **SACLA**, Servitii genus, quo tenentes terras dominorum *sarclare* seu sarrire debent, Gallis *Sarclage*. Vide *Sarculare*. Charta Reneri dom. de Haconvilla ann. 1261. in Hist. Mediani Monast. pag. 327 : *Homines dictæ villæ... furcam et falcem et Saclam et carruchas et vecturas annonæ et feni et omnes alias consuetudines quas mihi debebant... persolvent Ecclesiæ memoratæ.*

* **SACLARE**, Sarrire, nostris *Sacler* et *Sarcler*. Reg. S. Justi fol. 185. v°. ex Cam. Comput. Paris. : *De eadem firma carrucæ traditæ Thomæ Hellebeuf pro sex libris, cum jornatis Saclandi et tassandi. Scacloison*, Tempus, quo agri sarriuntur, in Consuet. Castell. ad Sequanam ex Cod. reg. 9898. 2 : *Trois courvées de bras, l'une en Scacloisons, l'autre en fanoisons, l'autre en moissons.* Ubi forte leg. *Sarcloison*. Vide *Sacla* et *Sarcolare*.

SACMA. Charta plenariæ securitatis, scripta sub Justiniano apud Brisson. lib. 6. formul. : *Uno albiolo ligneo, valente nummos aureos 40. Sacma valente asprione aureo uno, etc.* Forte pro *Sagma*. Vide in hac voce.

¶ **SACMINA**, θαλλός, σπονδεία ἀγνῆς, in Gloss. Lat. Græc. Leg. *Sagmina* ex Festo. Vide ibi Scaliger.

* **SACO**, Saccus. Serm. Gabr. Barel. in festo S. Thomæ Aquin. : *Dormiendo super Sacones.* Vide *Sacco* 1.

SACORIUM. Vetus Charta plenariæ securitatis, lin. 26. scripta sub Justiniano apud Brisson. lib. 6. form. pag. 647 : *Una catena ferrea de super foco pensante libras duas semis, Sacorio valente siliqua una asprionis, cute olearia valente siliquas duas asprionis, etc.* [*Sacario*, non clarius, edidit Mabillon. in Supplem. Diplom. pag. 91.]

1. **SACRA**, Epistola, diploma Principis. *Sacra Epistola*, apud Vegetium lib. 2. cap. 7 : *Tribunus major per Epistolam Sacram Imperatoris judicio destinatur.* S. Nilus in Epist. ad Philippum Scholasticum : Ἐκ παπύρου καὶ πόλλης χάρτης κατασκευασθεὶς, χάρτης ψιλὸς καλεῖται. Ἐπὰν δὲ ὑπογραφὴν δέξεται βασίλεως, δῆλον ὡς Σάκρα ὀνομάζεται. Gloss. Basil. : Σάκρα, οἱ λόγοι τοῦ δημοσίου, καὶ ἑρμηνεύονται ἱερά. Liberatus Diaconus cap. 4 : *Et scripsit quidem ad eum Sacram Imperator, arguens eum, etc.* Cap. 5 : *Post hæc scripsit aliam Sacram ad diversos Episcopos. Sacra Imperialis*, apud Petrum Diacon. lib. 4. Chron. Casin. cap. 109. 119. Anastasium in Hadriano PP. pag. 119. *Sacra jussio Imperialis*, in Epistola Gregorii IV. PP. ad Episcopos Regni Francor. Θεῖον γράμμα, in Concilio Ephesino part. 1. et Calchedon. part. 1. Θεῖαι σάκραι, in Chron. Alexandr. pag. 772. Vide idem Chron. pag. 704. *Sacræ litteræ*, apud eumdem Liberatum cap. 14. Ita usurpant passim Concilia, eorumque Acta, [Codex Theod. leg. 6. tit. 4. lib. 8.] Vigilius Tapsensis lib. 1. contra Arium cap. 3. S. Augustinus lib. ad Donatist. post Collat. cap. 31. Anastasius in Vitis PP. pag. 64. 68. 255. et alibi, Auctor Historiæ Miscellæ pag. 432. 470. 652. edit. Canisii, Odo de Diogilo lib. 1. et 2. de Ludovici VII. Regis profect. in Orientem pag. 13. 19. et alii, quos laudant Meursius in Gloss. et Fabrotus ad Cedrenum. [Vide Notit. imperii Rom. Juretum ad lib. 7. Symmach. Epist. 59. et 94. et Gloss. med. Græcit. in Σάκρον, col. 1325.]

· Sacras Regum nostrorum aliorumque Principum Epistolas vocant etiam interdum Scriptores alii, ut Lupus Ferrariensis Ep. 18. 78. Fulbertus Carnotensis Epist. 13. 85. 95. etc.

☞ Sed et Romanorum Pontificum Epistolæ eodem nomine donantur, apud Anastasium in Epitome Chron. Casin. tom. 2. Murator. pag. 355. col. 2 : *Supradicti igitur Missi Sedis apostolicæ ad Regem Dagobertum venientes, honorifice suscepti sunt, contradentes ei Sacram Pontificis.*

Sacra, plur. neutr. generis. Passio S. Felicis Episcopi Tabyzacensis : *Tunc cognitor jussit, ut Sacra Imperatorum recitarentur. Sacra Generalia*, in Indiculo post Epistolam 4. Hormisdæ PP. et in Suggest. Dioscori post Epistolam 40. *Sacra regalia*, in Concilio Barcinon. ann. 599. cap. 3. Gesta sub nomine Acacii : *Contra Joannem jam Episcopum Sacra Principis deferentem.* Gregorius M. lib. 1. Ep. 47 : *Dum et antea ad Eudacium gloriosum Magistrum militum... Sacra Imperialia cucurrerunt.* Ita usurpat Anastasius Biblioth. in Hormisda PP. pag. 34.

¶ Sacra, unde vocantur vasa quæ ministeriis ecclesiasticis inserviunt, in Charta ann. 933. inter Instrum. tom. 6. Gall. Christ. novæ edit. col. 127 : *Tradimus... S. Petrum a Pullo cum suo terminio,... et quantum ibidem adpertinendum est, id est in Ecclesia S. Petri in Sacris, secretariis, etc.*

Sacræ, absolute interdum dicuntur, Thesauri seu *largitiones* Principis *privatæ*, quibus qui præerat, *Comes Sacrarum largitionum* dicebatur, interdum *Comes Sacrarum*, nude, ut in leg. 120. Cod. Th. de Decurion.(12, 1.) Ita *Palatini Sacrarum*, in leg. 13. de Indulg. debitor. (11, 28.) *Sacrarum privatarum vel largitionum Palatina officia*, leg. 17. de Exaction. (11, 7.) eod. Cod. Vide *Comes Sacrarum*.

¶ 2. **SACRA**, Missa. Guidonis Discipl. Farf. lib. 1. cap. 1 : *Ad finem Sacræ tonate dicat Diaconus*, Benedicamus Domino. Ibid. cap. 6 : *Ad explanationem Sacræ omnia signa pulsentur.* Rursum cap. 23 : *Infra ipsam hebdomadam dicant Dominicalem Sacram.*

¶ 3. **SACRA**, Consecratio pontificia, vulgo *Sacre*, Bernard. Guido in Vita S. Cælestini V. PP. apud Murator. tom. 3. pag. 635 :

Cumque dies Sacræ celebris venisset in orbem,
Vestibus ornati byssis auroque decoris
Insistunt operi proceres, præsulque novellus
Velletrensis Hugo liquidam fundebat olivam.

Vide *Sacrum* 2.

* Ita quoque appellatur regia inauguratio, in Charta Ludov. Jun. ann. 1150. qua aliam ann. 1132. Ludov. VI. confirmat, ex Reg. 30. Chartoph. reg. ch. 400 : *Ecclesiæ beatorum martyrum Crispini et Crispiniani, in quorum sollempni die, ex divino munere, regiam accepimus Sacram, etc.* Etquidem 25. Octobr. in regem inunctus fuit Ludovicus junior; quo die horum martyrum memoria colitur. Dicitur etiam de benedictione abbatis. Charta ann. 1267. in Access. ad Hist. Cassin. part. 1. pag. 307. col. 1 : *Dixit se scire, quod universitas prædictorum locorum, in mutatione abbatum Casinensium, debet præsstare iisdem abbatibus, in promotione et consecratione eorumdem, quamdam pecuniæ quantitatem pro sacro Sacræ suæ.* Eodem præterea nomine designatur solemnis monastica professio, quam idcirco qui emisit, in *Sacris* constitutus dicitur, in Lit. legitimat. ann. 1447. ex Reg. 179. Chartoph. reg. ch. 47 : *Licet Johannes de Bar ex illicita copula traxerit originem, videlicet ex Henricto de Bar mercatore ejus patre, cum Maria Aubrione minime conjugata, nec in Sacris constituta ejus matre.* [** Ubi *in sacris* idem quod vulgo *in facie ecclesiæ.*]

¶ 4. **SACRA**, num. plur. Auctoritas, potestas patris in filium. Charta ann. 1257. apud Acher. tom. 10. Spicil. pag. 186 : *Idem Artaudus non coactus, non circumventus, non dolo inductus, sed spontanea voluntate dictum Guillelmum filium suum præsentem, volentem, et consentientem emancipat, et per emancipationem solemnem liberat a Sacris paternis et sua propria potestate per hæc verba : Nos Artaudus dom. de Rossilione Guillelmum filium nostrum... emancipamus, et per emancipationem liberamus a nostra propria potestate, etc.* Vide Gothofredum ad leg. 1. tit. 18. lib. 8. Cod. Theod.

¶ **SACRABARUM**. Vide *Saccabor.*

SACRALE Opus. Eugippius in Vita S. Severini cap. 14. de muliere resuscitata ab eodem sancto : *Mulier vero sanitate percepta, opus Sacrale die tertio juxta morem provinciæ propriis cœpit manibus exercere.* Ubi Velserus : *Agnosce*, inquit, *vulgare, fronen, ad verbum, opus Sacrale, fron-arbeit, etc.* Apud Bollandum habetur *agrale* qui tamen *Sacrale* MSS. codices aliquot præferre agnoscit.

SACRAMENTAGIUM, [Præstatio, quæ ab eo fit qui Sacramento alicujus servitio sese addicit : neque enim viri feudales modo, sed et servi domino fidelitatem jurabant, ut videre est in voce *Hominium* pag. 685. col. 3. et apud *de Lauriere* in Gl. Jur. Gall. v. *Serment.*] Tabular. S. Eparchii Inculism. fol. 72 : *Ita ut si homines B. Eparchii venerint ad me, vel ad successores meos propter turrem, et propter militiam, ad judicium vel justitiam, nullum omnino Sacramentage, neque destrictum, neque exactionem, neque aliud quodlibet emolumentum nobis exhibeant.*

¶ Sacramentagium, Pœna pecuniaria, qua damnatur qui Sacramento, quod calumniatur, impositum crimen a se amoliri vult. Charta ann. circ. 1080. ex Tabul. S. Albini Andegav. : *Si autem venerit ac se per Sacramentum de objecto forsfacto purgare voluerit, vicarius sine teste Sacramentum illius calumpniari poterit : sed quamdiu villanus se purgare voluerit, nunquam ab eo vicarius Sacramentagium habebit; et si in vicario non confiso, rectitudinis suæ lex remanserit, nec tunc omnino Sacramentagium habebit : Si vero villanus, aut aliquis amicus ejus, vel monachus per concordiam pro lege vicario aliquid dederit, tunc Sacramentagium dabit.*

1. **SACRAMENTALE**, ipsum Sacramentum, jusjurandum. Capitulare 2. ann. 802. sub finem : *Sacramentale promissionis factæ Imperatori. Sacramentale qualiter promitto ego, quod ab isto die inantea fidelis sum Domino Karolo, etc.* [Charta ann. 1126. inter Probat. tom. 2. novæ Hist. Occitan. col. 432 : *Regnante Ludovico Rege fuit factum Sacramentale hoc cum quo juraverunt Castellani Carcassonæ Bernardo Atoni Vicecomiti, etc.* Adde col. 498. 514. et 515.] Prima Curia generalis Catalaniæ sub Jacobo Rege Aragon. ann. 1291. MS : *Item quod omne Sacramentale sit absolutum, nisi esset factum cum voluntate dominorum ipsorum hominum, et cum auctoritate nostrorum antecessorum.* [Statuta Massil. lib. 1. cap. 1. § 13 : *Item, quod dictus Vicarius, omnia et singula in Sacramentali suo contenta bona fide, et sine dolo, et malo ingenio remoto attendet, et complebit, et observabit.* Occurrit rursum cap. 2. et 7. ejusd. lib. in Statutis Montispess. ann. 1204. ex Cod. Colbert. 4936. et in Statutis Vercell. lib. 1. fol. 13.]

¶ 2. **SACRAMENTALE**, Tractatus de Sacramentis. Laur. Byzynius in Diario belli Hussit. apud Ludewig. tom. 6. Reliq. MSS. pag. 178 : *Et Guilhelmus de Monte Laudinio in suo Sacramentali, etc.*

* Annal. Victor. MSS. ad ann. 1337 : *Guillelmus de Monte Lauduno, abbas monasterii novi Pictavensis, doctor elegantissimus decretorum, qui super Clementinas lecturam perutilem edidit et Sacramentale composuit.*

* 3. **SACRAMENTALE**, Instrumentum præstiti sacramenti. Vide *Sacramentales literæ* in *Sacramentalis*, et *Sacramenta solvere* in *Sacramentum* 1.

* 4. **SACRAMENTALE**, Congregatio eorum, qui ad aliquod officium præstandum, ad quod sacramento adstricti sunt, convocantur. Constit. MSS. Ferdin. reg. Aragon. ann. 1413 : *Et ne propter perversorum audaciam Sacramentale insulse, inconsulte vel inprovide convocetur, providemus quod si per quempiam sonum emitti contigerit in casu, quo juxta capitula Sacramentale permissum est, capitanei, cum primum potuerint, omni calliditate cessante, juramentum a sono* (sonum) *emittente exhigant, quo medio solus et sine instructione causam, cur sonum emiserit, specificet ipsis capitaneis.... Ceterum cum jam per capitulum, ordinationes ipsius Sacramentalis provisum fuerit, quod domini sua jura possint exhigere ab hominibus, ut est justum, et quod propter hoc sonus emitti ad Sacramentale non possit, et homines sacramentales hoc sic stricte intelligant, quod certa alia jurisdictio illorum, qui non habent in suis territoriis, attenuatur, etc.* Vide infra *Storcoll.*

* **SACRAMENTALIA**, Quædam curatorum functiones, quæ enumerantur in Charta ann. 1308. ex Chartul. S. Maglor. Paris. ch. 147 : *Item ordinamus de Sacramentalibus, scilicet pane benedicto, purificatione mulierum, visitationem infirmorum et similibus, quæ per sacerdotes curatos consueverunt solummodo exerceri.*

SACRAMENTALIS. *Sacramentalia pietatis opera, ut pedum lotio et peregrinatio*, apud Lucam Tudensem lib. 2. contra Valdenses cap. 2.

¶ Sacramentalis, Ad *Sacramentum* seu juramentum pertinens. Occurrit passim. Vide *Lex Sacramentalis* in *Lex*.

Sacramentales Litteræ, Quæ sacramentum seu juramentum continent. *Charta jurata*, in Foris Benebarnensibus tit. 1. art. 25. Baudouinia in Vita S. Radegundis cap. 6 : *Quo cognito B. Radegundis Sacramentales fecit litteras sub contestatione divina:.. Domino Germano Parisius civitatis Episcopo, etc. Sacramentale scriptum*, in Usaticis Barcinonensibus MSS. cap. 422. Vide in *Charta*.

* SACRAMENTALIS DOMUS, Ecclesia, ædes sacra. Charta Rob. abb. ann. 1136. ex Chartul. 23. Corb. : *Congnovi antecessorum nostrorum quosdam quidem digne, quosdam minus solicitos erga decorem Sacramentalis hujus domus Dei extitisse.*

SACRAMENTALES seu *Compurgatores*. Vide *Juramentum*, pag. 928.

¶ **SACRAMENTALITER**, vox Theologorum, Sacramentali more. Alberti M. Tract. de Sacram. Altar. in Bibl. Heilsbr. pag. 68 : *Et utrumque Sacramentaliter celebrandum esse præcepit.* Occurrit ibid. ex Gersone pag. 118. et lib. 4. Imitat. Christi cap. 10. num. 4.

¶ **SACRAMENTARE**, SACRAMENTARI, Sacramento fidem, pactum astruere, confirmare. Charta ann. 1192. apud Stephanot. tom. 8. Fragm. Hist. pag. 16 : *Item comes priorque sancti Laurentii castrum sibi ad invicem Sacramentant.* Chron. Parmense ad ann. 1291. apud Murator. tom. 9. col. 821 : *Sacramentati simul fuerunt de se manutenendo.* Ibidem col. 822 : *Et tunc dictus dominus Bardelonus Sacramentatus fuit cum Venetianis, Paduanis et Bononiensibus, et fecit pacem cum dominis de la Scala. Serementer*, eadem notione, adhibet le Roman *de Vacce* MS :

Ont tuit cil conseil graanté,
Et sont entr'ex Seremente,
Que tuit ensemble se tendront,
Et ensemble se deffendront.

Sotrement, pro *Serment*, Sacramentum, in Charta ann. 1290. tom. 2. Hist. Dalph. pag. 68.

¶ **SACRAMENTARIUM**. Vide in *Sacramentum*.

¶ **SACRAMENTARII** dicuntur hæretici omnes, qui errant circa sacramenta a Christo instituta, eaque mutilant, vel verba institutionis aliter, quam par est, explicant, vel alio quocumque modo, minus orthodoxe administrant. Hæc Stockmannus in Lex. Hæres. quem consule. *Sacramentarii*, alia notione, vide in *Juramentum*, pag. 928.

* **SACRAMENTATUS** dicitur de Christo, qui Eucharistiæ sacramento sese fidelibus communicat, vel qui sacramenta instituit, ut eos sanctificet. Vita B. Julianæ tom. 1. Sept. pag. 316. col. 2 : *Deus meus incarnatus, ut detergantur flagitia mea; Sacramentatus, ut deleantur facinora mea.*

¶ **SACRAMENTORIUM**. Vide in *Sacramentum*.

1. **SACRAMENTUM** *dupliciter dicitur*, inquit Hugo a S. Victore lib. 2. Speculi Eccl. cap. 22 : *Aliquando enim Sacramentum dicitur sacræ rei signum, velut in Baptismo exterior ablutio, quæ interiorem significat emundationem. Aliquando dicitur Sacramentum, quasi sacrum secretum, velut Sacramentum Incarnationis et hujusmodi.* [Glossæ Casinensis Monast. : *Sacramenta sunt Baptismus et Chrisma, Corpus et sanguis, quæ ob id Sacramenta dicuntur, quia sub tegumento corporalium rerum virtus divina secretius salutem eorumdem sacramentorum operatur.*] De priori significatione, ut cæteros omittam, qui de Sacramentis commentarios ediderunt, lubet hic exscribere, quæ adnotavit olim charissimus frater Michael *du Fresne*, Societatis Jesu Presbyter et Theologiæ Professor, in *Dissertationibus sacris, ac Historicis de Antiquis Sacramentorum ritibus, rebusque in eorum usu et administratione controversis*, necdum editis, Dissert. 2. part. 1. cap. 1 : *De Sacramenti mysteriique nominibus.*

De Sacramentis, deque Baptismo primum dicere aggrediens, qui fidei Sacramentum est, et Christianæ gentis proprium signaculum, quo videlicet non consignamur modo, sed etiam sacramur, (id quod synagogæ circumcisio præstabat,) quodque Eugenius IV. in Concil. Florent. spiritualem vocat januam, per quam introducti Ecclesiæ adjungimur, cæterorum effecti consortes Sacramentorum : ante omnia id faciam, quod in principio fieri, cum in omnibus dissertationibus, tum in hac magis oportere censeo; ut quid illud sit, de quo disputatio sit, explanetur; ne vagari ac errare cogatur oratio, si ii, qui inter se dissenserint, non idem esse illud, de quo agitur, intelligent. Adde quod plerumque istud, vel experientia usque ipso verissimum videri solet, quod scite omnino sapienterque in Cratylo pronunciavit Plato, qui ipsarum rerum nomina penitius perviderct, eumdem et res itidem ipsas funditus exploratas compertasque habiturum.

Inprimis igitur, de ipso Sacramenti nomine dicam universe, ex occasione baptismi, qui reliquis velut aditus præit, ac vestibulum pietatis, ut eum nuncupat Gregorius Nazianzenus, de varia ipsiusmet postmodum acturus nuncupatione. Principio enim de ipso Sacramenti nomine litem Catholicis intendunt nonnulli Novatores, post Lutherum, Calvinumque, qui lib. Instit. 4. cap. 14 : *Abunde liquet*, ait, *veteres, qui Sacramentorum nomen signis indiderunt, minime respexisse quis fuisset verbi hujus usus Latinis Scriptoribus; sed novam hanc significationem pro suo commodo affinxisse, qua simpliciter signa designarent.* Unde ipse significationem aliam e jure repetit, quam ut in nostra Sacramenta accommodet; qua Sacramentum pro jurejurando accipitur, quod olim ducibus præstabant legiones : quod Imperii Romani grave mysterium lib. 8. Herodianus, τῆς Ῥωμαίων ἀρχῆς σεμνὸν μυστήριον, *arcanum dominationis*, Tacitus appellat : ita ut tamen in Calvini sententia Sacramentum, non tam sit juramentum, quo se homo obstringit Deo, quam quo sese Deus obligat homini. Verum ut ita sit, hanc minime reperiri subjectam in Scriptura huicce verbo notionem, eo, quo ab Ecclesia sensu accipitur, pro rei sacræ signo; quid inde conficient sectarii, num expungendam penitus e Catholicorum scriptis vocem hanc, ut in locis communibus, cum aliis, stulte Melanchthon censuit; qui caput, in quo de Sacramentis disserit, de Signis inscribit? *Nam quæ alii*, inquit, *Sacramenta, nos Signa appellamus.* Qui autem id affirmare audeant, qui Trinitatis nomina, ὁμοούσιον, cum Nicænis Patribus, sive consubstantialis, ὑποστάσεως, sive personæ, cæteraque id genus amplectuntur, quæ tamen sacris in Litteris non exstant : quique, ni prorsus imperiti sunt, non nesciunt a sanctis Patribus id nominis usurpari, ubi de Baptismo, Eucharistia, aliisque Sacramentis sermonem instituunt. Tritum istud Tertulliani lib. de Præscriptionibus cap. 16 : *Ipsas quoque res*, inquit de cacodæmone, *Sacramentorum divinorum in idolorum mysteriis æmulatur; tingit et ipse quosdam, utique credentes et fideles suos, etc.* Tum postea : *Signat in frontibus milites suos, etc.* Huic adde Cyprianum, qui lib. 2. Epist. 1. de Baptismo, ut Tertullianus de Confirmatione, sic aperte loquitur : *Si Sacramento utroque nascantur.* Mitto cæteros : isti enim antiquissimi omnium sufficiunt, ut intelligant adversarii nos minime sectari prophanas vocum novitates, quas prorsus cavendas in fidei negotio, post Apost. 1. ad Timoth. 6. animadvertit Augustinus lib. 10. de Civit. Dei cap. 23 : *Nam liberis*, inquit, *vocibus loquuntur Philosophi, nec in rebus ad intelligendum difficillimis offensionem religiosarum aurium pertimescunt : nobis autem ad certam regulam loqui fas est; ne verborum licentia, etiam de rebus, quæ his significantur, impiam gignat opinionem.*

Cæterum neque caremus Scripturæ locis, quæ receptæ tot ab hinc sæculis vocis istius significationi suffragentur. Tametsi vero sacris in Paginis vocem hanc, *Sacramentum*, de nostris speciatim usurpari Sacramentis, probare sectariis non possumus ex illo Apostoli ad Ephesios loco cap. 5. *Sacramentum*, (sive ut Græce legitur, mysterium) *hoc magnum est :* ut qui matrimonium e numero Sacramentorum ejiciunt : nihilominus operosum non est e Scripturis eruere nomen istud, Sacramenti, ut genus est, et communione quadam complectitur nostra Sacramenta, et alias res quasdam, nimirum ut signum rei sacræ vel arcanæ significat. Quid enim aliud indicat vox ista loco mox laudato ad Ephesios 5. qui sic habet : *Propter hoc relinquet homo patrem et matrem suam, et adhærebit uxori suæ, et erunt duo in carne una : Sacramentum hoc magnum est; ego autem dico, in Christo et in Ecclesia.* Quasi dicat : mysterium hoc, sive Sacramentum, ego ipsum sic explico, aioque; eam viri feminæque conjunctionem, rei sacræ signum esse et arcanæ, Christi videlicet cum Ecclesia arctissimæ communionis. Absurde vero cum Erasmo Calvinus, ne matrimonium, ex hoc testimonio, Sacramentis Ecclesiæ cogatur annumerare, Sacramentum, sive mysterium, a Paulo dici contendit, non viri et feminæ; sed Christi et Ecclesiæ, vel Adami Evæque conjunctionem : cum insulsam hanc interpretationem, vel duæ voculæ satis evertant, pronomen relativum, *hoc*, tum verbum substantivum *est*, *Sacramentum hoc magnum est*, ait Apostolus, *hoc :* dixit, ut indicaret id vocabulum ad id referendum, quod ante dictum fuerat, de utriusque conjugis copulatione : *Erunt duo in carne una.* Dum autem in præsenti subjicit : *Sacramentum hoc magnum est*, neque dicit, *fuit*, satis innuit, de Adami et Evæ conjugio nequaquam esse sermonem; sed de quolibet connubio, rite inito, quod Sacramentum certe magnum est, ex quo certam conferendæ gratiæ promissionem ei Christus annexuit. Huc etiam accedit, quod nisi subjecta sit huicce vocabulo ea sententia, quam Hieronymus, Chrysostomus, Oecumenius, aliique Patres in hunc locum afferunt, tota vis argumenti infringitur, qua persuadere nititur Apostolus, ut suas mariti uxores colant atque diligant, nempe quia istud : *Erunt duo in carne una; magnum est Sacramentum in Christo et in Ecclesia :* hoc est ejusmodi, quod cæleste Christi cum Ecclesia connubium adumbret: proindeque efficere debeat, ut uxorem conjux quasi suam carnem, imo quasi sepsum impensius amet ac colat, sicut Redemptor Ecclesiam enixe diligit. Huic Apostoli testimonio subjungere possem Danielis locum cap. 2. ubi Nabuchodonosoris statua sæpius appellatur mysterium sive Sacramentum; *razi*, Hebraice, Chaldaice, *raza*, quod Thargum deducit a vocabulo, *raz*, quod *secretum* et *mysterium* sonat. Nempe quod signum existeret rei latentis et obscuræ; regnorum utique quatuor, quæ ex Alexandri Magni cineribus enata sunt; Ægyptiaci, Syriaci, Macedonici, et Asiatici; tum etiam regni Servatoris, quod post illa demum exortum est : quæ omnia ab Daniele obscuris significationibus, quasi totidem Sacramentis, adumbrata sunt.

Eadem porro *Mysterii* ratio est, e qua voce Sacramenti nomen vulgatæ editionis antiquus interpres expressit. Quamquam non una eademque est etymologia, sive notatio nominis; cum *mysteria* primum appellent Græci, quæ vocat *initia* Tullius lib. 2. de Legibus, hoc est, ritus quosdam, quibus homines sacris initiantur, a verbo μυέομαι hoc est, initior; cui significationi vox Hebræa respondet, *milluin*, ab radice, *male implevit;* quod, ut scribit R. Salomon, hi ritus compleant perficiantque homines sacros. Sunt autem a Græcis, ejusmodi initia, appellata mysteria; quod occultissimis mysteriis, noctu plerumque, peragerentur, quæ *sacra opertanea* Plinius, *Operta* Flaccus nuncupat. Quippe enim vox eadem arcanum sonat : unde Tullius 3. de Orat. : *Hoc tacitum tanquam mysterium teneas;* et Paulus ad Ephesios 1. e Græco textu : *Patefacto nobis mysterio, seu arcano voluntatis suæ.* Tum 1. ad Corinth. 2 : *Loquimur Dei sapientiam in mysterio*, hoc est, arcano, ut interpretatur Chrysostomus Homil. 7. in eam Epist. quoniam, ut ait, suum illud consilium Deus de redemptione hominum clam habuit, ac ne Angelis quidem aperuit, priusquam hominibus ipsis panderet. Qua in significatione, mysterii etymologia petitur ἀπὸ τοῦ μύειν, a claudendo; non autem e vocabulo Hebræo *mistar*, quod *secretum* sonat; ab radice *sathar*, quod est occulere, ut non nemo somniavit.

Verum ad rem nostram magis accommodata ejusdem vocabuli notio est, cujus usum jam inde a principio sibi, ut et Sacramenti, quemadmodum ostendimus, vindicavit Ecclesia; cum non solum in commune omnia Religionis arcana nominavit Mysteria, et Sacramenta; sed peculiari quadam significatione doctrinæ illi, quam de signis nonnulli, Συμβολικὴν Θεολογίαν, Symbolicam Theologiam appellant Græci, eas dictiones accommodavit. Qua notione mysterium, dicitur signum omne concretum, et corporeum, quod sub sensum cadit, latentium rerum, minimeque aspectabilium. Ita ut, quemadmodum homo animo constat et corpore; ita quoque mysterium e rebus, quæ partim usurpentur sensibus, partim oculos aliosve sensus fugiant, coalescat. Quo sensu de antiqua Lege Gregorius Nazianz. Oratione de Baptismo præclare dixit, adumbrare verum, et magni luminis, legis utique novæ, mysterium seu Sacramentum esse. Sed significantius de Sacramentis Gratiæ loco jam prolato Chrysostomus, Homil. scilicet 7. in priorem ad Corinth. ad hæc Pauli verba : *Loquimur Dei sapientiam in mysterio : mysterium*, ait, *appellatur, cum alia inspicimus, alia credimus*, quod in Eucharistia, Baptismoque demonstrat. Quæ postrema mysterii acceptio apud Auctores prophanos minime reperitur, quibus mysteria vel fuere tantum ceremoniæ, quibus Deorum Religioni homines consecrentur; vel res abditæ et a sensibus ac cogitatione remotæ. Quæ duæ etiam significationes in nostra vel mysteria, vel Sacramenta mirifice quadrant, quippe et homines mysteriis initiantur, et consecrantur Deo, cælesti gratia perfusi. *Inde Sacramenta manarunt*, inquit Augustinus lib. 15. de Civit. Dei cap. 26. *quibus credentes initiantur.* Deinde vero ea profanis prodere nefas est, nec temere apud indignos evulganda; sed, ut pretiosæ margaritæ a contemptu sunt vindicanda. At longe aptius in eadem convenit, quam ad ultimum subjeci, significatio. Nam ut recte Chrysostomus, loco mox allato, innuit, rem sacram occultamque continent; cælestem nempe gratiam; ac nonnulla etiam characterem. Quam ob causam a Dionysio Eccl. Hierarch. cap. 1. et 2. symbola, seu signa, divina sacraque nuncupantur; nec qualiacumque, sed quæ cum occulto divinæ gratiæ fructu, effectuque, similitudinem quandam habeant atque convenientiam : ut lotio externa baptismatis, sicut explicat Chrysost. cum interna animi lotione, quam repræsentat, et efficit. Quæ genuina est germanaque Sacramentorum nostrorum descriptio, ut sint *signa rei sacræ;* ex Augustino, *invisibilis gratiæ formæ visibiles;* ex Catechismo Tridentino, *res subjectæ sensibus, quæ ex Dei institutione, sanctitatis et justitiæ tum significandæ, tum etiam efficiendæ vim habeant.* Neque vero absque gravi causa, concreta ejusmodi signa, et tractabilia constituit Deus, puta lotionem et aquam in baptismo, quibus cælestem occultamque gratiam, cum oculis sensibusque repræsentaret, tum etiam in animis vi quadam abdita divinaque, gigneret. Nam si incorporei essemus, Chrysost. ait Homil. 62. in Matthæum, nuda et incorporea nobis hæc ipsa daret : nunc quia corporibus insertas habemus animas, sub iis, quæ percipiuntur sensibus, tradit spiritualia, ἐν αἰσθητοῖς τὰ νοητά σοι παραδίδωσι : cui assentitur August. in Joan. Homil. 86 : *Sacramenta*, inquit, *exercitia sunt, quæ certiorem verbi Dei fidem nobis faciunt : et quia carnales sumus, sub rebus carnalibus exhibentur; ut ita pro tarditatis nostræ captu nos erudiant, et perinde ac pueros pædagogi manu ducant.*

Sacramentum Catechumenorum, apud S. Augustinum lib. 2. de peccatorum meritis et remissione cap. 26. ubi de Catechumenis : *Et quod accipiunt, quamvis non sit corpus Christi, sanctum est tamen et sanctius, quam cibi, quibus alimur.* Quod Cellotius et alii de Eulogiis interpretantur, cum de sale dictum contendat supra laudatus frater, quod unum et perpetuum erat Catechumenorum Sacramentum, et ad Eulogias iis nisi post baptismum aspirare non licuerit. Idem porro Augustinus lib. 4. de Baptismo contra Donatistas cap. 21 : *An Catechumeni Sacramentum baptismi Sacramento præferendum putamus?* Ubi quidam intelligi volunt ritus et ceremonias, quæ Catechumenis ante baptismum adhibentur, quas idem Augustinus tract. 4. in Joannem *Sacramenti* nomine donat. Sed cæteris ante baptismum adhiberi solitis ritibus hunc, quo sal peculiari benedictione consecratus dabatur Catechumenis, per antonomasiam *Sacramentum* appellarunt, *Catechumenorum*, Sacramenti voce latius accepta, quod eis esset Eucharistiæ loco, cum fideles communicarent, præsertim ad festos Paschatis dies, atque adeo Catechumenis etiam *Eulogiæ* seu panes benedicti interdicerentur. Nam eo plerique referunt Concilium Carthaginense III. can. 5 : *Item placuit ut etiam per solennissimos Paschales dies Sacramentum Catechumenis non detur, nisi solitum salis : quia si fideles per illos dies Sacramenta non mutant, neque Catechumenis oportet mutare.* [Ea certe notione accipitur in lib. 7. Capitul. cap. 263. ubi et nominis Sacramenti ratio exponitur : *Ut per solemnissimos Paschales dies Sacramentum Catechumenis non detur, nec eis qui a liminibus Ecclesiæ sunt exclusi, neque eis, ante canonicam reconciliationem, qui publicam gerunt pœnitentiam, sed tantum benedictum Sal a sacerdotibus pro communione tribuatur.* Adde Addit. 4. cap. 63. et 76.] Salis autem Catechumenorum, cujus consecrandi modum refert Ordo Romanus, meminerunt non semel Patres, inprimisque Origenes Homilia 6. super Ezechielem, Liber I. Sacramentorum Eccl. Roman. cap. 31. Isidorus lib. de Divin. Offic. cap. 20. etc.

* Sacramentum Salis, Idem quod *Catechumenorum*, quibus sal peculiari benedictione consecratus dabatur. Libel. de Sacram. a Bonizone Sutrino episc. apud Murator. tom. 3. Antiq. Ital. med. ævi col. 604 : *Veniam nunc ad sacramenta ab Apostolis instituta. Et primum de Sacramento salis..... Quum quis ad catechisandum accesserit, petit exsufflationem sarcerdotis, qua spiritus immundus expellitur; sal per manus accipiat sacerdotis, dicente eodem :* Accipe sal sapientiæ, quod proficiet tibi in vitam æternam : *non quod vita æterna donetur catechumenis, sed quia sal Sacramentum est fidei, quæ per dilectionem operatur et baptizatos perducit ad vitam æternam. In plerisque vero ecclesiis sal semel datur catechumenis : in quibusdam vero omnibus scrutiniis.*

* Sacramenta Necessitatis, *Baptismi*

videlicet et pœnitenciæ, in Lit. Innoc. PP. III. ann. 1207. inter Probat. tom. 1. Hist. Nem. pag. 42. col. 2.

Sacramentum Symboli. S. Augustinus lib. de Catech. rudib. cap. 13 : *Accepit Symboli remedium contra antiqui serpentis venenum, ut si quando voluerit adversarius diabolus denuo insidiari, noverit redemptus cum Symboli Sacramento, et Crucis vexillo ei debere occurrere.* In Ordine Romano sic animantur Catechumeni ante traditionem Symboli : *Accedite suscipientes Evangelici Symboli Sacramentum a Domino inspiratum, ab Apostolis institutum.* V. infra *Symbolum*.

Sacramentum Propriæ Manus, Subscriptio. Anonymus de Berengarii damnatione : *Nos ipsi interfuimus et vidimus, quando Berengarius in media Synodo constitit, et hæresim de corpore Domini coram omnibus propriæ manus Sacramento abdicavit.*

* Non male, quia glossatoris est generatim definire : si vero locum hic laudatum duntaxat attendis, est Retractatio, propriæ manus subscriptione firmata.

Sacramentum, quomodo altera notione intelligi dixit Hugo a S. Victore, *quasi scilicet sacrum secretum, velut Sacramentum Incarnationis, et hujusmodi.* Collatio 1. Carthagin. cap. 5 : *Et quod veri invenerit fides, per admirabile mysterium Trinitatis, per Incarnationis Dominicæ Sacramentum, et per salutem supramemoratorum Principum judicaturum me esse promitto.* Concilium Carthaginense ann. 525 : *Intimamus Resurrectionis dominicæ Sacramentum 7. Iduum Aprilium adfuturum fore.* Paulinus Natali 9 :

> Quod Paschale Epulum! nam certe jugiter omni
> Pascha die cunctis Ecclesia prædicat horis,
> Contestans Domini mortem Cruce, de Cruce vitam
> Cunctorum : tamen hoc magnæ pietatis in omnes
> Grande Sacramentum præscripto mense quotannis
> Totus ubique pari famulatu mundus adorat,
> Æternum celebrans redivivo corpore Regem.

Gelasius I. PP. Epist. 9. ait, non baptizandum *præter Paschale festum, et Pentecostes venerabile Sacramentum.* Sic *Crucis, Resurrectionis et Ascensionis Sacramenta* dixit S. Hieronymus Epist. 48. ad Sabinianum Diaconum. *Sacramentum Symboli, Sacramentum Resurrectionis ex mortuis*, Rufinus lib. 1. in eumdem Hieronymum, et in Præfat. ad Origenem περὶ ἀρχῶν, *Sacramentum Natalis Domini*, S. Gregorius in Sacrament. pag. 6. et Tremundus Clarevallensis Epist. 7. Vide S. Augustinum Epist. 118. ad Januarium. *Sacramentorum scientiam*, dixit S. Fulgentius Epist. 4.

Sacramentum, Sacra Missarum Liturgia, apud Optatum lib. 2. et 6. contra Parmenianum, S. Ambrosium lib. 3. de Virginitate, S. Augustinum Epist. 59. ad Paulinum, et lib. de Dono perseverantiæ cap. 13.

¶ Sacramentum, Hostia sacra. Ordo officii Gotthici inter Concil. Hispan. tom. 3. pag. 266 : *Tunc Sacramentum præ manibus habens supra calicem Sacerdos... recitat symbolum Apostolorum.* Chron. Saltzburg. apud R. Duellium tom. 2. Miscell. pag. 130 : *Anno Domini* MCCCCIV. *Judæi Saltzburgenses et in Salina omnes capti sunt propter Sacramentum furto interceptum ab ecclesia B. Virginis in Mullen, quod ipsi emerunt et martyrisaverunt.*

* *Sacrement*, eadem acceptione, apud nostrates. Ceremon. inaugurat. reg. in Reg. Cam. Comput. Paris. sign. *Pater* fol. 164. v° : *Après ce repere à l'autel li arcevesques pour faire le Sacrement de la Messe.* Le Roman *de Robert le Diable* MS. :

> Li Apostoles sans plus atendre,
> S'est revestus isnelement,
> Et fait à Dieu son Sacrement,
> Quant il eut la Messe chantée, etc.

¶ Sacramentum Missæ, Pars Missæ, in qua Corpus et Sanguis Christi fidelibus a Sacerdote ostenditur, Galli vocamus *l'Elévation.* Statutum Capituli Autiss. ann. 1373 : *Fuit tractatum de pulsatione Primæ et Nonæ, quæ nimis succincte pulsantur, quoniam Prima debet pulsari usque ad Sacramentum ultimæ Missæ B. Mariæ in civitate, etc.*

* Seu ipsamet hostiæ consecratio, nostris etiam *Sacrement.* Charta ann. 1399. ex Chartul. episc. Carnot. : *Ducentas libras dedit* (Radulphus de Refugio) *pro fundatione missæ, qualibet die.... dicendæ..... immediate post Sacramentum majoris missæ.... Porro ut populus valeat levationis Sacramenti dictæ majoris missæ habere noticiam,.... dum incipietur cantari Sanctus pro Sacramento dictæ majoris missæ, una campanularum, super medio chori appensarum, pulsabitur.* Le Roman *de Robert le Diable* MS :

> Li sains homs la messe canta ;
> Et quant ce vint au Sacrement,
> Que le Corps Dieu tint en présent, etc.

Stat. ann. 1376. tom. 6. Ordinat. reg. Franc. pag. 187. art. 10 : *Deux torches pour alumer au Sacrement.* Lit. remiss. ann. 1380. in Reg. 117. Chartoph. reg. ch. 35 : *Sur quoy advint que l'en sonna au Sacrement de la messe à l'église, à laquelle icelles gens coururent pour veoir Dieu.*

Sacramentum, ¶ Episcopatus, dignitas Ecclesiastica. Ammianus lib. 15. de exauctoratione S. Athanasii : *Cœtus in unum quæsitus ejusdem loci multorum* (*Synodus*, *ut appellant*) *removit a Sacramento*, *quod obtinebat.*

Sacramentarium, *Liber Sacramentorum*, promiscue dicitur liber Ecclesiasticus, in quo sacræ Liturgiæ ad Sacramentum conficiendum continentur, cujus primum Auctorem fuisse Gelasium PP. scribit Joannes Diaconus in Vita S. Gregorii M. a quo emendatum, recensitum, et breviatum ait, quod et præfert titulus Codicis Rivipullensis apud Stephanum Baluzium in Notis ad Agobardum. *Librum* vero *Sacramentorum* appellasse Gregorium M. tradit idem Diaconus, qua nomenclatura donatur ab eodem Agobardo lib. de Imaginibus cap. 30. Walafrido Strabo lib. de Reb. Eccl. cap. 22. Bernone lib. de Missa cap. 1. Micrologo cap. 6. Flodoardo lib. 3. Hist. Rem. cap. 9. in Concilio Remensi cap. 5. apud Burchardum et Reginonem, in Vita Aldrici Episc. Cenoman. n. 20. etc. *Liber Sacramentarius*, appellatur a Fulberto Carnotensi Epist. 79.

Sacramentarium eumdem librum vocant alii, maxime Ordo Romanus non semel, Capitula Caroli M. lib. 7. cap. 143. 305. [** 202. 389.] Aytho Basileensis Episcop. in Capitul. cap. 6. Alcuinus de Divin. Offic. Amalarius, Leo Ostiensis lib. 3. cap. 19. 42. 73. et ult.

Fatendum tamen, Gelasium non primum fuisse Sacramentarii auctorem, sed forte emendatorem : siquidem antea Salvianum, Musæum Massiliensem Presbyterum, et Voconium Castellanensem Episcopum, *Sacramentorum volumina* conscripsisse auctor est Gennadius : qua quidem voce *Missas* indicari satis prodit in Musæo. Et quod *Sacramentum* ille vocat, Julianus Episcopus Toletanus *Missas* appellat, in Ildephonsi Episcopi Toletani elogio, quem ait, *Missas* scripsisse, ut Julianum ipsum *librum Missarum de toto circulo anni in quatuor partes divisum*, Felix Toletanus perinde Episcopus : Salvum denique Abbatem Arnoldensem et Petrum Ilerdensem, Anonymus iisdem Scriptoribus subditus. Sed et Auctor Catalogi Abbatum Floriac. lib. 1. Miscellan. Baluzii ait, Theodulfum Aurelianensem *Sacramentum Missæ, seu eorum, quæ in ea geruntur, digessisse;* et in Statutis Synodalibus Joannis Episcopi Leodiensis ita etiam Missa appellatur. [Adde Guidonem in Discipl. Farf. lib. 1. cap. 17 : *Sicque Missam celebrent sicut in Sacramentario continetur.*]

Librum porro Sacramentorum, qui Gregorii nomen præfert, et quem eruditissimis observationibus illustravit Hugo Menardus Benedictinus sitne genuinus sancti Pontificis fœtus, jure in dubium vocant viri docti, adeo ut si ejus sit, multis in locis interpolatum, vel certe auctum liceat conjicere, cum in eo mentio fiat *Sacramentarii* alterius, et post Caroli M. ætatem scriptum adverterit supra laudatus Baluzius. Sacramentarium vero Gregorii, si non fallor, genuinum possidet Bibliotheca illustrissimi Archiepiscopi Remensis Caroli Mauritii *le Tellier*, venerandæ omnino antiquitatis, et ante Carolum M. scriptum, cum hocce titulo : *In nomine Domini incipit Sacramentarium de circulo anni expositum a sancto Gregorio Papa Romano, editum ex authentico libro Bibliothecæ cubiculi, scriptum qualiter Missa Romana celebratur.* Eadem verba præfert codex Menardi, nisi quod pro *Sacramentarium*, habet *Liber Sacramentorum.* Edidit Romæ anno 1680. Josephus Maria Thomasius libros tres Sacramentorum Ecclesiæ Romanæ, Gregoriano Sacramentario antiquiores. Vide eumdem Menardum et Baluzium ad Capit. Regum pag. 1206.

¶ Sacramentorium, Eadem notione, in Gestis Aldrici Episc. Cenoman. apud Baluzium tom. 3. Miscell. pag. 49.

Sacramentum, Reliquiæ. Ita *Sacramentum S. Gregorii Papæ*, inter sacras reliquias recensetur in Bulla Adriani PP. ann. 1013. in Metropoli Salisburgensi tom. 2. pag. 196. quod in Monasterio Andezzensi in Bavaria asservatur. [Chartul. B. M. Magdalenæ Castridun. fol. 59 : *Ad duellum autem vidit Sacramenta S. Leobini portari a presbytero S. Leobini in domo Comitis.*] Joan. *de la Gogue* in Histor. MS. Principum *de Deols* in Biturigibus : *Et à la parfin, quant il vit, que il fu temps, il demanda le Sacrement de Monseigneur saint Jacques, et*

appella Madame Anthoine sa femme, etc.
* Dicitur etiam de sanctorum imaginibus et statuis. Cerem. vet. MS. eccl. Carnot. : *Post Primam cooperiantur altare et capsa et alia Sacramenta.*

¶ Sacramenta Consecrationum, Chrisma, Oleum sanctum, etc. quæ et *Consecrationis instrumenta* dicuntur, in Bulla Lucii PP. III. an. circiter 1188. inter Instr. tom. 6. Gall. Christ. novæ edit. col. 90 : *Porro subjectarum cellarum fratres a suæ diœceseos episcopo, si gratiam et communionem apostolicæ sedis habuerit, omnia consecrationis instrumenta percipiant, si tamen gratis et sine pravitate illis voluerit exhibere : alioquin liceat eis quemcumque maluerint adire antistitem et ab eo consecrationum Sacramenta recipere.*

Sacramentarium. Synodus Exoniensis ann. 1287. cap. 12. ubi de Ministeriis sacris : *Pyxis ad oblatas, tres phialæ, Sacramentarium lapideum et immobile, thuribulum, vas ad incensum, etc.* Id est, lapis, in quo sacrosanctum Sacrificium peragitur.

* Sacramentum, Juramentum. *Sacramenta magna* vel *majora* appellabantur juramenta, quæ duello pugnaturi super sanctam Crucem, sanctas Reliquias aut sancta Evangelia præstabant. Charta Theob. comit. Trec. ann. 1198. in Reg. 155. Chartoph. reg. ch. 310 : *Vadia duelli in manu prioris* (de Condis) *dabuntur, et tenebit illud usque ad majora Sacramenta.* Alia ann. 1268. in Reg. 151. ch. 167 : *Si qui vadia duelli dederint, et postea inter se composuerint uterque solvet duos solidos et dimidium pro emenda : si magna Sacramenta facta fuerint, et postea composuerint, uterque reddet quindecim solidos.* Vide in *Duellum* pag. 951.

* Sacramentum Evangelicum. Juramentum tactis sacrosanctis Evangeliis præstitum. Chartul. Celsinian. ch. 11 : *Quod ut melius sit ratum, Sacramento Evangelico confirmavit, ne ipse vel alii successorum ejus aliquid injuriæ amodo inferant pro hujusmodi beneficio.*

☞ Quod vero ad Sacramentorum seu juramentorum species vel ritus spectat, legesis in voce *Juramentum;* ubi fusius hæc pertractantur.

¶ Sacramenta Solvere, Aliquem a jurata sibi fidelitate absolvere. Charta ann. 1143. in Probat. novæ Hist. Occit. tom. 2. col. 499 : *Inprimis ipse comes debet reddere Narbonam Dominæ Hermengardi, et debet solvere ipsa Sacramenta quæ homines Narbonæ et Narbonensis ei fecerunt de Narbona et de ipsis honoribus qui ad Narbonam pertinent vel pertinere debent ; et debet reddere ipsa Sacramentalia quæ de eis habet.* Ubi *Sacramentalia* nuncupantur Instrumenta præstiti sacramenti.

Sacramentum Armatum, quo quis militiæ sese addixit, in leg. 54. Cod. de Decurion.

¶ Sacramentum Obscarionum. Vide *Obscariones.*

¶ **SACRANEA** *Deæ Cereris,* pro Sacrata. Vide *Consacrare.*

SACRARATI, *Pondus unius aurei cum dimidio.* Saladinus de Ponderibus.

¶ **SACRARE**, dicitur de libro in quo de rebus sacris agitur. Albericus de Rosate Bergomas JC. qui an. circ. 1370. vivebat in Poem. ad lectur. Codic. edit. Lugdun. ann. 1545. pag. 13. ubi de iis quæ novem libris Codicis tractantur :

Prima Sacrat, secunda parat, et tertia censet,
Proxima contrahere, nubere quinta docet,
Testatur sexta, libertos septima gignit,
Pars octava vetat crimina, nona luit.

1. **SACRARIUM,** Ἱεροτεῖον, βῆμα, ἅγιον βῆμα, Pars ædis sacræ, *ubi sunt Sancta Sanctorum,* in Gloss. Lat. MS. Reg. *in quo sacra reponuntur, ab inferendis et deportandis sacris dictum.* Synodus Nicæna Arabica edit. Alph. Pisani cap. 16. *Sacrarium* interpretatur, *ubi est altare,* quod Codex Gr. vocabat θυσιαστήριον. Concilium Vasense cap. 3. de Presbytero : *Cujus officii est Sacrarium disponere, et Sacramenta suscipere.* Epistola Lupi Tricassini et Euphronii Augustod. Episcoporum : *Subdiaconos autem ad pacem inter se in Sacrario oportet accedere.* Vita S. Desiderii Episcopi Cadurcensis cap. 13 : *Si vasa nitentia et clara, si Sacrarium mundum, si lucernæ accensæ, etc. Sacrarium B. Petri Apostoli,* apud Anastasium in Sergio PP. pag. 61. Vide Gregorium Turon. lib. 4. Hist. cap. 1. 31. 41. lib. 8. cap. 7. [et in Vitis Patrum cap. 8. num. 4.]

¶ Sacrarium, Pars altaris, ubi reponitur pyxis, in qua sacra Eucharistia asservatur, nostris vulgo *Tabernacle.* Conc. Hispal. ann. 1512. inter Conc. Hispan. tom. 4. pag. 20 : *Ordinamus ut in omnibus ecclesiis.... adsit Sacrarium ac loca bene constructa et ornata cum bonis seris et clavibus, in quibus reponantur SS. Sacramentum, oleum ac chrisma... Jubeantque pariter ut diu noctuque ardeat lampas coram dicto loco et Sacrario.* Missale Franc. apud Mabill. de Liturg. Gall. pag. 303 : *De ipsis oblationibus tantum debet in altario poni, quantum populo possit sufficere, ne aliquid putridum in Sacrario maneat.*

Sacrarium, generaliter pro templo sumi, maxime apud gentiles, observatum ab aliis. Sed et ita usurparunt Scriptores Christiani. Ammianus lib. 26 : *Confugit ad ritus Christiani Sacrarium. Sacraria Dei* dixit Salvianus lib. 3. Vita S. Joannis Eleemosynarii, interprete Anastasio Bibl. num. 80 : *Loqui autem in Sacrario omnino non permittebat ; sed in conspectu omnium foras mittebat eum, dicens si quidem ut orares venisti huc, etc.* [Mirac. S. Walpurgis sæc. 3. Bened. part. 2. pag. 300 : *Puella a nativitate cæca... cœpit.... totis anhelare præcordiis, ut ad Sacrarium venire mereretur beatissimæ virginis... Ubi vero ventum est ad diu optatum basilicæ aditum, etc.*] Adde Sidonium lib. 8. Epist. 4. Sic etiam usurpare videtur Tabularium Bellilocense in Lemovicibus Ch. 85 : *Post nostrum discessum in dominio S. Petri remaneat, et S. Primi ad Sacrarium, sic ut nullus homo de communia S. Petri alienare voluerit, etc.* Ch. 130 : *Omnia superius nominata Deo et S. Petro offerimus ad sacrificium sacrandum, et ad luminaria concinnanda ante altare S. Petri, et omni tempore ad Sacrarium supradictæ res permaneant.* Ch. 145 : *Post mortem meam similiter ad Sacrarium remanere voluit.*

Sacrarium, quod alias *Secretarium, Diaconicum, Sacristia.* Gloss. Lat. Gr. : *Sacrarium,* ἱεροθήκη. Walafridus Strabo lib. de Reb. Eccl. cap. 6 : *Sacrarium dicitur, quia ibi sacra reponuntur et servantur.* Gregorius M. in Sacrament. pag. 69 : *Et expectant Pontificem, vel qui vicem illius tenuerit : qui dum veniens de Sacrario processerit ante altare ad orandum, etc.* Ordo Romanus : *Processionem coram Episcopo acturis, a Custode Ecclesiæ in Sacrario ornamenta præbenda sunt.* Occurrit ibi hac notione non semel, ut in lib. 4. Sacrament. Eccl. Rom. cap. 41. Flodoardus lib. 2. cap. 2 : *Quando Siggo quidam Sigeberti Regis Referendarius, virtute B. Martini, cujus idem Gregorius tunc secum habebat pignera, in Sacrario domus Ecclesiæ Remensis auditum surdæ recepit auris. Custos Sacrarii,* qui aliis *Sacrista,* in Regula S. Isidori cap. 19. Vide Anastasium Bibl. in Gregorio M. pag. 44. [Gregor. Turon. lib. 8. Hist. cap. 7. lib. 3. Mirac. S. Martini cap. 17. Gesta Aldrici Episc. Cenoman. apud Baluz. tom. 3. Miscell. pag. 126.] et Ughellum tom. 7. pag. 274.

¶ Sacrarium, Cœmeterium. Conventus Episcop. apud Gissonam ann. 1099. inter Conc. Hispan. tom. 3. pag. 310 : *Decreverunt autem Episcopi sub anathemate ut inter spatium cœmiterii nullus audeat inquietare, vel sacraria* (*id est cœmeterium*) *infringere, vel aliquam violentiam facere.* Vide *Sacratum.*

¶ Sacrarium, Scrinium, tabularium, archivum, nostris *Chartrier.* Statuta Ardacensia apud R. Duellium tom. 1. Miscell. pag. 109 : *Item secundo statuimus, quod sigillum nostri capituli in Sacrario debeat esse repositum, et tribus clavibus diligenter reclusum... privilegia quoque ipsius Ecclesiæ in scrinio, in quo sigillum est repositum, debent supradictis clavibus observari* (l. obserari.) Vide *Sacristia.*

Sacrarium, Sacrum ærarium, fiscus Principis, in lib. 49. Cod. Th. de Hæret. (16, 5.) [Vide post *Sacrum* 2.]

Sacrarium Palatinum, et Consistorium Principis, in leg. 11. de Pœnis (9, 40), et leg. 8. 16. de Legat. (12, 12.) leg. 16. de Hæret. (16, 5.) in Cod. Theod.

* 2. **SACRARIUM**, Liber continens benedictiones seu *Sacrationes.* Ordinar. MS. Petri Aureæ-vallis ubi de Benedictione fontium : *Fiat totum illud misterium, videlicet cruces et signacula, prout habetur, signatum in Sacrario sive collectario, ubi etiam habetur qualiter ponatur et deponatur cereus in fontes et de fontibus.*

¶ **SACRATA** Deo, Sanctimonialis. Chron. S. Petri Vivi apud Acher. tom. 2. Spicil. pag. 719 : *Quod* (caput B. Agnetis) *dum poneret super altare, cunctæ Deo Sacratæ in terram ruerunt velut in extasi positæ.*

* *Virgo sacrata,* in plurimis Christianorum inscriptionibus, teste Fontanino in Comment. de S. Columba pag. 24. et 36.

¶ **SACRATIO.** Vide *Sacrum* 1.

SACRATORIUM, Idem quod *Sacrarium.* Glossarium Cambronense : *Absida dicitur exedra, id est, Sacratorium.*

¶ **SACRATUM**, ut *Sacrarium, sacristia.* Statuta Mutin. rubr. 362. fol. 71 : *Cum propter aquarum abundantiam quæ exeunt de canali qui vadit... super Sacratum eccle-*

sio S. Pauli, omnia monumenta, quæ sunt in Sacrato ecclesiæ prædictæ S. Pauli, et etiam domus heremitarum ibi existentium impleatur aqua prædicta, etc.

¶ **SACRESTANA**, Sacrarii custos apud Sanctimoniales, Gallice *Sacristaine* vel *Sacristine*. Necrolog. Abbat. S. Petri de Casis : 23. *Junii, obitus domine Ysabellis de Langiaco Sacrestane de Casis, etc.* Vide *Sacrifica*, et *Sacristana* in *Sacrista*.

¶ **SACRETARIA**, ut *Sacrestana*. Primordia Calmosiac. Monast. lib. 2. apud Marten. tom. 3. Anecd. col. 1187 : *Pro tribus quarteriis terræ... quæ ad Sacretariam Romaricensis ecclesiæ pertinebant, quam nos proprie custodem ecclesiæ vocamus, etc.*

¶ **SACRICOLUS**, adject. Sanctus, quod *sacricolam* deceat. Vita S. Arnulfi Episc. Metens. sæc. 2. Benedict. pag. 151 : *Incipit... vox consona populi ut sibi Arnulfus pontifex detur instare : quia et Principi acceptissimus haberetur, et Sacricolis actibus pollere nosceretur.*

¶ **SACRICUSTOS**, ut infra *Sacrista*. *Bernardus Johannis Sacricustos et clericus* subscribit Chartam Guillelmi Ceritani Comit. ann. 1091. apud Marten. tom. 1. Ampl. Collect. col. 538.

SACRIFEX, Sacrificus, Sacerdos. Passim apud Hildebertum in carmine de Officio Missæ.

SACRIFICA, Officium Monasticum in Monasteriis sanctimonialium. Petrus Abælardus pag. 154 : *Sacrifica, quæ et Thesauraria, toti oratorio providebit, etc.* Sed ibi legendum indubie *Sacrista*, ut pag. 143. [Vide *Sacrestana*.]

SACRIFICATI, dicti olim Christiani, qui suppliciorum, vitæ, vel etiam et bonorum amissionis metu idolis sacrificabant, licet revera Christianam ex animo fidem profiterentur. Hos pluribus exagitat S. Cyprianus Epist. 52. et lib. de Lapsis, et a cæterorum communione non modo arcendos contendit, sed et in graviori longe versari culpa, quam *Libellaticos*, de quibus suo loco. Hos etiam *Thurificatos* vocat eadem Epist. 52. Concilium Arelatense II. sub Siricio PP. cap. 11 : *Si qui vero dolore victi et pondere persecutionis negare et Sacrificare compulsi sunt, etc.* Libellus precum Marcellini et Faustini pag. 31 : *Sed paululum territus tantus Episcoporum numerus catervatim dederunt manus impietati, et ad majorem jam vesaniam inclinavit impietas tam facili strage multitudinis. Non hoc minus sacrilegium est, non hoc minor impietas, quam si sub persecutore gentili idolo Sacrificatum esset; quoniam et hæresi perterritum subscribere, dæmoniis sacrificare est.*

1. **SACRIFICIUM**, Hostia consecrata, divina Eucharistia. [*Sacrificata hostia*, Anonymo de Reb. Altahens. Monast. ex Schedis Mabill. Regest. 1 : *Qui* (Leonardus) *ob furtum hostiarum in sacristia, non tamen Sacrificatarum, etc.*] Cumeanus Abbas de Mensura Pœnitentiarum cap. 14 : *Mulieres possunt sub nigro velamine accipere Sacrificium.* Pœnitentialis S. Columbani : *Quicumque Sacrificium perdiderit, et nescit ubi sit, anno pœniteat. Qui negligentiam fecerit erga Sacrificium, ita ut ad nihilum devenerit, dimidio anno pœniteat.* Occurrit ibi pluries. Capitula Theodori Archiep. Cantuar. cap. 5 : *Sacrificium non esse accipiendum de manu Sacerdotis, qui orationem vel lectiones secundum ritum implere non potest.* Adde cap. 50. 59. Canones S. Patricii cap. 13. Capitulare Aytonis Episcopi cap. 74. Capitul. Caroli M. lib. 1. cap. 71. [** 67.] Ordericum Vitalem lib. 6. pag. 616. [Pirminii Libellum apud Mabill. tom. 4. Analect. pag. 598. etc.] Tabular. S. Cyrici Nivern. Ch. 45 : *Quendam alodum meum Deo et S. Cyrico ad emendum illius loci Sacrificium, qui est in pago, etc.*

¶ Sacrificium, Missæ offertorium, in Missali Mozarabico apud Mabill. Liturg. Gall. pag. 11.

¶ Sacrificium Psallendi, Officium divinum. Capitul. lib. 7. cap. 228 : *Sancitum est ut si quis presbyter vel diaconus aut quilibet clericus ecclesiæ deputatus, si intra civitatem fuerit, aut in quolibet loco in quo ecclesia est, et ad quotidianum psallendi Sacrificium matutinis vel vespertinis horis ad ecclesiam non convenerit, deponatur a clero.*

Sacrificium Siccum, *mixtum*. Missa vetus ex Codice Ratoldi Abbatis Corbeiensis : *Episcopus communicet Presbyteros et Diaconos cum osculo pacis, sicco tamen Sacrificio, et Subdiaconi mixto Sacrificio : et Diaconi et Presbyteri summatim gustent cum calice, tenente Subdiacono, de ipso sanguine.* Ubi *communicare sicco Sacrificio*, est corpore Christi separatim a sanguine porrecto : *mixto* vero *sacrificio* corpore Christi sanguini ejus intincto. Vide *Missa sicca*.

¶ Sacrificium Vespertinum, Missa, quæ in Quadragesimæ feriis ad vesperam differebatur. Vide Mabill. Liturg. Gall. pag. 54. et 126.

¶ Sacrificii Opus, Missa. Vide post *Opus* 6.

* Sacrificiorum Liber. Invent. MS. thes. Sedis Apostol. ann. 1295 : *Item alius liber D. Innocentii, qui vocatur Liber Sacrificiorum, in quo est expositio omnium Ordinum, et de eorum quæ sunt in Missa.*

2. Sacrificium, Quævis oblatio fidelium. Charta Edmundi Regis Angl. pro Monasterio Glastonensi tom. 2. Monastici Angl. pag. 838 : *Quinque mansas Athelwodo Ministro meo in æternam hæreditatem concedo, ea tamen ratione, ut omni anno in solemnitate S. Martini ad Ecclesiam Beatæ Dei Genitricis..... 5. congios celiæ, et 1. ydromeli, et 30. panes cum pertinentibus pulmentariis, et 5. congios frumenti reddat : insuper omne Sacrificium, quod nos dicimus Minus Ecclesiasticum, et opus Ecclesiasticum et Minus rogificum ab omni familia illius terræ reddatur.* Ubi legendum utrobique *munus*, docet Chronicon Montis Sereni ann. 1214 : *Quo rumore* (miraculi) *diffamato, provinciarum omnium circumjacentium populis ad civitatem confluentibus, tanta fuit offerentium multitudo, ut infra paucos menses quibus illa duravit insania, præter oblationes ceræ, super 150. marcas sit Sacrificium computatum.* An. 1219 : *Marcam etiam unam, quam ex veteri consuetudine Camerario in dedicatione Ecclesiæ de Sacrificio ipsius diei Tidericus dare tenebatur, usque ad tempus quo ipse a parochia recessit, quod fuit circa festum Michaelis, non dedit, ad cujus redditionem a Præposito arctabatur.* Denique ann. 1223 : *Tantus illuc fidelium concursus factus est, ut 800. marcæ de Sacrificio primi anni computarentur.* Infra : *Et in concurrentium quidem numerositate consilii sui effectu fraudatus non est : utrum autem ei offerentium, ipse viderit. Constat enim 240. talenta ceræ hoc anno de consueto Sacrificii pondere defuisse.* [** Vetus Notit. apud Schannat. in Histor. Wormat. tom. 1. pag. 115 : *Hæc sunt nomina villarum, quæ tenentur singulis annis.... duo Sacrificia ad quodlibet altare ponere. Est autem Sacrificium tale : Caseus, panis in valore unius hall. et 2. hall.*]

¶ **SACRIFUS**. Vide infra *Sacrivus*.

¶ **SACRILEGARE**, Sacrilegium admittere, ex Gloss. Cyrilli apud Vossium de Vitiis serm. lib. 4. cap. 23. Ἱερόσυλος, *Sacrilegus*, ἱεροσυλῶ, *Sacrilego*.

¶ **SACRILEGIUM**, Mulcta quæ a sacrilegis Episcopo exsolvebatur. Charta ann. 1062. apud Lobinell. tom. 2. Hist. Britan. pag. 257 : *Concedimus etiam Sacrilegium quod ad nos pertinet quarumdam ecclesiarum, videlicet ecclesiæ S. Salvatoris de Moia... tali modo ut quod sui inter se homines perpetraverint sit abbati et ecclesiæ suæ; quod vero iidem homines cum aliis fecerint, medietas hujus Sacrilegii eidem erit abbati, cætera sint in dominio nostro.* Charta ann. 1073. ibid. pag. 258 : *Excepta parte et Sacrilegiis presbyterorum.* Charta ann. 1108. ibid. pag. 267 : *Et sic sit ecclesia illa soluta et quieta ab omnibus reliquis consuetudinibus, et etiam a Sacrilegio, salvo jure canonico.* Rursum in alia ibid. pag. 347 : *In emendationibus illis quæ ex adulteriis et Sacrilegiis atque hujusmodi Episcopo proveniunt, monachi medietatem habebunt.* Hanc vero mulctam, quæ *a Justiniano in quinque libras auri optimi* constituta fuerat, reductam *a Carolo pio Principe in triginta libras examinati argenti, id est sexcentorum solidorum argenti purissimi*, discimus ex Confirmat. ejusd. legis in Concil. Tricassino ann. 878. tom. 2. Capitul. col. 277. et 278.

¶ Sacrilegi Nuptiarum nuncupantur adulteri, in lege 5. Cod. Theod. lib. 11. tit. 36.

¶ **SACRIM**, ἀπαρχὴ γλεύκους, in Gloss. Lat. Gr. Ex Festo *Sacrima* emendat Vulcanius : sic appellabant *mustum, quod Libero sacrificabant pro vineis, et vasis et ipso vino conservandis.* Eædem Glossæ : *Sacrimum*, νέος οἶνος.

SACRIMENSIS, ἱερομηνία, in Gloss. Gr. Lat. [Omnis dies in mense sacer, Martinio, quem consule.]

SACRIMONIUM, ἱερωσύνη, in vett. Gloss.

SACRISCRINIARIUS, Sacriscrinius, Sacrista. Gloss. Ælfrici : *Sacriscriniarius*, circ-veard, id est, *Custos Ecclesiæ*. Charta 145. in Appendice ad Capitular. Regum Franc. : *Per Seniofredum Presbyterum Sacriscriniarium suæ Ecclesiæ prædictæ.*

Sacriscrinius. Gesta Synodi Aurelianens. ann. 1017 : *Tunc causa sui itineris... Ebrardo nomine Carnotensis Ecclesiæ Sacriscrinio.* Synodus Helenensis ann. 1027 : *Una cum... Ellemaro Sacriscrinio et choraule.*

* Necrol. eccl. Paris. MS. VI. Idus Maii :

Obiit Girardus sacerdos Sacriscrinius sanctæ Mariæ.

SACRISTA, Dignitas Ecclesiastica. Ugutio : *Sacrista, sacrorum custos.* [Gloss. Lat. Gall. Sangerman. : *Sacrista, sacristarius, Secretain.*] Idem qui *Thesaurarius*, Durando lib. 2. Ration. c. 1. n. 14. et Joanni de Deo in Pœnitentiario lib. 5. cap. 12. *Apocrisiarius*, [vel *Apocrisarius*, ut in edit.] apud Bernardum Mon. in Constit. Cluniac. c. 51. et 52. ubi officium ejus describitur, ut et apud Udalricum lib. 3. [et S. Willelm. lib. 2. Constitut. Hirsaug. c. 34.] Concilium Toletan. in lib. 1. Decret. tit. 26. c. 1 : *Ut sciat se Sacrista subjectum Archidiacono, et ad ejus curam pertinere custodiam sacrorum vasorum, vestimentorum Ecclesiasticorum, seu totius thesauri Ecclesiæ, nec non quæ ad luminaria pertinent, sive in cera, sive in oleo.* Liber Ordinis S. Victoris Parisiensis MS. cap. 20 : *Ad officium Sacristæ pertinent omnia quæ in thesauro sunt custodire, reliquias et omnia ornamenta altaris, et sanctuarii, ac totius Ecclesiæ, sive in auro, sive in argento, sive in ostro, et palliis, et tapetibus, et cortinis : sacras quoque vestes, et pallas, et manutergia, calices, et textus, et cruces et thuribula et candelabra, et cætera vasa quæ vel ad ministerium, vel ad ornamentum altaris et sanctuarii totiusque Ecclesiæ pertinent. Libros quoque missales, Epistolares et Evangelia.* Willelmus Brito lib. 12. Philipp. :

> Deinde Sacrista loci capsam stans ante beati
> Præsulis, etc.

Vetus Epitaphium Lugduni :

> Istius Ecclesiæ Cantor simul atque Sacrista.

Speculum Saxonicum lib. 2. art. 71. § 3 : *Exceptis Clericis, mulieribus, Sacristis, id est Ecclesiarum custodibus, et pastoribus.* [** Germ. *Kerkenere.*] Utuntur Statuta Leichefeldensis Ecclesiæ in Monastico Anglicano tom. 3. pag. 242. et Ecclesiæ Londinensis ibid. pag. 337. Cæsarius lib. 1. Miraculor. c. 35. lib. 4. c. 13. Saxo Grammaticus lib. 11. etc. [Vide Ordinar. Canonic. Regular. ad calcem Johannis Abrinc. de Offic. Eccl. pag. 288. Lobinell. tom. 2. Hist. Britan. pag. 337. et alios.]

☞ *Sacrista* præcipua post Abbatem dignitas in Capitulo de Romanis, ut docet Charta ann. 1274. tom 1. Hist. Dalph. pag. 127. col. 1 : *In casu illo correctio pertineat ad Abbatem, cum Sacrista vel Claverio.* Statutum Humberti Dalph. ann. 1348. inter Ordinat. Reg. Franc. tom. 3. pag. 272 : *Fuit nobis per præfatos canonicos nominibus suis et capituli prædicti ac Sacristæ dictæ Ecclesiæ cum reverentia demonstratum, quod.... ipsi Sacrista, canonici, sacerdotes, curati, capellani et clerici ac totum collegium Ecclesiæ memoratæ, habent... jura, jurisdictiones, etc.* Quod et in aliis quibusdam Ecclesiis obtinet.

Sacrista Apostolici Palatii, Officium perpetuum, inquit Auctor libri Ceremoniarum Capellæ Pontificiæ, *qui semper consuevit esse Prælatus.* De hac dignitate multa commentatur Waddingus in Annalibus Minorum ann. 1303. num. 3. 4. 5. 6. 7. 8.

¶ Sacrista Hebdomadarius, Qui per hebdomadam majoris Sacristæ adjutor constituitur, apud laudatum Bernardum Mon. cap. 52.

¶ Sacristanus, ut *Sacrista.* Chronic. Farf. apud Murator. tom. 2. part. 2. col. 551 : *Johannes* (filius Benedicti Comitis) *quodam anno in vigilia S. Mariæ voti causa, per suum Missum mandans, 12. solidos fecit ponere super altare ipsius, quod Sacristanus assumsit, et intra alia vota reposuit.* Occurrit præterea in Charta ann. 1146. in Probat. tom. 2. novæ Hist. Occitan. col. 516.

¶ Sacristes, Eadem notione, in Chartul. S. Martini Pontisar. : *Odo Sacristes S. Martin.*

¶ Sacristianus, Eodem intellectu. Litteræ ann. 1410. apud Ludewig. tom. 6. Reliq. MSS. pag. 66 : *Nos fratres Wenceslaus de Zbirou prior, dictus Machko, Stephanus subprior et ibidem Sacristianus, etc.*

¶ Segrestanus, Segrestarius, Eodem significatu. Tabul. S. Petri de Cella Froini in Comit. Engolism. : *Audientibus et videntibus G. capellano et Ar. Segrestano, etc.* Usus Culturæ Cenoman. : *Segrestarius debet providere ut cum luce fiant omnia... Segrestarius præparet in virga ante altare* xiii. *cereos.* Nostris *Segretain.* Inventar. ann. 1510. in Chartul. S. Vandreg. : *Inventaire fait par moy Damp Tha. Papeleray Segretain des Reliques du tresor de l'abbaye S. Vandrile.* Vetus Poeta MS. ex Biblioth. Coislin. nunc Sangerm. :

> Dame bien, dist li Segretains,
> Ge ne demant ne plus ne mains.

Et infra :

> Ge sui de çaiens Tresorier,
> Si vos dourai moult bon loier.

Vide *Secretarius* 1.

¶ Sacristana, Sacristaria, Quæ *sacristiæ* præest apud Sanctimoniales. Tabul. S. Albini Andegav. : *Concordia inter R. abbatem S. Albini et Mariam abbatissam S. Sulpitii. Teste Annete Sacristana S. Mariæ Andegavis.* Charta ann. 1403. ex Schedis Præs. *de Mazaugues : Item dominæ Sacristanæ unum justial vini, dum fit communicatio.* Vita B. Coletæ tom. 1. Mart. pag. 574 : *Nam Sacristaria conventus quæ pulsare pro matutino debebat, etc.* Vide *Sacrestana.*

¶ Segresta, Eadem notione, in Charta Gislæ Abbatissæ Romarici-montis laudata a Mabill. tom. 3. Annal. pag. 604.

Sacristaria, Sacristæ munus Monachicum, cum reditu ac prædiis annexis. Gervasius Dorobernensis ann. 1187 : *Archiepiscopus autem... arrepto capitis sui pileo præfatum Robertum sacristam senem, et natura simplicem, quasi de novo sacristam constituit, omnibus eidem pertinentiis Sacristariæ specialiter assignatis.* [Charta ann. 1240. ex Tabul. B. M. de Bono-Nuntio Rotomag. : *Recognovit se vendidisse et omnino reliquisse sacristæ B. M. de prato juxta Rothomagum ad opus Sacristariæ pro 20. sol. Turon.... quoddam tenementum quod dicebat se habere in eadem parochia.*]

¶ Sacristania, Eodem significatu. Chartar. Auxit. Eccl. Ch. 109 : *Ne forte sub obtentu hujus occasionis aliquam ad jus Sacristaniæ pertinere, contendat.* Capitula gener. S. Victoris Massil. MSS. : *Quod nos non videmus qui tenent Sacristanias, seu cellas, seu prioratus quod melius possint legi quam per abbatem ad census reddendos.* Occurrit præterea in Charta ann. 1217. inter Instr. tom. 3. novæ Gall. Christ. col. 238. apud Baluz. tom. 2. Hist. Arvern. pag. 63. Menester. Hist. Lugdun. pag. 105. etc.

¶ Sacristeria, ut *Sacristaria.* Chartul. S. Vandreg. tom. 1. pag. 84 : *Vendidi Gilleberto Anglico.... ministerium meum de Sacristeria integre cum omnibus ejusdem ministerii pertinentiis.*

¶ Sacristeriatus, Eodem intellectu. Charta Sacristæ Montisbertodi in Dombis ann. 1466 : *Sacrista Montisbertodi et in dicto Sacristeriatu successores ejus debent, etc.*

Sacristia, Eadem notione, apud Will. Thorn ann. 1128 : *Unde et molendinum de Abbatis melle quod ipsemet proprio labore adquisivit, ad Sacristiam deputavit.* [Litteræ Lucii III. PP. ann. 1181. inter Instrum. tom. 6. Gall. Christ. novæ edit. col. 46 : *Ipse vero cum consilio prædictorum episcoporum tres archidiaconatus vacantes et Sacristiam in ipsa ecclesia de personis idoneis ordinavit.* In Cathedralibus Ecclesiis itaque ut in Monasteriis dignitas fuit.]

Sacristaria Domus, apud laudatum Bernardum cap. 51.

¶ Sacristariæ Obedientia, ut *Sacristaria.* Charta ann. 1138. apud Marten. tom. 1. Anecdot. col. 391 : *Decrevimus quatenus universa quæ Sacristariæ vestræ obedientia, tam in thesauro, quam in ornamentis seu aliis redhibitionibus, vel possessionibus, inpræsentiarum possidet, aut in futurum poterit adipisci, eidem obedientiæ perpetuo jure inviolabiliter conserventur. Interdicentes omnimodis ac prohibentes, ne quislibet priorum vel sacristarum de prælibatis Sacristariæ rebus quippiam absque capituli nostri et nostra permissione detrahere præsumat.*

¶ Sacristura, Eadem notione, in Charta ann. 1205. ex Chartul. S. Vandreg. tom. 1. pag. 782 : *Concessi Deo et Ecclesiæ S. Vandregesilli.... totum tractum meum cum appendictis, quem ego et antecessores mei in Sacristura S. Vandregesilli habuimus.... Pro hac autem donatione.... mihi de caritate ecclesiæ octo libras Turon. dederunt, per manus Alexis tunc sacristæ jam nominatæ Ecclesiæ paccatas.*

¶ Segrestia, in Charta ex Tabulario Nobiliac. apud Stephanot. tom. 3. Antiquit. Bened. Pictav. MSS. pag. 331 : *Ad illorum Segrestiam seu ad suas ecclesias restaurandas per hanc cessionis epistolam ad habendum delegavimus.*

¶ Segrestania. Charta Grimoardi Episc. Engolism. inter Instrum. tom. 2. novæ Gall. Christ. col. 445 : *Dono atque dimitto altare Equalisimorum matris ecclesiæ.... cum Segrestania, hoc est mansus de Tornaco.*

¶ Sacristeria, Sacrarium, *Sacristie.* Historia Translat. S. Edmundi Cantuar. apud Marten. tom. 3. Anecd. col. 1866 : *Nocte vero sequenti sublatum est* (corpus) *de altari, et conclusum in loco abdito, qui Sacristeria superior nominatur.*

¶ Sacristia, Eadem notione, passim occurrit.

¶ Sagrestia, Eodem significatu, vox

Italica, in Chronico Modoet. apud Murator. tom. 12. col. 1092 : *Qui presbyter quasi alliteratus per stuporem tantæ visionis, sine mora in Sagrestia intravit.* Ibidem col. 1093 : *Tunc presbyter de Sagrestia cum devota facie exivit, etc.* Acta SS. tom. 4. Jun. pag. 765 : *Ille malignus caute aperto ostio dictæ Sagrestiæ, clausuras capsæ ignominiose aperuit.*

* **SACRISTANEA**, Sacrarium, Gall. *Sacristie.* Charta ann. 1240. in Chartul. Cluniac. : *Ut sacrista, quicumque fuerit, integre Sacristaneam teneat et computationem de ea ad minus bis in anno reddat; ita quod, si quid residui fuerit, in albis vel in aliis ornamentis, sive in meliorationem sacristiæ, de consilio prioris convertatur.*

* **SACRISTANIA**, Eadem notione. Charta ann. 1038. ex Tabul. S. Vict. Massil. : *Donamus unam semodiatam de vinea, juxta ecclesiam S. Justi, in opus Sacristaniæ.* Vide alia notione in *Sacrista.*

¶ **SACRISTIA**, Scrinium, Tabularium publicum, Gall. *Greffe.* Statuta Astens. c. 58. fol. 32 : *Teneatur Potestas sive judex maleficiorum... facere scribi et poni omnia nomina bannitorum de maleficio et maleficia pro quo banniti et condemnati erunt in duobus libris, quorum unus deponatur ad domum Fratrum Minorum et alius remaneat ad Sacristiam Communis.* Ibid. fol. 67 : *Ordinatum est quod facto isto volumine statutorum, vetus volumen, sive vetus liber statutorum ponatur et consignetur in Sacristia Cummunis Astæ et ibi custodiatur.* Vide in *Sacrarium*, et in *Sacrista.*

* **SACRISTISSA**, Quæ *sacristiæ* præest apud sanctimoniales. Inter dignitates recensetur in Charta ann. 1420 : *Priorissa, Sacristissa, præcentorissa, etc.*

SACRITECTA. Vide *Sartatectum.*

SACRIVUS, Sacrifus, Sacer. Lex Salica tit. 2. § 14 : *Si quis maialem Sacrivum, qui dicitur Votivus, furaverit et hoc eum testibus ille qui eum perdidit potuerit approbare quod Sacrivus fuisset*, DCC. *sol. culp. jud.* Et § seq. : *Si quis maialem non Sacrivum furaverit, etc.* In edit. Heroldi, *Sacrifus. Votiva pecora*, dicuntur Gregorio Turon. lib. 2. de Mirac. c. 3. quæ ad Monasteria aut Ecclesias pertinent, Plauto in Menæchm. Varroni, et Festo *Porci sacres*, appellantur, qui sunt ad sacrificium idonei. In Gloss. apud Pithœum, *sacrivus* exponitur, *qui est defensor aliorum porcorum* : forte quia porcus sacer et votivus aliis non sacris nec votivis tutelam præstat, propter Ecclesiarum reverentiam. [** Vide Grimm. Mythol. German. pag. 31.]

Fons Sacrivus, Arbor Sacriva, Sacer, sacra. S. Audoenus lib. 2. Vitæ S. Eligii cap. 15 : *Nulli creaturæ præter Deo et sanctis ejus venerationem exhibeatis : fontes vel arbores, quos Sacrivos vocant, succidite.* Concil. Autisiodorense cap. 3 : *Non licet inter sentes aut arbores Sacrivas vel ad fontes vota exsolvere.* Adde Concilium Arelatense II. Vide *Arbor* 1.

SACROBARRA. Liber MS. de Officio coronatoris laudatus a Spelmanno : *Inquirendum est per* 12. *juratos pro Rege super sacramentum suum, quod fideliter præsentabunt sine ullo concelamento omnes fortunas, abjurationes, appella, murdra, Sacrobarra, felonias factas, per quos et quot, etc.* Ubi Spelmannus pro *sacrilegio* poni hanc vocem putat.

SACROCOLA, Qui sacra colit, Sacerdos, clericus. Odo Cluniacensis : *Quod si de labiis tam ingens periculum Sacrocolis imminet, quanto magis de renibus?*

¶ **SACROSANCTA**, Sancta Evangelia, sacræ Reliquiæ, Crux, et alia, super quæ sacramenta in Ecclesiis peragebantur. Consuet. Furnenses MSS. ex Tabular. Audomar. : *Et si venerit, et legitimum impedimentum ostenderit petendo Sacrosancta et divisorem juramenti, etc.* Charta ann. 1233. ex Tabular. B. M. de Bono-Nuntio Rotomag. : *Dictam elemosinam et donationem præfatis monachis contra omnes tactis Sacrosanctis tenemur garandizare.* Vide in *Juramentum.*

¶ Sacrosancti, Eadem notione, in Charta ann. 1248. ex Chartul. S. Vandreg. tom. 1. pag. 352 : *Et insuper ego dictus Petrus et Byatissa uxor mea supra Sacrosanctos juravimus, quod etc.*

1. **SACRUM** Dei, Donatio facta Ecclesiæ. Tabularium Brivatense Ch. 171 : *Si quis vero vel ego emutata voluntate mea, sive quælibet ulla immensa persona, quæ contra hoc Sacrum Dei ire aut agere, aut ullam calumniam inquietare voluerit, etc.* Ch. 247 : *Legum sanxit auctoritas, ut inter reliquas scripturas sola tantum cessio, seu Sacratio, sine gestarum obligatione plenissimam in perpetuum obtineat firmitatem, etc.*

2. **SACRUM**, Consecratio Episcopi, χειροτονία, quomodo vulgo *sacre* dicimus. Utitur Steph. Torn. Epist. 274. 275. 2. edit. [Vide *Sacra* 3.]

¶ Sacrum Palatium, Curtis Regia, vel potius Sacrum ærarium, fiscus Principis. Leg. Liutprandi apud Murator. tom. 1. part. 2. pag. 53 : *Componat in Sacro Palatio solidos ccc. et mundium ejus amittat.* Vide *Sacrarium.*

* 3. **SACRUM**, Festum Corporis Christi, apud Andes. *Eveillon* de Process. eccl. pag. 284. unde *Sacre* et *Sacrement* nostratibus, eodem sensu. Lit. remiss. ann. 1448. in Reg. 179. Chartoph. reg. ch. 164 : *Le Jeudi d'après la feste du Sacre nostre Seigneur.* Aliæ ann. 1473. ex Reg. 197. ch. 400 : *Le jour de la feste du Sacre du Corps de Dieu, nostre createur.* Reg. 13. Corb. sign. *Habacuc* ad ann. 1513. fol. 169 : *Chacun an au jour du Sacrement, etc.* Ita quoque intelligendum puto quod legitur in Diar. Caroli VII. ad ann. 1444. pag. 524 : *Et furent les rues parez, comme à la saint Sauveur.*

* **SACRUS**, Sacer. *Lapis Sacrus*, in quo sacra fieri solent. Inventar. ann. 1449. ex Tabul. D. Veneciæ : *Una capsia de sap, in qua consistunt ornamenta capellæ beati Joannis, et primo, lapis Sacrus.*

¶ 1. **SACTIO**, pro *Sasso*, ni fallor. Vide in hac voce. Charta Yvonis et Lotharii Reg. Ital. ann. 932. apud Eccardum in Orig. familiæ Habsburgo-Austr. pag. 152 : *Terris, vineis, campis, pratis, pascuis, silvis, salictis, Sactionibus, aquis, aquarumque decursibus, etc.* [** Vide *Sationalia* et *Saginatio.*]

* 2. **SACTIO**, f. pro *Factio*, Gall. *Manufacture*, ut monet doctus Editor ad Libert. de Naiaco ann. 1368. tom. 7. Ordinat. reg. Franc. pag. 221. art. 10 : *Attento quod ipse locus est devius ab omni itinere publico, et caret omni Sactione seu mercatura publica, etc.*

* **SACUCUS**, Sambucus, Hispanice *Sauco*, et apud quosdam Gallo-Belgas *Sahuc* et *Saihuc*, uti notant docti Editores ad Mirac. S. Germ. Autiss. tom. 7. Jul. pag. 286. col. 2 : *Excreverat autem juxta crepidinem altaris quædam arbuscula, quæ vulgo Sacucus dicitur, etc.* Vide supra *Sabutic.*

SACUDIRE, Excutere, Gall. *Secouer*, Hispan. *Sacudir.* Fori Alcaçonenses æræ 1267 : *Et qui non fuerit ad final de judice, el pignos Sacudiret, ad saion pectet.* Rursum : *Qui in villa ter prendença pindeat cum sayone, et Sacudiderit ei pignos, outorguet el sayon, etc.*

* **SACURBA**, Species vestis ex tela, idem quod nostris *Sarrau.* Lit. remiss. ann. 1456. in Reg. 183. Chartoph. reg. ch. 149 : *Lequel l'Estourmy.... vestit une robe de toille, appellée Sacurbe, qu'il avoit pardessus lesdites bringandines, laquelle Sacurbe ou robe de toille, etc.* Vide *Surcotium.*

¶ **SACUS**, pro Saccus, in Litteris Philippi Pulchri Reg. Franc. ann. 1291. tom. 4. Ordinat. pag. 19. Informat. pro Passagio transmar. ex Cod. MS. Sangerm. : *Item bis coctum pro duabus personis unum Sacum appellatum de moison.*

* **SACUSINI**, Monetæ species. Comput. decimæ in Italia collectæ ann. 1278. pro subsidio T. S. ex Cod. reg. 5376. fol. 256. r° : *Item assignavit (prior S. M. majoris de Sacusia) recepisse.... libras xxxvj. et solidos xij. Vienensium et Sacusinorum.*

¶ **SAD**, Fovea, fossa, veteribus Frisiis, apud Schilter. in Gloss. Teuton. ex Franc. Jun. in Willeram. pag. 215.

¶ **SAD-HANNESO**, *Ita dumtaxat, vel sine dubio*, in Gloss. ad calcem Collect. Canon. Apost. ex Bibl. DD. *Chauvelin* Sigillorum Regiorum Custodis.

¶ **SADO**, Mensura agri. Vide *Saxo.*

* **SADONARE**, Bene formare, gratam formam alicui rei dare, parare. Vide infra *Saisonare* et *Sasonare.* Consuet. Perpin. MSS. cap. 38 : *Item fornarii debent coquere bene et Sadonare panes in furno, et propter hoc debent habere tantum vicesimum panem; et si male decoquerint vel Sadonaverint, debent illos emendare.* Ita nostris *Sade*, pro Gratus, jucundus, suavis. Mirac. B. M. V. MSS. lib. 1 :

> La Sade Virge ou Sade nom,
> Ki nommé est Virge Marie, etc.

Guill. Guiart. ad ann. 1243 :

> Fu saint Lois le dous, le Sade,
> De jouste Pontoise malade.

¶ **SÆCULARIS**, Sæcularitas, etc. Vide in *Sæculum.*

SÆCULUM, Seculum, Monachis præsertim dictum, quidquid extra claustrum : quia qui vitam monasticam amplectuntur, mori sæculo dicuntur. S. Cyprianus Epist. 7 : *Sæculo renuntiaveramus, cum baptizati sumus; sed nunc vere renuntiaveramus Sæculo, quando tentati et probati a Deo, nostra omnia relinquentes, etc.* Vide eumdem Epist. 2. Libellus precum Marcellini et Faustini pag. 83 : *Contempta rerum sæcularium, et humanæ gloriæ, ad quam plerique effectant, etiam qui se Sæculo et con-*

cupiscentiæ carnis abrenuntiasse gloriantur. S. Augustinus Serm. 49. de Diversis : *Quærebam, unde instituerem Monasterium ; spem quippe omnem Sæculi reliqueram.* Faustus Rhegiensis ad Monach. : *Non grande gaudium est, si aliquis ad Sæculi fluctus revertens, nomen atque habitum professionis suæ custodire videatur, anima vero ejus negligentiis tabescat ac defluat.* Concilium Eliberit. cap. 80 : *Prohibendum est, ut liberti, quorum patroni in Sæculo fuerint, ad clerum non promoveantur.* Cap. 85. apud Burchard. et Ivon. : *Si mulier maritum suum interfecerit... Sæculum relinquat, et in Monasterio pæniteat.* Petrus Damianus lib. 1. Epist. 19 : *Hoc flagellum, si quando egrederetur ad Sæculum, portabat in sinu, ut ubicumque eum jacere contingeret, a verberibus non vacaret.* Vetus Epitaphium Mediolani : *Hic requiescit B. M. Maufrito, vixit in hoc Sæculo ann. p. m. LII. depositus est V. D. Prid. Id. Jun. Ind.* 11. Aliud ibidem : *Hic requiescit in pace Odelbertus, qui vixit in Sæculo annos p. m. LXII. depositus est sub D. XVIII. M.* Aliud : *Hic requiescit in pace S. M. Adeodatus Presb. qui vixit in Sæculo ann. plus minus LXXXV. depos. sub D. VIII. Cal. Julii. Probo Jun. C. Consule per Indictione III.* Adde Proparasceven Broweri ad Annales Trevirenses n. 38. [*Siecle*, eadem notione usurparunt nostrates. Le Roman *de Giron le Courtois : Si vous dy vrayement que je refusasse voulentiers la jouste de vous pour le grant bien que l'en en dit par tout le Siecle.*] *Sæculum relinquere, dimittere, Sæculum sectari,* in Capitul. 1. ann. 805. cap. 8. in Capitul. 2. ann. 811. cap. 5. 6. 7. 8. in Concilio Moguntiac. cap. 16. 17. *Ad Sæculum reverti*, apud S. Hieron. in Epist. ad Rusticum, Gregorium Turon. de Vitis Patrum cap. 9. *Seculum relinquere,* cap. 12. Occurrit passim. Vide Glossar. med. Græcit. in Αἰών.

¶ Sæcula, pro Anni, usurpat Jonas Episc. Aurelian. in Translat. S. Hucberti sæc. 4. Benedict. part. 1. pag. 296 : *Quod quantum sub ipsius* (Carolomanni) *Principis tempore erga præfati viri sancti corpus per tot elapsa Sæcula incorrupte servatum virtus divina claruerit, etc.* Nondum enim, ut ibi observat Mabillonius, duo sæcula ab Hucberti morte tum effluxerant.

Sæcularis, Mundanus. Gloss. G. Lat. : Κοσμικός, *Sæcularis.* [Ἀρχὴ κοσμική, apud Gregor. Nazianz. de Vita sua, ubi de Cæsario fratre.] Salvianus lib. 4. de Gubern. Dei : *Quis est, oro, hominum Sæcularium præter paucos, qui non ad hoc semper nomen Christi in ore habeat ut pejeret ?* Idem lib. 5. de Religiosis : *Non Sæculares tantum, sed plus quam Sæculares esse volunt, ut non sufficeret eis quod ante fuerant, nisi plus essent quam fuissent.* Novatus Catholicus in Homil. ad fratres : *Sæcularibus aliter in Ecclesia loquimur, aliter loqui vobis debemus.* Cæsarius Arelat. serm. 14 : *Oblivisci loci illius, in quo dulcis immutationis habitus te nomine Sæcularis exuens, etc. Sæculares cognitiones*, apud Irenæum lib. 4. cap. 70. [*Secularia habitacula* monasteriis opponuntur in Capit. Aquisgran. § 30.] *Scriptores rerum sæcularium*, apud Sulpitium Severum lib. 2. Hist. Leo Ost. lib. 3. cap. 3 : *Habitu tantummodo Secularis.* Cæsarius Heisterbach. lib. 7. cap. 8 : *Canonicus quidam, vita satis Sæcularis.* Cap. 56. de Canonico : *Satis tamen extitit Sæcularis et delicatus, atque in vestimentis curiosus.* Lib. 12. cap. 40 : *Eratque homo valde Sæcularis, magis se conformans Militi, quam Monacho.* Adde Joan. Sarisberiensem lib. 7. Policr. cap. 23. [Vincent. Lirin. lib. 1. Commonit. cap. 20. etc. *Sæcularissimus*, apud S. Bernardum in Epist. 276.]

* *Fillette de siecle*, in Lit. remiss. ann. 1398. ex Reg. 153. Chartoph. reg. ch. 262 : *En laquelle ville avoit feste.... pour une fillette de Siecle. Chançon de Siecle*, in aliis ann. 1401. ex Reg. 156. ch. 262 : *Les compaignons de la parroisse sainte Marguerite en la ville de S. Quentin, signifierent que ilz donroient un chapel de fleurs au mieulx chantant une chançon de Siecle. Seigle*, pro *Siecle*, in Epist. Guill. patr. Jeros. apud Marten. tom. 1. Anecd. col. 1013. Hinc *Siecler*, Mundo seu hominibus placere, tom. 1. Fabul. pag. 241 :

Mais ce n'estoit mie bele Aude,
Ains estoit lede et contrefete;
Mais encor se duit et afete,
Por ce qu'eucor voloit Siecler.

Sæcularitas. Ordericus Vitalis lib. 4. pag. 518 : *Parum a Sæcularitate conversatio Monachorum differebat.* [Adde S. Bernardum lib. 3. de Considerat. etc.]

¶ Seculariter, *Sæcularium* seu mundanorum more. Chron. Farf. apud Murator. tom. 2. part. 2. col. 547 : *Erat enim tunc iste locus in omni religione pene destitutus, ita ut plures monachi seculariter et cum maxima lascivia forent, carnem in refectorio manducantes. Secularissime*, in Vita S. Aderaldi Canonici Trecens. scripta 11. sæculo : *In hoc tempore prædecessores nostri vivebant Secularissime.*

¶ Sæcularis, Qui alicui regulæ addictus non est. *Abbas Sæcularis et absque monachi habitu*, apud Mabill. tom. 4. Annal. pag. 370. Vide in *Abbas. Sæcularis persona*, Gall. *Prêtre secalier*, in Charta ann. 1328 : tom. 2. Hist. Eccl. Meld. pag. 213 : *Vix invenitur persona Sæcularis sufficiens, quæ velit regere dictam curam.*

¶ Sæcularitas, *Sæcularium* conditio monachali opposita. Charta ann. 1093. apud Lobinell. tom. 2. Hist. Britan. pag. 314 : *Et jam pene ad Sæcularitatem redacti, unusquisque de proprio suo, prout poterat, cum magna necessitate et ordinis transgressione sibi procurabat.* Charta ann. 1112. inter Probat. tom. 2. novæ Histor. Occitan. col. 386 : *Sed postea Lezatense monasterium pervenit in magna secularitate, quousque domnus Durandus Cluniacensis monachus, abbas Moysiacensis et Tolosanus Episcopus venerit, qui ut vidit Secularitatem monasterii, misit abbatem religiosum, etc.* Vox frequens in Bullis Summorum Pontificum quibus regularia beneficia ad sæcularium conditionem adducuntur.

* Sæcularis, Laïcus, nostris alias *Seculare* vel *Homme de Siecle.* Chartul. S. Benig. Divion. : *Ce sont les personnes notaubles et Seculares, qui furent presens à Dyjon le 17. jour du mois de May l'an 1350.* Charta ann. 1401. ex Chartul. 21. Corb. fol. 200. v° : *Par devers tous juges et commissaires d'eglise ou de Siecle. Tant d'eglise comme seculiers*, in alia ann. 1404. ibid. fol. 201. v°.

* Sæculariter, More laicali. Charta Gaufr. Carnot. episc. ex Chartul. B. M. de Josaphat : *Hanc* (capellam) *miles quidam Hugo, Rujus appellatur, Seculariter hæreditario jure ante tenuit, etc.*

* Sæcularisse, Eodem sensu. Constit. Carmelit. MSS. part. 4. rubr. 3 : *Si quis frater habitum convenientem ordini suo temere dimiserit, aut ipsum habitum Sæcularisse transformatum pro actibus temerariis agendis, etc.*

Sæculatus. Anonymus de Revelatione reliquiarum S. Genovefæ num. 6 : *Revelata est.... mense Januario 10. mensis in octavas ejusdem sanctissimæ virginis, et a fratribus est dulciter Deo Sæculata.* Id est forte *in sæculum*, seu e sepulchro in apertum elata : [modo sana sit lectio.]

* Sæcularitas, Bona ecclesiis concessa. Arest. ann. 1385. in vol. 7. arestor. parlam. Paris. : *Quod ecclesia Cabilonensis.... existebat dudum per sanctum Carolum Magnum.... in Sæcularitate seu temporalitate fundata, ac per ipsum quamplurimis insignitatibus, privilegiis et possessionibus dotata.* Vide *Temporalitas* 2.

* Sæcularitas, Actus, qui ad laicos pertinet. Stat. S. Flori MSS. fol. 56 : *Nullus clericus Sæcularitatem aliquam vel fidejussionem præstet seu faciat coram quacumque persona vel curia sæculari, de stando vel parendo juri coram ea, nisi forte ratione feudorum vel possessionum, quæ ab ea teneret.*

* **SÆNIA.** Necrol. MS. abbat. Altorf. : *Obiit Odilia de Bipolzheim v. Non. Maii, quæ contulit nobis Sæniam et B. Virgini pallium.* Contracte forsan scriptum pro *Senieria*, dominium. Vide *Senhoria* 2.

¶ **SÆPIA**, pro Sepia, piscis genus. Charta Goffredi Comit. Vindocin. inter Probat. tom. 4. Annal. Bened. pag. 733. col. 1 : *Medietatem quoque* (delegamus) *nostræ partis de censibus Sæpiarum per universum pagum Santonicum.*

¶ **SÆPISSIMUS**, Frequentissimus. Mirac. B. Heldradi tom. 2. Mart. pag. 337 : *Grates non modicas Deo et gloriosissimo ejus confessori Heldrado pro suis Sæpissimis beneficiis reddiderunt.*

** **SÆPITER**, Sæpe, apud Virgil. Grammat. pag. 112.

¶ **SAETTIA**, Saetya. Vide *Sagitta* 1.

* **SÆVITIO**, Sævitia. Vita S. Faron. tom. 7. Collect. Histor. Franc. pag. 357 : *Gladio impatienti voraverunt* (Normanni) *ac voraci flammæ cuncta tradiderunt quousque concluderunt in Sævitione civitatem Parisii.* Forte pro *in obsidione.*

¶ **SÆUPWURPE.** Vide infra *Swerp.*

SAFARIUM, *Atrium templi*, in Glossis Isid. *Saforium*, apud Joan. de Janua. Papias *Sapharium* legit. Vide Jacob. Gotofredum ad leg. ult. de Operibus public. [et supra *Pastophorium* et *Sabarium.*]

¶ **SAFFIUM**, Ornamentum casulæ; idem quod *Aurifrigium*, *Orfroy*, in crucis modum aptari solitum. Inventar. ann. 1377. ex Tabul. S. Victoris Massil. : *Item unam casulam de purpura... cum Saffio de auro ante et retro multum nobile. Safre* dicitur in altero Inventar. ex cod. Tabul. : *Item ca-*

sulam, dalmaticam et floquetum de diaspro rubeo in casula cum Safre sive aurifres ante et retro deauratum. Vide *Aurifrigia.*

* Sed legendum puto *Saffrum*, ut colligitur ex Testam. Phil. episc. Sabin. ann. 1372. in Cod. reg. 9612. A. F : *Ordinavit quod de duobus pluvialibus, de quibus jam removit Safros frizos, fiant duæ casulæ cum sufficientibus Saffris.* Hinc *Safré*, ejusmodi ornamento instructus. Le Roman *de Garin :*

Nel pot garir escu, n'haubere Safré.

* **SAFFRANARE**, Gall. *Safraner*, Croco respergere. Comput. ann. 1488. inter Probat. tom. 4. Hist. Nem. pag. 48. col. 1 : *Item in croquo sive saffran ad Saffranandum potagium, videlicet iiij. denar. Saffrané*, dicitur de agro, in quo crocus seminatus est, in Lit. remiss. ann. 1459. ex Reg. 188. Chartoph. reg. ch. 110 : *Ung champ Saffrané, qui estoit tout semé de saffran, etc.* Hinc *Ensafrené*, Croco quasi illinitus, in Mirac. B. M. V. MSS. lib. 1 :

Ausi sont mais Ensafrenées,
Comme s'estoient en safren nées.

* **SAFFRUS**, Safrus. Vide supra *Saffium.*

¶ **SAFIRUS**, Lapis pretiosus, vulgo *Saphir.* Charta Ademari Comit. regnante Rodulpho Reg. Indict. 12. ex Tabul. Silvaniac. : *Donate Archimbaudo filio meo... spadam meam minorem, et sigillum de Safiro, ubi Irmingardis sculpta est.*

1. **SAFON**, apud Ælfricum in Gloss. Anglo-Saxon. stæð, i. ripa.

* 2. **SAFON**, onis, *Funis in prora.* Glossar. Provinc. Lat. ex Cod. reg. 7657.

¶ **SAFORIUM.** Vide *Safarium.*

¶ **SAFRANUM**, Crocus, Gall. *Safran.* Curia gener. Catalaniæ sub Jacobo I. Reg. Aragon. ann. 1291 : *Judæus non possit mutuare, nec audeat facere aliquem contractum vel baratam de blado, vel oleo, vel Safrano, etc.* Vide *Sofferana* et *Zaffranen.* [** Glossar. med. Græcit. in Ζαφρᾶς col. 460. et in Append. col. 77.]

¶ **SAFURIUM**, ut supra *Safarium.* Vide *Pastophorium* et *Pastorium.*

¶ 1. **SAGA**, *Nomen gemmæ.* Gloss. Isid. Leg. *Sagda* ex Plinio lib. 37. Hist. cap. 67. monet Grævius.

¶ 2. **SAGA**, Narratio, relatio, quodvis dictum, Anglo-Sax. est depositio testium; subinde fabulam significavit. Vide Schilteri Glossar. Teuton. in hac voce. [* Vide *Sagibarones.*]

¶ 3. **SAGA**, pro Panni specie et lecti stragulo. Vide in *Sagum* 2.

¶ 4. **SAGA**, Saiga, Alia, nec mihi satis nota, significatione, nisi sit pro Examen, disceptatio. Vide *Sagemannus.* Statuta Ardacensia apud R. Duellium tom. 1. Miscell. pag. 121 : *Tunc idem sic officialis ex iis* (canonicis) *in curiis Sagæ ipsius capituli ordinari poterit, prout occurrerit ordinandum, nullusque canonicorum tempore Sagæ in ipsius curiis ipsam curiam visitare, vel accedere debet, vel audeat, ipsius decani licentia super hoc prius non habita vel requisita; si autem pro tunc ipsum decanum forte in loco adesse non contingeret, tunc ipsum capitulum de consilio cellerarii ipsius capituli, de ipsa Saiga bladi se intromittere debent, ordinationem debitam secundum ipsorum conscientias de eadem faciendo.*

* **SAGACULUS**, *dimin. a Sagax, Enginhos, Prov.* Glossar. Provinc. Lat. ex Cod. reg. 7657. Nostris *Sage* vel *Saige*, Doctus, peritus, gnarus. Arest. ann. 1310. in Reg. *Olim* parlam. Paris. : *Lesquelz hommes conjurés sur ce par ledit seigneur.... distrent par jugement et pour droit, que il n'en estoient mie Saiges, ne droit n'en scavoient dire, ne jugier.* Libert. Busenc. ann. 1357. tom. 4. Ordinat. reg. Franc. pag. 370. art. 2 : *Li maires et eschevins jugeront de tous cas criminels et civils, se il en sont Sages; et se de eulx mesmes n'en sont Saiges, il iront querre le jugement en ladite ville de Beaumont, ou autre part.* Vide *Scitulus.*

* **SAGAMEN**, Vas, ut opinor, in quo *sagimen* seu adeps reponitur. Inventar. ann. 1320. ex Tabul. S. Vict. Massil. : *In carnaria duo Sagamina parva.* Vide *Sagimen.*

SAGANA. Joan. de Janua : *Saga et Sagana, ingeniosa, incantatrix.* [** Vide Priscian. lib. 4. cap. 1. sect. 5.] Ebrardus Betuniensis : *Sagana gummi, Sagana vestis, Sagana vates.* Catholicon parvum : *Sagana, idem est quod vates, et dicitur de sagio, gis : inde sagax : vel dicitur esse gummi, scilicet unguentum, quod multum sagaciter operatur. Vel potest esse quoddam genus vestis, qua antiquitus sagaces induebantur.*

¶ **SAGARIA**, χλανιδουργική, in Gloss. Lat. Græc. Ars conficiendi saga : qui vero ea vendit, *Sagarius*, χιτωνοπώλης dicitur in iisdem Gloss. Vide *Sagum* 1.

¶ **SAGARIUS** Canis. Vide Meursium in Ζαγάριον. [** Cangii Glossar. med. Græcit. col. 455.]

¶ **SAGATA**, f. pro *Segata* vel *Secata*, Servitii species, quo vassalli *blada* domini sui *secare* tenentur. Statuta castri de Seguno ann. 1291. ex Tabul. Archiep. Ausc. : *Item homines de Seguno tenentur et debent facere Sagatam domino Comiti Armaniacensi per unam diem semel in anno ad expensas proprias ipsius Comitis in terris et bladis propriis et laborantia ipsius domini Comitis.* Vide *Secare.*

¶ **SAGATIO.** Vide in *Sagus* 2.

¶ **SAGBARONES.** Vide *Sagibarones.*

¶ **SAGED**, ut *Saied.* Vide in hac voce.

SAGELLUM. Vide *Sagum* 2.

SAGEMANNUS, Accusator, delator, ex Saxon. sageman. Gloss. Saxonicum exaratum sub Edw. III : *Sagemannus, ille per quem scitur.* Leges Henrici I. cap. 63 : *Sive accusatore, sive Sagemanno.*

1. **SAGENA**, Rete, vox Latinis nota. Papias : *Sagena, retia, verundum Græce, vulgo everclum dicitur.* [Gloss. Lat. Gall. Sangerm. : *Sagena, Retz. Inde Sagenarius, ria, rium.* Nostris *Seine*, vel *Senne.* Testam. Eddonis Argent. Episc. regnante Pippino apud Eccardum in Orig. Habsburgo-Austr. col. 144 : *Piscationes agere cum nostris piscatoribus, capturam etiam piscium cum Sagena, in omnibus medietatem.*] Charta Matthæi Comitis Bononiensis ann. 1173. in Tabul. S. Judoci : *Ita quod nullus præter eos vel eorum successores in costa maris ab Alteia usque ad Cantiam Sagenam posset deducere, etc. Tractus Sagenæ.* Charta Gaufredi Comitis Andegavor. apud Sammarthanos in Abbatib. SS. Sergii et Bacchi : *Confero in perpetuum Monasterio.... tractum Sagenæ in flumine Meduana juxta ipsum Monasterium, qui tractus Tertii nomen habet.* Vide Chartam aliam Philippi Regis Franc. ann. 1283. apud eosdem in Archiep. Rotomag. ubi *tractus sagenæ* est facultas piscandi, et rete in piscariam jaciendi et immittendi. [** Privileg. oppidi *Parchim* ann. 1218. in Rudloff. Cod. Diplom. Megalop. num. 1. pag. 1 : *Item piscacio per omnem provinciam communis et libera est, cum sportis et hamis et retibus, exceptis solis Sagenis.*] Metropolis Salisburgensis tom. 2. pag. 533 : *Item tres Sagenas, unam in Schebach, alteram in Matse, tertiam Pat. quæ protenditur a pede montis, in quo sita est civitas Walkerstegen.* Charta Henrici Imper. ann. 1111. ibid. pag. 549. *Dedit et* 3. *Sagenas, unam Sebach, etc.* Ubi sagena nude videtur sumi pro *Piscaria.* [Adde Acta SS. tom. 3. Julii pag. 759.]

* *Sainsine*, eadem, ut videtur, notione, in Lit. remiss. ann. 1404. ex Reg. 159. Chartoph. reg. ch. 223 : *Un autre filé viez, appellé Sainsine, à pescher.*

2. **SAGENA**, Navigii species. Diploma Chilperici Regis Franc. pro Ecclesia Tornac. apud Miræum in Cod. donat. piar. pag. 16 : *Teloneum de navibus super fluvio Scalt.... vel quolibet commercio seu et de cariagio, vel de Sagenis, nec non et de ponte super fluvio Scalt, etc.* [Idem Diploma rursum editum apud eumd. tom. 2. pag. 1310. ubi legitur, *et de carrigio vel de Saginis.*] Epistola Ludovici II. Imp. ad Basilium Imp. [** in Chron. Salernit. cap. 107. extrem.] : *Et quia nonnulli Saracenorum Panormi latrunculi cum Sagenis... per Tyrrhenum mare debacchantur, etc.* Charta Caroli C. ann. 859. in Tabulario Abb. Belliloci in Lemovicibus n. 4 : *Ut nullus exactor vel judex publicus nec de navibus, nec de Saginatibus, vel carris, seu quibuslibet exactionibus undecumque fiscus aliquid exire potest, quicquam ab eis accipiat.* Charta Nicolai II. PP. in Chronico Reichersperg. ann. 1059 : *Quot adversa pertulerit... adeo ut columna Dei viventis jam jam pene videretur nutare, et Sagena summi piscatoris procellis intumescentibus cogeretur in naufragii profunda submergi.* Ita *Sagena piscatoris*, apud Hugon. Flaviniac. pag. 192. quæ *Sagena B. Petri*, Petro Damiano apud Baronium ann. 1062. n. 57. Laurentius Veron. lib. 1. de Bello Balearico :

Barcæ, currabii, lintres, grandesque Sagiuæ.

Nisi quis *Sagittæ* legat. Occurrit præterea [in Vita S. Athanasii Neapolit. Episc. apud Murator. tom. 2. part. 2. col. 1062.] in Vita S. Romuli Episc. Januensis in lib. Miraculor. S. Fidis cap. 13. et alibi, ut σαγήνη crebro etiam eadem notione apud Græcos Scriptores medii ævi. Constant. de Adm. Imper. cap. 31. pag. 99. lib. 2. de Themat. cap. 1. 6. pag. 79. 80. 94. 119. apud Mauricium lib. 1. Strategic. cap. 21. Gregoram pag. 72. etc. [** Vide Glossar. med. Græcit. in Σαγήνη, col. 1316.]

Sagenula, Eadem notione. Papias : *Sagenula, pro navi ponitur.* [Vita S. Adhelmi tom. 6. Maii pag. 88 : *Tunc Dei famulus... Sagenulam ascendit et eos continuo non dedignatus adivit. Statim autem ut Sanctus ille naviculam suo corpore ponderavit, etc.*]

¶ **SAGENTIA**, Sagetia. Vide *Sagitta* 1.

* **SAGERIA**, Gall. *Sagerie*, f. Locus juncis palustribus abundans, vel fundus pinguis et humidus; unde legendum forte *Sagnie*. Inquisit. ann. 1361. in Reg. 93. Chartoph. reg. ch. 69 : *Item un autre vernoy ensemble d'une Sagerie, qui est assise oudit vernoy*. Vide *Sagna* 2. et *Saignia*.

* **SAGETTA**, perperam pro *Sagena*, Retis species, in Charta ann. 1279. inter Probat. tom. 1. Annal. Præmonst. col. 641 : *Insuper piscationes in Vistula ipse advocatus civitatis cum Sagettis et retibus, ceterisque instrumentis.... libere exercebit.*

** **SAGETUM**, Panni species, Gallice *Sayete*. Vide *Sagum*, 2. Chart. ann. 1246. in Grimm. Antiq. Jur. German. pag. 379 : *Pro censu annuo duabus caligis videlicet de Sageto.* Vide Lachmann. ad Hartmann. Augiensis Iwein. vers. 3454.

¶ **SAGGOLUM**, diminut. a *Sagum*, Panni species. Gloria posthuma S. Mariæ Magdal. tom. 6. Maii pag. 322 : *Absterso cum lixivio quodam panniculo ad usum monialium, vulgo Saggolo dicto, odorem primarium servavit.*

SAGIA. Joan. de Janua : *Sagum, quoddam genus panni, vel vestis tenuis et abrasa,.... unde quosdam pannos asperos Sagias dicimus.* Janua hæc hausit ex Petro Comestore in Histor. Eccles. cap. 54. Exodi. Bulla Nicolai III. PP. apud Bzovium ann. 1280. num. 5 : *Super pellicias lineas deferant capas nigras de Sagia simplices, vel si voluerint foderatas a cingulo.* Vide *Sagum* 2. et *Saiga*.

* **SAGIATOR**, Ponderator, examinator, officium in moneta Florentina, Ital. *Saggiatore*. Charta ann. 1317. apud Mann. de Sigill. antiq. tom. 4. pag. 77 : *Sagiator et approbator monetæ argenti, etc.* V. *Sagium* 3.

SAGIBARONES, Sachbarones, Causarum judices, qui in mallis publicis jus dicebant. [Varie vox hæc effertur apud Eccardum in Pacto Leg. Sal. dicuntur *Saccebarones, Saccbarones, Sacerborones, Sachibarones, Sacibarones, Sagbarones.*] Vetus Gloss. : *Sagibarones dicuntur quasi Senatores.* Lex Salica tit. 56 § 2 : *Si quis Sagibaronem, qui puer Regis fuerat, occiderit.* § 9 : *Si quis Sagibaronem qui ingenuus est, et se Sagibaronem posuit, occiderit, etc.* § 4 : *Sagibarones in singulis mallobergiis, id est plebs, quæ ad unum mallum convenire solet, plusquam tres esse non debent; et si causa aliqua ante illos secundum legem fuerit definita, ante Grafionem removere eam non licet.* Ubi *Sagibarones pueri Regis* dicuntur, quomodo *pueri nostri qui judicia exequuntur*, in Lege Burgund. tit. 56. § 1. 4. Ex Lege vero Salica colligitur *Sagibarones*, in judiciis plusquam tres esse non debere; de quibus intelligendum cap. 46. § 1. *Grafiones* vero cum septem judicasse, ex cap. 52. § 2. *Sagibaronum* mentio est præterea in Legibus Inæ Regis cap. 6. apud Spelmannum : *Si quis in Ecclesia pugnet* 120. *sol. emendet. Si in domo Aldermanni vel alterius Sagibaronis pugnet*, 60. *solidos emendet, et alios* 60. *pro wita.* Ubi editio Saxonica, geþungenes witan habet, quod Lambardus *sapientis honorati* vertit. Idem Spelmannus, Wendelinus, et alii vocem deducunt a *Sacch*, sive *Sack*, causa de qua litigatur, et *Baro*, homo : ita ut Sachibarones, Jurisperiti fuerint, sive *legis Doctores*, uti nuncupantur : *hommes de loy*, [qui *Sagehommes* dicuntur apud *des Fontaines* in Consil. cap. 21. A *Saga*, narratio, relatio quod causas judiciales referrent, accersit Schilter. in Gloss. Teuton.] alii a *Saio*, de qua suo loco. [** Vide Grimm. Antiq. Jur. German. pag. 783. Pardessus. ad Leg. Sal. pag. 572. sqq.]

SAGIMEN, Adeps, sagina, arvina. Joan. de Garlandia in Synonymis :

Sumen, et arvina, Sagimen, pinguedo, sagina.

Ubi interpres *Sagimen est pinguedo quæ expellitur ex carne in frixorio per ignem.* Catholicon parvum : *Sagimen, sain.* [Statuta Scabinorum Maceriarum ad Mosam : *Le cent de Sayn doit* IIII. *den. le cent de poix doit* IIII. *den.*] Præsertim pinguedo, qua uti Monachis interdum concessum, ut observat Haeftenus lib. 10. Disq. Monastic. tract. 6. disqu. 4. [** Notit. vetus in Tradit. Fuldensib. Dronkii pag. 4 : *Ludewicus filius Karoli... monachis in civitatibus et in matricularibus ecclesiarum locis consistentibus,.. obtinuit apud papam sui temporis Gregorium, Saginatis uti cibis, etc.*] Bernardus Mon. in Consuet. Cluniac. MSS. cap. 48 : *Soli conversi sunt in coquina, Cantores autem in Ecclesia, qui lardum prius aliquantulum cum oleribus coctum, et Sagimen faciunt.* Idem cap. 76. § 57 : *Omni die vescuntur fratres Sagimine, præter Septuagesimam, et Adventum, et Vigilias Sanctorum, et 4. Tempora, et Rogationes.* Ordericus Vitalis lib. 8. pag. 712 : *In Italia et Palæstina et aliis regionibus quibusdam satis abundant olivæ, cujus fructu ditati, ad diversos usus condiendos non indigent Sagimine.* Necrologium Ecclesiæ Parisiensis 8. Kal. Febr. : *De quo fiet statio panis, et vinum pauperibus dabitur cum Sagina.* 10. Kl. Jan : *Dedit nobis 6. arpentos vineæ apud Juri ad stationem 4. ferculorum, de qua Hospitale haberet Sagimen cum visceribus.* [Charta Henrici III. Imper. ann. 1051. apud Marten. tom. 1. Ampl. Collect. col. 426 : *Sed fratres iidem inde consolati Sagimen habeant.* Statuta Gerardi Abbat. S. Theoderici ann. 1233. apud eumdem tom. 1. Anecd. col. 974 : *Duo pulmentaria cocta habeat, quarta Sagiminis, prout consuetum est, confectæ. In quadragesima vero et Adventu, et aliis diebus quibus Sagimine non utitur, oleo vel caseis competenter conficiantur.*] Pœnitentiale MS. Thuanum : *A carne, Sagimine, et a caseo, et ab omni pingui pisce abstinere debes.* Occurrit ibi pluries, apud Cæsarium lib. 6. Miracul. cap. 4. in lib. Usuum Ordinis Cisterc. cap. 121. in Institut. Gener. Capituli ejusd. Ord. dist. 13. cap. 2. in libro de Exordio ejusdem Ordinis cap. 15. etc. [Iisdem Cisterciensibus prohibetur *Sagimen* in Statutis ann. 1180. apud Marten. tom. 4. Anecd. col. 1252 : *Qui in domibus alterius ordinis comedunt, si credunt in pulmentariis esse Sagimen, ab eis prorsus abstineant.*] Utebantur etiam sagimine ad ungendos calceos. Guigo II. Prior Cartusiensis in Statutis ejusdem Ord. cap. 28. § 1 : *Tria paria caligarum, paria pedulium quatuor, pelles, capam, sotulares nocturnos et diurnos, Sagimen quoque ad ungendum, lumbaria duo, etc.* Statuta antiqua ejusdem Ord. 3. part. cap. 13. de sutore : *Cum ei injungitur, eruit coria et Sagimen.* Charta ann. 1301. pro Episcopo Ambianensi : *Communitas boucheriorum Ambian. debent ministrare Sagimen optimum ad præparandos dictos bouchellos.* Ubi Gallica habent, *doit trover l'ointure à conreer les bouchiaus.* Vide *Unctum.*

¶ **SAGIMENTARIUM**, Lucerna quæ *Sagimine* alitur. Hist. Vicon. Monast. apud Marten. tom. 6. Ampl. Collect. col. 305 : *Completo vero sermone, communem ecclesiæ modum non servans, ad excommunicandum tales*, (usurarios) *qui fit cum candela, ob detestationem fœnoris, sed, mandato crucibulo sive Sagimentario, cernentibus cunctis, anathematizavit.*

* **SAGIMENTUM.** Vide *Sagrimentum.*

¶ **SAGIMINATUS**, In *Sagimine* decoctus. Cæsarius lib. 6. Miracul. cap. 4 : *Non mirum, si* (artocreæ) *valde erant bonæ, quia valde erant bene Sagiminatæ.* Vide *Sagimen.*

1. **SAGINA**, pro *Saisina. Ponere in Saginam* aliquem, in vet. Charta apud Ughellum tom. 7. Ital. Sacr. pag. 571. nisi mendum sit. [Vide in *Saisire.*]

¶ 2. **SAGINA**, *Sunt herbæ quædam quas legati populi Romani portabant interlocutores pacis, quia nemo illas herbas portantes lædebat, sicut delegati Græcorum, qui solebant ea quæ vocatur celicia ferre.* Vocabul. utruisque Juris. Hæc unde desumta sint nescio : norunt omnes verbena coronatos feciales fuisse, ramumque olivæ manu gestasse; sed *Saginam* ignorant. Vide alia notione in *Sagena* 2. et *Sagimen.* [** Leg. *Sagmina* et *cerycia*, ex Dig. lib. 1. tit. 8. fr. 8. § 1.]

¶ **SAGINACIA** Silva, Glandium saginandis porcis ferax. Codex Censualis Folquini ex Tabulario S. Bertini : *De silva Saginacia faginina bunnaria* xx.

SAGINALE, Italis est Calamus milii, in Vita B. Andreæ de Caterannis num. 16. ubi forte legendum *Sagittale.* Vide *Sagitta* 6.

SAGINARII. Vide in *Sagma.*

* **SAGINARIUS**, Qui *saginarium* seu *sagmarium* jumentum agit. Dialog. creatur. dial. 96 : *Saginarius quidam publicus arabat pratum ut seminaret; sed boves, ut solebant, non arabant, immo pro posse recalcitrabant, propter quod arator ipsos aculeabat.* Vide eamdem vocem in *Sagma*, ubi et *Sagmarius* hic editum est ex Destruct. vitiorum.

¶ **SAGINAS.** Vide *Sagena* 2.

¶ **SAGINATIO**, Jus saginandi porcos in silva. Charta Ottonis II. Imp. ann. 990. apud Pezium tom. 1. Anecdot. part. 3. col. 57 : *Pascuis, silvis, Saginationibus, venationibus, piscationibus, portibus, aquis, etc.* Charta ann. 1073. apud Meichelbekum Hist. Frising. tom. 1. pag. 265 : *Silvis, venationibus,... Saginatione, etc.*

SAGINATUS. Vide *Sagimen.*

SAGINUM, Adeps suillus, Gall. *Sain.* Tabularium S. Remigii Remensis : *Census de Marsna... In Augusto* 11. *libr. et* 8. *solidi de Sagino.* Infra : *In Pascha* 22. *solidi et dimid. de Sagino.* Alibi : *Habet ibi mulinum, solvit de annona mod.* 30. *Sagin. porc.* 2. Occurrit ibi pluries. Vide *Sagimen*, [et *Sainum*]

SAGIONES, Sagionia. Vide *Saiones.*

¶ **SAGIOTA**, Ornamenti genus. Johan. Demussis Chron. Placent. ad ann. 1388. apud Murator. tom. 16. col. 580 : *Aliquæ portant Sagiotas de perlis valoris florenorum* L. *usque in* C. Vide *Sagitta* 4.

* **SAGIPOLUS**, Arcus, Ital. *Saeppolo.* Stat. Antiq. Florent. lib. 3. cap. 177. ex Cod. reg. 4621 : *Nullus possit...... portare Sagipolum, balistam, vel arcum tensum per civitatem et burgos Florentiæ.*

¶ **SAGIS**, σωρός, ςρῶμα τῶν νεκρῶν. Gloss. Lat. Græc. Emendant viri docti, *Strages.*

¶ **SAGITIA**. Vide mox in *Sagitta* 1.

1. **SAGITTA**, Sagittea, Navigii species; *Barca sottile*, Italis; *Saettia*, Jo. Villaneo lib. 7. cap. 29. *Saetya*, in legibus Alfonsinis part. 2. tit. 25. lege 7. sic dicta, quod velox sit, inquit Acarisius. [Ea notione, interprete Eccardo, occurrit in Pacto Leg. Salicæ tit. 14. num. 3. ubi de raptu mulierum : *Qui cum Sagittis fuerint, uniusquisque illorum* CXX. *den. qui faciunt sol.* III. *culpabilis judicetur.*] Otto Frising. lib. 1. de Gestis Frid. cap. 33 : *Aptatis triremibus et biremibus, quas modo Galeas seu Sagittas vulgo dicere solent, aliisque navibus bellicis onerariis, etc.* Charta Guilelmi II. Regis Siciliæ in Bullario Casinensi tom. 2. pag. 191 : *Concedimus etiam prætaxato Monasterio liberam potestatem semper habendi quinque Sagittas in portu Panormi et mari eidem civitati adjacenti, etc.* [*Sagittias* infra ex eadem Charta.] Hugo Falcandus pag. 675 : *Itaque Sagitteam quanta potuit celeritate faciens præparari, nautis, armis, cæterisque rebus necessariis eam præmunit.* [** Vide Jal. Antiq. Naval. tom. 1. pag. 461. sqq.]

¶ Saettia, Italis, eadem notione. Breviar. Hist. Pisanæ ad ann. 1163. apud Murator. tom. 6. col. 174 : *Ex quo Pisani irati* X. *galeas et* XI. *Saettias velociter ordinaverunt. Saitie*, in Continuat. Histor. Belli sacri Willelmi Tyr. apud Marten. tom. 5. Ampliss. Collect. col. 731 : *Et un ot 16. galies et autres vessiaus menus, Saities et gameles bien 50. et alerent à veles et à navirons tant qu'il vindrent à Escalonne.*

Sagetia, apud Gaufredum Malaterram lib. 4. cap. 2 : *Philippum Georgii patrui cum velocissima Sagetia versus Syracusam omnem rem exploratum mandant.* Vetus Charta apud Joann. Lucium lib. 3. de Regno Dalmat. cap. 10 : *Piratæ qui erant in Sagetia Comitis de Sevenico.* [Mirac. MSS. Urbani V. PP. ex Tabul. S. Victoris Massil. : *Venientes per mare super quamdam Sagetium Pisanorum. Sagentia*, ibidem : *Trahentes Sagentiam cum uno bono ingenio perduxerunt eam in terram.* Adde Acta SS. tom. 3. Junii pag. 465.] *Sagettie*, apud Raimundum Montanerium in Chron. Regum Aragon. cap. 272. 284.

Sagitia, Sagittia, in Chron. Pisan. ann. 1163. [Charta ann. 1357. ex Tabular. Massil. : *Patronus cujusdam Sagitiæ armatæ, etc.*] Charta Willelmi Regis Siciliæ ann. 1176. apud Rocchum Pirrum in Archiep. Montis regal. : *Concedimus etiam prætaxato Monasterio liberam potestatem semper habendi quinque Sagittias in portu Panormi, et mari eidem civitati adjacenti... quæ ad opus ejusdem Monasterii officium piscationis exerceant.* [Breviar. Histor. Pisanæ apud Murator. tom. 6. col. 180 : *Parati cum* L. *galeis et* XXXV. *Sagittiis atque aliis multis lignis, etc.* Vox nota etiam Poetis Provincialibus :

> Si co val mais granz naus e mar,
> Qe bus, ni Sagitia,
> E val mas leon, que senglas.]

Sagittaria. Radulphus de Diceto ann. 1176 : *Exin pro varietate locorum vario desudans navigio, modo Sagittario, modo lintre, nec tam utens remo quam velo, Ducatum Apuliæ... pertransit.* Sed legendum *Sagittaria.* Idem ann. 1184 : *Coacta classe non modica, navibus infinitis, quæ vulgariter vel galeæ, vel Sagittariæ, vel onerariæ cum certis nominibus distinguuntur.* Albertinus Mussatus lib. 5. de Gestis Italic. rubr. 2 : *Cum barchis tectis, aliisque quas Sagittarias ipsi* (Veneti) *appellant.* Speculum Historiale MS. Joannis Abb. Laudun. lib. 11. cap. 63 : *Car en cele ville avoit riviere portant navires, et i avoit trois galées et une Sagitaire, etc.* Chronicon Flandriæ cap. 82 : *En la cité avoit une riviere portant navire : et y avoit trois galées, et une Sagitaire.*

¶ Sagittea, in Caffari Annal. Genuens. lib. 1. apud Murator. tom. 6. col. 249 : *Ecce Rex Balduinus cum duabus Sagitteis, et cum turbis et vexillis multis longe a civitate per milliare Januensibus obviam venit.*

Sagittina. Anonymus de Gest. Friderici II. Imper. : *Eadem durante procella Carolus ascendens quandam Sagittinam, non sine personæ discrimine terram petit* [*Sagittiam* edidit Murator. tom. 8. col. 597. Sallas Malaspinæ de Reb. Sicul. apud Baluz. tom. 6. Miscell. pag. 317 : *Non remansit in terra vir,... exceptis quibusdam, quos una Sagittina* XXIV. *remorum ereptos ab hostium gladiis vivos excepit.*]

2. **SAGITTA** Barbata. Ugutio : *Catapulta, vas est, ut dicunt, vel potius sagitta est cum ferro bipenni, quam Sagittam barbatam vocant.* [** De sagittarum usu mediis temporibus multa habet et lectu dignissima Murator Antiq. Ital. t. 2. c. 520. sqq.]

☞ In clientelæ professionem dominis sæpius exhibitam a vassallis *Sagittam barbatam* discimus ex pluribus Chartis. Charta Hugonis de Logiis apud *Blount* in Nomolex. Anglic. : *Reddendo inde annuatim pro omni servitio sex Sagittas barbatas ad festum S. Michaelis, etc.* Hist. Harcur. tom. 3. pag. 339 : *Per homagium ac redditum apud castrum Falescis, Sagittam barbatam ad festum Assumptionis B. Mariæ, etc.* Charta apud *Madox* in Formul. Anglic. pag. 140 : *Reddendo inde annuatim præfato abbati et successoribus suis unam Sagittam latam et competentem in festo S. Eadburgæ virginis. Sagite enbarbellée*, in Poemate *de la guerre de Troyes* MS :

> Qar farine que l'en tamise
> Ne chiet pas si menuement. .
> Com font Sagites enbarbellées,
> Dars et engignes enpenées.

* Sagitta De Passa. Comput. ann. 1488. inter Probat. tom. 4. Hist. Nem. pag. 47. col. 1 : *Solverunt dicti domini consules Jacobo Cug sagittario, pro quatuordecim trossis Sagittarum ferratarum, appellatarum de passa, etc.* Nostris alias *Saiette* vel *Sajette* et *Secte. Saiettes ferrées pour bercer et occire connins*, in Annal. regni S. Lud. edit. reg. pag. 134. Lit. remiss. ann. 1376. in Reg. 109. Chartoph. reg. ch. 287 : *Adonc ot ledit chevalier dudit Mahieu, pour la rançon dessusdite, vint moutons d'or et trois douzaines de fers à Seette. Lesquelx varlets avoient ais et Settes, dont il s'esbatoient à traire*, in aliis ann. 1377. ex Reg. 111. ch. 14. Guill. Guiart. sub Phil. Aug. :

> Et li quarrel qui en l'arc cliquent,
> Et les Seetes empenées.

Idem ad ann. 1194 :

> Dars et Sajettes barbelées.

¶ 3. **SAGITTA**, Fulmen, Gall. *Carreau de la foudre.* Chron. Parmense ad ann. 1292. apud Murator. tom. 9. col. 825 : *Tonitrua maxima fuerunt cum pluvia magna in civitate Parmæ, et in quatuor locis Sagitta de cœlo percussit.* Ibid. ad ann. 1299. col. 840 : *In vigilia B. Johannis Baptistæ in hora vesperarum, tonitruum et Sagitta de cœlo percussit in turre communis Parmæ.* Acta S. Franciscæ Rom. tom. 2. Martii pag. 103 * : *Tres de cœlo ceciderunt Sagittæ, prima super campanile S. Pauli, secunda super campanile S. Petri, et tertia super capella Domini.*

4. **SAGITTA**, in vestibus dicitur pars ea quæ contrahitur in sinus, quod sagittæ speciem effingant. *Rugosi sinus*, in leg. 12. Cod. Theod. de Scænicis (15,7.). Udalricus lib. 2. Consuet. Clun. cap. 11 : *Sedens ad lectionem... anteriora frocci sui semper in gremium ita attrahit, ut pedes possint bene videri. Girones quoque, vel quos quidam Sagittas vocant, colligit utrinque, ut non sparsim jaceant in terra.* [Guidonis Discipl. Farf. lib. 2. cap. 4 : *Similiter autem subtus circa pedes tunica debet esse rotunda qualitate mensurata, Sagittas vero vel gerones tantum habeat, ut iter gradientes vel superfluitate, vel parcitate non impediat.* Vide *Sagiota.*] [** Grimm. Antiq. Juris German. pag. 158.]

5. **SAGITTA**, Flebotomus, quo venæ equorum percutiuntur, passim apud Veget. de Arte veter.

6. **SAGITTA**, *rusticis*, inquit Jo. de Janua, *novissima pars surculi in sarmento, vel quod longius a matre, ex qua prosiliit, recessit : vel quod acuminis tenuitate teli speciem præferat.* [Ugutio præfert *Saguta.*]

SAGITTAMEN, Sagittarum materia vel multitudo. Knyghton. ann. 1389 : *Et ei etiam pro Sagittamine quod ibidem in debellando consumpserat, 20. millia scutorum auri exsolveret.*

¶ Sagittamen, Sagitta. Breviar. Hist. Pisanæ ad ann. 1264. apud Murator. tom. 6. col. 195 : *Quadrellos, Sagittamina, et virgas Sardorum in civitatem Lucanam projici fecimus.*

¶ Sagittamentum, Eadem notione. Charta vetus Hist. Bonon. apud Carolum de Aquino in Lex. milit. : *Precamur quatenus dictum castrum muniatis victualibus, balistis, Sagittamentis, pavensibus, lumeriis et pannellis.* Contin. Chron. Andr. Danduli apud Murator. tom. 12. col. 448 : *Tamen nocte, invitis hostibus, imo per medium illorum, auxilio optimorum virorum, et Sagittamentis copiose recepto, etc.* Annal. Estens. apud eumd. tom. 18. col. 1017 :

Eo tempore impetraverat Capitaneus Rodigii, quod de Venetiis sibi mitterentur munitiones farinæ ac bombardarum et Sagittamentorum, et nonnullarum aliarum rerum, quas noverat necessarias in Rodigto.

1. **SAGITTARE.** Otto Morena pag. 58 : *Ipse Imperator optime sciens Sagittare, multos de Cremensibus interfecit.* Rogerus Hovedenus ann. 1192 : *Et cepit... unum reneez, qui quondam Christianus fuerat,... et Rex posuit eum ad Sagittandum, et Sagittatus est.* [Adde Chron. Domin. de Gravina, apud Murator. tom. 12. col. 577. Utuntur præterea Plautus in Trinum. act. 2. sc. 1. Justinus lib. 41. et Curtius lib. 7.]

* 2. **SAGITTARE**, mendose, pro *Saginare*. Stat. Vercel. lib. 3. pag. 75. v° : *Non possit aliquis buffare, vel inflare ore, vel alio modo carnes, vel Sagittare vel implere rognonos.*

SAGITTARIA, Navis species. Vide *Sagitta* 1.

¶ **SAGITTARII** Liberi, nostris *Francsarchers*, in Chron. Beccensi ann. 1467. De iis consulendi Monstrelletus 3. vol. pag. 13. et Berrius in Carolo VII. pag. 165.

* 1. **SAGITTARIUS**, Venator cum sagittis. Charta ann. 1260. in Reg. 31. Chartoph. reg. fol. 91. r°. col. 1 : *Rex habet in ipsis duabus petiis nemorum totam venationem et Sagittarium et pedicam ad luppos.*

* 2. **SAGITTARIUS**, Sagittarum artifex. Locus est supra in *Sagitta* 2.

¶ **SAGITTEA**, Sagittia, Sagittina, Navis species. Vide *Sagitta* 1.

1. **SAGIUM**, [Pondus. Georg. Stella in Annal. Genuens. apud Murator. tom. 17. col. 1114 : *Insuper quod anno singulo, dum vita fuerit eidem, a Republica Peyræ suscipiat eum pecuniæ numerum, quem ipso stantes loco, perperos centum ad Peyræ Sagium nominant.*] Sanutus lib. 2. part. 4. cap. 10 : *Ita quod per totum annum completum summatim sunt libræ 39. et sex unciæ, cum 4. Sagiis, cuilibet prædictorum.*

* Certa quantitas determinata, Ital. *Saggio*. Consule Academ. Crusc. in Glossar. Ital.

2. **SAGIUM**, Linteum subtile in quo farina excernitur. Statuta Ord. Præmonstrat. dist. 1. cap. 11 : *Panis vero communis et quotidianus esse poterit secundum diversarum Ecclesiarum facultates cum Sagio, vel cum cribro.* Vide *Sagum* 2.

* 3. **SAGIUM**, Experimentum, examen, exagium, in re monetaria, Ital. *Saggio*. Charta ann. 1240. inter Probat. tom. 3. Hist. Occit. col. 395 : *Raymundus D. G. comes Tolosæ tradidit, concessit et commendavit Arnaldo Trunus cambiatori Sagium illius monetæ Tolosanorum quomodo factura est, pro tenere illud Sagium suprascriptum, quantum eidem dom. comiti placuerit; et ibi dictus Arnaldus Trunus recepit prædictum Sagium ab eodem dom. comite suprascripto, promittens, præstito corporaliter juramento,.... se tenere legitime et fideliter prædictum Sagium...... ad pondus de xvij. solidis.* Chartæ hujus mentio fit in Invent. Chart. reg. ann. 1482. fol. 184. v° : *Littera per quam comes Tholosæ tradidit Sagium monetæ Arnaldo Trunno. De anno 1240.* Vide supra *Sagiator*.

* **SAGLINUM**, Secale, Gall. *Segle*. Charta ann. 1336. inter Probat. Domus de Chaban. pag. 66 : *Singulis annis novemdecim mensuras Saglini, etc.* Ubi bis legitur *Siglicum*, eadem notione. Vide *Sigalum*.

SAGMA, Salma, Sauma, Sagmarius, Salmarius, Sommarius, Summarius, etc. Voces unius ejusdemque originis.

Sagma, Onus, sarcina, in Glossis MSS. Glossæ Græc. Lat. : Σάγμα, *Sagma*. Gloss. Lat. Græc.: *Sagma*, παραπλήρωμα. Perperam utrobique editum *Salina*. Eginhardus in Vita Caroli M. : *Facto supellectili, ut sunt cortinæ, stragula, tapetia, fulcra, coria, Sagmata.* Vita Ludovici Pii ann. 807 : *Erant enim sine Sagmatibus.* Theodulfus Aurelian. lib. 3. Carm. 12 :

> Sagmatibus tandem his quæ postulat usus onustis,
> Nos hinc digressos cepit Petricordia tellus.

Aribo Episcopus Frisingensis in Vita S. Corbiniani n. 11 : *Mitte super eum* (equum) *sellam sagmariam, et sterne illum, et Sagma super illum impone.* Σάγματα καμήλων, in Vita S. Eliæ junioris pag. 165. Vide præterea Annales Franc. Bertinian. ann. 876.

Sagma, femin. gen. Papias, ex Isidoro lib. 20. cap. 16 : *Sagma, quæ corrupte Salma dicitur, a stratu Sagorum nuncupatur, unde et equus sagmarius dicitur.* Mamotrectus 15. Levit. : *Hoc sagma, tis, est stratura asini : Hæc Sagma, quæ corrupte dicitur salma, est sella vel pondus et sarcina quæ ponitur super sellam.* [Gloss. vetus apud Carolum de Aquino in Lexic milit. : *Sagma, æ, et Sagma, atis, sella, quam vulgus bastum vocat, super quo componuntur sarcinæ : clitellas alii vocant.* Gloss. Lat. Gall. Sangerm. : *Sagma, æ, Somme, charge de sommier, ou selle, bas.*] Glossar. Lat. Gall. : *Sagma, æ, charge, ou selle.* Vegetius lib. 2. de Arte veterin. cap. 59 : *Reliquum mulorum, equorum, asinorumque genus sub sellis aut Sagmis solo tergo præstat officium.* Tageno Pataviensis et Chronicon Reichersperg. ann. 1190 : *Relictis bigis et quadrigis, iter cum Sagmis aggressi sumus.* Ordericus Vitalis lib. 6. pag. 605 : *Ut ad fomitem ignis duas Sagmas asini quotidie acciperent.* Adde chartam Caroli C. in Append. ad Capitul. num. 67.

¶ Sacima, Eadem notione, in Ordine Rom. Cencii cap. 43 : *Notandum vero quod dominus Papa debet habere... duas Sacimas mortulæ.* Ubi leg. *Sagmas*, ut ex cap. 47. facile conjicitur : *Debet habere Papa sex fascios mortulæ.*

Sagma, Theca scuti. Lactantius ad 9. Thebaid. Statii : *Coryton, theca arcus solius dicitur, sicut pharetra sagittarum, et Sagma scuti.* Suidas : Σάγμα, θήκη τοῦ ὅπλου. Notum vero ὅπλον sæpe sumi pro scuto.

Sagmarium, Idem quod *Sagma*, Στρωματόδεσμον, Ulpiano ad Demosthenem. Glossæ Basilic. : Τοῦλδος, τὰ σαγμάρια τὰ τὴν ἀποσκευὴν τῶν πολεμίων βαςάζοντα, ἡ ἀποσκευὴ καὶ χρεία πᾶσα τῶν ςρατιωτῶν, τουτέςι παῖδές τε καὶ ὑποζύγια καὶ εἴτι ἄλλο πρὸς ὑπηρεσίαν τοῦ φοσσάτου ἐπισύρεται. Ita Gloss. MSS. Regiæ : Ἀποσκευὴ, τὸ λεγόμενον παρ' ἡμῖν τοῦλδον, τὰ σαγμάρια. Eadem pene Suidas et Glossæ Basilic. Nicetas Barbarogræcus in Manuele lib. 6. cap. 20 : Τὰ σαγμάρια, καὶ κατεῦναι, καὶ οἱ ὑποχείριοι, αἵ τε ἅμαξαι. Adde Leonis Tactica cap. 4. n. 36. cap. 5. n. 7. cap. 9. n. 36. 58. cap. 10. n. 12. Rigaltii, Meursii [et med. Græcit.] Glossaria. Odo Cluniac. lib. 1. de Vita S. Geraldi cap. 33 : *Omne stipendium quod in Sagmariis Geraldi delatum fuerat, paulatim defecit.* Nolim tamen præstare hoc loco *equos Sagmarios* non intelligi.

Sagmarius, Equus clitellarius. *Sarcinarium jumentum*, Cæsari lib. 1. *Sarcinale jumentum*, Ammiano lib. 15. *Sarcinulator equus*, Willelmo Britoni lib. 12. Philipp. pag. 241. *Sagmarius mulus, Sagmaria mula*, apud Servium ad 1. Æneid. Ἱπποσαγματάριος, Leoni in Tactic. cap. 6. n. 29. Gloss. Ælfrici : *Sagma*, seam-sadol. *Sagmarius equus*, seam hors. Ubi perperam editum *sugma* et *sugmarius*. Lampridius in Heliogabalo : *Quæ pilento, quæ equo Sagmario, quæ asino veheretur.* S. Honoratus Massiliensis in Vita S. Hilarii Episc. Arelat. : *Pedibus iter aggrediens, Romam sine equo, sine Sagmario vel sago festinus intravit.* Petrus Damian. in Vita S. Odilonis Cluniac. cap. 23 : *Repente Sagmarius multis oneratus sarcinis per montis devexa collabitur.* [Idem in Vita S. Dominici Loricati cap. 3 : *Non prædia, vel aliquam substantiam, præter unum Sagmarium, possidebant. Cum quo scilicet asello vel equo unus erat minister, etc.*] Raimundus de Agiles pag. 171 : *Est alia* (via) *per montana Libani, tuta satis et copiosa, sed gravis multum Sagmariis et camelis.* Utuntur Scriptores alii passim, Vegetius lib. 2. cap. 10. lib. 3. cap. 6. Capitul. ann. 821. cap. 2. Petrus Damian. in Vita S. Romualdi n. 23. lib. 1. Epist. 9. pag. 30. Epist. 19. pag. 91. lib. 2. Epist. 18. pag. 270. Passio S. Vitalis num. 7. S. Bernardus lib. 3. de Consider. cap. 3. Tudebodus lib. 2. pag. 785. Petrus Blesensis Epist. 25. Guigo in Statut. Ord. Cartus. cap. 19. § 1. Odo Cluniac. lib. 2. de Vita S. Geraldi cap. 18. 21. Leo Ostiensis lib. 2. Chron. Casin. cap. 19. Udalricus lib. 3. Consuetud. Cluniac. cap. 4. Rigordus ann. 1194. Chartæ aliquot in Bibliotheca Cluniac. pag. 513. 1442. in Hist. Vergiacensi pag. 120. apud Doubletum pag. 778. etc.

¶ Saginarius, Eadem notione qua *Sagmarius*, uti et scribendum volunt viri docti; an recte, haud satis scio, cum apud non paucos Scriptores occurrat hæc vox : unde *Saginarius* a Sagis portandis dici potuit equus Sarcinarius. Bernardus Monach. in Ord. Cluniac. part. 1. cap. 2 : *Si perrexerit* (prior) *ad obedientias quæ sunt prope in circuitu, ducit secum duos fratres; si longius ut v. g. in Provinciam duos Saginarios et tres fratres, ex quibus unus est super ejus famulos, et super sarcinulas ejus.* Translat. S. Rigomeri sæc. 6. Bened. part. 1. pag. 134 : *Saginarios demum, itemque sufficientem apparatum, prout longioris viæ necessitas postulasset parari... imperat.* Occurrit præterea in Statutis antiquis Ord. Carthus. part. 2. cap. 8. § 7. et alibi.

Sagmarius, Sagmatum confector, Σαγματόποιος, in Gloss. Lat. Gr. Est etiam

Sagmarius, Qui *sagmarium* equum vel jumentum agit. Destructorium vitiorum cap. 96 : *Sagmarius quidam bubulcus arabat pratum ut seminaret : sed boves, ut solebant, non arabant, imo pro posse recalci-*

trabant, propter quod arator eos aculeabat. Boves autem vociferati sunt contra eum dicentes, Maledicte, qua de causa percutis nos, quia semper servivimus tibi? Quibus Sagmarius, Cupio arare pratum, ut mihi et vobis cibum tribuat.

Sagmare, Sagmarios onerare. Gloss. Lat. Gr. : *Sagmat asinum*, σάσσει ὄνον. *Sterne equum*, ἐπίσαξον τὸν ἵππον. *Sagmatus*, σισαγμένος; perperam, *saginat*, et *saginatus* editum.

Sagmegium, Idem quod *Summagium*, de qua voce, mox. Concilium Bituricense ann. 1031. cap. 15 : *Ut in die Dominica vectigalia non fiant, quod carregium vel Sagmegium dicitur, etc.* Ubi *vectigalia* sunt *vecturæ*.

Salma, Ugutio, ex Isidoro lib. 20. cap. 16 : *Sagma, quæ corrupte vulgo dicitur Salma, scilicet sella, vel pondus et sarcina quæ super sellam ponitur eis, et dicitur sic a stratu sagorum, i. sellarum, vel quia sellæ sago solent sterni.* Charta ann. 1179. apud Ughellum tom. 7. pag. 706 : *Concedimus ut prædicta Ecclesia unoquoque die semper capiat duas Salmas lignorum de foresta nostra.* Alia apud eumd. pag. 1321 : *Debet octo Salnas vini, etc. Salma salis*, apud eumd. tom. 9. pag. 467. *Salma frumenti*, in Charta Frider. II. Imper. apud Rocchum Pirrum tom. 1. pag. 144. tom. 2. pag. 285. [*Generalis et major Salma*, in Constitut. Jacobi Reg. Sicil. cap. 62. ubi certum pondus significatur. Processus ann. 1243. in Append. ad Antiq. Hortæ Illustr. Fontanini pag. 404 : *Duas Salmas musti mundi in vindemiis, etc.*] Statutum Honorii IV. PP. pro Regno Neapolit. ann. 1285. apud Odoricum Raynaldum num. 39 : *Dummodo emptitiorum delatio de portu licito ad similem portum, et cum barcis parvis centum solummodo Salmarum vel infra capacium tantum fiat.* Sanutus lib. 2. part. 4. cap. 10 : *Tria sextaria de Venetiis sunt una Salma de Apulia, tam de legumine, quam etiam de frumento.* Adde cap. 13. extrem. [Computus ab ann. 1333. ad ann. 1336. tom. 2. Hist. Dalph. pag. 283 : *Item, Disderio Fabri pro* 8. *Salmis vini veteris ad rationem de sexdecim solidis per Salmam*, VI. *lib.* VIII. *sol. Vienn.* Est autem *Salma vini* apud Delphinates, uti observat eruditus ejusd. Histor. Scriptor, ponderis circit. 240. lib. ad pondus in eodem tractu usitatum. Occurrit præterea in Charta Ordonii II. Regis inter Concil. Hisp. tom. 3. pag. 171. Sed ibi *Salinas* legendum videtur. Vide infra *Sauma vini*.] Itali *Salma* etiam dicunt.

¶ Salmaria, Sarcina, Gall. *Bagage.* Breviar. Histor. Pisanæ ad ann. 1171. apud Murator. tom. 6. col. 184 : *Papiliones quidem et tentoria, arma, equos, Salmariam et omnia Lucensium spolia victoriosi Pisani ceperunt.*

¶ Salmarius, Jumentum sarcinale, equus clitellarius. Ricobaldus Ferrar. in Histor. Imper. apud Murator. tom. 9. col. 135 : *Auxilio Senonensibus erant... exules Florentini in exercitu Florentinorum fuisse tunc dicuntur ad* LX. *jumentorum, quæ appellant Salmarios.* Chron. Franc. Pipini. lib. 3. ibid. col. 704 : *In exercitu Florentinorum fuisse dicuntur jumentorum que appellantur Salmarii, mille et sexaginta.* Vide mox *Salmata.*

Salmarius, ut *Sagmarius*, qui *Salmarium* equum seu jumentum agit, in Miraculis S. Eutropii Episcopi Santonensis num. 14.

Salmerius, Eadem notione. Itinerarium Gregorii XI. PP : *Percusso Salmerio Antistitis Carpentoracensis gladio crudeli manu interiit.* [Charta ann. 1291. ex Tabular. Archiep. Ausc. : *Item quicumque Salmerium vel Salmerios tenent et lucrum suum faciunt, etc.*]

¶ Sama, ut *Salma*. Chartul. Kemperleg. : *Samam vini, et* XII. *formellas, vel unum lardi bradonem, pro ea det Monachis.*

¶ Samarius, ut *Salmarius*, jumentum sarcinale, in Charta Ebehardi Salisburg. Archiep. ann. 1160. apud Hansiz. tom. 2. Germ. sacræ pag. 258 : *Per quem* (Præpositum) *misimus duos Samarios oneratos piscibus et caseis.*

Samerius, Eadem notione, apud Willel. *de Baldenzeel* in Hodœporico Terræ sanctæ : *Species namque Indicæ... a majori Armenia in camelis et aliis Sameriis adducuntur.*

¶ Salmata, Onus *Salmarii*, Gallis *Saumée*; Provincialibus aliisque quibus *Saumo* asinum sonat, idem non raro significat quod *Asinna* seu onus asini. Charta ann. 1164. tom. 1. Hist. Dalph. pag. 16. col. 2 : *Si Dominus vinum suum vendere voluerit, cum bonæ vindemiæ fuerint, septem Salmatæ erunt de vino puro et octava erit de decocto.* Pancharta S. Stephani de Vallibus apud Xantones, Ch. 1 : *Non teneantur scindere illa die ex debito nisi quilibet duas Salmatas.* Charta ann. 1364. in Camera Comput. Aquensi : *Item in festo natalis Domini novem Salmatas lignorum quolibet anno.* Charta ann. 1413. ex Tabul. Archiep. Ausciensis : *Salmata vini.* Rursum : *Salmata merlucii.* Alia ann. 1401. ex eodem Tabul. : *Pro qualibet Sarcinata cujuslibet Salmerii, etc.* Statuta Avenion. MSS. rubr. 13. art. 2 : *Salmatam vero* (intelligimus) *quæ continet decem heminas mensuræ Avenionensis.* Hinc emendanda videtur Charta Edwardi I. Regis Angl. ann. 1283. apud Rymer. tom. 2. pag. 262 : *Dabit venditor extraneus.... de Salmaca bladi* 1. *den.... de Salmaca coriorum grossorum* 2. *den.... de Salmaca de onere hominis de prædictis rebus et similibus* 1. *d.* Ubi leg. *Salmata.* Vide mox *Saumata.*

Sauma, Idem quod *Sagma* : nostris *Saume*. Papias : *Ephippia, equorum freni, Saumæ, vel pectoralia.* Joannes de Janua : *Sagma, corrupte vulgo dicitur Sauma, vel salma; i. sella, vel pondus, vel sarcina quæ super sellam ponitur, etc.* Alibi : *Sauma, onus.* [Gloss. Lat. Gall. Sangerman. : *Sauma, Somme, charge.*] Rhenanus lib. 2. Rer. German. pag. 95 : *Saumarum nomine clitellaria jumenta intelliguntur.* Capit. 2. ann. 813. cap. 10 : *Et Marscalci Regis adducant eis petras in Saumas viginti, etc.* Charta Caroli M. post Aimoinum Brolii, et apud W. Hedam in Rixfrido Episc. Trajectensi : *Teloneus exigatur, nec de navale, nec de carale, neque de Saumis, neque, etc.* Chartæ Alemannicæ Goldasti cap. 58 : *Accepimus ab hac Ecclesia et Abbate... solidos* 70. *et cavallos* 5. *cum Saumas, et rufias, et filtros, cum stradura sua ad nostrum iter ad Romam ambulandum.* Charta Ludovici Pii in Tabulario Monasterii Fossatensis fol. 8 : *Missos suos in aliquam partem Imperii nostri negotiandi gratia dirigere cum carris videlicet et Saumis, seu navigio, etc* Acta Innocentii III. PP. pag. 11 : *Fecit illuc intromitti aliquas Saumas farinæ.* [*Sauma olei*, tom. 5. SS. Junii pag. 526.] Vide tom. 2. Historiæ Francor. pag. 665. Legem Longob. lib. 1. tit. 14. § 7. [** Luitpr. 82. (6,29.)] Synodum Metensem ann. 754. cap. 4. Synodum Vernensem ann. 755. cap. 26. Sugerium lib. de Admin. sua cap. 7. Chron. Trudonense lib. 9. pag. 458. (ubi leg. *Saumas* pro *samnas*,) Petrum de Vineis lib. 3. Epist. 23. 24. lib. 5. Ep. 91. Hieron. Rubeum in Hist. Ravennat. pag. 362. etc.

¶ Sauma, Jumentum ipsum sarcinale, Provincialibus maxime asinus. Inventar. ann. 1294. ex Tabulario S. Victoris Massil.: *Quedam Sauma vendita cum basto suo et ornamentis.* Statuta Forojul. ann. 1235 : *Statuimus quod si aliquis miles, vel ejus filius, vel nepos, opera rustica fecerit arando, fodiendo, ligna adducendo cum Sauma, vel sine,... non habeat militis libertatem.*

Sauma Vini, inquit Brolius, ea est quam appensis ad latera vasis, vulgo *Barres* nuncupatis, equus ferre solet. Et apud Cenomanos dicitur esse unius et 90. pintarum cum semisextariolo : quatuorque summas prægrande vas vinarium, ab eis *Pipe* appellatum, ac tot pintas quot sunt in anno dies continens. Ita ille ex Tabulario S. Petri de cultura Dei. Falco Beneventanus ann. 1124 : *Tanta fuit fertilitas vini, quod ... centum Saumæ pro* 30. *denariis vendebantur.* [Charta ann. 1201. inter Instrum. tom. 2. novæ Gall. Christ. col. 323 : *Et unam Saumam vini ad Missas cantandas... præcipio reddendam.* Processus ann. 1243. in Append. ad Antiq. Hortæ Illustr. Fontanini pag. 406 : *Item petiit ut compellatis dictum episcopum ad restitutionem viginti Saumarum de musto.* Vide supra *Salma.*]

Saumarii, Equi *sagmarii*, Gall. *Somiers.* Fortunatus in Vita S. Germani Episc. Paris. cap. 3 : *Duorum Saumariorum cum pane dirigit onera.* [Charta ann. 1135. apud Calmet. inter Probat. tom. 2. Hist. Lothar. col. 304 : *Tunc ipse advocatus duos Saumarios stipendiis oneratos, et duos equos cum duobus hominibus eos deducentibus accipiet.*] Chronicon Reichersperg. ann. 1190 : *Milites inermes cæterumque vulgus cum Saumariis et sarcinis procedere instituit.* Leo Ost. lib. 2. cap. 84 : *Vidit repente multos nigros homines velut Æthiopes longo ordine incedere, onustosque fœno Saumarios minare.* Utuntur præterea Stephanus Torn. Ep. 230. Anonymus in Vita S. Alberti Abbat. Cambr. n. 6. Odo de Diogilo de Ludovici VII. Reg. Franc. profectione in Orientem lib. 2. pag. 19. Chronicon Senoniense cap. 7. Vincentius Belvac. lib. 31. cap. 150. Godefridus Monach. S. Pantaleon. ann. 1190. 1195. Stephanus Carnotensis Comes in Epistola tom. 4. Spicilegii Acheriani pag. 258. [Adde Vitam S. Odilonis lib. 2. cap. 16. Marten tom. 1. Ampl. Collect. col. 30. etc.] [** Vide Grimm. Antiq. Jur. Germ. pag. 363.]

Saumerii, in Concilio Biterrensi ann. 1351. sub finem. [Capitula general. MSS. S. Victoris Massil. : *Et omne arnesium, Saumerii et jocalia universa, etc.*]

¶ Saumalerius, Qui *Saumarium* agit et curam illius habet. Testam. Bertrandi de Turre ann. 1285. apud Baluz. tom. 2. Hist. Arvern. pag. 531 : *Legavit... cuilibet garcifero et Saumalerio... decem libras Turon. semel solvendas.*

¶ Saumaterius, Eadem notione. Saisimentum Comitatus Tolos. ann. 1251. apud *Lafaille* inter Probat. tom. 1. Annal. Tolos. pag. 16 : *Et de bestiis carregii duo jornalia de quolibet foco ea habente, salvo prandio Saumaterii.* Charta ann. 1334 : *Præsentibus fr. Bernardo de Lemovicis, Poncio Noguerii Saumaterio domini Prioris.* Vide mox *Somarii.*

* *Somatier*, in Lit. remiss. ann. 1469. ex Reg. 196. Chartoph. reg. ch. 16 : *Ung nommé Remonnet, lequel estoit Somatier et serviteur du seigneur de Sales, etc.*

¶ Summatarius, in Computis Episc. Aniciensis ex Tabul. ejusd. Eccl.

¶ Saumarium, Onus, Sarcina. Chron. apud Calmet. inter Probat. tom. 2. Hist. Lothar. col. 50 : *Adhibitis etiam aliis satellitibus, in forma mercatorum arma sua in Saumariis suis occultaverunt, etc.*

Saumata, Onus equi sagmarii, *la charge d'un cheval. Saumata salis*, in Charta Ildefonsi Comitis Tolosæ ann. 1141. apud Catellum in Hist. Tolos. pag. 192. 194. et in Hist. Occit. pag. 323. Consuetudines Ecclesiæ de Regula in Aquit. apud Labeum tom. 2. Bibl. : *Si vinum emerint, et postea vendiderint, obolum domino de unaquaque Saumata dabunt.* Ibidem : *De unaquaque Saumata lignorum dabitur, etc.* Charta ann. 1243. 150 : *Saumatas de calce, quas habuerunt homines de Villanova.* Tabularium Ecclesiæ Gratianopolitanæ sub Hugone Episcopo ann. 1197 : *Morardus... dedit illum quartonem Humberto et sorori suæ, id est, unam Saumatam, et vendidit illum quartonem sive Saumatam mihi Guigoni.* [Charta ann. 1103. apud D. *Brussel* tom. 2. de Usu feud. pag. 726 : *Et in unoquoque manso amasato de terra, unam Saumatam de lignis in nativitate Domini.* Charta ann. 1251. in Histor. MSS. Montis major. : *Pro quibus decimis solvat Guillelmus Abbati in perpetuum* l. *Saumatas bladi, quarum quælibet sit* iv. *sextariorum.* Charta ann. 1522 : *Vintenum seu viginti Saumatarum racemorum unam Saumatam dictis dominis dare teneantur.* Adde Hist. Dalphin. tom. 2. pag. 230. 231. Statuta Massil. lib. 3. cap. 15. etc.]

¶ Saumada, Eadem notione, vulgo *Saumade*, pluries occurrit in Charta ann. 1197. ex Tabul. Monast. Villæmagnæ. Charta ann. 1229. in parvo Chartular. S. Victoris Massil. fol. 125 : *Petebat R. Archiepiscopus Aquensis quartam partem totius decimæ Ecclesiæ S. Antonini et unam Saumadam optimi vini censualem.*

¶ Saumariata, Eodem significatu. Tabul. Eccl. Auxit. : *Ex uno quoque casali debet fieri una Saumariata vini sanctæ Mariæ Auscitanæ et Capitulo annuatim, etc.*

¶ Saumandium, Eodem intellectu. Vita S. Thomæ Aquin. tom. 1. Martii pag. 685 : *Saumarius qui portabat Saumandium Eracii de Arlotis Romani, per rupem altissimam cecidit.*

* Saumadalis, Ad *Saumadam* pertinens. Charta pro eccl. B. M. Anic. ann. 1374. in Reg. 105. Chartoph. reg. ch. 336 : *Item* (acquisiverunt) *a dicto Guillelmo de sancto Marcello quinque barralia Saumadalia vini, quæ percipiebat debitalia super quadam vinea sita en mont Redont.*

Saumaticum, vel Saumaticus, ut infra *Summagium.* Charta Dagoberti Reg. apud Doublet. pag. 656 : *Laudaticos, Saumaticos, salutaticos, etc.*

¶ Soma, Eadem notione, in Chartul. S. Vincentii Cenom. fol. 29 : *De Augoto* ix. *Somas, de Hugone Buchario* vi. *Somas, etc.*

¶ Soma, ut *Sauma*, onus, sarcina. Charta Archambaldi Borbonii pro hominibus Villæ-francæ : *De unaquaque Soma ferri* 1. *den. etc.* Chron. Jac. Malvezzi apud Murator. tom. 14. col. 1003 : *Somas viginti farinæ frumenti, Somas centum speltæ, etc.* Chronicon Bergom. apud eumdem tom. 16. col. 866 : *Et in monasterio reperti fuerunt Somæ plusquam* cv. *frumenti et alterius bladæ, etc.* Adde Statuta Vercell. fol. 67. etc. In utraque Sicilia, teste Macro in Hierol. *Soma* aridorum mensuram denotat, quæ modio correspondet.

¶ Somma Vini. Chronic. Estense apud Murator. tom. 15. col. 468 : *Largitus est Sommam unam vini in duabus lagenis.* Vide supra *Sauma vini.*

Somarius, [Jumentum sarcinale. Charta Theobaldi Comit. Blesens. ann. 1215. in Tabul. Calensi : *Et in eadem foresta chaufagium suum ad unum Somarium.* Chron. Andr. Danduli apud Murator. tom. 12. col. 216 : *Tunc Oliba comes sua relinquens filio cum multa divitiarum copia,* xv. *scilicet onustis thesauro Somariis, etc.* Rursum ibidem col. 1017. et 1036.] Arnoldus Lubec. lib. 7. cap. 17 : *Habebat sane Rex Otto munera multa Regis Angliæ avunculi sui Ricardi et* 15. *millia marcharum, quæ in Somariis ferebant* 50. *dextrarii.* Ditmarus lib. 3. pag. 33 : *Cum Somariis plurimis quasi pecunia sarcinatis.* Willel. ab Oldenborg in Itinerario Terræ sanctæ : *Tantam emittit piscium multitudinem, ut ab omnibus ex omni provincia illuc confluentibus carrucis et Somariis deducantur.*

¶ Sommarius, Eadem notione. Comput. ann. 1202. apud D. *Brussel.* tom. 2. de Usu feud. pag. clxvi : *Johannes Degne, pro Sommario,* lx. *s.* Epist. B. Reginæ Legionis ann. 1212. apud Marten. tom. 1. Anecd. col. 828 : *Sola jacula et sagittas* xx. *millia Sommariorum ferre vix possent.* Tabul. S. Gildasii de nemoribus : *Nullam consuetudinem... retineo... nisi unum Sommarium in hostem, quando in longinquo multum fuerit, ea tamen ratione, ut si ipse Sommarius redditus non fuerit, etc.* Processus de S. Thoma Aquin. tom. 1. Mart. pag. 696 : *Vidit ipsum Nicolaum elevantem pondera et onerantem Sommarios.*

¶ Somerius, Sommerius, Eodem significatu. Charta ann. 1339. tom. 1. Hist. Dalph. pag. 65. col. 1 : *Ducebat secum unum equum bayum clarum, unum roncinum et unum Sommerium.* Ordinat. Domus Dalphin. ann. 1340. ibid. tom. 2. pag. 393. col. 1 : *Item unum sufficientem scutifferum qui sit magister panaterius ordinamus, habentem unum equum pro se et unum Somerium, qui una cum Somerio botellieriæ portent necessaria ipsorum officiorum.* Occurrit præterea ibid. pag. 394. et in Chron. Domin. de Gravina apud Murator. tom. 12. col. 619.

Somarii, Qui cellarii vinarii curam habent, quos nostri *Sommeliers* vocant. Theodorus Campedonensis in Vita S. Magni cap. 3 : *Cum jam hora refectionis appropinquaret, et minister refectorii Somarius cervisam administrare conaretur, etc.* Infra : *Quid est, Somarie, quod habes in manu tua?* In Testamento Ludovici Hutini Regis Franc. ann. 1316. fit mentio *des Sommeliers, barilliers, portebouts, aideurs, et autres appartenans à l'Eschançonnerie.* Porro *Someliers* ejusmodi ministros vinarios vocant, quod horum potissimum curæ incumberent *equi sagmarii*, quibus vinum deferebatur, tametsi eadem appellatio cæteris inferioribus ministris tribueretur qui clitellaria jumenta agebant. Will. *Guiart* ann. 1302 :

Et espées nues escourre,
Sus garçons et sus Sommetiers.
Et mettre à la mort charetiers.

Præterea hac nomenclatura donantur in aula Regum nostrorum quotquot suppellectilis Regiæ curam habent. In Ordinatione Hospitii Regis S. Ludovici ann. 1261. a nobis edita in Notis ad Joinvill. occurrunt varii *Summularii*, nempe *Summularii napparum, scancionariæ, cameræ denariorum, fructuariorum, Capellæ, etc.* Eadem habentur in Ordinat. Philippi IV. ann. 1285. [in Ordinat. Hospitii Johannæ Reginæ ann. 1316. memorantur *les valez de chambre qui merront les* 11. *Sommiers de chambre.*] In Testamento Philippi Magni Regis Franc. ann. 1321. fit mentio *des Sommeliers du cors, des armeures, et de la chambre.* [Adde Statutum Johannis Reg. Franc. ann. 1355. tom. 3. Ordinat. pag. 33. et ibid. Notas Cl. Editoris.]

* Charta Phil.. Pulc. ann. 1304. in Lib. rub. Cam. Comput. Paris. fol. 474. v°. col. 1 : *Radulphus Summularius jocalium reginæ. Adenetus de Morinvalle Summularius cameræ denariorum Johannæ reginæ,* ibid. fol. 480. r°. col. 2. Comput. Arnulfi *Boucher* thesaur. guerr. ab ann. 1390. ad ult. Jan. 1392. ex Cod. reg. 9436. 3. fol. 243 : *Lorin du Buisson Sommelier des espices, Hennequin de la Leve sommelier des armeures, Jehan Doué Sommelier du matheras.* Lit. remiss. ann. 1393. in Reg. 145. Chartoph. reg. ch. 428. bis : *Rogier Percepot, Sommelier de nos napes, etc.*

☞ Ejusdem nomenclaturæ et muneris exstiterunt ministri in aulis Regum Anglorum, Ducum Britanniæ et Dalphinalium. Liber niger Scaccarii edit. Hearnii pag. 347 : *Sumelarius coquinæ ejusdem similiter.* Catalogus familiæ Ducis Britan. ann. 1404. apud Lobinell. tom. 2. pag. 815 : *Raoul Baron Sommelier de chandelerie.* Alter ann. 1498. familiæ Annæ Reg. ibid. pag. 1589 : *Maistre Pierre Signac* cccc. *liv. Soumatiers Guillaume Berard, pour le Soumer du gardemanger de la cuisine.* Ordinat. Domus Dalph.

ann. 1440. tom. 2. Hist. Dalphin. pag. 393. col. 1 : *Item, ordinamus pro camera nostra tres magistros Somerios et honorabiles sicut decet, quorum unus arma nostra deferat, et reliqui duo raubas et alia arnesia necessaria nobis,... et pro gagiis ipsorum trium Someriorum ad rationem de uno grosso pro quolibet eorum per diem deputamus.*

¶ Somelerius, Somellerius, Qui Somarium seu jumentum sarcinale agit. Ordinat. Hospitii Dalphin. ann. 1336. tom. 2. Hist. Dalphin. pag. 308. col. 1 : *Cancellarius noster, cum uno socio, uno scutifero, uno clerico, Somelerio, etc.* Alia ann. 1340. pag. 397. col. 1 : *Tribus florenis pro salario unius Somellerii, duobus florenis pro duobus valletis peditibus per annum.* Pluries occurrit ibi.

¶ Sommelarius, Eodem intellectu, in Testam. Roberti I. Comitis Claromont. ann. 1262. apud Baluz. tom. 2. Hist. Arvern. p. 269 : *Item lego Sommelario meo* L. *solidos.*

¶ Somata, Onus *Somarii.* Charta ann. 1309. tom. 1. Hist. Dalph. pag. 98. col. 2 : *Item quælibet Somata salis de Valentia, debet per aquam quatuor denarios; Somata vini duos denarios, somata vini acetosi vel tornati, unum denarium; Somata mellis vel olei, duos denarios.* Alia ann. 1445. ibid. pag. 90. col. 1 : *Exigere volunt de* L. *Somatis salis unum sextarium.* Ibid. col. 2 : *Chascun muy contient dix Sommées de sel, et chacune Sommée contient six sestiers de sel de Valence, qui valent quatre bestes chargées.... A la mesure de Vienne, la Sommée vaut dix sestiers et demy, et chascune beste porte deux sestiers, deux quartes et demy à ladite mesure.* Fori Bigorrenses art. 33 : *Pagesius autem qui in consuetudine non habet Somatas deferre, si inventus fuerit a Milite, vel a militis aut Comitis serviente, qui invenerit, vinum et subsellias accipiat, asinum vero Comiti mittat.*

·Somatum. Tabular. Eleemosinæ S. Pauli Viennens. : *Sub censu unius Somati de vino.* Occurrit ibi pluries.

Sometum. Tabularium Priorat. de Domina in Delphinatu fol. 120 : *Barberius de domo sua* 16. (denarios) *et* 1. *Sometum.* Ita ibi pluries : sed alibi *saumerium* scribitur. ☞ Ubi *Sometum*, quod *Somey* in aliis Instrumentis ejusdem Provinciæ dicitur, est servitium quo vassalli tenentur præstare *Somarios* ad exportandas res dominorum. Inquisitio de Moras ann. 1262. ex Regest. *Probus* fol. 42 : *Int. si debent domino operam, manoperam, coroatam et Somey. Resp. quod non, nisi Somey, videlicet illi de burgo et de castro, qui habent bestias portantes debent mutuare ipsas ante nativitatem Domini annuatim semel per unam diem.* Charta ann. 1309. tom. 1. Hist. Dalph. pag. 86. col. 1 : *Item habet dominus in dicto mandamento quinque Somey et dimidium, et duas partes unius Somey; et isti Somey percipiuntur in hunc modum : Quicumque debet dictum Somey, debet charreagiare in vindemiis ubicumque dominus vult, vinum suum reponere in dicto mandamento, cum asino suo, basto et barralibus et corda ipsius per unam diem.* Vide mox *Summagium.*

¶ Sommatica, Eadem, ut videtur, notione, seu eadem præstatio in summam pecuniariam commutata. Charta Widonis Abbat. S. Nicasii Rem. ann. 1158. ex Tabul. ejusd. Monast. : *Pro prefato altari vel Ecclesia a predictis canonicis omnibus annis Sommatica est solvenda.* Vide mox *Summata.*

* Somilagium, Sarcina, onus *Somarii*, nostris *Sommaige.* Charta Phil. Pulc. ann. 1299. in Reg. 53. Chartoph. reg. ch. 87 : *Adjicientes elemosinis.... equos et summarios,.... sive sint equi cadrigas aut charriota trahentes, aut Somilagium deferentes. Summulagium* legitur in eadem Charta ex Lib. rub. Cam. Comput. Paris. fol. 363. v°. et ex Reg. 82. ch. 242. Lit. remiss. ann. 1415. in Reg. 169. ch. 60 : *Les supplians prisdrent le Sommaige du sire de Blot,.... ouquel Sommaige avoit pluseurs robes, saintures d'argent et autres choses menues.* Ordinat. hospit. reg. ann. 1285. in Reg. ejusd. Cam. Comput. sign. *Noster* fol. 62. r° : *Item la chareste de la huche sera ostée, et portera l'en en baruiz et en Sommaige le vin le roy.*

* Decima Sommatica, Quæ ex cella vinaria, vel ex equis sarcinalibus exigitur. Vide supra in *Decimæ.*

* Somalis Vini, Quantum *Somarius* ferre potest; nisi legendum est *Semalis.* Vide in hac voce. Charta Phil. V. ann. 1318. in Lib. rub. Cam. Comput. Paris. fol. 564. v° : *Item tres Somales vini censuales pro xv. solidis Turon. annui redditus.* Vide supra *Sauma vini.*

Soumarii, pro *Somarii*, in Charta Caroli III. Imper. ann. 990. pro expeditione Romana § 5. 7. apud Goldastum.

¶ Suma, ut *Sauma*, in Leg. Liutprandi apud Murator. tom. 1. part. 2. pag. 67 : *Non mittant alios homines, nisi tantummodo, qui unum caballum habeant, hoc est homines quinque, et tollant ad Sumas suas ipsos caballos sex.* [** Supra *saumas* ex eadem lege 82. (6,29.)]

¶ Somerius, Jumentum sarcinale. Testam. Bartholomæi de Lega apud *Madox* Formul. Anglic. pag. 423 : *Uxori suæ palefridum ferrantum qui est apud S. Yvonem, et Sumerium bulum.* Testament. Willelmi de Paveli ibid. pag. 424 : *In primo legavit .... Sumerium suum cum toto apparatu simul cum armis.*

¶ Summerius, Eadem notione, in Polyptycho Fiscamn. ann. 1235 : *Ipse debet invenire unum Summerium ad eundum in exercitu.*

Summa, Idem quod *Sagma.* Will. Brito lib. 9. Philipp. pag. 208 :

> Ducere quadrigas quibus est Summasque necesse
> Expedit, etc.

Rodericus Toletanus lib. 8. cap. 4 : *Addidit etiam gratiam gratiæ, et cibariorum vehicula cum cæteris necessariis sexaginta millia Summas et ultra, cum summariis erogavit.* [Privileg. Leduini Abbat. S. Vedasti Atrebat. ann. 1036. ex Chartul. V. ejusd. Monaster. : *Summa annonæ*, 1. *ob. Summa piscium*, 1. *ob. Summa fructuum*, 1. *ob.* Charta ann. 1170. tom. 2. Hist. Eccl. Meld. pag. 59 : *Concedimus S. Mariæ de Fontibus in perpetuum unam Summam de vino quam apud Meldis de vinagio habemus in vineis suis. Summa olei*, in Charta ann. 1202. apud Marten. tom. 1. Ampliss. Collect. col. 1040. *Summa salis*, in Tabul. Beccensi.] Alanus in Parabolis :

> De minimis granis fit grandis Summa caballi.

* Charta Nic. episc. Andeg. ann. 1289. in Chartul. priorat. de Guileio fol. 58. r° : *Concessit quod ipsi* (monachi) *in perpetuum habeant et percipiant in dicta foresta duas Summas per pedem ad equos vel asinos.... singulis diebus, vice et loco duarum Saummarum, quas antea tantummodo habebant ad branchas;...... ita tamen quod dictas duas Summas perficiant, tam de pedibus scisarum arborum, quam de branchis.*

* Summa Bladi quanti constiterit, docet Charta ann. 1223. ex Chartul. S. Nigas. Mellet. : *Omni remota fraude dictam Summam bladi, scilicet tres modios bladi, infra prædictum terminum.... fideliter annuatim persolvent.* Vide infra *Sarcina.*

Summagium, Præstatio *summariorum* ad exportandas res dominorum, vel *teloneum de sarcinis*, uti appellatur in Charta Caroli M. apud W. Hedam pag. 227. 1. edit. Consuetudines Solemniaci in Arvernis MSS : *Item pro Summagio tenetur quilibet dare in dicta villa prout dare in eadem villa alias legitime consuevit.* Charta ann. 1294 : *Tres solidos Summagii super feodum Baudri.* [*Droit de Sommage*, in Consuet. Lothar. tit. 8. art. 5. Chartul. Gemmet. tom. 1. pag. 35 : *Item, nous tenons au bailliage de Gisors Vicomté d'Andely le fief noble et seigneurie de Guiseniers... en icelui avons... droit de Sommages, quy est porter deux septiers de grains jusques au batteau à Andely.*] Occurrit hac notione vox *Summagium*, in Monastico Anglic. tom. 1. pag. 118. 417. 419. 669. tom. 2. pag. 14. 71. 184. 812. 827. tom. 3. pag. 18. in Chronico Petri IV. Reg. Aragon. lib. 3. cap. 22. etc. Ubi fere semper cum *cariagio* jungitur, id est obligatione dandi *carra* ad vehendas et exportandas res dominorum, appellaturque *Summatge*, et interdum etiam sumitur pro castrorum impedimentis. Ejusmodi vero sagmarios debebant *Communitates* civitatum, Monasteria, et Ecclesiæ, in occasionibus bellicis. Charta Ludovici VIII. Regis ann. 1223. pro Abbatia Humolariensi apud Hemereum : *Quitamus etiam dictis Abbati et Conventui... Summarium unum, quem nobis debebant, quando in exercitum ibamus.* Alia Caroli V. Regis ann. 1412. apud eumdem : *Nous ayons mandé et fait faire commandement par nos Gens Officiers à plusieurs Prelats, Abbez, Chapitres, et autres Eglises de nostre Royaume, qui sont de toute ancienneté tenus nous faire finance de chariots, de charettes garnies de chevaux, de Sommiers, de harnois, et autres choses à ce necessaires, toutes et quantesfois que nous nous disposons d'aller en aucune expedition et fait de guerre, etc.*

¶ Sumagium, Eadem notione, in Charta Ricardi I. Reg. Angl. in Monast. Anglic. tom. 2. pag. 264. Vide *Hanig.*

* Nostris *Sommage. Le Sommage de busche*, in Charta ann. 1339. ex Reg. Caroli Pulc. Cam. Comput. Paris. fol. 163. r°.

Summagium, in Juribus et Consuet. Normanniæ cap. 34. ubi Gallica editio : *Les fiefs de par dessous sont, qui descendent des fiefs chevels, et sont soubmis à eux : si comme les vavassouries qui sont tenues par Sommage, et par service de cheval.* Ubi vetus interpres : *Et par ce mot, et par service de cheval, sont entendus villains service qui se font à sac et à somme, lesquels on appelle communement Sommages.* Cap. 53 : *Nul qui tient son fief par villain service, ne doit avoir la Cour de ses tenans de ce mesme fief : si comme sont les bordiers, et ceux qui servent à sac et à somme et les autres qui doivent les villains services.* Ubi editio Latina, *servientes ad saccum et sommam.* [*Sommez* dicuntur in Consuetud. Beneharn. art. 4. Polyptych. Fiscamn. ann. 1235 : *Paulus de Valle tenet unam vavassoriam et facit duo Summagia ad Natale et Pascha, et liberum careum et corveias aratri si habet.*] Atque inde *summa* nostris sumitur pro certa ac rata granaria mensura, scilicet equi sagmarii onere. Charta Anglica apud Prynneum in libertatib. Angl. tom. 2. pag. 255 : *Mandatum est... quod permittant.... vendere blada sua per Summas usque ad festum S. Katharinæ.*

* *Sommaiche* vero appellatur Servitium, quod debent vassalli seu subditi dominis suis in deferendis eorum epistolis, mandatisve quibuscumque. Profess. clientel. pro terra *de Villemanosche* ann. 1530 : *Item ladite demoiselle a aussi la moitié du droit de subjection et Sommaiche, qui est toutes les fois et quantes fois qu'il lui plaira envoyer l'un de ses hommes et sujets dudit Villemanosche faire message, porter lettres, ou autrement, est tenu d'y aller chacun en son tour en degré, pouveu qu'il puisse aller et venir entre deux soleils, et en rendre la réponse.* Ejusdem servitii mentio fit in Charta ann. 1223. ex Tabul. archiep. Camerac. : *Doivent li dis homes proveir audit seigneur messagier à envoyer à ses besongnes si long à le ronde que ledicte ville de Nave est de le ville de Bohaing.* Vide supra *Ales* 1. et infra *Servitium litterarum* in *Servitium.*

¶ Summagium, Sarcina, onus *Summarii.* Charta ann. 1413. apud Rymer. tom. 9. pag. 30 : *Pro quolibet Aumagio panni vel alterius rei mercatoriæ, quinque arditz Guiaygnes.* Ubi leg. *Saumagio* ex consimili loco in voce *Ardicus* relato facile colligitur.

¶ Summarium, Eadem notione, in Teloneo S. Bertini ex Tabular. Audomar. : *De Summario piscium,* 1. *ob.* ibid. *De Summario lanæ,* 1. *ob.*

Summare, *Sagmare, summarios* onerare, *Charger les sommiers,* in Fleta lib. 2. cap. 85. § 1. [Chartul. SS. Trinitat. Cadom. fol. 46 : *Reginaldus... equum suum accommodavit ad carbones ducendos et ad alias voluntates eorum agendas,.. et tantum Summavit quod numerum nescit.* Ubi *Summare* est *Summario* vehere.]

Summata, [ut supra *Sommatica.*] Apud Hemereum in Augusta Virom. ann. 1116. Simon Noviomensis Episcop. donat Altare de *Montbrehin,* hac conditione, *ut singulis annis* 2. *solid. pro Summata, et* 6. *denarios pro obsonio Decano Episcopi persolveret.*

Summarius, Equus *sagmarius.* [Charta Theobaldi Comit. Blesens. ann. 1186. apud Marten. tom. 1. Anecd. col 627 : *Concessi in perpetuum monachis ejusdem Ecclesiæ* (S. Launomari) *calfagium suum ad novem Summarios.* Comput. ann. 1202. apud D. *Brussel* tom. 2. de Usu feud. pag. CXLVII : *De uno Summario empto* XII. *lib.*] Matth. Paris ann. 1245 : *Equis clitellariis, quos Summarios vocamus.* Utuntur Will. Tyrius lib. 21. cap. 23. Petrus Blesensis Epist. 94. Gesta Ludovici VII. Reg. Fr. cap. 6. 11. Vita S. Humberti Maricolensis n. 5. Gesta Innocentii III. PP. pag. 133. Guntherus in Hist. CP. cap. 23. etc.

Summaticum, [ut supra *Summagium,* quod pro sarcinis Summariorum exsolvitur.] Charta Friderici II. Imp. ann. 1214. pro Ecclesia Viennensi apud Sammarthanos : *Non silvaticum, non Summaticum, non pulveraticum exigere audeat.*

¶ **SAGMEGIUM.** Vide in *Sagma.*

¶ 1. **SAGMEN,** ut *Sagimen,* adeps, sagina : si tamen asserta lectio est. Charta Geraldi Abbat. Angeriac. ann. 1385. ex Tabul. ejusd. Monast. : *Subcellerarius debet dare unum boissellum fabarum et Sagminem pro condimento.*

¶ 2. **SAGMEN,** ut *Sagma,* onus. Acta SS. tom. 7. Maii pag. 59. ubi de SS. Voto et Felice Eremit. : *Quæ antiquorum tum fama, tum scriptura nostris impulsit auribus (immensis historiarum Sagminibus cedentes, hujus rei ubique terrarum meminentium) brevi proloquio in mentem quotannis revocare tenemur.*

¶ 1. **SAGNA,** ut *Saca,* in Charta Henrici Reg. Angl. tom. 4. Hist. Harcur. pag. 1409 : *Sciatis quod ego concedo S. Petro Jumeticensi harengeiam et omnia quæ ad illam pertinent cum Sagna et soqua et tolla et team,* etc. Vide *Sac.*

¶ 2. **SAGNA,** Herbæ, seu junci palustris genus, Typha palustris major, Gallis *Masse,* Garidello Histor. plantar. Aquens. pag. 476. Provincialibus *Sagno,* vel *Saigno.* Charta Hugonis *des Beaux* ann. 1210. ex Schedis Pres. *de Mazaugues : Ut in eadem palude, cum voluerint, possint piscare, Sagnam, pabel colligere, etc.* Inquesta ann. 1268. ex Schedis ejusd. Pr. *de Mazaugues : Et vidit colligi Sagnam per dictum stagnum usque ad dictam Ecclesiam, etc.*

¶ Sania, Eadem notione. Sententia arbitralis inter Archiep. Arelat. ejusque Capitulum et Monaster. S. Cesarii ann. 1221. ex iisdem Schedis : *Decimas Saniarum, pabeli, venationum, pascuorum, piscationum, et salinarum.* Infra : *Quæcumque in dominicata sua tenet colendo suis sumptibus, sive sint novalia, sive non, sive sint aquæ, piscationes, venationes, Saniæ, pabelli, etc.* Ubi leg. videtur *Saina.* Vide in hac voce et *Saignia.*

¶ Sagnerius, Qui *Sagna* inter operandum utitur. Inquesta ann. 1268. ex Schedis Præsid. *de Mazaugues : Vidit ibi Sagnerios colligentes sagnam.*

* Sagnaderius, Qui *sagnam,* junci palustris genus, colligit et ea inter operandum utitur. Inquisit. ann. 1268. ex sched. Pr. *de Mazaugues : Ipsa die Isnardus Girardus Sagnaderius de Arelate testis juratus, etc.* Infra : *Ad sagnas colligendas et pabelam, etc.*

** Saunaderius, Eadem significatione. Vide locum in *Pabelum,* 1.

¶ **SAGNARE.** Vide infra *Saignare.*

¶ **SAGNERIUS.** Vide in *Sagna* 2.

* 1. **SAGNIA,** *Adeps, pinguedo, Grayssa,* Prov. Glossar. Provinc. Lat. ex Cod. reg. 7657. Vide *Saguen.*

* 2. **SAGNIA,** f. pro *Sagitia,* Navigii species. Testam. Beatr. comit. Albon. ann. 1228. ex Cod. reg. 5456. fol. 46. v° : *Canonicæ de Bellomonte recognosco debere habere unam Sagniam in lacu, etc.* Vide *Sagitta* 1.

¶ **SAGNIO,** apud Rather. Veron. Episc. lib. 1. Præloq. tom. 9. Ampl. Collect. Marten. col. 807 : *Quis illius militis pater, ariolator an pictor, aliptes an auceps, cetarius an figulus, sartor an fartor, mulio an Sagnio fuerit, etc.* Ubi *Sagmio,* qui *Sagmarium* equum agit, leg. recte suspicatur idem Martenius.

¶ **SAGO,** ut *Saio.* Vide *Saiones.*

SAGOCHLAMYS, Indumentum militare quod partim sagi Romani vel Gallici, et chlamydis Græcanicæ formam referebat. Epistola Valeriani apud Pollionem in Claudio : *Tunicas russas militares annuas, Sagochlamydes annuas duas, etc.* [Vide Carolum de Aquino in Lex. milit.]

¶ **SAGOMA,** Vasis genus, in Inventar. ann. 1294. ex Tabul. S. Victoris Massil. Aliud ann. 1336. ex eodem Tabular. : *Item unum truel et unam Sagomam descargadoiram.*

¶ **SAGONA,** Araris, *la Saone,* in Charta Caroli C. ann. 875. inter Instr. tom. 4. novæ Gall Christ. col. 225. Charta Durandi Episc. Cabilon. ann. 1221. apud Cusset. Hist. Cabilon. pag. 2 : *Claustrum durat usque ad furnum au Cot et dimidium vicum Judæorum et dimidiam Sagonam.*

SAGRABA. Vetus Agrimensor pag. 310 : *Termini autem montes nec uno modo, nec uno tenore sunt constituti in trifinium aut quadrifinium, et Sagrabam, quam appellant Alluvionem.* [** Pag. 303. apud Goesium, qui *Sargam* legendum putat in Indice.]

¶ **SAGRARIÆ,** Decimæ, primitiæ, oblationes eo nomine intelligi videntur in Charta ann. 1116. Append. Marcæ Hispan. col. 1244 : *In quo die consecrationis dedit jamdictus præsul præfatæ ecclesiæ decimas, primitias et oblationes fidelium tam vivorum quam etiam defunctorum, et insuper ex omni parte cimiterium habens triginta legitimos passus. Et confirmavit illud donum quod quondam Bernardus Comes Bisuldunensis fecit ipsi ecclesiæ.... cum ipsas Sagrarias, et cum ipso cimiterio, etc.* Ab Hispan. *Sagrado,* quod Deo sacrum sonat. Ejusdem originis

¶ Sagrarius, Locus sacer, in Charta ann. 983. inter Probat. tom. 2. novæ Hist. Occitan. col. 137 : *Sic dono ipsa terra ad ipso Sagrario, et est ipsa terra in territorio Narbonense.*

¶ **SAGRESTIA,** Sacrarium. Vide *Sacrista.*

* **SAGRIMENTUM,** pro *Sagimentum,* ni fallor, Jus saginandi porcos in silva. Vide *Saginatio.* Charta Henr. I. reg. Angl. ann. 1126. inter Instr. tom. 11. Gall. Christ. col. 235 : *Pasturam de Aurea-valle communem omnibus animalibus monachorum, cum animalibus domini, et Sagrimentum.* Quæ totidem verbis occurrunt in Bulla Urbani PP. III. ann. 1186. ibid. col. 247.

* **SAGUEN,** Axungia, Occit. *Saï,* Gall. alias *Sain,* nunc *Vieux-oing.* Leudæ minor. Carcass. MSS : *Item de cartaironq de sepo et Saguine, de quolibet unum denarium pro leuda et unum obolum pro penso.* Vide supra *Sagnia* 1.

SAGULA, Sagulare. Historia Obsidionis Jadrensis lib. 1. cap. 38 : *Tandem hic carabus ad quirinalem urbis partem se traxit, juxta, imo prœteriens Sagulas.* Et mox : *Sed Sagulare, in quo erat,* * *congredat, et confixus recedere non sinebat.*

SAGULUM. Guillelmus Bibliothec. in Stephano VI. pag. 236 : *Obtulit in ea crucem auream super altare cum gemmis et smalto, et Sagulum ad pendendum in regno, et cerostata vestita de argento paria duo.*

1. **SAGUM**, vel Sagus, Militare indumentum quod armis superinduebatur, Gallis proprium, ut testantur Varro, Diodorus Siculus, et alii. Ejus forma quadrata erat seu quadrilatera : unde *quadrati sagi* dicuntur Afranio. Isidorus lib. 19. Orig. cap. 24 : *Sagum, Gallicum nomen est : dictum autem Sagum quadrum, eo quod apud eos primum quadratum, vel quadruplex erat.* Nectebatur illud fibula circa humerum. Varro apud Nonium : *Cum neque aptam mollis humeris fibulam Sagus ferret.* Plutarchus : Αὐτὸς σάγον ἐκπεπορπημένος μέλανα. Diodorus Siculus : Ἐπιπορποῦνται δὲ σάγους ῥαβδωτοὺς, ἐν μὲν τοῖς χειμῶσι δασεῖς, κατὰ δὲ τὸ θέρος, ψιλούς. Erant igitur hiberna saga, ut Auctor est Diodorus, densiora, ex lana scilicet crassa et villosa, uti describuntur a Strabone lib. 3. et 4. Sagum vero æstivum fuit levius, cujusmodi describitur a Statio lib. 7. Thebaïd. :

Et rubet imbellis Tyrio subtegmine thorax.

Ubi Lactantius : *Tyrio subtegmine, id est, sub veste purpurea videbatur splendor loricæ.* In Concilio Liptinensi et Capitulari 1. Carlomanni cap. 7. *Presbyteri et Diaconi Sagis Laicorum more* uti vetantur, ut et in Epist. 105. Bonifacii Archiepisc. Moguntini : *Interdiximus servis Dei, ne pompato habitu, vel Sagis, vel armis utantur.* Chronicon Fontanellense cap. 10 : *Erat autem de secularibus Clericis, gladioque quem Semispathium vocant, semper accinctus, Sagaque pro cappa utebatur, etc.* Sed legendum *sago.* Ejusmodi saga militaria intellexit Alcuinus lib. de Offic. Divin. : *Sicut solent habere milites tunicas lineas sic aptas membris, ut expediti sint dirigendo jaculo, tenendo clypeum, librando gladium.* Et Adalbero Laudunensis Episcopus in Carm. ad Robertum Reg. Franc. :

Et vestis crurum tenus est, curtata talaris,
Funditor anterius, nec parcit posteriori,
Ilia baldringo cingit strictissima picto.

Vide Dissertat. 1. ad Joinvillam, [Martinium, Pitiscum in Lexicis, et Henr. Dodwell. de Parma equestri edit. Oxon. ann. 1713.]

Saga Fresonica, Quæ brevissima fuisse innuit Monachus Sangall. lib. 1. cap. 36. lib. 3. cap. 41. *Pallia Fresonica,* eodem lib. cap. 14. Bonifacius Moguntinus Archiep. Epist. 42 : *Quare non transmisisti vestimenta, quæ debuisti mittere de Fresarum provincia?* Le Roman *d'Auberi* MS :

Mantel ot cher que teissirent Frison.

¶ **Sagum Scutulatum.** Vide *Scutulata* et Martinii Lexicon in hac voce.

¶ **Sagum**, Vestis seu penula viatoria, qua pro itineris necessitate maxime muniebantur Hippocomi seu ii qui equorum cursus publici curam gerebant. Vide Cod. Theod. tit. 5. de Cursu publico leg. 37. 48. 50. et ibi Gothofredum.

Sagarius, *Negotiator*, Sagorum venditor veteri interpreti Juvenalis Sat. 6. v. 589. [** *Saganarius* ibi legitur Maio in Glossar. novo : *Saga vendenti, Saganario mercatori.*]

Sagum. Annales Francorum Fuldenses ann. 888 : *Ob id ergo et a Rege est clementer susceptus, nihilque ei antequæsti regni abstrahitur. Excipiuntur curtes, navum et Sagum.* [** Vide Pertz. ad hunc locum Script. tom. 1. pag. 406.]

2. **SAGUM**, Saga, Sagia, Saia, Saium, Panni species, Gall. *Saie*, unde Picardis nostris *Saieteur*, Saiarum confector. Academici Cruscani : *Saia, specie di panno lano, il piu sottile, e Saia drappata dicono a una sorte di panno lano fino, chiamato dai forastieri Peluzzo di Siena.*

Sagum. Adalardus in Statutis Corbeiensib. lib. 1. cap. 3 : *Cappam vero de Sago, et pelliciam.* Infra : *Cæterum capella, hroccus, sive cuculla de Sago unde hroccus fieri possit, ad arbitrium Prioris erit.* Hariulfus lib. 3. cap. 3 : *Fanones ad offerendum auro parati 14. ex brandeo 3. ex pallio 15. Saga ad patenas ferendas 4. pallia 78. etc.*

Saga. Vetus Rotulus ann. 1267 : *Pro 2. coopertoriis et 8. ulnis et dimid. de Saga pro caligis, 94. ll.* Will. Thorn. ann. 1254 : *Quod pro liberatione 20. tunicarum, quæ ante illud tempus erant de Saga, fieret liberatio in festivitate S. Augustini 20. tunicarum de bono bruneto, etc.*

Saia. Hugo de S. Victore lib. 2. de Claustro animæ : *In illos etiam qui tunicis induuntur, voluptas pedem posuit, non quod camisiis induantur, sed quodam delicato panno, qui vulgo Saia vocatur.* Charta Octaviani Card. pro Senensibus Canonicis apud Ughellum tom. 3. pag. 634 : *Cappam apertam de Saia scilicet, et cottam vel camisiam superaneam, etc.* [Teloneum S. Bertini MS. : *Carteia Saie, 11. den.*] Adde Rainardum Abbatem Cisterciensem in Institut. cap. 83.

* *Saiere* appellatur Pannus sericus, quo in sacra liturgia utuntur, vulgo *Echarpe*, in Reg. Cam. Comput. Paris. sign. *Noster* fol. 197. r° : *Item un dras rciez pour le letri, et autre à couvrir l'autel, et la Saiere à la platene.* Vide *Sagum* 2.

¶ **Saya**, in Epitome Constitut. Eccl. Valent. inter Conc. Hispan. tom. 4. pag. 175 : *Muzas panni nigri ex Saya nigra lividi seu viridis coloris fodratas.*

¶ **Sayo**, Vestis ex ejusmodi panno, in Conc. Tarracon. ann. 1591. inter Hisp. tom. 4. pag. 615. Locus est in *Scotatus.*

Sagia. Chronicon Fontanellense cap. 15 : *Pallia diversa 12. Sagiam unam, fanones duos, etc.* Veteres Schedæ apud Mabillonium : *Hoc est casula fuscana renelena 1. Sagia fusca 1. caligas albas 4. Sagia de haira 1. etc.*

Saxum. Statuta Ordinis S. Gilberti *de Sempringham* pag. 771 : *Sorores laicæ tunicas subtiles de Saxo lude pro infirmitate sui corporis habentes.* Forte leg. *Sayo.*

¶ **Say**, in Computo ann. 1425. apud Kennett. in Antiquit. Ambrosd. pag. 574 : *In bolt rubei Say... propter anabatam faciendam* IV. *sol.* VIII. *den.*

¶ **SAGUNTIA**, Navigii genus, idem quod *Sagitta* 1. nisi etiam ita legendum sit. Sallas Malaspinæ lib. 4. Rer. Sicul. apud Baluz. tom. 6. Miscell. pag. 308. : *Armat aliam Saguntiam, et Corradinum multipliciter fatigatum multoque metu confectum insequitur et invadit, capit, et reduxit ad terram.*

¶ 1. **SAGUS**, adject. Magicus. Poema de Nomine Jesu in Append. Operum S. Paulini pag. 25* :

Redeuntque sursum ab inferis
Cantata diro carmine, et bustis sono
Devota Sago corpora
Vim colligantis perfidam excutiunt luis.

Pro *præsagus*, occurrit apud Statium Achill. 1. 58. et Prudentium Apoth. v. 298.

2. **SAGUS**, Sagum, Stragulum lecti. Papias : *Sagum, stragulum, coopertorium.* Gloss. Gr. MS. Reg. cod. 1673 : Σάγὸν, περιβόλαιον, σκέπασμα. Aliud cod. 930 : Σάγη, περιβόλαιον, σκέπη. Gloss. Græc. Lat. : Σάγος, *Sagus*, Σάγιον, *Lodex*, *Gaunacum.* Varroni, dicitur fuisse *majus Sagum et amphimallon.* Exod. cap. 26 : *Facies et Saga cilicina undecim ad operiendum tectum tabernaculi.* Ubi Græcus interpres δέῤῥεις τριχίνας habet. Marcellus Empiric. cap. 22 : *Aliquandiu jaceat, et cooperiat se Sagis.* Adde cap. 26. Cassianus lib. 5. de Cœnob. Instit. cap. 31 : *Cujus infirmitatis obtentu Sagum habere coactus sum.* S. Hieronymus Epist. 22. cap. 15. de Cœnobitis : *Non licet dicere cuiquam, Tunicam et Sagum, textaque juncis strata non habeo.* Acta S. Thyrsi Mart. cap. 5 : *In Sagis grossis et rusticanis involvuntur corpora eorum.* Vita S. Benedicti Anian. Abb. cap. 3 : *Sagum, in quo jacuerat, perferens.* Chron. Fontanellense : *Ad Sagos 15. in lecta mittendum lib. 2. et semis.* Adalardus in Statutis Corbeiensib. lib. 1. cap. 3 : *Cottum, aut lectarium, sive Sagum in tertio anno accipiant.* Regula Magistri cap. 81 : *In lectis habeant in hyeme singulas mattas, et Sagos tomentarios singulos, et lænas.* Warnerius MS. in Caprum Scottum Poetam et Monachum :

Sit Sagus lecto, capiti capitale jacendo,
Matta sit, et læna, non requies nimia.

Liber Ordinis S. Victoris Pariensis MS. cap. 13 : *Cum vero infirmus morti proximus propinquaverit, ad terram super Sagum ponat.* Tabularium Monarterii S. Andreæ Viennensis : *Similiter quicunque de dormitorio aut lenam, aut Sagum, aut capitale, aut quamlibet supellectilem sine licentia regulari subripuerit, in omni loco careat consortio fratrum, sicut fur, etc.* Occurrit in Regula Solitariorum cap. 50. in libro Usuum Ordinis Cisterciensis cap. 88. 94. in Vita S. Opportunæ cap. 4. apud Sur. 22. April. in libro Epistolar. S. Bonifacii Mogunt. Epist. 91. apud Altfridum in Vita S. Ludgeri Episc. Mimigard. n. 11. Gregorium Turon. lib. 9. cap. 35. etc.

¶ **Saga**, Eadem notione, in Mirac. S. Cuthberti sæc. 4. Bened. part. 2. pag. 276 : *Hic cum quadam die lænas sive Sagas, quibus in hospitali utebatur in mari lavasset etc.* Ubi *Saga* legendum monet Mabillonius, quæ a *lænis* distinguntur in Regula S. Benedict. cap. 55.

Sagellum, Eadem notione. Capitulare triplex Caroli M. ann. 808. cap. 5 : *Ut nullus præsumat aliter vendere et emere Sagellum meliorem duplum*, 20. *solidis, et simplum cum* 10. *solidis*. Vita S. Eugendi Abb. cap. 2 : *Paleis vero lectuli ineventilatis multo tempore, vilique Sagello constrictis, pellicioque superposito conquievit.* Utitur etiam Auctor Vitæ S. Lupicini Abbat. Jurensis num. 5. 6. Adde Smaragdum in cap. 55. Regulæ S. Benedicti.

Sago Jactari, Ludus veterum, [quo scilicet distento sago impositus aliquis in sublime jactatur,] apud Suetonium et Martialem, et in Collatione Legis Mosaicæ tit. 1. qui *Sagatio*, παλμός, dicitur in Gloss. Lat. Gr. uti observatum a Petro Pithœo. [Nostri *Berner* eadem notione usurpant, a veteri voce Gall. *Berne*, ut vult Cujacius, quæ *Sagum* sonat. Vide supra *Berniscrist.*]

* 3. **SAGUS**, Lecticæ species. Vita S. Idæ tom. 2. Sept. pag. 265. col. 1 : *Quocumque necessitas viarum medendi causa appulit, aut Sago vel alio gestatorio portari consueverat.*

SAGUTA, rusticis dicitur novissima pars surculi in sarmento, vel quia longius a matre, ex qua prosiluit, processit, vel quia a culminis tenuitate cœli [teli] speciem præferat. Summitates vitium et fruticum etiam *flagella* dicuntur, quia flatu agitentur. Hæc Ugutio. [Vide *Sagitta* 6.]

¶ **SAHINUS**, vox Arabica, quæ falconum speciem designat. Liber cui titulus, *Conference des Fauconniers : Les Sahins sont des faucons de haute maille, qui ont la teste plate au dessus, et le pennage bordé de blanc, et encores egalé de roux.... Ce sont les faucons qu'anciennement on nommoit pelerins ou faucons Tartares, bien que ce fut improprement.* Vide Hofmannum et Menagium.

¶ **SAHS**, *Culter*, in Gloss. Teuton. Schilteri.

SAIA, Panni species. Vide *Sagum* 2.

¶ **SAJA**, Glans, vox Longobardica. Leges Rotharis cap. 305. apud Murator. tom. 1. part. 2. pag. 40. col. 2 : *Si quis roborem, aut cerrum, seu quercum, quod est modula, iscol, aut glandem, quod est Saja inter agrum alienum, aut inter culturam, vel clausuram, in cujus vicino inciderit, componat pro arbore tremisses duos.* Vide *Faia*, 1.

¶ **SAJALIS**, ut *Sagum* 2. ni fallor, Hispan. *Sayal*. Charta Ferdinandi Gonzales Principis Castellæ inter Concil. Hisp. tom. 3. pag. 177 : *Maja Oppia cum suis villis ad suas alfozes pertinentibus, Sajales per omnes domos singulos cubitus.*

1. **SAICA**, Monetæ Germanicæ species. [Charta ann. 825. apud Meichelbec. tom. 2. Hist. Frising. pag. 255 : *Una friskinga valente Saicas duas.*] Leges Portoriæ Ludovici IV. Imp. ann. 904. apud Aventinum lib. 4. Annal. Bojorum, et Goldastum tom. 1. Constitut. Imperial. pag. 210 : *Venedi qui de Rugiis Boiemis mercandi gratia veniunt, de clitella unum scutatum tribuunt : de mancipio, caballis venditis, Saicam unam.* Eadem forte quæ *Saiga*, de qua mox.

¶ 2. **SAICA**, Navigii Turcici genus, vulgo *Saique*, apud Leunclav. in Onomast. Turc.

SAIED, [ut infra *Sanguis*, merum imperium, major justitia, seu justitia sanguinis.] Charta Austindi Archiep. Burdegal. apud Marcam in Hist. Beneharn. lib. 4. cap. 7 : *Ne unquam clam, nec Saied, nec justitiam, nec consuetudinem aliquam in omni Nugarolensi villa facere præsumant.* [*Saged* editum ex eadem Charta inter Instrum. tom. 1. novæ Gall. Christ. pag. 161. col. 1.]

SAIGA, in Lege Aleman. tit. 6. § 3. definitur *quarta pars tremissis, hoc est denarius unus. Duæ autem Saigæ duo denarii dicuntur.* Occurrit præterea in Lege Bajwar. tit. 1. cap. 3. § 1. tit. 4. § 2. tit. 8. cap. 2. § 3. 4. tit. 11. cap. 6. tit. 13. cap. 9. 10. tit. 16. etc. Charta Alamannica Goldasti 60 : *Friscinga Saiga valente.* Charta alia apud eumdem Goldastum tom. 3. Alammannicorum pag. 58 : *Censumque inde solvam singulis unam Saigam, in quocumque pretio potuerim. Saigata*, in Charta 67. apud eumdem.

Sagia, pro *Saiga*, in Capitul. ad Legem Alaman. cap. 33. Vide *Saica* 1.

Seiga, Eadem notione, in Charta donationis sub Carolo Pipini filio : *Quidquid in villa nuncupata... visus sum possidere,.... ad jam dictum Monasterium trado perpetualiter possidendum : in eam videlicet rationem, ut hoc ipsum ad me recipiam sub usufructuario tempore vitæ meæ perfruendi, censumque inde solvam singulis annis unam Seigam in quocumque pretio potuerim.*

Seigit. Charta 60. inter Alamannicas Goldasti : *Hoc est de annona spelda modios* 10. *et de accina* 20. *et frisginga Seigit valenti.* Quod vero Vadianus de vocibus istis commentatur pag. 60. lib. de Monasteriis Germaniæ, nihili est.

☞ *Saiga* vel *Sagia* Teutonibus serra dicitur, quam Germani hodie *Sæge* vocant, unde Schilterus in Glossario *Saigam* interpretatur denarium serratum olim Germanis maxime in usu, cujus Tacitus de Mor. Germ. cap. 5. meminit : *Proximi ob usum commerciorum aurum et argentum in pretio habent, formasque quasdam nostræ pecuniæ agnoscunt atque eligunt : inferiores simplicius et antiquius permutatione mercium utuntur, Pecuniam probant veterem et diu notam, Serratos bigatosque. Saiga*, alia notione, vide in *Saga* 4.

¶ **SAIGNARE**, Sagnare, dicitur de animalibus quæ a laniis jugulantur, *Saigner* eadem notione usurpamus. Chartul. SS. Trinit. Cadom. fol. 88 : *Osbertus solebat Saignare boves abbatiæ prædictæ, et ea die qua Saignabat boves, habebat liberationem suam de abbatia scilicet panem et cervisiam.* Charta Communiæ Balneol. ann. 1300. ex Schedis Cl. V. *Lancelot : Quisque macellarius teneatur Sagnare sua animalia in die mercati sub costello.... Si Sagnare voluerint in macello teneantur recipere sanguinem in aliquo vasculo, ut macellum mundum teneatur.*

¶ **SAIGNETUM**. Vide mox in *Saignia*.

* **SAIGNETUS**, Panni species, Idem quod *Sagum* 2. Testam. Rich. de Bisunt. archiep. Rem. ann. 1389. inter Instr. tom. 10. Gall. Christ. col. 71 : *Item dedit et legavit Guillelmo Rondeti de Bisontio robam suam de Saigneto cum forraturis.... Item dictæ la Pitoye quinque francos et robam suam de Saigneto.* Vide infra *Saius*.

¶ **SAIGNIA**, Idem quod infra *Saina*. *Saigne* Bellijocenses vocant Viam imbribus excavatam, nostris *Ravine* : Lemovicibus est Fundus pinguis et humidus, planities; unde Abbatiæ Bonæ-Sagniæ, vulgo *Bonne-Saigne*, nomen, quod in paludosa planitie exstructa sit. Burgundiones vero *Saigne* dicunt humores seu succum sambuceum. Charta dom. Luyriaci in Foresio ann. 1417 : *Item quemdam alium campum, sive terram, et Seigniam, etc.* Charta Bellijocensis ann. 1452 : *Juxta terram et Saigniam Bartholomæi Perroud.* Terrag. Bellijoc. : *Super quodam verneto.... sito.... juxta Saigniam Boniti Crozier et Anthonii Trompier ex Borea.* Paulo supra : *Sito in dicta parochia de Montsolz loco dicto en la Saigne.*

¶ Saignetum, diminut. a *Saignia*, Eadem notione, in eod. Terragio : *Super quodam Saigneto nuncupato des Fontanelles, juxta Saignetum dictorum confitentium,..., et Saignetum Boniti Crozier. Saignet*, ibidem occurrit. Vide *Sagna* 2.

* **SAILLEYA**, Prominentia, projectura, Gall. *Saillie*. Charta ann. 1395. ex Tabul. S. Germ. Prat. : *Construi fecit* (domum) *cum pluribus etiam Sailleys sive projectis, absque eorum licentia vel congedio.*

¶ **SAILLIA**, a Gall. *Saillie*, Prominentia, projectura. Charta ann. 1388. ex Tabul. Saugerman. : *Quod absque dictorum religiosorum licentia nulli super dictam viariam auventum erigere et Sailliam construere licebat.* Vide *Salia* 1.

* Sed et pro ædificio ad domum appenso nonnumquam usurpatur. Charta ann. 1319 in Reg. 60. Chartoph. reg. ch. 69 : *Item pro una Saillia, quæ est juxta domum Thomæ olearii, unum denarium.*

* **SAILLIRE**, pro Salire, Gall. *Sauter*. Lit. remiss. ann. 1389. in Reg. 137. Chartoph. reg. ch. 41 : *Per supra menia dicti loci sancti Tiberii Saillivit.* Nostri *Saillir*, pro *Sortir*, Exire, dixerunt. Lit. ann. 1373. tom. 5. Ordinat. reg. Franc. pag. 636 : *Yceulx arbalestriers ne soient tenuz.... à Saillir hors de ladicte ville, etc.*

¶ **SAINA**, Locus juncis palustribus abundans, Arvernis vulgo *Saigne*. Tabular. Camalar. : *Donavit unum campum à l'Estrada, et alterum ad aulanerium, et juxta istos duos dedit duas Sainas, et donavit duas issartarias de bosco del Bruz et Sainam de juxta.* Vide *Sagna* 2. et *Saignia*.

¶ **SAINUM**, Adeps suillus, Gall. *Sain*. Charta ann. 1197. inter Instrum. tom. 6. Gall. Christ. novæ edit. col. 144 : *Carga Sainorum dabit* III. *den.* Vide *Saginum*.

* *Saien*, in Constit. civit. Tullens. ann. 1297. ex Reg. A. Chartoph. reg. ch. 1. Hinc *Ensainner, Ensaymmer* et *Enseymer*, Adipe suillo imbuere. Stat. ann. 1378. tom. 6. Ordinat. reg. Franc. pag. 365 : *Doivent estre les laines Ensainnées de sain cler ou de beurre.* Stat. pannif. in Lib. rub. fol. magn. ex Tabul. domus publ. Abbavil. art. 4 : *Se li draps qui sera trouvés ors ou Ensaymmés, soit rebourés et depuis rapportés as wardes, etc.* Aliud ann. 1300. in Lib. rub. fol. par. ex eod. Tabul. fol. 39. r° : *Se au-*

cuns Enseymoit trop se laine, ou enpourroit ou mettoit ordure pour faire plus peser son drap; etc.

SAIONES, vel SAGIONES, apud Gothos et Wisigothos, dicti apparitores, regii videlicet ac Magistratus ministri, qui ad eorum jussa exequenda semper præsto erant : quod præ cæteris docet Senator lib. 12. Epist. 3. Isidorus lib. 10. Orig. : *Saio, ab exigendo dictus.* Glossæ vett. : *Saio, pœnator, tortor,* [ut apud hodiernos Hispanos.] [** Vide Grimm. Antiq. Jur. Germ. pag. 765. num. 21. Graff. Thesaur. Ling. Fr. tom. 6. col. 107. voce *Sago.*]

☞ Inepte prorsus ab exigendo vocem hanc accersit Isidorus; nec felicior Hickesii conjectura Dissert. pag. 153. cui *Saio* dictus videtur quasi *Sakio*, a Scano-Gothico *Sakan*, quod in forensi sensu accusare, persequi sonat. Longe probabilius *Saiones* vel *Sagiones* a Saio vel Sago, ipsorum veste propria, nuncupati videntur; quomodo apud nos *Hoquetons* appellati ii, qui veste ejusdem nominis utuntur. Id præterea innuit Senator lib. 4. Epist. 47. ubi *Saiones* et *Veredarios* promiscue appellat Hippocomos, quos a Sago nominatos *Saiones* vix dubium est. Vide in *Sagum* 1.

SAIONES, [in Judicio ann. 783. in Append. ad Capitul. Ch. 16. col. 1396 : *Ordinavimus Milone Comite, ut de ipsas villas... Daniele Archiepiscopo per suum Saionem revestire fecisset.*] Occurrit etiam apud Senatorem lib. 1. Epist. 24. lib. 2. Epist. 4. 13. 20. lib. 3. Epist. 20. lib. 3. Epist. 48. lib. 4. Epist. 27. 28. 32. 34. 47. lib. 7. Epist. 42. lib. 8. Epist. 27. lib. 9. Epist. 18. in Legibus Wisigoth. lib. 2. tit. 1. § 17. 25. tit. 2. § 4. 10. lib. 5. tit. 3. § 2. lib. 6. tit. 1. § 6. lib. 10. tit. 2. § 5. in Præcepto Caroli M. pro Hispanis Edit. Baluz. apud S. Fructuosum in Regula cap. 10. 18. 21. in Concilio Emerit. cap. 8. Coyacensi ann. 1050. cap. 8. 13. etc.

¶ SAYO, ut *Saio*, in Conc. Legion. ann. 1012. inter Hispan. tom. 3. pag. 193 : *In tempore vindemiæ dent Sayoni singulos utres bonos.*

¶ SAION, Eodem significatu. Charta ann. 1006. inter Probat. novæ Hist. Occitan. tom. 2. col. 164 : *Tempore... Ermengaudi præfecti et Bellucionis Saioni.* Donatio Aldefonsi Reg. Castellæ ann. 1181. apud Baluz. Hist. Tutel. col. 494 : *Nihil de ipsa fossadera Rex, vel merinus, vel Saion, vel aliquis homo, requirat. Sagion*, in Charta Ferrandi itidem Reg. Castellæ ann. 1217. ibid. col. 521.

SAGIONES, ut *Saiones.* Vitalis Episcopus Oscensis de Alamino Saracenorum judice : *Et exercet in Curia Zavalachen apparitoris officium, vel Sagionis.* Libertates Regni Majoricar. MSS : *Curia, Bajulus, Sagio, vel eorum locumtenens non intrabunt domos vestras pro aliquo crimine vel causa suspicionis per se solos.* Infra : *Non dabitis Bajulo vel Sagionibus aliquid pro vestra justitia facienda, vel exequenda : sed si Sagio ierit extra civitatem, det ei conquirens 6. den. pro leuga.* Curia General. Catalaniæ celebrata in villa Montissoni anno 1289. sub Alphonso Rege Arag. MS : *Statuimus quod Sagiones ponantur in Curiis boni et idonei, et quod sint pauci, ita tamen quod sufficiant ad ipsum officium.* [*Sagiones vel nuncii curiæ*, in Litteris Jacobi Reg. Aragon. ann. 1253. apud Marten. tom. 1. Anecd. col. 1051. Vita S. Johannis Gorz. sæc. 5. Bened. pag. 408 : *Ad ecclesiam proximam....... permittebantur accedere : custodibus hinc inde duodecim, quos Sagiones vocant, se deducentibus.*] *Sagionum* crebra etiam occurrit mentio in Constitutionibus Barcinonensibus vernaculis MSS. ubi dicuntur *Saigs.*

¶ SAGO, Eadem notione, in Conc. Coyacensi ann. 1040. inter Hispan. tom. 3. pag. 211 : *Qui igitur hanc constitutionem nostram fregerit Rex, comes, vicecomes, majorinus, Sago, etc.*

SAIONITIUM, SAONITITIUM, SEONITIUM, *Saionum* exactiones, vel jurisdictio. Charta Beremundi II. Regis æræ 1028. apud Ant. *de Yepez* in Chronico Ord. S. Benedicti tom. 5 : *Insuper Saonitium abstrahimus ab eo, et omni merito prohibemus ne intret in eum, aut in cautum ejus, vel in aliquam villam, absque permissu Abbatis, sive aliorum patrum.* Aliæ æræ 1176. ibid. *Seonitium* habet. Charta Alfonsi VI. Imp. Hispan. ann. 1096. apud eumdem *de Yepez* tom. 6 : *Qui pro Saione ipsa die directum non dederit, det quinque.*

¶ SAIONIS INGRESSUS, Eodem significatu, apud Jos. Moret. Antiq. Navarræ pag. 537. ex Tabular. Millan. fol. 205 : *Donamus ad basilicam S. Æmiliani... ecclesiam S. Mariæ de Tera cum terris, hortis,.... cum omni pertinentia liberam et ingenuam absque ullo imperio regali et Saionis ingressu.*

¶ SAIONIA, Officium *Saionis.* Charta ann. 1210. in Append. Marcæ Hispan. col. 1397 : *Nullus præterea... nec vicariam, nec Saioniam tenere in civitate vel extra in aliqua parte regni nostri, etc.*

SAGIONIA, Eadem notione. Curia Generalis Catalaniæ celebrata in villa Montisalbi ab Alphonso Rege Aragon. ann. 1333 : *Quod Sagioniæ non vendantur de cætero, nec vendi possint per bajulum nostrum generalem, etc.* [Conc. Tarracon. ann. 1591. inter Hispan. tom. 4. pag. 527 : *Cedit quidem in magnum ecclesiæ detrimentum quod scribaniæ, vicariæ, bajuliæ, Sagioniæ, etc.*]

¶ **SAISIA**, Invasio. Vide in *Saisire.*

SAISIMENTUM, Præstationis species, [vel potius Facultas et jus res alicujus *saisiendi* seu ad manum suam ponendi, vel res obsignatas custodiendi.] Tabularium Majoris-Monasterii Ch. 174 : *Hilgodus cogn. Cunearius, acceptis 15. solidis, dimisit quamdam consuetudinem, id est, Saisimentum, quod ipse injuste immiserat in terra D. Fulberti Monachi, etc.* [Vide in *Saisire.*]

¶ SASIMENTUM, Eadem notione, in Charta Ludovici VI. Reg. Franc. ann. 1115. apud Marten. tom. 1. Ampl. Collect. col. 633 : *Non ire in nostram cabullationem, neque in hostem, non herbergamentum, non Sasimentum, immo nihil ex toto quod ad nostram pertinet vicariam sive justitiam.* Statuta Vercell. lib. 2. fol. 37. v° : *Et prædicta locum habeant et debeant observari tam contra debitores quam etiam contra alios quoscumque quibus daretur bannum occasione rei posite apud ipsos auctoritate judicis conducende vel livrande alicui persone sive in deposito sive Sasimento.*

¶ **SAISINA**, Obsignatio, vel possessio. Vide *Saisire.*

¶ **SAISIO**, a Gall. *Saison*, Tempestas, apud Stephanot. Antiquit. Bened. Aurelian. MSS. pag. 549. ex Charta ann. 1169. Vide *Saisonia* et *Satio.*

* Charta Oliver. abb. S. Remig. Senon. ann. 1311. in Reg. 47. Chartoph. reg. ch. 127 : *Dictus Jantianus emptor et ejus socii .... in tota petia dicti nemoris,.... omnibus Saisionibus, quibus eisdem placuerit, poterunt facere minorari et de mina ferrum fieri facere.*

SAISIRE, vox mera puta Gallica, *Saisir*, Mittere aliquem in possessionem, investire, cujus etymon a *Sacire*, de qua voce supra, quidam deducunt. Will. Malmesbur. lib. 1. de Gest. Pontific. : *Rex ergo Archiepiscopum Saisivit.* [Chron. Savigniac. apud Baluz. tom. 2. Miscell. pag. 318 : *Anno Dom. 1229. 3. Kal. Junii Saisivit Radulphum Filgeriarum dominum et heredem de terra sua Petrus Comes Britanniæ.* Tabul. Pontis Otranni : *Saisivitque de illa* (eleemosyna) *domnum abbatem Oliverium apud portam monasterii cum breviario portarii.*] Occurrit passim.

SAISIRE, Occupare, possidere, [obsignare, ad manum Regis ponere, *Saisir.*] Ivo Carnot. Epist. 101 : *Cujus reculas Saisivit.* Idem Epist. 121 : *In vico Coriariorum Saisierunt.* [Charta Philippi Pulchri ann. 1302. apud Menester. Hist. Lugdun. pag. 82 : *Et si contingeret quod nos mandaremus bona aliquarum ecclesiarum seu personarum ecclesiasticarum aliquibus causis vel rationibus Saisiri, seu confiscari, etc.* Litteræ Caroli Johannis Reg. primogeniti ann. 1357. tom. 3. Ordinat. pag. 204 : *Quod dictus dominus noster suique successores vel baillivus non capiant aliquem habitantium dicte ville, vel vim inferant, vel Saisiant bona sua.* Chartul. S. Vedasti Atrebat. V. pag. 265 : *Si custos rebellis est cellerario, famuli uncinus Saisient, et vivent supra usque dum satisfaciat.* Vide *Desaisire.*]

SAISIARE, Eadem notione, in Legibus Henrici I. Regis Angl. cap. 26. 29. 43. apud Ordericum Vitalem lib. 9. pag. 721. etc.

SAISINARE. Synodus Salmuriensis ann. 1294. cap. 5 : *Plerique nobiles.... decimas.... jure hæreditario possidendas ad manus suas Saisinant, etc.* Utitur etiam Concilium Marciacense ann. 1326. cap. 55.

SAISISCERE, et DISAISISCERE, in Concilio Illebonensi cap. 47.

¶ SAISIZARE, Obsignare. Statuta Eccl. Meldens. apud Marten. tom. 4. Anecd. col. 907 : *Quod bona ipsorum mobilia et sua beneficia per loci ordinarium Saisizentur.*

¶ SAIZIRE. Charta ann. 1233. ex Schedis Præs. *de Mazaugues : Verum ligna ipsa.... nondum ab incisore vel exportatore alienata possit abbas... auctoritate sua Saizire.*

¶ SASCIRE, in Litteris Gastonis Vicecomit. Bearn. : *Promisit quod faciet suum posse.... quod judicium datum contra ipsum de Sasciendis villis, castris, et terris suis ratione plurium defectuum, habeat executionem plenariam.*

¶ SASIRE, Investire. Primordia Calmosiac. Monast. apud Marten. tom. 3. Anecd. col. 1166 : *Dux Theodoricus adveniens, præfatum alodium ecclesiæ nostræ Sasivit.* Vide infra *Sasio.*

¶ SASIRE SE, Occupare, *Se saisir*, in Testam. Bertrandi de Turre ann. 1328. apud Baluz. tom. 2. Hist. Arvern. pag. 709 : *Quod habeat et levet, percipiat, occupet et apprehendat et se Sasiat per se vel per alium eadem Margarita.... omnia bona mea.*

¶ SASIRE, Obsignare, manum in aliquam rem apponere, *Saisir.* Concil. Trevir. ann. 1152. apud Marten. tom. 7. Ampl. Collect. col. 73 : *Dux terram eorum Sasibit, eisque prohibebit, ne in eis aliquid accipiant, donec Ecclesiæ satisfecerint.*

¶ SESIRE, Eodem intellectu, in Mandato Philippi Pulchri Reg. Franc. ann. 1299. tom. 1. Ordinat. pag. 332 : *Ad Sesiendum totam temporalitatem, etc.*

¶ SEYSIRE, Pari significatione, apud Gualterum Hemingford. de Gestis Edwardi I. Regis Angl. ad ann. 1293. pag. 41.

¶ SAYSIRE, Simili sensu. Charta ann. 1294. tom. 1. Histor. Dalphin. pag. 124. col. 1 : *Procuret quod revocentur ea quæ sunt Saysita per ipsum vel officiales suos in continenti, et ea quæ sunt Saysita per amicos, et valitores, et feudales suos infra octo dies.* Occurrit præterea in Statutis MSS. Eccl. Auxit. et alibi non semel.

¶ SAZINARE, Apprehendere; *Saisir quelqu'un* eadem notione dicimus. Inquesta ann. 1268. ex Tabul. Eccl. Massil. : *Cursorem curiæ, præpositurœ et operæ Ecclesiæ Massiliensis captum incarceraverunt, et Sazinaverunt quemdam Aimum de juridictione prædictæ præpositurœ.*

SAZIRE, in Concilio Copriniacensi cap. 28.

¶ SEISTARE, ut mox *Seisinare*, in Charta apud *Madox* Formul. Anglic. pag. 183. Vide infra *Seisiacio.*

SEISINARE, *Saisinam* dare. Asserus de Rebus Gestis Ælfredi : *Et ego in nomine Dei sacri in mandatis committo, quod ipsis nemo contradicat, neque cum armis, potestate, nec virtute, neque alio resistendi modo, quod illi non poterunt Seisinare, vel introducere quemcunque illis placuerit in eorum terras, possessiones, et dominia.*

¶ SEISIRE, Possidere, occupare. Charta ann. 1493. apud *Madox* Formul. Anglic. pag. 71 : *De quibus gleba, terris, et tenementis, prædicti Prior et Conventus modo Seisiti existunt.*

¶ SESIRE, Investire, mittere in *sesinam*, seu possessionem. Chartul. S. Vincentii Cenoman. fol. 91 : *Dictos monachos de prædicta eleemosyna Sesivimus et investivimus.* Charta ann. 1254. ex Tabul. Pontisar.: *Guillelmum Donnet burgensem Pontisarensem de iisdem* (solidis) *duxerunt Sesiendum.*

¶ SEISIRE, Sub custodis manum ponere, tradere. Chartular. S. Vincentii Cenoman. fol. 133 : *Ex parte domini Senescali Andegavensis vobis mando quatinus.... eatis apud Dangolium Seisire domum et terram dom. Roberti de Dangolio, et in eadem domo bonos custodes ponatis.*

¶ SAISIA, Invasio, Gall. *Saisie.* Charta apud Lobinell. tom. 2. Hist. Britan. col. 345 : *Ad præceptum abbatis vel cellerarii invasionem, vulgari vocabulo Saisiam dictam, propria manu facere : deinde villico Comitis indilate tradendam.*

SAISINA, Missio in possessionem, passim.

¶ SAISINA, Possessio, jus ad rem. Philippi Aug. Epist. ann. 1207. apud Marten. tom. 1. Anecd. col. 804 : *Examinabunt seorsum unum post alium, et in quem major pars convenerit, ille habebit jus patronatus. Et si illi octo non possent scire ad quem debeat spectare donatio ecclesiæ de jure patronatus, ipsi dicerent quis ultimam fecerit præsentationem ecclesiæ, et inde ille habebit Saisinam.* Conc. Pisan. Sess. 9. apud Acher. tom. 6. Spicil. pag. 315 : *Quodque de hoc nullus de cætero contra alium posset se juvare in aliquo, tam in proprietate quam Saisina seu possessione.* Chron. Trivetti apud eumdem tom. 8. pag. 658 : *Petivit castra et terram totam sibi tradi, ut per Saisinam pacificam jus superioris dominii.... clarresceret universis.* Adde novam Gall. Christ. tom. 4. inter Instr. col. 243. et Lobinell. tom. 2. Hist. Britan. col. 163.

¶ SAYSYNA, Eodem significatu. Gualterus Hemingford. de Gestis Edwardi I. Reg. Angl. pag. 34 : *Petiit Rex custodiam castrorum et terræ totius illius, ut jus suum per Saysynam pacificam probaretur.*

¶ SAZINA, Pari intellectu, in Charta Johannis Comit. Forensis ann. 1310. ex Cod. Colbert. 2591.

¶ SAISINA, Res ipsa *saisita*, seu obsignata. Chartul. S. Vincentii Cenoman. fol. 51 : *Monachi habebunt omnes Saisinas et catalla quæ cum latrone poterunt reperiri.* Vide *Desaisina.*

SAISINA VIVA. Concilium Bituricense ann. 1336. cap. 12 : *Ponitur temporalitas Ecclesiæ ad manum secularem, et sic posita detinetur cum Saisina viva, quousque dicta cessatio sit amota.*

SASIO, *nis*, [Obsignatio, Gall. *Saisie.*] Sugerius Abb. S. Dionysii Epist. 160 : *Quando literæ vestræ venerunt ad me de annona et rebus Clericorum Compendiensium ponendis in Sasione, Canonici maximam partem earum asportari fecerant, quod vero residuum est, totum sasiri faciam.*

* SAISIUM, Possessio, proprietas, dominium. Charta ann. 1198. ex Bibl. reg. cot. 19 : *Quod advenimentum tale est, quod Poncius furnerius gratis et bona voluntate donat Ponciæ uxori suæ medietatem totius illius terræ et vineæ ac totius tenentiæ, quam de Saisio S. Johannis.... tenet.*

¶ SAISITIA, Possessio, Gall. *Saisine.* Charta Mathildis Comit. Nivern. ann. 1244. inter Instrum. tom. 4. novæ Gall. Christ. col. 104 : *Hæredes et successores nostros specialiter obligamus... ut ex quo Saisitiam Comitatus Nivernensis adepti fuerint, etc.*

¶ SAISITIO, Eadem notione. Tabul. S. Florentii ann. 1136 : *Hujus quoque donationis Saisitio facta est et tradita abbati memorato per coltellum ejusdem.*

¶ SAISIVA, f. pro *Saisina*, in Charta ann. 1273. tom. 4. novæ Gall. Christ. col. 149 : *Ex parte dom. Regis tenutam et Saisivam totius justitiæ meri et mixti imperii... restituerunt.* Charta ann. 1391. apud Menester. Hist. Lugdun. pag. 122 : *Et de hoc opere procurator noster... sit et fuerit in bona possessione et Saisiva per tantum et tale tempus quod de contrario hominum memoria non existit.* Vide ibid. pag. 12.

¶ SASINA, SAZINA, Possessio, seu bona quæ legitima *saisina* possidentur. Charta ann. 1216. apud Marten. tom. 1. Anecd. col. 857 : *Habeant terras suas et Sasinas sicut habuerunt in principio guerræ.* Codicillus Henrici Comit. Ruthen. ann. 1222. apud eumd. tom. 1. Ampl. Collect. col. 1171 : *Et lego hominibus de Monte-amato Sazinam quam eis feceram, sicut tenuerant in vita patris mei.* Charta ann. 936. inter Probat. tom. 2. novæ Hist. Occitan. col. 74 : *Accipiant in Sazina S. Salvator per singulos annos solidos tres.*

¶ SAYSINA, Missio in possessionem. *Data prius Saysina rerum et possessionum*, in Actis SS. tom. 7. Maii pag. 128.

* SAISITIO, Missio in possessionem. Hinc *Saisitionem forisfacere* dicitur feudatarius, qui violat conditiones *saisitionis.* Charta ann. 1196. in Chartul. S. Joan. Laudun. : *Ecclesia tamen terram et redditus, sicut feodum suum, saisire poterit, si possessor feodi, quod absit, Saisitionem forisfacerit.* Vide mox *Seisiacio.*

¶ SAYSIMENTUM, SAISIMENTUM, Obsignatio, manucaptio, *Saisie.* Charta ann. 1294. tom. 1. Hist. Dalphin. pag. 124. col. 1 : *Item... ordinavit, quod dictus dom. Episcopus omnia Saysimenta et singula facta de debitis canonicorum, et clericorum, et civium Diensium, et bonorum eorumdem, sive sint facta per ipsum, sive per ejus officiales... revocare faciat.* Charta ann. 1233. ex Schedis Pr. *de Mazaugues* : *Super Saisimento rerum prædictarum.* Vide *Saximentum.*

¶ SAYSIO, Eadem notione, in Charta ann. 1280. Hist. Dalph. 1. edit. pag. 39 : *Cum discordia verteretur inter D. Guillelmum Episc. Gratianop. ex una parte, et D. Jacobum de Boczosello.... super corohatis,... investituris et devestituris, Saysionibus et desaysionibus, etc.*

¶ SEISIACIO, Charta qua rei alicujus possessio traditur alicui : *Seisina*, ipsa traditio. Charta apud *Madox* Formul. Anglic. pag. 183 : *Eosdem monachos de prædicta virgata terræ cum carta mea plenarie in omnibus Seisiavi. Hanc autem Seisiacionem, quia in propria persona eisdem monachis coram vobis facere non potui, Simonem de Solers... cum præsenti scripto sigillo meo confirmato ad vos misi; qui coram vobis vices meas obtinentes, eisdem monachis plenariam Seisinam de prædicta virgata terræ faciant.*

¶ SEISINA, Missio in possessionem. Charta ann. 1271. apud Kennett. in Antiquit. Ambrosden. pag. 275 : *Noverit universitas vestra me constituisse Sampsonem de Adingrave attornatum meum ad ponendum Johannem.... nomine meo in Seisina de omnibus terris et tenementis quæ habui in villa de Adingrave.* Pro ipsa possessione occurrit ibidem pag. 313. in Charta ann. 1288.

¶ SESINA, Possessio. Charta ann. 1231. apud Lobinell. tom. 2. Hist. Britan. col. 1636 : *Ad deffendendum omnes possessiones suas et Sesinas, et eos dimittam omnes possessiones suas et Sesinas pacifice in perpetuum detinere.* Hist. MS. Monast. Beccensis pag. 574 : *Hi omnes testes fuerunt quando Abbas Becci remansit in Sesina.*

¶ SEISITIO, Manucaptio, obsignatio. Charta ann. 1280. ex Tabul. S. Medardi

Suession. : *Nec debeant pro transgressioné fidei eorum prædictæ ipsi nec eorum heredes, neque successores duplici pœna puniri, scilicet canonica per ecclesiasticam censuram, et civili per Seisitionem et retentionem.*

¶ Sesina, Eadem notione. Mandatum Philippi Pulchri Reg. Franc ann. 1299. tom. 1. Ordinat. pag. 332 : *Ab his et similibus processibus et gravaminibus abstineri, in Sesinis temporalitatis aliarum personarum ecclesiasticarum, etc.*

* Unde nostris *Saisine*, pro *Saisie.* Charta ann. 1306. ex Tabul. Carnot. : *Se la prise ou la Sesine ne dépent pas de leur fet, quant il n'auront pas faite la prise, ne la Saisine, ne commandée à faire, etc.* Hinc *Saisineur,* Rerum *saisitarum* seu obsignatarum custos. Lit. remiss. ann. 1443. in Reg. 176. Chartoph. reg. ch. 330 : *Le prévost et justice de la ville de le Gorghe avoit mis gardes et Saisineurs aux biens et hostel du suppliant.*

Dissaisire, Dissasire Dissaisiare, Possessione exuere, deturbare non impetrata a judice venia : ut contra, *saisire* est in possessionem mittere. Statutum S. Ludovici ann. 1255. cap. 20 : *Balivis nostris et officialibus inhibemus ne Dissaisiant aliquem sine causæ cognitione, vel nostro speciali mandato.* Regiam Majest. lib. 3. cap. 36. § 2 : *Cum quis ... alium injuste et sine judicio Dissasiverit de libero tenemento suo, Dissasito hujus constitutionis beneficio subvenitur...* nempe *recognitione de nova Dissaisina.* Ordericus Vitalis lib. 8 : *Pro terra matris suæ.... qua Rex eum Dissaisiverat.* Adde lib. 13. pag. 900.

¶ Dessesiare, Eadem notione. Charta ann. 1367. ex Chartul. S. Aviti Aurelian. : *Possessionem dictorum reddituum... in dictos Decanum et Capitulum... totaliter transferendo, seque de eis Dessesiando et devestiando et dictos emptores Sesiando et investiando.* *Desesiare,* in Charta ann. 1254. ex Tabul. Pontisar. : *De quibus* xxx. *solidis se Desesiavit in manibus Drogonis abbatis.*

Disseisiare, apud Bromptonum. *Injuste Disseisiatus*, in Legibus Henrici I. cap. 53.

* Saisinam Frangere, Rem *saisitam* ab alio capere, occupare. Libert. Ayriaci ann. 1328. tom. 7. Ordinat. reg. Franc. pag. 317. art. 67 : *Scienter Saisinam nostram fregerit, debet sexaginta solidos Viennenses.*

Dissaisina. Fleta lib. 2. cap. 82. § 3 : *Nec sustineat quod aliquis alicui officio deputatus de nocte vel de die, ferias, mercatos, Dissaisinas, vigilias, luctas adeat, vel tabernas.* Adde Regiam Majest. lib. 2. cap. 40. § 3. et Littletonem sect. 233. 279. *Duplex est*, ut ait Skeneus, *aut enim fit in rebus immobilibus, et vulgo vocatur Ejectio, ut in terris et tenementis ; aut fit in rebus mobilibus, ut in catallis, veluti ovibus, bobus, pecnuia, et Spolium, sive Spoliatio vocatur.* Radulfus de Hengham in Parva cap. 7 : *Quibus modis fit Disseisina : Sciendum quod cum quis tenens realiter ejicitur de tenemento. Item absens cum ingredi voluerit, ejicitur et repellitur. Item cum manu opus alicujus impeditur per superfluosam, et hoc in tenemento diu ante appruato, etc.* Vide Bractonum lib. 4. tract. 1. cap. 3. Fletam lib. 4. cap. 1. § 8. et Rastallum verbo *Disseisin.*

Dissaisitor, Qui a possessione quempiam dejicit : in primis Statutis Roberti I. Regis Scotiæ cap. 13. § 1. 2. et in Fleta lib. 1. cap. 14. § 4.

Redisseisina, dicitur, cum aliquis de tenemento suo disseisitus, per curiæ judicium seisinam suam recuperavit rursumque ab ea ejicitur. Vide Fletam lib. 1. cap. 20. § 107. lib. 4. cap. 29.

Redisseisitor, in Fleta lib. 2. cap. 1. §. 16. cap. 65. § 7.

Resaisire, iterum *saisire*, apud S. Anselmum lib. 3. Epistolis 109. 110. ubi perperam editum *resarcire.*

* **SAISONARE**, Parare, aptare. Arest. ann. 1393. 26. Apr. in vol. 8. arestor. parlam. Paris. : *Quod pelles, quæ ex dorsis scuroliorum erant confectæ, non bene Saisonatæ.* Vide *Sadonare* et *Sasonare.*

¶ **SAISONIA**, a Gall. *Saison*, Tempestas. Charta XI. sæculi in Tabul. S. Victoris Massil. : *Guizo de Duplo castello posuit in pignore Palliolo unum pratum ad pontellarium pro* XII. *solidis ad tres Saisonias.* Polyptych. Fiscamn. ann. 1235 : *Et debent afferre blada apud Hudebouville ad duas Saisonias.* Vide *Saisio*, *Saizo*, et *Satio.*

¶ **SAISSAGNESIA** Carreria, Strata ad urbem S. Aniani in Occitania, Gall. *S. Chinian.* Statuta villæ Montis-Olivi ann. 1231. apud Marten. tom. 1. Anecd. col. 967 : *Termini autem sunt tales : videlicet.... usque ad maselayriam, et usque ad carreriam Saissagnesiam, etc.*

¶ 1. **SAITUM**, Pelvis, ut videtur, Gall. *Bassin*, apud Marten. de Antiq. Eccl. Rit. tom. 2. pag. 630 : *Incipit ordo ad sponsam benedicendam. Cum venerint ante valvas ecclesiæ sponsus et sponsa, veniens sacerdos alba et stola et manipulo ornatus, anulum argenteum super Saïtum positum benedicat, etc.*

* 2. **SAITUM**. Inventar. MS. thes. Sedis Apost. ann. 1295 : *Item duos potos de auro similes, quorum quilibet habet duo Saita in pede et duo in coperculo ad arma regis Angliæ, et totidem ad arma imperatoris.* Sed mendum est pro *Scuta.*

¶ **SAITUS**, perperam pro *saisitus*, in Leg. Norman. apud Ludewig. tom. 7. Reliq. MSS. pag. 319. Vide *Saisire.*

* **SAIUS**, Panni species, idem quod *Sagum* 2. Vide in hac voce. Stat. Avenion. ann. 1243. cap. 120. ex Cod. reg. 4659 : *Factores pannorum tenebuntur ponere sagimen in pannis albis, brunis et Sais.* Vide supra *Saignetus.*

* **SAIZIMENTUM**, Investitura, possessio. Charta. Bern. Nannet. episc. tom. 1. Probat. Hist. Brist. col. 562 : *Episcopus vero cum baculo suo, in manu Guillelmi, præpositi decimarum et oblationum, posuit Saizimentum et restitutionem.* Vide supra *Saisitio.*

¶ **SAIZO**, ut supra *Saisonia.* Charta ann. 1469. ex Schedis D. *le Fournier* : *Ad tempus et tempore trium annorum, trium gausitarum, et trium Saizonum ; ita quod debeat et promisit dictus Flotte dictam vineam putare... per tempus et Saizonem debitam.*

SAKABURTH, Sakeber. Vide *Saccabor.*

SAKE, inquit Fleta lib. 1. cap. 47. § 7. significat *acquietantiam de secta ad Comitatum et hundredrum.* Rastallo, est placitum de emenda et transgressione hominum in curia alicujus, quia, inquit, *Sake* Anglice, est *Acheson* Gallice, et dicitur *pur sicke sache,* idem quod *pur quel acheson,* et *sake* dicitur *par forfait.* [Regest. Priorat. Cokesford. apud Thom. *Blount* in Nomolex. Anglic. : *Saka, hoc est, quod prior habet emendas et amerciamenta de transgressionibus hominum suorum in curia sua litigantium, tam liberorum, quam villanorum.*] Vide *Sac* et *Soc*, 4.

SAKONES. Michalo Lituanus de Moribus Tartaror. frag. 7 : *Non injuria igitur progenitores S. Majestatis V. libertatem licentiamque hanc hareditatum* (tenendi et tuendi arces) *non permittebant mulieribus, sed eas nuptui tradebant, suo, non illarum arbitrio, non opibus nec genere, sed virtute nobilioribus viris, qui se nobilitabant profundendo in bello et suo et hostium sanguine. Itaque agasonibus etiam, qui se bene in re bellica gesserunt, dabantur hic heroidæ uxores vocati quidam Sakones et Sungælones.*

SAL. Constantinus African. lib. de Gradib. sub fin. : *Sal quatuor modis est : est enim sal quod fit in salinis, id est commune : est et Indicum, cujus color pertinet nigredini, lucidum tamen et durum est : est et aliud quod Nauticum, id est, aqua coagulata de puteolo.* Capitul. Caroli M. lib. 4. cap. 8 : *De terra in littore maris, ubi Salem faciunt, etc.* [Charta Arnulfi Comit. ann. 1145. tom. 2. Monument. Sacræ Antiq. pag. 25 : *Concedimus Ecclesiæ de Geriniis et conversis dominabus, perpetuo possidendum Salem quem debet nobis ex proprio redditu una navis de Warco.*]

¶ Sal Amplum, Crassum, in Charta Rudolphi Archiducis Austr. ann. 1359. in Chron. Mellic. pag. 238 : *Quod ipsis et ipsorum nomine, anno quolibet una tantum vice, duæ libræ Salis ampli, et libræ octo minuti seu parvi Salis sine mutæ nostræ in Linza exactione qualibet, per Danubii alveum debeant et valeant transvehi et traduci.* Idem quod

¶ Sal Grossum, in Hist. MS. Monast. Beccensis pag. 627 : *Facta compositione cum Willelmo le Merle duos bossellos grossi Salis, vel tres minoris Salis percipiunt Beccenses annuatin apud Carinanfleu.*

* *Grant sal*, eadem acceptione, in Charta Joan. comit. Bitur. et dom. de Salin. ann. 1254. ex Chartul. Buxer. part. 1. ch. 15 : *Nous avons donné..... à covant de la Boixere..... dix charges de grant sal en nostre rente de nos puis de Salins, c'est à savoir dou plus grant Sal que l'en i fait.*

* Sal Aquaticum et *Terrestre.* Charta Andr. Hungar. reg. ann. 1233. apud Cencium inter Cens. eccl. Rom. : *Pro majoribus vero Salibus aquaticis, debemus abbatiæ de Egris xxvj. marcas pro quolibet timino ; ..... pro Salibus vero terrestribus, dabimus unam marcham pro centum zuanis.*

* Sal Pratorum. Assign. dotalit. Joan. regin. Franc. ann. 1319. in Reg. 60. Chartoph. reg. ch. 69 : *Item pro novis exaltibus duo modia, quatuor minæ. Item pro Sale des prez de Verbria, sexaginta solidos.*

Sal Terræ, apud Adamnanum lib. 2. de Locis SS. cap. 18.

¶ Sal, Catechumenorum Sacramentum non semel a veteribus nuncupatum, quod eis esset Eucharistiæ loco, cum fideles communicarent, præsertim in festis Paschalibus. Vide supra in *Sacramentum.*

Sal juxta *projectos*, seu *expositos*, apponi præcipitur in signum baptismi non suscepti, in Concilio Nemociensi ann. 1298. cap. 2.

* Lit. remiss. ann. 1408. in Reg. 162. Chartoph. reg. ch. 236 : *Les exposans mirent l'enfant sur un estal audevant de la maison Dieu d'Amiens,.... et assez près dudit enfant misdrent du Sel, en signe de ce qu'il n'estoit pas baptisié.* Vide in *Collectus.*

☞ *Salem* in fidelitatis signum edebant olim qui fidem Regibus jurabant, ut ex aliorum opinione refert Leidradus Episc. Lugdun. lib. de Sacram. bapt. tom. 3. Analect. Mabill. pag. 5 : *Æstimant quidam, quod etiam apud quosdam gentilium antiqua erat consuetudo, ut qui fidelitatem Regibus promittebant, salem adjuratum vel consecratum in præsentia eorumdem Regum, quibus fidem promittebant, comederent. Unde in libro Esdræ scriptum est, quod principes Samaritanorum Regi Persarum, cum de accusatione Judæorum scriberent, dixerint :* Memores sumus salis, quem in palatio comedimus.

☞ *Salis* conspersione ad ignominiæ notam olim vitiabantur perduellium agri et civitates, cum antiquitus muris dirutis aratrum circumduceretur, ut loca illa tanquam fulgurita vitanda significarent. Vide Lib. Judic. cap. 9. S. Hieronym. in Matth. cap. 5. et Glossar. milit. Caroli de Aquino.

1. **SALA**, Domus, ædes quævis, [ampla tamen et instructa, palatium, castrum, curtis præcipua.] Glossarium Theotiscum Lipsii : *Salethu, Tabernacula.* [** Vide Graff. Thesaur. Ling. Franc. tom. 6. col. 176. voce *Sal*, Domus.] Lex Alaman. tit. 81 : *Domum ejus incendat, seu Salam.* Lex Longob. lib. 1. tit. 11. § 7. [** Roth. 136.]: *De Sala propria exire.* Edictum Rotharis Regis Longob. tit. 48. [** 133.] : *Si quis bovolcum de Sala occiderit, componat sol.* 20. [Charta ann. 783. apud Marten. tom. 1. Ampliss. Collect. col. 16 : *Quod mihi ex paterno jure legitime provenit, hoc est casatas* XI. *cum Sala et curtile meo.* Occurrit ibid. col. 22. in Charta ann. 721. et col. 259. in alia ann. 902.] [** Alia ann. 716. apud Brunett. Codic. Etrur. tom. 1. pag. 453 : *Pretium accepit... pro solidis nobus nomero centum de Sala juri sui pede plana muru tercidata scandala cooperta una cum mediætate de terra et de prato, ubi ipsa Sala edificata est, etc.*] Synodus Ravennensis ann. 877. cap. 17 : *Cortes, massas, et Salas, etc.* Charta ann. 861. apud Baluzium in Appendice ad Capitul. n. 89 : *Ipsas Salas, seu ejus palatiolum, quod vocatur Merlac, etc.* Charta Ottonis Imp. apud Ughellum tom. 7. Italiæ sacræ pag. 1294 : *Hæc supradicta petia de terra cum casa, quod est Sala, etc.* Alia ann. 908. in Hist. Pergamensi : *Concessit eis præfatum claustrum, cum Sala, et aliis ædificiis inibi constitutis, cum curte et horto, etc.* Charta ann. 955. apud Ughellum in Episcopis Veronensibus : *Nec non et alio castro meo cum casa solariata, cum Sala, et caminata, atque lobia, etc.* Alia apud Puccinellum in Vita S. Simpliciani : *Una cum castro, et turre, et solariis, et Salis, et cassina, cum arcis earum seu curte, etc.* Charta ann. 1246. apud Columbum lib. 3. de Episc. Sistaricensib. num. 20 : *Totum viridarium sive hortum sanctæ Sistaricensis Ecclesiæ, quod est situm inter Salam claustri, et muros civitatis.* [Enumeratio jurium Comit. Biterr. in civit. Albiensi ann. 1252 : *Item habuit et tenuit pacifice in eadem civitate quamdam Salam, quam modo tenent Arnaldus Garsie, etc.*] Richardus de S. Germano in Chron. ann. 1214. de Saphadino : *Primo die recipit ipsos in prima Sala de Cayro, ubi semper est status ejus.* Leo Ost. lib. 2. cap. 81 : *Curtem in Sala ad ipsi Porcari.* Ermenricus in Vita S. Soli cap. 4 : *Quod licet exiguum ac vile visui haberetur,* (loci situs) *proprio tamen stratis palatiis hoc delectabiliter potitus est. In pago namque, Suala, vel domo ipse locus situs est.* Ubi forte pro *suala* legendum *sala*, ut idem fuerit cum *domo*, tametsi hæc minus cohærent. Ericus Upsaliensis lib. 5. Hist. Suecicæ : *Sequenti ætate fecerunt Duces Ludosiæ Salam pulcherrimam, et magnitudinis admirandæ, cum cellariis et cæteris principalibus habitaculis pro gloriosa curia tenenda.* Adde Ughellum tom. 4. in Appendice pag. 7. Scribit Freherus in Notis ad Petrum de Andlo, lib. 1. cap. 12. Palatium Ingelnheimense, etiamnum ab incolis *Saalam* appellari : sed et hodie in inferiore Navarra, seu Vasconia, *Salas* vocant, nobilium domos. De vocis etymo vide Goropium Bekan. lib. 2. Francicor. pag. 46. 47. Ita etiam nostri *Sale*, pro domo vel palatio, usurparunt. Le Roman *d'Auberi* MS :

A Arras vont tout le chemin plenier,
En la grant Sale sont alé herbergier.

Alibi :

Qui en la Sale Baudouin la garnie
Avoit de Frise envoié une espie.

Idem :

La dedens ot sa Sale et son donjon.

Joan. de Condato MS :

En mesons, en Sales, et en cours
Des grans Seigneurs vers cui je voie.

* Charta ann. 1408. in Reg. 162. Chartoph. reg. ch. 360 : *Les religieux, abbé et couvent de Chaalis ont fortiffié une Sale ou grosse maison, située et assise ou pourpris et closture de ladite abbaye.*

¶ Sala Propria, Domus vel familia, in Leg. Rotharis Reg. 136. apud Murator. tom. 1. part. 2. pag. 24 : *De illis vero pastoribus dominicis, qui ad liberos homines servierunt et de Sala propria exeunt, etc.*

* Sala Dominica. Chrata ann. 1040. ex Tabul. S. Vict. Massil. : *Ego Raimbaldus G. D. sedis Arelatensis præsulatus honore sublimatus.... statui donandum et perpetim habendum, videlicet duas partes de castro Auriol, cum Sala dominica, etc.* Id est, cum domo dominica.

¶ Sala, Curia, senatus, quomodo Galli dicimus *la Cour de Parlement :* unde *Sala Curingiana* sæpius nuncupatur nobilium curia quæ Curingiæ sedebat. Vide Statuta Lossensia part. 3. Hist. ejusdem Comitat. pag. 118. et seqq.

* *Salle*, eodem significatu, in Lit. remiss. ann. 1383. ex Reg. 124. Chartoph. reg. ch. 143 : *Et en ademplissant ledit jugiet, fu ladite vérité criée souffisamment en l'église de Herlies,.... présens hommes de fiefs de ladite Salle.*

Sala Publica, Domus judiciis expediendis destinata. Charta Longobardica ex Tabulario Lucensis Ecclesiæ, apud Ughellum tom. 7. pag. 1295 : *Dum in Dei nomine intus casa, quæ est Sala de palatio de civitate Lucense, in judicio resedisset D. Gotifredus Dux ad causas audiendas ac deliberandas, etc.* Alia Notitia judicati in Tabulario Casauriensi 1. part. : *Dum resdissemus nos Odelericus Missus Berengarii et Ildeberti Comitum in placito, in Marsa, Sala publica Domini Regis, pro singulorum causis audiendis vel deliberandis.* [Charta ann. 1163. inter Probat. tom. 2. novæ Hist. Occitan. col. 595 : *Istud sacramentum fuit factum in majora Sala palatii Carcassensis.* Statuta criminal. Saonæ fol. 124 : *Sedentes pro tribunali in et super una cathedra in camera posita in capite Salæ superioris palatii causarum Communis Saonæ.*] Adde Bullarium Casinense tom. 2. pag. 54. Testatur Florentius Haræus lib. 1. de Castellanis Insulensibus pag. 66. ita appellari ædificium, quod in burgo ejusdem urbis veteri etiamnum visitur, ubi judicia sua exercebat Vicecomes, aut ejus Baillivus.

☞ Hinc *Sala* pro Judicium in aula seu curia, apud Schilterum in Glossar. Teuton. ex Traditionibus Fuldensibus.

Sunt præterea qui putant ab ejusmodi *Sala*, seu aula Regia, *Salicæ terræ*, aut *Legis*, appellationem manasse, ita ut *terra Salica* illa sit, quæ judiciis et legibus in Sala publica redditis et observatis obnoxia sit, quam sententiam pluribus discussimus in Dissert. 17. ad Joinvillam. [Vide in *Lex.*]

Nunc vero a prisca et generali significatione deflexit vox, et pro parte tantum domus, puta quam cœnaculum vocamus, usurpatur. Glossar. Græc. Lat. MS. Reg. : Τρίκλινος, *Sala, triclinium, cœnaculum.* [Bullar. Casin. tom. 2. pag. 54 : *Actum... in castro Gunzaga, in caminata majore Sala Adelberti Comitis.* Appendix ad Antiq. Hortæ Illustr. Fontanini pag. 455 : *Actum fuit hoc Orti in Sala Episcopatus dictæ civitatis sub anno Dom.* 1391. *Sala lapidea*, in Charta ann. 1163. inter Probat. tom. 2. novæ Histor. Occit. col. 597. et alibi.]

¶ Sala, pro Capella, usurpari videtur in Chron. Casaur. apud Acher. tom. 5. Spicil. pag. 365 : *Accepit ab eo ad proprium jus Augusti in ipsa Romana urbe solarium habitationis suæ, cum area et curte, Sala seu capella S. Blasii, etc.*

¶ Sala, f. contracte scriptum pro *Salicia;* certe ea notione accipienda videtur in Charta Guillelmi et Fulconis Vicecomit. Massil. an. circ. 1000. apud Marten. tom. 1. Ampl. Collect. col. 356 : *Et ipse alodis habet terminos in fluvio quem dicunt Welena, et pergit per ipsum rametalem, qui est ultra ipsam Salam, et pervenit ad ipsum iliam, etc.*

¶ Salla, ut *Sala*, in Statutis Cadubrii lib. 1. cap. 42.

¶ 2. **SALA**, Temo, Gall. *Fleche*, ut

videtur. [* Minus bene; est enim vox Italica, quæ axem, Gall. *Essieu*, sonat.] Statuta Mutin. rubr. 217. fol. 40 : *Ordinamus, quod nulla arbor, quæ sit magnitudinis majoris, quam possit esse Salacurrus, non possit esse vel stare juxta ripam dicti fluminis Situlæ... Quod omnes homines, arbores...... magnitudinismajoris, quam possit esse Sala currus... incidere debeant... Quælibet persona habens terras et possessiones, arbores aliquas majoris magnitudinis, quam possit esse Sala currus,... condemnetur pro qualibet arbore et qualibet vice in* XX. *solidos Mutinæ.*

¶ **SALABARRA.** Vide infra in *Sarabella.*

¶ **SALABRÆ**, ἐν ταῖς ὁδοῖς ἀνωμαλίαι, καὶ βόθυνοι, in Gloss. Lat. Gr. Papias: *Salabra, via inæqualis, lapidosa, loca lutosa.* Melius utrobique legeretur *Salebræ.* Vide Martinii Lex. in hac voce.

SALACATTABIA, Condimenti species, apud Apitium lib. 4. cap. 1. ubi Humelbergius *Salacaccabia* restituit, id est ἁλακακκάβια, seu *salsitia ollaria*, et salsa cacabularia, hoc est quæ in cacabis vocatis ollis coquuntur.

¶ **SALACIA.** Vide *Salatia.*

SALACIANUM. Necrologium Ecclesiæ Parisiensis 8. Kl. Feb. : *Insuper præfata Haildis S. Mariæ dedit tapetum Salacianum, et duo mantilia cum bordis.* [Forte, cærulei coloris.]

¶ 1. **SALACIUM**, Adeps, Gallis *Graisse*, ut videtur. Statuta Montis Regal. ubi de *intratis* portarum, fol. 308 : *Item pro quolibet rubo olei, sevi candellarum, sevi et Salacii xungiæ, sol. den. octo.*

* 2. **SALACIUM**, Quantum salis alicui necessarium est. Consuet. Carcass. in Reg. L. Chartoph. reg. ch. 3 : *Omnes habitatores Carcassonæ, exceptis macellatoribus et friqueriis, habent Salacium de salino Carcassonæ ad usum suum.* Vide *Salagium* 2.

* **SALADA**, Militare capitis tegumentum, galeæ species, depressa cassis, vulgo *Salade*, interdum *Sale*, si tamen mendum non est. Proces. Egid. *de Rays* ann. 1440. ex Bibl. reg. : *Vidit tres vel quatuor, cum capelinis seu celatis vel Saladis supra eorum capita et aliis armis, ante dictam ecclesiam transeuntes, etc.* Testam, Th. *de Failly* ann. 1473. ex ead. Bibl. : *Item a legué, donné et devisé à son frere Jehan de Failly son petit grenequin fourny, sa grande Sale d'arme, son espée à hault taillier, etc.* Vide supra *Celata*, 2.

¶ **SALADINÆ** Decimæ. Vide in *Decimæ.*

1. **SALAGIUM**, Vectigal, quod ab iis qui sal vendebant, præstabatur. *Consuetudo Salis*, in Charta Ademari Vicecomit. Lemovic. ann. 1184. in Tabular. Dalonensi fol. 11. Charta Hugonis Comitis Campaniæ ann. 1104 : *Præterea concedo redditus venditionis salis, id est, Salagium, de Barro super Albam et justitiam ejusdem Salagii, si quis inde forisfecerit.* Alia Petri Episc. Autisiodor. ann. 1304. in Tabulario Eccl. Autisiod. fol. 250 : *Salvo nobis et successoribus nostris Salagio consueto ab aliis quibuscumque personis sal vendentibus et mensurantibus.* Charta Petri Marchionis Namurc. et Comit. Autiss. ex eod. Tabular. [nunc edita apud Marten. tom. 1. Anecd. col. 842.] : *Notum facimus.. nos dedisse... Capitulo Autisiodor. 60. solidos reddituum in Salagio de Malliaco annis singulis in festo S. Remigii percipiendos.* [Codex MS. reddituum Episc. Autiss. an. circit. 1290 : *Episcopus Autis. habet medietatem in Salagio,... de quolibet modio salis vendito, et eunte extra, Episcopus habet unum den... et de quolibet modio vendito Autiss. Episcopus habet semiquarteron salis.* Vide *Salarium* 2.]

¶ **Sallagium**, Eadem notione. Tabul. S. Jacuti : *Postea attestatum est quod prior præfatæ elemosynæ suam curiam tenebat.... in omnibus quæ pertinent ad dominum in botellagio, in Sallagio, in minagio, etc.*

Interdum etiam *droit de Salage* dicitur, præstatio quæ fit ab iis qui navigio *sal* devehunt vendendum. Regestum Ludovici Regis Siciliæ Ducis Andegav. f. 55 : *Le Salage dudit lieu (de Chierbourg et de Torroeil) entre la saint Martin d'hiver, et la saint Mor, depuis le chesne de la Bauçonniere jusques en amont, affermé communs ans 20. livres.* Istius vectigalis mentio est in Aresto 29. Maii ann. 1543. pro Abbate Burgimedii Blesensi.

* Hac ultima notione, *Salaige* legitur in Charta ann. 1328. ex Reg. Caroli Pulc. Cam. Comput. Paris. fol. 29. v° : *Item le Salaige de Loire de Baugency, qui s'estend de chascun chalen chargee de sel audessus de quatre muis, une mine.* Neque alio intellectu vox *Salagium* occurrit in Charta Guill. vicecom. Meledun. ann. 1220. ex Chartul. Barbel. pag. 607 : *Ratam habeo donationem Salagii de Meleduno, quam Ludovicus avus meus fecit universis fratribus ordinis Cisterciensis, eos a præstatione dicti Salagii imperpetuum quittando. Salage* præterea, idem quod *Gabelle*, tributum scilicet, quod pendunt, qui sale utuntur. Lit. remiss. ann. 1384. in Reg. 126. Chartoph. reg. ch. 135 : *Thomas Gode collecteur de la gabelle ou Salage de la parroisse de S. Bartholomi ou diocese du Mans, etc.* Vide *Gabella salis* in *Gablum.*

¶ 2. **SALAGIUM**, Quantum salis in usu quotidiano expenditur. Charta ann. 1309. tom. 1. Hist. Dalph. pag. 91. col. 1 : *Hospitium domini Alamandi de Auriis accipit et accipere consuevit supra dictum heminal Salagium suæ coquinæ morando apud Cognetum seu apud Balmam. Sufficientia salis* dicitur, in Charta apud Lobinellum tom. 2. Histor. Britanniæ col. 102 : *Habet etiam in portu dominus Episcopus Salagium et Sufficientiam salis de theloneariis.*

¶ **SALAMANDRA**, cujus mentio fit in Epistola Johanni Presbytero seu Regi Abissinorum falso adscripta, quædam tribuntur quæ in vulgari salamandra non agnoscunt Historiæ naturalis Scriptores : *In alia quadam* (provincia) *juxta torridam zonam sunt vermes, qui lingua nostra Salamandræ dicuntur. Isti vermes non possunt vivere nisi in igne et faciunt pelliciam quamdam circa se sicut alii vermes qui faciunt sericum. Hæc pellicula a dominabus palatii nostri studiose operatur. Et inde habemus vestes et pannos ad omnem usum excellentiæ nostræ. Isti panni non nisi igne accenso fortiter lavantur.* Vide Martinii Lex. in hac voce.

SALAMANNUS, Delegator. Charta Conradi Episcopi Pataviensis ann. 1159. in Metropoli Salisburgensi tom. 3. pag. 11 : *Hæc itaque per manus Salamanni sui Goteboldi de Ostechoen nobis præsentibus super confessionem prædictorum confessorum ipsa die Dedicationis prædicti altaris delegavit, etc.* Alia ann. 1274. tom. 2. pag. 340 : *Notum facimus quod fidelis noster... per juramentum suum coram nobis secundum dictatam sententiam, quod villæ suæ in Durchaim auctorem delegatorem, quod vulgo dicitur Salman, non habeat, in nos jus delegatoris talis allodii, seu proprietatis prædictæ, sine contradictione omnium transfudit voluntarie, libere, et quiete, etc.*

☞ A voce *Sala*, Curia, aula, palatium, auditorium, et *Man*, homo, *Salamanni* dicti testes, scabini, assessores, advocati, procuratores, curiales, testamentorum executores. [** A *Saljan*, Tradere. Vide Grimm. Antiq. Jur. Germ. pag. 555. et Graffii Thesaur. Ling. Franc. tom. 6. col. 176. voce *Sala*, Traditio.] Documenta Frisingens. apud Schilter. in Gloss. Teuton. v. *Sala* : *Chunrad de Wazerburch fuit executor, quod vulgariter Salman dicitur.* Pag. 19 : *Dederunt prædictas possessiones cum manibus Salamannorum Welchuini de Riding, qui fuit Salman memoratæ Alhaidis et Dietericus de Wizhaim, qui fuit Salamannus Utonis.* Ibid. tom. 1. pag. 13 : *Per manum legatoris, qui vulgo dicitur Salman, Hermannum de Pfetten.* Testam. Ludolfi Canonici Hildesheim. apud Schannat. Vindem. Litter. pag. 189 : *Ecclesia S. Petri habeat libros meos,... de reliqua suppellectili mea ordinabunt Salamanni, sicut fidei eorum commisi.* Hinc

¶ Fides Salamannica, vel *Salemannica*, dicitur ea quam præstant *Salamanni*, hoc est, Curiales seu vassalli ministeriales juris curialis, in Jure feudali Saxon. cap. 22. § 2. et Aleman. cap. 113. Eodem nomine nuncupatur fides quam pro feudo advocatiæ Monasterii Lucellensis præstitit ann. 1326. Albertus Dux Austriæ, apud Schilter. loco supra laudato : *Nos frater Haymo Abbas et Conventus Monasterii Lucellensis.. notum esse cupimus, quod illustri Principi nostro domino Alberto Duci Austriæ, etc. quæ sui prædecessores Landgravii Alsatiæ a Monasterio nostro hucusque tenuerunt, unanimi consensu innovavimus et denuo concessimus; ea interveniente conditione, quatenus nos et monasterium nostrum in nostris juribus et libertatibus,.... nomine Advocati, ubique et quoties opus erit, fideliter defendat, et præterea nihil aliud a nobis exigat..... Quod ego Albertus Dux Austriæ me fideliter præstiturum Fide Salemannica promitto, etc.*

SALAMIBO, *Genus monstri.* Papias.

¶ **SALAMBONA**, Hispanis Venerem sonat, ut auctores sunt Macri in Hierolex. ex S. Isidoro in Vita SS. Justæ et Rufinæ : *Per forum more suo circulatorio idolum Salambonæ Deæ circumferrent, etc.* Nota etiam Venus apud Babylonios sub eadem appellatione.

¶ **SALAMEN**, παράβροχον, in Gloss. Lat. Græc. Legendum *Salsamen* putat Martinius, et maceratum interpretatur.

¶ **SALAMENTUM**, Idem esse videtur quod *Salsamentum*, in Capitul. gener. MSS. S. Victoris Massil. : *Dispensator*

Monasterii debeat providere conventui de duobus pulmentis et de piscibus et alia pitantia competenti et sufficienti et de Salamentis et condimentis condescendentibus. *Salame* Italis, eadem notione.

¶ Sallamentum, Eodem significatu. Conc. Paris. ann. 1212. apud Marten. tom. 7. Ampl. Collect. col. 100 : *Quia multa scandala et enormia contingunt ex crapula quorumdam monachorum, ante carniprivium per tres septimanas vel per mensem delicatis carnibus et exquisitis Sallamentis sese ingurgitantium, etc.*

SALANDRA, Salandria, Navigii species. Vide *Chelandium.*

* *Salandre*, in Guill. Tyr. contin. Hist. apud Marten. tom. 5. Ampl. Collect. col. 705 : *Quant les Salandres durent movoir de Brandis, une nef de l'hopital des Alemans mut avant que les Salandres, et vint en Acre.*

¶ **SALANGRA**, Arbusculæ species. Vita S. Wolbodonis tom. 2. April. pag. 863 : *Mansionarius suprascriptus arbusculam quandam quam vulgo Salangram vocant, dixerat infra longitudinem ecclesiæ includendam.*

¶ **SALAPITTA**, Ῥάπισμα, in Closs. Lat. Gr. Glossæ Græc. Lat. : Ῥάπισμα, *Salapitta, alapa.* Arnobius lib. 7. adv. Gentes : *Delectantur, ut res est, stupidorum capitibus rasis, Salapittarum sonitu, atque plausu.* Ita legendum, non vero *Salapictarum*, probant viri docti ex Tertulliano lib. de Spectac. cap. 23. ubi ad hunc histrionum morem os præbendi ad *Salapittam* seu alapam accipiendam, ut risum moverent, haud dubie respexit : *Faciem suam... insuper contumeliis alaparum sic objicit, quasi de præcepto Domini ludat. Docet scilicet et Diabolus verberandam maxillam patienter offerre.* Magistro suo concinit S. Cyprianus. Vide Martinium in hac voce et infra *Salpicta.*

¶ 1. **SALARE**, Salinum, Gall. *Saliere.* Charta Ferdinandi I. Reg. æræ 1101. apud Ant. *de Yepez* in Chron. Ordin. S. Bened. tom. 6 : *Servitium de mensa, id est, Salare, inferturia, tenaces, trullone cum cochlearibus* 10. *etc.* Vide *Salaria.*

¶ 2. **SALARE**, Sale condire, *Saler.* Statuta Arelat. MSS. art. 102 : *Ne quis piscator vel reveniditor audeat salare pisces.* Memoriale Potestat. Regiens. ad ann. 1218. apud Murator. tom. 8. col. 1098 : *Illo die fecit Soldanus capita Sanctorum excoriare et Salare, et misit eas* (ea) *per provincias Babyloniæ. Salatæ Sardinæ*, in Charta ann. 1429. ex Tabul. Piscator. Massil.

¶ Sallare, Eadem notione, in Statutis Placent. lib. 6. fol. 70 : *Quæ faceret sano vam de caseo et carnibus porchorum Sallatis. Sallati pisces*, in Litteris ann. 1357. tom. 3. Ordinat. Reg. Fr. pag. 208.

* **SALARGA**, Mensura salis. Charta ann. 1346. in Chartul. reg. Angl. ex Cod. reg. 8387. 4. fol. 27. r° : *Impositiones aliquas in dicta villa* (Liburniæ) *super certis causis* (major et jurati) *imposuerunt, videlicet super .... mensuris bladii, Salargiis, in quibus sal venditur ad mensuram, etc.*

1. **SALARIA**, Salinum, Gallice *Saliere* : *Vas salarium,* Joanni Sarisberiensi Ep. 75. Liber Ordinis S. Victoris Parisiensis MS. cap. 17 : *Bacinos et Salarias, et candelabra et mensalia, et manutergia.... habere debet.* [Bernardus Mon. in Ord. Cluniac. part. 1. cap. 27 : *Cum aqua benedicta fit, unus eorum* (puerorum) *de sale servit, et quod restat, portat ad processionem usque ante ostium refectorii; unus vero Magistrorum ibidem illud accipiens de manu ejus,... ponit inde in omnibus Salariis refectorii, parum in unaquaque.* Vide *Saleria.*]

Salariola, diminut. a *salaria.* Historia Episcoporum Autisiodorensium cap. 20 : *Dedit item Salariolas quatuor anacteas, quæ pensant libr. quatuor.* Infra : *Item Salariolam anacteam pens. lib.* 1. *habet in medio hominem cum cane.* [Vide *Salarium* 1.]

* 2. **SALARIA**, Vectigal, quod ab iis, qui sal vendunt vel navigio devehunt vendendum, penditur. Lib. cens. eccl. Rom. : *Romana ecclesia debet habere.... totam arimammam de Bratico et totam Salariam et totum ficarolum et tres partes ripatico.* Vide supra *Salagium* 1. et mox *Salarium* 2.

¶ **SALARIARE**, vox Italica, *Salarium* dare, nostris olim *Salarier.* Vita B. Jacobi de Oldo tom. 2. April. pag. 609 : *Ad rationem solidorum triginta duorum Imperialium... causa Salariandi capellanum unum seu presbyterum unum, qui omni die celebrare debeat Missam.* Longinus in Vita S. Stanislai tom. 2. Maii pag. 269 : *Cœpit.... unumquemque servientium pro servitiis juxta exigentiam meritorum Salariare.* Alias *Solariari.* Vide *Salariatus.*

¶ Salarizare, Eadem notione, in Charta Francisci I. Reg. Franc. ann. 1520. apud Lobinell. tom. 3. Hist. Paris. pag. 147 : *Poterit Thesaurarius instituere tres apparitores, de proventibus dictæ sacræ Capellæ Salarizandos.*

¶ **SALARIARIUS**, Gothofredo idem qui Fideicommissarius, legatarius, aliis melius, ut videtur, cui salarium solvitur, pretio conductus, quod ipsa verba indicant. Ulpian. Dig. lib. 17. tit. 1. leg. 10. § 9 : *Sed et, si ad vecturas suas, dum excurrit in prædia, sumptum fecit, puto, hos quoque sumptus reputare eum oportere, nisi si Salariarius fecit, et hoc convenit, ut sumptus de suo faceret ad hæc itinera, hoc est, de Salario.* Vide ibi Martinium.

¶ **SALARIATUS**, Cui constitutum est *Salarium*, stipendium. Charta Bonifacii IX. PP. ann. 1396. apud Illustr. Fontan. in Antiq. Hortæ pag. 445 : *Volumus insuper et huic vicariatui adjicimus, quod singulis sex mensibus deinceps,... quoscunque officiales, stipendiarios, provisionatos, Salariatos,... quos vos... ad regimen, gubernationem seu custodiam civitatis, comitatus... tenere contigerit, etc. Modicus Salariatus a Communi*, in Statutis Cadubrii cap. 44. *Sallariatus*, in eorumd. Correct. cap. 87.

SALARICIA Terra, Ex qua sal eruitur. Vetus Notitia apud Willelmum Hedam in Hist. Trajectensi pag. 246. 1. edit. : *Mansum dominicatum cum terra Salaricia sancti Martini, cum servis in eadem villa manentibus, etc.* Vide *Salinaris terra*, in *Salinaria.*

¶ **SALARIOLA.** Vide in *Salaria.*

¶ 1. **SALARIUM**, Salinum, Gall. *Saliere*, Ital. *Salera.* Charta ann. 1416. apud Rymer. tom. 9. pag. 356 : *Tria Salaria argenti deaurati... VII. lib. et VII. uncias ponderantia, libra ad* LX. *sol. uncia ad* V. *sol.* Vide *Salerium.*

Salarium, inter Ministeria sacra. Inventarium Ecclesiæ Eboracensis tom. 3. Monastici Anglic. pag. 171 : *Unum Salarium argenteum intus deauratum, pro sale in dominicis diebus benedicendo, ponderis* 3. *unciarum et dimidii.* [Flodoardus Histor. Rem. lib. 2. cap. 5 : *Ibique* (Ecclesiæ S. Remigii) *missorium argenteum deauratum deputavit* (Sonnatius;) *cochlearia quoque duodecim, et Salarium argenteum.*] Vide *Salaria.*

¶ 2. **SALARIUM**, Vectigal, quod ab iis qui sal vendunt penditur. Charta ann. 1112. inter Probat. tom. 2. novæ Hist. Occitan. col. 384 : *Salarium autem, ubi sal venditur, habeant in communi Aymericus et Archiepiscopus; et habeat bajulus Archiepiscopi potestatem in eo, sicut bajulus Vicecomitis.* Vide supra *Salagium* 1.

* Inquisit. ann. 1233. inter Cens. eccl. Rom. : *Recipiebat dictus Adam bunna, tallias et datitias et Salaria integre, sine aliqua diminutione.*

¶ 3. **SALARIUM**, Stipendium militiæ, vel servitii, Gallice *Salaire, gages*, passim occurrit apud Scriptores mediæ et infimæ Latinitatis : pro Dono, Gall. *Present*, in Litteris Philippi VI. Reg. Fr. ann. 1340. tom. 3. Ordinat. pag. 172 : *Absque aliquarum levatione sportularum seu Salariorum.* Acta S. Wernheri tom. 2. April. pag. 700 : *Ipsi tamen muneribus et Salario valde multo liquefecerunt judicem.*

1. **SALARIUS**, Mensura salaria. Charta Joannis Comitis Burgundiæ et Cabilonis ann. 1249. in Biblioth. Sebusiana centur. 2. c. 65 : *Laudavit... Conventui ejusdem domus* 24. *Saldrios muriæ in Puteo Ledonensi, quod Pontius Maugetorte dedit in eleemosynam fratribus dictæ domus.* [Vide *Salez.*]

¶ Salarius, ταριχοπώλης, in Gloss. Lat. Gr. Qui sal vel Salsamenta vendit. Utitur Mart. lib. 1. Epigramm. 42.

¶ Salarius, Ad salem pertinens. Gloss. Lat. Gr. : *Salarius*, ἁλώδης. *Navis Salaria*, sale onerata, in Annal. Genuens. Bartholomæi Scribæ apud Murator. tom. 8. col. 497 : *Navem unam Albinganensium et bucios duos Salarios et alia ligna onerata sale... inde extraxerunt.* Vox nota Varroni, Suetonio aliisque.

¶ 2. **SALARIUS**, pro *Salariarius*, ni fallor, eadem certe notione. Statuta Vercell. lib. 1. fol. 25 : *Eo salvo quod prædicta locum non habeant in ambasiatoribus, nunciis, et Spiis et Salariis ordinatis per commune Vercellarum.*

¶ **SALARIZARE.** Vide in *Salariare.*

* **SALATA** vel Salatum, Salictum, ut videtur, Gall. *Saussaie*, locus salicibus consitus. Charta Hugon. et Lothar. reg. ann. 937. in Chartul. eccl. Vienn. fol. 13. v°. col. 1 : *Una cum ecclesiis, casis, terris, vineis, campis, pratis, silvis Salatis, sationibus, etc.* Nisi de salinis, ubi sal conficitur, intelligas. Vide infra *Saletrum.*

SALATARIUS, *Portator armorum*, in Glossis Isidori : quam vocem ad *salodurios* Cæsaris referre videtur Wendelinus in Natali solo Legum Salicarum pag. 88. sed legendum *Solidarius.* [Vide *Solidata.*]

SALATIA, pro *Salacia*, voce nota Varroni et Festo, pro aquæ Dea, ipsa aqua, vel mari. Glossar. Lat. Gr. : *Salmacidus*, ἁλμυρός. *Salmaticum*, ἁλμυρόν. Supra : *Salacia*, Ἀμφιτρίτη, Νηρεΐς. *Salmacia aqua*, ἁλμυρὸν ὕδωρ. Ubi in omnibus, *m*, literam expungendam puto, ut voces hæ effictæ fuerint a *Salacia*. Scio Salmasium, *m*, in *in* conficere, ut sit *Salinacidus*, *Salinacia*, *etc.* sed videat lector, utra arrideat conjectura. Adamnanus l. 2. de Vita S. Columbæ cap. 25 : *Lugaidus mane postera die ad retrahendum de mari utrem pergit, quem tamen Salatia noctu subtraxit unda*, ubi f. *Salaciæ*. Mox : *Uter quem Salatia sustulit, ad suum locum post tuum egressum reportabit venalia.*

¶ **SALATICUS**, Idem quod *Salagium* 1. Præstatio quæ fit ab iis qui navigio sal devehunt vendendum. Charta Caroli Calvi ann. 16. regni ejusdem, apud Mabill. tom. 3. Annal. pag. 671. col. 1 : *Nolumus ut ab istis vel ab eorum hominibus aliquid telonei, id est ponta, pontaticus, pascuaticus, Salaticus, aud aliquid redibicionis, exigatur.* Eadem habentur in Charta Caroli Simplicis pro Monasterio Urbionensi ann. 7. regni ejusdem : *Nolumus prœterea ut ab istis vel ab eorum hominibus aliquid telonei, id est, pontaticus aut rotaticus, cespitaticus, pulveraticus, pascuaticus, aut Salaticus, aut aliquid redhibitionis exigatur.* Sed haud scio an utrobique melius legeretur *Salutaticus*. Vide in hac voce.

¶ **SALBANUM**, ut supra *Sabanum*, apud Guibertum lib. 3. de Vita sua cap. 10 : *Et quia nudus.... jacuerat, jubetur tandem a magistro levari, et Salbano superjecto ad S. Vincentium deportari.* Forte ex *Sabbano* in Cod. MS. male exscriptum fuit *Salbanum*.

¶ **SALBMUNDIA.** Vide *Selpmundio.*

¶ **SALCEDA**, Salictum, Gall. *Saussaie*, locus salicibus consitus. Charta Ugonis Sacerdotis apud Baluz. Hist. Arvern. tom. 2. pag. 41 : *Et illum aice quem conquistavi de Vidiano et Davit cum campis et Salcedis et pratis.* Vide *Salcida.*

¶ **SALCEIA**, SALCEYA, SALICEIA, ut *Salceda*. Tabul. Fossatense : *Apud Fossatum... Salceias, insulas, gurgites... habet.* Charta ann. 1280. in Chartul. Domus Dei Pontisar. : *Quitamus Johanni rectori... quamdam Saliceiam... cum omni jure, possessione, et proprietate quod et quas habebamus in dictis Salceia et oseraria.* Charta Caroli Regentis ann. 1360. ex Regest. 91. Chartophylacii regii num. 499 : *Cum dilectus noster Joannes Chaumet rector seu curatus ecclesiæ parrochialis de Soysiaco... dimidium arpentum vel circa Salceye... donaverit, etc.*

* **SALCEIUM**, ut *Salceia*, Salictum. Charta ann. 1247. ex Chartul. 21. Corb. fol. 9 : *Concesserunt se vendidisse .... plantam vineæ suæ de burgo, cum Salceio ad illam plantam pertinentem.* Alia ann. 1282. in Chartul. Cluniac. ch. 335 : *Concedunt..... Yvoni ...... abbati Cluniacensi et conventui ejusdem loci.... Salceium suum, ... cum ejus Salcei pertinentiis. Sauçoy*, eodem sensu, in Ch. Blanch. reg. Navar. ex Chartul. Guill. abb. S. Germ. Prat. fol. 248. v°. col. 2. Vide *Salectum.*

¶ **SALCENOMANIA**, Cenomania, vulgo *le Maine.* Charta ann. 1492. apud Rymer. tom. 12. pag. 487 : *Usurpatam per illum* (Regem Franc.) *Franciæ coronam, Normanniæ, Aquitanniæ, Turonis ducatus, ac Salcenomaniæ comitatum ad nos de jure hæreditario attinentes, etc.* Perperam pag. seq. *Salcenomianiæ.*

SALCES, *Salcitiæ*, Isitia, *Saucisses.* Chronicon Windesheimense lib. 2. cap. 6 : *Salcibus recentibus, aut in cavilla fumatis satis bene ad comedendum dedit.* [Vide *Salsutia.*]

¶ **SALCIA**, Gall. *Sausse.* Vide *Salsa.*

* **SALCICCIA**, Lucanica, Gall. *Saucisse.* Vita S. Franc. Rom. tom. 2. Mart. pag. 170. col. 1 : *Insuper ab illis dæmonibus ponebantur illæ animæ supra scamna, et eas minutim incidebant ad modum cujusdam Salcicciæ.* Vide *Salcitiæ.*

SALCIDA, Salicetum. Tabular. Celsinianense : *Hæ sunt autem res, quas cedo, 1. Salcidam in Memeco, et pratum, qui est deintus Salcida.* [Vide *Salceda.*]

SALCITIÆ, Lucanicæ, Gall. *Saucisses*, Italis *Salcizza*. Papias : *Tusceta, escæ regiæ, Salcitiæ vulgo.* Joan. de Janua : *Lucanica, genus cibi, ut dicunt, Salcitia.* [Gloss. Lat. Gall. Sangerm. : *Salsicia, Saucice.*] Vox vero haud multum abludit ab alia Latinis nota, *insitia*, sive *isitia*, de quibus copiose egit Apicius lib. 12. qui ea duplici modo fieri scribit; ex variis nempe carnibus tritis et pipere commixtis, ut Athenæus quoque scribit ; vel ex piscibus diversis, sicut Alexander Trallianus docet; de Isiciis agit etiam Macrobius lib. 7. Saturn. cap. 8. Vide Oct. Ferrarium in *Salcizza.*

* **SALDATIO**, Confectio, perfectio, absoluta solutio, ab Italico *Saldare*, Acad. Crusc. Rem conficere, perficere. Stat. antiq. Florent. lib. 1. cap. 61. ex Cod. reg. 4621. fol. 30. v° : *In condempnationibus, absolutionibus, Saldationibus et concuisionibus.... et rationum fiendis per ipsos* (rationerios) *debeant omnes, quatuor vel saltem tres ex eis invicem esse.* Hinc *Saldionarictus.*

¶ **SALDEBA**, ut *Sala* 1. Vide in hac voce. Pactus Leg. Salicæ edit. Eccardi tit. 19. § 7.

* **SALDIONARICIUS**, Servus integre absolutus, manumissus. Charta Ludov. imper. apud Ughel. tom. 1. Ital. sacr. col. 1428. edit. ann. 1717 : *Cum omnibus intrinsecus curis et familiis diversi sexus ac ætatis atque conditionis, chartulariis, libellariis, Saldionariciis et cunctis rebus.*

¶ **SALDIVUS.** Vide mox in *Saldum.*

¶ **SALDUM**, Palus, Gall. *Marais.* Statuta Mutin. rub. 80. fol. 15. v° : *Statutum est... quod una via fieri debeat:.. et incipiat a via de Bisognis deveniendo ad viam clausurarum de Negatis, a latere sero prædii vel Saldi de Grasonis, etc.* Hinc

¶ 1. SALDUS, adject. Palustris, paludosus, *Marécageux*, ibid. rubr. 55. fol. 11. v° : *Statutum est quod licitum sit hominibus dominis molendini, qui molendinum habent in dicto canali, mutare fundum dicti canalis per dicta loca, facientes illud per terrenum Saldum, dummodo faciant illud suis expensis.* Rursum in Addit. fol. 5. v° : *Item alia petia terræ prativæ et Saldæ, quæ dicitur la Chionso. Item alia petia terræ prativæ et Saldæ quæ dicitur la Braida.*

¶ SALDIVUS, Eadem notione, in Statutis castri Redaldi lib. 3. fol. 49 : *Item statuerunt et ordinarunt quod aliquis terrigena, vel forensis castri Redaldi non audeat, vel præsumat de cœtero per se vel alios occupare vel usurpare aliquas terras buschivas, Saldivas, prativas, neque laborativas, etc.*

* 2. **SALDUS**, Integer, solidus. Translat. S. Davini tom. 1. Jun. pag. 333. col. 2 : *Erant in prædicta arca palmæ, candelæ...... sanæ et Saldæ in omni ipsorum parte.* Ita lego pro *sane et salde.* Vide alia notione in *Saldum.*

* **SALEBRA**, *Briseure.* Glossar. Lat. Gall. ex Cod. reg. 7692.

* **SALEBRARE**, *Croler soi*, *Gallice. Salebrosus*, *Cocouz*, *Gall.* Glossar. Lat. Gall. ex Cod. reg. 521.

¶ **SALEBRATUS**, Salebrosus, locus asperitate impeditus. Sidonius lib. 2. Epist. 2. edit. Colvii : *Fluvius Salebratis saxorum obicibus anfractus, spumoso canescit impulsu.* Ubi *Salebratim* adverb. legit Sirmondus.

¶ **SALEBURGIO.** Vide *Saliburgio.*

¶ **SALECTUM.** Vide infra *Salegare* 1.

SALECTUM, pro Salictum, salicetum, Locus consitus salicibus, *Saussaie.* [Charta ann. 951. in Addit. ad Chron. Casaur. apud Murator. tom. 2. part. 2. col. 953 : *Cum casis, terris, casalibus, colonitiis, aldiaricitis, Salectis, pratis, etc.* Occurrit præterea in Bullar. Casin. tom. 2. Constit. 46. 75. 143.] et in aliquot Chartis Italicis apud Ughellum in Episcopis Veronensibus.

¶ **SALEFACIENTIES.** Smaragdus in Præfat. ad Vitam S. Bened. Anian. sæc. 4. Bened. part. 1. pag. 193 : *Nos rusticitatis vitium redolentes peritorum aggravent aures, sed urbanitatis Salefacientie condita proferant verba;* hoc est, urbanitatis sale, facetiis et lepore condita; ubi etiam forte legendum *sale et facetiis.*

SALEFICUS, Mare. Monachus Florentinus de Expugnat. Acconensi :

> Dic mihi quid profuit, quod mare vitavit,
> Ab aquis Salefici dum non sibi cavit,
> Dictus est Saleficus, quia factus sale,
> Dicatur maleficus, quia fidus male,
> Salum mare tremuit, quia sit mortale,
> In solo Salefici solum dicit vale.

¶ 1. **SALEGARE**, vox Italica, Plateas, vias pavimentis munire, Gall. *Paver.* Annales vett. Mutin. apud Murator. tom. 11. col. 66 : *De anno 1262. evacuata fuit civitas Mutinæ de omni letamine, et contratæ fuerunt englaratæ, et multi porticus Salegati.*

¶ SALECARE, Eadem notione, in Chron. Veron. ad ann. 1242. apud eumdem. Murator. tom. 8. col. 632 : *Et eo anno factum fuit forum seu mercatum Veronæ, et de quadrellis Salecatum, et de lapidibus domini Gulielmi de Zerlis.*

¶ 2. **SALEGARE**, Auxilium, juvamen præstare, Gall. *Secourir.* Charta Casimiri Reg. Polon. ann. 1335. apud Ludewig. tom. 5. Reliq. MSS. pag. 588 : *Verum quod si forte præfatum castrum, non obstantibus hujusmodi, quemcumque reædificare aut reparare contingat, quod tunc nos cum domino Rege Boemiæ ad sui destructionem sive acquisitionem decedere et Salegare efficaciter tenebimur et debemus.*

¶ **SALEMANNICA** Fides. Vide *Salamannus.*

¶ **SALEMO**, pro Salmo, Gall. *Saumon*, in Consuet. Audomar. MSS : *De c. Salemonibus salsis* IV. *den. De Salemone non salso* II. *den.*

* **SALEPETRA**, Sallepetra, Salpetra, Salnitrum, Gall. *Salpêtre.* Comput. ann. 1373. inter Probat. tom. 3. Hist. Nem. pag. 51. col. 2 : *Portando duo barralla Sallepetræ necessariæ ad bombardas domini senescalli ad sedem Aquensem.* Ibid. pag. 54. col. 2 : *Pro septem libris Salepetræ missæ ad dominum senescallum ad locum de Vicenobrio.... Pro duobus barrilhetis ad tute portandum dictam Salpetram.* Vide *Sallepetir* et *Salpeta.*

¶ **SALERA**. Epist. Panormit. ad Martinum IV. PP. in Chron. Siciliæ apud Marten. tom. 3. Anecd. col. 35 : *Secundus autem* (Pharao) *ad impossibilia obligabat populum Siculorum,... quoniam de Salera tritici et hordei data per regios maxarias violenter agricolis certam expetebat in areis supradictorum victualium quantitatem.* Ubi legendum esse *Salma* innuit locus eadem de re in *Salina* 1. relatus. Vide *Sagma* et *Salmata.*

SALERGIA. Chronic. Monasterii Bonævallis Carnutensis n. 6 : *Item ipse dedit... ad Cloisellos 4. arpennos vineæ instructæ, et in alio loco unam Salergiam, ubi navis quædam receptabat, in alodum perpetualiter habendum.* [Vadum, an tugurium? inquit Mabillonius in Onomast. vocum barbar. sæc. 4. Bened. part. 2. ad hunc locum ibid. pag. 506. *Salorgia* ex Cod. MS. infra ediderat Cangius noster, cui jam exciderat *Salergiam* hic exscripsisse : unde locum expunximus; sine causa enim iteraretur.]

¶ **SALERIA**, Salinum, Gallice *Saliere.* Comput. ab ann. 1333. ad ann. 1336. tom. 2. Hist. Dalphin. pag. 276 : *Item, pro redimenda una Saleria de argento ab usurario quæ impignorata fuerat de mandato dominæ Comitissæ, unc.* VIII. *taren.* XXIV. Inventar. ann. 1347. ibid. pag. 555. col. 2 : *Item, unam Saleriam parvam duplicatam argenteam, et esmaltatam, cum tribus pedibus in qualibet tam inferiori, quam superiori. Item, unam aliam Saleriam clausam argenteam, factam ad modum pixidis.* Occurrit præterea in Transactione inter Abbatem et Monachos Crassenses ann. 1351. Vide *Salaria.*

¶ 1. **SALERIUM**, ut *Saleria.* Testam. Beatricis de Alboreya Vicecom. Narbon. ann. 1367. tom. 1. Anecd. Marten. col. 1524 : *Item, plus legamus eidem conventui sororum Minoretarum de Asilhiano unum alium Salerium ermentatum cum brancha de corallio et linguis serpentinis.*

* *Saleron*, in Lit. remiss. ann. 1406. ex Reg. 161. Chartoph. reg. ch. 49 : *Un petit Saleron d'estain, etc.*

¶ 2. **SALERIUM**, Herbæ sale, aceto et oleo conditæ, Gall. *Salade.* Leges Palat. Jacobi II. Regis Majoric. inter Acta SS. tom. 3. Jun. pag. xxx : *Saleria, fructus et omnia ad officium apothecarii et fructerii vel aliquorum de reposito pertinentia, ad mensam nostram deferent.* Vide *Salgama.*

¶ **SALERIUS**, Exactor tributi ex sale, vel etiam cujusvis vectigalis. Statuta Vercell. lib. 3. fol. 50 : *Et fiat ipsum scriptum presente gabellerio seu Salerio, et aliter non bulletur.*

¶ **SALES**. Charta Alaman. Goldasti n. 77 : *Quidquid in pago... habuimus, id est, campis, silvis, curtis, curtilibus, casis, Salibus, pratis, pascuis, etc.* Ubi Goldastus notat *Salibus* scriptum esse pro *Salicis;* quidni pro *Salicibus* vel *Salictis;* nisi etiam idem sit quod *Sala* 1.

* **SALESARE**, Salizare, Plateas, vias pavimentis munire. Chron. Forojul. in Append. ad Monum. eccl. Aquilej. pag. 22. col. 2 : *De salesatura viarum civitatis. Anno Domini 1285.... incepit commune Civitatense facere Salesari, sive facere aptari vias civitatis.* Ubi aliud Chron. ibid. pag. 39. col. 1. habet, *Salizare.* Vide *Salegare* 1.

1. **SALETRUM**, pro *Sale nitro*, apud Thwroczium in Chronico Hungar.

¶ 2. **SALETRUM**, pro *Salectum*, Salictum, Gall. *Saussaie*, eadem saltem notione, in Actis consecrat. Eccl. Urgell. ann. 819. Append. ad Marcam Hispan. col. 765 : *Cum omnibus eorum ædificiis, seu et villis,... pratis, pascuis, silvis, Saletris, arboribus pomiferis, etc.* Eadem rursum habentur in Charta ann. 951. ibid. col. 866.

* **SALETRUM**, Salictum, salicetum, pro *Salectum*, ut opinor, quod vide supra. Charta ann. 951. tom. 9. Collect. Histor. Franc. pag. 230 : *Cum...... casis, vineis, terris, campis, pratis, pascuis, silvis, Saletris, etc.* Vide supra *Salata.*

* **SALETUM**, idem quod supra *Salagium* 1. Charta Barth. episc. Laudun. inter Probat. tom. 1. Annal. Præmonst. col. 46 : *Nos ecclesiæ S. Johannis pro recompensatione, viginti solidos Provenientis* (leg. Pruviniensis) *monetæ, ad Saletum salis Lauduni in perpetuum concessimus.*

¶ **SALEXETUM**, Salictum, Ital. *Salceto.* Statuta Vercell. lib. 5. fol. 121 : *In riveria autem, novelleto, Salexeto et bosco bruxato, etc.* Rursum fol. 125. v° : *Item quod nemini licitum sit pascare in nemore, altineto, insula, Salexeto, novelleto, etc.* Vide *Salceda.*

¶ **SALEZ**, Situlæ species definitæ capacitatis, qua *muria* seu aqua salsa ex puteo hauritur. Charta Stephani Burgundiæ Comit. ann. 1173. ex Tabular. Accinct. fol. 57 : *Johannes Ledonis... dedit in elemosinam domui Acey vineam de parrigne* (leg. parragine) *et* XV. *Salez muriæ.* Vide *Salarius* 1.

¶ **SALFELDENSIS** Moneta, vulgo *Salfeld*, quæ est urbs Misniæ in superiori Saxonia, duos pisces præfert cum stellis in quatuor angulis, urbis scilicet insignia, ob piscium abundantiam in fluvio Sala, unde nomen urbi inditum est. Hujus monetæ mentio fit in Charta ann. 1350 : *Concessit... pro 23. ac dimidiata marca annuæ pensitationis, ac in pecunia Salfeldiæ usitata; tres scilicet libras oubulorum, ac quatuor solidorum pro una marca reputando.* Alia. ann. 1360. *Marca annua Salfeldensis monetæ.* Utraque Charta occurrit apud Schlegelium qui de iis nummis ex professo egit in Dissertat. edita Dresdæ ann. 1697.

SALGAMA, Columellæ lib. 10. in Carminibus et lib. 12. cap. 4. et Ausonio, dicuntur herbæ et fructus conditi, vel herbæ sale et aceto conditæ, quas vulgo *Salades* dicimus. Quod nomen traductum postea a militibus ad rerum ad victum necessariarum præbitiones quas ab hospitibus suis exigebant. Lex 3. Cod. Th. de Salgamo hospitibus non præbendo (7, 9.) : *Nemo militans a suo hospite Salgami aliquid postulet, id est, ne lignum, aut oleum, culcitæve poscantur.* [Vide Martinii Lex.]

Salgamarii, qui *salgama* condiebant et vendebant, apud eumdem Columellam lib. 1. cap. 44. 54. Gloss. Gr. Lat. : Παντοπώλης, *Seplasiarius, Salgamarius.* Salvianus lib. 4. ad. Eccl. Cathol. : *Si mutuum a te, quippiam propola aut Salgamentarius postularet, redditurum eum non diffideres quæ dedisses.* Concilium Calchedon. act. 11 : Τὸ ἔθος ὧδε ἔχει, εἰ ἐγένετο ἀπὸ Κωνςαντινουπόλεως ἐπίσκοπος, οὐκ εἶχε ταῦτα γίνεσθαι. Ἐκεῖ σαλγαμαρίους χειροτονοῦσι, καὶ διὰ τοῦτο ἀνατροπὴ γίνεται. [Ubi Episcopos natos loco infimo indicare videtur.] Vide Bellonium lib. 3. Observat. cap. 27.

¶ Salgamum, Cellarium, locus ubi *Salgama* asservantur, apud Gregor. M. lib. 5. Epist. 44 : *Salgamum positum ante domum suprascripti monasterii. Paracellarium* dicitur alibi. Vide in hac voce.

¶ **SALGAMENTARIUS**. Vide in *Salgama.*

* **SALGANIUM**, Tunicæ species. Glossar. Provinc. Lat. ex Cod. reg. 7657 : *Salganium, a ganior et salvo, Prov. Cotada.*

* **SALGARIUM**, Rivus, rivulus, ut videtur; vel via imbribus excavata, Gall. *Ravine.* Charta admort. Caroli VII. in Reg. Cam. Comput. alias Bitur. nunc Paris. fol. 152. r° : *Item super una sextariata terræ in dictis pertinentiis ad rivallum sive ad Salgarium, quam Guillelmus Johannes tenebat, j. obol. Turon.*

1. **SALIA**, Projectio ædificii, ex Gallico *Saillie.* Charta Philippi Regis Fr. ann. 1272. pro Monasterio S. Germani de Pratis : *Salvo usufructu quem ipsi dicunt se habere... in dictis viaria et justitia viariæ, et in Saliis domorum quæ fient in vicis sitis infra metas superius nominatas.*

2. **SALIA**, Vestis muliebris species, in Statut. Mediolan. 1. part. cap. 292.

☞ Nisi tamen panni species sit subfusci coloris; qua notione occurrit in Litteris ann. 1483. ex Bullar. Carmelit. pag. 387. col. 2 : *Postea quamdam suæ Sanctitatis* (Sixti IV. PP.) *vestem panni coloris aliquantulum fusci, Salia nuncupati, quæ etiam aliquantulum de griseo colore participare videbatur, partibus prædictis ostendendam... mandavit.* Eadem notione occurrit in Statutis datiariis Riperiæ cap. 12. fol. 3. v° : *Item pro qualibet petia Saliæ Dirlandæ, pro introitu vel exitu, soldi duo.* A Gall. *Sale*, sordidus, *Salia* non absurde deduci posse videtur : quomodo Galli colorem cinereum, *Gris sale* nuncupamus, quod panni hujusce coloris non ita facile sordescunt.

* **SALIÆ**. Constit. Neapolit. MSS : *Contra instrumenta venditionum seu emptionum, seu permutationum, donationum, oblationum in emphiteosim, concessionum, quietationum, transactionum, compositionum, et instrumenta, quæ Neapolis vocantur Saliæ, probatio per testes nulla recipitur facienda.*

¶ **SALIALIUM**, ςρατιωτικόν, φιλάνθρωπον,

in Gloss. Lat. Græc. Ubi leg. *Salarium.* Vide Cujac. lib. 11. Observat. cap. 18.

¶ **SALIARES**, Saltatores, Gall. *Sauteurs.* Joh. Sarisber. lib. 1. Policrat. cap. 8 : *Hinc mimi, salii, vel Saliares, balatrones, etc.* A saliendo sic dicti, ut *Salii*, Martis sacerdotes.

¶ **SALIARIS**, ἁλικός, in Gl. Lat. Gr. Salsus, marinus.

¶ **SALIBA**, Leoni Imper. cap. 7. idem est ac *Martiobarbulus : Ad conjicienda, inquit eminus jacula et matzarbulum, quod nunc dicitur Saliba, etc.* Histor. Belli Sacri apud Mabill. Musei Ital tom. 1. pag. 140 : *Arma vero illorum ex omnibus generibus erant, scilicet lanceis, ensibus, loricis, clypeis, galeis, arcubus, gisarmis, Salibis etiam et accettis.* Vide *Martiobarbuli*, et Gloss. med. Græcit. in Σαλίβα.

SALIBUM, pro *Saliva*, in Lege Aleman. tit. 63. § 2. edit. Heroldi. [Gall. *Salive.*]

SALIBURGIO, Salebuegio, Fidejussor. Vox conflata ex Theutonico *burghem*, seu *borghem*, quod idem sonat, et *sala*, id est, prætorium judiciarium, ita ut *Saleburgiones* fuerint fidejussores dati coram judicibus. Ita auguratur Wendelinus. [** *Saljan* est Tradere, unde *Saliburgiones*, Fidejussores traditionis. Vide Grimmii Antiq. Jur. German. pag. 555. et Haltausii Glossar. German. in hac voce, col. 1584.] [Charta Theodonis ann. 962. apud Marten. tom. 1. Ampl. Collect. col. 316 : *Acta autem hæc traditio.... per fidejussores, quos vulgariter Saleburgiones vocamus.*] Charta Sigifridi Comitis Lutzelburgensis ann. 993. apud Miræum in Diplom. Belg. pag. 53. in Notit. Eccles. Belgii. cap. 74 : *Sub fidejussoribus, quos vulgo Salisburgiones vocamus.* Eadem Charta apud Duchesnium in Hist. Luxenburgensi habet *Saliburgiones :* aliæ ex Tabulario S. Maximini Trevirensis apud eumdem pag. 9. *Saleburgiones.*

¶ **SALICATA**, Salictum, *Saussaie.* Charta conventionis inter Jacobum Aragon. Reg. et Berengarium Magalon. Episc. ann. 1272 : *Et exinde prout descendit sive discurrit alveus Merdantionis usque ad Salicatas, etc.* Vide *Salicia.*

¶ **SALICATUS**, Saburratus, Gallice *Lesté*, ab Ital. *Salicato*, silex, Gall. *Caillou.* Ordo ad benedicendum oleum infirmorum, etc. ex MSS. Pontificalibus ann. 600. vel 500. apud Marten. de Antiq. Eccl. Discipl. pag. 244 : *In secundo* (ordine) *duo subsequenter* (f. subsequuntur) *ceroferarii, qui velut cœlestem proferentes splendorem sanctam demonstrant Ecclesiam supra firmam petram stabilitam, sicut archam Noe in diluvio Salicatam, etc.*

¶ **SALICHUS**, ut *Salicus*, in Chron. Farfensi apud Murator. tom. 2. part. 2. col. 403 : *Insuper et proprietates quas Salichi, vel cujuscumque gentis homines, etc.*

SALICIA, Salicetum, *Saussaie.* Tabularium Brivatense ch. 242 : *Campos, prata, Salicias, etc.* [Vide *Salicata*].

¶ **SALICUS**, occurrit inter epitheta quæ Christo tribuuntur in Orat. cujusdam librarii ad calcem libri Theogeri Episc. Metens. de Musica apud Pezium in Præfat. tom. 1. Anecd. pag. xv.

¶ Salicæ Decimationes, Eædem quæ *Dominicæ*, seu quæ domini vel Regis sunt. Charta Othonis Imper. ann. 956. apud Calmet. inter Probat. tom. 1. Hist. Lothar. col. 362 : *Ecclesias omnes Abbatiæ illius in beneficiis omnibus ad usus prædictorum cœnobitarum reddidimus dominicales, quas vulgo Salicas vocant decimationes, quoniam essent nostræ regales.... Cunctas Abbatiæ S. Maximini dominicales, quas vulgo Salicas decimationes vocant.* Vide in *Decimæ.* [** Arnulfi Imper. charta ann. 893. de *Decimis Salicis* S. Maximini exstat in Gudeu. Cod. Diplom. tom. 1. pag. 5. Vide ibi pag. 69. 70. 73. Charta Othonis ann. 956. melius legitur ibid. tom. 2. pag. 3.]

¶ Salici Homines, *Salica lex, Salica persona, Salica terra.* Vide in voce *Lex, etc.*

* Salica Opera, Quæ a domino exigi possunt. Tradit. 109. Ebersperg. apud Oefelium tom. 2. Script. rer. Boicar. pag. 30 : *Eberhardus S. Sebastiani servus viij. jugera pratorum dedit..... ea pactione ne Salica opera cogeretur unquam facere, nisi in curte, quæ est in Semttaha.* Vide in *Lex.*

¶ **SALIDARE**, Solidare, claudere, ab Ital. *Saldare*, Gall. *Fermer, guerir une plaie.* Mirac. B. Simonis Eremit. tom. 2. April. pag. 831 : *Nervi se retraxerunt, ita quod quando incisiones Salidatæ fuerunt, gamba et nervi remanserunt retracti.*

* **SALIENSE**, Salicetum seu locus salicibus consitus. Chartul. S. Joan. Angeriac. fol. 95. r° : *Donavit.... terram cultam et incultam, et Saliensia cum retibus, unde pisces ad tempus capiuntur in eisdem Saliensibus.* Vide *Salectum.*

* **SALIFER.** Salifera Navis, Quæ salem devehit. Charta Andr. reg. Hungar. ann. 1214. inter Probat. tom. 2. Annal. Præmonst. col. 20 : *Duas etiam Saliferas naves liberas super Moritium.... contulit.*

* **SALIFODINA**, Salina, fodina salis. Charta Andr. reg. Hungar. ann. 1233. apud Cenc. inter Cens. eccl. Rom. : *Item volumus et consentimus, quod sales in Salifodinis non vendantur carius, quam antiquitus vendi consueverunt ecclesiis, quæ consueverunt emere.*

* **SALIGIUM**, Vectigal, quod ab iis, qui sal vendunt, vel navigio devehunt vendendum, penditur. Charta Odon. III. ducis Burg. ann. 1207. inter Probat. tom. 1. Hist. Burg. pag. 85. col. 2 : *Lambertus tenebit de episcopo.... medietatem molendinorum de Eypas et Saligium Castellionis, ... pro quo Saligio.... exhibere tenetur episcopo in hospitio suo sal,.... quotiescumque veniet apud Castellionem.* Vide supra *Salagium* 1. et *Salaria* 2.

* Ejusdem originis est vox Gallica *Salignon*, qua certa salis meta seu massa significatur. Consuet. Castell. ad Sequanam ex Cod. reg. 9898. 2 : *Nul ne peut vendre en la ville de Chastillon sel à estail, qu'il ne donne à nos seigneurs une mesure à chacun de sel pour une fois : et s'il vend premier Salignons, il doit à ung chacun de nos seigneurs un Salignon pour une fois.* Charta Geraldi abb. ann. 1334. inter Probat. ult. Hist. Trenorch. pag. 246 : *Item debet habere dictus marescallus et successores sui quolibet anno in die Dominica bordarum unum Gallice Salignon salis super illum, qui dictum sal dicta die pauperibus erogabit.* Occurrit præterea in Lit. ann. 1398. tom. 1. Ordinat. Reg. Franc. pag. 424. art. 11. *Salynon*, pro *Salignon*, in Stat. ann. 1379. tom. 6. earumd. Ordinat. pag. 447. art. 28. Vide sup. *Panis salis.*

¶ 1. **SALIGO**, ut *Salicus*, qui Salica Lege vivit. Chartar. Casaur. apud Mabill. Diplom. pag. 87 : *Idcirco ego Transarico Saligo.... secundum meam Saligam legem.... per hanc chartulam vendidi, etc.*

¶ 2. **SALIGO**, pro Siligo, in Testamento Armandi *d'Alegre* ann. 1263. apud Marten. tom. 1. Anecd. col. 1118 : *Relinquo ad anniversarium meum in die obitus mei faciendum, 20. solidos Podienses, et unum Sextarium Saliginis perpetuo censualia.*

* **SALIGUS**, pro *Salicus.* Vide *Saligo* 1.

* **SALIMENTUM**, Tributum ex sale, ut supra *Saligium.* Charta Ludov. VI. ann. 1115. ex Chartul. S. Petri Carnot. : *Non ire in nostram caballationem, neque in hostem, non hebergamentum, non Salimentum, immo nihil ex toto, quod ad nostram pertinet vicariam.* Vide *Salinaticum.*

1. **SALINA.** Statutum Ricardi I. Regis Angl. pro Crucesignatis : *Si autem aliquis bladum emerit, et de eo panem fecerit, tenetur lucrari in Salina unum teruncium et brannum.* Ubi legendum videtur *salma*, [ut et apud Baluz. tom. 6. Miscell. pag. 347 : *Secundo vero anno et deinceps quolibet* xxx. *Salinas frumenti et totidem ordei magistro massario curiæ representet.*] Vide in *Sagma*, et *Salinata.*

¶ 2. **SALINA**, Salinum, Gall. *Saliere.* *Dedit nobis* lx. *scutellas et* ix. *Salinas argenteas*, in Necrolog. Corbeiensi. Vide *Saleria.*

¶ 3. **SALINA**, *Gabella*, Tributum ex sale. Charta Caroli Simplicis Reg. Franc. ann. 898. in Append. Marcæ Hispan. col. 830 : *Addimus etiam medietatem telonei et raficæ et ex mercato similiter atque pascuarii, et medietatem Salinarum concedimus.* Occurrit rursum in Charta ann. 900. ibid. col. 833. et in alia ann. 981. col. 927. Chron. Cornelii *Zantfliet* ad ann. 1451. apud Marten. tom. 5. Ampliss. Collect. col. 477 : *Affirmant nonnulli causam vel originem factionis fuisse Salinam vel tributum salis, quod Dux Burgundiæ a Gandensibus exigebat.* Legitur præterea in Chron. Parmensi ad ann. 1292. apud Murator. tom. 9. col. 823. et 839. ubi *Salinarum domus*, dicitur locus ubi sal conficitur, vel ubi exigitur salis tributum. Vide *Salinaria.* [** *Unam Salinam cum pertinentiis in villa de Burgo super Sablones, etc.* in Notit. de ann. 25. Edward. I. in Abbrev. Rotul. tom. 1. pag. 99. rot. 13. Vide *Salinum*, 1.]

* *Saline*, nostratibus, interdum idem quod Onus salis, certa salis quantitas, quæ æstimatur in Charta ann. 1474. ex Reg. 195. Chartoph. reg. ch. 1154 : *La royne Jehanne de Cecille contesse de Provence..., donna au prieur et religieux* (de la grande Chartreuse) *en aumosne cent Salines ou charges de sel.... Cent Salines ou cent cinquante quintaulx de sel, etc.*

¶ 4. **SALINA**, diminut. esse videtur a *Sala*, Domus, ædes quævis. Charta Rostagni Archiep. Aquens. ann. 1075. inter Instr. tom. 1. novæ Gall. Christ. pag. 64. col. 2 : *Donamus.... unusquisque nostrum unas Salinas, illas scilicet quas incolit homo*

Pontius; et prædictus Amelus illas quas tenet homo Andreas.

¶ **SALINAGIUM**, SALINARE. Vide in *Salinaria*.

* **SALINARE**, Salem conficere, nostris etiam *Saliner*. Charta ann. 1378. in Reg. 115. Chartoph. reg. ch. 160 : *Salinæ vocatæ de la Corba de præsenti vacant, cum non reperiatur aliquis qui eas velit facere Salinare... Eò casu quo dictæ salinæ non Salinarent, nec in iisdem sal fieret, etc.* Alia ann. 1449. ex Reg. 180. ch. 72 : *Pour ce que la gabelle du sel a esté mise sus en nostre pays de Languedoc, la faculté a esté ostée aus laboureurs Salinans de vendre leur sel à voulenté, etc.* Vide in *Salinaria*.

SALINARIA, *Gabella*, Tributum ex sale, in Testamento Guillelmi D. Montispessulani ann. 1212 : *Remitto etiam in perpetuum, et solvo Salinariam, et omnia spectantia ad Salinariam, ita quod unusquisque habitantium in villa Montispessulani, et in castro de Latis, et ibi venientium, possit salem emere et vendere sine omni contrarietate, et inquietudine.* Concilium Avenion. ann. 1209. cap. 5 : *Pedagiis, guidagiis, Salinariis, et aliis indebitis exactionibus.* Concilium Arelatense ann. 1234. cap. 22 : *Item statuimus ne aliqua pedagia vel Salinaria per Arelatensem provinciam accipiantur, nisi quæ apparent Imperatorum, Regum, vel Principum, vel Lateranensis Concilii largitione concessa, etc.* Adde Concilium Insulanum ejusd. anni cap. 10. [Vide *Salina* 3. et *Salinaticum*.]

¶ SALINAGIUM, Eodem significatu. Charta ann. 1300. tom. 1. Hist. Dalphin. pag. 54 : *Quod dictus Consolatus et jus civagri, bladorum, leguminum et aliorum, prout et de quibus soliti sunt præstari libragium herbæ, ac Salinagium, etc.*

SAUNARIA, Eadem notione. Charta ann. 1202. apud Chiffletium in Trenorchio pag. 455 : *In primis enim nobis acquisierunt usagios villæ Trenorchiensis, videlicet Saunariam, furnos, bichonagium, venturiam, molendina, etc.*

☞ Ubi tamen nescio an *Saunaria* significet Laniarium, Gall. *Tuerie*, quæ Provincialibus, quibus *Saunar* est mactare, *la Saunarié* dicitur : ea certe notione occurrit in Transact. ann. 1292. inter Reg. Carolum II. Comit. Provinc. et Capitulum S. Salvatoris, ex Schedis Pr. *de Mazaugues* : *Item domus Sanciæ quæ sita est in Saunaria.* Pro tributo ex sale probabilius usurpari videtur in Charta ejusd. Caroli ann. 1291. apud Pittonem Hist. Aquens. pag. 170 : *Volumus in posterum homines... esse immunes taschis, lædis, cossis, pedagiis, boagiis, Saunariis et personalibus cavalcatibus. Droit de Saunelage*, in Aresto Parlamenti Redon. ann. 1573.

SALINARIUM, *seu gabella salis*, in Concilio Avenionensi ann. 1209. cap. 6. in Charta Sancii Regis Majoricar. ann. 1311. et apud Gregorium de Verbor. signific. cap. 26. tit. 40. lib. 5.

* Charta ann. 878. tom. 9. Collect. Histor. Franc. pag. 409 : *Cum... Salinariis, exitibus et regressibus, etc.* Ubi et de puteo salinario, unde sal hauritur, potest intelligi. Sponte vero pro *Salinariis* legerem *Salictariis*, in alia ann. 963. ibid. pag. 700.

* SALINERIUM, *Gabella*, tributum ex sale. Charta ann. 1358. ex Bibl. reg. : *Item Salinerium regium, quod colligi consuevit in pluribus locis, valens quatuor libras communiter annuatim.* Vide mox *Salinum* 2.

SALINARIUM. Gloss. Sax. Ælfrici : *Salinarium* : sealdhus, i. salis domus, seu potius puteus salinarius, unde sal hauritur, quomodo *Salinarium Heduorum* dixit Joan. Sarisberiensis Epist. 196.

SALINARIUS, Salis venditor. Fori Bigorrenses art. 29 : *Piscatores aliunde pisces deferentes, et Salinarii sint in pace, nisi quodlibet maleficium fecerint, unde oporteat eos respondere.* Charta Ildefonsi Comitis Tolos. ann. 1141. apud Catellum in Hist. Comit. Tolosæ pag. 192 : *Salinarii istius villæ, qui attulerint salem, descarguent ad salinum, et statim pagentur, etc.* [Enumeratio jurium Comit. Biterr. in civit. Albiensi ann. 1252 : *A singulis Salinariis unam cupam salis, etc.*]

☞ Hinc *Salinarius* dictus est Philippus VI. Rex Fr. quod aliquot salinaria horrea intra regni fines ann. 1331. instituerit, unde sal emeretur statutumque vectigal solveretur, quo facilius bellorum impensis subveniret. Vide *Gabella salis* in *Gablum*. Chartul. V. S. Vedasti Atrebat. pag. 68 : *Dominus Rex Philippus vendidit salem, hoc est notorium : unde in vulgo fuit proverbium, quia Rex erat Salinarius.* Eadem de causa *Salinator* cognominatus M. Livius, teste Livio lib. 29. cap. 37.

¶ SAUNARIUS, ut *Salinarius*, Gall. *Saunier*. Codex reddituum Episc. Autiss. an. circ. 1290 : *De vinagio et pissonagio Saunariorum. Omnes Saunarii qui vendunt sal in archis et in grenariis, debent* XII. *den. etc.* Regest. Censuum Carnoti : *Les Sauniers qui vendent au marché du sel, etc.*

SALINARIS TERRA. Bovo Abbas Sithiensis de Inventione S. Bertini cap. 11 : *Quandam Salinarem terram.... donatione tradidit legaliter facta.* Vide *Salaricia terra*.

SALINARE, Salem conficere, [Gall. *Sauner*.] Vetus Charta apud Ughellum tom. 4. in Appendice pag. 7 : *Et in Salce majore puteo uno, ubi Brumo dicitur Salinare.*

¶ **SALINATA**, pro *Salmata*, onus *sagmarii*, ut videtur. Vide *Sogma*. Sallas Malaspinæ Rer. Sicul. lib. 6. apud Baluz. tom. 6. Miscell. pag. 348 : *Pro stercoribus vero bidentium de terris impinguatis ab eis, in quibus die stabulantur et nocte, duas Salinatas pinguis novalis procuret haberi; ex quibus duabus Salinatis duodecim salinas victualium de suo, si novalis casu pereat, fisco componat.* Vide *Salera* et *Salina* 1.

¶ **SALINATICUM**, Tributum ex sale. Charta Caroli Calvi ann. 848. inter Probat. tom. 1. novæ Hist. Occitan. col. 95 : *In ipso comitatu pulveraticum, pascuarium, piscaticum tam maris quam aquæ currentis, volitiaticum, Salinaticum, telonei mercatum, etc.* Vide *Salinaria*.

SALINATIO, Eruptio, ex Gallico *Saillie*. Epistola Comitis S. Pauli de prima CP. expugnat. : *Nonnulla vice in nos fecerunt Salinationes.* [Ubi leg. *Saltationes*. Vide *Saltatio* et *Adsalire*.]

¶ **SALINATOR**, *Qui salem facit aut vendit.* Papias. *Salinator*, ἁλινάτωρ, in Gloss. Lat. Gr. Locus est in *Bolonæ*. *Salinatores civitatis Menapiorum* memorat vetus Inscript. apud Elmenhorst. in Observat. ad Arnobium. Vide Cuperi Monumenta antiqua pag. 230. et supra *Salinarius* in *Salinaria*.

* 1. **SALINERIUS**, Salinæ dominus. Charta Ludov. comit. Andegav. ann. 1372. inter Probat. tom. 4. Hist. Occit. col. 314 : *Concedimus quod quilibet Salinerius seu dominus habens salinas, possit accipere de sale in suis salinis existente, ad opus ejusdem dumtaxat, per manus gabellatorum.* Pro salis venditore aut eo qui rem salinariam curat, legitur in Lit. ann. 1411. tom. 9. Ordinat. reg. Franc. pag. 626 : *Visitatoribus, granateriis, contrarotulatoribus, Salineriis, ... ac ceteris personis factum et emolumentum dicti salis quomodolibet per terram aut aquam exercentibus, etc. Salinier*, qui salem vendit, in Libert. villæ *d'Aigueperse* ann. 1374. ex Reg. 198. Chartoph. reg. ch. 360 : *Le Salinier* (devra) *d'un sextier de sel une manée de l'aide.* Occurrit præterea in Lit. ann. 1398. tom. 8. earumd. Ordinat. pag. 425. art. 12. Vide *Salinarius* in *Salinaria*.

* 2. **SALINERIUS**, Salinum, Gall. *Saliere*. Inventar. ann. 1476. ex Tabul. Flomar. : *Item duo promptuaria, sive Salinerios stagni.*

¶ **SALINITRARIUS**, Officium in aula Reg. Franc. Acta S. Francisci de Paula tom. 1. April. pag. 149 : *Honorabilis vir Thomas Jacob Thesaurarius Salinitrarius dom. nostri Regis Francorum.* Vide *Salsarius*.

1. **SALINUM**, Locus ubi sal venum exponitur. [Statutum Johannis Reg. Franc. ann. 1363. tom. 3. Ordinat. pag. 623 : *Item, Quod quicumque et omnes districtus atque aliæ gabellæ Salinorum et salinarum præsentis Senescalliæ, etc.* Ubi *Salina* locus esse videtur ubi sal conficitur.] Occurrit pluries in Charta Ildefonsi Comit. Tolosani ann. 1141. apud Catellum in Hist. Comit. Tolos. pag. 192.

¶ 2. **SALINUM**, Vectigal ex sale, seu jus de eo tributum exigendi. Testam. Rogerii Vicecom. Biterr. ann. 1193. apud Baluz. tom. 2. Hist. Arvern. pag. 500 : *Magistro Bertrando dono 460. solidos Melgorienses quos habet de me Bonetus Judæus, et donum illud quod ei feci in Salino et in omni terra mea de una bestia.* Vide *Salmum* et *Salina*, 3.

* Charta Caroli IV. ann. 1326. in Reg. 64. Chartoph. reg. ch. 400 : *Item Salinum sive deverium salis, scilicet quod nullus poterat ibidem tenere sal ad vendendum, nisi cum licentia bajuli nostri.* Vide infra *Sallinum*.

¶ 3. **SALINUM**, Salis benedictio. Consuet. Canonic. Regular. apud Marten. tom. 1. Collect. novæ vett. Script. part. 1. pag. 318 : *Refectorium similiter nullus ingrediatur,.... excepto infirmario,..... et ceteris omnibus cum bibere indiguerint et servitores* (l. servitore) *ecclesiæ pro Salino.* Eadem habentur in Consuet. Cisterc. cap. 72. unde quid sit *Salinum* interpretari licet ex paulo ante præmissis : *Nullus ingrediatur coquinam.... sacrista excepto, vel quolibet alio pro... prunis in thuribulo vel patella imponendis, vel Sale benedicendo.* Pro vase in quo benedicendum sal ponitur, vide in *Sparsorium*.

* **SALIRE**, Inire feminam, Gall. *Saillir*; quod de copulatione animalium dicitur. Charta ann. 1194. inter Probat. tom. 2. Annal. Præmonst. col. 525 : *Ipsi abbas et conventus..... tenebuntur, ratione medietatis dictæ decimæ, tenere unum taurum pro vaccis communitatis dictæ parochiæ Saliendis seu imprægnandis.*

* **SALISA**, Agger seu terra pilis fulta et vallata; unde *Salisare*, molem construere et palis fulcire. Charta ann. 1285. in Chartul. Namurc. ex Cam. Comput. Insul. fol. 2. r° : *Nos Guido comes Flandriæ.... dilecto filio nostro Johanni de Namurco dedimus et concessimus terras seu rejectus maris, quocumque alio nomine vulgari appellentur, quas habemus jacentes infra quatuor officia extra terras ageratas seu Salisatas die hodierna...... Nos jam unam partem Salisavimus seu clausimus, quam partem sic Salisatam eidem Johanni concessimus.... Item.... singulas terras, sive Salisas seu rejectus maris, cum hiis prædictis, quocumque nomine possint vel debeant appellari.* Vide supra *Salesare.*

¶ **SALISATIO**, Palpitatio. Gloss. Lat. Gr. :*Salissatio*, παλμός. Marcellus Empiric. cap. 21 : *Cordis pulsus, sive Salisatio.* Hinc

¶ SALISATORES, apud Isidor. lib. 8. Orig. cap. 9. vocati qui *dum eis membrorum quæcunque partes salierint, aliquid sibi exinde prosperum seu triste significare prædicant.* Horum meminit S. August. lib. 2. de Doctr. Christ. et Johan. Sarisber. lib. 1. Policrat. cap. 12. Vide Martinii Lexic. [* et Relig. Gall. tom. 1. pag. 76.]

* Nostris *Sauteler*, pro *Tresaillir*, Exsilire, exsultare. Poem. reg. Navar. tom. 2. pag. 2 :

Mes cuers por li Sautele.

¶ **SALISBURGIO**. Vide *Saliburgio.*

¶ **SALISPARSIO**, SALISPERSIO, f. Aquæ benedictæ aspersio. Concil. Compostell. ann. 1031. inter Hispan. tom. 3. pag. 199 : *Omnibus diebus Dominicis Salispersionem faciant.* Aliud ibid. celebratum ann. 1056, pag. 219 : *Totum psalterium, cantica et hymnos, et Salisparsionem... cantare... perfecte sciant.*

¶ **SALISSUS**, pro Salsus, apud Stephanot. Antiq. Vasconiæ MSS. part. 1. pag. 207.

SALISUCHEN, in Decreto Tassilonis tit. 11. § 15 : *Qui resisterit domum suam, quod Salisuchen dicunt, qualem rem quærenti resistebat, talem componat in publico* 40. *sol.* A *sala*, cœnaculo aut conclavi, et *suchen*, quærere, deducit Loccenius lib. 3. Antiq. Suecic. cap. 10. [** Vide Grimm. Antiq. Juris Germ. pag. 639.]

1. **SALITIA**. Papias : *Salinum, vas aptum salibus, id est Salitia, quasi saltica.*

* 2. **SALITIA**, Lucanica. Glossar. Lat. Gall. ex Cod. reg. 521 : *Salitia, æ, Sauchice, Gallice.*

* **SALITICUS**, Tributum ex sale. Charta Caroli M. ann. 806. ex Bibl. reg. cot. 16 : *Nolumus præterea, ut ab istis vel eorum hominibus aut rebus, aliquid de vectigali thelonei, id est, portaticus,.... vel Saliticus, aut aliquid redibiarius exigatur.* Vide *Salinaticum.*

¶ **SALITO** FACERE, Idem quod *Guerpire*, possessionem rei alicujus dimittere, quasi ex ea salire. Charta Adeleydæ Imperat. in Bullar. Casin. tom. 2. pag. 45. col. 1 : *Legitimam facio traditam vestituram per cultellum, fistucum nodatum,... et me exinde foris expuli, warpivi, Salito feci.*

¶ **SALITOR**, Ταριχευτής, in Gloss. Lat. Græc.

SALITUDO, Lepos in dicendo, gratia sermonis, *Sales*. Glaber Rodulphus in Vita S. Guillelmi Abbatis Divion. cap. 13. [24.] : *Ipsius enim sermonis Salitudo æqualiter cunctis, prout videbatur in gratia erat condita.* [Rectius *habitudo* editum apud Mabill. sæc. 6. Bened. part. 1. pag. 331. V. *Salsitudo.*]

¶ **SALITURA**, ἅλισις, in Gloss. Lat. Græc.

¶ **SALIVARIS**, Pars freni, quæ saliva equi humectatur, unde vocis etymon. Acta SS. tom. 1. Maii pag. 447 : *Accipe hos clavos et fac eos Salivares in fræno equi.* Gloss. Græc. Lat. : Σαλιβάριον, *Lupa*. Vide Gloss. mediæ Græcit. in Σαλιβάρι.

* **SALIVARIUM**, Linteum excipiendæ salivæ destinatum, Gall. *Bavette*. Glossar. Lat. Gall. ex Cod. reg. 521 : *Salivarium, Baverel, Gallice. Salivosus, Bavous, Gallice.*

¶ **SALIVE**. Vide infra *Selave.*

¶ **SALIUNCA**, ἀγριόροδον, λευκόροδον, in Gloss. Lat. Græc. Ibidem : *Saliuncula*, ἀνεμώνη. Vide *Calcacrepa*, et Martinii Lexic. in his vocibus.

* **SALIZARE**. Vide supra *Salesare.*

¶ **SALLA**, ut *Sala* 1. Vide ibi.

¶ **SALLADA**, Herbæ sale, oleo et aceto conditæ, Gall. *Salade*. Menoti Sermones fol. 64. v° : *Joannes Baptista ante Christi adventum fuit in deserto ad comedendum Salladam, sed non fuit oleum.*

¶ **SALLAGIUM**. Vide *Salagium* 1.

¶ **SALLAMENTUM**. Vide *Salamentum.*

¶ **SALLARE**, ut *Salare* 2. Vide ibi.

¶ **SALLARIATUS**. Vide *Salariatus.*

SALLARINUM Charta Libertatum oppidi Dimontis in Bituribig. ann. 1190. apud Thomasserium pag. 433 : *Et aliquis de Dimonte si duxerit Sallarinum suum Aurelianis, pro quadriga unum denarium dabit tantum.* Carnes salitas, forte.

☞ Mendum est Typographi apud Thomasserium, qui, ut ipse monet loco laudato, hanc Chartam ex Gallando de Franco Alodio pag. 377. edit. 1637. exscripserat, ubi legitur : *Et aliquis de Dimonte si duxerit Sal vel vinum suum Aurelianis, etc.* Ita etiam habent Chartæ aliæ omnes quæ ad eamdem rem spectant apud eumdem Thomasser. ibid. pag. 416. 417. 420. et in Libertat. Boscum. inter Ordinat. Reg. Franc. tom. 4. pag. 76.

* **SALLARIUM**, Locus, ubi sal conficitur, vel puteus unde eruitur. Testam. Masaldæ regin. ann. 1256. tom. 1. Probat. Hist. geneal. domus reg. Portug. pag. 31 : *Item mando monasterio fratrum Prædicatorum de Portu..... centum modios de pane melliore de Sallario meo de Baucüs.* Vide supra *Saligium* et *Salina* 3.

* **SALLEIA** VIA, Porticus, locus tectus, Gall. *Galerie*. Charta ann. 1385. in Chartul. Rich. abb. S. Germ. Prat. fol. 80. v° : *Concedimus.... Salleiam viam sive alleiam aut aditum in alto, ex transverso dicti vici parvorum camporum, pro eundo de dictis domibus sic admortizatis ad domum seu domos dicti magistri Michaelis, quas habet et possidet ex altero latere dicti vici.*

¶ **SALLEPETIR**, Salnitrum, Angl. *Saltpeter*, nostris *Salpêtre*. Litteræ ann. 1412. apud Rymer. tom. 8. pag. 754 : *Mandamus vobis quod... quadraginta libras de Sallepetir, centum libras de suffirvif,...... traducere permittatis.*

* SALLEPETRA. Vide supra *Salepetra.*

* **SALLICIUM**, Salictum, Gall. *Saussaie*, alias *Sauceriele* et *Saussis*. Reg. episcopat. Nivern. ann. 1287 : *Ad domum Nivernensem pertinet Sallicium Ligeris, quod est admodiatum vij. libris Nivernensibus.* Charta ann. 1339. in Reg. 72. Chartoph. reg. ch. 512 : *Item unum Sallicium, ... cum fundo et pertinentiis suis.* Alia ann. 1340. ibid. ch. 217 : *A demesille Julienne Navette sour son Sauceriel un denier. Item deux Saussiz tenant de lez le pont d'Oisy, jusques au Saussiz madame l'abeesse de Sougemont*, in alia ann. 1376. ex Reg. 110. ch. 122. Vide supra *Salceium.*

¶ **SALLERE**, pro Psallere, quomodo infra *Salmus*, pro Psalmus. Petri Diaconi Discipl. Casin. : *Nullus Sallat, nisi jussus.*

¶ **SALLIA**. Charta ann. 1522 : *Sese et omnia bona submiserunt viribus, coercitionibus, carceribus, censuris, rigoribus et Salliis curiarum regiarum, etc.* Haud scio an a vulgari Gallico *Donner la Sale*, quod de publica castigatione intelligi solet, deducenda sit hæc vox; usitata enim hæc formula in prohibitionibus juridicis, *A peine de punition exemplaire et corporelle* : an mendum sit pro *Stylis*?

* **SALLINARIUM**, Salinum. Gall. *Saliere*. Acta dissolut. matrim. Ludov. XII. fol. 148. r°. ex Bibl. reg. : *Portabat super humerum unam servietam et unum Sallinarium aureum, in quo erat sal necessarium pro hujusmodi baptismo.* Vide supra *Salinerius* 2.

* **SALLINUM**, Tributum ex sale. Lit. ann. 1369. tom. 5. Ordinat. reg. Franc. pag. 687 : *Ab omnibus imposicionibus, taillis, gabellis, Salinis, focagiis..... eximimus.* Vide supra *Salinum* 2.

SALLIRE, pro *Salire*, Gallis. *Saillir*. Lex Bajwar. tit. 13. § 2 : *Si autem altera persona ipsum animal per vim Sallire compulerit, etc.*

¶ **SALLITA**, Salix, Gall. *Saule*. Charta ann. 1278. in Tabul. S. Mariani Autiss. : *Promiserunt... quod in sileribus et salicetis, Sallitis vel salicibus de cetero nihil scindent, nec aliquo unquam tempore animalia sua pasturabunt.*

¶ **SALLIUM**, Decus, dignitas, ut ex opposito opprobrium judicare licet, vocis tamen origine incomperta. Sallas Malaspinæ Rer. Sicul. lib. 2. apud Baluz. tom. 6. Miscell. pag. 227 : *Versi sunt inquam subito dies solemnitatis ejus in luctum, Sallia in opprobrium, honores in nihilum.*

¶ **SALLOSUS**, Profundus, sordidus. Elmham. in Vita Henrici V. Reg. Angl. edit. Hearnii cap. 68. pag. 196 : *Tandem murum ratonumque carnes exoticas, magno comparatas precio, rapida ventris voracitas in suam Sallosam abyssum devorat et receptat.*

SALMA, ut *Sagma*. Vide in hac voce.

* **SALMA**, f. pro *Salnia*, Salictum. Charta ann. 1063. tom. 1. Probat. Hist. Brit. col. 414 : *Medietatem immobilium rerum, quæ dabuntur S. Petro,...: id est, ecclesiarum, terrarum, vinearum, molendinorum, piscationum, aquarumve decursuum, Salmarum, cæterorumque talium*. Vide *Salnaria* 1.

¶ **SALMACIDUS**, SALMACIUS, etc. Vide supra *Salatia*.

¶ **SALMAN**. Vide *Salamannus*.

¶ **SALMARIA**, SALMARIUS, SALMATA. Vide *Sagma*.

¶ **SALMATICUS**, pro *Salinaticus*, vel *Salmacius*. Beka in Willebrordo : *Continuo Salmatica terra dulcis aquæ copiam affluenter eduxit*. Et in Baldevino I. : *Modicam aquam, et eandem Salmaticam, ad potandum inveniunt*.

SALMEDINA, Prætor urbis. Vide *Zavalmedina*.

SALMENTUM, in Gloss. Isidori, *Salsamentum*. In Glossis antiquis MSS. *Piscis confectio*.

* Glossar. Lat. Gall. ex Cod. reg. 521 : *Salmentum, Gall. Sause*.

¶ **SALMERIUS**, Equus sarcinarius. Vide *Sagma*.

¶ **SALMITRIUM**, Salnitrum, Gall. *Salpêtre*, Græcis recentioribus Σαλμήτριον. Chron. Tarvis. apud Murator. tom. 19. col. 754 : *Est enim bombarda instrumentum ferreum fortissimum.... habens cannonem... in quo imponitur pulvis niger artificiatus cum Salnitrio et sulphure, etc.*

¶ **SALMUM**. Testamentum Rogerii Vicecom. Biterr. ann. 1150. apud Marten. tom. 1. Anecd. col. 411 : *Salmum vero, et totos usaticos noviter missos, videlicet illos, quos ego sive domnus Bernardus Atonis pater meus, male imposuimus, pro remissione peccatorum meorum dimitto et absolvo*. Ubi legendum videtur *Salinum*, vectigal ex sale. Vide *Salinum* 2. et *Salinaria*.

SALMUS, SALTERIUM, pro *Psalmus*, et *Psalterium*, in Charta ann. 1228. apud Petrum Mariam Campum in Hist. Eccl Placentina tom. 2. [Inventar. ann. 1260 : *Unus calix argenteus*. 11. *bureta argentea*. *Item* 1. *Salterium*. Sic quidam Galli *Sautier* dicunt, pro *Pseautier*.]

* Ita et nostri *Saume* et *Seaupme*, ut apud Joinvil. in Vita S. Ludov. pag. 128. edit. Cang. ubi regia pag. 156. habet, *Pseaume*; sic *Salmoier* et *Saumoier*, pro *Psalmodier*; unde *Sapmiste* et *Saumistre*, Auctor psalmorum. Bestiar. MS :

Si comme li Sapmistes dist
En une Saume qu'est petit :
Es mons, fait il, leval mes iex,
Dont l'aide me vint de Dieu.

Mirac. B. M. V. MSS. lib. 1 :

Lors se reprent à Diu proier,
Lors se reprent à Salmoier.

Ibidem :

Li Saumistres méesmement
Nous dist : Saumoiés gentement.

* Hinc etiam *Salterion*, pro *Psalterion*, Instrumentum musicum. Vide *Psalterium*. Lit. remiss. ann. 1411. in Reg. 165. Chartoph. reg. ch. 145 : *Le suppliant trouva icelle Michelette dansant au son de la herpe et du Salterion*. Eadem appellatione donati compedes, quibus rei vinciuntur, in aliis Lit. ann. 1359. ex Reg. 87. ch. 347 : *Et après le suppliant fut mis en une autre prison audit chastel, avec un autre homme prisonnier, et furent mis ensemble ou Salterion*. Nisi mendum sit pro *Sartelion*, uti habent Lit. remiss. ann. 1377. ex Reg. 111. ch. 239 : *Robert le Fournier pour la souspeçon d'avoir robé Colin le Varlet, rompu sa huche et y prins xij. solz Tour. fust mis ou cep, dit Sartelion, desdites prisons*.

¶ 1. **SALNARIA**, Salictum, Gall. *Saussaie*, Normannis vulgo *Saulnaie*, vel *Saulaie*. Gesta Cenoman. Episc. apud Mabill. tom. 3. Analect. pag. 54 : *Dedit quoque jam dictus Defensor... silvam quæ est in aquilonali parte civitatis super fluvium Sartæ cum ædificiis suis, cum Salnariis, et cum omnibus ad se pertinentibus*. Vide *Salicata*.

* 2. **SALNARIA**, Tributum ex sale, ut supra *Salaria* 2. Charta ann. 1376. in Reg. 108. Chartoph. reg. ch. 327 : *Et si non sufficerent emolumenta Salnariæ Lugduni et banni mensis Augusti, etc.* Infra : *Salneria*. Vide mox in hac voce.

* 3. **SALNARIA**, Vicus, in quo est horreum salinarium, ubi sal distrahitur, Gall. *Saunerie*. Charta ann. 1272 : *Johannes Evrardi scribanus dicti Barri recognovit.... se vendidisse.... duas domos, quas habet apud Barrum, una quæ sita est in Salnaria, sicut se comportat ante et retro*.

* **SALNERIA**, Tributum ex sale. Charta Petri de Sabaud. archiep. Lugdun. ann. 1312. ex Cod. reg. 9852. 3. 3. fol. 42. r° : *Item* (habebimus) *cohertionem, compulsionem et jurisdictionem in levandio.... pedagiis, censibus, Salneria, banno vini mense Augusti*. Vide supra *Salnaria* 2.

SALNERITIA, [Tempus quo salices secantur, ni fallor. Vide *Salnaria*.] Tabularium S. Remigii Remensis : *Donat annis singulis... in hostelitia den*. 10. *in Salneritia* 3. *ligni car*. 2. Alibi : *Donat annis singulis speltæ mod*. 12. *in Salneritia denar*. 3. *in præteritia den*. 2. *etc.*

* *Saleignon*, Salicum fascis, ut videtur, in Pedag. Divion. MS. med. circ. XIV. sæc. : *Se le saul vient en Saleignons, l'en paiera de charretée quatre Saleignons*.

SALOMON, Vasis species, operis pretiosioris, forte cujusmodi fuere vasa Salomonis in Templo ab eo ædificato, quæque in urbem Carcassonensem in Galliis, Roma capta, transtulerat Alaricus Wisigothorum Rex, uti refert Procopius lib. 1. de Bello Gothico cap. 12. unde forte manavit ut pretiosa vasa Salomoniaca appellarent nostri. Guillelmus Bibliothecarius in Stephano VI. pag. 20? : *Contulit ibidem canthurum exauratam unam, Salomonem unum, regnum aureum unum cum gemmis pretiosissimis, et vestem unam cum auro et gemmis albis, atque sermonum librum unum, gestarum librum unum, Evangeliorum librum unum cum Epistolis*. Ubi tamen nescio an hoc loco *Salomon* intelligatur liber Salomonis, ut *Regnum*, liber Regnorum, seu Regum in veteri Testamento appellatur. Monasticum Anglic. tom. 1. pag. 210 : *Duas patenas argenteas, cum duobus urceolis pretiosissimis ex operibus Salomonis, et crusto aureo, columnis de licitis octoginta sedecim, etc.* Charta Aldegastri, filii Sylonis Regis Ovetensis ann. 781. apud Sandovallium : *Quatuor tapetes, et tres vasos Salomoniegos, et* 12. *curiales argenteos, etc.* Alia Stephaniæ Reginæ uxoris Garsiæ Regis Navarræ æræ 1060. apud eumd. in Episcop. Pampilonensib. : *Et vendant illos vasos vel forteras Salmonaticas in duplum pro plata, etc.* Apud Nicetam in Alexio lib. 3. num. 6 : Τράπεζα Σολωμόντειον occurrit. Vide *Fortera*.

* **SALOMO**, pro Salmo, in Terrear. S. Maurit. in Fores. ann. 1472 : *Dempta passagio piscium Salomonum, Gallice Saumons*.

* **SALOMONIACUS** RITUS, Dicitur de opere pretioso, cujusmodi fuere quæ ad Salomonis templum pertinebant. Vide *Salomon*. Richera musiva eccl. S. M. sub Gregor. PP. IV. apud Ciampin. Oper. musiv. part. 2. cap. 19. pag. 123 :

Vasto tholi firmo sistunt fundamine fulcra,
Quæ Salomoniaco fulgent sub sydere ritu.

* **SALONA**, *Dea maris*, in Glossar. Lat. G. ex Cod. reg. 521. Vide *Salatia*.

¶ **SALOR**, Color inter viridem et cæruleum, qualis est aquarum maritimarum. Mart. Capella lib. 1 : *Perlucentis vitri Salor*.

¶ **SALORGIA**. Vide supra *Salergia*.

¶ **SALPA**, χρυσόπλευρος, in Gloss. Lat. Gr. Piscis genus, Gallis *Merluche*. Vide Plinium lib. 9. cap. 18. et Martinii Lexic.

¶ **SALPETA**, Salnitrum, Gall. *Salpêtre*. Adrianus de Veteribusco Rer. Leod. apud Marten. tom. 4. Ampliss. Collect. col. 1274 : *Sic allegantiæ fuerunt factæ, et* (ut) *Rex deberet mittere stipendia pro* CCC. *lanceis, et Leodienses pecunias pro Salpeta et sulphure et similibus*. Leg. pro *Salpetra*.

* **SALPETRA**, Salnitrum. Vide supra *Salepetra*. Hinc *Salpestreur*, pro *Salpêtrier*. in Lit. remiss. ann. 1420. ex Reg. 171. Chartoph. reg. ch. 214 : *Jehan Defresnes nostre Salpestreur demourant à Paris, etc.*

SALPICTA, SALPISTA, Tubicen, ex Græc. σαλπιγκτής. Glossæ Lat. Græc. : *Tubicines*, σαλπιγκταί. Lexicon Regium MS. cod. 1062 : Βύκανον, ἡ σάλπιγξ. Βυκανίζω, σαλπίζω. Βυκανῆκται, σαλπιγκταί. Gl. Ælfrici : *Salpista*, aule bymepe. Papias : *Salpizo, Græce, tubicino*. *Salpista, Græce, cantor, tubicinator*. [Jul. Firmicus lib. 8 : *Salpictas reddet, sed qui in bello confossi moriantur*.] Fulcherius Carnot. lib. 2. Hist. Hieros. cap. 12 : *Præceptum est movente Salpista Joppem regredi*. Adde Vopiscum in Carino. Vide *Salapitta*.

* **SALPINGÆ**, *Cornua in summo perforata*, in Gloss. ad Alex. Iatrosoph. MS. lib. 1. Passion. cap. 121. ubi de surditate : *In posterum coguntur* (surdi) *Salpingas apponere in summo auris poro*.

SALPINX, SALPIX, Tuba, ex Græc. σάλπιγξ. Althelmus de Octo principalibus vitiis :

Dum vexilla ferunt, et clangit classica Salpix.

Idem de Virginitate :

Cornua rauca sonant, et Salpix classica clangit.

Idem de Virgin. lib. 3. cap. 5 : *Horrendus Salpicum clangor increpuisset*. Alcuinus Poem. 8 :

Præmia sumpturus cum clanget classica Salpix.

Et Poem. 189 :

Doctor in orbe pius, Christi clarissima Salpix.

Fulcherius Carnot. lib. 3. Hist. Hieros. cap. 50 : *Salpices et cornua vehementer concrepabant.* [Incerti Poetæ versus apud Mabillon. tom. 4. Analect. pag. 529 :

Ut cum vivificet Salpinx hanc ultima carne,
Integrum facias gaudia bina frui.]

¶ **SALPIZARE**, Tubicinare. Vide *Salpicta.*

* **SALPRESA**, Piscis genus. Acta Inquisit. Carcass. MSS. ann. 1308. fol. 3. v° : *Portavit dictis hæreticis vinum, tructas et Salpresas.*

1. **SALSA**, Salcia, Condimentum, Gallis *Sauce.* Auctor. Breviloqui : *Salcia, dicitur a salsus, quod Salsa.* Poema MS. infimi ævi :

Salvia, serpillum, piper, allia, sal, petrosillum,
His bona fit Salsa, vel fit sententia falsa.

Joan. Hocsemius in Adolpho a Marka Episc. Leodiensi cap. 4 : *Satis risum fuit de cognominibus, quæ carnes bovinas cum propria sua Salsa notabant.* Loquitur de duobus Scabinis Francofurtensibus, quorum alter *Caro bovina*, alter *Allium* appellabatur. [Transactio inter Abbatem et Monachos Crassenses ann. 1351 : *Quotiescumque fit aliqua Salsa ad opus dicti Monasterii, in qua sit panis necessarius, etc.* Menoti Serm. fol. 113. v° : *Facientes Salsas si friandes, qu'on y mangeroit une vieille savate.*] In Statutis MSS. *Speciariorum* Parisiensium recensentur hæ salciæ : *Saulce cameline, saulce vert, saulce rappée, saulce chaude, saulce à composte, saulce moustarde, etc.*

* *Salse*, in Charta ann. 1543.

¶ Salsa Camelina. Ordinat. super ordine mensar. Dalph. tom. 2. Hist. Dalph. pag. 312 : *Item, volumus quod fiat unum intromeysium... de linguis boum,... et dictæ linguæ sint paratæ in rosto cum Salsa camelina.*

* Stat. *pour les Saussiers et moustardiers* ann. 1394. in Lib. 1. Statut. artif. Paris. ex Cam. Comput. fol. 327. r° : *Quiconques s'entremettra de faire Sausse, appellée Cameline, que il la face de bonne cannelle, bon gingembre, de bons cloux de girofle, de bonne graine de paradis, de bon pain et de bon vinaigre.... Quiconque fera sausse, appellée Jeurce, que il la face de bonnes et vives admandes, de bon gingembre, de bon vin et verjus.*

¶ Salsa Crocea, Viridis, in Statutis Monast. S. Claudii ann. 1448. pag. 82 : *Idem pittantiarius ministrare debet... carboneas et pecias lardi ministrari solitas, cum Salsis croceis et viridis ad prædictas carnes congruentibus.* Medic. Salernit. edit. 1622. pag. 150 : *Ex foliis ejus* (oxalidis) *contusis cumque omphacio vel vino albo commistis fit Salsa viridis.*

* Salsa Pictavina, in Mirac. B. M. V. lib. 3 :

Tant i metent à la foie
De gingembre et de chitoual,
De gerofle et de garingal,...
Pour faire Sausses Poitevines,
Ne por faire piochemorilles, etc.

¶ 2. **SALSA**, Quæ *Salsis* seu condimentis inserviunt, videlicet piper, sinapi, etc. Gall. *Assaisonnement.* Computus ann. 1324. tom. 1. Hist. Dalph. pag. 132. col. 2 : *Item a tempore computi nuper elapsi missit dom. Mariæ de Saletes in diversis quantitatibus de espiciis et de Salsa et de aliis sibi necessariis, etc.* Vide *Salsamentum.*

¶ 3. **SALSA**, Salsamentum, carnes salsæ, Gallice *Saline.* Litteræ Henrici VIII. Regis Angliæ ann. 1530. apud Rymer. tom. 14. pag. 369 : *Boum, ovium, vitulorum, Salsarum, piscium, seu aliorum victualium, etc.* Ubi forte omissa est vox *carnium.*

¶ **SALSACIO**, ταρίχευσις, in Gloss. Lat. Gr.

¶ **SALSAMEN**, ταρίχιον, in iisdem Gloss. *Salsamentarius*, ταριχοπώλης, ibidem.

¶ **SALSAMENTUM**, Condimentum, Gall. *Sauce*; Item quæ iis condiendis inserviunt. Ordinat. super ordine mensar. Dalph. tom. 2. Hist. Dalphin. pag. 311 : *De rotulo de carnibus porcinis recentibus in rosto cum Salsamento debito.* Infra : *Uno rotulo de mutoninis in aqua cum Salsamento calido de pipere aut aliis facto.* Ibidem pag. 312. col. 2 : *Dentur nobis quatuor et viginti ova frixa cum bono Salsamento.* Pluries ibi. Charta Odonis Abbat. S. Dionysii ann. 1231. ex Cod. MS. B. M. de Argentolio : *Quærat prior condimenta necessaria et Salsamenta, scilicet piper, allea et sinapin.* Vide *Salsa* 2.

¶ **SALSARE**, Sale condire, Gall. *Saler.* Litteræ ann. 1490. apud Rymer. tom. 12. pag. 382 : *Baleria et alios pisces cujuscumque generis recentes emere, seu alias juste perquirere et Salsare, etc. Salso*, ταριχεύω, in Gloss. Lat. Gr. Vide *Salare* 2.

1. **SALSARIA**, Locus ubi sal conficitur. Charta Philippi Regis Franc. ann. 1317. apud Argentræum lib. 5. Hist. Britan. cap. 34 : *Item dedit et assignavit... villam et castellanias de Pontrieu et Rupederiani, ac Salsariam de sancto Gilda, cum omnibus feodis, etc.* [Computus ann. 1244. ex Bibl. regia : *Pro reparatione boular. Salsarie* VI. *s. Pro mortario et pistillo in Salsaria* VI. *sol.*]

* 2. **SALSARIA**, Officium in coquina regia, ad quod spectant condimenta, Gall. *Sausserie.* Charta Phil. Pulc. ann. 1304. ex Lib. rub. Cam. Comput. Paris. fol. 477. v°. col. 2 : *Henricus de Medunta valletus Salsariæ Johannæ reginæ. Andreas clericus Salsariæ Johannæ reginæ*, in alia ejusd. reg. eod. ann. ibid. fol. 478. v°. col. 2. Ordinat. hospit. reg. in Reg. ejusd. Cam. sign. *Noster* fol. 179. r° : *Cuisine...... vj. vallés de la Sausserie,.... un clerc en la Sausserie, qui gardera les espices.* Vide *Salsarius.*

1. **SALSARIUM**, Salinum, *Salt-cellar*, et *Salt-seller*, Anglis; nostris, *Saliere* : nisi sit quod *Sauciere* dicimus, disculus in quo *salciæ* reponuntur. Matth. Paris. ann. 1180 : *Cyphi argentei* 9. *tria Salsaria argentea, tres cuppæ murrinæ, etc.* Will. Thorn ann. 1231 : *Item* 24. *disci argentei, cum totidem Salsariis.* [Pro disculo *salciarum* occurrit in Testam. Johan. *de Nevill* ann. 1386. apud *Madox* Formul. Anglic. pag. 427 : *Item* (lego) *Radulpho filio meo et hæredi* VI. *duodenas discorum*, IIII. *duodenas Salsariorum.* Vide *Salssayronus.*]

2. **SALSARIUM**, Mensura aridorum. *Unum Salsarium fabarum seu farinæ plenum*, in Monastico Angl. tom. 3. pag. 89. [Vide *Salura.*]

SALSARIUS, Cui *salsariæ* cura commissa est in coquina Regia, in Fleta lib. 2. cap. 14. § 3. Ordinat. Hospitii S. Ludovici Regis Franc. ann. 1261 : *Salsarii* 2. *in propria coquina Regis pro quærendis necessariis ad salsam Regis.* [Alia Philippi Pulchri ann. 1285. ex Cod. MS. Sangerm. : *Le Saussier devers le Roy mangera à court et prendra le pain du sel là ou il a accoustumé à prandre et* II. *s.* VI. *den. par jour pour Sausses et* XXX. *s. pour sa robe par an.*] Statutum Hospitii Philippi Magni ann. 1317 : *Thomassin qui sera Saulcier aura* 4. *den. par jour de gaing, et merra le sommier de la saulcerie, et gardera les espices, et les livrera par pais, et sera au mortier tant qu'elles seront braiées, etc. Clerc saucier, Varlez en la saulcerie, etc.* [Supra *Espicier* dicitur.] Occurrit in veteri Inscriptione quidam *P. Clodius Athenio negotians Salsarius.* [Ubi idem sonat quod *Salinarius*, salis venditor. Vide *Salinaria.*]

* **SALSAROLIUM**, Disculus, in quo *salsæ* reponuntur, Gall. *Saucier*, alias *Saulseron* et *Sausseron.* Inventar. MS. thes. Sed. Apost. ann. 1295 : *Item viginti Salsarolia cum stella in orlo.* Pluries ibi. Lit. remiss. ann. 1469. in Reg. 195. Chartoph. reg. ch. 311 : *Jehannin Karesmel commença à prendre ung Saulseron ou escuelle d'estaing sur la table, etc. Sausseron d'estain*, in Lib. rub. fol. parvo domus publ. Abbavil. ad ann. 1365. fol. 117. v°. *Sauseron* supra in *Acetabulum.* Vide *Salsarium* 1.

* **SALSATOR** Mercator, Salinator, salis venditor. Stat. Casimiri III. ann. 1451. inter Leg. Polon. tom. 1. pag. 163 : *Zupparius debet sal vendere mercatoribus Salsatoribus, etc.* Vide supra *Salinerius* 1.

* **SALSAYRONUS**, ut supra *Salsarolium*, in Charta ann. 1438. inter Probat. tom. 3. Hist. Nem. pag. 259. col. 1. Vide *Salssayronus.*

* **SALSEIA**, ut *Salceia*, Salictum. Inventar. Chart. reg. ann. 1482. fol. 95 : *Aliæ acquisitiones plurium vinearum, Salseiarum, aliarumque terrarum,..... quæ unitæ et adjunctæ fuerunt parco vel procinctui nemoris Vicenarum.* Vide supra *Salceium.*

¶ **SALSERATUS**, Ferus, ut interpretantur Bollandistæ. Acta S. Afræ tom. 5. Maii pag. 275 : *Tunc jussit introduci in amphitheatrum quinquaginta tauros Salseratos, quorum magnitudo et furor magnus erat, dantes mugitum ingenti voce.* Legendum forte *exasperatos* : solebant quippe bestias in damnatos stimulis irritare.

¶ **SALSERIUS**, ut *Salsarium* 1. Continuator Chron. Johan. Iperii apud Marten. tom. 6. Ampl. Collect. col. 616. ubi de Henrico *de Condescure* : *Conventum suum, quem sui in initio multum exiguum atque egentem invenit, ante suum exitum toto puroque in argento in refectorio servire fecit, ubi scutellas octuaginta, Salserios triginta quatuor, scyphos triginta ad hoc ordinavit.*

* **SALSIDONIA**, Cymaticum, sima. Proces. Egid. *de Rays* ann. 1440. ex Bibl. reg. : *Cor posuit in quodam vase vitreo supra quandam Salsidoniam camini cameræ suæ, Gallice sur une Simaise, etc.*

¶ **SALSILAGO**, Salina, locus ubi sal conficitur. Monast. Anglic. tom. 1. pag. 27. col. 2 : *Hujus vero terræ possessionem ita prædicto Episcopo largitus sum cum omnibus ad eam pertinentibus, id est campis, silvis, pratis, piscariis, Salsilagine, atque* *omnibus utensilibus ejus, etc. Salsilago*, ἅλμη, in Gloss. Lat. Græc. humor salsus, Gall. *Saumure.*

¶ **SALSITUDO**, Lepos, jucunditas sermonis, urbanitas sale, facetiis et lepore condita, ex Vita S. Guillielmi Abbatis, apud Macros fratres in Hierolexico : quam lectionem mendosam esse perspicies ex iis quæ observavimus supra in v. *Salitudo*.

¶ **SALSSAYRONUS**, Disculus *salciis* reponendis aptus. Charta ann. 1337. ex Tabul. Episc. Massil. : *Procuratores Massiliensis Ecclesiæ recognoverunt se habuisse et recepisse a domin. Archiep. Arelatensi* 100. *marchas argenti ad pondus Avinionense in* 8. *platellis,...* 22. *scutellis*, 12. *Salssayronis, etc.* Vide *Salserius.*

¶ **SALSUGINATUS**, Marino sale imbutus, nostris *Mariné.* Charta Eberhardi Comit. pro Monast. S. Petri de Silvanigra apud Schannat. Vindem. Litter. pag. 164 : *Unusquisque fratrum accipiat panem pulchrum et candidum, duasque positiones piscium, unam Salsuginatam, alteram piperatam.*

* **SALSURIA**, Locus, ubi sal conficitur, f. pro *Salsaria*, nisi sit nomen loci. Vide in hac voce. Charta Conr. imper. ann. 1033. pro monast. S. Apri Tull. ex sched. Mabil.: *Salsurias cum ecclesia et omni appenditio, etc.*

¶ **SALSUTIA**, ut *Salcitiæ*, Lucanicæ, Gall. *Saucisses.* Consuetud. MSS. Eccl. Colon. : *De quolibet upro Salsutia et frustum apri, etc. Magister coquinæ dat quotidie* III. *Salsutia.* Recensentur præterea inter debitos census Advocato Fuldensis Monasterii : *In Paschate Salsutia* v.

* **SALTA**, Salix, Gall. *Saule.* Charta Occit. ann. 1298. in Reg. Phil. Pulc. Chartoph. reg. ch. 13 : *Item parata ad secaturam seu falcationem sex hominum per diem unam, ad valorem, cum albanis seu Saltis, septuaginta solidorum renduallium.*

SALTANS, SALTARIUM, Retis vel decipulæ venatoriæ species. Charta Edw. III. Regis Angliæ pro Ecclesia Coventrensi in Monast. Angl. tom. 3. pag. 236 : *Ita quod Episcopus, et successores sui Episcopi loci prædicti boscos illos includere, et parcos inde pro voluntate sua facere, et eos sic factos et inclusos tenere possint sibi et successoribus suis Episcopis ejusdem loci in perpetuum, dum tamen Saltantia non faciant in eisdem.* Infra : *Dum tamen Saltaria non faciant in eisdem.* Ibidem : *Ita quod... liberam chaciam habeant, sicut et in boscis illis, extra parcos, quos ibidem fieri contigerit, Retia non tendant, seu tendi faciant ad aliquas feras capiendas.* Vide mox *Saltatorium.*

* **SALTARIS**, Liber continens *Psalmos*, Psalterium. Charta ex Tabul. Cassin. inter sched. Montisfalc. : *Ponemus ibidem intro de ecclesia ij. libros mixales, e j. umiliam,..... ij. Saltares monasticos, etc.* Vide supra *Salmus.*

* **SALTARIUM**, Gall. *Sautoir*, Lignum transversim positum, quo solis animalibus transitus prohibetur. Liber. rub. fol. parvo domus publ. Abbavil. fol. 35. r°. ad ann. 1265 : *Radulfus debet claudere de sepe viam, ... ita quod ibi debet esse unum Saltarium, per quod pergetur ad ortos.*

SALTARIUS, SALTUARIUS, Villicus, custos prædii, qui *fructuum servandorum gratia* prædiopræest, in leg. 12. § 4. D. de Instr. vel instrum. leg. (33,7.), a *saltus*, σύγκτησις, in vett. Glossis. *Procurator saltuum*, in Notitia imperii Orient. cap. 87. Gloss. S. Bened. cap. de Agricultura : *Salutarius*, ἀγροφύλαξ. Gloss. Græc. Lat. : Χωροφύλαξ, *Saltuarius.* Alibi κτηματοφύλαξ. Regula Magistri cap. 11 : *Sicut Dominus ordinat Majores familiæ, quos Vicedomini minores timeant, id est, Vicedominum, Villicum, Saltuarium, et Majorem domus, etc.* Vide Legem Longob. lib. 2. tit. 38. § 2. et Leges Luitprandi Regis tit. 29. paragr. 1.

SALTARIUS, in Lege Longob. lib. 1. tit. 14. § 7. tit. 25. § 50. 73. lib. 2. tit. 38. § 2. [** Luitpr. 82. (6,29.) 44. (5, 15.) Pippin. 10. Luitpr. 84. (6,31.) Vide Murat. Ant. Ital. tom. 1. col. 516. Savin. Hist. Jur. Rom. med. temp. tom. 2. § 84. not. B.] Glos. Lat. Græc. : *Saltarius*, ὀρεοφύλαξ. Ubi leg. ὀροφύλαξ monet Casaubonus ad Theophrasti characteres pag. 228. nam et saltuariorum erat fines custodire, et invigilare ne a vicinis agri occuparentur : τοὺς ὅρους ἐπισκοπεῖσθαι, ut habet idem Theophrastus. [Vide in *Saltgravius.*]

¶ SALTARIUS, SALTUARIUS, Messium, vitium, totiusque territorii custos, nostris *Messier.* Statuta Mutin. rubr. 370. fol. 74. v° : *Saltarii teneantur custodire et salvare clausuras, terras, hortos, vites, prata, segetes, et arbores hominum civitatis Mutinæ, et denuntiare domino judici, coram quo debuerit fieri denuntiatio ejus, quem damnum dantem invenerit, et habere debeat pro suo salario medietatem omnium bannorum, etc.* Statuta Avenion. lib. 1. rubr. 18. pag. 52 : *De Saltuariis sive custodibus territorii civitatis.* Adde Statuta Cadubrii lib. 1. cap. 19.

¶ **SALTATIO**, Invasio, irruptio, assultus, Gall. *Sallie, sortie.* Epist. Anonymi de capta urbe CP. ann. 1204. apud Marten. tom. 1. Anecd. col. 786 : *Dum autem hæc proponerentur, serjanti præfatæ turris nostris crebro sagittando importunos faciebant insultus. Verum nulla vice in nos fecere Saltationes, quin forent alacriter retromissi.* Vide *Salinatio*, et *Saltus* 2.

SALTATORIUM. Fleta lib. 2. cap. 41. § 14 : *Inquiratur qui post placita prædicta fecerint metas forestæ, vel prope forestam, ad nocumentum forestæ, parcum, vel boscum suum, vel warennam, vel Saltatorium, vel aliquem boscum afforestavit sine waranto Regis.* [** Placit. ann. 18. Edward. I. in Abbrev. Placit. pag. 222. Wigorn. rot. 50 : *Quod parcus suus in Furley ad custus ipsius fiat apertus, et quod* 2. *Saltatoria ejusdem prosternentur, quia sunt ad nocumentum liberæ chaceæ suæ.*] [Placit. apud Cestriam ann. 31. Edward. III : *Clamat habere liberum parcum suum apud Halton cum duobus Saltatoriis in eodem.* Vide *Saltans,*] et *Saltarium.*]

SALTATORIA, seu *Sautoirs* nostri vocabant *stapedes*, seu *staphas*, quibus equus inscenditur, uti in Dissert. 1. extrema ad Joinvillam docuimus. *Satoir*, apud Hemricurtium de Bellis Leodiensib. cap. 41. Σωτηρίαι, Græcis recentioribus voce a Gallis hausta. Suidas : Σέλλαι, σελλάρια, σωτηρίαι, ἕδραι. Alibi : Σέλλαι, σελλάρια, σωτηρίαι. Constantinus Porph. in Tacticis : Σκεπάσθωσαν καὶ αἱ κοιλίαι αὐτῶν διὰ μακρῶν ἀποκρεμασμάτων ἀπὸ τῶν ἀφέλτρων τῆς σωτηρίας. Mox, rursum : Κρεμάσθω καὶ τὸ τοιοῦτον τζικούριον μετὰ θηκαρίου δερματίνου εἰς τὴν σωτηρίαν. Ubi sane hæc vox non tam stapedes quam ipsam sellam, quam eques insilit, videtur significare. Hinc figura hocce nomine donata in armorum insignibus, tametsi Spelmanno aliter videatur, qui *Saltatorium* esse ait, *machinam qua in saltibus prædabantur feræ, unde*, inquit, *et nomen.* Sed peritiores hac de re statuant. [Vide infra *Samna.*]

* Comput. Steph. *de la Fontaine* argent. reg. ann. 1352 : *Pour livres de soye de plusieurs couleurs, pour faire les tissus et aiguillettes ausdits harnois, faire Sautouers et conyeres, etc.*

¶ **SALTATRICES** NOCTURNÆ. Vita S. Johannis Valent. Episc. apud Marten. tom. 3. Anecd. col. 1701 : *Si de surdis, de cæcis, de sciaticis,... sterilibus quoque et impotentibus, arrepticiis, et nocturnis Saltatricibus, ceterisque hujusmodi incommoditatibus enumerare præsumpsero, in quibus vir Dei Johannes ope pari subvenit.* Sortilegii species esse videtur non multum absimile ab eo de quo in voce *Diana.* Vide *Saltus* 5.

* Melius fortassis intelligas Morbum, qui vulgo dicitur *Cauchemar*, Græce ἐφιάλτης : nam qui eo laborant sibi stomachum premi, ac si aliquis in eos subsultaret, opinantur. Glossar. Gall. Lat. ex Cod. reg. 7684 : *Sailleur, saltator. Saillaresse, saltatrix.*

* **SALTEM**, pro Tandem. Acta B. Christ. tom. 4. Jun. pag. 371. col. 1 : *Illo nequam adhuc clamante, Saltem clamor ille terribilis ad aures virginis pervenit.*

¶ **SALTERELLUS**, a Gall. *Sauterelle*, Locusta. Petrus de Mura in Computo Eccles. ubi de plagis Ægyptiorum : *Octava plaga fuit multitudo locustarum, quæ devoravit herbarum et lignorum virentia, quæ residua fuerunt grandini. Hos appellat vulgus Salterellos, eo quod saltent in pratis.*

¶ **SALTERIUM**, pro Psalterium. Vide *Salmus.*

* **SALTERIUS**, Judex minor seu civilis, *scabinus*, idem qui *Saltarius.* Charta ann. 1356. ex Cod. reg. 9873. fol. 52. r° : *Amedeus comes Sabaudiæ et princeps. Universis et singulis baillivis, potestatibus, vicariis.... Salteriis, mistralibus, aliisve officiariis, etc.* Vide *Saltgravius.*

* **SALTES**, TIS, *fem. gen. Ciziaus*, in Glossar. Lat. Gall. ann. 1352. ex Cod. reg. 4120.

¶ **SALTGRAVIUS**, Idem qui *Saltarius*, finium custos. Charta Wichmanni Archiepisc. Magdeburg. ann. 1178. apud Ludewig. tom. 5. Reliq. MSS. pag. 8 : *Hujus rei testes sunt Heiderricus Hallensis præpositus, Rodulfus ejusdem Ecclesiæ canonicus, Olricus notarius, Olricus dux, Heindericus camerarius, et Norbertus Saltgravius.* [** Magistratus rei Salinariæ præfectus. Vide Haltaus. Glossar. German. col. 1587. voce *Saltzgraf.*]

¶ **SALTICUS**, Saltator, Gall. *Danseur.* Tertull. in Scorp. cap. 8 : *Ipse* (S. Joannes) *clausula legis et prophetarum; nec prophetes, sed angelus dictus, contumeliosa cæde truncatur in puellæ Salticæ lucar.* Minus recte *Psalticæ* edidit Rigaltius. Vide *Saltria.*

¶ **SALTIM**, Nunc, modo. Camillus Peregrinus in Hist. Langobard. apud Murator. tom. 2. pag. 296 : *Est etiam Saltim adverbium præsentis temporis sicut nunc, modo.* Vita S. Vincentii Madelgarii tom. 3. Julii pag. 668 : *Nunc ergo constituendis tam præclaræ materiei verborum ornatibus, quis Saltim peritorum sufficit conatus. Saltim*, pro saltem, non semel occurrit in Cod. Theod. et alibi.

* **SALTINA**, Saltatrix. Pact. inter Bonon. et Ferrar. ann. 1193. apud Murator. tom. 2. Antiq. Ital. med. ævi col. 893 : *Blavam, quam joculatores acquirunt, et spiculaturam et licium, quam Saltinæ acquirunt, quiete ducere permittantur.* Vide *Saltria.*

¶ **SALTORA**, Saltus, enunciatione Longobardica, apud Meichelbek. Hist. Frising. tom. 2. pag. 33 : *Donavi... casas, curtes, mancipias, rures, Saltoras, silvas, etc. Saltura*, ibidem pag. 45. *Saltores*, apud eumd. tom. 1. pag. 69. ex Charta ann. 770.

* Epist. Steph. II. PP. ann. 756. tom. 5. Collect. Histor. Franc. pag. 499 : *Sub jurejurando pollicitus est* (Desiderius rex Langohardorum) *restituendum B. Petro civitates reliquas, Faventiam, Imolam et Ferrariam cum eorum finibus; simul etiam et Saltora et omnia territoria.*

¶ **SALTRIA**, Saltatio, ars saltandi. Papias MS. Bituric. : *Quam solæ fœminæ colebant quæ Saltriam exercebant.*

¶ Saltria, Saltatrix, Gall. *Danseuse.* Poeta MS. infimi ævi, post Summam Willel. Brittonis ex Biblioth. Collegii Navarræi :

Pseudo pugil, nebulo, meretrix, fur, Saltria, leno.

Vide *Salticus.*

* **SALTRIX**, *Joculatrix, vel extremitas nemoris. Inde Saltus duo significat, Lande et Saut Gallice.* Glossar. Lat. Gall. ex Cod. reg. 521.

¶ **SALTSELLER**, vox Anglica, Salinum, Gallice *Saliere.* Testam. Johannæ Benstede ann. 1445. apud *Madox* Formul. Anglic. pag. 434 : *Item do et lego Philippo Thornbury Militi et Margaretæ uxori ejus duas Saltsellers argenteas, et meam meliorem togam penulatam.* Vide *Salsarium* 1.

¶ **SALT-SYLVER**, ab Anglico *Salt*, sal, et *Silver*, argentum : Præstatio pecuniaria a vassallis domino exsolvenda, ut se ab illius salis vectura redimerent. Charta ann. 1363. apud Kennett. Antiquit. Ambrosd. pag. 496 : *Et quilibet virgatarius dabit domino unum denarium pro Salt-sylver per annum ad dictum festum S. Martini, vel cariabunt salem domini de foro ubi emptus fuerit ad lardarium domini.*

* **SALTUARIS**, Saltus custos. Charta ann. 1103. apud Pez. tom. 6. Anecd. part. 1. col. 285 : *Saltum autem, qui Vorst vulgo dicitur, cum omni usu quem habet, venationibus, melle, pellibus marconum, et Saltuaribus, qui Vorstere dicuntur, etc.*

¶ **SALTUARIUS**. Vide *Saltarius.*

SALTUATICUM. Vide *Salutaticum.*

SALTUENSES Fundi, in Novella 2. Theodosii et Valentiniani, ubi mentio fit fundorum, qui *limitrophi, patrimoniales*, et *Saltuenses* vocantur, et ad jus privatum transferri vetantur.

¶ **SALTURA**. Vide supra *Saltora.*

1. **SALTUS**, Silva, vox Latinis nota. Charta Gaufridi Comitis Mauritaniæ in Bibliotheca Cluniac. pag. 543 : *Do etiam et concedo omnes Saltus meos consuetudinarios usibus Ecclesiæ... omnibusque hominibus illorum, ita ut homo S. Dionysii intra saltus habitet.* Mox fit mentio *Saltus Pertici* : ita scilicet appellatur ager et Comitatus Perticensis, (*le Perche*,) quod silvosus sit.

¶ Saltus, 2æ. declinat. in Præcepto Caroli M. apud Marten. tom. 1. Ampliss. Collect. col. 37.

Saltus Debitum, Pastionaticum. Tabularium Dervensis Monasterii : *Et si incolæ loci illius porcos suos cum porcis indominicalibus miscuerint, ministeriales Monachorum omnem decimationem absque ulla meorum molestia accipiant. Quod si aliunde venerint, et forensium villarum nostra depasci pascua voluerint, secundum morem regionis consuetum Saltus debitum persolvant.*

¶ Saltus, Latifundium 800. jugerum, apud Pancirolum lib. 1. Thesauri var. Lect. cap. 77. ex Varrone lib. 1. de Re rust. cap. 10. leg. creditor. ff. de act. emp. (19,2,52.) etc.

Saltus Lunæ, Compotistis, ὑπεροχὴ ἡμέρας, vel σελήνης. Auctor Queroli : *Mercurius huic iratus, Sol rotundus, Luna in Saltu est.* Cummianus Hibernus de controversia Paschali : *Alium in Epacta, alium in augmento lunari, quod vos Saltum dicitis, etc.* [*Et hoc vocatur Saltus lunæ, eo quod semel in 19. annis accidit præter communem omnium aliarum lunationum... et præter naturalem primationem, quod luna ibi dicatur prima, ubi dici deberet trigesima. Et sic debet luna transilire, non secundum veritatem cursus in cœlo, sed secundum significationem primationis in libro... Et sic metaphora est Saltus lunæ.* Ita Petrus de Mura in Comput. Eccles.] Vide [Bedam tom. 1. pag. 108.] Alcuinum Ep. 3. 9. Honorium Augustodun. lib. 2. de Imagine mundi cap. 85. Rabanum de computo cap. 56. Petavium in auctario lib. 8. cap. 14. et Scaligerum de Emend. temp. lib. 7. pag. 752. etc.

☞ Contigit autem hic Saltus lunæ 31. Julii anni cujuslibet decimi noni cycli lunaris, ut ex hoc versiculo a Durando relato docemur :

Luna facit Saltum Quintilis luce suprema.

Saltus de Ecclesia *ad Ecclesiam*, cum Episcopus relicta Ecclesia ad aliam promovetur, in Concilio Tricassino ann. 878. can. 2.

¶ Ordinari per Saltum dicitur qui ordinem superiorem, inferiore prætermisso, suscipit : quod prohibuit Alexander II. PP. Epist. 32. Statuta MSS. Augerii Episc. Conseran. ann. 1280. ubi de casibus Episcopo reservatis : xviii. *per Saltum aliquo ordine prætermisso, vel qui furtive et contra prohibitionem promotus, etc.* Concil. Hispal. inter Hispan. tom. 4. pag. 13 : *Excepto tamen illo qui fuerit ordinatus per Saltum, etc.* Occurrit passim.

2. **SALTUS**, pro *Assultus.* Fori Morlanenses cap. 28 : *Quicumque domui vicini Saltum dederit, vel violenter domum intraverit, quot erunt in Saltu illo, tot 18. sol. donabunt domino domus.* [Vide *Saltatio.*]

¶ 3. **SALTUS**. Gall. *Saut*, vox quidem Latinis nota, non vero *Saltum facere*, pro Prosilire, *Sauter.* Gerardus in Vita S. Stephani Grandimont. apud Marten. tom. 6. Ampl. Collect. col. 1077 : *Considerans autem vallis profunditatem super quam eminebat domus illa ædificata, timuit perinde prosilire; sed postmodum confortatus divino Spiritu,... Saltum illum fecit, et per Dei misericordiam illæsus evasit.*

¶ 4. **SALTUS**, Alia notione. Albert. Mussatus de Gestis Henrici VII. apud Murator. tom. 9. col. 472 : *Interea Florentini, ut gentibus Cæsaris pervagandi prædandique Saltus auferrent, utque frumentandi de Aretii finibus vias præcluderent, Fesulanam arcem... muniere præsidiis.* Phrasis Palaviis usitata, uti monet Cl. Editor, *Togliere li Salti*, quod Itali *levare li passi* dicunt, pro Impedire, auferre potestatem.

¶ 5. **SALTUS** S. Viti, Morbi genus. Miracul. S. Bennonis tom. 3. Julii pag. 223 : *Totum annum horrendo morbo, quem Saltum S. Viti dicunt, conflictatus est : quod malum illum sæpe decies una die corripuit.* An idem qui morbus comitialis, nostris aliquando *Danse de S. Jean?* [** *Danse de S. Gui.*] Vide *Saltatrices.*

* **SALTUS** Molendini, Præceps aquæ lapsus, quo rota molendini volvitur, Gall. *Saut d'un moulin.* Charta Phil. V. pro monial. Pissiac. ann. 1322. in Reg. 71. Chartoph. reg. ch. 69 : *Item super Saltum molendini in aqua Leonum, pro toto ad Pascha, quatuor solidos.* Alia Guill. *de Theuray* ann. 1310. in Reg. 48. ch. 164 : *L'abbé et le couvent de Nostre Dame de Lire m'ont otroié et promis à garantir un Saut à moulin à eue ;..... ledit Saut comme il est borné par le consentement de eus.* Ubi totus aquæ ad molendinum decursus significari videtur.

SALTZGRAVIUS. Vide *Saltgravius.*

1. **SALVA**, Salvare, voces Fori Hispanici : *Salva*, idem quod Anglis *Jurata*, Inquisitio, vel potius probatio per testes de re aliqua, qua quis *Salvam* sibi esse conatur : *Salvantes* vero sunt testes ipsi qui pro reo deponunt. Fori Oscæ ann. 1247. tit. de Proditionibus : *Hæ sunt tres proditiones scite, de quibus per pacem non potest aliquis se Salvare, sed per consimilem : scilicet qui occiderit dominum suum, etc.* Alibi : *Mulier habens maritum, si quis accusaverit eam, tenetur se Salvare viro suo, et non toti consilio, si eam accusaverit. Etsi forte non fuerit parata, ut se Salvet de dicto crimine contra eum.* Martinus Didacus *Daux* Justitia Aragon. in Observant. lib. 1. pag. 22. v : *Unus solus Miles non potest Salvare pro infantione, sed duo Milites.* Passim alibi. Eximinus Salanova Justitia Aragonum in Narratione rerum a Jacobo II. Rege Aragonum gestarum : *Non tenentur Milites, aut eorum filii aut nepotes facere Salvam. Item nullus potest Salvare pro infancione, nisi duo Milites.* Alibi ubi de privilegiis infancionum : *Item pro carta Salvæ communis non solvuntur Curiæ Regis nisi* 30.

solidi juxta Forum. Quam Salvam debent hodie facere secundum Forum novum editum in Cæsar-Augusta. Michael *del Molino* in Repertorio in v. *Infancio : Magna est differentia inter Salvam infancioniæ, et probationem infancioniæ, tam in modo agendi, quam in modo pronuntiandi,... quando aliquis est in possessione infancioniæ, et fatigatur in eadem, et vult se Salvare, tunc supplicat Do. Regi, quod cum ipse velit Salvam suæ infancioniæ facere, quod committat dictam causam alicui, coram quo possit suam Salvam facere; et tunc D. Rex committit dictam causam Justitiæ Aragonum, et recipit dictam Salvam juxta Forum. Quæ quidem literæ præsentantur per Salvantem personaliter dicto Justitiæ Aragonum, etc.*

☞ *Salvations* non multum absimili notione Practicis nostris usitata, cum scilicet refutatorum testium fides iterum asseritur et defenditur. Eo significatu occurrit in Consuet. municipalibus Hannon. cap. 67. Montensi cap. 15. 16. Burbon. art. 40. 46. Arvern. cap. 8. art. 3. Pictav. art. 191. Bituric. tit. 20. art. 7. etc. Vide *Salvationes.*

¶ 2. **SALVA**, ut infra *Salvamentum*, Prædium quod *Salvatur*, protegitur : interdum villa, pagus. Charta ann. 1153 ex Bullar. Fontanell. fol. 36 : *In Casneio totum feodum Restoldi... tam in terris quam in Salva cum hospitibus.* Charta Thossiac. ann. 1404 : *Debet* II. *den. pro adaquagio Salvæ suæ sitæ versus Champenel.*

* Nihil in locis hic allatis, quod ad hanc interpretationem pertineat, video: in primo enim ex Bullar. Fontanel. *Silva*, pro *Salva*, legendum opinor; in altero vero *Salva*, Locus est ubi pisces *salvantur*, seu servantur, idem proinde quod *Salvarium* et *Serva* 2. Vide in his vocibus.

* **SALVACANA**, Præstatio a tenentibus facta dominis pro *Salvamento* seu tutela ac protectione personarum ac rerum suarum. Charta ann. 1310. inter Probat. tom. 1. Hist. Nem. pag. 221. col. 2 : *Novies viginti cestaria ordei et quinque de Salvacana, quæ habet ibidem præfatus dominus Guillelmus.* Inquisit. ann. 1322. ibid. tom. 2. pag. 38. col. 1 : *Debebantur annis singulis pro Salvacana in diversis locis.... sexdecim modia ordei.* Et pag 39. col. 2 : *Item de Salvacana in pecunia in dicto loco, xvj. sol. x. den. obol.* Sed ubique legendum fortassis *Salvatana.* Vide in *Salvamentum* et *Salvataria.*

SALVAGARDIA, SALVIGUARDIA, Protectio, tutela, *salvus conductus*, Principis privilegium, quo ne alicui vis inferatur, cavetur. [Charta Caroli Regentis ann. 1358. tom. 3. Ordinat. Reg. Franc. pag. 318 : *Sub protectione et speciali Salvagardia regia et nostra,... suscipimus per presentes, etc.* Charta ann. 1376. ex Tabul. Massil. : *Reliquiaria sacri monasterii S. Victoris cum debita reverena* (reverentia) *valeant custodire sub Salvagardia civitatis prædictæ Massiliæ.* Vinc. Cigaltius de Bello Ital. : *Infringens Salvamgardiam Regis acriter puniendus.* Chron. Johan. Iperii apud Marten. tom. 3. Anecd. col. 615 : *Ipse Calixtus huic Ecclesiæ* (S. Bertini) *dedit privilegia duo, primum quod nos in Sedis Apostolicæ tutela, id est, Salvagardia recepit.*] Regestum Brevium original. Angl. pag. 26 : *Nos volentes dictos... ab oppressionibus indebitis præservare, suscepimus ipsos,... res, et justas possessiones, et bona sua quæcumque in protectionem et Salvamguardiam nostram specialem, etc.* [Vide *Salvus-conductus.*]

¶ SALVIGARDIA, Eadem notione. Diploma Ruperti senioris Comit. Palat. pro Univers. Heidelperg. ann. 1386. apud Tolner. inter Instr. Hist. Palat. pag. 124 : *Patefacimus per præsentes, quod nos et singulos magistros et scholares, præsentes et futuros,... in nostra et successorum nostrorum custodia speciali, salvo conductu et Salvigardia recepimus. Lettres de Salvage* dicuntur Litteræ quibus Rex, vel quivis alius in suam *Salvamgardiam* seu tutelam aliquem accipit. Vide Consuet. Melodun. art. 3. Senonensem art. 13. 173. et seqq. Pontiv. art. 163. etc.

¶ 1. **SALVAGIUM**, Præmium quod iis debetur, quorum opera merces ex naufragio salvæ sunt. Tabular. Gemmet. : *Et avons droit de prendre tout varesc quy est trouvé en ladite riviere de Seine ou sur la terre certaine entre les limites dessusdits, et sont ceux qui le treuvent subjets le porter à notre Prevost dudit lieu de Quillebeuf dedans vingt quatre heures après icelui trouvé, sur peine de forfacture de leur Salvaige, etc.* Alibi *Salvage*, vel *Sauvelage* dicitur.

* *Saufvement*, eodem sensu, in Consuet. comit. Brit. tom. 1. Probat. ejusd. col. 792 : *Ceux qui les* (vaisseaux) *Saufvent, qui debvent avoir leur Saufvement segond qu'ils ont deservi, etc.*

* 2. **SALVAGIUM**, Protectio, tutela. Charta Ludov. ducis Andegav. pro villa de Gordonio ann. 1370. in Reg. 151. Chartoph. reg. ch. 198 : *Concedimus quod habitatores omnes et singuli ejusdem, qui contribuerunt talliis, collectis, cum omnibus bonis suis, sint et remaneant perpetuo in et sub Salvagio speciali domini nostri regis.* Vide *Salvamentum* 1.

SALVAGIUS, SALVAGNIA. Vide *Sylvaticus.*

¶ **SALVAGO**, Gall. *Sauvagine.* Ferina caro, feræ silvestres, ut infra *Salvasina.* Charta ann. 1442. ex Schedis Præs. *de Mazaugues* : *Quod possint libere et impune et absque banno venari seu venari facere per territorium ipsius castri cuniculos, perdices, lepores, et alios Salvagines, exceptis in clapis alienis.* Vide infra *Sylvaticus.*

1. **SALVAMENTUM**, Tutela, immunitas, protectio. Capitula Caroli C. tit. 26. part. 2. cap. 5 : *Et volumus ut vos et cæteri homines fideles nostri talem legem et rectitudinem, et tale Salvamentum in regnis nostris habeatis, sicut antecessores vestri tempore antecessorum nostrorum habuerunt.* Tit. 27. post cap. 8 : *Quod ad Dei voluntatem et sanctæ ejus Ecclesiæ... illis commisi Salvamentum et pacem, etc.* Adde part. 2. cap. 4. Tit. 28 : *Quia necesse fuit in istis temporibus conjectum de illis accipere,... pro regni, sicut res conjacet, Salvamento.* Tit. 30. cap. 2 : *In nostro et populi Salvamento.* Adde Edictum Pistense cap. 5. [** Sensu paullo latiore Tit. 8. cap. 6. Convent. apud Marsnam ann. 851 : *Secundum dei voluntatem et commune Salvamentum. Commun Salvament*, in jurejur. Ludovici apud Nithardum. Translat. S. Alexandri cap. 4. apud Pertz. Script. tom. 2. pag. 677 : *Quapropter præcipimus vobis et omnimodis jubemus, ut ubicumque ad vos venerit, prout melius potueritis vobisque placuerit, ei adjutorium tribuatis, bonasque mansiones atque Salvamentum de loco ad locum illi conferatis.* Vide in *Salvatio*, 1.] [Charta tom. 4. novæ Gall. Christ. col. 279 : *Videbantur esse in Salvamento suo.* Infra : *Retinuit hac* (l. hæc) *causa Salvamenti. Sauvement*, in Charta ann. 1302. ex Chartul. S. Vandreg. tom. 1. pag. 44 : *Comme Jean Airode requerist que un jugement fet contre lui.... par la vertu de deux deffautes, de l'une desquelles deffautes il portoit lettres du Roy nostre Seignour de son Sauvement, fust mis au neint. Salvance*, eadem notione, usurpat le Roman *de la Rose* MS :

Fax Semblant se plus est trouvés
Ovec tiex traitres prouvés,
Ja ne soit en ma Salvance.]

SALVAMENTUM, Præstatio a tenentibus facta dominis, pro tutela ac protectione personarum ac rerum suarum, quæ etiam *Commendatio* dicitur : quo spectant ista Salviani lib. 5. de Gubern. Dei : *Tradunt se ad tuendum protegendumque majoribus, et dedititios se divitum faciunt, et quasi in jus eorum ditionemque transcendunt. Nec tamen grave hoc esse aut indignum arbitrarer, imo potius gratularer hanc potentum magnitudinem, quibus se pauperes dedunt, si patrocinia ista non venderent; si quod se dicunt humiles defensare, humanitati tribuerent, non cupiditati. Illud grave ac peracerbum est, quod hac lege tueri pauperes videntur ut spolient: hac lege defendunt miseros, ut miseriores faciant defendendo. Omnes enim hi qui defendi videntur, defensoribus suis omnem fere substantiam prius quam defendantur addicunt, etc.* Tabularium Dervense : *Ne aliquis iniquorum pervasione sua hoc sibi quasi pro Salvamento usurpare voluerit, etc.* Chronicon Besuense pag. 602 : *Salvamentum sive commendationem quam in Neronis villa accipiebant, etc.* Charta Roberti Regis Franc. apud Doubletum pag. 826 : *Namque jam dicti exactores pessimi, dico autem Venatores atque Falconarii, capiendi specie Salvamenti, pene vernaculos B. Dionysii devastantes, populabantur, etc.* Infra : *Salvamenta, inquam, sic ironice dicta, etc.* Alia ann. 1067. apud Hemereum in Augusta Viromand. : *Pro Salvamento nisi de habitatis domibus accipiet.* Hugo Flaviniac. in Chronico pag. 246 : *Bovoni prædicto de Bar, cum apud Flaviniacum requireret a me fædum suum, quia haberet filiam Folcuini, de sorore Abbatis Odonis, qui idem fecerat casamentum, id est, Salvamentum hominum S. Petri qui sunt in castro illo, vel in villis in circuitu castri, noluit ei ad plenum reddere, etc. Tamen cum multi testes accessissent, quod Folcuinus idem Salvamentum habuisset, ita concessi, ut si ego per nostros, misso nuncio, et re explorata, aut ipsi homines per seipsos probare potuissent, quod nunquam fuissent in Salvamento, nihil ei dabant, quia magis Ecclesiam quam eum diligerent.* Charta Philippi Aug. ann. 1189. in Tabulario Cluniacensi Bibliothecæ Thuanæ : *De hominibus villæ dantibus 4. solid. sive 5. habebit Præpositus noster pro Salvamento 12. den. etc.* Et infra : *Cæterum definitum fuit, et a nobis concessum, quod homines ad damnum aliquod Ecclesiæ non suscipiemus manutenere, sed ratione Salvamenti quod habemus, Monachis omnia sua in nostra potestate salva facere curabimus, et hoc Salvamentum tali lege suscepimus, quod extra manum nostram nequaquam mittere poterimus*, etc. Charta de Chableiis in Tabulario Campan. Thuano fol. 189 : *Comes habet census suos apud Chableias ; in quibus habent vendas et homines suos, et motam, et plateas circa motam, et domos in castro et in burgo. Item habet avenam et vinum pro Salvamento, et denarios.* Occurrit præterea apud Hugonem Flaviniacensem in Chronico pag. 242. 245. in Gestis Abbatum S. Germani Autisiod. cap. 13. et passim in veteribus Tabulis, quæ habentur in Chronico S. Benigni pag. 432. 459. 460. in Chronico Besuensi pag. 562. 577. 595. in Hist. Vergiacensi pag. 44. 59. 145. Ducum Burgundiæ pag. 4. 20. 21. apud Chiffletium in Beatrice Cabilonensi pag. 42. Roverium in Reomao pag. 203. Perardum in Burgundicis pag. 88. 188. tom. 4. Spicilegii Acheriani pag. 242. tom. 8. pag. 157. etc. Vide *Commendatus*, *Commendatio* 2. *Salvataria* et *Tensamentum* in *Tensare*.

¶ SALVAMENTUM, SAUVAMENTUM, *Droit de Sauvement*, in Aresto Consilii Regii ann. 1582. Idem quod *Vintenum*, quo jure dominus feudi percipit vicesimam fructuum in terris vassallorum, eoque tenetur muros castrorum reficere suis sumtibus ad subditos suos ab hostium incursibus *salvandos*. Charta Guillelmi Comit. Nivernens. ann. 1165. ex Tabular. S. Germani Autiss. : *Salvamentum habet dominus Bucardus in ochiis illis in quibus focus est : quæ si hospite et foco vacuatæ fuerint, medietatem Salvamenti in eo anno tantummodo habebit quo seminibus jactis cultæ fuerint. Omnes ochias hospite et foco vacuas carruca S. Germani libere excolit, et tunc de illis Salvamentum non habebit. Si iterum hospes ibi missus fuerit, Salvamentum similiter habebit. Salvamentum est mina avenæ in ochia, et duo denarii, et unus panis ivernagii. Si panis non erit, munus pro pane dabitur.* Martyrol. Eccl. Autiss. apud Marten. tom. 6. Ampl. Collect. col. 691 : *Eodem die* (pridie Idus Febr.) *obiit Robertus hujus Ecclesiæ Episcopus, qui.... molendinum subtus murum ab Atone acquisitum, fratribus hujus Ecclesiæ concessit, et Sauvamentum duplex a Pulvereno... removit.* Obituarium ejusd. Eccles. MS. 13. sæc. : *Obitus Roberti Episcopi... debet Capitulum... pro duplici Salvamento quod dedit apud Pulverenum.* Rursum ad diem 6. Februar. : *Obitus Agnetis Comitissæ, quæ ordinatione testamenti sui super Comitem Petrum maritum suum reliquit ; qui considerans devotionem et reverentiam quam decanus et canonici circa sepulturam ejus exhibuerant, Salvamentum quod in potestatibus de Porreno et Chichiriaco habebat, tam in avena quam trossis, panibus et denariis Autissiodorensi Ecclesiæ quitavit.* Quæ quidem præstatio cum in avenis exsolvebatur, *Salvamentum avenarum* nuncupabatur ; quod alibi dicitur *Avenagium*, vel *Costuma avenæ* : cum in vino, *Salvamentum de vino* vocabant, ut in Enumeratione bonorum ejusd. Capituli Autiss. 13. sæc. legitur : *Salvamentum de vino apud Merriacum.* Vide Salvaingum de Usu feud. pag. 222. 231. et Choppin. lib. 2. tit 4. pag. 95.

* Nostris *Sauvemant et Sauveniez*. Charta ann. 1285. ex Chartul. Pontiniac. : *Houmes qui doivent fromant, deniers et gelines de Sauvemant, etc.* Pact. inter dom. de Bellojoco et capit. Autiss. ann. 1281. ex Chartul. S. Steph. Autiss. : *Li Sauveniez du vin, xxvj. muids de vin mesure d'Auxerre.*

SALVAMENTUM, Prædium ipsum, quod *salvatur*, vel protegitur, pagus, villa. Tabularium Prioratus de Paredo fol. 95 : *Simili modo fecit et de aliis hominibus vicinis supradictis manentibus juxta Salvamentum, quod dicitur Grantmont.* Idem Tabularium fol. 102 : *Dedit quoque* (Hugo Comes Cabilonensis) *Salvamentum quod in ipso monte est in circuitu ejusdem Ecclesiæ, et concessit atque constituit liberum eum et salvum esse perpetualiter.* [Charta ann. 980. inter Instr. tom. 4. novæ Gall. Christ. col. 137 : *Adhuc autem donat prædictus Comes* (Milo) *illi Ecclesiæ* (S. Michaelis Tornodor.) *mansos duos vestitos cum appenditiis suis in villa quæ dicitur Scissiacus cum ejus Salvamento* ; nisi sit præstatio, de qua paulo ante, vel ipsius loci districtus seu ambitus intra quem privilegia et immunitates continentur : qua notione accipiendum videtur.]

¶ SAUVAMENTUM, in Codice censuali Episc. Autiss. ann. circ. 1290 : *Et si fuerit de suo orto, et ortum sit de Sauvamento, nihil debet.* Rursum : *Bos, vacca, aut alia bestia, si fuerit de Sauvamento Comitis, nihil debet.*

SALVATIO, Eadem notione. Historia Abbatiæ Condomensis pag. 463 : *Duo fratres Garsias Dat, et Guillelmus Dat, cum Ecclesiasticis suis, qui fundum Ecclesiæ jure hæreditario possidebant, omnes in unum coadunati dederunt... tali namque conditione, ut si ibi fieret Salvatio, omnes supradicti qui inibi ad manendum venirent, cæterique qui se sub ditione ipsius Salvationis ponerent, quisque pro domo sua sive cellario censum sancto Petro tres aut duos denarios singulis annis redderent.* Vide *Mensura*.

¶ 2. SALVAMENTUM, Conditio, exceptio, Gallis *Reserve*. Charta Ansbaldi Abb. Prum. ann. 867. apud Marten. tom. 1. Ampliss. Collect. col. 185 : *Ut res memoratas et mancipia cum tali tenore et Salvamento, usufructuario teneas et excolas, ut nullum detrimentum aut calumniam domus Dei ubi conlatæ sunt sustineat.* Vide *Salvare* 6.

¶ 3. SALVAMENTUM, vox nautica, *Sauvement*, Locus in quo naves a ventis *salvantur*. Miracula MSS. Urbani V. PP. ex Tabul. S. Victoris Massil. : *Venit ad bonum portum et Salvamentum.*

¶ 4. SALVAMENTUM. *Ponere debitum in Salvamento curiæ*, id est, pecuniam debitam deponere apud curiam, Gall. *Mettre en dépôt*, *Consigner*. Statuta Cadubrii lib. 2. cap. 55 : *Quod si aliquis debitor præsentaverit suum debitum creditori,... et creditor noluerit accipere, tunc dictus debitor dictum debitum ponat in Salvamento curiæ, etc.*

¶ SALVANS, Testis apud Hispanos. Vide *Salva* 1.

1. SALVARE, pro *Servare*, vel *reservare*. Testamentum Riculfi Episcopi Helenensis ann. 905 : *Scrindos* (legendum *Scrinios*, vel *Scrinia*) *paria* 1. *ad vestimenta sacra Salvandum.* [Statuta Mutin. rubr. 370. f. 74. v° : *Saltarii teneantur custodire et Salvare clausuras, terras, etc.* Itali *Salvare*, eadem notione, usurpant.]

* Nostri *Estoier*, eodem singificatu, dixerunt. Serm. de nuptiis in Cana ex Cod. S. Vict. Paris. : *Autre gent metent avant lor bon vin et lo meillor,..... et tu as fais le contraire ; car tu as Estoié lo meillor jusca hores.* Ubi apud S. Joan. Evang. cap. 2. v. 10. legitur : *Tu autem servasti bonum vinum usque adhuc.*

2. SALVARE, Salvum et incolumem præstare. Capitula Caroli Calvi tit. 42. part. 2. cap. 2 : *Ut omnes nostri fideles veraciter sint de nobis securi, quia quantum potuerimus, unumquemque secundum sui ordinis dignitatem et personam honorare et salvare, ac salvatum conservare volumus.* [Pluries occurrit.] Vide *Salvamentum*, 1.

¶ 3. SALVARE DEBITA, Solvere, nomina sua expedire, Gall. *Acquitter ses dettes.* Statuta Vercell. lib. 1. f. 13 : *Item teneatur potestas mobilia que invenerit penes clavarios et alios officiales Communis esse, in debitis Communis ponere et debita Communis Salvare et expendere in negociis et utilitatibus Communis.*

¶ 4. SALVARE, De salute falso securum reddere, Gall. *Flatter du salut.* S. Bonaventura lib. 2. Compend. Theol. verit. cap. 52 : *Cavenda conscientia nimis larga et nimis stricta : nam prima general præsumptionem, secunda desperationem ; prima sæpe Salvat damnandum, secunda e contra damnat salvandum.*

5. SALVARE, pro *Salutare*, Salutem impertiri, Gallis, *Salüer.* Vita S. Cuthberti Episc. lib. 2. n. 3 : *Frater autem sic vovens et perficiens, benedictus et Salvatus ab eo exiit.* [Vide *Salvatio* 4.]

¶ 6. SALVARE, Excipere, secernere, Gall. *Excepter*, *reserver*. Consuet. Brageriac. art. 20 : *Item, exstitit protestatum e. protestantur, et Salvatum et Salvant, tam per dictum dominum quam per dictos Syndicos nominibus quibus supra et eorum quemlibet, quod propter hujusmodi consulatum et universitatem, quem et quam sic de novo sunt dicti habitatores habituri, dicti dominus et Syndici non intendunt renunciare nec renunciant, imo in quantum possunt sibi Salvant, etc.* *Sauver*, eadem notione, in Assisiis Hierosol. cap. 205 : *Mais si celui qui fait hommage si comme est dessus dit, ou chief Seignor a fait avant hommage ou ligesse à homme ou à femme, qui ne soit homme dou chief Seignor, il le doit Sauver, à l'hommage faire, pource que nul qui est homme d'autruy ne peut après faire hommage à autre, se il ne Sauve son premier Seignor.* Vide *Salvamentum* 2.

¶ 7. SALVARE, Vox fori Hispanici. Vide *Salva* 1.

* SALVARE SE, Phrasis Gallica, *Se Sauver*, Damnum compensare, sarcire. Stat. Avenion. MSS. ann. 1243. cap. 52. ex Cod. reg. 4659 : *Omnes domini furnorum conquerebantur de modica furnagia sibi statuta, et dicebant se non posse Salvare in furnis.*

* SALVARE TESTES, Fidem testium asserre. Lit. procurat. ann. 1348. ex Chartul. 21. Corb. fol. 193. v° : *Dantes dictis pro-*

curatoribus nostris.... potestatem..... testes ex parte adversu prædictos reprobandi ac suos testes Salvandi, etc. Vide *Salvationes*.

¶ **SALVARIA**, Refugium, Gallis *Refuge*. Dicitur de eo quod occulte recipitur ut *salvetur*. Statutum Caroli Comit. Provinc. ann. 1278. ex Cod. MS. D. *Brunet* fol. 68. v°. : *Nullus civis Arelatis a festo S. Michaelis ultra audeat accipere bestiam extraneam in Salvaria, seu in fraudem in baylia sua.*

¶ SALVATARIA, Quod ob ejusmodi refugium præstitum exsolvitur. Charta ann. 1178. inter Instr. tom. 6. Gall. Christ. novæ edit. col. 196 : *Retineo tamen mihi feudales corroatas, et medietatem pretii Salvatariæ bestiarum extranearum, quæ ibi advenerint.*

* Hinc *Sauvedroit* dicitur Mulcta, quæ ab iis exigitur, qui jura debita *salvant*, id est, non solvunt, in Charta ann. 1320. ex Reg. 59. Chartoph. reg. ch. 544 : *Item vendæ et emolumenta justitiæ, vocatæ Sauvedroit, valentis..... quadraginta libras Turon. annui redditus.* Vide infra *Salvataria* 2.

¶ **SALVARIUM**, Locus ubi pisces *salvantur* seu servantur, nostris *Sauvoir*. Charta Matthæl Abb. Fusniac. ann. 1125. ex Tabular. S. Medardi Suession. : *Possidebit istud Salvarium libere tali conditione, quod ipse* (Thomas de Couciaco) *sine assensu Ecclesiæ nostræ, nec Ecclesia nostra sine assensu ipsius aliquod stagnum sive Salvatorium* (sic) *seu novum molendinum in territorio de Laudousies de cetero facere poterimus.* Hujus Chartæ titulus est, *Ce est li Chartre d'ou Sauvoir de Laudousies.* Alia ibid. ann. 1237 : *Recognovimus etiam quod nos non possumus nec debemus piscari in vivariis vel Salvario de Laudousia.* Aliud esse *Salvarium* a vivario probat ejusd. Abbatis Charta ann. 1239. ex eodem Tabul. : *Licebit facere repiscari pisces Salvariorum, si forte Salvaria loco vivariorum ibidem fieri contigerit. Poisson mis en Serve*, in Consuet. Nivern. tit. 26. art. 5. Vide *Salvatorium*.

* Charta Caroli VI. ann. 1396. in Reg. 151. Chartoph. reg. ch. 201 : *Que desdiz fossez et de l'eaue de nostre riviere de Saine il* (le Duc d'Orleans) *puist prandre avoir et retenir ce qu'il lui en convendra, pour faire faire pour lui un Savouer à poisson. Sauveour à poisson*, in alia ann. 1325. ex Reg. 64.

¶ **SALVASINA**, Ferina caro seu ferarum silvestrium, Gall. *Sauvagine*, Ital. *Salvaggina*. Statuta Massil. lib. 1. cap. 49. § 3 : *Item, statuimus quod aliquis extraneus vel civis non possit vendere... carnes recentes nisi in macello Communis, vel macello tholonei, exceptis Salvasinis, et exceptis carnibus prohibitis quas licet vendere in boccaria.* Statuta Astens. cap. 99. fol. 35 : *Ordinatum est quod aliqua persona non audeat emere extra civitatem Asten. prope civitatem per tria miliaria infrascripta victualia, scilicet aliquam Salvasinam, pullo, caseum, etc.* Statuta Mont. Regal. fol. 280 : *Item statutum est quod pisces recentes et aliæ Salvasinæ teneantur ad vendendum, ut infra.... Omnes piscatores et venatores teneantur apportare omnes pisces et Salvasinas, etc. Salvasina cassa*, in vet. Inquesta apud Columbum in Episc. Vasion. lib. 2. num. 26. 29 : *Chasse sauvagine.* Vide *Salvago, Salvaticina* et *Sylvaticus*.

* *Sauvegine*, in Diar. Petri *Scatisse* inter Probat. tom. 2. Hist. Nem. pag. 7. col. 1 : *Pour faire provision de Sauvegines et d'autres choses pour le digner.*

¶ 1. **SALVATARIA**, Præstatio a tenentibus facta dominis, pro tutela ac protectione personarum ac rerum suarum. Charta ann. 1262. ex Schedis Pr. *de Mazaugues* : *Item actum est quod si dominus Comes vel aliquis ejus nomine aliquod homagium, vel fidelitatem, vel Salvatariam receperit ab hominibus Hospitalis prædictorum locorum,... illud homagium, vel illam fidelitatem seu Salvatariam desamparant libere ac remittunt.* Pactum inter Jacobum Aragon. Reg. et Berengarium Magalon. Episc. ann. 1272 : *Excepto uno modio hordei annualis quod habitatores dictæ villæ de Muro veteri.... solvere tenentur ac teneantur in Montepessulano, pro Salvataria eidem domino Regi domino Montispessulani.* Vide *Salvamentum* 1. Alia notione occurrit in *Salvaria*.

* 2. **SALVATARIA**, Exemptio, immunitas, quæ tutela et protectione obtinetur. Charta ann. 1337. in Reg. 71. Chartoph. reg. ch. 21 : *Tenebuntur iidem commissarii..... posse suum facere, quod dicta impositio bene et fideliter levabitur et persolvetur, et quod fraus vel dolus aut Salvatariæ circa hoc minime committentur,..... prohibetur etiam voce præconia, ne quis fraudem aut Salvatariam in præmissis committat.* Vide supra *Salvaria* et mox *Salvateria*.

* **SALVATELLA**, *Pellicula involvens cerebrum.* Glossar. Lat. Gall. ex Cod. reg. 521.

* **SALVATERIA**, ut supra *Salvataria* 2. Charta consul. Montispessul. ann. 1361. ex Cod. reg. 8409. fol. 32. r° : *Quandiu dictus Petrus præerit officio, sit liber et immunis ab omnibus talliis.... in dicta villa indictis et indicendis. Et dictus magister Petrus juravit non facere Salvateriam, nec aliqua a prædictis facere libera, nisi sua propria et sine fraude.*

¶ 1. **SALVATERRA** dicta Massiliæ campana, cujus sono monebantur incolæ ut intra ædes suas, nocte adveniente, sese reciperent, sicque a furtis nocturnis *salvarentur*, unde vocis etymon. Statuta Massil. lib. 5. cap. 4 : *Statuimus... quod nullus de cætero vadat per civitatem Massiliæ, vel suburbia civitatis contigua de nocte, ex quo campana quæ dicitur Salvaterra sonata fuerit, sine lumine.*

* 2. **SALVATERRA**, Gladii species, acinaces, Gall. *Sauveterre*. Joan. *Chartier* in Carolo VII. pag. 272 : *Sauveterres ou cimeterres, qui sont maniere d'espées à la Turque.*

¶ SALVÆTERRÆ, Gall. *Sauveterres*, appellata quædam castella munita quod incolas salvos ab hostium incursionibus præstarent. Vide Valesium Notit. Gall. pag. 499. et infra *Salvitas*.

SALVATGE, Salvamentum, salvus conductus, protectio, tuitio. Jacobus I. Rex Aragon. in Constitutionibus Catalaniæ MSS : *Item statuimus quod nos nec aliquis alius homo demus aliquid alicui joculatori, vel joculatoriæ, sive Soldatariæ, sive Militi, Salvatge, sed nos vel alius nobilis possit eligere, et habere ac ducere secum unum joculatorem, et dare sibi quod voluerit.*

* Hæc emendata videsis supra in *Miles salvatge*.

¶ **SALVATICINA**, Italis etiam *Salvaticcina*, ut supra *Salvasina*. Statuta Vercell. lib. 3. fol. 75. v° : *Item quod becharii civitatis Vercellarum non debeant nec possint emere vel vendere aliquas Salvaticinas in civitate, nec districtu civitatis Vercellarum.*

¶ SALVATIZINA, Eadem notione, in Chron. Placent. Johann. Demussis apud Murator. tom. 16. col. 581 : *In cœnis dant in hyeme zelatinam Salvatizinarum, et capponum, et gallinarum, et vitelli, vel zelatinam piscium.*

SALVATICUS. Vide *Sylvaticus*.

* **SALVATICUS**, Panni species, in Stat. Orviet. ann. 1491. apud Cl. V. Garamp. in Dissert. 7. ad Hist. B. Chiaræ inter notas pag. 231.

¶ 1. **SALVATIO**, Salus, vita æterna; *Salut*, eadem notione, usurpamus. Concil. Ovetense inter Hispan. tom. 3. pag. 159 : *Et ante sæcula ad fidelium Salvationem præscivit.* Synodus Constant. ann. 1416. apud Ludewig. tom. 6. Reliq. MSS. pag. 71 : *Et ideo quantum nobis ex alto permittitur eos ad salutem atque Salvationem perducere viis et modis congruentibus jam diu laboravimus.* Occurrit passim apud Asceticos Scriptores. *Sauvement*, eodem significatu, in Charta ann. 1433. apud Lobinell. tom. 2. Hist. Britann. col. 1027 : *Desirante pourvoir à nostre ame de salut convenable et ordener des choses de quoy nous devons et suymes tenuz ordenner pour nostre Sauvement, etc.*

¶ SALVATIO, Salus, incolumitas. Charta Ludovici Pii ann. 814. inter Probat. tom. 1. Histor. Occitan. col. 41 : *Et ubicumque advenerint, per vos Salvationem et defensionem habeant.* Capitula Caroli Calvi tit. 19. § 1 : *Quod vobis consilium donaverint ad nostri senioris fidelitatem et vestram Salvationem, voluntarie faceretis.* Rursum occurrit tit. 26. tit. 35. § 8. etc.

¶ 2. **SALVATIO**, Immunitas data loco, vel Ecclesiæ, aut Monasterio. Charta ann. 1945. inter instrum. tom. 6. Gall. Christ. novæ edit. col. 105 : *Sunt autem termini ejusdem, quos omnium decrevimus esse Salvationem, et una parte, etc.* Charta Gotafredi Magalon. Episc. ann. 1098. apud Stephanot. Antiquit. Benedict. Claromont. MSS. pag. 363 : *Gotafredus Magalonensis Episcopus et Berengarius Agatensis Episcopus... constituerunt et laudaverunt, et dederunt ad Ecclesiam S. Vincentii sexaginta passum pedum versus omnes partes, et fecerunt Salvationem, et posuerunt terminos, etc.* Charta ann. 1146. inter Probat. tom. 2. novæ Hist. Occit. col. 515 : *Hoc autem facio causa Salvationis monasterii prænominati S. Johannis, et omnium eorum quæ ad ipsius possessionem pertinent.* Vide *Salvitas*.

¶ 3. **SALVATIO**, Prædium ipsum quod *salvatur* vel protegitur. Vide in *Salvamentum* 1.

¶ 4. **SALVATIO**, pro Salutatio, eadem certe notione, in Consuet. antiquit. Canon. Regul. apud Martén. tom. 4. Anecd. col. 1219 : *Quod si forte aliquis jussu Abbatis Salvationem Episcopi vel Abbatis capi-*

tulo præsentaverit; humilient se, pro Episcopo quidem ponendo manus usque ad terram; sed ad Salvationem Abbatis inclinent se tantum. Quo spectat S. Wilhelm. in Constit. Hirsaug. lib. 1. cap. 56 : *Quasdam vero legationes minores quidem non stando, sed quando sibi visum fuerit, sedendo dicit.... Episcopis, et Abbatibus,... ut Ducibus hæc exhibenda est reverentia, ut tantum Salutationes eorum a stantibus, cætera autem sedentibus dicantur.* Vide *Salvare* 5. *Salutem mandare* post *Salus* 4.

¶ Salvationis Breve, Litteræ quæ navigantibus concedebantur. Vide *Brevetus* pag. 774. col. 3.

¶ **SALVATIONES**, Gall. *Salvations*, vox forensis, Adversæ infirmationis refutatio. Arestum Parlamenti ann. 1484. apud Baluz. tom. 2. Hist. Arvern. pag. 236 : *Titulis et munimentis partium prædictarum contradictionibus litterarum et Salvationibus earumdem.* Aliud ann. 1531. inter Privil. Ordin. S. Johan. Hierosol. pag. 252 : *Hinc inde contradictis etiam et Salvationibus respectionis traditis et productis, ac tandem in jure impunitatis.* Vox etiam in reddendis rationibus usurpata, qua significantur scripta ad tuendas debiti et expensi rationes prolata. Vide Consuet. Hannon. cap. 64. 68. et supra *Salva* 1.

¶ **SALVATIZINA.** Vide *Salvaticina.*

1. **SALVATOR**, in Gloss. Lat. Græc. Σωτήρ. Ita Jesum Christum passim vocant SS. Patres, etsi vocem parum Latinam censeant nonnulli. Sed eos a calumnia liberat Paulus Manutius in hæc verba Ciceronis in Verrem orat. 2 : *Eum non solum Patronum istius insulæ, sed etiam Sotera inscriptum vidi Syracusis. Hoc quantum est? Ita magnum, ut Latino verbo exprimi non possit : is enim Soter, qui salutem dedit.* Ubi Manutius : *Soter Græcum nomen esse, et eum significare, qui salutem dedit, ipso constat interprete Cicerone : quo patet communis error eorum, qui Jesum Christum, cujus immortalia merita nullo satis uno verbo exprimi Latine queunt, Servatorem appellant; aliud enim est servare, aliud salutem dare : servat is, qui ne salus amittatur, aliqua ratione præstat : salutem dat, qui amissam restituit.* Sane habetur vetus Inscriptio, in qua Jupiter *Salvator* dicitur : *Jovi custodi Quirino Salvatori pro salute Cæsaris Nervæ Trajani Aug. Col. Sarmiz.* Marius Mercator lib. Subnotat. cap. 8 : *Ut vere et proprie Christus sit eis etiam Jesus, quod in Latinum eloquium Salvator exprimitur.* Sedulius lib. 1. de Christo, ut cæteros præteream :

Sic delicta fugans Salvator nostra gerendo
Tersit, et a tactu procul evanescere jussit.

Vide Julium Nigronium in Regulas Societatis Jesu, ubi dissertationem hac de re instituit, ut et Olaum Borrichium lib. de Lexicis Latinis, et lib. de Variis linguæ Latinæ ætatibus.

2. **SALVATOR**, Dominus, qui *salvamentum* (de quo supra) percipit. Chronicon Besuense pag. 595 : *Hugo qui pro salvamento Crilliacensis villæ, Salvator dicebatur.* Charta Agauonis Episcopi Augustod. in Tabul. ejusd. Eccles. : *Deinde quidquid illis injuste a præfato cognovimus fuisse superpositum... irritum fecimus.* Charta Alani Episc. Altisiodor. ann. 1166. in Tabular. S. Hilarii Magni Pictavens. : *In terris et nemoribus S. Hilarii, de quibus idem Gibaudus tunc temporis Salvator erat.* Et infra : *Si forte sui homines aliquam feram ceperint in terra S. Hilarii, medietatem debet habere Abbas, et aliam Salvator. Homines S. Laurentii pro nulla re messem Salvatori, neque suis servientibus, nec aliquid pro pastu dant, neque dare debent.* Alia Ricardi de Dampetra ann. 1247. in Tabulario Feodorum Eccles. Lingon. : *Ita quod dictus W. Salvator, et dominus Pontius de Domno Martino erunt inde homines Episcopi.* Tabular. S. Germani Pratensis : *In festo S. Bartholomæi persolvunt homines de Pirodo Salvamentum suum hoc modo : ipso die debet venire ministerialis Salvatoris cum rectamina ejusdem villæ, et recipere consuetudinem domini sui.* Tabularium Archiepiscopatus Arelatensis, circa annum 1115 : *Reddiderunt et dimiserunt eis Salvatores qui fuerunt de genere Sacerdotali, et omnes fivales, (feudales) sed in Salvatoribus retinuerunt 18. denarios per censum.* Ubi nescio an hoc loco *salvatores* non sint ipsi qui *salvamentum* reddebant, tenentes.

* 3. **SALVATOR.** Liber de Mirab. Romæ ad calcem Ordin. Rom. ex Cod. reg. 4188 : *Qualiter milites accipiebant a senatu donativa sua per saccellarium, qui administrabat hoc; quæ omnia pensabat in statera autem* (sic) *quod darentur militibus : ideo vocatur Salvator de stratura. Leg. de statera.*

¶ 1. **SALVATORIA**, Tutela, protectio. Charta Guillelmi *de Baux* Principis Araus. ann. 1202. ex Schedis Præs. *de Mazaugues* : *Insuper recipimus in nostra Salvatoria, et securitate, protectione, et appartenentia dictam domum S. Trinitatis Massiliæ.* Vide supra *Salvamentum* 1.

* 2. **SALVATORIA**, Præstatio a tenentibus facta dominis pro tutela ac protectione personarum et rerum suarum. Charta Phil. Pulc. ann. 1304. in Reg. 61. Chartoph. reg. ch. 106 : *Donamus quicquid juris habemus..... in villa S. Pauleti..... in censibus, Salvatoriis, terris, fructibus, etc.* Vide *Salvataria* 1.

1. **SALVATORIUM**, Vivarium piscium. Charta Henrici Archiepisc. Senonensis ann. 1257. apud Sammarthanos : *Tempore etiam regalium utentur Rex et successores piscibus fossatorum et Salvatoriorum ad dictum manerium spectantium, eo modo quo piscibus aquarum ad dicta Regalia spectantium tempore Regalium uti debent.* Alia ann. 1280. ex Tabulario Fossatensi fol. 139 : *Cum jardino, fossa, seu Salvatorio piscium. Poisson en Sauvoir est meuble partable,* in Arresto ann. 1279. in Regesto Parlamenti B. fol. 51. [Vide Consuetud. Paris. art. 91. *Salvarium* et *Servatorium.*]

¶ 2. **SALVATORIUM** dicitur de Monasterio ubi quis a mundi periculis tutus *salvatur* seu servatur. Vita S. Bernardi inter ejusdem Opera tom. 2. col. 1202 : *Quos ille protinus de mundi periculo, tamquam de marinis fluctibus extractos, et vehiculis conductis impositos in Salvatorium Claræ-vallis inferre non distulit.*

¶ **SALUCIUS**, Nummus aureus Francicus, vulgo *Salut.* Vide in *Moneta regia.* Processus de B. Petro de Luxemburgo tom. 1. Julii pag. 622 : *Sexcentos Salucios auri acceperat.* Vide *Salus* 3. et *Salutia.*

¶ **SALUDADOR**, vox Hispanica, Præstigiator, incantator. Conc. Mexic. ann. 1585. inter Hispan. tom. 4. pag. 373 : *Nemo itidem in posterum eorum officium exerceat, qui per verba aut per benedictionem mederi morbis dicuntur, Hispanice Saludadores, Ensalmadores o Santiguadores nuncupati.*

* **SALVE**, Tute, nostris *Sauvément.* Charta Jacobi I. reg. Aragon. ann. 1232. ex Chartul. Campan. fol. 549. col. 2 : *Sui bestiarii et ganati franche et libere et Salve et secure pascantur.* Constit. Jacobi II. reg. itidem Aragon. ann. 1321 : *Quod possit venire, stare et redire Salve et secure per loca nostra, etc.* Lit. remiss. ann. 1414. in Reg. 168. Chartoph. reg. ch. 63 : *Quant tu seras en ta maison et cuideras estre bien Sauvément et seurement, etc.* Vide *Salvo* 2.

SALVE Regina, Sequentia, quam composuit Petrus Episcopus Compostellanus, ut auctor est Durandus lib. 4. Ration. cap. 21. Quando is vixerit, non comperi : sed istius sequentiæ, ut et alterius *Alma Redemptoris*, etc. meminisse videtur Abbo lib. 1. de Bellis Parisiacis vers. 332 :

Pulchra parens Salve domini, Regina polorum, etc.

☞ Ordini Prædicatorum acceptum refert tota fere Ecclesia usum cantandi *Salve Regina* post Completorium : quod Parisiis in domo S. Jacobi ortum habuisse circa ann. 1220. docet Brevis Hist. Conventus Paris. Fratrum Prædicat. apud Marten. tom. 6. Ampl. Collect. col. 551 : *Ideo ordinatum est in quodam capitulo generali, ut pro conservatione et prosperitate ordinis, ita laudabilis processio in conventu isto incœpta per totum ordinem fieret, ad quam fratres omnes cum devotione insimul convenirent; et in hoc postea multi imitati sunt fratres, Salve Regina eorum modo cantantes.* Huic instituto originem præbuere horrendæ diaboli visiones variæque afflictiones quibus fratres vexabat; quas statim fieri desiisse, atque institutum pluribus, et quidem manifestis signis, approbasse sacram Virginem, testis est laudatæ Hist. Auctor, quem consulere licet, cui hæc placent. Vide *de Moleon* in Itin. Liturg. pag. 194.

* **SALVESIA**, Salveysia, Tutela, protectio; interdum et Præstatio pro tutela. Pact. inter Carol. I. comit. Prov. et monach. Insulæ Barb. ann. 1262 : *Quod alius nullus possit habere, levare seu acquirere aliquam gardam seu Salveysiam in dictis locis, castris vel hominibus dictorum castrorum.* Ibid. : *Quod dictus dominus comes seu ejus successores non possint vassallos dicti domini abbatis et monasterii recipere in garda seu Salvesia sua, nec eos manutenere contra prædictum abbatem vel monasterium.* Vide *Salvezia.*

* **SALVESIUM**, Eodem intellectu. Charta ann. 1248. ex Reg. comit. Tolos. in Cam. Comput. Paris. : *Ex causa protectionis prædictæ seu Salvesio constituo vobis domino Raymundo comiti Tholosano.... annuum censum dimidiæ marchæ sterlingorum, videlicet vj. sol. et viij. den. sterlingorum bonorum et legalium.* Vide *Salvamentum* 1.

¶ **SALVETAS.** Vide *Salvitas.*

¶ **SALVEZIA**, Commodum, tuitio, custodia, Gall. *Conservation*, *garde*. Charta ann. 1321. tom. 2. Hist. Dalph. pag. 192. col. 1 : *Quin etiam prædictus D. Hugo facit et constituit virum nobilem D. Humbertum de Chulay militem castellanum suum castrorum Bellifortis, Flumeti... tenendorum per dictum D. Humbertum ad salveziam dicti dom. Fucigniaci.* Ibidem infra : *Ad salvum et commodum ipsius dom. Fucigniaci.*

¶ 1. **SALVIA**, Mensura vinaria; nisi mendum sit pro *Salma*, in Charta ann. 1220. apud Stephanot. tom. 1. Fragm. Hist. MSS : *Ebolus Vicecomes de Ventadorio assignavit de foresto x. modios siliginis, xii. Salvias vini, et v. solidos annuatim recipiendos.*

* 2. **SALVIA**, *quasi salvans vitam*, *Sauge Gallice*. Glossar. Lat. Gall. ex Cod. reg. 521. Chron. Joan. Vitodur. in Thes. hist. Helvet. pag. 4 : *Cifum pretiosum optimo vino repletum cum Salvia.*

¶ **SALVIARIA**, perperam pro *Salinaria*, in Vocabul. utriusque Jur. : *Salviaria dicuntur ea quæ dantur pro sale. Etiam dicuntur postoria.*

* **SALVIARIUM**, Locus, ubi *salvia* abundat. Glossar. jam laudatum 521 : *Salviarium*, *Saugier Gallice*.

¶ 1. **SALVIATUM**, Leguminis species. Ceremoniale MS. Eccl. Vivar. ann. 1360 : *Die vero Veneris cicera rubea, et die Sabbati Salviatum comedebant.*

* 2. **SALVIATUM**, *Sageis*, in Glossar. Lat. Gall. ann. 1352. ex Cod. reg. 4120. Aliud Gall. Lat. ex Cod. 7684 : *Salviatis*, *Saugie, un bruvage; a salvia, sauge*, *Vin nouvel Saugé*, salvia conditum, in Lit. ann. 1359. tom. 7. Ordinat. reg. Franc. pag. 255. art. 18.

* **SALVICARE**, Salvum facere. Glossar. Lat. Gall. ex Cod. reg. 7692 : *Salvicare*, *fere sauf*.

¶ **SALVICINA** Prata, Salinaria, ni fallor, Gall. *Marais Salans* : unde *Salaricia* legendum puto. Vide *Salaricia terra*. Diploma Willelmi Ducis Aquit. ann. 1026. inter Instr. tom. 2. novæ Gall. Christ. col. 268 : *Concedo... alteram* (villam) *quæ vocatur Solaco... cum marisco, et cum montaneis, cum pineta, cum piscatione, cum cuncta prata Salvicina capiente.*

¶ **SALVIETA**, Mantile, Gallice *Serviette*. Statuta Card. Trivultii pro Monast. S. Victoris Massil. ann. 1531 : *Elemosinarius tenetur providere de mappis, Salvietis et vasibus seu bacuis ad lavandum pedes pauperum.*

¶ **SALVIFICARE**, Salvum facere, apud Vulg. Interpr. Johan. 12. 27. et in Translat. S. Jacobi tom. 3. Concil. Hispan. pag. 123. Godefridi Viterb. Pantheon apud Murator. tom. 7. col. 442 :

> Nam puero pueri pietate volunt misereri,
> Judicio cœli Salvificandus erit.

* Charta Odon. episc. Paris. ann. 1204. ex Chartul. ejusd. episc. fol. 53. v° : *Omnes autem possessiones prædictas dictus Guibertus capellaniæ garantire et per omnia Salvificare tenetur.*

¶ Salvificatio, σωτηρία. Gloss. Lat. Gr.

¶ Salvificator, Salvator, apud Tertull. de Pudicit. cap. 2 : *Salvificator* (Deus) *omnium hominum, et maxime fidelium.* Vide *Salvator* 1.

** **SALVIFLUUS**, Salutem effundens. Johann. Erig. Scot. carm. 2. vers. 2. in Maii Classic. Auctor. tom. 5. pag. 429 :

> Aspice præclarum radiis solaribus orbem,
> Quos crux Salviflua spargit ab arce sua.

¶ **SALVIGARDIA**. Vide *Salvagardia*.

¶ **SALVINCA**, ut *Saliunca*, quomodo etiam forte legendum est. Gesta Tancredi apud Marten. tom. 3. Anecdot. col. 162 :

> In spem vivendi currunt ad opes, moriendi
> Lethiferos gustus, ut sunt Salvinca, cicuta,
> Elleborum, lapan, lolium, zizania mandant.

SALVIOR, Comparat. ex *Salvus*. Capitula Caroli M. lib. 6. cap. 285. [** 370.] : *Sed magis eis, si Dominus posse dederit, augere desideramus, ut et ipsi, et vos, et nos Salviores simus, et Deo potius, ipso adminiculante, placere mereamur.*

¶ **SALVISTRUM**, mendose pro *Salpistrum*, vel quid simile, Salnitrum, *Salpêtre*. Litteræ Richardi II. Reg. Angl. ann. 1380. apud Rymer. tom. 7. pag. 233 : *Unam pipam pulveris Salvistri, etc.* Vide *Sallepetir*.

SALVITAS, Immunitas data loco vel Ecclesiæ aut Monasterio a Principibus. Tabularium Monasterii de Regula fol. 39 : *Sint igitur isti Monachi in subjectione Regis, ad locum Salvum faciendum, non etiam ad aliquod persolvendum.* Quæ quidem *salvitas* suis limitibus constabat, ut multis docuit Marca lib. 5. Histor. Beneharn. cap. 13. n. 3. ut et Catellus in Hist. Tolosana pag. 194. ἐκ τῶν ὅρων ἀσφάλεια, in Nov. 17. Justiniani cap. 7. Vide *Dextri*. Charta ann. 1132. apud eumdem Catellum lib. 5. Rerum Occitanarum pag. 786 : *Qui præsentes erant Episcopi locum ad eandem Salvitatem circumeundo designaverunt, et ejus continentiam crucibus infixis terminaverunt. Quæcunque igitur persona, quicquid infra easdem cruces continetur, invaserit, prædatus fuerit, aut vexationibus fatigaverit, vel ad hoc consilium seu auxilium subministraverit, ita ut vel incolam vel peregrinum, sive omnino aliquem in præfata Salvitate læserit, aut quicquam abstraxerit, ex auctoritate P. C. T. SS. anathematizati erunt, etc.* Charta Guillelmi Ducis Aquitaniæ ann. 1027 : *Concedo ad Basilicam S. Crucis Burdegalæ Salvitatem illius loci, et allodium liberum, et villam S. Macarii, ubi ipse B. Macarius... requiescit.* Tabularium S. Petri Generensis : *Gasto Vicecomes Beharnensis juravit Salvitatem in Castello cum omnibus sui Vicecomitatus optimatibus.* Idem Vicecomes in Tabulario Palensi : *Juravit libertatem et Salvitatem ipsius Ecclesiæ, et securitatem omnium hominum, et rerum cunctarum, quæ ad Monachos pertinent.* Charta ann. 1150. apud Catellum in Comitibus Tolosanis pag. 218 : *Qui scienter occidit hominem injuria, non defendat eum Ecclesia, neque claustrum, neque Salvitas.* [Charta Alexandri III. PP. ann. 1167. in Append. ad Marcam Hisp. col. 1347 : *Insuper etiam omnes Salvitates, quæ a multis retro temporibus in villa quæ conjuncta est monasterio vestro et in terminis ejus rationabiliter constitutæ sunt, præcipimus perpetuo inviolabiliter observari... prohibentes ne quis Salvitates et securitates ipsas, quæ pro communi utilitate monasterii et hominum constitutæ sunt, ausu temeritatis infringat.*] Edictum Nunonis Sancii D. Rossilionis de Treuga tenenda ann. 1217 : *Item emunitates et Salvitates Templi et Hospitalis Hierosol. sub eadem pace constituimus. Statuimus tamen quod de cætero domus Templi et Hospitalis vel alius venerabilis locus religiosus non recipiat novas Salvitates sine consilio D. Episcopi et Vicarii nostri.* Concilium Rolfiacense ann. 1258. cap. 2 : *Infringunt Ecclesias, et violant Salvitates, etc.* Charta Hugonis Bruni, Comitis Marchiæ pro libertatibus Bellaci, in Regesto Inculismensi Cameræ Comput. Paris. pag. 36 : *Cum concordassent inter se, et etiam juramento firmassent consuetudines et Securitates castri et villæ de Belac se fideliter observaturos, et metas etiam et terminos posuissent, infra quos omnes homines, Milites, clientes, burgenses, rustici securitatem haberent,... eodem modo consuetudines et Securitates et metas et terminos eosdem, infra quos nullus, qui jus facere velit et possit, capiatur. Metæ videlicet et termini sunt isti.* V. *Bannus sacer* pag. 568. col. 1. et *Salvatio* 2.

¶ Salvetas, Eadem notione. Charta ann. 1015. inter Probat. tom. 2. novæ Hist. Occitan. col. 169 : *Et facio hoc propter amorem Dei, et S. Petri, et S. Mariæ et S. Geronti, et propter emendationem de Salvetate quam infregi, quando Bernardum apprehendi.*

* Unde nostris *Salveté*, pro Pagus, villa, districtus, intra fines ejusmodi immunitatis. Lit. remiss. ann. 1376. in Reg. 109. Chartoph. reg. ch. 174 : *Jehan Chays de la Salveté ou bailliage de Velay.* Hinc *Sauvatier*, pagi incola, vel qui præstationem pro tutela domino debet. Lit. remiss. ann. 1468. in Reg. 197. ch. 66 : *Guillaume Sit Sauvatier ou serviteur du seigneur de Canac, etc.* Vide in *Salvamentum* 1. *Sauveté*, idem quod Tuitio, securitas, in Charta Caroli V. ann. 1378. ex Tabul. Regniac. : *Il ont fait édifier ung hostel ou maison à leurs despens, pour mettre eulx et leurs biens, familiers et serviteurs à Sauveté.*

¶ Salvitas, Castrum, cujus munimentis ab externa vi defendi et *salvari* possunt incolæ. Charta ann. 1228. inter Inst. tom. 1. novæ Gall. Christ. col. 288 : *Datum apud Salvitatem Laurimontis, etc.* Vide *Salvaterra*.

¶ **SALUM**, *Mare*, ἅλς, in Gloss. Lat. Græc. Charta Pipini II. ann. 762. apud Calmet. inter Probat. tom. 1. Hist. Lothar. col. 275 : *Hunc beatus Petrus ex hujus mundi Salo, hamo fidei ad tranquillum sanctæ Ecclesiæ transtulit portum.* Latinis notior vox pro ora maris, tametsi pro mari usurpat Virgilius.

¶ **SALUMEN**, Ital. *Salume*, Salsamentum, Gall. *Saline*. Conventiones civitatis Saonæ ann. 1526 : *Item pro piscibus salsis, sive Saluminibus, ac etiam recentibus, coctis, etc.*

1. **SALVO**, Præter, quomodo nostri *Sauf* dicunt. Martinus Didacus *Daux* Justitia Aragon. lib. 1. Observantiar. Regni Aragon. : *Habentes cavallerias, ubique tenentur servire Domino Regi, Salvo in mari, etc.* [*Saus* et *sauve* olim nostris. Charta ann. 1260. apud Lobinell. tom. 2. Histor. Britan. col. 402 : *Sauve nostre foi vers nostre seignor le Roy de France, des fiez et des terres que nos tenons et tendrons de lui, et Saus ses services deux, etc.*]

* Alias *Sals* et *Salve*. Villehard. paragr. 43 : *Ensi fu la ville rendue en la merci le duc de Venise, sals lor cors*. Charta ann. 1247. ex Chartul. 21. Corb. fol. 95 : *Salve la Cristienté de l'église devant dite et ce qui appartient à la Cristienté, et Salves les dismes et sauf ce que canques li home du pont de Thanes ont hors de leur manoirs.*

¶ 2. **SALVO**, Diligenter, tute, Gall. *Seurement*, *en Seureté*. Charta Henrici III. Reg. Angl. ann. 1219. apud Rymer. tom. 1. pag. 228 : *Teneantur in prisona nostra, et Salvo custodiantur*. Alia ejusdem Reg. ann. 1255. ibid. pag. 562 : *Noveritis nos dedisse... nostrum Salvum et securum conductum veniendi ad nos... Salvo morandi et Salvo redeundi ad partes suas quo voluerint*. Rursum alia ann. 1260. ibid. pag. 713 : *In veniendo ad nos, in regnum nostrum ubicumque, et ibidem moram Salvo et secure contrahendo, ac libere, Salvo et secure in regnum suum revertendi, etc.*

* **SALVOSA**, Tuitio, custodia, protectio. Charta ann. 1251. inter Probat. tom. 3. Hist. Occit. col. 491 : *Recipimus et in defensione nostra et guidagio et Salvosa vos et omnes et singulos officiales dictæ monetæ.* Vide supra *Salvesia*.

* *Remettre une espée en Sauf*, Gladium mittere in vaginam, in Lit. remiss. ann. 1399. in Reg. 154. Chartoph. reg. ch. 494 : *Icellui Drouet sachia son espée, auquel l'exposant dist, Drouet, remes ton espée en Sauf.* Tum enim ab ea quisque salvus est.

¶ **SALURA**, Mensura aridorum, in Informat. pro passagio transmar. ex Cod. MS. Sangerman. : *Item portabit* (navis de tribus copertis) MMM. *Saluras bladi et plus.* Haud invitus *Salmas* restituendum putarem, ni *Salsarium* eadem occurreret notione. Vide *Salsarium* 2.

1. **SALUS**, Græcis σαλός, Stultus. Hinc sancti quidam διὰ τὸν Χριστὸν σαλοὶ appellati, quod μωρίαν simulando, pietatem insignem hoc stultitiæ velo pro Christo occultaverint. In iis Græci memoriam colunt in Menæis S. Symeonis 21. Julii, et S. Theodori 25. Februar. Adde Evagrium lib. 4. c. 33. 34. etc. Palladius in Hist. Lausiaca cap. 42 : Ὑμεῖς ἐστε σαλαί, ubi vetus Interpres : *Vos estis fatuæ*. Vide Glossar. med. Græcit. col. 1328.

2. **SALUS**, ita Baptismi Sacramentum appellant Christiani. Lexicon Græc. MS. Reg. cod. 2062 : Βάπτισμα, ἄφεσις ἁμαρτημάτων δι' ὕδατος καὶ πνεύματος. S. Athanasius Orat. in S. Pascha edit. Combefisii pag. 537 : Ἐνέχυρον τῆς ἐν οὐρανῷ διαίτης baptisma vocat. S. Augustinus contra Pelagian. lib. 1. cap. 24 : *Optime Punici Christiani baptismum ipsum nihil aliud quam Salutem, et Sacramentum corporis Christi nihil aliud quam Vitam vocant.* Idem de Urbis excidio cap. 6 : *Baptismum extorquebat quisque a quo poterat. Non solum in Ecclesia, sed etiam per domos, per vicos ac plateas Salus Sacramenti exigebatur.* Salvianus lib. 6. de Gubernat. Dei : *Tenemus symbolum, et evertimus, confitemur munus Salutis pariter et negamus. Ac per hoc ubi est Christianitas nostra, quia ad hoc tantummodo Sacramentum Salutis accipimus, ut majore postea prævaricationis scelere peccemus? Salutarem baptismum consequi*, apud Luciferum Calar. lib. 1. pro S. Athanasio. Rupertus Abbas in Vita S. Heriberti Archiep. Coloniensis n. 231. de Baptizato : *Tradidit Sacramentum Salutis, non personæ intendens, sed creaturæ formatæ ad imaginem Dei.*

3. **SALUS**, et SALUT, Nummus aureus in Francia ab Henrico V. Rege Angliæ cusus, sic dictus quod in ea efficta esset Annunciationis Deiparæ seu salutationis Angelicæ figura. Occurrit in Chronico sub ann. 1420. [Vetus Instr. inter Acta SS. tom. 1. Maii pag. 64 : *Et promittuntur pro pretio viginti tria scuta in Saluts, tastarts et besonds solvenda.* Testam. Philippi Boni ann. 1441. apud Miræum tom. 2. pag. 1260 : *Possint quotiescumque velint id omne a dicto nostro Cancellario ejusque heredibus summa decem millium aureorum, Salus dictorum... redimere.* Ibid. pag. 1261 : *Legamus.... gemmam valoris* 100. *aureorum, quos Salus vocant, in memoriam nostri.*] Vide *Moneta*, *Salucius* et *Salutia*.

* Charta ann. 1443. in Suppl. ad Miræum pag. 189. col. 2 : *Levabit unum denarium aureum, vulgariter Saluyt, monetæ regis Franciæ nuncupatum.*

¶ 4. **SALUS**, Preces vespertinæ, vulgo *Salut*, apud Robert. *Goulet* in Compend. Jur. Universit. Paris. Statuta Collegii de Monte-acuto ann. 1501. apud Lobinell. tom. 5. Hist. Paris. pag. 734 : *Similiter, si Saluti serotinæ deesset, nocturnis matutinis, vel horæ tertiæ,.... mulctaretur pœna.*

¶ SALUTEM ET APOSTOLICAM BENEDICTIONEM, Formula in Epistolis Summorum Pontificum a Gregorio VII. primum inducta, non a Cleto ut falso olim credebatur; ac demum ab exeunte sæculo XI. in brevibus epistolis, seu rescriptis tantum usurpata. Vide Johan. Garnerium ad Diurnum Rom. Mabill. lib. 2. Diplom. cap. 2. num. 20. et alios.

SALUTEM MANDARE, Salutare. [Capitul. Caroli Calvi tit. 20. § 1 : *Mandat vobis senior noster Salutes.* Rursum tit. 20. §. 1.] Bernardus Monachus in Consuetud. Cluniacensib. MSS. cap. 1. de Abbate : *Cum alicubi longius a Monasterio moram faciens, mandat Conventui Salutes, seu orationes, qui in Capitulo fuerint, petunt venias super genua in scabellis pedum suorum.* [Vide *Salvatio* 4.]

SALUTES, Eulogiæ, xenia, exenia, seu præstationes, quæ fiebant ultra debitum censum, aut debitam pensitationem, statutis temporibus, sic dictæ, quod qui eas deferebant dominis, *salutem* iis cum ejusmodi xeniis impertirentur. Chartæ Parensales for. 24 : *Nos et nostri servientes vestri, in Domino vobis dirigimus Salutes.* Chronicon Casauriense lib. 4 : *Illi autem quos in turre posuerat.... prætereuntes deprædabantur, missas rapiebant Salutes.* Tabularium ejusdem Monasterii ann. 1140 : *Promisit in uno quoque anno duas maximas Salutes de piscibus facere.* [Charta ann. circ. 1139. in Addit. ad Chron. Casaur. apud Murator. tom. 2. part. 2. col. 1008 : *Salutes in festis, sicut alia persona servilis, persolvit et portat.*] Petrus Diac. Casin. lib. 4. cap. 53 : *Ut haberet inde omnem reditum.... præter consuetas Salutes.* Bulla Honorii III. PP : *Universi habitatores castri prædicti tenentur præstare annuatim infirmariæ Casinensi Salutes infrascriptas, videlicet gallinam, et 2. panes, et unum pastillum, vel loco pastilli, unam gallinam, et 12. ova in Nativitate Domini.* Falco Beneventanus pag. 113 : *Terraticum, olivas, vinum, Salutes, nec ullam dationem de vineis, terris, etc.* Charta Rogerii Regis Siciliæ ann. 1137. apud eumdem pag. 315 : *Redditus, Salutes, angarias, terraticum, etc.* Inscriptio sepulchri S. Benedicti Episcopi Albingaun. edita ann. 1409. apud Ughellum :

..... Et egenis quascunque Salutes
Concedebat enim munitus amore superno.

Sueno in Hist. Danica cap. 5 : *Missi sunt itaque legati qui... reginam convenirent, pariterque Salutes perferrent Imperatoris, et simul ejus donaria regiaque munera offerrent.* Ex his colligi posse videtur, quid sit *salus*, in Canonibus Hibern. lib. 33. cap. 5. cujus lemma his verbis concipitur : *De modo quo reddet debitor Salutem ratæ.* Id est, quo modo debitor debiti præstationem faciet. Vide infra *Salutatio* 3. et *Visitatio*.

SALUTABILITER. Gloss. Græc. Lat. : Σωτηριώδως, *Salubriter, Salutabiliter*.

¶ **SALUTARE**, Salvator. Charta apud *Madox* Formul. Anglic. pag. 28 : *Universis sanctæ matris Ecclesiæ filiis.... W. Abbas de Stanleia,... salutem in vero Salutari.* Charta MS. Wolfgeri Patav. Episc. ann. 1204 : *Omnibus Christi fidelibus perpetuam in vero Salutari salutem.* Vide *Salvator* 1.

SALUTATICUM, Idem quod *Salus*, vel jus exigendi ejusmodi *salutes*, sive xenia : perperam enim Goldastus *vectigal pro sale* interpretatur. Hugo Flaviniacensis ann. 755 : *Ut nullis hominum Flaviniacensis Ecclesia in omni regno suo teloneum daret,.. nec de rotatico, barganatico, pulveratico, mutatico, Salutatico, laudatico, etc.* Charta Dagoberti Regis apud Doubletum pag. 656 : *Laudaticos, saumaticos, Salutaticos, etc.* Alia Pipini Regis apud Chiffletium in Tornutio, pag. 193 : *Aut portaticum aut Salutaticum, aut cespitaticum, etc.* Occurrit crebro in Chartis Caroli M. et aliorum apud Hedam pag. 218. 1. edit. post Aimoinum Brolii pag. 264. 265. apud Sanjulianum in Tornutio pag. 510. Beslium in Episcopis Pictavensibus pag. 28. Duchesnium in Hist. Vergiacensi pag. 9. Hubertum in Hist. S. Aniani pag. 75. etc. Huc videtur spectare Formula Manumissionis servi apud Rollandinum in Notaria cap. 7. rubr. 4 : *Et ab omni conditione, gravamine operis, et operarum impositione, tam obsequialium, quæ consistunt in faciendo, ut in assurgendo, Salutando, et similium; quam eorum quæ consistunt in non faciendo, utputa de non vocando in jus manumissorem venia non petita, etc.* Perperam vero *Saltuaticum* legit Lindenbrogius in formula solemni 12. et apud Aimoinum lib. 5. cap. 1. Marculfus lib. 2. form. 44 : *Quomodo Episcopus in Nativitate Domini ad Regem, Reginam, vel ad Episcopum visitationis dirigit scriptum. Dum generaliter Dominicæ Nativitatis exultamus adventum, censum debitæ subjectionis desolvere perurgemus : atque ideo Salutationum munia cum Eulogiis peculiaris patroni vestri sancti illius... Clementiæ vestræ direximus, etc.* Adde form. 7.

45. 46. Vide Glossar. med. Græcit. voce Ἀσπαςικόν, col. 143.

1. **SALUTATIO.** Capitulare Aitonis Episc. Basil. cap. 3 : *Ut ad Salutationes sacerdotales congruæ responsiones discantur, ubi non solum Clerici et Deo dicatæ Sacerdoti responsionem offerant, sed omnis plebs devota consona voce respondere debet.* Concilium Wormatiense ann. 868. cap. 69 : *Lectores populum non Salutent.* In Synodo Ticinensi ann. 850. cap. 12. vetantur *Pœnitentes publice vacare Salutationibus.*

☞ Dubium nemini est hac voce significari verba, *Dominus vobiscum*, quibus Sacerdos in sacris Liturgiis populum salutat. Idem apertius docet Ceremoniale MS. B. M. Deauratæ Tolos. ubi de Missa Sabbati Quatuor temporum, cujus prima oratio absque *Dominus vobiscum* dici solet : *Primo dicitur officium* (i. e. Introitus) *ut moris est, et* Kyrie eleison, *deinde dicitur oratio sine salutatione ; et post dicitur lectio prima per puerum.* Ibidem ubi de die Parasceves : *Post tractum dicitur oratio, scilicet* Deus a quo et Judas, *quæ absolute dicitur et sine Salutatione et cum* Flectamus. Consule Rerum Liturgic. Scriptores.

¶ 2. **SALUTATIO.** *Salutationem* vocabant Litteras, quibus Episcopo præsentabatur qui in aliquod beneficium electus *fuerat* ab iis qui jure patronatus gaudebant. Eodem nomine nuncupabantur Litteræ, quibus quis alterius procurator constituebatur. Harum Litterarum formulæ exstant in Chartulario Meldensi sub hoc titulo : *De Salutatione Abbatissæ Faremonasterii.*

¶ 3. **SALUTATIO**, Munus, donum. Ambros. Autpertus lib. de Cupiditate, apud Marten. tom. 9. Ampl. Collect. col. 226 : *Solent quoque hi muneris ipsius nomen immutare, et dicunt se non munus accepisse, sed Salutationem, quos utique nescio utrum magis stultos, an versutos appellem.* Vide *Salutes* post *Salus* 4. et *Salutaticum.*

¶ 4. **SALUTATIO**, Adoratio, Duplex salutandi ratio Albigensibus usitata, apud quos *Salutatio*, Credentium, ut aiebant, erat; *Adoratio*, nondum Credentium. Hæc pluribus variisque in locis describit Limborchius in Histor. Inquisit. Tolos. ac præsertim pag. 54 : *Item quando heretici de novo veniebant, vel quando recedebant ab eo, Salutabat eos modo hereticali abstracto capucio, scilicet amplexando et tenendo manus super brachia heretici, vertendo et inclinando caput ter, nunc ad dexteram, nunc ad sinistram heretici, et dicendo ter Benedicite.* Et pag. 61 : *Adoravit eum flexis genibus, junctis manibus inclinando se ter super unam bancham coram eo et dicendo, etc.* Respondebat hæreticus, *Benedicat vos Christus et nos;* quibus subjungebant discipuli, *Bone Christiane rogate quod perducat nos ad bonum finem.*

SALUTATORIÆ Epistolæ, Quibus quis alicui salutem impertit. Gesta Felicis Episcopi Aptungitani : *Inde cathedram tulimus et Epistolas salutatorias, et ostia omnia combusta sunt, etc.* Infra : *Quum Galatius unus ex lege vestra publice Epistolas Salutatorias de Basilica protulerit.* Ubi videntur intelligi Epistolæ, quas sibi invicem scribebant Christiani, quas cum eorum libris igni tradebant Gentiles. Utitur etiam Fortunatus lib. 5. Poem. 18. cui et *salutatorium* dicitur lib. 8. Poem. 16. 17. 18. ut et Stephano Tornacensi Epist. 230. 2. edit. Adde Andream Mon. lib. 1. Vitæ S. Ottonis Episc. Bambergensis capite 43.

* Prætermittenda non est formula salutationis, qua inscribitur Charta ann. 1275. in Chartul. Dolens. monast. : *Divina favente clementia, Richardus sacræ sedis Bituricæ archiepiscopus senioribus et populis ejus ditioni subjectis, bene valere et esse felices.*

* Quanta vero cum reverentia olim filii salutabant patres, discimus ex Lit. remiss. ann. 1464. in Reg. 199. Chartoph. reg. ch. 398 : *Loys de Montmorancy chevalier, seigneur de Fosseux,.... partit de son hostel de Wastines, assis ou païs de Picardie,.... pour aler veoir le seigneur de Montmorancy son pere, et arriva à Escouen où il estoit,.... et pareillement y trouva Jehan de Montmorancy chevalier, seigneur de Nyvelle, son frere; et incontinent que ledit Loys les apperceut, il descendit de dessus son cheval et se mist à genoulz devant sondit pere et le salua, et icellui son pere le print par la main et lui fist très-bonne chere; et après icellui Loys alla saluer sondit frere, lequel lui fist très-mauvais semblant.*

SALUTATORIUM, *Locus, in quo ad salutandum advenientes excipiebantur,* Papiæ; g r e t i n g h - h u s, i. domus salutationis, Ælfrico. [*Salutatorium cubile*, Plinio lib. 15. cap. 11. nostris *Sale d'entrée.* Gloss. Lat. Græc. MSS. : *Salutatorium*, ἀσπαςικόν.] Ordericus Vitalis lib. 2. pag. 412 : *Ecce januas hic disponam, et ad ortum solis ingressum ; primo Proaulam, secundo Salutatorium, in tertio Consistorium, in quarto Tricoriam, in quinto zetas hyemales, etc.* [Chartar. Farfense ubi fit descriptio palatii Spoletani : *In primo proaulium, id est locus ante aulam. In secundo Salutatorium, id est locus salutandi officio deputatus, juxta majorem domum constitutus.*] Ita *Salutatorium* in Monasteriis virginum appellatur in Regulis S. Cæsarii, S. Aureliani, et S. Donati, et in Concilio Matiscon. I. cap. 2. Præsertim vero ita appellata exedra Ecclesiæ adjuncta, ubi Episcopi priusquam sacra peragerent, fidelium salutationes excipiebant, uti colligitur ex Gregorio M. lib. 4. Epist. 54. et 98. et aliis quos laudavimus in Descript. ædis Sophianæ n. 88. [Agnellus in lib. Pontif. apud Murator. tom. 2. pag. 164 : *Fecit hic beatissimus Felix Salutatorium unde procedunt usque hodie pontifices ad introitum Missarum, palam populis videntibus.* Vita S. Cæsarii Arelat. sæc. 1. Bened. pag. 672 : *Cumque completo lucernario benedictionem populo dedisset, egredientibus illis mulier quædam in Salutatorio occurrit, etc.*] Adde Vitam S. Ephræmi apud Bollandum n. 3. Cyprianus in Vita S. Cæsarii Arelat. sub fin. : *Mulieres tamen intra domum Ecclesiæ non ad Salutandum, non qualibet causa, nec religiosæ, nec propinquæ ancillæ nulla omnino feminarum introeundi habuit licentiam.*

* Vide præterea Bernard. Ferrar. de Ritu sacr. concion. lib. 3. cap. 9. ubi Vestibulum esse ædium episcopalium contendit ex Cassiodori loco hue non allato. Hist. Tripart. lib. 9. et 30. Sic lib. 5. cap. 18. Theodoricus (ex quo Cassiodorus ad verbum) ὁ ἀσπαςικὸς οἶκος. Unde Glossæ. Hæc ex animadv. D. *Falconet.* Vide Glossar. med. Græcit. col. 130.

☞ In *Salutatorio*, ut observat Mabillonius, non modo vestes sacras induebant, sed et causas audiebant, Synodos celebrabant, ibidemque aliquando manebant : quod de Namatio Arvernorum Antistite tradit Gregorius in Hist. lib. 2. cap. 21. et de Eberulfo in lib. 7. cap. 22. Vide *Secretarium* 3. Aliud tamen *Salutatorium* abs *domo Ecclesiæ*, cujus meminit variis in locis idem Gregorius, haud dubie Episcopalis ædes ecclesiæ adhærens. Consule, si placet, Card. Bona Rer. Liturg. lib. 1. cap. 24. n. 2. et Menardum in Concord. Regul. cap. 5. § 25. *Salutatorium*, alia notione, occurrit apud Fortunatum. Vide *Salutatoriæ Epistolæ.*

SALUTATORIUS Digitus, *vel index, quod eo fere salutamus aliquid, vel aliquid monstramus.* Ugutio.

¶ **SALUTIA**, Nummus aureus Francicus, vulgo *Salut.* Mirac. S. Servatii Episc. tom. 3. Maii pag. 228 : *Et duas Salutias obtulerunt B. Servatio.* Charta ann. 1430. apud Rymer. tom. 10. pag. 454 : *Pro summa quinquaginta milium Salutiarum auri,... de quibus quidem quinquaginta milibus Salutiarum auri... de prædictis quinque milibus nobilium, ad valorem earumdem quinquaginta milium Salutiarum, etc.* Vide *Salucius* et *Salus* 3.

¶ Salutium, Eadem notione, apud Stephanot. in Antiquit. MSS. Aurelian. pag. 540 : *Dedit nobis duo Salutia auri redditus.*

¶ **SALUTIFICATOR**, Salvator, apud Tertull. de Carne Christi cap. 14. de Resurr. Carnis cap. 47. adv. Marc. lib. 5. cap. 15. et de Pudicit. cap. 2. Vide *Salvificare.*

¶ **SALUTIGERULUS**, ἐπισκέπτης, in Gloss. Lat. Græc. Vox a Plauto usurpata Aulul. act. 3. sc. 5. pro eo qui alterius nomine salutem fert. *Salutigerus*, eadem notione, apud Apuleium de Deo Socratis.

¶ **SALVUM**, ut supra *Salvamentum*, Præstatio pro tutela et protectione. Testam. Jacobi Aragon. Regis ann. 1272. apud Marten. tom. 1. Anecd. col. 1142 : *Ad solutionem vero debitorum nostrorum et legatorum infrascriptorum, et restitutionem injuriarum, assignamus omnes reditus nostros villæ Valentiæ cum Salvo et albesura ejusdem, etc.*

¶ Salvum, Tuitio, custodia, Gall. *Conservation, garde*, in Charta ann. 1321. tom. 2. Hist. Dalphin. pag. 192. col. 1. Charta ann. 1401. ex Tabular. Taurin. : *Commissarios deputavimus ad Salvum et ad opus jus habentium in castris de Bersiaco, etc.* Vide *Salvesia.*

¶ Ad Salvum Suum Jurare, id est, Super salutem suam, Gallice *Sur son Salut.* Charta ann. 1258. tom. 2. Hist. Dalphin. pag. 21. col. 1 : *Promisit et juravit supra sancta Dei Evangelia,... et ad Salvum ipsius, se contra prædicta ullo tempore non venturum.* Vide in *Juramentum* pag. 939. col. 2.

¶ Salvus-conductus, a Gall. *Saufconduit*, Principis privilegium, quo ne alicui vis inferatur, cavetur, Ital. *Salvocondotto.* Annal. Estens. Jacobi Delayto ad ann. 1404. apud Murator. tom. 18. col. 997 : *Cittadellam dedidit* (Ugolotus) *cum pactione salutis personarum et rerum, suique Salviconductus libere abeundi cum rebus.* Chron. Andr. Danduli ad ann. 1405. apud eumd. tom. 12. col. 505 : *Dominus Paduæ videns omnia consilia in irritum cedere, coactus est facere aliquam transactionem et pactum cum Venetis, quare exiens ex urbe cum Salvoconductu, etc.* Adde Ludewig. tom. 5. Reliq. MSS. pag. 331. *Securus ducatus*, dicitur in Tabul. S. Albini Andegav. : *Cui* (Galterio) *dum Albericus Securum eundi et redeundi Ducatum promisisset, dixit se iturum. Securus conductus*, in Epistola Gregorii X. PP. ann. 1272. inter Probat. tom. 6. Gall. Christ. novæ edit. col. 70. Le Roman *de la guerre de Troyes* MS :

Seur condut li ot baillé,
Ensi l'oit tot droit envogié
A Alceon un Roi vaillant.

Idem aliis verbis exprimitur in Chron. S. Medardi Suession. ad ann. 1225. apud Acher. tom. 2. Spicil. pag. 793 : *Ad ultimum vero colloquium habuit* (Bertrannus de Raiz qui se Comitem Flandriæ Balduinum simulabat) *cum Rege Francorum Ludovico apud Castrum Peronne, Salvo ire, et Salvo venire, Salvo venire, et Salvo redire.* [* Nostris *Saufalant* et *Sauf-venant.* Lit. remiss. ann. 1388. in Reg. 135. Chartoph. reg. ch. 42 : *Et aussi dist icellui Jehan du Mares que l'exposant venist hardiement et qu'il lui donnoit Sauf-alant et Sauf-venant.*] In Consuet. Hannon. cap. 9. *Sauf-conduit*, dicuntur induciæ, quas Baillivus homicidæ concedit facta inquisitione et pace cum ejus actore. Vide *Salvagardia.* [** Haltaus. Glossar. Germ. voce *Geleite*, col. 628.]

Salvus Locus, Liber, immunis ab omni præstatione. Charta donationis Bernardi Comitis Petragoric. et uxoris Garsindæ pro Monasterio Sarlatensi : *Sint et ipsi Monachi in subjectione Regis ad locum Salvum faciendum, et non ad aliud persolvendum, nisi solas orationes.* Vide *Salvamentum* 1. et *Salvitas.*

¶ Salvus Lotus, Verba irrisoria Gentilium in Martyres Christi sanguine suo conspersos, quibus familiare erat martyrium, secundum baptisma vocare. Passio SS. Perpetuæ et Felicitatis cap. 21. apud Ruinart. pag. 95 : *Et statim in fine spectaculi, leopardo objectus de uno morsu ejus tanto perfusus est sanguine, ut populus revertenti illi secundi baptismatis testimonium reclamaverit : Salvum lotum, Salvum lotum. Plane utique salvus erat, qui hoc spectaculo claruerat.*

¶ Salvus Respectus, Gall. *Sauf-respit*, Prorogatio, quam dominus vassallo concedit ad præstandum hominium. Vide *Respectus.*

* **SALZEDA**, Salzeta, Sauzeda, Salictum, Gall. *Saussaie.* Charta ann. 1343. in Reg. 74. Chartoph. reg. ch. 242 : *Terra et hæreditas de Merchorio, sive sint castra, villæ, mansi, montanæ, nemora sive brossæ, Salzetæ, molendina, etc.* Terrear. villæ *de Busseul* fol. 3. v° ex Cod. reg. 6017 : *Item obolum pro quadam Salzeda, sita in territorio de las ayras.* Infra : *Sauzeda.* Vide supra *Sallicium* et *Salseia.*

¶ **SALZERIA**, Vasculum *salciis* seu condimentis reponendis aptum, Gall. *Sauciere.* Comput. ab ann. 1333. ad ann. 1336. tom. 2. Hist. Dalph. pag. 273 : *Angelo de Apparere per manus Guillelmi de Bles magistri coquinæ domini pro incisoriis, parascidibus, Salzeriis, astis, etc.* Vide *Salsaria* 2.

¶ **SAMA**, ut *Sagma.* Vide in hac voce.

¶ **SAMADINUS**, f. Holosericus. Nicolaus Lankmannus in Histor. desponsationis Frederici III. Imper. cum Leonora Portugalliæ Infantissa : *Et ad hospitia eis deputata ad civitatem in equis regalibus et ornamentis Samadinis magnifice conducere mandavit.* Vide *Exametum.*

** **SAMAMITHIUM**, Lacertus. Anast. Mirac. S. Cyri et Johann. sect. 40. in Maii Spicileg. tom. 3. pag. 477 : *Tria enim reptilia, quæ vocantur Samamithia hunc calamum habitabant.* Vox Græca. Vide Glossar. med. Græcit. in Τοιχοβαύσης, col. 1581.

1. **SAMARDACUS**, Afris, Impostor, morio, πλάνος. S. Augustinus lib. 3. contra Academic. cap. 15 : *Ille autem casu planus erat, de iis quos Samardacos jam vulgus vocat.* Edit. præfert, *Sarmadacos*, ita ut vocem confectam ex *Sarmatis* et *Dacis* liceret augurari, quasi *Sarmatodaci* dicti fuerint, qui hac ætate ex hisce profecti provinciis erronum instar ubique discurrerent ac vagarentur : sed *Samardacus* exerte præferunt Acta S. Quirini Mart. n. 5 : *Video enim te sicut rusticanum, quasi a Samardaco inductum, qui et te et se decepit;* ut et Chrysostomus Homil. 18. ad Ephesios : Οὐχ' ὁρᾶς τοὺς λεγομένους γελωτοποιοὺς, σαμαρδάκους, οὗτοί εἰσιν εὐτράπελοι, ubi pro morionibus vox hæc usurpatur.

2. **SAMARDACUS**, Terminus bifurcus, apud Latinum de terminis : *Terminus si bifurcus fuerit, Samardacus dicitur.*

Samartia etiam ibidem dicitur.

¶ **SAMARIUS**, Jumentum sarcinale. Vide *Sagma.*

¶ **SAMARRA**, Vestitus damnati a tribunali Inquisitionis, aliis *Samarretta*, vel *Sambenito.* Hunc sic describit Hofmannus in Lexico ex Hist. Inquisit. Goanæ cap. 26. Eadem est forma, qua saccus benedictus, sed notis diversis, colore atro, flammis appictis, interdum etiam in medio flammarum hæretico condemnato ad vivum depicto ; nonnunquam dæmones appinguntur, hæreticum ad inferos detrudentes, ut et alia quædam, quo magis homines horrendo hoc spectaculo ab hæresi deterreantur.

¶ **SAMARTIA.** Vide *Samardacus* 2.

* **SAMATHA**, rectius *Schammatha* vel *Schammata*, Excommunicationis gravissimæ species apud Judæos, qua quis a communione excluditur sine spe reditus. Arest. ann. 1374. 3. Febr. in vol. 6. arestor. Parlam. Paris. : *Dictus vero Viventius eundem Columbum ulterius de facto posuisset in Samatha et herem; quæ dicta seu sententiæ de Samatha et herem contra dictum Columbum latæ, maledictionem aut condemnationem significabant, ut dicebant..... Nostra curia inhibet expresse..... Judæis omnibus, ... ne ipsi de cætero in regno nostro Franciæ utantur dictis sententiis seu pronuntiationibus de niduy, Samatha et de herem inter eos.* Consule Buxtorf. Lexic. Chald. et Thalm. pag. 2463. et seqq.

¶ **SAMBUA**, Sambuca. Vide *Sabuta.*

1. **SAMBUCA**, Sambucistria. Papias : *Sambuca, genus cytharæ rusticæ. Sambucinarius, ipse qui dicit. Sambucistria, quæ in cythara rustica canit.* Isidorus lib. 2. Orig. cap. 20 : *Sambuca in Musicis, species est symphoniarum. Est enim genus ligni fragilis, unde et tibiæ componuntur.* Glossæ ejusdem : *Sambuciarius, ipse qui dicit.* [Ubi leg. ex Grævio : *Sambucinarius, ipse qui canit.*] *Sambucistria, quæ cithara rustica* (sic leg.) *canit. Sambucistrio, saltator. Sambucus, saltator.* Vide Festum, Marcianum Capellam lib. 9. etc.

Sambucus, *Saltator*, in Glossis antiquis MSS. [Quod falsum omnino videtur Grævio, qui ex *Sambucista*, sambuca cantans simul et saltans, male exscriptum opinatur.]

2. **SAMBUCA**, Machina bellica, πορθητικὴ μηχανή, in Gloss. Gr. Lat. [Vide Martinii Lexic.]

3. **SAMBUCA**, Baculus Pastoralis. [Passio S. Guigneri tom. 3. Mart. pag. 458 : *Ubi cum solo baculum, quem manu gestabat, fixisset, mox ut ad se Sambucam retraxit, fons e terra fœcundus erupit.*] Vide *Cambuta.*

4. **SAMBUCA**, Currus species. Vide *Sabuta.*

¶ **SAMBUCCA**, Navigii species. Balth. Spingeri Iter Indicum apud Marten. Itiner. pag. 373 : *Vicesima octava die navigantes relinquimus a latere emporium destructum Calecot, a quo sequenti die sequebantur nos multæ Sambuccæ, sic enim vocant in Calecot suas naves.*

¶ **SAMBUCIARIUS**, Sambucinarius, Sambustria, Sambucistrio. Vide *Sambuca* 1.

* **SAMBUSSUS**, pro Sambucus, Gall. *Sureau.* Stat. pro arte paratoriæ pannorum Carcass. renovata ann. 1466. in Reg. 201. Chartoph. reg. ch. 121 : *Item quod nullus possit...... tingere seu tingi facere aliquos pannos...... cum vite seu rabassa, nec cum racemis Sambussi. Same*, eodem sensu, in Stat. ann. 1399. tom. 8. Ordinat. reg. Franc. pag. 337. art. 9 : *Que nulz ne taingne de Same, de broust de noiz, etc. Suraut*, legitur in alio Stat. ann. 1359. tom. 3. earumd. Ordinat. pag. 417. art. 20. *Seu*, in Mirac. S. Ludov. edit. reg. pag. 422. Neque aliud forte est *Seurestin* et *Sorestin*, in Charta Egid. abb. S. Mart. Tornac. ann. 1321. ex Reg. 61. ch. 209 : *Toutes les fois que il li plaira à faire aucun nouvel édifiement en ladite court, ou que il i cherra aucune cose à refaire oudit lieu, où il fauroit gros merriens, en ce cas il peut penre du bois Seurestin, qui est entour ladite court et du bois Sorestin, qui est oudit bos de Vastines.* Idem quoque videtur *Surrin*, in Ch. ann. 1295. ex Lib. rub. Cam. Comput. Paris. fol. 242. v°.

SAMBUTA. Vide *Sabuta.*

SAMERIUS. Vide *Sagma.*

¶ **SAMETUM**, Pannus holosericus. Vide *Exametum.*

¶ 1. **SAMIA**, Placentæ genus. Tertull. lib. 3. adv. Marc. cap. 5 : *Et terram audi-*

mus lacte et melle manantem; non tamen ut de glebis credas te unquam placentas et Samias coacturum. A Samo, ut observat Junius, sic dictæ placentæ, quod ibi Junoni solemnes essent.

2. **SAMIA**, æ, *Derisio, quæ facit vultum rugosum*, Papiæ MS. et edit. F. *Sanna.* [Vide in hac voce.]

¶ **SAMIARE**, Acuere, Nonio cap. 4. num. 434. unde *ferramenta samiata*, Vopisco in Aureliano cap. 7. Vide Vossium de Vitiis Serm. lib. 4. cap. 23.

¶ **SAMICA**, *Pulvis.* Gloss. Isid. Emendant viri docti *Pelvis* ex Papia : *Samia, vasa a Samo, vilia vasa bibendi.* Idem : *Samia terra, a Samo dicta, glutinosa et candida, medicamentis et vasculis necessaria.* Quæ hodie, ut monet Grævius, terra sigillata dicitur.

SAMINATOR. Adalardus lib. 1. Statutor. Corbeiens. cap. 1 : *Sutores duo, scutarii duo, pergaminarius unus, Saminator unus, fusarii tres.* Ubi videtur legendum *Samiator*, ἀκονητής, ut est in Gloss. Lat. Græc. Aliæ Glossæ, ἀκονητής, *Samiarius, cotiarius, acutiator.* Vide Scriverium ad Vegetium, lib. 2. cap. 14. [et Turnebi Advers. lib. 18. cap. 17.]

¶ **SAMIRUS.** Epist. Henrici Imp. Constantinopol. ann. 1205. apud Miræum tom. 1. pag. 405. col. 2 : *Præterea mitto vobis per eundem Danielem supradictum tres Samiros et duos annulos, unum smaragdum, et alium rubinum.* Forte pro Saphirus.

¶ **SAMIS.** Pactus Leg. Salicæ cap. 55. ex Cod. MS. Guelferbyt. apud Eccardum pag. 133 : *Si quis grafionum occiderit (malb. leodo Samitem) sunt dinar.* XXIIII. *etc.* Ubi ex Latino Comitem corruptum esse conjicit Cl. Editor, et *leodo Samitem*, componat comitem, interpretatur; an recte haud satis scio. Hæc quippe spectare videntur ad hæc verba form. 40. Marculfi lib. 1. *Et leode et samio*, quæ minime distinguenda docet Cangius in voce *Leudesamium.* Vide ibi. *Samis*, alia notione, occurrit in v. *Exametum.*

¶ **SAMITIUM**, Pannus holosericus, ut supra *Exametum.* Comput ann. 1239. ex Bibl. Reg. : *Pro uno Samitio posito in cofris*, XVIII. *lib.*

¶ SAMITTUM, SAMITUM, Eadem notione. Vide in *Exametum.*

* *Samet* et *Samit* nostratibus. Joinvil. in S. Ludov. edit. reg. pag. 85 : *Le roy vesti les robes que le Soudane li avoit fet bailler et tailler, qui estoit de Samet noir, forré de vair et de griz. Samit*, in Mirac. ejusd. reg. ibid. pag. 312. *Samgnie*, in Instr. ann. 1385. tom. 2. Probat. Hist. Brit. col. 507 : *Item soleres, greves, poulains et cuissols garnies de Samgnies, etc. Samier* vero, Retis genus est, in Stat. ann. 1402. tom. 8. Ordinat. reg. Franc. p. 535. art. 72.

¶ 1. **SAMNA**, Stapes, ni fallor, quo quis in equum tollitur, Gallice *Estrier.* Chronic. Trudon. apud Acherium tom. 7. Spicil. pag. 458 : *Debet et alia minuta servitia ad utensilia cameræ Abbatis, scilicet quidquid de ferro ad sellam equitariam ejus et de calcaria et ad Samnas componitur.* Leg. forte *Scalas.* Vide *Saltatorium* et *Scala.*

* 2. **SAMNA**, Vectigalis species. Charta ann. 1429. inter Probat. tom. 4. Hist. Occit. col. 437 : *Causa dom. Philippi de Levis dom. de Rippes contra dom. Ludovicum de Montelauro, ratione cujusdam vectigalis sive tributi, vulgariter nuncupati la Samna, quod recipi consuevit, ut prætenditur, in terra dom. de Montelauro.* Forte leg. *Saunia*, atque de tributo ex sale intelligendum. Vide in *Salinaria.*

¶ **SAMNATICUM**, pro *Saumaticum*, vel *Saumarium*, Onus, sarcina jumenti sarcinalis. Vide in *Sagma.* Charta Ludovici Pii ann. 816. pro Ecclesia S. Martini Turon. apud Marten. tom. 1. Ampl. Collect. col. 65 : *In quo* (Præcepto) *continebatur quod ... idem genitor noster ob amorem Dei et venerationem S. Martini, curra et Samnaticum hominibus his prælatis, quæ propter utilitatem et necessitatem memorati monasterii per diversos regni sui mercatus mittebantur, ab omni telonio immunia et secura esse sanxisset.*

¶ **SAMNIA**, pro *Sunnia.* Vide *Sunnis.*

¶ **SAMPSIA**, Herbæ genus. Vide *Brisia.*

¶ **SAMPULLA.** Charta Cresmiri Regis Dalmat. apud Macros in Hierolex. : *Excepto quod gratia caritatis in solemnitate ejusdem Ecclesiæ Episcopo loci ipsius agnus unus, Sampulla vini largiens tribuatur.* Mendum esse nemo non videt ortum ex littera S vocis præcedentis; itaque legendum est *ampulla.*

* **SAMUERIUS**, pro *Saumerius*, Jumentum sarcinale. Vide in *Sagma.* Charta Occitanica ann. 1311. in Reg. 47. Chartoph. reg. ch. 114 : *Item jornalia Samueriorum, viginti unum solidorum Turonen.*

¶ **SAMWISTE**, Anglo-Saxon. Matrimonium, ex *Sam*, vel *Samen*, simul, et *wist*, cibus, epulæ : unde hac voce convictus proprie, vel quævis commoratio et cohabitatio significatur. Vide Schilteri Gloss. Teuton.

*[**SANAMUNDA.** Vide supra *Avantia.*

¶ **SANANTER**, Integre, sanitate plane recuperata. Mirac. S. Wernheri tom. 2. April. pag. 711. *Jam recenter intercessione S. Wernheri Sananter liberata.*

¶ 1. **SANARE**, Curare aliquem ut sanetur. S. Hieronymus in cap. 17. Jerem. : *Multi medici in Evangelio hæmorrhousam Sanaverant, quæ omnem substantiam perdiderat in eis : et tamen a nullo curari potuit, nisi ab eo qui verus est medicus.*

* *Saner* et *Sener*, pro *Pancer, guérir*, nostratibus. Vita J. C. MS :

> Et me feris tu de t'espée,
> Si que l'oreille en oi copée,
> Et ton mestre le me Sana,
> Que par ichou garir quida.

Le Roman de Robert le Diable MS.

> Se ferai ma plaie Saner.

Lit. remiss. ann. 1402. in Reg. 157. Chartoph. reg. ch. 356 : *Le suppliant ala.... pour avoir sa plaie remuée, qui pour lors n'estoit pas Senée, etc.*

* SANARE, sensu obscœno, quo etiam *Pancer* dicunt, in Glossar. Lat. Gall. ex Cod. reg. 7692 : *Curuca, bruncte, vel homo qui Sanat estrange*, alienam nempe mulierem, id est, uxorem alterius curat. [** Ex Joann. Januensi : *Curuca dicitur ille qui cum credat nutrire filios suos nutrit alienos.*]

* A verbo fortassis *Sanare*, nostri *Sayniere* appellarunt Instrumentum, quo stabulum, aliudve purgatur. Lit. remiss. ann. 1480. in Reg. 207. Chartoph. reg. ch. 64 : *Garniz de oustiz pour curer et nettoyer icelle maison du fambray qui estoit dedens, comme de Sayniere, fourche ferrée, etc.*

** SANARE DEFALTAM, Restaurationem eremodicii obtinere. Placit. ann. 10. Edward. I. in Abbrev. Placit. pag. 274. North. rot. 2 : *Et licet fecisset defaltam ad diem illum, non debuisset curia eodem die processisse ad judicium, immo terra debuisset capi in manum D. Regis et tenens summoniri veniendi ad proximam curiam, ad Sanandam prædictam Defaltam, cum forte eam sanasse potuisset pluribus modis, scilicet cum tenens potuisset perturbari per inundacionem aquæ, per captionem latronum vel per prisonamentum, etc.* Adde Placit. ann. 31. Henr. III. rot. 7. ibid. pag. 123. et ann. 12. Edward. II. Suth. rot. 103. ibid. pag. 334. Vide *Defalta* et *Exonium.*

2. SANARE, Solvere : *Sanatio*, Solutio. Veteres Chartæ Italicæ apud Ughellum tom. 7. pag. 262. 397. 414 : *Unde et in præsenti accipimus a vobis plenariam nostram Sanationem, id est auri solidos* 310. *etc.*

¶ SANARE CAUTIONEM, Eam persolvere, liberare : *Purger* eadem notione passim usurpant Consuet. municipales. Leges Luitprandi 66. (6, 13.) apud Murator. tom. 1. part. 2. pag. 64 : *Si quis cautionem fecerit et non ei obligaverit nominative de rebus suis, nisi dixerit in ipsa obligatione, in quibuscumque locis de rebus suis potuerit invenire, et postea vendiderit ad alium hominem, habuit ipse qui eas emit. Nam si obligatæ fuerint nominative, non eas possit vendere, dum usque ipsam cautionem Sanaverit.*

* **SANATIO**, Solutio, pretii statuti præstatio. Charta ann. 903. apud Murator. tom. 3. Antiq. Ital. med. ævi col. 144 : *Ipsas suprascriptas res.... defensare debeamus,.... atque proras pertinentes ad omnia in integrum, salva Sanatione, et proprietates seu donationes eidem venerandæ ecclesiæ vastræ dare atque persolvere debeamus, pro fruatione et fructificatione ipsis suprascriptis.* Vide *Sanare* 2.

¶ **SANATIVUS**, Qui sanat. Epist. Gaufridi Abb. apud Marten. tom. 1. Anecd. col. 502 : *Quibusdam autem verba justorum pungitiva tantum sunt, non Sanativa : aliis vero pungitiva sunt simul et Sanativa.*

¶ SANATIVUS, Ex morbo convalescens, qui infirma valetudine est. Joh. Sarisber. lib. 7. Policrat. cap. 10 : *Conducere sanis et Sanativis.*

¶ **SANATURA**, Cura, Gallice *Pancement.* Charta ann. 1326. tom. 1. Hist. Dalph. pag. 210 : *Dimisit apud Laniacum in pignore et pro pignore quemdam equum, pro novem et triginta libris, octo solidis et sex denariis, hominibus de Lagnieu infrascriptis, etc. quod nos tam pro dicto debito quam expensis dicti equi et famuli qui eum custodidit, usque ad præsentem diem, computatis quatuor solidis pro qualibet die et pro Sanatura dicti equi et aliis eidem equo et famulo necessariis confitemur, et in veritate recognoscimus nos debere hominibus supradictis septuaginta sex libras et decem et septem solidos bonorum Viennensium.*

¶ **SANAVIVARIA**, Una e duabus majoribus portis Amphitheatri, per quam victores sani ac vivi exibant. Passio SS. Perpetuæ et Felicitat. cap. 10. apud Ruinart. pag. 91 : *Et cœpi ire cum gloria ad portam Sanavivariam.* Adde ibid. cap. 20.

¶ **SANCA**, *Fitug, Fatua*, in Gloss. MSS. 13. sæc. Monast. S. Andreæ Avenion.

SANCENISSAT, *Lætatur, triumphat.* Ita Gloss. Lat. MS. Cod. 1013. et Glossæ Isidor. an *Saracenissat?* Id videntur indicare Glossæ Pithœanæ, in quibus hæc vox additur, *errenissat*, pro *saracenissat.*

☞ Tametsi non displicet Cangii conjectura, addam nihilominus quæ ex aliis ad hunc locum observavit Grævius. Excerpta habent : *Sancivissat, lætatur, triumphat, errenissat.* La Cerda legit : *Encænissat*, quod dies encæniorum festi et cum lætitia omnique adeo lubentia publice agitentur. At Reinesius mavult, *Sicinnissat*, a σικιννίζειν, quod est cantabundum saltare. Hinc *Sicinnistæ* et *Sicinnium genus saltationis veteris fuit*, ut ait Gellius Noct. Att. 19. 3. Saltabundi autem canebant, quæ nunc stantes canunt. Σίκιννις est Satyrica saltatio apud Athenæum.

* **SANCETTI**, Moneta regni Navarræ, a Sancio seu *Sanchez* rege dicta. Lib. cens. eccl. Rom. apud Murator. tom. 5. Antiq. Ital. med. ævi col. 888 : *In episcopatu Tirasonensi, ecclesia S. Mariæ sita in castro Tutelæ, duos solidos illius monetæ, videlicet Sancettorum.* Reg. Cam. Comput. Paris. in Bibl. reg. sign. 8406. fol. 161. v° : *Quatuor Sanchez, qui currunt in Navarra, valent quinque Turonenses.* Vide *Sancheti.*

SANCHATUS, Membris attractus, in Miraculis B. Simonis Tudertini n. 3. Galli dicerent *Deshanché*; [Ital. *Sciancato*, eadem notione.]

SANCHETI, Moneta Navarræ Regni, a Sancio, seu *Sanchez* Rege dicta. [Charta ann. 1239. ex Charta. Eccl. Auxit. : *Recognoscunt se recepisse* xx. *solidos Sanchetorum a supradicta Agnes.*] Charta Philippi Reg. Franc. ann. 1303. in Regesto ejusdem Regis ann. 1301. ex Tabulario Regio n. 34 : *Mandamus vobis.... quatenus centum libras Sanchetorum pro dictis centum libris Pruvinensibus super nostro Pampilonensi pedagio tradatis, assignetis, etc.*

SANCIRE, Sanctificare. Tertullianus lib. de Resurrect. : *Anima non lavatione, sed responsione Sancitur.* Et lib. de Jejunio: *Joel exclamavit, Sancite jejunium.* Gregorius M. in lib. Sacrament. : *Deus qui legalium differentias hostiarum unius sacrificii perfectione Sanxisti, etc.* Lex 2. Cod. Th. de Feriis (2, 8.) : *Kalendarum Januariarum consuetos dies otio Sancimus.* Ubi Tribonianus restituit, *mancipamus.*

* **SANCITUS**, Sanctio, decretum. Epist. Joan. VIII. PP. ann. 878. tom. 9. Collect. Histor. Franc. pag. 171 : *Tam canonica censura, quamque humanæ legis Sancitu.... nihilominus finiatur.* Vide mox *Sanctantia.*

¶ **SANCIVISSAT**. Vide *Sancenissat.*

1. **SANCTA, indeclinabile**, τὰ ἅγια Græcis, Hostia sancta, sacra, quæ in Missa offertur. Ordo Romanus : *Et tunc duo Acolyti tenentes capsas cum Sancta apertas, et subdiaconus sequens cum ipsis tenens manum suam in ore capsæ, ostendit Sancta Pontifici, vel Diacono qui præcesserit. Tunc inclinato capite Pontifex, vel Diaconus salutat Sancta, et contemplatur, ut si fuerit superabundans, præcipiat ut ponatur in conditorio.* Alibi : *Cum dixerit, Pax Domini sit semper vobiscum, mittit in calicem de Sancta.* Infra : *Qui dum communicaverit de ipsa Sancta, quam momorderat, ponit inter manus Archidiaconi in calicem, etc.* Alio loco : *Tunc Pontifex rumpit oblatam ex latere dextro, et de ipsa Sancta quam ruperat, particulam super altare derelinquit.* [Ordo Romanus I. apud Mabillon. pag. 23 : *Pontifex ante altare dicit*, Oremus, Præceptis salutaribus moniti. Pater noster; *sequitur*, Libera nos quæsumus Domine. *Cum dixerint* Amen, *sumit de Sancta, et ponit in calicem, nihil dicens : et communicant omnes cum silentio, et expleta sunt universa.* Vide Commentar. Mabillon. in Ord. Rom. pag. 36. etc.] Concilium Laodicenum can. 14 : Περὶ τοῦ μὴ τὰ ἅγια εἰς λόγον εὐλογιῶν κατὰ τὴν ἑορτὴν τοῦ Πάσχα εἰς ἑτέρας παροικίας διαπέμπεσθαι.

☞ Hinc formula *Sancta Sanctis*, quam olim ante communionem inclamabat Diaconus; quamque hodie apud Græc. usurpat Sacerdos. Consule Rer. Liturg. Scriptores.

2. **SANCTA**, Sanctorum reliquiæ. Leges Kanuti Regis cap. 57 : *Si quis falsum juramentum super Sancta jurabit, et convictus inde fuerit, etc.* Ægidius Aureæ vallis Monach. in Addit. ad Harigerum Abb. Lobiensem in S. Servatio Episcopo Leod. cap. 27 : *Interdum dum adhuc ira vindicis Dei differtur, curemus ne Sancta nostra simul nobis eripiantur cum urbis excidio.* Mox : *Sanctorum reliquias tolli imperat, etc.* [Charta Theobaldi Comit. ex Tabular. S. Magdal. Castridun. : *Ne alicui liceret exhibere Sancta ad sacramenta juranda.*] Hinc *Jurare super Sancta*, id est super Sanctorum reliquias. Le Roman *de Garin* MS :

> Il font les Seins en la place aporter,
> Tost premereins a juré Ysoré, etc.

Alibi :

> A genollons s'est devant les Seins mis.

Vide *Juramentum.*

¶ 3. **SANCTA**, Chorus, pars Ecclesiæ in qua Clerus consistit ac concinit. Iperius in Chron. S. Bertini cap. 28. apud Marten. tom. 3. Anecdot. col. 560 : *Hæc domina* (Malthildis) *in suo primo ingressu hujus Ecclesiæ cortinam dedit miræ magnitudinis operisque præcipui, quæ adhuc hodie durat, et est illa qua utimur in Quadragesima, Sancta distinguentes a Sanctis sanctorum.*

Sancta Sanctorum, *Locus Templi secretorum, ad quem nulli erat accessus, nisi tantum summo Sacerdoti*, Ugutio. [Sanctuarium, locus majoris altaris. Mirac. S. Bertini sæc. 3. Bened. part. 1. pag. 149 : *Cum innumeræ multitudinis tripudio in Sancta Sanctorum cum reliquis inducitur magnificandum.*] Concilium Turonense II. can. 4. et Capit. Caroli M. lib. 7. cap. 203. [** 279.] : *Ad orandum vero et communicandum, Laicis et feminis, sicut mos est, pateant Sancta Sanctorum.*

¶ Sancta Sanctorum nuncupata Basilica Lateranensis a Johanne Diacono lib. de Eccles. Lateran. apud Mabillon. tom. 2. Musei Ital. pag. 560 : *Johannes qualiscumque diaconus basilicæ Salvatoris patriarchii Lateranensis canonicus, librum de Sanctis Sanctorum ex archivo renovatum.* Gajetanus in Ordin. Rom. ibid. pag. 261 : *Et intrat* (Papa) *dictam basilicam S. Laurentii, quæ vulgariter dicitur Sancta Sanctorum; et ante altare suam orationem facit, cantantibus priore et canonicis Basilicæ ipsius Sanctæ Sanctorum*, Te Deum laudamus.

¶ Sanctus Sanctorum, Sanctissimum Veronicæ sudarium, ex Macris in Hierolex. Vetus Inscriptio apud Torrigium de Crypt. Vatic. edit. 2. pag. 81. et 83 : *Temporibus domini Hadriani I. hic recundita sunt reliquia Sancti Sanctorum in mense Novembris die* XXII. *Indict.* VII. *bina clausura in integro Septimiano.*

* **SANCTANTIA**, Sententia, judicium. Lit. Innoc. III. PP. ann. 1263. in Chartul. archiep. Bitur. fol. 71. r° : *Venerabili fratri nostro Turonensi archiepiscopo et conjudicibus suis per scripta nostra mandantes, ut te in mandati nostri executione cessante, et ipsi sæpedictam Sanctantiam relaxarent absque præjudicio juris tui.* Vide *Sancitus.*

* **SANCTEFUALIS**, pro *Sanctificalis*, ut videtur, Ad sanctos vel ecclesiam pertinens. Charta ann. 1231. ex Tabul. S. Vict. Massil. : *Sive sit servitium Sanctefuale bladi, vel gallinarum, vel panis, etc.* Vide *Sanctuarius.* Sed legendum forsan *Censuale.*

¶ **SANCTIFICARE**, Signo Crucis benedicere. Missale Mozarabum apud Mabill. Liturg. Gall. pag. 443 : *Dimittendo patenam super corporales. Deinde accipiat calicem Sanctificando sic : In nomine Patris et Filii et Spiritus sancti, amen.* Hinc

¶ Sanctificatio, Benedictio per signum Crucis, ibid. : *Ponat calicem super aram, et accipiat filiolam sine Sanctificatione, et ponat super calicem dicendo sic, etc.* Sebastian. Perusinus in Vita S. Columbæ tom. 5. Maii pag. 349 : *Post Sanctificationem vero Secretarius gubernatoris stupefactus venit ad cathedram, etc.* Ubi Bollandistæ thurificationem primam ad introitum Missæ, vel extremam super populum benedictionem intelligunt. Malim de ipsa consecratione interpretari, qua notione occurrit in Collat. S. Maximi edit. Sirmondi pag. 123 : *Neque post Sanctificationem panis exaltat eum dicens, Sancta Sanctis.*

¶ Sanctificare Synodum, Cogere, congregare. Gesta Abbat. Lobiens. apud Acher. tom. 6. Spicil. pag. 600 : *Statim Synodo Sanctificata, altaria nostra invadit.* Ita Joel. cap. 2. 19 : *Congregate populum, Sanctificate Ecclesiam.*

* Instr. ann. 1347. tom. 1. Probat. hist. geneal. domus reg. Portug. pag. 393 : *Thomas Cantuariensis archiepiscopus quemdam annulum aureum,...... more solito, Sanctificavit et benedixit, ac ipsum annulum...., comes Arrondel Surr.... digito ipsius domnæ Beatricis quarto.... imposuit. Saintir*, Sancte vivere, agere, in Poem. *du Riche homme et du Ladre* MS :

> Li prophetes David le dist :
> En son psautier, quant il le fist :
> Aveuc les saints, tu Saintiras,
> O les pervers, pervertiras.

* **SANCTIFICATOR**, Qui ad sanctitatem

excitat, hortatur. B. de Amoribus in Speculo sacerd. MS. cap. 6. de Officiis sacerdotis curati :

> Præsto ministrator, devotus Sanctificator,
> Judex discretus, doctor bonitate repletus.

¶ **SANCTIFICIUM**, Templum, ædes Sanctorum. Vita Gregorii VII. PP. tom. 6. Maii pag. 114 : *Sicut enim primi Gregorii tempore B. Andreas Apostolus ultor extitisse legitur sui sanctuarii; ita et in diebus Hiltebrandi ejusdemque Gregorii VII. B. Paulus Apostolus vindex enituit sui Sanctificii.* Eadem notione occurrit in Psalm. 77. v. 69 : *Et ædificavit sicut unicornium Sanctificium suum in terra.* Ubi S. Hieronymus : *Ædificavit in similitudine monocerotis Sanctuarium suum.* Vide *Sanctuarium* 1.

¶ Sanctificium, Sanctitas, sanctificatio, apud Tertull. de Resurr. Carnis cap. 47. et alibi.

¶ **SANCTIFICUS**, Sanctificans. Paulinus Petrocor. lib. 5. de Vita S. Martini :

> Quæ tam Sanctifici conservant munera tactus.

* **SANCTILATERIUM**, Theca Reliquiarum. Glossar. Lat. Gall. ann. 1352. ex Cod. reg. 4120 : *Sanctilaterium, Boite.*

¶ **SANCTILOQUUS**, Sancta loquens. S. Paulinus in Poemat. de S. Felice :

> ... et Sanctiloquo sublimis in ore Propheta
> Terrarum mansisse famem.

Arator in Act. Apost. cap. 19 :

> Quod si Sanctiloquos volvamus ab ordine libros.

* **SANCTIMONACHI**, Monachi vita et sanctitate conspicui. Charta ann. 1163. in Suppl. ad Miræum pag. 314. col. 2 : *In curtim Weselensem Sanctimonachos Christo servituros transmiserunt.* Vide *Sanctimoniales.*

¶ **SANCTIMONIA**, Res sancta, theca Reliquiarum. Libellus de Sanguine Christi Augiæ asservato tom. 3. Annal. Mabill. pag. 702 : *Quatenus talem Sanctimoniam* (cruciculam scilicet) *in aliqua sinat basilica nocte illa collocari.* Vide alia notione in *Sanctimoniales*, *Sanctimonium* 3. et *Sanctuarium* 5.

SANCTIMONIALES, dictæ olim feminæ aut virgines, quæ *sanctimoniæ* et vitæ integritati potissimum dabant operam : interdum certis, sæpe nullis illigatæ monasticis votis. Ugutio : *Sanctimonialis, femina sanctitati dedita.* [Gloss. Lat. Gall. Sangerm. : *Sanctimonialis, Nonnain, sacrée.*] Epistola Zachariæ PP. ad Bonifacium Mogunt. : *Cum Sanctimonialibus feminis, id est Monachis.* Lex Bajwar. tit. 1. cap. 12 : *Si quis Sanctimonialem, hoc est, Deo dicatam de Monasterio traxerit.* Concilium Carthag. IV. can. 11 : *Sanctimonialis virgo, quum ad consecrationem suo Episcopo offertur, in talibus vestibus applicetur, quibus semper usura est, professioni et sanctimoniæ aptis.* S. Augustinus de Verb. Dom. serm. 22. cap. 1 : *Non mihi videtur ista parabola, vel similitudo ad eas solas pertinere, quæ propria et excellentiori sanctitate Virgines in Ecclesia nominantur, quas etiam usitatiore vocabulo Sanctimoniales appellare consuevimus.* Idem lib. de sancta Virginitate cap. 55 : *De sanctitate, qua Sanctimoniales proprie dicimini.* Vita S. Genovefæ cap. 1 : *In sanctimonio consecrata.* Cap. 5 : *Interrogatur a Genovefa, utrum Sanctimonialis, an vidua esset. At illa respondit se in sanctimonio consecratam, intacto corpore Christo dignum præbere famulatum.* De harum institutis agunt idem Augustinus de Morib. Ecclesiæ cap. 31. S. Hieronymus Epist. 22. 48. et S. Basilius de Virginitate. Sanctimonialium meminerunt præterea Gregorius M. lib. 1. Dialog. cap. 4. lib. 2. cap. 19. 23. 32. lib. 3. cap. 14. 21. 26. 33. Lex Burg. tit. 14. § 5. 6. Lex Bajwar. tit. 1. cap. 14. Decret. Tassilonis § 4. Capitula Caroli M. et Lex Longob. non uno loco, etc. Vide Bollandum ad Vitam S. Scholasticæ 10. Februar. § 3. num. 18.

¶ Sanctimonialium Habitus, Professio monastica. Charta Rodulfi Comit. Turen. ann. 824. apud Baluz. Hist. Tutel. col. 308 : *Cedimus etiam ipsi filio nostro et filiæ nostræ Emennanæ, quam Deo ad Sanctimonialium habitum tradimus pro tremore et amore Dei, etc.*

Sanctimonia, Ipsa Sanctimonialium regula, vel officium. Charta fundationis Monast. Assendiensis in Westphalia apud Hermannum Stangefolium lib. 2. pag. 151. qua res Monasterii distrahere vetatur Abbatissa : *Ne penuria rei familiaris urgente, ruptis Sanctimoniæ habenis, liberius huc atque illuc absque Dei timore vagentur.*

1\. **SANCTIMONIUM**, [Sanctimonia, Sanctitas, Virginitatis professio.] Gloss. Gr. Lat. Ἁγιασμός, *Sanctimonium*, ἁγιότης, *Sanctimonium.* S. Augustinus in Psal. 99 : *Nunquid ideo Sanctimonium reprehendendum est?* [Idem in Serm. 188. novæ edit. : *Bona est enim fœcunditas in conjugio, sed melior est integritas in Sanctimonio.* Vita S. Angilberti sæc. 4. Benedict. part. 1. pag. 124 : *Sic donnus Angilbertus a Sacerdotii Sanctimonio desciscens, Regis gener effectus est.*] Helmodus lib. 1. cap. 84 : *Locus ille fuit Sanctimonium universæ terræ, cui flamen, et feriationes, et sacrificiorum varii ritus deputati fuerant.* [Vide in *Sanctimoniales.*]

¶ 2\. **SANCTIMONIUM**, Festivitas in honorem Sanctimonialis instituta. Missa de S. Radegunde apud Mabill. tom. 1. Annal. pag. 697. col. 2 : *Suscipe sancte Pater oblationem, quam tibi per manus nostras sancta offerre disponit congregatio in S. Radegundis virginis Sanctimonio.*

3\. **SANCTIMONIUM**, et Sanctimonia, Titulus honorarius Summorum Pontificum, Episcoporum, et Presbyterorum. Pastor Presbyter in Epist. ad Timotheum : *Jubeat Sanctimonium vestrum eumus ad eum.* Ejusdem Timothei Epistol. ad Pastorem : *Oramus Sanctimonium vestrum, etc.* Acta S. Susannæ : *Oro Sanctimonium vestrum, ut salvetis animam meam.* Adde Vitam S. Angilberti Abb. n. 4. 49. Nicolaum I. PP. Epist. 49. 54. Joannem VIII. PP. Epist. 253. 292. etc. [Vide *Sanctitas.*]

* **SANCTIONES** Majestatis, Præcepta divina, ut opinor, Decalogus ex cap. 20. Exodi descriptus. Comput. ann. 1400. inter Probat. tom. 3. Hist. Nem. pag. 154. col. 2 : *Cum.... portaret quemdam librum in pergameno scriptum, in quo sunt Sanctiones Majestatis, Euvangelia descripta, et etiam instructiones regis Ludovici et regis Philippi, etc.*

* **SANCTIRE**, pro Sancire, in Charta Caroli Simpl. ann. 913. tom. 9. Collect. Histor. Franc. pag. 518.

SANCTIRE, *Affirmare*, in vett. Glossis.

¶ **SANCTISONUS**. *Hymnus ter Sanctisonus*, In quo ter *Sanctus* resonat, Græcis τρισάγιον. Gocelinus mon. in Mirac. S. August. Cantuar. tom. 6. Maii pag. 404 : *Jam hymnus laudationis dominicæ ter Sanctisonus a patrefamilias intonatur.* Vide *Hymnus.*

1\. **SANCTITAS**, Titulus honorarius Episcoporum, [in Epist. Liberii ad Eusebium apud Coustant. pag. 422.] apud S. Augustinum Ep. 78. 88. Fortunatum lib. 3. Poem. pag. 70. Nicolaum I. PP. Epist. 28. 29. 34. 54. Flandrianum II. PP. Epist. 9. et alios passim. Vide Bivarium in Notis ad Pseudochronicon Maximi pag. 74. et supra *Sanctimonium* 3. *Sanctos* autem etiamnum superstites compellatos Episcopos docemur ex Avito Viennensi Epist. 28. 66. Sidonio, et aliis. Theophilus Patr. Alexandrinus in Commonitorio : *Ecclesia pacem habente, decet præsentibus Sanctis ordinationes fieri in Ecclesia.* Alvarus in Vita S. Eulogii Presb. et Mart. num. 12 : *Omnes namque sancti Episcopi, non tamen omnes Episcopi sancti.* [Charta inter Instr. tom. 6. novæ Gall. Christ. col. 13 : *Anno Dominicæ Incarn.* 906. *sub Ind.* IX. *conventus factus est Sanctorum Episcoporum apud Barchinonem civitatem, etc.*] Messianus in Vita S. Cæsarii Arelat. : *Sanctus Lucius Presbyter, et Didymus Diaconus, qui eo tempore cum ipso per parochias ambulabant, etc.* Sed et Abbates ipsos *Sanctos* non semel compellat Cæsarius Arelatensis serm. 7. 9. Quin et quibusvis Catholicis S. Hieronym. lib. 3. in Ruffin. cap. 7 : *Navim in Romano portu securus ascendi, maxima Sanctorum frequentia me prosequente.* Nisi hoc loco Monachos intelligat. Certe non uno loco alibi quosvis Catholicæ religonis *Sanctos* indigitat.

* Charta Johan. comit. Carnot. ann. 1285. ex Chartul. episc. Carnot. : *Nous eussions requis ou non de ladite abbaie* (de la Guiche) *à très-saintisme pere et seigneur Martin, par la grâce de Dieu jadis souverein évesque, que il pleust à sa Saintée de establir ou faire establir le moustier des devant dites dames.* Le Roman *de Robert le Diable* MS :

> L'Apostoles y fu meismes
> Li glorieux et li Santismes.

☞ Et id quidem moris, ab ipsis Ecclesiæ incunabulis repetere licet, ut quivis fideles Sancti compellarentur. Eo nomine passim in Epistolis suis utuntur Apostoli, virique Apostolici; quibus referendis ultro supersedemus : res enim est notissima. At rarius usurpata vox *Sanctitas*, nisi Episcopos alloquendo; quod et Abbatibus subinde concessum est, ut ex Valafrido Strabo de Visione Wetini Monachi Augiens. sæc. 4. Bened. part. 1. pag. 272. et ex Epist. Haimonis Archidiac. Catal. ad S. Bernardum inter Opera ejusdem tom. 1. col. 382. colligitur.

* Concessum quoque hunc titulum abbatibus fuisse jam observatum est; quem Cluniacensibus potissime tamen adscri-

plum colligo ex pluribus instrumentis. Lit. ann. circ. 1095. inter instr. tom. 10. Gall. Christ. col. 207 : *Hugo D. G. Silvanectensis episcopus, domino et carissimo sibi Hugoni Cluniacensis monasterii abbati, salutem et servitium. Notum fieri volumus vestræ benignissimæ et nobis dilectissimæ Sanctitati, etc.* Charta ann. 1233. ex Chartul. Cluniac. : *Sanctissimo patri ac domino Cluniacensi abbati, frater Guido subprior totusque conventus humilis novi monasterii Pictavensis, salutem et tam debitam quam devotam domino patri obedientiam. Sanctitati vestræ notum fieri volumus, etc.* Lit. excusat. Will. prior. S. Pancr. *de Lewes* ann. 1259. ibid. ch. 207 : *Yvoni abbati Cluniacensi ejusque loci sacrosancto conventui, ... salutem..... Noverit Sanctitas vestra, quod nos..... sine maximo et fatali corporis nostri periculo ire nullatenus valebamus. Quare Sanctitatem vestram.... deprecamur, etc. Valeat Sanctitas vestra per tempora longiora.* Occurrit passim hæc formula in eodem Chartulario et alibi.

☞ Penes summos Pontifices mansit tandem hæc appellatio, quam ipsis præter cæteros tributam fuisse a primordio docemur ex pluribus epistolis quæ supersunt ad ipsos directis. Epist. Synodi Arelat. ann. 314. apud Coustant. pag. 341 : *Domino Sanctissimo fratri Sylvestro Marinus, vel Cætus Episcoporum qui adunati fuerunt in oppido Arelatensi.* Epist. Valentis et Ursacii ann. 349. ibid. pag. 403 : *Domino Beatissimo Papæ Julio, etc.* Ubi *Sanctitas tua* non semel occurrit. Adde S. Hieronymum Epist. ad Damasum ibid. pag. 580. S. Chrysostomum Epist. ad Innoc. pag. 771. Episcopos Africanos Epist. ad eumd. pag. 867. Maximus Imp. Epist. ad Siricium ann. 385. ibid. pag. 640 : *Domino vere Sancto apostolico viro Siricio Episcopo salutem.* Eum vero alloquendo utitur formula, *Sanctitas tua.*

Sanctitatis titulum Imperatoribus Constantinopolitanis adscribi solitum, pluribus docemus in Dissert. de Byzantinis nummis : quem etiam Anglorum Regi attribuit Joannes Sarisberiensis Epist. 61 : *Vestram vero Sanctitatem, sicut accepimus et dolemus, iniqui circumvenire conati sunt, etc.* Vide Glossar. med. Græcit. voce Ἅγιοι, col. 14.

☞ Eodem elogio donatum legimus Ludovicum Pium ab Attota presbytero in epistola quæ est 1. post Frotharianas, et Belam Hungariæ Regem a Stephano Tornac. Epist. 34. Quin etiam *Sanctissimi* dicti sunt ab Episcopis catholicis Principes tum profani, tum hæretici, ut observat Mabillonius lib. 2. Diplom. cap. 6. num. 7. ex Alemann. ad Procop. pag. 73. et 113.

* Sanctissima *et Reverenda* compellatur Joanna de Burgundia regina Franciæ, a Guidone de Vigevano de Papia ejusdem reginæ medico, in Opusculo MS. de Modo conservandi sanitatem, etc. ex Cod. Colbert. 5080. nunc regio.

☞ Sed et *Sanctitatis* titulo Senatum prosecutus est Constantinus M. in leg. 4. lib. 15. Cod. Theod. tit. 14 : *Placuit vestræ Sanctitati judicium examenque mandare.*

* 2. **SANCTITAS**, Sanctorum reliquiæ vel Theca reliquiarum. Mirac. S. Veneræ tom. 1. Sept. pag. 170. col. 2 : *Et surgentes ab oratione, tollentes crucem, Sanctitatemque portantes venerunt usque ad campum.* Et pag. 171. col. 1 : *Cum dies festus adesset venerandæ virginis Verenæ,.... fures etiam, quasi ad adorandum hujus virginis Sanctitatem, etc.* Vide *Sanctuarium* 5.

SANCTITUDO, Titulus honorarius Episcoporum, apud Julianum Toletan. in Epistola præfixa libris Prognostic. et in Epistolis Idalii Episcopi Barcinonensis, et Suitfreni Episcopi Narbonens. eisdem subjectis. [V. *Sanctimonium* 3. et *Sanctitas.*]

¶ **SANCTIVAGIUM**. Gesta Abbat. Mediani Monast. apud Marten. tom. 3. Anecdot. col. 1100 : *Denique Sanctivagium jam tunc erat spirituali monachorum exercitio institutum. Stivagium* ediderunt Bollandistæ tom. 3. Julii pag. 232: Quæ sit genuina lectio haud facile est divinare : utrique enim voci affingi potest non absurda notio; ita ut *Stivagium* sit pro *Æstivagium*, locus umbrosus ; porro in silvis maxime habitabant Monachi : *Sanctivagium* vero transmigrationem ex loco in locum, vel peregrinationem sonet; at qui ibi mentio fit cujusdam Deodati, qui Nivernensi episcopatu abdicato in saltu Vosagi secesserat : si peregrinationem malis intelligere; erat certe hujus temporis religio, ut errando facilius se pietatem consecuturos existimarent. [** Styvagiense cœnobium haud procul a Mediano monasterio situm versus occidentem, Gall. *Estival* vel *Estivay*.]

¶ **SANCTIVUS**. Vide *Sanguinus.*

SANCTORALIA, Libri continentes Vitas Sanctorum. Ita quidam indigitantur qui in Bibliothecis latent.

* Consuet. monast. S. Crucis Burdeg. MSS. ante ann. 1305 : *Unum Sanctorale ad legendum et cantandum lectiones, etc.*

SANCTUALE. Vide *Sanctuarium.*

1. **SANCTUARIUM**, Templum, ædes Sanctorum. [Gloss. Lat. Gall. Sangerman. : *Sanctuarium, sanctuaire, chose sainte, ou lieu ou elle est mise, ou portée.*] S. Eulogius lib. 2. Memorial. cap. 9 : *Qui tunc in supradicto Sanctuario* (Basilica Sanctorum trium) *adhuc juvenis cum Paulo Presbytero reclusus manebat.* Acta Episcoporum Cenoman. in Gervasio cap. 31 : *Vel si aliquid Sanctuario datum fuerit ornamentum Ecclesiarum, quas canonico victui... possidetis, alteri distribuimus.* Vide Chartam Philippi I. Reg. Francor. ann. 1066. apud Marlotum in Chron. S. Nicasii Remensis cap. 2. [V. *Sanctificium.*]

Sanctuarium Altaris, in Concilio Bracarensi I. can. 13. et apud Martinum Bracar. cap. 55. quod Græcis ἄδυτον, βῆμα, Latinis *Presbyterium*. Adam Bremensis cap. 85 : *Sepultus est in medio chori, ante gradus Sanctuarii.* Chronicon Montis-Sereni ann. 1174 : *Destructo veteri Sanctuario, quod pro sui brevitate Congregationi erat inconveniens, etc.*

2. **SANCTUARIUM**, Cœmeterium. Synodus Cicestrensis ann. 1292. cap. 1 : *Ecclesiarum Sanctuaria, quæ populariter Cœmeteria nominantur.*

3. **SANCTUARIUM**, Jus asyli, quo gaudebant Ecclesiæ Anglicanæ, priusquam illud abrogasset Henricus VIII. statuto ann. 32. cap. 12. Willelmus Stanfordius lib. 2. de Placitis coronæ cap. 38 : *Sanctuarie est un lieu privilegé par le Prince, ou souverain Gouverneur pour le sauvegarde du vie d'home, qui est offendour.* Infra : *Sanctuarie n'est fors que come un liberté ou franchise graunté par le Roy à l'Abbé, ou spiritual gouvernour.* Charta Renulphi Reg. Merciorum pro Monasterio Abendonensi : *Et quod virtute literarum prædictarum... eadem villa de Culman sint Sanctuarium et locus privilegiatus, etc. Et quod tunc Abbas et omnes prædecessores sui... habuerunt ibidem tale Sanctuarium.* Monasticum Anglic. tom. 1. pag. 172 : *Qui pacem Sanctuarii inter Ecclesiam Ripensem violaverit, reus sit bonorum omnium et vitæ.*

4. **SANCTUARIUM**, Bona ad Ecclesiam pertinentia. Charta Henrici III. Regis Angliæ : *Dedimus et concessimus... Ecclesiam de Lecchelade, cum toto Sanctuario ad Ecclesiam illam pertinente.*

5. **SANCTUARIUM**, Sanctorum reliquiæ, seu potius Theca reliquiarum. Hormisdas PP. tom. 1. Epist. Roman. Pontif. : *Sanctuaria beatorum Apostolorum Petri et Pauli secundum morem ei largiri præcipite. Jurare super Sanctuarium*, in Legibus Ethelredi cap. 4. Lambertus Ardensis pag. 164 : *Attulit etiam sacri insigne trophæi de terra Hierosolymorum super aurum et lapidem pretiosum pretiosissimum, Sanctuarium scilicet de barba Domini, de ligno Domini, etc.* Theodoricus in S. Elizabethæ Reg. Ungar. Vita lib. 8. cap. 5 : *Alii pannorum particulas præcidebant, et pro Sanctuario reservabant.* Willebrandus ab Oldenborg in Itinerario Terræ Sanctæ pag. 138 : *Deinde Græci, et eorum Patriarcha pedites cum multis Sanctuariis subsequebantur.* [Chartul. S. Vedasti V. fol. 295 : *Domino Abbati illuc occurrenti suum Sanctuarium reconsignarunt.* Ibidem : *Reverendum caput* (S. Jacobi) *Ariam deportavit... Ab illo ergo die Sanctuarium Ariæ in templo S. Petri servabatur.* Charta ann. 1253. ex Tabul. Eccl. Maclov. : *Canonicis jurare paratis, et Sanctuario super quod jurare debebant coram ipsis posito, juramentum remisit.*] Occurrit crebro apud Scriptores, Gregorium M. lib. 1. Epist. 52. lib. 2. Ind. 10. Epist. 9. lib. 5. Epist. 22. 45. lib. 7. Ind. 2. Epist. 11. 12. 73. 86. in Concilio Meldensi ann. 843. cap. 39. [in Diurno Rom. cap. 5. tit. 4. 5. 6. in Ord. Rom. Benedicti tom. 2. Musei Ital. Mabill. pag. 152.] apud Augustinum *du Pas* in Stemmat. Armoric. part. 2. pag. 623. [Marten. tom. 1. Anecd. col. 846. et tom. 4. col. 258. Lobinell. tom. 2. Hist. Britan. col. 262. et tom. 3. Hist. Paris. pag. 127. Murator. tom. 6. col. 429. Bolland. tom. 1. Mart. pag. 286.] et alios laudatos in Glossar. ad Willhardui-num, cui *Sanctuaires*, ejusmodi sanctuaria dicuntur n. 100. Le Roman *de Garin* :

Les filatires, les Seintuers chers.

Guill. *Guiart* in Ludovico VIII :

Calices, fiertes, filatieres,
Chapes de cœur, viez Sanctuaires.

[Le Roman *de Rou* MS :

Reliques et cors sainz fist moult tost avant traire,
Filatieres et testes et autres Saintuaires,
Ni lessa croix, ne chasse, ne galice en aumaire.

Le Roman *de la Rose* MS :

Dedens avoit un Sanctuaire
Couvert d'un precieus suaire.]

Joan. Villaneus lib. 6. cap. 85 : *La quale recata a Lucca si monstrava in San Friano, come una Sanctuaria.* Testamentum Joannæ Drocensis Comitissæ Ruciaci ann. 1324 : *Je laisse mon Sainctuaire de S. Jean ainsi envaissellé comme il est à Jean mon fil, etc.* [Vide *Sanctimonia*.]

SANCTUALE, Idem quod *Sanctuarium*, Sanctorum reliquiæ. Othlonus in Vita S. Bonifacii Archiep. Moguntini cap. 5 : *Et quia se Apostolum censuit nominare, et capillos et ungulas suas populis pro Sanctuali tribuebat, seducens populum diversis erroribus.* [Le Roman *de la Guerre de Troyes* MS :

Por recevoir les fiancailles,
Ont fait portier les Santuailles.]

¶ 6. **SANCTUARIUM**, Sanctius et secretius Regis Consilium. Chronic. Trivetti apud Acher. tom. 8. Spicil. pag. 463 : *Jurante Rege beatum martyrem Thomam nec de mandato, nec de voluntate sua occisum.... cognoverunt Legati.... innocentiam viri, atque sub umbra illius a quibusdam attentatum id fuisse, totamque hanc iniquitatem a Sanctuario processisse, et ideo.... in quosdam magnates, quorum malitiam in hac parte manifeste convicerunt, notam infamiæ retorserunt.*

¶ 7. **SANCTUARIUM**, Tabularium, apud Agrimensores, ex Spelmanno. [** Vide Forcellin. in hac voce.]

SANCTUARIUS, ad Sanctos, seu ad Ecclesiam pertinens. *Sanctuaria terra*, quæ ad Sanctos, seu ad Ecclesiam pertinet. Tabularium S. Victoris Massil. : *Rogamus ut pergas illuc, et mittas terminos inter oppida et castra et terram Sanctuariam : nam tuæ potestatis est eam terminare, et unicuique distribuere, quantum tibi placitum fuerit.* [Chartul. Aptense fol. 139 : *Vendo vobis petiam de vinea quæ est inter consortes, ex una latere terra S. Mariæ,.... in alio terras Sanctuarias, etc.*] *Terræ Sanctorum*, apud Ordericum Vital. lib. 9. pag. 721.

¶ SANCTUARIA CAUSA, Jus *Sanctuarii* seu Ecclesiæ ad aliquid. Placitum ann. 968. apud Marten. tom. 1. Ampl. Collect. col. 323 : *Honoratus Episcopus interpellavit de ipsis vineis et de ipsis campis jam superius scriptis, melius debent nostras esse ex progenie parentum nostrorum quam Episcopi, propter nullam causam Sanctuariam succedere.*

SANCTUARIA FAMILIA, in Diplomate Henrici IV. Imp. quod exstat in Actis Murensis Monast. pag. 22. *Ministri et familia Sanctuarii*, in Charta Henrici Imp. ann. 1075. pro Monasterio Hirsaugiensi apud Trithemium.

SANCTUARII, Ecclesiarum Tenentes. Concilium Burdegalense ann. 1255. cap. 18: *Item inhibemus Laicis decimariis universis, ne de Sanctuariis Ecclesiarum decimas exigant, vel recipiant ullo modo, etc. Homines Sanctuarii*, in Regesto Feodorum Campaniæ fol. 82 : *Odo de Ponciaco dixit quod Comes Campaniæ potest sequi homines Sanctuarios usque ad Beuronne, etc.* Fol. 106 : *Maria de Ori fecit homagium ligium : feodum est apud Ori in Castellaria Sparnaci, et apud Jaccinz de hominibus Sanctuariis in Castellaria Sezannæ.* Charta Capituli Trecensis ann. 1224. in Tabulario Campan. Bibliothecæ Reg. fol. 431 : *Si homo Sanctuarius contraxerit cum femina nostra, et duxerit eam in terram dominæ Comitissæ. Sainteurs*, in Consuetud. Hannoniensi cap. 83. art. 2. 4. 5. 6. vocantur : in Regesto Gallico Homagiorum præstitorum Theobaldo Regi Navarræ Comiti Campaniæ ann. 1256. fol. 244. *Hommes saintiers.* F. 232 : *Hommes saints. Homines Sanctorum*, in eodem Regesto Feodor. Campan. fol. 6 : *Dominus de Arzilleriis tenet de Rosnaco medietatem S. Stephani, et justitium, et Brandouiller, et Juilly, et Albanos, et homines Sanctorum.* Charta ann. 1165 : *Vel hominibus potestatis ipsius cœnobii, vel advenis, quos Albanos vocant, vel servis tam Sanctorum, quam hominum infra procinctum commanentibus.* Usatici Barcinonenses MSS. cap. 102 : *Hoc quod juris est Sanctorum, vel Potestatum, vel Castrorum, nemo potest eis impedire, nec pro suo jure defendere, nec detinere, etiam longinqua 200. annorum possessione.*

SANCTI, Iidem qui *Sanctuarii*. Libertates Regni Majoricæ ann. 1248. apud Joan. Dametum in Hist. Regni Balear. lib. 2. pag. 269: *Promittimus etiam vobis, quod non dabimus, nec excambiabimus vos alicui personæ, Militibus, neque Sanctis, in toto vel in parte, etc.* Eadem loquendi formula usus etiam Fortunatus lib. 3. Poem. 10 :

Turris ab adverso quæ constitit obvia clivo,
Sanctorum locus est arma tenenda viris.

* Nostris *Saintiers*, *Saintieux*. Memor. E. Cam. Comput. Paris. ad ann. 1391. fol. 272. r° : *Item a aucuns serfs ou gens, qui doivent à jour nommé cire, l'un plus l'autre moins, que l'en appelle Saintiers.* Charta ann. 1411. in Reg. 165. Chartoph. reg. ch. 190 : *Item une taille le jour de la feste Saint Denis sur les hommes et femmes de corps et gens Saintieux de la ville de Bonnes près Chasteauthierry.* Clericos vero voce *Saintuaux* significari puto in Pedag. Divion. MS. med. circ. XIV. sæc. : *Et se uns homs Saintuaux achiete une aune de drap ou de sargil, il paiera un denier.*

* SANCTUARIUS, idem qui *sacrista*, cui sanctarum Reliquiarum cura demandata est, in Charta ann. 1439. ex Tabul archiep. Rotomag.

* **SANCTUCIÆ**, Sanctimoniales Benedictinæ a B. Sanctuccia earum fundatrice ita nuncupatæ. Testam. card. Franc. Orsini ann. 1304. apud Cl. V. Garamp. in Ind. ad Hist. B. Chiaræ pag. 552. col. 2 : *Monasterio S. Mariæ in Julia de Urbe ordinis Sanctuciarum, etc.* Vide ibi Dissertationem 15.

¶ **SANCTULUS**, Patrinus, ab Ital. *Santolo*, eadem notione, apud Thomasium in Respons. pag. 211.

¶ **SANCTUS**, ut *Sanctuarius*. Vide in hac voce.

¶ SANCTUS OMERUS, a Gall. *Saint Omer*, pro Sanctus Audomarus, in Charta Edwardi III. Regis Angl. ann. 1333. apud Rymer. tom. 4. pag. 557.

¶ SANCTI. Expositio brevis antiquit. Liturg. Gall. apud Marten. tom. 5. Anecdot. col. 100 : *Et pro hac causa in Quadragesima pro humiliatione non utetur* (stola Diaconus) *sicut nec Alleluia in nostra Ecclesia, Sanctus vel prophetia, hymnum trium puerorum, vel canticum maris rubri illis diebus decantantur... Alleluia vel Sancti tacentur ergo in pœnitentia.* Ubi breves orationes illas intelligit Martenius quæ a verbo *Sanctus* incipiebant, quales cantabantur ante Prophetiam, ante et post Evangelium.

* **SANDALARIUS**, Officium in ecclesia Romana. Charta apud Cenc. inter Cens. eccl. Rom. : *Quando Sandalarii capiunt trabes beati Petri, etc.* Vide *Sandaligerula* et *Sandalarius*.

¶ **SANDALE**, Tela subserica, vel Pannus sericus, nostris *Cendal*. Vide *Cendalum*. Instrum. ann. 1461. inter Acta SS. tom. 2. Jun. pag. 64 : *Quod quidem corpus dictæ S. Syriæ virginis, cum capite et aliis ossibus et reliquiis sacris, prout reperta in eadem capsa fuerant, per nos vicarios prædictos, in quodam sacco lini desuper suto, cooperto quodam Sandali rubro serico honesto, etc.* Testam. Johannis de Turre ann. 1365. apud Baluz. tom. 2. Hist. Arvern. pag. 716 : *Volo et ordino quod in die sepulturæ meæ supra corpus meum ponantur duo panni aurei, quorum unus sit bornatus* (leg. bordatus) *de Sandali nigro cum scutis sive scutellis armorum meorum.* Inventar. Eccles. Aniciens. ann. 1444 : *Item duos lavadors sive sudaria telle pro mortuis, et unum Sandale nigrum pro sepulturis.* Vide in *Sandalicus* et *Sandalum*.

¶ SANDALE, Linteolum sericum, quo secerdos post communionem calicem extergit. Statuta Eccl. Andegav. ann. 1507. pag. 196 : *Diligenter studeant Ecclesiastici habere ornamenta et vasa altaris, et singulariter corporalia honestissima quibus superponitur sacrosancta hostia et Sandale similiter, quo mundatur calix post sumptionem sanguinis.*

1. **SANDALIA**. Ugutio, et ex eo Joan. de Janua, et Auctor Breviloqui : *Sandalium, quidam pannus quo equi nobilium solent operiri, ut Papæ et Cardinalium. Sandalia etiam dicuntur subtalares, quibus Papa et Episcopi solent Missas celebrare, quales beatus Bartholomæus deferebat.* [Ex his Gloss. Lat. Gall. Sangerm. : *Sandalium, sandales, c'est solers d'Evesque quant il celebre, une maniere de couverture de chevaux de nobles, ou de quoy l'en coeuvre les plaies ou les corps des mors, ou soler à cordelier.*] Papias : *Sandalia, Græci alti subtalares, caligæ, calciamenta, quæ non habent desuper corium.* Durandus lib. 3. Ration. cap. 8. n. 5 : *Sandalia quæ pedibus imponuntur, sic vocantur ab herba, vel Sandalico colore quo depinguntur. Habent autem desubtus integram soleam, desuper vero corium fenestratum.* Alcuinus lib. 2. de Divin. offic. : *Sandalia dicuntur soleæ, est autem genus calceamenti quo induuntur ministri Ecclesiæ, subterius quidem solea muniens pedes a terra, superius vero nil operimenti habens, patet : quo jussi sunt Apostoli a Domino indui.* Idem scriptor eod. lib. : *Episcopi et Sacerdotis pene unum officium est : at quia nomine et honore discernuntur, etiam et varietate Sandaliorum, ut visibus nostris error auferatur, Episcopus habet ligaturam in suis Sandaliis, quam non habet Presbyter. Epi-*

scopi est hùc illuc discurrere per parochiam : ne forte cadant Sandalia de pedibus, ligata sunt. Presbyter, qui domi immolat, sublimius intendit. Diaconus quia dissimilis est Episcopo in suo officio, non est necesse ut habeat dissimilia Sandalia, et ipse ligaturam habet, quia suum est ire ad comitatum, etc. Hildebertus Turonensis Archiep. : *Consuetudinis est et rationis pertusa desuper esse Sandalia, ut totus appareat pes, nec totus sit coopertus : prædicator enim nec abscondere omnibus, nec omnibus Evangelica debet aperire Sacramenta.* Adde Petr. Comestor. in Histor. Scholast. Exodi cap. 63. Amalarium lib. 2. de Eccl. offic. cap. 25. Rabanum lib. 1. de Instit. Cler. cap. 22. Rupertum lib. 1. de Divin. offic. cap. 24. Honorium Aug. lib. 1. cap. 210. Ivonem Carnot. serm. 3. de Rebus Ecclesiast. Hugon. a S. Victore in Speculo Eccl. cap. 6. Capitula Herardi Archiep. Turon. cap. 105. Philippum Eystetensem in Vita S. Willibaldi cap. 22. Innocent. III. lib. 1. Myst. Missæ cap. 10. 48. Durandum lib. 3. Ration. cap. 8. num. 5. etc. Chartam ann. 1274. apud Petrum Mariam Campum in Regesto part. 2. Hist. Eccl. Placentinæ num. 171.

Sandaliorum ut et chirothecarum in præcipuis festivitatibus usum Abbatibus interdum concessum habent non semel Scriptores, atque in eis Leo Ostiensis lib. 2. Chr. Casin. cap. 82. 97.

☞ Omnibus Ecclesiæ ministris olim communis fuit sandaliorum usus, ut ex supra allatis discimus. De presbyteris Missam celebrantibus idem docet liber 5. Capitul. cap. 371 : *Unusquisque presbyter Missam ordine Romanos cum Sandaliis celebret.* Sed diversa erant sandalia pro diversis ordinibus.

☞ Utebantur etiam sandaliis Sanctimoniales, ex Vita S. Rictrudis sæc. 3. Bened. pag. 948 : *Dum capere cum ceteris quietem putaretur corporis, illa pro dissimulatione relictis ante Sandaliis, etc.*

Sandalia itinerantium fuisse scribit Isaias Abbas Instit. ad Fratres orat. 3 : *In itinere tantum, non autem in cella Sandalia ferat.* De forma sandaliorum ac usu apud veteres, ut et apud Christianos, vide Benedictum Balduinum in Calceo antiquo cap. 12. Salmasium ad Tertullianum de Pallio, Angelum Roccam ad Imagines S. Gregorii M. etc.

Sandalia Excutere. Lambertus Schafnaburg. ann. 1053. de Legato Apostolico : *Egressus urbem* (CP.) *Sandalia sua more Apostolorum publice super eos excussit.* Vide Notata ad Cinnamum pag. 481.

Sandalis, pro *Sandalium*. In Capitulis Adalbardi Abbat. cap. 38. *de Sandalibus* inscribitur. Charta Stephani I. Regis Hungariæ ann. 1001 : *Moreque Episcopi in Sandalibus Missam celebret.* [Vita S. Landeberti Episc. Traject. sæc. 3. Bened. part. 1. pag. 71 : *Porrectaque manu, arreptisque Sandalibus, etc.*] Occurrit alibi non semel.

¶ 2. **SANDALIA**, Navis subsidiariæ species, vulgo *Sandale*, Italis *Sandolo*. Gesta Tancredi apud Marten. tom. 3. Anecdot. col. 207 : *Paratur ergo navigium, habent remiges paratos denæ biremes, quibus trinæ simplicis remigii sociantur, quas vulgo Sandalias vocant.* Vide in *Sandalis*, *Sandalus*, et *Sandones*.

SANDALICUS, pro *Cendalicus*. Necrologium S. Victoris Paris. 12. Kal. Decembr. : *Annivers. D. Joannis Regis Fr.... qui duos pannos Sandalicos aureos pro tunc nobis donavit, etc.* Vide *Cendalum*, et *Sandale*.

¶ **SANDALIGERULA**, Cujus officium circa *Sandalia* versabatur, inter ancillas familiæ Urbanæ recensetur, apud Laurent. Pignor. Comment. de Servis. Utitur Plautus.

SANDALIS, Sandalum, Plinio lib. 18. cap. 7. Genus farris, quod Galli *Brance*, vocabant. Charta Rogerii Regis Siciliæ ann. 1137. apud Ughellum tom. 7. pag. 564 : *Ut deinceps nec Salernitani nec eorum homines pro modiatico aliquid persolvant, sed semper ab hac conditione liberi et absoluti permaneant, plateaticum etiam, Sandalium, et lenticum, quæ veniunt de Calabria, Sicilia, et Lucania, similiter eis condonamus.* [Vide alia notione in *Sandalia* 1.]

Σανδαλίς, ut etiam hoc obiter moneam, quod Meursium vox hæc fugerit, navigii species fuisse dicitur in Chronico Alexandrino pag. 902. quod σανδάλιον appellatur in Nicetæ Codice Barbaro Græco pag. 142. et 411. edit. 1593. [Vide in *Sandalia* 2.] et Glossar. med. Græcit. col. 1331.

¶ **SANDALUM**, ut supra *Sandale*, Pannus sericus. Inventar. Eccl. Noviom. ann. 1419 : *Item quædam infula cum stola et manipulo de Sandalo rubeo et asurato.* Vide *Pata* et *Sandalicus*.

* **SANDALUS**, Navis subsidiariæ species, Ital. *Sandalo*. Stat. Mantuæ lib. 1. cap. 144. ex Cod. reg. 4620 : *Conducere volentes naves, burchiclos sive Sandalos de partibus superioribus ad partes inferiores, etc. Sandanus* ibid. cap. 145. Vide *Sandalia* 2. et in *Sandalis*.

¶ **SANDAPELO**, νεκροθάπτης, in Gloss. Lat. Græc. Qui mortuorum cadavera *Sandapila* portat et humo mandat.

¶ Sandapilarius, Eadem notione. Sidonius lib. 2. Epist. 8 : *Hanc tamen, si quis haud incassum honor cadaveribus impenditur, non vespillonum, Sandapilariorumque ministeria ominosa tumulavere.*

¶ Sandapila, νεκροφορεῖον, in Gloss. Lat. Gr. *Sandapila, Feretrum vel loculum, in quo defuncti portantur.* Gloss. MSS. Sangerm. num. 501. *Sandapila, biere, Sarqueuls*, in Gloss. Lat. Gall. ejusd. Monast. Vide Kirchman. de Funer. Roman. lib. 2. pag. 148.

¶ **SANDARAX**, Matth. Silvatico, *est herba de qua tingitur blavus color.* Vide *Sandaraca* in Lexico Martinii.

¶ **SANDEL**, Lignum Indicum infectoribus in usu, vulgo *Sandal*. Iter Indic. Balth. Spingeri apud Marten. Itiner. Litter. pag. 365 : *Hic* (in insula Thanagora sive Naguaria) *crescit lignum... rubrum quod Sandel nominamus.*

¶ **SANDIALARIUS**. Excerpta ex lib. Petri Mallii ad Alexandrum III. PP. apud Mabill. tom. 2. Musei Ital. pag. 162 : *In resarciendo tecta et mutandis trabibus dantur duo denarii Papienses unicuique magistrorum et manualium in unoquoque die, donec opus compleatur. Quando Sandialarii capiunt trabes, duos solidos denariorum Papiensium et quatuor libras ceræ.* An pro *Sandapilarii*, vel *Sandalarii*, qui a Sandaliis ministri erant?

SANDONES, [Italis *Sandoni*, Navigia oneraria, et maxime ea quæ pontis vicem præbent et in quibus molendina exstruuntur.] Charta Aystulfi Reg. Longobard. apud Ughellum in Mutinensib. Episcopis, tom. 2. pag. 105 : *Et ne ullus... molendina vel portum cum Sandonibus : aut naves in ipso flavio vel in lavatrinam ædificare audeat, etc.* [Memoriale Potestat. Regiens. ad ann. 1223. apud Murator. tom. 8. col. 1104 : *In Kalendis Madii Mantuani ceperunt Cremonenses cum Sandonibus fere centum; et devastaverunt eos, ita quod in fundo Bondeni demersi sunt.* Chron. Estense ad ann. 1309. apud eumd. tom. 15. col. 366 : *Præparatis navibus Sandonibus de molendino fecit fieri pontem bonum et firmum juxta ripam Padi.* Vide *Sandalia* 2.]

¶ Sandoni, Eadem notione, in Chronic. Tarvis. ad ann. 1379. apud eumd. Murator. tom. 19. col. 770 : *Veneti portum solicitantes, duos bastiones de lignamine... construere fecerunt, cum una catena... facta grosissimis Sandonis de lignamine grosso massiccis in ordine ad parum stantibus,... atque cum tribus grosissimis catenis de ferro contextis per intra dictos Sandonos, etc.*

¶ **SANDRIUM**, vel Sundrium, ambigue enim scriptum monent Bollandistæ in Charta Ottonis I. Imper. ann. 964. inter Acta SS. tom. 5. Maii pag. 68. ubi tamen *Sandrium* prætulerunt et Arenarias interpretantur, a Longobard. *Sand*, arena : *In Saltule manentes quinque, et unam petiam de vinea, et unum Sandrium dominicatum... concedimus.* Paulo supra *Sandrium* ediderunt.

¶ **SANGALLA**, Telæ genus, ab Ital. *Sangello*, nostris *Bougran*. Acta S. Juvenalis tom. 1. Maii pag. 401 : *Hæc tamen* (capsula) *posita fuit immediate in aliam capsam magnam et crassam ligneam, intus tela, ut dicitur Sangalla, rubea indutam et extrinsecus munitam laminis ferreis.*

¶ **SANGUIFLUUS**, Sanguineus. Vita B. Lidwinæ tom. 2 April. pag. 338 : *Ob zelum animarum sæpe Sanguifluos imbres ab oculis fundens, etc.*

* Medicis nostris *Sangofegie* dicitur, Mola seu massa carnis sanguinea, vulgatius *Môle*. Lit. remiss. ann. 1367. in Reg. 99. Chartoph. reg. ch. 229 : *Laquelle Agnesot confessa en gemissant et plourant moult fort que celle journée, n'avoit gaires, par grévance ou maladie,.... elle s'estoit délivrée et avoit eu un monstre de Sangofegie ou char rouge, de la grandeur d'un harenc ou environ, ouquel il avoit, ce li avoit semblé, forme de creature; mais il n'y avoit eu point de vie.*

SANGUIMINUERE, *Sanguinem minuere, vel sanguine minuere*, Ugutioni. Catholicon parvum : *Sanguiminuere, saingner, amendrir le sang.* Vide supra *Minuere*.

* **SANGUIMINUTOR**, Qui *Sanguinem minuit* venam aperiendo. Charta ann. 1294. tom. 1. Probat. hist. geneal. domus reg. Portug. pag. 107 : *Medico et Sanguiminutori similiter liceat intus ingredi tempore necessitatis.* Vide *Sanguiminuere* et *Sanguinator*.

¶ **SANGUINABILIS**, Sanguinarius, sanguinis sitiens. Locus est in *Supercapitare*.

SANGUINARE, Sanguinem emittere, Gall. *Saigner.* Lex Saxon. cap. 1. § 3 : *De ictu nobilis,... livor et tumor si Sanguinat, etc.* Vita S. Ermenoldi Abbat. lib. 2. cap. 3 : *Ratboldus nomine puer.... tantum de auribus, singulis noctibus Sanguinavit, ut mane pulvinar ipsius alicujus animalis perfusum sanguine videretur.* [Usus Fontanell. MSS : *Novitius de regularibus non debet exire,... nisi Sanguinet ejus nasus.*]

* *Saignier*, in Stat. ann. 1371. tom. 5. Ordinat. reg. Franc. pag. 441. art. 5. *Esseigner*, eodem sensu, in Lit. remiss. ann. 1467. in Reg. 195. Chartoph. reg. ch. 42 : *Après lesquelz cops icellui Gilot se Esseigna tellement, que par ce moyen.... il ala de vie à trespas.* Hinc *Sanglonnée*, Sanguis concretus, sanguinis globus, vulgo *Caillot de sang.* Lit. remiss. ann. 1445. in Reg. 176. ch. 368 : *Icellui Estienne commença à getter par la bouche pluseurs Sanglonnées de sang.*

¶ **Sanguinare**, Cruentare, sanguine inquinare. Roland. Patav. Chron. lib. 7. cap. 5. apud Murator. tom. 8. col. 274 : *Habuerunt tamen medici usque ad plures dies quid facerent circa faciem Eccelini signatam dentibus et Sanguinatam unguibus viri commendabilis et audacis.* Poetis nostratibus *Essaigné*, pro *Ensanglanté*, cruentatus. Le Roman *d'Athis* MS :

> Pale le trouve et Essaigné
> De cops d'espée et meshaigné.

* Nostris *Sangler.* Lit. remiss. ann. 1460. in Reg. 190. Chartoph. reg. ch. 161 : *Le suppliant regarda sa dague qu'il trouva plaiée et Sanglée.* Hinc *Assangonné* dicitur de vulnere, sanguinis statione corrupto, in aliis Lit. ann. 1366. ex Reg. 97. ch. 525 : *Il la fery d'un petit coustel à taillier pain en la cuisse,.... tant saigna et fu Assangonnée sadite plaie, et mal gardée et visitée, que le lendemain par cas de fortune ala de vie à trepassement.* *Sangmerlé* et *Sangmeslé*, Sanguinis commotione concitatus, turbatus; *Sangmerleure*, ejusmodi turbulenta commotio. Lit. remiss. ann. 1421. in Reg. 171. ch. 407 : *Lesquelles filles s'enfuirent toutes effrées et comme Sangemerlée, en criant, Veez ça les gens d'armes.* Aliæ ann. 1457. in Reg. 189. ch. 176 : *Jehan Alés.... fut fort courroucié et dolent, et se troubla, Sangmesla et mua couleur.* Denique aliæ ann. 1422. ex Reg. 172. ch. 106 : *Le suppliant par chaleur, Sangmerleure et temptation de l'ennemi, etc.*

Sanguinare, Venam percutere. Gloss. Gr. Lat. : Φλεβοτομῶ, *Sanguino.* φλεβοτομοῦμαι, *Sanguinor.* Ugutio : *Sanguinare, i. sanguinem minuere.* Locum vide in *Dies Ægyptiaci.* Nos *Saigner* dicimus. Monasticum Anglican. tom. 1. pag. 149 : *Serviens vero qui fratres Sanguinaverit, panem et justam recipiet de cellario.*

* *Saignée*, Pars brachii, ubi vena percuti solet, Hisp. *Sangradura.* Lit. remiss. ann. 1371. in Reg. 102. Chartoph. reg. ch. 293 : *Icellui Becquemie tourna le coustel contre le bras dudit Mettoier, et li copa dudit bras bien avant par l'endroit de la saignée,.... à cause de ladite copeure dudit bras en la Saignée, etc.*

* **SANGUINARIA**, *Poligonia*, eo quod *ad sanguinem stringendum præstet; quamvis quidam sic vocant aliam plantam, quæ Bursa pastoris dicitur.* Glossar. medic. MS. Simon. Januens. ex Cod. reg. 6959.

¶ **SANGUINATOR.** Chartæ 27. ex Chartul. Dunensi subscribunt *Gausbertus coquus, Durandus mariscalcus, Hildemarus Sanguinator.* Forte qui venam percutit, vel lanius, Gall. *Boucher.* Vide *Saignare.*

* Vide supra *Risellus.*

¶ **SANGUINETUM.** Vide *Sanguinus.*

** **SANGUINEUS**, Consanguineus, in Chron. Salernit. cap. 146. Vide *Sanguis*, 3.

¶ **SANGUINIA**, Justitia sanguinis, idem quod *Sanguis* 2. Vide in hac voce. Charta ann. 1147. inter Probat. tom. 2. novæ Hist. Occitan. col. 518 : *Concedimus... omnes usaticos, et tallias, et toltas, et questas, et albergas, et firmantias, et Sanguinias, et justitias, etc.*

SANGUINITÆ, Consanguinei, agnati, cognati, sanguine conjuncti. Cæsarius Heisterbach. lib. 6. cap. 5 : *Noverat enim paucos esse Clericos, qui Canonice intrassent, ita ut non essent Sanguinitæ, id est, a cognatis introducti; vel Choritæ, id est, per potentiam magnorum intrusi : sive Simoniaci, pecunia scilicet vel obsequiis intromissi.* Ubi pro *Choritæ*, legendum puto *curitæ*, a curia, vel *Chortitæ*, a corti, seu aula, vel palatio.

¶ **SANGUINITAS**, Consanguinitas, cognatio, Gall. *Parenté.* Vita S. Hugonis tom. 2. April. pag. 765 : *Habebat enim eadem regina religiosos ac sanctissimos præsules Sanguinitate sibi proximos.* Vide infra *Sanguis* 3.

* Alias *Sanguinité.* Lit. remiss. ann. 1377. in Reg. 111. Chartoph. reg. ch. 298 : *Le suppliant.... trouva lesdiz faiseurs, dont les aucuns lui estoient de sanc et de lignage; lesquelx lui requirent à cause de Sanguinité que il alast avecque eulx pour eulx conduire et mener à sauvete.*

SANGUINOLENTUS, Infans expositus, [recens natus, qui cum ad Ecclesiam expositus fuisset, in matriculariorum potestatem ita redigebatur, ut eum venumdare ipsis liceret. De *Sanguinolentis* exstat tit. 8. lib. 5. Cod. Theod.] In formula 48. ex Andegavensibus titulus ita concipitur : *Incipit Charta de Sanguinolento, quem de Matricola suscipi.* In contextu : *Invenimus ibidem* (in matricula Sancti illius) *Infantolo Sanguinolento, cui adhuc vocabulum non habetur, etc.* [Adde Pancirolum l. 1. Thes. var. Lect. cap. 77.] V. *Collectus.*

¶ **SANGUINOSUS**, Qui sanguine abundat, nostris *Sanguin.* Cœl. Aurel. Acut. lib. 3. cap. 4 : *Sanguinosi phlebotomandi.*

1. **SANGUINUS.** Joan. de Janua : *Sanguinus, quædam parva arbor, quod cortex et fructus ejus sit sanguinei coloris; unde hoc sanguinetum, locus ubi abundant sanguini.* Lex Longobar. lib. 2. tit. 38. § 1. [** Liutpr. 83. (6, 30.)] : *Qui ad arborem, quam rustici Sanguinum vocant, atque ad fontanas adoraverit, etc.* Ita meliores codd. at editio Heroldi (6o, 3.) habet *Sanctivum.* V. *Sacrivus.*

* 2. **SANGUINUS**, Gall. *Sanguin* et *Sanguine*, Panni species, a sanguineo colore sic dicta, coccineus. Lit. remiss. ann. 1390. in Reg 138. Chartoph. reg. 281 : *Un surcot long de drap de Sanguine, fourré de panne.* Aliæ ann. 1397. in Reg. 153. ch. 204 : *Une houppellande de Sanguin, doublé de pers. Une courte robe de Sanguine à femme, fourrée de penne*, in aliis ann. 1400. ex Reg. 155. ch. 311. Vide in *Pannus.*

1. **SANGUIS**, Vita. Ebrardus in Græcismo cap. 29 :

> Sit tibi peccatum sanguis, Sanguis quoque vita.

Gesta Purgationis Felicis Episcopi Aptungitani : *Cæcilianus respondit, Constat, Domine, non mentior in Sanguine meo.* Galli dicerent, *sous peine de ma vie.* Gesta in causa Silvani : *Si mentior, peream.* Anonymus de Gestis Constantini M. : *Accepta fide securum se esse de Sanguine.* Supra : *Dato sacramento securum esse de Sanguine.* Id est, de pœna sanguinis, ut est in leg. 2. de Sepulcr. violat. (9, 17.) leg. 51. de Hæret. (16, 5.) Cod. Th. et apud Senatorem lib. 9. Epist. 18.

2. **SANGUIS**, Merum imperium, seu major justitia, vel justitia sanguinis, quæ a domino feudi exercetur in casibus, in quibus sanguis defluit. Stephanus Torn. Ep. 132. al. 113 : *Jurisdictionem civilem usque ad rigorem, quam Imperium mixtum quidam appellant, sub potestate Comitis Flandrensis procuratorio nomine diu exercuit, ubi ex officio qualitercumque suscepto tenebatur et innocentes absolvere, et noxios condemnare, neminem tamen, ut ipse confitetur, ad effusionem Sanguinis ore proprio condemnavit, sed confessos aut convictos de crimine, Communiæ Ambianensi, ad quam judicium Sanguinis spectat, secundum quod meruisset reus, judicandos exposuit et plectendos.* [Charta Willelmi Comit. Forcalquerii ann. 1212. ex Tabul. Montis-majoris : *Constituit... usumfructum... in rebus quas exprimit, scilicet... in justitiis Sanguinis, quando scilicet quis pro sua culpa debet amittere vitam vel membrum.*] Hugo Flaviniac. pag. 132 : *Justitiam latronum qui in bannum inciderunt, et Sanguinis qui effusus fuerit.* Charta Adalberonis Episcopi Metensis apud Meurissium pag. 308 : *Bannum vero eidem loco tali tradimus conditione, ut si quis super eandem terram fur vel Sanguinis effusor deprehensus fuerit, per officiales loci discutiatur.* Tabularium S. Eparchii Inculism. fol. 22. v° : *Et Sanguinem nominatim, id est justitiam Sanguinis, quam requirebant, relinquo, quocumque modo vulneratio vel effusio sanguinis facta fuerit in tota terra illa, etc. Nam sanguis qui tantummodo in morte hominis effunderetur, meus erit ad justificandum.* Id est homicidium, quod erat ex 4. justitiis, [ut et in Litteris Odonis dom. Montis-acuti ann. 1224. inter Ordinat. Reg. Franc. tom. 4. pag. 376 : *Pro ictu, septem solidos : pro Sanguine, sexaginta quinque solidos, etc.*] Vetus Charta apud Jo. Columbum lib. 3. de Episcopis Sistaricens. num. 9 : *Justitiam Sanguinis in criminibus quæ morte aut membrorum detruncatione puniuntur.* Alia ibidem. n. 10 : *Retento nobis... majori dominio seu mero imperio, et generaliter super omnibus criminibus, quæ mortem vel exilium, vel membri abscissionem, vel ademptionem omnium bonorum infligunt.* Exstat in Tabulario Andegavensi Charta Goffredi Ducis Normanniæ et Comitis Andegav. qua donat

prædia aliquot Ecclesiæ S. Laudi, *cum Sanguine et latrone, cum incendio et raptu et murtro.* Alia ann. 1242 : *Justitia Sanguinis et adulterii.* Infra : *Ne aliquis ausus esset querimoniam facere curiæ D. Archiepiscopi occasione Sanguinis, et adulterii.* Alia ann. 1250 : *Eamdem jurisdictionem exerceat libere in Sanguine et adulterio in sua jurisdictione commissis, seu etiam committendis, et aliis tam civilibus, quam criminalibus quæstionibus, etc.* Alia Will. Comitis Pontivi ann. 1149. pro Monaster. Pers. : *Concedo etiam ipsis Monachis duellum suum, et Sanguinem suum, et latronem suum, et catalla latronis, si fugerit vel deprehensus fuerit. Forisfactum Sanguinis*, in Charta ann. 1227. *Judicium criminale vel Sanguinis*, in Metropoli Salisburgensi tom. 1. pag. 389. 390. Tabularium Ecclesiæ Uzetiensis ann. 1232 : *Donavit Episcopus B. Andusiæ.... ad feudum pœnam inferendi Sanguinis hominibus S. Ambrosii lite criminali per suum et eorum bajulum.* Consuetudo Municipalis S. Audomari art. 7 : *Par ladite Coustume ont le Sang et, le larron : est à sçavoir connoissance de mellée de debat fait à sang courant, et du larron prins en icelle Seigneurie, posé qu'il doive estre pendu et estranglé.* Consuetudo Vinemacensis art. 5 : *La connoissance du Sang et du larron appartient au Seigneur Viscontier.* Adde Magnum Pastorale Eccles. Paris. lib. 2. cap. 97. Ruffium in Comitibus Provinciæ pag. 110. tom. 9. Spicilegii Acher. pag. 133. Hemereum in Regesto August. Virom. pag. 43. Ughellum tom. 1. part. 1. pag. 398. [Baluz. tom. 7. Miscell. pag. 240. Marten. tom. 1. Anecd col. 90. 95.] etc. Vide *Latro*, et *Sanguinia.*

SANGUINEUM CRIMEN, Quod sanguine et morte rei luitur. [*Crimina quæ sanguinis pœnam ingerunt*, in leg. 18. C. de Transact. (2, 4.)] Pœnitentialis Gregorii II. PP. cap. 20 : *Si quis Clericus aut Laicus in demoliendis sepulchris deprehensus fuerit, quia facinus hoc sacrilegio legibus publicis Sanguineum dicitur, etc.*

¶ SANGUINEM FACERE, Vulnerare, Gall. *Blesser.* Charta Caroli VIII. Reg. Franc. ann. 1494. ex Chartul. Belliloc. : *De Duranno qui occidit Rogerium et Berenlo qui occidit Petrum de Belmolevreo qui fecit Sanguinem fratri suo Gauffrido.*

* Nostris etiam *Faire sang*, pro *Blesser jusqu'au sang.* Libert. Ayriaci ann. 1328. tom. 7. Ordinat. reg. Franc. pag. 316. art. 58 : *Qui maliciose, injuriandi causa, alteri Sanguinem fecerit sine gladio, excepto sanguine volagio, etc.* Lit. remiss. ann. 1389. in Reg. 138. Chartoph. reg. ch. 4 : *Garin ala devers le maire de la justice du lieu et se plaignit du Sang, que lui avoit fait ladite femme, etc.* Aliæ ann. 1390. ibid. ch. 178 : *Le suppliant frappa un petit cop de la main sur le visage ledit homme, et lui fist un pou de sang volage parmi les dens.* Vide infra *Volagius* 2.

3. SANGUIS, Cognatio. *Sanguinis jura*, in lege 58. Cod. Th. de Hæret. (16, 5.) *Nexus sanguinis*, in leg. 122. de Decurion. (12, 1.) eod. Cod. et alibi non semel. *Sanguinis propinquitas*, in Legibus Wisigoth. lib. 7. tit. 2. § 19. [et in lib. 6. Capitul. cap. 130.] *Sanguine proximus*, apud Liberatum Diaconum cap. 16 *Sanguine mixti*, qui vel quæ matrimonia cum agnatis et cognatis intra prohibitos gradus contraxerunt. Concilium Coyacense ann. 1050. can. 4 : *Statuimus ut omnes Archidiaconi et Presbyteri, sicut Canones præcipiunt, vocent ad pœnitentiam adulteros, incestuosos, Sanguine mixtos, fures, homicidas, maleficos, etc.* Vide Cujacium ad leg. 4. Cod. de Bonis vacantibus lib. 10. et in Observat. lib. 11. cap. 26. [Vide *Sanguinitas.*]

4. SANGUIS, Origo, genus, stirps. Ebrardus in Græcismo cap. 9 :

Sanguis, progenies : sanguis quoque dicitur humor.

Gesta Purgationis Cæciliani : *Origo nostra de Sanguine Mauro descendit. Equi Hispanici sanguinis* in lege 1. Codicis Theodosiani de Equis curulibus, et apud Vegetium lib. 4. de Arte veter. cap. 6. quos Hispanos vocat Ammianus lib. 20. Leges Edwardi Reg. : *Ceperunt uxores suas de Sanguine et genere Anglorum.* Edictum Rotharis Regis Longob. tit. 69. § 4. (187.) : *Componat eam mortuam, tanquam si virum de simili Sanguine, id est, si fratrem ejus occidisset, etc.* [Laudes Papiæ apud Muratorium tom. 11. col. 27 : *Sunt etiam quædam progenies in civitate, quæ dicuntur de Sanguine militari, quædam vero de Sanguine populari. Licet spuriosi dimidiatique Sanguinis fuerit, etc.* in Chron. Joh. Whethamstedii pag. 371.] Utitur non semel Saxo Grammaticus, ubi consulendus Stephanius pag. 155.

SANGUINES, non agnoscit prisca Latinitas, ut est apud Priscianum. Occurrit tamen non semel in sacris Literis : *Qui non ex Sanguinibus, etc. Viri Sanguinum, etc.* [Consultat. Zachæi lib. 2. cap. 18. apud Acher. tom. 10. Spicil. pag. 94 : *Cur Patriarcha David geminis Sanguinibus expiandus, innovari in se prioris gratiæ spiritum petit, etc.*]

SANGUINIS CHRISTI PRETIUM. Leges Hoeli Boni Regis Walliæ cap. 11 : *Sanguis cujuslibet hominum pretium est 24. denariorum, Sanguis Christi pretium est 30. denariorum. Scilicet indignum videtur, et Dei Sanguis, hominis minoris pretii est.* Ubi Presbyteri, ni fallor, intelliguntur, quorum pretium majori pretio æstimatum fuit.

¶ SANGUIS DRACONIS, vulgo *Sang de Dragon*, Cinnabaris, vel resinæ species. Statuta Astens. ubi de *intratis* portarum : *Sanguis Draconis solvat pro qualibet libra ponderis lib. 1. sol. 10.* Vide Lexic. Martinii v. *Cinnabaris.*

¶ SANGUIS. Transactio inter Abbat. et Monachos Crassenses ann. 1351 : *Item debet dare dictus dom. Abbas... duodecim libras de Sanguine.* Mendum haud dubie pro *Sagimine.*

* 5. SANGUIS, Mens, ratio, judicium, Gall. *Sens.* Chartul. S. Steph. Droc. : *Cum consilio virorum alti Sanguinis, R. episcopi Carnotensis et aliorum sapientum.*

¶ SANGUISUGA, *Vermis est aquatilis, ceno alitur.* Gloss. MSS. Sangerm. num. 501. Gall. *Sangsue*, Latinis Hirudo. *Sanguisuga*, Βδέλλα λιμναία. Βδέλλα ὕδατος, in Gloss. Lat. Gr. Utitur Plinius aliique non purioris latinitatis. Vide Isidorum lib. 12. Origin. cap. 5.

¶ SANGUITTA. Inscriptio ann. 1257. Romæ in Ecclesia SS. Lucæ et Martinæ refert Alexandrum IV. illam Ecclesiam consecrasse, ibique inter alias Reliquias de *Sanguitta* S. Macarii reposuisse. Id de habitu interpretatur Torrigius de Crypt. Vatican. pag. 358. 2æ. edit. quod Fr. Macro non placet, vocemque corruptam esse ex *Samitus* suspicatur, nisi *Segnuitta* reponendum quis censeat, sitque diminut. vocis *Segnum*, quod genus est vestis. Quid si simplicius legas, *de Sanguine?*

¶ SANGULARIUS, Aper, a Gall. *Sanglier*, nisi *Singularius* legendum sit, in Gloss. Gasp. Barthii ex Baldrici Histor. Palæst. apud Ludewig. tom. 3. Reliq. MSS. pag. 171. Vide *Singularis.*

SANGULENTUS, pro *Sanguinolentus*, in Capitul. ad Legem Alamannor. cap. 26. edit. Baluzianæ. Ita Galli *Sanglant* dicunt.

* Gallica voce *Sanglant*, injuriæ aut blasphemiæ loco nostri sæpissime usi sunt : unde *Sanglanter* dicebant, pro Aliquem eo nomine appellare. Lit. remiss. ann. 1389. in Reg. 138. Chartoph. reg. ch. 4 : *La femme et le suppliant se facherent,..... elle l'appella Sanglant sourt, et lui l'appella Sanglante ordure.* Aliæ ibid. ch. 51 : *De quoy icellui Denisot se courrouça, dit par le poitron Dieu Sanglant, etc.* Rursum aliæ ann. 1407 : in Reg. 161. ch. 272 : *Le supliant dist que lui Perrinot et autres avoient autrefoiz despité ou Sanglanté Dieu et sa mere.*

¶ SANHA, f. Scandula, Gall. *Bardeau*, vel stipula, *Chaume.* Statuta Arelat. art. 59 : *Nullus habeat furnum, neque furni domos cohopertas de Sanha.*

* Neutrum ; est enim Junci palustris genus, simul et locus, ubi ejusmodi junci crescunt. Charta admort. pro eccl. Anic. ann. 1417. in Reg. 170. Chartoph. reg. ch. 60 : *Item pro quadam Sanha communi pro indiviso cum hæredibus Petri Bernondi.* Vide *Sagna* 2. et supra *Sagnaderius.*

¶ SANIA. Vide *Sagna* 2.

¶ SANINUS, pro *Samitus*, ni fallor, in Meisterlini Hist. Rer. Noriberg. apud Ludewig. tom. 8. Reliq. MSS. pag. 28 : *Imperatrix vero.... etiam adornata pallio maderino, quod purpura Sanina coopertum erat,... in chorum procedit.* Vide *Salinus.*

* SANITAS, Salus, tuitio, conservatio. Glossar. vetus ex Cod. reg. 7646 : *Ad Sanitatem sui conscius deprecatur, veniam petit. Sannement*, pro *Santé, guerison*, in Ch. Car. Valesii ann. 1330. ex Tabul. capit. Carnot. *Sené*, Sanus, in Lit. remiss. ann. 1464. ex Reg. 199. Chartoph. reg. ch. 524 : *Gasbert Dubosc donna à une truye Senée, qui estoit ou troupeau, d'un cousteau ou d'un pal pointu par le ventre. Saintible*, eodem significatu, in Lit ann. 1372. tom. 6. Ordinat. reg. Franc. pag. 485 : *Le pueple d'icelle (ville) en vivra plus longuement et plus Saintible.*

¶ SANNA, μῶκος, in Gloss. Lat. Gr. Irrisio, maxime quæ narium, oris et vultus distorsione fit : hinc in Gloss. MSS : *Sanna, tortionarium.* Dudo de Morib. Norman. apud Duchesnium Histor. Norman. p. 57 :

Ridiculam vereor nobis sat surgere Sannam,
Si impatiens refutes clavem nunc obice dempto.

Vide Lexic. Martinii in hac voce.

¶ **SANNADERIUS**, f. Qui juncos palustres, quos *Sainas* vel *Sagnas vocant*, colligit, iisque utitur inter operandum; ut supra *Saguerius* in *Sagna* 2. Vide in hac voce. Charta Guillelmi Comit. Forcalquerii ann. 1212. in Hist. MS. Montis-Major. : *Testes probaverunt monasterium habuisse pacifice ab omnibus ibi piscantibus singulis septimanis levatam piscium,... singulos obolos pro singulis nancis, aut tres denarios pro una septimana, et a Sannaderiis singulus colligentibus singulis pabelum cum bispia aut olamine singulis annis tres denarios, et de avibus crancis trezenum pro pulmento, et de venatione capita aprorum et quarterios aliarum ferarum.*

¶ **SANNAGINA**, perperam pro *Sauvagina*, in Charta tom. 4. Histor. Harcur. pag. 1410. Vide *Salvasina* et *Sylvaticus*.

SANNARE, pro *Subsannare*, in vet. Lexico. [*Sannor*, μυκτηρίζω,] in Gloss. Lat. Gr. *Sannator*, μυκτηριςής, ibid.

* **SANNATOR**, inter ministeriales abbatiæ Corbeiensis recensetur, in Chron. MS. abbat. ejusd. monast. fol. 8. v° : *Sannator unus, machones quatuor, ad buriam septem, barbitarii duo.* An medicus?

¶ **SANNUM**, Jus cognoscendi de *Sannis*, mulctamque pro iis imponendi et percipiendi. Chartular. Prioratus S. Florentini ex Tabul. S. Germani Autiss. : *Qui* (Waldricus) *convictus omnium judicio dereliquit in eorum præsentia omnes torturas et consuetudines quas per suam vim immiserat superius memoratæ potestati, ac tenere injuste judicatus est juste, hoc est, Sannum, placitum, justitiam... et quidquid culparum dici aut æstimari potest.* Nisi leg. sit *Bannum.*

SANSOCHA. Monasticum Anglic. tom. 2. pag. 1021 : *De murdria, et de rapina, et de rap, et de igne, et de sanguine, et de Sansoche, et de omni purprestura.* [Vide *Soca* 2.] [** Vide *Ran*, 1. et lege *Ransoche.*]

* **SANTALMUS**, Santasmus, Panni species. Inventar. MS. thes. Sedis Apost. ann. 1295 : *Item duos pannos Santasmos, unus rubeus, alter cœlestis. Item tria frustra de Santalmo de uno palmo.* Vide *Sarantasmum.*]

¶ **SANTENSIS**, Ecclesiæ ædilis, seu bonorum ejusdem administrator. Acta S. Joli tom. 2. Junii pag. 252 : *Commissarius et architector, defensor, consiliarii et massarii seu Santenses dictæ ecclesiæ... judicaverunt dictam ecclesiam fore et esse fabricandam, mutandam et instruendam.* Vide *Massarius.*

* Ital. *Santese*, Hisp. *Santero.*

¶ **SANTIGUADOR**, vox Hispanica, Qui in præstigiis signo Crucis utitur. Locus est in *Saludador.*

¶ **SANTONENSIS** Moneta. Vide in *Moneta Baronum.*

* **SANTROSSERUS**, Santrosso. Collect. Math. Flacii Illyric. inscripta, *Varia doctorum piorumque virorum poemata de Corrupto Ecclesiæ statu* edit. ann. 1556. pag. 27 : *Contra Santrossones et usurarios :*

O tu miser Santrossere,
Quam multos cogis egere.

Hæc ex animadversionibus D. *Falconet.*

* **SANTULUS**, pro *Sanctulus*, dimin. a Sanctus, Ital. *Santarello*, in Vita B. Cicchi tom. 1. Aug. pag. 662. col. 1.

* **SANTURERIUS**, a Gallico *Sainturier*, Zonarum artifex. Charta ann. 1407. in Reg. 161. Chartoph. reg. ch. 337 : *Johannes de Cardona Santurerius. Johan le Doys Sainturier et courroier*, in Lit. remiss. ann. 1456. ex Reg. 183. ch. 126. Vide infra *Santurerius.*

* **SANUM**. Charta ann. 1117. in Access. ad Hist. Cassin. part. 1. pag. 234. col. 2 : *Et concedimus ipsi homines, ut qualemcumque terram de Sanum exaudinaverit, in hæreditatem habeant ad respondendum.* Huc fortasse spectat vox Italica *Sano*, integer, vel conveniens, utilis.

¶ **SANUTUM**, perperam pro *Samitum*, in Litteris Edwardi III. Reg. Angl. ann. 1338. apud Rymer. tom. 5. pag. 48. Vide *Exametum.*

¶ **SANZACBEGUS**, vox Turcica, Provinciæ Præses, a *Sanzac*, vexillum, et *Beg*, dominus; quia cum vexillo institui solet ejusque dignitatis est insigne. Hinc

¶ Sanzachi dicuntur Præfecti Turcici militares, apud Jovium Hist. lib. 14 : *Bellerbecho parent Sanzachi, Latine alarum signiferi.*

¶ **SAO**, Araris, Gall. *la Saone.* Notitia ex Chartul. S. Johannis Angeriac. pag. 424 : *In Burgundia ultra Saonem perpetue collocentur. Saona*, apud Murator. tom. 3. pag. 666.

* **SAOMERIUS**, Jumentum sarcinale, Gall. *Bête de Somme.* Comput. ann. 1326. ex Cod. reg. 9434. fol. 135. r° : *Habui a domino episcopo Pictaviensi et a dominis abbatibus Nobiliacensi et S. Cipriani.... tres Saomerios, una cum uno domicello.* Pluries ibi. Vide in *Sagma.*

SAONITITIUM. Vide *Saiones.*

SAONNARE, Saonnium. Vide *Sonare* 3.

¶ **SAORRA**, Saorris, vox maritima, Saburra, glarea, vulgo *Saorre*, aliis *Lest*, Ital. *Saorna.* Statuta Massil. lib. 4. cap. 6 : *Gardiani earumdem navium jurent ad sancta Dei Evangelia, et teneantur jurare ne lapides, vel Saorram, vel alia aliqua rumenta projiciant, vel projici faciant, vel permittant projici, vel cadere in portu Massiliæ... Si vero in bucca portus Massiliæ... aliquid ejiceretur de Saorra, vel rumentis seu lapidibus, etc.* Statuta Arelat. MSS. art. 185 : *De Saorrinibus : Quicunque Saorrim projicerit in gradibus,.... in x. lib. puniatur.*

1\. **SAPA**, Sappa, Instrumentum rusticum. Mamotrectus ad cap. 2. Michææ : *Ligo, i. Sappa.* [Papias : *Maræ, Sappæ, instrumenta rusticorum.* Idem quod nostri *Houë* vocant.] Charta ann. 1183. apud Ughellum tom. 4. pag. 862 : *De unoquoque pari boum, et de illis qui habent unum bovem, et eorum qui laborant cum Sapa, 12. denarii per singulum annum.* [Statuta Montis Regal. fol. 269 : *Item statutum est quod ferrarii teneantur et debeant reconzare Sapam pro solidis novem.* Occurrit prætcrea in Statutis Vercell. lib. 3. fol. 101. v°.] Vide *Zapa*, 2.

¶ 2\. **SAPA**, Mustum coctum, a Sapore sic dici videtur, nostris *Raisiné.* Gloss. Lat. Gr. : *Sapa*, ἕψημα, ςαφιδίτης οἶνος. Papias MS : *Tertia parte musti amissa, quod remanet carenum est : cui contraria Sapa est quæ fervendo ad tertiam partem descendit.* Vide Plinium lib. 14. cap. 9. Columellam lib. 12. cap. 20. et supra *Carenum.*

¶ **SAPARARE**, Separare, dividere, *Separer.* Chron. Petri Azarii apud Murator. tom. 16. col. 357 : *Societas ista cœpit aciem primam domini Mediolani disgregare et in cuneos Saparare.*

¶ **SAPATOR**, *Saparum* artifex, ut videtur. Statuta Vercell. lib. 7. fol. 212 : *Promittat de non exercendo unquam per seipsum manualiter officia... nautarum, lanariorum, Sapatorum, bubulcorum, etc.* Vide *Sapa* 1.

* **SAPATURA**, Pacti violatio, infractio. Stat. Taurin. ann. 1360. cap. 300. ex Cod. reg. 4622. A : *Qui contrafecerit vel non observaverit ipsa pacta, solvat pro bampno singulis Sapaturis solidos tres.*

* **SAPELLATA**, Pedamentum, paxillus, Gall. *Echalas*, ab Italico *Schiappare*, in assulas dividere. Eadem Stat. cap. 170 : *Bubulci et pastores uvas et Sapellatas uvarum de vineis vel de altenis extrahentes, etc.* Haud scio an inde vox Gallica *Sapeil*, qua Virga seu ramusculus significari videtur, in Charta Frider. ducis Lothar. ann. 1295. ex Chartul. Romaric. ch. 24 : *Tant que nostre chien seront ès forés de Eccles, ne de Vosge, on n'i doit tendre à cordres* (si) *ne à Sapeil. Sappe* vero Fustis est ferro armatus, in Lit. remiss. ann. 1474. ex Reg. 195. Chartoph. reg. ch. 1298 : *Ung baston ferré au bout, appellé Sappe. Santon* idem sonat in aliis ann. 1403. ex Reg. 158. ch. 257 : *Icellui Feliz apporta en sa main un baston, appellé Santon.* Aliæ ibid. de eadem re ch. 415. habent *Saton.*

¶ **SAPELLUM**, Sapellus, Apertio, canalis incilis, ut videtur. Statuta Vercell. lib. 3. fol. 92 : *Item quod omnes Sapelli curie Vercellarum prohibentes sive impedientes quod rugia parva quæ fluit ad civitatem Vercellarum... non recte fluat, debeant incontinenti reaptari per loca et personas circumstantes et circunstantia ipsis Sapellis.* Statuta Placentiæ lib. 1. fol. 7 : *Singulis duobus mensibus teneatur Potestas videre seu videri facere omnia fossata magna vel parva communis Placentiæ, et Sapellos existentes in civitate Placentiæ, vel circa ipsam civitatem, etc.* Statuta Montis Regal. fol. 223 : *Et quod aliquis non dimittat aliquod Sapellum apertum per suum sedimen;... si aliquæ bestiæ intrarent per Sapellum alicujus, ille qui deberet claudere, solvat bannum et emendam.* Hinc

¶ Sapellare, Aperire, incidere, in Statutis Vercell. lib. 5. fol. 121 : *Item quod quicunque intraverit hortum, vineam,.... et clausuram ipsius ruperit vel Sapellaverit, solvat pro banno qualibet vice solidos decem Pap.* Statuta Montis Regal. fol. 223 : *Et si quis Sapellaret, seu Sapellum fecerit, disclaudendo alienam clausuram, solvat bannum solidos decem.*

1\. **SAPERE**, Scire, unde nostris *Savoir*, Capitul. Caroli M. ann. 769. cap. 15 : *Sacerdotes qui rite non Sapiunt adimplere ministerium suum, etc.* Adde Capitul. lib. 7. cap. 100. al. 137. Capitula Caroli C. tit. 10 : *Volumus ut vos Sapiatis, quid noster adventus hic fuerit.* Tit. 14 : *Ego ill. adsalituram, illud malum quod Scach vocant, vel tesceiam non faciam, nec ut alius faciat* *consentiam : et si Sapuero qui hoc faciat, non celabo.* Adde tit. 16. § 3. tit. 53. § 3. Hincmarus de visione Bernoldi Presbyteri : *Et uni homini meo commendavi aurum et argentum meum, quod nemo alius Saputt nisi ego et ille.* Adde eumdem Opusc. 34. initio. Panegyricus Berengarii Imper. :

> ....prohibere minas Widonis iniquas
> Sitoc pium, Sapitis, dudum qui funera campo
> Experti, etc.

Adalbero Laudunensis in Carmine ad Robertum Regem :

> Alphabetum Sapiat digito tantum numerare.

Charta Alphonsi I. Regis Aragonum apud Blancam pag. 765 : *Scripsit tibi ista mea curtu de Logroneo; et Sapias quod vidi rancurantem de illo Episcopo de Zaragoza, etc.* [Charta ann. 1422. apud Lobinell. tom. 2. Hist. Britan. col. 990 : *Sapin totz qui las presentes lettres verran et audirant que, etc.* Vulgo, *Sachent tous, etc. Sepaes,* pro *Sachiez,* in alia ann. 1476. ibid. col. 1357.]

2. **SAPERE**, Posse. Desiderius Episcopus Cadurcensis in Epist. ad Modoaldum : *Si gratiarum jura beneficiis vestris recompensare voluero, non Sapiam.* Phrasis Gallica, *je ne saurois.*

¶ **SAPETUM**, Locus abietibus consitus, sapinetum, Gall. *Sapiniere.* Charta S. Hugonis Episc. Gratianopol. ex Tabul. ejusdem Eccles. fol. 18 : *De termino qui vocatur Broch usque ad terminum magnæ vallis et planities et villas et costas et Sapetum super Broch, etc.* Statuta Montis Regal. fol. 43 : *Item statutum est quod dom. Vicarius infra mensem postquam juraverit officium, teneatur ponere ad consilium capitula de bosco-nigro et aliis Sapetis, si placet consilio aliquid providere super custodia ipsorum.* Vide infra *Sappus* 2.

* **SAPGITICIA**, pro *Sagittitia*, Navigii genus. Vide *Sagitta* 1. Marcha concessa ann. 1345. 4. Maii in vol. 3. arestor. parlam. Paris. : *Cum duabus Sapgiticiis sive barchis armatis, more piratico per maria discurrentes, etc.*

¶ **SAPHARIUM**. Vide *Safarium.*

SAPHIRINUS, Cæruleus, coloris Saphiris, qui *cæruleus cum purpura* esse dicitur Isidoro lib. 16. cap. 9. Monachus Sangall. lib. 1. cap. 36 : *Pallium canum, vel Saphirinum quadrangulum.* Lib. 2. cap. 14 : *Pallíaque Fresonica alba, cana, vermiculata, Saphirina, quæ in illis partibus rara et multum cara comperit :* ex pellibus forte, quas *Saphirinas* vocat Jornandes de rebus Getic. cap. 3. de Scanzia Insula : *Hi quoque sunt, qui in usus Romanorum Saphirinas pelles, commercio interveniente per alias innumeras gentes transmittunt, famosi pellium decora nigredine.* A Jornande hausit quæ habet in eamdem sententiam Rodericus Toletanus lib. 1. cap. 8. Ubi nescio an hoc loco *Saphirinas* pelles intelligere liceat, quas *Grisias*, vel *Varias* alii vocant, quod ad cæruleum colorem accederent, unde etiamnum in armorum insignibus eo colore depingi solet, uti observatum in Dissertat. 1. ad Joinvillam pag. 135. Sed videtur obstare, quod *decoram nigredinem* saphirinis pellibus videatur adscribere, adeo ut potius *Marturinæ* intelligi debeant : nisi hac appellatione decora ista nigredo subfuscum in *Grisiis* seu *Variis* colorem spectet.

* *Saphistrin*, Saphirus minoris pretii, in Lit. remiss. ann. 1449. ex Reg. 179. Chartoph. reg. ch. 349 : *Demanda icellui Vincent quellē pierre c'estoit; et icellui feu Jourdain respondi que c'estoit ung Saphistrin d'Almaigne ou topasse,.... icellui Genilhac dist qu'il ne cuidoit point que ce feust Saphistrin, et ledit Vincent dist que c'estoit ambre, et le suppliant dist que c'estoit cristail ou bericle.*

¶ **SAPHON**, *Funis in prora positus*, Isidoro lib. 19. Originum cap. 4.

** **SAPIDO**. Virgil. Grammat. pag. 98 : *In illa* (Latinitate) *Sapidinis est minima oratorum.*

¶ **SAPIENS**, Tutor, qui res pupilli curat, Gallice *Tuteur.* Charta ann. 1202. apud Murator. delle Antic. Estensi pag. 179 : *Debeant ei inde facere fieri cartam in laude sui Sapientis, etc.*

SAPIENTES, in Italia appellabant civitatum cives primarios, quorum consilio publicæ res gerebantur : [nunc *Conservatores* dicuntur.] Hieronymus Rubeus lib. 6. Histor. Ravennat. ann. 1297 : *Hoc etiam tempore Polentani, quamquam vires quotidie majores Ravennæ accipientes, primi ex sententia rempublicam administrare : ab Senatu tamen Ravennati Magistratus accipere, quibus Consules et Rectores civitatis vocabantur. Verum Lambertus ac Ostasius fratres ea mutantes vocabula, quæ in vetustis eorum temporum codicibus nos legimus, pro Rectoribus et Antianis, Consulibusque, novem scilicet, et quandoque sex hominibus, qui Magistratum civitatis obirent, ipsi Sapientes appellarunt, quod nomen adhuc superest.* Sed longe antea illud obtinuit in aliis Lombardiæ civitatibus, ut colligere licet ex Ottone et Acerbo Morena in Hist. Rerum Laudensium pag. 4. 5. 93. 104. 123. Adde Albertinum Mussatum lib. 4. de Gestis Italicor. post Henric. VII. rubr. 1. Rollandinum lib. 3. cap. 8. [Regimina Paduæ apud Murator. tom. 8. col. 387. Chron. Parmense apud eumdem tom. 9. col. 809. et 822.] Hist. Bellunensem pag. 108. verso, Cherubinum Ghirardaccum lib. 8. Histor. Bonon. lib. 7. cap. 3. pag. 220. et alibi non semel. Statuta Mediol. cap. 57. etc. Notum, porro ex Gellio lib. 4. cap. 1. juris magistros *sapientes* appellatos. [Eodem significatu *Sage-homme* usurparunt nostri. Petrus de Fontanis in Consil. cap. 21. n. 64 : *Celsus qui fut Sage-hom de loix.*]

SAPIENTIA, Christus. Rupertus lib. 10. de Divin. Offic. cap. 15 : *Filium Dei dicimus verum et incommutabilem Sapientiam, per quam universam condidit creaturam.* Vigilius Tapsensis lib. 2. contra Palladium cap. 6. ubi de Christo : *Sapientia appellatur, quia de corde Patris adveniens, arcana cœlestia credentibus reseravit.* Sed hæc nota.

Sapientia, interdum dicitur Spiritus sanctus. Rufinus Palæstinæ provinciæ Presbyter in Libello Fidei cap. 1 : *Quod unus est Deus, habens verbum substantivum æquale per omnia sibi, similiter et Sapientiam substantivam æqualem sibi per omnia, etc.* Et cap. 10 : *Quod autem in Sapientia et cum Sapientia, hoc est, cum Spiritu sancto, Deus omnia facit, etc.* Ita Theophilus Antiochenus lib. 2. ad Antolycum, Irenæus lib. 4. cap. 17. et 37. et aliquot alii.

** **SAPIFICARE**. Virgil. Grammat. pag. 113 : *Qui pura animæ et intenta sollicitudine Sapificat, philosophus dicendus est.*

¶ **SAPINA**, Linter abiegnus, vulgo *Sapiniere*, qua in Ligeri præcipue utuntur. Computus ann. 1324. tom. 1. Hist. Dalph. pag. 132. col. 1 : *Item pro dictis duodecim querquubus adducendis in quadam Sapina, a portu Quiriaci usque ad portum S. Saturnini,* XVI. *sol.* VI. *den.*

¶ 1. **SAPINUS**, πίτυς, in Gloss. Lat. Græc. Vide Lexic. Martinii in hac voce.

* 2. **SAPINUS**, Abies, vulgo *Sapin.* Arest. parlam. Paris. ann. 1338. in Reg. 71. Chartoph. reg. ch. 296 : *Item unum banchier, item unum de Sapino, item quatuor archas de Sapino.* Vide *Sappus* 2.

¶ 1. **SAPIRE**. Charta ann. 1103. inter Probat. tom. 1. novæ Histor. Occitan. col. 361 : *Vicarius, nec illi qui placitabunt placita pro vicario, non prendent ullum averum de homine, neque de fœmina Montispessuli propter placita, postquam Sapient illa placita, præter justitiam domini, etc.* Vide mox *Sapitor*, et infra *Sarire.*

* 2. **SAPIRE**, f. pro *Sarire*, Terram incultam succisis dumetis excolere. Vide in hac voce. Chartul. 21. Corb. fol. 137 : *Si dominus rusticis suis concesserat culturas suas ad excolendum et Sapiendum, secundum partes singulis assignatas, sibi tamen in jure suo nullum fecerat præjudicium.*

* *Assagir*, pro *Devenir sage*, Sapere, legitur in Mirac. MSS. B. M. V. lib. 1 :

> Qui ton affaire va notant,
> Assagis est en assotant.

¶ **SAPITOR**, Sapiens, peritus æstimator; *Sapiteur* etiamnum usurpatur ea notione in foro Aquensi. Charta ann. 1471. ex Schedis Pr. *de Mazaugues : Injunxit moderniis æstimatoribus... quatenus... vocatis prius partibus quæ tanguntur, Sapitoribus, fauginatoribus, valladeriis, magistris expertis, et aliis necessario evocandis, etc.*

SAPLUTUS. Fragmenta Petronii pag. 13 : *Ipse nescit quid habeat, adeo Saplutus est.* [A Græco ζάπλουτος, valde dives. Vide Scheffer. in Not. pag. 73.]

SAPO, vox Gallica vetus, unde Theutones *Seepe* nostri *Savon.* [** Vide Graff. Thes. Ling. Fr. tom. 6. col. 172. voce *Seifa*, quam glossæ interpretantur *Sabona, smigma, resina.*] Glossæ MSS. ad Alexandrum Iatrosoph. : *Sapo Gallicus, i. albus.* Aretæus lib. ult. de Cura passion. : *Nitrosos illos factitios globos, quibus voluminum sordes expurgantur, Saponem Galli vocant.* Horatianus lib. 1. Rerum Medicar. cap. 3 : *Gallico Sapone caput lavabis.* Plinius lib. 28. cap. 12. ait *Gallos* sapone capillos rutilasse, ut et Martialis lib. 14. Epigr. 26 :

> Caustica Theutonicos, accendit spuma capillos.

[Vide Capitulare de Villis cap. 43. et 44.]

¶ Saponus, Eadem notione, in Convent. civitatis Saonæ ann. 1526.

Sapo Constantinianeus, de quo Ptolomeus Silvius in Laterculo : *Constantinus senior... diadema capiti suo propter refluen-*

tes de fronte propria capillos (pro qua re Saponis ejusdem cognominis odorata confectio est) quo constringerentur, invenit. [Vide Myrepsum sect. 40. cap. 11.]

Saponem et uncturam Monachis dari ad ungendos calceos docent Additio 1. Ludovici Pii, et Vinea Benedictina. Hinc non semel Monachis ipsis in reditum assignatum habent veteres Chartæ. Charta Ludovici Pii, apud Doubletum pag. 740 : *Item Saponem de ipsis villis persolvi, ut habetur constitutum. Viginti modia Saponis*, in Charta Caroli C. pro Monasterio Sangermanensi apud Mabillonium tom. 4. SS. Ord. S. Benedicti pag. 119. Alias vide apud eumdem Doubletum pag. 740. 793. Adde etiam Fortunatum in Vita S. Radegundis. [** Irminon. Polypt. Br. 13. sect. 99. pag. 149.]

Saponarii, Saponis confectores, apud Plinium Medic. lib. 1. cap. 21. et Gregorium lib. 8 . Epist. 27. Capitulare de Villis cap. 45 : *Aucellatores, Saponarios, siceratores, id est, qui cervisiam conficiunt, etc.*

Savo. Glossæ MSS. : *Nitrum, a Nitra insula, salis species. Quidam dicunt esse Savonem, qui mundat hominem.*

Saponaria. Alexander Iatrosophista lib. 1. Passionum : *Gutta prima Saponariæ trita et supposita satis bene operatur et curat.* Ubi Glossæ MSS : *Saponaria est lixivia, de qua fit sapo. Fit autem hoc modo : pone in vase de virgis facto, vitis cineris 2. partes, tertiam de calce viva, et aquam desuper. Quæ prima manat, est prima Saponaria, et de hac dicitur. Ad saponem vero faciendum, sepum arietinum in aqua illa pones, et diu agitabis.*

SAPOR, [Condimentum, ut videtur, Gall. *Sauce.*] Veteres Consuetudines Floriacenses : *Ipso die ab Armario reficimur, unum tamen generale piscium, et Saporem cum copia boni vini.* Alibi : *Quotiens habemus ova elixa, toties debemus habere Saporem, excepto ad cœnam.* Ceremoniale Roman. lib. 1. sect. 1 : *Cum salsamentis, Sapore, caseo, herbis crudis, etc.*

* Hic forsan ut et alibi Aromata, vulgo *Epices*, significat, ut colligitur ex Chartul. Latiniac. fol. 187 : *Salem, allia et Saporem sinapis dabit eis (infirmis) cellerarius. Alios vero Sapores infirmarius dabit.* At vero *Saveur*, pro *Assaisonnement, sauce*, Condimentum, legitur in Vita S. Ludov. edit. reg. pag. 351 : *Li sainz roi demanda au mesel duquel il voudroit aincois mengier, ou des geline ou des perdriz, et il respondi des perdriz; et li benoiez rois li demanda à quele Saveur, et il respondi que il les vouloit mengier au sel.* Hinc *Ensoudrer*, pro *Assaisonner*, Condire, nostri dixerunt. Lit. remiss. ann. 1385. in Reg. 127. Chartoph. reg. ch. 265 : *Comme Jehan de Saint Germain escuier se feust courouciez que le tavernier leur avoit mal appareillié et Ensoudré leur poisson, que ilz devoient mengier, etc.* Vide supra *Adsaporare.*

¶ Saporare, Gustare, sapere, Gallice *Savourer.* Epist. Cyricii Episc. ad Ildephonsum inter Conc. Hispan. tom. 2. pag. 533 : *Memoratus sum vestri muneris, quod cum ardua intentione percurrerem, ac mentis acie defixa universa quæ in morem pigmentorum redolentia exstabant, Saporare conarer.*

¶ Saporare, Sapore imbuere. S. Petrus Chrysolog. Serm. 157 : *Per epiphaniam Christus in nuptiis aquas Saporavit in vinum.* Conc. Toletan. XI. inter Hispan. tom. 2. pag. 661 : *Sed sensibus sanæ intelligentiæ reperiantur instructi, ut in disserendo præcipue hujus sanctæ Trinitatis arcano plus evidentia quam eloquentia eos efficiat Saporatos.*

Adsaporare, Saporem infundere, [vel gustare, delibare, Italis *Assaporare*, eadem notione.] Regula Magistri cap. 23 : *Et ventigiata a calice potione petita benedictione Adsaporet qui miscuit.* Infra : *Et item secundum suum numerum unicuique mensæ, signato item ab Abbate vase, et cum benedictione Adsaporato, mixtum ei ministrent, et ipsi in ultimo bibant.*

¶ Saporosus, Sapidus, cui inest sapor. Constant. Afric. de Febr. cap. 4 : *Sanguis temperatior est omnibus elementis et Saporosior.*

¶ 1. **SAPPA,** Polemicis Scriptoribus dicitur Muri fundamentorum effossio, subversio, Gall. *Sappe.* Vide Lexic. milit. Caroli de Aquino. Alia notione occurrit in *Sapa* 1. [** Italis *Zappa.* Vide *Zapa.*]

* 2. **SAPPA**, *Mustum coctum usque ad consummationem duarum partium, et propterea dicitur triplicatum.* Glossar. medic. MS. Simon. Januens. ex Cod. reg. 6959. Vide *Sapa* 2.

¶ **SAPPAPPA**, *quasi Sarculo.* Gloss. Isid. Emendat Grævius, *Sappa, quasi Sarculus.* Vide *Sapa* 1.

* **SAPPETUS**, Abies, ut supra *Sapinus.* Sent. arbitr. ann. 1500 : *Item plus pronuntiaverunt..... dicti arbitri, quod dicti parerii..... teneantur et debeant facere unum mantellum nemoris Sappeti bonum, fortem et sufficientem, etc.* Vide *Sappus* 2

¶ **SAPPINUS**, πεύκη, in Gloss. Lat. Græc.

1 **SAPPUS,** Uligo, ex Anglico *Sap*, quæ vox etiam *succum* et *alburnum* sonat. Fleta lib. 2. cap. 73. § 18 : *Sciendum quod duæ sunt terræ, quæ mature debent seminari, ad semen præcipue Quadragesimale, terra videlicet marlosa et lapidea, ne forte per fervidum Marcium damnum contingat, et ideo tempestive debent hujusmodi terræ seminari, ut per Sappum et virtutem hiemis naturale recipiant nutrimentum.*

2. **SAPPUS**, Abies, vulgo *Sapin.* Ordericus Vitalis lib. 13. pag. 906 : *Pro qua* (abiete) *vulgaris locutio villam Sappum nuncupare solebat.*

¶ Sapus, Eadem notione, in Statutis Montis Regal. fol. 232 : *Item statutum est, quod aliqua persona... non debeat incidere aliquod lignum viride in aliqua parte de rovore, Sapo, castanea, etc.* Nostri *Sap*, pro *Sapin*, dixerunt. Comput. ann. 1444. apud Lobinell. tom. 2. Hist. Britan. col. 1110 : *A Jehan Durant pour* CXXXI. *l. de bray pour la chasse de Sap, etc.* Le Roman *de Vacce* MS :

> Mout i veissiez coups et de fer et d'achier,
> Maint hainte de Sap et de Fresne bruisier.

Vide *Sapinetum.*

SAPPUTURA, Modus vineæ. Pactum inter Thomam Comitem Sabaudiæ et Abbatem Pinarolensem ann. 1246 : *Item pronuntiaverunt quod Comes possit emere ad opus Castri Podii Oddonis 4. Sapputuras vinearum factarum ab eorum possessoribus sine tertio et affaytamento et ficto proinde Monasterio dando, etc.*

¶ **SAPSONATUS**, pro *Sablonatus.* Vide *Sablo.*

¶ **SAPUS**, Abies. Vide *Sappus* 2.

¶ **SAQUA**, ut *Saca.* Vide in *Sac.* Chartul. Gemmetic. tom. 3. pag. 24 : *Et omnia quæ ad illum pertinent cum Saqua et soca, et tolla et team.*

* **SAQUALIA**, Vicus Parisiis, nunc corrupte *Zacharie.* Necrolog. MS. eccl. Paris. : *Item domos quasdam.... ultra parvum pontem, in vico Saqualiæ situatas, contiguas domui Johannis Maugeri chanvrerii.*

* **SAQUETA**, Sacculus, nostris *Saquelet.* Lit. remiss. ann. 1396. in Reg. 150. Chartoph. reg. ch. 231 : *Cum quadam Saqueta arenæ ipsum percussit supra faciem uno ictu, et dictam Saquetam ligavit in collo presbiteri, ut non clamaret. Un Saquelet de cuir*, in aliis ann. 1415. ex Reg. 168. ch. 261. Vide *Saquetus.*

¶ **SAQUETUS**, Sacculus, Gall. *Sachet.* Statutum ann. 1455. ex Tabul. Massil. : *In tribus parvis Saquetis telæ.* Mirac. MSS. Urbani V. PP : *Et furtive extraxit Saquetum in quo erant 180. franci.*

¶ **SAQUUS**, Saccus, in Instrum. ann. 1404. ex Tabul. S. Victoris Massil. : *Dicta SS. corpora et reliquiæ aliæ in Saquis repositæ, etc.*

* Comput. ann. 1351. inter Probat. tom. 2. Hist. Nem. pag. 142. col. 2 : *Cum Saquis, in quibus privilegia et instrumenta commune tangentia et consulatui ponerentur.*

SARA, Præstationis species apud Normannos nostros. Charta Henrici Abbatis Fiscanensis in Tabulario Fiscan. fol. 34 : *Jurabunt quod Saras et omnes alias rectitudines suas pro posse suo cum justitia sua Abbatem habere facient, nec patientur aliquem in villa manentem piscari, nisi Saras dederit in hac forma. De omni piscatione quamcumque exercuerint, hæc lex reddendarum Sararum erit. De omnibus navibus 26. remorum 2. Saras, de navibus vero 18. seu 16. remorum Saram et dimidiam etc.* Confer *Scara*, 4.

SARABAITÆ, Monachi, qui nulla Regula approbati, adhuc operibus servantes seculo fidem, mentiri Deo per tonsuram noscuntur : qui interdum bini aut terni passim per urbes aut castella proprio arbitratu vivunt, ut est in Regula S. Benedicti cap. 1. et in Regula Magistri cap. 1. Isidorus lib. 2. de Offic. Eccl. cap. 15. et ex eo Papias, ex Cassiano Collat. 18. cap. 7 : *Sextum genus Monachorum, quod per Ananiam et Saphiram pullulavit, i. Sarabaitæ, quique ab eo quod a cœnobiali disciplina semetipsos sequestrant, suasque liberi appetunt voluptates, abusive dicti sunt lingua Ægyptiaca.* Glossæ MSS. : *Sarabaitæ, renuentes aliorum disciplinam.* Hi ab Hieronymo ad Eustochium de Custodia Virginit. appellantur *Remoboth*, a quo describuntur. Ejusmodi *Sarabaitas* exagitant passim Scriptores, idem Hieronymus in Epist. Petrus

Damiani lib. 5. Epist. 9. Odo Cluniacensis lib. 3. Collat. cap. 23. Ivo Carnot. Epist. 192. Joan. Sarisberiensis lib. 7. Policrat. cap. 23. etc. Præterea Warnerius MS. in Caprum Scottum Poetam :

Plus his si quæris jam Sarabaïta vocaris,
Conductor cupidus mangoque, non Monachus.

Vide Capitulare 1. Caroli M. ann. 802. cap. 22. Perperam *Sarabottæ*, pro *Sarabaïtæ*, editum in Apologia Henrici IV. Imp. quod non advertere Freherus et Spelmannus. De vocis etymo variæ sunt sententiæ, quas vide apud Gazæum ad Cassianum, Haeftenum lib. 3. Disq. Mon. tract. 2. disq 2. Altaserram, et alios. De iis etiam S. Nilus in querela περὶ τῶν κυκλευόντων μοναχῶν ἕνεκα χρημάτων : Ὁ πρώην περιπόθητος καὶ ἄγαν περίβλεπτος τῶν μοναζόντων βίος, νῦν δὲ βδελυρὸς γέγονεν, καθ' ὡς ὁρῶ, διὸ βχροῦνται μὲν πᾶσαι πόλεις καὶ κῶμαι ὑπὸ τῶν ψευδομοναχῶν περιεργομένων καὶ περιτρεχόντων μάτιν, etc. Adde Consultat. Zachæi lib. 3. cap. 3. [et Menardum in Notis ad Concord. regul. pag. 104.]

SARABALLA, Sarabara. Ugutio : *Saraballum, lingua Chaldæorum vocantur crura et tibiæ. Unde brachiales quibus hæc teguntur, dicuntur Saraballa, quasi crurales et tibiales. Unde in Daniele cap. 3. Saraballa eorum non sunt immutata : Saraballa enim dixerunt Aquila et Theodotion non corrupte ut legitur apud quosdam in Sarabara. Et sunt Sarabara fluxa et sinuosa vestimenta, vel capitum tegmina, qualia videmus in capite Magorum picta, et sunt propriæ puerorum.* Catholicon parvum : *Saraballum, Braie.* Ita utramque vocem pro capitum et crurum tegumentis promiscue usurpant : sed præsertim pro capitis tegumento, quomodo apud S. Augustinum lib. de Magistro cap. 10. et S. Hieronymum Epist. 49 : *Circa quorum Saraballa, sanctamque cæsariem innoxium lusit incendium.* Vide eumdem in Daniel. cap. 3. Commodianus Instr. 9 : *Mercurius vester fiat cum Sarabello depictus.* Adde Rodulfum in Vita S. Richardi Episcopi Cicestrensis n. 50. Metellum in Quirinalibus pag. 63. etc.

Sarabella, pro braccis usurpat Chronicon Novalicense lib. 6 : *Dum exueretur vestibus Sarabella ejus stercoribus labefacta reperta sunt.* [*Saraballa* editum ex eodem Chron. apud Murator. tom. 2. part. 2. col. 761.]

¶ Sarabola, Eadem notione, in Statutis Astens. Collat. 7. cap. 5. fol. 23. v° : *Et faciam jurare omnes sartores de Ast. et de burgis quod quotiescumque aliquis duxerit ad eos pannum fustaneum vel tellam, ut incidat ei aliqua vestimenta, tunicam vel camisiam, vel Sarabolas, clamidem vel capam, etc.*

¶ Serabula, Eodem sensu. Acta S. Raynerii tom. 3. Junii pag. 431 : *De suis quibus induebatur vestimentis quædam pauperibus largiens, nudus et sine Serabulis remansit.*

Sarabara, Eodem significatu. Glossæ antiquæ MSS : *Sarabara, crura, tibiæ, sive bracæ quibus crura teguntur et tibiæ.* Glossæ MSS : *Sarabaræ vocantur tibiæ vel crura. Brachis, operimentum ipsarum tibiarum.* Gloss. Lat. MS. Reg. : *Sarabara, fluxa ac sinuosa vestimenta, sive capitum tegmina, ut Magi habuerunt.* Glossæ MSS : Σαράβαρον, ἐσθὴς περσική· ἔνιοι δὲ τὸ βραχιόνιον λέγουσιν. Palladius in Vita S. Joan. Chrysostomi pag. 106 : Σαράβαρα, χαλκοτύμπανα. Thiofridus Abbas Epternacensis in Vita S. Willibrordi : *Jussus est ad lavatorium divertere, et Sarabara sua diligenter inspicere. Sarabara* legit etiam Tertullianus de Pallio, et ad Martyres. Occurrit pariter in Notis Tyronis pag. 159. Catholicon Armoricum : *Ballin, Gall. Barbecane, Sarabara secundum usum præsentem, licet aliud significat Sarabara.* Quippe *Barbacanas*, hodie *Braies* dicimus.

* Glossar. vetus ex Cod. reg. 7613 : *Nationibus sua cuique propria vestis est, ut Parthis Sarabaræ, etc.* Hinc emendandus Ugutio in Glossario, ubi *Puerorum* legitur, pro *Parthorum*, uti etiam præfert aliud Glossar. reg. sign. 346. *Sarabara* pro braccis usurpat Benzo episc. Albens. in Comment. ad Henr. III. apud Ludewig. tom. 9. Relig. MSS. pag. 258 : *Heri venerunt mendicantes, et qui essent habitu, verbo et opere demonstrantes. Nam eorum panniculi erant sine utraque manica, in dextro latere pendebat cucurbita, in sinistro mantica, barbata vero genitalia nesciebant Sarabara.* Vide infra *Serabola*.

Saravara, Nescio qua notione, [f. quodvis indumenti genus.] Ethelwerdus lib. 4. cap. 3 : *Superata tandem lues immunda, auxilia quærunt, Rex jussit Saravara duci equis non exiguis littora, petunt proprias sedes.*

Salabarra, *est vestis grossa, Esclavine Gallice, de pilis barri facta, ad modum salis aspera.* Ita Glossa MS. ad disticha Mag. Cornuti.

Serabara. Matth. Westmonasteriensis ann. 1295 : *Tali ergo judicio condemnatur. Primo pelle bovis stratus, ascensis sex lictoribus equos, caudis ipsorum distractus, per civitatem Londinensem, vallatus quatuor tortoribus larvatis et effigiatis in Serabaris et pelliciis interdolatis, improperantibus ei convitia exprobrantur, etc.* Ita utraque editio, pro *Saraballis*.

¶ **SARABOTTÆ**, pro *Sarabaïtæ*. Vide in hac voce.

SARACA, Genus pallii, aut veli, [vel etiam tunicæ, idem quod infra *Sarica*. Vide in hac voce.] Anastasius in Benedicto III. PP. pag. 206 : *Gabathas Saxiscas de argento exaurato quatuor, Saraca de olovero cum chrysoclavo 2. camisias albas, etc.* Vide *Sarantasmum* et *Sarca*.

¶ **SARACENALLUS**, Saracenatus. Vide infra *Saraceni*.

SARACENESCA, Cratis ferrea ad portas urbium. Italis *Saracinesca, quel tavolato che nelle fortezze si tien legato con catene sopra le porte per calarlo, et chinderle ai bisogni.* Historia Cortusiorum lib. 4. cap. 5 : *Dum vero porta ab intrinsecis clauderetur, miles unus Theutonicus se opposuit, qui calata portæ levatura, seu Saracenesca, inter utramque partem vivus remansit inclusus.* Vide Portenarium lib. 2. *delle Felicità di Padova* cap. 9.

¶ Saracinesca, Saracinescha, Eadem notione Chron. Estense ad ann. 1371. apud Murator. tom. 15. col 495 : *Custos turris cognoscens illam gentem inimicam esse, ne amplius aliquis tam facile possit ingredi, nec ipsi egredi, quia obdendi fores spatium non habebat, artificiosa repagula, quæ Saracinesca apud Italos nominatur, infra repente misit.* Annales Mediol. ad ann. 1324. apud eumd. tom. 16. col. 701 : *Pontes levatores cum portis Saracineschis jussit fabricari.* [** Alia apud Murator. Antiq. Ital. tom. 2. col. 513. c.] Vide *Saracina*. Hinc

¶ Sarasinesca, pro quovis repagulo, in Statutis Mutin. cap. 41. fol. 54 : *Habeat* (canalecta) *suam Sarasinescam de bono ligno bene obturante caput canalectæ, et singulis sabbatis post vesperas Sarasineschæ levari possint a suis clavigis, ut aqua possit intrare per dictas canalectas, et abluere immunditias dictarum canalectarum. Quæ Sarasineschæ diebus Dominicis sequentibus post vesperas debeant abbassari et reponi ad loca solita pro obturatione prædicta.*

SARACENI, Populi notissimi, qui a *Sara* Abrahami uxore legitima id nominis sibi assumpserunt. Hieronymus in Ezech. lib. 8. cap. 25 : *Agareni, qui nunc Saraceni appellantur, falso sibi assumpsere nomen Saræ, ut de ingenua et domina videantur generati.* Adde lib. 5. in Isa. cap. 21. et Agobardum de Insolentia Judæor. cap. 21. Nicolaus de Lyra in Isaiæ cap. 20 : *Arabes sunt Saraceni ab Ismaele et Cadar filio ejus, qui melius a matre sua Agareni. Sed maluerunt vocari Saraceni, quasi Saræ liberæ, non Agar ancillæ sint filii.* Vide Arnobium in Psalm. 119. A Saraca regione Saracenos dictos vult Stephanus. Alii a Σαράχ Arabico, quod est λῃστής, unde Σαρακηνοί, quasi ληστρικοί. Alii a voce Hebraica *Sarak*, quæ *vacuum* et *inane* sonat, ita ut Saraceni dicti fuerint quasi viri inanes, minimeque frugi homines, aut vitam pauperem, duram et incultam agentes, qualis eorum plerumque est qui rapto vivere solent, locaque deserta et horrida incolunt. Vide Innocentium Cironium in lib. 5. Decretal. tit. 6. et Nicol. Fullerum lib. 2. Miscell. sacr. cap. 12. *Saracenorum* vocabulo Ungaros etiam, atque adeo gentes paganas promiscue donant interdum Scriptores, ut Hepidaunus, Eckehardus junior de Casibus S. Galli cap. 15. etc.

Saraceni, in Hispania, Regis olim vel Dominorum erant, ut *Judæi*, apud nostros, proinde etiam in commercio. Michael *del Molino* in Repertorio pag. 303. cap. 1 : *Saracenorum corpora sunt Dom. Regis. Etiamsi Saracenus de loco Do. Regis transeat ad locum infantionis; nisi infantio duxisset eum de partibus alienis, etc.* Infra : *Saraceni habitantes in villa alicujus Varonis, vel infantionis, si decedunt sine filiis, potest Dominus loci occupare omnia bona sua.* Rursum : *Saraceni habitantes in locis Dom. Regis omnes sunt in commanda et guarda speciali Dom. Regis, nec possunt dicti Saraceni se ponere in commandam alicujus nobilis aut alterius, etc.* [Testam. Arnaldi Narbon. Archiep. ann. 1149. inter Instr. tom. 6. Gall. Christ. col. 39 : *Laxo episcopo Biterensi omnes Sarracenos meos.* Charta alterius Arnaldi itidem Archiepisc. Narbon. ann. 1225. ibid. col. 58 : *Donamus..... monasterio Fontis-frigidi..... duas carretus nostras et equos earum, ut et Sarracenum carraterium nostrum.*]

* Nostri *Sarrazins* etiam appellarunt errones quosvis, qui rapto vivere solent. Lit. remiss. ann. 1453. in Reg. 184. Chartoph. reg. ch. 376 : *Pluseurs Egiptiens, wlgaument nommez Sarrazins,..... arriverent à l'entrée de la ville de Cheppe en entention de y estre logiez, entre lesquelz en y avoient aucuns, qui portoient javelines, dars et autres habillemens de guerre;... en tout jusques au nombre de 60. ou 80. personnes.* Aliæ ann. 1467. in Reg. 200. ch. 28 : *Pour ce qu'il y avoit des Sarrazins ou Bohemiens ou pays, etc.* Hinc *Jeu Sarrazionois*, pro Acris pugna, more Saracenorum, Gall. *Combat sanglant*, in Poem. Alex. MS. part. 1 :

Tholomer le regrete et le plaint en Grijois,
Et dist que s'il eussent o eulz telz vingt et trois,
Il nous eussent fet un jeu Sarrazionois.

SARACENUS, Moneta Saracenorum. Jacobus de Vitriaco lib. 3. pag. 1125 : *Cui unusquisque fratrum singulis annis pro certo reditu dignitatis suæ transmittit mille Saracenos, et duos dextrarios bene præparatos.* Infra : *Et quilibet omni anno pro certo tributo solvit ei 20. mille Saracenos in fisco patris, et pater dat omni anno unicuique filiorum tantum auri, unde possit fieri unus annulus, in quo sculpitur imago ipsius.* [Cencius in Ord. Rom. apud Mabill. tom. 2. Musei Ital. pag. 200 : *Hoc est presbyterium quod datur officialibus camerarii... Sartori cameræ duo Saraceni, custodi cameræ duo Saraceni, etc.*] Adde Matth. Paris ann. 1193. pag. 122. 123.

SARACENATUS, SARRACENATUS, Simili notione, eidem Jacobo de Vitriaco pag. 1126 : *Et valet illud frequenter 20. mille Saracenatos.* Mox : *Et plus valent isti redditus quam 40. mille Saracenati.* [Chron. Richardi de S. Germano apud Murator. tom. 7. col. 987 : *Quolibet anno pro certo tributo mittit in fisco patris 20. millia Saracenatos.* Charta ann. 1243. ex Tabul. Commun. Massil. : *Dimidius Saracenati Acconis computatur pro libra.*] Vide *Byzantii saracenati.*

¶ SARACENALLUS, Eodem significatu. Charta ann. 1163. ex Tabul. Massil. : *Recepimus de mutuo communi Massiliæ 1211. bizantios Saracenallos.*

SARACENIA, *Multitudo et societas Saracenorum, vel ritus eorum, vel regio eorum.* Ugutio.

* SARRACENIA, Saracenorum regio, nostris *Sarrasinesme* et *Sarrazinorsin.* Annal. Victor. MSS. ad ann. 1270 : *Cumque tanta multitudo merito debuisset putari posse non solum Terram sanctam, sed et totam Sarraceniam subjugare, etc.* Hist. Caroli VI. pag. 199 : *Le mareschal Boucicaut fut en Sarrasinesme faire guerre aux Sarrasins.* Lit. remiss. ann. 1393. in Reg. 145. Chartoph. reg. ch. 479 : *Un surnommé Ragam, fils naturel d'un povre laboureur, qui savoit bien que dès long temps avoit et en son jeune aage, feu Patry de Chaources chevaliers, lors seigneur de Rabastan, avoit esté pris et emmené prisonnier par les Sarrazins, se vanta et se nomma seigneur de Rabastan,..... en donnant à entendre qu'il venoit de Sarrazinorsin.* Vide in *Saraceni.*

¶ SARACENISMUS, Gens, Terra Saracenorum. Memoriale Potestat. Regiens. ad ann. 1270. apud Murator. tom. 8. col. 1131 : *Et sperarent, quod non solum Terram sanctum, sed etiam totum Saracenismum subjugari debuissent.*

SARACENICUM, Pannus Saracenici operis, *Sarcenet*, in Inventario Eccl. Eboracensis ann. 1530. in Monastico Anglic. tom. 3. pag. 177 : *Item una capa del Sarcenet, operata cum imaginibus, etc. Saracenicum opus*, ibidem non semel pag. 321. 326. etc. [Vide *Sarantasmum.*]

¶ **SARACENUM**, Velamen Sanctimonialium. Comput. ann. 1239. ex Bibl. Reg. : *Abbatissa S. Antonii pro* VI. *supertunicalibus emptis apud Pontisarum, pro Saracenis, camisiis, braccis, sotularibus et caligis, etc. Saracenum* dici videtur quod Saracenis mulieribus maxime solitum erat caput velamento operire, ut testatur le Roman *de la Rose* MS :

Mes ne queuvre pas le visage,
Qu'il ne veut pas tenir l'usage
Des Sarrasins, qui d'estamines
Cuevrent le vis as Sarrasines
Quant il trespassent par la voie
Que nus trespassans ne les voie,
Tant sont plains de jalouse rage.

Nisi malis vocis originem deducere a *Saracenicum*, quod ex panno Saracenici operis erant ejusmodi velamina. Vide Gloss. med. Græcit. v. Σαρακηνικόν.

* **SARACENUS**, Pannus Saracenici operis. Testam. Petronæ comit. Bigor. ann. 1251. ex Tabul. Auxit. : *Concedit.... reliquias Sanctorum quas habet, sive sint de serico, vel argento, vel auro, sive annulis vel lapidibus pretiosis, et Saracenos suos; ista omnia ordinat in helemosina monasterio Scalæ Dei.* Vide *Saracenicum.*

¶ **SARACINA**, Cataracta, Gall. *Sarrasine*, vel *Herse. Saracina portæ mercati*, in Charta ann. 1365. ex Tabul. S. Victoris Massil. Vide *Saracenesca.*

¶ **SARACINESCA**, ut *Saracenesca.* Vide ibi.

* **SARACINESCUM**, Idioma Saracenorum. Pact. inter reg. Tunet. et Pisan. ann. 1398. tom. 1. Cod. Ital. diplom. col. 1122 : *Non obstante quod* (procuræ) *non sint scriptæ in Saracinesco, et quod dicta procura translatetur de Latino in Arabicum, etc.*

¶ **SARAIUM**, Palatium quodvis, sed præcipue Turcorum Sultani, Gall. *Serrail*, Ital. *Serraglio.* Vide Gloss. mediæ Græcit. v. Σαράγιον.

¶ **SARALHERIUS**, Serarius, Gall. *Serrurier*, in Catalogo MS. ann. 1328. Confraternit. Nativit. B. Mariæ Deauratæ Tolos.

¶ **SARANTASMUM**, corrupte fortassis pro *Saracenismum*, vel *Saracenicum*; certe videtur esse Panni genus Saracenici operis, seu aulæum Saracenicum, *Sarrasinois* nostris quibus magno habetur in pretio. Johannes Diac. de Eccles. Lateran. apud Mabill. tom. 2. Musei Ital. pag. 568 : *Inde non post multum Sarantasmum optimum ad altaris ornamentum* (obtulit Lucius II. PP.) Infra : *Tarantasmum ad cooperimentum altaris.* Ubi leg. *Sarantasmum.* Ibidem pag. 5-0 : *Post aliquantum temporis intervallum obtulit* (Anastasius IV. PP.).... *Sarantasmum unum præclarum et optimum.* Vide *Saracenicum* et *Scaramanga.*

* **SARAO**, Arca, ni fallor, ubi aliquid servatur. Charta ann. 1345. inter Probat. tom. 4. Hist. Occit. col. 201 : *Uno Saraone et una teca pro dictis telis et lanceis reponendis.*

SARAPIA, *Rapinæ.* Gloss. Isidori.

¶ **SARAPULUS**, Serum lactis, ni fallor : unde legendum suspicor *Saraculum*, vel *Seraculum.* Vide *Seracium.* Chron. Estense apud Murator. tom. 11. col. 188 : *Vidi in quadam vigilia nativitatis Domini, quod dictus Guilielmus miserat dicto Guidoni* XX. *paria boum cum carris oneratis odorifero vino, farina tritici, mezenis salatis, et habuit Sarapulos et coagulos.*

¶ **SARASINESCA**, Repagulum. Vide *Saracenesca.*

* **SARASTOCHUM**, Usuræ species, lucrum illicitum. Barel. serm. in fer. 4. hebd. 1. Quadrag. : *Ille petit filium a Deo, et propter ipsum dabit usuras Sarastochi et barochi.*

* **SARATA**. Charta Rob. Lingon. episc. in Chartul. ejusd. eccl. fol. 235. v°. ex Cod. reg. 5188 : *Saratas et eulogias quoque ecclesiarum illarum, quas a nobis habent in archidiaconatu Latiscensi et Tornodorensi, tenendas illis confirmamus.* Sed leg. *Paratas*, uti habetur infra : *Presbiteratum de Impliaco cum Paratis et eulogiis, tam episcopi quam ministrorum ejus, addidi.* Vide *Paratæ.*

¶ **SARAVARA.** Vide *Saraballa.*

SARAVISA. Histor. Episcopor. et Comit. Engolismensium cap. 27 : *Inter cætera donaria obtulit... candelabra argentea Saravisa fabrefacta pensantia libras* 15. Locus, ni fallor, corruptus. [Legendum forte *Salaria*, quæ inter ministeria sacra interdum recensentur. Vide *Salarium* 1.]

SARBOA, [ut mox *Sarbuissinum.*] Vincentius Belvacensis lib. 31. cap. 143 : *Denique in anno quo contritus fuit Soldanus a Tartaris, ante pugnam dedit* 16. *millia paria vestimentorum de samitho, et de thabit, Sarbois exceptis.*

¶ **SARBUISSINUM**, Vestis genus, braccæ, idem quod *Saraballa.* Radulphus *Coggeshale* in Chron. T. S. apud Marten. tom. 5. Ampl. Collect. col. 563 : *Qui vero Filium Dei et crucem victoriæ ejus, diabolo instigante, proh dolor! polluto ore negare* (vellet,) *cibanum sericum et Sarbuissinum auro ornatum, equum et arma, amputato pelliculo membri verendi, ab ipso Saladino acciperet.* Vide *Sarboa.*

SARCA. S. Audoenus lib. 1. Vitæ S. Eligii cap. 12 : *Habebat quoque zonas ex auro et gemmis comptas, necnon et bursas eleganter gemmatas, lineas vero metallo rutilas, orasque Sarcarum auro opertas, etc.* Idem videtur quod *Saraca*, de qua voce supra. [Vide infra *Sarica.*]

SARCALOGUS, Christus, Verbum quod caro factum est; vox composita ex σάρξ, caro, et λόγος, verbum. Dudo lib. 3. de Actis Norman. in Præfat. :

.... omnipotens Deus,
Sacra Virgine matris editus et satus,
Vere nostra fides Sarcalogon quem ait.

¶ **SARCELLUS**, Circulus, Gall. *Cerceau.*

Charta S. Ludovici Reg. Franc. ann. 1269. ex Regest. 91. Chartophyl. regii Ch. 448 : *De merreno capiendo in dicta foresta... pro tonellis et Sarcellis faciendis ad vinum earum reponendum.*

¶ **SARCENARIUS**, pro *Salcenarius*, ni fallor, qui *Salcias*, Gall. *Sauces*, parat. Charta Adami Abbat. S. Faronis Meld. ann. 1313. ex Tabular. ejusdem Monast. : *Item conventus solvet vinum consuetum dari coquo conventus et Sarcenario, necnon et mandato quod fit pauperibus elemosinariæ, etc.*

¶ **SARCHA**, Arca sepulcralis, a vet. Gall. *Sarqueil*, nunc *Cercueil*. Processus de SS. Virg. Eischellens. tom. 3. Jun. pag. 128 : *Et in eodem sepulcro in medio positam unam Sarcham lapideam, cum serris a duobus lateribus bene clausam et munitam, quam Sarcham ex sepulchro hujusmodi levarunt.... unam spatulam S. Christianæ virginis ex hujusmodi lapidea capsa sive Sarcha recepit.* Vide *Sarcophagus*. [** Et Graff. Thesaur. Ling. Franc. tom. 6. col. 273. voce *Sarc.*]

* **SARCHAMON**, *Idoneus artis professor*, in vet. Glossar. ex Cod. reg. 7613. Mendose; legendum enim, *Sarga*, non *idoneus*, *etc.* Vide *Sarga*.

* **SARCHARE**, Perscrutari, excutere, Gall. *Chercher, fouiller*. Lit. remiss. ann. 1358. in Reg. 90. Chartoph. reg. ch. 70 : *Et postmodum prædictas mulieres, scituri quid deferebant, diligenter Sarchaverunt, et in crumena unius ipsarum summam octodecim florenorum ad mutonem invenerunt.*

* **SARCHO**, Vestis species. Acta. MSS. notar. Senens. ad ann. 1284. ex Cod. reg. 4725. fol. 25. r° : *Item* (relinquo) *unum Sarchonem et unum cuscinum hospitali dom. Agnesæ.* Vide *Sarcilis*.

1. **SARCIA**. Glossæ Græco-Barbaræ: ἀκροσόλια, τὰ ἄκρα τῆς νηός, τὰ ξάρτια. Conventiones inter Michaelem Imp. et Genuenses ann. 1261. editæ post Villharduinum : *Et Commune Januæ teneatur debito dictis galeis apparare bene et integre de totis Sarciis earum et apparatu.* Ubi versio Gallica vetus habet, *de toutes Sarchies*. [Informat. pro passagio transmarino ex Cod. MS. Sangerm. : *Et costabit quodlibet vysserium munitum omnibus Sarciis et apparatu seu corredis, m. cc. lib.*] Nautæ nostri *agreils*, et *sarties*, armamenta, quæ navis causa parantur, vocant, Itali *Sarti*, Hispani *Xarcia*, vel *jarcia*, *armas y aparejos*; ἐξάρτυσιν Græci recentiores : de qua voce nos in Constantinopoli Christiana.

☞ Eodem nomine significatur funalis navium apparatus, nostris *Cordages*. Ogerius Panis in Annal. Genuens. ad ann. 1216. apud Murator. tom. 6. col. 410 : *Et alias veteres galeas reparare fecerunt de lignamine et Sartia et ceteris omnibus necessariis.* Statuta Massil. lib. 3. cap. 16. cujus titulus sic concipitur : *De Sarcia non facienda nisi de canabo femello.* Vide *Exarcia* et *Sarco*.

☞ Sed et ipsum rudens seu funis nauticus, quo naves religantur, vulgo *Cable, amarre*, *Sarcia* interdum nuncupatur. Ogerius Panis supra laudatus col. 415 : *Visa galea, Vintimilienses, abscissa Sarcia, dimiserunt, etc.* Bartholomæus Scriba in Annal. Genuens. ad ann. 1242. apud eumdem Murator. ibid. col. 500 : *Nocte illa steterunt ad anchoras; et quum anchoræ vel Sartia eas* (galeas) *tenere non possent, iverunt ad litus Arenzani.* Vide *Sarcus*.

* 2. **SARCIA**, Onus, Gall. *Charge*. Lit. remiss. ann. 1379. in Reg. 114. Chartoph. reg. ch. 294 : *In sex paucas mensuras frumenti, vix facientes Sarciam unius animalis.*

* 3. **SARCIA**, *Superfluum carnis*, in Glossar. Provinc. Lat. ex Cod. reg. 7657. f. pro *Sarcoma*. Vide in hac voce. [** *Superfluum carnis incrementum*, in Atton. Polypt. pag. 54.]

SARCIATUS. Speculum Saxonicum lib. 1. art. 24. § 4 : *Pannum autem non Sarciatum, ad mulierum vestimenta competens, et aurum per aurificem non operatum, ad ipsas mulieres non pertinebit.* [** Germ. *Al laken ungesneden.*] Ubi ad marg. : *Al. pannum autem Sarciatum seu incisum.* [Vide mox *Sarcilis*.]

* **SARCILA**. Charta ann. 1270. ex Chartul. Caun. monast. inter schedas Mabill. : *Conventus Caunensis.... cedit totum jus, quod monasterium habet in salino de Caunis,.... et in perceptione cuparum et pogesarum de qualibet Sarcila salis, pro mensuragio ab illis, qui sal inde extrahunt.* Ubi leg. videtur *Sarcina*.

SARCILIS, Vestis, vel potius panni species. Chrodegangus Episcop. in Regula Canonicor. Metensium cap. 29 : *Et illi seniores illas cappas quas reddere debent non commutent. Sarciles accipiant ibi Presbyteri, qui ibidem in domo assidue deserviunt, et illi Diaconi septem, qui in eorum gradu consistunt, aut lanam unde ipsos Sarciles binos in anno habeant : et ille alius Clerus unusquisque singulos. Camisiles autem accipiant illi Presbyteri, etc.* Infra : *Ipsa autem vestimenta, illas cappas et Sarciles ad transitum S. Martini accipiant : illos camisiles, viginti dies post Pascha accipiant : illa calceamenta, Kal. Septembris habeant.* [Codex censualis Irminonis Abb. S. Germ. Paris. f. 115. v° : *Ista est ancilla... et debet facere de dominica lana Sarcilem* 1. *et pascere pastas.*] Charta ann. 1322. in Maceriis Mon. Insulæ Barbaræ Lugdun. pag. 203 : *Una estamina, et una rasa Sarcilis.* Unde conficitur *sarciles* fuisse laneos, aliudque vestis genus a *Camisili*, de quo supra egimus. [Vide *Sarcitus Pannus.*]

¶ Sarcide, Eodem significatu, in Vita S. Bardonis Archiep. Mogunt. sæc. 6. Bened. part. 2. pag. 11 : *Cumque venisset abbas ad caminatam, sumta ferula, et ferro mire cælato, in quo Missales oblatæ coquebantur, et quodam Sarcile ex lana Græco facto opere per manus Rohingi.* Acta S. Udalrici tom. 2. Jul. pag. 120 : *Nisi pauca camisalia, et septem vel octo mensalia, et duo Sarcilia et decem solidi argenti.*

Sarzil, Eadem notione, in Charta Arnaudi Arch. Lugdunensis ann. 1212. apud Joan. Mariam *de la Mure* in Hist. Ecclesiast. Lugdun. pag. 321 : *Pro isto beneficio vult quod Petrus Franco det duobus pauperibus tunicas singulis annis ad Natale Domini, et utraque tunica sit de duobus alnis de Sarzil, quæ currunt in foro Montisbrusonis.*

* Gloss. Cæsar. Heisterbac. in Reg. Prum. tom. 1. Hist. Trevir. Joan. Nic. ab *Hontheim* pag. 665. col. 2 : *Vestimentum dabitur eis* (pauperibus) *de Sarcilibus. Sarcil enim est pannus.* Laneus scilicet. Hinc

* Sarcile Opus, Laneum, in Vita S. Sever. apud Pezium tom. 1. Script. Rer. Austr. col. 75 : *Mulier vero sanitate percepta, opus Sarcile die tertio, juxta morem provinciæ, propriis cœpit manibus exercere.*

¶ Sarcilius, Eodem intellectu. Inquisitio pro juribus Comitum in civitate Viennæ tom. 1. Hist. Dalph. pag. 138. col. 1 : *Debent dare eidem mistrali... unam libram piperis, et tres ulnas de Sarcilio.*

Sarcillus. Capitulare 2. ann. 813. cap. 19 : *Et ut feminæ nostræ quæ ad opus nostrum sunt servientes, habeant ex partibus lanam et linum, et faciant Sarcillos et camisilos, etc.* [Statuta Perus. fol. 62 : *Si quis fecerit ad vendendum in Perusia, vel valle, aut territorio Sarcillum, vel alium pannum vitiosum, ponendo ibi pillam vel pillum capræ, yrci, vel asini, bovis aut borram paratorii, vel hiis similia, solvat pro banno sol. xx.*]

¶ Sarcilus, ut *Sarcilis*, in laudato supra Irmin. Codice fol. 83. v° : *Et illa ancilla facit de lana dominica Sarcilum* 1. *pastas quantum ei jubetur.* Rursum fol. 84 : *Et illa ancilla et ejus mater faciunt Sarcilos et pastas quantas ei jubetur.* [** Vide Guerardum ad Irminonem pag. 717. tom. 1.]

* *Sarcel* vero appellatur Aculeus, quo boves punguntur, in Lit. remiss. ann. 1406. ex Reg. 161. Chartoph. reg. ch. 161 : *Un Sarcel, qui est au bout d'une grant perche, dequoy on chasse les beufs.*

¶ **SARCINA**, Onus quodvis. Italis *Sarcina*, eadem notione : unde pro rei alicujus copia interdum usurpatur. Annal. Estens. Jac. de Layto apud Murator. tom. 18. col. 1042 : *Fuit fama esse in navibus illis nongentas petias panni Mediolanensis et circa* MDC. *pancerias, merzariasque maximam Sarcinam et rerum aliarum.* Charta ann. 1403. ex Schedis Pr. *de Mazaugues* : *Item et octo Sarcinas lignerum.* Occurrit passim. Vide *Sagma*.

* Qualis fuerit *Sarcina bladi* apud Montispessulanos, definitur in Charta ann. 1340. ex Reg. 68. Chartoph. reg. ch. 98 : *Cum in villa Montispessulani fuisset ab olim.... de statuto usu vel consuetudine observatum, quod Sarcinæ bladi quinque sextaria ad mensuram loci illius continentes, etc.* Vide supra *Summa bladi* in *Sagma*.

¶ Sarcinata, Eadem notione. Litteræ Officialis Vabrensis ann. 1342 : *Exceptis duntaxat duabus Sarcinatis azini, una caulium, et una raparum. Duæ Sarcinatæ lignorum*, in Transactione inter Abbat. et Mon. Crassenses ann. 1351. Reparat. factæ in Senescallia Carcassonæ ann. 1435. ex Schedis Cl. V. *Lancelot* : *Pro una Sarcinata fustis vocate polpre ab ipso empta pretio* xix. *sol.* vi. *den.* Occurrit ibi non semel.

* *Sarcinata vini*, quarta pars modii, in Testam. Isaac medici Carcass. Judæi ann. 1305. ex Chartoph. reg. Montispessul. : *Sarcinata farinæ*, in Inventar. ann. 1476. ex Tabul. Flamar.

¶ Sarcinare, Sarcinis onerare : item opprimere ceu sarcina. Vita S. Girardi tom. 3. April. pag. 212 : *Senectutis gravedine Sarcinatus.* Vita S. Dunstani tom. 4 Maii pag. 349 : *Gravi morbo finitimæ vitæ Sarcinatus est.* Vide Ludewig. tom. 3. Reliq. MSS. pag. 534.

¶ SARCINULARE, Sarcinulis onerare. *Sarcinulati equi*, apud Britonem Philip. 12. 25.

* SARCINARE, In sarcinam colligere. Mirac. S. Germ. Autiss. tom. 7. Jul. pag. 268. col. 2 : *Illico surrexit, et rapto cereo, domum ingressus, latrones intra cubiculum reperit, stramenta lecti, et si quid vestimentorum repererant, Sarcinantes.* Vide alia notione in *Sarcina.*

¶ SARCINALIS, Ad sarcinas pertinens. *Sarcinale jumentum*, Equus clitellarius, Ammiano lib. 15.

¶ **SARCINATOR.** Gloss. Lat. Gr. σκευοφόρος, ἀνεράλες. Ubi Martinius legendum censet ἀναῤῥάπτης; ipsum consule.

¶ SARCINATRIX, ἠπήτρια, ἀνέςρια, ἢ καλλωπίςρια, in iisdem Glossis. *Sartrix* legit Vulcanius. Vide Martin. Lexic.

¶ **SARCITATOR.** Vide mox *Sarcitector.*

SARCITECTOR, vel SARTITECTOR, *dictus*, inquit Papias ex Isidoro lib. 19. cap. 19 : *quia multis hinc inde tabulis conjunctis tecti sarciat corpus. Idem et tignarius.* Glossæ Isidori : *Sarcitator, qui tecta resarcit.* Leg. *Sartitector.* Ugutio et Joan. de Janua : *Sarcitector, qui tecta facit. Idem et tignarius, qui tectoria lignis inducit.* Gloss. Ælfrici : *Sarcitector, vel Tignerius*, Hrofwyrhta, tignarius, carpentarius. Catholicon parvum : *Sartatector, vel Sarcitector, vel sarcitectus, Couvreur de maisons.* Vide *Sartatectum.*

* **SARCITECTUS**, Æditaus, ecclesiæ custos. Ordo eccl. Ambros. Mediol. ann. circ. 1130. apud Murator. tom. 4. Antiq. Ital. med. ævi col. 901 : *In eadem vigilia* (Pentecostes) *Sarcitectus emundat fontes.* Et col. 902 : *Cum capellano ejusdem ecclesiæ et cum Sarcitecto mundatore fontium, et rector honeste insimul reficiuntur.* Vide alia notione in *Sarcitector.*

¶ **SARCITOR**, Idem qui *Sarcitector*, vel *Sarcinator*, vel *Sartor*, in Inscript. apud Fabrettum pag. 753 : M. PUPIUS. M. L. URBANUS. SARCITOR. SIBI. ET. CLARÆ. CONLIBER. ET LAVRENTINÆ. F.

¶ **SARCITURA**, De panno resuto et resarcito dicitur, in Statutis Massil. lib. 2. cap. 40. § 2 : *Et si sciverint* (draperii) *aliquam Sarcituram, vel malefacturam in aliquo panno, quod ea non vendant, nisi eam dicerent et emptori manifestarent.*

¶ **SARCITUS** PANNUS, Idem qui *Sarcilis.* Vide in hac voce. Statuta Montis Regal. fol. 277 : *Item statutum est quod aliqua persona undecunque sit, non audeat vendere, vel emere in platea a decem cannis supra, vel apportare seu apportari facere aliquem pannum Sarcitum in rota canonatum, etc.* Ibid. fol. 314 : *Et quælibet persona quæ duxerit vel portaverit, seu duci fecerit pannum Sarcitum de extra posse Montis Regalis, in Monte Regali vel posse, solvere teneatur pro intrata pro qualibet pecia de teisis viginti quinque et supra solidos duos, etc.*

¶ **SARCIUNCULA**, Sarcinula. Charta ann. 1484. apud Rymer. tom. 12. pag. 235 : *Cum bogeis, manticis, fardellis, Sarciunculis, litteris, etc.* Occurrit rursum pag. 251.

¶ **SARCLARE**, SARCLEARE. Vide *Sarcolare.*

* **SARCLETA**, Sarculus, Gall. *Sarcloir.* Inventar. ann. 1476. ex Tabul. Flamar. : *Item unam Sarcletum ferri, absque manubrio sive cauda.* Vide *Sarcolare.*

* **SARCLUS**, Eodem significatu, in Charta ex Tabul. Cassin. inter schedás Montisfalc.

SARCO, Idem videtur quod *Exarcia*, et *Sarcia*, Funalis apparatus navium. Vide in his vocibus. Willelmus Thorn : *Hastingus debet invenire 21. naves, in qualibet navi 21. homines, cum Sarcone qui dicitur, ad quem pertinent tanquam membra ejus Vicus in Seford, etc.* Occurrit ibi pluries. Infra : *Summa navium 57. hominum in eisdem 1188. summa Sarconum in eisdem 57.* [Vide *Sarcus.*]

¶ **SARCOFAGARE**, SARCOFAGUS. Vide infra *Sarcophagus.*

¶ **SARCOGRAPHIA**, a Gr. σαρκογραφία, Descriptio per membra carnalia. Johan. Sarisberiensis lib. 7. Policrat. cap. 24 : *Figuræ, quæ Sarcographia dicitur, vis in eo consistit, quod rebus incorporalibus corporis lineamenta licenter adtribuit.*

SARCOLARE, SARCLARE, pro *Sarculare*, Sarrire, nostris *Sarcler.* Adalardus lib. 2. Statutorum Corbeiensium c. 1 : *Necnon et Sarcolare herbolas in æstate cum necesse fuerit.* [Vide *Sarculare.*]

SARCLARE. Vetus Charta apud Somnerum in Tractatu de *Gavelkind* pag. 89 : *Item pro opere Sarclandi 18. denarii. Item pro opere tassandi in autumno 13. den. etc.*

¶ SARCLEARE, Eodem significatu. Chartular. SS. Trinit. Cadom. fol. 48. v° : *De operariis Lewinus pro una virgata debet.... in æstate 111. dies ad Sarcleandum cum uno homine.*

¶ **SARCOMA** *est superfluum carnis incrementum, quo ultra modum corpora saginantur*, Isidoro lib. 4. cap. 7. Gloss. Græc. Lat. : Σάρκωμα, *pulpamentum.* Johannes Mon. Bertin. in Vita S. Bernardi Pœnitentis num. 35 : *Morbum illum Græco nomine Sarcoma, id est vitiosam carnis superabundantiam vocant.*

* Glossar. medic. MS. Simon. Januens. ex Cod. reg. 6959 : *Sarcoma est carnositas in naribus orta, velut polipus, parum ab eo differens.*

SARCOPHAGUS, Sepulcrum : interdum et capsa major Sanctorum reliquias continens : nostris *Sarcueil*, [melius *Cercueil.*] *Sarcu*, in Histor. Merlini MS. Roberti Bourroni. Isidorus lib. 8. Orig. cap. 1 : *Arca in qua mortuus ponitur, Sarcophagum vocant.* Lex Salica tit. 17. § 3 : *Si quis mortuum hominem aut in noffo, aut in petra, quæ vasa ex usu Sarcophagi dicuntur, super alium miserit, etc.* Anastasius in S. Silvestro PP : *Et mausoleum, ubi beatissima mater ipsius sepulta est Helena Augusta, in Sarcophago porphyretico, etc.* [Charta ann. 972. in Append. ad Marcam Hispan. col. 897 : *Tumulaveruntque corpus ejus... in Sarcophago ex lapillo procavaco* (leg. procavato) *juxta ædem atrii jam suprataxati.*] Ditmarus lib. 6. pag. 78 : *Sarcophagum ingentem ad includendas Sanctorum reliquias de argento fecit.* Sigebertus Gemblacensis in Histor. Translationis S. Sigeberti n. 3 : *Mox ut Sarcophagum sacri corporis membra gestantem ex priori loco auferentes levaverunt, etc.* [Inventio corporum S. Maximini et aliorum sæc. 6. Benedict. part. 1. pag. 253 : *Placuit enim, ut retro altare in capsa monasterii novi jam consummati constructum, in suis Sarcophagis ponerentur* (reliquiæ) *donec tota perficeretur ecclesia.*] Rudolphus Presbyter in Vita Rabani Mauri num. 28. de Reliquiis Sanctorum :

Hos quoque susceptos Hrabanus sorte locavit,
Sarcophago hoc digne, edidit et titulum.

Vide Nonium, et Salmasium ad Solinum : præterea leg. 6. Cod. Th. de Sepulcr. violat. (9, 17.) et Legem Wisigoth. lib. 11. tit. 2. § 2. Le Roman *de Garin* MS :

Un biau Sarqueu de marbre bien poli
Me fetes fere, etc.

¶ SARCOFAGUS, Eadem notione. Chron. ad ann. 1215. apud Calmet. inter Probat. tom 2. Hist. Lothar. col. 37 : *In quibus Sarcofagis ego propria manu sculpsi imagines, et flores, et versus, sicut hactenus apparet. Serqueu*, in Chron. ann. 1463. apud Lobinellum tom. 2. Histor. Britan. col. 367. Vide *Sarcha.*

* Sed pro umbraculo etiam, sub quo Eucharistica pyxis reponitur, occurrit in Chron. Reichenbac. apud Oefelium tom. 1. Script. rer. Boicar. pag. 405. col. 1 : *Item extruxit Sarcophagum corporis Christi circa summum altare. Item comparavit pyxidem in eo argenteam, in quo salutare continetur Sacramentum.* Vide in *Ciborium.*

¶ SARCOFAGUS ARCUS dicitur in Laudibus Papiæ apud Murator. tom. 11. col. 13 :

Hoc in Sarcofago jacet ecce Boetius arco,
Magnus et omnimodo magnificandus homo.

[** F. *arto* vel *arcto.*]

SARCOPHAGARE, Sarcophago includere, sepelire. Fortunatus in Epist. ad Siagrium Augustod. lib. 5 : *Intra me quodammodo meipsum silentio Sarcophagante sepeliens.* Philippus Eystetensis Episcopus in Præfat. ad Vitam S. Villibaldi : *Præsertim cum gleba sanctissimi sui corporis pretiosa nobis commanens in Ecclesiæ gremio supradictæ, quæ sibi inchoative et consummative appropriatur, reverenter Sarcophagata confoveatur.* Utitur et cap. 38. ut et veteres Schedæ apud Gretzerum in Episcopis Eystetensib. num. 12. 33.

¶ SARCOFAGARE, Eodem intellectu, in Actis S. Willibaldi tom. 2. Julii pag. 497 : *S. Willibaldus cum temporibus multis et annis in crypta esset honorifice Sarcofagatus, etc.*

¶ **SARCOTIUM**, Vestis Ecclesiasticæ species, tunica linea, vulgo *Rochet;* sic dicta quod aliis vestibus superindueretur. Synodus a Godefrido Episc. Patav. celebrata ann. 1284. apud Hansiz. tom. 1. Germ. sacræ pag. 427 : *Sacerdotes portantes sacramenta, hostiam, chrisma, et oleum infirmorum superpellicio et* (f. vel) *Sarcotio sint induti.* Statuta Synod. Eccl. Camerac. apud Marten. tom. 7. Ampl. Collect. col. 1298 : *Presbyteri sub alba sint induti superpellicio vel tunica linea, quæ Gallice dicitur Sarcos.* Vide *Sarrotus.*

¶ **SARCOTUM**, ut infra *Surcotium*. Locus est in *Garnachia*.

¶ **SARCULARE**, Sarrire, Gallice *Sarcler*. Charta apud Kennett. in Antiquit. Ambrosd. pag. 320 : *Per duos dies in Quadragesima similiter arabunt et herciabunt, et uno die postea Sarculabunt blada domini.* Comput. ann. 1425. ibid. pag. 576 : *Et in solutis diversis hominibus et fœminis primo die mensis Julii conductis ad Sarculandum diversa blada.* Vide *Sarcolare*. Hinc

¶ Sarculatura, Servitium, quo tenentes debent agros domini *Sarculare*. Redditus et servitia custumariorum apud eumd. Kennett. pag. 401 : *Robertus... tenet unum messuagium,... et debet unam aruram in yeme et unam Sarculaturam.* Rursum pag. 402 : *Alicia... faciet unam Sarculaturam.* Vide *Sacla*, Plinio lib. 18. cap. 21. *Sarculatio*, Columellæ lib. 11. cap. 2. *Sarritura*, dicitur ipsa *Sarritio*.

SARCULUM. Altfridus in Vita S. Liudgeri Episcopi Mimigard. n. 6 : *Erat ibi Sarculum quoddam arborum opacitate et silvarum densitate undique conclusum.* Ubi viri docti restituunt *Sartulum*, quasi diminutivum a *Sartum*, seu *Sart*, quæ vox Germanis silvam denotat. [** Forte Locus sarculatus, sarriendo purgatus, Germ. olim *riuti*, Gall. *clairière*.]

¶ **SARCUS**, Rudens, Gall. *Cable*. Memoriale Potestat. Regiens. ad ann. 1218. apud Murator. tom. 8. col. 1101 : *Nocte proxima fuit captus quidam Januensis traditor, qui debebat incidere catenas et Sarcos et alia ingenia, quibus postea peractis debebant recipere a Soldano* VI. *mille Bisantos.* Vide *Sarcia* et *Sarco*.

¶ 1. **SARDA**, Piscis genus, nostris *Sardine*. Gloss. Lat. Gr. : *Sarda*, πηλαμίς. Processus de S. Thoma Aquinat. tom. 1. Martii pag. 702 : *Interrogavit ipsum piscarolum quos pisces haberet : et ille dixit Sardas.*

¶ Sardella, Eadem notione, in Chron. Richardi de S. Germano apud Murator. tom. 7. col. 1030 : *De tunninis et Sardellis servabitur forma, de jure lini, idem, de jure cannarum idem.* Vide *Sardanella*.

* 2. **SARDA**, pro *Sarga*. Vide mox in hac voce.

* **SARDANELLA**, Piscis, ab Italis sic nuncupatus *a maxima cum sardinis similitudine*, in Tract. MS. de Piscibus cap. 15. ex Cod. reg. 6838. C. Vide *Sarda*, 1.

SARDANIUM, in Gloss. Ælfrici, Butere, i. Butyrum. [** Forte *Sardonium*, bitere. Conf. Servium ad Virg. Eclog. 7. vers. 41. *Sardois amarior herbis.*]

* **SARDARIUS**, Mimus. Petrus Cantor in Summa MS. lib. 2. cap. 4 : *Simile dicimus de omnibus magis et incantatoribus et ariolis et aruspicibus et inspectatoribus gladiatorum vel spectaculorum vel augurum, et de Sardariis et funambulis et saltatoribus et joculatoribus.*

¶ **SARDESCHUS**, Sardonius, ab Italico *Sardesco*. Statuta Astens. collat. 11. cap. 92. fol. 34. v° : *Gladii vetiti sunt isti, spate, pennati,... dardi, virge Sardesche, et macie de ferro, etc.* Quod a Sardinia earum virgarum usus effluxerat, *Sardeschæ* nuncupantur.

SARDIATA. Vetus Agrimensor : *Præterea vicum Saprinum et Clinivatium, in terra voratos, et Sardiatas testimoniis dividi, ripis, rivis, arboribus, etc.* [** Goes. pag. 146. Agit agrimensor de populis Dalmatiarum, inter quos *Sardiates* recensentur a Plinio Hist. Nat. lib. 3. cap. 22. al. 26.]

¶ **SARDINA**, Locus, ni fallor, ubi sal conficitur. Charta Raimundi Comit. S. Ægidii ann. 1164. inter Instr. tom. 6. Gall. Christ. novæ edit. col. 300 : *In octo sextariis de sale, quæ in Sardinis accipere solent, etc.* Vide *Sartago*.

* **SARDINALIS**, Rete quo capiendis sardinis utuntur Massilienses. Stat. ann. 1291. ex Tabul. Massil. : *Alius est a quibusdam a modico tempore citra inventus ad capiendum sardinas, qui dicitur Sardinalis seu rete-currentis.* Massiliensibus vulgo *Sardinau*.

** **SARDINUS.** Versio antiqua apud Maium in Glossar. novo Proverb. cap. 25. vers. 12 : *Inauris aurea in sardino pretioso, ita sermo sapiens in aure obœdientis.*

¶ **SARDOCOPARE**, Sardocopator. Vide mox in *Sardocopus*.

SARDOCOPUS, Sardosalicum. Glossar. MS. ad disticha Magistri Cornuti : *Dicitur Sardocopus, mercator corii, quasi intendens coriis, et potest dici a copos, quod est incisio, et tunc Sardocopus idem quod sutor, inde Sardocopo, as, formare sotulares : Sardocopator, qui vendit corium per frusta decisum : et inde Sardosalica, asser super quem corii scinduntur, et dicitur a Sardo, quod est corium, et salix, cis, etc. et hic Sardocopus : cultellus, Gallice Trencheors : unde versus :*

Dic corium Sardon, et ab illo Sardocopus sit,
Sardocopas, Sardosalicum, Sardocopumque.

¶ **SARDUS.** Chartar. Eccles. Auxit. cap. 83 : *Dedit duodecim denarios ad* IIII. *Sardos fid. Anezans e Sancio filio ejus.*

¶ **SARECA.** Vide infra *Sarica*.

SAREZA, pro *Sarissa*, lanceæ specie veteribus nota, in Notis Tyronis pag 126. *Sarezonium*, eadem, ut videtur, significatione pag. 199.

1. **SARGA**, Papiæ et Isidoro in Gloss. : *Non idoneus cujuslibet artis professor.* Glossæ antiquæ MSS : *Sarga, non idoneus cuilibet arti : non idoneus artis suæ professor.* Hincmarus Laudun. Episc. tom. 2. pag. 336 : *Nec recognosco me alicui parentum meorum, velut Sargæ, dedisse beneficium, ex quo et reipublicæ probitas et Ecclesiæ, cui licet indignus præsideo, utilitas non respondeat.* Vide *Arga* 1.

* 2. **SARGA**, Sargia, Panni species variis usibus applicata, tapetibus nempe, lodicibus, cortinis, etc. quorum appellationibus interdum donatur; *Sarge*, *Sarger* et *Sargil*, nostratibus. Inventar. ann. 1356 : *Item unam Sargam pictam.* Aliud ann. 1476. ex Tabul. Flamar. : *Item plus unum alium lectum parvum, munitum.... unius scamni sive bancal lanæ virgati sive vetati, et unius Sargæ lanæ rubei coloris.* Ibidem : *Item plus unum lectum.... unius Sardæ lanæ rubei coloris.* Ubi leg. *Sargæ*. Reg. visitat. Odon. archiep. Rotomag. ex Cod. reg. 1245. fol. 60. v° : *Invenimus in dormitorio* (canonicorum Sagiensis ecclesiæ) *Sargias sive tapetia inhonesta, ut pote radiata.* Reg. episc. Nivern. ann. 1287 : *Duæ Sargiæ pravæ.* Inventar. ann. 1393. ex Cod. reg. 9484. 2. fol. 367. v° : *Une autre chambre à demi ciel de sathanin vermeil, où il a une brebis de six Sarges rouges.* Pedag. Divion. MS. med. circ. XIV. sæc. : *Li Sargiller paieront de chascun estaul trois solz ; et se uns homs apporte suz son col un Sargil et il le posoit à terre por vendre, il paiera trois solz ;..... et se li homs qui apporte son Sargil ou sa piece de drap en ladite foire, etc.* Stat. ann. 1367. tom. 5. Ordinat. reg. Franc. pag. 105 : *Comme en ladicte ville de Caen, où l'en euvre d'ensienneté grant foison du mestier de drapperie et de Sarger, etc.* Vide *Sargineum* et infra *Serga*.

SARGANTUS. Vide in *Serviens*.

¶ **SARGEA**, Sargia, etc. Vide *Sargineum*.

SARGINEUM, Sargium, ex Gallico *Sarge*, vel *Serge*, Pannus *Sericolaneus*, unde nomen. Polyptychus S. Remigii Remensis : *Calix stagneus cum patena, corporale* 1. *planeta de Sargineo rubea* 1. *albæ* 2. *nastolæ* 2. *stolæ* 2. *fanon.* 2. *etc.*

¶ Sargia, Eodem significatu. Limborch. Histor. Inquisit. pag. 160 : *Unum par caligarum de Sargia, quam fecerant in domo sua.* Inventar. ann. 1419. ex Tabul. Eccl. Noviom. : *Item una alia infula nigra de Sargia, foderata de tela viridi.* Statuta Astens. ubi de *Intratis* portarum : *Sargie de rayris solvant pro qualibet petia ad estimationem officialium.* Vide *Sarga*, 2.

¶ Sargea, Sargia, Storea, teges, quia ex panno ejusdem nominis aliquando erant. Charta ann. 1432. apud Rymer. tom. 10. pag. 516 : *Sargeas, lectos, apparaturas, cameraria, robas... et alia domus utensilia, etc.* Constitut. MSS. Cluniac. ann. 1301. ex Tabul. B. M. Deauratæ Tolos. : *Item quod nullus de ordine cujuscumque status fuerit, tapetum ante lectum suum habeat coloratum ; nec in lecto suo Sargiam radiatam, aut alias coloratam.* Inquisitio de Vita D. Caroli apud Lobinell. tom. 2. Histor. Britan. col. 546 : *Dom. Carolus jacuit super straminibus, superpositis quadam Sargia seu matta et lintheamine, absque culcitra plumea, etc.* Adde Probat. Hist. S. Germ. Paris. pag. 174. et Inventar. ann. 1379. ex Schedis Cl. V. *Lancelot*.

¶ Sargicum, ut *Sargineum*, in Ordinat. ann. 1348. tom. 2. Hist. Dalphin. pag 578. col. 2 : *Dentur circa festum omnium Sanctorum de Sargico, tunica et scapulare nova.*

Sargium, Eadem notione. Monasticum Anglicanum tom. 1. pag. 419 : *Accipiunt etiam singuli eorum omni anno decem virgas lineæ telæ, et unam virgam de Sargio ad caligas.* Acarisio, *Sargia*, est *cortina da letto* : sed ex locis Boccacii quos laudat, idem est quod nostris *Sarge*, seu pannus ita dictus. Vide Leonem Carmelitam de Veste Religiosa pag. 105. et Oct. Ferrarium in *Saia*.

SARHAED, vox Wallica : Boxhornio, *Sarhaad*, Contumelia, offensa, opprobrium, ignominia. Occurrit in Legibus Hoeli Boni Principis Walliæ cap. 2. 19. 20. 32.

* **SARIA**, Vasis seu cistæ species, qua equi clitellarii onerantur. Occit. *Sarrie*. Stat. ann. 1354. inter Probat. tom. 2. Histor.

Nem. pag. 158. col. 2 : *Item quod quicumque qui velit conducere animalia sua ad vindemiandum et portandum rassemos cum Sariis, etc.* Vide *Sarria* et *Seria* 1.

¶ **SARIANDUS**, Sarjantes. V. *Serviens.*

SARICA, Sareca', [Tunicæ species : unde hodieque *Sariga* Romæ dicitur vilis semitunica linea ac rudis, quam aliis vestibus, ut iis in opere parcant, superinduunt operarii, ut notant Macri in Hierolex.] Vetus Chartula plenariæ securitatis scripta sub Justiniano, apud Brisson. lib. 6. formul. tab. 2. lin. 20. : *Camisia tramosirica in cocco et prasino valente solidos tres semis, Sarica prasina ornata valente solido uno et semisse uno, arca clave clausa valente siliquas duas, Sareca misticia cum manicas curtas valente siliquas aureas duas, bracas lineas, etc.* Infra lin. 27 : *Sareca una vetere tincticia valente siliquas aureas tres, camisia ornata valente, etc.* Leo Ostiensis lib. 1. cap. 28 : *Abstulit de S. Benedicto Saricam sericam de Silfori cum auro et gemmis.* Ubi ignotus Casinensis cap. 10 : *Sericamque sericam de filfori, etc.* [Vide Salmas. ad Spartian. in Caracalla cap. 9. et supra *Saraca.*] [* Vide infra *Sarica.*]

¶ **SARICILIS**, pro *Sarcilis.* Vide in hac voce. Charta ann. 855. in Append. Marcæ Hispan. col. 788 : *Capas* v. *et Sariciles* XVI. *et leutios* VIIII. *et bracas talgatas* XXXIII. *etc.*

¶ **SARIRE**, Terram incultam succisis dumetis excolere, Gall. *Essarter.* Charta Wolbodonis Episc. Leodic. apud Acher. tom. 6. Spicil. pag. 524. et Mabill. sæc. 6. Bened. part. 1. pag. 602 : *Dedit et decimas quorumquam, quæ quidem in silva Sombressiæ dicta ejusdem Gemblacensis Ecclesiæ Sariebant, quæque nulli antecessorum alicui parochiæ assignaverant.* Perperam editum *Sapiebant* ex eadem Charta tom. 3. novæ Gall. Christ. inter Instr. col. 150. Tabul. Aquicinct. fol. 47 : *Remigius dedit nobis terram dimidii modii, ad cujus unam partem Sariendam dedimus* xx. *sol. Ad Sariendam autem terram in allodio nostro* xl. *sol.* Vide *Exartus* et *Sartare.*

* Quid sit vero *Sarire vadum*, in Stat. Taurin. ann. 1360. cap. 187. ex Cod. reg. 4622. A. non satis percipio : *Item quod nullus homo debeat Sarire vadum ; sed habentes vadum, possint una die in qualibet hebdomada habere et conducere homines Saritores.* Nisi idem sit quod Italis *Serrare*, claudere.

¶ **SARISSA**, Hasta oblonga, Gall. *Pique* Glossar. Lat. Gr. : *Sarissa*, ἄξυτον δόρυ. Christoph. Marcelli Oratio ad Leon. X. PP. apud Marten. tom. 2. Anecdot. col. 1806 : *Fluctiorum fortissimæ, stipatissimæque phalanges nostri erunt exercitus mœnia, et longis illis, quarum Turcæ nullam habent experientiam, interfectis* (leg. intersertis) *Sarissis, etc.* Odo in Carm. de Varia fortuna Ernesti Ducis Bavar. apud eumdem Marten. tom. 3. col. 365 :

> Et daras simile instructi fabricare Sarissas
> Conveniunt.

Notum est Macedonum propriam fuisse Sarissam : unde Gloss. Lat. Gr. : *Sarissa*, ἀκόντιον Μακεδονικόν.

¶ **Sarissatus**, Hastatus miles, Gall. *Piquier*, apud Lobinell. tom. 2. Hist. Britan. col. 1604 : *Et omnes hastati et Sarissati et curiales eum* (Ducem Britanniæ) *concomitabantur.*

SARITIUM, pro Asarotum. Vetus Epitaphium Mediolani, apud Puccinellum :

> Saritiis ædes intra pretiosa refulget.

Statuta Mediolanensia part. 2. cap. 247 : *Pontes... fiant de Saricio, vel de lapidibus coctis et fortibus, et cæmento.*

¶ **SARIUM**, vel Sarius, an idem quod Sarius, piscis genus, an Machina bellica, vulgo *Sarre?* Comput. ann. 1202. apud D. *Brussel* tom. 2. de Usu feud. pag. CLXXII : *Pro Sario ducendo Parisius,* XXVI. *sol.*

SARKAS, Judex olim sic dictus, in *Somogh*, apud Hungaros. Vide Decreta S. Ladislai Reg. Hungar. lib. 3. cap. 2.

¶ **SARLETUM**, pro *Scarletum*, pannus coccineus, nostris *Escarlate.* Vide *Scarlatum.* Epist. Cancellarii Reg. Armeniæ ad Reg. Cypri in Chron. Cornel. *Zantfliet*, apud Marten. tom. 5. Ampliss. Collect. col. 89 : *Significantibus itaque nuntiis Tartarorum, quod Rex eorum valde gratum et carum haberet tentorium vel capellam de Sarleto, fecit eam Rex Ludovicus præparari speciosam valde.*

SARMADACUS. Vide *Samardacus.*

¶ **SARMATICUS** Pannus raræ et tenuis erat texturæ, ut ex Gregor. Turon. in Vitis Patrum cap. 20. colligitur : *Deditque coopertorium Sarmaticum, quo altare dominicum cum oblationibus tegeretur. Coopertorium vero, quia rarum est, non ponatur super munera altaris, quia non exinde plene tegitur mysterium corporis sanguinisque Dominici.*

* **SARMENTA**, pro Sarmentum, in Statutis Taurin. ann. 1360. cap. 130 : *Item quod nulla persona de Taurino vel districtu, parva vel magna, portet de ultra Padum palos integros virides vel siccos, nec vites vel Sarmentas,...... nisi de sua vinea.* Vide infra *Sermens.*

SARMENTITII. Vide *Semiaxiarii.*

SARNA, *Impetigo.* Papias. Vide *Forma* 16. et infra *Sarreuna.*

¶ **SAROHT**, Vide infra *Sarrotus.*

¶ **SAROTUM**, Gremium, ventrale, Gall. *Tablier.* Chron. *Zantfliet* apud Marten. tom. 5. Ampliss. Collect. col. 347 : *Receptusque est idem Miles ad ministerium mangonum seu carnificum ; et ad captandum gratiam vulgi, stabat in foro præcinctus Saroto, tenens securim et carnes incidens ac dividens.*

SARPA, *Sarculum, quod et sirpa invenitur, a sarrire dicitur,* Ugutio et Jo. de Janua. [*Sarpa, Sarpe,* in Gloss. Lat. Gall. Sangerm. Chartul. S. Vandreg. tom. 2. pag. 1397 : *Et etiam quasdam corthecas et unam Sarpam, quas mihi persolvere consueverunt.* Litteræ Caroli Joannis Reg. primogeniti ann. 1357. tom. 3. Ordinat. pag. 208 : *De sotularibus, de calderiis, anderiis,... falsibus, Sarpis,... duos denarios.* Festo, *Sarpa*, est *vinea putata*, [vel potius *Sarpta*, uti etiam legendum est in Gloss. Lat. Gr. pro *Sarpa*, ἄμπελος. Vide Martinii Lexic. in hac voce.]

¶ **SARPEILLERIA.** Vide *Sarpilleria.*

¶ **SARPERE**, *Sarpa* purgare. Festus : *Sarpere antiqui pro purgare dicebant.* Gloss. Lat. Græc. : *Sarpo*, κλαδεύω ἀμπέλους. Vide Martinii Lexic.

* **SARPIA**, ut *Sarpa*, falx, in Libert. novæ bastidæ S. Ludov. ann. 1325. ex Reg. 64. Chartoph. reg. ch. 127. Nostris *Sarpel*, unde diminut. *Sarpillon.* Lit. remiss. ann. 1480. in Reg. 206. ch. 468 : *Le suppliant print en sa main ung Sarpel.* Charta ann. 1343. ex Chartul. S. Vinc. Laudun. : *Nous avons aisement de herber à la main et au Sarpillon. Serpault* et *Serpier*, eodem intellectu. Lit. remiss. ann. 1447. ex Reg. 178. ch. 225 : *Ung ferrement, appellé ung Serpaut.* Aliæ ann. 1449. in Reg. 180. ch. 11 : *Icellui Lambert print ung Serpier, et ala aux champs.... pour copper de la fougere.* Aliæ ann. 1462. in Reg. 198. ch. 411 : *Lequel homme d'un Serpault cuida frapper le suppliant.*

SARPILLERIA. Catholicon parvum : *Sagum, Serpilliere, ou robe, vieille sarge.* Dona et Hernesia ann. 1233 : *Pro Sarpilleriis ad pannos involvendos,* 24. *s.* [Vide *Serpelleria.*]

¶ **Sarpeilleria**, Eadem notione. Statuta Massil. lib. 3. pag. 313 : *Statuimus insuper quod nullus qui dictos canabacios emet, vel emerit de dictis canabaciis crudis teneatur, vel compelli possit accipere pro Sarpeilleria ultra unam cordam.* Hinc

¶ **SARPLARE**, Sarplarius, Ponderis lanarii species sacco major, dicitur, quod lanis involvendis *sarpilleriis* statutæ mensuræ utuntur præcipue apud Anglos. Vide Skinneri Etymol. ad vocem *Sarpler.* Litteræ Edwardi III. Regis Angliæ ann. 1335. apud Rymer. tom. 4. pag. 652 : *Quam pluribus marinariis navis illius nequiter interfectis, octo Sarplarios lanæ, tres Sarplarios pellium lanutarum... ceperunt.* Charta ejusd. Reg. ann. 1341. apud eumdem tom. 5. pag. 249 : *De triginta quatuor Sarplaribus, tribus saccis et viginti duabus petris, etc.* Occurrit rursum ibid. pag. 774. Vide *Saccus* 2.

¶ **Sarplerium**, Eadem notione, in Charta ann. 1478. apud eumd. Rymer. tom. 12. pag. 81 : *Signando vel signari faciendo quodcumque Sarplerium, saccum, poke et poket de lanis dictis Eude Welles, in fine Sarplerii, sacci, poke vel poket, talibus forma et modo, quod signum vel signa sic apposita nequeant tolli sine ruptura Sarplerii, sacci, poke vel poket.*

SARPUS. Vetus Charta in Vita S. Domitiani fundatoris Monasterii S. Ragnaberti : *Et habet in longitudine cum colle et silva supra viam, secundum virilem manum perticas agripedales centum duodecim in latitudine, et parte meridiana cum Sarpo perticas agripedales* 72. [Supra in *Pertica* 1. monuit doctissimus Cangius pro *Sarpo* legendum esse *carpo*, id est, palmo.]

¶ 1. **SARRA**, pro Serra, Gall. *Scie.* Vita Brachii apud Murator. tom. 19. col. 461 : *Hostes ubi ingentem conspexere prædam, greges, atque armenta abduci, agrestes vinctis trahi manibus, tabulas, ligones, Sarras asportari, etc.*

* Occurrit præterea, pro Officina, ubi serra desecatur. Charta senesc. Bigor. ann. 1391. in Reg. 142. Chartoph. reg. ch. 80 : *Deinde medietatem fructuum, reddituum et emolumentorum ex dicta Sarra provenien-*

tium, et quæ provenire poterunt, dare domino nostro regi perpetuis temporibus, cum hac et tali conditione, quod.... temporibus futuris dominus noster rex medietatem operum facere et medietatem sumptuum operum ad dictum Sarrum et hospitium Sarræ necessariorum solvere teneatur perpetuis temporibus. Vide infra *Sarrare* et *Sarritorium.*

¶ 2. **SARRA**, pluries, Eadem notione qua *Serra* 2. nisi etiam ita legendum, sit, in Charta Lotharii Imper. ann. 1137. ex Bullar. Casin. pag. 154. col. 1 : *A secunda parte est finis per Sarram de monte Cisino, et sic pergit per Sarram do monte Aquilone, etc.*

* **SARRABÆ** *sunt vestimenta Sarracenorum*, Gall. *Esclavie.* Glossar. Lat. Gall. ann. 1348. ex Cod. reg. 4120. Vide *Sarabella* et mox *Sarrabarræ.*

* **SARRABARCÆ.** Annal. Victor. MSS. ad ann. 1311. ubi de schismate Minorum : *Tales* (rigidiores) *curtos habitus et viles assumpserunt ; alii autem vocabant eos Sarrabarcas et excommunicatos, qui tamen a populo dicebantur Spirituales.* Ubi leg. forte *Sarrabaitas.* Vide *Sarabaitæ.*

* **SARRABARRÆ**, *sunt indumenta Sarracenorum*, in Glossar. Lat. Gall. ex Cod. reg. 7679. Vide supra *Sarrabæ.*

¶ **SARRACENATUS**, SARRACENUS. Vide *Saraceni.*

* **SARRACENIA**. Vide supra in *Saraceni.*

¶ **SARRACHORIDES**, Servi militares apud Turcas. Laonic. Chalcocon. de Reb. Turc. lib. 7 : *Quarto autem die Sarrachorides, qui inter cæteros inutilis sunt turba, machinas ad murum traxerunt.*

* *Serrais*, Cubicularius, vulgo *Valet de chambre*, apud Joinvil. in vita S. Ludov. edit. Cang. pag. 27 : *Ce varlet de chambre, que on appelloit en office Serrais, etc.* Ubi editio regia pag. 31. minus bene, ut videtur, habet non semel, *Ferrais.*

SARRACIUM. Vide *Superpellicium.*

* **SARRACUM**, *Genus vehiculi, quo feruntur lapides et ligna.* Glossar. vet. ex Cod. reg. 7613.

¶ **SARRACUS**. Mirac. S. Philippi Archiep. Bituric. apud Marten. tom. 3. Anecd. col. 1987 : *Stephanus autem pater Isabellis breviter scribitur dixisse idem quod dicta Osanna, excepto de manibus Sarracis et sabulo plenis.* Ubi legendum arbitror *Serratis*, a Gall. *Serrer*, occludere. Vide *Serare.*

* **SARRALHERIUS**, Serarius, Gall. *Serrurier.* Comput. ann. 1334. inter Probat. tom. 2. Hist. Nem. pag. 85. col. 1 : *Item Sarralherio, qui aperuit portam clotoni, etc.* Occurrit etiam in Charta ann. 1407. ex Reg. 161. Chartoph. reg. ch. 337. Haud scio an idem sonat vox Gallica *Sarere*, in Lit. remiss. ann. 1453. ex Reg. 182. ch. 10 : *Jehan Valesti clerc, filz de Guillaume Valesii Sarere.* Vide *Saralherius*, et mox

* **SARRALHIA**, Sera, Gall. *Serrure.* Inventar. ann. 1476. ex Tabul. Flamar. : *Item plus unum dressaderium coralli,..... munitum de suis Sarralhiis et clavibus.* Vide *Sarratura.*

¶ **SARRALIA**. Papias : *Lactuca... quæ et Sarralia dicitur, quia deorsum ejus in modum Serræ est. Sartalia* habet MS. Eccl. Bitur.

¶ **SARRARE**, pro *Sartare.* Vide in *Exartus.*

* **SARRARE**, Serra desecare, Gall. *Scier.* Charta senesc. Bigor. ann. 1391. in Reg. 142. Chartoph. reg. ch. 80 : *In quo quidem molendinario idem supplicans vult et intendit facere et construere unam ressegam, ad Sarrandum fustes et arbores utriusque conditionis, illamque ressegam, cum omnibus suis munimentis et artificiis ad Sarrandum necessariis.* Alia ann. 1393. in Reg. 148. ch. 52 : *Quod omnes fustes, quæ in eadem ressegua Sarrabuntur, sint et extrahentur a nemoribus propriis domini abbatis Scalæ Dei.* Vide supra *Sarra.* Hinc

* SARRATURA, Gall. *Sciure*, Scobis lignea. Dialog. creatur. dial. 107 : *Lupus cum azello simul sarrabat.... Lupus querimonias fecit versus azinum : Quare mittis Sarraturam in oculis meis... Lupus fortiter insufflare cœpit super Sarraturam, ut Sarraturam in oculis socii mandaret, etc.* Nostris alias *Sawyn.* Vide supra *Barbiarius.*

* **SARRARIUS**, Vide infra in *Sitularius.*

SARRATA, in Charta ann. 1141. apud Guichenonum in Histor. Bressensi pag. 222. pro *Serrata.* Vide *Serra* 2.

* *Sarrata*, pro Septo quovis rursum occurrit in Charta ann. 1124. inter Instr. tom. 12. Gall. Christ. col. 110 : *Excepto quod Sarratas meas, quæ ob firmitatem terræ meæ factæ sunt, destruere non præsumant.*

* **SARRATURA**. Vide supra in *Sarrare.*

¶ **SARRATURA**, Sera, Gall. *Serrure.* Bulla Benedicti XII. ann. 1337. ex Tabul. S. Victoris Massil. : *Nec non januæ ac armarium, fenestræ, Sarraturæ ac claves minantur ruinam.* Paulo post rursum occurrit. Statuta Cadubrii lib. 1. cap. 7 : *Sit et esse debeat una archa, quæ habeat duas bonas Sarraturas, de quibus dom. Vicarius habeat unam clavem unius Sarraturæ, et massarius Communis habeat clavem alterius Sarraturæ.* Vide *Serra* 1. et *Serratura.*

¶ **SARREA**, Sepimentum ex virgultis. Vide *Serra* 2. Charta Iterii dom. de Tociaco ann. 1147. ex Tabul. Abb. de Rupibus : *Concedo... et hoc quod possident apud Sucium sicut septum est de Sarreis et palitio.*

* **SARRERIA**, Locus vel ager sepibus vel muris cinctus et clausus, Ital. *Serrare*, claudere. Charta Joan. episc. Matiscon. ann. 1263. in Chartul. Cluniac. ch. 391 : *Inter Sarrerias Berziaci castri et viam de Mommin.* Vide *Sarrea.*

¶ **SARREUNA**. Papias MS. Bituric. : *Impetigo, sicca scabies, prominens cum asperitate et rotunditate formæ ; hæc vulgo Sarreuna dicitur, et membrorum decorem fœdat.* Unde suspicari licet *Sarna*, ut habetur in edito, perperam ex *Sarreuna* contracte scripto factum fuisse. Vide supra. [** Ex Isidor. Origin. lib. 4. cap. 8. sect. 6. ubi *Sarna*, quod Hispanis hodiedum usurpatum pro Scabie.]

* **SARREURIA**, Sera, Gall. *Serrure*, alias *Sarruze* et *Serreuse.* Consuet. vicar. Bitur. ex Chartul. S. Sulpit. fol. 85. v°. *de Sarreuriis, unam.* Lit. remiss. ann. 1476. in Reg. 195. Chartoph. reg. ch. 1601 : *Le suppliant et icellui Mahieu rompirent la Serreuse d'un coffre auquel ilz prindrent trois goubeletz, trois tasses, une Serreuse d'argent à usaige de femme.* Quo ultimo loco zona vel fibula intelligenda videtur. *La Sarruze d'un buffet*, ibid. ch. 1608. Vide *Sarratura.*

¶ **SARRI**, Arabes, ex Gloss. Mons. pag. 417. apud Schilter. in Gloss. Teuton. Vide *Saraceni.*

¶ **SARRIA**, f. ut *Seria* 1. Vasculi species. Epist. Bajuli Reg. Majoric. ad Massilienses ann. 1327 : *Tertia mensis præteriti fecit carricari... LXXII. giarias alquitrani et tria pondera de mostayla et duas Sarrias de orchica, etc.*

¶ **SARRITORIUM**, Terra, ut videtur, in culturam redacta, vel locus sepimento conclusus. Terrag. Bellijoc. : *Juxta plateam Sarritorii du Moulin ex Occidente. Item pro et super sexta parte indivisim cum consortibus du Moulin molendini, Sarritorii, platearum exitus, etc. Item pro et super universis et singulis domibus, stabulis, grangiis, molendino, Sarritorio, curte, curtili, ect.* Vide *Sartum.* [* Male explicatur, Terra in culturam redacta, vel Locus sepimento conclusus : molendinum quippe est ad ligna sarra desecanda, Bellijocensibus *Sarreur*, idem quod supra *Sarra.*]

¶ **SARROCIUM**. Vide *Superpellicium.*

¶ **SARROTUS**, Vestis Ecclesiasticæ species, tunica linea cujus manicæ strictæ sunt, Gall. *Rochet*, vulgo olim *Sarrot :* varias pro variis temporibus *Sarroti* formas, videsis in Notis Cl. *de Vert* ad cap. 2. Exposit. Cæremon. Eccl. tom. 2. pag. 263. et seqq. Statutum MS. Stephani de Firmonte Abb. S. Eligii ann. 1276 : *Concessum ab omnibus quod omnes in stallis superioribus sedentes possint habere si velint, et vestire Sarrotos simplices et sine aliqua curiositate.* Inventar. ann. 1419. ex Tabul. Eccl. Noviom. : *Item quinque Sarroti modici valoris.* Statuta Eccles. Leod. ann. 1287. apud Marten. tom. 4. Anecd. col. 838 : *Presbyteri sub albis induti sint superpelliciis vel tunica linea, quæ vulgariter Saroht vel Rochet appellatur.* Vide *Sarcotium* et *Superpellicium.*

SARSOR, Sarsoriorum artifex. Acta Cirtensia Numatii Felicis : *Et dum ventum fuisset ad domum Felicis Sarsoris, protulit codices quinque.* Est autem

SARSORIUM, Opus ex variis quodammodo materiis contextum et confectum, cujusmodi sunt ut plurimum *Sartorum* opera. A *sarcio* enim dicitur *Sarsum* et *sartum*, uti observat Turnebus lib. 24. Adversar. cap. 22. unde *Sarsura*, apud Varronem. Aliter tamen Caper de verbis dubiis : *Sartum, non sarsum.* S. Cæsarius Arelat. in Regula ad Virgin. cap. 42 : *Nihil aliud in ipsis* (Monasteriis) *nisi cruces aut nigræ, aut lactineæ tantum opere Sarsorio de pannis, aut linteis apponantur.* Gregorius Turon. lib. 2. Hist. cap. 16 : *Parietes ad altarium opere Sarsurio ex multo marmorum genere exornatos habet.* Epigramma 91. Ennodii inscribitur *de marmoribus opere Sarsorio*, ex quo etiam colligitur ita appellari varias discolorum marmorum crustas invicem commissas, ut unum corpus et unam quasi picturam efficiant, uti describitur a Senatore lib. 1. Epist. 6. [Idem proinde quod *Musivum opus* alibi dicitur. Vide in hac voce.]

* **SARTACOPIUM**, SARTACOPIUS. Vide infra *Supplantarium.*

¶ **SARTAGIA**, Præstatio quæ ob jus

terram *Sartandi*, seu in culturam redigendi domino penditur. Vide infra *Sartare*. Charta ann. 1163. apud Calmet. inter Probat. tom. 2. Hist. Lothar. col. 362 : *Excepto si rustici qui infra bannum Maginiensem eas* (terras) *requirere, et consueto more deservire voluerint, debitam inde Sartagiam et praragiam Radulpho persolvent*. Vide *Exartus*, et *Sartum*.

SARTAGO, [Locus in quo sal conficitur, salina,] idem quod *Patella*, in re salinaria, de qua voce supra egimus. Wiguleius Hondius in Episcopis Frisingensibus ex vetere Charta : *Insuper tradidit ei omne jus quod habuit in loco Hall dicto cum Sartaginibus*. Charta Arnulfi Imper. ann. 898. ibid. pag. 128 : *Hoc est sal, quod ab hac die deinceps, vel a Sartaginibus, aut locis Sartaginibus, vel de areis ejusdem jam dictæ Ecclesiæ redimatur, etc.* Alia Chunradi Imper. ann. 1029. pag. 143 : *Cum... salinis et Sartaginibus, et locis sartaginum, etc.* Adde pag. 141 147. 151. tom. 2. pag. 533. 549. 557. [Charta ann. 1145. apud Ludewig. tom. 4. Reliq. MSS. pag. 205 : *Ottaker Marchio una cum filio suo Luipoldo Sartaginem salis quam hæreditario jure possidebat ad paroricum Halle dedit. Reditus salis ad tertiam dimidiam Sartaginem*, in Hist. Novientens. Mon. apud Marten. tom. 3. Anecd. col. 1135.]

¶ **SARTALIA**. Vide *Sarralia*.

SARTANEA. Thwroczius in Carolo Rege Hungariæ cap. 99 : *Et tandem antedicti dextrarii solemnes cum armis et operimentis omnibus ipsorum gloriosissimis, seu attinentiis, cum Sartanea, curru, seu mobili aut ostilario, regnali signo regio desuper forma avis struthionis deaurato, et gemmis adornato, etc.* Puto legendum *Sambuca*. Vide *Sabuta*.

SARTARE, Terram incultam excolere, Gall. : *Essarter, défricher*, [in Charta ann. 1202. apud Lobinell. tom. 4. Hist. Paris. pag. 183. Charta Ludovici VIII. Reg. Franc. ann. 1218. ex Bibl. reg. : *Ita tamen quod nemus illud neque Sartare neque hawvare poterunt*.] Charta ann. 1220. in Tabulario Abbatiæ Montis S. Martini diœcesis Cameracens. : *Terræ quæ tempore statuto Sartatæ vel excultæ non fuerant*. Occurrit ibi pluries. Liber Priorat. Dunstap. cap. 23 : *Area illa ubi Wathlinge et Ikelinge* (viæ) *conveniunt, per Henricum Regem Angliæ senem, primitus Sartabatur ad famosissimi latronis Dun nomine et sociorum suorum reformationem*. Vide in *Exartus*, et *Sartum*.

* **SARTARII** Homines, Qui fundos, *Sarta* nuncupatos, possidebant et in iis alienandis interveniebant, ut feudatarii in feudorum alienatione. Charta Joan. abbat. Hunnicort. ann. 1231. ex Chartul. Valcel. sign. E. ch. 15 : *Homines nostri Egidius de Taviaumés et Juliana uxor ejus coram hominibus Sartariis, qui secundum legem sufficienter astabant, in nostra præsentia constituti, etc. Præfatis hominibus nostris dicentibus quod hæc venditio ita legitime facta erat, quod nichil ibi noverant corrigendum*.

¶ **SARTATECTOR**. Vide *Sarcitector*.

SARTATECTUM, unica voce, interdum *Sarta tecta*, disjunctis vocabulis, [Operum publicorum tuitio vel refectio.] Glossæ Lat. Græc. : *Sartatecta*, ὑποραφαί, leg. ὑποραφαί, [vel ὑπεῤῥαφίαι, ut vult Vulcanius.] Glossæ Græc. Lat. : Ὑποράπτω οἰκοδομὴν, *substruo, resarcio*. ὑποραφή, *plicatura, resarcinatio*. Gloss. MSS. Reg. et Papias : *Sartatectum, restauratio templi, reparatio fabricæ. Sartum enim, consutum dicitur*. Gloss. MS. : *Sartatecta, restauratio ædificii, vel interruptiones domus*. Catholicon parvum : *Sartatectum, vel sartitectum, Reparation de toit ou de temple*, [*ou taille pour ce levée*, in Gloss. Lat. Gall. Sangerman.] Testamentum S. Remigii Remensis Episcopi : *Ita confirmo, ut Crusciniacus futuri Episcopi successoris mei obsequiis et Sartatectis principalis Ecclesiæ deputetur*. Lex 3. Cod. Th. de Calcis coctorib. (14, 6.) : *Vehationis medietatem, quam Sartis tectis jussimus deputari, separatim conveniet adscribi*. Capitularia Caroli C. tit. 6. cap. 63 : *Qui ex rebus Ecclesiasticis.... Sartatecta Ecclesiæ secundum antiquam auctoritatem et consuetudinem restaurare debent*. Charta ann. 862. apud Doubletum pag. 793 : *Et pro Sartatectis domorum atque operimentis, etc.* Capitula Walterii Aurelianensis Episcopi cap. 5 : *Ut nullus sacrum vas, aut aliquid Deo sacratum loco pignoris dare præsumat : nisi causa redimendorum captivorum, aut in restauratione Sartatectorum Ecclesiæ*. Ita usurpant Gregorius M. lib. 3. Epist. 19. lib. 4. Ep. 42. lib. 8. Ep. 1. lib. 12. Epist. 10. Anastasius in Vitis PP. pag. 117. 119. 121. 122. 127. 128. 131. 141. 142. 161. 206. Hugo Flaviniac. pag. 164. Additio 4. Ludovici Pii cap. 60. [84. ect.]

Sacritecta, pro *Sartitecta*, in Capitul. 6. ann. 819. cap. 4.

¶ **SARTATORIUS**. *Lancea Sartatoria*, Mensuræ agri species. Vide supra in *Lancea*.

* **SARTELLULUM**, diminut. a *Sartum*, Terra dumetis purgata et in culturam redacta, nostris *Sartiel*. Charta Werrici decani et capit. S. Quint. Viromand. ann. 1178. ex Chartul. Mont. S. Mart. part. 6. fol. 99. r° : *Sartum Werrici le Vallet,.... aliudque Sartellulum secus eumdem campum*. Redit. comit. Namurc. ann. 1265. ex Reg. Cam. Comput. Insul. sign. *Papier velu* fol. 9. v° : *Et se doit Bauduins dou Joudion d'un Sartiel, ki est as son meur, demi sestier despeautre Namurois*.

* **SARTELLUM**, Eadem notione. Charta ann. 1257. ex Tabul. S. Autberti Camerac. : *Ego B. miles, dominus de Wallaincourt.... vendidi.... quindecim mencaldatas subtus Sartellum Tymonbruiere et quatuor mencaldatas ad sartum Rouaise*.

* **SARTIA**, Cannabis, unde funes nautici parantur. Charta Conradi II. reg. Sicil. pro Pisan. ann. 1269. apud Lam. in Delic. erudit. inter not. ad Chron. imper. Leon. Urbevet. pag. 273 : *Pisani in tota Sicilia... possint libere et sine impedimento aliquo emere vel acquirere.... linum, Sartiam laboratam et non laboratam, setam laboratam et non laboratam, etc.* Vide *Sarcia*.

¶ **SARTICORÆ**, *Harstium fannum*, in Miscell. Theodiscis apud Pezium tom. 1. Anecd. part. 1. col. 408.

¶ **SARTIRE**, pro Sarcire, ut videtur, in Statutis Saonæ cap. 3. fol. 2 : *Qui statuant de quantitate, et amplius Sartiant impensas parti ac damna*.

¶ **SARTIUM**. Vide *Sarcia*.

* **SARTOCOLLA**, *Acrimonia*, in vet. Glossar. ex Cod. reg. 7613.

¶ **SARTOR**, vel Sartorius, *Sartre, cousturier*, in Gloss. Lat. Gall. Sangerman. Buschius de Reform. Monast. apud Leibnit. tom. 2. Script. Brunsvic. pag. 939 : *Dederunt mihi... cappam magnam et latam, a Sartore nostro factam*. Monet autem Nonius cap. 1. *Sartores* dici non solum a sarciendo, verum etiam a sarriendo, unde Plautus in Captivis, *Sartor scelerum*.

* Sarcinator, vestiarius, Ital. *Sartore*, nostris *Sartre*. Lit. remiss. ann. 1441. in Reg. 176. Chartoph. reg. ch. 60 : *Jehan Mosset Sartre du lieu d'Espali lez la ville du Puy Nostre Dame en Vellay. Mathelin Alboin Sartre ou cousturier dudit lieu de Montesquieu*, in aliis ann. 1454. ex Reg. 191. ch. 49.

* **SARTORESSA**, Sartressa, Sarcinatrix, Gallice *Cousturiere*. Ordinat. ann. 1329. inter Probat. tom. 2. Hist. Nem. pag. 65. col. 2 : *Item quod nullus sartor vel Sartressa audeat accipere ab aliquo pro facienda tunica et supertunicali, etc. Guillermeta Sartoressa*, in Instr. ann. 1366. ibid. pag. 301. col. 2.

* **SARTORIA**. Vide infra in *Sartrinum*.

¶ 1. **SARTORIUM**, *Sartrerie, locus Sarciendi*, in iisd. Gloss. Lat. Gall. Vide *Sartrinum*.

¶ 2. **SARTORIUM**, Sarculus, instrumentum quo in terris *sartandis* utuntur, Gallis *Sarcloir*. Mirac. S. Zitæ tom. 3. April. pag. 523 : *Et ipsa Maia recalcitret milium, et cum ipsa Massaia surgeret recta, cum Sartorio in manu, etc.*

* **SARTOTECTUM**, Materiaria structura, Gall. *Charpente*. Charta ann. 1294. in Lib. nig. 2. eccl. S. Vulfran. Abbavil. fol. 65. r° : *Thesaurarius dicebat et asserebat vetera marena seu ligna ejusdem ecclesiæ nostræ, quæ propter nimiam vetustatem..... de tecto seu Sartotectis ecclesiæ deponuntur,.... ad ipsum thesaurarium ratione suæ thesaurariæ debere libere pertinere*. Vide *Sartatectum*.

* **SARTRESSA**. Vide supra *Sartoressa*.

* **SARTRINARIUS**, Qui rei vestiariæ præest apud monachos. Reg. visitat. Odon. archiep. Rotomag. ex Cod. reg. 1245. fol. 87. v°. : *Visitavimus abbatiam S. Audoeni Rotomagensis.... Pellicias retinent propter necessitatem, quia non habent quolibet anno, sed unam in duobus annis. Verumtamen dixit Sartrinarius quod nunquam eas reddant. Injunximus ut... eas redderent Sartrinario vel elemosinario*. Vide mox

SARTRINUM, Officina sartoris. Liber Ordinis S. Victoris Parisiensis MS. cap. 18 : *Vestiarius Sartrinum habere debet extra officinas claustri interiores, id est, in tali loco, ubi seculares servientes, si opus fuerit, possunt admitti*. Sartores *Sartres* vocant Occitani. [Vide in *Sartorium* 1.]

* Vel Locus in monasteriis, ubi sarciuntur vel reponuntur vestes, idem quod *Vestiarium*. *Sartoriam*, pro *Sartrinum*, ibi præfert Codex reg. 4335. eorumdem S. Vict. Paris. statutorum. Ut ut est, occurrit in Charta Theob. comit. Campan. ann.

1223. ex Reg. 124. Chartoph. reg. ch. 5 : *Habeant* (Latiniacenses monachi) *ad opus conventus tres servientes in coquina,... duos in pistrino, duos in Sartrino, etc.*

¶ **SARTULA**, in Epist. adv. Sigismundum Imper. inter Epist. Johan. de Monsterolio apud Marten. tom. 2. Ampl. Collect. col. 1445 : *Quamquam denariis plurimis sub extorsionibus iniquissimis salvorum conductuum hujusmodi Sartulas emissent.* Vide *Satalia.*

* Leg. forte ibi *Cartula*, pro Chartula.

¶ **SARTUM**, vel SARTUS, Terra dumetis purgata, et in culturam redacta. Charta Lisiardi Episc. Suession. ann. 1121. ex Chartul. Nantol. fol. 21 : *Data et concessa altera dimidietate, et etiam quarta parte in magna decima de Choi, tam in terris cultis, quam in novis et veteribus Sartis.* Hist. MS. Beccensis Mon. ex Tabul. ejusd. pag. 457 : *Centum acrarum terræ... in Sarto forestæ de Lislebone.* Vide *Exartus* et *Sartare.*

¶ **SARTURA**, Refectio, reparatio. *Si per Sarturas succurrendum sit alicui monumento*, in Cod. Theod. leg. 2. de Sepulcr. violat. (9, 17.) Utuntur præterea Seneca de Vit. Beat. cap. 25. Columella lib. 4. cap. 26. et alii.

¶ **SARTURATOR**, ut *Sartor*, Gall. *Tailleur.* Consuet. Lemovic. art. 42. in Custumar. gen. Franciæ tom. 4. part. 2. pag. 1153 : *Item consuetudo est quia fullones seu Sarturatores pannorum, etc.* Quæ Gallice ibidem sic redduntur : *C'est la Coutume que foulons, Tailleurs et tondeurs de draps, etc.*

¶ **SARTUS.** Vide *Exartus* et *Sartum.*

* **SARVATGIUM**, pro *Salvatgium*, Præstatio a tenentibus facta dominis, pro tutela ac protectione personarum ac rerum suarum. Lit. remiss. pro Aniciensibus ann. 1378. in Reg. 113. Chartoph. reg. ch. 101 : *Pro imponendo Sarvatgio, quarto vini et aliis indictionibus, etc.* Vide supra *Salvagium* 2. et *Salvamentum* 1.

¶ **SARZANA**, Navigii genus, ut videtur. Chron. Parmense ad ann. 1276. apud Murator. tom. 9. col. 790 : *Communis Parmæ misit Sarzanam ad ducendum frumentum emtum per commune in Apulia.*

¶ **SARZIL**, ut *Sarcilis.* Vide in hac voce.

¶ **SASIMENTUM**, SASIO, SASIRE. Vide *Saisimentum* et *Saisire.*

¶ **SASONARE**, vox Italica, Condire, apparare, Gall. *Assaisonner, accommoder.* Statuta Placent. lib. 6. fol. 82. v° : *Et prædicti quadrelli, cuppi et tavellæ tam de civitate quam de episcopatu sint et esse debeant bene cocti et bene Sasonati.* V. *Saxonare.*

SASSINAMENTUM, Idem quod Invasio, usurpatio, *Saisimentum.* Charta Philippi Ducis Tusciæ ann. 1195. in Bullario Casinensi tom. 2. pag. 226 : *Præterea invasiones terrarum omnium, et intermissiones, et Sassinamenta tempore patris et fratris nostri... facta, etc.*

SASSO. Charta ann. 1211. apud Ughellum tom. 1. part. 1. pag. 785 : *Piscariam et piscatores Fundani Episcopatus, et pisces piscariæ, et partem de Sassone non capiemus, nec capi faciemus.* [*Sasso* Italis est Petra, rupes, qua notione accipienda videtur vox sequens.]

¶ **SASSUM**, in Notitia ann. 1144. apud Rocchum Pirrum in Archiep. Massan. : *In quo (vallone) via regalis descendit ad fontem de Maltru et recipit seriam Sassi, etc.* Vide *Sasso.*

* **SASSUS**, 4æ. declinat. Munimenti genus ex saxis, Ital. *Sasso*, saxum. Charta vendit. Montispes. ann. 1349. inter Probat. tom. 4. Hist. Occit. col. 214 : *Castra Montispessulani et de Latis,.... cum palaciis, turribus, Sassibus, fortaliciis, domibus, censibus, leudis, etc. Sasoage*, pro *Assuré*, Certus, ut videtur, in Poem. Alex. MS. part. 1 :

Les lances ès haubers ne troverent passage,
L'Amirant se tint bien de son cop Sasoage.

¶ **SATALIA.** Epistol. Philippi VI. Franc. Regis ad Edwardum Reg. Angl. apud Marten. tom. 1. novæ veter. Script. Collect. part. 2. pag. 130 : *Quæ jam multis in locis facinorosis operibus... expleverunt : saisinas nostras in multis locis vituperabiliter infringendo,... Satalias viliter pertractando, etc.* Vide *Sartula.*

¶ **SATALLIN**, Pannus sericus rasus, ut videtur, vulgo *Satin.* Testam. Guidonis dom. de Turre ann. 1375. apud Baluz. Histor. Arvern. tom. 2. pag. 616 : *Lego conventui fratrum Minorum Claromontensium omnes raupas corporis mei quæ sunt de quibuscunque pannis sericeis,... et de Satallin una cum suis forraturis.* Vide *Satinus* et *Zatouy.*

* Forte pro *Satanin* vel *Sathanin*, ut legitur in Invent. ann. 1393. ex Cod. reg. 9484. 2. fol. 367. r° : *Une chambre de Satanin vermeil, etc.* Ibid. fol. v° : *Une autre chambre à demi ciel de Sathanin vermeil, etc.*

¶ **SATARTIA**, ut infra *Sitarchia.* Vide ibi.

* **SATAX**, *Sapiens, scitus investigator*, in vet. Glossar. ex Cod. reg. 7613. pro Sagax.

1. **SATELLES**, in Glossis Gr. Lat. : Βασιλικοῦ σώματος φύλαξ. Alibi : Δορυφόρος, *Satelles.* Annales Francorum Fuldenses ann. 880 : *Normanni superiores existentes duos Episcopos... et duodecim Comites his nominibus appellatos... occiderunt. Præterea 18. Satellites Regios cum suis hominibus prostraverunt, quorum ista sunt nomina, etc.* Ubi *Satellites* videntur fuisse Palatini proceres, dignitate tamen Comitibus inferiores, sed quibus alii suberant, adeo ut Regii corporis custodiæ præfectos fuisse liceat conjicere, eosque quos hodie *Capitaines des Gardes* dicimus. [** In iisd. Annal. Fuldens. ad ann. 866 : *Guntbertus quidam de satellitibus Carlmanni.* Reginon. Annal. ad ann. 871 : *Custodes ex numero satellitum in civitatibus quas receperat locat.* Pertzio sunt Vassi regii.] Vide Gaufredum Vosiensem in Chron. 1. part. cap. 73.

SATELLES, Vassallus minoris dignitatis. Charta Gaufredi Comitis Andegav. ann. 1062. ex Tabular. S. Florentii veteris : *Remissa sunt omnia bidanna, omne genus bannitionis, nisi cum omnes rustici Satellitum meorum causa belli contra inimicos ierint, etc.* Fulbertus Carnot. Epist. 84 : *Si ergo de justitia, de pace, de statu regni, de honore Ecclesiæ vultis agere, ecce habetis me parvum Satellitem pro viribus opitulari paratum.* Epist. 123 : *Est etiam Comiti nostro G. Satelles fidelissimus et familarissimus.* [Charta ann. 1103. apud Acher. tom. 8. Spicil. pag. 363 : *Accipiant per manus eorum quisque administrationem sui officii, scilicet vicarii, Satellites, et rustici.*] Vide Guibertum Epist. 11. [** Et Savinium Histor. Jur. Rom. med. temp. tom. 1. § 70. not. g.]

SATELLES, qui feudum *Serjanteriæ*, ut aiunt, possidet, quod *Satellitio*, dicitur, in Charta Roberti Comit. Mellenti in Tabul. Leprosariæ Pontis Audomari : *Petrus filius Thomæ Satellitis... hujus autem conventionis me plegium constituit erga prænominatos fratres P. et Satellitionem suam erga me inde in plegio posuit.* Vide in *Serviens.*

* *Tenir en Saterie*, eodem intellectu, ni fallor, dicitur, in Chartul. Mont. S. Mart. part. 3. fol. 79. r° : *Gobers li drapiers tient de nous en Saterie deux sestiers de terre et huit verges.*

¶ SATELLITES dicuntur Communiarum homines seu etiam vassalli quos in prælium sub vexillis suis conducebant eorum domini, quorum custodiæ potissimum adstricti erant, unde *Satellites* sunt nuncupati. Rigordus ubi de prælio Bovinensi tom. 5. Duchesn. pag. 60 : *Præmisit idem Electus* (Belvacensis) *de consilio Comitis S. Pauli 150. Satellites in equis ad inchoandum bellum, ea intentione, ut prædicti milites egregii invenerint hostes aliquantulum motos et turbatos. Indignati sunt Flandrenses... quod non a Militibus, sed a Satellibus primo invadebantur, nec se moverent de loco quo stabant, sed eos ibidem expectantes acriter receperunt... Erant Satellites illi probissimi de valle Suessionensi, nec minus pugnabant sine equis, quam in equis.* Rigordo prorsus consentit Will. Brito Philipp. lib. 11 :

Cumque morarentur, nec dignarentur aperto
Credere se campo, seriesve excedere Flandri,
Impatiens Suessona phalanx suadente Garino,
Cornipedes quanto potuerunt currere cursu,
Invadunt illos ; nec miles it obvius illis
Flandricus, aut motus aliquid dat corpore signum,
Indignans nimium quod non a Milite primus,
Ut decuit, fieret belli concursus in illos,
Neve verecundentur ab his defendere, si se
Prorsus abhorrescant, cum sit pudor ultimus alto
Sanguine productum superari a plebis alumno,
Immoti statione sua non segniter illos
Excipiunt, sternuntque ab equis, pluresque nec illis
Parcendum ducunt famulis, sed turpiter illos
Jam perturbatos stationem solvere cogunt,
Seque velint nolint defendere. Sicque superbos
Nobilitate viros, et majestate verendos,
Non puduit demum pugnare minoribus ipsis.

Vide Milit. Francic. P. Danielis lib. 3. cap. 8. Hinc

¶ SATELLITIUM dicitur ejusmodi *Satellitum* caterva, apud eumd. Will. Briton. lib. 6 :

. . . . quingenti et mille Quirites,
Cumque Satellitiis peditum ter millia dena.

Militiam nude interdum notat, ut monet Carolus de Aquino ex Guillel. Pictav. lib. 1. cap. 12 : *In Danfronti oppugnatione quasi desertoris furtivo more discessit, nequaquam petita missione, Satellitii debitum jam omne detrectans.* Utitur eadem notione Procopii Latinus Interpres Hist. Vandal. lib. 2 : *Aigar in Satellitio Bellisarii pugnare solitus. Satellitium*, δορυφόρημα, in Gloss. Lat. Græc.

* 2. **SATELLES**, Sponsus, qui uxoris

socius est. *Cognita a Satellite*, apud Gregor. Turon. lib. 1. Hist. cap. 2. ubi de Adamo et Eva.

** **SATER.** Comment. MSS. ad Martian. Capell. lib. 1. circa finem : *Legitur et sater. Hoc autem interest inter sater et sator, quod Sater est verborum, sator seminum.*

¶ **SATERRICUS**, pro Satyricus, in Epist. Abbonis Floriac. ad Miciacenses laudata apud Mabill. tom. 4. Annal. pag. 110.

¶ **SATHANIANI**, vel SATINIANI dicti interdum Messaliani hæretici, quod Satanam mundi gubernatorem et præfectum esse somniabant. Vide S. Epiphan. hær. 80. et Stockmanni Lexic. Hæres. Dubium tamen est an non sic nuncupati fuerint quod Seth Christum fuisse mentiebantur, adeo ut iidem sint qui *Sethiani* vel *Sethaniani*. Vide in hac voce.

* **SATHANICUS**, SATHANISSUS, Perversus, malignus, *diabolicus*. Formul. MSS. ex Cod. reg. 7657. fol. 28. r° : *Dictus delatus sua præsumptiva audacia motus,... non verens quam sit grave onestas et religiosas personas, et Deo sub religionis regula servientes, suis Sathanicis suasionibus excitare et inducere temere ad peccandum, potissime ad libidinem carnis.* Ibid. fol. 31. v° : *Adversus omnes et singulos, qui eorum voluntati Sathanissæ forte resistere voluissent, etc.*

* **SATIETAS**, Cibi sumtio, cœna. Vita S. Berth. tom. 6. Jul. pag. 485. col. 1 : *Post Satietatem oblitum se signare, etc.*

¶ **SATIARE**, Explere, et per metaphoram Probare ex abundantia. S. Cyprianus Epist. 76. pag. 154. edit. Baluz. : *Satiat adhuc in Evangelio suo Dominus et majorem intelligentiæ lucem manifestat quod, etc.* Idem de Oper. et Eleemos. pag. 238 : *Ostendit... deprecationes solas parum ad impetrandum valere, nisi factorum et operum accessione Satientur.*

¶ **SATICUM**. Charta Everacli Episc. Leod. ann. 961. apud Marten. tom. 2. Ampl. Collect. col. 47 : *Abba Werenfridus cæterique fratres Stabulensis Ecclesiæ nostram adeuntes mansuetudinem, omnimodis expetierunt quatenus... aliquod civitatis nostræ Saticum, in quo e diversis partibus venientes, confugium facerent,... Contulimus eis quoddam Saticum in confinibus scilicet Adelberonis et Bozonis atque Adelardi situm, cum omnibus castitiis superpositis ad partem ipsorum Ecclesiæ tenendum. Ea videlicet ratione, ut ab hac die et deinceps ipsum prædictum atque integrum Saticum in usus ipsorum sine censu aliquo teneant.* Spatium amplum, aream ad ædificandum interpretatur Martenius. malim ego domum seu mansum, ubi quis *stat* et manet, intelligere, unde *Staticum* scribendum esse suspicor. Vide *Stare* 2.

¶ **SATIETAS** UNIUS DIEI, Quantum cibi per unum diem sufficit. Addit. 3. ad Capitul. cap. 88 : *Multi sunt qui perjurare pro nihilo ducunt, in tantum ut pro unius diei Satietate aut pro quolibet parvo pretio ad juramentum conduci possint.*

¶ **SATIGER**, *Jocularius, cilicio vestitus.* Papias. Sed leg. *Setiger*, ut monuit Cangius in v. *Jocularis.*

SATIL, Pondus duorum sextariorum, apud Saladinum de Ponderib.

¶ **SATIMANA**, pro Septimana, hebdomada. Statuta Cluniac. MSS. ann. 1301. ex Tabul. B. M. Deauratæ Tolos. : *Statuimus ut... non-sacerdotes semel communicent qualibet Satimana et in quique festis predictis.*

* **SATINIUS**, Pannus sericus rasus, Gall. *Satin*. Acta dissolut. matrim. Ludov. XII. fol. 149. r°. ex Bibl. reg. : *Bombicinium suum, quod erat de Satinio rubeo.* Vide *Satinus.*

¶ **SATINUS**, Pannus sericus rasus, vulgo *Satin*. Necrolog. Parthenonis S. Petri de Casis : x. *Augusti... Casula de Satino Percico, quæ constit* XVIII. *florins.*

¶ SATTINUS, Eadem notione, in Actis S. Francisci de Paula tom. 1. April. pag. 161 : *Ipsa eamdem genam quodam panno Sattini nigri cooperiebat.* Vide *Setinus.*

SATIO, Tempus sationis, unde Gallis, *Saison*, pro quavis anni tempestate. Virgilius :

Vere fabis Satio.

Charta Roberti Regis Fr. ann. 1028. ex Tabulario Abbatiæ Colombensis : *Et super castrum terra arabilis, quantum possunt tria boum culturare omni Sationi, etc.* apud Duchesnium in Probat. Hist. Brecensis pag. 5. *Satio hibernatica et estivatica*, sæpe in Tabul. S. Remigii Remensis. : *Arat ad hibernaticam Sat. map.* 1. *continentem in longitudine perticas* 40. *in lat. perticas* 4. *ad estivaticam similiter.* Rursum : *Possunt ibi seminari inter ambas Sationes de anno modii centum.* [Charta Benedicti Episc. Nannet. ann. circiter 1105. apud Marten. tom. 1. Anecdot. col. 316 : *Dedi etiam in usus canonicorum... tantum terræ, quantum poterint quatuor boves arare per duas Sationes, cum mansione necessaria agricolæ operanti terram illam.* Tabul. S. Sergii Andegav. : *Portionem cujusdam terræ,... quantum scilicet quatuor boves arare possunt duabus Sationibus... concesserunt.*] [** Occurrit sæpius in Polyptych. Irmin. Vide ibi Indicem.] *Dessaisonner les bois ou les estangs*, in Consuetud. Bituric. tit. 5. art. 46. extra tempus consuetum aut silvam cæduam cædere, aut stagna expiscari. [Vide *Saisdio*, et *Sazo* 2.]

SATIONALIS TERRA, Sationi idonea, cui opponitur *vineis consita*, in Tabulario Ecclesiæ Carnotensis anno 1186. ch. 99. [Vide *Sationalia.*]

* Lib. cens. eccl. Rom. : *Fundum Rapacesarium, cum silvis, glandaretis et terris Sationalibus.*

SEISONA, ex Gallico *Saison*. Ingulfus pag. 852 : *Cum communa pasturæ pro omni genere animalium omnibus Seisonis.* [Charta Edwardi III. Regis Angliæ ann. 1340. apud Rymer. tom. 5. pag. 183 : *Eidem Comitissæ unam robam pro statu suo competentem, pro ista Seisona æstivali, liberet.* Vide *Saisona.*]

¶ SESONA, Eadem notione, in Charta ejusd. Reg. ann. 1341. apud eumd. Rymer. tom. 5. col. 231 : *Volentes igitur malis et periculis contra instantem Sesonam æstivalem pro honore nostro ac communi utilitate præcavere, etc.*

SESO. Extenta manerii de *Garringes* : *Debet operare in qualibet septimana a festo S. Michaelis usque ad gulam Augusti, quolibet die operabili unum opus, precium operis ob. quadr. et a festo S. Petri ad vincula usque ad festum S. Michaelis unum opus in qualibet die operabili, 1. den. ob. excepta Sesone hiemale.* Infra : *ad Sesonem Quadragesimæ.* [Charta ann. 1403. ex Schedis Pr. de Mazaugues : *Et gausitas pertinentes ad dictum monasterium... cum... arrendamentis... in quinque annis in quibus intelliguntur quinque Sesones.* Charta ann. 1428. ex iisdem Schedis : *Pro tempore quinque Sesonum, sive quinque perceptionum fructuum.* Vide in *Saizo.*]

SATIONALIA, Agri sationi idonei : *Sementiva*. Jo. Sarisberiensis lib. 1. Policrat. cap. 4 : *Illis, ut pascua augeantur, prædia subtrahantur, agricolis Sationalia.* [Charta ann. 898. in Bullar. Casin. tom. 2. pag. 38 : *Cum terris, silvis, salectis, Sationalibus, campis, paludibus, lacis et ædificiis a nobis constructis.*]

SATIRUS. Charta Pontii Comitis Tolosani ann. 936. apud Catellum pag. 89 : *Et tallias, et omnes actus, et seguis, et justitias, et omnes Satiros, et leudas, et persultra, et venationes, etc.* [*Satyros* editum inter Probat. tom. 2. novæ Hist. Occit. col. 76.]

¶ 1. **SATIS**, Valde, omnino. Missale Gothic. apud Mabill. Liturg. Gall. pag. 266 : *Vere dignum et justum est, Satisque est dignum, etc.* S. Audoenus in Vita S. Eligii : *Ob hoc itaque eum* (Eligium) *vel maxime in his locis dederunt pastorem, quod incolæ ejusdem regionis magna adhuc ex parte Gentilitatis errore detinebantur, et vanis superstitionibus Satis dediti erant.* Passim occurrit in Bibliis sacris.

* 2. **SATIS**, Fere, propemodum. Charta capit. S. Quint. Viromand. ann. 1349. in Reg. 78. Chartoph. reg. ch. 176 : *Terræ nostræ vel omnino remanent incultæ, vel Satis, pro minori pretio seu modiagio tradentur ad censam, quam consuetum fuit eas tradi.*

* 3. **SATIS**, Nimis, plus æquo. Alex. Iatrosoph. MS. lib. 2. Passion. cap. 112 : *Accipiant pullos et gallinas non Satis pingues.* Et cap. 137 : *Neque vinum stipticum bibat aut Satis dulce.* Vide infra *Solium* 6.

SATISAGERE, Satagere. Lucifer Calaritanus ad Constantium lib. 2 : *Conspicis, quia si te hæretico Satisagente damnarem innocentem, tecum essem futurus in gehennam.* Chron. Reichersperg. ann. 317 : *Præterea Satisagebat, ut omnes qui ante se fuerant tyrannos crudelitate superaret.*

¶ **SATISDATIO**, Jus quod ex *Satisdationibus* domino competebat. Charta Ademari de Muro-veteri ann. 1191. apud Acher. tom. 8. Spicil. pag. 205 : *Trado tibi Guillelmo... castrum de Omelacio cum omni dominio ejus et dominatione et districtione et hominiis et Satisdationibus et firmantiis,... et cum omnibus aliis quæcumque ad dictum castrum de Omelacio pertinent.*

¶ SATISDATIONIS RELIGIO, in Charta ann. 1165. ex Tabular. Massiliensi : *Facta ab utraque parte Satisdationis religione.*

SATISFACERE, Excusare : *Satisfactio*, Excusatio. Gloss. Gr. Lat. : Ἀπολογία, *Excusatio, purgatio, satisfactio.* S. Ambrosius serm. 46 : *Ergo Petrus prorumpit ad lacrymas, nihil voce precatus; Invenio quod fleverit, non invenio quod dixerit. Lacrymas ejus lego, Satisfactionem non lego. Recte* *sunt Petrus flevit et tacuit, quia quod defleri solet, non solet excusari, et quod defendi non potest, ablui potest.* Histor. Miscella in Mauricio ann. 14 : *Itaque Romani hoc audito, ad tyrannidem vertebantur. Prætor vero timens Satisfaciebat militibus, hoc verum non esse, etc.* Ubi Theophanes habet ἀπελογεῖτο.

¶ SATISFACERE AD EVANGELIA, Tactis, vel coram Evangeliis jurare. Leg. Liutprandi [** 43.(5, 14.)] apud Murator. tom. 1. part. 2. pag. 60 : *Et si de colludio pulsatus fuerit, Satisfaciat ad Evangelia, quod nullum colludium cum alio homine de ea re factum habeat.*

SATISFACTIO, Compensatio. Concilium Wormatiense cap. 60 : *Si servus absente vel nesciente domino suo, Episcopo autem sciente quod servus sit, Diaconus, aut Presbyter fuerit ordinatus, ipse in Clericatus officio permaneat : Episcopus tamen cum Domino duplici Satisfactione persolvat.* Infra : *Simili recompensatione teneantur obnoxii.*

SATISFACERE, Satisdare. Hincmarus Remensis apud Flodoard. lib. 3. cap. 26 : *Illi Ecclesiam dabo, et tunc illum ordinabo, si mihi talis Clericus Satisfactionem fecerit, quod nullum pretium inde donaverit.*

¶ SATISFACTIONE DESERVIRE, Cum plausu rem gerere. Charta Alani Ducis Britan. apud Lobinell. tom. 2. Hist. Britan. col. 79 : *Tradidit de sua propria hæreditate S. Guengualoeo ejusque abbati Johanni, quia vocavit illum infra mare atque invitavit,... et iste Johannes Satisfactione deservivit inter barbaros plurimaque inter genera Saxonum atque Normannorum, et necessariam multis vicibus assiduis pacem trans mare atque infra mare ad gaudium nostrum nunciavit.*

* Nostris alias *Satiffier*, pro *Satisfaire*, Solvere. Lit. ann. 1376. tom. 6. Ordinat. reg. Franc. pag. 198 : *Et ne les auroient de quoy Satisfier.* Ita et *Sateffié*, pro *Satisfait*, contentus, in Charta ann. 1369. ex Chartul. 21. Corb. fol. 108 : *Nous fussiemes Sateffié de autel pourfit, que ès dites terres nous deussiemes avoir eu.*

¶ **SATISFACTORIA**, Satisfactio, excusatio, purgatio. Chron. Episc. Claromont. ad ann. 1405. apud Stephanot. tom. 4. Fragm. Hist. MSS. pag. 399 : *Johannes Dux Burgundiæ, Antonius de Burgundia Dux de Lemburgo... dederunt Satisfactorias et responsivas super arrestatione et detentione domini Ducis Aquitaniæ, etc.*

¶ **SATIUS**, Satur, Italis *Sazio*. Acta S. Franciscæ Rom. tom. 2. Mart. pag. 194 * : *Unde unum ex illis stillicidiis ad ipsum venit, ex qua ita Satia et consolata remansit, ut difficile esset ad credendum.*

SATNICUS. Vide infra *Setnicus.*

SATRAPA. Chartam Æthelredi Regis Angl. post Duces subscribunt aliquot viri nobiles, cum hoc titulo, *Satrapa Regis.* Quæ appellatio eadem est forte quæ *Ministri.* Vide in hac voce. [** Iidem qui *Ealdormanni.* Vide Phillips. Hist. Jdr. Angl. tom. 2. pag. 9. et Lappenberg. Hist. Angl. tom. 1. pag. 567.] [S. Bernardus de Considerat. lib. 4 : *Quid illud sit dicam, et non proderit. Cur? quia non placebit Satrapis, plus majestati quam veritati faventibus.* Hinc]

¶ SATRAPA, pro quovis Ministro seu Satellite. Lambertus Ardensis apud Ludewig. tom. 8. Reliq. MSS. pag. 420 : *Factum est autem ut liber quidam veteranus sive vavassorius nomine Willelmus de Bochordis vavassorissam quandam de Fielnis similiter liberam nomine Havidem duceret uxorem. Quæ maritalis lecti spondas apud Bechordas vix attigit, cum venientes Hamensium Satrapæ ab ea colvelrerliam exegerunt. Illa vero pro timore et pudore aliquantisper colore mutato facta rubicunda, quid sit colvelrerlia penitus ignorare, se autem omnino liberam et a liberis se protestatur ortam natalibus; inducias autem suæ liberationis per quindecim dies vix a Satellitibus impetrans, demum ad diem sibi præfixum cum cognatis et amicis suis apud Hammas Hamensibus dominis se præsentavit.*

* Glossæ Bibl. MSS. anonymi ex Bibl. reg. : *Satrapæ, sapientes judices, vel reges, vel duces et præfecti provinciarum.* Charta Hugonis reg. Franc. ann. 991. inter Instr. tom. 12. Gall. Christ. col. 13 : *Accersitis, qui tunc forte aderant, episcopis Satrapisque quamplurimis, auctoritate regia, cum consultu eorum nostrorumque fidelium, ratum fore censuimus quod petierat.*

¶ **SATRAPIA**, Præfectura. Charta ann. 1405. tom. 3. Hist. Harcur. pag. 1089 : *Assignavimus Satrapiam atque arcem Bornensem, ut iis earumque redditibus ad vitam utatur.*

¶ **SATRAPIZARE**, Divinare, augurari. Vita S. Bedæ tom. 1. April. pag. 868 : *Quod quotiescumque Rex contra inimicos Christiani nominis ad bella procedere disponebat, quem exitum esset habiturus in bello fide certissima Satrapizarent et per astrorum scientiam nuntiarent.*

¶ **SATRINUM**, Pistrinum, Gall. *Boulangerie*, interprete D. *Brussel* de Usu feud. tom. 1. pag. 564. ex Charta Alberti Abbat. Latiniac. ann. 1223. in Chartul. Campaniæ in Biblioth. reg. fol. 280.

* **SATRIX**, f. Monialis rei cibariæ vel frumentariæ aut pistrino præfecta. Mirac. S. Patriciæ tom. 5. Aug. pag. 221. col. 1 : *Nutu divino tactus* (puer) *quasi futuræ suæ medicatricis præsagus, quæ hæc esset,... cœpit a Satrice monasterii indagare.* Vide *Satrinum.*

¶ **SATTA**, Ponderis vel mensuræ species. Statuta Cadubrii lib. 1. cap. 16 : *Quod quilibet homo et persona, qui vendunt aliquas res ad pondus vel ad mensuram debeant infra tertiam diem a die proclamationis portare sive portari facere ad domos ipsorum juratorum calveas, concios, libras, medias, quartarolos, Sattas, mezetinos a sale, et alias mensuras quas exercent, et ipsas mensuras adjustare ad mensuram ipsius jurati.* Vide *Satum* et *Scatto.*

* F. Sexta pars libræ.

¶ **SATTALES**, pro *Satelles*, in Litteris Henrici VI. Reg. Angl. ann. 1446. apud Rymerum tom. 11. pag. 128.

¶ **SATTINUS.** Vide supra *Satinus.*

¶ **SATTORNARE**, pro *Attornare*, Procuratorem constituere. Vide *Atturnatus.* Charta ann. 1098. apud Menag. in Hist. Sabol. pag. 359 : *Ita quod ego, et heredes mei... prædictos homines tenemur compellere ad molendum in dictis molendinis, et prædictum biannium et corveiam Sattornare eisdem fratribus servientem quicumque fuerit ibi ex parte mea, vel heredum meorum, ad citandum vel compellandum prædictos homines, etc.* Hæc subobscura sunt.

¶ **SATULARES**, pro *Sotulares*, Calcei, in Charta ann. 855. Append. Marcæ Hispan. col. 788 : *Satulares parilia* XV. Occurrit præterea in Statutis Eccles. Aquensis ann. 1259. Vide *Subtalares.*

SATUM, *Genus mensuræ juxta morem provinciæ Palæstinæ, unum dimidium modium capiens : cujus nomen ex Hebræo sermone tractum est. Satum vero apud eos nominatur sumptio vel elevatio : eo quod qui metitur eandem mensuram, sumat, vel levet. Et est aliud Satum mensuræ sextariorum 22. capax quasi modius. In 17. Gen. dicitur, Accelera, tria sata farinæ similæ commisce, et fac subcineritios panes.* Johan. de Janua; [unde Gloss. Lat. Gall. Sangerm. : *Satum, une maniere de mesure, muy et demi secundum Palestinos, ou de* XXII. *settiers.*] Vide Numer. 5. 15. 1. Reg. 25. 18. 2. Paralip. 2. 10. Matth. 13. 33. Luc. 13. 21. Gloss. Gr. MS. Reg. cod. 1673 : Σάτα, κούμουλα, τὰ μόδια. Aliud cod. 2062 : Σάτον, μόδιος, κούμουλος.

¶ **SATURA**, Νόμος πολλὰ περιέχων, κόρος, in Gloss. Lat. Gr. Festus : *Satura, et cibi genus ex variis rebus conditum est, et lex multis aliis legibus conferta.*

SATURATIM, *Adfatim*, κατακόρως, in Gl. Gr. Lat.

¶ SATURANTER, Eadem notione. *Saturantius* dixit Fulgent. lib. 3. Mytholog. : *Hæc Saturantius Apuleius enarravit.*

* **SATURIES**, Saturitas. Vita S. Abund. tom. 1. Apr. pag. 92. col. 2 : *Istius* (Abundii) *esuries est satura, illius* (Neronis) *Saturies est famelica.*

¶ **SATURITAS** DOMINICA, de Communione Corporis et Sanguinis Domini dicitur, in Epist. Synodica Eccl. Africanæ ad Cornelium PP : *Quos tutos esse contra adversarium volumus, munimento Dominicæ Saturitatis armemus.*

¶ **SATURNIANI**, SATURNILIANI, et SATURNINIANI, Gnosticorum sectarii, qui a Saturnio, vel Saturnilo et Saturnino sic appellati sunt. Multa cum Simone Mago et Menandro communia habuere dogmata, de quibus videsis S. August. de Hær. cap. 3. Philast. Hær. 31. S. Epiph. Hær. 23. Stockmanni Lexic. Hæres. etc.

¶ **SATURNUM.** Comput. ann. 1336. tom. 2. Hist. Dalph. pag. 325. col. 2 : *In dicto ædificio sunt ædificata unum palatium bene coopertum et muratum, in quo sunt unum stabulum et unum Saturnum.* Ubi Cl. Editor legendum censet *Suturnum*, et hypogeum, Gall. *Souterrain*, interpretatur.

SATYRICI. Eckeardus Jun. de Casib. S. Gallic cap. 1 : *Saltant Satyrici, psallunt symphoniaci.* Ubi *Satyrici* dicuntur Ludiones, histriones, et mimi : *Sunt enim Satyri leves, ludificantes, derisores, saltores,* Balbo in Catholico. Gloss. Gr. Lat. : Σατυριστής, ὁ σκηνικός, *Ludio.* Gloss. Gr. MS. Reg. Cod. 1673 : Σάτυρος, χορευτής. Papias : *Setiger, jocularius.* Adhibitos Satyros in Latinis fabulis testatur hic versus apud Marium Victorinum :

Agite, fugite, quatite Satyri.

Præterea in pompa triumphi Satyros, seu Σατυριςὰς jocularia dicta effudisse auctor est Dion. Halicarn. lib. 7. Hinc διασατυρίζειν, pro παίζειν, apud Lacones, ut est apud Hesychium.

¶ **SATYRUS.** Vide *Satirus.*

SAVANA, Savanum. Idem quod *Sabanum*, apud Apicium lib. 5. cap. 1. 5. 6. 7. c. 6. [Testament. Guislæ Comit. Ceritan. ann. 1020. in Append. ad Marcam Hispan. col. 1020 : *Illic relinquo.... meas ambas Savanas quas habeo meliores.*]

SAVARDA, [Terræ incultæ, ni fallor, vulgo *Savarts. Heritage en Savart, friche ou ruine*, in Consuetud. Remensi art. 264. *En friez et Savart*, in Claromont. art. 120.] Charta Nevelonis Episc. Suessionensis ann. 1180 : *Compositum est in hunc modum; quod præfatus Albericus universa Savarda, etc..... parata, et brochas, quæ sunt apud Chacristam, libera et quieta, et absque ulla contradictione a prædicta Ecclesia debere perpetuo possideri recognovit, laudavit, et concessit : hoc unico retento, quod non nisi ad proprios usus Ecclesiæ præfatæ sive hominum apud Chacristam manentium excolenda dabuntur.* Ex adversariis Andr. Duchesnii.

* Charta pro monast. S. Nic. Rem. ann. 1374. in Reg. 105. Chartoph. reg. ch. 358 : *Item unam petiam vineæ et Savardi continentem unum arpentum, situm in territorio de Villaribus ad nodos.*

* **SAVARRETUM**, Gall. *Savarret*, idem forte quod *Salvarium*, Locus, ubi pisces servantur. Charta ann. 1273. inter Probat. tom. 4. Hist. Occit. col. 59 : *Tenetis pro ipsa vicaria usaticum anguillarum, videlicet.... xx. anguillas de quolibet bolagio et de quolibet Savarret, duas vices septimana.*

* **SAVARTESIUM**, Savarduni vel Saverduni pagus, Gall. *Saverdun*, in Occitania. Acta Inquisit. Carcass. MSS. ann. 1308. fol. 30. r° : *Quædam mulier de Constanciano,.... quæ dimiserat maritum suum et fugerat ad partes Savartesii, etc.* Rursus fol. 60. r° : *Garsendis de Ax in Savartesio, etc.*

¶ **SAVATERIUS**, a Gall. *Savetier*, veterum calceorum Sutor, in Charta ann. 1353. ex Regest. 80. Chartophylacii reg. n. 688. Vide *Savetarius.*

* *Savetonnier*, in Lib. 2. stat. artif. Paris. ex Cam. Comput. ad ann. 1345. fol. 18. r°.

¶ **SAUBUA**, ut *Sabuta.* Vide in hac voce.

* **SAUCEA**, Saucheia, Salictum, Gall. *Saussaie.* Obituar. MS. Hospit. S. Jac. Meledun. : *iv. Idus Junii. Obiit Guerinus li Aveners, qui dedit duodecim denarios, sitos super Sauceam de Poingnet.* Charta ann. 1258. exChartul. Boni-port. : *Præterea super duos solidos Turon. annui redditus, quos Asselin le Testu reddit mihi et hæredibus meis pro quadam Saucheia de insula de Gloriete, quam tenet de me. Sauchoie*, ibid. in Ch. ann. 1340.

¶ **SAUCER**, Sauceria, Vasculum, disculus in quo *salciæ* seu condimenta mensæ apponuntur, Gall. *Sauciere.* Testam. Joh. *de Nevill* ann. 1386. apud *Madox* Formul. Anglic. pag. 427 : *Item* (lego) *Thomæ filio meo* xxiiii. *discos argenteos*, xii. *Saucers*, ii. *bacynos, etc.* Litteræ Richardi II. Reg. Angl. ann. 1382. apud Rymer. tom. 7. pag. 357 : *Viginti et quatuor parapsides, viginti et quatuor discos, viginti et quatuor Saucerias de magna forma, etc. Saucier*, in Invent. ann. 1306. apud Lobinell. tom. 2. Hist. Britan. col. 453 : vi. *grans escuelles*, xii. *Sauciers, etc.* Vide *Salsaria* 2. et *Sausa.*

* **SAUCETUM**, Eadem notione, nostris *Sauchois.* Charta ann. 1196. ex Tabul. S. Joan. Laudun. : *Duo etiam vivaria nostra,... cum sclusis eorum et omnibus aisiamentis et cum Saucetis molendinorum, nostra sunt propria.* Pact. ann. 1344. in vol. 2. arest. parlam. Paris. : *La moitié de tous les aunois, Sauchois, halos, prez et rentes, etc. Saucier* et *Sauçour*, eodem sensu. Charta ann. 1276. in Chartul. ecc. Lingon. ex Cod. reg. 5188. fol. 255. r° : *Salva domo, virgulto, le Sauçour, etc.* Ita quoque legendum videtur in Ch. ann. 1278. ibid. fol. 224. r° : *Curatus de dicto Gurgeyo pro son Sauour et prato juxta, etc.* Lit. remiss. ann. 1386. in Reg. 128. Chartoph. reg. ch. 271 : *L'exposant venu en un Saucier, qui va au travers des champs, etc.* Nisi fortean legendum sit *entier.* Vide mox

¶ **SAUCIA**, Salicetum, Gall. *Saussaie.* Charta Lotharii et Ludovici Reg. ann. circ. 980. apud Lobinell. tom. 3. Hist. Paris. pag. 40 : *Clausus etiam vineæ juxta Saucias situs, quem dedit bonæ memoriæ Hugo filius Roberti Regis.* Nomen loci prope Parisios, a salicibus sic appellatum.

* *Sauciz*, in Charta Joan. *de Chalon* comit. Autiss. ann. 1317. ex Chartul. Pontiniac. pag. 187 : *Une piece de terre à Saucy, contenant environ demi arpent de terre, tenant.... et d'autre part au Sauciz, qui fu Martin Vincent. Laquelle terre à Sauciz, etc.* Vide infra *Saulcia* et *Sauzaium.*

SAUCIOLUS, [*Atrium Sauciolum*, forum judiciale, in quo rei capite damnantur.] Vide *Atrium* 1.

¶ **SAUCIONARE**, Servare, custodire, ut videtur. Chron. Estense ad ann. 1351. apud Murator. tom. 15. col. 465 : *Postquam præfati domini relegati erant, quod ipsi, et quilibet eorum tamquam fratres, et intimi amici in prælibatam Cassam deberent Saucionari, tandem Veneti tamquam viriles domini cum domino Cane Grande concordiam tractaverunt, et in terris suis Saucionari cœperunt.*

SAUCUNCULUS. Fragmentum Petronii pag. 55 : *Habuimus tamen in primo porcum, poculo coronatum, et circa, Saucunculum, et gizeria optime farta, etc.*

¶ **SAUDADERI**, Milites, qui stipendio merent, *Soldats.* Charta ann. 1442. ex Tabul. S. Victoris Massil. : *Eo casu quo Saudaderi seu armigeri ponantur in monasterio, etc.*

* **SAVEDUNENSES.** Serm. Gabr. Barel. in festo S. Domin. : *Tertia* (regula) *est Benedicti, sub qua militant...... Savedunenses instituti per B. Romaldum* (sic) *ordinis Vallis umbrosæ.*

¶ **SAVELLARIUS**, f. pro *Sacellarius*, Fisci custos. Vide *Saccus* 4. Anonymus de Mirabilibus Romæ in Diario Ital. D. *de Montfaucon* pag. 290 : *Savellarius debet habere curam monasteriorum et ancillarum Dei, et in festivitatibus debet introducere honores ad Imperatorem.*

¶ **SAVENA**, ut *Savana.* Vide *Sabanum.* Tabular. S. Victoris Massil. : *Septem Savenas altaris, et tres toualos de seda, etc.*

* Inventar. reliq. prior. B. M. de Amil. ex Tabul. S. Vict. Massil. : *Velum Beatæ Mariæ, quod dicitur sancta Savena.* Leudæ minor. Carcass. MSS. : *Item pro duodena Savenarum, j. den. Savene*, in versione Gallica ann. 1544. Vide infra *Scoguelinum.*

* **SAVEREMUM**, *Basilicon, apud Aliabatem in Practica cap. de Ethica.* Glossar. medic. MS. Sim. Januens. ex Cod. reg. 6959.

¶ **SAVETARIUS**, a Gall. *Savetier*, in Cod. censuali Episc. Autissiod. ann circ. 1290. Vide supra *Savaterius.*

¶ **SAUGINARIUS**, pro *Saugmarius.* Vide *Sagma.* Charta Caroli C. ann. 911. apud Doublet. pag. 778. : *Nec non de omnibus carris, vel Sauginariis, qui pro eorum utilitate ad Massiliam... advenissent.*

* **SAUGUINARIUS**, pro *Saugmarius*, Jumentum vel quodvis animal sarcinis aptum. Vide *Sauginarius.* Mirac. S. Audoeni tom. 4. Aug. pag. 827. col. 1 : *Sauguinarium stabulo inductum nihilominus fœno refecit.* Paulo ante *Asellus* appellatur. Vide infra *Sauma.*

* *Saugiée* appellari videtur, Certa pisciculorum quantitas, in Lit. remiss. ann. 1403. ex Reg. 157. Chartoph. reg. ch. 374 : *Le suppliant print au moulin de la vielz fontaine environ cinq douzaines de pipernaux et quarente pieces de menuz fillardeaux, diz Saugiée.*

* **SAVIATOR**, *Osculator*, in vet. Glossar. ex Cod. reg. 7641. Vide *Savium.*

SAVILUBRIS. Glossæ Pithœanæ : *Savilubris, artibus. Savilubre, artificio.* [*Samelubro, artificio*, in Gloss. Isid. Utrobique nihil sani.]

1\. **SAVINA.** Charta Ricardi Regis Angl. apud Sammarth. in Archiep. Turonens. : *Et foagium de Maumine et unam Savinam mellis, cum vasis quæ dicuntur Costarez.* F. *Saumam.* Vide in *Sagma.*

☞ Occurrit rursum apud Cencium in Cæremoniali MS. unde colligitur genus esse mensuræ simul et ponderis, proinde nihil esse mutandum : *Senatores quando comedunt, debent habere Savinæ mediam vini, et mediam claretti.* Idem ubi de censibus : *Ecclesia S. Basilii duas Savinas piscium.*

* Lib. cens. eccl. Rom. : *In archiepiscopatu Viennensi, ecclesia Romanensis... debet annuatim pro censu unum sextarium migdolarum, quod geminatum facit mediocrem Savinam*

* 2\. **SAVINA**, Pilos significat, quibus aspersorium instruitur. Ordinar. MS. eccl. Camerac. fol. 39. v° : *Feria v. in Cœna Domini. Episcopus sollempnibus indumentis depositis, præcinctus linteo, vel alius si celebraverit, deposita casula, abluit aspersoris Savina et ysopo majus altare cum aqua et vino.*

¶ **SAVINERIUS.** Barthol. Scribæ Annal. Genuens. ad ann. 1225. apud Murator. tom. 6. col. 439 : *Ex decreto consilii milites* ccc. *optime armatos quemlibet cum Savinerio et duobus scutiferis, item balistarios* xx. *equitantes, et alios.* c *pedites cum ba-*

listis tamen de cornu, in servitium Astensium et inimicorum offensionem transmisit.

* Legendum haud dubie *Saumerius*, jumentum videlicet ad sarcinas destinatum. Vide in *Sagma* et mox *Sauma*.

SAVIRUM, Scientia, Gallis *Savoir*, ex *sapere*. [*Scavance*, in Consociat. Nobilium ann. 1379. apud Lobinell. tom. 2. Hist. Britan. col. 596 : *Et ne pourront nuls des Compagnons de cette alliance... quel qui soit, entrer en la dite ville de Rennes à leur Scavance et connoissance, qu'il ne face le serment de vouloir le bien et honneur de la dite ville.* Adde Chartam ann. 1448. ibid. col. 1098.] Sacramentum fidelitatis in Capitul. Caroli C. tit. 15 : *Ego ill. Karolo Hludouvici et Judithæ filio ab ista die inante fidelis ero secundum meum Savirum, sicut francus homo per rectum esse debet suo Regi.* Sacramentum lingua Romana Ludovici II. apud Nithardum lib. 3. ann. 842 : *In quant Deus Savir et podir me dunat;* id est, *quantum mihi Deus scire et posse donaverit*, ut est in Annalib. Francor. Fuldensib. ann. 860. seu in Pacto Caroli et Henrici Regum ann. 921 : *Secundum meum scire ac posse.* Vide *Sapere*.

¶ 1. **SAVIUM**, *Osculum uxoriosum*. Gloss. Isid. Occurrit non semel apud Apuleium, ut et diminut. *Saviolum*. Gloss. Lat. Gr. : *Savium*, φίλημα ἑταιρικόν.

* 2. **SAVIUM**, Appellatio blanda et amatoria. Comœd. sine nomine act. 1. sc. 2. ex Cod. reg. 8163 : *Savium quid agit regina meum? potuit an nocte quiescere intempesta? ego vero minime.*

* **SAULEIA**, Salictum, nostris *Saussaie*, alias *Saulaie*. Charta ann. 1350. in Reg. 103. Chartoph. reg. ch. 316 : *Et nichilominus prata, terras, pasturagium et Sauleias.... donamus et concedimus.* Alia ann. 1406. in Reg. feudor. comit. Pictav. ex Cam. Comput. Paris. fol. 24. v° : *Je Fouquet de la Rochefoucault escuier.... tiens.... une Saulaie,...... laquelle Saulaie dure dès le moulin du pré jusques à l'archiere du petit pont de Meigne.* Vide supra *Saucia*.

* **SAULIA**, Eodem significatu, in Terrear. Apchonii; ubi et Gallicum *Saulie* non semel legitur.

* **SAULO**, Salix, Gall. *Saule*, unde circuli religantur. Comput. ann. 1402. ex Tabul. S. Petri Insul. : *Item Petro as Truyes pro Saulone et resclanagio petiarum cellarii, viij. sol.* Vide supra *Resclanagium*.

SAULSCOT, Saxonice savlscat, i. animæ symbolum, et ita dicebatur, quoniam sepultura pendebatur. Pecunia sepulcralis, nummus scilicet, effosso tumulo, in subsidium animæ Sacerdoti pendendus, al. *Soulscot*. Vide Leges Canuti part. 1. cap. 13. et Concilium Ænhamense.

SAUMA, **Saumariata**, **Saumarius**, etc. Vide *Sagma*.

* **SAUMA**, Animal quodvis sarcinis destinatum, ut dictum est in *Sagma;* Provincialibus vero et Occitanis asinam potissime designat hæc vox, ut *Somaro*, Mutinensibus, asellum, uti docet Muratorius tom. 2. Antiq. Ital. med. ævi col. 486. Glossar. Provinc. Lat. ex Cod. reg. 7657 : *Sauma, Prov. asina, asella.* Inquisit. ann. 1268. ex sched. Pr. *de Mazaugues : Vidit adduci quamdam Saumam, etc.* Leudæ minor. Carcass. MSS : *Item de corio bovis et cervi, vaccæ, asini et Saumæ, et equi et equæ apparati in rodorio, ij. den.*

* **SAUMADALIS**. Vide supra in *Sagma*.

* **SAUMANCH**, vox vulgaris, qua Retis venatorii genus significatur. Libert. castri de Crudio ann. 1325. in Reg. 62. Chartoph. reg. ch. 467 : *Cujuscumque conditionis seu generis censeretur* (venatio) *excepto cum filatis seu rete et alia tesura, vocata Saumanch.*

* **SAUMANUS**, perperam pro *Saumarius*, Jumentum sarcinale. Vide in *Sagma*. Charta Bern. episc. Biter. ann. circ. 1170. inter Probat. tom. 3. Hist. Occit. col. 118 : *Omnes Saumani cujuscumque sint, et ea quæ portaverint, etc.* Glossar. Provinc. Lat. ex Cod. reg. 7657 : *Saumada, Prov. sagma, sarcina. Saumadiar, Prov. sagmarius.*

* **SAUMARIA**, Rursum male pro *Saunaria*, Tributum ex sale. Vide in *Salinaria*. Charta Frider. II. imper. ann. 1234. ibid. col. 369 : *Cum omnibus feudis et solitis pedagiis, usaticis et Saumariis in idiomate ipso, quæ Latine salinæ dicuntur.*

SAUMATINUS. Vide *Submanicatus*.

* **SAUMATIZARE**, Onerare, sensu metaphorico. Mirac. S. Emmer. tom. 6. Sept. pag. 503. col. 1 : *Cujus talione Saumatizatus ex patre avus meus Arnoldus, eodem momento dextro debilitatus brachio, post paucos annos in flumine Naba solus, comitatu salvo, subita morte vitam finivit.*

¶ **SAUMERIUS**. Vide in *Sagma* et *Savinerius*.

* **SAUMO**, Salmo, Gall. *Saumon*. Bulla Urb. PP. III. ann. 1186. inter Instr. tom. 11. Gall. Christ. col. 246 : *Saumones, qui ibi capiuntur in noctibus Sabbatorum totius anni.*

* **SAUMONTANEUS**. Capsia Saumontanea, f. Capsa, quæ in itinere *Saumario* defertur. Inventar. ann. 1449. ex Tabul. D. Venciæ : *Item quædam capsia Saumontanea, in qua dictus dominus præceptor tenet suas scripturas.*

SAUNADERIUS. Vide *Sagna*, 2.

SAUNARIA, Saunarium, etc. Vide *Salinaria*.

* **SAUNERIA**, Domus, ubi sal servatur. Obituar. Autiss. MS. xiij. sæc : *Sauneria quatuor horrea cum solario Philippi.* Vide in *Salinaria*.

* **SAUNERIUS**, f. pro *Saumerius*, qui *saumarios* curat et ducit; an vero, voce intacta, qui *sauneriæ* præfectus est? Charta Porteclie dom. Mauseaci ann. 1218 : *Nec dictos religiosos, nec ipsorum borderios, Saunerios, bubulcos, pastores, vacherios, porcherios, messerios, nec ipsorum familiares cogere, etc.*

¶ **SAVO**, f. Linteum quo lecti sterni solent, Hispanis vulgo *Savana*. Vide *Sabanum*. Acta S. Petri Confess. tom. 4. Julii pag. 667 : *Illo autem parvo tempore quo quiescebat non super pannos laneos aut lineos, sive super culcitras aut Savones, sed super durissimos lapides in campanili majoris ecclesiæ.* Alia notione vide in *Sapo*.

¶ **SAVONUM**, Sapo, Gall. *Savon*. Statuta Astens. ubi de *intratis* portarum : *Savonum durum et mollum ponatur et solvat pro quolibet rubo lib. 11.*

¶ **SAVORNARI**. *Loquitur de carico quod ponitur in fundo navis.* Ita Gloss. Fr. Barber. ad *Docum. d'Amore* edit. Ubaldin pag. 260 :

Falla ben Savornare
E la sentina lassare.

Italis *Savorna* et *Saorna* est Saburra, glarea, vulgo *Saorra* vel *lest*. Vide *Saorra*.

¶ **SAVOTIENSIS**, pro Sabaudiensis, Sabaudus. Vita Margaritæ Burgundæ apud Marten. tom. 6. Ampliss. Collect. col. 1203 : *Porro non post multorum annorum curriculum, dum inter ipsum et Savotiensem Comitem guerra exerceretur asperrima, etc.*

¶ **SAVOYA**, Sabaudia, Gall. *Savoie*. Charta Frederici Imper. ann. 1157. inter Instr. tom. 4. novæ Gall. Christ. col. 17 : *Concedimus quoque et casamenta tam Comitis Savoyæ, quam alia omnia de antiquo et novo jure ad Ecclesiam Lugdunensem pertinentia.*

SAURA. Chronicon Fontanellense pag. 246 : *Ad infirmorum curam mansionilem, qui dicitur Bothmeregus, et quantumcumque decet Sauram, id est, de porcis, mutones, berbices, pullos, ova... concessimus.* Legendum videtur *staurum*. Vide in hac voce.

☞ Haud scio an emendatione locus indigeat, cum hæc vox rursum occurrat in Annalibus Genuens. Ogerii Panis apud Murator. tom. 6. col. 400 : *Marsilienses, audito eo, navem unam magnam quam præparaverant cum duabus galeis in cursum mittere, et quæ jam erat ad Pamagum ad Marsiliam, extra buccam timore nostrarum duxerunt, et ibi cum tota Saura et vianda inter portum Archerium et Turretam naufragium passa fuit.* Ubi eadem notione qua *Staurum* intelligi debere nemo non videt.

SAURARIUM. Charta ann. 1222. in Tabul. S. Dionysii : *De aliis autem ingeniis ad piscandum, scilicet de Saurario ad crocham, de Saurario cum * de retibus ad ableias, de mucetis, et escronellis contra juramentum eorum dicere non audemus.*

* Instrumentum piscatorium, vel retis genus, *Saure, rebours, le marchepié, etc.* in Stat. ann. 1289. inter Consuet. Genovef. MSS. fol. 35. v°.

SAURATUS. Gobelinus Persona in Cosmodromio ætate 6. cap. 77. de Nuceria Italiæ oppido : *Unde locum ipsum, cum in diœcesi Salernitana tunc exstitit, quidam subsannative Miseriam Sauratæ, quod lingua vulgari stultæ, vel tædiosæ sonat, diœcesis appellabant.*

* **SAURETUS**, Fumo exsiccatus, Gall. *Sauré* vel *Soré*. Comput. ann. 1488. inter Probat. tom. 4. Hist. Nem. pag. 48. col. 1 : *Item in viginti quinque allecis Sauretis, emptis pro dicta cæna, vj. sol. iij. den.*

SAURES, *Saurices*. Gloss. Isid. [Papias : *Saurex antiquitus, nunc sorex.* Gloss. Lat. Græc. *Surix*, μῦς, ubi leg. *Saurix.*] Lexicon Græc. MS. cod. 2062 : Ἀσκαλαβώ, τὸ ζοίφιον ἐοικὸς σαύρα, ἐν τοῖς τοίχοις ἀνέρπον, ἢ καὶ ὁ Ποντικὸς καὶ ἡ Νυμφίτζα.

¶ **SAURILUBRO**, *Artificio*, in Gloss. Pithœanis. Vide *Savilubris*.

SAURINUM, Epistola Gogonis 16. inter Epistolas Francicas Freheri et Duchesnii : *Ergo dum scientiam nostram falsis laudibus adornatis, et parentali affectu ostenditis, et magistra institutione inscium castigatis : quatenus illum possitis ad verum provocare* *præconium, qui vestris cupit indiciis parere per meritum. Et quamlibet circa Saurina nemorum succisa purgetis, nostra quoque pectora sermone dialectico aperuistis.* Ita præferre Codd. MSS. monent editores. Vide *Saura.*

1. **SAURUS**, Sorus, Gall. *Sor.* Vox in Falconaria venatione notissima, in qua *falco saurus* dicitur anniculus, et primarum pennarum; quæ coloris sunt, quem *Sor* nostri dicebant. Le Roman *de Vacce* MS :

Chevaus ont gaimgnies blans, bauçens, et Sors.

Le Roman *de Roncevaux* MS :

Les chevax brochent bruns et bauçens, et Sor.

Infra :

Et Laugalie fist sort un cheval Sor.

Le Roman *d'Aubery* MS :

Et tant destrier bai et Sor et bausant.

Fridericus II. Imp. lib. 1. de Arte venandi cap. 54 : *Eadem avis dum habet plumas et pennas Sauras, seu primas, etc.* Cap. ult : *Plumagium autem aurum, seu non mutatum, differt a mutato, in eo quod generaliter plumæ et pennæ post mutam sint meliores et alterius coloris, etc.* Lib. 2. cap. 8 : *Quas pennas primo anno suæ nativitatis, in quo dicuntur Sauræ, semel mutant, etc.* Denique cap. 23 : *Sacri, dum dicuntur Sauri, hoc est, antequam sint mutati, etc.* [Charta ann. 1273. ex Tabul. S. Tiberii : *Et quod pro censu seu servitio et pro recognitione dicti feudi prædictum monasterium* (S. Tiberii) *et abbas memoratus... solvere teneantur dicto dom. Regi... unum Saurum formatum et acceptabilem, vel quinquaginta solidos Turonenses.*] Petrus de Crescentiis lib. 10. de Agricult. cap. 3. de accipitr. : *Secundi meriti est is, qui postquam de nido volavit, captus fuit, raro consuevit antequam pennas in feritate mutaret, qui vocatur Sorus.* Verba quæ mendo non carent, sic reddidit vetus ejus Gallicus interpres : *Et celui qui a volé, et (esté) prins depuis, avant qu'il ait mué ses pennes en cruauté, n'est pas si bon, et est appellé Sor.* Guill. *Tardif* Lector Caroli VIII. Regis Franc. in *Falconaria*, cap. 15 : *Sor est appellé à sa couleur sorette, celui qui a volé et prins devant qu'il ait mué.*

¶ Sorius, Eadem notione, in Computo ann. 1237. ex Bibl. reg. : *Pro uno alio Sorio* xviii. *lib.* Comput. alter ann. 1244. ibid : *De quodam equo Sorio baio,* xl. *lib.* xii. *sol. Pro quodam palefrido Sorio,* xiii. *lib.* iiii. *sol.*

Sorus. Bracton. lib. 5. tract. 1. cap. 2. § 1 : *Per servitium unius asturcii Sori, vel unius esparverii Sori.* Gaufridus in excerptis de Vita S. Bernardi cap. 1 : *Tecolinus quidam cognomento Sorus, quo nomine vulgari lingua subrufos et pene flavos appellare solemus.*

* Glossar. Provinc. Lat. ex Cod. reg. 7657 : *Saur, Prov. Auricomus, flavus.*

* 2. **SAURUS**, Piscis species. Tract. MS. de Pisc. ex Cod. reg. 6838. C : *Saurus, a nostris saural vel sieurel dicitur, ab aliquibus nostrum Gascon, a Santonibus Cicharou, a Gallis Maquereau bastard.*

¶ **SAUSA**, Condimentum, Gallice *Sauce.* Statuta Astens. Collat. 11. cap. 96. fol. 35 : *Ordinatum est quod aliqua persona non utatur ayrazio pro Sausa facienda, vel aliqua alia re, nisi hoc fecerit de suis uvis.* Vide *Salsa* 1. Hinc

¶ Sausaria, Disculus in quo *Sausæ* reponuntur, Gall. *Sauciere.* Charta ann. 1405. apud Rymer. tom. 8. pag. 384 : *Quinque duodenas discorum, tres duodenas et octo Sausarias de peutre.* Vide *Saucer.*

* **SAUVAGERIA**, Ager, ut videtur, incultus, dumetis asper. Charta Margar. comit. *de Fif* ann. 1243. ex Tabul. Cartus. B. M. de parco : *Per magnam viam quadrigarum, quæ ducit inter magnum nemus et parcum a Orques, usque ad Sauvageriam, et per alios terminos qui satis lucide dinoscuntur.* Vide *Sylvaticus.*

SAUVAGINA. Vide in *Sylvaticus.*

¶ **SAUVAMENTUM.** Vide *Salvamentum* 1.

* **SAUVERIUM**, Tignum, Gall. *Solive.* Inquisit. super destructione bastidæ Sabranorum ann. 1363. ex Cod. reg. 5956. A. fol. 82. r° : *Item in solerio gulæ* (leg. aulæ) *prædictæ facto de gippo, fuerunt facta duo magna foramina, et nichilominus trabes seu Sauveria dimiserunt parietes, propter destructionem prædictam.*

¶ **SAUVINIACENSIS** Moneta. Vide in *Moneta Baronum.*

¶ 1. **SAVUS.** Vita Mathildis apud Leibnit. tom. 1. Script. Brunsvic. pag. 693 : *Savos etiam honoravit pontifices, clerumque valde dilexit, et præcipue monachos.* Ubi *Savos* sapientes interpretatur Editor; nisi tamen legendum sit *Sanctos.*

* 2. **SAVUS**. Fallitur Valesius in Notit. Gall. v. *Sabis*, cum *Savum* atque *Sabim* eumdem fluvium esse asserit : *Savus* enim est fluvius, qui hodie *Sele* dicitur, veteribus *Ses*, quique alludit Dulciacum, vulgo *Doucy*, villam inter Cameracum et Valentianas ad stratam publicam, et influit in Scaldim ad Dononium, vulgo *Denain.*

* **SAUZAIUM**, Salicetum, Gall. *Saussaie*, alias *Sausif.* Charta ann. 1377. in Reg. 112. Chartoph. reg. ch. 212 : *Item campum de Sauzaio, continentem circa tresdecim minas terræ. Item quemdam parvum campum adhærentem dicto Sauzaio.* Alia ann. 1336. ex Cod. reg. 8448. 2. 2 fol. 138. v° : *Et est ledit quarrefour entre le Sausif Marote la concierge et la terre Gile Moreau de Sens.* Vide supra *Saucia* et mox *Sauzetum.*

* **SAUZEDA**, Eodem sensu. Vide supra *Salzeda.*

¶ **SAUZETUM**, Salicetum, Gall. *Saussaie.* Charta ann. 1362. apud Baluz. tom. 2. Hist. Arvern. pag. 436 : *Pratis, pascuis, nemoribus, Sauzetis, viveriis, etc.*

SAXA, Cultellus; [Gladiolus.] Gotefridus Viterbiensis part. 15. pag. 363 :

Ipse brevis gladius apud illos Saxa vocatur,
Unde sibi Saxo nomen perperisse notatur.

Eadem fere Engelhusius :

Quippe brevis gladius apud illos Saxa vocatur,
Unde sibi nomen Saxo traxisse putatur.

Saxones longis cultellis pugnasse auctor est etiam Continuator Florentii Wigorniensis ann. 1138. indeque genti datum nomen : *Mutato denique nomine, quæ ad id tempus Turingia, ex longis cultellis, sed victoriosis, postmodum vocata est non Saxonica, sed Anglico elemento Sexonia.* Neque aliter Lambertus Schafnaburgensis ann. 1075 : *Reliquam partem gladiis, qua bellandi arte plurimum excellit Saxonia, peragunt.* Et Fridericus II. Imp. in Epistola ad Saladinum, apud Rogerum Hovedenum pag. 650 : *In gladio ludens Saxonia.* A voce igitur *Saax*, et *Sahs* appellata Saxonia : ita enim Saxonibus dictus cultellus, gladius, de qua voce consulendus in primis Mericus Casaubonus in Tractatu de Lingua Saxonica pag. 395. ubi Saxones inde dictos etiam contendit. Glossarium Lat. Theotiscum : *Semispathium, Sahs.* Witikindus lib. 1. de Gest. Saxon. : *Fuerunt autem et qui hoc facinore nomen illis* (Saxonibus) *inditum tradant: cultelli enim nostra lingua Sahs dicuntur, ideoque Saxones nuncupatos, quia cultellis tantam multitudinem fudissent.* Eadem habet Albertus Stadensis ann. 917. Istius etiam vocis notionem attigit Gobelinus Persona in Cosmodromio ætate 6. cap. 11 : *Apud nos senioribus novacula, qua pili raduntur, dicitur Sass; et habemus inde vulgare verbum Sassen, id est, novacula cæsariem radere.* Præterea Gaufridus Monemuthensis lib. 3. cap. 3 : *Commilitonibus suis præcepit, ut unusquisque longum cultrum intra caligas absconderet, et cum colloquium securius tractarent Britones, ipse eis hoc signum daret, Nimet oure Saxas,* (i. capite vestros cultros,) *unde quisque paratus adstantem Britonem audacter occuparet.*

Aliunde tamen, licet minus vere, Saxoniæ vocis etymon arcessunt alii, a *saxo* videlicet, seu *lapide.* Tidericus Langenius in Saxonia :

Restat laudanda Saxonia magnificanda,
A Saxo dicta, gens Saxoniæ benedicta,
Est fortis, dura, gens bellica, vix ruitura.

Ita Roswitha de Gestis Odon. cap. 1 :

Ad claram gentem Saxonum nomen habentem
A Saxo, per duritiem mentis bene firmam.

Papias ex Isidoro lib. 9. cap. 2 : *Saxones dicti, quod sit dura et validissima gens.* Vide *Scramasaxus*, et Lexicon Runicum Olai Wormii in v. *Sax.*

☞ Reineccius de Orig. Saxon. a *Sach* ob administrationem justitiæ, appellatos Saxones existimat. Vide Schilteri Gloss. Teuton.

SAXAGONUS, pro *Sexagonus*, seu Sexangulus : vox hibrida. Bromptonus : *Ibi quoque gignitur lapis Saxagonus, etc.*

SAXAROLI, Columbarum species, de qua Petrus de Crescentiis lib. 9. de Agricult. cap. 88. ubi veteri Gallico Interpreti *Cendrins*, seu Cinericii coloris dicuntur : Italis *Sassaiuoli.*

SAXELLUS, Pennæ species. Vide *Vani.*

¶ **SAXESCERE**, Lapidescere. Scriban. de Pass. Chr. cap. 9 : *Saxescunt corda humana et sunt duriora chalybe.*

¶ **SAXIMENTUM**, Obsignatio, manucaptio, sequestratio, Gall. *Saisie, dépôt.* Statuta Montis Regal. fol. 112 : *Et si contrafecerit in rumpendo vel restituendo dictum Saximentum penes eum factum, solvat bannum pro qualibet vice solidos sexaginta, et restituat damnum illi qui fecisset fieri dictum Saximentum.* Statuta Castri Redaldi lib. 1. fol. 12. v° : *Statutum et ordinatum est, quod non possit fieri de bonis alicujus districtualis castri Sedaldi ullum Saximentum ex parte alicujus officialis, nisi primo* *liquidatum fuerit debitum, vel alio modo, vel nisi prius juraverit, qui petierit fieri Saximentum illum verum esse debitorem suum, contra quem petit Saximentum fieri, et aliter Saximenta facta non valeant.*

* Res quævis quoquo modo ablata. Pact. inter Mantuan. et Ferrar. ann. 1239. apud Murator. tom. 4. Antiq. Ital. med. ævi col. 443 : *Quod omnes intromissiones et Saximenta factæ et facta per potestatem Mantuæ, vel pro communi Mantuæ, sive sint in communi Mantuæ, sive in singulari persona, vel in aliquo alio, et sive sint datæ in solutum, sive non, si res exstant, restituantur pro communi et a communi Mantuæ.*

¶ Saxire et Saxiri, Obsignare, Sequestrare. Statuta Vercell. lib. 2. f. 32 : *Item si quis ore tenus pro facto suo Saxiverit aliquid quod invenerit penes aliquem ex parte Potestatis seu Rectoris, vel ex parte sua, vel judicum consulum justitie Vercellarum, is apud quem id Saximentum fuerit, tenere debeat illud salvum usque ad quartum diem.* Statuta Astens. Collat. 16. cap. 9. fol. 47 : *Sequestrari vel Saxiri non faciam civi Astensi aliquam rem, nisi illa res perdita vel furtivata fuerit,... Si tamen aliquis venerit coram me et requisierit ut faciam sequestrari, vel Saxiri ac detineri res alicujus sui debitoris, vel fidejussoris qui non sit civis Astensis.... et si exinde non sit instrumentum nec res obligata ipso qui Saximentum fieri postularet, faciam illas res et bona sequestrari et Saxiri ac detineri.* Vide *Saisire.*

¶ Disaxire, Obsignationem solvere, bona obsignata liberare, Gall. *Lever une Saisie.* Statuta Vercell. lib. 2. fol. 32 : *Item quod nullus judex consul justitie possit Disaxire rem saxitam per socium, si fuerit socius in civitate.*

SAXISCUS. Anastasius Bibl. in Gregorio III. PP : *Id est gabathas aureas duas, alias Saxiscas numero quinque.* In Gregorio IV : *Obtulit 3. gabathas Saxiscas.* In Leone III : *Turibulum aureum exauratum unum, dextram Saxiscam unam, coronas, aureas 12. etc.* In Nicolao I : *Gabatham Saxiscam de argento purissimo, etc.* Ubi Bulengerus : *Cur vocet Saxiscas, ignoro, nisi forte quia imitantur conchulas illas et patinas, quæ in rupibus et antris reperiuntur.* Sed potior est conjectura, ita dictas ejusmodi gabatas, quod opere *Saxonico* elaboratæ essent : nam *Saxiscus* dicitur pro *Saxonicus.* Bulla Benedicti VIII. PP. ann. 1023. in Bullario Casinensi tom. 1. pag. 7 : *Nec non et calicem Saxonicum majorem, cum patera sua, quem Theodoricus Saxonum Rex B. Petro olim transtulerat.*

* Aliam rursum hujusce vocis originem proponit Altaserra in notis ad Greg. III. pag. 94. *Saxiscæ* sic dictæ, quasi in Saxonia, vel Romæ in vico Saxonum fieri solitæ. Vide Fontan. in Disco argent. votiv. vett. Christian. pag. 6. edit. ann. 1727.

¶ **SAXIVOMUM**, Machina bellica saxis emittendis apta, Græcis λιθοβόλος, Gallis *Perriere.* Elmham. in Vita Henrici V. Reg. Angl. cap. 4. edit. Hearnii pag. 9 : *Plurima machina belliea, mirandis terrificisque Saxivomis, et aliis quibuscumque opem tanto negoçio præstantibus, præfato castro obsidionem applicuit..... insultu frequenti virorum, horrendis Saxivomorum ictibus.... infinitos terrores incuciens.* Ibid. cap. 14. pag. 28 : *Et Rex interim... guerrarum habilimenta diligenter ordinet, Saxivoma fabricat, lapides ab eisdem evomendos præparat, etc.* Adde cap. 82. pag. 234. Vide *Petraria* 3.

¶ **SAXONARE**, ut supra *Sasonare*, in Statutis Vercell. lib. 3. fol. 72 : *Amittant panem ipso jure, si fuerit minus pensa et si fuerit male coctus et male Saxonatus.* Galli dicerent *mal façonné.*

* **SAXONES**, perperam, ni fallor, pro *Saiones*, Apparitores, regii videlicet ac magistratus ministri, qui ad eorum jussa exequenda semper præsto erant. Vide in hac voce. Charta ann. 1150. ex Cod. reg. 5132. fol. 106. v° : *Saxones eorum* (bajulorum).... *super quatuor Evangelia juraverunt omnia directa comitis* (Barchinonensis) *esse fideliter scripta et testata in hac carta ad suam fidelitatem.*

¶ **SAXONIA** Transmarina, dicitur Anglia, quod a Saxonibus occupata fuerit. Epist. Bonifacii Episc. ad Zachariam PP : *Quia synodus et ecclesia in qua natus et nutritus fui, id est in Transmarina Saxonia, etc.*

* **SAXONIZARE**, Lingua Saxonum uti, vel ipsorum more agere. Mirac. S. Emmer. tom. 6. Sept. pag. 500. col. 1 : *Cum ritu epulantium pene forent confirmati, et vino lætati, imperator ore jucundo Saxonizans die* (dixit) : *siceram cujus quis bibat, hujus et carmen canat.*

SAXORUM Veneratio, Paganis consueta, interdicta in Concilio Agathensi cap. 5. et lib. 7. Capitul. Caroli M. cap. 236. [** 316.] Vide *Petra.*

¶ **SAXUM**, Panni species. Vide *Sagum* 2.

* **SAXUM** Nativum, f. Nomen loci. Pact. inter eccl. Rom. et episc. Tricastr. ex Cod. reg. 5956. A. fol. 74. v° : *Item sibi retinuit* (episcopus) *nativum Saxum, quod communi vocabulo Tutela vocatur, ubi est ecclesia S. Justæ.*

¶ **SAXUS**, Salsus, nisi etiam ita legendum sit. Charta Leduini Abb. S. Vedasti Atrebat. de censu ann. 1036. ex Chartul. V. ejusdem Monast. fol. 243 : *Quinque solidatæ Saxæ carnis, 1. den.*

¶ 1. **SAYA**, f. *Laya*, seu silva, in Actis S. Petri Cælestini PP. tom. 4. Maii pag. 427 : *Hic Regi Carolo multum devotus in quadam Saya suum habuit habitaculum.*

¶ 2. **SAYA**, Panni species. Vide *Sagum*, 2.

¶ **SAYO**. Vide *Sagum.* 2. et *Saiones.*

* **SAYRACIUM**, Serum lactis, in Stat. Ast. ubi de Intratis portarum. Vide *Seracium.*

¶ **SAYRIE**. Catholicon parvum : *Geneceium potest dici Sayrie, ubi manent mulieres de sero nendo.* Ubi indicari videntur serotini conventus in quibus rusticæ puellæ lanificio una vacant, quos Picardi etiamnum *Series* appellant.

¶ **SAYSIMENTUM**, Saysio, Saysyna, Sazina, Sazire, etc. Vide *Saisire.*

* **SAYUS**, Vestis species. Stat. ordin. S. Joan. Hierosol. ann. 1584. tom. 2. Cod. Ital. diplom. col. 1838 : *Nullus fratrum nostrorum audeat.... ferre, more secularium, cappas, vestes,.... et Sayos, quos bendatos et bigarratos appellant, ex variis coloribus inhonestis.* Vide *Sagum* 1.

* Aliud vero sonat vox Gallica *Saye*, clavum nempe seu fibulam, vulgo *Cheville*, in Lit. remiss. ann. 1404. ex Reg. 159. Chartoph. reg. ch. 153 : *Le suppliant osta les Sayes ou chevilles qui tenoient le couvercle d'un coffre ou huche. Soyée* et diminut. *Soyette*, eadem notione. Lit. remiss. ann. 1399. in Reg. 154. ch. 414 : *De laquelle huche il osta les Soyées de derriere et ouvri ladite huche, etc. Soyette*, in aliis ann. 1369. ex Reg. 100. ch. 405. *Sée*, eodem sensu, in Lit. remiss. ann. 1416. ex Reg. 169. ch. 426 : *Lequel coffre le suppliant ouvry par derriere, en ostant les esches ou Sées d'icellui.* Vide supra *Sarreuria.*

¶ **SAZIUM**, Manucaptio, Gall. *Saisie.* Statuta Vercell. lib. 7. fol. 182 : *Sazium panis frumenti et siliginis factum per Bartholomeum Vaetum et fratrem Hypolitum de Bonoromeo ad hoc specialiter constitutos tempore potestarie predicti dom. Roglerii Georgii, etc.* Vide in *Saisire.*

1. **SAZO**, et Sado, Mensura agri apud Aquitanos. Charta ann. 1273. in Regesto Homagiorum Aquitaniæ pag. 9 : *Tenet ab ipso 7. Sazones terræ et vineæ.*

Sado appellatur in Regesto Constabulariæ Burdegal. fol. 111 : *Dedit sibi in dotem 7. Sadones terræ ex una parte, et 9. regas terræ prope estatgium suum in franco allodio.* Occurrit ibi pluries.

* Inquisit. ann. 1268. ex sched. Pr. *de Mazaugues : Dominus Barralus vendidit pasquerium territorii de Moreriis.... per unam Sazonem.*

¶ 2. **SAZO**, Satio, annus : proprie anni tempestas, Gall. *Saison*, qua seritur. Charta ann. 1296. qua incolæ de Rellaneta concedunt Raymundo dicti loci domino *vintenum hinc usque ad quindecim annos seu ad quindecim Sazones continue revolutas.* Galli dicerent *pendant* 15. *recoltes.* Vide *Satio.*

¶ Sazus, Eadem notione, pro quavis anni tempestate. Chartar. Eccl. Auxit. cap. 83 : *Dedit* 11. *solidos ad quatuor Sazos Fid-Sanz-Garsia-Baro.*

* **SAZONATOR**, Coquus, ab Hispanico *Sazonar*, saporem inducere, sapide condire. Lit. remiss. ann. 1460. in Reg. 190. Chartoph. reg. ch. 188 : *Notum facimus..... nos humilem supplicationem Petri Oliverii Sazonatoris villæ Perpiniani recepisse.*

¶ **SBA**, contracte scriptum pro Substantia, in Charta ann. 1336 : *Dabit unum exemplum eodem tenore, facti tamen Sba non non mutata.*

* **SBADAGIARE**, Ori lignum indere, Gall. *Mettre le baillon.* Stat. crimin. Cuman. cap. 39. ex Cod. reg. 4622. fol. 72. v° : *Nulla persona audeat vel præsumat capere aliquam personam,.... nec ligare manus, nec Sbadagiare, nec aliquod tormentum facere,.... et si Sbadagiaverit, vel manus ligaverit, vel aliam angariam personalem ei fecerit, etc.* Italis, *Sbadigliare* est Oscitare, Gall. *Bailler.* [** Vide Murator. Antiq. Italic. tom. 2. col. 1284. voce *Sbadigliare.*]

SBADAGIUM. Vita S. Francæ Abbatissæ n. 42 : *Cumque in os illius de aqua S. Franchæ fuisset injecta, non retinuit eam, sed enormiter projecit, quousque cum uno Sbadagio compulsum fuit os ejus apertum stare.* Tanquam scilicet si oscitaret : est enim *Sbadaglio* Italis Oscitatio. Vide *Sbadagiare.*

¶ **SBANDARE**, Navem harpagone retinere, ut videtur. Chron. Tarvis. apud Murator. tom. 19. col. 861 : *Quæ insuper ganzara altis cum suis battaleis discurrens alteram galeam Venetorum ab una parte Sbandavit, nec se retinere valens, etc.*

¶ **SBANDITUS**, Proscriptus, extorris, ab Italico *Sbandire*, Gall. *Bannir*. Memoriale Potestat. Regiens. ad ann. 1286. apud Murator. tom. 8. col. 1168 : *Bonifacius Bojardus cum quibusdam de illis de Bismantua et aliis Sbanditis de civitate et cum aliis multis de civitate Mutinæ intravit monasterium S. Prosperi, etc.*

* **SBARA**, Faber lignarius, cujus est *sbarras* seu repagula et septa lignea fabricare, interprete Muratorio ad Chartam ann. 1293. tom. 4. Antiq. Ital. med. ævi col. 668. et 669 : *Thomacem Petri Bonaventris, Jacobum de Sancta Maria in Donis, ministrales societatis Sbararum, etc.*

SBARALIUM, Repagulum, seu munimentum ad urbium et castrorum introitus ex palis, et *barris*, quas Itali *Sbarras* vocant : unde *Sbaraglio*, de qua voce Academici Cruscani. Sanutus lib. 3. part. 12. cap. 12 : *Fecit quoque plures mines, seu cuniculos respondentes ad terram novam, factam nuper ante turrem Maledictam, et ad Sbaralium, sive barbecanum Regis Hugonis, ... et postea fecit approximare orificio fossarum boachiers multos... usque ad Sbaralium domini Odoardi.* Infra : *Et 8. die ejusdem mensis destruxerunt Sbaralium Regis Hugonis.* [Vide *Sbarra*.]

¶ **SBARARE** Urbem, Omnes ejus aditus præcludere, eam obsidere, Gall. *Bloquer, investir*. Vita Eugenii IV. PP. apud Baluz. tom. 7. Miscell. pag. 507 : *Ipsi vero non moverunt se, et statim Roma Sbarata fuit.* Haud dubie ab Italico

¶ 1. **SBARRA**, Repagulum, Gallice *Barriere*. Item, Crates seu sepimentum ex ferreis repagulis intertextis. Chron. Estense ad ann. 1305. apud Murator. tom. 15. col. 353 : *Invenit stipendiarios suos clausos Sbarris circa totum plateam.* Chron. Tarvis. apud eumd. tom. 19. col. 790 : *Super ponte S. Martini lapideo se plaustris et Sbarris taliter clauserat, quod illac nullus potuerat pertransire.* Vita Ven. Catharinæ de Palentia tom. 1. April. pag. 653 : *Quod* (corpus) *erat in quodam sepulcro in dicta ecclesia subtus terram, tamen aperto cum Sbarris altis per brachium unum cum dimidio et plus super terram, etc.* Vide *Sbaralium*. [** Murat. Antiq. Ital. tom. 2. col. 1285. voce *Sbaragliare*.]

* 2. **SBARRA**, Fascia, limbus, tænia, Gall. *Bande*. Inventar. MS. thes. Sedis Apost. ann. 1295 : *Item duo alia baccilia de argento,...... cum scutis albis ad Sbarram nigram.*

¶ **SBARRATA**, Italis, Obex, Gallice *Barricade*. Chron. Domin. de Gravina apud Murator. tom. 12. col. 589 : *Tunc videns Regina, quod nullatenus posset castrum convincere, sed potius succumbebat, et gentem in insultibus amittebat, mandavit in loco, quo tempore Regis Roberti Sbarrata erat prope castrum præfatum, fabricari murum fortissimum.*

¶ **SBERNIA**, Vestis species, eadem quæ *Bernia* Hispanis : hanc sic definit Covarruvias in Thes. linguæ Castellanæ : *Es una capa larga a modo de manto, grossera come manta fraçada.* Matthæus de Afflictis decis. 315 : *Maritus mittit uxori suæ, quando est in domo patris, vel fratris, gonellas de serico, Sberniam de serico, etc.* Vide *Berniscrist.*

¶ **SBINDALA**, ab Ital. *Benda*, Gall. *Bende*, Limbus, fascia. Statuta Astens. Collat. 4. cap. 5. fol. 17 : *Teneatur Potestas... dare ... cuilibet nuntiorum... infulam unam panni rubei sive vermilii cum Sbindalis ejusdem panni, et quilibet ipsorum nuntiorum juramento teneatur in die dum in civitate Astensi et posse fuerit eundo et redeundo infulam illam rubeam cum Sbindalis portare et habere in capite, vel si propter calorem non posset infulam illam portare ad collum, tunc eam pendentem super humeros cum Sbindalis semper habere et portare teneatur.* Vide *Bindæ*.

* **SBOCLARE**, Obstruere, occludere, Gall. *Boucher*. Stat. Vallis-Ser. cap. 96. ex Cod. reg. 4619. fol. 125 : *Non sit aliqua persona,.... quæ audeat.... Sboclare nec aperire, nec Sboclari nec aperiri facere puteu.*

¶ **SBRONDATUS**, Foliis nudatus, ab Ital. *Sfrondare*, Gall. *Effeuiller*. Statuta Montis Regal. fol. 241 : *Item statutum est quod camparii tercerii vici teneantur emendare omnes arbores incisas, vel schalvatas, scoarsatas et Sbrondatas, causa allevandi in finibus et posse civitatis Montis Regalis.*

* In Dombensi pago *Bronde*, arboris ramum sonat.

¶ **SBURLARE**, Irridendo aliquem leviter percutere, ab Ital. *Burlare*, Gall. *Se moquer, se joüer*. *Sburlatio*, ipsa levis percussio. Statuta Castri Redaldi lib. 2. fol. 37 : *Si qua persona injuriose Sburlaverit, vel spinxerit, vel in terram projecerit aliquem, et sanguis exiverit ex tali Sburlatione, vel spinctura, condemnetur in libris tribus monetæ currentis pro quolibet et qualibet vice.* Occurrit etiam in Statutis Riperiæ cap. 86. fol. 16. v°. Vide *Burlare*.

* **SCAANTIA**, Emolumentum quodvis, quod casu obvenit. Charta Godefr. Camerac. episc. ann. 1232. ex Tabul. S. Gauger. : *Nos advocatias in quinque villis,... cum redditibus et Scaantiis et aliis appenditiis ipsis advocatiis annexis,... concessimus ecclesiæ beati Gaugerici.... habendas in integritate reddituum et Scaantiarum, prout jam dictum.* Vide *Escaeta*.

SCABA, Scava, Fossa. Tabularium Abbatiæ Conchensis in Ruthenis Ch. 59 : *Et dono similiter ut in Dordonia inter me et Monachos sanctæ Fidis factumus Scabam ; et si ego non dedero medietatem operis Scavæ sanctæ Fidis Monachis, si eam sine me fecerint, sit Monachis in dominio.* [Charta ann. circ. 490. apud Baluz. Hist. Tutel. col. 329 : *Et in ipsa vicaria villam nostram Floriaco,.... excepto cologas cum locu, cum tracte ad Scavas, cum bosco, etc.*]

¶ **SCABARE**, pro *Cavare*, Fodere, non semel in Vita S. Eligii. Vide *Cabare*.

SCABEA, pro *Scabies*. Paulus Warnefridus lib. 4. cap. 47 : *Post hæc fuit clades Scabearum, ita ut nullus potuisset mortuum suum agnoscere propter nimium inflationis tumorem.* [Vide *Scabredo*.]

SCABELLARE, *Decidere*. Ita Papias edit. at MS. habet *deridere*, quomodo forte *se gaber* dicimus. Sed potior editi lectio : idem enim quod *Capellare*. Vide supra in *Capulare*.

¶ **SCABELLIZARE**, Sustinere instar scabelli. Galfridus in Vita S. Godrici tom. 5. Maii pag. 77 : *Et mirabiliter pedes meos ita Scabellizat, quod illis terram tangere, etiam si velim, non liceat.* Vide infra *Scamellum*.

¶ 1. **SCABELLUM**, Modus agri, quantum uno die excoli potest. Charta ann. 1147. apud Calmet. inter Probat. tom. 2. Hist. Lothar. col. 330 : *Dedit præterea idem Haimo pro anima fratris sui Rodulfi, Scabellum vineæ apud Domnam-basulam, et Cono tria Scabella et tria capitella.* Vide Histor. Tullensem R. P. *Benoist* pag. 199. et infra *Scamellus*.

2. **SCABELLUM**, Alia notione. Vide *Scamellum*.

** **SCABIA**, pro *Scabies*. Galen. comp. lat. MS. cap. 105. apud Maium in Glossario novo : *Scabias in vessica cum quis habuerit.*

¶ **SCABIDUS**, Qui scabie laborat. Charta Emehardi Episc. Herbipol. ann. 1097. apud Schannat. Vindem. Litter. pag. 178 : *Agiliter exeat, pauperes quosque et debiles Scabidos, et famidos, turgidos et thabidos quærat et colligat. Scabidæ palpebræ*, apud Marcell. Empir. cap. 8. Utitur præterea Tertull. lib. de Anima cap. 38. Gloss. Lat. Gall. Sangerm. : *Scabidus, Roingneux, teigneux, racheux.*

* Hinc *Scabieuse* dicta plantæ species scabiei curandæ idonea, quæ *Escabieuse* dicitur, in Lit. remiss. ann. 1447. ex Reg. 178. Chartoph. reg. ch. 257 : *Aussi lui voult faire boire de l'eaue d'Escabieuse.*

SCABIEDO, pro Scabies, apud Folcardum in Vita S. Joannis Episcopi Eboracensis num. 2. [Leg. f. *Scabredo*. Vide in hac voce.]

¶ **SCABILLUM**, vel Scabillus. Vide *Scamellum*.

* **SCABINAGIUM**, Scabinaticum. Vide mox in *Scabini*.

SCABINI, Scabinii, Scabinei, etc. Sic olim dicti judicum Assessores, atque adeo Comitum, qui vices judicum obibant. Capitulare 2. ann. 805. cap. 6 : *De clamatoribus vel causidicis qui nec judicium Scabiniorum acquiescere nec blasphemare volunt, etc.* Capitulare 2. ann. 813. cap. 13 : *Postquam Scabini eum* (latronem) *dijudicaverint, non est licentia Comitis vel Vicarii ei vitam concedere.* Leg. Longob. lib. 2. tit. 52. § 7. [** Carol. M. 69.] : *Exceptis illis Scabinis qui cum judicibus residere debent.* Capitula Caroli M. lib. 4. cap. 5 : *Comes... ibi secum suos Scabineos habeant.* Charta Ludovici Pii in Chronico S. Vincentii de Vulturno pag. 687 : *Quæ in præsentia Supponi Comitis, ac Benedicti, Hilpiani et Ansfredi Castaldorum cæterorumque Scabinorum.... acta fuerant.* Vetus Notitia in Chronico Besuensi pag. 504 : *Ante illustrem virum Hildegardum Comitem, seu judices, quos Scabineos vocant, et quamplures personas qui cum eo aderant in Montiniaco villa, in mallo publico, ad multorum causas audiendas, etc.* Speculum Saxonicum lib. 1. art. 62. § 10 : *In* *omnibus locis est judicium, in quibus judex sententialiter, hoc est, per sententias Scabinorum judicabit.* Adde lib. 2. art. 12. § 2. lib. 3. art. 26. § 2. art. 29. § 1. 2. et Wichbild. Magdeburg. art. 33. [** Germ. *Scepen* et *Scepenbare man.*]

☞ Inter *Scabinos* cooptari nusquam poterant qui semel ad mortem fuerant judicati, ut legitur in lib. 6. Capitul. cap. 295: *In testimonium vero non suscipiatur (qui judicatus fuerit ad mortem) nec inter Scabinos legem judicando locum teneat.*

Scabinos judiciis interfuisse, litesque dijudicasse, passim alibi legimus, in Lege Longobard. lib. 1. tit 35. § 1. 2. lib. 2. tit. 40. § 1. 3. 5. tit. 42. tit. 52. § 7. [** Carol. M. 45. 46. Lothar. I. 12. 48. 50. Carol. M. 49. 51. 116. 69.] in Capitular. Caroli M. lib. 2. cap. 28. lib. 3. cap. 31. 40. 48. lib. 6. cap. 207. [** 212.] in Edicto Pistensi Caroli C. cap. 6. in Chronico S. Vincentii de Vulturno pag. 691. in Chronico Besuensi pag. 505. S. Benigni pag. 414. in Tradit. Fuldensib. cap. 98. apud Perardum in Burgundicis pag. 36. Meibomium in Notis ad Witikindum pag. 63. Goldastum in Chartis Alaman. cap. 99. Hemereum in Augusta Viromand. pag. 121. etc. [Unde *Judices vel Scabini* non semel vocantur ab Hariulfo in Mirac. S. Richarii sæc. 5. Bened. pag. 568. et 569. *Scabini seu Judicatores*, in Charta Guidonis Comit. Flandr. ann. 1270.]

Hos porro in mallis publicis septem fere semper fuisse judicum Assessores docent Capitularia Caroli M. lib. 3. cap. 40: *Ut nullus ad placitum banniatur, nisi qui causam suam quærit, aut si alter ei quærere debet; exceptis Scabineis septem, qui ad omnia placita præesse debent.* Adde Legem Longob. lib 2. tit. 42. § 2. [** Car. M. 116.] Capitul. 1. ad Legem Salic. § 17. et Hincmarum Opusc. 15. § 14. Interdum ad duodenarium numerum, si tanti essent, esse jubebantur: sin autem, de melioribus hominibus Comitatus supplebatur numerus duodenarius, ut est in Capitulari 2. Ludovici Pii ann. 819. cap. 2. Atque hi eligebantur [et ab officio removebantur] a Missis dominicis, populi interveniente consensu, ut est apud eumd. Hincmarum, in Capitul. Caroli M. lib. 3. cap 33. in Addit. 4. Lud. Pii cap. 73. 75. et in Capitul. Caroli C. tit. 39. cap. 9. 10. Unde patet Scabinos ex ipsis civitatibus ac Provinciis, in quas mittebantur Comites ac Missi, delectos: ideoque judices proprios appellari, quod cives et incolæ eos sibi in judices eligerent. In Charta Balduini Comitis Flandriæ ann. 1119. in Tabular. S. Bertini: *Insuper etiam pro quiete et pace Ecclesiæ judices proprios, quos vulgo Scabinos vocant Abbas ibidem habebit.*

* Quæ ultima Muratorium fugerant, cum tom. 1. Antiq. Ital. med. ævi col. 496. et. 499. contra Cangium monendum censuit, quasi illud ab illo prætermissum esset, *Scabinos fuisse magistratum peculiarem cujuscumque civitatis; ad quorum electionem universi etiam populi consensus exigebatur.*

Scabinos etiamnum, judices urbanos, seu ædilitios, appellamus, Gallice *Eschevins*. Thomas Walsinghamus ann. 1296: *Majores Flandriæ, qui Scabini dicuntur in villis.* Cujus quidem vocis etymon a Theutonico arcessunt viri docti, ex Glossario Theotisco Lipsii: *Scepeno, judex.* Hodie, inquit idem Lipsius: *Scepenen*, Scabini dicuntur. Kilianus: *Schepen, Judex, Senator, Decurio, Juratus, vulgo Scabinus.* Amerbachius a *Schaffer, Scaffen*, vel *Scaper*, Germanico deducit. Ii in plerisque civitatibus inquilini ac cives esse jubentur, et ex utroque parente civibus editi, quod Chenutius observavit in Antiquitat. Bituricensib. pag. 128. 129. Ita tradit Ælianus lib. 6. Var. cap. 10. Periclem legem tulisse, ut nemo ad Reipublicæ administrationem accederet, nisi qui utroque parente ἀςοῖς natus esset. [Vide Brummeri Dissertationem de Scabinis.] [** Grimm. Antiq. Juris German. pag. 775. Haltaus. Glossar. German. voce *Schœpffen* col. 1643. et *Frey-Schœpffen* col. 511.]

☞ *Scabini* interdum cum *Juratis* confunduntur, interdum ab iis distinguntur: cum *Juratis* promiscue accipiuntur in Litteris Alaidis Comit. Burgundiæ ann. 1227. inter Ordinat. Reg. Franc. tom. 4. pag. 386. ubi iidem *Scabini, Jurati* et *Electi* nuncupantur. *Scabinos* a *Juratis* secernit Philippus Augustus in Charta Communiæ Peron. ann. 1209: *In communia Peronensi singulis annis in nativitate S. Joannis Bapt. instituentur novi Major, Jurati et Scabini hoc modo: Duodecim majoriæ ministrorum de propriis ministris super sacramentum suum eligent* XXIV. *homines de probioribus et magis legitimis, scilicet de singulis majoriis duos; illi autem* XXIV. *similiter super sacramentum suum eligent* X. *Juratos de probioribus et magis legitimis hominibus villæ, neque aliquis illorum* XXIV. *in illo anno poterit esse Major vel Juratus, nec electores Juratorum in anno proxime sequenti esse poterunt, prædicti vero decem Jurati electi super sacramentum suum eligent alios decem de probioribus et magis legitimis hominibus villæ; illi vero* XX. *eodem modo eligent alios decem; de illis autem* XXX. *Juratis electis ipsi super sacramentum suum eligent unum in Majorem et septem in Scabinos... Veteres autem Major et Jurati et Scabini illis qui de novo sibi substituentur reddent rationem et computum de talliis villæ et negotiis illius anni.* Eadem habentur in Charta Caroli V. Reg. Franc. ann. 1368. qua prædictam Philippi Aug. Chartam confirmat. Vide in *Juratus*.

¶ SCABINALIS, Ad Scabinos spectans. *Litteræ Scabinales*, quæ a Scabinis ceu judicibus conceduntur. Charta ann. 1376. apud Knippenberg. Hist. Eccles. Geldr. pag. 104: *Acta fuerunt hæc... præsentibus discretis viris Joanne de Wessem judice, Gerardo Beke et Gerardo de Tegelen Scabinis in Ruremunda testibus ad præmissa vocatis specialiter et rogatis, qui super prædictis litteras suas concesserunt Scabinales. Maison Scabinale*, in Stylo Leod. cap. 1. art. 7.

SCAVINI, in veteri Judicato ann. 840. apud Sammarth. in Massiliensib. Episcopis. [Chron. Novalic. apud Murator. tom. 2. part. 2. col. 721: *Cum quibus etiam interfuerunt multi judices et Scavini cum Sculdaxibus.* Adde Chartam ann. 844. et aliam ann. 1030. ex Tabular. S. Victoris Massil.]

SCABIONES. [Constitut. Leduini Abbat. S. Vedasti Atrebat. ann. circ. 1020. apud Marten. tom. 1. Ampliss. Collect. col. 381: *In hoc itaque generali placito præsidente abbate seu præposito, circumsedentibus etiam Scabionibus, etc.* Occurrit præterea in Charta Udonis Episc. Tullens. inter Probat. Histor. ejusd. Eccl. pag. 79.] et in Charta Adalberonis III. Episc. Metensis anno 1056. apud Meurissium pag. 363. forte pro

SCABINIONES, ut præfert [Charta ann. 966. apud Calmet. inter Probat. tom. 1. Hist. Lothar. col. 379.] Ita etiam Charta Stephani Episcopi ejusdem Ecclesiæ ann. 1126. pag. 403. et alia Haimonis Episcopi Virdun. ann. 1023. in Tabulario S. Vitoni. Charta Henrici Episcopi Tullensis ann. 1163. apud Steph. Baluz. in Append. ad Capitul. Reg. Franc. n. 158: *Præter ministeriales, scilicet Villicum, Decanum, Scabinionem, et famulos Ecclesiæ feodatos, etc.* Hanc denique cum aliis subscribit *Richardus Scabinio*, qui ut videtur, hanc dignitatem ex feudo obtinebat.

SCAVIONES. Charta Henrici Imp. ann. 1065. pro Monasterio S. Maximini Trevir.: *Servitia quæ in quibusdam Curtibus Advocatis tribuuntur cum Villicis et Scavionibus accipere et non amittere debent vel vendere, quia ad hoc eis donantur, ut quidquid Abbati vel familiæ adversitatis contigerit, quantocius studeant corrigere.* Eadem habet Charta alia Henrici V. Imp. ann. 1112. pro eodem Monasterio, apud Nicolaum Zyllesium.

SCAPIONES, in Charta Henrici Imp. ann. 1004. in Metropoli Salisburgensi tom. 2. pag. 22: *Ut nullus Dux, Marchio, Comes, Vicecomes, Schuldesio, Scapio, seu aliqua magna vel parva persona, etc.*

ESCHIVINI, in Charta Communiæ Rotomagi et Falesiæ post Ordericum Vitalem pag. 1066.

SCABINI PALATII, qui judiciis Comitis Palatii intererant, et cum eo judicabant. Chronicon S. Vincentii de Vulturno lib. 2: *Ille vero* (Hludovicus Pius Imp.) *misericordia motus, Adraldo Vicecomiti Palatii jussit, ut resideret in judicio cum Agelmundo et Petro Scabinis Palatii, et ipsius Abbatis postulationem adimplerent.* Charta Caroli Simplicis apud Miræum in Notitia Eccles. Belgii pag. 87. et in Donationib. Belgicis lib. 2. cap. 18: *Judicio Scabinorum Palatii nostri, etc.*

SCABINAGIUM, Collegium Scabinorum: [item eorumdem officium et dignitas:] *Eschevinage*, in Consuet. Remensi art. 178. 173. 373. Bononiensi art. 99. Insulensi, Peronensi, et aliis. Charta Ferrandi et Joannæ Comitum Flandriæ, apud Buzelinum lib. 3. cap. 16: *Nos dilectis et burgensibus nostris de Duaco concessimus Scabinagium de anno in annum perpetuo habendum, etc.* [Consuetud. Furnenses MSS. ex Tabular. Audomar.: *Ordinatum est in primis quod qui scabini erunt, erunt et coratores, et illos jam instituit Comes et usque ad voluntatem suam fecit eos jurare Scabinagium et coram.* Adde Chartam Margaretæ Flandr. Comit. ann. 1272. apud Miræum tom. 2. pag. 1240.]

¶ SCABINATUS, Eodem significatu. Charta Balduini Comit. Flandr. ann. 1200. apud

Miræum tom. 1. pag. 292. col. 2 : *Et notandum quod hereditas in eleemosynam data post annum transactum, debet ad Scabinatum reverti.* Bulla Innocentii IV. PP. ann. 1245. apud Marten. tom. 1. Ampl. Collect. col. 1287 : *Contulit etiam præfato monasterio Scabinatum in terra ipsius monasterii in præfatæ civitatis suburbiis.* Adde eumd. Marten. tom. 1. Anecd. col. 1592. Calmet. tom. 2. Hist. Lothar. inter Probat. col. 380. Baluz. tom. 2. Hist. Arvern. pag. 148. etc.

Scabinium, Eadem notione. Ægidius de Roya ann. 1450 : *Mandavit quod non renovaretur Scabinium Scabinorum nisi de mandato speciali ejus.*

* Scabinagium, Scabinium, Domus publica, ubi conveniunt *Scabini.* Comput. ann. 1450. ex Tabul. S. Vulfr. Abbavil. : *Item pro duobus broutariis, qui a rivagio usque ad magnum Scabinagium ad ponderationem, et a dicto Scabinagio usque ad grangiam capituli broutaverunt, etc.* Charta Math. comit. Pontiv. ann. 1241. in Lib. 1. nig. ejusd. eccl. fol. 6. v° : *Terra inter murum et aquam, ubi est gardignium Scabinii.*

* Scabinagium, Territorium, pagus, *Scabinorum* districtus. Charta ann. 1355. in Reg. 84. Chartoph. reg. ch. 459 : *Cum Laurentius de Hollandia habeat in Scabinagio de Marlenin, in baillivia Tournacensi, duos bonnerios, Gallice deux bonniers,.... quos a nobis sine feodo et justitia ac sine servitio qualicumque, excepto Scabinagio duntaxat, tenet. Eschevinage,* eodem sensu, in Lit. ann. 1370. tom. 5. Ordinat. reg. Franc. pag. 375. art. 5 : *Lesdiz eschevins auront la congnoissance, jugement et exécution de tous meubles et héritaiges gissans en leur Eschevinages.* Vide supra *Eschevinagium.*

* Scabinaticum, Officium *scabini.* Charta Nic. abb. ann. 1196. ex Tabul. S. Joan. Laudun. : *Scabinos autem septem in præsenti faciemus, quorum uno mortuo, alii remanentes bona fide utiliorem eligent et monacho atque majori nostro dicent; qui electus, si Scabinaticum recipere noluerit, etc.*

* Scabinus, idem qui *Procurator,* qui alterius vice res gerit. Lit. remiss. ann. 1397. in Reg. 152. Chartoph. reg. ch. 205 : *Guillaume sire de Warigny chevalier prest à aler outre mer,.... ordonna Girard le Doux son Eschevin et gouverneur de toutes ses besongnes en ladite ville.* Chartul. Thenol. ex Cod. reg. 5649. fol. 64. r° : *Quant ont vent aucunes des terres, on doit faire maieur par l'acort des parçonniers, et cis maire puet faire Eschevins des treffonciers.*

* Scabini Synodales, Eadem forsan acceptione, in Stat. synod. eccl. Tornac. ann. 1481. pag. 110. art. 19 : *Item excommunicatos nuntiari mandamus omnes et singulos, qui decanos impediunt ne libere teneant suas synodos, et ob hoc testes seu Scabinos synodales male tractant.*

** **SCABITUDO**, Scabiosa prurigo. Incerti Dynamid. lib. 2. cap. 36. apud Maium Classic. Auct. tom. 7. pag. 436 : *Chelidonia... caliginem et qui ulcera habet in oculis et Scabitudines et albuginem extenuat facillime.* Occurrit apud Petron. Satyr. cap. 99. Vide *Scabredo.*

¶ **SCABOLARIUS**. Charta concordiæ inter Abbatem et Sacristam Crassenses ann. 1381. ex Tabul. ejusd. Monast. : *Dictus sacrista debet et consuevit recipere ab eodem dom. Abbate qualibet die in refectorio panem et vinum pro uno Scabolario.* Sic vocant Crassenses, ut nobis renuntiatum est, eum qui æri campano argute pulsando præest, Gall. *Carilloneur :* vocis origine ducta a *Scaba,* fossa, quod *Scabolarii* etiam sit fossorem agere, ubi aliquis e vivis excessit. [* Non a *Scaba,* fossa; sed a *Scoba,* quod ejusdem sit campanas pulsare et ecclesiam *scobis* seu scopis purgare. Vide *Escobolerius* et *Scobolerius.*]

* **SCABOLERIUS**, ut *Scabolarius,* Æris campani pulsator, Gall. *Sonneur.* Comput. ann. 1362. inter Probat. tom. 2. Hist. Nem. pag. 244. col. 1 : *Item solvi Scabolerits ecclesiæ beatæ Mariæ, pro clocando et pulsando simbalum grossum pro pane caritatis, tres grossos.* Occurrit rursum ibid. pag. 259. col. 1. Vide infra *Scapolerius.*

* **SCABOTUM**, Grex. Vide *Escabotum.*

¶ **SCABRA**, Lancea, seu potius lanceæ cuspis. Gesta Tancredi apud Marten. tom. 3. Anecdot. col. 174 : *Habebat autem ipse clam apud se cuspidis Arabicæ ferrum, de cujus inventione fortuita materiam fallendi sibi assumserat : Scabram quippe intuitus exæsam, annosam, usui nostro forma et quantitate dissimilem, auspicatus est illico hinc fidem novis figmentis adhæsuram.* [** Cuspis scabra, exæsa, etc. Confer Virgil. Georg. lib. 1. vers. 494.]

* **SCABREA**, Tignum quoddam, ut videtur. Charta Phil. III. ann. 1283. pro capit. Ambian. : *Quandocumque casticia fuerit facienda in locis ab exclusa, quæ dicitur Racine, usque ad locum, qui dicitur Goudran, aut planketa, vel pontes, vel pali figendi, vel Scabreæ apponendæ,.... vocabitur celarius vel custos molendinorum capituli.*

¶ **SCABREDO**, Idem quod aliis *Scabritia, scabrities,* Asperitas sordida. Vita S. Aldhelmi tom. 6. Maii pag. 79 : *Quidquid litterariæ artis elaborabat, quod non adeo exile erat, Aldhelmi committebat arbitrio, ut perfecti ingenii lima eraderetur Scabredo Scotica.* Gloss. Lat. Græc. : *Scabredo,* τραχύτης. Vide in *Scabiedo.*

¶ **SCABRIDUS**, Scaber, in Miracul. S. Desiderii Episc. Cadurc. cap. 12 : *Faciem Scabridam.... ostendit.* Fortunat. lib. 2. Poem. 107 :

Scabrida nunc resonat mea lingua rubigine verba.

¶ **SCABRO**, Scarabæus, ut videtur. Acta S. Leonis IX. PP. tom. 2. April. pag. 669 : *Ubi jacens immundos spiritus ita reddidit, videlicet prius murem tria capita habentem, secundo ranunculum, tertio lacertam, quarto ranam, quinto Scabronem.*

* **SCABROSITAS**, ut *Scabredo,* apud Voss. de Vit. serm. Hinc

* Scabrosus, pro Scaber, apud Theodulf. et Veget. Veterinar. nam *Scabros ungues* in Plinio lib. 20. cap. 21. legendum vult Harduinus, non *Scabrosos.* Vide Thesaur. Fabri.

¶ **SCABULARE**, pro *Scapulare.* Vita S. Castoris Episc. Apt. : *Quidam autem ex fratribus, ut vel sic cessaret, scopam, qua clibani pavimentum tergebatur, abscondit, ipse vero territus ne panis, qui tunc ad coquendum paratus fuerat, si moram aptandi clibanum faceret, minus perfecte coqueretur, arreptum Scabulare in summitate brevis particellæ ligavit et.... clibanum perfecte detersit.*

¶ **SCACACUS**, pro *Scacatus.* Vide ibi.

¶ **SCACARIUM**, Scaccarium. Vide in *Scacci 1.*

¶ **SCACATUS**, Quadris diversi coloris distinctus, ut *Scacarium.* Vide mox in *Sacci 1.* Concil. Trevir. ann. 1310. apud Marten. tom. 4. Anecd. col. 240 : *Presbyteri canonici et clerici rigatas et Scacatas vestes gestantes, etc.* Statuta Eccl. Leod. ann. 1360. tom. 2. sacr. Antiq. pag. 451 : *Item prohibemus ne aliquis de dicto clero vestes aut togas particas* (partitas) *seu intercissas, seu Scacacas.... deferat.* Ubi leg. *Scacatas.* Statuta Eccles. Tutel. ibid. col. 794 : *Hoc idem de clericis præsertim beneficiatis, caligis Scacatis rubeis, ac viridibus publice utentibus dicimus esse censendum.* Occurrit rursum in Conc. Paris. ann. 1423. apud eumdem. tom. 7. Ampl. Collect. col. 1289. Quo spectat vox *Eschequé* in veteri Chron. Fland. pag. 79 : *Eschequé d'argent et de gueules.* V. *Scatatus.*

1. **SCACCI**, Scaci, et Scachi, seu *Scaccorum* ludus, *le jeu des Echecs,* sic appellatus a voce Arabica vel Persica *Scach,* quæ Regem sonat, quod præcipua Scaccorum, uti vocant, persona, Rex sit, quod a nobis observatum in Notis ad Joinvillam pag. 59. et ad Alexiadem pag. 383. 384. quamquam non desunt, qui a Germanico *Scach,* i. latro, de quo mox, dictum putant, ut sit *latrunculorum* ludus, quem eumdem esse cum ludo scachorum viri docti existimant, ex Ovid. *sive latrocinii sub imagine calculus ibit.* Salmasius vero ad Hist. Aug. pag. 459. ait, *Scachios* Italos et Gallos hodie vocare ludum latrunculorum, voce a *calculis* detorta. Hunc expende si lubet. [Consule etiam Menag. in Etymol. Gall. v. *Echeis* et præsertim Carolum de Aquino in Lex. milit. v. *Latrunculi.*] Robertus Monachus lib. 5. Hist. Hierosol. pag. 51 : *Aleæ, Scaci, veloces cursus equorum flexis in frenum gyris non defuerunt.* Petrus Damian. lib. 1. Ep. 10 : *Venatus, aucupium, alearum insuper furiæ, vel Scachorum, quæ nimirum de toto quidem sacerdote exhibent mimum.* Et mox : *Ille autem ex diversitate nominum, defensionis sibi faciens scutum, ait : Aliud Scachum esse, aliud aleam. Aleas ergo auctoritas illa prohibuit, Scachos vero tacendo concessit, etc.* Historia Transl. S. Stremonii in Actis SS. Benedictinorum sæculo 3 : *Ubi pro reverentia B. Martyris plurima reliquit insignia, scilicet Scachos crystallinos, et lapides pretiosos, et auri plurimum.* Edit. *cachos,* ubi *caucos* emendat vir doctissimus; sed vox *scachos,* magis arridet. S. Bernardus in Exhort. ad Milites Templi cap. 4 : *Scacos et aleas detestantur.* Matth. Westmonaster. ann. 1106 : *Liceret etiam ei ad Scaccos et aleas ludere.* Odo Episcopus Parisiensis in Præceptis Synodal. § 29 : *Ne* (Clerici) *in suis domibus habeant Scaccos, aleas, vel decios, omnino prohibetur.* [Hist. Cortusior. lib. 1. apud Murator. tom. 12. col. 783 : *Vir nobilis dominus Rizardus de Camino,...*

dum more Nobilium Scachis luderet pro solatio, etc. Chron. Tarvis. apud eumd. tom. 19. col. 801 : *Tamberlanus suo in papilione tunc forte conludebat ad Scacchos, etc.*] Vide Acta S. Quirini Mart. lib. 1. num. 5. Pseudo-Ovidius lib. 1. de Vetula :

Est alius ludus Scacorum, ludus Ulyssis,
Ludus Trojana quem fecit in obsidione,
Ne vel tæderet proceres in tempore treugæ,
Vel belli, si qui pro vulneribus remanerent
In castris : ludus qui castris assimilatur,
Inventor cujus jure laudandus in illo est,
Sed caussam laudis non advertunt nisi pauci.

Infra, de scacorum personis :

Sex species saltus exercent, sex quoque Scaci,
Miles, et Alphinus, Roccus, Rex, Virgo, Pedesque,
In Campum primum de sex istis saliunt tres,
Rex, pedes et Virgo : Pedes in rectum salit, atque
Virgo per obliquum, Rex saltu gaudet utroque,
Ante retroque tamen tam Rex quam Virgo moventur
Ante Pedes solum ; capiens obliquus in ante ;
Cum tamen ad metam stadii percurrerit, extunc
Sicut Virgo salit. In campum vero secundum
Tres alii saliunt, in rectum Roccus, eique
Soli concessum est ultra citraque salire,
Oblique salit Alphinus, sed Miles utrinque
Saltum componit.

Le Roman *de la Rose* MS :

Puisque des Eschés me souvient,
Se tu riens en sés : il convient
Que cil soit roys que l'en fet have,
Quant tuit si homme sont esclave,
Si qu'il se voit seus en la place
Ne ni voit chose qu'il i place ;
Ains s'enfuit por ses ennemis
Qui l'ont en tel povreté mis :
L'en ne peut autre homme haver,
Ce sevent tuit large et aver.
Car ainssint le dit Estalus
Qui des Eschés controuva l'us
Quand il traitoit d'arimetique.]

Sed et observo personas scacarii *familiam* vocari in Aresto Paris. 9. Maii ann. 1320 : *Item unum Scacarium de jaspide et calsidonio cum familia, videlicet una parte de jaspide, et alia parte de cristallo.* Le Roman *de Parise la Duchesse* MS :

Puis aprist il as tables et à Eschas jouer.

Infra :

Et si nos mostreras des Eschax et des dez.

Jacobus Hemricurtius in Speculo Hasbanico pag. 6 : *Joweir aux Eskas et ez Tables, etc.*

* Haud scio an huc pertineat quod legitur in Chron. Camerac. MS : *Iste Wiboldus Cameracensis episcopus ludum alearum, cui suis diebus clerici valde fuerant dediti, tesseris quibusdam concordiam virtutum concernentibus, felici subtilitate commutavit.* Quæ rursum sic narrantur in altero Chron. MS : *Wyboldus, vir tam ecclesiasticis quam jocularibus disciplinis satis imbutus, ludum regularem clericis alcæ amatoribus artificiose composuit, quo se exercentes in charitate vitia vincere assuescerent et jurgiosam aleam refugerent.* Scacorum vero tabula et personæ ita describuntur in Poem. Alex. MS. part. 2 :

Li Eschequier est tel, onques mieudre ne fu :
Les lices sont d'or fin à trifoire fondu,
Li paon d'esmeraudes vertes com pré herbu,
Li autres de rubis vermaus com ardant fu ;
Roy, fierce, chevalier, auffin, roc et cornu
Furent fet de saphir, et si ot or molu ;
Li autre de topace, o toute lor vertu :
Moult sont bel à veoir drecié et espandu.

[** Vide Schmidt. ad Disciplin. Cleric. Petri Alphonsi pag. 115. Glossar. med. Græcit. voce Ζατρίκιον col. 459. et in Append. col. 77.]

Scacarium, vel Scaccarium, Tabula in qua *scacis* luditur, alternis quadris albi ac nigri coloris distincta, vel ludus ipse scacorum, nostris *Eschiquier*. Nicolaus Trivettus in Chronico ann. 1273 : *Ludo Scacarii intentus*. Liber de Miraculis S. Fidis c. 19 : *Tabulam Scacorum ibi pendentem, etc.* Thwroczius in Carolo Rege Hungar. cap. 97 : *Et una tabula pro Scacis mirabili.* [Mirac. S. Bertini sæc. 3. Bened. part. 1. pag. 151 : *Eodem anno Johannes Presbyter de Rubroch cum talis ludens ad aleas nescio seu ad Scacos,... alapam magnam in maxilla recipiens super Scacarium vel alearum tabulam recidit, etc.*] Hinc eadem nomenclatura donatæ tabulæ, similibus tesserulis aut quadris diversi coloris variegatæ. Matthæus Paris et Bromptonus de Coronatione Ricardi I. Regis Angliæ : *Et post illos veniebant sex Comites portantes unum Scacarium, supra quod posita erant insignia regalia et vestes.* Idem Bromptonus pag. 1245 : *Pelves, utres, et Scacaria, ollas argenteas, et candelabra, etc.* [*Schachier* scacarium vocat le Roman *de la guerre de Troyes* MS :

A un Schachier d'or et d'argent
Jue o suen chevallier.

Vide *Scacatus*.]

Scacarium etiam appellatum olim in Normanniæ Ducatu, suprema Curia, in qua appellationes ab inferioribus judicibus supremo jure dijudicabantur. [Litteræ Ludovici X. Regis Franc. ann. 1314. tom. 1. Ordinat. pag. 552 : *Item. Causæ disfinitæ in Scacario Rothomag. ad nostrum Parlamentum Parisius nullatenus deferantur.*] Vetus Consuetudo Normanniæ MS. 1. part. 5. distinct. cap. 7 : *L'en apele Eschequier assemblée de hautes justices auxquiex il appartient à corrigier et à amender ou à fere amender tout çen que les Baillis et les autres meneurs justiciers ont malement jugié, et doivent rendre à chescun son droit sans delai, et tient à bien poi aussi grande fermeté comme de la bouche du Prince, etc. Nous apelon solempnel jugement çen qui est jugié par acort en plein Eschequier, etc.* Matth. Paris ann. 1231 : *Proposuit etiam quod Episcopi quidam ejus suffraganei, neglecta pastorali cura, sedebant ad Scaccarium, laïcas causas exercentes, et judicia sanguinis exercentes.*

☞ Hinc *Justitiarii superiores* dicuntur *Scacarii Magistri*, in Leg. Normann. apud Ludewig. tom. 7. Reliq. MSS. pag. 154 : *Notandum siquidem est, quod justitiariorum quidam sint superiores, quidam inferiores. Superiores sunt qui ab ipso Duce sunt constituti ad gerendum curam terre, immediate sub ipso Principe eis commisse, curam et custodiam gerentes, ut Magistri Scacarii et Baillivi.*

Bina autem singulis annis tenebantur *Scacaria*, primum ad Pascha, alterum in festo S. Michaelis. [Charta S. Ludovici Reg. Franc. ann. 1259. apud Marten. tom. 1. Ampl. Collect. col. 1348 : *Alias autem* XL. *libras annui redditus nobis reddent in duobus scacariis, videlicet in Scacario Paschæ* XX. *libras, et in Scacario S. Michaelis* XX. *libras.*] Statutum Philippi Pulchri pro reformatione Regni ann. 1302. art. 51 : *Præterea propter commodum subditorum nostrorum, et expeditionem causarum, proponimus ordinare, quod duo Parlamenta Parisius et duo Scaccaria Rotomagi, Diesque Trecenses, bis tenebuntur in anno.* Utriusque Scacarii passim mentio fit in veteribus Chartis. Vide Monasticum Anglic. tom. 2. pag. 90. 450. etc. Aresto ann. 1279 : *Pronunciatum fuit quod Episcopi Normanniæ non tenentur venire ad Scacaria, nisi sponte venire voluerint, vel fuerint ex parte Regis mandati*, in Regesto Parlament. B. fol. 52. Erectum porro fuit postmodum *Scacarium* Normanniæ in Parlamentum Rotomagi. Vide tom. 2. Monastici Anglic. pag. 995. [et *Parlamentum.*]

Scacarium, apud Anglos varie sumitur : interdum enim, et proprie dicitur Curia in qua res fisci pertractantur, ut auctor est Cowellus : in aula scilicet Westmonasteriensi, ubi de rebus et reditibus fiscalibus Barones quatuor definiunt, *The Escheçquier*, vel *checker*, vulgo *Exchequer*. Fleta lib. 2. cap. 25 : *Habet etiam Rex Curiam suam et justitiarios suos in Scacario apud Westmonasterium residentes, cujus loci Capitalis est Thesaurarius,... ipse namque principaliter oneratur de omnibus loca Scacariorum tangentibus, et præcipue de exitibus, receptis, et compotis omnium ibidem computantium.* Matth. Westmonast. ann. 1209 : *Amotum est Scacarium a Westmonasterio usque Northamptonam per Regem, in odium Londoniensium, usque ad Natalem.* Thomas Walsinghamus ann. 1305 : *Cumque venisset Eboracum, jussit sessionem justitiariorum, qui dicuntur de Banco, et Scacarium, quæ jam septennio manserat Eboraci, Londonias ad antiquum locum transferri.* Neque tantum de rebus fiscalibus cognoscunt Scacarii Anglici judices, quos *Barones Scacarii* vocant, sed etiam de feodis, juribus, et libertatibus regni : præterea de *querelis conquerentium de Vicecomitibus, Escaetoribus, Ballivis, et aliis ministris Regis præsentibus existentibus, de personalibus injuriis civilibus, præterquam de falsis judiciis*, ut est in Fleta lib. 2. cap. 27. § 4. ubi varii *officiarii Scacarii* recensentur, de quorum officiis ac muniis agit, nempe, *Thesaurarius, Cancellarius, Barones Scacarii, Clericus Regis, duo Camerarii, constabularii et Marescalli, Clerici scriptores rotulorum, Miles argentarius, etc.* Sed et idem auctor Fletæ docet *Scacarium* istud Anglicum bis in anno teneri, in Paschate, et festo S. Michaelis, quo tempore Vicecomites computa sua reddere tenentur : de quibus Glanvilla lib. 7. cap. 10. et Statuta Roberti III. Regis Scotiæ cap. 26. Vide *Barones Scacarii*, et quæ observat Watsius ad pag. 278. Matthæi Paris.

* *Schaquir*, eo sensu, occurrit in Chartul. Henr. V. et Henr. VI. reg. Angl. ex Cod. reg. 8387. 4. fol. 87. r°.

Scacarium, Iisdem Anglis pro ipso fisco seu ærario regio interdum sumitur, quod ærarium Regis Angliæ in eadem æde, ubi judices scacarii consident, asservetur, ut docet Fleta lib. 2. cap. 27. Bromptonus ann. 1175 : *Et ibi ipsi Reges redditum mille marcarum argenti ad Scacarium Angliæ recipiendum, quem prædicto Comiti dederant, cartis suis inde sibi confectis, plenarie confirmarunt.* [Forma pacis inter Reges Fr. et Angl. ann. 1216. apud Marten. tom. 1. Anecd. col. 858 : *Item, dominus Lodovicus reddat domino Regi rotulos de Scacario, cartas Judæorum,... et omnia alia scripta de Scacario quod habet, bona fide.*] Matth. Paris ann. 1242 : *Et dedit illis quolibet anno de Scacario suo percipiendas, uni* 500. *alii* 600. *marcas.* Monasticum Anglic. tom. 2. pag. 558 : *Similiter si aliquis hominum suorum sit amerciatus erga nos, vel ballivos nostros, pro quacunque causa vel delicto, vel satisfacto merciæ et merciamenta pecuniæ sint collecta, et in una bursa ad Scacarium nostrum portata, etc.* Adde pag. 812. Fletam lib. 2. cap. 24. §. 2. Littletonem sect. 153. etc.

☞ Ærarium Regium dictum quoque est apud Normannos *Scacarium*, ut discimus ex veteri Chartul. Normanniæ fol. 190: *Isti autem* (juratores) *colligent focagium de hominibus Templariorum et Hospitalium, et similiter afferent ad Baillivios Regis; et per manus Baillivorum reddetur ad Scacarium Templariis et Hospitalibus.*

Scacarium Judæorum. Charta Henrici III. Regis Angliæ apud Spelman. : *Rex de communi consilio attornavit Ric. de Villi Mag. Alexandrum de Dorset, et Eliam de Cuminges ad Scacarium Judæorum custodiendum, et omnia negotia quæ ad illud pertinent tractanda per Angliam, sicut fieri solebat tempore de Warenna, Thomæ de Newill, et Galfr. de Norwico.*

Jam vero unde *Scacarii* nomenclatura Normannicæ juridicæ, et Anglicæ rationum seu fiscali Curiæ indita sit, variæ sunt scriptorum sententiæ, quarum pleræque vix arrident. Quis enim cum Terrieno ad Consuetud. Normannicam lib. 15. cap. 1. Normannicam Curiam dictam velit, quod in judiciis actor reum, vel e contra reus actorem *matet*, ut fit in scaccorum ludo? Aut cum Nicodio, quod Curia juridica variis constet personis seu judicibus, ut scaccorum ludus? Neque alii a Germanicis vocibus etymon probabiliori conjectura arcessunt : Pithœus et Chopinus lib. 2. de Doman. tit. 15. n. 2. a *Schicken*, mittere, quod Scacarii judices a Principe mitterentur *ad justitias faciendas*, ut Missi Dominici : Spelmannus, Watsius et Somnerus a *Schats*, Thesaurus, ex quo *Scattarium* scribendum censuit Polydorus Virgilius : alii a *Schaeken*, quod est rapere, inquit Somnerus, quia fisci est rapere; denique ab Anglo-Saxonico scara symbolum, impositio, taxatio. Sed hæ, inquam, etymologiæ nimis a vero absunt.

Longe sane probabilior videtur sententia, *Scacarium*, Normannicum præsertim, nomen accepisse a loco seu ædificio publico, in quo judicia suprema exercebantur, ita nuncupato, quod ejusdem pavimentum tesserulis quadratis diversicoloribus instratum esset, tabellæ instar, in qua scacorum ludo luditur, quod *Scacarium* perinde appellamus, uti supra docuimus, quomodo vocem hanc usurpari observare est in Necrologio Ecclesiæ Carnotensis 8. Id. Jan. : *Scacarium de auricalco et marmore in pavimento chori de proprio fecit.* Vel certe a mensa cui adsidebant judices, a qua *Scacarium* Anglicanum denominatum testatur Gervasius Tilleberiensis : *Scacarium*, inquit, *tabula est quadrangula, quæ longitudine quasi decem pedum, et quinque latitudine ad modum mensæ circunsedentibus apposita, undique habet limbum latitudinis quasi* 4. *digitorum. Supponitur* (f. superponitur) *Scacario pannus in termino Paschæ emptus, non quilibet, sed niger, virgis distinctus, distantibus a se virgis, vel pedis, vel palmæ spatio.* Hasce tabulas respexit vetus Poeta MS. in Poemate cui titulus, Le Roman *de la Violette* :

Car par mon chief miaux ne requier,
Qui mil mars sur un Eschaquier
Ne metroit, ne prendroit mie
Par si que fausist l'escremie,

Scacarium vero virgulis distinctum exhibet Tilesberiensis, quomodo olim etiam erant, ut et hodie alvei lusorii, duodecim scilicet virgulis ex utraque parte sibi invicem oppositis ac respondentibus. Ejusmodi alveum veterum describit Gruterus 1049. 1. quem multis docteque suo more explicat Salmasius ad Histor. Aug. pag. 467, licet inscriptionem haud omnino perceperit, uti in Dissertatione de Imperatorum Constantinopolitanorum numismatibus docemus. Scribit in Aspilogia Spelmannus, hujusmodi tabulas memoriæ subministrandæ gratia Trapezitas seu Mensarios olim habuisse. Sed an *Scacarium* Rotomagense seu Normannicum de rebus fiscalibus cognoverit, addubitari potest : tametsi sequiori saltem ætate id videatur innuere Guillelmus Nangius in Chronico ann. 1292. scribens apud Rotomagum propter exactiones, quas *Malam toltam* vocant, *contra Magistros Scacarii Regis Franciæ ministros minorem populum insurrexisse, et domum collectoris pecuniæ infrinxisse, ac denarios collectos per plateas dispergentes, in urbis castello Magistros Scacarii obsedisse.*

* Probabilior licet videatur sententia Cangii, qui *Scacarium* nuncupatum esse putat a pavimento loci, in quo judicia suprema exercebantur, tesserulis quadratis diversicoloribus instrato; præferenda fortassis illa origo, quæ hanc vocem a calculis bicoloribus, quibus in reddendis rationibus utebantur, accersit; præsertim cum *Scacarii* nomen apud Anglos curiæ rationum primo inditum sit. Hanc opinionem suppeditat Joan. Sarisber. in Vita S. Thomæ Cantuar. apud D. *Le Beuf* tom. 1. Dissert. pag. 316 : *Erat siquidem Johannes ille, cum thesaurariis et cæteris fiscalis pecuniæ et publici æris receptoribus, Londoniis ad quadrangulam tabulam, quæ dicitur* (a) *calculis bicoloribus vulgo Scacarium; potius autem est regis tabula nummis albicoloribus, ubi et placita coronæ regis tractantur.*

* Hinc etiam accersenda forte est vox Gallica *Eschaquer*, quæ Ex æquo, quasi calculis putando, partiri sonat, in Charta Frider. ducis Lothar. ann. 1295. ex Chartul. Romaric. ch. 34 : *Tant que lesdictes amendes soient Eschaquées et demenées par les menestrelz S. Pierre en plais bannauls.*

2. **SCACCI**, Grallæ, furculæ, Gall. *Eschaces*, Italis *Zanche*, *Stampoli.* Miracula B. Gregorii X. PP. apud Petrum Mariam Campum in Hist. Eccl. Placent. : *Propter infirmitatem, quam habuit, non potuit ire, nec redire sine baculo, sive Scaccis.* [Vide infra *Scacia.*]

* **SCACCUM**, f. pro *Saccum*, Deprædatio, depopulatio. Vide in hac voce. Charta ann. 1090. apud Lam. in Delic. erudit. inter not. ad Chron. imper. Leon. Urbevet. pag. 308 : *Qui modo sunt ibi aut inibi, quicumque profuturi sunt, malo animo studiose dicimus, molestiam inferre tentaverit, damnum et detrimentum faciens aliquatenus, sicut per prædam, Scaccum, furtum, incendium, etc.* Gloss. apud Vredium in Hist. comit. Fland. fol. 302 : *Scachum, raptus, prædatio, latrocinium Schaker, raptor, latro.* Vide *Scach.*

SCACH, Scachus, Latrocinium, vox Germanica. Lex Longob. lib. 2. tit. 55. § 3. 7. [** Otto II. cap. 6.] : *De furto aut Schaco, si ultra 6. solid. fuerit, similiter ut per pugnam veritas inveniatur præcipimus.* Decretum Ottonis II. Imp. apud Goldastum tom. 3. Constitut. Imperial. pag. 310 : *De furto, vel Schalco, si ultra 6. solidos fuerit, similiter ut per pugnam veritas inveniatur præcipimus.* Leg. *Scaco* : nam *Schalc*, in Glossario Theotisco Lipsii servum sonat. [** Vide Pertz. Leg. tom. 2. pag. 33.] Charta MS. Ludovici Imp. ann. 1329. pro Monetariis Papiensib. : *Excepto homicidio, raptu virginum, robaria seu Scacho, quibus casibus teneantur subire suorum judicum examen et judicium.* [** Vide Henric. VII. Imper. edict. de monet. Italiæ ann. 1311. apud Pertz. Leg. tom. 2. pag. 518. et Graff. Thesaur. Ling. Franc. radice *Scâh* tom. 6. col. 411. supra *Scaccum.*]

Scachcator, Latro. Capitula Caroli C. tit. 12. § 13 : *Ego ill. ad salituram, illud malum quod Scach vocant, vel tesceiam non faciam, nec ut alius faciat consentiam : et si sapuero qui hoc faciat, non celabo; et quem scio qui nunc latro aut Scachcator est, vobis Missis Dominicis non celabo, ut non manifestem.*

* **SCACHERIUM**, ab Italico *Scacchiere*, Abacus, alveus, alveolus. Inventar. MS. thes. Sedis Apost. ann. 1295 : *Item alium urceum de opere duplici cum Scacherio in summitate coperculi.* Ibidem : *Item unum repositorium de xamito ad Scachetia* (leg. Scacheria) *rubea et virida cum leonibus.*

* **SCACHINUM**, Pari intellectu, in eod. Inventar. : *Aliud dorsale est ad Scachinum de argento filato et serico rubeo, in quibus Scachis sunt leones.*

* **SCACHUM**. Vide supra *Scaccum.*

¶ **SCACIA**, ut supra *Scacci* 2. Acta S. Veroli tom. 3. Jun. pag. 387 : *Erat autem unus pedum per genu juncturam recurvus, ita ut juxta natem suspensum nullo modo extendere prævaleret. Verum ligneo pede quem vulgo Scaciam vocant, vice naturalis pedis utebatur.*

¶ **SCACIARIUS**, Venator, ut videtur, Italis *Scacciatore*, quibus *Scaciare* venari sonat. *Mansum Geraldi Scaciarii*; in Charta ann. 1019. ex Chartul. Aptensi fol. 41. Vide *Scachia.*

¶ **SCACIUS**. Statuta Montis Regalis fol. 312 : *Item pro quolibet centenario gerborum Scaciorum, solid. duos den. etc.*

¶ **SCADAFALE**, ut infra *Scafaldus.* Charta ann. 1125. inter Probat. tom. 2.

novæ Hist. Occitan. col. 437 : *De ædificio vallis unde Comes conqueritur judicatum est, ut dentelli destruantur et ipsam Scadafale, et ædificium ipsum de cætero altius non fiat.*

¶ **SCADAFALTUM**, ut *Scadafale*. Judicatum ann. 1279. apud *la Faille* inter Probat. Annal. Tolos. pag. 101 : *Noverint universi, quod existens apud Montempessulanum serenissimus Princeps dom. Ludovicus,... videlicet extra portam Saunariæ supra quoddam Scadafaltum, etc.*

~~**SCADENTIA**, *Scaditio*. Vide *Excadentia*.~~

* **SCADENTIA**, Caduca bona, quæ in fiscum cadunt, vel ex commisso, vel alia qualibet ratione. Charta apud Murator. tom. 2. Antiq. Ital. med. ævi col. 13 : *Medietas redituum de placitis, de forfaturis et Scadentiis peregrinorum et extraneorum. Scadentia Beneventanorum tota.* Vide *Excadentiæ.*

* **SCADUCUS** vel **SCADUTUS**, Dicitur de re, quæ licitatione alicui obvenit. Charta ann. 1307. in Reg. 44. Chartoph. reg. ch. 113 : *Vobis tanquam plus offerenti Scaducum sit per extinctionem vel defectum candelæ ardentis.* Alia ann. 1308. ibid. ch. 128 : *Emptori subscripto tanquam plus offerenti per defectum dictæ candelæ ad concedendum accensæ, dictum hospitium Scadutum sit et concessum.*

¶ **SCADUS**, Mensura et pars vinearum, apud Schilterum in Gloss. Teut. v. *Schaz*, ex Regesto redituum Argent. sæcul. 14 : *Item in banno R. siti sunt 250. Scadi vinearum, qui vulgariter dicuntur Schetze, locati diversis colonis pro media parte vini, quod excrescit in eis.* Vide *Scala* 8. *Scamellus* et *Skaza.* [** Oberlin. Glossar. German. voce *Schatz*, col. 1381.]

* **SCADUTA**, Hæreditas decedentium sine hærede. Pact. inter archiep. et vicecom. Narbon. ann. 1213. ex Bibl. reg. cot. 2 : *Dominus archiepiscopus.... concedat ad fiendum Aymerico præconizationes sive cridas, bona vacantia seu Scadutas deffunctorum.* *Scadere*, Academ. Crusc. est Lege venire, devolvi, cadere. Vide *Scaeta.*

* **SCADUTUS**. Vide supra *Scaducus.*

¶ **SCÆNOFACTORES**, vox ibrida, a Gr. σκηνή, Tabernaculum, tentorium, et Lat. Facere : haud satis tamen ad rem, cum ibi, non de tentoriorum fabricatoribus, sed de domorum structoribus sermo sit. Vita S. Johannis Valent. Episc. apud Marten. tom. 3. Anecd. col. 1694 : *Scænofactores et latomos ad opus disposuit, brevique tempore ecclesiam cum officinis convenientibus ibi construxit, quam Viennensis pontifex cum magna populorum frequentia celeberrime consecravit.* Vide *Scena.*

¶ **SCAETA**, Bona quæ domino feudi ex delicto vel ex defectu hæredis obveniunt. Vide *Escaeta.* Chartular. SS. Trinit. Cadom. fol. 62 : *Dicunt juratores quod Scaeta est Abbatissæ ex parte Aeleumi mortui sine herede. Escainte* dicitur in Charta ann. 1408. ex Cod. Colbert. 2591 : *Item les recreantises, reliefs, tierziesmes, forfaitures, bastardises, Escaintes de lignes et autres avantures dudit fief.*

¶ **SCÆTTA**, Monetæ genus. Vide *Sceatta.*

¶ **SCÆVA**, ἀριςερὰ χείρ, λαιά, in Gloss. Lat. Græc. id est, Manus sinistra. Vide Festum.

SCÆVITAS, *Iniquitas.* Glossæ Isid. [Pro Fortunæ malignitas, infelicitas, apud Apuleium lib. 4. Metamorph. : *Sed mihi cum fide memora, oro, quod tuum factum Scævitas consecuta in meum convertit exitium.* Idem lib. 4 : *Sed agilis atque præclarus ille conatus fortunæ meæ Scævitatem anteire non potuit.* Occurrit rursum lib. 7. et 9. *Artium scævitas*, id est, earum abusus ad vitia et pravos mores, apud Ammianum lib. 30 cap. 12. Arnobius lib. 2. adv. Gentes : *Scævitas innumerabilis vitiorum.*]

¶ **SCÆVUM**, Crimen, noxa. Miracul. S. Walarici tom. 1. April. pag. 28 :

Hinc animas servat Scævis, hinc corpora curat.

¶ **SCÆVUS**, pro *Scemus*, vel *Semus*, Mutilatus. Vide *Secuus.*

SCAFA, Vas culinarium, [Gallice *Cuillier à pot.*] Fortunatus lib. 6. Poem. 10. de Coco :

Cui sua sordentem pinxerunt arma, colorem,
Frixuræ, cucumæ, Scafa, patella, tripes.

SCAFALDUS, Tabulatum altius eductum, theatrum, Gallis *Eschafaud.* Historia Translationis S. Bertiliæ Virg. n. 19 : *Erectus fuit quidam Scafaldus in Curia B. Amandi, apud Mareolum, cortinis, tapetis ... ornatus, quem Pontifex venerandus ascendit, eleganti sermone ad populum facto, etc.* Le Roman *de Garin :*

Fromont trouverent devant l'huis del Montier ;
Ou il fesoit les Eschaufaus drecier,
Por les grans portes quasser et trebuchier.

De vocis etymo vide conjecturam nostram in Notis ad Joinvillam pag. 70.

¶ **SCALFAUDUS**, Eadem notione. Acta Conc. Pisani ann. 1409. apud Marten. tom. 7. Ampl. Collect. col. 1105 : *Missa finita, venit Papa una cum Cardinalibus et prælatis multis ante ecclesiam in alto Scalfaudo, ubi coronatus fuit per decanum diaconorum, scilicet dom. Cardinalem de Saluciis.* Vide *Scadafale.*

¶ **SCAFARDUS**, Eodem intellectu, in Chronico Corn. *Zantfliet* ubi de eadem coronatione scribit, apud eumdem Marten. ibid. tom. 5. col. 396. Sed legendum est *Scafaldus.*

* **SCAFEL**. Vide mox *Scaflus.*

1. **SCAFFA**, **SCAFFIA**, Mensura. Vide *Scapha.*

¶ 2. **SCAFFA**, Italis, Siliqua, Gall. *Cosse.* Georg. Stella in Annal. Genuens. apud Murator. tom. 17. col. 1039 : *Cum pluribus Scaffis adustis in una magna hostium navi ignem imponunt, et totam cremarunt.* Vide *Pistatus.*

* **SCAFFALE**, vox Italica, Tabulatum altius eductum, suggestus. Addit. ad vit. S. Anton. tom. 1. Maii pag. 350. col. 2 : *Imagines prædictas ibidem restantes in multitudine magna, pro majori parte de scannis ligneis et Scaffalibus dejecerunt ad terram.* Vide *Scafaldus.*

* **SCAFILUS**, f. pro *Scapilus*, Mensuræ frumentariæ species. Charta ann. 718. apud Murator. tom. 3. Antiq. Ital. med. ævi col. 565 : *Gudiscalco terra modiorum duo, tris Scafilorum prope terram Trioni, et Scafilum prope terrula Liutuald.* Vide *Scapha* et *Scapilus.*

* **SCAFLUS**, Eadem mensura pro sale. Leg. portor. Bojor. apud Oefelium tom. 1. Script. rer. Boicar. pag. 718 : *De una navi reddat tres semimodios seu tres Scaflos de sale.* Ibidem infra : *Unum Scafel plenum dent.... De sale Scafel iij.*

SCAFONES. Innocentius III. PP. lib. 1. Epist. pag. 29. edit. Colon. de Canonicis Regularibus : *Cortibaldum insuper, subaros quoque in hyeme, sotulares habeant in æstate, caligas tam lineas quam laneas, et Scafones similiter habeant duplicatos, capas nigras singuli de mantellario, etc.* Regula Ordinis Canonicorum S. Marci de Mantua, in Regesto Alexandri IV. PP. anni 7. ex Bibl. Regia : *Item duo femuralia, duo caligæ laneæ; et quatuor lineæ sine pedulibus, quatuor Scuffones,* (sic) *et duo subtellares, et duo bottæ filtratæ, etc.* Italis *Scuffione*, est major *Coiffia* : sed hic *Scaffones*, vel *Scuffones*, pedes spectare videntur.

* Idem quod *Chiffones.* Vide in hac voce. Et sane, ut observat Muratorius tom. 2. Antiq. Ital. med. ævi col. 432. Italis *scofoni* primo nihil aliud fuisse videntur, nisi tegumenta pedum; dehinc vero ad crurum sive tibiarum indumenta, ut apud Lombardos, translatum est istud vocabulum. Hinc, potius quam a *scapha*, deducendum opinor vetus Gallicum *Escafignon*, quo calceamenti genus significatur. Lit. remiss. ann. 1459. in Reg. 188. Chartoph. reg. ch. 159 : *Le suppliant fust à la place Maubert chez ung cordouennier;.... et print .... trois paires d'Escaffignons de cuir.* Stat. ann. 1472. in Reg. 197. ch. 366 : *Item que tout ouvrage, tant de chausses que d'Escafignons ou chaussons, etc.* Vide infra *Scoffones.*

¶ **SCAFWARDUS**, Oeconomus, procurator, cellerarius, ab Aleman. *Schafft*, armarium, et *warden*, vel *warten*, custodire. [** Vide Graff. Thesaur. Ling. Franc. tom. 6. col. 454. voce *Scafari.*] Charta Burchardi Abb. S. Emmerammi apud Bern. Pezium tom. 1. Anecd. part. 3. col. 77 : *Hoc autem vinum sive illud hic prædicti servi emant, sive ad Pauzona emptum pergant, tale debet esse ut ad libitum Scafwardi sub juramento constricti totum probetur et sic in cellario collocetur.* Vide *Scapoardus.*

* **SCAGHA**. Comput. ann. 1302. ex Cam. Comput. Insul. : *Super diepemsele, Scagham et ignem, xliiij. lib. ix. sol.*

* **SCAGIALE**. Vide infra *Schiagiale.*

¶ **SCAGLIONUS**, Scala, gradus, ab Ital. *Scaglione.* Statuta Mont. Regal. fol. 198 : *Et quæcunque persona,.... quæ vel murum seu stellonatam dictæ civitatis, cum scalis, seu Scagliono vel alio modo transiret, etc.* Vide *Scaliones.*

* **SCAGNA**, Instrumentum quo filum evolvunt, Gall. *Devidoir*, alias *Escagne*, in Inventar. ann. 1294. ex Tabul. S. Vict. Massil.

* **SCAGNETUM**, Assula, ni fallor, ab Italico *Scaglia*, eadem notione. Stat. Avellæ ann. 1496. cap. 106. ex Cod. reg. 4624 : *Nullus teneat.... desubter aliquam balantiam,.... cum qua ponderare debet, aliquem lapidem seu monum, vel aliquod lignum seu Scagnetum, vel aliquid simile.*

¶ **SCAHENTIA**, Jus *Scaetam*, seu *Escaetam* percipiendi, Gall. *Droit d'Eschoite.* Vide *Scaeta.* Charta Folqueti de la Forsa et Aymerici Bermundi ann. 1417. ex Museo Dom. *de Flamarens : Nihilque juris, deverii, actionis, rationis, portionis, partis, possessionis, usus, usatgii, Scahentiæ, utilis dominii vel directi explecti, servitii in prædictis bonis... retinuit.*

¶ **SCAILGÆ**, Lapides sectiles, quos *Ardoises* dicimus. Vide infra *Scaliæ.* Hist. Monast. S. Laurentii Leod. apud Marten. tom. 4. Ampl. Collect. col. 1151 : *Item fecit reparari altam aulam juxta coquinam, et totam domum novis cooperiri Scailgis anno* 1475.

¶ **SCAKANA**, Securis militaris. Hist. pacificationis inter Rudolphum II. Imper. et Turcarum Imper. apud Ludewig. tom. 6. Reliq. MSS. pag. 326 : *Quamvis etiam frameis seu securibus militaribus, vulgo Scakanis, pulsarentur, qui nobiscum ingrediuntur, etc.*

1. **SCALA**, vox variæ notionis apud Scriptores mediæ ætatis. Est enim

SCALA, apud nostros, una ex altioris, uti vocant, justitiæ,seu supremi dominii, notis. Scala quippe pro criminum quorumdam aut malefactorum punitione erigitur intra dominorum, qui jus gladii habent, jurisdictionem aut districtum, quam ascendere coguntur rei, qui ejusmodi pœna [quæ *Scalatio* infra dicitur,] mulctantur, ut universæ plebi expositi, infamiæ notam subire cogantur. Concilium Turonense ann. 1236. cap. 8. de his qui binas nuptias contrahunt : *Firmiter injungentes, quod si qui reperiantur talia perpetrasse, nominatim denuntientur infames, et in Scala ponantur, postea publice fustigentur.* Idipsum statuitur de sortilegis cap. seq. Aresta ann. 1259. ex 1. Regesto Parlam. fol. 13 : *Monachi posuerunt quandam Scalam pro juratoribus.* Consuetudines Nicosienses cap. 20 : *Faciemus capi, verberari, et poni in Scala, demum in carcerem detrudi, etc. Perjurum stridare in Scala*, in libro Promissionis maleficii cap. 26. inter Statuta Veneta, id est proclamare publice perjurum. [Charta Philippi VI. Reg. Franc. ann. 1331. ex Tabular. Monast. Bonæ-Vallis : *Licet essent et fuissent per tempus sufficiens in possessione et saisina.... tenendi et habendi ibidem in turri sua gueitam et in villa Scalam pro malefactoribus puniendis.* Statuta Eccles. Trecens. ann. 1427 : *Si quis vero Deum negaverit vel despitaverit, pro prima vice duos dies; pro secunda quatuor in pane et aqua jejunare compelletur; pro tertia autem in Scala, ut moris est, reponetur.*] Prostat etiamnum in urbe Parisiensi Scala ejusmodi, quam *Scalam Templi* appellant, quod fuerit Templariorum olim, nunc vero Hospitalariorum Parisiensium supremæ justitiæ nota. De hujusmodi Scalis agunt non semel Consuetudines Franciæ municipales, Altisiodor. art. 1. Senonensis art. 1. et 2. Burbonensis art. 1. 2. Trecensis art. 126. Nivern. cap. 1. art. 15. Silvanect. art. 106. Lotharing. tit. 6. art. 2. et Edictum S. Ludovici, ut videtur, contra blasphematores, [** art. 2. Ordin. Reg. Franc. tom. 1. pag. 100.] in quo de pœna et mulcta iis indicta hæc habentur : *Et se il estoit si pauvre que il ne peut payer la peine dessusdite, ne eust autre pour lui qui la vousist payer, il sera mis en l'Eschiele l'erreure d'une lieue, en leu de nostre Justice, où les gens ont accoustumé à assembler plus communemet, et puis sera mis en prison par six jours, ou par huit au pain et à l'eau.* Addo veterem Inquestam ex Tabulario Monasterii S. Maglorii Parisiens. : *Ledit Abé fist lever une Eschiele en la ville de Mourcent en signe de haute Justice, etc.* Joannes Abbas Laudunensis in Speculo Historiali MS. lib. 11. cap. 79 : *Et là fut baillié à l'Evesque de Laon, et par jugement fut mis en l'Eschiele, et monstré à tout le peuple par trois fois.* Vide Gallandum de Vexillis Francicis pag. 27. Notas nostras ad Joinvillam pag. 106. mox *Scalare* 3. et *Scalatio.*

2. **SCALA**, pro Urbis regione, apud Monspelienses. Conventio inter Episcopum Magalonensem et Consules Montipessulanos ann. 1216. 6. Id. Febr. : *Et tunc 12. existentes Consules coadunatis sibi in electione facienda 7. aliis viris, uno videlicet de unaquaque Scala, eligent 12. viros de Montepessulano laude et honestate præclaros.* Occurrit in Charta alia ann. 1267. Id. Febr. in 30. Regesto Tabularii Regii ch. 143. ubi agitur de electione Consulum Monspeliensium. Vide Privilegia Ecclesiæ Hammaburgiensis pag. 190. et Jacobum de Vitriaco in Hist. Orientali pag. 1126.

3. **SCALA**, Patera, Longobardis, ut scribunt Paulus Warnefridus de Gestis Langob. lib. 1. cap. 27. Isidorus lib. 20. cap. 5. Papias in verbo *Vasa.* Etiamnum hodie *Scalen* Saxonibus, ut auctor est Gryphiander de Weichbildis Saxonicis cap. 49. [** Vide Graff. Thesaur. Ling. Franc. tom. 6. col. 474. voce *Scâla.*] Vincentius Belvac. lib. 31. cap. 150 : *Habebat autem Soldanus 40. bigas oneratas loricis, exceptis Scalis argenteis et vasis ad bibendum miræ magnitudinis.* Etiamnum Theutones *Schaele* pateram, seu scyphum vocant, ut auctor est Kilianus. Glossæ Isonis Magistri ad Prudentii Apotheosin : *Cymbia, poculorum genera, nayf, Schalen.* Vide Rhenanum lib. 1. Rer. German. pag. 73. et lib. 2. pag. 113. Neque forte aliter vox hæc sumitur in Charta Sisnandi Episcopi Iriensis æræ 952. apud Anton. *de Yepez*, in Chron. S. Benedicti tom. 4. pag. 438 : *Concedimus vel offerimus Ecclesiæ vestræ, atque sacro-sancto Altario, id est, ministeria Ecclesiæ, calicem argenteum cum sua paropside.... Scala argentea de sex solidos, etc.* Infra : *Id est, psalterium, orationum, passionum, commitum et manualium, Scala argentea una, betupes 4. plumatios 5. etc.* Ibidem : *Scalam argenteam cum nostro nomine, etc.* Alia Rudesindi Episcopi Dumiensis æræ 930. tom. 5. pag. 424 : *Litones 2. Scalas exauratas 6. litones 7. moyolos exauratos 3. calices ex auro et gemmato 1. etc.*

4. **SCALA**, Trutina, seu trutinæ lanx, in *scalæ*, seu pateræ formam confecta, Anglis vox nota. Liber Scacarii, cujus auctor esse creditur Gervasius Tilleberiensis, enarrans ut Henricus I. Rex Angliæ esculentos suos reditus in pecuniarios transtulerit : *Succedente vero tempore cum idem Rex in transmarinis et remotis partibus, sedandis tumultibus operam daret; contigit ut fieret sibi summa necessaria ad hæc exempla numerata pecunia. Confluebat interea ad Regis Curiam querula multitudo colonorum, vel, quod gravius sibi videbatur, prætereunti frequenter occursabat, oblatis vomeribus in signum deficientis agriculturæ. Innumeris enim molestiis premebantur occasione victualium, quæ per plurimas Regni partes a sedibus propriis deferebant. Horum igitur querelis inclinatus Rex, definito magnorum Concilio, destinavit per regnum quos ad id prudentiores et discretiores cognoverat, qui circumeuntes, et oculata fide fundos singulos perlustrantes, habita æstimatione victualium quæ de aliis solvebantur, redegerunt in summam denariorum : de summa vero summarum, quæ ex omnibus fundis surgebat, in uno Comitatu constituerunt Vicecomitem illius Comitatus ad scacarium teneri, addentes ut ad Scalam solveret, hoc est, propter quamlibet numeratam libram 6. den. Rati sunt enim tractu temporis facile posse fieri, ut moneta tunc fortis, a suo statu decideret. Nec eos fefellit opinio : unde coacti sunt constituere ut firma maneriorum non solum ad Scalam, sed ad pensum solveretur, quod perfici non poterat, nisi longe pluribus appositis. Servabatur per plures annos ad Scaccarium lex hujus solutionis : unde frequenter in veteribus annalibus Rotulis Regis illius invenies scriptum, In Thesaurario c. lib. ad Scalam : vel, In Thesaurario c. lib. ad pensum.*

5. **SCALA**, Lecticæ species in scalæ speciem confecta. Vita S. Filiberti lib. 2. cap. 2 : *Fit populi concursus non modicus, gaudent omnes vel Scalam qua vehebatur,* (corpus S. Filiberti) *seu etiam linteum quo tegebatur, se posse contingere.* Cap. 27 : *Videres .... aliquos carrucis, corbeculis, sellis gestatoriis, atque Scalis advehi.* Denique cap. 28 : *Interim venerandum sepulchrum cum sacratissimo pignore de Scala deponitur, et in dextro cornu Ecclesiæ.... collocatur, atque in sinistro latere Ecclesiæ Scala ipsa appenditur.*

¶ 6. **SCALA**, Ordo cujusque, Gall. *Rang.* Jacobus Cardin. de Coronat. Bonifacii VIII. PP. ubi de processione, apud Muratorium tom. 3. pag. 652 :

> ... et legem statuunt, ne forte vagantur
> Immemores, redeuntque sua consistere Scala.

Hinc

SEDERE AD SCALAM dicitur Monachus, qui cum aliis in refectorio [suo ordine] sedet, in veteri Scheda MS. Corbeiensi de Mensa Abbatis : *Habet Eleemosynarius in quolibet anniversario Abbatum 2. panes, 2. mensuras vini, ac de omnibus missis duplicem missum, tamquam si esset vivus, et sedens ad Scalam, sive ad mensam.* Occurrit ibi pluries. [Neque alia ratione]

7. **SCALA**, Manipulus militaris, [seu quævis militum turma sive equitum, sive peditum dicitur,] Gall. *Escadron*, [vel potius *Corps de troupes*, nostris olim *Eschielle.* Charta ann. 1393. apud Lobinell. tom. 2. Hist. Britan. col. 861 : *Suumque exercitum in duas Scalas seu partes divisit, aliam vero Scalam in qua erant Britones Galicani, etc.*] Will. Brito lib. 3. Philippid. :

> .... Ut subsit quæque Tribuno
> Scala suo.

Infra :

Dispositque acies per Scalas, perque cohortes
Ordine compositas recto.

Lib. 10 :

Efficiunt animis Scalam concorditer unam.

Lib. 11 :

Quos inter Regemque viri virtute corusci
Astant continua serie, Scalasque suorum
Quisque magistrorum densant, dum buccina sævum
Obstrepat, ut celeri levitate ferantur in hostem.

Gregorius Decanus Bajocassensis in Vita Urbani IV. PP. apud Massonum pag. 225 : *In aciebus Scalaribus ordinatis, se ad invicem hostiliter sunt aggressi.* Vide tom. 7. Spicilegii Acheriani pag. 225. [Ita intelligendus videtur Caffarus in Annal. Genuens. ad ann. 1157. apud Murator. tom. 6. col. 269 : *Amicum de Mirto Constantinopoli legatum miserunt pro exigendis Scalis et embolo promissis.*] [* Vide *Scala*, 9.] *Li Lusidaires*, vetus PoëmaMS :

Joab s'est par matin levés
Mult fu richement armés,
Et Dus ses compagnons assembla,
Et ses Eschelles ordena.

Le Roman *de Guillaume au Court-nez* :

De la ville issent larons et paiens,
A vint Eschielles mult bien appareilliés.

Le Roman *de Roncevaux* MS :

Les dis Eschielles en fait tot quoi tenir.

Vacces au Roman *de Rou* MS :

Sa bataille ordena, ses Eschielles parti.

Will. *Guiart* MS. ann. 1214 :

Puis retournent eus deus ferant
Par les rens jusqu'à leur Eschiele,
Sans perdre qui vaille une niele.

Idem :

D'entre eux ont deus Eschieles faites,
Cele où sont les plus honorables ;
Conduit Gauchier li Connestables.

Le Roman *de Garin* MS. :

Bien chevauche li gentis et barné,
A dis Eschielles qu'il a fait deviser.

Chronicon MS. Bertrandi Gueschlini :

Son Eschielle conduit par compas bellement,
Vers l'Eschielle Bertrand qui moult ot hardement.

Le Roman *de Turpin* MS : *Charlemagne fit trois Eschelles, la premiere fu de Chevaliers, la 2. de gent de pié, la 3. de Sergent à cheval.* Occurrit non semel apud sequioris ævi Scriptores vernaculos, Henricum *de Gauchy* in Translat. libri de Gubern. Principum lib. 3. part. 3. cap. 12. Turpinum in Hist. Caroli M. Auctorem Hist. Bucicaldi 1. parte cap. 15. Brunetum Latin. in Thesauro Gallico MS. cap. 392. in Statutis Militum Ordinis Sancti Spiritus, seu nodi, etc. in Histor. MS. Belli sacri, etc. [Vide *Scara* 3.]

* *Esquielle*, in Poem. Rob. Diaboli MS :

Ains passe toutes les Esquielles ;
Les darraines, les premieres.

8. SCALA, Modus agri, in Charta Longobardica, apud Ughellum tom. 7. pag. 1294 : *Quod est per mensura ad justa pertica mensuratas Scalas duo, et pedes duo in integrum, etc.* Occurrit etiam tom. 3. pag. 47 : *Per mensuram ad justam perticam mensuratam Scalarum centum in integrum cum inferioribus et superioribus.*

9. SCALA, Portus minor : seu proprie *trajectus*, vel πέραμα, in majori portu : quomodo variæ exstitere *Scalæ* in portu Constantinopolitano, quem *Ceratinum* vocabant; de quibus non semel agit vetus ejusdem Urbis descriptio, et nos multa congessimus in Notis ad Alexiadem pag. 312. 313. 314. 315. Glossar. med. Græcit. col. 1378. Sed et nostri *Scalas* (*Escales*) etiamnum vocant portus, ad quos applicant naves ex occasione aliqua, cum longius iter arripiunt, sive recipiendarum virium, sive recipiendarum mercium, vel exonerandarum gratia, idque *faire escale* dicunt.

* Quo etiam sensu accipiendus est locus ex Caffari Annal. Genuens. laudatus in *Scala* 7.

¶ Scaletta, Eadem notione, diminut. a *Scala*. Johan. Stellæ Annal. Genuens. apud Murator. tom. 17. col. 1300 : *Appulit Januam circa horam 20. et propter rapacitatem Boreæ, ad molem portus nimium conflantis, descendit ad Scalettam Darsinæ cum ejus honorabili comitiva.*

10. SCALA, Scandula, Stapha, Stapes, quo scilicet quis in equum tollitur : Σκάλα, Leoni Imp. in Tacticis cap. 6. § 10. cap. 12. § 53. (ubi recte Phil. Pigafetta *Staffa* vertit,) et Leoni Grammatico in Basilio Macedone pag. 470. [Testam. Beatricis de Alboreya Vicecomit. Narbon. ann. 1367. apud Marten. tom. 1. Anecd. col. 1527 : *Item* (legamus) *unam sellam equitandi deauratam et argentatam, et unam Scalam deauratam.* Ordo processionis in Coronat. Pontif. Rom. apud Murator. tom. 3. pag. 649. col. 1 : *Scala Papæ, panno rubeo cooperta, quam portat equus albus, ductus per unum ex Parafrœnariis, purpurea veste indutum : qui postquam Papa ascendit equum cum ista Scala, vadit in ordine suo, etc.*] Guill. *Guiart* MS. ann. 1304. vers. 10628 :

Diex con li destrier ensclé,
Que li garçon en destre mainent,
Orgueilleusement se demainent,
Et con li escucel des selles,
Frains, seurorez, et compenelles,
Et Eschelettes, et lorains,
Sur ceus dont je parlai or ains, etc.

Vide Notas ad Cinnamum pag. 462. et Glossar. med. Græcit. col. 1378.

* Ceremon. Rom. MS. fol. 50. v° : *Scala papæ panno rubeo cooperta, quam equus albus phaleratus portat.... Scala ipsa lignea, quæ gradus tres continet, equo pontificis apponitur, per quam equum suum ascendit.* Ubi *Scala*, idem quod nostris *Marchepied*, Pedaneum scabellum.

¶ 11. SCALA. Chron. Trivetti ad ann. 1293. apud Acher. tom. 8. Spicil. pag. 662 : *In Angliam adducitur* (classis navium Normannicarum) *feria sexta ante vigiliam Pentecostes submersis aut cæsis hominibus omnibus, qui erant in navibus, solis illis exceptis, qui in Scalis vix salvi fuerant fugiendo.* Ubi legendum omnino videtur Scapha, Gall. *Chaloupe, esquif.*

¶ 12. SCALA, pro *Scilla*, Campanula. Usus Monast. Sangerm. inter Probat. Hist. ejusd. pag. 135. col. 2 : *Finito potu Prior percutiet Scalam tribus vicibus vel quatuor, etc.* Vide *Skella*.

* Cerem. vet. MS. eccl. Carnot. : *Post Nonam missa Quadragesimæ sonetur cum duabus Scalis.*

13. SCALA. Glaber Rodulph. in Vita S. Guillelmi Abbatis Divion. cap. 2 : *Constituitur enim divini Officii assiduus custos, ac Scalæ capitalis illius loci.* (Lego *Scholæ*.)

* 14. SCALA, Ædificium, quo gradibus ascenditur. Charta ann. 1023. apud Murator. tom. 1. Antiq. Ital. med. ævi col. 187 : *Concedimus.... omnes plateas, anditos; qui ubique intus hanc civitatem,.... ut licentiam habeant pa̋s vestri archiepiscopii in ipsis plateis et andetis Scalas ibidem ponere seu fabricare justa ratione, et desuper plateis et andito munimina et ædificia, seu piles et arcora facere.*

* 15. SCALA, Vestis quædam episcopis propria. Invent. ann. 1218. inter Probat. tom. 1. Hist. Nem. pag. 66. col. 1 : *Quatuor albas paratas, sine amictibus et zonis, quatuor Scalas cum uno præcinctorio et stolis.* Ibid. pag. 67. col. 1 : *Item in armario episcopi mitram et duas Scalas, cum stolis et cum uno præcinctorio ; quinque mandilia, etc.*

* 16. SCALA Ambulatoria, Machinæ bellicæ species. Tract. MS. de Re milit. et machin. bellic. cap. 22 : *Scalæ ambulatoriæ sunt valde utiles ponendæ ad murum, causa defendendi et offendendi.*

* SCALAGIUM, Scalaticum, Præstatio pro facultate applicandi naves ad *Scalam* seu portum. Charta Conradi II. reg. Sicil. pro Pisan. ann. 1269. apud Lam. in Delic. erudit. inter not. ad Chron. imper. Leon. Urbevet. pag. 274 : *Nullus alius dirictus, aut pedagium, vel teloneum, aut exactio, quocumque nomine appelletur,...... pro ripa, fundacatu, dohana, sive mensuris, aut exitura, sive oreficia, aut palliaria, sive Scalagio, vel casatico, etc.* Ibid. pag. 273 : *Teloneum, vel palliariam, scariam, vel fundacagium, seu Scalaticum, seu exactionem quamcumque aliam, etc.* Vide *Scala* 9.

SCALAMATUS, Equinus morbus, *qui equi interiora desiccat, et corpus macerat, et fimum ejus plusquam hominis fœtere facit, etc.* Jordanus Rufus Calaber MS. lib. 2. de Medicam. equor. et ex eo Petrus de Crecentiis lib. 1. de Agricult. cap. 22. Adde cap. 32. Italis *Scalmatura*, est macies, etc.

¶ SCALAMENTUM, Scalis admotis in muros irruptio, Gall. *Escalade*. Litteræ Henrici VI. Reg. Angl. ann. 1448. apud Rymer. tom. 11. pag. 207 : *Per vim, furtum, inscalationem, sive Scalamentum, de nocte vel die, etc.* Vide *Scalare* 1.

¶ SCALAPIUS. Vide infra *Scapolus*.

¶ 1. SCALARE, Scalis muros ascendere, Gallice *Escalader*. *Scalator*, qui scalas admovet, applicat. Chron. Astense apud Murator. tom. 11. col. 269 : *Joannes Turchus de Castello filius bastardus domini Antonii Turchi cum certa comitiva gentium armatorum, equitum et peditum venit de nocte apud civitatem Ast, et voluit Scalare castrum prædictæ cittadellæ, in quo tunc erat prædictus dominus gubernator; et ibi habebat ædificia quamplura apta pro Scalamentis... et habebat secum unum perfectum Scalatorem nomine Barberius de septimis.* Chron. Angl. Thom. *Otterbourne* pag. 250 : *Item accusavit eum, quod disposuerat intra dies natalitios nocte Scalasse muros manerii de Eltam, in quo Rex erat, et occidisse Regem.* Vide supra *Scalamentum.*

* Vide supra *Eschallare.*

¶ 2. **SCALARE**, Scalæ, gradus, *Escalier.* Miracula S. Zitæ tom. 3. April. pag. 525 : *Cum ipsa esset prope Scalare juxta introitum curtis, etc.* Vide *Scalarium.*

* Alias *Escalle* et *Eschalle.* Stat. monast. S. Egid. ann. circ. 1152. inter Probat. tom. 1. Hist. Nem. pag. 34. col. 1 : *Debet etiam* (elemosynarius) *facere scopare dormitorium et Scalare, per quem ascendunt.* Lit. remiss. ann. 1406. in Reg. 160. Chartoph. reg. ch. 303 : *Lesquelx suppliens arrivez au bout de l'Eschalle dudit hostel, par laquelle l'en monte en la salle d'icellui, etc.* Aliæ ann. 1412. in Reg. 167. ch. 2 : *Le suppliant donna à icellui prestre d'un baston en descendant une Escalle de pierre, estant oudit hostel. Eschillon* vero dicitur de baculis, qui ad latera carri ad modum scalæ disponuntur. Lit. remiss. ann. 1379. in Reg. 116. ch. 258 : *Lequel chevalier tenoit en sa main par contenance un Eschillon de charette.*

* 3. **SCALARE**, Scalæ pœna reum damnare, nostris *Eschaller* et *Escheler.* Charta ann. 1327. in Reg. 65. Chartoph. reg. ch. 42 : *Nec etiam debere clericos condempnatos, nisi solum ante fores ecclesiarum Scalare.... Capientes, arestantes, Scalantes et carceribus mancipantes, etc.* Lit. remiss. ann. 1381. in Reg. 119. ch. 113 : *Ipse Johannes promotus ad iram, ore suo polluto protulit vile juramentum de beata et gloriosa Virgine Maria; quapropter.... est in periculo Scalandi, nisi super hoc per nos provideretur eidem.* Arest. ann. 1402. 23. Febr. in vol. 9. arestor. parlam. Paris. : *Johannes Maurini per sententiam dictorum auditorum, cum mitra et camisia Scalatus fuerat.* Ibidem : *Pilorisari et in Scala poni fecerant.* Joinvil. in vita S. Ludov. edit. Cang. pag. 120 : *Il* (S. Louis) *fist Eschaller ung orfevre en braies et chemise moult villainement, à grant deshonneur.* Charta ann. 1339. ex Tabul. S. Joan. Laudun. : *Lesquelz religieux maintenoient que à culz seulz et pour le tout appartient à drecier et avoir eschieles ou piloris dedens les termes de la commune en leur treffons, et de mettre en ycelle ceulz qui jureront le villain serment;.... et quant ceulz qui auront esté Eschielez, par l'ordenance des maire et jurez, seront descenduz, on ostera ladite eschiele, et par tant de fois comme il auront ordené à Escheler lesdis jurans le villain serment, ou fauls tesmoignage il pourront ladite eschiele redrécier et oster comme dit est. Escale* vero mulctæ species videtur, in Lit. ann. 1345. tom. 2. Ordinat. reg. Franc. pag. 230. Vide *Scala* 1.

SCALARIA. Ugutio et Joan. de Janua : *Scalaria, navis piratica, et dicitur a scala, quia ibi sunt transtra disposita ad modum scalarium in scala.*

SCALARIUM, Gradus, *Escalier.* Gravamina Ecclesiæ Anglicanæ art. 22 : *Cum aliquis ad immunitatem Ecclesiæ fugitivus extitat, per Laicos custodes cœmeterium vel Scalarium Ecclesiæ circumdatur et vallatur, quod vix potest fugitivus in alimentis ab Ecclesia sustentari.* [*Actum in camera Scalarii*, in Charta ann. 1212. ex Tabular. S. Victoris Massil. Charta ann. 1221. apud Marten. tom. 1. Anecd. col. 890 : *Johannes juratus dixit, quod cum a summitate cujusdam Scalarii improvisus cadens, etc.* Adde Cæsarium Heisterbach. lib. 8. Mirac. cap. 90. Vide *Scalare* 2.]

SCALERIUM, Eadem notione. Charta Guillelmi D. Montispessulani ann. 1188. Octob. : *Sicut extenditur in longitudine ab ipso portali S. Guillelmi usque ad Scalerium lapideum muri per quod in murum ipsum novam ascenditur.* [Acta S. Francisci de Paula tom. 1. April. pag. 152 : *Et non sinebat gradus sive Scalerium apertum dimitti.*]

* **SCALARIUS.** Arest. ann. 1351. 30. Apr. in vol. 2. arestor. parlam. Paris. : *Item præfatus dominus nisus fuerat percipere et habere ab aliquo homine Scalario vendente sal 200. ova, licet habere debeat 100. duntaxat.* Sed leg. videtur *Stalario.* Vide in *Stallum* 1.

* **SCALATICUM.** Vide supra *Scalagium.*

** **SCALATIM**, Gradatim. Virgil. Grammat. pag. 97 : *Ad superiora Scalatim tendant.*

SCALATINUM, Tributum pro *Scalis*, seu pediminibus vitium, ex Gallico *Eschalas*, seu *Escaras.* Charta Roberti Regis Siciliæ ann. 1327. apud Ughell. in Episcop. Casertanis : *Exigi faciebat annuatim ab ipsis vassallis Ecclesiæ Casertanæ quantitatem pecuniæ pro vindemiatura, quod vulgariter Scalatinum vindemiarum vocatur, etc.*

¶ **SCALATIO**, Pœna scalæ, de qua supra diximus in *Scala* 1. Statuta Petri Nannet. Episc. ann. 1478. apud Marten. tom. 4. Anecd. col. 1015 : *Inhibemus etiam*] *omnibus et singulis subditis nostris præfatis, sub infamiæ Scalationis, et arctissimi carceris pœnis, ne bina sponsalia, vel binas nuptias cum duobus vel duabus superstitibus contrahant.*

¶ **SCALATOR.** Vide supra *Scalare* 1.

* **SCALAVINA**, Vestis species, in Act. S. Peregr. tom. 1. Aug. pag. 79. col. 1. Melius *Sclavinia* ibid. col. 2. Vide *Sclavina.*

¶ **SCALCHUS**, SCALCUS, Pincerna, *Echanson* : item Major domus, architriclinus, *Majordome.* Acta B. Joannis Taussiniani Episc. tom. 5. Julii pag. 808 : *Pietas Raynerii de Scarsis, nobilis Pisani, pincernæ seu Scalchi, etc.* Itiner. Adriani VI. PP. apud Baluz. tom. 3. Miscell. pag. 437 : *Et cum Scalcus, id est, architriclinus, sacellanorum ac sacri palatii scutiferorum prospiciens tumiditatem cadaveris, acclamasset Pontificem toxico interemptum, etc.* Vide infra *Scancio.* [** Grimm. Antiq. Jur. Germ. pag. 302. infra *Senescalcus.*]

SCALCIATUS. Ordericus Vitalis lib. 8. pag. 682 : *Sincipite Scalciati sunt, ut fures, occipite autem prolixas nutriunt comas, ut meretrices.* Ubi *Scalciatus* forte est quasi *excalceatus*, quomodo *calceatum caput* contra dixit Martialis lib. 12. Epigr. 45 :

> Hedina tibi pelle contegenti
> Nudæ tempora, verticemque calvæ,
> Festive tibi, Phœbe, dixit ille,
> Qui dicit caput esse calceatum.

[Cangii conjecturam firmat vox sequens.]

¶ **SCALCIUS**, Discalceatus, Italis *Scalcio*, vel *Scalzo*, Gall. *Déchaussé.* Acta S. Bertrandi tom. 1. Junii pag. 800 : *Si de dicta infirmitate libraretur, pedibus Scalciis una cum dicta sua filia visitaret sepulcrum B. Bertrandi.*

¶ **SCALCUS**, Pincerna. Vide supra *Scalchus.*

SCALDINGI, Dani seu Normanni, sic appellati quod ad Scaldim amnem positis castris diu ibi morati sunt ann. 883. ut est apud Simeonem Dunelmensem. Ita porro appellantur in Historia S. Cuthberti semel ac iterum.

SCALDRI, sic dicti vetustissimi Danorum Poëtæ, a sono et murmure quod canendo edebant. Vide Stephanium in Notis ad Saxonem Grammaticum pag. 11. 12. 130. et Olaum Wormium.

* **SCALENUS**, Gradus. Vita S. Helenæ tom. 3. Aug. pag. 583. col. 2 : *Tandem igitur primo provehitur Scaleno, quod generat mater Helena filium Cônstantinum, etc.* Vide *Scaliones.*

SCALERA. Charta Henrici I. Regis Angl. in Tabulario Fiscanensi fol. 5 : *Et inde sicut Regale chiminum se extendit usque ad Scaleram, quæ est super feodum Britti Palmarii, et a dicta Scalera per quamdam semitam, etc.* Idem videtur quod *Scalliaria.* Vide *Scaliæ.*

¶ **SCALERIUM**, ut *Scalarium.* Vide ibi.

¶ **SCALETTA.** Vide *Scala* 9.

SCALFARIUS, Panni species. Statuta Cluniacensia Petri Venerabilis cap. 16 : *Statutum est ut nullus fratrum nostrorum pannis qui dicuntur Galambruni vel Isembruni, vestiatur, nec iis qui vocantur Scalfarii, vel Frisii.*

¶ **SCALFAUDUS**, *Echafaut.* Vide *Scafaldus.*

1. **SCALIA**, SCALIARE, voces Fori Aragonici. Fori Aragonenses lib. 3. ex Foris Oscensibus ann. 1247. tit. de Scaliis : *De Scaliis factis in heremo, sive in monte, si quis signaverit locum, et arando prosecutus fuerit, valeat sibi quantum araverit, etc.* Lib. 7. tit. de Expeditione infantionum : *Item in compensatione eorum quæ superius continentur, et debent infantiones Regi facere, conceditur infantionibus sarcire, quod vulgo dicitur Scaliare, in villis regalibus, civitatibus, sive castris, et in pertinentiis et terminis eorundem, et emere ab hominibus regalis servitii, sive signi.* Infra : *In illis tamen locis vel villis infantionem tantum posse Scaliare intellige, unde est vicinus; nam ubi vicinus non est, liceat ibi emere sub forma prædicta, Scaliare tamen nullatenus permittitur.* Observantiæ lib. 6. de Privileg. Militum § 15 : *Possunt et Scaliare in villis regalibus ubi sint vicini.* Lib. 9. de Salva infantionum § 8 : *In terra infantionum, Militum, vel aliorum dominorum, præterquam Regis, pro Scaliis novis, vel novalibus debet infantio peitare, et pro antiquis non.* Vide Foros Aragon. lib. 4. fol. 85. v. edit. 1624. [Vide *Scalis.*]

☞ Haud scio an *Scalia* ibi idem sit quod *Esclesche* dicitur in Consuet. Insulensi art. 79. *Fief Esclíché*, et *Esclischement*, in Tornac. tit. de feudis art. 8. quod distractum, divisum sonat ; adeo ut *Scalia* pars sit et portio feodi vel cujusvis hæreditatis, quam obtinere Infantionibus certis conditionibus concessum erat.

¶ 2. **SCALIA**, Squama, Ital. *Scaglia*, Gall. *Ecaille.* Conventiones civitatis Saonæ ann. 1526 : *Pro quolibet rubo piscium de Scalia, etc.*

* Hinc *Escailles* appellatum militare capitis tegumentum, quod veluti squamis elaboratum esset. Lit. remiss. ann. 1411. in Reg. 165. Chartoph. reg. ch. 93 : *Le suppliant yssi hors de son hostel à tout une coiffette de fer ou Escailles sur sa teste.*

SCALIÆ, SCALLIÆ, Lapides sectiles, quos *Ardoises* dicimus. Unde *Scalliaria*, Lapidicina, *Escailliere*. Ex Italico *Scaglia*, squama. *Tegularia lapidea*, in Charta Hugonis Episcopi Leod. ann. 1202. apud Barthol. Fizen. in Histor. Leod. pag. 447. Kilianus : *Schalie, leye, scandula, lamina, lamella, sectilis e saxo lamina, tegula tenuis, vulgo Scaglia, ardosia.* Anglis etiam *Scales* est squama. Charta Hugonis *de Montcornet* ann. 1222. in Tabulario Abbatiæ Fusniacensis diœcesis Laudun. : *Ego dedi et concessi Fratribus Fusniacensibus lapidicinam, quæ alio nomine dicitur Scalliaria, centum pedes in fronte habentem, si quidem in terra quæ mea esse dinoscitur, propria Scalliaria tantæ latitudinis poterit inveniri.* Et infra : *Fratres Fusniacenses accipere poterunt Scallias in præfata scalliaria.* Alia Charta ann. 1260. in eodem Tabulario : *Jou Gerars Chevaliers Sires de Chasteler.... jou ai octroiet à l'Eglise de Foisny.... cent piez de front de pierre pour faire Escaille.* Alibi, *Escalliere.* Joan. Hocsemius in Joanne Guidone Episcopo Leod. cap. 16 : *Hic Episcopus in castro fecit Hoyensi novam aulam magnis sumptibus fabricari, et vastam turrim Basini Scaliis operiens, mansiones infradistinxit.* Bertramus in Vita S. Francæ Abbatissæ n. 47 : *Qui cum una Scalia blavarum oculum unum sibi perforasset, etc.* Ubi per *blavarum*, colorem ardesiarum designavit. [Statuta Montis Regal. fol. 311 : *Item pro qualibet somata ferri seu Scaliæ, sol. tres den.*] Qui porro scallias istas seu testas sive figulinas, sive *ardesianas* conficiebant, ὀςρακάριοι dicuntur Theophani pag. 371. est enim ὄςρακον testa quæ ex figulina terra conficitur. Vide *Ardesia*, *Scallgæ*, et *Squillarii.*

* **SCALIDUS**, pro Squalidus. Lit. Conradi cardin. ad Phil. Aug. ann. 1223. inter Probat. tom. 3. Hist. Occit. col. 278 : *Super quo, tanto mœrore Scalidi, tanta lugubratione defecti respirantes, etc.* Occurrit præterea apud Joan. Germ. Cabilon. episc. in vita Phil. III. ducis Burgund. apud Ludewig. tom. 11. Reliq. MSS. pag. 36. Vide *Scalor.*

¶ **SCALIGRADIUM**, Scalæ, gradus. Addit. ad Vitam S. Antonini tom. 1. Maii pag. 344 : *Casu cecidit in eadem ecclesia ex quodam portatili Scaligradio sexdecim graduum ad minus.*

SCALINGA. Monasticum Anglican. tom. 2. pag. 130 : *Et communem pasturam totius moræ, cum liberis hominibus meis, et unam Scalingam thyemalem in competenti loco ultra Hertingburn.* Et pag. 633 : *In bosco, in plano, in pratis, in pascuis, in mussis et Scalingis, etc.* [Vide *Scalia* 1.]

¶ 1. **SCALINUS**, Palus, pedamen vitium, ut videtur, Gall. *Echalas.* Statuta Riperiæ cap. 12. fol. 5 : *De qualibet libra æstimationis perticarum pro faciendo Scalinos pro exitu denarii sex.* Vide *Scallatus* 2.

* 2. **SCALINUS**, *Navis et illud ad quod navis religatur.* Cathol. et Breviloq. f. leg. *Scalmus.*

SCALIONES, Gradus, scala, Petro de Crescentiis lib. 5. pag. 209. *Eschelle*, veteri Gallico interpreti cap. 1. extremo. *Scaglioni*, et *Scaloni*, Senensibus. Vide *Scaglionus.*

¶ **SCALIS.** Testam. Tellonis Episc. Curiensis apud Mabill. tom. 2. Annal. Bened. pag. 709. col. 1 : *Item silvas, Scales fructiferas, quas damus ad ipsum monasterium.* Vide *Scalia* 1.

¶ **SCALL**, Sonus : hodie *Schall*, apud Schilterum in Gloss. Teuton.

* **SCALLATA**, pro *Scarlata*, Pannus coccineus. Reg. S. Justi ex Cam. Comput. Paris. fol. 214. v° : *Una virga Scallatæ ad faciendum caligas.* Vide *Scarlatum.*

¶ **SCALLATICIUS**, In modum Scalæ dispositus, virgis quibusdam distinctus. Gesta Gaufredi Cenoman. Episc. apud Mabillon. tom. 3. Analect. pag. 377 : *Adsunt matronæ cum reliquis mulieribus, quæ contra mulierum morem accuratis vestibus non parcentes, in pannis variis, in indumentis Scallaticiis viridibus, seu alio colore fulgentibus, extra ecclesiam sabulum portabant.* Vide mox *Scallatus*, et infra *Virgatus.*

¶ 1. **SCALLATUS**, ut *Scallaticius.* Rotulus Cameræ Comput. Paris. in v. *Coopertorium* laudatus : *Pro Scallatis radiatis et tiretan. persia et viridi pro coopertorio.*

¶ 2. **SCALLATUS**, ut supra *Scalinus.* Bulla Pauli III. PP. ann. 1537. inter Instrum. tom. 4. novæ Gall. Christ. col. 117 : *Habeantque liberum usum in nemoribus.... tam ad domificandum in claustro dictæ ecclesiæ, quam ad comburendum ac Scallatos, paxillos seu perticas conficiendum.*

¶ **SCALLIA**, SCALLIARIA. Vide supra *Scaliæ.*

* **SCALMUS**, *Lintea navis*, in vet. Glossar. ex Cod. reg. 7641. Vide *Linthea* in *Linteum.*

¶ **SCALNARE**, pro *Scalvare.* Vide in hac voce. Charta Italica ann. 1345 : *Si aliquis soliaverit aliquas cavas, vel Scalnaverit, seu spoliaverit, caligerit salices, etc.*

SCALONES, Dentium equi species, de quibus Petrus Crescentius lib. 9. de Agricult. cap. 1. *Escalognes* veteri Interpreti Gallico.

SCALONGIA, *Echalotte.* Vide *Ascaloniæ.*

¶ **SCALOPUS.** Vide infra *Scapolus.*

¶ **SCALOR**, pro Squalor, in Charta Ludovici Reg. Sicil. ann. 1359. ex Cod. MS. D. *Brunet* fol. 125 : *Illius* (carceris) *Scalore non modico temporis spacio macerari, etc.*

** **SCALPELLARE**, Scalpello resecare. Galen. Lat. MSS. ad Glauc. II. 21. apud Maium in Glossario novo : *Profundioribus utimur Scalpellando plagis.* Idem II. 5 : *Loci ipsius deformem colorem..... Scalpellando purgabis.* Occurrit apud Veget. Mulomed. Vide Forcellin.

¶ **SCALPELLUM**, Instrumentum quo diruendis muris utuntur. Charta ann. 1479. apud Ughellum tom. 1. Ital. sacræ edit. ann. 1717. col. 508 : *Fodiendo devenerunt ad quoddam murum ex lapide cocto arena et calcina factum ita durum, quod eum Scalpellis frangere oportebat.*

* Ital. *Scarpello*, nostris *Eschalpre*, scalprum, vulgo *Cizeau.* Lit. remiss. ann. 1448. in Reg. 179. Chartoph. reg. ch. 187 : *Unes tenailles, une Eschalpre et des limes pour soy desenferrer. Eschepie*, apud Arvernos. Lit. remiss. ann. 1409. in Reg. 163. ch. 262 : *Un sizeau, appellé au pays* (d'Auvergne) *Eschepie,..... à l'aide duquel sizeau le suppliant entra dedens la chambre, etc.*

¶ **SCALPITARE**, *Crebro sculpere*, ex vett. Gloss. apud Vossium lib. 4. de Vitiis serm. cap. 24.

** **SCALPITUDO**, *id est Prurigo.* Opuscul. vet. MSS. ad Deuter. apud Maium in Glossar. novo.

¶ **SCALPO.** Anonymi Salernit. Chron. apud Murator. tom. 2. part. 2. col. 207 : *Scalponem nempe argenteum cum ducentis solidis tulit, atque ipsi Principi detulit.* Ubi legendum esse *Scaptonem* autumat Cl. Editor. Vide *Scapton.*

SCALPUS, apud Ælfricum in Gloss. Anglo Saxon. s c i p, vel s c e i g l. Ubi Somnerus, forte s e i g l, i. Scapha.

SCALTUS, *Impetigo.* Papias MS. et edit.

* *Scantus* præfert vetus Glossarium ex Cod. reg. 7641.

¶ **SCALVAMEN**, Ramus, Gall. *Branche.* Statuta Astens. fol. 9. v° : *Teneatur nudo sacramento inquirere et capere lignamina virida et sicca vinearum, et omnia Scalvamina et plantas et entos arborum, etc.* Rursum ubi de *intratis* portarum : *Item de arzonis, cannis, broppis, plantis, ac Scalvaminibus.... nihil solvatur.*

¶ **SCALVARE**, Ramos arboris amputare, arborem decacuminare, Gall. *Ebrancher, Etêter.* Statuta Placent. lib. 3. fol. 37 : *Nullus emphitheota possit incidere vel Scalvare, vel incidi vel Scalvari facere, vel per ejus negligentiam permittere in terra quam tenet ad fictum aliquam arborem fructiferam, etc.* Statuta Mutin. rubr. 167. fol. 72. v° : *Teneatur dominus arboris incidere vel Scalvare* (arborem) *sursum per quindecim brachia.* Statuta Castri Redaldi lib. 1. fol. 22. v° : *Et salices bene Scalvare et perticas et lignamina pro vineis et sepibus domini habere* (teneatur.) Statuta Vercell. lib. 5. fol. 122 : *Nec appelletur planta aliquis ramus Scalvatus. Qui Scalvaverit ipsas arbores, solvat bannum*, in Statutis Montis Regalis fol. 229.

¶ SCLAVARE, mendose pro *Scalvare*, in Statutis crimin. Saonæ cap. 42. fol. 93 : *Ne aliqua persona possit auctoritate propria ramum, vel ramos alicujus arboris plantatæ in terra vicini pendentes in ejus solo incidere vel Sclavare, seu incidi, vel Sclavari facere a solo usque sumitatem dictæ arboris.*

* **SCALVAYTÆ**, Excubiæ, ut opinor. Stat. Avellæ ann. 1496. cap. 108. ex Cod. reg. 4624 : *Capi possit.... per dictas Scalvaytas et familiares curiæ prædictæ.* Vide *Scaraguayta.*

¶ **SCALUS**, pro *Stallus*, ni fallor, Sedes uniuscujusque Monachi aut Canonici in choro Ecclesiæ. Usus Monast. Sangerm. inter Probat. Hist. ejusd. pag. 135. col. 2 : *Tunc prior surget et ibit per medium chori ad orationes suas ante gradum, et conventus inclinabit eum, et postea deponent Scalos suos, et sequentur eum unusquisque in ordine suo.*

¶ 1. **SCAMA**, pro Squama, Gall. *Ecaille.*

Charta ann. circ. 1223. apud Marten. tom. 1. Anecd. col. 906 : *Hugo presbyter et monachus juratus dixit, quod vidit quemdam civem Metensem cæcum venientem,... ad sæpedictum sepulcrum, et vidit Scamas ab oculis ejus visibiliter defluentes.* Gloss. Lat. Gr. *Scama*, φολίς : ubi Codex Sangerm. habet *Squama*. Aliis notionibus, vide in *Scamma* 1.

* 2. **SCAMA**, Scamnum, sedile. Lit. remiss. ann. 1352. in Reg. 81. Chartoph. reg. ch. 779 : *Ipse Robinus dictum Guillotum amplexavit, et eum supra quandam Scamam versatum retraxit.* Vide *Scamma* 2.

* 3. **SCAMA**, Lapis sectilis, Gall. *Ardoise.* Comput. ann. 1399. ex Tabul. S. Petri Insul. : *Item Egidio Alloette pro mundando Scamas super capellas per quatuor dies, pro die iv. sol. valet xvj. sol.* Vide *Scaliæ.*

* **SCAMARE**, Squamas tollere. Glossar. Lat. Gall. ex Cod. reg. 7684 : *Scamare, Eschailler.*

SCAMARES, Scamaratores, Prædones, qui Menandro de Legat. et Theophani pag. 367. Σκαμάρεις. Eugippius in Vita S. Severini cap. 10 : *Ipse quantocius Istri fluenta prætermeans latrones properanter insequitur, quos vulgus Scamares appellabat.* Jornandes de Rebus Getic. cap. 58 : *Et plerisque ab actoribus, Scamarisque et latronibus undique collectis, etc.*

Scamaræ, apud Papiam MS. et edit. dicuntur *Piones legis*, ubi forte legendum *Spiones Regis*, Gall. *Espions* : nisi Lex intelligatur Longobardorum, ad quam ita Boerius : *Scameram, id est, exploratorem, sive spionem.* Eadem Lex lib. 1. tit. 1. § 4. [**Roth. 5.] : *Si quis Scameram intra provinciam celaverit, aut annonam dederit, animæ incurrat periculum.* [** Formul. antiq. ad hanc legem : *Spiam regis intra provinciam celasti, aut annonam dedisti.* Vide Grimm. Antiq Jur. German. pag. 635. Graff. Thesaur. Ling. Franc. tom. 6. col. 497. Glossar. med. Græcit. voce Σκαμάρεις, col. 1380. ubi emendatur locus Histor. Miscell.]

Scamaræ, aut Scameræ, Deprædationes. Capitulare Sicardi Principis Beneventani ann. 836 : *Neque per exercita, aut cursas, neque per Scameras, neque per pertradicios, qui a partibus vestris nobiscum sunt, etc.* [*Scammeras* edidit Murator. tom. 2. pag. 257.] Et art. 1 : *Hoc promittimus ut si quis hostis, aut Scamaras per nostros fines ad læsionem contra vos venire tentaverint.* Epistola Stephani PP. ad Pipinum Regem apud Baron. ann. 755 : *Scamaras atque deprædationes, seu devastationes, etc.*

Scamaratores, Prædones, in eod. Capitulari Sicardi Principis Beneventani artic. 2 : *Insuper per Scamaratores seu cursas et publicum exercitum oppressionem facere.* [Vide *Scarani.*]

* **SCAMARIA**, Imbrex porci, Gall. *Echinée* : nam idem videtur quod Italicum *Scamerita*, Acad. Crusc. : *Quella parte della schiena del porco, che è piu vicina alla coscia.* Ordo eccl. Ambros. Mediol. ann. circ. 1130. apud Murator. tom. 4. Antiq. Ital. med. ævi col. 895 : *Et propter hoc obsequium vicecomes dat quatuor ostiariis agnum unum in Resurrectione, et quatuor panes de cambio, et sextarium vini, et in Natale Domini Scamariam unam optimam et totidem panes et vinum.* Vide infra *Scapula* 2.

¶ **SCAMBIATIO**, Scambium, Permutatio, Gall. *Eschange.* Vide in *Cambiare.* Charta ann. 1043. apud Marten. tom. 1. Ampl. Collect. col. 407 : *Et alios alodes quos adquisivit ipsa Spelunca et Ecclesia Dei sanctique Archangeli Michaëlis in cunctis omnino locis sive per comparationem, sive per donationem, sive per Scambiationem.* Charta ann. 1320. apud Menester. Hist. Lugdun. pag. 106 : *Commissarii deputati auctoritate regia ad complendum, exequendum compositionem, Scambium, permutationem, etc.*

¶ Scambium, Nummularia officina vel mensa, Gall. *Change.* Charta ann. 1195. apud D. *Brussel* tom. 1. de Usu feud. pag. 198 : *Quod nullæ aliæ monetæ ibi currant, nisi Divionis et Lingonarum, aut ad Scambium secundum valorem ipsarum.*

¶ **SCAMBIATOR**, Nummularius. Vide in *Cambiare.*

* **SCAMBIO**, Permutatio, Gall. *Echange.* Charta ann. 1181. inter Instr. tom. 11. Gall. Christ. col. 85 : *Confirmo etiam Scambionem, quam fecerunt monachi Ranulpho filio Aidulphi et fratribus ejus.* Vide *Scambiatio.*

¶ **SCAMBSOR**, Eadem notione. Vide in *Stallum.*

* **SCAMBUCINUS**. Vide *Stambucinus.*

SCAMELLUM, Scamella, Scammellum, Scabellum. Gloss. Gr. Lat. MSS. : Ὑποπόδιον, *Scabellum, subsellium, scamellum.* Cod. edit. *Scamillum* habet. Gloss. Keronis : *Subselliis, scamelum.* Gloss. Theotiscum Lipsii : *Fuot scomel, Scabellum.* [** Vide Graffii Thesaur. Ling. Franc. tom. 6. col. 496. voce *Scamul.*] Venericus Vercellensis in Apologia Henrici IV. Imp. : *Certatum est pugnis atque Scamellis, pro herilis sedis positione, etc.*

Sed proprie usurpatur pro iis scabellulis, quibus repentes manibus innituntur : Germ. *Schimmel.* Rodulphus Tortarius Monachus Floriac. de Miracul. S. Benedicti n. 37. vel 17 :

At puer assuetis pronus reptando Scamellis,
Floriacum petiit, sospes et inde redit.

Harigerus Abbas in Vita S. Landoaldi n. 13 : *Infirmorum baculi, repentium Scabella.* Adrevaldus de Miraculis S. Benedicti cap. 36 : *Quædam femina.... ita ut nequaquam pedibus incedere posset, sed per terram reptando, Scamellorum magis juvamine sese protraheret.* Rodulphus Presb. in Vita Rabani Abb. Fuld. : *Mulier ita curata est, ut sine cujaspiam adjutorio se erigeret, et Scamellis, quibus eatenus innitebatur, summitatem feretri tangeret.* Supra : *Reptans pedibus, et manibus Scammellis innixis.* [Vita S. Pardulfi sæc. 3. Bened. part. 1. pag. 576 : *Claudus quidam Marcellus nomine, qui ab utero matris suæ calcaneos hærentes renibus, nihil aliud nisi cum Scamellis gradiebatur.*] Occurrit præterea apud eumdem Tortarium in Appendice Patriciacensi n. 1. in Histor. Translat. S. Gorgonii n. 23. in libro 1. Miraculor. S. Dionysii cap. 26. lib. 3. cap. 11. apud Aimoinum lib. 2. de Miracul. S. Benedicti cap. 12. lib. 3. cap. 3. ubi *Scamellos*, masculino genere habet, etc.

¶ Scabellum, Eadem notione. Vita S. Walpurgis sæc. 3. Bened. part. 2. pag. 294 : *Fervidam membrorum compaginem ministrabo, et hujus in recompensatione mercedis, Scabella mihi quibus adhuc curvis artubus uteris, donare debebis.* Infra *Tripedias* vocat, quod ejusmodi fulcrum tripes esset : *Cum ecce Tripediæ quibus sua usus est in vita, divinitus e manibus, ac si evulsæ ante altare projectæ sunt.* Mirac. S. Willehardi ibid. pag. 415 : *Paralysi ita contracta exstitit, ut de membris ipsis nihil penitus sentiret, nec quoquam ire nisi cum Scabello sese trahendo posset.*

¶ Scabellulum, diminut. a *Scabellum* : S. Gerardus in Mirac. S. Adalhardi sæc. 4. Bened. part. 1. pag. 359 : *Quod si deessent portitores, non bipedem gradientem, sed quadrupedem Scabellulis repentem putares. Scamellulæ*, in Actis SS. tom. 5. Maii pag. 236.

¶ **SCAMELLUS**, Modus agri, f. pro *Scamnellus.* Charta ann. 1126. apud Calmet. inter Probat. tom. 2. Hist. Lothar. col. 280 : *Vineam ad Wanein sepem, vineam et duos Scamellos in costa,... tres Scamellos in alterius vineis, etc.* Vide *Scamnum* 1.

¶ **SCAMERA.** Vide supra *Scamares.*

¶ **SCAMILLUM.** Vide *Scamellum.*

SCAMIUM, Permutatio. Vide *Cambiare.*

1\. **SCAMMA.** Historia MS. excidii Acconis ann. 1191 : *Portantes ibidem.... lanceas, falcastra, cassides, et loricas, Scammata et perpuncta, scuta cum clypeis, etc.* [Ubi *Scamata et propunctos* edidit Marten. tom. 5. Ampliss. Collect. col. 765.] In Gloss. Græc. Lat. σκάμμα, *fossum*, seu fossa redditur ; sed aliud hoc loco sonat, et, ni fallor, loricas ipsas, quarum catenulæ *squamæ* dicuntur Virgilio et aliis ; ita ut legendum sit *loricas squamatas.*

¶ Scamma, Græc. σκάμμα, proprie est locus fossis inclusus, a Gr. σκάπτω, fodio : unde arena luctantium, ut et fossa castrensis, Gall. *Trenchée*, *Scamma* dicta est. Gloss. Isid. : *Scammata, arenæ, ubi athletæ luctantur.* [** Σκάμμα, Pars circi σφενδόνῃ opposita, in Glossar. med. Græcit. col. 1380.] S. Paulinus in Epist. ad Severum : *Noli interim dum in Scammate sumus, dum foris pugnæ, intus terrores, alte pro nobis sapere aut loqui.* Adso in Vita S. Bercharii sæc. 2. Bened. pag. 835. *Præteritorum immemor certaminum, et quasi qui virtutum in Scammate positus, ad perfectionem pugnæ nihil plene ante peregisset, etc.* Mirac. S. Bertini sæc. 3. Bened. part. 1. pag. 135 : *Deo autem propitio nulli ex nostris vitam prolixo Scammatis spatio magnopere periclitabantur.* Acta S. Luciani tom. 1. Januar. pag. 364 : *Ut.... in minoribus antea rebus exercitati, præclari in Scammate compareamus.* Utuntur Tertull. lib. ad Martyr. S. Hieronym. Epist. ad Pammach. etc.

☞ Ita etiam accipiendus, scilicet pro fossa castrensi, locus qui mendis non caret, apud Baluz. tom. 6. Miscell. pag. 364. ubi de constructione castri Saphet : *Quot autem et qualia sint ibi ædificia, quæ et quales, quot et quantæ munitiones,... quæ immensibus terra profunde in antemuralia et fossata cum crotis quæ durus fossæ copertæ quæ super Scamas et sub antemuralibus, ubi possunt balistarii cum magnis balistis et defendere Scamu et alia propinqua et remota, et non ab aliis exterius videri.*

* Interdum pugnam, conflictum sonat, ut in plerisque locis hic prolatis.

¶ 2. **SCAMMA**, Scamnum, sedile. Acta S. Godelevæ tom. 2. Julii pag. 408 : *At Bertulfus ab Scammate in quo sedebat exiliens, equum ascendens, ivit Brugas pernoctatum.* Acta S. Juliani Mart. tom. 2. Martii pag. 422 : *Quanto majora illi Scammata proponebat, tanto mirabiliora certamina efficiebat.* Vide *Scamellum*.

* Nostris *Escame* et *Eschamel*. Joinvil. in S. Ludov. edit. reg. pag. 15 : *Le seau de la lettre estoit brisié si que il n'i avoit de remenant fors que la moitié des jambes de l'ymage du séel le roy, et l'Eschamel sur quoy li roy tenoit ses piez.* Lit. remiss. ann. 1448. in Reg. 176. Chartoph. reg. ch. 599 : *Lequel Jehannin print une petite forme ou Escame, de laquelle il bouta et frappa par maniere d'estoc icellui Mahiet.* Le Reclus *de Moliens* MS :

De baut estal en bas Escame
Pueent bien lor siege caugier.

¶ **SCAMMELLUM.** Vide supra *Scamellum.*

¶ **SCAMMERA.** Vide in *Scamares.*

¶ **SCAMNA.** Vide in *Scamnum* 1.

SCAMNALE, Stragulum seu instratum scamni. Testamentum S. Desiderii Episcopi Cadurcensis in ejus Vita cap. 18 : *De præsidio meo, Scamnalia, mensalia, et electualia, aurum et argentum quod ex successione parentum habeo.... tibi relinquo.* Ratherius Veronensis in Qualitatis conjectura : *Vestibus non comitur, calceamentis turpatur, Scamnalia non quærit, mensalibus indiget, lectisterniis mediocribus, cæteraque supellectile delectatur, pretiosa non ambit.* Gregorius Turon. lib. 9. cap. 35 : *Mandans iterum Actori, ut domo scopis mundata, stragulis Scamna operiret.* Mox : *Cur non sunt Scamna hæc operta stragulis?* Hugo de Cleeriis de Majoratu Franciæ : *Scamnum pulcherrimum fulcro pallii aut tapeto copertum Senescallus præparabit.* Concilium Constantinopolitanum sub Mena act. 5 : Εἰπὼν γάρ ὠνηθῆναί τινα σκαμνάλια εἰς λόγον τοῦ σηκρήτου τοῦ Ἐπισκοπείου. Infra : Τὰ λιτὰ σκαμνάλια.

Scamnile, Eadem notione. Vetus Chartula plenariæ securitatis sub Iustiniano, apud Brissonium lib. 6. formul. pag. 647 : *Stragula polimita duo valentes solido uno, tremisse uno, Scamnile ac picto valente solido uno, etc.* Infra : *Uno Scamnile cum agnos valente siliquas aureas duas.*

¶ **SCAMNATUS.** Vide *Scamnum* 1.

* **SCAMNELLUM**, Scabellulum : de iis proprie intelligitur, quibus repentes manibus innituntur : unde *Scamnellarii* nuncupati. Mirac. S. Emmer. tom. 6. Sept. pag. 510. col. 1 : *Erat quidam homo pauperculus,.... non baculo suffultus, sed Scamnellis innisus, magis viam repsit, quam ambulavit. Cumque circa horam prandii ventum esset ad quendam fontem laticis perspicui, dixit Scamnellarius ad itineris socium, etc. Scamnellarius homuncio aquam hauriens, etc.* Vide *Scamellum.*

¶ **SCAMNIUM**, Commutatio, Gall. *Echange*. Hist. MS. S. Cypriani Pictav. pag. 190 : *Placuit nobis ut faceremus Scamnium de terra nostra.* Vide *Cambiare.*

* Charta sub Roberto rege ex Chartul. monast. Dolens. : *Ego Odo senior Dolis Scamnium facio cum Alberto abbate et monachis sanctæ Dei genitricis Mariæ Dolensis cœnobii;. ... in quo Scamnio accepi ab eis terram de Villa-Dei, quæ erat S. Mariæ alodum, et unum optimum equum æque ego dedi illis.*

SCAMNOCANCELLUS. Repertæ nuper, anno scilicet 1670. Smyrnæ veteres aliquot inscriptiones, in quarum una vox hæc reperitur. Exstat illa in ædibus cujusdam Turci : ΗΡΗΝΟΠΟΙΩΣ ΠΡΣ ΚΕ ΠΑΤΗΡ ΤΟΥΣ ΤΕΜΑΤΟΣ ΥΙΩ ΣΕΙΑΚΩ ΚΕ ΑΥΤΟΥ ΠΡΣ ΥΠΕΡ ΕΥΧΗΣ ΕΑΥΤΟΥ ΚΕ ΤΗΣ ΣΥΜΒΙΟΥ ΜΟΥ ΚΕ ΤΟΥ ΓΝΙΣΙΟΥ ΜΟΥ ΤΕΚΝΟΥ ΕΠΟΙΗΣΑ ΤΗΝ ΣΤΟ ΣΙΝ ΤΟΥ ΕΙΣΟ ΤΙΧΟΥ ΣΥΝ ΤΟΙΣ ΣΚΑΜΝΟΚΑΝΚΕΛΥΣ ΚΑΛΛΙΕΡΓΙΣΑΣ Ν.

☞ Quæ facilius certiusque in hac inscriptione mendose descripta restitui possunt, sic emendo : ΥΠΕΡ ΕΥΧΗΣ ΕΑΥΤΟΥ ΚΑΙ ΤΗΣ ΣΥΜΒΙΟΥ ΜΟΥ ΚΑΙ ΤΟΥ ΓΝΗΣΙΟΥ ΜΟΥ ΤΕΚΝΟΥ ΕΠΟΙΗΣΑ ΤΗΝ ΣΤΡΩΣΙΝ ΤΟΥ ΕΙΣΟΤΙΚΟΥ ΣΥΝ ΤΟΙΣ ΣΚΑΜΝΟΚΑΓΚΕΛΛΟΙΣ ΚΑΛΛΙΕΡΓΗΣΑΣ. Hæc vero sic interpretor : *Pro voto meo et uxoris meæ et genuini filii mei, feci pavimentum interioris partis cum Scamnocancellis bene operans.* Clathri cum scamnis seu sedilibus significari videntur.

1. **SCAMNUM**, vox Agrimensorum. Hygenus : *Quod in latitudinem longius fuerit, Scamnum appellatur : quod in longitudinem, Striga.* Frontinus : *Quicquid secundum hanc conditionem in longitudinem est delimitatum, per strigas appellatur : quicquid per altitudinem, per Scamna.* Papias : *Scamnatus ager, qui per Scamna ab Occidente in Orientem crescit.* Editus et MS. habet *scannatus*, et *scannam*, vel *scamnam*. Plinius et Columella lib. 2. cap. 4. *Scamna* appellant glebas grandes quæ solent excitari prima aratione.

2. **SCAMNUM**, Equulei species. *Super Scamnum tensus.* Lex Salica tit. 42. § 1 : *Servus super Scamnum tensus* 120. *ictus accipiat.* Editio Heroldi, *servus super Scamno trusus*, habet. § 8 : *Et qui repetit, virgas paratas habere debet, quæ in similitudinem minimi digiti grossitudinem habeant, et Scamnum paratum habere debet, ubi servum ipsum tendere possit.* Editio Heroldi, *extendere*, præfert. Vide Greg. Turon. lib. 7. Hist. cap. 22. Hieronymum Bignonium ad Legem Salicam, [et Eccardum ad eamdem Leg. pag. 79.]

3. **SCAMNUM**, Vadum, Gallis *Banc*. Miracula S. Vulfranni Episc. Saxon. num. 8 : *Qui cum Sequanæ ostium præpropere subintrassent, super Scamnum, quod vulgo Sorellum vocatur, velocius remigando navem impegerunt, ibique immobiliter persliterunt.* Miraculum de Conceptione S. Mariæ, inter opera S. Anselmi pag. 507 : *Syrtes, quas naucleri Scamna dicunt.*

4. **SCAMNUM**, in quo merces suas exponunt mercatores, vel carnes suas carnifices. Charta Arcembaldi Domini Borboniensis pro libertatib. Villæ franchæ ann. 1217 : *Carnifex qui habet Scamnum* 12. *denarios* (solvat,) *si non habet Scamnum*, 16. *den.* [Charta ann. 1309. tom. 1. Hist. Dalph. pag. 91. col. 1 : *Item in duobus Scamnis quæ tenebat Guillelmus Chalamarii et Petrus ejus filius. Item in uno alio quod tenebat Alexia de Mura. Item in aliis duobus Scamnis,... quæ Scamna valebant et conducebantur cum dictis quinque solidis in summa* XLVIII. *sol.* III. *d. bonæ monetæ census.*] Vide *Bancus* pag. 561. col. 1.

* Interdum et Tributum, quod ab iis ob scamnum persolvitur, ut in Charta ann. 1007. ex Bibl. reg. col. 17 : *Quod injuste et malo ordine, eo quod non essent legitimi eredes, retinerent in dominio præfatæ villæ S. Georgii Scamnum unum de salinis.*

¶ **Scampnum**, Eadem notione, in Charta Hermanni de Reichenbach apud Ludewig. tom. 6. Reliq. MSS. pag. 470 : *Item Wilhelmi et Heynrici octo Scampna calciorum in Swydnicz, quorum quodlibet unum fertonem dare tenetur.*

* **Scampnum Osculari**, Ejectus ab officio id præstare tenebatur, ex Charta Phil. comit. Fland. pro libert. castel. Brug. in Cam. Comput. Insul. : *Falcificatus* (scabinus) *det decem libras comiti et castellano, et Scampnum osculando retro exeat, et numquam ad scabinatum accedat.*

¶ 5. **SCAMNUM**, Mensa humilis. Gregor. Turon. lib. 5. Hist. cap. 19 : *Erat ante eos Scamnum pane desuper plenum cum diversis ferculis.* Rursum lib. 7. cap. 22 : *Cum* (presbyterum) *jam crapulatus adspiceret, elisum super Scamnum pugnis ac diversis ictibus verberavit.*

¶ 6. **SCAMNUM**, Fulcrum quo repentes manibus innituntur. Acta S. Johannis Opilionis tom. 4. Jun. pag. 845 : *Ramundus nomine cum Scamnis se deducens, (nam pedibus progredi erat omnino impotens) coram ejus tumba in conspectu populi erectus est.* Vide supra *Scamellum.*

* 1. **SCAMPARE**, Silvam in campum seu culturam redigere. Charta Landenulfi Langob. princ. in Access. ad Hist. Cassin. pag. 86. col. 1 : *Non haveant potestatem in jam phato sancto monasterio de jam dictis sylbis plus Scampare, vel at cultum perducere absque voluntate et largitate nostra, nisi ipsis terris, quam pars prædicti monasterii Scampatum et at cultum perductæ habuerunt.* Vide *Scampatus.*

* 2. **SCAMPARE**, Liberare, servare, alicujus effugio favere. Stat. crimin. Cumanæ cap. 30. ex Cod. reg. 4622. fol. 70. v° : *Si quis de cetero abstulerit seu Scampare fecerit aliquem in toto districtu Cumanæ, qui fecisset aliquod homicidium, quo minus capiatur, etc.* Vide supra *Escapium.* Alia notione *Scampar* legitur in Glossar. Provinc. Lat. ex Cod. reg. 7657 : *Scampar, Prov. Dilapidare, dissipare.*

SCAMPATUS. Jacobus I. Rex Aragon. in Foris Oscæ ann. 1247. fol. 2 : *Si in prima die quando bestia jam dicta fuit pignorata, ille qui pignoravit eam noluerit ei colligere comestionem, teneat illam in loco Scampato, et solutam, etc.* In loco campestri, vel in campo.

¶ **SCAMPNUM.** Vide *Scamnum* 4.

SCAMPSARIA. Vide *Cambiare.*

¶ **SCAMPSOR**, pro *Campsor*, nummularius, in Charta ann. 1316. ex Tabul. Sangerman. Vide *Cambiare.*

SCAMULA, Squamula. Vita B. Angelæ de Fulginio n. 137 : *Et quia quædam Scamula illarum plagarum erat interposita in gutture meo, conata sum ad deglutiendam eam, etc.* [Vide *Scama.*]

¶ **SCANA.** Vide infra *Scava.*

* **SCANABIS**, pro Cannabis Gall. *Chanvre.* Charta ann. 1221. in Lib. albo episc. Carnot. : *Item major habet redecimam lini et Scanabis, quæ debet numerare et congregare.* Alia ann. 1305. in Lib. rub. Cam. Comput. Paris fol. 263. r°. col. 1 : *Omnes parcerias et decimas bladi et vini, nucum, poriorum, olerum, Scanabis et aliorum fructuum, etc.*

¶ **SCANCILE.** Vide *Scandile.*

SCANCIO, a Cyathis, A poculis, Pincerna; a Germanico, *Scenken*, vinum fundere, *Schincker*, pocillator, Gall. *Eschançon.* Papias : *Pincerna, scantio.* [** Vide Graffii Thesaur. Ling. Franc. tom. 6. col. 517. radice *Scanc.*] Lex Salica tit. 11. § 5 : *Si quis... furaverit aut vendiderit... vel Molinarium, aut Carpentarium, sive Venatorem, sive Scancionem, etc.* Ita præferre quosdam codices monet Lindenbrogius pag. 1325. [*Robertus Scantio serviens domini Regis*, in Charta ann. 1247. inter Instr. tom. 6. Gall. Christ. col. 156.] *Bartholomæus Caprarii civis Lugdunensis Scancio Domini Regis*, in Charta ann. 1320.

¶ Scancius, Eodem intellectu, in Charta ann. 1260. tom. 3. Hist. Harcur. pag. 103 : *Odo Archiepiscopus Rothomagensis Pintervillanum vicum a Petro de Mellento Francorum Regis Scancio et Ligardi ejus uxore numeratis tribus millibus et ducentis libris Turon. Ecclesiæ suæ comparat.*

Scancionarius, Eadem notione, in Ordinatione Hospitii Regis S. Ludovici ann. 1261. a nobis edita in Notis ad Joinvillam pag. 109. ubi sub titulo *Scancionariæ*, Gall. *Eschançonerie*, comprehenduntur *Scancionarii, Clerici in Scancionaria, Madelinarii, Summularii Scancionariæ, Barillarii, Boutarii, Quadrigarii boutorum, Potarii, etc.* De quibus sigillatim suis locis agimus.

☞ Est etiam *Scancionaria*, Locus ubi potus servatur, vel unde distribuitur. Comput. ann. 1202. apud D. *Brussel* tom. 2. de Usu feud. pag. CLXXXII : *Pro Scantionaria facienda* xv. *l.*

Scancia, Idem quod *Scancionaria*, cui qui præerat apud Wisigothos, *Comes Scanciarum* dictus. Vide in *Comes.*

Scançaria, in Charta Lusitanica, apud Brandaonem in Monarch. Lusitan. tom. 5. pag. 304 : *Hæc est recepta de prata, quæ est in Scançaria D. Dionysii* (Regis Portugalliæ ann. 1316.)

Scançanus, vel *Scançarius major*, ejusdem Regis ibidem.

* **SCANDAGLARE**, Mensuras ad examen publicarum mensurarum expendere, exigere, Ital. *Scandagliare*, idem quod *Scandaillare.* Stat. Avellæ ann. 1496. cap. 201. ex Cod. reg. 4624 : *Rationare, Scandaglare et recognoscere debeant mensuras et pondera Avillianæ.* Vide supra *Escandilare* et mox *Scandilhare.*

¶ **SCANDAGLIUM.** Vide *Scandalium* 2.

¶ **SCANDAILLARE**, Mensuras ad examen publicarum mensurarum expendere, exigere, Gallice *Eschantilloner* : ab Ital. *Scandagliare*, ponderare, metiri. Statuta Massil. lib. 1. cap. 56. § 3 : *Curia præstet eis stateras, et mensuras eis necessarias pro Scandaillandis, et recognoscendis prædictis ponderibus et mensuris.* Vide supra *Eschantillare* et mox *Scandalium* 1. et 2.

* **SCANDALE**, Mensura liquidorum, vulgo *Scandal. Escandaylly*, in Charta Raym. Bereng. comit. Provinc. ex Catal. MS. Bibl. reg. part. 3. pag. 23. col. 1 : *Illis* (piscatoribus) *inde recedentibus xij. libræ panis a cellario debent dari et unum baral d'Escandaylli impleri vino, quo fratrum conventus tunc bibere consuevit.* Id est, dolium unius *Scandalis.* Inventar. bonorum Raym. de Villanova ann. 1449. ex Tabul. D. Venciæ : *Item unum Scandale.* Stat. Saluc. collat. 4. cap. 113 : *Potestas teneatur eligi facere duos massarios ad ajustandum et signandum pondera et mensuras, videlicet sextarium vini,.... Scandalia, etc.* Vide *Scandalium* 1.

¶ 1. **SCANDALIA**, *Funes ad tentandum fundum, et altitudinem aquarum agnoscendam*, in Gloss. Franc. Barberini ad *Docum. d'Amore* edit. Ubaldini. Itali *Scandaglio* dicunt, nostris *Sonde.*

¶ 2. **SCANDALIA**, pro *Sandalia*, in Hist. Translat. S. Edmundi Cantuar. Archiep. apud Marten. tom. 3. Anecdot. col. 1867. et in Bulla Johannis PP. apud Ludewig. tom. 6. Reliq. MSS. pag. 54.

¶ 1. **SCANDALIUM**, Scandallium, Mensura vinaria, vulgo *Scandal*, vel *Escandau*, quæ 15. mensuras continet, quarum singula duas libras et 12. uncias appendit, proinde quarta pars est *Meillerolæ.* Vide in hac voce. Charta ann. 1392. ex Tabul. S. Victoris Massil. : *Unum vaysellum vini rubei tenentem novem metretas sive meillarolas, et duo Scandalia.* Statuta Arelat. MSS. art. 74 : *Qui vendiderit vinum in Arelate teneatur habere medium Scandallium et quartanum Scandalii, quibus tenentur vendere, emere volentibus, vinum suum.* Charta vernacula ex Cod. MS. D. *Brunet* fol. 117 : *Item l'Abadassa de sainct Cesari de mostiers dona.... un Scandalh de vin.* Ibid. : *Item Mossenhor l'archevesque dona à las gardias del pont... un Escandalh de vin.* Vide *Escandaleum* et *Scandale.*

¶ 2. **SCANDALIUM**, Scandaglium, ab Ital. *Scandaglio*, Ponderis seu trutinæ species, Gallice *Peson, balance.* Statuta Saluciar. Collat. 4. cap. 122 : *Qui vendiderit ad quartam mancam seu ad tesiam, vel stateram sive balancias, seu ad Scandalium vel aliud pondus injustum, solvat bannum.* Statuta Perus. fol. 56 : *Si quis mensuraverit ad mensuram, vel pondus, Scandalium, stateram, etc.* Statuta Montis Regal. fol. 183 : *Item statutum est quod quælibet persona quæ mensuraverit ad falsam seu mancham mensuram, seu Scandalium, libram, etc.* Ibid. fol. 276 : *Qui inquisitores non possint nec debeant capere aliquid ab aliqua persona, pro cognoscendis mensuris et Scandaglis, etc.* Rursum fol. 284 : *Teneantur cuilibet emere volenti ad Scandaglium, ponderare ad Scandaglium ab una libra supra cujuscumque rei aptæ ponderari ad ipsum pondus.* Vide *Scandaillare.*

SCANDALIZARE, *Offendere, lædere, vel per occasionem ruinæ dare*, Ugutioni et Papiæ. Facundus Hermianensis lib. 6. cap. 1 : *De quo illum maxime ac principaliter adversarii criminantur, vel Scandalizant, vel si hoc non possunt, exagitant minus instructos.* [Charta Johann. Episc. Paduensis ann. 1271. ex Bibl. reg. : *Unde cum hoc peccatum Deum offendat et homines Scandalizet, etc.* Occurrit passim in Bibliis sacris et apud Tertull. de Veland. Virg. cap. 3. adv. Marc. lib. 5. cap. 18. etc. Gloss. Lat. Gall. Sangerman. : *Scandalisare, Esclandeliser.*]

* Scandalizare, Infamare, aliquem infamia aspergere, nostris *Scandaliser*, eadem acceptione. Lit. remiss. ann. 1364. in Reg. 101. Chartoph. reg. ch. 65 : *Eadem Marquesia sentiit sive novit se nunc fore, ut crediderat, prægnantem; ex quo ipsa fuit valde stupefacta, et dubitans, ne ob hoc dictus scutifer maritus suus oderet ipsam et ingratam eam haberet, etiam et quod inde ipsa Scandalizaretur, etc.* Aliæ ann. 1385. in Reg. 127. ch. 16 : *Item quod super hiis præmissis et de hiis fuerunt et sunt dicti rei non solum culpabiles, verum etiam publice et notorie diffamati et Scandalizati apud nos et alios bonos et graves.* Lit. remiss. ann. 1409. in Reg. 163. ch. 326 : *Icelle poure suppliante a esté menée hors de nostre royaume, à grant vitupere et batue de verges parmi la ville de Mascon; et après ce comme corrigée et Scandalisée s'en soit alée, etc.* Aliæ ann. 1456. in Reg. 189. ch. 94 : *Icelle femme tint vie dissolue et deshonneste avecques plusieurs hommes, tellement qu'elle en estoit moult diffamée et Scandalisée.* Aliæ ann. 1459. in Reg. 189. ch. 402 : *Icellui Jacotin pour tousjours mieulx Scandalisier ledit hostel et porter deshonneur à la lignée du suppliant, etc. Escandaliser* et *Esclander*, eodem sensu. Lit. remiss. ann. 1412 in Reg. 166. ch. 297 : *Lesquelx freres distrent à Pierre Audebert : Beau sire, vous Escandalisez et donnez blasme à nostre seur.* Aliæ ann. 1452. ex Reg. 181. ch. 229 : *Laquelle suppliant soy voyant ainsi Esclundée et deshonnorée, etc.* Hinc *Escandelissement*, Convicium, crimen alicui inustum, in Consil. Petri de Font. pag. 80. art. 2. *Scandaler* vero et *Scandaliser* rursum dixerunt nostri, pro Divulgare, in lucem proferre, ubi tamen mala de re agitur. Lit. remiss. ann. 1459. in Reg. 188. ch. 91 : *Pour ce que quant on eust Scandalé desdiz chesnes merchez, la charge en fust venue oudit Ouvrat, pour ce que ja il estoit soupeçonné d'avoir fait forger faulx marteaulx.* Aliæ ann. 1409. in Reg. 163. ch. 385 : *La chose fu Scandalisée et publiée. Escandelisier, Enchandelisier* et *Esclander*, eadem acceptione. Lit. remiss. ann. 1406. in Reg. 161. ch. 73 : *Tellement l'avoit Escandelisié, que la chose estoit comme toute commune. En maniere que la chose ne fust Esclandée*, in aliis ann. 1458. ex Reg. 188. ch. 50. Chron. S. Dion. tom. 3. Collect. Histor. Franc. pag. 232 : *De maint crieme l'encourperent et l'Enchandelisierent.* Ubi Aimoin. lib. 3. cap. 45. ibid. : *Crimina falso proloquuntur. Eskandeler*, apud Phil. Mouskes in Chilperico :

Mais cis affaires fu celés,
Si ne fu pas Eskandelés.

* **SCANDALIZATOR**, Vir perniciosi exempli, Gall. *Scandaleux*. Conc. Basil. § 34. ubi de Eugenio IV. PP : *Universalis Ecclesiæ Scandalizatorem notorium. Scandaliseux* vero, Qui odio est, qui indignationem movet, in Charta ann. 1369. ex Reg. 136. Chartoph. reg. ch. 240 : *Veans aussi que tous cas de mainmorte est haineux, Scandaliseux, de grans missions et de petit prouffit, etc.*

* **SCANDALOSE**, Cum multorum offensione, Gall. *Scandaleusement*. Stat. eccl. Paris. MSS. ann. 1409. ad calcem Necrol. ejusd. eccl. : *Item qui in legendis lectionibus, vel evangeliis, vel epistolis Scandalose deffecerunt in pronunciatione, emendam luant ac si eas non legissent.*

1. **SCANDALUM**, Rixa, jurgium, odium. Papias : *Scandalum, offensio, ruina, ve rixa. Scandalum est ruina seu impactio pedum. Scandalum dicitur cum subito inter aliquos scandit, id est, oritur dissensio vel pugna.* Kero in Glossis : *Scandala, Zurvuarida. Scandalorum, Zurvuaridono.* [** Vide Graff. Thesaur. Ling. Franc. tom. 1. col. 918.] Hinc forte nostrum *Ourvary*, pro tumultu, vel incondito clamore : [quo nescio an spectet vox χωνωνεθαριασμός, apud Anonym. Combefisii in Porphyrog. num. 8. Chron. Farfense apud Murator. tom. 2. part. 2. col. 640 : *Qui* (Gregorius VII. PP.) *contra Henricum III. Romanorum Imperatorem Scandalum nisus est sanctæ Dei Ecclesiæ suscitare.*] Gregorius Turon. lib. 3. cap. 6 : *Orto inter Reges Scandalo, etc.* Lib. 6. cap. 10. *Hi perpetrato scelere, ad Burdegalensem civitatem venientes, orto Scandalo, unus alterum interemit.* Lib. 2. Mirac. cap. 5 : *Cumque delubri illius festa a Gentilibus agerentur,... medio a vulgo commoventur pueri in Scandalum, nudatoque unus gladio alterum appetit, etc.* Gesta Regum Francorum cap. 45 : *Donec inter eos odium maximum et Scandalum crevit.* Lex Longob. lib. 1. tit. 16. § 3. [** Roth. 381.] : *Si mulier libera in Scandalum concurrerit, ubi viri litigant, si plagas aut feritas factas habuerit, etc.* Adde § 4. [** Liutpr. 123. (6, 70.)] Ita toto titulo 2. lib. 1 : *De Scandalis et compositionibus, ad Regem pertinentibus.* Adde Legem Bajwar. tit. 2. cap. 4. Leges Wisigoth. lib. 9. tit. 2. § 8. Capit. Caroli M lib. 3. cap. 89. [** 91.] Regulam S. Benedicti cap. 13. Regulam Magistri cap. 83. Nithardum lib. 4. etc.

* Item, Lis, controversia. Charta ann. 1201. in Chartul. Buxer. part. 20. ch. 2 : *Post hæc Petrus Eschoz, filius Willelmi Eschoz, movit querelam adversus fratres Buxeriæ pro eodem pedagio : sed tandem ad se reversus recognovit elemosinam patris sui.... Ne vero fratres de Buxeria super hac elemosina ulterius Scandalum sustineant, etc.*

Scandalum Magnatum, inquit Cowellus lib. 4. Instit. tit. 4. § 4. nos ita appellamus contumeliam, aut verba injuriosa, alicui de majori Nobilitate illata, quod cæteris quibuscumque propter personæ læsæ splendorem et dignitatem, graviorem pœnam meretur.

Porro a voce *Scandalum* videtur nata vox Gallica, *Esclande*, in veteribus Consuetudinibus Bituric. apud Thomasserium pag. 343. [unde Gloss. Lat. Gall. Sangerm. : *Scandalum, Esclandre, offense.* Consuet. Andegav. art. 148 : *Et pour ce que aucuns qui pour leur malefice ont été bannis par justice du pays n'en tiennent compte, mais y frequentent et habitent comme auparavant, et autres se dissimulent de lieu en lieu par le support et soustrait de ceux qui les retirent chez eux. Ce qui tourne au grand Esclandre de la justice. Si que dit est, et est en tres grant Escande de ladite ville et des habitans d'icelle*, in Litteris ann. 1356. inter Ordinat. Regis Franc. tom. 3. pag. 93.] Vide Salmasium ad Hist. Aug. pag. 199. [et Bellomaner. cap. 12.]

* *Escande* et *Escandele*. Annal. regni S. Ludov. edit. reg. pag. 285 : *Il vouloit miex lessier son droit, que à sainte Eglise avoir contemps, ne Escandele susciter.* Infra : *Guerre et contemps.* Vita ejusd. reg. ibid. pag. 292 : *Descordes il fuioit, Escandes il eschivoit, et haoit dissensions. Grants dommaiges et Escandeles périlleux*, in Charta Caroli IV. imper. ann. 1377. ex Tabul. eccl. Camerac. Glossar. Gall. Lat ex Cod. reg. 7684 : *Escande, Scandalum.* Interdum perturbationem sonat hæc vox. Reg. Cam. Comput. Paris. sign. *Pater* fol. 261. r° : *Soiez si avisez, si arréez et si attrempez que vous le faciez sans Escande et commotion dou peuple.* Ubi Reg. A ejusd. Cam. fol. 73. r°. habet, *Escandle.* Stat. Maceriarum MSS : *Le marlier est tenu d'avoir serviteurs souffisans avec lui pour aidier à chanter ou cuer et autrement, à sonner aussi...... les cloches bien concordées, le plus qui luy sera possible sans faire Esclande. Escloinne*, non dissimili notione accipi videtur, in Lit. remiss. ann. 1406. ex Reg. 161. Chartoph. reg. ch. 176 : *Guillaume Ghoudin, qui estoit homme de moult dur langaige, dist par maniere d'Escloinne, qu'il ne s'en partiroit point.*

2. **SCANDALUM**, Lex Burgundion. tit. 73. in Lemmate : *De caballis, quibus ossa aut Scandala ad caudam ligata fuerint.* Sed legendum *Scandula*, docet omnino Papianus Resp. tit. 29 : *Si quis caballo ligando ossum, aut Scandulam, vel pannum rubrum, ita eum turbaverit ut pereat, etc.* [Ita etiam legendum videtur in Statutis Mont. Regal. fol. 271 : *Ædificia in quibus sunt* (furni) *debeant cooperiri per illos fornarios qui eos tenent, de copis, tegulis, vel Scandalis.*] Vide infra *Scandula* 2.

* **SCANDEA**, *Haute nef*, in Glossar. Lat. Gall. ex Cod. reg. 7692. *Escande*, in Lit. remiss. ann. 1457. ex Reg. 189. Chartoph. reg. ch. 231 : *Thomas Laignel arriva en une petite Escande ou batel, etc.*

¶ **SCANDEFIERI**, pro Candefieri. Agnellus de S. Ursino apud Murator. tom. 2. pag. 101 : *Nulla ecclesia similis isti, eo quod in nocte ut in die pene Scandefiat.*

SCANDELA. Charta Alexandri III. PP. in Tabulario Prioratus S. Nicasii Mellenti fol. 10 : *In navibus vinum ferentibus* 3. *den. in singulis navibus pontem descendentibus a Esnotre* 1. *den. pro remige; in præfectura* 10. *sol. pro eleemosyna; et pro Scandela Comitis* 13. *sol.* Vide *Scandula* 1.

* Leg. *Candela*, ut certum est ex Charta Galeranni comit. ann. 1141. eadem de re et ex alia Phil. Aug. ann. 1195. in eodem Tabulario. Vide supra *Candela* 3.

* **SCANDELARE**, *Scandulis* seu asseribus domum tegere. Charta ann. 952. apud Murator. tom. 3. Antiq. Ital. med. ævi col. 147 : *Concedistis nobis casale,.... ubi nos modo sedere et abitare visi sumus, cum mansione supra se ædificata, Scandelata, cooperta axibus.* Vide *Scindula.*

SCANDELLA. Vide *Scindula*, et *Scandula* 1.

¶ **SCANDELLÆ**, Crepitaculum e scandulis ligneis confectum, quali utuntur leprosi, ne propius quis ad eos accedat. Ita Bollandistæ in Notis ad Mirac. S. Antonii de Padua tom. 2. Jun. pag. 733 : *Et vade ad illum militem qui miracula mea deridebat, et defer illi Scandellas, quia lepra tua ipse putrescit.*

* **SCANDELLUM**, Scamnellum. Inventar. ann. 1476. ex Tabul. Flamar. : *Et in coquina.... unam tabulam cum duobus Scandellis et uno archibanco coralli cum quatuor pedibus.* Vide *Scannellum.*

¶ **SCANDICUS**, de Christo dicitur in Orat. cujusdam librarii ad calcem libri Theogeri Episc. Metens. apud Bern. Pezium tom. 1. Anecd. Præfat. pag. xv.

SCANDILE, Scancile, seu potius *Scansile*, Stapes, quo in equum quis tollitur. Gloss. Ælfrici : *Scancile*, scirap, seu strepa. Alibi : *Scansilia*, stapas, vel strapas. Ugutio : *Scansile, strepa, ferrum, per quod equum ascendimus. Scansilia, sunt etiam gradus honorati, ubi in sedibus sedent.* Ita pariter Jo. de Janua. Unde emendandæ Glossæ Isid. : *Scansuæ, ferrum, per quod equus scanditur.* Glossæ Pithœi habent : *Scansa, per quod equos scandit.* Vide *Strepa.*

Scandile. Aimoinus lib. 3. cap. 6. de Miraculis S Benedicti [lib. 2. cap. 20.] : *A quibus et sella ostendebatur, quæ dilapsa cum equo fuerat, cujus Scandilia quamvis nova, et antelam suis impatiens pedibus ipse disrumperat.*

Scansor, Strator, Ἀναβολεύς, qui dominum in equum tollit. Gloss. Lat. Græc. : *Scansor*, κατασρωτής. [Gesta Gaufredi Cenoman. Episc. apud Mabill. tom. 3. Analect. pag. 382 : *Quidam e contra clericus in domo cujusdam Scansoris manens, etc.*]

Scandile, Scalarum gradus. Cæsarius Heisterb. lib. 8. cap. 90 : *Octo etiam inserui Scandilia, supremum atribuens Christo, reliqua sex ordinibus Sanctorum.*

Scansile. Papias : *Scansilia, Gradus sunt, ubi honoratiores in diebus sedent.* Leg. *In sedibus*, ut supra, [vel ut in Gloss. MS. Sangerm. n. 501. *in ædibus.*]

* **SCANDILHARE**, Scandillare, Mensuras ad examen publicarum mensurarum expendere, exigere, ut supra *Scandaglare.* Privil. civit. Caturc. ann. 1344. in Reg. 68. Chartoph. reg. ch. 312 : *Quæ quidem mensuræ molles et pondera signantur.... signo consulatus prædicti, et limitari seu Scandilhari* (consueverunt) *per consules prædictos seu per deputatos ab eisdem.* Eadem leguntur in Charta ann. 1351. ex Reg. 80. ch. 487. ubi *Scandillari.*

¶ **SCANDOLA**, pro *Scandula*, tegulæ ligneæ species, Nostris *Eschandole, bardeau.* Statuta Cadubrii lib. 1. cap. 30 : *Statuimus* *quod jurati non possint nec debeant æstimare blada, arma, rapa, Scandolas domorum, etc.* Chron. Petri Azarii apud Murator. tom. 16. col. 322 : *Pons mirabilis.... longus autem per unum milliare, et totus Scandolis ligneis coopertus, etc.* Vide *Scindula.*

* Hinc *Escandola* appellatur Cubiculum remigibus præpositi in galea, quæ *Esquandalar* dicitur, in Hist. belli Ital. Guill. de Villanova apud Marten. tom. 3. Anecd. col. 1530 : *Le prince feist appeller missire Guillaume de Villeneufve, et l'envoya querir en soubte dedans l'Esquandalar par le patron Mathieu Corse.* Ni mavis intelligere eo loci Infimum navis tabulatum, vulgo *Fond de cale.* [** Vide Jal. Antiq. Naval. tom. 1. pag. 256.]

1\. **SCANDULA**, *Quoddam genus annonæ, quod et scandella dicitur dimin. et dicitur Scandula, quasi scindula, quod scindatur et dividatur.* Joan. de Janua. Vide *Scandela.*

* Academ. Crusc. *Scandella*, Hordeum distichum; Muratorio tom. 2. Antiq. Ital. med. ævi col. 351. Hordeum cantherinum, quod *Marzuola* apud Mutinenses appellatur et in Crescentii libro de Agricultura Italice reddito, *Orzo Marzuolo*, quod Martio mense telluri mandatur.

2\. **SCANDULA.** Papias : *Scindulæ, quod scindantur, Scandulæ vulgo.* Vide *Scindula.* [* Vide Calvini Lex. jurid.]

¶ **SCANDULARIS**, Ex *Scandulis* factus. *Tectum Scandulare*, apud Apuleium lib. 3. Metamorph.

¶ **SCANDULARIUS**, Qui *Scandulis* tecta contegit, leg. ult. D. de Jur. Immunit.

* Imo et Faber lignarius.

* **SCANGIBIN** vel Squingibin, *Arabice, Sirupus acetosus, sive fiat cum zuccaro, sive cum melle, quod est Oximel. Multi corrupte Secamabin dicunt.* Glossar. medic. MS. Sim. Januens. ex Cod. reg. 6959.

SCANGIUM, pro *Excambium*, in Domesdei, Gall. *Eschange.* [Vide *Cambiare.*]

* **SCANHA**, *Prov. Alubrum, mataxa.* Glossar. Provinc. Lat. ex Cod. reg. 7657.

¶ **SCANNA**, Scannatus. Vide *Scamnum* 1.

* **SCANNALE**, Stragulum seu instratum *scanni* seu scamni. Cerem. vet. MS. eccl. Carnot. : *Sabbato septuagesimæ ante Nonam auferuntur.... Scannalia de dorso clericorum.* Ibidem : *In octava* (Paschæ) *post completorium auferuntur Scannalia.* Vide *Scamnale.*

¶ **SCANNELLUM**, ut *Scamellum* supra. Miracula S. Antonii de Padua tom. 2. Jun. pag. 718 : *Hæc cum die quadam mendicitatis gratia... ad memoriam S. Patris Scannellis recta pervenisset, etc.*

¶ **SCANNIUM**, Idem ac *Cambium*, permutatio, *Echange.* Charta ann. circ. 965. ex Chartul. Matiscon. fol. 98 : *Terras quasdam per Scannium sibi invicem commutarunt.* Vide *Cambiare.*

¶ **SCANNUM**, pro Scamnum, in Chronic. Bertin. Johan. Iperii apud Marten. tom. 3. Anecd. col. 608 : *Tunc illum Comes cum corda ad collum ejus et ad trabem ligata super Scannum stare compulit, ipseque Comes Scannum cum pede propulit, et sic ille suspensus mansit.*

¶ **SCANSA**, Scansor, etc. Vide in *Scandile.*

* **SCANSARE**, vox Italica, Amovere, defendere. Inquisit. ann. 1252. apud Murator. tom. 1. Antiq. Ital. med. ævi col. 813 : *Et canonici Scansabant eos ab angariis et collectis dictæ villæ Quartexanæ, sicut suos homines.* Ibid. col. 815 : *Item dicit quod audivit dici, quod ipsi defendebant se, sicut homines de macinata, a collectis et oneribus dictæ villæ.*

SCANTELLATUS, Truncatus, mutilatus, *Ecorné.* Fori Aragon. lib. 9. pag. 177 : *Omnes denarii Jaccenses, qui falsi non sint, recipiantur ab omnibus hominibus, ad panem et ad vinum, sive... sint fracti, sive perforati, vel rubei, vel etiam Scantellati, etc.*

¶ **SCANTIA.** Anonymus Continuator Laurentii Leod. apud Calmet. inter Probat. tom. 1. Hist. Lotharing. col. 248 : *Episcopus igitur his et consimilibus in iram concitatus, videns se nihil posse inferre gravaminis civitati et civibus, omnem Scantiam et totum suburbium superius usque ad sanctum Amantium... igni fecit concremari.* Locus editior significari videtur, a scandendo *Scantia* dictus.

* **SCANTUS.** Vide supra *Scaltus.*

¶ **SCANUS.** Charta Adelgastri Principis inter Conc. Hisp. tom. 3. pag. 90 : *Damus.... quinque feltros et septem lectulos et tres Scanos.*

¶ **SCANUSIA**, Vestis monastica. Statuta Ordinis Prædicat. ann. 1311. apud Marten. tom. 4. Anecd. col. 1931 : *Item, quod sacerdotes, diaconi et subdiaconi in Missis conventualibus portent Scanusias vel scapularia cum induunt sacras vestes. Hoc idem etiam in Missis privatis faciant omnes alii sacerdotes.* Vide *Capularis* in *Scapulare.*

SCAPELIÆ, Laqueorum species, quibus capiuntur aves, apud Petrum de Crescentiis lib. 10. de Agricult. cap. 26. ubi describitur. Vide *Scarbellus.*

* **SCANZELARE**, Inductis cancellatim lineis obliterare, delere. Stat. Mantuæ lib. 1. cap. 43. ex Cod. reg. 4620 : *Omnis processus totaliter aboleatur et Scanzeletur auctoritate præsentis statuti ipso jure, et pro abolito et Scanzelato habeatur.* Vide *Cancellare.*

* **SCANZONERIUS**, Pincerna, a cyathis, a poculis, Gall. *Echançon.* Charta Caroli reg. Sicil. ann. 1269. in Reg. 50 Chartoph. reg. ch. 80 : *Quorum bonorum fructus, uncias auri triginta tres,..... Johanni Trenchavaza Scanzonerio nostro concedimus.... in pheodum nobile.* Vide *Scancio.*

SCAPA. Vide *Scapha.*

* **SCAPELA**, idem quod *Scapulare*, Monachorum vestis propria, quæ scapulas tegeret. Stat. ordin. milit. de Aviz ann. 1162. tom. 1. Probat. hist. geneal. domus reg. Portugal. pag. 13 : *Caputium parvæ magnitudinis, cum Scapela taliter facta, quod in conflictu pugnantes non impediat;.....Scapela vero semper sit nigri coloris cum caputio.*

¶ **SCAPELLARE**, Cædere, incidere, frangere. Excerpta ex Leg. Longob. cap. 8 : *Et si duobus furtis probatus fuerit, nasus ei Scapelletur.* Vide *Capulare* et *Scapillare.*

¶ **SCAPH**, Theca, armarium, apud Schilterum in Gloss. Teuton. ex Franc. Junio in Willer. pag. 220. *Schafft* hodie. [** Vide Graff. Thesaur. Ling. Franc. tom. 6. col. 449. voce *Scaf.*]

SCAPHA, et Scaphula, Mensuræ aridorum species : eadem quæ *Scapilus. Scapha siliginis, bladi*, in Metropoli Salisburgensi tom. 1. pag. 206. tom. 2. pag. 292. 293. tom. 3. pag. 334. [Charta Friderici Ducis Austriæ ann. 1241. apud Hansiz. tom. 1. Germ. sacræ pag. 380 : *Item decima in Lynz* LX. *Scaphas.*]

Scaphula. Leges Portoriæ Ludovici IV. Imp. ann. 904. apud Aventinum lib. 4. Annalium Bojorum, et Goldastum tom. 1. Constit. Imperial. pag. 210 : *Navis, quæ ab Occidentali regno venit,... semidrachmam, hoc est, unum scutatum pendat : si infra Lintzium tendit, semimodios tres, hoc est, tres Scaphulas salis solvat.* Infra : *Carri clitellarii, qui Anassum transeunt, Scaphulam præbent.* [** Vide Graffii Thesaur. loco mox laudato voce *Scefil.*]

Scaffia, Metropolis Salisburg. tom. 3. pag. 40 : *Ut singulis annis nobis viventibus una dierum, quam ad hoc eligerimus, sex Scaffia Landawensium mensuræ, sive frumenti, sive alterius annonæ... distribuere pauperibus non omittant.*

Scaffa *tritici, avenæ*, ibidem pag. 416. Vide in *Scapula.*

** Scapa Vini in Notit. circa ann. 1360. apud Guden. in cod. diplom. tom. 3. pag. 833. nisi legendum sit *Scala.*

¶ **SCAPHARIUS**, Qui *Scaphis* negotiatur. Inscriptio 1. apud Gruter. pag. 258 : *Scapharii, qui Juliæ Romulæ negotiantur;* id est Hispali. Adde pag. 257. num. 12. et Reines. class. 3. num. 26.

¶ **SCAPHINUS**, ut *Scabinus*, in Placito ann. 918. inter Probat. tom. 2. novæ Hist. Occitan. col. 56 : *Una cum abbatibus, presbyteris, judices, Scaphinos et regimburgos, tam Gotos quam Romanos, etc.*

¶ **SCAPHISMUS**, Supplicii genus apud Persas, quo sontes in *Scaphis* cibo et potu, muscis et vermibus ad necem cruciabantur. Vide Drexelium in Prodr. mortis cap. 1. § 24. Gallonium de Martyr. cap. 1. pag. 21. et Baronium in Notis ad Martyrol. 28. Julii.

¶ **SCAPHISTERIUM**, Alveolus ligneus, quo mulieres lotos pannos a fonte aut fluvio referunt. Vide *Capisterium* 1. et 3.

¶ **SCAPHON**, Somnero, *Septum, claustrum, quo ex cratibus facto, pastores noctu includunt oves, tum ad stercorandum arva, tum ne in segetes spatientur. Scaphon, ovile*, in Gloss. Lipsii.

¶ **SCAPHULA.** Vide supra *Scapha.*

¶ 1.**SCAPILLARE**, Verberare, scapis seu fustibus cædere. Statuta Cadubrii lib. 3. cap. 18 : *Si quis Scapellaverit aliquem sine sanguine, condemnatur in quinque lib. p. etc.* In capitis lemmate legitur, *de pœna Scapulantis, vel Scarpuzantis sine armis, etc.* Italis *Scappuzzare* est ad aliquid offendere, Gall. *Broncher.*

* 2. **SCAPILLARE**, Capillos evellere vel per capillos trahere, Ital. *Scapigliare.* Stat. Mantuæ lib. 1. cap. 56. ex Cod. reg. 4620 : *Si vero crines seu capillos traxerit seu Scapillaverit, vel per capillos traxerit, etc.* Vide *Excapillare.*

¶ **SCAPILLATUS**, Solutus crines, ab Ital. *Scapigliare*, Gallice *Echeveler.* Acta S. Franciscæ Rom. tom. 2. Mart. pag. 161 * :

Inveniebant eum projectam in terra, Scupillatam, frigidam, etc.

SCAPILUS, Mensuræ frumentariæ speciès, eadem forte quæ *Scapha*. Capitulare Caroli M. ann. 797. edit. ab Holstenio, cap. 11 : *De annona vero bortrinis pro sol. 1. Scapilos 40. donant, et de sigale 20. Septentrionales autem pro solido Scapilos 30. dent, et sigale 15.*

Scopellus, Eadem notione. Charta ann. 1345 : *Item quod Potestas teneatur inquirere omnes sextarios tam de vino, quam de grano, minas, medins, et quarterones et Scopellos, corbellas molendinorum, et omnes alias mensuras et pensas.* Vide *Sceffilum.*

¶ **SCAPINUS**, Solea calcei, Gall. *Semelle.* Acta S. Bertrandi tom. 1. Jun. pag. 801 : *Dum in sua statione, ut mos est cerdoniæ artis, sutilaris Scapino infigeret acum suendi causa.*

SCAPIO. Vide *Scabini* et *Stapio.*

** **SCAPLA.** Charta Richaid. Abbat. Seligenthal. ann. 1259. in Guden. Cod. Diplom. tom. 3. pag. 684 : *Solvit nobis annuatim 5. maldra annonæ, 5. speltæ 5. avenæ, 5. sumerinos pisæ, 1. sumer. olei, 2. aucas, 4. pullos et Scaplam vel 16. Hallenses.* Vide *Scaphula* in *Scapha.* Hic forte instrumentum ipsum quo quantitas deprehenditur, nisi idem sit quod *Scapula* 1. et 2.

SCAPOARDUS, nomen dignitatis, seu officii Palatini in Francia, quod inter minora ministeria reponitur ab Hincmaro de Ord. Palatii cap. 17. forte is, cui vasorum custodia credita erat, ex *Schap*, Teutonico, promptuarium, armarium, vas, theca, σκεῦος, Kyliano, et *Ward*, custos : jungitur enim *Ostiariis*, *Saccellariis*, et *Dispensatoribus.* Vide *Scafwardus.*

¶ **SCAPOLATUS.** Vide *Scapolus.*

* **SCAPOLERIUS**, Æris campani pulsator, idem qui supra *Scabolerius.* Comput. ann. 1482. inter Probat. tom. 4. Hist. Nem. pag. 21. col. 1 : *Item solverunt Johanni Loyracii, Scapolerio dictæ ecclesiæ cathedralis, pro suis laboribus impensis ad pulsandum campanas pro dicto cantari domini nostri regis, xxv. solidos Turon.* Iterum occurrit in Computo ann. 1498. ibid. pag. 71. col. 1.

¶ **SCAPOLUM.** Vide infra *Scopelum.*

SCAPOLUS, Scapolatus. Visitatio Thesaurariæ S. Pauli London. ann. 1295 : *Calix argenteus Henrici de Northampton deauratus, cum pede cocleato et Scapolato, et pineato ponderis cum patena 50. sol.* Alibi : *Scandalia de Indico sameto cum caligis breudatis, cum Scapolis et leonibus.* Rursum : *Capa... de rubeo sameto breudata cum Scalopis.* Alibi : *Frontale de rubeo sendato, cum firmaculis et Scalapiis.*

SCAPPO. Vide *Scapton.*

¶ **SCAPORISUM**, Sepulcrum, a *Capsa*, ut videtur, sic dictum. M. VERIDIUS M. L. NAZARISCUS SELLULARIUS SCAPSORIUM FECIT SIBI, etc. in Inscript. Gudii CCXXV. 1. Vide Indic. pag. XLIV.

SCAPTON, Vas quoddam. Charta Adalberti Regis Anglorum in Monastico Angliæ. tom. 1. pag. 24. et in Chron. Willelmi Thorn. pag. 1762 : *Missaram etiam argenteum, Scapton aureum; item sellam cum freno aureo,... quod mihi xenium de D. PP. Gregorio directum fuerat.* Ignotus Casinensis in Histor. Longob. cap. 10. de Siconolfo Principe Beneventano : *Abstulit de S. Benedicto... in agrifis baciam unam, et Scaptonem unum, Constantinopolitano deaurate fabrofacte vasa opere. Scapton* mendose, pro *Sceptrum*, his locis scriptum putat Somnerus, vix tamen est ut assentiar, tametsi nihil aliud succurrit. [** Σκαπτρίον pro σκάφιον est in Glossar. med. Græcit. col. 1382. Idem videtur *Scappo argenteus* in Chron. Salernit. cap. 55. ubi var. lect. *Sculpo.*]

1. **SCAPULA.** Acta Muriensis Monasterii pag. 40 : *Unusquisque* (rusticus) *dat duas Scapulas plenas de carne, et duos panes, et quartam partem metretæ de cerevisia.* Pag. 61 : *Et de manso ipsius tres modii speltæ, et duo avenæ, et quatuor Scapulæ.* Vide *Scapilus, Scapha.* [** Forte idem quod *Scapula* 2.]

* 2. **SCAPULA** Porcina, Imbrex porci, Gall. *Echinée.* Lib. cens. eccl. Rom. : *Homines de Anticulo* (debent) *quinquaginta Scapulas porcinas.* Vide supra *Scamaria.*

Scapulas Dare, Fugam inire, *Tourner les espaules.* Radulfus de Diceto ann. 1040 : *Theobaldini impetus Andegavorum non ferentes, in fugam versi Scapulas dederunt.*

SCAPULARE, Ugutioni, *vestis, scapulas tantum tegens.* [*Vestis apostolica instar crucis* dicitur in Vita S. Willelmi Ducis sæc. 4. Bened. part. 1. pag. 83.] Mamotrectus ad Legendam S. Hilarionis : *Palliolum, id est, Scapularium.* Monachorum vestis propria cum labori et operi insistebant, loco cucullæ, ut quæ brevior esset, et minus ampla, et caput tantum et scapulas tegeret. [Theodemari Epist. ad Carolum M. de Usibus Casinens. : *Statuit autem venerabilis Pater, ut Scapulare propter opera habeant, quod ob hoc Scapulare dicitur, quod scapulas præcipue tegat et caput : quod vestimentum pene omnes in hac terra rustici utuntur.* Sigebertus Gemblac. pag. 120. edit. Basil. ann. 1566 : *Propter opera tantum constituit S. Benedictus alteram cucullam, quæ dicitur Scapulare, eo quod hujusmodi vestis apta sit caput tantum et scapulas tegere.* Ubi *Scapulare* nomine cucullæ interdum designari advertere est.] Regula S. Benedicti cap. 55 : *Scapulare propter opera.* Statuta Ordinis de *Sempringham* pag. 718 : *In tempore laboris Scapularia habeant alba, quemadmodum pallium eorum.* Infra : *Monachi habeant... scapulare ad laborem.* Rursum : *Quæ laboraverint, cum Scapulari laborare possunt, etc.* Warnerius MS. in Caprum Scottum ad Monachum Poetam :

Et tibi propter opus humeris Scapulare tegatur.

Bulla Innocentii IV. PP. de Institut. Clarissarum : *Scapularia de levi et religioso panno, vel flaminea, si voluerint, amplitudinis et longitudinis congruentis, sicut uniuscujusque qualitas exigit, vel mensura, quibus induantur, cum laborant, vel tale aliquid agunt, quod pallia gestare non possunt.* Cæsarius lib. 8. cap. 96 : *Tunicam habens talarem et clausam, Scapulare vero latum, ultra genua longum.* Vita S. Eugendi Abb. cap. 2 : *Æstivis temporibus caracalla, vel Scapulari cilicino utebatur. Scapularia* virorum tantum fuisse, non feminarum, videtur innuere Heloissa Abbatissa Paracleti Epist. 6 : *Quid ad feminas, quod de cucullis, femoralibus, et Scapularibus ibi* (in Regula S. Benedicti) *scriptum est?* Vide Problemata ejusdem cap. 24. Haeftenum lib. 5. Disquisit. Monast. tract. 3. disq. 5. et 6. et Menardum ad Concordiam Regular. pag. 888.

☞ Ut vestibus parcerent dum operi vacabant, Monachis primo concessum est scapulare, quo præterea non utebantur. Idem posterioribus sæculis obtinuisse docet Vita B. Stephani Abbat. Obazin. apud Baluz. tom. 4. Miscell. pag. 163 : *Vix equo descenderat, cum mox Scapulari indutus cuncta circumquaque monasterii vel grangiæ loca seu domicilia impigre peragrabat.... Ipse etiam sumpto bidente vel quolibet instrumento, si quid tunc agendum esset, vel incipiebat, vel jam cœptum perficiebat, et ad operandum alios invitabat.*

☞ Eadem de causa, propter laborem scilicet, Canonicis Regularibus Scapulare tribuitur in antiquis Consuetud. eorumdem apud Marten. tom. 4. Anecd. col. 1221 : *Sufficiant ergo fratribus... cappa, femoralia, caligæ, pedales, et propter laborem Scapulare.*

¶ Scapularis, in Vita B. Petri Damiani sæc. 6. Bened. part. 2. pag. 252 : *Dum hic esset aliquando cum suo profecturus magistro, molliorem Scapularem induere, atque pulcriorem quam affectaret, equum ascendere jussus est.*

¶ Capularis, Eodem significatu, in Capit. gener. MS. S. Victoris Massil. ann. 1313 : *Prohibemus ne infra monasterium ullus præsumat Capularem portare, nisi ipsum albis vel aliis indumentis sacris ad serviendum in divinis officiis indui oporteret. Extra monasterium vero in prioratibus sive in eorum mansis,.... Capulari prædicto, si manuum operibus occuparentur, utantur.*

* Unde nostris *Capulaire*, eadem notione. Le Roman *de Robert le Diable* MS :

De l'esclavine, qui fu forte,
S'est affulés à Capulaire.

☞ Latiori acceptione interdum usurpata est vox *Scapulare*, pro veste scilicet quæ scapulas præsertim tegeret : unde alii præter Monachos ea usi sunt. Vita B. Edmundi Cantuar. Archiep. apud Marten. tom. 3. Anecd. col. 1794 : *Linteamina, coopertorium, vel etiam culcitram non habuit; sed cappa sua vel Scapulari, seu certe pallio se contexit. Unde quidam nobilis cum jam ipse promotus esset in Archiepiscopum, de illo minus discrete protulit tale verbum : Qualem, inquit habemus Archiepiscopum, qui operimentum suum diebus et noctibus defert secum? Hoc autem dicebat de Scapulari, quo se vir sanctus noctibus operuit, et diebus deferre circa humeros consuevit.* Vide *Scapillare.*

Scapularium, [ut *Scapulare.* Chronic. Farfense apud Murator. tom. 2. part. 2. col. 662 : *De Scapularis eorum* (Monachorum) *vestimenta et caligas sibi et suis militibus fecerunt; in capite asini Scapularium miserunt, et, Domne Abba benedicite, dixerunt.*] Lampertus Ardensis pag. 258 : *Rustici cum bigis maratoriis* [marlatoriis] *et curris fimariis calculos trahentes ad sternendum in viam* [in via in] *moffulis et Scapulariis se ipsos ad laborem invicem animabant.* [Ubi pro veste operaria accipitur.]

¶ Capularium, ut *Scapularium*, Vestis scapulas tegens. Computus ann. 1202. apud D. *Brussel* tom. 2. de Usu feud. pag. CLXXXIII : *Dominus Ludovicus habuit post compotum 1. capam viridem et 1. Capularium ad S. Andream, quæ costaverunt* VI. *l.* III. *s. minus.*

* Scapulare Linguarum, Pœnitentiæ genus apud Carmelitas, de quo in eorumd. Constit. MSS. part. 3. rubr. 8 : *Qui objecerit, et probare non poterit de hiis quæ probationem requirunt, pœnam gravioris culpæ per 40. dies sustinebit, comedendo in terra cum Scapulari linguarum... Si quis falsum testimonium contra aliquem vel aliquos dixisse convincatur, suam faciet pœnitentiam in terra comedendo coram toto conventu in pluribus conventibus suæ provinciæ ad hoc missus, per tot dies quot superiori suo videbitur expedire, sedendo super terram indutus aliquo Scapulari, super quo duodecim linguæ aut circiter, ante et retro, de panno rubro vel albo consutæ hinc inde modo vario, in signum quod propter magnum linguæ suæ vitium, illo modo merito sit puniendus, et postea carceri mancipetur.*

* **SCAPULATUS**, Scapulosus, scapulis dilatatus. Alex. Iatrosoph. MS. lib. 2. Passion. cap. 114 : *Tenues et sicci et thoracem habentes angustum, ita ut non sint Scapulati, etc.*

* **SCAPULUS**, pro Capulus, Gall. *Poignée*. Glossar. Lat. Gall. ex Cod. reg. 521 : *Scapulus, Hent d'espée.* Aliud ann. 1352. ex Cod. 4120 : *Scapulus, pars ensis, Gallice Hendure.* Vide supra *Handseax*.

¶ **SCAPWELD**, apud Hovedenum in exordio Legum Willielmi I. et Henrici II. part. post. Sed legendum monet Spelmannus *Ceapgold* vel *Cheapgild*, quod Saxonibus pecudis seu catalli restitutionem sonat, a *Ceap*, merx, mercimonium, pecus, catallum, et gyld vel geld, solutio, restitutio.

¶ **SCAQUA**, Mensuræ species apud Occitanos. Sententia arbitralis ann. 1292. inter Abbat. et Consul. Gimont. : *Dixerunt et pronuntiaverunt quod perticus cum quo mensurantur arpenta terræ et vineæ et alii honores habeat in perpetuum et habere debeat decem palmos bonos et largos de longo ut hactenus habere consuevit, et arpentum computetur de centum duabus libris et octo Scaquis, et conquada terræ computetur de septuaginta quatuor libris et decem Scaquis ad perticum superius memoratum.* Occitani *Escach* vulgo vocant reliquum frumenti quod mensuram excedit, unde *Scaqua* accersenda videtur. Vide in voce *Libra* pag. 102. col. 1.

¶ **SCAQUARIUS**, ut *Scacarium*. Charta ann. 1230. apud Marten. tom. 1. Ampl. Collect. col. 1245 : *Recipiemus annuatim ad Scaquarios suos* [*sic*] *per manum ballivi sui nobis super hoc jurati medietatem omnium proventuum dictarum terrarum.* Vide in *Scacci* 1.

¶ Scaquerium, Eadem notione, in Statutis MSS. Capituli Audomar.

¶ **SCAQUETI**, ut *Scacci* 1. Statuta Eccles. Helen. inter Conc. Hispan. tom. 3. pag. 592 : *Clerici ludentes ad taxillos vel Scaquetos, sint ipso facto excommunicati.*

* **SCAQUI**, ut *Scacci* 1. Gall. *Echecs*. Stat. ann. 1352. inter Probat. tom. 2. Hist. Nem. pag. 153. col. 1 : *Item quod nulla persona.... audeat in ipsis tabernis... ludere ad talas, tabulas sive Scaquos.* Vide *Scaqueti*.

¶ **SCAR**, vel Scare, Agger ad ripam, Gall. *Quai*. Statuta Massil. lib. 1. cap. 51. § 3 : *Decernentes similiter quod nullus a modo audeat vel possit discaricare lignamina aliqua pro vendendo in Massilia alicubi infra portum, vel prope illum, aut infra Massiliam, nisi in Scari vel Scaribus communis Massiliæ.* Ibidem lib. 2. cap. 33. § 6 : *Addentes insuper huic capitulo quod.... nec intestina bestiarum aperiantur, vel laventur in portu Massiliæ, vel circa ripam portus in Scari, vel alibi.*

1. **SCARA**. Papiæ, *Combustio ignis*. Glossæ MSS. ad Alexandrum Iatrosoph. : *Scara, vel escara, i. ustura.* Nos *Escare* dicimus vulneris crustam. *Scara vulnerum*, apud Gariopontum lib. 3. cap. 53. [Vide Lexic. Martinii.] Vide *Esca*, 3.

* Glossar. medic. MS. Sim. Januens. ex Cod. reg. 6959 : *Scara vel Escara, Græce, crustula, quæ ab adustione ignis, vel alterius cujuscumque rei fit.* Vide *Eschara*, 2.

2. **SCARA**, Virgultorum silva, Henschenio. Charta Germanica ann. 794. apud eumdem in Comment. ad Vitam S. Ludgeri Episc. Mimigard. § 4 : *Id est, hovam illam integram Alfgating-hova, cum pascuis et perviis et aquarum decursibus; et Scara in silva, juxta formam hovæ plenæ.* [** Vide Graff. Thesaur. Ling. Franc. tom. 6. col. 529. vocibus *Waltscara* et *Scaramez*, Grimm. Antiq. Jur. German. pag. 531. et 499.]

☞ Quo jure Henschenius *Scaram* hic virgultorum silvam intelligat non percipio. Agrum pascendis porcis destinatum interpretor, a Germ. *Scharren*, fodere : terram quippe fodiendo pascuntur porci. Charta ann. 855. apud Marten. tom. 1. Ampl. Collect. col. 141 : *In silva quæ dicitur Puthem Scaras viginti octo, in villa Irmenlo, in illa silva Scaras sexaginta.*

¶ Schara, Eadem notione, in Charta ann. 838. apud Miræum tom. 1. pag. 499 : *Et mansus vetustas sex ad ipsam curtem conspicientes vel pertinentes, cum perviis legitimis,... mobile vel immobile, et de silva Schara ad porcos, etc.*

* Nec virgultorum silva, nec ager pascendis porcis destinatus hac voce significatur : Jus utendi silva alterius intelligi debet, ut colligitur ex Charta Otton. comit. Ravesberg. ann. 1166. inter Probat. tom. 2. Annal. Præmonst. col. 698 : *Obtuli curtim cum foresto adjacenti et jure nemoris vicini, quod vulgariter Scara vocatur.* Quod Jus in eo præsertim positum fuisse videtur, ut quis posset in silva capere ligna construendis porcorum stabulis necessaria. Hinc *Scaram*, stabulum interpretor, in Charta Phil. Pulc. ann. 1309. ex Reg. 45. Chartoph. reg. ch. 36 : *Quoddam pratum cum columbario et Scara et duobus ortis.* Nisi tamen, quod puto, legendum sit *Scura*. Vide infra in hac voce.

3. **SCARA**, Acies, cuneus, copiæ militares. Hincmarus in Epist. ad Diœcesis Remensis Episcopos cap. 3 : *Bellatorum acies, quas vulgari sermone Scaras vocamus.* Aimoinus lib. 4. cap. 26 : *Collegit e Franciæ bellatoribus Scaram, quam nos Turmam, vel Cuneum appellare possumus.* Occurrit apud eumd. iterum lib. 5. cap. 41. Gesta Dagoberti I. Regis Francor. cap. 31. et Fredegar. cap. 74 : *Disponensque Rhenum transire, Scaram de electis viris fortibus ex Neustria et Burgundia cum Ducibus et grafionibus secum habens, etc.* Annales Francor. a Lambecio editi, ann. 803 : *Et ipse sine hoste fecit eodem anno; excepto, quod Scaras suas transmisit in circuitu, ubi necesse fuit.* Utuntur passim Scriptores istius ævi, Annales Francor. Tiliani ann. 773. 775. iidem Annales Loiselliani ann. 766. 773. 776. 778. 785. Vita Caroli M. ann. 778. Chronicon Moissiacense ann. 804. 809. Annales Franc. Bertiniani ann. 766. 774. 776. Capitularia Caroli M. lib. 3. cap. 68. Capit. Caroli C. tit. 53. § 7. Erchempertus in Histor. Longobard. cap. 35. 72. Capitula Radelchisi Princip. Benev. cap. 3. Vita S. Genulfi lib. 2. cap. 6. Codex Carolinus Epist. 88. Epist. Caroli M. ad Fastradam Reginam Joan. Abbas in Chronic. Vulturn. lib. 3. Fulcherius Carnot. lib. 1. cap. 14. lib. 2. cap. 10. etc. Alamannis *Schaar* idem sonat. [** Vide Graffii Thes. Ling. Franc. tom. 6. col. 530. voce *Scara*.] Hinc nostratibus Poetis, *Esquierre;* unde nata vox ævo hoc usurpata eodem sensu, *Escadron*. Guillel. *Guiart* Aurelianensis in Hist. Franc. MS :

Et li Rois ne veut con les sive,
Mès sans son scu se distrive
Du Chief de l'une des Esquierres.

Auctor Mamotrecti 2. Reg. : *Acies, est militia ordinata, quæ dicitur Schera.* Joannes Villaneus lib. 6. cap. 80 : *Ma però non lasciarono Fiorentini di fare loro Schiere.* Lib. 7. cap. 27 : *Si ristrinse e serrò a Schiera con sua gente.* Lib. 10. cap. 86 : *Usci tutta l'hoste di Fiorentini con ordinata Schiera.* Inde eidem Scriptori *Schierare*, aciem ordinatim disponere, lib. 7. cap. 26 : *Fece armare e Schierare sua gente.* [Vide infra *Squadra* 1.]

¶ Scarra, Eadem notione, in Annal. vett. Franc. ad ann. 806. apud Marten. tom. 5. Ampl. Collect. col. 910 : *Misit* (Carolus Imper.) *filium suum Carolum Regem super Duringa ad locum qui vocatur Walada, ibique habuit conventum magnum, et inde misit Scarras suas ultra Albiam.* Vide Carolum de Aquino in Lexico milit. Martinium, et *Scala* 7.

¶ Scherra, Eodem intellectu. Memoriale Potestat. Regiens. ad ann. 1218. apud Murator. tom. 8. col. 1101 : *Et die tertio Soldanus et Corradinus miserunt sexcentos Saracenos intraturos Damiatam, qui sortiti fecerunt tres Scheras inter se, ita dicendo : Si quis intraverit, remittat nuntium, ut venientes intremus cum illo.*

* *Escadre*, in Ordinat. milit. MS. Caroli ducis Burg. ann. 1473 : *Les conductiers après leur institution, et qu'ils seront arrivez en leurs compaignies, les departiront en quatre Escadres egales, et sur les trois d'icelles commettront trois chiefz d'Escadre, lesquelz ils pourront eslire,.... icellui seigneur leur baillera le quatrieme.*

¶ 4. **SCARA**, *Angaria in equis vel aliis servitiis*, in Gloss. Mons. apud Schilter. in

Glossar. Teuton. Hinc Cæsario Heisterb. *Scaram facere, est domino, quando ipse jusserit, servire, et nuncium ejus seu literas ad locum sibi determinatum deferre.* Vide in *Harmiscara*. Fragm. Breviarii rerum fiscalium Caroli M. inter Collect. Etymol. Leibnit. pag. 320 : *Secat de fœno in prato dominico carradas* 1. *et introducit. Scaram facit.* Infra : *Operatur in anno hebdomadas* VI. *Scaram facit ad vinum ducendum.* Pluries ibi. Registrum Prumiense ibid. pag. 424 : *Guntherus similiter duo servilia* (mansa) *qui etiam similiter servire debuissent sicut superiores, et modo Scaram faciunt.* Præceptum Lotharii Reg. ann. 856. apud Marten. tom. 1. Ampl. Collect. col. 144 : *Nullus judex publicus absque ejus* (Abbatis) *jussione, ad causas audiendas; aut freda undique exigenda, vel fidejussores tollendos, nec Scaras, vel mansionaticos.... exactare præsumeret.* Eadem habentur in Præcepto Ludovici Reg. ann. 878. ibid. col. 203. et in alio Arnulfi Reg. ann. 888. ibid. col. 225. Vide *Scararii* et *Scaramanni*. [** Grimm. Antiq. Jur. German. pag. 317. voce *Scaramanni* et Graff. Thesaur. Ling. Franc. tom. 6. col. 528. voce *Scara*, mox *Scaraguayta*.]

¶ 5. **SCARA**, Familia, genus. Mirac. S. Genulfi sæc. 4. Bened. part. 2. pag. 226 : *Hic* (Wifredus) *ex illa nobilium Scara Francorum, quam gloriosus Rex domnus Pippinus... in urbe Biturica ad Guaiferii Ducis Aquitaniæ partes expugnandas reliquerat, originem trahens, regali quoque prosapia oriundus erat.* Vide *Squadra* 2.

¶ **SCARAFONUS**. Chron. Petri Azarii apud Murator. tom. 16. col. 398 : *Sed sic tarde et tempestive, sicut ipsis Scarafonis etiam officialibus suis præcepit, prædicta cum summo studio exsequuntur.* Vide *Scarani*.

* F. pro *Scarafaldonus*. Academ. Crusc. *Scarafaldone*, Satelles, miles.

SCARAGUAYTA, Germanis, *Schaerwachte*, ex *Schaere*, agmen cohors, et *wachte*, excubiæ : quasi excubiæ cohortium. [** Confer *Scara*, 4. Capitul. Bononiense Carol. M. ann. 811. Baluzio secundum ann. 812. cap. 2 : *Ut non per aliquam occasionem nec de wacta, nec de Scara, nec de warda... heribannum comes exactare præsumat.*] Gloss. Lat. Gall. : *Excubiæ, veillées, guites, eschaugaites.* Charta Galeacii Comitis Virtutum ann. 1371 : *Dictus Emanuel investitus, possit et valeat in prædicto castro... imponere fodra, et taleas, rogias, et caregia, guaytas, Scaraguaytas, exercitus et cavalcatas.* Occurrit non semel in Regesto, unde excerpta hæc Charta, ubi interdum *Scheraguayta* scribitur. [Statuta Astens. Collat. 8. cap. 7. f. 26 : *Ordinatum est quod omnes cives Astenses... teneantur et debeant ire et stare in exercitibus et cavalcatis cum hominibus dicte ville, et facere guaytas et Scaraguaytas, fossata et alias fortalitias dicte ville.*]

Eschargaita. Charta G. Comitis Nivernensis et Forensis ann. 1228 : *Nec in nostrum exercitum, chavalgiam, gaytiam, Eschargaitiam ire teneantur.* Charta Libertatum Oppidi Jasseronis in Bressia ann. 1283. apud Guichenon. : *Si ille, cui Eschargaita denuntiata fuerit infra dictos terminos non Eschargaitaverit, duplicem dabit pro ea vice Eschargaitam.* Infra : *Denuntiator Eschargaitæ debet a burgensibus in dicta villa constitui, etc.* Usatici Aquarum-Mortuarum ann. 1246 : *Et sit de eorum officio mandare vel facere mandare gathas et Escargatas, et alias custodias, etc.* Vetus Interpres Gall. Will. Tyrii hæc ex libr. 3. cap. 12 : *Locatis in gyrum excubiis*, vertit, *Ils firent leur ost bien Eschargueter.* Historia Bellorum Ultramarin. MS : *Et quant çou vint à la nuit, Chrestien se fisent mult bien Escargaitier.* Le Roman *d'Alexandre* MS :

> Quar les Eschargoites les voient,
> Qui l'ost Eschargaitier devoient.

Le Roman *d'Aubery* MS :

> Et vos armez tost et isnellement,
> Une Eschargaite me faite saigement.

Le Roman *du Renard* MS :

> Sur chascune tour une gaite
> Fist mettre pour Eschargaitier.

Le Roman *de Rou* MS :

> Aillors deusson herbergier,
> Et faire tous Echargaitier.

Alibi :

> Seriant i mist et Chevaliers,
> Et Eschargaites et portiers.

Aliter redditur vox hæc in alio Gloss. Lat. Gall. : *Manubiæ, Eschargaites, espies, ou despouilles, choses de proie, rapine.* [** Confer *Scamares*.] Vide *Gayta*, *Wacta*, et Thomasserium in Consuet. Bituric. pag. 436.

¶ Eschaugueta, in Tabul. Brivat. ann. 1282. fol. 48. v° : *Guetas, Eschauguetas sive excubias, etc.* Le Roman *d'Athis* MS :

> Commandée fut l'Eschauguette
> A ceulx d'Athenes qui la guette,
> Trois mil hommes de nuit veillerent
> Qui toute l'ost Eschauguecterent.

¶ Exchalgayta, Eychalgayta. Charta ann. 1306. tom. 2. Hist. Dalphin. pag. 126 : *Quod ipsi non possint compelli præstare tallias, vel facere gaytas aut Eychalgaytas, etc.* Charta ann. 1346. ibid. pag. 538 : *Præsentes et futuros ex nunc in posterum ab omni tallia, complinta, corvata, gayta, Exchalgayta... volumus.... excusandos. Excubiam seu Excalgaytam faciendo*, in Charta ann. 1306. ex Regest. Johannis Comit. Pictav. in Camera Comput. Paris. f. 8.

SCARAMANGA, Scaramangum, Vestis, quam viri militares gestant supra vestes alias interiores ad arcendas pluvias, nives, gelu, cætera denique aeris incommoda, Leunclavio in Pandecte Turcico n. 17. ex Theodosio Zygomala. Penulam certe vel Pallii genus fuisse, quo totum operiretur corpus, videntur innuere scriptores, cum Græci, tum Latini. Luithprandus lib. 6. cap. 5 : *Quorum primus vocatus est Rector domus, cui non in manibus; sed in humeris posita sunt numismata, cum Scaramangis quatuor.* Infra : *Hi itaque paris numeri, quia dignitas par erat, numismata et Scaramanga suscipientes, etc.* Rursum : *Et* 12. *numismatum libris cum Scaramanga una donatus.* Historia Miscella lib. 18. pag. 557. ex Theophane : *Multas præterea spathas auro circunclusas, et zonas aureas cum gemmis, et scutum Razatis totum auro respersum acceperunt, et loricam ipsius auro contextam, et Scaramaggin ejus detulerunt, cum capite ipsius, etc.* Pachymeres lib. 12. cap. 11. de Berengario Entenza Catalano : Καὶ ἑορτίοις ἀξίοις παρασήμοις κατὰ Ῥωμαίους στολίζεται, καὶ τὸ Σκαραμάγκιον ἐπιθέμενος. Et cap. 15 : Ὁ δὲ συχνῶς μυκτῆρα σφίσιν ἐμφαίνειν, ὡς καὶ οἷον κάδδῳ τῷ Σκαραμαγκίῳ κατὰ θαλάσσης ἐπὶ γέλωτι χρᾶσθαι. Omitto alios Scriptores a Meursio laudatos. Moneo tantum, ut *pallium* recentioribus Latinis pro panno, ex quo pallia conficiebantur, ita et *Scaramangam* videri usurpari pro panni specie, in Chronico Casinensi lib. 3. cap. ult. : *Fano Imperialis aureus totus. Scaramangæ Imperatorum duodecim.* Hinc *Scaramanginus*, pannus scilicet, ex quo confici solebant : *Planeta Scaramangina*, apud Leonem Ost. lib. 2. cap. 98. [Vide Gloss. med. Græcit. v. Σκαράμαγκον.] [** et Murat. Antiq. Ital. med. ævi tom. 2. col. 408. E.]

SCARAMANNI, vel Scaremanni, Servientes, ministri judicum, sic dicti quasi *Schar-man*, id est, homines scaræ. [Vide *Scara*, 4. [** Chartæ Henrici III. ann. 1056. et Henrici IV. Impp. ann. 1065. ex Tabulario S. Maximini Trevir. : *Servientes vero, qui Scaramanni dicuntur, nulli Advocato pro quibuslibet culpis, aut rebus, respondeant.* Infra : *Si villani debitum censum Abbati volunt denegare, primum per alios judices ac ministros, qui Scaramanni dicuntur, ad viam reducantur, si possint, etc.* Occurrunt ii pariter in Charta Conradi Comitis Lutzilemburgensis ann. 1135. et alia Theoderici Abbatis in eodem Tabulario. Vide Zyllesium in S. Maximino pag. 40. 45. [et infra *Scararii*.]

* **SCARAMANTICUS**, an idem qui *Scaramannus*, serviens, minister judicum? an Navigii nomen? Decret. Liutpr. reg. Langob. ann. 715. vel 730. apud Murator. tom. 2. Antiq. Ital. med. ævi col. 24 : *Item in Campo Martio transitura debeat dare binos tremisses per singulas naves. Scaramantico vero nihil providemus dare, sed libenter transire præcipimus.* Vide *Scaramanni*.

¶ **SCARAMPI** dicti quidam Usurarii publici sub Johanne Rege Franc. qui Edicto ejusdem Regis ann. 1353. tom. 2. Ordinat. pag. 523. proscripti fuerunt : *Contra quas quidem societates Scaramporum, Angoissolorum ac Faletorum* (vel Falctorum) *et Th. le Bourguignon, ac eorum socios et factores, adeo in curia Parlamenti extitit processum, quod ipsos et eorum fautores suo et fautorio nomine, fore usurarios publicos et usurarum pravitate nocentes, culpabiles et convictos, prædicta curia, per ipsius deffinitivam sententiam pronunciavit.*

SCARAMUTIA, Levis conflictus, Ital. *Scaramuccia*, nostris *Escarmouche*, quasi *scaramuccia*, militaris cohors occultata : est enim Italis *Muccire*, Occultare, nostris *Musser.* Sunt igitur proprie *Scaramucciæ*, conflictus eorum, qui ex insidiis emergunt. [** Vide Murat. Antiq. Ital. tom. 2. col. 1289.] Historia Obsid. Jadrensis ann 1345. lib. 1. cap. 14 : *Nullus fere præteribat dierum, quin inimici mixtim Scaramutias, seu badalatios conficiebant.* Adde cap. 28. [Chron. Veron. ann. 1337. apud Murator. tom. 8.

col. 651 : *Ivit* (Petrus Rubeus) *in obsidionem castri Montissilicis, et ibi pugnando in quadam Scaramucia, per unum peditem de intrinsecis percussus est de quadam lancea.* Occurrit passim apud Scriptores Italos quos publici juris fecit idem Muratorius.] *Skermuche*, apud Jacobum Hemricurtium de Bellis Leodiensib. cap. 5. et alibi.

¶ Scarmutia, Eodem significatu. Memoriale pro Mag. Alberto apud Marten. tom. 1. Anecd. col. 1671 : *Item. De gentibus armorum dispositis in Italia, mille videlicet lanceis, et aliis multis armatis, qui debent venire in occursum domini nostri Regis, postquam intraverit in Italiam ad præparandum passus et faciendum Scarmutias more stipendiariorum Italicorum.*

¶ Scaramuzari, Velitari, ab Ital. *Scaramuzzare*, Gallice *Escarmoucher*. Castellus in Chron. Bergom. ad ann. 1402. apud Murator. tom. 16. col. 899 : *Interfectus fuit Augustinus filius Merleti de Papis sub Bombonoso, qui iverat ad videndum Scaramuzari cum illis de Paltranica ad Pluditiam.*

¶ **SCARANI**, Iidem videntur qui *Scamares*, Prædones. Chron. Petri Azarii ad ann. 1363. apud Murator. tom. 16. col. 413 : *Universa Italia ipsum* (Comitem) *formidavit, et a Scaranis et inermibus peditibus indiscrete ipse Comes astutus exstitit suffocatus.* Hinc firmatur conjectura doctissimi Muratorii tom. 6. col. 987. ad Ottonis Morenæ Histor. ubi pro *Scaronos* legendum censet *Scaranos : Ceperunt Mediolanenses Scaronos* (Codex Osii *Staranos*) *de Papia, qui Serezanum deprædaverant, et plerasque casas ipsius loci exarserant, multosque etiam ex ipsis interfecerunt.* Vide *Starani.*

¶ **SCARANTIA**, Scaranzia, vox Ital. Angina, Gall. *Esquinancie*. Mirac. B. Pii V. PP. tom. 1. Maii pag. 717 : *Gerardinus de Gerardinis, in extremis laborans infirmitate Scarantiæ, etc.* Vita B. Æmiliæ tom. 7. Maii pag. 567 : *Sorori nostræ Æmiliæ anginæ morbus, quem Scaranziam vulgo nuncupant, cui inspectæ medicus negavit ullum finem sperandum nisi a morte.* Vide *Scinanticus.*

¶ **SCARAPSUS**, pro *Scarpsus*. Vide ibi.

SCARARII, Iidem forte qui *Scaramanni*, de quibus supra. Charta Ottonis III. Imp. ann. 990. pro Monasterio S. Maximini Trevirensi apud Nicol. Zyllesium : *Advocati quoque constituti in villis eorum, nec non homines illius loci, qui vocantur Scararii, nisi* (in) *præsentia Abbatis vel ejus Præpositi placitum habere præsumat, bannumque in placito cum Scarariis hominibus habito, non Advocatus, sed Abbas accipiat, aliaque familia Abbati subjecta, placitum nullius, nisi Abbatis, vel ab eo constitutorum, attendat.*

☞ *Scararii* dicebantur, qui *Scaram*, seu servitia eo nomine designata, debent. Vide *Scara* 4. Iidem qui *Ministeriales*, quorum varia fuit conditio, ut in hac voce videre est. Registrum Prumiense inter Collect. Etymol. Leibnit. pag. 420 : *Sciendum est quod omnes homines, villas et terminos nostros inhabitantes, tenentur nobis curvadas facere; non solum mansionarii, verum et Scararii, id est, Ministeriales.* Ibidem pag. 424 : *Ello habet mansum unum, qui similiter Scaram facit, sicut cæteri Scararii.* Rursum pag. 425 : *Sunt ibi Scararii duo qui similiter serviunt, nisi quod suales, nec pullos, nec ova solvunt.* Charta Henrici III. Imp. an. circit. 1102. apud Marten. tom. 1. Ampliss. Collect. col. 597 : *Placitum cum servientibus, id est Scarariis S. Salvatoris, etc.*

* Aliter censet Wachterus in Glossar. Germ. quem cum omnium accuratissime de hujus vocis origine et significatione disseruerit, hic exscribendum putavi. *Schar*, inquit ille, Villa, pagus, ager. Vox Celtica, quæ Cambris effertur *Caer*, Anglo-Sax. *Scir*, Anglis *Shire*. Antiquissimis temporibus latius patuit, et communem habitandi locum denotavit, ut demonstravi in *Kerl*. Postea ad villam restringi cœpit. Inde Latino-Barbaris *Scararii*, rustici, villani; *Scaramanni*, judices et præpositi villarum. Cangius *Scaramannos* cum *Scarariis* confundit : sed ex lingua Anglo-Saxonica nosse poterat *Scyr-man* denotare centuriæ præfectum. Leibnitius *Scararios* confundit cum militibus; quod ex registro Prumiensi refellit Estor in Commentario de *Ministerialibus*. Sed rusticos *Scararios* ipse male derivat a *Schar*, cohors, turma; cum manifesto sit a *Schar*, villa. Quod vel hinc colligere poterat vir doctissimus, quia *Scharwerk* etiamnum dicitur opera rustica in Palatinatu superiori, Boiariisque, prout ipse refert pag. 282. Vide infra in *Scario* 1. [** Grim. Antiq. Jur. Germ. pag. 317. num. 27.]

* **SCARATUS**, Pedamentum, cui vitis innititur, nostris alias *Escharas*. Lit. remiss. ann. 1352. in Reg. 81. Chartoph. reg. ch. 631 : *Ipse Egidius furatus fuerat certam quantitatem aut numerum passellorum sive Scaratorum vineæ.* Vide *Eschara* 1. et *Scallatus* 2.

* **SCARAVELLUS**, Gradus, Gall. *Echelon*. Guido de Vigev. de Modo expugn. T. S. MS. cap. 2 : *Scaravelli illius scalæ seu scalarum fiant in hunc modum, scilicet longi et curti,... et grossi in tantum quod sint fortes, etc.*

SCARBELLUS, Instrumentum ad capiendas *porzanos* in cannosis vallibus, ubi morantur, ex duobus arcubus valde plicatis confectum ab invicem distantibus, inter quos modicum postponitur fructus herbæ *cochæ*, similis per omnia cerasis, quem accipere volunt, et collo stringuntur. Ita Petrus de Crescentiis lib. 10. de Agricult. cap. 28. Vetus Interpres Gallicus legit *Scarpellus.*

SCARCELLA, Pera coriacea peregrinorum, Italis, *Scarsella*, nostris, *Escarcelle*. Juncta Bevagnas in Vita B. Margaretæ de Cortona num. 7 : *Et visitabis me cum baculo peregrino, Scarcellis pendentibus ab humeris vestris.* [Computus ab ann. 1333. ad ann. 1336. tom. 2. Hist. Dalphin. pag. 275 : *Pro una Scarcella de seta quando ivit dominus Romam, taren. v. gr.* x. Ita etiam legendum videtur pro *Scarella* in Computo ann. 1334. T. Grasivod. fol. 131 : *Peroneto dorerio pro uno laqueo et alia munitione argenti et sirici facta et posita in quadam Scarella pro dicto quondam Dalphino, III. solid. obol.*] Vide Oct. Ferrarium in *Scarsella.*

* Pontif. MS. eccl. Elnens. : *De benedictione baculi seu Scarcellæ peregrinorum..... Postea aspergat aquam benedictam super Scarcellam et baculum, et tradit illis dicens :* Accipite has Scarcellas et hos baculos habitum peregrinationis vestræ, In nomine, etc. Vide supra *Pera* 1.

Scarsella, Eadem notione. Boncompagnus in Arte Dictaminis MS. lib. 2. extremo: *Jocosum est, quod refero, sed absque dubio vobis esset damnosum, quum ille, quem vultis recipere in maritum, hermaphroditus esse abdubio perhibetur. Unde si haberetis burdonem, reperiretis in eo Scarsellam.* [Occurrit præterea in Chronico Jac. de Voragine. Locus est in *Sclavina.*]

* **SCARDAVO**, ab Italico *Scardafone* vel *Scarabone*, Scarabæus, insecti genus. Mirac. S. Rosæ tom. 2. Sept. pag. 475. col. 2 : *Statim dictos dæmones, ut nigros Scardavones emisere per ora.*

¶ **SCARDIUM**, Judicium. Vide *Esgardium.*

¶ **SCARDOLA**, vox Italica, Pisciculi species. Petrus Azarius de Bello Canepic. apud Murator. tom. 16. col. 428 : *Ubi dicta aqua nequivit desiccari, sed in lacu remansit, faciens bonas Scardolas, lucios et tencas.*

* **SCARDOTIUM**, Pecten lanarius, Ital. *Scardasso*. Serm. Gabr. Barel. de Choreis : *O Katherina da mihi Scardotium et aliam illam piscidam.*

SCARDUS, Avarus, parcus, Gallis *Eschard*, vel *Eschars*, forte a Saxon. sceard, fragmen, quod avari res minimas tantum erogent; [vel ab Armorico *Scars*, parum, et *Scarsa*, parum vel parce dare : nisi legendum malis *Scarsus*, et ab Ital. *Scarso*, parcus, accersas.] Ratherius Veron. Episcop. in Qualit. conjecturarum pag. 206 : *Cumque illi Episcopus, ut est utique Scardus, remandasset, non se illi amplius daturum aliquid, nisi de Archiepiscopatu Mediolanensi, etc.* [Le Roman *de Vacce* MS :

Li Roiz Ros volontiers fist,
Toute la terre en gage prist;
Onques vers lui ne fu Escars,
Quer bien six mil et six chens mars
Et sexante six li livra,
Sour la terre qu'il li lessa.

Vide *Scarzo.*]

¶ **SCARE**, ut supra *Scar*. Vide ibi.

¶ **SCARELLA**. Vide *Scarcella.*

¶ **SCAREMANNI**. Vide *Scaramanni.*

SCARESCELLUS, Restis ligneus, Gallis, *Harcelle*. Charta Communiæ Meldensis ann. 1179. concessa ab Henrico Comite Campaniæ, in Tabulario Campaniæ Thuano f. 290 : *Usuarium quoque, quod homines de Meldis in foresta de Maant antea habuerant, scilicet nemus mortuum ad comburendum, et Scarescellos ad vineas hominibus Communiæ concedo.* [*Scharescellos* editum apud D. *Brussel* tom. 1. de Usu feud. pag. 186. *Scharestellos*, tom. 2. Hist. Eccl. Meld. pag. 657. Ut ut est de genuina vocis lectione, ejusdem vim non percepisse videtur doctiss. Cangius : ibi enim vinearum adminiculum, pedamen, Gall. *Echalas*, significat.]

1. **SCARIA**, Pustella, Turpedinis species apud medicos. Glossæ MSS. ad Alexandrum

Iatrosophistam : *Est tertia* (turpedinis species) *in qua pustulæ grossæ et nigræ plures, et 4. vel 5. solent in toto corpore apparere, quam vulgus Salerni Scariam vocant. Hæc dicitur pustella, et est periculosior, etc.* Vide *Scara* 1. [* Vide supra *Scaratus.*]

* 2. **SCARIA**, f. pro *Stacia*, Vectigalis species. Vide in hac voce. Charta Conradi II. reg. Sicil. pro Pisan. ann. 1269. apud Lam. in Delic. erudit. inter not. ad Chron. imper. Leon. Urbevet. pag. 273 : *Nullam aliam directuram, seu teloneum, vel palliariam, Scariam, vel fundacagium, etc.* Vide supra *Scalagium*.

* **SCARIATUS**. Vide mox in *Scario* 1.

* **SCARIFARE**, Venam instrumento, quod *Scariffum* vocabant, percutere, Ital. *Scarificare*. Alex. Iatrosoph. MS. lib. 1. Passion. cap. 140 : *Sciri autem oportet quod multi.... juvaverunt Scarifantes venas cum acuto extmellari.* Vide *Scariffum*.

¶ **SCARIFARE**, Scarificare. Vide *Scariffum*.

SCARIFFUM, in Notis Tironis pag. 150. Instrumentum forte, quo *scarifant* Chirurgi. Hesychius : Σκαριφᾶσθαι, ξύειν, σκάπτειν, γράφειν, ὅθεν καὶ σκάριφος. Gloss. Lat Græc. : *Scarifat*, καταστίζει, καταχνίζει, καταχαράσσει. *Scarifo*, χαράσσω, καταχνίζω. Sic vocem hanc in MSS. codd. Plinii legi asserit Salmasius, ubi editi *Scarificare* præferunt. Vide an vox σκαρφίον apud Constant. Porph. de Admin. Imp. inde deducatur.

* **SCARILIONES**. Vide mox *Scarliones*.

¶ **SCARILIONUS**, ab. Ital. ut videtur, *Scariola*, Intubus, Gall. *Endive*. Statuta Vercell. lib. 5. fol. 126. v° : *Item quod si comparius per se vel per alium furatus fuerit... rebias, vel Scarilionos, vel vendiderit, etc.* Neque aliud est

¶ **SCARILIS**, in iisdem Statutis fol. 122 : *Pro Scarili et assali, vel simili planta, solidos quinque.* Vide *Scarlionus*.

SCARIMENTUM, Pars, portio. Tabularium Abbatiæ Conchensis in Ruthenis, ch. 32 : *Et beneficium de fevo Ecclesiastico, hoc est mansum unum, et una vinea, et hortum de porta Vicarii, et Scarimentum de tertia parte sepulturæ, quod pertinet ad Presbyterum.* Vide *Scarire* 1.

1. **SCARIO**, Ostiarius. Monachus Sangallensis lib. 1. de Carolo M. cap. 20 : *Tunc dixit nominatus, non revera Episcopus, ad Ostiarium vel Scarionem suum, (cujus dignitatis aut ministerii viri apud antiquos Romanos Ædilitiorum nomine censebantur,) voca ad me illum pileatum hominem, etc.* Sumitur etiam hæc vox crebrius pro ministris judicum, quos perinde eadem notione *Huissiers* dicimus : vel certe pro minoribus judicibus. Charta Caroli Mag. Imper. in Chronico S. Vincentii de Vulturno tom. 3. Hist. Franc. pag. 675 [** Murator. Scriptor. tom. 1. part. 2. pag. 359. E.]: *Ut si aliquo tempore orta fuerit contentio inter Abbatem, vel Advocatum suum, seu de servis, vel aliqua causa, inter vicinum suum, seu qualemcumque hominem, liceat eis se defendere per Scariones ejusdem Monasterii, sicut antiquitus consuetudo fuit.* Idem Chronicon lib. 2. pag. 685. [** Murat. pag. 372. c.] : *Et nullus audeat Abbates vel Monachos ejusdem cœnobii ad jurandum quærere, quia contra divinam credimus esse legem : sed per Scariones omnibus temporibus finem faciant, sicut prisca consuetudo fuit.* Erchembertus in Histor. Longobard. cap. 78 : *Monachos B. Benedicti pro rebus perditis jurare compulit, quibus cessum fuerat ab omnibus retro Principibus.... Sacramentum per se nulli homini dandum, nisi per Scariones.* Charta Gaufredi Comitis Pictavensis ann. 1047. apud Sammarthanos in Abbatib. S. Mariæ Santonensis : *Ut plane nulla humana potestas Regis, Ducum, Comitum, Vicecomitum, Gastaldionum Scarionum, vel Archiepiscoporum, Episcoporum, etc.*

☞ Ex his omnibus videntur *Scariones* fuisse Ecclesiarum Monasteriorumve servitio addicti : sed alterius conditionis sunt *Scariones* memorati in Charta Gaufredi Comitis, ut et in Charta Mathildis Comit. tom. 2. Bullar. Casin. Constit. 124 : *Si quis autem Comes, Vicecomes, Gastaldio, Scario, alicujus insuper conditionis, etc.* Militum enim genus et quidem prænobile, ut observat Carolus de Aquino in Lexic. milit. videtur hoc nomine indicari. Vide Murator. in Notis ad Leg. Aistulphi Reg. tom. 1. part. 2. pag. 92. et infra *Scaritus* 1. [** Vide Grimm. Antiq. Jur. Germ. pag. 766. 882. Haltaus. Glossar. German. col. 1613. voce *Schergen.*]

* Minus bene conveniunt huic significationi loca allegata : unde *Scario* idem mihi videtur atque *Advocatus* seu qui vice alterius res gerit, quique prædiis rusticis præfectus est; non alius proinde a *Scaramanno*, eo sensu quo supra exponitur in *Scarardi*. Charta ann. 754. apud Murator. tom. 1. Antiq. Ital. med. ævi col. 135 : *Ordinati fuissent da parte ecclesia ipsa commutationem faciendum Jordanni arcipreshitero... Achipert arcidiaconus et Auduuci Scario; et da parte curtis domni regis ab Alpert duci ordinati fuissent ad ipsa res extimandum Teupert Scario, etc.* Alia Paldulfi Capuæ princ. ann. 1024. tom. 1. Hist. Cassin. pag. 38. col. 2 : *Volumus ut sic se defendat in ipso sacramento per suos Scariones, quemadmodum curtis regiæ Scariones per sacramentum defenditur, quando evenerit, ut pars curtis regiæ sacramentum deducere deveant.* Hinc

* Scariatus, Villæ ipsæ, quæ *Scarionis* curæ et administrationi commissæ sunt. Chron. S. Vinc. de Vulturno apud eumd. Murator. tom. 1. Script. Ital. col. 397 : *De decania de Cerqueto, de Scariatu Gaudiosi. In primis ipse Gaudiosus cum filiis suis, etc.* Infra : *Villa, ubi Martinisci dicitur, de Scariatu Gradioisi.... Item de Laurentisu, de Scariato Theoderissi. In primis ipse Theoderissi cum filiis suis.*

Scheriones, Iidem qui *Scariones*. Jura Ecclesiæ Bambergensis pro Advocatia, in Metropoli Salisburgensi tom. 3. pag. 50 : *Non habebit Advocatus exactorem, vel nahvoit,* (postadvocatum) *sed villici et Scheriones Episcopi et fratrum exigent ei jus suum, et judicent placitum.* Infra : *Si fur extraneus in villa capietur, Scherioni Comitis tradetur extra villam, sicut cingulo tenus vestitus est.* Rursum : *Si quis culpabilis fuerit in homicidio, vel furto, vel quacumque re, non debet capi nec ab advocato, nec a procuratore : sed Scherio cum collegis suis omnia, quæ habebit, publicabit, donec ille se purgaverit.*

¶ 2. **SCARIO**, Ordei species, Gall. *Escourgeon*, quo cerevisia conficitur. Charta ann. 1303. ex Tabul. Corbeiensi : *Super receptione et custodia vechiarum et Scarionis, custodire competenter, et etiam quamdiu placeret portionariis debet.*

* F. pro *Scorio*; nam alias nostris *Scorion* et *Scourion*, eadem notione. Lit. remiss. ann. 1382. in Reg. 121. Chartoph. reg. ch. 236 : *Une piece de terre... semée de nouviau d'un grain, appellé Scorion, etc. Dix journeaux chargiés de Scourion*, in Reg. 13. Corb. sign. *Habacuc* ad ann. 1513. fol. 184. v°. Vide supra *Escorio*.

* **SCARIOBALA**, *Sunt quidam fusi sive nodi fixi in rota inferiori, qui movent fusum molendini, Gallice, Les nous de la roe.* Glossar. Lat. Gall. ex Cod. reg. 7679. Aliud ann. 1352. ex Cod. 4120 : *Scariobella, Cavillæ, quæ sunt in rota molendini. Scoriobella*, in altero ann. 1348. ex eod. Codice.

¶ **SCARIOTICUM** Jus, Quo e numero militum quis expungitur, sive exauctoratur, interprete Acherio. Ratherius Veron. Episc. de Contemptu Canonum part. 1. tom. 2. Spicil. pag. 166 : *Lege penitus canonica floccipensa, consuetudines teneant antecessorum suorum, Reges utique aut interficientium, aut excæcantium; Episcopos aut ignominiose vivere compellentium; aut si hoc perpeti ut noster iste quivis illorum patienter nequivit, Scariotico jure ut ab aliis pateretur, quid ipsi intulerant, fraudulentissime facientium.* [** Quod fecit Judas *Iscariota.*]

1. **SCARIRE**, Proprie res in *scaras* seu partes distribuere; *Scaritus*, in *scaram* distributum, selectus, *Scarimentum*, de quo supra, pars, portio.

2. **SCARIRE**. Capitula Caroli C. tit. 45. cap. 4 : *Id est, ut fidelitatem nobis promittant, sicut tunc Scarivimus, et scriptam Comitibus nostris dedimus.* Quo loco *Scarire*, idem valet quod *definire*, peculiariter statuere. [** Vide Graff. Glossar. German. tom. 6. col. 532. voce *Scerian.*] [*Escharir*, eadem notione, usurpare videtur le Roman *de Rou* MS :

Puis a juré et aromi,
Si come un hons li Eschari.]

Vide *Scarritio*.

¶ **SCARITIO**. Vide infra *Scarritio*.

1. **SCARITUS**, [In *Scaras* conscriptus, et distributus, idem qui *Scario*.] Chronicon Fredegarii cap. 37 : *Unde placitum inter hos duos Reges, ut Francorum judicio finiretur, in Saloissa castro instituunt. Ibique Theudericus cum Scaritis tantum decem millibus accessit, Theudebertus vero cum magno exercitu Austrasiorum, inibi prælium volens committendum, adgreditur.* Idem Continuat. ann. 768 : *Rex Pipinus in quatuor partes Comites suos Scaritos, et leudos suos ad persequendum Waifarium transmisit.* Synodus Ticinensis ann. 855 : *Cum ad nostrum quislibet nostrorum fidelium properat obsequium, tam eundo quam redeundo gradiatur pacifice, et ni generalis utilitas* (deest forte *requirat*) *cum Scaritis veniat.* Capitula Caroli Calvi tit. 43. cap. 17 : *Adalardus Comes Palatii*

remaneat cum eo cum sigillo : et si ipse pro aliqua necessitate defuerit, Gerardus, sive Fredricus, vel unus eorum, qui cum eo Scariti sunt, causas teneat.

2. **SCARITUS,** Alia, ut videtur, notione, usurpatur in Charta MS. ann. 1179. exarata Papiæ : *Et custodire debent omnes personas Papiæ, et terræ Papiensis in avere et personis, et non debet uctare aliquem prædictorum locorum garnitum vel Scaritum.* Alia ann. 1235 : *Promiserunt et convenerunt... de cætero dare Communi Terdonæ Castrum Grondonæ guarnitum et Scharitum, quandocumque fuerit necesse ipsi Communi pro aliqua guerra.* Vide *Scarritio.*

☞ Idem videtur quod munitus, instructus, ut rursum colligitur ex Charta ann. 1203. apud Murator. delle Antic. Estensi pag. 181 : *Quod sæpe dicti domini de Vezano debeant dare præfatis domino Episcopo et Marchionibus, vel eorum certis nunciis omnia castra de prædictis possessionibus et podere guarnita et Scarita ad faciendam guerram et pacem cui vel quibus voluerint.*

* **SCARIUS,** Famulus, qui ut balnea calida sint, curat. Ordo eccl. Ambros. Mediol. an. circ. 1130. apud Murator. tom. 4. Antiq. Ital. med. ævi col. 890 : *Et generatio Scariorum debent calefacere balneum usque in perpetuum. Et isti Scarii debent habere sex denarios et serrabarum novum ab ipso Lepros.* Forte familiæ cujusdam nomen est.

¶ **SCARIZARE,** Salire. Gloss. Græc. Lat. : Σκαρίζω, *Palpito.* Vetus S. Irenæi interpres lib. 1. cap. 22 : *Quasi vermiculus Scarizaret.*

¶ **SCARLACTEUS,** Scarlateus. Vide infra *Scarlatum.*

* **SCARLIONES,** Scarilones, Ligna incisa, intra quorum exsectiones ea inseruntur, quæ fulcire debent. Guido de Vigev. MS. de Modo expugnandi T. S. cap. 2 : *Habeantur duo Scarliones,.... et sic ponatur illud lignum pedis perticæ in fossato super ipsis Scarlionibus;.... et super ipsis Scarlionibus redrizabitur baltrisca cum perticis.* Ibidem : *Primo positis Scarlionibus, ponatur pes pontis super ipsis Scarlionibus, et subito cum navibus et perticis proiciatur supra murum.*

SCARLATUM, Scarlata, Squalata, Coccus, vel Coccinus, vel pannus coccineus : Anglis *Scarlet*, Francis *Escarlate.* Matth. Silvaticus : *Coccus vel Kermes, Arab. Karmas, vel Nervas, Hermen, Latine vero grana tinctorum, unde tingitur Scarlatum : unde dicitur de Christo, quod fuit vestitus veste coccinea, i. tincta cocco, scilicet granis de Scarlato,... est autem bonus coccus Galeticus et Armenus, et secundus Asianus, et Lecius : Hispanus vero omnium novissimus sit.* Quidam ex Arabico *Yxquerlat*, quod idem sonat, deductam vocem volunt. [** Vide Grimm. Gramm. German. tom. 2. pag. 607. ubi glossa *Scarlahhan*, *Pannus rasilis.* Murator. Antiq. Ital. tom. 2. col. 415.] Will. Brito lib. 9. Philippid. pag. 206 :

Et quas huc mittit varias Hungaria pelles,
Granaque vera quibus gaudet Squalata rubere.

Arnoldus Lubecensis lib. 2. cap. 4 : *Præmiserat autem Dux munera multa et optima juxta morem terræ nostræ, equos pulcherrimos sellatos, et vestitos, loricas, gladios, vestes de Scarlato, et vestes lineas tenuissimas.* Lib. 3. cap. 5 : *Non solum Scarlatico, vario, grisio, sed etiam purpura et bysso induuntur*, Vincentius Belvac. lib. 32. cap. 94 : *Significantibus autem Tartarorum nuntiis, quod Rex etiam valde carum et gratum haberet de Scarleta tentorium, etc.* Gervasius Tilleberiensis MS. lib. de Otiis Imper. Decis. 3. cap. 57 : *Vermiculus hic est, quo tinguntur pretiosissimi Regum panni, sive serici, ut examiti, sive lanei, ut Scarlata.* [Charta Willelmi Comitis Pontivi ex Tabular. Abbatiæ S. Mauritii Sabaud. : *Contuli... XIII. libras Paris.... ad emendas XX. ulnas Scarlatæ... ad facienda caputia quæ prædicti Canonici in signum martyrii BB. MM. Mauricii sociorumque ejus jure ordinis et consuetudinis in ecclesia gestare rubea dinoscuntur.*] Acta Concilii Lugdunensis ann. 1274 : *Quibus* (Tartarorum nunciis) *dominus Papa fecit fieri vestes de Scarlato more Latinorum.* Utuntur Andreas Aulæ Regiæ Capellanus in Amatoriis, Statuta Cluniacensia Petri Venerabil. cap. 18. Matth. Paris ann. 1134. Cæsarius lib. 11. Miracul. cap. 18. Gervasius Dorobernensis pag. 1522. Rodericus Toletan. lib. 7. de Reb. Hispan. cap. 1. Magnum Chronicon Belgicum pag. 217. Thwroczius, et alii. Adde Frideric. Sandium in Consuet. feudal. Gelriæ pag. 299. [Speculatorem in Speculo juris lib. 4. de Libell. concept. et Menag. in Etymol. Gall. v. *Ecarlate.*]

¶ Scarletum, Eadem notione. Chron. *Zantfliet.* apud Marten. tom. 5. Ampliss. Collect. col. 356 : *Factaque est solemnis processio, sequentibus eum* (Ducem Lancastriæ) *Ducibus et Nobilibus, vestitis colobiis longis de Scarleto foderatis.* Chronico Mutin. apud Murator. tom. 11. col. 110 : *Insuper a dicta porta civitatis ad pontem Reni facientes equos currere ad pallia et Scarleta.* Adde Chron. Domin. de Gravina apud eumd. tom. 12. col. 708. etc.

¶ Sqarlatum, Eodem intellectu, in Testamento Hugonis Aycelini Cardinalis ann. 1297 : *Volumus tamen quod cuilibet fratrum sociorum nostrorum qui nobiscum erunt tempore mortis nostræ, detur una roba de Squarlato.*

¶ Escallata, Pari significatione. Comput. ann. 1239. ex Biblioth. Reg. : *Pro duabus capis de Escallata, etc.*

Escarletum. Matth. Paris ann. 1237 : *Obtulerunt telas de Escarleto, et vasa pretiosa.* Et ann. 1248 : *Dedit enim eis vestes pretiosissimas, quas Robas vulgariter appellamus, de Escarleto prælecto.* Will. Neubrig. lib. 3. cap. 23 : *Et statutum est, quod.... nullus vario, vel griso, vel sabellinis vel Escarletis utatur.*

¶ Scarlatus, adject. Coccineus. Chron. Andr. Danduli apud Murator. tom. 12. col. 522 : *Sed induti omnes vestibus Scarlatis, datumque eis pariter vexillum.*

¶ Scarlacteus, Scarlateus, Eodem intellectu. Vita S. Petri Parentii tom. 5. Maii pag. 92 : *Nunc colorem Scarlacteum, nunc aureum præferens*, Testament. Mariæ Reg. Aragon. inter Conc. Hispan. tom. 3. pag. 488 : *Et capam meam guasnaciam, pallium et tunicam et pelliciam novam Scarlateam et mantellum.*

¶ Scarlaticus, Scarlatinus, Eadem notione. Acta B. Christinæ tom. 4. Jun. pag. 448 : *Nunc eam vestibus Scarlaticis induemus. Colicæ Scarlatinæ*, apud Lambertum Ardensem.

¶ **SCARLIONUS,** ut supra *Scarilionus.* Statuta Mediolanensia part. 2. cap. 366 : *Si quis abstulerit Scarlionum, sive amanegias, sive palos, vel cayrones de aliqua planta vitis.*

SCARMUS, pro *Scalmus.* Gloss. Gr. Lat. : Σκαλλός, ἔνθα ἡ κώπη δεσμεῖται, *Scalmus, strurus.* Forte *strupus.* Ethelwerdus lib. 4. cap. 3 : *Insistunt remis, deponunt Scarmos, unde coacta rutilant arma, etc.*

¶ **SCARMUTIA,** ut *Scaramutia.* Vide ibi.

¶ **SCARONI.** Vide supra *Scarani.*

¶ **SCARPA,** vox Italica, Calcei species, nostris *Escarpin.* Statuta Placent. lib. 6. fol. 82. v° : *Item provisum est quod cordoanarii vel callegarii vel aliqui alii facientes vel vendentes Scarpas vel calzarios non possint accipere : videlicet de pari Scarparum ab homine quæ sint Scarpæ subtiles integre vel intagiate ultra 11. sol. et 11. denar.* Jo. Demussis Chron. Placent. : *Caligæ portantur solatæ cum Scarpis albis.* Vide *Scarpus.*

¶ **SCARPELLINUS,** Latomus, seu sculptor, ab Ital. *Scarpellino*, eadem notione. Mirac. B. Gregorii Verucul. tom. 1. Maii pag. 538 : *Præsentibus ibidem mag. Joanne Andrea Ghirardo de Veruchio, mag. Baptista Mazzucchetto carpellino.*

SCARPELLUM, pro Scalpellum. Liber Ordinis S. Victoris Parisiensis MS. cap. 19. de Scriptoribus Monachis : *Sed nec scriptoria, nec arcavos, nec cultellos, nec scarpellia, nec membranas... suscipiat.*

¶ **SCARPELLUS.** Vide *Scarbellus.*

¶ **SCARPILLA,** Linamentum, Gall. *Charpie.* Mirac. MSS. Urbani V. PP. ann. 1372. ex Tabular. S. Victoris Massil. : *Fistula in oculo taliter grossum et inflammatum, in quo supervenerunt vermes,..., quidam extraxit 24. vermes cum molleto,... ponebat de Scarpilla de panno lineo.*

SCARPINARE, *Fodere, more gallinarum*, in vet. Gl.

SCARPSINARE. Gundramnus in Epist. ad Ermenricum, præfixa Vitæ S. Soli : *Efflagito... ut et vera et manifesta Dei opera luculento sermone depingas, et in corrigendis et augendis Ruodolfum adesse deposcas, ad ejus personam prologum Scarpsinans.* Id est, ei prologum inscribens.

SCARPSUS, Excerptus. Concilium Turonense II. can. 21 : *Placuit etiam de voluminibus librorum pauca perstringere, et Canonibus inserere, ut Scarpsa lectio de alii in unum recitetur ad populum.* Sic enim præfert Codex Bellovac. ut monet Sirmondus, ubi alii *excepta.* Ita alibi Collectio Andegavensis : *Scarpsum de Epistola Leonis ad Rusticum.* Atque sic forte legendum in Testamento Heccardi Comitis Augustodun. in Tabulario Persiacensi in Burgund. : *Una buxta eburnea minore, et libro pastorale uno, Canones, Scarsus quartenio uno, etc.* Ubi *Scarsus* idem valet ac *excerptorum.* Hinc etiam emendandus titulus libelli Abbatis Pirminii : *De singulis libris Canonicis Scarapsus.* leg. *Scarpsus.* Abbreviator libri Macrobii de Differentia et Societ. Græc. Latinique sermonis : *Explicit defloratio de* *libro Ambrosii Macrobii Theodosii, quam Johannes carpserat ad discendas Græcorum verborum regulas.* Qui quidem Joannes fortasse fuerit, quem *Erigenam*, seu *Scotum* vocant. [Vide *Excarpsus.*]

SCARPUS, Itinerarii calceamenti species, quod vulgo *Escarpins* vocamus, Itali *Scarpa* vel *Scarpetta.* Gaufridus Malaterra lib. 1. cap. 16 : *Nullo sciente consurgens vili veste, et Scarpis, quibus pro calciariis utuntur, ad similitudinem abeuntium sese aptans, illis mediis adjungitur.* Le Roman de Garin MS :

Tote dolente hors de la chambre esi,
Desafublée, chauciée en Eschapins,
Sor ses espaules li gisoient li crin.

Alibi :

Isent des lis, les Eschapins chaucent.

Vide Oct. Ferrarium in *Scarpa,* [et eamdem vocem supra.]

¶ **SCARPUZARE**. Vide *Scapillare.*

¶ **SCARRA**. Vide supra *Scara* 3.

¶ **SCARRÆ**, Hearnio, Idem quod partes sive divisiones, Angl. *Shares.* Gualter. Hemingford. in Edwardo I. Reg. Angl. ad ann. 1290. pag. 20 : *Confiscataque sunt omnia bona eorum* (Judæorum) *immobilia, cum Scarris et obligacionibus suis : reliqua vero mobilia, cum argento et auro, eos asportare permisit Rex.*

* **SCARRENE**, f. pro *Carena.* Vide infra *Starrene.*

SCARRITIO. Hugo Flaviniacensis in Chronico pag. 243 : *Hic Flaviniacum veniens, honeste a nobis susceptus est, et in eadem nocte Dominicæ diei, cum ei honeste servissem in Treva Dei, bannos et Scarritiones mercati homines ejus fregerunt et tulerunt, quia erat ante domum Episcopalem : et terra ipsa, antequam domus ibi fuisset, censita erat hominibus pro mercato eorum,* etc. Infra : *Videntes homines, quorum terra erat censita, quia ego eis primus, qui defendere debebam, de consuetudine et usu eorum deficiebam, ipsimet in terra censuali sua Scarritiones firmaverunt, et carnes reposuerunt.* Vide *Scarire,* 2.

SCARITIO, Eadem, ut videtur, notione. Polyptychus S. Remigii Remensis : *Donat annis singulis in hostelitia den. 20.... Nativitate Domini lig. car. 1. in banno 1. pro pasto Scaritione 5. car. circulos perticas* 10. Alibi : *Solvit in censu de sigala modium 1. ordeo mod. 1. de annicul. 1. caplim dies 15. lign. carr. 3. de Scaritiones car. 1.* Passim ibi. Vide *Scara,* 4.

SCARSALIS. Charta Pibonis Episcopi Tullensis ann. 1079. in Append. ad Capitul. Reg. Fr. n. 153 : *Cum cæteris utensilibus interioribus, videlicet indumentis, calice, missali, Scarsali, etc.* [Vide *Scharsya.*]

¶ **SCARSELLA**. Vide supra *Scarcella.*

¶ **SCARSUS**, Imminutus, cui aliquid deficit. Statuta Astens. Collat. 17. cap. 61. fol. 61 : *Si aliquis inventus fuerit in civitate Astensi vel burgis habere aliquod pondus quod sit Scarsum karat.* III. *solvat pro pena sol.* x. *Item pro pondere Scarso denar.* 1. *solvat pro pena sol.* xx. *Ast.*

¶ **AD SCARSUM**, Minimum, ut videtur, Gallice *Pour le moins.* Convent. civit. Saonæ ann. 1526 : *Item pro vasis navigabilibus fabricandis in posse et jurisdictione Saonæ, ad Scarsum, quæcumque persona tam civis quam extranea, solvat unum pro centenario.*

¶ 1. **SCARTABELLUS**, Codex chartaceus, Ital. *Scartabello.* Acta S. Antonini Archiepisc. tom. 7. Maii pag. 682 : *Qui fecit cooperire librum sericeo operimento coloris rubei ... Et signatus est iste Scartabellus, etc.*

* 2. **SCARTABELLUS**, Miles secundi ordinis apud Polonos. Stat. Casimiri ann. 1347. inter Leg. Polon. tom. 1. pag. 37. ubi de mulctis pro morte aut vulneribus illatis : *Pro capite militi famoso, alias szlachcic, sexaginta marcæ, Scartabello triginta marcæ, militi autem creato de sculteto vel de kmethone, quindecim marcæ pro capite. Item militi szlachcic pro vulnere decem marcæ, Scartabello vero quinque marcæ, sculteto vel kmethoni factis militibus tres marcas pro vulneribus statuimus persolvendas.* Vide supra *Inautorare.*

¶ **SCARTAFACIUM**, pro *Chartafacium,* Liber rerum factarum vel faciendarum. Statuta Genuens. lib. 4. cap. 12 : *Quilibet præpositus, institor et administrator cujusvis societatis, seu negotiationis in quavis mundi parte, teneantur restringere et recuperare omnes libros, Scartafacia, et alias scripturas spectantes quovis modo dictæ societati, sive negotiationi, etc.*

* **SCARTALAGIUM**, Dicitur de ligno in quadratum redacto, Gall. *Bois d'equarrissage.* Comput. ann. 1483. ex Tabul. S. Petri Insul. : *N.' Gomer mercatori lignorum in Tornaco, pro pluribus partibus nemorum Scartalagii quercuum, etc.* Infra : *Scartalagium a serratoribus factum, etc.*

¶ **SCARTANEA**, Lorum. Thwroczius in Chron, Ungar. cap. 99 : *Tandem antedicti trini dextrarii solennes cum armis et operimentis omnibus ipsorum gloriosissimis seu attinentiis, cum Scartanea, curru seu mobili, aut ostilario regnali.* Vide Lexic. Martinii, et Vossium lib. 2. de Vit. Serm. cap. 17.

* **SCARTAYRATUS**, In quadras divisus, Gall. *Ecartelé,* vox heraldica. Inventar. MS. ann. 1356 : *Item unum copertorium de cirico, Scartayratum de duobus pannis aureis.*

SCARTIA, Messis, Italic. in Processu de Vita S. Thomæ Aquin. num. 64.

SCARTIO, Idem forte quod *Scarritio,* de qua voce supra. Charta Ingelranni D. Cociaci ann. 1235. pro Libertatibus villæ de Solers, etc. apud Thomasserium lib. 1. cap. 103 : *Et unusquisque hominum illorum unam quadrigatam vini in tempore musti, et etiam in tempore colendi, absque vuernagio* (leg. vuionagio) *per terram meam si equus * lunonorum, et quadriga ipsius sit, uno quoque anno ducere poterit, et si Scartiones et omne nemus illis defuerit, ipsi Præposito nostro Cociaci hoc ostendent, si vendere nemus et Scartiones ipsis voluerit, etc.* [Malim de locis in culturam redactis vel redigendis intelligere : quæ notio voci *Scarritio* non convenit. Vide *Scartus.*]

* Non idem est quod *Scarritio,* neque etiam Locus in culturam redactus vel redigendus intelligendus est, ut manifestum fit ex Charta Roger. Laudun. episc. in Chartul. S. Vinc. Laudun. ann. 1190. ch. 184 : *Si autem contigerit prædictum boschum pro Scartionibus ad silvagium poni; major ipsius castellani pro unaquaque sarpa sex denarios Laudunensis monetæ habebit, et castellanus omnibus hominibus Scartiones incidentibus, de omnibus forisfactis, quæ fecerint in boscho, tam vivo quam mortuo, garandiam tenetur ferre.* Non idcirco tamen quid sit *Scartio* facile definitur : ramos seu ramusculos intelligo, ex quibus fascis lignea componitur.

¶ **SCARTUENSE** Jus. Charta Episc. Brandeburg. pro Monasterio B. M. in Lizeke, apud Ludewig. tom. 2. Reliq. MSS. pag. 433 : *Attestamur etiam scripto præsenti quod memorati fratres curiam quamdam villæ Twergowe contiguam a domino W. Magdeburgensi Archiepiscopo Scartuensi Jure comparaverunt, cum silvis, aquis, aquarum decursibus, pascuis et omnibus suis attinentiis.* An eo jure seu ea conditione, ut locum *essartarent,* id est, excolerent? Vide mox *Scartus.*

¶ **SCARTUS**, Ager in culturam redactus, Gallice *Essart.* Charta Roberti Episc. Ambian. ann. 1167. ex Tabul. Corbeiensi : *Possedit... usque ad tempus Wimari filii Iberti qui de novalibus et Scartis et novis rupticiis decimam, quæ ad honorem Thesaurariæ Corbeiensis dicitur pertinere, aliquamdiu, contra canonica instituta, occupare præsumpsit.* Vide *Exartus.*

¶ **SCARUM**. Statuta Massil. lib. 4. cap. 7 : *Sed et de periculo, vel damno, si quod navi, vel ligno sive* (sine) *culpa contigerit non teneatur, et hoc intelligimus et dicimus de nave, vel ligno ad Scarum conducta vel conducto.* Vide *Scar.*

SCARZO. Charta Henrici Imper. ann. 1081. apud Ughellum tom. 3. Ital. sacr. pag. 419 : *Hominibus in villis habitantibus de eorum Comitatu fodrum non tollemus, nec aliquam consuetudinem superimponemus, nisi quantum tres meliores homines propter Scarzones, per villas et castella juraverint.* Ubi *propter,* idem valet ac *præter :* proinde *præter scarzones,* i. omissis, nec admissis *garcionibus* et hominibus nihili.

☞ *Scarso,* vel *Scarzo,* idem est Italis quod avarus, vilis, abjectus : *Eschas,* eadem notione, usurpare videtur le Roman d'*Athis* MS :

Le Duc dist bien du Roy Billas
Qu'il n'estoit pas Roy des Eschas,
Mais de fine Chevalerie,
Moult est plain de bachelerie.

Vide *Scardus* et *Scacci,* 1.

SCASORES, referuntur inter artifices, quibus immunitates conceduntur, in leg. 2. Cod. Th. de Excusat. artif. (13, 4.) : *Quadratarii, barbaricarii, Scasores, pictores, sculptores.* Sed qui ii fuerint, incertum.

* Vide conjecturas Jacobi Gothof. in hanc legem.

¶ **SCASSA**. Miracula MSS. Urbani V. PP. ex Tabul. S. Victoris Massil. : *Cum nullomodo posset ambulare pedibus suis, positus est in quadam tarabinta sive Scassa cum qua se juvaret.* Videtur de lecto versatili, Gall. *Roulette,* intelligi posse. Vide *Eschassa.*

* Glossar. Provinc. Lat. ex Cod. reg. 657 : *Scassa, Prov. loripeda, cassier, oripes.*

SCASSARNOVA, Unum e 12. auguriis, de quibus in voce *Venta,* quod sic describitur a Michaële Scoto de Physionomia cap. 56 : *Scassarnova est augurium, quando vides post te hominem vel avem, et antequam perveniat ad te, et tu ad eam, in loco repauset, te vidente : significat bonum signum super negotio.*

SCASSARVETUS, Unum ex iisdem 12. auguriis, quod *est*, inquit Michaël Scotus, *quando vides hominem præterire, vel avem in loco pausantem, ita quod sit tibi in sinistro latere tui : est tibi malum signum super negotio.*

SCASSUM. Charta Caroli II. Regis Siciliæ ann. 1303. apud Ughellum in Episcopis Casertanis : *De pecunia fidantiæ forestarum, Scasso de omnibus armentis jumentorum, bubalorum, vaccarum, etc.* Occurrit ibi rursum. Italis *Scasso*, est ager cultus, laboratus : verum aliud hic innuitur.

* **SCAT.** Glossæ Cæs. Heisterbac. in Reg. Prum. tom. 1. Hist. Trevir. Joan. Nic. ab *Hontheim* pag. 675. col. 2 : *Ferramenta aratri, quæ vocantur Scat.* [** Germ. *Scar*, vomer.]

SCASTLEGI, Cessatio ab armis, armorum depositio : vox formata secundum Spelmannum, a Saxonico ceart, i. certamen, contentio, et legen, i. deponere, ut sit legitima ab exercitu discessio. Isaacus Pontanus in Chorographica Daniæ descriptione pag. 772. observat ex Tacito, apud Germanos *scutum reliquisse, præcipuum* fuisse *flagitium* · idque obtinuisse apud Francos nostros, apud quos, inquit, Constitutio est *de armorum depositione*, et iis, qui militiam declinantes, arma abjiciunt : arma autem quæcumqne per *Scutum* vulgo intelligi in legibus Francicis, quæ quidem vox est etiam Danis hodieque usitata : scuti positionem quippe *Schotlage* seu *Schiotlegge* nuncupare, ex *Schiolt* et *Schilt*, scutum, clypeus, et *legen*, vel *leggen*, et *neder-leggen*, deponere. Capitul. Wormatiense ann. 829. cap. 13. et Additio IV. Capit. cap. 81. al. 114 : *Postquam Comes et pagenses de qualibet expeditione reversi fuerint, ex eo die super 40. noctes sit bannus recisus, quod lingua Theodisca Scastlegi, id est, armorum depositio vocatur.* Eadem habentur in Edicto Pistensi cap. 33. [Vide *Herisliz.*] [** Pertz. *Scaftlegi* e codicibus, a Germ. *Scaft*, Telum, et *legjan*, Ponere. Vide Graff. Thesaur. Ling. Franc. tom. 2. col. 96. et tom. 6. col. 460.]

¶ **SCATA.** Vide infra *Scuttta.*

SCATABRA. Papias : *Scatabræ, ebullitiones, quæ fiunt, cum aqua calida in aliquas rimas fluxerit.* Idem : *Scatabra, emanantiæ aquarum, id. ortus; a scaturientibus fit aquis.* Lat. *Scatebra.*

¶ **SCATABULATUS**, f. Fultus, nixus. Charta ann. 1365. apud Steyerer. in Comment. ad Hist. Alberti II. Ducis Austr. col. 499 : *In secundo semicirculo clypeum ducatus Karinthie, in cujus una media parte tres leones cernebantur, et alia pars medium clypei Austrie ducatus monstrabat, in tertio ducatus Carniole, qui aquilam super alas, ut apparebat, Scatabulatam, quasi ad volandum extentam presentabat.*

SCATATUS. Concilium Senonense ann. 1320. cap. 4 : *Caligis rubeis, viridibus, Scatatis, croceis seu albis non utantur.... Clerici.* Concilium Parisiense ann. 1323. cap. 4 : *Clericos qui caligas rubeas ac Scatatas et alias inhonestas publice deferunt.* Mox eadem habentur quæ in Senonensi. Concilium Londinense ann. 1342. cap. 2 : *Caligis etiam rubeis, etiam Saccatis*, (sic) *viridibus sotularibus etiam rostratis et incisis multimode, etc.* Ubi legendum censuerim *scallatis*, i. coccineis, vel certe *scaccatis*, id est in *Scaccarii* speciem variegatis. [Vide *Scacatus.*]

¶ **SCATEI**, pro *Scacci*, nisi etiam ita legendum sit, in Consuet. Furnens. MSS : *Protracti de ludo talorum xx. sol. emendabit Comiti : sed licet cum tabulis et Scateis ludere.*

* **SCATIA**, Fulcri subaxillaris species. Mirac. B. Anton. Ripol. tom. 6. Aug. pag. 539. col. 1 : *Nec ire poterat per vias et vicum nisi una croza sive Scatia et uno baculo, quam Scatiam et baculum, etc.* Vide *Scacia.*

* **SCATICELLI** *vel* Scatumcelli *vocatur Umbilicus veneris anbularia, etc.* Glossar. medic. MS. Sim. Januens. ex Cod. reg. 6959.

SCATICUM. Vide *Scatz.*

* **SCATINENTUM**, Vermium genus. Stat. MSS. eccl. S. Laur. Rom. : *Ordinarunt quod sacratissimum Corpus Domini nostri J. C. in parvis formis et rotundis factum sit, et non per frusta pro infirmis reservetur, quia sæpe Scatinenta et mitæ ex dictis frustis eveniunt.*

SCATIONARIA. Martinus Didacus *Daux* Justitia Aragon. lib. 6. Observantiar. fori Aragon. tit. Interpretationes, etc. § 6. de Notariis : *Sed non debent tenere Scationariam, nec publice se ponere ad recipiendum cartas.* Eadem habentur lib. 9. tit. de Privilegio generali § 27. [Vide *Scatz.*] [** Leg. *Stationariam.*]

* **SCATISSA**, Tabulatum, Gall. *Etage.* Stat. ann. 1358. inter Probat. tom. 2. Hist. Nem. pag. 232. col. 1 : *Quælibet vero* (turris) *spiritudinis quatuor palmorum, et cum duabus Scatissis sive deffensis.*

SCATIVA Aqua, Scaturiens, in Vita S. Posthumii cap. 8 : *Si Abbas præsens fuerit, reperiens aquam scativam, sive germinantem, præter Abbatis consilium diverterit ad bibendum, etc.*

SCATIUM. Rainardus Abbas Cisterciensis in Institut. Capitul. ejusd. Ord. ann. 1134. cap. 14. ubi de pane quotidiano : *Ubi autem frumentum defuerit, cum Scatio liceat fieri.* [Leg. *Sentium.* Vide in hac voce.]

SCATTO, Italis, Scutella, qua arida venditores metiuntur, ut lupinos, et similia. Leo Ost. lib. 1. cap. 24 : *Scutellam argenteam 1. Scattones 3. garales 2.* Et cap. 26 : *Scattonem unum Constantinopolitanum* [Vide *Scatula.*]

* **SCATUCIA**, pro *Statucia*, Statutum, edictum. Lit. ann. 1328. tom. 7. Ordinat. reg. Franc. pag. 127 : *Et cum postmodum... dicta ordinacio et statutum præfati domini consanguinei nostri dom. Ludovici confirmata, et per modum Scatuciæ dicta fuerint ad tempus perpetuum, etc.* Vide *Statutio.*

¶ **SCATUITA**, Fossa, excavatio, ni fallor, Gall. *Creux, cavité.* Castellus in Chron. Bergom. apud Murator. tom. 16. col. 939 : *Sed non potuerunt, pro eo quod Guelphi vallis S. Martini et aliunde fecerunt multas Scatuitas et foveas.* Italis *Cavità*, eadem notione.

¶ **SCATULA**, Pyxis, Ital. *Scatola*, Gall. *Boëte.* Vita S. Gualfardi tom. 3. April. pag. 831 : *Acceptantibus et reponentibus in quadam Scatula oblonga* (partem ossis crurum.) Castellus in Chron. Bergom. apud Murator. tom. 16. col. 856 : *Et fecit sibi largiri.... Scatulas quatuor confectionum.* Vide *Scatto.*

¶ **SCATUM.** Vide infra in *Scatz.*

* **SCATUMCELLI.** Vide supra *Scaticelli.*

¶ **SCATURICARE**, Scaturizare, Scaturire. Acta S. Roberti tom. 3. April. pag. 663 : *Ac in ipsos exemplis saluturibus Scaturicans, etc.* Gloss. Lat. Gall. Sangerm. : *Saturizare, Sourdir.*

¶ **SCATURIZARE.** *Scaturizatus*, Adustus, pustulosus. Litteræ Haquini Norvegiæ Reg. ann. 1316. apud Rymer. tom. 3. pag. 566 : *Projecerunt in facies invitatorum, pro secundo ferculo, aquam bullientem et cineres ignitos. Alii vero nautæ fraudulenter subarmati cum trusoriis, cultellis et gladiis in ipsos sic Scaturizatos et stupefactos singulos irruerunt crudeliter occidentes.* Hinc haud scio anemendanda sit hæc vox, tametsi alio sensu accipienda videtur, in Litteris Philippi Aug. Reg. Franc. tom. 3. Ordinat. pag. 260 : *Poterunt illi carnifices habere servientes ad ipsas carnes scoriandas, Scaturizandas, etc.* Vide *Scara* 1. et *Scaria.* Pro Scaturire exstat in *Scaturicare.*

SCATURRIO, *Lepra*, in Gloss. Isidori.

1. **SCATUS**, *Impetigo, sicca scabies.* Gloss. Isid. vox ejusdem originis cujus prior.

2. **SCATUS.** Charta Willelmi Comitis Pontivi ann. 1203. in Tabulario Abb. S. Judoci : *Et notandum, quod Comes Monsteroli et Pontivi extra villam B. Judoci, per totum Comitatum prædictæ Ecclesiæ, debet habere assultum, murdrum, Scatum, et ratum* (raptum), *violentiam scilicet mulieris vi oppressæ, etc.* Videtur usurpari pro furto. Vide *Scach*, et *Scatz.*

☞ A furto distinguitur in Charta ann. 230. ex Tabul. Centulensi : *Exceptis muldro et latrone, et rato, et Scato, et lege duelli quæ ad Abbatem et Conventum pertinent.* Ubi cum de incendio, quod inter memorata delicta recenseri solet, nihil dicatur, haud scio an ea voce, hujus incerta licet origine, illud significetur. Vide *Scaturizare.*

SCATZ, Scaz, Scaticum, Pecunia, pretium, ex Germanico *Schatz*, thesaurus, gaza, Belgis *Schat :* vel ex Saxonico sceat, pretium, collatio, nummus, pecunia. [** Vide Graff. Thesaur. Ling. Fr. tom. 6. col. 557. voce *Scaz.*] Hincmarus Laudunensis Episcop. pag. 594 : *Quidquid de rebus suæ Ecclesiæ fecit et ordinavit, non per Scaz, vel per aliquam propinquitatem aut amicitiam inde fecit; sed sicut melius ille intellexit.* Idem in Responsione ad Hincmarum Archiep. Rem. pag. 612 : *Cui et respondi, quia non celabam, quod motus aliquid contra illum fuerim, eo quod audieram a quibusdam, illum dixisse, quod Romam ipsum non pro alia re ire rogabam, nisi ut inde Scatz mihi daret, quod ego mirabar, si diceret, cum, quidquid habebat beneficii, gratis ei dedissem, et sine *ullo pretio.* Ubi *Scatz*, et *Scaz*, pretium sonat. Inde

Scaticum, pro Tributo. Charta Ludovici Pii Imper. in Chronico Farfensi pag. 667 : *Sine datico, herbatico, Scatico, vel glandatico.* Alia Caroli II. Regis Siciliæ ann. 1303 : *De caligariis terrarum, redditibus in pecunia, seu de tarenis, redditibus gallinarum, caponum, et aliorum pullorum, Scaticis, porcellis, agnis, etc.* Supra : *De Scaticis, porcellis, etc.* Petrus I. Rex Aragonum in Constitutionibus Catalaniæ MSS : *Scatica nostra, et pennones, atque alia regalia nostra, firmiter observari et custodiri.... jubemus.* In MS. est, *al. guidatica :* quæ quidem *guiatica* dicuntur, in alia Charta ibidem, quæ est Jacobi I. Regis : *Sub eadem pace sint guiatica nostra : et censuaria, et pennones, et omnia Regalia nostra.*

¶ Estaticum, Eodem intellectu, in Charta ann. 1150. inter Probat. tom. 2. novæ Hist. Occit. col. 529 : *Hoc autem sponsalitium, ut supra scriptum est, juraverunt super sancta Dei Evangelia quod ita teneatur, et observetur præfatæ Titburguetæ, et si ei in aliquo diminutum seu violatum, vel inde ei ab hæredibus Ademari de Muroveteri vel occasione eorum aliquid ablatum fuerit, quod apud Montempessulanum Estaticum ei sine enganno teneant.*

Statica, Eadem, ut videtur, notione. Charta Hispanica ann. 1135. in Addit. ad Capitul. Reg. Franc. n. 156 : *Primum quidem, ut ipsas dominicaturas, dum ipsa viveret, haberent per medium : Staticam vero castrorum, per singulos annos habeat, sex mensibus.* Infra : *Eo quod si Guillelmus Raimundi hoc ei frangere tentaverit, valeant Beatrici, et teneant secum illa donec habeat in vita sua medietatem omnium dominicaturarum et Staticam S. Martialis pro melioratione cum laboratione boum, etc.* Charta Jacobi Regis Aragonum ann. 1228. apud Joan. Dametum in Hist. Regni Balearici pag. 203 : *Nos similiter habeamus partem nostram omnium prædictorum secundum numerum militum et hominum armatorum, qui nobiscum fuerunt, retentis nobis alcahriis, et Staticis Regum in civitatibus, ultra partem competentem.* Est igitur *Staticum*, tributum, vectigal, cujusmodi fuit *Guidaticum*, de quo supra.

Scatum, Vox ejusdem originis, in Charta Caroli C. pro novo ponte Parisiensi in parvo Tabul. Eccles. Paris. : *Placuit nobis extra prædictam urbem de ærarii nostri Scato,... opportunum majorem pontem facere.*

1. **SCAVA**, *Arborum densitas nimia*, in Glossis Pithœanis. [Barthius *Schena* emendat, non male, ut videre est in hac voce.] Isidorus habet *Scana*, atque ita legendum censet Vossius, [cui accedunt Martinius et la Cerda.]

¶ 2. **SCAVA**, Fossa. Vide *Scaba*.

¶ 3. **SCAVA**, ζυγός, in Gloss. Lat. Gr. *Scama* emendant viri docti. Vide Scaliger. ad Festum in *Examen*.

SCAVAGIUM, Tributum, quod a mercatoribus exigere solent nundinarum domini, ob licentiam proponendi ibidem venditioni mercimonia, a Saxon. sceavian, id est, ostendere, inspicere, Anglis *Scevage* et *Shevage*. Brompton : *Scheawing, i. mercimonii positio, sive demonstratio, i. despliance de marchandie. Escewinga*, in Charta Henrici II. Regis Angl. pro civibus Cantuar. : *Hoc etiam eis concessi, quod omnes cives Cantuarienses sint quieti de Telonia et Lastagio per totam Angliam et per portus maris, et de Escewinga.* Ostensio dicitur in Legibus Ethelredi Regis. Vide in hac voce.

* **SCAVELLA**, Scabellum, Gall. *Escabelle.* Inventar. ann. 1476. ex Tabul. Flamar. : *Et in coquina.... plus duas Scavellas fusti.* Ibidem : *Item plus quandam Scavellam coralli novam.*

¶ **SCAVER**, ψωρός, in Gloss. Lat. Græc. pro Scaber, scabiosus Vide *Scabidus.*

¶ **SCAVERE**, *Frigare, Scavet*, κνήθει, in iisdem Gloss. Affrictu detergere, in Charta Consulum Tolos. ann. 1192. inter Consuetud. ejusdem urbis MSS. ex Bibl. D. de Crozat : *Et ipsum pratum et gravaria erant publica causa ingrediendi et exeundi et stacandi naves,.... et Scavendi, et lavandi, et candidandi.*

¶ **SCAVEZZARE**, Scavizare, Italis, Rumpere, frangere, Gall. *Rompre, casser :* dicitur etiam de via quæ interscinditur. Castellus in Chronico Bergom. apud Murator. tom. 16. col. 945 : *In quo aguayto Venturinus filius Deboli de Sedrina Scavezzavit unam tibiam.* Ibidem col. 968 : *Et similiter invenerunt uxorem Morani de Ventraria, quam in capite vulneraverunt, et Scavezzaverunt unum brachium.* Statuta Mutin. rubr. 23. fol. 4 : *Si quæ universitas, vicinantia, aut singularis persona, aut locus religiosus, aut aliqua contracta viam Scavezzaverit, pontem octo brachiorum ibi incontinenti facere teneatur.* Statuta Placent. lib. 5. fol. 59 : *Omnes qui ducunt, vel ducent aquas per rivos mancinatores qui Scavizant vel Scavizabunt stratam romeam, etc.*

* **SCAVEZZUS**, Sicarius. Leg. reipubl. Genuens. ann. 1576. part. 1. cap. 54. tom. 2. Cod. Ital. diplom. col. 2179 : *Nullum est hominum genus, quod in republica.... sit adeo abominabile, quam gladiatores et sicarii, quos vulgus bravos seu Scavezzos appellat.* Ab Italico *Scavezzare*, discindere, disrumpere, truncare; unde *Scavezzacollo*, in omne facinus projectus, ex Acad. Crusc.

* **SCAUFFAGIUM**, pro *Caufagium*, Jus capiendi ligna furno calefaciendo necessaria. Charta ann. 1235. tom. 1. Probat. hist. Brit. col. 895 : *Scauffagium in communibus et in frostis dedit eidem capellano ad opus dicti furni.*

¶ **SCAVIA**, ψώρα, in Gloss. Lat. Gr. Scabies. Vide supra *Scabea.*

SCAVILLUM, *Præda*, Johan. de Janua.

¶ **SCAVINI**, Scaviones. Vide *Scabini.*

¶ **SCAVIZARE**. Vide *Scavezzare.*

* **SCAULUS**, Caulis, Gall. *Chou.* Regula hospit. S. Jacobi de Alto passu an. circ. 1240. ex Tabul. archiep. Paris. cap. 47 : *Caseos et lenticulas et fabas et Scaulos,..... ne.... infirmis deinceps tribuantur,.... prohibemus.*

* **SCAUPOLUS**, Assula, recisamentum; imo et rami arborum succisarum, Gall. *Coupeau.* Pedag. castri de *Les* ann. 1263. ex Cod. reg. 4659 : *In singulis saumatis Scaupolorum, soccorum, j. den.* Vide supra *Copellus* 2.

¶ **SCAURUM**. Vide infra *Sceurum.*

¶ **SCAZ**, Pretium. Vide *Scatz.*

¶ **SCAZO**, Thesaurus, Germanis *Schatz*, in Quæst. vett. Jurisperit. ad Leg. Langobard. apud Murator. tom. 1. part. 2. pag. 164 : *Si homo invenerit Scazo in terra aliena, medietatem habeat qui invenit, et medietatem cujus terra est.* Vide *Scatz.*

¶ **SCAZUDIA**, Præstatio annua, *Eschet* dicitur in Barensi tractu. Vetus Charta dominii de *Verecourt : Tous les sujets residens à Verecourt doivent au jour de S. Remy de chaque année les Eschets en grain et en argent. Scavoir chaque feu deux penauts bled, autant avoine, et encore un bichet d'avoine des rentes pour l'affouage des grands bois, et les veuves à moitié, et ceux qui font charruë entiere, et doivent pour icelle quatre penauts. Les demies charruës deux penauts, et les quarts de charrue un penaut, et pour l'Eschet en argent, le menage faisant feu doit cinq blancs, et pour les charrues dix blancs, les demies charrues et quart à l'equipolent.* Statuta Eccl. Glandat. ann. 1327. ex Regest. 74. vol. 11. Peirescii : *Dominus Præpositus... habet jurisdictionem in hominibus brevis Præpositurœ et ab ipsis servivitium recipit et alias Scazudias et alia jura in eis et in eorum bonis quæ tenentur sub ipsa Præpositura.*

SCEATTA, Scætta, Nummi genus apud Anglo-Saxones, sceatte, [a Saxon. sceat, pars, symbolum, nummus, pecunia.] Leges Æthelstani Regis cap. 7 : *Regis simplum Weregeldum in Mercenorum laga, hoc est 30. millia Sceatta, hoc est totaliter 120. libræ : sed pro regni emendatione in menegildo ipsam weram debent habere parentes ejus, et regalem emendationem ipsius terræ populus.* Apud Lambardum *Scata* legitur : scætta in Legibus Æthelberti. Consule Gloss. Saxonicum Somneri in hac voce.

* **SCEAWING**, idem quod *Scavagium*, Tributum, quod a mercatoribus exigere solent nundinarum domini, ob licentiam proponendi ibidem venditioni mercimonia. Charta Eduardi reg. Angl. ann. 1044. in Suppl. ad Miræum pag. 13. col. 2 : *Concedo eis etiam in omnibus terris suis prænominatis consuetudines hic Anglice scriptas, scilicet..... hleasting, Sceawing,..... aliasque omnes leges et consuetudines, quæ ad me pertinent.*

SCEBANCA. Vide *Austrum.*

SCEBRUM. Vide *Sceurum.*

¶ **SCEDA**, pro Scheda, pagina, in antiquo Missali Eccl. S. Saturnini Tolos. :

Aurea purpureis pinguntur grammata Scedis.

¶ **SCEDINGI**, Saxoniæ populi prope Bremam. Chron. Corn. *Zantfliet* ad ann. 1230 : *Archiepiscopus Bremensis insolentiam Scedingorum sibi rebellium repressurus, etc.*

¶ **SCEDULA**, Tabula. Miracula S. Urbani Mart. tom. 6. Maii pag. 19 : *Dum carpentarii conducti materiam de silva collectam ibi cæderent, ut circum statuas trabibus et Scedulis clausuram competentem locarent.*

¶ **SCEDULUS**, pro Sedulus in Agnelli lib. Pontif. apud Murator. tom. 1. pag. 182.

SCEFFILUM. Mensuræ annonariæ species : Germ. *Scheffel.* Lex Saxonum tit. 18.

Secalis Sceffila 30. *ordei* 40. *avenæ* 60. Vide *Scapha*, *Scapilus*, *Sceppa*.

¶ **SCEFUALIS.** Charta ann. 1231. in Tabul. S. Victoris Massil. : *Dono omnes possessiones,.... aut alia servitia pecuniaria, sive sint bladi, vel pecuniæ, sive sit servitium Scefuale bladi, vel gallinarum.* An *Scazuale?* Vide *Scazudia*. An *censuale?*

SCEITHMANNUS, vox ex Saxon. seivman, vel scægvman, vel scæðman, pirata; a scæða, fur, latro. Pactum Ethelredi Regis Angl. cum Analano, etc. cap. 9 : *Si dicatur in computriota, quod furtum fecerit, vel hominem occiderit, et hoc dicat Sceithmannus, vel unus Land-mannus, tunc non sit aliqua negatione dignus.* [** In Thorpii editione *unus Sceithmannus et unus landesmannus*, ita etiam in Saxonico. *Sceithmannus* a sceigð, Scapha, est Nauta, quo et homine terram inhabitante testibus criminis existentibus, accusatus pro convicto habebatur.]

* **SCEKARIUM**, pro *Scacarium*. Charta ann. 1268. ex Chartul. 2. Fland. in Cam. Comput. Insul. fol. 37 : *Werpivit.... triginta libras, quæ eidem majori ad Scekarium de Brugis singulis annis debebantur.* Vide in *Scacci* 1.

SCELANDRIA. Vide *Chelandia*.

* **SCELERAGO**, Scelus, facinus, Ital. *Sceleraggine*. Serm. Gabr. Barel. in Domin. 2. Advent. : *Quamdiu homo habet in se liberum arbitrium, flexibilem ad bonum et ad malum, dimittat peccata et Sceleragines.*

* **SCELERAGUSTA**, idem quod *Scaraguayta*, Jus exigendi ab incolis servitium excubiarum. Charta ann. 1212. apud Murator. tom. 2. Antiq. Ital. med. ævi col. 279 : *Cum omni jure et jurisdictione curtis et castri, et specialiter guaritæ et Sceleragustæ, bocatæ et phalangatæ, etc.* Vide supra *Eschargaita*.

SCELERATOR, Sceleratus, in Formula 32. ex Andegavensibus.

* **SCELERATUS**, Infelix, infortunatus, miser, in vett. Inscript. Consule Mabill. in Museo Ital. pag. 80. Murator. tom. 3. Collect. magn. Inscript. pag. 1280. 2. et Reynes. in Sylloge Inscript. class. xij. num. 122. Vide in *Scelerosus*.

SCELERITAS. Gloss. Græco-Lat.: Ἀνομία, *Scelus*, *sceleritas*, *iniquitas*. Occurrit in Leg. 3. D. de Bonis eor. qui ante sen. mor. (48, 21.)

SCELEROSUS, pro Sceleratus : vox Lucilio usurpata apud Nonium. Ugutio : *Sceleratus, in quo fit scelus : scelestus, per quem fit, Scelerosus, qui facit, et est Scelerosus plus quam sceleratus.* Donato, dicitur *autor sceleris*. Utuntur S. Eulogius lib. 1. Memor. Sanct. et lib. 3. cap. 12. et in Apologet. Baldricus lib. 1. Chron. Camerac. cap. 94. Vita S. Aldrici Episcopi Senonensis cap. 25. Synodus Lateran. ann. 649. Gregorius VII. lib. 8. Epist. 13. etc. Occurrit etiam in Cod. Theod. non semel.

☞ Vocis *Sceleratus* notionem quam ex Ugutione exhibet Cangius, egregie illustrat Epitaphium relatum a Velsero in Epist. 82 : *Filiis suis infelicissimis, qui ætate sua non sunt fruniti, fecit mater Scelerata, etc.* Quam vocem usurpat ob scelus in se perpetratum in morte liberorum.

SCELESTIS, pro Scelestus, apud Steph. Eddium in Vita S. Wiltfridi cap. 26 : *Pretium utique Sceleste, etc.*

¶ **SCELETUS**, Σκέλετος, in Gloss. Lat. Gr. Larva nudis ossibus cohærens, nostris *Squelete*. Apuleius in Apolog. : *Et cum sit Sceleti forma turpe et horribile, etc.* Infra : *Hiccine est Sceletus? hæccine est larva?*

¶ **SCELIO**, Scheffero, Prædo. Petron. Fragment. Trag. cap. 50 : *Annibal homo vafer, et magnus Scelio.* Reinesius legit *Scelero*.

¶ **SCELO**, *Emissarius*, in Gloss. Mons. Gloss. Leg. Alem. cap. 69 : *Emissarium, i. e. equum, qui præest armento equarum, i. e. Scelo.* [** Vide Graff. Thesaur. Ling. Franc. tom. 6. col. 475. in hac voce.]

1. **SCEMA**, pro *Schema*, Forma, species, ornatus, vestitus, habitus, quomodo σχῆμα Græci usurpant. [Gloss. Lat. Gall. Sangerm. : *Scema, une figure de grammaire, aournemens.*] Alexander Iatrosophista lib. 3. Passionum de Freneticis : *Neque in lecto Scemata jacendi appetunt.* Dudo de Moribus Norman. pag. 60 : *Ecclesiarum mirificarum culmina fulgent, quas pater olim Scemate pulchro ædificavit.* [Charta apud Lobineil. tom. 2. Hist. Britan. col. 171 : *Ipsa competenti volo reparetur Scemate, ipsa decenti tractetur honore, etc.*]

¶ Schemma, Ornatus, vestitus. Agnellus lib. Pontif. in Vita S. Johannis apud Murator. tom. 2. pag. 65. col. 5 : *Alia vero die valde diluculo processit Beatissimus quasi ad solempnia Missarum, indutusque Schemmata angelica cum sacerdotibus et clericis, etc.*

* Hinc nostris *Acesmement* et *Achesmement*, eadem acceptione. Vitæ SS. MSS. ex Cod. 28. S. Vict. Paris. fol. 358. v°. col. 2 : *Vestus de dras de soie et resplendissanz en leur Acesmemenz en la vaine gloire de cest siecle.* Lib. rub. domus publ. Abbavil. fol. 105. v° : *Se aucune femme demande à avoir ses vevetés,..... ele ara..... les Achesmemens que ele ara porté au cors et le melleur chainture.* *Aceément*, apud Graal. Inde *Acesméement*, adv. Magno cum apparatu, in Poemat. reg. Navar. tom. 2. pag. 84 :

Tel chevauchent molt Acesméement,
Qui ne sevent lour grant honour entendre.

* Ita et a verbo *Acesmare*, nisi illud a vulgari Gallico sit formatum, nostrates dixerunt *Acesmer* et *Achesmer*, pro vulgari, *Agencer, ajuster, orner, parer.* Chron. S. Dion. tom. 3. Collect. Histor. Franc. pag. 179 : *Clodomires tourna envers ses anemis, puis se moula en armes et s'Acesma pour combatre.* Ubi Aimoin. lib. 2. cap. 4. ibid. pag. 40 : *Se se collegit in arma.* Poeta anonym. ad calcem Poem. reg. Navar. tom. 2. pag. 266.

L'en doit bien por li chanter,....
Et son cors tenir plus gai,
Et de robes Acesmer.

Mirac. MSS. B. M. V. lib. 1 :

Plus Achesmé et plus pignié,
Et plus poli et aliguié.
. . . . . . une damoiselle
En un chainsil moult Achesmée
Acourut toute eschavelée.

Asseymer, eadem acceptione, in Lit. ann. 1389. ex Reg. 137. Chartoph. reg. ch. 81 : *Ne se peuent* (les filles de joye) *pour ce vestir, ne Asseymer à leur plaisir.* Hinc emendandæ eædem Literæ tom. 7. Ordinat. reg. Franc. pag. 327. ubi *Asseynier* editum est : neque enim hic agitur de signo, quo meretrices distinguebantur.

* Unde *Achesmant*, Comis, urbanus, obsequens, in Doctrinali :

Bien doit li haus hom estre jolis devant le gent,
Cointes et Achesmans, se il est de jouvent.

Scema, vel Schema, proprie usurpatur pro habitu monachico. Hugo Flaviniac. pag. 266 : *De quo monachicum Scema susceperat.* Ordericus Vital. lib. 5. pag. 577 : *Albereda Scema religionis suscepit.* Infra pag. 581 : *Monachile Scema suscepit.* Adde pag. 460. 591. 711. Vetus Epitaphium :

Post senium fessus, jaces istic funere pressus,
Gelduinc pater monachili Schemate frater.

Tabularium Ausciense apud Marcam lib. 4. Hist. Benehara. cap. 7 : *Liberari laborans, monasticum Scema assumere voluit.* Petrus Diac. de Viris illustrib. Casin. cap. 8 : *Monasticumque Schema suscipiens, etc.* Ita Ingulfus pag. 873. 879 : *Monachicum Schema*, pro quo *Stemma* perperam habet pag. 867. [Vita S. Joannis Abbat. Pulsan. tom. 4. Jun. pag. 54 : *Ut ad opera manuum fratres pro scapulare Schema haberent.*] Usurparunt perinde vocem σχῆμα Græci Scriptores hac notione. Vita S. Euphrosynæ Virg. : Τὸ τῶν μοναχῶν αὐτῇ περιβάλλει σχῆμα. Sic τὸ τῶν μοναχῶν σχῆμα, in Vita S. Nili junioris pag. 5. Τὸ ἅγιον σχῆμα, pag. 8. Ἀγγελικὸν σχῆμα, pag. 16. [Adde Theocterictum in Vita S. Nicetæ n. 19.] Observat Goarus ad Euchologium Græcorum pag. 489. σχῆμα in universum habitum monachicum significare, ut τοῦ Βασιλείου τὸ σχῆμα, τοῦ Ἀντωνίου τὸ σχῆμα : præterea apud Græcos Monachos esse quosdam, quos μικροσχήμους, et μεγαλοσχήμους, vocant, de quibus agit hoc loco vir doctissimus, [ut et Vita Lucæ junioris pag. 973.] Vide Glossar. med. Græcit. col. 1506.

Scemari, Ornatu suo oblectari. Regula Magistri cap. 81 : *Si quis autem frater in specie sua sibi visus fuerit Scemari, vel satis gavisci, mox a Præpositis suis ei tollatur, etc.* Arnobius in Psalm. 106 : *Ergo bona saturavit bonis pœnitentem, non in Scematibus mundi, non in publico gloriantem; sed sedentem in tenebris, etc.*

Ascemare. S. Columbanus instr. 1. de Christo : *Quia naturam Ascematus est, qui eam ex nihilo creavit*, i. e. induit, ea se quasi ornavit.

2. **SCEMA**, Figura rhetorica. Gloss. Ælfrici : *Volubile Scema; Scema locutionis.* Fragmenta Petronii pag. 22 : *In Curia autem, quomodo singulos vel pilabat, tractabat, nec Scemas loquebatur.* [** Vide Forcellinum in *Schema*.]

3. **SCEMA**. Egbertus Eboracensis Archiep. in Excerpt. cap. 138 : *Scemata dicuntur ramusculi in genere, cum gradus cognationum partiuntur, et puta ille filius, ille pater, ille avus, ille agnatus, quorum figuræ in Scematibus apparent.* Hausit ex Isidoro lib. 9. Orig. cap. 6. apud quem *Stemmata* scribitur, quomodo usurpat Plinius lib. 35. cap. 2.

¶ 4. **SCEMA**, *Inductio, repræsentatio*,

in Gasp. Barthii Gloss. apud Ludewig. tom. 3. Reliq. MSS. pag. 35. ex Papiniano Scholiaste ad lib. 3. Thebaid. : *Dicit nunquam tantum Scemam infelicitatis accidisse Thebanis.*

¶ 5. **SCEMA**, Eidem Barthio ibid. pag. 11. ex Hist. Palæst. lib. 4. cap. 18. est Vaticinii genus recentioribus Græcis familiare, quod numeris atque calculis putat fieri [** Retractat hæc Barthius pag. 35. ubi recte Vafra consilia interpretatur. Locus est apud Bongarsium pag. 4. lin. 43.] : *Novissime vero congregati omnes majores natu qui Constantinopoli erant, timentes ne sua privarentur patria, repererunt in suis consiliis atque operosis Scematibus quod nostrorum Duces, Comites seu omnes majores, Imperatori sacramentum fideliter facere deberent.*

¶ 6. **SCEMA**, Arenatum, intrita, signinum, Gall. *Ciment* : unde *Scemata* dicuntur ædificia ex ea constructa. Elmhamus in Vita Henrici V. Reg. Angl. edit. Hearnii cap. 54. pag. 135 : *Et dum inportunis concussibus, et fossuris continuis, Scemata firmissima cogerentur cedere, etc.* Rursum cap. 95. pag. 276 : *Alias vero partes horrendæ profunditatis fossata utrimque muris validissimis, bituminoso Scemate glutinatis, laterata, etc.*

SCEMATIO, Membri mutilatio, Itali etiamnum *Scemare* dicunt, pro *Mancare, diminuire, da* semis, *Latino, il quale non solamente la metà, ma ancora significa diminuzione*, inquit Acarisius. Vide Ferrarium. Lex Longobard. lib. 2. tit. 55. § 16. [** Liutpr. 121. (6, 68.)] : *Si vero ipsa mulier in hac illicita causa* (stupro) *consentiens fuerit, habeat potestatem ejus maritus in eam vindictam dare, sive in disciplina, sive in venditione voluerit : verumtamen non occidatur, nec ei Scematio corporis fiat.* Infra : *Et ipse in eum faciat vindictam in disciplina vel venditione; nam non in occisione, aut Scematione corporis.* Ubi *scematio*, pro *semaio* scribitur; vox enim orta a *Semus*, de qua infra.

SCEMATIZARE. Alexander Iatrosophista lib. 2. Passion. : *Neque enim fiunt supradicta symptomata, sed secundum directionem ipsam adhuc videtur Conscamatizare in musculis flegmon, extrinsecus manifestius subjacet.* Ubi Glossæ MSS : *Scematizare, i. signum ostendere : scema enim est figura per directionem.* [Vide infra *Schematizare se.*]

* **SCEMENTARIUS**, pro Cæmentarius. Vide *Scema* 6. Charta ann. 1212. in Chartul. S. Joan. Laudum. ch. 74 : *Tres pugnos frumenti super nemus et terram in territorio de Voana, quos debet Rudulfus Scementarius.* Ubi semel et iterum occurrit.

¶ **SCEMUS**, pro *Semus*. Vide *Secuus*.

SCENA, Σκηνή, Porticus. [Papias : *Scena, est camera, quæ obumbrat locum in theatro. Item arborum in se cohærentium quasi concamerata densatio.* Vide Cassiod. lib. 4. Var. Epist. ult. S. Rembertus in Vita S. Anscharii sæc. 4. Bened. part. 2. pag. 91 : *Quadam namque vice ipse in quodam sedebat placito, Scena in campo ad colloquium parata, etc.* Infra : *Etiam folia ramorum de umbraculo ibi facto super ipsos decidentia, etc.*] Gerardus Presbyter in Vita S. Udalrici Episc. August. cap. 2 : *Recessit ab eo, et in Scena, quæ ante cubiculum ejus est sita, consedit, etc.* Idem cap. 4 : *Expleta autem Missa, clerum iterum congregatum in Scena juxta eandem Ecclesiam sitam, solennissimis vestibus indutum antecessit, etc.* [Vide *Scava.*]

¶ **SCENACA.** Vide infra *Sceneca.*

¶ **SCENATORIUS** inter officiarios Abbatis S. Claudii recensetur in Statutis ejusdem Monasterii pag. 56 : *Item, Scenatorio domini Abbatis duo quartalia frumenti.*

¶ **SCENDATUM**, pro *Sendatum*, in Clement. de statu Monach. cap. 1. ubi Glossa : *Scendatum omne sericum comprehendit.* Vide *Cendalum.*

SCENECA, Scenaca. Anastasius in S. Silvestro PP. pag. 18 : *Omnia Sceneca deserta, vel domos intra urbem Albanensi sanctæ Ecclesiæ donum obtulit Augustus.* Codex Thuanus habet *Scenaca*, alii *Senica;* sed videtur legendum *Scenica*, ex Græco, ni fallor, σκηνικά, id est, loca lusibus publicis addicta, ut sunt Circi, Theatra, et ejusmodi.

¶ **SCENIFACTOR.** Vide *Scenofacere.*

¶ **SCENIX**, pro Chœnix, in Charta ann. 1469. tom. 8. Spicil. Acher. pag. 339 : *Siquidem inter ænigmata Pythagoræ sapienter dicitur, super Scenicem non sedendum.* Notum est hujusce Philosophi dictum : *Chœnici ne incideas.*

¶ **SCENKE**, Pincerna, hodie *Schenke*, in Fragm. de Bell. Hisp. v. 3181. apud Schilter. in Gloss. Teuton. Vide *Scancio.*

¶ **SCENOBATA**, Histrio, a Gr. σκηνοβάτης. Mirac. S. Johannis Gualberti tom. 3. Jul. pag. 434 : *Plura dixit et egit inepte et insulse, et quod levitatis potissimum est, Scenobatæ officia ridicula ludosque ambitiosos ore, oculis, manibus efficere, etc.*

* **SCENODATES.** Glossar. vet. ex Cod. reg. 521 : *Scenobates, ille qui graditur super funes navis.*

SCENOFACERE, *facere funes*, ex Gr. σχοῖνος, funis, vox ibrida : *Unde Scenofactor, funium factor, et ars scenofactoria. Unde in Actibus Apostolorum cap. 18. v. 3. legitur de Paulo, quod erat scenofactoriæ artis.* Ita Ugutio : at aliter Græca versio habet : ἦσαν γὰρ σκηνοποιοὶ τὴν τέχνην. Ubi Erasmus : *Erat autem ars illorum texere tabernacula.* Ita etiam legit Arator lib. 2. Hist. Evangel. :

> . . . . Cujus se Paulus amico
> Contulit hospitio, sociam dignatus adire
> Artis amore domum, nam Scenifactor uterque
> Pollebant operis studiis, et dogmate Legis.

Et infra :

> Nec vacat ars Pauli socio celebrata sub ipso
> Secreti virtute boni : tentoria quippe
> Fortia mobilibus fabricabat in aggere tectis.

Ita editio Aldina ann. 1502. nam aliæ *Scœnæfactor* præferunt. [Vide Lexic. Martinii.]

¶ Scenofactoria Ars, Acu scilicet pingendi. Agnellus lib. Pontif. apud Murator. tom. 2. pag. 57 : *Istius* (Petri) *temporibus Galla Placidia Augusta multa dona in Ecclesia Ravennæ obtulit, et lucernam cum cereis,.... una cum sua effigie Scenofactoriæ artis factam.*

* **SCENONIA.** Mirac. S. Verenæ tom. 1. Sept. pag. 171. col. 1 : *Alter autem sine sensu venit nesciens, cum caballo ad Scenoniam proprii senioris.* An pro *Seinoria?* Vide infra in hac voce. [** Alter codex apud Pertz. Script. tom. 4. pag. 459. habet *Scenomam*. An idem quod supra *Scena?*]

¶ **SCENOPEDÆ**, Gentis fabulosæ nomen. Odo de Varia fortuna Ernesti apud Martenium tom. 3. Anecd. col. 360 :

> Gens fuit adjuncto reptans in littore, bello
> Aspera, Scenopedas veteres dixere seniles...
> Octono pedibus digitos habet, et venientem
> Expellens auram, plantis sua membra supernis
> Involvit, nulloque pedes vestitur aluta.

* **SCENOPHEGIA**, f. idem quod *Scenofactoria* ars, texendi scilicet aulæa tabernaculorum, vel acu pingendi. Vita S. Chrodog. tom. 1. Sept. pag. 771. col. 2 : *Totius visus recepit solatia : ibique artis Scenophegiæ dans operam, etc.* Vide *Scenofacere.*

¶ **SCEPHONANNES**, *Institores.* Glossar. Mons. apud Schilter. in Gloss. Teuton.

¶ **SCEPHONES**, Scabini, ni fallor : *Scepeno* enim judex est, et *Schepen*, vel *Scheffen*, Scabinus, ut in hac voce observavimus. Charta Ludovici III. Landgr. Turing. ann. 1174. apud Schannat. Vindem. litter. pag. 117 : *Cujus rei actio et taxatio non solum coram mea ipsius præsentia, mihique astipulanti, non tam liberorum quam ministerialium clarissimorum Baronum, verum etiam inter Scephones promulgata et confirmata est.*

SCEPPA, Mensura salis, [unius scilicet cochlearis.] Monasticum Anglic. tom. 2. pag. 824 : *Et quinque Sceppas salis per annum de salinis meis de Wstrotum per traditionem meam et hæredum meorum ad Vincula S. Petri in autumno.* Occurrit ibi pluries. [Miracula S. Etheldredæ tom. 4. Jun. pag. 573 : *Duas hidas et dimidiam et novem acras cum Ecclesia una, per annuam firmam et septem Sceppas tenebat.*] Vide *Escheppa, Scapha, Scapilus, Scepfilum.*

* Aliorumque aridorum, puta farinæ. Chartul. eccl. Glasguens. ex Cod. reg. 5540. fol. 41. v° : *Exceptis quatuor Sceppis farinæ cuilibet rectori cujuslibet istarum quatuor ecclesiarum.... annuatim percipiendis.*

* Skeppa, Eadem notione, in Charta ann. 1223. ibid. fol. 42. r° : *Salvis cuilibet rectori in singulis istis quatuor ecclesiis quatuor Skeppis farinæ.*

SCEPTOR, *Notarius : unde Sceptorius; et Sceptoria, Cisterna*, Ugutioni, pro *exceptor*, et *exceptoria.*

Sceptoriæ, *Cisternæ, receptoriæ*, in Glossis Isid. et Pithœi, δεξαμεναί, Græcis. [Vide *Exceptoria.*]

SCEPTRATUS, Sceptro donatus. Saxo Grammaticus lib. 14 : *De Sceptrato cucullatus evasit.* Joan. Altivillensis in Architrenio lib. 3. cap. 17 :

> Absit ut hæc lateat Sceptratos gloria, etc.

¶ **SCEPTRIFER**, Qui *Sceptrum* seu virgam præfert, apparitor, *bedellus*, nostris *Porteverge, bedeau.* Conc. Mexican. ann. 1585. inter Hispan. tom. 4. pag. 391 : *Decanus et capitulum et omnes clerici qui ad hoc congregari potuerint, suis mulis sedentes, præcedente ejusdem capituli Sceptrifero, sceptrumque suum manu gerente.... extra civitatem ad mediam leucam, vel eo minus ad præsidentis arbitrium progrediantur.*

** **SCEPTRIGENUS**, Sceptro natus

porphyrogenitus, nisi legendum *Sceptrigeros*, in Chron. univ. Ekkehardi apud Pertz. tom. 6. Scriptor. pag. 176 :

> Hæc stirps Francigenam regni dum strinxit habenam,
> Romæ sceptrigenos Karolus dedit ac Ludewicos.

Vide *Baculus*, 2.

¶ **SCEPTRIGERARE**, Imperare. S. Geraldus in Vita S. Adalhardi sæc. 4. Bened. part. 1. pag. 346 : *Inter primos palatii ætate et sapientia cœpit florere, et primus haberi sub ipso* (Carolo) *Sceptrigerante.* Paulo supra eodem sensu *agere in sceptris* dixit.

¶ **SCEPTRINUS.** Vide mox in *Sceptrum.*

SCEPTRUM, pro *virga*, aut *flagrum.* Althelmus de Laud. Virg. cap. 25 :

> . . . . Sceptrorum flagra beatus
> Ictibus argutis martyr non sensit acerba.

Alibi :

> Flammeus aspectu, niveæ candore coruscus,
> Sceptrinum vimen dextra gestabat in alma.

Idem de Virgin. : *Sceptrinæ virgæ, quæ prius nodosa duritia rigebant, pluma molliores, et papyro effectæ sunt leviores.*

¶ Sceptrum, Auctoritas ipsa, cujus sceptrum insigne est. Præceptum Henrici Imper. ann. 1023. apud Marten. tom. 1. Anecd. col. 143 : *Nostra imperiali auctoritate omnia concedimus ac roboramus.... Insuper etiam imperiali Sceptro sancimus, etc.* Occurrit etiam ad significandum Abbatis regimen in Gestis Abbat. Lobiens. apud Acher. tom. 6. Spicil. pag. 638 : *Qui* (Johannes) *cum Scepta gestasset, etc.* Ubi leg. *Sceptra.*

* Præceptum regium. Charta Henr. II. imper. ann. 1016. tom. 1. Hist. Trevir. Joan. Nic. ab *Hontheim* pag. 351. col. 2 : *Poppo sanctæ Trevirensis ecclesiæ archiepiscopus nos sæpe monuit,..... ut multitatem rerum et familiæ S. Petri..... dignaremur revocare, nostrisque stabiliendo Sceptris confirmare.* Ubi tamen *Scriptis* legendum puto, ut in aliis similibus Chartis legitur.

¶ Sceptrum Crucifixi, Baculus, ni fallor, peregrinantium Hierosolymam. Memorabilia Humberti Pilati tom. 2. Hist. Dalph. pag. 623. col. 2 : *Die festo Corporis Christi accepit crucem a dom. Papa et vexillum et arma et Sceptrum Crucifixi et Ecclesiæ, quod una cum suo fecit portare per totam villam ante se usque ad suam domum.* Vide in *Burdones.*

¶ Sceptrum, Baculus Cantoris, in Conc. Hispan. tom. 4. pag. 135 : *Nulli præter rectorem vel vicarium liceat se excusare a cappa et a Sceptro suo ordine tenendo.* Rursum pag. 175 : *Canonicus cui committitur cappa cum Sceptro in choro teneatur illam recipere et in choro assistere.*

☞ *Sceptrum* a baculo aliud fuisse pluribus probat doctiss. Cangius in voce *Baculus* pag. 531. col. 1. adde Glossar. med. Græcit. col. 1388. voce Σκῆπτρον. Quonam vero tempore Sceptrum in sigillis regiis inductum fuerit, videsis apud Mabillon. Diplom. lib. 2. cap. 17. num. 3.

¶ **SCEPTUM**, pro *Sceptrum.* Vide supra.

* **SCERPUM**, Ager in culturam redactus, ab Italico *Scerpare*, Extirpare. Charta ann. 793. apud Murator. tom. 5. Antiq. Ital. med. ævi col. 412 : *Et omnia Scerpa sive notrimina mea, majora et minora, in tua sint potestatem pro me dispensandi.* Vide *Scartus.*

* **SCERTUM**, an Exclusa vel Alveus, quo aqua ad molendinum currit? Charta ann. 1368. in Access. ad Hist. Cassin. part. 1. pag. 425. col. 1 : *Item teneantur homines dictæ terræ.... reparare caput Scerti molendini, nec non portare lignamina grossa pro ponte.*

* **SCESTAYRIATA**, pro *Sextayriata*, Modus agri, ager certi sementis sextariorum numeri capax. Charta ann. 1390. inter Probat. tom. 3. Hist. Nem. pag. 111. col. 2 : *Portet per cedulas descripta bona sua immobilia, speciſficando ipsa per Scestayriatas et quartayriatas.* Vide *Sextarata.*

¶ **SCEALA**, *Sextula*, Sexta pars, apud Rabanum lib. de Computo, tom. 1. Miscell. Baluz. pag. 13.

¶ **SCEAUS**, pro Cæsus. Locus est in *Stoc.*

SCETA. Vita S. Comgalli Abbatis Benchorensis num. 54 : *Ductus est ad S. Fiachra, ut baptizaret eum aperiensque jam S. Fiachra Scetam suam ad ducendum inde librum baptismi, brachium S. Comgalli in aere sursum avolavit.* Ubi hæc vox pro *armario* videtur usurpari. [** F. a Sceat, Thesaurus.]

¶ **SCETRA** quid sit docet Guaguinus in Epist. ad Fr. *Ferrebout* ann. 1468. apud Marten. tom. 1. Anecdot. col. 1839 : *Nam plebei atque humillimus quisque divitis cujusdam familiaritatem plurimum expetit, cui meliori parte ætatis obnoxius tenui victu atque vestitu contentus, inops tandem egensque moritur : quippe cui solum superest Scetra, hoc est, scutum ex corio factum, ensis, pugio, etc.*

* **SCEUOCHARTALIS**, in Lib. pontif. cum notis Joan. Vignol. : *In locello, qui Sceuochartalis vocitatur.* Ubi in nota : Vox Græco Latina ex σκεῦος, scrinium seu capsula, et *Chartalis*, qua scilicet epistolæ atque alia scripta chartis mandata mitti ac deportari solebant. Vide *Sceurum.*

SCEUOPHYLAX, Sacrorum Ecclesiæ vasorum custos, σκευοφύλαξ, de qua in Ecclesia Græcanica dignitate, multa Gretzerus et Goarus ad Codinum de Officiis, et Meursius in Gloss. Occurrit non semel in Hist. Miscella VII. Synod. act. 4 : Θεοδόσιος διάκονος, μοναχὸς καὶ σκευοφύλαξ τῶν εὐαγιῶν πατριαρχικῶν εὐκτηρίων. Guillelmus Bibl. in Hadriano II. PP : *Ibi a Paulo librorum custode, Joseph vasorum custode, simulque Basilio Sacellario Ecclesiasticis indutis vestibus salutati.* [Vide Gloss. med. Græcit. col. 1386.]

Sceuophylacium, σκευοφυλακεῖον, *vasorum custodiarium* vertit Anastasius in Hist. Ecclesiastica pag. 35. Vide Descriptionem nostram ædis Sophianæ num. 89.

SCEURUM, ex Germanico *Schewre*, vel *Scheur*, Horreum, granarium, penaria cella, reconditorium. [** Vide Graff. Thes. Ling. Franc. tom. 6. col. 536. voce *Scur.*] Ingulfus in Hist. pag. 862 : *Cœpit largiente domino bonis omnibus abundare, ut tam in thesauris ac Sceuris postmodum duplicia redderentur.* Quædam editiones habent *scauris.* Anastasius in Sergio PP. pag. 60. de Actis Concilii : *Missis in locellum, quod Scebrum chartale vocitatur.* Alii codd. : *Hæc itaque missa in locello, quod Scheuro carnali vocitatur.* Alii, *Scebro carnali*, pro *Scebro cartali*, i. Cartophylacio. [Vide Gloss. med. Græcit. v. Σκεῦος, col. 1384. et Combefisium ad S. Maximum tom. 1. pag. 699.] [* et supra *Sceuochartalis.*]

* **SCHACHARE**, Latrocinari ; unde *Schachator*, Latro. Stat. crimin. Cuman. cap. 2. ex Cod. reg. 4622. fol. 59. v° : *Robatores, Schachatores, fures famosos, etc.* Ibid. cap. 28. fol. 69. v° : *Si quis de cetero in civitate Cumarum vel toto districtu Cumarum Schachaverit, sive robaverit, etc.* Vide *Scach.* et *Scachoator.*

¶ **SCHACHTA**, Fovea profundissima, a German. *Schacht*, puteus rei metallicæ, ex Franc. Junio in Willer. pag. 218. Laur. Byzynius in Diario belli Hussit. apud Ludewig. tom. 6. Reliq. MSS. pag. 151 : *Quos montani Teutonici Bohemorum et præsertim veritatis Christi diligentium crudeles persecutores ac inimici, variis blasphemiis et diversis pœnarum afficiendo generibus, ad foveas profundissimas seu Schachtas, nocturnis præsertim temporibus inhumaniter jactabant.*

¶ **SCHACI**, de pecunia dici videtur in Testamento Ermengaudi Comit. Urgell. ann. 1010. Append. Marcæ Hispan. col. 974 : *Et ad sancti Ægidii cœnobio ipsos meo Schacos* (dono) *ad ipsa opera de Ecclesia.* Vide *Scatz.*

SCHACIA, Schaciare, pro *Chacia*, venatio : *Chaciare*, venari, tom. 2. Monastici Anglic. pag. 102. Vide *Caciare.*

SCHACUS, Latrocinium. Vide *Scach.*

¶ **SCHÆPERHUND**, Canis pastoralis, qui oves custodit, Germ. *Schæferhund*, cujus mentio est in Notis Eccardi ad Leg. Salic. tit. 6. num. 5. ubi pro *Sive theoprano* legendum putat *Scheoprhuano.*

¶ **SCHAFA**, Schaffa, pro Scapha, navicula, in [** Vita S. Otmar. cap. 8. apud Pertz. Script. tom. 2. pag. 44. in] Breviario Hist. Pisanæ apud Murator. tom. 6. col. 171. et in Itiner. Hierosol. Bernardi *de Breydenbach* pag. 234.

* *Navigium sive Schafa ambulatoria*, in Tract. MS. de Re milit. et mach. bellic. cap. 167.

* **SCHAFINNARIUS**, Germ. *Schaffner*, Oeconomus, procurator, idem qui *Scafwardus.* Vide in hac voce. Charta ann. 1234. tom. 2. Geneal. diplom. aug. gent. Habsburg. pag. 248. not. 7 : *Nullus cellerarius domini episcopi, nullus prædictorum comitum Schafinnarius de facienda justitia intromittere debent nisi tantum vilici.*

* **SCHAJALE**, Schajalectum. Vide infra *Schiagiale.*

¶ **SCHALCUA**, Latrocinium. Vide *Scach.*

¶ **SCHALLA**, Scala, in Correct. Statut. Cadubrii cap. 43 : *In omni regula Cadubrii fiant de bonis communis Cadubrii Schallæ duæ et quatuor angerii et in plebe quattuor Schallæ et angerii quattuor, ut occurrente casu ignis melior possit fieri deffensio.*

¶ **SCHALVATUS.** *Arbor Schalvata*, unde rami abscissi sunt, Gall. *Ebranché.* Statuta Montis Regal. fol. 241 : *Item statutum est quod camparii tercerii vici teneantur emendare omnes arbores incisas, vel Schalvatas, etc.* Vide *Scalvare.*

* **SCHAMATHA**, Schammata. Vide supra *Samatha.*

¶ **SCHAMBIUM**, pro *Cambium*, permu-

tatio, in Charta ann. 1154. Append. Marcæ Hispan. col. 1316.

¶ **SCHANCERIA**, Navigii species. Laudes Papiæ apud Murator. tom. 11. col. 22 : *Bacti sunt etiam valde tam in aqua quam in terra pugnare; facientes, cum necesse fuerit,... naves acutas cursuque veloces, quas Schancerias vocant ad pugnandum in aqua.*

* **SCHANDALIA**, in Bulla Bened. PP. VII. ann. 975. apud Joan. Nic. ab *Hontheim* tom. 1. Hist. Trevir. pag. 313. col. 1. ubi minus bene de gradibus, quibus elatius ac honoratius statur, sedeturve, explicatur : idem quippe quod *Sandalia* 1. Vide in hac voce.

¶ **SCHAPHA**, pro Scapha, apud Gualter. Hemingford. in Edwardo III. Reg. Angl. pag. 320.

¶ **SCHAPHEN**, Moneta argentea in provinciis Belgii et Leodii, Cataphractus eques. Danis *Skerw*, ex Stephani Nomenclat. Danic. pag. 255. apud Schilter. in Gloss. Teuton.

¶ **SCHAPMANSUS**, pro *Capmansus*, *Caput mansi*, Domus præcipua, quæ pertinet ad primogenitum. Bulla Alexandri III. PP. ann. 1165. apud Stephanot. tom. 1. Antiq. Bened. Lemovic. MSS. pag. 721 : *Unam borduriam, mansum et Schapmansum de Melet, et vineas, etc.* Vide in *Caput* 3.

¶ **SCHARA**, ut *Scara* 2. Vide in hac voce.

¶ **SCHARESCELLUS**, SCHARESTELLUS. Vide *Scarescellus*.

¶ **SCHARIGE**. Ita vocabant suos sacerdotes Germani, qui pœnas adulteris et aliis facinorosis infligebant. Chron. Jul. cap. 16. fol. 33. Reines. Vocab. MS. Theot. Hæc Schilter. in Gloss. Teuton. Vide *Scario*.

¶ **SCHARITUS**. Vide supra *Scaritus* 2.

* **SCHARLATUM**, Pannus purpureus, coccineus, Ital. *Scarlatto*, Gall. *Ecarlate*. Viti Arenpeckii Chron. ad ann. 1232. apud Pez. tom. 1. Script. rer. Austr. col. 1212 : *Fridericus dux.... miles creatur, qui cunctos commilitones suos Scharlato cum albo in medio..... vestivit.* Vide *Scarlatum*.

* **SCHARLETTUM**, Eodem significatu. Charta ann. 1257. apud Murator. tom. 2. Antiq. Ital. med. ævi col. 851 : *Duodecim brachia Scharletti;..... ad quod Scharlettum, spariverium et cyrothecas præoccupantdas currere debeant dextrarii.*

¶ **SCHARLYATICUS**, Coccineus. Joh. Longinus in Vita B. Kingæ tom. 5. Jul. pag. 720 : *Et in pannorum Scharlyaticorum locum, qui apud vos hodie in magna frequentia habentur venales.* Vide *Scarlatum*.

* **SCHARREIA**, pro *Charreia*, Onus carri, quantum carro vehi potest. Charta S. Ludov. ann. 1258. in Chartul. Boniport. : *Concessimus.... xix. Scharreias feni, prout eas percipiebamus in pratis vallis Rodolii.*

¶ **SCHARSYA**. Testament. Ludovici Decani S. Petri Moguntin. ann. 1306. tom. 2. Rer. Moguntin. pag. 497 : *De utensilibus vero supra positis quædam sunt specialiter excepta. Nam lego meliorem meam Scharsyam ad dorsale S. Crucis in superiori parte Ecclesie mee S. Petri. Item lego meliorem Scharsyam, quam habeo post illam, et duos cussinos de serico, et sex alios cussinos in superficie contextos... Mechtildi de Confluentia consanguinee mee.* Vide *Scarsalis*.

¶ **SCHARWERCHE**, Opera, *corvata*. Advisamenta in Conc. provinciali Salisburg. porrecta ann. 1456. apud Hansiz. tom. 2. Germ. sacræ pag. 498 : *Item nobiles compellunt ecclesiarum colonos ad labores suos vulgariter Scharwerche, ut in messe, in feno et in fossis.* Germ. *Schar*, aratrum olim, nunc pars est aratri, ferrum scilicet quod illi infixum terram proscindit. Vide *Scara*, 4.

¶ **SCHEAWING**. Vide supra *Scavagium*.

¶ **SCHEDA** TESTIMONIALIS, Testificatio, testimonium, Gallis *Attestation*. Synodus Limensis ann. 1584. inter Conc. Hispan. tom. 4. pag. 280 : *Confessarii pœnitentibus dabunt hujusmodi Schedas testimoniales exceptarum confessionum, ut eas ad parochum deferant.*

¶ **SCHEDARE**, In Schedas referre, exscribere. Narratio contentionis de Cella S. M. in Minione apud Mabill. tom. 1. Musei Ital. pag. 57 : *Quam* (contentionem) *huic operi inseruimus, ex authenticis Schedantes, ob id maxime, his ut auditis deinceps caveatur a rectoribus cœnobii hujus, ne similis proveniat eventus.*

¶ **SCHEDIA**, a Gr. σχεδία, Festo *Genus navigii inconditum, id est, trabibus tantum inter se nexis factum;* cui accedit quod Galli *Radeau*, *train* dicimus. Ulpian. leg. 1. § 6. ff. de exercit. act. : *Sive in stagno naviget, sive Schedia sit.* Saxon. Sceg**ð**, Danis vett. *Skeid*, est Navis constrata et militaris.

¶ **SCHEDIUM**, Pars, portio. Sententia arbitralis ann. 1292. inter Abbat. et Consules Gimont. : *Schedia dictarum terrarum et aliorum honorum non possint venire in commissum, quo usque fuerint perticatæ.*

¶ **SCHEDIUS**, Gr. σχέδιος, Extemporalis, subito factus, inelaboratus. Apuleius in Floridis : *Sed ut me omnifariam noveritis : etiam in isto, ut ait Lucilius, Schedio et incondito experimini, an idem sim repentinus, qui præparatus.*

* **SCHEDULA** TESTAMENTALIS, idem quod *Scheda testimonialis*, Charta qua donatio aut pactio asseritur. Charta Manas. archiep. Rem. ann. 1099. in Chartul. Cluniac. ch. 196 : *Ut hujus pactionis assertio in futurum non cassanda permaneat, testamentali eam Schedula, cum sigilli sui imagine personarumque probabilium signis et testimoniis roboravit.* Vide *Testamen* et *Testamentum* 2.

SCHEFFA, Præstationis species apud Germanos. *Jus, quod dicitur die Scheffa*, apud Albertum Argentin. pag. 170.

* Ea scilicet, quæ pro mensuris exigitur. Vide *Scapha* et *Scheffel*.

¶ **SCHEFFEL**, Scaphula, semimodius, ex Goldasto pag. 210. apud Schilter. in Gloss. Teuton. Vide in *Scapha* et *Sceffilum*.

¶ **SCHEIDINGHE**, Divisio, a Teuton. *Sceiden* vel *Scheiden*, secedere. Glossar. Mons. pag. 409 : *Sceidunga, discidium.* Charta Wylbrandi Archiep. Magdeburg. ann. 1236. apud Ludewig. tom. 5. Reliq. MSS. pag. 42 : *Equidem præfati præpositus et capitulum emerunt in Glonch molendinum cum curia attinente, pomerium etiam adjacens et salictum cum omni utilitate et proventibus ejus, ab ejusdem fundi principio usque deorsum ad locum qui Divisio Latine, et Scheidinghe vulgariter appellatur.*

¶ **SCHELA**, ut *Skella*. Vide in hac voce.

* **SCHELFA**, Successio, hæreditas, ut videtur. Stat. ant. Cumanæ ex Cod. reg. 4622. fol. 15. r° : *Quævis mulieres..... maritatæ seu maritandæ, sine liberis existentes, ante completum decimum annum a die, qua ad copulam iverint matrimonialem, ullo modo nequeant per testamentum, codicillos, donationes..... de bonis earum parafrenalibus, donatis seu Schelfa aliqualiter disponere, neque ea aliqualiter relinquere : quin imo ipsa talia bona parafrenalia, donata seu Schelfa venientibus ab intestato superstitibus usque ad quartum gradum, secundum jura civilia computandum, revertantur et perveniant ad dotantes et succedentes ab intestato, ipsis talibus mulieribus decedentibus sine liberis infra dictum decimum annum.* Vide *Schelpus*.

¶ **SCHELDWITE**. Vide *Scyldwita*.

¶ **SCHELLHENGST**, Equus admissarius, Stadenio, a *Schelle* seu *Skella*, hoc est tintinnabulo ex collo dependente, ut refert Eccardus in Notis ad Pactum Leg. Salicæ pag. 20. Vide *Scelo*.

* **SCHELLINGUS**, Moneta Anglica, cujus usus extra Angliam obtinet, vulgo *Schelin*. Præcept. Caroli IV. imper. inter Probat. tom. 2. Annal. Præmonst. col. 132 : *Pro qua* (decima) *nobis debet viginti Schellingos Anglicos, qui conficiunt quinque libras sex Schellingos et octo denarios nigrorum Turonensium.* Vide *Schillingus*.

¶ **SCHELM**, Kiliano, *Cadaver, animal vivum quidem, sed præ macie cadaverosum, et pestilens lues quadrupedum.* Vocabul. vetus : *Cadaver, Schelm. Schelm, contagium*, apud Schilter. in Gloss. Teuton.

¶ **SCHELPUS**. Decreta Placent. ad calcem Statut. fol. 113 : *Quinimo ipsa talia bona parefernalia donata seu Schelpa venientibus ab intestato superstitibus usque ad quartum gradum, gradu secundum jura civilia deputato, revertantur.* Vide *Schelfa*.

¶ **SCHEMA**, SCHEMMA. Vide in *Scema* 1.

¶ **SCHEMATICI**, Hæretici, iidem S. Johan. Damasceno lib. de Hær. qui supra *Jacobitæ*. Vide in hac voce et Bohem. Hist. Eccl. pag. 872.

¶ **SCHEMATIZARE** SE, Formam et speciem mutare, *se transformer*; a *Schema*, forma, species, Græcis σχῆμα. Vide *Scema* 1. Acta SS. Cypriani et Justinæ apud Marten. tom. 3. Anecd. col. 1633 : *Dæmonem fornicationis præcepit Schematizare se in speciem virginis Justinæ, et venire ad me quasi rogans et dicens : non sufferens nimium amorem quem habeo ad te, ecce veni. Sed nihil potuit hic dæmon facere, qui se convertit in speciem ejus.* Vide *Scematizare*.

¶ SCHEMATIZARE, *Figurate, umbratice loqui*, in vet. Glossar. apud Vossium lib. 4. de Vit. Serm. cap. 24.

¶ **SCHENA**. Vide infra *Schina*.

¶ **SCHEPPELSCHAT**, Exactionis genus. Berntenii Chronic. Marienrod. apud Leibnit. tom. 2. Script. Brunsvic. pag. 466 : *Item* (coactus est Jodocus abbas dare) *Scheppelschat per multos annos annuatim circa vel ultra ducentos florenos.* Vide *Scapha*. 14.

¶ **SCHERA.** Vide *Scara* 3.

SCHERE. Arnoldus Lubec. lib. 2. cap. 4 : *Dux et sui prospere navigabant per aliquot dies, et inciderunt periculum, quod vulgariter Schere dicitur, quia ibi scopuli immanissimi ad instar montium prominentes, difficillimum illic transitum fecerunt.* [Vide *Scheria*.] [** Vide Ihrii Glossar. Suio-Goth. voce *Skær*, Rupes, tom. 2. col. 573.]

¶ **SCHERFF,** Numinulus, decem constituunt cruciatum, i. *Kreuzer.* Ita Schilter. in Gloss. Teuton. ex Matthes. Bergpost. pag. 811.

¶ **SCHERIA,** Portus, seu locus in quo naves tutæ sunt. Lanfranci Pignoli Annal. Genuens. ad ann. 1266. apud Murator. tom. 6. col. 540 : *Quibus* (navibus) *visis a dicto admirato, se cum suis galeis in Scheria recollegit, et discooperiens inimicos qui manu armata versus ipsum in quantum poterant, veniebant, etc.* Vide *Schere.*

SCHERIO. Vide *Scario* 1.

¶ **SCHERN,** Frisiis veteribus, Fimus, Anglo-Sax. *Scern.* Hæc Schilter. in Gloss. Teuton. ex Franc. Junio in Willerm. pag. 220.

¶ **SCHESALIS,** pro *Chasalis*, ut videtur, Casa, vel tenementum. Vide *Casale* et *Casamentum* 1. Charta apud Stephanot. tom. 2. Antiquit. Bened. Lemovic. MSS. pag. 286 : *Et dedit quandam Schesalem et in novem bord. de Cluson, in unaquaque* IV. *d.*

¶ **SCHETZE.** Vide supra *Scadus.*

¶ **SCHEURUM,** ut *Sceurum.* Vide ibi.

* **SCHIAGIALE,** SCAGIALE, SCHAJALE, Cingulum, zona, Ital. *Scheggiale*, Stat. Eugub. apud Cl. V. Garamp. in notis ad Leg. B. Chiaræ pag. 53 : *Quod nulla mulier .... portet aliquam cinturam, Schiagiale vel flectam, in quo vel qua sit aurum, etc.* Stat. Tudert. ann. 1337. ibid. in Ind. pag. 506. col. 1 : *Quod possit quælibet mulier anulos, Scagialia et alias centuras fornitas auro vel argento..... deferre.* Invent. ann. 1379. ibid. pag. 553. col. 1 : *Unum Schajale de argento deaurato cum cento violecto. Item unum Schajalectum ad filum.*

¶ **SCHIASIS.** Vide *Sciasis* in *Scia.*

¶ **SCHIENCHERIA,** Armorum species, qua dorsum, Italis *Schiena*, munitur. Statuta Vercell. lib. 3. fol. 107. v° : *Defensibilia autem* (arma) *intelligantur coracia, panceria, cervallaria,... Schiencherie et his similia.* Vide *Schina.* et *Schineria.*

¶ **SCHIETUS,** vox Italica, simplex, uniusmodi, Gall. *Uni.* Statuta Placent. lib. 6. fol. 80. verso : *Item provisum est quod sartores de drapis non possint accipere de tallando et cusendo infrascripta ultra infrascriptas quantitates, videlicet de aliquo gonella drappi integri sive Schieti, etc.*

SCHIFATUS. Vide *Scyphati.*

¶ **SCHIFFA,** Munimenti genus, f. specula, Gall. *Guerite.* Charta ann. 1341. tom. 2. Hist. Dalph. pag. 429. col. 1 : *Item, quod muri, chasfallia, Schiffæ, muctæ et alia omnia facta et constructa ad resistendum dicto dom. Dalphino... tollantur omnino.*

SCHILLA. Vide *Skella.*

¶ **SCHILLINGUS,** Monetæ species, vulgo *Schelin*, cujus usus præsertim obtinet in Alemannia, Anglia et Hollandia, licet ubique non ejusdem pretii. Charta ann. 1378. apud Schlegel. de Nummis Salfeld. etc. edit. 1697 : *Anniversarium pro 48. Schillingis nummulorum Provincialium.* Charta ann. 1359. inter Probat. Histor. Alsat. pag. 55 : *Item vingt deux Schillings et six pfennings de Strasbourg de rentes des maisons de Werde.* Vide *Skillingus.*

SCHILPOR. Vide *Schitonos.*

¶ **SCHINA,** SCHINALE, Spina dorsi, dorsum, Gall. *Echine*, Ital. *Schiena.* Acta S. Vitaliani Episcopi tom. 4. Jul. pag. 171 : *Item septem vertebræ dorsi tam integræ quam fractæ. Item tria frusta vertebrarum Schinæ.* Mirac. B. Henrici Baucen. tom. 2. Jun. pag. 382 : *Alexander... guttosus in Schinali et in Schina, non poterat se curvare ante vel retro.* Statuta Saluciar. collat. 5. cap. 146 : *Statutum est quod quilibet caligarius... teneatur et debeat facere seu ponere eisdem subtularibus soleas de Schina corii grossi.*

¶ SCHENA, Eadem notione. Miracula B. Gregorii Verucul. tom. 1. Maii pag. 539 : *Ex quo præ infirmitatis longitudine tantum pellem et ossa retinet, interiora locum ventris non occupant, et ventrem cum Schena annexum habet, ita quod cadaver et mumiam diceres.* Hinc

¶ SCHENA, Onus hominis, quantum dorso ferre potest. Statuta Mont. Regal. fol. 316 : *Et ab inde infra pro qualibet Schena sol. den. sex. Item pro somata grossa, etc.*

¶ **SCHINATA,** Piscis genus, f. Perca, Gallis *Perche*, Italis *Schinale*, quod quibusdam asellum sonat, Gall. *Merlus.* Statuta Astens. ubi de intratis portarum : *Pisces salati, videlicet lucii, tenchæ, Schinatæ solvant pro quolibet rubo lib.* 6.

SCHINDERLING, Viliculæ monetæ species, in jure Hungarico. Sambucus. [Vide *Schillingus.*] [** Moneta primo a Frideric. II. cusa. Vide Aventin. ad ann. 1453.]

¶ **SCHINDULA,** pro Scindula, Gallice *Bardeau.* Chron. Mellicense pag. 476. col. 2 : *Et fuerunt illæ novissimæ Schindulæ quasi 400. iliceæ seu quercinæ de vasis veteribus vinorum, aliis Schindulis deficientibus.*

* **SCHINERIA,** Acad. Crusc. *Schiniera*, Tibiale, armorum genus, quo tibiæ muniuntur. [** A German. *Scina*, Tibia, crus. Vide Graff. Thesaur. Ling. Franc. tom. 6. col. 499. in hac voce.] Stat. Mutin. ann. 1328. apud Murator. tom. 2. Antiq. Ital. med. ævi col. 487 : *Quilibet miles teneatur et debeat habere in qualibet cavalcata et exercitu panceriam sive cassettum, gamberias sive Schinerias, collare, etc.* Quo etiam sensu intelligenda est vox *Schiencheria.*

* **SCHINO,** pro *Sion*, Colatorium, ut conjectat Georg. Rhodig. de Liturg. Rom. pontif. cap. 26 : *Obtulit insuper Desiderius Schinonem pensantem libram unam, habet caudam nigellatam.* Vide *Sium.*

¶ **SCHINUS,** Arboris species, vulgo lentiscos, cujus mentio est Daniel. cap. 13. 54.

* **SCHIOPETUS,** Italis, *Schioppetto* dimin. a *Schioppo*, Tormentum bellicum manuale. Barel. serm. 2. in Dom. 1. Quadr. : *Ut bombardæ, Schiopeti, passavolanti, etc.* Vide infra *Sclopetum* et *Scopetus.*

SCHIPPA, Nauta, qui navem, quam Angli *Schip*, vocant, remis impellit : *Shipman*, vulgo iisdem. Ordericus Vitalis lib. 12. pag. 868 : *Tandem navigandi signum dedit. Porro Schippæ remos haud segniter arripuerunt, et alia læti, quia quid eis ante oculos penderet, nesciebant, armamenta coaptaverunt, navemque cum impetu magno per pontum currere fecerunt.* Le Roman *de Rou* MS :

Nefs et Esquiex appareiller,
Veles estendre, et males drecier.

[*Eschois*, ibidem :

Pain aportent et char, poisson salé et frois
Par la terre à charoi, par la mer o Eschois.]

* *Equippe*, eodem sensu, in Lit. remiss. ann. 1456. ex Reg. 189. Chartoph. reg. ch. 122 : *Arriva cinq challans chargez de vin près S. Mathurin sur la levée de la riviere de Loire, avec leurs Equippes, notonniers et gens conduisans lesdiz challans. Eschipart* vero, piscandi instrumentum videtur, in Lit. remiss. ann. 1397. ex Reg. 152. ch. 289 : *Icellui Pierre chaussié d'un gros housseaux à pescheur, un Eschipart de bois en sa main en entention d'aler peschier, etc.* Haud scio an inde repetenda sit origo vocis Gallicæ *Esquipart*, vel *Equipart* et *Esqueppart*, qua Ligonis species significatur. Lit. remiss. ann. 1392. in Reg. 144. ch. 27 : *Icellui Andriet tenant un Equipart de fer, prinst icellui Jehannin par son mantel, qu'il avoit vestu, en le cuidant frapper dudit Equipart.* Aliæ ann. 1404. in Reg. 158. ch. 418 : *Lesquelx pionniers ou fossoeurs, qui ouvroient ès fondemens d'une des tours cornieres,.... se mirent à defense de leurs Esqueppars et hoyaulx, etc.* Aliæ ejusd. ann. in Reg. 159. ch. 249 : *En ce disant le fery, non pas d'un cousteau ne de baston affectié; mais d'un Esquipart qu'il portoit à pionnier.*

SCHIPPESHERE. Willelmus Thorn. ann. 1364. de servitio, quod homines 5. portuum debent ad Norborne : *Et debent pro qualibet Swollinga 14. d. per annum pro Schippeshere, timberlode, et bordlode, vel cariare extra Waldam per mare vel per terram ad manerium prædictum.* Occurrunt eadem verba paulo infra : ubi Somnerus *Schippeshere*, ovium tonsuram exponit, ex Saxonico, s c e a p, Anglis *Sheep*, ovis : et s c e a r a n, Anglis *Sheare*, tondere.

SCHIRA. Vide *Schyra.*

¶ **SCHIREWYTE,** Præstatio quæ quotannis ad *Schiram* exsolvebatur. Vide *Scyra.* Comput. ann. 1425. apud Kennett. Antiq. Ambrosd. pag. 573 : *Et in solutis pro quadam pensione vocata Schirewyte annuatim* IV. *sol.*

SCHIRMANNUS, Lambardo, Senator, Saxonic. s c i r m a n, ex s c i r e, *Satrapia*, regio, pagus, et m a n, homo. Leges Inæ Regis West-Saxiæ cap. 9 : *Si quis sibi rectum roget coram aliquo Schirmanno, vel alio judice, et habere non possit, etc.* Vide *Scyra*, [** et Philips. de Jure Anglos. § 24.]

¶ SCIRMAN quid sit docet Testament. Ælfegi apud Hickesium Dissert. pag. 59 : *Per testimonium Vulssii presbyteri, qui tum vocatus est Scirman, id est Judex Comitatus.* Infra : *Ipsum vero juramentum Archiepiscopi accepit Vulsi Scirman, id est Judex provinciæ, ad opus Regis.*

SCHISMA, SCHISMATICUS. Gloss. MS. Regium cod. 1197 : *Schisma, scissura animarum. Schismaticus, qui abscissus est a*

Deo. Iso Magister in Glossis : *Distat inter Scismaticum et hæreticum. Scisma*, i. *scissio : inde Scismaticus, qui a corpore Ecclesiæ aliqua novitate, sicut ille*, (Novatus,) *qui dicebat, hominem semel prolapsum criminali peccato nunquam posse resurgere. Hæreticus namque qui sectam suam colit. Hæresis enim secta, videlicet non credens unum Deum esse Patrem et Filium et Spiritum sanctum, sicut Arius*. Sanctus Hieronymus in cap. 3. Epist. ad Titum : *Schisma ab Ecclesia separat : hæresis vero perversum dogma habet*. Sanctus Augustinus Homil. 11. super Matth. : *Schismaticos non fides diversa facit, sed communionis disrupta societas*. Idem de Fide et Symbolo cap. 10 : *Hæretici, de Deo falsa sentiendo, ipsam fidem violant, Schismatici autem discisionibus iniquis a fraterna charitate dissiliunt, quamvis ea credant, quæ credimus*. Idem de Baptismo lib. 1. cap. 11 : *An non est in Schismate odium fraternum ? Quis hoc dixerit, cum et origo et pertinacia schismatis nulla sit alia, nisi odium fraternum*. Cresconius Grammatic. apud eumd. August. lib. 2. contra Crescon. cap. 12 : *Hæresis est diversa sequentium secta : Schisma vero eadem sequentium separatio*. Idem Augustinus cap. 7 : *Dicitur Schisma esse recens congregationis ex aliqua sententiarum diversitate dissensio*, (*neque enim et Schisma fieri potest, nisi diversum aliquid sequantur, qui faciunt*,) *hæresis autem Schisma inveteratum*. Faustus Manichæus apud eumdem Augustinum lib. 20. contra eumdem cap. 3 : *Schisma est eadem opinantem atque eodem ritu colentem, quo cæteri, solo congregationis delectari dissidio*. Etherius et Beatus adversus Elipandum Toletanum lib. 2 : *Schisma a scissura animarum vocatum est. Eodem enim cultu, eodem ritu credit, ut cæteri religiosi, sed solo Congregationis delectatur dissidio, ut cum cæteris communi nullo fulciatur consilio, et totum, quod sibi agere videtur, sanctum in suo corde esse putatur*. Pelagius in Epist. ad Viatorem et Pancratium, de schismaticis : *Non eos diversa sentiendi judicium, sed quædam apud se delata, sibi tamen incognita metuentes, et contra Apostolicam Sedem temere credentes, pessima divisit opinio*. Vide Optatum lib. 1.

Schismarchæ, in Gestis Innocentii III. PP. pag. 142. schismatum, seu motuum auctores.

¶ Schismatiarcha, Schismatis auctor, princeps. S. Bernardus Epist. 126 : *Propter hoc reliquit homo suum illum patrem S. Innocentium* (*sic enim nominabat*) *et matrem suam S. Ecclesiam catholicam : et adhæret Schismatiarchæ suo, et sunt duo in vanitate una*.

SCHITONO, Slavis, Armiger seu *Scutarius Regis*, in veteribus Chartis Dalmaticis apud Joann. Lucium in Hist. Dalmat. pag. 96. 99. 100. qui in aliis Crescimiri Regis Croatiæ et Dalmat. ann. 1067. *Scutobajulus* dicitur, apud eumdem pag. 77. Idem igitur qui Longobardis *Schilpor*, quæ vox Armigerum perinde sonat, ut auctor est Paulus Warnefridus lib. 2. de Gestis Longobard. cap. 28. unde constat utramque ejusdem esse originis, nempe Saxonicæ. Nam scild, scutum sonat, scildenave, scuti minister, *Scilpor*, scuti puer : *Por* quippe Longobardis, est *puer*, famulus. Vide Gryphiandrum de Weichbildis Saxonicis cap. 67. [** Graff. Thes. Ling. Franc. tom. 6. col. 489.]

* **SCHIVIDULA**, Lapis sectilis, Gall. *Ardoise*, nisi idem sit quod *Scindula*, Assula, domibus tegendis idonea. Charta ann. 927. apud Murator. tom. 3. Antiq. Ital. med. ævi. col. 1045 : *Casa ibi levare et claudere, seo cumperire cum Schividule debeamus, ut ego vel meus heredes in suprascripta casa resedere et abitare debeamus*. Vide supra *Scandola*.

¶ **SCHIVINARIUS**, Scabinus, *Echevin*. Charta Wifridi Abbat. Centul. ann. 1166. ex Tabular. ejusd. Monaster. : *Henricus de vico novo, Hariulfus, Willelmus... omnes tunc Schivinarii*. Vide *Scabini*.

SCHIZA. Lucifer Calaritanus lib. 1. pro S. Athanasio pag. 35 : *Et constipavit Schizas super altare*, i. collegit ligna, quæ secuerat et sciderat super altare : ex σχίζειν, scindere, σχίζα, lignum sectum, et in particulas discissum. Urbem hac appellatione in Bithynia memorat Anna Comnena in Alexiade pag. 57. de qua etiam quædam adnotavimus in Notis ad Willharduinum num. 350. quod in agro a continenti quodammodo divulso constructa esset.

¶ **SCHLAVUS**. Vide infra *Sclavus*.

¶ **SCHNAPHAN**, Schiltero in Gloss. Teuton. Latrunculus, cum quo non est justum bellum. Hinc forte

¶ Schnaphan dicta moneta quædam Bononiensis, vulgo *Juliers*, quorum octo uncialem conficiunt, quod id genus hominum hoc monetæ genus a mercatoribus Italis in confinibus Germaniæ raptum in usum introduxerint.

¶ **SCHNEBERGENSIS** Moneta, vulgo *Schneberg*, oppidum Misniæ. *Grossorum Schnebergensium*, qui et *grossi Principum* dicuntur, mentio est in Charta ann. 1471. apud Schlegel. de Nummis Goth. pag. 93.

* **SCHNEDE PFENNIGE**, Monetæ species. Charta Cunradi archiep. Magdeburg. ann. 1226. apud Ludewig. tom. 12. Reliq. MSS. pag. 321 : *Item, pro denariis, qui Schnede-Pfennige nuncupantur, dabitur in valle de panna qualibet nummus unus*. Vide *Penningus* et *Pfenning*.

¶ **SCHOCK**, vox Germanica, Numerus sexagenarius. Chron. Florentii Episc. apud Eccardum de Orig. Domus Saxon. col. 59 : *Centum et octoginta pullos et triginta Schock ovorum, et unumquodque Schock habet sexaginta ova*.

SCHOLÆ, generaliter dicebantur ædificia, ubi convenire solent homines plurimi, aut studendi, aut præstolandi, aut conferendi, aut alterius rei gratia, quod probare conatur Henricus Valesius ad lib. 14. Ammiani : ita ut a loco deinde eorum, qui in hisce scholis consistebant, catervæ *Scholæ* appellatæ fuerint : verbi gratia *Scholæ Palatinæ*, seu cohortes variæ ad Palatii et Principis custodiam destinatæ, quæ singulæ in suis *Scholis* excubabant, quarum dignitas varia fuit, pro modo stipendiorum, quæ merebant, ac gradus, quem eæ obtinebant. Nam, ut ait Vegetius lib. 2. cap. 21 : *quasi in orbem quemdam per diversas cohortes et diversas Scholas milites promovebantur, ita ut ex prima cohorte ad gradum quempiam promotus vadat ad decimam cohortem, et rursus ab ea crescentibus stipendiis cum majore gradu per alias recurrat ad primam*. S. Ambrosius in Epist. 1. ad Corinth. cap. 1. initio : *Scholæ enim sunt, quæ positis in se dant dignitatem, ut loci honor hominem faciat gloriosum, non propria laus*. Procopius lib. 4. Gothic. cap. 27 : Ἀρχοντά τε καθεςήσατο ἑνὸς τῶν ἐπὶ τοῦ παλατίου φυλακῆς τεταγμένων λόχων, οὕσπερ σχόλας ὀνομάζουσιν.

Alii *Scholas* dictas putant propter disciplinam, qua ea regebantur : atque ut Scholæ publicæ, ipsique adeo Scholastici in varias *Scholas*, quas *Classes* vulgo dicimus, pro facultatum, quæ in iis docebantur, varietate distinguebantur, ita schola Palatina in varias classes distributa erat, suis singulas nominibus appellatas. Quo spectant hæc ex Epistola Episcopor. Franciæ ad Ludov. II. Reg. cap. 12 : *Et ideo domus Regis Schola dicitur, id est, disciplina : quia non tantum Scholastici, id est, disciplinati et bene correcti sunt, sicut alii ; sed potius ipsa Schola, quæ interpretatur disciplina, id est, correctio dicitur; quæ alios habitu, incessu, verbo et actu, atque totius vanitatis continentia corrigat*. De Palatina Schola sic Corrippus lib. 3. num. 5. vers. 158 :

Acciti proceres omnes Scholaque Palati est
Jussa suis astare locis, etc.

At contra Alemannus ad Procopii Anecdota, scholas ejusmodi dictas censet, quod, qui in iis militabant, quasi σχολάζοντες, seu a bellico opere vacantes, et veluti feriati milites, ad pompam tantum in Palatiis militarent, uti describuntur ab Agathia lib. 5.

Atque hæ Palatinæ Scholæ omnes erant sub dispositione Magistri officiorum. Senator lib. 6. form. 6. de Magistro officiorum : *Ad eum nimirum Palatii pertinet disciplina, ipse insolentium Scholarum mores procellosos moderationis suæ terminis prospere disserenat*. In Notitia Imperii recensentur Scholæ istæ Palatinæ *sub dispositione viri illustris Magistri officiorum*, scilicet *Schola scutariorum prima, Schola scutariorum secunda, Schola gentilium seniorum, etc*. Vide Glossar. med. Græcit. col. 1509.

¶ Schola de Rege, Idem quod *Schola Palatina*. Chartam apud Moretum Antiquit. Navarræ pag. 333. testes subscribunt *Schola de Rege et de suos germanos testes Sancio Galindonis et Joseph testes, et omnes qui fuerunt in exercitu Regis, testes*.

A Scholis Palatinis, *Scholæ* nomen transiit ad militiam civilem, seu civilium Magistratuum ac dignitatum, quarum major erat numerus : erant enim Scholæ Silentiariorum, Exceptorum, Chartulariorum, Agentium in rebus, et aliæ, de quibus passim in utroque Codice, et in Notitia Imperii. Transiit denique vox eadem ad Ecclesiasticos ordines. Hinc

¶ Schola Adextratorum. Vide supra in *Addextratores*.

** Schola Palatina Romæ mediis temporibus dicebatur, quæ vulgo *Studium curiæ*. Vide Savin. Histor. Jur. Roman. med. temp. tom. 3. cap. 21. § 119.

Schola Cantorum, quæ *Schola* nude

in veteribus Consuetudinibus Floriacensis Monasterii pag. 404. dicitur, pro Cantorum Ecclesiæ ordine, de qua egimus in vv. *Cantor, Cantus.* [Ea notione legitur etiam in Rituali MS. Eccl. Cathedr. Tolosanæ : *Benedicat Episcopus aquam simpliciter, prout fit in dominicis diebus,... quo facto inchoat, Scola prosequente, antiphonam, asperges me, etc.*] Huic, qui præerat, dictus *Magister Scholæ* Cantorum, Præcentor. Monachus Sangallensis lib. 1. de Carolo M. cap. 5 : *Fuit autem consuetudo, ut Magister Scholæ designaret pridie singulis quod responsorium cantare deberent in nocte Nativitatis Christi.* Idem porro, qui *Prior Scholæ Cantorum*, in Epistola 43. Pauli PP. ad Pipinum tom. 3. Histor. Francor. [et in Ordine Rom. 1. num. 7. apud Mabillon. tom. 2. Musei Ital. pag. 7. Vide in *Scholares.*]

¶ Schola Crucis, Eorum scilicet qui in processionibus Cruces præferunt. Cencius Camerarius in Ord. Rom. apud Mabill. tom. 2. Musei Ital. pag. 182 : *Quidquid super Crucem offertur, Scholæ Crucis debet esse.* Vide in *Crux.*

Schola Dominica, Ordo Ecclesiasticus. Rabanus lib. 3. de Instit. Cleric. cap. 18. de Grammatica : *Hanc itaque Scholam dominicam legere convenit, quia scientia recte loquendi, et scribendi ratio in ipsa consistit.*

¶ Schola Guidonum. Vide *Guido.*

¶ Schola Lectorum. Vide in *Lector* 4.

¶ Schola Mappulariorum, Eorum nempe qui *mappam* lavaturo porrigunt. Cencius supra laudatus pag. 173 : *Deinde dominus Papa intrat sacrarium, et exuit planetam : ubi Schola mappulariorum, et cubiculariorum habent aquam calidam paratam ad abluendos pedes dom. Papæ.*

Schola Regionaria. Benno Cardinalis in Vita Hildebrandi, seu Gregorii VII. PP : *Poppo Prior Scholæ Regionariæ cum omnibus suis Subdiaconis.* Vide *Regionarii.*

Schola Sacerdotum dicta per excellentiam Congregatio Clericorum Ecclesiæ Veronensis. Vide Ughellum tom. 5. Ital. Sacræ pag. 751. 752.

¶ Schola Stimulati. Cencius pluries laudatus pag. 128 : *Majorentes vero mantellis sericis et baculis, qui vocantur Schola stimulati, custodientes processionem, ne aliquis se intromittat.* Pag. 140 : *Delungariis quoque, id est, præfectis navalibus, et majorentibus, qui dicuntur Schola stimulati, et ceteris laicis principibus.* Rursum pag. 198 : *De Majorentibus, qui Stimulati dicuntur. Majorentes autem ad curiam accedere non debent pro servitio aliquo faciendo, seu pro ullo, nisi in die coronationis dom. Papæ; qui, dum equitat, baculos habentes in manibus viam parant, multitudinem populi removendo : propter quod ipsa die comedere debent cum dom. Papa. Iidem etiam majorentes Stimulati Schola vocantur.*

¶ Schola Virgarum, vel *Virgariorum.* Idem Cencius pag. 204 : *Et quiescit* (Papa) *lecto ibi a Schola virgarum prædicto modo aptato.*

Scholæ Monasticæ passim etiam memorantur, in quibus scilicet, qui ad monachicam vitam instituebantur, quos *Pueros* vulgo vocabant, iique ut plurimum ex iis quos *Oblatos* nuncupabant, in literis humanioribus et Theologicis secundum ætatis cujusque capacitatem informabantur. Conventus Aquisgran. ann. 817. cap. 45 : *Ut Schola in Monasterio non habeatur, nisi eorum qui oblati sunt.* Tabularium Monasterii S. Andreæ Viennensis : *Si uxor ejus Ufisia supervixerit, eum teneat vita sua : et si filium habuerit, mittatur in Schola Monasteriali; deturque ei portio hæreditatis meliorata inter fratres suos, sanctoque Andreæ perveniat.* [Vita S. Meinwerci cap. 52 : *Juvenes et pueri strenue instituebantur norma regulari,... omniumque litterarum doctrina.*] *Scholas in Monasterio, nisi eorum qui oblati sunt*, vetat Collatio Abbatum habita Aquis sub Ludovico Pio cap. 45. *Scholas Claustrales* vocant Eckehardus junior cap. 1. pag. 36. et Eckehardus Minimus de Casibus S. Galli cap. 7. quibus opponuntur, iisdem *Scholæ Canonicæ*, id est, Canonicorum : seu, ut aliis placet, in quibus pueri seculares extra Claustrum a Monachis literis instituebantur. Cujusmodi fuere Scholæ a Theodoro Studita institutæ, de quibus Scriptor Vitæ Nicolai Studitæ edit. a Combefisio pag. 895. De Scholis Monasticis agunt Aimoinus in Vita S. Abbonis Floriac. Abbat. cap. 1. Petrus Damian. lib. 2. Ep. 18. sub finem, Trithemius in Chronico Hirsaugiensi ann. 890. et lib. de Viris illustr. Ord. S. Benedicti cap. 6. Browerus lib. 1. Antiq. Fuldensium cap. 9. 10. 11. [Miræus in Originibus Monast.] Lucas Acherius in Notis ad Vitam B. Lanfranci Archiepisc. Cantuar. pag. 35. etc.

Schola Monasterii, pro ipso Monasterii conventu, in Epistola Johannis XIII. PP. in Bullario Cluniacensi pag. 5.

¶ Schola Christi, dicitur Monasterium, in dialogo Euticii et Theophili a Johanne Cordesio cum quibusdam Hincmari Rem. opusculis edito.

Schola, pro Dormitorio Monachorum, in Concilio Turonensi II. can. 14.

Scholas in villis et vicis habere jubentur Presbyteri apud Theodulphum in Capitul. cap. 20. et Attonem Episc. in Capitulari cap. 61.

Scholas publicas in Episcopiis a Carolo Magno primum institutas, et deinde a successoribus vel ab Archiepiscopis, in quibus literis imbuerentur Clerici, docent Capitula Caroli M. lib. 2. cap. 5. ejusdem Caroli M. Epistola seu Constitutio, edita a Sirmondo tom. 2. Concil. Gall. Charta ejusdem Caroli M. pro fundatione Episcopatus Osnabrugensis apud Miræum in Cod. donat. piar. pag. 48. Addit 2. Ludov. Pii cap. 5. Concilium Cabilon. II. cap. 3. Parisiense sub Ludovico Pio lib. 3. cap. 13. Capitulare Aquisgranense n. 789. cap. 72. Capitulare Theodulfi cap. 19. 20. Conventus Aquisgran. ann. 817. cap. 45. Helgaudus in Roberto Rege Franciæ initio, Herimannus de Restaurat. Ecclesiæ Tornacensis cap. 1. Hugo Flaviniacensis in Chronico pag. 160. Adam Bremensis cap. 57. Vita S. Meinwerci Episcopi Paderbornensis apud Gretzer. ad Philippum Eystetensem pag. 187. Petrus Damian lib. 3. Epist. 8. initio, etc. [Vita S. Stephani Abb. Obazin. apud Baluz. tom. 4. Miscell. pag. 72 : *Itaque natus et adultus* (Stephanus) *præceptoribus traditur, ut in Schola Ecclesiæ litteris sacris imbueretur.* Celebris inprimis fuit Schola Turonica, ut ex Formul. antiq. Promot. Episcop. colligitur : *Item : ubi didicisti? item ipse : in Schola Turonica liberalibus disciplinis erudiendus traditus sum.*]

Scholæ vero jus, seu eam tenendi in ejusmodi villis, inter jura dominica recensetur : adeo ut dominos laicos id sibi asseruisse, et Presbyteris ademisse colligatur in Charta Balduini de Radueriis, in Monastico Anglic. tom. 2. pag. 180. pro Ecclesia Thwinhamensi : *Ut dignitatem suam plenam, et omnes suas liberas consuetudines in omnibus rebus honorifice habeant, sicut antiquitus semper habere solebant, villæ scilicet ipsius Scholam, suam liberam curiam cum soce et sace, tol, et then, etc.* Alia Henrici I. Regis Angliæ pro Prioratu Huntedunensi ibid. pag. 26 : *Et Capellam Castelli de Huntendon cum pertinentiis suis, et Scholam ejusdem villæ, ita ut nullus aliquam infra Huntedonscira absque illorum licentia teneat.* Vide Epist. 44. Alexandri III. PP. apud Sirmondum.

Schola, Confratria, Sodalitas, societas. [** Vide Savin. Histor. Jur. Roman. med. temp. tom. 1. § 105. not. D.] Andr. Dandulus in Chron. MS. ann. 1110 : *Dum igitur Venetias applicassent,..... in monasterio S. Georgii corpus* (S. Stephani) *devotissime collocarunt : sub cujus vocabulo innumeri cives Scholam celeberrimam perfecerunt.* Vide eumdem ann. 1113. Vetus Charta apud Puricellum in Monumentis Ambrosianæ Mediolanensis Basilicæ pag. 691 : *Si pro sepeliendis corporibus defunctorum Abbas vel Præpositus a defunctorum propinquis, qui ad Scholas suas pertinent, ad sonandum tintinnabulum invitati fuerint, illa pars, ad quam prædicta Schola pertinuerit, pulsandi tintinnabulum liberam potestatem habeat.*

* *Escole*, eadem acceptione, in Lit. ann. 1394. tom. 7. Ordinat. reg. Franc. pag. 686.

* Schola S. Ambrosii, Quæ societas hac appellatione fuerit donata, docet ex Cod. MS. Bibl. Ambros. Muratorius tom. 4. Antiq. Ital. med. ævi col. 858 : *Vegloni apparent in ecclesia et processionibus, cum eorum cottis et sacerdotalibus birettis et vestibus. Mulieres etiam viduali habitu et velatæ, in solemnibus missarum offerunt sacerdoti celebranti panem et vinum ad instar Melchisedech. Sed mulieres numquam intrant chorum; immo sacerdos celebrans venit usque ad portam chori, ibique earum oblationes recipit. Et vulgariter appellatur Schola S. Ambrosii. Et quotiescumque fiunt aliquæ processiones, eis interveniunt cum particulari vexillo suæ crucis. Prior vero horum defert pluviale temporibus debitis, et flagellum S. Ambrosii.*

* Schola, Collegium, societas quorumvis artificum. Charta ann. 943. apud Murator. tom. 6. earumd. Antiq. col. 455 : *Vel cunctos et consortes nostros Scolæ piscatorum Patoreno, seu filii et nepotibus nostris, qui in ipsa Scola ad pisces capiendos permanere voluerint.*

* Scholæ Rex. Vide supra in *Rex.*

Scholæ, dictæ Judæis, eorum Synagogæ, ut habet Rigordus in Philippo Aug. ann. 1182 : *Nam omnes Synagogæ Judæorum, quæ Scholæ ab ipsis vocantur, ubi Judæi sub nomine fictæ religionis causa orationis quotidie conveniebant, prius mundari jussit.* Matth. Paris ann. 1253 : *Et acclamatum est in Schola Judæorum Londinensi, quod Abbas et Conventus memoratus quietus est ab omni hujusmodi debito, etc.* [Charta Benedicti Episc. Massil. ann. 1244. ex Tabul. Episcopat. Massil. : *Confirmamus vobis* (Judæis) *Scolam quæ dicitur Scola Mejana, et aliam Scolam quæ dicitur Scola Major, quæ Scolæ sunt in villa inferioris Massiliæ, et Scolam quæ est in civitate episcopali Massiliæ.* Charta Ludovici Reg. Siciliæ ann. 1385 : *Item confirmant dicti Domina et Rex ac Comites Judæis in dicta urbe Arelatis habitantibus.... domos, carrerias,.... et Scolam in qua celebrant eorum officia. Escole* etiamnum Synagogam vocant Judæi Avenionenses.]

¶ Schola, pro Secta, apud Pancirolum lib. 1. Thesauri var. lect. cap. 77.

* **SCHOLACES**, pro *Scolaces*, in Actis proconsul. S. Cypriani tom. 4. Sept. pag. 333. col. 2. Vide *Scolax.*

¶ **SCHOLANUS** qui dictus sit in quibusdam Hispaniæ Ecclesiis discimus ex Synodo Valent. ann. 1566. inter Conc. Hispan. tom. 4. pag. 126 : *Quia vero intelleximus, in quibusdam nostræ diœcesis ecclesiis ministrum quem Scholanum vocamus, suum munus ob minorem ætatem exequi non posse; mandamus ut is in posterum habeatur, qui et deferendæ Cruci et aliis faciendis quæ ministerio ecclesiæ sunt necessaria, sufficere possit.* Alia Synodus ann. 1594. ibid. pag. 712 : *Templorum ministri quos Scholanos vocamus, non modo sacras vestes ex officio contrectant complicantes et explicantes, Crucem etiam suæ ecclesiæ erectam publice deferentes; sed subinde munere funguntur proximo iis qui sacris ordinibus sunt initiati.* Vide infra in *Scholasticus.*

SCHOLARES, Qui in Scholis Palatinis militabant, et in aula ad Imperatoris custodiam excubabant, οἱ εἰς τὸ διημερεύειν τε καὶ διανυκτερεύειν ἐν τῇ αὐλῇ ἀπεκέκριντο, οὓς δὴ Σχολαρίους ἀποκαλοῦσιν, ut loquitur Agathias lib. 5. pag. 154. 1. edit. Sulpitius Severus lib. 1. cap. 1. de S. Martino : *Armatam militiam in adolescentia secutus, inter Scolares alas sub Rege Constantio, deinde sub Juliano Cæsare militavit.* Monachus Sangallensis de Carolo M. lib. 1. cap. 12 : *Ipsis quoque manducandi finem facientibus, militares viri, vel Scholares aulæ reficiebantur.* Ardo Monachus in Vita S. Benedicti Anianensis cap. 1 : *Hic pueriles gerentem annos præfatum filium suum in aula gloriosi Pipini Regis Reginæ tradidit inter Scholares nutriendum.* Septima Synodus act. 1 : Εἰσελθόντων σὺν τῶν βασιλέων, καὶ τοῦ λαοῦ τῶν ταγμάτων, σχολαρίων, ἐξκουβιταρίων. [Vita S. Aldegundis sæc. 2. Bened. pag. 807 : *Duorum quoque avunculorum ejus Gundelandi et Landrici nomina præfiximus, qui primatum pugnæ istius regionis tenuisse memorantur, quos Græci Scholares, nos quoque Bellatores vocamus.*] Vide leg. 38. Cod. Th. de Decurion. (12, 1.) leg. 24. 34. de Erogat. militar. annonæ, (7, 4.) eod. Cod. Procopium in Hist. Arcana pag. 106. 107. 1. edit. et alios a Meursio et aliis laudatos.

¶ Scholares de Cantu, Qui sunt ex Schola Cantorum. Statuta Eccl. Barchin. ann. 1332. apud Marten. tom. 4. Anecd. col. 612 : *Statuimus insuper, quod portio, quæ in festis duplicibus datur et dari consuevit canonicorum familiæ, et Scholaribus de cantu, ac aliis clericis et officialibus assuetis, detur et dari habeat illa die festi... Volumus etiam quod magister Scholarum de cantu, non possit ipsam portionem, quæ debetur in dictis festivitatibus Scholaribus suis, aliquatenus retinere.* Hinc qui iis præerat *Caput Scholaris* dicitur in Synodo Helenensi ann. 1027. tom. 3. Conc. Hispan. pag. 198. Vide in *Caput* et supra in *Schola.*

Scholares, Scholastici, qui in Scholis docentur, nostris *Escoliers.* [** Vide Savin. Histor. Jur. Roman. med. temp. tom. 3. passim.] Stephanus Tornac. Epist. 61 : *Amplector Scholarem, prosequor Archidiaconum, deosculor Abbatem, assurgo Episcopo, revereor Cardinalem.* Ita porro proprie dicti in Monasteriis Novitii Monachi, qui in Scholis Monasticis erudiebantur, in Martyrologio Fuldensi apud Browerum pag. 139. *Acolyti, Scholares et Monachi.* Vita Notgeri Leodiensis Episcopi : *Quanta fuerit Notgero in educandis pueris, Scholaribusque disciplinis instruendis sollicitudo, hinc probatur, quod semper, dum in via pergeret, longe seu prope, Scholares adolescentes secum ducebat, qui uni ex Capellanis suis, sub arctissima parerent disciplina : quibus etiam librorum copiam, cum cæteris Scholaribus utensilibus circumferri faciebat.* Robertus de Sorbona in Serm. de Conscientia : *Non habetur pro Scholari Parisius, qui ad minus non vadit bis in hebdomada ad scholas.* [Rolandinus Patav. in Chron. Tarvis. apud Murator. tom. 8. col. 360 : *Perlectus est hic liber.... præsente etiam societate laudabili bazalariorum et Scholarium liberalium artium de studio Paduano.* Adde Litteras Caroli Johannis Franc. Reg. primog. ann. 1358. tom. 3. Ordinat. pag. 237.]

Scholarii, Iidem dicti in Statutis Corbeiensibus Adalardi lib. 1. cap. 6 : *De pulsantis, de Scolariis, de reliquis Clericis, seu Laicis nostris, etc.* Mox, totam ait Monasterii familiam dividi in *Famulos,* vel *Matricularios, Fratres, Vassallos, Hospites, Pulsantes* vel *Scholarios,* et in *Provendarios.*

Habebant etiam Presbyteri, seu Curiones, suos *Scholarios,* de quorum muniis agit Caroli M. Capit. admonit. ad Episc. cap. 5 : *Ut ipsi Presbyteri tales Scholarios habeant, id est, ita nutritos et insinuatos, ut si forte ei contingat non posse occurrere tempore competenti ad Ecclesiam suam, officii causa persolvendi, id est, Tertiam, Sextam, Nonam, et Vesperas, ipsi Scholarii et signum in tempore suo pulsent, et officium honeste Deo persolvant.* Adde cap. 7. Riculfus Suessionensis in Statutis ann. 889. cap. 16 : *Monemus præterea, ut Presbyteri... Scholarios suos modeste distringant, caste nutriant, et sic literis imbuant, ut mala conversatione non destruant : et puellas ad discendum cum Scholaris suis in schola sua nequaquam recipiant.*

¶ Scholares, Tirones, Gall. *Apprentifs.* Statuta Arelat. MSS. art. 29 : *Omnes pelliparii totius Arelatis.... et eorum Scholares jurent, quod etc.* Statuta Massil. lib. 2. cap. 40 : *Constituimus quod omnes draperii et eorum Scholares jurent... pannos, quando ipsos vendent, extendere supra bancum.*

Scholares, quorum Ordo institutus fuit ab Innocentio III. PP. in Concilio Lateranensi, ut est in Magno Chronico Belgico : *Ibi 4. ordines sunt constituti, scilicet Prædicatorum, Minorum, Trinitatis, et Scholarium.* Martinus Polonus in Honorio III. PP : *Anno quoque ejus tertio ordinem Vallium Scholarium confirmavit, quem Guillelmus quidam Anglicus incœpit, qui Parisiis Scholaris fuerat, postmodum in Burgundia rexerat, et tandem cum Scholaribus suis ad eremum convolavit, et formam vivendi ex diversis religionibus, suis et sibi elegit.* Vide Aubertum Miræum lib. 1. Origin. Monastic. cap. 15. Brolium lib. 3. Histor. Parisiensis pag. 655. 2. edit. et Cæsarem Egassium Bulæum tom. 3. Hist. Universitat. Paris. pag. 15.

Scholares Vagi, Sectarii, nescio qui, quorum ordo seu *secta* reprobatur et damnatur in Concilio Herbipolensi ann. 1287. cap. 34. et in Salisburgensi ann. 1274. cap. 16. et ann. 1290. cap. 3. ubi eorum pravi mores et doctrina recensentur. [** Giselberti Archiep. Bremens. Edictum ann. 1292. apud de Westphalen Monument. Rer. Cimbr. tom. 2. pag. 2220 : *Item omnibus et singulis prælatis clericis nostræ diœcesis et provinciæ prohibemus ne in domibus suis vel commestionibus Scholares Vagos, qui goliardi vel histriones alio nomine appellantur, per quos non modicum vilescit dignitas clericalis, ullatenus recipiant, etc.* Vide Haltaus. Glossar. German. voce *Spielleute,* col. 1704.]

Scholares, in Ecclesiis ruralibus, qui vulgo *Clerici.* Vide *Clerici Scholares.*

¶ Scholaris Liber, Ad usus scholarum. Bernardus Mon. in Ord. Cluniac. part. 1. cap. 17 : *Pro signo Libri Scholaris, quem aliquis paganus composuit, præmisso signo generali libri, adde ut aurem cum digito tangas, sicut canis cum pede pruriens solet; quia non immerito infidelis tali animanti comparatur.* S. Wilhelmo in Constit. Hirsaug. lib. 1. cap. 21. *Liber sæcularis,* eadem notione dicitur.

¶ **SCHOLARI**, Scholas tenere, docere. Vita Hugonis Abb. Marchianensis apud Marten. tom. 3. Anecd. col. 1713 : *Ad sanctum Remigium in eadem urbe se contulit, et ibi Scholam fecit.... Nec destitit doctor prædictus, in hoc non bene seipsum docens, iræ livorem addere, persequens et prohibens eum Scholari.* Le Roman *d'Athis* MS :

Comment est il bien enparlé,
Et qui de lui est Escolé,
On ne peust en lui trouver faille.

* Hinc nostris *Escoler,* quod et pro Monere et ad rem aliquam formare usurparunt, ut et vocem *Escole,* pro Monitum, consilium. Lit. remiss. ann. 1331. in Reg. 66. Chartoph. reg. ch. 510 : *Icelli Jehan prist et Escola Jehan de la Mote et le mena à Mondidier espier Jehan de Lunlher,...... par l'espie duquel enfant icelui Jehan de Lunlher fu murdris et traittiés à mort.* La Mapemonde MS. cap. 31 :

Quant temps fu de li Escoler,
Ses peres qu'assés ot que prendre,
L'envoia tantost pour aprendre.

Fabul. tom. 1. pag. 65 :

Et le chastie de parole :
Mais il n'a cure de s'Escole.

* **SCHOLARIATUS**, Dignitas et officium illius, qui scholis præest. Constitut. MSS. Carmelit. part. 3. rubr. 5 : *Sit ipso facto privatus omni gradu magisterii bacalariatus, lectoratus et Scholariatus sic adepto.*

* 1. **SCHOLARIS**, Qui scholas tenet et in iis docet. Arest. ann. 1398. 14. Aug. in vol. 9. arestor. parlam. Paris. : *Magister Herveus in facultate decretorum legebat.... Dictus Scholaris de suo clerico solum associatus, etc.*

* 2. **SCHOLARIS**, Puella, quæ ad vitam monasticam instituitur. Inquisit. ann. 1214. apud Murator. tom. 5. Antiq. Ital. med. ævi col. 519 : *Domna Miliana monacha jurata dicit, quod in tempore abbatissæ Julittæ, ipsa testis erat Scholaris.... Et dicit, quod postquam fuit in dicto monasterio, quod dicit fore xiij. annos, etc.*

¶ **SCHOLARITAS**, Studium, *Scholarium* jus et privilegium, vulgo *Scholarité*. Litteræ Philippi VI. Reg. Fr. in gratiam Universit. Paris. ann. 1340. tom. 2. Ordinat. pag. 155 : *Concedimus... ne quisquam laicus... præfatos Magistros et Scholares,... de quorum Scholaritate constabit, per proprium juramentum, in persona, familia... inquirant, etc.* Statuta Eccl. Meld. ann. 1365. apud Marten. tom. 4. Anecd. col. 927 : *Cum per sacros canones sine licentia prælati a cura non liceat quemquam recedere, inquirat* (decanus) *de causa non residentiæ, ut videat litteras Scholaritatis, aut aliam dispensationem, si quam habeat, et scribat in visitationis rotulo.* Charta fundat. Capellæ Vicenarum ann. 1387. tom. 3. Hist. Paris. Lobinelli pag. 190 : *Nec etiam privilegio in favorem studii et Scholaritatis, aut aliter concesso vel concedendo sub quavis forma verborum utentur.* Consuet. Univers. Paris. per Robert. *Goulet* fol. 7 : *Discutio fit... de pergameno, de papiro, libris, scripturis, religationibus, illuminationibus, et ceteris hujusmodi ad Scholaritatem pertinentibus.* Charta ann. 1399. ex Tabul. B. M. de Bono-Nuntio Rotomag. : *Jehan de Bouquetot estant à cause de son estude et Scholarité.... en la protection et sauvegarde du Roy, etc. Escolarge*, eadem notione. in Statuto Caroli Johannis Reg. Franc. primog. ann. 1356. tom. 3. Ordinat. pag. 135.

* *Scolarité*, in Lit. ann. 1392. tom. 7. Ordinat. reg. Franc. pag. 525. art. 1. et in Lit. remiss. ann. 1456. ex Reg. 187. Chartoph. reg. ch. 209.

¶ **SCHOLARIUS**, Qui scholis Ecclesiasticis præest, ut infra *Scholasticus*, in Charta ann. 1093. ex Chartular. S. Martini Pontisar. Vide alia notione in *Scholares*.

¶ **SCHOLARIZARE**, Scholas frequentare, studere. Charta Edwardi I. Reg. Angl. ann. 1305. apud Rymer. tom. 2. pag. 957 : *Dictam Universitatem* (Cantabrigiæ) *impugnare et effectum disciplinæ Scholarizantium ibidem perturbare machinantes. Estre en Escolage*, eodem significatu, in Consuet. Metensi tit. 1. art. 66. Vide *Scholizare*.

¶ **SCHOLASTER**, ut mox *Scholasticus*, Dignitas Ecclesiastica, apud *le Brasseur* Histor. Comitat. Ebroic. pag. 60.

* **SCHOLASTICUM** Granum, Evangelicum scilicet, seu semen doctrinæ evangelicæ, ut interpretantur docti Editores ad Acta S. Sebaldi tom. 3. Aug. pag. 770. col. 1 : *Proinde cum lustris tribus monachus regi summo militasset in eremo, flagrabat eremita Sebaldus conversationem in populo, ut granum Scholasticum in agro seminaret Dominico.*

SCHOLASTICUS, dictus Latinis Scriptoribus, qui in umbra circa fictas hypotheses se occupat, Declamator, qui circa lites fictas versatur, ut docet Casaubonus ad Suetonium de Grammatic. et ad Capitolinum. Sed postmodum appellatus quivis eloquens, disertus, oratoriæ facultatis et politioris litteraturæ studiis eruditus. Gloss. Lat. MS : *Scholasticus, Literatus, Sapiens.* Papias : *Scholasticus, Eruditus, Literatus, Sapiens.* S. Augustinus in Dialectico : *Cum Scholastici solum proprie et primitus dicantur ii, qui adhuc in schola sunt, omnes tamen qui in literis vivunt, nomen hoc usurpant.* [Constit. Caroli M. tom. 1. Capitul. col. 204 : *Optamus enim vos, sicut decet Ecclesiæ milites, et interius devotos, et exterius doctos castosque bene vivendo, et Scholasticos bene loquendo.*] Salvianus lib. 1. de Gubernat. Dei : *Ut Scholastici ac diserti haberentur.* S. Hieronymus in Catalogo Scriptor. Ecclesiast. : *Serapion, ob elegantiam ingenii, cognomen Scholastici meruit.* Amalarius Episcopus Trevirensis apud Browerum lib. 8. Annal. Trevir. pag. 486. 1. edit. : *Quisque futurus sis, sive potens in sæculo, sive pauper, sive Scholasticus, sive idiota.* Anastasius in S. Leone II. PP : *Cuigna quoque Scholasticus, eloquendi majori lectione politus.* Jonas Episcopus in Præfat. ad Vitam S. Huberti : *Palatina Scholasticorum facundia. Scholasticus sermo*, apud Paulum Diacon. Emeritensem in S. Masona Episc. Emerit. cap. 7. *Scholastica eruditio*, apud Alcuinum in Epistola ad Carolum M. Palladius in Lausiacis cap. 26 : Οὗτος ὁ Εὐλόγιος σχολαστικὸς ὑπῆρχεν ἐκ τῶν ἐγκυκλίων παιδευμάτων. Hinc *Scholasticissimus*, in Actis S. Sebastiani cap. 21. *Fortunatus* in lib. 3. de Miraculis S. Dionysii, dicitur *Latinorum Scholasticissimus*, ut *Sedulius, vir Scholasticissimus*, in Chronico Fontanellensi cap. 12. [et *Agano vir Scholasticissimus*, in Inscript. lib. de Mirac. B. Veroli.] Vide Paschasium lib. 9. de Vitis Patrum cap. 19. n. 3. Vegetium in Præfat. ad lib. 3. Artis veterin. S. Augustinum lib. de Catechizandis rudibus cap. 9. serm. 70. de Tempore, Gregorium Mag. lib. 7. Ind. 2. Epist. 63. Joannem Cluniacens. in Vita S. Odonis Abbat. Cluniac. pag. 24. etc.

Scholasticus, Advocatus, Patronus, qui causas in foro agit; sed proprie peritus, eloquens, disertus patronus. Transiit enim adjectivum in substantivum. Concilium Carthag. can. 96 : Τοῦ καταστῆσαι ἐκδίκους σχολαστικούς. [Cod. Theod. leg. 2. de Concuss. Advocat. (8,10.) : *Nec latet Mansuetudinem nostram, sæpissime Scholasticos ultra modum, acceptis honorariis, in defensione causarum omnium, etc.*] S. Augustinus in Joannem cap. 7 : *Qui habent causam, aut volunt supplicare, quærunt aliquem Scholasticum, a quo sibi preces componantur.* Libellus precum Marcellini et Faustini pag. 69 : *Idem Damasus accepta auctoritate regali etiam alios Catholicos Presbyteros, nec non et Laicos insecutus, misit in exilium, perorans hoc ipsum per gentiles Scholasticos, faventibus sibi judicibus.* Nicolaus I. PP. Epist. 2 : *Si forte aut dives, aut Scholasticus de foro, aut ex Administratore Episcopus fuerit postulatus, etc.* In Actis S. Dorotheæ, qui *Advocatus præsidis* n. 12. dicitur, idem *Scholasticus* appellatur n. 14. Apud Gregorium Mag. lib. 4. Epistola 29. inscribitur *Severo Scholastico Exarchi*, in qua ei in judiciis astitisse, ut et in consiliis, innuit. Vide eumdem lib. 1. Epist. 42. extrema. Apud Anastasium Bibl. in Constantino PP. pag. 66. hæc leguntur : *Post aliquod vero temporis Scholasticus Cubicularius Patricius et Exarchus Italiæ veniens Romam, detulit secum sacram Anastasii Principis, etc.* Apud Marcum Eremitam in Disputat. πρὸς σχολαστικόν, Scholasticus dicitur ὁ ἐν λόγοις δικανικός.

Scholasticus, Dignitas Ecclesiastica, qua qui donatus est, Scholis Ecclesiasticis præest, [Gall. *Ecolâtre.*] Baldricus lib. 3. Chron. Camerac. cap. 61 : *Et ut amplius eum in sententia confirmaret, regendas Scholas S. Mariæ ei commisit.* Mox : *Cognita vero Episcopo Scholastici industria, separavit eum a puerorum doctrina, etc.* Charta Guidonis Episcopi Autissiod. ann. 1249. in Tabul. Autissiodorensi : *Statuimus, quod Scholasticus Autissiod. sit Capellanus Episcopi, et teneatur assidere et servire Episcopo, quando celebrabit solemniter in majori Ecclesia, et alibi si præsens sit, etc.* Cum autem Capellanorum munus esset, ut alibi docuimus, amanuensis vices agere, inde forte est quod legimus, Palladium quemdam Herbani Archiepiscopi σχολαστικόν, quem Alexandria is adduxerat, disputationem, quam habuit cum Judæo, a Gregentio descriptam, τὰ ῥήματα ἑκατέρων σημειούμενον, *verba utriusque notantem* excepisse. Exstat Disputatio Zachariæ Scholastici, postmodum Mytilenensis Episcopi, ubi Genebrardus *Scholastici* munus Ecclesiasticum esse annotat, idemque esse ac *Protonotarii*. [Addit. 2. ad Capitul. cap. 5 : *Ut quando ad provinciale Episcoporum Concilium ventum fuerit, unusquisque rectorum Scholasticos suos eidem Concilio adesse faciat.* Diploma Henrici IV. Ducis Slesiæ ann. 1288. apud Ludewig. tom. 5. Reliq. MSS. pag. 432 : *Statuentes atque mandantes, ut Scholasticus, per quem idem rector Scholarum eligendus fuerit, de suis proventibus sex marcas annis singulis impartiatur eidem.*] Vide Concilium Paris. VI. ann. 829. can. 30. Meldense can. 35. Lateranense sub Alexandro III. can. 18. et Lateranense sub Innocentio III. can. 11. præterea Molanum lib. de Canonicis cap. 10. [** Vide *Didascalus*. Statuta antiqua eccles. Francof. apud Wurdtwein. in Subsid. Diplom. tom. 1. pag. 10 : *Scholasticus tertius est prælatus*, (primus Præpositus, secundus Decanus) *cujus officium est membra ecclesiæ petentia in scolasticis scientiis et maxime in grammatica fideliter informare. In choro stans sagaciter mores singulorum et diligenter considerare quoslibet, ut tempo-*

ribus opportunis simul stent, sedeant, inclinent, genuflectant, surgant, moderate atque ordinate, a confabulationibus quoque inutilibus et non necessariis, visionibus vagabundis omnimode abstineant, monere ac artare. Corrupte in choro legentes corrigere, rectum indicare. In choro latere stat decani, sub eo tamen, pilio utitur vario, in processionibus ante decanum, post ad offerendum, presentias non percipit nec aliquid ultra corpus ecclesiæ, nisi sit membrum; rectorem scolarium dabit et deponit, etc. Vide Statutum super statu Scholasticorum Gerlaci Archiep. Mogunt. ibid. pag. 173. Statut. eccles. Pinguens. ibid. tom. 2. pag. 341. et 355. Schannat. Histor. Wormat. tom. 1. pag. 72. Walteri Jus Eccles. § 133.]

MAGISTER SCHOLARUM, Eadem dignitas dicta in Ecclesia Cadurcensi, ab Innocentio IV. PP. ann. 1252. instituta, apud Cruceum n. 118 : *Statuimus, ut de cætero Magister Scholarum dignitas sit in Ecclesia Cadurcensi, qui scholas in Grammatica personæ idoneæ conferat, quæ loco ipsius scholas regat, cui singulis annis pro labore suo ab eodem Magistro Scholarum provideri volumus, prout sibi videbitur expedire.* Adde Spicilegium Acherianum tom. 12. pag. 165. et Alexandrum III. in Appendice ad Concilium Lateran. III. part. 2. cap. 18. Vide *Caput Scholæ.*

SCHOLASTERIA, Scholastici Ecclesiæ dignitas, apud Cæsarium Heisterb. lib. 4. de Mirac. cap. 62. [Charta Ludov. Comit. de Los ann. 1225. Hist. Comit. Lossens. part. 2. pag. 30 : *Probaverunt.... quod residentia Scholasteriæ inseparabiliter esset annexa, quam quidem residentiam Scholasticus se observaturum jurabit, cum electus fuerit, priusquam installetur, et priusquam in possessionem præbendæ et Scholasteriæ mittatur.*]

¶ SCHOLASTRIA, Eadem notione, in Statutis Eccles. Traject. Batav. sacræ pag. 136 : *Item cum Episcopus præposituram Tielensem, thesaurariam, Scholastriam,.. suæ collationi reservaverit, etc.* Charta ann. 1218. ex Tabul. Audomar. : *Et debet, ut dicit, statuere,... decano et capitulo inconsultis, subpræpositum in subpræpositura, magistrum scholarum in Scholastria, etc.* Adde Concil. Hispan. tom. 4. pag. 385. Miræum tom. 2. pag. 1052. et Calmet. tom. 3. Hist. Lothar. inter Probat. pag. 464.

SCHOLASTICUS, qui est ex *Schola Cantorum*, in Ordine Romano non semel. Amalarius de Ordine Antiphon. cap. 57 : *Tenet enim iste ordo morem nostræ scholæ, ut primo erudiantur nostri Scholastici per disciplinam, et postea sapientes fiant per sapientiam.* Dudo lib. 1. de Morib. Norman. : *Bajulant Scholastici candelabra et cruces majoribus præferentes.*

¶ SCHOLASTICUS, Qui scholas frequentat, discipulus, Gall. *Ecolier.* Altfridus in Vita S. Liudgeri sæc. 4. Bened. part. 1. pag. 31 : *Cuidam nostro diacono et monacho, Hildrado nomine, accidit, dum adhuc in eodem monasterio viri Dei Scholasticus esset, etc.* Anonymus in Vita ejusdem Liudgeri ibid. pag. 50 : *Quidam in nostro monasterio diaconus Hilderadus vocabatur. Hic dum adhuc Scholasticus esset, etc.* Hinc *Scholasticus*, pro disciplinatus, in Epist. Episcop. ad Ludovic. II. Reg. Fr. cap. 12. Vide in *Scholæ.*

¶ **SCHOLENTES**, Iidem qui *Scholares*, in Diariis MSS. Brocardi Cantoris, teste Macro in Hierolex.

SCHOLIZARE, Studere. Vita MS. S. Gaugerici Episcopi Camerac. lib. 1. cap. 2 : *Semper pii laboris exercitio occupatus, aut se orationibus fatigabat, aut sacris lectionibus Scholizabat.* [Vide *Scholarizare.*]

¶ **SCHOLTETUS**, ut infra *Scultetus*, Prætor, Præfectus, Baillivus, Judex oppidi. Charta Friderici III. Imper. ann. 1473. apud Miræum tom. 2. pag. 463. col. 2 : *Omnibus itaque et singulis Principibus,... Vicetenentibus, Scholtetis, Scabinis, Consulibus, etc.* Vide *Sculdais* et *Scultetus.*

* **SCHONS-BAND**, Germ. Pulchrum ligamen. Charta Berth. episc. Patav. ann. 1252. apud Pez. tom. 6. Anecd. part. 2. pag. 101. col. 1 : *Concessimus ut in omni possessionis nostræ loco, naves duo talenta salis de ligamine, quod Schons-Band dicitur, deferentes, singulis annis per Danubium descendentes, ab omni exactione sint liberæ.*

SCHONESTUM. Guillimannus lib. 1. de Rebus Helvetior. cap. 9. inexplicat. aliquot vocabulorum inferioris ævi : *Schonestum, pulchrum, Germ. Schon.*

¶ **SCHOPOZA**, ut mox *Schoppa*. Charta Adelberti et Rudolfi Comit. Habsburg. apud Eccardum in Orig. ejusd. familiæ pag. 83 : *Notum sit... quod nos duas Schopozas in Reschenwille emptas... pro remedio patris nostri Rudolfi Comitis de Habsburg, cum omni jure contulimus ecclesiæ Beronensi.* [** Vide Grimm. Antiq. Jur. Germ. pag. 538.]

¶ SCOPOSSA, Eodem sensu, in Actis Murensis Monast. apud Eccard. in Origin. Habsburgo Austr. col. 221. Locus est in *Scopassa*, ut infra male editum est ex iisdem Actis.

¶ SCOPOZA, Eodem significatu, in Charta Rudolfi Lantgr. Alsatiæ apud *Laguille* inter Probat. Hist. Alsat. pag. 32. col. 1 : *Sunt autem in universum quatuor jugera vinearum, et Scopoza una in villa Bamnath, huoba in Sappenheim. Scopoza*, Guillim. Habspurg. lib. 6. pag. 256. est genus mensuræ tritici, ex Schiltero in Gloss. Teuton. quæ notio locis allatis minime convenit.

SCHOPPA, Officina, Anglis *Shope*, Gall. *Eschoppe.* [Item, Tugurium, casa, ædificium rusticum.] In Charta ann. 1287. apud Will. Thorn. in Chronico : *De duabus Schoppis suis juxta domum suam.* [* Vide supra *Eschopa.*] [** Graff. Thes. Ling. Fr. tom. 6. col. 457. voce *Scopf.*]

¶ SCOPA, ut *Schoppa*. Charta Willelmi Betun. dom. ann. 1214. ex Tabular. S. Barthol. Betun. : *Dedi.... pro salute animæ XII. lib. monetæ currentis Bethuniæ annuatim accipiendas ad Scopus Bethuniæ,... sicut eas capere consuevi.*

SCOPPA, Eadem notione, in Charta Ricardi Regis Angliæ apud Radulfum de Diceto ann. 1194 : *Quod murus et Scoppæ atrii Ecclesiæ.... reficiantur.* Et in alia Theodorici Comitis Flandriæ in Histor. Guinensi : *Concedente itaque Philippo filio meo terram, in qua Ghildalla cum Scoppis, et appenditiis suis tam ligneis quam lapideis apud S. Audomarum in foro sita est.*

SHOPA, ex Anglico *Shope*. Monasticum Anglicanum tom. 1. pag. 1013 : *Concessionem.... de duabus Shopis cum pertinentiis in nundinis Northampton, etc.... de quadam Shopa cum pertinentiis in vico Pellipariorum.* Adde pag. 528. et tom. 3. part. 2. pag. 191. et Guill. Prynneum in Libertatib. Eccl. Anglic. tom. 3. pag. 1101. [Charta ann. 1444. apud *Madox* Formul. Anglic. pag. 34 : *Tenet unum mesuagium cum Shopis et domibus eidem mesuagio annexis.* Alia ann. 1300. ibid. pag. 118 : *Ad firmam tradidit... quandam Shopam cum solario inferiori ad eandem Shopam pertinente.* Pluries ibi.]

SCHOPPARIUS, qui *Schopam* tenet : *Eschoppier.* Vetus Consuetudo municipal. Ambian. : *Cascuns ou cascune Eschopiers ou Eschopiere qui vendent venel, porront avoir en leurs maisons leur pois et leur balances.*

* **SCHORILLA**. Stat. antiq. Florent. lib. 3. cap. 141. ex Cod. reg. 4621 : *Si quis..... ad aliquam terram miserit pelles, stamen vel Schorillas, seu alias res ad artem lanæ vel pannorum pertinentes, condempnetur in libris centum.* Vide infra *Scogulinum.*

* **SCHOTH**, Tributum, vectigal, exactio quævis. Charta ann. 1325. apud Ludewig. tom. 12. Reliq. MSS. pag. 332 : *Sine angariis, peticionibus, precariis et exactionibus, quæ Schoth nuncupantur vulgariter.* Vide *Scot.*

¶ **SCHOTO**, pro *Schato*, in Pacto Leg. Salicæ tit. 10. § 6. edit. Eccardi. Vide *Scach.*

* **SCHOTT**, Idem quod *Scot*, Contributio, *conjectus.* Charta ann. 1312. apud Ludewig. tom. 9. Reliq. MSS. pag. 587 : *Item si ipsi possessores extra proprietatem civitatis sibi aliqua bona propriis denariis comparaverint, de illis ad communem contributionem, quæ fit secundum vulgarem civitatum consuetudinem, quæ vulgo Schott vocatur, nihil omnino dare tenebuntur.*

¶ **SCHOUD HEET**.] Vide *Schultetus* et *Sculdais.*

¶ **SCHOZEARS**, Rotarum genus. Comput. ann. 1426. apud Kennett. Antiq. Ambrosd. pag. 573 : *Et in uno pari rotarum vocatarum Schozears emptarum ibidem, ut patet per prædictum papirum, etc.*

¶ **SCHRINEUS**, ut *Schrinium*, Arca, Gall. *Coffre.* Statuta Placent. lib. 6. fol. 74. v° : *Et sit etiam in ipsa gabella unus Schrineus, sive capsa, firmus et bene munitus cum tribus bonis clavaturis,... in quo Schrineo vel capsa sit desuper una fessura* (f. fissura) *per quam in dicto Schrineo vel capsa possent poni omnes denarii qui percipientur ex dicto sale.*

SCHUBA, Togæ, vel pallii Turcici aut Persici species. Æneas Sylvius in Hist. Bohemica. cap. 70 : *Neque de more suo indutus prodierat, linea tantum indumenta susceperat, et de super Persicum habitum, quem vocant Schubam.* [Chron. Joan. *de Werder* Episc. Merseburg. an. 1463. apud Ludewig. tom. 4. Reliq. MSS. pag. 449 : *Pellipariuni accersiri fecit,... quanti Schubam de martyr aut sabello exhiberet, qualiterve, sive pro quanta pecunia comparari posset, sciscitabatur, etc.*]

SCHUDEMEN, Nautarum species, Danis, in Charta Waldemari Regis Daniæ ann.

1326. apud Pontanum lib. 7. Rerum Danicar. pag. 443. Vide *Sceithmannus* et *Schedia*.

¶ **SCHUDEZOLUM**, Scutum, Gall. *Ecusson*, ab Ital. *Scudicciuolo*, eadem notione. Anonymi Annal. Mediol. apud Murator. tom. 16. col. 812 : *Candelabra duo argenti pro altari cum Scudezolis pro quolibet ad arma.*

¶ **SCHUISARA** CHROGINO, in Pacto Leg. Salicæ tit. 28. § 2. edit. Eccardi, ubi doctiss. Editor audacter legendum monet *vas Schara trogino*, quod comæ abscissionem fraudulentam interpretatur. Ipsum consule.

* **SCHULTARE**, Proferre, pronuntiare, ut videtur, ab Italico *Scultare*, ut et *Scolpire*, eadem notione. Placit. ann. 902. apud Murator. tom. 5. Antiq. Ital. med. ævi col. 309 : *Sic ipse Adalbertus archidiaconus judicavi te wadia dare.... ipse Ghisperto presbiter eidem Vivenci archipresbitero et vicedomino jurandi ad Evangelia justa lege.... Et ipse Viventius wadia paratus esset sagramentum ipsum ab eo Schultandum posuerunt inter se fideliter.*

SCHULTETUS, Prætor urbanus, judex, apud Theutones, *Schoud-heet, Schoud-heyd*, vel *Schuld-heys*. Charta Willelmi Comitis Hollandiæ ann. 1204. apud Will. Hedam : *Monetarii, thelonearii, Schulteti, villici, etc.* Alia Hugonis Episcopi Leodiensis ann. 1227. apud Chapeavillum : *Schultetis, scabinis, juratis, feudatis etc.* [Occurrit præterea in Charta Ruperti Comit. Palatini ann. 1386. apud Tolner. inter Probat. Hist. Palat. pag. 125.] Vide *Scultetus*.

¶ **SCHUMA**, Spuma, Ital. *Schiuma*, Gall. *Ecume*. Mirac. B. Simonis Eremit. tom. 2. April. pag. 820 : *Dixit quod erat infirmus mali caduci, et sæpe stabat stupefactus cum Schuma magna ad os.*

* **SCHURLETUM**, pro *Scharletum*, Pannus purpureus, coccineus. Vide supra in hac voce. Stat. ann. 1446. in Suppl. ad Miræum pag. 192. col. 2 : *Item quod dicti capellani et assumpti ab eis presbiteri almutia choralia deferant de Schurleto.*

* **SCHURRA**, pro *Scurra*, mimus. Charta Phil. comit. Fland. pro Libert. castell. Brug. ex Cam. Comput. Insul : *Quicumque Schurram hospitaverit plusquam una nocte, si in crastino abscedere noluerit, poterit eum dominus in aquam projicere absque forefacto. Quicumque Schurræ, vel joculatori, vel meretrici, aut alicui vago vestes suas ad nuptias dederit, etc.*

¶ **SCHUTARIUS**, ut *Scutarius*, Scutorum artifex, in Statutis Genuens. lib. 4. cap. 84. fol. 136. v° : *Si autem dubium esset, utrum Schutarius esset pictor, lanarius esset draperius, etc.*

¶ **SCHWAICHEN**, SCHWEIGEN. Manz. Comment. ad Inst. leg. 2. tit. 3. de Servitut. apud Schilter. in Gloss. Teuton. : *Sunt certa prædia, quæ maxima ex parte usum pastionis præbent, et apud nos* (in Bavaria) *die Schwaichen oder Schweigen vocantur.* A Teuton. *Schweig*, grex. [** Vide *Swaiga*, et Oberlin. Glossar. in *Schwaig*.]

* SCHWAIGRESE, Casei species. Charta Frider. ducis Austr. ann. 1196. apud Pez. tom. 6. Anecd. part. 2. pag. 49. col. 2 : *Ut fratribus..... duobus in septimana diebus serviretur in vino et pane, quantitate ac qualitate meliori, quam sit quotidianus panis eorum, et caseis bonis, qui dicuntur Schwaigkese.*

SCHYNTENEUS. S. Columbanus Epist. 5 : *Miror, fateor, a te hunc Galliæ errorem, ac si Schynteneum, jamdiu non fuisse rasum, etc.* Græcam vocem σχοινοτενής putat Editor, id est, tamquam si rectum ac legitimum esset.

¶ **SCHYRA**. Vide infra in *Scyra*.

SCIA, Pars corporis, de qua sic Fridericus II. Imp. lib. 1. de Arte venandi cap. 33 : *Dictum est, quod in loco lumborum sint duo ossa ancharum, longa, concava, inferius lata, habentia circa sui medium quandam concavitatem, quam medici dicunt Sciam, et in illa Scia locatur vertebrum superius coxæ.*

SCIA, pro *Sciatica*, [Coxendicus morbus, vulgo Medicorum *Schiasis*, vel *Sciasis*, perperam pro *ischias*, a G. ἰσχίον, coxa.] Hermannus lib. 2. de Miracul. S. Mariæ Laudun. cap. 18 : *Qui jam per biennium morbo insanabili, quem medici Sciam vocant, adeo laboraverat, ut nusquam nisi claudicando et baculo sustentando posset incedere.* Hinc

¶ SCIATICUS, Ischiadicus, dolore coxendicis affectus. Acta S. Francisci de Paula tom. 1. Aprilis pag. 130 : *Cum haberet coxam siccatam, quod dicebant esse Sciaticam.* Ibid. pag. 179 : *Qui morbo Sciatico laboraret, cujus causa se ne quidem movere poterat.* Addit. ad Vitam S. Antonini tom. 1. Maii pag. 347 : *Fr. Bartholomæus.... febricitans valde et Sciaticus, etc.* Occurrit præterea apud Marten. tom. 3. Anecdot. col. 1701. Vide *Syatica*.

SCIAMITUM. Vide *Exametum*.

¶ **SCIANCATUS**, vox Italica, Claudus, Gall. *Boiteux, Déhanché.* Mirac. S. Zitæ tom. 3. April pag. 511 : *Qui steterat* IX. *annos Sciancatus de pede sinistro.*

* **SCIAQUATOR** inter vestes recensetur, in Stat. XIIII. sæc. eccl. Sabin. rubr. 27. edit. ann. 1737 : *Item statuimus et inviolabiliter observari mandamus, quod quilibet sacerdos sive prælatus diocesis Sabinensis cum cappis seu tabarris honestæ et communis longitudinis, et varnacchiis, et Sciaquatoribus.... incedant.* Nihil ad hanc vocem pertinere videtur verbum *Sciacquare*, quod Italis Abluere, eluere sonat, nec nomen *Sciugatoio*, sudarium.

¶ **SCIATICUS**. Vide supra in *Scia*.

* **SCIBALA**, Stercora, in vet. Glossar. ex Cod. reg. 7613.

¶ **SCIBILIS**, Notus, cognitus. Chron. Andr. Danduli apud Murator. tom. 12. col. 514 : *Sed si ita erit, vel non, hoc est de certo Scibile apud nos.* Pro eo quod scientia comprehendi potest occurrit apud Tertull. lib 5. adv. Marc. cap. 16. Mart. Capellam lib. 4. pag. 111. etc.

* Nostri *Assavanter*, pro *Faire savoir, avertir*, Notum facere, monere, dixerunt. Lit. remiss. ann. 1475. in Reg. 195. Chartoph. reg. ch. 1515 : *Icellui suppliant fut Assavanté, et lui fut rapporté que, etc.* Aliæ ann. 1481. in Reg. 207. ch. 114 : *Lesquelz compaignons pour Assavanter les autres où ilz estoient, semblablement sifflerent.* Hinc emendandus Martenius tom. 3. Anecd. col. 1514 : *Tout incontinent que le prince fut Assunneté de la traïson, etc.* Ubi leg. *Assavanté.*

SCICLARIUS. Tabularium Fossatense : *Quilibet tenens de dicta terra obliarum debet pro quolibet arpento* 3. *Sciclarios.* Vide *Sicla, Siclus.*

SCIDA, Scheda. S. Althelmus Sax. Episcop. de 8. Vitiis :

Conjuge crudeli Scidam scribente nefandam.

Et infra :

Qui malunt vatum Scidas lacerare canentum.

Ugutioni : *Scida, id est, serta, vel scripta.*

* *Scida, secta*, in vet. Gloss. ex Cod. reg. 7613. forte pro *Serta*, ut apud Ugutionem.

¶ **SCIDULA**, pro Schedula in Inscript. libror. Abbonis de obsid. Paris. : *Scidula singularis cernui Abbonis dilecto fratri Gozlino.* Infra *pagellam* vocat.

¶ **SCIENASSUMERE**, pro Scienter assumere, quo modo etiam legendum videtur. Charta Henrici III. Reg. Angl. ann. 1253. apud Rymer. tom. 1. pag. 488 : *Nec aliquod aliud negotium Scienassumemus, vel attemptabimus.*

¶ **SCIENTIA**. Charta Henrici Reg. Angl. tom. 3. Hist. Harcur. pag. 151 : *Sciant me reddidisse et præsenti carta confirmasse Balduco filio Gisleberti servienti meo totas egentias suas et ministeria sua cum liberationibus atque ministris et Scientiis pertinentibus.* Ubi legendum esse suspicor *Sergentiis* vel *Servitiis*.

¶ SCIENTIA, Titulus honorarius, maxime ubi de appellationibus ad Principem est. Cod. Theod. lib. 11. tit. 29. leg. 2 : *Si quis judicum duxerit esse referendum, nihil pronuntiet, sed magis, super quod hæsitandum putaverit, nostram consulat Scientiam.* Pluries occurrit eodem titulo.

* **SCIENTIALIS**, Ad scientiam pertinens, eruditus. Acta B. Joan. Firm. tom. 2. Aug. pag. 463. col. 2 : *Iste homo numquam Grammaticam didicerat, numquam scholas theologiæ intraverat,.... libros Scientiales in cella numquam tenuerat pro studendo, etc.* Nostris *Saichance*, Scientia, experientia. Lit. remiss. ann. 1411. in Reg. 166. Chartoph. reg. ch. 110 : *Pour l'imperice et non Saichance dudit Castille, etc.* Aliæ ann. 1452. ex Reg. 181. ch. 104 : *Lequel suppliant pour sa bonne renommée, diligence et Scavance, etc.*

¶ **SCIENTIATUS**, Scientia præditus, doctus, peritus. Chron. Petri Azarii apud Murator. tom. 16. col. 320 : *Dicebatur astutus et ingeniosus et Scientiatus morales libros undique acquirebat.*

* Ital. *Scienziato;* nostratibus *Scienteux* et *Escientieux*, Idem sonat atque Prudens, cautus, vulgo *Prudent, sage, avisé.* Lit. remiss. ann. 1413. in Reg. 167. Chartoph. reg. ch. 85 : *Lesquelx jeunes enfans peu Scienteux, etc.* Aliæ ann. 1370. in Reg. 100. ch. 675 : *Oudin, dit le Queux, poure enfant, non mie bien Escientieux, de l'aage de quinze ans ou environ, etc.* Vitæ Patrum MSS :

Ki le manche apres la cuignie
Gete, n'est pas Essientex ;
Car il fait d'un damage dex.

¶ SCIENTICUS, Eodem sensu, nisi legendum sit ut mox *scientificus*, apud Cigaltium de Bello Ital. : *Magister Paulus Brun Scientificus in medicina et multum expertus.*

¶ SCIENTIFICUS, nostris etiam *Scientifique.* Georg. Stella in Annal. Genuens. apud Murator. tom. 17. col. 970 : *Helinandus Frigidi montis monachus, vir solers, Scientificus et disertus.* Adde Baluz. tom. 2. Hist. Arvern. pag. 742. et Bullam Innocentii VIII. PP. in Continuat. Bullar. Rom. pag. 292.

* **SCIENTIOSE**, Scienter, Gall. *Sciemment, avec connoissance de cause.* Charta ann. 1367. tom. 2. Hist. Trevir. Joan. Nic. ab *Hontheim* pag. 241. col. 2 : *Mandantes ob hoc Scientiose vobis omnibus et singulis, officiatis, etc. Scientement*, eodem intellectu, in Lit. ann. 1356. tom. 4. Ordinat. reg. Franc. pag. 182. art. 8. et *Escientieusement*, in Charta ann. 1307. ex Chartul. Pontiniac. pag. 173 : *Lesquelx foretiers n'y prendront* (dans ces bois) *ne homes, ne fames, ne bestes Escientieusement sans cause raisonnable.*

* **SCIESTUM**, Pluteus, Gall. *Pupitre.* Glossar. Lat. Gall. ann. 1352. ex Cod. reg. 4120 : *Sciestum, Lestrin.*

SCIFATUS. Vide *Scyfati.*

¶ **SCILINDRIUM.** Consuet. MSS. Eccles. Colon. ex Bibl. Atrebat. : *Magister coquinæ omni die dat canonico incarcerato* XXV. *Scilindria, et singulis noctibus* 1. *libram de sepo qui in carcere ardebit.*

SCILLA. Vide *Skella.*

¶ **SCILLÆ**, *Saxa latentia in mari.* Gloss. Isid. et Papias. A Scylla haud dubie scopulo notissimo. *Scilla, peril de mer*, in Gloss. Lat. Gall. Sangerm.

¶ **SCILLINGUS.** Vide *Skillingus.*

¶ **SCILLULA.** Vide infra *Scitulla.*

¶ **SCILPOR.** Vide supra *Schitonos.*

SCIMASARNOVA, vel *Scismasarnova* et *Scimosarnova*; (ita enim varie scribitur,) una e 12. auguriorum speciebus de quibus in verbo *Venta*, quæ sic describitur a Michaele Scoto de Physionomia cap. 56 : *Scimasarnova est augurium, quando tu vides hominem vel avem post te, et te consequi et transire te, et antequam perveniat ad te, vel tu ad eam, alicubi se repauset te vidente in dextro latere tui : et tunc est tibi bonum signum super negotio.* [* Vide *Scassarnova.*]

¶ **SCIMBRE**, *Protector.* Gloss. Lipsii. Somnerus : *Nonne hinc nostrum skrine, diathyrum scilicet, item umbella? Saxonibus autem hoc sensu Scimbre, scilicet pro protectore.* Hæc Schilterus.

¶ **SCIMO**, *Splendor*, id iisdem Gloss. ubi Somnerus rursum : *Angli similiter, voce orta a Sax. Sciman, splendere, fulgere.*

¶ **SCIMOSARNOVA.** V. in *Scimasarnova.*

SCIMPODIUM, Scaligero Epist. 145. non lectus discubitorius, sed ἀνάκλιντρον videtur esse, ex sella et lecto compositum, in quo semisupini, pedibus in suppedaneo quiescentibus cubabant. Vide Mercurialem lib. 3. Artis gymnasticæ cap. 12. [Acta S. Triphyllii tom. 2. Jun. pag. 681 : *Cum necesse haberet in medium adducere dictum illud Salvatoris*, Tolle grabatum tuum et ambula; *mutato nomine pro grabato Scimpodium dixit.* Lectulorum ejusmodi formas exhibet Ant. Bosius in Roma subterranea pag. 83. 91. et 101. Consule Hofmanni Lexic. in hac voce.]

* **SCIMPUS**, inter arma vetita recensetur, in Stat. Ferrar. ann. 1268. apud Murator. tom. 2. Antiq. Ital. med. ævi col. 515 : *Arma vetita in civitate Ferrariæ et districtu intelligimus bordonem, lanzonem, transferium, Scimpum, cultellazium, etc.*

¶ **SCINANTICUS** MORBUS, Angina, Ital. *Schinanzia*, Gall. *Esquinancie.* Acta SS. tom 6. Maii pag. 32. ubi de S. Canione : *Ecce quidam Scinantico præditus morbo, ita ut etiam ad extremum vitæ jam devenieret.* Vide *Scurantia.*

¶ **SCINCUS**, Animal reptile, crocodilus terrestris, Græc. σκιγκός : quibusdam male *Stincus.* Vide Martinii Lexicon.

1. **SCINDA**, SCINTA, Ager proscissus. Capitula Ludovici Pii ann. 829. cap. 12. apud Baluzium [** tom. 1. col. 666. cap. 10. Pertz. pag. 351. cap. 9.] : *De illo, qui agros dominicos, id est, ad fiscum pertinentes, propterea neglexerit excolere, ut nonas exinde non persolvat, et alienas terras ad exolendum propter hoc accepit, etc.* Quo loco Amerbachius et Heroldus [** pag. 329.] habent *Scindas*, vel *alienos Scintas*, ubi Glodastus terras censuales, a colonis conductas, pro censu annuo quasi *censitas* interpretatur. Sed si vera est lectio, videntur *Scindæ* fuisse agri proscissi, seu quod Leges Wisigoth. lib. 10. tit. 1. § 9. *quod ad culturam scissum est*, vocant. Acta Monasterii Murensis : *In prima scissura et seminatione arant.* Varro lib. 1. de re rust. cap. 29 : *Terram cum primum arant, proscindere appellant; cum iterum, offringere dicunt, etc.* Virg. 2. Georg. :

. . . . Et validis terram proscinde juvencis.

Proscissio apud Columellam lib. 2. cap. 13. 17. lib. 6. cap. 2. Salvianus lib. 7 : *Non enim nos ad aratra, aut ad ligones vocat, non ad Scindendas terras, neque ad vineas pastinandas, etc.* Sidonius lib. 1. Epist. 6 : *Si et campum stiva tremente proscindas.* Vide ibi Savaronem. Gregorius Turon. lib. 2. de Mirac. cap. 32 : *Erat enim haud procul a via ager cujusdam divitis campanensis ad quem Scindendum magna multitudo convenerat.*

¶ 2. **SCINDA**, apud Barbaro-Lat. Geometras, teste Goclenio in Lexic. Philos. est *Pars sphæræ quanta duobus semicirculis ipsius maximis super axe seu diametro in angulum coeuntibus intersepitur.*

¶ **SCINDALA.** Vide infra *Scindula.*

* **SCINDELINGA**, Lapis sectilis, Gall. *Ardoise*, vel idem quod *Scindula*, Assula domibus tegendis idonea. Glossæ Cæsar. Heisterbac. ad Reg. Prum. tom. 1. Hist. Trevir. Joan. Nic. ab *Hontheim* pag. 695. col. 1 : *Scaram faciunt cum navi.... ad Scindelingas.* Vide supra *Schividula.*

* **SCINDENS**, Acies, pars cultri qua scindit, Gall. *Le taillant.* Sentent. official. Paris. ann. 1335. in Reg. 69. Chartoph. reg. ch. 157 : *Quod dictus reus alias mortem evitare non valens, servato moderamine inculpatæ tutelæ, dictum deffunctum leviter læsit cum Scindente modici cutelli.* V. *Scisio.*

** **SCINDERATIO**, Vox efficta a Scindere. Virgil. Gr. pag. 100 : *Incipit* 2. *de Scinderatione phonorum. Primus Æneas aput nos phona scindere consuetus erat, etc.*

¶ **SCINDERATUS**, in Leg. Rotharis apud Muratorium tom. 1. part. 2. pag. 22. pro *Sideratus.* Vide in hac voce.

¶ **SCINDERE**, nude pro Sectoris mensarii, Gall. *Ecuyer trenchant*, officio fungi. Charta de Coronat. Reg. ann. 1377. apud Rymer. tom. 7. pag. 160 : *Prædictus Comes Staffordiæ, coram eodem domino Rege* (ad mensam sedente) *Scindebat ex assignatione et in jure dicti Ducis. Scutiferi ad Scindendum*, in Leg. Palat. Jacobi II. Reg. Majoric. inter Acta SS. tom. 3. Junii. pag. XVII. Vide *Scissor* et *Scutiferi.*

¶ **SCINDICATUS**, SCINDICUS. Vide *Syndicus.*

¶ **SCINDOLA.** Vide mox in *Scindula.*

SCINDULA. Isidor. lib. 19. cap. 19 : *Asseres ab asse dicti, quia soli ponuntur atque conjuncti : Scindulæ, eo quod scindantur et dividantur.* Ugutio : *Scindula, est latus asser, quo domus cooperitur, et Scindula est genus quoddam annonæ, quæ et scandella dicitur, et scandula potest dici idem quod Scindula, vel quod frangit saxum.* [Gloss. Lat. Gall. Sangerm. : *Scindula, Essaule de quoy l'en coeuvre les tois; Esseau* dicimus.] Lex Longob. lib. 1. tit. 25. §27. [** Roth. 287.]: *Si quis de casa erectum lignum quodlibet, aut Scindulas furatus fuerit, etc.* [*Scindalas* editum apud Murator. tom. 1. part. 2. pag. 40.] Chronicon Fontanellense cap. 16 : *Porticum... de novo fecit, et eam cooperiens Scindulas ejus ferreis clavis affixit.* Acta Episcoporum Cenomanensium pag. 314 : *Basilicæ ipsius tectum, quo Sancti membra tegebantur, integrum atque incolume permaneret, ut ne minimum quidem ipsius tecti Scindula ruinæ tam terribilis ictibus læderetur.* In Vita vero Aldrici Episcopi Cenoman. n. 56. perperam edit. *Scudulas*, pro *Scindulas.* Adde Albertum Stadensem ann. 916. Scindulis contectam fuisse Romam annis 470. auctor est Plinius lib. 16. cap. 10. al. 15. ex Cornelio Nepote. Harum etiam mentio est apud Vitruvium lib. 10. cap. 1. ubi *Scindulis*, pro *Scandulis*, Turnebus lib. 22. Advers. cap. 18. et apud Vegetium lib. 2. cap. 23. Stewechius ex MSS. Codd. restituunt. Vide Puricellum in Ambrosiana Basilica pag. 1170. Stephanium ad Saxonem Grammat. pag. 110. [** Guerardum ad Irminon. Murator. Antiq. Ital. tom. 2. col. 166. Graff. Thesaur. Ling. Franc. tom. 6. col. 522. voce *Scindala.*]

SCINDULÆ, in censu passim occurrunt in Polyptycho S. Remigii Remensis : *Donant de argento s.* 19. *et den.* 2.... *scaritiones car. vs. circulos perticas* 115. *Scindolas* 575. *de jornariis sol.* 7. *d.* 8. Occurrit alibi non semel. [Codex Censualis Irminonis Abb. Sangerm. fol. 3 : *Qui* (mansi) *solvunt... ad quintum annum Scindulas unusquisque* c. Ibid. fol. 29 : *Solvit... ad tertium annum Scindolas* c. Pluries ibi.] Polyptychus Floriacensis : *Solvit unusquisque Scintulas* 101. *etc.* Tabularium Eccles. Augustod. : *In ancingia si est, pullos* 3. *ipso termino, Paschæ autem pullum* 1. *cum ovis* 5. *Scindulas* 100. Vitæ Abbatum S. Albani pag. 41 : *Domumque exquisitis naturæ necessariam nimis opportunam fecit quercinis Scindulis coopertam.* Chronicon S. Benigni Divionensis pag. 448 : *Debet in censu solidos* 8. *multones* 3. *Scindulas* 100. Porro σκενδύλιον voce, videtur *Scindulas* intellexisse Hero Ctesibius in Belopœecis pag. 5 : Καὶ ἐσχισμένος ἔσω ἐκ τοῦ ἐπικεκαμμένου ἄκρου, ὥςε δίχηλον γενέσθαι, καθάπερ τῶν λεγομένων σκενδυλίων.

SCINIFES, pro *Cinifes*. Gloss. Ælfrici : *Scinifes vel tudo*, gnæt. Ubi Somnerus leg. *Cynips*. *Scinifes*, etiam habet Joannes de Janua : [unde Gloss. Lat. Gall. Sangerm. : *Scinifes, une maniere de mouche, scinterelle*. Perusinus in Vita B. Columbæ Reatinæ tom. 5. Maii pag. 367* : *Unus pulex vestem candidat, deturpat, et Scinifex limpidum fontem*. *Scinipaes*, in Epist. 4. Hugonis Metelli tom. 2. Monum. sacr. Antiq. pag. 332.] Papias : *Ciniphes, hirci majores a flumine Africæ, ubi plurimi sunt et magni*. Olla patella :

Crabro, Culex, Brucus, Cinifes, Cynomia, Cicada.

¶ **SCINTA**. Vide supra *Scinda* 1.

* **SCINTERIUM**, Vallum, fossa, qua aliquid cingitur. Comput. ann. 1450. ex Tabul. S. Vulfr. Abbavil. : *Item duobus hominibus, qui fecerunt Scinterium, s. le trenquis, ij. solidos*.

SCINTHIÆ, *Nævus, macula*. Gloss. Isidor.

¶ 1. **SCINTILLA**, Brevis sententia ex alio depromta. Vide *Scintillaris*. Hinc

Scintillare. Laurentius Leodiensis in præfat. ad Hist. Episcopor. Leodiensium : *Laudanda est tamen Bertharii pia industria, qui de ipsis cineribus et ruinis incensæ urbis et Ecclesiæ, omnia, prout potuit, prædecessorum saltem Præsulum vel nuda nomina eruit, vel quædam gestorum nobis Scintillavit*, i. quasi per *scintillam*, seu breviter elucidavit.

* 2. **SCINTILLA**. Stat. collegii Fux. Tolos. ann. 1457. ex Cod. reg. 4223. fol. 236. r° : *Non autem interdicimus, quod si quis stomacho indispositus fuerit, possit intrare dictam coquinam et petere Scintillam brolii*. Id est, paululum *brolii*. Nostris alias *Scintile*, eadem acceptione, teste Borello. *Estincelles* vero appellarunt auri bracteolas, quas *Paillettes* nunc dicimus. Le Roman *d'Athis* MS :

Es limon ot assez de belles
Florettes d'or et Estincelles.

¶ **SCINTILLARIS**, Scintillarius, Liber continens sententias ex Scriptura sacra et SS. Patrum scriptis excerptas : cujusmodi est Venerabilis Bedæ opusculum, cui titulus, *Scintillæ sive loci communes*. Vide hac de re Vanleium in Antiquit. Litterat. Septentr. pag. 180. ut et Fr. Junium in Præfat. ad Gloss. Gothicum. Librum itidem edidit Defensor Monachus quem inscripsit, *Liber Scintillarum seu sententiarum catholicorum Patrum*, cujus inscriptionis rationem sic expedit in Prologo apud Mabill. Annal. Bened. tom. 2. pag. 704 : *De Domini et Sanctorum suorum dictis est excerpta Scintilla... Paginas quasque scrutans, sententiam reperiens fulgentem, sicuti inventam quasi margaretam aut gemmam, statim avidius collegi... Veluti de igne procedunt scintillæ, ita nunc minutæ sententiæ pluresque libri inveniuntur fulgentes, ad quarum inter hoc Scintillarum volumen, quod qui legere vult, laborem sibi amputat, ne per ceteras paginas iterandum lassescat*. Chronic. Farfense apud Murator. tom. 2. part. 2. col. 470 : *Super Genesi libros duos, Scintillarem unum super Lucam, super Joannem*. Charta ann. circit. 901. apud eumd. tom. 3. pag. 86. Præfat. : *Passionarium dialogu cum Scintillario, imnaria* II. *etc*. Vide *Scintilla*, 1.

* **SCINTORIUM**. Vita S. Desid. tom. 5. Sept. pag. 791. col. 2 : *Est namque ibi baculus ipsius sancti, qui de incendio liberatus est, et Scintorium, in quo sanctissimus sedit*. Ubi codex Bodecensis habet *Stratorium*, ut monent docti Editores. Vide in hac voce. Quid si legatur *Sessorium?* Vide ibi.

SCINTULA. Vide *Scindula*.

SCIOLDRI, dicti olim apud Danos *Bardi, Eubages*, et *Druydes*. Vide Pontanum in Chorographia Daniæ pag. 779. 780.

¶ **SCIOLUM**. Papias MS. Bituricens. : *Martyria* (leg. Martisia) *in mortario ex pisce fiunt, unde et dicuntur Sciola parva*.

¶ **SCIOLUS**. Inter varias Notariorum subscribendi Chartis formulas, hæc occurrit in Litteris Henrici I. Franc. Reg. ann. 1052. apud Stephanot. Antiq. Bened. Claromont. MSS. pag. 349 : *Seguinus Sciolus scripsit ad vicem Balduini regii Cancellarii* XII. *Kal. Octobris*.

* **SCIOPERATUS**. Stat. antiq. Florent. lib. 1. cap. 71. ex Cod. reg. 4621. fol. 39. r° : *Extraantur...... viri providi et legales quatuor, videlicet unus pro quolibet quarterio, quorum tres sint de septem majoribus artibus et Scioperatis, quartus de quatuordecim minoribus artibus*. Ubi significari videntur ii, qui artem suam non exercent, ab Italico *Scioperato*, feriatus, otiosus.

¶ **SCIPHATUS**. Vide supra *Scyfati*.

¶ **SCIPIO**, *Virga ante triumphantes delata*. *Scipiones, virgæ Consulum*. Gloss. Isid.

SCIPSA. Messianus in Vita S. Cæsarii pag. 255 : *Turbatæ igitur ancillæ Dei, quibus foras exire non licebat, libros, et res, cellas*, (*sellas*) *et Scipsas per cisternas jactabant*. Forte leg. *capsas*. Vide edit. Mabillonii.

SCIRA, Scirremotos, etc. Vide *Scyra*.

* **SCIRA**, Serra, Gall. *Scie*. Lit. remiss. ann. 1357. in Reg. 89. Chartoph. reg. ch. 278 : *Cum dicti justitiarii captum adduxissent eundem Johannem, cum duobus pedibus in ergastulo seu compede ponendo, nonnulli carnales aut alii ipsius Johannis amici, de nocte ad dictum carcerem clandestine accesserunt, murumque lapideum dicti carceris ad latus versus campos perforarunt, et ibidem intrantes dictum compedem seu ergastulum, in quo dictus Johannes erat positus, cum quodam cutello, ad modum Sciræ facto, sciderunt, et dictum prisionarium a dicto carcere extraxerunt*.

SCIRBUM, Arabibus vocatur ventri pinguedo. Constantinus African. lib. 2. Commun. loc. med. cap. 15. lib. 3. cap. 27.

* **SCIRE**, pro Posse, quo sensu *Sçavoir* usurpamus. Mirac. S. Verenæ tom. 1. Sept. pag. 169. col. 2 : *Multorum nomina Scirem nominare; sed opus non est ea singula describere*. Hinc

* Scire de aliqua re Loqui, Habere jus illam exigendi. Lit. ann. 1234. tom. 6. Ordinat. reg. Franc. pag. 627 : *Attendentes quod nec etiam pro negociis nostris, nec pro homine, qui Sciat de hoc loqui, res et ipsorum quadrigam, equm vel asinum, vel aliud capiatis, etc*.

SCIRE. Vide *Scyra*.

¶ **SCIRE** Facias, Formula fori Anglici. Charta Henrici Regis Angl. ann. 1457. in Chron. Joh. Whethamstedii pag. 427 : *Propter quam causam ipse vellet voluntarie, quod le Scire facias, vel aliqua alia accio, esset prosequuta nomine nostro... Per ipsos* (consiliarios) *cogitatum sit et consideratum, quod dicta Scire facias sive accio erit facta, et nomine nostro prosequuta*. Vide Th. *Blount* in Nomolex. Angl.

¶ **SCIR-GEREFA**, Pagi vel Comitatus Præpositus, apud Saxones, teste Hickesio Dissert. pag. 57. Vide *Scyra* et *Gerefa*.

¶ **SCIRIDA**, Machina bellica. Acta S. Herlembaldi tom. 5. Junii pag. 304 : *Constituunt ergo petrarias, et omnis generis bellici machinas, Sciridas quoque, ballistas, milleque mortis parant insidias*.

¶ **SCIRMAN**. Vide *Schirmannus*.

¶ **SCIROTEGA**, ut Chirotheca. Charta apud *Madox* Formul. Anglic. pag. 186 : *Reddendo inde annuatim... unum par Scirotegarum, vel unum denarium ad Pascha, pro omni servitio*.

SCIRPHA, Palea, forte ex Gr. κάρφος. Leo III. PP. Epist. 3 : *Cajetani autem... dixerunt, quod invenissent homines occisos jacere, et granum et Scirpha, quæ ipsi Mauri portare secum non potuerunt*.

* **SCIRPTA**, f. Locus septus, ubi aliquid servatur. Charta Caroli V. ann. 1377. in Reg. 112. Chartoph. reg. ch. 346 : *Acquisivit quandam aulam cum camera, quodam solulo, quodam avan et una Scirpta contiguis, infra villam Marologii situatæ*.

¶ **SCIRPUM**, pro *Scrippum*. Vide ibi.

SCIRPUS. Gregorius Turon. de Gloria Mart. cap. 32 : *Lychnus etenim inibi positus, atque inluminatus, ante locum sepulturæ ipsius, perpetualiter die noctuque divino nutu resplendet, a nullo fomento olei Scirpique accipiens, neque vento extinguitur, neque ardendo minuitur*. Scitum quid sit *Scirpus* apud Latinos; sed quid *juncus* commune habet cum lychno? Forte pro Ellychnio.

☞ Recte quidem, *Scirpus* enim hic papyrum sonat, ut ex Gloss. Lat. Gr. colligitur : *Scirpus*, πάπυρος. Porro papyrum vice ellychnii in lucernis adhibitam supra observatum est in v. *Papyrus*.

SCIRTUM, Armorum species. Capitulare de Villis cap. 64 : *Et ad unumquodque carrum, Scirtum, et lanceam, cucurum, et arcum habeant*. [*Scutum* edidit Baluzius, quomodo legendum esse omnino videtur.] [** *Scutum* etiam Pertz. e cod.]

¶ **SCIRUPPUS**, Syrupus, Gall. *Sirop*. Vita B. Andreæ de Galeranis tom. 3. Martii pag. 53 : *Ubi erant ampullæ, quibus vir sanctus Scirupposs diversi generis deferebat infirmis*. Vide *Syrupus*.

¶ **SCISA**, pro *Assisa*, Impositio, præstatio tributi. Charta ann. circ. 1185. ex parvo Chartul. S. Victoris Massil. pag. 146 : *Haberent tascam, vel Scise, vel aliud servitium*. Charta pacis inter Raimund. Berengar. Provinc. Comit. et Beroardum Arelat. Archiep. ann. 1225. ex Tabular. Arelat. lib. nig. fol. 92 : *Omnes homines vestri... sint imperpetuum immunes et liberi* *eundo et redeundo ab omni pedagio, Scisa, et exactione vel alio onere quocumque nomine censeretur.* Vide *Sisa.*

* **SCISALHÆ**, Quæ forfice ex monetis scissa sunt, Gall. *Rognures.* Lit. remiss. ann. 1332. in Reg. 68. Chartoph. reg. ch. 2 : *Item quod Scisalhas monetariorum, quæ debebant fundi, sibi appropriavit et in tabula sua ponebat, in fraudem regis et populi. Sezaille,* in aliis Lit. ann. 1383. ex Reg. 123. ch. 131 : *Lesquelz flaons icellui ouvrier, au veu et sceu de Regnault de Venderez compaignon de fournaise, avoit tirez de la Sezaille, que la tailleresse avoit faite.* Hinc *Scisailler*, pro *Cisailler*, Forfice præcidere, in aliis Lit. ann. 1450. ex Reg. 180. ch. 153 : *Le suppliant Scisailla lesdittes pieces de monnoye.* Vide infra *Scissiliæ.*

¶ **SCISCI**, Abbo de Obsid. Lutet. lib. 1, vers. 135. ubi de turre exscindenda :

Ima dehinc ardent ejus disscindere Scisci :
Eu immane foramen, hians, majus quoque dictu.

SCISELUM, Scalprum, nostris olim *Cisel*, hodie *Ciseau*. Gervasius Dorobernensis de Reparatione Dorobern. Ecclesiæ : *Ibi arcus et cætera omnia, utpote sculpta secure, et non Scisello, hic in omnibus fere sculptura idonea.*

* *Sisel*, in Lit. remiss. ann. 1396. ex Reg. 150. Chartoph. reg. ch. 211 : *A l'aide d'un Sisel de fer et d'une vitlle à tonnelier, etc. Sizeaul* vero Teli species, in aliis ann. 1464. ex Reg. 199. ch. 557 : *Lequel arbalestrier lascha son trait, qui estoit ung Sizeaul,et tellement qu'il blessa le suppliant.*

* **SCISIO**, Pars securis qua scindit, Gall. *Taillant.* Charta Phil. V. ann. 1317. in Reg. 56. Chartoph. reg. ch. 188 : *Dictum usagium, quod ad dorsum securis, et non alias, hactenus rumpere potuerunt et capere, sicut prædicitur, deinceps imperpetuum ad Scisionem securis scindere, capere et habere valeant.* Vide supra *Scindens.*

¶ 1. **SCISMA**, Modus, ratio. Acta passionis J. C. ex Cod. MS. Bibl. S. Vedasti Atrebat. : *Cursor enim videns adoravit illum, et facialem involutorium quem tenebat in manu sua expandit ante eum in terram dicens, Domine, super hoc ambula... Et fecit cursor eadem Scismate sicut prius, deprecatus... ut super ascendat et ambulet super facialem suum.* Vide *Scema* 1.

¶ 2. **SCISMA**, pro *Schisma*, Divisio. Roland. Patav. Chronic. Tarvis. apud Murator. tom. 8. col. 315 : *Sperabat forte quod in civitate Scisma vel seditio moveretur.*

* Charta Henr. imper. ann. 1310 : *Omnem heresim et Scismam, extollentem se contra sanctam, catholicam et apostolicam Ecclesiam exterminabimur.*

¶ **SCISMASARNOVA.** Vide *Scimasarnova.*

SCISMASAR-VETUS, unum e 12. auguriis, de quibus in verbo *Venta*, quod sic describitur a Michaele Scoto de Physionomia cap. 56 : *Scismasar vetus, est augurium, quando tu vides hominem post te, vel avem pausantem, ita quod sit tibi dextro latere : istud enim tibi malum signum super negotio.*

¶ **SCISMATICUS.** Vide in *Schisma.*

* **SCISOR**, Qui monetarum typum scalpro incidit, Gall. *Graveur.* Reg. actor. capit. eccl. Lugdun. ex Cam. Comput. Paris. ad ann. 1341. fol. 73. v°. col. 2 : *Constituerunt Scisorem cugnium omnium monetarum suarum, quas nunc cudunt et in posterum cudi facient in civitate et diocesi Lugdunensi, Johannem filium Guillelmi de Dymone.* Vide *Scissus.*

¶ **SCISOR** Robarum, Vestium sartor, Gallice *Tailleur.* Inquesta pro canonizat. Caroli Blesens. apud Lobinell. tom. 2. Hist. Britan. col. 561 : *Johannes Forestarii Scisor robarum de parochia de Bergeriis Trecensis diocesis dicit, etc.*

¶ **SCISPADUM**, *Lupatum.* Gloss. Isid. Excerpta : *Lycospadum, lupatum;* ubi Reinesius Var. lib. 11. cap. 14. emendat, *lupatum.* Græcis λύκος est lupatum, frænum scilicet, inquit Papias, durius inæqualium et asperrimorum dentium ad domandos equos, a lupinis dentibus dictum. Inde, ut infert Grævius ad Gloss. Isid. λυκόσπαδες equi sunt ferociores, qui lupatis sunt domandi. Vide Reinesium loco laudato.

* **SCISSILIÆ**, Quæ forfice ex monetis scissa sunt, Gall. *Rognures.* Stat. Ludov. VIII. ann. 1225. ex Reg. Cam. Comput. Paris. sign. *Noster* fol. 199. bis r° : *De hoc plumbo debent habere operarii septem solidos, pro operagio inter carbones et omnia alia; et de eodem plumbo debent operarii facere duas marchas et Scissiliis.* Vide supra *Scisalhæ.*

* **SCISSISSIMUS**, superlat. *Scissus* : dicitur de aere, qui fulguribus quasi scindi videtur. Mirac. S. Audoeni tom. 4. Aug. pag. 834. col. 2 : *Ecce immensa Scississimi aeris coruscatio subsecuta est, cum qua desuper emisso fulmine, miseranda hominem pœna corripuit.* [** f. *Spississimi.*]

1. **SCISSOR**, *Scindendi obsonii Magister*, Senecæ, nostris *Escuier trenchant.* Petronius, et Fragmentum ejusdem Petronii pag. 12 : *Processit statim Scissor, et ad symphoniam gesticulatus ita laceravit obsonium, etc.* Le Romam *de Garin* MS :

Devant le Roi servi l'enfant Gerin,
Hernaut tailla devant l'Empereris.

Incisor, Eadem notione. Avitus Viennensis Epistola 77 : *Ut de primo, quod exposuisti, ferculo colloquamur,... trepidans accensis faucibus gula aliquantula temporis mora sub docti Incisoris pependit arbitrio.* [Vide *Scindere.*]

2. **SCISSOR**, Ars mechanica, nescio quæ, in Fleta lib. 2. cap. 52. § 35 : *De albatoribus* (forte *albatoribus*) *coreorum, præterquam in civitatibus et burgis, et etiam de iis, qui duobus utuntur officiis, videlicet sutoriæ et tanneriæ, vel tanneriæ et carnificis, vel officio Scissoris et dub... etiam dub ... præterquam in burgis et locis communibus.* [Idem videtur qui Lanius, Gall. *Boucher.* Vide *Scindere* et *Sectator.*]

SCISSORIUM, Orbiculus mensorius, in quo convivæ dapes sibi appositas vel præsumtas *scindunt*, nostris olim *Trenchoir.* Auctor Translat. S. Isidori Hispal. num. 19. ubi de variis reliquiis, in urbe Legionensi adservatis : *De parte Cœnæ,* (Dominicæ) *Scissorium ipsius Cœnæ, etc.* [Menoti Serm. fol. 97. v° : *Agnosco quod non est ratio quod domicellæ habentes caniculas, dent eis comedere super Scissoria sua.* Vide *Cissorium.*]

* **SCISURA**, Silva cædua, Gall. *Taillis.* Charta Oliver. abb. S. Remig. Senon. ann. 1311. in Reg. 47. Chartoph. reg. ch. 127 : *Quæ sex vaccæ cum earum sequentiis poterunt ire et depascere per totum dictum nemus, et crescentias seu Scisuras dicti nemoris.*

¶ **SCISUS**, Sculptus. Acta SS. tom. 3. Jun. pag. 133. in Processu de SS. Virg. Eischell. : *Sed viderunt imagines Scissas et super sepulturas earumdem positas.*

¶ **SCITAMENTUM**, Edulium sciti saporis. *Complura Scitamenta mellita*, apud Apuleium lib. 10. Metamorph. *Scitamenta*, ἡδύσματα, in Gloss. Lat. Gr.

¶ **SCITARE**, pro *Citare*, in jus vocare. Charta ann. 1268. apud Thaumasser. in Bitur. pag. 197 : *Concedimus quod si alter, seu aliquis dictorum burgensium fecerit convenire alterum coram nobis, vel mandato nostro, cujuscumque conditionis Scitatus sit, quod actor possit desistere a vexatione Scitati sine emenda nostra, vel præpositorum nostrorum.*

SCIT DEUS, Formula recepta in juramentis. Vetus Interpres Juliani Antecessoris cap. 178 : *Sacramentum de calumnia fit ita : In primis quidem actor juret. Hanc litem, quam movi, calumniandi animo non movi; sed existimo me bonam habere causam :.... Scit Deus.* Ita clauditur sacramentum rei.

SCITHA, Roger. Hovedenus ann. 987 : *Hoc anno duæ retro seculis Anglorum genti incognitæ pestes : scilicet febres hominum, et lues animalium, quæ Anglice Scitha nominatur, Latine autem fluxus interaneorum dici potest, totam Angliam plurimum vexaverant.* Non placent, quæ hic habet Spelmannus. [** Anglos. Scitta a verbo Sitan.]

¶ **SCITIA**, pro *Scotia*, quomodo et *Scitæ*, pro Scoti, in antiquis codicibus occurrere, testis est Spelmannus : unde a Scythis originem habuisse Scotos innuitur.

¶ **SCITIVA**, Vide infra *Seitiva.*

* **SCITIVATA** Prati, Tantum prati, quantum homo per unum diem succidere potest, vulgo *Scitive*, in Terrear. S. Maurit. in Foresio ann. 1473. Vide in *Seitiva* et mox

¶ **SCITUATUS**, Situs, positus, Gall. *Situé.* Excerpta e Johanne a Bayono in Histor. Mediani Mon. pag. 289 : *Castelleti prope abbatiam dictam Leistainche Scituati.* Vide *Situare.*

¶ **SCITULLA**, Bernardus Mon. in Ord. Cluniac. part. 2. cap. 30 : *In hujusmodi festis tantum illæ cappæ deauratæ, in aliquibus quarum etiam aureæ Scitullæ dependent, ab Armario et his qui cum eo, induuntur.* Ubi legendum videtur ut in MS. Sangerman. *Scillulæ*, diminut. a *Scilla*, campanula. Vide infra *Skella.*

¶ **SCITULUS**, diminut. a Scitus, peritus, gnarus. Arnobius lib. 3. adv. Gentes : *Ut intervalla et numeros vocum conferant Scitulæ ac modulentur sorores. Forma scitula*, id est, elegans, apud Plautum Rud. act. 4. sc. 1. Hinc

¶ Scitule, Eleganter. *Puellæ Scitule ministrantes*, apud Apuleium lib. 2. Metamorph. et alibi.

* 1. **SCITURA**, Eodem intellectu. Charta ann. 1266. ex Chartul. Buxer. part. 1. ch.

18 : *Querela quæ vertebatur inter ipsos, videlicet de quadam Scitura prati, sita in prateria de Vivex, etc.*

* 2. **SCITURA**, Actio scindendi vel secandi. Constit. Frider. de non alienandis feudis ex Cod. reg. 10197. 2. 2. fol. 9. v° : *Callidis insuper machinationibus quorumdam obviantes, qui pretio accepto, quasi sub colore suæ Sciturœ, quam sibi licere dicunt, etc.*

¶ 1. **SCITUS**, Locus aliquis quoquo modo se habet. Charta apud *Madox* Formul. Anglic. pag. 148 : *Tradidit et ad firmam dimisit præfato Johanni Scitum manerii sui de Esyngdon in Comitatu Hertfordiæ, cum omnibus terris, pratis, pascuis... Et omnia, domos, ædificia, et clausuras infra eumdem Scitum existentia... reparabunt.*

¶ 2. **SCITUS**, Scientia, cognitio, notitia. Litteræ Edwardi III. Reg. Angl. ann. 1337. apud Rymer. tom. 4. pag. 798 : *Nisi vestri, aut vestrorum successorum, aut hæredum, ad id Scitus et consensus accesserit pariter et voluntas.* Chartul. S. Vandreg. tom. 2. pag. 1819 : *Et si ipsum campartum aliquando alicui voluerint locare, absque Scitu et auditu nostrorum nunquam fiet.* Galli dicimus *Au vû et sçu.*

¶ 3. **SCITUS**, pro Situs, Gall. *Situé.* Charta Ludovici Reg. Siciliæ ann. 1359. ex Cod. MS. D. *Brunet* fol. 108 : *Cursorium Avellani Comitis... Scitum utique in Crano.* Vide *Scituare.*

* **SCIVIA**, Versatile tympanum apud moniales, vocis origine mihi incomperta. Charta ann. 1486. inter Probat. tom. 2. Annal. Præmonst. col. 364 : *Datum et actum Coloniæ in loco sive camera collocutionis, ante rollam sive Sciviam reclujarii nostrarum abbatissæ et conventus.*

* **SCIVIAS**, Titulus libri, de quo in Mirac. S. Hildegard. tom. 5. Sept. pag. 699. col. 2 : *Quod cum libros ejus, scilicet librum Scivias, librum Vitæ meritorum, librum Divinorum operum, etc.*

¶ **SCIURA**, Horreum, apud Schilter. in Glossar. Teuton. Vide *Sceurum.*

¶ **SCIVUS**, pro Scyphus, in vet. Gloss. MS. Sangerm. num. 501 : *Cativi, Scivi et cymbia, poculorum sunt genera.*

* **SCLAFFITORIUM**, Canalis ad educendas aquas superfluas, seu alveus molendini, aut locus ubi concluduntur aquæ. Charta ann. 1391. in Reg. 143. Chartoph. reg. ch. 288 : *Cum ipse Guillelmus..... ibidem construxerit seu ædifficaverit quandam domum et paxeriam et duo Sclaffitoria, quorum unum erat cum sarratura ferrea, etc.* Vide supra *Esclatidor* et *Esclausa.*

¶ **SCLANDONICIA** Tectora, Domus, casa *Scandulis* cooperta. Locus est in *Temora.* Vide supra *Scindula.*

* **SCLAPA** Scindula, assula. Inquisit. super destruct. bastidæ Sabran. ann. 1363. ex Cod. reg. 5956. A. fol. 81. v° : *Item domus dirupta suptus et supra solium de gippo et coperta de Sclapa, videlicet in quarta parte versus solis ortum.* Vide mox *Sclata.*

¶ 1. **SCLAPUS**, in Comment. Caroli Carafa Episcopi Aversani de Germ. sacr. restaurata, pro *Sclopus.* Vide in hac voce.

* 2. **SCLAPUS**, Canalis, ut videtur. Stat. Ferrar. ann. 1288. apud Murator. tom. 4. Antiq. Ital. med. ævi col. 662 : *Judex aggerum teneantur, quotiescumque Padus parvus fuerit, et incipiet crescere, ipsa die vel infra tertiam diem, facere consilium majus credentiæ, et consilium postulare, in quibus Sclapis et locis habeat facere poni aquam Padi.*

¶ **SCLATA**, Scindula, Gall. *Bardeau*, Angl. *Shingle;* forte *Sclata* dicitur a Gall. *Eclat*, assula : est enim scindula ligni fragmentum. Charta Henrici V. Reg. Angl. ann. 1413. apud Rymer. tom. 9. pag. 40 : *Nullus burgensis... aliquam domum, infra villam prædictam* (Calesii) *nisi cum tegulis vel Sclatis de novo cooperiat.*

* Nostris *Esclate*, ligni fragmentum seu pedamentum, cui vitis innititur. Lit. remiss. ann. 1367. in Reg. 99. Chartoph. reg. ch. 5 : *De quodam baculo, vocato Esclate, in capite solo ictu percussit, etc.*

¶ **SCLATARIA**, *Navis piratica*, Papiæ.

¶ **SCLAVA**, Captiva, serva. Vide *Sclavus.*

¶ **SCLAVARE**, pro *Scalvare.* Vide ibi.

* **SCLAVE**, Piscis genus. Tract. MS. de Pisc. cap. 67. ex Cod. reg. 6838. C : *Mena a Massiliensibus mendole, ab aliquibus cagarel, quod alvum cieat, a nostris in Gallia Narbonensi juscle, ab iis qui Adriaticum sinum incolunt Sclave nuncupatur.*

SCLAVINA, Sclavinia, Vestis longior, sagi militaris instar, Sclavis, ut videtur, familiaris, unde nomen mansit. Ugutio : *Amphibalus, vestis villosa, sicut est Sclavina.* Joan. de Janua : *Armelausa, Sclavina.* Italis *Schiavina.* Corona pretiosa : Σκλαβῖνα, *stragulum*, σισύρα. Henricus de Knyghton : *Venire videbant virum elegantem cursantem, de una Sclavina alba vestitum.* Quo loco perperam *Sclauma*, legit Somnerus. Hac potissimum utebantur peregrinantes, ut observat Malbrancus lib. 10. de Morinis cap. 12. quod firmatur ex Chronico Andrensi : *Pedes incedens in habitu peregrini, qui vulgo dicitur Sclavina.* Herbertus de Miraculis lib. 1. cap. 25 : *Vidit ipsum instar alicujus Jerosolymitani, palma, pera et baculo insignitum, atque Sclavina coopertum.* Cæsarius lib. 12. Miracul. cap. 40 : *Peregrinus quidam de transmarinis veniens partibus Sclaviniam suam pro vino... exponens, etc.* Et mox : *Vestem peregrinationis suæ.* Idem cap. 42 : *Peregrinus quidam moriens Sclavinam suam Sacerdoti legavit.* [Jac. de Voragine in Chron. Januens. apud Murator. tom. 9. col. 45 : *Anno Domini* MCCXXII. *de mense Augusti venit Januam quidam Theutonicus nomine Nicolaus in habitu peregrini, quem sequebatur multitudo magna peregrinorum, tam magnorum quam parvorum, et omnes habebant Sclavinas crucibus insignitas.*] Le Roman *d'Aubery* MS :

> Qu'il viegne à moy ausement come espie,
> S'ait Esclavine et bordon de Surie.

Le Roman *du Renard :*

> Une Esclavine i vit renard
> Que cil avoit deles son chief.

Rabbi Kimchius *Esclavinam*, pro veste vili usurpavit. Vide Bernardum Justinian. in Vita S. Laurentii Justiniani cap. 5. Vitam S. Andreæ Corsini cap. 5. etc. Italis *Schiavina*, est teges, *coperta grossa di letto.* Σκλαβινίαν vero et Σκλαβινίσκιον, pro jaculo leviori, cujusmodi utebantur Sclavi, apud Mauricium et Leonem sumi, annotarunt pridem Rigaltius et Meursius. Vide Glossar. med. Græcit. col. 1392.

* Eodem sensu *Esclavine* legitur, in Lit. remiss. ann. 1394. ex Reg. 146. Chartoph. reg. ch. 338 : *Armez de diverses armeures et garniz d'ars et saietes ferrées et d'Esclavines, vinrent de nuit oudit prieuré,.... icellui varlet fery de sadite Esclavine Richart pere.* Sic nostri Sclavos *Esclers* appellarunt. Fabul. tom. 1. pag. 101 :

> Moult fu fors li abateis
> Des mescreans, et li fereis;
> Bien estoient quinze miliers,
> Sarrazins, Persans et Esclers.

¶ **SCLAVIS**, ut *Sclava*, Serva. Charta ann. 1358. ex Tabul. Massil. : *Venditio de quadam Sclave nuncupata Bona cotestis 28. ann. pretio 60. florenorum auri fini de Florentia.*

¶ **SCLAUMA.** Vide *Sclavina.*

* **SCLAVONIA**, Sagi militaris species, idem quod *Sclavina.* Germ. episc. Cabilon. in vita Phil. III. ducis Burgund. apud Ludewig. tom. 11. Reliq. MSS. pag. 118 : *Eis qui levis armaturæ inerant, in galeis, brachiolis, cruralibus, ac Sclavonia, quam brigandinum vocant, contectos, etc.*

¶ **SCLAVONICUS**, Servilis. Vide in *Sclavus.*

¶ **SCLAVONIUS.** *Anaphi Sclavonii* in pretio fuere ut colligitur ex Testamento Ermengaudi Archiep. Narbon. ann. circit. 1005. inter Probat. tom. 2. novæ Hist. Occitan. col. 163 : *Fredeloni Episcopo anaphum unum Sclavonium.*

SCLAVUS, Captivus, servus, Italis *Schiavo*, nostris *Esclave.* Matth. Paris ann. 1252 : *Cum Christianis Sclavis, sic namque vocantur captivi, etc.* Mox : *Cum omnibus Christianis captivis, quos vulgariter Esclavos appellamus, etc.* Jacobus de Vitriaco in Hist. Hierosol. pag. 1129 : *Similiter quotquot habere poterit Sclavas, vel servas, cum eis licenter peccat.* Charta Ludovici Regis Germaniæ in Metropoli Salisburg. tom. 2. pag. 15. [** Immunitas monasterii Altahensis in Bavaria inferiori ad Danubium siti.] : *Aut homines ipsius Monasterii tam ingenuos, quam servos, Sclavos, et accolas super terram ipsius commanentes, etc.* [** Charta ejusdem Ludovici de immun. Monaster. S. Emmeram. Ratisp. apud Pezium tom. 1. Thesaur. Anecdot. part. 3. pag. 20 : *Ut omnes homines qui super easdem res commanere noscuntur, et ad præfatum monasterium pertinere videntur tam Bajoarii, quam Slavi, liberi et servi, et in antea consistere domino donante potuerint.* Infra : *Ut nullus judex publicus etc... neque super homines liberos vel Slavos ullam potestatem habeat in quoquam illos distringendi.*] Guill. de Podio-Laurentii cap. 49 : *Eosque in Sclavos recepit Rex.* Modus recipiendi fratres Milites Hospitalis Hierosol. : *Nos namque promittimus esse servi Sclavi dominorum infirmorum.* Speculum Saxonicum lib. 3. art. 73. § 3 : *Sclavæ autem proles sequitur patrem Sclavum.* [** Germ. *Wendinne, wendische vader.*] In Regesto Albo Domus publicæ Tolosanæ f. 130 : *Civitas Tolosana fuit, et erit sine fine libera, adeo ut servi et ancillæ, Sclavi et Sclavæ, dominos seu dominas habentes, cum rebus, vel sine rebus,* *ad Tolosam, vel infra terminos extra villam terminatos, acquirant libertatem et liberi efficiantur.* Ditmarus lib. 3 : *Tunc omnia nostrum prius Ecclesiam respicientia divisa sunt miserabiliter, Slavonicæ ritu familiæ, quæ accusata venundando dispergitur.* Adde Matth. Paris ann. 1097. Vincentium Belvac. lib. 30. cap. 48. [Murator. tom. 7. col. 817. Marten. tom. 2. Anecd. col. 1526. tom. 5. Ampliss. Collect. col. 75. Statuta Genuens. lib. 2. cap. 28. fol. 51. v°] etc. Ita σκλάβος usurparunt recentiores Græci, Cantacuzenus lib. 4. cap. 14. pag. 758. Jo. Cananus pag. 193. et alii apud Meursium. At unde Sclavorum, vel Slavorum nomen effictum sit, pluribus disputat Joannes Lucius lib. 6. de Regno Dalmat. cap. 4. *Esclos* videntur a nostris appellari. Le Roman *de Merlin* MS. *par Robert de Bourron : Il chevaucha et issi fors de la vile, et trouva les Esclos dou Chevalier, qui devant lui s'en aloit.* Alibi : *Et chevauche tant ken la forest se met et treuve les Esclos, si point tant après le Chevalier.*

Sclavi Servientes. Vetus Charta apud Ægidium Gelenium in Colonia pag. 69 : *Sclavi servientes legationem Episcopi faciant: si semel neglexerint,* 30. *sol. si ter parvipenderint, beneficia sua perdant.* Infra : *Sclavus, si mel in die statuto non solvat, in vinculis servetur, donec solvat.* [Charta Rodolfi Halberstad. Episc. apud Ludewig. tom. 2. Reliq. MSS. pag. 359 : *Eo tamen tempore quo usum illius decimæ ad Ecclesiam B. Mariæ transtulimus, villa Mose partim cultore vacabat, partim Sclavorum decimam non solventium nomine subigebatur.*]

** Sclavi Cubicularii. Regum Saracenorum in Vita Johann. abbat. Gorziensis sec. X. scripta, cap. 120. apud Pertz. Script. tom. 4. pag. 371.

¶ Schlavus, ut *Sclavus*, Captivus. Bernh. *de Breydenbach* Iter Hierosol. pag. 217 : *Venit mercator quidam inquirens ab eo quanti pretii Schlavi illi essent, quos sic circumducebat.*

* Glossar. Provinc. Lat. ex Cod. reg. 7657 : *Sclau, Prov. servus, famulus.*

* **SCLEIDA**, Vehiculi species, Gall. *Traineau*, Insulensibus *Esclan*. Comput. ann. 1508. ex Tabul. S. Petri Insul. : *Item ei qui adjuvit in sancto Salvatore ad ponendum* (campanas) *super Scleidam, xij. solidos.*

** **SCLIPHATI**. Vide *Scyphati*.

¶ **SCLINGERE**, Anserum vox. Vide *Baulare*.

SCLIPESTEN. Teloneum Monaster. S. Bertini : *Lapis molaris* 2. *den. Sclipesten,* 1. *d. Si autem unus molaris, sive unus Sclipesten, sive in curru, sive in carro portetur, dabit* 2. *den.* [Infra, ubi vim vocis explicat Cangius, *Slipesten* scripsit.]

¶ **SCLODIA**, χαμουλκίς, in Glossis Lat. Græcis. Vide *Chamulcus*.

¶ **SCLOPETUM**, Sclopetus, Tormentum bellicum manuale, Gall. *Escopette*. Chronic. Estense ad ann. 1334. apud Murator. tom. 15. col. 396 : *Interim præparari fecit maximam quantitatem balistarum, Sclopetorum, etc.* Hist. pacificat. inter Rodulphum II. Imper. et Turcar. Imper. apud Ludewig. tom. 6. Reliq. MSS. pag. 311 : *Janizarii præterea et hoc elogii bellici merentur, sua Sclopeta, bombardas, etc.* Appendix ad Vitam B. Lidwinæ tom. 2. April. pag. 364 : *Equites tantopere in altum Sclopetos exonerabant, ut nemo descendere auderet.* Vide *Scopeta*.

* Simoneta in Hist. Franc. Sfortiæ apud Murator. tom. 21. Script. Ital. ad ann. 1449. col. 535 : *Interim rumor vagatur.... ita esse Mediolanensem aciem instructam, ut singuli singula gererent Sclopeta, genus sane tormentorum terribile admodum atque exitiale.*

¶ Sclopus, Eadem notione, in Append. laudata : *Sclopis in ædes jaculantes, multosque vulnerantes.* Mirac. S. Angeli tom. 2. Maii pag. 73 : *Renovabatur lætitia die* xvi. *per mascaratas, cavalcatas, quintanas, luminaria, explosiones Scloporum.* Addit. ad Chron. Estense ann. 1377. apud Murator. tom. 15. col. 545 : *Cum Sclopis et stridis in signum maximæ lætitiæ.* A sono quem edit *Sclopus* non dissimilem a strepitu qui fit complosis buccis, quique *Scloppus* dicitur, vocis origo deducenda videtur Carolo de Aquino. Vide Martinii Lexic. in hac voce.

* Scloppus, Eadem notione, in Fragm. hist. Senens. ad ann. 1432. apud eumd. Murator. tom. 20. col. 41 : *Habebat* (Sigismundus imperator) *milites quingentos ad sui custodiam, Scloppos (ita id genus armorum vocant) invisum apud nos antea, deferentes.*

¶ Sclopetarius, Qui *Sclopeto* utitur, apud Ludewig. tom. 6. Reliq. MSS. pag. 358 : *Nec cunctatus Demetrius cum Polonicis aciebus instructus, præmissis Sclopetariis peditibus, obviam processit.* Famianus Strada : *Tres illuc immittit Sclopetariorum cohortes.*

¶ **SCLOSA**, ut *Sclusa*, in Charta apud Menester. Histor. Lugdun. pag. 6. inter Instr. : *Convenientia... de quadam Sclosa in Aselya quam consentiunt monachi Geraldo ea ratione ut sive ædificet vel non ædificet Sclosam, terra quam donat pro compensatione Sclosæ, in potestate monachorum sit facere quidquid eis placuerit.*

¶ **SCLOT**, *Sera*, in Gloss. Lipsii.

¶ **SCLUSA**, Locus in quo concluduntur aquæ, Gall. *Ecluse*. Charta ann. 1140. ex Tabular. Burgi-medii : *Comes Theobaldus dedit... decimam piscaturæ et Sclusæ.* Tabular. S. Sergii Andegav. : *Deditque decimam piscium de Sclusa de Avaziaco.* Vide *Exclusa*.

* **SCLUSIA**, ut *Sclusa*, Locus in quo concluduntur aquæ. Chartul. priorat. de Guilcio fol. 5. r° : *Fuit autem convenientia inter ipsum* (Haimericum) *et monachos, ut de suo monachi Sclusiam ibi facerent cum uno molendino.* Hinc fortean *Scloudage* dicitur Præstatio, quæ domino feudi penditur pro jure habendi *sclusam*, in Redit. comitat. Namurc. ann. 1289. ex Reg. Cam. Comput. Insul. sign. *Le papier aux ayssellés* fol. 79. v° : *Encor a li cuens à Namur le Scloudage,.... se vaut par an xxx. lib.* Nisi sit tributum, quod a clavorum fabricatoribus, mercatoribusve comiti persolvebatur.

¶ **SCOARSARE**, Corticem auferre, Gall. *Ecorcer*. Statuta Montis Regal. fol. 241 : *Item statutum est quod camparii tercerii vici teneantur emendare omnes arbores incisas, vel scalvatas, Scoarsatas, etc.* Rursum fol. 260 : *Qui... contrafecerit Scoarsando ipsam bealeriam, etc.* Vide *Scorzare*.

1. **SCOBS**, pro Scopæ. Catholicon parvum : *Scoba, bæ, Balay, ramon ou arbre.* Gloss. Gr. Lat.: Κοσμητήριον, *Scoba*. Ubi Codex MS. habet *Scopa*. [Consuet. MSS. B. M. Deauratæ Tolos. : *Monachi surgent ad mandatum Prioris, et recipient Scobas sive vimes, et ferient super excommunicatum nudum vel vestitum ad mandatum vel ordinationem Prioris.*] Vindicianus Comes Archiatrorum pro *Scobe* usurpat :

Polline, farre, Scobis, lino, scobe, vellere, cornu.

* Glossar. Provinc. Lat. ex Cod. reg. 7657 : *Scoba, scobar, Prov. scopa, scopare.*

Scobillæ, Eadem notione, [seu quævis sordes, purgamenta, Gall. *Ordures, balayeures*, Provincialibus *Escoubilles*.] In Statutis Massiliensis urbis MSS. lib. 4. est caput : *De fimo, vel terra, vel Scobillis projiciendis in certis locis extra Massiliam.* [Eadem Statuta edita lib. 5. cap 40 : *Teneantur... facere scopari et mundificari, ne Scobillæ illæ seu immunditia illa in detrimentum portus Massiliæ intercurrant.* Statuta Arelat. MSS. art. 43 : *Statuimus quod nec Scobillæ, nec aliqua turpia vel immunda, nec cacaferium, nec cineres fabrorum, nec alterius projiciantur in carreria.*]

* Scobilhæ, Quævis sordes, purgamenta. Stat. ann. 1350. inter Probat. tom. 2. Hist. Nem. pag. 138. col. 2 : *Nulla persona.... sit ausa eicere Scobilhas, neque orduras, etc.* Glossar. jam laudatum : *Scobilha, Prov. scobs.*

¶ Scobare, *Scobis* purgare, verrere, Gallice *Balayer*, Provincialibus *Escoubar*. Leges Palat. Jacobi II. Reg. Majoric. inter Acta SS. tom. 3. Junii p. xl : *Ipsi* (excubatores) *tam cameras nostras quam palatia Scobare et mundare teneantur.*

* 2. **SCOBA**, Familia, collegium, societas; perperam, ni fallor, pro *Scola*. Vide supra in *Scola*. Bulla Clem. VI. PP. ann. 1344. inter Instr. tom. 10. Gall. Christ. col. 414 : *Quodque si in aliquem familiarem verum de Scobis capellanorum, clericorum et scutiferorum dicti episcopi Morinensis existentem, aliquis de personis dictæ ecclesiæ manus temere apponeret, dum tamen tunc in ipsis Scobis prædictis esset, vel saltem præfati injuriatores scirent vel scire deberent ipsum injuriatorem* (f. injuriatum) *esse de Scobis Morinensis episcopi supradicti, cognitio, correctio et punitio ad officialem Morinensem vel alium deputandum ab eodem Morinensi episcopo vel vicariis suis .... pertineret.*

¶ **SCOBACES**, Sortilegi, seu potius ii delirantes, qui ad nocturnos illos conventus, quos *Sabbats* dicunt, *Scopis* se deferri somniant : unde vocis origo. Vide *Scoba*. Anonymus Cartus. de Relig. origine, apud Marten. tom. 6. Ampl. Collect. col. 57 : *Memini me, mater, in adolescentia, antequam hunc ordinem ingrederer, multa de hujusmodi sortilegis, qui vulgo Scobaces dicuntur, audisse. Nam tunc et deinceps plures capti fuerunt in nostra provincia et combusti, qui* *prius in arcta positi quæstione, horrenda fatebantur.* Vide *Sortiarius.*

* Consule quæ de Guillelmo Edelino, doctore theologo et S. Germani in Laya priore, narrat Joan. *Chartier* in Carolo VII. ad ann. 1453. pag. 282.

¶ **SCOBARE.** Vide supra in *Scoba.*

1. **SCOBERE.** Guido II. Prior Cartusiensis in Statutis ejusdem Ordin. cap. 20. § 2 : *Habeat itaque Martha laudabile quidem, sed tamen non sine sollicitudine et perturbatione ministerium : nec sororem sollicite Christi vestigiis inhærentem, et quoniam ipse est Deus vacando videntem spiritum suum Scobentem, suamque orationem in sinum suum convertentem, etc.* ex Psal. 77. v. 7. ubi : *Et scopebam spiritum meum.* Sic porro præfert emendatior editio Guigonis ann. 1509. [Vide Martinii Lexic. v. *Scopo.*]

2. **SCOBERE**, Tributi species. Charta Altmanni Episcopi Tridentini ann. 1126. in Metropoli Salisburgensi tom. 3. pag. 384 : *Exceptis stabularibus, curtibus, quarum una Meenhensteine, sex vero aliæ singulæ quatuor, quod vulgariter Scobere dicitur, dare debent.* [Vide *Scobrones.*]

* Quodnam illud sit, explicatur supra in voce *Escober.*

SCOBILIÆ. Vide *Scoba.*

* **SCOBOLANUS**, ut supra *Scabolerius* et *Scapolerius*. Glossar. Provinc. Lat. ex Cod. reg. 7657 : *Scobolanus, campanarius, campanier, Prov.*

¶ **SCOBOLERIUS**, Scoparius, qui *Scobis* purgat, Gallis *Balayeur*, Provincialibus *Escoubilié*. Testament. Guillelmi dom. Montispessul. ann. 1202. ex Schedis Peiresc. apud Præs. *de Mazaugues* : *Et volo quod hæres meus.... teneat alium capellanum in ipsa ecclesia, cui in victu provideat, et quemdam diaconum, et alium subdiaconum, et unum clericum, et unum Scobolerium, qui omnes... decantent ecclesiam et serviant.* Hinc emendandus Acherius qui tom. 9. Spicil. ex voce contracte scripta, *Scobolium* edidit, pro *Scobolerium.*

¶ **SCOBRONES**, Agri tributo *Scobere* dicto obnoxii. Charta Johannis Merseburg. Episc. ann. 1166. apud Ludewig. tom. 2. Reliq. MSS. pag. 197 : *Decimam vero quæ in Karlesdorf et in Dobesgast et in ipso dominicali Bigariæ ubi duodecim Scobrones dantur, in usus fratrum.... delegavimus.* Diploma Henrici V. Imper. ann. 1192. apud Schlegel. de Nummis Cygneis pag. 150 : *Restituimus... ecclesiam.... cum duobus mansis et decimatione, teloneos et* L. *Scobronum, et* XII. *curtibus.* Vide *Scobere* 2.

¶ **SCOCHON**, vox corrupta ab Angl. *Scutcheon*, Scutum gentilitium, Gallice *Ecusson*. Testament. Johan. *de Nevill.* ann. 1388. apud *Madox* Formul. Anglic. pag. 429 : *Et volo.... quod unus equus sit arraiatus pro guerra cum uno homine armato de armis meis, cooperto de russcto cum Scochons de armis meis.* Occurrit rursum infra. Vide *Sucheo.*

* **SCODELLA**, vox Italica, Scutella et jusculum, quod in scutella apponitur. Charta ann. 1221. tom. 1. Hist. Cassin. pag. 317. col. 1 : *Beneficium Tassonis Anzivi cui debet facere hominium et fidelitatem,.... in Quadragesima sex panes et unam Scodellam de farcolata.* Infra : *Unam Scodellam et farculata.* Pluries ibi.

* **SCODERE** Bladum, Flagello frumentum excutere. Lit. Ludov. ducis Andegav. ann. 1378. inter Probat. tom. 3. Hist. Nem. pag. 12. col. 2 : *Quos quidem quinque grossos, illi quorum erunt blada prædicta, solvere realiter et absque termino tenebuntur, antequam dictum bladum a locis quibus Scodetur, vocatis vulgariter lasayras, amoveatur.* Vide infra *Scurire.*

SCODUS, eris, *Scelus*, in Glossis MSS.

1. **SCOF**, Scoffh, Stabulum sine parietibus. Lex Bajwar. tit. 9. cap. 2. § 2 : *Si autem* (scuria) *septa non fuerit; sed talis quod Bajwarii Scofph dicunt, absque parietibus, etc.* Editio Heroldi habet *Scof.* [Germanis etiamnum *Schopf*, Saxon. *Scop*, tegumentum sonat, uti monet Martin. in Lexico.] [** Vide Graff. Thes. Ling. Franc. tom. 6. col. 457.]

2. **SCOF**, Manipulus, *Gerba*, Belgis *Schoof*. Teloneum S. Bertini : *Duo Scof ferri, 1. obol. glodi ferri, 4. den.... centum Scof chalybis, 25. den.* [** Vide eund. Graff. col. 410. voce *Scoub.*]

* **SCOFFONES**, Ital. *Scoffoni*, Pedum indumenta. Ritus publ. pœnit. impon. ann. circ. 1220. apud Murator. tom. 5. Antiq. Ital. med. ævi col. 767 : *Pœnitens deponit vestes consuetas, et exuens sibi omnes pannos lineos, induit se asperam tunicam et cappam, si opus fuerit, et caligas sine pedulibus; et Scoffones, si frigverit, habeat in pedibus.* Vide supra *Scafones.*

SCOGILUM, Gladius Scogilatus. Lex Ripuar. tit. 36. § 11 : *Spatham cum Scogilo pro 7. solid. tribuat. Spatham absque Scogilo pro tribus solidis tribuat.* Ubi quidam codd. præferunt *scoilo, soilo, scogillo.* [** Al. *scoigilo, scolgilo, scoligilo, scogila.*] *Gladius scogilatus*, in Legibus Henrici I. cap. 83. § 7 : *Si inter aliquos.... dissensio consurgat, ex quo aliquis eorum gladium Scogilatum evaginat, non est etiam expectandum, ut percutiat.* [** Al. *sconigatum.*]

☞ *Scogilum* interpretatur Eccardus spatæ seu gladii vaginam, quod diminutivum esse putat a voce Anglo-Sax. *Scoh*, calceus, qui quasi est vagina vel tegumentum pedis, quomodo *Scogilum* gladii.

* **SCOGUELINUM.** Leudæ major. Carcass. MSS : *Item pro capite de savenis Scoguelinum, obol. Turon.* Ubi versio Gallica ann. 1544 : *Item pour chacune tete savene babine filoselle, etc.* Vide supra *Schorilla.*

¶ **SCOILUM.** Vide *Scogilum.*

SCOLA, etc. Vide *Schola.*

* 1. **SCOLA**, f. Officina, Gall. *Echoppe*; unde legendum suspicor *Scopa.* Vide mox in hac voce et in *Schoppa.* Lit. admort. pro eccl. Tolos. ann. 1454. in Reg. 187. Chartoph. reg. ch. 111 : *Item acquisivit quatuordecim Scolas parvas, francas a quacumque servitute obliali eisdem Scolis contigua, scituatas.... juxta scolas ordinarias legum.*

* 2. **SCOLA.** Lit. remiss. ann. 1360. in Reg. 89. Chartoph. reg. ch. 676 : *Idem exponens de quodam ludo Scolæ, quo se cum quibusdam aliis spatiatus fuerat, etc.* Ubi leg. *Seolæ* vel *Soulæ*, ludi genus. Vide infra *Soula.*

SCOLANDA. Vide *Scrutlanda.*

¶ **SCOLAPIUS**, pro Æsculapius, in Passione S. Philippi Episc. apud Mabill. tom. 4. Analect. pag. 140.

¶ **SCOLARE**, vox Italica, Effluere, Gall. *Ecouler.* Statuta Saluciar. Collat. 8. cap. 246 : *Statutum est, quod quæcumque possessiones situatæ super finibus Saluciarum, si aquæ pluviæ, et diluvii in eas venientes commode Scolare possunt super iis possessionibus vel super communi; si autem non possint, debeat quælibet possessio Scolare inferius in possessionem magis propinquam, et magis descendentem.* Statuta Mutin. rubr. 190. fol. 35. v° : *Ut terræ et possessiones hominum habentium terras in dicta terra possint Scolari.* Ibidem rubr. 225. fol. 42 : *Omnes aquæ fontium.... debeant Scolari et derivari in fossatum quod appellatur fossamarza.* Pluries ibi.

¶ **SCOLAROLUM**, Canalis, per quem effluunt aquæ, ut infra *Scolatura* 2. Statuta Mutin. rubr. 259. fol. 49 v° : *Statuimus quod per omnes homines habitantes in villa Rami fieri debeat unum Scolarolum sive drizagnolum per insulam, etc.*

* Unde nostris *Escoulourgié* de re jamdiu præterita, quæ memoria excidit, et *Escoulergement*, pro Temporis lapsus. Charta Radulfi comit. Clarimont. ann. 1290. ex Reg. ejusd. comitat. : *Après ichés choses lonc temps Escoulourgié, etc.* Chartul. 21. Corb. : *Et pour ce que on ne les oubliast pour Escoulergement de jours et du temps passans, etc.* Hinc etiam *Mémoire Escoloriant*, Labilis memoria, in Assis. Hierosol. cap. 52.

* **SCOLASTIA**, pro *Scholastia*, Scholastica ecclesiæ dignitas. Charta ann. 1253. inter Monum. eccl. Aquilej. pag. 74. col. 742 : *Ita tamen quod custodia et Scolastia ipsæ, quoties et quandocumque vacaverint, canonicis ipsius ecclesiæ et non aliis conferantur.* Vide in *Scholasticus.*

* **SCOLASTICIA**, Eadem notione. Reg. actor. capit. eccl. Lugdun. ex Cam. Comput. Paris. ad ann. 1337. fol. 32. r°. col. 1 : *Dominus Stephanus Sapientis miles in ecclesia Lugdunensi et scolasticus dictæ ecclesiæ, dictum officium Scolasticiæ in manibus domini decani et capituli pure resignavit.*

* **SCOLASTRIA**, Pari intellectu. Charta ann. 1258. ex Chartul. S. Petri Insul. sign. *Decanus* fol. 141. v° : *Collatio dictæ Scolastriæ, sicut ecclesiæ nostræ personatuum, necnon et collatio scolarum, quas scolasticus antiquitus singulis annis conferre consueverat, ad capitulum nostrum in perpetuum de cetero remanebunt.*

¶ 1. **SCOLATORIUM**, ut *Scolarolum.* Statuta Saluciar. Collat. 3. cap. 111 : *Statutum est quod quælibet persona de Saluciis cui ordinata fuerit aliqua præsia ad faciendum et manutenendum per quasvis vias et bealerias Saluciarum, sive Scolatoria, teneatur.... manutenere.... taliter quod defectu ipsius vel ipsarum aqua non lædat viam, quin per ipsam commode iri possit.* Vide *Scursorium.*

¶ 2. **SCOLATORIUM.** Papias MS. Bituric. : *Frus canatorium, aut turris, Scolatorium.*

* **SCOLATRIA**, ut *Scolastria*, in Lit. ann. 1395. tom. 8. Ordinat. reg. Franc. pag. 230 : *Ad dictam Scolatriam ecclesiæ*

Andegavensis.... promotus; quæ dignitas erat et est in ecclesia prædicta, et ad causam ipsius Scolastriæ, ipse erat caput et rector perpetuus studii prædicti.

1. **SCOLATURA.** Regula Tertiariorum a S. Francisco edita cap. 3. apud Waddingum tom. 1. pag. 256 : *Chlamydes quoque ac pelles absque Scolatura scissas vel integras, affibulatas tamen, non patulas, ut congruit honestati, clausasque manicas habeant fratres supradicti.* Statuta Mediol. 2. part. cap. 464. vetant, ne mulieres *giuppam, nec Scolaturam taliter* deferant, *quod videri possint mamillæ, nec pectus discoopertum.* Vox Italica, *scollatura*, incisuram circa collum denotans.

* Pars vestis circa collum. Hinc nostris *Escoleté*, pro *Décolleté;* dicitur præsertim de muliere, cujus pectus nimis detectum est. Lit. remiss. ann. 1468. in Reg. 195. Chartoph. reg. ch. 247 : *Pour ce que icelle Philippote estoit habillée en autre façon que ne sont les filles des laboureurs, fort Escoletée et coulerete par dessus, cuidans que ce fust la chamberiere du curé de Borieu ou autre fille de joye, etc.*

☞ Hinc nostris *Escoler*, pro Scolaturam seu incisuram circa collum facere. Le Roman *de la rose* MS :

Se ele a biau col et gorge blanche,
Gart que cil qui sa robe tranche,
Si tres bien la li Escolcite,
Que la char pere blanche et neite
Demi pié deriere et devant.

2. **SCOLATURA**, Canalis, per quem effluunt aquæ; vox Italica. Charta ann. 1180. apud Petrum Mariam Campum in Hist. Eccl. Placentinæ, in Regesto 2. part. Ch. 29 : *Item de omnibus Scolaturis, et pluvianis, et surtuminibus, quæ decurrunt, seu decurrere possunt ex rivo Merdorio, etc.* Occurrit ibi pluries. Gall. *Esgouter* dicunt. [Statuta Placent. lib. 5. fol. 58 : *Statutum est et diutius observatum quod quælibet persona quæ habet jus ducendi et extrahendi aquas seu rivos de fluibus sortivis et Scolaturis, etc.* Vide *Scolarolum.*]

SCOLAX. Papias, ex Isidoro lib. 20. cap. 10 : *Scolaces, quod nos Funes vel funalia dicimus, eo quod scoliæ sint, i. intorti.* Ugutio, ex Glossis Isidori : *Scoliaces,* (sic) *funes; quos Funalia dicimus, quia sunt torti et excepti.* Vita S. Cypriani : *Cum cereis et Scolacibus.* Petrus Damian. lib. 6. Epist. 17 : *Quis Scolacibus utitur, ut stellarum micantium videat claritatem.* Σκολάκιν habent Apophtegmata Patrum in Pæmene cap. 10. apud virum doctissimum Jo. Bapt. Cotelerium tom. 1. Monumentor. Eccl. Græcæ.

¶ **SCOLDASCIO**, SCHOLDASCHIUS. Vide *Sculdais.*

SCOLIUM, Scopulus, Italis *Scoglio*, nostris *Escueil.* Sanutus lib. 2. part. 4. cap. 25 : *Deinde per syrocum per duo milliaria navigetur, et inveniet Scolium, per quod fit portus, in quo fundum trium passuum reperitur, etc.* Infra : *Donec quicunque pervenerit ad Scolia, quæ sint super casale Lambertum, etc.* Ex Græco σκόλιον.

¶ **SCOLNA.** Vide infra *Sculna.*

¶ **SCOLTETUS**, ut *Scultetus.* Vide ibi.

* **SCOLTHASTRE**, Mensuræ species. Charta Walt. dom. *de Sothengien* ann. 1208. in Chartul. Mont. S. Mart. part. 1. ch. 54 : *Particula ejusdem decimæ, quam.... tenebat ad censum annuum decem et octo hastrorum avenæ ad mensuram, quæ dicitur Scolthastre, in Natali solvendæ.*

* **SCOLZARE**, Purgare, mundare. Stat. civil. Cumanæ cap. 256. ex Cod. reg. 4622. fol. 199. r° : *Nec cloacha fetida, nec necessarium debeat Scolzari nec evacuari, nisi de mensibus Decembris, Januarii, Februarii et Martii; et qui per aliud tempus Scolzare et evacuare fecerit, etc.*

* **SCOMARCERE**, Putrescere. Glossar. Provinc. Lat. ex Cod. reg. 7657 : *Poyrir, Prov. putrere, marcere, Scomarcere.*

SCOMBRA, vox fori Hispanici. Jacobus I. Rex Arag. in Foris Oscæ ann. 1247. fol. 31 : *De duobus molendinis, quorum unum super aliud est constructum; si illud, quod est inferius, engorgat illud, quod est superius primo factum, dominus illius, quod superius est, Scombret illum cequiam, etc.* Observantiæ Regni Aragon. lib. 9. tit. de Officio Suprajunctarii § 1 : *Si Suprajunctarius prosequitur malefactores, et flagrante maleficio intraverit castrum alicujus, et Dominus, vel Alcaydus illius castri noluerit dare Scombram, nec tradere malefactores, etc.* § 3. *De consuetudine regni Scombra in loco pro re furata vel malefactore potest fieri sæpius per Suprajunctarium, etc.* Alibi : *Et ipsi terras tenentes teneantur juvare dictos homines de Fraxneda in Scombra dicta vasarum.* Michael Molinus in voce : *Scombra rei furatæ vel malefactoris, non solum potest fieri semel, sed etiam bis; et licet in prima Scombra non fuerit malefactor, vel res furata reperta, tamen potest per officialem iterum fieri Scombra.* Idem in *Talator* : *Talari possunt loca et castra Vironum per Suprajunctarios congregata juncta sua : et hoc propter rebelliam loci vel Alcaidi nolentium dare Scombram Suprajunctariis insequentibus malefactores.* Perquisitio.

¶ **SCOMBRARE.** Vide supra in *Scombra.*

* **SCOMFLARE**, Italis, *Gonfiare*, Inflare, tumefacere, Gall. *Gonfler, enfler.* Stat. Vallis-Ser. cap. 43. ex Cod. reg. 4619. fol. 113. r° : *Non sit aliqua persona,.... quæ audeat nec præsumat Scomflare nec Scomflari facere aliquas bestias, quas vendere vellet.* Vide *Sconflare.*

¶ **SCONATIO.** Leges Norman. cap. 39. § 9. apud Ludewig. tom. 7. Reliq. MSS. pag. 352 : *Si de jure patronatus alicujus ecclesie contencio inter personam laicalem et ecclesiasticam fuerit procreata brevi visio per quatuor milites et quatuor probiores loco propinquiores et fide digniores, qui nulla digna Sconatione a jurea debeant amoveri.* Ubi legendum videtur *Soonnatio*, quod idem est ac Reprobatio testis. Vide *Sconium* et *Sonare* 3.

¶ **SCONDEGARDA**, Statio, Gall. *Corps de garde.* Anonymus in Annal. Genuens. ad ann. 1330. apud Murator. tom. 16. col. 705 : *Unde in ripa fluminis Ticinelli Scondegardas et belfreda quadraginta erexerunt.*

¶ **SCONDIMENTUM**, Excusatio, satisfactio, in Consuetud. Catalaniæ MSS. Vide in *Excondicere.*

¶ 1. **SCONDIRE**, Denegare, recusare, qua notione *Econduire* usurpamus. Leges Balduini Comit. Flandriæ ann. 1200. apud Marten. tom. 1. Anecd. col. 766 : *Si quis in custodia fructuum terrarum suarum, vel nemorum.... panna seu vadia accipere voluerit, et ei pannum, vel vadium denegatum, id est Sconditum fuerit, et inde inter eum et illum qui vadium denegaverit, id est Scondiverit quem supra suum invenerit, rixæ et contentiones, vel conflictus moveantur etc.*

* 2. **SCONDIRE**, Abscondere, occultare. Glossar. Provinc. Lat. ex Cod. reg. 7657 : *Scondre, Prov. Clanculare, abscondere.* Nostris alias *Escousser*, eodem significatu. Vide supra *Absconcia.*

¶ **SCONFICTA**, Pugna, prælium. Annal. vett. Mutinenses apud Murator. tom. 11. col. 72 : *Eo anno* (1284.) *fuit Sconficta de Montali, scilicet inter Rangonos et Buschetos, et sequaces eorum ex una, et illos de Faxolo, de Savignano, et Grassonos, qui erant extorres Mutinenses, et ibi fuit magna strages ex utraque parte.* Pro Clade, ut infra *Sconfitta*, occurrit in Breviar. Hist. Pisanæ apud eumd. tom. 6. col. 192 : *Anno 1229 Pisani apud Vajanum miserunt in Sconfictam Lucanos et Florentinos.*

¶ **SCONFIGERE**, vox Italica, Hostes fudere, profligare, Gallice *Déconfire.* Chronic. Parmense apud Murator. tom. 9. col. 762 : *Et eo anno* (1189) *Parmenses Sconfixerunt Cremonam Casalunculi, etc.* Joan. Demussis in Chron. Placent. ad ann. 1373. apud eumdem tom. 16. col. 518 : *Videntes quod gentes eorum erant Sconfictæ, posuerunt se in fugam.*

¶ SCONFLIGERE, SCUNFLIGERE, Eadem notione. Johan. de Bazano in Chron. Mutin. ad ann. 1235. apud eumd. Murator. tom. 15. col. 560 : *Mutinenses et Mediolanenses fuerunt Scunflicti ab Imperatore Frederico.* Ibidem col. 569 : *Eodem anno* (1307.) *populus et exercitus civitatis Mutinæ.... fuerunt debellati et Sconflicti per Bononienses.*

¶ SCONFITTUS, Profligatus. Regimina Paduæ ad ann. 1315. apud Murator. tom. 8. col. 429 : *Et dictus dominus Princeps cum suo exercitu succubuit et fuit Sconfittus.*

SCONFITTA, Clades, vox Italica, Gallis *Desconfiture.* Chronica Pisana ann. 1173 : *In Sconfittam miserunt Comitem Guidonem et Lucanos.* [Adde Rolandini Patavini Chron. lib. 5. cap. 11. apud Murator. tom. 8. col. 241. Vide *Sconficta.*]

¶ **SCONFLARE**, Inflare, sufflare, Ital. *Gonfiare*, Gall. *Enfler.* Statuta Riperiæ fol. 15. v° : *Quod dicti beccharii non audeant nec præsumant ore Sconflare, nec Sconflari facere aliquas bestias, nec eas aptare, nec aptari facere de aliis carnibus.*

¶ **SCONFLIGERE.** Vide *Sconfigere.*

¶ **SCONIUM**, f. pro *Saonnium*, vel *Saunnitium*, Reprobatio, recusatio, maxime testium. Leges Normann. cap. 30. §. 5. apud Ludewig. tom. 7. Reliq. MSS. pag. 324 : *Dum tamen milites in visneto valeant reperiri, qui justo Sconio vel rei ipsius ignorancia ab ipsa jurea non debeant amoveri.*

* Rectius *Soonio* in Cod. reg. 4651. Vide *Sonare* 3.

SCONNA. Vide *Sculna.*

SCONSA, Cæca laterna. Vide *Absconsa.*

¶ **SCONTRARE**, vox apud Mercatores Italos usitata, cum de pecunia solvenda agitur. Statuta civit. Genuens. lib. 4. cap. 14. fol 117 : *Si quis mercator efficiatur* *non solvendo in aliqua mundi parte, sive societas in quavis feria seu termino solutionum, qui jam cepisset solvere, et exigere, seu contraponere, vel (ut aiunt) Scontrare per dies tres ad minus, vel ubi breviori tempore durant solutiones per totum tempus, eo casu quicquid jam fuisset, ut supra cum quovis contrapositum seu Scontratum sit firmum et validum. Scontro,* Italis est liber quem mercatores Extractum vocant.

¶ 1. **SCOPA**, ut *Scoppa*. Vide ibi.

* Chartul. Rob. comit. Atrebat. ann. 1248. in Reg. 61. Chartoph. reg. ch. 189 : *Inter domum quondam Petri filii Johannis de Sancta Aldegonde et Scopas Johannis de Bodinghen, cum cellariis subtus positis, etc.* Vide *Schoppa.*

* 2. **SCOPA**, Betula, Gall. *Bouleau;* quod ex illa scopas conficiunt. Charta ann. 1198. apud Murator. tom. 1. Antiq. Ital. med. ævi col. 442 : *Nullas arbores diminuetis, nec per venditionem, nec per alium modum, exceptis Scopis, nochis et carpinis, quæ liceat vobis habere.* Vide *Scopetum.*

SCOPÆ, seu *Scoparum* vel virgarum disciplina in Monasteriis. Petrus Damian. lib. 1. Epist. 19 : *Sæpe pœnitentiam centum suscipiebat annorum, quam scilicet per viginti dies allisione Scoparum, cœterisque pœnitentiæ remediis redimebat.* Idem in Vita S. Romualdi cap. 8 : *Quia jussus fuerat a Priore quot Scopas accipere, quas nondum acceperat.* Joannes Laudensis in ejusdem Petri Damiani Vita n. 43 : *Scoparum quoque disciplinam in Capitulo cuncti susciperent, in pane solum et aqua pariter abstinerent.* Chronicon Montis-Sereni ann. 1213 : *Nudis pedibus in veste nigra* (Canonicus regularis S. Augustini) *Scopam ferens, cum Priore et quodam alio fratre seniore, pedibus ejus prostratus, etc.* Anno 1219 : *Ut præter alias, quas sustinere compulsi sunt pœnas, toto corpore usque ad femoralia nudi, Scopas ferentes diebus dominicis cruces præcedere cogerentur.* Denique pag. 191 : *Venia impetrata est, cum prius ipse discalceatus, et Scopam ferens, legati se pedibus prostravisset.* Hinc

SCOPARI, Scopis cædi. Andreas Vallis umbrosæ Monachus in Vita S. Arialdi : *Adjuro te, ut tuis te vestibus nunc exuas, et hic coram me te Scopari facias. Qui protinus cucurrit, virgas adquisivit, vestibus se exuit, et acriter se ab uno ex suis ibi coram omnibus Scopari fecit.* [Statuta Vercell. lib. 5. fol. 126. v° : *Et pro furto facto, seu fieri permisso, seu pro prædictis rebus vel aliqua earum venditis ab eo, et pro dono facto ut supra, Scopetur cum aliquibus uvis ad collum per civitatem.*] [** Vide Haltaus. Glossar. German. col. 1738. voc. *Staupe.*]

¶ **SCOPALATIUS**, Qui Scopis verrit, mundat, Gall. *Balayeur.* Cencius Camerar. in Ord. Rom. apud Mabill. tom. 2. Musei Ital. pag. 200 : *Scopalatii in die coronationis domini Papæ debent gradus scholæ et porticum usque ad locum, ubi dominus Papa descendit, mundare. Scopolarius,* ex eodem Cencio in Hierolex. Macrorum. Vide *Scoparius.*

SCOPAR. Lex. Bajwar. tit. 9. cap. 2. § 5 : *De minore vero* (scuria) *quod Scopar appellant, etc.* [** Vide Graff. Thesaur. Ling. Franc. in hac voce tom. 6. col. 411.]

SCOPARE, Scopis verrere, mundare, apud Interpret. Isaiæ cap. 14. v. 23. et in Psal. 76. v. 7. Fortunatus in Vita S. Radegundis lib. 1 : *Scopans Monasterii plateas.* [Guido in Discipl. Farf. cap. 19 : *Si servitores sunt pueri, ipsi debent lavare cochleares et Scopare.* Statuta Massil. lib. 5. cap. 40 : *Teneantur.... transversias universas semel singulis hebdomadis facere Scopari et mundificare.* Vide in *Scopæ.*]

¶ **SCOPARIORES** a vulgo nuncupati Eremitæ Augustiniani dicti de S. Salvatore, quos confirmavit Gregorius XII. PP. teste *la Roque* de Orig. nominum pag. 244.

¶ **SCOPARIUS**, ut supra *Scopalatius.* Epitome Constitut. Eccl. Valent. inter Conc. Hispan. tom. 4. pag. 186 : *Nullus canonicus.... possit nec valeat infimos officiarios sedis, videlicet carpentarium,..... Scoparium et alios ejusmodi mutare.* Utitur etiam Ulpianus Dig. lib. 33. tit. 7. leg. 8. *Scoparii,* οἱ σαρωταί, in Gloss. Lat. Græc.

SCOPASSA. Acta Murensis Monasterii pag. 39 : *Rustici autem, qui habent Scopassa, serviunt diem in Ebdomada, et qui dimidiam in secunda, vel censum dant.* [Ubi legendum *Scopossa.* Vide *Schopoza.*]

SCOPATICUM, Tributi species. Charta Willelmi Comitis Pictavensis apud Beslium pag. 269 : *Cellarium etiam, quod nostris usibus serviebat, sancto Hilario reddimus, ut Canonici ibidem ministerialem constituant, qui neque Scopaticum accipiat, nec injustas mensuras habeat, neque annonas permutare præsumat.* Vide *Escubiera.*

☞ Ubi *Scopaticum* videtur illud esse quod ex mensuris supereffluit, vel ex ventilatione remanet, atque una cum aliis purgamentis a scopario verritur ipsique ea ratione competit. *Escouvers* dicuntur ejusmodi purgamenta in Charta ann. 1408. ex Cod. Colbert. 2591 : *Item les Escouvers et pailles des dismes que ont en ladite terre l'Abbé et Convent de saint Ouen de Rouen.* Idem perinde quod alibi *Hauton* vocant. Vide *Hauto.* Neque alia notione accipiendam existimo vocem

¶ **SCOPATURA**, in Statutis Vercell. lib. 7. fol. 177. v° : *Et si Scopaturam vel remansam aliquam habuero, illum salem extraham de ipsa gabella ipsa die vel sequenti.* Vide *Arsura* 1. Pro quibusvis sordibus occurrit ibid. fol. 150. v° : *Item statutum est quod si quis homo vel aliquis de familia sua aliquas Scopaturas vel letamen.... in viis projecerit; dabit pro banno pro qualibet vice sol. 5. Pap.*

¶ **SCOPATUS**, Apertus, f. pro *Scopertus,* ab Ital. *Scoperto,* Gall. *Découvert.* Gualvan. Flamma apud Murator. tom. 12. col. 1033 : *Mulieres similiter in pejus suas consuetudines immutaverunt, ipsæ namque strangulatis vestibus, Scopato gutture, et collo, redimitæ fibulis aureis gyrovagantur.*

¶ **SCOPELISMUS**, a Gr. σκοπελισμός, Lapidum positio. Sic vocatur crimen ejus qui lapides aut alias materias per insidias disponit in loco, in quo prævidet suum inimicum accedentem aliquid submovendo aut tangendo facile obrui posse. Vide Ulpian. leg. 9. Dig. de extraord. crimin.

¶ 1. **SCOPELLUS**, Scalprum, Gall. *Ciseau,* Ital. *Scalpello.* Statuta Vercell. lib. 3. fol. 77 : *Item quod si alicui carcerato dicti Communis vel carceratis fuerit inventa lima, lime vel ferramenta, Scopelli, etc.*

¶ 2. **SCOPELLUS**, Mensuræ species. Vide *Scapilus.*

SCOPELUM, *Fustis longus,* in Glossis Pithœanis. Glossæ Isid. habent *Scapolum.*

☞ Utrumque emendat Barthius, legendumque censet *Scapulium,* quo docet notari fustem longum, a quo brevior torosiorque fustis dependet, quibus excutiunt frumenta rustici. Firmat Reinesius in Variis loco ex Chron. CP. Φέρουσα ἐπὶ τῶν ὤμων σκαπούλιον καὶ πτύον ἐν τῇ χειρί, id est, ferens in humeris Scapulium et vannum in manu: qui est habitus triturantium. Hæc Grævius ad Glossas Isid.

* **SCOPERIRE**, Ital. *Scoprire,* Detegere, nudare. Instr. ann. 1485. tom. 5. Sept. Act. SS. pag. 737. col. 1 : *Et acceperunt de dicto panno et Scoperierunt et manifestum et patentem fecerunt illum locum, ubi dictus sanguis effusus fuerat.*

¶ **SCOPETA**, Tormentum bellicum manuale. Conc. Tarracon. ann. 591. inter Hispan. tom. 4. pag. 511 : *Si quis* (clericus).... *ballistam, lanceam, pugionem vel sicam, vel tormentum quodvis manuarium, id est, Scopetam, vel similia portaverit,.... decem ducatorum pœnam... incurrat.* Vide *Sclopetum.*

* **SCOPETINI**, Religiosi sub regulâ S. Augustini. Serm. Gabr. Barel. in festo S. Domin. : *Secunda* (regula) *fuit Augustini, sub qua militant Canonici regulares, Prædicatores, Eremitani, Servitæ, Scopetini, etc.*

SCOPETUM, Locus, unde *Scopæ* eruuntur, bosci species. Jo. de Janua : *Scopetum, locus ubi abundant scopæ.* Vide Ughellum tom. 3. Ital. Sacr. pag. 404.

* Ital. *Scopeto.* Vide supra *Scopa* 2.

* **SCOPETUS**, SCOPPETTUS, Tormentum bellicum manuale. Tract. MS. de Re milit. et mach. bellic. cap. 58 : *In cabiis stare debent homines armati ad offendendum castellanos sive cives, cum ballistis, saxis, igne, Scopetis, etc. Bombardulæ sive Scoppetti,* ibid. cap. 144. Vide supra *Schiopetus.* Hinc

* SCOPPETTARIUS, SCOPPETERIUS, Miles scoppeto armatus. Tract. MS. jam laudatus cap. 144 : *Eques Scoppettarius, oportet quod ipse sit totus armatus, etc.* Comment. Jac. Picin. ad ann. circ. 1452. apud Murator. tom. 20. Script. Ital. col. 76 : *Et agro Mediolanensi millia duo eorum, qui ærea tormenta gerunt, quos Scoppeterios Galli vocant, in auxilium Annibalis venturos ferebatur.*

* SCOPITARIUS, Eadem notione, in jam laudato Tract. MS. cap. 65 : *Stantes balistari sive Scopitari defendentes machinam, etc.*

¶ **SCOPHA**, Pila, Gallice *Bale.* Statuta Collegii Turon. ann. 1540. apud Lobinell. tom. 3. Hist. Paris. pag. 419 : *Item quia multæ querelæ vicinorum ad aures nostras devenerunt de insolentiis, exclamationibus et ludis palmariis dictorum scolarium qui ludunt Scophis seu pilis durissimis;.... ordinamus quod nulli.... de cætero ludant... nisi pilis seu Scophis mollibus.* Vide in *Scoptrum.*

¶ **SCOPITARE**, Scopis mundare, verrere,

Gall. *Balayer*. Statuta Capituli Tull. ann. 1497. MSS. cap. 34 : *Dortelarius omnibus festis annalibus claustrum Scopitet.* Rursum cap. 35. de Matriculariis : *Tenentur ecclesiam parare, et festis annalibus Scopitare.*

¶ **SCOPOLARIUS.** Vide *Scopalatius.*

¶ **SCOPOSSA**, SCOPOZA. Vide *Schopoza.*

¶ **SCOPOTÆ**, Qui *Scopam* tenent, ni fallor. Vide *Schoppa.* Acta Murensis Monast. apud Eccardum de Orig. familiæ Habsburgo-Austr. col. 234 : *Census de Gangolfswile de primo prædio c. pisces Scopotæ.* Vide *Scopulicola.*

SCOPPA. Vide *Schoppa.*

SCOPTRUM. Charta Gaufridi Episcopi Aptensis ann. 1246. apud Sammarthanos : *Restituendis loricis, balistis, et cayrellis, et Scoptris, et possessionibus, et munimentis aliis, quæ de dicto castro tempore captionis fuerunt abstracta, etc.* Forte *Scopetis*, qua voce *Arcobusas* nostras vulgo donamus.

☞ Ita etiam editum est tom. 1. novæ Gall. Christ. inter Instr. pag. 80. col. 1. at in Charta MS. quæ est penes Pr. *de Mazaugues* legitur *Scophis*. Nullibi recte : emendandum est haud dubie *Scrophis*, quo significatur Machina ad suffodiendos urbium obsessarum muros. Vide *Scropha.*

* **SCOPULANOSUS**, Quasi scopulis asper. Vita S. Elzear. tom. 7. Sept. pag. 578. col. 1 : *Quandam cordulam, crebris nodorum Scopulanosam, subtus ad carnem ferens, ea fortiter se cingebat.*

SCOPULARE, Idem quod *Capellare*, de quo vide Petrum Comestor. in Histor. Scholast. lib. 3. reg. cap. 8 : *Latomi in lapicidina lapides grandes et pretiosos, id est, marmoreos Scopulabant et quadrabant, etc.*

¶ **SCOPULICOLA**, Ancilla vilioribus servitiis addicta. Charta Eberhardi Comit. apud *Laguille* inter Probat. Hist. Alsat. pag. 12. col. 1 : *Delegavimus.... de mancipio nostro Scopulicolas, quas in genitio nostro habuimus, plus minus numero* XL. Vide supra *Scopotæ.*

¶ **SCOPULUM**, pro *Scopulus*, in Vita S. Soli sæc. 3. Bened. part. 2. pag. 436 : *Nihil aliud quotidianis obtutibus, quam saxea Scopula et tedas adspicere.*

1\. **SCOPULUS**, Cippus. Willel. de Podio Laurentii cap. 37 : *Cognita factione, Præceptor eos cepit, ponens in Scopulis, et constringens, quia omnia sunt confessi.*

* 2\. **SCOPULUS**, f. pro *Copulus* vel *Copula*, Pars scilicet forcipis, qua ambæ illius partes simul copulantur seu junguntur. Vide supra *Copula* 1. Acta. B. Joan. Firm. tom. 2. Aug. pag. 463. col. 1 : *Accepit illud instrumentum ferreum, quo ignem aptamus, quod usitato vocabulo molles vocamus, et ipsum primum ad rectitudinem reduxit, ei postea.... sibi cinxit, et per illos Scopulos, quos molles in summitate consueverunt habere, unam extremitatem alteri sic immisit, ut circulus ipse ferreus circa corpus immobilis perduraret.*

¶ **SCOPUS**, Mensura vinaria. Consuetud. Sangerm. inter Probat. Hist. ejusd. Monast. : *Post Missam ducet Camerarius pauperes in illud cimiterium, et faciet eos lavare pedes suos, et dabit cuilibet duo haleca et plenam scutellam fabarum, et unum Scopum vini, et unum panem.* Leg. forte *Scyphum.*

* Idem quod *Copus vini*, Cyathus unus, Gall. *Un coup de vin.*

* **SCOR.** Vide infra *Utdicus.*

¶ **SCORA**, Charta Caroli C. ann. 845. inter Conc. Hispan. tom. 3. pag. 132. col. 2 : *Dum simulanter atrox nepos sacramentum glorioso avo nostro Carolo multiplex dicebat,* (Lupus Dux Vasconiæ) *solitam ejus majorumque suorum perfidiam expertus est in reditu ejus de Hispania : dum cum Scora latronum comites exercitus sacrilege trucidavit, propter quod postea jam dictus Lupus captus, misere vitam in laqueo finivit.* Leg. *Scara*, ni fallor. Vide *Scara* 3.

* **SCORADA**, Viscera, Occit. *Scouradillos*, Gall. *Fressure.* Leudæ min. Carcass. MSS : *Item de macellariis,.... de qualibet tabula, unas Scoradas in vespero Pentecostes.*

* **SCORCIA** *de corio facta*, in Glossar. Provinc. Lat. ex Cod. reg. 7657. Vide *Scortia* 1.

¶ **SCORCIUM**, Cortex, ut videtur, Gall. *Ecorce.* Vide *Scorza.* Correct. Statut. Cadubrii cap. 100 : *Jubemus, quod nemo cujuscumque condictionis existat, audeat vel præsumat accipere Scorcia tallearum sine licentia mercatorum,... sub pœna sol. duorum pro quoque Scorcio, et sub eadem pœna Segati..... debeant aptare dicta Scorcia seriatim super talleis et assibus.*

SCORDALIA. Fragmentum Petronii : *Cœperat Ascyltos respondere convitio; sed Trimalcio delectatus colliberti eloquentia : Agite, inquit, Scordalias de medio, suaviter sit potius.* [Ubi fœdam contentionem et rixam, ut Faber in Thesauro, interpretor, tametsi doctiss. Cangio videtur esse] forte pro Ferocia, est enim

SCORDALUS, *Ferox*, in Glossis Isidori, ubi Pithœana habent *Scordatus*. Papias vero *Incordatus.*

☞ Isidoriano sensu *Scordalum* usurpat Petronius cap. 95 : *Eumolpum excludo, redditaque Scordalo vice, sine æmulo scilicet, et cella utor et nocte.* Seneca Epist. 83 : *Tullius Cimber et nimius erat in vino et Scordalus.* Nescio an huc spectet le Roman *de la Rose* MS :

Lors fu Venus haut Escourchiée,
Bien sembla estre courouciée.

Et quidem *Escorchiés*, quod idem esse videtur, de mulieribus scorto seu cingulo coriaceo succinctis intelligendus, ni fallor, Vaccius in Poemate MS :

Neis les vieilles i sont corues
O pies, o maches, o machues,
S'Escorchiés et rebrachiés.

SCORDISCALE, ἐφίππιον, in Gloss. Græc. Lat. Glossæ Lat. Gr. : *Scordiscus*, ἐφίππιον. Glossæ Isid. : *Scordiscum, corium crudum. Scordiscum, Scortum.* Id est, pellis, unde vox *Scordiscus* formata. Papias : *Scordiscum, corium pessimum, vel crudum.* Vide Turneb. lib. 24. Advers. cap. 3.

* 1\. **SCORIA**, Stabulum equorum, vel etiam Horreum, in quo fruges reconduntur. Charta ann. 822. apud Pez. tom. 6. Anecd. part. 1. col. 52 : *Nunc tradimus partem hæreditatis nostræ,..... hoc est, casas cum curtiferis, Scoria cum terris arabilis, etc.* Vide *Scura* et *Scuria.*

* 2\. **SCORIA**, an idem quod *Scoriata*, scortea, flagellum ex scorto seu corio? Stat. monast. S. Egid. ann. circ. 1152. inter Probat. tom. 1. Hist. Nem. pag. 34. col. 1 : *Item debet* (elemosynarius) *habere concham et bassinos et justas trium pauperum, et tabulam et massam, cum qua pulsatur ibidem, et Scoriam.* Sed forte legendum *Storiam.* Vide infra *Storia* 1.

¶ **SCORIARE**, Corium, pellem detrahere, Gall. *Ecorcher.* Litteræ Philippi Aug. Reg. Franc. tom. 3. Ordinat. pag. 261 : *Poterunt illi carnifices habere servientes ad ipsas carnes Scoriandas.*

* **SCORIARII**, Gall. *Ecorcheurs*, ita nuncupati ann. 1437. Prædones militares, cujus appellationis rationem discimus ex Chron. MS. abbat. de Valcellis : *xxxvj. abbas fuit dominus Arnoldus Daire de Tornaco,..... suis temporibus diris atrocissimisque bellis enervatus. Nam hoc durissimum bellum, quod vulgo Scoriariorum, Gallice Escorcheux, hoc nomine ipsis appropriato, quia.... omnia tam ecclesiæ, quam prophana rapiebant vasa, sub nullo duce aut capitaneo legitimo degentes, nisi sub comite de Ligniaco cursorio et deprædatore.* Vide supra *Estorchera.*

SCORIATA, Scortea, flagellum ex scorto, seu corio. Papias : *Scutica, scorjata, genus flagelli.* Gall. *Escourgée*, σκωρτζιά, in Glossis Græco-Barbaris.

* **SCORIATI**, SCORIZATI, Qui scutica, Ital. *Scorreggia*, se se flagellant. Testam. ann. 1329. apud Cl. V. Garamp. in Dissert. 14. ad Hist. B. Chiaræ pag. 371 : *Quinque solidos Ravenn. conventui Scoriatorum de Arimino, etc.* Stat. Arimin. ann. 1348. ibid. in Ind. pag. 553. col. 1 : *Congregationi Scorizatorum, cum ex opere pio et justo insupportabiliter sint gravati, etc.*

¶ **SCORIATIO**, Excoriatio, Gall. *Excoriation.* Vita B. Johan. Taussiniani tom. 5. Julii pag. 799 : *Qui ex alto cuncta prospicit, gravissima ægritudine, doloribus maximis circumvallata, torqueri eum permisit, quæ a physicis vesicæ Scoriatio nuncupatur.*

¶ **SCORIATOR**, Lanius, Gall. *Boucher.* Constit. Phyrg. ad ann. 1413 : *Seditionem Parisiis lanii, quos ea ætas Scoriatores appellavit, moverunt, etc.* Vide *Scortiare.*

¶ **SCORIES**, Vide *Scorio.*

SCORIETAS. Charta Philippi Regis Franc. ann. 1307. de variis controversiis pro dominio urbis Lugdunensis : *Non poterimus intra civitatem et Baroniam Ecclesiæ Lugdunensis in futurum, nos vel successores nostri, domum, fortalitium, vel castrum acquirere, vel construere, construi nostro nomine permittere, quoquomodo et casu feodum, retrofeodum, Scorietatem, vel pavagium, seu alias quascunque res immobiles quovis nomine seu titulo acquirere seu recipere, sine consensu Archiepiscopi, etc.* [Ubi legendum *Societatem.*]

SCORIO, *Stultus, fatuus*, in Glossis Isidori. Addit Johann. de Janua : *Et derivatur a Scoria.* Eædem Glossæ, et Papias : *Scories, stulti, stolidi, fatui.* Ubi leg. *Scoriones.*

* **SCORIOBELLA.** Vide supra in *Scariobala.*

* **SCORIUM**, pro Corium, in Consuet. Norman. part. 2. cap. 2. ex Cod. reg. 4651.

Hinc *Scoherie*, Merx coriacea vel calceamenta, seu vectigal quod ex iis percipitur. Redit. comitat. Namurc. ann. 1289. in Reg. Cam. Comput. Insul. sign. *Le papier aux aysselles* fol. 73. r°. : *Encor i a li cuens le thounier de le noueve Scoherie.* Vide supra *Escoeria.*

SCORLITIUM. Vide *Superpellicium.*

¶ **SCOROFIO.** Vide infra *Scorpio* 3.

* **SCOROPETUM**, Ager *scopis* vel dumetis consitus. Charta ann. circ. 1070. tom. 1. Hist. Cassin. pag. 233. col. 1 : *Cum domibus et porticalibus, cum vineis et ortuis, cum campis et Scoropetis, cum terris sementaticiis et pascuis, etc.* Vide *Scopetum.*

* **SCORPENO**, Piscis genus. Tract. MS. de Pisc. cap. 88. ex Cod. reg. 6838. C : *Scorpius a nostris Rascasse dicitur, Massiliensibus Scorpeno.*

SCORPIACES. Lucifer Calarit. de Non parcendo in Deum delinq. pag. 244 : *Non, inquam, possumus metuere minas Imperii tui, quia nullæ sunt vires tuæ, Scorpiaces adversum nos, quos Dei virtute tegi cernas, quorum esse defensorem ac protectorem Deum advertas.* [F. *Scorpiax*, vel *Scorpio, es, etc.*]

1. **SCORPIO.** Papias : *Scorpiones, genus duplicis flagelli, vel magni fustes.* [Gloss. Lat. Gall. Sangerm. : *Scorpio, escorpion ou fouet.*] Magister quidam in Historiis, laudatus a Jo. de Janua, ad illud 3. Reg. cap. 12 : *Pater meus cecidit vos flagellis, ego autem cædam vos Scorpionibus : Scorpius est rubeus, aculeatus, vel flagellum virgarum nodosarum, vel scutica, habens in summitate glandes plumbeas, etc.* Ita sane Auctor Mamotrecti. Honorius in serm. de S. Laurentio : *Victima Christi in catasta extenditur, cum Scorpionibus, id est, flagellis, in modum Scorpionum aculeatis, cæditur.* Vide Baronium ad 12. Junii in Martyrolog. et Gallonium de Cruciatibus Martyrum pag. 88. edit. Paris.

2. **SCORPIO**, Telum militare, quod a Cretensibus inventum tradit Plinius lib. 7. cap. 56. [Gloss. Lat. Gall. Sangerm. *Scorpio, Saiette envenimée.*] Σκορπίδιον, inter machinas bellicas recensetur, ab Anonymo post Theophanem pag. 434. πυρόβολά τε καὶ λιθοβόλα, καὶ σκορπίδια. Vide Meursium, [et Gloss. mediæ Græcitatis.]

* Et Machina bellica, qua tela projiciuntur. Annal. Placent. ad ann. 1444. apud Murator. tom. 20. Script. Ital. col. 895 : *Scorpione seu balistra, etc.* Hist. Franc. Sfort. ad ann. 1428. apud eumd. Murator. tom. 21. col. 215 : *Ubi cassidem posuisset, Scorpionis cornu in caput percussus, interiit.* Ad modum ergo caudæ scorpionis cornutum erat ejusmodi telum; unde ip sius nomenclatura. Ejusdem fortasse originis navigium, quod *Escorpion* nostri appellabant. Guill. de Villanova in Hist. belli Ital. apud Marten. tom. 3. Anecd. col. 1525 : *Le prince trouva l'armée des Venissiens, qui estoient en nombre de vingt gallées et des autres navires Biscains et Espaigneulx, deux naves, deux gallions et deux Escorpions.*

3. **SCORPIO**, Scorofio, voces Agrimensorum. Siculus Flaccus de condit. agror. : *Congeries lapidum pro terminis observant, et Scorpiones appellant.* Idem : *Congeries lapidum acervatim congestæ, quos Scorpiones appellant.* Mago et Vegoia : *Congeries petrarum, quas Scorofiones vocamus.* Ita alibi non semel. [A Græco σκορπίος quo, teste Scaligero, significatur quidquid in metam aut conum fastigiatum est, ad modum caudæ scorpii : unde et tutulus capillorum in pueris sic vocabatur. Vide Alexandr. Explic. Tabular. Heliac. pag. 44.]

* **SCORPIONARIUS**, Scorpionista, Qui *scorpione* utitur in præliis. Annal. Placent. ad ann. 1483. apud Murator. tom. 20. Script. Ital. col. 970 : *Scorpionistas sive balistrarios, etc.* Col. 971 : *Alios levis armaturæ stipendiarios, vastatores, Scorpionistas et pilularios..... Levis armaturæ quamplurimos ac Scorpionarios et pilularios a vestigio transmittit. Cum equis quadraginta, decem Scorpionistis equestribus, etc.* ibid. col. 977.

¶ 1. **SCORTA**, Militum præsidium, comitatus, Gall. *Escorte.* Litteræ Richardi II. Reg. Angl. ann. 1398. apud Rymer. tom. 8. pag. 48 : *Quin potius, si egeant, eis in eorum agendis, ministrare dignemini consilium, auxilium, et favorem ac Scortam, salvumque et securum conductum, per passus, loca, etc.* Charta ann. 1440. ex Bibl. reg. : *Sibique de salvis conductibus, guidis, Scortis, et aliis necessariis, si petierit, moderatis sumptibus benevole providere* (velint.) Charta Caroli VII. Reg. Franc. ann. 1450. tom. 7. Spicil. Acher. : *Providentes sibi sumptibus eorum moderatis de salvo conductu, Scorta, hospitiis, victualiis, etc.* Rolandini Patav. Chron. apud Murator. tom. 8. col. 242 : *Data est ei Scorta et commeatus, donec ipse cum tota sua gente, cum armis et rebus suis securus ivit quo voluit.* Chron. Petri Azarii apud eumdem tom. 16. col. 393 : *Cogitavit dare Scortam cum victualibus.* Adde tom. 19. ejusd. col. 767. Bullar. Carmelit. part. 2. pag. 401. col. 2. Marten. tom. 2. Ampl. Collect. col. 1546. etc. Vide *Scortum* 1.

* Scortam Facere, Italis, *Far la Scorta*, Ducere, præsidium præstare, Gall. *Escorter.* Charta ann. 1370. apud Murator. tom. 2. Antiq. Ital. med. ævi col. 536 : *Promiserunt quoque præfati milites et scutiferi.... facere suprascriptas monstras, Scortas et cavalcatas ac custodias.*

¶ 2. **SCORTA**, pro Scortum, in Capitul. lib. 6. § 49 : *Nec ingrediatur eam* (Ecclesiam) *manzer, hoc est de Scorta natus.*

¶ 3. **SCORTA**, Sordes, purgamenta. Statuta Arelat. MSS. art. 184 : *Scorta lignorum omnium... prohiciatur juxta murum novum burgi.*

SCORTATORIUM, *Lupanar*, Ugutioni.

* **SCORTELLA**, Pera coriacea peregrinorum ; nisi sit pro *Scarcella*, eadem acceptione. Acta S. Peregr. tom. 1. Aug. pag. 79. col. 1 : *Denique secum tulit* (Peregrinus) *scalavinam* (f. pro sclavinam) *capellum, baculum, Scortellam et peram.*

¶ **SCORTEUM.** Vide infra *Scortisarius.*

1. **SCORTIA**, Vas olearium, eo quod sit ex corio factum, Isidoro lib. 20. Orig. cap. 7. et Papiæ.

* Vide supra *Scorcia.*

* 2. **SCORTIA**, Cortex, Ital. *Scorza*, Gall. *Ecorce.* Acta S. Pereg. tom. 1. Aug. pag. 80. col. 2 : *Scripsit totum cursum et seriem totius vitæ suæ in Scortia, id est, in spolio ligni.* Arest. ann. 1334. in vol. 1. arestor. parlam. Paris. : *Consergerius nostri regalis palatii Parisiensis est in possessione et saisina habendi..... gruagium..... ab omnibus carboneriis et hominibus facientibus aut portantibus carbones aut Scortias de et infra terminos, qui sequuntur, etc.* Vide supra *Escorça.*

¶ **SCORTIARE**, ut mox *Scorticare*, Excoriare, pellem detrahere, Gall. *Ecorcher. Scortiator*, Lanius, Gall. *Boucher.* Statuta Astens. cap. 12 : *Quod nullus becharius vel Scortiator audeat vel præsumat Scortiare aliquam bestiam bovinam, castratinam, ovinam, etc.* Vide *Scoriator.*

SCORTICARE, Excorticare, vel excoriare, virgis usque ad carnis excoriationem cædere. Concilium Liptinense ann. 743. cap. 6. et Capitula Caroli M. lib. 5. cap. 2. lib. 7. cap. 316. [** 400.]: *Et si ordinatus Presbyter sit, duos annos in carcere permaneat, antea flagellatus et Scorticatus videatur, et post Episcopus adaugeat.* [Burchardus in Lege familiæ : *Constituimus ut ei tollantur corium et capilli.* Statuta Riper. cap. 4. fol. 12 : *Quilibet becharii teneantur et debeant manifestare omnes bestias quas habent antequam fuerint Scorticatæ officiali super hoc deputato.*] Vide *Excoriare.*

SCORTICARIA, Retis species, qua capiuntur pisces in mari, juxta planum littus. Describitur a Petro de Crescentiis lib. 10. de Agricult. cap. 37. Vetus Gallicus Interpres vertit *Escorcherie.*

* **SCORTICATORIUM**, an Locus, ubi animalibus pelles detrahuntur? ab Italico *Scorticare*, pellem detrahere. Charta ann. 1382. tom. 3. Cod. Ital. diplom. col. 1572 : *Et quod super logiis duabus et gettis dicti pontis novi, sitis et positis juxta flumen Arni,...... quarum una tenet.... latus in Scorticatorio tabernariorum.* Vide supra *Escorcheria.*

SCORTICINIUM, πορνεία. Breviarium Capuanum, de S. Vitaliano Episcopo Capuano 16. Jul : *Consilio hoc inito, falsiloqui accusaverunt eum, Scorticinium cum meretricibus commisisse.*

SCORTILATUS, Morbus equinus, *cum junctura cruris juxta pedes læditur ex percussione, quam facit in aliquo loco duro, vel ex præcipitatione ejus in cursu vel motu, aut quia quandoque pes indirecte premitur versus terram.* Petrus de Crescentiis lib. 9. de Agricult. cap. 41.

SCORTISARIUS, Vestium scortearum confector. S. Hieronym. Epist. 60. cap. 3 : *Numquid coriarius aut Scortisarius erat, Deus, ut conficeret pelles animalium, et consueret ex eis tunicas pelliceas Adam et Evæ?* Gloss. Lat. Gr. : *Scortea*, δερματοχετῶν. *Scorteum*, σκύτινον, δερματικόν. [Festus : *Scorteum, pelliceum in quo sagittæ reconduntur, ab eo quod ex pellibus factum est.*]

* Ejusdem originis videtur esse vox Gallica *Escourseuil*, qua significatur, ni fallor, Sacci scortei species, in Lit. remiss. ann. 1404. ex Reg. 158. Chartoph. reg. ch. 342 : *Un Escourseuil, où furent enveloppez iceulx biens.*

¶ 1. **SCORTUM**, Militum præsidium. Vide *Scorta* 1. Amelgardi Excerpta ex Gestis Ludovici XI. Franc. Reg. apud Marten.

tom. 4. Ampl. Collect. col. 831 : *Erat tunc annona ubique cara, sed ex vectura et Scorto seu conductu, pretium ad tertiam partem vel amplius in civitate excrescebat.*

* Ductus, et præstatio quæ ob conductum pensitabatur, Ital. *Scorto.* Charta ann. 1198. apud Murator. tom. 2. Antiq. Ital. med. ævi col. 17 : *Promisit de cetero reddere domino papæ et ecclesiæ Romanæ medietatem de placitis, et bannis, et forisfactis, et de sanguine, et de plaza, et Scorto, et passagio, et ponte Reatinæ civitatis.*

2. **SCORTUM**, pro Puero meretricio. Utuntur Suetonius in Vitellio cap. 3. et Victor de Viris illustr. in Catone, et in Domitiano.

¶ **SCORZA**, vox Italica, Cortex, Gall. *Ecorce.* Statuta datiaria Riper. cap. 12. fol. 4. v°: *De qualibet stora Scorzarum a subris pro introitu soldi sex.* Vide *Scorcium.* Hinc

SCORZARE, Italica vox, Gallis, *Escorcer*, corticem auferre. Charta ann. 1345 : *Si quis Scorzaverit alienas vites, solvat pro pœna, etc.* [Statuta Montis reg. fol. 229 : *Et illæ arbores sint bannitæ, taliter quod qui inciderit, Scorzaverit, vel scalvaverit ipsas arbores, solvat bannum.* Vide *Scoarsare.*]

SCOT, Scotte, Scotum, Scottum, Contributio, *conjectus*, [Saxon. Scot, German. *Schoss*:] voces formatæ ex Anglo-Saxonico sceat, pecunia, census, pars, symbolum, quæ varie in libris scriptæ leguntur. [** Vide Graff. Thes. Ling. Franc. tom. 6. col. 557. voce *Scaz*, Schmeller. Glossar. Saxon. voce *Scat*, Haltaus. Glossar. German. col. 1646. voce *Schoss.*]

Scot. [Breviloquus Saxonicus MS. apud Eccardum in Notis ad Leg. Salic. pag. 174 : *Exactio dicitur, quando aliquis accepit a suis subditis minus juste, quod dicitur Teut. Scot.*] Matthæus Westmonasteriensis ann. 77 : *Ex Pictis et Hibernensibus Scoti originem habuerunt, quasi ex diversis nationibus compacti : Scot etenim illud dicitur, quod ex diversis rebus in unum acervum congregatur.* Charta Guillelmi Comitis Flandriæ pro confirmatione Consuetud. Audomarensis ann. 1127 : *Nullum Scot, nullam talliam, nullam pecuniæ suæ petitionem ab eis requiro.*

* Lit. remiss. ann. 1351. in Reg. 81. Chartoph. reg. ch. 87 : *Quia dictus Maulone noluit dicto Johanni de Duno regis Scotum suum, sive partem de hiis, quæ ibidem expenderant, se contingentem mutuare.* Serm. Gabr. Barel. in Septuag. fol. 2. v°. col. 2 : *In hac cœna peccator debet ponere tria Scota, scilicet contritionem, confessionem et satisfactionem.* Vide supra *Escotum.*

Scote. Leges Guillelmi Nothi : *Quod dicunt ane hlot, et ane Scote, persolvatur secundum Legem Anglicam.* Vide *Lot.*

Eschot, in iisdem Legibus Guillelmi cap. 2 : *Et cives non placitabunt extra muros civitatis, et sint quieti de Eschot et de Danegildo.* Brito in Vocab. : *Symbolum sicut dicit Glo. super Proverb. 23. vacantes potibus, et dantes Symbola, consumuntur, est collatio sermonum, ut in Consilio; vel pecuniarum, ut in præsenti loco (Proverb. 23.) Gallice dicitur Escoth.* Gloss. Lat. Gall. MS. Thuanum : *Symbolum, Esquot.* Le Roman d'*Auberi* MS :

Baron, dit il, mort sui et confondus,
Quant tant jai de mon lin ja perdu,
Dont ja Escot ne me sera rendu.

In Charta Philippi II. Imper. pro Leodiensibus, edita in Magno Recordo Leodiensi pag. 9. dicuntur cives Leodii esse immunes *de serviche, tailhe, et Escot. Escotier*, in Legibus maris Oleronensibus art. 41. *Payer son Escot.*

Scottum. Rastallo, *Scot*, est quietum esse de quadam consuetudine, sicut de communi tallagio, facto ad opus Vicecomitis vel Baillivorum ejus. Monasticum Anglicanum tom. 1. pag. 169 : *Sint quieti et soluti ab omni Scotto, geldo, auxiliis Vicecomitum, etc.* Occurrit alibi.

Scottum. Abbo lib. 2. de Obsidione Lutetiæ [** vers. 361. Vide ibi Pertzium.] :

His panem cupiens quædam componere, jussit
Vi sibi Scotta Danum deferri : namque Sacerdos
Templa tuens puteum vendebat ægris pretio amplo.

Rogerus Hovedenus pag. 461 : *Omne injustum Scottum interdixit.* Ordinatio Marisci Ramesiensis : *Foret baillivus ad Scotta pro reparatione a sustentatione walliarum.... assessa levandum.* Rursum : *Baillivus habeat pro labore suo dupla levanda, quæ tempore suo de Scottis assessis et levatis contingant.* Ibidem : *Statuerunt, quod quilibet Scottus assessus proclamaretur.* Hinc nota vulgaris apud nos formula, *Asseoir l'escot.*

Scotum, dicitur *Symbolum ad opus baillivorum Domini Regis*, Bromptono pag. 957. Charta Guillelmi Nothi pro fundatione Monasterii de Bello : *Ita liberum et quietum... scilicet ab omni geldo, et Scoto, et hidagiis, et Danegeldis, etc.* [** Alia Guillelm. II. pro eodem Monasterio apud Madox num. 285. pag. 176.] [Charta Willelmi Angl. Reg. apud Th. *Blount* in Nomolex. Anglic. : *Terram de Tanerham.... quietam semper et liberam ab omnibus Scotis et geldis (dedimus.)*] Ingulfus pag. 875 : *Et volo, quod dicti monachi sint quieti et soluti ab omni Scoto, geldo, auxiliis Vicecomitum, hidagiis, et a secta in schiris, etc.*

Scottare dicuntur tenentes de prædiis et agris; qui *Scoti* pensitationi sunt obnoxii. Charta Henrici II. Regis Angl. in Monastico Anglic. tom. 1. pag. 666 : *Et de tota terra sua extra burgum de Theodforde, de qua non Scottaverunt tempore Rogeri Bigot,... vel de aliqua terra, quæ est circa Theodfordam, prohibeo, ne Scottent.* Vetus Charta apud Somnerum in Tractatu de *Gavelkind* pag. 183 : *Super hoc sciendum, quod prædictus J. et hæredes sui Curiam nostram de Leysdun sequentur, et in auxiliis dandis et Scottis, sicut alii tenentes nostri, Scottabunt.* Vide G. Prynneum in Libertatib. Eccl. Angl. tom. 3 .pag. 215.

SCOTA. Patriarchium Bituricense cap. 30. ubi de S. Austregisilo ex ejus Vita : *Quidam etiam molendinarius... die dominico, temerario spiritu volens juxta suæ artis industriam emendare molam, accepto ancipiti ferro, quod vulgus Scotam vocat, cœpit eam terere.* Ex Lat. forte *Cos, cotis*, [*Scottam* editum apud Mabill. sæc. 2. Bened. pag. 98. et Bollandistas tom. 5. Maii pag. 231. ubi *Scottam* malleum ferreum ad molarem acuendum recte interpretantur. Vide *Scottæ.*] Vide in *Securis.*

SCOTALLUM, Scotale, Scotalium. Matth. Paris ann. 1213 : *Denunciatum est præterea Vicecomitibus, Forestariis, aliisque ministris Regis,.... ne a quoquam aliquid violenter extorqueant, vel alicui injuriam irrogare præsumant, aut Scotalla alicubi in regno facere consueverunt.* Charta Joannis Reg. Angl. de libertatibus Forestæ ann. 1215 : *Nullus Forestarius vel Budellus faciat de cætero Scotallum, vel colligat garbas, vel avenam, vel bladum aliud, vel agnos, vel porcellos, nec aliquam collectam faciat, etc.* Ubi Watsius, *Scotallum*, tabellam cerevisiariam interpretatur, ex *Scot*, Symbolum, et *ala*, cerevisia. Manwodus : *Scotall, dicitur, ubi saltuarius, aut quis forestæ minister tabernam tenens cervisiariam, infra metas forestæ, convolare huc ad pecuniæ suæ expensas homines cogit per circuitum, ne alioquin sibi forent in offensione.* Hanc sententiam improbat Spelmannus, præsertim quod *Scotallum* cum duplici *ll*, scribitur, *ala*, vero cum unico : censetque *Scotallum*, esse formatum ex *scot*, et *tallia*, i. tributum, exactio, nostris *taille* : sic ut *Scotallum* sit quasi *Scottallum*, i. pecunia vel rei alicujus exactio, redditio, contributio. Huic sententiæ concinit Brompton : *Scot, i. symbolum, ad opus Ballivorum D. Regis, et inde dicitur Scotale. Scotalis* igitur vox est generica, ut *garba scotalis*, in Fleta lib. 2. cap. 41. § 25. de qua in Charta forestæ laudata, quæ scilicet pro *Scoto* exigitur. Fatendum tamen particulatim *Scotallum* et *Scotalium* cervisiam significare, quam quidam fructuarii, seu convasalli, communibus expensis comparant, dominum suum, vel ejus vicarium excipere obligati, sive vox formata sit ex *scot* et *ala*, sive per se ejusmodi præstationi tributa sit. *Quietum esse a Scotallis regalibus*, in Monastico Anglic. tom. 1. pag. 922. Vetus Charta apud Somnerum in Tractatu de *Gavelkynd* pag. 29 : *Item, si dominus Archiepiscopus fecerit Scotall. infra boscum, quilibet terram tenens dabit ibi pro se et uxore sua 5½. ob. et vidua vel kotarius 1. ob.* Charta alia ibid. : *Memorandum, quod prædicti tenentes debent de consuetudine inter eos facere Scotalium de 16. den. et ob. ita quod de singulis 6. den. detur 1. den. ob. ad potandum bedello Domini Archiepiscopi supra dictum feodum.*

Utcumque sit de vocis etymo, id constat, in Conciliis Anglicanis, et Statutis Episcopalibus, *Scotallam* sumi pro compotationibus. Statuta Concilii Lambethensis ann. 1206. cap. 2 : *Prohibitionem Scotaliarum seu Scotallarum et aliarum potationum.... prosequentes, etc.... Communes autem potationes declaramus, quoties virorum multitudo numerum denarium excesserit, etc..... Communes potationes, quas Scotallas, mutato nomine, Caritatis, appellant, detestantes, etc.* Sarisberiense Concil. ann. 1217. cap. 11 : *Bannum quoque Scotallorum per sacerdotem fieri prohibemus, etc. Denuntiationes Scotallorum fieri in Ecclesia per laicos*, ibidem vetatur cap. 76. Synodus Wigorniensis ann. 1240. cap. 33 : *Nec compotationibus, quæ vocantur Scotalles, vel aliis inhonestis præsumant aliquatenus interesse.* Constitut. Walteri Episcopi Dunelmensis ann. 1255 : *Insuper et Scotallorum potationes, et ludos in locis sacris quoscunque.... interdicimus.* [Conc. incerti loci apud Marten. tom. 4. Anecd.

col. 158 : *Prohibemus quoque ne denuntiatus Scotallorum fiat in ecclesiis, vel per sacerdotem extra.*] Adde Statuta S. Edmundi Archiepisc. Cantuar. ann. 1236. cap. 6. Statuta Synodalia Episcopi anonymi ann. 1237. cap. de *Sententiis*, etc.

Scotallæ, Concilium Oxoniense sub S. Edmundo Cantuar. Archiep.: *Bannum quoque Scotallarum per Sacerdotem prohibemus, et si Sacerdos vel Clericus hoc fecerit, vel Scotallis intersit, canonice puniatur.*

SCOTARE, et Scotatio, quid sit, vel fuerit, apud Danos, docet in primis Andreas Suenonis Archiep. Lundensis lib. 4. Legum Scaniæ cap. 13 : *Quid sit Scotatio : In venditione terrarum ad translationem dominii, est necesse ut interveniat quædam solennitas, in quæ terræ modicum emptoris pallio extento manibus assistentium, qui si factum revocetur in dubium, perhibere possunt testimonium veritati, apponit venditor, qui designatam terram, quam distrahit in emptorem, in ipsius se transferre dominium profitetur : hæc autem solennitas ex vulgari nostro producto vocabulo competenter satis potest Scotatio nominari.* Et cap. 12 : *Reperitur et alius casus, in quo sufficit, quantumlibet brevis possessio, ad defensionem hujusmodi obtinendam, qua munitur emptor contra proprium venditorem, quibusdam pro jure volentibus observare : quod statim dimisso pallio post factam Scotationem, non possit venditor convictus duobus legitimis testibus, qui præsentes fuerunt, quod factum fuerat defiteri, sed cogatur potius adimplere.* Et paulo supra : *Dubitari solet, utrum in tali juramento debeat quoque Scotatio, quæ ad translationem dominii, præterquam in hæreditaria successione ubique requiritur, comprehendi.* Adde lib. 2. cap. 3. 7. lib. 4. cap. 17. Charta Kanuti Regis Danorum ann. 1184. apud Stephanium in Prolegom. ad Saxonem Grammaticum pag. 17 : *Mansionem nostram in Vucotorp, et aliam in Syndrup, quam Saxo Griis a patre meo emptam pro animæ suæ salute ipsis Fratribus Skottavit, etc.* Charta Christiani Ripensis Episcopi apud Pontanum lib. 7. Rerum Danicar. pag. 383 : *Hinc est, quod constare volumus universis, nos omnia et singula mobilia et immobilia inferius annotata.... secundum formam et regulam eis competentem Ripis in perpetuum faciendam, ac de consilio Archidiaconi pro tempore et Capituli ordinandum existentium contulisse, Scottasse et sub reali possessione tradidisse jure perpetuo possidenda.* Idem Pontanus pag. 392. recitat literas Erici Danorum Regis ann. 1303. quas *Scotationis literas* appellari ait, in qua hæc formula habetur : *Pro memoratis decem millibus marcarum argenti puri assignavimus, Scotavimus, et dedimus in solidum Domino Archiepiscopo et Ecclesiæ supradictæ.... prædictum herrid, pro dictis bonis Scotatum, ad nos et jus ad proprietatem nostram libere redeant ipso facto, etc.* Alia denique Waldemari Regis Daniæ ann. 1327 : *Ipsi Lundensi Ecclesiæ loco prædicti Roducherret, ut prius est expressum, absque alia omni Scotatione cedat, jure perpetuo possidendum.* Occurrit etiam hæc vox in cap. ex litteris 2. Extr. de Consuet. et apud Antonium Augustinum Antiq. Collect. 3. lib. 1. tit. 3. cap. 1. ubi Innocentii III. PP. esse dicitur, et ad Archiepiscopum Lundensem scripta Epistola.

Loccenius lib. 2. Antiq. Suecic. cap. 16. ait, *Scotationem* esse vocem Sueco-Gothicam, et significare tactum baculi : vel pulveris, aut partis terræ venditæ in sinum excussio aut immissio, quæ erant symbola traditionis. Agunt præterea, et conjecturas alias proferunt de hujus vocis origine ac notione Cujacius lib. 1. Observ. cap. 18. Jo. Costa ad tit. Decretal. de Pact. Franciscus Florens. tract. 4. ad tit. 4. de Consuetud. lib. 1. Decretal. [Altaserra in Decretal. Innoc. lib. 1. tit. 4. cap. 2.] et Innocentius Cironus lib. 1. Observ. cap. 9. quos consule, si lubet; sed inprimis Stiernhookum lib. 2. de jure Sueonum vetusto cap. 5. Vide *Scot.*

* Verelius in Ind. linguæ Gothicæ : *Skota, Certa ceremonia fundum venditum in potestatem emtoris transferre, ita ut pulverem fundi venditi in gremium ejus conjiciat.* Skotning, skaft oc skotning oc stongfall, *Legitima venditio et translatio fundorum. Skotatio, vox ex Scandica barbaro-latina, derivatur a Skotting, gremium, Schoos.* Martin. in Vocabul. MS. jur. canon. : *Signum, quod Scotatio dicitur, est evidens donationis argumentum.* [** Vide Grimmii Antiq. Jur. Germ. pag. 116.]

¶ **SCOTATUS**, Incisus in orbem diminutus, Gall. *Echancré, Ecolleté.* Conc. Tarracon. ann. 1591. inter Hisp. tom. 4. pag. 615 : *Neque clerici... deferant.... sayones Scotatos,... neque sotulares apertos sive Scotatos, nec cum scissuris, etc.*

* Formulæ MSS. ex Cod. reg. 7657. fol. 34. v°. : *Invenimus.... unum hominem mortuum, cum.... caligiis de blanqueto ac sotularibus Scotatis. Souliers Escolletez* dicuntur. in Lit. remiss. ann. 1387. ex Reg. 130. Chartoph. reg. ch. 212 : *Troiz paires de souliers de corduan Escolletez. Escotu* vero dici videtur de baculo certa ratione inciso, in aliis Lit. ann. 1472. ex Reg. 195. ch. 713 : *Pierre de Bailleul..... ayant ung baston de pommier Escotu en sa main, etc.*

¶ **SCOTE.** Vide supra in *Scot.*

SCOTELLA. Vide *Scutella.*

¶ **SCOTERIA**, Scoterii. *Clerici de Scoteria*, qui fuerint facile colligitur ex Statutis MSS. Capituli Audomar.: *Statuimus quod receptor bursæ anniversariorum juxta posse satisfaciet plenarie et sine diminutione canonicis, vicariis, capellanis et clericis de Scoteria ac aliis de obitibus et anniversariis per eosdem lucratis... Statuimus et ordinamus quod præpositus, decanus, cantor, canonici, capellani, vicarii, clerici domus Scoteriæ et alii habitum ecclesiæ deferentes, etc. Volumus autem quod prædicti capellani percipientes distributiones in choro tam Scoterii quam vicarii habeant celebrare Missas suas etc. Circa clericos autem de Scoteria statuimus.... quod nullus eorum extra domum prædictam pernoctare præsumat, quodque nullus ad eamdem post pulsum campanæ dictæ Varde cloque per receptorem domus admittatur... Item deservient dicti clerici de Scoteria hoc modo, videlicet quod a festo sancto Paschæ usque ad festum O. SS. recipiet quilibet eorum* IV. *marellos pro die interessendo divinis.... a festo O. SS. usque ad festum Paschæ...* V. *marellos.... de quibus* IV. *marellis pro prandio solvet* II. *marellos, et* I. *pro cœna receptori domus; alioquin a comestione prandii et cœnæ privabitur. In fine cujuslibet hebdomadæ omnes suos marellos quos habuerint residuos... receptori domus reddere teneantur, etc.* Vocis originem haud dubie habes in voce *Scot.* Hi enim ad victum quotidianum de acceptis marellis symbolas receptori dare tenebantur. Usum vocis hujus apud Audomarenses probat Charta Guillelmi Comitis Flandriæ supra in *Scot* laudata.

¶ Scoteria dici videntur agri, qui *Scoti* pensitationi obnoxii sunt, vel quorum fructus in æquales portiones dividuntur, nisi sit nomen loci proprium in Charta Ingelranni Decani Ambian. ann. 1178. ex Tabul. Corbeiensi : *Wimarus sub fidei religione promisit quod in duabus partibus totius decimæ de Maiseroles nihil amplius reclamabit, nec in decimis de Scoteriis.*

SCOTI, dicti non modo Scotiæ incolæ, sed et Hiberni. Ita Beda lib. 1. cap. 1. ait Hiberniam *proprie patriam esse Scotorum.* Eadem habet Radulfus de Diceto ann. 1186. Brompton. de Hibernia : *Dicta est etiam aliquando Scotia, a Scotis eam inhabitantibus, priusquam ad aliam Scotiam Britannicam devenerunt. Unde in Martyrologio legitur, Tali die apud Scotiam Natalis S. Brigidæ.* Idem Radulfus de Diceto, de Hibernia : *Hæc autem proprie patria Scotorum est.* [Itiner. Dermatii cujusdam apud Marten. tom. 1. Anecd. col. 342 : *Nec miremini quod mihi via ista est; etenim etsi Hybernensis sum, etsi sum Scoticus, etc.*] Chronicon Magdeburgense MS. ex Bibl. S. Germani Paris. ann. 952 : *Sinistrorsum habens Hiberniam Scotorum patriam, quæ nunc Irland dicitur.* Papias : *Scotia eadem Hibernia, etc.* [Vita S. Findani tom. 1. Rer. Alaman. part. 2. pag. 205 : *Vir igitur quidam nomine Findan, genere Scottus, civis provinciæ Laginensis.* Mox : *Prædicti ergo viri* (Findani) *sororem, gentiles, qui Nordmann vocantur, plurima Scotiæ insulæ, quæ et Hibernia dicitur, loca vastantes inter alias feminas adduxere captivam.* Vita S. Fridolini ibid. pag. 384 : *Sanctus Fridolinus ex Hibernia inferioris Scotiæ oriundus, etc.*] Vide præterea eumdem Bedam lib. 2. cap. 4. lib. 3. cap. 19. Camdenum in Hibernia, Usserium de Primord. Eccles. Britann. pag. 579. 587. 593. Richardum Staniburstum lib. 1. de Rebus Hibern. Patricium Flemingum ad Vitam S. Columbani pag. 272. Gratianum Lucium in Cambrensi everso cap. 14. et alios, qui ab eodem Lucio ibidem laudantur. [Le Roman *de Vacce* MS :

Miex voulsisse estre à Loudre o les Escos.]

* Vide supra *Escotus.*

Scoti Peregrini, non modo Scoti germini; sed et Hiberni. Vita B. Mariani Abbatis Ratisponensis n. 2. de Scotis : *Sed fortuitu aliquis zelo pietatis bono in peregrinos, sive notam inconstantiæ eis infligens, sciscitabitur, unde est, et unde mos iste inolevit, quod de finibus Hiberniæ præ cæteris gentibus limina sanctorum per universum orbem, diris sæpe frigoribus, ac æstivis solibus peregrinantur, etc.* Scotorum peregrinandi studium sugillat Auctor versuum in fronte libri Bibliorum descriptorum apud Baluxium post Capitul. Regum Franc. pag. 1572 :

Ante Brito stabilis fiet, vel musio muri
Pax bona, quam nomen desit bonusque tuum.

Britonum enim voce Scotos designant : quanquam Britones Anglicos peregrinationibus operam impendisse, et sanctos Apostolos crebrius visitasse constet, quod tum primum cœpisse circ. ann. 700. scribit Stephanus Eddius in Vita S. Wilfridi cap. 3. Vide Bollandum in Commentario prævio ad ejusdem S. Vitam n. 1. 2. 3. 4. etc. Petrum Damian. lib. 1. Epist. 8. pag. 29. Gretzerum in Observ. ad Philippum Eystetensem cap. 19. et quæ observavimus ad Joinvillam pag. 33.

Scotorum Hospitalia. Vide *Hospitale*.

¶ **SCOTICA**, Ligo. Vide *Fossorium*.

¶ **SCOTOMA**, Gr. σκότωμα, Capitis vel oculorum vertigo, visus obtenebratio et hebetudo. Isidorus lib. 4. Orig. cap. 7 : *Scotoma ab accidente nomen sumpsit, quod repentinas tenebras ingerat oculis cum vertigine capitis.*

¶ Scotomia, Eadem notione. Glossæ ad Alex. Iatrosoph. lib. 2. Passionum : *Casus, i. Scotomiam, quia omnia videntur eadem.* Arnolfus in Vita B. Ramuoldi sæc. 6. Bened. part. 1. pag. 14 : *Demum tam gravem sub vitio pituitæ vel Scotomiæ incidit tentationem, quo ceteris membris officia sua sat vivide gerentibus, oculorum suorum penitus amiserit lumen.* Ubi aliena manu in MS. scriptum *Scotomiæ* monet Mabill. *Scotoniæ* minus bene editum apud Bolland. tom. 3. Junii pag. 415.

¶ Scotomaticus, Qui vitio *Scotomatis* laborat. Aldhelmus de Virg. cap. 11 : *Etiam perfectorum palpebræ graviter grossescunt, et qui putabantur pudicitia præditi, dum sæpe humanum fallitur judicium, quasi Scotomaticorum lumina tenebris obturantur. Scotomatica passio*, morbus ipse. Mirac. S. Bertini sæc. 3. Bened. part. 1. pag. 131 : *Pæne exanimis ante in terram proruit, nequaquam ut passione Scotomatica ictus, sed pro animæ illius (ut postea claruit) salvatione, immo magis nominis Dei laude, ipsiusque dispositione luminum delectabilium visu privatus, ac bimatu vel eo amplius in hujus cæcitatis permansit amaricatu.*

¶ Scotomare, Circumvertere, vertigines procreare. Theod. Priscian. de Diæta cap. 12 : *Salsum vinum caput Scotomat.*

¶ **SCOTOMATUS**. Papias MS : *Arotheus interpretatur Scotomatus.*

¶ **SCOTOMIA**, Scotonia. Vide *Scotoma*.

¶ **SCOTOPITÆ**, Hæretici. Vide *Circellio*.

¶ **SCOTTA**, ut supra *Scota*. Vide ibi.

SCOTTÆ. Charta Henrici II. Regis Angl. in Monastico Anglic. tom. 2. pag. 978 : *Ex dono Valonis medietatem Scottarum juxta Sotomagum.* [Exstat hæc eadem Charta tom. 3. Chartul. Gemmet. pag. 31. ubi *Scotarum* legitur. Haud scio an idem sit quod *Scotallum*. Vide in hac voce.]

¶ **SCOTTARE**, Scottum, Scotum. Vide *Scot*.

¶ **SCOTTONA**. Convent. civit. Saonæ ann. 1526 : *Pro unaquaque vitella, denarios triginta unum cum dimidio, pro unoquoque bove, et qualibet Scottona, grosses tres, etc.*

¶ 1. **SCOTUS**, Monetæ species. Charta Bolkonis Ducis Silesiæ ann. 1299. apud Ludewig. tom. 6. Reliq. MSS. pag. 375 : *Item.... nostram villam.... singulis annis in festo S. Michaelis archangeli octo maldratus et novem Scotos currentis monetæ solventem censualiter.... damus in perpetuum possidendam.* Charta alterius Bolkonis itidem Ducis Silesiæ ann. 1397. ibid. pag. 421 : *Quandam suam villam.... singulis annis sex marcas et novem Scotos plene solventem in censu* (vendidit.)

* Leg. portor. Bojor. apud Oefelium tom. 1. Script. rer. Boicar. pag. 718. col. 1 : *Pro theloneo semidragmam, id est, Scoti* 1. Nostris etiam nota nomine *Scote*. Lit. remiss. ann. 1471. in Reg. 195. Chartoph. reg. ch. 620 : *Le suppliant esperant estre bon amy acquis de Grant Jehan, lui offrit prester trois Scotes ou testars, pour aider à payer sa perte.*

* Scottus, Eadem notione, in Stat. Casimiri ann. 1347. inter Leg. Polon. pag. 30 : *Petram (recepit) in qua fuerunt tres Scotti grossorum.*

¶ 2. **SCOTUS**, Ludi genus. Adrianus de Veteri-Busco in rebus Leodiens. apud Marten. tom. 4. Ampl. Collect. col. 1313 : *Primi igitur invenerunt aliquos dormientes super scamna, et aliquos ludentes ad Scotum, qui nihil suspicabantur mali.*

* *Scouz*, eadem notione, in Charta ann. 1331. tom. 2. Hist. Leod. pag. 415 : *Item avons ordineit qu'il ne soit nulz, que de ce jours en avant qui joue ens le cloestres ou chimiteires de egliez de Liege aux deis, aux Scouz, aux hochez, etc.*

* **SCOUALIUM**, Sordes quævis, purgamenta. Stat. Taurin. ann. 1360. cap. 94. ex Cod. reg. 4622. A : *Item quod nulla persona ponat leamen, paleam, vel burdicium sive Scoualium domus, vel aliquid aliud sordium projiciat in mercatum.* Vide supra *Scoba* 1.

¶ **SCOVARE**, pro *Scobare*, Scobis purgare, verrere in Statutis Asteus. collat. 19. cap. 15. Vide *Scoba*.

* Scovare, pro *Scopare*, Scopis seu virgis aut flagellis cædere. Stat. contra Flagellantes ann. 1269. apud Murator. tom. 6. Antiq. Ital. med. ævi col. 471 : *Item statuunt, præcipiunt, et bannum imponunt, quod si quis civis, comitatinus, vel forensis se Scovaverit in aliqua parte civitatis vel districtus Ferrariæ, de die vel de nocte; si fuerit miles, puniatur in quingentis libris Ferrar. si vero fuerit pedes, puniatur in ducentum libris Ferrar.* Vide in *Scopæ*.

* **SCOUTETA**, Scoutheta, Prætor, præfectus, ballivus, judex oppidi, idem qui *Scultetus*. Vide in hac voce. Charta Phil. comit. Fland. pro Libert. castel. Brug. ex Cam. Comput. Insul. : *Homo liber submonitus ad lapidem,..... Scoutetæ respondebit.* Alia Joan. abb. S. Winnoci in Chartul. S. Bert. Audomar. pag. 214 : *Dominus castellanus A. de Bergis......, de advocatura, quam in eis* (villis) *reclamavit, vobis et Scouthetæ de Archas quitas clamavit.*

¶ **SCOZWINA**. Vide infra *Scrozwin*.

¶ **SCOZZA**, *Plaguncula*, in Gloss. Mons. apud Schilter. in Gloss. Teuton.

¶ **SCRAGÆ**, Fulcra, Teuton. *Schrage*, Latinis est capreolus, Gall. *Chevron*. Acta S. Gudwali tom. 1. Jun. pag. 748 : *Sustentaria scrinii, quas Scragas dicunt, tenens, sensimque in sursum repebat.*

SCRAITE, *Despecte, nugatorie.* Papias MS. et edit.

SCRAMA, Spathæ latioris species, qua cæsim vulnus infligebatur, quod *Schramme* dici annotat Kylianus : unde apud nos, qui hac ratione vulnera infligunt, *Escrimer* dicuntur. Lex Wisigoth. lib. 9. tit. 2. § 9 : *Sic quoque ut unusquisque de his, quos secum in exercitum duxerit, partem aliquam zavis vel loricis munitam plerosque vero scutis, spatis, Scramis, lanceis, sagittisque instructos,... habuerit.* Hinc

Scramasaxus, Cultellus vulnificus, German. *Schramsax*. Gloss. Theotiscum Lipsii, *Scher-sahs, novacula*. Gregorius Turon. lib. 4. Hist. cap. 46 : *Cum cultris validis, quos vulgus Scramasaxos vocant, infectis veneno... utraque ei latera feriunt.* Ubi Gesta Francor. cap. 32. habent *Scramaxaxos*. Eadem Gesta cap. 35 : *Pergentibus reliquis personis ad metata sua, ipsi gladiatores percusserunt Regem in alvum Scramsaxis.* Vox confecta ex *Scrama*, et *Saxa*, de qua postrema voce supra egimus : quæ spatam cum mucrone et cuspide denotat. Somnerus ex Saxonico deducit s c e r s æ x, illud vero ex s c e a r a n, tondere, et s æ x, cultrum, novacula. [** Vide Graff. Thesaur. Ling. Franc. tom. 6. col. 581. et 90.]

* Rorico tom. 3. Collect. Histor. Franc. pag. 15 : *Cultellos permaximos, quas vulgariter Scramsaxos corrupto vocabulo nominamus, etc.*

SCRAPEDUS, *Scabiosus*. Papias MS. et edit.

SCREA, *Pituita*, in Glossis Isid. [Ita etiam Papias; at Constantiensis : *Screta, pituita.*] Catholicon parvum : *Screa, Escume, crachat.* [Gocelinus in Translat. S. August. Cantuar. tom. 6. Maii pag. 428 : *Sensi luridam pituitam a corde extrusam, faucibus oberrantem. Hanc erecto corpore uno totu valide excreans, super adjacentem viridis herbæ fasciculum ejecti.... Interea equus meus, haud vilis pretii, dum cum apposita herba ipsam injectam Scream avido ventri admittit, extemplo velut transfixus cuspide exilit, furit, fremit.* Vide *Crea* 1.]

* **SCRENELLUS**, pro *Crenellus*, Gall. *Creneau*. Vide infra in *Scutum*.

SCREO, Screona, Screuna. Lex Salica tit. 14. § 1 : *Si tres homines ingenuam puellam de casa aut de Screona rapuerint, etc.* Tit. 29. § 33 : *Si quis Screonam, qua clavem habet, effregerit, et aliquid furaverit, etc.* § 35 : *Si vero Screonam, quæ sine clave est, effregerit.* Ubi monet Bignonius legi in Cod. Thuano *Screuna*. Lex Frisionum tit. 22 : *Qui Screonem effregerit.* Ex his emendare licet Capitulare de Villis cap. 49 : *Ut genitia nostra bene sint ordinata, id est, de casis, pistis, et tuguriis id est Screones et sepes bonas in circuitu habeant, et portas firmas, qualiter opera nostra bene peragere valeant.* Legendum enim *Screones*. Sed quid hæc vox sonet, non constat inter interpretes. Sicama in Lege Frisionum *Screonem*, scrinium esse censet : quo modo legitur in Lege Burgund. tit. 29. § 3. edit. Tilianæ et Lindenbrogii : *Effractores omnes, qui aut domos aut Scrinia expoliant, jubemus occidi.* At Pithœus ad Legem Salicam, hoc loco legit *Screunias :* aitque *Escrenes* etiamnum hodie rusticis Campanis dici cameras illas demersas in humum, multo insuper fimo oneratas, in quibus hyeme puellæ simul convenientes pervigilant ad mediam noctem; [eodem nomine vocantur Divionensibus rusticis ejusmodi pervigiliæ; ut ex libro, quem *Tabourot* inscripsit, *Ecraignes Dijonnoises*, colligitur.] Quod ex Taciti loco jam olim Germanis in usu fuisse collegit Hieronymus Bignonius. Addit Wendelinus Taxandris *Scrane* denotare tugurium opere subitario in metam acuminatum condendis frugibus vel fœno. At *Screones* ex Capitulari de Villis videntur fuisse, idem quod sepes, quibus rusticæ curtes clauduntur, quomodo *Scrancke*, vallum, septum, conseptum, vocant Teutones, apud Kilianum. Ut se res habeat, ex Salica Lege aliud esse a scrinio, et pro quodam ædificio usurpari satis patet. [Vide Notas Eccardi ad Pactum Leg. Salicæ tit. 14. § 1.] [** Graff. Thesaur. Ling. Franc. tom. 6. col. 582.] Neque aliud videtur

Scrua, in Capitulari de Ministerialibus Palatinis edito a Baluzio Capitul. tom. 1. col. 341. cap. 2 : *Ut Ratbertus actor per suum ministerium, id est, domos servorum nostrorum, tam in Aquis, quam in proximis villulis nostris ad Aquis pertinentibus, similem inquisitionem faciat : Petrus vero et Gunzo per Scruas et alias mansiones servorum nostrorum similiter faciant.* [** Pertz. Leg. tom. 1. pag. 158. *actorum* habet pro *servorum* hoc ultimo loco.]

¶ **SCRETA**. Vide supra *Screa.*

¶ **SCREUNA**. Vide *Screo.*

¶ **SCRIBA**. Gesta Hugonis Episc. Cenoman. apud Mabill. tom. 3. Analect. pag. 352 : *In domo Nicolai præpositi fantasia, quod in libris gentilium faunus solet appellari ... sæpe testarum fragmentis, seu quibuslibet Scribis immundis jaculatoribus admirantibus et incredulis illudebat.* Ubi legendum censeo *Scrupis.*

¶ **SCRIBÆ**, Iidem qui infra *Scribones;* viri certe non vulgaris dignitatis, ut ex Canonibus Hibern. colligitur, apud Marten. tom. 4. Anecd. col. 6 : *Sanguis Episcopi vel excelsi Principis, vel Scribæ, qui ad terram effunditur, etc. Omnis qui ausus fuerit ea quæ sunt Regis, vel Episcopi, aut Scribæ furari, aut rapere, aut aliquid in eos committere, parvipendens despicere,* VII. *ancillarum pretium reddat, aut* VII. *annis pœniteat cum Episcopo vel Scriba.* [** Ingulf. Histor. Croyl. fol. 514 : *Factus ibidem Scriba ejus* (Guillelmi Bastardi) *pro libito totam comitis curiam ad nonnullorum invidiam regebam, quosque volui humiliabam et quos volui exaltabam.* Notit. Placit. in Abbrev. Placit. pag. 82. ann. 13. Johann. reg. Angl. Northt. rot. 5 : *Henricus rex avus dedit.... ecclesiam de Nessinton..... sicut Leningus Scriptor regis unquam melius et honorabilius tenuit.* Vide *Capellani*, 1.]

¶ Scribæ, Notarii publici, tabelliones. Leges Liutprandi [** 90. (6, 37.)] apud Murator. tom. 1. part. 2. pag. 68 : *De Scribis hoc prospeximus, ut qui chartam scripserit, sive ad Legem Langobardorum, quæ apertissima, et pene omnibus nota est, sive ad Legem Romanorum, non aliter faciant, nisi quomodo in illis Legibus continetur.* Adde [** ejusd Liutpr. Leg. (4,4.)] 22. Capitul. 1. Caroli M. ann. 805. § 3. etc. Glossar. med. Græcit. col. 1400. voce Σκρίβας.

* **SCRIBANARIA**, *Scribæ* seu notarii officina, Charta ann. 1459. inter Probat. tom. 3. Hist. Nem. pag. 288. col. 1 : *In Scribanaria notariorum curiæ præsidialis Nemausi, etc.* Vel idem quod mox

SCRIBANIA, Tabularium forense, Gallis *Greffe : Escrivenage*, in Assisiis Hierosol. cap. 8. ubi de officio Senescalli. Charta ann. 1259 : *Vendimus... totam Scribaniam Vicariæ civitatis Majoricarum, quam incontinenti tibi tradimus cum omnibus libris et scripturis... et cum sigillo Curiæ Majoricarum.* Charta Petri II. Regis Arag. ann. 1283. pro libertatibus Catalaniæ : *Restituimus plene ac libere Notarias, seu Scribanias, locis religiosis, Baronibus, Militibus, etc.* Alia : *Notarii regentes Scribanias.* [*Notairies*, in Statuto Philippi V. ann. 1318. tom. 1. Ordinat. Reg. Franc. pag. 663. Mandatum Caroli IV. ann. 1322. ibid. pag. 773 : *Cum... per nos etiam ordinatum fuerit ut scripture, sigilla, Scribanie, etc.* Ogerii Panis Annal. Genuens. apud Murator. tom. 6. col. 407 : *Excepta cabella salis,.... introitus Tyri, Scribania Septæ et Buzeæ, quæ possint vendi in publica callega usque ad annos duos.* Iidem Annal. Nicolai Guercii ibid. col. 541 : *In officio vero Scribaniæ pertinentis ad officium palatii, etc.* Adde tom. 9. Spicil. Acher. pag. 127.]

¶ Scrivania, in Statutis Communit. Genuens. lib. 4. cap. 64. fol. 116. v° pluries occurrit eadem notione, ab Ital. *Scrivania.*

* Unde nostratibus *Scribanie*. Reg. Cam. Comput. Paris. sign. A. 2. ad ann. 1321. fol. 39. v° : *A Barthelemy de Vyr fut renouvelé l'office de le Scribanie de le court de Figiac.* Charta ann. 1467. in Reg. 194. Chartoph. reg. ch. 267 : *La Scribanie ou grefferie de la court du baille et consulat de la mer de nostre ville de Coulieure, etc. Escripveinie*, eadem acceptione, in Charta ann. 1401. ex Reg. 156. ch. 302 : *Plusieurs fermes de Villeroyal, comme la baillie, l'executoire, et l'Escripveinie, etc.* Vide infra *Scriptoratus.*

¶ **SCRIBANS**, Scriba, Gall. *Greffier.* Regest. 1. feudorum Campaniæ fol. 73 : *Forisfactum quod non montabit plusquam* xx. *solidos, eschivabunt præpositi et Scribantes, et duo probi homines villæ quos domina Comitissa ad hoc faciendum apponet.*

* Glossar. Provinc. Lat. ex Cod. reg. 7657 : *Scrivan, Prov. scriptor, scriba.*

SCRIBANUS, Scriba navis, Italis *Scrivano*, nostris *Escrivain :* qui in *quaterno*, seu *capitulari*, merces omnes, quibus onerata est navis, *naulum, quod Patroni debent habere a naulizantibus*, victualia et alia ejusmodi describit. Vide Statuta Venetor. lib. 6. cap. 68. et 75. Sanutum lib. 2. part. 4. cap. 10. pag. 63. cap. 15. 20. etc. Habuerunt etiam veteres *Scribas* suos nauticos, de quibus Festus, Plautus, et Eustathius ad Odiss. 8. Vide Schefferum lib. 4. de Militia navali cap. ult. extremo.

☞ Pro *Scriba*, Gall. *Greffier*, occurrit in Annal. Genuens. Caffari apud Murator. tom. 6. col. 247 : *Consulibus vero, audito consilio consiliatorum, palam coram consiliatoribus, Guillelmo de Columba publico Scribano præceperunt, ut librum a Caffaro compositum et notatum scriberet, et in communi Chartulario poneret.* Statuta Astens. Collat. 5. cap. 3. fol. 20. v° : *Juro facere jurare Scribanos Communis ostendere universa scripta quæ habuerint, etc.* Charta ann. 1320. ex Tabular. Massil. : *Et præpositus vester unus Scribanus, etc.*

¶ **SCRIBARIA**, Officium Scribæ, Gall. *Greffe.* Statuta Eccl. Barcin. ann. 1341. apud Marten. tom. 4. Anecd. col. 622 : *Item, statuimus quod nec nos Episcopus, nec capitulum, nec aliquis prælatus vel alia singularis persona de capitulo bajulias, Scribarias seu alia officia,... possimus de cetero alicui personæ concedere... ad vitam.* Vide *Scribania.*

** **SCRIBENONES**, Per contemptum Scribæ, libellarii imperiti. Charta Conradi Archiep. Mogunt. ann. 1423. apud Guden. Cod. Dipl. tom. 4. pag. 151 : *Propter imperitiam hujusmodi Scribenonum multociens corrumpuntur registra.*

¶ **SCRIBERE**, pro Inscribere, in Cod. Theod. tit. 4. leg. 13. lib. 6. et tit. 1. leg. 31. lib. 15.

SCRIBONES, apud Theophylactum Simocattam lib. 1. cap. 4. Suidam, in Glossis Basilicorum, dicuntur τῶν σωματοφυλάκων τοῦ Βασιλέως ὑπερφερόμενοι. Ita etiam fere idem Simocatta lib. 7. cap. 3. et lib. 8. cap. 5. *Scribones* vero ab Imperatoribus in provincias mitti solitos ad mandata perferenda vel exequenda, legimus apud Gregorium M. a quo *viri magnifici* indigitantur lib. 8. Epist. 57. 60. 61. lib. 12. Epist. 30. Anastasium Biblioth. in Vigilio, et in Theodoro PP. in Hist. Miscella lib. 16. pag. 458. edit. Canisii, apud Theophanem in Mauricio, Eustathium in Vita Eutychii Patr. CP. num. 70. etc. Atque inde forte *Deputati* iidem appellati, ut est apud Leonem in Tacticis cap. 4. § 15. Tametsi aliud muneris habuere *Deputati* isti militares, ut qui vulneratos milites curarent, proindeque vice medicorum essent. [Vide *Scribæ.*] Glossar. med. Græcit. col. 1400. voce Σκρίβωνες.

* **SCRIBTURARIUS**. Vide infra *Scripturarius.*

¶ **SCRICTOFINNI**. Vide *Scrikkofinni.*

¶ **SCRIGNOLUS**, Scrignus, Arca, arcula, Gall. *Coffre, Coffret*, Italis *Scrigno, Scrignolo.* Castellus de Castello in Chron. Bergom. apud Murator. tom. 16. col. 893 : *Die Lunæ* XXVI.... *commissum fuit furtum in domo .... in qua domo rumperat unum Scrignolum, in quo erat numerus florenorum* LXXXVI. *etc.* Ibidem col. 949 : *Invenerunt in ipsa turre... unam quantitatem frumenti, et certos lectos, et Scrignos, etc.* Vide *Scrinium.*

¶ **SCRIKKOFINNI** dicti Septentrionales populi, apud Paulum Warnefridum de Gest. Longobard. lib. 1. cap. 5. a Teuton. *Scrikken*, Salire, ut vult Schilterus, quod saltibus utentes arte quadam ligno incurvo ad arcus similitudinem feras assequuntur. Hinc potior videtur hæc lectio : alii quippe legunt, *Scrictofinni, Scrifinii*, vel *Scriphinii*, et *Scritobini.* [** Vide Zeuss. de popul. German. pag. 684.]

* **SCRIMA**, *Prov. Gladiatura. Scrimar, gladiare. Scrimayr, gladiator, palastrinator*, in Provinc. Glossar. cod. reg. 7657. Vide in *Scrama*. [** Graff. Thesaur. Ling. Franc. tom. 6. col. 546. radice *Scirman*.]

¶ **SCRIMALIA**. Vide *Serimalia*.

* **SCRIMALIS**. Vide infra *Serimalia*.

SCRIMATUR, *Rugit, aut bucinat*. Papias MS. et edit.

* **SCRIMITOR**, Gladiator. Inventar. MS. thes. Sedis Apost. ann. 1295 : *Item duo venatores de argento in equis, et quatuor Scrimitores, qui fuerunt de quadam cupa magna*. Vide supra *Scrima*.

* 1. **SCRINARIUS**, *Scriniorum* seu arcarum opifex. Comput. ann. 1479. ex Tabul. S. Petri Insul. : *Item, Maturino Mortrel Scrinario, pro novem foliis seu asseribus, etc.*

¶ 2. **SCRINARIUS**, ut *Scriniarius*. Vide *Scrinium*.

SCRINDUS. Testamentum Riculfi Episcopi Helenensis ann. 915. apud Baluzium : *Scrindos paria* 1. *ad vestimenta sacra salvandum*. Sed legendum *Scrinios*, pro *scrinia*.

¶ **SCRINEUM**, Scrineus. Vide *Scrinium*.

SCRINGÆ. Vetus Agrimensor [** Goes. pag. 304.] : *Alioqui, qui nesciunt, quid est in lectionibus, negant esse in finibus constitutos. Is in tempore, quando milites occidebantur in bello publico, alibi, qui maxime non ponebantur, nisi circa fines et in centuriis : et quando milites ponebant, tantos lapides figebant. Ideoque Scringis et allabinibus et centuriis signa proponebantur*. Vide conjecturas Rigaltii.

* **SCRINIA**, ut *Scrinium*, Feretrum, in quo reliquiæ sanctorum reconduntur. Advent. reliq. S. Gerulfi tom. 6. Sept. pag. 266. col. 2 : *Unde clerus, cum populo ipsius cœnobii, Scriniam cum corpore S. Gerulphi martyris, per singulas Flandriæ parrochias deportare sapienter decrevit*. Occurrit rursum infra.

* **SCRINIALIS**, idem qui *Scriniarius*, in ecclesia Romana. Vide in *Scrinium*. Charta Joan. XII. PP. qua Dunstano Cantuar. archiep. pallium concedit, ex Pontif. antiquissimo Bibl. reg. sign. 943 : *Et hoc scriptum est per manus Leonis Scrinialis sedis Apostolicæ, in mense Octobri, Indict.* IV. Qua ratione vero instituebatur ille *Scriniarius*, docet Cencius in Ord. Rom. : *Tum pontifex dat ei pennam cum calamario, sic dicens : Accipe potestatem condendi cartas publicas, secundum leges et bonos mores*.

¶ **SCRINIARIUM**, Scriniarius. Vide *Scrinium*.

¶ **SCRINIATOR**, Qui *Scrinia* seu arcas operatur. Anonymus de Reb. Altahens. Monast. ex Schedis Mabill. Regest. 1 : *Quidam Conversus nomine Georgius insignis Scriniator habens multa bona instrumenta pertinentia ad artem suam, etc.* Vide in *Scrinium*, ubi *Scriniator* dicitur scriptor.

SCRINIUM, apud Papiam, *quasi secretorium, vel scriptorum publicorum reconditio*. [Gloss. Lat. Græc. : *Scrinium*, χαρτοφυλάκιον.] Scholiastes Juliani Antecess. : *Quatuor Scrinia sunt, primum quod dicitur Libellorum : secundum Memoriæ : tertium Dispositionum : quartum Epistolarum : unde et quatuor Antigrafei sunt.... nam magistri*. Ubi quidam reponunt, seu *Scriniorum Magistri*. De hisce quatuor scriniis agunt passim Notitia utriusque Imperii, Cod. Theod. et Justin. et Scriptores alii. [Hinc *Scriniarius ab epistolis*, *Scriniarius a libellis*, in antiquis Inscriptionibus, quas laudat Salmasius ad Lampridii Alexandrum cap. 31.]

Præter scrinia ista Palatina, quæ *Augusta* vocat Symmachus lib. 4. Epist. 53. *Sacra* Sidonius carm. 5. erant *Scrinia Magistratuum*, de quibus in iisdem Codd. tit. de Numerariis, etc. ubi multa Cujacius, et Jacobus Gotofredus commentantur.

Scriniarii, dicti, qui in hisce scriniis operam suam locabant, et *scriptorum* vices agebant. Papias : *Scriniarii, libellarii, cartularii publici*. Gloss. MS. Reg. cod. 2062 : Σκρινιάριος, ὑπογραφεύς. Gloss. aliud, cod. 396 : Σκρινιάριοι σκηπτοφόροι, ἤως χαρτουκλάριοι. [** Vide Veteres Gloss. verbor. Jur. Labb. in hac voce, ibique notata.] [Gloss. Lat. Gr. *Scriniarius*, χαρτουλάριος.] *Scriniarius Curæ militaris*, apud Senatorem lib. 11. Epist. 24. *Scriniarius actorum*, eodem lib. Epist. 22. Sed de Scriniariis vide Cujacium, Gothofredum, et alios passim.

☞ Erant præterea Scrinia Ecclesiarum et Monasteriorum, in quibus reponebantur illa Instrumenta, quæ ad Ecclesias seu Monasteria pertinebant, quomodo in regiis seu publicis illa, quæ magis solemnia erant. Inter ecclesiastica scrinia celebre in primis est Romanæ Ecclesiæ archivum, in quo, jussu Siricii, teste Anastasio, asservabantur Constitutiones Pontificum, maxime contra hæreticos. *Chartarium* Romanæ Ecclesiæ vocat Hieronymus in lib. 2. adv. Rufinum. Scrinii Ravennatis Ecclesiæ meminit idem Anastasius in Nicolao Pontifice : *Cautiones et indiculos, qui soliti sunt ab Archiepiscopis Ravennatibus in Scrinio fieri, more Felicis decessoris sui falsavit*. [** Adde Gesta Abbat. Fontanell. cap. 4. 8. et 10.]

¶ Scrineum, ut *Scrinium*. Memor. Potestat. Regiens. ad ann. 1226. apud Murator. tom. 8. col. 1105 : *Et etiam in ipso anno voluit comburi domus Communis, et plura Scrinea fuerunt combusta cum scripturis quæ intus erant*.

Scriniarii, in Ecclesia Romana duodecim erant, qui scrinia publica scripturarum curabant, epistolas a Cancellario et Protoscriniario dictatas scribebant; instrumenta, donationes et reliqua hujusmodi conficiebant; [quorum primus seu qui aliis præerat, *Primiscrinius* dicebatur. Vide in hac voce.] Isidorus lib. 20. Orig. cap. 9 : *Scrinia sunt vasa, in quibus servantur libri vel thesauri; unde apud Romanos illi, qui libros sacros servant, Scriniarii nuncupantur. Sergius Scrinarius* Ecclesiæ Romanæ, apud Anastasium in Constantino PP. pag. 65. ubi alii codd. habent *Scriniator*. [*Benedictus Scriniarius*, in Charta ann. 729. apud Miræum tom. 1. pag. 129. *Petrus Scriniarius*, in Placito ann. 999. apud Murator. tom. 2. part. 2. col. 502. *Zacharias Scriniarius*, in Bulla Marini PP. ex Tabul. Solemniac.] Nicolaus I. PP. Epist. 27 : *Hanc autem epistolam ideo more solito scribi non fecimus, quia et Legatus vester sustinere non poterat, et ob festa Paschalia Scriniarios nostros, eo quod debitis vacabant occupationibus, habere, ut debuimus, non valuimus*. Vide Joannem Sarisber. Epist. 111. *Scriniarius Ecclesiæ Ravennatis*, apud Anastasium in Stephano IV. PP. pag. 96. [** Vide Murator. Antiq. Ital. tom. 1. col. 675. sqq.]

¶ Scrinarius, ut *Scriniarius*, in Bulla Urbani II. PP. ann. 1097. inter Instrum. tom. 6. novæ Gall. Christ. col. 27 : *Scriptum per manum Petri Scrinarii sacri palatii*. Occurrit præterea in Ord. Rom. Cencii Camer. apud Mabill. tom. 2. Musei Ital. pag. 168. et seqq. *Nicolaus Scrinarius S. Romanæ Ecclesiæ*, in Bulla Stephani PP. ann. 896. inter Probat. tom. 2. novæ Hist. Occitan. col. 30.

¶ Scrinium, Scrineum, Ærarium, thesaurus, fiscus Principis. Ekkehardus Junior de Casib. S. Galli cap. 11 : *De Scriniis Regum sexaginta argenti librarum rata pondera deferret*. Charta Humberti Episc. Gratianopol. ann. 1034. apud Mabill. tom. 4. Annal. Bened. pag. 730 : *Mirum in modum deliberavi, et admodum delegi monasterium fieri ex sanctæ sedis Scrinio, illudque pulchre confici ex ecclesiasticis rebus*. Oberti Stanconi Annal. Genuens. ad annum 1270. apud Murator. tom. 6. col. 551 : *Porro Rex Carolus naufragio afflictis afflictionem accumulans, extorsit ab omnibus quidquid ex dicto exstitit naufragio recuperatum, post triduum dicens, quod ex Regis Guilelmi constitutione et longa consuetudine hoc debebat suis Scriniis applicari*. [* Charta ann. 1184. ex parvo Reg. S. Germ. Prat. fol. 37. r°. col. 2 : *Si quis tamen hoc donum meum infringere vel in aliquo diminuere voluerit,..... in Scrinio regali mille marcas auri persolvat*.] [** Inde *Tanculfus sacrorum Scriniorum prælatus*, in Anonym. Vita Ludov. Pii cap. 40.]

¶ Scriniarium, Eadem notione, in Menoti Serm. fol. 15. v° : *Sic hodie thesaurarii orti a paupere domo, filii parvi mercatoris, statim quod posuerunt pedem in Scriniario et manus in pecunias, faciunt sicut de cera*.

Scrinium, Feretrum, in quo reliquiæ sacræ reconduntur, nostris *Escrin*. Honorius Augustod. lib. 1. de Missa cap. 69 : *Arca testamenti a Sacerdotibus portabatur, et Scrineum vel feretrum cum reliquiis a portitoribus portatur*. Cap. 70 : *Cum circa Monasterium Scrinium vel feretrum cum cantu et compulsatione ferimus, quasi cum Arca Hierico, cum sono tubarum et clamore populi circuimus*. Adde cap. 73. Gervasius Dorobernensis de Cantuariensi Ecclesia : *Septem quoque Scrinia, auro et argento cooperta, et multorum sanctorum reliquiis referta sustentabat*. Chronicon Casin. lib. 3. cap. 57 : *Scrinium argenteum super altare cum nigello librarum 8. Scrinium eburneum magnum, etc.* Charta Joannis Archiep. Capuani ann. 1301 : *Scrinia duo coloris viridis pro Scapella. Arca vel Scrinium reliquiarum*, apud Gillebertum Lunicensem Episcopum de usu Ecclesiastico. [Libellus de successoribus S. Hidulfi in Hist. Mediani Monast. pag. 186 : *Quod venerabile S. præsulis Hidulfi corpus usque ad illud tempus ibidem arca saxea servabat, ... decrevit levare tumulo ac apparato locare in Scrinio*. Et pag. 187 : *Tandem sacras*

Reliquias nitido involventes pallio, ligneo recondidere Scrinio.] Occurrit præterea apud Harigerum Abbat. in Hist. Translat. Reliq. S. Landoaldi n. 13. Hugonem Flaviniac. in Chronico pag. 82. etc. Willel. *Guiart* de S. Ludovici cadavere :

En un Escrin fort et serré
Refurent ses os enserré.

Vide *Screo.*

¶ Scrinium, Arca, arcula, Gallice *Coffre*, olim *Escrin*. Litteræ Johannis Franc. Reg. ann. 1360. tom. 3. Ordinat. pag. 479 : *Nisi reperta fuerit dicta res in Scrinio vel archa firmitatis, de quibus clavem deferat dominus vel domina domus.* Chron. Senoniense apud Acher. tom. 3. Spicil. pag. 332 : *Detulit enim quicquid Episcopo abstulerat, saumarios, Scrinia in quibus episcopalia, oleum sacrum, chrisma, et sandalia ferebantur.* Le Roman *d'Athis* MS :

Si ot tous plains de fins besans,
Deux grans Escrins assez pesans.

Le Roman *de Florance* et *de blanche Flore* MS :

J'ai Escrins a metre joiax,
J'ai boites de cuir a noiax.

Le Roman *de la guerre de Troyes* MS :

Un Escrin d'or prist Medea,
Voiant Jason le defferma, etc.

¶ Scrineum, Scrineus, Eadem notione. Laudes Papiæ apud Murator. tom. 11. col. 26 : *Et Scrineis et archis tam magna sunt plurima, ut unum nequaquam, aut vix possint duo robusti viri portare.* Occurrit etiam in Statutis Vercell. lib. 2. fol. 27. v°. Computus ab ann. 1333. ad ann. 1336. tom. 2. Hist. Dalph. pag. 278 : *Item, cuidam bastasio qui portavit Scrineos de galea usque ad dominum quando erat apud Isclam, gr.* 111. Ibid. pag. 279 : *Item, pro una barca quæ portavit duos Scrineos domini de portu Olibani usque Nicziam, taren.* 1. *gran.* x. Pluries occurrit in Computo ann. 1379. ex Schedis Cl. V. *Lancelot.* Vide *Scrignolus.*

¶ Scrinum, vel Scrinus, Eodem significatu. Teloneum S. Bertini : *Navis cum Scrinis sive seris et sine aliqua supellectili,* 11. *den.*

SCRIPATURA. Michaël Scotus de Physionomia cap. 20 : *Animalium quædam habent dentes in ore, ut homo, canis, etc. Quidam Scripaturam, et non dentes, ut anser.* [Vide *Crepatura.*]

¶ **SCRIPNEA**, Vagina, ut videtur, Gall. *Gaine*, quia est gladii *scrinium* seu arca. Statuta Vercell. lib. 4. fol. 86 : *Nec tenere* (debeat) *in Scripnea gladium majorem una spanna computato manubrio ad taliandum gruppos.*

¶ **SCRIPNUM.** Vide mox *Scrippum* 2.

1. **SCRIPPUM**, Pera, sacculus, in quo, quæ ad victum necessaria erant, recondebant peregrini, Anglis *Scrip*, quomodo Chaucerus de peregrinorum ad S. Thomam Cantuariensem peris :

In Scrippe he bares both bread and leeks.

Id est, *In pera porros cum pane ferebat.* Capitulare Metense ann. 757. cap. 6 : *Nec propter Scrippa sua ullo peregrino calumniam faciatis.* Capitul. Carol. M. lib. 5. cap. 11. Synodus sub Pipino Rege cap. 26 : *Et de peregrinis similiter constituimus, ut quando propter Deum ad Romam, vel alicubi vadunt, sic ordinamus ut ipsos per nullam occasionem ad pontes, vel exclusas, aut navigatio detineatis nec propter Scrippa sua, etc.* [Ubi *Scirpa* edidit Baluzius : quomodo etiam legendum suspicatur Sirmondus; *Scrippa* enim forte per metathesim litteræ unius scriptum fuit pro *Scirppa*, quæ erant cophini seu corbes ex scirpo factæ, quas gestabant viatores ad sarcinas reponendas.] [** Pertz. Leg. tom. 1. pag. 31. lin. 22. *nec propter Schirpam suam*, in aliis cod. *schrippam* et *scirpa*. Vide Graff. Thesaur. Ling. Franc. tom. 6. col. 541. voce *Scherbe, Pera.* Hinc Gall. *Echarpe.*]

¶ 2. **SCRIPPUM**, Arca, Gall. *Coffre.* Acta SS. tom. 1. Jun. pag. 772. ubi de S. Gerardo : *Date mihi vestitum meum pulcrum, quem habetis in Scrippo clausum. Scripnum* editum apud Murator. tom. 12. col. 1172. ex Chron. Modoet. Bonincontri. Vide *Scrinium* et *Scripnea.*

* **SCRIPTA**, Index, perscriptio, Ital. *Scritta*, Gall. *Etat.* Stat. Mantuæ lib. 1. cap. 13. ex Cod. reg. 4620 : *Dum ipse officialis monstram faciet, in manibus teneat monstram et Scriptam suam, in qua scripta est familia dom. potestatis.*

¶ **SCRIPTALIS**, Scriptus, litteris commendatus : *Item verbum Dei mentale, vocale, Scriptale, etc.* in Replica dom. Wlrici apud Marten. tom. 8. Ampl. Collect. col. 505.

SCRIPTANES. Charta Ariberti Archiepiscopi Mediolanensis apud Puricellum in Monumentis Basilicæ Ambrosianæ pag. 369 : *Ad Notarios solidos* 5. *ad Presbyteros Decumanorum ordine libr.* 4. *et dimidiam, ad Lectores sol.* 5. *ad Custodes sol.* 4. *ad Veglones den.* 40. *ad Scriptanes majores et minores, quod sunt breves* 5. *solidos* 50. *ad Magistrum, qui ipsum brevem detinet,* 12. *den.* Occurrunt eadem verba infra.

¶ **SCRIPTELLUM**, diminut. a Scriptum, Scheda, schedula. Arestum Parlamenti Paris. 19. Jun. ann. 1332 : *Super hoc fiebat duplex Scriptellum... Quando reperiebat quod ipsi elegerant* IV. *de illis qui continebantur in suo Scriptello, ipse permittebat dictam electionem... et remanebant Scabini dicti nominati in dicto Scriptello.*

¶ **SCRIPTIO**, Archivum, tabularium, locus ubi *scripta* seu Chartæ asservantur, vel polyptychus. Canones Hibern. apud Acher. tom. 9. Spicil. pag. 33. ubi cap. 7. inscribitur : *De duabus ecclesiis contendentibus agrum unum. Ager inquiratur in Scriptione duarum Ecclesiarum. Si in Scriptione non invenitur, requiratur a senioribus et propinquis, etc.*

¶ Scriptio, Charta, contractus conventionis, etc. Leges Pippini Reg. apud Murator. tom. 1. part. 2. pag. 124 : *Observamus ut Romani successores juxta illorum legem habeant, similiter et omnes Scriptiones secundum legem suam faciant.* Vide *Scriptura.*

¶ Scriptio, Epistola. Littera missilis Johannis de Arecio apud Ludewig. tom. 5. Reliq. MSS. pag. 476 : *Nuper Celsitudinis vestræ gratanter, sicut decuit, Scriptionem suscepimus.*

¶ Scriptio, Æstimatio, modusque præstationis quæ cuique imponebatur. Ita Gothofredus ad leg. 12. Cod. Theod. tit. 26. lib. 6. de Proximis, etc. : *Nulla extrinsecus conlatione vexentur, nec molem promissionis, nec Scriptionis injuriam perhorrescant.*

¶ Scriptio, Inscriptio, stigma. Dicitur de notis quæ faciei, manibus, fronti damnatorum inscribebantur, quas penitus sustulit Constantinus M. Vide Gothofredum ad leg. 2. ejusd. Cod. lib. 9. tit. 40. de pœnis.

SCRIPTIOMA, Scriptionis character, [stylus, ratio scribendi,] apud Longinum in Actis S. Stanislai Episcopi Cracoviensis num 65.

¶ **SCRIPTIONALE**, Theca calamaria, Gall. *Ecritoire.* Statutum Capituli generalis Monast. Gellon. ann. 1150. apud Stephanot. tom. 8. Fragm. Hist. MSS. pag. 175 : *Debet etiam habere.... ille qui fuerit monachandus pro suis vestibus et arnesio duas cucullas et floccum unum, duo Scriptionalia cum pennis, duas tunicas, etc.* Vide *Scripturale.*

¶ **SCRIPTIONALIS**, Ad scriptionem pertinens. *Scriptionalis species*, apud Mart. Capellam lib. 5. pag. 150.

¶ **SCRIPTITARE**, nude pro Scribere. Charta donationis Abbatiæ S. Ægidii ex Schedis Præs. *de Mazaugues* : *Girardus monachus rogitatus Scriptitavit.* Utitur Cicero pro sæpius scribere.

* **SCRIPTITATIO**, Iterata sæpius scriptio. Fulb. Carnot. epist. 32. tom. 10. Collect. Histor. Franc. pag. 460 : *Desine curiosos instigatores audire, desine reges et principes inefficacis querimoniæ tædiosis Scriptitationibus fatigare.*

¶ **SCRIPTOGRETENSI.** Charta Guarini Episc. Ebroic. inter Probat. Hist. Ebroic. pag. 9 : *Quia lapsu temporis labitur hominum memoria; Idcirco ad memoriam revocandam, ejusque lapsus reparandos scripti fidelis innitendum est remedio, ea propter universitati vestræ Scriptogretensi duximus infirmandum nos amore Dei, etc.* Ubi legendum *Scripto gratanti duximus insinuandum.*

* **SCRIPTOR**, nude pro Notarius. Necrol. MS. eccl. S. Aurel. Argentin. : *vj. Idus Octobr. Obiit Anna dicta Kucfferia, uxor Heinrici Scriptoris.* Charta ann. 1234. apud Cenc. inter Cens. eccl. Rom. : *Magister Petrus de Varcino, domini papæ Scriptor, quæsivit ab eis, etc.* Infra : *Bernardus canonicus Florentinus confessus est se recepisse a magistro Petro de Varcino, dom. papæ Scriptore, possessionem castri de Aquilata.* Vide *Scriptores publici* et mox *Scriptuarius.*

¶ **SCRIPTORATUS**, Officium *Scriptoris*, seu notarii. [** *Scribatus*, in Cod. Justin. lib. 7. tit. 62. const. 4.] Epist. Sixti PP. IV. ad Reg. Aragon. ann. 1475. apud Marten. tom. 2. Ampl. Collect. col. 1478 : *Intelleximus serenitatem tuam desiderare ut officium Scriptoratus coram officiali suo Calasambii Tyrasconensis diocesis, quod amovibile est, et ad beneplacitum dicti Episcopi, dilecto filio Bartholomæo Serena concessum fuit, ad vitam concedatur eidem.*

* *Escripture*, eadem notione, nisi idem sit quod supra *Scribania*, in Charta Joan.

de Sacrocæsare milit. ann. 1318. ex Reg. 112. Chartoph. reg. ch. 6 : *Item l'Escripture et li seaulx de la prévosté de Maalay-le-Roy, sont prisiés par an soixante et quinze sols Tournois.* Hinc *Escriptouere*, pro Officina notarii, in Charta ann. 1442. ex Chartul. Latiniac. fol. 212. v° : *Aujourduy environ sept heures au matin, en l'Escriptouere de moy Pierre Bataille tabellion de Lagny, etc. Escriptoire*, vero pro Tabulario forensi, vulgo *Greffe*, usurparunt. Lit. remiss. ann. 1403. in Reg. 158. Chartoph. reg. ch. 327 : *Un de nos sergens vint adjourner le Boucher à comparoir par devant nostre viconte de Monstiervillier ou son lieutenant à son Escriptoire.* Aliæ ann. 1451. in Reg. 185. ch. 91 : *Icellui Nicolas trouva en l'Escriptoire dudit greffier un des clercs d'icellui greffier.*

SCRIPTORES Publici, Notarii. Capitula post Concilium Ravennense ann. 904. cap. 5 : *Ut Scriptoribus publicis nullatenus interdicatur res Arimannorum transcribere, si eis fuerit opportunum.*

¶ Scriptores Regii, Iidem Notarii interdum nuncupati : cujus nomenclaturæ mentio primum nobis occurrit in Charta homagii ab Humberto de Chintriaco præstiti Abbatiæ Trenorchiensi 18. Junii ann. 1401 : *Personaliter constitutus nobilis vir Humbertus de Chintriaco coram me Notario publico Regis nostri Scriptore, etc.* V. *Scribæ.*

Scriptores præterea dicti in Monasteriis, qui in *Scriptorio*, cella ita nuncupata, de qua mox, librorum scriptioni operam dabant. Monachorum enim alii, cum eorum nemo esset, qui non re aliqua occuparetur, manuum operibus, officinarum monasticarum alii muniis, alii denique librorum scriptioni vacabant, certo numero ad id delecti ab Abbate, tum ut libros Ecclesiasticos, quo eorum esset semper copia, tum alios, qui ad literarum humaniorum et Ecclesiasticarum studia necessarii essent, describerent. Quin etiam ea monachorum occupatio operibus manuum accensebatur. Auctor Vitæ S. Nicolai Studitæ pag. 901 : ἀλλ' ἦν ταῖς χερσὶ κοπιῶν, καὶ δέλτους ἄριστα συρμεογράφων, εἴ καί τις ἄλλος. Ubi Combefisius vocem συρμεογραφεῖν, esse longo literarum ductu, seu litteris uncialibus scribere observat. Quid si σημειογραφῶν legatur, ut sit notis scribere? [** Vide Glossar. med. Græcit. voce Σύρμα col. 1491. Χρυσογράφοι, col. 1768. Καλλιγράφος col. 552.] Ethelwlfus de Abbatibus Lindisfarnensibus cap. 8 :

> Comptis qui potuit notis ornare libellos.

Vita S. Baboleni n. 2. edit. Petri Chiffletii : *Dehinc orationi adjungebatur lectio, atque sanctarum Scripturarum meditatio : postremo vero scribendi exercitatio. Sunt nempe adhuc penes nos plura volumina, quæ ipsius manu dicuntur fuisse descripta.* Gregor. Turonensis in Vita S. Aridii pag. 200 : *Nunquam otio indulsit, quo non aut lectionem, aut opus Christi perficeret, aut certe manibus aliquid ageret, aut denique sacros Codices scriberet.* Liber Ordinis S. Victoris Parisiensis MS. cap. 19 : *Quicunque de fratribus intra claustrum Scriptores sunt, quibus officium scribendi ab Abbate injunctum est, omnibus iis Armarius providere debet, quid scribant, et quæ ad scribendum necessaria sunt, præbere, nec quisquam eorum aliud scribere, quam ille præceperit, etc.* Ex quibus verbis satis intelligitur Scriptores non excepisse quæ scribebant ab ore dictantis, quod quidam volunt. Infra : *Loca etiam determinata ad ejusmodi opus seorsum a Conventu, tamen intra claustrum præparanda sunt, ubi sine perturbatione et strepitu Scriptores operi suo quietius intendere possint. Ibi autem sedentes et operantes, silentium diligenter servare debent, nec extra quoquam otiose vagari. Nemo ad eos intrare debet, excepto Abbate, et Priore, et Subpriore, et Armario, etc.* Guigo Prior Cartusiensis de Quadripartito exercitio cellæ cap. 36. ait *scriptionem* peculiare fuisse *Cartusiensium inclusorum* institutum : *Hoc autem esse debet specialiter opus tuum,... libris scribendis operam diligenter impendas. Hoc siquidem speciale esse debet opus Cartusiensium inclusorum.* Et alio loco : *Porro si ita providerit Prior, unum est, cui in operatione specialiter intendere debes, ut videlicet et scribere discas, si tamen addiscere potes, et si potes, et scis, ut scribas. Hoc quodammodo opus, opus immortale est : opus, si dicere licet, non transiens, sed manens : opus itaque, ut sic dicamus, et non opus : opus denique, quod inter omnia alia opera magis decet viros religiosos literatos.* Statuta Guigonis II. Prioris Cartusiæ cap. 28. § 4 : *Omnes pene, quos suscipimus, si fieri potest, scribere docemus.... Libros quippe tanquam sempiternum animarum nostrarum cibum cautissime custodiri, et studiose volumus fieri, ut quod ore non possumus, Dei verbum manibus prædicemus. Quot enim libros scribimus, tot nobis veritatis præcones facere videmur, sperantes a Domino mercedem pro omnibus, qui per eos, vel ab errore correcti fuerint, vel in Catholica veritate profecerint, etc.* Quo spectant ista Hieronymi ad Rusticum Monachum de forma vivendi : *Texantur et lina capiendis piscibus, scribantur libri, ut et manus operetur cibum, et animus lectione saturetur.* Vide Statuta Premonstrat. distinct. 1. cap. 8. Ad id officii adhibitos potissimum pueros et novitios Monachos testatur Sulpitius Severus in Vita S. Martini cap. 7 : *Ars ibi, exceptis Scriptoribus, nulla habebatur,* (in Cœnobio scilicet S. Martini,) *cui tamen operi minor ætas deputabatur.* Capitul. [Aquisgranense ann. 789. cap. 70. et lib. 1. Capitul. cap. 72. al. 68 : *Et pueros vestros non sinite eos legendo vel scribendo corrumpere.* Ordericus Vitalis lib. 3. pag. 485 : *Ipse propriis manibus scriptoria pueris et indoctis fabricabat, operisque modum.... ab eis quotidie exigebat.* Herimannus de Restaurat. S. Martini Tornacensis cap. 79 : *Scriptorum quoque copiam a Domino sibi datam exultabat, ita ut si claustrum ingredereris, videres plerumque 12. Monachos juvenes in cathedris sedentes, et super tabulas diligenter et artificiose, et cum silentio scribentes.* Verum in libris Ecclesiasticis describendis adhibendos perfectæ ætatis homines statuit laudatum Capitulare Aquisgranense ann. 789. cap. 70. Vide Præfationem nostram.

Ejusmodi scriptorum in Monasteriis passim mentio occurrit. Eckeardus junior de Casibus S. Galli cap. 11 : *Itur in armarium ; sed et in angustum S. Galli Thesaurarium. Præ omnibus autem Scriptorum digiti efferuntur, etc.* Vitæ Abbatum S. Albani : *Ibique fecit Abbas ab electis, et procul quæsitis Scriptoribus scribi nobilia volumina Ecclesiæ necessaria.... Postquam autem præfato Militi librarium suum primo paratum liberaliter contulerat, continuo in ipso, quod construxit, Scriptorio, libros prælectos scribi fecit, Lanfranco exemplaria ministrante.* Chronicon S. Benigni Divionensis : *Fuit autem Girbertus ex primis, quos nutrivit Domnus Abbas Willelmus, et ab officio Scriptor est appellatus.* Commendatam autem in primis fuisse Monachis librorum scriptionem pluribus docet Haeftenus lib. 9. Disquisit. Monasticar. tract. 2. disq. 4. ex variis auctorum locis, quibus adjungendus alter hic ex Actis Murensis Monasterii pag. 32 : *Libros autem oportet semper describere, et augere, et meliorare, et ornare, et annotare cum istis, quia vita omnium spiritualium hominum sine libris nihil est.*

¶ **SCRIPTORIA.** Vide in *Scriptorium* 1.

1. **SCRIPTORIUM**, Cella in Monasteriis scriptioni librorum destinata. Ælfricus, *Scriptorium*, pisleferhus. Alcuinus, in locum, ubi Scriptores sedent, Poëm. 126. et apud Canisium :

> Hic sedeant sacræ scribentes famina legis,
> Nec non sanctorum dicta sacrata Patrum,
> Hic interserere caveant sua frivola verbis,
> Frivola nec propter erret et ipsa manus.
> Correctosque sibi quærant studiose libellos,
> Tramite quo recto penna volantis eat.
> Est decus egregium sacrorum scribere libros,
> Nec mercede sua scriptor et ipse caret.

Adalhardus in Capitulis cap. 50 : *De scriptoribus solarii*, id est, ut interpretor, *Scriptorii.* Eckehardus Jun. de Casib. S. Galli cap. 3 : *Erat tribus illis consuetudo, permissu quidem Prioris, in intervallo Laudum nocturno convenire in Scriptorio, collationesque tali horæ aptissimas facere.* Cap. 11 : *Veniunt in pyrale, et in eo lavatorium, nec non et proximum pyrali Scriptorium.* Petrus Abælardus in Hist. Calamitatum suarum cap. 7 : *Quæ enim conventio Scholarium ad pedissequas, Scriptoriorum ad cunabula?* [** Ubi est Instrumentum scriptorium, ut apud Order. Vital. lib. 3. pag. 485. Vide in *Scriptores.*] Rainardus Abbas Cisterciensis in Constitut. cap. ult. : *In omnibus Scriptoriis ubicunque ex consuetudine Monachi scribunt, silentium teneatur sicut in claustro.* Ægidius Aureæ-Vallis Monachus cap. 17 : *Alterum ante Crucifixum orantem, tertium de Scriptorio Ecclesiæ* (S. Lamberti Leodiens.) *proxime egredientem in ipso Ecclesiæ ingressu extinxit* fulmen. [Hist. Monast. Villar. cap. 8. apud Marten. tom. 3. Anecd. col. 1292 : *Cum autem desiit* (Arnulphus) *abbatizare, adeptus est Scriptorium quod est in auditorio prioris.... In Scriptorio continue laborabat, aut legendo, aut orando, aut meditando, aut studendo, aut confessiones audiendo.* Unde colligitur *Scriptorium* interdum nuncupari locum remotiorem, non ita scriptioni destinatum, quin in eo aliis rebus vacarent. Statuta Ordin. Cisterc. ann. 1278. apud eumdem Marten. tom. 4. Anecd. col. 1462 : *Monachi quibus ad studendum vel recreandum Scriptoria conceduntur, in ipsis Scriptoriis non maneant illis horis quibus monachi in claustro resi-*

dere tenentur. Vide *Scriptorium*, 4.] Descriptum est a viro doctissimo Luca Acherio ad Guibertum benedictio ejusmodi Scriptoriorum, in hæc verba : *Benedicere digneris, Domine, hoc Scriptorium famulorum tuorum, et omnes habitantes in eo, ut quicquid divinarum Scripturarum ab eis lectum vel scriptum fuerit, sensu capiant, opere perficiant, Per Dominum, etc.*

¶ SCRIPTORIA, femin. gen. Eadem notione. Tangmarus in Vita S. Bernwardi Hildesh. Episc. apud Leibnit. tom. 1. Script. Brunsvic. pag. 444 : *Scriptoriæ namque non in monasterio tantum, sed in diversis locis studebat, unde et copiosam bibliothecam tam divinorum, quam philosophicorum codicum comparavit.* [** Ars scriptoris.] Liber de Doctr. novit. Ord. Grandim. apud Marten. tom. 5. Anecd. col. 1842 : *Nec etiam intrabis coquinam, Scriptoriam, vel alias officinas, sive habitacula, sine licentia abbatis.*

2. **SCRIPTORIUM**, Pars lecti interior, quæ alias pluteum, exterior vero sponda dicitur. Papias : *Pluteum, interior pars lecti, Scriptorium.* [** Ubi est altera Glossa : *Pluteum, armarium*, ad quam pertinet vox *Scriptorium.*] Jo. de Janua : *Plumacium, cervical, vel Scriptorium.* [Unde Gloss. Lat. Gall. Sangerm. : *Plumatium, cheveciel, c'est coissin de plume, ou Escriptoire.*]

3. **SCRIPTORIUM**, pro Arca aut cista quavis. Statuta Ordin. Premonstratens. dist. 1. c. 9 : *Porro in claustro carolæ, vel hujusmodi Scriptoria, aut cistæ cum clavibus in dormitorio, nisi de Abbatis licentia, nullatenus habeantur.*

* 4. **SCRIPTORIUM**, Cubiculum secretius, ubi quis studio vel scripturæ vacat, Gall. *Cabinet*, alias *Escriptoire*. Proces. Egid. *de Rays* ann. 1440. ex Bibl. reg. fol. 165. r° : *Cum præfatus Ægidius istum testem...... duxisset in studium suum sive Scriptorium*, etc. Lit. remiss. ann. 1391. in Reg. 141. Chartoph. reg. ch. 139 : *Le suppliant ala dessus le plancher de l'Escriptoire dudit de Lainques, en laquelle il avoit acoustumé de mettre sa finance.*

* **SCRIPTUARIUS**, idem qui supra *Scrinialis* et *Scriptor*. Charta ann. 1265. tom. 4. Cod. Ital. diplom. col. 418 : *Ego Leonardus de Piperno sacrosanctæ Romanæ ecclesiæ Scriptuarius prædictis omnibus vocatus interfui, et ea omnia.... fideliter scripsi.* Vide *Scrituarius*.

* **SCRIPTULUM**, diminut. a Scriptum, schedula. Acta B. Amandæi tom. 2. Aug. pag. 594. col. 1 : *Interrogavit ipsam nutricem, an aliquid superstitionis haberet super personam ipsius infantis; quæ respondens dixit, se habere quoddam Scriptulum, sibi datum a quodam cerretano, quod ad collum ipsius infantis apposuerat. Cui pater ipse dixit : Scriptulum ipsum mihi exhibe.*

SCRIPTULUS, et SCRIPTULUM, Scrupulus, minima pars unciæ veteribus dictus, ut auctor est Sosipater. Gloss. Gr. Lat. : Γράμμα, τέταρτον τοῦ χρυσίνου, *Scrupulum.* Occurrit in Querolo, in Confessione S. Patricii Hibern. Apost. num. 22. in Canonibus Hibern. l. 40. c. 4. et in Vita S. Audomari c. 14. apud Mabillonium. Vide Fl. Caprum de Orthograph. [et *Scripulum.*]

¶ **SCRIPTURA.** Ut varia fuit apud antiquos materia, in qua olim excepta est Scriptura, ita et multiplex in usu fuit apud ipsos scribendi ratio. Quod ad Scripturam antiquiorum temporum spectat fuse prosecutus est in Diplomat. Mabillonius, quem hic exscribere non est animus. At variarum ab undecimo sæculo scriptionum nomina, quarum et specimina edidit Leonardus *Wirstlin* Monachus S. Udalrici, ex instituto nostro litterarum ordine hic referenda duximus post Bern. Pezium in Præfat. tom. 1. Anecd. pag. 35 qui ea eruit ex Cod. Udalricano cui titulus : *Proba centum Scripturarum diversarum una manu exaratarum.*

Abscisa.
Abscisa Posterialis.
Alta Poeticalis.
Altana.
Altana semis Major.
Altana Minor.
Antiqua Crassana.
Antiqua Curtana brevis.
Antiqua Curvalis.
Antiqua Durana.
Antiqua Formata media.
Antiqua Formosalicana.
Antiqua Major.
Antiqua Polita.
Antiqua Prisca.
Antiqua Realicana.
Antiqua Serrata.
Antiqua Simpliciana.
Bifaricalis.
Bullicalis Minor.
Cardinalicana.
Cespalicana.
Clippalicana Galeata.
Clipalicana Major.
Codicalis Simplex.
Composterialis Major.
Composterialis Minor.
Cursiva Italicana.
Cursiva Litteralis.
Cursiva Rotundalis.
Curtana Flacca.
Curtana Prævissalica.
Curvalica Simplex.
Curvana Inæqualis.
Dilatana Media.
Eversalicana.
Eversalicana Media.
Eversalica Minor.
Extensiva Inæqualis.
Extensiva Inæquata.
Flacana Antiqua.
Fractura Germanica.
Gippalicana.
Globata Rotalis.
Grossana.
Imperatoricalis.
Inæqualicalis Variana media.
Inæqualicana.
Italicana Formata.
Italicana Notalis.
Litteralis Cursalica.
Litteralis Italicana.
Litteralis Simplex.
Macrana Alta.
Media Rotalis.
Mediana Serrata.
Mediana Utralis.
Neutralicalis.
Neutralicana.
Notula Codicalis.
Notula Codicalis Polita.
Notula Curtana.
Notula Formata.
Notula Formata Simplex.
Notula Poeticalis Media.
Notula Poeticalis Pressa.
Notula Semifracta.
Notula Semis Formata.
Notula Submissa.
Palliata Tensa.
Papalicana.
Pictoricalis Major.
Pictoricalis Minor.
Pillicana.
Poetica Vera.
Poeticalis Cursiva.
Poeticalis Mediana.
Poeticana Serrata.
Polita Media.
Postericalis Serrata.
Prisca Caudalis Lata.
Prisca Pilicalis.
Regia Pullicalis.
Rotalis Cursiva.
Rotalis Globata.
Rotalis Minor.
Rotulana Curvalica.
Rotunda.
Rotundalis Alta Media.
Rotundalis Inæquata.
Saltana Postericalis.
Semifractura.
Spissalica Postericalis.
Tenuissana.
Textus Italicus.
Textus Italicus Altus.
Textus Italicus Bifractus.
Vagalicana Extensiva.

☞ Steganographiæ inferioris ævi rationem qui nosse voluerit, hujus non contemnendum specimen exhibet Martenius tom. 1. Anecd. col. 1553. quod consulere cuivis licet.

¶ SCRIPTURA DIVINA dicti Libri SS. Patrum, in Vita Vener. Olberti Abbat. Gemblac. sæc. 6. Bened. part. 1. pag. 605 : *Plenariam vetus et novum Testamentum continentem in uno volumine transcripsit historiam; et divinæ quidem Scripturæ plusquam centum congessit volumina, sæcularis vero disciplinæ libros quinquaginta.*

* Interdum et nude *Scripturæ* appellantur. Vita B. Goberti tom. 4. Aug. pag. 394. col. 2 : *Hoc pius Gobertus fideliter credebat et devote, secundum illud Scripturæ : Divina operatio, si ratione comprehendatur, non est admirabilis; nec fides habet meritum, cui humana ratio præbet fundamentum.* Quæ verba, ut observant docti Editores, non leguntur in Literis sacris, sed in homilia S. Gregorii super caput 20. Joannis.

¶ SCRIPTURA LEGALIS. Charta ann. 933. inter Instr. tom. 6. novæ Gall. Christ. col. 127 : *Certum quidem et manifestum est, quia nobis injunxit... Reginardus Episcopus... ut nos simul in unum supra nominati elemosynarii, ut nos Scripturam Legalem faciamus ad canonicos S. Nazarii, sicuti et facimus, ac legitime manibus tradimus in regno Septimaniæ, in comitatu Biterrensi S. Petrum a Pullo cum suo terminio.* Infra *Charta donationis vel traditionis* dicitur.

¶ SCRIPTURA REDITORIA, Charta quæ bona ab alio usurpata ad pristinum et legitimum possessorem rediisse testatur. Concil. Cabilon. ann. 915. apud Marten. tom. 4. Anecd. col. 71 : *Decreverunt, ut jam dicta villa Sanctiniacus ad antiquitatem suam, hoc est ad matricem ecclesiam S. Clementis reverteretur;... unde et hanc testimonii Scripturam quam reditoriam vocamus, sub hac ratione præfati Præsules præceperunt facere.*

¶ SCRIPTURA, Charta, instrumentum, scheda. Summaria Privileg. Eccl. Rom. apud Marten. tom. 2. Ampl. Collect. col. 1233 : *Ita una Scriptura habens formam juramenti continens quod dictus Tancredus.... jurat fidelitatem B. Petro... Item alia Scriptura continens, etc.* Memoriale Potestat. Regiens. ad ann. 1226. apud Murator. tom. 8. col. 1105 : *Plura scrinea fuerunt combusta cum Scripturis quæ intus erant.* Conc. Tolet. XVII. inter Hispan. tom. 2. pag. 759 : *Presbyter dum diœcesim tenet, de his quæ emerit ab ecclesiæ nomine Scripturam faciat. Escripture*, eadem notione, in Statuto Caroli V. Reg. Franc. ann. 1367. tom. 5. Ordinat. pag. 21.

¶ SCRIPTURA, pro Chirographo, seu chirographi litteris, in l. unic. Cod. Theod. tit. 27. lib. 2. pro signo quo in subscribendo quis utitur, occurrit in Charta Ludovici VII. Reg. Franc. ann. 1173. inter Instr. tom. 6. Gall. Christ. novæ edit. col. 328 : *Ut autem omnia supra dicta firma vobis prædictis episcopo et canonicis ecclesiæ vestræ semper illibata serventur, Scripturæ nostræ et sigilli regii auctoritate et robore præcipimus communiri et nominis nostri caractere.*

¶ SCRIPTURA, pro Responsis aruspicum, in l. 1. ejusd. Cod. tit. 10. de Paganis, etc.

¶ SCRIPTURA, Scripta, seu litis instrumenta, nostris etiam *Ecritures*. Charta Ludovici X. Reg. Fr. ann. 1315. apud *la*

Faille Annal. Tolos. tom. 1. inter Instr. pag. 63 : *Cum super eo quod frequenter aliquem capi et incarcerari contingit, causa cognita innocentem seu inculpabilem reperiri, ac nihilominus retineri pro geolagio seu carceragio et Scriptura,... concessimus quod nullus... ad solvendum hujusmodi geolagium seu incarceramentum aut Scripturam ob hoc factam aliquatenus teneatur, nisi copiam de Scriptura illa petierit sibi dari.*

¶ **Scriptura**, Tabularium forense, Gall. *Greffe*. Statutum Caroli Johannis Franc. Reg. primog. ann. 1357. tom. 3. Ordinat. pag. 180 : *Cum nuper et ultimo quibusdam propulsis motibus, ordinasse dicamur quod officia præposíturarum, Scripturarum, tabellionatus, que ad firmam tradi consueverunt, etc.* Vide supra *Scribania*.

* *Escriptures* vero vocantur Literarum typi, in Lit. natural. ann. 1474. ex Reg. 195. Chartoph. reg. ch. 1321 : *Michiel Friburgier, Uldaric Quering et Martin Granetz natifz du pais d'Alemaigne,..... sont venus demourer en nostre royaume puis aucun temps en ça, pour l'exercice de leurs ars et mestiers de faire livres de pluseurs manieres d'Escriptures en mosle et autrement, etc.*

¶ **SCRIPTURABILIS**, Ad scribendum aptus. Senator lib. 11. Epist. 38. ubi de chartæ compositione : *Junctura sine rimis, continuitas de minutiis, viscera nivea virentium herbarum, Scripturabilis facies, quæ nigredinem suscipit ad decorem.*

¶ **SCRIPTURALE**, Theca calamaria, Gall. *Ecritoire*. Regula reform. Monast. Mellic. in Chron. ejusd. pag. 344 : *Item, ipse* (vestiarius) *chartas, Scripturalia, pennas, ferramenta, et cætera hujusmodi habeat.* Vide *Scriptionale*.

SCRIPTURALITER Prædicare, pro *per Scripturas sacras*. Anastasius in Leone III. PP. pag. 121 : *Infirmorum maximus visitator, prædicans illis Scripturaliter, ut eorum ánimas in eleemosynis redimeret.*

¶ **SCRIPTURARIUS**. Nonius : *Scripturarios, quos nunc tabularios dicimus, dici volunt veteres, quod Scripturis et commentariis omnia vel urbium vel provinciarum complecterentur.* Lucilius lib. 26 : *Publicarum rerum assuefiam ut Scripturarius.* Adjective etiam usurpatur. Festus : *Scripturarius ager, publicus appellatur, in quo ut pecora pascantur, certum æs est : quia publicanus scribendo conficit rationem cum pastore. Scripturarius*, ὁ διαγραφεύς, in Gloss. Lat. Græc.

* Locum ex Lucilio sic emenda : *Publicanus vero ut Asiæ fiam, ut Scripturarius.* Ita legitur in Nonio. [** Vide Forcellinum. De agro Scripturario videndus idem in *Scriptura*. Inde *Inscriptum pecus*, apud Varron. de R. R. lib. 2. cap. 1. quod ad publicanum non professum est.]

** **SCRIPTURATIO**, Scriptum. Explan. Symb. Apost. apud Maium Script. veter. tom. 9. pag. 388 : *Secundum supra Scripturationem in nullum credere oportet nisi in Deum.* Quod scripserat auctor pag. 386.

¶ **SCRIPTURIRE**, Scribere gestire. Gloss. Lat. Gr. : *Scripturio*, γραψείω. Sidonius lib. 7. Epist. 18 : *Sane ista pauca, quæ quidem et levia sunt, celeriter absolvi; quanquam incitatus semel animus necdum Scripturire desineret.*

* **SCRIPTURIUM**, pro *Scriptorium* 1. Cella in monasteriis scriptioni librorum destinata, ex Sacrament. Gellon. MS. fol. 244. v°. in Bibl. S. Germ. Prat. laudato tom. 3. novi Tract. de Re diplom. pag. 190. ubi supervacue refertur loci hujus benedictio, quæ ipsismet verbis legitur supra in voce *Scriptorium* 1.

SCRIPULA, *Epistola*, in Gloss. Isid. [Forte *Scriptula*. Addunt eædem Glossæ : *Scripula, sollicitator* : quod ita emendat Grævius : *Scripulatur, sollicitatur*, ex Papia : *Scripulor, sollicitor.*]

SCRIPULARE. Lambertus Ardensis pag. 260 : *Apum sive etiam formicarum more in marisco passim currere et recurrere, et terram in terra, et mariscum in marisco cum fossariis in fossatum Scripulare et perfodere, etc.*

☞ Nescio an melius *Scrupulare* legitur ex eodem Lamberto edit. Ludewig. tom. 8. Reliq. MSS. pag. 600 : *Invicem ad laborandum instigantes præeuntibus semper operis magistris et geometrice Scrupulantibus operantur.* Ubi *Scrupulare* opus delineare significare videtur.

¶ **SCRIPULARI**. Vide in *Scripula*.

¶ **SCRIPULUM**, Scripulus, ut supra *Scriptulus*, Vigesima quarta unciæ pars. Gloss. Lat. Gr. : *Scripulum*, γράμμα, σταθμός. Arnobius lib. 6. pag. 207. ubi de spoliato a prædonibus Apolline : *Ex tot auri ponderibus, quæ infinita congesserant sæcula, ne unum quidem habuit Scripulum.* Fannius de Ponder. v. 21 :

...Drachmæ scripulum si adjecero, fiet
Sextula quæ fertur; nam sex bis uncia constat,
Sextula quum dupla est, veteres dixere duellam,
Uncia fit drachmis his quatuor, unde putandum,
Grammata dicta, quod hæc viginti et quatuor in se
Uncia habet.

Vide alia notione in *Scrupulus* 3.

¶ **SCRIPUS**, Papiæ, *Difficultas* : unde *Scrupulus*, nisi ita ibi legendum sit.

¶ **SCRITOBINI**. Vide *Scrikkofinni*.

¶ **SCRITUARIUS**, ut supra *Scriniarius*, nisi etiam ita legendum sit. Charta ann. 1265. tom. 1. Corp. Diplom. pag. 223 : *Ego Leonardus de Piperno, sacrosanctæ Romanæ Ecclesiæ Scrituarius.* Vide in *Scrinium*.

* *Scriptuarius* supra ex tom. 4. Cod. Ital. diplom. col. 418.

* **SCRIVA**. Annal. Placent. ad ann. 1453. apud Murator. tom. 20. Script. Ital. col. 903 : *Interea miranda quædam mechanica composuisse, scalas, balistras, catapultas, testudines, caveas tres et decem; habuisse enim affirmabant artifices ex Scriva argenti sydinarios.*

¶ **SCRIVABILIS**, Aptus ad scribendum. Charta Richardi II. Reg. Angl. ann. 1380. apud Rymer. tom. 7. pag. 233 : *Viginti et duas balas paperi Scrivabilis.*

* **SCRIVANARIA**, *Scribæ* seu notarii officium. Stat. Avenion. ann. 1243. cap. 18. ex Cod. reg. 4659 : *Nullus in curia vel occasione curiæ utatur notariæ vel Scrivanariæ officio, etc.* Vide supra *Scribanaria*.

¶ **SCRIVANIA**. Vide *Scribania*.

¶ **SCRIVARIUS**, Ital. *Scrivano*, Scriba, notarius. Caffari Annal. Genuens. ad ann. 1159. apud Murator. tom. 6. col. 274 : *Cardinalibus quoque, et Abbatibus, Prioribus, Judicibus, Advocatis, Scrivariis, Primiceriis et scholæ cantoribus,... non longe ab urbe insimul congregatis.*

* **SCRIVEARIUS**, Notarius, ut supra *Scriptuarius*. Pactum inter Carol. I. comit. Prov. et abbat. Insulæ Barb. ann. 1262 : *Per præsens instrumentum cunctis appareat evidenter, quod in præsentia mei Thomæ Blancpoil, auctoritate apostolica Scrivearii, et testium subscriptorum, etc.* Ibidem : *Ego Thomas Blancpoil, auctoritate apostolica Scrivearius, præmissis interfui, etc.* Vide *Scrivarius*.

* **SCROA**, Schedula, commentarius, vulgo *Mémoire*. Comput. ann. 1362. inter Probat. tom. 2. Hist. Nem. pag. 262. col. 1 : *Solvit clavarius Andreæ de Banzono fabro, pro duobus canonibus ferri factis per eumdem ad provisionem dictæ civitatis, pro toto, ut constat per ejus Scroam, iiij. flor.* ½. Vide infra *Scroua*.

SCROBA, [Fossa ferraricia, a Lat. Scrobs : unde etiam Matisconensibus *Crob*, et aliis *Croton*, interior carcer, Gall. *Cachot*, *basse fosse*.] Vide *Fossa* 1.

SCROBS, Pulvis, pro *Scobs*. Fragmentum Petronii : *Sustulerunt servi omnes mensas, et alias attulerunt, Scrobemque croco et minio tinctam sparserunt.*

SCROBULLA, Vestis muliebris. B. Odoricus de Foro Jul. in Peregrinat. num. 4 : *Istæ vero mulieres ambulant discalceatæ, portantes Scrobullas usque ad terram.*

¶ **SCROELLÆ**, Scruellæ, Strumæ, scrofulæ, Gall. *Ecroüelles*. Gloss. Lat. Gall. Sangerm. : *Scrofulla, Escroelle, une maladie qui vient ou col, c'est le mal le Roy.* Gualbertus in Mirac. S. Rictrudis tom. 3. Maii pag. 133 : *Frequentabatur B. Rictrudis populoso accessu miserrima infestatione vermium laborantium, quod genus morbi Scroellæ vulgariter nuncupatur; quod genus utique incommodi compaginem membrorum cui adhæret, fere sicut cancer misere populatur.* Acta S. Francisci de Paula tom. 1. April. pag. 155 : *Ipse fuit detentus gravi inflatura, quam in parte inferiori genæ suæ dextræ circa guttur patiebatur.... Aliqui enim chirurgici morbum esse dicebant scropharum sive Scruellas, alii vero non.*

¶ Scrofolæ, ab Ital. *Scrofola*, Eadem notione. Acta S. Franciscæ Rom. tom. 2. Mart. pag. 99 * : *Passus fuerat per duos annos infirmitatem in gutture quæ a Medicis vocatur Scrofolæ.*

¶ Scrophulæ, Scruphulæ, Eodem significatu. Oratio Legator. Caroli VII. Regis Franc. apud Acher. tom. 9. Spicil. pag. 325 : *In curatione ulcerum, quæ vulgariter Escrouelles, Latine vero Scrophulæ nuncupantur.* Append. ad Agnelli Pontif. de S. Barbatiano apud Murator. tom. 2. pag. 197 : *Ejus guttur Scruphulæ circumdederant, et maximas cutes habens, minime valebat suam cervicem erigere.*

* Glossar. Provinc. Lat. ex Cod. reg. 7657 : *Scroula, Prov. scrofula.* Sedulo examinabantur, qui hoc morbo curandi regibus nostris offerebantur, ut discimus ex Lit. remiss. ann. 1454. in Reg. 187. Chartoph. reg. ch. 213 : *Quant alasmes en nostre ville et cité de Langres, pour ce que le suppliant avoit une seur, que l'en disoit estre malade des Escroelles il la mena devers nous, et trouva*

par aucuns de nos gens qu'elle n'en estoit aucunement malade, et pour ce la ramena en son hostel.

¶ **SCROFA**. Vide infra *Scropha*.

SCROFINA, *Quoddam instrumentum carpentarii, quod hærendo scrobem faciat.* Joan. de Janua. In Catholico parvo : *Scrophina, instrument à charpentier, à graver*, [*rocynne*, in Gloss. Sangerm.]

* **SCROFIPASCUS**, Subulcus, apud Henr. ab *Heers* Observat. xj.

¶ **SCROFOLÆ**. Vide *Scroellæ*.

* **SCROFULA**, Tumor a strumis distinctus. Annal. Victor. MSS. ad ann. 1311. ubi de miraculis S. Petri Cœlest. : *Quidam etiam, qui Scrofulam grossam ad quantitatem ovi gallinæ in manu per quinque annos habuerat, benedictione facta per ipsum sanctum super infirmitatis locum, fuit post morulam modicam sanatus totaliter et perfecte.* Vide supra in *Scroellæ* et mox *Scrufula*.

SCROPHA, Scrofa, Machina ad suffodiendos urbium obsessarum muros. Willel. Tyrius lib. 3. cap. 5 : *Machinas ad suffodiendum murum habiles et necessarias, quas vulgo Scrophas appellant.* Lib. 17. cap. 24 : *Scrophas quoque ex eadem contexunt materia, quibus impune ad complanandos aggeres accedebatur.* Lib. 18 .cap. 19 : *Ut Scrophas materia competenti intexerent, in quibus libere delitescerent, qui ad suffodiendum aggerem introducerentur.* Fulcherius Carnot. lib. 1. cap. 18 : *Machinis autem paratis, arietibus scilicet et Scrofis, ad assiliendum se paraverunt.* Matth. Paris ann. 1226 : *Petraria, balista, Scrofa, catus, etc.* [Comput. ab. ann. 1333. ad ann. 1336. tom. 2. Hist. Dalphin. pag. 276 : *Item Francisco Pauli de Rossa qui ivit ad recipiendum Scrofas triginta donatas per dom. Regem apud Gaudrianum cum uno famulo, pro expensis et salario ipsorum, taren.* 11. *gran.* x.] Vide Notas ad Alexiadem pag. 391.

Scrofa Ducaria, Ductrix aliarum Scrofarum. Vide *Ducarius*.

¶ **SCROPHIO**, ut *Scorpio* 3. apud vet. Auctor. rei agrariæ pag. 147. 213. etc. Vide *Scropiunes*.

¶ **SCROPHULÆ**. Vide *Scroellæ*.

* **SCROPRISIA**, perperam pro *surprisia*, Exactio extraordinaria. Vide in hac voce. Charta Guill. comit. Matisc. inter Probat. tom. 1. Hist. Sequan. pag. 100 : *Dono et guerpio taillias et Scroprisias, quas in supradictæ ecclesiæ terris faciebam.*

** **SCROTARIUS**, Qui vinum in cella deponit, Germ. *Schrœter*. Elench. Prælat. S. Joaun. apud Guden. Cod. Diplom. tom. 3. pag. 832 : *Unum fertonem de officio unius Scrotarii, etc.* Chart. ann. 1252. in Guden. Syllog. pag. 213 : *Homines quoque nostri, vectores videlicet qui Schrotere vocantur, nichil a memoratis fratribus extorquere debent, vel se intromittere de vectura vel portatione vini eorum.* Adde aliam ann. 1225. ibid. pag. 142.

SCROTER, Navigii species apud Danos. Saxo Grammaticus lib. 5 : *Rex navigium donat, Scroter remiges vocitabant.*

¶ **SCROVA**, pro Scrofa, pluries in Leg. Salica tit. 1. §. 6. 7. 13.

¶ **SCROZIA**, Fulcrum subaxillare, Ital. *Gruccia*, Gall. *Crosse, bequille*. Vita veuer. Catharinæ de Palantia tom. 1 April. pag. 653 : *Erat mutus et stropiatus una tibia et ibat cum ferulis seu tamolis,... et dimisit ibi tamolas sive Scrozias.*

* **SCROUA**, Commentarius, scheda, in qua per ordinem res describuntur, Gall. *Mémoire*, alias *Escroe*. Vide supra *Escroa*. Charta ann. 1341. in Reg. 74. Chartoph. reg. ch. 653 : *Scrouas seu cedulas, quas asserunt super hoc habere reddere promiserunt domino regi..... Traditis dictis Scrouis seu cedulis per vos tradendis dominis Cameræ computorum Paris.* Vide supra *Scroa*.

SCRUA, Vide *Screo*.

¶ **SCRUDLAND**. Vide *Scrutlanda*.

¶ **SCRUELLÆ**, ut *Scroellæ*. Vide ibi.

SCRUFERARII, Papiæ MS. : *Viles atque contempti.* Perperam in edito, *Scruferatirii*.

* **SCRUFULA**, ut supra *Scrofula*. Mirac. B. Laur. Erem. tom. 2. Aug. pag. 308. col. 1 : *Mulierem Scrufulam habentem in palpebra oratione et aqua sanavit.* Ibid. col. 2 : *Mulier Scrufulam patiens in manu, etc.*

SCRUNTISSA. Glossæ MSS. ad Boetium de Consolat. ex Bibl. S. Germani Paris. : *Rimula, Scruntissa.* [*Scruntussa, fissura, rima*, ex Glossar. Mons. apud Schilter in Gloss. Teuton.] [** Vide Graff. Thesaur. Ling. Franc. tom. 6. col. 586.]

¶ **SCRUNTONNES**. Tabular. S. Germani Paris. : *Qui custodiunt pressorium Regis apud S. Stephanum habent* IV. *minas avenæ ad parvam mensuram quorum duæ raduntur et duæ cumulantur,* XII. *quoque denarios et* IX. *panes quales habent monachi,* IX. *etiam Scruntonnes candelæ semel in anno.* Certum pondus significari videtur. Vide *Tesa candelæ*.

¶ **SCRUNTUSSA**. Vide *Scruntissa*.

¶ **SCRUPHULÆ**. Vide *Scroellæ*.

¶ **SCRUPULARE**. Vide *Scripulare*.

¶ **SCRUPULOSITAS**, Conscientiæ stimulus, solicitudo, difficultas, dubitatio. Codex. Tradit. S. Emmerammi apud Bern. Pezium tom. 1. Anecdot. part. 3. col. 107 : *Eo scilicet tenoris pacto, ut nullus aliquo Scrupulositatis nodo detentus inhæreat.* Utitur non semel Tert. Columella lib. 11. cap. 1. Ulpian. Dig. lib. 28. tit. 3. leg. 12. etc.

* Juram. fidel. civium Carcass. in Reg. 30. Chartoph. reg. ch. 175 : *Et ut omnis Scrupulositas et ambiguitas de nostris cordibus abradatur, etc.*

¶ **SCRUPULOSUS**, Intricatus, difficilis. Ernulfus Roffeus Epist. 2. tom. 2. Spicil. Acher. pag. 440 : *Qui gaudent imperitis Scrupulosarum parare laqueos quæstionum.* Vox Latinis non ignota eodem significatu. *Scrupulosa disputatio*, apud Quintilian. 9. 1.

¶ 1. **SCRUPULUS**, Negotium, difficultas. Chron. Episc. Metens. apud Acher. tom. 6. Spicil. pag. 644 : *Scrupulus autem subputationis annorum, partim negligentia scriptorum, partim pressura persecutorum, ut arbitror, in Ecclesia inolevit.*

¶ 2. **SCRUPULUS**, Suspicio, Gall. *Soupçon*. Atto Episc. Vercell. Ep. 10. apud eumd. Acher. tom. 8. Spicil. pag. 131 : *Negligere enim qui potest deturbare perversos, nihil aliud est quam fovere. Nec caret Scrupulo societatis occultæ, qui manifeste facinori desinit obviare.*

¶ 3. **SCRUPULUS**, Mensura agraria, quæ ex Columella lib. 1. cap. 1. centum continet pedes. Charta Lotharii I. Imper. ann. 840. apud Murator. tom. 2. part. 2. col. 390 : *Ex fundo Bussuli uncias* IX. *et Scrupulos* III.

¶ Scripulus, Eadem notione. Tabul. Landevenec. : *Ego Gradlonus Rex tradidi... terram quæ vocata est Lan-Ratian, id est, duodecim Scripulos terræ.* Ibidem : *Et unum Scripulum terræ in Moelian.... Do de mea propria hereditate Scripulum terræ viro Dei S. Tinwoud.*

* **SCRUTA**, *Vasis species*, in vet. Glossar. ex Cod. reg. 7613. Alia notione utuntur Latini. Vide *Scrutaria*.

¶ **SCRUTAMEN**, Inquisitio. Vita S. Dunstani tom. 4. Maii pag. 348 : *Aliorumque prudentium libros quos ab intimo cordis aspectu Patrum sanctorum assertione solidatos esse persensit, solubili semper Scrutamine indagavit.* Vide *Scrutatio*.

¶ **SCRUTARIA**, Ars scruta seu veteramenta vendendi. Apuleius lib. 4. Metamorph. : *Timidule per balneas et aniles cellulas reptantes, Scrutariam facitis. Scrutarium*, γρυτοπωλεῖον, in Gloss. Lat. Græc. Hinc qui artem hanc exercet dicitur

¶ Scrutarius, γρυτοπώλης, in iisdem Glossis. Gellius lib. 3. cap. 14. ex Lucilio : *Scruta quidem ut vendat Scrutarius laudat.* Memorantur præterea *Scrutarii*, quorum erat operimenta librorum subministrare, inter artifices monasterii Centulensis apud Mabill. tom. 2. Annal. Bened. pag. 333. ut et monasterii Corbeiensis ibid. pag. 466.

** **SCRUTATE**, adverb. apud Virgil. Gramm. pag. 72.

¶ **SCRUTATIO**, Inquisitio, exploratio. Charta ann. 1419 apud Rymer. tom. 9. pag. 769 : *Absque aliqua contradictione, aut Scrutatione, aliove obstaculo aut impedimento. Odiosa Scrutatio*, apud Gellium lib. 9. cap. 10. Utitur etiam Seneca de Vita beata cap. 23. Vide *Scrutamen*.

SCRUTATOR, Idem, qui *Circator*, et *summus speculator*, in Monasteriis, *Visitator*. Vide Statuta Ordinis *de Sempringham* c. 5. 7. et capitulo de summis scrutatorib. c. 1. 2. 3. 4. etc.

Scrutatrices de Careta : in Regula ejusdem Ordinis *de Sempringham* cap. 3. *Scrutatrices Claustri*, cap. 8.

¶ **SCRUTATORES**, Qui in electionibus, quæ per *Scrutinium* fiunt, secrete vota et suffragia singulorum eligentium colligunt, eaque ne fraus obrepat, examinant, vulgo *Scrutateurs*. Ericus Upsalensis lib. 6. Hist. Suecicæ pag. 105 : *Consedentibus igitur cunctis, qui vocem in electione Regis habere putabantur,.... datis Scrutatoribus, duobus scilicet Episcopis, et duobus Militibus, tres electi fuerunt.* Constitut. Ord. Prædicat. part. 1. col. 209 : *Scrutatores vocum non sint cœci, neque surdi... Scrutatores debent primo sua, deinde aliorum vota ad paratam mensam in Capitulo sedentes, in urna recipere, etc.* Vide in *Scrutinium*.

¶ **SCRUTILLUS**. Vide *Scrutulus*.

SCRUTINARE, pro Scrutari, inquirere, apud Luciferum Calaritanum lib. 1. pro S. Athanasio pag. 72. [Occurrit præterea apud Vulg. Interpr. 4. Esdr. cap. 16. v. 63. et 65.] Gloss. Gr. Lat. : Ἐρευνᾷ, *Scruti-*

natio, indagatio. [Vide *Scrutatio* et mox in *Scrutinium.*]

SCRUTINIUM. Gloss. Gr. Lat. : Ζήτησις, *Scrutinium, quæstio.* [Gloss. Lat. Gall. Sangerman. : *Scrutinium, Scrutine, enserchement, inquisicion.* Charta ann. 1281. apud Kennett. Antiquit. Ambrosd. pag. 297 : *Idem Prior facto inde per vicinos diligenti Scrutinio, certioratus per eosdem de dicto in hoc ad nocumentum et gravamen seu impedimentum, etc.*] Apuleius lib. 9. *Scrutinium* vocat exactam furti perquirendi formam per lancem et licium. Lex Burgundiæ tit. 16. §. 7. de eo, qui in vineam alterius furti causa intrare præsumpserit : *Si ingenuus non visus fuerit, et postea aut per vim, aut per Scrutinium inventum fuerit, jubemus, ut ad redimendum se, etc.* Lex Ripuar. tit. 47. de Vestigio minando : *Quod si (animal) in domo fuerit, et ei Scrutinium, cujus domus est, contradixerit, ut fur habeatur.* Ita *Scrutinium* pro perquisitione rei furto ablatæ usurpat Andreas Suenonis lib. 7. Legum Scaniæ cap. 2. 3.

* Hinc nostris *Scrutine,* eadem notione. Lit. ann. 1407. tom. 9. Ordinat. reg. Franc. pag. 202 : *Pour grant Scrutine et investigacion faites par nous, etc.*

¶ SCRUTINIUM, Inquisitio, interrogatio, Gallis *Examen.* Statuta Eccl. Valent. inter Concil. Hispan. tom. 3. pag. 510 : *Mandamus quod quarta feria Quatuor Temporum omnes ordinandi archidiaconibus se repræsentent, ut tam de vita, quam de moribus, quam de scientia possit fieri Scrutinium diligenter.* Hinc

SCRUTINIA *Catechumenorum* dicuntur interrogationes, examinationes et instructiones Catechumenorum. Papias : *Scrutinium, iter Baptismi, a scrutando dictum, utrum firma mente teneant, quæ a Magistris didicerunt.* Hausit ex Amalario Fortunato cap. 8. *Examen Catechumenorum* vocat S. Augustinus lib. 2. de Symbolo ad Catechum. ubi de exorcismo loquitur. Idem de Fide et operib. cap. 61 : *Vel non intueamur alios, qui per annos singulos ad lavacrum regenerationis accurrunt, quales sint ipsis diebus, quibus catechizantur, exorcizantur, scrutantur, etc.* Rupertus lib. 4. de Divin. offic. cap. 8 : *Scrutinia dicuntur a scrutando, quia perscrutandum erat in his, qui accedebant, ne qua radix amaritudinis subesset, velut infuit in Simone Mago, et in hæreticis quamplurimis, etc.* Capit. Caroli M. lib. 5. cap. 220. [372.] : *Ut scrutinium more Romano tempore suo ordinate agatur.* Hincmarus Remensis in Capitulis ad Presbyteros Parochiæ suæ cap. 2 : *Ut scrutinium, et omnem ordinem baptizandi nulli penitus liceat ignorare.* Adde Riculfum Suessionensem Episcopum cap. 8. Sed de Scrutinio in Baptismo vide [Tertullianum de Baptismo,] Ordinem Romanum in Ordine vel denuntione Scrutinii, Rupertum Tuitiensem lib. 4. de Divin. offic. cap. 18. 19. 20. Honorium August. lib. 3. cap. 53. Hugonem a S. Victore lib. 1. de Sacram. cap. 17. Joannem Episcop. Abrinc. de Offic. Eccl. pag. 38. Durandum lib. 6. Ration. cap. 56. [Menardum in Notis ad lib. Sacram. pag. 139. Joseph. Vicecomitem lib. 3. de antiq. baptismi Rit. cap. 21.] etc. Leidradus Archiep. Lugdun. de Sacramento Baptismi cap. 1 : *Hæc tota actio, quæ super Catechumenis et Competentibus celebratur, a quibusdam Scrutinium nominatur, non ob aliud, ut putamus, nisi a scrutando, juxta illud Psalmistæ* : scrutans corda et renes Deus, *eo quod ibi scrutarentur corda credentium et dubitantium a Sacerdotibus, ut intelligerent, quis ad baptismum jam rite admitteretur, quis adhuc differretur.* [Anonymus circ. ann. 811. de Ord. baptismi cap. 4 : *Scrutinium a scrutando dicitur, quia tunc scrutandi sunt catechumeni si rectam jam noviter fidem symboli eis traditam firmiter tenent.*]

SCRUTINII DIES, quarta Feria majoris hebdomadæ, sic nuncupata, *quia,* ut ait Hugo de S. Victore lib. de Sacrament. cap. 17. *prædicta quarta feria de fide inquiruntur, et instruuntur* (Catechumeni,) *ideo dies illa Dies Scrutinii, et officium illud Scrutinium appellatur.* In Ordine Romano commonentur Christiani, ut ad diem scrutiniorum frequentes conveniant, hisce verbis : *Scrutinii diem, dilectissimi fratres, quo electi nostri,* (hoc est, Competentes) *divinitus instruuntur, imminere cognoscite, ideoque sollicita devotione succedente sequenti quarta feria circa horam tertiam convenire dignemini, etc.*

SCRUTINIUM, Electionis forma etiam dicitur, cum videlicet omnibus præsentibus, qui debent, volunt, et possunt interesse, commode assumuntur de collegio tres fide digni, qui *Scrutatores* appellantur, qui secrete singulorum vota et suffragia diligenter inquirunt, eaque in scripta redigunt. Ab hujusmodi scrutatione et investigatione diligenti *Scrutinii* nomen huic formæ eligendi impositum est, quod passim reperitur in Decret. tit. de Elect. [Jac. Gaïetanus in Ord. Rom. apud Mabill. tom. 2. Musei Ital. pag. 247 : *Si in electione Romani Pontificis velint Cardinales per viam Scrutinii procedere, solent eligi tres scrutatores collegii, et alii tres scrutatores scrutatorum, etc.* Adhibitum quoque est scrutinium in electionibus Episcoporum. Appendix ad Capit. col. 1371 : *Qui* (Episcopi) *simul convenientes Scrutinium diligenter agant juxta consuetudinem sanctæ Romanæ Ecclesiæ atque instituta Carthaginensis Concilii, etc.*] Formulam electionis factæ per scrutinium exhibet Rolandinus in Summa Notariæ cap. 6. Adde Leges Alfonsinas, seu *Partidas,* part. 1. tit. 5. lege 19. et Innocentium Cironum in Paratit. pag. 23. 45. [Vide *Scrutatores.*]

¶ SCRUTINARE, *Scrutinium* agere. Jac. Gaïetanus in Ord. Rom. apud Mabill. tom. 2. Musei Ital. pag. 247 : *Modus autem Scrutinandi et deponendi votum in scrutinio in porta talis est. Leg. in Sporta.*

¶ SCRUTINIUM, quasi diminut. a *Scrinium,* Arcula. Passio S. Thomæ Cantuar. apud Marten. tom. 3. Anecd. col. 1749 : *Quicquid in scriniis sive in Scrutiniis, aut cistellis Archiepiscopi et suorum potuit inveniri... stupendo ausu deripientes, etc.*

SCRUTITUM, *Pellica,* in Gloss. Isid. *Pellicium,* in Pithœanis : [unde emendat Grævius : *Scorteum, pelliceum.* Vide *Scortisarius.*]

SCRUTLANDA, [Somnero est Terra cujus proventus vestibus emendis assignati sunt : a Saxon. Scrud, vestitus, et Land, terra, fundus. Charta Eadsii presbyt. pro Eccl. Cantuar. : *Dedit etiam terram illam apud Orpedingtunam in vita sua, pro anima sua, Deo in Ecclesia Christi servientibus in Scrudland.*] Monasticum Anglicanum tom. 2. pag. 14 : *Terram Helyot ejusdem villæ; duas Scrutlandas de Nasinges cum ipsa Ecclesia etc.* Pag. 16 : *Luketum cum Ecclesia, et Scrutlanda et suis pertinentiis.* Ibidem mox legitur *scolanda,* quod videtur idem cum *scrutlanda* : *Duas Scolandas de Watfore cum suis pertinentiis.* [** Anglos. Sco vel sceo, calceus.]

SCRUTULUS, *Ventriculus fartus.* Gloss. Isid. [Legendum *Scrutillus* ex Festo : *Scrutillus, venter suillus condito farre repletus :* quod ex Plauto eruit. Id jam monuerat Grævius.]

1. SCRUTUM, [ut *Grutum,* nisi ita legendum sit, Flandris *Grutten* et *Gorte,* Hordeum siccatum, ex quo conficitur cerevisia ; vel Tributum quod pro cerevisia pensitatur.] [** Germ. *Schrot,* Far.] Charta Adalberonis III. Episcopi Metensis ann. 1059. apud Meurissium pag. 364. et Miræum in Cod. Donat. pag. 181. et in Notitia Eccl. Belg. pag. 171 : *Donavit eidem Ecclesiæ et fratribus inibi Deo servientibus Scrutum ejusdem oppidi, hoc est, potestatem ponere et deponere illum, qui materiam faceret, unde levarentur cerevisiæ, et de singulis cerevisiis, quæ brassicarentur in oppido nostro, sex picarios ad opus fratrum suscipere, quod ad servitium suum et antecessorum suorum pertinebat.* [Vide *Grutum.*]

2. SCRUTUM, in Catholico parvo *Robe despecée.* Vox Lat. [Sed in plurali tantum usurpata a Scriptoribus purioris ætatis.]

¶ **SCUAGIUM,** ut *Scutagium.* Vide in hac voce.

¶ **SCUBIÆ,** pro Excubiæ. Mirac. MSS. Urbani V. PP. ex Tabul. S. Victoris Massil. : *Invenit carcerem apertum et transivit per gentes et Scubias et neminem invenit.* Occurrit præterea in Capitul. Lotharii tit. 3. § 8. et 11. In singulari numero legitur in Charta ann. 1379. ex Schedis Præs. *de Mazaugues* : *Dicta curia habet fortalitium magnum,.... in quo quidem est una squilla quæ pulsari consuevit propter Scubiam fiendam nocte.* Vide *Excubiæ* 1.

* Unde *Scous,* eodem sensu, in Charta ann. 1381. ex Tabul. Massil. : *Eligunt gardairos sive Scous ad standum in montanea dicta de Rieu..... pro tuitione civitatis, propter infideles Sarracenos discurrentes per mare Massiliæ, et gardias ponere in locis suprascriptis.*

¶ **SCUBITOR,** pro *Excubitor.* Vide in hac voce. Acta S. Reparatæ apud Marten. tom. 6. Ampliss. Collect. col. 742 : *Decius præses dixit Scubitoribus suis : Novaculam afferte, et decalvate eam et per publicanos ducite eam.*

¶ **SCUCCA,** Anglo-Saxon. Dæmon, diabolus, Gothis *Skohsl,* dæmones : hodie *Scheuchen, Scheuhsal,* terriculamentum. Ita Schilter. in Glossario Teutonico. [** Vide Grimm. Mythol. German. pag. 274. et 561.]

¶ **SCUCHEO,** SCHUCHO, Scutum gentilitium, Angl. *Scutcheon,* Gallice *Ecusson.* Litteræ Edwardi III. Reg. Angl. ann. 1338. apud Rymer. tom. 5. pag. 60 : *Unum calicem auri, cum Scucheonibus.... Unum*

Scucheonem aureum quadratum.... Unum Scucheonem auri cum magna saphiro. Pluries ibi. Litteræ ejusd. Reg. ibid. pag. 49 : *Unum ciphum argenti..... cum uno Scuchone in fundo de armis Lancastriæ.*

* *Scuchon*, in Inventar. jocal. Eduar. I. reg. Angl. ann. 1297 : *Item une* (coupe) *d'or grenetée, dedens s'a ou fons un Scuchon d'Angleterre.* Infra : *Escuchon.* Vide supra *Escuchonetus.*

¶ **SCUCHONNETUS**, diminut. a *Scucho*, Scutulum. Inventar. Eccl. Noviom. ann. 1419 : *Item pannus sericus cum Scuchonnetis ad deferendum Corpus Domini.* Vide *Escuchonetus.*

SCUDATI, Aurei, Moneta Regum Galliæ, nostris *Escus d'or* : apud Joan. a Leydis lib. 32. Chr. cap. 14. [Deliberatio trium Statuum Occit. inter Probat tom. 1. Annal. Tolos. : *Solvendo cuilibet de dictis quinque millibus Aquitanis pro mense quindecim Scudatos auri seu valorem.* Charta ann. 1398. apud Miræum tom. 2. pag. 894 : *Item annuum et perpetuum redditum* 45. *Scudatorum aureorum veterum monetæ Regis Franciæ.*] Vide *Moneta.*

¶ Scudata, Eadem notione, apud Buschium de Reform. Monast. tom. 2. Script. Brunsvic. Leibnit. pag. 938 : *Præfata autem amita mea Mechtildis Bomgarten procuraverat mihi religionem intranti* 50. *Scudata in auro, in valore circa* 70. *florenos Rhenenses.*

¶ **SCUDAZOLLUM**, diminut. ni fallor ab Ital. *Scudo*, Scutum gentilitium, Gallis *Ecusson.* Funus Johannis *Galeaz* ann. 1402. apud Murator. tom. 16. col. 1032 : *Postea vero sequuti sunt in ordine homines duo mille,..... singuli gradatim deferentes unum cilostrum pro quolibet, et cum Scudazollis Viperæ, ducatus Mediolani, et comitatus Papiæ, sutis super pectore et post in spatulis.* Vide *Scudetum.*

¶ **SCUDELARIA**, Scutella, Gall. *Ecuelle.* Statuta Placent. lib. 6. fol. 83 : *Item de Scudelariis rami ultra videlicet pro libra sol. den.*

¶ **SCUDELLA**, Scudellina, Voces Italicæ ejusdem notionis ac *Scudelaria.* Johannis Demussis Chron. Placent. ad ann. 1388. apud Murator. tom. 16. col. 583 : *Utuntur taciis, cugiariis, et forcellis argenti, et utuntur Scudellis et Scudellinis de petra.* Anonymi Annal. Mediol. ad ann. 1389. ibid. col. 812 : *Scudellæ* xxv. *albæ argenti cum diversis operagiis. Aliæ Scudellæ albæ argenti* xiv. *Aliæ Scudellæ* lvi. *deauratæ cum diversis operagiis.*

* Glossar. Provinc. Lat. ex Cod. reg. 7657 : *Scudella, Prov. Scutella, discus, ferculum. Escudelle,* in Lit. remiss. ann. 1422. ex Reg. 172. Chartoph. reg. ch. 252.

* **SCUDELLORIUS**, Parva scutella. Vide supra *Escudellorius.*

* **SCUDELO**, Eodem intellectu. Comput. ann. 1334 inter Probat. tom. 2. Hist. Nem. pag. 88. col. 1 : *Pro quinquaginta sissoriis, inclusis xvij. perabsidibus, quæ fuerunt amissæ, et tresdecim Scudelonibus, etc.* Vide supra *Escudelonus.*

* **SCUDERE**, pro Cudere. Charta Car. dalph. ann. 1356. in Reg. Cam. Comput. Paris. sign. *Vienne* fol. 4. r° : *Mandamus quatenus monetam nostram in nostro Dalphinatu Scudi et fieri solitam, cum ad præsens ibidem, ut intelleximus, nulla pro nobis fiat vel Scudatur, Scudi vel fieri celeriter faciatis.*

¶ **SCUDERIUS**, Armiger, Ital. *Scudiere*, Gallice *Ecuyer.* Funus Johannis *Galeaz* ann. 1402. apud Murator. tom. 16. col. 1026 : *Et postea ipsi steterunt ibi cum dictis Scuderiis ad recipiendum et offerendum confanones, bannerias, etc.* Vide *Scutarius.*

* Glossar. Provinc. Lat. ex Cod. reg. 7657 : *Scudier, Prov. verna militum vel divitum, vernula, scutifer.* Vide supra *Escuerius.*

¶ **SCUDETUM**, Scutum gentilitium, Ital. *Scudo*, Gall. *Ecusson.* Petrus Amelius in Ord. Rom. apud Mabillon. tom. 2. Musei Ital. pag. 537 : *Secundo dominus Anglicanus cum duobus panibus coopertis, cum tobaleis et armis et Scudetis sanctæ Brigidæ, et trium Cardinalium commissariorum :.... tertio dominus Barensis cum duobus magnis bacilibus de vino et malvatico... cum armis et Scudetis dominæ et Cardinalium prædictorum.* Vide *Scudazollum.*

☞ Alia notione, ut videtur, forte pro lamina ferrea qua focus munitur, quia scuta gentilitia ut plurimum in iis referuntur, occurrit in Computo ann. 1379. ex Schedis Præs. *de Mazaugues* : *Item unum cremastulum cum quadam alia quantitate ferri. Item unum Scudetum.*

* **SCUDETUS**, Scutum gentilitium, Gall. *Ecusson.* Comput. ann. 1380. inter Probat. tom. 3. Hist. Nem. pag. 30. col. 1 : *Solvi plus dicto magistro Bernardo pictori, pro pingendo dictos xij. Scudetos floribus lilii et aliis xij. armis Comunis, etc.* Vide *Scudetum.*

* **SCUDICCIUOLUS**, Instrumentum capiendis coturnicibus idoneum, Ital. *Scudicciuolo.* Stat. antiq. Florent. lib. 3. cap. 177. ex Cod. reg. 4621 : *Nullus capiat qualeas ad gualgetorem, vel Scudicciuolum..... sub pœna solidorum centum.*

SCUDITIA. Isidorus lib. 20. Orig. cap. 14. et ex eo Papias : *Fossarium, dictum, quod foveam faciat, ipsa est Scuditia.* Idem Papias : *Scuditia, dicta, quod circa cutem* al. *caudicem terram aperiat. Hanc alii Fossarium dicunt, qui fossam faciat.* Gloss. Anglo-Sax. Ælfrici : *Scuditia vel fossorium,* spad.

* **SCUDOZOLUS**, Scutum gentilitium, Ital. *Scudo.* Invent. ann. 1389. tom. 3. Cod. Ital. diplom. col. 364 : *Aliæ alæ duæ zandalis nigri,.... Scudozoli inter magnos et parvos xxxix.* Vide *Scudazollum.*

¶ **SCUDULA**, pro *Scindula.* Vide in hac voce.

¶ **SCUFERUS**, Leg. Stuferus, et vide in hac voce. Monetæ genus. Adrianus de Veteri-busco de Reb. Leod. apud Marten. tom. 4. Ampliss. Collect. col. 1373 : *Conclusum fuit.... quod de quolibet domistadio solveretur unus Scuferus... Fuit caristia in omnibus partibus. Modius speltæ vendebatur* (Leodii) 32. *Scuferis et* 28. *in Namurco, aliquando* 36. *et plus.* Synodus Mechlin. ann. 1574. apud eumd. tom. 4. Anecd. col. 455 : *Pro sigillo ac laboribus eorum non possunt* (secretarii) *simul accipere ultra decimam partem aurei, et valor aurei frequenter mutetur, atque ea occasione officiati diversimode stipendium scripturæ et laboris exigunt,* Concilium decernit et declarat *decimam partem aurei non extendendum esse ultra quatuor Scuferos cum dimidio.* Rursum col. 458 : *Item, concluserunt domini, quod ad petitionem partium poterunt permittere redemtionem et dequitationem parvorum censuum usque ad sex Scuferos seu duodecim grossos certo tempore præfixo.*

¶ **SCUFFIUM.** Vide infra *Scufia.*

SCUFFONES. Vide *Scafones.*

SCUFIA, Tributi species apud Longobardos. Charta Adelchisi Regis Longob. in Bullario Casinensi tom. 2. pag. 18 : *Concedimus per ipsa Monasteria omnes Scufias publicas, et angarias, atque operas, et dationes vel collectas, etc.* [Statuta Vercell. lib. 1. fol. 11. v° : *Super illis imponi faciat et exigi fodrum et datium et Scufianon derogando propterea aliis statutis qui viderentur contraria huic statuto.* Rursum occurrit lib. 2. fol. 32. v°.]

* Et Scuphia, Onus publicum, cui cives addicti sunt. Charta Henr. imper. II. ann. 1055. apud Murator. tom. 2. Antiq. Ital. med. ævi col. 76 : *Cum districtu, cum porcis et vervecibus, cum operibus et omnibus Scufiis.* Alia Henr. IV. ann. 1111. ibid. col. 78 : *Cum operibus et albergariis, et omnibus Scuphiis.* [** Vide Murat. col. 76. qui de fide chartæ Adelchisi dubitat. Etymon forte petendum a latino *Excubiæ.*]

¶ Scuffium, Scufium, Eadem notione, Statuta Astens. fol. 10. verso : *Quod Potestas non possit compellere infirmos S. Lazari, sive illos de dicta domo vel ecclesia ad præstandam vel dandam aliquam carusiam alicui civi Astensi, vel aliquod aliud Scuffium faciendum pro Communi.* Ibidem fol. 26 : *Et si aliquis juraverit citanaticum civitatis ita quod in Ast debeat habitare, compellam eum venire ad habitandum... Et si non venerit in Ast ad habitandum predicta forma compellam ipsum solvere et ejus avere pedagia et alia Scufia civitatis tanquam extraneum.* Rursum fol. 63 : *Item quod nuntii Communis Astensis sint exempti a custodiis et omnibus aliis Scufiis personalibus in civitate Astensi et burgis.* Hinc *Scufii* nomine Servitii etiam genus significari colligitur.

¶ Scufum, Eodem intellectu, in Charta Friderici II. Imper. ann. 1239. inter Privil. Ord. S. Johan. Hierosol. pag. 29 : *Statuentes nihilominus ut... nullus... personam aliquam religionem Hospitalis prædicti professam... angariare vel plectere, vel ad expeditionem cogere, seu ad opera servilia compellere, vel datiam solvere aut Scufum facere... præsumat.*

* **SCUGIUS**, idem quod *Cugnus* 1. Gall. *Coin*, Typus, quo nummi cuduntur et signantur. Charta ann. 1382. inter Probat. ult. Hist. Trenorch. pag. 253 : *Percipere debeat super omnibus et singulis bonis ipsius Petri, casu prædicto eveniente, quingentos franchos auri, boni ponderis, Scugii Francorum regis.*

¶ **SCUILH**, vox corrupta ex Gall. *Ecueil*, Scopulus. Mirac. MSS. Urbani V. PP. ex Tabul. S. Victoris Massil. : *Possent evadere a fortuna illa maris qui perirent in Scuilh qui erat satis prope.* Vide *Scolium.*

* **SCUISORIUM**, pro *Scinsorium* vel potius *Scissorium*, Orbiculus mensorius, in quo dapes scinduntur. Arest. parlam. Pa-

ris ann. 1421. in lib. 1. Stat. artif. Par. fol. 89. r° : *Nichilominus dicta Aelipdis.... de alio ministerio, scilicet doreloteriæ, se intromittebat, rubanos, Scuisoria et scutellas ligneas faciebat.*

¶ **SCULCÆ**, pro *Exculcæ*, Excubiæ. Vide in *Collocare*. Pro mulcta pecuniaria ob inobedientiam militarem, in l. si quis in exercitu de exercitalibus, teste Macro in Hierolex. Vide Gloss. med. Græcit. in Σκούλκαι. Hinc

¶ **SCULCATOR**, Excubitor, vel *Scultator* et *Exculcator*, (ita enim variat lectio) apud Vegetium lib. 2. cap. 15. et 17. Unde etiam

¶ **SCULCATORIUS**, Exploratorius. *Sculcatoriæ naves*, apud Senator. lib. 2. Epist. 20. Vide Vossium lib. 3. de Vitiis serm. cap. 47.

¶ **SCULDACHIUS**, Sculdæus. Vide *Sculdais*.

SCULDAIS, Papiæ, *Rector*, *lingua barbara* : alias *Longobardana*. Ita scribitur hæc vox in Lege Longob. lib. 1. tit. 17. § 10. lib. 2. tit. 38. § 2. [** Lothar. I. 53. Liutpr. 84. (6, 31.)] in Chronico Casinensi lib. 1. cap. 6. et in Chronico S. Vincentii de Vulturno pag. 674. Perperam vero *Sculdalis* pag. 691. pro *Sculdahis*. Adrianus Junius, et Kilianus : *Schuldheys, i. Schoud heet*, *Prætor noxæ debitive exactor : qui pœnas irrogat et mulctas exposcit ab iis, qui deliquerunt*. Nam judicum officio functos ejusmodi rectores ex scriptoribus passim colligitur. [** Vide Grimm. Antiq. Jur. Germ. pag. 755. Murat. Antiq. Ital. tom. 1. col. 513. sqq. et mox *Scultetus*.]

Sculdahis. Paulus Warnefrid. lib. 6. de Gest. Langob. cap. 24 : *Rector loci illius, quem Sculdahis lingua propria dicunt.* Leges Luithprandi Regis Longob. tit. 20. § 1. [** 25. (4,7.)] : *Si quis causam habuerit, et Sculdahis suo causam dixerit.* Ubi indeclinab. Ita in Charta Longobardica apud Ughellum tom. 8. pag. 20. [** *Sculdahis* omnibus locis scriptum est in Leg. Liutpr. apud Murator. et Heroldum ubi Lindenbrog. habet *Sculdasius*.]

Sculdasius in Synodo Ticin. ann. 850. in Charta Caroli Imp. ann. 889. pro Monast. S. Christinæ Papiensi, in Lege Longob. lib. 1. tit. 2. § 2. tit. 9. § 16. tit. 12. § 2. tit. 14. § 7. tit. 25. § 50. 73. lib. 2. tit. 9. § 2. tit. 21. § 7. tit. 41. § 1. 2. 4. tit. 52. § 14. lib. 3. tit. 12. § 5. [** Roth. 35. 377. 15. Liutpr. 82. (6,29.) 44. (5,15.) Pipin. 10. Rothar. 222. 256. Liutpr. 25. 26. 28. (4,7. 8. 9.) Pipin. 8. Guido 3.] Vett. Glossæ : *Sculdasius, pedaneus judex.*

Scoldaschius, apud Ratherium Veronensem in Qualitat. conject. pag. 211.

¶ Sculdachio, in Charta Henrici II. Imper. ann. 1055. apud Murator. delle Antichita Estensi pag. 7.

Sculdachius, in Charta Bonifacii Marchionis apud Franciscum Mariam in Mathildi lib. 3. pag. 120.

¶ Sculdæus, in Leg. Rotharis apud Muratorium tom. 1. part. 2. pag. 30.

Sculdalisii, male, opinor, in Synodo Romana ann. 904. cap. 6.

¶ Sculdascius, in Charta Ottonis III. Imper. apud Murator. tom. 2. part. 2. col. 496.

Sculdasiones, in Rescripto Ludovici Imp. F. Lotharii pro Casauriensi Monast. ann. 24. in Charta Ludovici apud Puricellum in Basilica Ambrosiana pag. 216.

¶ Sculdassio, apud Eccardum in Orig. familiæ Habsburgo-Austr. ex Charta Hugonis et Lotharii Reg. Ital. ann. 943.

¶ Sculdassius, in Diplom. Conradi Imp. ann. 1027. apud Illustr. Fontaninum Append. ad Antiquit. Hortæ pag. 388.

Sculdaxes, in Chronico Novalicensi cap. 18.

¶ Scultasius, ut *Sculdasius*, in Leg. Liutprandi apud Murator. tom. 1. part. 2. pag. 67.

Sculdassia, Districtus *Sculdais*, in Charta Berengarii Imp. ann. 923. apud Georg. Pilonum et Ughellum in Episc. Bellun. Vide *Scultetus*.

* **SCULELLA**, Siliqua, Gall. *Cosse*. Serm. Gabr. Barel. in Septuag. fol. 2. v° col. 1 : *Nepos unius cardinalis ingressus ordinem, grossa legumina et male condita comedebat ; dum interrogaretur a cardinali, quid comedisset per multos dies, fabam, inquit, et faciolos ; siquis lancea foraret ejus ventrem, exirent Sculellæ fabarum et leguminum.* Nisi legas *Scutellæ*.

¶ **SCULINGUS**, f. pro *Scyllingus*, eadem saltem notione. Est autem *Scyllingus* Anglo-Saxon. teste Hickesio, sexagesima pars libræ. Inventar. Eccl. Noviom. ann. 1419 : *Quidam calix cum patena et cocleari argenteis, ponderis 2. marc. 1. unciæ et 15. Sculingorum. Item unus calix... ponderis 13. onchiarum* (unciarum) *cum tribus Sculingis.* Rursum : *Una pixida argentea... ponderis 3. unciarum, et 7. Sculingorum.* Vide *Skillingus*, et *Schillingus*.

SCULNA, Scolna, Συνθηκοφύλαξ, Ita in Glossis Lat. Gr. et in Gloss. MS. Gr. Lat. ubi edit. habet. *Sculva*. Glossæ antiquæ MSS. : *Scolna, sponsus.* Glossæ Pithœanæ : *Sconna, sponsus, vel sculna, sponsor.* Papias MS. : *Scoma* (sic) *sponsus, sconna, sponsa. Sculna*, pro sequestre dixit Varro : sed inter sordida reposuit P. Lavinius apud A. Gellium lib. 16. cap. 7.

SCULPATOR, Γλυπτής, Sculptor : γλύψον, *Sculpa*, in Gloss. Gr. Lat.

¶ **SCULPITIA**, κορυδαλός, in Gloss. Lat. Gr. ita et Græc. Lat. quæ addunt *Bardalia*, *alauda*. Cod. Sangerm. : *Sulpitia, bardella*, κορυδαλλός : Regius, *Sulpitia*, κορδαλός.

¶ **SCULPITUS**, pro Sculptus. Statuta Vercell. lib. 4. fol. 82. v° : *Item quod fornasarius faciat.... cugnolios.... ad mensuram communis Vercellarum secundum quod et Sculpiti sunt in lapidibus communis Vercellarum.* In vet. Gloss. apud Vossium de Vitiis Serm. lib. 4. cap. 24. *Sculpitare* est *crebro sculpere*.

¶ **SCULPRE**, Scalprum, Massiliensibus *Seaupre*, in Inventar. ann. 1294. ex Tabul. S. Victoris Massil. Leg. forte *Scalpre*.

** **SCULPTORIUS**. *Ars Sculptoria*, ex schol. ined. Sedulii V, 11. apud Maium in Glosssrio novo.

¶ **SCULPTURATUS**, Sculptus. Vita S. Johannis Valentin. Episc. apud Marten. tom. 3. Anecd. col. 1698 : *Sepelitur.... in claustro miris celaturis et arte plumaria Sculpturato.*

SCULSCARA, Expeditio militaris. Edictum Rotharis Regis Longobard. tit. 9. § 2. [** 21.] : *Si quis in exercitum aut Sculscaram ambulare contempserit, det Regi suo solidos 20.* Vide *Scara* 3. et *Collocare*.

SCULTA, Scultator. Vide *Collocare*.

¶ **SCULTECIA**. Vide in *Scultetus*.

SCULTEDUM, Idem quod *Schuld* Teutonibus, Culpa, peccatum, noxa, reatus. Charta Caroli Comitis Flandriæ ann. 1125. in Tabulario Monasterii S. Bertini : *Dicente eodem Theinardo, quia de placitis, quæ ad Scultedum pertinent, non deberet placitari ad viscarnam Abbatis, neque per scabinos inde judicari.* Infra : *Utrorumque causas in judicio Baronum meorum posui, qui eidem Theinardo successoribusque ipsius foris judicaverunt, quidquid occasione Scultedum in illo Comitatu usurpare contendebat : hoc etiam judicantes prædicti Barones, ut de hospitibus ac submanentibus, et de ipso Comitatu nullus unquam placitaret, nisi viscarnam Abbatis et per scabinos ejus, et nomine tenus de Scultedum, id est, de furibus, de furtis, et latrociniis, ac prorsus de omni lege et forisfactura tam maxima quam infima.* Alia Charta Theodorici Comitis Flandriæ ann. 1147. ibidem : *Judicio Baronum determinaverat, ut scilicet Sanctus proprios scabinos haberet, per quos de Scultedum, id est, de furibus, de latrociniis, ac prorsus de omni lege et forisfactura tam maxima quam infima placitaret.*

¶ **SCULTELLA**. Vide infra *Scutella*.

SCULTERIA. Charta Caroli IV. Imp. ann. 1348. apud Miræum in Diplomat. Belgic. lib. 1. cap. 94 : *Oppidum Sintzegle pro 15. millibus florenorum, et Sculteriam civitatis Aquensis pro 12. milibus florenorum ... titulo pignoris obligarunt.* Infra : *Ac alia quæcunque beneficia suprascriptis oppidis, castro, Sculteriæ pertinentia.* Sed legendum puto *Scultetia*, Ballivia, districtus *Sculteti*. Vide in hac voce.

¶ **SCULTETA**, Scultetia. Vide mox *Scultetus*.

* **SCULTETATUS**, Præfectura, dignitas vel officium *Sculteti*. Vide in hac voce. Charta ann. 1323. apud Oefelium tom. 1. Script. rer. Boicar. pag. 744. col. 2 : *Obligat is officium Scultetatus in Northusen.* Rursum occurrit infra.

SCULTETUS, vox ejusdem originis ac *Sculdais*, Prætor. Præfectus, Ballivus, Judex oppidi. Browerus lib. 12. Annal. Trevir. pag. 670. 1. edit. : *Scultetus*, *Prætor*, *judex*, *ex Theudisco Scholtaiss.* Goldastus : *Scultetus*, *scultes*, *quasi Schulthersc*, *qui Latinis Prætor.* Præfecti nomine non semel donatur in Speculo Saxonico lib. 3. art. 52. § 5 : *Judex absque Præfecto, id est Sculteto legitimum judicium habere non potest, etc.* Art. 64. §. 12 : *Sculteto seu Præfecto, etc.* § 12 : *Sculteta, qui et Præfectus Rusticorum dicitur.* [** Germ. *Schultheitz*.] Adde Chronicon Senoniense lib. 4. cap. 6. *Baillivus* nuncupatur apud Ægidium de Roya : *Fernandus dedit Brugensibus privilegium, quod Ballivus vel Scultetus possit esse de non natis in ea villa.* [A *Ballivo* distinguitur in Charta ann. 1298. apud Miræum tom. 2. pag. 876 :

*Præcipientes universis Bailivis, Sculteti*s, *etc.*] *Villicus* vocatur in Charta ann. 1307. apud eumdem in Donat. Belgic. cap. 113: *Insuper Villicus noster, qui Scultetus vocatur, habet instituere Scabinos, etc.* Judiciis præsidere solitum docet Speculum Saxonicum lib. 1. art. 59. § 6: *Non poterit ullus Comes, qui sub regali banno cognoscit, legitimum habere sine suo Sculteto judicium cui ante omnia seipsum debet præbere judicandum.* Ita Wichbild Magdeburgense art. 10. et Jus Feudale Saxonum cap. 36. § 2. [Charta ann. 1212. apud Ludewig. tom. 5. Reliq. MSS. pag. 26: *Dictus Scultetus in præfata villa ter in anno solemniter judicio præsidebit, cui assidebit nuntius ipsius ecclesiæ, qui Burmeister vulgariter nuncupatur. Judex qui vulgo Scultetus dicitur*, in Charta Conradi Imp. ann. 1140. apud Miræum tom. 1. pag. 688. Charta Johannis III. Lothar. Ducis ann. 1333. ibid. pag. 218: *Dominus de Diest, vel suus Scultetus ... post ipsum talem vel tales, delinquentem vel delinquentes corrigere possint, et emendam recipere ab eodem vel ab eisdem, per monitionem factam a domino de Diest vel suo Sculteto*] Occurrit] præterea hæc vox in Charta Caroli M. in Monumentis Paderbornensibus pag. 325. apud Conradum de Fabaria de Casibus S. Galli cap. 17. in Chronico Episcopor. Mindens. pag. 747. apud Goldastum tom. 1. Constit. Imper. pag. 323. etc. Vide Gryphiandrum de Weichbildis Saxonicis cap. 64. [** Haltaus. Glossar. German. col. 1657. voce *Sculdheiss*, et sqq.]

¶ Scoltetus, ut *Scultetus*, in Charta ann. 1248. apud Miræum tom. 2. pag. 1324. col. 2: *Statutam a nobis talliam et non ultra, sine augmento aliquo, non obstante contradictione Scoltetorum persolvere teneantur.* Vide *Scoltetus*.

Scultetia, Præfectura, dignitas vel officium *Sculteti*. Jus feudale Saxonum cap. 41: *Feudum in villa ad Sculletiam collatum hæredat Scultetus in suum filium, quamvis careat scuto bellico.* Speculum Saxonic. lib. 3. art. 52. § 3: *Imperator confert.... Comitibus præfecturas, id est, Sculletias, quæ ipsi etiam ulterius conferre possunt.* [Charta Bolkonis Ducis Silesiæ ann. 1360. apud Ludewig. tom. 6. Reliq. MSS. pag. 403: *Sculteciam seu advocatiam judiciumque supremum et infimum..... habemus, etc.*]

¶ **SCULTURA**, pro Sculptura, in Statutis Cisterc. ann. 1213. apud Marten. tom. 4. Anecd. col. 1312. Ita *Scultus*, pro Sculptus, in Charta Rudesindi Episc. Dumiens. æræ 1016. apud Yepez in Chron. Ord. S. Bened. tom 5.

SCUMARIUM. Andreas Monach. lib. 1. Vitæ S. Ottonis Episc. Bamberg. cap. 31: *Ita concussa est* (Ecclesia) *ut lapis magnus in frontispicio vel culmine Scumarii subito lapsu proruens totius monasterii ruinam minaretur.* [Mendum subesse in hac voce suspicor: ut ut est, Porta amplior et decumana, nostris *Portail*, intelligenda videtur. Vide *Ciborium*.]

¶ **SCUMUM**, f. Locus ubi vilia quæque et quisquiliæ asservantur, ab Angl. *Scum*, quod spumam, et metaphorice quævis rejectanea sonat. Inventar. Eccl. Noviom. ann. 1419: *Et sunt omnia prænominata in parvo scrinio dicti Scumi.* Neque enim infrequenter in hocce Inventario occurrunt voces Anglicæ.

¶ **SCUNA**, vox Belgica. Statuta Eccles. Camerac. apud Marten. tom. 7. Ampl. Collect. col. 1306: *Non divertant* (Clerici) *etiam ad tabernas, nec inter Scurnarias sedeant, nec domunculas frequentent, quæ Scunæ vocantur.* F. pro *Stuba*. Vide ibi.

¶ **SCUNDAPSUS**, vel Scindapsus, Blitra, interprete Martenio, vox nullius significationis. Acta Conc. Romani ann. 1078. apud Marten. tom. 4. Anecd. col. 107: *Et si dicas, quod aiunt Scundapsus, nullum subjectum hoc nomine demonstrasti, nulli rei existenti hoc quod demonstraretur invenisti.*

* **SCUNDIRE**, Excusare, satisfacere, purgare se sacramento aut duello. Constit. Jacobi II. reg. Aragon. ann. 1321: *Ordinamus quod si aliquis fuerit reptatus de bausia,.... quod possit fidem suam Scundire per batallium;.... quod possit venire, stare et redire salve et secure per loca nostra per tantum temporis, quantum necessarium habuerit ad Scundiendum fidem suam.* Vide *Excondicere*.

¶ **SCUNFLIGERE.** Vide *Sconfigere*.

¶ **SCUNO**, Contracte, insolenter tamen, scriptum pro *Secundo*, in Charta ann. circ. 1124. tom. 2. Gall. Christ. novæ edit. col. 1491: *Scuno Papa Honorio, regnante Ludovico, etc.*

¶ **SCUPEA.** Paulus Bernriedensis in Vita Gregorii VII. PP. sæc. 6. Bened. part. 2. pag. 412: *Scupea vero ejus* (serpentis) *non depicta, sed extra corticis* (ovi) *ordinem posita, manu deprehendi et tractari, velut alia materialis res, poterat.* Ubi de figura serpentis in ovo sculpta sermo est: unde *Scupea* idem sonare existimo quod Gallis *Grouppe* dicitur. [** German. *Schuppe*, squama.]

SCUPHA. Petrus Blesensis Epist. 74: *Dolent aures, et Scuphæ humeris apponuntur.* Legendum *Cuphæ*, id est, *Cucurbitæ*, [Gall. *Ventouses*.] Petrus Aurelianus Siccensis lib. 4. Tardarum passion. cap. 7: *Vaporationes cucurbitæ apponendæ leves, quas Græci Cuphas vocant.*

* **SCUPHIA.** Vide supra *Scufia*.

* **SCUPIENHA**, *Prov. Screa, sputum. Scupir, Prov. screare, spuere.* Glossar. Provinc. Lat. ex Cod. reg. 7657. Fragm. Passionis J. C. tom. 17. Comment. Acad. Inscript. pag. 725: *Dons encommencerent li alquant Scupir en lui.*

** **SCUPILIÆ**, ut *Scobillæ*, supra in *Scoba*. Opusc. vet. MS. ad Iobum apud Maium in Glossar novo: *Sterquilinium, locus immundus, vel Scupiliarum acervus.*

* **SCUPIS**, pro Cuspis, in Lit. remiss. ann. 1359. ex Reg. 138. Chartoph. reg. ch. 284: *Ex casu fortuito Scupis seu puncta dicti gladii ad terram descendendo, dictum Petrum Guihos in tibia vulneravit.*

¶ **SCUPTURA**, pro Sculptura. Vita B. Edmundi Cantuar. apud Marten. tom. 3. Anecd. col. 1797: *Contra faciem habebat eburneam et venustissimam beatæ Virginis imaginem, in circuitu throni sui redemptionis nostræ mysteria Scuptura mirabili continentem. Igitur quod scriptura exhibebat in littera, Scuptura expressit apertius in figura.*

SCURA, Equile, *Escurie*. [Item, Horreum in quo fruges reconduntur. Vide *Scuria*.] Capitulare de Villis cap. 19: *Ad Scuras nostras de villis Capitaneis pullos et aucas habeant non minus centum,.... ad mansionales vero pullos habeant non minus* 50. Ita cap. 58. Charta exarata anno 5. Radulfi Regis Franc. in Tabulario Brivatensi ch. 60: *Casam meam indominicatam cum curtis, ortis, coquinariis, Scura, exitu, et regressu, etc.* In Ch. 161. habetur *Scurra: Cum curte, et orto, et Scurra, et appendariis, etc.*

* Pro horreo *Scure* occurrit in Lit. remiss. ann. 1478. ex Reg. 205. Chartoph. reg. ch. 107: *Guillaume Bessiere estoit au lieu de Montchiroux* (diocese de Mende) *en son Scure ou grange, où il batoit du blé.* Vide supra in *Scara* 2.

Scura. Gloss. Latino-Theotisc.: *Scuria ubi manipuli vel fœnum reponitur: Scura.*

Scurarii, Quibus *scurarum* cura commissa est. Capitulare de Villis cap. 62: *Quid de piscatoribus, de fabris, de Scurariis vel sutoribus, quid de buticis et cofinis etc.*

* **SCURALHA**, idem quod supra *Curalha*. Vide in hac voce.

¶ **SCURARE**, Purgare, sordes abluere, Gall. *Curer, Ecurer.* Charta ann. 1192. inter Consuetud. Tolos. MSS. ex Bibl. D. *de Crozat* fol. 29. v°: *Ipsum pratum et gravaria.... erant publica.... causa Scurandi et lavandi et candidandi.* Statuta Montis Regal. fol. 208: *Et teneatur quilibet in directo suæ possessionis tenere fossatum Communis Scuratum.* Adde Statuta Astens. collat. 11. cap. 78 fol. 33. v°. Vide *Curare* 3.

¶ **SCURARIUS.** Vide in *Scura*.

* **SCURELLIUS**, Sciurus, Gall. *Ecureuil.* Stat. S. Capellæ Bitur. ann. 1407. ex Bibl. reg.: *Capellani, vicariique* (deferent) *superlicia et almucias Scurelliorum, de grosso vario fulratas.* Vide supra *Escurellus* et *Scuriolus*.

1. **SCURIA**, Idem quod *Scura*, Stabulum equorum, unde vocem *Escurie* hausimus. Lex Salica tit. 18. § 3: *Si quis sudem cum porcis, Scuriam cum animalibus, vel fenile incendit, etc.* Ubi Wendelinus *scuriam* ait hoc loco sumi generatim pro horreo amplo condendis frugum manipulis, intra quod per hiemem grana flagellis extunduntur, intra quod boum stabula erant, quod etiam in Texandria usurpari passim constat; unde Teutones *Schuere* eadem notione dicunt, ut *Schuer*, et *Schuerenære*, pro area, in qua excutiuntur manipuli: [proprie *Scuria*, ut observat Eccardus in notis ad Pactum Leg. Salicæ pag. 44. est locus tectus. *Schur* enim Saxonibus adhuc audit quivis locus, ubi aliquid ab injuria aeris defendi et tegi potest.] Lex Alamannor. tit. 81. § 2: *Si enim domum infra curtem incenderit, aut Scuriam, aut graneam, vel cellaria, etc.* § 5. *Scuriam vel graneam servi si incenderit, etc.* Adde tit. 97. § 4. Lex Bajwar. tit. 2. cap. 4. § 5: *Quando aliqui defendere volunt casas vel Scurias, ubi fœnum vel granum inveniunt.* Adde tit. 9. cap. 2. § 2. Edictum Pistense Caroli Calvi cap. 29: *Et de manopera in Scuria battere nolunt.* Hincmarus Remensis in Opusculo 50. Capitulorum cap. 1: *Insuper et Scuriam ipsius Presbyteri interclusit, et annonam de terris dominicatis collectam, sine licentia ipsius Presbyteri in ea misit,*

omnemque potestatem inde Presbytero abstulit. Tabularium S. Remigii Remensis : *De Scuria facit plenam perticam et omni tempore ipsam mensuram restaurat. In Adenaio est mansus dominicatus cum ædificiis et torculari, curte, et Scuriis, et horto. Sunt ibi aspicientes inter majores et minores campi 46. continentes map.* 110. *ubi possunt seminari de frumento modii* 34. *de sigillo modii* 30. *etc.* Infra : *In Muriniaco habet sessum* 1. *cum ædificiis, curte et Scuriis. Solent ibi esse boves domini, quia ibi prope sunt terras supra scriptas.* Occurrit ibi aliquoties. [Tabul. S. Bertini : *In Beringahem habet mansum cum Scuria.* Vide *Scura.*] [** Graff. Thes. Ling. Franc. tom. 6. col. 536.]

* 2. **SCURIA**. Charta ann. 1303. ex Tabul. D. Venciæ : *Quod nulla persona sit ausa de nocte post pulsationem campanæ curiæ dicti loci seu Scuriæ infra aliquam tabernam stare.* Sed legendum ibi ut infra *Scubiæ.*

SCURIOLUS, Sciurus, vulgo *Escurieu*, [vel *Ecureuil.*] Concilium Salmuriense ann. 1276 : *Ne Monachi aut Canonici regulares de cætero forraturis de griso, aut de vario, aut de Scuriolis, vel cendatis,... utantur.*

¶ Scurolius, Scurollius, Eadem notione, Ital. *Scuriato.* Statuta Astens. ubi de *intratis* portarum : *Scurolti crudi non laborati solvant pro miliari, et etiam Scurolii affaitati non positi in labore, etc.* Ibidem : *Penne de Scurolliis posite in coopertoriis ponantur et solvant pro qualibet penna coopertorii ad estimationem officialium.* Vide *Squirolus.*

* **SCURIRE** Bladum, Frumentum flagello excutere. Lit. remiss. ann. 1386. in Reg. 129. Chartoph. reg. ch. 41 : *Cum ipse Johannes, qui de areis Scuriendo bladum venerat, etc.* Vide supra *Scodere* et *Scura.*

¶ **SCURLATA**, vel Scurzata, Navigii genus. Ottoboni Annal. Genuens. ad ann. 1191. apud Murator tom. 6. col. 365 : *Quum autem appropinquaret monti Cercellii, ecce Margaritus... cum galeis* LXXXII. *et duabus Scurlatis apparuit, et prædictis* XXII. *galeis dedit insultum.* Ubi alter Codex MS. habet *Scurzatis.*

¶ **SCURNARIA**. Vide *Scuna.*

SCUROLA. Vide *Sturola.*

¶ **SCUROLIUS**, Scurollius. V. *Scuriolus.*

¶ **SCUROLUM** quid sit docet Jo. Ant. Castellionæus in Antiquit. Mediolan. pag. 73 : *Succedente ævo fideles suas construxerunt cryptas, easque peculiari nomine Confessiones appellaverunt, quandoque etiam ab obscuritate vocabulo, vulgique sermone corrupto, Scurola, id est obscura loca, tum ad reponenda his in locis sanctorum corpora, tum ad peragendas in iisdem procul a strepitu, et hominum prophano commertio remotis stationes, vigilias, etc.* Ab Italico *Scure*, obscurus. Vide Diarium Ital. D. *de Montfaucon* pag. 27.

* Unde Glossar. Provinc. Lat. ex Cod. reg. 7657 : *Scur, Prov. nubilus, obscurus. Scursetat, Prov. caligo. Scursir, Prov. opacare.* Hinc Gallicum *Scuré*, Obumbratus, defensus, in Assis. Hierosol. cap. 275 : *En bone hore fu né cil qui est Scurés de Sapience.*

SCURPIONES, *ubi duo fines cuneati se jungunt*, apud veterem Agrimensorem pag. 257. [Vide *Scrophio.*]

¶ **SCURPUS**, γῆ ἔχουσα χάλικα. Gloss. Lat. Gr. editæ : MSS. vero *Scrupus*, uti legendum est.

SCURRA, Scurro. Liberatus Diac. cap. 23 : *Rhodo Augustalis... jussit eum ab Scurrone duci, et foras regiam civitatem occidi.* Acta MSS. Passionis S. Eulaliæ Mart. : *Sed ne gloriari putet, educite eum, et Scurronem adducite, et ducatur antequam patiatur decalvata et descincta per publicum, et ejus virginitas reveletur, etc.* Acta Passionis S. Marini Mart. MSS : *Et flectens genua spiritum Domino tradidit. Scurro vero astans, percussit eum jam mortuum, et amputavit.* Passio S. Victoris n. 5 : *Tunc Maximianus Imperator jussit vocari Scurrones, et jussit eis, ut duceretur ad silvulam, et ibi decollaretur.* Vetus Martyrolog. de eodem S. Victore : *Amputatum est caput ejus ab Scurrone.* Infra : *Fecit eas incendi ante se ab Scurrone.* Ex quibus patet *Scurronem* appellari, qui in Actis Martyrum vulgo *Spiculator* dicitur, voce, quæ stipatorem, apparitorem, satellitem, et carnificem sonat. Unde conjicere licet, eosdem esse scurrones, quos *Scurras* vocant Lampridius et Spartianus, apud quos pro apparitoribus et satellitibus accipiuntur, tametsi de nomine quicquam certi non occurrat Salmasio. Glossæ Isidori : *Scurra, Parasitus, Buccellarius* : quæ vox postrema satellitem etiam significat, seu *Confectorem.* Glossæ Basilicæ : Ὁ ἀποσελλόμενος καὶ φῶν τινά. Neque videtur *Scurra* his locis alius ab eo, qui δήμιος τῆς τάξεως dicitur Athanasio in Epist. ad Solitar. pag. 868. *Histriones, sive Scurrones*, in Concilio Cabilon. II. cap. 9. Papias : *Scurra, irrisor. Scurronem ergo irrisorem dicimus.* MS. *Irrisio*, præfert : ita etiam Glossæ antiquæ MSS. [Gloss. Isidori : *Scurra, qui incopriatur;* qui vana scilicet et inepta multa de se jactat ad risum excitandum. Gloss. Lat. Sangerm. : *Scurra, lechierres. Scurra, Scurrus*, γελωτοποιός, εὐτράπελος, in Gloss. Lat. Gr.] Idem Papias : *Scurra, a sequendo dictus, qui sectari solet quemdam cibi gratia.* Auctor Mamotrecti : *Scurra, qui aliquem sequitur etiam dicitur assecla, irrisor, vaniloquus, parasitus sive leccator. Scurra, Scurrus.*

☞ Et quidem *Scurræ* primum dicti ex Festo homines tenuioris fortunæ qui divites honoris causa sequebantur. Hinc pro famulo usurpatur in Vita S. Bernardi Pœnit. tom. 2. April. pag. 680 : *Scurra hospitarii nostri quatuor annis uno oculo privatus, sancti exuvias super locum incommodi sui poni petiit, etc.* Exinde vero cum dictis ridiculis studerent divitesque more parasitico sectarentur, *Scurræ* nuncupati sunt parasiti. Denique cum non dictis tantum, sed et gestu risum divitibus movere satagerent, *Scurræ* nomen ad mimos transiit.

¶ Scurrula, diminut. a *Scurra*, apud Arnobium lib. 6. pag. 206. et Apuleium lib. 10. Metamorph.

¶ Scurrilitas, *Lecherie, vilté*, in Gloss. Lat. Gall. Sangerm. ex Johanne de Janua. Auctor Dialog. de Orat. cap. 22 : *Fœda et insulsa Scurrilitas.* Occurrit in Epist. ad Ephes. cap. 5. v. 4. *Scurrilitas*, εὐτραπελία, in Gloss. Lat. Gr.

* **SCURRAMENTUM**, Scurrementum, Excursus. Pactum inter Arn. de Villanova et incolas de Transio ann. 1283. ex Tabul. D. Venciæ : *Item fuit pactum, quod si aliqua custodia avere suum scienter de nocte* (intrare permiserit)... *in prato alieno vel deffenduta, solvat pro persona sua pro pœna quinque solidos;.... et si per Scurrementum, avere det bannum, solvat bannum. Scurramentum*, in altero eadem de re Pacto ann. 1303. ex eod. Tabul.

¶ **SCURSORIUM**, Canalis per quem aquæ excurrunt. Statuta Mutinens. rubr. 407. fol. 90 : *Item quod sit judex et cognitor super laboreriis aggerum, Scursoriorum, fluviorum, etc.* Litteræ Nicolai Marchionis Estens. ibid. fol. 98 : *Cum multi cives vestræ civitatis Mutinæ coram nobis comparuerunt exponentes cum querela quod omnia sdugaria, Scursoria et scolatoria deputata et apta ad scolandum terras vestræ civitatis Mutinæ sunt adeo interrata... quod aquæ currere non possunt et suum habere discursum, etc.*

* **SCURSURIUM**, Fossa, canalis per quem aquæ excurrunt. Stat. Ferrar. ann. 1288. apud Murator. tom. 2. Antiq. Ital. med. ævi col. 169 : *Et quod Scursuria mundentur et recaventur et teneantur libera et aperta.* Vide *Scursorium.*

¶ **SCURUM**, Panni species, ut videtur. Chronic. Estense ad ann. 1302. apud Murator. tom. 15. col. 349 : *Dominus Marchio et frater iverunt ad prandium.... induti quadam medietate scarlati et viridis Scuri cum capezulis ad modum Franciæ sicut portabat dominus Karolus.*

* **SCURUS**, Color equi. Vide supra in *Equus.*

¶ **SCURZATA**. Vide *Scurlata.*

¶ **SCUS**, indecl. *Rotundum vel rotunditas.* Johannes de Janua.

¶ **SCUSSELLI**, dicti Denarii aurei, in Conventione ann. 1339. inter Edward. III. Reg. Angl. et Gastonem de Insula apud Rymer. tom. 5. pag. 133 : *Tria millia denariorum auri, vocatorum Scussellorum.*

¶ **SCUSSELLUS**, Sarcinator, Gall. *Couturier*, ab Ital. ut videtur, *Cuscire*, suere, Gall. *Coudre.* Statuta Vercell. lib. 7. fol. 212 : *Qui* (Potestas) *etiam promittat de non exercendo unquam per seipsum manualiter officia.... servitorum, tabernariorum, Scussellorum, ferrariorum, etc.*

* **SCUSSO**, Scutum gentilitium. Comput. ann. 1502. inter Probat. tom. 4. Hist. Nem. pag. 81. col. 1 : *Cum armis seu Scussonibus rubeis villæ.* Vide supra *Excusso* et *Scucheo.*

SCUSSUS, Excussus, Gallice *Escous.* Charta Alemann. Goldasti lib. 2 : *Duas carradas de grano bono non Scusso*, hoc est, adhuc in ipsis spicis existente. [Vide *Scutere.*]

* *Escouvi* nostratibus, *Engourdi*, torpore affectus, significari videtur, in Lit. remiss. ann. 1381. ex Reg. 120. Chartoph. reg. ch. 243 : *Icellui Raoul leva un grand baston cornu, et en cuida ferir ledit Robert sur la teste; mais le coup descendi sur le bras si grant, qu'il en fut tout Escouvi, et qu'il ne s'en povoit aidier.*

¶ 1. **SCUTA**, Vestis ecclesiasticæ species. Jac. Gaietanus in Ord. Rom. apud Mabill. tom. 2. Musei Ital. pag. 365 : *Si ipse do-*

minus Papa sermocinetur, ipso prædicante, omnes sunt parati, tam cardinales, quam prælati, in albis, singuli in suo habitu,... Episcopi in pluvialibus, capellani in Scutis et cotta seu superpelliceo. Haud scio an a forma sic dicta hæc vestis, *Scuta* enim Johanni de Janua est *forma rotunda.*

* *Succam* legendum esse pluribus probat Georg. Rhodig. lib. 2. de Liturgia Rom. Pontif. locumque laudatum emendat ex eodem Ordine MS. in Bibl. card. Imperialis, in quo legitur : *Cum Succis sive camisiis albis. In cocta et Succa. Paratus more subdiaconi, videlicet cum Succa, cocta parva, amictu ad spatulas, camisio seu alba, cinctorio sive manipulo.* Ex quibus colligit *Succam*, idem prorsus esse atque *Camisiam albam* vel *lineam;* quod iterum firmat ex Conc. Palent. ann. 1322 : *Statuimus ut episcopi et superiores prælati Succas lineas in publico... deferant.* Ubi Conc. Budense habet *Camisias albas*, et Conc. Montispesul. ann. 1214. *Camisias lineas.* Vide *Socca* 1. et *Succa.*

* 2. **SCUTA**, Navis species. Charta Phil. comit. ann. 1163. ex Chartul. 1. Fland. ch. 325. in Cam. Comput. Insul. : *De nave, quæ vocatur Scuta, unum denarium.*

SCUTAGIUM, Militaris servitii species, quæ communibus personis perinde ac Regi debetur, a *Scuto* dicta. Qui autem huic subditus est, tenetur dominum suum in bellum contra Scotos ad certum numerum dierum propriis impensis sequi : et, qui integrum feudum Militare tenent, hi scutagio 40. dierum obnoxii sunt. Qui autem dimidium feudi Militaris possident, servitio 20. dierum, et sic deinceps. Ita Cowellus lib. 2. Instit. tit. 3. c. 5. et Rastallus verbo *Escuage.* Littleton. sect. 95 : *Escuage est appel en Latine Scutagium, c'est à sçavoir, Servitium scuti : et tiel tenant que tient sa terre par Escuage, tient per service de Chivaler, etc.* Mox eadem, quæ Cowellus et Rastallus habent, refert, et §§. seqq. Bracton. lib. 2. c. 16. § 7. *Servitium forinsecum*, interdum *Scutagium*, interdum *servitium, quod ad Regem pertinet*, appellari ait : dici autem *Scutagium, quod talis præstatio pertineat ad Scutum, quod assumitur ad servitium Militare.* Et Fleta lib. 3. cap. 14. § 7 : *Sunt etiam quædam servitia forinseca, quæ dici poterunt Regalia, quæ ad scutum præstantur, et inde Scutagium habemus, et ratione scuti pro feodo Militari reputatur. Omnis enim terra ad ejusmodi servitium obligata, feodum dici debet Militare.* Matth. Paris ann. 1258 : *Submonetur igitur generaliter tota Angliæ Militia, ut omnes, qui tenentur ad servitia Militaria domino Regi, sint prompti et parati sequi Regem profecturum in Walliam cum equis et armis,... unde murmur et multiplex querimonia in populo resonabat, eo quod Rex tam crebro sine profectu vel honore suos nobiles depauperat et fatigat, et instante tempore messium toties Scutagium exigens inquietat, etc.*

Scutagium non tamen semper sumitur pro ipsa obligatione eundi in exercitum; sed et interdum, ut plurimum, pro ea præstatione, quæ fit a Militibus ratione feodi Militaris, si ipsimet, vel eorum loco alii in exercitum non pergant, atque adeo ut a servitio immunes sint. Quæ quidem præstatio *Districtum pro Scutagio* dicitur in Monastico Anglic. tom. 2. pag. 99 : *Scutagium assisum per regnum*, pag. 878. Littleton. sect. 97 : *Et après tiel voiage reyal en Escosse; il est communement dit que par autoritié de Parliament l'Escuage sera assise et mis en certaine somme d'argent, quant chescun, que tient par entier fée de service de Chivaler, qu'il ne fuit ni per lui-mesme, ne per un autre pur lui ove le Roy, paiera à son seignior de que il tient la terre par Escuage, etc.* Vide §§. seqq. Atque ita *Scutagium* crebro usurpant Scriptores. [Charta ann. 1226. apud Kennett. Antiquit. Ambrosd. pag. 200 : *Sciatis quod W. Longspe quondam comes Sarum fuit nobiscum in exercitu nostro Muntgumery. Et ideo tibi præcipimus quod de Scutagio quod per summonitores scacarii exigis a filio... pacem ei habere permittas.*] Joannes Sarisber. Epist. 128 : *Scutagium remittere non potest, et a quibusdam exactionibus abstinere.* Radulphus Goggeshalensis MS. ann. 1200 : *Exiit Edictum a justitiariis Regis per universam Angliam, ut quælibet carruca arans tres persolveret solidos : quæ nimirum gravis exactio valde populum terræ extenuavit, cum antea gravis exactio Scutagii præcessisset : nam ad scutum duæ marcæ persolvebantur, cum nunquam amplius quam 20. solidi ad scutum exigerentur.* Matthæus Westmonaster. ann. 1204 : *Concessa sunt Regi auxilia Militaria, de quolibet scuto duæ marcæ et dimidia.* Anno 1242 : *Ipso quoque tempore exigitur Scutagium.* Anno 1253 : *Concessa est Regi decima pars proventuum Ecclesiasticorum per triennium, a Militibus vero Scutagium illo anno, scilicet ad scutum tres marcæ.* Matthæus Paris ann. 1201 : *Generale proposuit Edictum, ut Comites et Barones, qui Militare servitium ei debebant, parati essent ad Portesmuthe cum equis et armis ad transfretandum cum eo ad partes transmarinas in die Pentecostes jam instante : veniente autem die statuto, multi impetrata licentia remanserunt, dantes de quolibet scuto duas marcas argenti.* Idem ann. 1211 : *Rex cepit a Militibus, qui exercitui in Wallia non interfuerunt, de quolibet scuto duas marcas argenti.* Anno 1224 : *Magnatibus item concessit Rex Scutagium, videlicet de scuto quolibet duas marcas Sterlingorum, etc.* Anno 1244 : *Post reditum suum cepit Scutagium, scilicet de scuto tres marcas.* Anno 1253 : *Et a Militibus Scutagium illo anno, scilicet ad scutum tres marcæ, etc.* Vide pag. 258. 399. 403. Monasticum Anglic. tom. 1. pag. 179. Prynneum in libert. Angl. tom. 2. pag. 475. etc.

☞ Hanc *scutagii* præstationem cum Regi persolverant Barones vel Milites, parem a vassallis suis pecuniæ summam exigebant, quo sibi res suæ salvæ forent, ut observat Kennettus in Antiquit. Ambrosd. ex Charta ann. 1169. pag. 126 : *Quando dominica terra de Cestreton dat Scutagium, dicta terra dabit quintam partem unius scuti, et si dominica terra quieta fuerit, ipsa quieta erit.* Alia ann. 1363. ibid. pag. 495 : *Robertus Pickerell tenet de octo virgatis terræ, ... et tenentur de domino ejusdem per servitium militare, et quum Scutagium currit domino dabit unam marcam.* Gualterius Hemingford. in Edwardo I. Reg. Angl. pag. 198 : *Scutagium etiam exegit eodem anno in Quadragesima et cæteris militibus concessit, ut a suis tenentibus illud facerent.*

¶ Scutagium Regale aliis interdum quam Regi præstitum, ut colligitur ex Charta Prioris B. M. de Bryntone apud *Madox* Formul. Anglic. pag. 12 : *Faciendo nobis... homagium, fidelitatem, Scutagium regale, wardam, etc.*

Scutagium etiam appellatum *auxilium* consuetum et *rationabile*, quod dominus a vassallis suis, Militaria feuda tenentibus, exigebat. Matthæus Paris ann. 1242 : *Multoties ad instantiam suam ei auxilium dederunt, videlicet carucagium, hidagium, et plura Scutagia, et postea unum magnum Scutagium ad sororem Imperatricem suam maritandam.* Idem ann. 1244 : *Concesserunt domino Regi ad maritandam filiam suam de omnibus qui tenent de domino Rege in capite, de singulis scutis 20. solidos solvendos, etc.* [Charta apud *Madox* Formul. Anglic. pag. 194 : *Totum jus et clamium quod habui in feodo totius terræ de Colemere, in homagiis, relevius, wardis, maritagiis, exchaetis, Scutagiis, et omnibus aliis, etc.*]

Scuagium, tom. 2. Monastici Anglic. pag. 1032. Regestum feodor. et servitiorum fol. 23 : *Et en l'an que il fait garde, il ne doit point d'Escuage, et doit ost et chevauchée à son coust, etc.* Vide Seldenum de Titulis honorariis 2. part. c. 5. pag. 694-709. 2. edit.

Scutagium ejusmodi, seu servitium Militare, *incertum* et indefinitum vocabant, quod revera incertum esset, ad quam pecuniæ quantitatem a Parlamento redigeretur, ut habet Littleton sect. 98. 99. 154 : *Scutagium* vero certum, *Socagium* appellabant. Idem sect. 120. Hinc eæ, ut vocant, *Maximæ* apud Anglos, *Scutagium incertum facit servitium Militare :* contra, *Scutagium certum facit Socagium*, apud Christophorum de S. Germano in Dialogo de fundamentis Legum Angliæ c. 8. pag. 28. [** Vide Phillips. Histor. Jur. Angl. tom. 2. pag. 92. supra *Escuagium* et *Escuangium.* Adde Haltaus. Glossar. German. voce *Herschildig Gut*, col. 888.]

SCUTANEI Termini. Vetus Agrimensor [** Goes. pag. 270.] : *Scutanei sunt, hoc est dolatiles, alii qui sunt lapilli factitornatiles sive alia factura breviores, hoc est minores et in fine positi.*

SCUTARIUM, Scutum minus. Glossæ Græc. Lat.: Ἀσπιδισκάριον, *parma.* ἀσπιδίσκιον, *clipeolum.* Glossæ MSS. Regiæ : Ἄρτημος ὅ ἐςι λῶρος, ἐξ οὗ ἤρτηται τὸ βαλάντιον, ἢ τὸ σκουτάριον, ἢ ἕτερόν τι. Alibi : ἀσπὶς, τὸ σκουτάριον. Constitutio Caroli Crassi de Expedit. Romana § 3 : *Qui autem per hominium sive liberi, sive famuli dominis suis adhæserint, quot decem mansos in beneficio possideant, tot brunias cum duobus Scutariis* [** *ducant; ita tamen ut pro halsperga tres marcas, et pro singulis Scutariis.*] *singulas markas accipiant, etc.* Vide *Surtaria.*

SCUTARIUS. Glossæ Gr. Lat. : Ἀξίωμα στρατιωτικὸν, φέρων, (deest θύρεον vel ὅπλον.) *Stipendarius, Scutarius.* Ibidem : Ἀξίωμα στρατιωτικόν, *Scutarium*, leg. *Scutarius.* Glossæ aliæ : *Scutarius*, ὁπλίτης. *Scutariorum*, inter Palatinas Scholas mentio est non semel apud Scriptores, *Scutariorum gentilium, clibanariorum, sagittariorum, etc.* Vide Henricum Valesium ad Ammiani lib. 14. pag. 33. [** et Forcellinum.]

Scutarius, Armiger, spatharius. Julius Firmicus lib. 4. c. 14 : *Faciet Scutarios, vel Imperatorum protectores.* Julianus Toletanus æra 748. de Juliano Comite : *Quem Winiza Rex intra suos Scutarios familiarem habuerat carissimum.* Vide *Armigeri.*

¶ Scutariorum Tribunus, Præfectus, in Chron. Romualdi II. Archiep. Salernit. apud Murator. tom. 7. col. 87 : *Sub Juliano Augusto tribunus Scutariorum, jussus ab Imperatore sacrilego aut immolare idolis aut militia excedere.*

Scutarii, Armigeri, *Escuyers.* Vetus Charta apud Catellum lib. 5. Rerum Occitan. pag. 883 : *Et armigeri illorum, qui vulgo Scutarii appellantur.* Simeon Dunelmensis ann. 1067 : *Multos e suis Militibus et Scutariis perdiderunt.* An. 1094 : *Ipso die obsessionis 700. Milites Regis Willelmi, cum bis totidem Scutariis et Castellanis omnibus, qui intus erant,... cepit.* Rogerus Hovedenus pag. 450 : *Multos e suis Militibus et Scutariis perdiderunt.* Pag. 464 : *Et ipso die obsidionis 700. Milites cum bis totidem Scutariis... cepit.* [Charta ann. circ. 1080. in Tabul. S. Albini Andegavens. : *Si Scutarius aliquid furatus fuerit alicui et ante fidem promissam aut sacramentum juratum rem recognoverit ac reddiderit, furto non imputari præcipimus.* Capitul. gener. S. Victoris Massil. ann. 1218. ex Tabul. ejusd. Mon. : *Ad destructionem domorum Priores singuli Scutarios suos habere volunt.* Adde Chartam ann. 1382. apud Miræum tom. 2. pag. 1247. col. 2.]

Scutarius, Ἀσπιδοποιός, in Gloss. Gr. Lat. Scutorum artifex. Ita accipitur in Constitut. Sicul. lib. 3. tit. 36. § 1. [et in vet. Inscript. apud Fleetwood. pag. 396. Utitur etiam Plaut. Epid. act. 1. sc. 1. 35.] [** Adalhardi Statut. S. Petri Corb. lib. 1. cap. 1. Vide *Scutatores*, 1.]

¶ Escutarius, Eodem intellectu, in Charta ann. 1152. inter Instr. tom. 6. Gall. Christ. col. 138.

Scuterius, Idem, qui *Scutarius*, ex Gallico *Escuyer*, Italis *Scudiere*, quam vocem ab *excubare* perperam deducit Acarisius. Occurrit apud Petrum de Vineis lib. 5. Epist. 37. 49. Anonymum in Vita Friderici II. Imp. pag. 789. [et in Computo ann. 1202. apud D. *Brussel* tom. 2. de Usu feudor. pag. clxxiv.]

In aula CP. Σκουτέριος dictus, qui tenebat scutum et labarum Imperatoris, apud Codinum de Off. cap. 2. num. 42. etc. Anonymus a Goaro editus :

Ὅρα καὶ Σκουτάριον ἐκ τῆς ἀσπίδος
Τῆς βασιλικῆς λαχόντα τὴν ἀξίαν.

Hac dignitate functus quidam Xyleas legitur apud Acropolitam n. 66. 70. 72. Vide Glossar. med. Græcit. col. 1398. [** Inde apud Germanos. Bertholdi Annales apud Pertz. Scriptor. tom. 5. pag. 272 : *Anno 1065. Henricus rex... accinctus est gladio, anno regni sui 9. ætatis autem suæ 14. et dux Gotifridus Scutarius ejus eligebatur.* Vide *Scutiferi* et *Schiltonus.*]

1. **SCUTATORES**, Scutorum confectores. Capitulare de Villis c. 45 : *Fabros, ferrarios,... sutores, tornatores, carpentarios, Scutatores, etc.* [Tradit. Fuld. apud Joh. Schannat. pag. 403 : *Slavi cxx. singulas libras lini* (debent) *Scutatores scuta* xii.] Vide in *Scutarius.*

¶ 2. **SCUTATORES**, Scuto armati. Vegetius lib. 2. cap. 17 : *Ferentarii autem, armaturæ, Scutatores, sagittarii, funditores, hoc est levis armatura adversarios provocabant.*

¶ **SCUTATUM**, ut infra *Scutum*, Moneta Regum Francorum. Leges portoriæ Ludovici IV. Imper. ann. 904. apud Goldast. tom. 1. Constitut. Imper. pag. 210 : *Navis, quæ ab Occidentali regno venit,.... semidrachmam, hoc est unum Scutatum pendat.* Occurrit præterea in Statutis Eccl. S. Dionysii Leod. ann. 1330. tom. 2. Monum. sacr. Antiquit. pag. 444.

* *Escuciau*, in Chron. Franc. ad ann. 1263. apud *Le Beuf* tom. 1. Dissert. pag. cxlviij :

L'an mcclxiii.
Furent abbattus li Mansois,
Li Escuciau, li Angevin,
Aussi furent li Poitevin.

SCUTATUS, Armiger, scuto instructus. [Gloss. Lat. Gr. : *Scutatus*, ἀσπιδιώτης.] Apud Donatum ad 1. Æneid. *Scutati, armati,* sunt. Ammianus lib. 31 : *Punito Scutato proditore, qui festinare Principem ad Illyricum barbaris indicarat.* Charta Eberardi Archiep. Trevir. ann. 1052. apud Brower. lib. 11. Annal. Trevir. pag. 655. 1. edit. : *Episcopo Treviricæ sedis servitium faciat, scilicet 40. Scutatos ex ista parte Alpium... mittat.* [Charta ann. 1135. apud Calmet. inter Probat. tom. 2. Hist. Lothar. col. 304 : *Præterea si in villam cum sex Scutatis venerit, thelonearii ter in anno servient ei.*] Σκουτάτος, apud Leonem in Tact. c. 14. § 64. Obiter moneo, qui σκουταράτοι dicuntur Constantino in Tacticis, κονταράτους appellari ab eodem Leone c. 12. § 117. et alibi.

¶ **SCUTEFER**, pro *Scutifer*, in Charta ann. 1497. apud Rymer. tom. 12. pag. 655.

1. **SCUTELLA**, vox Latinis Scriptoribus nota, Patena in modum cavitatis scuti : unde nomen *Escuelle.* [Probatur etiam Alexandro in Explic. tab. Heliac. pag. 18. hæc vocis scutellæ origo, quam et a veteribus Grammaticis tradi docet : *Scudel* eadem notione usurpant Cambro-Britanni, unde *Scutellam* deducere malunt nonnulli.] [** Vide Graff. Thesaur. Ling. Franc. tom. 6. col. 564. voce *Scuzzil.* Forcellinum in *Scutra* et *Scutella.*] Gloss. Græc. Lat. : Σκούτελλον, *Scutella.* Gloss. Lat. Reg. Cod. Gr. 85 : Τρύβλιον, *Catinum, Scutella.* Vita S. Villebadi cap. 8 : *Quandam habebat patenam ligneam, quæ vulgo Scutella vocatur.* Hugo Flavin. pag. 165 : *Scutellas abluens, et vasa alia mundans.* Gregorius M. lib. 12. Epist. 30 : *Scutellam quoque argenteam Monasterio cuidam reliquerit.* Chronicon Casinense lib. 3. cap. 57 : *Scutellam argenteam cum nigello librarum 14. etc.* [Testament. Ermentrudis in Append. ad Liturg. Gallic. Mabill. pag. 463 : *Nepti meæ Deorovaræ Scutella argentea cruciolata, etc.*]

Scotella. Vetus Charta plenariæ securitatis apud Brisson. lib. 6. form. : *Hoc est cocleares numero septem, Scotella una, etc.* [Comput. ann. 1425. apud Kennett. Antiquit. Ambrosd. pag. 574 : *Et in* ii. *Scotellis manualibus emptis ibidem* vii. *den. et in* v. *Scotellis minoris sortis emptis ibidem pro cæteris officiis* ix. *den.*]

¶ Scultella, Eadem notione, in Litteris Coroli Johannis Reg. Primog. ann. 1357. tom. 3. Ordinat. pag. 208.

¶ Scutellum, apud Eckehardum Jun. de Casib. S. Galli cap. ult.

¶ Scutellula, diminut. a *Scutella.* Guidonis Discipl. Farf. cap. 18 : *Quando poma vel herbæ imponuntur.... deportetur a cellerario cum suo socio inprimis senioribus, et semper in Scutellulis deportetur.*

Scutella, inter ministeria sacra reponitur ab Udalrico lib. 1. Consuet. Cluniac. cap. 12. ubi de Cœna Domini : *Interea vero reconditur dominicum corpus a Sacerdote retro altare : ponitur in patena aurea, et patena inter Scutellas aureas, et adhuc Scutellæ inter tabulas argenteas, quæ factæ sunt ad textum Evangelii.* Adde Bernardum Mon. in iisdem Consuet. Cluniac. MSS. cap. 37. Ordericus Vital. lib. 6 : *Scutellam argenteam Deo super altare obtulit.*

* Chron. Sublac. apud Murator. tom. 4. Antiq. Ital. med. ævi col. 1052 : *Fecit fieri* (Petrus abbas 33.) *unam Scutellam pro sale.*

☞ Cuinam usui destinata fuerit *Scutella* in sacris ministeriis docent Excerpta ex Divionensi disciplina : *Si quis autem privatis diebus.... voluerit communicare,... accedit tam ad pacem, quam ad communionem in suo ordine. Debent autem singuli ita se Scutellæ adjungere, ut si forte inter sumendum aliquando Corpus Domini, vel de ore sumentis, vel de manu porrigentis lapsum fuerit, nisi in Scutellam cadere non possit.* Quod vero *scutellam* hic, infra *patenam* vocat : unde unum idemque fuisse colligitur.

¶ Scutellæ, inter census dominis debitos non semel occurrunt. Charta ann. 1167. apud Lobinell. tom. 2. Hist. Britan. col. 307 : *Insuper dimisit eis sciphos et Scutellas quæ ipsi reddebant annuatim de forestagio suo de Tanoart ad curiam suam tenendam.* Adde col. 411. Charta Ludovici Junioris Regis Franc. ann. 1173. ex Regest. 67. Chartophylacii Reg. Ch. 465 : *Scutellam in omnibus appenditiis ipsius castri, et de omni re, quod ad illorum usum pertinet, et in Dei et in nostra manu est.* Charta Theobaldi Campaniæ Comit. ann. 1223. in Chartul. Latiniac. : *Eligant et habeant ad opus conventus tres servientes in coquina et quartum qui colligat Scutellas per villam.* Bulla MS. Nicolai IV. PP. ann. 3 de Censibus Eccl. Rom. in regno Siciliæ, Campania et maritima : *In episcopatu Verulano episcopus ipse debet 60. brachia panni, et 200. Scutellas, et 20. sol. per annum.* Pluries ibi. Chartul. S. Vincentii Cenoman. fol. 24 : *Et unaquæque Scutella eorum pro unoquoque defuncto nostro unum denarium reddit.* Honores et onera Abbatis S. Clandii inter Statuta ejusdem Monast. pag. 56 : *Item, pro Scutellis anno quolibet debitis per quemdam dictum Pateillui unum quartale frumenti.* Vide *Escuella.*

¶ Scutellæ dictæ Cibi ac potus portiones diurnæ, quæ presbyteris aliisque clericis erogantur ex Ecclesiæ facultatibus; alibi *sportulæ* vel *præbendæ* nuncupantur. Anastasius in Bonifacio II. : *Hic presbyteris, et diaconibus, et subdiaconibus, atque notariis Scutellam de adeptis hereditatibus obtulit, et alimoniis multis in periculo famis clero subvenit.*

¶ Scutella Closeriæ, Præstatio, ut videtur, quæ fit a *Clusas* tenentibus. Vide *Clusa* 2. et *Clusiaticum*. Tabul. Capituli Cabilon. pag. 269 : *Item Vicedominus duas partes Scutellæ closeriæ percipiet : Major vero tertiam partem.* Unde vocem *Scutella*, ut in aliis ejusmodi vocibus sæpe factum est, ad quodvis tributum significandum detortam esse colligitur.

Scutelarius, Officium in coquina regia, cui *Scutellarum* cura incumbit, in Ordinat. Hospitii S. Ludov. Reg. ann. 1261. in Fleta lib. 2. cap. 14. § 3. [et in lib. nigro Scacarii pag. 349. ubi *Portator Scutellæ* dicitur pag. 346. *Sculier*, in Catalogo familiæ Ducis Britanniæ ann. 1404. apud Lobinell. tom. 2. Histor. col. 814 : *Jehan de Treal Sculier, bouche à Cour et cc. livres par an ; et donera caution de rendre compte et fournir de la vaisselle d'argent et autres choses qui appartiennent audit office.*]

Scutellarius, Qui facit vel vendit *scutellas*. Jo. de Janua. [* Glossar. Gall. Lat. ex Cod. reg. 7684 : *Scutellarius, faiseur d'escuelles.*] [** Vide Stephanum *Boileau* libro *des métiers* tit. 49. pag. 112. edit. Depping.]

Scutellarium, Locus vel vas ubi reponuntur *scutellæ*, Jo. de Janua : *Escueillier*, in Catholico parvo, [*Esculier*, in Gloss. Sangerm.]

2. **SCUTELLA.** Ugutio : *Laganum, quoddam genus cibi quod prius in aqua coquitur postea in oleo frigitur, et sunt lagana de pasta, quasi membranulæ, quum statim in* eo deo friguntur. Illa vulgo dicuntur Scutella ista lasania, et dicuntur ita, postea melle condiuntur, etc.*

* **SCUTELLATA**, Discus unus ex cibis, qui in nuptiis apponuntur, idem quod *Missus* 1. Charta ann. 1250. ex Chartul. S. Petri Carnot. : *De singulis nuptiis Scutellatam suam, sicut consuetudo est, habebit* (major).

¶ **SCUTELLATA** Piscium, Certus piscium numerus. Tabul. S. Florentii : *Aymericus Tharcensium proconsul, et postmodum Nannetensis Comes magnifica S. Florentio concessit beneficia, videlicet ecclesiam S. Michaëlis quem dicunt in heremo. Porro hoc donum in plures annos est retentum. Sed quadam vice Pictavorum Comes illo deveniens, Scutellatam piscium multorum, unde locus affluit, a monacho præposito per nuntium expetivit; qua sibi denegata, S. Florentii monachos inde expulit, etc.* Vide *Pulmentum*.

¶ **SCUTELLIFER**, Qui *Scutellas* mensæ apponit, officium in aula Jacobi II. Reg. Majoric. Leges Palat. ejusd. Reg. inter Acta SS. tom. 3. Junii pag. xviii : *Statuimus, quod tres vel quatuor domicelli, quorum unus debeat esse nobilis, pro dicta nostra Scutella deferenda sint in nostra curia deputati; qui omnia cibaria, quæ ad scutellam pertinent, nobis portare teneantur, ac etiam alia cibaria quæ ad scutellam non pertinent, licet ea dicti Scutelliferi non portaverint.* Infra : *Prædicti vero Scutelliferi priusquam officium suum exerceant, juramentum et homagium nobis præstent.* Vide in *Scutella*.

* **SCUTELLINA**, diminut. a *Scutella*. Cousuet. monast. S. Crucis Burdeg. MSS. ante ann. 1305 : *Scutellas, Scutellinas, et cissoria, et salinerios de lignis bene mundos, etc.*

¶ **SCUTELLONUS**, diminut. a *Scutella*. Inventar. ann. 1379. ex Schedis Cl. V. Lancelot : *Item* xxii. *scutelle stagni. Item* xvii. *Scutelloni stagni.*

¶ **SCUTELLULA.** Vide *Scutella* 1.

¶ **SCUTELLUM**, Scutulum gentilitium, Gallice *Ecusson*. Testament. Johannis de Turre ann. 1365. apud Baluz. tom. 2. Hist. Arvern. pag. 716 : *Volo et ordino quod in die sepulturæ meæ supra corpus meum ponantur duo panni aurei, quorum unus sit bornatus* (bordatus) *de sandali nigro cum scutis sive Scutellis armorum meorum.* Vide alia notione in *Scutella* 1.

* **SCUTELLUS**, Scutulum gentilitium. Charta ann. 1330. tom. 1. Probat. Hist. Brit. col. 1355 : *Gentes ipsius dom. ducis Scutellos armis dicti ducis signantes, portis et ostiis domorum dictorum canonicorum... apposuerunt.* Vide *Scutellum*.

¶ **SCUTERE**, pro Excutere. Codex censualis Irminonis Abbat. Sangerm. fol. 128. v° : *Facit caropera et Scutit* xii. *modios de annona in granica dominica et ducit eam ad monasterium.* Vide *Scussus*.

SCUTERIUS. Vide *Scutarius*.

¶ **SCUTETUM**, Scutum, Gall. *Ecusson*. Inventar. ann. 1347. tom. 2. Hist. Dalph. pag. 555 : *Item, duas scutellas argenteas pro fructibus reponendis, signatas intus, in margine, cum uno Scuteto, et uno leone in eodem sculpto.* Infra : *Cum uno Scuteto parvo continente in se duas claves.* Occurrit ibidem pluries. Vide supra *Scutellum*.

¶ **SCUTETUS**, in Necrolog. Laureshamensi, Idem qui supra *Scultetus*. Vide in hac voce.

SCUTIFERI, quos vulgo *Escuyers* dicimus. [Gloss. Lat. Gall. Sangerm. : *Scutifer, portant escu, ou escuier.*] Fulcherius Carnot. lib. 2. Hist. Hierosol. cap. 2 : *Monente Rege, quicumque potuit de Armigero suo Militem fecit.* Lib. 3. cap. 31 : *Acceptis armis, ab Armigero in militem provectus est.* Vide eumdem lib. 1. cap. 18. lib. 2. cap. 19. [** Murator. Antiq. Ital. med. ævi tom. 4. col. 679.] Luitprandus lib. 5. cap. 12 : *Solo se eo qui portaverat clypeum comitante Veronam percitus pervenit.* Vide *Schilpor* in *Schitonus*.]

☞ *Scutiferi* iidem sunt qui *Armigeri*, atque ejusdem proinde conditionis. *Scutiferi* igitur primum dicti qui scuto instructi pro palatio excubabant : præsertim vero ita sunt appellati qui Principum ensem et Scutum deferebant, viri summæ dignitatis. At posterioribus sæculis *Scutiferos* nuncuparunt nobiles inferioris ordinis, qui in bellis Militum seu Equitum arma gererent. Apud Anglos penultima est nobilitatis appellatio, hoc est inter Equitem et Generosum. Valsingham. in Henrico IV : *In hac pugna nullus dominus, nullus miles, aut Scutifer hostibus ictum intulit.* Quod et alibi in usu fuit. Charta ann. 1347. tom. 1. Hist. Dalph. pag. 66. col. 2 : *Invenerunt ibi Albertum Ferlay domicellum, qui se dicebat Castellanum pro dom. Berardo de Save dom. de Izerone; et interrogatus fuit quam familiam ipse tenebat, dixit quod unum Scutifferum, unum clientem, unam gaytam, et unam bayetam.* Alia ann. 1381. ibidem pag. 217 : *Et primo magnificus et potens vir dom. Anthonius de Turre dom. Vignayci miles bannaretus, pro se, uno bachallario milite et tribus Scutifferis ad rationem præscriptam 35. florenos.* Testament. Guidonis Card. de Bolonia ann. 1372. apud Baluz. tom. 2. Hist. Arvern. pag. 182 : *Item cuilibet aliorum Scutiferorum, qui sunt de raubis Scutiferorum et mecum resident... 50. florenos.* Chron. Domin. de Gravina apud Murator. tom. 12. col. 557 : *Per quemdam Scutiferum secrete nuntituam est dicto Duci, etc.* [** Vide Haltaus. Glossar. German. voce *Schildknechte*, col. 1621.]

☞ *Scutiferi* denique nuncupati quivis servientes non modo laicorum, sed et ecclesiasticorum et monachorum. Conc. Tarracon. ann. 1591. inter Hisp. tom. 4. pag. 613 : *Nec alios clericos vel Scutiferos et officiales inferiores vel scholares* (induamus) *de panno, cujus commune pretium ultra duodecim libras.* Transactio inter Abbatem et Monachos Crassenses ann. 1351 : *Ordinamus quod monachis dicti monasterii venientibus de extra monasterium et eorum Scutiferis et hospitibus dentur duæ ponhieriæ ordei vel avenæ pro quolibet animali.* Capitul. general. MSS. S. Victoris Massil. : *Statuimus quod Scutifero et garcyfero priorum seu monachorum in pane et vino per cellerarium provideatur, cum veniunt ad capitulum generale.* Statuta Astens. cap. 27. fol. 30 : *Ordinatum est quod dominus possit impune, moderate percutere et castigare suum Scutiferum et serventam seu pedisequam. Scutiferi de Strilla*, in Constitut. Sicul. cap. 113. Cætera quæ ad *Scutiferos* spectant fusius pertractata, vide in *Armigeri*.

¶ Scutiferi ad Scindendum, Officium in aula Regis Majoric. Gall. *Ecuyers trenchans*. Leg. Palat. Jacobi II. Reg. Majoric. inter Acta SS. tom. 3. Jun. pag. xvii. : *Ducimus statuendum quod tres vel quatuor Scutiferi, natalibus seu privilegiis militaribus insigniti, ad scindendum coram nobis et aliis peragendis, quæ pro comestione erunt nobis apposita, assumantur,... nec ignorent eorum solicitudini pertinere, quod cultellos mundos et bene scindentes habeant providere, ne ex inhabilitate scindendi, vel alias aliquod fastidium nobis valeat generari.... Statuimus firmiter observandum, quod de omnibus et quibuscumque cibariis quæ nobis apponentur, prædicti nostri Scutiferi non omittant prægustare.* Vide *Scindere* et *Scissor*.

* Scutifer Scindens, Gall. *Ecuyer trenchant*, Officium in aula regum nostrorum. Memor. G. Cam. Comput. Paris. ad ann. 1408. fol. 86. v°. : *Johannes de Landoiz Scutifer scindens domini ducis Bituricensis.* Ibid. ad ann. 1409. fol. 125. r°. : *Anthonius de Essartis Scutifer scindens coram rege, etc.*

Scutigeri, ut *Scutiferi*, apud Fulcherium Carnot. lib. 1. cap. 18.

Scutiferia, Officium in Aula regia, complectens quodcumque pertinet ad *Scu-*

tiferos, eorum famulos, stabula, equos, equorum ferraturas, etc. vulgo *Escurie*, occurrit passim in Ordinationibus Hospitior. Reg.

☞ Obtinuit idem officium in Aula Dalphinali. Ordinat. Humberti II. ann. 1340. tom. 2. Hist. Dalph. pag. 394. col. 2 : *Magistri Scutiferiæ requirit officium, tempore quo nos equitare contingit, nostrum palafredum habere paratum cum ense, stivalibus, calcaribus et cappello, nostrumque deferre mantellum et capellum, nostram sequendo comitivam debeat, si tempus non patitur ut deferamus eadem, quæ omnia dictus Magister Scutifferiæ nostræ servare debeat et complere.*

¶ Scutiferia, Stabulum equorum, equile, Gall. *Ecurie*. Mandamentum Philippi Pulchri Reg. Fr. ann. 1305. tom. 1. Ordinat. pag. 434 : *Mittentes.... equos et harnesia in Scutiferia nostra sine spe recuperationis eisdem applicanda.*

¶ **SCUTLATUS**, pro *Scutulatus*. Vide *Scutula*.

SCUTOBAJULUS. Vide *Schitonos*.

* **SCUTOR**, f. Sculptor, vel scutorum confector. Lit. admort. ann. 1375. in Reg. 109. Chartoph. reg. ch. 401 : *Item emit dictus cardinalis a Johanne de Bartays Scutore Montispessulani unum hospicium.* Vide *Scutatores*, 1.

SCUTRA, *Vas æneum, æquale in fundo, latum, apertum desuper*, Papiæ. [Gloss. Lat. Gall. Sangerm. *Scutra, une maniere de vaissel, scilicet equalis amplitudinis in ore et in fundo.*] Gloss. S. Benedicti cap. de æneis : *Scutra*, χαλκίον. Guibertus lib. 1. de Vita sua cap. 10 : *Nescio quæ argentea, schyphos videlicet et Scutras pretii plurimi eis misit.* Lib. 3. cap. 4 : *Magnus ille census monetæ Angliæ, hanaporum, et Scutrarum, qui male coaluerat, brevi dilapidatus est.* Utitur Plautus in Persa. [Vide Lexic. Martinii.] [** Forcellin. et supra *Scutella*, 1.]

** Scutrillus, Ollula, in Maii Glossar. novo e Tatian. Gr. MSS.

¶ **SCUTTER**, vox Belgica, Satelles, Gall. *Archer*. Charta ann. 1298. apud Miræum tom. 2. pag. 876. col. 1 : *Ad jurisdictionem et dominium dictorum Religiosorum de jure pertinet potestas... instituendi et destituendi famulos, qui vulgariter Scutter nuncupantur.*

SCUTULA, *Monile ex auro compositum*, Papiæ. 1. Machab. cap. 4. v. 57 : *Et ornaverunt faciem templi coronis aureis et Scutulis.* Gr. ἀσπιδίσκοις. [Gloss. Lat. Gall. Sangerm.: *Scutula, fermail, ront.* Cassian. collat. 1. cap. 5 : *In parvissima quadam Scutula, quæ depicta in se continet præmia, jacula vel sagittas intorquere contendunt.*]

Scutulata, eidem Papiæ, *genera vestimentorum, dicta quod orbiculos quosdam habent in similitudinem Scutulorum.* Ezechiel. 27 : *Et purpuram, et Scutulata, et byssum, et sericum, etc.*

☞ *Scutellatæ vestes*, eædem sunt quæ alibi *virgatæ* appellantur, quæ scilicet virgis seu viis transversim decussatimque sunt distinctæ. Ejusmodi vestes mimis permittuntur in Cod. Theod. leg. 11. lib. 15. tit. 7. de Scænicis : *Uti sane hisdem* (mimis) *Scutlatis, et variis coloribus sericis,... non vetamus.* Leg. *Scutulatis*. Harum præterea meminit Juvenalis Stat. 2 :

Cærulea indutus Scutulata, aut galbana rasa.

Scutulatas Gallos invenisse auctor est Plinius lib. 11. cap. 24 : *Scutulis dividere instituit Gallia.* Vide Lexic. Pitisci in v. *Vestis* et infra *Virgatus*.

SCUTUM, pro Scutato milite, armigero. Domnizo lib. 1. de Vita Mathil. cap. 6 :

Exiit ex Lucis cum quingentis fere Scutis.

Scutum et Lancea, Arma præcipua Longobardorum et Francorum, in Lege Longob. lib. 1. tit. 37. § 2. lib. 2. tit. 46. § 2. [** Carol. M. 20. Lothar. I. 5 : *Volumus ut cum collecta vel Scutis in placito comitis nullus præsumat venire, etc.*] in Charta Alaman. Goldasti 15. etc. [*Scutum cum lancea*, æstimatur duobus solidis, in Lege Ripuar. tit. 36. § 11.] Vide Gregorium Turon. lib. 3. Hist. cap. 15. et supra in voce *Lancea*.

☞ *Scuta* erant ex ligno, et ex pluribus minutisque tabellis juncta, uti docent Varro de Ling. Lat. lib. 4. cap. 24 : *Scutum minute confectum tabellis.* Et Ammian. lib. 21. cap. 2 : *Cum apud Parisios adhuc Cæsar Julianus quatiens Scutum variis motibus exerceretur in campo, axiculis, quibus orbis erat compaginatus, in vanum excussis ansa remanserat sola.* Hæc corio crudo tegebantur ex eodem Ammiano lib. 24. cap. 2. unde *Scuta* sunt appellata, a Græc. σκῦτος, corium, pellis, seu quod [ex pellibus primum fierent. Apud Gallos sæpius ex ligno tantum, interdum ex ligno et ferro constabant scuta. Le Roman *d'Athis* MS :

Des escus percent fust et ais,
Sur les haubers tourne les fais.

Infra :

Qu'ils trespercierent des escus
Tout entierement fers et fus.

* In scuto interdum pingebantur ornamenta ad militis, cujus erat, gloriam et honorem. Charta [** spuria] Caroli Rom. reg. ex Cod. reg. 10197. 2. 2. fol. 1. v°. : *Qui* (Frisones) *Scutum suæ militiæ a dicto potestate recipere debent, in quo corona imperialis, in signum libertatis a nobis concessæ, debet esse depicta.*

Scutum. Leges Frision. tit. 22. § 71 : *Si de vulnere os exierit tantæ magnitudinis, ut jactum in Scutum trans publicam viam sonitus ejus audiri possit, 4. sol. componat.* Addit. ad easdem Leges tit. 3. § 24 : *Si ossa de vulnere exierint, tantæ magnitudinis ut in Scutum jactum, 12. pedum spatio, dictante nemine possit audiri, etc.* Lex Ripuar. tit. 70. § 1. et 2 : *Et os exinde exierit, quod super viam 12. pedum in Scuto jactum sonaverit, etc.* Leges Rotharis Regis Longobard. tit. 18. § 8. [** 47.] : *Sic ita ut uno osse talis inveniatur, quod ad pedes 12. super viam sonum in Scuto facere possit.* Jus Frisicum vernaculum ex versione Sicamæ : *Tria ossa a cranio vulnerato exeuntia componi debent. Primi ossis exitus sunt 32. grossi. Secundi exitus 16. grossi. Tertii exitus 8. grossi. Tunc jurabit uno juramento, quod in Scuto tinnire audiri potuit, cum genu impositum in Scutum, æreum scilicet, caderet, alioquin componere non tenemur.* ἦχος τοῦ σκουταρίου, apud Leonem in Tacticis cap. 7. § 31. Vide *Esculeum*, et Stephanium ad Saxonis Grammatici Histor. pag. 186. [** Grimm. Antiq. Jur. German. pag. 77.]

Scutum, Tabella in formam scuti confecta, orbicularem nempe, quomodo ejusmodi scuta imagines habentia describit Paulus Silentiarius in ἐκφράσει ædis Sophianæ part. 2. v. 298 :

............ἶσον γε μὲν ὀμφαλοέσσῃ
Ἀσπίδι μεσσατίοισι τύπον κοιλήνατο χώρους
Σταυρὸν ἀπαγγέλλουσα.

Anastasius in Leone III. PP. pag. 140 : *Hic vero pro amore et cautela orthodoxæ fidei fecit, ubi supra Scuta argentea duo, scripta utraque Symbolo, unum quidem literis Græcis, et alium Latinis, sedentia dextra lævaque super ingressum corporis pens. inibi libras* 94. Infra : *Fecit et supra in ingressu corporis Scutum ex auro purissimo, in quo orthodoxæ fidei Symbolum scribi fecit, quod pens. libr.* 32. Scribit Photius, et ex eo alii apud Allatium de consensu utriusque Eccl. lib. 2. cap. 6. n. 6. Leonem Pap. scuta argentea, in quibus descriptum erat symbolum fidei, ex Gazophylacio sustulisse : Ἀσπίδας δύο ἑλληνικοῖς καὶ γράμμασι καὶ ῥήμασιν ἐχούσας τὴν τῆς πίστεως ἔκθεσιν. Vide Salmasium ad Tertullianum de Pallio pag. 249. et Nicolaum Alemannum de Lateranensibus parietinis pag. 68. et infra in voce *Surtaria*.

Scutum, inter ministeria sacra reponitur ab Adamo Bremensi cap. 161 : *Tres calices aureos, in quibus erant libræ auri* 10. *unum vas chrismale argenteum, Scutum argenteum deauratum, psalterium aureis scriptum literis, etc.*

Scutum, Vas, quod lychnis in Ecclesiis pendentibus substernitur, apud Durandum lib. 1. Ration. cap. 3. num. 30.

Scutum, Moneta Regum Francorum ita appellata, quod in ea descripta essent Franciæ insignia in scuto. Knighton ann. 1351 : *Et fecit redemptionem pro se et suis de 3. mille Scutis auri.* Vide *Moneta*, et *Scutatum*.

¶ Scutum Censuale, Quod pro annuo censu exsolvitur. Charta ann. 1406. in Comitatu Marchiæ : *Ad assensam unius Scuti censualis ad valorem* XXII. *solidorum et sex denariorum.*

Scutum Bellicum, Feudum, dignitas feudalis. Speculum Saxonicum lib. 3. art. 59. § 1 : *Cum electus fuerit Episcopus, Abbas, Abbatissa, qui Scuto fruuntur bellico, tales primo tenentur a Rege feudum recipere, et postea ab Ecclesia curam spiritualem.* Art. 65. § 3 : *Si quis a sibi in generatione æquali infeudatur, non suam originem, aut civilia jura, sed tantummodo feudi dignitatem, id est Scutum bellicum, minoravit.* Dicuntur autem *uti scuto bellico*, vel *frui*, qui feudum possident, vel qui *nati sunt ad Scutum feudale, ita quod jus feudi facere valeant*, ut est in Jure feudali Saxon. cap. 26. § 2. ut e contra mulier, et clericus, qui servitii feudalis incapaces habentur, *Scuto bellico carere*, cap. 40. § 6. Adde cap. 2. 3. 16. 17. 41. 44. *Feudum scuti cum scuto cessare* dicitur in eodem Jure feudali Saxon. cap. 42. § 1. Vide *Scutagium*.

Scutum de Cera Plenum. Charta ann. 1149. apud Sanjulianum in Matiscone pag. 251 : *Negabat quoque hominium Episcopi, et casamenta, pro quibus hominium debebat Episcopo : et plenum Scutum de cera singulis annis in festo S. Vincentii, etc.* Vide supra *Ceragium.*

Scuta Bellorum, inter obventiones curionum; ea forte, quæ finito bello a militibus in Ecclesiis appendebantur, vel potius a campionibus, qui duello decertaverant. Charta ann. 1078. in Tabul. Vindocinensi fol. 224 : *Ego Raynaldus Castri Credonensis dominus, et mecum pariter uxor mea nomine Ennoguena, cognomine Domitella, Scuta bellorum, et denarios, qui mittentur in castello meo a jurantibus ad reliquias Sanctorum cedimus et concessimus S. Trinitati et Vindocinensi Monasterio in manu Ordrici Abbatis, ut sub jure et potestate Ecclesiæ Parrochialis S. Clementis semper maneat, et Monachi Vindocinenses in ipsa Ecclesia Domino Deo servientes ea habeant in omne tempus futurum. Ipsum vero Abbatem rogamus, ut medietatem Scutorum de bellis, et denariorum de Sacramentis pro amore nostro concedat Goffrido Cappellano nostro, et teneret ab ipso Abbate, et a Monachis suis solum dum ipse viveret.*

Cum Scuto *et fuste contendere*, Campionum fuit, uti in voce *Campiones* monuimus pag. 66. col. 2.

Scutum Anceps. Capitula Caroli M. lib. 3. cap. 89 : *Armati veniant, id est, quia potest habere, cum lorica et Scuto ancipite, atque fuste.* Ubi *Scutum anceps* trigonum interpretor, uti Gallorum veterum, et Francorum fuit, quemadmodum diximus in Notis ad Alexiadem.

¶ Scutum Armorum, Gentilitium, Gall. *Ecusson.* Charta ann. 14. Henrici VI. Reg. Angl. apud Th. *Blount* in Nomolex. Angl. : *Noverint universi per presentes me Johannam nuper uxorem Will. Lee de Knightley dominam et rectam hæredem de Knightley dedisse.... Ricardo Peshale... Scutum armorum meorum habendum et tenendum ac portandum et utendum ubicunque voluerit sibi et hæredibus suis imperpetuum ; ita quod nec ego nec aliquis alius nomine meo aliquod jus vel clameum seu calumpniam in prædicto Scuto habere potuerimus, sed per presentes sumus exclusi imperpetuum.*

Scutum, pro Duello, seu duelli judicio, maxime Campionum. Lex Longob. lib. 1. tit. 9. § 23. [** Liutpr. 118. (6, 65.)] : *Et dum per pugnam ipsam causam, sicut antiqua fuerat consuetudo, quærere disponebant, gravis causa nobis esse comparuit, ut sub uno Scuto, per unam pugnam, omnem suam substantiam homo amittat.* Adde lib. 2. tit. 55. § 1. 2. 3. et Edictum Rotharis tit. 59. [** 164. 165. 166.]

¶ Scutum Fidei, Charta, qua facti alicujus fides asseritur. Vetus Notitia inter Instrum. tom. 1. Gall. Christ. novæ edit. pag. 50. col. 2 : *Præfatus Prior dedit illi centum solidos et fidei Scutum ; videlicet ut illud fidei Scutum foret hujus largitionis signum. Et ad confirmationem hujus scripturæ et memoriale sempiternum hujus rei testes, etc.*

Scuta Genibus Illidere, vel *hastis ferire.* Ammianus lib. 15. cap. 8 : *Militares omnes horrendo fragore Scuta genibus illidentes, quod est prosperitatis indicium plenum : nam contra cum hastis clypei feriuntur, iræ documentum est et doloris.*

Scutum Libertatis. Leges Forestarum Canuti Regis cap. 25 : *Si vero occiderit* (feram regalem) *amittat liber Scutum libertatis; si sit illiberalis, careat libertate; si servus, vita.*

Scutum Potestatis. Lex Longob. lib. 3. tit. 15. [** Roth. 390.] : *Omnes Waregangi, qui de exteris finibus..... se sub Scuto nostræ potestatis subjecerint, etc.*

¶ Scutum de Quarteriis, vulgo *Escu de quartier*, Figuris distinctum, Gall. *Blasonné*, apud Lobinell. tom. 2. Hist. Britan. col. 148 : *Nec quenquam moveat quod ego Hasculfus alterius figuræ sigillum habui antequam pater meus iret Jerusalem, videlicet cum Scuto de quarteriis.* Chron. Bertrandi *du Guesclin :*

> Là peussiez veoir maint Escu de quartier.
> Et mainte lance grosse dont bon sont li acier.

* Nostris *Escu de cartier* vel *quartier*, dicitur Scutum, quod ad latus, sinistrum scilicet, ferebatur. Le Roman *de Garin :*

> Au col li pandent un Escu de cartier.

Ibidem :

> Grant cop li doune sor l'Escu de cartier

Vide supra *Cantellus.*

Scutum in Mallo Habere. Lex Salica tit. 46. § 1 : *Tunginus aut Centenarius mallum indicent, et in ipso mallo Scutum habere debent, et tres homines causas tres demandare, etc.* Quod quidam referunt ad eum morem, de quo Otto Frisingensis lib. 1. de Gestis Frider. Imp. cap. 12 : *Est autem consuetudinis Regum Francorum, quæ et Theutonum, ut quotiescumque ad sumendum Imperii coronam militem ad transalpinandum coegerint, in prædicto campo mansionem faciant. Ibi ligno in altum porrecto Scutum suspenditur.* Guntherus in Ligurino :

> .... ligno suspenditur alte
> Erecto clypeus, tum præco regius omnes
> Convocat, a dominis regalia jura tenentes.

[** Vide Grimm. Antiq. Jur. German. pag. 851.]

☞ Eadem apertius docet Wendelinus : *Salici nostri proceres*, inquit, *ne tunc quidem cum pro tribunali sedent, seponere Scutum permittuntur;* quod a Tacito etiam observatum fuisse monet : deinde sic prosequitur : *Perdurat hic mos in sala Curingiana hodieque, ut proceres jus dicturi considant armati. Exstatque vetus pictura, jam ante annos 400. delineata, in qua visitur Comes Hannoniæ in sala sua residens, Scuto alte supra solium sedentis depicto, ipse medius conspicitur inter duodecim Pares; quibus singulis ad genua sua item stant Scuta cum insignibus, plane pro verbis ac mente hujus legis.*

☞ Iis vero, qui ad mallum judicandi veniebant, arma, scutum scilicet et lanceam portare prohibitum erat. Capitul. Pippini ann. 793. § 9 : *Ut nullus ad mallum vel ad placitum infra patriam arma, id est Scutum et lanceam portet.* Adde Capitul. lib. 3. cap. 22. Id quippe de iis qui Judices sedebant ex jam observatis intelligi non potest.

Scutum Perdere. Vide *Arma amittere* in *Arma* 3. pag. 396. col. 1.

Scutum Suum Projicere. Lex Salica tit. 32. § 6 : *Si quis alteri imputaverit, quod Scutum suum projecisset in hoste, vel fugiendo præ timore, etc.* Apud Germanos, *Scutum reliquisse præcipuum flagitium* fuisse, auctor est Tacitus. Nec apud Germanos tantum; sed et apud Romanos, ut habet Plautus in Trinummo, et alii. Ῥιψάσπιδας Græci vocant. Ejusmodi scuti positionem *schotlage*, seu *schiotlegge* appellare Danos observat Pontanus in Daniæ descriptione, voce confecta ex *schiolt*, scutum, clypeus, *schilt*, Theuton. et *legen*, sive *leggen*, deponere. Vide Cluverium lib. 1. Germ. Antiquit. cap. 51. extremo pag. 327. supra *Scast-legi.*

Scutum Puniceum ad malum suspensum, pacis indicium fuit apud Danos. Saxo Grammaticus lib. 3. Hist. Dan. pag. 37 : *Mali cacumen puniceo Scuto complexus, indicium id pacis erat, saluti deditione consuluit.*

¶ Scutum Rubeum. Charta ann. 635. tom. 1. Rer. Mogunt. pag. 182 : *Ego Bilehilt... aream unam... a Sigeberto Archiepiscopo avunculo meo acquisivi cum rubeis Scutis 12. auro paratis, et totidem equis nigris.*

Scuta *et lanceas pro reconciliatione persolvere.* Lex Familiæ Burchardi Wormaciensis Episcopi, cap. 23. de raptore : *Et quia legitime eam* (filiam) *secundum Canonica præcepta habere nequiverit, amicis illius duodecim Scuta, et totidem lanceas, et unam libram denariorum pro reconciliatione persolvat.*

Scutum, Tabulatio, quæ foribus et officinis rerum venalium prætenditur, cum ad excutiendos imbres, tum ad impediendum lumen, Angl. *Apenthouse.* Assisa mensurarum apud Rogerum Hovedenum : *Prohibitum est omnibus mercatoribus per totum regnum Angliæ, ne quis mercator prætendat seldæ suæ rubros pannos vel nigros, vel Scuta, vel aliqua alia, per quæ visus emptorum sæpe decipiantur ad bonum pannum eligendum.* Sed vide an per *scuta* intelligat *signa;* quæ officinis apponuntur, nostris *Enseignes.*

* Reg. 34. bis Chartoph. reg. part. 1. fol. 96. r°. col. 1 : *Tornella habebit...... duo paria stagiorum ad solarium et Sotum* (sic) *et crenellum supra murum.... Muri Capiaci debent habere v. tesias in altum et in tabulare, inter Scutum et screnellum.* Ibid. fol. 98. v°. col. 1 : *Murus tenens portæ castelleti habebit viij. tesias altitudinis, inter Scutum et krenellum.* Verum fol. 97. r°. col. 2. loco *Scutum*, legitur *Clypeum.* Vide supra *Escuare.*

Scutorum Redditus, Idem forte quod *Scutagium.* Charta Henrici II. Regis Angliæ in Regesto Normannico Cameræ Comput. Paris. signato P : *Et Marescallus meus, quamdiu moror Rothomagi, habet unaquaque die proordinationis meæ Roth. de liberatione 6. panes, et 6. fercula coquinæ, et unum sextarium vini, et habet anno quoque Scutum in reditu scutorum meorum Roth. per manus Thesaurarii mei.* Id est, quantum scutagii quis, Militare feudum tenens, solvit pro uno scuto.

Scutum. Bracton. lib. 2. cap. 35 : *Tene-*

mentorum autem aliud tenetur per servitium Militare, aliud per serjantiam, de quibus homagium faciendum erit domino capitali, propter servitium forinsecum, quod dicitur Regale, et quod pertinet ad Scutum et Militiam, ad patriæ defensionem. Est etiam aliud genus tenementi, ejus scilicet quod tenetur in socogio libero, et ubi fit servitium in denariis capitalibus Dominis, et nihil inde omnino datur ad Scutum et servitium Regis.

¶ **SCUTUS**, ut *Scutum*, Moneta Regum Francorum. Litteræ Edwardi III. Reg. Angl. ann. 1359. apud Rymer. tom. 6. pag. 153 : *Reddendo inde nobis per annum mille Scutos aureos, vocatos Joannes.* Vide in *Moneta.* [* Obituar. eccl. Lingon. ex Cod. reg. 5191. fol. 56. r° : *Johannes de S. Verano dedit dictæ ecclesiæ centum Scutos in moneta currente, ad redditus emendos pro suo anniversario.*]

** **SCYBALUM**, Stercus; non Scybalus, ut apud Forcellinum. Bened. Crispus Auctor. Classic. tom. 5. pag. 396 : *Dolorem Scybala quem faciunt.* Apud Galen. comp. et integr. lat. MSS. sæpius, veluti : *Adhibebis clysterem talem ut Scybala relaxare possit.* Infra : *Ventris egestio in Scybala constricta.* Sic græce. Hæc Maius in Glossar. novo. Vide Castelli Lexicon Medicum.

SCYLDWITA, Scheldwite. Leges Henrici I. cap. 38. *de Scheldwite : Si Scyldwite extra burgum et curiam fiat, 30. denar. emendetur Regi et Thaynis.* Forte forisfactura scuti : nam Saxon. scyld est scutum, wita, mulcta. Vel universim mulcta cujusvis delicti : scylde enim est delictum, culpa, peccatum, reatus.

¶ **SCYLLINGUS.** Vide *Sculingus* et *Skillingus.*

¶ **SCYNDICUS**, ut *Syndicus.* Vide ibi.

¶ **SCYPFILLED.** Vide *Navipletio.*

SCYPHATI, Nummi aurei, ita opinor dicti, quod ex specie illorum essent, quos καυκίους vocat Justinianus, a *cauco*, quæ vox idem sonat quod *scyphus*, quod scilicet cavi essent, et *cauci*, vel *scyphi* formam præferrent. Chronicon Casin. lib. 3. cap. 56. (al. 58) : *Donavit ei Dux.... gemmas atque margaritas complures pro Scyphatis septingentis.* Occurrit ibi pluries, ubi in editione Angeli a Nuce *Schifatus* perpetuo scribitur. Bulla Anacleti Antipapæ apud Baron. ann. 1130 : *Tu autem censum et hæredes tui, videlicet* 600. *Schifatos, quos annis singulis Romanæ Ecclesiæ solvere debes.* Ita in Bulla Innocentii II. apud eumdem ann. 1139. *Scifati de Apulia et Calabria,* in Charta Willelmi Regis Siciliæ apud eumdem ann. 1156. [Chron. Cavense apud Murator. tom. 7. col. 923 : *Anno* 1106. *Indict.* 14. *Petrus abbas S. Trinitatis Cavensis emit casalem in Apulia... mil. et c. Schifat.* Hist. Belli sacri apud Mabill. tom. 1. Musei Ital. pag. 206 : *Duci Gottifredo Sciphatorum quadraginta milia largitus est.* Vide *Nummus.*]

* Charta Conradi II. reg. Sicil. pro Pisanis ann. 1269. apud Lam. in Delic. erudit. inter not. ad Chron. imper. Leon. Urbevet. pag. 271 : *Patroni navium vel lignorum pro mercatoribus et eorum mercationibus, de toto carico navigii vel ligni, Schifatum unum auri, qui est tareni octo auri, semel tantum solvant.* Consule Murator. tom. 2. Antiq. Ital. med. ævi col. 787.

Syphati, in Charta exarata Constantino et Basilio fratribus imperantibus, apud Ughellum tom. 7. Italiæ sacræ pag. 1362.

Squifati, apud Baronium tom. 11. alicubi occurrit, et in Bulla Nicolai IV. PP. ann. 3. de Censibus Ecclesiæ Romanæ in Regno, Campania, et Maritima, ubi promiscue *Scifati* et *Squifati* dicuntur : unde emendanda Charta Innocenti IV. PP. ann. 1245. qua Fridericum II. Imp. excommunicat, apud Matth. Paris. : *Posset etiam merito reprehendi, quod mille Squinatorum annuam pensionem, in qua pro eodem regno ipsi Romanæ Ecclesiæ tenetur, per novem annos et amplius solvere prætermisit.* Legendum enim *Squifatos.*

SCYPHI in candelabris *Acetabula* sunt, Exod. cap. 25. v. 31 : *Facies candelabrum ductile de auro mundissimo, bastile ejus, calamos, Scyphos, ac sphærulas.* Add. v. 33. 34. cap. 37. v. 17. 19. 20. ubi in Græca editione dicuntur κρατῆρες.

Scyphus inter vasa sacra vulgo recensetur, in quem vinum, quod ad Missæ sacrificium offerebatur, ex majori calice refundebatur. Ordo Romanus : *Pontifice oblationes populorum suscipiente, Archidiaconus suscipit post eum amulas, et refundit in calicem majorem, quem sequitur cum Scypho super planetam Acolytus, in quem calix impletus refunditur.* Alibi : *Post quem Diaconus sequens amulas suscipit, et in Scyphum manu sua post Archidiaconum refundit.* Rabanus lib. 1. de Instit. Cleric. cap. 8. de Subdiaconis : *Hi cum ordinantur, non suscipiunt manus impositionem, sicut Sacerdotes et Levitæ; sed patenam tantum et calicem de manu Episcopi, et ab Archidiacono Scyphum aquæ cum aquæmanili, et manutergium.* Helgaudus in Roberto Rege Franc. : *Erat huic ornamento adjunctus Scyphus corneus, quo deferebatur vinum ad celebrandum sacrificium.* Baldricus Noviom. lib. 1. Chron. Camerac. cap. 64 : *Scyphumque argenteum, quem diebus festis Subdiaconi in manibus ferunt, calices quoque cum aliis ornamentis Ecclesiæ fecit.* Anastasius in S. Silvestro : *Donavit autem Scyphos argenteos* 2. *qui pensaverunt singuli libras denas.* Infra : *Patenas argenteas* 13. *pensantes singulas libras* 30. *Scyphos aureos* 7. *qui pens. singuli lib.* 10. *etc.* Synodus Exoniensis ann. 1287. cap. 12 : *Sit in aliqua Ecclesia saltem unus calix argenteus, purus vel deauratus : Scyphus argenteus vel stanneus pro infirmis, ut postquam Eucharistiam assumpserint, loturam digitorum suorum Sacerdos sibi præbeat in eodem.*

☞ *Scyphos* interdum adhibuerunt ad reponendas Sanctorum Reliquias, ut colligitur ex Gestis Episcop. Cenoman. apud Mabillon. tom. 3. Analect. pag. 335 : *De parva capsula in Scyphum argenteum caput preciosi martyris Vincentii decenter extraxit, et locavit. Arnaudus sane illum cum operculo ad hoc opus Cenomanensi ecclesiæ... reliquerat.*

Scyphum utraque manu tenendi morem cum bibebatur, qui Monachis proprius fuisse dicitur, observat Liber Faceti :

Si Scyphum capias, utraque manu capiatur,
Et per utrumque latus, non per ripam teneatur.

SCYPHICATIO. Herimannus de Restaurat. S. Martini Tornacensis cap. 92 : *Foragia vero cambarum, vel quod Scyphicationes apothecarum alii vocant, et redditus vasorum vini inter utrosque æquis partibus divisit.* [** Forte pro *Siphicatio* a *Sipho.*]

SCYPHO. Anastasius Biblioth. in Leone III. pag. 126 : *Item calicem majorem fundatum cum Scyphone pens. libr.* 37. Sed legendum videtur *siphone*, id est, fistula, qua sanguis dominicus hauriebatur : nisi fuerit major scyphus, in quem vinum ad Missæ sacrificium oblatum ex majori calice refundebatur. Vide *Scyphi.*

SCYRA, Schira, Shira, Provincia, Comitatus : a voce Saxon. scyre, ' partitio, divisio, et scyran, partiri. [** Vide Grimm. Antiq. Jur. Germ. pag. 533.] Alvredus quippe Rex, cum Guthruno Daco fœdere inito, Angliam primus in Satrapias sive Comitatus, Centurias, et Decanias partitus est. Satrapias *Scyras*, Centurias *Hundreda*, et Decanias *Tienmentale* vocavit. Leges Edwardi Confessoris cap. 13 : *Divisiones Scyrarum Regis proprie cum judicio* 4. *cheminorum regalium sunt.* Cap. 34 : *Quod autem in Triginge definiri non poterat, ferebatur in Scyram.* Robertus de Monte ann. 1083 : *Justitiarios suos per unamquamque Scyram, id est, provinciam Angliæ inquirere fecit, etc.* Bromptonus pag. 956 : *Qua lege olim octo Schiræ, id est, provinciæ judicabantur.* Idem pag. 979 : *Justitiarios suos per unam quamque Schiram, id est Comitatum Angliæ mittens, etc.* Thomas Walsinghamus pag. 329 : *Ut ipsi nullum militum de pago vel Schira permitterent eligi, nisi quem Rex et ejus consilium elegisset.* Adde Radulfum de Diceto ann. 1087. Matth. Westmonast. ann. 794. et Fletam lib. 2. cap. 61. § 23. Atque hanc vocem *Schire*, fere semper addunt Angli ipsorum Comitatuum propriis appellationibus, ut *Glocestreschire*, *Staffordeschire*, *Oxnefordschire*, *Lancastreschire*, *Yorkschire*, quem *Eboraci sciriam* vocat Simeon Dunelmensis ann. 1138. et sic de cæteris. Vide Edward. Cokum ad Littletonem sect. 248.

Scyra præterea præstationem sonat, seu mulctam, quæ indicebatur iis, qui ad *Scyram* seu Comitatum vel placitum non veniebant : quo tenentes omnes convenire tenebantur. Monasticum Anglic. tom. 2. pag. 993 : *Prohibeo ne summoneatis Monachos de sancto Remigio de Remis, ut eant ad hundreda, nec ad Scyras; sed Præpositos suos, vel unum ex hominibus suis mittant.* Charta Willelmi Nothi tom. 1. Monastici Anglic. pag. 52 : *Perpetuam libertatem... hæc est, ut sit libera et quieta de Schiris et hundredis, et placitis, et querelis, et omnibus geldis, et consuetudinibus.* Ibidem pag. 310 : *Et sit quieta de omnibus geldis et danegeldis, scutagiis, hidagiis, carrucariis, Schiris, exercitibus, etc.* Adde tom. 2. pag. 558.

¶ **SYRE**, Eodem intellectu. Vocabul. Anglic. ex Tabul. Beccensi : *Syre, etre quite de seute ou Cunte.* Charta Henrici II. Reg. Angl. ex eodem Tabul. : *Et in omnibus aliis locis solutas et liberas et quietas de Syre, et humdret, et placitis et querelis.*

Scyremotus, Placitum seu Conventus publicus *Scyræ*, qui alias *Comitatus* dicitur.

Leges Kanuti Regis cap. 38 : *Et habeatur in anno ter burgimotus et Scyremotus, nisi sæpius sit necesse.* Cap. 39 : *Eat quarta vice ad Conventum totius Comitatus, quod Anglice dicitur Scyremot.* Leges Edwardi Confess. cap. 35 : *Debet autem Scyremot bis, hundreda et Wapentachia duodecies in anno congregari, et 7. diebus antea summoniri, etc.* Eadem habent Leges Henrici I. cap. 7. nisi quod *Scyresmote* scribitur. *Judicium sciræ*, in iisdem Legibus Edw. cap. 27 : *Et si justitia habet eum suspectum, purgabit se judicio hundredi vel Scyræ.* Liber Ramesiensis ch. 178 : *Will. Rex Angliæ W. de Cahamniis, Sal. Præcipio tibi, ut facias convenire Schyram de Hamtonia, et judicio ejus cognosce, si terra de Isham reddit firmam Monachis S. Benedicti, etc.* Ch. 182 : *Will. Rex Angl. R. patri Ilgeri Sal. Mando tibi et præcipio, quod facias convenire Schiras, et per eas recognosce, si terra de Esthon, etc.*

** **SCYROSIS**, Sciroma, tumor in corpore durus. Bened. Crispi Poema medicinal. in Maii Auctor. Classic. tom. 5. pag. 395 :

Dum vitiatur hepar, gliscitque ex more Scyrosis.

Alia vide apud Maium in Glossar. novo.

* **SCYRPATUS**, Scirpo seu junco stratus. Consuet. monast. S. Crucis Burdeg. MSS. ante ann. 1305 : *Item sacrista habet tenere claustrum et capitulum bis in anno Scyrpatum, videlicet in Pentecostis et in festo Corporis Christi.* Vide *Scirpus.*

¶ **SCYTALOSAGITTIPELLIFER**, , his vocibus Herculem designat Tertull. de Pallio cap. 4. quod clavum, Gr. σκυτάλη, sagittas et pellem gestaret : *Adoratur a vobis, qui erubescendus est, Scytalosagittipellifer, qui totam epitheti sui sortem cum muliebri cultu compensavit.* Vide ibi, si placet, Rhenanum.

SDAMATON *nominamus*, inquit Papias, *Tumorem mollem carnis inflatæ sine dolore, sicut frequenter mortuos videmus.* Ita MS. editus habet *Sdamatum.* [** In cod. reg. 7644. *Sdematon.* An *Steatoma?*]

¶ **SDUGARIUM**, Meatus, aquæductus, canalis per quem fluunt aquæ, Gall. *Conduit.* Statuta Mutin. rubr. 12. fol. 2. v° : *Sdugaria districtus Mutinæ et fossata Potestas fodi et deradi facere teneatur.* Ibidem fol. 50. v° : *Quod Sdugarium sive fossa appellatur fossa Micheleta.* Rursum fol. 73 : *Si Sdugarium vel ductorium non esset bene cavatum, etc.*

¶ **SE**, pro *Eum*, vel *eos* : *Sui* pro *ejus*, vel *illorum* : *Suus, sua, suum,* pro *ejus*, vel *illorum*, passim occurrunt in Chartis, interdum et in Scriptoribus medii ævi; quod monuisse sufficiat.

¶ Se, pro *Si*, in antiquioribus Instrumentis; quod ex vitiosa pronuntiatione, vel scriptione ortum existimo.

** Se pro *Seu*, in iisdem chartis Meroving. ut in chart. Childer. II. ann. 673 : *Magnitudo se utilitas vestra.*

¶ **SEACIUM**. Vide infra *Seatium.*

¶ **SEAF**, Spicarum manipulus, Angl. *Sheaf*, Gall. *Gerbe.* Matthæus Westmonaster. pag. 166 : *Posito ad caput ejus frumenti manipulo, quem patria lingua Seaf dicimus; Gallice vero garbam.* [** Vide Grimm. Gramm. Germ. tom. 3. pag. 416.]

* **SEANCIA**, Dilatio, mora. Lit. remiss. ann. 1361. in Reg. 89. Chartoph. reg. ch. 672 : *Qui Johannes dixit præfato Petro, quod si ipse vellet emere quinque jornalia,.... quod ipse daret sibi quodlibet jornale pro duobus scutis; qui quidem Petrus petiit utrum sibi daret super hoc suam Seanciam vel relationem usque ad crastinum, etc.*

SEANT, pro *Sint*, in Capitul. ad Legem Salicam § 10. 12.

* **SEARA**, f. pro *Scara*, Familia. Testam. Mafaldæ reginæ ann. 1256. tom. 1. Probat. hist. geneal. domus reg. Portugal. pag. 32 : *Item do ecclesiæ cathedrali de Portu quintanam meam de Paacios de Goiol cum sua Seara et suis cazalibus.*

SEAPSCIP, *Navis institor*, in Pacto Ethelredi Regis cum Analano cap. 2. [** Thorp. *Ceap-scip*, *Navis institoris.*]

¶ **SEASYRE**, ut supra *Saisire*, Gall. *Saisir.* Charta apud *Madox* Formul. Anglic. pag. 359 : *Ita scilicet, quod bene licebit dicto Priori et successoribus suis, et monachis de Lancastria prædictum tenementum cum pertinenciis, sicut prædictum est, in manus suas Seasyre, et proficuum eorum recipere, etc.*

* **SEATERIA**, Ars, quæ circa sericum versatur. Leg. reipub. Genuens. ann. 1576. part. 1. cap. 3. tom. 2. Cod. Ital. diplom. col. 2158 : *Declaramus artes infrascriptas.... nihil præjudicare nobilitati : artes scilicet serici, lanæ et pannorum, quas vulgus Seatariam.... vocat.* Vide supra *Cederia.*

SEATIUM, Sigala, *Seigle.* [Statuta Astens. Collat 7. cap. 17. fol. 25. v° : *Et illi qui fecerint panem album non possint facere panem de uno Seacio.*] Statuta Ordinis S. Gilberti *de Sempringham* pag. 786 : *Ne in Cœnobiis nostris fiat panis candidus, ... ubi frumentum defuerit, cum Seatio licet fieri.* [Vide *Scatium.*]

* Alias *Soille.* Chartul. Corb. sign. *Ezechiel* ad ann. 1415. fol. 3. r° : *Un journel de Soille et cinq journaux d'orge.*

¶ **SEAUPWERPE**, vel Seawerpe, Jactura maris, a Sax. sæ, mare et upwerpen, ejicere. Charta Willelmi senioris abbatiæ Rames. apud Spelman. : *Concedo.... mundbrich, feardwite, blodwith,.... Seaupwerpe, sake,* etc. Vide *Swerp.*

¶ **SEBASMIUS**, *Sebastus, sebastes, veneratione dignus, augustus, dignitatis nomen.* Papias.

SEBASTUS, Dignitas in Aula Constantinopolitana notissima, σέβαςος. Auctor expeditionis Asiaticæ Friderici I. Imp. : *Et alios quatuor Græcorum principes ratione dignitatis, Græco vocabulo Sebaston, cum eis denuntiat advenire.* Inde formatæ aliæ dignitates, Πρωτοσεβάςων; sed et Πανυπερπρωτοσεβαςοϋπερτάτων, quod monstrum vocis reperire est apud Lambecium lib. 5. de Bibl. Cæsar. pag. 233. Vide Gloss. Meursii, et med. Græcit. col. 1339.

☞ Eodem nomine donantur Duces Amalphitani in Chron. Amalphit. ad ann. 1096. ubi memoratur *Marinus Pensabustus, Sebastus et Dux Amalphitanus.* [** Πανσέβαςος.] Unde contractam fortasse et corruptam vocem *Vasti* qua non semel appellantur iidem Duces, observat Brencmannus Dissert. de Republ. Amalph. pag. 19. post Capacium Hist. Neapolit. lib. 1. cap. 13. V. *Vasti.*

¶ **SEBELINUS**. Vide supra *Sabelum.*

¶ **SEBENTOC**, apud priscos Francos 70. sonat, ex Wendelino. Vide in *Chunna.*

¶ **SEBES**, Sebrum. Vide *Sabes.*

SEBRA, *Vetusta*, in Gloss. Isid.

¶ **SECA**, vox Italica, Serra, Gall. *Scie*, Teuton. *Saiga.* Vide in hac voce. Vita S. Petri Parentii tom. 5. Maii pag. 96 : *Nec possent vicini et parentes ejus a pede altero ferrum eruere, et deliberarent balneum Regis pro Seca mittere, etc.* Hinc

¶ Secca, Locus seu officina ubi *secca*, id est serra ad desecandum utuntur : unde *Seccator, Segator* et *Segatus*, Sector, vel ejusmodi officinæ dominus. Statuta Cadubrii cap. 23. fol. 57 : *Mercatores de Cadubrio libere... valeant conducere.... suas talleas ad quem locum Seccarum vellent,... Nullus homo, sive persona, qui vel quæ teneat Seccas ad seccandum, non debeat, nec valeat capere... aliquas talleas, etc.* Correct. eorumd. Statut. cap. 38 : *Quod nullus Segatus in Cadubrio capiat talleas ultra ratam. Ne inter Seccatores tallearum discordia oriatur, statuimus quod quicumque Seccator, seu habens et possidens Seccas... non possit capere talleas, etc.* Cap. 41 : *Ita quod mercator intelligere possit numerum tallearum, quæ apud Seccam dicti Segati sunt.* Reformat. eorumd. Statut. fol. 51 : *Debeat duas partes ad minus ipsarum tayolarum dimittere ad Seccandum in Serris et super postis Seccarum districtus Cadubrii.* Rursum cap. 101 : *Nullus Segator audeat... talleas novas seccare.* Vide *Scorcium*, et *Scitorium.*

* **SECACES**, pro *Sequaces*, socii, in Lit. remiss. ann. 1390. ex Reg. 137. Chartoph. reg. ch. 66 : *De tradendo ipsum locum.... in manibus cujusdam de societate Ramoneti de Fort cum suis Secacibus, etc.*

SECALE. Vide *Sigalum.*

* **SECALONIA**, Regionis nomen, a secali, quo abundat, deductum, vulgo *Sologne*, in Charta Ludov. Pii ann. 828. tom. 6. Collect. Histor. Franc. pag. 555. Vide in *Sigalum.*

¶ **SECANA**, Recentioribus pro Sequana, *la Seine.* Occurrit in Chron. Trivetti tom. 8. Spicil. Acher. pag. 470. et alibi.

* **SECAMABIN**. Vide supra *Scangibin.*

1. **SECARE**, Castrare : Gr. τέμνειν. Leges Wisigoth. lib. 8. tit. 4. § 4 *Qui.... vel bovem, vel quæ non Secantur, castraverit, etc.*

2. **SECARE**, proprie de messe aut prato dicitur. Eædem Leges Wisigoth. lib. 8. tit. 3. § 12 : *Qui in pratum eo tempore, quo defenditur, pecora miserit, ut postmodum ad Secandum non possit herba succrescere, etc.* Lex Salica tit. 29. § 20 : *Si quis pratum alienum Secaverit, etc.* Vide *Ascecare* in *Amadere.* [Hinc nostrum *soyer*, pro *Scier.* Gloss. Lat. Gall. Sangerm. *Secare, trancher, soyer.* Vetus Poeta MS. ex Bibl. Coislin. nunc Sangerm. :

Vois là ces chams ou la gent Soient,
Et lor jarbes cuillent et loient.]

¶ Seccare, Eadem notione. Statuta Mutin. rubr. 80. fol. 115. v° : *Statutum est quod viæ currentes per prata possint et debeant claudi a festo Paschatis Resurrectionis quousque dicta prata Seccata fuerint.*

¶ Segare, Eodem intellectu, vox Italica. Castellus in Chronico Bergomensi ad annum 1402. apud Murator. tom. 16. col. 910 : *Homines partis Gibellinæ.... irruerunt in illos qui Segabant dicta frumenta.* Statuta Mutin. rubr. 236. fol. 44. v° : *Ordinamus quod nemo audeat Segare vel segari facere in pratis de curtili, etc.* Occurrit præterea in Chron. Parm. apud eumd. Murator. tom. 9. col. 849. in Statutis Vercell. lib. 3. fol. 82. et in Leg. Bajwar. Cod. Reg. tit. 1. cap. 14. § 2. tit. 5. cap. 2. § 2.

¶ **SEGARE**, pro Jugulare, gladio collum secare, in laudato Chron. Parm. col. 869 : *Dominus Odominus Oddovrandus, qui erat ultra sexaginta annorum, dicti de parte imperii Segaverunt ei gulam.*

SECATORES, Messium sectores, Gall. *Scieurs.* Tabularium Fiscanense f. 60 : *Collectores messium nostrarum, qui vulgo Secatores, dicuntur.* [Tabul. S. Petri Vosiensis fol. 55 : *In istis duobus mansis census 1. modium segl, duos Secatores debent.* Ibidem : *In Maio unum Secatorem.* Nostris olim *Silleur.* Vide in *Selio.*]

¶ 1. **SECATURA**, **SEGATURA**, Ipsa messium sectura, seu Servitium, quo vassalli vel tenentes debent *secare* messes aut prata dominorum suorum. Sententia arbitralis ann. 1202. inter Abbatem et Consules Gimont. : *Super partimentis bladorum omnium specierum et super batituris et Secaturis eorumdem bladorum.* Ibidem : *Dent agrarium, scilicet novenam partem garbarum deducta undecima parte seu garba pro Segaturis... Sexta pars detur laboratori sive domino bladorum pro Segaturis et batituris dicti bladi.*

* Quod servitium appellatur *Crowée de la seille*, in Charta ann. 1406. ex Chartul. priorat. Belleval. : *Chacun an une journée à la crowée de la Seille az watien. Saiele* vero ipsam messium vel pratorum secturam significat, in Lit. ann. 1357. tom. 6. Ordinat. reg. Franc. p. 631. art. 9 : *Devront et paieront lesdiz habitans audit seigneur chascun au deux jours à la Saiele.* Eodem sensu *Seailles* occurrit in Assis. Hierosol. part. 2. cap. 31 : *En trois saisons nul ne doit arrester vilains et vilaines, c'est à savoir au tems de Seailles, lesques commencent en l'entrant d'Avril et definent par tout Juin; et l'autre saison est vendanges.* Infra : *Seailles*, pro frugibus quæ secantur.

* 2. **SECATURA**, Quantum unus sector per diem *secare* potest de prato, nostris *Sée.* Charta ann. 1208. in Chartul. Buxer. part. 6. ch. 15 : *Dederunt in elemosinam fratribus Buxeriæ pratum quoddam apud Montagne, quod continet sex Secaturas.* Alia ann. 1376. in Reg. 110. Chartop. reg. ch. 122 : *Item les prez ou lieu, que l'en dit les prez Sainte Marie, une piece contenant deux Sees..... Item une piece de pre contenant environ xvj. Sées.* Sector vero *Séerres* dicitur, in Lit. ann. 1248. tom. 5. Ordinat. reg. Franc. pag. 602. *Séonnéeur*, in Charta ann. 1310. ex Reg. 47. ch. 36 : *Item il a.... services de Séonnéeurs en Aoust, services de herces et de charues.*

¶ **SECCATURA**, Res ipsa secta, de messe aut prato dici potest. Statuta Cadubrii lib. 2. cap. 94 : *Nullus qui laborat terram ad affictum.... postquam licentiatus fuerit... audeat accipere vel exportare Seccaturas, nec letamen, etc.*

SECTURA PRATI, Idem quod *Falcata prati*, de qua voce supra. Chronicon Besuense pag. 559 : *Unum mansum, ad quem appendunt novem jugera de terra aratoria, et una Sectura prati.* Occurrit ibi præterea semel ac iterum. [Charta Guillelmi Episc. Cabilon. ann. 1301. inter Instr. tom. 4. Gall. Christ. novæ edit. col. 255 : *Et volumus quod in augmentatione præbendarum dicti canonici habeant quatuor Secturas prati, quæ partiuntur cum dictis canonicis.* Vide *Sechoirata* et *Secatura*, 2.]

* **SECASSES**, ut supra *Secoces*, in Instr. ann. 1384. inter Probat. tom. 3. Hist. Nem. pag. 59. col. 2.

¶ **SECCA.** Vide in *Seca.*

* **SECCARE**, *Secca* seu serra desecare, Gall. *Scier.* Charta Phil. Pulc. ann. 1303. in Reg. A. Chartoph. reg. ch. 23 : *Ita quod dicti fratres.... possint scindere,... seu Seccare in dicto suo usagio cum securi vel Secca, aut quovis alio ferreo instrumento. Sée*, pro *Scie*, Serra, ut videtur, vel securis, in Lit. remiss. ann. 1349. ex Reg. 78. ch. 247 : *A cinq veez Sicz et autres instrumens orriblement dépecerent et desrompirent la closture de ladite cure.* Hinc *Sehage*, pro *Sciage*, Sectio, in Comput. ann. 1391. ex Bibl. S. Germ. Prat. : *Item pour un cent de planche,.... qui couta, tant pour le Sehage que pour le charray, xxxv. solz.* Vide *Seca.*

¶ **SECCATURA.** Vide in *Secata* 2.

¶ **SECCHERIA.** Charta Ricardi II. Reg. Angl. ann. 1396. apud Rymer. tom. 7. pag. 833 : *Cum per certum tractatum, factum et concordatum inter nos et Johannem Ducem Britanniæ, pro et de causa castri de Brest, quod idem Dux nobis dedit et deliberavit una cum brevibus Britanniæ, Seccheriis et omnibus aliis dominiis et proficuis ad idem castrum spectantibus, etc.* Ubi leg. omnino videtur *Senheriis* vel *Senhoriis.* Vide in hac voce.

¶ **SEUHERIÆ** perinde emendanda vox in Charta ejusdem Reg. ann. 1382. ibid. pag. 360 : *Una cum brevibus Britanniæ, Seuheriis, et omnibus aliis dominiis et proficuis, etc.*

¶ **SECCHIARIA**, f. ab Italico *Seccia*, Rejectanea, purgamenta, dumeta. Statuta Riper. cap. 154. fol. 22. v° : *De pœna projicientis immunditias in viis. Idem intelligatur de Secchiariis quæ non possint evacuari, nec teneri super viis publicis.*

¶ **SECCUBA** pro *Succuba*, in Gloss. Isid. *Ancuba, Seccuba.* Vide *Ancuba.*

* **SECENA**, Grani vel bladi species. Inquisit. ann. 1270. in Access. ad Hist. Cassin. part. 1. pag. 316. col. 1 : *Tenentur præstare decimam...... de grano, ordeo, mileo, granofarro, spelta, Secena et fabis.*

¶ **SECESPITA**, Culter ad secandas victimas in sacrificiis, cujus formam accurate describit Festus. Passio Alberti pueri tom. 2. April. pag. 836 : *Demum Salomon et Moses ante alios, Secespitas sub pectus inter costas ex adverso adigunt, et linguæ subjectas venas secant.* Secespitæ delineationem habes apud Rosin. lib. 5. Antiquit. Vide præterea Casaubon. in Octavian. Suetonii cap. 5. et ad Tiber. cap. 25.

SECESSUS, Latrina, *Cesso* Italis : Græc. ἀπόπατος, ἄφοδος, unde ἀφοδεύειν, ἀποπατεῖν, ἀποσκυδαλίζειν. Papias : *Secessus, latrina, stercutium.* Glossæ antiquæ MSS : *Latrina, secessus publicus.* [Gloss. Lat. Gall. Sangerm. *Secessus, lieux secrez.*] Gregorius Turon. lib. 2. Hist. cap. 23 : *Ingressus autem in Secessum suum, dum ventrem purgare nititur, spiritum exhalavit.* Infra : *Reperit Dominum super cellulam* (sellulam) *Secessus defunctum.* Joannes Monachus lib. 1. Vitæ S. Odonis Clun. : *Affuit nox, et ecce quidam de pueris signo Secessum naturæ petiit.* Usus antiqui Cistercienses cap. 69 : *Ad Secessum ire.* [Vide *Secretum naturæ.*]

¶ **SECHES**, Sepia. Vide *Sicca* 1.

* **SECHETA**, Sepia, piscis, Gall. *Seiche.* Reg. Cam. Comput. Paris. in Bibl. reg. sign. 8406. fol. 180. v° : *Domania in præpositura Parisiensi.... De locagio stalorum piscium Sechetarum et de salinis pro iij. lxiij. lib. per annum.* Vide *Sicca* 1.

¶ **SECHIL**, et **SEKIL**, Marsupium, pera, apud Schilter. in Glossar. Teuton. ex Glossar. Mons. et Otfr.

¶ **SECHOIRATA**, Quantum unus sector per diem *secare* potest de prato, Provincialibus vulgo *Soucherée.* Regest. *Columba* Cameræ Comput. Aquens. fol. 282 : *Pratum duarum Sechoratarum.* Pluries ibi occurrit. Vide *Sectura* in *Secare* 2. et *Sectorata.*

* Charta ann. 1362. in Reg. 93. Chartoph. reg. ch. 174 : *De uno prato continente quinque Sechoyratas,.... cum quodam pasturario.* Vide supra *Secatura.*

¶ **SECHURA**, Eadem notione. Tabul. S. Victoris Massil. : *Dodonus misit pro gadio unam Sechuram prati quæ est sub ponteillari de mota.* Sed leg. forte *Sectura*, 2.

¶ **SECIA**, et **SECIUS**, Serra, Gall. *Scie*, Ital. *Sega.* Vide in hac voce. Statuta Astens. ubi de *intratis* portarum : *Falces sive Secii solvant pro qualibet balla, et si plus vel minus, solvant pro rata que sunt Secii 78. lib. 120.* Statuta Montis Regal. fol. 311 : *Item pro qualibet Secia vel Secio, a somata infra, pro intrata sol. den. sex.*

* **SECIUS**, Instrumentum ferreum quo secatur, distinctum a serra, falcis species, Gall. *Faucille.* Stat. Avellæ ann. 1496. cap. 58. ex Cod. reg. 4624 : *Si aliqua persona in alieno prato cum falce vel Secio seccaverit, vel herbam seccatam ibi ceperit, etc.* Vide *Secia.*

* **SECLANUS.** Stat. monast. S. Mariæ *de Geire* ann. 1338. ex Tabul. S. Vict. Massil. : *Familiam non teneant superfluam, sed necessariam tantum, videlicet.... uno scutifero, tribus garsiferis, clavario, coco, cogustrono, portario, ecclesiæ Seclano, etc.* Vox, ut videtur, contracte scripta pro *Secrestanus.* Vide mox in hac voce.

* **SECIUM**, Vestis vel ornatus species. Testam. Math. Calbani ann. 1197. apud Hier. Zanet. de Orig. et antiq. monetæ Venet. edit. ann. 1750 : *Lego Stanæ ancillæ meæ.... unum meum mantellum et unum Seclum et unum lavezium, etc.*

SECMARIUS, pro *Sagmarius*, in Charta Aldrici Episc. Cenoman. in illius Vita pag. 89. Vide *Sagma.*

¶ **SECORDIA**, Discordia. Willel. Kecellus de Miraculis S. Joan. Beverlac. num. 3 : *Secordiæ libentius quam concordiæ cupiens exercita cædibus insistere.*

* **SECRESTANUS**, Sacrista, in Charta Barth. episc. Laudun. ann. 1133. ex Chartul. S. Vinc. Laudun. ch. 36. *Soucretain*, eodem sensu, in Reg. 13. Corb. sign. *Habacuc* ad ann. 1510. fol. 37 : *Robache enf-*

fermier, Philippes de Lille thesaurier,.... Adrien de S. Albin Soucretain. Sougretain, in Ch. ann. 1298. ex Lib. rub. Cam. Comput. Paris. fol. 42. Unde *Soucretainerie*, Sacristia, in Mirac. S. Ludov. edit. reg. pag. 417 : *Un mantel de camelin brun, qui est gardé en la Soucretainerie.* Vide mox *Secrestarius.*

* **SECRESTARE**, Aliquem societate, rerumque suarum administratione privare, interdicere, pro *Sequestrare*, separare, seponere. Vide in hac voce. Libert. Florenc. ann. 1358. tom. 8. Ordinat. reg. Franc. pag. 90. art. 27 : *Concedimus dictis consulibus habitatoribus et dictæ villæ, quod nos seu gentes nostræ nullam personam dictæ villæ et pertinenciarum ejusdem non Secrestabimus ac Secrestare faciemus, cujuscumque condicionis, status, ætatis aut sexus existat, nisi ad requisicionem amicorum magis propinquiorum et ydoneorum personæ Secrestandæ; et si Secrestata fuerit, pendente dicto Secreto, in matrimonium non copulabitur, nec ejus status seu condicio mutabitur, nec a Secreto relaxabitur, absque voluntate amicorum personæ Secrestatæ.*

* **SECRESTARIUS**, ut supra *Secrestanus*. Lib. nig. 2. eccl. S. Vulfr. Abbavil. fol. 39. v° : *De hoc redditur Secrestario S. Petri duos solidos et duos capones ad Natale.* Vide *Secretarius* 1.

1. **SECRETA**, Oratio, quæ post *Præfationem* in sacra Liturgia secrete et submissa voce a Sacerdote dicitur. [Εὐχὴ προκομιδῆς, in Liturg. Chrysostomi.] Amalarius lib. 1. de Eccl. Offic. cap. 20 : *Secreta ideo nominatur, quia secreto dicitur.* Idem in Eclogis de offic. Missæ editis a Baluzio : *Secreta dicitur, eo quod secretam orationem dat Episcopus super oblationem, ut Deus velit respicere super oblationem propositam, et deputare eam futuræ consecrationi.* Hildebertus Cenoman. de Mysterio Missæ :

His ita præmissis, secreto Presbyter orat,
Secretas memorans, assimilansque preces.

Capitula Caroli M. lib. 6. cap. 170. al. 173. hocce lemmate *ut Secreta non incipiatur, nisi post Angelicum hymnum finitum. Te Deum igitur, non inchoent Sacerdotes, nisi post Angelicum hymnum finitum.* Vide Concilium Wormat. cap. 10. Durandum lib. 4. Ration. cap. 35. Durantum lib. 2. de Ritib. Eccl. cap. 29. n. 4. 5. 6. etc.

☞ Ex his haud obscurum est *Secretam* dici Canonem, quod eum Sacerdos submissa voce, et quidem solus, recitaret. Idem firmare licet aliis argumentis, in quibus referendis ne longior sim, unum vel alterum seligam. Herardus Turon. in Collect. cap. 16 : *Et ut Secreta presbyteri non inchoent antequam Sanctus finiatur, sed cum populo Sanctus cantent.* Laudatus Amalarius in Eclogis : *Ab illo loco ubi Secretam dicit episcopus, usque ad Agnus Dei, totum illud vocat Augustinus orationes.* Vide *Le Brun* Dissertat. 15. de Reb. Liturg. art. 1.

☞ Latiori etiam significatione acceptam interdum fuisse hanc vocem discimus ex Petro Cancellario Carnot. in manuali MS. de Mysteriis Eccl. : *Quando sacerdos incipit Secretum inclinato capite ante altare dicit, In spiritu humilitatis, etc.* Ubi oblationis tempus indicatur, quo Sacerdos submissiori voce orare incipit.

☞ Hinc Canon *secunda Missæ Secreta* nuncupari videtur a Petro Damiano in Vita S. Romualdi num. 78 : *Postera igitur die sacrificare incipiens, cum ad secunda Missæ Secreta perventum esset, in ecstasim raptus ... siluit.*

Secretela, Eadem notione, apud Durandum lib. 4. Ration. cap. 27. num. 1. cap. 35. n. 5.

¶ Secretella, Oratio quæ etiamnum *Secreta* appellatur quam subsequitur Præfatio. Statuta MSS. Augerii Episc. Conseran. ann. 1280 : *Deinde respiciens librum, manibus ut prius ante humeros elevatis dicit Secretellas, et in fine ultimæ Secretellæ dicens, Per omnia sæcula sæculorum,... Sursum corda, etc.*

2. **SECRETA Regia**, Ærarium. Annales Pisanorum Ughelliani pag. 861 : *Fecit inquiri a Thesaurariis D. Papæ in Thesaurario, sive Secreta ipsius domini, etc.* Constitutio Heliæ Archiepiscopi Nicosiensis ann. 1251 : *Nec aumucias deferre de vario seu pro festis duplicibus aliquid de Secreta nostra, vel aliunde, vel exenia aliqua recipere, etc.* Adde Concilium Nicosiense ann. 1340. cap. 6. Ita porro dictum præsertim in Regno Cypri sub Leziniana familia, sacrum Principis ærarium. Exstant in Chartophylacio Regis Christian. Literæ Hugonis Regis Cypri ann. 1330. quibus Mariæ Borboniæ nurui suæ, Guidonis filii uxori, in dotalitium assignat 5000. *florins de Florence de bon or et de bon pois à recevoir de la Secrete Royale chascun an par les payes usées de la Secrete.* Qui vero ærario præerant, *Baillivi Secretæ*, vulgo in Chartis appellantur, qua dignitate functos legimus Jacobum *de Flory* Militem anno 1315. Thomam *de Piquigny* ann. 1330. Philippum *Prevost* anno 1376 et Renerium *de Scolar*, ann. 1384. [Vide *Secretia.*]

Secreta dicebatur præterea, Curia seu consessus judicum de re æraria et fiscali. Assisiæ Hierosol. MSS. 2. part. cap. 27 : *Et des detes qui sont convenues, par devant la Segrete, et seront requises, si se conduiront par la garentie de celui qui estoit Bailli de la Segrete, et par les Escrivains, et les escrits de leurs livres.*

Secretagium, *Secretæ*, in Regno Cypri, locus. Sanutus lib. 3. part. 13. cap. 11 : *Fecit igitur dictus gubernator per insulam banna proclamari, et Secretagium invito Rege surripuit.*

1. **SECRETALIS**, *Secretorum conscius*, apud Andr. Monach. in Vita S. Ottonis Episc. Bamberg. lib. 1. cap. 3. 6.

¶ 2. **SECRETALIS**, Secretus, absconditus, Gall. *Caché, secret.* Maceriæ insulæ Barbaræ tom. 1. pag. 25. ubi de S. Lupo Archiep. Lugdun. : *Plebs itaque, cœtus, clerusque universus... Lupum requirunt ad pastoris officia ordinandum, quem tota virtute renitentem, captum Secretalibusque ereptum sedibus, domus Dei dignum prærordinavit dispensatorem.* Vide infra *Secretarium* 2.

* **SECRETALIS Denarius.** Vide supra in *Denarius.*

SECRETANIA, Secretarium Ecclesiæ, seu quidquid ad illud spectat. Charta Falconis de Jaligniaco anno 1056 : *Quartam partem Ecclesiæ absque calumnia insuper dedi, et cum Secretania, et omnibus appendiciis.*

SECRETARIA, Secretarium Ecclesiæ, *Sacristia.* Statuta Lanfranci pro Ordine S. Benedicti : *Qui accipientes a secretario vestimenta extra Secretariam se induant.* [Bernardus Mon. in Ord. Cluniac. part. 1. cap. 3 : *Debet etiam in hac Secretariam totam circuire, ne aliquis secretariorum non audito signo nondum surrexerit. Similiter in nocturno secundo, circa medium noctis, circuit altaria et angulos, sed non vadit in Secretariam.* Vide *Secretarius* 3.]

* Charta Gaut. de Montesorello ex Tabul. Fontis Ebraldi : *Dono conventui ipsius loci Secretariam meam et vigeriam meam, atque omnes consuetudines meas.* Vide in *Secretarius* 3.

* **SECRETARIATUS**, Officium et dignitas illius, qui est a secretis. Comment. Jac. Picinini comit. apud Murator. tom. 20. Script. Ital. col. 19 : *Nec enim id* (mentiri) *liceret, præsertim mihi, quem Secretariatus honore et mille muneribus decorasti.* Vide *Secretarius* 2.

* **SECRETARIENSIS**, f. ad *Secretariam* forestæ pertinens. Charta ann. 1065. ex Chartul. Major. monast. pro pago Vindocin. ch. 101 : *Testibus.... Viviano homine nostro de Luchis et Berlaudo famulo Secretariensi.* Vide supra *Secretaria* 2.

1. **SECRETARIUM**, *Locus, in quem Senatus collectus est*, ut habent Anastasii Biblioth. Collectanea, locus scilicet, in quo judices considebant. *Judiciale secretum*, Ammiano lib. 15. *Secretarium Judicis*, in Actis S. Eupli 12. Augusti, et in Concilio Milevitano II. cap. 16. *Aræ in Secretariis et pro tribunali positæ*, apud Lactantium de Mortibus persec. n. 15. [Acta S. Theodoriti Mart. apud Mabill. tom. 4. Analect. pag. 128 : *Audiens vero Julianus hunc facere collectam, volens placere Imperatori, sedens in Secretario, eum sibi jussit exhiberi.* Adde Acta SS. Scillitanorum ibid. pag. 153. S. Ambros. serm. 4. S. August. contra Crescon. lib. 3. cap. 56. de serm. Dom. in monte cap. 21. Symmach. lib. 10. Epist. 36. etc.] Vide Notas nostras ad Alexiadem pag. 262. 269. [Pancirol. lib. 1. Thesauri var. lect. cap. 77. et infra *Secretum.*] Glossar. med. Græcit. col. 1347.

¶ 2. **SECRETARIUM**, Penetrale, locus secretus, remotior. Apuleius de Mundo : *Illi etiam ignes, qui terræ Secretariis continentur, etc.* Idem in Floridis : *Avibus, hæc Secretaria utique magis congruerint merulis, et lusciniis, et oloribus.*

3. **SECRETARIUM**, Ædicula seu camera vice exedræ templo seu ædi sacræ adjuncta, in qua sacra Ecclesiæ ministeria reconduntur, et in qua etiam Sacerdotes et Clerici, priusquam ad sacra procedant, vestes Ecclesiasticas induunt. Vetus Inscriptio in Ecclesia Viennensi : *Ex voto Flavius Lucanius vir Consularis cum suis fecit de proprio basilicam, Secretaria atque porticum.* [Charta Reginardi Episcopi Biterr. ann. 933. inter Instrum. tom. 6. Gall. Christ. novæ edit. col. 127 : *Et quantum ibidem ad pertinendum est, id est in ecclesia S. Petri in sacris Secretariis, cimeteriis, etc.*] Ordo Romanus :

Cum vero Ecclesiam introierit Pontifex, non ascendit continuo ad altare; sed prius intrat in Secretarium sustentatus a Diaconibus, etc. Beda lib. 2. Hist. Eccl. cap. 1: *Sepultus vero est corpore in Ecclesia B. Petri Apostoli ante Secretarium.* Innocentius III. PP. lib. 2. de Myster. Missæ cap. 5: *Cum autem stationalis solennitas celebratur, Romanus Pontifex cum sex præfatis ordinibus processionaliter ad altare progreditur.* Willelmus Malmesbur. lib. 1. de Gestis Pontificum: *Missa cantata, sicuti erat vestibus sacris indutus, Secretarium ingressus est.*

In *Secretariis* porro recondi solita ministeria sacra, seu vasa, vel vestes sacras, testatur Paulinus Epist. 12. ad Severum, in *Secretarium Ecclesiæ*:

Hic locus est, veneranda penus qua conditur, et qua
Promitur alma sacri pompa ministerii.

Leo Ost. lib. 3. Chron. Casin. cap. 26. (al. 28.): *Juxta cujus absidam, bicameratam domum ad thesaurum Ecclesiastici ministerii recondendum extruxit: quæ videlicet domus Secretarium appellatur, eique ejusdem nihilominus operis alteram, in qua Ministri altaris præparari debeant, copulavit.* [Vita B. Alcuini sæc. 4. Bened. part. 1. pag. 157: *Custos denique sepulcri S. Martini, providebat qui ceram et vestimenta omnia quæ ad ipsam basilicam pertinebant, intrans cum candela accensa Secretarium, quo ista servabantur, etc.*] Vide Descriptionem nostram Ædis Sophianæ, ubi de Scevophylacio.

In Ecclesiarum *Secretariis* interdum considebant Episcopi et Sacerdotes de rebus Ecclesiasticis deliberaturi, et sic Concilia et Synodos agebant. Synodus Carthag. ann. 525: *Carthagine in Secretario basilicæ S. Martyris Agilei, cum Bonifacius Episcopus Ecclesiæ Carthaginensis cum Coëpiscopis suis diversarum provinciarum Africanarum consedisset, etc.* Synodus Arelatensis: *Cum Arelate in Secretario Ecclesiæ convenissemus, etc.* Concilium Aquisgranense II. factum dicitur *Aquisgrani palatii in Secretario basilicæ sanctæ Genitricis Dei Mariæ, quod dicitur Lateranis, anno Incarnationis D. J. C.* 836. Concilium Arelatense II. cap. 15: *In Secretario Diacono inter Presbyteros sedere non liceat.* Gregorius Turonensis lib. 5. cap. 19: *Recedente vero Rege ad metatum suum, nos collecti in unum sedebamus in Secretario basilicæ B. Petri.* Capitula Caroli C. tit. 26: *Hæc sunt nomina Episcoporum, qui anno Incarn. D.* 860. *Non. Juniis in Secretario basilicæ S. Castoris consideraverunt cum nobilibus Laicis firmitatem, quam gloriosi Reges nostri Hludovicus et Karolus atque Hlotarius inter se fecerunt, etc.* Guillelmus Biblioth. in Hadriano II. PP. pag. 227. de Legatis Basilii Imp.: *Huic sanctissimo Papæ Hadriano cum Episcopis et proceribus in Secretario sanctæ Mariæ Majoris, juxta morem sanctæ Sedis Apostolicæ residenti, se satis humiliter præsentarunt.*

Concilia præterea et Synodos in Secretariis ædium sacrarum egisse Pontifices, testantur passim Concilia ipsa et Synodi. Isidorus Pacensis Episcopus in Chron.: *Hispalensem Isidorum Metropolitanum Pontificem clarum doctorem Hispania celebrat, qui anno septimo suprafati Principis Sisebuti, contra Acephalorum hæresim magna auctoritate Hispalim in Secretario Sanctæ Hierusalem Concilium agitat, etc.* Stephanus Eddius in Vita S. Wilfridi cap. 28. ubi de Concilio Romano: *Wilfridus Deo amabilis Episcopus sanctæ Evoricæ Ecclesiæ præ foribus nostri Secretarii moratus ad nostrum Secretarium juxta suam postulationem cum petitione, quam secum adferre dictus est, ammittatur.* Hinc ipsæ Conciliorum sessiones *Secretaria* fere semper appellantur. Synodus Romana sub Zacharia PP: *Quia hodie jam tardior hora est, venturo Secretario pertractandum est.* Infra: *Præterito Secretario, etc.* Liberatus Diacon. cap. 13. de Synodo Calchedonensi: *Et ita soluto primo Conventu, secundo Secretario interloquentibus judicibus, etc.* Infra: *Tertio Secretario, etc.* Vide eamd. Descript. ædis Sophianæ num. 85. et veterem Interpretem Concilii VI. Oecumenici, act. 4. extr.

Secretaria proinde Ecclesiarum perampla fuisse non modo inde colligitur; sed et quod in ea interdum Sacerdotes diverterent, in iisque mansionem facerent. Sulpitius Severus lib. 3. de Vita S. Martini: *Præteriens ergo Martinus in Secretario Ecclesiæ habuit mansionem. Post discessum vero illius, cunctæ in Secretarium illius virgines irruerunt, adlambunt singula loca, ubi sederat vir beatus, aut steterat, stramentum etiam, in quo quieverat, partiuntur.* Quod ita reddidit Fortunatus lib. 3. de Vita ejusdem S. Martini:

Mansio forte fuit Martino prætereunti
Ecclesiæ Domini qua Secretaria pollent.

Id porro etiam attigimus in eadem Ædis Sophianæ Descriptione n. 86. ut et, unde *Secretarium* dicta fuerit hæc exedra, n. 85. quibus adjungenda sunt, quæ habet Henricus Valesius ad Ammianum pag. 87.

Jam vero *Secretaria* vocat loco supra laudato Paulinus binas conchas, quæ majori, in qua altare erat, adjungebantur, in quarum altera vestes et cimelia Ecclesiæ recondebantur; in altera Sacerdotes sacrorum librorum lectioni operam dabant. De utroque Secretario copiose pariter egimus in eadem Descriptione n. 67. 68. ad quas etiam referendus forte locus mox allatus Leonis Ostiensis, et Sulpitii Severi alter lib. 3. de Vita S. Martini, ubi duplex Secretarium statuit. *Secretariorum* Ecclesiæ passim mentio habetur in Concilio Calchedon. act. 1. pag. 48. edit. 1618. Arausicano I. can. 27. Arelat. III. in Synodo Confluent. ann. 860. apud Possidium in Vita S. Augustini cap. 24. Leonem IV. PP. de Cura pastorali, Anastasium in Sergio PP. pag 62. Simeonem Dunelm. lib. 1. Histor. Eccl. Dunelm. cap. 5. Ricardum Hagustaldens. de Episcopis Hagustald. lib. 1. cap. 15. lib. 2. cap. 4. in Vita Alcuini n. 22. etc. [Vide *Salutatorium.*]

Secretarium Episcopii, seu τοῦ ἐπισκοπείου, Domus Episcopi, in Concilio Calchedon. act. 1. pag. 63. edit. 1618.

Secretarium Monasterii, in Fragmento Historiæ Comitum Capuæ apud Camillum Peregrinum in Hist. Longob. lib. 1. pag. 125.

¶ 4. **SECRETARIUM,** Theca reliquiarum seu feretrum, in quo reliquiæ sacræ reconduntur. Vide in *Scrinium.* Mirac. S. Adalhardi sæc. 4. Bened. part. 1. pag. 370: *Et ne aliquis eorum dubius existeret S. Adalardum esse relatum; reliquias ejusdem de Secretario, ubi ante repositæ fuerant, præsentari fecerunt. Quas quidem in conspectu populi adstantis extulerunt, ipsasque, ut credi decet, antiquo ebore lucidiores, visuque pro sui raritate delectabiles, conspectibus omnium adstantium cernendas præbuerunt. Postquam autem præsentia Sancti* [*remota est ab illis omnis nubes dubitationis, cum honorifice reposuerunt in eodem scrinio, quod paullo ante relatum fuerat cum gaudio.*

* 5. **SECRETARIUM,** Locus subterraneus, crypta. Mirac. S. Germ. Autiss. tom. 7. Jul. pag. 278. col. 1: *Jam id, credo, provida divinitas prætendebat, cum inter cetera supra memorati operis instrumenta Secretarium quoque conditorii ejus, nec uni nec soli tantummodo parabatur.* Vide *Secretarium* 2.

1. **SECRETARIUS,** Qui Ecclesiæ secretum curat, Sacrista. [Guidonis Discipl. Farf. lib. 1. cap. 18: *Sonet squillam Custos Ecclesiæ. Pueri exeant, lavent manus, atque in ecclesiam pergant. Tum Secretarius denuo pulset signum, quousque veniant facere orationem.*] Lanfrancus in Statutis pro Ordine S. Benedicti cap. 6: *Ad Secretarii officium pertinet omnia ornamenta Monasterii et omnia instrumenta et supellectilem, et quæ ad ipsum Monasterium pertinent, custodire, etc.* Occurrit passim apud eumdem Lanfrancum, præterea in Vitis Abbatum S. Albani pag. 36. 42. 65. Gervasium Dorobernensem ann. 1149. in Usibus antiquis Cisterciensibus cap. 4. 13. 17. 21. 47. [in Mirac. S. Aigulfi cap. 3. S. Bertæ cap. 11. in Vita S. Neoti cap. 9. etc. Nostris *Secretain.* Testam. Jo. *Lessillé* ann. 1382. apud Menag. Hist. Sabol. pag. 390: *Ge donne et laisse au Secretain de ladite eglise de S. Martin de Sablé et ses successeurs à tousjours més cinq sols de rente.* Le Roman *de Vacce* MS:

En l'abeie saint Oien
Out en cel temps un Secrestain,
Tenu estoit por leal moingne.

Vide *Sacrista.*]

¶ 2. **SECRETARIUS,** Officium et dignitas in Aula Dalphinali, qui est a Secretis, *Secretaire.* Ordinat. Humberti II. ann. 1340. tom. 2. Hist. Dalph. pag. 399: *Item quia multa frequenter occurrunt quæ non sunt omnibus revelanda, ad nostra servitia, nostraque secreta scienda et executioni mandanda quatenus de nostro mandato processerint, unum fidelem ac probum et sufficientem virum in nostrum Secretarium volumus deputari.* Charta apud Kennett. Antiq. Ambrosd. pag. 388: *Cuncta denique agenda sua ad nutum unius Secretarii sui passim committere, etc.*

Secretarius Scacarii, Qui postmodum *Cancellarius*, de qua postrema nomenclatura consulendus auctor Fletæ lib. 2. cap. 29. Matth. Paris. ann. 1234: *Administraverat enim Hugo officium Scacarii, ante laudabiliter secundum, quod appellatur Secretum scacarii, sigillum custodiendo, et diffinitam pecuniam a Vicecomitibus recipiendo,* quæ omnia Cancellario scacarii conveniunt in eodem libro Fletæ cap. 27.

¶ SECRETARIUS, Scriba, in laudata Humberti Ordinat. ibid. : *Quod Secretarii et Notarii nullum jus seu premium scripturarum recipiant quavis occasione vel causa.*

** De *Secretariis* apud Byzantinos videndus Cramerus in Supplem. ad Brisson. pag. 21. Glossar. med. Græcit. col. 1348. supra *Asecretis.*

** SECRETARIUS, Consiliorum arcanorum particeps. Thietm. Chron. lib. 2. cap. 15 : *Accersitoque clam suimet Secretario quem prædiximus, Wolcmero, quod in mente latebat vulnus aperuit.* Bruno de bello Saxonico cap. 11 : *Quidam de Secretariis Regis, nomine Conradus.* Lit. Rudolph. Imper. ann. 1287. in Guden. Cod. Diplom. tom. 2. pag. 254 : *Venerabili Heinrico Archiepiscopo Moguntino, principi et Secretario suo karissimo.* Adde Adalberti Vitam Henrici II. Imper. cap. 37.

3. **SECRETARIUS**, Officium in *forestis*, seu silvis, *Segrayer*, in Statutis Henrici II. ann. 1558. et Henrici III. ann. 1575. 1578. 1583. pro forestis. [Vetus Recognitio feudalis in Camera Andegav. : *Et est au choix des dessusdits, qui doivent ferir lesdites quintaines... de prendre une lance de bois, laquelle mon Segraier de la forest doit essaier et secoure par trois fois.*] Quidam *Secretarios* ejusmodi, esse partiarios, sive ex parte, silvæ dominos volunt. Tabularium Vindocinense Charta 388 : *Goffredus Comes Andegavensis congregavit universos naturales majoresque natu de Vindocino, præcipueque Secretarios et forestarios, præcepitque... ut forestam Wastinæ juste et sine aliqua falsitate dividerent, et quid post mortem ejus quacumque invasione fuisset exemplatum* (essarté) *certa et veridica demonstratione secernerent.*

SEGREARIUS. Gesta Guillelmi Majoris Episcopi Andegavensis cap. 29 : *Intuentes Stephanum Segrearium dicti Comitis Andegav. qui nobis nuper denuntiaverat, quod si nos in bosco vestro de Boucheto juxta villam Episcopi venaremur, ibidem venantes caperet.*

SEGGREAGIUM. Aresta Candelosæ ann. 1257. in 1. Regesto Parlamenti pag. 90 : *Cum baillivus Turonensis peteret ab Abbate et Conventu Belliloci juxta Lochias sibi reddi pro D. Rege Segreagium de bosco de Chevais vendito ab ipsis pretio 200. ll. etc.* Compotus Baillivorum Franciæ ann. 1337 : *De Seggreagio de nemore de Balav. de Seggreagio magnæ Gastinæ. Seggregia, seu tertia de expletis forestarum.* Ex quibus verbis videtur colligi, *Segreagium* fuisse *tertiam* partem *expleti*, quæ ad superiorum dominum pertinebat, et vulgo *tiers et danger* vocitatur. *Segreage, et Segotage*, in Consuetudine insulæ Savaricæ art. 10. et Turonensi.

☞ Cangianæ interpretationi haud male convenit Inquesta ann. 1461. ex Tabul. Monast. Baugeseii : *Ladite piece de bois, supposé qu'elle soit au dedans de la garenne du Roy à cause de son chastel de Loches, n'est subjecte à Segreaige, pesson, herbaige, etc.* Infra : *En iceulx bois lesdits religieux ont tout le droit de la pesson, quant elle y avient, sans qu'ils soient subgets envers le Roy nostredit Sire à Segreaige, pasnaige, etc.* Mornaco, qui in Gloss. Jur. Gall. laudatur, *Segreagium*, quod a *Segregando* dictum vult, est jus quod ex ligni venditione domino superiori competit, quintus scilicet denarius. Vide supra *Dangerium. Segraierie* dicitur in vet. Cod. Jur. Vicecom. Bellimontis ann. 1286 : *De la Seneschaucée de la Fleche et de la Segraierie de la forest de Mellinais.*

Segrealis, Segreagii juri obnoxius. Arestum supra laudatum : *Cum nemus, quod dicitur Boscus Ogerii, non sit Segreale,... idem boscus de Chevais non sit Segrealis.*

¶ SECRETARIA, Secretarii forestæ officium et reditus. Charta ann. 1209. apud Menag. Hist. Sabol. pag. 364 : *Gaufredus Bourel parochianus de Precigneio, quæ de omnibus istis rebus, et de omnibus aliis nemoribus, tam propriis quam communibus, quam deffaisiis, quam usagiis, secretarius ejus Secretariam suam, et quidquid juris et dominii ibidem habebat, eisdem dedit locis.* Idem quod

SEGRECHERIA, ex Gallico *Segrairie*, in Statutis Henrici II. et Henrici III. Regum Franc. pro forestis. Gesta dominorum Ambasiensium cap. 2. n. 12 : *Comes vero jugiferam Campaniæ, et Segrecheriam, quæ ultra Carum fluvium est, ex sua parte Lisoio pro servitio tribuit.*

* 4. **SECRETARIUS**, Secretus, abditus. Acta SS. Firmi et Rust. tom. 2. Aug. pag. 420. col. 2 : *Suscepit Cancharius intra donum suam et misit eos in Secretariam cellam, in qua nimirum retrusi sunt.*

* 5. **SECRETARIUS**, Secreti tenax, Gall. *Secret.* Acta SS. Inquisit. Carcass. ann. 1308. fol. 21. v° : *Dicentes ei quod esset bona mulier et Secretaria; et si volebat credere eis, ipsi ponerent eam in via salvationis.*

SECRETELA. Vide *Secreta* 1.

SECRETI DUANÆ, inter ministros et officiales regios recensentur in Constitut. Siculis lib. 1. tit. 36. 58. *Justitiarii, Secreti, et Officiales alii Aprutii*, in Charta Caroli II. Regis Siciliæ, apud Ughellum tom. 1. part. 1. pag. 429.

* Ærario præpositi. Vide mox in *Secretia.*

¶ **SECRETIA**, Ærarium Principis. Charta ann. 1315. tom. 2. Hist. Dalph. pag. 152. col. 2 : *Sibi de annuo redditu unciarum auri quadringintarum ponderis generalis, percipiendo per eum annis singulis quandiu in servitiis nostris erit, super juribus et proventibus Secretiæ nosræ Apuleiæ de nostra certa scientia et speciali gratia providemus.* Epist. Panormit. ad Martin. IV. PP. in Chron. Siciliæ apud Marten. tom. 3. Anecd. col. 36 : *Divitibus invitis faciebat dari officia Secretiæ, mediocribus vero bajulationis dohanas.* Vide supra *Secreta* 2.

* Constit. MSS. Caroli reg. Sicil. : *In primis officia Secretiæ vendantur emere volentibus;.... et ipsi secreti, cabelloti vel credenzerii simili modo cabellas et jura Secretiæ vendant vel concedant in credentiam.*

¶ **SECRETIO**, Societas, conjunctio, pactio. Monumenta vetera apud Ludewig. tom. 8. Reliq. MSS. pag. 159 : *Iringus... consuluit Irmifrido Regi quod non cederet Theoderico Regi Francorum, quia regnum de jure cederet sibi.... Quod consilium secutus est Irmifridus, deditque legatis responsum, dicens : pacem non abrenuncio a domino vestro, ac amicitiam et Secretionem, etc.*

1. **SECRETUM**, Ugutioni, *Locus, ubi dantur, vel servantur secreta* : præsertim ita appellatum Secretarium, seu locus, in quo judices jus dicturi, vel alii de rebus seriis deliberaturi, consident. *Judiciale secretum*, apud Ammianum lib. 15. Codex Canonum Ecclesiæ Africanæ cap. 97 : Εἰς τὰ σήκρητα τῶν δικαστηρίων ἱςᾶναι. *Ingredi judicum Secretaria.* Constitutio 2. in Appendice Codic. Theodos. : *Sit hujusmodi personis tenore hujus legis inlicitum sacra nostra adire Secreta, et impetrare rescripta.* Adde Constit. 15. Synodus Lateran. sub Martino PP : *Præ foribus astat venerabilis Secreti vestri Stephanus Episcopus Dorensis.* Sexta Synodus acta dicitur ἐν τῷ σεκρέτῳ τοῦ θείου παλατίου, τῷ οὕτω λεγομένῳ Τρούλλῳ. Acta Constantinopoli sub Flaviano Patriarc. act. 1 : ἐν τῷ σηκρήτῳ τοῦ ἐπισκοπείου. [Vide *Secretarium* 1. et Gloss. med. Græcit. in Σέκρετον.]

* *Lieu Secretére*, eadem acceptione, in Lit. ann. 1373. tom. 5. Ordinat. reg. Franc. 679. art. 3 : *Tous les eschevins, conseilliers et pairs s'en vont oudit eschevinage en leur lieu Secretére; et illecques assis ainsi que les siéges le portent, etc.*

SECRETA COELESTIA, Ecclesiæ. Constit. 11. in Append. Cod. Theod. : *Quippe illius usurpationis contumelia depellenda est, ne prædia usibus cœlestium Secretorum dicata, sordidorum munerum fasce vexentur.* Eadem pene verba habent Capitulare 2. Caroli M. incerti anni cap. 4. Additio 3. Capitul. cap. 339. Urbanus I. PP. in Epist. in Decret. 17. q. 2. et in Concilio Moguntiacensi ann. 888. cap. 11.

¶ SECRETUM POLI, Eadem notione. Inventio corporis S. Baudelii inter Instr. tom. 6. Gall. Christ. novæ edit. col. 169 : *Episcopi autem pro inventione tanti thesauri hactenus occulti magnis vocibus hymnum* Te Deum laudamus *intonantibus,... pulsatur laudibus poli Secretum, etc.*

SECRETUM MISSÆ, Diptychon, seu tabella continens Canonem Ecclesiæ, in Decretis Concilii Eboracensis ann. 1195. cap. 2.

* *Secret* appellatur pars Missæ, quæ *Secreta* dicitur, ut videre est in hac voce, in Lit. remiss. ann. 1349. ex Reg. 78. Chartoph. reg. ch. 247 : *Lequel curé ou chappellain estoit au Secret de sa messe.*

¶ SECRETUM NATURÆ, Exoneratio alvi, vel ipsa latrina. Leges Palat. Jacobi II. Reg. Majoric. inter Acta SS. tom. 3. Jun. pag. XXVIII : *Prope nos ad pedes lecti nostri jacere ac in Secretis naturæ nobis assistere ut incumbet.* Vide *Secessus.*

SECRETUM, Vide *Sigillum secreti.*

* 2. **SECRETUM**, Interdictum judicis sententia decretum. Vide supra in *Secrestare.*

* 3. **SECRETUM**, a Gall. *Secret*, Arcula in organis, ubi ventus colligitur et unde distribuitur. Comput. ann. 1473. ex Tabul. S. Petri Insul. : *Pro reparando magna organa, in eis scilicet faciendo bursas et patellos, recolando Secretum, etc.* Alius ann. 1479. ibid. : *Item organistæ pro reparatione Secreti, etc.*

* **SECRISTES.** Charta ann. circ. 1130. ex Chartul. Stirpensi in Reg. 3. Armor.

gener. part. 1 : *Unde Gaufridus de Monz cepit mulam ferrandam cum sella et freno; et Amelius et Amelius montis Cuculi ceperunt inde Secristitem nostrum, et valuit lx. sol. quod perdidimus.*

1. **SECTA**, Opinio ab aliorum sententia diversa, hæresis. [Gloss. Lat. Gr. *Secta*, αἵρεσις, Gloss. Lat. Gall. Sangerm. : *Secta*, *propos, secte.*] Papias : *Sectas dicimus, habitus animorum, ac instituta circa disciplinam, vel propositum, longe alia in religionis cultu quam cæteri opinantes.* Faustus Manichæus apud Augustinum lib. 20. contra eumd. cap. 3 : *Secta est longe alia opinantem quam cæteri, alio etiam sibi ac longe dissimili ritu divinitatis instituisse culturam.* Tertullianus de Pallio cap. ult. *divinam Sectam ac disciplinam* dixit. Sed et

Secta, dicitur prava ipsa opinio chartæ indita. Concilium Toletanum I : *Symphosius Episcopus dixit,.... Ego Sectam, quæ recitata est, damno cum autore.*

2. **SECTA**, Vitæ institutum, agendi ratio. Glossæ Græc. Lat. : Τρόπος, *Secta, mos.* Unde emendandæ Glossæ Lat. Gr. : *Sectum*, τρόπον, ubi leg. *Sectam*. Alibi : *Sectæ*, φιλοσόφων ἤθη, pariter legendum pro ἐνδ'ἰλοσοφωτῆθη. § ult. Instit. de Legat.: *Hujusmodi autem testatorum voluntates valere Secta meorum temporum non patitur.* Ubi Theophilus : Ἀλλότριόν ἐςι τῶν εὐσεβῶν ἐμοῦ χρόνων τῆς βασιλείας. Simili formula utitur Gordianus Imp. in leg. 2. C. de Delatoribus (10, 11.) : *Quod est Sectæ temporum meorum alienum.* Alexander Imper. in leg. 2. C. de Delator. : *Alienam Sectæ meæ solicitudinem concepisti, etc.* Epistola Ædinii Juliani Præfecti Prætorio ad Jun. Comnianum : In. Provincia. Lucduness. Quinque. Fascalia.... (leg. Galliar.) Cum. Agerem. Plerosq. Bonos. Viros. Perspexi. Inter. Quos. Solemnem. Istum. Oriundum. Ex. Civitate. Viduc.... Sacerdo.... ia.... Quem. Propter. Sectam. Gravita.... i.... Et. Mores. Honestos. Amare. Coepi. etc. Integrum hocce rarumque antiquitatis monumentum dabit propediem vir clarissimus Bajocensis Canonicus in Hist. Bajocensi.

☞ Spem injectam fefellit V. Cl. *Petitte* Ecclesiæ Bajocensis Canonicus et Officialis : fato quippe functus est priusquam exspectatum opus in publicam lucem emisisset; quod utcumque resarcire licet ex Mercurio Gallicano mensis Aprilis ann. 1733. ubi integram hanc epistolam legere est. Adde menses Aprilem 1732. et Maium 1733. Vide præterea Sponium in Miscell. erud. Antiquit. pag. 282. Cæterum *Sectam* pro vitæ instituto seu agendi ratione usurpat Valer. Max. lib. 2. cap. 7 : *Eam Sectam Metellus secutus.* Neque aliter vocem Græcam αἵρεσιν vertit Cicero, ut observat Casaubonus ad Athen. lib. 5. cap. 4.

3. **SECTA**, Sectator, Sequela, voces Fori Anglici.

Secta Curiæ, *seu Secta ad curiam*, est servitium, quo feudatarius ad frequentandam curiam domini sui tenetur. Ita Cowellus lib. 2. Institut. tit. 3. § 29. *Servitium placiti* vocant nostri, ut in v. *Placitum* docuimus, quo scilicet vassallus ad Placita domini sui venire tenetur. Gravamina Episcoporum Angliæ : *Ratione hujusmodi possessionum, Rex et alii Magnates nituntur compellere Episcopos, Prælatos et Religiosos, et Rectores Ecclesiarum facere Sectam ad Curiam laicalem. Item ad Sectam et alia onera facienda, et ad comparendum in foro vetito, compelluntur per captionem animalium suorum, etc.*

☞ Aliud esse videtur a *servitio placiti*, *Secta curiæ*, de qua mentio est in Charta apud Kennett. Antiquit. Ambrosd. pag. 320 : *Item facient Sectam curiæ domini de Hedingdon de sex septimanis, et si breve domini Regis in dicta curia attachietur, tunc sectam illam facient de tribus septimanis in tres septimanas, et ad præfatam curiam singulis annis inter festum S. Michaëlis et S. Martini venient cum toto ac pleno dyteno sicut hactenus facere consueverunt.* Ubi *Secta curiæ* idem esse quod *stagium* existimo.

Ejusmodi sectarum numerus erat fere semper definitus in Chartis infeodationis. Fleta lib. 2. cap. 71. § 14 : *Item qui prædictorum faciunt Sectas ad Curiam domini, et quot sectas per annum, etc.* Interdum enim unica, interdum binæ, vel ternæ sectæ debebantur : *Si hæreditas aliqua, de qua unica Secta tantum deberetur, ad plures hæredes participes illius hæreditatis devolveretur, ille qui eneyam, id est, capitalem partem illius hæreditatis habebat, unicam Sectam faciebat pro se et participibus suis*, ex primis Statutis Roberti I. Regis Scotiæ cap. 3. Eadem habet Fleta lib. 2. cap. 66. § 5. 6. 7. Unicæ istius sectæ mentio est in Charta Henrici III. Regis Angl. tom. 1. Monast. Angl. pag. 529 : *Sciatis nos.... pardonasse.... Monialibus, ibidem Deo servientibus.... Sectam, quam singulis annis facere consueverunt ad curiam nostri honoris Bononiæ, apud S. Martinum magnum London. pro dominicis terris suis in manerio, etc.* Adde Statutum Marlebrigd. Henrici III. cap. 9. Binarum vero *Sectarum* meminit Will. Thorn ann. 1259 : *Tandem idem Simon concessit,... quod facient sectam ad scutagium, quando cessum est ad 20. sol. 12. den. et ad plus plus, et ad minus minus, et facient Sectam ad curiam Cantuariæ bis per annum, scilicet in festo S. Michaelis et in Pascha.* [Idem occurrit in Charta apud *Madox* Formul. Anglic. pag. 12 : *Faciendo.... duas Sectas per annum, scilicet unam ad curiam nostram proximam post festum S. Michaelis, et aliam Sectam ad proximam curiam nostram post Pascha, per racionabilem summonicionem inperpetuum.*]

Sed cum tria potissimum *Placita Capitalia* tenerent domini in feudis suis, totidem sectæ fere semper debebantur a vassallis, qui ad ea convenire tenebantur, etiam *sine submonitione : alias nullus sectator tenebatur venire ad curiam domini sui, sine submonitione legali*, ut est in Quoniam Attachiamenta cap. 33. § 3. 5. 7.

Non omnes tamen vassalli *Sectis Curiæ* erant obnoxii; sed ii tantum, qui per chartas sub hac conditione feoffati erant, ut est in Fleta lib. 2. cap. 66. § 1. 2. 3. etc. Tametsi id oneris omnibus æque tenentibus in Anglia inferre tentaverit Willelmus de Eboraco Episcopus Sarisberiensis. Matth. Paris ann. 1256 : *Pro lege consuetudinem pessimam in regno suscitavit : ut scilicet pro quantulocunque tenemento faciat tenens ac subjectus suo superiori, a quo videlicet tenet, in magnum subditorum damnum et detrimentum, et superiorum parvum vel nullum emolumentum, Sequelam curiæ etiam invitus : unde qui nunquam hoc fecerant, mirabantur, se ad hoc fuisse coactos.* [Quod false et inepte scriptum fuisse docet Spelmannus.]

☞ Ab hac servitute eximebantur aliquando Ecclesiæ et Monasteria ex speciali privilegio. Charta Richardi Comit. Cornubiæ apud Kennett. Antiquit. Ambrosd. pag. 212 : *Ratam habemus donationem quam Wido de Arcines fecit abbati et conventui de Osenei de terra sua quam habuit in villa de Mixbury; quæ terra quandoquidem consuevit facere Sectam ad curiam nostam de North Osenei, hanc Sectam.... relaxamus in perpetuum.*

Vassallus ad curiam domini submonitus, priusquam ad judicandum, vel ad alia munia juridica peragenda admitteretur, examinabatur a Ballivo; quo facto, *amerciari* non poterat, si errasset. Quoniam Attachiam. cap. 36. § 3. et 4 : *Quilibet sectator antequam admittatur seu recipiatur per Ballivum, potest et debet examinari in tribus curiis, si sciat facere recordationes curiæ, et dare sufficienter unam wardam, seu judicium curiæ de wardis, et rationibus petitis, in curia, vel non; et tunc cum fuerit per judicem et suos socios approbatus, non potest postea pro sua imperitia amerciari.*

Quod si vassallus per se aut per *attornatum* ad curiam domini non venerat, nulla legitima proposita excusatione, seu *Essonio*, distringebatur per catalla sua, ut habent Quoniam Attachiam. cap. 33. prima Statuta Roberti I. Regis Scotiæ cap. 4. Fleta lib. 2. cap. 66. § 6. 7. 8. 9. 12. etc. Atque ii *Sectas suas a curiis dominorum subtrahere* dicebantur, si *sectas* suas non facerent, vel ad eas faciendas se teneri denegarent, in Statutis secundis Roberti I. Regis Scotiæ cap. 5. et in Fleta lib. 2. cap. 66. § 11. Ita porro accipiendæ sunt *Sectæ Comitatus, Hundredorum, Wapentachiorum, etc.* in Monastico Anglic. tom. 1. pag. 279. 297. 372. 487. 502. tom. 3. pag. 14. in Fleta lib. 2. cap. 66. § 12. 14. etc.

Secta Consueta, cum ex consuetudine, cujus memoria non exstat, curiam alterius sectari aliquis tenetur, Anglis JC. *Suit Coustume.* Idem quod

Secta Custumariorum. Vide Fletam lib. 2. cap. 71. § 15.

Secta Conventa, seu ex conventione, Anglis JC. *Suit convenant*, cum ex aliqua conventione, cum antecessoribus inita, quis tenetur curiam alterius sequi. Rastallus.

¶ Secta Hundredi, Servitium, seu obligatio qua Hundredis aliquis interesse tenetur. Charta apud *Madox* Formul. Anglic. pag. 225 : *Cum prædicti villani facere debeant et facere consueverunt Sectam ad prædictum Hundredum de tribus septimanis in tres septimanas.* Vide *Hundredus*.

¶ Secta Lauhundredorum. Vide *Lawehundredum*.

Secta Mercati, Monasticum Anglic. tom. 1. pag. 117 : *Anno 1220. Rex Henricus filius Johannis Regis concessit Monachis S. Petri Gloucestr. mercatum de Northlech cum Secta, scilicet duo Apostolorum Petri et Pauli, etc.*

Secta ad Molendinum, Servitium, quo feudatarii grana sua ad domini molendinum ibi molenda perferre ex consuetudine astringuntur. Ita Cowellus lib. 2. tit. 3. § 30. Monasticum Anglic. tom. 1. pag. 113 : *Dedit molendinum cum Secta et moltura totius villæ suæ, etc.* Tom. 2. pag. 103 : *Et de molendino... cum Sectis totius parochiæ prædictæ, etc.* Adde pag. 101. Tom. 3. pag. 59 : *Molendinum cum tofto et curtilagio, et cum tota moltura et Suita.* Ex Gallico *Suite.* [*Molendinum cum Secta debita*, in Charta ann. 1323. apud *Madox* Formul. Anglic. pag. 164.]

¶ Secta Moutæ, Eadem notione. Charta ann. 1258. ex Chartul. S. Vandreg. tom. 2. pag. 1965 : *Cum lis et contentio moveretur inter me.... et omnes homines illos de parrochia de Rogierville et de Gneneville,... a quibus petebam Sectam moutæ, sicut bannarii molendini mei des Eurens. Tandem.... pax et concordia facta fuit inter nos... in hunc modum, quod... ipsi tenentur de cætero frequentare dictum molendinum sicut bannarii,... et persolvere mihi... de decem et octo boisellis bladi decimum et nonum boisellum bladi rasum et unam cartam farinæ rasæ.*

¶ Sequela, Eodem significatu, in Charta Richardi Reg. Angl. ann. 1197. apud D. *Brussel* tom. 2. de Usu feud. pag. XIX : *Quieta clamavimus ecclesiæ Rothomagi.... omnia molendina quæ nos habuimus Rothomagi quando hæc permutatio facta fuit, integre cum omni Sequela et moltura sua, sine aliquo retinemento eorum quæ ad molendina pertinent vel ad molturam.* Paulo supra : *Tam Milites quam Clerici... Sequentur tria molendina d'Andeli.*

Secta Regalis, qua omnes *turnum* Vicecomitis vel *Letas* bis quotannis adire tenentur, ut non ignorent, quæ ad pacem Reipublicæ hic geruntur. Regalem autem appellatam volunt, quia fit *Ligeantiæ* erga Principem præstandæ causa. Nam illic omnes, qui annum 12. prætervecti sunt, *Ligeantiæ* sacramentum subeunt. Cowellus et Rastallus.

Secta Regis, Denuntiatio rei, una e duabus viis reum sistendi de aliquo crimine, quarum prima est accusatio, quæ *Appellum* dicitur : altera denuntiatio, quam *Sectam Regis* appellant. Cowellus lib. 4. Institut. tit. 18. § 34. [** Notit. in Abbrev. Placit. pag. 280. ann. 16. Edward. I. Buck. rot. 1 : *Sicut in omni appello Recens Secta fieri debeat et hoc ad minus infra unum annum et hoc debito modo de comitatu in comitatum etc.* Placit. ann. 18. ejusd. Reg. Norf. rot. 28. ibid. pag. 283 : *Et quia prædictus Johannes de Brampton non indictatus nec captus cum manuopere, perquod domino Regi Secta in hujusmodi casu potest competere, etc.* Vide *Secta*, 4.]

Secta Servitii, ea dicitur, qua vassallus curiæ Vicecomitis, vel *Letæ*, vel Domini, ratione tenementi interesse tenetur. Anglis JC. *Suit service.* Idem Rastallus.

¶ Secta Shirarum, seu Provinciarum. Charta Henrici II. Reg. Angl. ann. 1156. apud Kennett. Antiquit. Ambrosd. pag. 114 : *Quieti sint de thelonio, pontagio,.... et Sectis Shirarum et hundredarum.* Placit. apud *Blount* in Nomolex. Anglic. : *Per Sectam Shirarum clamat esse quietum de Secta in comitatu Cestriæ et Flint.* Vide *Scyra.*

¶ Secta Swanemoti. Vide *Swanimotum.*

Secta Uthesii. Vide in *Huesium.*

Sectam Producere, *hoc est, testimonium legalium hominum* super re, de qua lis est. In Fleta lib. 2. tit. 63. § 10. tit. 61. § 2.

Sectator. Qui *Sectam* facit, vel qui *sectæ curiæ* obnoxius est ratione tenementi vel feoffamenti : in Quoniam Attachiam. cap. 13. et 33. in Fleta lib. 2. cap. 66. § 22. etc. *Sectatores litium*, litigantes vocat Sidonius lib. 4. Epist. 6. *Negotiorum forensium Sectatores*, Isidorus de Summo bono lib. 3. cap. 60.

Secutio, Idem quod *Secta.* Vetus Placitum sub Guillelmo I. Rege Angl. apud Seldenum ad Eadmerum pag. 199 : *De istis duabus consuetudinibus, qui culpabiles inventi fuerint atque detenti, dum talia faciunt, sive vadimonium ab eis acceptum fuerit, sive non, tamen in Secutione Ministri Regis, et per vadimonium emendabunt, quæ injuste emendanda sunt.* Vide *Secta*, 4.

Sequela, Eadem notione. Matth. Paris : *Ut pro quocumque tenemento faciat tenens suo superiori, a quo tenet.... Sequelam curiæ.* Aresta ann. 1259. in 1. Regesto Parlam. fol. 16 : *Cum fecissent adjornari Capitulum... super proprietate Sequelæ manus mortuæ apud Castrum Radulphi, etc.* Willel. Thorn. ann. 1198 : *Quod Abbas de S. Augustino Cantuar. exigebat ab eis servitia et consuetudines, quæ facere non deberent : et maxime, quod faciebat eos Sequi curiam suam de S. Augustino, et ibi placitare, et recto stare, quod ipsi dicebant, se non debere facere ibi, sed in Thenestre, apud Menstre.* [Monast. Angl. tom. 2. pag. 253 : *Et quod sint queti a Sequela curiæ.*]

4. **SECTA**, Jus persequendi aliquem in judicio de re aliqua, maxime de criminali : *Poursuite en jugement*; ut *sequi*, nostris, *Poursuivre en jugement.* Vox veteris Jurisprudentiæ. Plinius in Panegyr. : *Dicitur actori atque procuratori tuo, in jus veni, Sequere ad tribunal.* Bracton. lib. 3. tract. 2. cap. 11. § 1. de homicida fugitivo : *Non erit statim vocandus sine Secta alicujus, etc.* § 82 : *Cum autem malefactor fugam ceperit, oportet quod sit, qui Sequatur fugientem, qui loquatur de visu et auditu, etc... Ad hujusmodi vero Sectam faciendam non admittitur quilibet de populo, nisi ad ipsum pertineat sequi propter parentelam forte, etc.* Passim ibi. [Charta Henrici IV. Regis Angl. ann. 1407. apud Rymer. tom. 8. pag. 483 : *Ad Sectam aut prosecutionem nostri vel alicujus ligeorum nostrorum.*] Vetus Consuetudo Normanniæ cap. 70 : *De meurtre et d'omicide peut le plus prochain du lignage faire la Suite.* Vide *Secta Regis* et *Secutio* in *Secta*, 3.]

Sequela, Eadem notione. Leges Malcolmi II. Regis Scotiæ cap. 14. § 4 : *Statutum est, quod de omnibus illis malefactoribus Rex habebit Sequelam.* [Leges Norman. apud Ludewig. tom. 7. Reliq. MSS. pag. 276 : *Sequela autem de multro facienda est in hac forma, etc.* Statuta Vercell. lib. 3. fol. 58 : *Item quod notarius Communis pro Sequelis loco districtus Vercellarum, etc.*]

Sequela, Alia notione. Monasticum Anglic. tom. 2. pag. 306 : *Donationem.... terræ suæ.... cum communi pastura, averiis cum Sequela unius anni, et 30. ovibus cum Sequela sua unius anni, 10. equabus cum Sequela sua unius anni, 12. capris cum Sequela sua unius anni, etc.* [Forte eadem notione qua]

¶ Sequela, in Charta ann. 1234. apud Kennett. Antiquit. Ambrosd. pag. 215 : *Confirmavi... totam terram quam habui in Wrechwich cum omnibus pertinentiis, cum villanis et eorum Sequelis et catallis.* Charta ann. 1277. ibidem pag. 288 : *Confirmavi Waltero priori de Berncestria... totam terram illam, pratum et villanos cum villanagiis, omnibus catallis et tota Sequela ipsorum.* Alia ann. 1288. ibid. pag. 310 : *Concessimus... maneria nostra.... una cum villanis, coterellis, eorum catallis, servitiis, sectis, et Sequelis, et omnibus suis, etc.* Charta ex Tabul. Mortuimaris tom. 4. Hist. Harcur. pag. 1378 : *Et unam baiatam terræ, quam Radulphus de la Brene quondam tenuit, et eundem Radulphum cum Sequela sua tenendam et habendam in perpetuum.* Charta apud *Madox* Formul. Anglic. pag. 419 : *Concessi.... Agnetem filiam Jordani,... et Symonem Calf filium suum... cum omnibus catallis eorum et cum tota Sequela eorum, et cum omnibus sectis et eorum exitibus.... ita quod aliquid... nec in catallis, Sequelis, sectis, et exitibus eorum de cætero vendicare nec exigere poterimus.* Ubi *Sequela* dicitur, ni fallor, de rebus ad aliquem pertinentibus, ac præsertim de animalibus : quo significatu *Suite* occurrit in Consuet. Turon. art. 100.

Sequela, Jus, quod domino competit persequendi suos homines, cum eo inconsulto ad alium dominum transierunt : [quod *Secta fugitivi* alibi dicitur. Vide *Fugaces.*] Practicis nostris *Droit de suite.* Charta Libertatum oppidi S. Karterii in Biturigibus ann. 1251 : *Si vero aliqui alienigenæ advenerint, mansuri infra metas libertatis prædictæ, dum tamen non sint homines aliquorum Sequelam habentium in villa, ibi dominum facere poterunt, quemcumque voluerint, etc.* Consuetudines MSS. S. Juliani in Lingonibus : *Cil qui demorent en la vile de S. Julien, et qui iqui seront, ne seront estant, et qui iqui venront, demorent iqui franchement sans nule servitute, et sans nule taille, et s'en pourront aller d'iqui, quant il vouront, sans nul reclaim et sans nule Suite.* [Adde Consuet. Arvern. cap. 27. art. 2. 9. vet. Bituric. tit. 1. art. 1. Melodun. tit. 1. 11. Marchiæ art. 147. Litt. ann. 1368. tom. 5. Ordinat. Reg. Fr. pag. 155. etc.] Vide *Secta*, 10.

Secutio, Eadem notione, in Charta Ludovici Comitis Sacricæsaris ann. 1219 : *Quod si homo Ecclesiæ S. Satyri... uxorem duxit feminam Domini de Sancero, cujuscunque legis vel conditionis, ancillam sive liberam, Dominus de Sancero ulterius in ea et in liberos ejus nullam habebit Secutionem.*

5. **SECTA**, Henricus de Knyghton. ann. 1346 : *Sicque ductus est de strata in stratam cum magno tripudio honoris, postremoque ad turrim procedens, subsequente populo,*

et quolibet artificio pro se in propria Secta vestitus honorifice adducitur. Ann. 1348 : *Dominarum cohors affuit..... in tunicis partitis, scilicet una parte de una Secta, et altera de alia Secta, cum capuciis brevibus, etc.* Idem ann. 1357 : *Civesque obviarunt ei ultra mille equestres meliori modo, quodlibet artificium simul vestiti in una Secta.* Hinc forte *sectarum* nomine appellatum olim apud Metenses quoddam hominum genus, cujusmodi fuit Lutetiæ Parisiorum *Capetorum* in Collegio Montacutiano, quos *les Sectes* dictos scribit Meurissius in Episcopis Metensibus pag. 399. Fortescutus de Laudibus legum Angliæ cap. 50 : *Et ultra hos ipsi dant anulos aliis amicis suis, similiter et libratam magnam panni unius Sectæ, quam ipsi tunc distribuunt in magna abundantia, etc.* Id præterea nominis rebus aliis attribuitur quam vestibus. Indentura de vasis argenteis, apud Willelmum Thorn. ann. 1321 : *Item 2. potella, unum de una Secta. Item unum potellum argenteum de alia et majori Secta cum 1. emall. in summitate... Salsarium de alia Secta, etc.* Vide Monasticum Anglican. tom. 3. pag. 170. 171. etc. Addo versus de Velo Chintilanis Regis tom. 1. Analector. Mabillonii pag. 376 :

Aurea concordi quæ fulgent fila metallo,
Sectarum cumulis consociare volo,

Ubi editio Pithœi in vet. Poem. habet *Setarum.*

☞ Ex quibus omnibus perspicuum est *Sectam* dici, ubi de vestibus sermo fit, vestimentorum similitudinem, qua societas a societate, classis a classe distinguitur : quod apertius ostenditur in sequentibus. Charta Edw. II. Reg. Angl. ann. 1322. apud Rymer. tom. 3. pag. 945 : *Ad ordinandum quod iidem pedites certis armis muniantur, et una Secta vestiantur.* Litteræ Edwardi III. ann. 1338. apud eumd. tom. 5. pag. 7 : *Omnes Wallenses prædicti, bene muniti, et arraiati, ac de una Secta vestiti sint.* Charta Richardi II. ann. 1382. apud eumd. tom. 7. pag. 356 : *Unum mantellum mixti coloris, foderatum cum bayro, cum supertunica et capucio, foderatis cum tota sua Secta : unum mantellum de blueto, foderatum cum griseo, cum supertunica ejusdem Sectæ, foderata cum tota sua Secta.* Elmham. in Vita Henrici V. Reg. Angl. edit. Hearnii cap. 10. pag. 20 : *Post tanta regalis convivii solemnia, novelli milites, ipsa pallia exuentes, vestes de liberata regia ejusdem Sectæ pretiosas nimium induebant.* At vero ubi aliæ res eodem nomine significantur, ea intellige quæ ejusdem sunt speciei, formæ seu figuræ, Gall. *de même sorte, de même façon.*

* *Sieute* et *Suiance*, eadem notione, dixerunt nostri. Charta dotat. capell. de Blainvilla ann. 1335. in Reg. 70. Chartoph. reg. ch. 175 : *Item une casuble de drap d'or à canter as hautes festes, et une aube à parement d'ycelle Suiance.* Inventar. MS. eccl. Camerac. ann. 1371 : *Une autre albe parée de unes parures batue à or, à cascune vj. ymages de broudure et deux puignos de le Sieute.* Hinc *Entresuivant* dicitur de panno eodem colore æqualiter imbuto, in Stat. ann. 1395. ex vol. 8. arestor. parlam. Paris. : *Quiconque vendra drap.... mal taints ou non Entresuivants en teinture, etc.*

¶ Secta Vestimentorum, Idem quod Galli dicimus *Habit, ornement complet*, cujus scilicet omnes partes ejusdem sunt panni, coloris, formæ. Testament. Rotherami Eborac. Episc. ann. 1498. in lib. nig. Scaccarii pag. 674 : *Item dedi collegio meo unam Sectam vestimentorum de veste deauratam : pro subdiacono, diacono et presbytero cum una capa.*

¶ 6. **SECTA**, Infractio, f. a verbo *Secare. Secta pacis*, cum scilicet pax a Rege indicta violatur. [** Pertinent hæc ad *Secta*, 4. Jus persequendi infractorem pacis regiæ.] Charta ann. 1322. apud Rymer. tom. 3. pag. 938 : *Induxit dominum Regem ad pardonandum Sectam pacis suæ versus ipsum,... quamvis idem Thomas prius juraverit de quibusdam ordinationibus tenendis, ne dominus Rex Sectam pacis suæ remitteret.* Charta Edwardi II. Reg. Angl. ann. 1323. ibid pag. 1011 : *Pardonavimus omnibus et singulis... Sectam pacis nostræ.* Charta ejusd. Reg. ann. 1325. tom. 4. pag. 144 : *Ad pardonandum et remittendum eis, et eorum cuilibet, Sectam pacis nostræ.* Charta Edwardi III. ann. 1333. ibid. pag. 573 : *Pardonavimus eis Sectam pacis nostræ, quæ ad nos pertinet pro feloniis et transgressionibus, unde judicati, rectati seu appellati existunt.* Et infra : *Nec in feriis, mercatis, vel aliis locis publicis vel privatis, armatus incedat... ad pacem nostram perturbandum.* Charta Henrici VI. Reg. Angl. ann. 1452. in Chron. Joh. Whethamstedii pag. 320 : *Et insuper.... relaxavimus eisdem abbati et conventui Sectam pacis nostræ, quæ ad nos versus ipsos pertinet, pro omnimodis proditionibus, etc.* Vide in *Pax.*

¶ 7. **SECTA**, Inquisitio, rei gestæ acta, Gall. *Information, procés verbal.* Charta ann. 1293. apud Rymer. tom. 2. pag. 613 : *Willielmus de Dufglas.... cepit prædictos baillivos, et in castro suo contra voluntatem... retinuit, et postea permisit transire : et prædicti baillivi in continenti Sectam fecerunt usque castrum de Lanark de imprisinamento.* [** Hæc est *Secta appelli.* Vide *Secta regis* in *Secta*, 3.]

¶ 8. **SECTA**, Vestimenti tractus, syrma, Gallice *Queuë.* Charta Edwardi II. Reg. Angl. ann. 1326. apud eumd. Rymer. tom. 4. pag. 209 : *Ipsum* (filium nostrum primogenitum) *facit* (Regina) *associari et adhærere dicto inimico nostro et proditori le Mortymer, qui portavit Sectam dicti filii nostri, et in ipsius comitiva, publice, coram tota gente Parisius, in solempnitate coronationis, ad festum Pentecostes.*

¶ 9. **SECTA**, Pars, portio, *appenditiæ.* Charta ann. 1181. apud Lobinell. tom. 2. Histor. Britan. col. 132 : *Et totum Carcou quamdiu terra nigra durat, et Secte de Carcou, et prata et pasture et junceta quæ sunt a Calenderia usque ad Maupol.* Nisi forte jus secandi seu eruendi cespites nigros intelligas.

* 10. **SECTA**, Jus, quod domino competit persequendi suos homines, cum eo inconsulto ad alium dominum transierunt, ut infra *Secuta* 3. Charta Henr. comit. Trec. ann. 1375. tom. 6. Ordinat. reg. Franc. pag. 320 : *Constitui quod ut nec miles nec alius hominem aliquem, pro convencione aliqua vel alia de causa, ab eadem villa revocare possit, nisi suus fuerit de corpore, vel in eo antiquam taliam vel commendacionem habuerit, pro qua in ipso Sectam habere debeat. Pour laquele il deust avoir en ycellui poursuite*, in Lit. confirmat. ibid. pag. 318. Vide *Sequela* in *Secta* 4.

* 11. **SECTA**, Persecutio, cædes. Acta SS. Roton. apud Mabill. sæc. 4. Bened. part. 2. pag. 199 : *Karolus rex commovit universum exercitum suum : putabat enim quia possit totam Britanniam armis capere, et strages et Sectas hominum facere, et totam provinciam in sua dominatione perducere.*

* 12. **SECTA**, Seuta, Series, ordo, dependentia, accessio; vel Usus, jurisdictio. Charta Phil. Pulc. ann. 1299. in Lib. rub. Cam. Comput. Paris. fol. 72. v°. col. 1 : *Possidebunt..... boscum seu forestam de Montisburgo,...... cum omni jure, dominio et jurisdictione, Seuta, serviciis, placitis et emendis. Sieute*, eodem sensu, in Charta ejusd. reg. ann. 1308. ibid. fol. 343. r°. col. 2 : *Et auront* (les religieux de N. D. du Bec) *la Sieute desdiz bois par tout, en la maniere que nous l'avions et esploitions. Le banni de men four et le Sieute*, in Lit. ann. 1291. tom. 3. Ordinat. reg. Franc. pag. 294. art. 3. ubi male editum *Sience.* Charta Math. de Montemor. ann. 1230. in Chartul. Campan. ex ead. Cam. Comput. fol. 355. r°. col. 2 : *Habebit ista pars bosci Sectam, viam et exitum et deliberationem in alia.* Vide infra *Sequela* 8.

* Suita, Eodem intellectu. Charta ann. 1236. in Probat. Hist. domus Barrens. pag. 23 : *Et sciendum est quod dicta foresta de Roissiaco de cetero nullam Suitam habebit.*

* 13. **SECTA**, Oblatio, quæ curioni ex ipsius officiis obvenit. Chartul. Arremar. ch. 257 : *De Secta quidem reconciliandarum mulierum, sponsorum et sponsarum et peregrinorum peris.... in vestrum unanimiter compromiserunt judicium.* Charta ann. 1173. in Chartul. Cluniac. : *De Secta vero nuptiarum et de oblationibus omnibus, quæ partiri solent,..... monachi duas partes, prædictus Ricardus tertiam habebit.* Vide infra *Sequela* 9.

¶ **SECTANTIA**, Idem quod *Secta* 3. Charta ann. 1178. apud Kennett. Antiquit. Ambrosd. pag. 132 : *Præcipio quod totam terram illam libere et in pace teneant sicut elemosinam liberam et quietam ab omni Sectantia et exactione.*

¶ **SECTATIO**, Sequela, imitatio. S. Paulinus Epist. 2. ad Severum : *Non in vendendis tantum prædiis, et pretiis erogandis, sed in sui Sectatione proposuit.*

¶ **SECTATOR**, f. Lanius, Gallice *Boucher.* Vide *Scissor* 2. Charta Justitiarii Angliæ apud Skenæum de Verborum signific. pag. 82 : *Summoneri faciatis... de quolibet burgo* XII. *vel* XVI. *burgenses, ad hoc opus magis sufficientes, secundum quantitatem locorum et numerum personarum in iisdem existentium una cum serjando, fabro, molendinario, brasiatore et Sectatore cujusque baroniæ, villæ seu tenendriæ.* Vide alia notione in *Secta* 3.

SECTICUS. Vide *Seticus.*

¶ **SECTILE**, *Gremium, arma, pluteum*, in Auctario Gloss. Isidori.

¶ **SECTIO**, Jus, ut videtur, scindendi ligna in silvis alienis. Charta Henrici Imp. ann. 1073. apud Meichelbec. tom. 1. Hist. Frising. pag. 265 : *Hæc omnia cum omni jure tradidit cum... silvis, venationibus, Sectione, saginatione, etc.*

1. **SECTOR**, Interfector. Consultatio Zachæi lib. 1. cap. 19 : *Nec prius ab iræ impetu destitit, quam missis per castra Sectoribus, multorum cæde piaretur.*

Sectores, apud Papiam, ex Glossis antiquis MSS. *proprie dicuntur, qui bona proscriptorum et secant et dividunt.* Idem : *Sector, divisor, abscissor, cultor, usurpator.*

* 2. **SECTOR**, Vervex, quia exsectus est. Charta ann. 1078. in Chartul. Celsinian. ch. 858 : *Habeam michi ex redditibus ejus apendariæ.... unum agnum, et unum Sectorem, et unum sextarium de civada.* Vide *Sectus.*

¶ **SECTORATA**, Quantum unus sector per diem *secare* potest de prato. Chartul. Bituric. fol. 161 : *Et in ipsa villa cedo pratum unum et habet quinque Sectoratas.* Vide *Sechoirata* et *Sextarata.*

SECTURA Prati. Vide *Secare* 2.

¶ **SECTUS**, Eunuchus factus. Canones Niceni inter Conc. Hispan. tom. 1. pag. 131 : *Ita si qui vel a barbaris vel a dominis suis Secti, et probabilis vitæ sunt, tales suscipit ecclesiastica regula in clerum.*

* **SECUBO**, Scarabæi species, Gall. *Escarbot.* Glossar. Lat. Gall. ann. 1352. ex Cod. reg. 4120 : *Secubo, Escherbote.*

¶ **SECULA**. Gesta Consulum Andegav. tom. 10. Spicil. Acher. pag. 460 : *Cum flabris lenibus serenum undique consisteret cœlum, repente supervenit a plaga australi vehementissimus turbo ipsam repellens Seculam, ac replens eam turbido aere, diu multumque concutiens, etc.* Hæc ex Glabro lib. 2. Hist. cap. 4. unde desumta sunt, resarcire licet : *Cum flabris lenibus... ipsam impellens Ecclesiam, etc.*

¶ **SECULARIS**, Secularitas. Vide in *Sæculum.*

SECULAT, *Temperat.* Papias MS. editus habet *temptat.*

¶ **SECULUM**, ut *Sæculum.* Vide ibi.

SECUNDA. Charta Lusitanica apud Brandaonem tom. 3. pag. 286 : *Laborator sine equo det de uno quoque bove unum sextarium, medium tritici, et medium Secundæ.* An *sicalis* intelligitur? [** Milium, panicum miliacium. Vide S. Rosa de Viterbo Elucidar. tom. 2. pag. 309. voce *Secunda.*]

¶ **SECUNDARE**, Iterare. Gocelinus in Translat. S. August. Episc. Cantuar. tom. 6. Maii pag. 415 : *Alia Augustino festivitatis Secundatur gloria, cum ab universa chorea iterum candidata et purpurata..... adornato solennissime thalamo collocatur.* Gloss. Græc. Lat. : Δευτερῶ, *Gemino, itero, Secundo.*

¶ Secundare, Secundo loco dicere, referre, Sequi. Sugerius de Administ. sua cap. 20 : *Secundare dignum duximus et aliud, sicut promisimus, miraculum.* Liber de Dedicat. Eccl. S. Dionysii apud Felibian. inter Probat. Hist. San-Dion. pag. 189 : *Secundatur et aliud nobile factum, relatione conspicuum, auctoritate prædicandum.*

SECUNDARIUS, Qui secundum obtinet locum : ut *secundum imperii*, dixit Lampridius in Diadumeno. Asserus in Vita Ælfredi Regis ann. 871 : *Eodem anno Ælfred supra memoratus, qui usque ad id temporis, videntibus fratribus suis, Secundarius fuerat, totius regni gubernacula,... fratre defuncto suscepit.* Simeon Dunelmensis ann. 868 : *Venerabilis Rex Elfredus Secundarii tamen tunc ordine fretus, uxorem duxit de Mercia, etc.* Adde Florentium Wigorn. ann. 871. Alfredus quippe licet puer in Regem unctus a Leone PP. fratribus tamen ejus natu majoribus adhuc superstitibus imperare noluerat, secundo post fratrem pro tempore regnantem loco contentus. Charta Roberti Comitis et Abbatis S. Martini Turon. apud Sammarthanos, ita clauditur : *Ego Archenaldus Levita, Scholæ S. Martini Secundarius, rogatus scripsi.* Apud Gregorium Dialog. de Vitis SS. lib. 1. Δευτεράριος ἐν τῇ μονῇ. In Concilio CP. sub Menna Constans Presbyter et Archimandrita Monasterii S. Dii ita subscripsit : Προτάξας τῇ ἰδίᾳ μου χειρὶ τὸν τίμιον σαυρόν, καὶ τὸ ὄνομά μου ὑπογράψας, τοῖς δὲ λιβέλλοις διὰ χειρὸς Στρατονίκου καὶ δευτερειαρίου μου. Ibidem : Φλαβιανὸς πρεσβύτερος καὶ δευτεράριος Μοδέστου θεοφιλεστάτου πρεσβυτέρου καὶ ἡγουμένου τῆς μονῆς ἐπίκλην τῶν Λυκαόνων ἀξιώσας ὑπέγραψα. Occurrunt hic non semel ejusmodi Abbatum δευτεράριοι. Regula S. Pachomii cap. 102 : *Præpositus autem domus, et qui secundus ab eo est, hoc tantum juris habebunt.* Regula S. Orsiesii : *Vos, qui Secundi estis singularum domorum, humilitatem sectamini, etc.* Qua voce intelliguntur domorum *Præpositi*, qui abbati suberant : nam Monasteria a S. Pachomio ædificata in plures classes seu domos distincta erant, domus vero in cellas. Vide Cambdenum in Britan. pag. 108. 3. edit. Glossar. med. Græcit. col. 283.

* *Secondaire*, eadem acceptione, in Charta ann. 1571. [** *Alemarus dicti dydascali Secundarius*, in chart. ann. 976. apud Guden. Cod. Dipl. tom. 1. pag. 253. *Justiciarii Secundarii*, in Abbrev. Placit. pag. 226. ann. 19. Edward. I. Hibern. rot. 50.]

SECUNDATIO Legis, pro *Deuteronomium* dixit Auctor Vitæ S. Majoli Abbat. Cluniac. n. 21.

¶ **SECUNDATUS**, Secundus locus. Tertull. de Anima cap. 27 : *Si alteri primatum damus, alteri Secundatum, etc.*

SECUNDICERIUS, Qui post primicerium est in Schola qualibet. *Secundicerius Notariorum*, in leg. 21. Cod. Th. de Petition. (10, 10.) *Secundicerius Diaconorum*, in Ordine Romano. Vide Gregorium Mag. lib. 6. Epist. 19 *Secundicerius Notarius Ecclesiæ*, apud eumdem lib. 9. Epist. 33. Anastasius in Stephano IV. PP : *Christophorus Primicerius, et ejus filius Sergens dudum quidem sacellarius, postmodum Secundicerius.* Idem in Hadriano pag. 116 : *Portio vero Gregorii Secundicerii, quam in suprascriptis casalibus suprascripti S. Leucii habere dignoscebatur pro Secundicerii honore, eidem almo Præsuli ab eodem Gregorio concessa est.* Adde pag. 65. 99. 100. *Secundicerius Sedis Apostolicæ*, apud Ughellum tom. 1. pag. 1101. Synaxaria 7. Octob. : Ὁ μὲν Σέργιος πριμμικήριος ἦν τῆς σχολῆς τῶν Γεντηλίων, ὁ δὲ Βάκχος Σεκουνδικήριος τῆς αὐτῆς σχολῆς. In Concilio Constantinopolitano sub Menna act. 1. Σεκουνδουκήριος. Vide Glossar. med. Græcit. col. 1346.

* *Secundicerius, id est, vicarius primicerii*, in Ord. eccl. Ambros. Mediol. ann. circ. 1130. apud Murator. tom. 4. Antiq. Ital. med. ævi col. 861. Tract. de Nomin. judic. ad calcem Ord. Rom. ex Cod. reg. 4188 : *Secundicerius, id est, secunda manus apud Græcos vocatur Deptereu* (δεύτερος) *in palatio honorabilis est, et ibi debet esse die et noctu, coronæ et omnium vestimentorum, quæ per festivitates induuntur, ipse debet habere curam.*

* **SECUNDINÆ**, quæ *Secundæ* dicuntur Plinio, Columellæ, Apuleio, Sexto Platoni, et aliis, δευτέριον, Paulo Ægin. lib. 6. cap. 75. Membranæ, quæ fœtum sequuntur. Auctor Mamotrecti ad 28. Deuteron. : *Secundina est folliculus, quo puer involvitur in utero, et sequitur nascentem.* Editio recentio Bibliorum habet *illuviæ secundarum.* Arnoldus Abbas Bonæ-vallis de Operibus sex dierum : *Cum ruptis intrinsecus naturalibus vinculis profluunt Secundinæ, vagiente fœtu, vere miseriæ tractatur negotium.* Habetur passim apud Medicos. Vide Constantinum Afric. lib. 6. de Morbor. curat. cap. 16. 17. lib. 2. Pantechn. cap. 15. lib. 3. cap. 13.

SECUNDITAS, *Felicitas, vel prosperitas*, in Glossis MSS. S. Germani Paris. cod. 524. [** Comment. MSS. ad Marc. Capell. lib. 1. apud Maium in Glossar. novo : *Secundanus, qui præest Secunditatibus, id est prosperitatibus et felicibus successibus.*

¶ **SECUNDOGENITUS**, Natu minor, in Charta ann. 1499. apud *Madox* Formul. Anglic. pag. 337.

* **SECUNDUS**, pro Sequendus, in Lit. ann. 1369. tom. 5. Ordinat. reg. Franc. pag. 291.

SECUNDUS Hæres, *Nepos*, in Glossis antiq. MSS.

¶ **SECUNX**, *sive Sescuncia*, 1. *uncia et semis*, apud Rabanum lib. de Computo tom. 1. Miscell. Baluz. pag. 13.

¶ **SECUPLUM**, ἡμιόλιον, in Gloss. Lat. Gr. *Sescuplum*, Latinis.

* **SECURANS**, Securus. Mirac. S. Apri tom. 5. Sept. pag. 75. col. 2 : *Domno interea præsule, cæterisque aliis Securantibus, neque tale quid cogitantibus, etc.* Vide *Securare.*

SECURARE, Idem quod *Assecurare*, [pignore vel fidejussione interposita securum facere,] de qua voce supra, in Observantiis Regni Aragon. fol. 32. [Vide *Securis.*]

¶ Securare, nude pro Securum reddere. Vita B. Humillianæ tom. 4. Maii pag. 391 : *Tanto terrore concutitur, quod nec in oratione nec extra orationem in ipsa cellula poterat Securari.*

¶ Securiare, Eadem notione. Gesta Franc. lib. 4. cap. 13 : *Faciamus castrum in vertice montis Maregart,... quod Securiat, ut tuti possimus permanere de Turcorum formidine.*

** Securizare, Securum reddere. Versus de obsid. Herbipol. apud Pertz. Scriptor. tom. 6. pag. 550 :

Cartis et pactis plus clerum Securizando.

Vide *Securitas*, 1.

¶ **SECURATIO**, Tuitio, cautio. Chron. Johan. Whethamstedii pag. 382 : *Dignetur eadem vestra celsitudo... in Securationem, prosperationem et conservacionem vestræ personæ propriæ, etc.* [* Charta ann. 1347. tom. 1. Probat. hist. geneal. domus reg. Portug. pag. 264 : *Pro Securatione saniori dictæ dotis..... obligamus, etc.*] [** *Nullo conductu vel Securatione indigeant*, in chart. Rostoch. ann. 1315. apud Haltaus. Glossar. German. col. 1687. voce *Sicherheit.*]

* *Seurage*, pro *Seureté*, securitas, in Charta ann. 1455. ex Chartul. Latiniac. fol. 250. v° : *En ce cas ils ne paieront riens des arrérages, qui pourroient escheoir... durant le temps desdites guerres, et qu'ils ayent et puissent avoir temps et Seurage de y labourer, demourer et faire résidance. Segurté*, eadem notione, in Libert. *de Grancey* ann. 1348. ex Reg. 161. Chartoph. reg. ch. 69.

SECURES Danicæ, quibus Dani utebantur, et quas in humero sinistro deferebant, ut habet Willelmus Malmesburiensis lib. 2. de Gestis Anglor. cap. 12. et ex eo Rogerus Hovedenus pag. 439 : *Securim Danicam in humero sinistro, hastile ferreum dextra manu gestantes.* Le Roman *de Garin* :

Et portent glaives, et espies Poitevins,
Hasches Danoises pour lancier et ferir.

Le Roman *de Rou* MS :

De gran hasches Danoises i ont mainte colée.

Chronicon Flandriæ cap. 9 : *La saillit le Roy avant, une hasche Danoise en son poing, et cria Guyenne au Roy d'Angleterre.*

A Danis ejusmodi secures accepere Angli et Scoti : unde *Anglicas* vocat idem Malmesburiensis lib. 3. pag. 98. *Secures Scoticæ*, quæ et *Secures bisacutæ* apud Thomam Walsingham. pag. 105. Quæ quidem secures longioribus manubriis instructæ erant. Guill. *Guiart* ann. 1304 :

De hasches tranchans à lons manches,
Forgiées come besaguës,
D'espées, de lances aguës.

Chronicon Bertrandi Guesclini MS :

D'une hasche à deus mains donna telle collée.

Catholicon Armoricorum : *Hachedenes, Gall. Hache Danoise, Lat. bipennis.* Has auro gemmisque adornatas gestabant, præsertim proceres. Sueno in Legib. Castrensib. cap. 2. de Canuto Magno Rege Daniæ : *Proclamari jussit solos illos Regis clementiam experturos, arctiorisque familiaritatis privilegio præ aliis fruituros, qui in Regis honorem catervæque militaris decorem bipennibus, mucronumque capulis deauratis coruscarent. Cedit enim honori Principis, si eum cœtus militaris corona, fulgentibus insignis armis undique secus comitetur.* Dudo lib. 1. de Morib. Normannor. pag. 65 : *Gemmis auroque politos Secures ensesque exponite.* Has vulgo *Hallebardas* vocant, voce a Germanis ducta, quibus *hall*, vel *heall*, est Palatium, aula, et *bard*, bipennis, quasi aulicas lanceas, vel bipennes. Ita Loccenius lib. 3. Antiq. Suecic. cap. 2. [** Aliter Grimm. Gramm. German. tom. 3. pag. 442.] Vide quæ de ejusmodi securibus diximus ad Alexiadem pag. 257. 258. [** et in Glossar. med. Græcit. voce Σκῆπτρον, col. 1388. Adde librum inscriptum *Historich-Antiquarische Mittheilungen der Gesellschaft für nordische Alterthumskunde* ann. 1835. pag. 77.] Sed et secures propria Gallorum fuisse arma, observare est ex Ammiano lib. 19. pag. 140. et Agathia lib. 2. pag. 36. 1. edit. ut et Francorum, ex Procopio lib. 2. Goth.

¶ Securis Transversa, in Leg. Bajwar. tit. 21. § 8.

Securim Saiga *valentem jactare*, in Lege Bajwar. tit. 11. cap. 6. § 2. et tit. 16. cap. 1. § 2. quod faciebat is, qui alium in suo agro ædificare prohibere volebat, *donec contentio* legali judicio *determinata* fuisset : quo ritu agrum sibi ipse vindicabat.

¶ Securicularius, *Qui secures fert.* Gl. Isid. Excerpta : *qui secures facit;* addi potest et qui vendit.

* **SECURETA**, Securis rusticana. Stat. crimin. Cumanæ cap. 138. ex Cod. reg. 4622. fol. 93. r° : *Secureta, falzonus,...... zapæ, badilli, et similia instrumenta rusticana.* Vide infra *Secursella.*

¶ **SECURIARE**, ut *Securare.* Vide ibi.

¶ **SECURIONUS**, Hordei species, Picardis *Scourgeon*, vulgatius *Escourgeon.* Charta ann. 1244. ex Tabul. Compend. : *Recognoverunt se vendidisse.... totum granum et paleam... et omnia quæ habebant... in grangia... retento sibi, videlicet dicto majori ac heredibus suis aliis vacuis foragiis frumenti, siliginis, avenæ, ordei et Securioni quæ ad dictam grangiam venient.*

* Alias *Secorion* et *Secourion.* Charta ann. 1269. ex Chartul. 21. Corb. fol. 124 : *Tout le rehauton du blé, tout le hauton du Secourion.* Lit. remiss. ann. 1394. in Reg. 146. Chartoph. reg. ch. 314 : *Laquelle fille avoit gasté une partie de son labourage, nommé Secorion, en cuillant de l'erbe.* Vide supra *Scario* 2.

¶ 1. **SECURIS**, Fidejussor. Tabular. Roton. : *Jarnwobri pignoravit dimidium Botcunwal.... et alleguavit Secures vel dilesedos ipsius terræ, etc.* Vide *Securare*, et *Securitas* 2.

* 2. **SECURIS**, qua, ut baculo, utebantur ad *sustentationem* corporis. Acta S. Botwini tom. 6. Jul. pag. 636. col. 2 : *Dictus Sclavus, accepta Securi, quam S. Botwinus in manu, causa sustentationis gestare solebat, etc.*

1. **SECURITAS**, Idem quod Emunitas, firmitas, in veteribus Chartis : Græcis ἔγγραφος βεβαίωσις, certum atque indubitatæ fidei scriptum : Gall. *Sauve-garde.* Rathbertus de Casibus S. Galli cap. 5 : *Statim vero cupiens omnem spem Securitatis nostris auferre,.... perquisivit, si alicubi aliquod exemplar ipsius cartæ inveniri potuisset.* Cap. 10 : *Hartmoto Monasterium cum omni Securitatis libertate contradidit.* [Charta Balduini Comit. Flandr. ann. 1116. inter Libert. Mon. Elnon. : *Ab omnibus hominibus infra procinctum commorantibus, salva fidelitate Comitis Flandrensis, Abbas, si voluerit, Securitatem habebit.* Adde Statuta Genuens. lib. 1. cap. 9. fol. 12.]

Sed et nomine et ratione *Securitatis* indultæ, a Monasteriis pensitabatur Principi quotannis census. Idem Rathbertus cap. 8 : *Et in eadem carta conscribi jussit regia dona, sibimetipsi secundum consuetudinem aliorum Monasteriorum Securitate prædito-rum quotannis ventura, id est, duos caballos, et duo scuta cum lanceis.* Apud Senatorem lib. 11. Epist. 7 : *Testimonium solutionis, Securitas dicitur.* Vide Salmasium de Usuris pag. 131.

¶ 2. **SECURITAS**, Vadimonium, fidejussio, Gall. olim *Assurement*, nunc *Sureté, caution.* Charta Edw. II. Reg. Angl. ann. 1313. apud Rymer. tom. 3. pag. 400 : *Vestram amicitiam... rogamus quatenus... obsides prædictos jubere velitis ab ostagiamento hujusmodi liberari, dictamque Securitatem relaxari penitus et dissolvi. Securitatem facere*, in Capit. Caroli C. tit. 12. et in Litteris Philippi Aug. ann. 1207. tom. 5. Ordinat. Reg. Franc. pag. 159.

¶ Securitas, Obses ipse, vel fidejussor. Barthol. Scribæ Annal. Genuens. ad ann. 1263. apud Murator. tom. 6. col. 531 : *Et accepit potestas secure Securitates ab omnibus armiragiis, comitis, naucleriis et consiliariis.* Chron. Parmense ad ann. 1286. apud eumd. tom. 9. col. 809 : *Securitates custodum carcerum communis, qui erant in banno pro ipsis custodibus, jamdiu erat, ceperunt apud Curiachum principalem suum, pro quo fidejusserunt... Qui dominus Potestas, habito consilio sapientum, fidejussores extraxit de bannis suis, et dictum principalem in carcerem Camusinæ posuit.* Vide *Securis.*

¶ 3. **SECURITAS**, Apocha, seu instrumentum quo creditori debitum securum præstatur, in Cod. Theod. lib. 11. tit. 26. leg. 2. ibid. tit. 1. leg. 19. etc. Charta Casimiri Reg. Polon. ann. 1335. apud Ludewig. tom. 5. Reliq. MSS. pag. 594 : *Securitatem fecimus sufficientem in sex millibus sexagenis grossorum Pragensium prædictorum.* Charta Henrici V. Regis Angl. ann. 1419. apud Rymer. tom. 9. pag. 819 : *Juramentum, litteras, obligationes, Securitates, et cautiones alias sufficientes, etc.* Vide Pancirol. lib. 1. Thesauri cap. 77.

¶ Securitas dicta Epistola quæ homicidæ a parentibus occisi concedebatur, ut securus esset a qualibet inquietatione, in Formul. 18. Marculfi lib. 2. Adde ejusd. Marculfi Append. form. 23. 51. Formul. 39. inter Sirmond. Formul. 8. inter Bignon. Formul. 124. inter Lindenbrog. et Bignonii notas ad Marculfum.

¶ Securitas Evocatoriæ, Licentia a Principe concessa alicui ad ejus conspectum veniendi, in Cod. Theod. lib. 6. tit. 23. leg. 3. Vide ibi Gothofredum.

¶ Securitas Sexus, Ejusdem obtentus. Cod. Theod. leg. 3. tit. de Accusat. (9, 1.) : *Patroni etiam causarum monendi sunt, ne, respectu compendii, feminas, Securitate forsitan sexus, in actionem inlicitam prorumpentes, temere suscipiant.*

* 4. **SECURITAS**, Fiducia, Gall. *Confiance.* Epist. Ludov. XI. reg. Franc. ann. 1477. inter Probat. ult. Hist. Trenorch. pag. 278 : *Quamquam fiduciam neque Securitatem de ipso* (de Toulongeon) *circa ipsius monasterii administrationem, quod a nobis sub fidelitatis juramento tenetur, ullatenus habere non possemus, etc.*

* **SECURITER**, Secure, in Charta ann. 896. tom. 9. Collect. Histor. Franc. pag. 677.

SECURIZ ARE. Vide *Securare.*

* **SECURSELLA**, Parva securis. Stat. Vallis-Ser. rubr. 44. ex Cod. reg. 4619. fol. 88. r° : *Arma vetita.... sunt hæc videlicet.. seccuris, Secursella, gratirola, lancea, etc.* Vide supra *Secureta.*

¶ 1. **SECURUS**, Certus. Cigaltius de Bello Ital. : *Ego sum Securus quod Rex Christianissimus pater pauperum et amator populi vocatur.* Phrasis Gallica, *Je suis sûr.*

¶ 2. SECURUS, Salvus. Statuta Genuens. lib. 3. cap. 5. fol. 68 : *Et debeat ac possit uxor viro mortuo habere de bonis viri raubam nigram, vel burnetam Securam secundum conditionem vel facultatem mariti cum foderaturis, videlicet epitogium et mantellum.*

* Si tamen mendum non est pro *Scurus*, ab Italico *Scuro*, Obscurus.

* 3. **SECURUS**, Fidus, Gall. *Seur.* Epist. Ludov. XI. reg. Franc. ann. 1477. inter Probat. ult. Hist. Trenorch. pag. 278 : *Cum.... nostra præcipue intersit, quod dignitatibus abbatialibus et prælaturis,.... quæ.... in extremitatibus regni nostri situantur, personæ præficiantur nobis fideles et Securæ, etc. Sehur*, pro Securus, immunis, vulgo *Exempt*, in Libert. Auxon. ann. 1229. tom. 4. Ordinat. reg. Franc. pag. 394. art. 3 : *Li courtilage de la ville sont Sehur en tel maniere, que l'en y peut riens prendre de par nous, se par achat.*

* **SECURUS-STATUS**. Vide infra *Status* 12.

¶ **SECUS**, *Malum.* Gloss. Isid.

SECUSARE. Gloss. Lat. MS. in Bibl. Regia cod. 1013 : *Abnuat, Secusat, nolit. Abnuere, Secusare, refutare.*

* **SECUSIENSIS** MONETA, pro *Segusiensis.* Vide infra in *Moneta Baronum.*

* 1. **SECUTA**, SEUTA, Actio, qua quis aliquem in judicio persequitur de re aliqua, maxime de criminali. Scacar. Paschæ apud Rotomag. ann. 1228. ex Cod. reg. 4653. A : *Judicatum est quod Nicolaus Carbonnel non respondebit erga Cornemole de Seuta, quam faciebat erga eum de proditione regis.* Scacar. S. Mich. apud Cadom. ann. 1228. ibid. : *Judicatum est quod miles secutus de membris suis, non respondebit de hæreditate sua, quamdiu Secuta durabit.* Ubi *Sequta* in Cod. 4651. Vide *Secta* 4.

* 2. **SECUTA**, Obligatio, qua vassallus vel tenens dominum in *hostem* seu exercitum sequi tenebatur. Charta ann. 1334. in Reg. 66. Chartoph. reg. ch. 1358 : *Fogagia, jornalia, Secuta guerrarum, seu quæcumque alia servicia.* Vendit. vicecomit. Turen. ann. 1350. in Reg. 80. ch. 156 : *Cum sega seu Secuta armorum, aliisque servitiis, servitutibus, explectis, etc.* Vide *Sega* et infra *Segua.*

* 3. **SECUTA**, Jus, quod domino competit persequendi suos homines, cum eo inconsulto, ad alium dominum transierunt, ut supra *Secta* 10. Charta ann. 1223. ex Chartul. archiep. Bitur. fol. 165. v° : *Hominibus archiepiscopi non solum licebit quodcunque acquirere in terra prædicta, sed etiam plenariam Secutam habere ubique, ita tamen quod in castro Radulphi habebunt homines suos, sicuti milites qui habent ibi Secutam suam.* Vide *Sequela* in *Secta* 4.

SECUTIO. Vide *Secta* 4.

¶ **SECUTIVA**, Comitatus, Gall. *Suite.* Charta Philippi Pulchri Reg. Franc. ann. 1293. ex Camera Chartophylacii Atrebat. : *Volentes et concedentes ut idem Comes aut heres suus predictus ipsum spreverium.... quem preeligere seu choisire maluerit in Secutiva vel comitiva nostra, dum tamen præsens fuit in eadem.*

¶ **SECUTOR**, Actor. Leges Norman. apud Ludewig. Reliq. MSS. tom. 7. pag. 415 : *Quod dicta querela per verba Secutoris et responsionem defensoris potest et debet per illum vadiari.* Vide *Secta* 4. et *Sequi.*

SECUTORES, Hæredes, posteri. Traditiones Fuldenses lib. 1. tract. 26 : *Ea ratione, ut a die præsente vos vel Secutores vestri firmam et incontradictam habeatis potestatem.* Vide trad. 61. 70. lib. 2. trad. 19.

** **SECUTRIX** *Christi* in Berthold. Annal. apud Pertz. Scriptor. tom. 5. pag. 303. lin. 16.

SECUUS. Lex Longob. lib. 1. tit. 6. § 6 : *Si vero coxam ruperit supra genuculum,... si autem subtus genuculum, quod est tibia, componat sol. 6. si autem Secuus, aut claudus fuerit, componat sicut in hoc edicto legitur, id est, quartam partem pretii ipsius.* Editio Boerii habet *Sevus.* Sed legendum videtur *Semus*, ut est in Edicto Rotharis Regis tit. 121. § 19. [** 387.] Vide in hac voce. [*Scævus* ex iisdem Legibus apud Murator. tom. 1. part. 2. pag. 48. ubi Cl. Editor *Scemus* et *Simus* in Codd. MSS. scriptum esse observat.]

¶ 1. **SEDA**, vox Hispanica, Seta, Gall. *Soye.* Inventar. Prioratus S. Michaëlis de Fallio in Hispan. ann. 1297. ex Tabul. S. Victoris Massil. : *Tres toualos de Seda.* Tabular. Vosiense fol. 7. v° : *Deditque ei Rainaldus filius suus per hoc unam chellam de Seda.* Statuta Placent. lib. 6. fol. 81 : *Item de aliquo mantello drapi.... cum suo repso vel Seda Sartoris, etc. Guarniciones de Seda* in Conc. Limano ann. 1582. inter Hispan. tom. 4. pag. 246.

2. **SEDA**. Charta fundationis Abbatiæ S. Amandi Rotom. : *Concedimus eidem Monasterio silvam illam, quæ habetur... et Sedam cum terra culta, quæ pertinet ad eam.* Alia pro eodem Monasterio : *Tribuit in Monacharum S. Amandi præsidio omnes possessiones, quas in Lamberti villa et Seda habuit.* Vide *Sedes* 4.

* 3. **SEDA**. Tract. pacis initæ inter comites Fuxi et Arman. ann. 1377. inter Probat. tom. 4. Hist. Occit. col. 340 : *In domo episcopali civitatis Tarviæ, in aula alta etiam dictæ domus, quæ Seda vulgariter nuncupatur, etc.* Eadem quæ *Camera paramenti.* Vide ibi.

¶ **SEDALARE**, inter ornamenta Ecclesiastica recensetur in Tradit. Fuldensibus lib. 1. pag. 472 : *Betiu* 111. *pulvilli* v. *Sedalare* 111. [** Vide Graff. Thesaur. Ling. Franc. tom. 6. col. 308. voce *Sedal*, Sedes, sedile. In loco laud. Tradit. Fuld. recensetur supellex domestica.]

¶ **SEDALIS** ECCLESIA. Vide in *Sedes* 2.

* **SEDANEA**, Res immobiles. Charta Car. Crassi imper. pro canon. eccl. Regiens. ann. 883. apud Murator. tom. 3. Antiq. Ital. med. ævi col. 752 : *Nullus.... in clericis ejusdem canonicæ, aut in ipsa canonica, vel rebus ipsius canonicæ, seu in proprietatibus, vel domibus, aut familiis utriusque sexus, seu in commenditiis vel Sedaneis ipsorum canonicorum aliqua violentia aut contrarietate, aut rerum diminutione, rerum invasione, aut familiarum subtractione inferre præsumat.* Vide *Sedentia* 1. [** *Sedaneos* puto qui in terris ecclesiæ *sedent*, habitant. Confer *Sedile* in *Sedes*, 4.]

¶ **SEDARE**, Componere. Vide *Sedator.*

SEDATIO, SEDATIUM. Canones Hibernienses lib. 2. cap. 14 : *Synodus Hibernienses decrevit, ut uno quoque mortuo de substantia ejus pars detur Sacerdotibus.... Sedatium commune de substantia omnis mortui dandum.* Et cap. 15. quod inscribitur *de Sedatione : Synodus Kartaginensis ait : Sedatium commune, si modicum fuerit, respui non debet; si magnum, accipiendum usque pretium vaccæ. Hoc Sedatium aufugit Regem et Episcopum, qui Monachus est, et fratres. Sinodus Hiberniensis in hoc Sedatium ovem, aut pretium ejus statuta dimensione statuit.* Adde lib. 19. cap. 7. Vide *Pretium sepulchri.*

¶ **SEDATOR**, Qui rebus componendis est præpositus. Charta ann. 133. tom. 42. Hist. Dalph. pag. 244 : *Extitit ordinatum, quod vos.... ad sedandum intropreysias factas et captos hinc inde libere sine menjaylliis aliquibus relaxandos et restituendos in locis ubi expedierit in illis partibus cum diligentia laboretis... una cum dicto domino Thoma et aliis pro parte nostra et dicti Comitis Sedatoribus deputatis.*

* **SEDAZIUS**, ab Italico *Sedazzo*, Cribrum, setacium, Gall. *Sas.* Pact. inter Mutin. et Lucens. ann. 1281. apud Murator. tom. 2. Antiq. Ital. med. ævi col. 902 : *Setæ, unde fiunt Sedazii,..... de soma tres solidi Mutinenses auferantur.* Vide infra *Sederius* et *Setaciare.*

¶ **SEDECENNITAS**, Numerus sedecim. S. Cyrillus in Prologo libri Comput. apud Petav. in Append. ad Doctr. Temp. : *Ut sicut illi sex quatuor-decennitates, ita et isti per septem Sedecennitates, et quasdam dimensionum pergulas duplicatos,... inextricabiles circulos describere niterentur.*

¶ **SEDECUM**, ἐπιδὲ, in Glosˢ. Lat. Gr. Sed eccum, ἐπιδὲ, rectius legit Vulc.

¶ **SEDELLA**, Discus, ut videtur, Gall. *Plat*, in quo aliquid *sedet.* Anonymi Annal. Mediol. ann. 1389. apud Murator. tom. 16. col. 812 : *Item Sedella una deaurata, super cujus convasculo sunt arma in uno esmaillo. Alia Sedella deaurata pro aqua sancta cum foliaminibus et armis in fundo.*

* **SEDELLUS**, f. Discus. Charta ann. 1019. tom. 1. Hist. Cassin. pag. 81. col. 2 : *Cum uno Sedello argenteo super altare S. Petri, ille quod appendimus in die festivitatis.* Vide *Sedella* et mox *Sedentilis.*

SEDENTARII, *Qui sedes faciunt.* Ugutio. [Gloss. Lat. Gr. *Sedentarius*, ἑδρεόμιμος.]

1. **SEDENTIA**, Res immobiles. Curia Montissoni per Alfonsum II. Regem Aragon. ann. 1389. MS : *Statuimus, quod si aliquis rusticus vel borderius, vel juvenis homo dimiserit mansum suum, vel bordam suam, vel exierit de dominio illius, de quo erit, quod amittat Sedentia, quæ habebit, quæ pertineant ad ipsum mansum, vel bordam, etc.* In alio articulo : *Et omnibus aliis rebus.... quæ sint immobiles, sive Seens.* Curia Generalis Catalaniæ Ilerdæ celebrata ann. 1301. a Jacobo II. Rege Arag. ex

MS. Cod. : *Non possit emere nec habere titulo emptionis aliquam rem immobilem, o Seent, vel mobilem.* Vox frequens in Foris Aragon. [*Possession Sedenta*, id est immobilium, in Consuet. Beneharn. rubr. de Notar. art. 18.] Vide Michaelem *del Molino*. Et infra in *Stabilia*.

* 2. **SEDENTIA**, Utilitas, commodum, Gall. *Bienséance*. Charta permut. inter R. comit. Bolon. et Almar. dom. de Credonio ann. 1320. in Reg. 59. Chartoph. reg. ch. 471 : *Pro utilitate meliorique Sedentia et commodo evidenti utriusque partis, etc.* Vide *Sedere* 2.

* **SEDENTILIS.** *Calices Sedentiles*, qui super altare sedebant in ejus ornamentum, apud Ott. Sperling. in Testam. dom. Absolon. pag. 91. Vide supra *Sedellus*.

¶ **SEDENTULUS**, *Jam sine dentibus*. Papias in Amalthea, Leg. *Edentulus*, Gall. *Edenté*.

¶ 1. **SEDERE**, Aptum esse. Ordo Romanus cap. 6 : *Primicerius autem et secundicerius componunt vestimenta ejus* (Pontificis) *ut bene Sedeant.* Vide infra *Sedet*.

¶ 2. **SEDERE**, Commodum vel gratum esse. Litt. Henrici III. Reg. Angl. ann. 1222. apud Rymer. tom. 1. pag. 256 : *Si vero ad insulas illas non Sedeat vobis venire* (*quod erit nobis ingratum*) *tunc, si placet, expectare velitis in partibus sancti Machuti, donec ad vos venerint prædictus dominus Wintoniensis et alii.*

¶ 3. **SEDERE**, Incidere, Gall. *Tomber*. Chartular. Abbat. de Precibus c. 18 : *Anniversarium Philippi Regis Sedendo* XI. *Id. Julii. Aniversarium Comitissæ Blesensis Sedendo* IV. *Id. Julii.*

¶ 4. **SEDERE**, Pacifice possidere. Bullar. Casin. tom. 2. Constit. 22 : *Cum omnes fretos concessos valeant rectrices monasterii quiete vivere et Sedere.*

¶ 5. **SEDERE**, Sedem Episcopalem obtinere. Vide infra *Sedes* 2.

☞ *Sedere* coram Episcopis prohibitum, nisi ipsis præcipientibus, in Capitul. Ludovici II. tit. 2. cap. 1.

* 6. **SEDERE**, Stare. Ordinar. MS. S. Petri Aureæ-val. : *Pueri claustrales et bachalarii descendant in fine scalæ dormitorii, et illic Sedeant.*

* Sedere in Terra, Pœnitentiæ genus apud monachos. Charta ann. 1245. in Chartul. Cluniac. : *Præcepimus ut silentium in ecclesia, in dormitorio, refectorio.... observetur. Et quicumque fregerit, crastina die Sedeat in terra.*

¶ **SEDERIUS**, et Sedesserius, Occitanis *Sedassaire*, Incerniculorum bombycinorum opifex, in vet. Catalogo MS. B. M. Deauratæ Tolos.

* Lit. amortizat. ann. 1375. in Reg. 109. Chartoph. reg. ch. 401 : *Item in quadam terræ petia.... confrontante cum vinea Johannis Criali Sederii.* Vide supra *Sedazius*.

1. **SEDES**, Dignitas, quæ vox maxime tribuitur Præfecto Prætorio et Præfecto urbis, quorum *Sedes eminentissimæ, excelsæ, inlustres, magnificæ, magnificentissimæ, etc.* passim dicuntur in utroque Codice, ubi *sedes vestra, sedes vestra magnifica, inlustris, etc.* Vide Glossar. med. Græcit. voce Θρόνος, col. 496.

¶ Sedes, Tribunal, forum, *Siége* eadem notione usurpamus. Statutum Caroli V. Reg. Franc. ann. 1368. tom. 5. Ordinat. pag. 140 : *Relacio ad nostras aures deduxit, quod in castellaniis, præposituris et Sedibus, aliisque locis regiis nostre baillivie Viromandensis, etc.* [** Vide Haltaus. Glossar. Germ. voce *Ding-banck*, col. 229. et *Frey-stul*, col. 2203.]

2. **SEDES**, Ecclesiæ dictæ majores, seu quod in iis Episcopi *sederent* in thronis, unde et θρόνοι dictæ, seu quod essent *Apostolorum vel Martyrum sedes*, id est, memoriæ, ut est in leg. 6. Cod. Th. de Sep. violat. (9, 17.) quomodo etiam Ammianus lib. 22. *Sedem* dixit *extrui* Martyrum reliquiis. Adde leg. 8. eodem C. de Hær. (16, 5.)

Sedes dictæ κατ' ἐξοχὴν, quinque Patriarchales Ecclesiæ, Romana, Alexandrina, Antiochena, Hierosolymitana, et Constantinopolitana. Ac Romana quidem, *Prima sedes*, proprie dicta. Gelasius I. PP. in Concilio Romano : *Est ergo prima Petri Apostoli Sedes,... secunda autem Sedes apud Alexandriam,... tertia vero Sedes apud Antiochiam, etc.* Qua quidem *primæ sedis* appellatione non semel Romana donatur, apud eumdem Gelasium Epist. 4. ad Faustum, et Epist. 13. Hadrianum I. in Canonibus, Nicolaum I. Epist. 6. in Vita S. Sabini Episcopi Canusini cap. 2. etc. Concilium Sinuessan. sub Marcellino PP. : *Nemo unquam judicavit Pontificem, nec Præsul Sacerdotem suum, quoniam prima Sedes non judicabitur a quoquam.* Concilium Romanum ann. 324. sub finem : *Nemo etiam dijudicet primam Sedem : quoniam omnes Sedes a prima Sede justitiam desiderant temperari. Neque quoque ab Augusto, neque ab omni Clero, neque a Regibus, neque a populo judex judicabitur.* [Et quidem Romanus Pontifex etsi munere aliis Episcopis æqualis, iisdem Sedis suæ prærogativa major est, ut legitur in Epist. Conc. Rom. ann. 378. n. 10.] *Secundæ Sedis et tertiæ Antistites*, apud eumdem Gelasium Epist. 4. ad Faustum. Idem de Alexandrino Patriarcha, Epist. 13 : *Joannes secundæ Sedis Antistes. Joannes Antiochenus tertiæ Sedis Episcopus*, in Epist. 8. Nicolai I. PP.

Primæ Sedes, præterea dictæ Primatum sedes, eorum scilicet Episcoporum, qui promotionis ætate cæteros suæ diœcesis Episcopos anteibant, eoque nomine *Primates* vocabantur, quod in Africa maxime obtinuit, apud S. Augustinum Epist. 162. 165. in Concilio Carthag. III. can. 2. in Concil. Afric. c. 35. in Toletan. XIII. can. 8. apud Desiderium Cadurcensem Epist. 12. etc. *Prima Cathedra*, in Concilio Eliberit. can. 58. Carthag. II. can. 12. Concilium Carthag. III. can. 26 : *Ut primæ Sedis Episcopus non appelletur Princeps Sacerdotum, aut summus Sacerdos, aut aliquid hujusmodi; sed tantum Primæ sedis Episcopus.* Eadem habent Canones Hadriani I. PP. cap. 23. Rodulphus Archiepiscopus Bituricensis in Charta anni 1. Caroli Regis, (841.) apud Justellum in Hist. Turenensi, et Sammarthanos, nude se *Primæ Sedis Episcopum* inscribit. Vide Sirmondum in Propemptico lib. 2. cap. 9. et supra *Protothronus*.

* Aliquot Galliarum sedes hac appellatione donatæ sunt. Præter Bituricensem ecclesiam, de qua supra, Lugdunensis, Narbonensis et Viennensis eo præeminentiæ titulo decorantur. Arest. ann. 1392. ex Cod. reg. 9872. fol. 190. r° : *Dictus actor* (Archiepiscopus Lugdunensis) *proponebat quod civitas Lugdunensis erat nobilis et antiqua et prima, quæ fidem Christianam citra montes susceperat, propter quod Prima Sedes Galliarum vocabatur, fueratque dignitate primatis decorata, etc.* Epist. ad Carolum IV. imper. ann. 1365. ex Cod. reg. 5187. fol. 57. r° : *Sane sancta Viennensis ecclesia sub Romani imperii vestri dittone exultans, tantæ antiquitatis honore rutilans, nuncupari meruit Sedes maxima Galliarum.* Charta ann. 1031. ex Bibl. reg. cot. 17. quam subscribit *Guifredus sanctæ Primæ Sedis Narbonensis ecclesiæ episcopus.* Vide supra *Ecclesia prima*.

Sedes, Ecclesia Cathedralis. Concilium apud Saponarias ann. 859. can. 13 : *Ut pro eo* (Episcopo) *qui decesserit, in Sedibus septenæ Missæ.... Domino persolvantur.* Donationes Ecclesiæ Salzburgensis : *Commendavit autem hoc pleniter Monasterium in manus Episcopi ad regendum secundum Canones, sicut et cæteras Ecclesias diœcesis suæ, ut ipsum cum Sede semper esset : potestatem vero Episcopo dedit regendi ipsam familiam, Abbatemque ibi ordinare, et Monachos de ipsa Sede ibibem ponere, sive Canonicos.* [Testam. Poncii Raymundi Comit. Tolos. ann. 960. apud Mabill. Diplom. lib. 6. Charta 140 : *Alia medietas remaneat ad illa Sede de Agade.* Charta Aimari Episc. Ebredun. ann. 1213. inter Instr. tom. 3. novæ Gall. Christ. col. 208 : *Actum apud Sedem in choro majoris ecclesiæ* scilicet Ebredunensis. *Acta sunt hæc apud Sedem Uticensem an. Incarn. D.* 1139. ibid. tom. 6. col. 322.]

¶ Sedalis Ecclesia, Eodem intellectu. Charta 1133. apud Lobinell. tom. 3. Hist. Paris. pag. 59 : *Ecclesiæ beati Martini de campis.... ecclesiam sancti Dionysii quæ dicitur de carcere.... donavimus.... cum prabenda etiam B. M. majoris et Sedalis Ecclesiæ, et cum universis cæteris appenditiis. Sediales Ecclesiæ* dicuntur in Mirac. B. Zitæ tom. 3. April. pag. 511. majores Basilicæ prope et extra urbem, interprete Florentino, ubi Episcopi aliquando cum Clero Ecclesiæ Cathedralis per festivitates cujusque illarum reficiebantur et sedes fixas habebant : *Cum iret ad ecclesias civitatis Lucensis Sediales et majores, etc.* Hinc

¶ Civitas de Sede, dicitur Urbs Episcopalis, in Statutis MSS. Capit. Glandatensis ann. 1327 : *Tenet D. Præpositus claves ecclesiæ et campanilis, et debet habere campanarium suis sumptibus. Et quia in civitate de Sede habet jurisdictionem in hominibus brevis præpositura, etc.*

Sedere, Sedem Episcopalem obtinere. Epitaphium S. Valent. Episcopi Veronensis apud Ughellum : *Vixit annos pl. m.* XXXXV. *et Sedit Episcopatum an.* VII. *menses* VII. *et dies* XVI. *et recessit sub, etc.* [Conventus Episc. ad Barcin. tom. 3. Conc. Hispan. pag. 189 : *Tempore quo Frodoinus Sedebat cathedram Barcinonensem.*]

Sedes Apostolicæ, [Ecclesiæ quæ Apostolum conditorem agnoscunt.] S. Augustinus lib. de Doctr. Christ. cap. 8 : *In Canonicis autem Scripturis Ecclesiarum Catholica-*

rum quamplurium auctoritatem sequatur, inter quas sane illæ sunt, quæ Apostolicas Sedes habere, et epistolas accipere meruerunt.

¶ Sedes, nude pro Ecclesia seu conventu etiam hæreticorum, in leg. 8. Cod. Theod. lib. 16. tit. 5. de Hæret. : *Omnia loca fiscalia statim fiant, quæ sacrilegi hujus dogmatis* (Eunomianorum et Arrianorum) *vel Sedem receperint, vel ministros.*

¶ Sedes Ecclesiastica, Clerus loci alicujus, ut videtur. Lex Bajwar. tit. 10. § 1 : *Si quis presbytero vel diacono, quem Episcopus in parrochia ordinavit, vel qualem plebs sibi recepit ad sacerdotem, quem Ecclesiastica Sedes probatum habet, injuriam fecerit, vel plagaverit, tripliciter eum componat.*

¶ Sedes Majestatis. Ita nuncupatur in antiquo Rituali MS. Eccl. Vivariensis ann. 1360. sedile in quo sacra celebraturus sedet, dum in choro *Kyrie*, *Gloria*, et *Credo* decantantur : unde quoties assurgebat; ipsi capillos pectebat Diaconus *amoto ejus capello seu almucio*, licet id officii jam in secretario, antequam ad altare procederet, sollicite ei præstitisset. Vide *Tribunal* 3.

Sedes Potentiæ, id est, Abbatis, in Vita Notkeri Balbuli num. 19.

3. **SEDES**, Obsidio, ex Gallico *Siege*. Epistola Stephani Comitis Blesensis de Obsidione Antiochiæ, tom. 4. Spicilegii Acheriani : *Et jam ibi cum omni electo Dom. Jesu Christi exercitu Sedem cum magna ejus virtute per* 23. *continuas septimanas tenueramus.* Dicitur autem exercitus *Sedem* tenere, vel facere, cum in castris sedet. Vegetius lib. 2. c. 5 : *Quæ omnia in Sedibus, in itineribus, in omni exercitatione castrensi, universi milites, et sequi, et intelligere consuescant.* Vide observata a Lindenbrogio ad Ammiani lib. 14. pag. 10. et pag. 99. edit. Valesii.

☞ Usurpatur præterea hæc vox de militibus qui in oppidis stant et stabiles sunt, Gall. *Qui sont en garnison :* quo sensu intelligendus videtur Vegetii locus jam laudatus. Certe idem alibi habet : *Eruditi in Sedibus milites.* Et Ammianus : *Militares numeri destinatas remearunt Sedes.* Ubi vox *Sedes* de stativa accipienda est, ut et in Cod. Theod. Leg. 2. de Domest. et Protect. (6, 24.) : *Quaternas etenim annonas eos quos armis gestandis et procinctibus bellicis idoneos adhuc non esse constiterit, in Sedibus jubemus adipisci.* Vide *Sedetum*, *Sedita* et *Stabilitas*, Glossar. med. Græcit. col. 1343. voce Σίδετον.

¶ Sedem Tenere, A loco, in quo quis sedet, non dimoveri. Charta Caroli Reg. Hungar. ann. 1327. apud Ludewig. tom. 5. Reliq. MSS. pag. 478 : *Contra quos, si prædictus Rex Boemiæ hostiliter cum exercitu processerit, Sedem tenebimus in quiete, neque eis hac in parte aliquod ferre volumus subsidium vel juvamen.*

4. **SEDES**, Locus idoneus ad construendum ædificium, vulgo *Masure*. *Sella mansi*, in Edicto Pistensi c. 30. Charta Lotharii Imp. ann. 977. apud Locrium in Chron. Belgico : *Simili modo mansa duo in jam prædicta villa, et Sedes duas in terra arabili, et bovaria* (bonaria) 24. *ad opus Fratrum ipsius loci.*

* *Sige d'une maison*, in Lit. ann. 1264. tom. 5. Ordinat. reg. Franc. pag. 391.

Sedile, Sediolum, Eadem notione. Charta Caroli C. apud Hemereum in Augusta Viromanduorum in Regesto pag. 28 : *Et in Domitionis monte tria Sedilia, cum vineis ad se pertinentibus : in Vico quoque Sediolum unum ad officium peragendum lavandorum vestimentorum, cum gemino lavendario, qui in eo habitare videtur.* Charta Berengeri Episc. Virdunensis in Tabulario S. Vitoni et apud Hugonem Flaviniacensem pag. 133 : *Dedimus prætereu... mansa decem cum Sedilibus, ad eadem mansa pertinentibus.* Idem Tabularium S. Vitoni : *Sunt ibi undecim Sedilia, excepto indominicato, unum quodque in festivitate S. Martini solvit* 4. *denar.* Occurrit ibi non semel. [Diploma Arnulfi Reg. ann. 890. apud Marten. tom. 2. Ampl. Collect. col. 34 : *Tradimus.... inter Sedilia ac prata terræque arabili ac silvam bonuaria* LX. *Item in alio loco Harz vocabulo inter Sedilia campos pratorum bonnaria* CXXX.] Charta ann. 1153. in Sanctuario Capuano pag. 197 : *Fundus et Sedilis pertinens Ecclesiæ S. Mariæ majoris.* Adde Caracciolum de Monum. Eccl. Neap. pag. 298. Will. Heda pag. 247. 1. edit. : *Sedilia autem, quæ Hofsted dicuntur, Bisusamflicta, in quibus supranominati manserunt, etc.* Est autem Theutonibus *hofstad*, et *hof-stede*, fundus, area, solum, locus ab ædificio purus : solum, cui ædes imponuntur, et quod ædibus dirutis manet, vulgo *Domustadium*, q. d. locus domus : *Hof* enim, domus cum solo et horto. Ita Kilianus. Vide *Huba*.

¶ Sessura, Eodem sensu, in Charta Henrici Leod. Episc. ann. 1163. apud Marten. tom. 1. Ampliss. Collect. col. 866 : *Ecclesia siquidem Falemanniæ quatuor clericos vel præbendarios habebat, ad quorum spectabat victum vel vestitum tota et integra decima ejusdem villæ et atrii,... et quatuor cortilia cum singulis domorum Sessuris.*

Sessus, Eadem pariter notione. Charta Caroli Cal. in Tabulario Dervensi : *Concedimus etiam eisdem Dei servis Sessum unum indomnicatum ad accipiendum salem, cum proprio, uti vulgo dicitur, stallone et furca superposita, etc.* Charta ann. 1034. in Antiquitat. Vosagensib. lib. 5. c. 7 : *Ad Fremoniivillam* 6. *mansus cum Ecclesia, apud Vicum aheneum unum cum duobus Sessibus, etc.* Tabularium S. Remigii Remensis : *In Mariniaco habet Sessum* 1. *cum ædificiis, curte et scuriis.* Alibi : *Est mansus* 1. *in Sesso est mapp.* 1. *in olchis mapp.* 6. *de terra fornsilica mapp.* 20. *sunt simul mapp.* 28. Rursum : *Dedit idem homo ad eumdem Ecclesiam Sessum* 1. *ubi aspiciunt de terra arabili jornales* 6. *vineolas* 3. *etc.*

Sessio, Idem quod *Sessus*. Epistola Gaufridi de Meduana tom. 2. Spicilegii Acheriani pag. 507 : *Decem aratra cum bobus, quæ Carucas vocatis, et terram duabus Sessionibus aptam ad laborandum dedi.*

☞ Ex his omnibus haud difficile quis percipere potest vocem *Sedes* et alias, quas hic congessit Vir eruditus, non tantum significare locum idoneum ad construendum ædificium, sed et designare Modum agri qui colitur, idem proinde esse quod supra *Pecia* et *Platea*. His addere placet Terragium Bellijoc. : *Super quodam prato .... continente Sedem octo massotarum feni.* Infra : *Continente plateam duarum massodatarum.*

¶ Sedius, Sedilius, Eodem intellectu. Præcept. Ludovici Imperat. ann. 836. apud Marten. tom. 1. Ampliss. Collect. col. 96 : *Concessimus ad proprium Hruotberto fideli nostro... viniolas et Sedios tres cum tribus hominibus qui eas excolere noscuntur.* Chron. Farf. apud Murator. tom. 2. part. 2. col. 448 : *Aimon casam unam; filii Petri Petronacis casale unum; Joannes cum suis Sedium unum; Ursus Godon Sedium unum.* Pluries ibi. Tabul. Audomar. : *Habet ibi Sedilium unum, inde solvit sol.* 1. Ibid. : *Habet et ibi Sedilios* X. *veniunt in censum de argento sol.* VIII. ½. Rursum : *Habet ibi Sedilios* XXXIII. *inde veniunt sol.* V. ½.

Sedes Molendini, seu locus idoneus ad construendum molendinum, vel ubi stat molendinum, in Chronico Andrensi pag. 345. 347. *Locus molendini*, pag. 353. Adde Marlotum in Metropoli Remensi pag. 621. *Area molendinaria*, in Charta Communiæ Compendiensis ann. 1188.

Sedium, Sedilium de Molino, in Charta ann. 1160. apud Ughellum tom. 7. pag. 575 : *Ac subjectum est Sedilium, ac fovea de molino, quod olim constructum fuerat foris hanc civitatem.* Infra : *In medio Sedio vel fovea unum molinum, si voluerit, construere.* Vide eumdem tom. 6. pag. 300. 846. [Chron. Farf. apud Murator. tom. 2. part. 2. col. 557 : *Unum Sedium de molendinis juxta molinum Todici.* Ibidem col. 570 : *Quædam portio de Sedio molini, etc.*]

¶ Sedile, vel Sedilium, nude, Pari significatu. Charta Alexandri PP. ann. 1257. apud Ughellum edit. 1717. tom. 1. Ital. Sacræ col. 280 : *Unum molendinum et dimidium, ac duo alia Sedilia pro constituendis duobus aliis molendinis liberaliter concedendo.*

Sessio. Tabularium Prioratus de Paredo : *Idem de situ molendini, medietatem : et vocatur eadem Sessio : Ad pratum Abud.*

* SedesFeni, Prati, Modus agri. Charta Phil. III. ann. 1270. in Reg. 30. Chartoph. reg. ch. 597 : *Quittantes penitus Sedes prati illius de Dano regis,.... pro quibus Sedibus feni idem Martinus reddebat nobis annuatim viginti solidos Paris.*

* Sedes Mullonorum, Spatium, locus, ubi coacervatur fenum. Charta ann. 1265. ex Tabul. S. Petri Carnot. : *Dicebant se habere debere in prato.... apud Tyvas, in dominio dictorum abbatis et conventus, restulagium, Sedem mullonorum, etc.*

¶ Sedes Bladorum, Præstationis species exsolvenda, ut videtur, pro loco ubi reconduntur *blada*. Charta ann. 1253. in Tabul. Floriac. : *Girardus quittat et concedit quicquid habet... in grangia de Figiaco, ... scilicet piletum, guapandum, Sedes bladorum, etc.*

* Area, proprie; unde dicitur de Jure colligendi grana, quæ in area e manipulis excidunt, vel granorum trituratorum reliquias. Lib. privil. eccl. Carnot. ch. 257 : *Medietatem omnium Sedium, post palam reducendo, ultimam minam ad Sedem, si de*

illa aliquid deficeret. Neque aliter intelligenda videtur *Sedes curiæ*.

¶ Sedes Curiæ, in Charta ann. 1220. ex Chartul. S. Aviti Aurel. : *Rambaldus dicebat se debere... habere... Sedem curiæ post paleam sine scopa.* Vide *Sedes Bladorum*.

¶ Sedes Cambæ, Ubi cerevisia conficitur. Charta Garini Episcopi Ambianensis ann. 1138. ex Tabulario Abbatiæ S. Fusciani : *Wermondus quoque Vicedominus eidem Ecclesiæ dedit Sedem unius cambæ in orto Erleboldi, etc.*

¶ Sedes Intima, Imus carcer, Gallice *Cachot*; Prudentio lib. 2. contra Symmachum v. 469 : *Antrum carcereum.* Eidem hymn. 2. v. 310 : *Atrum limen.* Cod. Theod. leg. 1. tit. de Custod. reor. (9, 3.) : *Nec vero Sedis intimæ tenebras pati debebit inclusus, sed usurpata luce vegetari.*

Sedes Salinariæ, Loci, in quibus sal conficitur, seu in quibus Patellæ et Caldariæ salinariæ consistunt. Vita Joannis Gorziæ Abbatis pag. 764 : *Salinas, quæ una tantum parte regionis ipsius, quæ Vicus dicitur, habentur exstruere, ut in loco eodem plures, quas dicunt Patellas, partim ex integro cum ipsis Sedibus emptas, partim, quæ juris Monasterii erant, reparatas, multo usui imposterum profuturas paraverit, etc.* Chronicon Senoniense lib. 4. cap. 36 : *Sedes etiam salinarias ipsius Prioratus apud Medium vicum in domibus lapideis inclusit.* Chartæ Henrici III. Imp. et Leonis IX. PP. ann. 1049. apud Chifflетium in Tornutio : *Caldarias quoque ad sal conficiendum cum propriis Sedibus, quæ vulgo Mitchæ vocantur.* Alia Henrici IV. Imp. ann. 1053. apud Perardum in Burgundicis : *Corroboramus etiam donum Caldariarum in Salinis vico, cum Sedibus suis, quas tradidit supradictæ Ecclesiæ Comes Otto cognomento Willelmus.* [** Pancharta Abbat. Metloch Diœces. Trevir. in Diar. Diplom. tom. 2. pag. 124 : *Puteum salis in Wich. Ibi habemus 7. Sedes... Dabuntur nobis de unaquaque Sede 6. modia salis, etc.* Vide infra *Segus*. Confer *Salzsuti* apud Graff. Thesaur. Ling. Franc. tom. 6. col. 166. radice *Siudan*, Coquere.]

Sessa, et Sessus, Eadem notione. Testamentum Fulradi Abbatis S. Dionysii : *Patellas ad salo faciendum in vico Bobatio seu Marsallo, una cum Sessis eorum.* Charta Theodorici Episcopi Metensis ann. 1176. in Antiquitatib. Vosegi 3. parte lib. 4. cap. 3 : *Et insuper tres Sessas, quas apud Vicum prædicta domus possidet, liberas ab omni redditu et exactione, concessimus.* Charta Chrodegangi Episcopi Metensis ann. 763. apud Meurissium in Episcopis Metensibus pag. 187 : *Donamus et ibidem in subteriore Vico atria cum Sessu suo, ubi dominium ipsi fratres possint habere.* Alia Stephani Episcopi Metensis apud eumdem Meurissium pag. 405 : *Omnes reditus, sive questus, quos habemus apud Marsal de Sessis seu patellis, quæ pertinent ad alodium, quod nuncupatur, etc.* Mox : *Præterea concedimus eis, ut quot Sesses vel Sessiones in prædicto alodio construere voluerint, tot nullo contradicente apud Marsal construant.* Alia anni 1034. in Antiq. Vogesi lib. 5. cap. 7.: *Apud Vicum, aheneum unum cum duobus Sessibus.* Et infra : *Præterea concedimus eis, ut quot Sesses, vel Sessiones in prædicto alodo construere voluerint, tot nullo contradicente apud Marsal construant.* Vide pag. 167. 426.

¶ Sedes Simulacrorum, Loca in quibus fixa erant paganorum simulacra, Gall. *Niches*, in leg. 19. Cod. Theod. de Pagan. (16, 10.) Interdum eadem voce significantur solia et throni, quibus simulacra circumferebantur in pompa, ut apud Tertullian. lib. de Spect. cap. 7.

Sedes Navium, Reditus de statione navium in portu, quomodo vocatur in Chartis Ottonis Imper. ann. 981. et Henrici II. ann. 1006. apud Chapeavillum tom. 1. Hist. Leod. : *Aut reditus de statione navium exigere, etc. Segiagium*, vel *Groundagium*, Spelmanno. Aresta ann. 1257. in 1. Regesto Parlamenti fol. 5 : *Cum Abbas et Conventus S. Judoci super mare dicerent, se fuisse spoliatos a D. Rege de Sedibus navium inter S. Judocum et medium aquæ de Cahanche, de quibus erant in possessione et mainagio ratione emptionis factæ ab eis a Wermundo Dom. de S. Judoco, etc.* Vetus Regestum domus publicæ Ambianensis, de tributis, quæ exsolvuntur in portu Oppidi S. Valerici : *Li Abbés de S. Valeri a moitié en l'aquit de toutes les coses, qui viennent d'Engletere et de le coste pour tant qu'eles soient là venduës, ou comparées, mais s'eles sont venduës ou comparées à Diepe ou Eu, en Flandres, ou en autre coste, li Abbez n'y a riens. Li Abbés a le Siege des nés d'Engleterre quiconques, mais n'ait esté à haule, et qui ne soit merquie. Li Serjant, l'Abbé et le Prevost le veut merquier, et paye chele nef à chele fois 26. den. dont li Prevos a les 2. sols et li Abbez 2. deniers. Mais li Prevos ne prent puis riens u Siege de cele nef. Se 2. nès sont floté en seant ou en venant, ou l'une siet et l'autre vient, et l'une empire l'autre, chascune rent le moitié du damage l'une à l'autre. Se navire siet à haule à sec ou à flote, et on boute nef ou navel seur lui, se chele, qui siet toute coie est empirie par chele que ou on boute, rend le damage, et se chele, que on boute est empirie, chele qui siet toute coie ne rent riens.* Computum Domanii Comitatus Bononiensis ann. 1402 : *Recepte de Sieges de nefs des pesqueurs venans ou havene de Boulongne au temps de herenguison depuis de jour S. Miquiel jusques au jour S. Andrieu, lesquels doivent chacune nef au vaisel pesqueur 5. s. 4. den. pour leur Sieges, etc. Ainsi des Sieges de nefs ou hable d'estaples, etc.* Computum Domanii Comitatus Pontivi ann. 1478 : *Recepte des Sieges de nefs alans en pescherie de harancs à payer au jour de S. Nicolas d'yver, c'est assavoir que chacune nef portant 4. lez de harenc et au dessous, doit pour le Siege 4. sols esterlins, celles de 4. à 6. lez sept esterlins, etc.* Usatica MSS. Vicecomitatus Aquarum Rotomagi : *Quant nef faite en Engleterre vient à Roüen, elle doit estre despousée, et pour le despouser, elle doit au Roy 3. s. et pour le Siege 3. s. Elle ne doit riens pour despouser, mès que l'en puisse monstrer par merel, ou par signe, que elle ait esté despousée autrefois, et nequedent elle doit toujours 3. s. pour son Siege.*

¶ Sedile, Eodem significatu, in Charta Ludovici Reg. ann. 874. apud Marten. tom. 2. Ampl. Collect. col. 29 : *Sedilia insuper in portu Hoiio et Dionanto, unde exeunt solidi* XXXII.

* Charta ann. 1321. in Reg. 61. Chartoph. reg. ch. 290 : *Item mue le rente que lidiz religieus avoient.... u haule de S. Walery pour les Seages et le merquier des nés. Seuage*, eadem, ut videtur, notione, in Comput. redit. comitat. Pontiv. ann. 1554 : *Des proffiets et revenus des averaiges et Seuages des nefs, etc.*

* 5. SEDES, Proprietas, dominium, possessio. Charta Rothb. archiep. Trevir. ann. 952. tom. 1. Hist. Trevir. Joan. Nic. ab *Hontheim* pag. 285. col. 2 : *De adjacentiis Sedis nostræ Altreiæ terram indominicatam ad vineas plantandas.* Charta Phil. I. ann. 1061. in Reg. 62. Chartoph. reg. ch. 283 : *Concessimus loco Sanctæ Mariæ in Sede nostra Pissiaco scilicet constituto, ea quæ pater meus et antecessores nostri prædicto loco concesserant.* Vide *Sedentia* 1. et *Sedile* in *Sedes*, 4.

* 6. SEDES, Gall. *Siege*, Convivium inter sodales, qui etiam cum pauperibus ad eamdem mensam sedent. Stat. confratr. S. Pauli Paris. ann. 1332. in Reg. 66. Chartoph. reg. ch. 1123 : *Item il font leur Siege chascun an lendemain de ladite feste saint Pol, ou à un autre jour la sepmaine, tel comme il leur plait. Item audit Siege à quinze poures souffisamment pelez, qui sont les premiers assis et servis à un doys des plus riches hommes.*

¶ SEDESSERIUS. Vide *Sederius*.

SEDET, Decet, ex Gallico *Sied*. Bernardus Silvester de gubernatione rei familiaris : *Male Sedet in juvene, vina cognoscere.* Andreas Aulæ Regiæ Capellanus in Amatoriis : *Melius in mensa regia Sedet aurum, quam in pauperis domo, vel rusticano tugurio, etc.* [Vide *Sedere* 1.]

SEDETUM, Locus, seu sedes castrorum, ubi consistit exercitus, *sedes* nude Ammiano lib. 14. Vegetio, et aliis. Lex 18. Cod. de Episcop. aud. (1, 4.) : *Milites, qui præsunt, et in custodia consistunt, in suis, ut vocant, Sedetis, sive stationibus, etc.* ubi Græca habent ἐν τοῖς σεδέτοις αὐτῶν, de qua voce Græcobarbara consule Glossar. med. Græcit. [Vide *Sedes* 3. et *Sedita*.]

* SEDIA, vox Italica, Sedes in choro ecclesiæ. Charta ann. 1349. tom. 2. Hist. Cassin. pag. 545. col. 2 : *Promiserunt facere chorum ipsius ecclesiæ cum Sediis duplicibus, unam videlicet altam et aliam bassam.* Vide infra *Tobernaculum* 5.

¶ SEDICEM, pro Sedecim, nisi mendum sit librarii, in Actis Episcop. Cenoman. apud Mabillon. tom. 3. Analect. pag. 127.

SEDICULUM, Sedes minor. S. Gerardus in Adhalardi Vita cap. 9. n. 55 : *Locato ante lectum Sediculo, semper assidebat coram eo.*

¶ SEDILE, Sedilium, etc Vide *Sedes* 4.

* SEDILIA, Vagina, quasi gladii sedes. Glossar. Lat. Gall. ann. 1348. ex Cod. reg. 4120 : *Sedilia, Gall. Sache.*

1. SEDIMEN, *urina, et dicitur a sedeo, eo quod in fundo sedet*, Matth. Silvatico : Latinis, *sedimentum*, Gr. ὑπόςασις, vox medicis familiaris.

2. SEDIMEN, Sedimentum, pondus,

gravitas, assiduitas, diligentia : sed proprie gravitas in dicendo, eruditio, studium, diligentia, ingenium. Ita non semel usurpat Ordericus Vital. in prologo ad Histor.: *Horum* (Scriptorum) *allegationes delectabiliter intueor,... nostrique temporis sapientes eorum notabile Sedimen sequi cohortor.* Idem lib. 2. de Aratore pag. 375 : *Carmen metrica sonoritate pulchrum edidit, in quo nobile sui Sediminis monimentum posteritati futuræ reliquit.* Lib. 3. pag. 461 : *In domo Domini nutritus fuerat, diutinoque Sedimine religiosam vitam jugiter ducere didicerat.* Lib. 4. pag. 530 : *Artium et sacræ lectionis Sedimen per Lanfrancum cœpit.* Lib. 6. initio : *Humani acumen ingenii semper indiget utili Sedimine competenter exerceri.* Adde pag. 547. 597. 903. 628.

3. **SEDIMEN**, Idem quod *Sedes*, seu locus quivis vacuus, idoneus ad ædificandum vel plantandum, etc. [Chron. Farf. apud Murator. tom. 2. part. 2. col. 511 : *Sedimen terræ ad casam faciendam, etc.* Statuta Vercell. lib. 6. fol. 133. v° : *Quod nullus homo cui livratum esset Sedimen vel livraretur possit vendere, donare vel alienare in aliquam personam quæ non sit subdita Communi Vercellarum.*] Charta Conradi Imp. ann. 1028. apud Augustinum *de la Chiesa* in Hist. Eccl. Pedem. cap. 21 : *Et offert cum Abellonio viro suo per chartam istam ejus portionem de istis casis, capellis, Sediminibus, etc.* Alia ejusdem Imp. apud eumdem Scriptorem cap. 20 : *Et de omnibus casis, Sediminibus, cæterisque rebus eidem Ecclesiæ pertinentibus.* Paulo post : *Concedimus in ejusdem locis et territoriis, quæ supra leguntur inter Sedimina castri, arearum, ecclesiarum, seu cætera Sedimina et vineas cum areis suis, etc.* Occurrit rursum pag. 240. et in Chartis aliis in Probat. Hist. Sabaudicæ pag. 14. 19. apud Ughellum tom. 3. pag. 415. tom. 4. pag. 212. 214. 215. tom. 5. pag. 650. apud Corium in Hist. Mediolanensi pag. 357. edit. 1646. Franciscum Mariam in Mathilde lib. 3. pag. 157. Puricellum in Ambrosiana Basilica pag. 367. 956. 1014. etc. Adde Statuta Mediolan. 1. parte cap. 209. [Statuta Astens. fol. 7. v°. etc.]

¶ **SEDIMEN**, Domus ubi quis *sedet*, habitat. Acta S. Gerardi tom. 1. Jun. pag. 771 : *Quia Sedimina centum sexaginta familiarum quæ habitabant in dicto burgo, detruncaverant.* Statuta Vercell. lib. 1. fol. 10 : *Si quis habuerit domum vel Sedimen in aliquo burgo, etc.* Statuta Astens. cap. 78. fol. 33. v° : *Teneatur dictum beale scurare per miram suæ domus sive Sediminis.*

¶ **SEDIMINA**, 1ª. declinat. in Testam. ann. 742. apud Mabill. tom. 2. Annal. Bened. pag. 704. Charta ann. 1097. apud Murator. delle Antic. Estensi pag. 82 : *Has autem suprascriptas massaritias cum omnibus earum pertinentiis, cum casis et Sediminis earum, etc.*

¶ **SEDUMEN**, ut *Sedimen*. Castellus in Chron. Bergom. ad ann. 1380. apud Murator. tom. 16. col. 848 : *Combusserunt certa Sedumina.*

¶ **SEDIMONIUM**, Idem quod *Sedimen* 3. Charta ann. 1083. apud Ughellum tom. 4. pag. 1457 : *Sedimonium unum cum tinta, cum acra quæ ibi extat, et campo insimul tenenti, etc.* Infra : *Idem Sedimens cum tinta, etc.*

¶ **SEDIOLUM**, etc. Vide supra *Sedes* 4.

¶ **SEDIPES**, Stapes, cui pede innititur eques, ut in equum ascendat. Vita S. Bonæ tom. 7. Maii pag. 158 : *Jussit ut de equo descenderet, ac sibi transcendenti Sedipedem retineret.*

SEDITA, Præsidium militare, *Garnison.* Isidorus Pacensis Episcopus in Chronico æræ 757 : *Gentemque Francorum frequentibus bellis stimulat, et Seditas Sarrazenorum in prædictum Narbonensem oppidum ad præsidia tuenda decenter collocat.* Vox propria. S. Hieronymus de locis Hebraicis : *Villa, nomine Theman,... ubi et Romanorum militum præsidium sedet.* [Vide *Sedes* 3. et *Sedetum.*]

* **SEDITIALITER**, Seditiose, Gall. *Séditieusement.* Arest. ann. 1380. 6. Oct. in vol. 7. arestor. parlam. Paris. : *Consules Nemausi cum infinitis hominibus dictæ civitatis Seditialiter coadunatis, etc.* Vide mox *Seditionabiliter.*

1. **SEDITIO**, Conspiratio in mortem, aut damnum alicujus, Bractono lib. 3. tract. de Corona cap. 2. ubi Fleta lib. 1. cap. 21. § 2. 3. habet *Seductio.* At § 8. habet *Seditio*, ut et Radulphus de Hengham in Magna cap. 2 : *Constat, quod placita de crimine læsæ majestatis, ut de nece vel Seditione personæ Domini Regis, etc.* Libertates villæ Martelli in Lemovicib. ann. 1219. apud Justellum : *De illis vero, qui alteri plagant aut cicatricem facerent, aut sanguinem excuterent, aut etiam aliquem ad lites, vel ad Seditiones arma traherent, etc.* Quo loco *seditio* idem valet, quod Gallis *Meslée.*

SEDITIONARI, στασιάζειν, in Gloss. Gr. Lat. *seditionem excitare.*

SEDITIONARIUS, δημηγέρτης, in eodem Gloss. qui *seditionem* excitat. [Conc. Toletan. XVII. inter Hispan. tom. 2. pag. 760 : *Seditionarios nunquam ordinandos clericos, sicut nec usurarios vel injuriarum suarum ultores.*] Vide Concilium Carthag. ann. 398. can. 67. [et Gregor. Turon. lib. 10. Hist. cap. 15.]

* 2. **SEDITIO**, Præsidium militare, Gall. *Garnison.* Append. ad Hist. Theg. tom. 6. Collect. Histor. Franc. pag. 86 : *Anno vero xxiv. prænunciavit imperator, ut cum omni exercitu voluisset ire Romam cum filiis suis Pippino et Hludowico, et statuit Seditiones in nonnullis locis contra Danos.* Vide *Sedita.*

* **SEDITIONABILITER**, ut supra *Seditialiter.* Instr. ann. 1379. inter Probat. tom. 3. Hist. Nem. pag. 20. col. 1 : *Una cum trecentis aliis hominibus et habitatoribus dictæ civitatis seditiosis et Seditionabiliter simul congregatis, etc.*

* **SEDITIONALIS**, Ad seditionem pertinens. Hincmar. in Epist. 18. tom. 7. Collect. Histor. Franc. pag. 546 : *In auxilio igitur præbeamus arma divina,.... ut non effundatur sanguis Christianus Seditionali certamine inter fratres et cognatos atque propinquos.*

* **SEDITIONARE**, Ad seditionem excitare, *Seditor*, seditionis auctor, in eod. Instr. ann. 1379. ibid. pag. 21. col. 1 : *Dicti consules, quasi Seditores et concitatores populi, sic Seditionati et in turba coadunati, a vobis impetuose præmissa præcepta facere petebant.* Vide in *Seditio.*

¶ **SEDITIOSUM**, Causa dissentionis, contentionis. Justinianus in 2. Præfat. Digest. : *Et omnes ambiguitates decisæ, nullo Seditioso relicto.*

¶ **SEDITURUS**, pro Sessurus, in Vita B. Augusti novelli tom. 4. Maii pag. 622 : *Quem ad locum concurrunt populi Sedituri et se prostraturi.*

SEDIUM, SEDIUS. Vide *Sedes* 4.

* 1. **SEDIUM**, Sedes, mansio, habitatio, Ital. *Sedio.* Testam. ann. 1230. apud Cens. eccl. Rom. : *Volo quod habeat* (uxor mea Imigla) *Sedium in domo mea et de bonis et rebus meis victum et vestitum condecenter.*

* 2. **SEDIUM**, Seditio. Lit. Soldani pro Pisanis apud Lam. in Delic. erudit. inter not. ad Hist. Sicul. Boninc. part. 1. pag. 200 : *Et non debet venire cum nullum hominem propter terram nostram damnum habere, et Sedium facere, et non debet nocere nullum mercatorem Saracenum, etc.*

SEDNICUS, Centurio, Slavis. Vide Hist. Presbyteri Diocleatis pag. 290. edit. Joan. Lucii, [et infra *Setnicus.*]

¶ **SEDOPROFETA**, pro Pseudo propheta, in lib. 2. Isid. de Offic. cap. 17. ex Cod. MS. Corbeiensi laudato a Mabill. Diplom. pag. 350.

* **SEDUCIBILIS**, Seductor, deceptor, corruptor. Testam. ann. 1251. ex Tabul. Auxit. : *Quod si ipse dominus Jordanus absque filio legitimo et filia legitima de hoc nequam et Seducibili sæculo tolleretur, etc.*

¶ **SEDULA**, pro Schedula, in Consuet. Universit. Paris. per Robert. *Goulet* fol. 5. v° : *Tenetur.... eorum Sedulas ad receptorem cum taxa dirigendas signo suo signare.*

¶ **SEDULARIUM**, Sedile. Paulus D. lib. 33. tit. 10. leg. 4 : *Rhedæ et Sedularia supellectili adnumerari solent.* Vide Turnebi Advers. lib. 8. cap. 9.

¶ **SEDUMEN**. Vide supra *Sedimen* 3.

SEDUS, *sine dolo, id est, virtus.* Papias.

* **SEDUTATICUS**. Charta Caroli C. ann. 5. regni ejusd. in Chartul. S. Dion. pag. 75. col. 2 : *Concessissent omnes theoloneos, vel barganaticos, sive pontaticos, vel pulveraticos, seu rotaticos, cipitaticos, Sedutaticos, etc.* Ubi leg. *Salutaticos.*

¶ **SEED-COD**, vox Anglica quæ vas illud significat, in quo agricola semen reponit, a Sax. sæd, Anglis *Seed*, Semen, et Codde, pera, vel id omne quo aliquid continetur. Comput. ann. 1407. apud Kennett. Antiquit. Ambrosd. pag. 549 : *Et pro uno Seed-cod empto* III. *den.*

¶ **SEENS**, Res immobiles. Vide *Sedentia.*

¶ **SEERUS**. Comput. ann. 1202. apud D. *Brussel* tom. 2. de Usu feud. pag. CLIII : *De Seero de Gant.* xx. *l.* Nomen loci proprium esse videtur.

SEGA, SEGONA, etc. Obligatio, qua vassallus, vel tenens, dominum in *hostem* seu exercitum sequi tenebatur. [Vide *Hostis* 2.] Charta Guigonis Comitis Forensis ann. 1253. pro Libertatibus Villarezii : *Homines prædictæ libertatis tenentur venire in cavalcatam nostram,.... et Sequi mandatum nostrum per totum Comitatum Forensem, etc. Sega et sequuta cum armis*, in Charta ann. 1350. apud Justell. in Hist. Turenensi pag. 104. Alia ann. 1275. in Tabul. S. Flori Arvern. : *Ab omni atallia, collecta, leuda, Segoha, manobra et servicio.* Alia : *Excipimus etiam libertatem a Segnoa, manobro et servicio.* Homagium factum Henrico Comiti Rutenensi a Petro de Panaco Domicello ann. 1280 : *Præterea ego et successores mei debemus vobis et successoribus pro quolibet prædictorum castrorum facere albergam cum 5. militibus, et Segoam facere cum aliam terram vestram monueritis, ad hæc nos vel nostri, etc.*

Seguis. Carta Pontii Comitis Tolosani ann. 936. apud Catellum pag. 89 : *Quæstus, et albergas, et firmantias, et tallias, et omnes actiones, et Seguis, et justitias, etc.* Ita legendum pro *Segnis.*

¶ Seguius, Eadem notione. Charta Raymundi Bernardi Vicecom. Biterr. ann. 1070. in Append. ad Marcam Hispan. col. 1157 : *Excepto ipso Seguio qui per prædictos incombres vel donationes advenerit per directum ad ipsos successores de ipsos tenentes jamdictas donationes ; sed ita maneant ipsæ abbatiæ, exceptis prædictis incumbres et eorum Seguio præscripto.*

Sequimentum, Segimentum, Seguimentum. Charta Friderici II. Imp. ann. 1220. apud Ughell. tom. 2. pag. 23 : *Ut nec per aliquem nostrum missum, aliamve majorem vel minorem laicalem personam, seu per commune Bononiæ compellantur curare, ad breve communis Bononiæ vel Sequimentum potestatis, aut in cavalcatam, vel in exercitum ire, etc.* Charta Nunii Sancii Comitis Rossilionis ann. 1233 : *Et faciant ostes, et cavalcadas, curtes, et placita, et Segimenta cum meo corpore et meis Militibus de Vicecomitatu Ceritaniæ, etc.* [Charta ann. 1134. in Append. ad Marcam Hispan. col. 1277 : *Et faciam tibi hostes et cavalcadas, curtes et placitos, et Seguimentum cum meo corpore et cum meis militibus de Vicecomitatu Ceritaniæ.*] Charta ann. 1240. apud Joannem Lucium in Hist. Dalmatica pag. 472 : *Inprimis juraverunt corporaliter.... fidelitatem, et Seguimentum dictæ Potestatis, sicut Spalatenses juraverunt, etc.*

Sequitio. Libertates villæ Martelli in Lemovicibus ann. 1219. apud Justellum : *Si quis habitator villæ Martelli non sequitur Vicecomitem, quando mandat Sequitiones suas, pro propria guerra, etc.*

¶ **SEGALE**, Segallum, etc. Vide *Sigalum.*

SEGARDI, Hæretici, de quibus ita M. Chronicon Belgicum ann. 1323 : *Segardi multi combusti sunt Parisiis propter hæresim pauperum de Lugduno, quia sub specie boni mala suscitare conabantur.* Sed legendum *Begardi*, de quibus supra.

¶ **SEGARE**, Segatura. Vide *Secare* 2.

¶ **SEGATOR**, Segatus. Vide *Seca.*

¶ **SEGEL**, ut *Sigalum.* Vide ibi.

* **SEGELATIUS**, Seca litius, Gall. *de Segle.* Charta ann. 1097. ex Chartul. S. Sulp. Bitur. fol. 6. r° : *Ergo dabit Stephanus.... tres sextarios de annona, unus triticeus erit, alter vero Segelatius, tertius ordeaceus. Seguel*, Secale, in Ch. ann. 1356. inter Probat. tom. 2. Hist. Nem. pag. 179. col. 1 : *Civata, v. sestaria, j. floren. Seguel, sestarium, ij. gross. pomola, viij. sestaria, j. floren.*

* **SEGENTES**, Messores, qui in metendis segetibus operam suam locant. Reg. N. Chartoph. reg. ch. 5 : *Debuimus convenire et inquirere utrum homines communiæ de Cerniaco, manuoperantes et Segentes in terra comitis de Roceyo, deberent reddere winagium ipsi comiti in regressu suo.*

* **SEGERZONUM** inter arma numeratur, in Stat. Vallis-Ser. rubr. 44. ex Cod. reg. 4619. fol. 88. r° : *Arma vetita,.... sunt hæc, videlicet.... lancea, rusthullum, Segerzonum, etc.*

¶ 1. **SEGES**, Mensura agraria. Charta Werfrithi Episcopi ann. 892. apud Hickes. Grammat. Anglo-Saxon. pag. 174 : *Et etiam unum pratum ad mensuram fere* XII. *Segetum vel amplius.*

* 2. **SEGES**, Granum, quod molendum defertur. Charta Nic. abb. S. Joan. Laudun. ann. 1196. ex Tabul. ejusd. monast. : *Cum autem molendinarius Segetem alicujus ad molendinum tulerit, infra tres dies ad longius ad domum illius, cujus est seges, sive in farina, sive in ipsa Segete reportabit.*

¶ **SEGESTRUM**, *Pileum stramineum*, in Amalth. ex Suppl. Antiquarii : nescio quo vade. In Gloss. Lat. Græc. : *Segestrum*, Σέγαςρον, γεράδερμον, vetus pellis. Vide Scaliger. ad Festum in *Deris*, et Casaubon. ad Sueton. in Aug. cap. 83. [** Forcellin. in *Segetra.*]

¶ **SEGGREAGIUM**. Vide supra in *Secretarius* 3.

* **SEGHS**, Officina, ni fallor, ubi serra, Italis *Sega*, ad desecandum utuntur. Testam. Guill. milit. de castro Barco ann. 1319. tom. 3. Cod. Ital. diplom. col. 1945 : *Cum omnibus meis terris, possessionibus, mansis, molendinis, Seghis, follonibus, etc.* Vide *Seca.*

¶ **SEGHIA**, Terra inculta, vepribus et dumetis abundans, ab Ital. *Seccia*, dumetum, Gall. *Broussailles.* Statuta Vercell. lib. 5. fol. 128 : *Item quod quælibet persona civitatis et districtus Vercellarum possit.... seminare, ad cultum reducere, et tensatas tenere terras et possessiones, quæ appellantur Seghiæ, zerbia, boscum, etc.*

¶ 1. **SEGIA**, ut *Seghia*; ni fallor; nisi sit Modus agri, idem proinde quod *Segus.* Vide in hac voce. [* Neutrum; idem quippe videtur quod infra *Sequia.*] Charta ann. 1285. in Tabul. S. Johan. Angeriac. : *Et super medietate cujusdam Segiæ prout includitur inter maresia communia et pratum domini de Gurgitibus, quæ Segia communis est cum Himberto.* Vide *Sedes* 4.

¶ 2. **SEGIA**, Situla ex ære Cyprio, aquæ hauriendæ idonea, Ital. *Secchia.* Statuta Vercell. lib. 7. fol. 152 : *Item statutum est quod si ignis poneretur in civitate de nocte... incontinenti currant... mulieres cum situlis et Segiis portantes aquam et ad ipsum ignem extinguendum intendant sub pena sol.* XX. *Pap.* Vide infra *Selha.*

¶ 3. **SEGIA**, Quod Commentariensi pro incarceratione præstatur. Charta Caroli Principis Montis S. Angeli ann. 1284. ex Cod. MS. D. *Brunet* fol. 75. v° : *Ut sex denarii qui solvuntur in Arelatensium civitate pro Segia a captivis.... sint nobis.*

¶ **SEGIAGIUM**. Vide *Sedes navium* in *Sedes* 4.

¶ **SEGIMENTUM**, ut supra *Sega.* Vide ibi.

¶ **SEGLA**, Mensura liquidorum. Vide *Sicla.*

¶ **SEGLARIUM**, Emissarium aquarium, Gallice *Evier*, vel quid simile. Statuta Placent. lib. 4. fol. 40. v° : *Omnia Seglaria seu foramina vel meatus in quibus mittitur vel mitti potest aqua in aliquam viam publicam civitatis habeant horificium et fora men ex quibus exit aqua juxta terram : ita quod exitus vel reliberatio non ledat transeuntes.* Vide *Scolarolum.*

¶ **SEGLE**, Seglia, Seglum. Vide *Sigalum.*

SEGMENTATUS, [*Segmentis* ornatus. Dicitur de veste *Segmentis* variegata simul et de homine ejusmodi vestimentis induto. *Segmenta* autem intelligo ornamenta dissecta vel etiam diversi coloris seu textus. Hinc *Segmentatus*, idem quod acupictus sonat Ernaldo in Vita S. Bernardi tom. 2. Oper. ejusdem col. 1112. edit. ann. 1690 : *Segmentata ei circumferebantur pulvinaria.* Probus *Segmenta* interpretatur fasciolas quæ extremis vestium oris assuuntur, Gall. *Franges.* Eo sensu occurrit in Conc. Mexic. ann. 1585. inter Hispan. tom. 4. pag. 339 : *Vestitu fimbriato, clavis sericis, phrygiisve aut Segmentis ornato* (Clerici) *ne utantur; sed Segmenta rasi serici aut tafetani, quæ duorum aut trium digitorum latitudinem non excedant, in extremitate pallii seu mantelli gestare poterunt.* Gloss. Lat. Gall. Sangerm.: *Segmentum, une maniere de vestement, ou pourfi ou decoupeure de robe, ou fermail pendent du col.*] Vita MS. S. Amatoris initio : *Parentibus nobilissimis ortus, et in cunis Segmentatis educatus est.* [*Segmentatas cunas* dixit etiam Juvenalis Sat. 6. 89. hoc est, inquit Perottus, tenuissimis ligneis ramentis ac versicoloribus depictis : nisi *cunas Segmentatas* malis *segmento* tectas interpretari.] Gerardus Episcopus Cameracensis in Concilio Atrebatensi ann. 1025. tom. 13. Spicilegii Acheriani pag. 3 : *Tertia vero die, quæ Dominica habebatur, Segmentatus Episcopus cum suis Archidiaconis paratis; crucibus et textis Evangelicis.... Synodum celebraturus.... progreditur*, i. vestibus Pontificiis [quæ *Segmentatæ* erant] indutus. Allusit ad illud Juvenalis lib. 1. Sat. 2. de veste Gracchi :

Segmenta, et longos habitus, et flammea sumit.

[Adde Arator. in Act. Apost. cap. 16.] Vide Salmasium ad Vopiscum pag. 404. [et Martinii Lexic. v. *Segmen.*]

* **SEGNHORIA**, Dominatio, dominium, Gall. *Seigneurie.* Charta ann. 1341. in Reg. 4. Armor. gener. pag. 12 : *Sub ejus immediato dominio et Segnhoria in feudum francum, nobile et anticum, bonis conditionibus conditionatum, etc. Seroignie*, eodem sensu, in Chartul. episc. Paris. fol. 120 : *Totes ces choses devant dictes sunt ou fief et en la Seroignie monseignour l'esvesque de Paris.* Vide *Segnoria.*

SEGNIATA. Charta Pacis communiæ oppidi Faræ, ab Ingeranno de Couciaco indulta ann. 1207 : *Capitagia hominum nostrorum, et tria placita generalia, et panem, quem mihi debebant,.... et stallagia sotularium, et Segniatam piscatorum, circadam* *etiam nemorum, et aquæ custodiam : hæc omnia eis quitta clamavimus, etc.* Apud Thomasserium in Consuet. Bituric. parte 3. cap. 22. Forte legendum *Sogniatam*, ex Gall. *Soing*. [Vide *Soniare*.]

¶ **SEGNIORESSA**, Domina. Testam. Raymundi Trencavelli ann. 1154. inter Probat. novæ Hist. Occit. tom. 2. col. 550 : *Mea uxor tantum quantum voluerit stare sine marito cum suis et meis infantibus in omnibus terris meis sit domina et Segnioressa.* Itali *Signoressa* eo sensu non nisi ridendo usurpant. Vide infra *Senior*.

¶ SEIGNORESSA, Eodem intellectu, in Testam. Florentii de Castellana ann. 1398. ex Schedis Pr. *de Mazaugues : Voluit... quod totum furtum de Luco sibi veniat et de ipso furto sit domina et Seignoressa.* Vide *Signoressa*.

¶ **SEGNIORIVUM**, ut infra *Segnoria*. Charta ann. 1138. inter Probat. novæ Hist. Occitan. tom. 2. col. 486 : *Ego Guillermus Poncius, et nos qui sumus ei filii Raymundus Ademar, et Guillermus Ademarus.... vendimus.... tibi R. Trencavello totum quod nos habemus.. in toto castro de Marcelliano... hoc est homines et fœminas cum toto Segniorivo quod ibi habemus.* Vide *Segnorivum*.

¶ SEIGNORIVIUM, Eadem notione, in Charta ann. 1139. ibid. col. 487 : *Donamus itaque vobis castellum de Illa et castellum de Caselas... cum suis forteziis et munitionibus, et cum ipsis Seignorivio et censibus atque usaticis, et redditibus quæ ibi habemus et habere debemus, et cum toto hoc quod ad ipsa castella et ad dominationem pertinet ac pertinere debet.* Vide *Senior*.

* *Seigneurage*, in Charta Garn. abb. Corb. ann. 1300. ex Chartul. 23. ejusd. monast : *Pour obéir à lui en ces cas et en autres, si comme il ont accoustumé, tout soit il d'autres fiefs et d'autres Seigneurages que du seigneur de qui Pinquegni est tenu.*

¶ **SEGNIS**, pro *Seguis*. Vide *Sega*.

¶ **SEGNITUDO**, Segnities, desidia. Conc. Emerit. inter Hispan. tom. 2. pag. 629 : *Sunt aliqui quorum intentio non pauca est in sancto Dei officio, atque multi quos Segnitudinis fastus minime perducit ad bonum profectum.*

¶ **SEGNOA**, ut supra *Sega*. Vide ibi.

* **SEGNORARE**, SEIGNORARE, *Senioris* seu domini jura exercere. Inquisit. ann. 1268. ex sched. Pr. *de Mazaugues : Vidit.... tenere.... territorium usque ad prædictos fines Seignorando ibi et tenendo ibi bannerios suos et bajulos in dicto castro, qui dominabantur in dicto territorio.* Infra : *Vidit dominum Hugonem de Baucio Segnorare, bannejare et justiciare, et sanguinis effusionem punire.* Nostris *Seigneurier*, *Seignourir* et *Signorer*, Dominari, gubernare, regere. Lit. ducum Bitur. Aurel. etc. ann. 1410. in Hist. Caroli VI. pag. 204 : *Ne vous laisse on Seigneurier vostre royaume, ny gouverner la chose publique d'iceluy, etc.* Pœnit. Adami MS. cap. 2 : *Dieu ne la fist pas* (la femme) *de la partie de la terre, adfin qu'elle ne voulzist Seignourir par dessus l'homme.* Vita J. C. MS. :

Je ne sui pas pour Signorer,
Ne pour mestrie démener.

Vide *Seniorare* in *Senior*.

1. **SEGNORIA**, Dominatio, dominium; ex Gallico *Seigneurie*. Charta Raymundi Berengarii Marchionis Provinciæ ann. 1234 : *Scilicet omnem Segnoriam, et dominationem, jurisdictionem, etc.* [Cigaltius de Bello Ital. : *Papa longo tempore tenuit Segnorias Regis.* Adde Statuta Massil. lib. 2. cap. 3. § 1. etc.] Vide *Senior*.

¶ SEIGNEURIA, in Charta ann. 1305. tom. 1. Hist. Dalphin. pag. 21. col. 2 : *Concedens.... quod per se, vel familiares suos quoscunque, percipiant et teneant ut garderii et custodes ejusdem dictam domum fortem cum omnibus ejus mandamento, territorio, Seigneuria, jurisdictione, etc.* Occurrit ibidem bis *Seignoria*.

¶ SEIGNIORIA. Charta ann. 1290. apud Spon. tom. 2. Hist. Genev. pag. 61 : *Propterea nos idem Comes eidem domino Episcopo juravimus quod de aliis juribus, possessionibus, vel Seigniorio ipsius domini Episcopi nihil occupabimus... et defendemus contra omnes personas in omnibus juribus, possessionibus et Seigniorio sua in civitate.*

¶ SEIGNORIA, Ital. *Signoria*. Charta ann. 1223. ex parvo Chartul. S. Victoris Massil. : *Nos abbas petebamus totum affare, scilicet dominium et jurisdictionem et Seignoriam omnimodam dicti Roncelini.* Charta pariagii inter Regem et Episc. Mimat. ann. 1306. ex Tabul. Mimat. : *Ad Episcopum et Ecclesiam Mimatensem pertinet jus... cudendi monetam... et omnia alia et singula explectandi pro majori potestate et Seignoria sua, quæ ad majorem potestatem, regaliam et majus dominium pertinere noscuntur.* Occurrit præterea in Charta ann. 1304. tom. 1. Macer. Insulæ Barbaræ pag. 194. in Statutis Massil. lib. 4. cap. 14. et alibi.

* 2. **SEGNORIA**, Carcer, quia præcipuum est *Segnoriæ* seu dominii signum. Inquisit. ann. 1268. ex sched. Pr. *de Mazaugues : Item dixit quod audivit dici, quod tres homines, qui dicebantur esse nuncii domini Albæ, erant capti apud Montem Pavonum in Segnoria, et ipse vidit eos extrahi de dicta Segnoria.*

* 3. **SEGNORIA**, Jus dominicum. Dicitur de præstationibus, quas subditi dominis suis pendunt, in jamjam laudata Inquisit. : *Dominus Barralis posuit eum collectorem suarum Segnoriarum in græso..... Requisitus quæ sunt illæ Segnoriæ, ad quas colligendas posuit eum dominus Barralis, dixit quod taschæ.*

* 4. **SEGNORIA**, SEYGNORIA, Præstatio, quæ a monetæ fabricatoribus domino, cujus est moneta, exsolvitur ex monetariæ fusionis et signaturæ proventibus, nostris *Seigneuriage*. Libert. Dalph. concessæ per Humbert. dalph. ann. 1349. in Reg. Cam. Comput. Paris. sign. *Vienne* fol. 10. v° : *Quod ipse dominus dalphinus seu successores ejusdem deinceps non recipiant nec recipere possint, modo quocumque, pro dominio et Segnoria suis in monetis cudendis, quibuscumque perpetuis temporibus, nisi duntaxat unum grossum Turon. argenti, pro qualibet marcha argenti fini.* Stat. ann. 1362. ibid. fol. 41. v° : *Dabuntur..... domino pro Seygnoria seu pro onere gardæ sex solidi.... pro qualibet marcha.* Vide *Seignoria* et infra *Servitium pro Monetà*.

¶ **SEGNORITUM**, ut *Segnoria*. Statuta Astens. cap. 52. fol. 11. v° : *Ordinatum est quod si alique terre et possessiones, et res, seu aliquod castrum, vel villa seu jurisdictio vel contitus, vel Segnoritum date, data, seu datum sint vel fuerint, etc.*

¶ **SEGNORIVUM**, Dominium, idem quod *Segnoria*. Conc. Turiason. ann. 1229. inter Hisp. tom. 3. pag. 494 : *Universa et singula quæ... Rex Aragoniæ... Reginæ Alienoræ.... concessisse legitur in charta de ipsorum conjunctione confecta, cum pleno Segnorivo et integritate omnium jurium.* Vide *Segniorivum*.

¶ **SEGNUM**, Genus vestis, Macris in Hierolex. Brevis tunica, quæ sub cappa a Regularibus defertur, Italis *Saio*. Vita S. Brigidæ tom. 1. Febr. pag. 125 : *Alia vero puella dedit Segnum suum leproso.* Legendum forte *Sagum*.

¶ **SEGOA**, ut *Sega*. Vide in hac voce.

¶ **SEGODE**, Bonus, Angl. *Good*, eodem sensu. Vita S. Odonis Archiepisc. Cantuar. sæc. 5. Bened. pag. 296 : *Cognomine quoque boni in materna lingua illum deinceps vocare solebat, videlicet Odo Segode, quod interpretatur Odo bonus.* Vide *Sehomsokne*.

¶ **SEGOHA**. Vide supra *Sega*.

¶ **SEGONNA**, Araris, *la Saone*. Translat. S. Gorgonii Mart. sæc. 4. Benedict. part. 1. pag. 594 : *Transeuntes igitur Segonnam fluvium, subsecuta est nos quædam anus, etc.*

* **SEGOVIANUS**, ENSIS SEGOVIANUS, Ex Segovia Hispaniarum urbe. Vide supra in *Ensis*.

* **SEGREAGIUM** CAPRARUM, Præstatio, quæ *Segreario* forestæ penditur, ut capræ depascere possint in silva. Charta ann. 1258. in Reg. 31. Chartoph. reg. fol. 100. col. 1 : *In Segreagio caprarum, videlicet pro qualibet capra obolum persolvendo in festo Circumcisionis Domini annuatim.* Vide in *Secretarius* 3.

SEGREARIUS, SEGREAGIUM, SEGREALIS, SEGRECHERIA. Vide *Secretarius* 3.

* **SEGREERIA**, Reditus, emolumentum ex officio *Segrearii*, nostris *Segral* et *Segrayerie*. Liber eccl. Turon. dictus *Compositionum* fol. 21 : *Segreeriam vero ejusdem terræ...... similiter in elemosinam concessi ecclesiæ beati Mauricii; ita tamen quod Radulfus Burdulii, qui tertiam partem in ipsa Segreeria dicitur habere, tertiam partem capitulem habebit.* Charta ann. 1235. ex Tabul. Cartus. B. M. de Parco : *Symona uxor Philippi de Landevi militis, quæ Segreeriam in Charnia et in parco de Orquis jure hæreditario possidebat, dedit et concessit.* Alia Phil. VI. reg. Franc. ann. 1343. ex Cod. reg. 8428. 3. fol. 67 : *Les bois, les Segrayeries, les herbages, etc.* Charta ann. 1356. in Reg. 103. Chartoph. reg. ch. 316 : *Nec non omnia nemora seu forestas, pasturagia, redditus et alias obventiones et emolumenta dicta Segraux.* Vide in *Secretarius* 3. et mox

* **SEGREERIUS**, idem qui *Secretarius* 3. Officium in *forestis* seu silvis, nostris *Segréer*. Reg. Cam. Comput. Paris. sign. *Noster* fol. 413. r° : *Segreerius boscorum de Chandelays, ij. sol. per diem, xxxvj. lib. x. sol.* Ibid. fol. v° : *Le Ségréer de la forest de Italoys et de Garenes, ij. solz par jour, valent xxxvj. l. x. s.*

SEGREGALLUS, [f. pro *Senescallus*, ut conjicit Acherius tom. 9. Spicil. pag. 183.

Ut ut est idem sonat quod *Villicus*, cujus, ut et Senescalli, fuit reditus fisci dominici ejusdemque justitiam administrare.] Charta MS. Humberti D. Bellijoci ann. 1233. pro libertatibus Bellævillæ : *Si Burgenses commune faciant ad opus villæ suæ, nec Præpositus, aut Villicus debet interesse. Si vero Præpositus vel Segregallus requisiti fuerint a Burgensibus, quod accipiant vadimonia ab illis, qui commune noluerunt solvere, facere debent sine contradictione.* [Rursum : *Præpositus, Segregallus.... non potest ferre testimonia contra Burgensem in curia domini accusatum.*]

* **SEGREGARE**, Amicitiam discindere. Lit. remiss. ann. 1386. in Reg. 134. Chartoph. reg. ch. 52 : *Super quibus idem Chabertus multum ad hoc indignatus,.... dixit... quod ipse volebat quod eorum amor dissolveretur.... Qui exponens sibi gratiose respondit, quod sibi valde displicebat, si eorum amor Segregaretur, et quod sibi non forefaceret, quia non ei meruerat.*

¶ **SEGREGUS**, ut infra *Segrex*. Gloss. Isid. *Disgrex*, *Segregus*. Occurrit etiam apud Ausonium Parental. Carm. 9.

¶ **SEGRESTA**, Segrestanus, Segrestarius, Segrestia, Segrestaria. Vide in *Sacrista*.

¶ **SEGREX**, Segregatus. Sidonius lib. 5. Epist. 12 : *Hoc solum tamen libere gemo, quod turbine dissidentium partium Segreges facti, mutuo minime fruimur aspectu. Civitates situ Segreges*, apud eumdem lib. 9. Epist. 3. Utuntur præterea Seneca de Benef. lib. 4. cap. 18. et Prudentius Hamart. v. 803. Pro Liber, immunis, occurrit in Cod. Theod. leg. 15. lib. 6. tit. 26. de Prox. : *Quotiens equorum aliarumque rerum procedit indictio, in sacris Scriniis militantes immunes ac Segreges habeantur.* Vide *Segregus*.

* **SEGUA**, Obligatio, qua vassallus vel tenens dominum in *hostem* seu exercitum sequi tenebatur. Pariag. inter reg. et monast. Obasin. ann. 1329. in Reg. 66. Chartoph. reg. ch. 484 : *Item dominus noster rex seu ejus successores non poterunt sine dictorum religiosorum consensu in dicta terra pariagii indicere aliquam questam seu talliam voluntariam,.... Seguam, cavalgatam, etc.* Vide supra *Secuta* 2.

¶ **SEGUIMENTUM**, Seguis, Seguius. Vide supra *Sega*.

SEGULA. Vide *Sigalum*.

* **SEGUM**, pro *Sagum*, Panni species, Gall. *Saie* Comput. ann. 1514. ex Tabul. S. Petri. Insul. : *Item Petro Pouille pro Sego rubeo ad conficiendum cortinas, quæ fuerunt applicatæ ad ymaginem B. Mariæ in choro, et pro annulis cupreis ad easdem, xiij. lib. xvj. sol.* Vide *Sagum* 2.

¶ **SEGUNDUS**, pro Secundus, in Charta Principis Aldegastri inter Conc. Hispan. tom. 3. pag. 90. Nostri etiam a secundum adv. dixerunt *Segon*. Charta ann. 1260. apud Lobinell. tom. 2. Hist. Britan. col. 402 : *Segon la tenour de nos lettres. A la Chandelor Seganz empres*, in Charta ann. 1261. ibidem col. 405.

* *Secont*, eodem sensu, in Charta ann. 1306. ex Tabul. Carnot. Ab eadem voce *Selon*, pro *Le long*, etiam usurparunt. Lit. remiss. ann. 1394. in Reg. 146. Chartoph. reg. ch. 194 : *En passant par emprès la riviere d'Oise qui court Selon laditte ville* (de Nuefmaisons).

SEGUS, Modus agri. Charta Ludovici Pii Imper. apud Mabillonium, ad Vitam S. Benedicti Anianensis pag. 224 : *Item in eodem pago illos Segos cum ipsa piscatoria, et plagis maris, et fiscum nostrum adhærentem illis, etc.* [Vide *Segia* 1.]

* Minime; Locus est in quo aquæ ad sal conficiendum idoneæ continentur. Glossar. Lat. Gall. ann. 1352. ex Cod. reg. 4120. *Segus*, *Mouries*. Vide in *Sedes*, 4.

SEGUSIUS. Vide *Canis segusius*.

SEHOMSOKNE. Fleta lib. 1. cap. 34. § 8 : *Cadit appellum, si ipsum interfecerit tanquam furem nocturnum, vel utlegatum fugientem, vel cum aliter parcere ei non potuit, sine suo periculo, vel cum defendens domum suam invasorem volentem invito ipso domino ingredi, tanquam in Sehomsokne, dum tamen alias proprium periculum evitare non potuit.* [** Vide *Hamsokna*. *Se* est articulus Anglosaxon. ut supra in *Segode*.]

* **SEIARIUM**. Charta ann. 1303. in Reg. 74. Chartoph. reg. ch. 308 : *Item acquisiverunt* (canon. S. Saturn. Tolos.) *quoddam hospitium cum Seiario ibi pertinente infra villam de manso Sanctarum Puellarum*. f. Officina, ubi serra dissecatur. Vide *Seiterium*.

SEIGA, Seigit. Vide *Saiga*.

¶ **SEIGNEURIA**, Seignioria. Vide *Segnoria*.

* **SEIGNORARE**. Vide supra *Segnorare*.

¶ **SEIGNORESSA**, Domina. Vide *Segnioressa*.

¶ **SEIGNORIA**, Nostris *Seigneuriage*, Præstatio quæ a monetæ fabricatoribus domino, cujus est moneta, exsolvitur ex monetariæ fusionis et signaturæ proventibus, idem proinde quod *Monetagium*. Vide in hac voce. Extractum Computi ann. 1338. tom. 1. Hist. Dalph. pag. 95. col. 1 : *Pro quibus tribus millibus sexcentis et quadraginta octo marchis tribus unciis et tertia argenti fini positi in dicta moneta... contingunt dominum nostrum pro Seignoria ad rationem de sex solidis et sex denariis monetæ tunc currentis pro qualibet marcha dicti argenti fini.* Aliud Computum ann. 1339. ibid. pag. 96. col. 1 : *Siardellus teneatur solvere domino nostro Dalphino pro Seignoria dictarum monetarum, pro qualibet videlicet marcha argenti fini conversi et positi in dicta moneta alba, 26. solidos Viennenses monetæ currentis.* Pluries ibi. *Seignoria*, pro Dominium. Vide in *Segnoria*.

¶ Signoria, Eadem notione, in Statuto ann. 1340. ibid. tom. 2. pag. 417. col. 1 : *Fuit etiam ordinatum et expresse concessum per dictum dom. Dalphinum, quod ratione Signoriæ dictarum monetarum, ipsi magistri non debeant dare Signoriam de una marcha pro qualibet centum marcharum cudendarum.*

¶ **SEIGNORIVIUM**. Vide *Segniorivum*.

¶ **SEILE**, *Resti*. Gloss. Mons. pag. 383. apud Schilter. in Gloss. Teuton.

¶ **SEILLA**, perperam pro *Scilla*, in Monum. Sacr. Antiquit. tom. 2. pag. 433. et 434. Vide in *Skella*.

SEILLETUM, Vas, in quo aqua benedicta defertur, Gallis *Seillet*, voce ex *situla* formata. Acta Capitularia Ecclesiæ Lugdun. ann. 1343 : *Item duos bacignetos argenti cum armis D. Henrici de Rupeforti quondam Decani Ecclesiæ Lugdun. item Seilletum argenti, ponderantes 42. marcas argenti.* Vide *Cedellus*.

¶ **SEILLO**, Seillum, Seilo. Vide *Selio*.

* **SEINGLARE**, Aper. Gall. *Sanglier*, in Charta senesc. Provinc. xiv. sæc. Vide *Singularis*.

* **SEINIORA**, Dominium, Gall. *Seigneurie*. Charta Mich. Arelat. archiep. ann. 1214. ex Cod. reg. 8407. 2. 2. fol. 25. v° : *Concedimus in feudum castrum Belliquadri cum tota Seiniora sua.* Vide *Segnoria* 1.

¶ **SEINTELUS**, corrupte prorsus pro S. Clodoaldus, Gall. *S. Clou*, vicus prope Parisios. Chron. Th. *Otterbourne* pag. 269 : *Jacuit non procul Aurelianensis Dux prope villam de Seintelo, in qua constituta fuit magna pars ejus exercitus.* Infra : *Villa de Sentelo.* Propius ad Gallicum accedit Walsinghamus apud quem legitur *Seynclo*.

¶ **SEJORNARE**, Sejournare, Commorari, manere, diem ducere, Gall. *Sejourner*. Computus ann. 1202. apud D. *Brussel* tom. 2. de Usu feud. pag. CXLVIII : *Pro 11. summariis qui Sejornaverunt apud Vernonem*, XLII. *sol.* Charta ann. 1392. apud Lobinell. tom. 2. Hist. Britan. col. 859 : *Idem Petrus de Craon in Britanniam fugit et ibidem per aliquos dies Sejournavit.* Charta ann. 1440. ex Bibl. Reg. : *Eundo, transeundo, morando, Sejournando, etc.* Vide *Subjurnare*.

* Nostri *Séjourner* dixerunt, pro Consistere, etiam ad exiguum tempus. Lit. remiss. ann. 1456. in Reg. 183. Chartoph. reg. ch. 102 : *Icellui Tinel dist au suppliant qu'il se arrestat et le attendist près d'iceulx jardins, jusques à ce qu'il eust esté vers ledit curé lui reporter response;..... en Séjournant auquel lieu ledit suppliant, etc.* Dicitur etiam de equis, qui in equili a fatigatione recreantur. Lit. remiss. ann. 1392. in Reg. 144. ch. 134 : *Icellui suppliant pour raffreschir et Séjourner ses chevaulx, qui estoient las et traveilliez, etc.* At vero *Beste de Séjour* appellatur equa vel vacca lactans, quia tunc a labore cessant, in Charta ann. 1341. ex Reg. 73. ch. 339 : *Semblablement porront pasturer toutes manieres de bestes arables desdiz habitans, et chascun desdiz habitans avec deux bestes de Séjour, avec leur seguence de lait.*

* Sejournum, Mansio, domus, nostris alias *Séjour*, nunc *Hôtel*. Lit. remiss. ann. 1400. in Reg. 155. Chartoph. reg. ch. 97 : *Icelle riviere de Seine passée, menerent cette fille à S. Germain des prez, et d'ilecques au Séjour de Nelle, auquel Séjour elle demoura avec ledit Soliet.* Aliæ ann. 1409. in Reg. 163. ch. 379 : *Pierre de Leraut concierge du Séjour de Neelle du duc de Berry, etc.*

SEJORNUM Regis, ita appellatus locus, ubi erant stabula regia, in quibus equi regii alebantur, et morabantur, donec Rex iis indigeret. Locum autem *sejorni Regis* fuisse aiunt paulo ultra Palatium, quod *de Beauté* appellabant, ad Matronam fluvium. Huic præerat *Custos Sejorni Regis*, cui suberant *Marescallus*, cujus munus erat, equos ferreis soleis instruere, *Pagii* seu famuli, et alii. Memorialia Cameræ Computor. Parisiens. Regesto 8 : *Drouetus Ogeri Valetus Cameræ domini Ducis Aurelianensis, ordinatus et retentus in officio custodis Sejorni Regis loco Hueti de Corbeia exonerati, per litt. 13. Mart. 1413.* Guillelmus *de Boncour premier Escuyer du Corps* ann. 1345. idem munus paulo ante obierat; ut docet Diurnale Thesauri. Computus Stephani *de la Fontaine* Argentarii Regis 1. Julii ann. 1352. in iis, *qui ont eu robes en ce terme*, recensentur *les gens du Sejour, dont le premier est Maistre Guillaume le Mareschal garde du Sejour, le Chapellain, qui chante au Sejour, le Clerc, les Valets, et les Pages du Sejour,* qui ibi complures describuntur. Computus Thesauri regii ann. 1328 : *Stephanus de Compendio Marescallus Sejorni Regis.* Hinc *Sejornare* dicuntur equi, quamdiu in equili morantur : qui inde adducebantur *Chevaux sejournez*, quasi recentes et non fatigati. Le Roman *de Gaydon* MS :

Porroist en ost deus mil homes mener,
A cleres armes, et a destriers Sejornez.

Infra :

Ambedui montent ès destriers Sejornez.

Le Roman *de Garin* MS :

Envoiez li vint destriers Sejornez,
Et vint espées au point d'or noielez.

Huc spectant, quæ habent Statuta Delphinalia pag. 42 : *Item voluit, concessit, declaravit et ordinavit dictus dominus Delphinus, quod ipse Delphinus, vel successores sui, deinceps non possint, nec debeant mittere vel ponere pro Sejorno equos ronssinos, canes venaticos, venatores, familiares, seu alios gartiones eorum in domo religiosorum, vel aliarum personarum Ecclesiasticarum, etc.* [Computus ann. 1239. ex Bibl. Reg. : *Pro Sejorno equorum domini Alfonsi Comitis Boloniensis, etc.* Alter ann. 1245 : *Gaufridus de Meleduno pro Sejorno equi sui et pro quodam equo locato* XXII. *sol.* IIII. *den.*]

* Non uno in loco posita fuisse ejusmodi stabula, discimus ex sequentibus. Lit. remiss. ann. 1397. in Reg. 153. Chartoph. reg. ch. 87 : *Jehan Jesse nostre serviteur en nostre Séjour lez le pont de Chalenton, etc.*

* Sejournus dicitur Equus, qui in stabulo regio, *Sejornum* nuncupato, moratur. Lit. ann. 1351. tom. 6. Ordinat. reg. Franc. pag. 702 : *Cum in villis et parrochiis de Cristolio et de Domibus supra Secanam, quæ satis propinquæ sunt loci Quarreriarum, ubi equi nostri custodiuntur Sejourni, capi consueverunt ab antiquo, et de die in diem capiantur stramina pro dictis equis, etc.*

☞ Hinc nostri *Etre Sejours* dixerunt pro interquiescere, e lassitudine recreari. Vita Johannis IV. apud Lobinell. tom. 2. Hist. Britan. col. 723 :

En cette ville furent trois jours,
Et furent là tres bien Sejours.

Vetus Poeta MS. ex Bibl. Coislin. nunc Sangerman. :

Et puis sor un cheval moutée,
Cele qui n'a point de Sejor,
S'en vait tost apres son seignor.

¶ **SEISIACIO**, Seisiare, Seisina. Seisinare, Seisire, Seisitio. Vide *Saisire*.

SEISO, Seisona. Vide *Satio*.

SEITIVA, pro *Sativa*, quod seritur, granum. Libertates oppidi Jasseronensis in Sebusianis ann. 1283 : *Pro qualibet seteriata terræ nostræ arabilis, in territorio de Jasseron existentis, unum quartallum frumenti, ... et 12. den. Viennenses in pratis in dicto territorio existentibus pro qualibet charreta fœni 12. denarios; pro charreta vero Seitivæ, sex denarios nobis.... singulis annis persolvendos.*

☞ Errat Cangius ex corrupta lectione : emendandum quippe est *Scitiva* pro *Seitiva* : qua voce tantum prati significatur quantum homo per unum diem succidere potest. Et quidem eo sensu etiamnum apud Dombenses *une Scitive de pré* usurpatur, a verbo *scivo*, quo rustici ejusdem tractus utuntur pro falcare, *faucher*.

¶ **SEITORIUM**, vel Seytorium, Locus ubi serra dissecantur arbores, vel Molendinum ad id operis destinatum. Charta MS. inter Adversaria Dom. *Aubret : Juxta Seytorium fratris sui, etc.* Vide *Seca*.

¶ **SEITUNGA**, *Gladius*. Gloss. Mons. apud Schilter. in Gloss. Teuton.

¶ **SEJUGA**, ἑξάιππον. Gloss. Lat. Gr. Papias : *Sejugæ maxime currus Jovis.*

¶ **SEIZENUM**, Regio urbis, apud Massilienses, quorum urbs olim in sex partes distributa erat, vulgo *Sezain. Seizenum S. Johannis, de Acuis, drapariæ, S. Jacobi, S. Martini, et Callatæ*, in Regest. Communitat. Massil. ann. 1301. Statuta Massil. lib. 1. cap. 8. § 8 : *Per civitatem Massiliæ et per Seizena ejusdem civitatis, etc.* Ibidem cap. 56. § 1 : *Eligantur* XII. *probi viri scilicet duo per Seizenum.* Et § 2 : *Ipsi inquirere teneantur communiter vel quilibet pro suo Seizeno an mensuræ justæ sint.* Vide *Sexterium* 2.

¶ Sexenum, Eodem significatu, in laudato Regesto Massil. : *Eligantur de quolibet burgoto dictæ civitatis duo probi homines et unus notarius et totidem dictæ civitatis Sexeno, qui primum in suis burguis seu Sexenis perquirat et recipiat a volentibus gratis contribuere in opere jam dicto.*

* **SELADA**, Militare capitis tegumentum, galeæ species, vulgo *Salade*. Inventar. ann. 1476. ex Tabul. Flamar. : *Item plus unam Seladam hominis armorum cum sua copertoria coherii.* Vide supra *Salada*.

¶ **SELANUS** inter ministros recensetur in Charta visitat. abbatiæ *de Gar* in Tabul. S. Victoris Massil. : *Uno scutifero, tribus garciferis, clavario, coco, cogastrano, portario, ecclesiæ Selano, fornerio, etc.* Ubi f. legendum est *Sclavo*.

* Male pro *Seclanus*. Vide supra in hac voce.

SELARIUM, pro *Salarium*, occurrit non semel in Compoto Thesaurariæ urbis Bononiæ in Italia ann. 1364. in Bibl. Regia.

* **SELARIUS**, *Sellarum* equestrium artifex, Gall. *Sellier*. Arest. parlam. ann. 1304. in lib. 1. Stat. pro artif. Paris. fol. 344. v° : *Cum mota discordia coram præposito nostro inter Salarios* (leg. Selarios) *villæ Paris. ex una parte, et lormarios villæ ejusdem ex altera, super eo quod dicti lormarii prædictos Selarios gagiaverant, imponentes eisdem quod ipsi Selarii opera pertinentia ad officium lormariorum, non ad officium Selariorum facere nitebantur injuste.... Declarantes quod licet dicti Selarii, etc. Serlex*, in Pedag. Divion. MS. Vide in *Sella* 1. et *Sellarius* 4.

¶ **SELAS**, vox Græca, Jubar, fulgor. Apuleius de Mundo : *Selas autem Græci vocant incensi aeris lucem.* Occurrit apud Glabrum Rodulphum lib. 5. cap. 1. Vide *Palmetie.*

SELATUS, *Ensis more terrarum fulgidus.* Ita Papias MS. et edit. Forte *Stellatus*, et *Stellarum*.

SELAVE. Pactus Legis Salicæ tit. 58 : *Si quis Cheristaduna super hominem mortuum capulaverit, vel mandoado, aut Selave, quod est porticulus, super hominem mortuum dejecerit, etc.* Editio recentior tit. 57. § 3 : *Si quis aristatonem, hoc est, staplum super mortuum missum capulaverit, aut mandualem, quod est structura, sive Selave, qui est ponticulus, sicut more antiquorum faciendum fuit, etc.* Quidam codd. denique præferunt *Salive*, vel *Sillabe*, [Edit. Eccardi, *Silave* :] quarum vocum incertæ sunt origines, licet ex Lege constet, ita dictum ædificium, quod tumulo superponebatur. Wendelinus a *Sala* deducit, quasi fuerit *parva sala*, sive atriolum. Sed vix est, ut assentiar. Vide *Porticulus*.

☞ Probabili omnino conjectura Eccardus in Notis ad hunc locum censet vocem esse compositam ex *Sel*, vel *siel*, anima, et *Lave*, seu *laube*, porticulus : unde facile componitur *Selave*, quo ædicula vel ædificiolum tumulo alicujus superpositum significatur, quasi esset defuncti porticulus seu tegmen animæ.

* **SELCLARE** pro *Serclare*, ex frequenti mutatione *r* in *l*, Sarrire, Gall. *Sarcler*. Reg. notar. loci *d'Aubagne : Item quod dicti teneantur prædicta blada Selclare.* Vide *Sarcolare*.

SELDA, Taberna mercatoria, ex Saxonico selde, sedile, sedicula, scamnum, *stallum*. Vocabularium vetus Anglo-Lat. : *Schoppe : Opella, propola, miropolum, Selda.* Assisa Ricardi I. Regis Angliæ de Mensura, apud Matth. Paris pag. 134. et Rogerum Hovedenum pag. 774 : *Prohibitum est,... ne quis mercator prætendat Seldæ suæ rubros pannos, vel nigros, vel scuta, vel aliqua alia, per quæ visus emptorum sæpe decipiuntur ad bonum pannum emendum.* In majoribus Chronicis, ubi locus hic vertitur, Seldæ *Window* exponitur, i. *Fenestræ*. Monasticum Anglicanum tom. 2. pag. 86 : *Domum lapideam,... quæ sita est contra Seldas de Dovegata.* Pag. 230 : *Et unam Seldam mercatoriam, et unam bovatam terræ, etc.* Adde tom. 3. pag. 124. Charta ann. 1182. apud Somnerum : *Herebertus cisor tenet Seldas in foro pro 12. denariis.* Vide Edw. Cokum ad Littletonem sect. 1. pag. 4. verso. Charta Ottonis Comitis Palatini Rheni ann. 1294. apud Hondium in Metropoli Salisburg. tom. 2. pag. 358 : *Villam dictam Sall, item villam Pamatzaw, item Suckhenried quatuor Selldas, item villam Pfoling cum piscaria et vineto ibidem, etc.* [** Forte *Selidas* hoc ultimo loco legendum. Vide Graff. Thesaur. Ling. Franc. tom. 6. col. 176. voce *Salida*, Grimm. Gramm. Germ. tom. 3. pag. 427.]

* **SELEBI**, vox Anglica, vulgo *Selby*. Mirac. S. Germ. Autiss. tom. 7. Jul. pag. 294. col. 2 : *Cujus* (loci) *nomen Selebi dici-*

tur Anglice, quod interpretatum Latine dicitur Marini vituli villa, etc. Vide *Selesei.*

SELEGERET. Traditiones Fuldenses lib. 3. cap. 36 : *In urbe ergo fratribus majoris Ecclesiæ in jus caritatis animarum, quod vulgo Selegeret dicitur, duo talenta ordinamus,... in jus præfatæ caritatis animarum ad anniversarium meum et uxoris meæ annuatim celebrandum determinamus.* [** Vide Mittermaieri Princip. Jur. Germ. § 459. Haltaus. Glossar. German. voc. *Seel-Geræte* col. 1268. et 1269.]

* **SELEGIA**, Potus species, f. *Cerevisia.* Charta ann. circ. 1055. tom. 1. Probat. Hist. Brit. col. 406 : *Vinum, si venale fuerit, ibi de modio uno lagena una sancto recipiatur Salvatori. Similiter de medone, de Selegia et de pigmento, si fuerit.*

* **SELELARE**, Obsignare, communire, Gall. *Sceller.* Comput. ann. 1362. inter Probat. tom. 2. Hist. Nem. pag. 159. col. 2 : *Solvit.... pro iiij^xx. libris ferri... habendas ad Selelandum barras traverserias positas in dictis portalibus, etc.*

SELENE, Luna, ex Gr. Σελήνη. Joannes Scotus Erigena in Præfat. ad lib. S. Dionysii :

Primo commotus Phœbum subeunte Selena.

¶ Selenitis, Eadem notione apud Agnellum in Vita S. Damiani tom. 2. Murator. pag. 156. col. 2 : *Quantum illi tenebræ offensæ fuerunt, tantum Selenitis suos sparsos radios ei beneficium præstitit, et quantum altius in sublimitate se erigebat, tantum clarior terra apparebat.*

¶ **SELENTIOSES.** Inscriptio sepulcralis Lugduni reperta, in Diar. Trevolt. mensis Sept. ann. 1731 : *Optato et Paulino Consulibus Kal. Febraris depos. Selentioses.* Videtur esse nomen proprium.

¶ **SELESEI**, Eadmerus in Vita S. Wilfridi cap. 47 : *Quo tempore Rex Elidwalh donavit servo domini terram octoginta septem familiarum, vocabulo Selesei, quod Latine dicitur Insula vituli marini.* Anglis *Seacalf* est Vitulus marinus. [** Vel *Seal*, Anglosax. seolh.]

* Vide supra *Selebi.*

SELGA. Vetus Charta ann. 7. Rodulfi Regis Burgundiæ apud Jo. Mariam *de la Mure* in Hist. Ecclesiastica Lugdunensi pag. 382 : *A mane jam dictæ villæ, quæ Conziacus vocatur, finibus terminatur : a medio die finibus terminatur de Versennaco et Apinnaco : a sero die Amantiniaco : a cercio de terra ipsius S. Saviniacensis Martini, et a Selga rivulo volvente.*

* Legendum unica voce *Aselga*, rivuli nomen, vulgo etiamnum *Azergue.*

* **SELGUNT.** Glossæ Cæsar. Heisterbac. in Reg. Prum. tom. 1. Hist. Trevir. Joan. Nic. ab *Hontheim* pag. 662. col. 2 : *Præterea etiam invenitur in libro de mansis indominicatis, qui sunt agri curiæ, quos vulgariter appellamus Selgunt, etc.* [** Vide *Terra salica.*]

SELHA, Situla, aquæ ex puteo hauriendæ idonea. Tabular. Dalonensis Monasterii fol. 66 : *Dederunt 4. Selhas fabarum ad mensuram del solier.* [Vide *Seilletum*, et *Sellus.*]

* Cupa minor, Gall. *Seau, baquet*, alias *Seille.* Lit. remiss. ann. 1366. in Reg. 97. Chartoph. reg. ch. 322 : *Un vessel à mettre eaue, appellé Seille.* Aliæ ann. 1401. in Reg. 156. ch. 397 : *Lequel Gilet suppliant avisa un vaissel, nommé Seille, où il avoit certains poissons.* Pedag. Peron. ann. 1295. ex Chartul. 21. Corb. fol. 355. v° : *Une caudiere, 1. den. et se elle tient plus de une Seille, elle doit ij. den.* Hinc *Séeillée* et *Seliée*, Quantum situla continetur. Lit. remiss. ann. 1367. in Reg. 109. ch. 213 : *Premuni d'un tinel qu'il osta à deux femmes, qui emportoient sur ledit tinel une Séeillée d'eaue.* Aliæ ann. 1391. in Reg. 141. ch. 110 : *Une paelle d'airain, qui tenoit environ une Seliée.* Unde *Seillier*, Locus ubi situlæ reponuntur, in aliis Lit. ann. 1421. ex Reg. 171. ch. 520 : *Le lieu où l'en mettoit les Seilles et eaues de l'hostel, appellé le Seillier, qui estoit de pierre.* Vide infra *Situla.*

SELICHUS. Monasticum Anglic. tom. 2. pag. 1055 : *Volo itaque, ut omnes oblationes, quæ ad majus altare ejusdem Ecclesiæ offerentur, sine calumnia liberaliter habeant, et de Selichis, qui ad Aldkingorne capientur, postquam decemati fuerint, concedo, ut omnes septimos Selichos habeant; salis quoque et frumenti, qui ad opus meum ad Dumfermlin allata fuerint, omnem decimam concedo.* [Vide *Selures.*] [** et *Selesei.*]

SELIO, Sellio, Modus agri, forte ex Gallico *Seillon*, Lira, porca, arula. Edw. Cokus ad Littletonem : *By the grant of a Selion of land*, Selio terræ, *a ridge of land which containeth no certainty, for some be greater and some be lesser, hant be the grant de* una porca, *a ridge deth passe.* Selio *si derived of the French word* Sellon *for a ridge. Selio*, inquit Spelmannus, *agri portio, sulcos aliquot non certos continens : Anglis aliis, a stiche of lande, aliis a selion, aliis a ridge.* Covellus vero ait, alias acram integram, seu jugerum, alias plus minus dimidiam continere. Tabularium Ecclesiæ Gratianop. sub Hugone Episc. fol. 58 : *Willelmus et Wallenus habebant unum Sellionem terræ ad Cantissam infra terram Episcopi.* [Charta apud Th. *Blount* in Nomolex. Anglic. : *Dedi.... unam acram terræ in campo de Camurth, scilicet illas Seliones et dimidium.*] Monasticum Anglic. tom. 1. pag 833 : *Ex dono Ogeri... unam bovatam terræ, et unam acram, et unum Selionem, et unum molendinum cum pertinentiis suis.* Infra : *Et unam acram loco Tosti, et 20. Seliones ad locum bercariæ faciendæ.* Pag. 111 : *Dederunt 6. Selliones terræ retro curiam de Ablode.* Adde pag. 484. 530. tom. 2. pag. 55. 141. 211. 212. 213. 279. 281. 320. 372. tom. 3. pag. 57. [** *Exceptis uno crofto et septem Selionibus continentibus* 5. *acras et* 3. *perticatas terræ*, in Abbrev. Placit. pag. 246. ann. 30. Edward. I. Glouc. rot. 39.]

☞ Non absurda certe est vocis originatio, quæ modo ex Scriptoribus Anglicis proponebatur : at mihi verosimilior videtur quæ a Gallico *Siller*, secare, deducitur; adeo ut *Selio*, modus sit agri, quantum scilicet unus *Sector* per diem *Secare* potest : qua ratione *Sectura prati* usurpari supra observatum est. Certe *Silleur*, pro Messium sector, dixerunt nostri, quod a Secando, non a Gall. *Sillon*, lira, porca, accersendum existimo. Statutum Joannis domini *de Comercy* ann. 1336. ex Cod. MS. ejusd. loci pag. 79 : *Item à chascun bled chascun conduict nous doit chascun an ung Silleur et en fenaulx un faulcheur.*

* Nostris *Seillon*, eadem acceptione. Lit. remiss. ann. 1394. in Reg. 146. Chartoph. reg. ch. 330 : *Le suppliant dist a icellui Belosat que il lui voulsist rendre et restituer sept Seillons de terre, que il detenoit par force.* Aliæ ann. 1408. in Reg. 163. ch. 172 : *Icellui Gilet doit trois boiceaux de segle à cause de six Seillons de terre qu'il tient d'un nommé Mace.* Charta ann 1401. ex Chartul. Latiniac. fol. 170 : *Jehan Guyart le jeune pour deux Seillons de vigne, contenant environ quarente perche, assis au tertre, etc.* *Seiglon*, in Lit. remiss. ann. 1476. ex Reg. 195. ch. 1575 : *Lequel Saultdubreuil soya trois Seiglons de seigle ou environ.*

Seliunca, diminut. a *Selio.* Monasticum Anglic. tom. 1. pag. 775 : *Et* 3. *Seliuncas infra curtem grangiæ.* Occurrit ibi pluries, ut et *Seliuncula.*

¶ Seillo, Seilo. Charta apud *Madox* Formul. Anglic. pag. 255 : *Super Wadholm* vii. *Seillones, super Haydit* 1. *Seillonem, ad Crucem del Hay* 11. *Seillones, etc.* Alia ibid. pag. 250 : *Quatuor Seilones terræ de Forland, qui jacent juxta Divisam de Melton; et tres Seilones terræ de dominico meo.*

Seillum. Idem Monasticum tom. 1. pag. 676 : *Et* 4. *acras Hospitali, duas earum ex una parte campi, et duas ex parte alia, et* 1. *Seilum juxta vivarium, et* 4. *acras.* Tabular. Absiense fol. 186 : *Rupturam* 6. *Seillum latitudinis ad faciendam viam.*

Sellivus. Monasticum Anglic. tom. 3. pag. 161 : *Una vero acra et una roda abuttant ex parte aquilonari super idem cimiterium,... et post primos quatuor Sellivos, qui sunt juxta viam, perfeci sex acras in Dalocre.*

Sellonus. Tabularium Ecclesiæ Gratianopolitanæ sub Hugone Episcopo fol. 56 : *Tenura Aichardi, quæ est juxta rivum, et unus Sellonus, qui est ultra rivum, quem habet Achinus in feudum de Ademaro.*

Sillonus, in Tabul. Absiensi fol. 155 : *Dederunt...* 20. *Sillonos terræ, qui sunt juxta domum de Vauvent.*

¶ **SELIPHTARI**, Genus Turcici equitatus. Jovius Hist. lib. 14 : *Oglanis pari prope authoritate succedunt Uluphagi, Seliphtari, Caripigi et Mutpharachæ, qui dextra lævaque distinctis agminibus equitantis Imperatoris latera præcingunt.*

¶ **SELIQUASTRUM**, Sellæ genus, Casaubono ad Sueton. Sella muliebris aperta, cujus domi usus fuit. Arnobius lib. 2. adv. Gentes : *Quid arquata si sellula, acus, strigil, pellubrum, Seliquastrum?* Utitur etiam Hyginus Astron. lib. 2. de Cassiopeia.

¶ **SELIQUATICUM.** Vide in *Siliqua.*

¶ **SELIUNCA**, Seliuncula. Vide in *Selio.*

1. **SELLA.** *Sellæ familiaricæ*, pro latrinis et privatis, apud Varron. lib. 1. de Re rust. cap. 14. et Vitruvium lib. 6. cap. 10. ubi *sellæ* legendum, non *cellæ*, monuit Cujacius lib. 10. Observ. cap. 18. Martialis lib. 12. Epigram. 78 :

Sellas ante petit Patroclianas,
Et pedit deciesque, viciesque.

Purgare per vomitum, aut per Sellas, apud Marcellum Empiricum. Hinc

Adsellare, et Assellare, Gallis, *Aller à la selle*, ἀφοδεύειν. Vetus Interpres Epistolæ S. Barnabæ cap. 8 : *Lepus singulis annis facit ad Adsellandum singula foramina.* Ubi Græca sic habent : ὅτι ὁ λαγωὸς κατ' ἐνιαυτὸν πλεονεκτεῖ τὴν ἀφόδευσιν, ὅσα γὰρ ἔτη ζῇ, τοσαύτας ἔχει τρύπας. Octavius Horatianus lib. 4. Rer. medicar. pag. 97 : *Si infanti, vel majori ad Assellandum intestinum descenderit, sive sanguine puro, sive cum stercore Assellatus, sublavet se de aqua, etc.* Occurrit apud eumdem semel ac iterum. Alexander Iatrosoph. lib. 2. Passion. cap. 79 : *Multo igitur manet ventris solutio cum frequenti Assellatione.* Utitur etiam pluries Vegetius de Arte veterin. lib. 1. cap. 50. lib. 3. cap. 57. 59. ut et Gariopontus in Passionario lib. 1. cap. 12. lib. 3. cap. 13. 17. 21. etc.

2. **SELLA**, Ἐφίππιον, Equinum instratum. Vegetius lib. 4. Art. veterin. cap. 6. de Equis : *Aphrica Hispani sanguinis velocissimos præstare consuevit ad usum Sellæ.* Sidonius lib. 3. Epist. 3 : *Alii sanguine ac spumis pinguia frena suscipiunt, alii Sellarum equestrium madefacta sudoribus fulcra resupinant.* Leo Imp. in leg. un. Cod. Nulli licere, etc. lib. 11 : *Nulli prorsus liceat in frenis et equestribus Sellis, vel in baltheis suis margaritas.... inserere.* Guillelmus Bibl. in Hadriano II. PP : *Singulos equos cum Sellis aureis devotione Imperatoria capientes, etc.* [Tabul. S. Vincentii Cenoman. : *Filius ejus Odo hoc annuit, et habuit unam Sellam septem solidis et octo denariis emptam.* Ordinar. Humberti II. ann. 1340. ubi de Officio Scutiferiæ tom. 2. Hist. Dalph. pag. 394. col. 2 : *Item, non obmittat, equos, corserios, palafredos et roncinos, Sellas, bridas, armaturas nostras, et alia munimenta dicti officii facere custodire diligenter.*] Observatum jampridem a viris eruditis, *sellarum* equestrium haud fieri mentionem apud veteres Scriptores, atque adeo esse nuperum inventum : ita ut earum nulla fere occurrat ante tempora Valentiniani Imperatoris memoria, (leg. 47. Cod. Th. de Cursu publ. 8, 5.) ut et *staffarum*, seu *stapedum*. Antea quippe stragulis quadrangulis equorum dorsa insternebantur, cujusmodi in statuta Antonini, quæ Romæ in Capitolio exstat, conspiciuntur, quibusque hodie famuli, equos aquatum ducturi, insidere solent. Xenophon lib. περὶ ἱππικῆς, seu de re equestri, monet, ut qui equo, sive nudus ille sit, sive ephippio stratus, insederit, rectus semper stet, non vero sedeat veluti in sella, ὥσπερ ἐπὶ τοῦ δίφρου ἕδρα. Ex quibus patet, non semper ephippio equites usos, atque ipsum denique ἐφίππιον leve quid fuisse, nec in sellæ nostratis modum compositum. Quod vero Goropius Becanus lib. 2. Francicor. pag. 48. sellæ equestris inventionem Saliis Francicis adscribit, et ab eorum appellatione *Sellæ* nomen accersit, vix fidem meretur, cum proclivius multo sit, *sellam* dictam credere, quod eques in ea veluti in quavis sella sedeat : unde ad discrimen cæterarum sellarum, *Equestris* Sidonio, *Equitatoria* Jornandi dicitur. Vide Jo. Tzetzem Chil. 9. cap. 290.

* *Sella* seu ephippio uti apud Suevos turpe erat, ut discimus ex Cæsare lib. 4. de Bello Gallico cap. 2 : *Neque eorum* (Suevorum) *moribus turpius quidquam, aut inertius habetur, quam ephippiis uti : itaque ad quemvis numerum ephippiatorum equitum, quamvis pauci adire audent.*

¶ Inter duas Sellas Corruere, Gallice *Etre entre deux selles le cul à terre*, Proverbii genus : dicitur de eo qui duplici ratione rem aliquam persequitur, quam tamen non obtinet. S. Bernardus Epist. 114. edit. 1690. tom. 1. col. 123 : *Deum ergo repellens, et a sæculo repulsa, inter duas, ut dicitur, Sellas corrueras.*

Sellam Gestare. Vetus fuit consuetudo, et pro lege apud Francos et Suevos olim inolevit, ut, si quis nobilis, aut ministerialis, vel colonus incendiarius, aut prædo, vel gravioris criminis reus, coram suo judice inventus esset, antequam mortis sententia puniretur, confusionis suæ ignominiam, Nobilis canem, Ministerialis sellam, de Comitatu in proximum Comitatum, gestare cogeretur. Verba sunt Ottonis Frising. Episc. lib. 2. de Gestis Frider. cap. 28. quæ suo more exscripsit, strictaque oratione sic reddidit Guntherus, Ligurini lib. 5. pag. mihi 112 :

Quippe vetus mos est, ubi si quis Rege remoto
Sanguine vel flamma, vel seditionis apertæ
Turbine, seu crebris regnum vexare rapinis
Audeat, ante gravem quam fuso sanguine pœnam
Excipiat, si liber erit, de more vetusto
Impositum scapulis ad contigui Comitatus
Cogatur per rura canem confinia ferre,
Sin alius, Sellam, etc.

Hujus moris, seu mavis legis, vestigia et exempla haud pauca supersunt apud Scriptores; non tamen in ignobilibus, aut infimæ sortis hominibus; sed in ipsis magnatibus, adeo, ut non tam plebeiorum et vilium capitum, quam ipsorum nobilium pœnam fuisse suspicari liceat. Scriptor vernaculus, qui Ludovico VII. regnante vixit, in poemate, cui titulum fecit : *Le Roman de Garin le Loheran*, seu in Hist. Garini Lotharingi fabulosa, sic nobilem Gallum inducit, Pipinum Regem de Fromondo Comite Burdegalensi alloquentem :

Vos jurera mille fois, se vos volés,
Que la parole ne li vint en pensé,
Par traison li mistreut sus si Per,
Qui de l'amor le veulent deseurer,
Por seul i tant que il en fu blamés,
En portera, se vos le commandés,
Nue sa Sele à Paris la cité,
Trestot nus pies, sans chauce, et sans soler,
La verge el poing, comme home escoupé.

Et infra :

Por seul i tant que len suere li mist,
En portera del borc de saint Denis,
Nue sa Sele deci que à Paris,
Nus piès en langes, come un autre chetis,
La verge el poing, si come d'ome eschis,
Si m'ait, mult bele amende à ci.

Bertrandus Clericus, Poeta ejusd. ævi, in poemate MS. cui titulus : *Le Roman de Girard de Vienne :*

Sire Girard, ce dist li Dux Nayon,
Or en soffrez à faire amendison,
Que vostre Selle, dont bel sont li arçon,
Port sor son chef une lieue à bandon,
Nus piés en langes, ce se semble raison.

Alibi :

Qui devant moi vendra agenoiller,
Nus piez en langes por la merci proier,
La Selle au col que tendra per l'estrier, etc.

Le Roman *de Rou* MS :

Tant le destraint et assailli,
Que Guillaume vint a merchi,
Nus piès, une Selle à son col,
Lores se pout tenir pour fol.

Joannes Hocsemius in Hugone Cabilonensi Episcopo Leod. cap. 33. de bello inter Dominos *de Awans* et Nobiles *de Warous* verba faciens sub ann. 1296. pœnam viris ingenuis et nobilibus irrogari solitam pariter innuit : *Sed Episcopus suffragio Leodiensium obvians, hunc compulit ad emendam : Unde cum cæteris suis adjutoribus ab Ecclesia S. Martini usque ad Majorem cum processione processit Ecclesiam, et ipsorum quilibet nudipes, sola supercinctus tunica, nudo superpositam capiti Sellam portavit equinam.* Jacobus Hemricurtius lib. de iisdem bellis *d'Awans et de Waroux*, cap. 8 : *Li amis de Saingnor d'Awans, et li Saignor de saint Lambert traitiont et fisent une pais alle Evesque dedit excez, par teile maniere, que ilh et 12. Chevaliers de son lynage venroient à Liege en l'Eglise saint Martin en Mont, et là se devestiroient ilh en pures leurs cottes, se prendroient cascun deaz en ladite Eglise une Selle de cheval sor sa tieste newe sains chapiron, et les porteroient en Palais à Liege pardevant l'Evesque, et li offeroient en genas par caze d'amende, et ense fut il fait.*

Viris denique nobilibus ejusmodi sellæ gestationem in pœnam indictam evincere videtur Decretum Ludovici III. Imp. quod exstat in Hist. Langobard. ignoti Casin. edita a Camillo Peregrino pag. 101 : *Quicunque caballum, bovem, friscingam, vestes, arma, vel alia mobilia tollere ausus fuerit, triplici lege componat, et liberum armiscara, id est, Sella ad suum dorsum ante nos a suis semotus bis dirigatur, et usque ad nostram indulgentiam sustineatur, servi vero flagellentur et tundantur.* Quo loco *liberum armiscara* dicitur pœna, quæ liberis et ingenuis seu nobilibus irrogari solet. Est enim *armiscara* pœna quævis, a judice decreta et imposita. Apud Willelmum Malmesburiensem lib. 3. Hist. Angl. pag. 97. Gaufridus Andegavensium Comes a Fulcone parente, in quem juveniliter insurrexerat, victus et prostratus, *per aliquot milliaria Sellam dorso evehens pronum se cum sarcina ante pedes patris exposuit.* Apud Willelmum Gemeticensem lib. 6. cap. 4. et Thomam Walsinghamum pag. 430. Willelmum Belismensem Comitem rebellem Robertus Normanniæ Dux cum militaribus copiis intra munitionem conclusit, *donec ejus clementiam expeteret, et nudis vestigiis equestrem Sellam ad satisfaciendum humeris ferret.* Apud eumdem Walsinghamum pag. 430. Hugo Cabilonensis Comes, a Ricardo Normanniæ Ducis filio intra Cabilonensem urbem obsessus et inclusus, *considerans, se nullatenus posse resistere contra tantum exercitum, ferens equestrem Sellam in humeris, genibus provolutus adolescentis Richardi, prece supplici veniam precatus est commissi.* Totidem habes in Chronico Normanniæ veteri vernaculo apud Ægidium *Bry* in Hist. Comitum Perticensium lib. 2. cap. 9. Ex quibus tandem percipimus, cur Willelmus Scotorum Rex in signum subjectionis, quam Henrico II. Anglorum Regi apud Eboracum pollicitus per pactum fuerat, *ibi capellum, lanceam et Sellam suam super altare S. Petri ad perpetuam hujus subjectionis memoriam obtulerit*, ut est apud Joannem Bromptonum sub annum MCLXXVI. [Hujus facti præterea meminit Thomas *Otterbourne* in Chronico Anglicano pag. 69. ubi de compositione inter Henricum II. Reg. Angl. et Willelmum Reg. Scotiæ : *In signum subjectionis, Rex Scotiæ obtulit capellum et Cellam suam* (leg. Sellam) *super altare sancti Petri in Ecclesia Eborum*.]

Sellæ igitur ejusmodi *gestatio* viros potissimum nobiles spectavit, non vero plebeios et obnoxiæ conditionis homines. Vide *Rota*. Verum cum id ab Ottone Frisingensi exertis verbis asseratur, dicendum forte *ministerialibus* primitus, et ad majorem infamiæ notam viris etiam nobilibus postea pœnam hanc irrogatam. At cur sella viris plebeis data fuerit in pœnam ferenda, qui non equis vehi, sed pedes incedere solent : deinde cur velut signum confusionis et ad dedecus sellæ gestationem adinvenerint majores nostri, nemo, quod sciam, hactenus exposuit, nec est promtum moris istius rationem assequi : nisi forte dicamus per sellam dorso et humeris impositam omnimodam rei subjectionem indicare voluisse, qui, tanquam equus aut jumentum factus, jugum subit, et ad perpetuam servitutis conditionem deductum se ultro confiteretur. Certe ii, quibus hæc pœna imponebatur, dominorum, quos criminibus suis offenderant, non pedibus modo advolvebantur, pronique in terram procidebant, quo calcarentur ab iis, et veluti protererentur ; sed et, ut ita loquar, obequitarentur in equi modum, ut Chronicon vernaculum Normanniæ supra laudatum satis ostendit, dum de Hugone Cabilonensi Comite agit, his verbis : *Huë prend une Selle; et la met sur son col, et tout à pied s'en vient à la porte, où les deux enfants du Duc Richard estoient, et se laissa cheoir aus pieds de Richard fils du Duc, afin que Richard le chevauchast, s'il lui plaisoit.* Le Roman de *Rou des Ducs de Normandie* MS :

Quant à Richard vint li Quens Hue,
Une selle à son col penduë,
Son dos offri à chevauchier,
Ne se pot plus humilier,
C'en estoit coustume à cel jour,
De querre merci à son Seignour.

Ita Fulco Andegavensium Comes Gaufridum filium, qui sellam dorso evehens pronus se cum sarcina ante ejus pedes exposuerat, *assurgens, et pede jacentem pulsans : Victus es, tandem victus, ter quaterque ingeminat*. Vide supra *Harmiscara*. [** Grimm. Antiq. Jur. Germ. pag. 719.]

SELLATORES, Sellarum artifices, *Selliers*. Testamentum Asini editum à Petro Lambecio lib. 2. Comment. de Bibl. Cæsarea cap. 8 : *Cutem do sutoribus, crines Sellatoribus, ossa lego canibus* [Meisterlinus in Hist. Rer. Noriberg. apud Ludewig. tom. 8. Reliq. MSS. pag. 115 : *Plurimos etiam ex sutoribus, sartoribus, Sellatoribus, institoribus, aliisque secum enutrierant*.] Vide *Sellarius* 4.

¶ SELLARE, Officina sellarum, seu locus ubi sellæ conficiuntur, vel asservantur. Statuta Equit. Teuton. apud Duellium tom. 2. Miscell. pag. 56 : *Etiam Sellare et parva fabrica sub eo* (Marescallo) *erunt, ita ut commodius valeat necessaria ministrare dictis fratribus.*

SELLARE, INSELLARE, Sella, seu ephippio equum instruere. Auctor Mamotrect. cap. 22. Genes. : *Stravit, i. Sellavit.* Cap 31 : *Stramentum, Insellatura equi*. Will. Brito in Vocabul. MS : *Sterno, is, dicitur pacificare, præparare, Insellare, obruere.* Alibi : *Stramentum dicitur insellatura, i. quo equus sternitur et Insellatur. Insellatus equus*, in Legibus Kanuti Regis cap. 98. et in Legibus Henrici I. cap. 14. Le Roman *de Girard de Vienne* MS :

Sur un mulet qu'il ot fait Enseller,
Monta Girard qui mout fist à loer.

Le Roman *de Philippe de Macedoine* MS :

Quant virent del jor la clarté,
Il font les chevaux Enseller.

Le Roman *de Rou* MS :

Moult peussies veer uns et autres trembler,
Chambellent et Serjans, et Escuiers haster,
Et vallez mettre en Selle, et Chevaliers armer.

☞ Hinc etiam *Desenseller* nostris pro e sella dejicere. Le Roman *d'Athis* MS :

Si rudement le Desenselle,
Le cuer lui part dessoubs l'esselle.

¶ SELLARE, Equi *sellæ* insidere. Consuetud. Furnenses ex Tabul. Audomar. : *Præterea concedit Comes usque ad voluntatem suam quod quicumque eques incedet et Sellatus gladium deferat.*

INSELLARE, Eadem notione. Baldricus in Gestis Alberonis Archiepiscopi Trevirensis : *Jubensque subito coram comite Insellari, ad Regem properando pervenit, etc.*

INSELLAMENTUM, Instratum sellæ. Tabularium Ecclesiæ Gratianopolitanæ sub Hugone Episcopo fol 92 : *Habuique ego Guigo pro prædicta terra unum equum pro 60. solidis, et unum Insellamentum pro 10. solidis.*

¶ 3. **SELLA**, SELLULA MANSI, Domus coloni in singulis mansis : Schilterus in Gloss. Teuton. v. *Sedal* minus recte interpretatur Prædium emphyteuticum hubarii. *Sella alta*, in Actis B. Lucæ tom. 2. Monum. sacr. Antiq. pag. 6. Vide in *Mansus* et *Sedes* 4. [** Grimm. Antiq. Jur. German. pap. 493.]

¶ 4. **SELLA** VIDUALIS, Præcipuum quod superstiti viro, vel uxori, præ aliis cohæredibus ex mobilibus competit. Leg. municipales Mechlin. tit. 16. de hæredibus et jure succedendi, art. 14 : *Primum superstiti dabitur optio eligendæ domus, si qua est, ut eam ad vitam suam possideat, quæ ab obitu ejus ad hæredes, ad quos par est, redibit.* Art 15 : *Præterea habebit ex bonis mobilibus post deductum æs alienum et funebres expensas, vidualem Sellam, ut de ea disponat pro arbitrio. Est autem illud hujusmodi in uxore superstite, ut ex omnibus quæ ad corporis sui cultum spectant, optimam quamque amictus speciem, tum capitis, tum colli, atque adeo totius corporis sibi præcipiat* (præripiat) *quibus festis diebus ornata ad templum procedere solet : his additur optimus liber precatorius, optimum ex linteis torale, optimum ex lana stragulum cum præstantissimo cervicali, Sella quoque optima cum pulvinari pretiosissimo instructa, mensa item optima cum optima mappa, optimoque poculo, hoc est scypho aut patera, si qua est.* Art. 16 : *In marito autem superstite tale quiddam est Sella vidualis, ut præcipiat* (præripiat) *optimas suas vestes, quibus illi solemne fuit in summis festis uti, optimum equum, armaque suo corpori aptissima, omniaque instrumenta sui opificii.* Art. 17 : *Cæterum hoc jus Sellæ vidualis, sive maritus sit superstes, sive uxor, prorsus locum non habet, ubi ei cum liberis legitimis defunctis ex priore toro susceptis, familia herciscunda est.* [** Vide Grimm. Antiq. Jur. German. pag. 187. sqq.]

¶ 5. **SELLA**, Scamnum, Gall. *Selle*. *Ad sellam comedere*, Genus pœnitentiæ. Index MS. benef. diœcesis Constant. fol. 68. v° : *Si prior aut aliquis fratrum convictus fuerit quod sex aut amplius de prædictis denariis retinuerit penes se, per tot dies quot denarios, ad Sellam comedere mulctabitur, nisi ab Episcopo de communi fratrum consensu in pristinum statum misericorditer revocetur.*

* Stat. Avenion. ann. 1243. cap. 144. ex Cod. reg. 4659 : *Statuimus quod in carreria..... aliquis vel aliqua non teneat vel habeat bancum nec Sellam.* Lit. remiss. ann. 1358. in Reg. 86. Chartoph. reg. ch. 436 : *In corpore, brachiis et tibiis de quodam scabello, aliter Sella nuncupato, atrociter vulneravit.* Hinc

* AD SELLAM PONI, Pœnitentiæ genus apud monachos et milites ordinis S. Joan. Jerosol. Charta ann. 1322. in Reg. 64. Chartoph. reg. ch. 209 : *Guillaume Bacon chevalier, sire de Moloy,..... disoit que se il eust aucun des freres de ladite maison* (de Baugy appartenant à l'ordre de S. Jean de Jerus.) *mis à la Sellete pour aucun meffait, il le povoit oster et faire seoir au dais, et li pardonner son meffait.* Vide *Dasium*.

* 6. **SELLA**, idem quod *Mensa*, vulgo *Mense*, Quidquid ex bonis alicujus est, bona ipsa, dominicum. Charta Rich. abb. S. Germ. Prat. ann. 1372. ex Bibl. ejusd. monast. : *Attendens præposituram meam de Anthogniaco.... esse ac fuisse de mensa seu Sella mea, etc.* Alia ann. 1329. in Reg. 66. Chartoph. reg. ch. 17 : *Lesquelx religieux ont baillé audit duc* (de Bourgogne).... *tout ce qu'il ont en la ville* (de Boudreville)... *ce qui est de la Selle de l'abbé de Molesmes.* Charta ann. 1449. ex Tabul. Latiniac. fol. 120 : *Que l'ostel et manoir dudit lieu de Condé,.... avec toutes les terres, dixmes et champars appartenans audit hostel, estoient et sont de la Selle et crosse de monsieur l'abbé de ladite eglise* (de Lagny). Vide *Mensa*.

¶ **SELLARE**, Diversis notionibus, vide in *Sella* 2. et infra in *Sellaris*.

SELLARIS, Equus sella instratus, *Cheval de Selle. Sellare jumentum*, apud Vegetium lib. 1. de Arte veterin. cap. 56. cui opponit *Currule*. Ita lib. 4. cap. 8. *currulium et sellarium* equorum meminit. Anastasius Bibl. in Constantino PP. pag. 65 : *Pontifex et ejus primates cum Sellaribus imperialibus, sellis, et frænis inauratis, simul et mappulis, ingressi sunt civitatem.* Idem in Stephano III : *Cui et vice Stratoris... juxta ejus Sellarem properavit.* Ordo Romanus : *Intrat in Secretarium, sustentatus a Diaconibus, qui eum susceperunt de Sellari descendentem.* Alibi : *Non autem procedunt cum eis; sed* *ipsi tantummodo sequuntur Sellarem Pontificis cum acolyto.* [Quod de sella seu sedile quo Romanus Pontifex deferri solet, intelligunt Macri in Hierolex. unde *Sellarii*, iisdem auctoribus nuncupantur, qui illum in sella super humeros ferunt.] Fortunatus in Vita S. Germani cap. 22 : *Cum equum necessarium ad Sellam beati viri donasset vehiculum, etc.* Et mox : *Unde sequenti die Sellarem de stabulo junctis bobus extinctum retraxit emptor mortuum vehiculum.* Ubi *equus necessarius ad sellam*, idem sonat ac *aptus ad sellam* : *vehiculum* vero seu *vehiculus*, quid notet hoc loco, vide in hac voce. *Sellare* hac notione, neutro genere usurpatur in libro Miraculorum S. Vulfranni Episcopi num. 32. Ἀλογὸν ὑποσελλιαρικὸν, apud Nicetam in Col. Barbaro-Græco, ubi editus πολεμιστήριον ἵππον habet.

* Hanc vocem ex Ordine Romano, ut monui supra, de sedili quo Romanus pontifex deferri solet, interpretantur Macri in Hierolexico ; quibus addendus *Schott* in Itin. Ital. edit. 1601. part. 2. pag. 174. quo sensu etiam intelligit vocem *Sellarius*, ex eod. Ordine. *Sellarius* quasi *Lecticarius*, δίφρος, quod a duobus deferatur Iis lubens assentior.

¶ Animal ad Sellam, Equus, in Constitut. Frederici Reg. Siciliæ cap. 36 : *Quia olim aliqui officiales, curiales, potentes et aliæ personæ sub ratione eorumdem, causa equitandi, ipsi vel eorum familiæ, vel deferendi eorum arnesia, animalia nostrorum fidelium ad Sellam et ad bardam, absque voluntate dominorum, illicite capiebant, etc.*

1. **SELLARIUS**, Διφροφόρος, in Gloss. Græc. Lat. [Qui in sellula operatur, sedentarius.]

2. **SELLARIUS**, Equus sella instructus, *Sellaris*, ut supra : *Cheval de selle*, qui *Sellifer*, in veteri Epigrammate apud Salmasium :

Currere Selliferum per juga cogis equum.

[Ordo Rom. III. n. 5 : *Qui* (diaconi) *eum* (Papam) *descendentem a Sellario accipiunt obviis* (*ut aiunt*) *manibus.*] Auctor Etymolog. : Κέλης δέ ἐστιν ἵππος ὁ μονάμπυξ, καὶ δρομικὸς, ὁ νῦν σελλάριος λεγόμενος. Suidas : Κέλης, ὁ σελλάριος. Lexic. Gr. MS. Reg. cod. 2062 : Κέλης, ὁ μόνος ἵππος, ὁ γυμνὸς, ἢ καὶ ὁ σελλάριος, ὁ μονοκάβαλος. Ἵπποι ἀδιστράτοι σελλάριοι, id est, *equi dextrarii sellares*, in Chronico Alexandrino pag. 912. Σελάριος *equus* sella instructus, apud Achmetem cap. 155. 222. Vide Glossar. med. Græcit. col. 1350.

3. **SELLARIUS**, Eques. Vita S. Anastasii Persæ Martyris cap. 5 : *Sellarius vero, qui erat super carcerem, dum esset Chistianus.* In alia versione habetur *Caballarius.*

4. **SELLARIUS**, Sellarum confector, *Sellier*, in Capitulari de Villis cap. 62. in Constitut. Neapolit. lib. 3. tit. 36. et in Itinere Camerarii Scotici cap. 27. Σελοποιοὶ, apud Heronem in παρεκβολ. Vita S. Gualfredi Solitarii num. 1 : *In Sellarum exercitio, nam optimus Sellarius erat, parvo tempore moratus est.* Vide *Sellatores* in *Sella*, 2.

¶ Sellerius, Eadem notione. Comput. ann. 1328. ex Schedis Cl. V. *Lancelot* : *Item solvit cuidam estoferio qui moratur Gratianopoli ante domum Johannis Sellerii pro estivallis domini* xviii. *sol.*

¶ **SELLATOR**, ut *Sellarius*. Vide *Sella* 2.

¶ **SELLICUS**. Papias : *Insellis, sine ictu Sellici corporis.*

¶ **SELLIFER**, Equus. Vide *Sellarius* 2.

SELLIO. Ugutio et Joh. de Janua : *Sellio, onis, i. caballus, a sella dicitur.* Catholicon parvum : *Sellio, cheval.* Vide alia notione in *Selio.*

¶ **SELLISSARE**, Jactare, ostentare : quod Suidas sumtum monet a moribus Selli cujuspiam, qui cum re esset perquam tenui, tamen affectabat haberi dives. Σελλίζειν, eadem notione, usurpatum a Græcis. Vide Erasmi Adagia.

SELLISTERNUM, Instratum aut stragulum sellæ. Gloss. Græc. Lat. MSS. : Σελλάστρωσις, *Sellisternum, jugum.* Editum *Sellisternium* præfert.

SELLIVUS, Sellonus. Vide *Selio.*

¶ **SELLULA** Mansi. Vide *Sella* 3.

¶ **SELLULARIUS**, Eques, vel sellarum confector, ut *Sellarius* 3. vel 4. Locus est in *Scapsorium.*

1. **SELLUS**, Mensura liquidorum : nostri *Seilles* majores cados vocant, quibus aqua ex puteis hauritur. Tabularium Prioratus de Domina in Delphinatu Ch. 210 : *Quinque partes de carne, et 5. panes, et 5. Sellos de vino.* Ch. 214. 1 : *Cartallum de melle.... 1. Sellum de melle, et 1. denarium, etc.* Adde Ch. 217. [Vide *Seilletum* et *Selha.*]

* 2. **SELLUS**. In Sellum suum erigi, Attolli in sedentis situm, Gall. *Etre mis à son séant.* Status eccl. Constant. inter Instr. tom. 11. Gall. Christ. col. 223 : *Ut ergo agnovit quia gallus fulgidus tutus esset et superimpositus loco suo, jussit se manibus ambabus ex brachiis in Sellum suum erigi, sicque sedens in lecto, etc.*

SELPMUNDIO, in Edicto Rotharis Regis Longob. tit. 83. § 3. [** 205.] : *Nulli mulieri liberæ.... liceat in sui potestatis arbitrium, id est, Selpmundio vivere, etc.* Rectius Lex Longob. lib. 2. tit. 10 : *Sine mundio.*

☞ Codices MSS. quos laudat Muratorius tom. 1. part. 2. pag. 32. habent *Selpmundia*, vel *Salbmundia* : utrumque mendum esse pronuntiare non ausim, etsi, *sine mundio*, rectius apertiorique sensu scriptum videatur ; est enim fortassis vox Longobardica qua idem significatur. [** Vide Graff. Thesaur. Ling. Franc. tom. 6. col. 194. voce *Selb.*]

* **SELQUALE**, Mensura frumentaria, idem quod *Sextarium.* Charta ann. 1295. tom. 1. Hist. Cassin. pag. 138. col. 2 : *In uno anno Selquale unum de grano, et in alio anno Selquale unum de ordeo.... reddere teneamini.*

¶ **SELVATICUS**, ab Ital. *Selvatico*, Silvestris, Gall. *Sauvage.* Chron. Parmense ad ann. 1291. apud Murator. tom. 9. col. 821 : *Quidam asinus... transivit per Parmam, qui mittebatur domino Regi Franciæ a domino Rege Tartarorum, et erat Selvaticus.* Vide *Sylvaticus.*

SELURES, Piscis fluviatilis species, cujus mentio est apud Wandelbertum in lib. de Mirac. S. Goaris cap. 8. ubi forte *Seloces* legendum est.

¶ **SEMAISIA**, Mensura vinaria quæ Lugduni duas mensuras, quas vulgo *pots* dicimus, continet.

* *Semaise*, apud Rabelais. tom. 5. pag. 168. Vide supra *Cimia* et infra *Symaisia.*

¶ **SEMALIS**, Vasis genus ad usus diversos aptum. Reparationes factæ in Senescallia Carcassonæ ann. 1435. ex Cod. MS. Cl. V. *Lancelot* : *Ab eodem pro duobus vasibus vocatis Semalz, in quibus portantur aqua et morterium ab ipso emptæ pretio pro quolibet* iii. *sol.* ix. *den. Turon.* Eodem utuntur in vindemiis deferendis. Transactio inter Abbat. et Mon. Crassenses ann. 1351 : *Dictus dominus abbas debet habere ibi Semales, lagenas, embutum, cancillum et acetum, et vas in quo teneatur.* Vide *Semalum.*

* Vulgo *Semal.* Leudæ major. Carcass. MSS : *Item pro pario Semalium, j. den. Turon.* Ubi versio Gallica ann. 1544 : *Pour chacun paire de Semaux, etc.* Lit. remiss. ann. 1469. in Reg. 197. Chartoph. reg. ch. 88 : *Le suppliant print incontinent son cheval et le basta et mist dessus les Semales.* *Souline*, Eadem, ut videtur, notione, in Charta ann. 1423. ex Reg. feud. comitat. Pictav. in Cam. Comput. Paris. fol. 73. r° : *Item une vigne,.... laquelle est à present frouste ; et y souloit avoir chacun an de rente une Souline de vendange.* Vide *Vicornium.*

* Semalis, Mensura vinaria. Charta ann. 1394. in Reg. 146. Chartoph. reg. ch. 441 : *Acquisiverunt religiosæ conventus de Casseriis..... tria sextaria frumenti et unam Semalem vini.*

¶ **SEMALMELO**, Farina polenta. Gloss. Mons. apud Schilter. in Gloss. Teuton.

SEMALUM, vel Semalus, [Idem quod *Semalis.* Vide in hac voce.] Guill. de Podio-Laurentii in Chronico cap. 40 : *De quo quidem Episcopo..... loqui est gloria, quod se largum in diebus illis Tolosani Concilii exhibuerit, qui vix pauca in æstate ista collegerat, et prælatis non in manutergiis, aut fialis, sed cosinis et Semalis, panis et vini munera cum aliis rebus transmittebat peregrinis.*

¶ **SEMANTERIUM**, Gr. Σημαντήριον, Signum quo Græci fideles ad Ecclesiam convocant, loco campanarum. Vide Gloss. med. Græcit.

¶ **SEMARE**. Vide infra in *Semus.*

¶ **SEMATIO**. Vide *Scematio.*

¶ **SEMATUM**, ἡμίκενον, ἀπηρμένον, in Gloss. Lat. Gr. Semivacuus, semiplenus.

¶ **SEMAXII**. Vide infra *Semiaxiarii.*

SEMBA. Ordericus Vitalis lib. 12. pag. 870 : *Et nequam Gisulfus Semba Regis, aliique plures.* Forte *Scriba.*

¶ **SEMBEJANUS**, apud Scotos, si fides Borello in Thesauro Atiquit. dicitur, qui primo vel altero anno studiis vacat. Vide *Beanus.*

SEMBELLINUM, pro Sabellina pelle usurpant Constitutiones Catalaniæ MSS. Locum vide in *Laqueatæ vestes.*

SEMBULUM. Inquisitio de vita et moribus B. Joannis de Cazenfronte Abbat. ann. 1223 : *Pannum lini non induebat, nisi Sembulum.*

¶ **SEME**, ut *Sagma*, Onus, sarcina. Charta ann. 3. Henrici V. Reg. Angl. apud Th. *Blount* in Nomolex. Anglic. : *Fratres Prædicatores pro* ii. *sumagiis vocatis Semes de focali percipiendis quotidie de bosco de Heywood pro termino* xx. *annorum.*

¶ Seme, apud Andegavenses et Pictones

dicitur officium quod per septem dies continuos pro defunctis celebratur, idem proinde quod *Septenarius*; a *Seminia*, Gall. *Semaine*. Testam. Joh. *Lessillé* dom. *de Juigné* ann. 1382. apud Menag. Histor. Sabol. pag. 389 : *Ge vuil et ordenne que les jours de mon obit et de mon Seme, soient fais et celebrez solempnelment et honorablement de luminaires, et d'autres divins offices.... Que à chacun desdits jours de mon obseque et de mon Seme une charité generale soit faite en la ville de Sablé*. Vide *Septimus*

* **SEMEBLATOR**, Seminator, sator. Hisp. *Sembrador*. Form. MSS. ex Cod. reg. 7657. fol. 38. v° : *Inquiritur.... contra dictum talem Semeblatorem de tali loco et omnes alios universos et singulos.... culpabiles.*

¶ **SEMEL**, Aliquando, Gall. *Une fois, un jour*. Instrum. ann. 1300. apud Marten. tom. 1. Anecd. col. 1333 : *Aves elegerunt in Regem quamdam avem vocatam Duc,... et accedit Semel quod pica conquesta fuerat accipitre, etc.*

¶ SEMEL, pro Semper, passim apud Barbaro-Latinos Scriptores, teste Goclenio in Lexic. Philos.

* **SEMELATUS**, Solea instructus. Vide supra *Caligæ semelatæ* in *Caliga*.

¶ **SEMELGARE**, Fulgurare, ut videtur, Gallice *Eclairer*. Castellus in Chron. Bergom. ad annum 1394. apud Murator. tom. 16. col. 887 : *Nota quod die* XXI. *Januarii dicti anni, Indictione* II. *hora prima noctis tonavit, Semelgavit, pluit, tempestavit, et maximus ventus regnavit, etc.*

* **SEMELIA**, SEMELLA, a Gallico *Semelle*, Fulcimen, munimentum ferreum vel ligneum. Comput. eccl. Paris. ann. 1381. ex Bibl. S. Germ. Prat. : *Item faciendi..... posticium prope in introitu dictæ curiæ,..... barrandi cum ferratura, videlicet pailleriis, pivotis, Semeliis, verroliis, etc.* Infra : *Semellis.*

¶ **SEMELLA**, f. Panum similaceorum, qui *Semenelli* dicebantur, distributio, vel certa quantitas. Consuet. MSS. Eccl. Colon. : *De panibus cenalibus cuilibet canonico et aliis vicariis... in Januario* XIIII. *Semellæ, in Februario* XVII. *Semellæ. Cuilibet magnæ prebendæ annuatim supercrescunt* VIII. *Semellæ et* IV. *panes*. Vide *Simenellus*, [** et Graff. Thesaur. Ling. Franc. tom. 6. col. 222. voce *Semala*.]

¶ **SEMELLATOR**, Sutor, qui calceos soleis instruit, Gall. *Cordonnier*, a Gall. *Semelle*. Charta ann. 1344. ex Schedis Cl. V. *Lancelot* : *Item statuerunt quod nullus curaterius, sive Semellator aut sabaterius sit ausus tenere in mercato villæ Balneolis banca, nisi, etc. Hugo Aymonis Semellator* subscribit Chartæ ann. 1371. ex Schedis Præs. *de Mazaugues*.

* Nostris *Semelier*; cujus ars *Semellatoria* appellatur, in Stat. sabbat. Carcass. ann. 1402. tom. 8. Ordinat. reg. Franc. pag. 570 : *Mandantes, quatenus ipsos suprapositos, sabbaterios et Semellatores, ac universitatem et singulares prælibatæ artis et artificii sabbateriæ aut Semellatoriæ antefati burgi, etc. Pierre Souffron Semelier*, in Lit. amortizat. pro eccl. Tolos. ann. 1471. ex Reg. 197. Chartoph. reg. ch. 159. *Semelin*, pro *Semelle*, solea, in Stat. ann. 1372. tom. 6. earumd. Ordinat. pag. 120. art. 5 : *Cuirs de vaches pour Semelin, aront trois tans bien revolz.*

SEMEN, maris dicitur; posteritas vero, mulieris, in Jure Hungarico. Albert. Molnarus

* **SEMENALHANA**, Tantum seminis, quantum ad sationem cujusdam agri necessarium est. Charta ann. 1334. in Reg. 66. Chartoph. reg. ch. 1358 : *Quæ quidem terræ excoluntur ad Semenalhanam, et quarumdam aliarum,..... quæ excoluntur et excoli solent ad medium et ad quartum.*

¶ **SEMENATURA**, Terra arabilis et seminalis, seu quæ seri potest. Charta æræ 1175. apud Stephanot. tom. 8. Fragm. Hist. MSS. pag. 49 : *Ego Ortigurenna facio hanc cartam cum donativo de duas argutatas de vinea et de duos amones Semenatura de terra illa casæ de Artaxona.*

¶ **SEMENS**, Sationis tempus, Gall. *Semailles*. Tabular. Aquicinense fol. 45 : *Sub annuo censu concessit tres modios frumenti post Sementem,... et octo galetos pisæ ... in festivitate Omnium SS.* Vide infra *Sementerium*.

¶ **SEMENSTER**, SEMENSTRIS, ἑξαμηνιαῖος, in Gloss. Lat. Gr. Vox ambigua, qua et Semimensis et spatium sex mensium significatur. Gloss. Isid. : *Luna Semestris, luna medii mensis*. Vide Lexic. Martinii v. *Semestris*, et infra *Semus*.

¶ **SEMENSTRA**, *Liber in quo actiones sex mensium continentur*. Papias. Leg. forte *Semestria*.

* *Semenstria*, in vet. Glossar. ex Cod. reg. 7641.

¶ **SEMENTA**, Sementes, Gall. *Semailles*. Laur. Byzynius in Diario belli Hussit. apud Ludewig. tom. 6. Reliq. MSS. pag. 189 : *Hac processione finita, vale sibi mutuo facientes cum suis presbyteris, non declinantes ad dextram nec sinistram, ne Sementa conculcarent, veniunt unde exiverunt*. Vide *Seminalia* et *Seminarium*.

* *Sementer* etiam nostris, pro *Semer, ensemencer*. Lit. remiss. ann. 1409. in Reg. 163. Chartoph. reg. ch. 305 : *Une piece de terre, Sementée de blé segle.*

¶ **SEMENTARE**. Gloss. Lat. Gr. : *Semento*, σπερματίζω. Vide Lexic. Martinii.

¶ **SEMENTARICIUS**. *Terra Sementaricia*, Seminalis, quæ seri potest. Chron. Farfense apud Murator. tom. 2. part. 2. col. 395 : *Petium terræ Sementariciæ, ubi dicitur Campus; et unum servum manualem, nomine Marcellinum*. Ibid. col. 427 : *Aliud petium ibi vineæ ad Montenarios, et petium unum terræ Sementariciæ sub ipso monte habet per libellum*. Vide *Semenatura*.

* **SEMENTARIUS**, Sationis tempus, vel Ager sationi aptus. Charta ann. 1093. inter Instr. tom. 6. Gall. Christ. col. 432 : *Hoc est autem servicium, quod retinent fratres mei et consobrini mei..... duos jornales de bovibus per Sementarios, asinos similiter duobus diebus et homines duobus diebus, etc.*

* **SEMENTATICIUS**, Seminalis. Charta ann. circ. 1070. tom. 1. Hist. Cassin. pag. 233. col. 1 : *Cum terris Sementaticiis et pascuis, etc.* Vide *Sementaricius*.

¶ **SEMENTATIO**, Sementis, apud Tertull. de Spectac. cap. 8 : *Sessias a Sementationibus, Messias a messibus.*

* Tabul. Casaur. fol. 53. v° : *Et terram justa ipsam vineam per mensuram ad Sementationem grani modia tria.*

¶ **SEMENTERIUM**, Sationis tempus, Gall. *Semailles*. Saisimentum Comit. Tolos. ann. 1271. tom. 1. Annal. Tolos. inter Instr. pag. 22 : *Quilibet habens aratrum boum, unum jornale in Sementerio, quando dominus faciebat ibi laborare terras, et cum bestia carregii; quilibet focus habens bestiam carregii, unum jornale in messibus annuatim ad garbas*. Vide *Semens*, et *Seminatura* 2.

¶ **SEMENTIA**, *æ*, Sementis, Gall. *Semaille*. Tabular. S. Bertini Audomar. : *Sunt ibi de spelta supra Sementiam bennæ* XVI. Vide *Sementura*.

¶ SEMENTIA, *orum*, Eadem notione, in Capitul. Caroli M. de Villis § 51 : *Provideat unusquisque judex ut Sementia nostra nullatenus pravi homines subtus terram vel alicubi abscondere possint, et propter hoc messis rarior fiat*. Vide *Sementatio*.

¶ **SEMENTIATUM**. Comput. ann. 1239. ex Bibl. Reg. : *Pro Sementiatis rosatis gariofilit. factis Paris.* XX. *lib. Tur.* Leg. forte *Semicinctiis*.

¶ **SEMENTINUS**, SEMENTIVUS, Seminis patronimycus, a semine originem ducens. Can. Denique. dist. 4 : *Par autem est ut nos qui his diebus* (Quadragesimæ) *a carnibus animalium abstinemus, ab omnibus quoque quæ Sementinam habent originem carnis jejunemus, a lacte videlicet, caseo, et ovis*. Epist. Rotrodi Archiep. Rotomag. ad Henricum Reg. Angliæ inter Probat. Hist. Harcur. tom. 3. pag. 141 : *De cujus carne et sanguine Sementivæ originis et naturæ beneficio carnem et sanguinem mutuasti.*

¶ **SEMENTIUM**, Σπόριμον. Gloss. Lat. Gr. in MSS. *Sementivum*.

¶ **SEMENTURA**, Semen, sementis, Gall. *semaille*. Charta ann. 1217. ex Tabul. Portus Reg. : *Dedit conventui de Portu Regio terram duos recipientem Sementuræ modios, in terra quam tenebat a dom. Guillelmo de Danvilla milite*. Vide *Sementia* et infra *Seminatura*, 1.

¶ **SEMEOURA**, ut *Sementura*. Charta ann. 1230. ex eodem Tabul. : *Ipse Buchardus nomine suo de dictis terris, ante translationem dominii dictarum terrarum ad culturam, redegit usque ad septem modios et dimidium Semeouræ*. A Gallico tunc temporis usitato *Semeoure*, vel *Semeure*, pro *Semence*.

¶ SEMEURA, Eadem notione. Chartul. Castridun. fol. 80 : *Super quamdam peciam continentem circiter duo sextaria Semeuræ.... et super aliam peciam terræ tria sextaria Semeuræ continentem.*

* Nostris *Semeure*. Charta ann. 1255. ex Chartul. Maurign. : *Quarum* (peciarum terræ) *quædam continet, ut dicitur, duo sextaria Semeuræ, et reliqua continet, ut dicitur, quatuor sextaria Semeuræ*. In alia ann. 1248. ibid. : *Duos sextarios seminis*. Charta ann. 1480. ex Chartul. Buxer. part. 7. ch. 31 : *Item ung fretil au Seurreaul, contenant environ la Semeure de deux boisseaux.*

¶ **SEMETRUM**, Intervallum, Bollandistis ad Vitam S. Dunstani tom. 4. Maii pag. 368 : *Porro Regem per diversa locorum*

Semetra deviantem, ultra flumen Tamisium compulere.

¶ Semetrum; Papiæ, *Imperfecta mensura.* Prudent. Psychom. v. 829 : *Dissona Semetra.*

¶ **SEMEURA.** Vide supra *Semeoura.*

* **SEMEURUS,** Seminalis. *Terra Semeura,* quæ seri consuevit. Charta ann. 1282. ex Chartul. S. Joan. de Valle : *Confessus fuit se..... permutasse circa dimidium modium terræ Semeuræ. Demi mui de terre Semeure ou environ,* ibid. ex Ch. ann. 1283. *Semeur,* pro *Semoir,* Satorium, in Lit. remiss. ann. 1375. ex Reg. 108. Chartoph. reg. ch. 187 : *Le signifiant ainsi comme il venoit de son labour, et encore avoit-il le Semeur pendu à son col, etc. Semoire* et *Semoere,* eodem sensu. Lit. remiss. ann. 1402. in Reg. 157. ch. 269 : *Icellui Galois semoit sondit blé et le portoit en une Semoire. Une Semoere à semer grains,* in aliis ann. 1448. ex Reg. 176. ch. 586. Vide supra *Sementaticius.*

¶ **SEMIACIA,** Semi-tabula, ut videtur, Gall. *Bout de planche.* Acta B. Michelinæ tom. 3. Junii pag. 931 : *Lectus quoque erat plana terra, interdum tabula quadam interposita vel aliquibus Semiaciis, cippo utens ligneo pro cervicale.*

¶ **SEMIALTER,** Unus et medius. Mirac. B. Simonis de Lipnica tom. 4. Julii pag. 559 : *Magnis febribus per Semialterum annum obvoluta fuit.*

* **SEMIALTILE,** Semisaginatus; dicitur de gallina vel capone. Charta ann. 1188. ex Chartul. S. Nigas. Mellet. : *Concessi.... septem denarios et minam avenæ, dimidiam oblatam et Semialtile.* Vide *Altile.*

¶ **SEMIARMATUS.** Vide *Semiermis.*

SEMIAXIARII, appellati Christiani a Gentilibus. Rationem nominis sic prodit Tertullianus Apol. cap. 50 : *Vicimus cum occidimur, licet nunc Sarmentitios et Semiaxiarios appelletis, quia ad stipitem dimidii axis revincti sarmentorum ambitu exurimur.* [Ubi *Semaxios* edidit Rigaltius.]

¶ **SEMIBOLUS,** Oboli pars media, apud Isidorum lib. 16. Orig. cap. 24. Vide *Cerates.*

¶ **SEMIBONUS,** Non pessimus. Chron. Dominici de Gravina apud Murator. tom. 12. col. 693 : *Et multi quidem, qui in Semibonorum virorum manibus incidebant, salvi fiebant a cæde pecunia redimendi.*

* **SEMICCIA,** f. pro *Semicinctia,* ut monent docti Editores ad Append. vitæ 1. S. Ludov. reg. tom. 5. Aug. pag. 560. col. 1 : *A sede vel loco suo veniens* (sanctus Rex) *nudus pedes, discooperto capite, et collo nudato in Semicciis et humili habitu..... crucem Dominicam sic humiliter adorabat.* Vide *Semicinctium.*

SEMICINCTIUM, Semicinctia, *Semicentia, Semicincta,* Prætenta ventri castula, quam nos *Tablier* dicimus, quod tabulæ formam referat : Picardi vero etiamnum *Demiceint.* Isidorus lib. 19. Orig. cap. 33. et ex eo Papias : *Cinctus,* (al. *Cinctura*) *lata zona, minus lata, Semicinctium : minima, cingulum.* Idem Papias : *Semicinctium, minus lata zona, dictum, quod dimidium cingat.* Glossæ MSS : *Semicincta, quod medium cingit.* Joannes de Janua : *Semicincium dicitur eo quod dimidium cingat. In Glossa autem Actor.* 19. *dicuntur Semicincia vestes ex uno latere dependentes, vel zonæ, sive vestes nocturnæ, vel genus sudarii, quo Hebræi utuntur in capite.* Glossæ Lat. Gr. : *Semicinctium,* ἡμιζώνιον. [Aliæ : *Semicinctum,* ὑπόζωμα. Gloss. Lat. Gall. Sangerman. : *Semicinctium, demie ceinture.*] [** Vet. Gloss. German. in Graff. Thesaur. Ling. Franc. tom. 4. col. 255 : *Albgurtilla, Semizintia.*] *Vestis præcinctoria,* S. Augustino. S. Bernardus de Moribus Episcopor. cap. 2 : *Fratrum lateribus nec Semicinctia miserantes apponitis.* Petrus Damianus lib. 6. Epist. 30 : *Tandem per Semicinctias correpti, violenter excludimur.* Petrus Blesensis Epist. 102 : *Aut nudus omnino, aut in Semicinctiis tabescens, fame et frigore tremens, etc.* Herbertus lib. 1. de Miracul. cap. 6 : *Habebat quoque vir ille locupletissimus circumligatam renibus Semicinctiam vilem atque brevissimam, quæ verecundas solummodo corporis partes operire vix poterat.* [Vita B. Hugonis de Lacerta apud Marten. tom. 6. Ampl. Collect. col. 1145 : *Exceptis quibus nescio Semicinctis, unde pudibunda sua protegere posset, quæ ita videbantur resarcita ex aliis, quod etc.*] Exceptio corporis S. Florentini apud Latiniacum MS : *Pallium modo integrum tibi esse videtur; sed ex quo illud attigeris, in plura Semicintia dividetur. Semicincium,* absque, *t,* scripsit etiam Arator lib. 2. Hist. Evangel. :

. . . . . Semicincia denique Pauli
Atque oblata palam sudaria fusa per artus
Languorum pressere focos, etc.

Semicinctium, vestibus Sacerdotalibus vulgo accensetur. Idem porro quod *Orarium,* seu sudarium, quod auro et gemmis distinctum, ad dextrum femur a cingulo dependens conspicitur in tabellis Græcanicis, quas ad nostram Constantinopolim Christianam æri incidi curavimus. Glossæ MSS : *Semicincia, sudarium.* Nicephorus Constantinopolitanus ad Leon. III. PP : *Misimus fraternæ vestræ Beatitudini encolpium aureum, tunicam candidam, et penulam castaneam, inconsutilem stolam, et Semicinctia auro variegata.* Leo Ost. lib. 3. cap. 19. (alias 20 :) *Stolas auro textas cum manipulis et Semicinthiis suis numero* 9. Cap. ult. : *Stolæ aliæ* 18. *Semicinthia* 6. al. *Semicincia.* Hepidannus de Vita S. Wiboradæ cap. 29 : *Sic et absentis Pauli Semicinctia ægrotantibus superposita sanabant.* Respexit locum Lucæ Act. 19 : Καὶ ἐπὶ τοὺς ἀσθενοῦντας ἐπιφέρεσθαι ἀπὸ τοῦ χρωτὸς αὐτοῦ σουδάρια ἢ Σιμικίνθια. Quæ quidem vocabula non semel jungunt Scriptores alii. Joannes Damascenus lib. 3. de Imagin. : Οὕτως ἡ σκία καὶ τὰ σουδάρια, καὶ τὰ σεμικίνθια τῶν Ἀποστόλων ἐπήγαζον τὰ ἰάματα. Alios vide apud Meursium. Addo quæ habent Glossæ MSS. Regiæ codd. 930. et 2062 : Σιμικίνθιον, τὸ παρὰ τοὺς πόδας σανδάλιον, τινὲς δὲ τὸ φακεώλιον λέγουσιν, κυρίως δέ ῥινόμακτρον, ὅ ἐστι μυξομάνδιλον. *Semicinctium* Episcopis proprium fuisse docet Charta Anacleti II. PP. in Chronico Beneventano S. Sophiæ pag. 689 : *Mitram ac chirothecas, tam tibi, dilectissime fili Franco Abbas, quam successoribus tuis,... in perpetuum habere ac possidere concedimus : dalmaticæ quoque usum ac Semicincti, his diebus tantum, qui inferius prænominantur, tibi tuisque successoribus in perpetuum Apostolicæ Sedis liberalitate concedimus ac tribuimus id est, Natali Domini, etc.*

* Lit. remiss. ann. 1397. in Reg. 153. Chartoph. reg. ch. 74 : *Une çainture et deux Demiscains ferrez d'argent dorez.* Ubi de vestibus, quibus induuntur episcopi, sermo est, tunicellam significari putant Bollandistæ ad Vitam Victoris PP. III. tom. 5. Sept. pag. 435. col. 1. cui sententiæ favet Poema Roberti Diaboli MS. in quo vox Gallica *Sains,* pro muliebri tunica usurpari videtur, ubi de regis filia :

Viestue estoit moult ricement
D'un brun Sains menuement,
Toute d'or à œuvres menues.

Consulendi præterea Henr. Stephanus in Append. Thes. Gr. part. 2. pag. 33. et Cangius in Glossar. med. Græcit. ad v. Σιμικίνθιον. Vide supra *Subcinctorium.*

¶ **SEMICIPIUM,** ἡμικεφάλιον, in Gloss. Lat. Gr. Semi-caput, Gall. *Moitié de la tête.*

¶ **SEMICOLUMNIUM.** Gloss. Isidori : *Cilindrum, Simicolumnium.*

SEMICORS, *Minus habens cor,* in Glossis antiquis MSS. [Gloss. Lat. Gall. Sangerm. : *Semicors, qui a demi arme* (ame.) Occurrit apud Joh. de Janua.]

¶ **SEMICUMULATUS,** Gall. *Demi-comble.* Litteræ Ludovici VIII. Reg. Franc. ann. 1224. tom. 1. Ordinat. pag. 49 : *Porro de his mestivis statutum est, ut ad justam mensuram prædictæ civitatis semirasam et Semicumulatam reddatur.* Occurrit alibi.

SEMICUPIUM, Cupa brevior. *Est,* inquit Papias, *vas, in quo potest homo resupinus jacere in modo lintris.*

¶ **SEMIDAHI,** *Carectum.* Gloss. Mons. apud Schilter. in Gloss. Teuton.

¶ **SEMIDECIMA,** Quæ a decimo ad quintum numerum reducitur. Statuta S. Claudii pag. 19 : *Decimam integram aut Semidecimam fructuum prioratuum... imponere... poterunt.* Adde Cod. Theod. leg. 4. de Suariis et quæ ibi observat Gothofredus. Vide *Dimidius.*

¶ **SEMIDUPLEX,** Dimidius. Charta fundat. Capellæ Vicennarum ann. 1387. apud Lobinell. tom. 3. Hist. Paris. pag. 192 : *In festis duplicibus, duplices, et in Semiduplicibus, Semiduplices distributiones percipiant* Canonici. Vox frequentissima ubi de officiis ecclesiasticis agitur. Vide in *Festum.*

SEMIERMIS, *Semiarmatus., minus armatus,* in Glossic antiquis MSS. [Gloss. Isid. : *Semiermis, sine armis.* Utitur etiam Livius. Tacito *Semermus* est male armatus.]

¶ **SEMIFACIES,** Effigies obliqua, Gall. *Visage de profil,* apud Mabill. tom. 3. Annal. pag. 619. ubi de sigillo cui *sancti Galli Semifacies* impressa erat.

¶ **SEMIFORTIS,** Male vel parum munitus. Chron. Domin. de Gravina apud Murator. tom. 12. col. 674 : *Castrum vero Blasignani, quod Semiforte tunc erat, verbis blandis proditoriis acceperunt.*

¶ **SEMIFRACTURA,** Scripturæ species. Vide supra *Scriptura.*

¶ **SEMIFRATER,** Qui ex altero patre, vel ex altera matre est. Chron. Angl. Th.

Otterbourne pag. 79 : *Deinceps Rex Henricus ita ditavit quatuor Semifratres suos, ut inter ceteros proceres despectui haberent.* Infra pag. 84 : *Post quem* (Hardeknutum) *regnavit ejus Semifrater S. Edwardus* 24. *annis.*

* **SEMIFRATRES** apud Carmelitas, Fratres seu *Donati* secundi ordinis. Constit. Carmelit. MSS. part. 1. rubr. 12 : *Qui*(prior generalis et prior provincialis) *laicos poterunt recipere in fratres vel Semifratres, prout visum fuerit sibi expedire.* Et rubr. 14 : *Semifratres et fratres layci post novicios dicant culpas suas et moneantur in capitulo et caritative corrigantur; et tunc egrediantur, nec intersint secretis capituli, nec habeant vocem in electionibus. Semifratres, sicut laici, profiteantur obedientiam, castitatem et sine proprio vivere usque ad mortem, et dicant horas suas sicut laici.... Semifratres omnibus fratribus deferant honorem, etiam laicis, tam in mensa quam in aliis locis, et in ecclesia maneant inter chorum et capellas.* [** Contractus censiticus inter Fratres ordinis Theutonicor. etc. ann. 1302. in Guden. Cod. Diplom. tom. 3. pag. 9 : *Actum in villa Aure, in torculari dictor. religiosorum; præsentibus fratribus Everhardo et Nycholao, et Johanne Semifratre domus Confluensis.*]

* **SEMIFRUMENTUM**, Miscellum frumentum, vulgo *Bled méteil.* Charta ann. 1319. in Reg. 61. Chartoph. reg. ch. 164 : *Item sunt ibidem in redditibus bladi, videlicet in Semifrumento et avena, ducenta sextaria.* Vide *Mixtum* 2.

* **SEMIGUILLOTUS**, Monetæ minutioris species. Vide supra *Guillotus.*

¶ **SEMIINTEGER**, Dimidiatus, mutilus. Epist. 3. S. Paciani ad Symphron. inter Conc. Hispan. tom. 2. pag. 89 : *Quid ais? Evangelistæ duos dimidiatos invicem sensus et Semiintegros retulerunt?*

¶ **SEMIJUSTUS**, *Dimidium justi.* Gloss. Isid. Sed leg. *Semiustus, dimidium ustus.* Papias : *Semiustus, ex parte combustus.* Varroni, *Semiustulatus.* Hæc post Græcium.

* **SEMILANCEA**, Hasta, Gall. *Demipique.* Lit. remiss. ann. 1395. in Reg. 149. Chartoph. reg. ch. 163 : *Dictus supplicans percepit dictum deffunctum in manibus suis quandam Semilanceam tenentem; et quia in dicto Dalphinatu nemo debet arma invasiva deportare, dictus supplicans dixit præfato servienti ordinario, quod dicto deffuncto Semilanceam amoveret.* Vide *Lancea.*

¶ **SEMILOTUS**, Mensura liquidorum, in quibusdam locis Belgii, *Demi-lot*, quæ Parisiensi *pintæ* respondet. Hist. Monast. Viconiensis apud Marten. tom. 6. Ampl. Collect. col. 302 : *Sic statuit adesse præbendam, quod sacerdos Semilotum ad mensuram in prandio obtineat. Nam antea in scyphis magnis vinum fundebatur.* Vide *Lotum.*

¶ **SEMIMENSTRUUS**. Leg. municipales Mechlin. tit. 13. art. 8 : *Apparitor vero qui renuntiationem illam fecerit, id ipsum se ita fecisse apud acta pro religione sui juramenti contestabitur, nomenque ejus cui nuntium detulit exprimet et actis insinuari curabit, ac tum demum liberum erit creditori detentionem illam persequi, quantum attinet ad bona mobilia, a die juridico ad diem juridicum, hoc est per intervalla octiduana : quantum vero spectat ad bona immobilia, per intervalla Semimenstrua, hoc est a decima quarta nocte ad decimam quartam noctem : opusque erit ut Ammanus trinis vel hebdomadariis vel Semimenstruis vicibus debitorem ejusve hæredes cæterosque omnes qui aliquid juris in ea bona prætendunt, evocet.*

¶ **SEMIMODIATA**. Vide in *Semodiata.*

¶ **SEMINALATUS**, vox corrupta apud Cumeanum de Mensura Pœnitentiarum cap. 3. ubi pro *Seminalatis* legendum forte *Amigdalis.* Locus est in *Tenucla.*

SEMINALIA, Sationes, *Semailles.* Statuta Ordinis S. Gilberti *de Sempringham : In cæteris grangiis interim excussione cessante, nisi quantum ad Seminalia pertinet.*

* Charta ann. 1319. in Reg. 59. Chartoph. reg. ch. 319 : *Item pro servantagio, censu et Seminalibus, vinginti sextaria frumenti. Item in avena pro Seminalibus et censu..... Item in Seminalibus silliginis, etc.*

¶ SEMINALIA, *æ*, Eadem notione. Charta ann. 1119 : *Totam parochiam Augi cum omnibus decimis et omnibus decimis totius villæ tam de animalibus quam de frugibus et omni Seminalia de tota eadem parochia usque ad ædem de Glans.* Vide *Sementa* et *Senaillia.*

* **SEMINARE**, Semen. Acta MSS. notar. Senens. ann. 1283. ex Cod. reg. 4725. fol. 2. r° : *Promitto.... mittere quolibet anno* xxx. *salmas boni letaminis et culturare dictam terram ad quatur sulchos cum Seminare comparato.* Vide *Seminarium.*

¶ **SEMINARIUM**, Semen, cultura. Nicolaus de Jamsilla de Gestis Friderici II. Imp. apud Murator. tom. 8. col. 558 : *Quæ etiam terra caules silvestres usui hominum aptos sine Seminario producit.* [** Comment. MSS. ad Marcian. Capell. libr. 2. apud Maium in Glossar. novo voce *Sementum : Dicimus hoc semen et hoc seminium, hæc sementis et hoc seminatum et hoc seminarium. Sed semen et seminium animalium, sementis autem et sementum frugum, Seminarium cujuscumque rei initium.* Richerus in Prologo : *Gallorum congressibus in volumine regerendis, imperii tui, pater sanctissime Gerberte, auctoritas Seminarium dedit.*]

* **SEMINATIO**. TERRA SEMINATIONIS, Seminalis quæ seri consuevit. Charta Nivel. episc. Suession. ann. 1192. ex Tabul. S. Crisp. in Cavea : *Dedit etiam eis Petrus miles de Noveroel, assensu uxoris suæ et filiorum, tres essinos terræ Seminationis in perpetuum.* Vide supra *Sementaticius* et *Semeurus.*

¶ 1. **SEMINATURA**, Sementis, *Semaille.* Charta Laurentii Abbat. Centul. ann. 1180. ex Tabular. ejusd. Monast. : *Campus unius sextarii, et una foraria quarterium Seminaturæ continens.* Charta Guillelmi de Monasteriis ann. 1206. ex Chartul. Meld. : *Concessi in perpetuum Ansello Episcopo Meldensi et ejus successoribus Episcopis quindecim modios Seminaturæ omnino quietos et liberos ab omni jure et justitia.* Occurrit rursum ibid. in alia Charta ejusdem anni. Vide *Sementura.*

* Huc spectare videtur vox Gallica *Essemée* in Stat. ann. 1402. ex Cod. reg. 9849. 4. fol. 4. r° : *Maisons ou lieu de petite Essemée et de petis edifices, etc.* Id est, ubi pauci sunt agri arabiles et sationi idonei. Unde emendandum puto idem Statutum tom. 8. Ordinat. reg. Franc. pag. 534. art. 71. ubi legitur *Essence.*

¶ 2. **SEMINATURA**, Sationis tempus, seu servitium quod ea anni tempestate domino a vassallis debetur. Charta apud *Madox* in Formul. Anglic. pag. 47 : *Terras illas teneant et habeant de me in capite in libera et perpetua elemosina,.... cum libertate et quietantia... de karreagio, siris et hundredis, et Seminatura et aratura, etc.* Vide *Sementerium.*

* *Semoisons*, eadem acceptione, in Chartul. S. Corn. Compend. fol. 211. v° : *Item xix. sol. pro corveis Martii. Item xix. sol. en Semoisons après Aoust.*

* 3. **SEMINATURA**, idem quod supra *Seminatio.* Chartul. Floriac. fol. 164. v° : *Relligiosi viri prior et monachi acquisiverunt a Simoneto Chairpaudi duas minatas Seminaturæ terræ, sitas in censiva abbatis.* f. *Seminaturus* adjective, ut supra *Semeurus.*

¶ **SEMINELLUS**, ut *Simenellus.* Vide ibi.

SEMINIA, ex Gall. *Semaine*, Hebdomada. Gilbertus Crispinus Abb. Westmon. in Vita S. Helluini Abb. Beccensis : *Et mane primus in Curia coram aderat ad mensam Domini, quia inter sodales par Seminiam exercere volebat.* Hoc est : *Il vouloit faire sa Semaine.*

SEMINIVERBIUS, Concionator, σπερμόλογος, *Seminans verba*, Papiæ. Mamotrectus ad Actus Apost. cap. 17 : *Seminiverbius, i. seminator verborum, quasi sermologus.* Alcuinus Poem. 5. de S. Paulo :

Plurima frugiferis dispergens Semina verbis.

Petrus Blesensis Serm. 43 : *Erudiat Seminiverbius; definiat, quia Prælatus; intercedat, quia Advocatus; Seminiverbius in Cathedra, Prælatus in Curia, Advocatus in Missa.* [Liber de Castro Ambasiæ apud Acher. tom. 10. Spicil. pag. 555 : *Anno ab Incarnatione Domini* 1096. *Urbanus Papa Romanus in Gallias venit, Arvernis cum multis Galliarum Episcopis et Abbatibus generalem synodum celebravit; et ut erat disertus Seminiverbius, verbum Domini sæpe seminabat.*] Ordericus Vitalis lib. 8 : *Solers itaque Seminiverbius multis profuit, etc.* Utitur præterea lib. 10. pag. 774. ut et Baldricus Dolensis de Vita B. Roberti de Arbresello semel ac iterum, Acta Apostolorum cap. 16. v. 18. pro σπερμόλογος, de qua voce consulendus Henricus Stephanus lib. de Dialect. Attic. pag. 214. [Iis adde Tortarium in Mirac. S. Benedicti sæc. 4. Bened. part. 2. pag. 407.]

¶ **SEMIPANIS**, Panis statuti ponderis dimidia pars. Canones Pœnitent. apud Marten. tom. 4. Anecd. col. 55 : *Alii centum dies cum Semipane mensuræ paximatium aqua et sale et psalmos* L. *in unaquaque nocte.* Canones Hibern. ibid. col. 20 : *Arreum anni* XII. *dies et noctes super* XII. *buccellas mensuræ de tribus panibus.* Consuet. Universit. Paris. per Robert. *Goulet* fol. 18 : *Dentur porcionistis jentaculum Semipanis vel parvuli, ut fit, integri.* Vide *Tenula.*

* **SEMIPANNUS**, Panni tot ulnarum dimidia pars, Gall. *La moitié d'une piece*

de drap. Lit. remiss. ann. 1391. in Reg. 141. Chartoph. reg. ch. 246 : *Item furtive cepit duos Semipannos, quorum alter erat coloris rubei, et alius coloris nigri.*

¶ **SEMIPAR**, Qui dimidii feudi ratione domino subditus est. Vide in *Par.*

¶ **SEMIPLAGIUM**, *Minus rete, vel lineæ adjunctæ retibus. Nam retia plagæ dicuntur.* Papias. Hinc emendandus Isidorus lib. 19. Orig. cap. 5 : *Minus rete Implagium dicitur a plagis.* Ubi *Semiplagium* legendum, ut et in ejusdem Isid. Glossis, pro *Simplagium :* tametsi occurrit apud Angel. Rumplerum in Hist. Formbac. Monast. tom. 1. Anecd. Pezii part. 3. col. 433 : *Extrahuntur autem pisces non solum retibus, sed et nassa: utimur et Simplagio, verum rarius et vix semel in anno.*

¶ **SEMIPLANTARIA** Charta, Ea scilicet qua ager ad *medium plantum* conceditur. Vide in *Complantare.*

¶ **SEMIPLENE** Probare, Gall. *Prouver à demi.* Statuta Palavic. lib. 1. cap. 5. fol. 8 : *Si autem Semiplene probaverit, deferetur sacramentum eidem in supplementum probationis.*

¶ **SEMIPLENUS**, Simulatus. Willel. in Philippo Aug. tom. 5. Hist. Franc. pag. 81 : *Rex superinductam abjecit superficie tenus, et uxorem suam recepit in suam gratiam Semiplenam, carnis debitum ei non reddens.*

¶ **SEMIPLOTIA**, Festo, *Soleæ dimidiatæ, quibus utebantur in venando.* Vide Turn. Advers. lib. 19. cap. 19. et supra *Plautus.*

¶ **SEMIPOISA**, Semilibra. Vide *Poisa.*

SEMIPRÆBENDÆ. Vide *Præbendæ.*

¶ **SEMIRASUS.** *Mensura semirasa*, Gallice *Demirase.* Locus est in *Semicumulatus.*

SEMIRE, pro Serere, seminare, ex Gallico *Semer.* Charta Caroli Regis Burgundiæ filii Lotharii Imp. tom. 12. Spicil. Acher. pag. 127 : *Silva parva, si Semiri possit, ad modios* 50.

* **SEMIS-MARTIR**, Fere martyr. Instr. ann. 1384. inter Probat. tom. 3. Hist. Nem. pag. 66. col. 1 : *Inde inhumaniter habitatores Semis-martires aufferendo aures, pugnos, brachia, etc.*

¶ **SEMISOLIDUS**, Dimidius. Vide in hac voce.

* **SEMISOLIUM**, Solium latrinæ, sella familiarica, Gall. *Chaise percée.* Annal. Bonincont. ad ann. 1376. apud Murator. tom. 21. Script. Ital. col. 27 : *Rodulphus Varanus... ad pontificem defecit... Ob eam rem Florentini tamquam fœdifragum portis adpinxerunt. Hanc ille contumeliam ultus eo est, quod octo Florentinorum, qui curam belli habebant, in suis terris pingi fecit sub Semisolio sedentes, veluti si quæ egisset, in os suum reciperent.*

SEMISONARII, *Dimidium obsonium capientes.* Ita Ugutio MS. forte leg. *Semiobsonarii.*

SEMISPATHIUM, Isidoro lib. 18. cap. 5. Papiæ et Joan. de Janua : *Gladius est a media longitudine spathe appellatus.* Gloss. Theotisc. : *Semispathium, sahs.* Vegetius lib. 12. cap. 15 : *Gladios majores, quos Spathas vocant; et alios minores, quos Semispathas.* Lex Burgund. tit. 37 : *Quicunque spatham aut Semispathium eduxerit ad percutiendum alterum, etc.* Chronicon Fontanellense cap. 10. vel 11 : *Erat autem de secularibus Clericis, gladioque, quem Semispathium vocant, semper accinctus, sagoque pro cappa utebatur.* [Male *Semispiacium* editum ex eod. Chron. apud Acher. tom. 10. Spicil.] Ex his emendandum Capitulare Pipini Regis Italiæ apud Steph. Baluzium cap. 36. [** Pertz. ann. 786. cap. 7.] : *Et caballos, arma, et scutum, et lanceam, spatam et Senespasium habere possint.* Ubi legendum *Semispathium.*

** **SEMISPHÆRA**, Aldhelmi Grammat. apud Maium Auct. Classic. tom. 5. pag. 553 : *Hemispherium, Semisphæra latina lingua intelligitur.*

¶ **SEMISSARE**, Dimidiare, bipartiri, apud Veget. lib. 1. cap. 28. et 38.

SEMISSARIUS, Dimidius. Chronicon Isidori Pacensis Episcopi ann. 731 : *Abderaman vir belliger in æra 769. anno Imperii ejus 12. Semissario, Arabum 113. etc.*

¶ Semissarius, Dimidia ex parte hæres. Florent. JC. D. lib. 30. tit. 1. leg. 116 : *A cohærede vero Semissarius, duobus extraneis concurrentibus, non amplius tertia parte, etc.*

SEMISSECLA, *Dimidium sicli*, in Vita S. Wiboradæ apud Goldastum.

SEMISSIS. Gloss. Lat. Gr. : *Semissem*, ἡμισείας, καὶ τὸ ἥμισυ τοῦ νομίσματος. Ebrardus in Græcismo cap. 12 :

> Semis, dimidius, indeclinabile semper;
> Semis, Semissis, dicetur dimidius Poys.

* *Demi-temps* nostri appellarunt Partem mediam vel quartam *breviarii* ecclesiastici. Lit. remiss. ann. 1377. in Reg. 110. Chartoph. reg. ch. 249 : *La moitié d'un breviaire, qui est appellé Demi-temps.* Inventar. bonor. ducis Bitur. ann. 1416. fol. 76. r°. ex Cam. Comput. Paris. : *Item ung volume de breviaire de Demi-temps, c'est assavoir du temps d'esté.*

* **SEMISUMMISSARII.** Vide infra *Summissarii.*

SEMITARIUS, Semita, Hispanis *Sendero*, Gall. *Sentier*, in Charta Hispanica æræ 1016. apud Anton. *de Yepez* in Chron. Ord. S. Benedicti tom. 5. pag. 444. Charta Bernardi Vicecomitis Carcassonæ ann. 1108 : *De aquilone de ipso Semitario, qui vadit ad ipsos molendinos.* Tabularium S. Andreæ Viennensis : *De duos latus terra de ipsa hæreditate, in uno fronte, Semitario vicinabile, in alio fronte, etc.* Alibi : *In alio fronte Semitario via vicinabile.* [Vide infra *Simitarius.*]

¶ **SEMITAS**, Imperfectio. Vide *Semus.*

¶ **SEMITRIA**, Duo et dimidium. Mirac. B. Kingæ tom. 5. Julii pag. 753 : *Infantem nomine Adalbertum... Semitrium annorum, etc.* Quæ loquendi ratio apud Septentrionales usitatissima est, teste Sollertio in Notis ad hunc locum. Vide *Dimidius.*

¶ **SEMIVECORS**, *Minimus a vecorde.* Gloss. Isid. Emendandum ex Papia, *Semivecors, minus habens cor*, ut monet Grævius. Vide *Semicors.*

* **SEMIVIGILARE**, Intervigilare, Gall. *Etre à moitié éveillé.* Lit. remiss. ann. 1355. in Reg. 84. Chartoph. reg. ch. 367 : *Cum idem Robertus jam dormitaret vel Semivigilaret, iterum audivit tumultum, etc.*

¶ **SEMIVIVUS**, Vox contemtus usurpata a Burchardo in inscriptione epistolæ ad Ottones, apud Mabill. tom. 3. Annal. pag. 619 : *Summæ post Deum majestatis dominis meis, regnum æternum Burchardus abbas Semivivus.*

* **SEMIUSATUS**, Semiusus, Semitritus, vulgo *à demi usé.* Invent. bonor. Joan. de Madalhano ann. 1450 : *Invenimus.... quamdam culcitram Semiusatam plenam plumis, unum pulvinar Semiusatum, cum pluma quæ est intus.* Aliud. ann. 1476. ex Tabul. Flamar. : *Item plus duo linteamina Semiusa ejusdem telæ borgesiæ.* Vide *Usare.*

¶ **SEMMINIA**, Instrumentum esse videtur in sacrificiis adhibitum, puta culter quo mactabatur porca. Odo in Carm. de varia Ernesti Ducis Bavar. fortuna apud Marten. tom. 3. Anecd. col. 359 :

> Rusticus agricolæ Cereri parat exta ruentis
> Semminia porcæ, fœda bove sacra piatur
> Tellus, etc.

SEMNISTES, pro *Symmistes*, ex Gr. συμμύστης. Passio S. Bercharii apud Camusatum pag. 69. de S. Nivardo Archiepisc. Remensi : *Eo gravi sopore deprimitur, ut omni protinus eundi facultate proscriptus, Semnistem suum B. Bercharium inclamaret, etc.*

SEMNIUM, ex Gr. Σεμνεῖον, Monasterium, in quo *venerandi* degunt Monachi. Glossæ antiquæ MSS. et Gloss. Lat. MS. Reg. cod. 1013 : *Semnium, Monasterium, sive honestorum conventiculum.* Perperam *Scimnium*, apud Papiam. Lexicon aliud Gr. MS. Reg. cod. 2062 : Σεμνεῖον, Μοναστήριον. Joan. Hieros. de Instit. Monach. cap. 36 : *Diruentes eorum Semnium antiquum, ædificaverunt huic primæ virgini Deo dicatæ capellam, etc.* Occurrit præterea in Vita B. Agnetis de Bohemia n. 6. Suidas : Φροντιστήριον, διατριβή, ἢ μοναστήριον, ὅπερ οἱ Ἀττικοὶ σεμνεῖον καλοῦσι. Nicephorus CP. in Breviar. pag. 16. 1. edit. : Μετὰ δὲ ταῦτα Κρίσπον εἰς τὸ λεγόμενον τῆς Χώρας περιείργεσθαι σεμνεῖον. Philo lib. περὶ βίου θεωρητικοῦ : Ἑκάστῳ ἐστὶν οἴκημα ἱερὸν, ὃ καλεῖται σεμνεῖον καὶ μοναστήριον, ἐν ᾧ μονούμενοι τὰ τοῦ σεμνοῦ βίου μυστήρια τελοῦνται. Nicetas in Isaacio lib. 1. n. 10 : Εἴτε τέμενος τοῦτο ἅγιον ἦν, εἴτε σεμνεῖον ἱερόν Vide Constantinum Manassem pag. 167. 180. edit. Meursii, [et Gloss. med. Græc.]

Simnio. Vita S. Boniti Episcopi Arvern. cap. 10 : *Quo cum pergens Solemniacense tenus pervenisset Simnionem, hoc est Monasterium.* [Bollandus legit *Symnionem.*]

1. **SEMO**, *nis*, quasi *Semihomo*, Ugutioni. Martianus Capella : *Quosque Semideos, quosque Latine Semones dicunt.*

* 2. **SEMO**, onis, Gall. *Hazar*, in Glossar. Lat. Gall. ann. 1352. ex Cod. reg. 4120.

* Gallicum *Semon*, quod unica voce scribi solet, quodque in quibusdam provinciis *Ita certe*, vulgo *Oui vraiment*, significat, distinctis vocibus *Se ay mon* scribitur in Lit. remiss. ann. 1400. ex Reg. 155. Chartoph. reg. ch. 109. ubi quis illum, qui baculo ad faciem percussus fuerat, sic alloquitur : *Ou t'en va, ribaux, tu en as.* Cui ille respondet : *Se ay mon voirement, et adoncques se partirent.* Unde vox *Compte*,

aut alia similis hic subintelligi videtur; quasi diceret, *Si ay mon compte, mon affaire*, Satis est, sufficit.

¶ **SEMODIALE**, Semodialis, Semimodius, *Demi muid*; item Mensura agraria, ager seu terra semimodii sementis capax. Vide in *Modius*. Charta ann. 790. apud Mabill. tom. 2. Annal. pag. 714. col. 1: *Similiter dedimus nos... terram modiorum* IX. *et Semodiale*. Chron. Farfense apud Murator. tom. 2. part. 2. col. 480: *Nona* (terra) *modiorum* 11. *et Semodialis; decima modiorum* 11. *et Semodialis; duodecima et decima tertia Semodialis unius*. Vide *Semodius*.

¶ **SEMODIATA**, Idem quod *Semodiale*, Ager *semimodio* constans. Modius vero, ut videre est in hac voce, pro variis regionibus variæ fuit capacitatis. Charta ann. 899. inter Probat. tom. 2. novæ Hist. Occit. col. 41: *In pago Biterrensi in villa Lunatis dono campum unum habentem Semodiatam unam, etc.* Charta ann. circ. 1063. ex majori Chartul. S. Victoris Massil. fol. 91: *Donaverunt unam Semodiatam de terra culta, etc.* Chartul. Eccles. Aptensis fol. 50. v°: *Dono.... Semodiatam unam de terra, et juxta villam Semodiatam de vinea unam. Semodiata de vinea*, in Charta ann. 1027. inter Instr. tom. 6. Gall. Christ. novæ edit. col. 173. *Semodiata vineæ*, in Tabul. Gellon. ann. 1033. *Semimodiata de terra*, in Tabul. Conchensi in Ruthenis Ch. 32. *Semimodiata de vinea*, in Tabul. S. Victoris Massil. Vide *Modiata* in *Modius*.

¶ **SEMODIUS**, Semimodius. Vide *Semodiale*. Charta an. circ. 1097. ex Chartul. Eccl. Aptensis fol. 34: *Et de præsenti vino quod egredietur de vineis dono Semodium ad opus prædictæ ecclesiæ*. Chartul. Bituric. fol. 160: *Dono etiam decem modios de vino cum tonna, et unum Semodium de frumento*. Adde Chartul. Matiscon. fol. 89. Gloss Lat. Græc.: *Semodium*, ἡμιμόδιον. *Semodius*, ἡμιχοίνικον. MSS. Sangerman. *Semimodium*. Vide *Modius* 2.

¶ **SEMOLLA**, Italis *Semola*, Furfur, vel grani genus. Statuta Astens. ubi de *Intratis* portarum: *Semolla solvat pro quolibet rubo lib.* 1. *sol.* 10. Vide *Semunclum*.

¶ **SEMONCIA**, Invitatio, a Gall. *Semonce*. Statuta Eccl. Autiss. MSS: *De invitationibus seu Semonciis in quinque anni festivitatibus. Anno Domini* 1456. *statutum fuit quod si canonici... non receperint unum chorarium vel plures, si fuerit opus, ad invitationem, non habeant quinque solidos*. Id moris fuit in Ecclesia Autissiodorensi, ut quilibet Canonicus præcipuis anni festivitatibus aliquem e Chorariis ad mensam invitaret: qui usus hodie ad pueros symphoniacos tantum manet: unde canonicus qui ex ordine id præstare debet *Etre en Semonce* etiam nunc dicitur. *Semondeuses*, apud Autissiodorenses nuncupantur mulieres quæ ex officio parentes vel amicos defuncti ad illius funus domesticatim invitant. Vide in *Submonere*.

* **SEMONERE**, Semonitio, pro *Submonere*, *Submonitio*. Charta Manas. episc. Aurel. ann. 1163. ex Chartul. Miciac.: *Nisi infra quindecim dies ablata restituerit et ad satisfactionem venerit, ipsius assensu et requisitione, sine alia Semonitione, inter excommunicatos eum nominamus*. Alia Buch. de Magduno ann. 1179. ex eod. Chartul.: *Si dominus Firmitatis Abreni.... negare voluerit se ad redimendum guagium Semonitum non fuisse, ille qui Semonitionem fecit in burgo S. Mariæ, coram priore, jurabit se submonitionem fecisse*. *Semonus*, Submonitus, in Lit. ann. 1231. tom. 5. Ordinat. reg. Franc. pag. 550. *Semonche*, pro *Semonce*, in Ch. Joan. vicedom. Ambian. ann. 1300. ex Chartul. 23. Corb. Vide *Semontio*.

SEMONITUS. Marculfus lib. 1. form. 35: *Juxta quod propriorem etiam præceptionem nostram erga se perhibentes, Semonitum propriam stabilitatem decrevimus roborare*. [Leg. divisis vocibus *Se munitum*, uti edidit Baluzius.]

¶ **SEMONTIO**, Monitio, a Gall. *Semonce*. Charta Manassis de Garlanda Episc. Aurel. ann. 1164: *Si quis autem filius discordiæ... contraire voluerit, post ternam Semontionem.. sententia excommunicationis mulctetur*. Vide in *Submonere*.

SEMORARI, Seorsim *morari*, Degere. Vita S. Landelini Abb. Crispiniensis cap. 7: *Non longe ab eodem loco secedens, sequestrata mansione Semoratur*.

* **SEMOSSA**, Monitio, citatio, Gall. *Semonce*. Lit. ann. 1356. inter Probat. tom. 2. Hist. Nem. pag. 182. col. 2: *Quia evocati ad Semossam excellentissimi principis domini comitis Armaniaci,..... litteratorie factum ad diem Jovis proxime, ad comparendum Tholosæ, etc.* Aliud vero sonat vox Gallica *Semosse*, in Libert. villæ *de Tannay* ann. 1352. tom. 6. Ordinat. reg. Franc. pag. 59. art. 2: *Toutes corvées de genz et de bestes, que li habitant de ladicte ville.... paient à yceulx* (seigneurs), *ou autres personnes à leur voulenté, bestes et Semosses, par quelque maniere que ce soit, sont et seront quictes et adnichilées à tousjours mais*. Ubi forte legendum *Bestes de somme*. Vide in *Sagma*.

* **SEMOSTA**, idem quod *Semossa*. Charta ann. 1334. in Reg. 71. Chartoph. reg. ch. 109: *Thesaurarius promisit nomine regis in se statim assumere ad simplicem Semostam* (sic) *ipsius magistri Guillermi aut suorum et eas* (controversias) *prosequi in judicio et extra*.

SEMOTARE, Semovere. Vita S. Aicadri Abb. Gemetic. cap. 29: *Quos enim sancta Caritas copulavit in sancto Dei servitio, longus terrarum sinus non poterat Semotari pro ullo exigente periculo*.

¶ **SEMOTIM**, Seorsim, separatim. Leges Ludovici Imper. [** cap. 17.] apud Murator. tom. 1. part. 2. pag. 129: *Si quis alienam sponsam rapuerit,.... cum lege sua eam reddat, et quicquid cum ea tulerit, Semotim unam- quamque rem secundum legem reddat*. Index vett. Canon. inter Conc. Hispan. tom. 3. pag. 9: *Non licere diaconibus Semotim populos colligere*.

¶ **SEMOTUS**, nude pro Defunctus, mortuus. Appendix ad Chron. Episc. Metens. apud Acher. tom. 6. Spicil. pag. 673: *Ipso Semoto* (Jacobo Episcopo) *plaga pestilentiæ non reliquit* (patriam.) Pro Exhæredatus occurrit in Cod. Theod. leg. 4. de Legit. hæredit.

SEMPECTÆ, in Regula S. Benedicti cap. 27. dicuntur *seniores sapientes fratres*: maxime qui quinquaginta annos in ordine exegerant, (quos annum jubilæum exegisse vulgo dicimus,) quibus eo nomine major indulgentia tribuebatur, ab omnibus oneribus cætera immunes. Dividebant enim totum conventum in tres gradus, quorum primus erat *juniorum*, qui usque ad annum 24. professionis omnia onera chori, claustri, et refectorii subibant: quippe in Monasteriis, *non ætas quæritur, sed professio*, ut est in Regula S. Pachomii cap. 3. Alter eorum erat, qui 24. annos a sua conversione exegerant; qui per 16. annos sequentes medium gradum tenebant: *Atque hi absoluti erant ab officiis parvis Cantariæ, Epistolæ, Evangelii, et aliis minoribus laboribus*. Hos, ut ætatis perfectæ, et consummati judicii Monachos, potissimum spectabat *magnitudo negotiorum, et providentia consiliorum, ac totius loci solicitudo*. In tertio gradu erant, qui 40. annum attigerant usque ad quinquagesimum, peculiari nomenclatura *Seniores* appellati. Excusabantur porro ii ab omni officio forinseco, scilicet Provisoris, Procuratoris, Cellarii, Eleemosynarii, Coquinarii, etc. tanquam *milites emeriti, qui portaverant pondus diei et æstus in servitio Dei, et pro statu Monasterii sui carnem et sanguinem suum expenderant*. Hos denique excipiebant *Quinquagenarii*, qui scilicet 50. annos in ordine exegerant, quibus, ut diximus, omnimoda immunitas concessa erat, *Sempectæ* nuncupati. Hos Monastici ordinis gradus pluribus explicat ac describit Ingulfus pag. 886. ubi de *Sempectis* hæc habet: *Quinquagenarius autem in ordine Sempecta vocandus, honestam cameram in infirmitorio de Prioris assignatione accipiat, habeatque Clericum seu gartionem suo servitio specialiter attendentem, qui exhibitionem victualium recipiet de parte Abbatis, modo et mensura, quibus ministratur gartioni unius armigeri in Abbatis aula. Huic Sempectæ unum fratrem juniorem commensalem, tam pro junioris disciplina, quam pro senioris solatio, Prior quotidie assignabit, etc.* Pag. seq.: *Sempectas autem Monasterii, qui verbo vitæ ipsum ad Dei servitium genuerant, semper in summa veneratione habebat, etc.* Mox: *Cumque primus prædictorum Sempectarum et ætate decrepita, et ordinis conversione diuturna cæteris multo senior, etc.*

Occurrit præterea hæc vox non absque mendo, et alia notione, apud Ordericum Vitalem lib. 8. cap. 11. pag. 624: *Hoc advertentes Cenomani valde lætati sunt, et majorem ei metum * Sempectas incusserunt*. Loquitur de juniore Comite Cenomanensi, qui, despectum se a subditis et exosum, sciens, fugam meditabatur. Ubi indubie *Sempectæ* legendum, ut omnino intelligantur Comitis συμπαίκται, *Collusores*, sodales, socii, quibuscum familiariter versabatur. Nam Quinquagenarios Monachos *Sympæctas*, appellatos admodum vero simile est, non quod ipsi *Sympæctæ* essent, sed quod ad ætatis provectioris solatium darentur eis συμπαίκται, seu juniores Monachi, qui eis ministrarent, et cum iis mensæ assiderent, ut exerte scribit Ingulfus: quomodo ejusmodi seniorum Monachorum συμπαίκτας habet

Palladius in Hist. Lausiaca cap. 24. 83. quos *Collusores* vertit vetus Interpres cap. 24. unde liquet, ab Ægyptiis et Orientis Monachis id vocabuli acceptum.

☞ Probabilissima tametsi videtur vocis *Sempectæ* interpretatio, quam ad mentem Ingulfi exponit Vir eruditus : mirum nihilominus est *Sempectas* nuncupatos, non juniores qui eo nomine designandi erant, sed seniores quibus ad solatium ii concedebantur. Ut ut est aliud sonat *Sempecta* in Regula S. Benedicti : eo quippe loci de excommunicatis sermo est, quibus Abbas fratres submittit, qui iis consolationem exhibeant; unde *Sempectas* hic intelligo sodales, socios seu familiares, qui amicum facilius ad meliorem frugem adducere valeant : qui tamen, ut vult S. Benedictus, inter seniores sapientes potissimum eligendi sunt. Vide Menardum in Concordia Regul. et Martenii Commentar. in Regul. S. Bened. pag. 378.

¶ Senipetæ, in Vita S. Jacobi Eremit. sæc. 4. Bened. part. 2. pag. 151 : *Iniit consilium cum Senipetis fratribus, etc.* Varie effertur hæc vox in Codd. MSS. *Senipeta*, *senpecta*, *simpecta* vel *sympecta* : quod argumento est vocis etymon non percepisse librarios.

¶ **SEMPER**, Tamen, *Toujours*, eadem notione, Galli dicimus. Charta Henrici IV. Reg. Angl. ann. 1403. apud Rymer. tom. 8. pag. 331 : *Ita Semper, quod arcus, sagittas... vobis reddant.*

* Hinc Italicum et Gallicum *Sempre*, pro vulgari *Toujours*. Gesta Briton. in Ital. apud Marten. tom. 3. Anecd. col. 1466 :

Alons toujours de çi, de ça,
Et Dieu Sempre nous aidera.

SEMPER-BARO, [Qui a nullo feudum habet; sed alii ab ipso tenent.] Vide in *Baro*.

SEMPITERNALITER, in Vita S. Isidori Episc. Hispalensis num. 11. [** *Sempiternalis* e veter. Bibl. apud Maium in Glossario novo.]

SEMPITERNITAS. Utitur Claudianus Mamertus lib. 1. de Statu animæ cap. 3. lib. 2. cap. 1. [Peregrinus in Speculo Virg. MS. Carolus C. in Charta confirmat. privileg. Corbeiens. apud Acher. tom. 6. Spicil. pag. 408. etc.]

¶ **SEMUNCLUM**, Grani species. Chron. Farfense apud Murator. tom. 2. part. 2. col. 545 : *Et pro solidis* XII. *concessit in villa S. Viti de casale S. Dominici ad quartam omnium frugum, excepto paniclo et Semunclo, et musti mundi tertiam, et olivarum medietatem.* Vide *Semolla*.

* Academ. Crusc. *Semolino, piccol seme.*

¶ **SEMUNIA**. Vide infra *Sennumia*.

SEMUS, Imperfectus, non plenarius, non plenus. *Illud enim*, ait Ugutio, *Semum est, quod ultra medietatem, et citra perfectionem est. Unde Semitas, et Semo, as, i. imperfectum facere, aliquantulum diminuere, et evacuare. Quidam :*

Samam, Semi-Deus, stemus, flemus quoque Semo.

Gloss. Lat. Gr. : *Semum*, ἡμίκενον. Vetus interpres Juvenalis ad Sat. 6 : *Semestris autem Luna dicitur, cum mensis medium permensa est spatium : aut Xemum* (leg. *Semum*) *dicit, cui, ut plena sit, parum admodum deest.* Formulæ veteres Pithœi MSS. cap. 36 : *Concessimus tibi olca, in villa nostra illa, quam illa femina quondam tenuit, et dum requisimus, quod absa esset et Sema, concessimus tibi, qui subjungit ab uno fronte, etc.* Joannes Laudensis in Vita S. Petri Damiani Cardin. cap. 5 : *Dimidio tantum palmo vas Semum invenerunt.* Ita præferunt tres MSS. ut observat Henschenius. [Obituar. MS. Eccles. Morin. fol. 2 : *Item in omnibus obitibus tam bursæ obituum, quam fabricæ.... sive a remanet, sive plenis, sive Semis, fabrica percipit in quolibet* 11. *sol.* 6. *den.*]

Semus, Mutilatus, qui non integro est corpore. Lexic. Gr. MS. Reg. Cod. 2062 : Ῥινόσιμος, τὴν κόμην ἀνάδετος, ἢ τὴν ῥίνα σιμὸς, καὶ πατζός. Naso mutilatus, simus : ἀνωμύκτηρ, pro ἀνομύκτης, in Nomocanone, seu Pœnitentiali tom. 1. Monumentorum Ecclesiæ Græcæ, cap. 94. Concilium Aurelian. III. cap. 6 : *Ne aut duarum uxorum vir, aut renuptæ maritus, aut pœnitentiam professus, aut Semus corpore, vel qui publice aliquando arreptus est, ad supradictos ordines provehatur.*

Simare, pro *Semare*, Mutilare. Capitula ad Legem Alamannor. edit. Baluzianæ : *Si quis auriculam Simaverit, solvat sol.* 20. *si totum excusserit, aut si plagaverit, ut audire non possit, solvat sol.* 40. Vide *Secuus*, *Sentus*, *Scematio*.

¶ **SEN**, i. e. Jerusalem. Vide *Passimæ*.

¶ 1. **SENA**. *Lamia vel Sena in Isaia, Genus monstri.* Papias.

* 2. **SENA**, Fluvius, idem qui infra *Sienna*. Vide ibi. Bulla Eugen. PP. III. ann. 1146. inter Instr. tom. 11. Gall. Christ. col. 240 : *Moltam Buinoldevillæ, medietatem piscariæ in Sena fluvio, etc.* Occurrit rursum in Charta ann. 1319. ibid. col. 273.

* 3. **SENA**, pro Scena, vel *Senus*, pro Scenicus. Charta Phil. V. ann. 1319. in Reg. 59. Chartoph. reg. ch. 66 : *Si vero clericus esse noluerit, vel bigamiam incurrerit, aut Senis se immiscuerit, volumus..... ac decernimus, quod.... in servitutem pristinam redigatur.*

¶ **SENACULUM**, Jurisdictio Curialium, seu locus ubi conveniebant. Leg. Mechlin. tit. 1. art. 13 : *Opifex a censoribus sui collegii ad mulctam aliquam aut peregrinationem damnatus, potest de ea re conqueri in Senaculo Consulum et Duodecim-viralium judicum.* Rursum art. 18 : *Omnis autem citatio sive ad tribunal Prætoris, sive ad Senaculum, sive ad Consules a publico viatore obiri debet.*

¶ Senaculum, pro Mulierum senatu seu conventu, apud Lamprid. in Heliogabalo : *Fecit et in colle Quirinali Senaculum, id est, Mulierum senatum, in quo ante fuerat conventus matronalis solennibus duntaxat diebus.*

¶ **SENAILLIA**, Sementis, Gall. *Semaille*, rusticis Dombensibus etiam hodie *Senaille*. Charta MS. ex Advers. D. *Aubret* : *Terra continens Senailliam decem bichetorum.* Vide *Seminalia*.

¶ 1. **SENALE**, *Funis cum quo caricatur, servit etiam arbori.* Gloss. Fr. Barberini ad *Docum. d'Amor.* edit. Ubaldini pag. 258. Informat. pro Passagio transmar. ex Cod. MS. Sangerm. : *Pro minuendis Senalibus, etc.*

* 2. **SENALE**, ab Italico *Segnale*, Signum, quo aliquid venale indicatur, Gall. *Enseigne*. Bulla Greg. PP. in Lib. nig. 2. S. Vulfr. Abbavil. fol. 9. v° : *Senalia in cambis Abbatisvillæ, etc.* Ubi aliæ Chartæ de eadem re habent *Signale*. Vide in hac voce num. 2. Huc fortasse pertinet vox Gallica *Senage* ex Charta ann. 1262. in Chartul. M. nig. Corb. fol. 181. v° : *Les entrées et les issues de Forcheville et de tout le tereoir, et forages, et cambages, et Senages, etc.* Ubi præstatio, ut opinor, pro facultate apponendi ejusmodi signum, significatur.

¶ **SENAPE**, Senapium, Sinapi. Codex censualis Irminonis Abb. Sangerm. fol. 84 : *De Senape sestarium unum.* Comput. Vienn. ann. 1324 : *Cellerarius de Cremiaco ait suam receptam consistere in Senapium, cera, gallinis et denariis.*

* **SENAPERIUS**. Inquisit. ann. 1268. ex sched. Pr. *de Mazaugues* : *Pignoravit ibi Gorgolam de Arelate de una petrola, et una capa, et de uno cipho fusteo Senaperio.* Sed legendum prorsus *Henaperio*. V. *Hanapus*.

SENARA. Charta Henrici Comitis Portugalliæ apud Brandaon. tom. 3. pag. 281. v° : *De stabilitate vestra, et foro, atque servitio nunquam faciatis vobis Senaram, et de preda de fossato non detis nobis plus quam quintam partem.* [Vide *Senhairare*.]

* **SENARIUM** vel Senarius. Charta Andr. reg. Hungar. ann. 1214. inter Probat. tom. 2. Annal. Præmonst. col. 20 : *Præterea contulit collectum ponderum et liberorum Senariorum de hominibus, in cunctis illis ecclesiæ attinentibus.* Ubi de tributo, quod ex ponderibus et mensuris provenit, agi videtur.

¶ **SENASCALLIA**, pro *Senescallia*, in Aresto Parlam. ann. 1394. apud Menester. Hist. Lugdun. pag. 73. Vide in *Senescalcus*.

¶ **SENATIO**, Herbæ genus. Matth. Silvaticus : *Olus aquæ, id est, Senationes, vel cressones.* Vide *Cresso*, et *Senecio* 2.

SENATORES, Nobiles, ex Senatorio et Nobilium ordine. Nam, ut ait Gregor. Nazianzenus orat. 18. in S. Cyprian. : Μέγιστον εἰς εὐγενείας ἀπόδειξιν συγκλήτου βουλῆς μετουσία. *Ex ordine Senatorio*, in leg. 10. Cod. Th. de Malefic. (9, 16.) *Senatorii seminis homo*, apud Sidonium lib. 1. Epist. 6. Vita S. Nicetii Archiep. Lugdun. : *Natus erat ex Senatorio genere.* Eucherius lib. de Contemtu mundi : *Clemens vetusta prosapia Senatorum.* Aigulfus Episcopus Metensis, apud Paulum Diacon. *ex nobili Senatorum familia ortus. Gens Senatoria*, apud Gregorium Turon. de Gloria Confess. cap. 65. Idem lib. 2. Hist. cap. 2 : *Seculi dignitatem nobilitate Senatoria florens.* Lib. 10. cap. 31 : *Eufronius Presbyter ordinatur Episcopus, ex genere illo, quod superius Senatorium nuncupavimus.* Et de Vitis Patrum cap. 20 : *Genere non quidem Senatorio, ingenuo tamen.* Fortunatus lib. 4. Poem. 17 :

Hic puer Arcadius veniens de prole Senatus.

Acta Martyrii S. Vasii Santonensis n. 1 : *Vasius, ortus genere Senatorio.* Vita S. Aniani Episcopi Aurelianensis : *Vir nobilissimus ex genere Senatorum Tetradius.* Vita S. Firmini Confessor. Episcopi Ambianensis : *Ex genere Senatorio, Faustini a B. Firmino Martyre baptizati filius. E*, vel *ex Senatoribus*, non semel ortum duxisse dicuntur viri nobiliores, apud eumd. Gregorium Turon. lib. de Gloria Confess. cap. 42. 106. lib. 1. Hist. cap. 39. lib. 2. cap. 13. in Vita S. Maurilii cap. 12. in Vita S. Praejecti, etc.

Ita Nobiles ipsi *Senatores* passim appellantur apud eumdem Gregorium Turon. lib. 1. Hist. cap. 29. *Senatores vel reliqui meliores loci*, urbis scilicet Bituricensis. Lib. 2. cap. 15 : *Multi tunc filii Senatorum in hac obsidione dati sunt*. Et cap. 20 : *Eucherius Senator*. Idem lib. de Gloria Confess. cap. 42 : *Apud Castrum Divionense quidam ex Senatoribus*, etc. Lib. de Vitis Patrum cap. 4 : *Post peractam igitur stragem cladis Arvernæ, unus ex Senatoribus Comitatum urbis illius agens, etc.* Idem de S. Lusore : *In Dolensi autem Biturigi territorii vico Beatus Lusor Leocadii quondam Senatoris filius. S. Hilarius Senator*, in Chronico S. Benigni. Epitaphium Perpetui Episcopi Turon. :

Clarus avis, atavisque potens fuit, atque Senator.

Vide Braulionem in Vita S. Æmiliani cap. 15. 17. 22. Sed et sub secunda Regum stirpe *Senatorum* nomenclatura, Proceres intellecti. Hincmarus de Ordine palatii cap. 34 : *Proceres vero prædicti sive in hoc, sive in illo placito, quin et primi Senatores regni, ne quasi sine causa convocati viderentur, etc.*

Jam vero qui fuerint *Senatores* isti, non omnino constans est doctiorum sententia, quanquam probabilis admodum videtur Ambrosii Moralis ad Vitam S. Eulogii conjectura, ubi censet ita appellari ab illorum temporum Scriptoribus, qui ex antiqua Romanorum stirpe essent prognati, Senatorum forte Romanorum, qui e Provinciis in Senatum allecti fuerant. Constat enim temporibus Augusti infinitos propemodum ex Provinciis, præsertim Narbonensi, in Curiam allectos : unde natum scomma : *Galli braccas in Curia deposuerunt, latum clavum sumpserunt.* Atque hi quidem tanta apud Principem gratia valuisse dicuntur, ut Galliæ Narbonensi, ob egregiam in Patres reverentiam, datum fuerit, ut Senatoribus ejus Provinciæ, non exquisita Principis sententia, res suas invisere liceret : cum cæteris, Constitutione Augusti, sine commeatu jus abeundi non esset, ut liquet ex Tacito lib. 12. et Dione lib. 52. Claudius Imperator in Oratione super civitate Gallis danda, de Vienna : *Ornatissima ecce colonia valentissimaque Viennensium, quam longo jam tempore Senatores huic Curiæ confert.* Atque inde dictam *Viennam Senatoriam* plerique opinantur. *Senatores* porro ejusmodi e Provinciis delectos, *Peregrinos* vocat Capitolinus in Philosopho, de quibus etiam Plinius lib. 6. Epist. 19. qui, ut est apud eumdem Capitolinum in Pertinace, initio, fere nunquam Romam viderant. Ex quo licet conjicere, quamplurimos in Provinciis populi et Imperii Romani, hac donatos dignitate, a quibus in posteros transmissa postmodum, ita ut *Senatores* universim perinde appellarentur, qui ab iis originem ducerent, qui primitus Senatores dicti fuerant, adjecta interdum Romani Senatus nota, ut ab civitatum aliarum Senatoribus distinguerentur, quorum longe inferior erat nobilitas. Ita Spartianus de Adriano Imperatore, qui natales ab Hispaniensibus arcessebat : *Avus ejus Marcellinus, qui primus in sua familia Senator populi Romani fuit.* Et Trebellius Pollio in Vopisco : *Victorina Tetricum Senatorem populi Romani ad Imperium hortata est.* Sic Aurelius Victor in Pio, et alii : e nostris vero, seu recentioris paulo ævi Scriptoribus, Avitus Viennensis Episcopus Epist. 31. de se : *Quasi Senator ipse Romanus, quasi Christianus Episcopus obtestor.* De quo, Ado Viennensis : *Avitus Viennensis Episcopus, et ejus frater Apollinaris, Valentiæ Episcopus,... Isicii Senatoris primum viri, postea Viennensis Episcopi, duo lumina, clarissimi filii.* Gregorius Turonensis lib. de Gloria Confess. cap. 5 : *Audientes autem Senatores urbis* (Arvernæ,) *qui nunc in loco illo nobilitatis Romanæ stemmate refulgebant, etc.* Infra : *Quia Senatores Arverni veniunt in occursum tui.* Fortunatus lib. 4. Poem. 10. de Leontio Archiepiscopo Burdegal. :

Nobilitas altum ducens ab origine nomen,
Quale genus Romæ forte Senatus habet.

Adde eumdem lib. 4. Poem. 5. Vita S. Thuribii Episcopi Cenomanensis n. 2 : *Vir venerabilis, et Romanæ nobilitatis insignis.* Auctor Vitæ S. Desiderii Episcopi Cadurcensis cap. 16 : *Præcipue Bobila Senatrix Romana, A.... quondam relicta, multa rerum suarum Ecclesiæ ejus, nec non Monasteriis contulit.* Vita S. Boniti : *Inclita Bonitus progenie Arvernicæ urbis oriundus fuit, cujus pater Theodatus, mater vero Siagria vocitatur, e Senatu Romano duntaxat nobili prosapia.* Vita S. Calminii Ducis Aquitaniæ : *Processit et Romanæ Lux claritatis, et claris parentibus ortundus, et natalium sinceritate resplenduit, ut ex Senatorio ordine trahens nobilitatis originem sanctis moribus sequeretur, et exprimeret in seipso Senatoriam dignitatem.* Eam porro Senatorum Romanorum in toto orbe Romano multitudinem innuit Athalaricus apud Senatorem lib. 8. Epist. 19. Senatum alloquens : *Antiquitas vos fecit nobiles haberi, nos Senatum volumus etiam de numerositate prædicari.*

Ex his proinde colligitur, quos *Senatores* in Provinciis, vel in civitatibus memorant Scriptores, non alios fuisse a Senatoribus ejusmodi Romanis, quos *Peregrinos* appellatos innuimus, non vero ex civitatum ipsarum Senatoribus, seu Curialibus. Gregorius Turon. lib. 3. cap. 17. de Francilione Episcopo Turon. : *E Senatoribus ordinatur Episcopus, civis Pictavus.* Ita idem Scriptor *Galliæ Senatores* non semel memorat. Lib. 1. cap. 29. de Leocadio : *Primus Galliarum Senator.* Lib. 2. cap. 21. de Sidonio Apollinari : *Vir secundum seculi dignitatem nobilissimus, et de primis Galliarum Senatoribus.* Et cap. 22. de eodem Sidonio : *Cum autem esset magnificæ sanctitatis, atque, ut diximus, ex Senatoribus primus.* Idem de Vitis Patrum cap. 6 : *Pater ei nomine Georgius, mater vero Leocadia ab stirpe Vectii Epagathi descendens,.... qui ita de primoribus Senatoribus fuerunt, ut in Galliis nihil inveniatur esse generosius atque nobilius.* S. Ildefonsus in Epitaphio Nicolai avi :

Quisquis Romulidum fasces, clarumque Senatum
Concelebrare cupis, quod venereris habes.

Paulus Emeritensis Diac. in Gestis Episcoporum Emeritens. in Paulo cap. 1 : *Tanta namque illis inerat copia rerum, ut nullus Senatorum in Provincia Lusitaniæ illis reperiretur locupletior.* Acta S. Fulgentii Episcopi Ruspensis : *Nobili secundum carnem genere procreatus, parentes habuit ex numero Carthaginensium Senatorum.* Alvarus in Vita S. Eulogii n. 2 : *Nobili stirpe progenitus, Cordubæ civitatis patritia Senatorum traduce natus.* Vita S. Honorati Arelatensis Episcopi : *Senatoria et Consulari familia natus, patria Arelatensis.* Lupus in Vita S. Maximini : *Maximinus urbis Aquitaniæ Pictavorum indigena, clarissimis est ortus parentibus ; si quidem antiquam prosapiam, a majoribus Senatorii ordinis deductam, ejus parentes sortiti, Maxentium atque hunc Maximinum procrearunt.* Ex quibus satis superque colligitur, non alios hisce præallatis locis indicari *Senatores*, quam Romanos, qui in Provinciis ad id fastigii ab Imperatoribus evecti fuerant, non vero civitatum Senatores. [Vide Valesium in Notit. Gall. pag. 59.]

Fatendum tamen ita etiam interdum dictos civitatum Senatores. Id quippe privilegii concessum fuit cæteris provinciis, quibus adscriptum erat jus Italicum, ut a propriis Magistratibus regerentur, qui iisdem dignitatibus seu Magistratuum appellationibus gauderent, quibus Romæ cæteri Magistratus. Unde Ausonius Consulem se Burdegalæ jactitat. Refert Strabo Gabalos, Auscios, Convenas, jure Latii donatos, seu, ut ipse alibi explicat, suis legibus et Magistratibus redditos fuisse : cui privilegio hoc amplius adjectum, ut post adeptum inter suos Magistratum, hi municipes inter cives Romanos adscriberentur, quod videtur indicare Strabo lib. 4. ubi de Nemausensibus agit. Unde elicitur, *Senatores* dictos, et qui in Curiam Romanam ex Provincialibus allecti erant, et qui in suis urbibus, quæ jure Latii gaudebant, Senatoriam dignitatem erant adepti. *Viennensis Senatus* meminit Avitus in Homilia de Rogationibus : *Cujus tunc numerosis Illustribus Curia florebat.* Exstat præterea in Spicilegio Acheriano tom. 12. Testamentum Ephibii Abbatis ann. 3. Childeberti Regis (Christi 697.) confectum, in quo pariter *Senatus ex Senatorum urbis Viennensis* mentio fit : *Testamentum sororis nostræ, judicante Senatu in Vienna civitate residente, huic testamento nostro inseruimus.* Infra : *Quicunque contra hoc testamentum venerit, ut votum meum disturbetur, ne servis Dei alimenta, servitia et necessaria non præstentur, Senatorio judicio ad libras 400. auri in publico reddere compellatur.... Hoc testamentum.., ego Ephibius Abba manu propria roboravi, et Senatoribus universis, ut hoc ipsum roborarent jure petivi et rogavi. Senator Eulogius parens, Rufina soror, Deuphibus Senator, Contumacius Senator, Pelagius Senator, Leubinus Senator, etc.* Apud Vopiscum in Floriano habetur *Senatus am-*

plissimus Trevirorum. Apud Braulionem in Vita S. Æmiliani cap. 26. *Cantabriæ Senatus* mentio fit. [Petrus Mauricius Cluniac. in Epist. adv. Petrobusianos *Senatorum* urbis Tolosæ meminit.] In Vita S. Felicis Archiepiscopi Trevirensis, *Consules, Patricii et Senatores Urbis Trevirensis*, pariter occurrunt: ut in veteribus Inscriptionibus complures alii civitatum, Italiæ præsertim, Senatus, quorum indicem collegit Josephus Scaliger cap. 9. ad Gruterum. [Vide Valesium in Notit. Gall. pag. 605.]

☞ Et hæc quidem antiqua erant privilegia; nam ante Cæsaris in Gallias adventum complures civitates senatoria dignitate gaudebant. *Æduorum Senatum* commemorat Cæsar lib. 1. de Bello Gall. *Senatum Remorum*, *sexcentos Senatores Nerviorum*, lib. 2. *Venetorum*, *Aulercorum*, *Eburovicum et Lexoviorum Senatum*, lib. 3. *Senatum Senonum*, lib. 5. *Senatus Bellovacum* meminit Hirtius lib. 8. Hæc post Valesium in Notit. Gall. pag. 59.

☞ Quo vero a Senatoribus isti provincialibus discernerentur Senatores Romani, Scriptores addere solebant, *Populi Romani*, vel *Romani*, vel *Urbis*, ut observatum est a Casaubono ad Spartianum in Hadriano.

Sanatores vero *Nobiles* unice appellatos, ut *Nobilitatem*, pro *Senatu* usurpari apud Victorem Schotti, docuit Salmasius ad Capitolinum.

Senatrix, Nobilis femina, ex genere Senatorio orta. Vita S. Desiderii Episc. Cadurc. cap. 16: *Bobila Senatrix Romana.* Vita S. Apolinaris Episcopi Valentiæ: *Arcutamia Senatrice propinqua sua invitante, Massiliensium nos vota suscipiunt.* [*Maximilla Senatrix*, in Actis S. Mammarii apud Mabill. tom. 4. Analect. pag. 103.] Ita hanc vocem usurpant Auctor Vitæ S. Lupicini Abbatis Jurensis n. 10. Hariulphus lib. 1. Chronici Centulensis cap. 11. Historia Trevirensis pag. 208. Vita S. Innocentii Episcopi Dertonensis n. 9. Vita MS. S. Tarpetis, etc. S. Augustinus de Moribus Eccl. Cathol. cap. ult. *Senatores utriusque sexus* dixit.

Senatores, apud Britannos, seu Anglos, dicti, qui postea *Aldermanni*, voce composita ex a l d er, Senior, et m a n, homo, Magnates, viri præcipui, uti in hac voce docuimus. Leges Edwardi Confess. cap. 35: *Olim apud Britones temporibus Romanorum in regno isto Britanniæ vocabantur Senatores, qui postea temporibus Saxonum vocabantur Aldermanni, non propter ætatem, sed propter sapientiam et dignitatem, cum quidem adolescentes essent, juris periti tamen, et super his experti.* Charta Kenulfi Regis Merciorum apud Will. Stanfordium lib. 2. Placitor. Coronæ cap. 28: *Consilio et consensu Episcoporum et Senatorum gentis suæ largitus fuit dicto Monasterio, etc.* Vita S. Livini Episcopi cap. 2: *Erat quidam Senator Scottigena.* Vide Canones Hibernienses lib. 7. cap. 3.

* Senator Militum, Munus militare proximum Primicerii dignitati, ut ex S. Hieronymo observant docti Editores ad Epist. Eucherii de Passione SS. Mauric. et Socior. tom. 6. Sept. pag. 342. col. 2: *Qui* (Mauricius) *cum Exuperio, ut in exercitu appellant, campidoctore, et Candido Senatore militum, accendebat exhortando singulos et monendo fidem.* Forte aiunt laudati Hagiographi, qui militibus jus dicebat.

Senator, Dignitas suprema Romæ, Magistratus, qui toti populo Romano præerat, sequioribus scilicet sæculis. Lexicon Gr. MS. Reg. Cod. 2062: Σενάτωρ, ὁ τῶν Ῥωμαίων ἡγεμών. Observat porro Albericus in Chr. MS. ann. 1144. et ex eo M. Chronicon Belgicum pag. 159. Senatoriam dignitatem, quæ quodammodo extincta jacerat a temporibus Constantini M. a Romanis, sub Innocentii II. PP. Pontificatu rursum invectam, bellis inter eumdem Pontificem et ipsos Romanos ferventibus, Senatore creato Jordano, filio Petri Leonis, cui fidelitatem et obsequium in omnibus præstitere. Lucius PP. apud Ottonem Frisingensem lib. 7. cap. 31. Senatoribus prius creatis, *Patricium* adjecisse Romanos scribit, hacque dignitate donatum Jordanum, cui tanquam Principi se subjecere, et omnia Regalia summi Pontificis tam intra quam extra urbem ad jus Patricii repoposcisse, *eumque more antiquorum Sacerdotum, de decimis tantum et oblationibus sustentari oportere dicentes.* Andr. Dandulus in Chron. MS: *Contra hunc Romani Jordanum Senatorem et Patricium erigentes, urbe eum deturbant.* Petrus Alberici, ann. 5. Pontif. Alexandri II. PP. *Consulem*, *Ducem*, *atque omnium Romanorum Senatorem* se inscribit, in Regesto Casinensi apud Angelum a Nuce, et apud Ughellum tom. 1. pag. 1099. Abrogata mox Patricii dignitate ex pacto cum Eugenio PP. inito, ut est in M. Chronico Belg. pag. 170. perstitit sola Senatoria, summi Pontificis auctoritati obnoxia, usque ad annum 1194. Tum enim, ut scribit Rogerus Hovedenus, *cives Romani elegerunt* 56. *Senatores, et constituerunt eos supra se. Prius enim* (addit ille) *habebant unum solum Senatorem, qui cognominatus est Benedictus, carus homo, qui regnavit super eos* 2. *annis: et deinde habuerunt alium Senatorem, qui vocatus est Joannes* Capuche, *qui similiter regnavit super eos aliis* 2. *annis: in quorum temporibus melius regebatur Roma, quam nunc temporibus* 56. *Senatorum.* Ad hunc *Benedictum* referenda videtur inscriptio in basi Pontis Cestii Romæ literis rudibus atque inæqualibus exarata, apud Gruterum 160. 5: *Benedictus almæ urbis summus Senator restauravit hunc pontem fere dirutum.* Sed et hac ipsamet tempestate *Pandulphus de Subura* hanc dignitatem obtinuit, cui suffectus est *Gregorius Petri Leonis Rainerii*, cum isti 56 Senatores electi sibi invicem non concordarent: sub quo, Joanne Capotio omnia turbante, Res Romanæ pessum iere, quod narrant Acta Innoc. III. PP. sub finem.

Exhinc creati subinde *Senatores*, quorum Magistratus biennii erat. Sed anno 1237. procurante Friderico II. Imper. *creatus est alter Senator Romæ*, inquit Matthæus Paris, *ut duorum Senatorum prudentia et fortitudine duplicata, Romanorum insolentia comprimeretur, et consiliis tutius pacificata urbs liberiusque regeretur.* Incertum tamen, an id diu obtinuerit, cum unicos Senatores nominent Scriptores, atque in iis *Joannem de Poli* hoc ipso ann. 1237. *Matthæum Rufum*, ann. 1244. et *Joannem de Cencio*, Matthæi successorem: Vincentius Armannus tom. 3. Epistol. et alii, *Raimundum Capizuccum*, ann. 1252. cujus moneta aurea haud ita pridem in æs incisa, in cujus antica stat Christus, librum læva tenens, stellulis circumdatus, cum hac Inscript. Vot. S. P. Q. R. Roma Caput Mundi. in postica, S. Petrus vexillum porrigit viro genibus nixo, cum veste Senatoria, et birreto in capite, et hac Inscript. S Petrus Senator Urbis. In ima scuti parte visuntur insignia familiæ Capizucciæ, cum fascia transversali. Richardus de S. Germano in Chronico, *Brancaleonem de Bolonia* ann. 1253. Matth. Westmon. hoc anno et 1259. Nangius ann. 1257. et Matth. Paris ann. 1252. *Lucam de Sabello*, patrem Honorii IV. PP. qui obiit dum esset Senator urbis, ann. 1266. ut est in ejus Epitaphio apud Waddingum ann. 1250. num. 58. Post hæc, eamdem dignitatem obtinuit Manfredus Siciliæ Rex: quo in ordinem acto, Carolus Comes Andegavorum *Senator urbis Romæ* ad Vitam a Romanis electus est, anno 1263. Thierricus Valliscoloris in Urbano IV. de Carolo Andegavensi:

> Ipsi mandavit quod penitus omne Senatus
> Jus acceptaret nempe salubre sibi.
> Qui sumens ex parte sui præmisit ad urbem,
> Sensibus electos ac probitate viros,
> Quos urbs magnifico Romana recepit honore,
> Sub dicti Comitis judice jura tenens.

Anxit tamen Urbanum Pontificem, quod Senatoria dignitas ad Vitam Carolo concessa esset, ut testatur ejus Epistola ad S. Ludovicum Regem Franciæ, Caroli fratrem, scripta anno Pontificatus 3. quæ in Chartophylacio Regio servatur; qua Regem hortatur, ut fratrem ad eam relinquendam compellat, cum id consilii nunquam fuerit, ut ad vitam, sed ad tempus ei concederetur; sin contra ageret, id Ecclesiæ damno, *ad quam urbis dominium, et institutio Senatoris plene pertinebat* prorsus cessurum. Vide Odoricum Rainaldum ann. 1264. num. 4. 5.

Carolus Rex Siciliæ factus, eamdem dignitatem Henrico, filio Regis Castiliæ, loco sui regendam commisit ann. 1266. uti narrant Nangius, Anonymus tom. 5. Hist. Franc. pag. 849. et alii. Guillelmus *Guiart*, de Henrico:

> Li Rois Challes bel l'apela,
> Et pour ce que cousin le nomme,
> Le fist il Senateur de Rome.

Sed hanc dignitatem antea obtinuisse Henricum, scribit Anonymus de Rebus gestis Friderici II. Imp. pag. 882: *Quidam Romanus civis, Angelus Capucia nuncupatus, seditionem in Romano populo suscitavit, per quem contra urbis magnates cœperunt populi quibusdam viris de qualibet regione 7. electis secum adjunctis sub pacis specie viribus Magistratus est erectus. Hic ex contradicta sibi per dictum populum potestate, quem vellet, posset eligere Senatum, Dominum Henricum.... ad urbis regimen evocavit.* Descripsit Nicolaus Alemannus in Dissertat. de Lateranensibus parietinis cap. 11. nummum argenteum Caroli Regis, in quo ille regio habitu sedet, cum hac inscriptione, Roma. Capud. Mundi. S. P. Q. R.

in adversa effictus Leo gradiens, cui superstat Lilium Francicum, cum hisce characteribus, CAROLUS. REX. SENATOR. URBIS.

Tandem Nicolaus PP. anno 1278. *Carolum Regem a Vicaria Tusciæ removens, Constitutiones fecit tam de electionibus Prælatorum, quam de electione Senatoris urbis Romæ : et se Senatorem ad vitam fieri procurans, Senatoriam jussit per suos parentes fere per duos annos regi.* Ita Auctor Descriptionis Victoriæ Caroli Regis, et ex eo Nangius. Exstat alia Constitutio ejusdem Nicolai, in cap. *Fundamenta*, tit. de Elect. in Sexto, qua Senatoria dignitas possideri a quoquam vetatur ultra annale spatium, et absque licentia Sedis Apostolicæ. Adde Annales Colmarienses ann. 1278. Mortuo Nicolao, *Martinus Papa eligitur in Senatorem ad vitam, qui loco sui eundem Carolum Regem Siciliæ constituens, de domo ejus sive familia assumpsit Milites ad regendum patrimonium S. Petri*, uti narrant idem Nangius, Trivettus, Thomas Walsinghamus, et alii sub ann. 1281.

Transiit deinde Senatoris Romani dignitas ad posteros Caroli, atque adeo ad Robertum Regem, qui Guillelmum Ebolensem Baronem Vicarium suum cum 300. equitibus ad urbis custodiam constituit ; quo Magistratum gerente, cum rerum victualium penuria Romanos attereret, orta seditione, Capitolium ii invaserunt, atque Guillelmo exacto, *Stephanum Columnensem*, et *Poncellum Ursinum* Senatores crearunt. Rem narrat Joannes Villaneus lib. 10. cap. 121. Scribit Auctor Vitæ Balduini Lutzemb. Archiep. Trevir. lib. 2. cap. 14. Henricum Lutzemburg. Imp. Dom. Ludovicum de Sabaudia *dignitate Senatoria* decorasse Romæ in Capitolio ann. 1312. Kalendis porro Septembris Magistratum iniisse Senatores, testatur Johannes Sarisberiensis Epist. 105. ex Cod. Vaticano apud Baronium ann. 1168. ex qua etiam docemur fidelitatem Romano Pontifici exhibuisse, ex pacto inito inter Clementem III. PP. et Romanos ann. 1188. apud eumdem Baronium.

Hodie *Senatorem* vocant Romani Prætorem urbanum. Is in divo residet Capitolino, et Romanis civibus ordinaria facultate jus dicit. Tres habet vicarios substitutos suos, quorum duos, qui privatis præsunt judiciis, *Collaterales* vocant ; hi gradu different; unus enim vocatur primus, alter vero secundus, tertius est Latrunculator. Vide Octavianum Vestrium lib. 2. de Judiciis Aulæ Romanæ, et Albertum Argentin. pag. 167.

* Horum accuratum catalogum ab anno 1513. usque ad 1715. promulgavit Crescimbeni lib. 6. cap. 9. Hist. S. Mariæ in Cosmed. edit. Romæ ann. 1715. Quæ dignitas nunc extraneis tantum conceditur, ut mihi assertum est.

SENATRIX ROMANORUM, uxor Senatoris, apud Ughellum tom. 1. pag. 1087. 1099.

SENATUS, Officium, dignitas Senatoris Romæ. [Gloss. Lat. Gall. Sangerman. : *Senatus, Office, ou lieu, ou assemblée de Senat.*] Codex Vatican. in Lucio II. apud Baron. ann. 1144 : *Senatores.... Senatum abjurare coegit.* Acta Innocentii III. PP : *Quoniam status Romanæ Ecclesiæ pessimus erat, pro eo, quod a tempore Benedicti carissimi Senatum perdiderat, et idem Benedictus seipsum faciens Senatorem, subtraxerat illi Maritimam, suos justitiarios in illa constituens.* Charta anni 1264. apud Odoricum Rainaldum n. 4. 5 : *Præfigetur ei tempus triennii, vel quadriennii, ultra quod nequeat tenere Senatum.* Infra : *Promittet Comes (Andegavensis) quod bona fide dabit operam, ut Romanis non juret regere urbem ad vitam ; sed quamdiu sibi placuerit tenere Senatum.*

SENATOR IMPERIALIS, Dignitas in aula Constantinopolitana, qua donatus legitur Goffridus Comes Cannarum ann. 1105. apud Ughellum tom. 7. Ital. sacr. pag. 1071. et 1082.

¶ PRIMUS SENATOR, Antiquior inter Senatores Clericos, *Doyen des Conseillers-clercs.* Epitaph. inter Notas Gothofredi ad Hist. Caroli VII. pag. 889 : *Petrus Chevalier Patritius, hic jacet : Primus Senator Parisiensis, etc.*

SENATOR, Decanus Christianitatis. Chronicon Senoniense lib. 3. cap. 3 : *Tandem Presbyter factus est, deinde Senator, id est, Decanus Christianitatis Vallis S. Deodati effectus, ditissimus et plenissimus omnium bonorum terrenorum fuit.* [Eadem habentur in Excerptis e Johanne a Bayono de Abbat. Mediani Monast. in Hist. ejusdem loci pag. 293.]

¶ SENATORES *Reipublicæ S. Galli* nuncupantur ejusdem Monasterii Monachi principales, quorum collegium *Senatus* dicitur, apud Ekkeardum Juniorem cap. 1 : *Erat Senatus reipublicæ nostræ tunc quidem sanctissimus.* Idem cap. 3 : *Tales cum essent tres isti* (Notkerus, Tutilo, Ratpertus) *nostræ reipublicæ Senatores, etc.*

* **SENATORIA** CURIA, Monasterium. Andr. Floriac. in vita MS. S. Gauzlini archiep. Bitur. lib. 1 : *Utque e pluribus pauca demetam, hujusce Senatoriæ curiæ unus interque monastici ordinis primores jure notandus Aimoinus insignis facundiæ, etc.* Vide in *Senatores.*

¶ 1. **SENATORIUM**, Locus in ecclesia a parte australi, cancellis infra presbyterium proximior, ubi Senatores et Principes consistebant. Ordo Rom. cap. 13 : *Pontifex descendit ad Senatorium,... et suscipit oblationes Principum per ordinem archium.* Ordo Rom. alter cap. 12 : *Pontifex.... descendit ad Senatorium, quod est locus Principum, ut suscipiat oblationes eorum.* Ibi non magnates duntaxat Eucharistiam accipiebant, sed etiam populus, ut docemur ex 2°. Ord. Rom. cap. 14 : *Mox ut Pontifex cœperit communicare populum in Senatorio, etc.*

¶ 2. **SENATORIUM**, Libellus de Visitationibus Monasteriorum, quem ita inscripsisse videtur Martinus Abbas Scotorum, quod in eo Senex juvenem alloquitur ipsumque plurima docet. Hunc in Chr. Mellic. transcriptum pag. 430. legesis.

¶ **SENATRIX**, SENATUS. Vide in *Senatores.*

* **SENATUS** nomine designatur Camera Computorum Paris. in Charta Phil. Pulc. ann. 1294. ex Chartul. S. Maglor. ch. 106 : *Concessimus taxamentum vini, quod habebamus apud Arcolium.... tenendum a nobis et hæredibus nostris in feodum, ad unum stillum ferreum de servicio, solvendum quolibet anno in compotis nostris ac Senatus Parisiensis compotorum nostrorum auditoribus, loco nostri.*

¶ **SENAX**, ὀρθώπληξ. Gloss. Lat. Græc. Codex Reg. habet *Senex* ; sed leg. *Sternax.* Vide Salmasium ad Plinium pag. 894.

¶ 1. **SENCHA**, vulgo *Senche*, Piscandi modus : proprie est Circuitus cujusdam retis quo inter piscandum utuntur. Charta Renati Reg. Comit. Provinc. ann. 1479. inter Privileg. MSS. Piscator. Massil. : *Pro evidenti commodo et utilitate hominum dictæ civitatis Massiliæ et aliorum quorumcumque ad Senchas, de quibus in dicta supplicatione mentio habetur, piscationis gratia, etc.* Ibidem : *Fecerunt Senchas tunnorum in magna quantitate.* Vide *Corre.*

* 2. **SENCHA**, Gall. *Sench*, Porcorum stabulum, ubi saginantur. Lit. remiss. ann. 1456. in Reg. 183. Chartoph. reg. ch. 192 : *Ung petit jardinet, ouquel a une alée par ou l'en va à unes estables et Sench à mettre pourceaux pour engresser.*

¶ **SENCIA**. Vide infra *Sentia.*

¶ **SENDA**. Vide *Renda* 1.

¶ **SENDADUM**, Sindon. Vita S. Gerardeschæ tom. 7. Maii pag. 180 : *Et sublevato propter ventum Sendado, quod erat ad pedes iconæ, vidit pedem B. Joannis visibiliter incarnatum.*

¶ **SENDAL**, Tela subserica. Vide *Cendalum.*

¶ **SENDALES**, Sandalia, Gall. *Sandales*, vel *Sendales.* Inventar. ann. 1419. ex Tabul. Eccl. Noviom. : *Item tres Sendales rubeæ. Item aliæ parvæ Sendales pro episcopo Innocentium.* Vide *Sandalia* 1.

¶ **SENDAPILLUM**, SENDAPILUM, Panni serici species. Testam. Michaëlis de Crenecio Episc. Autissiod. ann. 1409. ex Regest. Capit. ejusd. Eccl. : *Item tunicam et dalmaticam pro Episcopo de serico rubeo plano sive Sendapilo.* Inventar. ann. 1419. ex Tabul. Eccl. Noviom. : *Item duæ cappæ panni serici viridis,... quarum una est duplicata de Sendapillo viridi.* Ibidem : *Quatuor panni croisiati nigro Sendapillo ad ponendum supra corpora defunctorum.* Rursum : *Item unus draco cum cauda Sendapilli rubei ad deferendum in processionibus Rogationum.*

¶ **SENDATUM**, Pannus sericus, nostris *Cendal.* Ordinat. Humberti II. tom. 2. Hist. Dalph. pag. 315. col. 2 : *Corsetum sit fodratum de Sendato.* Statuta Massil. lib. 2. cap. 39 : *Item, de blisaudo Sendati cum frezio*, II. *sol. et* VI. *den.* Infra : *De clamide hominis cum Sendato et frezio*, II. *sol.* Plures ibi. Vide *Cendalum.*

* **SENDRUS**, f. Cinereus, Gall. *Cendré.* Inventar. ann. 1476. ex Tabul. Flamar. : *Et primo unam raupam magnam cirici, sive valos Sendros, hominis, folratam de pellibus agnorum alborum.*

¶ **SENEBIUS**, inter utensilia recensetur in Inventar. ann. 1342. ex Tabul. S. Victoris Massil. : *Item* XII. *sessora*, XII. *paraxodia, item* XII. *Senebios.* Forte legendum *Scuchios*, quo scutellam significari posse existimo.

* **SENECHAUCIA**, Tabularium forense, ut videtur, Gall. *Greffe.* Assignat. dotalit.

Joan. regin. Franc. ann. 1319. in Reg. 60. Chartoph. reg. ch. 69 : *Item pro Senechaucia dicti loci novem libras, decem solidos.* Vide in *Senescalcus.* Nisi idem sit quod mox *Senescalcia.*

SENECIA, inquit Joh. de Janua, *a Senecio, quod est aliquantulum senex. Dicitur hæc Senecia, æ, quasi pilatura labiorum, vel labium, vel verbum senis : vel illud rubrum, quod est sub aure piscis, per quod discernitur, an sit recens vel non. Alii dicunt, quod Seneciæ dicuntur salivæ defluentes per genas senis, quas præ senectute retinere non potest, et eas emittit per molares dentes, qui Canini, i. detractores dicuntur, quod congruit invidis : de quorum molaribus frequens immunditia detractionis emittitur. Unde Hieron. in Prolog. Ezech. Sed vereor, ne illud eis veniat, quod Græce Signatius* (al. *significantius*) *dicitur, ut vocentur Fagolidores* (al. *Fagoloidoroi*), *hoc est manducantes Senecias. Secundum vero Papiam Seneciæ herbæ sunt, cito arescentes, quæ per macerias nascuntur.*

* Benzo episc. Albens. in Henr. imper. III. apud Ludewig. tom. 9. Reliq. MSS. pag. 288 : *Qui putat me loqui facetias, manducet Senecias.*

☞ Vetus Hieronymi Scholiastes ad locum citatum *Senecias* interpretans addit *hoc est, San :* quod veteribus Gallis fœnum sonabat; unde etiamnum *Senegré*, pro *San-Grec*, fœnum Græcum, in usu est. Neque aliunde accersenda videtur vox Aremorica *Sanail*, qua locum ubi fœnum asservatur significant : a quo diminutivum *Sanic*, minutum fœnum : ex quibus quasi sponte nascitur *Senecia.* Vide *Fagolidori.*

¶ 1. **SENECIO**, γεροντάριον, γερόντιον. Gloss. Lat. Gr. in MSS. *Senectio.*

¶ 2. **SENECIO**, Piscis genus. Rumpleri Hist. Monast. Formbac. apud Bern. Pezium tom. 1. Anecd. part. 3. col. 433 : *Nec deest* (piscis) *quem ab herba, Senecionem appello, rarior tamen invenitur.* V. *Senatio* et *Senecia.*

SENECTITUDO, Senectus, in Epistola Caroli M. ad Fastradam Reginam de victoria Avarica, ut *juventitudo*, pro *juventus : Et a vino et carne abstinere ordinaverunt Sacerdotes nostri, qui propter infirmitatem aut Senectitudinem, aut juventitudinem abstinere poterant, ut abstinuissent.*

SENECTUS Serpentis, *id est exuviæ*, inquit Marcellus Empir. cap. 9.

SENELLIO. Fleta lib. 2. cap. 12. § 8 : *Landa pellium continet* 32. *timbria, et Senellio cuniculorum et de grisis continet* 40. *pelles.*

* **SENELLUS**, perperam pro *Scurellus*, Sciurus. Vide supra *Scurellius.* Testam. Phil. episc. Sabin. ann. 1372. ex Cod. reg. 9612. A. F : *Item dominæ de Cane de Sabrano.... mantellum folratum de Senellis.* *Senelée* vero Sepem sonat apud Nivernenses, ex Lit. remiss. ann. 1478. in Reg. 205. Chartoph. reg. ch. 49 : *Icellui Berthelot print et arracha ung baston ou pal d'une Senelée ou haye.*

¶ **SENESCALATUS**, Senescalcia, etc. Vide mox post *Senescalcus.*

SENESCALCUS, Senescallus, Officialis in aulis Regis vel Procerum, atque adeo etiam privatorum, cui domus cura incumbebat : nostris *Seneschal*, Italis *Scalco.* Varie autem hæc vox apud veteres Auctores, et in Tabulis antiquis scribitur. *Seniscalcus*, in Placito Chlodovei III. Regis Francor. tom. 4. Vitar. SS. Ord. S. Bened. pag. 617. 619. in Leg. Alamann. tit. 79. § 3. apud Marculfum lib. 1. form. 25. in Charta Pipini Regis Aquitaniæ apud Besliun, in Charta Henrici I. Regis ann. 1060. apud Duchesnium in Hist. Monmorenciaca pag. 21. *Siniscallus*, in Annalib. Francor. Tilianis ann. 787. *Sinescalcus*, in Loiselliaenis et Bertinianis ann. 786. [et in Capitul. de villis cap. 16. *Siniscalcus*, ibid. cap. 47. *Senechalus*, in Spicil. Fontanell. MS. pag. 435.] *Senescalcus*, in Vita Caroli M. ann. 786. apud Hincmarum de Ord. Palatii cap. 16. etc.

Senescallorum, ut dixi, munus primitus fuit circa domus curam, et familiam dominicam. Lex Alamann. tit. 79. § 3 : *Si alicujus Seniscalcus, qui servus est, et dominus ejus* 12. *vassos infra domum habet, occisus fuerit,* 40. *sol. componat.* Mox agit *de Mariscalco, qui super* 12. *caballos est.* Atque hi quidem, *Senescalli communes* dicuntur in Fleta lib. 2. cap. 72. (ubi eorum munus circa prædia dominica præsertim describitur) ad discrimen Magnorum Senescallorum, qui Principum familiis, mensis, et militiæ præerant. Lindenbrogius, cui Vossius subscribit, vocem *Seniscalchus*, ex *son*, vel *seneste*, et *sente*, grex, armentum, et *scalchus*, servus, conflatam putat. Ut de postrema voce constat, de priore licet dubitare, cum *Seniscalchi*, non armentis; sed toti domui rusticæ præfuisse legantur. Vide Radulphum in Vita S. Richardi Episcopi Cicestrensis num. 35.

☞ Huic proxima est originatio quam proponit Eccardus in Notis ad Pactum Leg. Salicæ tit. 2. § 11. a *Son* nempe, quo non tantum grex, armentum significatur, sed congregatio et collectio quævis, et a *Sende*, familia dominica, *Seniscalcum* oriri. Addam Hickesii opinionem, ut pote viri hac in re versatissimi; priorem scilicet vocis *Sinescalli* partem accersendam esse vel a veteri Septentrionali *Sinn*, quod vicem vel vices sonat, vel a pronomine *Sin*, sui vel suus; adeo ut *Sinescalcus*, vel *Senescalcus* idem sit ac minister domini vicarius, vel minister in aliquo munere domini vices gerens. [** Vide Graff. Thesaur. Ling. Franc. tom. 6. col. 240. Grimm. Grammat. Germ. tom. 1. pag. 420. tom. 3. pag. 617. Antiq. Jur. Germ. pag. 302. Primicerius aulæ a Goth. *Sinis*, Senex, et *skalks*, Servus. Confer *Sinistus.*]

Erant præterea administratores redituum totius fisci dominici, atque adeo rationibus reddendis obnoxii, cujusmodi Senescalcos seu Dapiferos *Truchsessen* in quibusdam locis Palatinatus vocari auctor est Henricus Meibomius ad Chronicon Markanum n. 30. Idem Chronicon pag. 14 : *Ipse cum esset Dapifer et potens amicis, et dominus suus in potestate sua commiserat et reliquerat omnia, toto tempore sui officii, cum* 25. *annis Comitatum gubernaret, nihil tamen præter curiam in Aldenmeller acquirere voluit* ; *sed totum domino suo voluit applicari.* Et ann. 1307 : *Rutgerus de Altena Dapifer.... coram Everhardo Comite de* 12. *annis officii sui computationem fecit*, etc.

Idem de Hierosolymitani Regni Senescallo habent Assisiæ Hierosol. MSS. cap. 8 : *Les rentes dou Roy, quels quels soient dehors ou dedans, quant il ou celui qui tendra son leu vodra que eles soint apautrées, il les doit comander, et le Seneschal les doit faire crier et multiplier au mieux que il pora, et quant ce viendra au livrer, etc.*

Eo etiam nomine *Senescalci* rectores erant dominii totius dominorum suorum. Apud Silvestrum Giraldum in Topogr. Hiberniæ dist. 3. cap. 38 : *Regni rector et Senescallus.* Le Roman *d'Auberi* MS :

> Li Cuens li donne de sa terre les clez,
> Doresnavant en iert il avoez,
> Et Seneschaus de la terre clamez.

☞ Hinc *Senescallus* idem qui œconomus seu rei familiaris administrator, in Tabular. Kemperleg. : *Cum Dumguallonus Echonomus, qui vulgo Seneschal appellabatur, calumniam intulisset Benedicto abbati, etc.*

Sub prima Regum stirpe inter regni optimates, qui placitis ac judiciis regiis intererant, accensentur *Senescalci*, a Marculfo lib. 1. form. 25. ut et in duobus placitis Chlodovei III. apud Mabillonnium tom. 4. Vitar. SS. Ord. S. Benedicti pag. 617. et 619. in quorum altero post Episcopos et Graviones nominantur *Benedictus et Chardoinus Seniscalci* : in altero vero *Chugoberctus et Landricus*, eadem donati dignitate : [ita etiam *Benedictus et Hermedramnus*, in Charta Childeberti II. ann. 697. apud Felib. inter Probat. Hist. Sandionys. pag. 17.] unde colligi posse videtur, duos simul in Regum palatiis id muneris obiisse. At in Charta Dagoberti apud Doubletum pag. 677. unicus subscribit *Waldebertus Senescallus.*

Sub secunda vero stirpe occurrunt etiam *Senescalci* inter *Ministros*, per quos *Sacrum Palatium disponebatur*, apud Hincmarum de Ordine Palatii cap. 16. ubi post *Comites Palatii* nominantur, et ante *Buticularium, Comitem stabuli, Mansionarium, Venatores, et Falconarios.* Idem Hincmarus cap. 23. Regiæ domus curam, *præter potus vel victus caballorum, ad eumdem Senescalcum respexisse* observat. Atque hi *Majori domus* regiæ suberant, ad quos supremo jure totius aulæ ac palatii spectabat cura : cui quidem dignitati, vetere exstincta appellatione, ea successit, quæ *Magni Franciæ Senescalli* dicta est, cui suberat *Franciæ Senescallus* nude dictus. Quippe Robertus Rex Gaufridum, cognomento Grisagonellam, Comitem Andegavensem ob impensum sibi contra Ottonem Imp. subsidium Franciæ Senescallum dixit, et, ut habent Scriptores, *Majoratum domus Regiæ*, seu *Senescalciam*, ei et successoribus contulit hæreditario jure tenendam. Unde Will. Tyrius lib. 2. cap. 5. lib. 15. cap. 23. *Megadomestici* dignitatem apud Byzantinos, *Majoris* apud nos *Senescalli* dignitati confert. Recte igitur Robertus de Monte anno 1177 : *Senescalliam Franciæ ad feudum Andegavense pertinere* dixit. Ita apud Persas majores aulæ dignitates hæreditarias fuisse observat Procopius lib. 1. de Bello Persico cap. 6. extr.

☞ Hugonis de Cleeriis auctoritate

deceptus Vir eruditissimus Roberto Regi tribuit quod in Lotharium convenire duntaxat potest, ut observat Mabillonius tom. 4. Annal. Bened. pag. 57. Gaufridus quippe Grisagonella fato functus est ann. 986. vel 987, atque adeo a Roberto *Magnus Franciæ Senescallus* creari non potuit. Cæterum summam hanc dignitatem hæreditario jure post prædictum Gaufridum possedisse Comites Andegavenses præter allata probat Charta Henrici II. Reg. Angl. ann. 1188. apud Mabill. lib. 6. Diplom. Ch. 188 : *Sciatis quod Rex Francorum Aurelianis in communi audientia recognovit quod custodia abbatiæ S. Juliani Turonensis ad me pertinet ex dignitate dapiferatus mei, unde servire debeo Regi Franciæ sicut Cometi Andegavensi* (l. Comes Andegavensis.)

Cum vero Comites Andegavenses rarius in Regum nostrorum aula morarentur, habebant Reges iidem Vicarium Comitis, qui Senescalci in ea ageret vices et munus, quique *Franciæ Senescalcus* perinde vocabatur, ita tamen ut Andegavensi Comiti subesset, et ex dignitatis suæ ratione hominium præstaret. Hugo de Cleeriis de Majoratu et Senescallia Franciæ : *Dominus Rex Ludovicus et Fulco Comes ad locum condictum venerunt cum suis consultoribus, ibique recognita sunt jura Comitis, videlicet Majoratus et Senescalcia Franciæ. Guillelmus de Garlanda, tunc Franciæ Senescalcus, recognovit in illo colloquio hominium se debere Comiti Fulconi de Senescalcia Franciæ, et inde fuit in voluntate Comitis. Post Guillelmum fuit Senescalcus Stephanus de Garlanda, qui fecit hominium Comiti. Post Stephanum Radulphus Peronæ Comes, qui similiter fecit hominia et servitium. Ille enim qui Senescalcus erit Franciæ, Comiti faciet hominium et talia servitia.*

Exhinc *Senescalci* in curiis Regum Francorum primas fere semper tenuerunt, licet Majori Senescalco ratione hominii obnoxii, qui non tam Senescalci quam *Majoris domus* vel *Palatii* obibat munus; adeo ut in Diplomatum regiorum subscriptionibus primum locum tenuisse observare sit, maxime ab Henrici I. temporibus. Horum seriem breviter hic damus ex veteribus tabulis et Scriptoribus.

Guillelmus *Senischalcus*, Dom. Feritatis et Gometi, in Charta Henrici I. ann. 1060. in Histor. Monmorenc. pag. 688. in Probat. pag. 21. Vide Martiniana pag. 15.

Radulfus *Dapifer*, subscribit Chartam Philippi Regis ann. 1065. in Probat. Hist. Guinens. pag. 21. Vide Hist. Bellovac. Louveti lib. 4. cap. 19. 1. edit. ubi multa de hoc Radulfo.

Balduinus *Dapifer*, subscribit Chartam Philippi Regis ann. 1069. in Probat. Histor. Monmorenc. pag. 24. et apud Loisellum in Bellovaco pag. 38. [*Balduinus Dapifer Regis*, in Charta Goffridi Episc. Paris. ann. 1070. inter Probat. Histor. Sangerm. pag. 31.]

Fredericus *Senescalcus*, subscribit statim post Philippum Regem Chartam Burchardi Comitis Corboliensis ann. 1071. et aliam ann. 1075. Vide Probat. Hist. Monmor. pag. 25. 28. Galland. de Vexillis Franc. pag. 15.

Robertus *Dapifer Regis*, subscribit Chartas Philippi I. ann. 1078. et 1079. apud Loisellum et Louvetum in Hist. Bellovac.

Adam *Dapifer*, subscribit Chartam pro Monasterio Cluniacensi ann. 1080. in Tabulario ejusdem Monasterii Thuano.

Hugo *Dapifer*, in Chartis ann. 1083. 1085. et 1086. Vide Chopin. lib. 3. de sacra Polit. pag. 325. et Probat. Hist. Monmorenc. pag. 26.

☞ In laudatæ Histor. Probationibus non *Hugo*, sed *Gervasius Dapifer* allatas Chartas subscribit.

Guido *de Monteleherici*, Comes de Rupeforti anno 1092. Vide Hist. Castilion. pag. 32. Ægidium Brium in Hist. Perticensi pag. 101. Monmorenc. pag. 694. etc.

Paganus de Garlanda, *Dapifer Regis Francorum*, interfuit Francorum Hierosolymitanæ expeditioni anno 1096. Vide Albertum Aquens. lib. 2. cap. 27. lib. 3. cap. 35. et Duchesnium in Hist. Castilionea pag. 43.

Hugo de Rupeforti, Comes Creciacensis, *Dapifer*, Hugonis Dapiferi filius anno 1107. apud Miramontium. Vide Hist Castilion. pag. 32. 33. Brolium in Hist. Paris. pag. 76. 2. edit etc.

* Chartam Phil. I. ann. 1106. in Chartul. Maurign. ch. 5. subscribit *Hugo de Creceio Dapifer.*

Anselmus de Garlanda, *Dapifer*, in Chartis ann. 1110. 1116. 1120. Vide Martiniana pag. 22. Probat. Hist. Monmor. pag. 34. Hist. Castilion. pag. 43. Tilium, etc. [Idem qui *Ansellus de Guarlanda* dicitur in Charta Ludovici VI. ann. 1109. apud Marten. tom. 1. Ampl. Collect. col. 625. et in alia ejusdem Reg. ann. 1111. apud Felib. inter Probat. Hist. Sandion. pag. 91.]

* Mortem obierat ann. 1120. ex Charta Ludov. VI. ejusd. ann. in Chartul. Maurign. : *Decem insuper solidos annui census, ... pro anima Anselli Dapiferi nostri, eis perdonavimus.*

Guillelmus de Garlanda, *Dapifer*, Anselmi Dapiferi frater, ann. 1118. in Charta Ludovici Regis apud Gallandum de Franco alodio pag. 264. [et in Charta ann. 1119. apud Marten. tom. 1. Ampl. Collect. col. 652.] Vide Hist. Castilion. pag. 43.

Stephanus de Garlanda, Guillelmi frater, Archidiaconus Parisiensis, Decanus Aurelianensis, deinde Belvacensis Episcopus electus, in Tabulis ann. 1120. 1122. 1124. 1125. 1126. Vide S. Bernard. Epist. 78. Chronic. Mauriniac. Galland. de Vexill. pag. 14. Hist. Castilion. pag. 43 etc. In Charta ann. 1127. [et 1128. apud Marten. tom. 1. Anecd. col. 371.] exaratum legitur, *Dapifero nullo.*

☞ Haud scio tamen an certo ea voce significetur nullum reipsa tunc temporis exstitisse Dapiferum. Et quidem hac dignitate potitus est Radulfus Comes Viromandensis ab ann. 1131. vel circiter usque ad ann. 1152. exstant nihilominus Chartæ ann. 1137. in Hist. Monmorenc. pag. 42. et ann. 1138. 1139. apud Marten. tom. 1. Anecd. col. 391. et 392. quæ *Dapifero nullo* præferunt : quo fortassis id unum indicatur eas absente Dapifero scriptas fuisse, ut pote qui eas subscribere solebat.

* Recte prorsus monitum est hac usitatiori formula *Dapifero nullo*, nihil aliud sæpius significari, nisi quod tum absens erat *Dapifer*, cum hæc Charta scripta est atque ab aliis proceribus subscripta. Quanquam enim Charta ann. 1129. in Chartul. Carnot. ann. 1131. in Chartul. B. M. Suession. aliæque bene plures hanc formulam præferunt, constat tamen iisdem annis extitisse Dapiferos ex aliis instrumentis. Rem præterea illustrat Charta Ludov. VII. ann. 1153. ex Tabul. S. Petri Carnot. in qua loco *Dapifero nullo*, legitur, *Sine Dapifero nunc eramus.*

Radulfus Comes Viromandensis et Vadensis, *Dapifer*, [ab ann. 1131. vel 1132.] usque in annum 1152 quo obiit. Vide Sammarthanos, Histor. Monmorenc. pag. 104. Beslium pag. 584. etc.

Theobaldus, Comes Blesensis, *Dapifer Regis*, apud Petrum Cellensem lib. 1. Epist. 5. ab anno 1153. usque in annum 1191. quo in Acconensi obsidione interiit. Exhinc nulli Dapiferi occurrunt : imo Chartæ Regiæ omnes præferunt *Dapifero nullo*, usque ad annum 1262. ex quo recte colligunt viri eruditi, dignitatem hanc haud omnino exstinctam, tametsi ad eam nemo postea provectus fuerit, huicque successisse *Magni Magistri Hospitii Regii* dignitatem, penes quam est aulæ et palatii, atque adeo familiæ regiæ cura.

☞ Quæ dignitas tametsi nemini concessa erat, ejus tamen colligebantur emolumenta quæ fisco regio adderentur; ut discimus ex Edicto Philippi Pulchri ann. 1309. tom. 1. Ordinat. pag. 472. quo ea ad paupertatem nobilium puellarum sublevendam distribui statuit : *Attendentes quod in emolumentis, quæ ratione juramentorum, fidelitatum, que ab ipsis Episcopis, Abbatibus, Abbatissis, et aliis Prælatis regni nostri consueverunt præstari, certam, videlicet decem librarum summam in quolibet juramento, ratione Dapiferiæ, vel Senescalliæ Franciæ, quam in manu nostra tenemus, percepimus portionem.... omnia et singula emolumenta... Elemosinario... persolvantur fideliter pauperibus puellis nobilibus regni nostri.... eroganda.*

☞ Si quis vero cur hæc dignitas exstincta fuerit inquirat, facile est cum D. *Brussel* tom. 1. de Usu feud. pag. 507. haud improbabilem causam assignare, institutos nimirum a Philippo Rege ann. 1190. Ballivos in provinciis, quibus in cæteros judices adscripta est jurisdictio; quod ad Senescallos potissimum spectabat, ut infra dicetur. Aliam innuit idem D. *Brussel* pag. 631. Reges scilicet Francorum ægre tulisse senescallos Comiti Andegavensi (qui major senescallus erat) subesse ipsique ratione dignitatis suæ hominium præstare, maxime cum ad Angliæ Reges transiit hæc dignitas una cum Comitatu Andegavensi. Denique odiosa forte esse tunc cœpit summa Senescallorum auctoritas.

Senescalci munus circa dapes et mensam Principis fuisse, arguit ipsum nomen *Dapiferi*, quod ut priori synonymum semper efferunt Scriptores. Ebrardus Betuniensis in Græcismo cap. 9 :

Præsentat Dapifer epulas, Cocus excoquit illas,
Estque Senescallus cujus fit sub Duce jussus.

Hinc *Magistri* et *Præpositi Regiæ mensæ* promiscue appellantur. Quippe *Andulfus*, qui sub Carolo M. Senescalci munus obiisse dicitur in Annalibus Francor. *Regiæ mensæ Præpositus* indigitatur ab Eginharto ann. 786. et a Reginone *Princeps coquorum*. Apud eumdem Eginhartum in Vita Caroli M. occurrit *Eghartus Regiæ mensæ Præpositus*. Neque alius fuit a Senescalco *Magister Regiæ mensæ*, apud Monachum Sangall. lib. 2. cap. 9. et ab eo, qui apud Byzantinos, ὁ ἐπὶ τραπέζης dictus est, de quo Codinus, et alii. [Iis etiam accensendus *Guillermus Fercularius*, qui Chartam Henrici I. Reg. Franc. subscribit apud Mabillon. tom. 4. Annal. Bened. pag. 552.] Meminit denique Charta Pipini Regis Aquitaniæ apud Beslium pag. 22. Erlaldi Seniscalci Ludovici Pii Imper. Id muneris Senescalcis præterea adscribunt Poetæ nostrates. Le Roman *de Garin* MS :

> Apres mengier font les napes cueillir,
> Cil Seneseal portent par tout le vin
> En copes d'or, en hanap mazelin.

Rursum :

> Dont veissiez ces Seneschaz aler
> Parmi la sale les riches mez porter.

Ibidem :

> Li Amiraus fu asis au mengier,
> Trois Seneschal li servent tot premier,
> Li uns portoit plene boz de viz viez,
> L'autre un paon rosti et afaitié,
> Et li tiers porte douze peins toz entiers.

Alia suggerunt Falcetus et Gallandus ex aliis Poetis, quæ non exscribo. Sed supra allata Senescallos, quos vocant *Communes*, potissimum spectant, quorum munus ejusmodi ordinarium erat. At Majores Senescalci, Principum videlicet, id tantum officii exequebantur in solemnioribus ceremoniis, in Regum nempe coronationibus, aut curiis generalibus, in quibus Princeps cum apparatu ad mensam sedebat. Hugo de Cleeriis de Majoratu et Senescalcia Franciæ, de Comite Andegavensi Franciæ Senescallo : *Cum autem die suæ coronæ ad mensas Rex discubuerit scamnum pulcherrimum fulcro pallii, aut tapeto coopertum Senescallus præparabit, ibique Comes, quousque fercula veniant, sedebit. Cum vero primum venerit ferculum, Comes se defibulans, e scamno surget, et de manu Senescalci ferculum accipiens, ante Regem et Reginam apponet, et Senescalco præcipiet, ut exinde per mensas serviat, et Comes retro sedebit, donec alia veniant fercula, et quemadmodum super primo fecit, de aliis similiter faciet. Finita demum celebratione mensarum, Comes equum ascendet, et ad suum redibit hospitium, Senescalco comitante.* Robertus de Monte ann. 1169 : *In Purificatione B. Mariæ fuit Henricus filius Regis Anglorum Parisiis, et servivit Regi Francorum ad mensam, ut Senescallus Franciæ.* Assisiæ Hierosol. MSS. cap. 8 : *Le jour dou couronement le Seneschau peut et doit ordener le mangier dou jour en la maniere, que meaus li semblera..... Quand le Roi voudra mangier, le Seneschau doit commander au Chamberlain, que il porte l'aigue as mains, et comander as autres par le palais, que il donnent l'aigue, quant le Roy vodra laver.... Le Seneschal doit servir le cors dou Roy le jour dou Couronnement, et devant lui de tous ses mes, et doit comander de lever les tables tant comme il sera tams, etc..... et il* (le Roy) *y doit manger as quatre festes annuels de l'an, ou autres grandes solemnitez, ou quant le Roy voudra porter Couronne, le Seneschau est tenu de drecier devant lui au mangier, et d'ordener et faire servir en son hostel, en la maniere comme est dessus devisée.* In his interdum ceremoniis equites ad mensam ministrabant. Charta Alfonsi Imperat. ann. 1258. pro Frederico Duce Lotharingiæ apud Hieron. Vignerium in familia Alsatica : *Et de infrascriptis dignitatibus et feudis primum vexillum damus tibi pro Ducatu in feudum : in quo, et per quod, debes esse summus Senescallus in aula nostra citra Rhenum, et debes nobis servire in annalibus festis de primo ferculo eques. Et si contigerit ire ad Parlamentum cum armis contra Regem Franciæ, debes facere nobis antecustodiam in eundo, et retrocustodiam in redeundo.* Octavianus de S. Gelasio de Expeditione Neapolitana Caroli VIII. Regis Franciæ : *Et souppa en la grant sale dudit Chasteau, où l'on monte à plusieurs degrez de pierre, et fut servi par le grant Seneschal de Naples tout à cheval, habillé tout de blanc en tous ses mets, et force trompetes et clerons.* Id porro siluit Ammiratus tom. 1. de Famil. Neapol. ubi multa habet de Officio Senescalli Neapolitani. Sed et ex Bulla Caroli IV. Imper. de Electione Regis Roman. cap. 27. docemur, in solemnibus Imperatorum Curiis Electores seculares ad mensam Equites ministrare solitos. Vide Dion. Salvaingum de Usu feud. pag. 25.

☞ Idem munus obibant Dalphini ad mensam Imperatorum ex concessione Alphonsi Imperatoris qui Albertum de Turre Senescallum regnorum Viennæ et Arelatæ constituerat. Charta ann. 1256. tom. 1. Hist. Dalph. pag. 121 : *Cum ipse vir nobilis Albertus dom. de Turre de regno Arelatensi et Viennensi noster fidelis, nostræ clementiæ humiliter supplicaverit, ut eidem, cum in dictis partibus fuerimus, ut Dapifer qui vulgariter dicitur Senescallus, fercula liceat ponere ante nostram regiam Majestatem, etc.* Exinde vero ut a communibus Senescallis distinguerentur, *Archisenescallos* sese inscripserunt Dalphini, ut patet ex Charta ann. 1338. tom. 2. laudatæ Hist. pag. 365. col. 1 : *Humbertus Dalphinus Viennensis.... ex largitione imperialis benevolentiæ] Archisenescallus perpetuus regnorum Viennæ et Arelatis, ad cujus officium jurium imperialium observatio et Imperii obviare jacturis et periculis noscitur pertinere, etc.*

☞ Id unum erat ex Senescallorum privilegiis, ut res ad victum necessarias pretio regio comparare possent. Statutum Philippi Pulchri ann. 1308. tom. 1. Ordinat. pag. 459 : *Commandons quant as vivres, que nous, la Royne notre compaigne,... le Chamberier... auront la prise aus vivres et à nostre pris. Item, li Seneschaus et li Chancelier de France.* Vide *Pretium Regium*.

Senescalli munus, in rebus etiam bellicis præcipuum fuit. Hugo de Cleeris de Majoratu Franciæ : *Comes* (Andegavensis M. Senescallus Franciæ) *cum in exercitu Regis fuerit, vel ierit, protutelam faciet, et in reditu retutelam : et quidquid ei acciderit sive bonum, sive malum, ore domini Regis inde non vituperabitur.* Ubi *protutela* et *retutela* sunt, uti vocamus, *antegarda* et *retrogarda*. Chronicon Mauriniacense, de Stephano Garlando Franciæ Cancellario : *Defuncto Willelmo Ancelli Dapiferi germano, Stephanus Cancellarius.... frater amborum Major Regiæ domus effectus est. Hoc retroactis generationibus fuerat inauditum, ut homo, qui Diaconatus fungebatur officio, militiæ simul post Regem duceret principatum.* S. Bernardus Epist. 78. de eodem Stephano : *Ut Clericalis constat non esse dignitatis, Regum stipendiis militare, sic nec regiæ majestatis, rem fortium administrare per Clericos. Denique quisnam Regum suæ unquam militiæ Clericum præfecit imbellem, et non magis quempiam fortissimum ex Militibus?* Ibidem : *Quis sane non miretur, imo detestetur, unius esse personæ, et armatum armatam ducere militiam et alba stolaque indutum in medio Ecclesiæ pronuntiare Evangelium, tuba indicere bellum militibus, et jussa Episcopi populis intimare.* Apud Rigordum ann. 1184. *Theobaldus Comes Blesensium Franciæ Senescallus; Princeps militæ Regis* dicitur. Surita lib. 1. Indic. Rerum Aragon. ann. 1055 : *Raimundus Berengarius Barcinonensis Comes et Almois ejus uxor Senescaliam Cataloniæ Raimundo Myroni tradunt : quod genus imperii præcipua rerum bellicarum administratione adjuncta, ad strenuos in primis viros et virtute potentiaque præstantes, et Comitum Barcinonensium propinquitate conjunctos deferri consuevit, summæque rerum præficiebantur : penes quos opes et arcana regni in Gallia spectarent.* Assisiæ Hierosolym. cap. 8 : *Les Chasteaux et les Forteresses du Roy le Seneschal les peut et les doit revisiter, et faire leur avoir, ce que mestier leur est, eschangier et remuer sergens,... et les devant dits Chasteaux et Chastelains doivent estre obeissans à lui et à son commandement, sauf commandement du Roy, ou de celui, qui tendra son leue, etc.* Charta Philippi Augusti ex Tabulario S. Martini de Campis, qua Ecclesiam S. Martini Pontis Isaræ ab omni exactione immunem statuit : *Ita tamen, ut quod expeditiones nostras et equitatus nostros in hominibus in prædicta terra morantibus retinemus, qui neque a Præposito, neque ab aliquo ministrorum submoneantur, nisi ex præcepto nostro, vel Dapiferi nostri.*

☞ Nihil fere iis argumentis clarius afferri potest, quo evincatur Senescallos exercitus ducatum præter Comites stabuli obtinuisse. Addam insuper, quod ad rem non parum conducit, Baronum Senescallos, qui ad Regiorum instar instituti fuerant, id muneris exercuisse, ut patet ex Charta Communiæ Meld. ann. 1179. apud D. *Brussel* tom. 1. de Usu feud. pag. 185 : *Sciendum præterea, quoniam Communia, ubicumque ei in terra mea per litteras meas mandavero, pro negotio meo veniet. Sed postquam ad locum quem eis præfixero pervenerint, non procedent ad negotium meum quousque, aut me ipsum præsentem, aut Senescallum, aut Constabularium, aut Marescallum meum viderint, qui eos in ipsum negotium perducat.* Hinc est quod Paschasius et Duchesnius non nisi post exstinctam

Senescallorum dignitatem Comitibus stabuli copiarum ducatum a Philippo Pulchro concessum fuisse volunt : quod tamen non omnino verum esse ex quibusdam Scriptoribus colligi posse existimat Cl. V. Cangius in voce *Comes* pag. 459. col. 2. Ipsum consule : rem malim definias quam ego.

* Et quidem in solemni regum nostrorum inauguratione ensis regius *Senescallo* deferendus dabatur, ut discimus ex Reg. Cam. Comput. Paris. sign. *Pater* fol. 164. r° : *Li arcevesques mettra au Roy l'espée en la main, et li Roy la doit offrir humblement à l'autel; et maintenant il la repenra de la main l'arcevesque et la baudra tantost au Seneschal de France, à porter devant lui en l'eglise, jusques à la fin de la messe; et après la messe, quant il yra au palés.*

Senescalli præterea vexillum Principis ac Domini in prælia efferebant. Radulfus de Diceto ann. 978. et Gesta Consulum Andegavensium, de Gaufrido Grisagonella cap. 6 : *Qui ob insignia summi et singularis meriti a Rege in prœliis Signifer, et in coronatione Regum Dapifer tam ipse, quam ejus hæredes constituuntur.* Tudebodus lib. 2. Histor. Hierosol. : *Episcopus namque Podiensis sanctæ Mariæ in illa amara die perdidit suum Senescalcum, conducentem et regentem suum vexillum.* Eadem habet Robertus Monach. lib. 4. pag. 47. Le Roman *d'Auberi* MS :

Seneschaus iert, m'enseigne portera.

Infra :

Pepins li Rois volentiers li otrie
Et l'oriflambe et la Seneschaucie.

Rursum :

C'est Gascelins, qui Bourgoigne a saisie,
Pepins de France li donne et otrie,
Et l'oriflambe et la Seneschaucie.

In Ordine ad benedicendum Ducem Aquitaniæ : *Quamdiu Missam Dux audit, Senescallus, vel vir illustris alius, quem voluerit, debet ensem acceptum in manu sursum elevatum tenere.*

☞ *Senescalli* etiam nuncupati urbium provinciarumque Præfecti, qui eas ab hostibus tuebantur et civibus Principis nomine jus dicebant. Translat. S. Medardi tom. 2. Jun. pag. 103 : *Nobili viro domino Carolo de Belloy... magno Senescaldo in Picardia provincia, Consiliario regio.* Charta ann. 1517. ex Tabul. Brissac. : *Generosus vir Petrus d'Acigné miles ejusdem dom. Johannis, dum vixit, frater, suo tempore quasdam reliquias in ecclesia parochiali dicti loci d'Acigné, tempore quo ipse Petrus fuerat major Senescallus seu verus Gubernator ducatus Provinciæ eidem ecclesiæ parochiali contulerat.* Ottoboni Annal. Genuens. ad ann. 1194. apud Murator. tom. 6. col. 368 : *Tandem reddit se civitas ipsa Martualdo Seneschalco Imperatoris.* Gualvaneus Flamma ibidem tom. 12. col. 1019 : *Eodem tempore Senescalcus Roberti Regis Siciliæ super totum Pedemontem, castrum de Breno diœcesis Papiensis communivit. Alelmus Dapifer de Hisdin* subscribit Chartam Balduini Comit. Flandr. ann. 1112. Charta ann. 1197. ex Tabular. Calensi : *Ego Hugo de Oisiaco Vicecomes Meldensis, Senescallis Cameracensis, etc.*

Senescallorum denique erat jus reddere Principis subditis, eoque nomine cæteris judicibus præerat. Lambertus Ardensis pag. 147 : *Unde propter eminentem ejus in militia fortitudinem, temperantiam atque sapientiam, eum in loco suo universæ terræ suæ Senescallum et Justitiarium sibi substituit atque Ballivum.* S. Bernardus Epist. 78. de Stephano Dapifero : *Qui Clero militiam, forum anteponit Ecclesiæ, divinis profecto humana, cœlestibus præferre terrena convincitur.* Epistola Joannis II. Archiep. Lugdun. ad Glascuensem Episcopum : *Habebam siquidem Senescallum, cui solicitudinem et curam forensium negotiorum committebam, qui pro negotiorum qualitate, non solum causas pecuniarias pertractabat, sed et criminibus et flagitiis pro consuetudine regionis puniendis præerat, etc.* Infra : *Hujusmodi quidem consolationibus utebar, sciens tamen, quod si qui proventus ex hujusmodi causa accidebant, in expensas meas conferebantur, deducto jure Senescalli mei, cui tertia pars proventuum pro solicitudine sua debebatur.* Pastorale Minus Ecclesiæ Paris. Ch. 159 : *Cum factum suum jure defensurus statuta die in aula Dom. Galonis Paris. Episcopi, justitiam tenente Ansello Dapifero Regis, ad duellum contra unum de hominibus nostris advenisset, etc.* Liber de Jure et Consuetudinibus Normanniæ, seu vetus Consuetudo Normanniæ Latine reddita cap. 10. de Senescallo : *Solebat antiquitus quidam justitiarius prædictis* (justitiariis) *superior per Normanniam discurrere, qui Senescallus Principis vocabatur. Iste vero corrigebat, quod alii inferiores deliquerant : terram Principis custodiebat : leges et jura Normanniæ custodiri faciebat : et eos a servitio Principis amovebat, si eos videret amovendos.* Vide ibi plura in hanc sententiam. Le Roman *de Rou* MS :

A Alain, qui estoit si hom,
Par l'Archevesque de Roem,
Livra sa terre en comandise,
Come à Seneschal et Justice.

☞ Idem illustrat Charta Philippi Reg. Franc. ann. 1180. apud Marten. tom. 1. Ampl. Collect. col. 944. qua Theobaldus Senescallus controversiam quæ ad Regem relata fuerat, dirimit : *Subjecerat autem utraque pars se nostro arbitrio. Unde Comes Theobaldus nostri auctoritate arbitrii, de querimoniis clericorum, quod prædictum est judicavit.* Sed et inferiores Senescalli eodem jure gaudebant. Charta ann. 1325. ex Tabul. S. Florentii : *Et si casus emergat coram Senescallo Prioris pro quo aliquis debeat ad pœnam sanguinis condempnari, Senescallus Prioris supplicabit officiali in definitione causæ quod sibi destinet aliquem probum virum, nec Senescallum vel Subsenescallum, qui ipsum consulat et adjuvet ad justum judicium faciendum. Senescallus autem Prioris requiret destinatum sibi ab officiali quod sibi accommodet patibulum, et per gentes Episcopi adjuvet ipsum ad executionem faciendam. Quod si facere distulerit ultra unum diem, Senescallus Prioris poterit executionem facere ad furcas Prioris.* Quod vero cæteris judicibus præerant, non obscure significant computi ann. 1202. et 1217. ex quibus constat Præpositos certam Senescallis pensionem exsolvisse, ut observat D. *Brussel* tom. 1. de Usu feud. pag. 508.

☞ Eadem jurisdictio, scilicet jus dicendi, Senescallis recens institutis est attributa. Ejusmodi sunt quos in Delphinatu instituit Ludovicus XI. quibus Edicto suo concedit *Jurisdiction haute, moyenne, basse, mere, mixte, impere en tout et par tout, comme ont et ont accoutumé d'avoir les Baillifs en France.*

* *Encal*, ea notione, pro *Senechal, bailli,* legitur Baiocis in Epitaph. :

Ci gist l'Encal Cranctot,
Ly fut qui cacha S. Gerbot;
Len mal le prit le jour de Pagues,
D'eupeux sen ventre n'ut relague.
Ah Dieu ! combien il chia!
Dite po ly Ave Maria.

Apud Anglos, Senescallus tenet locum Capitalis Justitiarii, cujus vices gerit, et proprias causas Regis terminare consuevit, et falsum judicium ad veritatem revocare, et conquerentibus absque Brevi justitiam exhibere, et alia facere quæ habet Fleta lib. 2. cap. 2. § 2. cujus Jurisdictio *Virgata Regia* dicitur, continetque 12. leucas in circuitu Regis, ubicumque fuerit. Adde cap. 3. § 4. etc. Hinc in Legibus Henrici I. Regis Angl. *Dapiferum*, Regis aut Baronum judiciis præsidentem legimus, cap. 7. 33. 42.

Cujusmodi vero Senescalli munus fuerit in justitia administranda, docet Statutum Edwardi I. Regis Angliæ, quod descriptum legitur in Regesto Constabulariæ Burdegalensis fol. 78 : *Senescallus Vasconiæ, qui pro tempore fuerit, teneat quatuor assisias in quatuor quarteriis anni in Burdegala, ubicumque melius sibi viderit expedire, et alias quatuor in Vasatensi, et alias quatuor in partibus S. Genesii, et quatuor in partibus Aquitaniæ et Bajonæ, si casus exegerit, et omnes istas teneat personaliter, et non per alium, nisi causa majoris negotii terræ, vel ægritudinis, fuerit impeditus. Et in prædictis assisiis agentur causæ, tangentes proprietates nostras, et dominium nostrum : ac etiam causæ tangentes proprietates et dominia Baronum et magnatum nostrorum partium illarum : et non illæ causæ seu negotia, quæ per Auditores causarum Burdegalenses, vel per loca sua tenentes in Burdegalensi, Vasatensi, et ultra Landas, aut alibi audiri poterunt et determinari. Et quod idem Senescallus ad minus semel in anno supervideat, et visitet alias Senescalcias dicti nostri Ducatus : et sic in qualibet Senescallia ad minus ad unam assissam Sen. loci, si commode fieri potest per annum. Et visitet personaliter quolibet anno ad minus semel singulas Baillivas Vasconiæ, et visitando corrigat, corrigendo et habeat continue secum unum virum jurisperitum, qui sciat consuetudines terræ, et ipsi consulere in suis agendis : Et habeat continue unum virum discretum ultra Landas, locum suum tenentem, et percipiat annuatim pro omnibus per manus Constabularii Burdegalensis duo millia librarum Burdegalensium ad quatuor anni terminos : et idem Senescallus non percipiat ab aliquo Bajulo Regis aliquam pecuniam Regis, nisi de voluntate et mandato Constabularii Burdegalensis.* Infra : *Item ordinatum est, quod Senescallus Vasconiæ principalis faciat, ordinet et constituat per totum Ducatum Subsenescallos, judices, defensores, auditores causarum, custodes sigillorum, contractuum,*

Procuratores et Advocatos in negotiis Regis, ubique per sigillum dicti Ducatus, tales pro quibus velit respondere, et cuilibet eorum conferat feoda et vadia in ista ordinatione superius advocata. Quæ sequuntur in ea ordinatione, Constabularium Burdegalensem spectant. Senescallo Aquitaniæ suberant cæteri *Senescalli* ejusdem provinciæ, Santonensis, Lemovicensis, et Cadurcensis, qui *Subsenescalli*, Majoris Senescalli respectu, semper nuncupantur, in Statuto ejusdem Edwardi de Senescallis Aquitaniæ, in laudato codice fol. 80.

Addendum præterea videtur hoc loco, quod de Senescallorum officio habet vetus Consuetudo Normanniæ 1. sect. 1. part. cap. 5 : *Icelui Seneschal si corrigoit, et adrechoit tous les erreurs et tous les maux, que les Sousergens fesoient au comun pueple, et dequoy les Baillis n'usoient pas droiturierement, et toutes les complaintes, qui à luy venoient, et les quereles benignes. Il oet et les determinoit, et faisoit mener à ycelle fin qui leur étoit deuë de droit. Et si corrigoit les Sousergens de leur delis et de leurs mesfais, que il fesoient par leur outrage, etc. Les forez et les haies del Prince il regardoit et visitoit de 3. ans en 3. ans, et faisoit renouveller et amander, et de tous les forfets, que l'on y fesoit il en enqueroit, etc. Et si entendoit principalement à garder et fere garder bien et fermement le pes del païs et de la terre : et en ytelle maniere le Seneschal dessusdit aloit par tous les lieux et les contrées de Normandie de 3. ans en 3. ans, et visitoit diligement tretoutes les Baillies et les Sergenteries de la terre, etc.* Addit deinde ejus munus fuisse, *de s'enquerir des crimes enormes, comme de rapt, d'incendie, et de meurtre, et d'en faire faire la punition par les Baillis : Des tresors trouvez par avanture, et de tous les werechs, que la mer jette, et autres droits, qui appartiennent au Prince : des eaux et de leurs cours, etc.* Adde Assisias Hierosol. cap. 8. Consuetud. Beneharnensem tit. de Senescallo, Bononiensem art. 9. etc.

Senescalli igitur id muneris obibant, ut Ballivi et *Senescalli* Regii. Verum *Senescalli* potissimum appellantur in iis provinciis, quæ, antequam Coronæ Franciæ unirentur, Principibus suis paruerant : cum *Baillivos* habere solius Regis sit. [Id potissimum constat ex Statuto S. Ludovici ann. 1254. tom. 1. Ordinat. Reg. Franc. 67. ubi Latinus sermo ad remotiores provincias directus, *Senescallus* habet loco vocis *Bailli*, uti præfert versio Gallica pro partibus propinquioribus.] Idem discimus ex intercessione Officialium Ducatus Bituricensis contra erectionem Baillivatus Duni Regii : *Item et du temps, que ledit Duchié fut depuis baillié à mondit sieur de Berry, qui fut l'an* 1356. *et qu'il y eut lors Seneschal de par luy, et non pas Bailly, pour cause qu'il n'estoit pas en Royauté : Ledit Seneschal avoit pareillement son Siege et Auditoire audit lieu de Dun le Roy, comme és autres lieux dessusdits : mais bien est vray, que lors fut ordonné par le Roy avoir Bailly Royal à S. Pierre le Moustier, pour les païs de Bourbonnois et autres contrées, et exemptions d'illeques, qui paravant soloient ressortir audit Siege de Dun le Roy : Et pour ce qu'il n'y avoit point de Bailly Royal en Berry fors Seneschal, et par ainsi le temps passé que iceluy Duchié de Berry a esté en Royauté, et depuis és mains de mondit Seigneur de Berry, n'a eu audit lieu de Dun le Roy Bailly ne Officier Royal.*

Senescallorum munus posterioribus sæculis fere semper hæreditarium fuit, et certis non modo familiis, sed et prædiis addictum. Quemadmodum enim Reges nostri Comites Andegavenses perpetuos suos Senescallos : ita Principes ac Barones alii suos perinde crearunt. Quippe Vicecomites Thuarcenses Comitum Pictaviæ, Domini Joinvillæ Comitum Campaniæ, Domini *de Brezé* Ducum Normanniæ, Domini *de la Puisaie* Comitum Perticensium, Domini Spineti Comitum Atrebatensium, Domini *d'Estrée* Comitum Bononiensium, etc. Senescalli exstitere. Scribit Willelmus Brito lib. 8. Philipp. Philippum Augustum Domino *des Roches* Comitatum Andegavensem donasse : at hunc ejusdem Comitatus *Senescallum* sese duntaxat inscripsisse, quem titulum ad posteros transmisit :

Non tamen usurpat Comitis sibi nomen habendum,
Imo Senescallum quasi se minuendo vocavit.

☞ Plenius æquo dominum *des Roches* laudare videtur Willelmus Brito. Nihil certe mirum quod Senescallum comitatus Andegavensis duntaxat sese inscribit, atque a Comitis Andegavensis nomine abstinet; utpote qui Senescalliam tantum, hoc est, præfecturam hujus provinciæ, non Comitatum obtinuerit a Philippo Rege; quod manifestum fit ex ejusdem Regis hac de re Charta ann. 1204. quam post Menagium Histor. Sabol. pag. 193. hic integram referemus, cum infeodatorum Senescallorum jura fuse exhibeat : *Noverint universi, præsentes pariter et futuri, quod hæc sunt jura quæ Guillelmus de Rupibus Senescalus Andegavensis habet et habebit in Senescallia Andegavensi, Turonensi et Cenomanensi. Ipse nihil accipiet in dominicatis redditibus nostris Andegavensibus, Turonensibus et Cenomanensibus. Scilicet idem Senescalus debet habere de Præpositis et præposituris, de singulis* L. *libras. Unam marcam argenti ad pondus Turonense, quam Præpositi persolvent pro præposituris. Si nos vendiderimus nemora nostra, nichil de venditione nemorum habebit. Præterea nullam coustumam habebit in forestis nostris. Et si nos fecerimus demandam vel talliam in Christianis vel Judæis de Senescallia Andeg. Turon. et Cenoman. illa demanda levabitur per manum prædicti Senescali ad opus nostrum, per legitimum compotum et scriptum : sed idem Senescalus nichil habebit de demanda illa vel tallia. De omnibus aliis, tam forefactis et expletis et servitiis, quæ a prædicto Senescalo fient, habebimus duas partes, et Senescalus tertiam partem. Præterea sciendum est quod dictus Senescalus neque per feodum, neque per consuetudinem potest quærere custodiam castellorum vel fortalitiarum nostrarum. Et si nos eidem Senescalo forte aliquod castellum vel fortalitiam ad custodiendum tradiderimus, vel alicui ex parte nostra, idem Senescalus reddet nobis et hæredibus nostris, vel certo nuncio nostro cui credi debeat et qui litteras nostras patentes super hoc adferat, castella et fortalitias integre : quotiescumque ea requisierimus, vel hæredes nostri. Hæc omnia servanda bona fide juravit dictus Senescalus, nobis et hæredibus nostris in perpetuum. Et nos recepimus de omnibus supra dictis, sicut prædictum est, eumdem Senescalum in homagium ligium ; ita quod idem Senescalus et hæredes ejus de uxore sua desponsata, tenebunt hæc omnia in homagium ligium, sicut prædictum est. Quod ut, etc.* Vide D. *Brussel* tom. 1. de Usu feud. pag. 643.

* Quod ad dominos Joinvillæ pertinet, id juris non ita antiquitus adsertum fuit, quin a comitibus Campaniæ iis aliquando fuerit denegatum. Id patet ex Charta Blanchæ comit. Campan. et Theob. ejus filii ann. 1218. ex Chartul. Campan. fol. 282. v° : *Cum Symon dominus Joinvillæ Senescallus Campaniæ,..... senescantiam ipse et hæredes ejus jure hæreditario petebant, ego et filius meus non recognosceremus esse verum hoc, pro bono pacis et ut ipsum ad amorem nostrum reduceremus, senescantiam sibi et hæredibus suis jure hæreditario concessimus habendam.*

☞ Senescallis Regiis fere suppares sunt Baronum et Principum Senescalli, quibus perinde hæc dignitas in feudum concessa est. Comitum Campaniæ Senescallus Chartam subscribit ann. 1179. pro Communia Meldensi. Exstant alia ejusdem rei exempla apud D. *Brussel* tom. 1. de Usu feud. pag. 636. et tom. 1. Histor. Dalph. pag. 121. et seq. Charta ann. 1243. ex Tabular. Castri Brientii : *Nobilis vir Guillelmus de Thoarz concessi nobili viro Gauffrido domino Castri Brientii et ejus hæredibus totam Senescalliam de Candé et de Leon.... et ipsum de eadem Senescallia in hominem recepi, cum sibi et hæredibus ejus ratione hæreditarii pertineret.* Charta ann. 1269. ex Tabular. Dom. de Carcado : *Oliverius Senescallus vicecomitatus de Rohan. Cum in curia nobilis viri Johannis Ducis Britanniæ inter nobilem virum Alanum vicecomitem de Rohan ex una parte et me ex altera contentio verteretur super hoc quod ego dicebam quod non poterat ponere allocatum præter me ad tenenda placita sua in vicecomitatu de Rohan, eo quod suus eram Senescallus feodatus, etc.*

Ita apud Germanos Imperatores, Comes Palatinus perpetuus est Imperatoris Senescallus ac Dapifer. Rudolphus Imper. Senescalliam hæreditariam Regni Burgundiæ Humberto Domino Turris et Cologniaci concessit, literis datis Viennæ 2. Non. Januar. Indict. 6. regni 5. quæ habentur in Regesto Delphinorum Herouvalliano. [V. supra.]

Seneschalcus, Domnæ Judith Imperatricis dicitur Altmarus, in Vita Aldrici Episcopi Cenom. num. 47.

☞ *Senescallus Major Papæ*, apud Cencium in Ord. Rom. cap. 34. tom. 2. Musei Ital. Mabill. pag. 201.

* *Senescallus Flandriæ.* Charta ann. 1187. in Cartul. Thenol. ex Cod. reg. 5649. fol. 25. v° : *Ego Henlinus Dapifer Flandrensis..... cum dominarer super totam terram, quæ fuerat Reinaldi de Roseto, etc.*

* *Senescallus Magnus regni Neapolitani*, in Hist. Franc. Sfortiæ ad ann. 1423.

apud Murator. tom. 21. Script. Ital. col. 177.

Senescallos etiam suos habuere Ecclesiæ, ut est apud Hemereum in Augusta Viromand. pag. 187. et in Charta Guarini Episcopi Ambian. ex Tabulario Abbatiæ S. Fusciani. Epistola Joannis de Vitriaco de Captione Damiatæ : *Salutant vos socii nostri et amici.... Joannes de Cameraco Cantor noster, Henricus Senescallus Ecclesiæ nostræ, etc.* Vide Will. Thorn. ann. 1197.

* Ecclesiarum scilicet redituum administratores, ut colligitur ex Lit. remiss. ann. 1403. in Reg. 158. Chartoph. reg. ch. 25 : *Alard Remons clochemant de l'église de S. Quentin en Vermandois et Gerart Casse aussi clochement de ladite église, se complaignoient l'un à l'autre de ce qu'il leur sembloit, que le Séneschal deladite église avait mal paié leur salaire ou desserte, de deux solz ou environ, etc.* Haud scio an eadem notione *Senescallus Academiæ Oxoniensis* occurrit in Hist. ejud. Universit. lib. 2. pag. 141.

☞ Duo distinguendi videntur in Ecclesiis Senescalli : unus secularis qui descriptis supra muniis fungebatur, hoc est, jus Ecclesiæ subditis dicebat cæteris judicibus præfectus, vexillum deferebat in exercitu, Episcopo in solemnioribus cæremoniis ad mensam ministrabat. Ejusmodi fuit Ecclesiæ Diensis Senescallus, ut colligitur ex Charta ann. 1201. tom. 1. Hist. Dalph. pag. 121. col. 1 : *Silvio de Crista habet ab antiquo feudum ab Ecclesia B. Mariæ Diensis et Episcopo;.... pro hoc feudo.... cum Episcopus Diensis vel Ecclesia exegerit infra* XIIII. *diem, nulla obstante exceptione vel dilatione,... debet ipsius Episcopi vexillum deferre, et cum de novo civitatem consecratus intraverit, ad mensam prima cibaria ante ipsum ponere.* Ejusdem dignitatis fuisse videtur *Hugo Dapifex Episcopi Parisiensis*, qui cum Balduino Regis Dapifero subscribit Chartam Goffridi Episc. Paris. ann. 1070. inter Instr. Hist. Sangerm. pag. 31. Alter Senescallus Clero adscriptus erat : quin etiam aliquando inter dignitates ecclesiarum annumeratus, ut docent Statuta Clementis IV. PP. ann. 1267. pro Eccl. Aniciensi, apud Marten. tom. 2. Anecd. col. 480 : *Stephanus Archidiaconus et Dapifer* subscribit Chartam ann. 1151. apud Severt. Hist. Episc. Matiscon. pag. 139. Hujus nihilominus ecclesiastici Senescalli munus circa dapes et mensam Canonicorum versabatur; unde *dignitas temporaria* dicitur ab Hemereo loco citato. Chartul. Eccl. Matiscon. sub Ludovico IV. Reg. Franc. : *Ego Teotbaldus Comes et uxor mea Berta damus Ecclesiæ Matisconensi... servum Arlemannum et uxorem ejus cum infantibus quinque ad ministerium Seneschalli ibi ad refectorium servientis.* Atque eam ob causam Senescallus in Ecclesia S. Martini Turonensis aliisque, ut par est credere, necessaria ad lotionem pedum in Cœna Domini præparabat. Rituale S. Martini apud Marten. de Antiq. Eccl. Discipl. pag. 279 : *Post Seneschallus in supelliceo affert baculum pictum et cymbalum auratum, cellerarioque parumper sonante, venit Seneschallus et juvenes cum eo aquam et mappas offerentes ad pedes presbyterorum et clericorum abluendos..... Quo facto Seneschallus et juvenes vinum in sciphis afferentes ante decanum et majestatem cantant alta voce* Benedicite.... *Et hoc facto, bibunt juvenes et Seneschallus... De tela grossa emuntur ad pedes tergendos* 8. *ulnæ, quarum medietas est Seneschalli, et medietas et baculus pictus est cellerarii.* Hæc Senescallorum in duas classes distributio maxime elucet in Ecclesia Lugdunensi, cujus senescalliam secularem obtinebat ann. 1251. Hugo de Turre ex Charta quæ legitur tom. 1. Hist. Dalph. pag. 191. *Is*, ut habet Epist. Johannis II. Archiep. Lugdun. superius laudata, *non solum cau sas pecuniarias pertractabat, sed et criminibus et flagitiis pro consuetudine regionis puniendis præerat :* unde, addit idem Pontifex, *tam nos quam antecessores nostri diligenter attendebamus, quod is qui ejusmodi exsecutioni deputatus fuerat, ad sacros Ordines deinceps non promovebatur.* Exstitere tamen hujus Ecclesiæ Senescalli qui Sacerdotii honore illustres fuerunt; inter quos Girinus quidam, cujus anniversarium annotatur 3. Nonas Septembris in Obituario MS. Eccl. Lugdun. *Anniversarium Magistri Girini Sacerdotis;* idem haud dubie qui *Senescalchus* dicitur in Charta ann. 1151. tom. 1. Macer. Insulæ Barbaræ pag. 84. Et Jacobus de Festo, ex eod. Obituar. ad XV. Kal. Novembr. : *Magister Jacobus de Festo Sacerdos et dapifer refectorii qui legat ecclesiæ Lugduni* CXX. *lib. Viennenses pro anniversario suo.* Alios senescallos itidem sacerdotes exhibet quorum nomina silebimus. Ut ut est Senescallo assignantur officia quæ in laicum hominem convenire non possunt, in Statutis ejusd. Eccl. Lugdun. MSS. ann. 1175. ex Bibl. Sangerman. : *Feria* IV. (Quadragesimæ) *qua cantatur officium* Dum sanctificatus fuero, *primam epistolam legat puer, qui Missæ deservit, et canonicus cujus est epistola, cantet primum responsorium; tractum* Ad te levavi *debent cantare Dapifer et panetarius.* Passim in Instrumentis ejusdem Ecclesiæ *Dapifer refectorii* inscribitur : unde manifestum fit hujusce Senescalli præcipuum munus fuisse ut refectorium seu mensam canonicorum dapibus necessariis instrueret. Statuta MSS. superius laudata, ubi de lotione pedum : *Alia quæ hic non licet exprimere, debent disponere et ordinare Dapifer et Panetarius refectorii.* Alia Statuta ejusd. Eccl. ann. 1251. tom. 9. Spicil. Acher. pag. 73 : *Ordo diaconatus levat omnes canonicos supra chorum, et quatuor de præbendariis ecclesiæ, scilicet Dapiferum, Panetarium, Pincernam refectorii, et Magistrum Scholarum.* Vide Menester. in Hist. Lugdun. pag. 330. et seqq. Severt. Histor. Episc. Matiscon. pag. 126. 138. 139. etc.

☞ Obtinuit etiam hæc dignitas apud Templarios, ut discimus ex Epistola ad Magistrum Militiæ Templi inscripta apud Acher. tom. 2. Spicil. pag. 511 : *De... Dei gratia pauperis Militiæ templi Magistro, domino et patri suo frater A. ejusdem Militiæ Dapifer dictus, etc.*

SENESCALLI, nescio an iidem, de quibus supra, apud Ingulfum pag. 865 : *Duoque milites Senescalli Wiburtus et Leofricus, etc.* Infra : *Ipseque cum suis Senescallis in acie media versabatur.*

☞ Nec magis mihi compertum est qui sint Senescalli quos Notariis adscribunt Litteræ Philippi Pulchri Franc. Reg. ann. 1291. tom. 4. Ordinat. pag. 20 : *Instrumenta facta a publicis Notariis vel a Senescallis suis creatis vel creandis, illam firmitatem habeant quam habent publica instrumenta ;* nisi Grafiarios vel Vicenotarios esse dicas, qui *Prænotarii* nuncupabantur. Vide in hac voce. [** *Notarii* sunt *publici vel a Senescallis suis creati.*]

* SENESCALLUS, Qui alterius vices gerit; quæ primaria est hujusce vocis significatio, juxta Hickesium. Libert. Cadom. ann. 1426. in Reg. 173. Chartoph. reg. ch. 569 : *Debeant ipsi jurati apponere seu instituere Senescallum et procuratorem, pro eorum juribus servandis et defendendis.*

* Ejusdem originis est vox Gallica *Séchal* vel *Seschal*, eadem omnino quæ *Seneschal*, qua in Foresio significatur ille, qui iis disponendis, quæ ad festum celebrandum pertinent, præfectus est. Lit. remiss. ann. 1477. ex Reg. 201. Chartoph. reg. ch. 29 : *En faisant laquelle feste* (de Therye en Forée) *a tousjours acoustumé avoir quatre maistres d'icelle feste, qui se appellent Chechaulx* (sic); *desquelx quatre Seschaulx, etc.* Ibidem : *Chessaulx* et *Séchaulx.*

¶ SENESCHALIATUS, ut *Senescallus*, in Obituario MS. Eccl. Morin. fol. 21 : *Item locum-tenenti generalis Seneschaliatus, dominis Advocato et Procuratori Regis, Majori dictæ urbis, cuilibet 4. sol.*

SENESCALCIA, Dignitas *Senescalci*, apud Hugonem de Cleeriis, etc. Chronicon Mauriniacense : *Reversus ad semetipsum, Senescalciam, quam jure possidere se dicebat hæreditario, dimisit.* Item

* SENESCALCIA, Præfectura : nam *Præfecti* nuncupati aliquando *Senescalli.* Charta ann. 1277. inter Guid. Pagani et Guill. de Ruenilla præcept. de Mureta diœc. Lugd. : *Dicebat dictus Guido se habere jus percipiendi singulis annis in dicta grangia* (de Comba).... *tres eminas avenæ censuales pro quadam Senescalcia, seu nomine Senescalciæ cujusdam, quam dicebat se habere in grangia.* Quæ vox minus bene, ut opinor, per Gallicam *Seigneurie* redditur in veteri Chartæ ejusdem versione.

SENESCALATUS. Knyghton. lib. 2. cap. 2 : *Rex Henricus dedit Comitatum Leicestriæ cum.... Senescalatu Angliæ Edmundo filio suo.* Perperam *Senescatus* infra.

SENESCARIA, lib. 1. cap. 5 : *Tertius filius vocatus est Godardus, quem feoffavit in Senescaria Daciæ.*

SENESCALLIA, et SENESCALEA, apud Willel. Thorn. ann. 1197.

SENESCALLIA, Munus *Senescallorum*, quos *Communes* vocabant. Silvester Giraldus in Itinerario Cambriæ pag. 853 : *Hic primo claves a Clavigero præripiens se ad Seneschaliam domus regendam impudenter ingessit. Eam tamen tam provide, ut videbatur, tamque prudenter administrabat, ut omnia sub ejus manibus abundare, nullusque defectus in domo fieri posse videretur.*

* SENESCAUCIA, Dignitas et officium *Senescalci.* Charta ann. 1229. ex Cod. reg. 9612. T : *Renerius petebat Senescauciam Lingonensem, quam ad scipsum jure hære-*

ditario spectare asserebat. Rursus et iterum ibi occurrit.

* SENESCALLA, Mulier, quæ jure successionis *Senescalliam* in feudum possidet. Chartul. Bonor. Hom. laudatum a Menag. in Hist. Sabol. pag. 213 : *Johanna domina de Credonio, Senescalla Andegavensis. Janne de Craon Séneschalle d'Anjou en femme lige de la séneschaussée d'Angiers, du Mans et de Tours, etc.* ex Reg. Cam. Comput. Paris. ibid.

* SENESCALISSA, Eodem intellectu, vel uxor *Senescalli. Domina Agnes Senescallissa Rhedonensis*, in Charta ann. 1210. tom. 1. Probat. Hist. Brit. col. 819. Alia ann. 1233. ex Cod. reg. 9612. T : *Adelina uxor Girardi militis de Brisseio, hominis ligii Beatricis dominæ Jonvillæ, Senescalissæ Campaniæ, etc. Senescalla*, in Ch. ann. 1235. ibid. Rursum alia ejusd. ann. : *Ge Biatriz dame de Joinville, Senschale de Champagne, etc.* Chartul. monast. de Escureio ex Ch. ann. 1234. *Ge Beatris done de Joinville, Sénescalisse de Champagne, etc.*

¶ **SENESCALDUS**. Vide supra in *Senescalcus.*

¶ **SENESCANTIA**, Convivium, idem quod *Procuratio.* Charta ann. 1203. tom. 2. Chartul. S. Vandreg. pag. 1271 : *Noverint universi... controversiam illam quæ vertebatur inter Reginaldum abbatem sancti Vandregisili et Conventum ejusdem loci ex una parte et dom. Ricardum de Yvetot carreia omnia et Senescantiam abbatiæ et omnes liberationes et ferraturas equorum suorum et famulorum suorum, et etiam omnes alias consuetudines quas exigebat sibi et famulis suis ab abbate et conventu S. Vandregisili liberas et quietas ab omni reclamatione condonavit et in manu eorum resignavit.* Vide *Conredium.*

¶ **SENESCARIA**, SENESCHALIATUS. Vide in *Senescalcus.*

SENESPASIUM. Vide *Semispathium.*

¶ **SENESPIO**, Rubentium pusularum species, Gall. *Rougeolle.* Mirac. MSS. Urbani V. PP. ex Tabular. S. Victoris Massil. : *Existens Avenione in ostalaria de Posa, infirmabatur de febre et Senespione.*

* *Sinipion* Vasconibus, *Sarampion* Hispan. Consule Menag. Orig. Franc. v. *Sinipion.* Vide infra *Sirimpia.*

¶ **SENETA**, Piscis genus, ut videtur. Statuta Placent. lib. 6. fol. 79. v° : *Item strigios et Senetas, pro qualibet libra* IIII. *den.* Vide *Senecio* 2.

* **SENETIO** *vocatur Carduus benedictus.* Glossar. medic. MS. Simon. Januens. ex Cod. reg. 6959.

¶ **SENEUCIA**, Viduitas, Gall. *Veuvage.* Placitum ann. 17. Edwardi III. apud Th. *Blount* in Nomolex. Anglic. : *Si vidua dotata post mortem viri sui se maritaverit, vel filium vel filiam in Seneucia pepererit, dotem suam amittet et forisfiet in quocunque loco Comitatus Kantii.*

SENEVICA. Constantinus Afric. lib. 2. Pantech. cap. 4 : *In dorsi spondilibus duo tantum sunt,* (ossa) *a quibus alia sicut spina contorta exeunt. Hæc contorta a medicis appellantur Senevica.*

SENEX. *Senes*, vel *Senes Episcopi*, in Africa dicti Episcopi promotionis ætate cæteris antiquiores, qui eo nomine Primates erant : quorum Sedes *Prima* vocabatur. Leo IX. Epist. 4 : *Sed de Africæ Primatibus aliter intelligendum est, quia in singulis ejus provinciis antiquitus Primates instituebantur, non secundum potentiam alicujus civitatis, sed secundum tempus suæ ordinationis, quibus tamen omnibus præterea unus, scilicet Carthaginensis Archiepiscopus, qui etiam non incongrue dici potest Metropolitanus, propter Carthaginem Metropolim totius Africæ.* Adde Epist. 3. In Concilio Carthag. Theodosio A. et Rumorido Coss. celebrato can. 57. *Xantippus* nominatur *Sanctus Senex :* et can. 94. *Sanctus Senex Donatianus*, quorum prior Primas fuit et Episcopus primæ sedis Numidiæ, alter Provinciæ Byzacenæ. Ita passim hæc vox accipitur apud S. Augustinum Epistol. 55. 152. 217. 236. et 261. in Epist. Concilii Cirtensis apud eumd. August. post Brevicul. Collat. apud Facundum Hermianens. lib. contra Mocianum pag. 576. etc. Quod vero interdum controversiæ nascerentur inter Episcopos de promotionis tempore, ut apud Augustinum Ep. 217. cautum est peculiari Canone in Concilio Africano can. 56. ut qui deinceps ordinarentur in Africa Episcopi, literas ab ordinatoribus suis acciperent, quæ Consulem et diem continerent. In Collat. Carthag. I. cap. 16. in Epist. Synodi Cirtensis Concilii, et in Epist. Concilii Milevitani, *Silvanus Senex Ecclesiæ Summensis* dicitur, qui cap. 57. ejusdem Collationis, *primæ sedis provinciæ Numidiæ* Episcopi titulo donatur. In Concilio Carthag. : Cæsario et Attico Coss. fit mentio *Victoris Senis Puppatanensis.* In Concilio Carthag. III. *Musonius* in Epist. ad Episcopos, *Senex;* in Actis ejusdem Concilii, *primæ sedis Episcopus Provinciæ Byzacenæ* appellatur. Ita S. Augustinus in Collat. tertia cap. 7. dicitur ordinatus a Megalio, qui tunc fuerat *Primas in Numidia Ecclesiæ Catholicæ.* Quod scribitur etiam a Possidio; et cap. 13. Secundus Tigisianus dicitur *habuisse tunc* (tempore persecutionis) *Primatum Episcoporum Numidiæ.* Γέροντες dicebantur Scriptoribus Græcis. Γέρων Ξανθίππος, in Cod. Canon. Eccl. Afric. cap. 90. 100. Γέρων Ἰννοκέντιος, cap. 97 : Γέρων Δονατιανὸς πρωτεύων, cap. 127. Vide Gregorium M. lib. 1. Epist. 72. 75. lib. 2. Indict. 11. Epist. 47. 48. [et Glossar. mediæ Græcitatis in Γέρων col. 246.]

SENEX, Abbas. Petrus Abælardus Epist. 8 : *Qui Sanctorum vitas scripserunt, quos nunc Abbates dicimus, Senes vocabant.* Hinc liber γεροντικὸν dictus.

SENEX, vel *Vetulus de Montanis*, dictus nostris *Assasinorum* Princeps, *le Vieil de la Montagne* Joinvillæ et aliis, non ob ætatem ingravescentem ; sed quod lingua Arabica *Seich*, vel *Scheic* indigitaretur, voce quæ *Seniorem* et Dominum significat, de qua quædam attigimus ad Joinvillam pag. 70. *De Montanis* vero cognominabatur, quod revera in montibus habitaret, uti apud eumdem Joinvillam docuimus pag. 87. ex Scriptoribus, licet contra censeat vir doctus apud clarissimum Menagium in Originibus Italicis pag. 1089. Arnoldus Lubecensis lib. 4. cap. 37 : *Princeps de Montanis, qui quadam excellentia Principatus dicitur Senex.* Will. Tyrius lib. 20. cap. 31. de Assasinis : *Hi non hæreditaria successione, sed meritorum prærogativa Magistrum sibi solent præficere, et eligere Præceptorem, quem spretis aliis dignitatum nominibus Senem vocant.* Willel. Neubrigensis lib. 4. cap. 24 : *Fertur esse in Oriente gens sub ditione cujusdam potentis Saraceni, quem Senem nominant, quoddam hominum genus adeo seductibile, atque in propriam proclive perniciem, ut ab eodem, quem scilicet loco Prophetæ colunt, artificiosissimis fallacium pollicitationum præstigiis sollicitatum, atque illectum, immortalia se post mortem commoda percepturos existiment, si illi imperanti usque ad mortem obtemperent.* Adde lib. 5. cap. 16. et alios Scriptores, quos laudamus ad Joinvillam.

VETULUS DE MONTANIS. Vincentius Belvac. lib. 31, cap. 93 : *Assasini, et eorum præceptor Vetulus de Montanis.* Eadem habet Jacobus de Vitriaco lib. 3. pag. 1142. Rigordus ann. 1190 : *Misit nuntios ad Vetulum Arsacidarum Regem.* Hinc Assasinos, *Veteres Montanos* vulgo appellatos, scribit idem Joannes de Vitriaco pag. 1126.

ANTIQUUS DE LA MONTAGNE, vocatur apud Willebrandum ab *Oldenborg* in Itinerario Terræ Sanctæ pag. 129.

☞ Haud scio an idem sit qui *Vetus de Mussa* dicitur in Litteris Henrici III. Reg. Angl. ann. 1238. apud Rymer. tom. 1. pag. 382 : *Rex Tath. nuncio Veteris de Mussa, salutem. Significamus vobis quod bene placet nobis, quod ad nos in Angliam veniatis, una cum gente vestra propria, quam vobiscum ducetis, ad exponendum nobis nuncium vestrum, quod vobis injunctum est ex parte prædicti Veteris de Mussa domini vestri.*

* **SENGLA**, a Gallico *Sangle*, Cingulum ephippiarium. Comput. ann. 1334. inter Probat. tom. 2. Hist. Nem. pag. 85. col. 1 : *Ad opus dictorum ronsinorum.... per unas Senglas et unas capsanas, etc.*

SENGLARIS, SENGLARIUS, SENGLERIUS. Vide infra *Singularius.*

* **SENGLARSIUS**, Aper, Gall. *Sanglier.* Transact. ann. 1501. ex sched. Pr. de *Mazaugues* : *Quod talis venator...... teneatur portare et tradere eidem domino...... unum cadrantem sive carterium ejusdem talis animalis posteriorem,.... cum altero pedum ejusdem porcii aut Senglarsii.* Vide *Singularis.*

¶ **SENHAIRARE.** Charta ann. 1327. ex Tabular. S. Victoris Massil. : *Usum pascendi, pastorgandi et Senhairandi et alia faciendi in Arbustis.* Hispanis *Senara*, semen seu quod seri potest sonat, unde *Senhairare* effictum videtur : nisi noctem sub dio transigere significet, quia ibi de animalibus pascendis sermo est. Vide *Senara.*

SENHERA, Vexillum, Hispanis *Señera.* Vide in *Partita* 1.

¶ 1. **SENHORIA**, ut *Senhera*, in Charta ann. 1293. tom. 2. Hist. Dalph. pag. 107. col. 2 : *Tenere possint, si voluerint, vexillum seu Senhoriam per tres dies naturales in signum majoris dominii. Senhau*, in For. Beneharn. Signum, Gall. *Signal*, sonat : unde *Senhera*, pro vexillum. Vide *Senieria.*

¶ 2. **SENHORIA**, Dominium, dominatio, ex Hispan. *Sennoria*, Gall. *Seigneurie.*

Charta ann. 1233. apud Baluz. tom. 2. Hist. Arvern. pag. 496 : *Omnes terras et Senhorias et elemosinas et omnia jura quæ habebam vel habere debebam... permutavi ei et permutando ad ipsum transtuli.* Charta ann. 1257. ex Schedis Præsid. *de Mazaugues : Dent eis.... terram habentem Senhoriam et jurisdictionem plenissimam, quæ valeat et valere possit communiter quolibet anno* 10000. *solidorum Provincialium in redditibus.* Alia ejusdem anni ex Tabul. Episc. Massil. : *B. Massiliensis Episcopus omnem jurisdictionem et Senhoriam temporalem villæ superioris Massiliæ permutavit, et ex causa permutationis tradidit illust. dom. Carolo Comiti.... juridictionem temporalem et totam Senhoriam et omnia jura temporalia quæ habebat in dicta civitate.* Charta ann. 1288. tom. 2. Hist. Dalph. pag. 109 : *Vendidit... majus dominium et Senhoriam majori dominio adhærentem castri et territorii de Avisano. Cum omni dominio et Senhoria*, in Charta ann. 1404. ex Tabular. S. Victoris Massil. *Senhor*, pro Dominus, *Seigneur*, in veteri Charta apud Gallandum de Franco Alodio pag. 168. Vide *Segnoria* et infra *Senior.*

¶ **Senhoria**, Reditus, prædiorum seu dominiorum commoda. Charta ann. 1245. ex Cod. MS. D. *Brunet* fol. 79 : *Dictus Barralus... recipere possit omnes possessiones suas,... thascas et Senhorias.*

* **SENHORIUM**, Senhorivum, Dominium, Gall. *Seigneurie.* Arest. ann. 1316. in Reg. *Olim.* parlam. Paris. fol. 327. v° : *Item Senhorium et tenementum villæ sancti Memorii, quod appellatur et consuevit appellari Senhorivum et tenementum domini Ofilii de Marlho.* Bis utrumque rursum ibidem occurrit. Vide *Senhoria* 2. et in *Senior.*

¶ **SENIA**, Gravia, sapientia, quæ senem decent. Acta SS. Viti et Modesti tom. 2. Junii pag. 1023 : *Hic in brevi consummatus infans et vix ablactatus, puer egit Senia.*

¶ **SENICA.** Vide supra *Sceneca.*

¶ **SENICES**, pro Senes, apud Jos. Moret. Antiq. Navarræ pag. 466 : *Ecce nos omnes qui sumus de concilio de Bervia,.... barones et mulieres, Senices et juvenes, etc.*

¶ **SENICIS**, Academicis Cruscanis *Senici, malum in partibus glandulosis gulæ, latine angina dicta.* Mirac. S. Humilianæ tom. 4. Maii pag. 407 : *Quidam homo... patiebatur quamdam infirmitatem, quæ dicitur Senicis, physice autem Squinantia.*

* **SENICUS.** Monet Bignonius, in Codice Regio Marculfi, formulas, alias complures veteres excipere cum hac epigraphe, *Cartas Senicas*, quarum vocum vim se nescire fatetur vir doctissimus. Monet Stephanus Baluzius in Notis ad easdem formulas, in veteri codice Notarum, quæ Tyroni adscribuntur in Bibliotheca Regia, hæc baberi : *Incipit Prologus de Notis Senicis.* Et Labbeus in Specimine antiquarum lectionum pag. 44. in Codice Puteano : *Liber notarum Senici.* Apud Nonium, *Senicus*, idem est quod *Senex.*

* *Cartas Senicas* hic usurpari quasi formulas veteres; *Senicæ* enim quasi senes, monitum se a Joanne Savarone scribit Bignonius in notis ad Marculfum : harum itaque vocum vim se nescire non omnino fatetur doctissimus vir, ut ait Cangius. Vocis origo accersenda haud dubie, si fides Auctori Relig. Gall. tom. 1. pag. 179. a Celtico *Senan* vel *Sene*, quo Druides nuncupabantur. *Sen* autem Celtis senem, sanctum, venerandum sonabat. Consule Glossar. Celtic. Bulleti v. *Senæ.*

SENIDOCIUM, *Cœtus astrificus.* Ita Glossæ antiquæ MSS. Vide *Sinodochium.*

¶ **SENIERIA**, Vexillum, ut supra *Senhera.* Homagium Raymundi de Agouto præstitum Berengario Episc. Carpent. pro castro de Muris 3. Maii 1312. ex Schedis D. *de Remerville* a S. Quintino : *Recognovit... quemcumque Episcopum Carpentoratensem in sua creatione episcopali in primo adventu suo ad castrum de Muris habere posse vexillum suum, vel Senieriam in signum sui dominii et ecclesiæ supradictæ, et ponere in turri seu fortalitiis dicti castri.* Vide *Senhoria* 1.

¶ **SENILLOSUS.** Vide infra *Susurrator.*

SENIO, Ludi, seu aleæ species. Joan. Sarisberiensis lib. 1. Policrat. cap. 5 : *Hinc Tessera, Calculus, Tabula, Urio vel Dardana pugna, Tricolus, Senio, Monarchus, Orbiculi, Taliorchus, Vulpes, quorum artem utilius est dediscere, quam docere.* [Vide Fabri Thesaurum in voce *Sex.*]

SENIOR, Dominus, Gall. *Seigneur.* Salomon Constantiensis in Lexico : *Veteres principes, antiqui principes, senes, Seniores.* [Unde Reges Francorum maxime Carlovingi nonnumquam *Seniores* dicuntur, in Manuali Duodanæ passim.] Gregorius Turon. lib. 8. cap. 30 : *Nullus Regem metuit, nullus Ducem, nullus Comitem reveretur. Et si fortassis alicui ista displicent, ... statim seditio in populo, statim tumultus exoritur, et in tantum unusquisque contra Seniorem sæva intentione grassatur, ut vix se credat evadere, si tandem silere nequiverit.* Lib. 10. cap. 2 : *Cum Seniori urbis nunciata fuissent, quæ puer horum gesserat, etc.* Conventus apud Marsnam ann. 851. in Annalib. Francor. Bertinian. : *Sicut per rectum unusquisque in suo ordine et statu suo Principi et Seniori esse debet.* Annales Francor. Fuldenses ann. 887 : *Invitaverunt Arnolfum filium Karlomanni Regis, ipsumque ad Seniorem elegerunt, et sine mora statuerunt ad Regem extolli. Dominus et Senior noster Carolus Rex, etc.* in Annuntiatione Herardi Archiep. in Synodo Suessionensi ann. 866. cap. 6. Sueno Aggonis in Histor. Danica pag. 11. de Uffone : *Corrogato itaque cœtu Procerum, totiusque regni Concilio celebrato, Alamannorum Regis ambitionem explicuit, quid in hac optione haud eligenda facturus sit, indagatione cumulata, Senior sciscitatur, etc.* Et pag. 13 : *Uffo dum orationem complesset, a collateralibus Senior sciscitatur, etc.* Saxo Grammaticus lib. 10. pag. 195 : *Senior Regis adventum opperiens, etc.* [*Naturales Seniores*, id est, legitimi domini, in Charta ann. 1126. ex Tabular. Major. Monast.] Occurrit passim in Capitulis Caroli M. et Caroli C. in Annalib. Francicis, et alibi. Vide Goldastum ad Theodorum Eremitam de Vita S. Magni lib. 2. cap. 4. [et *Bouche* tom. 2. Hist. Provinc. pag. 41. ubi multa cum ex Italia, tum ex Burgundia aliisque regionibus profert exempla.] Sed et *Seniorem* Christum vocat S. Columbanus, quem vulgo alii *Dominum* : quomodo nos etiam dicimus *nostre Seigneur.*

¶ **Sennior**, Eadem notione, ex Hispan. *Senor.* Charta Athonis Garseani pro Monaster. S. Mariæ Maon. inter Concil. Hisp. tom. 3. pag. 136 : *Ego Atho Garseanus, Sennior de Tena et de Jacca, etc.*

* *Signor*, in Ch. Gallica ann. 1257. ex Tabul. S. Apri Tull. Hinc nostris *Mis à seigneur*, in possessionem dominii missus. Transact. ann. 1344. in vol. 2. arestor. parlam. Paris. : *Chascune desdittes parties joira des héritages dessus devisez, et en sera chascun mis à Seigneur.*

¶ **Seniorissa**, Domina. Charta ann. 810. tom. 1. novæ Hist. Occitan. inter Instr. col. 35 : *Nos Trudoinus et Salomon advocati Autscindanæ abbatissæ, nec non et Seniorissæ nostræ, sicut nobis præcepit simulque injunxit,... donamus, donatumque in perpetuum esse volumus ad monasterium Anianum, etc.* Vide infra *Signoressa.*

Senior, cum adjectione loci, quomodo dicimus, *Seigneur d'un tel lieu.* Vetus Charta in Chronico Besuensi pag. 575 : *Sig. Fulconis Senioris Bellimontis. Sig. Gisleberti Senioris Reseiæ. Sig. Vallonis Senioris Beriæ, etc.* Pag. 591 : *Odo Montissabionis Senior, etc.* Adde pag. 587. 617. [Charta apud Menag. Hist. Sabol. pag. 135 : *A Senioribus loci nostri, id est, a dom. Reginaldo Allobroge et filiis ejus, etc.*]

Senior, Abbas, seu Præfectus Monasterii. Cæsarius Arelat. serm. 7. ad Monachos Lerinenses : *Dura tibi videntur præcepta Senioris : quanto tibi duriora erunt consilia deceptoris?* Ita serm. 13. 14. et alibi non semel, et in Formula 32. ex Baluzianis. [Paulus Warnefridus lib. 6. cap. 39. ubi de Petronacis electione in Abbatem Casinensem : *Eumdem venerabilem virum Petronacem sibi Seniorem statuerunt.* Vide *Senex.*]

Senior, Maritus, conjux. Passio S. Vitalis Mart. n. 7 : *Cum S. Martyris conjux B. Valeria Senioris ejus victoriam, quam inspectante Deo apud Ravennam promeruit, Mediolani comperisset, etc.* Helgaudus in Roberto Rege pag. 66. ubi Constantia Regina sic *Dominum suum*, id est, conjugem compellat : *Heu Senior bone, quis inimicorum Dei vos aureo vestitu deturpavit honesto?* Infra pag. 73. de eadem Constantia : *Quod reliquum fuit, in quibus debuit, distribuit.... juxta utile sui Senioris velle.* Chronicon Besuense pag. 587 : *Albordis matrona pro remedio animæ quondam Senioris sui nomine Eremberti,... tradidit, etc.* Charta cujusdam Adalbergæ, Carolo Rege regnante, apud Sammarthanos in Abbat. S. Sergii Andegav. : *Alodum juris mei, quem Senior meus Frotmundus in dotalitium mihi dimisit, dono, etc.* [Conc. Illiberit. cap. 85 : *Si mulier maritum suum causa fornicationis veneno interfecerit, aut quacumque arte perire facit, quia dominum et Seniorem suum occidit, sæculum relinquat et in monasterio pœniteat.* Epist. Nicolai I. PP. ad Hermentrudem Franc. Regin. ann. 863. apud Miræum tom. 1. pag. 133. col. 2 : *Apud vestrum Seniorem, venialem, vobis juvantibus, vigorem obtineat.* Tabul.

Burgul. ann. 996 : *Pictavorum Comitissa Emma.... humiliter deprecata est quatenus donationem quam olim Senior suus piæ recordationis Odo Comes de curte Burguliensi concesserat, etc.*] Codicillus Joannæ Burgundiæ Reginæ Franciæ mens. Maii 1325 : *Volons et ordenons, que se nostre fille Jeanne avoit plusieurs autres enfans masles de nostre chier fius le Duc de Bourgoigne son Seigneur, etc.* Et infra : *Et ainsi mesme ordenons et volons des enfans maales de nos chieres filles Isabel et Marguerite, lesquiex il auront des Seigneurs qu'ils ont maintenant, etc.* [Charta ann. 1367. ex Chartul. S. Aviti Aurel : *Establis en droit par devant nous ledit Michel et Jannete sa femme, ladite femme ou l'auctorité et assentement dudit Michel son Seigneur qui li a donné povair, etc.*] Chronic. Bertrandi *du Guesclin* :

Li uns fu son Seigneur, l'autre oncle l'appella.

Occurrit crebro in Tabul. S. Cyrici Nivern. num. 10. 19. 49. in Stabilimentis S. Ludovici, apud Christinam Pisanam in lib. *du Tresor de la Cité des Dames*, 1. part. cap. 13. 14. 22. etc. Vide *Baro*, et *Dominus* 7.

* Nostri *Seigneur* etiam pro *Beaupere*, socer, usurparunt. Lit. remiss. ann. 1386. in Reg. 129. Chartoph. reg. ch. 146 : *Icellui Freminet trouva Jehan Jasset gendre dudit Henry, et lui dist et donna à entendre, comment icellui Henry son Seigneur lui mandoit, etc.* Aliæ ann. 1417. in Reg. 170. ch. 33 : *Le suppliant gendre de Pierre Fontan, dist et déposa pour et à l'entention dudit Pierre Fontan, son Seigneur ou sogre.* Vide infra in *Siriaticus*.

Senior, Primus, præcipuus. Vita Aldrici Episc. Cenoman. n. 1 : *Et suadente, sive exhortante, Episcopo suo Drogone, licet coacte, Senior Cantor ibi sublimatur*, id est, *Præcentor*. Infra : *Eum Seniorem Sacerdotem suumque confessorem præesse constituit.* Et n. 50 : *Drogo Archiepiscopus et Senior Capellanus subscripsit. Mater et Senior civitatis Ecclesia*, in eadem Vita n. 24. 44. 46. et in Actis Episcop. Cenoman. non semel : *Senius altare*, ibid. n. 46 : [*Senior Basilica*, in Vita S. Leutfredi sæc. 3. Bened. part. 1. pag. 592.] Vide *Ecclesia senior*.

Seniorare, Dominari, Gall. *Exercer la Seigneurie.* Charta Tabularii S. Sophiæ Benevent. ann. 41. Imperii Basilii (Chr. 1013 :) *Et sumus residentes in ista civitate Luceriæ ad Seniorandum, judicandum, et regendum.* Apud Camillum Peregrin. de Ducatu Benevent, pag. 81.

¶ Senioraticus, *Senior*, dominus vel potius advocatus. Charta conventionis inter Mironem et Petrum Abbat. S. Victoris Massil. ann. 1050. apud Marten. tom. 1. Ampl. Collect. col. 447 : *Hunc locum S. Sebastiani teneant monachi S. Victoris ad servitium Dei, et S. Sebastiani, vel nostrum, secundum regulam S. Benedicti, sive possibilitatem illius loci, excepto quod illud locum S. Sebastiani non liceat eis alium Senioraticum facere, nec proclamare, nisi nos aut filiis nostris, cui nos dimiserimus ipsum locum.*

¶ Senioraticum, Jus quod *Seniori* seu domino, ratione *senioratici* seu dominii debetur. Charta ann. 1015. inter Probat. tom. 2. novæ Hist. Occitan. col. 169 : *Quantum in istas adjacentias concluditur totum et ab integrum dono Deo et S. Petro, ... sine ullo servitio et ullo Senioratico.* Judicium Curiæ Barcinon. ann. 1165. in Append. ad Marcam Hisp. col. 1340 : *Præcipue quia ipse in eis Senioraticum vel adempramentum et mandamentum habet districtum.* Ibid. col. 1341 : *Comes respondebat nullum Senioraticum ei in sua familia nec dedisse, nec recognoscere.* Vide in *Stacamentum*.

Senioraticum, Dominium, dominatio, Gall. *Seigneurie.* Charta Raimundi Comitis Barcinonensis apud Marcam lib. 6. Hist. Beneharn. cap. 4 : *Dono tibi fideli meo Guillelmo Raymundi Dapifero, urbem Tortosam, ut tu teneas ipsam zudam, et habeas Senioraticum de ipsa civitate, etc.* Alia Guillelmi de Montecatano apud eumdem cap. 5. n. 6 : *Facio hominium vobis.... de toto illo Senioratico de Biarno, quod ego ibi per me vel filios meos ibi consequi potero.* Alia Ildefonsi Regis Aragon. apud eumdem lib. 9. cap. 9 : *Dono quoque vobis illud Senioraticum, quod ego habeo et habere debeo in Borderas.*

Signoraticum, in Charta Henrici Imper. ann. 1081. apud Ughellum tom. 3. pag. 419 : *Segnorage*, in Libertatibus villæ Perusiensis ann. 1260. apud Thomasserium pag. 98.

Senioratus, Eadem notione. Capitula Caroli C. tit. 16. cap. 13 : *Et mandat vobis noster senior, quia, si aliquis de vobis talis est, cui suus Senioratus non placet, et illi simulat, ut ad alium seniorem melius, quam ad illum accaptare possit, veniat ad illum, et ipse tranquillo et pacifico animo donat illi commeatum.* Adde tit. 18. cap. 6. Edictum Pistense cap. 31 : *Indeque ad terram suæ nativitatis, et ad Senioratum suum quisque redeat, etc.* Charta Caroli Calvi pro Barcinonensibus apud *Diago* lib. 2. cap. 4 : *Et si aliquis ex ipsis hominibus, qui ab eorum aliquo adtractatus est in sua portione collocatus, alium, id est, Comitis, aut Vicecomitis, aut Vicarii, aut, cujuslibet hominis Senioratum elegerit, liberam habeat licentiam abeundi.* Concilium Trosleianum ann. 909. cap. 6 : *Nequaquam seniorum ab eis tollemus dominium, quasi ipsi nomen Senioratus in rebus sibi a Deo concessis habere non debeant.* Synodus Ravenn. sub Joan. VIII. PP. cap. 11 : *Illos, qui pro diversis suis excessibus se convenientes legaliter timent, aliumque Senioratum confugiunt, etc.* Beda in Vita S. Dunstani : *Jussit eum ablata dignitate etiam omni honore privari, et sibi Senioratum, ubi vellet, sine se suisque conquirere.* Charta Ludovici Regis Burgundiæ ann. 996 : *Quoniam quidem et sagacitas principum nostrorum omnimodis volumus, ut comperiat prælibati Monasterii rectores, videlicet Abbatem Adalricum, ejusdemque Monachos sub nostri regiminis apice atque tuitionis defensione constitutos, et ex hoc deinceps nostro Senioratui, inclyti Archiepiscopi* (Viennensis) *commissu grata nostra pietate adhibitos, ut cujusquam valetudinis audacia non præsumat illis quicquam inferre mali, etc.* Charta ann. 1107. in Tabulario Ecclesiæ Gratianopolitanæ fol. 36 : *Et habuit inde Morardus pro prædicta terra et pro dominatione sive Senioratu, quem in manu prædicti Episcopi dimisit, etc.*

Seniorale. Concilium Meldense ann. 845. cap. 7. et Synodus ad Theudonisvillam ann 5. Caroli C. cap. 1 : *Vigorem regium ac Seniorale, et super vestros, et super impugnantes potestatem vestram optatis habere, etc. Senioralis reverentia*, in Synodo apud Vermeriam cap. 1.

¶ Senioria, ut *Senioraticum*. Testam. ann. 1156. inter Probat. tom. 2. novæ Hist. Occit. col. 558 : *Raimbaldum filium meum in aliis bonis meis hæredem mihi facio, scilicet de castro Omellas cum suis pertinentiis et Senioriis, villis, mansis, etc.* Charta ejusdem anni ibid. col. 560 : *Vendimus.... totam illam Senioriam quam habebamus in castro de Vinza cum omnibus pertinentiis suis.* Testam. Bernardi D. de Turre apud Baluz. tom. 2. Hist. Arvern. pag. 498 : *In dicta Senioria et dominio dicti castri et dicta fortaricia... heredem instituo.* Litteræ Henrici VII. Reg. Angl. ann. 1507. apud Rymer. tom. 13. pag. 161 : *Sub obedientia et jurisdictione dominii sive Senioriæ Veneciarum, etc.* Vide *Signoria*.

¶ Sennoria, Eadem notione. Charta ann. 1213. ex Tabul. Massil. : *Ego Roncelinus dominus et vicecomes Massiliæ vendo rectoribus pro tota communitate Massiliæ octavam partem totius dominii seu Sennoriæ Massiliæ, sive in justitiis, terris, etc.* Charta Michaelis Arelat. Archiep. ann. 1214. ex Bibl. Reg. : *Concedimus in feudum castrum Belliquadri cum tota Sennoria sua, etc.* Vide *Senhoria* 2.

¶ Senioritas, Eodem significatu. Charta Rostagni Aquensis Archiep. ann. 1085. inter Instr. tom. 1. Gall. Christ. novæ edit. pag. 65. col. 1 : *Adjunxerunt autem supradictæ donationi Senioritatem piscatoriæ opere factæ, medietatem parationis.* Charta ann. 1538. apud Rymer. tom. 14. pag. 596 : *Residens infra hoc regnum nostrum, seu infra aliqua alia dominia nostra, Senioritates aut patrias vel marchias eorumdem.*

Seniorivus, Dominium, *Senioraticum*, *Seigneurie*. Charta Guillelmi D. Montispessulani ann. 1109 : *Detis omnes castros vestros de terris vestris, et omnes forcias, et Seniorivos, et potestativos, quæ modo habetis.* [Charta ann. 1139. inter Probat. tom. 2. novæ Hist. Occitan. col. 487 : *Ego prædictus Bernardus de Comange et uxor mea Dias.... donamus tibi Bernardæ filiæ nostræ et viro tuo Rogerio de Biterri jamdictum castrum de Murello et ipsum Seniorivum. Super taschis et Seniorivo*, in Tabul. Prioratus S. Johan. Tolos.] Occurrit præterea in Charta Mariæ D. Montispessulani ann. 1205. in alia Jacobi Regis Aragon. ann. 1313. tom. 8. Spicilegii Acheriani, [in alia ann. 1254. inter Instr. tom. 6. Gall. Christ. novæ edit. col. 66. et alibi.]

¶ Sennorivus, Eodem intellectu, in Pacto inito ann. 1169. inter Guillelmum Montispess. dominum et Bertrandum de Andusia tom. 8. Spicileg. Acher. pag. 165 : *Omnes forcias, et Sennorivos, et potestati-*

vos, quæ modo habetis vel in antea aliquo modo habebitis. Infra legitur *Sennorias.*

SENIORES, Primates : quomodo *Seniores* dicuntur in Edicto Marcellini Notarii, qui Synodo Carthag. præfuit, et in Novella Majoriani de Curialibus quos Augustinus Epist. 44. *Decuriones et primates civitatis* vocat. Hist. Miscella *Seniores* appellat, qui Theophani οἱ ἐν τέλει dicuntur. Hieron. Blanca in Comment. Rer. Aragon. pag. 718 : *Remp.* 12. *delectis viris ex optimatibus committentes, qui ob nimiam ætatem, quod senes essent, Seniores sunt vocati.* Lex Wisigoth. lib. 1. tit. 1. § 1 : *Videntibus cunctis Sacerdotibus, Senioribusque Palatii, atque Gardingis.* Lib. 3. tit. 1. § 4 : *Ut quicunque ex Palatii nostri primatibus, vel Senioribus gentis Gothorum, etc.* Salomon Constantiensis Episcupus in Lexico : *Veteres Principes, antiqui principes seniores.* [Charta Dagoberti Reg. ann. 640. apud Miræum tom. 1. pag. 490. col. 1 : *Approbantibus palatii mei Principibus et Senioribus Arnulpho et Pipino. Caput Senior,* pro Dominus superior, apud Lobinell. tom. 2. Hist. Britan. col. 182. Consule Valesium in Notit. Gall. pag. 484. Vide etiam *Majores, Primates, Primi, Senatres, etc.*]

¶ SENIOR, Dignitatis etiam seu officii nomen apud Scotos. Placitum ann. 1293. apud Rymer. tom. 2. pag. 614 : *Jacobus Senior Scotiæ et Joannes de Soules venerunt, etc. Invenit plegium de relevio suo... Jacobum Seniorem Scotiæ.*

SENIOR, Presbyter. Vis Græcæ vocis, πρεσβύτης. S. Cyprianus Epist. 75 : *Qua ex causa necessario apud nos fit, ut per singulos annos Seniores et præpositi in unum conveniamus ad disponenda ea, quæ curæ nostræ commissa sunt.* Prudentius in Pass. S. Hippolyti :

> Offertur Senior nexibus implicitus.

Hippolytum Presbyterum antea vocaverat Paulinus Epistola 4. ad Amandum : *Deservimus altario Dei, et mensis salutaribus ministramus, jam nomine officioque Seniores, sensu autem adhuc parvuli, et sermone lactentes.* [Oratio ad presbyteros ordinandos in Liturg. Gallic. Mabill. pag. 307 : *Tu Domine super hunc famulum ill. quem Presbyterii honore dedicamus, manum tuæ benedictionis infunde, ut gravitate actuum, et censura vivendi probet se esse Seniorem.* Præfat. ad vesperum Natalis Domini ibid. pag. 337 : *Sanctificet Ecclesiam, ædificet Sacerdotes,* (i. Episcopos) *exaltet Seniores, inlustret Levitas, etc.*]

¶ SENIORES quoque dicti, ex Hofmanno in Lexico, apud Fratres Bohemos, qui principem sacrorum curam gesserunt.

SENIORES *Monasteriorum* dicti, ut est apud Vigilium Diaconum in Regula Orientali cap. 2. Monachi duo, ætate provectiores, et scientia ac vitæ probitate insignes, *quibus præsente vel absente Abbate omnium fratrum disciplina et omnis cura Monasterii pertinebat,.... ex quibus unus tempore suo præsens in Monasterio semper erat ad præstandum Abbati solatium, vel obsequium advenientibus fratribus, etc... Alius cum fratribus erat, tempore suo exiturus cum ipsis ad omnia opera, et omnem necessitatem, providens, ne quid contra disciplinam facerent, etc.* Hi Dorotheo γέροντες non semel dicuntur. Ejusmodi *Seniores* non bini semper; sed interdum terni erant in Monasteriis. Quippe in Synodo Carthaginensi, habita ann. 527. habetur libellus supplex Petri cujusdam Abbatis, subscriptus ab *ipso Petro Abbate, Fortunato Presbytero Monasterii, et a Victore, Vincentio, et Gentio Senioribus Monasterii.* Sed et ad duodecim excrevisse interdum pro Monachorum numero legimus. Scribit enim Trithemius in Vita Mauri Archiep. Moguntini cap. 4. exstitisse in Fuldensi Monasterio 150. Monachos, *ex quibus,* inquit, 12. *ad minus in omni scientia scripturarum doctissimi, dicebantur Seniores : quorum consilio Abbas in quotidianis necessitatibus utebatur, ut opus non esset universam fatigare congregationem. Quoties vero ex his* 12. *quispiam, vel ad aliud Cœnobium missus, vel morte fuisset sublatus, ex doctioribus et sanctioribus mox alius in ejus locum Rectoris et Seniorum electione constituebatur.* Vide *Sempectæ.*

SENIOVORE. Vita S. Præjecti Episcopi ex Cod. Atrebat. : *Cumque de tanta veneratione Hector cognovisset, maximeque quia Wlfoardo Seniovore domus fiducia perusus erat,... uterque fugam ineunt.* Pro *Seniore*, seu *Majore domus*, qua dignitate in Austria donatus erat Wlfoardus; [uti etiam editum legitur apud Mabill. sæc. 2. Bened. pag. 644 : *Quia Wlfoaldi Senioris-Domus fiducia perusus erat.*]

¶ SENIPETÆ. Vide supra *Sempectæ.*

¶ SENISCALCUS. Vide in *Senescalcus.*

¶ SENISSIMUS, Valde senex. Vita S. Landoaldi tom. 3. Mart. pag. 37 : *Huic repositioni interfuit quidam Frangerus, homo nostra ætate Senissimus. Testes Senissimi,* in vet. Notitia tom. 2. Capitular. Baluzii col. 823.

* SENISTERIUS, Sinister. Glossar. Provinc. Lat. ex Cod. reg. 7657 : *Senequiar, Prov. Senisterius, mantinus.* Vide *Sinisterius.*

SENIUM, a *Senectute* distinguit Joannes de Deo, Doctor Decretorum Bononiensis in Pœnitentiario lib. 1. cap. 7. ita ut *Senectus* sit a 60. annis usque ad 80. *Senium* vero, post 80. annos.

¶ SENIURAGIUS, Idem qui *Senior*, Dominus. Charta apud *Madox* Formul. Anglic. pag. 192 : *Quod de omnibus rebus et servitiis quæ contingere possunt versus Seniuragios finabiliter acquietabunt per prædicta servitia.... Et quod si prædictus Ricardus vel hæredes sui, præfatum terram versus Seniuragios non acquietaverint, præfatus Thomas et hæredes sui illam acquietent versus Seniuragios.*

¶ SENIUS ALTARE, Præcipuum. Vide *Senior.*

SENIX, pro *Segnis*, occurrit apud Leonem Ost. lib. 3. cap. 20. edit. Angeli a Nuce.

¶ SENNE, vox Gallica, Synodus, unde *Senne* efformatum, vel a Germ. *Son*, quo congregatio vel collectio significatur, ut supra in voce *Senescalcus* monuimus. Statuta Synodalia Amelii Archiepisc. Turon. ann. 1396. apud Marten. tom. 4. Anecdot. col. 1181 : *Comme le Senne soit establi à la correction des crimes et reformation de meurs, nous commandons que les abbez, recteurs et chappelains entrent le Senne à la premiere pulsation d'iceluy.* Unde liber in quo congeruntur Statuta Synodalia *Senne* etiam nuncupatur ibid. col. 1184 : *Si donnons en commandement à tous abbez, curez et chapelains, aiant cures d'ames, qu'ils aient un livre appellé le Senne, et que chacun d'eux ait et preigne et rapporte la vraye copie de ces presens nos statuts et ordonnances.*

¶ SENNENSIS, pro *Senonensis*, ut colligitur ex Nicolai PP. Littera *Egiloni Sennensi Episcopo* inscripta, apud Sirmondum tom. 3. Concil. Galliæ.

¶ SENNIOR, Vide supra in *Senior.*

SENNIS. Fridegodus in S. Wilfrido cap. 40 :

> . . . . . Mox Pastor scripsit eous
> Sedibus abreptis reddi debere beatum
> Christi mathiteu post tanta pericula Sennem.

Id est ni fallor, *sanum*, incolumem, quod sequentia suadent.

¶ SENNORIA, SENNORIVUS. Vide in *Senior.*

SENNUMIA, *Tristitia*, in Gloss. Isid. [Excerpta : *Semunia.* Papias et Constantiensis : *Sennunia.* Martinius emendat *Senium*, Vulcanius *Senturmia.*] Sed leg. *Sennia*, ex Gr. σύννοια.

SENODICUM. Testamentum Fulradi Abbatis S. Dionysii, editum a Mabillonio tom. 4. pag. 341 : *Ut in alimonia eorum, et susceptionem hospitum, vel in eleemosina Senodicorum, pauperum, viduarum, orfanorum, et in lumen Ecclesiarum conferre debeam.* Id est, *Xenodochiorum.* Ita *Senodokium* in Legibus Luithprandi Regis Longob. tit. 15. § 4. [** 19. (4, 1.) Herold. *Senedohio*, Murat. *Xenodochio.*] *Senodochium* in Capitulari 6. ann. 819. cap. 5. Vide *Sinodochium.*

SENODOCHIUM. Vide *Sinodochium.*

¶ SENODOXIUS, a Græco Ξενοδόχος, Titulus Magni Hospitalariorum seu Templariorum Magistri. Charta Petri Abonis : *Trado et dono Deo et sancto sepulchro ac ecclesiæ beati Joannis Ospitalis Jerusalem Garatio Senodoxio ac aliis fratribus Jherusalem ospitalis, etc.* Vide *Sinodochium.*

* SENONCHIA, f. Aquæ decursus, vel Stagnum. Charta Caroli comit. Vales. ann. 1314. in Reg. 50. Chartoph. reg. ch. 56 : *La contée de Chartres o toutes ses honneurs et ses appartenances, Senonches, molins et roumolins.*

¶ SENORPAIZ. Vide infra *Sonopair.*

¶ SENPECTÆ, pro *Sempectæ.* Vide ibi.

SENSALES, Proxenetæ, *Courtiers.* Synodicon Nicosiense cap. 29 : *Similiter a mediatoribus, quos Sensales appellant, ne tractarent aut promoverentur conventiones contractuum prædictorum* (usurariorum.) Legendum forte *Cursales.*

☞ Nihil emendandum existimo : *Censal* quippe proxenetam vocant Provinciales : quod etiam alibi in usu est. Vide *Savary* in Diction. Commercii.

* Nihil prorsus emendandum esse probat Glossar. Provinc. Lat. ex Cod. reg. 7657 : *Sensal, Prov. proseneta.* Italis quoque *Sensale.* Hinc

* SENSARIA, Proxenetæ merces, Ital.

Senseria. Pactum inter reg. Tunet. et Pisan. ann. 1398. tom. 1. Cod. Ital. diplom. col. 1122 : *Item quod mercatores Pisani non teneantur nec debeant solvere pro eorum roba seu mercibus,.... nisi sicut ab antiquo solvere consueverunt, et tam pro Sensariis, quam pro quibuscumque aliis avaritiis.*

¶ **SENSARIUS**, Qui ad *censum*, seu sub aliqua præstatione elocat, Gall. *Censier.* [** Sensalis, proxeneta. Vide Stat. Gen. civil. lib. 6. cap. 17.] Statuta Genuæ lib. 1. cap. 19. fol. 26. v° : *Et de prædictis stari debeat fidei Sensarii qui arram dederit, vel denarium Dei, si tam de contractu, quam de arra et denario Dei, de quibus stari debeat ipsius Sensarii sacramento, etc.* Vide in *Census.*

SENSATICUM, pro *Censaticum*, semel ac iterum in Vita Aldrici Episc. Cenoman. num. 56. [Vide *Sensus* 2.]

¶ 1. **SENSATIO**, Intellectus, intelligentia, cognitio, Gr. νόησις. Vetus Irenæi Interpres lib. 2. cap. 13. n. 2 : *Hæc autem enthymesis multum temporis faciens in eodem, et velut probata, Sensatio nominatur.* Idem lib. 5. cap. 20. n. 2 : *Supra igitur sentiunt, quam est mensura Sensationis.* Vide *Sensibilitas* 2. et *Sensus.*

¶ 2. **SENSATIO**, Forma, apud eumdem Interpr. lib. 2. cap. 14. num. 6 : *Et altera quidem substitutionis initia esse; altera autem Sensationis et substantiæ.* Vide *Sensibilitas* 1.

SENSATULUS, Sensui suo deditus, seu opinioni suæ inhærens, apud Hincmarum Rem. Opusc. LV. Capitulor. adversus Hincmarum Laudun. cap. 43. pag. 547. Locum dedimus in præfatione.

SENSATUS, Sensu pollens, prudens. Gloss. Græc. Lat. : Νουνεχής, *Cordatus, sensatus, intelligens.* Sic nos dicimus, *Sensé.* [Gloss. Lat. Gall. Sangerm. : *Sensatus, Senez, plain de sens.*] Vir *Sensati animi*, apud Saxonem Gr. lib. 2. Passim in Libris sacris.

* Nostris *Sens, sené, Ensenié* et *Assensé.* Charta ann. 1316. tom. 2. Hist. Leod. pag. 408 : *Se en aucun cas de loy et costume de pays, sont trop larges, ou trop roids, ou trop étroits, ce doit estre attempreit en temps et en lieu, par les Sens de pays.* Lit. remiss. ann. 1379. in Reg. 116. Chartoph. reg. ch. 24 : *Le suppliant qui estoit tout Assensez, homme de raison, et personne notable, etc.* Phil. *Mouskes :*

Et li quens, qui mout fu Senés,
En Venisse s'est cheminés.

Ibidem :

Alexis ot nom, mult fu biaus,
Bien Ensenies iere li danziaus.

Nisi ibi *Enseniés* sit pro Doctus, peritus. Vide supra *Scientiatus.*

* **SENSEITUS**, pro *Censitus*, qui ad *censum* tenet. Charta ann. 1404. in Reg. feudor. comitat. Pictav. ex Cam. Comput. Paris. fol. 63. r° : *Cum hominibus meis, mensionariis et aliis tenanciariis meis et Senseitis, etc.* Vide *Sensarius* et *Sensivus.*

¶ 1. **SENSIBILIS**, Sensu præditus. Vetus Irenæi Interpres lib. 2. cap. 14. n. 6 : *Ex quibus et ea quæ Sensibilia et insensata sunt, subjecerunt.* Vide *Sensatus.*

* 2. **SENSIBILIS**, Eadem notione atque *Sensatus*, nostratibus *Sensible.* Lit. remiss. ann. 1365. in Reg. 98. Chartoph. reg. ch. 487 : *Laquelle Coline n'estoit pas bien Sensible, ne ne savoit pas bien faire ses besongnes.* Aliæ ann. 1389. in Reg. 138. ch. 176 : *Chintrel qui lors estoit jeune varlet, de l'age de 18. ans et peu Sensible,... demande grace, attendu le jeune age et petit sens qu'il avoit, lors que les faiz dessusdiz furent commis.* Vide *Sensibilitas* 2.

¶ 1. **SENSIBILITAS**, Sensus, Gr. αἴτησις. Vetus Irenæi Interpres lib. 1. cap. 8. n. 2 : *Christus eorum figuravit, et ad Sensibilitatem adduxit ejus, quod dereliquerat eam, luminis.* Et cap. 15. n. 2 : *Ut ad Sensibilitatem hominis descenderet, etc.* Mirac. MSS. Urbani V. PP. : *Perdiderat visum, auditum, loquelam et omnes Sensibilitates.* Vide *Sensatio* 2.

¶ 2. **SENSIBILITAS**, ut *Sensatio* 1. apud eumdem lib. 1. cap. 30. n. 14 : *Sensibilitate in eum descendente didicisse* (aiunt) *quod liquidum est.* Et lib. 2. cap. 6. num. 1 : *Magnam mentis intuitionem et Sensibilitatem omnibus præstat.* Vide infra *Sensuabilitas.*

¶ **SENSIFICARE**, Sensus capacem reddere, sentire facere. Mart. Capella lib. 9. pag. 308 : *Rupes Sensificare tonis, etc.*

¶ SENTIFICARE, Eadem notione, apud Claud. Mamert. de Statu animæ lib. 1. cap. 17 : *Universum corpus movere atque Sentificare.* Et lib. 3. cap. 2 : *Nec alia pars animæ Sentificat oculum, et alia vivificat digitum.*

¶ SENTIFICUS, apud Macrob. Saturn. lib. 7. cap. 9. et Mart. Capellam lib. 2. pag. 43.

¶ **SENSIO**, *Sententia.* Gloss. Isid.

¶ **SENSIRE**, pro *Saisire*, Obsignare, ad manum Regis ponere, Gallice *Saisir.* Charta Philippi Pulchri Reg. Franc. ann. 1302. tom. 2. Chartul. S. Vandreg. pag. 1844 : *Item volumus quod si mandaverimus .... bona alicujus prælati, vel alicujus alterius personæ ecclesiasticæ seu clerici... capi seu ad manum nostram poni, quod virtute mandati prædicti seu præcepti bona eorum recte mobilia non capiantur, Sensiantur seu ad manum nostram ponantur;..... nec volumus quod in casu isto gentes nostræ de bonis ipsorum capiant, Sensiant, vel arrestant ultra quantitatem emendæ pro qua dicta bona mandabimus capi, Sensiri vel etiam arrestari.*

* **SENSIVUS**, pro *Censivus*, Censui obnoxius. Charta ann. 1126. in Append. ad tom. 6. Annal. Bened. pag. 650. col. 2 : *Homines autem S. Richarii capite Sensivi, sine abbatis assensu, numquam in communiam intrabunt.* Vide *Sensus* 2.

¶ **SENSUABILITAS**, ut *Sensatio* 1. Vetus Irenæi Interpres lib. 2. cap. 13. n. 3 : *Totus cum sit sensus, et totus spiritus, et totus Sensuabilitas, etc.* Vide *Sensibilitas* 2. et *Sensualitas* 2.

¶ SENSUABILITER, Ex ratione et sensu, apud eumd. lib. 5. cap. 18. n. 3 : *Sensuabiliter legem statuens, universa quæque in suo perseverare ordine.*

¶ 1. **SENSUALITAS**, Sensus, appetitus, facultas sentiendi, Gall. *Sensualité.* Tertull. de Anima cap. 17 : *Plato irrationalem pronuncians Sensualitatem, etc.* Vita Innocentii III. PP. apud Murator. tom. 3. pag. 521 : *Per caput intelligitur mens,.... cujus superior pars est ratio, et inferior Sensualitas.* S. Bernardus de Consid. lib. 5 : *Ubi sumus, vallis est lacrymarum, in qua Sensualitas regnat, et consideratio exulat.* Adde Imitat. Christi lib. 1. cap. 1.

¶ 2. **SENSUALITAS.** Elmham. in Vita Henrici V. Reg. Angl. edit. Hearnii cap. 54. pag. 135 : *Quidam Anglicus, vel virilis animositatis industria, seu temerariæ præsumptionis, seu Sensualitate ductus, muri latus attingens, etc.* Id est, suo sensu. Vide supra *Sensuabilitas.*

* 3. **SENSUALITAS**, Gall. *Sensualité.* Sensus, intellectus. Lit. remiss. ann. 1376. in Reg. 110. Chartoph. reg. ch. 208 : *Et il soit ainsi, que ledit Pierre depuis un an en ça par impatience, fragilité ou diminution de son corps et de sa Sensualité, soit devenu tout ydiote, etc.* Vide supra *Sensibilis* 2. et *Sensus* 1.

* **SENSUATUS**, Sensu pollens, prudens, idem qui *Sensatus.* Epitaph. ann. 1299. apud D. *Le Beuf* tom. 4. Hist. diœc. Paris. pag. 213 :

O vos artistæ, medici vos, vos canonistæ,
Et vos legistæ, perpendite quis fuit iste :
Nomine Robertus Salnerius ipse vocatus,
Pontisara natus, vir justus et undique casus,
Formosi gestus, consul bonitate præcinctus
Regis Sensuatus, legum professor honestus,
Dum fuit in vita, Caleti fuit archilevita, etc.

1. **SENSUS**, Intellectus, νοῦς, nostris *Sens, bon sens.* Ita usurpant S. Hieronymus in Indice Hæreseon cap. 17. 28. Ruffinus in Exposit. Symboli, et Eucherius Homil. 1. de Ascensione et Homil. de Pentecoste. [Capitul. lib. 1. cap. 76 : *Non sinatis nova vel non canonica aliquos ex suo Sensu et non secundum Scripturas sacras fingere et prædicare populo.* Vide supra *Sensuabilitas.*]

¶ IN SENSU, Sensibiliter, manifeste. Vetus Irenæi Interpres lib. 5. cap. 17 : *Propter hoc docebat homines in Sensu per ea signa, quæ faciebat, dare gloriam Deo.*

¶ 2. **SENSUS**, pro *Census*, Pensitatio ex agris et prædiis. Charta ann. 764. apud Marten. tom. 1. Ampl. Collect. col. 29 : *Ut qualemcumque Sensum visum vobis fuerit illis injungatis, quem vobis per singulos annos solvant.* Statuta MSS. Auscior. ann. 1301. art. 24 : *Pro quo honore, fundo vel possessione tenetur domino ad certum Sensum, servitium seu præstationem annuam.* Consuet. Lemovic. art. 61 : *Et si Sensus valeat plusquam pretium hujusmodi ultimæ assentationis, habetur hujusmodi contractus pro assentamento.* Vide *Sensaticum.*

¶ SENSUS TERRÆ, Illius declaratio seu inquisitio judiciaria. Charta Guidonis Comit. Flandr. ann. 1237. ex Tabul. S. Barthol. Betun. : *Si vero hospites vel alii judicatores curiæ dictorum præpositi et capituli habeant opus Sensu terræ sive enquesta in eorum judiciis faciendis, dominus Bethuniensis vel ejus ballivus debet eis facere haberi bona fide Sensum terræ sive enquestam per pares castri Bethuniensis quotiescumque... fuerit requisitus.*

* **SENSUS** CAPITANEUS, Inconsultus naturæ impetus, Gall. *Premier mouvement.* Lit. remiss. ann. 1334. in Reg. 69. Chartoph. reg. ch. 236 : *Dictus Alquerius delatus, Sensum capitaneum et non rationem sequendo, irruit cum quibusdam suis complicibus contra dictum Petrum de la Balme*

nomini injuriantem, et percussit et male tractavit eumdem.

¶ SENTELLA, pro *Scutella*, ut opinor. Vide in hac voce. Charta Roberti Comit. Mellenti ann. 1183. tom. 4. Hist. Harcur. pag. 1346 : *Concessi præfatis monachis poma colligenda ad perpetuum potum eorum et servientium ipsorum per totam forestam meam, et Sentellam elemosynæ mensæ meæ ad ipsam pertinentem, quandocunque ego ero apud Wantevillam.*

¶ SENTELUS. Vide *Seintelus.*

¶ SENTENA, SENTHA, SENTONA, pro *Sentina*, Fundum navis, in Informat. pro passagio transmarino ex Cod. MS. Sangerm.

¶ 1. SENTENTIA, Sapientia, Gr. σύνεσις. Vetus Irenæi Interpres lib. 1. cap. 10. n. 3 : *Qui vere sunt deserti a divina Sententia magistri.*

¶ 2. SENTENTIA, Compendiaria rei alicujus expositio. Capitul. Attonis cap. 97 : *Commonendi sunt omnes fideles, ut generaliter a minimo usque ad maximum orationem Dominicam et symbolum memoriter teneant, et dicendum eis quod in his duabus Sententiis omne fidei Christianæ fundamentum incumbit, et nisi qui has duas Sententias memoriter tenuerit, et ex toto corde crediderit, et in oratione sæpissime frequentaverit, catholicus esse non poterit.* Ælfricus in Præfat. ad Sigericum Archiep. apud Wanleium de Antiqua Litterat. Septentr. pag. 153 : *Quadraginta Sententias in isto libro exposuimus, credentes hoc sufficere posse per annum fidelibus, si integre eis a ministris Domini recitentur in ecclesia.* De his 40. Sententiis in alia Præfat. his verbis loquitur idem Ælfricus ibid. pag. 157 : *Igitur in anteriore opere ordinavimus* XL. *sermones, in isto vero non minor numerus Sententiarum invenitur.*

¶ 3. SENTENTIA. Excerpta ex Terrario S. Petri Piperac. apud Acher. tom. 2. Spicil. pag. 704 : *Sententiam igitur ecclesiarum, et donum earum, si ausu temerario quis improbare præsumpserit, a corpore Christi et Ecclesiæ segregatus, etc.* Ubi leg. forte *Sensina*, pro *Saisina*, possessio. Vide *Sensire.*

¶ SENTENTIA JUDICIORUM, Liber Ecclesiasticus, in quo continentur, quæ ad pœnitentiam imponendam et ad reconciliandum pœnitentem spectant. Vide *Pœnitentiale.*

¶ SENTENTIABILIS, Per *sententiam* redditus. Mirac. S. Walarici tom. 1. April. pag. 29 : *Ut Sententiabili decreto, quid super hoc deliberandum sit, censeatur.*

SENTENTIALITER, Per *sententiam*, vel judicium, in Diurno Romano pag. 38. ubi infra, *synodaliter*, idem sonat. [Sententia Curiæ Reg. Aptensis ann. 1314. ex Schedis D. *de Remerville : Absolvimus et absolutos Sententialiter pronunciamus.* Vide *Sententionaliter.*]

SENTENTIARE, Sententiam proferre, dare, [lata sententia condemnare, Gall. *Sententier.* Statuta Auscior. MSS. art. 7 : *Bajuli et Consules prædicti capere poterunt criminosos simul et divisim; inquirere autem vel Sententiare non nisi simul.* Charta ann. 1463 : *De omnibus inquisitionibus sive enquestis terminatis et Sententiatis, seu terminandis et Sententiandis, etc.*] Albertus Stadensis ann. 1179 : *Papa in Consilio suo Sententiatus est, etc.* Rigordus ann. 1209 : *Qui* (Papa) *audita ejus propositione, et universitatis scholarium contradictione, Sententiavit contra ipsum.* Vitæ Abbatum S. Albani : *Contra quos judices non audebant Sentantiare.* Joan. Gerson. de Imit. Christi lib. 3. cap. 1 : *Non me sinas secundum auditum aurium hominum imperitorum Sententiare*, id est, *sententias* et opiniones promere, judicare. Utitur etiam Michael Scotus lib. 2. Mensæ Philosoph. cap. 23. lib. 4. cap. 17. [Occurrit præterea in Chron. Trivetti apud Acher. tom. 8. Spicil. pag. 463. in Statutis Cadubrii lib. 1. cap. 5. 19. 60. in Annal. Genuens. Georgii Stellæ apud Murator. tom. 17. col. 1167. in Statutis Monast. S. Claudii, apud Ludewig. tom. 6. Reliq. MSS. pag. 135. in Mirac. S. August. Cantuar. tom. 6. Maii pag. 402. etc.]

* Interdictum vel excommunicationem decernere. Charta Rainaldi dom. Caseoli ann. 1229. in Chartul. eccl. Lingon. ex Cod. reg. 5188. fol. 33. v° : *Et si de hoc forte deficerem, ipse episcopus... posset.... in me et terram meam Sententiare, usque ad plenam condignam super prædictis satisfactionem.*

¶ SENTENTIARE, Statuere, judicare, decernere. Acta ad Conc. Basileense apud Marten. tom. 8. Ampliss. Collect. col. 363 : *Item, quæ peccata lex divina Sententiat pœnaliter punienda.* Ibid. col. 372 : *Post hæc doctor adducit auctoritates plures canonum et doctorum Sententiantium, quod rigor correctionis seu justitiæ deberet temperari propter peccantium multitudinem.*

¶ SENTENTIARE, Consentire. Litteræ Edwardi I. Reg. in Chron. Angl. Th. *Otterbourne* pag. 105 : *Volentes et expresse Sententiantes coram nobis, tunquam coram superiori et directo domino, in omnibus ordinandis stare et obtemperare, etc.*

¶ 1. SENTENTIARIUS, Arbiter. Statuta Monast. S. Claudii ann. 1448. pag. 45 : *In nos tanquam arbitratores, Sententiarios, definitores, judices, etc.* Vide *Sententiator.*

* 2. SENTENTIARIUS, Gall. alias *Sentenchier*, Qui sententias judiciarias exscribit, scriba. Charta ann. 1403. tom. 2. Hist. Leod. pag. 437 : *Item que semblablement soit observeit tant aux Sentenchiers, comme aux articuleurs, notaires, auditeurs et appariteurs desdites courts.*

SENTENTIARII, Qui libris Sententiarium Petri Lombardi student. Vide *Baccalarii* 3.

¶ 1. SENTENTIATOR, ut *Sententiarius*, 1. Charta ann. 1298. apud Rymer. tom. 2. pag. 819 : *Tanquam in arbitrum, arbitratorem, laudatorem, diffinitorem, arbitralem Sententiatorem, etc.*

* 2. SENTENTIATOR, Officium in moneta Florentina. Charta ann. 1317. apud *Manni* de Sigil. antiq. tom. 4. pag. 77 : *Sententiatores dictæ monetæ auri, etc.*

¶ SENTENTIONALITER, ut *Sententialiter.* Diploma Ruperti Reg. Rom. ann. 1401. apud Tolner. Hist. Palat. pag. 145 : *Et extra jus, ut moris est, Sententionaliter constitutos et depositos, ad honores, status, officia, jura pristina in integrum libere restituendi.*

** SENTENTIONARE, Sententiam dicere. Rudolph. I. Imper. Constit. ann. 1283. apud Pertz. Leg. tom. 2. pag. 445 : *Principes, comites et nobiles, qui eodem aderant judicio, Sententiando protulerunt, etc.*

¶ SENTENTIONATUS *ab Ecclesia, divo Thomæ est Ecclesiæ sententia damnatus.* Goclenii Lexic. Philos. Vide *Sententiare.*

SENTENTIOSUS. Gloss. Lat. MS. Regium Cod. 1013 : *Susurrio, Sententiosus, bilinguis, vel alicujus naturæ.*

SENTERIUM, Semita : supra *Semitarium*, ex Gall. *Sentier* : in Charta Philippi Franc. Reg. ann. 1184. in Probat. Hist. Monmorenc. pag. 48. [et in Charta ann. 1496. in Dombensi tractu.]

¶ SENTERIUS, Eadem notione, in Statutis Mutin. rubr. 63. fol. 13 : *Stavimus* (statuimus) *quod Senterius qui est de subtus dictam viam debeat examplari et aptari, ita quod homines illinc possint ire et redire cum bobus et plaustris. Senteret*, et ejus dimin. *Senteleite* usurpat le Roman *de la Rose* MS :

D'un Senteret gardoit l'entrée,
Mes el n'est pas dedens entrée.

Ibidem :

Mes or lessons ces voies lées.,
Mes les deduians Senteleites
Jolis et renvoisiés tenons.

* Ital. *Sentiero*, nostris alias *Sante* et *Sente.* Chartul. Latiniac. fol. 262 : *Item deux autres arpens de terre assis vers le boys, aboutissant d'un bout sur la Sante, qui va de Auges à Fresnoy.* Vitæ Patrum MSS :

Tant a l'oursiere avironnée,
Qu'il a une Sente trouvée,
C'une ourse i avoit donnée.

Hinc diminutivum *Sentelotte*, in Lit. remiss. ann. 1375. ex Reg. 107. Chartoph. reg. ch. 276 : *Là ne avoit aucun chemin, accoustumé au meins, que une petite Sentelotte non frequentée. Sendier*, pro *Sentier*, in Lib. cens. terræ *d'Estilly* an. circ. 1430. ex Cod. reg. 9493. fol. 6. v° : *Item sur une autre piece d'ertaye, qui est près le Sendier en alant aus Motaiz.*

¶ SENTHA, pro *Sentena.* Vide ibi.

SENTIA, Locus sentibus refertus. Gloss. Gr. Lat. MS. : Ἀκανθῶν ὁ τόπος, *Sentia.* Edit. *Hæc sencia.*

¶ SENTIFICARE. Vide supra *Sensificare.*

¶ SENTILIS. Informat. de passagio transmarino ex Cod. MS. Sangerm. : *Item tallas ad fornimentum arborum suuales et Sentiles* LX. *tallas.* Telæ species esse videtur.

¶ 1. SENTIMENTUM, Sententia, opinio, Gall. *Sentiment.* Chron. Corn. *Zantfliet* apud Marten. tom. 5. Ampl. Collect. col. 495 : *Verum ne Rex proprio Sentimento videretur inniti, aut injusto illum condemnare judicio, mandavit duodecim pares et primores regni, etc.* Tract. de Expugnat. CP. ibid. col. 792 : *Hoc ergo fuit Sentimentum Colymbassa quod supra retulimus, quod tantum valuit apud Principem Turcorum, etc.*

¶ 2. SENTIMENTUM, Sensus, animi affectio, qua etiam notione *Sentiment* usurpamus. Gersonius de Consolat. Theol. lib. 4 : *Plurimos, crede mihi, fefellit nimia Sentimentorum hujusmodi conquisitio seu cu-*

pido : hoc in Turelupinis et Begardis, hoc in quibusdam devotis non secundum scientiam expertum est, qui deliramenta cordis sui pro Dei Sentimentis amplexantes turpiter erraverunt. Vita S. Johan. Bonvisii tom. 5. Maii pag. 107 : Vita nempe istius Christi servi erat quidam continuus respectus in Deum, cum intellectuali Sentimento. Informat. pro Canonizat. S. Delphinæ et S. Eleazaris ann. 1363. apud Columbum de famil. Simin. pag. 597 : Cum Sentimento maximo. Et licet indignus sim omnia illa Sentimenta devotionis habere, etc. in Imit. Christi lib. 4. cap. 17. n. 2.

* **SENTINA**, Meretricum habitatio, Gall. *Mauvais lieu.* Stat. synod. Tornac. ann. 1366. cap. 10. art. 5. pag. 49 : *Nec per Sentinas et domunculas, in quibus mulierculæ conveniunt, more lenonum*, (clerici) *non discurrant.* Gallicum vero *Santine*, *Sentaine* et *Sentine*, Naviculam sonat, piscatoribus, maxime super Ligerim, in usu. Lit. remiss. ann. 1373. in Reg. 105. Chartoph. reg. ch. 100 : *Comme lesdiz poures pescheurs eussent mené en une leur Sentaine ou nacelle, amont ladite riviere de Loire en la ville d'Orliens, certaine quantité de poissons, etc.* Aliæ ann. 1376. in Reg. 109. ch. 113 : *Jehan Grineaul qui à un port de la riviere de Loire, qui avoit un petit batel, nommé oudit païs Sentine, etc. Santine*, in Lit. ann. 1378. ex Reg. 114. ch. 170. Aliæ ann. 1386. in Reg. 129. ch. 75 : *Lesquelx pescheurs retournerent garder leurs engins et leur chalan ou bateau, dit Sentine.* Denique aliæ ann. 1402. in Reg. 157. ch. 188 : *Comme ledit Beaucorps ait acoustumé de pescher en la riviere de Loire,... il oy en icelle riviere une Sentene conduire etc.* Vide supra *Centina*.

¶ **SENTINACULUM**, Sentinæ receptaculum, vel instrumentum, quo exhauritur sentina. S. Paulinus Epist. 49. num. 3 : *Post unum vel alterum brevis Sentinaculi haustum humore destricto, etc.*

SENTINARE, Sentinam aquis exhaurire. S. Augustinus serm. 34. de Divers. cap. 13 : *Sententia ista sic est in corde hominis, quomodo cadus. Inde Sentinatur navis in pelago, non potest enim nisi aquam admittere per ruinas compaginis suæ.* Cæsarius Arelatens. serm. 8. ad Monachos : *Nam quomodo navis, posteaquam pelagi fluctus evaserit, si in portu Sentinata, id est, vacuata in portu non fuerit, de minutissimis guttis impletur et mergitur, etc.* Infra : *Quomodo navis Sentinatur a situla, etc.* Utitur et Fortunatus in Vita S. Radegund. cap. 31. Vide Festum.

¶ **Sentinator**, Qui sentinam exhaurit, apud S. Paulinum loco laudato : *Quid huic, quæso, obfuit seni persona Sentinatoris et in nautis vilissima?*

Sentinosus. *Sentinosum navigium*, dixit S. Ambrosius in Orat. funebri de obitu fratris, pro rimoso, et in quo exhaurienda sæpius sit sentina.

SENTIO, *nis*, *Sententia*, in Gloss. Isid.

¶ 1. **SENTIRE**, a Gall. *Sentir*, Olfacere. Vita B. Coletæ tom. 1. Mart. pag. 563 : *Potio vini, quod sic erat infectum, quod causabat fastidium omnibus Sentientibus.*

* 2. **SENTIRE**, Scire, nosse. Hist. belli Forojul. apud Murator. tom. 3. Antiq. Ital. med. ævi col. 1099 : *Regnante guerra inter nos de Maniaco et ipsos de Meduno, homines Fannæ satis aperte, sicut nos de Maniaco, Sentiebant ire contra ipsos, sive per villam Fannæ, sive a parte inferiori, vel per montes, sicut nos ire Sentiebant, per signa fumi, vel nuncios eis nota faciebant.*

* *Sentir* nostrates diversimode usurparunt. A Latino Sentire, Gall. *Penser, être d'un sentiment*, dixerunt *Sentir*, eadem acceptione. Chron. S. Dion. tom. 7. Collect. Histor. Franc. pag. 137 : *En ce concile* (de CP.) *fu ausi ordené des ymages aourer, tout autrement que li ancien pere n'en avoient Senti.* Pro *Pressentir*, Mentem alicujus expiscari, perscrutari, occurrit in Lit. remiss. ann. 1372. in Reg. 103. Chartoph. reg. ch. 158 : *Icellui exposant dist audit Creton qu'il Sentist audit bailly pour combien il donroit son office de bailly. Sentir* præterea dicitur infans, qui in utero materno se se movet. *Laquelle Marguerite estoit grosse d'enfant Sentant, dès six sepmaines avoit*, in Lit. remiss. ann. 1398. ex Reg. 153. ch. 367.

* **SENTIRUM**, f. Assensus, ab Italico *Sentire*, Assentiri, ratum habere, vel Præstatio pro facultate pascendi porcos; de Semita, ab Italico *Sentiero*, interpretatur Bern. de Rubeis ad veterem Chartam inter Monum. eccl. Aquil. col. 338 : *Porci de sinodochio, qui prope est positus, sine omne Sentiro cum potestate de prædicto monastero pabulent.*

¶ **SENTIS**, Fibula. Vita S. Brigidæ tom. 1. Febr. pag. 139 : *Ac suam Sentem argenteam pretiosamque in depositum sibi commendans.*

SENTITARE, *In animo sensim judicare.* Gloss. Isid.

¶ 1. **SENTITUS**, Prospectus, visus. Regimina Paduæ ad ann. 1320. apud Murator. tom. 8. col. 433 : *Dominus Canis cum suo exercitu occulte invasit et assalivit civitatem Paduæ,... et intraverunt ulterius plusquam ccc. et per gratiam Dei et precibus Sanctorum Sentiti fuerunt et obviati per cives Paduanos, taliter quod violenter cum magno suo damno et vituperio expulsi extra fuerunt. Sentitus sum*, pro Sensit me, in Vita S. Petri Thomasii.

* 2. **SENTITUS**, pro *Sensus*, Gall. *Senti.* Lit. remiss. ann. 1356. in Reg. 84. Chartoph. reg. ch. 621 : *Cum prædictus Almaurricus non odio, sed correctionis causa, dictum Colinum de palma solo ictu percussisset, dictus Colinus Sentito dicto ictu prædicti Almaurrici, timens forsan ne iterum percuteretur ab eo, etc.*

* **SENTURARIUS**, Zonarum artifex. Charta ann. 1374. in Reg. 106. Chartoph. reg. ch. 113 : *Quadraginta solidos renduales... super quadam domo lapidea... Johannis Pascalis Senturarii castri Lemovicensis.* Vide supra *Santurerius*.

¶ **SENTURMIA.** Vide *Sennumia*.

SENTUS. Fulbertus Carnot. Epist. 71. de Pœnitente : *Sentus enim et squalidus, pallentique macie deformatus, etc.* Ubi legendum puto *Semus.* Vide in hac voce.

☞ *Sentus* vox est purioris Latinitatis quæ squalidum et horridum sonat, qua notione usurpatur a Fulberto. Ea utuntur Terent. in Eunucho act. 2. sc. 2 : *Video Sentum, squalidum, ægrum, etc.* et Virgil. Æneid. lib. 6. v. 462. *Loca Senta situ.* Ubi Servius : *Senta, squalida.*

SENU, *Senium*, in Gloss. Lat. MSS. Regiis.

¶ 1. **SENUS**, pro Senex, in Append. ad Marculfum form. 31.

¶ 2. **SENUS**, Nervus, corda, qua in scamno torquendus ligatur, Germ. *Sehne.* Gloss. MSS. Florentinæ : *Arcus, corda, Senna.* Pactus Leg. Salicæ cap. 39. ex Cod. Guelferbyt. apud Eccardum pag. 129 : *Et Senum et scamnum præstet, ubi servum tenderet dibia.*

* 3. **SENUS**, pro Scenicus. Vide supra *Sena* 3.

¶ **SENYAL.** Vide infra *Signale*.

¶ 1. **SEO**, *Lacus*, ex Gloss. Mons. apud Schilter. in Gloss. Teuton.

¶ 2. **SEO**, pro Seu, sive, in vett. Form. Andegav. et in aliis antiquioribus Instrumentis.

* **SEODA**, Pellis species. f. sebo præparata, in Dipl. Chilp. II. ann. 716. tom. 4. Collect. Histor. Franc. pag. 694 : *Seoda pelles* 10. *Cordenisæ pelles* 10. Vide infra *Seupum*.

SEONITIUM. Vide *Saiones*.

¶ **SEONIUM.** Vide infra *Sonare* 3.

SEONNUM, Furfur, ex Gallico *Son. Panis de obolo, et de rebureto, et de Seonno, etc.* in Charta ann. 1243. Hist. Monmorenciac. pag. 101.

¶ **SEORSIVUS**, Seorsum positus, separatus. Sententia Sigismundi III. Reg. Polon. apud Ludewig. tom. 6. Reliq. MSS. pag. 222 : *Itaque habuisse et habere illustrates suas Seorsivas cancellarias et dicasteria, per communes tamen, atque ex utraque residentia adhibitos consiliarios, etc.*

¶ **SEOSINABILE** Tempus, Commodum, opportunum, apud Spelm. in v. *Carua*.

* **SEP**, Præstatio frumentaria apud Polonos. Stat. Vladisl. Jagel. ann. 1433. inter Leg. Polon. tom. 1. pag. 91 : *Absolvimus.... omnes et singulos omnium nostrorum terrigenarum kmethones ab omnibus solutionibus,..... frumentorum dationibus, dictis Sep vulgariter.*

¶ **SEPA**, Idem quod infra *Separale.* Charta ann. 1108. apud Stephanot. tom. 1. Antiquit. Bened. Vascon. MSS. pag. 692 : *Damus etiam ad stipendia ibi Deo servientium monachorum de propriis redditibus salem nostrum,... et tertiam partem frumenti, et Sepas omnes et solos domorum, hoc est, censum.* Charta ann. 1223. ex Cod. MS. D. *Brunet* fol. 67 : *Ad Sepas Guillermi Bertrandi sit quoddam abevratorium.* Vide *Separia*.

SEPALIS. Charta Amalfitana apud Ughellum tom. 7. Ital. sacr. pag. 393 : *Dedit atque tradidit... de ipsa Sepalem veterem in usu usque intus mare, etc.* Infra : *Tradidimus atque confirmamus suprascripta plagia inclyta de cantu in cantum, et unde fuit ipsa Sepalis veteris, etc.* Videtur scribendum *Separalem*, et *Separalis.* Vide in hac voce.

SEPAR, Divisus, separatus. Glossæ antiquæ MSS : *Separia, pro separata, aut discreta.* Glossæ Pith. : *Separ, seorsim, a parte.* Glossæ MSS : *Separia, disparia.* Joan. de Janua : *Separ, i. scorsim a pari,* *l. dissimilis, unde separitas.* [Gloss. Lat. Gall. Sangerm. : *Separ, dessemblant.*] Ordericus Vitalis lib. 13. pag. 907 : *Optimates autem, qui Separes cœtus in expeditione legali ductu ductitare debebant, in militia Romanæ rigorem disciplinæ, ni fallor, ignorabant.* Utitur Solinus cap. 13. ut etiam Prudentius in Apotheosi v. 311.

** SEPARE, Seperatim. Inscription. Christian. in Maii Classic. Auctor. tom. 5. pag. 369 :

Ambrosius tandem hos Separe condidit ambos...
Nazarium apportans alio, Celsumque relinquens.

¶ **SEPARABILITAS**, Separatio, divisio. Concil. Toletan. XVI. inter Hispan. tom. 2. pag. 738 : *Quarum tamen personarum quamvis in hoc quod ad se sunt nulla possit Separabilitas inveniri.*

SEPARALE, Est quod *Separat*, seu dividit tenementum a tenemento, seu rem ab alia re, terminus, limes. Ita usurpat Fleta lib. 1. cap. 12. § 21. Interdum

SEPARALE sumitur pro ipso tenemento, aut re, quæ ab alia separatur, seu suis terminis definitur, ut in eodem libro Fletæ lib. 2. cap. 49. § 1 : *Quod averia capta fuerunt in suo Separali.* Adde lib. 4. cap. 1. § 21. cap. 20. § 5. cap. 27. § 17. *Piscaria Separalis*, apud Ingulfum pag. 852. 874. 881. *Sedes Separalis Abbatiæ* pag. 860. *Several tenancie*, apud Littletonem sect. 89. *Separatæ decimæ*, apud Prynneum in Libertat. Angl. tom. 2. pag. 955. Vide Statutum 2. Westmonaster. cap. 27. Charta Eadredi Regis Angliæ tom. 1. Monastici Anglic. pag. 168 : *Inprinis* (dono) *insulam Croylandiæ pro gleba Ecclesiæ, et pro situ Separali ejusdem Monasterii cum his limitibus distinctam, videlicet, etc.* Charta ann. 1206. tom. 1. ejusdem Monast. pag. 327 : *Fundata fuit Ecclesia in situ seu fundo... continente 40. acras terræ fruscæ, pasturæ, et pratis Separalibus jacentibus in Burnham, etc. In separali*, in Fleta lib. 2. cap. 54. § 15. i. disjunctim, divisim : nos dicimus *Separément.*

¶ SEPARALES CHARTÆ, Separatæ, distinctæ, a diversis hominibus scriptæ. Charta apud *Madox* Formul. Anglic. pag. 396 : *Sciatis nos... relaxasse... Johanni Legge... totum jus nostrum... in omnibus illis mesuagiis, cotagiis, terris,... quæ et quas nuper habuimus,.... ex.... cartæ confirmatione diversorum hominum, ut per eorum Separales cartas... magis plenius et certius apparet.* Alia ibidem pag. 415 : *Quod quidem manerium... nuper perquisivi de Johanne Legge generoso et de diversis aliis personis, ut per eorum Separales identuras et cartas ac alia scripta magis plenius et certius apparet.* Charta Henrici Reg. Angl. ann. 1457. in Chron. Johan. Whethamstedii pag. 425 : *Fuerant obligati per eorum Seperales obligaciones alicui dictorum, etc.* Leg. *Separales.*

SEPARALITER, Disjunctim, *Separément*, apud Ingulfum pag. 875. 881. Vide *Sewera.*

¶ **SEPARATIO**, Prærogativa, privilegium. Statuta criminalia Riperiæ cap. 3. fol. 5. v° : *Juro ego Potestas, quod pro posse manutenebo, servabo, protegam,... jurisdictiones, privilegia, exemptiones, Separationes, immunitates, jura, honores, statuta et quæcumque alia in favorem ejusdem communitatis.* Occurrit rursum cap. 4. et 9.

SEPARATUS. Vide *Separale.*

¶ **SEPARIA**, ut *Separale*. Charta ann. 1299. apud Kennett. Antiquit. Ambrosd. pag. 336 : *Possint sibi appropriare et includere pro voluntate sua tres acras prædictæ placiæ .... quæ jacet juxta Separiam prædictorum Prioris et Conventus de Burncester.*

¶ **SEPARITAS**. Vide supra *Separ.*

¶ **SEPE**, Sepes, Gall. *Haie.* Acta S. Bertrandi tom. 1. Junii pag. 796 : *Et cum invenisset unum leporem juxta quoddam Sepe, etc.*

* **SEPEBANDESE**, Silva *banno* defensa et prohibita. Charta ann. 1196. apud Murator. tom. 2. Antiq. Ital. med. ævi col. 92 : *Item si in Bumino a Torolla usque ad campum Anselmi, aliquis dirojaret, perdet rodium, et tres solidos dabit curiæ, nisi esset Sepebandese venatorum.* Quæ vox scribenda est distinctis vocibus *Sepe-bandese.* Vide *Sepe* et *Bannum* 1.

SEPEDIUM, *Refugium.* Papias.

* **SEPELIATIO**, Actio sepeliendi mortuum, Gall. *Ensevelissement.* Stat. eccl. Tull. MSS. ann. 1497. fol. 107. r° : *Non remaneant corpora post Sepeliationem sine luminari, cruce, aqua benedicta, incenso, nec soli.* Nostris *Sevelir*, pro *Enterrer*, Sepelire, humo mandare. Testam. Renati reg. Sicil. ann. 1474. tom. 2. Cod. Ital. diplom. col. 1277 : *Item ledit seigneur roy testateur, veult.... que son corps soit porté en l'église d'Angers, pour estre en icelle église Sevely et inhumé.* Vita J. C. MS :

Les nus faisoit bien revestir,
Les mors laver et Sevelir.

¶ **SEPELICIO**, Jus sepulturæ, seu obventio quæ sacerdoti ob sepulturam contingit. Charta Willelmi Angl. Reg. ann. 1083. ex Tabular. SS. Trinit. Cadom. : *Monachis remaneat ecclesia S. Nicholai cum cimiterio suo omnino quieta,... necnon et Sepeliciones omnium parochianorum sanctimonialium in burgo monachorum manentium.*

SEPELIRI *subtus mortuum*, Pœna olim homicidæ, apud Beneharnenses, qui vivus sub cadavere illius, quem occiderat, sepeliebatur. Fori Morlanenses art. 31. et 32 : *Si vero istas leges dare nequiverit* (homicida,) *quidquid habet, sit in cursu meo, et Sepeliatur subtus mortuum.* Idem obtinuit apud Bigorritanos ex instituto Bosonis Comitis Bigorr. ut observat Marca lib. 9. Hist. Beneharn. cap. 11. n. 4. quod et testatur Charta B. *de Majestad* Comitis Bigorensis ann. 1238. in Regesto censuum Bigorræ Cameræ Comput. Paris. fol. 27 : *Item statuimus, quod si aliquis in prædicta villa interficiat aliquem, interfector sub mortuo, omni occasione remota, vivus Sepeliatur.*

* **SEPELLICIO**, Sepultura, humatio. Charta Arnul. III. archiep. Mediol. ann. 1095. apud Murator. tom. 5. Antiq. Ital. med. ævi col. 267 : *Item dicimus etiam, ut officiales ipsius ecclesiæ S. Gemuli officium vel Sepellicionem in ipsa plebe celebrare non audeant, nisi illis defunctis, qui illorum elegerunt ad S. Gemulum sepulturam. Sepuit*, apud Cenomanenses, eadem notione. Lit. remiss. ann. 1479. in Reg. 205. Chartoph. reg. ch. 212 : *Lesquelx estans assemblez pour le Sepuit de l'un de leurs parens, etc.* Nisi legendum sit *Sepme.* Vide infra *Septimale.*

¶ **SEPERALIS**. Vide in *Separale.*

* **SEPERALITAS**, idem atque *Separale*, quod *separat* seu dividit tenementum a tenemento, terminus, limes. Charta Edwar. II. reg. Angl. inter Probat. tom. 2. Annal. Præmonst. col. 719 : *Remissionem.... fecit eisdem abbati et conventui de toto jure et clamacio, quod habuit..... in omnibus.... possessionibus terrarum seu tenementorum Seperalitatibus, una cum licentia dictas terras seu tenementa includendi.* A Latino Separare, dividere, nostri *Sevrer* dixerunt. Vita J. C. MS. ubi de SS. Innocentibus ab Herode occisis :

Tous les enfans fait décoler,
Et les membres des cors Sevrer.

Le Roman *de Cleomades* MS :

Tous ont gherpi tentes et trés,
Cascuns d'aus s'est de là Sevrés.

Quia vero perforando rem aliquam, partes illius a se invicem separantur, pro Perforare utitur Guill. Guiartus :

Le glorieux fer de la lance,
Dont Longis la char Dieu Sevra.

Vide supra *Decevisset.*

* **SEPES** RAPARUM, inter annuos redditus recensetur, in Charta Henr. dynastæ Rottenburg. ann. 1335. tom. 4. Sept. pag. 728. col. 2 : *Et sunt hæc bona : Primo in Wulenpack viginti septem libras pecuniæ, pro canone unam Sepem raparum, clj. ova, et sex pullos galliuaceos.* Vide *Sephel.*

SEPHEL. Vetus Charta in Metropoli Salisburgensi tom. 3. pag. 319 : *Solvit... 6. pullos, duos anseres, unum mod. rap. unum Sephel bis. porcum saginatum, unum halbfrich, vel 10. denar.* [Mensuræ species esse videtur. Vide *Scefillum.*]

¶ **SEPHORA**, *Gallina.* Papias.

¶ **SEPIA**, Cepa, Gall. *Oignon*, vel condimentum ex cepis. Bern. Mon. Ordo Cluniac. part. 1. cap. 6 : *In illis principalibus festis fabæ Sepiis commutantur.* Consuet. Solemniac. MSS : *In Circumcisione Domini Sepias et rofiolos et justas desmesurals de vino puro.* Ibidem : *Feria secunda Quadragesimæ pitanciam de castaneis vel de Sepiis impiperatis.* Obituar. S. Martialis Lemovic. : *Dominus abbas dat de vino obtimo : item staudones cum pigmento et Sepiis.* Vita S. Philippi Archiep. Bituric. apud Marten. tom. 3. Anecd. col. 1928 : *Jejunabat Quadragesimam ante Pascha sine piscibus, nisi alecia et parum Sepiæ.*

* Sepiam piscem intelligo in loco ex vita S. Philippi hic prolato.

¶ SEPIÆ TABULARIÆ, Census ex Sepiis in *Tabulis* recensitus. Pancharta S. Stephani de Vallibus apud Xantones Ch. 69 : *Abbati vel ejus mandato solvent quinquaginta Sepias tabularias censuales apud castrum Oleronis.* Ubi *Sepia*, piscis est, Gall. *Seche*, quæ ejusmodi signo apud Monachos designabatur, ex Bernardi Ord. Cluniac. part. 1. cap. 17 : *Pro signo Sepiarum, divide omnes digitos ab invicem, et ità eos commove, quia et Sepiæ ita esse multiplices videntur.*

SEPIATICUM, Quod scriptori vel Notario pro scriptura datur : *Sepium* enim pro atramento sumi observant Scholiastes Persii, et Isidorus lib. 12. cap. 6. Fulgentius in Mytholog. : *Redde, quod Sepiaticum debes.*

SEPIOLA, *Parva sepes.* Joh. de Janua. [in edit. ann. 1506. legitur, *Parva sepes.* Gloss. Lat. Gall. Sangerm. : *Sepiola, petite Seiche.*]

SEPLASIARIUS, Qui *Seplasia* vendit, seu pigmenta. Ugutio : *Seplasiarius, negotiator, qui pigmenta vendit.* [Vetus Gloss. MS. Sangerm. n. 501 : *Seplassarius, negotiator, qui multa venundat.* Ita etiam Gloss. Lat. Gr. : *Seplassarius*, παντοπώλης. In Gloss. Græc. Lat. : Παντοπώλης, *Seplasiarius, salgamarius.*] Jonas Aurelian. in Præfat. ad lib. 2. de Cultu imag. : *Desine itaque Seplasiariorum pigmentulis potionari.* Occurrit præterea apud Lampridium. Vide Salmasium de Usuris cap. 19. *Supplassarius*, perperam scribitur apud Vegetium lib. 3. Art. veterin. cap. 2.

¶ **SEPLASIUM**, Παντοπωλεῖον, in Gloss. Lat. Gr.

¶ **SEPLATIARIUM**, μυροπώλιον, ibidem, ubi leg. *Seplasiarium.*

* **SEPLTA**, mendose pro *Spelta*, in Charta ann. 1220. ex Chartul. Campan. fol. 367. v°. col. 1. et 2.

* **SEPNEUS**, Vox ignota. Vide supra *Cravis.*

SEPOSITIO, Datio in pignus, in Lege Wisigoth. lib. 5. tit. 4. § 12. 13.

¶ 1. **SEPTA**, Urbis jurisdictio seu districtus, Gallice *Banlieuë.* Vita B. Caroli Boni Com. Fl. tom. 1. Mart. pag. 198 : *Convenerunt in agrum quod suburbio adjacet, intra Septas villæ.* Occurrit rursum pag. 202. Ubi fortassis contracte scriptum pro *Septena.* Vide infra.

* 2. **SEPTA**, Italis *Setta*, Conspiratio. Form. sacram. homin. patrim. S. Petri in Tuscia ex Cod. reg. 4189. fol. 6. v° : *Item promitto juram, conspirationem, Septam, confederationem et illicitam societatem non facere cum aliquo.* Stat. Mantuæ lib. 1. cap. 22. ex Cod. reg. 4620 : *D. Potestas Mantuæ..... cognoscere possit de.... facientibus.... conspirationem et conjurationem et Septam et monopolium,.... de monopoliis illicitis et Septis etiam privatis.*

SEPTAN-CHUNNA, in Pacto Legis Salicæ tit. 80. Vide *Chunna.*

* **SEPTARIATA**, Modus agri, idem atque *Sextarata*, *Septarium* enim, pro *Sextarium*, dixerunt. Charta Alberti *de Hangest* ann. 1221. inter Probat. tom. 1. Annal. Præmonst. col. 578 : *Duas Septariatas vinearum, cum viginti solidis capiendis in præpositura de Genlis... contulimus.* Vide mox *Septarius.*

¶ **SEPTARIUM**, a Gall. *Septier*, pro *Sextarium.* Charta apud Lobinell. tom. 2. Histor. Britan. col. 128 : *Honores quos in pace et maxima tranquillitate tenebant, scilicet decimas,... sex Septaria frumenti singulis annis, etc.*

* **SEPTARIUS**, a Gallico *Septier*, Mensura vini, simul et annonæ. Charta Barth. episc. Belvac. ann. 1164. inter Instr. tom. 10. Gall. Christ. col. 261 : *Quatuor Septarios vini de Petro filio Elinandi; quatuor Septarios vini de Rennuardo de Fraisnesor.* Alia Hug. episc. Autiss. ann. 1202. inter Probat. Hist. Autiss. pag. 72. col. 2 : *Concessimus tresdecim Septarios ordei, annuatim percipiendos in grangia episcopali.* Vide *Septarium* et infra *Septuarius.*

¶ **SEPTATUS**, ut Septus. *Culmen septatum*, apud Mart. Capellam lib. 2. pag. 46.

¶ **SEPTELANIUS**. *Septelanii tapites*, in Charta ann. 855. Append. Marcæ Hisp. col. 788. A textura sic dici videntur.

¶ **SEPTEMIUM**, pro Septennium, spatium septem annorum. Charta ann. 1424. 28. Martii apud Rymer. tom. 10. pag. 329 : *Concludunt.... inviolabiles treugas... duraturas ab ortu solis primi diei mensis Maii proximo futuri, per Septemium ex tunc proximo futurum, videlicet, usque ad occasum solis dicti primi diei ejusdem mensis Maii anno Domini 1431.*

¶ **SEPTEMOLA.** Charta Pippini Majoris Palatii apud Felibian. inter Instr. Hist. Sandion. pag. 24 : *Eo quod ipsa Ragana vel agentes monastherii sui Septemolas S. Dionysii post se malo urdine retinebat in vico qui dicitur Curborius.* Ubi leg. divisis vocibus *septem molas.* Vide *Mola* 2.

* **SEPTEMPEDA**, Pertica septem pedum, ut *Decempeda*, decem. Præcept. Caroli IV. imper. inter Probat. tom. 2. Annal. Præmonst. col. 132 : *Centum nonaginta quatuor Septempedas ambactales, etc.*

¶ **SEPTEMPLICITER**, Septies tanto, Gall. *Sept fois autant.* Epist. Adriani II. PP. apud Marten. Collect. novæ part. 1. pag. 51 : *Sanctissimus Leo, qui per invidiam Romanorum oculis linguaque privatus, gratia Dei operante fuit mirabiliter restauratus quatenus Septempliciter eisdem oculis clarius videret, eadem lingua verbum Dei eloquentius prædicaret.* Occurrit præteresæ Isaiæ cap. 30. v. 26.

¶ **SEPTEMPRESBYTER**, Unus scilicet e septem presbyteris inferioribus seu vicariis in Ecclesia Nivern. Calendarium MS. XVII. sæc. ad 14. Septembris : *Exaltatio S. Crucis duplex, fundatum per magistrum Florentium de la Rochette quondam Septempresbyterum.*

* **SEPTEMTIRIUS**, Septentrionarius, ni fallor. Stat. Univers. Aurel. ann. 1367. ex Cod. reg. 4223. A. fol. 65. r° : *Recepturus insignia doctoratus, seu doctori proprio vel electo insignia conferenti,..... mittere teneatur... unam bonam forraturam de gressis variis de Septemtiriis, loco forraturæ mantelli, et aliam forraturam de gressis variis, bonis et honestis, pro supertunicali forrando; quamlibet forraturam de gressis variis de Septemtiriis.* Costumæ Paris. ex Reg. Cam. Comput. sign. *Noster* fol. 36. r° : *Fourreures de Sept-tires et forreures de popres, trois deniers la piece.* Vide *Vares.*

* **SEPTEMVIRI**, Magistratus, officio distincti a veteribus Romanorum *Septemviris.* Annal. Bonincont. ad ann. 1363. apud Murator. tom. 21. Script. Ital. col. 12 : *Septemviri creati, quos reipublicæ Romanæ reformatores appellarunt, quibus publico consilio permissum est, ut se pro senatu gererent.*

¶ **SEPTEMZODIUM.** Vide *Septizonium.*

1. **SEPTENA**, Mulctæ Monasticæ species, septem dierum jejunium. Statuta Ord. Hospital. S. Joan. Hieros. tit. 18. § 51 : *Frater, qui erit positus in Septena, septem diebus continuis jejunabit, ac quarta et 6. feriis ipsorum 7. dierum pane et aqua duntaxat vesci debet, et illis diebus recipiat disciplinam, etc.*

2. **SEPTENA**, Alia notione. [* Sic appellatur Litania, in qua ad singulas invocationes, septena invocatio habetur.] Concilium Lemovicense ann. 1031. sess. 2 : *Ubi enim cereus Pascalis consecratur, et baptismus, ibi honestius Paschalis ordo perficitur, et tres Litaniæ, quæ in Sabbatis Paschæ et Pentecostes nulla ratione prætermitti possunt, ne, quod absit, autoritas Spiritus sancti vilescat, aptius persolvuntur. Post sex enim lectiones, Septena fit in choro a pluribus cantoribus solenniter indutis. Deinde cum terna ipsi Cantores et Sacerdotes, ac cæteri ministri procedunt ad Fontes : facto vero baptismo de tribus tantum infantibus,.... cum terna a Fontibus regrediuntur, qui ad chorum ad chorum, qui ad altare, ad altare, cum cereis nondum luminatis, sonantibus interim omnibus signis. Finita enim ipsa terna, etc.*

¶ 3. **SEPTENA**, Septima pars fructuum ex agris vineisve domino persolvenda. Charta ann. 1313 : *Et pro reductione vinearum de quibus dabant Septenam, quod de cætero non teneantur dare aliud nisi undecimam partem, quæ, ut prædicitur, Casta vocatur.*

¶ **SEPTENUS**, Eadem notione. Pactum inter Jacobum Aragon. Reg. et Berengar. Magalon. Episc. ann. 1272 : *Est etiam sciendum quod de supradictis ab utraque parte excipiuntur usatica, laudimia, consilia, quarti, quinti, sexeni, Septeni, octavi, feuda, etc.* Vide *Quarto* 6.

4. **SEPTENA**, Appellata peculiari nomenclatura districtus jurisdictionis urbis Bituricensis, et aliquot oppidorum in eodem tractu, vulgo *la septaine* : de cujus vocis origine varii varia tradunt : quidam enim *a* 7. *pagis* vel *vicis* : alii *a septimo miliario*, alii denique *a septis urbis*, ut Chaumellus in Hist. Bituric. lib. 6. cap. 13. et Thomasserius in Consuetud. localib. Bituric. pag. 72. *Septenæ Bituricensis* mentio fit [in Litteris Ludovici Junioris ann. 1145. tom. 1. Ordinat. pag. 10.] in Charta Communiæ ejusdem urbis ann. 1181. et in Arestis ann. 1261. in 1. Regesto Parlam. fol. 37. 114. 125. *Septimaniam* appellari in hymno S. Guillelmi Bituricensis Archiepiscopi observat idem Chaumellus : *Alme martyr Juliane, alme martyr Private, et plangite omnes prorsus Insulæ Orientis : tu Lugdune planctum ad durabile Occidentis, hoc perage civitas Lemovice, similiter Aquilonis : in quo et Bituricæ Septimaniæ nunc plange meridies Narbonæ, etc.* Sed videtur hæc vox ad *Septimaniam* Narbonensem, seu Occitaniam provinciam pertinere.

* *Septene*, in Consuet. Bitur. ex Reg. Cam. Comput. Paris. sub Joan. duce Bitur. fol. 117. r° : *Ce sont les coustumes de mons. le duc de Berry et d'Auvergne qu'il a en la ville et Septene de Bourges, etc.*

1. **SEPTENARIUS**, vel **SEPTENARIUM**, Officium pro mortuis per septem dies continuos. S. Stephanus in Regula Grandimontensium cap. 5 : *Tricenarium, Septenarium, annuale, vel quodlibet pretium pro Missa nominatim vobis oblatum nullatenus accipiatis.* Vetus Charta in Histor. Monasterii. S. Nicolai Andegav. : *Canonici vero pro de-*

functis Monachis Septenarium facient Vigiliarum, Missarum, et Psalmorum competentium. Udalricus, lib. 3. Consuet. Cluniac. cap. 33 : *Cum brevis eorum ad nos venerit de defuncto, vel ad illos noster, officium et Missa geratur, et postea Septenarius cum officiis et Missis.* Charta Confraternitatum Marcianensium apud Buzelium : *Sanctimonialibus S. Mariæ Suessionensis... debemus Septenarium; hoc est, prima die officium cum Missa in Conventu, et septem aliis similiter, etc.* Salomon. Episc. ad Dadonem :

Tunc sanxere diem fieret quæ septima fratris
Omnis perficere cum prece * si agapen. * sic
Sic cum veniret quæ lex Tricena maneret,
Ritu consimili hanc statuere coli.

Concilium apud Saponarias ann. 859. cap. 13 : *Ut pro eo, qui decesserit, in sedibus Septenæ Missæ totidemque vigiliæ persolvantur, etc.* Liber Chirograph. Absiæ fol. 64 : *Die, quo peractum est Septenarium Siebrandi Chabot.* [Pactum inter Petrum Corbol. Archiepisc. Senon. et Petrum Abbat. Maurigniac. ann. 1200. apud *Fleureau* Hist. Bles. part. 3. pag. 521 : *Omnes tricenarii, annualia, Septenaria in communem ambobus, Priori scilicet et Sacerdoti venient partitionem.* Ubi emolumenta ex Septenariis intelliguntur.] Rationem, cur per septem dies Missæ pro defunctis agerentur, reddunt Amalarius lib. 3. de Eccles. Offic. cap. 44. Alcuinus lib. de Offic. divin. cap. *de Exequiis mortuorum*, Durandus lib. 7. cap. 35. n. 6. et Menardus ad Concordiam Regular. pag. 217. Ut plurimum autem septenarium cum tricenario conjungitur. Vide in *Tricenarium.*

Septennale, in Concilio Parisiensi ann. 1212. cap. 11.

* 2. **SEPTENARIUS.** Tallia Septenaria, Præstatio, quæ quolibet septennio pensitabatur. Charta Hug. abb. Belliloci ann. 1479 : *Cum certam talliam Septenariam, pro qua de septennio in septennium, in festo Ascensionis Domini, domino nostro regi centum libras Turonenses... solvere tenebamur, etc.* A qua præstatione immunes declarantur Lit. Ludovici XI. ann. 1478 : *Donnons et quittons de grace spéciale, plaine puissance et authorité royalle par ces presentes, la taille et devoir Septenaire, qui est de cent livres Tournois, que lesdiz religieux, abbé et convent* (de Beaulieu) *nous estoient tenus paier de sept ans en sept ans.*

¶ **SEPTENUS.** Vide *Septena* 3.

* **SEPTERIUM**, a Gallico *Septier*, Mensura annonaria. Testam. Joan. Chati ann. 1482. in Reg. 3. Armor. gen. part. 1 : *Item do.... tria Septeria siliginis, mensuræ S. Aredii, rendualia.* Vide supra *Septarius.*

SEPTETUS, ita appellatus nescio quis Princeps, apud Gregorium II. Epist. ad Leonem Isaurum Imp. præfixa VII. Synodo : *Nuper siquidem ab interiori occidente preces illius, quem Septetum appellant, accepimus, qui vultum expetit nostrum Dei gratia, et ut ad impertiendum ei sanctum baptisma illuc proficiscamur.* Leg. forte *Mepetus.* Vide *Mepe* et Glossar. med. Græcit. in Σεπτέτος, col. 1354.

¶ **SEPTICENTUM.** Judicium ann. 983. in Addit. ad Chron. Casaur. apud Murator. tom. 2. part. 2. col. 980 : *In quo recepi ego Johannes episcopus per consensum de supradictis sacerdotibus a te Romaldo in commutatione de re proprietatis tuæ in casale nomine Cažani ad proprietatem supradicti episcopi terram per mensuram modiorum Septicentum in uno se tenentem.* An centum et septem?

SEPTIDOMUS. Octavius Horatian. lib. 4. Rer. Medicar. de partu : *Tempore autem instante concipi atque collocari manifestum est, Septidomum vero septem spatiis contineri, septimo mense dentes nasci, aliquibus nono : septimo anno infanti dentes cadere : bis septenis pubescere, Septidomis ægros periclitare.*

¶ **SEPTIFLUUS**, Epitheton Spiritus sancti, ut pote a quo septem sapientiæ dona effluunt. Dudo de Ducibus Normann. :

Flamine Septifluo felix liberi duce sacro
Protectus jugiter, munitusque auxiliatus.

Vide *Spiritus Septiformis.*

** **SEPTIFORMITAS.** Sedulii Explanat. in præf. Hieron. apud Maium Spicileg. tom. 9. pag. 58 : *Septiformitas vero perfectio est et plenitudo donorum.*

¶ **SEPTIMAGIUM**, Jus septimi percipiendi in forestis. Tabul. Savignei : *Andreas dominus Vitreii.... dedit abbatiæ de Savigneio omne jus quod habebat in foresta, videlicet herbagium, pasturam,... Septimagium, etc.*

SEPTIMALE, Idem quod *Septenarius*, de qua voce supra. Charta Fulconis Comitis Andegavens. pro fundat. Abb. Roncerei ann. 1028. apud Sammarthanos : *Beneficia vero, quæ de sepulturis mortuorum evenerint, de animabus, de tricenariis, de Septimalibus, de Missis defunctorum, etc.* Sed leg. videtur, *Septimanatibus.* [Occurrit tamen rursum in Charta apud Lobinell. tom. 2. Hist. Britan. col. 348 : *Concedit omne jus quod habebat in decimis, sepulturis,.... exceptis confessionibus et baptisterio, trigenariis et Septimalibus.* Unde nihil temere immutandum esse existimo.]

* *Seme*, in Aresto ann. 1402. ex Bibl. canon. pag. 595. *Sepme*, in Testam. Isab. *d'Avaugour* comit. Thoarc. ann. 1400. ex Bibl. reg. : *Ordonnons que en outre ce que nous avons ordonné aux jours de nos obit et Sepme, il soit fait un service solempnel.* Vide in *Seme.*

¶ 1. **SEPTIMANA**, ut *Septena* 4. Jurisdictio et districtus urbis, vulgo *Banlieuë.* Litteræ Philippi Aug. Reg. Franc. ann. 1186. tom. 4. Ordinat. pag. 77 : *Nullus etiam de eadem parochia* (Boscum.) *de quocumque vendiderit vel emerit super Septimanam, et de quocumque emerit in die Jovis in mercato pro usu suo, nullam consuetudinem dabit.* Eadem habentur in Charta Roberti de Cortiniaco pro villa Cellensi ann. 1216. apud Thomasser. Consuetud. Bituric. pag. 84. [** et in Libertat. Lorriac. ann. 1155. tom. 11. pag. 202. earumd. Ordinat. *Super septimanam* significare diebus hebdomadis quibus non est *mercatum*, Gall. *dans le cours de la semaine*, patet ex Stat. ann. 1366. laudato in *Septimana* 2.] Vide *Septimanalis.*

¶ 2. **SEPTIMANA**, Hebdomas, Gall. *Semaine.* Roland. Patav. Chron. Tarvis. lib. 5. apud Murator. tom. 8. col. 243 : *Duravit hoc colloquium pluribus septimanis, nec videbatur hæc tanta Imperatoris curia certum aliquid stabilire.* Utuntur præterea Auctor libri de Operibus Christi Cardin. Theodos. et Valentin. in Cod. Theod. leg. 5. de Spectac. (15, 5.) Rufinus in tralat. lib. Origin. περὶ ἀρχῶν, et alii.

* Cerem. vet. MS. eccl. Carnot. : *Nona sicut in Septimana erit, licet officium fiat festive.* Stat. ann. 1366. tom. 4. Ordinat. reg. Franc. pag. 704. art. 11 : *Que chappelliers de gans de lainne, peuent vendre leurs denrées au jour de marchié en leurs maisons et sur Sepmaine; ne n'est pas tenus d'aler au marchié-le-roy se il ne lui plaist.* Male scriptum vel lectum, pro *Fenestre*, ubi merces venum exponi solebant. Vide *Fenestra.* [** Nihil mutandum. Vide *Septimana*, 1.]

¶ Septimana Agendæ *et Inceptoris*, in Statutis S. Martini Turon. ex Cod. MS. Sangerm. num. 1307 : *Abbas B. Martini Rex Franciæ est canonicus de consuetudine, ... et debet pro eo fieri Septimana inceptoris et agendæ.* Vide *Agenda.*

¶ Septimana Poenalis, In qua Christi passionis mysteria recoluntur, et quæ idcirco jejuniis et laboribus transigitur. Conc. Pisanum apud Acher. tom. 6. Spicil. pag. 260 : *Fuit etiam ordinata sessio.... post festa Septimanæ Pœnalis et Paschæ. Septimana pœnosa*, in Forma interdicti apud Marten. tom. 4. Anecd. col. 147. Vide *Hebdomada pœnalis.*

¶ Septimana Decima, Decima pars pecuniæ ex vectigalibus quaque *septimana* collectæ a publicanis in Bohemia. Charta Boleslai Ducis Bohemiæ ann. 993. apud Ludewig. tom. 6. Reliq. MSS. pag. 50 : *Constitui etiam et ordinavi, ut in omnibus teloniis per Bohemiam constitutis fructus Decimæ Septimanæ cedat ad usum Breunoviensis Ecclesiæ.* Hinc

¶ Septimanalis Exactio, Pecunia. Charta Henrici Reg. Rom. ann. 918. apud Eccardum de Orig. famil. Habsburgo-Austr. col. 170 : *Concessimus.., omnem exactionem comitatus ejusdem civitatis, annalis videlicet seu Septimanalis, thelonii, questus, etc.* Diploma Conradi ann. 1354. apud eumdem Ludewig. ibid. pag. 36 : *Quadraginta sexagenas grossorum denariorum Pragensium de Septimanali sua pecunia in montibus Cutnis super festo Pentecostes proxime nunc venturo, tollendas per suas patentes literas deputavit; ego domino meo Regi prædicto universa promitto pro me, heredibus et successoribus meis firmiter et sincere, quod cum easdem 400. sexagenas de prædicta Septimanali pecunia domini mei Regis plene percepero, etc.*

¶ **SEPTIMANALIS.** *Mercatum Septimanale*, quod in *Septena*, seu urbis districtu, vel quaque *Septimana*, sive hedomada habetur. Chartul. S. Sulpitii Bituric. fol. 30 : *Concedimus... ex mercato quoque Septimanale illam redebitionem quæ ad ipsum pertinet locum.* Vide *Septimana* 1. et 2.

¶ Septimanalis dicitur de eo quod per *septimanam* in usu est, quotidianus. Charta ann. 1061. apud Mabill. tom. 4. Annal. pag. 616 : *Pellicias duas, festivam scilicet, cujus cassus esset de squirionibus et manicæ de grisiis; Septimanalem quoque, cujus cassus esset de cattis, et manicæ de vulpibus, etc.*

SEPTIMANALITER, Hebdomadatim. Thomas Archid. in Hist. Salonitana cap. 24 : *Donavit Rex Ecclesiæ S. Domnini sextariolos molendinorum Salonitani fluminis, qui Septimanaliter pertinebant ad Banum.* [Vide *Septimanatim.*]

¶ **SEPTIMANARII**, SEPTIMANII, dicti quidam ex opificibus electi singulis *septimanis*, qui rebus non tantum suæ artis, sed et civilibus invigilarent. Statuta Massil. lib. 1. cap. 1. n. 9 : *Item, quod omnia capitula, quæ tamen non erunt.... contra justitiam quæ Septimanarii capitum ministeriorum tradent ex parte consilii capitum ministeriorum, vel consignabunt eidem seu ostendent vel dicent, in scriptis aliqua hora vel die ipsius septimanæ, ipse Rector juxta requisitionem ipsorum Septimaniorum procurabit producere ad effectum, et ipsa adimplere, vel ipsa capitula seu aliqua ex eis in consilium generale deducere, et proponere incontinenti ad requisitionem ipsorum Septimaniorum.* Rursum num. 24 : *Item, quod omnes litteras quæ ei* (Rectori) *et consilio generali, et capitibus ministeriorum mittentur, cum primo eas aperiet, vel aperiri faciet, aperiet et legi faciet præsentibus aliquibus vel majore parte ex Septimanariis capitum ministeriorum et sindicis et clavariis, nec literas aliquas, alicui personæ destinabit sine præsentia prædictorum, nec faciet destinari, nisi pro factis propriis Massiliæ, ac in consiliis lectis quæ fieri contingent pro factis vel negotiis communis Massiliæ Septimanarios capitum ministeriorum, vel majorem partem secum habebit eorum.* Ibidem cap. 10. n. 3 : *Item, quod prædicti Septimanarii eligantur singulis diebus Dominicis, secundum quod Septimanariis utilius visum fuerit.* Unde patet vocis etymon. Non semel in iisdem Statutis *Septimanariorum* occurrit mentio.

SEPTIMANARIUS, Idem qui *Hebdomadarius*, Gallice *Semінier*, [*Semainier.*] Joannes Eremita in Vita S. Bernardi cap. 17 : *Facta est conquestio de quodam Monacho, qui scutellas in coquina, secundum Ordinis instituta, cum Septimanarius esset, lavare negligebat.* [Obituar. MS. Eccles. Morin. fol. 42. v° : *Presbytero vicario Septimanario 6. denarii.*] Occurrunt etiam apud Chrodogangum Metensem in Regula Canonicor. cap. 9. et Petrum Abælardum Epist. 6. *Septimanarii coquinæ.* Adde librum Usuum Ordinis Cisterciensis cap. 63. 91. et Ughellum tom. 5. pag. 214. et vide *Hebdomadarius.*

¶ **SEPTIMANATIM**, Hebdomadatim, unaquaque hebdomada. Charta ann. 1374. apud Ludewig. tom. 1. Reliq. MSS. pag. 389 : *Verumtamen in Adventu et Quadragesima unum duntaxat grossum decumbentibus ministrabit Septimanatim* (pitantiarius). Charta ann. 1503. apud *Madox* Formul. Anglic. pag. 339 : *Et insuper, quod Septimanatim quolibet anno... unus presbyter canonicus ipsius monasterii per abbatem.... cursorie assignandus, Missam cum speciali collecta.... qualibet die Septimanæ specialiter et devote celebrabit.* Vide *Septimanaliter.*

SEPTIMANIA. Vide *Septena* 4.

* **SEPTIMANIALIS**, Ad *septimanam* pertinens. *Forum Septimaniale*, quod qualibet hebdomada habetur, in Charta ann. 1324. apud Oefelium tom. 1. Script. rer. Boicar. pag. 746. col. 1. et 2. Vide *Septimanalis.*

¶ **SEPTIMANICUS**, Hebdomadarius. Vita S. Columbæ Abbatis tom. 2. Jun. pag. 215 : *Hymnorum liber Septimaniorum S. Columbæ manu descriptus.* Vide *Septimanarii.*

SEPTIMAS, ut Hebdomas. Vita MS. S. Leonorii : *Mane autem facto reversi sunt ad suum jugum. Sic assueti quinque Septimatibus, ac diebus tribus diurno labori, excepto die Dominico, etc.*

¶ **SEPTIMIANUM**, Locum, sive marmoreum conspectum in Vaticana basilica significat, ubi ostendebantur Reliquiæ. Hæc Macri in Hierolexico post Torrigium de Crypt. Vatic. 2. edit. pag. 81. et 83. ubi hanc inscriptionem affert : *Temporibus Dom. Hadriani I. hic recundita sunt reliquia Sancti Sanctorum in mense Novemb. die* XXII. *Indictione* VII. *bina clausura in integro Septimiano.*

* **SEPTIMUM**, Oblatio, quæ sacerdoti fit ob *Septimale.* Chartul. Celsinian. ch. 918 : *Presbiter Arnulfus* (dimisit) *capellaniam S. Hylarii et medietatem denariorum, quæ dicuntur judicia et Septima et pœnitentias de villa S. Hylarii et de tota Ribeira; et monachi dimittunt ei nuptias, et quæ offerunt mulieres surgentes a partu.* Vide in *Septenarius* 1. et *Septimus.*

SEPTIMUS, Dies nempe septimus ab obitu, quo sacra, quæ pro mortuis peragi solent, absolvebantur. Andegavenses, et Pictones *Seme* vocant. [Vide in hac voce.] Charta Petri Episcopi Inculism. ann. 1160. ex Tabular. S. Eparchii fol. 11 : *Baptisteria, Septimos, solus Sacerdos habeat. Tricenarios etiam, si alia eleemosyna, quam monacho et Sacerdoti relinquitur, tantumdem valeat, alioquin tam eleemosyna quam tricenarii dividantur.* Testamentum Geraldi Fabri Domicelli D. Mansi Milhagueti, patris Johannis Fabri, celeberrimi Jurisconsulti, in Diœcesi Petricoriensi, ann. 1282 : *Insuper legamus capellano prædicto* 10. *sol. semel solvendos, et Septimum et trigesimum. Item subcapellano dictæ Ecclesiæ Septimum et trigesimum. Item omnibus monachis in dicta Ecclesia Dei famulantibus duos septimos, et omnibus aliis Presbyteris, qui nostræ interfuerint sepulturæ, unum Septimum.* Charta ann. 1280 : *Nec die Septimi, seu Septimorum in commemorationem defunctorum, etc.* [Testam. Petri *Bermon* Prioris Cayaci ann. 1300. ex Tabul. D. *de Flamarens : Lego cuilibet ecclesiarum de Cayalo et S. Leontii decem solidos et Septimum et trentanerium.*] Olim apud Paganos in nonam diem justa defunctis et μνημόσυναι persolvebantur, idque *Novendial* vocabant quo elapso, cœnæ funebres et epulæ fiebant, quæ *Novendiales cœnæ* dicuntur Tacito 6. Annal. idque postmodum ab Ethnicis ad Christianos promanavit, ut Auctor est Augustinus in Quæst. super Genes. Vide Novell. Justiniani 105. cap. 5. et ibi Cujacium et Gothofredum.

SEPTINOCTIUM, Spatium 7. noctium, *Sibunnaht*, in Glossis Keronis.

SEPTIZODIUS. Ita Compotistæ, ac inprimis Beda lib. de Embolismorum ratione, laterculum literarum dominicalium vocant : *Laterculus hic, qui vocatur Septizodius.* Ubi Scaliger in Canonibus Isagogicis pag. 176. et 181. *Septizonius* scribendum contendit. Hunc vide, si lubet.

SEPTIZONIUM, Omnis septenarius ordo, moles aliis superstructæ. Ammianus lib. 15. de Septizonio Severi : *Septizonium operis ambitiosi nymphæum.* Ubi MSS. codices *Septemzodium* præferre monet Henricus Valesius : ut apud Capitolinum in Severo, et Hieronymum in Chronico *Septizodium*, Scaliger et Salmasius. [Docet Pitiscus in Lexico *Septizonium* dici aliquando ædificium pauciorum quam septem ordinum.] Exstat apud Commodianum instructio 7. cum ea inscriptione, *de Septizonio et stellis*, qua indicantur septem planetæ.

¶ **SEPTIZONIUS.** Vide *Septizodius.*

¶ **SEPTOR**, Vinitor, vel qui vineam septis munit. Vita MS. S. Wenwaloei fol. 110. ex Tabul. Landeven. : *O felix senex vineæ custos et Septor; uvas tuas cum videris, etc.*

SEPTRIGUS. Charta Edwini Regis Angl. in Monastico Anglic. tom. 3. pag. 120 : *Exin aureo tempore finito, nec non et æneo ferrei sequaces modo vi præeuntes, modo mechanica arte cæteros fallentes, et persæpe utroque omnem subigerunt censum reddere vulgus usque ad calcem : ac si fortuna ludente mancipari immobilis, patitur terra subditis habenis in Septrigo voluntatis arbitrio.* Videtur legendum *Sceptrigero*, vel *Sceptrigeri.*

SEPTUAGESIMA, inquit Alcuinus lib. de Divin. Offic. *computatur secundum titulationem Sacramentarii et Antiphonarii, novem hebdomadibus ante Pascha in septimam Sabbati.* Ordo Romanus : *Septuagesima videtur dici posse propter* 70. *dies, qui sunt ab ipso die ad Sabbatum ante Octavas Paschæ, quo die alba tolluntur vestimenta a nuper baptizatis.* Septuagesimæ institutionem Telesphoro PP. adscribit Liber Pontific. Roman. : *Hic constituit, ut septem hebdomadas ante Pascha jejunium celebraretur.* Eadem habet Eusebius in Chronico. Vide Alcuinum Epist. 1. 2. 109. Amalarium lib. 1. de Ecclesiast. offic. cap. 1. Rupertum lib. 4. de Divin. offic. cap. 1. et 6. Rabanum lib. 2. de Instit. Cleric. cap. 34. Honorium August. lib. 3. cap. 23. Hugon. a S. Victore lib. 3. Observ. Eccl. cap. 10. Beletum cap. 78. Durandum lib. 6. cap. 23. 89. n. 1. De Septuagesima hæc accipe ex Cod. MS. S. Victoris Parisiensis :

A festo stellæ numerando perfice lunæ
Quadraginta dies, ibi Septuagesima fiet :
Et si bissextus fuerit, superadditur unus.

¶ **SEPTUAGESIMUS**, mendum esse videtur pro *Septenarius*, Vide in hac voce. Statuta Cadubrii cap. 6. f. 54. v° : *De provisione et salario sacerdotum.... Pro sepultura* XX. *sol. pro Septuagesimo sol.* XII. *pro trigesimo* XII. *habere et percipere debeatis.*

* **SEPTUARIUS**, Mensura annonaria, Gall. *Septier.* Charta Theob. comit. Campan. et reg. Navar. ann. 1269. ex Cod. reg. 9612. A. B. M : *Adjunxit cuidam vinario,*

quod habet apud Ulcheium, duos Septuarios bladi hyemalis. Vide supra *Septarius.*

* **SEPTUM**, Agger, quo aliquid continetur et includitur. Charta ann. 1336. in Chartul. eccl. Lingon. ex Cod. reg. 5188. fol. 105. r°: *Eadem domina.... faciat decenter et sufficienter refici et aptari Septa sive chauciam stanni prædicti, ita quod bene et sufficienter possit eadem chaucia aquam ejusdem stanni, sive ipsi stanno utilem et necessariam continere.* Hinc nostris *Seips* et *Sept*, pro *Haie*, Sepes. Lit. remiss. ann. 1382. in Reg. 121. Chartoph. reg. ch. 40: *Lequel print en un Seips ou haie un grant pal.* Aliæ ann. 1477. in Reg. 206. ch. 1132: *Icellui Berthelemy print ung gros baston en une Sept ou cloison.*

SEPTUN-CHUNNA, in Pacto Legis Salicæ tit. 80. Septingenti. Vide *Chunna.*

* **SEPTURA**, mendose pro *Sectura*, in Ch. ann. 1281. ex Chartul. eccl. Lingon. fol. 18. r°. Vide in *Secare* 2.

¶ 1. **SEPTUS**, pro Septunx, septem unciæ, apud Raban. de Computo.

¶ 2. **SEPTUS**, μάνδρα, in Gloss. Lat. Græc. Aliæ Gr. Lat.: Μάνδρα, *Septus, spelunca.*

** 3. **SEPTUS**, Sepimentum. Itiner. Alexandr. edit. Roman. cap. 46: *Haud in facili erat duplici Septu munitos accedere.*

¶ **SEPULCHRARE**, Sepelire, Sepulcro condere. Epitaph. Caroli Ducis Burgund. ann. 1476. inter Probat. lib. 5. Comment. Philippi *de Comines* pag. 224:

> Nunc dic Nanceios cernens ex æthere muros;
> A clemente ferox hoste Sepulchror ibi.

Ensepulcrir apud Poetas nostrates. Le Roman *de Rou* MS:

> En moustier Nostre-Dame, el costé vers midi,
> Ont li clair et li lai le cors Ensepulcri.

¶ **SEPULCHRUM** Septiforme, dicta Ecclesia super sepulcrum Christi constructa, in Charta Rodulphi Leod. Episc. ann. 1173. apud Miræum tom. 2. pag. 1179. col. 1: *Tali compacta ordinatione, quod fratres in honore septiformis Sepulchri, septem fratres sui Ordinis vel etiam alterius ibi instituerent, qui Domino ibi assidue deservirent.*

☞ Sepulcris cum Sanctorum, tum aliorum hominum insigniorum appensas olim fuisse columbas aureas et ligneas observat Mabillonius Liturg. Gallic. lib. 1. cap. 9. n. 16. Et quidem super tumulos Martyrum appendi solere docet Greg. Turon. lib. 1. de Glor. Mart. cap. 72: *Super Sepulcrum sanctum* (S. Dionysii) *calcare non metuens, dum columbam auream lancea quærit elidere, elapsis pedibus ab utraque parte, quia turritus erat tumulus, lancea in latere defixa, exanimis est inventus.* In sepulcris Nobilium eumdem morem apud Langobardos obtinuisse testis est Warnefridus lib. 5. cap. 34: *Si quis suorum, aut in bello, aut quomodocumque exstinctus fuisset, consanguinei sui intra sepulcra sua perticam figebant, in cujus summitate columbam ex ligno factam ponebant, quæ illuc versa esset, ubi eorum dilectus obisset.*

☞ Qua ratione vero defunctorum corpora in sepulcris poni consueverant apud antiquos, vide in *Bisomum.*

Sepulchrorum Violatores. Gloss. Lat. Græc.: *Sepulchri violator*, τυμβωρύχος. De iis agunt Lex Wisigoth. lib. 11. tit. 2. § 1. Edict. Theodorici cap. 110. Lex Salica tit. 17. 57. Bajwar. tit. 18. cap. 1. Alamann. tit. 50. Longob. lib. 1. tit. 12. [** Roth. 16. 15.] Capit. Caroli M. lib. 7. tit. 136. [** 192.] etc. Mortuos vero vestibus suis pretiosioribus indutos humo mandatos testantur S. Hieronymus lib. 2. Epist. 1. S. Ambrosius lib. de Nabuthe, Lactantius lib. 2. de Divin. Instit. cap. 4. Gregorius Turon. lib. 4. Hist. cap. 45. 46. 52. lib. 6. cap. 46. Gesta Francorum cap. 35. Monachus Engolism. cap. 14. Baldricus lib. 1. Chron. Camer. cap. 16. lib. 3. cap. 20. Baronius ann. 821. et 1099. n. 3. 5. 15. Surius ad ann. 1544. Filesacus lib. 1. Select. pag. 277. etc.

Sepulchrorum Custodes. Vide in *Custos.*

Sepulchri Officium Ecclesiasticum, quod ita celebrari solitum in Ecclesia Rotomagensi, post Matutinas, docet Ordinarius MS. ejusdem Ecclesiæ: *Finito tertio Responsorio, Officium Sepulchri ita celebratur. Tres Diaconi Canonici induti dalmaticis et amictis, habentes super capita sua ad similitudinem mulierum, vasculum tenentes in manibus, veniant per medium Chori, et versus sepulchrum properantes, vultibus submissis, dicant pariter hunc versum:* Quis revolvet nobis lapidem? *Hoc finito, quidam puer quasi Angelus indutus albis, et tenens spicam in manu ante sepulchrum dicat:* Quem quæritis in sepulchro? *Mariæ respondeant:* Jesum Nazarenum crucifixum. *Tunc Angelus dicat:* Non est hic, surrexit enim. *Et locum digito ostendens. Hoc facto, Angelus citissime discedat, et duo Presbyteri de majori sede, in tunicis, intus Sepulchrum residentes dicant:* Mulier, quid ploras? *Medius trium mulierum respondeat ita:* Mulier, quid ploras? quem quæris? *Medius mulierum dicat:* Domine, si tu sustulisti eum, dicito. *Sacerdos crucem illi ostendens, dicat, dicens:* Quia tulerunt Dominum meum. *Duo residentes dicant:* Quem quæritis, Mulieres? *Mariæ osculentur locum, postea exeant de sepulchro. Interim quidam Sacerdos Canonicus in persona Domini albatus cum stola, tenens crucem, obvians eis in sinistro cornu altaris, dicat:* Maria. *Quod cum audierit, pedibus ejus citissime se offerat, et alta voce dicat:* Cabboin. *Sacerdos innuens dicat:* Noli me tangere. *Hoc finito, Sacerdos in dextro cornu altaris iterum appareat, et illis transeuntibus ante altare, dicat:* Avete, nolite timere. *Hoc finito se abscondat, et Mulieres hoc audito lætæ inclinent ad altare, conversæ ad chorum, hunc versum cantent:* Alleluia, resurrexit Dominus, Alleluia. *Hoc finito, Archiepiscopus vel Sacerdos ante altare cum turibulo incipiat alte:* Te Deum laudamus, *et sine neupma finiatur, etc.*

* In eodem Ordinario ex Cod. reg. 1213. loco *Cabboin*, rectius legitur, *Rabboni*. Cætera, in quibus ii codices differunt, leviora sunt, quam ut illa exscribamus.

* Sepulcrum Reliquiarum, Locus altaris, in quo sacræ Reliquiæ reconduntur. Pontif. MS. eccl. Elnensis, ubi de consecratione altaris: *Item calx sive tegula trita ad faciendum cementum, pro liniendo Sepulcrum Reliquiarum et juncturam mensæ altaris cum stipite.* Ibidem: *Facit* (episcopus) *cum pollice singulas cruces de crismate in quatuor angulis confessionis seu foraminis, sive Sepulcri, in quo Reliquiæ debent reduci.*

¶ **SEPULCRETUM**, Sepultura, locus sepulcrorum. Monast. Anglic. tom. 1. pag. 23: *Ne.... Regumque et Præsulum Cantianorum per multa sæcula Sepulcretum oblivione obruatur.* Utitur Catull. carm. 60.

* **SEPULLARE**, *Saurenguar*, *Prov. Saurengua, sepullatum.* Glossar. Provinc. Lat. ex Cod. reg. 7657.

¶ **SEPULTARE**, Sepelire, apud Fortunatum lib. 8. Hymno de Vitæ æternæ gaudiis.

* Nostris *Sepulturer.* Charta ann. 1443. ex Chartul. Latiniac. fol. 199: *Se aucun voise de vie à trespassement, lequel il convienne Sepulturer et enterrer, etc. Ensepulturer* et *Ensepouturer*, eadem notione. Chron. S. Dion. tom. 8. Collect. Histor. Franc. pag. 326: *Loys li Baubes...... moult se hastoit, pour ce que il peust venir à temps à la Sepouture son pere, qui devoit estre mis à S. Denys, si com il cuidoit. Mais quant il sot que il estoit Ensepouturez en Lombardie, etc.* Charta Ludov. XI. ann. 1465. ex Chartul. S. Petri Carnot.: *Depuis sont trespassez plusieurs personnes,..... qui avoient esleu leur sépulture en ladite église, lesquels ainsi décédez, obstant ladite pollucion et interdiction, il a convenu inhumer et Ensepulturer ailleurs.*

* **SEPULTIO**, Sepultura, humatio. Vita S. Columbæ abb. tom. 2. Jun. pag. 223. col. 1: *Ex qua die incipies patri ministrare alia, in fine ejusdem septimanæ, mortuum sepelies. Sed post patris Sepultionem, etc.*

¶ **SEPULTOR**, Qui mortuos sepelit. Statuta Astens. Collat. 9. cap. 12. fol. 27: *Item* (juro) *quod aliquis mortuorum Sepultor non possit esse portator vini.*

* Glossar. Provinc. Lat. ex Cod. reg. 7657: *Sebelidor, Prov. Sepultor, humator.*

SEPULTORIUM, Θαπτήριον, in Gloss. Gr. Lat.

¶ **SEPULTUARIUS**, Sepulcralis. Vide *Cinerarium.*

SEPULTURA, Idem quod *Atrium*, et *Cœmeterium*, scilicet obventiones, quæ Sacerdotibus ob sepulturam contingunt. Nam olim *Cadavera defunctorum in basilicis sanctorum sepeliri* vetitum, in Concilio Braccarensi ann. 563. cap. 18. ubi Garsias Loaysa. Vetus Notitia in Tabulario Ecclesiæ Viennensis fol. 58: *Cum ergo illi Ecclesiam cum tertia parte decimæ, et Sepultura possiderent, etc.* Alia in Tabulario Monasterii S. Andreæ Viennensis: *Similiter dederunt Sepulturam, quam accipiebant de Ecclesia S. Petri de Aysin.* Alibi: *Donamus Ecclesiam et altare cum decimis, et Sepultura, et offerendis, etc.* Charta Archembaldi Dom. Burbonensis ann. 1217. pro libertatibus Villæ franchæ: *Et dederunt eis Ecclesiam et cemeterium, tali pacto, quod non posset cogere burgenses de Sepultura, neque de nuptiis ultra debitas consuetudines.* S. Anselmus lib. 4. Epist. 45: *Dicunt se frequenter vidisse in Ecclesiis, ad curam meam proprie pertinentibus, expulsis presbyteris, laicos altari adstantes, eleemosynam colligentes, Sepulturas, et quædam ad jus Sacerdotum pertinentia audacter usurpantes, etc.* Sed et pro aperienda, ut vulgo dicimus, terra, exactiones factæ, quod etiamnum obtinet apud nos, licet vetitum ab Ecclesia, ac præsertim Bulla Urbani PP. IX. apud Gariellum in Episcopis Magalonensibus pag. 402. 403 : *Abolendæ consuetudinis nimis abominabilis corruptelæ apud Montempessulanum vitium inolevit, ut videlicet decedentibus non prius permittatur effodi Sepultura, quam pro terra, in qua sepeliendi sunt, certum pretium Ecclesiæ persolvatur, etc.* Vide *Cœmeterium.*

* Quales fuerint olim ejusmodi obventiones, videsis supra in *Funeralia* 2.

☞ Quæ quidem exactiones ne in immensum crescerent, modum adhibuerunt non semel leges cum civiles, tum Ecclesiasticæ. Harum omnium instar sint Statuta Cadubrii cap. 6. fol. 54. v° : *Decernimus quod vos plebani, archidiaconi, vicarii et aliarum ecclesiarum rectores, pro salutari Pœnitentia quatuor sol. Pap. pro Eucharistia totidem habere et percipere debeatis, pro Oleo sancto sol.* XX. *pro Sepultura totidem, pro Septuagesimo sol.* XII. *pro Trigesimo* XII. *habere et percipere debeatis.* Vide *Judicium defunctorum.*

☞ Notandum videtur Statutum Augerii Episcopi Conseran. ann. 1280. quo cuivis presbytero præcipitur ut *initio sui presbyteratus vestes sacerdotales sibi fieri faciat cum quibus obitus sui tempore valeat sepeliri.* Eadem jubent Statuta Arnaldi Episc. Magalon. ann. 1339. inter Instr. tom. 6. Gall. Christ. novæ edit. col. 383 : *Monet omnes ut infra annum habeant breviarium, superpelliceum, almuciam sacerdotalem, vestem propriam qua sepeliantur.*

Sepultura Crucifixi, Sepulcri Jesu Christi imago et repræsentatio, quæ fieri solet in ædibus sacris die Parasceves. Vetus Charta in Monumentis Paderbonensibus pag. 134 : *Hæ autem parochiæ omnia jura parochialia habebunt, nisi quod crucem diebus dominicis, et in solennitatibus non ferent,.... in Parasceve Sepulturam Crucifixi non facient, etc.*

* Sepultura, Tumulus, lapis sepulcralis. Glossar. Provinc. Lat. ex Cod. reg. 7657 : *Soboutura, Prov. tumulus, Sepultura.* Testam. Joan. Franc. de Gonzaga Mantuæ march. ann. 1444. tom. 3. Cod. Ital. diplom. col. 1788 : *Item volo et mando quod corpus meum sepeliatur in ecclesia B. Francisci Mantuæ, et in Sepultura illustris quondam domini genitoris mei, mandans quod dicta Sepultura debeat tolli de columnis, super quibus est posita, et deponi in terra plana, a latere sinistro introeundo capellam.* Nostris *Sepouture* et *Sebolture.* Testam. Joan. dom. Insulæ ann. 1295. ex Chartul. Vallis N. D. : *Après je eslis et voudre avoir ma Sepouture en Val Nostre Dame.* Libert. villæ *d'Aigueperse* ann. 1374. in Reg. 198. Chartoph. reg. ch. 360 : *Homme ne femme de ladite ville et franchise ne y doivent* (au cimetiere) *rien paier de Sebolture, mais ce qu'il leur plaira tant seulement.*

Sepultura Asini, Extra cœmeterium, Sepultura excommunicatorum. Hugo Flaviniacensis in Chron. pag. 268 : *Extra cimiterium, absque officio Christiano debito, suo tamen jussu et petitione, Sepultura asini sepultus.* Vide *Imblocatus.* [** Haltaus. Glossar. German. col. 117. voce *Begraben aufs Feld* et col. 976. voce *Hundebegræbnis.*]

* Qui mortem sibi conscissebant, aut malefactores capite mulctati, sepultura cum psalmis et commemoratione in oblatione privabantur, ex Conc. Bracar. cap. 6. in vetustissimo Pœnit. MS. : *Placuit ut hi, qui sibi ipsis aut per ferrum, aut per venenum, aut per præcipitium, vel quolibet modo violenter inferunt mortem, nulla illis in oblatione commemoratio fiat, neque cum psalmis ad sepulturam eorum cadavera deducantur. Multi etiam per ignorantiam hoc sibi usurparunt. Similiter et de his placuit, qui pro suis sceleribus puniuntur.* Quæ sepeliendi ratio *Sepultura aggrestis* dicitur in Charta ann. 1217 ex Diplomat. Bajoar. apud Oefelium tom. 2. Script. rer. Boicar. pag. 103. col. 1 : *Qui* (Otto Palatinus) *reus læsæ majestatis, ausu videlicet temerario manus in Philippum regem mittere præsumpsit, diu aggrestæ Sepulturæ deputatus, multo tandem labore fratrum in Undensdorff, divino annuente suffragio, ecclesiasticam..... invenerit sepulturam.* Vide supra *Biothanati.*

* Debitoribus mortuis sepulturam prohibebant creditores, ut patet ex Lit. remiss. ann. 1386. in Reg. 130. Chartoph. reg. ch. 13 : *Jehan Gentil avoit destourné et empeschié à enterrer le corps de Eulart du Pire, pour cause que ledit Gentil disoit, que icellui Eulart lui estoit tenu en la somme de cinq franz d'or ou environ.*

¶ **SEPULTUROLA**, dimin. a Sepultura. Testam. Bertichramni Cenoman. Episc. apud Mabill. tom. 3. Analect. pag. 141 : *De rebus sanctæ basilicæ ditentur, ut melius eis delectet Sepulturolæ meæ impendere honorem, et sanctæ basilicæ deservire. Sepulturolum,* in Testam. ann. 690. apud Felibian. inter Probat. Hist. Sandion. pag. 11 : *Vel locum Sepulturoli mea si fuerit an non fuerit, in qua Germani meæ requiescunt.*

SEPUM, ita dicitur vulgo quod olim *Sebum*, i. adeps, pinguedo, axungia. Joh. de Janua. [Occurrit passim. *Lapis Sepi*, certum sevi pondus. Vide *Petra.* Charta ann. 1309. apud Ludewig. tom. 1. Reliq. MSS. pag. 261 : *Bonæ memoriæ Fryso in extremis religiosis viris fratribus in Dobirlug unum lapidem Sepi in remedium animæ suæ singulis annis donavit.... Præterea Henricus.... præfato conventui duos lapides Sepi allegavit.*]

¶ **SEQUA**. Tabular. S. Victoris Massil. : *Et ulterius pro bono civitatis quod in Massilia amodo esset una Sequa monetæ, ut erat antiquitus.*

* F. Tabula nummularia, Gall. *Change.* Charta Caroli IV. ann. 1322. in Reg. 61. Chartoph. reg. ch. 256 : *Super nonnullis criminibus, quæ commisisse dicebantur.... in facto monetarum,.... aurum et argentum, billonem et res alias prohibitas.... alibi quam in Sequis nostris vendendo, etc.* [** Italis *Zecca*, Officina monetaria.]

SEQUACES, Hæredes, posteri, successores. Tradit. Fuld. lib. 1. trad. 3 : *Post obitum hanc rem vos et Sequaces vestri ulterius habere firmissimam habentes potestatem.* Occurrit ibi crebrius. Vide *Secutores.*

* *Seganciers et parageurs*, in Inquisit. ann. 1413. ex Chartoph. reg.

Sequax, Sectator. Paulus Diac. lib. 1. Hist. Longob. cap. 26 :

> Nam pinxit apte lineas
> Vitæ sacræ Sequacibus.

Adde Regulam S. Fructuosi cap. 4. [Gloss. Lat. Gall. Sangerm. : *Sequax, Enseignable.*]

Sequax, Obediens, apud Sidon. lib. 7. Epist. 17.

Sequacitas, [Obsequium, observantia. Sidon. lib. 4. Epist. 11 : *Hinc etiam illi apud nos maxima reverentia fuit, quod non satis ferebat ægre pigram in quibuspiam Sequacitatem.*] Cyprianus in Vita S. Cæsarii Arelat. : *Tanta denique bona in se, largiente divina gratia, habuit, ut de audientium profectibus, et de discipulorum Sequacitate, et de virginum consecratione, ut non uno tantum sit merito coronatus.*

¶ Sequacitas, Celeritas. Idem Sidon. lib. 9. Epist. 9 : *Tribuit et quoddam dictare celeranti scribarum Sequacitas saltuosa compendium, qui comprehendebant signis, quod literis non tenebant.*

¶ Sequaciter, Ordinatim. Arnobius adv. Gent. lib. 2. pag. 49 : *Concludere acutissime syllogismos, ordinare Sequaciter inductiones suas, etc.*

¶ **SEQUALTALIA**, ἡμιολία, in Gloss. Lat. Græc. Ubi leg. ex viris doctis *Sesqualtera.*

* **SEQUARE**, pro Secare, in Charta ann. 1312. in Reg. 48. Chartoph. reg. ch. 88 : *Gentes ipsæ contra ipsos religiosos* (de Bono-portu) *dicebant, quod ipsi in haya sua .... aliquas fructiferas arbores vendere seu Sequari facere non poterant.* Rursum ibi.

1. **SEQUELA**, *Exemplum*, in Gloss. Isid. [Papias : *Sequela, mos, ritus, exemplum, institutum, consuetudo.* Gloss. Lat. Gall. Sangerm. : *Sequela, enseignement, coustume.*]

2. **SEQUELA**, Obsequium, ministrorum et famulorum cœtus, apud Petrum Blesensem serm. 43. [Gloss. Lat.Græc. : *Sequela*, ἀκολουθία. Hinc Frontinus lib. 2. cap. 4. *Sequelas* vocat servos militares : *Lixas calonesque et omnis generis Sequelas conclamare jussit.*]

* Gall. *Suite.* Charta ann. 1340. in Reg. 73. Chartoph. reg. ch. 294 : *Omnem pœnam seu pœnas capitales seu pecuniarias, quam quasve ratione cujusdam invasionis et vulnerum inde sequtorum in gentes stabilitæ seu Sequelæ nobilis et potentis viri domini Bertrandi de Insula.... remittimus.* Hinc *Prendre suite*, pro Alicui adhærere, aliquem sequi, in Lit. remiss. ann. 1451. ex Reg. 184. ch. 191 : *Le suppliant fut malcontent de ce que icelle fille Prenoit suite d'autres que de lui, et que il ne la trouvoit, quant il la vouloit veoir.*

¶ 3. **SEQUELA**, Consecutio, consequentia. Tertull. de Patient. cap. 5 : *Post mannæ escatilem pluviam; post petræ aquatilem Sequelam, desperant de Domino.* Lactant. de Mort. Persecut. cap. 5 : *Immortalitas non Sequela naturæ, sed merces præmiumque virtutis est.* Idem de Opific. Dei cap. 4 : *Mors Sequela morborum est.*

* Hinc *in Sequelam trahere*, nostratibus *Tirer à conséquence*, in Lit. Casimiri III. ann. 1455. inter Leg. Polon. tom. 1. pag.

1286 : *Promittimus tales fertones aut hujusmodi inconsuetus solutiones, ab ipsis expetitas aut datas, non in Sequelam trahere.*

¶ 4. **SEQUELA**, Opinio, sententia, suffragium. Adrianus de Veteri-busco de Reb. Leod. apud Marten. tom. 4. Ampl. Collect. col. 1267 : *Sed magistri, sedato tumultu, dixerunt, quod nemo recederet, sed in crastino super palatium quilibet diceret Sequelam suam.* Ubi in Diario idem Adrianus habet : *Quilibet diceret intentionem suam.* Ibidem infra : *Clamatum ad peronem quod nemo iret contra Sequelam palatii.* Rursum col. 1274 : *Super quibus propositis fuerunt multi tractatus. Multi nolebant facere prædictas allegantias, et dom. de Bierlo nolebat quod fierent, et dom. Bare et Razo prævaluerunt. Sequelæ non fuerunt portatæ super palatium, sed super consilium, et præceptum sub pœna capitis quod nullus aliquid inde revelaret.*

¶ 5. **SEQUELA**, pro *Squilla*, Tintinnabulum, campanula, in Inventar. ann. 1342. ex Tabul. S. Victoris Massil. Vide *Skella.*

¶ 6. **SEQUELA**, Diversis notionibus, vide in *Secta* 3. 4. et in voce *Huesium.*

* 7. **SEQUELA**, Dicitur de pullis equinis, vitulinis, aliisque animalibus, quæ matrem sequuntur. Charta Phil. Pulc. ann. 1303. in Lib. rub. Cam. Comput. Paris. fol. 222. r°. col. 1 : *Concedimus etiam usagium pasturarum in tota alta foresta Cuisyæ, ... pro equabus duodecim et eurum Sequela.* Inventar. ann. 1476. ex Tabul. Flamar. : *Et primo quindecim vaccas magnas, cum singulis Sequelis cuilibet ipsarum vaccarum.* Quod varie dixerunt nostrates. Charta ann. 1324. in Reg. 62. Chartoph. reg. ch. 169 : *Vint que poulins, que jumens et qu'estalons, avec les Sigans desdites jumens..... Et est assavoir que sitost comme les Sigans desdites jumens seront angié, que il puissent vivre sans leurs meres, etc.* Alia ann. 1341. in Reg. 73. ch. 339 : *Deux bestes de séjour, avec leur Seguence de lait.* Lit. Phil. ducis Aurel. ann. 1361. in Reg. 124. ch. 357 : *Ouquel usaige.... peuent metre et avoir dès la feste S. Michier jusque au jour de Noel, une truye et sa Signance d'une leciere née depuis le Noel précedent, ou deux pourceaulx tant seulement.* Charta ann. 1391. in Reg. 141. ch. 109 : *Douze beufs ou vaches et douze pors, avec leurs Suyans.* Alia ann. 1411. in Reg. 165. ch. 220 : *Avoir en pasturage sept jumens et leurs Suivans, dix vaches et leurs Suivans.* Lit. remiss. ann. 1477. in Reg. 206. ch. 1119 : *Si avoit mis en icellui pré ses deux beufz, une vache avecques son Suivant.* Vide in *Secta* 4. et infra *Sequentes.*

* 8. **SEQUELA**, Rei cujuslibet appendix, accessio, idem quod supra *Secta* 12. Gall. *Suite, dépendance,* alias *Sequelle, Signance* et *Singance.* Libert. Brianc. ann. 1343. tom. 7. Ordinat. reg. Franc. pag. 725. art. 8 : *Concessit dictus dominus dalphinus omnia jura sibi competencia et competitura in laudimiis, terciis,... Sequelisque eorum.... Laudimia, tercia, tresczena, vincena, mutagia, fidencias, pasqueyragia et Sequelam omnium præmissorum. La Singnance des mareschaussées ; vingt trois sols, neuf deniers maille,* in Ch. ann. 1281. ex Chartul. S. Steph. Autiss. Charta ann. 1315. in Reg. 53. Chartoph. reg. ch. 100 : *Lesquiex* (dix livres) *il disoit avoir acoutumé panre..... avec les coustumes dessusdites à Courgenay,.... pour cause des Signaces desdites coustumes.... Disme, terrage, coustumes, Signances, corvées, etc.* Lit. remiss. ann. 1395. in Reg. 139. ch. 151 : *Icellui Hennequin demanda audit curé sa houppelande, au suppliant sa courroye et les Sequelles, et ausdiz Simonnet et Henriot et Jehan Denis pareillement leurs couroyes et les Sequelles, etc.* Vide *Sequentia.* 3.

* 9. **SEQUELA** Peregrinorum, Emolumentum, [quod ex benedictione peræ, baculi peregrinorum, sacerdoti obvenit. Charta Petri archiep. Senon. ann. 1213. ex Chartul. Maurign. ch. 91 : *Sequela peregrinorum capicerii est, exceptis festis prænominatis. Oblationes peregrinorum prioris erunt.* Vide supra *Secta* 13.

* 10. **SEQUELA**, Jus persequendi bona mobilia delinquentium et ea obtinendi. Charta ann. 1257. in Lib. 1. nig. S. Vulfr. Abbavil. fol. 19. r° : *De Sequela vero, super qua inter nos similiter contentio vertebatur, taliter duximus ordinandum, quod dicti decanus et capitulum* (S. Vulfranni) *nobis priore et conventu* (S. Petri) *volentibus et consentientibus, per totam terram vicecomitatus nostri prædictam Sequelam habebunt bonorum mobilium delinquentis in terra vicecomitatus aut dominii ipsorum, in illis quinque diebus Pentecostes.*

* 11. **SEQUELA** Decimæ, Jus exigendi decimam ex agris alterius territorii, cum a suis hominibus coluntur. Locus est supra in *Decimæ.*

* **SEQUELLA**, pro, *Squilla*, Tintinnabulum, campanula. Constit. Carmelit. MSS. part 2. rubr. 5 : *Faciant inventaria nova coram fratribus supradictis, et ponant in archa communi sub dicta pœna, scilicet suspensionis ab officii executione et Sequellæ.... Tenetur prior facere præsertim pertinentia ad Sequellam chori, capituli et refectorii.* Vide *Sequela* 5. et *Skella.*

¶ **SEQUENTER**, Continenter, Gall. *Tout de suite.* Lex Alaman. tit. 97. § 5 : *Nisi homicida suus ei in curte aut in casa fugerit, et pro ipso nullus offert justitiam, si Sequenter ipsum currit, hoc non est ad requirendum.*

¶ Sequenter, Exinde, Gall. *Ensuite.* Vita MS. S. Wenwaloei fol. 107. v° : *Faciamus ergo quod Sequenter propheta acturum se esse promittebat, dicens : Confitebor tibi, Domine, quia terribiliter magnificatus es.*

¶ **SEQUENTERIANUS.** Vide *Sequentrianus.*

* **SEQUENTES**, Pulli equini, vitulini et alii qui matrem sequuntur. Chartar. Norman. ex Cod. reg. 4653. A. fol. 90 : *Ad pasturam ad viginti vaccas et suos Sequentes et ad sexdecim boves per forestam.* Vide supra *Sequela* 7.

1. **SEQUENTIA**, Canticum exultationis, quæ et *Prosa* dicitur, sic appellatum, *quia pneuma jubili sequitur,* inquit Durandus lib. 4. cap. 21. Ordo Romanus, et Alcuinus lib. de Divin. Offic. : *Sequitur jubilatio, quam Sequentiam vocant.* Observat idem Durandus *Sequentias* a Notkero Abbate S. Galli primum compositas, et Nicolaum PP. ad Missam cantari præcepisse, [quod de Nicolao II. accipiendum opinatur Papebrochius.] Huc spectant, quæ habet Eckehardus de Vita B. Notkeri Episcopi Saltzburg. cap. 17 : *Sequentias, quas idem pater sanctus fecerat, destinavit per bajulum urbis Romæ Nicolao.* Cap. 18 : *Sequentiam dico, quæ est de Spiritu sancto : Sancti Spiritus assit nobis gratia.* Bromptonus de Roberto Rege Franc. : *Hic Robertus Rex fecit Sequentiam illam de festo Pentecostes, quæ sic incipit : Sancti Spiritus assit nobis gratia.*

☞ Johannes Adelphus *Sequentias* commentariis suis illustratas edidit Argentinæ ann. 1513. Binas composuit Albertus Magnus, unam de Trinitate, alteram de Ascensione. Utraque exstat in Missali Prædicat. Paris. ann. 1519. excuso.

Sequentiæ, *quas Metenses vocant*, apud Eckehardum junior. de Casib. S. Galli cap. 4.

Sequentiarius, Liber, seu Codex, in quo continentur *Sequentiæ.* Eckehardus junior de Casibus S. Galli cap. 11 : *Quidam fratrum Ecclesia egressus Sequentiarium manu ferebat, quem illi assumentes in sequentia diei Notkerum Balbulum laudant.* Acta Murensis Monasterii pag. 10 : *Antiphonarium, partem de Graduali, Sequentiarios* 4. Alibi : *Tres Antiphonarii, ex quibus unus musice notatus est, et decem Sequentinarii.* Sed legendum *Sequentiarii*, aut *Sequentionarii*, ut habetur pag. 33. [*Sequentionarius* rursum occurrit in Catalogo libr. Canoniæ S. Nicolai Patav. apud Bern. Pezium tom. 1. Anecd. in Præfat. pag. LII : *Unus gradualis liber, unus Sequentionarius cum tropis, etc.*]

¶ Sequentialis, Eadem notione, apud Schannat. in Vindem. Litter. pag. 8 : *Missales specialiter cum orationibus sex, et septimus cum gradualibus et Sequentiali... Sequentiales undecim, capitulares quatuor, etc.*

¶ 2. **SEQUENTIA**, Comitatus, Gall. *Suite.* Vita B. Mariæ de Malliaco, tom. 3. Mart. pag. 744 : *Affuit quidam juvenis ex regali Sequentia, qui statum ejus aspiciens, etc.* Mirac. S. Vincentii Madelgarii tom. 3. Jul. pag. 679 : *Mansitabat etiam inibi aliquandiu cum uxore et natis, illa videlicet suæ paupertatis Sequentia, et quanto diutius, tanto cum majore fiducia.* Ubi *Sequentia*, si ad uxorem referatur, Comitem, sociam sonat.

¶ 3. **SEQUENTIA** Avenarum, Præstatio quæ in avenis exsolvitur, in Cod. censuali Episcop. Autissiod. an. circ. 1290. Vide *Avenagium* 1.

* 4. **SEQUENTIA**, Salarium, quod canonicis, qui processioni vel officio intersunt, conceditur. Ordinar. MS. eccl. Camerac. fol. 96. r° : *Processio nostra pergit ad Sanctam Crucem,.... et ibi ad missam lucrabuntur domini nostri suam Sequentiam.* Vide mox *Sequi chorum.*

¶ **SEQUENTIALIS**, Sequentiarius. Vide *Sequentia* 1.

SEQUENTRIANUS, Qui optimum excipit, mediæ conditionis, vel medii pretii. Lex Alamann. tit. 75 : *Si quis in vaccaritia legitima, ubi sunt 12. vaccæ vel amplius,* *tantum ex ea involaverit, vel occiderit*, 13. *sol. eum solvat, aut qualecumque armentum de ipsa vaccaritia involatus fuerit, secundum qualitatem eum solvat : illam optimam vaccam* 4. *tremesses appreciare : illam aliam Sequentrianam sol.* 1. *illa alia minuta animalia secundum arbitrium adpretientur.* Editio Heroldi [quam secutus est Baluzius,] habet *Sequenterianam*.

¶ **SEQUERTA**, f. Comitatus, Gall. *Suite.* Statuta Vercell. lib. 3. fol. 87. v°. : *Quod autem capitulum addatur in scripto Sequerte villarum.* Ibidem lib. 4. fol. 116. v° : *Item si quis de civitate vel districtu Vercellarum juraverit maliciose non facere Sequertam Potestati, solvat pro banno libras decem Pap.*

1. **SEQUESTER.** Testamentum Ælfredi Regis Angl. : *Insuper do Æthelfredo Principi militiæ meæ unum gladium, et* 200. *marcas; et meo Sequestri, cum quo jam Pascha imminens pactum firmavi, do* 200. *libras, ut ipse det et distribuat inter omnes illos, ubi placitum est sibi subire sepulcrum, etc.* Vide in *Equester.*

¶ 2. **SEQUESTER**, Imitator, discipulus. Johan. Blakman. de Virtut. Henrici VI. Reg. Angl. pag. 303 : *Aliasque injurias complurimas, ut verus Christi Sequester, patienter toleravit.* Hinc

¶ Sequester, Pullus, quod matrem sequitur sic dictus. Charta ann. 1490. ex Schedis Præs. *de Mazaugues : Nullum animal.... audeat intrare... excepto animali de basto, quibus facultas depascendi... cum eorum Sequestre unius anni et non ultra.* Alia ann. 1509. ex iisdem Schedis : *Quæcumque animalia aratoria, sive sint bovina, vaccina, cavalina, mulatina, sive asinina,... et sex vaccas cum suis Sequestris duorum annorum, vel circa.* Vide in *Secta* 4.

¶ 3. **SEQUESTER**, f. Filius extra domum paternam sepositus et educatus, cujus idcirco ortus dubius est. Compend. benefic. Exposit. fol. 46 : *Dubitatur vero de excommunicatis, naturalibus, Sequestris, spuriis, legitimatis, collateralibus;* (scilicet qui ecclesiæ benefecerint, an patroni esse possint) *sed benignum est eos omnes admittere.*

¶ **SEQUESTRARE**, Separare, seponere, Gallice *Sequestrer, mettre à part.* Capitul. Caroli Mag. de Villis § 55 : *Volumus ut quicquid ad nostrum opus judices dederint, vel servierint, aut Sequestraverint, in uno brevi conscribi faciant.* Chron. Andr. Danduli ad ann. 1142. apud Murator. tom. 12. col. 504 : *Nos prædictus Joannes Polano Castellanus episcopus una cum tota nostra ecclesia Sequestramus, et cum Juda traditore in inferno damnamus.* Utuntur etiam Macrob. Saturn. lib. 7. cap. 11. Ammian. lib. 18. cap. 1. lib. 20. cap. 7. Occurrit præterea apud Kennet. Antiquit. Ambrosd. pag. 483. Marten. tom. 4. Anecd. col. 197. et alibi passim. *Sequestratis minoribus*, id est, exceptis, in Cod. Theod. leg. 4. tit. de Censitor. (13, 11.)

¶ Sequestrare, Deponere. Tertull. de Resurr. carnis cap. 26 : *Corpora medicata mausoleis et monumentis Sequestrantur.* Prudent. Hymno exsequiar. v. 127:

.... Hominis tibi membra Sequestro.

¶ Sequestratim, Separatim. Cassiodor. lib. 11. Epist. 1 : *Quæratis forsitan Sequestratim principis bona.* Occurrit etiam in Vita S. Eugendi tom. 2. Jan. pag. 54.

¶ Sequestratio, Separatio, in Capitul. lib. 6. cap. 409. et lib. 7. cap. 141. Adde leg. unic. Cod. *De prohibita Sequestratione] pecuniæ*, (4, 4.) et S. Ambros. de Spiritu S. lib. 1. cap. 1.

¶ Sequestratorium, Locus, ubi aliquid deponitur. Tertull. de Resurr. carnis cap. 52 : *Seminibus Sequestratorium terra est, illic deponendis et inde repetendis.*

¶ Sequestrarius, Ad *Sequestrum*, seu depositum spectans, apud JC.

¶ Sequestrum, Depositum, vox JC. familiaris. Correct. Statut. Cadubrii cap. 98 : *Mandamus quod omnes mutarii, hospites et quæcumque aliæ personæ cujuscumque conditionis teneantur et debeant acceptare et recipere Sequestra omnia, quæ in manibus eorum præsentata et facta fuerint sine aliquo præmio vel solutione.* Occurrit etiam non semel pro scripto quod de sequestratione conficitur.

¶ Sequestrum, Separatio. Longinus in Vita B. Kingæ tom. 5. Jul. pag. 741 : *Hæc dierum processu in quatuor pecies divisa, majorem afflictionem ægræ per singulos dies post hujusmodi apostemationis Sequestrum efficiebat.*

SEQUESTRATOR Sacri Palatii. Ottonem Rufum Imper. in colligendo Jure Wichbildico usum esse opera Burchardi a Mangefeld, *Sequestratoris Palatii*, scribit Glossa ad art. 10. et 139. in fine Wichbild. Quod officium pro *Cancellarii* munere accipiunt Crantzius lib. 1. Saxon. cap. 21. Brotuff. lib. 1. Chron. Merseburg. cap. 10. et Coler. in orat. de jure Saxon. Vide Gloss. med. Græcit. in Μεσίτης, et in Μεσάζων.

☞ Certe apud Episcopos Anglicanos qui *Sequestratores* perinde habuerunt, alius fuit *Sequestrator* a Cancellario, ut colligitur ex Charta ann. 1317. apud *Madox* Formul. Anglic. pag. 11 : *Data et acta.... in præsentia magistri Roberti de Weston Cancellarii nostri, dompni Ricardi de Dolaby Sequestratoris nostri, etc.* Testam. ann. 1322. ibid. pag. 432 : *Probatum fuit præsens testamentum coram nobis Johanne Langthorn. R. in Christo Patris et domini, D. Henrici Dei gratia Wyntoniensis Episcopi commissario et Sequestratore generali, approbatum, insinuatum, legitimeque pronunciatum pro eodem.*

¶ **SEQUI**, Persequi aliquem in judicio. Leges Normann. apud Ludewig. tom. 7. pag. 291 : *Viri autem de maleficiis uxoribus suis illatis Sequi possunt in omnibus casibus supradictis, et eas defendere, si fuerint appellatæ.* Charta ann. 1288. apud Kennett. Antiquit. Ambrosd. pag. 313 : *Et Gilbertus de Thornton qui Sequitur pro Rege dicit, quod, etc.* Inquesta ex Tabulario B. Mariæ de Bono nuntio Rotomag. : *Dicit quod vidit quemdam hominem.... Sequentem quemdam hominem... in assisiis dictorum Religiosorum apud Beccum.* Ibidem : *Et parentes mortui secuti sunt dictum clericum coram dicto justiciario.* Vide *Secta* 4. et *Secutor.*

* Sequi Chorum, Officiis divinis interesse. Constit. Carmelit. MSS. part. 1. rubr. 8 : *Fratres quoque hospites, in quocumque conventu fuerint, post primam diem Sequantur chorum de die, et teneantur dicere missas.* Vide *Sequentia*, 4.

* Latinum *Sequi* varie nostri reddiderunt. *Sigre*, in Lit. Rob. ducis Burg. ann. 1282. tom. 4. Ordinat. reg. Franc. pag. 381. art. 7. *Segre*, in Lit. Phil. VI. ann. 1346. tom. 2. earumd. Ordinat. pag. 349. art 19. *Seuigre*, in Libert. villæ *de Grancey* ann. 1348. tom. 9. earumd. Ordinat. pag. 161. art. 7. *Sievyr*, in Ch. ann. 1364. ex Chartul. M. nig. Corb. fol. 113. *Suir*, in Annal. regni S. Ludov. edit. reg. pag. 265. *Sivre*, in Vita ejusd. reg. ibid. pag. 315.

* **SEQUIA**, Canalis, per quem aqua decurrit. Charta pro incolis de Stagello ann. 1331. in Reg. 69. Chartoph. reg. ch. 174 : *Berengarius de Petra pertusa..... pronuntiavit, quod homines de Stagello.... haberent totam aquam recipere rivi sive fluminis Ayglini,.... et facerent Sequiam seu Sequias, seu resclausam a loco prædicto inferius ubicumque vellent.* Vide infra *Seriola.*

* *Sequillon*, Ramusculus exsectus, in Lit. remiss. ann. 1384. ex Reg. 125. ch. 144 : *Lequel signifiant...... prist à sa defense un petit baston, appellé Sequillon de tremble.*

¶ **SEQUIENTES**, τὰ ἑξῆς, in Gloss. Lat. Gr.

* 1. **SEQUIMENTUM**, Statum, quod executioni mandari debet, ab Italico *Seguire*, pro *Eseguire*, exequi. Charta ann. 1218. apud Murator. tom. 4. Antiq. Ital. med. ævi col. 411 : *Consilium Mantuæ civitatis..... fecit in breve Sequimenti Mantuæ civitatis, priusquam faceret Sequimentum, scribi et legi in eodem consilio quoddam capitulum renovandi sacramenta societatis factæ inter Mutinenses et Mantuanos, etc.*

* 2. **SEQUIMENTUM**, Comitatus, custodia, Ital. *Seguimento*, Hisp. *Seguimiento.* Charta ann. 1290 : *Ordinaverunt quod omnes et singuli milites cavallatores communis Florentiæ, electi et inventi ad Sequimentum et pro Sequimento felicis et victoriosi insignis regalis communis, qui et quot electi et deputati fuerunt ad Sequimentum et custodiam regalis banderiæ,.... debeant esse et sequi egregium virum, qui dictum insignem portabit, et commorari sub ipso insigni.*

3. **SEQUIMENTUM.** Vide supra in *Sega.*

SEQUIPES, Qui alium sequitur, Pedissequus. Anastasius in S. Hadriano pag. 103 : *Unde ego Sequipedes vestros dirigere studebo meos missos ad eumdem vestrum Rege , etc.* In S. Zacharia pag. 77 : *Egressus de Ravennatium urbe, in finibus Longobardorum ingressus, Sequipes factus est suis Missis.* Et pag. 86 : *Conjungens vero Christianissimus Pipinus Francorum Rex, Sequipes etiam ejus et antefatus beatissimus Papa factus usque ad muros civitatis Papiæ utrique pervenerunt.* [Chr. Anonymi Salernit. apud Murator. tom. 2. part. 2. col. 201 : *Conjungens vero Beneventanorum princeps Grimoald, Sequipes etiam ejus antefatus Radelchis, etc.* Guido in Prologo ad Discipl. Farf. : *Pater vero Hugo, Sequipeda ejus effectus in regali cœnobio, etc.*] *Canis sequipeda*, apud Joan. Sarisber. lib. 1. Policrat. cap. 13. Vide eumdem lib. 3. cap. 6.

SEQUIPEDES, Sectatores, sequaces, discipuli, etc. Acta SS. Juliani et Basilissæ in Præfat. : *Ut per angustam viam eorumdem Sanctorum valeamus Sequipedes esse.* Habetur rursum ibidem cap. 1. et 7. Diurnus Romanus cap. 2. tit. 9 : *Ut vere eorum discipulus et Sequipeda.* Vita S. Sulpitii Pii Episc. Bitur. cap. 6 : *Addebat etiam Beati Sequipeda, etc.* [Translat. S. Æmiliani inter Conc. Hisp. tom. 3. pag. 216 : *Cujus religionis dum quondam beatissimum Æmilianum Sequipedam verissime reperiret, etc.*] Occurrit præterea hac notione in Concilio Aurelian. V. can. 3. et Turon. II. can. 22. apud S. Eulogium lib. 1. Memor. Sanctor. lib. 2. cap. 1. et 10. in Epistola 73. inter Francicas tom. 1. Histor. Franc. apud Rabanum Maurum lib. 1. de Instit. Cleric. cap. 3. Carolum M. lib. 2. de Imaginibus cap. 27. Joan. Sarisb. lib. 2. Policrat. cap. 18. etc.

¶ **SEQUITAS**, παρεδρία, σπουδή, ἐπιείκεια. Gloss. Lat. Gr. *Æquitas, diligentia*, in Amalth.

¶ **SEQUITIO**. Vide supra in *Sega*.

¶ 1. **SEQUITUS**, Via, quam quis sequitur. Hist. Cortusior. lib. 2. apud Murator. tom. 12. col. 809 : *Ita quod Ugutio ignorabat Sequitum domini Canis, quia dom. Canis descenderat stratam versus Ronchaittum causa videndi dictum passum.*

* 2. **SEQUITUS**, Ital. *Seguito*, Comitatus. Chron. Patav. ad ann. 1220. apud Murator. tom. 4. Antiq. Ital. med. ævi col. 1129 : *Bertoldus Aquilegiensis patriacha factus fuit civis Paduanus,.... et quod annuatim mittere debuit xij. milites de majoribus et melioribus suarum terrarum Paduam, ad jurandum Sequitum potestatis Paduæ, etc.*

* **SEQUTA**, Actio in jure, qua quis alium sequitur. Vide supra *Secuta* 1.

* **SEQUTIVE**, Consequenter. Charta ann. 1441. inter Probat. tom. 3. Hist. Nem. pag. 264. col. 2 : *Ipsa logia recta et gubernata semper fuerat per dictam comunitatem civitatis Nemausi, et Sequtive nullum jus pertinere domino nostro regi in eadem.*

* **SEQUUS** vel Sequs, Siccus. Charta ann. 1334. ex Tabul. D. Venciæ : *Item quod nulla persona, privata vel extranea, scindat aliquam arborem viridam, nec Sequam in deffensis.*

¶ **SEQUUTA**, ut *Sega*. Vide in hac voce.

¶ **SEQUUTULEIA** Mulier, Quæ virum appetit, et sectatur, ex Petr. Comm. in Amalth.

SER, Dominus, quæ vox præponitur nominibus appellativis apud Italos : efformata, ut videtur, ex Græco κύριος, seu, ut recensiores Græci efferunt, κῦρος, unde nostri *Sire*, Itali *Messer*, nostri etiam *Messire*. Vita B. Torelli Papiensis n. 24 : *Ipse Notarius, qui vocabatur Ser Aloysius.* Occurrit ibi pluries. [Charta ann. 1373. apud Lobinell. tom. 3. Hist. Paris. pag. 487 : *Acta sunt hæc apud villam S. Antonii, Viennensis diœcesis,... præsentibus discretis viris... Ser Nicolao, Ser Andreæ de Pistoyo, et pluribus aliis fide dignis.* Italis vero *Ser* idem sonat quod nostris *Maitre*, ubi de opificibus sermo est.] Vide *Siriaticus*.

¶ 1. **SERA**, Vespera, Gall. *Soir*, Gloss. Lat. Græc. *Sera*, ἑσπέρα. Regula S. Benedicti cap. 41 : *Ad Seram cœnent.* Adde Regul. Magistri cap. 25. et 53. Vita S. Heriberti tom. 2. Mart. pag. 474 : *Deinde navi invectus Rheno Coloniam transportatur, et in multa Sera perveniens, etc.* Vide *Serale* 2.

* Nostris *à Seri*, Sero. Chron. MS. Bertr. Guesclini :

Lui sisiesme sans plus y entra à Seri.

* Hinc *Series* nuncupati a rusticis, puellarum serotini coventus, in quibus lanificio una vacant. *Scerie*, in Lit. remiss. ann. 1380. ex Reg. 118. Chartoph. reg. ch. 44 : *Et il soit ainsi que ledit Vincent fust alé une foiz esbatre à la Scerie, là où il avoit pluseurs baisselettes, qui filloient de nuit, etc.* Vide *Gynæceum*, et supra *Hora seralis*.

¶ Sera, Occidens, in Charta ann. 962. apud Murator. delle Antic. Estensi pag. 140 : *Da tercia parte da medio die tenente in ipso fluvio Padi, da quarta parte da Sera de consortis, seu quod alii sunt affines.* Vide *Sero*.

¶ 2. **SERA**, Mensa, ut videtur. Chron. Estense ad ann. 1302. apud Murator. tom. 15. col. 349 : *Item* (dom. Marchio præsentari fecit) *super quadam Sera cinturas multas argenti, item in manibus domicellorum suorum portari coppas argenti et perlarum.*

¶ Sera, *Remoratrix*. Gloss. vett. edit. ubi Sangerm. habent *demoratrix*. Vide *Seritas*.

Sera Virginitatis. Vide *Devirginare*.

¶ **SERABAITÆ**, Hæretici Valdensium sectarii, sic dicti quod ut Sarabaitæ Monachi per urbes et castella vagantes proprio arbitratu vivebant. Vide *Sarabaitæ*. Articuli probat. contra fr. Ubertin. tom. 1. Miscell. Baluz. pag. 295 : *Sanctitas etiam vestra in Constitutione quam fecit contra sectam Serabaitarum, quæ incipit* Gloriosum, *errorem Serabaitarum, qui dicebant Ecclesiam Romanam carnalem et meretricem magnam et auctoritate et potestate privatam, damnat, non sicut novam hæresim, sed sicut hæresim Donatistarum et Manichæorum ac Valdensium, et mandat eos sicut hæreticos capi et puniri.* Ibidem pag. 298 : *Et Inquisitores hæreticæ pravitatis contra Serabaytas et Beginos dictos errores tenentes tamquam contra hæreticos processerunt, et eos propter istud extremo judicio tradiderunt curiæ seculari.* Vide *Beghardi* et *Bulgari*.

SERABARA, Serabula. Vide *Sarabella*.

* **SERABOLA**, Serabula, Braccæ. Vide supra *Saraballa*. Glossar. Provinc. Lat. ex Cod. reg. 7657 : *Serabulla, bracœ, brayas, Prov.* Charta ann. 1227. apud Murator. tom. 2. Antiq. Ital med. ævi col. 904 : *Duas camisias et duas Serabulas, etc.* Stat. Eugen. IV. PP. ann. 1443. pro comit. Venaiss. cap. 79. ex Cod. reg. 4660. A : *Unaquæque persona Christiana vel Judæa, quæ bonorum vellet facere cessionem,.... spoliet se usque ad camisiam et Serabolam ;.... et quod in camisia et Serabola eundo cum præcone tubam portante, ante curiam præconizetur.*

SERACIUM, Serum lactis. Acta Murensis Monasterii pag. 54 : *Quicumque caldarium illuc præstiterit, quamdiu ejus caldarium habent, singulis annis dabunt ei Seracium, et octo caseos.* Occurrit etiam alio loco. [Statuta Vercell. lib. 3. fol. 76 : *Formagiarii et alii revenditores... non emant nec emere faciant pro eis... caseum vel Seracium, capones, etc.* Ibidem lib. 7. fol. 159 : *Item statutum est quod de caseo, Seracio, etc.*] Vide *Sester*.

¶ **SERACULA**, Sera minor. Guidonis Discipl. Farf. cap. 48 : *In promptuario nam que habeat locum constitutum ubi panes coadunet sub Seracula, in refectorium portandum per se vel submissam personam decretis horis, etc.*

* **SERAESA**, pro *Cerevisia*, ni fallor. Charta Caroli C. ann. 23. regni ejusd. in Chartul. S. Dion. pag. 65. col. 2 : *De Simpliciaco etiam in Cinnomanico sita,..... de speltum odia nonaginta ad Seraesam faciendam.*

¶ **SERAGARENTIUM**. Acta S. Philippi Episc. Adrianop. tom. 4. Analect. Mabill. pag. 144 : *Tunc Justinus trahi eum vinctum pedibus jussit. Qui acceptis tot silicum offensione vulneribus, et per singula corporis membra laceratus, rursus ad carcerem fratrum manibus reportatur. Sed paullo post admodum Seragarentium contulerunt.* Vocem mendosam esse asterisco significavit Mabillonius : videtur tamen ea designari medicamentum aliquod quo vulneribus Philippi consuluerunt fratres.

¶ **SERAGIUM**, Claustrum, inclusio. Correct. Statut. Cadubrii cap. 127 : *Mandamus ac jubemus quod si contigerit aliquem transducere nuptam suam quæ fuerit vidua, non possint nec debeant aliqui facere Seragium, vel impedimentum aliquod, aut claudere viam, sed libere eos dimittant, etc.* Vide mox *Serale* 1.

¶ 1. **SERALE**, Serrale, Angustiæ et claustra itineris, vel montium. Chronic. Andr. Danduli ad ann. 1404. apud Murator. tom. 12. col. 519 : *Inde Veneti crearunt in eorum Imperatorem Paulum Sabellum, qui ductor in his castris erat, et auctor fuerat præcipuus transeundi Seralia hostilia.* Jacobus Delayto in Annal. Estens. ad ann. 1404. apud eumd. Murator. tom. 18 col. 994 : *Dominus Paduæ hoc præsentiens, cum omni exfortio gentis suæ ac subditorum suorum militavit, et se opposuit ad Serralia sua versus fines Vicentiæ, unde erat conceptus Facinus territorium ingredi Paduanum. Ibi multis diebus moliente Facino transire Serralea, etc.* Vide *Serra* 2.

¶ 2. **SERALE**, ut *Sera* 1. Vespera. Arestum Parlamenti ann. 1472. ex Tabul. Sangerm. : *Idem, de non eundo de nocte absque lumine post grossum Serale.* Galli dicimus *Nuit fermée*.

* Lit remiss. ann. 1378. in Reg. 112. Chartoph. reg. ch. 230 : *Prædicti exponentes euntes per villam Matisconensem de nocte post horam Seralis causa spatiandi, etc.*

¶ **SERALHA**, Sera : *Seralherius*, Serarius. Vide infra in *Serralherius*.

* **SERALIA**, Sera, id quo aliquid occluditur. Stat. Mantuæ lib. 1. cap. 98. ex Cod. reg. 4620 : *Si quis habuerit domum et hortum, curiam vel aream, contiguum vel contiguam domui vel horto, curiæ vel areæ vicini sui, et suis expensis Seralias fecerit et tenuerit inter suam et vicini domum; talis vicinus, cujus expensis propriis Seralia non est facta, teneatur et debeat expensis propriis hortos et curiam vel aream tenere clausos pro mensura, quanta fuerit Seralia*

domus prædictæ, de Seralis competentibus.

* **SERALIUM**, Serallium, Vallum, septum, munitio, Ital. *Serraglio.* Statuta jamjam laudata cap. 82 : *Capitanei et custodes portarum et Serralliorum civitatis Mantuæ, statim cum audierint pulsare bottos, ... teneantur et debeant rastellos claudere, et neminem extra civitatem exire permittere.* Lit. Caroli IV. imper. ann. 1355. tom. 2. Hist. Trevir. Joan. Nic. ab *Hontheim* pag. 186. col. 2 : *Item Barnabas restituit et deoccupavit Seralium Mantuanum, quod Rosengarte dicitur.... Pons Burgi-fortis et Seralium poterunt reparari.*

¶ **SERAMEN**, Semen, quidquid seritur. Charta Alisiæ dom. de Tilleyo ann. 1262. ex Tabul. Pontisar.: *Pacifice gaudeant monachi S. Martini Pontisarensis tam de Seramine et grano, quam de omnibus aliis ferragiis ubicumque voluerint circumferendis.* Neque alia notione accipienda videtur vox *Sermoison* inter onera Abbatis S. Claudii ex ejusd. Monast. Statutis pag. 60 : *Ad idem officium* (sacristæ) *pertinere declaravit decimas canaborum, necnon decimas Sermoison, atque certarum terrarum et possessionum, etc.* Nisi sit grani species. Vide *Serimen.*

* In charta ann. 1262. *Stramen* legendum prorsus existimo; *Sermoison* vero nomen esse loci opinor.

¶ **SERAMPELINÆ** Vestes, *sunt vestes inveteratæ.* Gloss. ad Doctr. Alexandri de Villa-Dei. Vide *Serapellinæ.*

SERANTA, pro *Saranta*, Quadraginta, ex Græco vulgari σάραντα, pro τεσσαράκοντα, de qua voce Meursius. Abbo lib. 1. de bellis Parisiac. vers. 114 :

P. Geminum fidos raro quamvis vegetabat,
Mque truces post hac chile Seranta chile id extat.

Ubi ad marginem notam hanc apposuit Abbo ipse : *P. Græcum, si fuerit geminatum, 200. significat. M. similiter geminatum 40. significat. Chile, mille, tot enim erant Normanni, id est, 40. millia.*

SERAPELLINÆ, *sunt veteres pelles, vel dicuntur pelles parvi valoris :* Catholicon parvum. Vide *Xerampellinæ*, in *Xerampinus* et *Serampelinæ.*

¶ **SERAPELLUIES**, *id est, Pelles*, in Glossar. MS. S. Andr. Avenion. Vide *Serapellinæ.*

¶ **SERAPIUM**, Jusculum medicum. Vide *Syrupus.*

SERARE, Serrare, Occludere, *Seris* claudere; hinc nostris *Serrer*, pro aliquid sub *sera* recondere, ἀσφαλίζειν. Brito in Vocab. : *Vectis a verbo dicitur,* i. *ferrum, qua in firmatura ostii vehitur huc et illuc, causa Serandi vel reserandi.* Papias : *Serare, claudere, opponere.* Rodericus Toletan. in Hist. Arabum cap. 45 : *Cumque Cazim Hispalim advenisset, civitatis ei januas Seraverunt.* Concilium Avenionense ann. 1279. cap. 1 : *Domos Ecclesiarum aut Clericorum occasione quacunque Serrare, seu claudere, ferrare, vel placare, etc.* Thwroczius in Petro Rege Hungar. cap. 39 : *Occupantes campanilia et turres civitatis, et Seratis januis, illum excluserunt.* Vide *Serra* 1. Hinc

¶ Serrare, Arctare, constringere, Gallis *Serrer.* Chron. Saxon. apud Mabill. tom. 4. Annal. pag. 431 : *Fratricidas autem et parricidas,... sive per manum et ventrem Serratos de regno ejiciant.* Ubi alii Scriptores qui de homicidarum pœna agunt, habent : *Venter atque brachia strictim innectantur ex ipsis ferreis vinculis.* Vide in *Peregrinatio* 3. et *Pœnitentiale ferrum* in *Pœnitentes.* Miracula S. Gibriani tom. 7. Maii pag. 646 : *Intuita autem vultum ejus sanguine coopertum, oculos reflexos, visum nigrum, dentes Serratos, etc.*

* Glossæ Bibl. MSS. ex Bibl. reg. : *Sera, firmatura hostii, et proprie lignum, quod exterius verso objicitur hostio : unde Serare, seram hostio apponere, ostium firmare, claudere.* Hinc *Sarrans* appellantur Crumenæ vincula, quibus illa clauditur, in Lit. remiss. ann. 1473. ex Reg. 197. Chartoph. reg. ch. 415 : *Laquelle femme tenoit en sa main ladite bourse, et avoit les Sarrans d'icelle bourse liez à l'entour de son bras. Serrer,* nautis nostratibus est Navem fune constringere, ne a recta linea deviare possit. Ordinat. ann. 1415. in Reg. 170. ch. 1 : *Icellui maistre baillera une corde pour iceulx bateaux Serrer, c'est assavoir tenir drois, affin qu'ilz puissent passer seurement par icelle arche. Enseré,* rusticis Dumbensibus dicitur, qui ab itinere devius errat.

¶ Serrare, Concludere, in angustum claudere, nostris etiam *Serrer.* Statuta Mutin. rubr. 212. fol. 39. v° : *Fossata quæ vadunt et sunt juxta stratam Ganaceti, Serrentur et serrata teneantur, ita quod aqua discurrat in lamam.* De urbe obsessa itidem dicitur in Regimin. Paduæ ad ann. 1319. apud Murator. tom. 8. col. 431 : *Dom. Canis de la Scala.... venit circa civitatem Paduæ cum exercitu magno, et in paucis diebus post Seravit et accepit nobis aquam a ponte Baxanelli versus Paduam, concludendo illam versus Montem silicem.* Vide *Serratus.*

☞ Hinc *Tenir le peuple en Sarre* dicuntur in vet. Consuet. Bituric. apud Thomasser. pag. 338. ii qui annonam versus emporium publicum adductam in via intercipiunt emuntque, ut exinde populum ad has angustias adducant eam quo voluerint pretio emendi. Vide *Foristallare.*

¶ Serrare, pro ferro munire, unde *Ferrare* legendum putem. Reparat. factæ in Senescall. Carcass. ann. 1435. ex cod. MS. V. Cl. *Lancelot : Item pro Serrando dictas* VIII. *fucilhas et plures alias pecias fustium,* III. *lib.* V. *sol.* Rursum : *Item pro quatuor cannis de polpre Serratis, emptis precio* XVIII. *sol.*

¶ Serare, Gall. *Serrer,* Servare, in Conc. Avenion. ann. 1457. apud Marten. tom. 4. Anecd. col. 385 : *Item, quia Judæi carnes Seratas juxta eorum vaculum, et per macellarios christianos vendunt, seu vendi faciunt, super hoc autem abusu execrabili providentes, statuimus sub excommunicationis pœna tam contra ipsos macellarios carnis eas Seratas vendentes, quam contra christianos qui eas scienter emunt.* De carnibus quæ supersunt hæc intelligenda esse suadent Statuta Nemaus. Eccl. ibid. col. 1064. ubi inhibetur *sub pœna excommunicationis, ne quis Christianorum carnes refutatas a Judæis in macello Christianorum præsumat vendere.*

Inseratus, Sub *sera* reclusus. Rodericus Toletanus lib. 5. de Reb. Hispan. cap. 24. de Sancio Rege Navarræ : *Duxit uxorem, nomine Beatriciam, filiam Imperatoris, ex qua genuit duos filios, Sancium, qui successit in regno, qui dicebatur agnomine Inseratus, eo quod in castro Tudelia residens, se ab omnibus, præterquam a paucis domesticis, occultabat.* Vide infra *Serrare.* 1.

¶ In Sera Esse, pro Sub *sera* recondi, Galli dicimus, *Etre sous la clef.* Commonit. Episc. apud Marten. tom. 7. Ampl. Collect. col. 5 : *Chrisma semper sit in Sera propter quosdam infideles.*

¶ Deserare, Aperire, recludere, apud Apul. lib. 1. Metamorph. : *At illæ probæ et fideles januæ, quæ sua sponte Deseratæ nocte fuerant, vix tandem et ægerrime tunc clavis suæ crebra immissione patefiunt.*

SERASTYRAX. Codex Epistolarum S. Bonifacii Archiep. Mogunt. Epist. 147 : *Grato animo dignemini suscipere costum, cinamonum, et Serastyracem.* Ubi Serrarius putat, confictum nomen ex *cera* et *styrax*, quasi ceræ instar styrax fuerit. De styrace agit Plinus lib. 12. cap. 18. et 26. lib. 24. cap. 6. et 17.

¶ **SERATOR**, Serarius faber, Gall. *Serrurier*, apud Bollandistas in Onomastico. Haud scio an eadem notione in Chron. Novalic. apud Murator. tom. 2. part. 2. col. 752 : *Terras et vineas dominicales, quem Jocos Serator noster in cessione, et Opilonicus usque nunc in beneficium habuit, etc.* Ubi pro villico, qui rebus *Serandis* seu servandis invigilat, accipi potest.

¶ **SERATURA**, Sera. Vide *Serratura.*

¶ **SERAVADA**, *Cremium.* Gloss. Lips. Somnerus : *Huic respondet nostratium Scarewood, pro cremio, vel ramale, a Sax. searan, arefacere, et wudu, silva, lignum, vulgo wood.* Hæc Schilter. in Gloss. Teuton.

¶ **SERCAPOS**, Harpago. Vide *Arrapax.*

SERCENTES, *Sergenti*, Italis; *Sercentes sive habitatores domorum, inquilini*, in Statutis Venetor. lib. 6. cap. 25. 27. [Infra *Sersentes* ex iisdem Statutis.]

¶ **SERCHELLUM**, Gall. *Serchel, Serssel* et *Cherssel.* Locus est in *Circulagium.* Ut autem manifestior fiat nativa hujus vocis significatio, quædam subjicimus ex Instrumentis quæ Arestum Parlamenti Paris. ann. 1466. ibi laudatum præcesserunt. Instrum. ann. 1451. ex Tabular. Corbeiensi : *Il avoit vendu ou fait vendre... deux pieches de vin au prix de* VIII. *deniers chacun lot, dont en appartenoit à iceulx demandeurs pour leur dit droit de tonlieu et forage de chacune pieche deux septiers, qui font quatre septiers, en chacun desquels septiers y a quatre lots mesure de la ditte ville qui font* XVI. *lots qui valoient et valent audit prix de* VIII. *deniers le lot la somme de* X. *sols* VIII. *deniers. Et aussi avoit et a mis ou fais mettre ledit... au devant et au dehors du lieu et maison là où il a fait vendre lesdits vins fœulle et verdure ou Charssel, parquoy estoit deub auxdits demandeurs pour leur dit droit de Cherssel deux sols. Ainsi estoient et sont en tout pour les dits droits de tonlieu, forage et Serchel la somme de* XII. *sols* VIII. *deniers.* Ex quibus certum est hac voce significari signum aliquod vini venalis, pro quo appo certa domino loci præstatio pe

* **Circulus**, quo vinum venale significatur, nostris alias *Sercel*. Charta ann. 1398. in Chartul. Latin. fol. 96 : *Sur chacun hostel, scitué audit Laigny, ou on vende vin et que il y ait enseignes de Sercel, etc. Pour chacun hostel à Sercel pendant ou vendant vin et tenant taverne, etc.* Lit. remiss. ann. 1404. in Reg. 159. Chartoph. reg. ch. 139 : *Une perche ou pendoit le Sercel d'une taverne, etc.* Hinc *Sercelier*, Qui circulos facit aut iis dolia religat, vulgo *Tonnelier*. Lit. remiss. ann. 1385. in Reg. 127. ch. 143 : *Comme Jehannin Fouquet Sercelier ait coupé la tonture de environ un arpent de menu bois, montant laditte tonture à deux ou trois fesseaulx de serceaulx. Sarchele*, Arboris species, in aliis Lit. ann. 1408. ex Reg. 162. ch. 318 : *Icellui Betremieu se mit entre les deux bersaus ou ilz traioient, en soi apoiant à un arbre, que on dit Sarchele.* An arbor ex qua circuli conficiuntur?

* **SERCHIA**, pro *Cerchia*, Vigiliæ, excubiæ. Charta Agnet. comit. Nivern. ann. 1191. inter. Probat. Hist. Autiss. pag. 33. col. 1 : *Omnes illos, qui quinque operatoria et cellarium sæpedictæ domus conduxerint, ab exercitu et chevalisia et excubatione, scilicet a custodia villæ de nocte, quæ vulgo Serchia dicitur, quittavimus.* Vide *Circa* 3.

¶ **SERCINOLA**, pro Sarcinula, in Charta ann. 1496. apud Rymer. tom. 12. pag. 579 : *Armaturis, mercimoniis, Sercinolis, bonis et rebus quibuscumque, etc.*

¶ **SERCIUM**. Leges Normann. apud Ludewig. tom. 7. Reliq. MSS. pag. 267 : *Quedam enim submoniciones sunt ad reddendos redditus, vel Sercia, sive debita dominorum.* Ubi leg. videtur *Servicia*. Vide infra *Sericium*.

* **SERCLATERCES**, Mulieres, quæ *Sarclant* seu sarriunt. Stat. ann. 1329. inter Probat. tom. 2. Hist. Nem. pag. 65. col. 2 : *Item omnis brasserius, qui se ad diem vel ejus operas locat,..... non accipiat..... per diem nisi xij. denarios Turonenses,..... garciones qui interfodunt vj. denarios et Serclaterces v. denarios.* Vide *Sarcolare*.

¶ **SERCLETUS**, Piscis minutioris species. Statuta Massil. lib. 6. cap. 17 : *Statuimus quod nemini liceat piscem vel pisces emere in Massilia, vel ejus districtu de nocte, vel de die causa revendendi... nisi essent... pisces minuti, scilicet sardinæ, jarreti, Sercleti, boguæ, etc.*

* **SERCOLIUM**, a Gallico *Cercueil*, Feretrum. Arest. ann. 1320. in vol. 1. arestor. parlam. Paris. : *Dictum fuit quod idem præpositus per borrellum corpus seu cadaver dicti clerici suspensi, si extet, de dictis furcis faciet amoveri illudque in quodam Sercolio reponi, etc.*

¶ **SERCULUS**, pro Circulus. Vide *Flagium*.

¶ **SERDEWYTE**, *Prendre amande de la fille de vostre homme, si elle se fait violer, et seit aperceu*, in Gloss. Anglic. ex Tabul. Beccensi.

* **SERDIA**, pro *Sargia*, ut videre est supra in *Sarga* 2. Inventar. ann. 1476. ex Tabul. Flamar. : *Plus unum lectum munitum..... Serdiæ lanæ coloris rubei, cum* Vide infra *Serga*.

SEREA. Vide *Seria* 1.

* **SERECIA**. Testam. Caroli II. reg. Sicil. ann. 1308. tom. 2. Cod. Ital. diplom. col. 1069 : *Volumus quod* (Maria regina consors nostra) *percipiat eas* (uncias auri) *in fundito* (leg. fundico) *et doanna Neapolis, terra Summæ et super Serecia Apuliæ.* an Dominium? Vide mox *Sererus*.

¶ 1. **SERENA**, Mensura liquidorum. Charta inter Schedas Lobinelli : *Rivar pater ipsius Vorcomin dedit duas Serenas de medone, panes* XXXIV. *et multones tres.* Vide *Sericum*.

¶ 2. **SERENA**. Charta ann. 1494. ex Schedis V. CL. *Lancelot : Dictosque suos armigeros juxta locum de Palude in Serena cubire fecerunt.* Id est sub dio.

* 3. **SERENA**, *Prov. Apistra, avis viridis coloris, apes edens.* Glossar. Provinc. Lat. ex Cod. reg. 7657.

¶ 1. **SERENARE**, Clarificare, clarum reddere, Gall. *Eclaircir*. Miracul. S. Cassiani apud Illustr. Fontaninum in Antiq. Hortæ pag. 367 : *Quo facto Serenati sunt oculi.* [** Vide Forcellinum.]

** 2. **SERENARE**, Liberare, in charta ann. 1319. apud Haltaus. Glossar. German. col. 495. voce *Freyen : Universaliter eos ab omni jugo potestatis laïcæ Serenantes.*

** SERENATUS, Mundatus, Tersus. Ecbasis vers. 1023 :

Casta Serenatis impone cibaria mensis.

Vide mox in *Serenitas*.

¶ **SERENATIO**, Pax, tranquillitas. Litteræ Edwardi I. Reg. Angl. ann. 1284. apud Rymer. tom. 2. pag. 275 : *Ad Serenationem conscientiæ domini Regis sub modo subscripto extitit ordinatum, etc.* Occurrit iterum in Charta ann. 1330. apud eumd. tom. 4. pag. 445.

* *Serieté*, eodem sensu, in Vita S. Ludov. edit. reg. pag. 292 : *Serieté liée de prosperité à volenté leur rist.*

* *Sery*, pro *Serein*, Serenus, apud Froissart. vol. 1. cap. 10 : *Le temps bel et Sery, etc.*

¶ **SERENIFICARE**, Serenum reddere, serenare. Lambertus Ardensis apud Ludewig. tom. 8. pag. 587 : *Et cessant pluviæ cælo Serenificato.*

* **SERENISSIMUS**, Clarissimus, illustrissimus, luculentissimus. Chron. Pontif. Leon. Urbevet. apud Lam. in Delic. erudit. pag. 104 : *Hic* (Gregorius M.) *doctor divinarum Scripturarum Serenissimus.* Vita S. Maximil. archiep. Laureac. apud Pez. tom. 1. Script. Austr. col. 25 : *Successit ei* (Eutherio) *S. Quirinus, progenie quidem Serenissimus, sed morum honestate ac vitæ sanctitate longe nobilior, etc.*

SERENITAS, Titulus honorarius Imperatorum et Regum, apud Facundum Hermianensem lib. 5. cap. 2. et in veteribus Chartis apud Beslium in Comitib. Pict. pag. 211. in Regibus Aquitan. pag. 25. 26. et alios passim. Fortunatus lib. 3. Poëm. 2 :

Nubila nulla gravant populum sub Rege sereno.

Idem lib. 6. Poëm. 4. de Chariberto Rege :

Splendet in ore dies detersa fronte serenus,
Sinceros animos nubila nulla premunt.
Blanda serenatum circumdant gaudia vultum,
Lætitiam populus Regis ab ore capit.

Vide Glossar. med. Græcit. voc. Γαληνότης, col. 236. et Ἡμερότης, col. 478.

☞ Eodem titulo donatur dominus castri Camiliaci in Litteris Pontificis Romani ex Tabular. Majoris Monasterii.

☞ Sed et Archiepiscopi Episcopive *Serenitatis* titulum sibi tribuerunt. Charta Sevini Archiep. Senon. ann. 980. apud Acher. tom. 2. Spicil. pag. 732 : *Postulo ergo Serenitatem successorum meorum Archiepiscoporum, ut, etc.* Adalardus Episc. Claromont. mentionem facit *Serenitatis* suæ, in Charta ex Chartario Brivatensi, ut et Gauzlinus Tullensis Episc. in Charta ann. 936. ex Archivo S. Apri. Vide Mabill. Dipl. pag. 89.

☞ *Serenissimi Principis* titulo cohonestatur Humbertus Dalphinus in Litteris procuratoriis capituli S. Bernardi de Romanis ann. 1348. inter Ordinat. Reg. Franc. tom. 3. pag. 290. Alios hujusce tituli recentiores usus silebimus, utpote qui ad nostrum institutum non spectant.

¶ **SERENIUS**. Litteræ Bonifacii VIII. PP. in Chronico Angl. Th. *Otterbourne* pag. 93 : *Et quod in tuis patentibus litteris, inde confectis, hæc plenius et Serenius noscuntur contineri.* Ubi Cl. Editor recte monet leg. esse *Seriosius*. Vide infra *Seriose*.

SEREONES. Vide *Screo*.

* **SERERIA** vel SERERIUM, Cerasum, Gall. *Cerise*. Comput. ann. 1362. inter Probat. tom. 2. Hist. Nem. pag. 243. col. 2 : *Item pro agriotis et Sereriis, iiij. grossos.*

* **SERERUS**, Ital. *Sere*, Dominus. Glossar. Provinc. Lat. ex Cod. reg. 7657 : *Senhor, Prov. dominus, Sererus, herus.* Vide infra *Siriaticus*.

* 1. **SERESUM**, Locus, in fallor, cerasis consitus. Charta ann. 1320. in Reg. 59. Chartoph. reg. ch. 528 : *Usque ad aliam bodulam positam..... prope bastidam seu Seresum cum pede montis Caratoni.* Vide supra *Sereria*.

* 2. **SERESUM** *vocat Stephanus Affodillum; sed nec Græcum, nec Arabicum.* Glossar. medic. MS. Simon. Januens. ex Cod. reg. 6959.

* **SERGA**, Storea, teges, quia ex panno ejusdem nominis sæpius erant. Necrol. MS. Heder. : *x. kal. Aug. Johanna Gerarde monacha, quæ dedit nobis xliiij. francos et unam Sergam ad nostrum monasterium.* Pluries ibi, sed manu recentiori. *Serge*, eadem notione, in Lit. remiss. ann. 1383. ex Reg. 122. Chartoph. reg. ch. 325 : *Je suy à madamoiselle la femme Nicolas de Fontenay, et vieng querre sa Serge, qui est ceens, en tel estat qu'elle est. Sergeon*, Pannus ipse, in aliis Lit. ann. 1416. ex Reg. 169. ch. 412 : *Trois aulnes de Sergeon, laquelle toille ou Sergeon furent depuis rendus.* Vide supra *Sarga* 2. et *Serdia*.

¶ **SERGANDUS**, SERGANTERIA, etc. Vide in *Serviens*.

* **SERGENTIA** PERPETUA, idem quod supra *Præpositura* 2. Vide in hac voce.

¶ **SERGIA**, Olivæ genus, in Amalth. ex Colum.

¶ **SERHAILLA**, Sera catenaria, Gall. *Cadenat*. Processus aperturæ tumuli Urbani V. PP. ann. 1381. ex Tabul. S. Victoris Massil. : *Vidimus oculatim infra di-*

ctum sepulcrum sic apertum quandam caxiam longitudinis sex palmarum vel circa fredatam de veluto rubeo cum duabus Serhaillis de subtus duobus circulis positis. Vide *Serralherius.*

1. **SERIA**, Serea, Vasculi species. Joannes de Janua : *Seria a Syria dicitur, i. olla, quasi Syria, quod ibi primo facta est, etc.* Papias : *Serca, sing. vasis genus, orca, inde seriola.* In Agrimensoribus vox *Seria* occurrit, ubi vasculum effingitur. *Seriolam* inde habet Persius, et ex eo Isidorus lib. 29. cap. 6. [Gloss. vet. Sangerm. num. 501 : *Seriola, est orcarum directus ordo, vel vas fictile vini apud Siriam primum excogitatum.*] Vide Donatum ad Terent. et JC.

* Glossar. Provinc. Lat. ex Cod. reg. 7657 : *Seria, sericla, ola, Prov.*

2. **SERIA**, pro Series. Gloss. Lat. Gr. : *Seriam*, ἀκόλουθον. *Seria*, ἔρμαθος, ubi perperam *steria. Series*, τάξις,... ὁρμαθός. Rhythmi in obitum Henrici VII. Imp. :

> Exponit Florentinis
> Totius facti Seriam,
> Processus, et materiam
> Intoxicationis.

Atque inde conjicit Salmasius ad Solin. in Agrimensoribus scribendum *Seria*, ubi *serra* legitur. Apud Vitalem : *A sextaneo si vis sequi limitem, rectam Serram sequeris ped.* 150. ubi emendat *Seriam.* Huic emendationi favet vetus Notitia sub Rogerio Rege Siciliæ ann. 1144. apud Rocchum Pirrum in Archiepisc. Massan. : *Et descendit per pedem montis, ubi sunt multi lapides, exinde Sericam forestæ, usque ad culturam Ecclesiæ, etc.* Infra : *Et a prædicto vallone recipit Roccam magnam usque ad Seriam blagi, in quo via regalis descendit ad fontem de Maltru, et recipit Seriam sassi, etc.* Vide *Serra* 2.

SERJANTES, Serjanteria, etc. Vide *Serviens.*

* **SERJANTI**. Vide infra *Servientes feodati* in *Serviens.*

¶ **SERIARE**, Ordinare, disponere, quasi in serie ponere. Statuta Canonic. Regul. art. 51. apud R. Duellium tom. 1. Miscell. pag. 95 :

> ...... cum socio.....
> Quo sine, nec comedat, nec quoquam progrediatur,
> Nec Seriet, etc.

* Glossar. idem : *Seriare, ordinare, Ordenar, Prov.*

¶ **SERIATIM**, Ordinatim, *Ordenneement*, in Gloss. Lat. Gall. Sangerm. Charta ann. 1014. apud Murator. tom. 2. part. 2. col. 519 : *Et nunc nomina abbatum, vel judicum, et comitum, sive nobilium Seriatim pandere studemus, etc.* Charta Henrici III. Reg. Angl. ann. 1257. apud Rymer. tom. 1. pag. 625 : *Quæ viva voce vobis exponere poterit Seriatim, etc.* Vita B. Petri Damiani sæc 6. Bened. part. 2. pag. 255 : *Sacerdos, quæ militibus illis contigerant, et Seriatim enarrare curavit.* Occurrit præterea apud Murator. tom. 6. col. 533. in Statutis Narniens. inter Acta SS. tom. 1. Maii pag. 396. apud Marten. tom. 2. Ampl. Collect. col. 1201. etc.

SERICA. Vide *Seria* 2.

* **SERICA**, nude, ut et apud Mart. lib. 11. epigr. 28. pro Tunica serica. Vita S. Ermenfr. tom. 7. Sept. pag. 118. col. 1 : *Quadam ergo die, dum coram rege staret, ait ad eum rex : Quid est hoc, Ermenfrede? Cur tunicam tuam fers taliter? Numquid clericus esse vis? Sinebat enim beatus vir tunicam suam, quam Sericam vocabant, propter simplicitatem, usque ad medias dependere tibias.* Vide *Sarica.*

SERICALIS Pannus, nostris *Serge*, aut *Sarge*, Alamannis *Sarewat.* Eckehardus junior de Casib. S. Galli cap. 3 : *Missus est Magontiam, utique pro pannis laneis emendis, quos Sericales, aut Tunicas vocant.*

¶ Sericale, nude, Eadem notione, apud Schannat. Hist. Fuld. pag. 20 : *Sericalia* XXVI. *ex quibus optima duo loci præposito, reliqua fratribus per ordinem distribui voluit* (Richardus abbas.) Vide *Sericatus.*

¶ **SERICARIUS**, Sericorum textor. Gloss. Lat. Gr. : *Sericarius*, σηρικοπλόκος. *Sericarius textor*, apud Jul. Firmic. lib. 8.

¶ **SERICATUS**, Sericus, Gall. *de Soie.* Leges Normann. apud Ludewig. tom. 7. Reliq. MSS. pag. 188 : *Et omnes trossellos integrorum pannorum ligatos et omnes pannos integros Sericatos, etc.* [** Ruodlieb. fr. 13. vers. 94 :

> Atque super pedules se calceolos Sericatos
> ....inxit Sericosis.]

Pro eo qui serico induitur apud Sueton. in Calig. cap. 52. et Sidon. lib. 2. Epist. 13. Gloss. Lat. Gr. : *Sericatus*, σηρικοφόρος. Vide *Chlamydati.*

¶ Sericeus, Eadem notione, in Regest. 87. Cameræ Comput. Paris. : *Cum nos per nostras alias litteras in filis Sericeis et cera viridi sigillatas, etc.*

Sericinus, Eodem sensu, apud Odonem Cluniac. lib. 1. de Vita S. Geraldi cap. 16. [Translat. S. Edmundi Cantuar. Archiep. apud Marten. tom. 3. Anecd. col. 1867 : *Legitur etiam quod fideli suo apostolo Bartholomæo vestes Sericinas de collobio... habere concessit.* Vide *Sericalis.*]

* **SERICEGINOSUS**, Sericus. Chron. Guill. Bardini ad ann. 1303. inter Probat. tom. 4. Hist. Occit. col. 13 : *Consiliariis laicis* (parlamenti Tolosani) *datæ fuerunt togæ miniatæ ex puro croco et paramentis violaceis et sagi Sericeginosi* (alias *Sericornosi*) *coloris violacei, etc.* Vide *Sericatus.*

¶ **SERICIUM**, f. Servicium. Libertates Pontis-Ursonis inter Ordinat. Reg. Fr. tom. 4. pag. 641 : *Ille qui facit Sericium, vanat annonam.* Vide *Sercium.*

* **SERICIUS**, ut *Seriosius*, Fusius. Vide *Seriose.* Formulæ MSS. Instr. ex Bibl. reg. fol. 15 : *Prout in dicto processu et litteris nostris in forma publica inde confectis nostroque sigillo munitis plenius et Sericius continetur.*

* **SERICLA**. Vide supra in *Seria* 1.

SERICOBLATTA, in leg. 10. Cod. Justin. de Murilegul. (11,8,) ubi in leg. 13. Cod. Th. eod. tit. (10,20.) *Serica blatta*, sericum *blatta*, seu purpura infectum. Vide in *Blatta.*

¶ **SERICOPULATÆ**, *dicuntur vestimenta quæ inseruntur et texuntur serico.* Vocabul. utriusque juris.

* **SERICORNOSUS**. Vide supra in *Sericeginosus.*

** **SERICOSUS**. Vide *Sericatus.*

SERICUM, Mensuræ liquidorum species. Philippus Eystetensis in Vita S. Walpurg. cap. 34 : *Sacratissimus liquor, qui infra spatium unius anni nequaquam distillaverat, nec ullo modo sese ostenderat, adeo abundanter erupit, ut ampullam dimidiæ pintæ, capacitatis, vel unius Serici adimpleret.* Alter codex MS. habet *seriti*, uti monet Gretzerus. Vide in *Serena* 1. et *Seria* 1.

SERICUS. Vide *Siricus.*

¶ **SERIES**. Notitia judicati ann. 843. in Append. ad Marcam Hispan. col. 780 : *Tunc iterum præcepimus scribere conditiones, ut ea quæ ipsi testes testificaverunt, ipsi testes ad Seriem conditionum hoc jurare studerent; sicuti et fecerunt.* Alia ann. 874. ibid. col. 797 : *Qui* (testes) *juraverunt a Serie conditione, sicut ibidem insertum est.* Formula est haud infrequens in ejusmodi Notitiis quam clarius exhibet Notitia ann. 1032. ibid. col 1053 : *Testimonium nostrum per Seriem harum conditionum jurejurando confirmavimus, etc.* [** Vide Dirksen. Manuale Latin. Font. Jur. in hac voce § 2. Chlodov. Chart. ann. 653. pro Monast. S. Dionysii : *Nos ergo per hanc Seriem autoretatis nostræ.*]

¶ Series, pro Veritas. Gualter. Hemingford. in Edwardo I. ad ann. 1298. pag. 163 : *Cognita tamen rei Serie et Regem modicum esse læsum, compatiebantur ei.* [** Progressio rerum. Vide Forcellinum.]

SERIETAS, Seriarum rerum meditatio, [gravitas,] apud Sidonium lib. 1. Epist. 9. lib. 9. Epist. 13. et Joann. Sarisb. Epist. 81. in Metalogico lib. 1. cap. 6. lib. 3. in Prologo, et in Policratico. [Vide *Seriositas.*]

SERILLA, Naviculæ vel lintres, qui rimas stupa suffocatas habent. Spelm.

SERIMALIA, Sermialia, Machinæ bellicæ species. Otto Morena in Histor. Rerum Laudensium pag. 51 : *Laudenses, quos captos habebant, de carcere super Sermialias et machinas ipsius castri deduxerunt.* Pag. 54 : *Multosque petrerios ibi composuit, per quos ballistariis suis foras trahentibus, fere nullus ex Cremonensibus ibi ad Serimalios, seu machinas ipsius castri appropiare poterat.* Pag. 55 : *Super Serimalias et machinas, etc.* Infra : *Qui fere omnes manganos et petrerias, Serimalias, seu machinas, cæteraque defensionis Cremæ instrumenta suo mirabili ingenio composuerat.* [*Scrimalia* ex eodem Morena editum a Muratorio tom. 6. col. 1039. 1043. etc. Mendum esse pro *Serpentina* lubens crediderim, cum nullibi, quod sciam, præter apud Morenam occurrat hæc vox.]

* Legendum prorsus *Scrimalia*, ut apud Murator. loco laudato, ab Italico *Scrimaglia*, propugnatio, defensio; quod a Germanico *Schirm* et *Schirmen* hauserunt Itali, ut observat idem Muratorius tom. 2. Antiq. Ital. med. ævi col. 482. ubi addit vir doctus : *Scrimaliæ*, Plutei seu aliquid simile e ligno, super urbium et castellorum mœnia positi, sub quibus præsidiarii milites latentes cavebant sibi a sagittis, telis, aliisque hostium missilibus, et inde per fenestellas et cataractas lapidibus, jaculis, aliisque armis pugnabant in hostes.

¶ **SERIMEN**, *Semen*, in Amalth. ex Salmasio. Vide *Seramen.*

¶ **SERINGA**, *Virga in arundine*. Glossæ vett. Sangerm. num. 501.

¶ **SERIOLA**, dimin. a *Seria*. Vide ibi.

* **SERIOLA**, Canaliculus, per quem aqua decurrit, idem quod supra *Sequia*. Stat. Vallis-Ser. rubr. 196. ex Cod. reg. 4619 : *Si quis derivaverit, exhauserit vel extraxerit.... de aqua extra fossam, Seriolam, lectum, alveum, etc.* Vide alia notione in *Seria* 1.

¶ **SERIOSE**, Fuse, minutatim, articulatim, Gall. *En détail.* Litteræ Bonifacii VIII. PP. ann. 1295. ex Bibl. Reg. : *Per alias nostras litteras tibi describimus Seriose.* Charta Edwardi II. Reg. Angl. ann. 1309. apud Rymer. tom. 3. pag. 144 : *Prout hæc in eisdem litteris Seriosius continentur.* Epist. Martini V. PP. ann. 1420. apud Ludewig. tom. 5. Reliq. MSS. pag. 418 : *Quem, ut ipse Seriose nobis exposuit, etc.* Charta ann. 1442. ex Schedis Præs. *de Mazaugues* : *Prout infra in hoc præsenti publico Instrumento latius et Seriosius continetur.* Occurrit præterea apud Gregor. Mag. lib. 1. Epist. 26. Amelium in Ord. Rom. cap. 70. in Statutis S. Claudii pag. 62. in Hist. Eccl. Meld. tom. 2. pag. 202. et apud Lobinell. tom. 3. Hist. Paris. pag. 137. Vide *Serenius*.

¶ Seriose, Graviter, lente. Charta fundat. Cantoriæ S. Capellæ ann. 1319. apud Lobin. tom. 3. Hist. Paris. pag. 132 : *Statuentes quod ipse cantor et ipsius in dicta cantoria pro tempore successores,... debitæ increpationis officium, psallendique, psalmodiandi et legendi Seriose et distincte in ipsa capella superius et inferius... ministerium.... studeant exercere.* Occurrit rursum ibid. pag. 339. ex Statutis Capituli Hospitalis S. Jacobi.

¶ **SERIOSITAS**, Gravitas morum. Acta S. Hemmæ tom. 5. Jun. pag. 501 : *Tantæque constantiæ ac Seriositatis extitit, ut omnia suis subditis semel imperata, mox sine omni contradictione adimpleri voluerit.* Vide *Serietas* et mox *Seriosus*.

SERIOSUS, Serius, Gravis, ex Gallico *Serieux*. Vincentius Belvac. lib. 3. cap. 33 : *Prudens valde, nimis astutus, multumque Seriosus, et gravis in moribus.* [Vide *Seriositas.*]

SERISAPIA. Fragmentum Petronii : *Allata est Serisapiii et contumelia æcrophagiæ*, (l. acrophagiæ) *sæledatæ sunt, et census malo, porri, Persica, etc.* Monstra verborum, cujusmodi complura habentur in hoc male compacto centone.

* Variorum commentationes in hunc locum, consule, si placet.

SERITAS. Gloss. Gr. lat. : Βραδύτης, *mora, remora, Seritàs, tarditas.* [Gloss. Lat. Gall. Sangerm. : *Seritas, tarditez.*] Vide *Sera* 2.

¶ **SERITUM**. Vide supra *Sericum*.

¶ **SERITURA**, Angustia, arctatio. Charta ann. 1351. in Regest. 80. Chartophylacii regii : *Diritatem et Serituram carcerum et questionum perhorrescens, etc.*

* **SERIUNCULA**, diminut. a *Seria*, pro Series. Vita S. Taur. tom. 2. Aug. pag. 639. col. 2 : *Si quid sane in eadem Seriuncula inusitatum forte sonuerit, etc.*

¶ **SERIUS**, *Utilis, necessarius : unde Serie, utiliter, intente, sedulo.* Joh. de Janua. Gloss. Lat. Gall. Sangerman. : *Serius, necessaire, proffitable. Serius*, σπουδαῖος, in Gloss. Lat. Gr.

¶ **SERMENS**, Sarmentum, Gall. *Sarment.* Vita B. Henrici Baucen. tom. 2. Jun. pag. 373 : *Tres lectos habebat... unum quidem de Sermentibus vitium, et hoc durum.*

* Testam. ann. 1480. inter Probat. tom. 3. Hist. Nem. pag. 306. col. 1 : *Item legavit eisdem uxori et sorori suis usum et [explecham cujusdam suæ domunculæ et curtis sibi contiguæ, in quibus ipse codicillator tenet.... gavellos sive Sermentes vinearum suarum.* Hinc *Ensermenter*, Sarmenta in fasces colligere. Lit. remiss. ann. 1473. in Reg. 195. Chartoph. reg. ch. 844 : *Icelle femme ala besoigner en une vigne,.... et Ensermenta en icelle vigne, etc. Assermenter*, eadem acceptione, in aliis Lit. ann. 1453. ex Reg. 182. ch. 43 : *Icelle femme estoit alée Assermenter en leur vigne.*

SERMENTATUS, Juratus, sacramento adstrictus : ex Gallico *Sermenté.* Baldricus in Chronico Camerac. lib. 3. cap. 49 : *Ipse namque, pariterque Abbas Richardus, ambo videlicet Sermentati, etc.* [Accusatio contra Robertum *le Coq* Episc. Laudun. ex Bibl. Reg. : *Item que aussi est-il du grant et secré conseil de Mons. le Duc de Normandie, et est son juré et Sermenté, et à cause de ce il a fait foy et Serment de li bien et loyalment conseillier et de garder ses drois et ses noblesses.* Charta ann. 1351. apud Lobinell. tom. 2. Hist. Britan. col. 1142 : *Amprés que mondit sieur a relatté avoir vacqué à cette information avec plusieurs Prelats, Barons et autres gens de ses Estats coignoissants en celle matiere, et par luy sur ce Sermentez d'en dire vray, etc.* Statuta Scabinorum Maceriæ ad Mosam : *La guette jurée et Sermentée dudit Maisieres... aura pour chacune corde (de bois) deux deniers Parisis.*]

¶ **SERMENTUM**, a Gall. *Serment*, Sacramentum. Charta venditionis vicecom. Rellaniæ ann. 1410. ex Schedis Præsid. *de Mazaugues* : *Superioritate majoris dominii, cavalcatis, juribus feodalibus, directo dominio, nec non Sermento... reservatis.* Quod de sacramento fidelitatis intelligendum est.

1. **SERMO**, Tuitio, conductus, *Sauvegarde* : ἀσυλίας λόγος, apud Justinianum in Edicto 2. Λόγος ἀπαθείας, apud Annam Comnenam pag. 158. 249. 292. Lex Salica tit. 59 : *Ubi culcaverit solem, et ista omnia compleverit, qui eum admallat, et ille, qui admallatur, ad nullum placitum venire.., noluerit, tunc Rex, ad quem mannitus est, extra Sermonem suum eum esse dijudicet, et ita ille culpabilis, et omnes res suæ erunt in fisco, aut cui fiscus dare voluerit.* Pactus Legis Salicæ tit. 76. § 1 : *Si ille, qui admallatur, ad nullum placitum venire voluerit, tunc Rex ad quem mannitum est, eum extra Sermonem suum ponat, et quicunque eum aut paverit, aut hospitium illi dederit,.... culpabilis judicetur.* Gregorius Turon. lib. 9. cap. 42 : *Ut Monasterium... sub sua tuitione et Sermone... jubeant gubernare.* Marculfus lib. 1. formul. 24. de Mundeburde Regis et Principis : *Igitur cognoscat Magnitudo seu utilitas vestra, quod vos Apostolicum et venerabilem illum Episcopum aut Abbatem.... sub Sermonem tuitionis nostræ visi fuimus recepisse, etc.* Vide *Verbum*, et quæ notavimus ad Alexiadem pag. 308.

2. **SERMO**, Homilia, concio ad populum in Ecclesia, nostris *Sermon.* [Gloss. Lat. Græc. : *Sermo*, ὁμιλία.] S. Augustinus Epist. 77 : *De Sermone Presbyterorum, qui te præsente populo infunditur, etc.* Infra : *Ut jubeas singulos, quos volueris, Sermones seorsum conscriptos et emendatos mitti nobis.* [Statuta ann. 1380. apud Lobinell. tom. 3. Hist. Paris. pag. 498 : *In sequenti Dominica dicere Matutinas et Missam ad usum prædictum et cum nota, et tali hora qua scholares post Missam ire poterunt ad Sermonem.*] *Sermonem facere*, in libro Ordinis S. Victoris Parisiensis cap. 33. Vide Concil. Valentin. Hisp. cap. 1. Observandum porro ex Augustino lib. de Catechizandis Rudibus cap. 13. in Africanis Ecclesiis Antistites stantes stanti plebi verba facere consuevisse, contra quam in Ecclesiis transmarinis, *ubi non solum Antistites sedentes loquebantur ad populum; sed ipsi etiam populo sedilia subjacebant, ne quispiam infirmior stando lassatus a saluberrima intentione averteretur, aut etiam cogeretur abscedere.* Postmodum infirmos, cæterosque, qui stare non poterant, sedere jussit idem Augustinus Homil. 26.

* *Sermonement*, in Lib. 2. Mirac. MSS. B. M. V.

Sermo Vivus. Capitulare 5. Caroli M. incerti anni cap. 1 : *Admonendi sunt* (Episcopi) *de rectitudine fidei suæ, ut eam et ipsi teneant et intelligant, et sibi subjectis populis vivo Sermone annuntient.* Vide *Vivus*.

¶ Sermo Implicitus, *occultus*, γρῖφος, in Gloss. Lat. Gr.

* Sermones Sacri, Quinam ita nuncupati et quam ob causam, docet Parid. de Grassis Ceremon. capell. Papal. MS : *Quoniam hi decem et novem ordinarii (Sermones) incantati evangelii currentis expositionem, et in Dei laudem aguntur, Sacri vocantur : ideoque non nisi inter sacra missarum solemnia, et post evangelium cum petitione benedictionis, ac Angelicæ salutationis præfatione recitantur. Si qui vero extraordinarii, ut pro pacis seu victoriæ publicatione, sive alia causa, aut in laudem alicujus defuncti fiunt, quia sacri non censentur, ideo post missam et absque benedictione ac sine Angelicæ salutationis præfatione recitantur.*

¶ 3. **SERMO**, Ratio, Gr. λόγος. Vetus Irenæi Interpres lib. 2. cap. 19 : *Aptum ad susceptionem perfecti Sermonis expediri.* Utuntur passim antiqui Patres.

¶ 4. **SERMO** Publicus, seu *Sermo generalis de fide*, dictus apud Tolosates ultimus et solemnis Inquisitionis actus adversus hæreticos variis pœnis aut suppliciis afficiendos : quod a sermone de fide inciperet sic nuncupatus; idem quod alibi vocatur *Actio fidei*, Hispanis *Auto de inquisicion*, Lusitanis *Auto da fé.* Limborch. in Hist. Inquisit. pag. 13 : *Lata fuit hæc sententia... in præsentia... cleri et populi in Sermone publico congregati.* Passim ibi occurrit.

* 5. **SERMO**, Contentio, lis, controversia. Chartul. Major. monast. : *Mortuo autem illo* (Guidone) *filius ejus Haimo cœpit movere Sermonem et dicere, quod pater suus*

non instituerat feriam illam per consensum ejus.

SERMOCINALES Disciplinæ, Logicæ. Fridericus II. Imp. in libro Rescriptorum cap. 74. § 3 : *Compilationes variæ ab Aristotele aliisque Philosophis... editæ in Sermocinalibus et Mathematicis disciplinis, etc.*

* **SERMOCINALIS** Liber, Continens *sermones* seu *homilias*, quæ leguntur in officio ecclesiastico. Testam. Rodulphi archiep. Tarent. ann. 1270. inter Instr. tom. 12. Gall. Christ. col. 398 : *Damus et legamus omnes libros nostros Sermocinales utrique ecclesiæ communiter.* Vide *Sermologus.*

¶ **SERMOCINANTER.** Sidon. lib. 8. Epist. 6 : *Cum quo dum tui obtentu aliquid horarum Sermocinanter extrahimus.* Id est confabulando. *Sermonicantes* ex ead. epist. editum apud Leibnit. tom. 1. Script. Brunsvic. pag. 26.

¶ **SERMOCINATIO,** διάλεκτος. Gloss. Lat. Gr.

¶ **SERMOCINATOR,** Orator sacer, concionator, Gallice *Predicateur.* Ceremoniale MS. B. M. Deauratæ Tolos. : *Et nota quod isto die debemus monstrare populo titulum sanctum Domini ob honorem pationis, et sic fuit ordinatum ; et Sermocinator debet avisari quod loquatur in sermone populo de prædicto titulo ad finem ut devotio magis augeatur.* Buschius de Reform. Monast. apud Leibnit. tom. 2. Scriptor. Brunsvic. pag. 485 : *Prior iste* (Joh. Ludichusen) *vir fuit multum notabilis, disertus in Sermonibus divinis, bonus Sermocinator. Sermocinor,* ὁμιλῶ, in Gl. Lat. Græc.

** **SERMOCINIUM,** Oratio. Bertholdi Annal. ad ann. 1075. apud Pertz. Scriptor. tom. 5. pag. 279 : *Saxonum reliquias ... comminatorio simul et promissorio Sermocinio artificiosus satis et importunus aggreditur.*

¶ **SERMOISON.** Vide supra *Seramen.*

SERMOLOGUS, Liber Ecclesiasticus, continens Sermones, quos Papæ et alii plures Sancti composuerunt, qui legitur in Ecclesia in Festis Confessorum a Natali usque ad octavas Epiphaniæ, in Purificatione B. Mariæ, et in Festo omnium Sanctorum, et pluribus aliis. Ita Beletus cap. 59. et ex eo Durandus lib. 6. Ration. cap. 1. num. 32. Vide *Seminiverbius.*

SERMONARI, Sermonem facere. Gloss. Lat. MS. regium : *Sermonatur, Sermonatus, Sermonem facit.* [Vide *Sermonizari.*]

¶ **SERMONARIUM,** ut *Sermologus,* in Conc. Limano ann. 1591. inter Hisp. tom. 4. pag. 661 : *Religiosi qui in doctrinis gerent curam animarum, habebunt penes se concilia provincialia,... itemque catechismum, et confessionale et Sermonarium.*

¶ **SERMONICANTES.** Vide *Sermocinanter.*

¶ **SERMONIZARI,** ut *Sermonari.* Acta S. Joannis Mart. tom. 3. Julii pag. 202 : *Joannes Episcopus Pergamensis Ecclesiæ, vir miræ sanctitatis, qui Regem Cunibertum in convivio, dum Sermonizaretur offendit.* Vide *Sermocinanter.*

* **SERMOSINARI,** Orationem habere. Comput. ann. 1380. inter Probat. tom. 3. Hist. Nem. pag. 29. col. 2 : *Solvi.... pro vino duarum amphorarum.... domino priori S. Baudilii plenarum vino præsentatarum, qui Sermosinatus fuit in cantari domini nostri regis, etc.* Vide *Sermonizari.*

¶ **SERMOTIM,** perperam pro Semotim, in Epist. Friderici II. Imper. apud Marten. tom. 2. Ampl. Collect. col. 1201.

* **SERNA,** Ager sepimento clausus. Terrear. Bellijoc. ann. 1529. fol. 496. v° : *Pro et super quibusdam prato et Serna simul contiguis, etc.* Vide in *Serra* 2.

¶ **SERNIOSUS,** *Sernia,* seu pruriginosa scabie laborans. Priscianus lib. 1. cap. 12 : *Serniosos quos nos petiginosos dicimus et asperitatis vitio simili laborantes curare.* Vide Reines. Var. lect. lib. 3. cap. 11. et *Sarna.*

SERO, Occidens, apud Rollandinum in Summa Notariæ, et Anonymum in Vita S. Domitiani, apud Guichenonum in Hist. Bressensi non semel. Vide *Mane,* et *Sera* 1.

SERON, *Sepulchrum, vel Idolum,* Joan. de Jan. forte ex ἱερόν.

¶ **SEROTHECA,** pro Chirotheca, in Chartul. S. Vandreg. tom. 1. pag. 140.

¶ **SEROTINARE,** Sero advenire, vel Noctem transigere, ex Epist. Senescalli Provinc. ann. 1329. in Tabul. S. Victoris Massil.

¶ **SERPE,** vox Italica, Serpens. Annal. Mediolan. Anonymi apud Murator. tom. 16. col. 812 : *Item bocale unum deauratum ad quadros* VIII. *cum bochello ad modum Serpe et aliis operagiis.*

¶ **SERPEDO,** *Rubor cutis cum membrorum extantia.* Joh. de Janua. Vide *Serpigo.*

* **SEROSIUS,** pro *Seriosius,* Fusius. Inventar. MS. ann. 1366 : *Quæ omnia idem imperator* (Michael) *postea rata habuit et confirmavit, prout in istis suis litteris Serosius continetur.* Vide *Seriose.*

* **SERPEILLERIA,** Tela crassior, segestre, sagum, nostris *Serpeliere.* Stat. pro lanif. ann. 1317. ex Reg. A. Cam. Comput. Paris. fol. 196. v° : *Item quod numquam de hujusmodi pannis crudis seu telis laheis fieri possint Serpeilleriæ.* Lit. remiss. ann. 1454. in Reg. 184. Chartoph. reg. ch. 489 : *Certaine marchandise de laine, que l'en nomme communement une Serpeliere de laine d'Angleterre.* Ubi *Serpeliere* saccum lanæ certi ponderis significat, quod ex tela hujus nominis conficitur. A voce *Serpelleria* nostri formarunt voces Gallicas *Eschapelerie, Escharpillie, Esserpilerie* et *Esserpilliere,* Prædatio, expilatio, spoliatio ; unde *Déserpiller,* Expilare, furari, vestem eripere. Stabil. S. Ludov. ann. 1270. tom. 1. Ordinat. reg. Franc. pag. 127 : *Hons quand l'en li tot le sien, ou en chemin, ou en boez, soit de jour, soit de nuit, c'est apelé Eschapelerie.* Ordinat. ann. 1301. tom. 1. Probat. Hist. Brit. col. 1167. art. 8 : *Escharpillie, si est quant l'en bat un homme ou en chemin, ou en bois, ou de jour ou de nuit.* Consuet. Andegav. art. 44 : *Quant l'en tout à home le sien de nuits, ou de jours, en chemin, ou en bois, tel larcin est appellé Esserpilerie.* Lit. remiss. ann. 1458. in Reg. 187. ch. 241 : *Icellui Hernault doubtant estre mis en prison pour le cas dessusdit et estre pugny corporellement, pour ce que autreffoiz il avoit esté mis esdites prisons d'Angiers pour plusieurs Esserpillieres, qu'il avoit autreffoiz faictes, dont lui et ses autres compaignons furent condempnez à estre pendus.* Aliæ ann. 1409. in Reg. 164. ch. 105 : *Jean Langlois avait trouvé ou grant chemin du Mans gens, qui l'avoient desrobé et Déserpillé.* Hinc *Desserpilleurs* et *desrobeurs* idem sonant in Consuet. Andegav. art. 44. et Cenoman. art. 51. *Déserpillé* vero apud Joinvil. in vita S. Ludov. edit. Cang. pag. 89. idem est atque Pannis detritis et vilibus vestitus. Vide *Serpelleria.*

¶ **SERPELLERIA,** a Gall. *Serpilliere,* ut *Sarpilleria.* Vide in hac voce. Litteræ Henrici VII. Reg. Angl. ann. 1506. apud Rymer. tom. 13. pag. 138 : *Easdem lanas... totaliter ex Serpelleriis et saccis extrahere, etc. In saccos sive Serpellerias reponere, recludere, etc.*

¶ Serpleria, Eadem notione, in Litteris ejusd. Reg. ann. 1499. apud eumd. Rymer. tom. 12. pag. 714 : *Nec non idem paccator super omnes et singulas Serplerias prædictas cognomen suum scribet.* Vide in *Sarplare.*

¶ **SERPENS,** Virga lignea in modum spiræ fabrefacta, unde nomen, qua in benedictione cerei paschalis utuntur. Ceremoniale MS. B. M. Deauratæ Tolos. : *Diachonus qui benedicturus est incensum et cereum paschale indutus bono vestimento parato cum stola et manipulo et cum tunica deaurata, una cum pueris portantibus candelabrum et turribulum et Serpentem et lanternam cum candela accensa portat librum... Subdiachonus portat Serpentem.*

¶ Serpens, Draconis effigies in vexillis. Vide in *Draco* 1.

* **SERPENTELLA,** diminut. a Serpens. Inventar. S. Capellæ Paris. ann. 1363. ex Bibl. reg. : *Item unus baculus de Ybenns ornatus argento, esmaillatus armis Franciæ et Burgondiæ, ad duas Serpentellas argenteas deauratas, pro officio cantoris dictæ S. Capellæ.* Aliud Gallic. ibid. : *Item un baston de ybenns..... à deux Serpentelles d'argent sur le bout, etc.*

¶ 1. **SERPENTINA,** Lapis pretiosus, Gallis *Serpentine.* Charta Henrici V. Reg. Angl. ann. 1416. apud Rymer. tom. 9. pag. 356 : *Una longa Serpentina, per pondus Troie, duas libras et* XI. *uncias ponderantia, etc.*

¶ 2. **SERPENTINA,** Tormentum bellicum majus, nostris *Serpentin* vel *Coulevrine.* Adrianus de Veteri-busco in Reb. Leod. ann. 1464. apud Marten. tom. 4. Ampl. Collect. col. 1277 : *Duxit secum currus portantes bombardam et Serpentinam ac tentoria, etc.* Epistol. de Obsidione Rhodiæ ann. 1480. apud Ludewig. tom. 5. Reliq. MSS. pag. 295 : *Colubrinis et Serpentinis nostros deturbant. Bombarda Serpentina,* in Apparatu bellico Caroli VIII. Reg. Franc. in Italiam Itiner. Martenii pag. 380 : *Comitabantur exercitum... bombardæ Serpentinæ quingentæ, quæ plerumque tantæ longitudinis sunt ut 24. pedes excedant.* Charta ann. 1461. apud Lobinell. tom. 2. Hist. Brit. col. 1263 : *Boestes de Serpentine pesant* CXII. *l. de cuivre, une vollée de Serpentine pesant* CXXXIII. *l. de cuivre.*

* *Gros canons, veuglaires, Serpentines, crapaudines, coulevrines, etc.* apud Joan. Charter. in Carolo VII. pag. 216.

¶ **SERPENTINUM.** Vide mox *Serpentum.*

SERPENTUM. Isidorus lib. 19. cap. 31 : *Monile, ornamentum ex gemmis est, quod solet ex feminarum pendere collo, dictum a munere. Hoc etiam et Serpentum dicitur, quia constat ex amphorolis quibusdam aureis, gemmisque variis in modum facturæ serpentis.* Papias : *Munilia, pectoralia equorum, vel ornamenta in cervice mulierum : hoc Serpentum dicitur.*

Serpentinum, habet Glossar. Saxon. Ælfrici : *Monile, vel Serpentinum :* Myne vel sweorbeah, i. Collare.

¶ **SERPIGO**, ut supra *Serpedo*, in Medic. Salern. edit. 1622. pag. 242 : *Ad hæc Serpiginem nonnunquam et impetiginem morphæamque ac lepras progignit.*

* **SERPILLUM**, *Puleium, vel alia silvatica*, in vet. Glossar. ex Cod. reg. 7641.

SERPLATH, et Serplaith, Sarcina apud Scotos, petras 80. continens. Spelm.

¶ **SERPLERIA.** Vide supra *Serpelleria.*

SERPODIUM, Ptisana. Jo. Buschius in Chronico lib. 2 : *Grossum tantum panem in cibum, et tisinam seu Serpodium in potum... assumere consueverunt.* Ex Theutonico forte *Scher-pot*, acer potus, quomodo *Scherp-bier* tenuem cerevisiam dicunt.

SERPOL, in veteri Consuetudine Bituricensi edita a Thomasserio cap. 144 : *Aussi l'en a accoustumé de donner Serpol à l'espouse, et doit l'en mettre le prix dudit Serpol en la convenance, car par la Coustume de ladite ville, le mari ou les siens est tenu après son decez bailler à ladite espouse joyaux à la valeur dudit Serpol.* Infra : *A femmes veuves, où il n'y a point de Serpol, joyaux se doivent estimer selon le mariage.* In aliquot Consuet. *Chambre estorée*, dicitur.

☞ Itaque hac voce significatur ea supellectilis, quæ in augmentum dotis novæ nuptæ a parentibus datur, nostris vulgo *Trousseau.* Vide in *Augmentum dotis.*

1. **SERRA**, pro Sera, qua januæ occluduntur. Glossæ Lat. Gr. : *Serra*, πρίων καὶ μόχλος θύρας. Ita legitur in leg. 9. Nam et si ramos, § 1. D. Quod vi aut clam. (43,24.) Charta ann. 1275. apud Sammarthanos in Episcopis Autisiodor. : *Amoverat seu amoveri fecerat contra prohibitionem dicti Episcopi, vel ejus mandati, barellum, et Serram cujusdam alterius portæ, quæ vocatur Porta pendens, etc.* Hinc

Serrare, pro ἀσφαλίζειν. Acta S. Erconwaldi Episcopi apud Capgravium, n. 16 : *Sed introitus eis non patuit, pictor enim januam Serravit, etc.* [Chronic. Parmense ad ann. 1253. apud Murator. tom. 9. col. 777 : *Et sæpe vivi abscondebant panem et alia victualia in corporibus mortuorum, ne guardæ eorum sævissimi invenirent illa, quando carcere Serrabant.*] Vide supra *Serare.*

2. **SERRA**, interdum pro *Clusura* sumitur, in lib. Judith cap. 4. ubi Græca ἀπέναντι τοῦ πρίονος τοῦ μεγάλου τῆς Ἰουδαίας. Vetalis Agrimensor : *A sextaneo vero si vis sequi limitem, rectam Serram sequeris ped.* 150. Innocentius de Casis literarum : *Sinistra parte montem super alveum habet tribus alveis descendens de sinistra parte lapides grandes, quæ in alveo ex duas Serras habent cavas de una cava sacra paganorum.* Ubi monet Rigaltius in aliquot codd. legi *Serra Paganorum. Serras* autem *clusuras* dictas vult Salmasius ad Solinum, non a *sera*, seu ἀπὸ τοῦ πρίονος, sed a *serra*, vel *sera*, id est, μόχλῳ, qua januæ clauduntur, quod ejusmodi angustiæ aditum in loca vicina occluderent; unde [*Clausuræ* et *Clusuræ* dictæ. [Vide *Seria* 2.]

Alii *Serras* Clusuras dictas volunt, quod montes, *serra* quasi dissecti, hasce angustias conficiant. Vetus Agrimensor de limitibus : *Terminus si aliquem scissuram hoc est taliaturam habuerit, montem scissum, id est, taliatum ostendit.* Alii denique, *serras* esse putant *series*, vel *serias*, ὁρμαθοὺς, montium vel vallium, quomodo *serras cavas* dixit Innocentius. Exinde

Serra, pro Monte, vel colle usurpari cœpit : qua notione Hispani etiamnum *Sierras* dicunt, fortasse, ait idem Salmasius, quod male reddiderint ex Græco πρίων, quod *montem* significat, et *seram*, seu *serram*. Vita S. Romani Abbatis Jurensis cap. 1 : *Nam dextra, certe sinistra Serræ ipsius tractum a limite scilicet Rheni sive statibus Aquilonis usque paginem Mausatis extimum nullus omnino ob longitudinem vel difficultatem inaccessibilis naturæ poterit penetrare.* Charta Ludovici II. Imp. ann. 861. in Tabul. Casauriensi fol. 32 : *Id est, per Serram, quæ descendit de monte Mailasca, etc.* Idem Tabularium : *De uno latere in fine ipso monte de furca, et quomodo per ipsam Serram venit in ipso monte de Scrafana ad ipsam furcam de Tecblu.* [Notitia ann. 832. in Append. ad Marcam Hisp. col. 769 : *Et vadit per ipsa Serra ad ipsa parata, et inde per Serra longa.* Præcept. Caroli Simplicis ann. 904. apud Baluz. in Append. ad Capitul. col. 1525 : *Et inde vadit ad monte meridiano et usque ad Serram Elceriolas, etc.* Chron. Farf. apud Murator. tom. 2. part. 2. col. 556 : *Deinde Serra montis de Meso, etc.* Charta ann. circ. 1000. apud Marten. tom. 1. Ampl. Collect. col. 356 : *Et vadit per ipsam Serram quæ est supra ipsam ecclesiam.* Statuta Montis Regalis fol. 231 : *Serra de Seramo et omnia castegneta usque ad Serram Anserem, sint bannita capris.*] Vide Samnium Ciarlanti pag. 241. [et infra *Serrarium* et *Serrum.*]

Serricella, Collis, minor *serra.* Charta Italica apud Ughellum in Episcopis Anglonensibus n. 1 : *Deinde pergitur per serram, et tendit in rectum serra, serra usque ad Serricellam de Burro.... et vadit per serram usque ad pedem Serricellæ.*

Serrata, in Charta ann. 1141. apud Guichenonum in Hist. Bressensi pag. 222 : *Quæ etiam terra Gondalmodis.... eosdem terminos territorii attingeret, et ex altera parte usque ad Serratam de Arandato perveniret.* Sed legendum *Serrata*, montium seu collium series.

Serna, promiscue pro *Serra*, occurrit in Chartis Hispanicis apud Anton. *de Yepez* in Chronico Ordinis S. Benedicti, Colmenaresium in Hist. Segoviensi cap. 15. § 12. cap. 16. § 1. et alios.

¶ Serra, Septum, Gall. *Enclos.* Statuta Cadubrii fol. 51. v° : *Quilibet homo forensis cujuscumque conditionis vel status existat, qui habere, vel de cætero emptionis, vel aliquo alio modo, seu jure acquisiverit domos, terras, prata, mansa, Serras vel possessiones aliquas in terra et districtu Cadubrii, teneantur et debeant pro ipsis domibus, terris, pratis, mansis, Serris et possessionibus collectas communis Cadubrii solvere.* Onera Abbatis S. Claudii inter ejusd. Monast. Statuta pag. 63 : *Item, per Joannem Pagay super uno Serræ cujusdam baptentorio, et supra declarando, dimidius grossus.* Vide *Serratura* 2.

¶ 3. **SERRA**, Apotheca reconditoria, Gall. *Serre*, Locus ubi ad victum necessaria reconduntur. Charta ann. 984. inter Instr. tom. 4. Gall. Christ. novæ edit. col. 7 : *Videmus cellariorum nostrorum ac horreorum reliquia et omnes Serras exhaustas et evacuatas, de quibus per anni circulum statutis horis quotidianis victus nobis dabatur.*

¶ 4. **SERRA**, Falcula, Gall. *Faucille.* Acta S. Benedictini Avenion. tom. 2. April. pag. 259 : *Et tenebat in manu Serram unam, cum qua metebat in festo S. Petri. Evenit quod non valebat emittere Serram de manu nec bladum.* Vide *Serriculum.*

* *Ceris*, eadem notione, in Lit. remiss. ann. 1392. ex Reg. 143. Chartoph. reg. ch. 238 : *Deux sarpes, un Ceris.... pour copper espines.*

* 5. **SERRA**, vox Italica, Impetus, tumultus. Stat. antiq. Florent. lib. 3. cap. 66. ex Cod. reg. 4621 : *Si quis præsumpserit.... in aliqua parte civitatis Florentiæ exclamare, Vivat populus, vel Serra, Serra, etc.*

* **SERRABARRIUM**, Serrabarum, idem quod supra *Serabola;* nisi idem sit quod Italicum *Sarrocchino*, vestis de corio, qua peregrini humeros tegunt. Ordo eccl. Ambros. Mediol. ann. circ. 1130. apud Murator. tom. 4. Antiq. Ital. med. ævi col. 890 : *Hoc facto* (leprosus) *exiens de balneo, statim induitur camisia nova, et femorariis novis, et Serrabarrio de nova corrigia, et cingulo novo de nova corrigia similiter..... Et isti Scarii debent habere sex denarios et Serrabarum novum ab ipso leproso.*

SERRACULUM. Palæmon in Glossis : *Claustrum, Serraculum ostii.* Alias *Serraculum* Latinis dicitur Contus, quo navis impellitur. [*Serraculum*, πηδάλιον, in Gloss. Lat. Græc.] Vide Cujacium lib. 9. Observ. cap. 10. et supra, *Serra* 1. et *Servaculum.*

¶ Serraculum, Epistomii vertibulum, alias *Duciculus.* Vide in hac voce. Jonas in Vita S. Columbani apud Mabill. sæc. 2. Bened. pag. 16 : *Vas quod tybrum nuncupant, minister ad cellarium deportat, et ante vas quo cervisia condita erat apponit : tractoque Serraculo meatum in tybrum currere sinit... Serraculum quod duciculum vocant, manu deferens.*

SERRAGO, Ramentum, scobs serraria, pulvis qui ex re qualibet *serra* divisa dilabitur, Gallis *Sieure*, vel *Scieure.* Cælius Aurelianus lib. 4. Chr. cap. 8 : *Cum cervini cornu Serragine aspersa, quam Græci Rhinen vocant.* Ubi viri docti *Rhinema* emendant, ex Gr. ῥίνημα.

* **SERRAILLA**, Serralha, Sera, qua januæ occluduntur. Inventar. ann. 1449. ex Tabul. D. Veneiæ : *Quædam Serrailla, etc.* Glossar. Provinc. Lat. ex Cod. reg.

7657 : *Serralha*, *Prov. pessellum*, *sera*. Vide in *Serralherius*.

¶ **SERRALE.** Vide supra *Serale* 1.

¶ **SERRALHERIUS**, Serrarius, Gall. *Serrurier*. Reparat. factæ in Senescallia Carcass. ann. 1435. ex Cod. MS. V. Cl. *Lancelot* : *Magistro Stephano... Serralherio pro una clave que posita fuit in prima porta castri dictæ civitatis*, *II. sol. VI. den.* Vide *Serura*.

¶ Seralherius, Eodem intellectu : *Seralha*, Sera, in Charta ann. 1370. ex Tabular. S. Victoris Massil. : *Magistri Dalmatii Seralherii pro fusta clavasonæ et magisteriis unius Seralhæ in guincheto portalis Callatæ*. Vide *Serhailla*.

SERRANIA. Michael *del Molino* in Repertorio fororum Aragon. : *Sententia dicitur lata ad modum Serraniæ*, *quando sine expensis partes comparent coram judice*, *et dicunt*, *Domine*, *sententietis nobis istud debitum*, *etc.*

¶ **SERRARE.** Vide *Serare*, et *Serra* 1.

* **SERRARE** Granum, Frumenti pretium minuere. Stat. Taurin. ann. 1360. cap. 67. ex Cod. reg. 4622. A : *De Serrando et alargando granum per judicem vel rectorem cum consilio credentiæ. Item quod judex seu rector cum consilio credentiæ possit Serrare et alargare granum*, *quando sibi et credentiæ placuerit.* Vide alia notione in *Serare*.

* **SERRARIA**, Sera, Gall. *Serrure*. Charta ann. 1327. inter Probat. tom. 1. Annal. Præmonst. col. 449 : *Oblationes quascumque*, *quas in dicto oratorio.... offerri contigerit*, *debeant.... recolligi.... in pixidem cum duabus Serrariis.* Vide *Serrura*.

¶ **SERRARIUM**, Collis, monticulus, in pago Fuxensi *Serri*. Testam. Rogerii Vicecom. Biterr. ann. 1193. apud Baluz. tom. 2. Hist. Arvern. pag. 500 : *Reliquos tria millia* (solidos) *habeant in pignore quod habeo in Serrario Biterris de filiis Guillelmi Arnaudi*. Vide *Serra* 2. et *Serrum*.

1. **SERRARIUS.** Gloss. Gr. Lat.: Λιθοπριστής, *Serrarius*, *lapidarius*. Qui *serra* lapides findit.

* 2. **SERRARIUS**, Cui serarum seu portarum claves committuntur. Charta ann. 1360. ex Chartul. eccl. Massil. : *Et petiit et requisivit Serrario dicti castri S. Cannati claves portalium*, *dicendo ei ut ei tradere deberet.... Dictus Serrarius facere recusabat*, *et subsequenter dictus dominus vicarius præfato Serrario imposuit pœnam* 100. *marcharum*.

¶ **SERRATA**, Collis. Vide in *Serra* 2.

¶ Serrata Antiqua, Genus scripturæ. Vide supra *Scriptura*.

* **SERRATIO**, Secatio, quæ serra fit; *Serrator*, qui serra secat. Comput. ann. 1479. ex Tabul. S. Petri Insul. : *Jacobo du Bos et Petro Coutrel Serratoribus*, *pro Serratione xxiv. pedibus roilarum*, *xij. sol.*

¶ **SERRATORIA**, Sera, id quo aliquid occluditur. Inventar. ann. 1377. ex Tabular. S. Victoris Massil. : *Item unum missale bonum notatum ei sufficiens*, *completum et bene illuminatum*, *cum Serratoriis argenti armigeratis lupi et leonis.* Vide *Serratura*.

¶ **SERRATORIUS**, Ad serram spectans, ad instar serræ. Ammian. lib. 23. cap. 4 : *In modum Serratoriæ machinæ connecti.* Vide *Serreus*.

* **SERRATUM**, Mons, collis. Charta ann. 1313. in Reg. 52. Chartoph. reg. ch. 207 : *Protendebatur per Serratum usque ad sucam de la Nuit bona*, *ubi modo est la peyriera*. Vide *Serra* 2. et *Serrarium*.

¶ 1. **SERRATURA**, Seratura, Sera, ut *Serratoria*. Tabul. Dunense : *Tunc unus ex famulis qui vocabatur furrerius vi extorsit mortallum de Serratura*, *et aperuit archam*. Statuta Eccl. Nannet. ann. 1389. apud Marten. tom. 4. Anecd. col. 981 : *Sanctum chrisma*, *oleum sanctum*,... *sub firmis et bonis Serraturis et clavibus reponant*. Charta ann. 1398. ex Tabul. B. M. de Bono-Nuntio Rotomag. : *Fecit suos servitores.... ascendere*, *et portam seu hostium illius loci Serraturis et vectibus fractis.... aperire*. Statuta Cadubrii cap. 32. fol. 58 : *Approbatum fuit quod ponatur una archa in sacristia ecclesiæ S. Mariæ de plebe cum duabus Seraturis*,... *quarum Seraturarum dom. Vicarius habeat unam clavim et massarius aliam.* Occurrit præterea in Chron. Estensi apud Murator. tom. 15. col. 384. in Annal. Mediolan. Anonymi apud eumdem tom. 16. col. 812. etc. Vide *Surratura* et *Serra* 1.

¶ In Serratura Tenere, Sub sera claudere. Chron. Petri Azarii ad ann. 1361. apud Murator. tom. 16. col. 370 : *Ceteras autem* (terras) *non destructas... usurpaverunt*, *mulieres vituperando et ponendo ad redemptionem*, *homines captos tenendo in Serraturis clavatos*. Vide *Serare*.

* Melius, In vinculis et compedibus aliquem constrictum tenere.

¶ 2. **SERRATURA**, Septum quodvis, *clausura*. Statuta Cadubrii lib. 2. cap. 66 : *Teneatur quilibet facere pro dimidia Serraturas seu strupaturas inter se et domos*, *seu hortos*, *curias et clausuras vicini*, *seu consortis sui de lignamine*, *vel de aliis secundum consuetudinem contractæ*. Vide in *Serra* 2.

SERRATUS, Confertus, Gallis *Serré*, *pressé*. Vincentius Belvac. lib. 30. cap. 71 : *Venatores quidem mirabiles*, *et ordinati ac Serrati ad venandum pergunt*, *ita quod animalia venaticia fugando coram se ducunt.*

¶ Serratus, Clausus, Gall. *Fermé*. *Plaga clausa fuit et Serrata*, in Mirac. MSS. Urbani V. PP. ex Tabular. S. Victoris Massil. Vide *Serare* et infra *Serrinus*.

¶ **SERRERIA**, Mons, collis, idem quod *Serra* 2. Charta ann. 1438. ex Schedis Præs. *de Mazaugues* : *Supra rabassarias... sequendo Serreriam*, *prout aqua labitur.* Vide *Serrarium* et *Serrum*.

* **SERREURA**, Sera, Gall. *Serrure*. Chartul. eccl. Carnot. ann. circ. 300 : *Episcopus et capicerius..... archas bonas*, *bene firmatas et munitas Serreuris et clavibus ministrare tenentur.* Vide *Serrura*. Hinc

* **SERREURARIUS**, a Gallico *Serrurier*, Serrarius. Charta ann. 1312. in Reg. 48. Chartoph. reg. ch. 118 : *Item super domum Roberti Serreurarii*, *sitam in veteri textoria*, *viginti solidos.*

¶ **SERREUS**, Ad instar serræ. Vita B. Columbæ Reat. tom. 5. Maii. pag. 352* : *Quorum interior* (circulus).... *consumptus in limbo veluti Serreos obduxerat dentes.* Vide *Serratorius*.

¶ **SERRICELLA**, Minor *Serra*. Vide ibi.

SERRICULUM, Falcicula, qua herbæ secantur, in modum serræ dentata. Gloss. Lat. Gr. : *Serriculum*, δρέπανον χορτοκοπικόν. Sic enim legendum, pro *Serticulum*. [Vide *Serra* 4.]

SERRINUS Pulsus, ἐμπρίων σφυγμός, alias *Serratus* : ita describitur ab Ægidio Corboliensi lib. de Pulsibus :

Occurrit digito species Serrina, priori
Debilis, in reliquo fit languida, nulla sequenti,
Hic trahit a serra cognata vocabula pulsus,
Cujus cum primis incisio dentibus acta,
Est gravis, in reliquis gravior, funesta supremis,
Corporis hoc pulsu fatalis serra vigorem
Amputat, et vitam nubes lethalis obumbrat.

* **SERRIS**, Sera, qua portæ occluduntur. Testam. Romei de Villanova ann. 1250. ex Tabul. D. Venciæ : *Item volo et jubeo quod omnes cartæ de Villanova ponantur sub duabus Serribus in turri de Villanova*, *quarum claves serventur in domo Fratrum Prædicatorum Niciæ*. Vide *Serrura*.

¶ **SERRO**, γρυπός, in Gloss. Lat. Gr. Codex Regius habet *Scrupulosus*.

¶ **SERRUM**, Mons, collis, Provincialibus *Serre*. Charta ann. circ. 1063. ex Schedis Præs. *de Mazaugues* : *Usque ad quamdam petiam terræ*, *quæ est in Serro vocato Serre de Patavin*. Charta ann. 1064. inter Collectanea D. *le Fournier* : *Sicut ascendit rivus qui appellatur Virongeis in Serrum de Palliarols*, *etc.* Tabul. Principis *de Rohan* : *Item pro nemore... confrontante cum heremo et bosco heredum Nicolai Guiramaudi et cum Serro S. Albani aqua versante*. Occurrit ibi non semel. Vide *Serra* 2. et *Serrarium*.

¶ **SERRURA**, a Gall. *Serrure*, Sera, qua januæ occluduntur. Reparat. factæ in Senescallia Carcasson. ann. 1435. ex Cod. MS. V. Cl. *Lancelot* : *Præparando Serruras earumdem januarum et plura alia iis necessaria complendo*. Ibidem : *Eidem* (serario) *pro duabus Serruris... quæ positæ fuerunt in barreriis portæ de Aude... Eidem pro præparando Serruram hereconis seu barreriæ portæ vocatæ Aude*. Vide *Serra* 1. *Serratura* et *Serura*.

* **SERRUS**, Fasciculus, vulgo *Poignée*. Leudæ minor. Carcass. MSS : *Item pro lino hujus terræ de viginti quinque Serris*, *unum Serrum*. Vide *Cerrus*.

¶ **SERSA**, Sersus, perperam pro *Sessu* et *Sessus*, Locus ubi sal conficitur. Charta Theodorici Episcopi Metensis pro Monast. Alteriac. inter Schedas Mabill. : *Insuper tres Sersas*, *quas apud Vicum prædicta domus possidet*, *liberas ab omni reditu et exactione concessimus in perpetuum*. Charta Wolfoaldi Comit. pro Monast. S. Michaelis ad Mosam apud eumd. Mabill. tom. 2. Annal. Bened. pag. 692. col. 2 : *Similiter donamus in Vigo-Marsallo Juno ad sal faciendum*, *cum manso*, *casa*, *Serso*, *cum omne adjecentia ad se pertinente*. Vide in *Sedes* 4.

SERSENTES, Apparitores, in Statut. Venetor. qui alibi *Servientes* [Vide *Sercentes*.]

¶ 1. **SERTA**, Corona Ducalis. Franciscus Dux Andriensis in Hist. Translat. S. Richardi Episc. Andr. tom. 2. Jun. pag. 248 : *Et versus occasum Aufidi fluvii per septem lapides transiens*, *ducali titulo deco-*

rata est (civitas Andria;) *in cujus quidem regimine civitatis et Sertam et vicem gero.* Pro Sertum occurrit in Actis SS. Valeriani et Tiburtii tom. 2. April. pag. 207. Vide *Sertum.*

* 2. **SERTA**, Ficuum sertum, quantum manu continetur. Codex reg. 4189. fol. 41. v° : *Omnes de castro Cæsaris habentes casale, consueverunt dare unum paneirum ficuum viridium; sed hodie quilibet habens casale, solvit castellano dictæ rochæ unam Sertam ficuum curtam.*

1. **SERTARE**, Claudere, quasi *sera* occludere. Tabularium Casauriense : *Cum medietate de uno sedio de molino, cum insula, introitu et exitu suo, et cum aqua, levata, et pausata, et cum forma, in fractando, et in Sertando cum omni firmamento, quantum ad ipsum molinum pertinet.* Vide *Sertura.*

2. **SERTARE**, Sertum imponere, coronare. Gloss. Lat. Græc. : *Sertat*, στεφανοῖ. [Mart. Capella lib. 5 : *Caput regali majestate Sertatum.* Longinus in Vita S. Stanislai Episc. tom. 2. Maii pag. 233 : *Uterque in cœlesti gloria sidus irradians, uterque tribus Sertatus aureolis.*] *Serta suspendere simulacris*, in leg. 12. Cod. Theod. de Paganis. (16,10.)

¶ **SERTICULUM.** Vide supra *Serriculum.*

* **SERTIFICARE**, pro *Certificare*, Certum facere, in Charta homagii ann 1332.

¶ **SERTIS**, Falcicula, Gall. *Serpe.* Inventar. ann. 1294. ex Tabular. S. Victoris Massil. : *Unum lingonem, et unam Sertem, etc.* Vide *Serra* 4. et *Serriculum.*

* Leg. *Serris.* Vide supra *Serra* 4.

¶ **SERTOR**, pro Sartor, ut videtur, in Statutis Vercell. lib. 7. fol. 212.

¶ **SERTORA.** Vide *Sertura.*

¶ **SERTUM**, Series, brevis narratio. Anastasius in Epitome Chron. Casin. apud Murator. tom. 2. pag. 366. col. 1 : *Sed libet cursum paulo altius, et præcedentium et subsequentium Archimandritarum seriem, Sertumque texere, simul etiam operi huic breviter annectere.*

¶ Sertum Imperii. Corona imperialis, diadema. Anonymus de Laudibus Berengarii Aug. apud eumdem Murator. ibid. pag. 496. col. 1 :

Imperii sumpturus eo pro munere Sertum,
Solus et occiduo Cæsar vocitandus in orbe.

Vide *Serta* et Glossar. med. Græcit. col. 1442. voce Στέφανος.

SERTURA, Clausura. Tabularium Casauriense : *Donavimus medietatem de uno molino in fluvio de Orfente cum leva et pausa sua, cum forma et Sertura, cum introitu et exitu suo, etc.* Alibi pro *Sertura*, est *Clausura.* Ibidem in Charta ann. 1007 : *Vendimus tibi et tradimus... in ipsa insula unam formam cavare, et Sertora facere, et aquam prehendere, etc.* Le Roman *de Garin :*

Sont-il venu au Chastel de Monclin,
Font les Sertées et les portes tenir,
Que nus ne puet ne aler ne venir.

Vide *Serraculum*, et *Sertare* 1.

¶ **SERTUS**, Situs, positus. Charta Caroli Calvi ann. 859. apud Marten. tom. 1. Anecd. col. 30 : *Et terminat prædictus alodis de una parte ad molinos Gualampadi, qui sunt Serti in ripa Urbione.* f. *Sessi.*

¶ Sertus, pro Insertus. Charta Casimiri Reg. Polon. ann. 1356. apud Ludewig. tom. 5. Reliq. MSS. pag. 500 : *Notum facimus quod dominus Carolus frater noster carissimus nobis litteras dedit infra Serti tenoris in hæc verba.*

¶ 1. **SERVA**, Ancilla. Epist. Mathildis Reginæ ad S. Anselmum ex Hist. Beccens. Monast. pag. 231 : *Veni, Domine, veni et visita Servam tuam.* Utitur etiam Ulpian. leg. 1. de servo corrupto. (11,3.) Vide *Serventa* et in *Servus.*

¶ 2. **SERVA**, Locus ubi colliguntur et asservantur aquæ, ut infra *Servatorium.* Charta Humberti I. ann. 1299. pro fundat. Monast. Saletar. tom. 2. Histor. Dalph. pag. 91. col. 2 : *Item a dicto stagno de Salettis directe usque ad parvam Servam de Salettis, dicta Serva eodem modo interclusa.*

* Locus ubi pisces servantur. Charta ann. 1323. in Reg. 154. Chartoph. reg. ch. 512 : *Possunt in fondo suo stangnum, viverium, Servam seu piscariam piscium facere.* Lit. remiss. ann. 1387. in Reg. 131. ch. 39 : *Ad piscaturam sive Servam piscium.... abbatis Cluniacensis.... dicti Andreas et Benedictus clam et occulte,..... de dicta piscatura sive Serva, cum dicta trublia, quater viginti pecias piscium..... furtive ceperunt.* Vide infra *Serverum.*

SERVACULUM, pro *Serraculum navis*, in leg. 29. D. ad Leg. Aquil. (9,2.)

SERVAGIUM, *Terra servagii*, pro qua servitium domino debetur. Statuta Willelmi Regis Scotiæ cap. 9. § 3. de Molendinis : *Rusticus et firmarius dabunt de terra Servagii decimum tertium vas, et de celdra magis, unam firlotam.* Synodus Bajocensis ann. 1300. cap. 47 : *Prohibetur districte ne aliqua Ecclesia Servagium domino terræ, vel aliquid conferre præsumat, etc.* Ubi alii Codd. habent. *Corvagia.* Computum Domanii Comitatus Pontivi ann. 1478 : *Recepte des Servaiges qui se payent au jour N. D. de Septembre : et est assavoir, que ceux, qui sont serfs quant ils se marient doivent cinq sols par. et à leur trespas 5. sols, et avec ce doivent chascun an un denier, et ceux qui sont defaillans des choses dessusdites, pour chascune fois doivent amende de 60. sol.* [Le Roman *de la Rose* MS :

Et s'est en leur Servage mis
Por ce qu'il erent anemis.]

* Servitium, reditus, præstatio. Charta ann. 1270. in Chartul. Pontiniac. ch. 105 : *Quæ quidem 645. arpenta nemoris.... dictus miles venditor tenetur.... liberare..... ab omni feodo, retrofeodo, dotalitio, grueria, chacia, Servagio, pensione et costuma.* Alia Phil. Pulc. ann. 1310. in Lib. rub. Cam. Comput. Paris. fol. 350. v°. col. 1 : *Item herbagia, Servagia et sex corveiæ unius hominis, valentia septem solidos annui et perpetui redditus. Servage*, pro Obsequium, in Bestiar. MS :

Li Apostres nous ammoneste,
Que Servage et treu rendon
A chel à qui nous le devon.

¶ **SERVALITER**, Serviliter, more servorum. Tabul. S. Clodoaldi ad ann. 1301 : *Idem Crispinum pro suæ voluntatis arbitrio usque ad* VI. *libras Paris. in quibus dampnificavit eos et ideo præsente procuratore ipsum Servaliter condempnari ad resarciendum damnum prædictum.* Id est, tamquam servus per sui corporis apprehensionem bonorumque manucaptionem : quod in hominem liberum non facile cadebat.

¶ **SERVANS**, ut *Serviens*, Custos. Charta Guillermi de Linieriis ann. 1268. apud Thomasser. in Biturig. pag. 196 : *Concedimus quod quilibet burgensis sit tanquam Servans dictorum nemorum et aquarum, ita videlicet quod si invenerit cum dictis nemoribus aliquem scindentem et in aquis mortuis piscantem ut ei burgensi credatur tanquam suæ rei domino per sacramentum.* Vide *Sirvens.*

* **SERVANTAGIUM**, Præstatio, quæ servitii nomine pensitatur. Charta ann. 1319. in Reg. 61. Chartoph. reg. ch. 164 : *Item pro Servantagio, censu et seminalibus, viginti sextarios frumenti.* Vide *Serventagium.*

¶ **SERVANTIA**, ut *Serjantia*, infra in *Serviens.* Codicillus Bertrandi de Turre, ann. 1281. apud Baluz. tom. 2. Hist. Arvern. pag. 508 : *Lego Stephano Briscar ad vitam suam centum solidos annuos et la Servantie castri mei de Rota.* Vide infra *Serventagium* et *Sirventia.*

¶ **SERVARE**, f. pro *Servire*, Eadem saltem notione, in Charta Henrici Reg. Angl. ann. 1457. ex Chron. Johan. Whethamstedii pag. 420 : *Et quamvis ita sit* (quod) *nos.... quæ Servare poterunt pro bono nostro et regni nostri, procedere libere possemus.* Vide *Servire* 2.

* Servare Chorum, Choro quoad cantum præsidere, illum regere. Cerem. vet. eccl. Carnot. scriptum paulo post annum 1193 : *Ille qui cantat invitatorium, Servabit chorum ad Laudes, etc.*

* Servare Placitum, Habere, tenere, Gall. *Tenir les plaits.* Instr. ann. 1385. tom. 5. Cod. diplom. Polon. pag. 81. col. 1 : *Convenientibus in unum et aggregatis pro Servandis placitis in termino consueto, etc.*

¶ Servare Se, Se gerere, Gall. *Se comporter.* Laur. Byzyn. in Diario belli Hussit. ann. 1421. apud Ludewig. tom. 6. Reliq. MSS. pag. 184 : *Item quod sacerdotes ex parte Servent se secundum ordinem divinum et imitationem propheticam et apostolicam.*

¶ 1. **SERVATIO**, Exceptio, Gall. *Reserver.* Charta ann. circ. 1000. apud Marten. tom. 1. Ampl. Collect. col. 356 : *Hæc omnia superius dicta cum ipsa ecclesia sine ulla Servatione vel minoratione tradimus.*

* 2. **SERVATIO**, Tutela, protectio, immunitas. Charta ann. 1383. apud Ludewig. tom. 12. Reliq. MSS. pag. 474 : *Nos etiam et nostri successores non impediemus fabricam ecclesiæ nostræ Magdeburgensis in reddibus* (l. redditibus) *duodecim marcarum, quas annuatim pro Servationibus suis, in civitate et diocesi Magdeburgensi solvere consueverunt.* Vide *Salvamentum* 1.

¶ **SERVATOR**, Locum tenens, vicarius. Gregor. M. lib. 12. Epist. 3 : *In Panormitana autem parte loci Servatorem tui me sufficit elegisse.* Eodem sensu occurrit in leg. si quis furem. de furtis. Vide supra *Salvator* 1. [** Occurrit apud Paul. Diacon. lib.

5. cap. 3. et 14. et in Julian. Epit. Novell. con. 124. § 559. Vide *Lociservator.*]

** **SERVATOR**, Pastor gregarius. Ecbasis vers. 75 :

Cum grege fœtoso satagunt exire gregatim,
Custodesque boum nec non Servator equorum.

* Nostris *Serveur*, pro vulgari *Boutique*, Arca, ubi pisces servantur. Lit. remiss. ann. 1399. in Reg. 154. Chartoph. reg. ch. 520 : *D'un croq à pescheur osterent la serreure d'un Serveur, ouquel avoit grant quantité de brochereux;.... ilz en mirent en une bote xxij. et le demorant ou Serveur de Jehan Tixier.*

SERVATORIUM, Piscina, *Reservoir d'eau*, in Charta Manassis Lingon. Episc. ann. 1190. apud Perardum pag. 263. *Poisson mis en serve*, id est, in servatorio, in Consuetudine Nivernensi cap. 26. art. 5. [Vide *Salvatorium* 1. et *Serva* 2.]

Servorium, Eadem notione, Piscina, in Fleta lib. 2. cap. 73. § 20. lib. 5. cap. 24. § 12.

Servatorium, Penus, arca. [Gloss. Lat. Gr. : *Servatorium*, φυλακτήριον.] Statuta Ordinis *de Sempringham* pag. 747 : *Cistas, vel arcas, vel alia Servatoria licite habeat ad utensilia sua et recellas suas fideliter servandas.*

¶ **SERVELERIA**, Servelleria, Cassidis species, quæ superiorem capitis partem operit, Ital. *Cervelliera*, Gall. *Cervelliere.* Extractum computi ann. 1336. tom. 2. Hist. Dalph. pag. 326. col. 2 : *Item*, viii. *Servelerias pro* vi. *s.* vi. *d. gr.* Informat. pro passagio transmarino ex Cod. MS. Sangerm. : *Item centum viginti Servelleriæ.* Vide *Cervellerium.*

* **SERVELHERIA**, Cassidis species, in Formul. MSS. ex Cod. reg. 7657. Vide *Serveleria.*

* **SERVELLIA**, Eodem intellectu. Stat. ann. 1356. inter Probat. tom. 2. Hist. Nem. pag. 181. col. 1 : *Pauperiores ad minus habeant unam guppam, unam Servelliam, unum glave de decem palmis et unum pavesium.*

¶ **SERVENTA**, Ancilla, famula, Gall. *Servante.* Statuta Astens. cap. 27. fol. 30 : *Ordinatum est quod dominus possit impune, moderate percutere et castigare suum scutiferum et Serventam, seu pedisequam, etc.* Vide *Serva* 1.

* Glossar. Provinc. Lat. ex Cod. reg. 7657 : *Serventa, Prov. ancilla, catarasia, mastigia.* Nostris *Serviteresse.* Lit. remiss. ann. 1385. in Reg. 126. Chartoph. reg. ch. 212 : *Une joenne femme, qui estoit Serviteresse oudit hostel, etc.* Aliæ ann. 1408. in Reg. 163. ch. 67 : *Marion chamberiere et Serviterresse de Jehan Cane, vicaire de l'eglise Nostre Dame de Poissy, etc.*

SERVENTAGIUM, Servientela, Servitium, [*Servientis* feudum, beneficium, seu reditus propter ejusdem officium.] Charta Isli Episc. Tolos. apud Sammarthanos : *Insuper supradictus Præpositus dedit eis ex toto suo honore Præpositurale, quam habebat in terminio civitatis Tolosæ de sancto Stephano, totum guardam, et totum Serventage, et pro hoc fevo dederunt, etc.* Charta Bernardi Vicecomitis de Minerba ann. 1100. tom. 10. Spicilegii Acher. pag. 165 : *Cum silvis et forestis, et cum omnibus fevalibus et vicariis, et Serventagiis, etc.* Tabularium Conchensis Abbatiæ Ch. 522 : *Hoc est donum, quod fecit.... illum Serventage de illa decimatione de Clauniag, etc.* Tabularium Nobiliacensis Abbatiæ : *Medietas Servientelæ decimariæ, etc.* [Charta ann. 1258. apud Thomasser. in Biturig. pag. 157 : *Si dicta domina Margarita alienaverit aliqua,... sive Servientelas dederit seu vendiderit, etc.* Vide in *Serviens.*]

¶ Servientagium, Eadem notione. Charta ann. 942. inter Probat. tom. 2. novæ Histor. Occitan. col. 85 : *Hæc omnia prædicta ego Atto Vicecomes dono.... cum omnibus fevalibus vicariisque atque Servientagiis, venationibus, etc.*

¶ Sirventagium, in Charta Guillelmi IV. Comit. Tolos. ann. 1079. ibidem inter Probat. col. 307 : *Laudamus et concedimus... cum vicariis, cum Sirventagiis, cum venationibus, etc.* Charta ann. 1103. ibidem col. 364 : *Cum omnibus fevalibus et vicariis utriusque sexus, etc. Sirventagiis, etc.* Rursum occurrit in Charta ann. 1147. ibid. col. 518.

¶ Serventia, Eodem intellectu, in Charta inter Probat. Hist. MS. S. Cypr. Pictav. pag. 449 : *Vendidi et concessi.... nonam partem me contingentem in Serventia decimæ de Liners quam ego et pencionarii mei habebamus et tenebamus ab elemosinario.* Ibidem pag. 414. plura habentur de *Serviente* ejusque reditibus. Vide *Sirventia.*

¶ Serventaria. Eodem sensu. Testam. Guillermi de Turre ann. 1315. apud Baluz. tom. 2. Hist. Arvern. pag. 538 : *Item lego dicto Chapceyras Servientariam de la Bessa, etc.*

☞ *Serventois* vocant Poetæ nostrates, ut opinor, poemata in quibus *Servientium* seu militum facta et servitia referuntur : unde vocis etymon; neque enim placet Borelli sententia quæ *Serventois* a Gall. *Servel*, cerebrum, deducit, satyricumque esse poema statuit, quod a Picardis acceperunt Poetæ Provinciales. Le Roman *de Vacce* MS :

Mes ore puisje longues penser,
Livres escrire et translater,
Faire Romanz et Serventois, etc.

* Cui opinioni accedunt Academici Cruscani : *Serventese, spezie di poesia lirica.* [** Vide Diezium de Poemat. Provincial. pag. 111. et 169.]

* **SERVENTARIA**, *Servientis* seu apparitoris officium. Stat. S. Flori MSS. fol. 2 : *Nullus privilegio clericali gaudere volens, Serventariæ seu bannariæ officio uti præsumat.* Vide in *Serviens.*

* **SERVERUM**, Vivarium piscium, idem quod supra *Serva* 2. Vide ibi. Lit. remiss. ann. 1355. in Reg. 84. Chartoph. reg. ch. 251 : *Venientes prædicti exponentes ad unum fossatum sive Serverum piscium.... haiis seu sepibus inclusum, etc.*

* **SERVESIA**, pro Cervisia, Gall. *Cervoise.* Lit. remiss. ann. 1356. in Reg. 84. Chartoph. reg. ch. 562 : *Transeundo ante quamdam domum, quæ est in terra.... episcopi Parisiensis, in qua Servesia vendebatur, etc.* Vide *Servicia.*

* **SERVIANUS**, idem qui *Serviens*, minister, famulus. Charta ann. 1373 : *Exceptis patrono* (navis), *scriba, seu Serviano aut garcifero, qui nihil pro capitagio solvere tenebantur.*

* **SERVIATURA**, *Servientis* officium. Codex redit. episc. Autiss. ann. circ. 1290. inter Probat. Hist. Autiss. pag. 86. col. 2 : *Relictæ Theobaldi de Camera* (debet episcopus) *sex libras super Serviatura.* Vide supra *Serventaria.*

¶ **SERVICIA**, pro Cervisia, non semel occurrit in Charta ann. 1492. apud Rymer. tom. 12. pag. 471.

¶ **SERVICIABILIS**, Qui servit et colit. Epist. Jani Reg. Cypri ad dom. *de Sylly* inter Acta SS. tom. 3. Mart. pag. 753 : *Humillima et obediens Serviciabilis Dei, oro dulcem Jesum ut epistola mea te possit reperire salvam et incolumem.* Vide *Servitialis.*

¶ **SERVICIUS**, pro Servitium, in Placito ann. 918. inter Probat. tom. 2. novæ Hist. Occitan. col. 57.

SERVIDA, Servitium, *Service.* Adalardus in Statutis Corbeiensibus lib. 2. cap. 1 : *De cætero unusquisque frater, quidquid de horto suo poterit acquirere supra Servidas, quas fratribus facere debent, pleniter absque ulla deminoratione deferant opportuno tempore Abbati.* i. ultra quod fratrum usibus addictum est : unde legendum putaverim *servisas.*

¶ **SERVIENCIA**. Vide *Servientia.*

SERVIENS, Minister, famulus. Apud Fortunatum Epist. 2. ad Mumolenum lib. 10. Poëm. sic inscribitur : *Dominis illustribus cunctisque magnificis omni desiderio complectendis, Servientibus Dominorum.* [Charta Philippi Aug. Reg. Franc. ann. 1200. tom. 1. Ordinat. pag. 24 : *De Servientibus laicis scholarium, etc.* Addit. ad Translat. S. Filiberti sæc. 4. Bened. part. 1. pag. 563 : *Servientem suum sic interpellavit : Præpara, inquit, nobis refectionem, ut cum reversi fuerimus, statim comedamus. Et ille ad dominum suum, etc.* Statuta S. Claudii ann. 1448. pag. 56 : *Item, Servientibus infirmariæ ejusdem monasterii, etc. Serjant* nostris eadem notione. *La Bible Guyot* Pruviniensis :

N'y aura ancelle ne Serjant.]

* Charta decani et capit. Trec. ann. 1198. ex Chartul. Campan. fol. 420. v°. col. 2 : *Omnes etiam Servientes nostri, qui de bonis nostris vivunt in domibus nostris, liberi sint ab omnibus consuetudinibus et clamoribus et ab omibus servitiis; et hanc libertatem habent tres Servientes nostri, scilicet granetarius, cellerarius et major noster.* Nostris *Sergant* et *Serjant.* Vita J. C. MS :

Un des Serjans dant Cayphas, etc.

Le Roman *de Robert le Diable* MS :

Après mangier ostent les napes
Li Sergant, qui doivent oster.

¶ Serviens *de Pane et Mensa*, Famulus domesticus, in Chartul. Gemmetic. tom. 2. pag. 5 : *Nec non et Servientibus de pane et mensa Monachorum eam libertatem in pasnagio, quam tempore patris mei habuerunt, habendam concedo.*

Serviens, Armiger, *Escuier*, sic dictus quod *Militi* quodammodo *servitium* exhiberet et obsequium; ejus quippe scutum et arma deferebat, unde *scutifer* dictus. Matth. Paris pag. 396 : *Armigerorum autem et Servientium centies occurrit*. Radulfus de Diceto ann. 1191 : *De castrorum excubiis summe sollicitus, Militibus 20. Servientibus 50. etc.* Idem ann. 1194 : *Obsessi sunt intus Milites 4. Servientes 20. etc.* Bromptonus : *Ubi de familia Regis 5. Milites et 20. Servientes occisi sunt*. Vide *Escaëta cum hærede*, et *Valeti*.

¶ Serjantus, Eadem notione. Epist. Henrici Imp. CP. ann. 1206. apud Marten. tom. 1. Ampl. Collect. col. 1074 : *Illi vero quibus custodia civitatis deputata fuerat, circiter* xl. *Milites de nocte cum Serjantis suis recedentes, etc.*

Servientes, Vassalli. Tabularium Conchensis Abbatiæ in Ruthenis Ch. 70 : *Et vero Raymundus et Willelmus frater meus, et ego Unzandus istius honoris Servientes damus, etc.* [Charta Ludovici Comitis Blesens. ann. 1197 : *Qui vadium clerici vel militis, vel alicujus servientis mei habebit, non tenebit illud ultra viginti dies, nisi sponte sua, etc.* Charta ann. 1257. ex Schedis Præs. *de Mazaugues* : *Obsederunt fortalicium dicti castri in quo erant milites et Servientes dom. Comitis. Homines jure Servienti pertinentes*, dicuntur in Privilegio Caroli IV. Imp. ann. 1357. inter Instrum. tom. 5. Gall. Christ. novæ edit. col. 526.]

Servientes, Milites pedites, qui vulgo Scriptoribus nostris *Sergeans*. Gesta Francorum expugn. Hierusal. cap. 46 : *Congregati ergo simul fuerunt* 120. *millia equitum, et peditum* 30. *millia præter clientes et Servientes.* [Statuta Synodi Biterr. ann. 1375. apud Marten. tom. 4. Anecd. col. 664 : *Cum... intellexerimus quod nonnulli sacerdotes, et alii in sacris ordinibus constituti.... cultellos longos desuper publice ad modum Servientium et ribaldorum in cleri vituperium deferant, etc.* Passim. *Servientes ad pedem*, pluries in Computo ann. 1202. apud D. *Brussel* tom. 2. de Usu feud. pag. CLXIV. Rotulus Cameræ Comput. ann. 1252 : *Les communes qui envoyerent Sergeans de pieds, etc.*] Erant etiam

Servientes Equites. Rogerus Hoved. in Richardo I : *Willelmus cognomento Cocus, serviens Richardi Regis Angliæ, in custodiendo Castellum de Leuns, cepit de familia Regis Franciæ* 24. *Servientes equites, quos Rex Franciæ miserat ad muniendum Castellum de Novomercato.* [Epist. Alphonsi VIII. Reg. Castellæ ad Innoc. III. PP. inter Conc. Hisp. tom. 3. pag. 473 : *Fuerunt qui venerunt.... usque ad decem millia Servientium in equis, et usque ad quinquaginta sine equis.* Litteræ Joannis Comit. Armaniac. ann. 1356. inter Ordinat. Reg. Franc. tom. 3. pag. 102 : *Obtulerunt nobis nomine Regis... se paratos nos juvare.... de mille Servientibus armatis equitibus, etc. Servientes ad equos*, in laudato Computo ann. 1202. ibid. non semel. *Serjans à cheval et à pié*, apud Villharduinum pag. 91.]

Sarjantes, Eadem notione. Godefridus Monachus S. Pantaleonis ann. 1167 : *Cum* 500. *fere Sarjantibus.... ad auxilium Reinoldo venerunt.*

¶ Serjantes, Eodem intellectu. Litteræ ann. 1197. apud Marten. tom. 1. Anecd. col. 664 : *Trecentos Serjantes quos* (Tornacenses) *mittere solebant domino Regi in expeditionibus suis, et mittere non poterunt.* Infra : *Cives etiam nullam debent domino Regi dare pecuniam pro Serjantibus istis.*

Serjanti, in Epistola Henrici Balduini Imper. CP. fratris in Gestis Innoc. III : *In munitione ejusdem civitatis, quæ Rossa dicitur, H. de Teneramunda.... cum multis Militibus et Serjantis reliquimus.* [Epist. Anonymi de capta urbe CP. ann. 1204. apud Marten. tom. 1. Anecd. col. 786 : *In terra siquidem sæpedicta erant Serjanti, Pisani, Geneciani, Daci et alii ad eam conservandam et protegendam constituti, qui exibant turrim, et introibant sicut volebant ad Sagittandum nostros.*]

Sarganti, in Charta Henrici VI. Imp. apud Goldastum tom. 1. Constit. Imper. pag. 287 : *Milites itaque et Sarganti jurabunt obedire illi, quem magistrum ac ducem eis constituemus.* Willebrandus ab Oldenborg in Itiner. T. S. : *Inter quos et ipsum multi Sarganti pedites.* Godefridus Monach. S. Pantaleonis ann. 1195 : *Milites itaque et Sarganti jurabunt obedire illi, etc.*

¶ Serganti, in Chron. Bonæ Spei pag. 266 : *Ipsosque quittamus, et liberamus imperpetuum ab omni onere receptionis.... canum, servientium, Sergantorum, etc.*

Servientes, vel *Servientes fratres*, in Ordinibus Militaribus Hospitalariorum, Templariorum, et Teutonicorum Militum, dicti, qui non ex genere militari vel nobili, in eo ordine militabant. Will. Tyrius lib. 12. cap. 7. de Templariis : *Tam equites quam eorum fratres, qui dicuntur Servientes.*

¶ Sariandi, Eodem sensu, in Statutis Equit. Teuton. art. 52. apud R. Duellium tom. 2. Miscell. pag. 54 : *Duos etiam fratres milites habebit comites, unum fratrem Sariandum, dispensatores duos.*

Servientes, Apparitores Regii : nostris *Sergeans*. Edictum Philippi Regis Franc. ann. 1302. cap. 18 : *Item inhibemus, ne Servientes faciant adjornamenta seu citationes sine præcepto Senescalli, Ballivi,... aut alterius judicis, etc.* Passim.

☞ Ejusmodi Servientium alii erant *equites*, alii *pedites*. De iis pluribus agit laudatum Philippi Edictum a Cl. V. *de Lauriere* editum tom. 1. Ordinat. Reg. Franc. pag. 357. Exstat ibid. pag. 352. ejusd. Regis Statutum quo *Servientes equites* Castelleti ad 80. reducuntur, ut et *Servientes pedites.* Inter Notarios et Advocatos recensentur Servientes, in Litteris Caroli Reg. Franc. ann. 1325. tom. 2. Ordinat. pag. 3.

Serjandus, ex Gallico, *Serjant*, in Statutis secundis Roberti I. Regis Scotiæ cap. 28.

¶ Serviens, Locum-tenens, in Charta Archembaldi dom. Borbonii ann. 1233. inter Instr. tom. 2. Gall. Christ. novæ edit. col. 137 : *Notum facio... quod cum ego posuissem in villa Brivatensi quemdam Servientem ex parte domini Regis et nostra, pro dom. Regis et nostris negotiis in prædicta peragendis;.... mihi constitit evidenter .... quod nullus Serviens regius aut bajulus, aut aliquis alius ex parte dom. Regis aut nostra debebat in villa Brivatensi manere.*

¶ Sergeantius, Eodem sensu, in Actis S. Francisci de Paula tom. 1. April. pag. 231 : *Coletum venisse hospitiumque cum socio accepisse apud D. Sullier Sergeantium regium.* Vide infra *Servientes armorum*.

* Serviens, Institor, Gall. *Facteur*. Lit. Phil. Aug. ann. 1209. tom. 4. Ordinat. reg. Franc. pag. 87 : *Dicti autem burgenses* (Paris. et Rotomag.) *ad invicem creantaverunt, quod quicquid Servientes eorum facient de societate mercaturæ, stabile erit et firmum.*

¶ Serviens dictus Tiro, Gall. *Apprenti*, quod magistro suo *servitia* exhibere teneatur. Charta apud *Madox* Formul. Angl. pag. 98 : *Testatur quod præfatus Johannes Nynge morabitur cum eodem Johanne Hervy ut ejus Serviens et apprenticius, a festo Paschæ ultimo præterito, usque finem et terminum sex annorum tunc proxime sequentium plenarie completorum. Per quem vero terminum idem Johannes apprenticius magistro suo bene et fideliter deserviet.*

Servientes Armorum, Qui *Servientes de armis*, dicuntur Thomæ Walsinghamo pag. 316. [*Servientes sive clientes cum armis*, Bartholomæo Scribæ in Annal. Genuens. apud Murator. tom. 6. col. 524.] nostris, *Sergeans d'armes*. Guill. *Guiart* ann. 1298. de quodam Amalrico *l'Alemant* :

> Cis estoit lors à ma creance,
> Serjant d'armes au Roi de France.

☞ *Servientes armorum*, ut iis corporis sui custodiam committeret, instituisse Philippum Augustum docet R. P. *Daniel* tom. 2. Milit. Franc. lib. 9. cap. 12. quem consule, si placet. Adde Observat. Andr. Duchesnii in Alanum *Chartier* pag. 864. et 865.

De eorum officio audiendus inprimis Butilerius in Summa rurali lib. 2 : *Les Sergens d'armes sont les Maciers, que le Roy a en son office, qui portent maces devant le Roy. Sont appellées Sergens d'armes, pource que ce sont les Sergens pour le corps du Roy : Et doivent et peuvent adès porter leurs armeures jusque à la Chambre des Comptes du Roy, et peuvent faire sergenterie par tout le royaume, et doivent avoir gages du Roy. Item ils doivent estre quittes de toutes tailles et subsides courans aux pays, ne ne doivent avoir Juge, que le Roy et son Connestable, mesme en defendant, etc. Et est leur office de voiager : car supposé que le Roy si allast de vie à trepas, jassoit ce que tous autres Officiers soient demis de leur Office par la mort du Roy, toute fois ne le sont mie Sergens d'armes, mais demeurent tousjours tant qu'ils vivent, se ils ne forfont, etc.* Iis persæpe castrorum custodiæ commendatæ. Gesta S. Ludovici Reg. Francor. : *Castellanum Bellicadri Servientem Regis ad arma strenuum, proh dolor! occiderunt.* Statutum Philippi V. datum Pontisaræ 18. Julii ann. 1318 : *Et quant aucuns des chasteaux, qui sont en frontiere escherront, nous y mettront des Sergens d'armes, qui garderont lesdits chasteaux pour leurs gages de la maçe, et n'est pas nostre entention de donner plus nulles gardes de chasteaux, ainçois les garderont les Sergens d'armes pour leurs gaiges, si comme dessus est dit.* Scheda Regi Gisortium delata ann.

1323 : *Item des Sergens d'armes à qui le Roy donne leur gages de maçe de certaine science à prendre sur les domaines en ses Baillies et Seneschauçées, lesquiex gaiges ils doivent prendre à l'ostel, ou si comme l'Ordonnance contient, se ils sont establis Chastellains aux gages de leurs maçes és Baillies ou Seneschaucées, où lesdits chasteaux sont assis, li Rois veut que ceux qui sont establis Chastellains au gaiges de la maçe, ou ayent autre office, preingnent lesdits gaiges où ils feront personnel residence, tous les autres prandront leurs gaiges en l'ostel le Roy.* Eorum postmodum *vadia* assignata fuere super Thesauro regio, Statuto Philippi VI. ann. 1342. [tom. 2. Ordinat. pag. 174. in quo hæc leguntur : *Nos Sergeants d'armes qui sont establis à garder nos chasteaux des frontieres, devers les advenuës de nostre royaume.*] Statutum aliud pro Hospitio Regis et Reginæ ann. 1285. titulo *de Fouriere : Item Sergens d'armes, trente, lesquels seront à court sans plus, deux Huissiers d'armes et 8. autres Sergeans avec, et mangeront à court, et porteront tousiours leur carcois pleins de quarreaus, et ne se pourront partir de court sans congié.* Habentur præterea Statuta alia pro Servientibus armorum complura, Philippi VI. nempe, quo cavetur ne in posterum numerum centenarium excedant : Caroli V. Franciæ Regentis, 27. Febr. ann. 1359. quo ad sex reducuntur, cum interdicto ne bina officia teneant : et ejusdem Caroli Regis 10. Dec. 1376. in Regesto Parlamenti *Olim* fol. 78. quo vetantur Servientes armorum, judicum decreta universim *Servientibus* inscripta, executioni mandare, cum aliud sit Servientium armorum munus, nec forum spectet. Exstat denique Arrestum Parlamenti 12. Sept. quo rescinduntur Litteræ Gueselini Comitis Stabuli, vel ejus Vicarii, quibus jurisdictionem in Servientes armorum ad se pleno jure spectare asserebat. Vide in hanc rem veterem Consuetudinem Franciæ lib. 4. cap. 6. pag. 551. edit. 1598.

☞ Ad jurisdictionem vero Comitis Stabuli in *Servientes armorum* quod spectat, hæc habentur in Statuto Johannis Reg. Franc. ann. 1355. tom. 3. Ordinat. pag. 30 : *Et aussi demourra à nostre Connestable la congnoissance des Sergenz d'armes en deffendant tant seulement, et en actions personnelles, esquelles il n'aura garde enfrainte.* Addit Carolus Regis primogenitus in Statuto anni seq. ibid. pag. 135 : *En tant comme resgarde le fait de leurs offices tant seulement.*

Cliens Armorum *Domini nostri Regis*, in Charta ann. 1401. apud Hemereum in Augusta Viromanduorum pag. 307. Scribit Nangius in S. Ludovico, Ingerrannum de Codiciaco submonitum fuisse, *non per Pares, nec Milites; sed per Clientes aulicos.* Ubi Chronicon Sandionysianum *Clientes aulicos* vertit, *des Sergens d'armes.* Interdum enim Servientes armorum ad magnatum submonitiones adhibitos colligere est ex Chronico Flandriæ cap. 63.

☞ Suos etiam Servientes armorum habuit Dalphinus Viennensis : quorum munia et privilegia eadem erant atque Servientium armorum Regis Francorum. Litteræ Humberti ann. 1347. tom. 2. Hist. Dalph. pag. 566 : *Humbertus Dalphinus Vienn. dilecto fideli nostro Henrico Garini de Turre, salutem, et sinceræ dilectionis augmentum. Quoniam ad tuhitionem, deffensionem, et custodiam nostræ personæ continuam, certas personas fideles, et sollicitas maxime, Servientes armorum eligere nos oportet, qui in bellorum actibus sint fortes, et nostræ personæ fidelem custodiam vigilantes studeant exhibere.* Cætera lectori consulenda permittimus, ne simus longiores.

Angli *The Sergeants of armes*, etiamnum vocant, qui robustiores ferunt ex argento baculos, interdum deauratos, corona et insignibus regni in summitatibus exornatos, ut qui non nisi jussu ipsius Regis vel Concilii ejus Curiæ parlamentariæ, et Cancellarii, vel Thesaurarii, atque hoc in rebus gravioribus, emittuntur. [*Sergents à masses d'argent* occurrunt etiam in Consuet. Hannon. cap. 48.]

* Serviens Aquarum, Gall. *Sergent des eaues*, in jurisdictione scilicet, quæ ad aquas et silvas pertinet. Lit. remiss. ann. 1358. in Reg. 86. Chartoph. reg. ch. 423 : *Jehan, dit Trayneau, Sergent des eaues...... fist commandement de par mon seigneur et de par nous et de par les maistres des eaues et des forés, etc.*

* Serviens Armorum, Cui armorum cura commissa est. Charta Phil. VI. ann. 1329. in Reg. 66. Chartoph. reg. ch. 234 : *Pour la considération du service que Henry le Galeis Vallet de nos armeures nous a fet, li avons donné.... une maison seant à Paris ou bourc Tibaut.*

* Serviens Barrarius, *Sergent Barrier*, in Lit. remiss. ann. 1376. ex Reg. 108. Chartoph. reg. ch. 275. Qui tributa ad *barras* seu portas oppidorum exigit. Vide in *Barra*.

* Serviens Camparius, Camporum seu agrorum custos. Chartul. Corb. sign. *Cæsar* fol. 41. v° : *Octroyons à Jehan du Taillis office de Sergent champestre,.... et lui avons donné pooir de faire touttes manieres de prinses et accusations, tant de personnes que de bestiaux, estant trouvez avant ladite seigneurie en delictz, malfaictures et dommages.* Quod vero huc atque illuc discurrat, *Sergent volant* nuncupatur, in Lit. remiss. ann. 1447. ex Reg. 176. Chartoph. reg. ch. 517 : *Jehan Maillefer et Philippot Clabault eux disans Sergenz volans et messiers, etc.* Vide supra *Camparius* et *Champerius*.

Servientes ad Clavam, apud Anglos, qui nostris *Sergeans à masses*, in libro inscripto *Justice of peace* pag. 122. v°. et alibi. [*Sergent à masse*, in Consuet. municipali Ambian. art. 27.]

* Serviens ad Cupam et *ad Pelvim*. Obituar. eccl. Lingon. ex Cod. reg. 5191. fol. 82. v° : *Obiit honorabilis vir Nicolaus de Sauceyo, civis Lingonensis, et Serviens ad cuppam in ecclesia Lingonensi.* Fol. 84. v° : *Obiit Aubrietus Chifflot de Rivello, quondam Serviens ad pelvim in ecclesia Lingonensi.* Fol. 108. r° : *Anno Domini 1498. obiit nobilis Ancelmus de Recourt, dominus de Burgemer, Servientium ad cuppam ecclesiæ major.* Charta ann. 1473. ibid. fol. 265. v° : *Servientes ad cupam in refectione, quæ fit die Jovis sancta post ablutionem pedum.... Decanus et capitulum videntes, quod in die prædicta Jovis sancta nulli erant, qui pelvim et manutergia sive toubaillias pro ablutione altarium ac etiam pedum defferent, pro augmentatione divini servitii,..... quatuor deputaverunt et ordinaverunt, quorum duo de pelvi serviebant et alii duo de toaillia sive manutergio. Servant au bassin*, in Ch. ann. 1489. ibid. fol. 269. v°.

Serviens Curiæ, Is fortean qui prædium possidet servitio viliori obnoxium, cujusmodi est *Sergentaria*. Notitia judiciaria ann. 1149. sub Rogerio Siciliæ Rege, apud Camillum Peregrinum in Hist. Longobard. : *Testificatus est prædictum Landonem et ejus hæredes, terram possedisse illam per 40. annos, et de hac et de aliis terris eorum de servitio unius Servientis Curiæ deservisse.* Ibidem : *Perhibens illum Landoni Girardi avo suo concessisse, qui ab hoc servitio unius Servientis Curiæ deservierat.*

☞ Alii sunt *Servientes curiæ* memorati in Tabul. Elnon. ii quippe intelliguntur feudatarii qui ad frequentandam curiam domini sui tenentur ejusque placitis interesse, uti statuunt Chartæ infeodationis. Vide *Placitum* et *Secta* 3.

* Serviens Dangerii, Gall. *Sergent Dangereux*, Qui ne delicta fiant in campis vel silvis invigilat atque mulctas ex iis colligit, quique jus regium, *Dangerium* nuncupatum, in forestis servat. Vide supra *Damnum* 2. et *Dangerium* 2.

* Serviens Duodenæ, Gall. *Sergent de la douzaine*, Præpositi Parisiensis stipator et satelles. Lit. remiss. ann. 1371. in Reg. 102. Chartoph. reg. ch. 124 : *Adam de Borron nostre Sergent de la douzaine en nostre chastellet de Paris, etc.*

¶ Servientes Ecclesiæ. Charta apud Menester. Hist. Lugdun. pag. 12 : *Item cum magister operis Ecclesiæ Lugduni sit Serviens Ecclesiæ Lugduni, etc.* Vide infra in *Parvæ Sergentiæ*.

* Serviens Eleemosinæ Regiæ, in Charta ann. 1379. ex Reg. 115. Chartoph. reg. ch. 131 : *Bertaut du Chemin Valet de nostre aumosne, qui depuis long temps en ça a esté commis par nos amez et feaulz aumosniers et soubzaumosniers à distribuer les mereaux de nostreditte aumosne.*

¶ Servientes Excubiarum, *Sergens du Guet*, in Statuto Philippi Pulchri Reg. Franc. ann. 1302. tom. 1. Ordinat. pag. 353.

* Serviens Fautalis. Vide supra *Fautalis*.

Servientes Feodati, Certis ac definitis servitiis obnoxii ratione feudorum ac prædiorum, quæ dicuntur *Serjantiæ*, et *Serganteriæ*. [*Sergent feodé* vel *du fief*, in Consuet. Britan. art. 21. *Sergent fieffé*, in Consuet. Silvanect. art. 87. *Serviens feodaliter*, in Tabul. Pontis Otranni : *Rainaudinus Grosler dedit in elemosinam octo sextariatas terræ... Fidejussores extant Petrus Vaslet feodaliter Serviens terræ illius, et Albinus prætor Maumoconii.* Judicatum ann. 1288. apud D. Brussel tom. 1. de Usu feud. pag. 172 : *De Servientibus feudatis qui petebant ut possent suas Serjanterias ad firmam tradere : concordatum fuit, quod ipsi suas Serjanterias non poterant* *affirmare, nec ad tempus tradere, nisi fuerit de mandato dom. Regis, vel Baillivi sui. Servientes feodati*, in Charta ann. 1218. pro Templariis Rupellensibus.] *Feuda servientium*, in Charta ann. 1230 : *Clientela, quæ vulgariter Serganteriæ dicuntur*, apud Marthæum Paris ann. 1256. [*Sergenterias fieffaux*, in Consuet. Norman. cap. 33. 94. *Sergenterie fieffée*, in Aresto Candelosæ ann. 1269. etc.] Assisiæ Hierosolym. MSS. cap. 190 : *Toutes manieres de gens peuvent bien fié de Sergent acheter par l'assise et usage dou Royaume de Jerusalem, mais que ils soient tels, que ils aient vois et respons en court, et que il puisse faire ce que le fié doit de homage et de service.* [* Charta ann. 1185. ex Tabul. eccl. Camerac. : *Vigintiquatuor Serjanti episcopi domini et quatuor Serjanti ecclesiæ B. Mariæ et eorum uxores, quamdiu post ipsos viduæ permanserint, liberi sint ab omni onere civitatis. Feoda Serjantorum ecclesiarum.... ab omni sunt onere libera civitatis.* Charta Phil. Pulc. ann. 1300. in Lib. rub. Cam. Comput. Paris. fol. 120. r°. col. 2 : *Cum Sergenteria feodalis forestæ nostræ de Buro, quam Robertus de Parci miles tenebat a nobis in feodum, etc. Dicta Sergenteria feodalis cum chacia ad animal ad pedem clausum, et cum cæteris dictæ Sergenteriæ juribus, etc.* Reg. S. Justi ex ead. Cam. fol. 153. v°. col. 1 : *Willelmus de Waulemeril tenet Sergenteriam hæreditarie de domino rege; quæ Sergenteria movet de corona, de ballivia Rothomagi.*] *Sergentiarum* vero aliæ *Magnæ*, aliæ *Parvæ*.

Magnæ Sergentiæ, inquit Bracton. libr. 2. cap. 16. § 6. sunt, *quæ exercitum Regis aut patriæ tuitionem spectant, et hostium deprehensionem : ut si quis ita feoffatus fuerit per Sergentiam inveniendi Domino Regi unum hominem vel plures, ad eumdum cum eo in expeditionem ad exercitum, equites, vel pedites, etc.* [Charta ann. 1266. apud Kennett. Antiquit. Ambrosd. pag. 265 : *Johannes filius Nigelli tenet de Rege unam hidam terræ arabilis in Borstalle ... per Magnum Serjantiam custodiendi forestam de Bernwode.* Alia ann. 1361. ibid. pag. 490 : *Isabella de Handlo tenuit.... unum messuagium... a Dom. Rege in capite per Magnam Serjeantiam inveniendi unum hominem et custodiendi forestam de Schotover et Stowode.*] Littleton. lib. 2. cap. 9 : *Tenure par graund serjeantie est l'ou un home tient ses terres ou tenemens de notre Seigneur le Roy, per tiels services que il doit en son propre person faire al Roy, comme de porter banner nostre Seigneur le Roy, ou sa lance, ou d'amener son hoste ou d'estre son Marchal, ou de porter son espée devant lui à son coronement, ou d'estre son sewer à son coronement ou son caruer, ou son buther,... ou faire autres tiels services.* Mox addit, ideo *Magnam serjantiam* appellari, quod longe præcellat servitium *tenuræ per scutagium*. Deinde servitium Scutagii non esse ratum ac definitum, ut est servitium *Magnæ serjantiæ*. Servitium præterea *Scutagii* extra regni limites, servitium vero *Magnæ serjantiæ* fere semper fieri intra regnum. Sed et *Magnam serjantiam* non nisi a Rege teneri : denique tenentes per *Magnam serjantiam* tenere a Rege per servitium Militis, eoque nomine Regem habere ab iis *wardam, maritagium, et relevium*, secus vero de Scutagio, nisi a Rege nude pendeat. Similia habet Britton. pag. 162. 164. Meminit Rogerus Hovedenus pag. 779 : *Serjanteriarum Regis, quæ non erant de feodis Militum.* [Ejusmodi sunt *Sergentiæ* quarum mentio occurrit apud eumd. Kennett. pag. 292 : *Per Serjantiam espicurnantiæ Cancellariæ dom. Regis.* Et pag. 308 : *Per Serjantiam scindendi coram dom. Rege die Natalis Domini et habere cultellum dom. Regis de quo scindit.* Rursum pag. 569 : *Per Serjantiam mutandi unum hostricum dom. Regis, vel illum hostricum portandi ad curiam dom. Regis.*] Porro *Magnæ sergentiæ* dividi non possunt, *ne cogatur Rex hujusmodi servitia sua recipere per particulas*, inquit auctor Fletæ lib. 5. cap. 9. § 28. Vide lib. 3. cap. 14. § 7. Regiam Majestat. lib. 2. cap. 71. § 5. et Statuta secunda Roberti I. Regis Scotiæ cap. 7. § 2.

Parvæ Sergentiæ sunt eæ, quarum servitium ad dimidiam marcam debeat appretiari, vel quæ non respiciunt Regem, nec patriæ defensionem, ut equitare cum domino, vel domina, et portare brevia, pascere leporarios et canes domini, mutare aves, invenire arcus et sagittas vel portare, etc. apud Bracton. lib. 2. cap. 16. § 6. cap. 35. § 6. cap. 37. § 5. Adde Fletam lib. 1. cap. 10. 11. lib. 3. cap 14. § 7. Littletonem sect. 159. 160. 161. Cowellum lib. 2. Instit. tit. 3. § 2. 3. et Rastallum verbo *Grand Serjanty*. Ejusmodi *Parvarum Sergentariarum* passim mentio occurrit. [Literæ patentes Henrici II. Reg. Angl. ann. 1155. apud D. *Brussel* tom. 2. de Usu feud. pag. v : *Nos non habebimus custodiam heredis vel terræ alicujus qui tenet de alio per servitium militare, occasione alicujus parvæ Serjanturæ quæ tenetur de nobis per servitium reddendi carellos, vel sagittas, etc.*] Charta Libertatum Angliæ ann. 1215 : *Nos non tenebimus custodiam hæredis vel terræ alicujus, quam tenet de alio per servitium Militare, occasione alicujus Parvæ Serjanteriæ, quam tenet de nobis per servitium reddendi cultellos, vel sagittas, vel hujusmodi.* Charta Philippi Augusti ann. 1211. apud Hemereum : *Item de serjanteriis antiquis, quas Ecclesia S. Quintini habuit temporibus Radulfi et Philippi Comitum Viromandensium, ita statutum est, quod si ille, qui serjanteriam tenuerit, transtulerit se ad religionem, vel ita senex sit vel impotens, quod suum non possit officium exercere, ille qui propinquior erit in genere, succedat, et in ea libertate, in qua ille prius eam tenuerat. Si tamen illam serjanteriam diviserit, poterit etiam illum justitiare, sicut prædecessorem suum, nec illum, qui serjanteriam dimiserit, poterit capitulum garandire vel defendere, nisi eum specialiter, qui de ea tenens fuerit et saisitus. De illis autem communibus servientibus, qui serviunt Canonicis in propriis personis,... puta de illis, qui serviunt de pane faciendo, de furno calefaciendo, de buticulariis, etc.* Atque ii dicuntur *Franci servientes*, Gallice *Francs Sergeans*, quod ab omni tallia et vili alio onere immunes sint. Charta Philippi Regis Franc. ann. 1289. apud eumdem Hemereum : *Concessimus per nostras literas ipsis Decano et Capitulo, quod, quamdiu ipsi cessarent a pastibus suis solitis, haberent omne commodum suorum francorum Servientium, qui eisdem in Capitulo in propriis personis in dictis pastibus servire tenebantur, convertendum et ponendum in acquitationem debitorum.... Et quod præfati Franci servientes dictis pastibus cessantibus gaudebunt libertatibus quibus gaudebant, quando dictis Decano et Capitulo in dictis pastibus serviebant, etc.* Supra in Charta ann. 1288. dicuntur *Servientes Ecclesiæ*. Erant autem illi *Butioularius, Panetarius, Scutellarius, Furnarius, Custodes ostii, Deportatores panis, Latores Literarum, Magister coquus, Subcoqui*, ab omni munere immunes : *Li Sergens communs, francs et quittes de le Commune, des mises et de le charge de le Commune : surgens en l'Office de Maistre keu, et Soubkeu, d'Huissier, Bouteillier, d'Eschuer, de porter lettres.* Ita membranæ veteres, inquit idem Hemereus. Ejusmodi perinde est sergenteria, de qua Codex Croylandensis Monasterii : *Concessimus etiam tunc sergentiam Ecclesiæ nostræ Semanno de Lek, qui veniens coram Conventu in nostro publico Parliamento similiter juramentum præstitit, quod fidus et fidelis nobis existeret, et officium suum diligenter custodiret. Recitavimusque illi officium suum, scilicet quod sit intendens tam in noctibus quam diebus, et ille illuminabit omnia luminaria Ecclesiæ,... pulsabit omnes pulsationes, etc. Sergenteria de placito spatæ apud Feritatem S. Matthæi, etc.* Regestum Feodor. Comitatus Pictaviensis : *Joannes Vigerii, Clericus homo Do. Comitis Pictav. de ballia sua la Ferroniere S. Maxentii, ad homagium planum, et ad servitium unius tripodis, et unius calderiæ sufficientis ad unum bovem coquendum, quando sibi in domo sua S. Maxentii est necesse.* In Aresto ann. 1265. in 1. Regesto Parlam. f. 38. Alibi f. 195 : *Quidam de Normannia tenens quandam sergenteriam a Rege, videlicet jus piscandi in aqua Regis apud vallem Rodolii, pro qua tenebatur Regi reddere omnes vendesias quas capiebat ibidem, etc.* Ubi *vendesia*, est pisciculus, nostris *Vendoise*. Ejusmodi servientium feodalium vilia alia servitia recenset præterea Tabul. S. Dionysii ann. 1284 : *Que il pour la raison de ladite Serjanterie d'Anvers estoit tenu à garder les prés audits Abbé et Convent, les bois, les garennes, la justice de l'iauë, mettre les bornes, faire les venes, garder les prisons et les prisonniers, faire les semonces et les adjournemens, gagier les hommes de ladit ville, et prendre en tous cas ou il afferra, et faire toute maniere de service, qui appartiennent à servant, soit en gardant ou en justiciant, etc.* Tabular. S. Albini Andegav. : *Præcata est ista Adelais Abbatem et Monachos, ut pro amore suo concederent unum bordagium in ipso alodio uni suo servienti, nomine Bernerio, et uni suo hæredi post illum in serventagio, ut sicut ille Bernerius servierat exinde sibi, id est, Adelaidi antea : sic postea ipse et unus hæres suus serviret Monachis : post illius autem et sui hæredis decessum, rediret in dominium Monachorum.* Ubi *serventagium* præcariæ et sergenteriæ species est. Regestum feodorum et servitiorum ex Camera Comput. Paris. fol. 6 : *Huë Waspal tient sa terre par Sergenterie, et doit garder la porte du chasteau de Roüen.* Fol. 76 : *Robert du Chastel tient sa terre du Roy par Sergenterie, et doit aler comme Sergent du Roy à prendre les larrons.* Fol. 174 : *Jeans de Lannet est Sergens du Roy de* 20. *arpens de terre, etc. Le service que tels Sergens doivent au Roy, est de garder les maisons des Chevalliers de la Chastellenie, toutesfois que il forfont contre le Seigneur, et aler en chevaulchie du Seigneur de Champagne.* Andegavensia Homagia præstita Mariæ Reginæ Siciliæ ann. 1287. in Regesto Ludovici Regis Siciliæ et Ducis Andegavensis : *Pelerin de Roboan est obligé à cause du fief de Botart au devoir de garder les larrons qui sont pris en la forest de Monnois. Perrot Rileau de Perçay à cause de son fief est obligé à devoir de garder les prisonniers, et les rendre à Baugé.* Folio 94 : *Guillaume Augier doit foy simple à cause de sa Sergenterie fayée en la ville et quinté du Mans à service d'aller en la compagnie du Prevost et des Francs du Mans porter le Crucifix à S. Julien en la Procession et Sermon le jour de Pasques Flories pour tout devoir. Sainton Martineau doit foy simple à cause de la Sergenterie fayée de S. Calays à devoir d'estre le jour de Pasques Flories à veoir rompre les lances que les Francs rompent, et estre en la compagnie du Comte ou de celluy qui represente sa personne à convoier la Croix en l'Eglise de S. Julien, etc.* Vide Histor. Reomaensem pag. 324. 325.

* Serviens Firmarius, *Sergent fermier*, in Consuet. Brit. art. 674. Officii *servientis* conductor, qui vices *servientis* gerit, numerandæ pecuniæ interveniente pacto.

¶ Servientes Franci, Gallice *Francs Sergeans.* Vide supra in *Parvæ Sergentiæ.*

¶ Servientes Generales, Iidem qui Apparitores Regii, quorum jurisdictio nullis limitibus coercetur. Statutum Ludovici Hutini ann. 1315. tom. 1. Ordinat. pag. 622 : *Item. Conqueritur idem Dux* (Britanniæ) *super eo quod quidam Servientes nostri, qui dicunt se esse Servientes Generales in ressorto Britannie, sergentant ibidem*, *etc. Servientis generalis* in villa S. Eugendi mentio est in Statutis S. Claudii ann. 1448. pag. 56.

¶ Serviens cum Gladio, Idem qui *Serviens armorum. Robertus de Noviller armiger, debet servitium* x. *dierum, tanquam Serviens cum gladio*, apud D. *Brussel* de Usu feud. tom. 1. pag. 172.

Servientes Hundredi, dicti olim apud Anglos, qui postea *Ballivi*. Spelm. ex Bractono lib. 5. tract. 1. cap. 4. n. 2. pag. 330. et alibi.

Servientes ad Legem, dicti olim in Anglia Doctores, vel juris Antecessores, ut censet Joan. Seldenus in Prolegomenis ad Historicos Anglicos pag. 44. tametsi, inquit, *Judices* nostros *Doctoribus*, et *Servientes* Bacalariis respondere dicat Joannes Rossus Warwicensis. Spelmannus Causidicorum species tres statuit, inferiorem eorum qui *ad borras* vocantur : secundam *Apprentitiorum* : tertiam *Serjantorum*, vel *Servientium ad legem, qui olim Servientes Narratores* dicebantur, hoc est Advocati. Fortescutus de Legibus Angliæ cap. 8 : *Advocati, qui in regno Angliæ Servientes ad legem appellantur.* Atque hi, inquit idem Spelmannus, summum obtinent gradum in Legum Anglicarum professione, sicut in Jure Civili, qui *Doctores* appellantur. Et licet *Serviens* quis hujusmodi opibus nonnunquam magis pollet, quam integrum fere *Doctorum* Collegium, etiam et multa hodie antecedit æstimatione : Doctorum tamen institutio nobilior fuisse videtur, et antiquis honoratior : *Doctoris* etiam appellatio est Magisterii : *Serjantis*, Ministerii. *Doctores* sedentes cathedrati infra curiam et pileati disputant : *Serjanti* stantes promiscui extra repagula curiæ, quæ *barras* nuncupant, absque pilei honore, sed tenui calyptra, quam *Coifam* vocant, induti causas agunt et promovent.

Ad gradum autem hunc sic pervenitur. Cupidus legum adolescens, primo se sistit in uno Collegiorum Juris, (sunt enim 4. quæ et *Hospitia* vocant) emensisque illic studiosius annis 7. vel 8. *ad Barram*, ut loquuntur, hoc est ad agendas causas, evocatur. Denos posthinc annos, vel 12. Lector publicus in aliquot *Hospitiorum* Cancellariæ emittitur, tantumdemque pene postea idem hoc munus in sui ipsius Collegio eo fastu exercetur, ut 2. vel 3. hebdomadarum spatio bis mille pene coronatos Gallicos expendisse unusquispiam dignoscatur. Laute enim epulari solet, convivasque adhibere præcipuos regni magnates. Hactenus Spelmannus, qui hos versus describit ex *Gowero* in Voce clamantis lib. 6. cap. 4 :

Est Apprentitius, Sergandus post et adultus,
Judicis officium fine notabat eum.

Serjancius ad legem, apud Knyghtonum pag. 2727. *Serviens D. Regis ad legem*, pag. 2694. ubi ejusmodi Servientes ad legem postremi inter *Justitiarios* consident.

Sed de *Servientium ad legem* dignitate et prærogativa audiendus præsertim Joannes Fortescutus de Laudibus legum Angliæ cap. 50. ubi ait, in Anglicis Academiis non vigere *Bacalariatus*, et *Doctoratus* gradus, sed alium non minus celebrem, qui *Gradus Servientis ad legem appellatur* : et sub hac conferri, quæ subsequitur, forma. Capitalis *Justitiarius de communi banco*, de consilio et assensu omnium Justitiariorum, eligere solet, quoties sibi videtur opportunum, 7. vel 8. de maturioribus personis, quæ in prædicto generali studio magis in legibus profecerunt, quorum nomina in scriptis Cancellario Angliæ deferenda curat. Is vero per Regis Brevia, cuilibet electorum illorum mandat, ut coram Rege stato die, adsint, ad suscipiendum *statum et gradum Servientis ad legem* : quo quidem die electi illi *inter alias solennitates festum celebrant et convivium*, ad instar Coronationis regis, per 7. dies, ita ut singulorum expensæ non minores esse possint quam 16000. scutorum : quippe eorum quilibet tenetur dare annulos aureos *ad valentiam in toto* 40. *librarum ad minus monetæ Anglicanæ*, cuilibet nempe Principi, Duci, et Archiepiscopo, qui hisce solennitatibus intersunt, ut et Cancellario ac Thesaurario Angliæ, annulum valoris 26. sterl. 8. den. et cuilibet Comiti et Episcopo consimiliter præsentibus, nec non Custodi sigilli, utrique Capitali Justitiario, et Capitali Baroni de Scaccario Regis, annulum 20. sol. et omni domino Parlamenti, Abbati, notabili Prælato, et magno Militi tunc præsenti ; et aliis ejusmodi annulum unius marcæ, et sic de cæteris, adeo ut nullus fere sit Officiarius inferioris gradus, qui pro sua dignitate annulo non donetur. Amicis præterea et domesticis dant annulos, et *libratam magnam panni unius sectæ :* adeo ut in nulla orbis totius Academia ad Doctoratus gradum consequendum tam magnifici sumtus fiant, ac dona erogentur : nec mirum, cum in Anglia Servientis ad legem dignitas lucri plurimum afferat, sitque gradus ad amplissimas dignitates consequendas. *Nullus est enim Advocatus in universo mundo, qui ratione officii sui tantum lucratur*, ac ille. Deinde nemo in regni licet legibus scientissimus, admittitur *ad officium et dignitatem Justiciarii in Curiis placitorum coram ipso Rege et communis banci, quæ sunt supremæ curiæ ejusdem regni ordinariæ, nisi ipse primitus statu et gradu Servientis ad legem fuerit insignitus.* Nullus autem ad hunc gradum assumitur, nisi in generali legum studio 16. annos ad minus compleverit.

☞ *Servientes Regis ad Legem* in Anglia sex vulgo jam numerantur, duo in Hibernia : *Servientium* vero *Communium ad legem* numerus procedit usque ad viginti in Anglia; at duo tantum sunt in Hibernia, tametsi plures esse possunt. Servientes Regis pro quibusvis privatis hominibus causas agere non prohibentur, præterquam adversus Regem : quod Servientibus Communibus non est interdictum. Qui Regi datur annulus non carius emitur quam 100. lib. cæteri proportione servata. Annuli qui a Servientibus Regis dantur iis inscribuntur verbis, *Deo, Regi et Legi*, Servientium vero Communium his *Deo et Patriæ.*

Jam vero eorum habitus ejusmodi est : *Quilibet eorum semper utitur, dum in Curia Regis sedet, birreto albo serico*, quod primum et præcipuum est dignitatis symbolum, quoque in eorum creatione decorantur. *Nec birretum illud Justitiarius, sicut nec Serviens ad legem, unquam deponit, quo caput suum in toto discooperiet, etiam in præsentia Regis, licet cum Celsitudine sua loquatur. Roba* denique *longa ad instar Sacerdotis cum capicio penulato, circa humeros, et desuper collobio, cum duobus labellulis, qualiter uti solent Doctores legum in universitatibus quibusdam, cum supradescripto birreto utuntur.* Potest etiam *stragulata veste, aut coloris bipertiti uti.*

☞ Per annum duntaxat a receptione utuntur servientes toga illa bipertiti coloris : dehinc in hieme nigri, in æstate violacei, in festis diebus coccinei coloris. Apud Hibernos servientes non induuntur tenui calyptra seu *coifa*, sed veste serica, uti patroni nostri, quæ ex anteriori parte aperta est globulisque ordinatim dispositis astricta.

* Serviens Liber, Ab omni munere immunis. Charta ann. 1225. in Lib. 1. nig. S. Vulfr. Abbavil. fol. 8. v° : *Cum controversia verteretur inter decanum et capitulum S. Wlfranni de Abbatisvilla ex una parte*,

et Renoldum præpositum de Riedviler ex altera, super homagio et servicio et pluribus aliis rebus, quas ipse Renoldus ad feodum suum pertinere dicebat;..... compositum est in hunc modum, quod dictus Renoldus homo ligius remanebit ecclesiæ et Serviens liber.

* SERVIENS AD MAKAM, seu ad clavam, Gall. *Sergent à masse.* Lit. Official. Noviom. ann. 1347. in Reg. 68. Chartoph. reg. ch. 325 : *Johannes dictus Bosquet Serviens ad makam,... domini Noviomensis episcopi, etc.*

SERVIENTES DE MANERIO, Villici, quibus manerii cura incumbit. [*Serviens qui custodiebat manerium*, in Regest. S. Justi fol. 21. v°. Capitul. de Villis Caroli M. cap. 39 : *Volumus ut pullos et ova, quos Servientes vel mansuarii reddunt, etc.* Capitul. lib. 3. § 191 : *Auditum habemus qualiter et Comites et alii homines.... faciunt servire ad ipsas proprietates Servientes nostros de eorum beneficio, et curtes nostræ remanent desertæ.*] Matth. Paris ann. 1252 : *Audito igitur de tunsionibus quibus ostia confringebantur, et de clamoribus effractariorum et tumultu, accessit Serviens de manerio, ut eorum impetus compesceret.* [Adde Thomasser. in Biturig. pag. 187. et Kennett. in Antiquit. Ambrosd. pag. 287.]

¶ SERVIENTES NARRATORES, Advocati, iidem qui *Servientes ad legem*, apud Th. *Blount* in Nomolex. Anglic. : *Prædictus Thomas le Mareschal dicit quod ipse est communis Serviens Narrator coram justitiariis, etc.* Vide *Narratores* et *Prælocutor.*

* SERVIENS NATURALIS, Proprius, domesticus. Chartul. S. Joan. Laudun. ch. 140 : *Ego Ingelranus abbas omnibus in perpetuum notum esse volumus universis, quod Havinus ecclesiæ nostræ naturalis Serviens in manus nostras se reddit in monachum.* Vide *Naturalis* 2.

* SERVIENTES NIGRI, Ab habitu nigro sic nuncupati. Sent. ann. 1288. apud Murator. tom. 6. Antiq. Ital. med. ævi col. 461 : *Inter mappularios et addextratores urbis ex una parte, et Servientes nigros de familia domini papæ ex altera exorta fuit materia quæstionis, super eo videlicet, quod omnia servitia, quæ dantur per prælatos et abbates in consecrationibus et benedictionibus ipsorum, quæ fiunt in urbe per dominum papam, vel alium de mandato suo, ipsi mappularii et addextratores asserebant ad se totaliter pertinere : dicti vero Servientes nigri pro se ac aliis, cum quibus servitia prædicta communicant, quando ad eos perveniunt, contrarium responderent, etc.*

* SERVIENS DE NOCTE, Vigil, qui excubias nocturnas agit. Chartul. Corb. sign. *Cæsar* fol. 42. v° : *Donnons à François de Bonourt l'office de Sergent de nuict de ladite ville de Corbie, que anchiennement l'on soulloit nommer Cercles de nuict. Evrat estant Sergent du guet à cheval de nuit*, in Lit. remiss. ann. 1389. ex Reg. 138. Chartoph. reg. ch. 98.

SERVIENTES OFFICII VEL STAGII, in Ordine Militari S. Joan. Hierosol. de quibus Statuta ejusdem Ordinis tit. 2. § 2.

¶ SERVIENTES PACIS, id est, *Banleucæ* seu districtus urbis, *Sergents de la paix*, in Consuet. Valentin. art. 138. Placitum apud Th. *Blount* in Nomolex. Anglic. : *Et etiam habere ibidem sex Servientes qui vocantur* Serjeants of peace, *qui servient curiæ manerii prædicti, et facient attachiamenta et executiones omnium placitorum et querelarum in dicta curia.* Vide *Pax.*

* SERVIENS DE PERTICO, Qui *pertica* agros ex officio metitur. Charta ann. 1200. ex Lib. albo episc. Carnot. : *Si quis tres porcos vel pauciores habuerit, pasnagium eorum erit præpositi et Servientis de pertico commune et in recognitionem usuarii. Habet Serviens de pertico in crastinum Natalis unum panem aut unum denarium de hostisia unaquaque.* Vide *Pertica* 1.

* SERVIENS PRATARIUS, *Sergent Prairier*, in Consuet. Castel. Sclus. in Turonibus, Custos pratorum.

¶ SERVIENTES QUERELÆ, *Sergents de la querelle*, in Consuet. Norman. art. 63. Beraldo dicitur Apparitor ordinarius loci in quo orta est querela seu controversia.

SERVIENTES REGIS. Bracton. lib. 3. tit. 2. cap. 32 : *Si sine secta cognoverit se inde esse latronem, coram Vicecomite, vel Coronatore, vel Serviente Domini Regis cum testimonio bonorum et proborum hominum, extunc furtum dedicere non possit, quia tales habent recordum.* Ibid. cap. 28 : *Virgo rapta... et sic debet ire ad Præpositum Hundredi, et ad Servientem domini Regis, et ad Coronatores, et ad Vicecomitem, et ad primum Comitatum faciet appellum suum.* Ubi hæc Spelmannus subdit : videlicet Regem habuisse in singulis Comitatibus *Servientem ad legem*, in nomine suo Coronæ placita prosequentem. Nostris,

SERVIENTES REGIS, dicuntur Regii Apparitores, qui alias *Servientes armorum* vocantur. Continuator Nangii ann. 1323 : *Quemdam Servientem Regis in baculo suo ut moris est Regis Servientibus, Regis insignia deferentem, proprio baculo interfecit.* Vide Seldenum ad Eadmerum pag. 170. et Knyghtonem pag. 2677.

* SERVIENS SÆCULARIS, Laicus servitio alicujus monasterii addictus. Charta ann. 1270. in Chartul. Pontiniac. ch. 105 : *Neque in eorum Servientibus sæcularibus, qui erunt ad panem et ad sal de Pontigniaco (justitiam poterunt facere).*

* SERVIENS SCUTELLÆ, Officium ad mensam regiam. Charta Phil. VI. ann. 1339. in Reg. 73. Chartoph. reg. ch. 263 : *Nostre amé vallet Servant de l'escuelle en nostre sale Mace Marciau, neveu de nostre amé et féal chevalier et chambellain Robert Fretart, etc.*

SERVIENTES SPATHÆ, vel *spadæ*, in Charta Ludovici Hutini ann. 1315. pro Normannis. [*Serviens spatarius*, in Litteris ejusd. Reg. ann. 1314. tom. 1. Ordinat. pag. 552. *Serjant du plait de l'espée*, in Mandamento Philippi Pulchri Reg. Franc. ann. 1309. ibid. pag. 464.] De horum officio, sic vetus Consuetudo Normanniæ MS. 1. part. sect. 1. cap. 11 : *Sous les Viscomtes sont les Serjans de l'espée, lesquiex doivent tenir les veuës et doivent faire les semonces, et les commandemens des Assises, et faire tenir çen que jugié y est : si doivent les nans delivrer qui sont pris, gardé sus ce l'ordre de droit : et si doivent avoir de chascune veuë soustenir* 11. *den. et autres si de chascun nan, que il delivrent; et pour ce sont-il dis Serjans de l'espée : quar il doivent justicier vertueusement à l'espée tous les malfeteurs, et tous ceux qui suient malveses compagnies, gens diffamez d'aucuns crimes, et gens fuitis et forbannis, et les doivent ó le glaive de l'espée et avec autres armes si vigoureusement justicier, que la bonne gent qui sont paisibles feussent par les Serjans de l'espée gardez paisiblement, et que les malfeteurs soient espoantez et punis selon droit, et à ce furent les Serjans de l'espée principalement establis.*

* SERVIENS VINI, itidem Officium ad mensam regiam, in Charta ejusd. reg. eod. an. ibid. ch. 133 : *Comme Pierre de Cuise nostre amé varlet Servant de vin, en sale, etc.*

* *Servientium* baculi seu virgæ *armis* dominorum, quorum jurisdictionem exercebant, insigniebantur. Libert. Villæfranchæ ann. 1369. tom. 5. Ordinat. reg. Franc. pag. 700. art. 5 : *Servientes, qui baculos consuetos cum armis dicti domini regis et villæ prædictæ depictos valeant deportare.* Rursum occurrit in aliis Lit. ann. 1368. ibid. pag. 709. art. 2.

¶ SERGANTERIA, *Servientis* feudum, beneficium, seu reditus propter ejusdem officium. *Sergenterie*, in Consuet. Normann. cap. 26. 28. 33. 34. 53. 85. 117. *Sergentie*, in Britan. art. 674. 677. Chartul. SS. Trinit. Cadom. fol. 86. verso : *Rainaldus de Roqua tenet in vavassoria* 1. *acram... et Gaufridus unum musuagium in Serganteria.* Occurrit etiam in Cod. censuali Episc. Autiss. ann. circit. 1290. Vide *Serventagium.*

¶ SERGANTIA, Eadem notione, in Lib. nig. Scaccarii pag. 183 : *Tenet de Rege in capite feodum suum per servitium* 1. *militis, et per Sergantiam suam.*

¶ SERGENTERIA, Pari significatu. Regest. *Olim* ad ann. 1273. fol. 195. v° : *Per arrestum patet quod in Normannia dom. Rex dabat terras suas Sergenterias, exempli gratia, dicitur quod quidam tenens Sergenteriam a Rege, etc.*

¶ SERGENTURA, Eodem intellectu. Regest. Magn. Dierum Campaniæ fol. 50 : *Districte inhibitum omnibus ballivis et præpositis terræ Campaniæ Briæque comitatuum, ne de cetero vendant nec vendere permittant aliquibus personis Sergenturas seu majorias in jurisdictionibus eorumdem existentes.*

¶ SERJANTARIA, Eodem sensu, in Charta ann. 1249. ex Tabular. B. M. de Bono-Nuntio Rotomag. : *Totum illud jus quod ratione Serjantariæ meæ de Oumeio a dictis viris religiosis hereditarie reclamabam.*

¶ SERJANTIA, SERJEANTIA, ut *Sergenteria.* Vide supra in *Magnæ Sergentiæ.*

¶ SERGENTARIA, SERGENTERIA, *Servientis* seu apparitoris officium, *Sergentise*, apud Butiller. in Summa rurali. Litteræ Johannis Reg. Franc. ann. 1361. tom. 3. Ordinat. pag. 554 : *Quod omnes servientes qui.... ultra numerum... reperientur instituti,... a dictis Sergentariarum officiis penitus amoverentur.* Adde Litteras ejusd. Reg. ann. 1363. ibid. tom. 4. pag. 232. Statutum Philippi Pulchri ann. 1302. ibid. tom. 1. pag. 366 : *Idem de scripturis, sigillis, Sergenteriis, vicariis, aliisque sub eis officiis censemus esse tenendum. Sergentiis*, ex cod.

Statuto editum apud Menester. Hist. Lugdun. pag. 86.

¶ Sergentarius, Ad *servientem* seu apparitorem pertinens. Charta ann. 1307. apud Stephanot. tom. 2. Fragm. Hist. MSS : *Item quod servientes... non facient aliquod officium Sergentarium, nec explectabunt nisi cum litteris judicis instituti, in quibus contineatur factum pro quo contingit homines explectabiles citari, vel in terra ecclesiæ explectabili officio Sergentario uti.*

Sergentare, Apparitoris officio fungi, Gallice *Sergenter*, Executioni Judicis decretum mandare, in Chronico Flandrensi. Charta Philippi Regis Franc. ann. 1307. pro Lugdunensib. : *Multos tenebimus bastonerios, servientes, vel officiales quosque, qui pignorare, seu Sergentare valeant quoquo modo, vel aliud officium exercere, nisi in casu ressorti nostri.* [Alia ejusd. Reg. ann. 1319. ex Tabul. Calensi pag. 333 : *Nomine dictorum Majoris et juratorum Sergentabat et virgam deferebat.* Gesta Episc. Andegav. apud Acher. tom. 10. Spicil. : *Nos igitur pari ratione capimus vos, quia... Sergentatis in terra domini Episcopi Andegavensis.*]

* Serviens. Charta ann. 1351. in Reg. N. Chartoph. reg. ch. 26 : *Item unum nappum seu ciphum a tribus pedibus, cum tribus Servientibus, et unam cuppinam de argento ejusdem facturæ et laborerii, ponderis marcarum xvij.* An *Servientis* effigies ? an vasis ornatus.

¶ **SERVIENTAGIUM.** Vide *Serventagium*

¶ **SERVIENTALIS**, Ad *Servientes* seu servos spectans. Vide supra *Libra Servientalis.*

¶ **SERVIENTARIA**, Servientela. Vide *Serventagium.*

SERVIENTIA, *servitium.* Tabul. eleemosynariæ Montismorilionis fol. 48 : *Et retinuerunt in eodem manso sibi Servientiam de milio et de panicio, et dimidiam eminam siliginis, etc.* Fol. 52 : *Medietatem de terragio, et medietatem Servientiæ.* Fol. 57 : *Dedit omnem Servientiam, quam habuit in prædicta terra, etc.* Adde Tabular. Absiense fol. 134. [Litteræ Johannis Reg. Franc. ann. 1356. tom. 4. Ordinat. pag. 352 : *Totam cognitionem, punitionem, confiscationem emendarum, Servienciarum, et sententiarum quarumlibet prolatarum compulsionem, etc.* Vide *Serventagium* et *Sirventia.*]

* **SERVIENTURA**, *Servientis* feudum, beneficium. Charta ann. 1231. in Chartul. S. Corn. Compend. fol. 173. v°. col. 2 : *Ingorannus de Manerio recognovit se vendidisse ecclesiæ beatæ Mariæ Compendiensis Servienturam, quam dicebat se habere apud Civerias et Omens le Mont pro sexaginta solidis Parisiensibus.* Vide *Serventagium.*

¶ **SERVIETA**, a Gall. *Serviette*, Mantile. Inventar. MS. Eccl. Aniciensis ann. 1444 : *Item quædam Servieta modici valoris cum barris de persico.* Statuta MSS. Capit. Tullensis ann. 1497 : *Diaconus accipiat de manu presbyteri* (patenam).... *et cooperiatur Servieta lata et longa de serico.* Ubi indicari videtur fascia illa qua inter sacra utuntur, vulgo *Echarpe.*

* Inventar. ann. 1476. ex Tabul. Flamar. : *Item plus triginta manutergias, vulgariter vocatas Servietas, fili lini.* Ea utebantur in torquendis iis, ex quibus facti alicujus veritatem extorquere volebant. Acta dissolut. matrim. Ludov. XII. fol. 149. r°. ex Bibl. reg. : *Eumdem* (dom. de Vatan) *ter aut quater in quæstione seu tortura dura posuerunt,... et cum sic torqueretur cum Servieta et aqua, quæ imponebatur corpori suo ipsum torquendo, Servieta, quæ extrahebatur ab ore suo, erat rubeior quam bombicinium suum, quod erat de satinio rubeo.*

¶ **SERVIETUM**, pro Servitium. Charta ann. 1231. ex Tabular. S. Victoris Massil. : *Sive sint usatica, et Servieta, et albergia, aut corvatæ, aut alia servitia pecuniaria, vel non.*

* **SERVIGIA**, pro *Cervisia.* Charta ann. 1470. in Suppl. ad Miræum pag. 627. col. 2 : *Ministrare tenebuntur singulis diebus olera sive potagium, et qualibet hebdomada duos pottos Servigiæ.* Vide supra *Servesia.*

¶ 1. **SERVILIS**, Officiosus, Gall. *Serviable.* Regula reformat. Monast. Mellic. in Chron. ejusd. pag. 354 : *Paci et concordiæ dent operam, charitativi et Serviles sint invicem, et in laboribus se mutuo juvantes.*

¶ 2. **SERVILIS**, Ignobilis, Gall. *Roturier.* Charta apud Marten. tom. 1. Anecd. col. 32 : *Mansum unum indominicatum, seu alterum Servile in pago Turonico.* Alia ann. 1245. apud Lobinell. tom. 2. Hist. Britan. col. 394 : *Tam de terris gentilibus, quam Servilibus. Servilis et censualis*, id est, servitiis et censibus obnoxius, in Histor. Novient. apud eumd. Marten. tom. 3. Anecd. col. 1128. Vide *Servitialis.*

SERVIMEN, pro Servitium. Vita Burchardi Episcopi Wormaciensis : *Monasterium enim in honorem S. Martini consignavit : sed muro ex parte peracto regalis crebrositate Serviminis... impeditus peragere non potuit.* [Gesta Abbat. Mediani Monast. apud Marten. tom. 3. Anecd. col. 1124 : *Præter præfati impensas Serviminis.* Acta SS. Bened. sæc. 4. part. 2. pag. 261 : *Decimas etiam ex proprietate suæ ecclesiæ ibidem pro exhibendo sibi Servimine et censu in beneficium præstitit.*] *Ad servimen revocare*, in Vita S. Landrici Episcopi Metensis num. 4. M. Justinus Lippiensis in Lippiflorio pag. 153 :

Hactenus in vestro vitam Servimine vixi.

¶ 1. **SERVIRE**, aliquid nomine *Servitii* ministrare, præstare, exsolvere. Tabul. Principis *de Rohan* : *Item unam cartam frumenti, unam cartam ordei, et II. denar. quos Serviunt dicti heredes. Item unam eyminam frumenti et V. pictas quas Serviunt Petrus Verderii, etc.* Litteræ Arnaldi Archiep. Ausc. ann. 1365. inter Instr. tom. 6. Gall. Christ. novæ edit. col. 164 : *Nihil tamen idem procurator visitationis hujus nomine cameræ præfati dom. Papæ obtulit vel Servivit.* Ranfredus JC. sub Friderico II. in Ord. judiciario tit. de Villanis : *Serviam in Pascha vel in Natali duas gallinas, vel libram piperis, vel aliquid aliud.* Charta ann. 1289. apud Ludewig. tom. 4. Reliq. MSS. pag. 116 : *Ibidem area quæ Servit decem denarios de quodam prato et nova plantatione octo denarios.... et saltus in Dehemstorf cum XII. fasciculis lini per singulos annos Serviendis.*

¶ Servire dicitur Sacerdos qui Ecclesiæ deservit eamque administrat, in Leg. Bajwar. tit. 1. cap. 1 : *Et sic tradat ipsam pecuniam coram Sacerdote qui ibidem Servit.* Vide in *Servitor.*

¶ *Servir ne de tant ne de quant*, Formula loquendi nostris olim usitata. Le Roman de *Vacce* MS :

Se li Rois lui oloit de nule riens fausant,
Jamez nel Serviroit ne de tant, ne de quant.

Hoc est, nullomodo.

* Nostris *Servir devant autrui*, pro *Etre au service de quelqu'un.* Lit. remiss. ann. 1374. in Reg. 105. Chartoph. reg. ch. 458 : *Jehan Dourderon, poure varlet charton, Servant devant autrui, etc.* Practicis nostratibus *Servir son jour*, Idem quod *Comparoître à une assignation*, Ad vadimonium venire. Lit. remiss. ann. 1390. in Reg. 138. ch. 281 : *Il s'en revint à S. Felix le Dimanche suivant 24. Juillet pour Servir son jour à lendemain ensuivant, contre ledit David.*

¶ 2. **SERVIRE**, pro Servare. Capitul. Francoford. Caroli M. ann. 794. § 52 : *De ecclesiis quæ ab ingenuis hominibus construuntur, licet eas tradere, vendere, tantum modo ut ecclesia non destruatur, sed Serviuntur cotidie honores.* Ubi *Serventur* edidit Sirmondus : sed *servire* et *servare* promiscue scribi observat Baluz. in Notis ad Capitul. Vide *Servare.*

¶ **SERVITÆ**, Ordo Religiosorum. Vide *Servi B. Mariæ*, in *Servus.*

SERVITIALIS, Servitio alicui obnoxius, qui servitium debet. Charta fundationis Monasterii S. Petri Generensis : *Cum ingenuitate totius Benacensis honoris, qui mihi erat Servicialis.* Libertates oppidi Baugiaci in Sebusiis ann. 1250 : *Exceptis terris et possessionibus quæ censuales et Servitiales aliis existere dignoscuntur.*

* Testam. Mathildæ comit. ann. 951. apud Murator. tom. 2. Antiq. Ital. med. ævi col. 1063 : *Item judico meas tunicas et meas massaricias et viginti cappas ad Marianam Servitialem meam, quæ servivit mihi annis septem.*

Servitialis. Glossema ad Ennodium lib. 9. Epist. 9. edit Basil. : *Vernula servitialis, hoc est, serva editus. Servigiale*, Italis. [Servus, famulus. Charta ann. 1403. ex Schedis Præs. *de Mazaugues* : *Item Servitiali quæ tulit vinum..., Servitialibus duabus conventus.* Statuta Massil. lib. 4. cap. 24. § 4 : *Sane ab hac constitutione excipimus Servitiales cargatorum, de quibus est ordinatum quod* XXV. *peregrinis possit adjici unus Servitialis.* Adde Acta SS. tom. 7. Maii pag. 154. et tom. 3. Junii pag. 456. Provincialibus *Serviciou*, qua voce potissimum intelligunt mulierem quæ puerperæ servit. Vide Joan. Villaneum lib. 8. cap. 80.

¶ **SERVITICUM**, ut *Servitium*; Quomodo etiam f. legendum est. Charta ann. 1153. inter Probat. tom. 2. novæ Hist. Occitan. col. 543 : *Item Ugo Escafredi et frater ejus dicebant duos furnos ejusdem villæ suos esse, et D. Raymundus Trencavelli in eis nihil habere nisi Serviticum eorum.*

SERVITIES, pro *Servitium.* Utitur Otfridus in Epistola Evangeliis Theothiscis præfixa sub finem.

¶ **SERVITIO**, Officium. Vita S. Cutberthi tom. 3. Mart. pag. 119 : *Post vero obitum ejus multis fratribus narrans Servitionem animalium, sicut leones in veteri lege legimus Danieli servire.*

SERVITIUM, Charisio, est *multitudo servorum* : addunt Glossæ Isid. *et ingenuorum obsequium.*

Servitium, Ministerium, officium. Gregorius Turon. lib. 5. cap. 3 : *Sigo quoque Referendarius, qui annulum Sigeberti tenuerat, et ab Chilperico Rege ita provocatus fuerat, ut Servitium quod tempore fratris sui habuerat, obtineret, ad Childebertum Regem Sigeberti filium, relicto Chilperico, transivit, resque ejus, quas in Suessionico habuerat, Ansoaldus obtinuit.* [Vide *Servitus* 2.]

* *Sente* et *Serve*, Famulatus; maxime vero nostri dixerunt de tempore, quo famulus vel tiro domini vel magistri servitio sese addixerant. Lit. remiss. ann. 1404. in Reg. 159. Chartoph. reg. ch. 167 : *Comme Jehannin le Fevre, qui avoit esté varlet et serviteur de Jehan Lategnant, et demouré en son hostel par pluseurs Sertes et années.* Aliæ ann. 1458. in Reg. 188. ch. 55 : *Le suppliant respondi qu'il estoit mareschal et ne pourroit guaigner la vie de lui, de sa femme et enfans sans varlet, mais se sa Serte estoit faitte, il le mettroit dehors.* Lit. Alani *de Montendre* ann. 1307. inter Probat. Hist. Villehard. pag. 59 : *Ge seroie tenu à rendre le demorant de la monnoie selon la Serve du temps par années.* Id est, habita ratione temporis mei servitii.

Servitium, Minister ipse. [* Malim operam ipsam, Gall. *Main d'œuvre*, interpretari.] Codex Carolinus Epist. 72. ubi de Placito ac judicio quodam Pontificali : *Qui residentes una cum Reverendissimo et Sanctissimo Possessore Archiepiscopo,... simulque nostris adstantibus Servitiis, Theophylacto Bibliothecario, Stephano Sacellario, Campulo Notario, Theodoro Duce, et cæteris pluribus.* Charta Ludovici Pii apud Petr. Chiffletium, de Concilio Neomagensi : *Sed si necessitas exigit, ut de Servitiis vel nostris vel alienis ad hunc ordinem* (Presbyterii) *aliquis admitti debeat.*

☞ Hinc nostri *Service* opificem vocarunt. Statutum Cameræ Comput. ann. 1366. inter Ordinat. Reg. Franc. tom. 4. pag. 720 : *Que les taches necessaires pour faires lesdites reparacions, soient en maçonnerie, charpenterie, couverture, matieres, Service pour ce faire, etc.* Vide in *Servitus* 2.

Servitium, Officium Ecclesiasticum, Sacra Synaxis, vulgo *Service de l'Église.* Concil. Narbonense ann. 1235. cap. 29 : *Aut Servitio eorumdem* (Valdensium) *ubi Majore ipsorum librum tenente apertum, per ipsum, quasi sub generali confessione remissionem intelligunt fieri peccatorum... affuerunt.* Vita S. Maldegisili n. 6 : *Et cautius attende, quem tibi monstravero locum, in quo tu deinceps dominicum expleas Servitium.* [Elmham. in Vita Henrici V. Reg. Angliæ edit. Hearnii cap. 32. pag. 80 : *Et dum naves Anglicæ, divinis tamen Servitiis prius, prout maria sinebant, perfectis, etc.* Translat. S. Medardi tom. 2. Junii pag. 102 : *Ac propterea indicto solenni S. Medardi servitio, etc.* Officium B. M. inscribitur in Breviario Sarisbur. *Servitium B. M.* Vide *Servitus* 1.]

* *Service*, eadem acceptione, in Lit. remiss. ann. 1471. ex Reg. 195. Chartoph. reg. ch. 671 : *Le suppliant se partit pour venir en sa maison en disant ung petit Service de Nostre-Dame.*

¶ **Servitium**, Officium ecclesiaticum et annuale pro defuncto, *Service*, eadem notione dicimus. Charta Margaretæ Comit. Flandr. ann. 1194. apud Miræum tom. 1. pag. 556 : *Quod centum solidi cedent in usus refectorii, quod in anniversario die depositionis meæ, clericis de choro qui Servitio meo intererunt, singulis annis celebrabitur etc.* Charta Geraldi Abb. Angeriac. ann. 1386. ex Tabul ejusd. Monaster. : *Item in die qua debet fieri Servitium domini Thomæ Abbatis* XIII. *panes frumenti.* Instrum. ann. 1399. apud Lobinell. tom. 2. Hist. Britan. col. 869 : *Celebratum officium seu Servicium deffunctorum, etc.* Adde Madox in Form. Angl. pag. 260. *Servitium decantare*, in Charta ann. 1366. pro Aquariatu de Talemundo.

* *Servige*, eodem sensu, in Testam. Helvid. uxoris Joan. dom. de Insula ann. 1274. ex Chartul. Vallis N. D. : *Je en lais jornel et demi à l'église,... por mon Servige faire le jour de mon eniversaire.*

¶ **Servitium**, Redditus, tributum, quævis præstatio, Gall. *Redevance.* Libertates hominum de Prisseyo ann. 1362. inter Ordinat. Reg. Franc. tom. 3. pag. 597 : *Cum mensura quam dabimus nostris, mensurabitur in dicta villa et ea utetur in villa in mercato et extra ; ita tamen quod ad antiquam mensuram reddentur Serviciam.* Ubi leg. *Servitia* monet Cl. Editor. Terrarium Humberti *de Villars* ann. 1391 : *Confitetur tenere tertiam partem prati sub Servitio anno quolibet* III. *solid.* VIII. *den.* Vide in *Servire* 1.

Servitium regulariter accipitur pro quolibet obsequio, quod a vasallis et tenentibus debetur ratione feodi vel tenuræ. Ita Consuetudo Andegav. art. 128. 129. Normanniæ cap. 26. 28. 53. 93. Britanniæ art. 240. etc. De ejusmodi servitio feudali copiose etiam agit Philippus Bellomanerius in Consuet. Bellovacensi MS. cap. 29. Charta ann. 1248. in Regesto Comitum Tolosæ fol. 1 : *Pro prædictis feudis vobis fidelis existam, et fidele Servitium faciam, videlicet, guerram et placitum ad commonitionem vestram, vel cujuscunque certi nuntii vestri.* Occurrit ibi crebrius eadem formula. In Charta Villelmi Regis Siciliæ ann. 1177. apud Jo. Bromptonum ; *concedere in domanio, et concedere in Servitio* opponuntur. Priori formula intelligitur nude proprietas, posteriori proprietas cum onere servitii. Tabularium S. Vitoni Virdunensis : *De alia terra quæ est in Servitio, etc.* Infra : *De his mansis sunt 7. ad Servitium 5. ass. etc.* [Charta ann. 1095. apud Lobinell. tom. 2. Hist. Britan. col. 182 : *Hoc concedi absque perditione Servitii sui.* Charta ann. 1223. ex Tabular. S. Medardi Suession. : *Et nomine Servitii recepit a nobis.* Charta apud *Madox* Formul. Anglic. pag. 137 : *Reddendo inde annuatim unam rosam ad festum S. Johannis Bapt. pro omnibus Serviciis et sæcularibus demandis.* Eadem leguntur in Charta ann. 1429. ibid. pag. 146.]

* Charta ann. 1201. ex Chartul. 21. Corb. : *Servitium quoque dictæ ecclesiæ facere tenebuntur, quale alii liberi homines faciunt dominis suis, scilicet in exercitu, militia, frequentia curiæ et placitorum ejusdem.* Alia Joan. vicedom. Ambian. ann. 1300. ex Chartul. 23. ejusd. monast. : *Lequelle Serviche nous sommes tenu de faire par nous ou par autre,.... aller à ses assises pour estre as consaulx et as jugemens avec ses autres hommes, qui sont no per.*

☞ Observandum omnino est voce *Servitium*, ubi nude occurrit in Chartis clientelarum, ut plurimum significari Servitium militare, quo vassallus dominum suum in exercitum pergentem sequi tenebatur. Eo sensu usurpatur in Regesto feodorum Campaniæ fol. 71 : *Dux Lothoringiæ, fiduciam, justitiam et Servitium* (debet.) Vide in *Hominium.*

Servitium, Quodvis munus. Observantiæ Regni Aragon. lib. 9. pag. 40. v. de Suprajunctariis : *Si receperint Servitia, ut prorogarent pignora quæ facere debebant, etc.* Pag. 41 : *Si receperint Servitia faciendo justitiam, etc.*

* Comput. ann. 1357. inter Probat. tom. 2. Hist. Nem. pag. 192. col. 2 : *Solvit.... nobili et potenti viro domino senescallo Bellicadri et Nemausi, pro Servitio eidem facto, juxta arrestum consilii, actento quod plura fecerat pro utilitate reipublicæ dictæ civitatis, hic l. florenos.*

Servitium Annuum, Quod quotannis præstatur domino : *Service annuel*, in Consuetud. Andeg. art. 129. 395. Cenom. art. 141. Pictavensi art. 176. etc. Bracton. lib. 5. tract. 1. cap. 1. § 1 : *Fit etiam aliquando Servitium annuum, et servitium Militare simul, et pro eadem terra, et tunc in brevi proponendum est Servitium annuum, sic : per liberum Servitium 10. solidorum per annum, et tunc dicatur, et per Servitium unius feodi Militis : quia si hæc determinatio per annum postponeretur huic ultimæ clausulæ, sic videretur referri ad totum præcedens, et ita sequeretur inconveniens, quia Servitium militare non est annuum.*

Servitium Antiqui Dominici, Est illud quod præstant feudatarii de antiquo Regis dominico tenentes : antiquum enim Regis dominium est omne feudum quod a sancto Edwardo Rege, vel etiam a Guillelmo Conquestore tenebatur, et in libro quem *Domesday* vocant, descriptum habetur. Maneria quippe quæ illic Regi adscribuntur, *antiquum dominicum* Angli appellant, quia nimirum ab antiquo Regis fuerunt. Servitium igitur per quod hi Regis feudatarii tenebant, *Socagium* dicitur. Jo. Cowellus lib. 2. Instit. tit. 3. § 25.

Servitium Aquense. Vide *Bos Aquensis.*

* **Servitium Cacipulci.** Vide supra in *Cacepollus.*

¶ **Servitium Calcarium**, Quo quis calcaria domino præstare quotannis tenetur. Charta apud *Madox* Formul. Anglic. pag. 76 : *Duo ferlingi terræ et dimidius in Fremintona Hugoni de Secchevill per Servicium quorumdam calcarium deauratorum per annum.* Alia ejusmodi servitia ibidem recensentur quæ pro dominorum libitu a vassallis et tenentibus exigebantur. *Servitium ceræ, cumini, piperis, salmonis, etc.*

SERVITIUM CAMERÆ PAPÆ. Manuale placitatorum in Parlamento ann. 1376. 14. Augusti : *Les defendeurs recitent les grandes mises, et coustemens, que le feu Evesque (de Lisieux) a faites à commencer son estat à payer le Service de la Chambre du Pape, à faire son entrée à Lisieux, et à maintenir son estat.* Id est, quod ab Episcopo recens electo vel consecrato in *Cameram* seu ærarium Pontificale inferebatur. [*Servitium commune*, hoc est, ex more debitum, dicitur in Libro obligat. Archivi Vaticani laudato a Baluz. in Notis ad Vitas PP. Avenion. col. 1170.] Vide *Auxilium Episcopi*.

* Quæ præstatio ab *annatis* prorsus diversa, primum spontanea, dehinc ex usu debiti vicem obtinuit; adeo ut qui pecuniam non numerabat, illam præstabat chirographi cautione. Consule Menardum in notis ad tom. 2. Hist. Nem. pag. 5. col. 2. Quod rursum firmant Literæ Caroli VI. ann. 1403. tom. 8. Ordinat. reg. Franc. pag. 623 : *En oultre il* (le Pape) *a envoyé collecteurs et commissaires,... lesquelx pour et ou nom de lui ou de sa Chambre, veulent contraindre et ont commencié à contraindre les personnes d'église, tant prélaz comme autres,.... à paier très-grans et excessives sommes de deniers pour les restes des vacquans ou Services du temps passé, depuis quarante ans ou plus.*

SERVITIUM CASTELGARDUM. Vide *Castelgadrum*.

* SERVITIUM CHRISTIANITATIS, Sacramenta, aliave officia, quæ Christianis ab ecclesia exhibentur. Charta Roscel. vicecom. Cenoman. in Chartul. Cluniac. : *Omnes homines monachorum ibi accipient omne Servitium Christianitatis, tam in vita quam in morte, ibique sepelientur.*

SERVITIUM DE CIBO, Quod quis pro pascendo aliquo vel pro quavis *procuratione* debet. Tabular. Dervense : *Servitia prandiorum vel hospitiorum, quas Receptiones vocant.* Ordinationes factæ in Curia Generali Cataloniæ Montissoni sub Alphonso Rege Aragon. ann. 1289. MSS. cap. 2 : *Statuimus quod aliquis Officialis non audeat recipere Servitium ab aliquo, nisi solum de cibo, et de eo parum : quod si fecerit, amittat incontinenti officium, et quod imputetur sibi sicut furtum.* Tabularium Eleemosynæ S. Pauli Viennesis : *Feudum quod Petrus de Rives ab ipsis tenebat in plans*, (ad medium plantum) *retinentes quod si aliquando super ipsos venerint, de Cibo suo servire debeant eis, ut consuetudo fenatorum requirit.* Tabularium Ecclesiæ Gratianopolitanæ sub Hugone Episcopo fol. 28 : *Et debent illud pratum secare homines de Fontanis, videlicet 16. debent esse sectores, et pratum debet habere illam magnitudinem, ut per 3. dies jugiter 16. sectores operentur sine aliquo lucro, sed Cibum debent habere communiter et potum de domo Comitis, et de domo Episcopi.* Hinc

SERVITIUM, Ferculum, *Missus, Mès, service.* Ita porro appellatum postmodum ferculum extraordinarium quod Monachorum mensæ apponebatur in statis festivitatibus. Conradus de Fabaria de Casib. S. Galli cap. 4 : *Iste villicatus tres in Tiufenbach, in Roschach, in Heohst Monasterio voluntate et auxilio Abbatum cum requisisset, tria exinde fratribus instituit Servitia, in Dedicatione scilicet, in festo Thomæ, et in suo Anniversario.* Infra : *Ecclesiam item S. Oswaldi et B. Thomæ meritis constructam dedicari et festive celebrari constituit, duobus exinde Servitiis institutis.* Ephemerides monasterii S. Galli : *Capellam S. Mariæ, Joannis, Oswaldi, funditus construxit, et præterea 4. Servitia instituit, in anniversario videlicet suo, in dedicatione S. Galli, in festo Oswaldi et Thomæ Martyris.* Burchardus de Casib. S. Galli cap. 7 : *Res Monasterii S. Galli... in tantum suæ attraxit utilitati, quod infra multos annos neque de vino, neque frumento, neque de aliquibus usuariis fructibus ipsis fratribus nostris ad Servitium, ad pretium unius obuli devenire permisit.* Infra : *Fratres autem rerum harum circumventi penuria, in sui Servitii sumptum multa et innumera Ecclesiæ consumpserunt ornamenta.* Chronicon Montis-Sereni pag. 159 : *Cum jamdudum fratrum Servitia, quæ sic vocare consuevimus, anniversariis fidelium, et diebus Sanctorum festivioribus deputata subtraxisset, tunc etiam quotidianæ eorum procurationi cœpit detrahere, etc.* Pag. 277 : *Fertur etiam quod familiares suos hortatus fuerit, ut Servitia quæ diebus festis, et anniversariis fidelium exhiberi consueverunt, quæ ipse tamen ante plures annos eisdem negaverat, exigerent, etc.* [Charta Ottonis Militis ann. 1297. apud Ludewig. tom. 1. Reliq. MSS. pag. 176 : *Prædictus conventus diem anniversarium mortis meæ in perpetua benedictione recolere debebit, quo die idem conventus ob piam recordationem animæ meæ Servitium bonum habebit cum vino vel medone aut cerevisia Luckowensi, cum triticeo pane, cum recenti butiro, cum ovis, cum piscibus, etc.* Ubi per *Servitium* non ferculum tantum, sed prandium significatur. *Servitium de ovis*, in Charta ann. 1366. pro Aquariatu de Talemundo. Charta Lotharii Episc. Leod. ann. 1192. apud Miræum tom. 1. pag. 720. col. 2 : *Excepto quod duo aut tria piscium Servitia, cuicumque voluerit amicorum suorum dominus dari præcipiet.*] Historia Episcoporum Virdunensium pag. 272 : *Hic autem alodium de Wo-Sophia cum omnibus appendiciis suis a quadam vidua nobili.... acquisivit, et fratribus S. Mariæ, eo tenore tribuit, ut in die Annunciationis ejusdem Virginis Servitium ex eo haberent, et eam solenniter celebrarent.* Catalogus Episcoporum Frisingensium in Metropoli Salisburgensi tom. 1. pag. 132 : *Nec non in anniversario præfati Episcopi congruum fratribus exhibeat Servitium.* Adde tom. 2. pag. 534. tom. 3. pag. 20. 472.

SERVITIUM MENSÆ, Supellex mensaria, nostris *Service de table.* Charta Christinæ infantissæ, filiæ Bermundi II. Regis, apud Anton. *de Yepez* in Chron. Ord. S. Bened. tom. 5 : *Et de lectuaria lectos paleos duos : vasos de argenteo quatuor, Servitio de messa integrum, ad ministeria Ecclesiæ cruces 2. argenteas, calices duos argenteos, etc.* Alia Ferdinandi I. Regis æræ 1101. apud eumdem tom. 6 : *Servitium de mensa, id est, salare, inferturia, tenaces, trullone cum cochlearibus 10. ceroferales duos deauratos, agnima deaurata axiotoma, omnium hæc vasa deaurata cum prædicta axiotoma binas habent ansas.* Adde Testamentum Ranimiri Regis Aragonum ann. 1099. Locum vide in *Acitara*.

¶ SERVITIUM COMMUNE. Vide supra *Servitium Cameræ Papæ*.

* SERVITIUM COREPISCOPI, Præstatio, quæ, quolibet anno quarto, Chorepiscopo pensitabatur. Charta Alber. archiep. Trevir. ann. 1135. inter Probat. tom. 2. Annal. Præmonst. col. 620 : *Absolvimus ipsam ecclesiam parochialem.... a Servitio, quod quarto anno debetur corèpiscopo.* Vide in *Chorepiscopus*.

SERVITIUM CORPORIS, seu personale, cum vassallus ipsemet et non per vicarium in exercitum domini ire tenetur. Regestum Andegavense sub ann. 1310 : *Les Barons sont hommes liges Monseigneur, et li doivent Services de corps, et de chevaux, et d'armes.* Assisiæ Hierosolymitanæ MSS. cap. 222. de iis qui servitium corporis debent, cum submonentur : *Il doivent servir d'aler à cheval et à armes à sa semonce, en tous les leus du royaume où il les semondra, ou fera semondre, ou tel Service come il doivent, et i demorer y tant come il les semondra jusques à un an, etc.* Cap. 233 : *Il est assise et usage que tous chevaliers qui ont passé 60. ans d'aage, ou que ils sont mehaigné de mehain apparent, sont quites dou Service de leur cors, et se il s'en veunt excuser, par ce que ils ont passé aage, le Seignor en aura le cheval et les armes en eschange de leur corps à son besoing toutes les fois que il l'en vodra semondre.* Vide easdem assisias cap. 145. ubi quæstiones aliquot proponuntur de vassallo qui plura feuda possideret ejusmodi personali servitio obnoxia.

¶ SERVITIUM CULTURÆ, Quod debent vassalli in agris domini excolendis. Vita S. Leutfredi sæc. 3. Bened. part. 1. pag. 590 : *Contigit denique aliquando ut ab agricolis die Sabbati secundum consuetudinem legis suæ in cultura terræ debitum Servitium persolveretur.*

¶ SERVITIUM CURIÆ, *Service de Court*, in Consuet. S. Quentini art. 82. idem quod *Servitium placiti*, quo vassalli tenentur ad placita dominorum suorum convenire. Vide *Placitum*.

¶ SERVITIUM DEI, Vita Monastica, in lib. 5. Capitul. § 255. De his qui ex sæculo ad monasteria converti volunt : *Liberi homines qui ad Servitium Dei se tradere volunt, etc.* Pro Officio ecclesiastico occurrit ibid. lib. 6. § 196 : *Aliud non ibi* (in ecclesia) *agat* (populus) *nisi quod ad Dei Servitium pertinet.*

¶ SERVITIUM *Deportationis Gladii*. Chron. Angl. Th. *Otterbourne* pag. 223 : *Insula de Man data fuit comiti Northumbriæ tenenda de Rege Angliæ per Servitium deportationis gladii coram Rege in coronatione.*

¶ SERVITIUM DEXTRARIALE, Equi scilicet *dextrarii*, hoc est, majoris et cataphracti. Vide *Dextrariale*.

¶ SERVITIUM DIRECTUM, Quod *directe* domino debetur. Charta ann. 1317. tom. 2. Hist. Dalphin. pag. 166. col. 1 : *Cessit... castra, loca, et fortalitia... cum suis terri-*

toriis,... utilibus et directis Servitiis, servitutibus realibus et personalibus, etc.

SERVITIUM DOMINICUM, Quod domino debetur, qualecumque sit; quod alias *Regale* dicitur. Capitul. 1. ann. 805. cap. 8. et lib. 5. Capitul. cap. 142. al. 245 : *De his qui seculum relinquunt propter Servitium dominicum impediendum, et tunc neutrum faciunt, ut unum e duobus eligant,... aut pleniter secundum canonicam, aut secundum regulæ institutionem vivant, aut servitium dominicum faciant.*

SERVITIUM DUPLICATUM, quale sit, indicat *Vacce* au Roman *de Rou* MS :

Ensemble o vous mer passeront,
Votre Servise doubleront,
Qui seult mener vint chevaliers
Quarante en merra volentiers,
Et cil qui seult Servir de cent,
Deus cens en merra bonnement.

Infra :

Moult oissiés court estormir,
Noise lever, barons fremir,
Le Service qui est doublé,
Croient que c'est en fieu tourné,
Et en coustume soit tenus,
Et par coustume soit rendus.

¶ SERVITIUM ECHUTUM, Præstatio ex delicto. Comput. ann. 1342. tom. 1. Hist. Dalphin. pag. 94. col. 2 : *Ex computo Guillelmi de Briordo... de censibus, Servitiis echutis, obventionibus, expensis, etc.* Nisi forte vocem *echutis*, a *servitiis* dividendam censeas, idemque sit quod *Escaeta*. Vide in hac voce et mox *Servitium de Eschaeta.*

SERVITIUM EPISCOPALE. Tabularium Ecclesiæ Gratianopolitanæ sub Hugone Episcopo fol. 51 : *In mandamento de Jeyra dedit Artaldus Episcopus parentibus Dalmatii Boni-filii* 3. *mansos. Postea prædictos mansos dedit Pontius Claudus Episcopus Pontio de Domena. Dalmatius habet Servitium Episcopale. Et in parochia de Monte Aimonis dedit Artaldus Episcopus mansos* 3. *parentibus Galterii de Domena. Postea prædictos mansos dedit Pontius Claudus Episcopus Pontio de Domena. Servitium Episcopale habet Gualterius de Domena.* [Vide *Auxilium Episcopi.*]

¶ SERVITIUM EQUI, Quo vassallus equos præstare debet in obsequium domini, quod alibi *Auxilium equi* dicitur. Vide in hac voce pag. 514. col. 3. Chartul. S. Vincentii Cenoman. fol. 74 : *Et feodum Pagani... quod dictus Paganus ad equi Servitium tenebat ab eodem Philippo.* Tabul. Abbatiæ Villæ-novæ : *Exceptis hominagiis quæ retinui in manu mea ad Servitium meum cum equis et arraus faciendum.* Vide infra *Servitium de Roncino.*

* Sive in exercitu, sive in operibus rusticis. Charta Radul. vicecom. Bellimont. ann. 1205. ex Tabul. Major. monast. : *Cum domus monachorum de Vivonio quoddam Servitium mihi deberet per manum Bartholomei Baril, videlicet quod equum quærebat mihi ad cacabum meum deferendum, quando ego ibam in exercitum, etc.* Alia ann. 1271. in Access. ad Hist. Cassin. part. 1. pag. 326. col. 1 : *Dum homo francus vel de Servitio equi existens, rustico seu angarario,.... filiam suam affiliationis nomine daret uxorem; vel mulier franca angarario affiliationis nomine matrimonialiter jungebatur, idem angararius velamento affiliationis prædictæ, quodam abusu pravissimo, a rusticanis servitiis, terraticis et aliis redditibus, dicto monasterio nostro debitis, se hactenus eximebant.*

* SERVITIUM DE ESCHAETA, Præstatio ex hæreditate, quæ vassallo obvenit. Reg. S. Justi fol. 153. v°. col. 2 : *Willelmus de Frenoxe tenet dimidium feodum apud Frenoxe, unde debet Servitium de eschaeta. Guillelmus de Touit tenet dimidium feodum militis de eschaeta.* Vide supra *Servitium Echutum.*

SERVITIUM FALLITUM, de eo qui deficit in servitio militari quod domino debet. In Foris Aragon. : *Propter Servitium fallitum, Rex potest et quilibet nobilis privare aliquem suis cavalleriis, per se datis, etiam propria auctoritate, et sine causæ cognitione.* Ibidem : *Cavallerias nobiles et Milites tenentes, si deficiunt in Servitio per unam diem illius anni in quo servire debent, perdunt totam solidatam illius anni.* Vide Observantias Regni Aragon. lib. 7. tit. 1.

SERVITIUM FEODALE *et prædiale*, Quod non est personale, sed tantum ratione tenementorum et prædiorum. Ita Bracton. lib. 2. cap. 16. § 7. [Charta ann. 1315. tom. 2. Hist. Dalphin. pag. 153 : *Servitium propterea curiæ nostræ debitum... præstare ipsi curiæ teneantur, quotiens feudale Servitium Baronibus et feudatariis per eamdem curiam generaliter indicetur.*]

* Inter ejusmodi servitia, quæ a vassallis exigebant domini feudales, plurima eorum utilitati, quædam honori tantum, nonnulla risui aut ipsorum oblectamento conducebant. Hujusmodi sunt, quæ leguntur in Reg. feud. Aquit. ex Cam. Comput. Paris. sign. JJ. rub. fol. 23. r° : *Willelmus Sancii de Pomeriis, domicellus, juratus recognovit quod ipse cum suis partiariis, videlicet Petro de Pomeriis et Petro Amanevi de Pomeriis, tenet a domino rege Angliæ et duce Aquitaniæ castrum de Pomeriis cum honore... Debent unum cibum domino regi prædicto cum decem militibus, quando veniet in Vasconia apud castrum Redorte, si ipse eis præceperit qualis debet esse cibus, cum carnibus porcinis et vaccinis, cum caulibus et cinapi et cum gallinis assatis; et si unus de dominis eorum sit miles, debet servire domino regi cum caligis rubeis de scarleto et calcaribus deauratis, sine sotularibus dum dominus comedit; et si aliquis eorum non esset miles, unus eorum debet servire domino regi, dum comedit, cum caligis albis de scarleto et calcaribus argentatis.* Ibid. fol. 39. r° : *Arnaldus de Corbin, domicellus, juratus dixit quod tenet a domino rege militiam de Tuyosse cum suis pertinentiis, pro qua debet, quando dominus rex facit transitum per Tuyosse, associare ipsum usque ad quercus vel casson Condal, et debet ibi habere propter suum honorem unum currum honeratum de facibus et debent trahere currum duæ vaccæ escodatæ vel sine caudis, et quando erunt in dicto quercu seu casson, debet ponere ignem in curru, et debet ita comburi, ut vaccæ possint evadere.* Rursum fol. 42. v°. : *Quando dominus rex transit par la Hose de Grians, ipse* (Ortho de Grians) *debet venire ei obviam, cum uno cereo ardenti de una libra ceræ, et debet ipsum comitari usque ad S. Severum, cum ipso cereo ardenti.*

¶ SERVITIUM FISCALE, et *Servitium fisci*. Vide in *Fiscus.*

SERVITIUM FORINSECUM, Quod non ad dominum capitalem, sed ad Regem pertinet : ita dictum, *quia fit et capitur foris, sive extra Servitium quod fit domino capitali :* unde vocatur etiam *Servitium Regale*, quia specialiter pertinet ad dominum Regem, et non ad alium. Ejusmodi est quod *Scutagium* vocant. Ea vero servitia persolvuntur ratione tenementorum, et non personarum, quia ex tenementis proveniunt. Monasticum Anglic. tom. 1. pag. 179 : *Terras etiam Militum qui dominicum Abbatis tenent ad defendenda omnia scutagia, et alia omnia Servitia Forinseca, Deo et Ecclesiæ S. Albani concedimus, etc.* Adde tom. 3. pag. 48. 62. 92. Bractonum lib. 2. cap. 7. § 3. 4. cap. 16. § 7. cap. 35. § 1. Fletam lib. 3. cap. 14. § 7. etc. Seldenus autem in Analectis lib. 2. cap. 4. servitium istud esse existimat Expeditionem, pontis arcisve constructionem.

☞ Ad Regem pertinet quidem *Servitium forinsecum, nisi tamen*, addit Bracton. cap. 16. § 7. *cum dominus capitalis in propria persona profectus fuerit in Servitio, vel nisi cum pro servitio suo satisfecerit domino Regi quocumque modo.* Et certe ad alios præter Regem id genus servitii pertinuisse docet Charta ann. 1244. apud Kennett. Antiquit. Ambrosd. pag. 235 : *Radulphus de Cestreton miles salutem... Noverit universitas vestra me... concessisse... totum jus et clamium quod habui.... in redditu et servitio unius feodi militaris Canonicis de Burncester,... salvo mihi et hæredibus meis Forinseco Servitio inde debito et consueto.* Idem probat alia Charta ibid. pag. 345 : *Ego Johannes Puff... dedi.... Johanni Abbod... unam acram terræ arabilis... tenendam... de capitalibus dominis feodi... reddendo inde eisdem unum denarium annuatim in festo S. Michaelis pro omnibus Servitiis Forinsecis et intrinsecis.*

SERVITIUM FORANEUM, Eadem notione. Charta Henrici de Clintona in Monastico Anglic. tom. 2. pag. 117 : *Liberam et quietam ab omni servitio de me et hæredibus meis in perpetuum ab omni exactione, salvo Foraneo Servitio.*

SERVITIUM FORENSE. Idem Monasticum Anglic. tom. 2. pag. 48 : *Cum omnibus libertatibus suis et pertinentiis, salvo Forensi Servitio.*

SERVITIUM GENERALE, Idem quod *Forinsecum.* Ordericus Vitalis lib. 6. pag. 605 : *Eosque penitus sic absolvit, ut sibi nil ab eis exigat, nisi generale Comitis Normanniæ Servitium.* Quod vero illud fuerit, sic paulo ante declarat pag. 604 : *Omnino absolvit ut nullam sibi coactivam exhibeant servitutem, nec eam nisi in generalem principis Normanniæ expeditionem.*

* SERVITIUM GRATUITUM *vel Fortiatum*, Quod gratis et sponte, vel ex debito exhibetur. Consuet. Catalon. MSS. cap. 8 : *Et si ipse vassallus... aliquod Servitium gratuitum vel fortiatum acceperit ab hominibus castri, domino tenente potestatem, non intelligetur vassallus plene dedisse potestatem.*

¶ SERVITIUM HUMANUM, Mundanum.

Capitul. lib. 7. § 185 : *Ut clerici nullo fiscali aut publico subdantur officio; sed liberi ab omni Humano Servitio, Ecclesiæ deserviant.*

¶ Servitium Jesu Christi, Expeditio Hierosolymitana. Testament. Guigonis Andreæ ann. 1236. tom. 1. Hist. Dalph. pag. 60. col. 2 : *Item legavit triginta millia solidorum Viennensis monetæ ad Servitium Jesu Christi, de quibus quindecim Milites transmittantur Cruce signati in exercitum transmarinum.*

* Servitium Inhonestum, Vile, rusticum. Vide mox *Servitium prati.*

Servitium Intrinsecum, Quod a vassallis, solis dominis præstatur, apud Bractonum lib. 2. cap. 16. § 2. et in Fleta lib. 3. cap. 14. § 7. Vide *Servitium Forinsecum.*

* Servitium Juvenis. Charta ann. 1234. ex Chartul. Cluniac. : *Jozerannus le Merle... abbati et ecclesiæ Cluniacensi obligavit pignori... quicquid juris habet vel potest habere apud Monnet, apud Valles et apud Cortiz, in Servitio Juvenis et aliis rebus.* Vide in *Junior.*

¶ Servitium de Lecto, Quo tenentes lectos dominis subministrare debent. Chartul. Gemmetic. tom. 1. pag. 36 : *Oultre y a dix huit masures dont les tenans nous doibvent querir et fournir de Lict garny honnestement, quand nous allons audit manoir.*

Servitium Liberum, Quod homines liberi debent, diversum a *servitio servili*, vel *villano*. Bracton. lib. 5. Tract. 1. cap. 2. § 1 : *Et notandum est quod in servitio Militari non dicitur per Liberum Servitium, et ideo quia constat quod tale feodum liberum est.* Infra : *Fit etiam aliquando feoffamentum sic, et breve sic : Quod clamat tenere de te per Liberum servitium inveniendi tibi unum servientem equitem ad eundum tecum in exercitum in Walliam ad custum suum, vel custum tuum, pro omni servitio. Vel sic : Per Liberum Servitium sequendi curiam tuam, vel portandi brevia tua infra regnum Angliæ, etc.* Similia habet Radulphus de Hengham in Summa magna cap. 1. pag. 6. 7. Leges Willelmi Nothi cap. 55 : *Volumus etiam ut omnes liberi homines totius monarchiæ regni nostri prædicti habeant et teneant terras suas.... libere ab omni exactione injusta, et ab omni tallagio : ita quod nihil ab eis exigatur vel capiatur, nisi Servitium suum Liberum, quod de jure nobis facere debent, ut facere tenentur, et prout statutum est eis, etc.* Adde cap. 58. et Leges Edw. Regis cap. 25.

Servitium Liberum Armorum. Vetus Rentale manerii *Southmalling* in agro Sussexiensi, apud Somnerum in Tractatu *de Gavelkind* pag. 56 : *Godefridus Wallensis tenet* 3. *feodos Milit. in tenementis de Malling, et quartam partem unius feodi apud Terring, per liberum Servitium armorum suorum. Willelmus de Brausa tenuit apud Adburton unum feodum Militis per liberum Servitium armorum suorum.*

* Servitium Ligonis *et Palæ*, Quo quis utroque illo instrumento operam domino præstare tenetur. Libert. Calesii ann. 1304. in Reg. 69. Chartoph. reg. ch. 365 : *Li bourgois de Calais ne doivent nul service à leur seigneur, ne de besche, ne de pele, se ce ne soit encontre la défense de la mer.*

* Servitium Litterarum, Quo vassallus literas domini sui perferre tenetur. Reg. forestæ de Broton. ex Cod. reg. 4653 : *Iste debet portare litteras, quæ veniunt ex parte domini capitalis, scilicet feodus Lamberti Cauvet.* Vide supra *Summagium* in *Sagma.*

Servitium Majus et Minus. Charta Berchtoldi Episcopi Babenbergensis ann. 1259. in Metropoli Salisburg. tom. 3. pag. 31 : *Quia viri venerabiles fratres Monasterii in Osterhoven nobiscum et cum nostris fecerunt expensas sumptuosas, nos ad recompensationem ipsis fratribus faciendam, concessimus eis ut duos mansus, de quibus pensionem seu censum annuum nobis solvunt, teneant a festo Nativitatis Domini nunc instanti per 4. annos continuos ab omni censu, pensione, et Servitio majori et minori quietos, a minori vero servitio perpetuo sint quieti.* Charta sequens ejusdem Episcopi : *Concedimus ipsis, ut de duobus mansis, quos sub censu annuo et servitiis tenent certis minora Servitia sibi retineant, et ab ipsorum præstatione perpetuo sint immunes, majoribus Servitiis nobis remanentibus in statu debito et consueto.*

Servitium Malum, Quod *Corveias* vulgo vocant. Tabular. S. Petri Generensis apud Marcam lib. 4. Hist. Benearn. cap. 19. § 2 : *Villam B. Petri... ingenuam ac liberam ab omni Servitio malo, ea scilicet ratione, ut ab illa die amplius a nemine cogerentur habitatores illius facere aliquod opus in Cadelionensi Castro, vel in alio loco, etc.*

¶ Servitium Manuale, Eadem notione. Capitul. lib. 5. § 886 : *Visum est nobis... statuere ut quicunque.... cum suis animalibus seniori suo pleniter unum diem cum suo aratro in campo dominico aret, et postea nullum Servitium ei Manuale in ipsa hebdomada a seniore suo requiratur.*

Servitium Meliorare. Tabularium Vindocinense Thuanum Ch. 47 : *Domnus autem Abbas donavit suo homini* 10. *sol. dimissis illis* 30. *et palefridum* 20. *solidorum pro Meliorando scilicet suo Servitio.*

¶ Servitium Immeliorare, *Perficere*, in Capitul. 2°. ann. 813. cap. 19 : *Ut villicus bonus, sapiens et prudens in opus nostrum eligatur, qui sciat rationem Misso nostro reddere et Servitium perficere.... Detur illis silva ad stirpandum, ut nostrum Servitium immelioretur.*

Servitium Militare, Illud est, quod munus aliquod ad militarem disciplinam pertinens, vel alias honorificum præstat. Ita Bracton. lib. 2. cap. 35. § 1. 6 cap. 37. § 5. etc. lib. 5. Tract. 1. cap. 2. § 1. *Militare obsequium*, apud Lupum Ferrariensem Epist. 119. Vetus Consuetudo Normanniæ 1. part. sect. 3. cap. 7 : *Or est appellé un Service, qui doit estre fet au Prince en armes, selont la coustume et l'establissement des fiemens et des villes, et icest service est accoustume à fere par* 40. *jours pour le secours et l'aide de la terre de ceux, qui en tiennent les fiemens, comme ce soit fait pour aucune delivrance et pour le profit del commun poeple, etc. Tous fieus de Hauberc sont especialement establis pour faire le propre service de la Duchée, et ensement de tous les Contées et les Baronnies doivent accomplir ce service, et adecertes toutes les villes, qui ont communes. Si devez savoir, que les fieus de Hauberc, qui sont és Contées et és Baronnies, qui ne sont pas establies pour la Duquée de Normandie, ne doivent pas de Service d'ost, fors as Seigneurs asquiex il sont soumis. Excepté nequedent l'arriereban del Prince, auquel trestous grans et petits pourtant que ils soient convenables por armes porter, sont tenus sans excusation nulle à faire lui aide et profit à tout leur pooir.* Gaufredus Malaterra lib. 2. cap. 39 : *Robertus Dux Apuliæ Gaufridum de Conversana, nepotem videlicet suum,... ut de Montepiloso sibi Servitium, sicut et de cæteris castris, quæ plurima sub ipso habebat, adorsus est.* Ordericus Vitalis lib. 7. pag. 658 : *Hominium ab eo tali tenore recepi, ut exinde mihi semper fidelis existeret, et Militare Servitium, ubi jussissem, centum Militibus mihi singulis annis exhiberet.* Lib. 8. pag. 685 : *Dux Gisleberto... Militaria, quoniam valde probus erat, Servitia crebro injunxit.* Adde lib. 11. pag. 808. Matthæus Westmonast. ann. 1253 : *Milites omnes per Angliam sibi Servitium Militare debentes fecit summoneri.* Matth. Paris ann. 1245 : *Rex Angliæ omnibus Comitibus, Baronibus, Militibus, et aliis, qui ei Servitium Militare debebant, ut se convenienter in Walliam profecturum sequerentur, per litteras suas regias strictissime submonitis, etc.* Idem ann. 1246 : *Quod Servitium Militare nulli nisi Regi et regni Principibus debetur.* Vide *Militia.*

☞ *Servitio militari* non modo Barones cæterique vassalli seculares, sed et Episcopi atque Abbates ratione possessionum suarum obnoxii passim leguntur. Hujus vero oneris seu obligationis ratio secundum locorum libertates ac immunitates exstitit diversa. Vide in *Hostis* 2. Iis addere placet quæ hac de re habentur in Chartul. AB. S. Germani Pratensis fol. 5. v° : *Nos tenemur domino Regi Franciæ quando vadit in exercitum in* CL. *servientibus cum tribus quadrigis de* IV. *equis et uno summario de precio* XVII. *lib. Paris. et dimidio libræ. Et si noluerit accipere servientes neque quadrigas, sive summarium, nos debemus eidem reddere pro quolibet serviente* LX. *sol. Paris. computatis tamen omnibus tam quadrigis quam equis, quam summario. Et si accipiat servientes, quadrigas, equos, summarium, non tenemur prædictos sive prædicta tenere ad sumptus nostros ultra* XL. *dies, et per* XL. *dies debemus eos tenere ad sumptus nostros, et hoc idem totaliter debet nobis reddere tota terra nostra.*

☞ Quanti constiterit servitium militare in Delphinatu, habita ratione redituum feodorum, docet Charta ann. 1315. tom. 2. Hist. Dalph. pag. 153. col. 1 : *Sic etiam quod dictus Guido et hæredes sui servitium propterea curiæ nostræ debitum ad rationem de unciis quinque et quarta pro singulis viginti unciis Servitii Militaris, præstare ipsi curiæ teneantur.* Alia ann. 1332. ibid. pag. 238. col. 2 : *Præstabunt nobis.... servitium statutum et debitum ad rationem de singulis viginti unciis valoris prædicti annui pro quolibet Militari Servitio.*

Servitium Militis, *Service de Chevalerie*, apud Littletonem, sect. 48. 95. 103. etc. *Service de Chevalier*, tom. 2. Monast. Anglic. pag. 23. Vide *Feudum Militare.*

SERVITIUM MINUERE. Vide *Feudum minuere.*

* SERVITIUM PRO MONETA, Præstatio, quæ domino monetæ penditur ex monetagii fusionis et signaturæ proventibus, Gall. *Seigneuriage.* Charta Gaufr. episc. Meld. ann. 1208. ex Chartul. Campan. fol. 184. col. 2 : *Nos cum domina Blancha comitissa Trecensi super moneta Trecis, Pruvini et Meldis, cum locus fuerit, fabricanda, societatem inivimus... tali modo, scilicet quod ubicumque fuerit fabricatum, sive Trecis, sive Pruvini, sive Meldis, dicta comitissa de omni monetagio, et de Servitio quod fiet pro moneta, et de omnibus proventibus, qui inde provenient, quocumque modo proveniant, duas partes habebit et nos tertiam habebimus.* Vide supra *Segnoria* 4.

* SERVITIUM DE MOTA, Quo vassalli ad custodiam motæ seu castelli dominici tenentur. Lit. ann. 1376. in Reg. 109. Chartoph. reg. ch. 364 : *Tous les hommes de icellui fieu* (de la Roque) *estoient et sont tenuz faire Service de mote et de manoir.* Vide *Mota* 1. et *Servientes de manerio* in *Serviens.*

* SERVITIUM NATIVITATIS, Præstatio, quæ ad Natale Domini exsolvitur, quæque in placentis maxime consistebat. Charta ann. 1270. in Chartul. eccl. Lingon. ex Cod. reg. 5188. fol. 172. v° : *Erardus de Ortis, domicellus,.... recognovit se imperpetuum concessisse Guidoni episcopo Lingonensi..... quartam partem.... Servitiorum Nativitatis Domini, censuum, etc.* Chartul. Cluniac. : *Vendo.... decem Servitia in Nativitate Domini.*

¶ SERVITIUM NATURALE, Quod jure exigitur. Capitul. pro Monast. S. Crucis Pictav. apud Mabill. tom. 1. Analect. pag. 300 : *Colonus autem vel servus ad Naturale Servitium, velit, nolit, redeat.*

SERVITIUM NUMMORUM, Illud appellatum, quod in pecunia ac nummis pro impensis bellicis, aliisve, domino a vassallis ac tenentibus exsolvebatur. Consuetudines Tolosæ : *Si aliqui tenuerint in feudum... aliquem honorem, pro quo debeat feudatarius servire domino feudi aliquas oblias nummorum, vel Servitium nummorum, etc.* Joan. Bracton. lib. 2. Tract. de acquirendo rerum dominio tit. 35 : *Est etiam aliud genus tenementi, ejus scilicet, quod tenetur in socagio libero, et ubi fit Servitium in denariis, capitalibus dominis, et nihil inde omnino datur ad scutum et servitium Regis.* Idem Bracton. lib. 5. Tract. 1. cap. 1. § 1 : *Per Servitium tot denariorum, quando duæ marcæ vel 20. solidi capiuntur de scuto, etc.* Charta Mauritii D. Credonensis Hugonis filii, in Tabulario Abbatiæ de Rota fol. 197 : *Mauricius Credonensium dominus filius Hugonis perrexit in exercitum Regis Angliæ ad Thoars* (ann. 1158.) *et quando castrum fuit captum, venit Credoni, et mandavit suos Milites, et fecit eis talliatam pro dispendio,* (depence) *quod fecerat in exercitu : et Milites quæsierant a Michaele Abbate talliatam de terris, quas ipse tenebat in suis feodis, etc. Respondit Abbas, quod Dom. Reginaldus Allobrox, nobilis fundator Ecclesiæ de Rota, dederat ei omnes talliatas, et omnia Servitia, quæ ad suum servitium pertinebant, tam de nummis, quam de avena et omnibus aliis servitiis, etc.* Ejusmodi vero nummorum servitium interdum et sæpe nude *Servitium* dicitur. Idem Tabularium fol. 90 : *Petrus Bullum motus in via Hierusalem dedit Ecclesiæ S. Mariæ de Rota, et Canonicis absolute in eleemosyna 9. denar. quos habebat de Servitio, in terra, quæ fuerat Bernardi Baxun.* Charta anni 1186. in Tabul. Vindocinensi fol. 277 : *Dederunt 5. sol. de Servitio, quos habebant super terra Joan. de Parineio.* Tabularium Eleemosynæ S. Pauli Viennensis : *De ipsa vero terra in vercheria dedit domnus R. G. 4. sexterias, ex quibus faciet G. quæ facere voluerit, de quibus debet in Servitium 2. sol. ministro vero nostro 6. den. et nihil amplius Domnus R. accipiat.* Historia Abbatiæ Condomensis pag. 473 : *Donationem scilicet... totius Ecclesiæ, et terras, quæ ad eam attinent, nec non duo Servitia 4. denariorum, et unam vineam juxta Ecclesiam.* Adde pag. 467.

Ita præstatio, quæ ab Ecclesiis Episcopo fit quotannis in quibusdam diœcesibus, *Servitium* appellabatur. Charta Alexandri Archiepisc. Viennensis apud Jacobum Petitum pag. 381 : *Et sicut consueto more per Viennensem parœciam diversæ Ecclesiæ debitum Episcopo exhibent Servitium, conferat et in obsequium Episcopi tempore constituto denarios duodecim.* Alia apud eumdem pag. 392 : *Et deinceps Rector ipsius Ecclesiæ... annis singulis in festivitate S. Juliani, quæ evenit 5. Kal. mensis septimi, in censum Canonicis S. Juliani solidos 5. in cunctanter solvat.* [Vide *Auxilium Episcopi* pag. 514. col. 3.]

SERVITIUM PLACITI. Vide supra in *Placitum.*

¶ SERVITIUM PLANUM, Census seu præstatio ex fundo talliæ et aliis quibusvis servitiis non obnoxio. Charta ann. 1344 : *Confitetur prædictas res esse taillabiles ad omnimodam voluntatem dicti domicelli, exceptis 4. denariis qui sunt de Servitio plano.* Alia ann. 1371 : *Sub Servitio plano et sine tallia pro ultimo prato confinato 5. sol.* Charta ann. 1465 : *Humbertus de Saxo absolvit fundos Anthonii Brodier ab omnibus talliis, corvatis, complentis, recognitionibus, et aliis juribus, et eos reducit ad planum Servitium cum laudibus et vendis secundum usus patriæ.*

* SERVITIUM PLENARIUM. Vide *Plenarium* 1.

SERVITIUM PLENUM, Convivium plenarium, quod Monachis statis diebus ex fundatione præbetur. Caroli Crassi Imper. Commemoratio apud Augienses : *Cum omni abundantia plenum Servitium pro anima Imperatoris perficeretur.* Occurrit rursum infra. Charta ann. 1207. apud Goldastum tom. 2. Alamannicor. pag. 190 : *Ut ex perceptione redituum ipsius officii 10. solidorum adminiculo per prædictæ homines curiæ exhibito, per eum fratres in festo Thomæ Pontificis et Martyris, circulariter annorum facta revolutione, pleni Servitii recipiant consolationem.* Alia ibidem pag. 195 : *Lutoldus Decanus ad remedium animabus Diethelini Constantiensis Episcopi, et omnium parentum suorum in festo S. Blasii, quousque vixerit, plenum Servitium instituit ea conditione, ut ipso mortuo ad anniversarium suum redeat idem Servitium de Vinea in Tufenbach, cujus ipse fundator a primis fuit radicibus.*

SERVITIUM PLENUM, quod et *Corrodium Regale* dicitur, Procuratio, convivium, quo Rex excipitur. Anonymus Hasenrietanus de Episcopis Eystetensibus de Henrico Imp. : *Mandavit huic Episcopo nostro,.... ut plenum sibi in via Ratisponensi daret Servitium, Archiepiscopo cuilibet non nihil formidandum. Cui cum regius Legatus singulatim, quæ danda essent magnifice enumeraret, tandemque ad immensam vini mensuram ventum esset : Pessime, inquit, dominus tuus insanit. Unde deberem sibi tantum Servitium dare, qui ne memetipsum satis queo pascere?* Speculator lib. 4. part. 3. de Feudis : *Vassalli Comitum et Baronum Imperii tenentur dominis suis obedire et servire propter feuda, quæ ab eis recipiunt primo pro exercitu Imperatoris,... secundo pro Corredo Imperiali, ut videlicet, quando Imperator transierit per illum locum, contribuat in sumptibus ejus, et in his duobus casibus servit vassallus pro curia, in 4. vero sequentibus servit pro utilitate domini sui, etc.*

¶ SERVITIUM PRÆPOSITURÆ, *Service de Prévosté,* in Consuet. Norman. Vide in *Præpositi.*

* SERVITIUM PRATI, Quo vassallus ad falcandum pratum domini sui, aut fœnum ex eo colligendum obnoxius est. Consuet. Norman. part. 1. cap. 26. ex Cod. reg. 4651 : *Liberum autem dicimus feodum, quod servitiorum inhonestorum obtinet libertatem, ut de prati Servitio, etc.*

¶ SERVITIUM PUBLICUM, Idem quod *Regale.* Vide infra. Excerpta ex Lege Longobard. cap. 20 : *Non a Comite vel aliquo ministro illius ad ullam angariam seu Servitium publicum vel privatum cogantur vel compellantur.* Vide *Angariæ* 3.

¶ SERVITIUM RECOGNOSCIBILE, Quod ad quamlibet domini, vel tenentis mutationem, ratione *recognitionis* præstatur. Charta D. Barbarelli ann. 1407 : *Illud cornerium vineæ... sub servitio 9. den. ex una parte et unum denarium de cremento, adeo quia ipsum cornerium vineæ erat de manso taillabili dicti domini qui remittit ad Servitium recognoscibile.*

SERVITIUM REGALE, Idem quod *Forinsecum.* Servitium militare, quod Regi debetur a subditis et vassallis. *Regale obsequium,* in Capitulari 4. ann. 805. cap. 13. Ita in Capitul. ad Legem Salicam tit. 3. § 10. et apud Bractonum lib. 2. cap. 35. § 1. 6. Præceptum Ludovici Pii Imper. pro Monasterio S. Columbæ Senonensi : *Quasdam villas, quæ priscis temporibus ad usum fratrum ibidem Deo famulantium fuerant destinatæ, segregavit, ut absque Regali aut publico Servitio, vel quolibet Abbatis dono aut exactione usibus eorum perpetuo deservirent.* Judicium datum sub Ludovico Pio Imp. in Vita Aldrici Episcopi Cenoman. n. 47 : *Et propterea inde fuit modo alienatum, quod Franco Episcopus prædictæ Ecclesiæ suo propinquo Adelgiso illud impetraverit, ut pro eo illo Regalia Servitia et itinera faceret, quæ ille pro sua infirmitate et senectute facere non valebat.* Synodus Germiniacensis sub Carolo C. tom. 6. Vitar. SS. Ord. S. Benedicti pag. 250 : *Et a cunctis Regalibus Servitiis et publicis vectigalibus immu-*

nem fecerat. Charta ejusdem Caroli pro Barcinonensibus apud *Diago* lib. 2. cap. 4 : *Servitia tamen Regalia intra Comitatum, in quo consistunt, faciant.* Fori Aragon. lib. 7. pag. 129. v° : *Si aliquis sit in possessione infancioniæ, et non fecerit Servitutem Regalem in tota vita sua, etc.* Idem in Foris apud Exeam ann. 1265 : *Sint de cætero infantioniæ franchæ et liberæ ab omni Regali Servitio.* [*Servitium Regis*, in Capitul. Lotharii tit. 3. cap. 32. et 33. Charta ann. 1073. apud Kennett. Antiquit. Ambrosd. pag. 60 : *Quæ Ecclesia S. Georgii data fuit fratribus Osen. et habet ibidem visum franciplegii et totum Regale Servitium.* Charta apud *Madox* Formul. Anglic. pag. 181 : *Excepto Regali Servitio, scilicet undecimam partem militis.*]

Servitium de Roncino, dicitur de vassallo, qui equum semel in vita domino debet, [vel etiam quolibet anno.] Charta Philippi Aug. ann. 1221 : *Tenebunt Major et hæredes sui a Decano et Capitulo in liberum feodum per Servitium unius roncini ad usus et consuetudines patriæ.* Vetus Inquesta in Regesto ejusdem Regis fol. 164 : *Tenet... duas bovatas terræ apud Ulmeium, unde debet tantum Servitium unius roncini.* [Chartul. S. Vandreg. tom. 1. pag. 251 : *Raoul le Prevost de Darigny salut en N. S. Sachent tous presens et avenir que comme je fusse tenu à hommes Religieux Monseignor l'Abbé et le Convent de S. Vandrille en un Service de Ronchi à faire chacun an pour les fiès et pour les terres que je tiens de eus,... je me suis obligié à icheus Religieux.... à rendre les chacun an à la feste S. Jean Baptiste 60. sous de Paris pour ledit service, tant comme il leur platra à prendre lesdits 60. sous, ou à fere ledit Service à Ronchi, se il leur plest mieux.*] Vide Stabilimenta S. Ludov. lib. 1. cap. 37. 129. (ubi qualis esse debet Roncinus decribitur.) Consuet. Turon. art. 95. 96. etc. *Cheval de service*, in Consuet. Andeg. art. 132. 133. Cenom. art. 142. 143. Vide *Servitium equi* et *Runcinus*.

Servitium Scuti. Vide *Scutagium*.

Servitium Servile, Cujusmodi est tallia, corvata, etc. cui obnoxia sunt tenementa villanorum. Charta Sigefridi Comitis Luxemburgensis ann. 993 : *Ita duntaxat, ut idem Nivelongus, vel successores ejus omni anno 5. solidos probæ monetæ persolvant ex eodem manso, ab omni deinceps Servitio liberi servili. Odiosum* vulgo appellatur, *Service haineux*, quod libertati publicæ contrarium sit, cui opponitur *Servitium nobile*, uti vocatur in Regesto Constabulariæ Burdegal. Barones Andegavenses ann. 1310. auxilium præstare pro matrimonio Isabellæ Caroli Comitis Vadensis et Andegavensis renuerunt, quod cum nobiles essent, debebant etiam esse immunes a servitiis odiosis quibus Comes reponebat : *Que ce qui est deu par general coustume ne peut estre appellé Service haineux, car celle ayde et autres, quand les cas aviennent sont deües par general coustume à ses sougiez esdites Comtez, etc. Et sont appellez les Aydes, les Loiaux aides d'Anjou et du Maine, non des Services haineux, car elles sont deües sur le trefons.* Et infra : *Dient que Service haineux doit estre restraint de droit, et non ne alongié sur ceux, qui fet ne l'ont, etc.*

Servitium Socii, seu *Service de compagnon*, cum vassallus secum in exercitum socium ducere tenetur. Assisiæ Hierosolymitanæ MSS. cap. 230 : *Se le Seignor semont, ou fet semondre aucun de ses homes, qui li doit Service de compagnons de un, ou de plus, et celle semonce soit à jour moti et aucun de ses compagnons est éloignez, il le doit dire quant l'homme le semont, et doit venir devant le Seignor, et dire li, Sire, vous cy me avez fait semondre, etc. et tel de mes compagnons, que je tenois, est por vostre service essoignez, si que il ne peut ores aler, etc. et se il ne vous plaist à soffrir, je enquairrais un autre, et si je le puis trover à retenir, je le reterrais à tel sos come celui, qui est deshaitiés, qui estoit à moi, à sos comuns de cetui Royaume, et le merrai ô moi en vostre service, et se je le puis trover, je le vous ferais assavoir. Et se le Seignor ne se veaut soffrir dou service de celui, qui est deshaitiés, celui qui a esté semons, comme est devant dit, doit querre un autre Chevalier, et retenir à ses sos, qui sont usés de donner communément à païs, se le dehaitié n'avoit plus grans sos, etc.* Adde cap. 244. et Bractonum lib. 5. tract. 1. cap. 1. § 1.

¶ Servitium Temporale, in Capitul. pro Monaster. S. Crucis Pictav. apud Mabill. tom. 1. Analect. pag. 299 : *Ut a nemine temporale Servitium exterius ullo modo quæratur, nisi tantum ab eis quæsivi, postquam eas sub regulari norma vivere constitui.* Infra : *Ut temporale Servitium in opere femineo ab eis ad partem dominicam nullatenus quæratur.* Ubi dona et militiam recte intelligit Mabillonius.

* Servitia Thelonearia, Tributa, vectigalia, in Charta Rob. march. Fland. ann. 1087. ex Tabul. Tronchin.

Service Trespassé. Vide Stabilimenta S. Ludovici lib. 1. cap. 99.

Servitium Vicinale, quod a *vicinis* seu civibus præstari solet. Libertates concessæ Barcinonensibus a Petro Rege Aragon. ann. 1283. MSS : *Item concedimus Capitulum, quod quilibet civis Barcinonensis solvat et contribuat partem sibi contingentem in Servitiis vicinalibus, et inde non excusetur ratione alicujus privilegii.* Vide *Vicinus*.

Servitium Villanum. Vide Lambardum in *Paganus*.

* Servitium Usuale, Quod ex usu et consuetudine præstatur. Charta ann. 1093. inter Instr. tom. 6. Gall. Christ. col. 432 : *De isto vero honore, quem retineo, laudaverunt et convenerunt michi consobrini mei Raimundus Raimundi de Durfort et Ugo Raimundus et omnes filii eorum, ut nunquam in vita mea, nec post mortem meam, quicquam tollant aut anparent, excepto usuali Servitio, quod in relico honore S. Martini habent. Hoc est autem Servitium, quod retinent fratres mei et consobrini mei omnes jam dicti, in isto et in reliquo honore S. Martini, receptum quale pater meus Fulco et avunculus meus Raimundus Tedomari habuit in ipso honore, etc.*

Servitium Warde *et relevii*, Idem quod *Servitium Militare* : quia, ut ait Littleton. sect. 103. *tenura per servitium Militis, trahit ad se wardam, maritagium, et relevium etc.* Vide præterea sect. 48. et Skenæum ad Regiam Majestat. lib. 2. cap. 21.

SERVITOR, Famulus, Gall. *Serviteur*. [Dicitur non raro de eo qui alicujus Sancti servitio se mancipavit.] Iso Magister in Glossis : *Cliens, servus vel socius, Servitor, amicus minor*. Inscriptio Romæ in Roma Subterr. lib. 2. cap. 22 : *Eustathius humilis peccator Servitor B. Marcellini Martyris. Servitor Christi*, in Epistola Gildæ ad Rabanum Monachum inter Hibernicas 21. *Servitor Ecclesiæ*, in Synodo Romana II. sub Silvestro cap. 17. *Servitores S. Petri*, in Epistola Nicolai II. PP. ad Rutenensem Comitem apud Hugonem Flaviniac. pag. 193. Addit. 1. Ludov. Pii cap. 28 : *Ut Servitores non ad unam [mensam, sed in propriis locis post refectionem fratrum reficiantur.* Adde Epistolam Episcoporum Galliæ ad Ludovicum Regem cap. 9. Eckehardus Junior de Casib. S. Galli cap. 8 : *Cralo clam assumpto Waningo fratre et paucis Servitoribus, in Franciam venit.*

¶ Servitores dicuntur apud Monachos Hebdomadarii mensæ ministri. Capitula Monach. Augiens. n. 5 : *Senior Decanus pulsat signum tintinnabuli, ut ebdomadarii et ceteri Servitores juxta præceptum regulæ accipiant super constitutam annonam mixtum, ut non sit eis grave jejunium, dum ministrant, sustinere.*

¶ Servitor, Qui ecclesiæ alicui deservit, Gallice *Desservant*. Concil. Senon. ann. 1239. apud Marten. tom. 7. Ampl. Collect. col. 138 : *Monemus abbates et priores conventuales, quod tot Servitores in abbatiis et prioratibus sibi subditis instituant, si ad hoc sufficiant facultates locorum, quot ibi deservire solent.* Testam. Beraldi dom. de Rupeforti ann. 1383. apud Baluz. tom. 2. Hist. Arvern. pag. 325 : *Lego Servitoribus ecclesiæ de Melhau unum sextarium frumenti... Volo et ordino quod dicti Servitores ecclesiæ de Melhau teneantur et debant facere anno quolibet anniversarium meum.* Conc. Hispal. ann. 1512. inter Hispan. tom. 4. pag. 10 : *Jubemus ut nullus parochus nec Servitor beneficii omittat dicere in sua hebdomada vel diebus quibus tenetur celebrare Missam populo de festo, vel feria occurrenti*. Vide in *Servire* 1.

¶ Servitores, Familiares, honorarii, qui non ex officio alicui, sed ad honores tantum serviunt. Charta ann. 1409. ex Schedis Præsid. *de Mazaugues : Jus inquirendi, procedendi ac puniendi officiales et Servitores nostros qui Volentes dicuntur, et sunt ad honores et nostræ Majestati ac curiæ continuo actu non serviunt.* Infra : *Servitores seu familiares.*

¶ Servitores, Devoti, qua notione *Serviteurs* etiam dicimus, in Statutis criminal. Saonæ pag. 113.

Servitrix, Famula. [Rolandinus Patav. in Chr. apud Murator. tom. 8. col. 181 : *Factum enim est ludicrum quoddam castrum, in quo positæ sunt dominæ cum virginibus sive domicellabus et Servitricibus earumdem, quæ sine alicujus viri auxilio castrum prudentissime defenderunt.* Adde col. 276.] Occurrit in Hist. Cortusiorum lib. 6. cap. 6 : *Dum fugiebat in habitu Servitricis, etc.*

* **SERVITORIA**, idem quod *Capellania*.

Stat. antiq. eccl. cathedr. S. Petri Redon. cap. 33. ex Cod. reg. 9612. L : *Statuimus quod Servitoriæ seu capellaniæ in titulum nemini conferantur; sed capitulum debet ad illas capellanos et bacchalarios suffisientes et idoneos deputare, qui sunt ad nutum capituli amovibiles.* Vide in Servitor.

SERVITUDO, *Servitus*, δουλεία, in Gloss. Gr. Lat.

* 1. **SERVITURA**, *Servientis* officium vel feudum. Regist. episc. Nivern. ann. 1287 : *Servitura valet xvj. lib. xiij. sol. viij. den. Servitura de Regniaco valet xvj. lib.* Vide supra *Servientura*.

* 2. **SERVITURA**, male pro *Serratura*, sera, qua januæ occluduntur. Liber. *de Liviere* ann. 1367. tom. 5. Ordinat. reg. Franc. pag. 723. art. 1 : *Quod in quacunque porta dictorum portalium..... sint duæ claves in qualibet Servitura; quarum unam de qualibet porta et qualibet Servitura penes se habeat et custodiat dictus miles.* Vide *Serratura* 1.

1. **SERVITUS**, *Servitium*, seu officium Ecclesiasticum. [Charta ann. 1085. apud Stephanot. tom. 1. Antiquit. Lemovic. MSS. pag. 699 : *Ergo ecclesiæ Malmacensis absolutionem atque libertatem ad celebrandam illic divinam Servitutem in capitulo fecerunt Episcopus Guido et Archidiaconi ejus et totus Clericorum conventus.*] Epitaphium Conradi Ducis Franconiæ, apud Browerum lib. 9. n. 65 :

Hic jacet in tumulo Dux, per quem Servitus isto
Fit celebris templo, laus, virtus, gloria Christo.

Vide *Servitium*.

¶ 2. **SERVITUS**, Ministerium, officium. Charta ann. 1229. tom. 1. Chartul. S. Vandreg. pag. 10 : *Ego Richardus Anglicus famulus dom. Abbatis et Conventus S. Vandregesili vendidi et concessi Rothaisiæ nepoti meæ et Eliæ Amiot sponso suo... totam integre Servitutem meam quam habebam et tenebam a dom. Abbate et Conventu S. Vandregesili, quam dictam Servitutem pater meus et ego possedimus. Tali vero conditione quod ego dictus Richardus habebo et tenebo dictam Servitutem usque ad obitum meum, reddendo inde annuatim dictæ Rothaisiæ et dicto Eliæ sponso ejus vel heredibus suis duo quarteria bladi de redditu Augusti mei... pro saisina venditionis dictæ Servitutis.* Vide in *Servitium*.

¶ Servitus, Minister ipse. Epist. Alexandri III. PP. inter Conc. Hispan. tom. 3. pag. 382 : *Sub interminatione anathematis districtius inhibeatis, quod bestias tragini præscripti monasterii cum hominibus aut servitutibus suis nulla ratione invadant, nec aliquam eis injuriam vel molestiam audeant irrogare.* Vide *Servitium*.

Servitutes Exactoriæ *et coactitiæ*, Præstationes, vel operæ serviles, *Corvées*. Ordericus Vitalis lib. 6. pag. 604 : *Aliam nempe decimæ medietatem de eo Monachi Columbenses tali tenebant pacto, ut omnes Episcopales consuetudines, et omnes exactorias Servitutes persolverent pro illo.* Infra : *Homines de Parco omnino absolvit, ut nullam sibi coactitiam exhibeant Servitutem, nec eam nisi in generalem Principis Normanniæ expeditionem.* [* Non operæ serviles sunt, sed Præstationes, quæ ex jure vel usu exigi possunt et ad quarum solutionem quis potest cogi. Vide *Servitus*, 4.]

* 3. **SERVITUS**, Officium, obsequium, nostris *Service*. Charta Karlom. reg. ann. 879. inter Probat. Hist. S. Emmer. Ratisbon. pag. 62 : *Nos vero libentissime petitionibus illius* (presbyteri) *satisfacientes, propter nimiam Servitutem illius in nos exhibitam.*

* 4. **SERVITUS**, Census, præstatio, quæ *Serviri* seu prestari et exsolvi debet. Vide *Servire* 1. Charta ann. 1345. in Reg. 75. Chartoph. reg. ch. 280 : *Item census seu Servitutes, quas idem dominus dalphinus habet.... pro esplecha carboneriarum, lapidum, etc.* Vide *Servitutes exactoriæ et coactitiæ* in *Servitus*, 2.

* 5. **SERVITUS** Signorum, idem quod *Consuetudo* 4. Pensitatio debita, cujus initium ignoratur et a quo inducta. Libert. bastidæ S. Ludov. ann. 1325. in Reg. 64. Chartoph. reg. ch. 127 : *Universi burgensiam tenentes, undecumque venerint, ab omnibus talliis, pedagiis, boagiis, adjornalibus personarum et animalium, bovis, aratri, signorum Servitutibus,.... et aliis servitutibus perpetuo sint immunes.* Vide *Signum* 6.

¶ **SERVIUNCULUS**, diminut. a Servus, in Monast. Anglic. tom. 1. pag. 11 : *Ego Patricius humilis Serviunculus Dei, etc.*

¶ **SERUM**, Occidens. Chron. Parmense ad annum 1274. apud Murator. tom. 9. col. 788 : *Strata de Petra-Nova ab angulo Petri Montani usque ad angulum de Bergonciis ampliata fuit a latere de Sero dictæ stratæ.* Vide *Sero*.

SERVORIUM. Vide *Servatorium*.

SERURA, Sera, ex Gall. *Serure*. [Comput. ann. 1202. apud D. *Brussel* tom. 2. de Usu feud. pag. CCVII : *Pro Seruris de portis Gornaci, etc.*] Synodus Exoniensis ann. 1287. cap. 4 : *Sit corpus Dominicum repositum in bursa mundissima, et ipsa includatur sub Serura in pyxide munda et honesta, etc.* W. Thorn ann. 1321 : *Hæc omnia cum suis hanaperiis, clavibus, et Seruris.* Fleta lib. 1. cap. 20. § 69 : *De his, qui Seruras, fenestras, ostia... fregerint.* Lib. 2. cap. 72. § 3 : *Facilis ingressus præbet plerumque fragilitati peccandi voluntatem, et salvæ Seruræ famulos reddunt apertos.* Adde Statuta Provincialia S. Edmundi Archiep. Cantuar. ann. 1235. cap. 9. et Provinciale Cantuariense lib. 3. tit. 27. [Vide *Serrura*.]

¶ Serurarius, Serarius, serarum fabricator, Gall. *Serrurier*. Acta S. Francisci de Paula tom. 1. April. pag. 151 : *Maritus suus qui tunc erat et adhuc est Serurarius, onus habebat fabricandi ferraturam, videlicet, seras, claves et alia necessaria ad clausuram conventus.* Vide *Serator*.

SERVUS. *Servi*, apud veteres Gallos et Germanos alii fuere a servis Romanis eorumque conditio longe diversa. Tacitus, de Morib. Germanor. : *Servis, non in nostrum morem, descriptis per familiam ministeriis utuntur, suam quisque sedem, suos penates regit : frumenti modum dominus, aut pecoris, aut vestis, vel colono injungit, et servus hactenus paret.* Quibus quidem verbis satis designantur ejusmodi servi, quos *Adscriptitios glebæ* vocabant, quales ferme fuere apud nostros, qui servorum nomine censebantur, de quibus a nobis utcumque collecta, et prout occurrerunt, hic proponemus.

Servi porro, ut est in Legibus Henrici I. Regis Angliæ cap. 76. *alii naturæ, alii facti, alii emptione, alii redemptione, alii sua vel alterius datione.* De hisce omnibus fere servorum speciebus egimus variis in locis, ac præsertim in vv. *Capitalis*, *Nativus*, *Originarius*, *Obnoxiatio*, *etc.* Ad eos vero, qui *redemptione* facti, hic dicuntur, referri debent, quæ habent Assisiæ Hierosol. MSS. cap. 191 : *Il y a une autre assise propre, que quant home est arresté par dethe, que il ne puisse payer, et celui, ou ceaus, à qui il doit, et ne peut payer, requierent au Seignor que il lor livre par l'assise celui, qui lor doit la dethe, et le Seignor leur doit livrer, et que il le peuvent tenir en fers, ou en prison, s'il ne les paye, toute sa vie, donnant li à manger et à boire suffisamment sa vie sostenir pain et aigue, et robe à vestir si que il ne meure par faute de robe, et se il le font labourer, que son labeur soit conté au feur corable des laborans qui laborent de celui labour, que li fera laborer, et abatre de sa dethe, ce que il deservira de son labour.*

Servi, ut olim apud veteres, etiam apud nostros vænum exponebantur : cujusmodi venditionis formulæ exstant apud Marculfum lib. 2. form. 22. et Labbeum tom. 2. Miscellan. pag. 493. Vide Gregor. Turon. lib. 3. Hist. cap. 15.

Servi vero venalitiarii, seu vænum expositi, ramum gestabant in capite. Warnerius MS. in Caprum Scottum Poëtam :

Ducitur ad portum gestans in vertice ramum,
Venalem Moriuht nosceret ut populus.

Apud veteres collo appensum titulum gestabant. Vide A. Gellium lib. 4. cap. 2. Budæum in Annotat. Prior. et Scaligerum ad lib. 4. Propert.

* Servi, cum a dominis vendi poterant, nihil mirum, si eos cum re qualibet commutaverint; quod factum legimus in Transact. inter dom. de Bellojoco et capit. Autiss. ann. 1281. ex Chartul. S. Steph. Autiss. : *Lequel Humbert en eschange de ce, baille audit chapitre tous les hommes et les femmes, que luy et sa femme havoient ou pouvoient avoir, ou devoient havoir à Egligny, à Cherluy, à Porrein et à Espoigny, sers et serves de chefs et de corps,..... avec la progeniée et la sigance de tous les hommes et de toutes les femmes.*

Servorum pretium commune apud Romanos fuit 20. aureor. ex leg. 31. D. de Minor. (4, 4.) et leg. 1. C. de Com. serv. man. (7, 7.) Varium ac diversum tamen fuit, secundum servorum dotes. Gregorius Turon. lib. 2. Hist. cap. 5. de Servo : *Quo invento, obtulerunt homini munera : sed respuit ea, dicens, Hic de tali generatione decem auri libris redimi debet.* Ibidem, servus alius venditur 10. aureis. Vide eumdem lib. 6. cap. 36. *Servus aut ancilla valens sol.* 15. *aut* 25. in Lege Salica tit. 11. § 5. [Statuta crimin. Saonæ cap. 18. fol. 25 : *De percussione Sclavorum utriusque sexus. Nulli enim liceat taliter capiendo vel ducendo interficere, vel graviter vulnerare, nisi forsan se stelo defenderent, quo casu occidens vel vulnerans puniri possit, nisi dumtaxat ad restitutionem pretii servi occisi, vel vulnerati, quod pretium taxari per magistratum Saonæ nequeat ultra florenos quinquaginta.*|

Statura in servis observabatur et æstimabatur. Lex Alaman. tit. 8. edit. Tilii et Heroldi : *Si quis servum alienum occiderit, sol. 12. in capitali restituat : aut cum alio servo, qui habet 13. palmas cum pollice replicato, vel 2. digitos in longitudinem, et 3. solidos in alio pretio superponat, quod fiunt simul solidi 15.* Charta Alamannica Goldasti 3 : *Det alium mancipium undecim manuum longum.* Vide Cujacium lib. 20. Observ. cap. 3. et eumdem Goldastum ad Dositheum pag. 28.

☞ *Servi* pignus dabantur et recipiebantur. Lex Alaman. tit. 86. § 1 : *Si quis pignus tulerit contra legem, aut servum, aut equum, etc.*

☞ *Servum*, cui dominus oculum eruit, vel dentem excussit, liberum dimittendum esse statuit liber 6. Capitul. cap. 14 : *Si percusserit quispiam oculum servi sui aut ancillæ, et luscos eos fecerit, dimittat eos liberos pro oculo quem eruit. Dentem vero si excusserit servo vel ancillæ suæ, simili sententia subjacebit.* Si vero occiderit, pœnitentiæ per biennium subjicitur, ex Addit. 4. cap. 49 : *Si quis servum proprium sine conscientia judicis occiderit, excommunicatione vel pœnitentia biennii reatum sanguinis emundabit.*

Servi matrimonia ita inibant, ut invito, aut inconsulto domino, ancillis ; et vicissim ancillæ servis aliorum dominorum copulari non possent, pro qua licentia certam denariorum summam exsolvere tenebantur, ut in voce *Forismaritagium* docuimus.

Liberorum vero hominum matrimonia cum ancillis apud Wisigothos gravi pœna interdicuntur, in Lege Wisig. lib. 3. tit. 2. § 2. 3. In Lege Salica tit. 27. § 3. Exstat Charta in Tabul. S. Germani Parisiis Hugonis Abbatis ann. 1140. in qua hæc habentur : *Quidam homo Ansellus nomine Major S. Martini Turonensis de villa, quæ Domna Maria de Montosis nominatur, adiit præsentiam nostram, petens a nobis, quatenus quamdam mulierem, Lethois appellatam, de familia B. Germani procreatam, quam in uxorem ducere volebat, a servili conditione solveremus. Sibi enim eam, nisi liberam, matrimonio jungere non licebat, etc.* Francus, qui alienam ancillam sibi publice junxerat, cum ea in servitio permanebat. Id juris etiam obtinuit olim in Gallia nostra. M. Pastorale Ecclesiæ Paris. ann. 1261 : *Petrus dictus Rex, oriundus de Lagiaco, commorans apud Civilliacum, asseruit et recognovit in jure coram nobis ... quod ipse duxit in uxorem Gilam, quondam uxorem defuncti Petri de Origniaco defunctam, feminam de corpore Ecclesiæ Parisiensis. Asseruit etiam et recognovit dictus Petrus in jure coram nobis, quod ipse ob hoc de consuetudine generali ipsius patriæ factus est homo ipsius Ecclesiæ Parisiensis, etc.* Sed et in Flandria Galbertus in Vita Caroli Comitis Flandriæ n. 12 : *Quicumque secundum jus Comitis ancillam liber in uxorem duxisset, postquam annuatim eam obtinuisset, non erat liber, sed ejusdem conditionis erat effectus, cujus et uxor ejus.* Vide Gualterum Tervan. cap. 15. et Labbeum tom. 1. Miscellan. pag. 541. tom. 2. pag. 468. Contra, Jure Anglico, thorus mariti liberi facit uxorem nativam liberam in vita viri, finito vero matrimonio uxor ancilla redit in servitutem, ut est apud Bractonum lib. 4. tract. 1. cap. 21. § 4. et in Fleta lib. 5. cap. 26. § 25. Quod etiam apud nos obtinet in viris nobilibus, qui uxores non nobiles ducunt quæ maritorum privilegiis gaudent, dum ii superstites sunt. Wichbild. Magdeburgense art. 3 : *Constitutionibus antiquorum Principum cautum esse legimus, si homo liber servam in matrimonium duxerit, proles ex ea genita patri et non matri æquari debet. Principes autem potentes de consensu communitatis sanxerunt, quod filii jura nanciscebantur patris, et filiæ matris. Recitatur tamen, quod tempore Friderici eo nomine primi Imperatoris, statutum fuit, si liber homo servam superduxerat, vel ingenua servum, quod proles illa utriusque sexus matrem sequi deberet, et non patrem. A juris autem principio hoc fuit jus, quod liber partus nunquam servilem procreavit partum. A temporibus autem Wikmanni Episcopi jure frequentatum est, et per Henricum eo nomine VI. Imperatorem statutum, quod utraque proles, filius, et filia nascuntur secundum matrem et non patrem : hoc est, ventrem ipsum sequuntur, etc.*

In Anglia nunquam matris, sed patris conditionem semper sequuntur liberi ex ejusmodi servorum matrimoniis prognati : *quia semper de patre, non a matre generationis ordo texitur*, ut est in Legibus Henrici I. Regis Angl. cap. 77. et 78. Quibus consona habent Fortescutus cap. 42. Fleta lib. 1. cap. 3. § 2. et Littleton. sect. 187. Vide Bractonum lib. 4. tract. 1. cap. 21. 22.

In Comitatu Cornubiæ ea obtinet consuetudo, *quod si liber homo ducat nativam aliquam in uxorem ad liberum tenementum, et liberum thorum, si ex eis duæ procreantur filiæ, una erit libera, et altera villana, quia ibi partiti sunt pueri inter liberum patrem et dominum uxoris villanæ.* Bracton. lib. 4. cap. 13. § 2.

Liberorum ex ejusmodi matrimoniis status diversus fuit, secundum receptas apud gentes diversimode Leges. In Consuetudine Burbonensi art. 199. liberi ex legitimo matrimonio servi vel servæ nati, sive uterque servituti obnoxii sint, sive horum alter, pejorem conditionem sequuntur, hoc est, servi fiunt. Quod videtur obtinuisse apud Francos, ex Marculfo lib. 2. form. 29. in Alemannia, et alibi, ex Chartis Alemann. Goldasti 1. 2. ex Constit. Conradi Imp. ann. 1028. et Friderici II. ann. 1220. apud Ughellum in Episcopis Sassenatensibus. Adde Edictum Theoderici Regis § 65. 66. Exstat in Tabulario S. Maglorii Parisiensis Charta, ex qua docemur id juris etiam locum habuisse apud nostros sub tertia Regum stirpe : *In Nomine S. et individuæ Trinitatis Amen. Ego Ludovicus Dei gratia Francorum Rex notum volo fieri omnibus tam posteris quam præsentibus quorumdam invida relatione auribus nostræ Sublimitatis intimatum fuisse, quemdam scilicet Henricum cognomento Lothoringum servum nostrum debere esse, et matre quidem illius libera existente ex paterna tantum origine servitutis maculam contraxisse. Sed quia honor Regis judicium diligit, querelam et causam istam in judicium posuimus, et diem inde statuimus. Die igitur statuta, convenientibus in unum in Palatio nostro amicis et fidelibus nostris, prædictum Henricum monuimus, ut tanquam noster servus, et ex nostro servo natus, sicut nobis dictum fuerat servitutis obsequium nobis impenderet. Henricus vero et se et patrem suum servum nostrum vel fuisse vel esse omnino negavit, et ab omni servitute se et eum defendere paratus fuit. Quoniam autem objectæ servitutis aberat testis, accusator defecerat, communi consilio diffinitum est, ut ipse Henricus suæ libertatis jurator et comprobator existeret, et juramento suo nos super hoc certos et omnino quietos redderet, quod et factum est, etc. Actum Parisiis ann.* 1112.

Lege Longobardorum, mulier libera, quæ servo nupserat, non modo statum mariti sequebatur, sed et ad Palatium pertinebat. Præceptum Pandulphi Principis Capuæ apud Camillum Peregrinum in Hist. Longob. : *Concedimus tibi, qui Adelmundo, omnes mulieres liberas fœminas, quæ sibi copulaverunt vel copulaverint tuos servos maritos.* Capitul. Adelchisi Princip. Benev. cap. 1 : *Si cujuscumque servus liberam uxorem tollere, qui ad Palatium juxta legem pertinebat, utique pessima extitit consuetudo, ut eas personas, quisquis vellet, expeteret. Amodo autem et deinceps statuimus, ut tanta perversitas nullum habeat locum, sed ipse solummodo eos habeat semper, cujus primum ille fuerat servus, etiamsi illos ad Palatium nunquam repetant.* Habetur istius Consuetudinis Diploma ejusdem Adelchisi in Chron. S. Sophiæ Benevent. pag. 645. Id etiam statutum a Frothone Danorum Rege auctor est Saxo Grammaticus lib. 5 : *Si libera consensisset in servum, ejus conditionem æquaret libertatisque beneficio spoliata, servilis fortunæ statum indueret.*

In Legibus Scaniæ apud Andream Suenonis lib. 6. cap. 5 : *Matris conditionem sequitur semper partus, ut sit liber partus ex libero ventre procreatus, licet pater servilis conditionis onere premeretur : vel si servus ex ventre servili progenitus, quantumcumque pater inter ingenuos nobilitatis genere præfulserit.* Sed hæc attigisse sufficiat, cum omnia, quæ de servorum matrimoniis habent Concilia, Regum Capitula, Chartæ veteres, et Consuetudines municipales, hic inserere haud facile sit. Consulat igitur, qui plura volet, Excerpta Egberti Archiep. Eborac. cap. 124. Synodum Vermeriensem ann. 752. cap. 6. 7. 8. 13. 19. 20. Capitulare Compendiense ann. 757. cap. 6. Capitul. 3. ann. 819. cap. 3. Observantias Regni Aragon. lib. 6. tit. de Privilegiis dominæ Infantione § 1. M. Pastor. Eccles. Parisiens. lib. 2. ch. 127. 128. 131. 135. lib. 3. ch. 14. lib. 5. ch. 9.

Liberorum matrimonia. In Consuetudine Burbonensi art. 208. possunt servi liberos suos in matrimonium collocare, iisque bona sua mobilia tradere, ita ut eorum liberi ac bona priorem semper conditionem sequantur.

De *Servorum nothis liberis*, ita sancit Consuetudo Burbonensis art. 194. Nothi ex ancilla et homine libero conditionem matris sequuntur. Contra nothi ex muliere libera et homine servo sequuntur conditionem patris, remanentque nude nothi.

* Qui *Serfs pissenez* appellantur in pago Nivarnensi, ut testis est Raguellus.

Bona servorum. In Consuetudine Burbonensi art. 201. 202. servi prædia sua liberæ conditionis hominibus vendere non possunt, quod si vendiderint, in commissum ad dominum perveniunt. Contra vir liberæ conditionis prædium suum servo vendere potest. Vicissim servi in servos sive per donationem sive per venditionem bona sua transferre, aliosque contractus inire invicem possunt, inconsulto domino, dummodo ejusdem domini sint servi.

Servorum successores. In eadem Consuetudine Burbon. ann. 200. liberæ conditionis viri vel feminæ servis nusquam, sed servi agnatis liberæ conditionis succedunt. Art. 207. Servi agnatis ejusdem conditionis succedunt, dummodo communes in bonis sint, unaque cum iis degant. Quod si ab iis divisi sint, eorum hæreditas jure mortuæ talliæ ad dominum pervenit. Eadem habet Arvernensis cap. 27. art. 8. 6. Vide M. Pastorale Ecclesiæ Parisiensis lib. 1. ch. 26. et Consuetudinem Tolosæ, rubr. de Homagiis. Exstat in Tabulario S. Dionysii Novigenti Charta Roberti Comitis Belismensis, qua *res servorum suorum omnium morientium, sicut mos sibi deferebat, tam in ædificiis, quam in rebus aliis, S. Dionysio Martyri, sibique servientibus concedit*. [Vide Glossarium Juris Gallici voce *Eschange*.]

☞ *Servis* lanceæ usus prohibetur, in lib. 5. Capitul. cap. 247 : *Et ut Servi lanceas non portent*.

☞ Varia fuit et diversa pro variis temporibus et locis servos libertate donandi ratio : quas omnes consuetudines attigimus in voce *Manumissio*. Huic vero quæ accepto a servis libertatis pretio fiebat nonnulla addere placet lectori haud ingrata, ut confidimus. Judicium testam. Bernardi Comitis Bisuld. ann. 1020. in Append. ad Marcam Hispan. col. 1030 : *Servos vero omnes suos masculos quos in domo sua retinebat mandavit liberos facere propter remedium animæ suæ ... Adalbertus de Casas donet quinque uncias de auro ad S. Maria de Cubera ad crucem faciendam, et faciant illum liberum. Arnullus de Riopullo donet quinque uncias de auro ad S. Petro de Castronovo propter crucem quod ibidem debebat, et faciant illum liberum. Amalvino de Tugurio et Tedmar de Viriols donet unusquisque uncias duas de auro ad S. Maria de Finistras, ... et faciant eos liberos*. Charta manumissionis ann. 1217. ex Tabul. Montol. : *Nos duo fratres Petrus Ebaldi et Guillelmus Arnaldi per nos ... solvimus, diffinimus et ab omni jugo servitutis liberamus te Raymundum feminam nostram .... et omnes infantes qui de te nascentur, et omnem posteritatem quæ de illis exierit in perpetuum, et damus atque etiam dimittimus Domino Deo et B. M. Virgini et omnibus SS. Dei et marito sive maritis si forte eos habueris, quidquid in te habebamus vel habere debebamus, ita quidem quod tui infantes qui de te nascentur et omnis posteritas quæ de illis exierit in perpetuum possitis facere omnem vestram voluntatem a vobismet ipsis et ab omnibus rebus vestris præsentibus et futuris sine omni nostro nostrorumque retentu et reblandimento, quia ab omni jugo servitutis, a parte dominii et homagii nostri liberos et absolutos, sicut melius dici vel intelligi potest ad vestram vestrorumque utilitatem vos facimus cum hac præsenti carta vobis in perpetuum valitura, recognoscentes et cognoscentes quod pro hac absolutione et diffinitione recepimus a rebus amicorum tuorum quatuor solidos Melgorienses, ut hæc carta firma et stabilis permaneat*:

☞ Observandum vero libertatis munere donari cum non posse, qui ex parentibus servis natus, per triginta annos ipse in servili conditione perstitit, ex Addit. ad Leg. Longobard. tit. 4. § 10 : *Quod per triginta annos servus liber fieri non possit, si pater illius servus aut mater ejus ancilla fuerit*. [** Lothar. 95. Confer Grimoald. 1.]

Servi, Clerici fieri vetantur, antequam libertatem a dominis suis consecuti fuerint, in Canonibus Apostol. in Nov. 123. § 17. in Concil. Aurel. III. cap. 26. Aurelian. V. cap. 6. in Capitul. Caroli M. lib. 1. cap. 88. [** 82.] lib. 7. cap. 34. [** 51.] in Fragmentis Capitulor. edit. a V. Cl. Steph. Baluzio cap. 2. in Capitulari 1. ejusdem Imper. incerti anni cap. 26. etc. Vide præterea Vitam S. Theophanis Confess. n. 11. Flodoardum lib. 3. Hist. Remens. cap. 27. pag. 553. Consuetudinem Castellensem in Biturigib. art. 7. Vassorium in Annalib. Noviomensib. pag. 959. 960. Steph. Baluzium in Append. ad Capitul. n. 105. 161. etc. Si autem inconsulto domino ad Clericatum promoverentur, Clericatus privilegio, domino petente, privabantur. Vide Probationes Hist. S. Aniani pag. 106. et Regiam Majest. lib. 2. cap. 13. ubi plura *de servis non ordinandis ad sacros ordines*, præterea S. Leonem Epist. 1. cap. 1. Vitam Ludov. Pii ann. 817. etc.

☞ Verum *si servus sciente et non contradicente domino in clero sortitus sit, ex hoc ipso liber et ingenuus fiat*, in Fragm. Capitul. cap. 2. apud Baluz. tom. 2. Capitul. col. 361.

☞ Idem statuitur in Capitular. Aquisgr. ann. 789. cap. 22. pro servis qui vitam monachicam suscipere volebant, ut scilicet præter consensum dominorum non admittantur : quod tamen certis limitibus conclusit Capitulare 1. ann. 805. § 11 : *De propriis servis vel ancillis, ut non supra modum in monasteria sumantur ne deserentur villæ*. Adde lib. 1. Capitul. cap. 106.

* Audiendus omnino hac de re Bellomanerius cap. 45. in Consuet. Bellovac. MSS. pag. 121. v°. col. 2 : *Il duit moult bien au seigneur, quant il voit que son homme de cors devient clerc, que il traie à l'évesque et que il li requiere que il ne li fache pas couronne; et se il li a faite, que il li oste : et li évesque i est tenus*. Requirebatur præterea superioris domini seu regis consensus, ut qui, illo non petito, ad presbyteratus etiam ordinem et ad beneficium ecclesiasticum fuerat promotus, in servitutem, non domini proprii, sed superioris, redibat; qui usus posterioribus quoque sæculis, saltem in quibusdam provinciis, obtinuit, ut discimus ex Lit. ann. 1474. in Reg. 204. Chartoph. reg. ch. 111 : *Dimanche Colconnet prestre chanoine en l'église cathédrale de Chaalons,...... pour ce qu'il est issu de Serve condition et qu'il n'a esté manumis que par seigneurie ou seigneurs naturels tant seulement, par quoy, selon la coustume de nostre pays de Champagne, il est retourné envers nous en semblable servitude, qu'il estoit envers sesdiz seigneurs naturelz, paravant ladite manumission, etc.*

Servorum testimonia. Servis non credendum, si crimen alicui objecerint, statuit Lex Wisigoth. leg. 2. tit. 4. § 4. ut et dominos accusantibus, Edictum Theoderici § 48. et Capitula Caroli M. lib. 6. cap. 144. [** 146.] lib. 7. cap. 148. 342. [** 208. 440.] Ex Consuetudine Burbon. art. 205. servorum perinde ac aliorum liberæ conditionis hominum admittuntur testimonia. Sed et juri stare possunt inconsulto domino, art. 206. *Servorum Regiorum* admittebatur testimonium, ex Lege Wisigoth. leg. 2. tit. 4. § 4. et ex Lege Burgund. tit. 60. § 3. Ludovicus VI. Francorum Rex ann. 1108. Ecclesiæ Parisisiensi indulsit, *ut illius servi in omnibus causis, placitis ac negotiis adversus omnes homines tam liberos quam servos liberam et perfectam haberent testificandi et bellandi licentiam, ita ut nemo eorum testimonio pro Ecclesiasticæ servitutis occasione calumniam inferat*. Id firmavit postea Paschalis PP. 8. Kl. Febr. ann. 1114. qui hæc subdit, *non esse æquum Ecclesiasticam familiam iisdem conditionibus coërceri, quibus servi secularium hominum coërcentur*. Exstant hæc decreta in M. Pastorali ejusd. Ecclesiæ leg. 19. ch. 13. 71. et 84. quæ descripta sunt a Ph. Labbeo tom. 2. Miscellan. pag. 597. et seqq. Simile privilegium indulsit idem Ludovicus anno 1110. servis Monasterii S. Martini de Campis, in cujus Historia habetur pag. 22. ut et servis Monast. S. Mauri in Charta ann. 1118. descripta a Gallando lib. de Franco Alodio pag. 263. [et a D. *De Lauriere* tom. 1. Ordinat. Reg. Franc. pag. 3. qui aliam ejusd. Regis subdit ibid. pag. 5. pro servis Eccl. Carnot. ann. 1128.] Adde Jacobum Petitum ad Pœnitentiale Theodori pag. 309. 352. 452. 454. 578. 584.

☞ Id erat Regiorum et Ecclesiasticorum servorum privilegium ut ipsi in judicio de rebus suis responderent. Lex Ripuar. tit. 58. § 20 : *Servi autem Regis vel Ecclesiarum non per actores, sed ipsi pro semet-ipsis in judicio respondeant, et sacramenta absque tangano conjurent*. Alii vero per suos dominos respondebant, ex eadem Lege tit. 30. § 1 : *Dominus ejus in judicio pro eo interrogatus respondeat*.

In Consuetudine Burbonensi art. 189. 204. servorum alii sunt, qui ex eo, quod *talliis* servilibus sunt obnoxii, pro servis habentur : alii servi 4. denariorum appellantur, de quibus egimus, ubi de *Capitalibus*, id est, hominibus, qui censum debent de capite, quos etiam *homines de corpore*, vel *de casalagio* nuncupabant. De iis suis locis multa congessimus. Utriusque servorum speciei par ferme fuit conditio; cum et servilibus obsequiis penitus addicti, et dominis suis, ratione originis omnino essent obnoxii. Adscriptitiorum igitur alii erant servi Fiscales, alii Ecclesiastici, alii Beneficiarii, etc. De quibus nomenclaturis sigillatim dicemus.

¶ Servi Aratores, Agrorum cultores, in Cod. Theod. lib. 2. tit. 30. de Pignor. leg. 1 : *Non Servos aratores, aut boves aratorios pignoris causa de possessionibus abstrahunt.* Vide *Servi ministeriales.*

Servi Beneficiarii, *Beneficiis* seu prædiis datis ad beneficium, addicti, et qui in iis servi glebæ erant, et cum prædio ad beneficiarium transierant, in Lege Longob. lib. 1. tit. 9. § 30. 36. [** Ludov. P. 10. Lothar. 58.] in Capit. 1. Lud. Pii ann. 819. c. 1. et in Capit. 3. ejusdem anni cap. 7. Agobardus Lugdun. de privilegio et jure Sacerdotii c. 11 : *Habeo unum clericionem, quem mihi nutrivi de Servis meis propriis, aut Beneficialibus, sive pagensibus, etc.* Vetus Notitia ex Tabulario Persiensi ch. 14 : *Ibique adveniens Moyses Advocatus Hildebranno Comiti,... mallavit hominem aliquo, nomine Dodono, quod Servus erat Domno Karlo de suum beneficium, de villa, quæ dicitur Jovo, in pago, qui dicitur Augustidunense, etc.* Infra : *Ad pedes ipsius Moyse jactavit, atque recredidit, quod Servus erat Domno Karlo Rege de jamdicta villa Jovo.* Alia Notitia ibidem ch. 15 : *Ibique veniens Fredelus Advocatus Hildebrandi Comitis, mallabat hominem aliquo, nomine Adelardo. Requirebat ei, quod Servus erat Domni Ludovici Imperatoris, de villa Patriciaco, de parte genitoris sui nomine Adalberto, de Beneficio Hildebrando, et ipso servitio malo ordine recontendebat, etc.*

Servi Casati, *Casis* seu prædiis addicti. Charta divisionis Imperii Caroli M. cap. 6 : *Servi, qui jam Casati sunt,... mancipia non casata.* Vide Traditiones Fuld. l. 2. trad. 40. 70.

¶ Servi Censuales, Villani, censui obnoxii. Charta ann. 963. apud Calmet. inter Probat. Hist. Lotharing. tom. 1. col. 371 : *Dedit itaque prætactus Comes ad S. Maximinum de rebus suæ proprietatis legali traditione mansum unum et dimidium, cum Servis censualibus, etc.* Vide in *Census* pag. 278. col. 2.

¶ Servi Civitatis fiscalibus æquiparantur, in lib. 4. Cod. Theod. tit. 9. leg. 4 : *Mulieres, quæ fiscalibus vel civitatis Servis sociantur, ad hujus sanctionis auctoritatem minime pertinere sancimus.*

¶ Servi Comitum memorantur in Edicto Pistensi cap. 15.

Servi Consuetudinarii, *Serfs coustumiers*, in Consuet. Marchensi art. 126. dicuntur, qui domino tres tallias in pecunia, et avenam et gallinam debent, aut præstant, quolibet anno propter prædium servituti obnoxium. Vide *Consuetudinarii* in *Consuetudo* 4.

* Servus Disrationarius. Vide supra *Disrationarius.*

Servi Dominici, *id est, compulsores exercitus, quando Gothos compellunt in hostem exire, etc.* in Legibus Wisigoth. lib. 9. tit. 2. § 2. *Qui in hostem exire compellunt*, § 5.

Servi Ecclesiastici, appellati ii, qui ad Ecclesiam pertinebant, in Decretione Childeberti Regis cap. 13. in Lege Longob. l. 1. tit. 9. § 30. 36. [** Ludov. P. 10. Lothar. 58.] in Capit. Caroli M. lib. 7. cap. 335. [** 423.] in Capit. 3. Lud. Pii ann. 819. c. 7. etc. *Servi Ecclesiæ*, in Decreto Childeberti § 8. 13. in Lege Alamann. tit. 8. 21. in Lege Bajwar. tit. 1. cap. 14. § 1. in Decreto Tassilon. de popularib. Legib. § 12. in Capit. Caroli M. lib. 7. c. 212. [** 290.] in Concilio Compendiensi ann. 757. cap. 4. etc. Paschalis PP. pro Ecclesia Parisiensi in M. Pastorali lib. 19. ch. 13 : *Pro eo, quod ipsius Ecclesiæ, qui apud vos Servi vulgo improprie nominantur.* Vide *Ecclesiasticus* 4. et in *Oblati* 2. ubi alia observamus.

Servi Fiscales, vel *fisci*, dicti ii, qui ad fiscum, Regem vel Dominum spectabant, in leg. 3. et 4. Cod. Th. Ad senatuscons. Claud. (4, 9.) in Lege Wisigoth. lib. 5. tit. 7. § 15. 16. lib. 9. tit. 2. § 9. lib. 10. tit. 2. § 4. in Concilio Tolet. III. c. 15. apud Rabanum Maurum lib. 7. contra Judæos c. 44. *Servi fiscalini*, in Decreto Childeberti § 13. in Lege Longob. lib. 1. tit. 9. § 30. 36. in Capit. Caroli. M. lib. 7. cap. 335. [** 432.] *Homines fiscalini Regii*, in Capitulo 2. ad Legem Salicam § 7. *Servi, qui regalibus servitiis mancipantur*, quorum ea erat prærogativa, ut eorum sacramentis crederetur, et Palatinis officiis honorari possent, in Lege Wisigoth. lib. 2. tit. 4. § 4. Id autem erat Regis privilegium in servos suos, ut nulla præscriptione eos amitteret, sed ei restitui deberent, in cujuscumque terra invenirentur, quod contra obtinebat de cæteris servis, qui septennio in aliorum dominorum terris exacto, nulla facta de iis reclamatione, libertatem consequebantur, ut est in Regiam Majestat. lib. 2. cap. 12. § 14. 15. 16. Vide Rhenanum lib. 2. Rer. Germ. pag. 87.

Servi Fugitivi. Vide *Fugaces.*

¶ Servi Fundorum, Coloni, in Cod. Theod. leg. unica de communi dividundo. (3, 38.) Vide in *Servi aratores.*

¶ Servi Gregarii, Lixæ. Gesta Consulum Andegav. cap. 11. apud Acher. tom. 10. Spicileg. pag. 493 : *Edicto præcepit... ne lixæ, ne gregarii Servi agmen eorum sequerentur.*

* Servi Judices, iidem qui *Servi vicarii*, Qui vices domini agunt, ejusque nomine aliis jus dicunt. Vide supra *Judices servi.*

* Servi Manuales, iidem qui *Ministeriales*, certis operibus et ministeriis domesticis addicti. Charta ann. 867. apud Murator. tom. 5. Antiq. Ital. med. ævi col. 514 : *Donamus ibidem alios Servos nostros manuales ministeriales, Rodulo coco cum Teuderada uxore sua : Ildeprandello pistrinario cum Dativa uxore sua : Gottefredo lavandarius cum Froumberga uxore sua, etc.*

Servi Massarii, Massæ, seu prædio addicti, servi glebæ, in Lege Longob. lib. 1. tit. 32. § 3. [** Rothar. 238.] *Servus rusticanus, qui sub massario est*, lib. 1. tit. 11. § 5. [** Rothar. 132.] *Servus de masaro*, vel de *massaritia*, seu *manso*, in Charta Tirpimiri Ducis Croatiæ apud Joannem Lucium lib. 2. de Regno Dalmat. cap. 2.

Servi Ministeriales, Qui domi ministrabant. *Aldio vel servus ministerialis*, in Lege Longob. lib. 1. tit. 8. § 1. 2. 3. etc. [** Rothar. 76. sqq.] *Servus ministerialis probatus, et doctus domi*, lib. 1. tit. 11. § 2. [** 130.] Adde Recapit. Legis Salicæ c. 11. 15. et Papianum lib. Resp. tit. 3. ubi *Servus ministerialis* post *servum actorem* ponitur. *Servorum* autem *ministerialium*, vel etiam eorum, quos *Artifices* vocat Paulus leg. ult. de oper. servor. (7, 7.) is erat status, ut certis ministeriis addicerentur : unde cum vænum exponebantur, sciscitabantur emptores, *quid operis scirent*, ut est apud Gregorium Turon. lib. 3. Histor. cap. 15. Hinc *Servus arator*, in Lege Burgund. tit. 10. et in leg. 1. Cod. Th. de Pignorib. (2, 30.) ubi Anianus *servos cultores* habet. *Servus argentarius*, ibid. tit. 21. § 2. *Servus aurifex*, ibid. tit. 21. § 2. *Aurifex electus*, apud Papian. lib. Resp. tit. 3. *Servus berbicarius*, in Lege Alamann. tit. 98. *Virvicarius*, apud Papianum lib. Resp. tit. 3. *Servus bubulcus de sala*, in Lege Longob. lib. 1. tit. 11. [** Roth. 130. sqq.] *Servus caprarius*, in Lege Longob. lib. 1. tit. 11. § 7. [** Roth. 136.] *Servus carpentarius*, in Lege Salica tit. 11. § 5. et apud Papianum tit. 3. *Servus custos equorum*, apud Greg. Turon. lib. 2. Hist. cap. 15. *Servus faber ærarius*, in Lege Burg. tit. 21. § 2. *Servus ferrarius*, ibid. et apud Papianum tit. 3. *Servus molinarius*, in Lege Salica tit. 11. § 5. *Servus porcarius*, in Lege Burgund. tit. 10. Lege Salica tit. 11. § 5. Alamann. tit. 98. § 2. Longob. lib. 1. tit. 8. § 29. 30. tit. 11. § 7. [** Roth. 357. 358. 136.] et apud Papianum tit. 3. *Servus rusticanus*, et *qui sub Massario est*, in Lege Longob. lib. 1. tit. 6. § 4. tit. 8. § 17. 24. tit. 11. § 3. 5. [** Roth. 386. 104. sqq. 125. 134. 132. ubi *Servus massarius.*] *Servus sartor*, in Lege Burgund. tit. 21. § 2. *Servus stotarius*, in Lege Alamannor. tit. 98. *Servus sutor*, in Lege Burgund. tit. 21. § 2. *Servus vaccarius*, in Lege Alamann. tit. 98. *Servus venator*, in Lege Salica tit. 11. § 5. Horum omnium *operaria servitus* videtur appellari, in leg. 6. Cod. Th. de Annonis civicis. (14, 17.)

¶ Servi Palatii, Qui in palatio ministrabant. Breviar. divisionis thesaur. Caroli Magni : *Quarta* (pars) *simili modo nomine eleemosynæ in servorum et ancillarum usibus palatii famulantium sustentatione distributa veniret.*

¶ Servi Poenæ, Qui ob crimen aliquod fisco adscribuntur, in Codice Theod. tit. Si vagum leg. 2. (10, 12.)

¶ Servi Stipendiarii, dicti ii apud Schannat. in Tradit. Fuldensib. pag. 331. qui pretio seu beneficio conducti servitium præstabant.

Servi Testamentales. Leges Athelstani Regis post cap. 34 : *Et secundum dictionem, et per mensuram suam convenit, ut Servi testamentales operentur super omnem schyram, cui præest*, (Dominus.) Ubi Somnerus *servum testamentalem* idem valere ac pacto conductum, Anglis, *a convenant servant.*

¶ Servi Tributarii, apud eumd. Schannat. ibid. pag. 332. qui præter operam manualem, ad certas res sub annui census nomine præstandas tenebantur.

¶ Servi Triduani, ibidem, qui tres dies sibi et totidem in dominicali serviebant : quomodo *Biduani*, qui duos tantum dies; et qui nullo tempore a servitio immunes sunt, *Quotidiani* dicuntur.

¶ Servi Vicarii, Qui vices domini agunt in villis, ejusque nomine aliis jus dicunt. Acta S. Rodulfi tom. 4. Jun. pag. 124 : *Ut in quibusdam locis sibi subjectis Servi vicarii, id est Judices imponantur.* Vide *Vicarii servi* in *Vicarius* et *Villicus.*

Servus Apostolorum, id est, Ecclesiæ Romanæ. Charta Ottonis III. Imp. ann. 1001. apud Ughellum tom. 2. pag. 357 : *Otto tertius servus Apostolorum, etc.* Ex quo loco restituendus alter pag. 644. ubi idem Otto perperam inscribitur *Servus populorum*, pro *Apostolorum.*

* Consule quæ ad hæc Ottonis diplomata contra Fontaninium, qui illa falsi arguebat, disserit Muratorius tom. 4. Antiq. Ital. med. ævi col. 199. et tom. 5. col. 523.

Servus Crucis Christi. Ita Robertus sancti Stephani in Celio monte Presbyter Cardinalis Legatus Apostolicæ Sedis sese inscribit in Tabulario Campaniæ ann. 1214. et in Tabul. Præmonstratensi.

Servi Dei, Clerici, Monachi, in Concilio Liptinensi cap. 2. 7. in Concilio sub Carlomanno ann. 742. et alibi passim : qui Dionysio Areopagitæ θεραπευταὶ dicuntur, ἐκ τῆς τοῦ θεοῦ καθαρᾶς ὑπηρεσίας καὶ θεραπείας. *Accedere ad servitutem Dei in Monasterio*, in Pœnitentiali Theodori cap. 11. Cæsarius Arelat. Homil. 4. ad Monach. : *Si quis est, qui sibi de præteritis illæsæ vitæ meritis blandiatur, et adhuc se innocentem transisse putet ad domini Servitutem, et ideo se credit securum, etc.* Infra : *Nec hoc nobis sufficere putemus ad plenam salutem, quod inter Servos Dei vel habitatione censemur, vel nomine computamur.* Eccl. 2 : *Fili, accedens ad Servitutem Dei, sta in timore, etc.*

Servus Servorum Dei, Titulus, quem summi Pontifices sibi vulgo asserunt, cujus moris auctorem Gregorium M. fuisse scribit Joannes Diacon. lib. 2. de Vita ejusdem Gregorii c. 1. ut Joannis Patriarchæ CP. qui se *Oecumenicum* jactitabat thrasonicam ostentationem et fastum suggillaret. Vide præterea Matthæum Westmonast. ann. 605. Serrarium ad Epist. 2. S. Bonifacii Archiep. Moguntini, Gussanvillam ad Epist. 64. Petri Blesensis, Altaserram ad ejusdem Gregorii lib. 9. Epistol. etc.

Eo etiam usi non semel leguntur Episcopi alii. Exstat in hanc sententiam Lupi ad Sidonium Apollinarem Epistola in Spicilegio Acheriano tom. 5. pag. 579. ex qua hæc excerpsimus : *Qui olim conabaris natalium decora additis honoribus superare, nec credebus homini sufficere, si cæteris par esset, et pares non transgrederetur, in eum statum devenisti, in quo licet superior, nulli te debes superiorem reputare : minimo subditorum tuorum suppositus, eo plus eris honoratior, quo te humilitas Christi accinget, et eorum plantas osculaberis, supra quorum capita pedes tuos olim collocare dedignabaris. Iste profecto jam tibi labor incumbit, ut sis omnium Servus, qui videbaris omnium dominus; et aliis incurveris, qui cæteros conculcabas, etc.* Braulius Cæsaraugustanus Episcopus in Epist. ad Isidor. Hispalensem : *Redde, quod debes; nam Servus es servorum et Christianorum, ut illic sis major nostrorum.* Michael Patriarcha Alexandrinus in Epistola ad Basilium Imper. in Synodo VIII. act. 7. ὁ ἀρχεῖος δοῦλος τῶν παίδων τοῦ κυρίου, inscribitur : ut Signaltus Patriarcha Aquileiensis in Bullario Casinensi tom. 2. pag. 16 : *Servus servorum Domini* : et Frotherius Episcopus Pictavensis ann. 936 : *Servorum Dei extimus.* Epitaphium Eriberti Archiep. Mediolanensis apud Puccinellum in Zodiaco Mediolan. part. 2. pag. 207 :

Nunc tumulor Servus servorum, Christe, tuorum.

Denique *Servus servorum Dei* sese pariter inscribunt Adelardus Veronensis Episcop. in Synodo Ticinensi ann. 876. Maurus Cesenatensis Episcopus in Epist. ad Martinum I. PP. in Concilio Lateranensi : Joannes Episcopus Ravennensis ann. 898. in Bullario Casinensi tom. 2. pag. 37. Wibertus ejusdem Ecclesiæ Episcopus ann. 1086. apud Hieronymum Rubeum lib. 5. Hagano Episcop. Bergomensis apud Mabill. et alii complures. Denique in Formulis 17. 18. 19. ex Baluzianis, Episcopus, *Ultimus servorum Dei Servus*, inscribitur.

☞ Iis omnibus, ipsis etiam Romanis Pontificibus, præiverat S. Augustinus in Epist. 130. ad Probam et 217. ad Vitalem Carthaginensem.

Eumdem titulum usurpavere etiam Reges ac Principes. Charta Adelfonsi Regis Hispaniæ ann. 830. apud Sandovallium : *Ego Adefonsus Servus omnium servorum Dei, etc.* Henricus Imp. in Charta ann. 1041. apud Celestinum lib. 22. Histor. Pergamen. *Servum Servorum Dei*, se inscribit, ut et Sancius Rex Aragonum in Charta ann. 1070. et Ordonius Rex in alia ann. 923. apud Anton. *de Yepez* in Chronico Ord. S. Benedicti tom. 4. et quidam *Berlaius*, in alia anni 1105. in Historia Monasterii S. Nicolai Andegav. pag. 40.

In veteri Charta apud Ambrosium Moralem lib. 13. cap. 18. Monachi *Servos* se *servorum Dei* pariter nuncupant : *Ego Montanus Presbyter, simul et omnes Servi servorum Dei in unum concordantes et consentientes in agone Domini, etc.* Mox, idem *Montanus, Abbas* dicitur. [Candidus in Vita S. Eigilis sæc. 4. Bened. part. 1. pag. 239 : *Inter quos* (fratres) *sane me ipsum, quamvis indignum et ultimum servorum Dei Servum, tamen pio patris affectu in suam familiaritatem et gaudium introire concessit.*] Sunt autem *Servi Dei*, iidem, qui Monachi.

* Eodem titulo usi sunt etiam abbates. Charta ann. 821. inter Probat. Hist. S. Emmer. Ratisbon. pag. 24 : *Ego indignus Servus servorum Dei abbas Sigifridus, etc.* Vide Tract. novum de Re dipl. tom. 5. pag. 474. etc.

* Servus Subditus *Romæ sedis* subscribit Berardus Bambergensis episcopus Chartam Henrici imperatoris in Lib. cens. eccl. Rom. quod ecclesia Bambergensis a Romano pontifice peculiari jure dependeret, ut ex variis imperatorum diplomatibus eruitur.

Serva Christi. Jo. Mariana lib. 4. de Reb. Hispaniæ cap. 4 : *Non ita pridem in Cantabriæ montibus repertus est lapis hac inscriptione,* hic jacet corpus Bilelæ Servæ Jesu Christi. [*Servissima omnium ancillarum vestrarum*, in Formul. 8. novæ Collect. apud Baluz. tom. 2. Capitul. col. 562. Vide in *Serva* 1.]

* Famulus Christi. Inscriptio in Sacello S. Joannis Evangelistæ in Baptisterio Constantiniano : *Liberatori suo beato Joanni Evangelistæ Hilarus, Episcopus Famulus Christi.*

Servi B. Mariæ, Qui alias *Servitæ* : quorum Ordo institutus in diœcesi Massiliensi sub regula S. Augustini a Benedicto Massiliensi ann. 1257. postmodum abrogatus in Synodo Lugdunensi sub Gregorio X. PP. Scribit Chopinus lib. 1. Monastic. tit. 1. n. 6. ædem Servorum B. Mariæ Parisiis a Bonifacio VIII. datam Willelmitis, qui ab albis quibus utebantur, palliis, vulgo *Blans Manteaux*, nuncupabantur. Vide Miræum in Originib. Ordinum Monastic. lib. 1. cap. 19. et Ughellum tom. 4. Ital. sacr. pag. 547.

* Servus, pro Cervus, *Servus cornutus*, Vir cujus uxor mœchatur. Lit. remiss. ann. 1358. in Reg. 86. Chartoph. reg. ch. 428 : *Cum idem Johannes ex animo irato et injuriose dictum Andream Servum nuncupasset; qua injuria ad usum et patriæ* (villæ de Eska) *consuetudinem, verbum turpissimi et pessimi opprobrii et in non modicum dedecus injuriati esse dicitur.* Aliæ ejusd. ann. ibid. ch. 501 : *Ipsum Colardum dictus Johannes contemptibiliter vocavit Servum cornutum redemptum.* Vide *Cornutus* 1.

¶ **SESARE**, pro Cessare, in Charta Petri de Natalibus ann. 1350 : *Vi, dolo, et fraude, et quacumque alia machinatione Sesantibus.*

¶ **SESCALCUS**, Sescallus, pro *Senescalcus* et *Senescallus.* Vide in hac voce. Inquisition. de Jur. Dalphin. in loco Visiliæ tom. 1. Hist. Dalphin. pag. 122 : *In primis habet dictus Sescalcus, etc.* Pluries ibi. Charta ann. 1312. ex Tabul. Eccl. Anic. : *Suscentori* xl. *sol.* vi. *den. Sescallo totidem, etc.* Adde Marten. tom. 2. Anecd. col. 480.

SESCUM, *Dimidium*, in Glossis MSS. ad Canon. Concil.

¶ **SESCUPLUS**, ut Sescuplex. Abbo de Obsid. Paris. apud Duchesn. Hist. Normann. pag. 37. lib. 1. vers. 83 :

Lignea Sescuplæ siquidem superadditur arci.

SESIGNARI, *Designari*, in Gl. antiq. MSS.

SESILLUS, *Parvus statura, quia non videtur stare, sed sedere.* Joan. de Janua. Sed legendum *Sessilis.* Vide infra.

¶ **SESINA**, Sesire, non una notione. Vide supra in *Saisire.*

SESMARIUS. Lib. 9. Observantiar. regni Aragon. tit. de Privilegio generali § 4 : *Rex potest inquirere contra juratos et Sesmarios Turoli, Calataiubi, etc.*

¶ **SESO**, Sesona. Vide in *Satio.*

¶ **SESPERABILIS**, Sesperalis, perperam pro *Suspiralis*, a Gall. *Soupirail*, Spiraculum. Charta ann. 1443. apud Rymer. tom. 11. pag. 31 : *Et caput* (æquæductus) *hujusmodi, cum dictis augeis, Sesperabilibus, fontibus, cisternis, etc.* Infra : *Prædictum caput cum augeis, Sesperalibus, fontibus, etc.* Pag. 32 : *Nec non et infra dictam civitatem, quoscumque augeas, Suspirales, etc.*

* **SESQUIALTERA**, Sescuplum. Concil. Nicen. can. 17 : *Si quis inventus fuerit.... Sesquialteras exigere,..... e clero deponatur.*

¶ **SESQUIMILLESIMUS**, pro Millesimus quingentesimus, in Composit. Cardinalis Turnonii cum Monachis Sangerm. ann. 1543.

¶ **SESQUIOCTOLIUM**, Octolium et dimidium. Vide *Octolium*. Engelbert. *Maghe* in Chronic. Bonæ Spei : *Eodem anno* 1257. *Major Lestinarum et ejus fratres nobis contulerunt in eleemosinam... sex solidos, tres denarios albos cum Sesquioctolio bladi moliturœ super moletrinam de Fossart.*

¶ **SESQUIVOLUS**, Animal quadrupes, in lib. de Mirabil. sacræ Script. apud S. August. in Append. tom. 3. pag. 7.

¶ **SESSA**, Sesses. Vide *Sedes* 4.

SESSICARE, Siccare, ex Gallico *Secher. Pannos in flumine ablui, et Sessicari in ripis*, in Testamento Guill. D. Montispessul. ann. 1146. [Apud Acher. tom. 9. Spicil. pag. 143. ubi *Lessivari* legendum suspicatur pro *Sessicari* : recte, ni fallor.]

SESSILIS, *Pusillus statura, parvus, modicus*, in Glossis antiquis MSS. Glossarium S. Germani Paris. Longobard. ex Isidoro : *Sessilis dicitur, quod non videtur stare, sed sedere.* Quo spectant ista ex Nasone :

Si brevis es, sedeas, ne stans videare sedere.

Vide *Sesillus*.

¶ **SESSINA**, Possessio, jus. Item, Præstatio quæ domino pro possessione adepta exsolvitur. Comput. ann. 1261. apud D. *Brussel* tom. 1. de Usu feud. pag. 475 : *De venda et Sessinis ibidem*, VI. *lib.* VI. *sol.* VIII. *den.* Chartul. S. Vincentii Cenoman. fol. 123 : *Quibus auditis judicio mediante decreverunt et judicaverunt quod abbas et conventus possessionem et Sessinam haberent integram de omnibus eleemosinis supradictis.* Vide in *Saisire.*

¶ 1. **SESSIO**. *Synodi sessio.* Vide in *Actio* 3.

¶ 2. **SESSIO**, Locus idoneus ad ædificandum et construendum. Vide in *Sedes* 4.

* 3. **SESSIO**, Sessis, Locus, ubi sal conficitur. Charta Math. ducis Lothar. ann. 1142. inter Probat. tom. 1. Hist. Burg. pag. 42. col. 1 : *Quinque Sesses apud Vicum Elisabeth abbatissœ et sororibus Tarsensis ecclesiœ.... concessi.* Bulla Innoc. III. PP. pro eod. monast. ann. 1200. ibid. pag. 91. col. 2 : *Quinque etiam Sessiones salis cum patellis, quas habet ecclesia vestra ex dono Matthei ducis Lotaringiœ.* Vide *Sedes salinariœ* in *Sedes* 4.

¶ **SESSIVA**. Epist. Gregorii XI. PP. apud Marten. tom. 1. Anecd. col. 948 : *Nequissimum jurumentum prœstitit et recepit ab eis, quod servabunt Sessivas suas, nec de cetero ecclesiasticorum soprisas tolerabunt : ut sic sub velamento justitiœ quod de bonis ecclesiasticorum habent, inique retinerent, et qui tenentur reddere, non persolvant.* Ubi leg. videtur *Sessina*, saltem eadem notione accipiendum existimo.

1. **SESSORIUM**, Sedes. Will. Brito lib. 3. Philipp. de Ulmo ad Gisortium :

Quæ gremio viridi vestita gramine fesso
Grata viatori Sessoria præstat, etc.

Bernardus Thesaur. de Acquisit. T. S. apud Murator. tom. 7. col. 729 : *Ut tantus princeps... tam vili Sessorio resideret ad terram.* Vita S. Cathar. Senens. tom. 3. April. pag. 932 : *Prosternens se apud quoddam Sessorium in extrema ecclesiœ parte positum.*]

¶ 2. **SESSORIUM**, Præstatio quæ domino exsolvitur pro rebus vænum exponendis; vel Jus pretium iis imponendi. Charta Friderici I. Imper. ann. 1159. apud Tolnerum Histor. Palat. pag. 54. inter Probat. : *Hœc itaque regalia esse dicuntur : moneta, viœ publicœ, aquatilia .... Sessoria vini et frumenti, et eorum quœ venduntur.* Vide in *Stantia* 3.

¶ 3. **SESSORIUM**, Orbiculus mensorius, Gall. *Trenchoir*, in Inventar. MS. ann. 1342. ex Tabul. S. Victor. Massil. pro *Scissorium*. Vide in hac voce.

¶ **SESSURA**, Sessus. Vide in *Sedes* 4.

¶ **SESTACE**. Ordo V. Romanus apud Mabill. tom. 2. Musei Ital. pag. 64 : *Sestace in manu portat, item calciamenta.* Infra : *Tunica alba, orarium, et Sestace in sinistra manu.* Sudarium, quod extremis digitis antiqui sacerdotes ac ministri ferebant, intelligit Mabillonius.

¶ **SESTAILARICUM**. Vide *Sextarale* in *Sextariaticum*.

¶ **SESTAIRADA**, ut *Sextarata*. Vide ibi.

* **SESTAIRAGIUM**, Sestayralh, Quod pro singulis frumenti aut alterius grani sextariis domino exsolvitur, jus mensuræ. Charta ann. 1231. inter Instr. tom. 6. Gall. Christ. col. 447 : *Item statuimus, quod.... tam leudœ quam Sestairagium, et alia quœ ad perceptionem nostri dominii spectant, dentur et percipiantur secundum quod antiquitus et usquemodo est a nobis et a nostris antecessoribus observatum.* Alia Guid. vicecom. de Combor. ann. 1284. in Reg. 61. Chartoph. reg. ch. 424 : *Retinemus etiam... exitus..... del Sestayralh. Seterlage*, in Charta Phil. VI. ann. 1336. ex Reg. ejusd. reg. in Cam. Comput. Paris. fol. 139. v° : *Plusieurs domaines, revenues, redevances et coustumes que nous avions en ladite ville* (de Peronne)..... *C'est assavoir tout ce qu'on appelloit la justice et le Seterlage, etc.* Unde *Stellerage* aut *Scesterage* legendum opinor, pro *Scellerage*, in Lit. ann. 1405. tom. 9. Ordinat. reg. Franc. pag. 704 : *Toutes les rentes, revenues, cens, admendes, forfaictures, criages et Scellerages, etc.* Pejus infra : *Cellerages.* Vide *Sextariaticum.*

¶ **SESTAIRALATICUM**, Sestairale, etc. Vide *Sextariaticum.*

¶ **SESTARADA**. Vide in *Sextarata*.

¶ **SESTARAGIUM**, Sestariale. Vide *Sextariaticum.*

* **SESTARITA**, Modus agri, ager certi sementis sextariorum numeri capax, vel potius unde redditur unum sextarium frumenti per annum; tametsi ad silvestres et pratenses terras vox postmodum sit translata. Libert. S. Amancii ann. 1341. in Reg. 72. Chartoph. reg. ch. 368 : *Solvendo.... pro qualibet Sestarita terrœ, quœ de nemore ad culturam reducitur, primo anno..... duodecim denarios Turonenses.* Vide infra *Sextarata*.

¶ **SESTARIUM**, Sestarius. Vide *Sextarium*.

¶ **SESTEIRALE**, Sestellagium. Vide *Sextariaticum.*

¶ **SESTELLAGIUM**, Sesterlagium. Vide in *Sextariaticum.*

SESTER. Acta Murensis Monasterii pag. 53 : *Habemus in Trophensee, quantum ad duo officia pertinet,... et ad Sagelstat, in unaquaque, quod ad unum Sester pertinet. Si quœris, quid sit Sester, dictum est quasi dicatur constitutio, vel firmiter statutum. Ipsi enim armentarii secundum suam consuetudinem habent nomina inventa, quibus utuntur, utpote tantum lactis, quod seracium possit fieri, vocant Immi, et octo Immi dicunt Sester, idemque Sester nihil est aliud, nisi 8. Seracia, unumquodque autem Seracium sequuntur octo casei.* Vide *Sextarium.*

¶ **SESTERADA**, ut *Sextarata*. Vide ibi.

¶ **SESTERAGIUM**, Sesteragum. Vide *Sextariaticum.*

* **SESTERIATA**, Eadem notione, in Terrear. S. Mauric. in Foresio ann. 1472 : *In et quadam Sesteriata terrœ, etc.*

¶ **SESTERIUM**. Vide *Sextarium.*

¶ **SESTERTIARIUS**. Vide *Sextertiarius.*

¶ **SESTEYRATA**. Vide in *Sextarata*.

¶ **SESTOC**, Sexaginta. Vide *Chunna.*

* **SESTRA**, Pari intellectu, nostris *Strée* et *Sestrée*. Terrear. Apchon. : *Plus unam Sestram prati de la Lesche, etc.* Charta ann. 1342. in Reg. 74. Chartoph. reg. ch. 686 : *Item cinq Strées et demi de vigne au Peleus, tenant à la vigne de l'ospital. Item derriere le bois quatre Strées, deux tiers, trois piez moins.* Ita pluries, semel *Sestrée*. Alia ann. 1362. in Reg. 91. ch. 428 : *Item vingt sept Strées de vignes ou environ, dont les seze Strées font l'arpent, ou terroir de Vailly, où elles sont assises.*

¶ **SESTRIX**. Dudo de Obsid. Paris. apud Duchesn. Hist. Norman. pag. 41. col. 2. lib. 1. vers. 483 :

Expulsis Sestrice sacra vitiis procul atris.

Urbem Parisiorum in qua Germanus Episcopus sedebat significare videtur.

SESUERIUM, in Gestis DD. Ambasiæ cap. 5. n. 1 : *Sub talamo turris nocte abstrusi, Sesuerio perforato, summo diluculo cabulis impositis ad summa ascenderunt.* Canalis forte, quo egeruntur domus aquæ ac sordes, nostris, *Esvier*. [Nisi legendum existimes *Solerium*; quod satis arridet.]

¶ **SET**, pro Sed, in Charta ann. 425. tom. 1. Monast. Anglic. pag. 11. et in Diplom. Ludovici Pii ann. 814. inter Probat. tom. 1. novæ Hist. Occitan. col. 41. Occurrit passim.

1. **SETA**. Ugutio, *Sericum, quod vulgo dicitur Seta.* Italis *Seta*, nostris *Soie*. Charta Dalmatica ann. 1118. apud Joann. Lucium lib. 2. de Regno Dalmat. cap. 8 : *Tributum dare omni anno libras de Seta serica decem, etc.* Alia ann. 1197. apud Ughellum tom. 7. pag. 1275 : *Unam zonam de Seta rubea, etc. Seta cruda*, apud Richardum de S. Germano ann. 1221. [Chartul. S. Vincentii Cenoman. fol. 151 : *Accepit unam libram piperis cum Seta serici rubea.* Comput. ab ann. 1333. ad ann. 1336. tom. 2. Histor. Dalphin. pag. 277 : *Pro tribus unciis de Seta torta,... taren.* 3. Le Roman *d'Athis* MS :

Les cordes furent vers et jaunes,
Plus en y ot de cinquantes aunes,
Toutes de soye d'Ammarie.]

Non desunt, qui opinantur vocem hanc Græcam esse : quippe Hesychio et Suidæ, σὴς, σητὸς, est σκώληξ, seu vermis, qui net sericum. Malim a setis porcorum : unde Seta, pro quovis pilo usurpatur. Edictum Rotharis Regis Longobardorum tit. 105. § 23. [** 343.] : *Si quis caballo alieno caudam capelluverit, id est, Setas traxerit, etc.*

¶ PER CERAM ET SETAM *Commendare*, hoc est, Per Chartam cui sigillum cereum appensum est cum filis sericis, in Chartular. Aptensi fol. 119 : *Commendavit per suum wadium, et per ceram et Setam secundum suam legem Salicam.* Vide *Cera* 2.

¶ 2. **SETA.** Charta ann. 1219. ex Tabul. Episcopat. Massil. : *Sicut vadit Seta montis usque ad portale macelli novi, quicquid a Seta superius est, dirigitur via publica usque ad crotam S. Laurentii.... Sicut vadit Seta montis supra stare hospitalis S. Johannis.* Sed legendum *Sera* vel *Serra*, collis, mons. Vide supra in hac voce.

¶ 3. **SETA**, pro *Secta*. Vide ibi n. 5. et infra *Setta*.

* 4. **SETA**, Animal quodvis habens *Setas* seu pilos. Libert. villæ *de Coynau* ann. 1312. in Reg. 150. Chartoph. reg. ch. 113 : *Item concedimus eisdem quod venari possint modis omnibus quibus voluerint,..... ad omnia Setarum genera et avium, ... excepto si quis haberet propria cuniculorum comercia infra terminos dictæ villæ, quod in eis venari non debeant.* Vide in *Seta* 1.

* 5. **SETA**, Tantum prati, quantum unus sector per diem *secare* potest. Charta ann. 1258. in Chartul. eccl. Lingon. ex Cod. reg. 5188. fol. 240. v° : *Johannes de Martineyo et Ysabeth uxor ejus recognoverunt se vendidisse.... Guidoni episcopo Lingonensi unam Setam prati, quarta parte ejusdem Setæ minus.* Vide infra *Sethorata* et *Setura* 2.

* **SETACEUM**, Species cauterii, fonticuli. De ejus usu Joan. Jacob. Sattler. *Setaceus*, aliis, ut Bellini. *Seto, Setones*, Matth. Ludov. Glandorp. in Gazophyl. Polyplusio. Hæc ex animadv. D. *Falconet*.

SETACIARE, *Cribrare*, in Gemma, quod cribra ex setis porcinis vel potius pilis equinis confecta sint. Joh. de Janua : *Setatius instrumentum purgandi farinam. Setatiare, farinam purgare.* [Gloss. Lat. Gall. Sangerm. : *Setaciare, sacier, c'est purger farine. Setatium, vel Setarium, sas, vaissel à purger.*]

* Glossar. Lat. Gall. ex Cod. reg. 521 : *Seta; inde Setarium, Gall. Saad; inde Setariare, Setarizare.*

SETARCIA. Vide *Sitarcha*.

¶ **SETARIUS.** *Mercator Setarius, Marchand de soye*, in Menoti Serm. fol. 120.

¶ **SETATIUM**, SETATIUS. Vide *Setaciare*.

SETENA. Vide in *Hundredus*.

* **SETENUM.** DARE AD SETENUM, id est, Ad septimam partem fructuum. Charta ann. 1271. ex Bibl. reg. cot. 19 : *Dono.... unam terram.... ad Setenum ad vinum et ad segetem, ita ut.... portetis..... ad domum meam.... septimam partem totius vindemiæ.* Vide *Septena* 3.

¶ **SETERIATA**, SETEYRATA. V. *Sextarata*.

* **SETEZENUS**, Dicitur de panno ad septem fila contexto. Stat. pro arte paratoria pannorum Carcasson. renovata ann. 1466. in Reg. 201. Chartoph. reg. ch. 121 : *Item quod quælibet troca, quæ fiet seu ordiretur in dicta villa Carcassonæ, Setezena aut alterius majoris numeri, erit longitudinis.... decem et septem cannarum.* Vide *Sextusdecimus*.

¶ **SETHIANI**, Hæretici qui Christum fuisse Seth Adami filium delirabant. Vide S. August. de Hær. cap. 19. et S. Epiphan. hær. 39. Vide *Sathaniani*.

* **SETHORATA**, idem quod supra *Seta* 5. Charta ann. 1308. in Reg. 13. Chartoph. reg. ch. 7 : *Item* (acquisivit) *a Laucerio et ejus partiario ignobilibus duas Sethoratas prati.* Vide *Sectorata*.

SETICUS, Modus agri. Charta Caroli C. pro Ecclesia Centulensi apud Hariulphum lib. 3. cap. 7 : *In pago Belvacense in loco, qui dicitur Gellis, Setici sex, et de vinea aripennes 8. et in Riviscurte Seticis duobus, et de vinea aripennes 6. et in Quentuico Seticis duobus,... in Asco Seticis duobus, in Avisnis mansum unum, etc.* Alia ejusdem Caroli cap. 9 : *Roconis montem cum Seticis et terris.* Alia rursus cap. 16 : *In villa, quæ dicitur Vallis, Seticum indominicatum habentem quadrellos* 130. *et de vineis bunnaria* 2. Notitia ann. 937. Indict. 11. in Tabulario Eduensis Ecclesiæ : *Invenerunt... in villa Tillonaco Seticum indominicatum supra fluvium Ararim cum granea, et horto, et curti.*

SECTICUS. Charta Ludovici Ultramarin. Regis Francor. pro Ecclesia Noviomensi apud Vassorium in Annal. Eccl. Noviom. pag. 695 : *Sunt itaque eædem Abbatiolæ in suburbio Noviomagensi, quarum una dicitur S. Mauricii, quam fratribus S. Medardi intra mœnia civitatis cum Ecclesiis et omni integritate largitus est, excepto Sectico uno cum camba, quæ sanctimonialibus S. Godeet curti.* [** An pro *Septicum* a *sepio*? Confer *Setura*, 1.]

¶ **SETIGER**, *Jocularius*. Papias. Vide *Satyrici*.

* 1. **SETINA**, *Caprarum genitus*, in vet. Glossar. ex Cod. reg. 7613.

* 2. **SETINA**, Sedile, scabellum. Inventar. ann. 1476. ex Tabul. Flamar : *Item plus duas scavellas sive Setinas novas coralli.*

¶ **SETINUM.** De Laudibus Berengarii Aug. apud Murator. tom. 2. pag. 411. lib. 4. vers. 159 :

Templa petit ductor post hæc, ubi fercula dono
Pastoris digesta nitent, Setina propinant, etc.

Ubi annotatur Germanis etiam hodie nuncupari *Setten*, vel *Satten*, ingentia vasa lignea, in quibus lac atque etiam aqua servatur. [** Setinum vinum. Vide Forcellin. in *Setinus*.]

¶ **SETINUS**, ut supra *Satinus*, in Conc. Tarracon. ann. 1591. inter Hispan. tom. 4. pag. 612 : *Canonici cathedralium ecclesiarum deferant almucias folratas ex Setino carmesino.*

SETNICUS, vel SATNICUS, Dignitas in Regno Croatiæ et Dalm. cujus non semel mentio in vett. Chartis Regum Dalmatiæ apud Joan. Lucium de Regno Dalmat. pag. 85. et 99. Sic autem dicebatur, qui præerat regioni, quæ centum armatos dare poterat. Huic postea successit illa, quæ *Knesorum*, dicta est : ita Comites vocant.

¶ **SETOLA**, Fissura cutis. Acta S. Raynerii tom. 3. Jun. pag. 461 : *Habebat ragadias in volis manuum et inter omnes digitos earumdem, quæ vulgo Setolæ dicuntur.*

SETREKETEL, Cacabus. Vide *Ketel*.

¶ 1. **SETTA**, pro *Secta*, Opinio ab aliorum sententia diversa, in Epist. Calixti III. PP. ann. 1456. ad Carolum VII. Reg. Franc. ex Bibl. Reg. Vide *Secta* 1.

¶ 2. **SETTA.** Charta Roberti Comit. Mellenti ann. 1183. tom. 4. Hist. Harcur. pag. 1346 : *Dedi... quietantiam propriorum pecorum et quietantiam decem vaccarum cum tauro et cum Setta eorum usque ad tertium annum.* Vide in *Secta* 4.

* Idem quod supra *Sequela* 7. Vide ibi.

¶ 3. **SETTA.** Testam. Johan. *de Nevill.* ann. 1386. apud *Madox* Formul. Anglic. pag. 427 : *Radulfo filio meo lego unam aulam bleu cum torellis cum lecto ejusdem Settæ.* Infra : *Cum tapetibus ejusdem Settæ.* Id est, ejusdem speciei. Vide *Secta* 5.

¶ 4. **SETTA**, Obturamentum ex pilis factum, ut videtur. Statuta Mutin. c. 41. pag. 54 : *Nec aliquis præsumat clusam facere vel impedimenta aliqua imponere in dictis canalibus, puta, Settas facere vel assides ponere cum palis infixis in canalibus prædictis.* Vide *Seta* 1.

* 5. **SETTA**, Comitatus, Gall. *Suite*. Chartul. S. Joan. Laudun. ch. 63 : *Nichilominus abbas ei* (marescallo) *concessit præbendam unam ad equum suum singulis diebus, cum ferro et clavo, et coria equorum, qui de Setta sua morientur.*

SETTERDAYS SLOPP, apud Scotos piscationis prohibitio a die Sabbati post vesperas, usque ad diem Lunæ post ortum solis, ex Alexandri II. Regis Scotiæ lege cap. 16. § 2. ubi Skenæus.

* **SETTINA**, vox Italica, Numerus septenarius, exactio septem solidorum vel denariorum. Stat. ant. Florent. lib. 5. cap. 95. ex Cod. reg. 4621 : *Non possint* (magnates) *esse vel intervenire in aliquo officio vel in aliqua universitate, ad ponendum denarios..... Settinarum vel similium.*

* 1. **SETURA**, Ager dumetis et vepribus obsitus, quibus succisis et *Secatis*, unde vocis origo, in culturam vel pratum redigitur. Charta ann. 1264. in Chartul. eccl. Lingon. ex Cod. reg. 5188. fol. 210. v° : *Omnes autem Seturas, quæ sunt in censibus, illi, quorum sunt Seturæ, possunt de illis facere pratum.* Alia ann. 1265. ibid. fol. 206. v° : *Omnes Seturæ, quæ sunt encensies, ille, cujus Seturæ sunt, les puet esprahir et scindere minutum nemus.*

* 2. **SETURA**, Modus agri, tantum prati, quantum unus sector per diem *secare* potest, nostris *Seicture* et *Seyture*. Charta ann. 1281. in Chartul. Cluniac. ch. 258 : *Capiunt in feodum et casamentum a prædictis abbate et conventu, nomine Cluniacensis ecclesiæ, quindecim Seturas prati; ..... pro quibus quindecim Seturis prati, ipsi fratres domicelli fecerunt homagium dicto abbati nomine ecclesiæ prædictæ.* Charta Odon. ducis Burg. ann. 1325. in Reg. 93. Chartoph. reg. ch. 43 : *Item quatrevingt*

Seictures de prez. Alia] ann. 1412. in Reg. 166. ch. 272 : *Un pré contenant trois Seytures de pré ou environ.* Vide supra *Seta* 5.

1. **SETZENA.** Charta ann. 1210. apud Columbum in Episcopis Vivariensibus : *Ad hæc prædictus Comes reddidit Episcopo unam Setzenam, quam sibi acquisierat a Stephano de Taurians de feudo de Taurians, retenta sibi quarta parte, etc.* Vide *Sexagena.*

* Prædium, unde pars septima fructuum domino redditur. Vide supra *Setenum.*

* 2. **SETZENA**, Mensura annonaria, sextarii, ut videtur, aut alterius mensuræ pars septima. Charta ann. 1307. in Reg. 44. Chartoph. reg. ch. 171 : *Item quatuor sextaria et quinque Setzenas ordei, quas faciebant quidam homines domino regi annis singulis.* Alia ann. 1321. in Reg. 61. ch. 318 : *Quatuor sextaria et quinque Setzenas ordei,..... unam quartam, minus una Setzena, avenæ.*

SEU, pro *Et*, Conjunctiva. Occurrit passim.

SEUCIS. Vide *Canis Segutius.*

¶ **SEUDATUM**, pro *Sendatum*, apud Limborch. Inquisit. Tolos. Hist. pag. 318.

¶ **SEUDOAPOSTOLI**, pro Pseudoapostoli, apud Isidor. de Offic. lib. 2. cap. 17. ex Cod. MS. Corbeiensi a Mabill. laudato Diplom. pag. 350.

SEUDOTYRUM. Vide *Pseudothyrum.*

* **SEVENA.** Inventar. XIV. sæc. ex Tabul. S. Vict. Massil. : *Velum Virginis Mariæ, appellatum sancta Sevena.* Forte pro *Sabana.* Vide *Sabanum.*

¶ **SEVERARE**, pro Servare, in Capit. Caroli M. de Minister. Palat. cap. 3 : *Si autem servus fuerit qui hanc nostram jussionem Severare contempserit, etc.*

SEVERIA, Joan. Longinus in Stanislao Episcopo Cracoviensi n. 65 : *Nec invidorum laudes affectemus, aut ipsorum vituperia pavescamus : sed ipsis in patientia nostra respondeamus, ut suas manducent Severias.* An frænos? quomodo dicimus, *ronger son frein;* [an *reveriæ*, ineptiæ? ut conjectant Bollandistæ ad hunc locum tom. 1. Maii pag. 274.]

¶ **SEVERIANI**, Hæretici, a Severo quodam Marcionis et Tatiani discipulo sic nuncupati. Hic multa magistrorum impiis delirationibus adjecit. Vide S. August. hær. 24. S. Epiph. hær. 45. Baron. ad ann. 57. num. 132. et alios.

* **SEVERITAS**, Sævitia, Gall. *Fureur.* Charta ann. 875. inter Probat. ult. Hist. Trenorch. pag. 93 : *In comitatu Alvernico cellam S. Portiani.... causa confugii,..... ob vitandam Marchomannicam Severitatem, contulerat. Nortmannica sævitia*, in Ch. ann. 924. ibid. pag. 111. Lit. remiss. ann. 1381. in Reg. 119. Chartoph. reg. ch. 290 : *Deinde in eorum Severitate permanentes, venerunt ad domicilium Johannis Parvi de Villaribus et in eodem duo tonalia vini simili modo effuderunt.*

SEVERINUS, *a severitate judiciaria dicitur.* Papias.

SEUGIUS. Vide *Canis Segutius.*

¶ **SEUHERIA.** Vide *Seccheria.*

¶ **SEVIDARIUS**, Scriba; unde legendum suspicor *Scribanus.* Vide in hac voce. Charta apud *Du Bouchet* inter Probat. Domus Franciæ pag. 310 : *Data VI. Kal. Aprilis... anno VIII. regnante domno Odone R. Arcanaldus levita scolæ S. Martini Sevidarius.*

¶ **SEVILTOSUS.** Vide in *Susurrator.*

¶ **SEVIR**, Dignitatis nomen, ut *Duumvir, Decemvir, etc.* Capitol. in Antonino Phil. cap. 6 : *Consulem secum Pius Marcum designavit, et Cæsaris appellatione donavit : et Sevirum turmis equitum Romanorum jam Consulem designatum creavit.* Splendidam fuisse militiæ dignitatem ex his facile colligitur, tametsi videntur singulæ turmæ *Seviros* suos habuisse : legitur enim in vett. Inscriptionibus apud Gruter. : *Sevirum primæ, Sevirum quintæ turmæ.* Erant præterea alii *Seviri*, ut ex antiquis lapidibus discimus : *Sevir juridicundo, Sevir urbanus, Seviri Augustales.* Vide Thesaur. Fabri in hac voce, et infra *Sexviri.*

¶ **SEVIRALIS**, ut *Sevir*, in vet. Inscript. apud Gruter. pag. 1 : *P. Numerius Martialis Astigitanus Seviralis.*

¶ **SEVIRALIS**, Ad *Seviros* spectans. *Sevirales ludi*, Capitol. in Marco cap. 6. quos scilicet *Seviri* edebant.

¶ **SEVIRATUS**, Dignitas *Sevirorum*, in vet. Inscript. apud Gruter. pag. 400 : *Hic pro Seviratu in Remp. dedit, etc.* Petron. cap. 71 : *Huic Seviratus absenti decretus est.*

¶ **SEVIRE** ursi dicuntur. Vide *Baulare.*

¶ **SEVISIR.** Tabul. Majoris Monast. : *Maino de Poleio et uxor ejus Ælisa.... dederunt totam decimam totius Sevisir de solo Gaulo Deo et S. Martino.* An idem quod *Seweræ?*

* **SEULLURA**, Tignum, trabs lacunaria, Gall. *Solive, Seule*, in Consuet. Nivern. cap. 26. art. 8. 12. et *Seulle*, in Aurel. art. 238. Comput. ann. 1441. ex Tabul. S. Vulfr. Abbavil. : *Item pro una quercu ad faciendum unam Seulluram, xij. sol. Item eidem Hairon pro ejus pœna et labore in dicta Seullura, viij. sol.*

* **SEUPUM**, Sebum, Gall. *Suif.* Regest. episc. Nivern. ann. 1287 : *Item quilibet venditor uncti, Seupi, debet de tribus Sabbatis in tribus, de costuma Sabbati obolatam uncti. Sieu*, nostratibus. Mirac. S. Ludov. edit. reg. pag. 399 : *Chandoiles de sieu alumées.* Occurrit præterea in Inventar. ann. 1511. ex Reg. 13. Corb. sign. *Habacuc* fol. 39. v° : *Douze perées de Sieu à faire candeilles, et une perée de Sieu à fondre. Seym*, Axungia, in Lib. rub. fol. parvo domus publ. Abbavil. ad ann. 1300. fol. 39. r° : *Se aucuns enseymoit trop se laine, etc. Il est acordé que on ne mete en un drap que trois los de Seym.*

¶ **SEURPRISIA**, Tributi stati ac ordinarii species, sic appellata, quod domini ultra consueta tributa tenentibus suis imposuerint, ut *Superprisia.* Charta ann. 1244. ex Tabul. Calensi : *Fecerunt Seurprisias in terra nostra quæ est juxta Milliacum, ... quas Seurprisias eumdem Philippum injuste manutenere dicebam, et peterem ut ipse Philippus ab hujus Seurprisiis desisteret.... Tandem compromisimus fide præstita... ut inquisita super præmissis Seurprisiis bona fide et cum diligentia et veritate, faciant haut et bas super præmissis suam plenariam voluntatem. Et nos promisimus.... quidquid super dictis Seurprisiis ordinaverint, nos de cetero firmiter observabimus.* Vide infra *Sorprisia.*

¶ **SEURSTA**, f. Qui servat, custos : nisi sit pro *Sacrista.* Notitia de Raimundo Abbate ex Cod. MS. S. Martialis Lemovic. n. 58. pag. ult : *Nova recipientes, vetera reddent, excepto primo anno in quo de pellicelis scilicet a Seursta receptis nihil reddent, sed secundum regulam B. Benedicti utentur eis ut postea in vestiario restituat.*

** **SEVRUM**, Sebum, in Addit. ad Statut. Adalhard. abbat Corb. sect. 2. post Irmin. pag. 336. Vide *Sevum.*

¶ **SEUSIUS.** Vide *Canis Segutius.*

* 1. **SEUTA**, Series, dependentia, accessio. Vide supra *Secta* 12.

* 2. **SEUTA**, Actio, qua quis aliquem in judicio persequitur. Vide supra *Secuta* 1.

¶ **SEUTILITAS**, pro Subtilitas, ut videtur, in Diplom. Childerici II. Reg. Franc. in Histor. Mediani Monast. pag. 13. [** *Magnitudo se* (pro *seu*) *utilitas vestra.*]

* **SEWARE**, Rigare, aquam deducere ad irrigationem; dicitur de pratis, quæ canaliculis seu rivulis hac illacque discurrentibus irrigantur. Charta Rog. dom. de *Basinghem* ann. 1220. ex Chartul. S. Bert. pag. 262 : *Cum prohibuissem ne ecclesia S. Bertini pratum suum... per terram meam Sewaret, sicut antiquitus consuevit.* Hinc forte *Seure*, Præstatio, quæ pro ejusmodi facultate pensitabatur, in Charta ann. 1301. ex Lib. rub. Cam. Comput. Paris. fol. 137. v°. col. 1 : *Les marés le roi, si comme s'en levet la Seure, o tout le droit de la Seure, c'est assavoir ronscher et péescher.* Vide *Gota* et mox *Seweria.*

SEWERÆ, Fossæ, inquit Spelmannus, in locis palustribus ad eliciendas aquas : sic, opinor, dictæ, quod limitum loco essent, et *mariscos* a se invicem dividerent, a *Sevrer* voce Gallica, quæ *Separare* sonat; servaturque in pueris, quibus nutricis mamma subducitur. [* Vide *Seweria.*] Charta Ethelbaldi Regis apud Ingulfum : *Cum aqua vocata Asendik, versus Aquilonem, ubi communis Sewera est inter Spaldelinge, et dictam insulam.* Charta Edw. III. Regis Angl. tom. 2. Monast. Angl. pag. 815 : *Ad supervidendum wallias, fossata, gutteras, Seweras, pontes, calceta, et gurgites in partibus de Kestewene, etc.* Vide *Landea.* [** Chart. Edward. II. ann. 15. Norff. rot. 22. in Abbrev. Placit. pag. 339 : *Commissio regis facta Thomæ de Ingaldesthorp etc. ad inquirendum de defectibus in reparatione murorum maritimorum, gutturarum, Sewerum, calcetorum et poncium per costeram maris in Mershland per quorum defectum villatura de Wigenhale in periculo est submergendi.* Notitia ibidem addita : *Ex hoc placito facile colligi possunt leges et consuetudines approbatæ pro reparatione et mundacione fossatorum et Sewerarum in paludibus ac aliis mariscis mari contiguis, etc.*]

SEWERALIS. Monasticum Anglic. tom. 2. pag. 509 : *Et prædictas 40. acras terræ prædictas Sewerales.* Vide *Separale.*

* **SEWERIA**, Canalis, per quem aquæ ad molendinum decurrunt, vel e stagno excurunt; a voce Gallo-Belgica *Seuwiere*, eo intellectu. Unde non a Gallico *Sevrer*, ut notat Cangius ad vocem *Seweræ*, quam videsis; sed a verbo *Sewer*, quod Latino-

barbare *Seware* dixerunt. Vide supra. Charta ann. 1264. ex Chartul. S. Autberti Camerac. fol. 61 : *Poterit dicta ecclesia pro sua voluntate facere Seweriam infra sclusam dicti vivarii; dum tamen curti de Belaise seu commorantibus in eadem inde nullum damnum fiat, nec cursus aquæ impediatur, nec via publica, ibidem ab antiquo existens disturbetur nec includatur. Sewire*, in alia ann. 1266. ibid. fol. 68 : *Le Sewire dou vivier devant dit.* Redit. comitat. Hannon. ann. 1265. ex Cam. Comput. Insul. : *Au blanch pisson c'on prent à ces Seuwieres as buirons et as nasses, li cuens et mesires Stievenes ont le moitiet, et li monnier l'autre.* Inquisit. ann. 1469. de reparat. super Scaldim art. 1 : *Touchant les ventilleries des molins de Ere en toutes les trois Seuwyeres, dient lesdis ouvriers que pourveu que ce qui sera dit cy après se fache, ils n'y scevent chose pourquoy ils ne soyent de hauteur competente et raisonnable pour l'eaue avoir son esseu et vray cours, pourveu aussi qu'ils soient triez toutes et quantes foiz que mestiers sera.* Art. 7 : *Dient encores que à le grant Seuwiere de grez desdiz molins de Selles, etc.*

SEWERP, [Jactus marinus, seu quidquid ad littus ejicit maris æstus quod ad dominos feodales pertinebat, idem quod *Lagan* et *Wreckum*. Vide in his vocibus.] Charta Manassis Comitis Gisnensis ann. 1124. in Tabulario S. Bertini : *Communiter autem prædicti homines, si naves inter Peterse et Hildernesse mihi adductæ fuerint, et si fortuna mihi, sive in Sewerp, seu in aliquo fortuitu adveniente, servitio eorum indiguero, quæ de illo adventu afferenda sunt, ad Castellum meum... afferent.* [Vide *Swerp.*]

¶ **SEVUM**, Gall. *Suif*, Monachis dari ad ungendos calceos docet Constitutio Ansegisi Abbat. Fontanell. sæc. 4. Bened. part. 1. pag. 639. Vide *Sapo.*

* **SEXA**, pro *Sessa*, ni fallor, Locus, ubi sal conficitur. Bulla Alex. III. PP. ann. 1180. inter Probat. tom. 2. Annal. Præmonst. col. 455 : *Septem Sexas apud Marsal* (cencessit) *quarum quatuor sunt liberæ, et duas a Simero vobis datas.* Vide in *Sedes* 4. et supra *Sessio* 3.

1. **SEXAGENA.** Speculum Saxon. lib. 2. art. 48. § 8. [** 6.] : *Ubi decima solvitur in campo, decima Sexagenæ dabitur æque bona, vel decimus manipulus.* § 10. [** 8.] : *In multis locis deputata et certa annona in Sexagenis, sub certo numero, nomine decimæ, et agnus de ovili unius curiæ pro decima datur.* § 10. [** 9.] : *Ubi decima solvitur, ut diximus, in Sexagenis, funiculus duarum debet esse ulnarum a pollice incipientium, per quem manipuli ligabuntur.* Alii Codd. habent : *Si solvitur decima, ut dictum est, in capitibus, seu Sexagenis, etc.* [** Germ. *Schok*, Sexageni manipuli. Chart. ann. 1245. apud Guden. in Cod. Diplom. tom. 2. pag. 86 : *Maldrum siliginis modio minus, sex modii tritici et dimidium maldrum avenæ, duæ Sexagenæ siliginis et tres Sexagenæ avenæ et una urna mellis.*] Chronicon Montis Sereni pag. 172 : *Accidit autem die quadam, ut unus fratrum ex junioribus lignum unum ex his, quæ per Sexagenas numerari solent, ut operis quippiam ex eo faceret, petiturus, etc.* Vide *Sexena.*

¶ 2. **SEXAGENA**, Monetæ species, f. quod pretii 60. solidorum esset. Charta Casimiri Polon. Reg. ann. 1335. apud Ludewig. tom. 5. Reliq. MSS. pag. 594 : *Recognoscimus... nos teneri et remanere obligatos.... Regi Boemiæ et suis hæredibus de summa et quantitate viginti millium Sexagenarum grossorum denariorum Pragensium, in qua dicto dom. Regi Boemiæ decem mille Sexagenas dictorum denariorum jam solvimus in una parte.* Litteræ ann. 1402. ibid. pag 75 : *Cupimus fore notum... quod discretus vir Albertus deBorch presbyter nobis et nostræ Ecclesiæ* (Novioperis) xx. *Sexagenas latorum grossorum, pro comparatione unius Sexagenæ similiter latorum grossorum annui census tradidit.* Chron. Joannis *Bose* Episc. Merseburg. ad ann. 1431. apud eumd. tom. 4. pag. 442 : *Addendo iis pro munitione fossati et muri sexcentos florenos et viginti Sexagenas novas.* Ibidem pag. 443 : *Allodium ante castrum Lanchstedt situatum pro mille et quadringentis Sexagenis antiquis dicto castro adjecit.*

¶ **SEXAGENARII** qui dicantur pluribus disquirit Jacob. Gothofredus ad leg. 1. de Exactionibus, in Cod. Theodos. Ipsum consule.

* Nostris *Siettans*, pro *Soixante*, Sexaginta Vita J. C. Mss :

> Chi eut merveillous mariage
> De la Virge de si jouene age,
> Qui n'avoit mie quatorse ans,
> Et Joseph en avoit Siettans.

SEXAGESIMA, inquit Alcuinus lib. de Divin. offic. *initium sumit sequenti dominica post Septuagesimam, et finitur quarta feria Hebdomadæ Paschalis.* Ordo Romanus : *Inde dici potest, quia* 60. *sunt dies usque ad medium Paschæ, quod est feria quarta Paschalis Hebdomadæ.* Vide Alcuin. in Epist. ad Carolum M. Amalarium lib. 1. de Eccl. offic. cap. 2. Rabanum lib. 2. de Institut. Cleric. cap. 34. Rupert. lib. 4. de Divin. offic. cap. 7. Honorium August. lib. 3. cap. 39. 48. Hugon. a S. Victore lib. 3. Observ. Eccl. cap. 1. etc.

¶ SEXAGESIMALIS DOMINICA, in Charta ann. 1042. inter Instr. tom. 6. Gall. Christ. novæ edit. col. 348 : *Christiano populo celebrante Dominicam Sexagesimalem.*

* **SEXCALLUS**, pro *Senescallus*. Vetus Codex MS. laudatus in Mercur. Franc. ann. 1742. mens. Sept. pag. 1955 : *Sexcallus solvat D. Joanni Caleti matriculario S. Joannis quatuor simasias vini, per dictum matricularium exhibitas illis, qui choream Machabæorum fecerunt.* Vide in *Senescalcus* et *Sescalcus.*

* **SEXCAMBIUM**, pro *Excambium*, permutatio, in Contract. matrim. ann. 1358. apud Salern. : *Constituit dictum dodarium præfatæ domicellæ Johannettæ super Sexcambio, sibi dando per regiam et reginalem majestatem, pro castro de Liceti prædicto; et ubi dictum excambium sibi non daretur, etc.*

¶ **SEXCLIRIUM.** Charta ann. circit. 1226. ad calcem Annal. Edwardi II. Reg. Angl. pag. 266 : *Cum tota terra arabili quæ ad prædicta molendina pertinent, cum uno Sexclirio prati ad dicta molendina pertinente.* Locum apertum interpretatur Cl. Editor Hearnius, vocisque etymon ab Anglo-Sax. seax, gladius sive gladiolus, et Lat. Clarus, accersit. Sed hæc longius petita mihi videntur; malim *Sexclirium prati* scriptum fuisse pro *Sextario prati.* Vide *Sextarata.*

* **SEXENA**, Sexta pars fructuum. Charta ann. 1310. inter Probat. tom. 1. Hist. Nem. pag. 222. col. 1 : *Item gardiam et Sexenam, quæ faciunt sexaginta frumenti, ut dicitur, quæ valent duodecim libras Turonenses renduales.* Vide *Sexenus* et infra *Sezana.*

¶ **SEXENUM**, ut *Sizenum.* Vide ibi.

¶ **SEXENUS**, Sexta pars fructuum quam dominus ex agris vineisve percipit, Gall. *Sixain.* Pactum inter Jacobum Aragon. Reg. et Berengar. Magalon. Episc. ann. 1272 : *Est etiam sciendum quod de supradictis ab utraque parte excipiuntur usatica, laudimia, consilia, quarti, Sexeni, septeni, etc.* Vide *Quarto* 6.

¶ SEYSENUS, Eadem notione. Charta ann. 1317. tom. 2. Hist. Dalph. pag. 166. col. 1 : *Cessit... castra, loca et fortalitia,... cum suis.... feudis, terragiis, quartonibus, cinquenis, Seysenis, vintenis, etc.*

¶ SEZENUS, Eodem significatu, in Charta ann. 1288. ex Tabul. S. Victoris Massil. : *Percipiet pro luminari in duplici festo et octaba festivitatis S. Victoris faciendo annuatim* LX. *et* X. *solidos Parisienses, cum omnibus ventis, Sezenis, utilitatibus, juribus, etc.* Alia ann. 1461. ex eod. Tabul. : *Habitatores castri de Sesarista requirunt dom. abbatem S. Victoris quatenus dignaretur habere respectum ad dictum locum causante insuportabili onere Sezeni bladorum, vinorum, etc. His igitur considerationibus et motivis dictum Sezenum uvarum sive racemorum ad decimam rectam, videlicet ad decimam saumatam... reduxit.*

* **SEXITZ**, ut supra *Sexa.* Charta Frider. II. ann. 1218. ex Tabul. S. Apri : *Quicquid habetis in vico, tam in pratis quam vineis et terris, cum tribus Sexitz ad sal conficiendum, vestræ confirmamus devotioni.*

1. **SEXTA**, Officium Ecclesiasticum diurnum, quod hora sexta canitur. Gregorius Turon. lib. 10. ubi de Episcopis Turon. n. 15. de Injurioso Episcopo : *Hic instituit Tertiam et Sextam in Ecclesia dici, quod modo in Dei nomine perseverat. Cursus horæ Sextæ*, in Codice Carolino Epist. 72. Vide Durandum lib. 6. cap. 7. et supra in voce *Horæ canonicæ.*

¶ 2. **SEXTA**, Mensura liquidorum. Vide *Sica* 1.

¶ 3. **SEXTA**. *Sextarum ludus.* Statuta Pistor. lib. 5. rubr. 71. de pœna ludentis, pag. 184 : *Si apparuerint aliqua indicia, unum vel plura, quod aliquis luserit ad aliquem ludum prohibitum, puta Sextarum, tabularum vel taxillorum, etc.*

* **SEXTAGIUM.** Quod pro singulis frumenti aut alterius grani sextariis domino exsolvitur. Inventar. Chartar. reg. ann. 1482. fol. 195. v° : *Acquisitio centum solidorum reditus, quos Gaulet Dalonne accipiebat supra Sextagium Belgentiaci. De anno* 1332. Vide *Sextariaticum.*

¶ **SEXTAIRADA**, ut *Sextarata.* Vide ibi.

¶ **SEXTAIRALAICUM**, SEXTALAGIUM, SEXTALARICUM, SEXTALARIUM, etc. Vide in *Sextariaticum.*

* **SEXTALARARIUS**, Qui *Sextariaticum*

percipit. Charta ann. 1125. ex Tabul. priorat. S. Mart. de Camarc. : *Testes Rotrodus comes de Pertico, Raimundus Sextalararius, etc.* In alia ibid. *Raimundus Sexterarius.* Vide *Sextalerius.*

¶ **SEXTALERIUS**, Qui *Sextariaticum* colligit : nisi idem sit atque *Sextanalerius*, Qui ejusmodi tributi immunis est, in Statutis Avenion. MSS : *Sextalerii teneantur per sacramentum dicere si quem habuerint suspectum quod retineat sextarii... quod si aliquis vendiderit bladum et dixerit esse suum, et convictus fuerit alienum, ulterius non habeat libertatem de Sextanalagio, etc. Statuimus quod illi qui habent libertatem dictam sextarii, qui vocantur Sextanalerii, etc.* Vide *Sextariaticum.*

SEXTANEUS Limes. Vide Glossar. Rigaltii ad Agrimensores.

* **SEXTANUM**, Vectigalis species. Stat. Taurin. ann. 1360. cap. 57. ex Cod. Reg. 4622. A : *De nulla re, quæ portata fuerit super dorsum, capiatur aliqua curaga seu pedagium, platagium vel Sextanum, sed penitus sit immunis.*

¶ **SEXTANUS**, pro *Sextarius*, Mensura aridorum et liquidorum. Charta Galterii Archiep. Rotomag. ann. 1201. tom. 4. Hist. Harcur. pag. 1638 : *Ad communem omnium notitiam volumus pervenire Drogonem de Mellento dedisse... sex Sextanos mestelli in sua campipartitia... et tres Sextanos annonæ in molendino suo apud Serincourt.... Dedit præfatæ ecclesiæ sex Sextanos vini in vineis suis apud Vallem.*

¶ **SEXTARAGIUM**, Sextarale, etc. Vide *Sextariaticum.*

SEXTARATA, Sextarada, Sextariata, Modus agri, ager certi sementis sextariorum numeri capax, tametsi ad silvestres et pratenses terras vox postmodum translata. *Sesterée de terre*, in Consuet. Arvern. cap. 31. art. 61. Marchiæ art. 320. 420. Pictav. art. 190. 289. Dunensi art. 24. *de Troy* in Biturigib. art. 1. apud Thomasserium, etc. [Charta ann. 879. in Append. ad Marcam Hispan. col. 807 : *Inseruit donationem de terra Sextariatas* VI. *suptus ipsa curte.*] Epistola Gaufridi de Meduana tom. 2. Spicilegii Acheriani pag. 507 : *Dedi etiam ducentos modios terræ ad opus rusticorum vestrorum, quos Sextariatas dicitis.* Tabularium S. Andreæ Viennensis : *Donat præterea unum cortile juxta eandem Ecclesiam, et quandam partem telluris, quam agricolæ tres Sextariatas dicunt, etc.* Tabularium Prioratus de Paredo fol. 10 : *Et in augmento dederunt unam Sextaradam terræ juxta prædictum mansum, etc.* Charta ann. 1261. in Probat. Hist. Castenereæ pag. 30 : *Quinque Sextariatas terræ tam in bosco, quam in terra, etc.* Charta Alphonsi Comitis Pictav. et Tolosæ ann. 1270. apud Catellum in Comitib. Tolosanis pag. 395 : *Sub deverio 2. denariorum Tolosanorum pro qualibet Sextariata terræ, prati, vel vineæ, etc.* Tabularium S. Joannis Angeriacensis ann. 1131. fol. 96 : *Reddo medium junctum de prato, et 4. Sextaradas terræ arabilis.* Tabularium S. Dionysii de Capella Diœcesis Bituric. ch. 37 : *Sextaradam terræ super Segreia, pratum, ubi sambucus est, et olcham de Lempant, et Sextaradam terræ ad quendam rivum, et olcham super quendam rivulum, etc.* Ibid. cap. 104 : *Cartalata terræ, Eminata terræ, Sextarata terræ.* Vide Jofredum in Niciensibus Episcopis pag. 182. Guichenonem in Probat. Histor. Bressensis pag. 106. Gariell. in Episc. Magalon. pag. 133. etc.

* Unde redditur unum sextarium frumenti per annum, ut aperte docet Charta ann. 1266. ex Reg. S. Ludov. in Chartoph. reg. fol. 14. r° : *Sextariata terræ, computata ad tria quarteria frumenti per annum propter asperitatem, licet in aliis locis computetur Sextariata ad unum sextarium frumenti per annum. Sexturade*, in Charta ann. 1456. ex Reg. 191. ch. 237 : *Une piece de terre touchant à la rubine de saint Geniez, contenant cent Sexterades de terre.*

☞ Varia est in variis locis *Sextarata* : in tractu Dombarum et Bressiæ significatur hac voce Ager octo *bichetorum* capax, in Biturigibus octo *boissellorum*; diversa perinde est ubi de terra pratensi agitur : in Bugia et Gesia *Sexterata* prati, quam *Seterée*, vel *Setine* vocant, tantum fœni continet, quatum per unum diem sex homines secare possunt ; Genevensibus quantum uno die unus homo secat. Vide *Sectorata.*

¶ Sestairada, ut *Sextarata.* Chartul. Aptense fol. 112. v° : *Dono atque transfundo de vinea culta et erma Sestairadas duas in Attense, etc. Sestariata*, ibid. fol 117. Tabul. S. Petri de Cella-Froini in pago Engolism. : *Et in alio loco a Biciaco quatuor Sestairadas de terra.* Vide *Sexteria.*

¶ Sextairada, in Chartul. Bituric. fol. 160. *Sextaraida*, in Charta apud Stephanot. Antiquit. Bened. Lemovic. MSS. part. 2. pag. 365.

¶ Sestarada. Charta ann. 1118. inter Probat. tom. 2. novæ Hist. Occitan. col. 403 : *Rogerius de Aura dedit tres Sestaradas, de terra et petiam latam; Guillelmus et Arnaldus de Abatad quatuor sestaradas de terra.* Chartar. Eccl. Auxit. cap. 83 : *In tres Sestaradas dedit* VIII. *sol.*

¶ Sesterada, in Charta ann. 947. Append. Marcæ Hispan. col. 861 : *Castellanus* (dedit) *de vinea Sesteradas* VIIII. *in villa Fulgoso.*

¶ Sesteyrata. *Tres Sesteyratas terræ*, in Terrario Apchonii. Pluries ibi.

¶ Sestairiata. Charta ann. 1032. ex Tabular. S. Victoris Massil. : *De alio vero loco terra quæ vocatur Spiculus et cum decem et octo Sestairiatis.*

¶ Seteriata, in Chartul S. Vincentii Cenomanensis fol. 82.

¶ Seteyrata. Charta ann. 1339. ex Tabul. S. Victoris Massiliens. : *Item sex Seteyratas terræ seminatas speuta.* Alia ann. 1404. ibid. : *Recognovit se tenere quartam partem unius Seteyratæ prati.*

¶ Sextarietas. *Ego Bonius dono B. Petro Vosiensi sex Sextarietates de terra*, apud Stephanot. Antiq. Bened. Lemovic. MSS. part. 2. pag. 349.

¶ Sextellata. Charta Nicolai Maricolens. Abbat. ann. 1184. ex Tabular. S. Quintini in Insula : *Pro una Sextellata terræ ... quinque gallodios frumenti forensis persolverent.*

¶ Sexterata, in Charta fundat. Prioratus Barbezilli inter Instr. tom. 2. Gall. Christ. novæ edit. col. 270 : *In hoc dono sunt sex sexteratæ terræ, etc.*

¶ Sexteirada, Sexteirata. Charta ann. circ. 1063. ex majori Chartul. S. Victoris Massil. pag. 91 : *Dedit in sponsalitium ecclesiæ S. Stephani* IV. *Sexteiratas de terra... ex his Sexteiradas* VII. *sunt apud podium Brecionis.*

¶ Sextertiata, in Charta Anselmi Episc. Laudun. ann. 1223. e Chartul. S. Quintini in Insula : *Recognoverunt se vendidisse.... tres Sextertiatas ad Wichet sitas. Wido vero circiter quinque Sextertiatas et unum quartarium apud le Wichet.*

¶ Seyterata, in Charta ann. 1339. ex Tabular. S. Victoris Massil. : *Item circa octo Seyteratas terræ, etc.*

* 1. **SEXTARIA**, Modus agri, idem quod supra *Sestarita.* Charta Theb. Chabot in Tabul. Albiensi ch. 681 : *Donamus monachis Absiæ in territorio feodi nostri de Malrepast duas Sextarias terræ.* Vide *Sextarata.*

* 2. **SEXTARIA**, Mensura annonaria. Charta ann. 1246. ex Chartul. Campan. fol. 444. col. 1 : *Tenebuntur reddere dicto regi et hæredibus ejus, vel mandato ipsius regis vel successorum suorum unam Sextariam avenæ ad mensuram Remensem.* Alia ann. 1278. in Chartul. eccl. Lingon. ex Cod. reg. 5188. fol. 228. 1° : *Obligo in manu Guidonis episcopi Lingonensis sex Sextarias avenæ, quas habeo et habere debeo apud Calmam in granario dicti domini episcopi Lingon. annuatim percipiendas pro guardia, quam ibidem facere teneor.* Vide *Sextarium.*

¶ **SEXTARIALE**. Vide mox in *Sextariaticum.*

SEXTARIATICUM, Quod pro singulis frumenti aut alterius grani sextariis domino exsolvitur. [Idem est quod latiori significatu *Mensuraticum* dicitur, jus scilicet quod pro mensuris a domino exigitur, ut ex infra allatis colligere est. *Sextariaticum* jus illud vocant ubi *Sextario* metiuntur, *Minagium* ubi *mina*, *Modiaticum* ubi *modio.* Vide in his vocibus. *Mensura sextarii*, in Charta ann. 1298. tom. 1. Hist. Dalph. pag. 91. col. 2.] Gregorius M. lib. 1. Epist. 42 : *Valde autem iniquum et injustum esse prospeximus, ut a rusticis Ecclesiæ de Sextariaticis aliquid accipiatur, et ad majorem modium dare compellantur, quam in horrea Ecclesiæ infertur. Unde præsenti admonitione præcipimus, ut plus quam decem et octo Sextariorum modii nunquam a rusticis Ecclesiæ de frumento debeant accipi.* Nihili est, quod hic auguratur Ludov. *de la Cerda.* Nescio, an huc pertineat vetus Inscriptio, quam profert Gruterus 223. 8. adscripta sextario æreo rotundo infra largiori P. VI. alto IVS. crasso tertia parte grani : Sextarialis. Exacta. T.... DD. NN. Arcadii. et. Honorii...

Sextarale, Sextariale. Charta Michaëlis Archiep. Arelatensis ann. 1214. in Regesto Carcassonensi, qua Comiti Montis Fortis concedit Bellumcadrum, *et pedagia sive in aqua, sive in terra, lesdas, quintale, cordam, furnos, Sextariale, jurisdictionem, justitias, firmancias, trezenos etc. Sextarale*, apud Plantavitium in Episcopis Lodovensibus p. 240. Aliud videtur significare *Sestairale*, in Charta Alamannica Goldasti 33 :

Confinit..... de alium in via, et 2. *medarios, in ipso loco, in ipso agro, et* 1. *Sestairale in roncale confinit in Leones ex alia parte ipso Magno.* Ubi *Sestairale* idem videtur, quod *Sextarata terræ.* Vide in hac voce.

¶ Sexterale, in Charta ann. 1241. tom. 10. Spicil. Acher. pag. 181 : *Super Sexterali, ricorda, ferro, pondere, etc.*

¶ Sestariale. Charta ann. 1230. inter Instrum. tom. 6. Gall. Christ. novæ edit. col. 152 : *Petebat etiam* (Episc. Biterr.) *tertiam partem Sestarialis bladi, quam dicebat ad se pertinere ratione tertiæ partis, quam habet in leudis mercati.*

¶ Sesteirale. Pactum inter Jacobum Aragon Reg. et Berengar. Magalon. Episc. ann. 1278 : *Cum, ut dicit, pondera et ferrum et Sesteirale sive mensura bladi pertinent ad dictum dom. Regem.*

¶ Sestailaraticum. Charta Willelmi Montispessulani Domini ann. 1103 : *Sestailaraticum dono vobis de omni blado, de omni legumine, et de farina, et de linoso, et de cannaboso, etc.* Apud D. *Brussel* tom. 2. de Usu feud. pag. 728. Ubi *Sesteraliticum* habet eadem Charta MS. inter Schedas nostras.

¶ Sextairalaicum, in Charta ann. 1145. inter Probat. tom. 2. novæ Hist. Occitan. col. 508 : *Excepto tamen Sextairalaico quod nobis semper integrum retinemus.*

¶ Sextaralicum, apud Plantavit. in Episc. Lodovensibus pag. 106 : *Retenta medietate firmantiarum, justitiarum, Sextaralicorum, furnaticorum, etc.* Vide *Medalla.*

¶ Sextaralagium, in Statutis Avenion. MSS : *Qui vendiderit bladum vel legumen in civitate Avenion. et ejus tenemento debet dare Sextaralagium, et teneatur mensurare ad mensuram sextarii signo Communis signati.* Infra *Sextanalagium* dicitur.

¶ Sestaralarium. Charta ann. 1204. apud Stephanot. tom. 1. Antiquit. Bened. Occitan. MSS. pag. 407 : *Totum videlicet Sestaralarium quod nos habemus et prædecessores nostri habuerunt in villa sive in burgo S. Tiberii.* Occurrit ibid. semel et iterum.

Sesteyralitium, in veteri Charta apud Gariellum in Episcopis Magalon. pag. 90.

Sextalagium. Charta Guillelmi Archiep. Remensis ann. 1182 : *Si quis Sextalagium nostrum asportaverit, vel detinuerit, forifactum nobis per* 60. *solidos emendabit.* [Statuta Avenion MSS : *Statuimus quod omnis homo qui bladum vendet in civitate ista det Sextalagium, nisi in hac civitate faciat focum suum.*]

¶ Sextalegium. *Duodecim modios frumenti quos habetis in Sextalegio Remensi,* in Bulla Lucii PP. ex Tabul. S. Nicasii Remensis.

¶ Sextellagium. Charta Henrici Archiep. Rem. ann. 1175. ex eodem Tabul. : *Sub annua pensione octo modiorum frumenti in Sextellagio Remensi percipiendorum.* Charta Philippi Aug. Reg. Franc. ann. 1186. ibid. : *Sub annua pensione octo modiorum frumenti in Remensi Sextellagio eidem ecclesiæ reddendos instituit.* Adde Bullam Clementis III. PP. anno 1190. in eodem Tabul. *Sextelage,* in Chartul. Prioratus de Doncheriaco.

¶ Sextellarium, in Bulla Lucii III. PP. ex laudato S. Nicasii Tabul. : *Bannum, justitiam, Sextellarium... scripto proprio confirmavit.*

¶ Sestellagium. Charta ann. 1280. ex eodem Tabul. : *Sestellagium et alia quæcumque jura... Nos de Sestellagio et aliis juribus temporalibus devestivimus.* Charta Curiæ Rem. ejusdem anni ibid. : *Sabbato post Cineres in quo habebamus Sestellagium et quædam alia jura.* Alia Bartholomæi Abbat. S. Remigii : *Percipiamus Sestellagium omnium bladorum.*

Sesteralagium, in Charta ann. 1203. in 30. Regesto Tabularii Regii Ch. 240 : *Pedaticis, leusdis, furnis, Sesteralagiis, firmanciis, justitiis et reditibus, etc.*

Sesterlagium, in Charta Radulphi Comitis Suession. ann. 1209 : *Item Canonici renuntiaverunt omni juri, quod habebant, vel habere se dicebant, in Sesterlagio centum modiorum bladi, quos monachi vendere libere possunt, absque omni Sesterlagii solutione.* [Charta Willelmi Archiep. Rem. ann. 1178 : *Sub annua pensione octo modiorum frumenti quos in Remensi Sesterlagio vobis reddendos instituit... assignamus reddendos in Sesterlagio Remensi.* Ex Tabul. S. Nicasii Remensis.]

¶ Sexterlagium. Bulla Alexandri III. PP. ann. 1168. in eodem Tabul. : *In burgo S. Nichasii portagium, roagium, modiagium, Sexterlagium.* Charta Willelmi Archiep. Rem. ann. 1182. ex Chartul. S. Remigii tom. 2 : *Justiciam, Sexterlagium, mercata ... quiete possidenda concedimus.* Charta ann. 1336. ex Cod. Colbert. 1591 : *C'est assavoir tout ce que on appelloit la justice et Setrellage que tenoit à censse Fourcy le Chaisne.*

Strelagium, apud Hemereum in Augusta Viromand. pag. 132 : *Barillagia, Strelagia, mensuræ, etc.* Charta Joan. Comitis Suession. ann. 1260. apud Rainaldum in Hist. Suess. : *Franchement sans paier tonlieu, Strelage, ou autre debit, ou autre coustume.*

¶ Sextaragium. Charta Philippi I. Reg. Franc. ann. 1079 : *Ab omnibus pedagiis dicti loci in terra et in mare, et Sextaragia et leuda sint imunies* (sic) *perpetuo habitatores dicti loci.* Charta ann. 1445. tom. 1. Hist. Dalph. pag. 90. col. 1 : *Item in dicto loco Valentiæ petitur quoddam aliud tributum vocatum Sextaragium,.... pro quo exigunt et exigere volunt de quinquaginta somatis salis unum sextarium salis, et nolunt accipere sal, sed volunt habere duos florenos pro quolibet sextario.* Statuta Avenion. ann. 1570. Rubr. 13. art. 2 : *Pro jure Sextaragii.* Art. 4 : *Sextaragium autem intelligimus trigesimam partem precii tritici, vel leguminis quod venditur.*

¶ Sexteragium, in Charta censuali Leduini Abb. S. Vedasti ann. 1036. ex Chartul. ejusd. Monast. V. pag. 243 : *Carethei salis pro thelon.* II. *den. et pro Sexteragio* I. *den. Carrus salis pro thelon.* IV. *den. et pro Sexteragio* II. *den.*

Sesteragium. Charta ann. 1270. in M. Pastorali Ecclesiæ Parisiens. lib. 23. ch. 37 : *Super teloneo et Sesteragio, quæ dicebat se habere in terra ipsorum.* Tabular. Episcopat. Ambian. ann. 1278 : *Super eo, quod prædictus Vicedominus de grano proventuum et reddituum Ecclesiæ nostræ Ambian. et servitorum quorumlibet, in ea vendito et deliberato emptoribus quibuscunque per ministros nostræ Ecclesiæ in claustro vel extra claustrum Sesteragium exigebat injuste etc.* Tabularium Corbeiense : *Tout li Sesterage des grains c'on vent, ou acate, ou met en renier en ladite ville, appartient à lui* (*à l'Abbé.*) [Charta Johannis Comit. Suession. ann. 1239 : *Derechief j'octroy al Abé et Convent de S. Legier de Soissons que quand je venderay mon Sesterage de Soissons, que cil à cui je le venderay facc feauté à l'Eglise devant dite de la disme que elle a de blé ou de deniers et Sesterage.*]

¶ Sesteragum. Charta ann. 1217. inter Probat. Hist. Blesens. auctore *Bernier* pag. 4 : *Assignavi tres modios bladi in Sesterago meo Blesensi.* Forte legend. *Sesteragio.*

¶ Sextariatum, in Charta Philippi Aug. Reg. Franc. ann. 1181. pro Communia Noviom. apud Baluz. tom. 7. Miscell. pag. 299 : *Si frumentum vel annona quælibet ematur, et non mensuretur, Sextariatum inde non dabitur.*

¶ **SEXTARIETAS,** ut *Sextarata.* Vide ibi.

SEXTARIUM, vel Sextarius, Mensura liquidorum et aridorum. Gregorius Turon. lib. 1. Miracul. cap. 5 : *Ita et in unius horæ spatio plus quam unum Sextarium* (olei) *redderet vasculum, quod quartarium non tenebat.* Adelardus in Statutis Corbeiensibus lib 1. cap. 4 : *De potu autem quotidie detur modius dimidius, id est, Sextaria* 8. *etc.* Le Roman *de Girard de Vienne* MS :

Dou meillor vin li portez un Sester.

Apud Anglos *Sextarius vini continet* 4. *jalones,* in Fleta lib. 2. cap. 12. § 11. *Sextarius farinæ,* apud Walafridum Strabum in Vita S. Galli cap. 28. [*Sextarius de oleo, Sextarius de pigmento, Sextarius de vino,* in Charta ann. 987. inter Instr. tom. 6. Gall. Christ. novæ edit. col. 271. *Sextarius avenæ,* in Monast. Anglic. tom. 1. pag. 136. *Sextarius salis,* ibid. tom. 2. pag. 849. *Sextarius calcis,* in Reparat. factis in Senescallia Carcass. ann. 1435.]

* Glossar. Provinc. Lat. ex Cod. reg. 7657 : *Sestiar, Prov. sestarius, sextarium.* *Un Sesterot d'orge,* inter Redit. comitat. Hannon. ann. 1265. ex Cam. Comput. Insul. *Sistier de vin,* in Reg. 13. Corb. sign. *Habacuc* ad ann. 1509. fol. 12. *Sextarium,* idem quod *Boissellus,* in Charta ann. 1254. ex Tabul. monast. Bosonis-vil. : *Focum seu ignem in domibus suis alentes debent abbati et monachis dare annuatim formentadam, seu unum Sextarium, vulgo un Boisseau, frumenti pulcri et boni.* Vide *Sextaria,* 2.

☞ Variæ fuit capacitatis sextarius pro variis locis, cum in aridis tum in liquidis, ut de aliis mensuris passim est a nobis observatum. Hinc annotabimus quæ nobis hac in re fortuito occurrerunt, cætera prætermittentes quæ diligentius perscrutari per tempus non licet. Glossæ vett. Cassinenses MSS : *Sextarius olei habet libras* II. *Sextarius mellis habet libras* IIII. *Sextarius est duarum librarum, qui bis assumptus nominatur bilibris : quater, fit Græco nomine cœnix : quinquies complica-*

tus, quinarem sive gomor facit : adjice sextum, congium reddit; nam congium sex metitur Sextariis; unde et Sextarii nomen accepit. Sextarium vini habet duas libras et VIII. *uncias.* Eldefonsus de Pane Eucharistico inter opera posthuma Mabill. tom. I. pag. 197 : *Et trecenti tales nummi, antiquam per viginti et quinque solidos efficiunt libram : et duodecim tales libræ, quæ fiunt per tria millia sexcentos nummos, Sextarium tritici efficiunt unum : ex quo septem panes formari possunt, de quibus per totam hebdomadam homo vivere unus potest; aut septem in una die. Etenim modius æquus et justus debet esse per decem et septem tales Sextarios æquos, qui potest in una, Domino protegente, centum decem et novem homines die pastui conductos sustentare.* Elenchus Eccl. Cellæ Cariloci subditarum apud *Chanteloup* in Histor. MS. Montis-Majoris : *Unum modium annonæ pulchræ et electæ et valet modium sexdecim Sexteria ad mensuram Relaniæ.* Ibidem : XVI. *emynas seu Sesteria annonæ ad mensuram Aquis.* Rursum : *Unum modium seu* XVI. *Sexteria.* Huntingdon. Hist. lib. 6 : *Circa hoc tempus* (Edwardi Confessoris) *tanta fames Angliam invasit, quod Sextarius frumenti, qui equo uni solet esse oneri, venundaretur quinque solidis, et etiam plus.* Eucharius Episc. Lugdun. lib. Instruct. cap. 14 : *Metreta una, ut quidam dicunt, habet Sextarios centum.* Tabular. Ambian. : *In molendino ejusdem villæ talis boistellus debet esse quod novem Sextarium integrum et non plus faciant.* Charta ann. 1070. apud Miræum tom. I. pag. 160 : *Accipere debent carratam vini decem et octo modiorum tantummodo; nec modius plus contineat, quam viginti Sextarios.* Adamnanus de locis SS. lib. I. cap. 8 : *Qui argenteus calix Sextarii Gallici mensuram habens : duasque ansulas in se ex utraque parte altrinsecus continens compositas.* Translat. S. Filiberti ann. 836. sæc. 4. Bened. part. I. pag. 551 : *Venumdabatur enim, ni fallor, illis diebus Sextarius vini uno denario.* Apud Bellijocum Sextarius vini tribus mensuris, vulgo *Chopines*, æquivalet, alibi duas tantum continet, et alibi unam; Sextarius vero aridorum octo *bichetos* continet, alibi duos tantum. Vide *Modius* 2.

Sextarius Vini, Præstationis species apud Ambianos, quæ a rei cujuspiam immobilis, seu prædii, vel domus venditione, domino fiebat. Charta anni 1172. in Tabular. Eccl. Ambian. : *Si mortuo marito mulier vidua sibi vel hæredibus suis terram relevavit, et postea maritum accepit, maritus ille 6. tantum denarios pro Sextario vini dominis dabit, et absque calumnia dominorum terram excolere poterit.* Alia ibidem ann. 1206 : *Pro venditione etiam tertius decimus nummus debet exsolvi ab illo, qui vendidit; qui autem vivit, sex denarios tenebitur solvere pro Sextario vini.* Vide *Chirotheca*, *Wantus*.

¶ Sextarii Jus, Idem quod *Sextariaticum*, in Charta ann. 1246. apud Plantavit. in Episc. Lodovens. pag. 171. Charta ann. 1156. inter Instr. tom. 6. Gall. Christ. novæ edit. col. 198 : *Tertiam partem omnium ledarum fori et nundinarum, et tertiam partem Sextarii.*

* Charta ann. 1256. in Reg. S. Ludov. ex Chartoph. reg. fol. 31. r° : *Foriscapia et laudamenta et Sextarium tenent ab Aladoyce de casalis.*

* Sextarius Bannalis Vini, Qui pro *banno* seu proclamatione vini venalis debetur, in Charta Bertr. episc. Metens. ann. 1207. ex Chartul. monast. Bosonis-villæ. Vide *Cridagium* in *Crida.*

¶ Sextarium Censuale, Quod ex censu debetur. Charta ann. 1344. in Tabular. Gellon. : *Et ultra hoc* (cesserunt) L. *Sextaria censualia seu usatica mixturæ cum omni jure et dominatione feudali.*

¶ Sestairalis, ut *Sextarium.* Charta Willelmi dom. Montispessull. ann. 1103. apud D. *Brussel* de Usu feud. tom. 2. pag. 728 : *Si mensurantur cum Sestairale vel eminale.*

¶ Sestarius, Eadem notione. Charta ann. 1194. inter Instrum. tom. 6. Gall. Christ. novæ edit. col. 143 : *Si forte aliquis homo vel femina Biterris vendiderit suum bladum ad suam eminam vel Sestarium, nulla pœna debet eum inde sequi, nisi tantum quod emina vel Sestarius potest ei frangi. Sestarius de civada*, in Charta ann. 964. Append. ad Marcam Hispan. col. 884. Occurrit præterea in Computo ann. 1217. apud D. *Brussel* de Usu feud. tom. 2. pag. 1035. Adde Statuta Montis Regal. fol. 183. et Vercell. lib. 3. fol. 56. v°.

¶ Sesterium, in Testam. Roberti I. Comitis Claromont. ann. 1262. apud Baluz. tom. 2. Hist. Arvern. pag. 269 : *Item lego... conventui Mediimontis unum Sesterium frumenti et unum mixturæ annuatim percipienda.*

¶ Sextercium, ut *Sextarium.* Tabul. S. Vincentii Cenoman. : *Hubertus clericus dedit monachis unam olcam terræ quæ vocatur olca de viridario, in qua seminari possunt quatuor Sextercia hibernæ annonæ.*

¶ Sexterium, in Charta ann. 1171. ex Tabular. S. Petri Autiss. : *Concessum quod monachi Regniacenses tria Sexteria annonæ canonicis S. Petri singulis annis persolvent, videlicet unum Sexterium frumenti, etc. Sex Sexteria bladi*, in Charta ann. 1351. ex Chartophyl. Reg. Ch. 107.

¶ Sextuarium, in Charta ann. 1450. ex Tabul. Sangerm. : *Item voluit et ordinavit habere duas caritates fiendas in dicta ecclesia, qualibet ex triginta Sextuariis bladi.*

¶ Sisterium. Elenchus Eccl. Cellæ Cariloci subditarum in Hist. MS. Montis Majoris : *Et fient de duobus Sisteriis ad dictam mensuram Relaniæ tantummodo quinque panes.*

¶ Sextarium, Forum, ni fallor, ubi frumentum aliave grana venduntur et *Sextario* metiuntur. Statuta Avenion. ann. 1570. lib. I. rubr. 13. art. 2 : *Item quod non liceat magistro Sextarii pro jure sextaragii exigere ab habitatoribus Avenionis, et illius territorii, aliquod Sextaragium, sed tantum pro custodia unum solidum Turon. pro qualibet salmata tritici vel leguminis, si in dicto Sextario vendi contingat.*

* **SEXTAYRAGIUM**, idem quod *Sextariaticum* et supra *Sextagium.* Charta ann. 1292. tom. 7. Ordinat. reg. Franc. pag. 614. art. 19 : *Si contigeret dare leudam, Sextayragium, portanagium, etc. Sexterage* vero dicitur Præstatio unius *sextarii vini*, a recenti caupona domino debita, in Charta ann. 1350. ex Reg. 80. Chartoph. reg. ch. 17 : *Item une redevance, appellée Sexterage, c'est assavoir d'un nouvel tavernier,.... un sextier de vin.*

* **SEXTAYRALIUM**, *Sextarium*, mensuræ genus. Charta ann. 1338. in Reg. 71. Chartoph. reg. ch. 251 : *In villa Amiliani senescalliæ Ruthenensis sunt, et ab antiquo fuerunt, quædam mensuræ lapideæ, Sextayralia vulgariter nuncupatæ, positæ in platea villæ prædictæ, in quibus mensurantur et mensurari consueverunt, blada, nuces, amigdala, etc.*

¶ **SEXTAYRATICUM**, ut *Sextariaticum*, vel potius, Quodvis tributum, vectigal. Statuta Astens. Collat. 9. cap. 6. fol. 26. v° : *Ordinatum est quod Potestas teneatur facere exemplari in communi omnia instrumenta Sextayratici curayrarum et maletoltarum in uno cartulario et illa legi facere in publica concione.*

¶ Sextayraticum, *Sextarium*, ut videtur, Mensura, in iisdem Statutis Collat. 15. cap. 26. fol. 45 : *Statutum est quod aliquis portator non possit stare sub Sextayratico nec tenere mostram alicujus grani.*

¶ **SEXTEIRADA**, Sexteirata. Vide *Sextarata.*

¶ **SEXTELLAGIUM**, Sextellarium. Vide *Sextariaticum.*

¶ **SEXTELLATA**, Sexterata. Vide *Sextarata.*

¶ **SEXTERAGIUM**, Sexterale. Vide *Sextariaticum.*

* **SEXTERARIUS.** Vide supra *Sextalararius.*

¶ **SEXTERCIUM**, ut *Sextarium.* Vide ibi.

¶ **SEXTERIA**, Modus agri, idem qui *Sextarata.* Tabul. Eleemosynæ S. Pauli Viennensis : *De ipsa vero terra in Vercheria dedit domnus R. G. quatuor Sexterias, ex quibus faciet G. quæ facere voluerit.* Tabul. S. Mariæ Andegav. : *Ego Bernardus de Machecollo concessi B. Mariæ Andegavis unam Sexteriam terræ in saltibus de Paux.*

¶ Seyterium, Eodem intellectu, apud Guichenon. Hist. Bressiæ inter Instr. pag. 19. ex Charta ann. 1272 : *Dom. Poncius de Monteruyn Miles... recognovit tenere domum suam de Marignia, et quidquid habet inter aquam de Igon et aquam de Reyssusa, exceptis duobus Seyteriis prati et duobus jornalibus terræ quæ de novo acquisivit.*

* **SEXTERINGIA** Vini, ex Lib. cens. S. Genov. fol. 35. apud D. *Le Beuf* tom. 9. Hist. diœc. Paris. pag. 399. perperam pro *Sexteragium vini.* Vide supra *Sextayragium.*

¶ 1. **SEXTERIUM**, ut *Sextarium.* Vide ibi.

2. **SEXTERIUM**, Pars civitatis, quasi sexta pars, ut *quarterium*, quarta. Vox nota Venetiis. Concilium Ravennense ann. 1311. cap. 30 : *Et ut pauperibus verecundis valeat provideri, in quolibet quarterio vel Sexterio cujuslibet civitatis... quolibet anno eligantur, quatuor vel sex,.... qui quæstam requirant pro eleemosyna hujusmodi pauperibus facienda.* Vide Historiam Bellunensem pag. 110. [et supra *Seizenum.*]

* 3. **SEXTERIUM.** Charta Erici reg. Danor. ann. 1298. tom. 5. Cod. diplom.

Polon. pag. 24. col. 1 : *Promittimus firmiter ipsi Rigensi ecclesiæ in auxilium homines nostros, cum armis et Sexteriis, ante hyemem instantem in civitatem prædictam mittere.* Ubi legendum suspicor *Sagittis* vel *Sagittariis*.

¶ **SEXTERLAGIUM.** Vide *Sextariaticum*.

* **SEXTERLATA,** Modus agri, idem atque supra *Sextarata.* Charta ann. 1216. in Chartul. Clarifont. ch. 112 : *Terram etiam, quæ appellatur Canum, continentem tres Sexterlatas et dimidiam et tres virgas.* Charta ann. 1222. in Chartul. Mont. S. Mart. part. 6. fol. 107. r°. col. 1 : *Cum in elemosinam duodecim Sexterlatas terræ ad mensuram S. Quintini eidem ecclesiæ contulissent, etc.* Passim ibi.

* **SEXTERNA,** Sestercius, ut videtur. Lib. de Mirabil. Romæ ex Cod. reg. 4188 : *Data michi xxx. millia Sexternas, et memoriam victoriæ michi facietis post peractum bellum, et obtimum equum. Sextertias* edidit Monsfalç. in Diar. Ital. pag. 296.

¶ **SEXTERNUS,** Codex sex foliorum. Instrum. ann. 1418. apud Rymer. tom. 9. pag. 610 : *Scripsit Regi literam vulgarem in forma sequenti; quæ translata est in Latinam, et reperitur in secundo Sexterno.* Pluries ibi. Vide *Quaternio*.

¶ **SEXTERTIARIUS,** *Ipse qui erogat.* Gloss. Isid. Pro *Sestertiarius*, qui Sestertia erogat. Vide Martinii Lexicon.

¶ **SEXTERTIATA.** Vide in *Sextarata*.

¶ **SEXTEYRALITIUM.** Vide *Sextariaticum*.

SEXTORIUM. Juncta Bevagnas in Vita B. Margaretæ de Cortona cap. 3 : *Sæpe in cella nuda remansit, nunc involuta Sextorio, nunc alterius coloris operta tunicula, vel mantello.* Ubi viri docti legendum putant *textorio* : ego vero malim *Sercotio*, fuit enim *sercotium* vestis mulierum.

* An aliquid hic emendandum sit subdubito; panni enim vel telæ crassioris species significari probabile est; maxime cum Gallicum *Sextiaus*, ea notione, usurpari videatur in Lit. remiss. ann. 1373. ex Reg. 104. Chartoph. reg. ch. 254 : *Lequel Perrot et Jehan boulengiers demourans à Gonnesse, pour cause de quatre Sextiaus, ordenez pour aidier à couvrir charretes à pain, etc.* Vide supra *Setezenus*.

¶ **SEXTUARIUM.** Vide in *Sextarium*.

¶ **SEXTUS,** Vox juris canonici. Ita appellatur Collectio Decretalium facta sub Bonifacio VIII. PP. quasi sit liber sextus alterius collectionis Gregorii IX. PP. curis elaboratæ, et in quinque libros distributæ. Hæc nota sunt.

¶ **SEXTUSDECIMUS,** Panni species, sic dicti quod totidem filis textus esset. Charta ann. 1246. ex Tabul. S. Victoris Massil. : *Cellerarius tenetur in festo S. Michaelis singulis annis assignare pro vestiariis albis.... capellani et corerii de panno S. Pauli vulgariter appellato Sextodecimo.*

¶ **SEXVIRI,** Ita appellantur Scabini seu urbis Consiliarii, ubi sex ad id officii eliguntur. Charta Buchardi Episc. Camerac. ann. 1120. apud Miræum tom. 2. pag. 815. col. 2 : *Si vero aliquis de mansis istis necessarius fuerit officinis Monachorum, illum deliberent Monachi... consilio et consideratione Sexvirorum Valentianarum.* Ibidem pag. 816. col. 1 : *De illis vero Sexviris Valentianensibus tres eligantur ex parte Monachorum, et tres ex parte Canonicorum, vel hæredum suorum fide et sacramento adstricti, quorum consilio et discreto intuitu fiat emptio mansorum, vel æqua mutatio.* Institutio RR. PP. Fuliensium Burdigal. ann. 1589. apud Stephanot. tom. 1. Antiquit. Bened. in Vascon. pag. 243 : *Cellas et alia ædificia regularia et quidem ampla ædificavere, opem ferentibus senatu ac majoribus et Sexviris civitatis.* Vide supra *Sevir*.

1. **SEXUS,** Genus, species, vel potius diversitas. Constitutio Chlotarii Regis ann. 560. cap. 13 : *Nec quicquam aliud agere aut judicare, quam ut hæc præceptio secundum Legum Romanarum seriem continet, vel Sexus quarundam gentium juxta antiqui juris Constitutionem olim vixisse dinoscitur, sub aliqua temeritate præsumant.* Neque forte aliter vox *sexus* capienda in Concilio Duziacensi I. pag. 292. edit. Cellotii, ubi *generis diversi ac sexus pecunia*, idem videtur, quod in Testamento Aldrici Episcopi Cenomanensis, *pecunia diversi generis* appellatur, hoc est, pecudes diversi generis, boves, caballi, oves, et similes : *Omnia, quæ ibi habuit, aurum, argentum, vestimenta, pannos plurimos, annonam, vinum, et generis diversi ac Sexus pecuniam,... per vim abstulit.* Ubi *pecunia diversi generis ac Sexus* non potest sumi pro auro et argento quod antea expressum est, uti vult Cellotius. Eadem, ni fallor, seu potius contraria ratione capienda verba formulæ 7. ex Baluzianis : *Et aliam rem quantumcumque visus sum habere, aut inantea laborare potuero, tam peculium, præsidium utriusque generis Sexus, aurum, argentum, drapalia, etc.* Nam cum *præsidium* quasvis facultates significet, ac præsertim pecuniam numeratam, voce *præsidii utriusque generis Sexus* videntur intelligi *aurum et argentum*, quæ consequenter describuntur explicationis gratia. Nolim tamen id præfracte asseverare, præsertim ex form. 28. ubi *omne genus pecudum habetur.*

* Charta ann. circ. 1282. in Access. ad Hist. Cassin. part. 1. pag. 354. col. 1. *Ubi* (in Provincia) *erant centum sapientiores eo in Sexu naturali et in scientia litterarum.*

2. **SEXUS,** Pars corporis, qua quis vir est aut mulier, apud veterem Interpretem Moschionis, qui φύσις voce uti solet. [Gloss. Lat. Gr. : *Sexus naturæ*, εἶδος φύσεως.] Vide Harmoniam Gynœciorum part. 1. cap. 9. n. 5. et alibi.

* Nostris *Sexe*, eadem acceptione. Lit. remiss. ann. 1457. in Reg. 189. Chartoph. reg. ch. 225 : *Icellui Poncelet print icelle fille aagée de dix à douze ans et la tira par ses drappeaux et sainture, et après par son Sexe.* Hinc

Sexu Debilitatus, *castratus*, in Glossis antiquis MSS.

¶ Sexus Perfectior Masculi appellantur ab Amalario in Ecloga de officio Missæ, tom. 2. Capitul. col. 1353.

SEXXAUDRUS. Pactus Legis Salicæ tit. 73 : *de cultello Sexxaudro : Si quis alteri cultellum furaverit, etc.* Vox, inquit Wendelinus, composita ex *Seisse*, Germanis *Sachs*, falx, falcatus gladius ad feriendum cæsim, quod *hauven* dicunt, unde *hauver*, vel *hauder*, id genus gladii, nostris *Coutelas.* Vide supra *Saxa*.

☞ Eccardo in Notis ad hunc locum pag. 112. *Sexxaudrus* nude significat *Culter alterius.* Ipsum consule. Glossæ Ælfrici : *Cultellus, Sex.*

* **SEYATUS,** Serratus, Gall. *Scié.* Charta ann. 1361. in Reg. 101. Chartoph. reg. ch. 96 : *Quæ comba durat recte protendendo usque ad pallos Seyatos, etc. Seyete,* Parva serra, in Lit. remiss. ann. 1416. ex Reg. 169. ch. 355 : *Le suppliant print une petite Seyete de fer à seyer bois à une main.* Vide supra *Setarium* et mox *Seyta*.

* **SEYGNORIA.** Vide supra *Segnoria* 4.

* **SEYNA,** Sagena, Gall. *Seine; Seigne*, in Lit. remiss. ann. 1410. ex Reg. 165. Chartoph. reg. ch. 378 : *Comme les supplians feussent alez peschier en un marchaiz commun en ladite ville de Chesoy en Gastinois, à un instrument appellé Seigne, etc.* Unde et pro loco ubi sagena piscari licet, aut etiam pro facultate sagena piscandi. Inventar. Chart. reg. ann. 1482. fol. 206 : *Vendidit decimum piscem et omne jus quod habebat dictus Colardus in tribus Seynis, Gall. Seines, villarum de Rue et de Maresquineterre.* Comput. domanii Pontiv. ann. 1369 : *De la petite Saine du Crotoy et de saint Wallery, etc.* In alio ann. 1465 : *De la Seynne de Cucq que l'en a accoustumé à bailler à ferme, etc.*

* **SEYNATA,** Quantum sinu, Ital. *Seno*, portari potest. Stat. Avellæ ann. 1496. cap. 46. ex Cod. reg. 4624 : *Si vero dossus prædictorum fresagiorum vel leguminum.... ceperit, et inde faldatam, exchintonatam, Seynatam, aut aliter usque ad quantitatem unius situlæ, et infra exportaverit, solvat pro qualibet vice pro bampno solidos quinque.*

¶ **SEYNCLUS.** Vide *Seintelus*.

¶ **SEYSENUS,** ut *Sexenus.* Vide in hac voce.

¶ **SEYSINA,** Possessio. Charta apud *Madox* in Formul. Anglic. pag. 90 : *Cum prædictus Galfridus certis condicionibus et causis, dictam dominam Margeriam de manerio suo... per cartam suam feofasset, et in Seysinam posuisset, etc.* Vide *Saisire*.

¶ **SEYSIRE,** ut *Saisire*. Vide ibi.

¶ **SEYSSENUS,** Gallice *Sixain*, Monetæ species. Ordinat. Humberti II. ann. 1343. tom. 2. Hist. Dalphin. pag. 516. col. 2 : *Seysseni autem monetæ nostræ debilis factæ temporibus retroactis ponantur et recipiantur pro duobus denariis cum pitta hujusmodi monetæ nostræ novæ cudendæ.*

¶ Sezenus, Eadem notione, in Sanleger. Resol. civil. cap. 5.

* **SEYSTORIA,** ut supra *Setura* 2. Charta ann. 1343 : *Item tres Seystorias cum dimidia prati, sitas apud Valorseyri, etc.* Vide mox *Seytorata*.

* **SEYTA,** Serra, Gall. *Scie*, simul et officina, ubi serra desecatur. Libert. villæ de Alavardo in Dalphin. ann. 1337 : *Ordinamus ne aliquis.... per se vel per alium aliquem seu aliquos Seytas seu reyssias, cum aqua operantes seu vertentes, aliqualiter audeat vel debeat facere;.... si vero aliquæ Seytæ seu reyssiæ reperirentur, etc.* Charta ann. 1390 : *Seyta domini Joannis prædicti*

cohæret a parte Orientis, etc. Vide supra *Seyatus.*

¶ **SEYTERATA**, ut *Sextarata.* Vide ibi.

¶ **SEYTERIUM**, Modus agri. Vide *Sexteria.*

* **SEYTORATA**, Modus agri, tantum prati, quantum unus sector per diem *secare* potest. Charta ann. 1256 : *Item unam Seytoratam prati, sitam inter pratum quondam Arueti et heyralium molendinorum dicti Hugonis.* Vide supra *Sethorata* et *Setura* 2.

¶ **SEYTORIUM**. Vide supra *Seitorium.*

* **SEZANA**, Sexta pars rei cujuslibet. Charta ann. 1338. in Reg. 71. Chartoph. reg. ch. 198 : *Item medietas trium Sezanarum et duarum Sezanarum leudæ bladorum et aliorum granorum et tachiarum, etc. Siste* et *Sixte*, eadem notione. Pactum inter Ingeran. Codic. et Nic. episc. Camer. ann. 1264 : *Nous aions tel droiture, comme nous devons avoir, c'est à dire le Siste de livrement, etc.* Ubi Charta ann. 1267. habet : *Sextam partem, etc.* Alia ann. 1312. in Reg. 48. ch. 222 : *Item dou Sixte de deux journaus de terre, que il pristrent à deux solz de rente... Item dou Sixte, que il acquistrent de madame Johanne Barrabyne, etc. Sisainme*, pro *Sixieme*, in Libert. de Granceyo ann. 1348. tom. 9. Ordinat. reg. Franc. pag. 161. art. 5. Vide supra *Sexena.*

¶ **SEZCULUS**. Charta ann. 3. Rodulfi Reg. apud Stephanot. tom. 3. Antiq. Benedict. Pictav. MSS. pag. 346 : *Qui præsens sæculo oneratur flagitii Sezculo.* In alia ibid. pag. 345. habetur *serculo* : unde leg. videtur Circulo. Vide *Flagium.*

SEZE, [Modus piscandi.] Vide *Batuda.*

¶ **SEZENCIA**, a vet. Gall. *Séance*, Decentia, nunc *Bienséance.* Charta Ascelini de Machis ann. 1380. apud Baluz. tom. 2. Hist. Arvern. pag. 173 : *Cumque dictum castrum et castellania de Gerziaco una cum aliis prædictis eidem dominæ Blanchiæ ratione dotalitii sui, ut præmittitur donatis, si dictus casus adveniebat, quod absit, non sint bene ad Sezenciam et complacentiam ipsius dominæ Blanchiæ, etc.*

¶ **SEZENUS**. Vide *Sexenus* et *Seyssenus.*

* **SEZLEYN**. Charta ann. 1239. tom. 1. Hist. Trevir. pag. 725. col. 2 : *Habebit* (dictus miles) *pro eo, quod vulgariter dicitur Sezleyn, quidquid sibi a comite Lutzillimburgensi, pro residentia in dicto castro facienda, fuerit assignatum.* Ubi Joan. Nic. ab *Hontheim* : Videtur esse diminutivum a *Sette, Setti*, quod hodie dicimus *Sitz*, sedes scilicet seu habitatio vassalli castrensis in castro. Vide in *Stagium.* [** Feudum castrense.]

* **SEZME**, vox Bohemica. Charta Wencesl. reg. Bohem. ann. 1249. inter Probat. tom. 1. Annal. Præmonst. col. 521 : *Ecclesiæ sanctæ Mariæ in Doxan...... talem concessimus libertatem, videlicet quod homines jam dictæ ecclesiæ.... sint liberi et exempti.... a sex denariis, quod dicitur Sezme, qui dari debent magistro venatoriæ dignitatis.*

* **SFALONGOSIS** *vocatur inflexio capillorum palpebrarum ad interiora interpedum Sfalagii, id est, aranei.* Glossar. medic. MS. Simon. Januens. ex Cod. reg. 6959.

¶ **SFIBLALIUM**, Fibula, qua vestis subligatur. Testam. Ermengaudi Comit. Urgell. ann. 1010. in Append. Marcæ Hisp. col. 973 : *Ipso meo mantello meliore cum ipso Sfiblalio de auro, et duas, etc.* Vide *Fibulatorium.*

SFIERSIERN, Sfursiern. Andreas Suenonis lib. 5. Legum Scaniæ cap. 15 : *Ubi si reus factum inficiando comparuerit, negationem suam probare tantum ferri candentis judicio permittatur, quod in lingua patria Sfursiern inde meruit appellari.* Ita lib. 13. cap. 2. At paulo aliter lib. 7. cap. 6 : *Ad candentis ferri judicium admittetur, quod Sfiersiern lingua patria nominatur.* Rursum cap. 8 : *Ut actores præcedente juramento, per igniti ferri judicium se defendant, quod Trygsiern in lingua patria nominatur.* Est autem veteribus Danis *iern*, ferrum. Vide *Ferrum candens.* [** *Skudsjern* a *Skut*, Jaculum.]

¶ **SFLORATUS**. *Calcina Sflorata*, Calx exstincta, *Chaux éteinte.* Statuta Riperiæ cap. 222. fol. 29. v° : *Quilibet fornasarius teneatur bene coquere calcem, seu calcinam, et calcinam Sfloratam cum scopatura non commiscere.*

* **SFOIA**, Piscis species. Tract. MS. de Pisc. cap. 93. ex Cod. reg. 6838. C : *Solea,..... Venetiis Sfoia, a folii alicujus majoris similitudine dicitur.*

* **SFORCIARE**, Vim inferre, præsertim virgini, Ital. *Sforzare.* Leg. Portugal. sub Alph. reg. tom. 1. Probat. hist. geneal. domus reg. Portugal. pag. 11 : *Si quis Sforciaverit virginem nobilem, moriatur; et totum suum avere sit de virgine Sfortiata.* Hinc

* Sforciamentum, Vis, violentia, Ital. *Sforzamento.* Steph. de Infestura MS. ubi de Innoc. PP. VIII : *Similiter interea latrocinia, furta, homicidia, Sforciamenta, tam in urbe quam extra, fiebant.* Vide *Sforcium.*

¶ **SFORCIUM**, Vis, violentia, Gall. *Force*, Italis *Sforzo.* Statuta Cadubrii cap. 127 : *Et qui contra fecerit utendo aliquo Sforcio in similibus, cadat ad pœnam librarum* 50. *Pap.* Vide *Exforcium.*

* **SFRESATUS** Equus, Canterius, Gall. *Cheval hongre*, ut videtur, ab Italico *Sfregiare*, honore spoliare, vel vulnere deturpare. Testam. Jac. de Pignatario ann. 1352. in Access. ad Hist. Cassin. part. 1. pag. 409. col. 1 : *Item relinquo D. Francisco de Monte Agata equum bradum Sfresatum meum.... Item relinquo abbati de Fossa-nova equum liardum Sfresatum.*

¶ **SFRIDUM**, Timor, tremor, ni fallor. Chronic. Domin. de Gravina apud Murator. tom. 12. col. 608 : *Quis ergo vos fugat? quis vos sequitur? ut civitatem istam sic ponatis in Sfrido?*

¶ 1. **SFUNGIA**, Panis species. Vide *Ifungia.*

* 2. **SFUNGIA**, *Lapis creatus ex aquis, levis ac fistulatus.* Glossar. vet. ex Cod. reg. 7613. Nostris *Pierre ponce*, pumex.

¶ **SFURSIERN**. Vide supra *Sfiersiern.*

¶ **SGALONATUS**. Vide *Sgolonatus.*

* **SGARBELLATUS**, ab Italico, ut videtur, *Sgarbato*, Inconcinnus, invenustus; dicitur de vitio oculorum ex nimia vini potatione nato. Barel. serm. 2. in Dom. 1. Quadrag. : *Melius est habere oculos Sgarbellatos, quam mori siti.* Eo fortassis spectat vox Gallica *Escardoilliés*, qua oculi ex senectute rubefacti significari videntur, in Lit. remiss. ann. 1415. ex Reg. 168. Chartoph. reg. ch. 305 : *Lequel Regnault dist au suppliant, qu'il estoit un sanglant vaillart ès yeux Escardoilliés.*

¶ **SGARDENA**, Piscis species videtur. Statuta Placent. lib. 6. fol. 79. verso : *Item Sgardenas pro qualibet lib.* III. *den. et med.*

* **SGARDIUM**, Sgardum, Arbitrium, sententia, judicium. Libert. Figiaci ann. 1318. tom. 7. Ordinat. reg. Franc. pag. 660. art. 3 : *Licebit..... dictis consulibus ab omnibus dictæ villæ et districtus ejusdem habitatoribus exhigere et recipere sacramentum de stando ad Sgardum seu arbitrium ipsorum consulum, de factis communibus villæ.* Ibid. pag. 663. art. 15 : *Et si aliquis.... cavere voluerit de stando ipsorum consulum Sgardio seu arbitrio, habitator ille invittus compelli poterit per consules ad standum Sgardio seu arbitrio eorumdem.* Vide *Regardum* 5.

* Sgardium, Judicii genus, in Stat. ordin. S. Joan. Hieros. ann. 1584. tom. 2. Cod. Ital. diplom. col. 1811 : *Ne fratrum nostrorum animi, longis litibus impliciti, a suæ professionis officio evocarentur : majores nostri breve quoddam et expeditum judicii genus excogitarunt, quod Sgardium appellarunt. Id ita habetur : assumuntur fratres octo, ex singulis linguis singuli, quibus additur nonus ex qua libuerit lingua, nullo delectu. Is caput seu præses Sgardii vocatur.*

¶ **SGARLATARE**, Subnervare, ut infra *Sgarretare*, ab Ital. *Garretto*, Poples, Gall. *Jarret.* Statuta Riperiæ cap. 81. fol. 16 : *Quicunque... alicui membra vel membrum amputaverit, vel Sgarlataverit, condemnetur in libris ducentis parvorum.*

* Italis *Sgarrettare*, a *Garretto*, poples.

SGARMIGLIATUM, Tributi species apud Italos. Computum Thesaurariæ urbis Bononiæ in Italia ann. 1364. ex Bibl. Regia : *A Primirano... conductore dacii Sgarmigliati pro uno anno incœpta, etc.*

SGARRETARE. Mamotrectus ad cap. 11. Josue, et ad 1. Paralip. cap. 15 : *Subnervare, Sgarretare per incisionem nervorum tibialium.* Itali *Sguerretare* dicunt. [Vide *Sgarlatare.*]

¶ **SGAVARE**, Evellere, ab Ital. *Cavare*, Gallice *Arracher.* Statuta Cadubrii lib. 3. cap. 77 : *De illis qui Sgavant, sive evellunt terminos.*

SGOLONATUS, vox Italica, Elumbis. Occurrit in Miraculis B. Simonis Tudertini num. 16. [*Sgalonatus* editum tom. 2. April. pag. 820.]

¶ **SGOMBRARE**, Italis est Vacuare, exhaurire, purgare, Gallice *Vuider, Nettoïer.* Statuta Mutin. rubr. 129. pag. 23 : *Canalis novus, qui venit a Vignola, cavatus, remundatus et Sgombratus teneatur per habentes caput ad ipsum.*

¶ 1. **SGRAFIGNARE**, Unguibus discerpere Ital. *Sgraffignare*, Gall. *Egratigner.* Statuta Palavic. lib. 2. cap. 18. fol. 88 : *Eadem pœna condemnetur qui aliquem in terram projecerit... Et idem in eo qui decapillaverit seu Sgrafignaverit aliquem.*

* 2. **SGRAFIGNARE**, Italico vulgari,

Clepere, furari, surripere. Gabr. Barel. serm. de Flagellis Dei : *Clamat Deus : Non furtum facies; et Dæmon : Rape, deprædare, Sgrafigna, etc.*

¶ **SGUANZARE**, Malas alicui frangere, Italis *Sguanciare.* Statuta Riperiæ cap. 81. fol. 16 : *Quicunque evulserit oculum vel oculos, vel nasum amputaverit, vel aliquem Sguanzaverit.*

¶ **SGURARE**, vox Italica, Mundare, purgare, Gall. *Ecurer, nettoïer.* Anonymi Chron. Cremon. apud Murator. tom. 7. col. 635 : *Qui portas civitatis muro fieri fecit, et pontes ipsarum portarum et fossata civitatis Sgurari fecit.* Adde Chronic. Bergom. apud eumd. tom. 16. col. 957.

¶ **SHARP.** Charta apud Rymer. tom. 9. pag. 908 : *Unum Sharp auri garnisatum de sexaginta et uno grossis baleisiis.* Nescio an pro Anglico *Scarf*, balteus, Gall. *Echarpe.*

SHAWALDRES. Henr. de Knyghton ann. 1318 : *Cumque in partes Scotiæ venisset, inculcavit eos Dominus Gilbertus de Midelton Miles cum aliis elegantibus Shawaldres, et eos de omnibus bonis suis spoliarunt.* Vox ignota Somnero, qui vocem Gallicam *Chevaliers*, equites, hic effingi subodoratur.

¶ **SHELINGA**, ut *Swollynga.* Charta. ann. 1403. apud Rymer. tom. 8. pag. 290 : *Quæ quidem comitatus, dominia,.... fortalitia, maneria, villas, hameletta, Shelingas, terras, tenementa, redditus et servitia, cum pertinentiis, etc.* Vide *Sidelinga.*

¶ **SHEPHIRDIS**, Ovium custos, Gallice *Berger*, Angl. *Shepherd.* Testam. Johannis de Nevill ann. 1386. apud *Madox* in Formul. Angl. pag. 428 : *Item volo quod cc. marcæ... distribuantur inter carucarios, plaustrarios, et custodes animalium meorum, videlicet hyne, nethirdes et Shephirdes, per discretionem executorum meorum.*

SHEWING, Est quietum esse, cum attachiamentum in aliqua curia, et coram quibuscumque in querelis ostensis, et non advocatis. Sic Rastallus. *Shewyne*, habetur in Monastico Anglic. tom. 1. pag. 976. Anglice *to Shew*, Ostendere.

SHIPWRECH, [Jus quod Principi vel Domino competit in naufragiis.] Vide *Naufragium.*

SHIRA. Vide *Scyra.*

¶ **SHIREF**, Pagi, vel Comitatus Præpositus, a Saxon. scire, Provincia. Vide *Scyra* et *Gerefa.* De iis ita Camdenus. : *Singulis vero annis, nobilis aliquis ex incolis præficitur, quem Vicecomitem, quasi vicarium Comitis, et nostra lingua Shyref, i. Comitatus Præpositum vocamus : qui etiam Comitatus vel Provinciæ quæstor recte dici potest. Ejus enim est publicas pecunias provinciæ suæ conquirere, mulctas irrogatas vel pignoribus ablatis colligere, et ærario inferre, judicibus præsto adesse et eorum mandata exequi, 12. viros cogere qui in causis de facto cognoscunt et ad judices referunt, etc.*

¶ **SHIRIFTOOTH.** Placitum apud Cestriam ann. 14. Henrici VII. Reg. in Nomolex. Anglic. Th. *Blount : Per Shiriftooth Johannes Stanley Ar. clamat habere de quolibet tenente infra feodum de Aldford unum denarium et quadrantem per annum.*

SHOPA. Vide *Schoppa.*

SHREDARE, Putare, resecare. Vox Anglica, *Shred.* Modus tenendi hundredum pag. 124 : *Dicunt, quod omnes custodes forestæ a tempore, quo non extat memoria, usi fuerunt loppare et Shredare arbores prædictas, et ligna sic loppata et Shredata ad usum suum proprium asportare, etc.*

¶ **SI**, substantive pro Conditio, exceptio, usurpatur in Charta Gallica ann. 1255. laudata a Mabillon. Diplom. lib. 2. cap. 1. num. 13 : *Ge Anseric sires de Monreal, fais savoir à tous ces qui verront ces lettres, que je ay rendu Hugon de Bourgogne mon chastel de Monreal sans nul Si.*

* Si, Quamvis, licet. Charta ann. 1105. inter Instr. tom. 11. Gall. Christ. col. 233 : *Nepos Hudonis dapiferi Guillelmi supradicti regis, homo secularis, Si totus catholicus, etc.*

¶ **SIACATA**, inter ministeria sacra recensetur in Charta Adelgastri Principis pro Monast. S. Mariæ de Obona inter Concil. Hispan. tom. 3. pag. 90 : *Damus.... tres hacelelias et duas Siacatas et una cappa serica, et tres calices, etc.* Vide *Sium.* Confer *Stacatus.*

¶ **SIARE**, Mingere. Gloss. Lat. Gr. : *Siat*, οὐρεῖ, ἐπὶ βρέφους. Alibi : *Siffiat.* Vide Martinii Lexicon.

¶ **SIATUS**, ab Ital. ut videtur, *Sciatto*, Deformis, Gall. *Malfait.* Johan. Demussis Chron. Placent. ad ann. 1373. apud Murator. tom. 16. col. 518 : *Et omnes erant stracchi, et jejuni, et Siati, et ibi non habebant quid comederent, etc.*

¶ **SIBADA**, Hordeum, vel avena, apud Beneharnenses. Vide *Civada.*

SIBI, pro *se*, quod habent aliæ loquendi formulæ, ubi de Sacramentis. Lex Frision. tit. 1. § 9 : *Sibi duodecimus juret*, ubi tit. 14. § 1. 3. 4. 5 : *Sua duodecima manu juret.* Tit. 2. § 5 : *Sibi quarto sacramentum juret.* Lex Ripuar. tit. 33. § 2 : *Sibi septimus in arabo conjuret.* Occurrit eadem formula eod. tit. 58. § 5. tit. 66. et in Lege Longob. lib. 1. tit. 19. § 2. tit. 23. tit. 25. lib. 2. tit. 21. tit. 28. [** Roth. 147. 348. 258. 250. 235. Vide Grimm. Antiq. Jur. German. pag. 654. et Gram. German. tom. 2. pag. 950.]

¶ Sibi, pro *illi*, in Charta ann. 1262. apud Rymer. tom. 1. pag. 741 : *Dominica vero sequenti adivimus dom. Reginam Franciæ apud S. Germanum in Laya, et negotia vestra, prout nobis injunctum fuerit, Sibi exposuimus.* Bulla Johannis XXII. PP. ann. 1327. apud eumd. tom. 4. pag. 321 : *Quæ quidem promissio fuit postea adimpleta, cum Sibi* (Petro) *Christus dixit, Quodcumque ligaveris super terram, etc.* Ita vicissim *Ei* pro *Sibi*, non semel occurrit. Gregor. Turon. Hist. Franc. col. 564 : *Mundericus qui.... regnum Ei deberi dixit.*

* Sibi, pro Secum, in Instr. ann. 1308. tom. 5. Cod. diplom. Polon. pag. 30. col. 1 : *Joannes archiepiscopus Rigensis,.... assumptis Sibi pluribus bonis, honestis et religiosis viris, ad prædictos...... festinans percessit.*

SIBIA, *Equorum frena*, in Glossis MSS.

¶ **SIBILIA**, Hispalis, urbs Hispaniæ, nostris *Seville*, in Litteris Edwardi III. Regis Angl. ann. 1348. apud Rymer. tom. 5. pag. 601.

¶ **SIBILINUS**, pro *Sebelinus*, Martes, Gall. *Zebelline.* Anonymi Annal. Mediol. ad ann. 1358. apud Murator. tom. 16. col. 729 : *Dom. Girardus donavit plures petias panni auri, et magnam quantitatem Sibilinorum.* Vide *Sabellum.*

* **SIBILLACIO**, Irrisionis genus. Stat. Universit. Andegav. ann. 1398. tom. 8. Ordinat. reg. Franc. pag. 243. art. 51 : *Quod omnes a Sibillacionibus, repeticionibus, aut aliis factis solempnibus, in contemptum rectoris vel alterius doctoris, aut alterius honestæ personæ,.... abstineant.*

* **SIBILUM**, an Rivus, Gall. *Ruisseau?* Chartul. Celsinian. ch. 94 : *Habent terminationes ipsæ res supradictæ ex una parte via publica et Sibilum in medium; ex alia parte terra S. Austremonii.* Vide *Sica* 1. et infra *Sicus.*

¶ **SIBLOTUS**, Tibia militaris, ni fallor, Gallice *Fifre.* Continuatio Chronici Andr. Danduli apud Murator. tom. 12. col. 450 : *Navigantibus nobis absque Strepitu et cum ordine magno, imposito etiam comitis, ut Sibloti sive falsceti silerent.* Vide infra *Sifflotus.*

* **SIBULA**, pro Fibula, ut videtur. Stat. Præmonst. MSS. dist. 4. cap. 8 : *Corrigiis cum Sibulis, vel curiosis, strictis manicis non utemur.*

* **SIBULARE**, pro *Sibilare*, Signum, quo Albigenses sese cognoscebant. Acta MSS. Inquisit. Carcass. ann. 1308. fol. 36. v° : *Quidam alius, qui veniebat ad eos, ut credit, respondit dicto hæretico similiter Sibulando.* Ibid. fol. 66. v° : *Venerunt quidam, qui Sibulaverunt extra molendinum; et tunc dicti hæretici exiverunt molendinum et loquti sunt cum ipsis.* Hinc *Sibler* et *Subler*, pro *Siffler*, in Lit. remiss. ann. 1388. ex Reg. 132. Chartoph. reg. ch. 334 : *Adonc commença ledit Jehan le houlier à Sibler et crier si hault, que ledit suppliant les oyt.* Aliæ ann. 1459. in Reg. 190. ch. 3 : *Le suppliant yssit de la taverne et oyt Subler, et alors Chauveau Subla aussi.*

* Sibilo excipiebantur in ecclesia Briocensi, qui chorum ingredientes vel egredientes præscriptis ceremoniis aut salutationibus deerant. Cerem. MS. ejusd. eccl. : *Et s'aucun en entrant ou en yssant du cueur trespasse ces choses devant dites, en le corrigeant et remonstrant sa faulte, on peult Siffler sur lui ou batre les chaeses.* Vide mox *Sibulus.*

* **SIBULUS**, Sibilus, nostris alias *Siblet.* Joinvil. in S. Ludov. edit. reg. pag. 80 : *Maintenant que il vit le roy sur le flum, il sonna un Siblet, et au son du Siblet saillirent bien de la sente de la galie quatrevingts arbalestriers.* Lit. remiss. ann. 1450. in Reg. 180. Chartoph. reg. ch. 92 : *Ipsi supplicantes audierunt aliquos Sibulos, sive Sifflez Gallice, etc.* Vide supra *Sibulare.*

¶ **SIBYNA**, Telum, venabulum, hasta. Gloss. Gr. Lat. : Σιβύνη, *venabulum.* Tertull. lib. 4. adv. Marc. cap. 1. ex Isaia cap. 2. v. 4 : *Concidunt machæras suas in aratra, et Sibynas, quod genus venabulorum est, in falces.* Ubi Vulgata habet, *lanceas.* Vide Gellium lib. 10. cap. 25.

1. **SICA.** Monasticum Anglic. tom. 2. pag. 130 : *Scilicet de muro antiquo per longum suam* (f. sicam) *et ita per Irthin usque ad*

locum, ubi Cambec cadit in Irthin, et sursum per Cambec usque ad Sicam, quæ descendit de nigra quercu,... et ex alia parte nigræ quercus usque ad Sicam Palterkeved, quæ cadit in King, etc.

Sicha. Idem Monasticum Anglic. tom. 1. pag. 883 : *Cum toto dominico in bosco et plano, in pratis et pascuis, in viis et aquis, in Sichis et moris, etc.* Somnerus in Gloss. Saxon. sicb, sulcum, vel potius sulcum aquarium, lacunam, liram, elicem, etc. interpretatur, indeque vocem

Sichetus, ortam censet, quam habet Monasticum Anglic. tom. 1. pag. 764 : *Et sic a dicta inferiore parte dicti montis directe ex transverso usque ad quemdam Sichetum versus Austrum juxta inferius caput de le Nonepolle, etc.* Infra : *Et sic sequendo quendam Sichetum, qui currit usque ad boscum, etc.* Mox : *Et sequendo sic quendam Sichetum usque ad quandam aquam, quæ vocatur, etc.*

¶ Sicheta, Sichetum, in Charta ann. 1201. apud *Madox* in Formul. Anglic. pag. 88 : *Tres* (selliones) *jacentes inter terram quam dictus Henricus quondam tenuit et Sichetam sive Sicheta.*

Sikettus. Idem Monasticum Anglic. tom. 2. pag. 426 : *De tota terra infra has divisas, in territorio de Langliserit, scilicet in longitudine inter duos Sikettos, quorum unus cadit inter Nortwayt et Waytwra, et alius cadit inter, etc.* Pag. 454 : *Descendendo Scipenleyclogh usque ad proprium Siketum, qui venit ab occidente, et currit versus Orientem, et descendit in Scipenleyclogh.*

* 2. **SICA**, pro *Sicala*, Secale. Charta ann. 1083. apud Murator. tom. 2. Antiq. Ital. med. ævi col. 352 : *Ita sane ut deinde inferatis...... annualiter de grano et Sica in campo Capa quarta traenda de area, etc.* Vide *Sigalum*.

¶ **SICACYRALIS**, Vasis species, cujus usus in ministeriis sacris. Locus est in *Lito*.

* **SICAGIUM**, Quod pro re qualibet in furno siccanda solvitur. Charta ann. 1240. in Chartul. Campan. fol. 365. v°. col. 2 : *In furno vero sive in furnis, et in molendino sive in molendinis.... homines villæ illius molere et coquere, sicare bannaliter tenebuntur...... De viginti quatuor panibus unus reddetur fulnario, salvo tamen Sicagio.* *Sécheur*, pro *Sécheresse*, Ariditas, in Lit. remiss. ann. 1464. ex Reg. 199. Chartoph. reg. ch. 413 : *Estoit icelle semence comme toute faillie à cause de la grant Secheur du temps.*

¶ **SICALE**, Sicalum. Vide in *Sigalum*.

¶ **SICAMBRI**, Canis species. Vide *Canis Petrunculus*.

1. **SICARIA**. Charta Philippi Regis Fr. ann. 1317. apud Argentræum in Hist. Armoric. lib. 5. cap. 34 : *Item villam et castellaniam de Pontrieu, ac salsariam de sancto Gilda, cum omnibus feodis et retrofeodis, dominiis, firmis, bladis, molendinis, Sicariis, juribus et aliis emolumentis, etc.* Vide an idem sonet quod *Sica* et *Sichetus*. Vide *Siccaria*. [* Idem quod mox *Siccaria*.]

¶ 2. **SICARIA**, Alia notione, Societas, congregatio, ut videtur, apud Buschium de Reform. Monast. tom. 2. Script. Brunsvic. Leibnitii pag. 836 : *In Magdeburgensi vero Sicaria blaveis utuntur* (Præmonstratenses) *cappis... Abbas Præmonstratensis superior est omnium monasteriorum sui ordinis; sed Præpositus B. Virginis præfatus cum tota sua Sycaria est exemtus ab ejus obedientia; huic Præposito B. Virginis omnes de Sicaria sua tenentur obedire.*

* Leg. forte *Secaria*, idem quod *Secta* 2. Vitæ institutum.

¶ **SICARIATUS**, Sicæ seu pugionis confixus. Epist. 25. lib. 6. Henr. Corn. Agrippæ : *Quod ab ingenuis animis tam semper alienum fuit, ut multi quam honoris sui vindictam judicum sententia non obtinuerunt, alii vi, alii dolo, alii Sicariatu et veneficiis persequi non dubitarint.*

SICARIE, Proditorie, per *Sicarios*. Laurentius Leodiensis in Hist. Episcopor. Virdunensium. : *Duce quoque Godefrido Gibboso in Frisia Sicarie mortuo, etc.*

¶ **SICATOR** Bosci, pro *Secator*, Qui ligna cædit, Gall. *Bucheron*, in Charta ann. 1354. ex Chartophyl. Reg. Regest. 82. Ch. 670. Vide *Secare* 2.

1. **SICCA**, Sepia, piscis, Gallice *Seiche*. Regestum Castri Lidi in Andibus pag. 31 : *Si mercator in foro vendiderit millenarium suum de harenc, nummatum de harenc reddiderit, et non elegerit. Millenarius Siccarum, 4. den. centum, ob.* [Charta ann. 1202. apud Lobinell. tom. 2. Histor. Britan. col. 372 : *Dedi sallagium meum et redditum Siccarum de Plouec et de Karity.*]

¶ Seches, in Libertat. Pontis-Ursonis inter Ordinat. Reg. Franc. tom. 4. pag. 641 : *Et si ferat Seches, de unoquoque milliario, quatuor denarios, sive ibi vendat, sive transeat.*

* Charta ann. 1307. in Reg. 38. Chartoph. reg. ch. 219 : *Hermero de Monte Martyrum dedimus coustumam coriorum et Siccarum in nundinis edicti* (indicti).

2. **SICCA**, pro *Sica*, Pugio, ensis. Gregorius Turon. lib. 9. cap. 19 : *Et statim extinctis luminaribus, caput Sicharii Sicca dividit.* Cap. 36. *Sica* scribitur : *Et elevans manum cum Sica, caput hominis libravit.*

¶ 1. **SICCAMEN**. Charta Caroli Crassi ann. 884. apud Calmet. tom. 1. Hist. Lothar. inter Probat. col. 318 : *Constituimus... per singulos annos in festivitate S. Apri Episcopo civitatis exhiberi convivium inibi peragendum, ad quod dentur de rebus fratrum panis modii x. vini modii x.... bacco 1. cum Siccamine, porcelli 11. etc.* An caro sicca, ut fumosa perna? an condimenti species? Vide *Siccum*. [** Alia notione Ariditas, siccitas. Ecbasis vers. 197 :

Mane sed officium faciet mihi more suorum,
Sanguinis ex salice roret Siccamina linguæ,
Proluet hic potus spurcamina pectoris hujus.]

* 2. **SICCAMEN**, Materia omnis, quæ sicca et arida est. Mirac. S. Bert. tom. 9. Collect. Histor. Franc. pag. 120 : *Ad postremum fossas circa munitionem miræ et altitudinis et amplitudinis factas munientes, seu vimineis parietibus, stramine et omnigeno Siccamine compleverunt, conantes incendio profligare, etc.*

¶ **SICCARE**, sensu passivo, in Actis SS. tom. 3. Mart. pag. 462 : *Et in ipso meatu exitus sui illico lacrymæ Siccaverunt.*

* Vita S. Lugidi tom. 1. Aug. pag. 343. col. 1 : *Vituli ad vaccas ruerunt; sed ora vitulorum circa mamillas matrum Siccaverunt, nec lac sugere poterant.* Id est, aruerunt.

SICCARIA, Agri portio, ubi siccantur panni eloti. Arestum Parlam. Paris. 10. Jan. 1320 : *Super debato saisinæ quarundam Siccariarum pertinentium ad dictum Militem, etc.*

☞ Malim eo loci *Siccariam* interpretari locum ubi siccantur pisces, vulgo *Secherie*, vel tributum quod ex iis locis percipitur, ut in Charta ann. 1317. apud Lobinell. tom. 2. Hist. Britan. col. 472 : *Item villam et castellanias de Pontrieu et de Rupederiani..... cum omnibus feodis, et retrofeodis, firmis, bladis, molendinis, Siccariis, juribus et aliis emolumentis, etc.* *Siccatura piscium*, dicitur in Charta ann. 1225. inter Schedas ejusd. Lobinelli.

* Ea procul dubio notione usurpatur, in Charta Joan. ducis Brit. ann. 1279. ex Reg. 50. Chartoph. reg. ch. 31 : *Cum mercatores de Bayonia proponerent Sicaria piscium de loco beati Mathæi in finibus terrarum, ac ipsius Sicariæ jura et pertinentia ad eos.... pertinere,.... ac peterent quod nos Sicariam, jura et pertinentia hujusmodi mercatoribus liberaremus eisdem..... Concedimus dictam Siccariam congrorum et merluciorum, cum suis pertinentiis et juribus consuetis, habendam et tenendam ab eis... Debemus etiam nos..... districte servare,.... quod nemo, exceptis ipsis mercatoribus,...... possit in dicta Siccaria congros et merlucios, a Paschate usque ad festum B. Michaelis in monte Tuba, siccare.*

SICCATORIA, [Ubi siccanda appendunt.] Guibertus lib. 3. de Vita sua cap. 11 : *Cadaver in camino domus super cineres prono ore composuit, et instrumentum desuper pendens, quod Siccatorias vocant, super eum dejecit, ut putaretur, quia sic eum machinæ casus obtuderit.*

SICCATORIUM, in Glossis Saxon. Ælfrici : Cyln, vel ast, i. fornax, vel Siccatorium. Canones Hibern. lib. 51. cap. 9. de Ballivis : *Si vero foras exierint ultra Siccatorium, dominus reddet, si aliquid mali fecerint.* [Libellus de successoribus S. Hildulfi cap. 16. in Hist. Mediani Monast. pag. 215 : *Sed omne domus suæ ædificium cum ipso Siccatorio ultricibus traditum flammis invenit.* Locus ubi aliquid Siccatur, hypocaustum, vaporarium.]

¶ **SICCATURA**. Vide in *Siccaria*.

¶ **SICCINA**, apud Mabill. tom. 3. Annal. Benedict. pag. 358. ex Charta Aldenæ cujusdam nobilis feminæ, quæ alodem filio suo Amelio tradit, eo pacto ut per unumquemque annum *Siccinas* donare faciat ad domum S. Mariæ Urbionensis. Vide *Siccamen*, et *Siccum*.

SICCISCUS. Chronicon Fontanellense pag. 246 : *Ad saccos quindecim comparandum griseos Sicciscos, unde cappæ fiant, lib. 10.* [Vide *Sextusdecimus*.]

¶ **SICCUM**. Capitulare de Villis Caroli M. cap. 34 : *Omnino providendum est cum omni diligentia ut quicquid manibus laboraverint aut fecerint, id est, lardum, Siccum, sulcia,... cum summo nitore sint facta et parata.* Vide *Siccamen* et *Siccina*. [** Apud

Partzium *Siccamen*, quod interpretatur Carnes fumo siccatas.]

¶ **SICCUS** Census. Vide in *Census*.

¶ **SICELA**, diminut. a Sica; unde

¶ **SICELATUS**, Parva sica armatus, apud Capitolin. in Maximo et Balbino. Vide ibi Salmasium.

¶ **SICERA**, Isidoro lib. 20. Orig. cap. 3: *Est omnis potio quæ extra vinum inebriare potest; cujus licet nomen Hebræum sit, tamen Latinum sonat, pro eo quod ex succo frumenti vel pomorum conficiatur, aut palmarum fructus in liquorem exprimantur, coctisque frugibus aqua pinguior, quasi succus colatur: et ipsa potio Sicera nuncupatur.* Constitut. S. Ansegisi sæcul. 4. Bened. part. 1. pag. 640: *Sicera, humolone, quantum necessitas exposcit.* Vide *Cavaticarii*.

* Reg. visitat. Odon. archiep. Rotomag. ex Cod. reg. 1245. fol. 90. v°: *Visitavimus hospitale de Novocastro.... Habent satis estauramenta, ut pote bladum, avenam, carnes, vinum, cervisiam et Sinceram.* (sic) Ibid. fol. 259. r°: *Non habent estauramenta aliqua, videlicet neque vinum, neque Siceram, i. Sidre, neque carnes.* [** Polypt. Fossat. post Irmin. pag. 286. sect. 10: *In mense martio debent habere panem et ligumen et Siceram, mense maio panem et caseum, mense octobrio panem et vinum.*]

SICERATORES, *id est, qui cervisiam, vel pomatium, sive piratium, vel aliud quodcumque liquamen ad bibendum aptum fuerit facere sciant*, in Capitulari de Villis cap. 45.

¶ **SICERE**. Charta Zuenteboldi Reg. ann. 896. apud Marten. tom. 1. Anecd. col. 55: *Licentiam eis damus, quod Sicere ejusdem monasterii domini magis ad illorum victum conquirere possint... de ipsis rebus monasterii faciant.* Sed hæc non videntur sana.

SICEUS. Chronicon Magdeburg. laudatum a Mabillonio, ubi de Hildeberto Archiep. Moguntiacensi: *Duces ac Præfectorum Principes cum manu principum ac militum congregati in Siceo basilicæ magni Karoli cohærenti, etc.* Ubi monet vir doctus alias *Xisto* legi.

¶ **SICHA**, ut *Sica*. Vide in hac voce.

¶ **SICHALIS**. Vide infra in *Sigalum*.

¶ **SICHEL**, Monetæ species. Vide infra *Siclus*.

¶ **SICHELA**. Gloss. MS. Lindenbrog.: *Falx, falcinula, Sichela.* Germanis olim *Sichen*, *sigen*, secare, Gall. *Scier*. Gloss. Keronis: *Securi, Sihhure.* Vide *Sicilis*.

¶ **SICHETA**, Sichetus. Vide supra in *Sica*.

SICHIA, Navis species. Sanutus lib. 3. part. 13. cap. 10: *Sequenti vero anno idem Rex cum Hospitalariis et Templariis armaverunt septem galeas, et quinque Sichias, etc.* Forte *sagitias*. Vide *Sagitta*.

¶ **SICIA**, Cucurbita, ventosa. Vide *Cufa* 2.

¶ **SICILIANI**, Siculi, Gallis *Siciliens*. Chron. Parmense ad ann. 1282. apud Murator. tom. 9. col. 802: *Siciliani miserunt pro dicto Rege Arragonæ, quod veniret ad accipiendum Siciliam.*

* *Sezile*, pro *Sicile*, in Charta ann. 1305. ex Lib. rub. Cam. Comput. Paris. fol. 282. v°. col. 2: *Le reaume de Sezile, etc.*

¶ **SICILICUS**, Sicilium. Vide *Siclus*.

SICILIS, ἄρβηλον, in Glossario Gr. Lat. MS. editum ἀρβῆλον, *Ficilis*, præfert. Est autem Ἀρβηλον, *Culter sutorius*, apud Nicandrum. [Vide *Sichela*.]

¶ **SICINIUM** *dicitur, quasi singularis cantilenæ vox, id est cum unus canit, quod Græcis monodia dicitur*, in Gloss. Arabico-Lat. Vide *Bicinium*, et infra *Sincinnium*.

¶ **SICINNISSAT**. Vide *Sancenissat*.

SICKERBORG. Vide *Wrang*.

1. **SICLA**, Siclus, Sigla, Mensura liquidorum. Apud Græcos et Latinos *Sicel* est quarta pars unciæ, et stateris medietas, drachmas appendens duas: apud Hebræos vero est unciæ pondus. Vide Cujac. lib. 12. Observ. cap. 40. Lex Alamannor. tit. 22: *Servi Ecclesiæ tributa sua legitime reddant 15. Siclas de cervisa, porcum valentem tremisse uno, etc.* Capitula Caroli M. ann. 797. edita ab Holstenio cap. 11: *Mel vero pro solido bortrensi Siglæ 1. et medio donant: Septemtrionales autem 2. Siclos de melle pro 1. solido donent.* Chartæ Alamannicæ Goldasti *Siclas*, *Siglas*, et *Seglas cervisæ*, promiscue habent num. 42. 49. 59. 67. et 69.

Σίκλα etiam hac notione occurrit apud Græcos Scriptores. Theodoritus lib. 4. Histor. apud Joan. Damascenum lib. 3. de Imaginib. pag. 191. edit. Rom. ubi de quodam Olympio Ariano: Καὶ φησὶν ὁ Ὀλύμπιος, ἄνδρα κατεῖδον λευχειμονοῦντα ἐπιβάντα μοι κατὰ τῆς νεροφόρου, καὶ τρεῖς σίκλας θερμοῦ περιχέαντά μοι, καὶ λέγοντά μοι, etc. Vide Glossar. med. Græc. in Σίτλα. Ex quo emendandi Victor Tunnensis, et Ado Viennensis, qui hoc loco habent, *immissis tribus ignis jaculis*: legendum enim *siculis*, vel *siclis*, ut habet Isidorus Hispalensis in aliquot codd. nam alii præferunt etiam *jaculis*. Quippe

Sicula, Eadem notione occurrit in Capitulari de Villis cap. 9: *Volumus, ut unusquisque judex in suo ministerio mensuram modiorum, sextariorum, et Siculas, per sextaria octo, et corborum eo tenore, habeat, sicut et in palatio habemus.* Acta Murensis Monasterii pag. 59: *Cum autem venerit tempus vindemiæ... post vindemiationem et uvarum calcationem in cellarium nostrum mustum importare* (debet,) *sextam aut Siculam sibi habere, quæ Siculæ signatæ debent esse ad constitutam mensuram.*

* Charta ann. 952. tom. 1. Hist. Trevir. Joan. Nicol. ab *Hontheim* pag. 285. col. 2: *Ex eisdem vineis quatuor Siculas vini persolvent.*

Siclus, Eadem perinde notione. Capitula Caroli M. ann. 797. edita ab Holstenio cap. 11: *Duos Siclos de melle pro uno solido donent.* Charta Henrici IV. Imp. ann. 1114. in iisdem Actis Murensis Monast. pag. 22: *Unum maltrum de frumento, et unum fritschingum, et unum Siclum de vino, etc.* Vide in *Siclus* 2.

Ciclum, pro *Siclum*. Notitia ann. 1113. apud Perardum in Burgund. pag. 106: *Ecclesiam et atrium violaverunt, Cicla sciderunt, vina fuderunt, annonas sparserunt, etc.*

2. **SICLA**, Moneta, seu Ædes, in qua cuditur: Ital. *Zecca*, sic dicta Arelatensibus a siclo vulgari Judæorum ibi habitantium. Conventiones inter Ludovicum II. Regem Siciliæ et Arelatenses anno 1385. art. 26: *Item quod dictus Rex et Comes teneatur, et ejus successores teneantur tenere Siclam, et fabricari facere monetas suas aureas et argenteas et alias in dicta urbe Arelatensi.* [Histor. liberat. Messanæ apud Murator. tom. 6. col. 622: *In qua etiam* (regia) *totius dominii nostri pecunia aurea, argentea et ærea cudatur, et officiales Siclæ ipsius cognoscant de qualitate et pondere ipsius monetæ, quæ per omne regni dominium expendetur.*] Vide *Siclus* 1.

* **SICLADA**. Glossar. Provinc. Lat. ex Cod. reg. 7657: *Illa, Prov. insula, mediamnis, Siclada.*

SICLADES, Panni species. Vide *Cyclas*.

SICLÆ, *Aves minores perdicibus, majores vero turdis.* In Gloss. Medico MS. Reg. cod. 1486.

Siclinus Color, Cujusmodi est siclarum, avium ita dictarum. Constantinus Afric. lib. de Urinis cap. 1: *Siclinus autem coleram nigram abundare signat.*

SICLARII Apuliæ, apud Petrum de Vineis lib. 3. Ep. 14. Forte iidem qui Monetarii. Vide *Sicla* 2.

SICLINUS. Vide *Siclæ*.

SICLO, Idem quod *Siclus*, seu uncia apud Hebræos. At aliud sonat apud Anastasium in Gregorio IV. pag. 167: *Canthara cum thymiamaterio pens. lib. tres, Siclonem unum pens. libras tres.* Vide *Sigla* 2.

¶ **SICLUM**, pro *Sicalum*, ut videtur, Secale. Regest. Prumiense apud Leibnit. tom. 1. Etymol. pag. 431: *Ducit de Cuchkeme de Siclo modios quinque, ducit etiam de Calburne de annona modios decem.* Vide *Sigalum*.

1. **SICLUS**, apud Hebræos moneta notissima, de cujus pondere et pretio multa commentati sunt, qui de re nummaria scripsere, Budæus, Scaliger, Villeboldus, Snellius, et alii. Glossæ MSS.: *Siclus, uncia apud Hebræos; apud Lat. quarta pars unciæ. Secundum alios siclus 4. obolos continet, obolus 12. denarios.* [Gl. Lat. Gr.: *Sicilium*, οὐγκίας τέταρτον; in MSS. *Secilium, sicilicus.* Apud JC. usus erat C averso *sicilicum* denotare in hunc modum Ɔ, ut discimus ex Mæciano lib. de Asse: *Centesimam commodi usurarum nomine ad sortem applicari, et Sicilico, id est, C averso notari. Sicilicus* VI. *scripuli*, apud Raban. lib. de Computo cap. 8.] Ita porro etiam, nescio quam monetam, appellarunt recentiores, atque inprimis Germani, quibus *Sichel* dicta. Glossæ antiquæ MSS: *Sicilicus, qui Latina lingua corrupte Siclus dicitur: idem et Sichel.* Annales Francor. Fuld. ann. 850: *Unus modius de frumento Moguntiaci vendebatur 10. Siclis argenti.* Henricus Imp. de Conventione pacis publicæ ann. 1051. apud Goldastum: *Si quis Sicli unius aut duorum pretii furtum aut prædam fecerit, etc.* Acta Murensis Monasterii pag. 51: *Persolvunt censum de auro quod appendit Siclum, quo in 5. partes diviso, nobis dantur tres partes, et participibus nostris duæ, sicque aurum nostrum appendit sex nummos et dimidium.* Ditmarus lib. 6. pag. 75: *Presbyteris et Diaconis vestitum suimet 8. Siclis, Subdiaconis autem et inferioribus 4. adauxit.* Con-

radus Usperg. in Henrico III : *Cum tanta alimentorum abundantia militiam suam Christus deduxit, ut aries nummo, bosque Siclo venisset.*

Siclus, etiam apud veteres Anglos monetæ species fuit. [Siclus apud Anglo-Saxones pretii erat duorum denariorum argenteorum, ex Hickesii Præfat. ad Grammat. Anglo-Saxon. pag. 21.] Albinus seu Alcuinus, in Epistola ad Colcum, inter Hibernicas : *Et per singulos Anachoritas tres Siclos de puro argento.* Egbertus in Dialogo de Ecclesiastica institutione pag. 98 : *Quisque vero fratrum contra interdicta venerabilium Canonum transfugam Clericum vel Monachum sine literis pacificis susceperit, et conventus in hac obstinatione perduraverit, reddat quod statutum est,* 30. *quidem Siclos* 15. *vero Episcopo loci,* 15. *Abbati, cujus Monachum sine nutu Prioris sui susceperat, etc.* Infra, *Siclum* valuisse duobus *argenteis,* seu denariis innuit : *Laici vero, qui sacrilega se conjunctione miscuerint velatis,... duplicata* 30. *Siclorum pecunia, hoc est* 60. *argenteos volumus dare Ecclesiæ adulterantes, etc.* Adde pag. 103.

* Sed et apud nos quoad nomen in usu, ut colligitur ex Charta Phil. I. ann. 1083. in Reg. Phil. Aug. ex Chartoph. reg. sign. 34. bis part. 2. fol. 120. v° : *Si quis autem ausus fuerit quod firmatum est regaliter inquietare, secundum legem salicam Siclos auri centum solvat, et reus majestatis sit, anathema maranatha.*

¶ 2. **SICLUS**, Situlus æneus, Ital. *Secchio.* Agnellus in Vita S. Maximiani apud Muratorium tom. 2. pag. 109 : *Allatum est nobis æreum vasculum quod vulgo Siclum vocamus, et projecti sunt Sicli pleni aqua, quæ erat infra arcam super ossa B. Maximiani numero* cxv. Vide in *Sicla* 1.

¶ **SICOFANTICUS**, pro *Sycophanticus*, Sycophantarum more. Tabul. S. Juliani Turon. : *Si quis huic institutioni aliqua Sicofantica reclamatione contradicere molitus fuerit, nomen ejus ab albo supernorum civium deleatur, etc.*

SICTOR. Tabularium Brivatense ch. 405 : *Habet censum alode porcos* 2. *multones* 2. *civada ss.* 2. *agnum* 1. *gallinam* 1. *inter carrei et civadiæ den.* 12. *panes* 2. *de Sictore den.* 2. *gerbas* 4. Infra : *Et civadam totam, et gallinas* 3. *et Sictores, et* 5. *panes, etc.* [Vide an idem sit quod *Sigalum*.]

* **SICULA**, Vasis genus ad usum ecclesiæ, f. pro Situla, vas aquæ benedictæ. Status eccl. Constant. inter Instr. tom. 11. Gall. Christ. col. 219 : *Ceterum ornamenta ecclesiastica et utensilia, calices, cruces, capsas, phylacteria, candelabra, thuribula, bacinos, Siculam et ampullas aurea contulit et argentea.* Vide alia notione supra in *Sicla* 1.

SICULUS. Pactum inter Philippum Regem Franciæ et Almarricum Vicecomitem Narbonensem, super Judæis et eorum bonis, 5. Junii ann. 1309. in Regesto Chartophylacii Regii : *Videlicet quod ex causa et nomine transactionis, pro bonis ipsorum Judæorum nos damus, et dare et solvere tenemur* 5000. *ll. Turon. parvorum fortis bonæ monetæ : Item domus liberorum Salomonis de Melgorio, in quibus sunt tres Siculi, et tres solarii, quæ conjunguntur cum Palatio dicti Vicecomitis, etc.*

* Leg. *Sotulus;* qua voce Pars domus inferior, Gall. *Rez-de chaussée,* significatur. Vide *Sotulum.*

* **SICUS**, Sicum, Sulcus aquarius, lacuna, lira, idem quod *Sica* 1. Vide in hac voce. Charta Florent. episc. Glasg. in Chartul. ejusd. eccl. ex Cod. reg. 5540. fol. 40. r° : *Terra,...... quæ vocatur Schotteschales per suas divisas, scilicet inter burria de Schotteschales et viam per quam itur ad petariam* (f. petrariam) *et sicut Sicus descendit ab illa via in prædictam burnam* (sic) *ex orientali parte de Schotteschales, et sicut alius Sicus descendit ex occidentali parte de Schotteschales.* Alia Will. reg. Scot. ibid. fol. 76. r° : *Et sic deinde susum ad Sicum, quod est propinquius sub Todholevig, et sic ab illo Sico usque ad Sicum, quod vadit in rivulum de Langhope. Situs* male infra col. 602.

¶ **SICUT** Alias, Formula in iterato jussu usurpari solita. Charta Caroli Reg. apud Th. *Blount* in Nomolexic. Anglic. : *Præcipimus tibi (Sicut alias præcipimus) quod non omittas propter aliquam libertatem in balliva tua, quin eam ingrediaris et capias.*

¶ Sicut Amat Se et Sua, Formula alia quæ occurrit in lib. nigro Scaccarii pag. 367 : *Quod nullus præsumat, Sicut amat se et sua, facere secundam, nisi, etc.* Non semel ibi legitur.

* **SIDELIA**, iæ, *Channeteil*, in Glossar. Lat. Gall. ann. 1352. ex Cod. reg. 4120. Vide mox *Sidere.*

¶ **SIDELINGA**, Modus agri aquis proximus, a Saxon. sid et side, latus, Anglis *Side-ling*, flexuose, oblique, Gall. *de côté, de biais.* Inquisitio terræ *de Bruncestre* ann. 1399. apud Kennett. Antiq. Ambrosd. pag. 531 : *Cujus aqua manat ultra et præter dictas buttes, et ideo Sidelinges vocantur, nec pertinent ad furlong de Longstanford, nec ad bustames furlong, si jacent inter medium.* Ibidem pag. 532 : *Deinde transeundum est ad furlong de Thromwell cum le Sidelyng adjacente.* Rursum : *Ab hoc furlong procedunt le Sidelyngs, de quibus patet superius.* Vide *Swollynga.*

SIDELWEIDEN. Vide *Zidelweida.*

¶ **SIDEN**, Potus species, Belgis. Teloneum S. Bertini : *Quicumque tulerit per villam cum Siden (alias Zeichen)* 1. *ob.*

SIDERATUS, Paralysi percussus, ἡμίξηρος, in Gl. Gr. Lat. vox Latinis scriptoribus nota. Gloss. Saxon. Ælfrici : *Sideratus, vel ictuatus,* særunge astorfen. Somnerus hæc verba Saxonica interpretatur, *forte caduverosus.* Marcellus Empir. cap. 14 : *Facit ad linguam Sideratam, quod genus morbi Paralysin Græci vocant.* Vegetius lib. 2. de Re veterin. cap. 39 : *Inventum si fuerit Sideratum, his agnosctur signis.* Ibid. *Maxilla Siderata.* Adde Plinium lib. 3. de Medicina cap. 16. Lex Longob. lib. 1. tit. 8. § 25. [** Roth. 126.] : *Si.. manus aut pedes, vel quodlibet membrum plagatum aut percussum, si fuerit Sideratum, et non perexcusserit a corpore, etc.* Vide editionem Heroldi pag. 166. 170. 171. [** Roth. 62. 68.]

Assideratus, Eadem notione, [Italis *Assiderato.*] Miracula S. Simonis Tudertini n. 14 : *Quædam puella... Assiderata brachio dextro, etc.* Vide Oct. Ferrarium in *Assidrarsi.*

Siderosus. Gloss. Lat. Græc. : *Siderosus,* ἀςρόπληξ, ἐπιλεπτικός.

* **SIDERE**, *Chanter, vel rechigner, vel resplendir,* in alio ex Cod. reg. 7692.

* **SIDIGUNTA** Aqua, *apud Oribasium, i. ferrea, ubi de aquis naturalibus loquitur : sed puto Sidiruta.* Glossar. medic. MS. Sim. Januens. ex Cod. reg. 6959.

* **SIDIPEDIUM**, Cultellus calamarius, Gall. *Canif.* Glossar. Lat. Gall. ann. 1352. ex Cod. reg. 4120 : *Sidipedium, Quanniveit.*

* **SIDRATUS**, Paralysi percussus. Mirac. S. Raym. Palmar. tom. 6. Jul. pag. 660. col. 2 : *Mulier vero protestata fuit, quod erat Sidrata omnibus membris, et omnino dissoluta, præter de manibus, et nullo modo poterat se adjuvare.* Occurrit rursum ibid. pag. 662. col. 2. et pag. 663. col. 1. et 2. Vide *Sideratus.*

* **SIDRUS**, Potus ex succo malorum vel pirorum confectus, Gall. *Cidre,* vel *Sidre.* Reg. S. Justi ex Cam. Comput. Paris. fol. 214. v° : *Item servicia undecim bordariorum, qui debent poma colligere et triblare et facere Sidrum.* Lit. remiss. ann. 1351. in Reg. 81. Chartoph. reg. ch. 550 : *In qua* (domo) *Sidrum vendebant pro potando.* Vide supra *Sicera.*

* **SIEDMADZIESTA**, Siedmdziesiat, Mulctæ species apud Polonos. Stat. Casimiri ann. 1346. inter Leg. Polon. tom. 1. pag. 13 : *Cum alia pœna Siedmadziesta, etc. Decernimus quod pœna, Siedmdziesiat dicta, nostræ cameræ applicanda puniantur.* Infra pag. 53. et 152 : *Siedmnadziesta.* Rursum pag. 251 : *Regalem pœnam, dictam septuaginta, alias Siedmnadziesta. Siedmodziesta,* ibid. pag. 344 : *Pœna quatuordecim marcarum, quæ dicitur Siedmodziesta.*

SIDERCUNDUS. Vide *Sithcundus.*

¶ **SIENNA**, Sequana, Gall. *la Seine.* Charta Philippi V. Reg. Franc. ann. 1319. in Indice MS. beneficiorum Eccl. Constant. fol. 70 : *Villa etiam quæ vocatur sancti Laudi supra Siennam fluvium cum ecclesia et duobus molendinis*

* Alterius fluvii nomen est, nullibi quod sciam designatum, ad quem appositus est locus sancti Laudi de Orvilla nuncupatus, septem aut octo leucis a Constantia versus Septentrionem distans : nam oppidum sancti Laudi Veræ, non Sequanæ adjacet. Vide supra *Sena* 2.

¶ **SIENOGUN**, *Pupilla oculi,* apud Schilterum in Gloss. Teuton. ex Gloss. Lipsii.

SIERUM, Serum lactis. Jacobus I. Rex Aragoniæ in Foris Oscæ ann. 1247. fol. 15 : *Quidam homo dedit cuidam tantum de Sieru pro tanto de musto; quod reciperet in mense Septembris.* Infra : *Quod qui debebat mustum, explectasset primitus uvas suas, et ex eis musto omnino extracto, vinatias ipsas iterum exprimeret, aqua mixtas, sicut ille qui dedit Sierum, expresserat, unde Sierum exierat.*

¶ **SIFFA.** Charta Conradi II. Imp. ann. 1039. apud Eccardum Histor. Landgr. Thuring. col. 314 : *Deinde versus Aquilonem ad quamdam Siffam juxta Machonouua, usque ad bivium, etc.*

¶ **SIFFIARE.** Vide supra *Siare.*

SIFFLOTUS. Fistula, Gall. *Sifflet*, occurrit apud Raphanum de Caresinis in Chron. MS. ann. 1379. [Malim de tibia militari, Gall. *Fifre*, interpretari. Vide *Siblotus*.]

SIFFULS, Species mensuræ Anglicanæ Monasticum Anglic. tom. 1. pag. 14 : *Debent habere monachi ad* VIII. *festivitates principales, octo summas frumenti,... et in eisdem festivitatibus singulos Siffuls de frumento ad wastellos de granario.*

¶ **SIFON**, *Vas appellatum, quod aquas sufflando fundat. Utuntur enim hos* (his in) *Oriente. Nam ubi senserint domum ardere, currunt cum Sifones* (sic) *plenis aquis et extingunt incendia.* Gloss. Sangerm. n. 501.

* Pro *Siphon*, quod eadem notione legitur apud Columel. et Hesych. Quæ vero hic habentur ex Isidoro hausit Glossator.

SIFORI. Vide *Silfori*.

¶ **SIGALINUS**, Secalitius, *de Segle*. Charta ann. 934. apud Meichelbec. tom. 2. Histor. Frising. pag. 523 : *Et* XXX. *Sigalinos panes... offerat.* Vide mox *Sigalum*.

SIGALUM, SIGALIS, SIGELIS, SIGILUM, SEGULA, etc. Voces unius ejusdemque notionis : Lat. Secale, Gallis *Segle*.

SIGALUM. Ugutio, et ex eo Joannes de Janua : *Sigalum, quædam annona, quia videtur latere et silere inter spicas propter suam vilitatem : unde Sigalinus, Sigaliceus, Sigalonius. Unde et terra, quæ tali annona abundat, dicitur Sigalonia* : scilicet pagus ad Aurelianum, qui hodie *la Sologne* appellatur. Glossar. Lat. Gall. : *Sigalum, Seige, gros blé*. [In Sangerm. : *Sigalum, une maniere de blé, Seigle*.] Concilium Francoford. ann. 794. cap. 4 : *De modio Sigali denarii* 3. *Panes sigalatii*, ibidem. *Panis Sigali, qui Turta vulgariter appellatur*, apud Udalricum lib. 2. Consuet. Cluniac. cap. 4.

SIGALIS. Capitulare Caroli M. ann. 797. editum ab Holstenio cap. 11 : *De annona vero bortrinis pro sol.* 1. *scapilos* 40. *donant, et de Sigale* 20. Charta ann. 826. apud Doubletum pag. 793 : *Quas villas acceperunt memorati fratres pro Sigale modios mille trecentos.* Ermanricus in Vita S. Soli cap. 6 :... *Terra ibidem adjacens sterilis est, nihilque pinguius sigale gignit.* Moschopulus lib. περὶ σχεδῶν. : ὄλυρα, εἶδός τι τῶν σπορίμων, ἢ καὶ ζειὰ καλουμένη, ἡ κοινῶς σίκαλις.

SIGELIS. Capitul. Caroli M. lib. 1. cap. 132. [** 126.] : *Modium unum de Sigele contra denarios* 3. *Modium* 1. *de frumento parato contra denarios sex.*

¶ SICALIS. Statuta Vercell. lib. 3. fol. 73 : *Et si receperit quartaronos sex rasos Sicalis cumunalis, etc.* Adde Castelli Chron. Bergom. apud Murator. tom. 16. col. 961.

¶ SICALUM, in Statutis Genuens. lib. 4. cap. 58. fol. 114 : *Frumentum, ordeum, spelta, avena, Sicalum, siligo, faba, cicera, etc.*

¶ SICHALIS. Johannis Demussis Chron. Placent. ad ann. 1185. apud Murator. tom. 16. col. 456 : *Starius Sichalis pro denariis* x.

¶ SIGALA. Chronic. Novalic. apud eumd. tom. 2. part. 2. col. 735 : *Non sunt nobis amplius præter quinque modia Sigalæ et tria sextaria tritici.* Adde Lobinell. tom. 2. Hist. Britan. col. 236.

¶ SIGALE. Vita Aldrici Episc. Cenoman. num. 56. apud Baluz. tom. 3. Miscell. pag. 144 : *Debentur inde de pastione inter frumentum et sigale modii* XXXIIII.

SIGILUM. Tabularium S. Remigii Remensis : *Sunt ibi avergariæ* 3. *ubi possunt seminari de Sigilo modii* 20. *etc.* Letaldus, Monachus lib. Miracul. S. Maximini Miciacensis Abbat. n. 19 : *Eos ut stipendiarios Sigilo alebat, cæteris bonis penitus abrasis.*

¶ SIGILA. Charta ann. 1016. ex Tabul. S. Martialis Lemovic. : *Reddens censum omni anno* VII. *sextarios Sigilæ et* XII. *denarios.*

¶ SIGILINA. Chartul. Kemperleg. : *Sex modia frumenti et Sigilinæ.*

SIGILLA. Chronicon Malleacense ann. 1122 : *Circa* 2. *solidos fuit sextarium Sigillæ, et sextarius frumenti per* 3. *solidos.*

¶ SIGILLO. Chartul. S. Petri de Domina fol. 121. v°. : XX. *sextarii frumenti et* XX. *de hordeo cum Sigilline mixto.*

¶ SIGLA, in eodem Chartul. fol. 106. v° : *In Pascha* I. *agnum et* II. *panes.... et* I. *eminam de Sigla.* Tabular. Camalar. : *Ad Seveiracum est* I. *apendaria alodi et debet* I. *eminam Siglæ et* I. *cart. ordi.*

¶ SEGALIS. Capitul. 5. Caroli M. ann. 806. cap. 19 : *Modium unum de Segale contra denarios quatuor.* Acta Erchanberti Episc. apud Meichelbec. tom. 1. Hist. Frising. pag. 126 : *De ordea modios* II. *et de Segale modios* 20. Charta ann. 879. in Append. Marcæ Hispan. col. 807 : *Et modio uno de Segale pro solidum unum.* Aremorici *Segal* dicunt.

¶ SEGEL, in Charta ann. 1085. apud Baluz. Histor. Tutel. pag. 427 : *Duos sextarios de Segel et duos de civada.*

¶ SEGLE. Dispositio rei familiaris Cluniac. facta a Petro Abbate apud Baluz. tom. 5. Miscell. pag. 448 : *Reddere solitus erat* 560. *sextarios frumenti et* 500. *de Segle.* Charta apud Stephanot. tom. 2. Antiq. Benedict. Lemovic. MSS. pag. 312 : *Et omni anno quatuor sextarios frumenti et quatuor Segle.*

¶ SEGLIA. Tabul. Casæ Dei : *Unum sextarium Segliæ et alium avenæ.*

¶ SEGLUM. Tabul. Vosiense fol. 3 : *Debent quatuor summatas de Seglo.*

SEGULA, in Historia Monasterii S. Nicolai Andegav. pag. 161. [Charta ann. 1081. apud Stephanot. tom. 3. Antiquit. Bened. Pictav. MSS. pag. 552 : *Quatuor sextarios frumenti et quatuor Segulæ.*]

¶ SIGULA. Tabul. S. Albini Andegav. : *Habeat quotidie panem et vinum sicut monachus claustrensis et unoquoque anno unum sextarium de Sigula et alterum de fabis, et unam eminam de milio.* Adde Lobinell. tom. 2. Hist. Britan. col. 170.

SEGALLUM. Ratherius Veron. in Apologetico pag. 237 : *Quisque Presbyterorum annuatim acciperet inter frumentum et Segallum modia decem. Panis segalatius*, apud Fortunatum in Vita S. Radegundis cap. 15. et 21. Denique

SECALE, apud S. Hieronymum in Ezech. cap. 4. et in Lege Saxon. tit. 18. *Segale*, Senensibus. Charta Ludovici Pii Imp. apud Doubletum pag. 740 : *De tritico puro ad eorum et hospitum in refectorio venientium opus modia duo millia centum : ad præbendam famulorum illis servientium de Secale modia duo millia quingenta, etc.*

* *Soille*, in Chartul. Corb. sign. *Ezechiel* ad ann. 1421. fol. 142. r° : *Quatre journaux d'escourion et deux de Soille.*

¶ **SIGAUDA**, Vestis species. Statuta Eccl. Constant. cap. 18. apud Marten. tom. 4. Anecd. col. 806 : *Reprehendimus presbyteros, qui per parochias vadunt in supertuniculibus apertis, nimia brevitate notandis, et in Sigaudis, et etiam in habitu tali coram nobis venire non formidant : in quo habitu potius videntur albalestrii, vel pugiles, quam clerici vel presbyteri.* Vide *Paragauda*.

¶ **SIGELIS**, ut *Sigalum*. Vide ibi.

SIGERONES. Constantinus African. lib. 5. de Morbor. curat. cap. 1 : *In hac quinta* (parte) *dicere disposuimus, quos morbos secunda in epate patiatur, et Sigerones et curas secundum antiquorum autoritates.*

¶ **SIGILA**, ut *Sigalum*. Vide ibi.

* **SIGERA**, *Purgamenta metallorum in igne, sive Rubigo.* Glossar. vet. ex Cod. reg. 7613.

SIGILBOTH, Sigillorum custos, Camerarius Principis, vox Alemannica, a *Sigil*, sigillo, et *botth*, nuntio vel custode. Goldast.

SIGILINA, SIGILLA. Vide *Sigalum*.

¶ **SIGILLARE**, Diplomate, seu litteris sigillo munitis rem confirmare. Chartul. S. Vincentii Cenoman. fol. 62 : *Petierunt a nobis tam monachi quam dictus Richardus, quod omnes redditus pertinentes ad monachos Sigillaremus.*

¶ **SIGILLARIA.** Vide *Sigillus* 2.

¶ **SIGILLARIARIUS.** Vide *Sigillarius* 2.

* **SIGILLARIS**, Qui sigillo suo chartam sigillat : *Assessores et Sigillares : Chunradus Ratisponensis, Geroldus Frisigensis, etc.* in Charta ann. 1224. apud Oefelium tom. 1. Script. rer. Boicar. pag. 714. col. 1.

¶ **SIGILLARITIUS.** Vide in *Sigillus* 2.

1. **SIGILLARIUS**, Custos sigilli. Petrus Blesensis Epist. 131 : *Cum in Sicilia essent Sigillarius et Doctor Regis Guillelmi II. tum pueri.* Apud Radulfum de Diceto ann. 1180 : *Walterus de Constantiis*, dicitur *Regis Angliæ Sigillarius*. [Charta ann. 1174. ex Tabul. Audomar. : *Quod ad instantiam et sollicitudinem Gerardi de Yvestivis notarii et Sigillarii mei dedi.*]

* *Séelleur*, in Lit. remiss. ann. 1382. ex Reg. 122. Chartoph. reg. ch. 145. bis : *Ayoul de Rapine.... fu Séelleur dudit arcevesque de Bordiaux par l'espace de dix ans.* Hinc

* SIGILLARII appellati Scribæ seu notarii, quod penes eos esset sigillum jurisdictionis, cujus erant scribæ, nostris *Sigilliers*. Arest. ann. 1365. in vol. 5. arestor. parlam. Paris. : *Sigillariis hominum et universitatis de Lodeva senescalliæ nostræ Carcassonæ et Biterris.... imponebatur nomen Sigillariorum in se assumpsisse, et vestibus autenticis et solemnibus bipertitis ad modum consulum, domo, arca et sigillo communibus usos fuisse.* Lit. remiss. ann. 1448. in Reg. 179. Chartoph. reg. ch. 195 : *Et au fait des elections de leurs capitoulz, sindicz, consulz, Sigilliers, recteurs et autres officiers, etc.* Vide *Sigillifert*.

¶ 2. **SIGILLARIUS**, Sigillorum seu signorum conflator. Gloss. Lat. Græc. : *Sigillarius*, ἀγαλματοποιός. Vide *Sigillus* 2.

¶ SIGILLARIARIUS, SIGILLIARIARIUS,

Eadem notione in Inscript. apud Fabrettum pag. 243 : *Apro Sigillariario.* Alia pag. 177 : *Flavio Sigilliariario.*

¶ Sigilliarius, in Inscript. apud Reines. 11. 19 : *Flatuario Sigilliario.*

SIGILLATICUM. Capitularis Sicardi Principis Benevent. ann. 836. caput. 27. est *de Sigillatico et de nuptiatico.* Sed cum textus in MS. desit, quid hæc vox sonet, non facile est assequi. [f. Tributum, quod pro sigillo publico domino exsolvebatur.]

¶ **SIGILLATIO**, Sigilli appositio. Charta Alberti Austriæ Ducis ann. 1341. apud Ludewig. tom. 5. Reliq. MSS. pag. 531 : *Tenore præsentium profitemur, quod juxta tractatum et ordinationis seriem, quam cum magnifico principe dom. Joanne Bohemiæ Rege... nunc nuper habuimus et pro litterarum Sigillatione per dictum dom. Regem Bohemiæ et filios suos... facienda.*

* **SIGILLATOR**, Sigillorum seu signorum sculptor. Lib. pitent. S. Germ. Prat. : *iij. kal. Maii Anniversarium Galteri Chapon de xxxvj. sol. Paris. quos percipimus Parisiis in vico S. Andreæ super domo Guerini Sigillatoris.* Vide *Sigillarius* 2.

1. **SIGILLATUM**, ex Gallico *le Scellé.* Cognitio de *Sigillato*, dicitur de actis quæ sigillo publico muniuntur. Vetus Arestum apud Paradinum lib. 2. Hist. Lugdun. cap. 71. de Archiepiscopo Lugdun. : *Tribunal etiam notabile in dicta domo nostra Rodanæ nobis cum Delphinatu Viennensi acquisita construi fecerat, in quo de omnibus casibus etiam de Judæis, et de Sigillato Matisconensi in solidum cognoscere satagebat.* Alias in Glossis Gr. Lat. *Sigillatum*, ζωδιακὸν exponitur, id est sigillis seu signis adornatum.

* 2. **SIGILLATUM**, Epistola, quia sigillo obsignatur. Acta dissolut. matrim. Ludov. XII. ex Bibl. reg. fol. 146. r° : *Dux et ducissa Britanniæ suas litteras seu sua Sigillata tradiderunt, et erat præsens vicecancellarius Britanniæ,.... qui signavit dictum Sigillatum dicti ducis tanquam secretarius.* Vide *Sigillum* 1.

1. **SIGILLATUS**, Sigilli publici emolumentum. Charta Roger. vicecom. Biter. ann. 1180. inter Probat. tom. 3. Hist. Occit. col. 151 : *Confiteor me tibi Bernardo Cota dedisse totum tabellionatum curiæ meæ et Sigillatum meum Biterris integre.* Vide in *Sigillum* 1.

* 2. **SIGILLATUS** Lepra, Lepra affectus, f. quia signo aliquo notabatur leprosus. Charta ann. 1188. ex Tabul. Carnot. : *Nevelo filius Gaufridi de Magno ponte Dei voluntate lepra Sigillatus sese dedit domui de Belloloco.* Vide in *Sigillus* 2.

* **SIGILLIFABER**, Sigillorum artifex, sculptor. Memor. C. Cam. Comput. Paris. ad ann. 1359. fol. 234. v° : *Petrus Lermite præpositus Pisciaci aportavit ad Cameram sigilla præpositurœ suæ, quæ prædecessor suus, qui fuerat captus per inimicos, ut dicebat, miserat; supplicans ut in eis fieret aliqua additio vel signum novum, ad tollendam omnem sinistram suspicionem; et in crastinum dictæ diei fuit addita una moleta in dictis sigillis per quemdam Sigillifabrum; et fuerunt retradita sibi ad burellum.* Vide supra *Sigillator.*

¶ **SIGILLIFER**, Custos sigilli, ut supra *Sigillarius* 1. Chronic. Trivetti ad ann. 1191. apud Acher. tom. 8. Spicil. pag. 503 : *Quidam qui inerant submersi sunt, inter quos Rogerus Malus-Catulus Regis Sigillifer, cum cujus etiam corpore sigillum postea est inventum.* Vide in *Sigillum*, pag. 242. col. 1.

¶ Sigilliferi nuncupati Scribæ, Gall. *Greffiers;* quod penes eos esset sigillum jurisdictionis, cujus erant scribæ. Charta Guillelmi de Burgo Canonici Matiscon. ann. 1322. tom. 1. Macer. Insulæ Barbaræ pag. 201 : *In præsentia dom. Humberti de Castillione cantoris S. Nicetii Lugdunensis Sigilliferi curiæ nostræ officialatus.* Confirmatio privileg. Universit. Paris. per Carolum V. Reg. Fr. ann. 1366. tom. 4. Ordinat. pag. 711 : *Conservator privilegiorum, Sigillifer curiæ, et quatuor Facultatum principales bedelli, a pecagio et quacumque exactione sint immunes.* Concil. Nannetis celebratum ann. 1431. can. 32 : *Abusum quorumdam Sigilliferorum nostræ provinciæ reprobantes, prohibemas ipsis Sigilliferis, ne si quis excommunicatus petat absolutionem et non habeat ut solvat emolumentum sigilli, etc.* Statuta Eccl. Argent. ann. 1435. apud Marten. tom. 4. Anecd. col. 552 : *Nullus autem Sigillifer citationes vel monitiones hujusmodi in Sabbatho, vel quarum data esset in Sabbatho, cum terminus sit in scripti hebdomada, sigillare præsumat.* Rursum col. 556 : *Sigillifero curiæ nostræ ut has nostras constitutiones et quoslibet notabiles processus nostros in uno libro conscribi faciat, et in curia nostra continue conservari, ut ad illum, cum opus fuerit, habeatur recursus, districte mandamus.* Occurrit præterea ibid. col. 573. et 669. Index MS. benefic. Eccl. Constant. fol. 41 : *Jacobo Besini de Rico tunc Sigillifero Constan. fuit collata hujusmodi portio ad præsentationem dicti de Hamas.* Obituar. MS. Eccl. Morin. fol. 9 : *Mensæ S. Spiritus 7. sol. pro familia Sigilliferi 5. sol.* Apud Ecclesiaticos, ut ex allatis colligitur, potissimum obtinuit hæc nomenclatura; aliis *Cancellarii* vel *Notarii* dicebantur. Vide in hac ultima voce.

¶ **SIGILLIO**, Vestis ex simplici panno, seu non duplicato, Bollandistis interpretibus. Cæsar Baronius in Vita S. Gregorii Nazianz. tom. 2. Maii pag. 411 : *Dari volo camasum unum, tunicas duas, pallia tria, Sigillionem.* Vide *Singiliones.*

¶ **SIGILLIOLUM**, diminut. a Sigillum, imaguncula. Arnobius lib. 6. pag. 197 : *Pro Diis immortalibus, Sigilliolis hominum, et formis supplicatis humanis?* Vide *Sigillus* 2.

¶ **SIGILLO**, ut *Sigalum.* Vide ibi.

1. **SIGILLUM**, Præceptum, epistola, diploma, literæ ipsæ sigillo munitæ, ut *Bulla*, diploma bulla sua instructum. Gloss. Gr. Lat. : Σύνθεμα, *Sigillum, Evectio.* [Lactantius de Mort. persecut. n. 24 : *Dedit illi Sigillum inclinante jam die, præcepitque ut postridie mane acceptis mandatis proficisceretur.* Charta Unfredi Comit. 5. Annal. Bened. pag. 668 : *Unde pro ipsius sacri monasterii et Abbatum ejus securitate et firmitate hoc Sigillum scribere jussimus per manum Michaelis nostri notarii.*] Leo Imp. in Regesto Petri Diaconi Casin. n. 149 : *Sufficiant omnes solum monstrandum et ostensum nostrum fidelem Sigillum factum per mensem Febr. 9. Indict.* In eodem Regesto : *Sigillum factum a Mariano Antypato... et datum vobis Aligerno venerabili Abbati.* Infra : *Cum plumbea bulla istum præsentem sigillavimus Sigillum nostrum, et concessimus prædicto Abbati.* Habetur in eodem Regesto non semel. Leo Ostiensis lib. 2. cap. 2 : *Prædictus Abbas Sigillum recepit, ut... ei liceret perquirere omnes hæredes, etc.* Petrus Diacon. Casin. lib. 4. cap. 107 : *Horum Imperator precibus inclinatus Sigillum suum concessit, etc.* Isidorus Pacensis æra 766 : *Sigillum vel auctoritatem principalem a suprafatis partibus missam patenter demonstrat, etc.* Charta Goffridi Comitis Andegav. pro fundatione Ecclesiæ Collegiatæ de Lochis, de Rege Lothario : *Et ut locus ab habitatoribus firmius possideatur, supradictis viris quamplurimisque aliis cernentibus, suum mihi Sigillum dedit, quod pro magno suscipiens detuli mecum.* Willel. Brito lib. 2. Philippid. :

> Hoc mihi donavit genitor tuus, hoc meministi
> Te mihi regali jam confirmasse Sigillo.

Chronicon Alexandrinum pag. 902 : Ἐὰν οὖν θέλετε λαβεῖν ἕκαςος τῶν ἐν τῇ πόλει πρὸς σάγιν καὶ καμίσιν, ποιοῦμεν σίγγιλιν πρὸς τὸν Σάλβαρον, etc. Occurrit porro *Sigillum* notione ista passim, in Lege Wisigoth. lib. 2. tit. 1. § 18. Alaman. tit. 23. § 4. tit. 28. § 1. 3. In Decret. Tassilonis § 17. in Lege Longob. lib. 2. tit. 55. § 20. lib. 3. tit. 5. § 3. [** Carol. M. 28. Pippin. 41.] in Capitul. 2. ann. 809. cap. 14. lib. 3. Capitul. cap. 58. in libro Usuum Cisterciensis Ordinis cap. 102. apud Anastasium in Constantino PP. Adamum Bremensem cap. 22. Goffridum Vindocin. lib. 4. Epist. 5. Ughellum tom. 1. Ital. Sacræ pag. 1023. tom. 7. pag. 872. tom. 9. pag. 258. 385. 590. 673. 674. Rocchum Pirrum tom. 1. Notit. Ecclesiar. Sicil. pag. 310. 312. tom. 2. pag. 20. in Epistola 97. ex Sugerianis, in Usaticis MSS. Barcinonensibus cap. 58. Bonfilium Constantium in Messana pag. 22. etc.

* Vide supra in *Bulla.* Nostri *Sael*, pro vulgari *Sceau*, dixerunt. Charta Math. ducis Lothar. ann. 1245. ex Tabul. S. Apri Tull. : *Et por ce lettre soit creable chose et ferme, par lour priere, je ai mis mon Sael à ses lettres en tesmognage.* Alia ann. 1300. in Lib. rub. Cam. Comput. Paris. fol. 133. v°. col. 1 : *Avons apposé lez noz propres Saiaus en maire garantie de vérité. Saielle* vero, pro Schedula, usurpari videtur, in Lit. ann. 1368. tom. 5. Ordinat. reg. Franc. pag. 133. art. 21 : *En démonstrant par quittances ou par les Saielles des six personnes dessus dictes approbation de leurs mises et payes.*

☞ Hinc formula illa usitata, *Sigillum super aliquem mittere, projicere,* pro Scripto, vel Charta sigillo munita, aliquem in jus vocare. Ladislaus Ungariæ Rex in lib. 1. Statut. cap. 32 : *Si quis Regis Sigillum super aliquem projiciens, et ipse in curiam venire neglexerit, rationem perdat, etc.* Et lib. 2. cap. 25 : *Possit judex Sigillum suum mittere super quoscumque, exceptis presbyteris et clericis.* Huc etiam spectat Colomanni Reg. decretum : *Si clericus habet causam cum laico, per judicis Sigillum laicus cogatur : si vero laicus habet causam cum clerico, per Sigillum Episcopi clericus cogatur.*

☞ Multa de Sigillis, eorum scilicet origine, usu et diversitate hic attexere possemus, et quidem non præter institutum nostrum, nisi hac de re pluribus jam scripsisset Mabillonius in Re Diplomat. cap. 14. et sequentibus. Pauca itaque, ne actum agere videamur, seligemus locis quibusdam illustrandis opportuna, alia lectori erudito in locis citatis consulenda permittentes.

* De sigillis multi scripserunt, inter quos, præter Mabillonium, consulendi in primis Heineccius in Tract. de veteribus Germanorum aliarumque nationum sigillis edit. Francof. ann. 1709. *Manni* in Observat. histor. ad sigilla antiqua edit. Florent. ann. 1739. et novus Tractatus de Re diplomat. tom. 4.

SIGILLUM *in substantia alicujus imponere*, apud Gregorium M. lib. 9. Epist. 31. quod Practici nostri dicunt, *Apposer le Scellé*. Charta Aldefonsi VI. Regis, æræ 1118. apud Anton. *de Yepez* in Chron. Ord. S. Bened. tom. 3 : *Ut nullus minister.... intra terminos Monasterii audeat intrare,... seu hæreditatibus quæ juris eorum sunt per manus saionis Sigillum ponere, sive pro homicidio, etc.* Alia Ferdinandi Regis Hispaniæ æræ 1081. apud eumdem Anton. *de Yepez* tom. 6 : *Et si forte iratus cum armis vel sine armis introierit Palatium Regis, vel in Palatium alicujus hominis, aut in villam, jam sigillatam, seu in aliquem locum in quo Sigillum positum fuerit, et nihil inde abstraxerit, nullam calumniam proinde sustineat.* Infra : *Tam servus quam ingenuus, seu fiscalis, non faciat aliquot fiscale servitium Regis, non reddat aliquid pro homicidio quod fecerit, sive, quod non fecerit, non rausum quamvis fecerit, non fossataria, non Sigillum positum in hæreditate Andreæ.*

¶ SIGILLUM RECOGNOSCERE, Formula in Testamentis maxime usurpata, ex lib. 2. Marculfi form. 17 : *Testamentum nostrum condidimus,.... ut quomodo dies legitimus post transitum nostrum advenerit, recognitis Sigillis, inciso lino, ut Romanæ legis decrevit auctoritas, etc.* Adde Form. 72. Lindenbrogii et Form. 28. novæ Collect. Paulus Sentent. lib. 4. tit. 6 : *Tabulæ testamenti aperiuntur hoc modo, ut testes vel maxima pars eorum adhibeantur qui signaverint testamentum, ita ut agnitis signis, rupto lino, aperiatur et recitetur.* Vide *Signum* 2.

¶ SIGILLUM, Sigilli emolumentum. Testam. Guillelmi dom. Montispessul. ann. 1202. ex Schedis Peiresc. apud Præs. *de Mazaugues : Sacrista vero habeat quartam Sigilli et bullæ, et residuæ* III. *partes dentur in ornamentis ecclesiæ. Jus et præmium sigilli* dicitur in Ordinat. Humberti II. ann. 1340. tom. 2. Hist. Dalph. pag. 397. col. 2.

SIGILLUM PENDENS, Quod diplomati filo serico, σηρικῷ νήματι, ut loquitur Nicetas Choniates, appendi solebat. Nicolaus de Braia in Ludovico VIII :

Interea proceres scriptis pendente Sigillo
Anglorum rector omnes vocat.

SIGILLUM PENSILE appellatur in Wichbild Magdeburg. art. 14. [** Germ. *Soll sein Insigel daran hengen.*] Ut *Chartes pendans*, apud Villharduinum n. 14. 98. *Lettres pendans*, [in Ordinat. Caroli filii Johannis Reg. ann. 1358. tom. 3. Ordinat. pag. 226.] et in Consilio Petri de Fontanis cap. 4. § 28. diplomata quibus id appensum erat dicuntur.

☞ Iis vero tantummodo appendebatur diplomatibus, quæ de re majoris momenti erant, ut colligitur ex Ordinat. Humberti II. ann. 1340. tom. 2. Hist. Dalphin. pag. 397. col. 2 : *Sigillet* (Cancellarius) *easdem* (litteras) *videlicet illas quæ ad perpetuum super aliquo magno negotio vel cautelauso protenduntur, nostro magno pendenti Sigillo, et alias nostro communi Sigillo decernimus sigillari.*

Pensilium sigillorum non nuperum, sed perantiquum usum fuisse, licet colligere ex iis quæ de *Bullis* observavimus, ubi plumbeas et aureas Bullas primitus filo aut serico tabulis appensas docuimus. Sed quando cerea istiusmodi sigilla perinde literis appendi cœperint, non plane constat. Video enim quosdam, atque in iis magnum Peirescium, existimasse ante Ludovici VI. ævum vix conspici : quod tamen in dubium jure vocari potest, cum tradat Ingulphus pag. 901. Guillelmum Nothum horum usum in Angliam invexisse, cum antea solam crucem effingerent Angli : *Chirographorum confectionem Anglicanam, quæ antea usque ad Edwardi Regis tempora fidelium præsentium subscriptionibus cum crucibus aureis, aliisque sacris signaculis firma fuerunt, Normanni condemnantes Chirographa chartas vocabant : et chartarum firmitates cum cerea impressione per uniuscujusque speciale Sigillum, sub instillatione trium aut quatuor testium astantium conficere constituebant.* De cereis enim pensilibus sigillis loqui Ingulphum omnes consentiunt, idque firmat ejusdem Willelmi Nothi sigillum, quod descripsit Seldenus ad Eadmerum pag. 166. cujus etiam meminit Heremannus lib. de Restaurat. S. Martini Tornacensis cap. 4. qua quidem ætate ejusmodi pensilia sigilla obtinuisse firmari præterea potest, imo antea : nam Edwardi Confessoris diplomatibus appensa testatur auctor Vitarum S. Albani pag. 52. Charta Roffredi Archiepiscopi Beneventani ann. 1078. apud Ughellum : *Nosmetipsi propria manu subscribendo signo sanctæ Crucis illud corroboravimus, et Sigilli nostri impressione insigniri præcipimus, et demandavimus, et Sigilli insignia appendi voluimus.* Verum cereumne an plumbeum fuerit, ex his non liquet.

☞ Peirescii sententiam suo approbat calculo Mabillonius Diplom. lib. 2. cap. 16. n. 12. cum ex plurimis quæ sibi occurrerunt Regum nostrorum sigillis, nullum se vidisse pensile testatur ante Ludovicum VI. præter diploma Agnetis Francorum Reginæ, cui appensum fortean est sigillum, quod Reginæ est diploma, non Regis. Et quidem alius fuit hac in re Regum, alius Magnatum et Episcoporum usus; hi enim ante Francorum Reges sigilla sua appenderunt, ut docet idem Mabillonius cap. 19. num. 1.

* Diplomatibus primum sigilla affixa fuere, non suspensa : qui usus non omnino desierat etiam anno 1122. ut discimus ex Charta Caroli IV. ann. 1324. qua aliam Ludov. VI. hujusce anni confirmat, in Reg. 62. Chartoph. reg. ch. 200 : *Quia vero dictarum litterarum Sigillum eisdem litteris, non per modum appensionis appositum, sed per impressionem affixum, tam propter ipsius sigilli vetustatem, quam propter partis cartæ, cui sigillum ipsum adhærebat, corrosionem, erat a dictis litteris, licet quantum ad scripturam et karacteres, sanis et integris, separatum, ipsas de verbo ad verbum transcribi fecimus.*

* Pensilium dehinc sigillorum mos adeo invaluit, ut Charta falsi argueretur, quod sigillum ei affixum seu agglutinatum esset. Lit. remiss. ann. 1375. in Reg. 108. Chartoph. reg. ch. 37 : *Icellui maistre des foires dit avoir trouvé ledit brevet faulz en escripture et en seel; c'est assavoir que il estoit escript d'autre lettre et signé d'autre seing, que de celui du notaire, qui y estoit escripz, ... et que le seel, dont ledit brevet estoit scellé, estoit plaqué et non pas mis bien, ne deument.* Vide *Placare Sigillum*.

* Verum sigillis neque affixis neque pensilibus *prisca vetustas* utebatur, si fides est Joan. de Gisortio militi, in Charta ann. circit. 1200. qua confirmat Chartas omnes, quæ ad S. Audoenum de Gisortio spectant, ex Tabul. Major. monast. : *Iis* (Chartis) *diligenter et subtili rationis oculo inspectis, cum omnia quæ ibi scripta erant, legitime et absque alicujus calumnia et solius intuitu divinæ remunerationis ecclesiæ Majoris monasterii et monachis apud Gisortium commorantibus a prædecessoribus meis per ipsa rescripta data cognoscerem et sollemniter collata, sed non sub ceræ caractere reducta, cum non hujusmodi uteretur munitionibus, via simplici gradiens, prisca vetustas; dignum duxi ut universa ad jam dictos fratres pertinentia et in feodo meo ubilibet posita, consistentia, in novum scriptum redigerentur; et ne per increscentem malitiam, quod absit, hæredum meorum possent immutari, minui, vel in irritum aliquatenus revocari impressione sigilli mei ad majorem cautelam et posterorum memoriam, cum assensu filiorum meorum, confirmarentur.*

* Cæterum quando cerea istiusmodi pendentia sigilla literis appendi cœperunt? Dubius hæret ipsemet Cangius. In observationibus ad Villeharduinum pag. 263. illorum originem ad xij. sæculum refert; at in notis ad Alex. Annæ Comn. pag. 255. circa nonum aut decimum sæculum iis Gallos nostros uti cœpisse scribit. Huic sententiæ proxime accedunt Auctores novi Tract. diplom. tom. 4. pag. 399. ubi laudant Chartam Roriconis episcopi Laudunensis ann. 961. cum sigillo pendenti et aliam S. Dunstani episcopi ejusdem ætatis.

☞ Quem morem sigilli pensilis constat ex allatis Willelmum traduxisse ad Anglos : apud quos cujusvis sigilli usus omnino incognitus erat etiam ineunte sæculo XI. ut discimus ex Annal. Monasterii Burton. tom. 1. Histor. Angl. pag. 246 : *Anno ab Incarnatione Domini* M. IV. *Indict.* II. *tempore Ethelredi Regis Angliæ, patris S. Edwardi Regis et Confessoris, quidam nobilis nomine Wlfricus cognomento Spot, construxit abbatiam Burton vocatam, deditque ei omnem hæreditatem paternam appre-*

tiatam septingentas libras. Et quia nondum utebantur Sigillis in Anglia, fecit donum suum iis confirmari subscriptionibus, prout in Charta continetur. At cujus formæ fuerint sigilla apud Anglos, etiam post Willelmi adventum docet Codex MS. S. Augustini Cantuar. quem exscripsit Hickesius in Præfat. Thesauri Ling. Septentr. pag. IX. in hæc verba : *Post adventum vero Normannorum in Angliam, tum Reges, quam alii domini et magnates, laminas cereas membranis apponebant Cartarum, Crucis signum in laminis cereis imprimentes : de capillis capitum vel barbarum in eadem cera aliquam portionem pro signo posteris relinquentes. Ista patent, in multis monasteriis.... In monasterio de Castelacre quod est ejusdem fundationis in diocesi Norwicensi, Comes Lincolniæ qui pluribus possessionibus eamdem ecclesiam dotavit, hæc in fine intulit Cartæ suæ. In hujus (inquit) rei evidentiam, Sigillum dentibus meis impressi, teste Muriele uxore mea. Ubi usque in præsens in eadem cera apparent dentium vestigia pro sigillo.*

* Hæc licet auctoritate Annalium monasterii Burbonensis et Hickesii assertione fulciantur, emendatione nihilominus indigent ut observant Auctores novi Tractatus diplomatici tom. 4. pag. 205. cum in Tabulario S. Dionysii exstet diploma S. Eduardi ann. 1054. sigillo pendente munitum; cui etiam sæculo vix integro præiverat S. Dunstanus, cujus habetur Charta, unde sigillum pariter pendet.

Hisce porro solis pensilibus sigillis, nullo apposito chirographo, muniebantur diplomata, quæ vim omnem iisdem conferebant; adeo ut necesse esset summa cura typos sigillarios asservare, ne in aliorum manus inciderent. Unde Bracton. lib. 5. tract. 4. cap. 15. § 3 : *Dum tamen nihil sit quod imputari possit imperitiæ suæ vel negligentiæ, ut si Sigillum suum Senescallo suo vel uxori traderet, quod cautius custodiri debuit : cum uxor et Sigilla ad paria judicentur.* Scribit Bromptonus Magistrum Rogerum, cognomento *Malum-Catulum*, Richardi I. Regis Angliæ Vicecancellarium, juxta Rhodum insulam orta tempestate in mari periisse, *et circa ejus collum suspensum Regis sigillum postea repertum fuisse :* quod ille scilicet eo studio servabat, ne in alienum jus culpa sua cederet. [Vide *Sigillifer.*] Eadem forte ratione Cancellarius Imperatoris, in solemnibus præsertim ceremoniis, *majus sigillum* collo appensum gestat, ut colligere est ex Bulla aurea Caroli IV. Imp. cap. 7. 23. § 2. Quod de Chartophylace M. Ecclesiæ Constantinopolit. testatur Balsamon in Meditat. de Patriarch. pag. 458. in Jure Græcorum, quem ait ad pectus gestasse τὸ βουλλωτήριον Patriarchæ. Illud præterea hic licet observare, cum Franciæ Cancellarius equitando peregre aliquo pergit, cerarii administrum, quem vulgo *Chaufecire* vocant, *Sigillum Regium* ad dorsum gestare, ut est in Instrumento hominii præstiti a Philippo Austriæ Archiduce Ludovico XII. Regi Franc. 5. Jul. ann. 1499. pro Comitatibus Flandriæ, Atrebat. et Carolensi.]

* Sigillo plumbeo pendente, cui ex una parte imago S. Benedicti sculpta erat et ex altera nomen abbatis, cujus erat Charta, literas suas munire solebant abbates Cassinenses, ut patet ex Chartis abbatum Stephani ann. 1219. Bernardi ann. 1271. et Marini ann. 1310. in Tabul. ejusd. monast.

* Plumbeo quoque sigillo, loco ceræ, usi sunt Venetorum duces ex concessione Alexandri III. PP. auctore Maria Sanuto in Vita Sebast. Zani, apud Murator tom. 22. Script. Ital.

* Sigillum cereum ad cautelam bullæ aureæ interdum subjiciebant, quod ejusdem formæ erat atque bulla ipsa, ut si aureum subriperetur, remaneret alterum, quo diplomatis auctoritas asserctur. Charta Caroli II. reg. Jerus. et Sicil. ann. 1294. in Reg. 49. Chartoph. reg. ch. 4 : *Præsens privilegium exinde fieri et aurea bulla majestatis nostræ impressa tipario jussimus communiri, alio consimili sub pendenti ejusdem majestatis Sigillo cereo concesso, similiter ad cautelam.*

Quod si casu quovis amitteretur sigillum, tum judex adibatur, coram quo qui amiserat, ut deinceps nulla fides diplomatibus adhiberetur quibus apponeretur, protestabatur. Aliquot ejusce moris exempla profert Vill. Dugdalus in Antiquitatib. Warwicensis provinciæ pag. 673. quæ hic describemus : ac primum sub Henrico III : *Memorandum quod publice clamatum est in Banco, quod Sigillum Benedicti de Hagham, cum uno capite in medio, sub nomine suo, in quacumque manu fuerit, de cætero nullum robur obtineat.* Sub Edwar. I : *Memorandum quod Henricus de Perpoun die Lunæ in crast. Octob. B. Michaelis, venit in Cancellaria apud Lincolniam, et publice dixit quod Sigillum amisit, et protestabatur quod si aliquod instrumentum cum Sigillo illo post tempus illud inveniretur consignatum, illud nullius esse valoris, vel momenti.* [** Notit. ann. 19. Edward. I. Norf. et Suff. rot. 7. in Abbrev. Placit. pag. 284 : *Memorandum quod die jovis in festo Conversionis S. Pauli anno regni regis nunc 19. venit Ricardus de Belhows vicecomes Norffolc. et Suffolc. coram Rege et dixit quod bursa sua cissa fuit coram Willelmo de Carleton apud Westmonasterium in qua quidem bursa fuit sigillum suum rotundum cujus superscriptio erat Sigillum Secreti cum... de virido et goules de armis Johannis de Burge, et pectit quod nichil firmum nec stabile per sigillum prædictum habeatur nec teneatur nec fides eidem exhibeatur.*] Denique sub Edw. II : *Joannes E. recognovit in Cancellaria Regis se amississe Sigillum suum, et petit quod dicto Sigillo deinceps non habeatur fides.* Habentur similes virorum nobilium protestationes de amissis sigillis, quibus ea revocabant, in Regestis Castelleti Parisiensis, Joannis *de Garencieres* Militis 25. Octobr. 1404. Adelelmi *de Bournonville* Militis 17. Novembr. 1412. Roberti *de Pontaudemer* Scutiferi 13. Decembr. 1412. et Jacobi *de Betune dit de Loques*, Militis 10. Jan. 1412. (1413.) Vide quæ de Bullis supra annotavimus.

☞ Nec minor adhibebatur cautio cum adulteratum fuerat sigillum. Testis est S. Bernardus Epist. 284. ad Eugenium PP : *Periclitati sumus in falsis fratribus, et multæ litteræ falsatæ sub falsato Sigillo nostro in manus multorum exierunt; et (quod magis vereor) etiam usque ad vos dicitur falsitas pervolasse. Hac necessitate, abjecto illo, novello quod cernitis de novo utimur, continente et imaginem nostram et nomen. Figuram aliam tamquam ex nostra parte jam non recipiatis.* Adde Epist. 298. Nescio ad amissum adulteratumve sigillum spectet Charta ann. 18. Richardi II. Reg. Angl. apud Th. *Blount* in Nomolex. : *Notum sit omnibus Christianis, quod ego Johannes de Gresley non habui potestatem Sigilli mei per unum annum integrum ultimo præteritum, jam notifico, in bona memoria et sana mente, quod scripta Sigillo meo contradico et denego in omnibus a tempore prædicto usque in diem restaurationis sigilli prædicti. In cujus rei testimonium Sigillum Decanatus de Repingdon apposui.* Quod quidem apud Anglos eo diligentiori cura observabatur, quod *Tabellionum usus in eo regno non habebatur,* ut scribit Matthæus Paris ad ann. 1237.

* Si mutabatur sigillum, factum in actis publicis sedulo notabatur. Charta Rich. I. reg. Angl. in Reg. 165. Chartoph. reg. ch. 130 : *Is erat tenor Cartæ nostræ in primo sigillo nostro, quod quia aliquando perditum fuit, et dum capti essemus in Alemannia in aliena potestate constituti, mutatum est. Hujus autem innovationis testes sunt hii, etc. Anno decimo regni nostri.* Lib. rub. fol. parvo domus publ. Abbavill. fol. 123. r° : *Le 27. jour de Février l'an 1369. commencha on à user du nouvel Séel aporté de Paris par sire Pierre Lenganneur, armoyé des armes de Pontieu à un kief de France, et fu le viel Séel précédent d'ichellui mis en le tour.*

☞ Qui proprium sigillum non habebant in promtu, alieno utebantur suoque annulo subsignabant. Charta Guillelmi Trecor. Episc. ann. 1151. ex Tabul. Majoris Monast. : *Præsentes inde litteras fieri et annulo nostro, quia Sigillum nostrum præsens non erat, signari præcepi sigilloque dom. Engebaldi Turon. Archiepiscopi corroborari feci.* Alia ejusdem rei exempla profert Mabill. Diplom. lib. 2. cap. 18. n. 10. unde idem factum fuisse colligitur ab iis qui proprii sigilli usum necdum habebant.

* Sigillo domini sui utebantur, qui proprio carebant. Charta ann. 1209. in Chartul. Guill. abb. S. Germ. Prat. fol. 128. v°. col. 2 : *Ego (Maria du Breul) siquidem quia sigilli munimine careo, præsentem paginam impressione sigilli domini Arsonis de Ronquerolles postulavi confirmari, a quo feodum illud* (du Breul) *habet exordium.*

In his porro efformandis sigillis pensilibus, cera adhibita varii coloris. Scribit Tillius soli Regi flavæ usum peculiari prærogativa competere : quod etiam repetitum legitur in articulis Conventus Sangermanensis ann. 1583. adeo ut Ludovicus XI. Renatum Andegavensem, Siciliæ Regem, insigni privilegio donasse putaverit, concesso, ut ipsi et filiis ejus recta linea procreatis, intra Francici, atque adeo Siculi Regni fines, cera flava in suis sigillis uti liceret, diplomate 28. Januar. ann. 1468. et mense Maio ann. 1469. in acta Parlamentaria relato. Nam observatum a Bodino in libris de Republica, et Cardino Bretio lib. 2. de Suprema Regis auctoritate, erratum hac in re a scriba Tillii, qui ceram albam posuerit pro flava, cum, ut ii asserunt, nullus unquam apud Reges nostros albæ ceræ usus in sigillis fuerit: licet contrarium asserat Miramontius in lib. de Cancellaria Franc. pag. 32.

☞ Verum hæc recentiorum sunt temporum, inquit Mabillonius lib. 2. Diplom. cap. 6. n. 14. Nam sæculo XIII. ceræ flavæ usum in regiis sigillis receptum fuisse vix crediderim. Sed et Miramontio astipulatur, ut pote qui varia primæ et secundæ stirpis sigilla albæ ceræ impressa in pluribus autographis viderit.

Ceræ viridis in sigillis regiis usus potissimum est in diplomatibus, quæ vulgo *Chartres, Privileges, et Remissions* dicuntur. Literæ *de Chartres*, eæ dicuntur, quæ ad perpetuam rei memoriam conscribuntur, iisque verbis sub initium concipiuntur: *Præsentibus ac futuris*, in quibus confectionis dies non adscribitur, sed tantum mensis et annus, ut innuatur rem ipsam maturo ac diuturno consilio agitatam. Color autem viridis in cera rem in perpetuo vigore permansuram denotat. Cæteræ vero Literæ hacce formula exarari solent, *Omnibus præsentes literas inspecturis.* Sed hodie cera flava in Francicis Cancellariis quævis diplomata sigillantur.

☞ Quod de minori Cancellaria intelligendum est. Nam in majori etiam nunc ceræ viridis usus obtinet in Litteris, quæ vulgo *Lettres de remissions, de nouvelles concessions et d'erections* dicuntur. Et quidem Litteræ quas *de justice* vocant, cera flava sigillantur in utraque Cancellaria; aliæ vero, quas nuncupant *de grande ou pleine grace*, cera viridi.

Cera rubea utuntur Universitates ac Communitates.

Cera alba in sigillis usos Comites Pictavenses testatur Beslius pag. 538. 543.

Hodie albæ ceræ sigilla spectant sancti Spiritus Militarem Ordinem, ex Statuto Henrici III. Regis illius institutoris.

* Diversos ceræ varii coloris usus descriptos habemus in Cod. reg. 9824. 7. fol. 709. r°: *De patentibus litteris, aliquæ vocantur Cartæ, Gallice Chartres, quæ sigillantur cera viridi et filis sericeis, et hæc fiunt ad perpetuitatem. Aliæ sunt litteræ, quæ sigillantur in cera alba et cauda duplici; et hoc fit quando materia, de qua fiunt illæ litteræ, est ad vitam, ut donationes officiorum vel similia.... Aliæ sunt litteræ, quæ sigillantur etiam in cera alba et simplici cauda; et istæ fiunt de singularibus et particularibus negotiis singulorum, non ad vitam, sed ad tempus. Fiunt etiam quandoque aliæ litteræ, quæ nec vocantur clausæ nec apertæ; sed vocantur Le seau plaqué; et fit hoc in retenutis, quando rex aliquem in notarium vel in servientem armorum, vel alium servientem in hospitio suo retinet.*

* Cera crocea seu flava in sigillis, ad patentes literas appensis, utebantur reges Francorum; alba vero in literis, quas simplices vocabant. Charta ann. 1332. in Reg. 66. Chartoph. reg. ch. 968: *Philippus D. G. Franc. rex per suas patentes et pendentes litteras in pergameno scriptas et sigillo ipsius domini regis ceræ crosset seu rossæ in pendenti sigillatas mandavit, etc.* Lit. securit. ann. 1391. ex Bibl. reg.: *Quasdam litteras regias dicti domini nostri regis, aliasque dicti dom. Bituriæ et quasdam alias dicti dom. Burgundiæ ducum, ipsorum dominorum regis et ducum magnis sigillis, videlicet dictas regias in cera crocea, et ducales in cera rubra in pendente sigillatas, etc.* Ubi colorem rubrum ducibus assignatum observare est. Charta Phil. Pulc. ann. 1313. in Reg. 49. ch. 5: *Per alias litteras nostras simplices, cera alba sigillatas, eidem Odoni de Granceyo mandavimus, etc.* Cera viridi in actis suis sigillandis utebantur monachi. Inventar. Chart. reg. ann. 1482. fol. 299: *Littera abbatis et conventus S. Dionysii duobus sigillis in cera viridi sigillata, per quam constat dom. regem Philippum legavisse ecclesiæ B. Dionysii omnes joellos suos.* Idem præterea eruitur ex eo quod inter præstationes iis debitas, illa recensetur, quam ad sigillandum aptam et idoneam esse debere statuitur in Charta ann. 1346. ex Chartul. 21. Corb. fol. 326: *Quatre livres de chire vert.... bonne à sceller.*

* Cera rubra adhibebatur in sigillis imperatorum CP. ex stirpe regia Francorum. Charta Hurosii Rasiæ reg. ann. 1308. in Reg. 49. Chartoph. reg. ch. 244: *Litteras excellentissimi DD. Karoli filii regis Franciæ, Dei gratia imperatoris CP. Romeorum moderatoris semper augusti, integras, sanas omnique suspicione carentes, sigillo ipsius imperatoris, cum cera rubea sigillatas recepimus, etc.* Mihi tamen dubium est an non sit sigillum, quo nondum imperator utebatur, cum ipsius Caroli literæ sic concludantur ibid.: *Præsentes litteras...... sigilli nostri, quo usque ad hæc tempora uti consuevimus, fecimus munimine roborari.*

In sigillis effícti fere semper Equites, quorum erant, si ex Militari essent ordine, tunica loricæ instrata: quod sub Joanne Rege in Anglia tum primum obtinuisse scribit anonymus Historicus ineditus apud Dugdalum in Antiquitat. Warwicens.: *Tempore Regis Johannis erant in Sigillis dominorum tunicæ super loricis, non autem ante: erant autem tunicæ longæ ad talos.* Adjuncta deinde armorum insignia. Idem Scriptor: *Circa annum 1218. Domini qui in Sigillis more solito habebant equites armatos cum gladiis, nunc in dorso Sigillorum arma sua posuerunt de novo in scutis.* Et sub ann. 1366: *Post captionem Johannis Regis Franciæ, Domini atque generosi, relictis imaginibus Equitum in Sigillis, posuerunt arma sua in parvis scutis.*

☞ Neque Militum id proprium fuit: aliorum enim, etiam Ecclesiasticorum sigilla, eorum, quorum erant, præferebant effigiem et nomen. Charta Cononis Sedis Apostolicæ Legati ann. 1115. ex Tabul. S. Amandi: *Concambium inter ipsum Comitem et Abbatem assensu Capituli factum.... auctoritate legationis sedis Apostolicæ qua præsumus, approbamus, et sub nostræ imaginis additamento corroboramus.* S. Bernardus Epist. 284. superius laudata: *Sigillo novello... utimur, continente imaginem nostram et nomen.*

* Charta Bald. episc. Noviom. ann. 1151. in Chartul. Mont. S. Mart. fol. 91. v°. c. 2: *Ut hoc autem ratum et inconvulsum maneat in perpetuum, præsenti scripto imaginis nostræ impressionem apponimus.* Alia abb. S. Joan. Laudun. ann. 1174. ex Chartul. ejusd. monast. ch. 146: *Quod ut hoc sollemne donum.... ratum sit et stabile, diligenter studui illud litteris et sigillo imaginis meæ sanccire.*

* Apud Cistercienses vero, abbatibus prohibitum erat, ne eorum nomina in sigillis imprimerentur, quamvis id fecisset S. Bernardus, ut videre est supra pag. 242. col. 3. Charta G. abb. Cisterc. ann. 1228. in Chartul. Campan. fol. 348. v°. col. 1: *Excellentiæ vestræ* (Theob. comit. alloquitur) *significandum duximus, quod in nullo sigillo ordinis nostri proprium nomen alicujus abbatis imprimitur; et hoc ideo vestræ discretioni significamus, ut sigillum illud quod, sicut audivimus, in terra vestra repertum est sub nomine abbatiæ de Buzeio factum, in quo imprimitur proprium nomen abbatis, falsum esse sciatis et indubitanter credatis.*

* Sigillo regio non utebantur reges nostri nondum inaugurati, ut colligi haud temere posse videtur ex Charta Phil. Pulc. ann. 1286. in Reg. S. Ludov. ex Chartoph. reg. fol. 102. v°: *Sigillum cum titulo regni Franciæ nondum adhuc habentes, has litteras, nostro, quo prius utebamur, sigillo fecimus sigillari.* Porro Philippus Pulcher sacram suscepit unctionem 6. Jan. ann. 1286. Quod caveas ne ad quascumque similes formulas promiscue accommodes: nam exstat Charta Joan. reg. ann. 1350. 25. Oct. in Chartul. 23. Corb. quæ sic clauditur: *Datum Parisius sub sigillo, quo ante susceptum regimen regni nostri utebamur.* Qui rex die 26. Septembris præcedente fuerat inauguratus. Eo igitur usus est, quod regium sigillum tunc non adesset.

* Ita et in Bullis summorum pontificum electorum et necdum consecratorum, eorum nomen non inscriptum fuisse docet Bulla Greg. PP. XII. ann. 1406. ad calcem Stat. MSS. eccl. Reat.: *De hoc autem, quod bulla sine impressione nostri nominis est appensa præsentibus, nullus debeat admirari: nam ante coronationis nostræ solemnia usus perfectæ bullæ, cum hujusmodi impressione nominis non habetur.* Vide in *Bulla*.

Sigillum tum primum sibi adsciscebant viri nobiles, cum suæ ætatis essent, hoc est annum ætatis 21. attigerant, atque adeo Militare cingulum consecuti erant, cum hanc adepti ætatem *Milites* fieri solerent, quod præsertim docent Stabilimenta S. Ludovici Regis Franciæ lib. 1. cap. 70. et 71. Monasticum Anglican. tom. 1. pag. 810: *Pepigimus etiam eis quod... faciemus eos habere cartam et Sigillum Conani* (Comitis Britanniæ) *ad confirmationem prædictæ eleemosynæ, cum ipse illius ætatis fuerit, quod terram tenere possit, et Sigillum habuerit.* Charta Catharinæ et Frederici filii Ducum Lotharing. ann. 1253. apud Hieron. Viguerium in Hist. Alsatica pag. 143: *Je Katerine Duchesse ai mis mon Seel en ces Lettres en tesmoignage de verité: Et je Ferris Dux davant nommez use dou Sel de ma mere devant nommée, et tantost comme je serai fors de mainburnie, je suis tenu de mettre mon Seel en ces Lettres.* Hinc in Chartis formulæ sequentes leguntur. In Charta ann. 1117. apud Augustinum *du Pas* in Stemmate Pentevriensi pag. 7 : *Sed quia nondum Comes Gaufridus proprium habebat Sigillum, hoc nobis in sigillo Comitis Stephani confirmavit.* Alia apud eumdem in stemmate Dolensi : *Et quia adhuc Miles non eram et proprium Sigillum non habebam, quando hanc concessionem fecimus, autoritate sigilli domini patris mei cartam istam sigillavimus.* Charta Guidonis Episcopi Amb. ann. 1226 : *Girardus dominus Pinconii Vicedominus Ambianensis donationem superscriptam factam Capitulo Ambian. recognovit, et promisit, quod quam cito Miles erit, et Sigillum habebit, dictum sigillum apponet dictæ concessioni.* Charta Hugonis IV. Ducis Burgundiæ ann. 1228 : *Juravi dictis Divionensibus, quod quando ad Militiam promotus fuero, eis præsentes literas innovabo, et eo Sigillo, quo Miles utar, sigillabo, et tradam sigillatas.* Adde Morlerium in Stemmatibus Nobilium Picardiæ pag. 143.

☞ Eo sigilli privilegio potiebantur viri nobiles vel cum inter Milites adscripti erant, vel cum uxorem duxerant, ut colligitur ex Litteris Guillelmi Virzionensis, qui eas sigillo avunculi sui Archembaudi Burbonensis primum signavit, *cum nondum Miles nec uxoratus esset;* postea suo proprio, *cum jam uxoratus esset, ac proprium Sigillum haberet*, in Labbei Miscell. pag. 655.

Ex præallatis conficit Duchesnius in Hist. Castilionensi, ubi de insignibus ejusdem familiæ agit, et in Hist. Richeliana pag. 19. solos Milites jus habuisse sigilli pensilis : quod licet forte verum sit prioribus seculis, de posterioribus addubitari potest, cum et Armigeros diplomatibus sigilla sua interdum apposuisse constet : et in Aresto 16. Aug. ann. 1376. apud Tillium cap. de Militibus, referatur, eum in Burgundia morem obtinuisse, ut Armiger Miles factus sigillum suum mutaret : unde colligitur Armigeros sigilla sua litteris apposuisse; sed ea mutasse, cum Militiam consecuti erant.

* Armigeros, præterquam in Burgundia, jus habuisse sigilli pensilis colligitur ex Charta Adæ dom. *de Caudri* ann. 1235. in Chartul. Valcel. sign. E. ch. 9 : *Quia vero prædicta venditio facta fuit antequam essem miles, et litteræ prænotatæ sigillo, quo utebar tunc, fuissent sigillatæ; ad cavendam omnimodam dubitationem, cum essem postmodum miles factus et sigillum militis jam haberem, præsentes feci litteras...., ad præmissorum omnium firmitatem sigillo meo præsente legitime sigillari.* Ex quibus perspicuum est, armigeros sigilla sua mutasse, cum militiam consecuti erant : quod tamen non semper factum, sed ad militum arbitrium fuisse, docet Charta Petri *de Noctel* ann. 1262. in Chartul. Vallis B. M. : *Et quia a die qua factus sum miles, sigillum meum, quod prius habebam, non mutavi, prædictum sigillum, quo utebar dum adhuc essem armiger, præsenti litteræ apponere dignum duxi.*

* Apud Polonos, viventibus patribus, filii proprium non habebant sigillum. Stat. Casimiri ann. 1346. inter Leg. Polon. tom. 1. pag. 5 : *Statuimus quod viventibus patribus, filii duntaxat sigillo paterno utantur, et aliud portare vel habere non præsumant.*

☞ Idem usus obtinuit apud Ecclesiasticos : sigillo quippe proprio non utebantur Archiepiscopi, nisi prius pallio donati fuissent, ut supra docuimus in *Pallium* 2. col. 72.

* Episcopi, quibus id juris concessum erat, scuto regio sigilla sua ornabant. Pactum inter reg. et episc. Vivar. ann. 1307. in Reg. 122. Chartoph. reg. ch. 294 : *Portare debebit episcopus arma nostra regia et eis uti in vexillis et Sigillis.*

☞ Episcopi interdum proprio sigillo utebantur, aliquando sigillum Capituli sui vel Ecclesiæ adhibebant; quod pluribus docet Mabil. Diplom. lib. 2. cap. 15. In Monasteriis, teste eodem Mabillonio, sigilla Abbati monachisque, uti etiam Abatissæ et conventui primitus communia erant, postea propria fuerunt. Allatis in hanc rem a Mabillonio hæc addere placet. Charta Heliæ Prioris Grandimont. ann. 1236. ex Tabul. B. M. de Bono-Nuntio Rotomag. : *Ego prædictus Helias præsentes litteras Sigillo nostro de assensu capituli nostri sigillavi, cum nos et totus ordo noster Grandimontensis unico tantum utatur Sigillo.* Ut autem Abbates proprii sigilli privilegio gauderent, intercedere necessum erat Romani Pontificis auctoritatem, ut colligitur ex Litteris Clementis IV. PP. ann. 1265. inter Instr. tom. 6. Gall. Christ. novæ edit. col. 203 : *Cum igitur monasterium prælibatum, ex eo quod nonnisi unicum habebatur Sigillum, quo utebantur abbas et conventus ejusdem, non modicum retroactis temporibus sustinuerit detrimentum, eos hujusmodi defectum congrua restauratione supplere ac ipsius monasterii incommodis volentes obviare, Sigillum ad opus vestrum et successorum vestrorum de opere argenteo fecimus fabricari.*

* Utrumque nonnumquam, suum nempe et ecclesiæ suæ, sigillum Chartis, quo celebriores essent, apponebant. Charta Alardi episc. Camerac. ann. 1176. ex Tabul. ejusd. eccl. : *Ut autem compositio hæc legitime facta stabilis et inconcussa permaneat, ipsam ecclesiæ nostræ Sigillo et nostro signatam fideliter munimus.*

* Defuncto aut absente episcopo, sigillo archidiaconi confirmabantur Chartæ, etiam ubi res monachorum agebatur. Charta prior. S. Mart. de Campis pro eccl. Monaster. in Argona ex Chartul. ejusd. loci fol. 16. v° : *Hæc, quia episcopum non habebamus, Sigillo archidiaconi nostri placuit confirmari. Testes magister Robertus, cujus hic Sigillum est et dominus Balduinus Cathalaunenses archidiaconi.*

* In monasteriis ordinis Cisterciensis ad solum abbatem pertinet Sigillum. Charta abb. et convent. Miratorii ann. 1243. ex Chartul. Campan. fol. 368. col. 1 : *Nos vero prædictus conventus, quia sigillum autenticum non habemus, nisi Sigillum abbatis nostri, juxta consuetudinem ordinis nostri, venditionem prædictam Sigillo prædicti patris et abbatis nostri roboratam, firmam et gratam et acceptam habemus.* Hinc

* Sigilli redditio, abdicati officii signum. Reg. visit. Odon. archiep. Rotomag. ex Cod. reg. 1245. fol. 393 : *Abbas* (Gemeticensis) *pro voluntate sua se ipsum, quantum in se fuerat, ab officio abbatiæ absolverat, et Sigillum suum reddiderat conventui fratrum.* Nisi quis forte per *Sigillum*, annulum intelligat.

* Sigilla propria monachis, nullo officio donatis, prohibentur, in Stat. reformat. monast. S. Andr. Avenion. ann. 1253. ex Hist. MS. ejusd. fol. 52. v° : *Omnibus administratione carentibus inhibentes ne absque abbatis licentia arcas vel claves teneant, et si qui nunc tenent, eas volumus quod resignent; idemque dicimus de Sigillis.*

☞ Sigillo utebantur non modo Nobiles virique dignitate conspicui, sed et homines infimæ conditionis. Exstat in Chartular. S. Vandreges. tom. 1. pag. 838. Charta ann. 1277. cujusdam Radulfi porcorum ex officio custodis quæ sic concluditur : *Ego prædictus Radulfus prædictis Religiosis præsentem literam Sigilli mei munimine præbui confirmatam.* [* Sed etiam cives mercatores, ut in Charta ann. 1234. ex parvo Reg. S. Germ. Prat. : *Et ego Manfredus* (speciarius) *pro me et hæredibus meis seu successoribus, in testimonium præsenti chartæ Sigillum meum apposui.* Imo et artifices, ut apud *Manni* de Sigillis tom. 3. pag. 140 : *Sigillum Raimondi ferratoris.*] At cum ignotum esset eorum sigillum, publicum addebant ut eorum scriptis facilius fides haberetur. Charta ann. 1449. apud Kennett. Antiquit. Ambrosd. pag. 663 : *In cujus rei testimonium præsenti scripto sigillum meum apposui, et quia sigillum meum quampluribus est incognitum, ideo Sigillum majoratus villæ Oxon. præsentibus apponi procuravi.* Alia ann. 1451. ibid. pag. 666 : *In cujus rei testimonium Sigillum meum apposui. Et quia Sigillum meum quampluribus est incognitum, ideo Sigillum majoratus villæ de Welingford præsentibus apponi procuravimus, et ego Thomas Absolon major villæ prædictæ ad specialem requisitionem præfati Johannis Sigillum officii mei præsentibus apposui.*

☞ Atque id juris, privatorum acta sigillo muniendi, ad Majores locorum pertinuisse ea tantum occasione videtur, quando nimirum non erat ejus loci dominus, cui ex jure dominii competeret iis Instrumentis sigillum suum apponere : quod effici posse opinor ex Tabul. Capituli Cabilon. pag. 269 : *De laude autem et commodo dictarum rerum venditarum Vicedominus duas partes habebit, et Major tertiam partem retinebit. Litteras autem venditionis et rerum aliarum solus Vicedominus sigillabit.*

* Modo a dominis locorum concessum ipsis fuisset, ut in Charta Rob. comit. Attrebat. ann. 1293. pro Audomar. : *Eisdem* (majori et scabinis) *auctoritatem præstitimus et præstamus ut Sigillum habeant, quo utantur et uti valeant ad conventiones omnes coram eis initas sigillandas, nec non recognitiones et alia expletamenta quæcumque poterunt evenire.* Quod si absque dominorum licentia, sigillum sibi attribuebant, aut illud mutabant, tunc mulcta plectebantur. Charta ann. 1260. in Chartul. Cluniac. ch. 189 : *Abbas* (Cluniacensis) *prior*

et conventus (Cariloci) *dicebant præfatos burgenses suos Cariloci quoddam novum Sigillum, munitiones et rescossas ac alia forefacta fecisse in ipsorum abbatis, prioris et conventus præjudicium et gravamen*, etc. Arest. parlam. Paris. ann. 1372. ex Tabul. S. Joan. Laudun. : *Dicti etiam major et jurati Sigillum sibi attribuerant et de facto ceperant, et de ipso utendo procuratoria et alias suas litteras.... sigillaverant et sigillabant*, etc. Hinc in Instrumentis institutarum communiarum, inter præcipua communiæ jura recensetur Sigillum.

* Sigilli situ, in caudis literarum curiæ ecclesiasticæ positi, rei actæ natura indicabatur. Lit. officialis Æduensis ann. 1250. in Chartul. Buxer. part. 20. ch. 23: *Reddite litteras, Sigillo vestro apposito in prima cauda pro monitione facta, et pro excommunicatione facta in cauda secunda.*

Sigillum Authenticum, Illud ipsum vocabant, quod *pendens* dicitur, quo scilicet *Literæ patentes* muniuntur. Charta Henrici de Vergiaco Senescalli Burgundiæ ann. 1246 : *Quia aliud sigillum tunc non habebam, contrasigillo meo, quo utebar pro sigillo, præsentes literas feci sigillari, promittens per præstitum juramentum, quod quotiescumque Sigillum authenticum habuero, præsentes literas vel similes de ipso faciam sigillari.* Arestum 5. Octob. ann. 1394. contra Canonicos Lugdun. : *Et esto, quod sub suo sigillo secreto illud conficere potuissent, non tamen sub Sigillo secreto, sed sub authentico, vel publico.* Statutum Ottonis Cardinalis Legati in Anglia ann. 1237. apud Matth. Paris et Lindwodum. : *Habeat unusquisque* (Archiepiscopus, Episcopus, etc.) *Sigillum, puta nomen dignitatis, officii, seu collegii, et etiam illorum proprium nomen, qui dignitatis vel officii perpetui gaudent honore, insculptum notis et characteribus manifestis, sicque Sigillum authenticum habeatur.* Vide Butilerium in Summa Rurali lib. 1. tit. 106. 107. Chopinum lib. 1. in Consuet. Andegav. pag. 340. lib. 3. de Dom. tit. 21. n. 6. Roverium in Reomao pag. 634. etc. ubi de Nobilium et Communitatum sigillis publicis ac authenticis : de quibus consule præterea Concilium Londiniense ann. 1237. apud Matth. Paris pag. 307.

Sigillum Secretum, vel *secreti*, Illud appellabant, quod litteris, uti vocant, clausis apponebatur; ad discrimen sigilli majoris, quod *authenticum*, et *commune* appellatum diximus, et *Literis patentibus* ac *apertis* appendebant. [Hæc minus accurata videntur. *Commune* sigillum non raro vocabant illud, quo in secretioribus vel minoris momenti negotiis utebantur, atque adeo *authentico* seu pensili oppositum erat. Ordinat. Humberti II. ann. 1340. tom. 2. Hist. Dalphin. pag. 397. col. 2 : *Illas* (litteras) *quæ ad perpetuum super aliquo magno negotio vel cautelauso protenduntur, nostro magno pendenti Sigillo, et alias nostro communi Sigillo decernimus sigillari.* Leges Palat. Jacobi II. Reg. Majoric. inter Acta SS. tom. 3. Junii pag. LXVIII : *Quandoque vero cum alio sigillo minori, quod Sigillum commune dicitur.*] Ideo autem id nominis ejusmodi sigillo inditum, quod illius usus esset in secretioribus negotiis, verbi gratia in Epistolis, cum alterius esset in publicis, et quæ omnibus paterent : unde diplomata eo munita, *Literæ patentes* indigitari solent. Neque tantum in privatis negotiis sigilli secreti usus erat; sed et in publicis, cum id a tergo majoris seu authentici sigilli inderetur, quod ideo *Contrasigillum* nuncupatur, quia majori sigillo *contra* opponeretur. [Conventiones inter Ludovicum Reg. Siciliæ et Arelat. ann. 1386 : *Et in alia parte sigilli prædicti erat Sigillum secretum parvum cum armis prædictis dictorum dominorum Reginæ et Regis.*] Interdum etiam ab ipso majori sigillo dependisse observare est, [unde *Subsigillum* dicitur in Conc. Legion. ann. 1012. inter Hispan. tom. 3. pag. 191 : *Et qui fregerit sigillum Regis, reddat centum solidos; et quantum abstraxerit de Subsigillo solvat ut rapinam.*] Sed et publica negotia ad pleniorem fidem, vel majus dilectionis argumentum, *Sigillo secreti* sigillata legimus. Exstat enim apud Miræum in Diplom. Belgic. cap. 89. Charta Henrici IV. Imp. ann. 1059. pro Ecclesia Nivellensi, in qua hæc habentur. : *Henricus... Nivialensis Ecclesia Francorum regno finitima permaximas calamitates sæpe sustinuit : quod pater meus Henricus III. Imp. animo indoluit, adeo ut in consecratione, quam ad adventum suum reservari jusserat, præsentem se exhibens, pignora sacratissimæ Virginis Gertrudis propriis humeris sanctuario importaret, locumque donis Imperialibus exornans, de rebus ejusdem Ecclesiæ præceptum faceret, quodque specialis dilectionis indicium est, non communi illud Sigillo, sed secreto suo signaret.* Certe Reges nostros publicas etiam literas *Sigillo secreto* muniisse docet Charta Joannis Regis ann. 1350. apud Gallandum de Franco alodio pag. 30. [Statutum Caroli Regentis ann. 1358. tom. 3. Ordinat. Regum Franc. pag. 226 : *Nous avons entendu que plusieurs Lettres pendens ont esté ou temps passé scellées de nostre Secret, senz ce que elle aient esté veues ne examinées en la Chancellerie. Nous avons ordené et ordenons que dores-en-avant aucunes Lettres patentes ne soient scellées pour quelconque cause que ce soit dudit Scel du secret, mais seulement Lettres closes.*] Sed illud maxime factum, cum abesset majus : quod in ipsis literis exprimi solebat, ut apud Tillium, eumdem Gallandum pag. 193. Miramontium de Cancellaria pag. 35. Justellum in Hist. Turenensi pag. 94. et alios.

¶ Sigillum Grossum et *Mediocre*, Idem quod *Authenticum* et *Secretum*, in Tract. pacis inter Comit. Sabaudiæ et Joannem Dalph. ann. 1314. tom. 2. Hist. Dalphin. pag. 156. col. 1 : *Nos autem Comes et Dalphinus prædicti confitentes et asserentes dilucide prædicta omnia contenta in Instrumento præsenti processisse, Sigilla nostra grossa et mediocra in juncturis, et grossa in pendenti in fine, præsenti publico Instrumento apponi fecimus in testimonium præmissorum.*

Sigilla Secreti longæ minoris erant formæ, quam authentica. Iis interdum impressa fuere Militum insignia, interdum familiarum, quas affinitate quadam contingebant, aut a quibus originem trahebant : interdum denique figuræ quædam exoticæ pro libitu ipsorum, quorum erant sigilla : quod quidem licet omnibus advertere in sigillis, quæ a Duchesnio et aliis Stemmatographis describuntur. In Regum nostrorum sigillo secreto insignium Scutum unico angelo sustentatur.

Sigillorum Secreti, seu *Contra-sigillorum*, variæ leguntur inscriptiones, quas hic describam. *Secretum*, cum adjectione nominis, cujus est sigillum, apud Justellum in Hist. Arvern. pag. 57. 57. 170. 172. 188. 189. in Hist. Turen. pag. 46. Duchesnium in Probat. Hist. Castilion. pag. 35. etc. [Charta ann. 1209. apud Lobinell. tom. 2. Hist. Britan. col. 332 : *Thesaurarius ecclesiæ et Sigillum domini et Secreta domini Vitreii conservare tenetur.*] *Secretum mei*, in Probat. Hist. Guinensis pag. 480. *Secretum meum*, apud Justell. in Hist. Arvern. pag. 173. in Probat. Hist. Guinensis pag. 504. *Secretum meum mihi*, (ex Isaia cap. 24.) in Probat. Hist. Guinensis pag. 478. apud Roverium in Reomao illustr. pag. 195. *Secretum est*, in Probat. Hist. Castilion. pag. 95. *Secretum serva*, in Probat. Hist. Guinensis pag. 496. *Secretum Sigilli*, in Probat. Hist. Guinensis pag. 522. *Secreti custos*, apud Justellum in Hist. Arvernensi pag. 47. *Sigillum secreti N.* in Probat. Hist. Castilionensis pag. 198. *Sigillum secreti mei*, in Probat. Histor. Castilion. pag. 66. 164. *Testimonium veri*, in Probat. Hist. Guinensis pag. 473. 478. 489. 491. *Sigillum veritatis*, apud Petrum Franciscum Chiffletium in Beatrice pag. 47. 109. 158. [*Annulare secretum*, in Charta Ludovici Reg. Siciliæ apud Ludewig. tom. 5. Reliq. MSS. pag. 476 : *Claves sigilli, Deum time, Secretum colas, Ave Maria gratia plena*, apud Mabill. Diplom. lib. 2. cap. 18. n. 8.] *Secretum* nude, in Probat. Hist. Guinensis pag. 528. Montmorenciac. pag. 105. etc. Miracula S. Catharinæ Suecicæ cap. 1 : *Actum et datum... nostro sub Secreto præsentibus impendente.* Charta Ducum Sueciæ ann. 1304. apud Ericum Upsaliensem lib. 3. Hist. Suecicæ pag. 94 : *In cujus rei testimonium, robur, et evidentiam, Secreta nostra, quia penes nos alia Sigilla non habemus, præsentibus duximus apponenda.* Dicitur etiam interdum *Contra-sigillum N.* in Probat. Hist. Guinensis pag. 398. 535. Castilionensis pag. 35. 95. Montmorenc. pag. 105. Ita porro appellatur, quod sigilli authentici, seu publici, adversæ ac posticæ parti imprimeretur, sic ut authentico opponeretur. Hujus usus erat in minoribus negotiis, ut est in Nomastico Cisterciensi pag. 543.

☞ *Contra-sigilli* usum primus induxisse videtur Ludovicus VII. Rex Francorum propter Ducatum Aquitaniæ : quam ob causam equitem cataphractum in dorso exhibet cum hac inscriptione, Et Dux Aquitanorum. Hæc post Mabill. lib. 2. Diplom. cap. 16. num. 10.

Sigilli secreti Regii cura ac custodia apud nos, *Magnum Cambellanum* spectabat : eoque absente, primum Cambellanum, ut observatum a Tillio, quos is literas, quas *de prieres, d'estat, de responses et de mandemens à venir*, vocant, sigillabat, ut est in Edicto Philippi Regis ann. 1316. Scribit

Monstrelletus 1. vol. cap. 123. ann. 1314. Dominum *de Ligny*, nobilem Hannoniensem, Sigilli secreti Regii Custodem fuisse, *Garde du Sel du Secret du Roy :* et cap. 213. Philippum Josquinum Divionensem sigilli secreti Joannis Ducis Burgundiæ, qui quidem an Cambellani munus obierint, mihi haud compertum. Addit idem Tillius, Vicecomitem *d'Aunay* in Pictonibus, tamquam Comitis Pictavorum primum Cambellanum, ejusdem Comitis sigillum secreti servasse. Apud Byzantinos Augustos infimi ævi, dignitas fuit, quam Παρακοιμωμένου τῆς σφενδόνης vocabant, penes quem erat cura sigilli, quo Imperator epistolas, quas ad matrem, filios, Despotas, Patriarcham, et alios scribebat, sigillabat : cum alius esset, qui Παρακοιμώμενος τοῦ κοιτῶνος dicebatur, cui cubiculi Imperatorii cura incumbebat. Vide Notas ad Villharduinum.

☞ De altero itaque sigillo, quo scilicet Litteræ patentes muniuntur, intelligendum Capitul. Caroli C. ann. 877. cap. 17. ubi penes Comitem Palatii sigillum fuisse docemur : *Adalardus Comes Palatii remaneat cum eo* (filio nostro) *cum Sigillo.*

Sigilla secreti, ab eorum custodibus in pretioso quodam marsupio asservata docemur ex Computo Stephani *de la Fontaine* Argentarii regii ann. 1350 : *Pour faire et brouder les bourses aux Seaulx du Secret du Roy, de la Royne et de la Duchesse d'Orléans, etc.* Ejusmodi sigilla secreti

Sigilla Privata dicuntur, quorum scilicet usus esset in privatis negotiis. Fleta lib. 2. cap. 13. § 1 : *Est inter cætera quoddam officium, quod dicitur Cancellaria, quod viro provido et discreto... debet committi, simul cum cura majoris sigilli regni : cujus substituti sunt Cancellarii omnes in Anglia, Hibernia, Wallia, et Scotia, omnesque sigilla regia custodientes ubique, præter custodem Sigilli privati, etc.* Apud Monstrelletum, *Molanus* Doctor in Legibus et Decanus Sarisberiensis dicitur *Garde du privé Seel du Roy d'Angleterre.* Guill. Gruellus in Vita Arthuri III. Ducis Britanniæ pag. 128. de eodem : *L'an 1444. en esté vint le Comte de Suffolc, et le Privesel d'Angleterre à Tours devers le Roy.*

* Sigillum Majus, Eo utebatur Carolus C. in Instrumentis, quæ ad imperium Germanum spectabant; quæ vero ad regnum Franciæ, annulo suo sigillabat, ut legitur in Lib. rub. Cam. Comput. Paris. fol. 579. v° : *Cilz Charles fu roys de France et empereres de Rome, et tout ce qu'il donnoit et confermoit en Haynaut et en l'empire d'Alemaigne, il séelloit de son grant séel; et ce qu'il donnoit et confermoit en royaume de France, il séelloit de son anel. Ainsi desclaircissoit que li Ostrevant estoit du royaume de France. Et au temps d'adonc Haynaut estoit nommé Loeraine; ce appert par une Cronique qui dist :* Castrum Valencianas situm in marca Franciæ et Lothoringiæ.

* Sigillum Parvum, Cujus usus erat in privatis negotiis, longe minoris formæ quam authenticum, idem quod *Sigillum Secreti.* Charta Phil. uxoris Erardi de Brena ann. 1222. in Chartul. Campaniæ ex camera Comput. Paris. fol. 318. r°. col. 2 : *Omnes litteras quascumque sigillaveram,.... iterum.... confirmo Sigillo meo parvo, quo diutius uti consueveram et adhuc quandoque utor, maxime in negociis meis privatis; et hoc facio ad tollendam omnem dubitationem, quæ posset emergere ex sigillorum diversitate, ne in aliquo tempore propter sigillorum mutationem auctoritate conventionum et litterarum a me eisdem confectarum posset derogari.*

* Sigillum Appendicium, idem quod *Pensile.* Charta Alfonsi II. reg. Aragon. ann. 1334 : *Præsentem cartam nostram inde fieri et Sigillo nostro appendicio jussimus communiri.*

* Sigillum Appensivum, Eadem acceptione, in Charta Ferdin. reg. et Eleonor. regin. ann. 1372 : *Præsentes litteras... mandavimus Sigillis nostris appensivis muniri.*

* Sigilla Aurea *et Argentea*, quibus munitæ erant literæ ad Reges nostros transmissæ, monialibus de Salceia concessa. Charta S. Ludov. ann. 1262. in Reg. 53. Chartoph. reg. ch. 87 : *Cum mulieres leprosæ de Salceya... haberent.... ex concessione inclitæ recordationis regis Philippi avi nostri... Sigilla aurea, quæ eidem regi Philippo cum litteris transmitterentur, insuper et omnem ceram, in qua litteræ ad ipsum venirent sigillatæ, etc.* Alia Phil. V. ann. 1306. ibid. : *Addentes cum Sigillis aureis, superius contentis, argentea.* Quod certe haud probabitur viris rei diplomaticæ curiosis.

* Sigillum ad Coronam, Regium scilicet, quo utebantur Mathæus abbas S. Dionysii et Simon dominus Nigellæ, regni administratores. Arest. parlam. Paris. ann. 1302. in Reg. *Olim : Pro qua mutua pecunia dicti debitores* (Regentes) *eidem villæ* (de Gandavo) *literas regis, sub Sigillo ad coronam literæ, dederant.* Nisi *ad coronam literæ* interpreteris, ad confirmationem literarum.

* Sigillum Duplicatum, Eidem Chartæ bis appensum. Charta ann. 1224. in Chartul. Guill. abb. S. Germ. Prat. fol. 192. v° col. 1 : *Et quia ego Hugo de Valeriaco sigillum meum non habebam, Sigillo domini Johannis fratris mei duplicato, pro me feci præsentes litteras sigillari.*

* Sigillum Judæorum. Vide in *Judæi.*

* Sigillum Lapideum. Charta ann. 1229. in Chartul. Buxer. part. 15. ch. 7 : *Ne vero factum istud a posteris perturbetur,... tale sigillum quod habeo penes me, Sigillum licet lapideum, ubi est nomen meum impressum* (Joan. dom. Castri novi) *præsenti scripto apposui.*

* Sigillum Marinum, Indiculus rerum navi impositarum. Pactum inter S. Ludov. reg. Franc. et Petr. Droc. ducem Brit. ann. 1231. ex Bibl. reg. : *Cum forefactis, emendis et emolumentis ex fractura navium,.... ob deffectum brevetorum seu Sigillorum marinorum.* Infra : *Brevetos seu Sigillos brevetorum.* Vide in *Breve.*

* Sigillum Palatii, Quod omnibus episcopis alicujus ecclesiæ commune est. Charta Joan. episc. Camerac. ann. 1214. in Chartul. Mont. S. Mart. part. 3. ch. 35 : *Cum ipsum fuisset arbitrium auctoritate nostra ad petitionem partium Sigillo palatii confirmatum, nos quoque ad petitionem dictæ ecclesiæ idem arbitrium nichilominus, ad majorem firmitatis constantiam, sigillo proprio duximus confirmandum. Sigillum sedis Cameracensis* nuncupatur infra in Charta ann. 1233. Sigillum ergerat jurisdictionis seu curiæ episcopalis.

* Sigillum Plumbeum. Vide supra in *Bulla.*

Sigillum Piscatoris, Sigillum, ut aiunt, *Secreti*, quo Summus Pontifex utitur in Epistolis privatis : in quo scilicet effingitur D. Petrus in navicula, instar piscatoris retia laxantis. Epistola Clementis IV. PP. apud Carbonellum in Chron. Hispan. fol. 68. et Massonum : *Non scribimus tibi, nec familiaribus nostris sub bulla, sed sub piscatoris Sigillo, quo Romani Pontifices in suis secretis utuntur.*

¶ Sigillum Repercussum. Diploma Henrici II. Imper. in Monum. Paderborn. pag. 161 : *Et nostro Sigillo repercusso insigniri jussimus.* Quod intelligendum existimat Mabillonius de sigillo plumbeo bis percusso, id est in recta et aversa parte.

* Fallitur vir eruditus; dicitur enim de sigillo cereo, quod Chartam trajicit et illi ex utraque parte adhæret. Ejusmodi sunt Diploma Henrici II. imper. ann. 1008. asservatum in Cam. Comput. Insul. et Charta fundat. eccl. S. Petri Insul. ann. 1066. in Tabul. ejusd. eccl.

¶ Sigillum Rotundum, cujusmodi erant sigilla affixa : pensilia enim oblonga seu ovalia. Charta Joban. Episc. ann. 1410. tom. 2. Hist. Eccl. Meld. pag. 255 : *Datum sub nostro Sigillo rotundo, etc.*

¶ Sigillum Breve, Idem quod *Secretum*, apud Mabill. tom. 2. Annal. Bened. pag. 404.

* Sigillum Vicecomitis, Quo privatorum obligationes muniuntur. Arest. scacar. Paschæ ann. 1276. in Reg. S. Justi ex Cam. Comput. Paris. fol. 36. v°. col. 2 : *De habendo consilium, utrum quilibet vicecomes habebit Sigillum proprium, in sui et subditorum suorum commodum. Concordatum fuit quod vicecomites Sigillum habeant, et quod de qualibet littera confecta super c. solidos et minus, duos capiant denarios pro sigillo, et de ultra c. solidos, sex denarios usque ad xij. libras, et de ultra xij. libras de qualibet libra, unum obolum et non plus.*

Sigillum Altaris, Durando lib. 1. Ration. cap. 6. n. 34. parvus lapis, cum quo sepulcrum, sive foramen, in quo reliquiæ reconduntur, clauditur, seu sigillatur. Alexander III. PP. apud Gregorium lib. 3. Decret. tit. 40. cap. 1 : *Ad hæc si altare motum fuerit, aut lapis ille solummodo superpositus, qui Sigillum continet, confractus aut etiam diminutus, debet denuo consecrari.* Statuta provincialia Walteri Episcopi Dunelmensis anno 1255 : *Insuper quæ altaria fuerint consecrata; et si consecrata, sint crucis charactere Sigillata.*

Super Sigillum Clamare. Vetus Notitia Vasconica apud Marcam lib. 5. Hist. Beneharn. cap. 17. n. 1 : *Ad id ventum est, ut diceretur eidem Abbati et senioribus S. Vincentii, quod nisi redderet supradictum honorem, non posset Principatum obtinere secure prædictæ regionis, et favente partibus Raymundi Seguini Gasto Principe super Sigillum et vim clamando, accipere habuerunt centum solidos Pictavensis monetæ, etc.*

Sigillum Raphaelis, Liber magicus sic inscriptus, qui laudatur a Gaumino ad Psellum de Operat. dæmon. ubi observat, *Sigilla* Latinis esse, quæ Græci ςοιχειώματα et ἀποτελέσματα vocant.

¶ 2. **SIGILLUM**, Jurisdictio, potestas Tabular. S. Salvatoris *de Leyre* apud Jos. Moretum Antiq. Navarræ pag. 564 : *Concedo tibi villam, quæ vocitant Oterbia, quæ est sub Sigillo de Exauri, cum sua ecclesia.*

¶ 3. **SIGILLUM**, *Parvum vexillum, quasi diminut. a Signum*, in Gloss. Gasp. Barthii ex Histor. Palæst. Raimundi Agilæi, apud Ludewig. tom. 3. Reliq. MSS. pag. 267. [** pag. 163. lin. 41. Bongars.] Vide *Sigillus* 2.

* 4. **SIGILLUM**, Signum, simulacrum. Gregor. Turon. lib. 8. Hist. Franc. cap. 15 : *Tunc convocatis quibusdam ex eis, simulacrum hoc immensum, quod elidere propria virtute non poteram, cum eorum adjutorio postea merui eruere : jam enim reliqua Sigillorum, quæ faciliora sunt, ipse confregeram.* Vide *Sigillus* 2. [** et Forcellin.]

* 5. **SIGILLUM**, Secretum. Sent. arbitr. inter episc. et capit. Catalaun. ann. 1299. in Reg. 85. Chartoph. reg. ch. 189 : *Diffinimus ut ipsam curam animarum, illam duntaxat quæ in absolvendo et ligando in Sigillo pœnitentiæ seu in foro animæ consistit,... ab ipso episcopo recipere teneatur.*

1. **SIGILLUS**, Alamannis *Sigel*, Epistomium vasis, vel obturaculum, quod orificio, ut Apuleius loquitur, vel ori summo dolii inseritur, illudque obstruit, sic dictum, quia olim vasa signabantur, ut ex Hieroclis Philosophi facetiis colligitur. Eckeardus Junior de Casib. S. Galli cap. 5. pag. 194 : *Erant autem in cellario fratrum communi duo vasa vinaria usque ad Sigillos adhuc plena. Epistomii* vocem usurpat Jonas in S. Columbano lib. 1. cap. 16.

2. **SIGILLUS**, seu Sigillum, Signum, seu figura vasculis, rebusve aliis insculpta, adpicta, aut adtexta, quomodo Latinos vocem *Sigillum* usurpasse docuit olim Lazarus Bayffius lib. de Vasculis pag. 106. Glossæ Lat. Gr. : *Sigillum*, ἀνδριαντάριον, ζώδιον, etc. Glossæ aliæ : Ζώδιον, *Sigillum*. Julius Africanus lib. 8. Hist. Apost. : *Ubicumque pro ornatu templi Sigilla erant posita, minutavit.* Anastasius in S. Silvestro PP. : *Fecit autem candelabra aurochalca in pedibus 10. numero 4. argento conclusa cum Sigillis argenteis.* Infra : *Ante corpus B. Laurentii martyris clusam passionem ipsius, Sigillis ornatam, cum lucernis byssinis argenteis, etc.* Ibidem : *Fecit ex metallo porphyretico ex sculptis Sigillis pharacanthara 20. ex argento purissimo, etc.*

Sigillus. Hist. Episc. Autissiodor. cap. 20 : *Dedit... Gabatham unam medianam anacteam pensantem lib. 3. et habet in fundo Sigillos 4. et in gyro prunellas, etc.*

Sigillaria, Eadem notione dixit Arnobius : *Quinimmo Deos esse Sigillaria ipsa censetis.* [Utitur etiam Tertull. lib. de Orat. cap. 12 : *Porro cum perinde faciant Nationes, adoratis Sigillaribus suis residendo, etc.*]

¶ Sigillarius, Ad *Sigilla* spectans. Tertull. adv. Valentin. cap. 18 : *A qua* (Achamoth) *occulto, nihil sentiens ejus, et velut Sigillario extrinsecus ductu, in omnem operationem movebatur.* Idem lib. de Anima cap. 6 : *Velut Sigillario motu superficiem intus agitante* (anima.) Id est, occulto motu, qua ratione moventur *sigilla* seu simulacra puerilia a mimis et lusoribus. *Sigillari*, νευρόσπαςοι, in Gloss. Lat. Græc. Vide Gloss. med. Græcit. in Σιγιλλάριον.

¶ Sigillaritius, Eodem intellectu. Spartianus in Adriano cap. 17 : *Saturnalitia et Sigillaritia frequenter amicis inopinantibus misit et ipse ab his libenter accepit.* Subintell. *munera*. Hinc *Sigillaritius annulus*, pro annulo signatorio, apud Vopiscum in Aureliano cap. extr.

¶ Sigillum, Vasculum, quod vulgo *Pax* dicitur. Vita S. Ansegisi sæc. 4. Bened. part. 1. pag. 633 : *Sigilla aurea mirifica cum pretiosis lapidibus numero duo, etc.*

Sigillatus, *Sigillis* seu figuris ornatus, quomodo *vasa sigillata* dixit Cicero orat. 6. in Verrem. *Sigillatæ sericæ*, vestes nempe, quas mimæ ferre vetantur in lege 11. Cod. Th. de Scænicis (15, 7.) Ζωδιωτὸς χιτών, apud Hesychium. Pollux : Κατάςικτος χιτών, ὁ ἔχων ζῶα ἢ ἄνθη ἐνυφασμένα, καὶ ζωωτὸς δὲ χιτὼν ἐκαλεῖτο, καὶ ζωδιωτός. *Pictæ vestes* apud Latinos, quibus intextæ erant figuræ variæ. Ausonius in Gratiar. actione pro Consulatu suo : *Palmatam, inquis, tibi misi, in qua Constantius parens noster intextus est : me beatum, cujus insignibus talis cura præstetur. Hæc est picta, ut dicitur, vestis, non magis auro suo, quam tuis verbis.* Ita porro vocem *Sigillatus* usurpat non semel Anastasius, in Leone III. PP. : *Et vela holoserica Sigillata, habentia periclysin, et crucem de blattin, seu fundato numero 15.* Infra : *Vela modica Sigillata, quæ pendent in arcubus minoribus, etc.* Idem in Paschale : *In jam dicto altari obtulit vestem albam Sigillatam cum rosulis, habentem in medio crucem de blattin cum psillis.* In Leone IV : *Fecit vestem sericam albam Sigillatam cum gammadiis, etc.* Infra : *Vela alba holoserica Sigillata.*

SIGILUM. Vide *Sigalum*.

SIGINOR, Dominus, Bonfinio ad Leges Hungaricas. Vide *Senior*.

SIGITULA. Glossarium Saxonicum Cottonianum : frecmaze, *Sigitula, lardariolus*. Voces incertæ notionis Somnero. [** f. Specmase, *Ficedula*.]

1. **SIGLA**, Velum, a Saxon. segl, Teuton. *Seghel*, et *Saeghel*, Anglis *a Sail*. Leges Ethelredi Regis editæ apud Venetyngum cap. 24 : *Ad Bilynggesgate si advenisset una navicula, unus obolus thelonei dabitur : si major, et habet Siglas, 1. den.* Le Roman *de Vacces* MS :

Car li envoie ses homes et à Sigle et à vage.

Ibidem :

Donne trieves trois mois sans perte et sans damage,
N'iras mès par besoin à Sigle, ne à vage.

[Le Roman *de Blanchandiu* MS :

Et cil font lor Sigles lever,
Traient cordes, traient bindarz,
Puis se fierent en mer viaz.

Le Roman *d'Athis* MS :

Aux maistres cordes moult se pendent,
Montent leur Single, aval l'estendent.

Infra :

Et les Singles emplit les vens,
Et les bateaulx furent dedens.]

Siglare, Plenis velis navigare, Gall. *Singler*. Nangius in S. Ludovico ann. 1269 : *Die Mercurii subsequenti.... velum fecerunt istæ 4. naves supradictæ, et tota die illa cum die Jovis subsequente cum vento satis prospero Siglaverunt.* [Continuat. Histor. Guillelmi Tyriens. apud Marten. tom. 5. Ampl. Collect. col. 610 : *Ils orent bon vent, et ne finerent de Sigler, tans qu'ils vindrent devant Acre.*] Philippus Mouskes, in Hist. Francor. MS. in Henrico I :

Bon vent orent, par mer Siglerent.

Alibi :

Li Rois Ricars apriés sui,
Ki le karvane consui,
Des Sarozins qui là Sigloient.

Sic alibi non semel. Le Roman *de Vacces* :

Puis si vint à ses nez, s'a la mer regardée,
Tant Siglerent d'avoir, que en terre arriverent.

Idem :

Lors sen retourna Rou, Siglant en Normendie.

Ibidem :

Qui bien sourent par mer et Sigler et vagier.

2. **SIGLA**, Monile, ex Saxonico sigele, *Monile, gemma*, bulla, fibula. S. Bonifacius Epist. 100 : *De auro vero et argento, quod dedit Regenthrith filia Athuolphi ad Ecclesias nostras, duas armillas aureas, et 5. Siglas aureas valentes pretio trecentorum solidorum, et aliorum fidelium virorum ac mulierum pretia Enred abstulit ab Ecclesiis suprascriptis.* [Adde Bedam lib. 4. cap. 23. Hesychius : Σύγλαι, ἐνώτια, *Inaures*.]

3. **SIGLA**, pro Mensura liquidorum. Vide in *Sicla*.

¶ 4. **SIGLA**, ut *Sigalum*. Vide in hac voce.

SIGLÆ, Singulariæ litteræ, sic dictæ litteræ, quod *singulæ* verbum componant : verbi gratia S. P. Q. R. *Senatus Populusque Romanus. S. C. Senatusconsulto.* Occurrit apud Justinianum in Orat. ad Antecessores Vide Cujac. lib. 12. Observ. cap. 40. [Fr. Pithœum ad tit. 17. Cod. Decret. Theodorum Marsilium ad Titum Suetonii cap. 3. Brencmannum lib. 2. Hist. Pandect. cap. 3. Sed consulendus in primis Johannes *Nicolai* qui doctissimam lucubrationem de Siglis veterum Lugduni Batav. edidit ann. 1703. ubi cap. 1. post Gregor. Tolos. lib. 16. de Republ. cap. 1. § 6. vocis etymon a sigillo accersit.]

* Consule etiam Disquisitionem Veronæ editam ann. 1746. sub hoc titulo : *Græcorum Siglæ lapidariæ a Marchione Maffæo collectæ et explicatæ.*

¶ **SIGLARE**. Vide supra in *Sigla* 1.

* **SIGLICUM**, Secale. Vide supra *Saglinum*.

SIGLIX, Idem quod *Sigalum*, *Segle*. Vetus notitia sub Islo Episcopo Tolosano, apud Catellum : *Et in hoc fevo dedit illis totam Siglicem, et totum milium, et balagium, et decimum de sextaratis, etc.*

SIGMA, Mensa in literæ Sigma similitudinem, seu lunulæ : nam Sigma Græcum literam C expressit posterioribus seculis; apud Lampridium in Heliogabalo, Petrum Chrysol. serm. 29. 83. 93. etc. Ditmarus lib. 4. de Ottone III. Imper. : *Solus ad mensam, quasi semicirculum factam, loco cæteris eminentiori sedebat.* Vide Savaronem ad Sidonium, Salmasium ad Lamprid. etc.

** **SIGNABILIS**, Insignis, memoria dignus. Casuum S. Galli Contin. II. apud Pertz. Scriptor. tom. 2. pag. 150 : *Quid Signabile in tanto studio fecisset aut dixisset.*

¶ **SIGNACEUM**, ut mox *Signaculum*, in Præfat. Bern. Pezii tom. 1. Anecd. pag. 39 :

Hic aperit typicosa novæ Signacea legis,
Quam statuit sub carne novi præsentia Regis.

SIGNACULUM. Glossæ Græc. Lat. : Σφραγιςήριον, *Signaculum, Signatorium.* Papias : *Signaculum, quod alicujus rei ad hoc imprimitur, ut lateat, quousque reseratur.* [Tertull. lib. de Pallio cap. 4 : *Pectus squamarum Signaculis disculptum.*] S. Hieronym. Epist. 16 : *Aurum usque ad annuli Signaculum repudians.* Idem Epist. 8 : *Ut et claudas cubiculum pectoris, et crebro Signaculo crucis munias frontem tuam, etc.* Formulæ veteres Bignonii cap. 38 : *Suggessit eo quod apud nostrum Signaculum, hominem aliquem nomine illum mannitum habuisset*, id est, cum signaculo, sive sit *sigillum*, quod vult idem Bignonius, sive *monogramma*, ut in Charta Caroli M. apud Miræum in Diplomat. Belg. lib. 1. cap. 8 : *Nostræ manus Signaculis eam* (Chartam) *affirmare decrevimus, et annulo nostro firmari jussimus.* Chronicon S. Vincentii de Vulturno lib. 2. pag. 681 : *Propriæ manus et trium filiorum suorum Signaculo illud corroborans.* Anonymus in Vita S. Theodardi Archiep. Narbon. : *Prædecessorum meorum traditiones... et impressionis eorum Signaculo roboratas.* Infra : *Duo regalia præcepta Caroli Magni videlicet ejusque gloriosissimi filii Ludovici, et certa Signaculorum eorum impressione diligenter notata.* Adde Joan. Sarisberiensem Epist. 158. Utuntur Jurisconsulti aliquot, atque in iis Caius in Instit. pro sigillo, leg. 4. Cod. Th. de Administr. et peric. (3, 19) etc.

* *Seignau*, pro Chirographum, nominis subscriptio, in Assis. Hierosol. cap. 4 : *En chascune charte avoit le seau et le Seignau dou roy et dou patriarche auci.*

Signaculum, Signum crucis, *le Seing de la croix.* Statuta Ordinis *de Sempringham : Post erectionem autem et Signaculum... dicat Prior illorum, Deus in adjutorium.* Vita MS. S. Arigii Episcopi Vapincensis ex Cod. Silviniacensi : *Sed Sanctus Dei Signaculum Christi faciens, etc.* Le Roman *de Roncevaux* MS :

Sa main leva, si a fait son Signacle.

Signaculum, Baptismus. [Tertull. de Spect. cap. 4 : *Ne quis argumentari nos putet, ad principalem auctoritatem convertar ipsius Signaculi nostri. Cum aquam ingressi Christianam fidem in legis suæ verba profitemur.* Infra cap. 24 : *Hoc erit pompa diaboli, adversus quam in Signaculo fidei ejeramus. Signaculum frontium* vocat lib. 3. adv. Marc. cap. 22. *Inscripta oleo frontis Signacula*, apud Prudent. Psychom. v. 360.] Occurrit præterea apud Ruffinum lib. 1. adversus Hieronymum initio et Anonymum de Hæreticis non rebapt. pag. 131. Capit. Caroli M. lib. 5. cap. 95. [** 161.] : *Symbolum, quod est Signaculum fidei, et orationem Dominicam discere semper admoneant Sacerdotes populum Christianum.* Admonitio Imperatoris Caroli M. ad Presbyteros, in Capitulari dato apud Saltz, cap. 3 : *Ut* (Sacerdos) *Signaculum et baptisterium memoriter teneat.* Capitula S. Bonifacii Mogunt. cap. 16 : *Ut unusquisque Episcopus in sua parochia diligenter discutiat suos Presbyteros, et faciat ut illorum Signacula et baptisteria bene faciant, etc.* Concilium Metense ann. 888. cap. 6 : *Nullus alteri suscipiat a fonte infantem, nisi qui apprime Signaculum, id est abrenuntiationem diaboli et professionem Catholicæ fidei tenuerit.*

¶ Signaculum Corporis, Circumcisio dicitur, Tertull. Apolog. cap. 21.

Signaculum, Nota Militiæ, seu, qua quis in militem adscribebatur. Passio S. Maximiliani : *Dion dixit ad officium, Signetur. Cumque resisteret Maximilianus, respondit, Non possum militare. Dion dixit, milita, ne pereas. Maximilianus respondit, Non milito... Dion ad Maximilianum dixit : Milita et accipe Signaculum. Respondit, non accipio Signaculum. Dion ad officium dixit : Signetur. Cumque reluctaret, respondit, non accipio Signaculum sæculi, et, si signaveris, rumpo illud, quia nihil valeo. Ego Christianus sum, non licet mihi plumbum collo portare post signum salutare Domini Jesu Christi, quem tu ignoras, etc.* Ex quibus colligi posse videtur, *Signaculum* istud plumbeum aliud fuisse a stigmate, quo notari tirones consuevisse observant, qui de militia Romana scripserunt, atque in primis Stewechius, Salmasius, et alii. Nam ejusmodi Signaculum plumbeum collo aptabatur. Cujusmodi vero illud fuerit, nescio traditum.

1. **SIGNALE**, Signum, Gall. *Signal.* Fori Oscæ ann. 1247. fol. 3 : *Dominus villæ licite sine injuria poterit Signale mittere in casas, aut in corpore de illo homine, nisi habuerit casas.* Fol. 14 : *Et ista fidantia debet esse habitator et hæres ejusdem loci, ubi manet actor, et debet habere pignora, aut esse de Signale, unde possit distringi.* Fol. 18 : *Et si forte eam* (hæreditatem venditam) *reddere non vult emptor, ostendat ei Signal, et præparet ei denarios, quos constitit.* Agitur de retractu. Observantiæ Regni Aragon. lib. 3. tit. de Emptione : *Si aliquis emerit aliquid, et aliquid dederit pro Senyal et paga, non potest vendi duplando el Senyal.*

* Inter varias vocis *Sennal* apud Hispanos notiones, pro Arrha interdum usurpatur, quo sensu accipi videtur in Foris Oscæ fol. 18.

2. **SIGNALE.** Charta Willelmi Comitis Pontivi ann. 1205. in Historia Eccles. Abbavillensi cap. 26 : *Census annuales tam in Abbavilla, quam alibi : Signalia in cambiis Abbavillæ, quatuor modios frumenti in festo omnium SS. de molendino, qui dicitur Comitis, etc.*

* Signum vini, alteriusve rei venalis, Gall *Enseigne.* At nescio quæ pars sit molendini, quæ *Signal* nuncupatur, in Lit. remiss. ann. 1384. ex Reg. 126. Chartoph. reg. ch. 50 : *Lequel Thomas prit un grant levier, dont l'en levoit la mole dudit moulin, et commença à monter à l'eschielle dudit Signal, etc.*

¶ **SIGNANTER**, Aperte, distincte. Hieronymus adv. Jovinian. lib. 1. cap. 7. extr. : *Signanter et proprie supra dixerat. Signanter et breviter omnia indicare*, apud Auson. in Gratiarum act. *Signate*, eadem notione, utuntur Gellius lib. 2. cap. 6. Ammianus lib. 22. cap. 15. et alii.

¶ Signanter, Præcipue, in primis. Byzynius in Diario belli Hussit. apud Ludewig. tom. 6. Reliq. MSS. pag. 147 : *Graves contentiones et guerræ his diebus, inter Reginam et Barones et inter Pragenses, occasione liberandæ religionis Christi et veritatis ; et Signanter calicis communionis... insurrexerunt.*

¶ Signate, Eodem significatu, in Charta ann. 1227. ex Chartul. S. Vandreg. tom. 1. pag. 914 : *Ego Radulfus de S. Vandregesillo dictus Picerna, qui Signate debebam discos et patellas quoquinæ abbatiæ S. Vandregesilli hæreditarie reparare, sicut famulus serjantariæ dicti officii, dedi et concessi Deo et abbatiæ S. Vandregesilli... quidquid mihi pertinebat hæreditarie ratione dictæ serjantariæ et dicti officii in liberatione panis, pisorum et omnium ferculorum, etc.*

SIGNANUS, pro *Antesignanus.* Joan. Mon. in Vita S. Odonis Abbatis Cluniac. lib. 1 : *Factus est ille, qui antea fuerat secutor, postea Signanus.*

1. **SIGNARE**, Signum crucis digitis ac manu effingere. [Tertull. lib. 2. ad uxorem cap. 5 : *Cum lectulum, cum corpusculum tuum Signas.*] Gregorius M. lib. 4. Dialog. cap. 38 : *Tunc fratres cœperunt ei dicere,... Signum tibi sanctæ crucis imprime. Respondit ille, dicens, Volo me Signare ; sed non possum, quia squamis hujus draconis premor.* Leo IV. PP. de Cura Pastorali : *Calicem et oblatam recta cruce Signate, id est, non in circulo et variatione digitorum, ut plurimi faciunt ; sed districtis duobus digitis, et pollice intus recluso*, per quos Trinitas innuitur. Occurrit præterea apud Messianum in Vita S. Cæsarii Arelat. pag. 252. Augurum in Actis S. Theodori Ducis n. 17. Baudoviniam in Vita S. Radegundis, Fortunatum in Vita S. Albini Episc. Andeg. n. 16. Notgerum Episcopum in Vita S. Hadelini n. 15. etc. Le Roman *de Garin* MS :

Saingna son chef, s'a l'image enclinée.

Le Roman *de Parise la Duchesse* MS :

Il a levé sa main, si a Segné son front.

Le Roman *de la prise de Hierusalem* MS :

Les fons fait aprester, s'es a mult bien Segnez.

* *Sengnieller*, eadem notione, in Lit. remiss. ann. 1432. ex Reg. 175. Chartoph. reg. ch. 233 : *Icellui Pitot se Sengnilla et chey en telle foiblesse de corps, que assez tost après il ala de vie à trespassement.*

Signare, pro Subscribere. Vide infra *Signum.*

Signare, Signum crucis ad peregrinationes vel expeditiones Hierosolymitanas, vestibus assuere, apud Cæsarium lib. 1. Miracul. cap. 6.

* Bonincont. Hist. Sicul. part. 1. apud Lam. in Delic. erudit. pag. 331 : *Defecissent item ea tempestate Tudertini et Romani, nisi legatus Apostolicus, qui urbi præerat, capita Apostolorum per urbem detulisset, populumque Romanum contra Fridericum*

Signavisset, tanquam contra infideles, pugnaturum.

Signare, Idem quod *Consignare*, Confirmationis Sacramentum conferre, apud Martinum Bracarensem cap. 52. in Concilio Hispalensi II. can. 7. etc. *Signare Chrismate*, apud Gregorium M. lib. 3. Epist. 9. Acta S. Valentini Presbyt. : *Tribus autem consummatis diebus, die sancto Dominico baptizavit Asterium cum omni domo sua : et vocavit ad se S. Castillum Episcopum, qui veniens Signavit Asterium cum omni domo sua, animas fere promiscui sexus numero* 44. Vide Menardum ad Sacrament. Gregor. pag. 108. et seqq.

¶ Signare Terras, dicitur cum certis signis significatur non licere in eas animalia pascenda immittere. Provinciales dicunt *Signar lei restouble*, cum acervis terreis indicant agrum non depascendum. Charta ann. circ. 1317. ex Schedis Præs. *de Mazaugues : Nec etiam in terris laboratis tempore quo bladarentur, vel si Signatæ fuerunt pro deffendutis; si vero non bladarentur, vel si Signatæ non fuerunt pro deffendutis, avere hominum et domini dicti castri posset libere pascere. Signer*, pro signo notare, Gall. *Marquer*, in Statuto Johannis Reg. Franc. ann. 1355. tom. 3. Ordinat. pag. 35. Vide *Wiffa.*

1 Signare, στιγματίζειν, Reis stigma vel signum imprimere. Consuetudines Valentiæ in Aginnensi pago, descriptæ in Regesto Constabulariæ Burdegal. fol. 142 : *Qui furatus fuerit rem valentem ultra* 5. *solid. prima vice Signetur, etc.* [Vide *Signatio.*]

* 2. SIGNARE, Prodere, palam facere. Mirac. S. Germ. Autiss. tom. 7. Jul. pag. 258. col. 2 : *Quod Paulus Apostolus se metuere significans, fatetur se audisse arcana verba, quæ non licet homini loqui. Et Johanni præcipitur, ne Signet, quæ locuta sunt septem tonitrua.* Vide ibi notam doctorum Editorum.

* 3. SIGNARE. Vide post *Signum*, 9.

SIGNARIUS, Ζωδιόποιος, in Gloss. Gr. Lat. id est signorum seu statuarum artifex, qui *Signifex* dicitur Marciano Capellæ lib. 2. Apuleio lib. 2. Arnobio lib. 6. Sidonio lib. 6. Ep. 12. et aliis. [Charta ann. 1047. ex Tabul. S. Victoris Massil. : *Hæc autem terra habet consortes.... a meridie terra de Stephano Signario.*]

¶ Signarius, Signifer, vexillarius. Veget. lib. 2. cap. 16 : *Omnes autem Signarii vel signiferi quamvis pedites, loricas minores accipiebant.*

¶ SIGNATE. Vide supra in *Signanter.*

SIGNATI. Capitulare 3. ann. 803. cap. 24. lib. 4. Capit. Append. 2. § 14 : *De Signatis, qui mentiendo vadunt.* Qua voce videntur intelligi ii, qui Catechumeni per signum crucis, quo in frontibus signabantur, facti, a proposito et Christianæ religionis amplectendæ consilio recedebant, et ad priorem vomitum revertebantur. Catechumenos autem per signum crucis, quo signabantur in fronte et pectore, ad religionem Christianam admissos, testatur S. Augustinus lib. 1. Confess. cap. 11. lib. 2. de Symbolo ad Catech. lib. de Catechizandis rudibus cap. 20. 26. et lib. 2. de Peccator. merit. et remiss. cap. 26.

SIGNATICUS. Julius Africanus lib. 6. Hist. Apostolicæ extremo : *Fueruntque omnia ex quadratis marmoribus Signaticis extructa, et camera ipsa laminis aureis suffixa.* Id est, ni fallor, sculptis.

¶ 1. SIGNATIO, Benedictio quæ fit signo crucis. Vetus Cæremoniale MS. B. M. Deauratæ Tolos. : *Et dicta Tercia, ebdomadarius cum uno puero facit circuitum cum aqua benedicta reservata de die precedenti in Signatione fontium; quia isto die* (Paschæ) *ob honorem Signationis fontium diei precedentis, non signatur aqua in choro, prout est consuetum aliis diebus Dominicis.* Nude pro signo crucis, apud Tertull. lib. 2. ad Uxor. cap. 9. Vide *Signatus.*

¶ Signatio, Sigilli impressio, in Cod. Theod. leg. 19. de Annona lib. 11. tit. 1. Vide *Signum* 2.

¶ Signatio, Reis stigmatis vel signi impressio. Charta ann. 1270. apud Stephanot. tom. 3. Antiq. Bened. Pictav. MSS. pag. 888 : *Bassa justitia quæ extenditur ad membrorum mutilationem, deportationem seu forincationem vel forbaniæ, aut Signationem, seu ad aliam pœnam minorem tantummodo remanente, etc.* Vide *Signare.*

* 2. SIGNATIO, Subscriptio, Gall. *Signature.* Stat. comitat. Venaiss. sub Clem. PP. VII. cap. 45. ex Cod. reg. 4660. A : *At ubi sola restat Signatio instrumenti, pro Signatione illa uno grosso retento, totum residuum hæredibus assignabit.* Haud scio tamen an non de sigilli appositione sit intelligendum. Vide *Signatura.*

¶ 1. SIGNATOR, Qui mensuras publicas obsignabat, ut legitimæ ostenderentur. Charta S. Ludovici ann. 1229. apud Marten. tom. 1. Ampl. Collect. col. 1228 : *Verum si Signator mensurarum requisitus, vel etiam mandatum ipsius mensuram signare noluerit, major baillivus meus qui apud castrum Radulfi inventus fuerit, super hoc requiretur.*

* *Seignier*, Signare, nostris, pro *Marquer.* Charta ann. 1296. ex Chartul. 23. Corb. : *La garde de l'estalon, du patron et du seing demourront en la warde du maieur et des jurés de Corbie, et le bailleront à la justice et as eschevins des devant dits religieux, toutesfois que mestier sera, pour justifier et de Seignier mesures.* Reg. feud. comitat. Clarimont. ex Cam. Comput. Paris. fol. 109. v° : *Item a ledit Guillaume le droit du saing à la fleur de lis, à Seigner les mesures à blé et à aveinne, à potages, à sel, à vin.*

¶ 2. SIGNATOR. Bulla Urbani II. PP. ann. 1088. inter Instr. tom. 6. Gall. Christ. novæ edit. col. 351 : *Datum Romæ* XIX. *Cal. Januarii per manum Johannis diaconi sanctæ Romanæ Ecclesiæ P. Signatoris D. Urbani, etc.* Leg. *Præsignatoris.* Vide in hac voce.

¶ 3. SIGNATOR, Testis. Vide infra *Signum* 2.

SIGNATORIUM, Annulus signatorius. Gloss. Gr. Lat. : Σφραγιςήριον, *Signaculum, Signatorium.* Occurrit apud Avitum Episc. Viennensem Epist. 78.

¶ SIGNATURA, Subscriptio. Acta S. Alenæ tom. 3. Junii pag. 397 : *Datum.... sub contrasigillo nostro ac secretarii consilii Vicariatus nostri Signatura, etc.* Occurrit apud Sueton. Ner. cap. 17. pro sigilli impressione.

¶ Signatura, Vox Curiæ Romanæ, Breve apostolicum, quo supplicanti aliquid conceditur sub hac forma ab ipso Pontifice scripta, *Fiat ut petitur;* vel sub hac voce, *Concessum*, ab alio coram Papa supplicationi adscripta. *Simplices Signaturæ, aut sine plumbo diplomata,* in Conventu Episc. Gall. apud Melodunum ann. 1548. tom. 7. Miscell. Baluz. pag. 106. et 115. Charta ann. 1487. in Bullar. Carmelit. pag. 394. col. 2 : *Cujus supplicationis solam Signaturam manu sua propria more solito per* Fiat ut petitur *signatam volebat sufficere.* Adde Conc. Hispan. tom. 4. pag. 402. Vide Exposit. compendiosam benef. fol. 55.

¶ 1. SIGNATUS, Signo crucis benedictus, consecratus. *Candela Signata*, in Miracul. MSS. Urbani V. PP. Massiliensibus vulgo aliisque *Candele signade*, quomodo *Pan signat* vocant panem benedictum. Vide *Signare* et *Signatio.*

* 2. SIGNATUS, Hæredes, posteri, successores. Charta ann. 1090. in Chartul. S. Joan. Angeriac. fol. 93. v° : *Item concessit atque donavit eidem Oddoni et Signatibus suis, tam ipse quam filii sui, etc.* Facile legendum *Sequacibus* monerem, nisi *Signance* Gallice, pro *Suite*, occurreret. Vide supra *Sequaces* et *Sequela* 8.

* SIGNES, *Ægyptii mensuras viarum vocant, quas Galli leugas, Græci stadia, Latini miliaria vocant.* Glossar. vet. ex Cod. reg. 7613.

¶ 1. SIGNETA Orationis, Globuli serti precatorii, Gall. *Chapelet.* Sebast. Perusinus in Vita B. Columbæ Reatinæ tom. 5. Maii pag. 376 : *Ex opposito est effigies ipsius dominæ Honestæ, flexis genibus manibusque junctis, orationis Signetis pendentibus, quasi precaretur.*

¶ 2. SIGNETA. Consuetud. Universit. Paris. per Robert. *Goulet* fol. 15 : *Præterea magna cum pompa fit modus Signetorum in qualibet facultate; quoniam licentiandi eligunt inter se aliqua certa loca, utpote collegia honorabiliora pro dictis Signetis ceelbrandis, et in quolibet quinque, sex aut septem, vel octo prout exigit numerus : idque expensis communibus præparantur loca cum tapetis et vasis aureis et argenteis, optimoque vino et speciebus sumendis per dom. Doctores et alios assistentes, vel ingredientes et per omnes post ipsum actum debite completum, Rectore semper ipsius Universitatis assistente. Signeta autem dicuntur ille actus solennis qui fit pridie licentiarum, ubi comparent illi de illo Signeto recti secundum ordinem scolæ, et ibidem dom. Rector... et infiniti alii in scannis ornatis sedentes. Et hora assignata venit paranimphus seu legatus dom. Cancellarii cum ornamento ad hoc deputato.... per quem licentiandi invitantur.... ex parte prædicti Cancellarii ad diem crastinam in aula dom. Parisiensis Episcopi gradum licentiarum accepturi.* Vide supra in *Paranymphus* 2.

SIGNETUM, Parvum sigillum, quod *Secreti* vulgo appellant, quo *literæ clausæ* sigillantur, ex obsoleto Gallico *Signet.* [Charta ann. 1359. apud Lobinell. tom. 2. Hist. Britan. col. 499 : *Donné à Nantes... soubz nostre Signet de secret.* Alia ann. 1383. ibid. col. 638 : *Nous avons faict mettre nostre grand seel à cestes presentes o le Signet secret de noz chevances.* Charta ann. 1387. apud Menester. Hist. Lugdun. pag. 130 : *In quibus* (literis) *affixa sunt Signeta dictorum dominorum.* Charta ann. 1399. ex Tabul. B. M. de Bono-nuntio Rotomag. : *Datum sub sigillo magno curiæ nostræ Rothomagensis una cum Signeto nostri officialatus.* Charta ann. 1424. ex Tabul. S. Victoris Massil. : *Litteras sigillatas cum nostri impressione Signeti.*] Statuta Davidis II. Regis Scotiæ cap. 18 : *Sub quocunque sigillo, magno, secreto vel parvo, seu Signeto.* Statuta Roberti III. cap. 1. § 5 : *Statutum est etiam, quod quilibet Baro, vel alius tenens de Rege, habeat sigillum proprium, ad serviendum Regi, ut de jure tenetur,.... et quod sigilla sint, et non Signeta, sicut ante ista tempora fieri consuevit.* Henricus de Knyghton : *Similiter dicebatur, quod quidam Miles Angliæ mittebatur... Capitaneo Calesiæ cum litteris Signeto Regis signatis, ut redderet ei villam Calesiæ.* Vide *Sigillum secreti.*

¶ Signetus, Eadem notione. Statuta S. Claudii ann. 1448. pag. 49 : *Qui sigilla vel Signetos prædictos, aut eorum aliquod vel aliquos penes se habuerint vel sciverint per aliquos detineri, etc.*

¶ Signetum, Chirographum, Gall. *Seing.* Charta ann. 1454. ex Tabul. Sangerm. : *Teste Signeto meo manuali huic præsenti scedulæ apposito.*

* Hæc clariora videntur, quam ut ad aliam notionem detorqueri possint. *Seingnié,* eodem sensu, in Lit. ann. 1343. tom. 5. Ordinat. reg. Franc. pag. 602 : *Et je Nicolas Bourderel... ay seellé ces présentes lettres du seel de la prevosté doudit Chaumont et de mon propre seel en contreseel, avec les Seingniez desdiz jurez.* Hinc *Signet,* Schedula *signeto* subscripta, in Lit. remiss. ann. 1402. ex Reg. 157. Chartoph. reg. ch. 356 : *Et fu mis* (l'enfant) *lez sa mere en terre sainte,... par la licence du Signet de la parroisse et église S. Piat.* Aliud vero sonat vox eadem *Signet,* Signum nempe et rei alicujus simulacrum, in Arest. parlam. Paris. ann. 1380. ex Lib. nig. prior. S. Petri Abbavil. fol. 150., v° : *Lesquelx marregliers,..... en Signet et par maniere de représentation, mirent et estendirent un drap d'or ou poile bordé de noir sur un lettrin, assis sur la fosse dudit feu Jacques.*

¶ Signetum, Alia notione. Ordinar. vetus Ambianense : *Quia firmarius thesaurariæ cum duobus clericis parochialibus hujus ecclesiæ debent cantare quotidie, et ob hoc dictus firmarius debet habere tres denarios super quodlibet Signetum Purificationis.* Vide in *Signum* 2.

* **SIGNICALE.** Ceremon. Rom. MS. ubi de exequiis cardinalis fol. 26 : *Sub castro doloris erit pannus aureus cum armis defuncti, et duo Signicalia nigra ad capud lecti, et ad pedes duo pilea rubea ipsius defuncti.* Sed legendum forte *Cervicalia.*

¶ 1. **SIGNIFER,** Zodiacus, apud Rhabanum lib. de Computo cap. 38 : *Zodiacus vel Signifer est circulus obliquus duodecim signis constans, etc.*

¶ 2. **SIGNIFER** Curiæ, Dignitas apud Lusitanos. Charta æræ 1142. Alphonsi Reg. Lusitan. pro Monast. Clarævallensi ex ejusd. Tabul. : *Facta Charta in ecclesia Sanoecensi* iv. *Calendas Maii.... Petrus Pelaides curiæ Signifer confirmavit. Fuas Reapinius Colimb. Præfectus confirmavit.*

SIGNIFERIA, Dignitas *Signiferi,* Vexillarii. Occurrit in Gestis Consulum Andegavensium cap. 8. num. 25.

¶ 1. **SIGNIFICANTIA,** Res, negotium, qua notione *Chose* dicimus. Anonymus in Mirac. S. Bertini lib. 2. cap. 4 : *Conferentesque non sine nutu Dei talem Significantiam fieri, etc.*

* 2. **SIGNIFICANTIA,** Significatio, sensus, nostris alias *Senefianche.* Glab. Rodulph. tom. 10. Collect. Histor. Franc. pag. 3 : *Subsequitur olfactus, qui aëris et fortitudinis Significantiam sorte exprimit. Gustus namque satis convenienter aquæ et temperantiæ parem portendit Significantiam.* Bestiar. MS :

> Entre tous les autres oisiaus,
> Est li coulons tous li plus biaus,
> Et en boine Senefianche,
> Saint Esperit en sa samblanche
> Descendi au baptissement
> De Jhesu Crist veraiement.

SIGNIFICARE. Vide *Signum* 2.

¶ **SIGNIPOTENS,** Miraculorum patrator, epitheton S. Martini. Gesta Consulum Andegav. cap. 3. n. 10 : *O admirabilem per omnia virum* (Martinum) *qui dum adviveret Signipotens appellatus, etc.* Vetus Ceremon. MS. B. M. Deauratæ Tolos. : *Ad vesperos super psalmos, antiphona, Martinus Signipotens, Psalmi feriales.*

¶ **SIGNOCHRISTUS.** Vide in *Signum* 1.

SIGNORATICUM. Vide in *Senior.*

¶ **SIGNORESSA,** Domina. Testam. Rostagni de Podio alto ann. 1261. apud Acher. tom. 8. Spicil. pag. 243 : *Et dimitto eam dominam et Signoressam omnium rerum rucarum, quamdiu sine viro esse voluerit.* Vide in *Senior* et *Segnioressa.*

¶ 1. **SIGNORIA,** Dominium, dominatio, Gallis *Seigneurie.* Charta ann. 1239. apud Stephanot. tom. 10. Fragm. MSS. pag. 443 : *Excommunicamus omnes illos qui scientes juridictiones, dominia et Signorias et alia ad nos et Ecclesiam Arelatensem pertinentia... occupaverunt, occupant, vel occupabunt.* Charta ann. 1265. in Corp. Diplom tom. 1. pag. 123 : *In possessionibus, juribus et Signoriis eorum, et reducere et conservare... promiserunt.* Vide *Segnoria.*

* *Sieurie,* eadem acceptione, in Charta Joan. comit. Andegav. ann. 1282. in Hist. Sabol. pag. 112 : *Avons ce jour baillé..... à messire Henri de Craon nostre gendre, et à Annes nostre fille la proprieté et la Sieurie de Rochefort.* Non alio sensu *Sontise,* ni fallor, in Ch. Joan. *de Chalon* comit. ann. 1276. inter Probat. Hist. Autiss. pag. 65. col. 1 : *Otroions au devant dites nonnains, que ciles paisiblement se puissent acroistre des-cy-en-avant tojors mes, sans contredit, au tote nostre Sontise, ou que ceile soit, et especiaument en ladite Sontise de S. Gervais, mais que ce ne soit en noz fiez et en noz rierefiez, jusqu'à vint livres de terre à Parisis.*

¶ 2. **SIGNORIA,** Gall. *Seigneuriage.* Vide supra in *Seignoria.*

* **SIGNULUM,** Campanula, diminut. a *Signum,* Campana. Charta ann. 1092. tom. 1. Probat. Hist. Brit. col. 480 : *Ea tamen conditione, ut si totus episcopatus interdictus fuerit, uno Signulo tantummodum populus conveniat.*

1. **SIGNUM,** Consignatio, signum crucis. Honorius Augustod. lib. 1, cap. 67 : *Per totum Canonem viginti et tria Signa fiunt.* Mox : *Tribus autem digitis Signa facimus, quia Trinitatem exprimimus.* [Canones Hibern. cap. 11 : *Terminus sancti loci habeat Signa circa se.*] Atque inde

Signum Dei, *Signum Domini, Signum Christi.* Ugutio : *Signum Dei, signum crucis,* vel *Crux :* quem, nescio an recte arguerit Lazarus Baiffius lib. de Vasculis pag. 106. tametsi constet, si Legem *Titiam,* quam laudat, is respexerit, in qua *signum Dei,* pro cujusvis Dei simulacro sumitur, falsum fuisse. Lactantius lib. de Mortibus Persecutor. n. 44 : *Commonitus est in quiete Constantinus, ut cœleste Signum Dei notaret in scutis.* Idem num. 10 : *Imposuerunt frontibus suis immortale Signum.* Ita lib. 4. Institut. cap. 27. *Simulacrum Dei,* in eodem lib. de Mortib. Persecut. num. 12. Africanus lib. 6. Hist. Apost. : *Signum Dei sui in frontibus nostris digitis suis facientes, etc.* Occurrit præterea in Vita S. Valerici cap. 21.

Signum Domini, Eadem notione, apud Paulinum Epist. 12. et eumdem Africanum lib. 7 : *Et percussiones eorum facto Signo Domini procurabat.*

¶ Signum Dominicum, Eodem intellectu, in Actis S. Saturnini apud Baluz. tom. 2. Miscell. pag. 57 : *Cum bellica tuba caneret, dominica Signa gloriosi martyres erexerunt; ibique celebrantes ex more dominica sacramenta, etc.*

Signum Christi. Julius Africanus lib. 6. Hist. : *Et cum hæc feceritis, imponemus manus nostras super capita vestra, et Signum Christi faciemus in frontibus vestris, etc.* Vita S. Basilii apud Herivæum Archiep. Remensem de pœnitentia cap. 7 : *Et continuo apprehendens manum ejus, faciens Christi Signum in ipso, et orans, etc.* Vita MS. S. Arigii Episc. Vapincensis : *At ubi orationem complesset, signum Christi super plagam faciens, etc. Signaculum Christi,* paulo ante. Vita S. Tillonis Monachi cap. 20 : *Cum super vulnus plenum vermibus Christi Signum deprimeret, repente mortui sunt vermes.* Formula signandi Catechumenos in fronte, apud Menardum ad Libr. Sacramentor. Gregorii pag. 131 : *Signum Salvatoris Domini nostri Jesu Christi in fronte tua pono. Signum Salvatoris Domini nostri Jesu Christi in pectore pono.* [Canones Hibern. cap. 11 : *Ubicumque inveneritis Signum crucis Christi ne læseritis.*] Will. Brito lib. 8. Philipp. :

> Spe ducti veniæ Christi sua pectora Signo
> Consignant.

Hinc *Signa Christi,* et *Signo-Christas Gabathas* vocat Anastasius Bibliothecarius Lychnuchos, in modum crucis confectos, de quibus egimus in Descript. S. Sophiæ num. 48. In Leone III. PP. pag. 143 : *Gabatas fundatas Signochristas, quæ pendent in quadriporticu.* In Gregorio IV. PP. pag. 165 : *Signum Christi habet navicellas duas, et murenas tres.* Pag. 189 : *Gabathas de ar-*

gento purissimo numero 6. *tres quidem filopares signo Christi, et duas etiam similitudinem palmarum, et unam interrasilem, quæ est saxisca, pens. simul libr.* 4. Χριςοφόρον σημεῖον, in Menæis in S. Zacharia sutore 17. Novemb. Vide Glossar. med. Græcit. voce Σιγνόχριςον col. 1366.

Signum Fidei dicitur Alvaro in Hymno in S. Eulogium :

> Tunc Signo fidei pectora servulus
> Armat deifice, etc.

* Nostris *Sinacle*. Lit. remiss. ann. 1397. in Reg. 153. Chartoph. reg. ch. 163 : *Fault faire pluseurs Sinacles de la croix, etc.* Hinc

* Signum Ramispalmarum, pro Solemnis palmarum benedictio, in Dominica ejusdem nomenclaturæ. Comput. ann. 1381. inter Probat. tom. 3. Hist. Nem. pag. 34. col. 1 : *Solvi duobus hominibus banneriis, qui vacaverunt per totam diem ad mundandum planum de foro bovum in vigilia Ramispalmarum, quia ibi debebat fieri Signum Ramispalmarum... Quia dominus episcopus Nemausensis, fecerit dictum Signum Ramispalmarum.*

* Signa, nude appellantur Cruces, vexilla, aliaque ejusmodi, quæ in processionibus deferuntur. Ordinar. MS. S. Petri Aureæ-val. ubi de processione S. Marci : *Omnes ordinate exeant prædictam ecclesiam, Signis præcedentibus.* Infra ubi de Rogationibus : *Vexillo et cruce præcedentibus. Signa victricia* nuncupantur in Chron. Sublac. apud Murator. tom. 4. Antiq. Ital. med. ævi col. 1047 : *Constituit* (Joannes abbas) *ut in festivitate patris Benedicti faciant solemnem processionem ad Specum omnes revestiti cappis, præcedentibus eos famulis, cum victricibus Signis.*

* Signum Crucifixi, Imago Crucifixi. Pontif. Mogunt. MS. fol. 7 : *Hic sacerdos* (ante Canonem) *osculetur altare, deinde Signum Crucifixi sive textum.*

2. **SIGNUM**, Veteres appellabant sigillum, quo *signabantur* testamenta aliave acta : unde *Signatores* Senecæ lib. 2. de Benefic. dicti, qui ad syngraphas firmandas vel ipsa testamenta advocabantur, eaque sigillis suis firmabant. Collatio Carthagin. II. cap. 53 : *Custodes edicant, utrum Signa cognoverint? Leo Episcopus Ecclesiæ Catholicæ dixit : Agnosco sigillum meum. Marcellinus V. C. Tribunus et Notarius dixit : Quoniam ab utraque parte impressionem Signorum agnitam constat, ea, quæ præcepi, a Notariis relegantur. Petilianus Episcopus dixit : Sic solent testamenta, non gesta reserari.* Ubi *signum* et *sigillum* idem sunt, ut et in Collat. III. cap. 220. Proinde *Signare testamentum*, apud Justinianum, recte σφραγίζειν vertit Theophilus. Hinc *subscriptionem* semper a *signatione* distingunt Jurisconsulti, cum aliud sit *subscribere*, aliud *signare*. *Subscribebatur* enim testamentum, deinde clausum lino circumducto *signabatur*. Vide [supra *Sigillum recognoscere*,] et Brisson. de Formul. pag. 572. 655. Sed et testes, qui signabant, iidem et subscribebant testamentum. Unde in leg. 3. Cod. Th. de Testamentis (4,4.), *Signatores* et *Subscriptores* promiscue appellantur. Atque ita apud veteres obtinuisse, ait Salmasius lib. de modo Usurar. cap. 11. postmodum vero eum invaluisse morem, ut privati testamenta aliaque acta subscriberent, et affixa in imo cera, juxta subscriptionem *Signum* suum imprimerent, quod cum in multis non fieret, sed sola subscriptio apponeretur, ac vice *Signi*, nota aliqua, quam hodie *Parafum* dicimus, manu propria describeretur ; *Signum* pro ipsa subscriptione usurpari cœpisse contendit, idque firmat ex Porcelli Corocottæ testamento, in quo testes ita subscribunt : *Lucanicus signavit. Fergilius navis, etc.* Et ex testamento S. Remigii, quod sic clauditur : *Remigius Episcopus testamentum meum relegi, signavi, subscripsi.* Ubi *signat*, antequam *subscribat*, quod dici non potest de ratione veterum in obsignandis testamentis, quæ subscribebantur, antequam obsignarentur : alias esset ὕςερον πρότερον. Itaque existimat, *signare* et *subscribere* idem unumque hoc loco sonare, et utrumque conjungi ἐπεξηγήσεως gratia. Quod sane sequentia videntur firmare, ubi ita testes subscribunt : *V. C. Pappolus interfui et subscripsi. V. C. Rusticolus interfui et signavi. V. C. Eulodius interfui et signavi.* Et sic cæteri, ubi *Pappolus* voce *subscripsi*, alii *signavi* utuntur, adeo ut idem fuerit *subscribere* et *signare*. Ita in altero testamento Widradi Abbatis Flaviniacensis apud Mabillonium, testes, nude se illud *subscripsisse* testatur, non *signasse*. [Idem præterea patet ex Conc. Dertusano ann. 1429. inter Hispan. tom. 3. pag. 652. ubi *Signum* pro subscriptione ponitur : *Publicum instrumentum per alium fidelem scriptum in hanc publicam formam redactum retinui, Signoque meo solito signavi.*] Sed quod rem extra controversiam ponere videtur, illud est, quod testamento Remigii appositum legitur : *Post conditum testamentum, imo Signatum, occurrit sensibus meis, ut basilicæ domnorum Martyrum Timothei et Apollinaris missorium argenteum sex librarum ibi deputem, ut ex eo sedes futura meorum ossium componatur.* Vix enim probabile, hæc adscripta, post clausum, et lino circumducto obsignatum testamentum, quod etiam hac ætate obtinuisse docent primum Widradi testamentum, et Marculfus lib. 2. for. 17. Perpetuus Turonensis Episcopus in testamento suo, a D. Luca Acherio edito, illud sua *manu scriptum et subscriptum*, non etiam signatum scribit, tametsi *claudendum* innuat, cum *aperiendum* coram Presbyteris et Diaconibus statuat. Signum tamen a subscriptione distinguit Concilium Toletanum X. cap. 4 : *Scriptis professionem suam faciat a se, aut Signo, aut subscriptione notatam.* Ubi *Signum* est, quod *parafum* dicimus, *subscriptio* vero nominis descriptio. [Eadem distinctio occurrit in lib. 6. Capitul. n. 416 : *Scripturæ quæ... conditoris vel testium fuerint Signis aut subscriptionibus roboratæ, omni habeantur stabiles firmitate.* Neque aliud sonat *Signum* in veteri Charta Securitatis plenariæ, exarata sub Justiniano Ravennæ, apud Brissonium lib. 6. Formul. : *Et ipse eadem manu propria Signum impresserit, testesque, ut subscriberent, conrogaverit, etc.* Et infra : *Hanc plenariam securitatem... scribendam dictavi, in qua pro ignorantia literarum subter Signum feci, autoritateque roborata præsentibus testibus attuli subscribendam, etc.* Ubi *Signum* nihil aliud est quam *Parafus*, distinguiturque a *subscriptione*, seu nominis proprii descriptione.

Sed missa Salmasii sententia de horum vocabulorum et in infima Latinitate notione, quidam existimant signorum nomenclatura donari cœpisse ejusmodi subscriptiones, quod Christiani ad majoris firmitatis argumentum, nominum suorum subscriptionibus *Crucis Signum* præscriberent, quod nude *Signum* vocabant, ut *signare*, signum crucis effingere. Unde Remigius Episcopus *Signat* primo testamentum, hoc est, *Signum* sanctæ Crucis exarat, deinde *subscribit*. Apud nos vero *Subscriptio* præcedit, *Signum* subsequitur : et in Lege Wisigoth. lib. 2. tit. 5. § 1. 12. 15. 17. *Signum et subscriptio* semper junguntur, et a se invicem diversa esse innuuntur. Sane Christianos non alio signo subscripsisse, quam Crucis, probant vetustissimæ Tabulæ, uti in V. *Crux* observavimus : quod innuere videtur hæc supra allata formula, *in qua pro ignorantia literarum subter Signum feci*, quæ in alia Charta ex Tabulario Casauriensi, cujus meminimus in Dissert. 14. ad Joinvillam pag. 230. ita concipitur : *Et propter ignorantiam literarum Signum S. Crucis feci.* Quid vero cum *Signo* ascriberetur, docet eadem Charta Ravennensis sub finem : *Signum isti Gratiani V. S. Subdiaconi literas nescientem, et alia manu sit... scripto.* Et infra, ita Notarius : *Huic plenariæ securitati, sicut superius legitur, de perceptam omnem ter... præsente Signum fecit, et ei relictum est, Testis subscripsi.* Quæ certe verba Crucis signo descripto subdi, licet passim observare. [Vide Mabill. Diplom. pag. 170. et 634.]

¶ Signum Levare, Sigillum solvere, ut videtur, Gall. *Lever le scellé.* Consuet. Furnenses ex Tabul. S. Audomari : *Sed præterea quilibet plegius fugitivi, qui Signum levaverit, vel levari fecerit, nisi per necessitatem,.... emendabit Comiti* 60. *libr.* Vide supra *Sigillum* 1.

3. **SIGNUM**, Limes, terminus, finis, *Borne*. Lex Wisigoth. lib. 10. tit. 3. § 3 : *Quotiescumque de terminis fuerit orta contentio, Signa, quæ antiquitus constituta sunt, oportet inquiri, id est, aggeres terræ, sive arcas, quas propter fines fundorum apparuerit fuisse constructas : lapides etiam, quos propter indicia terminorum sculptos constiterit esse defixos : si hæc Signa defuerint, etc.* Adde § 2. Legem Bajwar. tit. 11. cap. 1. 2. 3. etc. Vide *Procxorius, Sinaida,* et *Wiffa*. [** Chart. ann. 760. apud Brunett. in Cod. dipl. Tusc. tom. 1. pag. 570 : *Constat me Audwald ac die vindedisse et vindedit terra juris mei... hoc est silbula, ab uno latere de subtu curret fossatum et ab alio latere curre signa, da pede est, etc.... et super ipsa cerru vade Signa inter campu et silva et de alia parte est terra emptori, etc.*]

* *Signa metalia* et *Signa granicialia*, in Stat. Sigismundi I. ann. 1523. inter Leg. Polon. tom. 1. pag. 412. et 413. Vide supra *Metalis distinctio*. Unde nostris *Segne*, pro Locus intra certos fines positus. Lit. remiss. ann. 1480. in Reg. 207. Chartoph. reg. ch. 21 : *Icellui Durant fist response*

qu'il ne rendroit pas à icellui Jehan sa coignée pour siz pugnieres de blé, pour ce qu'il estoit entré en sa Segne ou bois.

¶ 4. **SIGNUM**, Insigne, *Marque d'honneur*, nostris. Conc. Hispal. inter Hispan. tom. 4. pag. 12 : *Nec* (clerici) *gestant Signa doctorum, sed birreta.* Chron. Angl. Th. *Otterbourne* pag. 226 : *Et ut fidem darent suis fictitiis, detraxit de collis quorumdam Signa Regis, scilicet collaria, de cætero Signum tale minime deferendum. Detraxit insuper de brachiis domicellorum Signa crescentium, et abjecit.* Hinc

¶ SIGNUM, pro Gentilitium insigne. Litteræ Caroli V. Reg. Franc. ann. 1366. tom. 4. Ordinat. pag. 676 : *Qui nuntius seu nuntii, poterunt deferre baculos cum Signis regiis et Universitatis predicte.*

5. **SIGNUM**, Milliare, σημεῖον, in Hist. Miscella in Mauricio Imp. ann. 5 : *At vero duces exercitus obviam venerunt ei cum bandis, duobus Signis.*

6. **SIGNUM** SERVITIUM. *Vassalli, seu Homines de Signo servitio*, vel *de Signo et servitio*, qui nostris *Consuetudinarii*, seu *Coustumiers*, qui servitium domino debent. Eximinus Petri de Salanova Justitia Aragonum : *Si aliqui sunt terras tenentes in aliquo loco, qui terras tenentes sunt de Signo servitio, dubitatur, in quibus teneantur contribuere cum aliis de Signo servitio illius loci, ubi sunt terras tenentes, etc.* Vitalis Oscensis Episcopus : *Sicut quidam infanciones, sicut quidam homines Signa servitii, etc.* Michaël *del Molino* in v. *Dominus : Domini locorum, qui non sunt Ecclesiæ, possunt vassallos suos de Signo servitio bene vel male tractare pro libito voluntatis, et bona eis auferre, etiam siti necare, remota omni appellatione : et in eis dominus Rex non potest se intromittere.* Mox addit : *Secus est in dominiis locorum, quæ sunt Ecclesiæ, Ordinis, aut Religionis*, quibus id non licet : deinde rationes disparitatis affert, quas vide, si lubet. Idem in v. *Vassallus : Vassalli quidam sunt simplices, alii de Signo servitio. Vassallus simplex proprie dicitur ille, qui in alterius villa moratur, quicumque sit, sive ab eo stipendium recipiat, sive non : et talis vassallus pro domino potest facere testimonium. Vassallus autem Signi servitii dicitur ille, qui in alterius villa sedet, et ille exactiones et tributa facit.* Fori Oscæ Jacobi I. Regis Aragon. ann. 1247. fol. 12 : *Si dominus alicujus villæ habet probare aliquid contra aliquem, non potest, nec debet, in ipsa villa, ubi ipse est dominus, dare suos commensales in testes, nec aliquos de suo Signo, aut honore, etc.* Fol. 25. et 33 : *Infantio, si occiderit hominem Signi Regis, etc.* Fol. 26 : *Plures sunt Signi Regis, qui habent hæreditates suas et domos in diversis locis, etc.* Fol. 36 : *Homines servitii, sive Signi Regis.* Et fol. 7 : *Homines de servitio Regis. Hereditates Signi Regis*, in Observantiis Regni Arag. lib. 6. de Privilegiis Militum § 4. lib. 9. de Salva infantion. § 6. *Sive illi homines fuerint de Signo Regis, vel alterius nobilis*, lib. 2. de Foro competenti § 24. Vide Foros Aragon. fol. 97. 128. 129. 131. 145. 266. etc.

* Idem quod *Consuetudo* 4. *Signum* nude dicitur, in Charta ann. 1133. apud Murator. tom. 2. Antiq. Ital. med. ævi col. 353 : *Signum et alia servicia vobis facere debeamus.* Hæc itaque vox eo sensu, uti apud Hispanos, ita et apud Italos aliosque in usu fuit. Vide supra *Servitus* 5.

7. **SIGNUM**, Compendium literæ : cujusmodi fuit ars eorum, qui *notis* scribebant. Glossæ Græc. Lat. : Σημεῖον, *Signum.* Σημειογράφος, *Notarius.* S. Hieronymus de Vitando suspecto contubernio : *Extemporalis est dictatio, et tanta ad lumen lucernulæ facilitate profusa, ut Notariorum manus lingua præcurreret, et Signa ad furta verborum volubilitas sermonum obrueret.* Vide Savaronem ad Sidonium lib. 9. Epist. 9. quem non exscribo.

8. **SIGNUM**, Campana, nola, Italis *Segno*, ut notat Pignorius, σήμαντρον, et σημαντήρ, Græcis scriptoribus : vide German. Patr. CP. in Hist. Eccl. initio, Nomocanonem edit. a Jo. Bapt. Cotelerio cap. 409. etc. Glossar. med. Græcitat. col. 1359. Lex Salica tit. 35. § 2 : *Si quis cervum domesticum Signum habentem, aut occiderit, aut furaverit.* Ubi *Signum* pro *nola* interpretatur Bignonius, [quod Eccardo non arridet : nec injuria; ibi enim sermo est de cervo domestico, cui nota aliqua imprimebatur, ut dignosci posset, cum ad alios cervos alliciendos emittebatur, quos nolæ sonus exterruisset.] S. Eulogius in Apologet. : *Basilicarum turres everteret, templorum arces dirueret, et excelsa pinnaculorum prosterneret, quæ Signorum gestamina erant ad Conventum Canonicum quotidie Christicolis innuendum.* Ericus Monachus de Miracul. S. Germani Autissiod. cap. 51 : *Signa quoque Ecclesiæ interdum nullo sonante pulsantia, etc.* Eckeardus Junior de Casib. S. Galli cap. 14 : *Signumque cursim pulsantes, fratres advocant.* Cap. 16 : *Abbate accito, Signum pulsatur ad Capitulum.* Joannes Monach. lib. 1. Hist. Gaufredi Ducis Norman. : *Pulsantur Signa, parietes Ecclesiarum cortinis et paliis adornantur.* Charta Cindasvinthi Reg. Gothor. in Hispania æræ 684. apud *Yepez* in Chronico Ord. S. Bened. tom. 2 : *Offerimus vasa altaris,.... Signum fusile æneum bonæ modulationis, demulcens auditum.* Utuntur passim scriptores, Gregorius Turon. in Vitis Patrum cap. 8. lib. 2. Hist. cap. 23. lib. 3. cap. 15. Fortunatus lib. 2. Poëm. 19. Eginhardus de Transl. SS. Marc. et Petri lib. 3. cap. 15. Capitul. Caroli M. lib. 6. cap. 168. [** 171.] Concil. Foro-Jul. cap. 13. Concil. Aquisgran. cap. 145. Alcuinus Poem. 130. Rupertus lib. 5. de Divin. offic. cap. 29. Walafridus Strabo lib. de Reb. Eccl. cap. 5. et de Vita S. Galli cap. 26. Honorius Augustod. lib. 1. cap. 142. Ordericus Vitalis lib. 3. pag. 487. lib. 10. pag. 782. lib. 12. pag. 855. Ethelwlfus in Abbatibus Lindisfarnensibus cap. 20. Vita S. Leutfredi num. 19. Helgaudus in Roberto Rege pag. 74. S. Anselmus lib. 3. Epist. 20. Hugo Flaviniac. pag. 122. 158. 167. 265. 268. Petrus Venerab. lib. 1. de Miracul. cap. 17. Gaufridus Grossus in Vita S. Bernardi Abb. Tironensis, W. Thorn in Chronico ann. 1086. Chronicon Fontanellense cap. 9. 16. Chronicon Montis S. Michaëlis ann. 1131. Monasticon Anglic. tom. 1. pag. 32. etc. Ita Franci nostri vocem *Seint* usurparunt. Le Roman *de Garin :*

Et la Roine mult grant joie li fist,
Li Seint sonnerent tout contreval Paris,
Nez Dex tonant ni poit on aoir.

Alibi :

De la cité est issus Anseïs,
Sonnent les cloches et Seint parmi la cit,
Procession ont fait au fil Garin.

Le Roman *d'Amile et d'Amy* MS :

Sonnent li Seint par toute la contrée.

Le Roman *de Parise la Duchesse* MS

Les Clers et les Prevoires à fez trestout mander,
A grant procession sont au devant alé,
Et ont fait les Sains de la vile soner.

Computum Stephani *de la Fontaine* Argentarii Regii ann. 1350. cap. de Obsequiis Regiis : *Pour la peine et salaire de plusieurs valets pour faire sonner les Seints de ladite Eglise.* [Testam. Johannis *Lessillé* ann. 1382. apud Menag. Hist. Sabol. pag. 390 : *Afin que ledit secretain et ses successeurs soient tenus à sonner les Sains, quant l'on fera l'anniversaire pour nous en ladite Eglise. Sins*, apud Beslium in Comit. Pictav. pag. 63.] Adde Chartam Gallicam in Monastico Anglic. tom. 1. pag. 349. et aliam in Additamentis ad Matth. Paris pag. 170.

¶ SIGNUS, Eadem notione, in Testam. S. Rudesindi ann. 978. inter Conc. Hisp. tom. 3. pag. 184. Vide *Frontale.*

☞ Cum ecclesia alteri subjiciebatur, campanam aliquando ceu subjectionis argumentum ex minori in majorem ecclesiam inferebant, ut colligitur ex Charta ann. 1060. in Tabular. S. Victoris Massil. : *Facimus guirpitionem sancto Victori Massiliensi et sancto Genesi in territorio de Dromone, qui est obedientia ejusdem S. Victoris.... et propter hoc recipimus unum de majoribus Signis de ipsa obedientia ad honorem de nostra ecclesia.*

9. **SIGNUM**, apud Monachos, dicebatur forma quædam manu aut digitis res quaslibet, et quæ haberent in mente, vel petere deberent, designandi. Nam cum perpetuum fere silentium observaretur in Monasteriis, et loqui rarissime Monachis liceret in Ecclesia, dormitorio, refectorio, coquina, aliisque claustri officinis, sed et ne vel unam antiphonam aut responsorium, vel aliquid aliud tale absque libro nominare, (unde forte σιωπῶντες κήρυκες dicuntur Gregorio Nazianzeno orat. 12. qui scilicet, ut infra ait, σιωπὴν λόγου longe τιμιωτέραν observabant,) instruebantur novitii, si quidpiam petere aut dicere necesse haberent, id signis innuere, et *manu loquaci*, ut ait Petronius, seu *linguosis digitis*, ut Senator lib. 4. Epist. 51. complicatis nimirum diversimode, aut expansis digitis indicare. Udalricus lib. 3. Consuet. cap. 3 : *Opus quoque habet, ut Signa diligenter addiscat, quibus tacens quoquo modo loquatur : quia postquam adunatus fuerit ad conventum, licet ei rarissime loqui, et tales in claustro officinæ sunt, in quibus traditum est a patribus nostris et præfixum, ut perpetuum silentium teneatur, in Ecclesia, dormitorio, refectorio, et coquina regulari. In his singulis tam in die quam in nocte, si vel unum verbum quoque audiente loquitur, non facile veniam absque judicio meretur, etc.* Guigo II. Prior Cartusiensis in Statutis ejusdem Ordin. cap. 45 : *In qualibet autem constituti*

obedientia, cum prælato sibi possunt de necessariis loqui fratres, petita per Signum licentia, habent enim Signa pleraque rusticana, et ab omni facetia vel lascivia aliena, per quæ de his, quæ ad sua pertinent officia rebus vel instrumentis possunt ad invicem commemorari. Joan. Monachus lib. 1. Vitæ S. Odonis Cluniacensis Abbat. : *Est et alius inter eos taciturnitatis modus. In competentibus namque horis nemo intra claustra ejusdem Monasterii audebat loqui, nec se cum alio fratre jungere.... Quoties necessitus ad exposcendum res instabat, toties diversa Signa invicem faciebant, ad perficiendu, quæ vellent, quas puto Grammatici digitorum et oculorum notas vocare consueverunt. Adeo nempe inter eos excreverat ordo iste, ut puto, si sine officio linguæ essent, ad omnia necessaria significanda, sufficere possent Signa ipsa.* Infra : *Affuit nox, et ecce quidam de pueris Signo secessum naturæ petiit.* Ratbertus de Casib. S. Galli cap. 11 : *Cochlearium sibi afferri Signo fecit.* Mox : *Surgere autem Signo jussus, ut mos loci erat, etc.* Cæsarius lib. 1. de Miracul. cap. 1 : *Die quadam, cum ei unus Monachorum de Confessione Signum faceret, etc.* Concil. apud Castrum Guntheri ann. 1231. cap. 24 : *Abbates provideant, quod Monachi sibi subditi sui sciant Signa facere.* Hinc Joannes Sarisberiensis in Euthetico ad Policraticon :

Si jubet, ut taceas, statua taciturnior esto,
Nec redimas Signis verba negata tibi.

Signare, *Signum facere*, pro Signis aliquid petere aut innuere, apud Cæsarium Heisterb. lib. 2. cap. 22. lib. 3. cap. 14. 24. 51. lib. 4. cap. 6. lib. 8. cap. 17. lib. 11. cap. 36.

* *Signer,* eadem acceptione, in Lit. remiss. ann. 1480. ex Reg. 205. Chartoph. reg. ch. 274 : *Lequel petit Jehan Signa du doy le suppliant, afin qu'il alast parler à lui.* Unde *Seignement*, Actio pantomimica, quæ signis exprimitur, in Reg. 2. Duac. ubi de solemni ingressu Caroli ducis Burg. in hanc urbem ann. 1472. fol. 110. r° : *Et y avoit tant en ladite rue Nostre Dame, comme au marchié neuf, hours où avoit les neuf histoires des neuf preulx par Seignement sans parler.* Vide in *Signum* 9. Hinc

* Signare Navem, Signis, ut accedat, innuere ad debitum vectigal solvendum. Lit. Alf. comit. Pictav. ann. 1269. in Reg. 11. Chartoph. reg. fol. 41. r° : *Cum ex parte fidelis nostri Guioneti de Thoarcio nobis datum est intelligi, antecessores sui in possessione fuerunt naves per mare transitum facientes Signandi apud Rupellam, cujusmodi consuetudine uti consueverunt pacifice, etc.*

Resignare, pro *Signis* respondere loquenti per signa, Cæsar. Heisterb. lib. 8. cap. 96.

Significare, Idem quod *Signare*, usurpant non semel Usus antiqui Ordinis Cisterciensis cap. 75. 79. 84. 90. Angelrannus in Miraculis S. Richarii Abbatis Centulensis n. 4 :

Sed nondum fuerat, quia tempus et hora loquendi,
Astanti turbæ certatim Significare.
Cœpimus, ascendant, rapiant, secumque reducant.

Statuta Ord. *de Sempringham* pag. 734 : *Minuti caveant, ne mutuo inordinate Significent, vel loquantur.* Occurrit ibi non semel.

Ejusmodi signorum species varias, a Monachis observandas, pluribus tradit idem Udalricus lib. 2. cap. 4. Sed cum eæ potissimum spectent, quæ ad solum victum indicandum pertinent, longeque plures describantur in libro Ordinis S. Victoris Parisiensis MS. præstat hoc loco caput integrum exhibere, quod est 25.

De his, quæ ad divinum maxime pertinent officium.

Pro signo generali libri, extende manum, et move, sicut folium moveri solet.

Pro signo Missalis, generali signo præmisso, hoc adde, ut facias signum crucis.

Pro signo textus Evangelii, hoc adde, ut in fronte facias signum crucis.

Pro signo Epistolaris, hoc adde, ut in pectore facias signum crucis.

Pro signo Lectionis, manui vel pectori digitum impinge, et paululum attractum fac resilire, quasi qui ceram a candela legentis super folium labefactatum labore unguium expungit.

Pro signo Responsorii, articulo indicis pollicem suppone, et ita fac eum resilire.

Pro signo Antiphonæ, vel versus Responsorii, articulo minimi digiti pollicem suppone, et ita fac resilire.

Pro signo Alleluya, leva manum, et summitates digitorum inflexas, quasi ad volandum, move, propter Angelos, quia eorum Cantus dicitur.

Pro signo Sequentiæ, leva manum inclinatam a pectore, eam amovendo inverte, ita ut quæ prius erat sursum, sit deorsum.

Pro signo Tractus, trahe manum per ventrem de deorsum, quia longum significat, et contra os applica manum, quia cantum significat.

Pro signo Libri, in quo legitur ad Nocturnos, præmisso generali signo, et libri, et lectionis, adde, ut manum ponas ad maxillam.

Pro signo Antiphonarii, præmisso signo libri, adde, ut pollicem inflectas, propter incurvationes notularum, neumas, quæ ita sunt inflexæ.

Pro signo Regulæ adde ut capillum super aurem pendentem cum duobus digitis apprehendas.

Pro signo Hymnarii, adde, ut pollicem et digitum ei proximum proferas, summitatibus eorum junctis, quia præsens tempus, vel quod primum est significatur.

Pro signo Psalterii, adde ut cavam manum ponas in capite propter similitudinem coronæ, quam Rex portare solet.

Pro iis, quæ ad victum pertinent.

Pro signo panis, fac circulum cum pollice, et his duobus digitis, qui sequuntur.

Pro signo panis, qui aqua coquitur, adde, ut interiora unius manus super exteriora alterius ponas, et ita superiorem manum, quasi ungendo, vel imbuendo, circumferas.

Pro signo panis, qui vulgariter Turta appellatur, adde, ut crucem per medium palmæ facias, quia hic panis sic dividi solet.

Pro signo dimidii panis, unius manus pollicem cum sequenti digito inflecte, quasi dimidium facias circulum.

Pro signo fabarum, primo pollicis articulo sequentis digiti summitatem suppone, et ita fac pollicem eminere.

Pro signo milii, fac gyrum cum digito, quia sic movetur cum cochleari in olla.

Pro signo pulmenti oleribus confecti, trahe digitum super alterum digitum, quasi qui coquendas incidat herbas.

Pro signo generali piscium, simila cum manu motionem caudæ piscis in aqua. Udalric.

Pro signo sepiarum, divide omnes digitos ad invicem, et ita eos commove. Udalric.

Pro signo anguillæ, conclude utramque manum, quasi qui tenet et premit anguillam labentem. Udalric.

Pro signo lampredæ, simila cum digito in maxilla punctos, quos lampreda super oculos habet.

Pro signo salmonis, adde, ut de pollice et indice circulum faciens oculo dextro circumponas.

Pro signo lucii, adde, ut cum manu superficiem nasi complanes : quia hic piscis longum rostrum habet.

Pro signo tructæ, hoc adde, ut de supercilio ad supercilium trahas, quia est signum feminæ, quia et tructa femineo genere pronuntiatur. Vide Udalric.

Pro signo crispellarum, cum pugno accipe crines, quasi volens eos facere crispos. Udalric.

Pro signo casei, utramque manum conjunge per obliquum, quasi qui caseum premit. Udalric.

Pro signo flatonum, præmisso signo panis et casei, unius manus omnes digitos inflecte, et ita manu cava in superficie alterius manus pone. Udalric.

Pro signo rufellarum, (*rufeolarum* Udalric.) *præmisso signo panis, simila cum duobus digitis involutiones, quæ in eis factæ sunt.*

Pro signo lactis, minimum digitum labiis impinge, pro eo, quod sugit infans. Udalric.

Pro signo mellis, paulisper linguam fac apparere, et digitos applica, quasi lambere velis. Udalric.

Pro signo vini, digitum inflecte, ita labiis adjunge. Udalric.

Pro signo aquæ, omnes digitos conjunge, et per obliquum move. Udalric.

Pro signo aceti, frica cum digito guttur, quia in gutture sentitur.

Pro signo pomorum, maxime pyri vel mali, pollicem cum aliis digitis conclude.

Pro signo cerasearum, adde, ut digitum subtus oculum ponas. Udalric.

Pro signo porri crudi, pollicem et digitum ei proximum simul conjunctos extende. Udalric.

Pro signo alii, seu rafæ, extende digitum contra buccam paululum apertam, propter odorem, qui sentitur ex illis. Udalric.

Pro signo sinapis, articulo anteriori minimi digiti pollicem suppone. Udalric.

Pro signo ciphi, tres digitos aliquantulum inflecte, et sursum tene.

Pro signo scutellæ, manum latius extende. Udalric.

Pro signo justæ, inclina manum cavam deorsum.

Pro signo phialæ vitreæ, præmisso signo ciphi, adde, ut duos digitos circa oculos ponas. Udalric.

Pro signo cappæ, tene oram ejus cum tribus digitis, id est, minimo et duobus sequentibus tene.

Pro signo superpellicii, cum eisdem digitis manicam ejus tene.

Pro signo mantelli seu pellium, oram eorum tene.

Pro signo pellicii, omnes unius manus digitos expande, et ita in pectore positos contrahe, quasi qui lanam constringit.

Pro signo camisiæ, manicam ejus tene.

Pro signo femoralium, adde, ut manum in femore de deorsum, quasi qui se femoralibus vestit. Udalric.

Pro signo caligarum, tene, et signum femoralium adde.

Pro signo coopertorii, fac idem signum, quod est pellicii, et adde, ut manum in brachio de deorsum trahas, quasi qui se coopertorio tegit.

Pro signo capitalis seu pulvinaris, leva manum, et summitates digitorum inflexas, quasi ad volandum move, postea pone ad maxillam, sicut dormiens solet.

Pro signo corrigiæ, digitum digito circunfer, et de utroque latere confer digitos utriusque manus, quasi qui se corrigia cingit.

Pro signo cinguli femoralium.

Pro signo metalli, cum pugno pugnum percute.

Pro signo cultelli, trahe manum per medium palmæ.

Pro signo vaginæ cultelli, summitatem unius manus in altera manu depone, quasi cultellum mittas in vagina.

Pro signo acus, signo metalli præmisso, simila quasi in una manu acum teneas, et filum in altera, et mittere velis filum per foramen acus.

Pro signo fili, digitum digito circunfer, et simila quasi mittere velis filum per foramen acus.

Pro signo grafii, præmisso signo metalli, extenso pollice cum indice simila scribentem.

Pro signo tabularum, manus ambas complica, et ita disjunge, quasi aperiens tabulas.

Pro signo pectinis, tres digitos per capillos trahe, quasi qui se pectit.

Pro signo Angeli, fac idem signum, quod pro Alleluia.

Pro signo Apostoli, trahe dexteram deorsum de dextro latere in sinistrum, pro pallio, quo Archiepiscopi utuntur.

Idem signum est Episcopi.

Pro signo Martyris, impone dexteram cervici, quasi aliquid incidere velis.

Pro signo Confessoris, si Episcopus est, fac idem signum, quod pro Apostolo : si Abbas est, fac signum regulæ, capillum comprehendendo.

Pro signo sacræ Virginis, fac signum feminæ.

Pro signo festivitatis, fac primo signum lectionis, et profer omnes digitos utriusque manus.

Pro signo Abbatis, capillum super aurem pendentem cum duobus digitis apprehende.

Pro signo Monachi, cum manu capillum tene.

Pro signo Clerici, digitum circunfer auri.

Pro signo Canonici regularis, cum pollice et indice simila volentem cum lingua camisiæ pectus suum firmare.

Pro signo Laici, mentum tere cum maxilla.

Pro signo Prioris, simila cum pollice et indice scillam pulsare.

Pro signo Majoris, adde, ut manum extendas, quod semper aliquid magnum significat.

Pro signo Minoris, extende minimum digitum, quod semper parvum significat.

Pro signo Custodis Ecclesiæ, cum manu simila campanam sonare.

Pro signo Armarii et Præcentoris, interiorem superficiem manus leva, et move, quasi innuens, ut æqualiter cantetur.

Pro signo Magistri Novitiorum, trahe manum obliquam per capillos contra frontem, quod est signum novitii, et digitum pollici proximum pone subtus oculum, quod est signum videndi.

Pro signo Magistri puerorum, admove minimum digitum labiis, et adde signum videndi.

Pro signo Camerarii, simila denarios numerare præmisso signo Canonici.

Pro signo Cellerarii, simila in manu clavem tenere, et quasi seræ infixam evertere.

Pro signo Ortolani, digitum inflecte, sicut qui rastrum dextra [de terra] trahit.

Pro signo Eleemosynarii, trahe manum dextro humero in sinistrum latus, sic enim pera solet a pauperibus portari.

Pro signo Infirmarii, pone manum contra pectus, et adde signum videndi.

Pro signo Refectorarii, fac idem signum refectionis.

Pro signo Granarii, simila cum ambabus manibus quasi connexis, quasi alicui vasi velis annonam infundere.

Pro signo senis, trahe manum directam per capillos contra aurem.

Pro signo pueri, admove minimum digitum labiis.

Pro signo compatriotæ, vel consanguinei, tene manum contra faciem, et medium digitum naso impone, propter sanguinem, qui inde fluere solet.

Pro signo loquendi, contra os tene manum, et ita eam move.

Pro signo tacendi, super os clausum digitum pone.

Pro signo audiendi, tene digitum contra aurem.

Pro signo nesciendi, cum digito terge labia.

Pro signo osculandi, indicem labiis appone.

Pro signo vestiendi, cum pollice et digito sequente vestem in pectore apprehendens trahe deorsum.

Pro signo exuendi, trahe sursum.

Pro signo comedendi, cum pollice et indice simila comedentem.

Pro signo bibendi, digitum inflexum labiis admove.

Pro signo annuendi, leva manum moderate, et move, non inversam, sed ut exterior superficies sit sursum.

Pro signo negandi, summitatem medii digiti pollici subpone, et ita fac resilire.

Pro signo minuendi, cum pollice et medio digito percute in brachio, quasi qui minuit.

Pro signo videndi, digitum pollici proximum pone subtus oculum.

Pro signo lavandi pedes, ambarum manuum interiora ad invicem converte, et ita superioris manus summitates paululum move.

Pro signo boni, pone pollicem in maxilla, et alios digitos in alia, et fac eos in mento blande collabi.

Pro signo mali, digitis in facie sparsim positis, simila unguem avis aliquid lacerando attrahentis.

Pro cujusque rei, quæ jam facta sit, tene manum æqualiter contra pectus, et interior pars manus sit sursum versa, et ita eam adhuc plus a pectore sursum move. Hactenus liber Ordinis S. Victoris Paris. dicto capite. Rursum cap. 22. de iisdem signis : *Signa etiam, quibus cum necesse fuerit, in silentio, quod opus est, exprimere, etc.* Adde [S. Wilhelmi Constitut. Hirsaug. lib. 1. a cap. 6. ad cap. 26. editas in vet. Discipl. Monast.] et Julianum Warnerium in Comment. ad Regulam S. Benedicti.

De ejusmodi apud veteres etiam usitatis digitorum signis multa congesserunt Rabanus Maurus de Computo cap. 6. Hugo a Porta lib. 1. de Furtivis litterarum notis cap. 11. Cælius Rhodiginus lib. 23. cap. 11. Fredericus Morellus ad Nicolaum Artabasdam : novissime vero et copiose non modo de veterum, sed et de monachorum signis, Haeftenus lib. 6. Disq. Monast. tract. 3. disq. 11. Vide præterea Fridericum II. Imp. lib. 2. de Venat. cap. 42.

Signum in Fronte *et in facie* furis *ponere*, στιγματίζειν, in Lege Longob. lib. 1. tit. 24. § 54. [** Liutpr. 79. (6,26.)] Charta Henrici Imp. an. 1023. in Chron. Laurish. : *Illi, qui hujus audaciæ et invasionis dux et princeps fuerit, tollantur capilli et corium; et insuper in utraque maxilla ferro, ad hoc facto etiam candenti, bene caraxetur et comburatur.... Si autem ibi occiditur, omnes, qui hujus homicidii vel invasionis participes sunt, cute et capillis perditis, supradicta combustione signentur.* Vide Caium Instit. lib. 2. tit. 1. Id vetitum Constitutione Constantini M. leg. 17. C. de Pœnis. (9,47.)

Signum de Corio equi inventi ac mortui *conservare, ut cum venerit certus dominus, habeat quod ei respondeat* : in Lege Longob. lib. 1. tit. 23. § 1. [** Rothar. 348.]

¶ Signum Veri dicitur Purgationis genus per ferrum candens. Vide supra *Sfiersiern* et *Ferrum candens*.

10. **SIGNUM**, Clamor militaris, inclamari solitus ab eo, qui *signum* seu vexillum militare in acie præferebat. Interdum nude, ut apud Gilonem Parisiensem lib. 4. Viæ Hierosol. interdum cum alicujus alterius vocis adjunctione, ut *Signum militare*, *Signum clamoris*, *Signum bellicum*, *Signum exclamationis*, *Signum castrorum*, locis auctorum indicatis in Dissertat. 11. ad Joinvillam. [Tertull. adv. Judæos cap. 9 : *Scilicet vagitu ad arma esset convocaturus infans et Signum belli, non tuba, sed crepitacillo daturus.*] Chronicon Senoniense lib. 3. cap. 16 : *Alemanni vero sua Signa fortiter inclamantes; viriliter, sicut moris est eorum, Francis resistentes, etc.* Ordericus Vitalis lib. 12. pag. 855 : *Et insectantibus callide mixti Signum triumphantium vociferati sunt.* Willebrandus ab Oldenborg in Itiner. Terræ sanctæ : *Venimus Naversam, quod est castrum optimum,... a quo Rex ipse Signum suum Naversa solet proclamare.* Le Roman *de Girard de Vienne* MS :

Vienne escrie l'Anseigne S. Moris.

Alibi :

> François escrient Monjoie S. Denis,
> Et Viennois l'Anseigne S. Moris.
> Et Hernauz crie Biaulande et Ay.
> Genevres escrie Olivier li gentis.

Le Roman *de Rou* MS :

> A grant voix crient, Diex aïe,
> L'Enseigne au Duc de Normendie.

Alibi :

> Normant escrient, Diex aïe,
> L'Enseigne au Duc de Normendie.

Vide *Vexillum*, et quæ annotamus in Dissert. 11. ad Joinvillam pag. 304.

11. **SIGNUM.** Chronicon Besuense pag. 618 : *Ut donum istud teneretur, uxor Theoderici inde pro Signo habuit unum annulum de auro, et Richardus filius ejus unum cyphum de refectorio.* Pag. 621 : *Et Dom. Odilo Monachus noster, qui tunc regebat obedientiam, dedit ei pro Signo medietatem eminæ frumenti, etc.* Pag. 627 : *Et pro Signo dedit illis duobus fratribus Wido Monachus, qui Pauliacum tenebat, undecim solidos nummorum.* Adde pag. 630. ubi *signum* dicitur, quidquid datur iis, qui venditionem vel donationem ab altero factam approbant, in consensus ab iis præstiti notam. Vetus Charta apud Mabillonium tom. 5. Vitarum SS. Ord. S. Bened. pag. 765 : *Qui videlicet Gausbertus dedit ei duo paria pellium vulpinarum, ut si forte, ut fit, prædictus confirmator paterni beneficii oblivioni tradiderit, hanc concessionem, se fecisse, sint pro intersignio pelles illæ.*

¶ 12. **SIGNUM**, Symbolum seu tessera, ut videtur, quæ præbendario datur, ut quod illi competit percipiat. Epitome Constitut. Eccles. Valent. inter Conc. Hispan. tom. 4. pag. 168 : *Nemo ex habentibus Signa laudabilis eleemosynæ sedis possit cessionare alteri Signum aliquod, ne lites inde suboriantur, et procuratori solventi Signa perturbationis occasio fiat.... Non possint dari concedive similes licentiæ ad recuperandum Signa pro absentibus a civitate alibi commorantibus nisi per omnes de capitulo, nemine contradicente. Quoties vacaverit Signum aliquod laudabilis eleemosynæ, illud conferri non possit, nisi elapsis quatuor mensibus a die vacationis computandis. Procuratores eleemosynæ non solvant Signa aliqua, nisi bursario eleemosynæ in pecunia numerata.* Vide *Merallus.*

¶ 13. **SIGNUM**, *Scopus ictibus petendus.* Glossar. Gasp. Barthii apud Ludewig. tom. 3. Reliq. MSS. pag. 8. ex Hist. Palæst. : *Alios miserunt ad Signum et sagittabant eos.* S. Lucas in Evang. cap. 2. 34 : *Ecce positus est hic in ruinam et in resurrectionem multorum in Israel : et in Signum, cui contradicetur.* Græc. Καὶ εἰς σημεῖον ἀντιλεγόμενον. Gloss. Lat. Græc. : *Signum*, Σημεῖον, ὁ σκοπός.

14. **SIGNUM** SALOMONIS, Frutex in montibus nascens, Græcis, πολυγόνατον, dictus, herbariis, *sigillum Salomonis.* Vide Ruellium lib. 3. de Natura stirpium cap. 79.

15. **SIGNUM** SALOMONIS. Michaël Scotus de Physionomia cap. 19 : *Nato infante, si visitetur a persona Signum Salomonis habente, ante nonum diem puer moritur penitus in brevi. Si etiam prægnans supertranseat Signum Salomonis, abortitur cito.* Le Roman *d'Alixandres* MS :

> Toute li est honors et pros,
> De sa biauté moy que chaut,
> Sa biauté auoi li san haut,
> Si faura elle maugré mien,
> Je ne lui voi retenir rien,
> No tenir nou voir ce ne fais mon,
> S'il avoit le Sant Salomon,
> Et sa nasture en lui aust,
> Tant nus que nuls que plus ne peust,
> De biauté mettre en son cor umain.

* 16. **SIGNUM**, Edictum, proclamatio, quod appositione *signi* seu vexilli domini fieret. Homag. Raym. de Alesto ann. 1217. in Reg. 30. Cartoph. reg. ch. 21 : *Ceterum ad imitationem domini, debetis vos et hæredes vestri levare vexillum vestrum in turri mea de Alesto, et Signum seu edictum vestrum facere ibi clamare.*

* 17. **SIGNUM**, Moneta, quia *signata.* Reg. actor. capitul. eccl. Camerac. sign. O. ad 26. Sept. ann. 1481 : *Cum nuper quidam Matthæus Oudart, dictus Le Grant, quædam Signa, Gallice dicta Blancs, de cugno falso et contrafacto...... venditioni exposuisset, etc. Enseignes,* eadem acceptione, in altero Reg. sign. M. ad ann. 1459. fol. 74. Vide supra *Insignium* 1.

SIGOLTARIUM. Monachus Sangallensis lib. 1. de Carolo M. cap. 24. vel 22 : *Cum autem ipsa festivitate Paschali... Alasaciensi illo Sigoltario se indulsisset, et simul cum illo fortiori falerno cujusdam venustissimæ feminæ vultus et meretricios gestus (heu !) nimis enerviter in se pertraxisset, etc.* Quo verbo videtur innui *vinum Alsaticum*, quod *Rhenanum* vulgo appellamus.

¶ **SIGONA**, Sequana, *la Seine.* Vita S. Richardi Regis Anglo-Sax. tom. 2. Febr. pag. 76 : *In ripa fluminis quod nuncupatur Sigona, juxta urbem quæ vocatur Rotum.*

¶ **SIGULA**, ut *Sigalum.* Vide in hac voce.

¶ **SIGULUS**, pro *Sigusius.* Vide supra *Pactum.*

SIGUSIUS. Vide *Canis segusius.*

SIHORAARMEN. Sanctus Augustinus Epist. 178 : *Sicut enim Græca lingua, quod est Homusion* [ὁμοούσιον] *una dicitur vel creditur a fidelibus Trinitatis omnino substantia, sic una rogatur, ut misereatur, a cunctis Latinis et Barbaris unius Dei natura, ut a laudibus Dei unius nec ipsa lingua Barbara sit ullatenus aliena. Latine enim dicitur, Domine miserere; Græce*, Κύριε ἐλέησον. *Sola ergo hæc misericordia ab ipso uno Deo Patre, Filio, et Spiritu sancto lingua debet Hebræa vel Græca, aut ipsa ad postremum postulari Latina, non autem et Barbara. Si enim licet dicere non solum Barbaris lingua sua, sed etiam Romanis, Sihoraarmen, quod interpretatur, Domine miserere; cur non liceret in Conciliis Patrum in ipsa terra Græcorum, unde ubique destinata est fides, lingua propria Homusion* [ὁμοούσιον] *confiteri, quod est Patris, Filii, et Spiritus sancti una substantia?* Ubi pro *Sihoraarmen*, legendum existimat Stephanus Stephanius in Notis ad Saxonem Grammaticum pag. 219. *thig forbarmen*, addita voce *herre*, quæ ab imperito Librario omissa fuit : ut sic plane legatur, *Her thig forbarme*, pro *Herre forbarme thig.* Hæc enim lingua, subdit ille Gothica est, quam Augustinus Barbaram indigitat, eumque capta Roma didicisse ad oram libri Erasmus ascripsit. At vetus Cod. MS. ut est annotatum manu Rigaltii ad oram Augustini, qui illius fuit, *Fhrota armes* præfert.

☞ Quæ ultima Rigaltii lectio cæteris præferenda videtur viris doctissimis, modo pro *Fhrota* emendes *Throta*, quod antiquissimis Danis, Gothis, Alamannis et Islandiæ incolis etiamnum Deum significat. Legendum itaque est *Throta armes* quod *Domine miserere* sonat; ab *Armen*, misereri, ut ex Evangel. Goth. probat Schilterus, ubi Matth. cap. 10. v. 48. legitur, *Armai mik*, pro *Miserere mei.* Hunc consule in Gloss. Teuton. pag. 58. Monendum obiter hanc epistolam Vigilio Tapsensi non ex levi conjectura a nostris Operum S. Augustini Editoribus adscribi. [** Vide Grimm. Mythol. German. pag. 18. et 96.]

SIIPARIUM, pro *Typarium.* Vide in hac voce.

* **SIKA**, *Paulus : Sikas appellant læsiones ulcerosas, rotundas, subduras, rubeas, quas sequitur dolor. Nascuntur autem hæ plurimum in capite.* Glossar. medic. MS. Sim. Januens. ex Cod. reg. 6959.

SIKERBORGH, apud Scotos dicitur cautio, quam actor coram judice interponit de accusatione sua, vel de lite prosequenda. Quoniam Attachiamenta cap. 1 : *Attachiamenta sunt principium et origo placitorum de Wrang et Unlauch, et aliorum, quæ prosecuta sunt per Sikerborgh.* Vide *Saccabor.*

SIKETTUS. Vide *Sica.*

* **SIKIA**, *Cucurbita*, in Glossar. medic. MS. Sim. Januens. ex cod. reg. 6959. Vide *Sicia.*

¶ **SILÆ**, Galeæ, sic dictæ quod introrsum apertæ et repandæ essent, ab eorum similitudine qui repando sunt naso, id est sursum versus sublato. Festus : *Silus appellatur naso sursum versus repando : unde galeæ quoque a similitudine Silæ dicebantur.*

¶ **SILANUM**, Cloaca, eluvies. Gloss. Lat. Gr. : *Silanum*, ὑδρίον. Leges municipales Mechlin. tit. 14. art. 24 : *Per communem cloacam sive Silanum nemo ex vicinis, quibus jus in eum competit, aliam aquam præter cœlestem, eamque sine sordibus aut aqua culinaria, aut si quid hujusmodi est, citra vicini consensum deducere potest.*

¶ **SILATARUS**, Πλανός, in Gloss. Lat. Gr. Sed legendum *Stlatarus.* Vide Pontanum in Macrob. lib. 6. cap. 1.

¶ **SILATUM** *antiqui pro eo quod nunc jentaculum dicimus appellabant, quia jejuni vinum Sili conditum ante meridiem absorbebant.* Festus. Vide Salmas. ad Solin. pag. 1157. et 1158.

¶ **SILAVE.** Vide supra *Selave.*

¶ **SILEKREVER**, Exactores, Danis, in Charta Waldemari Regis Daniæ ann. 1326. apud Pontanum lib. 7. Rer. Danicar. pag. 443.

¶ **SILEMSIS**, a Græco σύλληψις, Rhetoricæ figura Grammaticis nota. Epist Gunzonis ad Augienses ann. 960. apud Marten. tom. 1. Ampliss. Collect. col. 297 : *Porro Silemsis per casuum mutationes non solum apud versidicos, verum apud sine metris scribentes frequenter invenitur. Virgilius ac* *usativum pro genitivo aut ablativo miranter posuit :*

> Sed Latagum saxo atque ingenti fragmine montis
> Occupat os faciemque adversam.

Pro eo quod est occupat Latagum ore aut Latagi os.

SILENTIARE, Silentio involvere, premere, tacere. Stephanus III. PP. in Epist. de Revelat. S. Dionysii : *Sicut se nemo debet jactare de suis meritis, sic non debent opera Dei, quæ in illo per suos Sanctos fiunt, sine suis meritis Silentiare.* Ab eo hausit Hubertus in Vita Gudilæ Virg. cap. 3 : *Sicut de suis meritis debet nemo se jactare, sic non debet quisquam... opera Dei Silentiare.* Utitur et Dudo lib. 3. de Act. Norm. initio.

SILENTIARIUM, SILENTIARIUS. Vide in *Silentium*.

SILENTIUM, Conventus privatus, in quo dissertationes de rebus publicis agebantur, unde et διάλεξις dicitur Zonaræ pag. 146. Gallis *Conference* : sed præsertim de rebus Ecclesiasticis, unde κατηχητήριος λόγος definitur apud Nicetam in Man. lib. 7. n. 5. quod Σιλέντιον vocavit Cinnamus pag. 316. [Σιλέντιον Anonymus Combefisianus in Alex. n. 1.] Landulphus Sagax lib. 16 : *Fecit Imperator Silentium, adducens Patriarcham, et jubens eorum recitari confessiones.* Idem de Leone : *Silentium contra sanctas ac venerabiles celebravit Iconas.* Lib. 23 : *Facto Imperator Silentio, apud Magnauram, exposuit populo, quæ de se fuerant dicta.* Lib. 24 : *Eirene Imperatrix Silentio in Triclinio Justiniani facto, prohibuit omnem, qui militaret, adhærere Stauratio.* Vide quæ notavimus ad Cinnam. pag. 493. ubi observavimus ex Juliano Antecess. *Silentium* et *Conventum* idem sonare : quod firmant præterea Excerpta ex Joanne Lido lib. περὶ ἀρχῶν πολιτικῶν. Ἐδόκει μὲν μηκέτι ἐπὶ ἀγορᾶς, ἀλλ' ἐν τῷ Παλατίῳ τὴν βουλὴν συνάγεσθαι. Τὴν δὲ τοιαύτην σύνοδον Κομβέντον ἔθος Ῥωμαίοις καλεῖν, ἀντὶ τοῦ Συνέλευσιν. σιγῆς δὲ τοῖς πολλοῖς βουλευομένοις δεῖ, διὰ τοῦτο ἐκ τῆς περὶ τὴν σιγὴν σπουδῆς, (σιλέντιον δὲ αὐτὴν πατρίως καλοῦσι) Σιλεντιαρίους ἔκριναν ὀνομάζειν αὐτούς. Vide Henricum Valesium ad Eusebium lib. 4. de Vita Constantini cap. 29. et Gloss. med. Græcit. in Σιλέντιον, col. 1370.

SILENTIUM, Secretarium. *Silentium B. Petri Apostoli*, seu Secretarium Ecclesiæ S. Petri, apud Anastasium in Vita Stephani III. PP.

SILENTIARIUS, ἡσυχόποιος, in Gl. Lat. Gr. *Qui Palatio vel alibi silentium indicit : et est nomen dignitatis*, inquit Ugutio : qui *admonere silentium jubetur*, ut loquitur Marcianus Capella lib. 7. qui ad cubiculum Principis excubias agit, cavetque, ne quodpiam murmur excitetur : Ἐπιστάτης τῆς ἀμφὶ τὸν βασιλέα σιγῆς, Agathiæ : εἰς τὴν ἡσυχίαν ὑπηρετῶντες, Procopio lib. 2. de Bello Persico cap. 21. Claudianus : *Sacroque adhibere silentia somno.* Horum munus indicat Anselmus Havelbergensis Episc. lib. 2. Dialogor. cap. 1. ubi de collatione ab eo habita cum Græcis Constantinopoli : *Convenientibus itaque pluribus sapientibus in vico, qui dicitur Pisanorum, juxta Ecclesiam A. Eerinee, quæ lingua Latina sanctæ Pacis nuncupatur, positisque Silentiariis, sicut ibi mos est, et datis arbitris, et sedentibus Notariis, qui omnia, quæ hinc inde dicerentur, fideliter exciperent, etc.* Silentiarii porro erant plures ; sed 30. ordinarii in 3. decurias divisi, quibus singulis præerat unus Decurio. Hinc titulus in Cod. Justin. (12,16.) *de Silentiariis et Decurionibus eorum*, qui in Theodosiano (6,23.), *de Decurionibus et Silentiariis* inscribitur. Hi *Clarissimi*, leg. 5. C. Just. d. tit. *Spectabiles*, leg. 30. Cod. de Inoffic. testam. (3,28.) vocantur, θαυμασιώτατοι, in Concilio Calchedon. act. 1. pag. 60. 89. edit. 1618. *Silentiarius sacri Palatii*, in vet. Inscript. 1053. 10. *Silentiarius Augusti*, in Epistola Damasi PP. ad Acholium ; *Imperialis Silentiarius*, apud Anastasium Bibl. in Stephano III. PP. pag. 82. 83. *Schola devotissimorum Silentiariorum*, in leg. 4. d. tit. Cod. Just. [Horum proinde dignitas non omnino contemnenda, licet τῶν χαμαιζήλων fuisse dicat Zonaras, cum et horum opera in legationibus, et ad mandata perferenda uterentur Principes, quod ex laudatis scriptoribus colligitur, præterea ex Ambrosio orat. de Obitu Valentiniani, Philostorgio lib. 7. cap. 7. Malcho in Byzanticis, Liberato Diac. cap. 11. et aliis. Sed a Dorotheo doctr. 23. Silentiarii inter honoratiores Palatii dignitates reponuntur : et Theophylactus Simocatta lib. 8. cap. 9. de quodam Theodoro : Σιλεντιαρίου δὲ οὗτος στρατεύματι ἐνεκοσμήτο. Anastasius, priusquam Imperatorium culmen fuisset consecutus, Silentiarii munus obierat. Sed et Cubazes, qui sub Justiniano ἐν τοῖς σιλεντιαρίοις τασσόμενος militaverat, Rex Lazorum factus, pristinæ dignitatis annorum decem stipendia, quæ sibi deberi aiebat, ex quo venisset in Colchidem, ab eodem Imperatore expetiit, adeo ut tanto fastigio minime indignam non arbitratus fuerit. *Primicerius Silentiariorum* occurrit in Concilio Calched. act. 10. pag. 301. edit. 1618.

SILENTIARII præterea videntur ex loco Joannis Lydi laudato appellati, qui in *silentiis*, seu collationibus, vel etiam consistoriis Principum considebant, ac deliberabant, quomodo apud Hariulfum in Vita S. Angilberti cap. 1. usurpatur hæc vox : *Præfatus ergo Rex Carolus in tantam amicitiam eum tenuit, ut quocunque iret vel rediret, Domnum Angilbertum semper secum haberet,.... et hæc tanta dilectio adeo processit, ut eum secretorum conscium et primatem Capellanorum faceret : sibi quoque eundem Silentiarium statueret, ut in quo compererat prudentiæ altitudinem, ejus consilio componeret totius regni utilitatem.* Neque aliter intelligendus, ni fallor, Radulfus de Diceto, et ex eo Matth. Paris ann. 1171 : *Instante tandem feria ante Pascha, in qua de consuetudine Romanæ Ecclesiæ solet Papa publice vel absolvere, vel excommunicare, quibusdam Domini Papæ Silentiariis ad aures nuntiorum Regis perferentibus, devenit, quod Papa eodem die decreverat, in Regem Angliæ nominatim.... interdicti ferre sententiam.*

¶ SILENTIARII dicti etiam interdum urbis Consiliarii. Caffari Annal. Genuens. ad ann. 1158. apud Murator. tom. 6. col. 270 : *Consules autem, civitatisque Silentiarii experti sæpius obsidentes quibus coercentur obsessi, soldaderios, balisterios et archiferos tot ad civitatem conduxerunt, etc.*

¶ SILENTIARII, apud Senecam in Epist. 47. Servi nuncupantur, *qui in familia cæterorum servorum murmur cohibebant.* Horum meminit Salvianus de Gubernat. Dei lib. 4. pag. 70 : *Ad fugam servos non miseriæ tantum, sed etiam supplicia compellunt. Pavent quippe actores, pavent Silentiarios, pavent procuratores : prope ut inter istos omnes nullorum minus servi sint quam dominorum suorum : ab omnibus cæduntur, ab omnibus conteruntur.*

SILENTIARIUM, Locus, ubi *Silentiarii* stabant, primum et exterius cubiculum, quod Consistorio obversabatur. Landulphus Sagax lib. 16. et Anastas. in Hist. Eccl. : *Occidant eos, habentes homines suos sibi cooperantes, Indos absconditos in Silentiario.* Quo loco Theophanes habet εἰς τὸ σιλεντιαρίκιον, pag. 201. Σιλεντιαρίκιον eadem notione dixit Cyrillus Scythopolitanus, εἰς τὸ λεγόμενον Σιλεντιαρίκιον φθάσαντας οἱ ἐπὶ τῶν θυρῶν Σιλεντιάριοι ἔνδον εἰσεδέξαντο, *qui cum ad Silentiarium pervenissent, a Silentiariis ostio præpositis introducti sunt.*

IN SILENTIUM MITTI, Pœna Monastica. Regula Monialium B. Mariæ *Sopwell* in Anglia, ann. 1327 : *Et pur ceo, que nous avons entendus, que une abusion est entre vous, que si une de vous soit mise en Silence pur sa culpe, elle ne devroit lire, ne chanter, ne veer le Sacrement de la Messe, etc.*

* *Silentium* ita religiose observabatur a quibusdam monachis, ut iis, cum ad mensam abbatum alterius monasterii sederent, loqui non liceret. Hujus moris testis est Bulla Urbani IV. PP. ann. 1261. ex Tabul. Compend. ad abbatem ejusd. monast. : *Petitio tua nobis exhibita continebat sæpe contingi viros religiosos, quibus, constitutionibus suorum ordinum prohibentibus, in mensa loqui non licet, ad tuum monasterium declinare. Nos itaque tuis supplicationibus inclinati concedendi prædictis religiosis, dum in eodem monasterio tecum in mensa, sive conventu, fuerint, loquendi licentiam de divinis ac licitis et honestis, constitutionibus hujusmodi nequaquam obstantibus, liberam tibi concedimus authoritate præsentium facultatem.*

SILERA, quæ et *nullis*, Guttæ, seu fluxionis, species, in Falconibus, apud Albertum M. lib. 23. de Animalib. cap. 18.

¶ **SILERE**, Locum non habere, in Cod. Theod. tit. 1. (10,1.) de Jure fisci leg. 3 : *Jam calumniæ privatorum eo saltem arceantur exemplo, quo justas fisci lites Silere præcipimus.*

SILFORI. Varie hæc vox effertur a scriptoribus. Anastasius in Nicolao I. PP. pag. 221 : *Et in ciborio Constantinianæ basilicæ optimos de Sifori, et de fundato quatuor pannos appendit.* Leo Ostiensis lib. 1. cap. 26 : *Saricam insuper sericam de Silfori, cum auro et gemmis, etc.* Anonymus Casinensis in Hist. Longob. cap. 10. de Siconolfo Princ. Beneventano eamdem rem enarrans : *Abstulit de S. Benedicto... sparam par unum, saricamque sericam de Silfori cum auro et gemmis.* [*Filfori* editum apud Murator. tom. 2. pag. 266. et *Sylphori*, ibidem pag. 366.] A σίλφη voce Græca vox *videtur* deducta, quæ Græcis *blattam* sonat, ut colligitur ex Glossis Latino-Græcis, et Græco-Latinis, ita ut terminatio Longobardica ei adjuncta sit.

¶ **SILICA**, ut *Siliqua*. Vide in hac voce.

SILICARIUS, Μυλουργός, in Gloss. Gr. Lat. Gloss. Lat. Græc. : *Silex*, μυλίτης λίθος. *Silicida*, σκληρουργός. [*Silicarios* inter opifices aquæductuum refert Frontinus de Aquæduct. Romæ lib. 2. pag. 256.]

¶ **SILICERNIUS**, Silicernus, Senex, ætate gravis. Fridegodus in S. Wilfrido sæc. 4. Bened. part. 1. pag. 723 :

Optabatque gravem Silicernius affore mortem.

Necrolog. S. Juliani a Mabill. laudatum sæc. 5. Bened. pag. 142 : *Odo... jam Silicernus, jam longæ ætatis senio, fessus, etc.* Adde Vitam ejusdem S. Odonis ibid. pag. 156. Translat. S. Theobaldi sæc. 6. part. 2. pag. 174 : *Die quadam puer,.... cui spiritus infirmitatis ita jugulum contraxerat, et caput depresserat, ut mento pectori penitus inhærente numquam recto contuitu aliquid contueri nisi suppositum valeret. Hic ætate puer, actu Silicernius, etc.* Quod silices cernat senex incurvus, *Silicernium* nuncupari volunt Fulgentius de Prisco sermone num. 8. Alardus Gazæus in Comment. ad Opera Cassiani lib. 4. de Instit. Renunc. cap. 2. et alii : sed hanc originationem improbat Nonius cap. 1. n. 235. atque a *Silicernium* quod est convivium funebre accersendam hanc vocem contendit. Consule Scaliger. ad Festum et Kirchmannum de Rom. Funer. lib. 4. cap. 4. *Silicernium*, pro *Silicernius*, Terent. Adelph. Act. 4. sc. 2.

* **SILICIA**, pro *Salceia*, salictum. Charta ann. 1357. in Reg. 89. Chartoph. reg. 521 : *Item quandam Siliciam, alias Saussoye Gallice nuncupatam,.... continentem duo arpenta. Soloie*, eodem sensu, in Ch. ann. 1328. ex Reg. Caroli IV. Cam. Comput. Paris. fol. 30. r°.

¶ **SILICIDA**. Vide supra *Silicarius*.

* **SILICOSUS**, *Siliceus, Perrelouz Gallice*, in Glossar. Lat. Gall. ex Cod. reg. 521.

¶ **SILICTARII**, Milites Turcici, ex quibus postea Janizeri, seu milites Prætoriani creabantur. Laonicus Chalcocond. lib. 9 : *Trapezuntios in partes distribuit : partem unam retinuit ipse, ex qua fecit Silictarios et spathoglanos : hos in Januis tenebat, eorumque ministerio utebatur, etc.* Neque alii sunt

¶ **SILICTORIDES**, de quibus idem Laonic. lib. 8 : *Ex quibus deinde stipendium accipiunt peregrini et Januæ milites, Caripides, Silictorides.*

¶ **SILIGA**, Secale, Gall. *Segle*. Vide *Sigalum*. Tabular. Camalariense : *Ad petram S. Johannis est una monzia quæ reddit in Maio sex denarios et unum sextarium de Siliga.*

* **SILIGENEUS** Color, Gall. *Couleur d'ocre*. Alex. Iatrosoph. MS. lib. 3. Passion. cap. 11 : *Si infirmus colore yocro fuerit, i. colore Siligeneo, etc.*

¶ **SILIGER**, Siligeria, ut *Siliga*, ni fallor. Charta ann. 1271. tom. 1. Chartul. S. Vandreg. pag. 901 : *Ego Ricardus Lescout... quitavi et dimisi fine perpetuo sine exigentia aut aliqua reclamancia mei a modo aut hæredum meorum Ricardo Boilli et Beatriciæ Lescot ejus uxori unam minam Siligeris quam ipsi mihi debebant.* Charta ann. 1577. ibid. pag. 1188 : *Et pro hac feodatione prædicti Religiosi et eorum successores tenentur solvere mihi et hæredibus meis quolibet anno unum centum straminis de Siligeria.*

¶ Silligerum, Eodem intellectu, in Charta ann. 1275. tom. 1. ejusdem Chartul. pag. 215 : *Pro octo minis bladi, videlicet quinque minis ordei et tribus Silligeri annui redditus boni, congrui et legalis.*

* **SILIGINALIS**, Secalitius. Charta ann. 1352. in Reg. 81. Chartoph. reg. ch. 927 : *Acquisierunt...... arpenta frumentalia et Siliginalia seu siliginem portantia.* Vide *Siliga, Silineus* et mox *Siligo*.

¶ **SILIGINARIUS**, Siliginis venditor, vel distributor, apud Ulpian. leg. 52. § 11. Dig. de Furtis. Sponius Erud. Antiquit. pag. 64. ad vet. Inscript. *Colleg. Siliginariorum* eos interpretatur qui panem siligineum conficiunt.

¶ **SILIGINEUS**, *Panis siligineus*, e secali confectus : Plinio, ex siligine. Vita B. Meinwerci tom. 1. Jun. pag. 546 : *Quatuor panes, duos triticeos, duos Siligineos, vel avenæ.* Vita S. Rayneri tom. 2. April. pag. 61 : *Sexta feria et vigiliis atque quatuor temporibus simplici pane Siligineo et aqua contentus.*

SILIGO, Latinis scriptoribus est selecta farinæ medulla, ex siligine frumenti genere, de quo Plinius lib. 18. cap. 8. et alii. Isidorus lib. 17. cap. 2 : *Siligo, genus tritici a selecto dictum.* Adde lib. 20. cap. 2. At postremi ævi auctoribus usurpatur pro *Secali*, vulgo *Segle*. [Statuta Vercell. lib. 4. fol. 72. v° : *Teneatur fornarius facere et habere levatum pulchrum et nundum, videlicet ad panem frumenti, levatum puri frumenti, et ad panem Siliginis, pure Siliginis.*] Tidericus Langenius in Saxonia :

Extat et hic triticum, quod non reperitur iniquum,
Crescit non lente bona moxque Siligo repente.

Occurrit non semel. Vide Gorræum in σιλίγνις, et Joann. Bruyerinum Campegium lib. 6. de Re cibaria cap. 9.

* Glossar. medic. MS. Sim. Januens. ex Cod. reg. 6959 : *Siligo, bladum notum, rusticis in pane, vice frumenti, esui. Hanc Plinius dicit oliram ab Homero vocari.* Vide supra *Siliginalis*.

SILINA. Bromptonus ann. 1189 : *Et quoddam tentorium de serico adeo magnum, quod ducenti milites possent in eo comedere, et 60. millia Silinas de frumento, et totidem de hordeo, etc.* Ubi Rogerus Hovedenus habet *Salinas de frumento*; unde proclivis emendatio in *salmas*. Vide in voce *Sagma*.

1. **SILIQUA**, Isidoro lib. 16. cap. 24 : *Vigesima quarta pars solidi, ab arboris* (siliquæ, de qua Victor lib. 1. de Persecut. Vandal. quam *Cornum* vocant,) *semine vocabulum tenens.* [Gloss. Lat. Gall. Sangerman. : *Siliqua, un arbre portant fruit profitable à pourceaux, ou ce fruit, ou un pois, la* XXIIII. *partie d'un solt.*] Gregorius M. lib. 9. Epist. 14 : *Præcipimus, ut ad tres Siliquas aureas factis libellis ei vineolam ipsam locare debeas, etc.* Idem Gregorius M. lib. 1. Epist. 42 : *Sed tua experientia, sive in hoc, quod per libram amplius, sive in aliis minutis oneribus, et quod ultra rationis æquitatem a rusticis accipitur, penset, et omnia in summam pensionis redigat, et prout vires rusticorum portant pensionem integram, et pensantem ad septuaginta bina persolvant, et neque Siliquas extra libras, neque libram majorem exigi debeant; sed per æstimationem tuam, prout virtus sufficit, in summam pensionis crescat, et sic turpis exactio nequaquam fiat.* Senator lib. 2. Epist. 25 : *Superbia deinde conductorum Canonicos solidos non ordine traditos, sed sub iniquo pondere imminentibus fuisse projectos, nec universam Siliquam, quam reddere consueverant, solenniter intulisse.* Adde veterem Chartulam plenariæ securitatis, quam descripsit Brissonius lib. 6. Formul. pag. 647.

¶ Silica, Eadem notione, apud Marten. de Ant. Eccl. Rit. pag. 180 : *Pontifex vero egreditur a fonte, habens compositam sedem in ipsam ecclesiam et deportantur ad eum infantes et dat stolam, casulam et chrismale et decem Silicas et vestiuntur.*

Siliquaticum, κερατισμός, id quod in nundinis exigitur ob venditionem proponendam. Tributum inductum a Valentiniano et Theodosio, augendo ærario, quod fuerat exhaustum : ut nundinis quibusque, decreto provincialium, loco et tempore constituto, ex qualibet mercium negotiatione fisco in singulos solidos venditor dimidiam siliquam, ac similiter emptor alteram dimidiam siliquam inferret : ut est in eorum Novella 48. et apud Cujacium lib 16. Observ. cap. 23. Senator lib 4. Epist. 19 : *Siliquatici namque præstationem, quam rebus omnibus nundinandis provida definivit antiquitas, etc.* Adde lib. 1. Epist. 30. lib. 2. Epist. 4. [Bulla Gregorii V. PP. ann. 996. in Hist. Comit. Comacli : *Per totam... Pentapolim nullum teloneum, atque portaticum, sive Siliquaticum exigatur.*] Bulla Honorii III. PP. ann. 1223 apud Ughellum in Senogalliensibus Episcop. : *Et tertiam partem de omnibus, redditu, ac datione, districto quoque et placito, et de mercato, nec non de ripa et portu, seu et de aliis supradictæ civitatis vectigalibus, seliquatico, pedagio, mensuratico, etc.* Adde Bullarium Casinense tom. 2. pag. 18. [Ita etiam legendum apud Agnellum in Vita S. Reparati tom. 2. Murator. pag. 148. ubi habetur *Siliquatio*.]

Comes Siliquatariorum, apud Senatorem lib. 2. Epist. 12.

Siliquarius, vel *Siliquatarius*, qui *Siliquaticum* exigit vel colligit, apud eumdem lib. 2. Epist. 26.

* 2. **SILIQUA**, Secale. Chartar. notar. loci *d'Aubagne* : *Exceptis tamen annona et Siliqua.* Vide *Siliga*.

¶ **SILITUS**, Tacitus, in Actis S. Anselmi tom. 2. April. pag. 923.

SILIVA, Palus. Tabularium Ecclesiæ Viennensis fol. 51 : *In alio latus terra S. Joannis; in una fronte terra Asterio; in alia terra adque Siliva, quæ æstivum tempus siccat, habet in longum perticas agripedales 51. etc.*

¶ **SILLABE**. Vide supra *Selace*.

¶ **SILLIGERUM**, ut *Siliger*. Vide ibi.

¶ **SILLOGIZARE**. Vide *Syllogizare*.

SILLONUS. Vide in *Selio*.

¶ **SILLUS.** Anastasius in Vita S. Silvestri apud Murator. tom. 3. pag. 108 : *Olei nardi libras* 300. *balsami lib.* 100. *lini saccos* 100. *casei Sillum libras* 150.

¶ **SILODUNI**, pro *Soldurii*, Milites stipendiarii, apud Athenæum ex Nicolao Damasceno lib. 6. cap. 13 : *Narrat Adiatomum Regem Sotianorum (est autem Galliæ natio) sexcentos habuisse proximos sibi delectos homines, Galli propria lingua Silodunos vocant (ea dictio Græcis devotos significat) qui cum Rege et vitam agunt, et moriuntur, id summopere votis optantes ; ob quam erga Regem fidem cum eo principatum gerunt, eodem victu et corporis cultu, quoties ejus necessitatis contingit occasio, mortem libenter oppetentes, sive Rex intereat morbo, sive cadat in prælio, sive alia quavis de causa vita excesserit : nec est qui dicere possit ex illis amisso Rege, quempiam mortem expavisse.* Vide *Solidare.*

* **SILVA**, SILVAGIA, SILVAGIUM. Vide infra in *Sylva.*

* **SILVAISUNA**. Vide infra in *Sylvaticus.*

* **SILVANUS**, SILVATUS, SILVESTRIS. Vide infra in *Sylva.*

¶ **SILVANUS**, κρουνός, in Gloss. Lat. Græc. Gloss. Gr. Lat. : Κρουνός, *Fluor, tubus, Silvanus, aquilegium.* Vide Cujac. lib. 11. Observ. cap. 2.

¶ **SILVARIUS.** Vide in *Sylva.*

¶ **SILVATICUS**, SILVAYSINA. Vide *Sylvaticus.*

** **SILVESCERE**. Vide in *Sylva.*

¶ **SILVESTRA**, Machinæ bellicæ, seu balistæ species. Vide infra *Spingarda.*

SILVIA, Potionis species. Charta Aldrici Episcopi Cenoman. in ejus Vita num. 31 : *Et de vino optimo modios quatuor, et insuper de potione, quæ dicitur Silvia, modium unum.* An *Celia?*

* F. pro *Salvia*, vinum *salvia* mixtum. Vide supra *Salvia* 2.

¶ **SILVINUS**, Silvestris. Elmham. in Vita Henr. V. Reg. Angl. cap. 6. pag. 12 : *Cursu veloci simul currentes prævenit, in tantum quod frequenter damam velocissimum, in planum ab umbris Silvinis agitatum, ipse... solum currendi viribus,... interemit.*

¶ **SILVITATICUM**. Vide *Sylvagium* in *Sylva.*

¶ **SILVIU**, Annonæ species. Præceptum Caroli Simplicis ann. 919. apud Mabill. Diplom. pag. 563 : *Et de eodem fisco Compendio totius conlaboratus nostri nonam partem, videlicet in annona, feno, segalibus, et de hoc quod rustice dicitur Silviu, necnon etiam de hostilitio nostro.*

* Charta Caroli Simpl. ann. 917. tom. 9. Collect. Histor. Franc. pag. 535 : *De silvis, quod etiam rustice dicitur Silviu, etc.*

* **SILVOLA**, pro Silvula, in Charta Rob. reg. ann. 1005. tom. 10. ejusd. Collect. pag. 586. Vide *Sylvicola.*

¶ **SILVOSUS**, Silvestris, incultus. Acta Murensis Monast. apud Eccardum de Orig. famil. Habsburgo-Austr. col. 203 : *Nam et alia loca, quæ intra parochiam continentur, adhuc Silvosa erant.*

¶ **SIMA**, Concavitas hepatis. Vide *Gedeola.*

SIMACI. Liberatus Diacon. cap. 23 : *Per portitores literarum velocissimos pedestres, quos Ægyptii Simacos vocant, omnia molimina Pauli, Eliæ scribebat.*

SIMARE, Mutilare. Vide *Semus.*

* **SIMASIA**, Mensura vinaria, vulgo *Simaise*, sex mensuras continens seu octo sextarios Parisienses. Vetus Codex MS. laudatus in Mercur. Franc. ann. 1742. mens. Sept. pag. 1955 : *Sexcallus solvat D. Joanni Caleti matriculario S. Joannis quatuor Simasias vini.* Vide *Symaisia.*

¶ **SIMATIDES**, *Condiscipulus*, in Gloss. MSS.

¶ **SIMBALUM**, Campana, qua Monachi cientur ad refectorium, quæque appenditur in claustro, pro *Cymbalum.* Vide in hac voce. Transactio inter Abb. et Mon. Crassenses ann. 1351 : *Abbas Crassensis suis expensis propriis tenetur facere omnia ædificia in monasterio; videlicet ecclesiam, Simbala, campanas et squillas, quæ sunt ibi necessaria.*

¶ SIMBOLUM, SYMBOLUM. Eadem notione. Cæremoniale MS. B. M. Deauratæ Tolos. : *Surgat ad tustandum massam loco Symboli.* Chron. Bern. Yterii apud Stephanot. tom. 1. Fragm. Hist. MSS : *Symbolum novum et pilarium in medio claustri erigitur.* Σύμβολον, eodem intellectu, dixerunt Græci recentiores. Vide Gloss. med. Græcit.

* **SIMBELLS**. Constit. MSS. Alf. II. reg. Aragon. ann. 1333 : *Quod nullus audeat capere columbos alienos ab enzes, Simbells, ne fillats, vel alio modo.* [** *Cimbell*, Catal. *Cimbel*, Castil. Restis aucupatoriæ virgæ. Vide Diction. Acad. Matrit.]

¶ **SIMBOLA**. Vide *Symbola.*

¶ **SIMBOLUM**. Vide *Simbalum* et *Symbolum.*

¶ **SIMELLA**, ut mox *Simenellus*, Panis ex *simila.* Necrolog. Monast. Mollenbec. inter Vindem. Litter. Fred. Schannati pag. 139 : xiv. *Kal. Maii, Milo Episcopus Mindensis dedit nobis in cœna Domini duas magnas Simellas.*

SIMENELLUS, Panis similaceus, ex *Simila*, Græcis σεμιδαλίτης, cui secundum inter panes bonitatis locum assignat Galenus lib. 1. de Aliment. Anglis *Simnellbread.* [** Vide Graff. Thesaur. Ling. Fr. tom. 6. col. 222. voce *Semala.*] Capitulare de Villis cap. 45 : *Pistores, qui Similas ad opus nostrum faciunt, etc.* Constantinus African. lib. 5. Loc. commun. med. cap. 15 : *Panis, qui de granorum fit medullis, et Simila vulgo solet vocari, nutribilior est et indigestibilior.* Inde Regiis mensis ministrari olim solitus. Liber de Situ Ecclesiæ Belli in Anglia : *Constituens in primo Monachis ejusdem Ecclesiæ ad cotidianos usus panem regiæ mensæ aptum, qui Simenel vulgo vocatur, habere pondere* 60. *solidorum, et in quadragesima de quartario majorem, ut eleemosynæ pars sibi cederet.* Rogerus Hovedenus pag. 738 : *Cum autem Rex Scotiæ ad Curiam Regis Angliæ venerit, quamdiu ipse in Curia Regis Angliæ moram fecerit, quotidie de liberatione* 30. *solidos, et* 12. *wastellos dominicos, et* 12. *Simenellos dominicos, et* 4. *sextaria de dominico vino Regis, etc.* Bromptonus ann. 1044 : *Eo die præcentor loci recipiat de fisco regio dimidiam marcam, et conventus centum Simenellos, et unum modium vini.* Iter Camerarii Scotici cap. 9. § 5. de Pistoribus : *Non faciunt quodlibet genus panis, ut Lex burgi inquirit, videlicet quachetum, Simnellum, vastellum, panem azymum, purum panem, panem mixtum, etc.* Ubi perperam edit. *symmellum.* Ita male etiam *simerellus*, pro *simenellus*, edit. in Hist. Monmorenc. pag. 101. Fleta lib. 2. cap. 9. § 1 : *Panis de Simenel* (ponderabit) *minus wastello de* 2. *s. quia bis coctus erit.* Le Roman *d'Auberi* MS. :

Si voit porter Simeniaus huletez.

Vetus Consuetudo municipal. Ambian. MS. : *Et ne porra en ces fourniaus quire fors flaons et tartes, et pastés, et Seminiaus.* Charta Philippi Comitis Fland. pro Ambianensib. : *L'Arcediacre d'Amiens à cascun Noël de coustume à Amiens de son droit de cascune cambe à chervoise* 1. *sestier de chervoise à denier, ou* 1. *denier, et cascun four ou fournel* 1. *den. ou denrée de pain, ou de Simeniaus, ou de tel pain, qu'il cuist.* Magnum Tabularium Corbeiense : *Tout li four et li moulin de la dite ville sont sien, (à l'Abbé) et ne puet nus faire fourniaus à cuire tartes ou pastés, ou Simeniaus, sans son congié.* Vide *Simila.*

* *Simonneaulx* mendose, pro *Simeneaulx*, in Lit. remiss. ann. 1401. ex Reg. 156. Chartoph. reg. ch. 65 : *Un petit four ouquel le suppliant avoit accoustumé de faire cuire Simonneaulx ou eschaudez. Symeniax*, in Charta ann. 1290. in Lib. rub. fol. parvo domus publ. Abbavil. fol. 20. v°.

¶ SIMENELLUS SALUS. Liber niger Scaccarii pag. 341 : *Cancellarius* (habebit) v. *solidos in die, et* 1. *Simenellum dominicum, et* 11. *salum.* Ubi Cl. Editor Hearnius *Simenellos salos* intelligit quotidianos, in quibus conficiendis sale utebantur, unde *Simenellos salinos* legendum esse suspicatur. Cum vero nonnumquam in iis simenellis effigiem Salvatoris vel Virginis Mariæ imprimebant ; hinc forte nomen sunt sortiti quod Salutationis Angelicæ figuram præ se ferrent, quomodo *Saluts* nuncupabant nummos illos qui eadem forma erant insigniti. *Simenelli sali* longe diversi a *Simenellis dominicis* qui absque fermento erant, constabantque optima farinæ parte. Vide *Michia* in *Mica* 1.

¶ SEMINELLUS, Eadem notione, in Charta ann. 1282. apud Rymer. tom. 2. pag. 191 : *Constabularius Angliæ, si extra domum comederit, percipiet* v. *solidos in die, et unum Seminellum dominicum.... Si vero intra domum comederit tres solidos et sex denarios, duos Seminellos, etc.*

¶ SIMINELLUS, apud Skenæum de Verborum signific. pag. 151.

* **SIMENTORIUM**, pro *Cœmeterium*, Gall. *Cimetière.* Lit. remiss. ann. 1390. in Reg. 139. Chartoph. reg. ch. 91 : *Eundem servientem in plano sive Simentorio sancti Affrodisii interfecerunt et murtro tradiderunt, sacrilegium in præmissis committendo.* Vide mox *Simmiterium.*

¶ **SIMERELLUS**, pro *Simenellus.* Vide ibi.

¶ **SIMFONIACI**, *Cantatores musici*, Gloss. Isid. vitiosa scriptura, pro *Symphoniaci.*

SIMIAMA. Charta Hecardi Comitis Augustodunensis apud Perardum in Burgun-

Kalo pag. 26 : *Bursa cum brusdano, et Similamine, drape plumato super luitrino, etc.*

** SIMIANUS, *Dæmon, Demoni, Prov.* Glossar. Provinc. Lat. ex Cod. reg. 7657. Mine

¶ SIMIATICUS, Simulatus, fictus. Johannes Abbas de Profess. Monachorum apud Pezium tom. 1. Anecd. part. 2. col. 624 : *Frequenter etiam in oratione prolixa puritas cordis amittitur. Est enim ut frequentius Simiatica; quia ex consuetudine sine cordis attentione labia moventur, cor vero interim malis cogitationibus repletur et maculatur.* [* A dæmone injectus.]

* Quo spectat vox *Singoiement*, simulatio, fictio, apud Guignevil. in Peregr. hum. gen. MS :

Et che n'est que Singoiement,
De faire ainsi muser le gent,
Singes li Pharisiens fu, etc.

SIMICHENIUM. Epistola Nicephori Patriarc. CP. apud Baron. ann. 811. n. 58 : *Tunicam candidam, et penulam castaneam inconsutilem, stolam, et Simichenium auro variata.* Ubi ad marginem observatur Græcum exemplar habuisse ἐγχείριον. Unde confici videtur legendum *semicinctium*, i. sudarium, quod ἐγχείριον vocari a Græcis docuimus in *Manuale*.

¶ SIMICIPIUM, ἡμικεφάλιον, in Gloss. Lat. Gr.

¶ SIMILA, ut *Simenellus*, Panis ex *simila*, vel etiam placentulæ species, quæ alibi *foliata* dicitur. Notitia ann. 1101. apud Schannat. in Vindem. Liter. pag. 61 : *Quoad vixero ad Missam S. Martyni* 15. *Similas cum urna dimidia vini.* Charta ann. 1134. ibidem pag. 76 : *In ejus anniversario* 30. *Similas, urnamque vini persolvat, seu* 15. *Similas singulis nummis comparatas.* Rursum infra et pag. 55. 77. etc. Bernardi Mon. Ordo Cluniac. part. 1. cap. 6 : *Ea autem die copiosam refectionem facit* (Cellerarius) *fratribus de Similis, piscibus atque pigmento.* Vita B. Meinwerci tom. 1. Junii pag. 552 : *Regressusque ad prandium, acceptа ambabus manibus Simila apposita.* Vide *Simenellus.*

** SIMILAGINEUS, Candido *similæ* vel *similaginis* colore decorus. Ruodlieb, fr. 5. vers. 65 :

Est hic nam juvenis satur omnigenæ probitatis,
Haut brevis, haut longus, sed staturæ mediocris,
Est Similagineus totus et genis rubicundos,
In toto mundo non est speciosior illo.

Apud Senecam ep. 119. *Panis similagineus*, ubi alii legunt *Siligineus*, tenerrimus et candidissimus.

¶ SIMILAGO, ut *Simila*, Panis ex *similagine*. Gloss. Lat. Gr. : *Similago*, σεμίδαλις. Vita S. Gerardi Episcopi Tullens. tom. 3. April. pag. 210 : *Tresque Similagines cum totidem ciborum partibus accipit, ac secreto pauperibus per fenestram projicit.*

SIMILARE. Glossæ antiquæ MSS. : *Similare, effingere, repræsentare, imitari, exprimere.* Ugutio : *A similis dicitur Simulare, id est, facere similem, vel esse, vel repræsentare.* [Gloss. Lat. Gall. Sangerm. : *Similare, Sembler.* Liciani Episc. Epist. ad S. Gregor. PP. inter Conc. Hispan. tom. 2. pag. 428 : *Nolo te Similare indecoro pictori pulchra pingenti, etc.*] Marcellus Empiricus cap. 8. pag. 69 : *Pisciculi, qui equum marinum Similat, fel, etc.* Vetus interpres Epistolæ S. Barnabæ : *Ne quando Similemus illis.* Ita sæpe in hac Epistola. Pontius Diaconus in Vita S. Cypriani : *Potuisset fortasse tunc illi Apostolicum illud evenire,... si cum Apostolo etiam ordinationis honore Similaret.* Vigilius lib. 4. contra Eutychem : *Neque in aliquo nobis poterat Similari, si non id, quod ipsi sumus, in seipso dignaretur accipere.* S. Bernardus Epist. 2 : *Mulierculis vel Similari vel placere studemus.* Adalbero Ep. Laud. pag. 251 :

Fabula non Similat verum, nec dicitur esse.

Eckehardus Jun. de Casib. S. Galli cap. 11 : *Monachos hodie S. Gallus habet, quorum similes ipse inter suos nunquam Similabit.* Ita Vita S. Deicoli cap. 2. n. 6. Vita S. Benedicti Abb. Anianæ cap. 4. num. 17. Lucas Abb. Montis S. Cornelii in Cantica Canticorum, etc.

Alia videtur ejusdem vocis notio in Leg. Alvredi Regis West-Saxon. c. 21. [** 19.] apud Bromptonum : *Si quis præstet arma sua ad occidendum aliquem, licet ei, si velit, weram mortui conjectare. Si Similari nolit, reddat, qui arma præstiterit tertiam partem weræ, etc.* Saxonicum habet geramnian, quod *congregare, convenire*, sonat, Gallis *Assembler.* Vide in *Assimulare.*

SIMULARE, Eadem notione. Papias : *Imimitari, Simulare, aut sequi.* Gloss. Lat. MS. Regium cod. 1013 : *Adumbrat, effingit, Simulat, designat.* Ugutio : *Figmentare, fingere, Simulare.* Willel. *ab Oldenborg* in Itin. Terræ Sanctæ pag. 126 : *Pavimentum habet subtile, marmoreum, Simulans aquam levi vento agitatam.* Herbertus lib. 2. de Mirac. cap. 21 : *Erat autem indutus habitu monachali, propemodum Simulans Monacho.* Cap. 32 : *Et inventi magis quam mortuo Simulans.* Udalricus in Cons. Clun. lib. 1. cap. 31 : *Caveat, ne dicat collectam ignotam; sed quæ bene Simulet stilum Gregorianum.* Vide lib. 2. cap. 2. *Illi Simulat*, in Capit. Caroli Calvi tit. 16. cap. 13. *Il lui semble*, illi videtur. Hincmarus Laudun. ad Remensem pag. 594. 608 : *Ut ille possit res de sua Ecclesia ordinare, et illi liceat, sicut ei Simulaverit, disponere.* Adde Concilium Calchutense ann. 787. cap. 9.

* Hinc nostris *Sanler*, pro *Sembler*, Videri, putare. Lit. ann. 1297. in Lib. rub. Cam. Comput. Paris. fol. 55. r°. col. 2 : *Vous bailliez lettres seellées de ladite vente audit mestre Jehan, si bonne et souffisans, come il vous Sanlera que il sera à faire.* Occurrit præterea in Cons. Petri de Font. cap. 15. art. 22. et 25. *Dessambler* vero, pro *Déguiser*, Aliam speciem et formam induere, in Vitis SS. MSS. ex Cod. 28. S. Vict. Paris. fol. 266. v°. col. 2 : *Saint Francois se Dessambloit souvent, pour ce que li cognoissant ne le cogneussent.*

* Inde etiam accersenda potius videtur, quam a voce Sanguis, juramenti formula *Par le Sambre Dieu*, id est, *Per faciem Dei*; *sambre* enim ex frequenti mutatione *l* in *r*, pro *Samble*, facies, vultus. Atqui usitatissimum fuit per membra, quæ Deo affingebant, jurare. Vide in *Juramentum*. Lit. remiss. ann. 1413. in Reg. 167. Chartoph. reg. ch. 197 : *Jehan Froidet dist ces paroles : Sambre Dieu, il a esté besoing que le ribault s'en soit alé, par le Sambre Dieu, je l'eusse tué.* Neque aliud sonat vox *Sambuy*, in Lit. remiss. ann. 1368. ex Reg. 99. ch. 179 : *Lequel Robin dist : Le dites vous pour my, par le Sambuy, je n'entrai onques en vostre jardin.*

¶ SIMULATIO, Similitudo. Paschasius in Vita Ven. Walæ Abb. Corb. sæc. 4. Benedict. part. 1. pag. 474 : *In quibus nulla adulatio fuit, sed hinc inde expressa pietas, nulla ad invicem dissensio : ita ut non invenires ad eorum propositi Simulationem quid adderes.* Nostris olim *Semblant* pro facies, vultus, *Mine*. Le Roman *d'Athis* MS. :

Elle ot cler vis et bel Samblant,
Vairs yeulx et le resgart riant.

¶ SIMULATOR, Imitator, æmulator. Spicil. Fontanell. MS. : *Ex duobus quippe generibus hominum domus religionis implenda est;... vel de prudentibus, quos religiosæ et sanctæ simplicitatis consistit esse Simulatores.*

SIMILARIA, Instrumentum medicum, de quo Isidorus lib. 4. cap. 11. Laudatur ab eruditissimo viro Petro Lambecio lib. 6. de Bibl. Cæsarea pag. 21. ex Constantino Harmenopulo titulus, περὶ ἀμαυδαρίων ἤτοι ἐλαιοπωλῶν, τῶν λεγομένων τζιμιλαρίων καὶ καπήλων. Vide Glossar. med. Græcit. in Ἀμμυδάριος.

SIMILARIUS, Pistor *similæ*, in Mirac. S. Udalrici Episcopi Augustan. cap. 10.

¶ SIMILATIO, pro Simulatio, in Charta ann. 1511. apud *Madox* Formul. Anglic. pag. 342 : *Injungo quatinus exacta diligencia et fideli, omni Similacione voluntaria semota et necligencia gravi postposita, onus præfatum.... injungant cum effectu pariter et imponant.*

¶ SIMILIGENUS, Ejusdem generis. Cœlius Aurel. Acut. lib. 2. cap. 19 : *Admiscere sibi Similigena.*

¶ SIMILIMEMBRIUS, Uniformis, sibi in omnibus æqualis. Vetus Irenæi Interpres lib. 2. cap. 13. n. 3 : *Simplex* (Deus) *et non compositus, et Similimembrius, et totus ipse sibimetipsi similis et æqualis est.*

SIMILITUDINARIE, ad similitudinem, ad instar. Alanus de Insulis in Planctu naturæ : *Non Similitudinarie radiorum repræsentans effigiem; sed eorum claritate nativa naturam præveniens, in stellare corpus caput effigiabat puellæ.*

¶ SIMILITUDINARIUS, Similis, uniformis. Bulla Leonis X. PP. ann. 1519. in Hist. S. Benezeti : *Sub uno Similitudinario, non tamen regulari, habitu incedunt.*

* SIMILITUDO, Imago, effigies, simulacrum. Vita MS. S. Martial. Lemovic. : *Post hæc abiit ad Similitudinem ydolorum, et confregit cuncta sculptilia simulacrorum et in nichilum redegit.*

¶ SIMILLUS, Similis. Novæ Collect. Form. 48 : *Sic itaque complacuit atque convenit inter illum Abbatem cum Advocato suo seu cœnobii illius, seu inter alios seculares inter illum et illum, ut Simillas firmitates parique tenore conscriptas cambii sui emitterent.*

* *Similla firmitas*, Charta pari tenore

scripta, ab archetypo expressa, idem quod *Paricla*. Vide in hac voce.

¶ **SIMINELLUS**. Vide *Simenellus*.

¶ **SIMISSATOR**, στρωτὴς οἴνου, ἢ ἄλλου τινὸς ὑγροῦ, in Gloss. Lat. Gr. MSS. habent, *Simusator*. Vide Martinii Lexicon.

¶ **SIMITARIUS**, Semita. Tabul. S. Victoris Massil. : *In alio loco super flumen unione molino uno afrontat de altano in Simitario*. Vide *Semitarius*. Confer *Simmiterium*.

SIMMA, *Camera*. *Vita S. Silvestri : Tarquinio in Simma prandente, ultio divina manifestata est. Ubi quidam corrupte legunt sima, et dicitur a sima curvum*. Ita Joan. de Janua : [unde Gloss. Lat. Gall. Sangerm. : *Simma*, *camera*. *Simmista*, *camerarius*.] Sed *Simma* nihil aliud est quam *sigma*, mensa in sigmatis seu hemicycli speciem confecta, quomodo non semel usurpant Lampridius et alii : ita enim præfert Græca editio Combefisii pag. 262 : Τοῦ Ταρκυνίου ἐν τῷ λεγομένῳ Σίγματι ἀριστοῦντος, etc.

¶ **SIMMERA**, Inferioribus Rhenanis mensura est quartam modii partem continens, ex Goldasto in Gloss. ad Eckehardum cap. 1. pag. 181. Hæc Spelm.

* **SIMMITERIUM**, pro *Cimiterium* vel *Cœmeterium*. Testam. Alasiæ de Chambaudo ann. 1405. in Reg. 3. Armor. gener. part. 2. pag. xxviij : *Volo.... quod eo casu corpus meum depositetur in Simmiterio fratrum Minorum dicti loci Montilii*. Vide supra *Simentorium*.

¶ **SIMNIO**, Monasterium. Vide *Semnium*.

SIMNISTA. Vide *Symmista*.

SIMONES, Delphides, apud Papiam, a simis naribus et repandis. Vide Barthium lib. 24. Adversar. cap. 8. et Ferrarium in *Simoni*.

¶ **SIMONIA**, a Simone Mago dicta Sacrorum venditio; unde etiam *Simoniaci* appellati, qui hac labe infestantur. Vide Canonistas. Gloss. Lat. Gall. Sangerm. : *Simoniacus*, *Simoniaux*.

* Vox ad res profanas etiam translata, cum nempe officium civile muneribus aut pecunia captatur. Stat. Pistor. ann. 1107. apud Murator. tom. 4. Antiq. Ital. med. ævi col. 545 : *Qualiter potestas et consules absque ambitione, vel appostamento, aut Simonia eligi possint*.

* Simonia *Canonicorum Remensium*, nuncupatur Charta privilegiorum, iisdem concessorum a Simone de Bria, legato Sedis Apostolicæ ann. circ. 1277. in Libello, vulgo *Factum*, edito Parisiis ann. 1734. pag. 33.

* **SIMOSA**, Vestis species. Inventar. ann 1449. ex Tabul. D. Veneiæ : *Item duæ Simosæ de ceda blanca*. Vide infra *Sismusinus*.

¶ **SIMPECTÆ**. Vide *Sempectæ*.

¶ **SIMPHONIARIUS**, Simphonizare. Vide *Symphonia*.

¶ **SIMPINIUM**, *Genus poculi, quod et gabata dicitur*. Papias. Sed leg. *Simpurium*; ut et apud Arnob. adv. Gentes lib. 7.

¶ **SIMPLAGIUM**. Vide *Semiplagium*.

SIMPLARE, a *Simpla*, vel *simplum*. Sedulius lib. 1. Operis Paschalis, de Trinitate :

Semper ut una manens deitatis forma perennis,
Quod simplex triplicet, quodque est triplicabile [Simplet.

Vide mox *Simplicare*.

¶ **SIMPLARIS**, Unicus, singularis. *Simplaris armatura*, Miles qui unicam annonam accipiebat, apud Veget. de Re milit. lib. 2. cap. 7. Vide *Candidatus* 1.

¶ Simplarius, Eadem notione. *Simplariæ venditiones*, apud Ulpian. leg. 48. § ult. ff.

¶ **SIMPLASIARIUS**, pro *Seplasiarius*, in Gloss. Isidori : *Pentapola*, *Simplasiarius*.

¶ **SIMPLEX**, Purus, sincerus. Vetus Irenæi Interpres lib. 3. c. 21. n. 3 : *Servavit nobis* (Deus) *Simplices Scripturas in Ægypto, in qua adolevit et domus Jacob*.

* *Simploiant*, Mitis, lenis, apud Guignevil. in Peregr. hum. gener. MS :

Une dame je vi venir,
Qui le cuer me fist esjoir,
Un regart avoit Simploiant,
Visage benigne et plaisant.

* Simplex. Jacob. de Vitriaco lib. 3. Hist. Orient. apud Marten. tom. 3. Anecd. col. 281 : *Prælatum suum pro Deo colunt* (*Assesini*) *sibique usque ad mortem obediunt. Si enim princeps eorum, qui semper vocatur Simplex, id est, sapiens, etc*. Hinc titulo, *Simplicitas nostra*, utitur ille in epistola, quam ad Philippum Augustum scripsisse fertur.

¶ Simplex Charta, Non *indentata*, seu decisa in modum dentium. Vide *Indentura*. Charta ann. 22. Edwardi III. Reg. Angl. apud Th. *Blount* in Nomolex. : *Ricardus Mayhen de Sutton per Cartam Simplicem huic indenturæ indentatam dedit, etc*.

Simplex Populus, Vulgus, nostris *le simple peuple*. Ordericus Vitalis lib. 4. pag. 514 : *Inermem ac Simplicem populum tanta famis involvit miseria, ut, etc. Minor populus*, in Capitulari Lotharii Imper. ann. 855. cap. 5.

¶ Simplices, nude pro Privati non Nobiles, in Chron. Johan. Whethamstedii pag. 342 : *Cum notabili testium multitudine, tam forinsecorum quam indigenarum nobilium et Simplicium adtunc assistencium*. Vide *Singulares* 2.

SIMPLICARE. Gloss Græc. Lat. : Ἁπλῶ, *Simplico*, *pando*. [Pallad. 2. tit. 16 : *Lapis subter vel testa ponenda est, ut radicem non Simplicet, sed repercussa respergat*. Vide *Simplare*.]

¶ **SIMPLICIANA** Antiqua, Scripturæ genus. Vide in *Scriptura*.

* **SIMPLICIARIUS**, In plantis medicinalibus, vulgo *Simples*, versatus, Gall. *Botaniste*. *Simpliciarium pontificium* sese inscribit Joan. Faber Bambergensis in Dedicatione sui libri de Nardo et Epithymo. Hæc post D. *Falconet*.

1. **SIMPLICITAS**, Vox contemtus. Gregorius M. lib. 4. Epist. 75. ad Mauricium Imper. conqueritur, se *Simplicem* ab illo appellatum fuisse, tanquam in contemtum, *quia* (ut ait,) *Simplicitatis vocabulo fatuus quis dicitur*. Ita vulgo novos ac rudes *Simples* appellamus, ut etiam Ulpianus Lege 14. § 4. D. Relig. Vide leg. 1. C. de Jur. et facti ignorant. etc.

2. **SIMPLICITAS**, Alia notione. Lex Longob. lib. 1. tit. 9. § 37. [** **Lothar. I. 89.**] : *De homicidio, unde lex pro Simplicitate probationem trium testium quærit, si testes habere non poterit, concedimus, ut cum 12. juratoribus juret, et ab eadem Simplicitate sit absolutus : proprium tamen non amittat*. Eadem habent Capitula Ludov. Pii ann. 826. cap. 4. et Conventus Ticinensis ann. 854. cap. 4. [** Pertz. Leg. tom. 1. pag. 435.]

☞ Locum obscurum illustrare tentat Muratorius, hunc præ modestia explicare non ausus tom. 1. part. 2. pag. 148. *Simplicitas* eo loci, inquit Vir doctissimus, mihi appellata videtur homicidii actio peracta ad defensionem sui, quæ non perverso animo, sed simpliciter fit. Hujusmodi homicida hactenus compositionem facere cogebatur; hac lege mulcta eidem remittitur, modo 12. conjuratores adhibeat, qui jurent illum esse fide dignum.

¶ 1. **SIMPLICITER**, Omnino, in totum, Gallis *Entierement*. Chron. Angl. T. *Otterbourne* pag. 33 : *Ducum ejus* (Northumbriæ) *numerus nobis Simpliciter est incertus*. Rursum pag. 59 : *Cum quo* (S. Edwardo) *progenies Westsaxonum,.... a regni regimine Simpliciter cessavit*. Non semel occurrit.

* *Sainglement*, eadem notione, in Poem. Rob. Diaboli MS :

De son mantiel se desaffuble
Tout Sainglement en pur le corps.

* 2. **SIMPLICITER**, Pacifice, tranquille. Lit. remiss. ann. 1376. in Reg. 110. Chartoph. reg. ch. 159 : *Ipse Michael.... consuevit Simpliciter vivere et pacifice tanquam agricolator et carpentarius utilis in patria*.

* 3. **SIMPLICITER**, Negligenter, incaute, vel solum, apud Bolland. tom. 6. Jun. pag. 262. col. 1 : *Subcustos vel expectatione fatigatus, vel forte ne horam prandii negligeret, non reposuit caput ipsum* (S. Ladislai) *ad locum seu armarium, pro ejus conservatione deputatum, sed dimisit Simpliciter in altari sacristiæ*.

¶ **SIMPLICUS**, Simplex. Litteræ Henrici IV. Reg. Angl. ann. 1402. apud Rymer. tom. 8. pag. 277 : *Duo vestimenta serica Simplica usitata pro uno sacerdote tantum*. Nisi mendum sit pro *Simplicia*.

¶ **SIMPLIFICARI**, Simplicem fieri, in Imitat. Christi lib. 1. c. 9 : *Quanto quis magis unitus sibi et interius Simplificatus fuerit, etc*.

¶ **SIMPLO**, Conviva, apud Fulgent. de prisco serm. num 49. Vide *Simpulator*.

¶ **SIMPLUS**, Simplex, singularis, unicus. Charta ann. 1263. ex Tabul. Portus regii : *In quibus Simplam justitiam habebat, et quæ a nobis in feodum immediate tenebat*. Alcuinus de div. Offic. : *Christi mors Simpla fuit, quia peccatum, quod est mors animæ, non admisit*. Utitur Plautus Most. Act. 2. sc. 2. v. 73. *Simpli equi*, solitarii, ad eorum discrimen qui junguntur ad currum, in vet. Epigram. de Circo apud Carolum de Aquino in Lexico milit. :

Lunæ biga datur semper, solique quadriga :
Castoribus Simpli rite dicantur equi.

Vide *Singulator*.

* **SIMPULARIARIUS**, Qui *simpula* ad liquores in sacrificiis libandos conficiebat, apud Murator. tom. 3. Inscript. pag. 331 ;

M. Minucius M. Libertus Lampadius Simpulariarius.

SIMPULATOR, in Glossar. Isidor. : *Amicus sponsi, assiduus cum eo in convivio. Simpulator, conviva*. Notum, quid sit *Simpulum* apud Festum et alios. [Vide *Simplo*.]

SIMPULSARE. Vide *Pulsare* 3.

¶ **SIMPUVIUM**. Vide *Simpinium*.

¶ **SIMRILIUS**, Æsalon, Gall. *Emerillon*, Accipitris species, minima omnium, sed velocissima. Æsalonem ab accipitre, quem Gallice vocamus *Epervier* non satis distinguebant veteres. Papias MS. Bituric. : *Alietus, a Græco alietos, avis qui Simrilius dicitur, vel Spaverius*. Vide in *Sparvarius*, et *Smerilliones*.

SIMULA, Panis similaceus, qui et *simenellus*, de qua voce supra. Charta Henrici Episcopi Ratisbonensis ann. 1278. in Metropoli Salisburgensi tom. 1. pag. 264 : *Artocreas et Simulas majores, quemadmodum ipsæ Simulæ in recordatione fratrum hactenus dari consueverunt : et quælibet Simulæ tantum valere debent, quantum valent tres Simulæ quotidianæ*. [Vide *Simila*.]

1. **SIMULACRUM**. In Indiculo Superstitionum et Paganiarum in Capitulari Karlomanni ann. 743. paragraphi 26. 27. 28. inscribuntur : *De Simulacro de consparsa farina : De simulacris de pannis factis :* et *De Simulacro, quod per campos portant*.

☞ Quæ superstitio non longe abludere videtur ab ea quæ etiam nunc viget apud rusticos in Irlandia. Antiquissimo quippe usu apud eos receptum est, ut in præcipuis solemnioribusque festivis diebus panem in formam porci efficiant, quem postea exsiccatum, atque in pulverem redactum, et una cum semine permistum terris mandant verno tempore : famulos denique equosve, qui agrorum culturæ deputantur, eo pane vesci jubent. Ita conjicit Keyflerus in Dissertat. de Cultu solis, etc. ad calcem Eliæ Schedii de Diis Germanicis.

* 2. **SIMULACRUM**, Actio scenica, qua res aliqua *simulatur*. Stat. eccl. Tull. ann. 1497. MSS. fol. 67. r°. ubi de festo Innoc. : *Fiunt ibi moralitates vel Simulacra miraculorum, cum farsis et similibus jocalis, semper tamen honestis*.

¶ **SIMULARE**, Simulatio, Simulator. Vide *Similare*.

¶ **SIMULATITIUS**, Simulatus, fictus. Vita sancti Guthlaci tom. 2. April. pag. 43 : *Adversus Simulatitias malignorum spirituum fraudes*. Vide *Simultaneus*.

SIMULATIVE, in libro fundationis Monasterii Gozecensis pag. 30. *Simulando*.

SIMULATUM. Vide *Wanctodal*.

¶ **SIMULTANEUS**, Simulatus, fictus, non æquus. Longinus in Vita B. Kingæ tom. 5. Jul. pag. 717 : *Majorem sibi, quam pro merito, vitæ religionem et sanctimoniam falsa et Simultanea æstimatione effecturam*. Mulleri Introduct. in Hist. Sand-Hippolyt. apud Duellium tom. 1. Miscell. pag. 281 : *Simultanea utriusque possessione tribus propemodum sæculis retenta fuerunt*. Vide *Simulatitius*.

SIMULTARE, Simultatem cum aliquo gerere, vel inter se simultatem exercere. Gemma.

¶ **SIMULTAS**, Conspiratio, factio. Acta S. Severi Episc. Abrinc. tom. 1. Febr. pag. 193 : *Quorum* (clericorum) *Simultates presbyter astutus prævidens, etc.* Ubi sermo est de Clericis qui S. Severi corpus furari conspiraverant.

¶ **SIMULTIM**, Simul, eodem tempore. Vita B. Lidwinæ tom. 2. April. pag. 360 : *Cumque Simultim tempore, loco, modo, etiam objectabiliter concurrerent in Spiritu, viderunt Lidwinam*.

* *Semblablement*, eadem notione, in Lit. remiss. ann. 1481. ex Reg. 207. Chartoph. reg. ch. 114 : *Lesquelz compaignons pour assavanter les autres où ilz estoient, Semblablement siffierent*. Ubi de aliorum sibilo nulla mentio fit.

SIMULTUM, *Vermis in cornibus arietum, qui facit eos cornupetare*. Joan. de Janua. [Hinc Gloss. Lat. Gall. Sangerm. : *Simultum, le ver qui est ès cornes du mouton*.]

* **SIMUM**, Extremitas, summitas, Gall. *Cime*. Charta ann. 1341. in Reg. 72. Chartoph. reg. ch. 250 : *Item quod habent.... usum.... scindendi ramos et branchas sive Sima arborum, pro dictis eorum animalibus nutriendis*. Lib. de Mirab. Romæ in Diar. Ital. Montisfalc. pag. 291 : *Pinea ærea cum Simo æreo*.

¶ **SIMUS**. Vide supra *Secuus*.

¶ **SIMUSATOR**. Vide *Simissator*.

SINAIDA, Incisio, facta in arboribus ad limites designandos, a Saxon. snitan, vel sniðan, *incidere, secare*. Unde snit, *serra*, snite, *incisio*. Lex Longob. lib. 1. tit. 26. § 5 : *Si quis propter intentionem signa nova, aut theclaturam, aut Sinaidam in silva alterius fecerit, et suam non probaverit, componat sol.* 40. Et § 6 : *Si servus extra jussionem domini sui theclaturam, aut Sinaidam in silva alterius fecerit, manus ejus incidatur, etc.* Ubi Edictum Rotharis Regis Longob. tit. 97. [** 244. 245.] habet, Snaida, ut Sneida, Traditiones Fuldens. lib. 2. c. 8 : *Hæc est terminatio Ecclesiæ in Creynfeld, a Muroresbrink sursum versus ad Berholdes Sneida, inde ad fontem S. Bonifacii*. Infra : *Hæc est terminatio matris Ecclesiæ.... ad fontem S. Bonifacii super Sweberfeld, inde per Berholdes Sneida, usque in Brahdaha, etc.* [** Notit. antiq. apud Guden. Cod. Diplomat. tom. 2. pag. 304 : *Terminus foresti ... et inde unam Sneidam usque Bremenfurst ... et inde in illam Sneidam quæ tendit ad Fleredesfelt et sursum illam Sneidam usque in deme Sol, etc.* Hæc pertinere ad Germanicam vocem *Sneida* alias *Sneise, Schnate*, Semita, callis silvestris, de qua videndus Graff. Thesaur. Ling. Fr. tom. 6. col. 844. recte monuit Grimm. Antiq. Jur. German. pag. 542. Adde pag. 546.]

¶ **SINAL**, vox Hispanica. V. *Crebantare*.

¶ **SINAPIZARE**, Ex Sinapi componere, apud Veget. lib. 2. cap. 6.

¶ **SINARE**, σίνηπι, in Gloss. Lat. Græc.

¶ **SYNASPISMUS**, Vox Græcæ originis, usurpata quandoque a Latinis Scriptoribus, qua significatur instructio aciei magis spissa confertaque, in qua milites invicem distant non nisi pedem et semis. Hæc post Carolum de Aquino in Lexico milit.

¶ **SINATIO**, Concessio, donatio. Chartul. S. Vandreg. tom. 1. pag. 972 : *Ego vero dictus baillivus... dictam Sinationem nomine ipsius domini Regis ratam habeo*.

¶ **SINCERA**, perperam pro *Sicera*, [* Vide supra in hac voce.] in eod. Chartul. tom. 1. pag. 844 : *Unum galonem potus Sinceræ vel cerveisiæ*.

¶ 1. **SINCERATUS**, pro Sincerus, in Vitis Patrum Emerit. inter Conc. Hispan. tom. 2. pag. 652 : *Pietas quippe summi Dei statim Sinceratum pectus emollivit*.

* 2. **SINCERATUS**, *Contritus*, in Glossar. ex Cod. reg. 7679.

SINCERIS, pro Sincerus. Glossæ veteres cap. de moribus : *Sinceris*, εἰλικρινής. S. Fulgentius Epist. 2. ad Gallam : *Apostolus, sicut ipse testatur, vult, ut simus Sinceres, et sine offensa in diem Christi, etc.* Vulgata edit. habet *Sinceri*. Et in Responsione contra Arianos pag. 32. 1. edit. : *Vapor est autem virtutis Dei, et manatio quædam claritatis omnipotentis Dei Sinceris*. Utitur semel ac iterum.

SINCERITAS, Titulus Rectorum Provinciæ, in leg. 8. Cod. Th. de Jurisd. (2, 1.) et leg. 33. de Cursu (8, 5.)

¶ **SINCERITER**, Sincere. Vitæ Patrum Emerit. inter Conc. Hispan. tom. 2. pag. 654 : *Et quemadmodum eum percutere voluerat, nec gladium educere voluerat, Sinceriter enarravit*. Occurrit etiam apud Gellium lib. 13. cap. 15.

* **SINCHETUS**. Vide infra *Suichetus*.

SINCINNIUM, *quasi singularis cantilenæ vox, cum vero multi, chorus*. Papias. [Festo : *Sincinia, cantio solitaria*. Vide *Sicinium*.]

¶ **SINCOPATUS**. Vide in *Syncopa*.

SINDABULUM, al. *Sindabalum, Fundibalum*. Papias. Sed legendum videtur *fundabulum*. Vide in hac voce.

¶ **SINDALUM**, Tela subserica, vel pannus sericus, ut *Cendalum*. Vide in hac voce. Inventar. ann. 1419. ex Tabul. Eccl. Noviom. : *Item duæ cappæ de eodem velueto, et sic broderatæ duplicatæ de Sindalo asureo*.

* **SINDERE**, pro Scindere, in Charta ann. 1321. ex Reg. 75. Chartoph. reg. ch. 303.

¶ **SINDICAMENTUM**, Sindicare, Sindicatio, Sindicator. Vide *Syndicare*.

¶ **SINDICTUS**, Sindicus. Vide *Sindicus*.

SINDMANNI. Chartæ Ludovici Regis ann 892. et Henrici Imper. ann. 1039. in Metropoli Salisburgensi tom. 1. pag. 130. 147 : *Cum curtis et casis, aliisque ædificiis, familiis, et utriusque sexus mancipiis, barschalcis, Sindmannis, hengisvuoteris, censibus, capiticensibus, aquis, campis, vineis, etc.* Adde pag. 151. Vox forte conflata ex German. *Seinde*, Synodus, et *man*, homo : ita *Sindmanni* fuerint homines Synodales. Vide Kilianum. [Meichelbecko tom. 1. Hist. Frising. pag. 151. *Sindmanni* ii sunt qui ad nuncia aut alia perferenda tenebantur.] [** Vide Grimm. Antiq. Jur. German. pag. 318.]

SINDONARIUS est Artifex syndonum, ni fallor, apud Recuperum de Mirac. S. Ambrosii Senens. num. 57.

SINDONES, ministerio Ecclesiastico accensentur. Sic autem appellabant linteamina, in quibus recipiebant et reponebant panes, qui a fidelibus ad divinum sacrificium offerebantur. Ordo Romanus : *Oblationes autem a Pontifice suscipit Subdiaconus, et ponit in Sindonem, quæ eum sequitur*. Alibi : *Acolyti autem, qui inde fuerint,* *observant, ut portent Chrisma ante Pontificem, et Evangelia, Sindones et sacculos, etc.* Rursum : *Oblationes vero Principum Subdiaconus Regionarius a Pontifice suscipit, ac sequenti Diacono porrigit, et ipse in Sindonem, quam tenent duo Acolyti, ponit.* [Hinc oratio, quæ super oblatos panes in Sindone collectos fiebat, dicitur *Oratio super Sindonem.* Vide Acta SS. tom. 3. Julii pag. 282.]

SINDON, pro Specie panni, [byssus tenuis.] Vetus Charta apud Rocchum Pirrum in Episcopis Agrigentinis : *Unam cappam de diaspero aurisamito, vel Tartarisco aureo de Sindone foderatam, etc.* [Leg. palatinæ Jacobi II. Reg. Majoric. inter Acta SS. tom. 3. Junii pag. LVI : *Quæ vestes, ut decet, sutæ ac pannis variis sint folratæ, exceptis vestibus Pentecostes quæ de Sindone sint folrandæ.*] Monasticum Anglic. tom. 3. part. 2. pag. 95 : *Capis nigris cum capuciis de Sindone vel taffata utentur.* Parte 1. pag 315 : *Capa Roberti Burnel de Syndono. Hisp. coloris Indici indentata.* Arestum 9. Maii 1320 : *Item unam capellam de Sindone nigro, videlicet casulam, tunicam, etc.*

¶ SYNDON, Eadem notione, in Ordinat. Humberti II. ann. 1340. tom. 2. Hist. Dalph. pag. 406. col. 2 : *Item, pro Syndone pro raubis Pentecostes erit una petia Syndonis necessaria.* Adde Chronicon Estense apud Murator. tom. 15. col. 517.

* *Sydoine*, pro *Suaire*, in Pœnit. Adami MS. cap. 20 : *Aportez-moy trois Sydoines de soye et envelopez d'iceulz le corps de Adam.*

* **SINDONICUS**, Ad Sindonem pertinens. *Sindonicum opus*, sindonum textura. Comœd. sine nomine act. 2. sc. 5. ex Cod. reg. 8163 : *Sindonico vacat* (Hermionides) *operi, mira prætextam gemmis auroque determinat arte.* Vide *Sindones.*

SINE, Extra, præter, quomodo Galli *Sans* usurpant. Cumeanus Abbas de Mensura Pœnitentiarum cap. 1. et 12 : *Sine quadragesimis 40. dies pœniteat.* Vide *Anni subditi.*

¶ **SINECILIONES.** Vide *Smeriliones.*

* **SINERE**, Dimittere. Serm. Gabr. Barel. fer. 6. hebdomad. 4. Quadrag. : *Quod cum Erupides* (Euripides) *interrogaret Socratem, cur Xantippem uxorem suam litigiosam.... non Sineret?*

¶ **SINESCALCUS.** Vide *Senescalcus.*

SINGILIONES DALMATENSES, inter vestes recensentur in Epistola Gallieni apud Trebellium Pollionem in 30. Tyrannis : Σιγιλλίωνες, in Testamento S. Gregorii Nazianzeni dici putantur : σιχάρια β. πάλλια γ. σιγιλλιῶνα α. Itaquidam codices MSS. præferre, pro σιγίλλιον, uti aliquot editi habent, scribunt Baronius ann. 389. n. 31. et Casaubonus ad Pollionem, ubi sententiam suam de ejusmodi singilionibus prodit. Hunc consule, si lubet. Vide *Cingillus.*

☞ Salmasius vero *Singiliones*, vel potius *Sigillones*, ut scribendum esse censet, interpretatur vestes *Sigillatas*, id est, signis vel figuris ornatas. Vide *Sigillus* 2. Alii vestes esse volunt ex simplici panno, seu non duplicato, ut supra observavimus in *Sigillio.*

1. **SINGLARE.** Vide *Singularis.*

* 2. **SINGLARE**, a Gallico *Sangler*, Constringere, firmare. Comput. ann. 1364. inter Probat. tom. 2. Hist. Nem. pag. 263. col. 2 : *Solvit Bernardo Salelle fusterio, qui cum Jacobo Ruffi fusterio, fuerunt ad reparandum cadaffalia quatuor ad canale, datum sibi ad pretium factum, et pro singulis fusteis ad Singlandum dicta cadaffalia.*

¶ **SINGLEWOMAN**, Anglis, Virgo vel mulier innupta, a *Single*, sola et *Woman*, mulier. Charta apud *Madox* in Formul. Anglic. pag. 392 : *Isabella Brikelys de London Singlewoman salutem in Domino, etc.*

¶ **SINGNARE**, SINGNUM, pro *Signare* et *Signum.* Charta ann. 1421. ex Tabul. D. *de Flamarens : Et manu mea propria scripsi et grossavi et Singno meo consueto Singnavi.*

¶ **SINGULA**, f. pro *Cingula*, vel *Sigla*, Vexilli pars extrema. Gesta Consulum Andegav. cap. 6. num. 13 : *Interdum* (Gaufridus) *perfidos aggressus est illos* (Danos) *ut vexilli Regis Singulas in ore Danorum volitare faceret, etc.*

¶ 1. **SINGULARE**, Sequestrare. Acta S. Georgii tom. 3. April. pag. 110 : *Virgulis ante positis Singulavit.* Vide *Singulizare.*

¶ SINGULARE, *Seorsum constituere, singillatim memorare*, apud Papiam et in Gemma.

* 2. **SINGULARE**, Quidquid præter morem et usum fit. Reg. visitat. Odon. archiep. Rotomag. ex Cod. reg. 1245. fol. 17. v° : *Visitavimus prioratum de Villa Arcelli. Ibi sunt xxiij. moniales...... Omnes nutriunt comum,.... præparant sibi Singularia, ut possunt.*

1. **SINGULARES** et SINGULARII, inter postrema officia Præfectorum prætorio Orientis, et Italiæ et urbis, recensentur in Notitia Imperii, de quorum officio multa habet Pancirolus lib. 1. cap. 20. pag 14. quæ non exscribo. Vide etiam Cujacium lib. 12. Observat. cap. 40. [et Brencmannum. in Hist. Pandect. lib. 2. cap. 5.]

¶ 2. **SINGULARES**, Privati, nostris *Particuliers.* Charta ann. 1357. inter Ordinat. Reg. Franc. tom. 4. pag. 447 : *Singulares ville de Revello in judicatura Lauraguesii, etc.* Vide in *Simplex.*

* *Singuliers*, nostratibus, eadem notione. Lit. ann. 1368. tom. 5. Ordinat. reg. Franc. pag. 396. art. 6 : *Que toutes préventions et enquestes commancées contre lesdis consuls et les autres habitans et Singuliers de ladicte ville* (de Villeneuve), *etc.* Occurrit rursum ibid. pag. 480. art. 13. pag. 619. et pag. 706 art. 17. Charta ann. 1407. in Reg. 161. Chartoph. reg. ch. 290 : *Nos bien amez les consulz, Singuliers, manans et habitans de nostre bonne ville de Montpellier, etc.*

SINGULARIS, dictus *Aper*, Græcis μόνιος, quod delectetur solitudine, vel quod solus et *Singularis* primis duobus annis vagetur, nostris *Sanglier.* Ita Cujacius ad lib. 1. de Feud. et Fullerus lib. 6. Miscellaneorum sacrorum cap. 6. [οἱ μοναδικοὶ τῶν συῶν, apud Nicetam Choniat. in Andronico lib. 2. n. 2.] Odilo lib. 2. Vitæ S. Odonis Cluniac. Abbat. lib. 2 : *Ecce immanissimus Singularis de sylva egressus, etc.* Vita S. Deicoli Abb. n. 24 : *Cum multi optimatum, venatu nobili, Singularem maximum insequerentur. Porcus Singularis.* Tabularium Monasterii S. Savini Levitanensis apud Marcam : *Concedimus etiam in ipsa valle, ut si quis Porcum Singularem, sive cervum venando ceperit, quartam sive spadlarem S. Savino persolvat. Fera Singularis.* Petrus Chrysologus serm. 127 : *Singularis fera, usque dum capiat prædam, fremit ore, dentibus frendit etc.* Ita *fera Singularis*, apud Hariulfum lib. 3. cap. 21. Willelmum Malmesbur. pag. 3. et in Chronico Fontanell. pag. 187. ubi de morte Karlomanni. *Aper ferus Singularis*, apud Cogitosum in Vita S. Brigidæ Virg. cap. 4. n. 21. et in alia ejusdem Brigidæ Vita cap. 16. n. 22. 102. *Singularis ferus*, [in Psalmo 79. 14.] in Vita S. Pachomii cap. 16. apud Petrum Damian. lib. 3. Epist. 10. Willelmum Abbatem Metensem Ep. 1. Joan. Sarisberiensem Ep. 167. S. Bernardum Ep. 240. in Vita S. Rigoberti Archiep. Remens. cap. 2. n. 7. etc. Vide Capitulare de Villis cap. 40.

SINGLARE, Eadem notione. Gaufredus Malaterra lib. 2. cap. 40 : *Aprum miræ enormitatis, quem Singlare dicunt, movit.*

¶ SENGLARIS PORCUS, Eodem significatu, in Charta ann. 1399. ex Tabular. S. Victoris Massil. : *Tibi licentiam damus et concedimus per presentes libertatem venandi et occidendi porcos Senglares, servos* (cervos) *et capreolos, etc.*

SENGLARIUS, ex Gallico *Sanglier.* Monasticum Anglic. tom. 1. pag. 841 : *Et pasturam ad 20. vaccas,... et ad unum Senglarium, etc.*

¶ SENGLERIUS, in Chron. Salernit. apud Murat. tom. 2. part. 2. col. 231 : *Sed dum hac illacque, ut mos est, alternatim discurrerent, ingentem Senglerium reperiit.* Le Roman *d'Athis* MS :

Chevrel, ne daim, cerf, ne Sengler,
Ne aultre que l'en puist nommer.

¶ **SINGULARITAS**, Monachatus, vita monastica. Litteræ Cleri Ravennatis apud Mabill. tom. 3. Annal. Bened. pag. 124 : *Nec hoc quidem dicimus, ut in omnibus hujus religionis, cum ad sanctam pervenerint dignitatem, relicto more ecclesiæ vel religionis, in qua provecti sunt, mutandam vestem Singularitatis censeamus, etc.* Adde eumdem Mabill. tom. 2. pag. 448. et Canon. Propositum 20. qu. 3.

¶ **SINGULARIUS**, Monachus. Transactio inter Abbatem et Monachos Crassenses ann. 1351 : *Sed quia dictus lavandarius tenetur lavare bis in qualibet septimana raubam conventus et Singulariorum de eodem ac familiæ eorumdem, etc.* Nisi sit pro Singularis, quod non displicet.

SINGULATOR, ἱππαστής, κέλης, in Gloss. Gr. Lat. ubi Salmasius *Singulatorem* exponit *equitem, qui solo ac singulari equo vehit*, quem μονάτορα vocasse Hesychium putat : Ἵππος καὶ ἱππαστής, καὶ εἶδος νεώς, καὶ μονάτωρ. Glossæ Isidori : *Aureax, equus solitarius.* Vide eumdem Salmasium ad Vopiscum, et supra *Simplus.* Occurrit præterea vox *monator*, in Gloss. Græc. Lat. ubi exponitur σημαντήρ, sed videtur legendum *monitor.*

SINGULIZARE Alcuinus in Præfat. ad lib. de 7. Artibus : *Quapropter opere Dei Singulizato, magnificæ necessaria definitione conclusæ sunt, etc.* [Vide supra *Singulare.*]

¶ **SINGULOGISTICUS.** *Claustra Singulogistica*, ubi singuli monachi singulatim degunt. Poema 198. inter Alcuini poem. :

> Quæritur hic verum per Singulogistica sacrum
> Claustra modis variis famine pacifico.

¶ **SINGULTINUS**, Lacrymosus. Vita S. Macarii tom. 1. April. pag. 881 : *Deo pastori summo commendavit Singultinis orationibus.*

¶ **SINGULTIZARE**, Singultire, Gall. *Sanglotter.* Vita S. Catharinæ Senens. tom. 3. April. pag. 903 : *Talia vel similia verba Singultizans vix protulit.*

* **SINGULTUOSUS**, Singultans, lacrymosus. Libel. supplex ad Ludov. reg. Franc. ex Cod. reg. 8407. 2. 2. fol. 34. v° : *Proinde magnificentiam vestram, serenissime princeps, adjuramus per viscera Jesu Christi, quantum possumus, voce Singultuosa et lacrimabili supplicantes, etc. Singultuosus gemitus*, in Chron. Turon. tom. 9. Collect. Histor. Franc. pag. 53. Vide *Singultinus.*

* **SINGULUS**, Unusquisque, Gall. *Chacun.* Charta ann. 1257. in Chartul. eccl. Lingon. ex Cod. reg. 5188. fol. 233. v° : *Recognovit se tenere a domino Guidone episcopo Lingonensi quinquaginta jornalia terræ arabilis.... Singulum jornale pro duobus denariis.*

¶ **SINIMUM**, an Cinnamonum, Gall. *Canelle?* Litteræ Ricardi II. Reg. Angl. ann. 1380. apud Rymer. tom. 7. col. 233 : *Quinque balas Sinimi, unam pipam pulveris salvistri, et quinque balas busti.*

¶ **SININUS**, Cæmentitius, ut videtur. Chronic. Farfense apud Murator. tom. 2. part. 2. col. 525 : *Et recepit ab eis curtem et domum cum puteo aquæ vivæ, et majori cripta, post eam Sinino opere cooperta, sicut a pariete antiquo circumdata videbatur.*

¶ **SINISCALCUS**, Siniscalis, apud Marten. tom. 1. Ampl. Collect. col. 67. Murator. tom. 15. col. 346. et Lobinell. tom. 2. Hist. Britan. col. 337. pro *Senescalcus.* Vide in hac voce.

SINISTA. Vide *Sinistus.*

¶ **SINISTERITAS**, Infelicitas, sinistra fortuna, perversitas. Sidonius lib. 1. Ep. 5 : *Ilicet, et si secus quæpiam, sub ope tamen Dei ordiar a secundis; quibus primordiis majores nostri etiam Sinisteritatum suarum relationes evolvere auspicabantur.* Vita Joh. Clerici pag. 94 : *Hæc posteritas quidem nostra videbit, sed et tantum judiciorum Sinisteritatem non pauci jam mirati sunt.* Expositio symboli in Liturg. Gall. pag. 341 : *Ideo ad dexteram Patris Filius dicitur; quia in eo nulla Sinisteritas invenitur. Cum enim in Scripturis sacris semper quod dexterum est, ad meliora; quod sinistrum, ad deteriora pertineat : idcirco in Deo dextera, id est bona sunt : ubi sinistra, id est mala possumus suspicare. Sinisterius versari*, in leg. 2. tit. 27. lib. 9. ad Leg. Jul. repet. Cod. Theod.

SINISTERIUS. Gloss. Lat. Gall. : *Sinisterius, Senestre, potier.* [Vide *Sinisteritas.*]

¶ **SINISTIMUS**, Sinister. Vide *Dextimus.*

¶ 1. **SINISTRARE**, Adversari. Chron. Richardi de S. Germano apud Murator. tom. 7. col. 971 : *Eo anno Fridericus Romanorum Imperator cum ingenti Crucesignatorum exercitu Hierosolymam petens, Sinistrante fortuna, in quodam flumine moritur.* Acta S. Constantini Reg. Monachi tom. 2. Mart. pag. 64 : *Sed ecce Sinistrante fortuna moritur Regina.*

2. **SINISTRARE**, Ad sinistram comitari; ut *dextrare*, ad dextram. Radulfus de Diceto ann. 1193 : *Dextravit Archiepiscopum Londoniensis Episcopus, Sinistravit Wintoniensis, et sic in sede sua solenniter collocatus est.*

* **SINISTRUM**, Malum, damnum, incommodum. Instr. ann. 1384. inter Probat. tom. 3. Hist. Nem. pag. 75. col. 1 : *Ceperunt ligna, fenum, utencilia...... et alia multa a civibus villæ regiæ Nemausi, et interdum sine solucione, absque eo quod propter ea aliquis civis dictæ villæ quicquam facti aut alias Sinistrum fecerint..... Bonum vultum eis fecerunt, absque aliqua violatione aut alio Sinistro.* Nostris *Sénestrement*, sinistre, maledice, vulgo *d'une façon désavantageuse, mal.* Lit. remiss. ann. 1404. in Reg. 159. Chartoph. reg. ch. 175 : *Le suppliant oy ledit Robin, qui parloit de lui Senestrement en le blasmant.* Vide *Sinistrare* 1

¶ **SINISTUS** Ammianus lib. 28. cap. 5 : *Sacerdos apud Burgundios omnium maximus vocatur Sinistus : et est perpetuus, obnoxius discriminibus nullis in Reges.* Vide *Sinster.* [** Grimm. Antiq. Jur. Germ. pag. 267. Myth. Germ. pag. 58.]

¶ **SINJUGARE**, *Conjugare. Sinjugia, Copula*, in Gemma. Utrumque a Græco συζυγία, et συζυγεῖν. Gloss. vett. : *Sinjugiare, copulare, conjugare, confederare.*

¶ **SINKELLUS**, pro *Syncellus.* Vide in hac voce. Vita S. Leucii Episc. tom. 1. Januarii pag. 673 : *Joannis Tranensis, Sipontini atque Garganensis Archiepiscopi, necnon pontificalis et augustalis Sinkelli.*

SINNICHIUM, Umbella acuminata. Relatio de Translatione S. Gregorii Nazianzeni : *Ante Patriarchalem Lateranensem erat Crux Basilicæ Vaticanæ cum Conopæo, quod Sinnichium vocant.* Ubi consulendus Papebrochius.

** **SINOCUS** pro *Synochus*, quod vide, Febris continens. Reinard. Vulp. lib. 1. vers. 1113 :

> Credere nolebat collum venieote securi,
> Et pejor Sinoco visa securis erat.

SINODOCHIUM, Synodochium, in Synodo Ticin. ann. 850. cap. 15. 16. in Chron. S. Sophiæ Benev. pag. 608. etc. [Præceptum Caroli M. ann. 773. apud Marten. tom. 1. Ampl. Collect. col. 38 : *Insuper adjungimus ad præfatum locum Sinodochium illum inter Padum et Ticinum, quod est in honore S. Mariæ constructum.*] Chronicon Farfense : *Cum Monasteriis, cellulis, Synodochiis, Ecclesiis, etc.* Charta Romualdi Ducis Beneventanorum in Chronico S. Sophiæ Benevent. : *Ut neque a Monasterio subdatur, neque Synodochio defendatur.* Occurrit præterea in Chartis Ludovici Pii in Vita Aldrici Episcopi Cenom. num. 11. apud Pontium de Larazio de Excidio Salvaniensis monasterii num. 4. in Actis Episcopor. Cenoman. pag. 111. 127. 147. Atque forte ita legendum in Vita MS. Magnobodi Episc. Andeg. cap. 41 : *In quo etiam Syntochia atque brephotofia construxit.* Nisi legatur *ptochia.*

Senodochium, in Capitul. 6. ann. 819. cap. 5. Vide Baluzium ad Capit. pag. 1080. [Epist. Caroli M. ad Pipinum filium apud Murator. tom. 1. part. 2. pag. 112 : *Pervenit ad aures clementiæ nostræ, quod aliqui duces,.... et ceteri per singula territoria habitantes ac discurrentes, mansionatica et paravereda accipiant non solum de liberis hominibus, sed etiam de ecclesiis Dei, monasteriorum videlicet virorum et puellarum, et Senodochiorum.* Ex quibus facile colligitur *Synodochia* sæpissime nuncupari *Obedientias* a majori monasterio dependentes.]

¶ **SINODOXUS**, Pauper, qui in *Synodochio* nutritur. Gloss. ad calcem Collect. Canonum ex Bibl. DD. *Chauvelin* Reg. Sigillorum Custodis : *Sinodoxis, pauperibus Ecclesiæ.* Vide *Synodicus.*

¶ **SINOPIS**, Color viridis, Galli in tesseris armariis vocant *Sinople.* Vita S. Willelmi tom. 6. Maii pag. 817 : *Qui enim solebat paulo ante in palatiis degere, auro radiantibus ac depictis Sinopide.*

* In tesseris quidem armariis, alioquin est Color ruber, ut in Vita Caroli M. jussu Frider. imper. scripta XII. sæc. : *Erat in eadem basilica in margine coronæ.... Sinopide scriptum, quis autor esset ejusdem templi, cujus in extremo versu legebatur, Karolus princeps.*

* **SINQUENUM**, pro *Cinquenum.* Quinta pars, Gall. *Cinquième.* Charta ann. 1408. tom. 9. Ordinat. reg. Franc. pag. 395 : *Census, servicia, tachias, Sinquena, quartones, etc.* Vide *Cinquenium.*

¶ **SINORDI**, Servientium genus. Charta Annonis Archiep. Colon. ann. 1057. apud Marten. tom. 1. Ampliss. Collect. col. 447 : *Illud quoque firma ratione constituens, ut liberis vel Sinordis venatoribus, sive cujuscumque generis hominibus ad hanc dominationem pertinentibus, quæ suis temporibus jura et optimas consuetudines habuisse probare potuerint.*

SINOSITAS. Bromptonus : *Ad Septoniam deducitur, quæ temporibus Britonum Paladur vocabatur, et a Cassibeliano Rege ædificata, magnæ Sinositatis erat civitas.* Leg. forte *famositatis*, vel *sinuositatis.*

* **SINSCALCUS**, Vox ratione versus contracta, pro *Senescalcus.* Locus est in *Lavandarius.*

* **SINSENIER**, vox Gallica, Umbraculum, quo tegitur pyxis Eucharistica supra altare suspensa. Inventar. S. Capellæ Paris. ann. 1376. ex Bibl. reg. : *Item una coopertura ad flores lilii de broderia, quæ dicitur de Sinsenier, quæ est supra cyborium ad majus altare, ubi Corpus Domini est repositum.*

¶ **SINSIPIUM**, Sinciput. Vita MS. S. Castoris Aptensis Episc. : *Beatus Castor amplum scapulare in summitate brevis perticellæ ligavit, et ultra humanum modum calidis appropinquans clibanum detersit, omnibus qui aderant mirantibus quod nec capillus in Sinsipio, nec pilus adustus videretur in areto* (leg. arido) *panno.*

¶ **SINSTER.** Petrus Damianus Ep. 9. edit. 1610. pag. 17 : *Plerique Pontificatus jura non deserunt, et de Sinstris sunt.* Forte pro *Sinistris.* Vide *Sinistus.*

* **SINTA**, Zona, cingulum. Inventar.

ann. 1419. ex Tabular. Montisol. : *Unam capellam albam,.... cum alba, stola, manipulo, zona sive Sinta vermelha, etc.* Idem forte sonat vox Gallica *Sant*, in Charta ann. 1318. ex Reg. 61. Chartoph. reg. ch. 453 : *Lidis maires et eskevins se douloient que nostre viscouens avoit prins un Sant, une lampe, etc.* Vide *Sintatus*.

¶ **SINTATUS**, Cinctus, ab Occitanico *Sintat*, vel *Cintat*, Gall. *Ceint*. Vetus Ceremoniale MS. B. M. Deauratæ Tolosan. : *Et quilibet istorum* (Monachorum) *debent portare unum amictum Sintatum, et unas manutergias in collo per modum stole.*

¶ **SINTEX**, Βάτος, in Gloss. Lat. Gr. *Sentis* emendat Cujacius : alii *Sandix*. Vide *Batus* 3.

SINTHICIA, Pactum, conventio. Hesychius : Συνθεσίαι, συνθῆκαι. Συνθεσιάων, ἐντολῶν, συνθηκῶν. Gregorius M. lib. 1. Epist. 30 : *Sicut peccata mea merebantur, non Romanorum, sed Longobardorum Episcopus factus sum, quorum Sinthiciæ spathæ sunt, et gratia pœna.* Ubi Jamesius monet in MSS. haberi *Synthiciæ* : ita ut vox a Græcia videatur deducta. [Pachymeres lib. 3. cap. 10 : Ὅρκος δ' ἐκεῖνος, καὶ συνθεσίαι, καὶ ἐμπειδώσεις φρικταί, etc. Utitur rursus lib. 1. cap. 22.] Græci etiam nuperi vocem συνθηκάρης, pro eo, qui cum altero pactum init ad alium opprimendum, usurparunt. Acclamationes Populares in Concilio Constantinopolitano sub Menna act. 5 : Ἔξω βάλε τὸν συνθηκάρην, ἔξω βάλε τον λοίδορον. Mox : μετά σοῦ ἐςὶ καὶ συνθηκίζει τοὺς ἐπισκόπους. [Vide Gloss. mediæ Græcit. in Συνθηκάριος et Συνθήκη.]

** SinticHia apud Arnold. de S. Emmeram. lib. 1. cap. 17 : *Omnes Sintichias venenosas qui non observaverit procul dubio vitæ periculum incurrit, etc.* Συντυχία, Conventio.

¶ **SINTHOMA**, pro *Symptoma*, a Gr. σύμπτωμα, Gall. *Symptome*, vox Medicorum. Statutum Johannis Reg. Franc. ann. 1352. tom. 2. Ordinat. pag. 609 : *Statuimus et ordinamus, quod nullus cujuscumque sexus, vel condicionis existat,... pilulas laxativas, clisteria qualiacumque, propter timorem mortis, ex fluxu vel malis Sinthomatibus prægravativis,... consulat ministrareve audeat medicinam.* Vide *Symptoma*.

¶ **SINTRALIA**. Chartul. Eccl. Auxit. cap. 136 : *Dederunt tertiam partem decimationis ecclesiæ S. Georgii juxta Bazianum et Sintralia ejusdem pro ea.* Rursum cap. 143 : *Mediam partem ecclesiæ d'Antaiag... huic ecclesiæ B. Petri de Vico de cetero possidendam et Sintralia ejusdem ecclesiæ pro se et suis successoribus manumisit.* Utrobique pro *Cintralia*, vel *Centralia*, ut habetur in eodem Chartul. cap. 114. quod supra suo loco videre est : ubi minus recte *Censualia* legendum esse opinati sumus; probabilius hac voce significari videtur certus loci ambitus intra quem constructæ erant memoratæ ecclesiæ.

¶ **SINU**, *Mortarium*, in Gloss. ad Doctr. Alexandri de Villa Dei.

* **SINUA**, Sinuare, pro *Sonia* fortassis et *Soniare*, saltem eodem intellectu. Vide in *Sunnis*. Charta Phil. comit. Fland. pro libert. Brug. castell. ex Cam. Comput. Insul. : *Ubicumque incœperint, totum perequitabunt, nisi Sinuam, aut præ comite aut præ ægritudine, montraverint.... Homines de Wlpia sive de Caedslandt submoniti, poterunt seipsos Sinuare, præstito juramento ad diem placitiad quem citius præ mari venire poterunt.*

* **SINUAMEN**, Motus flexuosus. Vita S. Walth. tom. 1. Aug. pag. 266. col. 2 : *Postquam abbas de illo* (equo) *descenderet, et puer ad stabulum vel ad adaquandum illum ducturus ascenderet, ita se fremitu, varioque Sinuamine membrorum agitabat, etc.*

** **SINUARE**, pro *Insinuare*, Suadendo in animum infundere. Ordo antiq. Episc. Mediol. apud Murator. Script. vol. 1. part. 2. pag. 230 :

Munera ne capias, quæ captans quam sit iniquus,
Vigesimo quinto psalmo Sinuatur.

SINUM, *Vas in quo butyrum conficitur.* Gloss. Isid. Vide *Sium*.

SINUS. Vide in *Limbus* 1.

SION, Oriens, quod mons *Sion* versus Orientem et in Oriente sit. Vetus Agrimensor pag. 273 : *Sequeris cursum ejus a Sion; hoc est ab Oriente.* Vide infra in *Sium*.

* **SIOU**, Vox irrisionis apud nostrates, cujus vim non intelligo. An spectat ad vocem *Sium* infra, qua vasculum subtilissimis foraminibus ab imo fundo perforatum significatur? Lit. remiss. ann. 1397. in Reg. 151. Chartoph. reg. ch. 305 : *Lequel Willot Renaudel par maniere de desrision et moquerie commença à dire ces paroles, Siou Syou, par pluseurs fois apres les dessus nommez de la Fere,.... lesquielx de la Fere vindrent aux dessusdiz d'Achery en leur disant, Beaux seigneurs, nous ne sommes mie gens à qui l'en doie dire Siou Syou après nous; car nous sommes cy venus pour besongner et faire ce que nous y avons à faire.*

* **SIPARE**, Ponere; unde *Sipatio*, positio. Stat. Sigismundi I. ann. 1523. inter Leg. Polon. tom. 1. pag. 411 : *Ad Sipandum et faciendum granicies sive limites inter bona præfata, et attentandum audiendumque ipsum actorem jurare cum testibus supra justa ductione et Sipatione granicierum...... Faciet granicies scopulos Sipando et alia signa metalia faciendo.*

SIPESSOCNA, Leges Henrici I. Regis Angl. cap. 6 : *Comitatus* (in Anglia) *in centurias et Sipessocna distinguuntur.* Membranæ veteres de tempore Henrici II. *Sipesoca* dictum, quod *Hundredus* hodie, docent apud Somnerum, qui Siþes-socna vel sires-soca, ex Saxonico legendum contendit. [** Siþes-socna in edit. Thorpii quem vide.]

SIPHAC, vox Arabica, Medicis mediæ ætatis familiaris, pro *Peritonio*, seu panniculo tenuissimo, qui statim sub musculis reperitur, cui musculus transversus jungitur. Alias *Membrana*. Constantinus Afric. lib. 5. de Morbor. curat. cap. 5 : *Unde spatia inter intestina et pelliculam, quæ Syphac dicitur, implentur.* Ita lib. 6. c. 8. At *Siphac* scribitur lib. 5. c. 13. Utitur etiam Mundinus lib. de Anatomia, ut et Pseudo-Ovidius lib. 2. de Vetula, ubi de Semiviris :

Sive quibus solitis thalamos violare pudicos
Deprensis in adulterio genitalia membra
Iracunda manus sponsi violenter ademit;
Sive quibus ruptura siphac ita magnificari
Cœpisset, quod non prohiberet in ostea casum
Intestinorum, etc.

¶ **SIPHONES**, Sunt proprie canales, vel fistulæ, quæ concepto spiritu aquam vel alium liquorem emittunt. Memorantur in re bellica inter armamenta nautica militaria. Ignem cum fragore et violentia adversus hostes et eorum navigia evomebant. Leo Imper. in Tacticis : *Multæ molitiones a veteribus repertæ sunt, ut ignis cum tonitru et fumo ignito per Siphones emissus naves incenderet.* Hæc post Carol. de Aquino in Lexico milit.

¶ **SIPHORUS**, Genus textilis. Anastasius in Nicolao PP. : *In ciborio Constantinianæ basilicæ optimos de Siphoris et de fundato pannos appendit.* Quidam *Syrophoris* legunt, byssumque ex Syria interpretantur : nonnulli *Scrophoris*; alii denique *Setophoris*.

¶ **SIPIA**, pro Sepia, piscis species, Gallis *Seche*. Chron. Farfense apud Murator. tom. 2. part. 2. col. 409 : *In ipsum litus maris ad annualiter reddendum censum in cella nostra de Coperseto denarios* XII. *et Sipias* XX. Adde Statuta Massil. lib. 6. cap. 17.

SIPILLUS, *Novacula*, ξυρόν, in Gloss. Lat. Gr.

* **SIPUM**, pro *sepum*, sebum, Gall. *Suif*. Comput. fabricæ S. Lazari Æduens. ann. 1295. ex Cod. reg. 5529. B : *Item pro Sipo marrito, pro uncto, pro aceto, etc.* Vide supra *Seupum*.

* **SIQUARE**, pro Secare. Charta ann. 1343. in Reg. 75. Chartoph. reg. ch. 605 : *Cum gentes dictæ grangiæ et nonnulli alii conductisii resecarent sive siquarent blada, etc.* Vide supra *Sequare*.

¶ 1. **SIRA**, σεῦρα, τὸ αἰδοῖον, πλεκτή. Gloss. Lat. Gr.

¶ 2. **SIRA**, pro *Scyra*. Vide in hac voce. Charta Henrici Reg. Angl. apud *Madox* Formul. Anglic. pag. 47 : *Cum libertate et quietantia de exercitibus,... Siris, hundredis, etc.*

SIRASCULA, *Vas aquarium*, in Glossis Isidori. [In Gloss. Sangerm. num. 501 : *Soriscula, vasculum aquæ.*]

* **SIRIA**, ut *Sira* 2. Provincia, comitatus. Mirac. S. Germ. Autiss. tom. 7. Jul. pag. 295. col. 1 : *Per totam enim Eboraci Siriam, excepta Dunelmensi congregatione, nec monachus nec monachorum locus aliquis in illis diebus facile valuit reperiri. Contigit autem eodem tempore, ut vicecomes Eboracensis, etc.* Vide *Scyra*.

SIRIATICUS Turgor. Baldricus Noviomensis in Chron. lib. 2. cap. 63 : *Siriatico turgore inflatus.* [** lib. 1. cap. 91. edit. noviss. Vide ibi pag. 472. ubi doctissimus editor *Siriaticum turgorem* dictum vult pro turgore simili Syrorum, citans locum Frontonis, ab Angelo Maio nuper reperti hunc : *Corruptissimi vero omnium Syriatici milites, seditiosi, contumaces,* quem de Romanis militibus qui tunc in exercitu Syriatico erant, intelligendum esse, monuit Furlanettus. Forte *Siriaticus turgor* a *Sirio* stella, idem qui canicularis, rabiosus; nisi malis sequi Cangium.] Id est, qui, quod *Dominus* nuncupetur et compelletur. inflatur ac turget, a voce Gallica *Sire*, qua donabantur magnates, et generatim, qui militari dignitate gaudebant, cum cæteri proprio nomine indigitarentur, ut fuere *Scutiferi*, et qui nondum militarem ordinem consecuti fuerant. Epitaphium Abbatissæ S. Scholasticæ Barensis ann. 1308. apud Antonium Beatillum lib. 3. Histor. Bárens. :

Filia virgo fuit hæc quondam Sire Joannis,
Deque tuis Dominis Miles Casamassima, magnus.

☞ Episcopos Abbatesque hocce titulo insignitos fuisse docent Charta vernacula ann. 1255. in Chartular. Meldens. : *A son tres chier seigneur l'Evesque de Miaux, Mahui Sires de Montmiral et Doysi, salut et amor. Sires je vos faz à savoir et vos temoigque, etc.* Et Epist. Aelidis Comitissæ Blesensis ad Stephanum Abbatem Majoris Monaster. ex Tabular. ejusdem : *Sire je vos pri et requier tant comme je puis, etc.* Pluries ibi.

De primæva vocis *Sire* origine variæ sunt scriptorum sententiæ. Quidam enim a Græco κύριος, seu ut Byzantini efferebant, κύρος et κύρις, deducunt : quam postremam vocem virorum illustrium nominibus præpositam passim observare est, et a quibusdam inferioris ætatis, idiotismi insciis, in nomen *Cyrus*, perperam traductam non semel legimus. Concil. CP. sub Flaviano Patr. act. 7 : Ἐςὶ γὰρ ὁ κύρις Μελίφθογγος, καὶ ὁ κύρις Ἰωβιανὸς, καὶ ὁ κύρις Ἰουλιανὸς, εἰδότες ἀκριβῶς. Occurrit ibi pluries. Alii, ut Nicolaus Fullerus lib. 1. Miscell. sacr. cap. 11. et Stephanus Guichartus pag. 944. ab Hebræo etymon arcessunt. [Hickesius in Grammat. Theot. pag. 98. a Gothico *Sihor*, dominus, deducit. Hunc consule, uti etiam Junium in Gloss. Gothico v. *Arman*, et Schilterum in Gloss. Teuton. pag. 58.]

Ex voce *Sire*, formata deinde etiam illa, qua vulgo nos invicem salutamus, *Monsieur*, contracta ex *Monseigneur*, quo titulo vulgo donabantur Militari dignitate insignes, cum cæteri, quantumvis natalibus præclaris editi, non nisi proprio nomine appellarentur, antequam Militarem ordinem essent consecuti. Vox porro *Monsieur*, sat nupera, nec nisi ultimis sæculis usurpata, tametsi in Charta ann. 1275. *Sieur*, pro *Dominus*, apud Thomasserium in Consuetud. Biturig. pag. 104. ut et in Charta Guillelmi Archiepiscopi Dom. Parteniaci ann. 1292. et aliis in Regesto Castri Lidi in Andibus : *Monsor Robert Cuens de Dreux et de Mont-fort*, observo : quæ quidem vox occurrit pluries fol. 53. Cur vero vox *Monsieur*, nominibus appellativis filiorum principum postponeretur, videndus Tillius.

* Nostris *Sire*, idem atque Dominus; hinc Deo tribuitur a Joinvilla in S. Ludov. edit. reg. pag. 87. et a Villeharduino paragr. 1 : *Et nostre Sires fist maint miracles por lui.* Hinc

* Quilibet dominii alicujus possessor utriusque sexus, *Sire* appellabatur. Charta ann. 1292. in Lib. nig. 2. S. Vulfr. Abbavil. fol. 139. v° : *Je Jehane, dame de Fontaines seur Soume, le vente devant dite, en le fourme et en le maniere que devant est dit et expressé, voeil, gré, otri et conferme comme Sires.*

* Sed hæc appellatio potissimum iis attributa, qui militari dignitate erant illustres, quæ ipsis alias adeo propria erat, ut etiam a patribus tribueretur filiis suis, qui militarem ordinem obtinuerant; quod observavimus supra in *Dominus* 11.

* Posterioribus vero sæculis appellati *Sires*, Franciæ thesaurarii. Lit remiss. ann. 1461. in Reg. 198. Chartoph. reg. ch. 163 : *Pion Pischart.... ayant oy dire que les nopces de maistre Jean Berart, fils de Sire Pierre Berart, trésorier de France, etc.*

* Honoris et reverentiæ gratia usurpata quoque hæc vox. Hinc presbyteris est concessa et a filiis erga parentes suos adhibita. Lit. remiss. ann. 1460. in Reg. 192. ch. 45 : *Icellui Gaugiot dist au suppliant bien haultement, voir Sire; et icellui suppliant lui respondit, voir dame; je ne suis pas prestre, parquoy on me doit appeller Sire.* Aliæ ann. 1468. in Reg. 197. ch. 17 : *Une sienne fille* (du suppliant) *lui dit, Sire, le porceau de mon oncle Vidal est en nostres orge.* Pro Socero et vitrico etiam occurrit. Lit. remiss. ann. 1396. in Reg. 149. ch. 297 : *Perrin Chippot de la ville de Basso s'en ala à la taverne avec Perrin le Maronnat son Sire.... Le prévost et le maire dudit lieu vindrent parler à eulx, et demanderent audit Maronnat s'il se plaignoit point dudit exposant son gendre.* Aliæ ann. 1387. in Reg. 130. ch. 280 : *L'exposant fu conseilliez d'aler à son parastre ou grant Sire.* Aliæ ann. 1402 in Reg. 157. ch. 259 : *Jehan de Poiz, fils de ladite Marie,..... dist audit Raoulin son Sire, que sa mere n'iroit point demourer avecques lui.* Vide supra *Senior.*

* Contumeliæ quoque vox fuit, cum addito tamen, apud Picardos; *Sires homs* quippe et *Beau Sire*, virum, cujus uxor mœchatur, significavit. Lit. remiss. ann. 1388. in Reg. 133. ch. 106 : *Lequel Thomas, qui estoit Picart,.... se prist à courcier de ce que ledit de Chastillon contrefaisoit son langage, et l'appella, pour lui faire desplaisir, Sires homs, en lui disant, que c'estoit à dire en langage de leur pays, coux.* Aliæ ann. 1450. in Reg. 143. ch. 143 : *Le suppliant dist à icellui Martin par doulceur : Beau sire, vous avez tort de prandre noise pour autruy..... Alors ledit Martin respondit ...... qu'il n'estoit Sire, et qu'il ne savoit se ledit suppliant l'estoit : laquelle parole de Sire lui fut à moult grant desplaisance,..... pour ce que en ladite ville* (de Ham) *qui appelle ung Beau sire, est autant comme de l'appeler coulx.*

¶ 1. **SIRICA**, Pannus sericus. Vita B. Augustini novelli tom. 4. Maii pag. 622 : *Dixit etiam in sua supradicta ecclesia habere in Sirica pictum dictum Beatum.* Vide *Siricus.*

2. **SIRICA**. Acta S. Memor. tom. 3. Sept. pag. 71. col. 1 : *Et abierunt ad locum, extensa retia in aqua trahentes, ambæ partes Siricas ad littus pervenerunt : et invenerunt caput S. Memorii, etc.* Mendum certe, fortassis pro *Simul.*

SIRICELLA, [Vestis sacra, a *Sirico* sic dicta.] Vetus Necrolog. Placentinum in Histor. Eccles. Placentin. tom. 2. pag. 138 : *7. Kl. Maii 1228. ob. Guido Petri Leonis Prænestinus Episcopus, qui dedit huic Ecclesiæ planetam et Siricellam violatam, et pluviale rubeum, etc.* Pag. 210. sub ann. 1253 : *Dedit Sacristiæ unam planetam, et unam dalmaticam, et unam Siricellam violatas, etc.*

* **SIRICHUS**, pro Sericus. Stat. ant. Florent. lib. 1. cap. 4. ex Cod. reg. 4621. fol. 14. v° : *Dominus potestas offerre debeat in ecclesia S. Johannis Baptistæ unum palium de Siricho, valoris ad minus librarum xxv.* Vide *Siricus.*

SIRICUM, *Rubri coloris pigmentum, ex quo librorum capita scribuntur.* Ita Glossæ Arabico-Lat. [Vide mox *Siricus.*]

SIRICUS, pro *Sericus*, σηρικός. S. Valerianus de Bono disciplinæ : *Quamvis autem Siryco pretioso corpus vestias, et niveo vellere membra componas, non sine macula diem transigis, si camini ardentis ora contigeris.* Corippus lib. 4. n. 4 :

Syrica per cunctas pendebant vela columnas.

[** Vers. 208. ubi Bekkerus legit *serica.*] Anastasius in S. Zacharia PP. pag. 78 : *Pendentia vela inter columnas ex palleis Siricis fecit.* Idem Scriptor in Hadriano pag. 109 : *Vela Syrica numero quinquaginta septem.* Adde pag. 110. 111. etc. [Amelius in Ord. Romano cap. 76 : *Et super illam* (tobaleam) *ornatam* [*de Sirico, etc.*] Matth. Silvaticus : *Siricum Romanum, id est, Siricum, vel seta Romana.* Ita *Siricus* pro *sericus* perpetuo scribi in veteribus codd. Paulini annotat Juretus ad lib. 1. de Vita S. Martini. Sed quod interdum *Syricus* pro *Siricus* scribitur, id vitium scriptorum est : cum, ut ait Isidorus lib. 19. cap. 17. *aliud sit sericum, aliud Syricum. Nam sericum lana est, quam Seres mittunt : Syricum vero pigmentum, quod Phœnices in Rubri maris littoribus colligunt.* Incertum porro, an de posteriori intelligi debeat Lex Alaman. tit. 59. § 7 : *Si autem ex ipsa plaga cervella exierit, sicut solet contingere, ut medicus cum medicamento aut Sirico stupavit, et postea sanavit, etc.* Ibi enim *Siricum* licet interpretari lineum tomentum, quod vulgo *Charpie* dicimus.

Siricus, Delicatus, vel opulentus, *qui vestibus Sericis utitur, seu gravatur,* ut habet vetus Interpres Juvenalis Sat. 6. Auctor Hist. Apollonii Tyrii : *O juvenis Sirice! qui amore tuæ carnis ductus cito animam amisisti.* Serici enim usus rarus adeo primitus fuit, ut penes solos ditiores et delicatiores esset : et Galenus lib. 13. Meth. scribat sua tempestate, sub ditione Romana, in magnis civitatibus penes solas mulieres opulentas inveniri potuisse.

* **SIRIMPIA**, Rubentium pusularum species, apud Isidor. lib. 4. Origin. cap. 8. Vide supra *Senespio.*

SIRIONES, Vermiculi, qui oriuntur in dentibus, Matthæo Silvatico. [Gallis *Sirons.*]

SIRNUMJUGIUS. Charta Pontii Comitis Tolosani ann. 936. apud Catellum : *Cum silvis et forestis, et cum omnibus finalibus et mercatis, et Sirnumjugiis, et cum hominibus et famulabus inde naturalibus, etc.*

¶ **SIROCCUS**, Sirochus, ab Italis *Sirocco*, Ventus, qui Latinis Euronothus, nostris *Sudest*, dicitur. Jac. Auriæ Annal. Genuens. lib. 10. ad ann. 1283. apud Murator. tom. 6. col. 581 : *Et quotidie apud Portum Veneris venire de facili poterant, quum quotidie esset ventus ad Levantem vel*

Sirochum. Rursum col. 584 : *Quumque essemus cum dictis nostris galeis prope insulam dictam Calvi per milliare circa unum, ventus cœpit esse fortis a Sirocco.* V. *Syrocus.*

* **SIROGALUS**, Cuniculus, f. pro *Sirogrillus.* Vide in hac voce. Charta Raym. comit. Tolos. pro incolis Buseti ann. 1241. in Reg. 198. Chartoph. reg. ch. 211 : *Qui autem de nocte inventus fuerit furando Sirogalos cum fureto, etc.*

¶ **SIROGRILLUS**, Cuniculus, Gall. *Lapin*, olim *Conil.* Transact. Florentii *de Castellane* domini de Masalguis cum hominibus ejusdem loci ann. 1438. ex Schedis Præs. *de Mazaugues : Possint impune.... venari Sirogrillos.... cum canibus.* Statuta Arelat. MSS. art. 53 : *Pro pallio et tunica domine cum pellibus Sirogrillorum*, III. *sol.* Vide *Chirogryllus.*

¶ **SIROMASTES**, Hesychio, Species jaculi, hasta, lancea, a Græco σειρομάστης. S. Hieronymus Epist. 53 : *Legi enim Siromastem Phinees, austeritatem Heliæ, zelum Simeonis Chananæi, Petri severitatem.* Ubi respicit ad Numer. c. 25. v. 7. quo loco LXX. habent σειρομάστης, Vulgata vero, *Pugio.* Vide Martinii Lexicon.

¶ **SIRPA**, ut *Sarpa.* Vide in hac voce.

¶ **SIRVENS**, Sirventus, ut supra *Serviens.* Vide in hac voce. *Sirvens ad arma*, in Regesto *Probus.* Charta ann. 1139. inter Probat. tom. 2. novæ Histor. Occitan. col. 390 : *Et in ipsos mansos habeo alberga et expleita, et quidquid ego facere voluero vel meo Sirvento prædicto Azemaro, vel suis, et unusquisque de prædictos mansos debent reddere mihi atque prædicto Sirvento vel suis per unumquemque annum modium de sigile cumulus ad sextarium vicecomitissæ, de prædicto castro et meo jam dicto Servento, vel suis debent reddere ad prædictos mansos, etc.*

¶ **SIRVENTAGIUM.** Vide *Serventagium.*

¶ **SIRVENTALIS.** Vide *Feudum Sirventale* in *Feudum.*

SIRVENTIA, Idem quod *servitium.* Liber Chirographorum Absiæ fol. 8 : *Dederunt fratribus Absiæ, quicquid habebant in supradictis donis, scilicet Sirventiam suam.* [Idem fol. 134 : *Rupturam et medietatem terragii, et decimam, et Sirventiam.* Antiquit. Bened. Pictav. MSS. tom. 3. pag. 526 : *Dominus Hugo Airans miles facit homagium planum de Sirventia decimarum de Columberio.* Occurrit ibidem pag. 528. 659. 660. 794. 796. 803. etc.] Tabul. Dalonensis Abbatiæ fol. 12 : *Et Sirventiam, quam habent de nobis in terris de Vernoil.* Et fol. 50 : *Concedimus... omnem Sirventiam et bailiam de Stephano Pisce fratribus suis, si acquirere potuerint.* Occurrit ibi non semel. Vide *Serventagium* et *Servientia.*

¶ Sirventaria, Eodem intellectu. Regest. Mandat. fol. 77 : *Humbertus Raymundi capit ibi taschiam, et non debet aliud domino Comiti nisi Sirventariam.* Vide in *Servientia.*

¶ **SIRUPPUS**, Jusculum medicum, Gall. *Syrop*, pro *Syrupus.* Vide in hac voce. Ordinat. Humberti II. ann. 1340. tom. 2. Hist. Dalph. pag. 405. col. 2 : *Item, quod res medecinas, Siruppos et alia quælibet ordinanda per dictum physicum fieri debere, faciat* (apothecarius) *ad provisionem et cum notitia et præsentia dicti physici.*

¶ Syruppus, in Statutis Avenion. lib. 1. rubr. 21. art. 9. pag. 84.

¶ **SIRURGIA**, Sirurgica, pro Chirurgia. Leges Palat. Jacobi II. Reg. Majoric. inter Acta SS. tom. 3. Jun. pag. XXXII : *Quia medicinam duas partes habere incognitum non est, quarum una Physica, alia Sirurgica vocatur, etc. Duo in Sirurgia experti in nostra habeamus curia.* Hinc

¶ Sirurgicus, pro Chirurgus, ibid. pag. VIII. in Instrum. ann. 1371. apud Lobinell. t. 2. Hist. Britan. col. 567. et alibi.

* Ita nostris *Sirreurgie* et *Sirreugien*, pro *Chirurgie* et *Chirurgien*, in Lit. ann. 1362. tom. 3. Ordinat. reg. Franc. pag. 603. *Scirurgien*, in Ch. ann. 1504. in Chartul. Latiniac. fol. 60. Hinc *Sirurgier*, fomenta, quæ *Sirurgiés* dicuntur in Stat. ann. 1312. tom. 1. earumd. Ordinat. pag. 512. art. 1. adhibere. Lit. remiss. ann. 1395. in Reg. 148. Chartoph. reg. ch. 6 : *Jehannot Musnier se fist Sirurgier et appareillier par aucuns barbiers.*

¶ **SIRYCUS**, ut *Siricus.* Vide ibi.

SISA, pro *Assisa*, Impositio, præstatio tributi. Conventiones inter Carolum I. Comitem Andegav. et Provinciæ et Arelatenses ann. 1251. art. 19 : *Idem concedit dominus Comes, quod Sisa heminarum pro manutenendo ponte a civibus constituta cesset omnino, etc.* Vide *Assisa.*

¶ Siza, Eadem notione. Statutum Johannis Regis Franc. ann. 1361. tom. 3. Ordinat. pag. 498 : *Impune et libere impositiones suas habent, barragia, Sizas,... concessa vel donata, levare et exigere possint.*

SISAGA, Uvæ species, de qua Petrus de Crescentiis lib. 4. cap. 4.

SISARA, pro *Sicera.* Will. Thorn. : *Canapis, olerum, pomorum, Sisaræ, mercimoniorum, etc.*

SISARRA, Πρόβατον μεῖζον ἐνιαυτοῦ, in Gloss. Lat. Gr. [Vide Martinii Lexic.]

¶ **SISCALCUS**, in Chron. Estensi apud Murator. tom. 15. col. 347. pro *Senescalcus.* Vide in hac voce.

SISCIDENSES, Valdensium asseclæ, qui concordabant cum iis fere in omnibus, nisi quod recipiebant Eucharistiæ *Sacramentum*, apud Reinerum contra Valdenses cap. 6.

SISCIPLATOR, nude in Gloss. Arabico-Lat. pro *Sescuplator.*

¶ **SISCONUS**, perperam pro *Fisconus*, Culcitra straminea, vulgo *Paillasse.* Constitut. Caroli II. Reg. Siciliæ : *Lectus integer intelligatur materatium, vel Sisconus, vel culcitra, etc.* Vide *Fisco.*

¶ **SISENAL**, f. Ad *Sisam* seu præstationem pertinens. Charta ann. 1246. in lib. 1. Feodorum Burbonensis dominii fol. 96 : *Gerardus de Beria duas copas ordei Sisenals, et duos denarios, etc.* Infra : *B. Raimundi* 4. *copas Sisenals siliginis, etc.* Occurrunt hæc verba pluries.

* **SISIA**, idem quod *Assisia*, Tributi impositio et exactio. Charta ann. 1353. inter Probat. tom. 4. Hist. Occit. col. 230 : *Quod quælibet communitas, pro præmissis exsolvendis, possit sibi facere indicem et indicere fogagium, impositionem, Sisiam seu aliam exactionem.* Vide *Sisa.*

* **SISIMBRIUM** *multi balsamitam vocant, alii mentam aquaticam.* Glossar. medic. MS. Sim. Januens. ex Cod. reg. 6959.

¶ **SISINNUS**, pro Cincinnus. Vita S. Amalbergæ tom. 3. Jul. pag. 100 : *Completaque oratione, arrepto ferro Sisinnos capitis sui totondit.*

¶ **SISISMA**, Asthma. Acta S. Francisci de Paula tom. 1. April. pag. 179 : *Habebat filiam... Sisisma, id est asthma habentem.*

¶ **SISIT**, pro *Saisierit*, Apprehenderit; in Addit. ad Leg. Alamann. cap. 22 : *Si quis alterius ingenuam de crimina seu stria aut herbaria Sisit et eam priserit, etc.* Vide *Saisire.* [** Al. *sistit.*]

¶ **SISMA**, pro Schisma, in Vita B. Johannis Taussiani Episc. tom. 5. Julii pag. 791.

¶ **SISMUSILUS.** Vide *Cisimus.*

* **SISMUSINUS**, Vestis certis pellibus munita, in Capitul. ann. 808. tom. 5. Collect. Histor. Franc. pag. 679. ubi Rhenanus habet, *Sismusilus.* Locus est in *Cisimus.* Vide supra *Cisinus.*

¶ **SISPES**, *Sospes*, *sanus.* Gloss. Isidori.

¶ **SISPETATICUM**, in Præcepto Theoderici Reg. Franc. ann. circ. 688. apud Mabill. Diplom. lib. 6. Ch. 12. pro *Cespitaticum.* Vide in hac voce.

SISSA, Sissarii. Vide in *Assisa.*

¶ **SISSIARE**, pro Sissitare, sedere. Gloss. Lat. Gr. : *Sissiat*, κάθηται, ἐπὶ βρέφους.

¶ **SISTARCHIA**, Sistarcia. Vide *Sitarchia.*

SISTARIUM, pro *Sextarium*, [Brabantis *Sisteren.* Charta ann. 1206. apud Miræum tom. 1. pag. 294. col. 2 : *Et tali quidem facta æstimatione, ut tria Sistaria siliginis pro marca, et quatuor Sistaria hordei similiter pro marca computentur.* Codex censualis MS. Irminonis Abb. Sangerm. fol. 72. v° : *Isti solvunt de festo pens.* XXXIII. *de fulone modios* VIII. *et Sistaria* IIII.] Charta ann. 1218. in Tabular. Afflighem. : *Duo Sistaria siliginis, etc.*

SISTAROA, Avis species, apud Fridericum II. lib. 1. de Arte venandi cap. 1.

* **SISTENTER**, Continuo. Lit. Rob. reg. Sicil. ann. 1324 : *Per manus vestras Sistenter computanda sibi in toto, etc.* Id est, ad ostensionem literarum.

¶ **SISTERE**, Consistere, emergere, Gr. συνίστασθαι. Vetus Irenæi Interpres lib. 1. cap. 5. n. 3 : *Et initio concedens Sistere errorem, et crescere illum, in posterioribus temporibus solvere illum conatur.*

* Sistere, pro Existere, esse. Charta ann. 1388. ex Tabul. Massil. : *Solvatis...... pro equitibus missis per nos pridie ad castrum de Pennis, pro comburendo baracas et stramina illic Sistentes et Sistentia, vj. florenos auri.*

* **SISTERENIS**, Mensura frumentaria, eadem atque *Sextarium*, Brabant. *Sisteren.* Reg. S. Justi ex Cam. Comput. Paris. fol. 186. r° : *Item sex minæ et duo Sisterenis frumenti.* Vide *Sistarium.*

¶ **SISTERIUM**, ut *Sextarium.* Vide ibi.

* **SISTERNUS**, Codex sex foliorum, ut *Quaternus*, quatuor. Stat. Universit. Tolos. ex Cod. reg. 4222. fol. 21. r° : *Quod ante se non tenebunt Sisternum vel quaternum, quando facient suum principium sive quæstionem.* Vide *Sexternus.*

¶ SISTERTIUM, perperam pro *Sisterium*, in Chartul. S. Vandreg. tom. 1.

¶ SISTILLAGIUM, pro *Sextellagium*, ni fallor. Vide *Sextariaticum*. Charta Rogeri dom. de Roseto ann. 1210. ex Tabul. S. Medardi Suessionens. : *Prædicta vero ecclesia singulis annis in teloneo et Sistillagio nostro Montis Cornuti* 28. *libras Laudunenses pacifice percipiet.*

* SISTORIORA, Modus agri, idem quod *Sextarata*, in Charta ann. 1122. tom. 10. Collect. Venet. edit. cui titulus : *Raccolta d'Opuscoli scient. et filolog.*

1. SISTORIUM, pro Consistorium. Witikindus lib. 2. cap. 1. Gestor. Saxon. : *Congregati in Sistorio basilicæ Magni Caroli cohærenti*. Editio Reineccii habet *Xysto*. [** Pertz. *Sixto*.]

* 2. SISTORIUM, pro *Storium*, idem quod Storea, ut recte suspicantur docti Editores ad Acta B. Joan. Firm. tom. 2. Aug. pag. 462. col. 2 : *Lectum existens in monte numquam habuit alium, nisi super terram vel lapides habens tabulas, et super tabulas Sistoria, ursi corium album, etc.* Rursum ibid. pag. 467. col. 1 : *Semel, ipso in cella meditante de Domino, et aliqualiter jacente super Sistorium ursi, etc.* Vide *Storia* 1.

¶ SISURNA, Vulgaris stragula, vel tunica ex pellibus. Ammian. lib. 16. de Juliano : *Nocte dimidiata semper exurgens, non e plumis vel stragulis sericis ambiguo fulgore nitentibus, sed ex tapete et σισύρᾳ, quam vulgaris simplicitas Sisurnam appellat.* Vide Lindenbrog. et Valesium ad hunc locum. Adde Octav. Ferrarium de Re vestiar. part. 2. lib. 3. cap. 9. et Vossium de Vitiis Serm. lib. 3. cap 49.

* SIT, pro Sive, seu, Gall. *Soit*. Charta Joan. comit. Matiscon. et Aalid. ejus uxor. ann. 1238. in Reg. D. Chartoph. reg. ch. 2 : *Quittavimus...... Ludovico regi Francorum illustri et hæredibus suis.. . quicquid habebamus...... in Burgundia in regno Franciæ, Sit de feodo, Sit de domanio.*

¶ 1. SITA, Terminus, limes, ut videtur. Fori Oscæ Jacobi I. Reg. Aragon. ann. 1247. fol. 18 : *Et secundum forum non tenetur ibi aliquid pediare, aut per bogas sive Sitas aliquid demonstrare, quia non sunt talia loca quæ aliter possent dividi.*

* 2. SITA, pro *Seta*, Pilus. Comput. ann. 1471. ex Tabul. S. Petri Insul. : *Item pro ponendo novas Sitas ad aspersorium argenteum, ij. solidos.* Vide in *Seta* 1.

¶ SITACIUM, pro *Sitarcium*, ut mox *Sitarchia*. Agnellus in Vita S. Petronacii apud Murator. tom. 2. pag. 185 : *Sedere fecit illum super alium jumentum strata via; flascones et Sitacium ad sellam ligatum.*

* SITAMENTUM, perperam pro *Sagittamentum*, Sagittarum materia vel multitudo. Vide in *Sagittamen*. Testam. Guill. milit. de castro Barco ann. 1319. tom. 3. Cod. Ital. diplom. col. 1946 : *Item relinquo et judico D. Aldrighetto nepoti meo medietatem omnium armorum, balistorum et Sitamentorum, et aliorum vasorum, massariarum, suppellectilium et victualium, quæ habuero tempore obitus mei in omnibus cubitis meis.*

SITARCHIA, SITARCIA, SISTARCIA, etc. Sacculus vel Cistella, qua panis cibusve defertur. Apud Apuleium lib. 2. *sitarchia* sumitur pro alimento, annona, seu cibo, quo in navibus vice commeatus utebantur nautæ : est enim efficta vox a σίτος, *frumentum*, *annona*, et ἀρκέω, *sufficio*; quasi dicas, quod ad victum sufficit. S. Hieronymus de captivo Monacho : *Ascensis camelis, et nova Sitarchia in annona refocillati.* S. Augustinus de Cantico novo cap. 11 : *Præparemus Sitarcias, apprehendamus et ascendamus navem fidei simul et crucem, nec desit anchora spes nostræ salutis, etc.* [Vide Gloss. med. Græcit. in Σιτάρκιον.]

Postea pro ipsis, in quibus recondebantur cibaria, aut alimenta, vasis ac sportellis, vox usurpari cœpit apud posteriores Latinos, qui vocabulum ipsum passim deformaverunt. Occurrit enim

SITARCHIA, in Gloss. Angl. Sax. Ælfrici, mete-fætels, id est *pera cibi*.

SITARCIA. Glossæ Biblicæ MSS : *Sitarciis, arcis cibariis*. Gloss. Arabico-Lat. : *Sitarchia, saccus vel pera* : perperam editum *Sitareia*. Vita S. Genulfi lib. 2. cap. 2 : *Levantes ergo sacrum thesaurum in Sitarciis super colla equorum, cœperunt regredi, etc.* Herbertus lib. 1. de Miracul. cap. 7 : *Illa vero quia non fuit in Sitarcia, neque in forulo foris incaute relicta.* Hinc emendandus videtur Fulcherius Carnot. lib. 3. Viæ Hierosol. cap. 31 : *Quod ipse, qui in Starcia sua detulit usque Tyrum... nobis enarravit.* Legendum enim *Sitarcia*.

¶ SITARCIUM, in Mirac. S. Germani Paris. tom. 6. Maii pag. 790 : *Qui certus de visione, adjutorio fidelium impositus Sitarcio, comitante sibi puero, equo vehente Parisius pervenit.*

SISTARCHIA, SISTARCIA. Papias, (ex Isidoro lib. 20. cap. 9. qui habet *Sitarciæ*) *Sistarchiæ, proprie sunt nautarum, dictæ quod sint sutæ, substantiæ, vel vascula, in quibus portantur cibi.* Eadem prope Ugutio. Joan. de Janua : *Sistarcia, vas et repositorium, sicut saccus, vel pera, etc.* Catholicon parvum : *Sistarcia, Sac, repositoire, bourse.* Regum cap. 9 : *Panis defecit in Sistarciis nostris.* Arnoldus Lubec. lib. 3. cap. 32 : *Et defecerat panis in Sistarciis eorum.* Henric. de Knyghton : *Cum panis alimoniæ in Sistarchiis deficere cœpisset.* Utuntur promiscue vetus interpres Juvenalis sat. 12. v. 51. Wolfardus lib. 3. de Mirac. S. Walburg. cap. 9. Gordianus Monach. in Vita S. Placidi Mart. cap. 36. Vita S. Goaris cap. 6. Historia Translationis S. Germani Parisiens. Episcopi cap. 7. etc.

¶ SATARTIA, in Vita S Albini ex Fortunato tom. 1. Martii pag. 57 : *Sed ut de peregrinis nostra vobis aliquid Satartia non negaret.*

CISTARCHA. Will. Brito in Vocab. MS. : *Cistarcha, secundum Alexandrum Nequam, componitur a cista, et archa. Unde fecit tales versus :*

Cistarcis tactis, vel peris, jungere cistam
Si cures archæ, Cistarchis sic dabit ortum.

CISTARTIA. Will. Tyrius lib. 22. cap. 15 : *Trahebat enim secum infinitam multitudinem, quibus et aqua jam defecerat in utribus, et panis in Cistartiis.*

SETARCIA, in Vita S. Lupicini Abbat. Jurensis num. 7. 9.

PSITARCIUM. Guibertus lib. 1. Histor. Hierosol. cap. 1 : *Videres Scutorum apud se ferocium, alias imbellium, cuneos crure intecto, hispida chlamide, ex humeris dependentia psitarcia, de finibus uliginosis allabi.* Ita σιτάρκιον neutro genere effert Menologium Basilii Imp. 12. Mart. : Ἕως ἐκένωσε τὸ ἐν τῇ μονῇ σιτάρκιον χρυσοῦ.

¶ SITELLA, Situlæ species. Laudes Papiæ apud Murator. tom. 11. col. 26 : *Hauriunt autem aquam non solum ligneis situlis, sed etiam æreis, quæ Sitellæ dicuntur, quibus quasi omnes abundant, ministrantes aquam capitibus æreis.* Bernardi Mon. Ordo Cluniac. part. 1. cap. 47 : *Una Sitella qua aqua hauriatur.*

SITHCUNDUS, SITHERCUNDUS, SIDERCUNDUS HOMO, SITHCUNDMAN. Leges Inæ Regis Westsaxiæ cap. 49 : *Borgi fractura debet emendari* 120. *sol.... Aldermanni* 80. *sol. Thayni Regis* 60. *Sidercundi hominis terram habentis* 25. *aut per id negare.* Cap. 56 : *Si homo Sithercundus agat cum Rege, vel cum Regis Aldermanno pro familia sua, etc.* Cap. 57 : *Si homo Sithercundus terrarius expeditionem supersedeat, emendet* 120. *sol. et perdat terram suam.* Adde cap. 60. [*Gesithcundman* dicitur cap. 55. 64. et 67.] Leges Athelstani Regis : *Et si Waliscus... Ceorlman promoveatur, ut habeat* 5. *hidas terræ, et habeat weram Regis, et occidatur, reddantur* 2. *millia thrimsa : et si assequatur, ut habeat loricam et galeam, et deauratum gladium, si terram non habeat, tamen est Ceorlus. Et si filius ejus, vel filius filii ejus hoc assequatur, ut tantum terræ habeat postea, est qui nascetur ex eis Sithercundæ generationis ad* 2. *millia thrimsarum, etc.* Ex quibus patet *Sithercundum* dici hominem, qui tantum terræ habeat, ut servitium militare inde exhibere posset, ideoque viris nobilibus accenseretur. Lambardus *Custodem paganum* vertit, alibi *Armiferum* et *Ducem paganum*. Sed vide, quæ Somnerus ibi commentatur, et mox *Sithcundman*. [** Thorpii Glossar. Leg. Anglosax. voce Gesiðð, Phillips. de Jur. Angloss. § 32. not. 320. ejusd. Histor. Jur. Anglic. tom. 2. pag. 13. Richthofen. Glossar. Frison. voce *Sith*.]

SITHCUNDMAN, Vox ejusdem notionis et originis. Concilium Bergamstedense ann. 697. cap. 5 : *Si occiderit virum militarem, qui Sithcundman appellatur, finito hoc Concilio... in adulterio deprehendi, etc.*

SITHIA, Navis species. Sanutus lib. 3. part. 13. cap. 13 : *Eodem anno Soldanus Babyloniæ per flumen Tampnis inter galeas et Sithias misit usque ad* 20. *etc.* Vide *Sagitta*.

¶ SITICINES, Tubicinum genus : de qua nomenclatura ita Gellius lib. 20. cap. 2 : *Nos autem in Capitonis Atei conjectaneis invenimus Siticines appellatos, qui apud sitos canere soliti essent, hoc est, vita functos et sepultos; eosque habuisse proprium genus tubæ, a cæterorum differens.* Hanc tubam reliquis longiorem latioremque fuisse docet Hieronym. Magius Miscell. lib. 1. cap. 13.

* SITITOR, Sitiens, avidus. Math. Paris ad ann. 1213 : *Noverat enim (rex) quod papa super omnes mortales ambitiosus erat et superbus, pecuniæque Sititor insatiabilis. Sititor novitatis*, apud Apul. lib. 1. Metam.

¶ **SITOCOMI**, Rei frumentariæ curatores, a Gr. σίτος, frumentum, et κομεῖν, curare : quorum præfectura *Sitocomia* dicitur, apud Ulpian. Dig. lib. 50. tit. 5. leg. 5. Alii erant

¶ **SITONES**, Qui scilicet frumento emendo præfecti erant; quorum officium *Sitonia* nuncupabatur, ibid. tit. 5. leg. 2. et tit. 8. leg. 9. § 6.

SITONICUM, Stipendium, annona : quomodo σιτωνικὸν usurpat Chronicon Alexandrinum ann. 36. Theodosii Jun. [nisi locum significet in quo frumentum publico nomine emtum reconditur : quod innuere videtur] Gregorius M. lib. 1. Epist. 2 : *De frumentis autem, quæ scribitis, longe aliter vir magnificus Ciridanus asserit; quia tantummodo sola transmissa sunt, quæ pro transactæ indictionis debito ad replendum Sitonicum sufficerent.*

* A Græco σίτος, frumentum. Ejusdem originis est vox Gallica *Citolet*, qua potus seu *cerevisiæ* species, ex frumento confecta, significatur. Lit. remiss. ann. 1447. in Reg. 176. Chartoph. reg. ch. 527 : *Les supplians et les autres de leur compaignie.... alerent boire du brumat ou Citollet en l'ostel d'un nommé Jehan Maillart, qui s'entremettoit de vendre ledit bruvage.* Aliæ ann. 1457. in Reg. 189. ch. 202 : *Buvrages de grain, que l'en nomme communement Citolet* (en Ponthieu.)

¶ **SITTA**, f. Situla, in Inventar. utensil. ex Tabul. Compend. : *Duos caminos, et duas Sittas et unum coopertorium ferratum, et 12. scutellas plumbeas magnas, etc.*

¶ **SITTO**, pro Sederit, a Saxon. Sitten, sedere, Germ. *Sitzen*, in Pacto Legis Salicæ edit. Eccardi tit. 26.

¶ 1. **SITUARE**, Ponere, collocare, constituere, Gall. : *Situer, placer, établir, assigner.* Chron. Comodoliac. apud Stephanot. tom. 2. Fragm. Hist. MSS : *Cumque ipse Yterius artes...., ascendisset, ut videret qualiter ipsi operarii lapides... Situabant, etc.* Elmham. in Vita Henrici V. Reg. Angl. cap. 54. pag. 134 : *Sedibus aptissimis plurima grandia saxivoma.... Situari constituit.* Codex MS. Corbeiensis : *Ac reliquis quorum hic Situata vocabula non sunt.* Charta Gosvini Episc. Tornac. ann. 1209. inter Instr. tom. 3. Gall. Christ. novæ edit. col. 50 : *Sed ne per foraneos qui beneficiorum suorum stipendiis merito sunt privandi, ecclesia etiam omnino eorum servitio defraudetur, pro quolibet foraneo Situetur vicarius, etc.* Obituar. MS. S. Geraldi Lemovic. fol. 16 : *Quam summam decem et septem solidorum rendualium nobis assignarunt seu Situaverunt levandos et percipiendos in et super quadam domo, etc.* Testam. Johan. *de Talaru* Archiep. Lugdun. ann. 1392. in Maceriis Insulæ Barbaræ tom. 2. pag. 668 : *Quas* (summas) *Situavit super domo quam nunc habitat dominus Stephanus Fabri.*

Situatus, pro *Situs*, ex Gallico *Situé.* [Litteræ Caroli primogeniti Johannis Reg. Fr. ann. 1358. tom. 3. Ordinat. pag. 296 : *Ex eo quod ipsi ad dictum castrum, quod est Situatum, ut prefertur, in metis imperii, ire et conversari secure non audent.*] Willelm. *de Baldenzeel* in Itiner. Terræ sanctæ : *Prope civitatem, quæ Naulum dicitur, in ripariis Januæ Situatam prospere perveni.* Occurrit non semel.

¶ Situatio, Situs, Gall. *Situation.* Charta Caroli VI. Reg. Franc. ann. 1380. apud Menester. Hist. Lugdun. pag. 129 : *Nos attendentes prædicta ac Situationem dictæ villæ existentis in regni confinibus, etc.*

¶ Situatio, Constitutio, Gall. *Assignation.* Codicillus Beraudi dom. de Mercorio ann. 1320. apud Baluz. tom. 2. Hist. Arverniæ pag. 339 : *Cum ego in meo testamento prædicto hic annexo Situationem olim factam carissimæ consorti meæ Ysabelli in contractu matrimonii per me celebrati cum ea de mille libris Turon..... situassem et transmutassem totaliter et in solidum in terra mea de Campania.* Charta Andreæ Abbat. Nobiliac. ann. 1387. apud Stephanot. tom. 3. Antiquit. Bened. Pictav. MSS. pag. 1027 : *Pro qua Situatione et assignatione idem Symon Taupelli tradidit, Situavit et assignavit nobis ratione dicti prioris et prioratus sui prædictos duos boissellos cum dimidio frumenti.* Vide *Situare.*

* 2. **SITUARE**, Manere, habitare. Stat. ann. 1317. in Reg. A. Cam. Comput. Paris. fol. 197. v° : *Omnes et singuli paratores in uno et eodem loco seu vico, alias hactenus consueto, parabunt et adaptabunt pannos ipsos,.... quamdiu in loco communi potuerint commode Situari.*

¶ **SITULA**, Mensura liquidorum. Anamodus lib. 2. Tradit. S. Emmerammi apud Pezium tom. 1. part. 3. Anecd. col. 273 : *Camisam quoque et cottum similiter 1. de vino caradam 1. id est Situlas* xxx. *farinæ modios* x. Charta S. Annonis Colon. Archiep. ann. 1066. apud Miræum tom. 2. pag. 1133. col. 2 : *In Strala modius tritici.... pulli duo, ova decem, Situla vini, ama cerevisiæ dimidia, etc.* Eadem habentur in Charta Friderici I. Imper. ann. 1173. ibid. pag. 1178. col. 1. Form. vett. apud Eccardum ad calcem Pactus Leg. Sal. pag. 243. form. 21 : *Maldra quatuor de pane, de cervisa carradam unam, triginta Situlas de vino.* Pro certa quantitate aquæ sali conficiendo aptæ occurrit in Tabul. Accincti fol. 59 : *Fratres de Aceyo habent de Comite Stephano unam monteyam... et 5. Situlas, de Huberto Magzaligne 15. Situlas, de Duranno Corde et Pontio filio ejus 26. Situlas.* Vide *Situs.*

** Situlus. Charta Otton. I. Imper. ann. 937. in Erath. Cod. Diplom. Quedlinb. num. 5. pag. 3 : *De vineis ad carradas* 10. *ex melle vero Situlos majores* 40. *nostræ majestati singulis annis persolvendos.... donavimus.* Germ. *Seidel.*

* *Seillie*, eadem acceptione, in Lit. remiss. ann. 1482. ex Reg. 206. Chartoph. reg. ch. 813 : *Le suppliant print deux Seillies de cervoise, valant environ cinq solz. Seillette de voirre*, pro Lagena vitrea, in aliis Lit. ann. 1407. ex Reg. 162. ch. 80. *Seigle*, pro *seau*, situla, in aliis ann. 1473. ex Reg. 195. ch. 998 : *Mace Louau entra à l'ostel de Jehan Braquier,.... et demanda à boire, auquel la femme de Braquier respondit que on ne buvoit point leans que à la Seigle. Séellée* vero, quantum situla continetur. Lit. remiss. ann. 1400. in Reg. 155. ch. 370 : *Deux paielles d'arein, l'une tenant deux Séellées et l'autre une Séellée d'eaue.* Vide supra *Selha* et *Sicla* 1.

* **SITULARIUS**, Sitularum artifex, qui et *Sarrarius* dicitur, quod eas circulis *serrat* seu constringit. Vide in *Serare.* Charta ann. 1336. in Reg. 70. Chartoph. reg. 118 : *Dictus Petrus reus insultum fecit et perpetravit in Petrum dictum de Dige Sarrarium seu Sitularium, quondam apud Charniacum commorantem.*

¶ **SITULLA**. Statuta Ripeiræ cap. 12. fol. 5 : *De qualibet libra æstimationis Situllarum pro introitu denarii quatuor.*

¶ **SITULUS**, Situla, vas aquæ benedictæ. Inventar. ann. 1419. ex Tabul. Eccl. Noviom. : *Item unus Situlus cum aspergerio argentei pro aqua benedicta. Item quidam Situlus parvus metalli ad faciendum aquam benedictam.* [** Vide Forcellin.]

¶ 1. **SITUS**, ut *Situla*. Vide in hac voce. Charta Radulfi Reg. ann. 1029. apud Marten. tom. 1. Anecd. col. 147 : *Ad præsens quoque quatuor ferreas vel caldarias, Situsque earum in salinis.*

* Minus bene; Locus est in quo patellæ et caldariæ salinariæ consistunt. Vide *Sedes salinariæ* in *Sedes* 4.

* 2. **SITUS**, Ital. *Sito*, Locus ad ædificandum idoneus. Charta ann. 1409. tom. 2. Hist. Cassin. pag. 627. col. 1 : *Promittendo concedens excambium pro quodam Situ vestro, cum ædificio ruynoso et undique inhabitato, prope Neapolim ad construendum ibidem per nos unum monasterium.* Vide *Sedes* 4.

* 3. **SITUS**, adject. Stans, Gall. *Qui est sur pied.* Charta Phil. Pulc. ann. 1303. in Lib. rub. Cam. Comput. Paris. fol. 222. r°. col. 1 : *Concedimus dictis fratribus* (Vallis scholarium) *usagium in tota foresta Cuysiæ ad quercum et fagum Sitas, jacentes vel stantes, nec non ab ipsis virides jacentes, et ad omnem boscum alium pro mortuo reputatum.*

* 4. **SITUS**, perperam pro *Sicus*. Vide supra in hac voce.

* ¶ **SIVADA**, Sivata, Avena : *Sibada*, in Foris Beneharn. rubr. 1. art. 20. Charta ann. IIII. inter Probat. novæ Histor. Occitan. col. 380 : *Tres eminas de Sivada.* Informat. pro passagio transmarino ex Cod. MS. Sangerm. : *Primo levabit necessaria pro* LX. *diebus pro equis, videlicet quatuor eminas ordei et quatuor eminas Sivate pro quolibet equo.* Vide *Civada.*

* Nostris etiam *Sivade*. Lit. remiss. ann. 1457. in Reg. 187. Chartoph. reg. ch. 82 : *En laquelle terre labourée le varlet du seigneur du lieu de Freignon semoit de la Sivade.*

* **SIVARA**, Navis species. Charta Phil. comit. ann. 1163. in Chartul. 1. Fland. ch. 325. ex Cam. Comput. Insul. : *De nave, quæ dicitur Sivara, quatuor denarios.*

¶ **SIVE**, pro *Et* conjunctiva. Occurrit passim.

¶ **SIVI**, pro *Sibi*, mutatione haud infrequenti *b* in *u*, in Judicio ann. 873. inter Probat. tom. 1. novæ Hist. Occit. col. 124.

SIUM, Sion, Inter ministeria sacra recensetur in Testamento S. Everardi Cisoniensis : *Duo phylacteria in cruce pendentia, Evangelium de auro paratum, Sia aurea, armillas duas auro paratas, Missale cum auro et argento paratum.* Testamentum Ricalis Episcopi Helenensis : *Et alium calicem cotidianum, Sion argenteum optimum unum, incensarios duos, etc.* Nos *Sion* vulgo ramulum dicimus. Martialis Parisiensis in Arestis Amorum, Aresto 1 : *Et battu par les carrefours de Cions de vert olivier, etc.*

☞ Ejusdem vasculi mentio occurrit in antiquo Rituali Eccl. S. Martini Turon. apud Marten. de Antiq. Eccl. Rit. tom. 1. pag. 568 : *Præpositus qui legit epistolam et portat Syon loco manipuli.* Ibid. pag. 569. ex eodem Rituali : *Vinum per Sion in calicem mittitur.* Pro *Sion*, *Cochlear* habet Ordinarium Laudunense ibid. pag. 388 : *Subdiaconus ascendit pulpitum deferens librum et Cochlear argentum in sinistra.* Unde colligitur *Sion* idem esse quod *Coclear.* Vide in hac voce. Sed id aperte docent Gesta Episc. Cenoman. cap. 37. apud Mabill. tom. 3. Analect. pag. 354 : *Necnon larga ejus* (Hugonis) *gratia aliud dedit vasculum, gemmulis undique sæptum nitentibus, accerræ exprimens similitudinem, si non ab inferiori capite modice falcato unci speciem retineret. Per hoc foratum subtilissime vinum quandoque funditur in calicem, ne pili, sive quæ immunda aer movet agitabilis, valeant admisceri. Syon antiquorum vocavit docta discretio, et a subdiacono festive geritur pro manipulo.*

* Idem quod *Colum* 3. Vide in hac voce.

SIXHINDI, Mediæ conditionis homines, apud Anglo-Saxones, quorum scilicet æstimatio erat 60. solidorum, ut pluribus diximus in voce *Hindeni homines.* Iidem, quos *Radeknihł* vocabant, ut censet Seldenus lib. de Titulis honorar. Leges Inæ Regis Westsax. cap. 26 : *Si occidatur, non solvatur parentibus suis, si non intra 12. menses eum redemerint. Wealh si habeat 5. hidas, est Sixhinde.* Leges Henrici I. Regis Angl. cap. 76 : *Servi alii casu, alii genitura. Liberi alii Twyhindi, alii Syxhindi, alii Twelfhindi, etc.* Cap. 48 : *Si desponsata femina fornicetur, et Cyrlisca, vel Syxhinda, vel Thwelfinda sit, et corporalis diffractio persistentibus instituta, etc.* [** Vide Phillips. de Jure Anglosax. not. 327. 334. 514.]

¶ **SIZA**, ut *Sisa.* Vide in hac voce.

¶ **SKANOR**, vox Danica. Charta Waldemari Reg. Daniæ ann. 1326. apud Pontanum lib. 7. Rerum Danicarum : *Si ita contigerit, quod absit, quod alecia non capiantur, nec in Skanor salsentur, etc.* [** Scania insula, vulgo *Schonen.*]

¶ **SKAZA**, ut *Scadus.* Acta Murensis Monasterii pag. 62 : *Duæ domus et 66. partes in vitibus, quæ ibi vocantur Skaza, etc.* Vide *Scala* 8. et *Scamellus.*

SKELLA, Tintinnabulum, campanula, Italis *Squilla*, unde *Squillare*, resonare. Papias : *Tintinnabulum, a sono vocis dictum, Sichilla vulgo dicitur.* Ubi puto legendum *Schilla.* [** Vide Graff. Thesaur. Ling. Franc. tom. 6. col. 476. voce *Scella.*]

Skella, Equorum clitellariorum tintinnabulum. Occitani *Esquilo, Esquileto, Esquilou*, tintinnabulum, quod mulorum collis appenditur, etiamnum appellant. Lex Salica tit. 29. § 3 : *Si quis Skellam de caballis furaverit, etc.* Ubi editio Heroldi *tintinnum* habet. Charta ann. 1123. apud Puricellum in Ambrosiana Basilica pag. 170 : *Skella vero, quæ a Monachis fracta est, ejusdem ponderis et quantitatis in eodem loco infra claustrum Canonicæ restituatur et ponatur.*

Skilla, apud Hariulfum lib. 2. cap. 10. Lanfrancus in Decretis pro Ordine S. Benedicti cap. 1. sect. 1 : *Cum appropinquaverit tempus horæ tertiæ, pulsetur a Secretario modice signum minimum, quam Skillam vocant.* Vide eumdem pag. 265. 268. 273.

¶ Schela, apud anonymum in Chron. Cremon. apud Murator. tom. 7. col. 636 : *Campanam grossam de credentia, et Schelam militum ad aquitandum fieri fecerunt.*

Schilla. Hincmarus Remensis Epist. 7. ex Labbeanis : *Et inde pallium unum, et casulam unam, et Schillam unam, et librum unum abstulit.* Tabularium S. Remigii Remensis : *Turibulum æreum 1. signum ferreum 1. Schillam de metallo 1.* [Charta ann. 1029. inter Probat. tom. 2. novæ Hist. Occit. col. 184 : *Ferentes secum exinde Schillam ferream.* Adde Statuta Placent. fol. 107. v°.] Petrarcha part. 1. cant. 111 :

> Ch'el suon non d'altra Squilla,
> Ma di sospir mi fa destar sovente.

Part. 2. cant. 7 :

> E non suno poi Squilla,
> Ov'io sia in qualche villa,
> Che non l'udissi.

Aries squillatus, apud Michaælem *del Molino* in Repertorio.

Esquilla. Missale Mosarabum fol. 173 : *Puer defecerat Esquillam pulsando.* Fori Oscæ ann. 1247 : *Quicunque furatus fuerit Esquilatum arietem ducentem oves, post probationem legitimam debet ponere manum intus Esquillam arietis supradicti, etc.*

* *Esquelle*, eodem intellectu, in Stat. filassior. Rotomag. ann. 1390. *Escalette*, in Calend. Joan Molineti. *Schella*, Wachtero, a Teutonico *Schall*, sonus; et *Schellen*, *Schallen*, *Gellen*, *Hallen*, sonare, ejusdem originis atque καλεῖν.

Scilla. Eadmerus lib. 1. Vitæ S. Anselmi Cantuar. cap. 8 : *Sumpta in manibus chorda pro excitandis fratribus Scillam pulsantem.* Warmannus in Vita S. Pirminii cap. 23 : *Ibi quoddam pendebat vas fusile, mediocris scilicet ponderis, vulgaris hoc usus Scillam nominat, quod miræ sonoritatis dulcedine audientium sensus afficiebat.* Charta Heccardi Comitis Augustodun. apud Perardum : *Thuribulum minore, Scilla, candelabro aureo 1. etc.* Vitæ Abbatum S. Albani : *Tacta nola, cui Muta vel Scilla est nomen.* Scillam in refectorio pulsari solitam habemus in Udalrico lib. 1. Consuet. Cluniac. cap. 12 : *Pro cymbalo percutitur tabula, et in refectorio pro Scilla.* Et lib. 3. cap. 21. eam *pendere in extremitate refectorii* ait. Petrus Venerabilis lib. 1. de Miraculis cap. 13 : *Quando namque hoc agebatur, fratrum Conventus in refectorio ex consuetudine hora cœnandi recedebat, qua expleta, a Priore secundum morem, uno ictu Scilla percussa est.* Idem in Statutis Cluniac. cap. 25. ait, *Scillam in sublimi infirmariæ loco* positam, qua fratres, in infirmaria dormientes, excitarentur. Adde Durandum libr. 1. Ration. cap. 4. n. 11. Sed et aliis in locis et occasionibus usus *scillæ* obtinuit, ut observare est ex eodem Udalrico lib. 1. cap. 11. 12. 14. 15. et alibi, et Bernardo in Consuetud. Cluniac. MSS. non uno loco.

☞ Prope Abbatis vel Prioris sedem pendebat *Scilla* : unde *ad Scillam sedere* dicebatur, qui ad mensam Abbatis vel Prioris sedebat. Litteræ Petri Abbat. Cluniac. apud Marten. tom. 1. Anecd. col. 410 : *Ipse vero domnus Natalis, ejusque successores in locis nostris capitulum tenebit, in refectorio ad Scillam sedebit, post obitum suum in Cluniaco tricenarium habebit.*

Squilla. Ardo Mon. in Vita S. Benedicti Anian. cap. 8. [52.] : *Primitus si quidem quam signum horis nocturnis pulsetur, in Fratrum dormitorio Squillam tangere jussit, ut prius Monachorum congregatio orationibus fulti propria residerent per loca.* Breve vasorum Ecclesiasticor. in Tabular. Monasterii S. Theofredi Velavis : *In horologio, quo terminantur horæ, duæ partes Squillæ suspensæ.* [Transactio inter Abbat. et Monachos Crassenses ann. 1351 : *Abbas Crassensis suis expensis propriis tenetur facere... campanas et Squillas.* Vide *Insquilla.*]

Squilia, in Synodo Nemausensi ann. 1284. cap. de Eucharistia.

¶ Stila. Consuetud. Monast. Fontanell. MSS : *Finita Missa de Beatissima, abbas vel prior debet pulsare Stilam quæ vocatur Stila colloquii, et debent convenire in medio capituli, etc.* [* Legendum videtur *Scila*, ut *Scilla*, pro *Stilla.*] Haud scio an eadem notione accipienda sit hæc vox in Testam. Guillelmi dom. Montispess. ann. 1146. apud Acher. tom. 9. Spicil. pag. 141 : *Ac de meo jure in ejus jus in perpetuum transfero cameram scilicet meam, quæ est prope ipsam ecclesiam, et totum illud quod pertinet ad ipsam cameram, et porticum qui est ante cameram, sicut determinatum est a pilari usque ad parietem Stilæ, etc.* Ubi forte *Stila* est Aquæductus. Vide *Stillariæ.*

¶ Stilla, ut *Skella.* Statuta Ord. S. August. apud R. Duellium tom. 2. Miscell. pag. 359 : *Non moveant de loco, quousque prælatus incipiat Stillam pulsare.* Leg. videtur *Scilla.*

Atque inde facile quivis advertat *Trunculos*, quibus vulgo ludimus, et quos *Quilles* vocamus, a *Squillis* nomen accepisse, quod earum formam referant, ima parte, qua humo hærent, latiores, superiori minutiores, et in acumen desinentes. [** Vide Graff. Thesaur. Ling. Fr. tom. 4. col. 362. voce *Kegil*, Clavus.]

* **SKEPPA.** Vide supra *Sceppa.*

SKERDA, Idem videtur, quod nostris *Escare*, vulneris crusta. Bracton. lib. 3. Tract. 2. cap. 24. § 2 : *Et si os frangatur, quod facile perpendi poterit per renoduram, vel testa capitis frangatur, ita quod extrahantur ossa, vel Skerda magna levetur.* Infra : *Si ossa extrahantur a capite, et Skerda magna levetur, ut prædictum est.*

☞ Hæc post Spelmannum qui vim vocis non intellexit. *Skerda* enim in locis allatis est schidia, assula, seu pars ossis fracti aut contriti minuta, quæ Gallice *Esquille* dicitur. *Skerdo*, vel *Squerdo* vocant Occitani fragmentum minutissimum et acutissimum ligni haud lævigati, quod spinarum instar digitis incautorum sese inserit. [** Vide Bosworthi Glossar. Anglos.

voce Sceard et Graff. Thesaur. Ling. Fr. tom. 6. col. 528. radice *Scart*.]

SKILLA. Vide *Skella*.

SKILLINGUS, Genus monetæ apud Suecos, de qua vide Joan. Stiernhookum lib. 1. de Jure Sueonum vetusto cap. 11. pag. 132. Anglis *Schelling*, pro *Esterlingus*.

¶ SCILLINGUS, Eadem notione, in antiquo Missali MS. apud Hickes. Dissert. Epist. pag. 13 : *Godwinus Blacan se, conjugem, etc. a servitute* XV. *Scillingis redemit*. Vide *Schillingus*.

¶ **SKIPIAMENTUM**, Navis armamentum et instructio, annona scilicet cibaria, arma, et cætera ad victum et defensionem necessaria, Gall. *Equippage*, *Equippement*. Charta Edwardi I. Reg. Angl. ann. 1302. apud Rymer. tom. 2. pag. 911 : *Naves illæ totidem sint munitæ personis* (*ut in nautis et hominibus aliis defensabilibus*)... *idemque etiam contineant Skipiamentum*, *ut in numero personarum*, *etc.* Semel et iterum ibidem occurrit, ut et in Charta Edwardi II. ann. 1323. apud eumdem tom. 3. pag. 1012. A Saxon. scip, Angl. *Ship*, Danis *Skip*, Belgis *Schip*, navis, deducenda vox videtur. Consule Skinneri Etymol. linguæ Angl. Vide *Eskipare*. [** Danice *Skipa*, Ordinare, constituere, Anglosax. Scyppan, Creare, ordinare.]

¶ **SKOTTARE.** Vide supra *Scotare*.

SKREP, Gladius, Danis. Saxo Grammaticus lib. 4 : *Erat autem Regi inusitati acuminis gladius*, *Skrep dictus*, *qui quodlibet obstaculi genus uno ferientis ictu medium penetrando diffinderet*, *etc.* Infra : *Quo audito Wermundus Skrep gladii sonum secundo suis auribus incessisse perhibuit*.

¶ **SKUVINAGIUM**, Reditus ex officio et dignitate *scabinorum*. Charta ann. 1431. apud Rymer. tom. 10. pag. 490 : *Reventiones castrorum et dominiorum in marchiis Calesii*, *cum Skuvinagiis*. Occurrit semel et iterum ibidem. Vide in *Scabini*.

¶ **SLADE**, Modus agri qui in longum porrigitur, a Saxon. slæd. Charta ann. 1347. apud Kennett. in Antiquit. Ambrosd. pag. 465 : *Concessimus..... unam acram prati.... extendentem in longitudine a prato dicti prioris et conventus vocato le Slade ex parte Orientali usque le Commemede ex parte Occidentali in quodam loco vocato Longeford juxta le Slade in tenura dominæ Comitissæ Lincolniensis*. Occurrit rursum ibid. pag. 537. et 572.

* **SLAG-HAUD.** Charta Will. de Bethunia ann. 1240. in Supplem. ad Miræum pag. 106. col. 2 : *Contulimus ipsis in eodem moro unam mensuram terræ*, *ad turbas earumdem desiccandas et ad Slag-haud faciendum*, *in quo possint turbas suas comportare et pro commodo suo præparare*. [** Ligna cædua vel potius fissa.]

¶ **SLAVUS**, Servus, *serviens*. Charta Ottonis Reg. ann. 939. apud Eccardum inter Probat. Hist. Marchionum Oriental. col. 137 : *Damus... familias litorum* XI. *Slavorum* XXVI. *Pretalitzse familias Slavorum* VIII. Tradit. Fuld. apud Schannat. pag. 403 : *Slavi* XIII. *quorum unusquisque unam libram lini debet... Slavi* CXX. *singulas libras lini debent*. Vide supra *Sclavus*.

* **SLAWE.** Charta Ottocari reg. Bohem. ann. 1226. inter Probat. tom. 1. Annal. Præmonst. col. 519 : *De judicio autem aquæ vel candentis ferri*, *quod fit per Slawe*, *etc.*

* **SLECLEM.** Charta Will. *de Linenberch* ann. 1258. in Reg. 3. feud. episc. Metens. fol. 293. v°. ex Bibl. reg. : *Item a jam dictis comite et comitissa de Castris quædam bona*, *quæ dicuntur vulgari vocabulo Sleclem*, *habeo*. *Slethen*, ibid. fol. 294. v°.

* **SLEYAGIUM**, f. pro *Strelagium*, Jus mensuræ, quæ sextario fit. Ch. Phil. Pulc. ann. 1310. in Lib. rub. Cam. Comput. Paris. fol. 350. v°. col. 1 : *Item moutonnagium*, *Sleyagium*, *cum uno boissello bladi annui redditus*. Vide in *Sextariaticum*. Nisi *Slusagium*, Pensitatio pro jure habendi *sclusam*, malis emendare. Vide *Exclusa*.

* **SLEYSCAT**, Germanica vox, idem quod *Monetagium*, id nempe quod monetarii domino, cujus est moneta, exsolvunt ex monetariæ fusionis et signaturæ proventibus. Comput. ann. 1562. ex Tabul. archiep. Camerac. : *Compte et renseignement du droit seigneurial*, *vulgairement appellé Sleyscat*, *que monseigneur le reverendissime et illustrissime a eu de la forge de ses monnoyes en sa cité de Cambray*, *selon le contract fait par sa seigneurie reverendissime avec Hans Crul maistre desdictes monnoyes*.

SLIPESTEN, Cos, ex *Sliipen* Teutonico, acuere. Teloneum S. Audomari in Tabulario S. Bertini : *Lapis molaris* 2. *den. Slipesten* 2. *den. si autem unus molaris*, *sive in curru*, *sive in carro portetur*, *dabit* 2. *den. etc.* [Supra *Sclipesten* scripsit Cangius.]

* Belgis, *Slijpsteen*. Charta Phil. comit. ann. 1163. in Chartul. 1. Fland. ch. 325. ex Cam. Comput. Insul. : *De lapide*, *qui dicitur Slippesteen*, *quatuor denarios*.

¶ **SLOPETUM**, apud Schannat. in Diœcesi Fuld. pag. 114. pro *Sclopetum*. Vide in hac voce.

¶ **SLUSA**, Locus ubi concluduntur aquæ, ut et

¶ **SLUSAGIUM**, Pensitatio quæ a domino feudi exigitur pro jure habendi *Exclusam*. Vide in hac voce.

¶ **SMACARE**, SMACCARE, vox Italica, Vulnerare, mutilare, debilitare. Statuta Cadubrii cap. 112 : *Addatur statuto de Smacantibus membrum... quod ultra illius pœnam*, *teneatur delinquens ad solutionem medici*. Statuta Riperiæ cap. 94. fol. 16. v° : *Quod quicunque aliquem vulneraverit*, *vel percusserit*, *incassaverit*, *vel Smaccaverit*, *compellatur per dom. capitaneum*, *seu judicem maleficiorum ad præstandum vulnerato*, *percusso*, *incassato*, *seu Smaccato omnes expensas quas talis fecerit*. Hinc

¶ **SMACATURA**, Vulnus, membri mutilatio, vel debilitatio. Statuta Cadubrii lib. 3. cap. 24 : *Sancimus*, *quod si quis aliquem percusserit*, *vel vulneraverit*, *ita quod membrum aliquod sibi Smacaverit vel debilitaverit*, *pro tali Smacatura seu membri debilitatione*, *curiæ in decem libris Pap. condemnetur*. Statuta Riperiæ cap. 233. fol. 30 : *Quicumque insultum*, *aut percussionem*, *seu vulnus*, *incassaturam*, *vel Smacaturam*, *vel debilitationem fecerit in personam alicujus officialis*, *puniatur*. Vide *Mahamium*.

¶ **SMALDUS.** Vide infra *Smaltum*.

SMALTUM, Encaustum, liquati coloratique metalli pigmentum, Italis *Smalto*, Germanis *Schmalt*, Gallis *Esmail*. [** Vide Graff. Thesaur. Ling. Fr. tom. 6. col. 832. voce *Smelzi*.] Vox forte formata a *malto*, seu *malta*, quæ vox Architectis *solidamentum* sonat. Apud Palladium de Architectura habetur caput *de compositione maltorum et solidamentorum*, deinde : *Compositio maltorum*, *id est solidamentorum*, *ad solidandas quaslibet res*, *etc.* Ubi Cod. MS. Pithœanus *maltarum* præfert. Anastasius in Leone IV. PP. pag. 182 : *Fecit denique tabulam de Smalto*, *etc.* Guillelmus Biblioth. in Stephano VI : *Cantharam auream unam cum pretiosis margaritis et gemmis*, *ac Smalto*, *etc.* Leo Ost. lib. 1. cap. 20 : *Super altare autem S. Benedicti argenteum ciborium statuit*, *illudque auro simul et Smaltis exornans*, *etc.* Cap. 56 : *Crucem etiam pulcherrimum cum gemmis et Smaltis ad procedendum fecit*. Lib. 3. cap. 33 : *Auream ibi in altaris facie tabulam cum gemmis ac Smaltis valde speciosis parari mandavit*, *quibus videlicet Smaltis nonnullas quidem ex Evangelio... insigniri fecit historias*. Adde lib. 2. cap. 25. Richardus de S. Germano in Chron. ann. 1242 : *Icona cum Smaltis*, *quæ super altare fuerat S. Benedicti*. [Chr. Cavense apud Murator. tom. 7. col. 951 : *Item pluvialem cum campanellis*, *pluvialem cum Smaltis*. Vita S. Chunegundis sæc. 6. Bened. part. 1. pag. 453 : *Calicem aureum cum patena sua gemmis et margaritis ac Smaltis optimis adornatum*. Conc. Tarracon. ann. 1591. inter Hisp. tom. 4. pag. 615 : *Ne clerici... deferant.... botonos ex auro sive ex argento vel Smalto*.] Vide *Limogia* et *Maltare*, 2.

¶ ESMALCTUM, Eadem notione. Annales Mediolan. Anonymi ad ann. 1389. apud Murator. tom. 16. col. 807 : *Capelletus sive girlanda una auri et Esmalcto viridi et azuro*, *cum pluribus perlis*, *etc.* Vide *Esmailus*.

SMALDUS. Vetus Scheda in Bibl. Cluniac. pag. 563 : *Quæque cariora ac sanctiora in thesauris reperit Ecclesiæ secum Constantinopolim detulit* : *inter quæ ornamentum quoddam gemmis ac lapidibus*, *videlicet eis*, *quos Smaldos vocant*, *pretiosissimumque*, *etc.*

* Lapis pretiosus varii coloris significari videtur in loco hic allato, ut et in Vita B. Vict. III. PP. tom. 5. Sept. pag. 409. col. 1 : *Turibulum de auro cum gemmis et Smaldis librarum duarum*. Et certe Italis *Smalto*, encaustum simul et rem lapideam sonat, ut monent Academ. Crusc.

¶ SMALTATUS, Italis *Smaltato*, Gall. *Emaillé*, Encausto distinctus. Consuet. Frederici Reg. Siciliæ cap. 94 : *Item quod nulla domina*, *sive mulier audeat portare cappellum imperlatum*, *sive Smaltatum*, *etc.* Instrum. ann. 1347. tom. 2. Hist. Dalph. pag. 568. col. 1 : *Item*, *duo candelabra de argento deaurato Smaltata*. Bobincontrus in Chron. Modoet. apud Murator. tom. 2. col. 1181 : *Offerre fecit calicem unum argenteum magnum magni ponderis mirifice deauratum et Smaltatum*. Adde Chron. Placent. apud eumd tom. 16. col. 588.

SMALTITUS, Eadem notione. Anastasius in Benedicto III. PP : *Conclusas etiam auripetias in se habens Smaltitas*, *etc.* Sugerius lib. de Admin. sua cap. 32 : *Columnam*, *cui sancta insidet imago*, *subtilissimo opere Smaltitam*, *etc.* Idem : *Opere Smaltito*, *et optime deaurato*, *etc.* De quo consulendus Andreas Agathopæus, seu Felibianus, in tract. de Pictura et Architectura cap. 10.

¶ **Smaltus**, Eodem intellectu, in Constitut. Frederici Reg. Siciliæ cap. 92 : *Excepto quod... albæ ipsarum* (sambucarum) *possint cooperiri ære et fieri Smaltæ.*

¶ **SMANIARE**, vox Italica, Ira excandescere, fremere, furere, Gall. *Enrager.* Bonincontrus in Chronic. Modoet. apud Murator. tom. 12. col. 1095 : *Habito cum eis consilio, cum non vellent suum adimplere animum vetandi dicto Regi, in se quasi Smaniavit* (Guido) *eo quod receptionem Regis laudarent.* Ibidem col. 1142 : *Suprascripto eodem anno* (1424.) *et mense Galeaz una die Smaniavit intra se de labore et damno quod patiebatur, eo quod non valebat habere terram.*

SMANTACOMPAGNUS. Acta Alexandri III. PP. apud Baronium ann. 1159. de Octaviano Pseudopontifice : *Mulieres quoque blasphemantes, ipsum hæreticum appellantes, eadem verba repetebant, et alia derisoria verba decantabant, nominantes eum lingua vulgari Smantacompagnum.* i. cui mantum ablatum fuerat, ex Ital. *Smantellare.* Vide *Mantum.*

SMARAGDINA, Locus unde smaragdi eruuntur. Guillelmus *de Baldenzeel* in Hodœporico : *In superioribus Ægypti est una Smaragdina, unde ibidem eruuntur smaragdi meliores, et in meliori forma, quam in aliqua mundi parte habentur.*

SMARAGDINES, pro *Smaragdi*, Joanni de Janua. Occurrit non semel apud Sugerium de Rebus in administr. sua gestis : *Maculis distinctas Smaragdines.* [Vide *Smeraldinus.*]

¶ **SMARAGDUS**, Liber, cui titulus *Smaragdus.* Testam. Everardi Comit. ann. 837. apud Miræum tom. 1. pag. 21. col. 1 : *Evangelium eburneum unum, lectionarium simile paratum, missale simile, commentarium simile, antiphonarium simile, Smaragdum simile paratum.*

* Compend. gest. abbat. Valcell. circa init. sæc. XV. MS. : *Ingelramus sacerdos scripsit* (id est descripsit) *Smaragdum, qui Diadema dicitur monachorum.* [** Smaragdus, auctor ævi Carolini, abbas S. Michaelis ad Mosam, qui scripsit *Diadema monachorum vel de monachorum etc. virtutibus* et alia. Vide Fabricium.]

¶ **SMARAUDA**, Smaragdus, a Gall. *Emeraude.* Gesta Episcop. Cenoman. cap. 37. apud Mabill. tom. 3. Analect. pag. 354 : *Aureum quoque calicem* (dedit Hugo) *factis ex electro politum monilibus, Smaraudis et topaziis, multisque pretiosissimis redimitum lapidibus.*

SMEGMA, Smigma. Joan. de Janua : *Smigma est quoddam unguentum, vel confectio unguenti, vel saporis, vel aliquarum aliarum rerum boni odoris. Invenitur etiam migma, sed aliud significat.* Gloss. Gr. Lat. : Σμῆγμα, *Lomentum;* Σμηγματοπώλης, *Lomentarius.* [Gloss. Lat. Gall. Sangerm. : *Smigma, un oingnement.* Comput. ann. 1425. apud Kennett. in Antiquit. Ambrosd. pag. 574 : *Et in Smigmate empto quadam vice ad lavandam aulam Prioris, VI. den.*] Iter Camerarii Scotici cap. 21. §. 4 : *Vendunt vinum, et ceram, amurcam, et Smegma.* Vide *Migma.*

SMELIDO. Lex Frision. addit. 3. de Vulneribus § 35 : *Si brachium aut crus percussum fuerit, et ex ipsa percussione decreverit a sua grossitudine, quam prius habuerit, quod Smelido dicunt, ter 4. solid. componat.* Vox formata ab Anglo-Saxon. smæl, parvus, exiguus, exilis, tenuis, gracilis, minutus, unde smallunge, minutio, diminutio, attenuatio, apud Somnerum. Germani et Belgæ *smal* et *smael*, gracile, etiam vocant. Sicama vero legendum censet, *gesmelet*, extenuatum, contractum, gracilem redditum. [** Vide Richthofen. Glossar. Frison. vocibus *Smelinge* et *Smela.*]

* **SMELEZ**, idem videtur quod *Smaltum*, Encaustum. Acta S. Wencesl. ducis Bohem. tom. 7. Sept. pag. 807. col. 2 : *Item supra imaginem S. Matthæi est aliud monile, in medio habens Smelez, et in circumferentiis parvas gemmas.*

SMELO, Mensura unius spithamæ. Lex Frision. addit. 3. de Vulneribus § 56 : *Si et superior* (articulus pollicis) *adjiciatur, quod vocant Smelo, hoc est unius spannæ longitudinem habuerit, ter 8. sol. componatur.* Agitur ibi de magnitudine et longitudine vulnerum, secundum quam fiebat compositio.

¶ **SMERALDINUS**, Smeraldus, Smaragdus, Gall. *Emeraude.* Jac. de Voragine in Chron. Januensi apud Murator. tom. 9. col. 32 : *Quod autem illud vas sit vere lapis Smeraldinus, testantur omnes gemmarii qui illud viderunt, dicentes se non vidisse tam pretiosum Smeraldinum.* Annal. Mediolan. Anonymi apud eumd. tom. 16. col. 807 : *Capelletus unus sive girlanda una lapidum et perlarum cum sapphiris VI, Smeraldis V. etc.*

SMERE, Adeps : Belgis, *Smeer.* Teloneum S. Bertini : *De pensa adipis, id est Smere, 2. den.*

* Charta Phil. comit. ann. 1163. in Chartul. 1. Fland. ex Cam. Comput. Insul. : *De pensa uncti, id est, Smere, vel sebi, id est, root, unum denarium.*

SMERILIONES. Fridericus lib. 2. de Arte venandi cap. 2 : *Sunt etiam aliæ aves rapaces parvæ, sicut sunt Sineciliones, ubleti, et hujusmodi : et tam his, quam majoribus prædictis homines non utuntur, nisi ad delectationem tantum, etc.* Ubi legendum puto *smeriliones*, pumili, minimi et velocissimi accipitrum. Describuntur ab Augusto Thuano lib. 1. de Re accipit. pag. 25 :

Forma ad falconem accedit, sed mole pusilla,
Vertice depresso, spatioso pectore, latis
Compactisque humeris, etc.

Mirle dicitur Alberto M. lib. 23. de Animal. cap. 14. et Germanis : *Ismerli*, Petro de Crescentiis lib. 10. cap. 13. [Vide *Simrilius.*]

¶ **SMIGMA**, Smigmator. Vide supra *Migma* et *Smegma.*

SMIRALDUS, Smaragdus. Vide *Balascus.*

¶ **SMIRIGLIUS.** Comment. Caroli Carafæ Episc. Aversani de Germ. sacra restaurata : *Miles casu in bombardam, quam Smiriglium vocant, ignito fomite sui sclapi ignem intulit.*

SMOLTUS. Prima Statuta Roberti I. Regis Scotiæ cap. 12 : *Omnes illi qui habent croias, vel piscarias, seu stagna, aut molendina in aquis, ubi mare ascendit, et se retrahit, ubi salmunculi seu Smolti, vel friæ cujuscumque generis piscium maris vel aquæ dulcis ascendunt vel descendunt, etc.* Vide *Fria.* [** Smelt Anglosax. Sardina piscis.]

* **SMURDUS**, Servus glebæ, homo *manus mortuæ;* colonum interpretatur J. Leonh. Frisch. in Miscellan. Berolin. tom. 4. pag. 190. quo mortuo dominus ex hæreditate vel relictis bonis ejus optimum unum sibi eligit et sumit, vel equum vel meliorem vestem, a Sclavonica voce *Smrt*, mors. Charta Otton. burggr. *de Kirchberg* ann. 1279. apud Schilter. tom. 1. Instit. jur. publ. : *Nos Th. et Vitgomen fratres de Conlitzen, ex ipsorum servilitate nobis ex jure Smurdorum ab antiquo astrictos, manumittimus a tali late et libere servitute, etc.* [** Vide Grimm. Antiq. Jur. German. pag. 322. et 944. Haltaus. Glossar. German. col. 1639. voce *Schmordhufen*, Mansi Smurdorum. *Smurdones*, in chart. ann. 1239. apud Bekmann. Hist. Anhalt. tom. 5. pag. 71. *Zmurdi*, in chart. ann. 1041. apud Maderum in Antiq. Brunswic. pag. 222. *Zmurti* in veter. Notit. apud Haltaus. *Smerdi*, in chart. post ann. 1291. apud Lappenb. Hist. Orig. Hans. Document. pag. 165. Homines sunt infimæ plebis, a voce Slavica *Smerd*, Fœtere, putere.]

* **SMUTITIO**, Nominatio, declaratio, a *Smutare*, Nominare, declarare. Stat. ordin. S. Joan. Hierosol. ann. 1584. tom. 2. Cod. Ital. diplom. col. 1830 : *Magister et concilium ad alterius* (baiulivi conventualis) *electionem ejus loco procedere debeant, salva tamen Smutitione linguarum.* Ibid. col. 1845 : *Prohibetur ne lingua de dicto officio* (castellani) *Smutet, aut fratrum aliquis aa petendum id officium in concilio admittatur.* Rursum col. 1855 : *Statuimus ut statim postquam magister et conventus legitime certiores facti fuerint de morte alicujus prioris, baiulivi et commendatarii, debeant procedere ad Smutitionem prioratus, baiulivatus et commendæ et administrationi illorum providere.* Vide *Motitio* et supra *Motire.*

¶ **SMYRNA**, a Gr. σμύρνης, Myrrha, apud vet. Interpr. Irenæi lib. 2. cap. 24. n. 3 : *Unde et dissonat ad pleroma eorum, Smyrnæ quidem habens siclos* 500.

SNAIDA, Sneida. Vide *Sinaida.*

* **SNAPHTANUS**, Nostris vulgo *Schenapan* vox Germanicæ originis. Hunger. Elench. in Tabul. Bovillianas voce *Tournois, Schnaphan*, miles grassator. *Schnappen*, Prensare, rapere, Wachtero. Hæc post D. *Falconet.* Vide *Schnaphan* et infra *Spanaldus.*

¶ **SNEBERGII**, dicti apud quosdam nummi censuales, teste Fabricio Orig. Saxon. lib. 7. pag. 700.

SNESA. Charta ann. 1186. in Tabulario S Bertini : *De interclusionibus meatuum aquarum ejusdem Ecclesiæ, quæ vulgo Warren dicuntur, de quibus 24. Snesas anguillarum annuatim persolvebatur, etc.* Hollandis *Snees*, vicenarium, seu viginti, sonat.

¶ **SNOBULI**, Snuobuli, Muræn ulæ, i. e. funiculi, qui de argenteis plexis filis, ut in thuribulis fieri solet, apud Schilterum in Gloss. Teuton.

¶ **SNODARE**, Italis, Nodum solvere sonat. Locus est infra in *Strassignare*.

¶ **SNODEN**, Glomus, Gall. *Peloton*, a Sax. snod, eadem notione. Comput. ann. 1425. apud Kennett. Antiquit. Ambrosd. pag. 574 : *In* VIII. *Snoden de pakthred emptis ibidem pro quodam reti faciendo pro cuniculis capiendis hoc anno*, VI. *sol.*

SNYRTIR, Ensis species. Saxo Grammatic. lib. 2 :

Ecce mihi videor cervum penetrasse ferocem,
Theutonico certe, qui Snyrtir dicitur, ense.

Apud Kilianum, *Sniider*, cultrum sonat.

¶ **SOAGLUS**. *Teisa soaglorum*, Telæ grossioris genus. Statuta Montis Regalis fol. 277 : *Item statutum est, quod quilibet textor seu textrix capiat tantum... de teisa Soaglorum solidos tres.*

¶ **SOAGNE**, ut mox *Soalis*, ex interpretatione Eccardi, in Pacto Leg. Sal. tit. 2. § 4 : *Si quis porcellum de intro porcos ipso porcario custodiente furaverit, malb. Soagne chalte, in* DC. *denar.* Speciem furti, rei custoditæ, suspicatur Schilter. in Gl. Teuton.

¶ **SOALAGIUM**, pro *Stalagium*, Præstatio pro *stallis*, in Charta Ricardi I. Reg. Angl. inter Ordin. Reg. Fr. tom. 5. pag. 317. ut suspicatur Cl. Editor.

SOALIS, pro *Sualis*, Sus, porcus. Polyptychus S. Remigii Remensis : *In Braito mans.* 3. *unusquisque facit in anno map.* 3. *diurnal.* 2. *donat pro Soale den.* 12. *pull.* 3. *ova* 15. [Codex censualis Irminonis Abb. Sangerm. fol. 3. v° : *Solvit de unumquodque mansum bovem unum, ad alium annum Soalem* 1. Ibidem fol. 15 : *Solvit... ad tertium annum Soalem* 1. *valentem sol.* 1.] [** Sæpius ibi. Vide indicem.]

* **SOARIUM**. Glossar. Provinc. Lat. ex Cod. reg. 7657 : *Fres, Prov. limbus, Soarium, fasciola ambiens extremitatem vestis, ex filis vel auro contexta assutaque.*

¶ **SOATUS**, Italis *Soatto*, Corium loris et corrigiis faciendis aptum. Statuta Astens. de *Intratis* portarum : *Soati albi ponantur et solvant pro qualibet dozena lib.* 6.

¶ **SOAXIS**. Annal. Mediolan. Anonymi apud Murator. tom. 16. col. 813 : *Alia bussula deaurata cum Soaxiis granutis. Salinus unus deauratus cum Soaxe straforato.* An Operculum?

* **SOBERS**, *Artatus*, in vet. Glossar. ex Cod. reg. 7641.

¶ **SOBJORNUS**, Commoratio, mansio unius diei, Gall. *Séjour*. Extractum computi ann. 1328. ex Schedis Cl. V. *Lancelot* : *Item eadem die pro expensis equi roncini et garcifferi Humberti Bastardi qui steterunt in Sobjorno in domo Guilelmeti...* XX. *lib.* II. *sol.* VIII *den.* Vide *Sejornum* et *Subjurnare*.

¶ **SOBOLUS**, pro Soboles. Charta Ludovici Reg. ann. 875. apud Calmet. inter Probat. Hist. Lothar. tom. 1. col. 312 : *Pro mercedis nostræ augmento, ac genitoris nostri Sobolorumque nostrorum, attentius Domini implorent misericordiam.* Vide alia notione in *Sabelum*.

* **SOBORNIK**, Synaxarium Ruthenorum, apud Bollandistas tom. 1. Jun. pag. 135. col. 1.

¶ **SOBRA**, Mensuræ species videtur. Consuet. Solemniac. : *Translatio S. Martialis sepias et ova farsata et justas dem. Sobre* III. *eminas frum. vig. in manso de manso Sobras et eminam frum. Lemov. quam debet Junchada. Sobre*, pro supra, crebro occurrit in Terrario Apchonii.

¶ **SOBRECOT**, Vestis species, ut infra *Surcotium*. Vide in hac voce. Statuta Massil. lib. 2. cap. 39 : *Item, de gardacors, vel de turquesio, vel garnachia, vel Sobrecot froirato cum penna, vel serico, vel aliter sine frezio* XVIII *den.* Vide *Supertotus*.

* **SOBRE-SENGLA**, Gall. *Sous-sangle*, in Comput. ann. 1334. inter Probat. tom. 2. Hist. Nem. pag. 85. col. 1 : *Item pro una Sobre-sengla, vj. denar.*

¶ **SOBREVERSUM**, Idem quod *superversum*, Quod mensuram excedit. Statuta Arelatens. MSS. art. 74 : *Vinum non vendatur cum pogesali ad Sobreversum.* Vide *Sobra*.

* *Sobrevers* nostris dicitur de aqua supereffluente, vulgo *Qui déborde par dessus*. Charta ann. 1237. inter Probat. tom. 1. Hist. Nem. pag. 73. col. 2 : *Quod libere possit ibi currere aqua de Sobrevers,.... sine omni impedimento.* Alia capit. S. Salvat. Montispess. ann. 1354. in Reg. 89. Chartoph. reg. ch. 318 : *Cum quibus postibus possitis et valeatis dictam aquam seu Sobrevers, quod fluet et exiet de supra dictam paxeriam, accipere et recipere et eam ducere ad prata vestra.... Et possitis facere canalem,.... per quam.... dictam aquam seu Sobrevers.... possitis ducere ad prata vestra.* Vide infra *Superundatio*.

¶ **SOBRIARE**, Vigilare. Gloss. Lat. Gr. et Græc. Lat. : *Sobrio*, νήφω.

SOBRIISSA. Fragm. Petronii : *Ultimo etiam periscelides resolvit, et reticulum aureum, quem ex Sobriissa esse dicebat.* Id est auro obryzo.

SOBRIUS, Prudens, gravis, ac moderatus. Josephus, seu Hegesippus lib. 1. de Excidio Hieros. de Hircano : *Moderator gentium et pulcre Sobrius.* Lib. 4. cap 2 : *Itaque ille præstantissimus, qui inter adversa Sobrius colluctatur casibus.* Arnobius lib. ult. : *Vir alioqui gravis et sobriæ religionis.* S. Ambrosius Epist. 6 : *Sobriam in turbis gravitatem, singulare pondus dignitas sibi vendicat Sacerdotalis.* Ammianus lib. 15 : *Vetus illa Romanorum virtus et Sobria.*

* **SOBURINA**, f. Mansio, domus. Charta Ebroini comit. ann. 720. in Suppl. ad Miræum pag. 560. col. 1 : *Dedi in loco Megrim Walamnum cum uxore et infantibus, cum terris, duas Soburinas, etc.*

¶ **SOC**. Vide *Soca* 4. et *Soccus* 2.

1. **SOCA**. Charta plenariæ securitatis sub Justiniano scripta, apud Brissou. lib. 6. formul. pag. 647 : *Armario uno valente siliquas quatuor, Socas tortiles duas valentes siliquas aureas sex, sella ferrea, plictile, etc.* Ital. *Soca* est funis. Vide *Soga*.

¶ 2. **SOCA**, Modus agri, ut infra *Soga*. Vide in hac voce. Chron. Farfense apud Murator. tom. 2. part. 2. col. 439 : *De uno capite terra Fragrinensis habens Socas per longum* CV. *et ex transverso* XXVIII. *Soca vero habet pedes* C. Ibidem col. 440 : *Et est mensura ipsius plani per longum habens Socas* LV. *ex transverso habens Socas* XXXVII. *omnes insimul tam de monte quam de plano ex omni parte sunt Socæ* CCXXX. *quæ sunt per mensuram justam simul in unum juges numero millæ duæ.*

¶ 3. **SOCA**, SOCCA, SOQUA, Stipes, truncus Gall. *Souche*. Statuta Arelat. ex Cod. MS. D. *Brunet* fol. 25 : *De Soquis et aliis lignis. Item statuimus, quod nullus qui locet operas suas defferre audeat de nemoribus, vel vineis, vel cepibus Socam vel lignum aliquod... nullus... audeat de nemoribus, vel vineis, vel cepibus evellere seu etiam scindere Socam vel radicem.* Statuta Massil. lib. 5. cap. 17 : *Constituimus firmiter observandum quod nullus operarius vinearum, vel ligatrices vitium... audeant... apportare seu apportari facere de vineis in quibus operabuntur, vel aliis, vel operati fuerint, Socas, vel stipites.* Et cap. 18 : *Constituimus hoc præsenti capitulo ne aliqua persona.... audeat de cætero extirpare, vel resecare, Soccas alicujus arboris fructiferæ, vel etiam nemoris, nisi suæ fuerint, ni tantum Soccas de cade et Soccas d'avals.* Charta ann. 1339. ex Schedis Præs. *de Mazaugues* : *Quod si in una radice sive Socca nascantur, vel nascerentur duo, tres vel plures plantæ pinus, eas possunt libere incidere, majori planta utiliori salva et remanente in dicta Socca.* Provinciales *Souquo* dicunt.

4. **SOCA**, SOK, SOKE, inquit Fleta lib. 1. cap. 47. § 6. *significat libertatem curiam tenentium, quam Sokam appellamus.* Leges Edwardi Confess. cap. 23 : *Soca est, quod si aliquis quærit aliquid in terra sua, etiam furtum, sua est justitia, si inventum, an non.* Est autem *sok*, idem quod *secta*, quam dominus habet de hominibus suis in Curia. [Anonymus MS. apud Spelmannum : *Soc, est secta de hominibus in curia domini, secundum consuetudinem regni.*] Quod enim *Sok* apud antiquos dictum est, hodie *Soyt* apud Scotos, quod *Suite* nostra lingua sonat, appellatur. Itaque qui hoc privilegium habet, potestatem habet tenendi Curias in sua Baronia. [Vocabul. Anglic. ex Tabul. Beccensi : *Soca, avoir franche court.*] Atque inde quidam a Saxon. socan, *sequi*, vocis originem repetendam putant : alii a socn, libertas, franchisia. Vide Ingulfum pag. 875. 881. 912. Bractonum lib. 3. tract. de Corona cap. 35. § 1. et Rastallum verbo *Sok*. [** Phillips. de Jure Anglosax. § 26. Lappenb. Hist. Angl. tom. 1. pag. 612. Thorpii Glossar. Leg. Anglos. in *Socn*, *Soca*, et supra *Saca* in *Sac*.]

¶ SOCA, Manerium, dominium, locus privilegio et immunitate *Socæ* donatus. Regest. S. M. de Pratis Leicestriæ tom. 4. Hist. Harcur. pag. 2198 : *Et quicquid Osbertus capellanus de ipso tenebat in Soca de Schepished et in Soca de Alfo.* Ibidem pag. 2203 : *Et totum molendinum juxta abbatiam cum Soca et prato adjacente.... et ecclesiam de Sepenhena, et omnes ecclesias de eadem Soca, et decimam denariorum de redditibus et decimam de pascuagio in eadem Soca.* Regest. Pr. Lewes. pag. 1. apud Spelman. : *Hi sunt redditus de Socho de Hecham.* Pag. 16 : *Pertinet ad Socham de Hecham, tam in Sernebruna, et Etune, et Ringstede, quam in ipsa villa de Hecham.* Et pag. 17 : *In Soca de Hecham sunt* 24. *lancetæ.* Vita S. Osvaldi Episc. : *De quibus episcopus ipsius ecclesiæ a constitutione antiquorum habet omnes redditiones Socharum.*

Soca Molendini. Monasticum Anglic. tom. 2. pag. 10 : *Cum molendino et Socha molendini, etc.* Pag. 102 : *Sciatis me concessisse... cum molendino, ac totam Socam molendini, ita vero quod aliud molendinum infra Socam ab aliquo hominum sine voluntate et consensu Canonicorum non fiat, etc.* Vide *Secta molendini*, in *Secta* 3.

Soca Placitorum, Jus tenendi curiam in suo dominio. Leges Henrici I. c. 9 : *Soca vero placitorum, alia proprie pertinet ad fiscum regium... alia pertinet Vicecomitibus et ministris Regiis in firma sua, alia pertinet Baronibus Socham et sacam habentibus.* Cap. 10 : *Omnes herestrete omnino Regis sunt, et omnis Gualstowna, i. occidendorum loca, totaliter Regis sunt in Soca sua*, id est in Regia jurisdictione. Vide *Secta placitorum* in *Secta* 3. et *Placitum*.

Socam *et sacam habere* dicuntur Barones in iisdem Legib. Henr. I. cap. 9. 20. 24. *Socnam* c. 24. 25. Est enim

Socna, Idem quod *Soca*, ex Saxon. socn, libertas, privilegium, immunitas, etc. Bromptonus : *Soka i. secta Curiæ, inde Sokne dicitur quandoque interpellatio majoris audientiæ.* Charta Henrici I. Regis Angliæ pro Londinensibus : *Teneant et habeant bene et in pace Socnas suas cum omnibus consuetudinibus, ita quod hospites, qui in Soccis suis hospitantur, neque dent consuetudines suas, nisi illi, cujus Socca fuerit, etc.* Occurrit passim in iisdem Legibus c. 19. 20. 24. 25. 59. 80. etc. in Monastico Anglic. tom. 2. pag. 315. apud Prynneum in Libert. Angl. tom. 1. pag. 1103. ubi editum perperam bis *Socua*, etc.

¶ **Socha**, Eodem intellectu. Charta apud *Madox* Formul. Anglic. pag. 43 : *Moniales de Wroccheshala possideant omnes illas terras, cum Socha et sacha, et tol et them, et cum omnibus libertatibus et liberis consuetudinibus.* Vide supra.

¶ **Soqua**, in Charta Henrici Reg. Angl. tom. 4. Hist. Harcur. pag. 1409 : *Sciatis quod ego concedo S. Petro Jumeticensi harengeiam, et omnia quæ ad illam pertinent cum sagna et Soqua et tolla, etc.*

Soca. Consuetudines MSS. villæ *de Machau* in Comitatu Regitestensi : *Beste de qe on prent Soce, doit ce trecens.*

1. SOCAGIUM, Idem quod *Servitium socæ*, Littletoni sect. 119. Est autem *Soca*, Aratrum, nostris *Soc de charruë.* Olim enim qui *per servitium socæ* terras possidebant, dominis in exercenda agricultura inservire, et cum socco et aratro proprio agrum domini arare et colere tenebantur, cujusmodi servitia postea in census pecuniarios, [aliave dona,] ex mutuo vassallorum et dominorum consensu commutata sunt. [Charta ann. 1253. apud Kennett. Antiq. Ambrosd. pag. 262 : *Reddendo inde annuatim mihi et hæredibus meis... unam rosam ad festum S. Johannis Baptistæ pro omnibus servitiis,... Soccagiis et pro omnibus sæcularibus exactionibus, etc.*] Opponitur autem *Socagium Militis*, ita ut fundus omnis, qui non possidetur per *Servitium Militis*, per *Servitium socæ* possideatur. Littleton : *Chescun tenure que n'est pas tenure en chivalry, est tenure en Socage.* Monasticum Anglic. tom. 1. pag. 509 : *Unam* (bovatam terræ) *videlicet de Socagium, et aliam de Baronia, etc. Socagium* autem aliud est *villanum*, aliud *liberum*.

Socagium Liberum, quod *Socage en Franc tenure* Angli vocant, illud est, ut ait Bracton. lib. 2. cap. 35. § 1. *quod tenetur quidem in Socagio ; sed non fit servitium dominis capitalibus, nisi in denariis, et nihil inde omnino datur ad scutum et servitium Regis.* De villano socagio, idem lib. 2. cap. 8. n. 2 : *Non mutat statum liberi villanum Socagium non magis quam liberum. Quamvis autem de villano Socagio fiat certum servitium, propter hoc non habebit liberum tenementum, quia hoc facit ratione tenementi, licet non ratione personæ.* Vide eumdem lib. 4. tract. 1. cap. 28. § 5. Liber sancti Albani apud Spelmannum : *Progenitores Simonis Bokely omnia sua in Honcton per liberum Socagium tunc tenebant, et quieti erant de sectis curiarum, consuetudinibus, exactionibus, et demandis.* Vide Regiam Majestat. lib. 2. c. 21. cap. 27. § 3. cap. 71. § 3. Statuta secunda Roberti I. Regis Scotiæ cap. 8. etc.

Soccagium Villanum, de quo idem Bracton. sic scribit : *Est aliud genus Sockagii, quod dicitur Sockagium villanum, ubi nullum omnino competit homagium, sed fidelitatis sacramentum, sicut de villano.* Illud *Socage en basse tenure* Angli vocant.

In soccagio, *hæreditas dividitur inter omnes filios, per partes æquales*, ut est in Regiam Majest. lib. 2. cap. 27. apud Glanvillam lib. 7. c. 3. et Bractonum lib. 2. c. 35. § 1. contra quam in feudis Militaribus, in quibus primogenitus succedit in totum. Si tamen unicum fuerit mesuagium, illud integre remanet primogenito, ita quod alii habeant ad valentiam de communi, ut ait Bracton. Idem c. 36. § 8. scribit de Socagio non competere domino capitali custodiam neque homagium. [Charta Henrici Reg. Angl. ann. 1155. apud D. *Brussel* tom. 2. de Usu feud. pag. v : *Si aliquid teneat de nobis per feodi firmam, vel Soccagium, vel burgagium, et de aliquo teneat per servitium militare, nos non habebimus custodiam heredis, nec terræ suæ quæ est de feodo alterius, occasione illius feodi-firmæ vel Soccagii vel burgagii, nisi ipsa feodi-firma debeat servitium militare.*] Ita etiam sentit Christophorus de S. Germano in dialogo de fundamentis Legum Anglic. cap. 7. pag. 25. v. Adde Cowell. l. 2. Inst. tit. 3. § 21. 22. et Rastall. voce *Socage*.

Sochogia. Monasticum Anglic. tom. 1. pag. 835 : *Duas sartas... cum magna cultura, quæ ibi juxta adjacet, et communem pasturam ad centum oves numero 120. in Sochogia de Maltebi, etc.* Pro *socagio* forte. [Malim de territorio quod *socæ* privilegio donatum est intelligere. Vide supra.]

Socomannus, Socamannus, Socmannus, Sokemannus, Tenens seu Vassallus, qui domino suo inservit, in exercenda agricultura, seu qui fundum *per soccagium* possidet, hoc est per aratrum, *par le soc de la charue*, seu *par service de charruë*, ut habet Rastallus. Est enim soc, *aratrum*, man, *homo*. [Natura Brevium apud Spelman. : *Sokmannus proprie talis est, qui est liber et tenet de Rege, seu de alio domino in antiquo dominico, terras, seu tenementa villenagia ; et est privilegiatus ad hunc modum : quod nullus debet eum ejicere de terris nec de tenementis suis, dum poterit servitia facere quæ ad terras et tenementa sua pertinent : Et nemo potest ejus servitia augere, aut eum constringere ad faciendum plura servitia quæ non debet facere. Et propter hoc Sokmanni isti sunt cultores terrarum dominorum suorum in antiquo dominico : et non debent summoneri nec inquietari in juratis vel inquisitionibus, nisi in maneriis ad quæ ipsi sunt appendentes. In placitis vero transgressionis debiti, et aliis actionibus personalibus, summoniti sunt, ut alii homines. Et de istis tenentibus in vilenagio.*] Bracton. l. 2. c. 35. § 1 : *Dici poterit sockagium a socko, et inde tenentes, qui tenent in sockagio Sockemanni dici poterunt, eo quod deputati sunt, ut videtur, tantum ad culturam, et quorum custodia et maritagium ad propinquiores parentes jure sanguinis pertinebit.* Eadem habet Fleta lib. 3. cap. 16. § 3. Ii tenere dicuntur terras suas in antiquum dominium. *Sokemannus de antiquo dominico*, apud Radulfum de Hengham in Parva c. 8. Vide Leg. Edw. Conf. c. 12. Regiam Majest. l. 2. c. 27. 41. Bractonum l. 2. c. 8. n. 2. c. 36. 37. l. 4. tract. 1. c. 28. § 5. Fletam lib. 1. cap. 8. l. 3. c. 12. § 5. l. 5. c. 9. § 15. Monasticum Anglic. tom. 1. pag. 288. 625. præterea Rastallum verbo *Sokmans*, ubi de eorum libertatibus et privilegiis.

Ut porro *Socagium* aliud *liberum*, aliud *villanum* erat, ita utriusque tenentes *liberi* et *villani* erant. Liber S. Albani apud Spelm. : *Omnes tenentes, liberi scilicet et custumarii, tenementa sua per Sokagium defendebant. Homagium, scutagium, forinsecum non donabant, scilicet sicut Sokemans per omnia tractabantur.*

Idem Spelmannus ex vett. Chartis Anglicis hæc descripsit : *Sokemanni liberi possunt dare et vendere ; sed ad voluntatem domini : non possunt alienare certa servitia. Antenatus succedit in totum. Non possunt averium masculum vendere, neque maritare filiam, nisi dent domino 3. sol. et 4. den. Possunt filium facere Clericum. Sokemanni Cotarii debent talliari ad voluntatem domini, et facere servitia incerta : nihil possunt dare vel vendere, nihil proprium habere, nec acquirere, nisi ad promotionem domini sui.*

Socmanaria. Britton. pag. 164 : *Sokemanrie, sount terres et tenements, qui ne sount mie tenus par fée de Chevalier, ne par graundes serjanties, ne par petites, més par simples services, si come terres enfraunches par nous, ou nos predecessours, dans nos anciennes demeines.*

¶ **Sokmanria**, apud Joh. Skenæum de Verborum significatione pag. 153. ubi vim vocis sic explicat : *Sokmanria sive soccagium, est quoddam genus tenendi terras, scilicet cum quidam libere infeodatur sine ullo servitio, custodia, auxilio, maritagio, et solvit domino debitum quod vocatur Petite serjantie : vel cum tenet suas terras nomine burgagii aut in libera eleemosyna.*

¶ **Sokemara**, ut legendum opinor apud Kennett. Antiquit. Ambrosd. pag. 418 : *Castrum et manerium de Bolyngbroke cum Sokemara et marisco cum pertinentiis, etc.*

* **2. SOCAGIUM**, Tributum ex rebus et bonis venditis et expensis. Charta ann.

1349. in Reg. 78. Chartoph. reg. ch. 84 : *Consules civitatis Agennensis, nomine consulatus et universitatis ejusdem, habebant.... Socagium in eisdem parochiis, pro rebus et bonis, quæ inibi vendebantur et expendebantur.*

* Aliud vero sonat vox *Souchage* ejusque sensus declaratur, in Reg. forest. comitat. Alencon. ex Cam. Comput. Paris. fol. 101. r° : *De chascun arbre qui est donné en la forest* (d'Andemne) *chascun d'iceulz* (sergens fieffez) *prent quatre deniers, et est appellé ce droit qu'il prennent, Souchage.* Vide *Soca* 3.

SOCAYNALE, [f. Canalis per quem aquæ currunt.] Libertates concessæ Barcinonensibus a Petro Rege Aragon. ann. 1283. MSS : *Si aliquis habuerit Socaynale super tenedonem alterius, super quam aquæ discurrunt, quod si voluerit elevare Socaynale in altum, non potest Socaynale ibi tornare.* [** Recognoverunt proceres cap. 61. ubi *Socanyale*.]

¶ 1. **SOCCA**, Vestis muliebris species. Ricobaldus Ferrar. de Rit. antiquit. apud Murator. tom. 9. col. 247 : *Virgines in domibus parentum, tunica de pignolata quæ appellatur sotanum, et paludamento lineo quod Socca dicebant, erant contentæ.* Chron. Franc. Pipini ibid. col. 669 : *Virgines ante nuptias tunica de pignolato, quæ dicebantur sottanum, et paludamento lineo, quod Soccam dicebant, erant contentæ.* Gualvaneus Flamma apud eumd. tom. 12. col. 1033 : *Virgines, antequam nuptui traderentur, vestiebantur tunica de pignolato, quæ dicebatur sotanum, et desuper portabant paludamentum, id est Soccam de lino albissimo.* Vide in *Socha*.

* Quæ aliis superinduebatur. Hactenus, teste Domin. Georg. lib. 2. de Liturg. Pontif. Rom. in agro Rhodigino, rusticarum feminarum induviæ lineæ, quas loco superioris tunicæ deferunt, sive albæ sive alterius coloris eæ sint, *Soccæ* vocantur. Hinc *Soc* appellatur *capa* seu pallium, quo rex in solemni inauguratione induitur, in Reg. Cam. Comput. Paris. sign. *Pater* fol. 163. v° : *item les chauces de soie de couleur de violete, broudées ou tissues partout de fleurs de lys d'or, et la cote de cele coleur et de cele euvre meismes, fete en maniere de tunique, dont les soudiacres sont vestuz à la messe, et ovecques ce le Soc, qui doit estre du tout en tout de cele meismes couleur et de cele meismes euvre; et si est fait à bien près en maniere d'une chape de soie sanz chaperon.* Infra *Scot* ter legitur. Vide supra *Scuta* 1.

¶ 2. **SOCCA**, Stipes. Vide *Soca* 3.

¶ 3. **SOCCA**, ut *Soccus* 1. ni fallor, in Charta ann. 855. Append. ad Marcam Hisp. col. 788 : *Bulgas duas parilia, et Soccas* VIII.

¶ **SOCCEDA**, SOCCEDARIUS. Vide *Socida*.

SOCCIA, SOCCIARE, Sagina, Saginare : unde Gallis *Suin*, Sagina, quasi *Soing*. Capit. de Villis cap. 35 : *Volumus ut de verbecibus crassis Soccia fiat, sicut et de porcis : et insuper habeant boves saginatos in una quaque villa non minus quam duos, aut ibidem ad Socciandum, aut ad nos deducendum.*

¶ **SOCCIDA**, ut *Socida*. Vide ibi.

¶ **SOCCITARE**, Turdorum clamor. Vide *Baulare*.

* **SOCCIUM**, Ital. *Soccio*, ut *Socida*. Vide in hac voce. Acta MSS. notar. Senens. ann. 1283. ex Cod. reg. 4725. fol. 7. r° : *Confiteor me habuisse et recepisse.... xxij. pecudes in Soccium a proximis præteritis Kalendis Januarii, ad quinque annos in Soccium.* Vide *Societas* 1.

¶ **SOCCOMANNUS**. Vide *Soca* 4. et *Soccus* 2.

¶ **SOCCULUS**. Vide mox *Soccus* 1.

1. **SOCCUS**. Isidorus l. 19. c. 34. et ex eo Papias : *Talares calcei Socci sunt, qui inde nominati videntur, quod ea figura sint, ut constringant talum.* Infra : *Socci non ligantur, sed tantum intromittuntur. Cernui Socci sunt sine solo,* (Pap. *sola.*) *Lingulatos, quos nos foliatos vocamus. Clavati, quasi calviati, eo quod minutis clavis, id est acutis, soleæ caligæ vinciantur.* Ubi Papias : *Eo quod de minutis clavis sola conligetur.* Adalardus in Statutis Corbeiensib. lib. 1. cap. 3 : *Femoralia duo, Soccos filtrinos duos, calcearios 4. cum solis novis, etc.* [** *Soccos de cotto*, in chart. ann. 1121. apud Guden. Cod. Diplom. tom. 1. pag. 50. Vide *Cottum*.] Additio 1. Ludovici I. et Vlnea Benedictina c. 22 : *Calciamenta diurna paria 2. subtalares per noctem in æstate 2. in hieme vero Soccos.* Liber Ordinis S. Victoris Pariensis MS. cap. 18 : *Calceamenta quoque, id est caligæ, Socci, et subtalares, etc.* Vetus scriptor Vitæ S. Lupicini Abbat. Jurensis n. 2 : *In Monasterio vero, etiam si prolixius egressus est ad culturam, lignea tantum sola, quæ vulgo Soccos Monasteria vocant Gallicana, continuato potitus est usu.* Petrus Damiani lib. 1. Epist. 19 : *Quamlibet gravis bruma rigesceret, simplicibus Soccis muniebat pedes, cum tamen frater ejus solis calceis contentus esset.* [Constit. Ansegisi sæc. 4. Benedict. part. 1. pag. 639 : *Filtra ad Soccos faciendum* XII. S. Wilhel. Constit. Hirsaug. lib. 2. cap. 37 : *Socci sunt ibi abluendi, et super gramen claustri ad siccandum ponendi.*] *Soccus S. Mariæ*, apud Hugonem Farsitum de Miracul. S. M. Suessionensis cap. 3. 5. 12. qui aliis *Sotular S. Mariæ*, seu Deiparæ Calceus, qui in hoc Monasterio asservatur. Vide Histor. ejusdem Monasterii a Michaele Germano editam, pag. 358. Combefisius ad Theophanem pag. 644 : *Nostra Prædicatorum instituta d. 1. c. 10. Socos permittunt : quid tamen Soci illi sint, nos latet modo.* Sed hic constat, *Soccos* intelligi, de quibus supra. Adde Statuta Ord. Præmonstrat. dist. 2. cap. 13.

Soccos CRISPANTES dixit S. Hieronym. Epist. 7. Et Epist. 23 : *Soccus vilior auratorum pretium calceorum egentibus largitur.*

¶ SOCCULUS, diminut. a *Soccus*. Cæremon. MS. Cisterc. cap. 18. apud Macros in Hierolex. : *Quam cum fratres audiunt Socculos suos in dormitorio, sacerdos autem, diaconus et subdiaconus in sacristia relinquentes, etc.*

2. **SOCCUS**, Vomer, ferrum aratri, nostris *Soc de charuë*. Alexander Necham : *Supponatur dentile vel dentale, cui Soc, vel vomis infigatur.* Charta Alaman. Goldasti 50 : *In ea ratione, ut dum advixero, ipsas res habere debeam : et censui me pro hoc singulis annis, de festivitate S. Galloni in alia, Soccum unum, aut 4. denarios.* Σώχος, apud Heronem in παρεκβολαῖς, et apud Joannem Cananum pag. 194. Polyptychum Monasterii Fossatensis, editus a Steph. Baluzio : *Manent ibi homines 19. Solvit unusquisque usque ad Monasterium carroperam 1. et Soc et cultrum.*

* Alias *Scot*. Lit. remiss. ann. 1385. in Reg. 127. Chartoph. reg. ch. 199 : *Deux grosses pieces de fer pour faire deux Scos ou coustres à charrue. Soich*, in aliis ann. 1388. ex Reg. 132. ch. 220. *Suec*, in Vitis SS. MSS. ex Cod. 28. S. Victor. Paris. fol. 45. v°. col. 2.

SOCCUS. Apud Anglos et Scotos, Barones dicuntur *tenere curias suas cum Socco, et sacca, furca, et fossa, etc.* ut est in Regiam Majestatem lib. 1. cap. 4. § 2. Ubi hæc Skenæus : *Qui habet donationem terrarum vulgo in feofamentum sibi a Rege concessum, cum Socco potest habere vassallos, vel colonos, quos cogere potest, ut cum Socco seu vomere, id est aratro agrum suum colant, qui propterea Soccomanni vocantur lib. 2. cap. 27. Alii per soccum intelligunt sectam,* Soyt of court, *ut sit privilegium regale, tenendi curias, in quibus secutores comparere debent, ut in jure dicendo, et justitia administranda, judici adsint suo consilio.* Vide supra in *Soca* 4.

¶ **SOCEDA**, ut *Socida*. Vide ibi.

* **SOCERA**, Socrus, Gall. *Belle-mere*. Testam. Giraudi de Willanova ann. 1481. ex Tabul. D. Venciæ : *Attendens amorem sincerum, quem erga nobilem Margaretam dominam de Cauderaca, Soceram ejusdem nobilis testatoris, etc.* Glossar. Provinc. Lat. ex Cod. reg. 7657 : *Suagra, Prov. socrus. Suagre, socer.* Vide infra *Socria*.

1. **SOCHA**, Vestis muliebris species, in Statut. Mediolan. 1. part. cap. 292. [Vide *Socca* 1.]

* 2. **SOCHA**, Jus tenendi curiam in suo dominio, apud Bolland. tom. 3. Febr. pag. 751. col. 2. ex Charta Edgari reg. cujus meminit Cambdenus in Corn. : *Ecclesia S. Mariæ de Wircester habet hundredam,.... in qua jacent trecentæ hidæ, de quibus episcopus ipsius ecclesiæ, a constitutione antiquorum temporum, habet omnes redditiones Socharum et omnes consuetudines.* Vide in *Soca* 4.

¶ **SOCHEMANUS**, apud Seldenum in Præfat. ad Eadmeri Hist. pag. 15. idem qui *Socomannus* supra in *Soca* 4. Vide *Cotarius* in *Cota* 2.

* **SOCHEYRATA**, Tantum prati, quantum unus sector per diem secare potest. Charta ann. 1501. ex sched. Pr. *de Mazaugues : Quod ipsi homines servient... pro qualibet Socheyrata prati grossos tres.* Vide supra *Sethorata* et infra *Soitura*.

¶ **SOCHIRE**. Memorabilia Humberti Pilati ann. 1344. ex Schedis Cl. V. *Lancelot : Nota quod die 12. Maii in vigilia Ascensionis in ecclesia fratrum Minorum dum dicebantur Matutinæ pro crastino, præsente domino* (Humberto II. Dalphino) *fr. de Revello et pluribus aliis, dom. Guillelmo de Royno, dixit* (idem Humbertus) *quod Rex* (Francorum) *defraudabat Dominum, nec attendebat pacta sibi, et dixit et reiteravit decies et pluries dicendo quod tantum pro eo quantum pro uno stercore, et quod* ipse non *Sochivit jà, et ponebat eum ad dominum suum, et quod non dimitteret pro ipso nec pro aliqua persona de Delphinatu, quin ipse tractaret alienationem Avisani, et quod non appreciabat eos omnes unam festucam. Item dixit quod ipse habuerat consilium in Avenione, quod pactiones factæ cum Rege non valebant festucam, et quod ipse vellet ponere unum hominem quem sciebat loco Regis, et poneret tale os in ore Regis quod nunquam videretur rosurus.* Verba sunt Humberti Dalphini modo in Regem Francorum irati, modo illi devincti, pro innata levitate : unde hæc verba *ipse non Sochivit ja*, idem sonare videntur ac si diceret, quod jam non curaret de Rege Francorum eumque nihili faceret; Gall. *qu'il ne s'en soucioit plus. Souche*, pro *Souci*, ni fallor, molestia, sollicitudo, cura, apud Guillelmum *de la Perene* de Bello Ital. ann. 1378. part. 2. Collect. novæ Martenii pag. 333. :

Il commença celle escarmouche,
Les Alemans orent grant Souche.

¶ **SOCHOGIA.** Vide supra in *Socagium*.

1. **SOCIA**, Uxor. Burchardus Episcop. Wormaciensis in Lege familiæ : *Si quis ex familia S. Petri ad Sociam suam legitime venerit, quidquid in dotem dederit, etc.* [Eadem notione occurrit apud Statium Achill. 2. 339. ubi Juno *ætherii Socia rectoris* dicitur.]

¶ 2. **SOCIA**, Grex, examen. Formula 11. exorcism. apud Baluz. tom. 2. Capitul. col. 663 : *Adjuro te, mater aviorum, ... non te altum levare, nec longe volare, sed quam plus cito potest ad arborem venire. Ibi te allocas cum omni tua genera, vel cum Socia tua.*

* 3. **SOCIA**, Famula, pedisequa. Form. MSS. ex Cod. reg. 7657. fol. 5. v° : *Item taxant ipsi unam Sociam ad servitium dictæ talis; quæ Socia debet habere pro victu et salario florenos auri xxx. Sociene*, eadem, ut videtur, notione, in Ch. ann. 1263. ex Chartul. S. Petri Insul. sign. *Decanus* fol. 133. v° : *Et si est asavoir ke li fournier doit metre le paste des fournages ou boistiel, et li une des Socienes le doit tallier.* Nisi tamen sit pro muliere, quæ cum altera societatem habet in pane decoquendo, Vide infra *Socina* et *Socius*.

* **SOCIALES**, Militarium turmæ, quæ *Compágniæ*, appellabantur. Annal. Victor. MSS. ad ann. 1258 : *Provinciam Provinciæ invaserunt, et quidam Sociales nullum titulum habentes, ipsam debellando aut dampnando tanquam prædones publici et agrorum depopulatores, quorum ductor fuit et capitaneus quidam Vasco dom. Arnaldus de Servola; vulgariter Archipresbyter de Vernie nominatus; fueruntque quamplurimi nationum et regionum diversarum, et complentes illa pro quibus venerant, fecerunt ibi dampna infinita, castra, fortalicia, loca et villas occupando, etc. Tandem gentes illius patriæ se unanimiter aggregantes, deliberaverunt inter se super modo quem tenerent, ut Sociales præfati ab inde expellerent; et quia per vim armorum visum fuit hoc non fore possibile, alium modum [illegible]runt, videlicet quod ipsis victualia et alia eis necessaria sic subtraherentur et vetarentur, quod necessitate artati ab inde exire cogerentur; feceruntque edictum generale sub formidabilibus pœnis, quod bene et diligenter omnes custodirent intimationes suas, victualia quæcumque, etiam et peccorea, in eis introducerent..... Quod quidem edictum tali modo servaverunt, quod non multis lapsis temporibus fame et inedia ac multis aliis miseriis lacessiti, post perditionem et ruinam equorum et interitum plurimorum, ex seipsis dictam patriam deserere et exire sunt coacti; intraveruntque regnum Franciæ, unde prius exiverant. Et ab istis post sumpsit originem nomen Socialium, quod satis saltim citra montes per prius ignorabatur; habueruntque ex tunc usquequaque quamplurimos, re et nomine, satellites et sequentes, qui in pluribus partibus dicti regni per plures annos post vagantes in eis, dampna infinita intulerunt, tam in personarum captivatione, quam locorum occupatione.* Fallitur ergo Odoric. Raynaldus, qui post Math. Villanium, in Annal. Eccl. ad ann. 1353. num. 5. scribit *Monrealem* equitem Rhodium fuisse *primum Socialium turmarum, quæ postea Italiam universam et Gallias diutissime afflixerunt, infelicissimum ductorem.* Consule Murator. tom. 1. Antiq. Ital. med. ævi col. 903. Vide *Compagnia* et infra *Societas* 3.

* **SOCIALITAS**, Societas, congregatio, communitas. Charta Caroli C. ann. 28. regni ejusd. in Chartul. S. Dion. pag. 81. col. 1 : *Gerardus beatissimi martyris Christi patronique nostri domni Dionysii cum Socialitate generalitatis, decanus pariter et sacerdos, nostram suppliciter petiit magnificentiam, quatinus, etc.* Alia ann. 940. in Chartul. Celsinian. ch. 492 : *Si quis calumpniam inferre temptaverit,..... a liminibus sanctorum omnium sit segregatus, habeatque partem et Socialitatem cum Juda traditore.* Utitur Plinius in Paneg. cap. 49.

¶ **SOCIALITER**, Communiter, una. Rolandinus Patav. in Chron. Tarvis. apud Murator. tom. 8. col. 345 : *Cœperuntque parari pontes, ubi visum est opportunum, ut ipsi exercitus possent Socialiter simul jungi.*

¶ Socialiter, Societatis causa, Gall. *par Compagnie.* Statuta MSS. Augerii Episc. Conseran. ann. 1280 : *Præmissam tamen pœnam extendi nolumus ad ludentes Socialiter et solatii causa.*

1. **SOCIARE** *sibi in patrimonium rem aliquam*, in Lege Bajwar. tit. 17. cap. 2. pro Adjungere, sibi asserere. Ita *fisco sociare*, pro *confiscare*, formula vulgatissima, de qua in voce *Fiscus*. Capit. 2. ann. 813. cap. 6 : *Hæreditas eorum ad opus nostrum recipiatur, nec Comes, nec Vicarius illud sibi Societ; sed ad opus nostrum revocetur.* Vide *Sacire*.

¶ Sociare, Socium sibi adjungere. Capitul. ann. 807. cap. 2 : *Et ubi inventi fuerint duo, quorum unus habeat duos mansos, et alter habeat unum mansum, similiter se Sociare faciant, et unus alterum præparet; et qui melius potuerit, in hostem veniat.*

¶ 2. **SOCIARE**, Comitari, Gall. *Accompagner.* Bartholomæi Scribæ Annal. Genuens. ad ann. 1244. apud Murator. tom. 6. col. 506 : *Potestas Januæ qui cum honorabili militum et balistariorum Januensium numero ipsum Sociabat, accepto commeato rediit Januam cum militibus et societate sua.* Ibid. col. 508 : *Iverunt ad naves caravanæ Genuæ venientes de ultra mari; et Sociaverunt ipsas usque Bonifacium.* Litteræ ann. 1364. ex Regest. 98. Chartophyl. Reg. num. 3 : *Pluribus Sociati.*

* 3. **SOCIARE**, Sequi ut famulus, qui ad obsequium est. Charta pro consul. Mimat. ann. 1459. in Reg. 195. Chartoph. reg. ch. 1416 : *Concedimus.... nuncios, famulos seu servitores ad Sociandum eosdem consules, qui habebunt consiliarios et populares ad consilium convocare.*

** **SOCIATOR**, Qui sociat. *Cœli terræque Sociator gloriæ*, apud Victorin. de Physic. in Maii Script. Veter. tom. 3. pag. 158.

SOCIDA, Italis *Soccita*, quasi Societas *accomandita di bestiame, che si da allà custodia altrui a mezzo pro et danno*, ut est apud Cruscanos. Habetur apud Rollandinum in Summa Notariæ cap. 5. formula *instrumenti Socidæ ad salvum capitale.* Statuta Synodalia Alberici Episcopi Placentini ann. 1298. apud Petrum Mariam Campum : *Nullus Clericus vel Ecclesiastica persona exerceat usuras, vel natas* (forte *nautas*) *faciat, aut Socidas ad caput salvum.* Vide Statuta Mediolan. 2. part. cap. 483. 484. et supra *Bestia Ferri*.

¶ Soccida, Soccida, Eodem intellectu. Statuta Cadubrii cap. 2. pag. 54 : *Deliberatum fuit quod nullus homo, vel persona de Cadubrio possit.... tenere ad medietatem, vel Soccedam cum aliquo forense, aliquas bestias aut animallia, sub pœna viginti quinque librarum Pap.* Correctiones eorumd. Statut. cap. 30 : *Statuimus et ordinamus quod quicumque acceperit in Soccidam ab aliquo de Cadubrio pecudes, capras, vaccas, et alia animalia.* Rursum cap. 45 : *Sancimus quod nullus... cum ipsis* (sacerdotibus) *audeat in mercantiis lignaminum, seu Soccedis animalium se implicare.* Vide *Societas* 1. et *Soccita* 2.

¶ Soceda, Eadem notione. Statuta castri Redaldi lib. 1. fol. 17 : *Nec etiam si bestiæ ipsæ essent in Socedam vel occasione Socedæ vel societatis illarum bestiarum, seu occasione laborerii terrarum, in quibus casibus prædicta possint impune pignorari.*

¶ Socidum, Ipsa *socidæ* pactio, conventio. Statuta Riperiæ cap. 7. f. 9. v° : *Item quod de aliquo Socido vero boum, vaccarum, vel aliarum bestiarum non solvatur, nec solvere teneatur aliqua persona aliquid de causa aliquod datium, faciendo dicto emptori, vel ejus officiali veram fidem de dicto Socido sic fiendo; salvo quod si dominus Socidi, qui haberet capitale in dicto Socido, et perveniret ad divisionem ut supra, subinde se concordaret cum dicto sozavolo, dimittendo sibi capitale, et lucrum pro certo pretio, et econtra, quod tunc ipsi ambo teneantur manifestare dictam conventionem, et exinde solvere pro rata pro dicto Socido, ac si tale Socidum venditum vel alienatum esset.* Statuta Pallavic. lib. 1. cap. 32. fol. 40 : *Statutum et ordinatum est quod notarii qui tractabunt et facient instrumenta, accipere possint de quolibet instrumento emptionis,... dotis, Socidi et similium, etc.*

¶ Soccedarius, Qui in *soccidam* accipit, Italis *Soccio*. Correctiones Statut. Cadubrii cap. 30 : *Et si dolo, fraude, vel mala custodia aliqua dictorum animalium, vel eorum fœtuum perirent, aut devastarentur, vel perderentur, id totum reficiatur domino per Soccedarium, si autem divino judicio, vel casu fortuito perirent, vel devastarentur, id damnum communiter cedat, dummodo per Soccedarium per pellem, vel aliud evidens signum hoc doceatur, aliter dictum animal domino reficere teneatur, vel ejus æstimationem.* Vide *Societarius* in *Societas* 1.

¶ Socidavus, Eodem sensu. Statuta Placent. lib. 5. fol. 66 : *Ut etiam facilior sit probatio creditorum, quæ quandocumque fiunt sine testibus et instrumentis, credatur libro domini cum sacramento usque in modiis quatuor bladi et libris* x. *Placent. contra massarios, emphitheotas, conductores, Socidavos.*

¶ **SOCIETARIUS.** Vide mox *Societas* 1.

¶ 1. **SOCIETAS,** Eadem notione qua Italis *Socida*. Vide in hac voce. Nostris *Societé en commande*, vel *commandite*; in tractu Bressiæ et Bugiæ *Commande de bestiaux*. Vide *Commenda* 3. *Tenere ad Societatem*, est tenere ad medietatem fructuum. Hinc *Societarius* dicitur ejusmodi societatis particeps. Litteræ Offic. Atrebat. ex Chartul. Montis S. Eligii pag. 146 : *Item confessi sunt dicti venditores se vendidisse abbati et conventui prædictis Societates quas personæ infra scriptæ de ipsis tenebant... Nec tenebitur ecclesia de Monte S. Eligii aliquid apponere in dictis terris quæ tenentur ad Societatem excolendis et seminandis : immo percipiet tertiam partem fructuum earumdem, hoc salvo quod Societarius debet percipere terragium in eadem tertia parte secundum quantitatem ejusdem.* Vide *Medietarius*, et *Soistura*. Hinc

In Socio Dare, *Donner à moitié*. Edictum Rotharis Regis tit. 95. § 3. [** 238.] et Lex Longob. lib. 2. tit. 32. § 3 : *Servus massarius licentiam habeat de peculio suo, id est bovem, vaccam, caballum similiter et de minutis peculiis in Socio dare et in Socio recipere, etc.*

¶ 2. **SOCIETAS** inter Monachos variorum monasteriorum, qua sua sibi invicem bona ita communicabant, ut tanquam fratres alterius monasterii haberentur. Vide *Fraternitas* 3.

¶ 3. **SOCIETAS,** Militarium turma. Plures exstitere ejusmodi societates inter quas celebriores sunt *Societas Britonum* in Mirac. MSS. Urbani V. PP : *Nobilis Johannes de la Chalma diocesis Valentinensis ann.* 1374. *cum Societates Britonum cepissent castrum appellatum Sahon super Rodanum, manus eorum evadere volens, etc. Societas Catalanorum* quæ et *Universitas felicis Francorum exercitus existentis in partibus imperii Romaniæ* inscribitur in Litteris ann. 1314. tom. 2. Hist. Dalph. pag. 151. col. 2. Bulla Clementis VI. PP. ann. 1346. ibid. pag. 533. col. 1 : *Cæterum super hoc quod sententias olim promulgatas adversus illos de magna Societate Catalanorum in ducatu Athenarum existentium, etc. Societas Hispanorum*, in Charta ann. 1361. ex Schedis Præs. *de Mazaugues : Pro parte regiæ et reginalis curiæ, ac dictæ provinciæ ex una parte, et comitem Tristamene ac ejus fratres et certos alios caporales Societatis Ispanorum guerram facientes in dicta provincia, et eam nimis dispendiose tenentes impeditam ex parte alia. Magna Societas*, de qua hæc scribit Innocentius VI. PP. ad Johannem Reg. Franc. apud Marten. tom. 2. Anecd. col. 910 : *Intellectis... guerrarum fremitibus per nonnullas gentes nefarias, quæ se Magnam Societatem appellant, in regni tui finibus exortis, etc.* Vide *Compagnia*. Hinc

¶ Societas, *Exercitus*, in Gloss. Gasp. Barthii ex Hist. Palæst. Roberti Mon. apud Ludewig. tom. 3. Reliq. MSS. pag. 110.

* Ii a principibus acciti, dehinc ab ipsis dimissi stipendioque destituti, sub aliquo duce omnia devastabant et deprædabantur; quos ita describit Gualv. de la Flamma ad ann. 1341. apud Murator. tom. 12. Script. Ital. col. 1031 : *Congregati sunt viri scelerati et pestiferi ex partibus Alamanniæ, Italiæ, Tusciæ, qui dicti sunt Societas. Et fuerunt homines sine jugo, absque rege, absque lege, viventes de rapinis, nulli parcentes ætati. Hi fuerunt viri instabiles, docti ad omne scelus, civitates et castra obsidentes.* Præter memoratas supra ejusmodi Societates, *Societatis Albæ* et *Societatis Fortunæ* meminit Murator. tom. 1. Antiq. Ital. med. ævi col. 905. Inter præcipuas erat Societas dicta *La Margot.* Vide supra in hac voce et *Sociales*.

* Alterius generis est, sicariorum videlicet conductitiorum, Societas, de qua in Lit. official. Lingon. ann. 1321. ex Reg. 61. Chartoph. reg. ch. 288 : *Item quod dictus clericus prædicta delicta..... fecit seu fieri et perpetrari fecit.... per quosdam homines, qui vocabantur de Societate seu de conspiratione et confœderatione vocatorum de la bonne voluntey. De Societate de la bonne volunté*, in Charta seq. ubi de eadem re.

¶ Societas, Cœtus, caterva, Gall. *Bande*. Charta ann. circ. 853. apud *Chorier* de statu polit. Dalphin. tom. 1. pag. 111 : *Venientes itaque religiosissimi et venerabiles patres, illustrissimaque Societas Comitum, solito more, sicut in aliis locis.* Cæremon. MS. B. M. Deauratæ Tolos. : *Et nota quod in istis collationibus non cedent* (sedent) *sicut consueverunt in prandio per Societates camerarum ; sed mixtim antiquiores et honorabiliores primi.*

* 4. **SOCIETAS,** Vox negotiatoribus maxime nota. Veterum ejusmodi Societatum aliquot nomina, quæ a suis principibus acceperunt, hic appellabo; quod a Glossarii instituto alienum esse judicabit nemo. Charta Bern. Anic. episc. ann. 1309. in Reg. A. Cam. Comput. Paris. fol. 6. v° : *Quæ* (jocalia) *dum præsidebamus regimini ecclesiæ Albiensis, apud mercatores socios et Societatem de Guilharma.... posuimus.* Eadem quæ *Societas Gullimina* vocatur, in Arest. parlam. Paris. ann. 1384. 30. Jan. ex Cod. reg. 9822. 2. fol. 142 : *Ita allegavit contra illos de Compendio, qui dicebant se habere privilegium, quod poterant ducere in fluvio Ysaræ sine Societate Parisiensi, quæ vocatur Societas Gullimina. Societas Bardorum de Florentia* a Joan. de Bardis nuncupata, in Lit. ann. 1317. ex Reg. 54. Chartoph. reg. fol. 39. v°. *Les Compaignies des Angoissolles* (alibi *des Acheyolles* vel *Escheiolles* et *Aschioles*) *des Douceins, des Falez et des Scaramps*, in Reg. B. ejusd. Cam. Comput. ad ann. 1335. fol. 65. v°. *Les Compaignies des Magalez et Mossez*, in Ch. ann. 1340. ex Reg. 74. ch. 536. *Societas Falletorum de Alba*, in alia ann. 1351. ex Reg. 80. ch. 503.

* 5. **SOCIETAS,** Comitatus, Gall. *Cortege, suite.* Testam. Joan. Franc. de Gonzaga march. Mantuæ ann. 1444. tom. 3. Cod. Ital. diplom. col. 1789 : *Item volo et jubeo quod ubicumque moriar, corpus meum sepeliatur de nocte, cum Societate non ultra viginti personarum, computatis personis ecclesiasticis et illis, quæ portabunt corpus et quæ portabunt doperios.*

* 6. **SOCIETAS** Alba, ab albis vestibus sic dicta; de qua Chron. Patav. ad ann. 1399. apud Murator. tom. 4. Antiq. Ital. med. ævi col. 1166 : *Incœpit quædam devotio, quod homines et mulieres induebantur pannis lineis albis et longis usque in terram .... Supradicta autem devotio de Hibernia venit ad Angliam, deinde in Franciam, postea in Pedemontium, deinde Januam, et in Lombardiam, in Tusciam, Romam, etc. Ita placuit civibus Paduanis dicta Societas alba, etc.*

* Societas de Battuti, Congregatio pœnitentium, qui flagellis corpus suum castigant. Vide supra *Battuti*.

* **SOCIFENA,** *Quæ sociat aliquos, vel Socitina, a sociatione dicta.* Glossar. vet. ex Cod. reg. 7613.

SOCINA. Bulla Honorii III. PP. ann. 3. apud Ughellum in Episc. Interamn. tom. 1. pag. 823 : *Item quicumque est, vel erit ferrarius, qui habeat Socinam, dabit unum par de ferris cum clavis Episcopo Interamnæ.* Ita forte dicta *officina* quævis, quomodo vocem hanc usurpare videtur Vetus Consuetudo Ambianensis localis MS : *Nus ne puet faire four ne fournel là on quise pain autre que desseure est dit, ne là où il ait Socines, se n'est par le congié du Roy et du Vesque, et du Vidame. Mais cil* 3. *en puent donner congié, et de cuire ès fornlaus là où on cui tartes, pastès, flaons, et seminiaus, l'on i puist donner congié de cuire toute maniere d'autre pain sans avoir Socines, et qui autrement le feroit, on abateroit le fornel.* Vide *Socius*.

* Vox Gallica *Socine*, ibi Societatem, non officinam, mihi significare videtur. Sermo enim est de iis, quibus proprii furni usus conceditur, ea conditione ut panem una cum aliis non conficiant aut coquant. Vide supra *Socia* 3. et *Socius* in fine.

SOCINUS. S. Audoenus lib. 2. Vitæ S. Eligii cap. 15 : *Nulla mulier præsumat Socinos ad collum dependere, nec in vela,* (f. tela) *vel in tinctura, sive quolibet opere Minervam, vel infaustas cæteras personas nominare.* Quidam codd. habent hoc loco *saccinos*.

1. **SOCITA,** *Gener, dictus a societate generis.* Papias.

¶ 2. **SOCITA,** ut supra *Socida*. Vide in hac voce. Constitut. Fr. Prædicat. part. 1. col. 66 : *Prohibemus... ne aliquis frater nostri Ordinis... artem alchimiæ exercere,* *aut animalia in Socitam tenere... præsumat.*

¶ **SOCIUS**, Dignitatis vel officii nomen in Ecclesia Toletana: nisi idem sit qui alibi *Frater* dicitur, qui nimirum in *fraternitatem* seu participationem orationum aliorumque bonorum spiritualium admissus est: quod in Ecclesiis Cathedralibus, uti in Monasteriis obtinuisse supra observavimus in voce *Frater*. Inscriptio cujusdam sigilli apud Præs. *de Mazaugues* hæc præfert: S. PET. MICHAEL SOCII ECCE TOLET.

* Interdum idem qui *Capellanus*. Charta Caroli VII. ann. 1429. in Reg. Cam. Comput. Paris alias Bitur. fol. 119. v°: *Ecclesia S. Bartholomæi villæ nostræ de Rupella, capellanique ejusdem ecclesiæ, qui antiqua et vulgari denominatione Socii appellantur, etc.*

¶ Socii in re nautica recensentur inter eos qui aliquam in navi habent præeminentiam. Charta ann. 1525. apud Rymer. tom. 14. pag. 73: *Capitaneus, magister, submagister, bursarius, Socii et alii præeminentiam in navi habentes, etc.* Alibi pro *Socii*, ubi eadem fit enumeratio, legitur *Marinarii*: unde eosdem esse colligitur qui nostris *Officiers Mariniers* dicuntur, ad quos navis gubernatio ejusque ministerium potissimum spectat.

* SOCIUS, Amicus. Lit. remiss. ann. 1375. in Reg. 107. Chartoph. reg. ch. 372: *Guillerma serviens aut pediseca uxoris Andreæ Bossati, dixit prædicto Andreæ: Ha! Andrea Socie, qualiter de illo arloto Johanne auriga seu carraterio fui associata.*

¶ Socio Fisco, Formula quæ passim in veteribus tabulis occurrit, qua res fisco publico adjuncta, aut adjungenda innuitur. Vide *Sociare* et *Fiscus* 1.

☞ A voce *Socius*, nostri *Soces* nuncuparunt, qui aliquam inter se habent societatem; hinc *Soces*, qui panem communitus fingunt, vocitantur in Litteris Henr. *de Grandpré* dom. *de Busency* ann. 1357 inter Ordinat. Reg. Franc. tom. 4. pag. 371: *Et li fourniers doit avoir de celui qui aura plain le four, un pain: et se Soces cuisent, lidiz fourniers doit avoir deux pains: et se li pains que on li feroit ne li seoit, il ne penroit deux pains de Soces les quels que il voulroit, et les Soces rauroient les pains que on avoit faiz pour le dit fournier.* Vide *Socina*.

¶ **SOCKEMANNUS**, SOCMANARIA, SOCNA, SOCOMANNUS. Vide *Soca* 4. et *Socagium*.

* **SOCRATES**, Inter utensilia recensetur, in Inventar. ex Chartul. archiep. Bitur. fol. 165. v°: *Item duos anderios de ferro, item quinque Socrates, etc.*

* **SOCRIA**, Socrus, Gall. *Belle-mere*. Charta Rob. comit. Atrebat. ann. 1266. in Reg. 30. Chartoph. reg. ch. 364: *Cum .... Ludovicus D. G. rex Francorum illustris promiserit se vel hæredes suos soluturum et redditurum pro nobis duo milia librarum Parisiensium.... nobili mulieri Petronillæ de Corteneto, dominæ Sollaci, Socriæ nostræ, etc.* In altera ibid. Robertus dicitur *Gener* Petronillæ. Vide supra *Socera*.

¶ **SOCTANUM**, ut *Sotanum*. Vide in hac voce.

* **SOCULUS**, Solum, pars domus inferior, vulgo *Rez de chaussée*. Locus est infra in *Solarius* 2. Vide *Sotulum*.

¶ 1. **SOCUS**, Stipes, truncus, Gallis *Souche*. Charta Raimundi de Montesquivo ann. 1279: *Sicut sera pendet versus Martinum, et per seram usque ad Socum de Castanheda.* Vide *Soca* 3. Pro calcei genere occurrit in *Soccus* 1.

* *Sochon*, eadem notione, in Lit. remiss. ann. 1447. ex Reg. 179. Chartoph. reg. ch. 12: *Icellui Guillaume print ung gros Sochon de bois,.... ouquel Sochon l'on a acoustumé de mettre et tenir chandelle ardant.*

* 2. **SOCUS**, Cella, promptuarium, locus remotus et depressus, Gall. *Cellier*. Inventar. ann. 1476. ex Tabul. Flamar.: *Infra dictum hospitium et in Soco sive fundo ejusdem hospitii, videlicet unam cubam magnam, pro buliendo sive reponendo vindemiam.* Vide infra *Sola* 5.

* 3. **SOCUS**, *a Cornelio Celso vocatur Circulus anni*, in Glossar. medic. MS. Sim. Januens. ex Cod. reg. 6959.

SODA, Morbus capitis, Gall. *la Migraine*, ex Gr. ἡμικρανία. Michael Scotus de Physionomia cap. 2: *Contingit dolor capitis, qui dicitur Soda, sive Emigranea.* Albertus M. lib. 23. de Animal. cap. 18: *Prima autem falconum infirmitas est dolor capitis, qui in hominibus Soda vocatur. Hujus signum est quod falco claudit oculos, et movet caput in partes diversas, etc.* Vox Arabica, Avicennæ, Albucasi parte 1. Chirurg. cap. 2. et aliis Medicis sat familiaris.

¶ **SODADERIUS**, Miles, qui stipendio meret. Chron. Parmense ad ann. 1290. apud Murator. tom. 9. col. 820: *Duo exercitus facti fuerunt super districtum Mediolani super Tisinellum; unus quorum factus erat per dominum marchionem Montisferrati,.... et alius per Mediolanenses cum Sodaderiis suis, et certa quantitate populi.* Vide in *Solidata*.

SODALES. Aponius lib. 2. in Cantica Canticor. ubi de Hæresiarchis: *Qui hac de causa Sodales appellantur, quod unusquisque eorum dæmonum vicarius vel collega per superbiam effectus est, et quod omnes hi cibos doctrinæ apud sensum suum, de quo cuncta meditando promunt, deceptis animabus, præparatos, singuli ad unam mensam, legis divinæ testimoniis male interpretatis, deferunt comedendos. Propria enim pulmentaria ad unam mensam multi propter commune convivium deferentes, ab antiquis Sodales sunt nuncupati, ad quorum comparationem, malorum dogmatum inventores, Sodales Christi Ecclesia appellavit, quia dulcia verba Sanctæ Scripturæ venenosis sensibus suis inficientes, diverso sapore lethali inter se variante, unius mortis æternæ convivium præparant animarum.*

¶ **SODALICIARIUS**, Sodalis. Vide *Filetius*.

* **SODAMENTUM**, Ital. *Sodamento*, Cautio, satisdatio. Stat. ant. Florent. lib. 5. cap. 36. ex Cod. reg. 4621: *Si quis de magnatibus civitatis vel comitatus Florentiæ se defenderet, vel quomodolibet excusaret a Sodamentis, quæ præstare debent magnates, vel cessarent a satisdando, etc.*

¶ **SODANNUS**, ut *Sultanus*. Vide in hac voce.

* **SODANUM**, Herba vitrearia sylvestris, Ital. *Soda*, nostris *Soude*. Leudæ major. Carcass. MSS.: *Pega et Sodanum, qua fit vitrum.... non dant leudam.* Ubi versio Gallica ann. 1544: *Pegue, Soudre..... ne paie droit de leude.*

* **SODANUS**. Vide infra in *Syndicus*.

¶ **SODARIA**, Meretrix. Vide in *Sodes*.

SODELLÆ, Scrofarum morbus, *Escrouelles*. Nangius in Vita S. Ludovici pag. 369: *In tangendo infirmitates, quæ vulgo Sodellæ vocantur, super quibus curandis Franciæ Regibus Dominus contulit gratiam singularem, etc.* Videtur legendum *scroellæ*, vel *scrofellæ*, nisi vox formata sit a *soda*, de qua supra.

SODES, SODARIA. *Sodes*, Sodalis, amicus, socius. Glossæ Gr. Lat.: Φίλτατες, *Amantissimus, Sodes.* Vita S. Wlstani Episc. Wigorn. n. 21: *Desiste, Sodes Aiuine.* Versus relati a Mabillonio:

> Hæc carus caro dono transmittit amicus,
> Suscipe gratanter, cum sint felicia votis
> Hildebrandc Sodes, etc.

[Guidonis Discipl. Farf. cap. 53.

> Infirmos fratres sic debent visere Sodes.]

Anonymus Hasenrietanus in Episc. Eystetensibus: *Ego quidem de vino nihil habeo, nisi unam parvulam carradam, quam dedit mihi Sodes meus Augustensis Episcopus ad sacrificium.* Eckehardus Junior de Casib. S. Galli cap. 5: *Mi Sodes care.* Cap. ult.: *Bene, ille ait, mi Sodes, narras.* Vide pag. 46. et 47. et ibi Goldastum. Ab eodem fonte

SODARIA, Amica, meretrix. Chronic. Senoniense lib. 3. cap. ult.: *Quandam meretricem, quam Sodariam vocant, post Ducem direxit.* Sic enim appellata ut plurimum vilia scorta: cujus appellationis auctores existimantur Athenienses, rei odiosæ speciosum nomen ἑταιρῶν dantes, ut est apud Plutarchum in Solone. Athenæus lib. 13. cap. 4: Καλοῦσι δὲ τὰς μισθαρνούσας, ἑταίρας. Vide Martialem lib. 7. Epigr. 69. Ita ἑταιρεῖον, *lupanar* vocabant.

☞ Hæc docte quidem: sed forte legendum *Soldaria*, a *Soldada*, merces, stipendium: unde meretrix *Soldataria* nuncupata, ut videre est infra in hac voce.

CONSODES. Versus MSS. de Cobone et Lantfrido, in Bibl. Eccl. Bellovac: *Quodam tempore fuerunt duo viri nobiles, sicut fabulæ testantur, et scurrarum cumplices, unus Cabbo vocabatur, Lantfridus, et Consodes, etc.*

* Hinc nostris *Soçon* et *Sochon*, eadem acceptione. Lit. remiss. ann. 1421. in Reg. 171. ch. 407: *Jacot Tranly compaignon ou Soçon de jeunesse d'icellui suppliant, etc.* Aliæ ann. 1450. in Reg. 184. ch. 90: *Compaignons, que n'estes vous alez sonner? vos compaignos et Sochons y sont alez.* Sosson, in eod. Reg. ch. 252.

* **SODINGA**. Ordo eccl. Ambros. Mediol. ann. circ. 1130. apud Murator. tom. 4. Antiq. Ital. med. ævi col. 909: *Et similiter dat chirothecas et unum bonum cereum illi, qui in ipso die impositurus est mensæ suæ prius ferculum, id est, Sodingam, quæ fertur a S. Ambrosii abbate.*

SODIS. Formul. 57. ex Lindenbrogianis: *Caballos tantos, boves tantos, vaccas cum vitulis tantas, ovium capita tanta, Sodis capita tanta, lecturios condignos ac lectos tantos, etc.* Ubi *Sodis* pro *suum* videtur usurpari, vel certe ex *sude*, id est porcorum stabulo. Vide *Sudis*.

* **SODUM**, Ager incultus, Ital. *Sodo*. Formulæ ex Cod. reg. 4189. fol. 17. v° : *Item unum petium Sodi positum in valle Nuptia*. Ter quaterve ibidem repetitur. Vide *Sodus* 1.

¶ 1. **SODUS**. *Terræ Sodæ*, Incultæ, Ital. *Terreni Sodi*, Gallice *Terres en friches*. Charta ann. 1358. inter Probat. Hist. familiæ *de Gondi* tom. 1. pag. 156 : *Item plures petias terrarum laborativarum, et in parte Sodarum, et partim vineatarum cum quercubus, et olivis, et aliis arboribus.... Item unum petium terræ laborativæ, et partim Sodæ cum arboribus*. Occurrit ibidem non semel. Vide *Sodum*.

* 2. **SODUS**, Firmus, stabilis, *Sodo*, eadem acceptione, Italis, a *Sodare*, solidare. Tract. MS. de Re milit. et mach. bellic. cap. 45 : *Super hoc cepum foratum mittitur bombarda, habens canonem quasi in medio tubæ, et totum ejus residuum est Sodum cum foramine communi, causa ceppum et bombardum bene servandi*.

¶ **SOESTES**. Descriptio bonorum dom. de Eska ex Tabul. Audomar. : *Dividitur namque tota terra de Eska et de suis antedictis ypepis, in Soestis, quæ Flaminge dicitur lantscoef... Illa terra quæ dicitur Soestes... continet in universo* 336. *mensuras*. Vide *Soistura*.

* **SOFFA**, SOLFA, Nota musicalis, Ital. *Solfa*. Reg. visitat. Odon. archiep. Rotomag. ex Cod. reg. 1245. fol. 69. v° : *Nichil sciebat cantare sine Soffa sive nota, et etiam discordabat in Soffa sive nota*. Ibid. fol. 415 : *Non cantabant* (monachi Gaaniaci) *omni die officium suum cum Solfa, sed missas solum in diebus festivis*. Vide *Solfizare*.

¶ **SOFFERANA**, SOFFRANIA, Crocus, Ital. *Zafferano*, Gall. *Safran*. Chron. Fossænovæ apud Murator. tom. 7. col. 882 : *Unus anser, media libra piperis, et cinnamomi, et Sofferanæ*. Ibid. col. 887 : *In pipere, in cinnamomo, in Soffrania, in cera, etc.* Vide *Zaffranem*.

¶ SOFRANUM, Eadem notione, in Statutis datiariis Riperiæ cap. 12. fol. 5 : *De quolibet pense Sofrani, tam terrerii quam foresterii, pro introitu soldi decem*. Vide *Safranum*.

¶ **SOFFRATA**, SOFRAYTA, Culpa, vel Mulcta in Ecclesia Lugdunensi dicitur, quæ a Canonicis ob culpam aliquam, vel absentiam a choro, cum aliquod officium præstandum erat, exsolvi debebatur, a vet. Gall. *Souffratge*, penuria, vel potius *Soferte*, abstinere, a choro quippe et refectorio abstinebant, etiam mulcta pecuniaria exsoluta, qui in culpa erant. Statuta Eccl. Lugdun. ann. 1175. ex Cod. MS. Coislin. nunc Sangerm. : *Canonici qui faciunt Sofrayti* (sic) *de Epistola et Evangelio, vel quolibet alio officio suo debent tres libras ceræ pro Sofraytis, et canonicus vel beneficiatus debet recipere et ponere in necessariis ecclesiæ*. Alibi : *De penis et Sofraytis canonicorum, quando faciunt officia sua*. Rursum : *De pœnis et Soffratis canonicorum.... quod unusquisque canonicorum, tam sacerdotes quam levitæ et subdyaconi solverent pro pœna officiorum suorum quorumcumque tres solidos fortes, et quod amitterent cibaria refectorii, donec solverent pœnam positam pro defectu*.

* Nostris *Soffraite*, *Soufraite* et *Soufrete*, pro *Disette*, *indigence*, Penuria, egestas. Joinvil. in S. Ludov. edit. reg. pag. 87 : *Sire, aouré soies tu de ceste Soufraite que tu me fez; car mains bobans ai eulz à moy chaucier et à moy lever. Après mout de granz fains et Soufretes*, in Vita ejusd. reg. ibid. pag. 336. Guill. Tyrii Hist. apud Marten. tom. 5. Ampl. Collect. col. 719 : *Il commencoient avoir Soffraite de viandes, et de soif avoient tele Soffraite, que grant partie d'eus en perdirent les dens*. Glossar. Gall. Lat. ex Cod. reg. 7684 : *Souffraite, egestas*. Vide *Sufferta* 1.

¶ **SOFISTA**. Vide infra *Sophistæ*.

¶ **SOFOSORIUM**, pro *Suffossorium*, Ligo. Canones Hibern. cap. 7. lib. 38. apud Acher. tom. 9. Spicil. pag. 28 : *Aratra trahentes et Sofosoria figentes terræ*. Vide *Fossorium*.

¶ **SOFRANUM**. Vide supra *Sofferana*.

¶ **SOFRAYTA**, ut *Soffrata*. Vide ibi.

SOGA, Restis. Gloss. *Soga*, *funis*. Vox Italis et Hispanis etiam in usu. Lex. Longobardorum lib. 1. tit. 25. § 33. [** Roth. 296.] : *Si quis Sogas furatus fuerit de bove junctorio, componat sol.* 6. Innocentius III. PP. lib. 13. Epist. 61 : *Culcitram unam, mantilia* 4. *Sogam carralem de corio, ferrum caldararium*. [Chronic. Parmense ad ann. 1291. apud Murator. tom. 9. col. 821 : *Campana communis, quæ erat adhuc in platea communis super uno ædificio ligneo, dum sonaretur ad Sogam, fracta fuit*.] Dantes in Infern. cau. 31.

Cercati al collo, et troverai la Soga.

Vide Oct. Ferrarium in *Soga*.

SOGA. Tabularium sancti Mauricii Agaunensis apud Guichenonum in Probat. Hist. Saband. pag. 4 : *De quarto terra S. Mauricii habet Sogas* 5. *una quæque Soga habet pedes* 100. Ubi *Soga*, est funis, funiculus, agri modus, quomodo Persæ σχοῖνον, mensuram terræ stadiorum 60. vocabant, ut auctor est Herodotus. Hero περὶ ὀνομάτων γεωμετρικῶν, sub finem : Εἰσὶ δὲ καὶ ἕτερα μέτρα ἐπινενοημένα τισὶ τάδε· πάσσον, ἄκαινα, πλέθρον, ἰούγερον, στάδιον, μίλιον, σχοῖνος, σχοῖνος Περσική, καὶ σχοῖνος Ἑλληνική. Sed et *Sogæ* vocem videtur hac notione agnovisse idem Hero : Τὸ σωκάριον τῆς σπορίμου γῆς ι. ὀργυίας ὀφείλει ἔχειν, τοῦ δὲ λιβάδου ιβ.

1. **SOGALIS**, Census ex quavis *soga*, seu agri modo, pendi solitus. Capitul. de Villis cap. 10 : *Ut Majores nostri... et cæteri ministeriales ea faciant, et Sogales donent de mansis eorum : pro manoopera vero eorum ministeria bene provideant*. Et cap. 62 : *Quid de bobus, quos bubulci nostri servant, quid de mansis, qui arari debent, quid de Sogalibus, quid de censis, etc.*

¶ 2. **SOGALIS**, pro *Sodis*, vel *Sualis*, Sus, porcus. Codex censualis Irminonis Abb. Sangerm. fol. 11. v° : *Qui solvunt omni anno ad hostem carra* VI. *ad tertium annum Sogales* CVIII. Vide *Soalis*.

¶ **SOGARE**, Secare, Gall. *Soyer;* nisi legendum sit *Segare*. Vide *Secare* 2. Charta ann. 1372. ex Tabul. Ausc. : *Cum tempore estatis esset in campo,.... Sogando bladum, audivit, etc.*

¶ **SOGNEIA**, Præstatio, quæ primum fiebat vice procurationis; exinde vero pro quavis pensitatione et servitute est usurpata; eadem notione et origine qua *Sonniata*. Vide *Soniare*. Charta ann. 1224. ex Tabul. Corbeiensi : *Cum Abbas et Ecclesia Corbeiensis me Nicholaum Majorem de Popincort, de Bus, de Fescamp et de Marcaisvillari traxissent in causam super venditionibus terrarum in dicta majoria constitutarum, et super Sogneia quæ dicti Abbas et Ecclesia ad se dicebant pertinere;... confessus sum in præsentia domini mei Hugonis abbatis Corbeiensis coram liberis hominibus... me in venditionibus terrarum, et Sogneia supradictis contra dictos Abbatem et Ecclesiam detentis ultra modum deliquisse*.

¶ SOIGNIA, Eadem notione. Charta Margaretæ Flandr. Comit. ann. 1269. apud Miræum tom. 2. pag. 1238. col. 1 : *Dicta vero Ecclesia S. Salvii singulis annis tenebatur dicto domino Cameracensi Episcopo specialiter pro dicta ecclesia S. Gaugerici in dimidio modio avenæ et tribus solidis alborum, pro quodam redditu qui vulgo Soignia nuncupatur, solvenda tempore synodali, et in anno bissextili ipsa Soignia duplicatur*. Charta ann. 1256. ex Tabul. S. Medardi Suession. : *Donavit et concessit.... in puram et perpetuam elemosinam Priori et conventui dictæ ecclesiæ terciam partem cujusdam redditus qui vocatur Soignie, quam habebat, ut dicebat, in villa de Donchereyo*. In quo vero posita sit hæc *soignia*, describitur in clientelari professione ann. 1320. ex eodem Tabul. : *Ledit prieur* (de Donchery) *et seigneur de Marancourt ont ung droict seigneurial appellé Sougnies qui est tel; c'est assavoir que tous ceux qui sont possessans et dettenteurs de certains maisons et heritages scituez et assis audict Donchery, et semblablement tous les habitans et manans des villes de Vriguese, Villette et Dons sont tenus et redevables dudict droict de Sougnies ainsi que en après sera déclaré; c'est assavoir de labourer, cultiver, et semer bien suffisament chacun an trois pieces de terres arrables appartenants audict Prieur,... et sont tenus de cier et faucher les depouilles d'icelles terres chacun an selon les royes et labeurs dont elles sont chargées, tant en bled comme en avoine, et de les mener et attasser à la grange dudict Prieur, et sont tenus de nettoyer ledict bled et avoine des chardons et yeulles qui y sont, etc.*

¶ SOIGNEIA, SOIGNENA, Eodem intellectu, in Charta ann. 1246. ex eodem S. Medardi Tabular. : *Tertiam partem Soigneiarum, etc.* Alia ejusdem anni ibid. : *Terciam partem Soignenarum de Donchereyo, etc.*

* An hæc præstatio sic nuncupata est a Gallico *Soigne* vel *Soignée*, candela? quod primum in candelis solveretur, voce dehinc ad tributum quodlibet translata. Joinvil. in S. Ludov. edit. reg. pag. 135 : *Jeta sa touaille...... au chief de la paielle de fer, là où la Soigne la royne ardoit; et quant elle fu alée coucher,..... la chandelle ardit tant que le feu se prist en la touaille, etc. Soignée*, utraque notione, in Lit. remiss. ann. 1398. ex Reg. 154. Chartoph. reg. ch. 2 : *Laquelle Soignée vault trois aschins d'avoine*,

un septier de vin, deux Soignées de cire.... sur chascun feu de la ville de Vrevin. Soignie, inter Redit. comitat. Namurc. ann. 1265. ex Reg. Cam. Comput. Insul. sign. Papier velu fol. 6 : *Et si a li cuens le Soignie à le saint Remi, c'est à cascun fu de le ville deux sestiers d'avainne et une gheline.*

☞ Ejusdem originis videtur vox *Soignantage*, qua pro *Concubinage*, Pellicatus, utitur Bellomanerius cap. 18. pag. 102. sub finem : *Se un homs a d'une femme un fils en Soignantage et puis un autre de laquelle il a un fils, et aprés, celle qu'il a espousée muert, et il espouse la premiere de laquelle il eut un fils en Soignantage, et est le fils mis sous le drap avec le pere et avec la mere, pour li faire loyal ; et en tel cas ses mainné fieus est aisné quant à l'heritage.* Adde cap. 57. pag. 293. Hinc etiam *Femmes ensoignantes* dictæ videntur concubinæ, in Chron. Flandr. cap. 23. Vide in *Sodes*.

* *Songnantage*, in Lit. remiss. ann. 1347. ex Reg. 68. Chartoph. reg. ch. 203 : *Oye la supplication de Mathieu Danal* (d'Abbeville) *contenant que comme environ onze ans a qu'il eust pris et espousée par ordre de mariage une jone femme, et assez tost aprés qu'il furent venus d'espouser, uns appellez Jehan Hequet, meu de sa voulenté outrageuse, eust dit audit Mathieu que ycelle meschine il avoit eue en Songnantage et fait ses voulentez d'ycelle et tenus longuement, ancoiz que ledit Mathieu l'eust espousée. Songniantage*, apud Bellomaner. MS. cap. 18. et *Soingnantage*, cap. 57. *Songnentage*, in Vitis Patrum MSS :

Fille moult a fait grant anui
Et lait reprovier et hontage,
Que enchainte ies par Sougnentage.

Hinc *Soingnant*, pro Concubina seu meretrice. Chron. S. Dion. tom. 3. Collect. Histor. Franc. pag. 205 : *Gontrans qui rois fu d'Orliens, ot quatre filz de diverses Soignans, c'est-à-dire, de fames que il n'ot pas espousées.* Ubi Aimoin. lib. 3. cap. 3 : *Quatuor filios ex diversis habuit concubinis. Sougnant*, in iisd. Chron. pag. 182. Occurrit etiam vox *Soignant*, eodem sensu, in Consuet. Camer. MSS. Fabul. tom. 1. pag. 105 :

Lendemain si compaignon vindrent,
Et lor parlement à li tindrent,
Où lor Soignans alée estoit.
Cil lor respont qu'il ne savoit.
Tant la quistrent et tant alerent,
Qu'en fosse morte la troverent.

¶ **SOGNETUM**, in Aresto Parlamenti Tolos. pro Consulibus villæ de Miranda ann. 1400 : *Et quod dicti Consules eorum consilia absque præsentia officiariorum dicti Comitis* (Astariaci) *facere non deberent, certamque aydam seu concessionem nuncupatam Sognetum in dicta villa existentem, et per quam tredecima pars vini venditi in eadem villa ad detaillum recipiebatur, revocaretur coram certo executore a dictis Consiliariis nostris deputato, petiisset.* Ubi legendum *Soquetum*. Vide in hac voce.

¶ **SOIESTURA**. Vide *Soistura*.

¶ **SOIGNA**, Soignia, Soignena, ut *Sogneia*. Vide ibi.

¶ **SOILUM**, pro *Scogilum*. Vide ibi.

SOINUS. Vide in *Sunnis*.

¶ **SOISTURA**, Soiestura, ut supra *Societas* 1. Tabular. Montis S. Eligii : *Cum nos nomine ecclesiæ nostræ teneamus ab ecclesia de Monte S. Eligii prælibata ad Soisturam tres mencaldatas et dimidiam terræ sitæ in territorio de Mareolo ad locum qui dicitur Parfundeval, in qua terragium percipiant et habeant una cum quarta parte fructuum et proventuum crescentium in eadem. Quam quidem terram nos arare, colere, serere et metere propriis sumptibus tenemur : hoc salvo quod dicti Abbas et Conventus de Monte S. Eligii pro parte sua serenda unum mencaldum bladi ad gaskeriam, et unum mencaldum avenæ ad marcium tenentur nobis solummodo ministrare.* Semel et iterum occurrit. Idem Tabul. : *De tribus mencaldatis et dimidia terræ quam tenebamus ab eisdem ad Soiesturam, ut est dictum.* Pluries ibi *Soyesté*, eodem intellectu, in Charta ann. 1329. ex Tabul. S. Bertini : *Vendidit... totam terram integraliter quam dicti conjuges habebant, possidebant, et tenebant Gallice dicendo à Soyesté a religiosis predictis, cum avantagio Froide-fontaine Gallice nuncupato, in parochia et territorio de Loustinga.* Vide *Medietarius*, et *Soestes*.

* *Soihestés*, eadem acceptione, in Charta ann. 1317. ex Chartul. prior. Lehun. ch. 98 : *Je Rogues li Borgnes chevaliers aie tenu en Soihestés..... dis mencaudées de terre,.... et pour che que les dites terres ne soient plus en Soihestés, ai consenti de me bone volenté à partir lesdites terres. Soiesté*, in Reg. feud. Camerac. ex Tabul. ejusd. eccl. *Soiste*, in Charta Engerrani dom. de Couciaco ann. 1266. ex Chartul. S. Autberti Camerac. : *Donnons..... toutes les choses ke nos avons et aviemmes euut nos et no ancisseur en terrage, en Soiste, en tierce garbe, etc.*

* **SOITURA**, Tantum prati, quantum unus sector per diem secare potest, nostris *Soiture* et *Soipture*. Interdum pratum nude significat; qua duplici notione accipitur in Charta ann. 1314. ex Chartul. eccl. Lingon. ex Cod. reg. 5188. fol. 66. v° : *Item tria jornalia as Laschiesres, et medietatem, vel circa, magnæ Soituræ sitæ as Laschiesres, quæ partitur cum alia medietate mei Symonis dictæ Soituræ, movente de feudo dicti thesaurarii.* Fol. 67. v : *Cum censibus novem Soiturarum pratorum. Quatre Soetures de prey*, in Ch. ann. 1316. ibid. fol. 72. v°. Alia ann. 1275. in Chartul. Buxer. part. 12. ch. 15 : *Une piece de terre, qui fu en pré, contenant doues Soitures.* Charta Odon. ducis Burg. ann. 1332. inter Probat. tom. 2. Hist. Burg. pag. 197. col. 1 : *Donnons trente Soiptures de prés seants au finage de Combertaut.* Vide supra *Sethorata*.

¶ **SOJURNARE**, Morari, diem ducere, Gall. *Séjourner*. Litteræ Henrici IV. Reg. Angl. ann. 1411. apud Rymer. tom. 8. col. 667 : *Conjunctim et divisim veniendo, ibidem Sojurnando, et exinde versus partes suas proprias, etc.* Vide *Sejornare* et *Subjurnare*.

¶ **SOK**, Soka Soke. Vide *Soca* 4.

¶ **SOKAGIUM**, Sokemannus, Sokemara. Vide supra in *Socagium*.

SOKEREVA. Fleta lib. 2. cap. 55. § 2 :.... *Quamdiu aliquid inveniatur in hujusmodi feodis, per quod distringi possint. Si autem nihil inveniatur, tunc implacitentur ipsi Tenentes de Galenecto, per quod breve de conf..... et servitiis, quod fieri potest per Sokereves eorum in hustenge præsentatos ad custodiam Sokerevæ suæ ad redditus suos colligendos, etc.* [Vide *Socagium*.]

SOKET. Matth. Paris ann. 1252 : *Cum a Militibus circumstantibus consideraretur inventum est in mucrone* (lanceæ) *acutissimum instar pugionis, cultellinam habens latitudinem, quod esse debuit, et decuit fuisse hebes,* (ut in torneamentis fieri solitum observavimus ad Joinvillam) *et brevem formam habens vomeris, unde vulgariter Vomerulus vocatur Gallice Soket.* Nos etiamnum *soc*, vomerem dicimus, unde *soquet*, vomerulus. Vide *Soccus* 2.

¶ **SOKMANNUS**, Sokmanria. Vide in *Socagium*.

1. **SOL**, pro Die, quomodo a Latinis Scriptoribus, Poetis præsertim, usurpari observarunt Servius ad Virgil. et Lutatius ad 3. Thebaïd. Vetus Glossar. laudatum a Fabroto exercit. 1. pag. 11 : *Tres Soles, tres dies.* Jo. de Janua : *Quia Sol est causa diei, ideo ponitur aliquando pro die; sed frequentius in plurali.* Luithprandus lib. 3. cap. 5 : *Paucis interpositis Solibus.* Folcuinus de Miracul. S. Bertini cap. 13 : *Quot numerantur anni Soles?* Fridegodus in Vita S. Wilfridi cap. 9 :

Hæc immota manent cunctos oracula Soles.

Eckehardus Junior de Casibus S. Galli cap. 1. *Sole sequenti, etc.* Hepidanus lib. 2. cap. 4 : *Cum apud materteram paucos exegisset Soles.* Cyprianus Archipresbyter Cordubensis in Epitaphio Sampsonis Abbatis :

Discessit longo notus plenusque dierum,
Sextilis namque mensis die vicesima prima,
Sextilis namque mensis Primo et vicesimo Sole.
Era DCCCXVIII.

Vide Vitam S. Adalberti Pragensis n. 11. et Dantem in Inf. can. 6. Vocem ἥλιος eadem notione a Græcis usurpatam, alii adnotarunt. Thomas Magister : Ἥλιος λέγεται καὶ μία ἑκάστη ἡμέρα, ubi Libanium laudat. Adde Eustath. ad Dionys. pag. 13. edit. Henr. Stephani. [*Soleil boutant*, pro *Soleil luisant*, in Statutis Scabinorum Maceriarum ad Mosam MSS : *Ung bourgeois dudit Maisieres .. sen puelt aller de l'hostel d'ung tavernier sans payer son escot et sans meffait, entant qu'il ne passe point 12. den. et que dedans le lendemain Soleil boutant il contente son hoste.*]

* Reg. Cam. Comput. Paris. sign. *Pater* fol. 96. r°. col. 2 : *Stephanus Mener, Adam allutarius comparuerunt pro Villanova-Regis juxta Senonas, et dicunt se non debere exercitum domino regi, nisi ex sua mera gratia, nisi tantummodo ire cum mandato domini regis tanto spatio, quod una die possint redire ad Novamvillam de Solo vel de die.* Id est, sole lucente vel die advesperascente.

¶ Solem Culcare, vel potius *Collocare*, pro Diem constituere. Vide *Collocare*.

2. **SOL**. Gregorius Turon. lib. 4. Hist. cap. 31 : *Tres aut quatuor splendores magni circa solem apparuerunt, quos rustici Soles vocabant, dicentes : Ecce tres vel quatuor Soles in cælo.* Rodericus Toletanus in Histor. Arabum cap. 17 : *Omnes Cordubæ*

habitantes tres Soles lucis mirificæ conspexerunt, etc. Vide Isidorum Pacensem æra 784. Aimoin. de Translat. SS. Georgii et Aurelii n. 16. Matth. Paris ann. 1236 : *Et videbatur juxta solem, quidam Sol nothus collateralis.* Ammianus lib. 20 : *Sol autem geminus ita videri existimatur, si erecta celsius solito nubes, æthereorumque ignium propinquitate collucens, orbis alterius claritudinem tanquam a speculo puriore formaverit.* Vide Livium lib. 17. et Plinium lib. 11. cap. 31.

3. **SOL**, *Stilus ferreus, unde solet excuti ignis de silice*, ut est in lib. Miraculor. S. Bertini cap. 10. apud Mabillonium tom. 3. Act. SS. Ord. Bened.

* *Suol* editum tom. 2. Sept. pag. 602. col. 2. *Sool* legi in Codice MS. monent docti Editores.

1. **SOLA**, pro Solea calcei, vulgo *Semele*. Charta Ludovici Pii Imp. apud Doubletum : *Ad cordovesos, et in Solas eorum componendas, modia uncti ducenti.* Chrodogangus Metensis Episc. in Regula Canonicor. cap. 41 : *Calceamenta vero omnis clerus annis singulis, pelles buccinas, et Solas, paria quatuor accipiunt.* [Statuta antiqua Monast. Corbeiensis cap. 3 : *Calcearios quatuor cum Solis novis.* Transactio inter Abbatem et Monachos Crassenses ann. 1351 : *Qui sabaterius facit... ad minus cuilibet ipsorum tria paria sotularium, et postea tot Solas vel empenhas quot poterunt rumpere.*] Regula Ord. *de Sempringham*, de *Sotularibus*, seu calceis : *Quod si forte scissi et vetustate consumpti induruerint, licet sutori Solas novas imponendo renovare.* Vide *Soccus* 1.

* Nostri solum seu plantam pedis aut ipsius pellem *Sole* appellarunt. Lit. remiss. ann. 1421. in Reg. 171. Chartoph. reg. ch. 452 : *Pour ce que le suppliant ne se povoit mettre à si grant et grosse rançon, lui chauf-ferent si fort et appreingnirent les plantes des piez, que les Soles d'iceulx lui en sont cheutes.*

¶ Sola, pro ipso Calceo, seu aliqua calceamenti specie, in Charta ann. 855. in Append. ad Marcam Hispan. col. 788 : *Solarum parilia* XL. Testam. ann. 1518. in Sicil. sacra apud Rocchum Pirrum pag. 187 : *In qua* (arca) *erant vestis una zindari ad instar jubbæ, velum unum listiatum et Solæ* (*vulgo calceamentum*) *illius B. Martyris.* Vide *Solarius*.

¶ 2. **SOLA**, Piscis marini species, solea, Gall. *Sole*, quod *solæ* formam refert sic dicta. Charta ann. 1197. inter Instr. tom. 6. Gall. Christ. novæ edit. col. 144 : *Carga de Solas* III. *den.* Charta Communiæ Balneoli ann. 1208 : *Saumata de Solis, unas Solas* (dabit) *si vendita fuerit; sin autem per rationem quod vendetur.*

¶ 3. **SOLA**, Mensuræ genus videtur. Statuta Montis Regal. fol. 270 : *Et etiam teneatur quilibet venditor Solarum, habere Solas ad modamen communis quod est signatum in lapide cisternæ. Et quicumque vendiderit, seu penes se habuerit Solas venales in minori modano seu modanis communis, signato vel signatis in lapide prædicto, solvat pro pœna et banno solidos quinque.* Ibidem fol. 272 : *Si placuerit consilio, videlicet sestarium unum, heminam unam, cazolium unum, pintam unam, rasum unum, et unam cannam, libram et mediam libram, et modanum Solarum, et alias mensuras necessarias communi.*

* Minus bene; est enim Quadratus later, quo pavimentum sternitur, Gall. *Carreau.* Vide *Solerare.*

* 4. **SOLA**, Solum, fundus, Gall. *Sol.* Charta ann. 1326. in Chartul. prior. Lehun. ch. 101 : *Territorium de Flekieres.... durat per totam terram seu Solam bladorum seminatorum anno Domini 1326..... et similiter in Sola bladorum resecatorum anno Domini 1326.*

* 5. **SOLA**, Planus navis fundus, Gall. *Sole.* Stat. ann. 1378. tom. 6. Ordinat. reg. Franc. pag. 326 : *Sal ubilibet emere et capere, ac dictum sal, prout eis placuerit, in navibus seu batellis vel aliis vasis; videlicet in Sola, secundum ydioma patriæ Sole, dictarum navium vel batellorum seu aliorum vasorum onerare.... possint. Seulle*, eadem notione, in Lit. remiss. ann. 1393. ex Reg. 144. Chartoph. reg. ch. 478 : *Icellui Guillaume ovrit ladite Seulle en la presance du suppliant, auquel il fit charger du sel d'icelle Seulle deux mines. Seule* vero et *Soule*, pro *Cellier*, Cella, locus imus, in aliis Lit. ann. 1404. ex Reg. 158. ch. 361 : *Icellui exposant fust alé sur le quay à Rouen au sciller ou Seule d'icellui Alorge, etc.* Lit. remiss. ann. 1367. in Reg. 99. ch. 506 : *Guillaume le Grant avoit en une sienne meson à Rouen, dedans une Soule, certaine quantité de sel, etc.* Vide supra *Socus* 2.

* 6. **SOLA**, Trabs, tignum, Gall. *Solive*, alias *Solle*. Charta ann. 1324. in Chartul. Latiniac. fol. 214 : *Ut ipsorum ædificiorum Solas in prædictis muris ponere seu figere, usque ad septem tesias valeat, licentiam vellemus ei concedere.* Reg. Corb. sign. *Ezechiel* ad ann. 1421. fol. 146. v° : *Lesquelx carpentiers seront tenus de mettre et faire en le grange.... une Solle, pour ce que celle qui y est, est pourrie. Sol et pan-de-fust de bois*, in Consuet. Rem. art. 377. *Soulin*, eodem sensu, in Lit. remiss. ann. 1450. ex Reg. 184. Chartoph. reg. ch. 47 : *En une muce, qui étoit dessoubz ung Soulin, prindrent et emporterent certains biens.* Vide *Suliva*.

* 7. **SOLA**, Pila vel Globulus ligneus, vulgo *Soule*. Lit. official. Paris. ann. 1348. in Reg. 78. Chartoph. reg. ch. 42 : *Dictus defunctus ivit ad Roculum ad ludendum cum aliis ad Solam, cum gelu maximo urgente.* Vide infra *Solere* 1. et *Soula*.

¶ **SOLACENTIO**. Charta ann. 709. apud Calmet. inter Probat. tom. 1. Hist. Lothar. col. 264 : *Bene antiquitus divitum principum decreta et legum ita sanxerunt, ut tantummodo loca manus donatoris Solacentio in subscriptione certa monstraretur, nec sine gestarum allegatione, plenissima voluerunt firmitate mancipare.*

* **SOLACERIUM**, Cella seu obedientia monastica, vel prædium rusticum ab abbatia dependens; unde *Solacerius*, illius habitator. Charta Carol. IV. ann. 1325. in Reg. 71. Chartoph. reg. ch. 306 : *Concedimus de gratia speciali, quod ipsi* (religiosi Vindocinenses) *nec non prioratus, Solaceria.... remaneant in et sub speciali gardia et immediata superioritate nostris.... ipsosque religiosos, priores, Solacerios, prioratus, ecclesias, villas... in et sub speciali gardia et immediata superioritate nostris.... suscipimus.* Eadem leguntur in Ch. Phil. VI. ann. 1328. ex Reg. 65. ch. 107.

¶ **SOLACIAMENTUM**, Solatium, animi remissio. Codex MS. de dictis contra Albigenses ex Bibl. D. *de Chalvet* Senescalli Tolos. : *Postque cum invitati simul comedissent et bibissent in magno Solaciamento.* Ibidem : *Et rogaverunt eum debilem et cartanarium, quod veniret cum eis ad Solaciamentum ad columbarium magistri R. Calviere.*

¶ **SOLACIARI**. Vide infra *Solatiari.*

¶ **SOLADIRE**, pro *Solsatire.* Vide in hac voce.

SOLAGGE, [Idem quod mox *Solagium.*] Vetus Notitia sub Islo Episcopo Tolosano, apud Catellum in Hist. Occitan. pag. 855 : *Et in hoc fevo dedit illis totam siglicem, et totum milium, et totum ballagium, et decimum de sextaratis, boerium, et retrodecimum, et retrocale, totoque Solagge, et senescalliam, etc.* Tabular. S. Eparchii Inculism. fol. 123 : *Habeat in feodio suo Præpositali les cols et le bales, et les Solages juste et mensurate sine ullo ingenio.* [Vide infra *Solatge.*]

* Charta ann. 1257. in Reg. 61. Chartoph. reg. ch. 302 : *Tres solidos de Solage, vel quartam partem de las gresas;.... et duos solidos de Solage et quindecim solidos de mesatge, etc.* Vide infra *Solatge.*

* **SOLAGIAMENTUM**, a Gallico *Soulagement*, Solatium, levamentum. Charta ann. 1473. inter Probat. tom. 3. Hist. Nem. pag. 322. col. 1 : *Pro subventione et Solagiamento subdittorum et personarum earumdem civitatis et diocesis, etc. Solaz*, eodem sensu, in Vita S. Ludov. edit. reg. pag. 323. Hinc *Soulaz* appellatur, qui alicui adjutorio est, in officio secundarius. Chartul. eccl. Carnot. ann. circ. 300 : *Matricularius hebdomadarius et ille, qui vocatur Soulaz, aut capellanus ipsorum, etc.* Vide infra in *Solatiari.*

¶ **SOLAGIUM**, Agrarium, præstatio ex agris, a *solum* sic dictum : idem quod alibi *Araticum, Terragium* nuncupatur, ut videre est in his vocibus : nisi tamen Tributum sit quod ex area, Dombensibus *Suel*, pensitabatur. Vide *Solium* 4. Chartul. Matiscon. fol. 220. v° : *Bernardus Blancus verpivit dictæ ecclesiæ jus ariæ* (areæ) *quod vulgo Solagium vocant.* Inquisitio ann. 1220. tom. 1. Hist. Dalph. pag. 129. col. 1 : *Item dom. Comes habet apud Avalonem in dominico 1. corvatam ad Capellam Albam continentem 18. jornalia terræ, in quibus Mistrales capiunt. 4. gerbas, et crientas, et Solagium.* Vide supra *Solagge.*

¶ **SOLAIARIUS**, an Qui *soleas* vendit seu conficit? Vetus Instriptio apud Baron. ad 22. Aug. in Martyrol. : *Magno et invicto Imp.... Constantino... corpus coriariorum, magnariorum, Solaiariorum devoti numini majestatique ejus.* Vide *Magnarius* et *Sola* 1.

¶ **SOLAMENTUM**, ut *Solanum* infra, Solum, fundus. Charta ann. 941. apud Murator. delle Antic. Estensi pag. 147 : *Casas, et fortes, et rebus cum Solamentis suis cultis, ortis, vineis, pratis, etc.* Vide *Solare* 2. et *Soliditas*.

* Charta ann. 1017. apud Lam. in Delic. erudit. inter. not. ad Hist. Sicul. Bonincont. part. 2. pag. 325 : *Cum.... Sola-*

mentis, curtis, ortis nostris, vineis, pratis, campanis, etc. Aliud sonat vox Gallic. *Solement*, Pavimentum nempe, in Lit. remiss. ann. 1456. ex Reg. 183. Chartoph. reg. ch. 192 : *Lesquelx grez estoient du Solement du pallys de la maison Pierre le Fevre.* Vide infra *Solatus* 2.

¶ **SOLAMEUM**, Annonæ genus. Chartar. Eccles. Auxit. cap. 88. de Oblationibus ad sacristam pertinentibus : *Decima quoque tam panis, quam annonæ, sive frumenti, et Solamei.*

* **SOLANDERIUS**. Stat. pro arte parat. pannor. Carcass. renovata ann. 1466. in Reg. 201. Chartoph. reg. ch. 121 : *Item quod nullus parator aut alius non poterit.... aliquod pondus sive pezum lanæ fieri facere de majori pondere, quam trium librarum tantummodo pro tradendo Solanderiis.* Ubi omnino legendum videtur *Filanderiis*. Vide *Filanderia*.

¶ **SOLANUM**, Solum, fundus. Charta Sanctii Regis Aragonum æræ 1118. apud Hieron. Blancam pag. 626 : *Et insuper addo vobis illud Solanum, quod est super monasterium vestrum S. Jacobi, usque ad illo Osqueta, ut vestri populatores faciant ibi suas domos, et egrediantur a claustro Monasterii, ubi nunc habitant.* [Vide *Solamentum*.]

¶ **SOLARATUS**. Vide infra in *Solarium* 1.

¶ 1. **SOLARE**, ut *Solarium* 1. Vide in hac voce.

¶ 2. **SOLARE** Solum, fundus. Conc. Legion. ann. 1012. inter Hispan. tom. 3. pag. 191 : *Qui habuerit casam in Solare alieno, et non habuerit cavallum vel asinam, det semel in anno soli decem panes frumenti.* Antiquit. Navarræ Jos. Moreti pag. 534 : *Quod Solare circundatur ab Oriente singulis domibus, etc.* Vide *Solamentum*.

¶ 3. **SOLARE**, Calceos *solis* seu soleis instruere. Statuta Arelat. MSS. art. 167 : *Sabbaterii accipiant pro Solandis sabbatis grossis nunciorum..... Arelatis* 111. *den. tantum.* Charta ann. 1316. ex Schedis Præs. *de Mazaugues : Item.... convenerunt.... quod omnes Sabbaterii accipiant de Solando uno pari sufularum...* 3. *obolos.* Vide *Solerare*.

* **SOLAREATUS**, *Solariis* instructus, ædificatus. Stat. MSS. eccl. S. Laur. Rom. : *Incorporaverunt pro fabrica et utilitatibus ejusdem ecclesiæ certam domum suis confinibus confinatam, pertinentem ad ipsos canonicos, terraneam et Solareatam, etc.* Vide *Solariatus* in *Solarium* 1.

¶ **SOLARI**, Consolatione affici, recreari. Tajon. Episc. in Præfat. ad suos quinque libros Sentent. inter Conc. Hispan. tom. 2. pag. 531 : *Quatenus infernorum ignium caream supplicii, et in mansionibus quamvis exiguis, æternis Solari merear refrigeriis.* Vide *Solatiari*.

* **SOLARIA**, Vectigal, quod pro solo penditur. Charta Ludov. Pii ann. 822. tom. 6. Collect. Histor. Franc. pag. 528 : *Placuit etiam nobis hujus congregationi monasterii* (Anianensis) *quando Dominus abundanter largiri dignatus fuerit, decem modia de holeo dare, id est, de tolomena et Solaria; quando vero minus, sex modia.* Vide *Solarium* 2.

¶ **SOLARIARI**, pro *Salariare*. Vide in hac voce.

¶ **SOLARIATUS**. Vide in *Solarium* 1.

¶ **SOLARIOLUM**, dimin. a *Solarium* 1. Vide ibi.

¶ 1. **SOLARIS** Aureus, Nummus aureus, scutum cum sole, *Ecu au Soleil*. Vide in *Moneta*. Regest. Parlamenti ann. 1533. apud Baluz. tom. 2. Hist. Arvern. pag. 693 : *Ita tamen ut universa summa pensitetur non aliis nummis quam aureis ejusdem æstimationis, puritatis ac ponderis, quibus ex statuto aurei Solares cuduntur in Gallia.*

¶ 2. **SOLARIS** Justitia, Quæ solum seu fundum spectat, Gallice *Justice fonciere*. Charta ann. 1211. ex Tabul. S. Germani a pratis : *Omnis justitia Solaris remanet Abbatiæ S. Germani in perpetuum in toto territorio suo, sive in parrochia S. Severini, sive extra.*

* 3. **SOLARIS**, Idem quod *Mansus*, Agri portio cum habitatione coloni, Hisp. *Solar*. Charta Alvar. Diaz ann. 1107. inter Probat. tom. 1. Annal. Præmonst. col. 392 : *Cum quantum ad nos ibi pertinet, videlicet colazos, Solares populatos, terras, vineas, etc. Cum colazos, Solares populatos et non populatos, terras, etc.* Vide [** S. Rosa de Viterbo Elucid. tom. 2. pag. 328. voce *Solar*, et] alia notione in *Solarium* 1.

¶ **SOLARITER**, Instar solis. Gocelinus in Vita S. August. Cantuar. tom. 6. Maii pag. 377 : *Quam pulchre Roma Ecclesiarum parens tanta pignora edidit... qui distincti per diversas mundi nationes, singuli patroni singulis populis Solariter prælucerent.*

1. **SOLARIUM**, Domus contignatio, vel cubiculum majus ac superius, [tabulatum,] *Soler*, Germanis. Chronica Australis ann. 869 : *Ludovicus Imperator de Solario cecidit.* Concilium Metense ann. 888. cap. 8 : *In locis vero non consecratis, id est in Solariis sive in cubiculis, propter infirmos, vel longius iter, a quibusdam Presbyteris sacrificium offerebatur, quod omnimodo interdictum est.* Matth. Paris ann. 1161 : *Dormiens in Solario, quod Ecclesiæ et cæmeterio imminebat, etc.* Idem ann. 1235 : *Nobiles matronæ Colonienses in Solario sedentes etc.* Cæsarius Heisterb. lib. 6. cap. 5 : *De fenestra Solarii portæ Clericorum respicens, vidit plures pauperes illum sequentes, etc.* [Charta Gontranni Reg. ann. circ. 577. inter Instrum. tom. 4. Gall. Christ. novæ edit. col. 222 : *Solarium vero cum caminata... faciant.* Charta ann. 2. Caroli C. ex Chartul. Aptensi fol. 114 : *Vendimus vobis in ipsa villa mansionem coopertam cum Solario.* Charta ann. 1053. ex Chartul. Biterr. data dicitur *in Solario episcopali*. Tabul. Virzion. fol. 7 : *Habetur ibi casa indominicata, concamera, Solaria duo, etc.* Charta ann. 1455. in Tabul. S. Victoris Massil. : *Unam domum de uno Solario, et medio, et tegulis coopertam.* Chron. Estense apud Murator. tom. 15. col. 400 : *Intraverunt quamdam navim magnam cum Solario copertam multis pannis laneis, et in dicta navi erat quoddam Solarium cum camino, in quo comedebant Milites; juxta dictum Solarium erat quædam camera ornata multis ornamentis.* Adde S. Bernardum tom. 1. edit. ann. 1690. col. 689. Acher. tom 3. Spicil. pag. 219. sæc. 3. Bened. part. 2. pag. 130. 514. sæc. 4. part. 1. pag. 634. Baluz. tom. 2. Miscell. pag. 302. tom. 3. pag. 11. 65. Kennett. in Antiquit. Ambrosd. pag. 325. et 448. Statuta Massil. lib. 1. cap. 6. *Madox* Formul. Angl. pag. 89. Murator. tom. 2. part. 2. col. 931. tom. 6. col. 228. etc.] [** Glossar. med. Græcit. voce Ἡλιακόν, col. 475. Graff. Thesaur. Ling. Franc. tom. 6. col. 190. voce *Solari*.]

☞ A *Solarium*, ni fallor, *Sozain*, vel *Souzoein estage* dictum tabulatum superius, in Charta ann. 1306. apud Lobinell. tom. 2. Hist. Britan. col. 453 : *Premierement, ou segond Sozain estage de la dite tour en une arche qui estaeit jouste l'uys, en* VI. *granz saz, etc.* Ibidem : *Item furent trovez en la dite tour nouve de Nantes oudit Souzoein estage, etc.*

☞ *Solarium* nonnumquam pro *salarium* scriptum occurrit, ut in Constitut. Udalrici Episc. Patav. ann. 1470. apud Hansiz. tom. 1. German. sacræ pag. 555 : *Non sine displicentia percepimus nostros suffraganeos in ordinatione clericorum, ecclesiarum consecratione, et officiales in litteris tradendis ad suffraganeos, cum examinati sunt, ac eorum notarios in Solariorum expetitione excedere.* Ita etiam legendum videtur apud Marten. de Ant. Eccl. Discipl. pag. 128. ubi hæc habet ex Ordinar. MS. Eccl. Silvanect. : *Modo fiunt breves lectiones ad Matutinum, et per diem unus de clericis vel capellanis ecclesiæ, Solario mediante, legit residuum in choro retro majus altare.* [* Vide infra *Solarium*, suggestum.]

¶ Solarius, ut *Solarium*. Charta ann. 1017. in Append. ad Marcam Hispan. col. 1003 : *Et in valle Biania ipsos Solarios cum ejus ecclesia.* Gesta Aldrici Episc. Cenoman. apud Baluz. tom. 3. Miscell. pag. 7 : *Eisque suam domum, in qua manerent, et Solarios, sive cellaria et alia ædificia, quæ ad suum opus habebat, tradidit.*

¶ Solare, Eadem notione. Charta ann. 1043. ex Tabul. S. Victoris Massil. : *Dono cum silvis, garricis, boschis, et cum pratis, et oglatis, et cum Solaribus, et superpositis, etc.* Charta ann. 1216. ex eodem Tabul. : *Si autem domus molendinorum esset unius Solaris, et velles elevare, etc.* Consuetud. Lemovic. art. 72 : *Et si aliquis vult constituere parietem communem cum proximo vicino suo, debet eum monere quia sibi tradat medietatem terræ quam communis paries occupabit inter ipsum et vicinum suum, dum tamen Solare vicini habeat in amplitudine duodecim pedes.*

* Locus ex Charta ann. 1043. eodem sensu intelligendus atque mox *Solaris*, Locus idoneus *solario* ædificando.

Solerium, Eodem intellectu. Albertus Aquensis lib. 1. cap. 28 : *Hic autem summus Sacerdos civitatis pecuniam inauditam ab eis receptam caute reposuit, Judæos in spatiosissimo domus suæ Solerio, a specie Comitis Emichonis, et ejus sequacium constituit, ut illic in firmissimo et tutissimo habitaculo salvi et sani remanerent.* Ita etiam habetur in Consuetud. Tolosæ part. 4. tit. de Ædific. [Statuta Montispess. ann. 1204 : *Acta sunt hæc et publicata in Solerio herbariæ, ubi erat domus duodecim Consulum ipsis præsentibus.* Charta ann. 1382. ex Tabul. Massil. : *Pro.... esbardando Solerium et crotam, etc.* Litteræ Philippi III. Reg. Franc. ann. 1280. apud

Marten. tom. I. Anecdot. col. 1160 : *Concessimus eidem episcopo* (Carcassonæ) *et dictis successoribus episcopis, quod possint facere pilarios lapideos, vel ligneos, conjunctos et contiguos dictis muris, in quibus possent trabes, tigna, Solerium et tectum domuum suarum et ædificiorum firmare, apodiare, etc.*] Le Roman *de Garin* MS :

Cil borjois montent, és Soliers remest nus.

Alibi :

Ses verra l'en des murs et des Soliers,
Et des grans sales, et des pales pleniers.

Le Roman *d'Auberi* MS :

As Soliers pendent les pailes de quartier.

Le Roman *d'Amile et d'Amy* MS :

Des gens emplissent et maisons et Solliers.

Angli *The Solar* appellant viliorem et non elegantiorem domus cameram.

¶ Solariolum, dim. a *Solarium*. Vita S. Austrulfi Abb. Fontanell. sæc. 3. Bened. part. 2. pag. 134 : *Habet quoque* (turricula) *in medio sui Solariolum, in quo codex ille evangelicus cum capsa illa servabatur, cui desuper aptum est laquear.*

* Nostris *Solier*. Consuet. Neapol. MSS : *Si domus habeat tria membra sive Solaria, vel plura, unum super aliud, et sit diversorum dominorum, et unus ipsorum dominorum vendat suum Solarium, emptor tenetur ipsum Solarium emptum, jure congrui, dare habenti Solarium proximum ex parte inferiori ipsi Solario vendito. Si sint tria Solaria, et vendatur Solarium medium, habens domum inferiorem et solo contiguam, jus congrui pro Solario medio vendito exercere potest, excluso habente extremum Solarium, quod superius constitutum est.* Lit. remiss. ann. 1376. in Reg. 109. Chartoph. reg. ch. 431 : *Enfermerent ledit Juenin en une chambre d'un hostel de taverne,...... qui estoit en un hault Solier. Sinal, Sinault* et *Synau* nostris etiam sonat Tabulatum, cubiculum superius, maxime vero stabuli vel ovilis partem superiorem, quæ ab infima perticis tantum separatur. Lit. remiss. ann. 1406. in Reg. 161. ch. 163 : *Le suppliant ymagina qu'ilz feussent ou Sinal dessus* (ladite bergerie) *qui est bien dix piez de hault, et print une eschielle et la dreça contre le tref dudit Sinal en montant amont.* Aliæ ann. 1411. in Reg. 165. ch. 150 : *En un Sinault cabaust ou loigis qu'il avoit en l'église et forteresse du lieu d'Aurreville, etc.* Aliæ ann. 1414. in Reg. 167. ch. 371 : *Le suppliant en entrant audit hostel eust demandé où es-tu, es-tu ceans? laquelle femme lui eust respondu ouil, je suis en ce Sinault,.... descendit ladite femme dudit Sinault, etc. A un Synau dessus les brebis où icelle Jehanne estoit montée*, in aliis ann. 1416. ex Reg. 169. ch. 295.

* Hinc *Solarium* dicitur de armario, in quo sunt capsulæ ductiles, ad instar contabulationum domus dispositæ, in Invent. MS. thes. Sedis Apost. ann. 1295 : *Unam cassam argenti factam ad modum archæ,...... et habet unum fundum seu Solarium in medio, et de subtus in Solario sunt tres cassetæ parvæ de argento, quæ extrahuntur de ipsa per partem anteriorem cum tribus anulis parvis.*

Solaris, Locus idoneus *solario* ædificando, nostris *Masure*. Charta Sanctii Reg. Aragon. æræ 1090. in Hist. Pinnatensi lib. 3. cap. 9 : *Et adhuc unum do eis Solarem, ut ipsi se adoptaverint, in quo possint facere bonas casas ad habitandum.* Ubi legendum, *adopraverint*, supra monuimus. Alia Adefonsi Regis Hispaniæ æræ 1163. apud Anton. *de Yepez* in Chron. Ord. S. Benedicti tom. 4. pag. 458 : *Intra terminum vestrum nullus omnino hominum audeat intrare Solares, vel construere domos, absque voluntate Abbatis, etc.* Tabularium Bellilocense in Lemovic. n. 172 : *Et domum Geraldi de Boissa, et Solarem Bernardi de Godor.* Innocentius III. PP. lib. 13. Epist. 61 : *Medietatis insuper de Solaribus, terris, hortis, vineis, etc.* [Tabul. S. Petri Vosiensis fol. 65. v° : *Dedit Solarem suum qui est apud ecclesiam de Sando, in quo Gaufredus Præpositus ædificavit domum.*]

¶ Solarium, Eadem notione. Charta Willelmi dom. Montispessul. ann. 1103. apud D. *Brussel*. tom. 2. de Usu feud. pag. 727 : *Et Solarium Rogerii Nigri, quod est juxta domum Aldra.* Charta apud Stephanot. tom. 2. Antiquit. Bened. Lemovic. MSS. pag. 292 : *Dederunt Deo et S. Petro Vosiensi Solarium quod erat juxta ecclesiam S. Victoris, et ortum et omnem terram quæ inibi est.*

Solariatus, et Soleratus, *Solariis* instructus, ædificatus. Charta Joannis Episcopi Ticinensis ann. 922. apud Ughellum in Episcopis Veronensib. : *Cumque xenodochio meo offero coquinam meam Solariatam, et stabulum meum, nec non et terrulam juxta se positam, etc.* Infra : *Casam vero Solariatam habitationis meæ cum curticella et coquina simul sibi cohærentia, etc.* Alia anni 954. apud eumdem tom. 5. pag. 1539 : *Oratorium S. Pantaleonis super pusterula, cum scala marmorea, duobus cubucellis, uno terrineo, et alio Solariato subtus hunc castellum Ponte, etc.* Alia ann. 1193. tom. 7. pag. 585 : *Tradidit... pro parte fraeriæ ejusdem Salernitanæ Ecclesiæ integram terram cum casa fabricata Solerata, et apothecis, etc.* Vide Oct. Ferrarium in *Solaro*.

¶ Solaratus, Eodem significatu. Charta Theobaldi ann. circ. 901. apud Murator. tom. 3. pag. 86 : *Dono tibi... domus duas Solaratas junctas in vicinio tuæ ecclesiæ.*

* Solarium, Suggestum, Gall. *Tribune*, apud Cl. V. Garamp. in Dissert. 1. ad Hist. B. Chiaræ pag. 125. ubi de *Repentitis : In pede ecclesiæ quoddam Solarium pro choro*, in quo *more Sanctimonialium horas diurnas et nocturnas dicerent, ac missas et alia divina officia, quæ in ecclesia decantarentur, audirent.* Chorum ecclesiæ intelligit idem Vir eruditus ex Ordinar. eccl. Silvanect. supra laudato, ubi *Salarium* legendum proponitur : sed utrum bene rursum dubius hæreo.

¶ 2. **SOLARIUM**, Vectigal, quod pro solo penditur, apud Ulpian. ff. ne quis in loco. leg. 1. § Si quis. (lib. 43. tit. 8. fr. 2. § 17.) Vide *Solagium*.

¶ 1. **SOLARIUS**, Calcei species. Comput. ab anno 1333. ad ann. 1336. tom. 2. Hist. Dalph. pag. 284 : *Item, pro duobus paribus stivalorum et duodecim paribus Solariorum pro domino*, III. *flor.* Vide *Sola*, 1.

* *Solier*, in Charta ann. 1328. inter Probat. ult. Hist. Trenorch. pag. 243.

* 2. **SOLARIUS**, Solerius, Domus contignatio, tabulatum. Charta ann. 1309. in Reg. 41. Chartoph. reg. ch. 88 : *Item domus liberorum Salomonis de Melgorio, in quibus sunt tres siculi* (leg. soculi) *et tria Solarii, quæ conjunguntur cum palatio dicti vicecomitis.* Alia ann. 1308. in Reg. 44. ch. 123 : *Item hospitium, in quo est furnus, et sunt quinque portaleriæ inter soculos et Solerios..... Hospitium in quo sunt septem stagia inter soculos et Solerios.*

¶ **SOLARUS**, Nummus argenteus Mantuanus. Acta B. Aloysii Gonzagæ tom. 4. Junii pag. 883 : *Tunc jussu Ducis unicuique Nobilium quidem, ducato argenteus novus, civium vero, Solarus item novus distributi sunt, ad oblationem Beato faciendam.*

* Inter monetas Cameracenses fuit et nummus argenteus, qui *Solas* vel *Soulas* nuncupabatur. Stat. Joan. episc. Camerac. ann. 1421 : *Deniers d'argent, appellez Soulas, lesquelz auront cours pour douze deniers piece. Item, demi-deniers blans, appellez Demi-Solaus, lesquelz auront cours pour six deniers la piece.*

¶ **SOLATGE**, ut supra *Solagge*. Tabular. S. Petri Vosiensis fol. 65. v° : *Hoc donum concesserunt Bernardus Amalvinus et Gautfredus frater ejus, et dederunt* III. *denarios de Solatge.* Vide supra *Solagium* et *Solarium*. 2.

* Charta ann. 1406. in Reg. feud. comitat. Pictav. ex Cam. Comput. Paris. fol. 128. v° : *Je Jehan Chauveron chevalier.... advouhe tenir.... xxiv. solz de rente ès Solatges de Duisac.*

SOLATIARI, Consolari. Radulfus de Diceto pag. 607 : *Sibi namque Galenses Solatiari possunt ad invicem, quod mors unius ex suis multorum in mortibus Marchionum Anglis lugubres, et Normannis exosas excepit exequias.* [Epist. Eugenii III. ad Alphonsum Regem Hispaniarum inter Concilia Hispan. tom. 3. pag. 358 : *Et ipsius* (Dei) *Solatiante clementia debeas ad resurrectionis gloriam pervenire.* Charta ann. 1352. ex Regest. 81. Chartophyl. Reg. num. 11 : *Qui se Solaciabant et invicem loquebantur.* Vide *Solari*.]

¶ Solatiare, Fidejubere, apud Macros in Hierolex. ex leg. 3. de exercitalibus. Vide *Solatium* 4.

Solatiare, et Solatiari, Auxilium vel *solatium* impertiri, præbere. Lex Longob. lib. 1. tit. 14. § 3 : *Si dux exercitalem suum molestaverit injuste, Gastaldius eum Solatiet, etc.* Adde § 5. [** Rothar. 23. 24.] Codex Carol. Epist. 6 : *Non nos patiaris perire, et ne moreris aut differas nobis Solatiandum.* [Capit. Lud. II. ann. 850. tit. 1. cap. 3 : *Audivimus quoque quod quidam domos et possessiones habentes, concilient sibi atque consocient latrones aliunde venientes, eosque occulte foveant et Solatientur ad tale facinus perpetrandum.*] Vide Gregorium M. lib. 1. Epist. 61. lib. 2. Ind. 11. Epist. 1. 48. lib. 3. Epist. 27. et alibi non semel.

Solatiari, Animum relaxare, *Se divertir*. Arnulfus Lexoviensis Episcopus ad Radulfum de Diceto Londoniensem Archidiac. cujus exstat historia : *Dominus quoque Willelmus de Ver ex promissione tena-*

[illegible] veniat, vobisque invicem Solatiari [illegible], et nobis sanctæ solennitatis gaudia [illegible]care. [Comput. ab ann. 1333. ad ann. [illegible], tom. 2. Hist. Dalphin. pag. 278 : Pro barca et piscibus quando dominus ivit [illegible] per mare, taren. III. Charta [illegible]. ex Regest. 81. Chartophyl. Reg. [illegible] : Ludendi et Solaciandi causa. Alia ann. 1354. ex Regest. 82. ejusd. Chartophyl. n. 688 : Causa Solaciandi et spaciandi. Codex MS. de Albigens. ex Bibl. D. de Chalvet Senescalli Tolos. : Dum simul [illegible]dissent ipse et alii prædicti in boria [illegible]dicta, et exivissent domum ad Solaciandum in pratis circumjacentibus, et sederent sub quadam arbore, etc.] Le Roman de Gaydon MS :

Et ci se font aisier et Solatier.

SOLATIATOR, Auxiliator. Capitula Caroli C. tit. 1 : *Restiterunt, fatemur, in nobis, et in viris Ecclesiasticis, nec non et in reipublicæ nostræ Solatiatoribus, hujusmodi materiæ et fomites dissensionum, ut manifeste patesceret, nos divina gratia indigere, etc.*

¶ SOLATIATIM, *Solatiandi*, seu animum relaxandi causa. Epist. Caroli de Malatestis ann. 1410. apud Marten. tom. 7. Ampl. Collect. col. 1169 : *Omnes post prandium Solatiatim accesserunt, et sic per totam illam diem Jovis nihil fieri possibile fuit.*

¶ SOLATIOSE, Eodem significatu. Vita S. Humilitatis tom. 5. Maii pag. 206 : *Die quadam sorores, cum esset illiterata, eam vocarunt, et ut legeret secundæ mensæ, ut mos est monialium, Solatiose, ut æstimo, injunxerunt.*

¶ SOLATIOSUS, Delectabilis, jucundus. Epistola Ducis Burgundiæ ann. 1401. apud Marten. tom. 1. Anecdot. col. 1675 : *Nam toties Solatiosis jocundamur cordis affectibus, quotiens prospera exinde perpendimus.* Adde Acta SS. tom. 3. Maii pag. 488. *Solatiosissimus*, in lib. 3. de Imitat. Christi cap. 21. n. 2. Vide *Solativus*.

* Ital. *Sollazzare*, nostris *Soulasser* et *Soulassier*. Lit. remiss. ann. 1380. in Reg. 118. Chartoph. reg. ch. 49 : *En lui requerant et priant honnestement et secretement que il se voulsist abstenir de fréquenter avec ladite Jehanne leur suer, et lui deporter de plus Soulassier avec elle.* Aliæ ann. 1455. in Reg. 191. ch. 204 : *Le suppliant et Jehan Jourdin parloient et Soulassoient ensemble.* *Soulagier*, eadem acceptione, in Mirac. B. M. V. MSS. lib. 1 :

Bien matinet en un esté
Pour lui esbatre et Soulagier,
En la forest ala cuchier.

* Hinc *Soulas*, pro *Bande, compagnie, turbe*, in Lit. remiss. ann. 1398. ex Reg. 154. ch. 165 : *Ainsi comme s'en venoient de ladite foire sept compaignons en deux Soulas ou compaignies, etc.* Vide supra in *[illegible]mentum*.

¶ 1. SOLATIUM, Salarium, quod ἐν παραψυχῆς λόγῳ datur, ut habet Procopius in Anecdotis. Utitur non semel Julianus Antecessor Const. 115. 123. 124. ut et lex 4. Cod. de Sportul. (3, 2.) Capit. Car. Cal. ap. [illegible] cap. 13 : *Et si illi duo missatici ad hoc non suffecerint, nobis ad tempus hoc mandent, qualiter aut per nos, aut per filium nostrum, aut sicut viderimus, eis necessarium Solatium transmittamus.*

¶ 2. SOLATIUM, Ludus, spectaculum, Gall. *Jeu, divertissement.* Regimina Paduæ apud Murator. tom. 8. col. 427 : *Hic fecit fieri in Padua maximas choreas et Solatia dominorum et dominarum et magna hastiludia.* Ibidem col. 450 : *Hoc anno* (1300.) *Milites et Nobiles et alii Judices Paduæ et fratalleæ Paduæ fecerunt in hastiludiis et aliis Solaciis, cum pulchris vestibus.* Charta ann. 1355. ex Regest. 82. Chartophyl. Reg. n. 256 : *Cum Johannes de Bernonvilla accessisset... visurus festum seu Solacium, etc.*

3. SOLATIUM, Quodvis auxilium, Βοήθεια, *Ayde.* Jornandes de Rebus Geticis cap. 32 : *Ita convenit pacisci, ut Placidiam sororem Principis redderet, suaque Solatia Romanæ Reipublicæ, ubi usus exigeret, non denegaret.* Adde cap. 45. 53. 54. 58. Ita usurpant Gregorius M. lib. 1. Epist. 13. lib. 10. Epist. 25. Regula Tarnatensis, Regula S. Benedicti, etc. Gregorius Turon. lib. 5. cap. 39. lib. 6. cap. 12. 42. lib. 9. cap. 20. 29. 43. lib. 10. cap. 3. 9. Gesta Dagoberti cap. 27. Decretum Childeberti cap. 4. Lex Longob. lib. 1. tit. 6. § 1. tit. 9. § 2. tit. 14. § 2. [** Roth. 41. 13. 22.] Capitula Caroli M. lib. 7. cap. 165. [** 234.] Capitul. ann. 807. cap. 5. Freculfus tom. 2. Hist. lib. 4. cap. 22. Marculfus, etc. Vide *Consolatio*.

* *Soue* et *Souage*, eadem acceptione, in Lit. remiss. ann. 1452. ex Reg. 184. Chartoph. reg. ch. 204 : *Icellui Paumelle, qui comme collecteur d'une taille assize, pour la Soue ou Souage du pays commun, en icelle ville de Gontalmaison, etc. Asouagement* dicitur Emancipatio, in Cons. Petri de Font. cap. 34. art. 17 : *Se tu ne t'asentis pas à le volenté ton pere, ne tu ne pues contre ceste cose estre aidiés par son Asouagement.*

¶ 4. SOLATIUM, Fidejussio, apud Macros in Hierolex. ex leg. 3. de exercitalibus. Vide in *Solatiari*.

5. SOLATIUM, Alia notione, [nempe pro Refectio.] Testamentum Bertichramni Episc. Cenoman. : *Et Abbas loci illius Solatium præbeant, et postea in crastinum Abbas det illis dignissimam refectionem.* Vide *Consolatio* 1.

☞ Haud scio an a *Solatium* hoc significatu deducenda sit origo vocis Gallicæ *Solain*, qua in Chronico MS. Fiscamnensi portio monachica designatur; an a verbo *Solere*, quia quotidie solet præberi.

¶ 6. SOLATIUM, Colloquium. Epist. Roberti Prioris Celsiniensis ad Abbat. Cluniac. ann. 1409. apud Marten. tom. 7. Ampl. Collect. col. 1114 : *Post autem finitum eorum Solatium, dominus Patriarcha intravit sacristiam, ubi eramus saltem quadraginta congregati de Concilio.*

7. SOLATIUM, SOLACIUS, SOLATIA, Gallis *Aide*, Qui vel quæ Monachis aut Monialibus officium et munus aliquod peragentibus in adjumentum datur. Chrodogangus Metensis Episc. in Regula Canonic. cap. 9 : *Imbecillibus autem procurentur Solatia, ut non cum tristitia hoc faciant; sed habeant omnes Solatia, secundum modum congregationis, aut positionem loci.* [Instr. ann. 1180. apud Lobinell. tom. 2. Hist. Britan. col. 339 : *Sub testibus his, Johanne de S. Servantio, Bernardo Priore S. Salvatoris de Dinan, et Jordano Solatio ejus, etc.* Constit. Ordin. Vallis-caulium apud Marten. tom. 4. Anecd. col. 1655 : *Qui magister erit de infirmitorio, loqui poterit cum Solatio.*] Liber Ordinis S. Victoris Parisiensis MS. cap. 17 : *Hospitarius major Solatium habere debet aliquem de conversis fratribus, etc.* Occurrit ibi non semel, et in libro Usuum Ordinis Cisterciensis cap. 47. 90. 94. 115. apud Rainardum Abbat. Cisterc. in Instit. cap. 59. 75. in Statut. Ordin. Præmonst. dist. 1. cap. 10. et alibi passim, in Statutis Ordinis S. Gilberti pag. 745. 758. etc. ubi et *Solatius* interdum dicitur. Vide *Consolatio*.

SOLATIA, de Moniali, pag. 776 : *Licet infirmariæ monialium Solaciam habere.* Habetur rursum pag. 764.

¶ 8. SOLATIUM, Ager cultus, f. pro *Solanum*. Chron. Siciliæ ad ann. 1326. apud Marten. tom. 3. Anecdot. col. 95 : *Deinde redierunt usque ad mare Tonnariæ Solantis de tenimento Panormi, per ipsam eamdem viam damnificantes vineas et Solatia maritimarum dictorum locorum Siciliæ.*

¶ SOLATIUS. Vide *Solatium* 7.

¶ SOLATIVUS, Qui solatium affert. Elmham. in Vita Henrici V. Reg. Angl. cap. 67. pag. 193 : *Aliosque Solativos congratulandi modos, jocundos applausus, et consolaciones mutuas exercebant.* Vide *Solatiosus* in *Solatiari*.

¶ SOLATURA, Pulveres et siliquæ granarii, ab Ital. *Solaro*, granarium. Acta S. Franciscæ Rom. tom. 2. Mart. pag. 93 * : *Alio quoque tempore maximæ penuriæ, cum ejus vir vendidisset certam quantitatem frumenti, et in granario nihil remansisset, nisi quædam paucitas quæ dicitur la Solatura, B. Francisca id quod remanserat per cribrum ducens, pauperibus dedit.*

¶ SOLATURUS, pro Solandus. Vita S. Dunstani tom. 4. Maii pag. 356 : *Matris vice custodiendam ac pura virginitatis integritate Solaturam susceperat.*

¶ 1. SOLATUS. *Caligæ Solatæ*, f. Apertæ, pro solutæ. Acta ad Concil. Basileense apud Marten. tom. 8. Ampl. Collect. col. 244 : *Nullus portet.... corrigias auri vel argenti ornatum habentes, nec caligas Solatas, nec mitras siriceas.* Joh. Demussis in Chron. Placent. apud Murator. tom. 16. col. 581 : *Caligæ portantur Solatæ cum scarpis albis, de subtus dictas caligas Solatas et in æstate et in hyeme, et aliquando portant scarpas et caligas Solatas cum puntis longis onciarum* III.

* Melius, ni fallor, ab Italico *Solato*, soleis consutus. Stat. MSS. eccl. S. Laur. Rom. : *Canonici.... caligas Solatas et arma offensiva in dictis processionibus non portent.* Vide *Solare* 3.

* 2. SOLATUS, Pavimentis stratus. Stat. Taurin. ann. 1360. cap. 94. ex Cod. reg. 4622. A : *Item quod nulla persona...... aliquid aliud sordium projiciat in mercatum vel in vias publicas Solatas.* Vide *Solerare* et mox *Solere* 2.

¶ 1. SOLDA, Taberna mercatoria, idem quod *Selda* : nisi etiam ita legendum sit, in Charta ann. 19. Richardi II. Reg. Angl. apud Th. *Blount* in Nomolex. : *Remisi mus.... totum jus nostrum et clamium... in una Solda cum pertinenciis in Leominstr. scituata in alto vico inter Soldam quondam Ricardi Spicer et Soldam quæ fuit Philippi Collinge.*

* 2. **SOLDA**, Fæx vinaria, Provinc. *Soudo*, Gall. *Lie*. Index portorii castri *de Landon* ann. 1378 : *Salmata Soldæ, duodecim denarios.*

* **SOLDADA**, Valor unius solidi. Chartul. Celsinian. ch. 881 : *Dimitto etiam trecentos solidos aut trecentas Soldadas.* Vide in *Solidata*.

¶ **SOLDADERIUS**, Soldaerius. Vide infra in *Solidata*.

¶ **SOLDANA**, Araris, Gall. *la Saone*. Charta ann. 1364. ex Regest. 98. Chartophyl. Reg. num. 3 : *Cum mercator remaneret per patriam Burgundiæ inter Divionem et Cabilonem super Soldanam iens in suas mercaturas, etc,*

¶ **SOLDANARIA**, Soldanatus, Soldania, Soldanus. Vide in *Sultanus*.

* **SOLDANUS**. Vide infra in *Syndicus*.

¶ 1. **SOLDARE**, pro Solidare, reficere. Anonymus Salern. apud Murator. tom. 2. part. 2. col. 228 : *Sed dum eorum scilicet res deperissent ibidem, nec sumtum haberent, quatenus naves fractas Soldarent, etc.*

¶ 2. **SOLDARE**, Soldarius, Soldata. Vide infra *Solidata*.

* **SOLDARIUM**, Agrarium, præstatio ex solo seu agris, idem quod *Solagium*. Charta Herman. march. ann. 1071. inter sched. Mabill. : *Ecclesia autem nostra sit libera et immunis a pensione Soldarii et ab exactione totius servitutis.* Vide mox *Soldator*.

SOLDATARIA, Soldadera, Meretrix : ab Hispanico *Soldada*, merces, stipendium : a merendo enim dictas meretrices observat Nonius, quæ mercede copiam corporis sui faciunt. Jacobus I. Rex Aragon. in Constitutionibus Catalaniæ MSS. : *Statuimus, quod nos nec aliquis alius homo nec dominæ demus aliquid alicui joculatori, vel joculatoriæ, sive Soldatariæ, sive militi salvatge, etc.* Et infra : *Statuimus, quod nullus joculator, vel joculatrix, nec Soldataria, præsentes vel futuri, nec illa quæ olim fuit Soldataria, sedeat ad mensam Militis, nec Dominæ alicujus, nec ad gausape eorundem, nec comedant, nec jaceant cum aliqua Dominarum in uno loco, vel in una domo, nec osculentur aliquem eorumdem.* Concilium Toletanum ann. 1324. cap. 2 : *Cæterum quia in partibus istis morbus detestandæ inhonestatis irrepsit, quod mulieres, quæ Soldaderas vulgariter nuncupantur, intrant publice domos Prælatorum et Magnatum ad comedendum et alia, loquentes prava et inhonesta colloquia, plerumque corrumpentia bonos mores, facientes spectaculum de seipsis, etc.* Adde Chartam Dionysii Regis Portugall. æræ 1347. pro erectione Studii Conimbricensis apud Brandaon. tom. 4. Monarch. Lusitan. pag. 322. [Vide *Sodaria* in *Sodes*.]

¶ **SOLDATES**, Soldatus, Soldeare, Soldearius, Soldenarius, Solderius. Vide in *Solidata*.

* **SOLDATOR**, Soli seu territorii incola et cultor. Arest. ann. 1366. mens. Febr. in vol. 5. arestor. parlam. Paris : *Cum quadam die habitantes et Soldatores villæ Aureliaci, cum magna multitudine gentium armorum, equitum et peditum venissent, etc.*

* **SOLDEA**. Stat. ord. S. Joan. Hierosol. ann. 1584. tom. 2. Cod. Ital. diplom. col. 1887 : *Soldea a solido dicta, quod est nummi genus, Gallis, Italis, Hispanis usitatum; unde Soldea stipendium dictum est.* Ibid. col. 1789 : *Statuimus quod Soldeæ fratrum solvantur per totum mensem Septembris;...... fratres autem qui de bonis ordinis nostri habent provisionem, aut domos aut alios reditus ultra sexaginta florenos Rhodi currentes, Soldeam a communi ærario non sumant.* Occurrit rursum col. 1825. Vide in *Solidata*.

SOLDICUS. Vide *Syndicus*.

¶ **SOLDINUS**, ut *Solidus*, Monetæ species. Continuat. Chron. Andr. Danduli apud Murator. tom. 12. col. 419 : *Item hoc tempore idem dominus Dux monetam mezaninorum de novo fieri jussit, fecitque statutiones, quod Soldini amplius non fabricarentur.*

¶ **SOLDITIARIUS**, Soldum. Vide in *Solidata*.

* **SOLDONERIUS**, Miles, qui stipendio meret, ab Italico *Soldo*, stipendium. Chron. Forojul. ad ann. 1305. in Append. ad Monum. eccl. Aquil. pag. 33. col. 1 : *Subito fecerunt impetum in eos quidam Theotonici, Soldonerii domini patriarchæ.* Vide in *Solidata*.

SOLDURII, Gallis veteribus dicti devoti homines, et utriusque fortunæ socii satellites principum. Horum meminere Cæsar. lib. 3. de Bello Gall. et Athenæus lib. 16. cap. 13. cui σιλόδουροι dicuntur. [*Clientes* ab eodem Cæsare nuncupantur ibid. lib. 7. cap. 40. Vide Schilter. in Gloss. Teuton. et Carolum de Aquino in Lexico milit.] [* Vide *Ambactus*.]

¶ **SOLDUS**, Solidus, ab Ital. *Soldo*. Oberti Cancellarii Annal. Genuens. apud Murator. tom. 6. col. 342 : *Sed quia tempus nimis erat ineptum et carnes et victualia deerant, per loca nobis vicina, ascendit, ut ita dicamus, mina grani pretio Soldorum decem.* Georg. Stella in iisdem Annal. apud eumdem tom. 17. col. 1005 : *Anno 1272. fuit Januæ frumenti quantitas modica, cujus mensura, quæ mina dicitur, Soldis* XXV. *in* XXVIII. *fuit vendita.* Statuta Pallavic. lib. 1. cap. 31. fol. 38 : *Item pro productione testium, alicujus instrumenti publici, vel alterius scripturæ, solvat producens Soldum unum.* Vide in *Solidata*.

* **SOLEA** Pedis, Mensuræ species, eadem quæ *Passus*. Reg. Cam. Comput. Paris. sign. *Noster* fol. 340. r° : *xxiiij. Soleæ pedis faciunt perticam,... Pertica terræ facit xxiiij. passus seu Soleas pedis.*

¶ **SOLECLUM**, Umbella portatilis, Gall. *Parasol*, ab Ital. *Solecchio*. Gaietanus in Ord. Romano cap. 46 : *Servientes albi erunt parati ad dextrandum equum, et ad portandum Soleclum et calcaria, capellum et cappam contra aquam ne pluat, et mitrale.* Vide *Solinum* 1.

¶ **SOLEDETAS**, pro *Soliditas*. Vide ibi.

¶ **SOLEDUS**, pro *Solidus*, in Testam. Bertichramni Episc. Cenoman. et aliis vett. Chartis passim.

1. **SOLEMNIA**, Solemnes et antiquæ præstationes in leg. 1. D. de Munerib. (50, 4.) et apud Ammianum lib. 17. Menæa ad 31. Augusti : Σολέμνιον διδόσθαι ἐτήσιον τὸ τοιοῦτον λουτρὸν διὰ χρυσοβούλλου λόγου τετυπώκασι. Vide Glossar. med. Græcit. in Σολέμνια.

¶ 2. **SOLEMNIA**, fem. gen. pro Solemne. S. Sturmii Abb. Fuld. Consuet. : *Peracta autem Missarum Solemnia, incipientes antiphonam eunt in refectorio.* Vide *Solemnium*.

¶ **SOLEMNIS**, Illustris, clarus, insignis. Vita Innocentii PP. IV. cap. 39. apud Baluz. tom. 7. Miscell. pag. 399 : *Alios quoque plures Solemnes dominos curiæ patris et suæ, Comites videlicet et Barones, ipsos citavit summus Pontifex.* Litteræ Universit. Paris. ad Carolum Reg. Franc. ann. 1394. tom. 6. Spicil. Acher. pag. 83 : *Jussit paterna vestra benignitas ut vias, modos et formas quibus ad hanc concordiam maturius veniretur per deputatos nostros, Solemnes utique viros et discretos, cum majoribus vestris Consiliariis conveniendo excogitaremus.* Eadem notione *Solennel* usurparunt nostrates. Mandata data Episc. Noviom. aliisque ad Papam deputatis ex Bibl. Reg. : *Hugue le Renvoisié doien de Rouen Solennel maistre en Theologie.* Ibid. : *Martin Gasel son fisicien* (du Roy) *Solennel maistre en Medecine.* Litteræ Caroli V. Regis Franc. ann. 1364. tom. 4. Ordinat. pag. 473 : *Considerans que nostre Hostel de Paris, appellé l'ostel de S. Pol, lequel nous avons acheté et fait édifier de noz propres deniers, en Hostel Solennel et de granz esbatemens, etc.*

¶ Solempnis, Eodem significatu, apud Ludewig. tom. 1. Reliq. MSS. pag. 291 : *Ut vero præfata capella Solempnior habeatur, etc. Solempnæ marmoreæ*, apud Leibnit. tom. 1. Script. Brunsvic. tom. 1. pag. 260. pro Columnæ marmoreæ, ni fallor.

¶ **SOLEMNITAS**, Juris formula, præscripta ratio, Gall. *Formalité*. Concil. Trevir. ann. 1310. apud Marten. tom. 4. Anecd. col. 242 : *Statuimus ut deinceps in nostra civitate, diocesi et provincia Trevirensi, hujusmodi institutiones seu incorporationes ecclesiarum non fiant,.... nisi vocatis et præsentibus omnibus qui fuerint evocandi, Solemnitates adhibeantur, etc.* [** Vide Haltaus. Glossar. German. voce *Zierheit*, col. 2161.]

¶ **SOLEMNITER**, Communitus, in Epist. Goffridi Vindocin. apud Mabillon. tom. 5. Annal. Bened. pag. 399.

¶ **SOLEMNIUM**, Solemnitas. Mirac. S. Wlfranii tom. 3. Mart. pag. 155 : *Peracto Solemnio, Rotomagum pergens, de virtute facta utrumque parentem diligenter inquisivit.* Vita S. August. Cantuar. tom. 6. Maii pag. 394 : *O quanto Solemnio adornatus et coronatus tunc omne cœlum.* Vide *Solemnia* 2.

SOLEMNIZARE, Publicare, vulgare. Alanus de Insulis in Planctu naturæ : *In præfatæ autem virginis adventu, quasi suas renovando naturas, omnia Solemnizare crederes elementa.* Will. Armoricus in Philippo Aug. ann. 1216. de PP : *Et in ipso sermone Solemnizavit excommunicationes in Ludovicum et in suos.*

Vulgo autem *Solemnizare*, est *solemne festum agere*, quomodo usurpant Petrus Blesensis serm. 24. Cæsarius Heisterbach.

lib. 9. cap. 15. lib. 11. cap. 2. et alii. Pseudo Ovidius lib. 1. de Vetula :

> E contra durum est Solemnizare quod ille
> Conculcat.

¶ SOLENNIZARE, Eadem notione. Elmham. in Vita Henrici V. Reg. Angl. cap. 26. pag. 61 : *Illac vero tres leopardi aurei, in agro lascivientes purpureo, apparatum regium non modicum Solennizant.* Ibidem cap. 30. pag. 72 : *Gesta ejus* (Henrici) *nova et insolita ponderantes, novis et insolitis gaudiis Solemnizant.* Vita S. Bernardi Menthon. tom. 2. Jun. pag. 1078 : *Festo sanctæ Trin itatis Solennizato, etc.*

* SOLEMNISARE VOTUM, Publice vota religionis emittere. Charta Aurembiax comit. Urgel. ann. 1228. tom. 1. Probat. Hist. geneal. domus reg. Portugal. pag. 28 : *Solemnisantes votum juxta regulam ordinis S. Jacobi.*

¶ SOLEMPNIZATIO, Festum solemne. Litteræ Edwardi II. Reg. Angl. ann. 1308. apud Rymer. tom. 3. pag. 53 : *Ut dictis die et loco, Solempnizationi prædictæ personaliter intersint.*

¶ SOLLEMPNIZATIO MATRIMONII, in Charta ann. 1369. apud Baluz. tom. 2. Hist. Arvern. pag. 350 : *Promisit dictus dom. Dalphinus se soluturum... 500. florenos auri ponderis prædictorum infra unum annum a dicta die Sollempnizationis matrimonii incipiendum et computandum.*

* SOLEMPNE, Solemnis et antiqua præstatio. Instruct. Pisan. legat. ad Alex. imper. CP. ann. 1199. tom. 3. Cod. Ital. diplom. col. 1492 : *Petant* (legati) *ut faciat reædificare ecclesias et casas et embulum et hospitale, et petant pensiones ipsarum domorum, et petant Solempne de annis decursis et decursuris.* Vide *Solemnia* 1.

* SOLEMPNIS, Celebris, spectabilis, Gall. *Considérable.* Charta ann. 1402. in Reg. 157. Chartoph. reg. ch. 247 : *Dicta villa de Vauro et castrum regium junctum cum ea, quod est valde Solempne.* Alia ann. 1455. in Cod. reg. 5956. A. fol. 238. v° : *In dicto flumine* (Vidassoa) *est et fuit ab antiquo ædificatum Solempne molendinum.* *Solempne*, eodem sensu, in Lit. ann. 1372. tom. 5. Ordinat. reg. Franc. pag. 606 : *Comme après la ville de la Rochelle, le lieu de Bourgneuf soit le plus Solempne et aisé lieu du païs d'Aunys. Serement Solempne*, Authenticum sacramentum, in aliis ann. 1371. ibid. pag. 461. Vide *Solemnis.*

* SOLENNIS, Eodem significatu. Acta S. Sebaldi tom. 3. Aug. pag. 771. col. 2 : *Cum..... vas lucidum, in quo potus cernitur, non haberet, a vicino quodam vitrum Solenne excredidit.*

* SOLLEMPNIS DOMUS, Ecclesia major. Pontif. vetustiss. MS. ubi de Consecrat. eccl. : *Per septem dies in ecclesia missa celebretur, Et ab illa die usque ad octavum sine intermissione luminaria ardeant. Et si Sollempnis domus est, præcipiat episcopus, ut per totidem noctes nocturna laus ibi celebretur.*

* SOLENTIA, pro Solita, solemnia, ut videtur D. *Bouquet* ad Carm. Erm. Nigel. tom. 6. Collect. Histor. Franc. pag. 14 :

> Regni jura movent, renovantque Solentia reges,
> Quisque suos fines ut tueatur adit.

SOLERARE, *Pavimentum componere, vel soleas calceamenti resarcire*, in Gloss. MSS. Gloss. Isid. : *Solerare, id est solidare, a solus, soleris, id est solidum.* [Vide *Solare* 3.]

* Glossar. Gall. Lat. ex Cod. reg. 7684 : *Solerare, semeler soulers.*

¶ SOLERATUS, SOLERIUM. Vide *Solarium* 1.

* 1. SOLERE, *Sola* seu pila ludere, nostris *Soler*. Lit. remiss. ann. 1352. in Reg. 81. Chartoph. reg. ch. 560 : *Cum iidem fratres causa solacii accessissent ad campos, ubi juvenes dictæ villæ de S. Ferreolo.... Solebant,.... et ipsis fratribus sibi ad invicem insequendo pilam obviantibus, etc.* Aliæ ann. 1420. in Reg. 171. ch. 282 : *Jehan Cailliel requis au suppliant que il vousist estre à un esbatement, que on dit la Soloire, pour eulx y esbatre et Soler.* Vide supra *Sola* 7. et infra *Soula.*

* 2. SOLERE, Pavimentis sternere, nostris alias *Soler*, unde *Soleure*, ipsum pavimentum. Reg. Phil. Aug. part. 1. in Chartoph. reg. sign. 34. bis fol. 96. r°. col. 2 : *Tota turris* (de Ribemont) *volvenda, planchanda et Solenda,.... et turriculam, quæ erat ante portam, oportet volvere et desuper facere j. estage.* Lit. remiss. ann. 1385. in Reg. 128. ch. 10 : *Lequel Richart se conseilla de faire Soler de pierre une maison qu'il a près de Rouen.... Iceulx carreaux desquelx il avoit entencion de faire ladite Soleure, etc.* Vide supra *Solatus* 2.

* SOLERIUM, Solum, pavimentum. Lit. remiss. ann. 1450. in Reg. 186. Chartoph. reg. ch. 39 : *Supplicans cepit dictum Laurentium de retro per capsanam, ipsumque sic captum binis vicibus in terram sive Solerium dictæ aulæ prostravit.* Vide alia notione in *Solarium* 1.

* SOLERIUS. Vide supra *Solarius* 2.

¶ SOLERTIZATUS, Solers, diligens. Vita MS. S. Firmini Episc. Ambian. et Conf. : *Solertizatus studio verbis blandis nitebatur stimulare.* Vide mox in *Solertus.*

¶ SOLERTUS, ut *Solertizatus*, in Statuto Caroli Johannis Reg. Franc. primogen. ann. 1358. tom. 3. Ordinat. pag. 338 : *Per Solertam inquestam per deputatos ipsius domini et nostros faciendam, etc.*

* SOLESTRIS, pro *Silvestris* vel *Solitarius*, incultus. Charta Hugon. reg. Ital. ann. 928. apud Murator. tom. 1. Antiq. Ital. med. ævi col. 271 : *Tam cultis quam agris, seu habitantibus quam inhabitantibus, sive Solestres quamque publicis, etc.* Vide infra in *Sylva.*

¶ SOLETUS, Calceus, Gallis *Soulier.* Statuta Monast. de Valle Dei apud Stephanot. tom. 4. Fragm. MSS. pag. 460 : *Singulis duobus annis* (dat) *botas et Soletos et baas bis in anno, si fuerit necesse. Solers*, in Charta ann. 1386. apud Lobinell. tom. 2. Histor. Britan. col. 673 : *Item un Solers de cuir fermant o las de fil. Item Soleres, greves, poulains et cuissols garnies de samgnies de haubergerie et estoffez souffisament.*

¶ SOLEVARE, Sublevare, Ital. *Sollevare*, Gallice *Soulever.* Sebast. Perus. in Vita B. Columbæ Reat. tom. 5. Maii pag. 381* : *Et quoniam præ lassitudine assurgere de stratu laboraret, quidam suaserant suspenso fune Solevari.*

* SOLEUM, pro *Solium*, Loculamentum sepulcrale, ut interpretatur Muratorius tom. 3. Inscript. pag. 1654. 6 : Ex DONATIONE UNUM SOLEUM POSSIDET. Vide *Solium* 1.

* SOLFA. Vide supra *Soffa.*

¶ SOLFIZARE, Musicales notas canere, Ital. *Solfare, Solfeggiare*, Gall. *Solfier.* Georgius *Rhau* : *Si cantum quempiam volueris Solfizare, consideres oportet in primis ejus tonum. Solvisare*, eadem notione, in Gemma. Vide *Solmisatio.*

SOLGUS. Charta Alfonsi I. Regis æræ 1157. pro Cæsaraugustanis, apud Michaëlem *del Molino* in Repertorio pag. 265. col. 3 : *Et persolto vobis totas illas aquas, quod pesquetis, ubi potueritis. Sed totos illos Solgos qui fuerunt ibi presos sedeant meos, et prendat eos meo Merino per ad me.* [Videtur esse genus piscis.]

* Lucius. Vide infra *Sollus.*

* SOLIA, Locus in ecclesia inter pœnitentes quarti gradus et sanctuarium, apud *Thiers* de Ambon. cap. 17. pag. 118.

SOLIAR, δίφραξ, in Gloss. Græc. Lat. MS. [Codex Reg. *Solium*,] in edito, *Solar*, Sella, currus, lectica.

¶ SOLIARDUS, SOLLIARDUS, Coquinæ minister. Statutum Humberti II. ann. 1340. tom. 2. Hist. Dalph. pag. 394. col. 1 : *Item in eadem coquina duos valletos pedites Soliardos in Hospitio comedentes, qui portent insignia seu arma coquinæ, et quilibet eorum habeat tres florenos pro salario suo per annum. Ipsi namque Soliardi in omnibus obediant Magistro coquinæ, nec obmittant lavare scutellas et incisorios et alia vasa coquinæ, illasque recuperare per Hospitium et per cameras ubicunque, ita quod nullo sero recedant, quin omnia bene lavata et polita remaneant pro die presenti.* Aliud ann. 1336. ibid. pag. 309. col. 2 : *Item, Bocherius et Genovesius sint Solliardi coquinæ.* Infra pag. 30. col. 1 : *Item, unus Solliardus coquinæ pedes, unus valletus panateriæ.* Nostri *Soullart*, eodem significatu, dixerunt. Statuta Monast. Elnon. MSS. : *Item lesdits Religieux Abbé et Convent auront.... un seul quench ou cuisinier qui ara ung serviteur appellé Soullart à gaiges.* A Gall. *Souillé*, inquinatus, conspurcatus; unde etiam nostrum *Souillon*, culinarius mediastinus.

¶ SOYLLARDUS, Eadem notione, in eodem Statuto ann. 1340. ibid. pag. 404. col. 2 : *Item, sit in exercitio officii dictæ coquinæ unus cocus pro persona dictæ Dalphinæ, et cocus unus alter pro tinello, secumque unus famulus dimidius cocus, et duo valleti Soyllardi debeant deputari.*

* Nostris alias *Soillart.* Lit. remiss. ann. 1379. in Reg. 116. Chartoph. reg. ch. 54. *Le valleton Soillart de la cuisine sonna une paelle.* Aliæ ann. 1397. in Reg. 151. ch. 296 : *Comment Soillart de cuisine, vous en faut parler?* Hinc *Soullart* in contemptum, ut et vox *Soullardaille*, usurpatur, in aliis Lit. ann. 1373. ex Reg. 105. ch. 120 : *Icellui Dieppe appelloit ledit Bourgoingnon larron, Soullart garsson,.... se il cuidoit que il eust paour de telx Soullardaille.*

¶ SOLIARE. Charta Italica ann. 1345 : *Si aliquis Soliaverit aliquas cavas, vel scalnaverit, seu spoliaverit, caligerit salices, etc.* Ubi leg. videtur *Sfoliaverit*, foliis nudaverit.

¶ **SOLIATA**, pro *Foliata* editum in Ordine Cluniac. Bernardi Monachi part. 1. cap. 7. Vide in *Foliata* 2.

¶ **SOLICANUS**, Qui solus canit. Mart. Capella lib. 2. pag. 33 : *Musæ nunc Solicanæ, nunc concinentes.*

¶ **SOLICATIO**, Solis fervor. Cælius Aurel. Tard. lib. 4. cap. 2 : *Solicationes, quas Græci ἡλιωσίας vocant, adhibendæ sunt.*

¶ **SOLICITATOR.** Vide in *Sollicitare.*

¶ **SOLICLARI**, ἡλιάζεσθαι, in Gloss. Lat. Gr. MSS. Sangerman.

* **SOLICULUM**, Umbella, Ital. *Solicchio.* Inventar. MS. thes. Sedis Apost. ann. 1295 : *Item unum pomum, cum uno angelo de argento deaurato, quod est in Soliculo, et lanceam ipsius Soliculi, in quo sunt caniculi argentei.* Vide *Soleclum.*

* **SOLICULUS**, diminut. a Sole, in Vita S. Walburg. tom. 3. Febr. pag. 528. col. 1.

SOLIDA Stata. Chartæ Angilranni Episcopi Metensis ann. 770. apud Meurissium pag. 176. 177 : *Cum integris terminis Solidisque statis eorum ad eas res pertinentibus vel aspicientibus, etc.* [Vide infra *Solidatum.*]

¶ **SOLIDAMENTUM**, Firmamentum, id quo aliquid solidum fit : vox Architectis nota. Vide *Smaltum.* Angelomus in Genesim cap. 1. apud Pezium tom. 1. Anecd. part. 1. col. 64 : *Et nisi aqua aliquod Solidamentum haberet, corpora hominum natantia et volucrum non ferret.* Wicboldi Quæst. in Octat. apud Marten. tom. 9. Ampl. Collect. col. 319 : *Secunda die disposuit Deus firmamentum, id est Solidamentum sanctarum Scripturarum.* Hinc stellarum fixarum orbem veteres *firmamentum* vel *Solidamentum* vocabant, quod ex materia solida fingebant esse compositum : unde in Missali Mozarabum apud Marten. de Div. Offic. pag. 177. legitur in Cantic. *Benedictus : Benedictus es in Solidamento cœli*, ubi dicimus, *in firmamento cœli.*

¶ **SOLIDANTER**, Solide. Vita S. Aviti tom. 3. Jun. pag. 357 : *Quia in caritate radicatum et Solidanter fundatum, docuit eum scire supereminentem scientiam caritatis Christi.*

¶ **SOLIDANTIA**, Idem quod *Ligantia*, [* qua vassallus unius tantum domini Ligius est.] Dominium, seu jus quod dominus habet in vassallum, qui ligio seu *solido* hominio obnoxius est. Vide in *Ligius* pag. 111. et infra *Solidus* 1. Hominium Ermengaldo Comiti Urgell. præstitum ab Arnaldo de Castro-bono ann. 1206. apud Marten. tom. 1. Ampliss. Collect. col. 1069 : *Ego Arnaldus de Castro-bono per me et per omnes successores meos in perpetuum recognosco vobis domino meo Ermengaudo Dei gratia Urgellensi Comiti omnem fidelitatem et dominium et Solidantiam quam vobis facere debeo, scilicet de castro d'Estamarid, et de omnibus ejus terminis, etc.*

¶ 1. **SOLIDARE**, Confirmare, asserere. Tabul. sancti Vincentii Cenom. : *Guido de Chesneio assensu fratrum suorum Gaufredi et Mathei quamdam decimam quam habebat in parochia de Curtis-montibus S. Vincentio dedit, et donum super altare cum fratribus suis posuit et Solidavit.* Charta ann. 1067. apud Marten. tom. 2. Ampl. Collect. col. 73 : *Cumque non posset allodium Genape ecclesiæ Solidare, et ipse disposuisset iter suum Romam accelerare, iterum suum allodium Sprimont 60. marcas accepit, et admonitus de priori allodio Genape, ne de non Solidata traditione in ecclesiam peccaret, statuit ut allodium Sprimont pro illo in fideimanus ecclesiæ traderet, si tamen aut ipse aut successor suus Genape ecclesiæ non Solidaret, et mutuata non restitueret.*

¶ 2. **SOLIDARE**, Firmare, munire. Rolandinus Patav. in Chron. Tarvis. apud Murator. tom. 8. col. 321 : *Militia et populus Montis-silicis merito collætatur,... cum Solidatus sit totus Paduanus districtus.*

* Glossar. Provinc. Lat. ex Cod. reg. 7657 : *Fermar, Prov. fidejubere, firmare, Solidare.*

¶ 3. **SOLIDARE**, Stipendium præbere; ut et

¶ **SOLIDARIUS**, Stipendiarius. Vide in *Solidata.*

SOLIDATA, Valor unius solidi. Charta ann. 1069. apud Sammarthanos in Archiep. Aquensib. num. 22 : *Constitutum est ab utrisque, ut Abbas Rotlannus et Monachi Archiepiscopo Rostagno tunc temporis 240. Solidatas darent, et omni anno persolverent in censum sanctæ Aquensi Ecclesiæ in die Sabbati sancti duas libras legales incensi optimi, etc.* Raimundus de Agiles pag. 153 : *Coria vero boum et equorum, et alia neglecta ex longo tempore illa similiter diu cocta, karissime vendebantur, adeo ut duas Solidatas quilibet comedere posset.* Tabularium Lucense, apud Marcam in Hist. Beneharn. lib. 4. cap. 6 : *Inde accepit Vicecomes ipse unum mulum de mille solidis, et duos equos de mille Solidatis.* Statutum pro Hospitio Philippi M. Regis Franc. ann. 1317 : *Le Cancelier s'il est Prelat, ne prandra riens à court ; et s'il est simple Clerc, cinq Souldées de pain, trois sestiers de vin, etc.*

☞ *Solidatam* accipi debere pro valore unius solidi suadent cum ipsa vocis origo, tum Chartæ veteres plurimæ, in quibus hæc vox occurrit. Aliæ nihilominus exstant quæ *Solidatam* a solido distingunt, et majoris vel minoris esse pretii quam solidus innuere videntur; adeo ut rem lectoris judicio permittendam esse satius existimemus. Unum esse cum solido præter allata a doctiss. Cangio probant Charta ann. 1118. inter Probat. tom. 2. novæ Hist. Occit. col. 405 : *Et propter hoc accepimus a te quingentas Solidatas.* Alia ann. 1140. ibid. col. 492 : *Propter hoc mihi firmasti dare quinque millia Solidatas ad primam festivitatem S. Michaelis.* Testament. Ermengaudi Episc. Agathensis ann. 1149. inter Instr. tom. 6. Gall. Christ. novæ edit. col. 323 : *Nepoti meo Guillelmo de Subiras relinquo equum et mulum et ducentos solidos vel Solidatas.* Charta ann. 1237. tom. 1. Hist. Dalphin. pag. 19 : *Dominus Comitatus eisdem centum Solidatas, vel centum solidos dare tunc teneatur in reversu suo citra bornam.* Chartul. majus S. Victoris Massil. pag. 91 : *Dedi in pretium centum Solidatas grandes et largas.* Charta ann. 1203. ex Tabul. B. M. de Bono nuntio Rotomag. : *Concessi in perpetuum hereditagium prior et conventui B. M. de prato juxta Rothomagum quatuor Solidatas et dimidiam monetæ currentis annui redditus.* Tabular. Fiscamn. : *Concessi.... tres Solidatas redditus pro suo servitio quod mihi quondam fecerunt.* Index MS. benefic. Eccl. Constant. fol. 46. v° : *Abbas de S. Salvatore percipit centum Solidatas decimarum leguminum et bladorum.* Adde Spicil. Acher. tom. 9. pag. 144. Lobinell. tom. 2. Hist. Britan. col. 149. etc. At vero a solido secernunt Charta sub Rodulfo Rege ex Chartul. Aptensi fol. 64 : *Unde et accepimus de te pretium, sicut inter nos et te bonæ fidei placuit atque convenit, in merce placibile Solidatas viginti duas, hoc est, de illa terra et de illa vinea solidos sex et denarios decem, et post te nihil remansit indebite.* Sententia ann. circ. 1080. ex Biblioth. Colbert. : *Debet Imbertus mittere tria millia Solidatas ad pretium vicecomitatis et solidos centum quinquagenta de damno de batallerio, et Bernardus de Aviciano debet emendare Imberto tenezonem ipsius honoris quam fecerat solidos quinquaginta, et debet mittere in batallia Solidatas mille quingentas ad pretium vicecomitatis, et centum quinquagenta solidos de dampno de batallerio.* Tabular. Pontisar. : *Pro vadimonio* LX. *solidorum Monachi Pontisarenses dederunt* XXXV. *Solidatas, et quando dabit* XXV. *solidos, habebunt remanentem.* Charta ann. 1112. inter Probat. tom. 2. novæ Hist. Occitan. col. 382 : *Ego Bernardus Atonis donavi tibi Raimundo Comiti quindecim millia inter solidos et Solidatas Melgorienses.* Idem innuitur supra ex Tabul. Lucensi. *Solidata* pro 12. solidis computari videtur in Charta ann. 1134. ex Chartul. Saviniac. fol. 137 : *Definitum est ut hominium faceret abbati, et ut ipsa die centum Solidatæ ab abbate illi darentur. Pro hac acquisitione donavimus ei 1200. sol.* Rem definivisset, si eadem die 1200. solidos persolutos fuisse dixisset.

* *Souldée*, eadem acceptione, in Lit. remiss. ann. 1385. ex Reg. 128. Chartoph. reg. ch. 227 : *Comme le suppliant eust acheté en la ville d'Arras dix Souldées de petites mailles, qui n'estoient pas de nostre coing, etc.*

¶ Solidatus, Eodem significatu. Chartul. sancti Vandreg. tom. 1. pag. 387 : *Concessi... quatuor Solidatus Turon. annui reditus.*

¶ Solidata, Idem quod *Pondus*, libra, ni fallor. Charta censualis Leduini Abbat. S. Vedasti ann. 1036. ex Chartul. V. ejusd. Mon. f. 243 : *Quinque Solidatæ lanæ,* 1. *den. Quinque Solidatæ fileti,* 1. *den. Quinque Solidatæ saxæ carnis,* 1. *den.* Tabul. Gemmet. : *Comes Robertus, vel quicumque terram tenebit hæres suus ex devotione, recognitione etiam, quod sæpedictum castellum in terra Gemmeticensis Monasterii est scitum, singulis annis in festo Apostolorum Petri et Pauli decem Solidatas ceræ tradet Priori de Beu, unde fiet cereus, quem idem Prior ad Gemmeticense Monasterium deferet, ut accensus in die festo ad memoriam et honorem ibi affulgeat.* Testam. Bernardi de Turre ann. 1317. apud Baluz. tom. 2. Hist. Arvern. pag. 570 : *Præcipio quod legatum eisdem Monialibus factum per bonæ memoriæ patrem meum quondam reddatur eisdem, videlicet decem Solidatæ panis qualibet die Lunæ in perpetuum cujuslibet septimanæ ante Missam.* Inquisitio MS. pro canonizat. S.

Yvonis : *Cum non esset de pane plus quam septem vel octo Solidatæ, et esset magna caristia panis; fuerunt ibi plusquam* 200. *pauperes qui de isto pane elemosinam habuerunt. Souldée de pain*, eadem notione, supra ex Statuto ann. 1317.

* Libra cujus valor æstimatur uno solido, ut efficitur ex Chartul. S. Germ. Prat. sign. tribus crucibus fol. 87. v°. col. 2 : *Unus modius vini, quinque Solidatæ carnis, vel si maluerit, quinque solidi.* Charta ann. 1268. ex Tabul. Cartus. B. M. de Parco : *Giletus de Monte Guidonis armiger dedit in perpetuum elemosinam B. Mariæ de Parco quinque Solidatas frumenti annui redditus. Decem Solidatas piscium*, in Necrol. priorat. S. Rob. Cornill. ex Cod. reg. 5247.

Solidata Terræ, Modus agri ad valorem annuum unius solidi. Monasticum Anglic. tom. 1. pag. 112 : *Anselmus de Gorney dedit... quinque Solidatas terræ in Beverstona, cum advocatione ejusdem villæ, etc.* Tom. 2. pag. 98 : *Quadraginta Solidatas in villa de Hebi, etc.* Infra : *Terram de Riseberga, quæ solebat reddere* 30. *solidos, etc.* Charta Seguini Episcopi Matiscon. ann. 1260 : *Cum Guillelmus de Oblato Miles ab Ecclesia Cluniacensi* 60. *Solidatas terræ teneret in feudum, etc.* Regestum feodorum Campaniæ fol. 69 : *Debet facere continuum estagium apud S. Menoldim, et domina Comitissa debet ei assignare centum Solidatas terræ.* Infra : *Amaurricus li Rocles ligius de domo patris sui de Cepelie, et furno ejusdem villæ, et centum Solidatis terræ, quas domina Comitissa illi debuit assignare, etc.* Fol. 108 : *Petrus de Ruella fecit homagium de domo sua de Ruella, et de centum Solidatis terræ in Castellania Meldensi.* Charta Philippæ D. de Rameruco ann. 1227. in Tabulario Campaniæ Thuano : *Assignat terram illam, quam Ecclesia B. Margaretæ apud Richeborc habebat pro trecentis et viginti tribus libratis terræ, duabus Solidatis minus.* Alia Roberti Ducis Burgundiæ ann. 1274 : *En tele manere, que de chascune cent Sodées de terre et de rante, que lidiz Guillaumes Chevaliers ha en ladite ville d'Ayone et ès appartenances, lidiz Abbez et lidiz Couanz li doivent donner cent livres.* [Charta ann. 1312. tom. 2. Hist. Eccl. Meld. pag. 198 : *Item la moitié du four de ladite ville de S. Fiacre estimé en la valeur de soixante Soudées de terre par an.* Charta Rodulphi Ducis Lothar. ann. 1341. in Hist. Mediani Monast. pag. 354 : *Tenetur assignare abbati et conventui... decem Solidatas terræ ad parvos Turonenses solvendos anno quolibet.*] Adde Will. Thorn pag. 1805. 1806. Vide *Libra terræ* et *Denariata*.

* Vox varie a nostratibus reddita : *Soissante Soudées à Parisis de terre*, in Charta ann. 1265. ex Chartul. S. Joan. Laudun. Alia ann. 1294. ex Chartul. 21. Corb. fol. 93. v° : *Tout ce que j'avoie à Thanes et ou terroir de ladite ville,..... est prisié en le valuur de quarente et une livre, chienc Saudées et trois denrées de terre chacun an. Solée*, in alia ann. 1339. ibid. fol. 139. v°.

Solidata, Stipendium unius solidi, quod datur militi. Eadmerus lib. de Similitudinib. S. Anselmi cap. 39 : *Illa vero serviunt ei velut militantes pro Solidatis, etc.* Adde cap. 80. Querimonia Berengarii Vicecomitis Narbonensis adversus Guiffredum Archiep. Narbonensem ann. 1056 : *Et munera illa suis militibus per Solidatas distribuit*, i. vice *solidatarum*. Infra : *Et eos, qui illos ceperunt, patrocinat, et dat eis Solidatas.* Charta Joannis Regis Angl. apud Matth. Paris ann. 1213 : *Et qui terram non habent, ut arma habere possint, illuc veniant ad capiendas Solidatas nostras.*

Soldata. Jacobus I. Rex Aragon. in Foris Oscæ ann. 1247. fol. 8 : *Tunc debet ei dare integrum salarium secundum forum, scilicet quantum Soldatam convenit, pro quanta debebat ei servire.*

Soldada, apud Brandaonem tom. 4. Monarch. Lusitan. pag. 304. v. Nostri *Sodée, Soudée et soldée* dicunt. Catholicon parvum : *Stipendium, Soudée.* Le Roman *de Garin* MS :

> Qui veut Sodées, ne demorer à mi,
> Or et argent aura à son plesir.

Alibi :

> Qui en Sodées fut au Roy Anseis.

Assisiæ Hierosolym. MSS. cap. 130 : *Se Chevalier, ou Sergent d'armes, ou autre, qui ait esté sodoier, se veaut clamer de son Seignor, ou de sa Dame, de ce que l'on li doit de sa deserte de ses Sodées, il se doit clamer au Connestable, etc.* Le Roman *d'Auberi* MS :

> Dedens Cortric s'est en Soudées mis.

Infra :

> Cil qui vint sa les Soudées querant.

Philippus *Mouskes* MS :

> Et les Soudées departoit
> As Sergens et as Chevaliers.

[Le Roman *de Blanchandin* MS :

> A chascun a doné Soldées,
> Ou en deniers, ou en denrées.]

Chron. Flandriæ cap. 107 : *Et alerent à lui plusieurs Alemans à Soudées à Tenremonde.* Octavianus *de S. Gelais* in Viridario honoris :

> En celui temps se leva une noise
> Entre Juifs, et nos gens de Souldee,
> Tant de la garde Françoise qu'Escossoise.

Soldée, apud Willharduinum n. 120. *Sos*, in iisdem Assisiis Hierosolym. cap. 230 : *Doit querre un autre Chevalier, et retenir à ses Sos, qui sont usès de doner comunement à pays, se le deshaitié n'avoit plus grant Sos. Mais se il avoit plus grant, et il ne le peut trover à tenir Sos comuns de la terre, etc.* Et infra : *Et véez enci la monoie des Sos dou Chevalier selon le cours des Sodées comunes de cetui Roiaume.* [*Soue*, in Continuata Hist. Belli sacri Guillelmi Tyrii apud Marten. tom. 5. Ampl. Collect. col. 657 : *Il saisi toutes lor rentes et lor terres, et les assembla à sa Soue et à son benefice.*]

* *Sous*, in Hist. Guill. Tyrii apud Marten. tom. 5. Ampl. Collect. col. 645 : *Manda par tout paienime querre chevaliers et serjans, et il lor donroit bon Sous. Soubzdée*, eodem significatu, in Lit. remiss. ann. 1411. ex Reg. 165 Chartoph. reg. ch. 294 : *Lequel jeune homme dist au suppliant qu'il le feroit recevoir et passer aux Soubzdées et gaiges du duc de Bourbon.*

Solidum, Idem quod *Solidata*. Albertus Aquensis lib. 7. cap. 58 : *Nec longo post hæc intervallo Rex a militibus suis in urbe Japhet pro pecunia angustiatus est, quam illis debeat pro conventione solidorum, etc.* Occurrit rursum eod. cap. Idem lib. 10. cap. 41 : *Advenæ Galli, qui conventione Solidorum Imperatori militabant, etc.* Lanfrancus Epist. 35 : *Qui vero Rodulpho traditori et sociis ejus sine terra pro Solidis servierunt, etc.* Habetur etiam in Epistola Comitis S. Pauli de prima CP. expugnatione.

Soldum. Conradus Usperg. in Henrico VI : *Imperator vero* c. *millia marcarum sibi ab eodem data fecit militibus dari in Soldum.* Idem Uspergensis in Philippo Imper. : *Hic cum non haberet pecuniam, quibus salaria sive Solda præberet militibus, primus cœpit distrahere prædia, quæ Pater suus Fridericus Imperator late acquisierat in Alemannia.* Histor. Cortusiorum lib. 2 : *Stipendiarii omnino cassentur a Soldo Paduæ.* [Charta ann. 1327. tom. 2. Hist. Dalph. pag. 213. col. 2 : *Cuilibet eorum* (Armigerum) *pro suo Soldo sive stipendio cujuslibet mensis decem florenos auri dumtaxat assignando.* Rolandinus Patav in Chron. Tarvis. apud Murator. tom. 8. col. 308 : *Aperte lamentari cœperunt, quod Soldum sive salarium a suo sibi Communi promissum penitus habere non poterant.*]

¶ Soldus, Eadem notione. Barthol. Scribæ Annal. Genuens. ad ann. 1224. apud Murator. tom. 6. col. 437 : *Et insuper alios milites habuit ad Soldos in partibus ipsis.* Ibid. ad ann. 1243. col. 503 : *Tunc Potestas celebrato consilio, de voluntate ipsius consilii processit, ut haberentur ad Soldos Communis Januæ milites, etc.*

¶ Solidus, Eodem intellectu. Epist. Friderici II. Imper. apud Marten. tom. 2. Ampl. Collect. col. 1200 : *Ducentos quinquaginta milites regni nostri, quos anno prædicto de pecunia ecclesiæ quietatos, sequenti anno ad Solidos nostros ibi fecimus detineri.*

* Solidata, Salarium, merces. Constit. MSS. Alf. II. reg. Aragon. ann. 1333 : *Qui cum aliis pro domesticis et familiaribus morabuntur post mortem dominorum, non possint tenere salarium seu Solidatam, nisi probaverint, quod eis promissum fuerit certum salarium seu Solidatam.* Inventar. ann. 1476. ex Tabul. Flamar. : *Sub pensione annuali decem octo librarum frumenti, pro labore seu Solidata dictorum duorum bouum.*

Solidare, Stipendium præbere, Gall. *Soudoier*, Italis *Soldare*. Senator lib. 3. Var. 51 : *Menstrua eum duximus largitate Solidandum.* Petrus de Vineis lib. 1. Epist. 1 : *Per satellites suos de pauperum patrimonio Solidatos.* Adde lib. 2. Epist. 49. Thwroczius in Geisa Rege Hungar. cap. 54 : *Et licet pecuniam dedisset affluenter pro militibus Solidandis, etc.* [Chron. Siciliæ apud Marten. tom. 3. Anecd. col. 79 : *In quo* (castro) *fuerunt viri pedites balistrerii et lancerii* 300. *Panormitanenses, proinde Solidati per universitatem Panormi.* Oberti Annales Genuens. apud Murator. tom. 6. col. 397 : *Ostendit sibi valde adhuc esse necessaria libras* MCC. *pro galeis armandis,.... et Solidatis militibus.*]

¶ Soldare, Soldeare, Eadem notione. Sabas Malaspinæ de Reb. Sicul. lib. 2.

cap. 15. tom. 6. Miscell. Baluz. pag. 245 : *Multos de ipsa decima equites cum dicto Karolo venturos in regnum Soldat.* Et cap. 16. pag. 247 : *Quos* (milites) *summus Pontifex prædictus in ejusdem Ferrerii subsidium Soldari fecerat.* Barthol. Scribæ Annal. Genuens. apud Murator. tom. 6. col. 511 : *Dom. Innocentius Papa fecit Soldari in Lugduno milites* MD. *quos in subsidium Parmensium et aliorum Lombardorum destinabat.* Ibid. col. 473 : *Dictus autem Carbonus dum... destinatus fuisset in Siciliam, causa accipiendi et Soldeandi milites, et ducendi eos ad obsidionem Septæ, etc.*

Solidarii, Milites, qui stipendio merent, qui *Solidatam* accipiunt pro stipendio, *Soudoiers*, Froissarti 1. vol. cap. 147. [Litteræ Joannis Reg. Franc. ann. 1355. tom. 3. Ordinat. pag. 36 : *Et pour ce que pour fournir nostre guerre, il nous convient avoir des Soudoiers dehors notre royaume, tant de gens de cheval, comme de pié, etc.*] Leges Henrici I. Reg. Angl. cap. 8 : *Conductitii, vel Solidarii, vel stipendiarii.* Ordericus Vital. lib. 4 : *Solidarios milites convocavit, omnesque, regali munificentia pro militari servitute muneratos, domum abire benigniter permisit.* Utuntur Galbertus in Vita Caroli Comit. Flandr. n. 81. 121. Herimannus de Restaurat. S. Martini Tornacensis cap. 42. Fulcherius Carnotensis lib. 2. cap. 42. Florentius Wigorn. ann 1051. 1085. 1094. Otto Frising. lib. 1. de Gestis Frider. cap. 42. Will. Tyrius lib. 22. cap. 23. Simeon Dunelmensis ann. 1085. 1094. Radulfus de Diceto ann. 1051. Sugerius Epist. 153. etc. Assisiæ Hierosol. MSS. cap. 131 : *Par l'Assise et usage du Royaume de Hierusalem nul ne doit doner congié à son Sodoier, que il ne le paie, ou face paier, et le Conestable le peut de ce destraindre. Mais se le Sodoier prent congié, et le Seignor li done, il n'est pas tenu de paier le, que de tant de tems, come il a servi.* Cap. 132 : *Qui donne congié à son Sodoier dedans le mois 4. jours, il le doit paier de tout le mois, par l'assise et usage dou Roiaume de Hierusalem, et le Sodoier, qui prent congié de son Seignor, et il demeure dou mois à parfaire trois jours, ou plus, il pert sa deserte de celui mois, ne ne doit estre paié.*

Solidarii Regiæ *privatæ Masnedæ*, aliquot subscribunt Diplomata Willelmi Regis Siciliæ ann. 1183. apud Rocchum Pirrum in Archiepiscopis Montis regal.

Soldarius, ex Gallico obsoleto *Soldar*. Hugo Flaviniacensis de Carolo Martello : *Tanta dedit militibus, quos Soldarios vocari mos obtinuit, qui ex omnibus mundi partibus causa questus ad eum concurrebant, etc.* Gesta Abbatum Lobiensium pag. 599 : *Excrevit in tantum adversus nos adversitas Soldariorum, ut villas mensæ nostræ congruentes sibi vendicare velint.* Mox : *Factores hujus rei sunt Soldarii Oibaldus, etc. quibus insuper et solidos auxit.* Brompton. ann. 1051 : *Rex Edwardus Anglos a gravi tributo solvit, quod eis pater suus propter Danorum Soldarios imposuerat.* Radulfus de Diceto habet hoc loco *Solidarios*. [Chr. Angl. Th. Otterbourne pag. 252 : *Supervenientes Soldarii Calisiæ, dissolvi fecerunt obsidionem.* Oberti Cancellarii Annal. Genuens. apud Murator. tom. 6. col. 299 : *Et insuper omni tempore custodiam castri et merita Soldariorum de propriis præstarent.* Occurrit rursum col. 438. et tom. 3. Hist. Harcur. pag. 65.] Will. Brito lib. Philipp. 10. de quadam meretrice bellatrice :

> Quæ generosa nimis Soldaria facta, relicto
> Conjuge, castra suo privabat significato.

¶ Soldaderius, Eodem significatu. Caffari Annal. Genuens. ad ann. 1158. apud Murator. tom. 6. col. 270 : *Soldaderios, balisterios et archiferos tot ad civitatem miserunt, etc.* Chron. Parmense ad ann. 1296. apud eumdem tom. 9. col. 834 : *Item eodem anno in die carnisprivii Soldaderii Communis Parmæ equitaverunt versus Guardaxonum.*

¶ Soldaerius, in Memor. Potestatum Regiens. ad ann. 1284. apud eumdem Murator. tom. 8. col. 1161 : *Miserunt Florentiam et ad alias Thusciæ civitates, ut conducant Soldaerios ad congregandum exercitum.*

¶ Soldates, in Chron. Veronensi ibid. col. 649 : *Et cum ejus militia cepit eosdem dominos Hectorem de Panico, et prædictos tam cum omnibus equitibus suis, quam Soldatibus dictæ ligæ.*

Soldatus, ex Gallico *Soldat*. Thwroczius in Calomano Rege Ungar. cap. 62 : *Quæ quidem civitates per Soldatos Parisanorum missos per Cæsarem expulsis Venetis sunt rehabitæ.* In Ludovico Rege cap. 19 : *Centum et* 20. *Soldatos armatos gentis permixtæ, etc.* [Tabul. S. Martialis Lemovic. : *Non tenetur ad nutriendos Soldatos.* Regimina Paduæ apud Murator. tom. 8. col. 431 : *Et tunc cassati fuerunt Soldati domini Oderici.* *Soldatus equester vel pedester*, in Statutis Vercell. lib. 1. fol. 13. Adde Ludewig. tom. 4. Reliq. MSS. pag. 442. et Lobinell. tom. 2. Hist. Britan. col. 1513.] Glossæ Basil. : Κολέδατος, ϛρατιώτης. Ubi legendum σολεδάτος.

¶ Soldearius, in Charta apud Lobinell. tom. 2. Hist. Britan. col. 241 : *Fuit cum eis quidam miles Soldearius nomine Tangui filius Briencii.*

Soldenarius, Eadem notione, ex Gallico *Saudenier*, quæ vox occurrit in Chronico Flandr. cap. 85. Gesta Philippi III. Regis Franc. pag. 538 : *In Romania destinavit D. Joannem de Apia Comitem cum Soldenariis francigenis fere octingentis.*

¶ Solderius. Barthol. Scribæ Annal. Genuens. apud Murator. tom. 6. col. 493 : *Missi fuerunt milites Solderii centum, et quamplures pedites per mare, etc.*

¶ Solditiarius, in Litteris Edwardi II. Regis Angl. ann. 1315. apud Rymer. tom. 3. pag. 543 : *Prædictum argentum in usus vestros fuit conversum et quibusdam vestris Solditiariis pro suis stipendiis distributum.*

* Solidatarius, Miles, qui stipendio meret. Lit. remiss. ann. 1356. in Reg. 84. Chartoph. reg. ch. 732 : *Prænominati Solidatarii sic missi a dicto exercitu ;.... ipsos Solidatarios.... adeo debellarunt, etc.*

* Souderarius, Eadem notione, in Lit. remiss. ann. 1358. ex Reg. 87. Chartoph. reg. ch. 141 : *Stephanus de Rocherolles bastardus, archerius, Souderariusque in castro Pontis archæ, etc.* Nostris, *Saudoier* et *Sodéer*. Lit. remiss. ann. 1392. in Reg. 143. ch. 88 : *Deux hommes Saudoiers de nostre très-cher et très-amé cousin le conte de Boulongne, etc.* Reg. Cam. Comput. Paris. sign. *Noster* fol. 269. r°. ubi de militibus ad partes transmarinas missis : *Item se insins estoit, que par le Soudan ou par autre grant nécessité, il fust mestiers que il feist autres granz mises et despens, ou en galies, ou en Sodéers retenir ou autrement, etc.* Neque aliter intelligenda videtur vox *Soudenier*, in Reg. B. 2. ejusd. Cam. fol. 122. r° : *L'an 1336. sur ce que Jehan de Flours procureur ou commissaire sur le fait de la marque donnée contre les Genevois et les Saonois, avoit fait arrester à Paris Faudin Soudenier de Florance, etc.* Le Roman *de Robert le Diable* MS :

> Assemble grant chevalerie,
> Et sergens et abalestriers.
> Tant a porquis de Saudoyers,
> Que la terre gaste et essille.

¶ **SOLIDATIO**, Decisio, confirmatio. Charta ann. 1377. ex Bibl. Reg. : *Quod si posset Rex pacem et Solidacionem istius controversie per pecuniam habere, de quo non eramus certi, nullam pecuniam plangere deberet.*

1. **SOLIDATUM**, Quidquid in solidum possidetur. Gesta Dagoberti Regis cap. 13 : *Reddensque ei Solidatum, quod aspiciebat ad regnum Austrasiorum, hoc totum exinde, quod citra Ligerim, vel Provinciæ partibus situm erat, suæ ditioni retinuit.* Idem cap. 32 : *Insuper sacramentis firmaverunt, ut Neptricum et Burgundia Solidato ordine ad regnum Hludovici post Dagoberti Regis discessum aspiceret.* Eadem habet Chronicon Fredegarii cap. 53. 76. Aurelianus Episcopus in Epist. ad Theudebertum Regem : *Præterea generis tui stemma sydereum : taceo et istud, quod unicus sceptris, multiplex populis, gente varius, dominatione unitus, Solidus regno, diffusus imperio. Ex solido possidere*, opponitur *ex beneficio*, apud Will. Malmesbur. lib. 1. de Gestis Pontificum : *Urbem* (Cantuariam), *quam Archiepiscopus Lanfrancus habuerat ex beneficio, isti* (Anselmo) *concessi ex Solido*, id est jure proprietatis et allodii possidendam. Hinc

¶ Solide Habere, est jure proprietatis et allodii possidere, in Charta ann. 1116. ex majori Chartul. S. Victoris Massil. : *Altera pars, scilicet Monachi S. Victoris, habebat aliam medietatem Solide et libere, quia prædictus honor totus est alodium S. Victoris.*

2. **SOLIDATUM**. Papias : *Fusum, Solidatum, stratum.*

* **SOLIDATURA**, a Gallico *Soudure*, Ferrumen. Comput. fabr. S. Petri Insul. ann. 1367. ex Tabul. ejusd. eccl. : *Item pro tredecim libris Solidaturæ, xvij. sol.*

¶ **SOLIDATUS**, ut *Solidata*. Vide ibi.

¶ 1. **SOLIDITAS**, Solum, fundus, ni fallor. Charta Pipini Reg. ann. 763. apud Calmet. inter Probat. tom. 1. Hist. Lothar. col. 276 : *Donamus ad ipsum monasterium* (Prumiense) *villam nostram in pago Efflinse, qui dicitur Sarabodis villa, una cum terminis, vel Soliditate, vel appendiciis suis, etc.* Vide *Solanum*.

¶ Soledetas, Eadem notione, in Charta ann. 690. inter Probat. Hist. S. Germ.

Paris. pag. 5 : *Cum omne merito, vel agestoncias et Soledetates suas, sicut a nobis præsente tempore est possessum.*

* 2. **SOLIDITAS**, Stabilitas, constantia. Juram. Hincmari in Conc. Pontingon. ann. 876 : *Sic promitto ego, quia..... neque per me, neque per missum..... contra suum honorem et suam, ecclesiæ atque regni illi commissi quietem et tranquillitatem atque Soliditatem machinabo.*

* 3. **SOLIDITAS**, Gelu, congelatio. Vita S. Emmer. tom. 6. Sept. pag. 480. col. 2 : *Cœpit namque humus suæ amœnitatis crescere, ubi beatus episcopus membrorum sectionem passus fuerat, ita ut in cubiti altitudinem se coacervaret, et a nivium infusione atque hiemali Soliditate se defenderet.* Vide *Solidamentum*.

* **SOLIDITER**, Solide, vel *in solidum*. Charta Eudon. Montisfort. ann. 1266. ex Bibl. reg. : *Quæ omnia integranda et inviolabiliter observanda, nos et hæredes nostros omnia bona nostra præsentia et futura Soliditer obligamus.* Vide *Solidanter*.

¶ **SOLIDUM**. *In solidum*, vulgo *Solidairement*. Charta ann. 1353. apud Ludewig. tom. 5. Reliq. MSS. pag. 540 : *Promittentes in Solidum bona fide, etc.* Charta ann. 1354. apud Baluz. tom. 2. Hist. Arvern. pag. 320 : *Constituerunt se et quemlibet eorum in Solidum deytas, etc.* Vide in *Solidata*.

1. **SOLIDUS**, Ligius, vassallus in solidum. Charta Oldegarii Episcopi Barcinon. in illius Vita n. 37 : *Nulla erit licentia alicui extraneæ personæ donare,... nisi illi, qui ita sit fidelis et Solidus homo Ecclesiæ nostræ, sicut tu.* Ibidem : *Juro ego,... quod ab hac die et deinceps fidelis homo et Solidus ero tibi et Ecclesiæ tuæ.* Usatici Barcinonenses MSS. cap. 20 : *Cum suo seniore, cujus Solidus sit.* Cap. 31 : *Qui Solidus est de seniore, optime debet illi servire, vel secundum posse, vel secundum illorum conventionem, et senior debet eum habere contra cunctos, et nullus contra eum. Propterea nullus debet facere solidantiam, nisi ad unum Solidum seniorem, nisi concesserit ei senior, cujus primum Solidus fuerat.* Le Roman *de la Rose* :

> Dame voici, il est mes sires,
> Je suis son home liges entiers.

Vide *Hominium solidum*, [et *Solidantia*.]

2. **SOLIDUS**, pro Aureo ante Constantinum Mag. usurpatus vix legitur, uti observatum a Scaligero lib. de Re nummaria : quo tum imperante vulgo obtinuit, quod etiam attigimus in Dissertatione de Imperatorum Constantinopolitanorum numismatibus, ex Codice Theodosiano. Gregorius M. lib. 1. Dial. cap. 9 : *Repente in sinu suo 12. aureos invenit ita fulgentes, tanquam ex igne producti eadem hora fuissent. Qui mox de Ecclesia egressus, eos in sinum furentis Presbyteri projecit, dicens : Ecce habes Solidos, quos quæsisti, etc.* Adde lib. 1. Epist. 23. 54. Gregorius Turonensis lib. 10. cap. 31. num. 16 : *Aurum etiam, quod decessor ejus reliquerat, amplius quam 20. millia solidorum pauperibus erogavit.* Vide eumdem lib. 4. de Miraculis S. Martini cap. 39. *Solidum* pariter pro *aureo* usurpat Fortunatus in Vita S. Germani Parisiensis cap. 22. *Solidus auro adpretiatus*, in Lege Bajuvar. tit. 1. cap. 4. § 1. cap. 6. § 2. cap. 10. § 2. tit. 3. cap. 14. § 3. *Solidus aureus integri ponderis*, in Lege Wisigoth. lib. 7. tit. 6. § 5. *Solidus auri*, in Edicto Theoderici Reg. § 150. Charta Karlomanni Regis apud Beslium in Regibus Aquitan. pag. 42 : *Trecentorum Solidorum auri ad purum excocti se noverit pœna mulctandum.* Odorannus in Chron. ann. 1031 : *Miserunt etiam a Parisiis per manum Odoranni Monachi auri Solidos 17. et denarios 8. et gemmas pretiosissimas, etc. Solidi auri optimi*, apud Helgaudum in Roberto Rege pag. 68. Vide Covarruviam de Veterum numismatum collatione cap. 3. [et Haeftenum in cap. 27. Vitæ S. Benedicti.]

Solidi Aurei pretium apud Gallos et Francos diversum fuit, pro temporum ratione. In Lege Salica, passim, *Solidus* constitisse dicitur 40. *denariis* argenteis. Hincmarus in Vita S. Remigii : *In testamento, a B. Remigio condito, lector attendat, quia Solidorum quantitas numero 40. denariorum computatur, sicut tunc solidi habebantur*, (al. *agebantur*,) *et in Francorum Lege Salica continetur : et generaliter in solutione usque ad tempora Karoli perduravit, velut in ejus capitulis continetur*, (al. *invenitur*.) Ita in Capitulo Ludovici Pii ann. 819. de interpretat. Legis Salicæ cap. 2. et 4. solidus etiam accipitur. Pretium igitur solidi immutatum, a Pipino Rege scilicet. Synodus Remensis cap. 41 : *Ut domnus Imperator secundum statutum bonæ memoriæ Pipini misericordiam faciat, ne Solidi, qui in Lege habentur, per 40. denarios discurrant, quoniam propter eos multa perjuria multaque falsa testimonia reperiuntur.* Taxata enim fuit tunc temporis solidi quantitas 12. denariis, idque firmatum a Carolo M. lib. 4. Capit. cap. 75. [** Capit. Ticin. ann. 801. cap. 11. Capit. Ludov. P. ann. 816. cap. 2. Pertzio Leg. tom. 1. pag. 85. et 196.] : *Ut omnis solutio atque compositio, quæ in Lege Salica continetur, inter Francos per 12. denariorum Solidum componatur : excepto, ubi contentio inter Saxones et Frisiones exorta fuerit. Ibi volumus, ut 40. denariorum quantitatem Solidus habeat; quem vel Saxo, vel Frisio, ad partem Salici Franci cum eo litigantis solvere debet.* Ita fere in Lege Longob. lib. 2. tit. 22. § 1. 2. et 3. [** Carol. M. 76. 91. Ludov. P. 2.] nisi quod pro 40. *den.* 60. præferunt editiones Boërii et Lindenbrogii; sed perperam, ut opinor. Capitula ejusdem Caroli ann. 797. edita ab Holstenio § 11 : *In argento 12. denarios Solidum faciant : et in aliis speciebus ad istud pretium omnes æstimationes compositionis sunt.* Id etiam firmatum deinceps a Ludovico Pio cap. 3. tit. 75. Hinc *solidus* 12. *denariorum* fuisse dicitur, in Capitul. 2. Karlomanni cap. 2. in iisdem Capitul. Caroli M. lib. 3. cap. 30. lib. 5. cap. 3. in Addit. 1. Ludov. Pii cap. 57. et in Synodo Liptinensi cap. 2. Sed et apud Hungaros, aureus, qui idem cum solido, 40. denariis argenteis valuit sub Bela I. Rege, ut auctor est Thwroczius cap. 45.

☞ Errantem Lindenbrogium, cui non pauci accesserunt, minus caute secutus est Vir doctissimus. Existimat ille unum eumdemque esse solidum, qui a 40. denariis, quibus primum constabat, ad 12. denarios a Pipino est adductus : quod falsum omnino est; primus aureus erat, alter argenteus. Et quidem absurda et hactenus inaudita ejusmodi imminutio. Errandi occasionem præbuit laudata Synodus Remensis, cujus mentem minime assecutus est Lindenbrogius. Id quippe unum docet mulctas quæ prius 40. denariorum fuerant, a Pipino Rege sagacissimo ad 12. denarios reductas fuisse, ut sibi populos arctius devinciret. In usu publico erant solidi aurei etiam sub Philippo I. Rege Franc. ut ex Litteris ann. 1077. constat : *Cui litem intulerit mille Solidos auri componat.* Iis successere floreni. Vide *le Blanc* Tract. de Monetis pag. 39. et seqq.

Solidi Aurei divisio alia fuit apud Romanos, nempe, in 6000. denarios æreos, quos λεπτὰ Græci vocant, in quot τάλαντον, sive solidum dividi scribit Suidas. Seuator lib. 1. Epist. 10 : *Sex millia denariorum Solidum esse voluerunt.*

Solidi Argentei, in Bulla Benedicti VII. PP. in Bullario Cluniacensi pag. 6. Ævo sequiori, solidi ex argento, et quidem subærato cudi cœpere : quibus assignati denarii perinde 12. ac aureo; sed ii ærei minutuli. Atque ita *solidum* usurpatum docet Covarruvias libr. de Collat. veterum numismat. cap. 3. § 2. n. 7. et seqq. Charta fundationis Monasterii S. Severi in Vasconia apud Marcam lib. 3. Hist. Beneharn. cap. 8 : *Dando illis trecentos Solidos duos denarios argenti, quadraginta quinque vaccas cum multis aliis rebus.* Tabularium ejusdem Monasterii apud eumdem Marcam lib. 3. cap. 11 : *Trecentos Solidos argenti duodenorum denariorum.* Charta Joannis Regis Angliæ tom. 1. Monastici Anglic. pag. 352 : *Terram de Bradeham, de qua nobis reddi solebant per annum 50. Solidi blanci.*

Solidus, apud Saxones, duplex fuit : unus enim habuit 2. tremisses, alter tres tremisses. Majori solido aliæ compositiones, minori homicidia componebantur. Ita Lex Saxonum tit. 18. [Adde Capitulare Saxonum Caroli M. ann. 797. cap. 11.]

Solidi Anglicani, *Sols Engleis*, in Legibus vernaculis Willelmi Nothi cap. 13. ubi 40. denariis constitisse innuitur : *Del Dei après le polcier 15. Sols de solt Engleis, ço est querș deniers.* [** Thorp. cap. 11. *que est apele quaer denier.*] Quæ quidem verba ultima de 40. denariis capienda existimo, ut *quer*, sit pro *querante*, ut tunc efferebant. Mentio est præterea solidorum Anglicanorum cap. 19. 21. 41. Ut tamen non temere affirmem, facit Caius de Antiq. Cantabrig. Academiæ pag. 209 : *Illud interim scire licet, aliam fuisse rationem solidorum ætate Ælfrici, quam nostra : nam per ea tempora 30. denarii faciebant sex Solidos, nostra vero duos tantum et semissem.* [** Vide Phillips. de Jure Anglos. not. 286. Lapp. Histor. Angl. tom. 1. pag. 627.]

** Solidi Bortrenses. Vide *Bortren*.

* Solidi Carolici, valoris scilicet a Carolo M. assignati, in Charta inter Probat. Hist. Brit. tom. 1. col. 298 : *Pignoravit.... salinam, quæ vocatur Permet,.... pro 20. Carolicis Solidis, usque ad caput 7. annorum.*

* Solidi Constantinati, f. pro *Constantiniani*, ut in Charta ann. 882. cujus

meminit Muratorius tom. 2. Antiq. Ital. med. ævi col. 789. quos non alios a *Byzantiis* fuisse putat vir eruditus. Alia ann. 1051. ibid. col. 790 : *Obligavit se et suos hæredes componere custodibus ipsius ecclesiæ ducentos auri Solidos Constantinatos. Solidi Constantini* non semel occurrunt in Episc. Salernitan. apud Ughellum, ubi scribendum *Constantiniani* aut *Constantinopolitani* suspicatur idem Muratorius.

* Solidi Denariorum, in Charta ann. 1329. tom. 2. Hist. Trevir. Joan. Nic. ab *Hontheim* pag. 113. col. 1 : *Ad quod* (officium) *pertinet decima in Morscheit, cum jure patronatus ecclesiæ et censibus annuis xxxix. Solidorum denariorum Trevirensium.*

Solidi Franci, in Formula 82. apud Lindenbrogium. *Francisci seu Francici*, in Tabulario Casauriensi, in Charta exarata sub Carolo et Pipino Regibus, et Ildebrando Duce Spoletano : *Idcirco constat, me Pessido vendidisse tibi Aderisi Sculdasio cartularios, et vinearios in loco, qui dicitur in Vico, hoc est, pro Solidis 7. Franciscis et bove uno, et grano modiorum 12.* Alibi : *Et pretium recepi a te, valente Solidos 20. Franciscos.* Occurrit ibi pluries. Iidem videntur, qui *solidi Galliarum* appellantur apud Gregorium M. lib. 5. Epist. 10. quos in Italia *expendi* non potuisse scribit : quia *minore æstimatione taxabatur aurum Gallicum*, ut est in Novella Majoriani, ut pote longe Romano deterius : *Nullus Solidum integri ponderis calumniosæ adprobationis obtentu recuset exactor, excepto eo Gallico, cujus aurum minore æstimatione taxatur.*

Solidi Genauenses, *Gothici*, *Ardaricani*. Vide Dissertationem nostram de Imperatorum Constantinopolitanorum Monetis.

¶ Solidi Inferendales. Vide *Inferenda*.

* Solidi Longi, An quia in perpetuum solvendi? Charta ann. 1216. apud Pez. tom. 6. Anecd. part. 2. pag. 70. col. 1 : *Præfatus V. miles et S. mater ejus quondam susceperunt ab ecclesia aream illam, sub censu sex Solidorum longorum, annuatim in nativitate S. Mariæ persolvendorum.... Sæpe dicti V. et S. contulerunt ecclesiæ duas areas, ... quæ sex Solidos longos annuatim in perpetuum ecclesiæ persolvent.*

¶ Solidi Lovanienses. Charta ann. 1253. apud Miræum tom. 1. pag. 424. col. 2 : *Tenemur annuatim solvere in Trajecto duas marcas Colonienses, triginta Solidos Lovanienses pro marca.*

¶ Solidi Obolorum, In Charta Balduini Episc. Noviom. ann. 1154. ex Tabul. Corbeiensi : *Quinquaginta Solidos obolorum quos pro terra, pratis et nemore de Albincort... pro quinquaginta libris obolorum vobis in perpetuum indulsit.* Charta apud Stephanot. tom. 3. Antiquit. Bened. Pictav. MSS. pag. 129 : *Dom. Rodulphus de Tilia Miles habet ad mutationem Abbatum 30. Solidos veterum pro quibus habuit 15. solidos Marchenses.* Ita etiam leg. videtur in Charta Edwardi I. Reg. Angl. ann. 1283. apud Rymer. tom. 2. pag. 263 : *Quicumque voluerit, poterit facere furnum in dicta villa et in barris dictæ villæ.... Dabit, cujus erit, nobis quolibet anno semel 10. Solidos oliberum.*

* Solidi Marcosi, Veneti, ut opinor; quia nomine seu effigie S. Marci insigniti erant; de moneta enim aurea Francica intelligi nullatenus posse mihi videtur. Pactum inter Lothar. imper. et Venetos ann. 848. in Dissert. D. Zanetti de Orig. et antiq. monetæ Venet. laudata in Diar. exot. mens. Jun. ann. 1754. pag. 6 : *Volumus ut pro sex Marcosis Solidis ab uno homine sacramentum recipiatur, et ita usque ad duodecim libras Veneticorum semper addendo per duodecim juratores electos perveniat, ut quantæ sint libræ, tanti sint etiam juratores.*

** Solidi Obriziaci. Vide *Obriziacus*.

* Solidi Protestati, f. Usuales, vel *testa* seu effigie insigniti. Charta ann. 759. apud Murator. tom. 3. Antiq. Ital. med. ævi col. 555 : *Accepi a te Ganderis rectore monasterii sanctæ Dei Genitricis Mariæ, sito intra civitate Brixia, ex sacolo prædicti monasterii auri Solidos novos protestatos ac coloratos, pensantes numero tria millia octingentos quinquaginta, etc.*

* Solidi Regales, Nummi aurei Francici. Stat. Massil. lib. 1. cap. 35 : *Qui summam seu valorem trium Solidorum regalium non excedant.* Vide *Regales* 2.

¶ Solidi Regis, dicitur quædam tributi et vectigalis species, quæ Regi, pro ingruente aliqua necessitate, præstatur : qua notione dicimus *Deniers royaux*. Chartul. AB. Sangerman. fol. 5. v° : *Debemus nobis cavere quando assidemus Solidos domini Regis supra terram nostram, quod non cogamus homines de Anthoigniaco solvere aliquid de prædictis solidis, nisi rata contingens eos excedat summam c. librar. Paris. cum ipsi habeant kartam a nobis quod illæ c. libræ in quibus nobis tenentur annuatim pro manumissione sua, tenent eisdem locum, et primo debent computari in illis solidis eo anno quo dom. Rex levat prædictos solidos a nobis.* Charta ann. 1249. ex lib. Anniversar. ejusd. Monast. fol. 217 : *Erunt immunes et liberi a prædictis manumortua, forismaritagio, et tallia annua ad placitum,... hoc salvo nobis et ecclesiæ nostræ quod eo anno quo dom. Rex a nobis Solidos suos levabit, a dictis hominibus solidos levare poterimus, quos habito respectu ad solidos nobis impositos et terram nostram talliabilem levandos viderimus bona fide.* Huc spectat Charta Philippi Aug. ann. 1181. ex Tabul. ejusdem Monast. : *Philippus Dei gratia Francorum Rex. Noverint universi... quia nos dilectum Hugonem Abbatem S. Germani de Pratis requisivimus ut in negotiorum nostrorum necessitate subveniret nobis de suo largiendo, quod et bono animo fecit : inde est quod volumus et præcipimus ut omnes tam hospites quam homines ejus ecclesiæ ipsi ad summam pecuniæ solvendam, quam nobis promisit, auxilium faciant.*

Solidi Romani, Imperatorum Romanorum. Præfatio ad Legem Burgundionum : *Si quis sane judicum, tam Barbarus quam Romanus.... forsitan non ea, quæ Leges continent, judicaverit, 30. Solidos Romanos se noverit inlaturum.*

* Solidi Sterlingorum, ibidem. Vide *Esterlingus*.

De Solido, *et denario sponsare*. Lex Salica tit. 4. § 1 : *Qui viduam accipere vult, cum tribus testibus, qui adprobare debent, tres Solidos æque pensantes et denarium habere debet, et hoc facto, si eis convenit, viduam accipiat.* Formulæ vet. Pithœi cap. 55. in MS. : *Placuit atque convenit, ut ego tibi de Solido et denario secundum Legem Salicam sponsare deberem, quod ita.... feci. Ego ille sponsus tuus, dum taliter placuit atque convenit apud parentes nostros, communes ab utrasque partes aptisantes, ut tibi de Solido et denario secundum Legem Salicam sponsare deberem, etc.* Cap. 60 : *Eo quod ante hos dies filiolam nomine illa per Solido et denario et enarras habui desponsata.* Infra : *Convenit, ut ipse ille ipso Solido et denario de ipsas arras ante plures bonis hominibus, et pro ipso exenio scilicet tant. etc.* Vide Form. Lindenbrogii 75. Fredegarius in Epit. cap. 18 : *Legatos ad Gundebaldum dirigit, petens, ut Chrotechildem neptem suam ei in conjugium sociandam traderet. Quod ille denegare metuens, et sperans amicitiam cum Chlodoveo inire, eam daturum spopondit. Legati offerentes Solidum et denarium, ut mos erat Francorum, eam partibus Chlodovei sponsam, placitum ad præsens petentes, ut ipsam ad conjugium traderet Chlodoveo.* In Lege Saxonum tit. 6. tit. 7. § 3 : *uxorem ducturus parentibus ejus vel tutori 300. solidos dare* jubetur. Emtionem imaginariam in Romanorum nuptiis intervenisse, pueris etiam notum est. Rem præ cæteris perstrinxit Brissonius de Ritu nuptiarum pag. 480.

¶ In Solido *et Libra contribuere*, Gall. *Au sol la livre*, in Charta ann. 1405. ex Tabul. S. Victoris Massiliensis.

* Solidus, Pondus, libra, cujus valor æstimatur uno solido. Arest. parlam. Paris. ann. 1379. tom. 6. Ordinat. reg. Franc. pag. 411 : *Pro viginti Solidis piscium salsatorum, missorum et apportatorum ad villam nostram Parisiensem, unus alius denarius, etc.* Vide supra in *Soliduta*.

¶ 3. **SOLIDUS**, prudens, sapiens. Chron. Johan. Whetamstedii pag. 429 : *Gaudens congaudeo... quia... jam meis in temporibus per fratrem Solidum, sobrium et modestum, etc.* Occurrit rursum pag. 434.

* *Solitablement*, Prudenter, sapienter, in Lit. remiss. ann. 1409. ex Reg. 164. Chartoph. reg. ch. 192 : *Le mire rapporta que icellui Colin avoit maladié curable, et que il se gouvernast Solitablement et soubrement.*

¶ **SOLIFOSSOR**, Qui terram fodit. Mantuanus :

Fænisecæ, Solifossores, nautæ atque bubulci.

¶ **SOLIFUGUM** Animal, Idem quod Isidoro lib. 12. Orig. cap. 3. *Solifuga*, Festo *Solipunga*, quod genus est, inquit, *bestiolæ maleficæ, quod acrius concitatiusque fit fervore solis : unde etiam nomen traxit. Solipuga*, Plinio lib. 8. cap. 43. *Solpuga*, apud Lucanum lib. 9. v. 837. Gervasius Tilber. in Otiis Imper. apud Leibnit. tom. 1. Script. Brunsvic. pag. 923 : *In Sardinia nec lupus ex antiquo nec serpens gignitur. In ea est Solifugum animal, morsu homines perimens.*

¶ **SOLIGRADUS**, Qui solus graditur, apud Notkerum Balbulum lib. de Interpret. Script. cap. 4. Locus est in *Latigradus*.

SOLILOQUIUM, *est, cum ad interrogationem ipsi nobis respondemus*. Ita Papias et Gloss. Arabico-Lat. ejusmodi est *Soliloquium* S. Augustini.

* **SOLIMARA**, Divinitatis nomen apud Romanos, de qua Valesius in Vales. pag. 42.

1. **SOLINUM**, Umbraculum, quo *sol arcetur*, nostris *Dais*, [*Parasol.*] Vincentius Belvac. lib. 32. cap. 22 : *Et cum equitat, semper portat Solinum vel tentoriolum super caput ejus in hasta, sicque faciunt cuncti majores principes Tartarorum, et etiam uxores eorum*. Cap. 35 : *Quoddam etiam Solinum, sive tentoriolum, quod super caput Imperatoris portatur, fuit eidem præsentatum, quod totum erat cum gemmis præparatum*. [Vide *Soleclum*.]

2. **SOLINUM**, vel SOLINUS TERRÆ, in Domesday ubi 7. *Solini* vel *solina terræ, sunt* 7. *carrucatæ* : sic enim legendum puto apud Edw. Cokum ad Littletonem sect. 1. pro 17. Somnerus quippe *solinum* cum *swollinga* confundit, id est, *hyda*, seu *carrucata*. Will. Thorn. ann. 1206 : *Fuit enim cum hundredo antiquis temporibus, pertinens ad cameram Monachorum S. Augustini, et defendebat se pro* 5. *Solinis, et fuit apressiatum ad* 19. *lib. ut patet in Domesday Regis Willelmi*. Vide *Swollynga*.

3. **SOLINUM**. Charta Tancredi Principis Antiochiæ, apud Ughellum, tom. 4. pag. 1166 : *Tertiam partem cuncti reditus Solini, qui inde exierit, maris et terræ, et rugam Antiochiæ una cum Ecclesia S. Joannis, etc.* Infra : *Et secunda pars portus Laodiceæ, portus et terræ, ut de Solino rugam Antiochiæ cum Ecclesia similiter, etc.* [Vide *Solanum*.]

* Nostris *Solin* et *Sollin*, pro *Rez de chaussée*, Solum, domus pars inferior. Reg. 13. Corb. sign. *Habacuc* ad ann. 1512. fol. 132 : *Lequelle voyerie se comporte et estend en la layeur, qui est présentement entre les anchiens Solins desdites masures et les murs de ladite forteresse*. Aliud sign. *Cæsar* ex eod. Tabul. fol. 100. v° : *A esté donné congié.... pour mettre terraulx au long des Sollins d'icelle maison*. Vide supra *Soculus*.

* **SOLIS**, pro Solus, errabundus. B. de Amoribus in Speculo Sacerdotum MS. cap. 11 :

> Pastor ovem Solem quærit portatque repertam ;
> Sic et tu quæras errantes atque reducas.

SOLITANEUS, [Rarus, inusitatus, singularis. *Solitanei dolores stomachi*, apud Marcell. Empir. cap. 20.] Octavius Horatianus lib. 3. Rerum Medicar. in Præfat. : *Et quoniam hæc ratio tota medendi indiget diligentia, Solitaneum libellum confeci de mulierum curis, Solitaneum, inquam, et remotum a publico spectaculo*.

¶ **SOLITARITAS**, Simplicitas. Otto Frising. in Friderico I. apud Murator. tom. 6. col. 644 : *Unde necessario ex simplicitatis, singularitatis, Solitaritatis, ut ita dicam, natura, resolutionis necessitudinem excludit*.

* **SOLITARIUS**, pro *Solidarius*, ni fallor, Miles, qui stipendio meret. Bened. abb. Petroburg. in Henr. II. reg. Angl. ad ann. 1188. tom. 2. edit. Hearn. pag. 520 : *Rex Angliæ sperans pacem in propatulo fieri, permisit Solitarios suos et Walenses suos domum redire*. Vide in *Solidata*.

1. **SOLITUDO**, Vastum, terra erema. Charta Caroli Comitis Flandriæ in Chron. Andrensi pag 423 : *Pratum* 30. *dierum, Comitatum Solitudinis de Gisnet,... terram, quæ juxta Pithem in Solitudine, omnino liberam cum Comitatu*.

¶ 2. **SOLITUDO**, pro Soliditas. Acta S. Procopii tom. 2. Julii pag. 142 : *Hic denique firma virtutum fundatus Solitudine*.

¶ SOLITUDINIS MOEROR, Cœlibatus, in Cod. Theod. leg. 2. de repudiis tit. 16. lib. 3.

* 3. **SOLITUDO**. Chartul. Henr. V. et VI. reg. Angl. ex Cod. reg. 8387. 4. fol. 47. r°. : *Possint.... mercadisas suas...... quo voluerint, tam infra regnum..... quam etiam extra, ducere,.... solvendo Solitudines quas debent*. Leg. *Consuetudines*. Vide *Consuetudo* 4.

** **SOLITUS**, Solitarius, singularis. Ademar. Histor. lib. 3. cap. 28 : *Willelmus.... postera die pacti causa cum rege eorum Storin Solito conflictu deluctans, etc.*

¶ **SOLIVA**, Trabs, Gallice *Solive*. Gesta Tancredi apud Marten. tom. 3. Anecd. col. 187 : *Quæ vulgo Soliva, quasi quia per solum vadat, nuncupatur, trabs fissa latus alterum enervat, quippe lævo parieti pro fundamento subjecta*. Vide *Suliva*.

* Alias *Soleau*. Lit. remiss. ann. 1403. in Reg. 158. Chartoph. reg. ch. 50 : *Le suppliant et un sien cousin trouverent à Vernon certains Soleaux de buche ;...... desquelz Soleaux ledit suppliant prist environ vint et deux tous prests à mettre en euvre*. Vide *Solivare*.

SOLIVAGI, Cœlibes : opponuntur *Conjugatis* in veteri Charta apud Ægid. Gelenium in Colonia pag. 69 : *Sive Solivagi, sive conjugati, in tempore messis debent colligere messes, etc.* [** Vide Grimmii Antiq. Jur. Germ. pag. 313. supra *Haistaldi*.]

* **SOLIVARE**, Trabes ponere. Comput. eccl. Paris. ann. circ. 1381. ex Bibl. S. Germ. Prat. : *Pro facione.... ponendi pecias merreni antiqui de buto, contigue unam ad aliam, ac Solivandi plancherium dicti carceris de merreno antiquo, etc.* Hinc *Solivure*, Opus, quod ex trabibus et tignis conficitur. Reg. 13. Corb. sign. *Habacuc* ad ann. 1510. fol. 19 : *Seront tenus lesdits fermiers... de entretenir les maisons, granges et édifices de ladite cense.... de pel, vergue, torcque, couverture et Solivure. Sollivure*, in altero sign. *Ezechiel* ad ann. 1415. fol. 13. r°. ex eod. Tabul.

1. **SOLIUM**, Limen. Arestum ann. 1299. in Tabul. Episcopat. Ambian. fol. 126 : *Idem Episcopus asserebat, se esse in possessione,... quod nullus castichiare potest, in civitate Ambianensi in terra, nec Solium ponere, nisi a gentibus nostris, et ab ipso Episcopo petita licentia*. Sed hac voce intelligitur maxime *limen Confessionis*, ad quod subsistebant, qui pietatis ergo Sanctorum sepulcra visitabant, quod σολία Græcis nuperis, qui a Latino *Solium*, vel ab Italico *Soglia* hauserunt, uti docuimus in Descriptione ædis Sophianæ : nam ipsa sacraria solis Presbyteris patebant. Paulinus Nat. 9 :

> Qui sua fulgentis Solii pro limine Felix.

Et Sidonius lib. 4. Epist. 18 :

> Sic et dilecti Solium Felicis honorans.

☞ A Saxonico s u l l, quod Angli *Sill*, Gall. *Seuil* dicunt, vocis originem accersit Eccardus in Notis ad Pact. Leg. Salicæ pag. 104.

Nescio, an idem sonat, vel potius ambonem, et suggestum, in Vita S. Theodardi Archiep. Narbonensis : *Fecit etiam et valde mirificum ex præclarissimo marmore editum, et sublimi fastigio alte porrectum Solium, in quo et hæc scripta sunt* :

> Hoc Solium dompnus Theodardus marmore fecit
> Egregius Præsul, surgunt hinc inde peralte,
> Terni politi satis ex ordine gradus.

Vide *Limen*, Incertum etiam, quid sit, 2. **SOLIUM**, in Epitaphio Guillelmi de Cottis Abbatis, apud Puccinellum, nisi idem sit, quod *Solarium* 1 :

> Non uno tantum Solio claustrum decoravit.

Alibi :

> Hoc Solium Cottis Gulielmus condidit ortus.

3. **SOLIUM**, pro *Solario* seu Camera, videtur usurpasse Albertus Aquensis lib. 5. cap. 20 : *Duo solummodo ex duodecim se virili et multa repugnatione a manibus hostium extorquentes, subito in Solium, quod fenestratum in vallem respiciebat, evaserunt, gladiis eductis, se ab insequentibus hostibus valide adeo defendentes, etc.* Vide *Solarium* 1.

¶ 4. **SOLIUM**, Area, Gall. *Aire*, Dombensibus rusticis hodie *Suel*. Præceptum Ludovici Pii ann. 815. inter Instrum. tom. 4. Gall. Christ. novæ edit. col. 264 : *Cum casa indominicata, curtis, Soliis, pratis, perviis, exitibus, etc.* Charta Thossiac. ann. 1404 : *Juxta Solium Anthonii Laborier tenet quasdam domos cum suo Solio seu curtile retro easdem domos*. Vide supra *Solagium*.

* 5. **SOLIUM**, Umbraculum, quo sol arcetur, tentorium. Charta Hugon. Montisf. ann. 1197. ex Chartul. S. Ymer. fol. 12. v° : *Concedo etiam eis quod homines sui, per totam septimanam sedentes sub Soliis, vel super pontem vendentes merces suas, libere et quiete permaneant*. Vide *Solinum* 1.

* 6. **SOLIUM**. Alex. Iatrosoph. MS. lib. 1. Passion. cap. 6 : *Sit ergo balneum temperatum, non satis calidum, habens aerem vel Solium*. Ubi Glossæ : *Solium est locus, in quo aqua balnei continetur, quasi piscina*.

* **SOLLARATUS**, *Solariis* seu tabulatis instructus, ædificatus. Testam. ann. 1274. tom. 2. Hist. Cassin. pag. 502. col. 1 : *Relinquo...... domum Sollaratam, quæ est juxta dictam ecclesiam, cum casalino supra ipsam ecclesiam*. Vide *Solariatus* in *Solarium* 1.

¶ **SOLLARIUM**, ut *Solarium* 1. in Charta ann. 1335. part. 2. Hist. Comit. Lossensium pag. 40.

SOLLATA. Usatici Barcinonenses MSS. cap. 14 : *Usaticum... tenere in perpetuum manduverunt, scilicet, ut tenerent curiam et magnam familiam, et fecissent conductum, et darent Sollatas, et facerent emendas, et tenerent justitiam et judicarent per directum, etc.* f. *soldatas*. [Vide *Solidata*.]

¶ **SOLLECTIO**, Bollandistis quasi *Sublectio*, Syncope, deliquium. Mirac. S.

Zitæ tom. 3. April. pag. 526 : *Multoties habebat tam magnam Sollectionem per multa tempora, quod ipsa quasi moriebatur.*

* **SOLLEMPNIS.** Vide supra *Solempnis.*

* **SOLLEMPNITAS**, Celeberrimum nomen. Comput. ann. 1403. inter Probat. tom. 3. Hist. Nem. pag. 177. col. 2 : *Cum religiosus vir frater...... [magister in sacra pagina, ordinis fratrum Augustinorum in conventu Nemausi, ibidem se declinaverit, et suum domicilium facere ibidem ordinaverit, et attenta ejus Sollempnitate, etc.* Vide *Solemnis.*

* **SOLLEMPNIZARE**, Solemni ritu approbare, ratum habere. Charta R. abb. Moisiac. ann. 1243. in Chartul. Cluniac. : *Promisit etiam quod eamdem promissionem Sollempnizaret coram vobis in Cluniacensi ecclesia infra annum.* Vide *Solemnizare.*

¶ **SOLLEMPNIZATIO.** Vide in *Solemnizare.*

¶ **SOLLIARDUS**, ut *Soliardus.* Vide in hac voce.

¶ **SOLLICIO**, pro Solutio, in Litteris Johannis Reg. Franc. ann. 1360. tom. 3. Ordinat. pag. 449 : *Quod in augmentatione hujusmodi numeri, Solliciones et expeditiones dictis vectuariis faciende, facilius et celerius fierent.*

SOLLICITARE, Sollicitator. Petronius Arbiter :

Et qui Sollicitat nuptas ad præmia peccat.

Sollicitatores affectus alieni, apud Senatorem lib. 9. Epist. 18. *Sollicitare nuptias*, in leg. 1. Cod. Th. de Nuptiis (3, 7.) *Sollicitatores ingenuorum filiorum*, in Lege Wisigoth. lib. 7. tit. 3. § 3. *Puellarum vel viduarum*, § 11. *feminarum*, in Capit. Caroli M. lib. 6. cap. 99. [** 100.] *Sollicitatores alienorum mancipiorum*, in Edicto Theoderici § 80. 85. in Lege Salica tit. 41. *Sollicitatores rerum alienarum*, in Lege Burgund. tit. 4. § 6. etc. Adde leg. 58. Cod. Th. de Cursu publ. (8, 5.) Papianum lib. Resp. tit. 3. etc.

¶ Sollicitator Curiæ, Qui causas alienas apud Jurisconsultos sollicitat, id est, exponit, promovet, subsequitur. Instrum. ann. 1532. apud Lobinell. tom. 2. Hist. Britan. col. 1602 : *Tandem circa tertiam Clerus in copioso numero cum cappis absque dalmatiis se congregaverunt in ecclesia,... et ante Clerum procedebant omnes de urbe,.... deinde cives Sollicitatores curiæ sæcularis, lictores regii, etc.* Charta apud *Madox* Formul. Angl. pag. 344 : *Nicholaus Bacon de Londonia armiger, Solicitator curiæ augmentacionum revencionum coronæ domini Regis, etc.*

¶ Sollicitatus, *Animi anxius*, in Gloss. Gaspar. Barthii ex Baldrici Histor. Palæst. apud Ludewig. tom. 3. Reliq. MSS. pag. 197.

* **SOLLICITATE**, Sollicite, in Instr. ann. 1308. tom. 5. Cod. diplom. Polon. pag. 29. col. 1.

* **SOLLICITATIO**, Actio litem promovendi et subsequendi. Concordat. inter card. de Turnone et monachos S. Germ. Prat. ann. 1550. ex Tabul. ejusd. monast. : *Dominus cardinalis.... erit liber, quictus, immunis et exemptus a prædictorum processuum.... deductione et Sollicitatione.* Vide in *Sollicitare.*

* **SOLLICITATOR** Exercitus, Qui cibariam annonam exercitui suppeditat; vel qui milites conscribit. Charta Mathiæ reg. Hungar. ann. 1468. apud Pez. tom. 6. Anecd. part. 3. pag. 222. col. 1 : *Fidelibus nostris capitaneis, belliducibus, levatoribusque et Sollicitatoribus præsentis exercitus nostri, etc. Solliciteur*, Testamenti curator, Testam. Cathar. de Burg. ann. 1425. ex Cod. reg. 9484. 2. fol. 586. v° : *Item voulons et ordonnons nos Solliciteurs envers nostredit nepveu pour lui prier, requérir et solliciter de faire les payemens et accomplir ce présent testament.*

** **SOLLICITUDO**, Festinatio. Vers. Antiq. Exod. cap. 12. vers. 11 : *Sic autem comedetis eum, lumbis vestris præcinctis.... et edetis illum cum Sollicitudine.* Ubi vulgat. *festinanter*, Ital. *con sollecitudine.* Maius in Glossar. novo.

¶ **SOLLITUDO**, contracte pro Sollicitudo, in Litteris Caroli Johannis Reg. Franc. primogen. ann. 1358. tom. 3. Ordinat. pag. 320 : *Inter cunctas urgentes Sollitudines et curas, etc.*

* *Soubsier*, pro *Soucier*, anxio animo esse, in Lit. remiss. ann. 1389. ex Reg. 136. Chartoph. reg. ch. 125 : *Ledit escuier lui respondi qu'il n'en Soubsiast point et qu'ilz n'iroient que en bon lieu.*

* **SOLLUS**, ab Hispanico *Sollo*, Lucius, piscis species. Charta Adelf. reg. Aragon. pro incolis Tutelæ æra 1165. in Reg. 53. Chartoph. reg. ch. 295 : *Et persolto vobis totas illas aquas, quod pesquetis ubi potueritis; sed totos illos Sollos, qui fuerint ibi prisos, sedeant meos et prendat eos meo marino pro ad me.* Vide *Solgus.*

¶ **SOLMATA**, pro *Salmata.* Vide in *Sagma.* Charta ann. 1341. ex Archivo D. *de Flamarens : Duas Solmatas vini renduales debitas, et solvi et reddi consuetas.*

* **SOLMENELERIUS**, idem atque *Somelerius*, qui *somerium* seu jumentum sarcinale curat et agit. Testam. ann. 1316 : *Ego Sibilla de Tritis domina dicti loci...... legamus cuilibet garsoni et Solmenelerio et pedisceco, quicumque sint et qualicumque nomine nuncupentur, qui in nostro servitio tempore nostri obitus fuerint, ultra mercedem, viginti solidos.* Vide in *Sagma* et *Solmentarius.*

¶ **SOLMENTARIUS**, Idem, ut videtur, atque *Somarius*, qui cellarii vinarii curam habet, nostris *Sommelier.* Vide in *Sagma.* Testam. Bernardi Comit. Armaniaci ann. 1302. apud Marten. tom. 1. Ampliss. Collect. col. 1409 : *Item, legamus militibus, scutiferis,.... clericis, Solmentariis,.... duo millia libras Turonenses dividendas inter prædictos milites domicellos, clericos, Solmentarios, etc.*

¶ **SOLMIFACIO**, Cantandi per notulas ratio, *Solfeggiamento.* Chronographia bipartita pag. 149 : *Excogitavit* (Guido Aretinus Mon. Benedictinus) *novam rationem cantus, quam Solmifacionem vocant, per sex syllabas seu notulas, digitis levæ manus per integrum diapason distinguendas.* Vide *Solfizare.*

* Vide Pagium in Baron. tom. 3. pag. 122. et supra *Soffa.*

* **SOLNICY**, Polonica vox, cujus significatio declaratur in Stat. de salis fodinis ann. 1451. inter Leg. Polon. tom. 1. pag. 168 : *Statuimus sic volentes, quod in utraque zuppa.... tantummodo debent laborare sexaginta sectores, qui nominantur in vulgari Solnicy.*

* **SOLOBORDA**, Scabellum a solo parum distans illudque contingens. Stat. colleg. Fuxens. Tolos. ann. 1457. ex Cod. reg. 4223. fol. 235. v° : *Per quindecim dies in pane et aqua in Solobordis sive in solo, in prandio et cœna, pœnitentiam agat.*

¶ **SOLOMONIEGUS.** Charta Aldegastri, filii Sylonis Reg. Ovetensis ann. 781. apud Sandovallium : *Quatuor tapetes, et tres vasos Solomoniegos, et duodecim curiales argenteas.* [Vide *Salomon.*]

¶ **SOLORIUM.** Litteræ Philippi Pulchri Reg. Franc. ann. 1304. inter Instr. tom. 1. Gall. Christ. novæ edit. pag. 33. col. 1 : *Item quod si decimam vel aliud onus ad opus nostrum per Romanam Ecclesiam prælatis prædictis, et aliis personis ecclesiasticis, durantibus terminis Solorium decimarum nobis concessarum, vel concedendarum, ab eisdem, ut præmittitur, imponi contingat, etc.* Ubi leg. existimo, *durantibus terminis Solatii decimarum, etc.* Vide *Solatium* 3.

¶ **SOLOTENUS**, quasi Ad terram prostratus. Epist. Halinardi Archiep. Lugdun. ad Canonicos ejusd. Eccl. ann. 1051. inter Instrum. tom. 4. Gall. Christ. novæ edit. col. 8 : *Quapropter absentialiter præsens Solotenus supplico communiter miserando indulgeatis quidquid negligentiæ in vobis contraxi.*

¶ **SOLOX**, ἱερὸν καὶ παχύς, in Gloss. Lat. Græc. Leg. ἔριον παχύ. Vide Scaliger. ad Festum.

¶ **SOLSADIRE**, Solsadium. Vide in *Solsatire.*

SOLSATIRE Reum dicebatur actor, cum in jus vocatus vadimonium ille deseruerat, nec juri steterat, neque placitum custodiverat : tum enim actor coram judice reum, si is *sunniam*, seu excusationem legitimam non misisset, causa excidisse contendebat. Marculfus lib. 1. form. 37 : *A quo placito veniens memoratus ille, ibi in palatio noster, et per triduum seu amplius, ut lex habuit, placitum suum custodisset, et memoratus ille abjectus sit, vel Solsatissit, ipse nec venisset ad placitum, nec ulla sunnia nuntiasset, adfirmat.* Formula secundum Legem Romanam cap. 33 : *Sed memoratus quidem ille per triduum suum custodivit placitum, et jam dictum illum secundum legem adjectivit,* (l. abjectivit) *vel Solsatevit, qui nec ecsonia nuntiavit, nec suum placitum adimplevit.* Habentur inter formulas Andegavenses, 12. 13. 14. quæ de *solsadio* inscribuntur. In postrema : *Qui illi ad placitum adfuit una cum testis suis pro legibus triduum custodivit et Solsadivit.* Et form. 52 : *Sed veniens in eo placito illi de mane usque ad vesperam placitum suum legibus custodivit, et Solsadivit.* Neque aliud sonant verba *subsadire* et *subsadina*, si recte exscripta sunt, in Charta Chlodovei III. Regis apud Mabillonium : *Sed venientes ad eorum placitum ipsi Agentes, jam dicto Abbati Noviento in ipso Palatio nostro per triduos, per plures dies, ut lex habuit, placitum.... custodissent, et ipso Ermenoaldo Abbati abjectissent, vel Soladissent* (solsatissent) *ipsi* nire venisset ad placitum, nec misso in vice sua derixisset, etc. Alia ejusdem Regis, ibidem : Et ipso Amelberto abjectissit, vel Subsadissit. Supra : Sed veniens ad eo placito prædictus Chrothcarius Valentianis in ipso Palatio nostro, et dum placitum ipsius in legibus custodibat, vel ipso Amalberchto Subsadibat, sic veniens ex parte filius ipsius Amalberchto, nomine Amalrico, Subsadina sua contradixissit, et dum exinde in nostri, vel suprascriptis viris præsentiam rationis adstabat, interrogatum fuit, etc. Mox : Nisi inventum fuit, quod contra rationis ordinem ipsa Subsadina contradixissit, vel in hac causa introissit, sicut fuit judecatum, etc. Ubi subsadinam seu solsatinam contradicere, est, quod practici nostri dicunt, demander que le defaut soit rabatu. Sed unde eæ voces ortæ, non omnino planum est divinare. Bignonius solsatire pro solem culcare dictum opinatur : ita ut cum actor reum solsatissit, ei solem culcatum, vel occasum denuntiat : Il lui signifie, ou objecte le defaut. Wendelinus vero putat, vocem conflatam esse ex sol, et satis, sic ut actor contendat reum solis satis habuisse, seu idoneum ac legibus præscriptum tempus, quo juri stare posset.

☞ Solsatire Diem constituere interpretatur Eccardus in notis ad Pact. Leg. Salicæ pag. 75. unde Solsadia idem est atque diei constitutio. Vocis etymon accersit a Saxon. setten, ponere, constituere : et Sol, quam vocem pro die usurpatam supra observatum est. [** Vide Grimm. Antiq. Jur. Germ. pag. 817.]

1. **SOLSEQUIUM**, Heliotropium, *quia in sole nascente suos flores aperit, et in sero claudit, cum sol occubuerit. Ipsum quidam Latini Intibum silvaticum vocant.* Ugutio, ex Isidoro lib. 17. c. 9.

* 2. **SOLSEQUIUM**, *Soucicle*, in Glossar. Gall. Lat. ex Cod. reg. 7684. Plantæ species, vulgo *Souci*. Aliud Lat. Gall. ex Cod. 7692 : *Solsequium, Flammine*. Forte pro *Flammula*, alterius plantæ nomen.

¶ **SOLSI**, pro Solvi, in vet. Descriptione Casinensis Monasterii laudata a Mabillonio tom. 1. Annal. Bened. pag. 635. col. 1. Occurrit præterea infra in *Solvere* 1.

SOLSTITIUM, inter superstitiones paganicas recenset S. Audoënus lib. 2. de Vita S. Eligii Noviom. Episcopi c. 15 : *Nullus in festivitate S. Joannis vel quibuslibet Sanctorum solemnitatibus, Solstitia, aut vallationes, vel saltationes aut caraulas, aut cantica diabolica exerceat.* [** Vide Grimm. Mythol. Germ. pag. 350. sqq.]

1. **SOLTA**, Solutio, ex Gallico *Soute*. Concilium Avenionense ann. 1282. cap. 1 : *Intelligentes usurarios etiam eadem sententia fore ligatos, qui pannos, bladum, vinum, oleum, vel alias quascunque mobiles vel se moventes, præsertim ad Soltam sive ad solutionem post tempus aliquod faciendam carius vendunt propter temporis dilationem, etc.* Perperam edit. *sostam* in postrema Conciliorum editione. [Haud scio an ita male. Vide *Sosta* suo ordine.]

* 2. **SOLTA**, Pecunia, quæ in permutationibus, compensationis gratia, rei commutatæ additur; *Soulde* vel *Soulte*, in Consuet. municipal. Charta ann. 1248. in Chartul. Valcel. sign. E. ch. 43 : *Abbas et conventus tradiderunt ipsi Adæ in pecunia numerata..... centum et decem libras Paris. nomine Soltarum, pro excambio faciendo de illis decem modiatis terræ.* Charta ann. 1280. in Chartul. Thenol. ex Cod. reg. 5649. fol. 57. v° : *Recognoverunt dicti conjuges se recepisse et habuisse a dictis religiosis de Soltis, nomine dictæ permutationis, duodecim libras Parisienses. Sobste*, eadem significatione, in Ch. Petri de Chambliaco ann. 1307. ex Reg. 44. Chartoph. reg. ch. 87 : *Quittons et délaissons à ladite madame Jehanne de Biaumont.... pour cause dudit eschange et pour le pris dessusdit sans Sob stes nulles, tout ce que nous avons ès villes et ès parroisses de Chambey.* Vide *Souta*.

* *Soulte* vero, *Souste* et *Soute* appellata Clavæ species. Lit. remiss. ann. 1457. in Reg. 187. ch. 297 : *Une massue, ditte Soulte ou pays de Pierregort.* Aliæ ejusd. ann. ibid. ch. 335 : *Iceulx pere et filz embastonnez desdiz bastons, Soute, aguillade, etc. Un gros baston, appellé la Soute-moloire*, in Lit. remiss. ann. 1390. ex Reg. 139. ch. 18. Aliæ ann. 1478. in Reg. 205. ch. 42 : *Jehannot du Vergier lequel tenoit à son col une grosse Soste. Souste* pluries infra. *Un gros baston ou Sote*, in aliis ann. 1477. ibid. ch. 89.

* **SOLTARE**, Absolvere a debito. Charta ann. 1324. in Reg. 71. Chartoph. reg. ch. 109 : *Guillermum de Brolio et Johannem de Roseriis Soltavit de dicta summa penitus et quittavit.* Vide *Solvere* 2.

¶ 1. **SOLUBILIS**, Solvendus, exhibendus. Tabular. S. Quintini in Insula ann. 1302 : *Quælibet fouacha valoris unius mencaudi bladi Solubilis ad consuetud. burgens.*

* 2. **SOLUBILIS**, Qui est solvendo idoneus, Gall. *Solvable*, alias *Solable*. Arest. scac. ann. 1285. in Reg. S. Justi Cam. Comput. Paris. fol. 39. v°. col. 2 : *De habendo consilium utrum prima obligatio facta super bonis cujusdam debitoris integrantur, an secundum litteram, licet debitor sit bene Solubilis, et licet dicta prima obligatio fuerit generalis.* Lit. ann. 1355. tom. 3. Ordinat. reg. Franc. pag. 25 : *Et se aucuns...... estoient refusans de tantost paier, et il fussent riches et Solables, etc.*

* **SOLVE**. Vide supra *Reflexio* in *Reflectio*.

1. **SOLVERE**, Idem quod *Guerpire*, Possessionem alicujus rei dimittere. Vetus Charta apud Gariellum in Episcopis Magalon. pag. 96 : *Quicquid in decimis, in prioratu et cœmeterio S. Stephani de Pinjano habebant, Solverunt in manu Galteri Episcopi, seu potius restituerunt, etc.* Vide eumdem pag. 175. Pactum inter Raymundum Guillelmi Episcopum Nemausensem, et fratrem ejus Bernardum Guillelmi, et Guillelmum Dom. Montispessulani, M. Jan. ann. 1103 : *Et demandabant omnes viduas feminas, quæ stabant in omnibus illis domibus, quas ipsi habebant in Montepessulano : et Solserunt Guillelmo domino suo omnes homines et feminas stantes in illis domibus.* Infra : *Et Raymundus et Bernardus guirpirunt et Solserunt Guillelmo de Montepessulano illum molinum, et illis terras garpimus et Solvimus.* Denique : *Facta est autem hæc gurpitio et Solutio feria 7. etc.* [Charta ann. 1172. inter Instr. tom. 6. Gall. Christ. novæ edit. col. 86 : *Item ego Ugo Raimundi Solvo et omnino desamparo querimoniam, quam injuste faciebam in vallo S. Crispini.* Occurrit rursum col. 322. et non semel in Tabul. Dalonensi fol. 29. etc.]

¶ 2. **SOLVERE**, nude pro Absolvere, liberum declarare. Charta Comitat. Marchiæ ann. 1406 : *Præfati conjuges assensatores prænominatum Joannem du Bois assensatorem et suos Solverunt perpetuo penitusque quittaverunt cum pacto de non amplius petendo.* Semel et iterum ibid. occurrit.

* 3. **SOLVERE**, Finire, peragere. Rituale MS. eccl. Senon. fol. 71 : *Missa vero ordine suo agatur usque dum benedictiones episcopales Solvantur,* et Pax Domini sit semper vobiscum *dicatur.*

* Solvere Tributa *ventris naturalia*, Ventrem exonerare. Constit. MSS. Petri III. reg. Aragon. ex Cod. reg. 4671 : *Et quod habeat.... facere in dicta domo unum clot sive foramen, in quo possit Solvere tributa ventris naturalia, et per quod foramen exeant illa fetida.*

¶ **SOLVIMENTUM**, Abdicatio, rei possessæ dimissio, idem quod *Guerpitio*, *Deguerpissement*. Vide in *Guerpire* et supra *Solvere* 1. Placitum ann. 1119. inter Probat. tom. 2. novæ Hist. Occit. col. 411 : *Post cujus* (Bernardi Raymundi) *mortem surrexit filius ejus dicens quod eo infra annos constituto, et in Gallia posito, avunculi ejus coegerunt eum facere Solvimentum honoris, et conquestus est adversus abbatem et monachos.*

¶ **SOLVISARE**. Vide *Solfizare*.

¶ **SOLUM**, ut supra *Solarium*, Locus idoneus *Solario* ædificando. Testam. Tellonis Episc. Curiensis ann. 766. apud Mabill. tom. 2. Annal. Bened. pag. 709. col. 1 : *Item in Maile, agri, prada, Sola, orti cum pomiferis, etc.* Charta ann. 1043. ex Tabular. S. Victoris Massil. : *Id sunt casas cum Solis et superpositis et cum casalicibus.* Statuta Montispessul. ann. 1204. ex Cod. Colbert. 4936 : *Quicumque comparat domum vel Solum forte inædifficatum in Montipessulano, dat inde pro consilio quintam partem domino, hoc est si venditor habuerit de pretio c. solidos, dat emptor domino viginti quinque solidos.*

* **SOLUM** Aquaticum, Solum canalis, stagni, etc. Charta Edm. abb. de Ripat. ann. 1327. in Chartul. Arremar. ch. 7 : *Et sciendum est quod dictum Solum aquaticum, sive Seuleeraux, ex nunc et imposterum reficietur.... secundum livellum, quod per operarios et alios probos viros,... nobis traditum fuerit.*

SOLUMEN. Glossæ Gr. Lat. : Πέρας, *Terminus, finis, effectum solumen.* Forte pro *Solutio*.

* **SOLVORAGIUM**, pro *Folragium*, ni fallor, Stramen, pabulum equorum. Libert. Bellivis. ann. 1335. tom. 8. Ordinat. reg. Franc. pag. 162. art. 20 : *Retinemus nobis Solvoragium animalium omnorum* (omnium) *hominum extraneorum, sicut est levari consuetum.* Vide supra *Folragium*.

¶ **SOLURUS**, *Genus spicis*, (leg. piscis.) Gloss. vetus Sangerm. num. 501.

¶ 1. **SOLUS** Domorum, Earumdem census. Charta Lupi Anerii Vicecom. ann.

1108. apud Stephanot. tom. 1. Antiquit. Vascon. Bened. MSS. pag. 692 : *Damus etiam ad stipendia ibi Deo servientium monachorum... Solos domorum, hoc est censum. Solus*, pro Solum, apud S. Paulinum Epist. 31. num. 4.

* Pro Loco domui ædificandæ idoneo, legitur in Charta ann. 1275. ex Reg. Cam. Comput. Paris. sign. JJ. rub. fol. 50. r° : *Concedimus.... duas plateas seu Solos domorum, quamlibet seu quodlibet de xvj. ulnis, ad ulnam Baionæ in consimilibus usitatam, in latitudine*, etc. Vide *Solum*.

¶ 2. **SOLUS**, pro *Solutus*, Absolutus, liber, *quietus*, Gall. *Quitte*. Charta apud *Madox* Formul. Angl. pag. 48 : *Notum sit vobis me concessisse et carta mea confirmasse Deo et Ecclesiæ sanctæ Mariæ Bordesleiæ donationem patris mei de decem acris terræ,.... Solas et quietas in perpetuam elemosinam ab omni sæculari servicio,... et præter hoc, Robertum Fabrum Solum de me et quietum de hæredibus meis, cum omnibus catallis suis*. Vide alia notione in *Solerare*.

* Unde nostris *Sole*, eodem intellectu. Charta ann. 1255. in Chartul. Monast. fol. 1 : *Et ce cist eritage estoi amconbreis,.... Conrais devant dis lou desconberroit et il seroit Sole et quite*. Alia ann. 1280. ex Chartul. S. Petri de Monte : *Kant je morrai, li terre revenrait ansi com elle serait, quel bleif k'il i ait, à la maison de S. Pierre Sole et quite. Solable*, eadem notione, in Lit. remiss. ann. 1391. ex Reg. 141. Chartoph. reg. ch. 210 : *L'exposant defendi ausdiz compaignons le partir de son hostel, pour ce que ils estoient estranges et non Solables jusques à ce qu'ilz lui eussent baillié argent ou gaige. Sous* vero, pro Solutus, in Charta ann. 1299. ex Lib. rub. Cam. Comput. Paris. fol. 66. v°. col. 2 : *Dequix seze chens livres Parisis je me tieng plainnement pour Sous et pour paiez*. Vide supra *Absolutus* 2.

¶ **SOLUTIO**, Abdicatio. Vide in *Solvere* 1.

¶ **SOLUTIUM**, Solutio, Gall. *Payement*. Correct. Statut. Cadubrii cap. 82 : *Et omnis talis intromissio, æstimatio, et in Solutium datio de ipsis bladis pro pignore ut supra acceptis, sit nulla et nullius valloris, ac si facta non fuisset*. Infra *Solutum* semel et iterum occurrit. Vide in hac voce.

¶ **SOLUTOR**, Debitor, ad solvendum obligatus. Codex Theod. tit. 7. lib. 11. de Exact. leg. 3 : *Securi juxta eam* (legem) *transeunt Solutores*. Charta ann. 1264. ex Tabul. Sangerm. : *Coram nobis constituti se fecerunt et constituerunt plegios, redditores, Solutores, et principales debitores*.

¶ **SOLUTUM**, Solutio, debiti liberatio, Gallice *Payement*. Testam. Jacobi Reg. Aragon. ann. 1272. apud Marten. tom. 1. Anecd. col. 1141 : *Ipsi creditores recipiant illud in Solutum dictorum suorum debitorum*. Charta ann. 1283. apud Rymer. tom. 2. pag. 257 : *Promittimus... recipere in Solutum stipendii vel gadgii hospitii nostri*, etc. Utitur Seneca Epist. 8. Ulpian. Dig. l. 2. tit. 2. leg. 3. § 13. et alii. Vide *Solutium*.

¶ 1. **SOLUTUS**, Cœlebs, qui uxorem non duxit. Charta ann. 1253. apud *Madox* Formul. Angl. pag. 309 : *Non obstante defectu natalium quem de Soluto genitus et Soluta pateris*. Statuta Eccl. S. Stephani Vienn. apud R. Duellium tom. 2. Miscell. pag. 94 : *Et cum omne fornicationis crimen lege divina prohibitum sit,... monet omnes laicos tam uxoratos quam Solutos, ut similiter a concubinatu abstineant*.

* Nostris *Solu*, eodem sensu. Lit. ann. 1400. tom. 8. Ordinat. reg. Franc. pag. 395 : *Les aucuns clers Soluz et les autres non privilegiez*, etc. *Mariage Soulu*, Dissolutus, in Lit. ann. 1358. tom. 3. earumd. Ordinat. pag. 663. art. 2.

¶ 2. **SOLUTUS**, Stipendiarius. Charta ann. 1468. apud Lobinell. tom. 2. Histor. Britan. col. 1299 : *Ut eidem Regi placeret dare adjutorium et succursum eidem Duci Britanniæ de quatuor mille sagittariis Solutis et stipendiatis per eumdem Regem pro sex mensibus*. Vide in *Solidata*.

* 3. **SOLUTUS**, *Ventosus, vanus, garrulus*. Glossar. vetus ex Cod. reg. 7613.

1. **SOMA**, ex Græco σῶμα, Corpus. Papias : *Soma, i. corpus*. Gloss. Ælfrici : *Soma*, Lichama, i. corpus. Dudo de Morib. Norm. : *Dum vegetavit fomite sacra Atque salubri Somatis artus*. Harmerus de Miraculis S. Maurilii Episc. Andegav. MS : *Conspicientes pannulorum veterrima, ex quibus beatissima Maurilii obvoluta fuerunt Somata*. Vita MS. S. Magnobodi Episcopi Andeg. cap. 51 : *Ubi plurima fidelium Somata digna veneratione habita requiescunt*. Gislebertus lib. 1. de Translatione S. Romani Abb. c. 8 : *Accedit Episcopus ad locum, quo sanctissimi Somatis thesaurus erat reconditus*, etc. Utitur præterea Ordericus Vit. lib. 5. pag. 550. lib. 8. pag. 664. lib. 12. pag. 870. lib. 13. pag. 901. [Adde Chartam Conradi Imper ann. 1033. apud Miræum tom. 1. pag. 56. col. 1. Mirac. S. Trudonis sæc. 6. Benedict. part. 2. pag. 87. Carmen de Monast. Floriac. 9. vel. 10. sæc. ex Cod. MS. Bibl. Reg. 5304 :

Hic Benedictus ovans, hospes, pastor, Monachorum,
Conditus in pulcris requiescit Somate gemmis.]

Zomata, pro *somata*, in Charta Athelstani Regis Angl. tom. 3. Monast. Anglic. pag. 117.

2. **SOMA**, Membrana. Gloss. Græc. Lat. : Σωμάτιον, *liber, membrana*. Amalarius lib. 1. de Ordine Antiphonarii cap. 58 : *De responsoriis psalmorum, scripsi in prologo hujus Somatis*. Sexta Synodus act. 10 : Τὸ αὐθεντικὸν βιβλίον... ἐν σώμασιν ἀργυρένδετον. Vetus interpres, *Liber membranaceus tectus ex argento*. Ibidem act. 14 : Ἔτι δὲ καὶ ἐπιφέρομαι καὶ βίβλον ἐν σώμασιν, ἔχουσαν ἴσα διαφόρων ἐπιστολῶν.

* *Somas*, apud Joinvil. edit. Caug. in Hist. S. Ludov. pag. 48 : *Sur ces cercles et perches gectent des peaux de grans moutons qu ilz ont, que on appelle peaux de Somas*. Rectius in edit. reg. pag. 54. *de Damas*.

¶ 3. **SOMA**, Somma, Summa, Gallis *Somme d'argent*. Charta ann. 1438. ex Schedis Præsid. *de Mazaugues* : *Ratione dictæ Somæ sive quantitatis*, etc. Obituar. MS. Eccles. Morin. fol. 35. verso : *Dedit lampadem subtus organis ante fontes in hac Ecclesia Morinense et ut intertenentur ad laudem Dei et honorem sacramentorum Sommam* xxiv. *librarum monetæ Arthesiæ*. Advisamenta curiæ Eccl. Briocens. : *Violantes securitatem, non in minori Somma quam* x. *librarum, juxta arbitrium executorum in majori Somma, inspectis personarum qualitatibus imponantur*.

¶ 4. **SOMA**, Somarius, Somata, Somatum. Vide in *Sagma*.

* **SOMALIS** Vini. Vide supra in *Sagma*.

* **SOMASA**, Sarcina, ab Italico *Soma*, eadem notione. Hist. belli Forojul. apud Murator. tom. 3. Antiq. Ital. med. ævi col. 1212 : *Combustæ sunt octo canipæ cum Somasis, et super Somasis homines non habentes canipas in castro posuerant eorum arcas, blada in eis, carnes, pannos, massericias*. Vide in *Sagma*.

* 1. **SOMBRUM**, Mensuræ annonariæ species, Germ. *Simmer*. Hist. Trevir. Joan. Nic. ab *Hontheim* tom. 1. pag. 514. col. 1 : *Quatuor siculas vini et duo Sombra siliginis et duos denarios.... condonavi*. Vide infra *Sumberinus*.

* 2. **SOMBRUM**, Anni tempestas, qua ager primum proscinditur, nostris *Sombre* et *Sombrer;* unde verbum *Sombrer*, opus illud præstare. Charta ann. 1328. in Chartul. Arremar. ch. 27 : *Excepté les terres qui seront Sombrées ou curtivées devant la semaille*. Lit. remiss. ann. 1474. in Reg. 195. Chartoph. reg. ch. 1101 : *Laquelle terre desja j'avoie demy Sombrée, et avoie envoyé Sombrer ce qui restoit à Sombrer*. Charta ann. 1296. in Chartul. eccl. Lingon. ex Cod. reg. 5188. fol. 166. r° : *Tertio vero anno sequenti continue et immediate debent reddi et solvi pro Sombro dictarum terrarum seu terragii*, x. *solidi censuales*. Ubi agitur de redemptione servitii, de quo mox in alia Charta ann. 1336. ibid. fol. 103. r° : *Quilibet habitator dictæ villæ habens aratrum seu carucam, debet domino villæ ter in quolibet anno corvatam de bestiis suis trahentibus, videlicet semel in Sombro*, etc. Alia ann. 1315. in Reg. 53. Chartoph. reg. ch. 100 : *De chascune beste de la ville de Courgenay treant à charrue.... trois courvées l'an, c'est assavoir l'un au Sombrer*, etc. Alia Renardi *de Choisuel* milit. dom. *de Bourbonne* et *Verecourt* ann. 1316. in Reg. 59. ch. 423 : *Que chascune charrue desdiz hommes de la dite villenie paierai à chascune saisons deus journauls de corvée ; c'est assavoir huit jours chascun an, deus jours au Sombre*, etc. Occurrit præterea tom. 4. Ordinat. reg. Franc. pag. 297. 335. et 338. *Sambre*, pro *Sombre*, in Lit. Ludov. dom. *de Coursan* ann. 1335. ex Reg. 69. ch. 127.

* Aliud sonat vox Gallica *Sombrier*, scilicet Gemere, queri, in Lit. remiss. ann. 1384. ex Reg. 125. ch. 45 : *Jehan Petit, dit de la Croix, et Alipson se jouerent ensemble par plusieurs fois, et à l'une d'icelles fois se coucha ledit suppliant sur ladite Alipson et fist sa voulenté d'elle; mais pour ce que en Sombriant elle faisoit semblant de crier, comme telles jeunes filles mignotes font, il lui mist sa main sur la bouche, afin qu'elle ne criast*.

SOMEGIA, Præstatio, ut videtur ex *summis*, v. gr. bladi, frumenti. Charta Philippi Reg. Franc. ann. 1210 : *Idem etiam Savaricus detinet sibi census suos, et venditiones, et quosdam reditus, qui Somegiæ vocantur, et avenam, et captagia hominum et fœminarum suarum, qui reditus cum una Somegiarum in festo B. Remigii persol-*

[illegible]tur, deinde secunda Somegia in vicesima die Natalis Domini, et tertia in Octabis Resurrectionis Dominicæ ei similiter persolveretur, caponum etiam suorum in crastina Natalis Domini percipiet solutionem, unaquæque vero Somegiarum quatuor denarios bonæ monetæ valet. Vide supra *Summagium* in *Sagma*.

* Idem fortasse quod *Sogneia*. Vide in hac voce et mox *Sonagium*, ut et *Sonegia* in *Soniare*.

¶ **SOMELERIUS**, Somerius. Vide in *Sagma*.

* **SOMERARIUM**, f. Promptuarium; vel Stabulum *Someriorum*. Vide in *Sagma*. Charta ann. 1362. in Reg. 93. Chartoph. reg. ch. 241 : *Item unum Somerarium Poncii Ysarni, situm ad portale inferius, ad causum mediæ ponheriæ ordei.*

¶ **SOMERIUS**, Tignum, trabs, Gall. *Sommier*, Provincialibus *Saumié*. Charta ann. 1509. ex Schedis Præs. *de Mazaugues : Valeant scindere et capere trabes, Somerios, etc.* Vide *Sommerium*.

SOMETA, Mensura liquidorum. Charta Thomæ, Comitis Mauriennæ ann. 1216. 10 : *Sometas vini meri apud Aquam bellam de suo clauso.* Vide *Somma* in *Sagma*.

¶ **SOMETUM**. Vide in *Sagma*.

¶ **SOMEZARE**, *Somam* deferre, Ital. *Someggiare*. Statuta Riperiæ cap. 6. fol. 9. v° : *Videlicet carrezando, Somezando, equitando, etc.* Vide *Summare* in *Sagma*.

* **SOMILAGIUM**. Vide supra in *Sagma*.

* **SOMMA**, pro *Summa*. Vide infra in hac voce num. 2.

¶ **SOMMA**. Vide in *Sagma* et *Soma* 3.

¶ **SOMMARE**, Citare, vocare, Gallice *Sommer*. Charta ann. 1468. ex Tabul. B. M. de Bono-nuntio Rotomag. : *Reus et ejus firmarius.... erant recusantes,... licet a parte dictorum Religiosorum, Prioris et conventus Sommati et interpellati.* Vide *Summare*.

¶ **SOMMARIUS**, Sommatica, Sommelarius. Vide in *Sagma*.

* **SOMMATA**, pro *Somata*, in Mirac S. Maurilii tom. 4. Sept. pag. 77. col. 1. Vide *Sama* 1.

* **SOMMATICUS**. Vide supra *Decima sommatica* in *Decimæ*.

¶ **SOMMERIUM**, Tignum, Gall. *Sommier*. Reparationes factæ in Senescallia Carcassonæ ann. 1435. ex Schedis V. Cl. Lancelot : *Pro faciendo unum estaut cum uno boqueto pro pizando seu tenendo Sommerium dicti molendini.* Ibidem : *Pro una pecia fustis de coral pro faciendo unum Sommerium ad sustinendum pontem,... x. sol.* Vide *Somerius*.]

¶ **SOMMERIUS**.. Vide in *Sagma*.

¶ **SOMNENSIS**, Ad Somonam pertinens. Charta Hilduini Abbat. S. Dionysii ann. 8[illegible]. apud Felibian. inter Probat. Hist. ejusd. Monast. pag. 50 : *Et de pago Pontiu [illegible] de platesiis et anguillis Somnensibus.*

¶ **SOMNESCERE**, Dormitare, Gallis *Sommeiller*. Vita B. Luchesii tom. 3. April. pag. 602 : *Et hinc inde velut Somnescentem [illegible]utere satagens, etc.*

* ¶ **SOMNIALIA**, Liber superstitiosus ita inscriptus, in quo somniorum observationes continebantur, sub nomine Danielis Prophetæ falso divulgatus : *Sive qui attendunt Somnialia scripta, et falso Danielis nomine intitulata*, in Can. non observetis 26. quæst. 7. Hæc post Macros in Hierolexico. Vide *Somniarius*.

* **SOMNIALITER**, Somniando. Fulgent. Mytholog. lib. 2. v. *Ixion : Denique Beotinius augur dicere solitus erat, diversarum urbium honores Somnialiter peragi urbicario mimologo.*

¶ **SOMNIARI**. Gloss. Lat. Græc. : *Somnior*, μεριμνῶ. Ubi emendant viri docti *Sollicitor*. Vide Glossar. mediæ Græcit. et infra *Soniare*.

SOMNIARIUS, ὀνειρομάντης, ὀνειροπόλος, [ὀνειροκάπηλος, S. Basilio Epist. 170.] *Somniorum Interpres*, Ennio, apud Priscianum; *qui narrandis somniis, occultat artem aliquam divinandi*, in leg. 6. Cod. Th. de Malefic. (9, 16.) Glossæ Gr. Lat. : Ὀνειροκρίτης, *conjector, somni solutor, somniorum interpres.* Capitula Herardi Archiep. Turonens. cap. 3 : *De maleficiis, incantatoribus, sortilegis, Somniariis, tempestuariis, etc.* Capitulare 1. Caroli M. incerti anni cap. 40 : *Ut nemo sit, qui ariolos sciscitetur, vel Somnia observet, vel ad auguria intendat.* Joan. Sarisber. lib. 1. Policrat. cap. 12 : *Conjectores sunt, qui artificio quodam sibi vendicant somniorum interpretationem. Ars somnolenta*, apud eumdem lib. 2. cap. 16. Vide S. Hieronymum in cap. 23. Hieremiæ. [** Alio sensu in Glossa ad Polypt. Atton. pag. 55 : *Alucinaria vasa, Somniaria et obscura, canopeis similia.*]

¶ **SOMNIATA**, Somniatica. Vide in *Soniare*.

SOMNIATOR, ut *Somniarius*. S. Hieronym. in cap. 27. Hierem. : *Ne audiant Prophetas suos atque divinos, et Somniatores, et augures, et maleficos.* Capitula Caroli M. lib. 6. cap. 215 : *Magi, arioli, sortilegi, venefici, divini, incantatores, Somniatorum conjectores, etc.* Paschasius Radbertus in Epitaphio Vualæ Abbat. Corbeiensis lib. 2. cap. 9 : *Divini, conjectores, et muti, nec non Somniatores, etc.* Lindenbrogius locum hunc ex Plauto adducit, *aut Somniator est, aut sector zonarius.* At editi libri habent *Dormitator*, in Trinummo. Vide Nonnum in Sylloge Historiar. pag. 151.

** **SOMNICULARI**. Schol. MSS. ad Sedulium III, 57. apud Maium in Glossar. novo : *Dormitare, est ante quietem pigritare et Somniculari.*

¶ **SOMNIORTATOR**, ὀνειρομάλος, in Gloss. Lat. Gr. ubi Sangerm. habent, *Somni potator.*

* **SOMNOLENTER**, Somniculose. Gabr. Barel. serm. in Dom. 1. Advent. : *Dum fratres matutinas dicerent pigre et Somnolenter, etc.*

* **SOMNUS** Primus, Gall. *Premier somme*, alias unica voce *Prinsomme*. Vide supra *Picassa* et *Primus somnus* in *Primus* 2.

¶ **SOMNIS**, pro *Sunnis*. Vide in hac voce.

¶ **SOMNIUM**. Vide *Soniare*.

SOMNUS Venereus : ita Medici Latini appellant quem Græci ὀνειρώγονον, cum scilicet *per somnos inanibus visis affecti ægrotantes, seminis lapsu vexantur.* Ita præter Plinium, a quo *Veneris somnum* appellatur, Cælius Aurelian. lib. 5. Chron. cap. 5. Adde in hanc rem insignem alium locum ejusdem egregii scriptoris ex lib. 1. cap. 3. pag. 22 : *At vero concubitus, sive venus, quam adhibendam probant, ab aliquibus parva Epilepsia nuncupata est; siquidem similem faciat membrorum motum diverso contractu, anhelatione et sudore attestante, et oculorum conversione cum robore vultus, ac deinde post effectum displicere faciat sibimet corpus cum pallore, et quadam debilitate vel mœstitudine, adeo nervos afficere videatur, ut sæpe imminente accessione per somnum jactu seminis ægri præpurgentur, quod Græci Onirogonon vocaverunt.*

¶ **SOMONIRE**, ut *Submonere*, citare. Charta Henrici IV. Reg. Angl. ann. 1407. apud Rymer. tom. 8. pag. 501 : *Et quod nullus eorum Somoniatur in aliquo juramenti inquisitione, nisi coram dictis ministris domini Regis.*

¶ **SOMPNEIA**, ut *Sonniata*. Vide in *Soniare*.

¶ **SOMUM**, pro Summum, in Antiquit. Navarræ Jos. Moreti pag. 301 : *Quemadmodum dividit illa penna S. Cypriani in suso et vadit ad Somo de Eneketo.*

SON, Grex, inquit Wendelinus, a Teutonico *son, sunt, gesun*, grex, ac numerus præfinitus animalium. Lex Angliorum et Werinorum tit. 7. § 2 : *Qui scrofas sex cum verre, quod dicunt Son, furatus est, in triplum componat.* [** Cod. Corb. *Sonest.*] Vide *Sonesti*.

1. **SONA**, Vestis Ecclesiasticæ vel Monachicæ species. Historia Glastonensis Abbatiæ tom. 1. Monastici Angl. pag. 6. de reliquiis, quæ ibi asservabantur, de S. Thoma Archiep. Cantuar. : *De cuculla, stamino, Sona, pedulibus quibus utebatur hora suæ passionis.* Et infra : *De cuculla, carne et sanguine, et Sona Pontificali B. Ulstani Episcopi.* Legendum forte *stola*.

2. **SONA**, Pax, compositio, pactum, fœdus : vox Danica. Charta Erici Regis Danorum ann. 1317. apud Isaac. Pontanum lib. 7. Hist. Dan. pag. 419 : *Nos fratri nostro... et omnibus Danis, qui... fuerunt in guerra proxima inter nos et D. Marchionem habita, hoc indulsimus, et propter hoc debent habere plenam Sonam, et ob hoc non debemus habere suspiscionem aliquam contra ipsos.* Alia ann. 1318. apud eumdem : *Concordavit totaliter in hunc modum videlicet; quod super omnibus (querelis) vera et plena concordia atque Sona perpetuis temporibus duratura esse deberent.* Charta Wolemari Ducis Jutiæ ibidem : *Compositionem plenam et Sonam competentem habuerint.* Infra : *Diem treugarium aut Sonam non inibimus, etc.* Vide *Durasuna* et *Suonbouch*. [** Graff. Thesaur. Ling. Franc. tom. 6. col. 242. voce *Sôna*.]

¶ 3. **SONA**, Mulcta, quæ ob inflictum vulnus imponebatur, quod ex compositione sæpius persolvebatur, forte sic nuncupata. Consuetud. Furnenses ex Tabul. Audomar. : *Pro vulnere penetrativo... in capite, vel in corpore dimidia Sona debetur læso, et de residuo erit in gratia Comitis.* Ibidem : *Qui oculum vel membrum perdiderit dimidiam Sonam debet habere, et de residuo bonorum suorum erit in gratia Comitis malefactor.*

* **SONAGIUM**, *Procuratio, gistum*, vel Præstatio, quæ fiebat vice procurationis. Vide *Sonniata* in *Soniare*. Charta Nic. Camer. episc. ann. 1137. inter Probat. tom. 2.

Annal. Præmonst. col. 157 : *Illum locum ab omni censuali exactione, omnique Sonagiorum et debitorum solutione.... absolvimus.*

* **SONAGLIA**, Tintinnabulum, crepitaculum æreum, Ital. *Sonaglio*. Stat. Perus. pag. 59 : *Si reperti fuerint* (canes) *sine croco vel Sonaglia, sint in pœna solidorum ij.*

* **SONAILLA**, Sonalla, Campanula, tintinnabulum. Inquisit. ann. 1268. ex sched. Pr. *de Mazaugues : Item dixit quod famuli.... abstulerunt Sonaillas ovium suarum.* Ibidem : *Et multas Sonallas ovibus abstulerunt. Sonnau*, in Lit. remiss. ann. 1451. ex Reg. 185. Chartoph. reg. ch. 221 : *Ung Sonnau propre, dont ils sonnoient ainsi que par nuit est propice. Dandin* appellatur ejusmodi campanula a sono, quem hinc inde agitata, edit. Lit. remiss. ann. 1390. in Reg. 139. ch. 113 : *Esquelles bestes à laine en avoit une qui avoit un Dandin ou clochette pendue au col.* Vide *Sonalha* et infra *Sonella*.

¶ **SONALHA**, Campanula, tintinnabulum, Gall. *Sonnette*. Charta ann. 1344. ex Schedis Cl. V. *Lancelot : Qui habeat vel teneat boves, teneatur portare de nocte pro pari boum, mularum, vel roncinorum unam Sonalham apertam cum matalho.*

¶ **SONALIUM**, Tintinnabulum orbiculare, Italis *Sonaglio*, Gall. *Grelot*. Constitut. Frederici Reg. Siciliæ cap. 115 : *Quod si avis amissa, antequam se recipiat in pristinam libertatem, volando per arbores cum gettis et Sonaliis, ab aliquo fuerit cum pastu, vel sine pastu vocata, et ad eum venerit, etc.* Vita S. Humilitatis tom. 5. Maii pag. 207 : *Die quadam mustella quædam cum pelteolo ad collum in cellam introivit,... super fenestram ascendit, dominam suam quasi deridendo inspexit, Sonalium ibi deposuit, et quasi valedicens numquam comparuit.* Ubaldinus in Indice ad Doc. d'Amor. Barberini : *Tractat de tribus quæ quasi unum sunt, aliquantulum in patria Tusciæ differant in vulgari. Illi enim dicuntur armigeri, qui hastiludunt cum Sonaliis et banderiis, et induti ad hoc tantum.*

1. **SONARE**. Lex Longob. lib. 2. tit. 52. §. 2 : *Si Comes in suo ministerio justitiam non fecerit, tunc Missus noster de hac causa Sonare faciat, usque dum justitia ibi fiat.* Ubi Glossæ, *Sonare, inquirere.* [** Carol. M. 18. Apud Pertz. Leg. tom. 1. pag. 38. in Capitul. ann. 779. cap. 21. locus sic habet : *Si comes in suo ministerio justitias non fecerit, missos nostros de sua casa Soniare faciat usquedum justitiæ ibidem factæ fuerint. Et si vassus noster justitiam non fecerit, tunc et comis et missùs ad ipsius casa sedeant et de suo vivant quousque justitiam faciat.* Vide *Soniare*, Hospitio excipere.]

2. **SONARE**, Dicere, dici. Concilium Ticinense sub Benedicto VIII. PP. in Præfat. : *Quia usuale est apud eos Sonare, Filii matrem sequuntur.* [Notitia judicati ann. 843. in Append. Marcæ Hispan. col. 780 : *Et quando ipse Episcopus Wimar ab hoc seculo migravit, plenam vestituram exinde habebat de omnia quæ supertus Sonuit.*] Charta ann. 1066. in Notis ad Concilia Narbon. : *Sicut Sonat in præceptis Regum*, id est, *sicut scriptum est.* In Consuetud. Andegav. art. 426 : *En sonnant en termes generaux, qu'il a possedé à titre.* Id est, dicendo in terminis generalibus justo se titulo possedisse. Epistola Honorii Imper. apud Baron. ann. 419. 2 : *Cum post abscessum venerabilis viri Zozimi, circa meritum Eulalii ordine subrogandi communi judicio conveniens, multitudo Sonuisset, etc.* Id est, una voce meritum Eulalii commendasset. Lex Vervini ann. 1233. art. 13 : *Super burgensium aliquem neque ego, neque villicus meus, clamorem facere potero, nisi sub testimonio Scabinorum; ita tamen, quod si clamoris alicujus duo jurati testes Sonuerint, hæreditate excepta, post juratorum testimonium jus cujusque judicio Scabinorum relinquatur. Sonner* vero in Consuetudine Inculismensi art. 13. et Rupellensi art. 29. idem valet ac æquivalere, *équipoller*. Item pro *loqui*. S. Columbanus in Regula cœnobiali fratrum, seu Pœnitentiali cap. 1 : *Qui loquutus fuerit in plausu, id est, altiore sono solito Sonaverit, etc.* [Laur. Byzyn. in Diario belli Hussit. apud Ludewig. tom. 6. pag. 156 : *Insuper et litteras per Boemiæ regnum materiam præmissam Sonantes, scribebant.*]

* *Verbum Sonare*, phrasis Gallica, *Sonner mot*, mutire. Privil. curiæ Rem. MSS. fol 6. v°. ex Bibl. reg. : *Non audent excommunicare, nec mandata curiæ exequi, nec solum verbum Sonare.*

* Hinc, ni fallor, *Estre suns*, Reus dici, reputari, in Sent. baillivi *de Herissent* ann. 1364. ex Reg. 140. Chartoph. reg. ch. 252 : *Comme Jehan li Sarmonniers fust Sans et accusez.... pour le soupechon de le mort de feue Jehanne le Caronnesse sa femme, etc.* Non a Latino Sons deduco, quod accusatus tantum dicatur. Vide *Sonare*, 3.

Resonare, Idem quod *Sonare*. Versus scripti in fronte Bibliorum Metensis Ecclesiæ :

Et præsens transacta canit præsentia monstrans,
Singula jura solet, singula sed Resonat.

Charta ann. 824. apud Sandovallium : *Inter ipsos terminos, qui in ista scriptura Resonant.* Infra : *Et per ipsos terminos cum suâ rem causa, quod in ista scriptura Resonat.* Charta Rivipullensis æræ 888. apud Anton. de *Yepez* tom. 4 : *Sicut in ipso judicio Resonat, etc.* Tabularium Conchensis Abbatiæ in Ruthenis ch. 296 : *Ita sicut Resonat in testamento, et in præscriptione patris nostri, etc.* Adde Appendic. ad Capitul. num. 66. 104.

3. **SONARE**, in veteri Consuetudine Normanniæ cap. 68. idem valet ac testes improbare, *reprocher les tesmoins* : *Et quant il l'en aura ouy leurs dits, et mis en escript, cil qui est en prison doit estre amené devant eux, et lui doit-on demander, s'il en vout aucuns Saonner; et se il dit sur aucuns d'eux suffisant Saon, chose que disent ceux, qui sont ainsi Saonez, ne doit estre en rien contée : mais si le Saon n'est suffisant, ce qu'il dira sera receu avec les autres.* Ubi editio Latina habet *Saonnare*, et *Saonnium*. Occurrit rursum cap. 102. 109.

¶ Sonare et Seonium, in edit. Latina apud Ludewig. tom. 7. Reliq. MSS. pag. 281 : *Et auditis dictis eorum, et in scriptis redactis, criminosus coram eis debet adduci et ab eo debet queri, si quem eorum Sonare voluerit, et si sufficiens Seonium super aliquem miserit, dictum ejus pro nullo debet reputari.* Statutum Johannis Reg. Franc. ann. 1350. tom. 2. Ordinat. pag. 397 : *Enquerroient ou se enfourmeraient par bons tesmoings et convenables, sans Saon et sans suspeçon.* Litteræ Caroli V. ann. 1366. ibid. tom. 4. pag. 717 : *Qui soient passez sans Saon et sans souspeçon.* Vide in *Recordum*, *Sonatio* et *Sunnis*.

4. **SONARE Pecuniam**. Leges Ethelredi Regis apud Venetyngum editæ cap. 17. [** De instit. Lundon. cap. 6.] : *Et præcipimus, ne quis pecuniam puram et recte appendentem Sonet, monetetur, in quocumque portus monetetur in regno meo, super overhirnessam meam.* Ubi *Sonare pecuniam*, est respuere, vel certe examinare per illius *sonum*, an proba sit, quod fieri etiamnum solet. [** Vide *Sonare*, 3. et *Sunnis*.] Libertates villæ Perusiensis ann. 1260. apud Thomasserium pag. 98 : *Tot home, qui daet laede, la duet Soner au laider, ou à son comandement, avant que poasser la vile*, i. quicumque ledam debet exsolvere ledario, etc. Ita, *Soner*, est solvere, qua notione rursum ibi occurrit.

¶ 5. **SONARE** Signa, Campanas pulsare, Gall. *Sonner*. Charta ann. 1122. apud Lobinell. tom. 2. Hist. Britan. col. 343 : *Qui* (Monachi) *susceptis de manu nostra cordis, signa illa protinus Sonaverunt, ac per hoc investituram suam cunctis qui aderant innotuerunt.* Martyrolog. S. Albini Andegav. : *De canonicis S. Mauricii Andecavensis cum de præsenti vita decesserint faciemus hæc. Primitus signa Sonabimus, etc.* Adde Chron. Novalic. apud Murator. tom. 2. part. 2. col. 744. *Sonare ad martellum*, in Regim. Paduæ apud eumdem tom. 8. col. 438.

¶ **SONARPAIR**. Vide infra *Sonopair*.

* **SONATIO**, pro *Saonatio*, Testis improbatio. Consuet. Norman. part. 2. cap. 39. ex Cod. reg. 4651 : *Brevii visio per quatuor milites et quatuor presbyteros, loco propinquiores et fidedigniores, qui nulla digna Sonatione a jurea debeant amoveri,.... debet sustineri.* Ubi Gallicum : *Qui par nul Saonnement ne puissent estre ostez de la jurée.* Vide *Sonare* 3.

¶ **SONDRUM**, Solum, fundus, ut videtur. Testament. Tellonis Episc. Curiensis ann. 766. apud Mabillon. tom. 2. Annal. Bened. pag. 708. col. 1 : *Agri, prata, et quidquid ad ipsas colonias pertinet, cum omni Sondro suo ex integro.* Pluries occurrit ibidem. Vide *Solanum*.

* Melius forsan, Domanium, ut *Dominicum* 3. Vide infra *Sundrialis*.

¶ **SONEGIA**, ut *Sonniata*. Vide in *Soniare*.

* **SONELLA**, Soneta, Campanula, et animal cujus collo appensa campanula. Inquisit. ann. 1268. ex sched. Pr. *de Mazaugues : Requisitus quæ pignora asserebant eis, dixit quod una vice equas, et alia vice multones et alias Sonellas.* Charta official. Autiss. ann. 1338. in Reg. 72. Chartoph. reg. ch. 40 : *Sonetas sive campanetas ad colla dictorum animalium pendentes et poni consuetas, ad finem quod non sonarent,.... feno sive foramine implevit. Sonnettes de feste*, in Lit. remiss. ann. 1471. ex Reg. 195. ch. 640 : *Les supplians oyrent venir après eulx*

aucuns compaignons.... ayans des Sonnettes de feste sur eulx. An tympanum tintinnabulis instructum, Gall. *Tambour de Basque?*

* *Songnole* vero, Pars humeri, in aliis Lit. ann. 1424. ex Reg. 172. ch. 485 : *Comme icellui Ogier estoit cheu de dessus un noyer, et s'estoit tout froissié le corps et rompu.... l'os de la Songnole de l'espaule, etc.* Aliud, forte sagittæ speciem, sonat hæc eadem vox in Lit. remiss. ann. 1409. ex Reg. 163. ch. 280 : *En icelle chambre le suppliant print et embla trois arbalestes, une Songnolle, un maillet, etc.*

SONERA, *Cochlea, quam deferunt peregrini a sancto Jacobo.* Matth. Silvaticus.

SONESTI, Sonista, Idem quod *Son*, de qua voce supra, Grex, numerus præfinitus animalium. Pactus Legis Salicæ tit. 41 : *Si quis admissarium cum grege, hoc est, cum* (7.) *aut* 12. *equabus furaverit, malbergo Huicte Sonista.* Quæ postrema verba desunt in Lege Salica tit. 40. § 5. Lex Ripuaria tit. 18. qui est *de Sonesti : Quod si ingenuus Sonesti, id est* 12. *equas cum admissario, aut* 6. *scrofas cum verre, vel* 12. *vaccas cum tauro furatus fuerit, etc.* Vide Capitul. 4. ann. 803. cap. 3. [** Graff. Thesaur. Ling. Franc. tom. 6. col. 246.]

* *Sunesta*, apud Eccardum ex Cod. Guelferbit.

¶ **SONGEIA**, ut *Sonniata.* Vide in *Sonare.*

SONGIA, Ital. *Songia*, Gall. *Oing*, Adeps, unguen. Joan. Laudensis in Vita S. Petri Damiani num. 4 : *Juxta ignem puerilia membra distendit, et undique perungendo corpusculum, non modicæ summæ Songiam profligavit.* [Statuta Astens. de intratis portarum : *Songia et sepum solvat pro quolibet rubo lib.* 3.]

SONGINA, Songnia, Soniaca, ut *Sonniata.* Vide in *Soniare.*

¶ **SONIA**, ut *Sunnis.* Vide in hac voce.

SONIARE, Hospitio excipere, *procurare, gistum* præbere vel procurationem. Glossæ MSS. ad Legem Longobard. : *Soniare, curare.* Recte, quidquid dicant viri docti. Vett. Formulæ Pithœanæ MSS. cap. 108 : *In ea ratione, ut vos, vel ipsi Presbyteri, qui ipsa Ecclesia custodire videntur, annis singulis ad Missa sancti, quæ est in mense illo, dilectione nobis et pasto Soniare debeat, una cum tantos homines, una die et nocte pascere faciat.* Formula 57. ex Andeg. : *Hac tamen conditione, ut dum advixero, mihi in omnibus tam de victo, quam et de vestito, Soniare mihi debeat, etc.* Capitulare ann. 779. cap. 21 : *Si Comes in suo ministerio justitias non fecerit, Missos nostros in sua casa Soniare faciat, usque dum justitiæ ibidem factæ fuerint.* Capitulare de Villis cap. 27 : *Et Comes de suo ministerio, vel homines illi, qui antiquitus consueti fuerunt Missos aut Legationes Soniare, ita et modo inantea et de paraveredis, et omnia eis necessaria solito more Soniare faciant, qualiter bene et honorifice ad palatium venire vel redire possint.* Ubi *Soniare*, est nostrum *Soigner*, curare, procurare, curam habere. Vox deducta a *soin*, cura : illa vero a *soinus, sunnis, sonnis*, excusatio, quod qui *soinum* seu *exonium* habent, vel circa rerum domesticarum curam occupati sint, vel morbo detenti. [Vide *Sunnis.*] Hic vero *Soniare* dicitur is, qui circa hospitis exceptionem ac procurationem curam adhibet, ac proinde, qui eum excipit vel pascit, quomodo dicimus *Soigner quelqu'un.* Certe non diffitebor, nostrum *Soin*, a voce Latina *Somnium* deduci posse. Lego enim in Gloss. Lat. Græc. : *Somnium*, φροντίς, ἰδιωτικῶς : in aliis Glossis, *Somnior*, μεριμνῶ. [Gloss. Gr. Lat. : Φροντίς, ἰδιωτικῶς, *Somnium, cura.* Ibidem μεριμνᾷ, *curat.*] Hinc *Somnium* peculiari notione pro *cura, solicitudo*, acceptum constat : quod forte qui *somniant*, varias, ut fieri solet, solicitudines ac anxietates animo pervolvant. Unde *Songer à quelque chose*, etiamnum vulgo dicimus, cum rei alicui incumbimus, vel de ea cogitamus : adeo ut literæ *ia*, in *Sonjare*, pro diphthongo sint. [** Vide Diezii Gramm. Roman. tom. 1. pag. 287.] Denique si inde etiam *Sunnis* vocem quis ortam contendat, non magnopere repugnem. Ut ut sit, ex *Sonjare*, deducta vox alia

Sonniata, pro Procuratione, vel gisto, vel potius pro ea præstatione, quæ fiebat vice procurationis, ac deinde pro quavis pensitatione, usurpata in veteribus tabulis. Charta Hugonis Episcopi Suessionensis ann. 1096 : *Concedimus B. Martini Monasterio in personatum et quiete habenda altaria, unum sanctæ Gemmæ, sine illa etiam exactione, quæ vulgariter dicitur Sonniata; alterum cum Sonniata in villa, quæ Noa vocatur, salvo Episcopi debito jure, etc.* [Charta Balduini Episc. Noviom. ann. 1102. apud Marten. tom. 1. Ampl. Collect. col. 599 : *Unoquoque anno in festivitate SS. Apostolorum Simonis et Judæ episcopo seu ejus ministris Sonniatam*, XII. *scilicet denarios solvat.*] Alia Simonis Episcopi Noviomensis ann. 1130. in Tabulario Montis S. Martini diœcesis Cameracens. : *Singulis tantum annis duos soldos pro Sonniata, et* 6. *denar. pro obsonio in festivitate S. Remigii Decano persolvetis.* Anselmus Leodiensis in Gest. Pontif. Leod. cap. 40 : *Præcepit,... ut neque ipse, nec ullus aliquis Decanorum, qui post eum venturus esset, Soniatam, Episcopis debitam, ab eodem loco, ubi ipsius Sancti corpus requiescit, accipere præsumeret.* Ubi perperam editum *soniacam.* [Vide supra *Sogneia*, [* et mox *Sonneia*, suo loco.]

¶ Sonniatica, ut *Sonniata.* Charta Samsonis Archiep. Rem. ann. 1148. apud Marten. tom. 1. Ampl. Collect. col. 805 : *Sane ipse presbyter a Sonniaticis seu obsoniis et exactionibus quæ plerumque ad episcopi servitium fiunt,... penitus liber erit.*

¶ Somniatica, Eodem intellectu, in Charta Manassæ Archiep. Rem. ann. 1076. apud Marlot. Histor. Rem. tom. 2. pag. 172 : *Ut ea* (altaria) *fratres perpetuo sine personatu teneant, tantum Somniaticas persolvant.*

¶ Somniata, in Charta Lamberti Episcopi Noviom. ann. 1122. ex Tabul. S. Quintini in Insula pag. 41 : *Somniatas sive obsonia et quasdam exactiones quæ plerumque ad nostrum servitium fiunt, illi penitus relaxamus.*

¶ Sompneia. Charta Radulfi Militis ann. 1239. ex Tabul. Corbeiensi : *Super majoria, justitia et Sompneia de Foukiecourt... quitaverunt mihi et hæredibus meis in perpetuum Sompneiam quam a me petebant.*

¶ Sonegia, in Charta Nicolai Episc. Camerac. ann. 1137. inter Instr. tom. 3. Gall. Christ. novæ edit. col. 39 : *Ipsumque ab omni censuali exactione, omnique Sonegiarum et debitorum solutione,.... assensu Archidiaconi nostri.... absolvimus.* Alia ejusdem ann. 1153. apud Miræum tom. 2. pag. 1172. col. 1 : *Et de Sonegiis, et jure synodali liberum facient.* Charta ann. 1174. apud eumd. Miræum tom. 1. pag. 710. col. 1 : *Anniversarium ejusdem Lamberti et patris et matris suæ, sine Sonegiis aliis ab istis quotannis faciant.* Occurrit rursum ibidem pag. 715. et 716.

¶ Songeia. Charta ann. 1111. ex Tabul. Elnon. : *Curtem... liberam fecerat* (Robertus Comes Flandriæ) *ab exactione illa quam Songeiam vocant. Postea vero cum Songeiam illam exigeret quidam Comitis miles, etc.* Adde Annal. Benedict. Mabillon. tom. 5. pag. 565.

¶ Songina. Statuta Eccl. Suession. ann. 1403. apud Marten. tom. 8. Ampl. Collect. col. 1536 : *Item, præcipimus et monemus, ut omnes abbates, abbatissæ, priores curati nominati, cæteræque personæ ecclesiasticæ nobis ratione curarum seu beneficiorum suorum, aut alias qualitercunque Songinas debentes, eas, prout tenentur, solvant decanis;... non solventes autem in his scriptis excommunicamus.*

Songnia, Eadem notione, in Charta Alberici Archiep. Remensis ann. 1207. in Tabul. Foisniac. : *Recogneverunt se vendidisse duos modios vini, duos galetos avenæ, duos solidos et duos denarios bonæ monetæ, duas Songnias, et duos repastus.*

Sumpniata, Eodem significatu. Stephanus Tornac. Epist. 287. 2. edit. : *Sumpniatas etiam nobis solvere tenebitur, sicut aliæ tenentur vicinæ Ecclesiæ.*

Scribit Vassorius in Annalibus Noviomensib. pag. 959. dimissam Curionibus diœcesis Noviomensis, sub Vermondo Episcopo, *sonniatæ* præstationem, eamque commutatam in censum 12. denariorum, Capitulo exsolvendum, postridie peractæ Synodi. Sed quod *Soignies* Gallice appellari ait, quasi *moissonies*, seu *jus messis*, plane fallitur, cum vox hæc a *sonniare* originem ducat.

De *Sonniatarum* vero præstatione multa habet vetus Consuetudo Remensis, quæ hic exscribere, ad vocis vim plane percipiendam, operæ pretium videtur : *Essogne est un droit ou devoir seigneurial deu par les heritiers ou successeurs des trespassez au Seigneurs sous la censive desquels ils ont et possedent heritage au jours de leur trespas. Et n'est pas universel, ne uniforme : car il est seulement deu és terres et seigneuries, esquelles est accoustumé d'ancienneté d'essoigner; et si doit on pour Essongne en aucuns lieux un denier parisis, et en aucuns deux deniers parisis, en aucuns douze deniers, en aucuns autant, ou aucune fois le double, aucune fois la moitié, d'autant que les heritages doivent de cens annuel. En aucuns lieux est deu une seule Essongne pour une succession, posé qu'ils y soient plusieurs chefs de personnes succedans. En autres lieux chascun chef succedant doit une Essongne : En autre lieu aussi faut essongner dedans huit ou neuf jours, ou autre nombre de jours après le decez du trespassé. En aucuns lieux dedans un jour naturel. En aucuns lieux faut essongner avant que le corps du trespassé soit enterré, et avec ce en aucuns lieux l'amende de non essongner est de dix sols parisis; et en autre lieu est de vingt-deux sols six deniers parisis, et en autre lieu est de sept sols six deniers parisis. En la cité et ville de Reims ne se font aucunes Essongnes, et n'en a jamais esté usé, ne aussi en plusieurs autres villages, ne villes assises ès environs dudit Reims.*

* Hinc nostri *Soignier* et *Sougnier* dixerunt, pro Adjuvare, operam præbere, suppeditare, vulgo *Aider, fournir*. Charta Renardi *de Choisuel* milit. ann. 1316. in Reg. 59. Chartoph. reg. ch. 423 : *Se je ou mi hoir volons ouvrer pour ma maison ou faire forteresce, li dit homme me doient Soignier ou mes hoirs, en faisant continuelement ledit ouvrage par chascune semaigne deus charretées. Sougnier*, in alia ejusd. ex Reg. 60. ch. 220. Alia ann. circ. 1280. in Chartul. S. Petri de Monte ex Bibl. S. Germ. Prat : *Et doie retenir à mien toutes les menaudies ke li signors ont à Antillei, ce il me veulent Sougnier marrien en leur boix*. Unde *Ensongner*, Curam adhibere, apud Froissart. in vol. 3. cap. 132 : *Le duc de Juilliers fit sa paix au Roi de France parmi les traittés et moyens des prelats qui s'en Ensongnerent*. Et *Assonnyer*, pro Opus sedulo perficere. Lit. remiss. ann. 1416. in Reg. 169. ch. 315 : *Le suppliant qui avoit grant voulenté que la besongne, en quoy il ouvroit, feust Assonnyée et achevée, pour ce qu'il estoit feste, etc.* Inde etiam *Sonreis* dictus, qui res alterius curat. Charta Frider. ducis Lothar. ann. 1295. in Chartul. Romaric. ch. 34 : *Des paixennages des boix que nous awons ensemble, acordons nous que li Sonreis de laditte englise et nostre commandemens les vendrout par acort*. Ita et *Soigau* vel *Soigan* appellatur Chirurgus, qui curandis vulneribus vacat, in Pœnis Aurel. apud Thaumasser. ad calcem Assis. Hierosol. pag. 467 : *Se il y a sanc ou chauble, soixante sols d'amande et quinze sols au blecié et Soigau*. Neque aliunde accersenda videtur origo vocis Gallicæ *Sonneur de bestes*, qua jumentorum aliorumve animalium curator et ductor significatur, in Lit. remiss. ann. 1408. ex Reg. 163. ch. 221 : *Aubery Duhamel Sonneur de bestes demourant à Gratinville, etc.* Haud scio vero an huc pertineat vox *Sonays*, injuriæ loco adhibita, qui scilicet latrinas purgat, in Lit. remiss. ann. 1411. ex Reg. 165. ch. 199 : *Jehan Marchaut appella Jehannot Chaufournier, sanglant, punays, camus, Sonays, etc.* Et quidem *Sone* usurpari mihi videtur pro Putei purgatione vel refectione, in Ch. ann. 1400. ex Chartul. 21. Corb. fol. 256. v° : *Auront ledit Simon et ses hoirs et ayans cause leur communauté au puch desdits religieux de le maison de Lompré, et y porront aller querre de l'eaue par paiant leur part de le Sone, quant necessité en sera*. Pluries occurrit in eod. Chartul.

¶ **SONISTA**. Vide in *Sonesti*.

¶ **SONITIZARE**, Campanas argute pulsare. Guidonis Discipl. Farf. lib. 1. cap. 19 : *Ad finem Missæ omnia signa Sonitizent*.

¶ Sonnizare, Eadem notione, ibidem cap. 1 : *Exeuntibus omnia signa pulsentur : duo majora tamdiu prolongentur Sonnizando quousque revertatur processio*.

SONITUS, Murmur. Conventus Aquisgranensis ann. 817. et Additio 1. Ludovici Pii cap. 41 : *Ut qui negligenter Sonitum fecerit, aut aliud quid excesserit in refectorio, mox a Priore veniam petat*. Ubi quidam *Sonitum* crepitum ventris interpretantur; sed perperam. Capitula Monachorum ad Augiam directorum cap. 7 : *Si quis autem de ipsis aliquid ibi delinquerit, vel excesserit, aut Sonitum aliquem fecerit, exceptis his, qui ad mensam sedent, prostrati ibi coram Priore tamdiu jaceant in terra, etc.* Capitula Adalhardi Abbat. cap. 27 : *De omni strepitu, vel excussione, vel Sonitu*. Vide Nomasticum Cisterciense pag. 171. 172. 175. 176. 180. 182. et infra in *Sonus* 1.

* Nostris *Sonnet*, Ventris crepitus, in Lit. remiss. ann. 1472. ex Reg. 195. Chartoph. reg. ch. 776 : *Les assistans sentirent une mauvaise odeur; à l'occasion de laquelle, ils ou les aucuns d'eulx dirent au suppliant qu'il avoit fait ung sonnet, et qu'il en seroit baculé*. *Sonnement*, pro *Bruit*, in Vita J. C. MS :

Tous oirent communement
Des chiols venir un Sonnement.

¶ Sonitus Campanæ, quo adversus hostes congregantur homines alicujus districtus, inter jura dominorum recensetur in Charta ann. 1335. part. 2. Hist. Comit. Lossens. pag. 37 : *Sed ipsa villa et hominibus ejusdem gaudebunt, cum suis juribus gaudebunt et fruentur libere et absolute, sicut et nos terris nostris et dominiis, comitatibus supradictis, hoc excepto, quod Sonitus campanæ pro patria comitatus Lossensis (sicut moris est) defendenda, nobis et nostris successoribus, ibidem Comitibus de Los, in perpetuum remanebit in villa de Zoulre memorata*.

¶ **SONIUM**, Sonius, Sonna. Vide *Sunnis*.

* **SONNEIA**, *Procuratio, gistum*, vel Præstatio, quæ fiebat vice *procurationis*, aut quævis pensitatio, nostris *Sougnie* et *Seignie*. Charta Phil. Aug. ann. 1200. ex Chartul. S. Joan. Laudun. : *Idem Petrus quittavit.... homines, qui debebant eidem Petro Sonneyas pro terris quas tenebant; pro singulis Sonneis reddent singuli dicto Petro... octo denarios Cathalaunensis monetæ*. Declarat. feud. ann. 1330. in Chartul. S. Petri Gand. ch. 18 : *Chascune maison à Anay là u on fait fu, ly doit audit jour S. Remy ung denier pour Sougnie*. Charta ann. 1331. in Chartul. Arremar. ch. 32 : *Item disoient lidiz sires de Chacenay et sa femme qu'ils devoient avoir trois Seignies chascun an sur ledit priorté de Viviers; pour chascune Seignie trois jours eulz, leur gent et leur chevaux au Soignement dudit priorté à tous depens*. Eadem fortean notione intelligenda vox *Sotige*, si tamen bene lecta est, in Lit. Theob. comit. Campan. ann. 1264. tom. 5. Ordinat. reg. Franc. pag. 396 : *Toutes les bourgoisies et les Sotiges de cette ville et les yssues des dictes choses*. Vide *Sogneia* et in *Soniare*.

SONNIATA, Sonniatica. Vide *Soniare*.

SONNIS Vide *Sunnis*.

¶ **SONNIZARE**. Vide *Sonitizare*.

* **SONNULA**, Campanula, tintinnabulum. Charta ann. 1361. in Reg. 103. Chartoph. reg. ch. 78 : *Petrus Gosini de Caramanno.... tenetur facere quoque anno pro amparantia unum morulum parvum cum Sonnulis argenteis*. Vide supra *Sonella*.

SONOPAIR, Verres, Dux gregis : ex *Son*, grex, et.... Lex Longob. lib. 1. tit. 25. § 47 : *Si quis verrem alienum furatus fuerit, componat sol. 12. ipsum, qui dicitur Sonopair, qui omnes alios verres in grege battit et vincit, tantum in uno grege, quamvis multitudo porcorum sit, unus computetur Sonopair, etc.* Ubi Edictum Rothbaris [** 356.] Regis Longob. tit. 105. § 33. *Sonorpaib* præfert. [Alias variantes lectiones exhibet Murator. tom. 1. part. 2. pag. 44. ex Codd. MSS. Mutinensis habet, *Sonarpair* : Ambros. *Sonorfair* : Estensis, *Senorpaiz*.] Vide *Son*.

¶ **SONORIOR**, comparat. vocis Sonorus, ad calcem Johan. Abrinc. de Offic. Ecclesiast. pag. 385. *Nos habemus æra Sonoriora et duribiliora, significantia ora prædicatorum Sonorius cantare*, in Consuetud. Fontanell. MSS.

¶ **SONORITA**, Cantor. Vita S. Dunstani tom. 4. Maii pag. 358 : *Audierat insolitas Sonoritanorum voces, subtili modulamine in hac eadem basilica concrepantes*.

¶ **SONORITAS**, Sonor canorus. Capitul. Karlomanni tit. 3 : *Preces nostræ a Deo non recipiuntur,... nullam Sonoritatem virtutum habentes*. Mirac. S. Rictrudis tom. 3. Maii pag. 125 : *Fratres monasterii dulci modulatione atque alta vocum Sonoritate, assuetas miraculis jubilationes certatim resultabant*. Vide Vossium de Vitiis Serm. lib. 3. cap. 49.

¶ **SONOROSUS**, ψοφηδεής, in Gloss. Lat. Græc. *Sonosus*, in Sangerm. pro Sonorus.

¶ **SONORPAIB**. Vide *Sonopair*.

* **SONS**. Glossæ Cæsar. Heisterbac. in Reg. Prum. tom. 1. Hist. Trevir. Joan. Nic. ab *Hontheim* pag. 681. col. 2 : *Si datus fuerit ipse census, colligit Sontes tres et medium*.

* **SONTICUS** Morbus Vide in *Morbus*.

¶ **SONTICUS**, *Verax*. Gloss. Isid. Ita etiam legendum in Gloss. Lat. Græc. ubi habetur : *Sontius*, ἀλήθης. Vide *Causa* 1.

1. **SONUS**, Rumor, fama, Gallis *Bruit*. Gregorius Tur. lib. 8. Hist. cap. 18 : *Sonus enim erat sororem suam... Constantinopolim fuisse translatam*. Baudouinia in Vita S. Radegundis cap. 4 : *Dum in villa ipsa adhuc esset, fit Sonus quasi eam Rex iterum vellet accipere*. Ita usurpant idem Gregorius Turon. lib. 7. cap. 47. lib. 8. cap. 41. 43. Vita S. Treverii Monachi cap. 3. Capitula Caroli C. tit. 12. cap. 5. Guill. de Podio Laurentii cap. 47. Hugo Flaviniac. pag. 164. Petrus de Vineis lib. 2. Ep. 54. etc. Vide *Sonare* 2.

Sonum Facere, in Pœnitentiali S. Columbani cap. 14. et in Capitulis Aquisgran. ann. 817. cap. 31. est murmurare, aut murmur excitare : *Faire du bruit*.

2. **SONUS**, Clamor inconditus multitudinis, quo reum alicujus criminis insectatur, ut fuit *Hutesium*, apud Anglos, et *Clamor de Haro*, apud Normannos. Prima

Curia Generalis Catalaniæ sub Jacobo Rege Aragon. ann. 1291. MS : *Quod nos, vel aliquis alius, non procedat contra aliquem vicinum hominem... sine citatione emittendo Sonum, nisi essent malefacta,... in quibus casibus possit prosequi malefactorem, emittendo Sonum, etc.* Vide *Huesium* et *Rumor.*

3. **SONUS**, Psalmus Davidicus, *Venite exultemus, etc.* qui in Matutinis canitur, forte sic dictus, inquit Garsias Loaisa, quia sonora voce decantatur, ut contra *nullo Sono interveniente* orationem dici, ait Amalarius in Eclogis de officio Missæ, quæ voce submissa dicitur. Concilium Emeritense cap. 2 : *Oportet igitur, ut sicut in aliis Ecclesiis vespertino tempore, post lumen oblatum, prius dicitur Vespertinum, quam Sonus in diebus festis, ita et a nobis custodiatur in Ecclesiis nostris.* Breviarium Mozarabum : *Statim dicitur Sonus, si sit festum; eo quod dies ferialis caret Sono, nisi in tempore Resurrectionis propter solennitatem dicitur. Hæc regula. Sonus est : Venite, exultemus Domino, jubilemus Deo salutari nostro. Versus : Præoccupemus faciem Dei, in confessione, et in Psalmis jubilemus Deo.*

* 4. **SONUS**, Campana. Charta ann. 1133. inter Probat. Hist. Autiss. pag. 52. col. 1 : *Diebus autem festivis, quibus grossi Soni pulsantur, tam clerici quam laici matricularii omnes in ecclesia jacebunt.*

* 5. **SONUS**, Differentia, discrimen. Instr. ann. 1391. inter Probat. tom. 3. Hist. Nem. pag. 111. col. 2 : *Quos voluerunt nominari consules de villa Nemausi, absque Sono seu differencia nobilium et innobilium.*

* **SONZIA**, Adeps, unguen. Stat. Vallis-Ser. cap. 20. ex Cod. reg. 4619. fol. 111 : *Quælibet persona,.... quæ vendiderit aliquod formagium, butirum, mascherpam et Sonziam, etc.* Vide *Songia.*

* **SOOL.** Vide supra *Sol* 3.

* **SOONIUM**, Excusatio, quam affert quispiam, quo minus juri stare possit. Consuet. Norman. part. 2. cap. 30. ex Cod. reg. 4651 : *Dum milites in visneto valeant reperiri, qui justo Soonio vel rei ipsius ignorantia, ab ipsa jurea debeant amoveri, etc.* Vide *Sonare* 3. et *Sunnis.*

* 1. **SOPA**, Soppa, Officina, locus ubi merces venum exponuntur, Gall. *Echoppe*, alias *Sope.* Necrolog. Rotomag. ex Cod. reg. 5196. fol. 71. r° : *Quarta pars emolumenti Soparum stallorum, etc.* Lit. remiss. ann. 1353. in Reg. 82. Chartoph. reg. ch. 6 : *Dum dictus Petrus ante Soppam seu stallum prædicti Robini carnificis transiret, etc.* Charta ann. 1385. in Reg. 128. ch. 112 : *Une maison assise en la ville de Baieux devant les Sopes Nostre-Dame.* Vide *Schoppa* et *Soppa.*

* 2. **SOPA**, Fustis crassior, clavæ species. Lit. remiss. ann. 1399. in Reg. 154. Chartoph. reg. ch. 739 : *Petrus Dominici obviavit retro conventum fratrum Minorum Tholosæ Sancio de Podio portanti quandam Sopam insportitam, sive circa collum.*

* 3. **SOPA**, *Supa*, in vet. Glossar. ex Cod. reg. 7613. Tunicæ vel pallii species. Vide supra *Chopa, Schuba* et infra *Zuppa* 2. Nisi sit pro Jusculum ex carne, vulgo *Soupe. Soupe dorée*, Placentæ species videtur, in Lit. remiss. ann. 1403. ex Reg. 158. Chartoph. reg. ch. 44 : *Un cousin germain du suppliant lui dist que son pere et ses freres vouloient lui donner ses Soupes dorées, comme il est acoustumé faire ou pais en tel temps* (de Carême-prenant en la ville S^e. Marie sous Bourg). *Souppe de Prime*, Rabelaisio lib. 1. cap. 21. appellatur, ut opinor, Potatio matutina. *Mengeur de Soupes*, per contemptum usurpatur, in Lit. remiss. ann. 1393. ex Reg. 145. ch. 436 : *Le suppliant dist à icellui Thomas qu'il n'estoit mie en sa puissance, ne d'un tel fagoteur mengeur de Soupes, que s'il eust veu icelui Quenetier frapper, qu'il ne lui eust courru sus.* Vide supra *Polenta* 2.

SOPANUS. Vide *Zupa.*

SOPARIA, Vasis species. Vide *Lito.*

¶ **SOPECHON.** Vide *Soupechon.*

¶ **SOPHIA**, a Gr. σοφία, Sapientia, scientia. Charta Bertrandi Comit. Forcalquer. ann. 1044. ex magno Chartul. S. Victoris Massil. fol. 148. v° : *Omnipotens factor omnium Deus ineffabilis Sophiæ suæ dispositione condens cuncta.* Vide Itiner. litter. Martenii pag. 46.

SOPHISMA, æ, Sophia, scientia. Vita S. Fructuosi Episc. cap. 7 : *Unus Sophismæ intelligentiæque peritiam indeptus.*

SOPHISMATICARE, *Decipere sophismate. Sophisticare, decipere verborum intricatione.* Ugutio. [Vide *Sophisticare.*]

* **SOPHISMUM**, Fraus, simulatio, cavillatio, Ital. *Sofismo.* Charta ann. 1214. apud Lam. in Delic. erudit. inter not. ad Chron. imper. Leon. Urbevet. pag. 219 : *Promiserunt.... in omnibus et per omnia et in singulis observare et facere, sine hujusmodi fraude et malitia et malo ingenio et Sophismo.* Vide mox *Sophyma.*

SOPHISTÆ, inquit sanctus Augustinus lib. 2. Locutionis de Exod. *appellantur Latinarum litterarum eloquentissimi auctores.* Gloss. Lat. MS. Reg. : *Sofista, Orator, vel sapiens.* Iso Magister: *Sophista, sapiens.* Lex 3. Cod. Th. de Studiis liber. urbis Romæ (14, 9) : *Habeat igitur auditorium specialiter nostrum, in his primum, quos Romanæ eloquentiæ doctrina commendat : Oratores quidem tres numero, decem vero Grammaticos : In his etiam, qui facundia Græcitatis pollere noscuntur, quinque numero sint Sophistæ, et Grammatici æque decem.* Id est, Oratores Latini tres, Græci quinque. Neque aliter vocem hanc usurpat Lex un. de Professorib. etc. (6, 21.) eod. Cod. Fortunatus lib. 7. Poëm. :

Docta recessuris quid prodest lingua Sophistis?

Theodulfus Aurelian. lib. 3. Carm. :

Quique Sophista potens est, quique Poeta melodus.

Vita S. Boniti Episcopi Claromont. cap. 1 : *Cæteros coætaneos excellens a Sophistis probus atque prælatus est.* Baldricus Burguliensis Abbas :

Egregius doctor, magnusque Sophista Geraldus.

Ita non semel usurpat Ordericus Vitalis pag. 352. 460. 475. 570. Vide S. Basilium Ep. 83. 146. 147. 155. Veteribus vero, qui *Sophistæ* potissimum appellati fuerint, erudita observatione docet præ cæteris Petrus Faber Sanjorianus ad Leg. 1. de Justitia et Jure pag. 715. 716.

¶ Sophista, Concionator. Mirac. S. Gibriani tom. 7. Maii pag. 623 : *Adest divinus Sophista, ostensurus incredulis, quanto donativo Christus remuneraat qui ejus imitantur vestigia.*

¶ **SOPHISTICARE**, Adulterare, corrumpere, *Sophistiquer* nostris eadem notione. Statuta Massil. lib. 5. cap. 21 : *Constituimus ut nemo possit vel audeat in Massilia incamarare seu Sophisticare aliquod avere, cujuscunque sit generis et materiei.* Vita B. Lidwinæ tom. 2. April. pag. 355 : *Et facto cataplasmate de balsamo, ut disserebat, non Sophisticato.* Vide infra *Sophisticatio.*

¶ Sophisticare, Decipere, simulare. Epist. Conradi II. Reg. Siciliæ in Chron. Sicil. apud Marten. tom. 3. Anecd. col. 21 : *Mentitus est regnicolis mortem nostram, et Sophisticans in eo dominum, pseudoregem se fecit.* Concil. Constant. tom. 2. col. 389 : *Quosdam episcopos.... secrete per diversas gratias et promissiones Sophisticavit et corrupit.* Vide *Sophismaticare.*

* *Sophisticando et graviter delinquendo in mercaturis suis*, in Lit. remiss. ann. 1375. ex Reg. 107. Chartoph. reg. ch. 148.

¶ **SOPHISTICATIO**, Adulteratio. Statuta Massil. lib. 5. cap. 21 : *Qui* (probi homines) *cavere debeant ne possit ibi fieri aliqua incamaratio, vel Sophisticatio.* Adde Statuta Avenion. lib. 1. rubr. 21. art. 11. pag. 85. Vide *Sophisticare.*

¶ **SOPHISTRIA**, Gr. σοφίστρια, Magistra sophistices. Chron. Angl. Th. *Otterbourne* pag. 266 : *Quibus etiam associandus est tertius tractatus, quem edidit* (Johan. Wiclefus) *super Sophistria.* Non exstat in Catalogo quem de Scriptis Wicleti texuit Guillel. *Cave* in Hist. Litter.

SOPHOS, acclamatum in theatris docet non uno loco Martialis; quam vocem haud omnino dispari notione usurpat Sidonius Appollinaris lib. 1. Epist. 9. lib. 8. Ep. 6. lib. 9. Ep. 13. Carm. 8. et alibi, ut et Fortunatus Pictavensis lib. 3. Poëm. 21. lib. 6. Poëm. 12. lib. 8. Poëm. 23. lib. 9. Poëm. 1. quibus interdum pro elegantia sermonis ac dictionis usurpatur. Adde Architrenium lib. 1. cap. 5.

* **SOPHYMA**, pro *Sophisma*, Fraus, fallacia. Charta ann. 1015. tom. 4. novi Tract. diplom. pag. 225 : *Quatinus Sophymate omnino scrupulosæ rei dempto, etc.* Vide supra *Sophismum.*

SOPHYRUS. Vita S. Willibaldi seu Wnebaldi Abbatis Heidenheimensis cap. 4 : *Ille vir Dei sensu Sophyrus, agone argutus, etc.* Hodœporicum ejusdem S. Willibaldi n. 3 : *Divinæ legis hagiographorum armariola indagando, sive legendo procaci sensu Sophyrus, mente moderatus indagabat.* Et num. 31 : *Sed et in multis monachorum mansionibus, quas ipse solers et Sophyrus vasta per rura rimando explorabat, etc.* Ubi Canisius hac voce, σοφὸν, seu sapientem indicari observat.

¶ **SOPITALIS**, Qui fit inter dormiendum. Vita S. Dunstani tom. 4. Maii pag. 355 : *Sed ex beatis supernæ regionis civibus per Sopitalem revelationem capaci didicerat intellectu.* Vide *Soporare.*

¶ **SOPITIVUS**, Soporem seu somnum concilians, inducens. Petrus Cellensis Epist. 2. lib. 3 : *Accedit hinc beatitudini meæ dulce ad invicem commercium litterarum, unde et amaritudinibus meis mitigati-*

vum paratur electuarium, et inquietudini Sopitivum medicamentum. Sopir a Lat. Sopire, eadem notione dixerunt nostrates Charta ann. 1450. apud Lobinell. tom. 2. Hist. Britan. col. 1119 : *Pour Sopir et estaindre à nostre poair toutes questions, debats, etc.* Vide infra *Soporifluus.*

* Reg. 13. Corb. sign. *Habacuc* ad ann. 1511. fol. 110 : *Et quant au residu des cens, surcens et arreraiges ilz ont esté anullez, Soppis et estains.*

¶ **SOPORARE**, Dormire. Processus de Vita et Miracul. vener. Mariæ de Malliaco, tom. 3. Mart. pag. 749 : *Respondit qood in tota nocte non Soporaverat seu dormiverat.* Vita vener. Idæ tom. 2. April. pag. 167 : *Cum hæc... ad Soporandum in lectulo juxta morem artus sui corporis intulisset, etc.* Acta S. Bernardi Menthon. tom. 2. Jun. pag. 1075 : *Omnibus jam nocte profunda Soporantibus.* Vide *Sopitalis.*

¶ **SOPORIFLUUS**, Soporifer, ut *Sopitivus.* Vita metrice scripta S. Winwaloei ex Cod. MS. Landevenec. fol. 117. verso :

Membra Soporifluæ modicum deflexa quieti.

¶ **SOPPA**, ut supra *Schoppa*, officina. Charta ann. 1295. apud *Madox* Formul. Anglic. pag. 425 : *Item legat eidem ecclesiæ duas Soppas quas habuit de eadem Ecclesia, quæ sitæ sunt in villa prædicta versus Occidentem.* [* Vide supra *Sopa* 1.]

* **SOPRALECTA**, Stragulum, in Charta ann. 1266. ex Tabul. S. Vict. Massil. Vide *Superlectile.*

¶ **SOPRISA**, Injusta captio, exactio. Epist. Gregorii PP. IX. ann. 1228. apud Marten. tom. 1. Anecd. col. 948 : *Nequissimum juramentum præstitit et recepit ab eis, quod servabunt sessivas suas, nec de cetero ecclesiasticorum Soprisas tolerabunt.* *Sorprendre*, injuste exigere, in Charta ann. 1289. apud Lobinell. tom. 2. Hist. Britann. col. 435. Vide *Superprendere* et *Superprisia.*

* **SOQUA**, Calceamentum ligneum. Vide *Soccus* 1. et *Soquus.* Leudæ major. Carcass. MSS : *Item pro saumata saugine* (leg. Soquarum) *unam Soquam.* Ubi versio Gallica ann. 1544 : *D'une saumade de Soquets ou esclops, un esclop.* Vide alia notione in *Soca* 3. et 4.

1\. **SOQUETUM.** Charta Raimundi judicis Majoris Senescalliæ Tolosæ ann. 1448 : *Quoddam emolumentum, Soquetum vini vulgariter nuncupatum, quod est diminutio quartæ partis mensuræ vini, quod venditur ad tabernam et in minuto.* [Vide supra *Sognetum.*]

☞ *Soquetum* est Subsidium seu vectigal, quod ex imminutione mensurarum vini percipitur, ut plurimum in usus cessurum civitatis, cui a Rege vel Domino concessum est : *Souquet*, in Litteris Caroli VII. Reg. Franc. ann. 1431. ex Regesto 9. Senescalliæ Sommeriarum fol. 25. v°. *Soquet*, in Litteris ann. 1472. Ludovici XI. Reg. ex Regesto Senescalliæ Belloquadræ fol. 236 : *Les habitans de Beaucaire, qui par octroy de nous, leur a été puis aucun tems en ça octroyé qu'ils puissent cueillir et lever une aide appellée le Soquet ou appetissement de mesures du vin qui se vend en detail en ladite ville de Beaucaire et territoire d'icelle ; c'est assavoir cinq pichiers pour chacun barral de vin qui se monte à la septième partie d'icelui barral, etc.* Litteræ ann. 1363. inter Ordinat. Reg. Franc. tom. 4. pag. 238 : *Ut ipsi habitatores* (Andusiæ) *possint..... levare Soquetum vini; videlicet sextam partem vini vendendi in dicta villa ad minuitum, prout alias habuerunt.* Litteræ Johannis Archiepisc. Auxitan. ann. 1401 : *Concedimus quod possint et valeant imponere Soquetum in qualibet mensura, cum quibus mensurabitur et vendetur vinum in minuto ad tabernam in dicta nostra civitate Auxitana, videlicet diminutionem dictarum mensurarum de octava parte.* Ibidem : *Quod Consules possint levare Soquetum sive malamtoltam, videlicet ex decem et septem cartonibus vini, medium cartonum vini, sive ejus pretium.*

¶ Soquotus, Eadem notione, pro *Soquetus.* Litteræ Johannis Fr. Reg. ann. 1361. tom. 3. Ordinat. pag. 498 : *Impune et libere impositiones suas, si quas habent, barragia, sizas, Soquotos vini, farinæ, vel similia, jam eis per nos dudum... concessa vel donata, levare et exigere possint.* Ubi advertere est *Soquetum* non ex vino duntaxat, sed ex aliis etiam rebus exactum fuisse.

* Tributum, quod ex quibuscumque rebus venalibus, in Charta designatis, exigendum alicui oppido in sui commodum a rege conceditur, vulgo *Octroy.* Charta ann. 1368. in Reg. 102. Chartoph. reg. ch. 57 : *Item habebunt prædicti consules* (Astefortis) *impositionem seu Soquetum pro duodecim annis levandum de rebus infrascriptis vendendis in dicto loco et juridictione ejusdem, ad convertendum in clausuram dicti loci, videlicet de quolibet animali equino vel bovino quatuor denarios.* Ita etiam supplendum in Libert. Salvit. ann. 1369. tom. 5. Ordinat. reg. Franc. pag. 386.

* 2\. **SOQUETUM**, *Acies hastæ*, in Glossar. Math. Paris.

¶ **SOQUUS**, ut *Soccus* 1. Calceamenti species. Statuta MSS. Raymundi Episc. Massil. ann. 1271. ex lib. rubro Capituli ejusdem Eccl. : *Statuimus quod nullus intret chorum cum Soquis, nec umquam discalciatus, ita quod nuditas pedum apparere possit.*

¶ **SORA**, f. pro Hisp. *Sorva*, Sorbum, Gallis *Corme*, vel *Sorbe.* Synodus Limensis ann. 1585. inter Conc. Hispan. tom. 4. pag. 426 : *Post hac nemo vel Hispanus vel Indus... faciat azva ex Sora cum mistura yucæ; quoniam non solum sanitati nociva est, sed.... etiam perniciosa; quæ nimirum Indis ebrietatem et mortem aliquando afferre solet.*

* **SORARE**, f. Separare, disjungere; nisi sit pro *Serare*, arctare; quo sensu *Serrare* dicunt Itali. Stat. Vallis-Ser. cap. 61. ex Cod. reg. 4619. fol. 116. v° : *Non sit aliquis conductor,.... qui audeat nec præsumat Sorare, alargare ipsas seraturas, polpedos et assides positos pro includendo.*

¶ **SORATA**, pro *Staurata*, ni fallor. Vide *Storax.* Statuta Vercell. lib. 2. fol. 27. v° : *Culcidra una et cussinum unum super quibus dormit, linteamina duo, copertorium unum, vel Soratam unam, etc.*

SORATOR, Soratorium. Statuta Mediolanensia part. 2. cap. 245 : *Ad transversum fluminis tam publici quam privati, vel alicujus ragiæ vel Soratoris... liceat vicino habenti terras ab utraque parte aquam ducere.* Cap. 247 : *Et manutenere pontes, et Soratoria, et aggeres, etc.* Adde cap. 329. Idem quod

¶ Sorratorium, Receptaculum per quod aqua exundans defluit, Gallis *Décharge.* Statuta Mutin. rubr. 353. fol. 69 : *Statutum est quod unum Sorratorium in quod cadit aqua canalis situlæ fieri debeat ad molendinum de Cantono.* Addit. ad ead. Statuta cap. 25. fol. 48. v° : *Ordinamus quod quilibet habens molendinum ad macinandum seu fullandum, teneatur habere juxta ipsum molendinum unum Soratorium ante paratorias et moram, et magis bassum ipsa mora,.... per quod possit labi aqua, quando non macinatur, et quando occurrunt inundationes aquarum; ita etiam quod aqua per dictum Soratorium labens, revertatur in ipsum canale.*

SORBELLUM, Sorbinum. Kerhardus in Synonymis : *Jus, justilium, Sorbinum, Sorbellum, sorbium, offa, offella, etc.* Berta Sanctimonialis in Vita sanctæ Adelheidis Virg. num. 14 : *Tumidos autem et pene desperatos vita recreavit Sorbellis mixtis aqua, modica etiam farinula et sagina.*

¶ Sorbellum, Quantum uno haustu quis sorbere potest, Gallice *Gorgée.* Vita B. Lidwinæ tom. 2. April. pag. 274 : *Aliquando valde parum de pane* (utebatur) *cum modico Sorbello sive haustu cervisiæ spumantis.*

¶ Sorbillum, Eadem notione, in Vita MS. sancti Amatoris Episc. Autissiod. : *Propterea si non sumus immeriti, de poculis nostris Sorbilium, et de ferculis nostris sume, licet rusticis, delibamentum.*

* **SORBERIUS**, Sorbus, Ital. *Sorbo*, Gall. *Sorbier* vel *Cormier.* Charta Joan. Matiscon. episc. ann. 1264. in Chartul. Cluniac. : *Jocerandus de Buxeria domicellus... accepit in feodum... prata... a Malopassu usque ad Sorberium de Contondre.* Alia ann. 1332. in Reg. 66. Chartoph. reg. ch. 1098 : *Exceptis.... arboribus fructiferis, videlicet pomeriis,.... Sorberiis, castanereis, nogueriis, etc.*

¶ **SORBICINA.** Vide mox *Sorbicium.*

SORBICIUM, Jus, jusculum, quidquid hauriendo sorbetur. Philippus Eystetensis in Vita S. Willibaldi cap. 4 : *Parentes etiam relatione eorum, qui puerum educabant, intellexerunt, quod puer sicco pane frequenter pasceretur, faba et pisa, ac aliis leguminibus delectabiliter uteretur, Sorbiciis autem, vel quibuscunque escis sorbilibus, nequaquam fruebatur.* Gloss. Gr. Lat. : Ῥόφημα, *Sorbitio, sorbicina.* MSS. *sorbitium.*

* Glossar. Lat. Gall. ex Cod. reg. 7692 : *Sorbicium, chaudel. Sorbiunculum, chaudelet.* Pro *Sorbiciunculum.*

** **SORBILLATIO.** Galen. lat. MSS. ad Glauc. I. 25 : *Reficiatur sucis obtimis et Sorbillationibus bene factis.* Maius in Glossar. novo.

¶ **SORBILLATOR**, *Degulator.* Glossar. Isidori. f. pro *Deglutiator.*

* Nostris *Surbeu*, Qui plus æquo bibit, vino obrutus. Lit. remiss. ann. 1417. in

Reg. 170. Chartoph. reg. ch. 78 : *Le suppliant, qui estoit Surbeu, frappa un cop de baston, etc.*

¶ **SORBILLUM**, Sorbinum, Sorbium. Vide supra in *Sorbellum*.

* **SORBITIUNCULA**, diminut. a *Sorbitium*. Vita S. Bonon. abb. in Collect. Venet. Oper. scient. et philol. tom. 21. pag. 216 : *In tuguriolum quoddam inductus est, ubi Sorbitiunculam ex herbis, cum modico pane et radicibus aliquot utrique paratam offendit.*

* **SORBIUNCULUM**. Vide supra *Sorbitium*.

SORCEDILIS. Statuta Mediolanensia part. 2. cap. 142 : *Nullus de cætero possit facere caput alicujus Sorcedilis penes flumen publicum per citatos quatuor.* [Vide an idem sit quod *Sorator*.]

¶ **SORCERIA**, Sortilegium, *Sorcherie*, in Usaticis MSS. Ambianens. laudatis in voce *Campiones*. Leges Norman. apud Ludewig. tom. 7. pag. 279 : *Deinde jurabunt Sorcerias, et primus defensor, quod nec per se, nec per alium in campo fecit afferre, quæ ei possint vel debeant juvare, vel parti adversæ nocere.* Vide in *Duellum*, pag. 958.

* Nostris *Sorcerie*. Stat. eccl. Tornac. ann. 1396. Gallice reddita cap. 49. ex Cod. reg. 1237 : *Derechef sont excommuniez de l'arcevesque ceulx qui font Sorceries des sacremens de l'eglise.* Ubi Latinum : *Sortilegia*. Lit. remiss. ann. 1408. in Reg. 162. Chartoph. reg. ch. 223 : *Pour ce qu'il est venu à congnoissance de justice que ledit Guiselin et ses complices... ont voulu faire Sorcerie ou autre malefice, etc. Sourcerie*, in aliis ann. 1382. ex Reg. 120. ch. 170. *Sorceron* vero, Potionem veneficam appellat Monstreletus vol. 3. ad ann. 1460. fol. 83. v° : *Laquelle* (sorciere) *tout incontinent le tua* (le crapaud) *et le desmembra par pieces, et de ce feit un Sorceron avec autres diables qu'elle y meit; puis bailla le Sorceron à une jeune fille qu'elle avoit.*

* **SORCINA**, Origo, causa, Gall. *Source*. Stat. comitat. Venaiss. sub Clem. PP. VII. cap. 65. ex Cod. reg. 4660. A : *De mobilibus et se moventibus curia inventarium faciat, et ea custodienda tradat probatæ et non suspectæ personæ de vicinitate seu loco, cui de expensis provideatur arbitrio curiæ et labore : docet namque probata experientia quanta in dictis saisinis evenerit intolerabilis Sorcina expensarum.*

¶ **SORCIUM**, Feretrum, [ut videtur, in quo mortui cadaver deponitur. Notitia ex Chartul. S. Johannis Angeriac. pag. 428 : *Item quod Sorcia sive arcas parochianorum dictæ villæ qui apud ipsos elegerint sepulturam, quas cum corporibus non contigerit subterrari, infirmario dicti monasterii reddant.* Nisi fortassis contracte scriptum sit pro *Sorcotia*.

* **SORCIRE** vel Sortire, Exagitare, succutere, Gall. *Secouer*, alias *Sortisser*. Lit. remiss. ann. 1457. in Reg. 187. Chartoph. reg. ch. 334 : *Dictus Johannes arripuit dictum Oddonem supplicantem ad cabessum Sorciendo et trahendo eum acriter et malitiose.* Aliæ ann. 1453. in Reg. 182. ch. 63 : *Le suppliant et ung autre.... ouvrirent ledit hostel en crollant et Sortissant la porte. Sortier* vero, Nugari significare videtur, in aliis ann. 1387. ex Reg. 130. ch. 252 : *Quant le suppliant fut ou dit hostel entré, jouant et Soriant, etc.*

SORCOTIUM, Vestis species, [Italis *Sorcotta*,] Gall. *Sarcot* vel *Surcot*, ita dicta forte, quod *Cotto* superadderetur. Christianus Episcopus Moguntin. in Chronico Moguntino : *Purpuram optimam de almaria tollens, sibi fecit vestes, tunicam, Sorcotium, et mantellum, ut in Imperatoris curia gloriosior appareret.* Knyghton. ann. 1296 : *Dederantque signum inter se, ut sic suos mutuo cognoscerent in congressu cum Anglicis, ut Scotus diceret Anglice Tabart, alter responderet Surcote.* [Concil. Trevir. ann. 1310. apud Marten. tom. 4. Anecd. col. 249 : *Item, præcipimus districte ne abbates vel monachi, abbatissæ vel moniales, sub pœna excommunicationis latæ Sententiæ, mantella seu Sorcocia aperta portent de cetero.*] Vide Notas ad Joinvillam pag. 38. [et infra *Surcotium*.]

¶ **SORDA**. Reparationes factæ in Senescallia Carcassonæ ann. 1435. ex Schedis V. Cl. *Lancelot* : *Pro reparando omnes Sordas tegulorum a parte voutarum, videlicet quia inter duas Sordas non remansit nisi una canalis tegulorum dumtaxat.*

* Litura ex calce composita, Gall. *Enduit*, ut videtur, in Charta ann. 1225. ex Bibl. reg. cot. 17 : *Dono ad laborandum.... totam illam clausam, cum suo solo et planterio vineæ et arborum,... ita quod in hoc præsenti anno claudatis totam ipsam clausam ad tapiam vel ad massom, cum bona Sorda desuper.*

¶ Sordare in ead. chart. ann. 1453 : *In recoperiendo, in terrando, in Sordando totum hospitium.* Rursum : *In reparando, in terrando et in Sordando coperturam dicti castri de fustibus, tegulis, morterio, etc.* Denique : *In terrando, in Sordando, et recoperiendo bene et tsufficienter de terra, fustibus, ferraturis, egulis et morterio.*

* **SORDEMANDA**, Vox forensis, cum dominus feudi majorem censum, quam ei debetur, vel indebitum insolitumve servitium a vassallo exigit. Scacar. apud Cadomum ex Cod. reg. 4653. A : *Guillelmus de Reniers miles petiit ab hominibus suis quoddam servitium. Ipsi dixerunt se fecisse illa servitia; sed nec feudum, nec per costumam. Miles habuit saisinam illorum servitiorum. Petebant homines estabilitatem. Miles tanquam saisitus se volebat defendere per duellum tantum. Inde est quod homines debebant et poterant habere breve de Sordemanda.* Vide *Superdemanda*.

SORDIDARI, Infamari. Leges Henrici I. Regis Angl. cap. 57 : *Si cum aliquo inventum sit, unde culpatus sit, ibi necesse est causam tractari, et ibi purgetur, vel ibi Sordidetur.*

* **SORDIDUS**, Infamis. Bulla Joan. PP. XXII. in reg. Cam. Comput. Paris. sign. *Noster* fol. 287. v° : *Gaudet et exultat sancta mater Ecclesia et plebs cuncta fidelium potest et debet et non indigne lætari, quod.... Philippus rex Francorum.... Terræ Sanctæ, ... quæ per Sordidos Sarracenos, Catholicæ fidei inimicos, dehonestatur, etc.* Vide *Sordidari*.

** **SORDIDUS** Pulsus, *est qui celer ex tardo, et ex tardo celer fuerit.* Galen. lat. Compos. MSS. cap. 82. Idem cap. 14 : *Initio hujus febris pulsus et graviores et Sordidi inveniuntur.* Et mox : *Hii pulsum habent spissum, ingentem et sine intermissione Sordidum.* Denique cap. 59 : *Non tam purus aut mundus aut sanus in his invenitur pulsus, sed Sordidus et adhuc in se retinens febrium sordem.* In alia Galeni vet. translat. MSS. *quartana non vera dicitur Sordida et difficilis ad curandum.* Hæc Maius in Glossar. novo.

** **SORDITAS**, Sordes. Gregor. Magn. in Iobum apud Opusc. II. de Sp. S. pag. 254 : *Spiritus ad nos per Filium veniens Sorditatem nostræ insensibilitatis sumpsit.* Idem Maius.

SORDITIES, Sordes. Gloss. Gr. Lat. : Ῥυπαρία, *Sordiditia* (leg. *sorditia* ut in MSS.) *pedor, squalor.* Utitur [** Fulgentius 2. Mythol. 16 : *Sicut in ovo omnis Sordities, quæ purgari potest in igne, continetur intrinsecus.*] Petrus Cellensis lib. 8. Epist. 7. et Charta Philippi Regis Franc. ann. 1310. pro libertatibus oppidi Bastidæ in Petrocoriis, ex 47. Regesto Tabularii Regii n. 38 : *Et quicunque Sordities, in carreriis ejecerint, a Bajulo et Consulibus puniantur.*

** Sorditia. Galen. Comp. lat. MSS. cap. 2. apud Maium in Glossar. novo : *Fæcis Sorditia ex sanguine et ex hepate venientis.*

¶ **SORDULENTUS**, Sordidus, in Parænesi Paciani ad Pœnit. inter Conc. Hisp. tom. 2. pag. 97 : *Ecce aliquem video aliquando frugi, aliquando pauperculum, aliquando vili tunica Sordulentum ; nunc bene cultus et locuples et decorus est.* Occurrit præterea apud Tertull. de Pœnit. cap. 11.

* Nostri, eodem sensu, *Touillé* dixerunt. *Touillé de boe*, in Lit. remiss. ann. 1400. ex Reg. 155. Chartoph. reg. ch. 428 : *Touillé de sang*, in aliis ann. 1406. ex Reg. 161. ch. 68.

SORDUS, Retis venatorii species. Vetus Inquesta pro Episcopo Vasionensi apud Columbum pag. 388 : *Capiebat de nocte cum luminaribus, et cum filato, quod vocatur Sordus, in monte, in quo modo est castrum Vasionis, perdices.*

¶ **SORELLUS**, Modulus agri, ut videtur, diminut. a *Sors*, eadem notione. Vide *Sors* 4. Regest. *Olim* ann. 1260. fol. 109. v° : *Defuncto Roberto de sancto Claro juniore tenebat de conquestu suo Sorellum cum pertinentiis; quæstione mota inter patrem dicti Roberti et dominam de Bello-saltu ejus sororem ad quem pertinebat dictus Sorellus, quia dicta soror dicebat ad eam pertinere per litteras donationis, per quas dictus Robertus ei dederat, si decederet sine hæredibus, omnia quæ habebat, sive quæ habere poterat.*

** **SORERA**, Idem, ut videtur. Placit. ann. 18. Edward. I. Nott. rot. 63. in Abbrev. Placit. pag. 224 : *Robertus Anneslcy querens .... pro placea terræ continente 60. pedes in longum et 40. pedes in latus .... Jurati dicunt quod predictus Robertus nunquam fuit in seisina de predicta Sorera ut de libero tenemento suo.*

¶ **SOREVARIUM**, f. Hernia, ilium procidentia, Gall. *Rupture*. Mirac. B. Simonis Eremit. August. tom. 2. April. pag. 828 : *Ejus filius occasione unius Sorevarii seu chazetinæ crepavit,... et sic stetit crepatus et* *devastatus usque ad tempus mortis B. Simonis.* [* Non puto; nam *Sorevarium* causa herniæ dicitur, adeoque non est ipsa hernia.]

* **SORGES**, Vox excitatoria, ab Italico *Sorgere.* Barel. serm. in Sab. 1. Quadrag. : *Occidentales similiter (non possunt nimis esse fortes) quia sunt frigidi, ut pote nimis longati a sole : imo pavidi, quamvis clament : Sorges, Sorges.*

¶ **SORGIE**, Actio jaciendi anchoram; *Sorgire*, anchoram jacere, *Jetter l'ancre* : forte a Gall. *Surgir*, navem ad portum appellere. Mirac. MSS. Urbani V. PP. ex Tabul. S. Victoris Massil. : *Erat tanta procella in mari quod numquam fuerit similis, voluerunt projicere, nautæ fecerunt in mari quod Sorgie vulgariter appellatur, et cum esset in quadam navicula sive gondola ipsius barquæ, essent ambo ad Sorgiendum ferrum.* Ibidem : *Erat tanta ira et procella maris per totam noctem laborantes, et cum uno solo ferro quod Sorgierant, etc.*

¶ **SORIAMNAIRE**. Bullar. Fontanell. MS. fol. 39. v° : *Concedimus redditus avenarum, garbarum bladi, tortellarum, gallinarum et ovorum quos et quas ratione ministerii Soriamnaire in foresta Brotoune, in parrochiis et in villis de Borneville... habemus.*

¶ **SORICINA** Cauda, Medicis, Pulsus ratio. Vide in *Cauda* 2.

SORILEGUS, Murilegus. Andreas mon. lib. 2. Vitæ S. Ottonis Episcopi Bambergens. cap. 40 : *Non sorex, non Sorilegus admittitur.* Vide *Murilegus.*

* *Brusler les souris* nostri dixerunt, pro Domum incendio conflagrare. Lit. remiss. ann. 1446. in Reg. 178. Chartoph. reg. ch. 149 : *Icellui Guillaume se print à dire qu'il brasleroit les Souriz des supplians, qui vault autant dire en langaige du pays, qu'il brusleroit leurs maisons, eulx et leurs mesnages.* Eodem nomine appellatur Pars tibiæ crassior, sura, Gall. *Mollet*, in aliis ann. 1382. ex Reg. 121. ch. 227 : *Le coup.... chey d'aventure sur la Souriz de la jambe dudit Regnault.*

¶ **SORISCULA** Vide *Sirascula.*

* **SORITA**, *Proprie minutissimarum rerum in unum collectio; ponitur pro minutissimis quæstcionibus.* Glossar. vet. ex Cod. reg. 7613.

¶ **SORIUS**, Color equi. Vide *Saurus.*

¶ **SOROPHAGUS**, *Lapis dictus, eo quod corpora defunctorum condita in eo infra quadraginta dies adsumantur.* Gloss. Sangerman. n. 501. Ubi leg. *absumantur.* A Græco σορὸς, loculus, sepulcrum, et φαγεῖν, comedere. [** *Sarcophagus*, ex Isidor. Origin. lib. 6. cap. 4. sect. 15.]

¶ **SOROR**, Ejusdem dignitatis et institutionis, par. Consuetud. Universit. Paris. per Robert. *Goulet* fol. 3. v° : *Hæc autem artium facultas per quatuor nationes distinguitur, quæ sunt Sorores et æquales.* Galli eadem notione *Sœur* usurpant. Vide *Sorores*, et *Sororiare.*

* *Seur*, eodem intellectu, in Lit. remiss. ann. 1397. ex Reg. 152. Chartoph. reg. ch. 177 : *Icelle Amoureuse ainsi attainuée et esmeue par ledit Picart, l'appella ribaut touchin; à quoy respondi tantost ledit Picart moult arrogaument à ladite Amoureuse, de laquelle il estoit homme subgiet et justiçable en partie, ces paroles, Vous estes ma Seur;* .... *par lesquelles paroles il vouloit dire, selon le langaige et interpretation commune du pais, que ladit Amoureuse estoit aussi ribaude et touchine.*

SORORECLATUM, in Notis Tyronis pag. 159. inter pannorum species. [** Vide Forcell. in *Sororiculatus.*]

SORORES, appelletæ Presbyterorum, vel Episcoporum uxores, a quibus ii abstinebant, in Concilio Arvernensi cap. 19. et Matisconensi I. cap. 11. Turonensi II. cap. 12. etc. Quippe, ut est in Pœnitentiali Halitgarii, *si quis Clericus, i. cujus superior gradus est, qui uxorem habet, et post conversionem vel honorem iterum eam cognoverit, sciat se adulterium commisisse.* Fortunatus lib. 1. carm. 15. de Leontio Santonensi Episcopo, et Placidina uxore :

Quæ tibi tunc conjux, est modo chara Soror.

Vita S. Severi Episcopi Ravennatis n. 19 : *Uxor quippe in Sororem versa est.* Constantius Presbyter in Vita S. Germani Episcopi Autisiodorensis, de eodem Germano in Episcopum electo : *Suscepit Sacerdotium invitus, coactus, addictus; sed repente mutatur ex omnibus : deseritur mundi militia, cœlestis assumitur : seculi pompa calcatur, humilitas conversationis eligitur : uxor in Sororem mutatur ex conjuge, substantia dispensatur in pauperes, paupertas ambitur.* Hugo Archiepisc. Rotomag. lib. 3. de Hæretic. cap. 5 : *Et tunc, quas legitimas habetis uxores, thoro separato, manebunt vestræ sub castitatis honore Sorores.* Vide S. Hieronymum Epist. 46. ad Rusticum, lib. 1. in Helvid. cap. 6. 14. Paulinum Nolanum Episcopum Epist. 26. Sidonium lib. 5. Epist. 16. Amphilochium in Vita S. Basilii Cæsar. cap. 8. Novellam 2. Isaaci Angeli in lib. 2. Juris Græcorum pag. 175. et Rosweidum in Onomastico ad Vitas Patrum.

Sorores, Mulieres *extraneæ*, quas συνεισάκτους vocant Græci, quarum consortium vitare jubentur Clerici in Concilio Ancyrano can. 19. Nicæno cap. 3. et aliis subsequentibus Conciliis. Lex 19. C. de Episc. (1, 3.) : *Eum, qui probabilem sæculo disciplinam agit, decolorari consortio Sororiæ appellationis non decet.* Appendix Codicis Theod. Const. 10 : *Ne Clerici sacris ministeriis servientes feminis jungantur externis, quas decolorare consortio Sororiæ appellationis excusant.* Palladius in Vita Chrysostomi pag. 45 : Κατατείνει λόγον κατὰ τῆς ἐπιπλάστου ἀδελφοζωΐας τὸ δ'ἀληθὲς κατὰ τῆς ἀσχήμου κακκζωΐας, etc. Vide, quæ in hanc rem congesserunt Filesaccus lib. 1. Select. cap. 10. et Gothofredus ad leg. 44. Cod. Th. de Episcop. (16, 2.)

Sorores, a Monachis appellatæ virgines ac mulieres, quæ pietatis ac devotionis intuitu, eorum disciplinæ ac regulæ sese addicebant, ita ut domicilia seclusa omnino haberent a Monachorum ædibus, ne qua pravà oriretur suspicio. Auctor Actorum Murensis Monasterii pag. 17 : *Eo etiam tempore misit huc suos exteriores fratres cum Sororibus, de qua consuetudine etiam adhuc assunt.* Et pag. 37. postquam egit de *fratribus exterioribus*, seu laïcis : *De consuetudine autem congregandi feminas, quæ hic jam multis annis viguit, nobis est exemplum vita sanctorum Patrum, quia et ipsi feminas congregaverunt ob amorem Dei, quarum mansio et vita ita debet esse separata a Monachis, ut nulla inter eas possit esse suspicio; sed a solo Abbate et Præposito, qui eis prælati fuerint, earum vita et religio ordinetur.* Ejusmodi *Sororum*, quæ et *Feminæ conversæ* interdum dicuntur, meminit Chronicon Montis-Sereni ann. 1210. 1219. et pag. 158. Atque inde petenda *Monasteriorum duplicum*, de quibus supra egimus, origo.

* Talis est mulier vidua, cujus Charta ann. 1112. extat in Chartul. Celsinian. ch. 685 : *Ego Dalmatia.... a conjugali vinculo absoluta meæque potestati reddita, meipsam cum tota hæreditate ac possessione mea offero Deo et SS. Apostolis Petro et Paulo ad monasterium Celsiniacense, ad quem locum ab hac die me cum rebus meis, suscepto velo, hoc est, habitu sanctimoniæ, et vivam et mortuam profiteor pertinere.*

* Sorores Cantantes, Moniales choro addictæ, vulgo *Sœurs de chœur.* Stat. Præmonst. MSS. dist. 4. cap. 11 : *Et ubi Sorores cantantes habentur, scapularibus albis sine caputiis uti poterunt; dum tamen non portentur disjuncta, et etiam non cantantes, si voluint habere.*

¶ Sorores Griseæ, Nigræ, in Obituario MS. Eccles. Morin. fol. 37. v° : *Et conventibus Sororum grisearum Ordinis S. Francisci, ac nigrarum Ordinis S. Dominici,.... cuilibet religioni et loco* iv. *sol.*

¶ Sorores de Sacco. Vide *Sacci.*

Sorores, quævis Sanctimoniales. Fortunatus lib. 5. Poem. 1 :

Et crescente choro per carmina sancta Sororum
Complaceant Domino, te duce mite, suo.

Vide eumdem lib. 11. Poem. 1. et alibi.

Sorores appellabant Monachi, mulieres quasvis, quibus orationum beneficia concedebant. Tabul. Absiense fol. 105 : *Et pro matre sua, quam fratres Absiæ acceperunt in Sororem.* Vide *Consoror*, et *Fraternitas* 5.

Sororum appellatione Regum seu Principum uxores donabantur, cum de iis verba faciebant Principes exteri, aut si ad eas scriberent, quemadmodum earum conjuges *fratres* appellitabant. Vide Epist. 39. inter Francicas tom. 1. Hist. Franc. [et *Fraternitas* 7.]

¶ **SORORGIA**, Uxoris soror, Gallice *Belle sœur.* Charta ann. 1285. ex Tabular. Verzeliac. : *De qua treillia et rocha Petrus Badea et Agatha Bardele Sororgia sua reddebant.... unum sextarium frumenti et unum Cenomanensem.* Ejusdem originis *Sororgius.*

* Vel soror mariti. Charta ann. 1298. in Chartul. eccl. Lingon. fol. 158. v° : *Dicta Gryffaude et ejus Sororgia, etc.*

¶ **SORORGIUS**, Sororis maritus, Gall. *Beau-frere*, olim *Sororge*, *Serourge.* Vide *Sororinus.* Charta ann. 1120. ex Tabul. Majoris Monast. : *Dedit* (Guerinus) *jam dictis monachis, intercedente pro eis Gaufredo de Doeto Sorgio suo, omnem proprietatem eorum tam in terris quam in vineis et pratis.* Charta Ludovici VII. Reg. Franc. ann. 1169. apud Marten. tom. 6. Ampl. Collect. col. 239 : *Cognoverunt etiam prænominati Hugo et Guido, quod Nicolaus Sororgius suus aliam medietatem trium partium prædictæ decimæ.... invadiaverat,... assentiente uxore sua Emelina.* Charta ann.

1336. apud Lobinell. tom. 5. Hist. Paris. pag. 654 : *Et apres ce vint en jugement Jehan de Beau-lieu Ecuyer Sororge dudit vendeur.* Le Roman *de Vacce* MS :

Antressi s'entralient comme Serourge et gendre.

Occurrit præterea in vet. Chron. Flandr. c. 6. et 25. apud Froissart. vol. 1. cap. 6. 27. 29. 33. apud Monstrelet. lib. 1. cap. 47. et alibi.

* *Serorge*, in Charta Math. ducis Lothar. ann. 1245. ex Tabul. S. Apri Tull. Hinc *Serourge* legendum, pro *Ferourgé*, tom. 10. Collect. Histor. Franc. pag. 276. *Serour*, in Literis Theobaldi comit. Campan. ann. 1264. tom. 5. Ordinat. reg. Franc. pag. 391. Unde *Surescheur*, Maritus, qui cum fratribus uxoris suæ bona paterna partitur. Lit. remiss. ann. 1477. in Reg. 203. Chartoph. reg. ch. 2 : *Jehan et Guillaume de Mazeirolle et autres Surescheurs, etc.* Vide *Fraternitas* 6.

¶ 1. **SORORIA**, Soror. Litteræ Edwardi III. Regis Angl. ann. 1351. apud Rymer. tom. 5. pag. 731 : *Cum nuper serenissima Margareta Romanorum Imperatrix, Sororia nostra carissima, etc.* Alibi legitur, *Soror.*

* 2. **SORORIA**, Uxoris vel mariti soror, aut fratris uxor. Charta ann. 1098. in Chartul. S. Vict. Massil. : *Accepimus pro hoc tres solidos Otonencos, nepotes mei et Sororia unum modium de frumento.* Alia ann. 1268. ex Chartul. episc. Paris. fol. 116 : *De eodem feodo* (Combisvillæ) *debet facere homagium A. Sororia sua.* Alia ann. 1278. in Chartul. eccl. Lingon. fol. 224. r° : *Guillermus Proinge et Johanneta ejus Sororia pro orto suo.... tres denarios.* Acta MSS. Inquisit. Carcass. ann. 1308. fol. 3. r° : *Hoc idem audivit dici a Blanca Sororia ipsius et Gaya sorore ipsius Ermengardis.* Vide *Sororgia* et *Sororina.*

¶ **SORORIARE**, Simul grandescere, assimilari. Gerardus in Vita S. Adalhardi cap. 50. ubi de utraque Corbeia : *Erant enim inter se communes, et quia junior sub eodem patre jam Sororiabat, dilectissimæ sorores.* De mammis puellarum, cum primum tumescunt, *Sororiare* dixit Plautus. Vide Festum.

¶ Sororisare, Eodem intellectu, in Vita S. Augustini Cantuar. tom. 6. Maii pag. 378 : *Uniones tantum Hesperia, Britannia, et Eoa India Sororisant.* Joh. de Janua : *Sororissare, vel Sororizare, imitari morem sororis :* unde Gloss. Lat. Gall. Sangerman. : *Sororizare, Ensuigre la suer.* Vide *Soror.*

¶ **SORORICIDIUM**, ἀδελφοκτονία, in Gl. Lat. Græcis.

¶ **SORORIGER**, Uxoris frater, Gall. *Beau-frere.* Tabular. Aureliense in Lemovic. fol. 5 : *Audiente Bernardo Amalvi fratre suo, et Fulcherio clerico Sororigero suo, etc.* Vide *Sororgia*, et *Sororius.*

¶ **SORORINA**, Uxor fratris. Vita S. Catharinæ Senensis tom. 3. April. pag. 928 : *Lysa uxor germani virginis sacræ, et per consequens ejus Sororina vel cognata, etc.* Vide mox *Sororinus.*

1. **SORORINUS**, Sororis maritus. Vita Caroli IV. Imp. : *Rex vero Franciæ indignatus propter expulsionem sororis suæ et Sororini, etc. Serourge*, nostris. Hist. Franc. MS. ex Bibl. Memmiana fol. 269 : *Le Roy d'Alemagne Serurge dudit Jean d'Avesnes, etc.* Jacobus Hemricurtius de Bellis Leodiensib. cap. 22 : *Messire Botir d'Az, qui estoit Soroge al Saingnor de Hermalle; car illi et ly Sires de Hermalle avaient les dois sereurs de Saingnor de Haneffe.* [Vide *Sororgius.*]

¶ Sororinus, Uxoris frater. Charta ann. 1237. ex Chartul. S. Vandreg. tom. 1. pag. 910 : *De quibus prædictus Johannes mihi novem denarios debebat et reddebat singulis annis ad mediam Quadragesimæ et Galterus clericus meus Sororinus alios novem.* Vide *Sororiger* et *Sororius.*

* 2. **SORORINUS**, Filiolus sororis, ut interpretantur docti Editores ad Mirac. S. Hyacinthi tom. 3. Aug. pag. 362. col. 2 : *Honesta Agnes Walcova de Crupniki suburbana Cracoviensis deposuit, quod puer Sororinus novem annorum in fluvio villæ dictæ Wola est submersus, etc.*

¶ **SORORISARE**, ut *Sororiare.* Vide ibi.

¶ **SORORISSA**, Monialis. Sebast. Perusinus in Vita B. Columbæ Reatinæ tom. 5. Maii pag. 335* : *Per falsos religiosos atque garrulas anus, et larvatas Sororissas, etc.* Vide in *Sorores.*

SORORITATIS *beneficium suscipere*, in *Sororum* seu Sanctimonialium album admitti, conscribi. Thomas Walsinghamus pag. 490 : *Ante recessum suum, ingressa Capitulum, suscepit beneficium Sororitatis cum magna devotione.* Vide *Fraternitas* 5.

¶ 1. **SORORIUS**, Sororis maritus. *Sororius, Serourge*, in Gloss. Lat. Gall. Sangerm. Charta ann. 1080. apud Lobinell. tom. 2. Hist. Britan. col. 232 : *Ex dono Hamonis filii W. Bevun unam mansuram in ponte Geroaldi, concedente sorore sua et Sororio suo Johanne de Langan.* Charta ann. 1216. in Chartul. Domus Dei Pontisar. : *Ad petitionem matris meæ prædictæ et preces fratrum meorum et Sororii mei prædictorum sigillo meo præsentem cartam consignavi.* Epist. Philippi III. Reg. Franc. ann. 1270. apud Acher. tom. 2. Spicil. pag. 567 : *Princeps egregius carissimus noster Sororius et amicus Theobaldus Rex Navarræ, etc.* Occurrit præterea in Chron. Trivetti apud eumdem tom. 8. Spicil. pag. 500. in Litteris Bonifacii VIII. PP. in Chron. Angl. Th. *Otterbourne* pag. 92. apud Marten. tom. 4. Anecdot. col. 133. Steyerer in Comment. ad Vitam Alberti II. Ducis Austriæ col. 129. Ludewig. tom. 1. Reliq. MSS. pag. 204. et tom. 5. pag. 535. Vide *Sororgius* et *Sororinus.*

¶ Sororius, Uxoris frater. Charta Edwardi I. Reg. Angl. ann. 1295. apud Rymer. tom. 2. pag. 687 : *Rex egregio viro, domino Henrico illustris quondam Regis Castellæ filio, Sororio suo karissimo, etc.* Codex MS. D. de *Chalvet* Senescalli Tolos. de Hæret. Albigens. : *Quidam Sororius dicti infirmi, frater videlicet uxoris ejus, etc.* Vide *Sororiger.*

* 2. **SORORIUS**, *Sororis filius*, in vet. Glossar. ex Cod. reg. 7613.

¶ **SORPRISIA**, ut supra *Seurprisia.* Vide in hac voce. Transactio ann. 1255. inter Alanum Vicecom. *de Rohan* et ejus Senescallum in Tabular. Blein. : *Item si de Sorprisiis senescalliæ post decessum patris nostri inter nos et dictum Oliverium aliqua contentio de cetero oriatur, etc.* Vide *Superprisia.*

¶ **SORRATORIUM.** Vide supra *Sorator.*

¶ **SORRENTIALIS**, Carnifex. Romanus Valic. Basilicæ canonicus in Tract. de ead. Basilica cap. 42. apud Macros in Hierolex. : *Sorrentialibus præfecti, si suspendunt aliquem, quinque solidi : quando decollant similiter, quando cæcant 12. denarii pro unoquoque oculo.*

¶ **SORRUS**, Fumo exsiccatus, Gall. *Soré.* Charta ann. 1214. ex Tabul. S. Vincentii Cenoman. fol. 38 : *Concessi abbatiæ S. Vincentii... unum milliarium halecii Sorri.*

* Nostris *Sorir*, pro *Secher*, Desiccare, arefacere. Lit. remiss. ann. 1400. in Reg. 155. Chartoph. reg. ch. 454 : *Trois botes d'aulx.... pour iceulx Sorir et secher.*

1. **SORS**, Sortilegium. *Sortem dare*, in Legibus Adelstani Regis c. 6. pro *immittere* sortilegium in rem quampiam : *Decrevimus de sortilegis et liblacis, et Sortem dantibus, si hominem occiderint, et negare non possint, vitæ suæ culpa judicentur.* In Lege Salica, *superjactare maleficium.*

* Matres familias apud Germanos sortibus et vaticinationibus declarabant utrum prælium committi ex usu esset, necne, ut nos docet Cæsar de Bello Gall. lib. 1. cap. 40.

Mala Sorte Prendere, quasi per *sortem*, et maleficium aliquid invadere, Gall. *de mauvaise sorte*, prava aliqua ratione. Pactum Childeberti et Chlotarii § 6 : *Si servus minus tremisso involaverit, et mala Sorte priserit, dominus servi 3. sol. solvat, etc.* § 8 : *Si litus, de quo inculpatur, ad sortem ambulaverit, mala Sorte priserit, medietate ingenui legem componat.* Decretio Chlotarii Regis § 5. 6. 7 : *Si quis cum furto capitur, antedictæ subjaceat legi. Si de suspicione inculpatur ad sortem veniat. Si mala Sorte priserit, latro est tamen, etc.* Hinc

¶ Sors, Modus, ratio : unde vox Gallica *Sorte*, eadem notione. [* Et Italica *Sorta.*] Charta Henrici V. Reg. Angl. ann. 1418. apud Rymer. tom. 9. pag. 542 : *Sciatis quod assignavimus vos ad tot cimentarios et laboratores, quot necessaria fuerint pro factura septem millium lapidum, pro gunnis de diversis Sortibus.*

* Inventar. S. Capellæ Paris. ad ann. 1303. ex Bibl. reg. : *Cum casula seu infula, dalmatica et tunica ac duabus capis de eadem Sorte. Deux chapes d'une Sorte*, in altero Gall. ibid. Stat. pro arte parat. pannor. Carcass. renovata ann. 1466. in Reg. 201. Chartoph. reg. ch. 121 : *Item et quia in dicto burgo fiunt nonnulli panni, nuncupati floreti, quia sunt seu esse debent meliores et pretiosiores aliis pannis communibus Sortis dicti burgi, etc. Souage*, idem forte sonat in Comput. Rob. de Seris ann. 1332. ex Reg. 5. fol. 5. r° : *Les bordeures et les auves* (de la selle) *d'une Souage d'orfaverie feruee en Souage de croisetes dorées.* Lit. remiss. ann. 1426. ex Reg. 173. ch. 461 : *Ung hanap à pié, tout d'argent Souaige goderonné.*

2. **SORS**, Judicium Dei, purgatio vulgaris. Pactum Childeberti et Chlotarii : *Si servus in furto fuerit inculpatus, requiratur a domino, ut ad 20. noctes ipsum in mallum*

præsentet, et, si dubietas est, ad Sortem ponatur. Ad sortem ambulare, § 8. *Ad sortem venire*, in Decretione Childeberti Regis § 6. 8. *Ad ignem seu Sortem se excusare*, in Lege Ripuar. tit. 31. § 5. *Sortes super altare Dei mittere, etc.* in Lege Frision. tit. 14. § 1. 2.

SORTES SANCTORUM. Sic appellatur Evangelii aut cujuslibet libri sacri inspectio, ῥαψῳδομαντείας species : cum scilicet aperto libro quicquid oculis se subjiciebat, pro sorte, id est, oraculi loco, habebatur : [cujusmodi editæ sunt ex Pithœo post Canones veteres edit. Reg.] Quæ quidem divinationis species a Paganis fluxit, ut ex S. Augustino lib. 4. Confess. cap. 3. colligitur. Ejusmodi sunt *Virgilianæ sortes*, apud Spartianum. Idem Augustinus Epist. 109. ad Januarium c. 20 : *Hi vero, qui de paginis Evangelicis Sortes legunt, et si optandum est, ut hoc potius faciant, quam ut dæmonia consulenda concurrant : tamen etiam ista mihi displicet consuetudo, ad negotia secularia, et ad vitæ hujus vanitatem propter aliam vitam loquentia oracula divina velle convertere.* Concilium Veneticum c. 16. et ex eo Hincmarus de Divortio Lotharii : *Sunt et Sortilegi, qui sub nomine fictæ religionis, per quasdam, quas Sanctorum Sortes vocant, divinationis scientiam profitentur, aut quarumcunque scripturarum inspectione futura promittunt.* Similia habent Concil. Agathense can. 42. Aurel. I. c. 30. Autisiod. c. 4. Cumeanus Abbas de mensura pœnitentiarum cap. 7. Pœnitentiale Romanum et Gregorii II. PP. c. 26. et Beda c. 11. et Alcuinus lib. de Divin. Offic. Capitula Caroli M. de diversis reb. ann. 789. c. 4 : *De codicibus vel tabulis requirendum, et ut nullus in Psalterio, vel in Evangelio, vel in aliis rebus Sortiri præsumat, nec divinationes aliquas observare.* Pœnitentiale MS. Thuanum : *Requisisti Sortes in codicibus, vel in tabulis, ut plures solent, qui in Psalteriis et in Evangeliis, vel in aliis hujusmodi rebus sortiri præsumunt, etc.* Concilium Ænhamense ann. 1009. c. 3 : *Sagas, incantatores, artem sanctorum exercentes, meretrices egregias mortem inducentes, etc.* Ubi Codex editus artem *scm* præfert : sed legendum videtur *sortem*, aut *sortes sanctorum*. [Conc. Trevir. ann. 1310. apud Marten. tom. 4. Anecd. col. 257 : *Nullus etiam super Sortes quas Sanctorum, seu Apostolorum, vel Psalteru vocant, aut cujuscumque scripturæ inspectione divinationis scientiam profiteatur, aut futura promittat, aut quælibet maleficia in tabulis, vel codicibus, in astralabo* (l. astrolabio) *requirat.*] *Sortes Apostolorum* vocat Petrus Blesensis libr. de Præstigiis fortunæ, seu Joannes Sarisber. lib. 1. Policrat. c. 12. vel quod Pauli Apostoli Epistolæ, vel quod Evangelii, ab Apostolis descripti, codices inspicerentur : vel denique quod ab Apostolis *missas sortes* constet. S. Augustinus in Concione 2. Psalmi 30 : *Sors enim non aliquid mali est, in dubitatione humana divinam indicans voluntatem : nam et Sortes miserunt Apostoli.* Petrus vero Blesensis : *Sortilegi sunt, qui sub nomine fictæ religionis superstitiosa quadam observatione rerum pollicentur eventus. Quod genus Sortes Apostolorum et Prophetarum, et Dividentium continet; inspectio tabellæ, quæ Pythagorica appellatur : observatio quoque cujusque casus, id est, rei, de qua quæritur significatione, sub eo continetur.* Priorem sententiam videtur firmare Gregorius Turon. lib. 4. Histor. cap. 16 : *Positis Clerici tribus libris super altarium, id est Prophetiæ, Apostoli, atque Evangeliorum, oraverunt ad Dominum, ut Chramno, quid eveniret, ostenderet; aut si ei felicitas succederet, aut certe, si regnare posset, divina potentia declararet : simulque unam habentes convenientiam, ut unusquisque in libro, quod primum aperiebat, hoc ad Missas etiam legeret. Aperto ergo primum omnium Prophetarum libro, reperiunt, etc.* Alia istius divinationis exempla idem Scriptor suggerit lib. 5. c. 14. 49. lib. 8. c. 4. Vita S. Consortiæ Virginis c. 9 : *Si vultis, pergamus ad Ecclesiam, agatur Missa, ponatur Evangelium super altare, et communi oratione præmissa, codice patefacto, inspiciamus Domini voluntatem ex illo Capitulo, quod primum occurrerit.* Alia istiusmodi exempla divinationis proferunt Jonas in Vita S. Huberti cap. 15. Historia Conversionis S. Eucherii edita a Petro Chiffletio in Paulino illustrato, Theophanes ann. 13. Heraclii, [Vita S. Marthæ matris S. Symeonis Jun. Styl. n. 58. Gregoras lib. 8. c. 26.] et Cinnamus lib. 5. c. 7. Ad hanc etiam referendum videtur, quod scribit Severus Sulpitius lib. 1. de Electione S. Martini in Episcopum Turon. : *Inter Episcopos tamen qui affuerant, præcipue Defensor quidam nomine, dicitur restitisse : unde animadversum est, graviter illum lectione prophetica tunc notatum. Nam cum fortuitu Lector, cui legendi eo die officium erat, interclusus a populo defuisset, turbatis ministris, dum expectatur, qui non aderat, unus e circunstantibus assumpto psalterio, quem primum versum invenit, arripuit. Psalmus autem hic erat : Ex ore infantium et lactentium perfecisti laudem propter inimicos tuos, ut destruas inimicos et defensorem. Quo lecto, clamor populi tollitur, pars adversa confunditur, etc.* Eadem habet Fortunatus lib. 1. de Vita S. Martini. Vide Cantipratanum lib. 1. cap. 9. num. 4.

Atque inde forte fluit mos ille, qui diu servatus est in Ecclesia, ut dum eligerentur Episcopi, per inspectionem Evangelii, quid de ejus moribus, vel conversatione in administratione, futurum esset, inquireretur. Quod scilicet hac ratione primitus in electionibus Episcoporum Dei judicium exquireretur, et an has probaret; quod fortasse videtur velle Rainerus c. 5. de Valdensibus, dum ait, hosce hæreticos, *Laicos, qui sorte sanctos eligunt, in altari deridere.* Nam a Laicis perinde ac Clericis Episcopos electos constat. Morem istum adstruit omnino Vita S. Aniani Episcopi Aurelianensis : *Cumque varia electio populi fieret, ille eos paterno affectu castigans, eisdem dixit : Si vero pastorem vultis, electum a Domino, fratrem et compresbyterum meum Anianum noveritis in meo constitui loco. Atque ut idipsum divinæ electionis claresceret, cum triduanum jejunium more Ecclesiastico indixisset, brevibus et libris super altare positis, necdum loquentem parvulum afferri præcepit, ut ipse brevia ab altari sublevaret. Tunc vero Christi operante virtute, cum puer manum injecisset altari, mox ut breve tetigit, vox inconsueta novella verba prodidit, testeque populo proclamavit : Anianus, Anianus, Anianus istius civitatis a Deo Pontifex est institutus. Mox ut verba complevit, ætatis tempora lingua recognovit. Sed ut votis omnium fieret satisfactum, aperto psalterio, versum, quem primum invenerunt, legentes, dixerunt : Beatus quem elegisti, etc. Prolato quoque Apostolico codice, in primo repererunt sermone : Fundamentum aliud nemo potest ponere, etc. Sed et in Evangelii pagina hanc primam repererunt sententiam : Super hanc petram ædificabo Ecclesiam meam, etc. His ergo virtutum insignibus in Cathedra Aurelianensis Ecclesiæ sanctus institutus est Anianus.* Ubi binas observare est divinationes, primam *per brevia*, de qua mox : alteram per inspectionem sacrorum librorum, *Psalterii* scilicet, *Apostoli*, et *Evangelii*. Sed postmodum sola Evangelii inspectio obtinuit, non quidem ad explorandum Dei judicium, an quis eligendus esset ad Episcopatum, sed quid de eo futurum esset in Episcopatus administratione, quique ejus mores, quæ conversatio, qualisque illius finis ac mors. Quam quidem divinationem *Prognosticon* fere semper appellant Scriptores, ex quibus ad hunc firmandum morem sequentia excerpsimus. Libellus supplex Capituli Aurelian. ad Alexandrum PP. III : *Apertæ sunt cataractæ cœli, ut credimus, et de cœlestibus stillat indignatio; et Apostolicæ manus fortitudinem induantur, ut denudetur iniquitatis fundamentum usque ad collum, et finem iniquitatis sortiatur, quem in die suæ promotionis sermo divinus ei prognostica significatione proposuit : aperto enim, sicut moris est, Evangeliorum libro, sermo, qui primus occurrit, sic erat : Adolescens autem relicta syndone nudus profugit ab eis.* Guillelmus Malmesbur. lib. 1. de Pontif. Anglic. pag. 214. de Lanfranco : *Aiunt ejus prognosticon : Date eleemosynam, et ecce omnia munda sunt vobis. Quod ille ab acclamantibus hilari vultu ad Dominum direxit : Certemus ergo mutua vicissitudine, tu dando, ego dispertiendo, etc.* Eadem habent Robertus de Monte ann. 1089. et Anonymus in Vita ejusdem Lanfranci c. 15. Idem Malmesburiensis pag. 219. et Matth. Paris ann. 1093. de Anselmo : *Inter sacrandum pro ritu Ecclesiæ, codex Evangelii ab Episcopis super eum apertus tenebatur. Consecratione autem peracta, cum codex inspiceretur, in paginæ summitate hæc sententia est reperta : Vocavit multos, et misit servum suum, et cœperunt omnes se excusare.* Adde eumdem Malmesburiensem pag. 220. Historia Episcoporum Autisiod. c. 54. de Hugone Episcopo : *Cujus quoddam præsagium fuit prognosticum ei divinitus destinatum, quod tale fuit, Ave Maria gratia plena.* Guibertus lib. 2. de Vita sua c. 3. de se in Abbatem Novigenti electo : *Cum obviam mihi procedere pararent, textum Evangelii ex industria super altare hac intentione aperuit, ut, quod Capitulum oculis primum occurreret, pro mei auspicio haberet....* Mox : *Aperuit ergo librum, cui juxta morem extrinsecus labra depresseram, etc.* Et lib. 3. c. 14. de Electione Episcopi Laudunensis : *Quoad consecrationem exhibito cum prognosticum* [illegible] aucuparentur, vacuam repererunt paginam. De alio Episcopo, mox : *Cui tamen in prognostico suo Evangelicum Capitulum dure sonuit,.... Tuam scilicet ipsius animam pertransibit gladius.* Ægidius Mon. Aureæ vallis cap. 64. de Alberto Episcopo Leod. : *Cum autem a duobus Episcopis ante Evangelium Missæ, sicut sancti Patres sanxerunt, ordinandus in Episcopum Archiepiscopo præsentaretur, Archiepiscopus librum, qui erat ei oblatus, aperiens, in prima parte libri legit : Misit Herodes Rex, et tenuit Joannem, et vinxit eum in carcerem. Et postea sequitur : Et decollavit eum in carcere. Statim Archiepiscopus fremens in semetipso spiritu contrito, quasi lacrymando intuens in eum dixit : Fili, accedens ad servitutem Dei, sta in justitia et timore, et præpara animam tuam ad tentationem, tu enim Martyr es futurus.* Similia habentur in Vita S. Heriberti Archiepiscopi Coloniensis n. 9. apud Rupertum Abbatem in ejusdem Heriberti Vita n. 9. in Vita Lietberti Episcopi Cameracensis cap. 18. etc.

Id genus Episcopalis prognostici obtinuisse etiam apud Græcos testatur Pachymeres lib. 8. c. 15. 52 : Ὃς δὲ ὁ Καράκαλος Νικομηδείας τὸν ζυγὸν τοῦ εὐαγγελίου ἐτίθει, καὶ ἤδη τὸν θεῖον θεᾶσθαι χρησμὸν ἔμελλεν, (φέρουσι γάρ τι κἂν τούτων ἐπὶ τοῖς τελουμένοις οἱ πολλοὶ πίστεις· κἂν οὐκ ἀναγκαῖα ἡ ἐπισήμανσις) τὸ εἰς κόλασιν ἀπόφημον ἐν τῷ ἱερῷ εὐαγγελίῳ ἐνεφανίζετο. Τὸ δὲ ἦν, Τῷ διαβόλῳ καὶ ἀγγέλοις αὐτοῦ. Paulo supra σημεῖον σύνηθες vocat, quod Latini *Prognosticum*. Istius meminit Sguropulus in Histor. Concilii Florent. sect. 12. cap. 4. qui perinde ac Pachymeres nude ζυγὸν vocat. Vide Glossar. med. Græcit. voce Ῥικτολογιον col. 1299.

Neque in Episcoporum electionibus id dumtaxat observatum; sed etiam in Canonicorum installationibus. Exstat quippe forma recipiendi Canonicum in Ecclesia Bononiensi in Morinis, apud Jac. Petitum post Pœnitentiale Theodori pag. 492. in qua hæc habentur : *Decanus, vel eo absente Præsidens, promissa legens, indutus stola, aspergit aquam benedictam super Canonicum receptum, et a singulis secundum ordinem admittitur ad pacis osculum : deinde aperto codice Evangelico capite primi folii, quæ scripta reperit, et verba adnotantur ad memoriam suæ receptionis, etc.*

Præallatis addendum videtur Brunonis Signiensis Episcopi lib. de Vestimentis Episcopor. judicium de hisce Sanctorum sortibus, in Cap. *Cur fiant prænostica in consecratione Episcopi : Non ad Sortes inquirendas, ut stulti opinantur, Evangeliorum liber ejus, qui consecratur, humeris imponitur; sed ut per hoc intelligat, cui labori et oneri subjiciatur, et pondus Evangelicæ prædicationis eum circumquaque ferre non pigeat.*

Erat et alia istiusmodi divinationis species, quæ fiebat per duas pluresve epistolas, seu schedulas sub altaris palla confuse positas, quarum una negationem, altera affirmationem rei, de qua dubitabatur, contineret : quæque post solemnes preces ac jejunia indicta capienti occurreret, ea pro judicio divino habebatur. Gregorius Turon. de Vitis Patrum cap. 9 : *Tunc pro hospitio quoddam brevibus conscriptis posuit super altare, vigilans et orans tribus noctibus, ut quid ei Dominus juberet dignaretur manifestissime declarare. Sed pietatis divinæ inclyta miseratio, quæ eum præsciens eremitam esse decreverat, brevem illum accipere jubet, ut eremum properaret.* Baldricus lib. 1. Chronici Cameracensis cap. 21. ubi de contentione pro corpore S. Leodegarii, quod sibi vindicabant Episcopi Pictavensis, Augustodunensis, et Atrebatensis : *Donec ex sententia cæterorum Pontificum, tribus Epistolis, horum trium nominibus subscriptis, et confuse sub palla altaris obtectis, factaque in commune oratione, Pictavensi Episcopo ex indiciis sanctum corpus deberi declaratum est.* Istius στοιχειομαντείας exempla alia proferunt Theophanes et Cedrenus ann. 13. Heraclii, Anonymus in Festum restitut. imagin. pag. 785. et ex eo forte Synaxarium in Dominica τῆς ὀρθοδοξίας in Triodio, Sguropulus in Histor. Concilii Florent. sect. 12. c. 3. extr. Anna Comnena lib. 10. et 15. pag. 273. et 471. Pachymeres lib. 7. cap. 13. et Vita S. Aniani Episcopi Aurelian. supra laudata : cui similis est ea, de qua agit Lex Frisionum tit. 14. § 1. præterea Durandus lib. 5. Ration. cap. 2. n. 5. [Vide Casaubonum ad Spartianum in Hadriano pag. 5. 2. edit.]

Exstitit denique alia divinationis per *Psalmos species*, quam *Ensalmo*, seu *Inpsalmum* vocant Hispani, quæ Sebastiano de Cobarruvias dicitur *cierto modo de curar con oraciones, unas vezes solas, otras aplicando juntamente algunos remedios*. Ut : *Ensalmadores, los que curan con Ensalmos.* Mox subdit : *Dixeronse Ensalmos, porque de ordinario usan de versos de psalterio, y dellos con las letras iniciatwas de letra por verso, o per parte, hazen unas sortijas para diversas enfermedades.*

SORS DE PANE. Vide *Corsned*.

SORS DE LIGNO. Vide *Tenus*.

3. **SORS**, Pittacium vel Schedula, in qua, quod quis sortiri debeat, inscribitur. Hinc *inscribi in sortem* prædia dicuntur, quæ sorte dividenda sunt : et *sortes tollere* ii, qui sortiuntur, apud Hygenum de Limitib. Constit. Capitolinus in Albino : *Cum ille Sortem de suo fato tolleret*, i. de suo fato sciscitaretur. Inde postmodum *Sors*, 4.

* *Item Ravennates debent rumpere scriptum salis seu Sortem salis, et perpetuo tempore a duobus annis post festum S. Michaelis proxime venturi in anno, et numquam amplius Sortem seu scriptum facere*, in Charta ann. 1200. apud Murator. tom. 4. Antiq. Ital. med. ævi col. 374. Alia ann. 1208. apud eumd. tom. 2. col. 873 : *Item ut non vendant, nec dent nobis salem cum Sorte nec ejus simili, etc.*

4. **SORS**, pro Modulo agri, apud veterem Agrimensorem pag. 337. in leg. ult. Cod. Th. de Locat. fund. jur. emphyt. (10, 3.) in leg. 15. de Annona et tribut. (11, 1.) eodem Cod. Κλῆρος γῆς, apud Julianum in Mysopog. *Sortes* enim proprie appellabant Romani agros, quos in provinciis a se devictis occuparant, sorte Militibus divisos, ac assignatos. Scribit Procopius lib. 1. de Bello Vandalico cap. 5. Gizericum post captam Romam, in Africa muris urbes exuisse, agris Afros spoliasse, plurimos ac optimos Vandalis divisisse, qui sua ætate *Vandalorum* κλῆρος, seu *sortes* vocabantur. Sed præsertim *sortis* nomenclatura donata agrorum pars apud Gothos et Burgundiones, quæ in debellatis Provinciis tum victoribus, tum antiquis possessoribus sortito evenerat : ii quippe tertia fundorum parte devictis Romanis relicta, residuas sibi usurpavere. *Sorte* autem divisos ejusmodi agros negat Dominicus de Prærogativa alodiorum cap. 5. § 11. idque elicit præsertim ex eo, quod portio Romani *Sors* etiam appelletur : quasi vero totum agrum victores cum antiquis possessoribus sortiri, et singulorum portiones *sortis* vocabulo donari non potuerint. Vide *Tertia*. [** Gesta vendit. confecta sub Justinian. Imperat. apud Marin. in Diplom. Papyr. num. 115 : *Liberas autem inlibatas portiones duorum fundorum ab omni nexu fisci, deviti populi privative et ab here alieno, litibus, causis controversihisque omnibus, nec non a Sorte barbarica* (vel *barbarici*) *et a ratione tutelaria et curæ, etc* Vide Savinii Histor. Jur. Roman. med. temp. tom. -. cap. 5. § 103. et 106. Adde Translat. S. Alexandr. cap. 1. apud Pertz. Script. tom. 2. pag. 675. Dudon. de Gest. Norman. lib. 3. pag. 91.] Lex Wisigoth. lib. 8. tit. 8. § 5 : *Sortem suam claudere*. Lib. 10. tit. 1. § 7 : *Si vineam in aliena terra quis plantaverit, in qua Sortem non habet.* In textu, *in quo* (territorio) *ipse consors non est. Terra sortis titulo adquisita*, in Lege Burgund. tit. 1. § 1. [** *Terram Sortis jure possidere*, ibid. tit. 14. § 5.] Eadem Lex tit. 84. § 1 : *Ut nulli vendere terram suam liceat, nisi illi, qui alio loco Sortem aut possessionem habet. In sortem alterius ingredi*, in Lege Ripuar. tit. 60. § 5. Senator lib. 8. Epist. 26 : *Nam quæ necessitas ad injusta compellat, cum vos et Sortes alant propriæ, et munera nostra, Domino adjuvante, ditificent.* Gregorius Turon. lib. 4. Histor. cap. 44 : *Nisi me permiseris per tuam Sortem hunc fluvium transire, cum omni exercitu meo super te pergam.* Charta Chrodogangi Episcopi Metensis ann. 763. apud Meurissium pag. 167 : *Similiter donamus in pago Magnise, in villa Ponaria, Sortes cum vinitore, vel illam vineam quam ipse vinitor facit.* Infra : *Similiter donamus... servos duos cum Sortibus eorum, qui ipsorum verres custodiant.* Alia Angilranni Episc. Metensis ann. 770. apud eumdem pag. 175 : *Seu et Sortem illam in ipsa villa, quam Vibollagus per beneficium sancti Stephani vel nostrum tenere videtur.* Charta Brunonis Abb. Dervensis in Tabul. ejusdem Monasterii : *Scilicet duo mansa cum terris adjacentibus, quas nos Sortes vocamus.* Charta ann. 1007. apud Ughellum tom. 1. pag. 339 : *Imprimis sunt de ipsis casis et Sortis septem, una, quæ modo recta est per Petrus, etc.* Alibi : *Et sunt in locas et fundas quatuor ex ipsis casis et Sortis et rebus illis massaritiis.* Occurrit ibi pluries. Tom. 3. pag. 65 : *Seu casis, curtis, capellis, Sortis, donnicatis, silvis, etc.* Pag. 66 : *Cum Sortibus et donnicatis ibidem pertinentibus.* Pag. 88 : *Sortes et donnicata, quæ ego habere et tenere visus sum.* Pag. 90 : *Prædictæ Sortes cum omnibus ædificiis suis super se.* Pag. 300 : *In Melito Sortem unam, quam detinet Corbolus.* Adde pag. 291. et tom. 8. pag. 36. [** Vide

Grimm. Antiq. Jur. German. pag. 534.]

** Sorticilla, Charta Vendit. ann. 750. apud Brunett. in Cod. Dipl. Tusc. tom. 1. pag. 535 : *Sorticilla mea de casa, seo et urto, seo et curtem de casa et vinea in casale Agelli ad orcia, qui ipsa sorte meam quam vobis vindedi ... quanta mihi inter germano meos cuntiti sortis, itc.* Proprie pars quæ in bonorum divisione alicui evenit, possessiuncula. Vide *Sortio* et *Sorticellus.*

¶ Sortes, inter terras incultas recensentur in Statutis Vercell. lib. 5. fol. 128 : *Item qualibet persona civitatis et districtus Vercellarum possit.... ad cultum reducere... possessiones quæ appellantur..... Sortes, molte, vel glaree pertinentes ad ipsum jure dominii directi vel quasi.*

Sortes Stare dicuntur, quæ suis terminis ac limitibus semel finitæ ac circum scriptæ, deinceps ratæ permanent. Lex Longob. lib. 2. tit. 29. § 3. [** Liutpr. 73. (6, 20.)] : *Res ipsas dividant, sic tamen, ut omni tempore Sortes stare debeant, et adæquatio percurrat.* Tit. 35. § 7. [** Liutpr. 69. (6, 16.)]: *Aliæ vero res, quæ divisæ fuerint inter fratres seu nepotes, vel ubi mensura tracta est, Sortes stantes adæquantur.* Vide *Sortissare* in *Sortiri.*

Ab his fundis ducta metaphora, ipsa etiam regna, quæ victoribus cesserant, *sortis* nomen adepta sunt, ut *Gothica sors*, apud Sidonium lib. 7. Epist. 6. *Sortes Vandalorum*, apud Victorem Vitensem lib. 2. et 3. pag. 19. 35. Idem Sidonius lib. 9. Epist. 5 : *Non tamen medii itineris objectis quantum ad solvendum spectat officium, nostra sedulitas impediretur : nisi quod per regna divisi a commercio frequentioris sermonis, diversarum Sortium jure, revocamur.* [** Annal. Xantenses ad ann. 858 : *Ludevicus rex orientalis conventum populi Sortis suæ apud Wangionem habuit.*]

☞ Ejusdem originis est nomenclatura, qua Clerus *Sors Dei* passim appellatur a Scriptoribus Ecclesiasticis. De laudibus Berengarii Augusti apud Murator. tom. 2. pag. 399 :

Interea Sors lecta Dei circumdata saccis,
Vota facit, etc.

Insortis, vel Insortus, in *sortem* non datus, vel possessus. Charta Ottonis Imperat. ann. 996. apud Ughellum tom. 5. pag. 668 : *Quamque in planiciebus, divisis et indivisis, sortis et Insortis, cultis et incultis, etc.* Vide *Sortitus.*

¶ 5. **SORS**, Idem videtur quod *Usagium*, Jus utendi foresta. Chartul. S. Andreæ Vienn. : *Tribuo Sortem in sylva quæ vocatur Eruxia, ut habitatores Jalzinii et habitatores S. Genesii fruantur silva, seu bestiæ eorum, quemadmodum necesse fuerit.*

* **SORTE**, vox Italica, Fortuna. Consuet. Neapol. MSS : *Si domus locata necessaria refectione indigeat, et requisitus locator ab inquilino intra xv. dies post requisitionem detractavit sive distulerit reparationem, et ipse inquilinus suis Sorticibus illud reparari fecerit post ipsos dies xv. potest quod impenderit pro rata inpensione debitam imputare.* Ubi pro impensis adhibetur.

SORTELIA, Sortilia, Annulus, Hispanis, *Sortijuela.* Charta Alfonsi Regis Portugall. æræ 1260. apud Brandaon. lib. 13. Monarch. Lusitan. cap. 24 : *Et pro multo servitio, quod nobis fecistis in pacto, quod habuimus cum Dom. Stephano Braccarensi Archiepiscopo, et in multis aliis locis, ubi vobis fuit necessarium, et pro una Sortelia, quam nobis dedistis pro robora.* Quæ sic vertit idem Brandaon : *Et por hum Annel que no destes pera mayor firmeza.* Testam. Sancii I. Reg. Portugall. apud eumd. tom. 4. pag. 260 : *Et post mortem meam habeat... meos annulos et Sortilias, exceptis duobus annulis, quos mando dari filio meo.*

* Acad. Hispan. in Diction. *Sortija, Annulus digitalis.* Testam. Masaldæ reg. ann. 1256. tom. 1. Probat. Hist. geneal. domus reg. Portugal. pag. 31 : *Item mando ibi duas Sortellias et tres lapides saphiros.* Ibid. pag. 32 : *Item infanti domino Petro fratri meo.... aliam Sortellam magnam, etc.*

¶ **SORTELLUM**, Plantæ vel corticis species, quæ tinctoribus prohibetur, in Stat. pro arte parat. pann. Carcass. renovatis ann. 1466. ex Reg. 201. Chartoph. reg. ch. 121 : *Item quod nullus possit.... tingere seu tingi facere aliquos pannos, caput seu signum cotonis habentes, cum.... Sortello, qui sunt tinctus pravi.*

* **SORTIARE**, Sortiri, per sortes rei eventum experiri, Gall. *Tirer au sort.* Lit. remiss. ann. 1350. in Reg. 80. Chartoph. reg. ch. 501 : *Biberunt usque ad valorem, viginti denariorum, pro quibus denariis ipsi Sortiaverunt cum talis quis eorum solveret.* *Sortir*, pro Experiri, in Lit. ann. 1378. tom. 6. Ordinat. reg. Franc. pag. 337. art. 7 : *Ils voulsissent Sortir autre juridiction que la nostre.* Vide *Ressortire.*

* **SORTIARIA**, Sortilegium, maleficium. Ordinat. MS. S. Petri Aureæval. : *Finita præfatione* (in benedictione fontium) *capellanus altaris habeat dicere in publicum, ne aliquis vel aliqua ausu temerario faciant aliquas Sortiarias vel maleficia ex aqua fontium.*

SORTIARIÆ, Veneficæ, *Sorcieres.* Capitula Caroli C. tit. 39. § 7 : *Malefici homines et Sortiariæ.* Hincmarus de Divortio Lotharii : *Alii autem cibo a Sortiariis dementati, etc.* Rigordus ann. 1194 : *Ipse Rex, ut dicitur, maleficiis per Sortiarias impeditus, uxorem tam longo tempore cupitam, exosam habere cœpit.* Concil. Valentin. ann. 1248. cap. 12 : *De sortilegis et Sortiariis, quocumque nomine, censeantur, etc.*

* **SORTIARIUM**, ut *Sortiaria*, apud Petr. Subesti de Cultu vineæ Dom. part. 3. cap. 4 : *Fiunt multæ invocationes magicæ et Sortiaria.*

¶ **SORTIARIUS**, Magus, sortilegus, *Sorcier.* Statuta Eccl. Nannet. apud Marten. tom. 4. Anecdot. col. 961 : *Item, singulis diebus Dominicis et festivis Sortiarios et Sortiarias, et ad eos vel eas ob hanc causam concurrentes,... excommunicatos præcipimus nunciari.* Huc spectat Bulla Bonifacii VIII. PP. ann. 1303. apud Rymer. tom. 2. pag. 932. ubi memorantur aniles fabulæ quas de sortilegis garriunt mulierculæ : *Dudum ad audientiam nostram... pervenit, quod venerabilis frater noster W. Conventrensis et Lichefeldensis episcopus erat in regno Angliæ et alibi publice defamatus, quod diabolo homagium fecerat, et eum fuerat osculatus in tergo, eique locutus multotiens.* Vide *Diana* et *Scobaces.*

* Alias *Sors*, nisi tamen sit pro Carnifex, Gall. *Bourreau.* Vide *Sorrentialis.* Lit. remiss. ann. 1373. in Reg. 103. Chartoph. reg. ch. 373 : *Lesquelx suppliants relevant icellui signe de justice, seurvint illecque un homme,.... lequel dist et cria à haulte voix : ... Or vois-je bien que vous qui faites ce gibet, estes tous Sors et bourreaux.*

* Cum *Sortiarii* morbos diversis sortilegiis inferre olim putabantur, ægros ex iis convalescere etiam autumabant, si ipsi malefici egregie vapularent aut ter negarent se sortilegium aliquod fecisse. Lit. remiss. ann. 1407. in Reg. 162. ch. 157 : *Aucunes personnes d'icelle ville de Mante dirent au suppliant que la femme de Lannoy avoit ensorcelé une sienne niepce,.... et lui donnerent à entendre que s'elle le renyoit par trois fois, ycelle niepce par la maniere du dire seroit garie.* Aliæ ann. 1455. in Reg. 187. ch. 150 : *Pour ce que en la parroisse de Torzie ou païs de Rouannois estoit famé publique, passé à quarente ans, que Huguenin de la Meu et Jehanne sa femme, gens de labour, et aussi le feu pere dudit Huguenin estoient souspeçonnez d'estre sorciers et d'avoir fait morir et demourer malades plusieurs personnes et bestes, et à ceste cause avoient esté souventeffoiz menaciez et batuz par plusieurs, et tellement que par le moyen desdites bateures, icelles personnes et bestes venoient à convalescence et garison, ledit André suppliant fut meu d'avoir semblablement souspeçon sur lesdiz Huguenin de la Meu et Jehanne sa femme d'avoir fait mourir son bestail. Laquelle chose venue à la notice de la femme dudit Huguenin, elle dist à la femme dudit André suppliant, appellée Alayre, telles ou semblables parolles : Vostre mary a dit que j'ai fait malades ses bestes, il a mal dit, et avant qu'il soit peu de temps il s'en appercevra bien. Et tantost après icelles parolles dittes, icellui jour mesme ladite Alayre soudainement fut surprinse de certaine grant maladie, telement que la nuit ensuivant elle cuida morir. Par quoy ledit André suppliant le lendemain ala devers ladite Jehanne femme dudit Huguenin et la menassa de battre, en lui disant qu'elle estoit cause de la maladie de ladite Alayre sa femme, et lui dist que se elle ne la faisoit incontinent guérir, qu'il la batroit tant qu'elle ne seroit jamaiz bien. Et lors icelle Jehanne doubtant ladite bateure respondi audit suppliant qu'il la laissast et qu'elle seroit tantost guérie; et le lendemain ensuivant icelle Alayre fut guérie de sadite maladie.*

* **SORTICELLUS**, Modulus agri. Charta Landberti imper. ann. 898. apud Murator. tom. 5. Antiq. Ital. med. ævi col. 181 : *Curtem unam in loco Cactiano vel ejus vocabulis cum Sorticellis triginta,..... cum omnibus adjacentiis vel pertinentis suis.* Vide *Sors* 4.

¶ **SORTICULARIUS.** Vide in *Sortiri.*

** 1. **SORTILEGIUM**, Sortitio, divisio quæ ductis sortibus fit. Charta ann. 1260. apud Haltaus. in Glossar. German. voce *Los*, col. 1278 : *Si bona nostra Sortilegio dividere non contingit.*

** 2. **SORTILEGIUM**, Divinatio. Johannes de Janua : *Sortilegus,... qui futura legit et colligit per sortes, unde hoc Sortilegium, talis divinatio.* Occurrit passim.

¶ **SORTILIA**, ut *Sortelia*. Vide in hac voce.

** **SORTILOGI**, pro *Sortilegi*, occurrit passim. Epistola Ottonis Babenberg. Episc. ann. 1124. in Ekkehard. Chron. apud Pertz. Scriptor. tom. 6. pag. 264 : *Omnem ritum et pravitatem paganam abiciant, domus ydolorum non construant, phytonissas non adeant, Sortilogi non sint.* Vide supra in *Sors*, 2.

* **SORTIMEN**, Fons, scaturigo. Charta Caroli IV. imper. ann. 1354. apud Ludewig. tom. 10. Reliq. MSS. pag. 179 : *Cum jure et libera potestate extrahendi seu extrahi faciendi de dicto flumine aquam ad irrigandum prata,... necnon de quolibet fonte, Sortimine seu sulatura, etc.* Vide *Sortumen.*

* **SORTIO**, Hæreditatis portio, quæ forte alicui obvenit. Charta ann. 1000. apud Murator. tom. 5. Antiq. Ital. med. ævi col. 621 : *Et ipsa terra mihi est pertinentes a pars supradicti genitoris mei, et ipsius genitori meo pertinentes fuit a pars genitori sui; et ipsius genitori mei in Sortionem obvenit a germannis suis.* Vide *Sors* 4. et in *Sortitus*. [** Charta Adopt. ann. 988. apud de Blasio Series Princip. Salern. num. 64. pag. 124 : *Per anc cartula donavit et tradidi ibi predicto Johanni talem Sortionem de omnibus rebus, substantiis meis, etc.* Occurrit ibi iterum. Vide *Sorticilla.*]

¶ **1. SORTIRE**, pro Sortiri. Capit. Synodor. Orient can. 6. inter Conc. Hispan. tom. 2. pag. 327 : *Permaneat in loco in quo a Deo est ordinatus* (episcopus) *et in eam quam Sortivit ecclesiam.* Lex Bajwar. tit. 8. § 6 : *Sortiant de illis Deus fortiam dederit.*

* **2. SORTIRE**. Vide supra *Sorcire.*

SORTIRI, Per sortes rei eventum expetiri, inquirere. Capitula Caroli M. de diversis rebus ann. 789. cap. 4 : *Nullus in Psalterio, vel in Evangelio, vel in aliis rebus Sortiri præsumat.* [Lex Bajwar. tit. 16. § 5 : *Sortiantur illi testes inter se, et cui sors exierit, juret.*]

SORTISSARE. Leges Luithprandi Regis Longob. tit. 48. § 2 : *Alias vero res, quæ divisæ fuerunt inter fratres vel nepotes, vel ubi mensura tracta est, Sortissantes adæquentur.* Vide supra *Sortes stare* in *Sors*, 4.

SORTICULARIUS, Divinator, veneficus, *Sorcier.* Concilium Narbon. ann. 589. cap. 14 : *Divinatores, quos dicunt esse caragios atque Sorticularios.*

INSORTIARE. Decretum Tassilonis Ducis Bajwar. de Popularib. Legib. § 5 : *De pugna duorum, quod Wehadinc vocatur, ut prius Insortiantur, quam parati sunt, ne forte carminibus, vel machinis diabolicis, vel magicis artibus insidiantur.* Ubi *insortiare* non videtur esse *fascinare*, sortibus diabolicis innectere, Gall. *Ensorceller :* sed adversus sortes munire.

INSORTICARE, In *sortem* mittere, *Ensorceller.* Leges Henrici I. Regis Angliæ cap. 71 : *Si autem Insorticatus non fuerit mortuus, etc.*

SORTIVIDUS, *Qui videt per sortes*, in Gloss. Isid. [Id est, Grævio, qui judicat de rebus futuris ex oraculi sententia, qui consulit oraculum.]

* *Sortisser*, pro Divinare, præsagire, apud Froissart. vol. 2. cap. 37 : *Lequel subtil homme Sortissoit bien tout ce qui leur en advint.*

¶ **SORTITOR**, Qui rem aliquam sortitur. Conventus ann. 1038. inter Conc. Hisp. tom. 3. pag. 203 : *Alioquin hujus institutionis servatorem cœlestis patriæ optaverunt fieri Sortitorem; contra quippe rebellem in ignibus perpetuis stabilem.*

* **SORTITUS**, In *sortem* datus, possessus Charta ann. 1096. inter Monum. eccl. Aquilej. cap. 58. col. 549 : *Cultum et incultum, divisum et indivisum, Sortitum et insortitum.* Vide in *Sors* 4.

¶ **SORTIVIDUS**. Vide in *Sortiri.*

¶ **SORTIVIS**, Fons, scaturigo, Ital. *Sortiva*, vel *Sorgiva acqua*, Gall. *Source.* Statuta Placent. lib. 5. fol. 58. v° : *Si quis duxerit aquam ex aliquo flumine publico, seu Sortivibus, vel scolaturis, et steterit ipse et ille a quo causam habet, vel alter eorum in possessione, seu quasi, ducendi ipsam aquam per* xx. *annos continuos, non possit molestari ab aliquo.*

¶ **SORTUMEN**, ut *Sortivis.* Charta Sigismundi Rom. Reg. ann. 1432. in Bullar. Casin. tom. 2. pag. 304. col. 1 : *Prata, pascua, aquas, fontes, Sortumina, etc.* Supra *Surtunina* legitur. Vide in *Surgere.*

¶ **SORTUS**, Modulus agri. Vide *Sors* 4.

¶ **SORURCULA**, diminut. a Soror. Guido Aretinus in Form. modorum : *Consulto agens modus tertius abjecit Sorurculam ♮. ne vicinam amitteret. Sororcula*, apud Plaut. in Fragm. Clitell. v. 25.

SORUS. Vide *Saurus*, et *Allex.*

¶ **SOSARIUM**, Lorica. Vita Caroli Magni: *Insignia victoriæ suæ Sosaria, mulos, captivosque Mauros misit.* Ubi *Sosania* legendum videtur, a Gr. σωσάνιον, quod eodem significatu usurpant Græci recentiores. Vide Gloss. med. Græcit. in Σοῦσον, et Vossium lib. 3. de Vitiis serm. cap. 49. supra *Boanosa.*

SOSCALLUS, Canis species. Matthæus Westmon. ann. 940 : *Cum in sylva corniculantium strepitus resonabat venatorum, latratusque Soscallorum*, (ita utraque editio) *multi cervi fugam leviter inierunt.*

¶ **SOSCANIA**, Genus vestis muliebris. *Souquenille* vero nostris dicitur vestis grossior ex tela vel lana confecta. Testam. G. Comit. Montisferrandi ann. 1199. apud Baluz. tom. 2. Hist. Arvern. pag. 257 : *De his legatis soluta sunt... Johannæ de Mollie una culcitra et una Soscania pro* xxx. *solidis. Sousquenie* vocat le Roman *de la Rose* MS :

Ele fu en une Sousquenie
Qui ne fu mie de bouras,
N'a si bele jusque Arras...
Car nule robe n'est tant bele,
Come Sousquenie à Damoisele,
Fame est plus cointe et plus mingnote
En Sousquenie qu'en coste.
La Sousquenie qui fu blanche, etc.

Vide *Succa* et Gloss. med. Græc. in Σουκανία.

* *Soucanie*, in Lit. remiss. ann. 1454. ex Reg. 184. Chartoph. reg. ch. 509 : *Deux chemises, une Soucanie et un cotteron de violet, tout à usage de femme.* Sed et viris in usu fuit sub nomine *Sequannie*, ut ter repetitur in Lit. ann. 1393. ex Reg. 145. ch. 423. bis : *Lequel Brisart respondi qu'il ne vendroit point sa robe : mais il lui vendroit voulentiers une Seqannie de toille, laquelle il vestoit sur sa robe.* Idem proinde quod *Sorcotium.* Vide in hac voce.

* **SOSCIA**, Sosicitia, Sosicia, Fenestræ species, f. spiraculum. Consuet. Neapol. MSS : *Si quis habet parietem in quo sit fenestra, Soscitia vel quælibet alia apertura pro conspectu vel lumine ingrediendo..... Set si ex opposito ad dictum parietem, in parte ubi Soscia vel aliqua apertura, est ædificium vicinum..: Verum si velit tectum facere quod recumbat ad ipsum parietem de suptus ab ipsa Sosicia sive alia apertura quæ est in ipso pariete pro lumine tantum ingrediendo, per palmum unum cannæ ædificet. Si autem velit astracum facere debet desuptus ab ipsa Soscisia, vel alia apertura, quæ non est pro aspectu habendo, per spatium cannæ unius ædificare.... Et ubicumque fit mentio de apertura, intelligitur Sositia totum rotundum, vel aperturam fenestræ cum cantonibus factæ. Sossia* supra in *Dossitia.* Ad marginem prioris articuli legitur scriptum manu alicujus notatoris : *Vide si habet fenestram seu Sussacam pro lumine ingrediendo.* Legi etiam potest *Sussaram.*

¶ **SOSDALERIUS.** Sententiam arbitralem ann. 1292. inter Abbatem et Consules Gimont. subscribunt Monachi *fr. Oliverius sacrista, fr. B. de Monte acuto furnerius, fr. Julianus cellerarius meianus, fr. Arnaldus de Mota Sosdalerius.* Is forte qui hospitibus suscipiendis præerat.

* **SOSOBS**, an Protectio, tutela, *salvus conductus?* Constit. MSS. Jacobi II. reg. Aragon. ann. 1306 : *Quod* (dominus castri) *habeat assignare eis judices pares curiæ, et facere seu dare eis Sosobs secundum usaticum Barchinonensem, si extrahit ipsos extra feudum.*

¶ **SOSPES**, *is.* Candidus in Vita Eigilis Abb. Fuld. sæc. 4. Bened. part. 1. pag. 245 :

Quem Deus omnipotens Sospem de sede paterna
Conlocat, etc.

Ibidem pag. 246 :

Forte virum ostentat, absque discrimine Sospem
Confectum, etc.

¶ **SOSPITALE**, f. Projectum, Gall. *Soupente.* Statuta Genuens. lib. 4. cap. 42. fol. 106. v° : *Prohibeant ipsi Potestates, ne aliqua persona sibi subdita vendat alicui foritaneo... aliquod lignamen, ex quo naves, galeæ, vel aliud vas navigabile, domus, capsia, Sospitale, banchale, vel torcularia constitui possit.*

SOSPITARE, Salutare, *sospitatem*, incolumitatem et sanitatem alicui adprecari. Eulogius Cordubensis lib. 3. Memor. Sanctor. cap. 17 : *Contribulem suam gratia Sospitandi se se invisere mentiuntur.* Nam et *Sospitatem* hac notione usurpat Salvianus lib. 4. de Eccl. Catholic. : *Quasi vero...*[*alios se cuncti exhibere Christo debeant in morte.* Ildefonsus Toletanus :

Mira canunt puero sæclis volventibus ævi
Eventura, Deus Sospitet ista mihi.

Faustus Regiensis Epist. 8 : *Conservus, et præcipue admirator vester frater meus Presbyter Memorius mecum reverentissime Sospitant.* Epist. 9 : *Omnem domum vestram seniores cum junioribus paterno Sospitamus affectu.* Sidon. lib. 4. Epist. 3 : *Quodque deinceps nullas viantum volas mea papyrus oneraverit, quæ vos cultu sedulæ Sospitatis impertiat.* [Vide *Sospitus.*]

* **SOSPITATICUM**, pro *Cespitaticum*, in Charta Henr. I. reg. Franc. ann. 1059. inter Probat. ult. Hist. Trenorch. pag. 128.

¶ **SOSPITATIO**, Salutatio. Epist. Ruricii Episc. ad S. Apruncuium inter Acta SS. tom. 3. Maii pag. 369 : *Unde per hominem filii mei Leontii has ad Apostolatum vestrum dedi, quibus Sospitatione prælata, quam ex sententia, Deo favente, valeatis inquiro.* Vide *Sospitare.*

¶ **SOSPITATOR**, Qui *Sospitatem*, salutem dat. Utitur Apuleius. *Sospitatorem* vocant Christum Jesum Lactantius lib. 4. cap. 26. Arnobius adv. Gentes lib. 2. et alii.

¶ **SOSPITUS**, Incolumis. Mirac. S. Ursmari tom. 2. April. pag. 567 : *Mira Dei potentia cuncta illa immersorum examina Sospita obviavere et læta.* Vide supra *Sospitare.*

* **SOSSIA.** Vide supra in *Soscia.*

¶ **SOSTA.** *Facere Sostam*, Mutuum dare cum fenore, ab Italico *Sosta.* Vide *Solta.* Statuta Massil. lib. 1. cap. 12. n. 1 : *Et quod de dictis denariis seu solutione eorum nulli personæ facient Sostam sive credentiam, nec inde furtum aliquod facient* (Clavarii.) [* Instr. ann. 1391. inter Probat. tom. 3. Hist. Nem. pag. 114. col. 2 : *Item quod dictus Guilhermus fuit mercator animalium, quæ tradidit sub nomine precario pluribus hominibus recipientibus dicta animalia ad Sostam, sive ad tempus solutionis eidem faciendæ.*] Est etiam Italis *Sosta*, Funis nautici species : unde

¶ **SOSTARIUS**, *Qui attendit ad Sostam*, in Notis Fr. Barberini ad Docum. d'Amor. edit. Ubaldini pag. 257.

¶ **SOSTOUM.** Reparat. factæ in Senescallia Carcass. ann. 1435. ex Cod. MS. Cl. V. *Lancelot : Item pro faciendo Sostoum novum unius mole dicti molendini, etc.*

¶ **SOSTRALE**, Stramentum pecuarium ex fœno et paleis, Fuxensibus rusticis *Soustre*, vulgo *Litiere. Ad Sostralia colligenda*, in Charta fundat. Monast. Fontis-Guillelmi ann. 1124. tom. 1. Gall. Christ. novæ edit. inter Instr. pag. 190. col. 1.

SOSTRI, Servorum species apud Suecos, quorum optima erat conditio, ut quibus peculium et familiam habere concessum esset, et testari liceret. Vide Joann. Stiernhookum lib. 2. de Jure Sueonum vetusto pag. 217.

* **SOSTRUM**, a Græco σῶςρον, Merces medico debita, idem quod *Soteria*, munera scilicet, quæ Deo vel sanctis ejus dantur ob recuperatam valetudinem, ut notant docti Editores ad Mirac. S. Magni tom. 2. Sept. pag. 779. col. 1 : *Unde et suis mox pedibus cum egregio amicorum familiarumque comitatu ad cœlestem archiatrum profectus, Sostrum condictum exsolvit.*

* **SOTA**, pro *Souta*, Pecunia, quæ in permutationibus, compensationis gratia, rei commutatæ additur. Arest. ann. 1351. in vol. 2. arestor. parlam. Paris. : *Ægidius Vidieu et quidam alius burgensis dictæ villæ* (de Hamo) *ad invicem permutaverant sua bona, Sotis intervenientibus.* Vide supra *Solta* 2.

* **SOTADICUM**, Carminis genus, apud Chifflet. in Archiep. Bisunt. ex Rob. Cenali, quem hic appellat.

¶ **SOTANUM**, Sottanum, Togæ seu tunicæ species, vulgo *Soutane*, Ital. *Sottana.* Ricobaldi Ferrar. Hist. Imper. apud Murator. tom. 9. col. 128 : *Virgines in domibus patrum tunica de pignolato, quæ appellatur Sotanum,.... erant contentæ.* Ubi in MS. legitur *Soctanum*, apud Stephanot. tom. 7. Fragm. Hist. Chron. Franc. Pipini ibid. col. 669 : *Virgines ante nuptias tunica de pignolato, quæ dicebatur Sottanum,... erant contentæ.* Eadem occurrunt tom. 12. col. 1033. Vide *Soutana* et *Subtaneum.*

SOTHALE. Vide *Filctale.*

¶ **SOTILARIA**, ut *Subtalares.* Vide ibi.

SOTTUS, Stolidus, bardus, Gallis *Sot.* Theodulfus Aurelianensis Episcopus lib. 3. Carm. 1 :

Utque sit hic aliud, nil nisi Scottus erit.
Cui si litterulam, quæ est ordine tertia, tollas,
Inque secunda suo nomine forte sedet.

Infra :

...haud dubium quod sonat, hoc et erit.

Eodem lib. Carm. 3 :

Hic Scottus, Sottus, cottus trinomen habebit.

Non desunt, qui putant hoc genere cavilli Theodulfum carpsisse Joannem Scotum, seu Erigenam, qui, ut scribit Simeon Dunelmensis ann. 884. et ex eo Matthæus Westmon. et Rogerus Hovedenus, cum Caroli C. mensæ assideret, *quiddam fecisse, quod Gallicanam comitatem offenderet*, urbane increpatum a Carolo hocce scommate : *Quid distat inter Sottum et Scottum : cui ille retulit solemne convitium in auctorem, et respondit, Mensa tantum. Quid hoc dicto facetius*, inquit Simeon? *interrogaverat Rex de morum differenti studio, respondit Joannes de loci distante spatio.* Cujacius ad leg. 3. C. Qui accusare poss. et Heinsius in cap. Marci 2. a Syriaco *Sote*, i. stultus, deducunt : alii a *stultus.* Quid si a Græco ἄσωτος? Canonarium Joan. Monachi, ubi de Confessione : ὁ γὰρ μὴ ἰσχύων εἰπεῖν, ὡς ἄσωτος κρίνεται, qui numerum peccatorum inquirenti confessario non potest designare, stultus est. Galli dicerent, *c'est un sot.*

* Hinc *Sotie*, Deliratio, amentia. Lit. remiss. ann. 1415. in Reg. 168. Chartoph. reg. ch. 344 : *Derrainement prist en lui aucunes melencolies par Sotie et folie.*

* Sottus, Simplex, ingenuus. *Carolus Sottus*, qui vulgo *Simplex*, in Chronolog. Eman. Schelst. Hinc diminutivum *Sotelette*, in Lit. remiss. ann. 1448. ex Reg. 176. Chartoph. reg. ch. 654 : *La suppliante qui estoit simple et Sotelette, etc.*

SOTULARES. Vide *Subtalares.*

¶ **SOTULUM**, vel Sotulus, Locus inferior, f. diminut. a *Sotus.* Vide in hac voce. Limborchii Hist. Inquisit. Tolos. pag. 57 : *Ivit cum viro suo ad domum Baranhonæ de S. Sulpicio :.... quos invenerunt in quodam Sotulo dictæ domus.* Ibid. pag. 143 : *Ostendit sibi quemdam hominem qui stabat absconditus in domo sua in quodam Sotulo.* Rursum pag. 193 : *Stetit ibi dictus hereticus absconditus et occultus in quodam Sotulo, in quo faciebant stabulum.* Denique pag. 216 : *Vidit quadam vice in domo viri sui in Sotulo dictæ domus duos homines.* Vide *Subtulum.*

* Solum, pars domus inferior, Gall. *Rez de chaussée*, alias *Sotoul.* Charta ann. 1170. ex Chartul. monast. Caunens. : *Berengarius abbas Guillelmo Bonet et omni ejus posteritati tres in memorata villa braçadas de solario simul cum Sotulo, qui est ad cortale.* Lit. admort. pro eccl. Vivar. ann. 1445. in Reg. 177. Chartoph. reg. ch. 151 : *Item ung soulier sur ung Sotoul, qui fut de messires Hugues Mouston, assis en ladite cité* (de Viviers). *Soutoul* infra. Vide supra *Soculus* et infra *Sutulum.*

* 1. **SOTUM**, ab Hispanico *Soto*, Nemus. Charta ann. 1302. in Reg. 38. Chartoph. reg. ch. 111 : *Sotum, quod habemus contiguum peciæ, quæ vocatur Prado dicti monasterii.... Nos autem Johanna eadem gratia Franciæ et Navarræ regina,..... de cujus hæreditate dictum Sotum movere noscitur, etc.* Hinc Gallicum *Soif*, pro Sepes, *haia;* interdum et pro Palorum contextus ac series. Consuet. *de Caumont* in pago Atrebat. ann. 1229. ex Reg. 198. ch. 441 : *Jeu Gui sire de Caumont doi clorre mes jardins de Soif ou de fossé souffisant.* Charta ann. 1268. in Chartl. Mont. S. Mart. part. 7. fol. 122. v° : *Li abbés et li couvens faisoient Soif en leur eaue de Roisonfait, pour che que leur poissons ne montast en nostre euue.* Alia ann. 1281. ibid. fol. 124. r° : *Consent ke li abbés et li couvens...... pussent.... faire Soif ou mur, etc.* Lit. remiss. ann. 1379. in Reg. 115. ch. 270 : *Icellui Gilebert arracha et tira d'une haye ou Soif, qui est prés de lui, un planchon. Sois*, in aliis ann. 1414. ex Reg. 168. ch. 21 : *Un jardin, qui estoit clous et estoupez de Sois et d'une haise,..... et ala rompre et abatre ladite haise de Sois. Seuf* et *Soief*, eodem sensu. Lit. remiss. ann. 1387. in Reg. 130. ch. 257 : *Telement le poursuy que il le retaigny emprés une Seuf ou haye.* Aliæ ann. 1401. ex Reg. 156. ch. 368 : *Ainsi que ledit Perrin fu passez oultre le Soief ou haie dudit courtil, etc.* Vide *Sotus* 1.

* 2. **SOTUM**, pro *Scutum.* Vide supra in hac voce.

1. **SOTUS**, Silva, parcus, sepes, *haia*, Hispanis *Soto.* Charta Sanctii Regis Navarræ, apud Oyenartum in Notitia Vasconiæ pag. 99 : *Cum pratis, et pascuis, et Sotis, et aquis aquarumque meatibus, cum eremo et populatu, cum ingressibus et egressibus.* Alia Sanctii, cognomento Sapientis, Regis Navarræ, æræ 1219. apud eumdem pag. 3[illegible]9 : *Concedo etiam vobis aquas, et cursus aquarum, et molendina, et silvas, et Sotos obtinere pascua vestrarum ovium ac bestiarum libera in regno meo habere, etc.* Charta Alfonsi I. Regis pro Cæsaraugustanis apud Michaëlem *del Molino* in Repertorio pag. 265 : *Imprimis persolto vobis todos illos Sotos de noviellos in juso usque ad pinam, quod tallietis ibi ligna sicca, et tamaricas, et tota alia ligna extra salices, et extra alias arbores grandes, quæ sunt vetatas.* Adde Foros Aragon. lib. 3. tit. de Rivis. Vide *Sotum*, 1.

* 2. **SOTUS**, ut et *Socus*, dictum pro Stipes, truncus, probat vox Gallica *Sot* sis

distincte scripta, eadem acceptione, in Lit. remiss. ann. 1473. ex Reg. 195. Chartoph. reg. ch. 916 : *Le suppliant print ung Sot de boys, que on porte ès prez au païs* (d'Auvergne). Id etiam innuit vox *Sotuart*, quæ dici videtur de homine capitoso, in aliis ann. 1478. ex Reg. 206. ch. 181 : *Jehannet Morel appella icellui Pierrequin Sotuart grosse teste.* Charta ann. 1329. in Reg. 66. ch. 90 : *In dicta platea communi .... cum quadam guisarma supra quemdam vancum seu Sotum decapitavit dictum Geraldum.* Vide supra *Socus* 1.

* 3. **SOTUS.** TENERE DE SOTO, An sub tutela habere? Charta ann. 1212. apud Murator. tom. 4. Antiq. Ital. med. ævi col. 711 : *Et piliparios Mutinæ ponam in rectitudine binæ piliparìorum Ferrariæ, et tenebo de Soto.*

¶ **SOUBRA**, SOUTRA, SOTRA, Voces Arvernicæ. Tabular. Solemniac. : *Tenementum de Soubra, et tenementum de Soutra.* Hoc est superius et inferius. Charta ann. 1215. ex Tabular. S. Illidii Claromont. : *Habebamus querimoniam del bos Sotra.* Id est, de nemore inferiori.

* **SOUCRIO**, Hordei species, vulgo *Sucrion.* Comput. fabr. S. Petri Insul. ann. 1473. ex Tabul. ejusd. eccl. : *Johanni Crassier pro blado, draveria, lino et Soucrione, etc.* Vide supra *Scario* 2. et infra *Sucrio.*

* **SOUDANUS.** Vide infra in *Syndicus.*

* **SOUDERARIUS.** Vide supra in *Solidata,* Stipendium.

¶ **SOUFLETUS**, a Gall. *Soufflet*, Follis. Inventar. ann. 1260 : *Item* 1. *cremallariam. Item* 11. *Soufletos.*

* **SOUFLICULUS**, a Gallico *Soufflet*, Follis. Comput. ann. 1472. ex Tabul. S. Petri Insul. : *Pro reponendo Souflículos eorumdem organorum, etc.* Vide *Soufletus.*

¶ **SOUFRE**, Pars molendini nescio quæ. Reparat. factæ in Senescallia Carcassonæ ann. 1435. ex Cod. MS. Cl. V. *Lancelot : Pro preparando et refficiendo le Soufre et reicum ejusdem molendini, et reparando circulum dicte mole, qui in pluribus fregebatur, etc.*

SOVINCTA, in veteri Charta apud Perardum. Locum vide in *Andecinga.*

* **SOULA**, Pila vel Globulus ligneus, interdum etiam Follis, vulgo *Soule* et *Soulle*; unde *Soulare*, Gall. *Souler* et *Souller*, iis instrumentis ludere. Lit. remiss. ann. 1361. in Reg. 91. Chartoph. reg. ch. 126 : *Cum plures habitantes villæ de Chaillevello .... invicem ad pilam vel Soulam luderent seu crossarent, supervenissetque tunc messerius ....: dicendo præfatis Soulantibus vel crossantibus, quod, etc.* Aliæ ann. 1450. in Reg. 185. ch. 80 : *Le jeu de la Soulle ou boulle de chalandas, qui est ung jeu acoustumé de faire le jour de Noel entre les compaignons du lieu de Coriac en Auvergne, et se diversiffie et divise icellui jeu en telle maniere que les genz mariez sont d'une part et les non mariez d'autre; et se porte laditte Soulle ou boulle d'un lieu à autre, et la se ostent l'un à l'autre pour gaingner le pris, et qui mieulx la porte, a le pris dudit jour. Soule*, in Lit. ann. 1369. tom. 5. Ordinat. reg. Franc. pag. 172. Lit. remiss. ann. 1380. in Reg. 118. ch. 159 : *La Soule en la maniere acoustumée se fist en dehors d'icelle ville de Nuefchastel ...... Lesquelx en Soulant ferirent par le visage à effusion de sanc un prestre, ... présent ledit Perceval, qui leur dist : Soulez paisiblement, ou vous en alez hors de la Soule.* Aliæ ann. 1381. in Reg. 120. ch. 97 : *Comme les gens du payz de Vulguessin le Normant et de la forest de Lyons aient acoustumé de eulz esbatre et assembler chacun an pour Souller et jouer à la Soulle l'un contre l'autre, devant la porte de l'abbaie de Nostre Dame de Mortemer en Lyons, le jour de Karesme-prenant, etc.* Alia ann. 1400. in Reg. 155. ch. 249 : *Est aussi acoustumé par esbatement* (en Artois) *que l'espousé donne et gette une pelotte pour Souler; lequel le fist ainsi, et à ce se assemblerent plusieurs personnes pour Souler et eulx esbatre courtoisement.* Vide supra *Choulla, Sola* 7. et *Solere* 1.

¶ **SOULDIARIUS**, pro *Soldarius*, qui stipendio meret. Vide in *Solidata.* Litteræ Edwardi VI. Reg. Angl. ann. 1548. apud Rymer. tom. 15. pag. 177 : *Nautis, marinariis, militibus, Souldiariis et cæteris quibuscumque ligeis et subditis nostris, etc.*

¶ **SOUMARIUS.** Vide in *Sagma.*

¶ **SOUPECHON**, SOPECHON, vox Gallica, Suspicio, suspectio, *Soupçon.* Inquesta ex Tabul. B. M. de Bono-nuntio Rotom. : *Quidam clericus residens in prædicta terra captus fuit pro Soupechon... Deinde præpositus dictorum religiosorum cepit uxorem dicti clerici... tanquam suspectam... Capta fuit pro Sopechon in dicta terra et incarcerata,... et deliberata fuit de dicto crimine, videlicet a murdro.* Vide *Suspiciosus.*

* **SOUPERIUM**, a Gallico *Souper*, Cœna, apud *Brussel* tom. 1. de Usu feud. pag. 555. col. 2. ex Reg. gist. solut. S. Ludov. ann. 1261 : *Apud Sodobrium. Pro Souperio, lxviij. lib. ij. sol. quittat pro lx. lib.*

* **SOVRANNUS**, Anniculus, Ital. *Sovrano* vel *Soprano.* Charta ann. 1281. apud Murator. tom. 2. Antiq. Ital. med. ævi col. 902 : *Item pro quolibet equo venali de armis, et qualibet equa cum puletro tres solidi Mutinenses, qui puletrus sit de Sovranno.*

¶ **SOURELLUS.** Vide mox *Sourus.*

¶ **SOURUS**, Dama mas. Litteræ Edwardi III. Reg. Angl. ann. 1356. apud Rymer. tom. 5. pag. 870 : *In eodem dominio pro deductu suo, de licentia nostra, fugaverit, et sexdecim cervos, sex bissas, octo stagges, tres vitulos, et sex capriolos, et in parco ejusdem dominii octo damas, unum Sourum, et unum sourellum ceperit, etc.*

¶ SOURELLUS, diminut. a *Sourus*, Dama triennis, Angl. *Sorel.* Litteræ ejusd. Reg. ann. 1355. ibid. pag. 828 : *Cum dilectus et fidelis noster magnificus princeps Edwardus de Balliolo Rex Scotiæ... in foresta nostra,... de licentia nostra, fugaverit, et* 19. *cervos,* 14. *bissas,* 17. *vitulos,* 2. *damos,* 4. *Sourellos,* 13. *damas... ceperit, etc.*

¶ **SOUSPRESSURA**, SUSPRESSURA, Dolus, fallacia, fraus, Gall. *Surprise, tromperie.* Charta Hugonis Militis *de Beeloy* ann. 1223. ex Tabul. Corbeiensi : *Debeo domino Pinconii stagium,... quum citatus ero, vel aliquis ex parte mea absque Souspressura.* Occurrit rursum infra. Alia ejusdem anni ex eodem Tabul. : *Quod ego submonitus fuero, vel aliquis ex parte mea, ad domum de Saloiel rationabili submonitione absque Suspressura venire debeo. Soupresure*, eadem notione apud Bellomaner. cap. 69 : *Grant malice est de ainsi fere, et si en ont été maint deçû, car tele Soupresure ne les excusa pas, si il sont au fait faire, et il y mettent conseil.*

* *Souspresure*, eadem notione, in Charta Joan. vicedom. Ambian. ann. 1300. ex Chartul. 23. Corb. : *Lequelle serviche nous sommes tenu de faire par nous ou par autre, ... se il* (l'abbé) *ou ses commans en avoit semons nous ou nos hoirs par raisonnable semonche sans Souspresure.*

¶ **SOUTA**, *Soulde*, vel *Soulte*, in Consuetud. municipalibus, Pecunia quæ in permutationibus rei commutatæ additur. Codex censualis Episcopat. Autiss. ann. circ. 1290 : *Et si fiat cambium de equo ad equum et habeant Soutas, quilibet debet octo denarios; et si non habeant Soutas, nihil debent.*

¶ **SOUTANA**, Togæ seu tunicæ species, ut supra *Sotanum.* Acta S. Amalbergæ tom. 3. Jul. pag. 67 : *Pingitur hic sancta Amalberga moniali indumento vel Soutana coloris nivei, pallio atri, albo super caput velamine uti canonica.* Vide *Subtaneum.*

¶ **SOUTRA**, Infra. Vide *Soubra.*

¶ **SOUTURA**, Soliditas, firmitas, ut videtur. Charta ann. 1229. ex Tabul. Strumensi : *Ego tradidi ecclesiæ Strumensi* XXVI. *mensuras Ternisienses jacentes in sartis ad effilicandum in perpetuam Souturam libere et pacifice possidendas.*

* **SOUTUS**, pro Solidus, a Gallico *Sou*; nisi mendose scriptum sit pro *Scutum.* Lit. remiss. ann. 1364. in Reg. 95. Chartoph. reg. ch. 215 : *Cum habitatores villæ Nivernensis Gastoni de la Parade domicello in summa centum et quinquaginta florenorum auri ex una parte, et in summa septies viginti et Soutorum auri ex parte altera teneerentur, etc.*

¶ **SOWNE**, Vox fisco regio peculiaris, ex Spelmanno, id significans quod colligi, exigi, levari potest.

¶ **SOYLLARDUS**, ut *Soliardus.* Vide ibi.

* **SOYSSI**, SUYSSI, Helvetii, Gall. *Suisses*, vitiosa pronuntiatione nonnumqnam *Soysses.* Comput. ann. 1495. inter Probat. tom. 4. Hist. Nem. pag. 61. col. 2 : *Alia expensa facta in portari faciendo les baütz de messire Jaubert, capitanei Suyssorum, etc.* Ibid. pag. 62. col. 2 : *Pro expensa dictorum novem Soyssorum qui senaverunt et dormierunt, et in crastinum pransi fuerunt in diversorio dicti Borreti, ... videlicet pro quolibet viginti denarios Turonenses. Soysses* vernacule ibidem pluries.

¶ **SOZAVOLUS**, Qui in *Socida* seu societate animalia curanda accipit. Statuta datiaria Riperiæ cap. 7. fol. 9. v° : *Quod si dominus socidi, qui haberet capitale in dicto socido, et perveniret ad divisionem ut supra, subinde se concordaret cum dicto Sozavolo, dimittendo sibi capitale et lucrum pro certo pretio, etc.* Vide *Socida* et *Socielas* 1.

* **SOZIDUM**, idem quod *Socidum* in *Socida*, Societas, ab Italico *Sozio*, socius : unde *Sozare*, ad societatem seu medietatem fructuum dare. Stat. Vallis-Ser. rubr. 129. ex Cod. reg. 4619 : *De qualibet porcha a*

rozio data in Sozidum quolibet anno provenerit unus fetus. Ibid. cap. 17. fol. 110. v° : *Quælibet persona.... teneatur solvere datium grataroloe.... de qualibet bestia viva, quam .... emet vel vendet, Sozabit, donabit, etc.* Vide supra *Asozare* et *Sozavolus.*

¶ **SOZUS**, pro *Sorus.* Vide *Saurus.* Litteræ Henrici V. Reg. Angl. ann. 1413. apud Rymer. tom. 9. pag. 17 : *Reddendo eisdem dominis unum austurcum Sozum pro omni servitio.* Infra : *Reddendo nobis et hæredibus nostris unum austurcum Sozum.* Rursum : *Reddendo inde unum austurcum Sozum in singulis amotionibus dominorum feodi illius.*

* **SPAAGIUM**, f. Præstatio, in pecuniam commutata, armorum ferarum, quæ domino debetur pro jure et facultate venandi in silvis suis. Charta ann. 1121. in Chartul. Arremar. ch. 98 : *Rocelinus et Hilduinus fratres de Vendopera...... dederunt...... viginti denarios de Spaagio Videliaci.* Vide *Spalla.*

¶ **SPACAARI**, pro Spatiari, ni fallor. Litteræ Henrici III. Reg. Angl. ann. 1258. apud Rymer. tom. 1. pag. 665 : *Et exinde ad nos venire possitis usque London, nobiscum ibidem Spacaaturi.* Hoc est, spatiando animum relaxaturi. Vide *Solatiari.*

¶ **SPACERIUM**, Provincialibus *Espacié, Spacier,* Spatium seu locus per quem aqua deducitur, aquæ ductus, vel id quo aqua continetur. Charta ann. 1459. ex Schedis Præs. *de Mazaugues : Inibique construi fecit de novo certa Spaceria.* Infra : *Dicta Spaceria sive fractiones vallati reparare.*

¶ Spasserium, Eodem intellectu. Statuta Avenion. rubr. 48. art. 7 : *Item, quod si quis aquæductum alterius, seu Spasserium ut vulgus vocat, sine licentia domini aperuerit, etc.* Charta ann. 1515. ex Schedis Præsid. *de Mazaugues : Et non debere illam* (aquam) *capere, nisi certis horis et diebus, cum veris et debitis Spasseriis.* Infra : *Quod habeat... in dicto bedali pro dicto prato duo Spasseria construenda, ubi melius et utilius visum fuerit eidem.*

¶ **SPACHI**, vulgo *Spahi*, Equitatus Turcici robur præcipuum et validissimum. Jovius Hist. lib. 14 : *Spachi, Oglanii, dignitate cæteros antecellunt, quod ab Imperatore filii appellentur. Nam a pueritia ex delectibus provinciarum adducti in regiam, et postquam a Christiana religione defecerint, per Eunuchos literis et armis liberaliter instituti, cum puberes evadunt, ad summos honores provehuntur.* Vide Comment. bellic. Montecuculi. et Glossar. med. Græcit. in Σπάχιδες, col. 1419.

¶ **SPACIARE**, Amplificare, Gall. *Accroître.* Testament. Bertichramni Episc. Cenoman. apud Mabillon. tom. 3. Analect. pag. 126 : *Licet antea ipse ager parum habebat vineolas,... nos pro amore sanctæ ecclesiæ vel augmentum ipsius, tam de negotiantibus, quam de reliquis maxime Spaciavimus.*

* **SPACIATIM**. Vide infra *Spatiatim.*

¶ **SPACILIA**. Statuta Eccl. Auxit. MSS : *Quia in volatu et garritu avium, in Spacilibus, vel ossibus animalium, in verbis seu responsis fatidicis quorumdam, qui vulgariter divini et divinæ vocantur, etc.* V. *Verant.*

1. **SPADA**, Equus castratus, vulgo *Hongre, spadatus.* Testamentum Bertichramni Episcopi Cenoman. : *Reliquos vero caballos tam Warannonis, quam Spadas seu poledras, etc.* [Vide in *Spadare.*]

2. **SPADA**, Gladii genus. Vide *Spatha* 1.

* **SPADA** Legis Saracenorum, Titulus honorarius principis militiæ apud Saracenos, idem quod Protector, defensor. Charta apud Lam. in Delic. erudit. inter not. ad Hist. Sicul. Benincont. part. 1. pag. 206 : *Conservator et Spada legis Saracenorum, princeps militiæ Saracenorum, Buberther Maccumata, etc.* Vide *Spatha* 1.

* **SPADACIA**, Spadassia, Campana, quæ Nemausi pulsabatur ad urbis negotia. Stat. ann. 1352. inter Probat. tom. 2. Hist. Nem. pag. 153. col. 1 : *Item quod nullus venditor vini .... sit ausus recipere potatores in sua taberna, postquam pulsata fuerit Spadassia.* Comput. ann. 1362. ibid. pag. 254. col. 2 : *Pulsavit Spadaciam, ut unusquisque veniret ad platheam ad monstram faciendam.*

SPADARE, Spadonem facere. Lex Salica tit. 40. § 13 : *Si quis admissarium alienum sine consensu domini sui Spadaverit, etc.* Vide *Spassare* et *Spadonare.*

Spadatus. Gloss. Anglo-Sax. Ælfrici : *Spadatus, vel eunuchizatus,* belisnod. *Caballus spadatus*, in Lege Salica eodem tit. 40. § 3. et in Capitul. 3. ann. 813. cap. 24. Cujusmodi sunt ii, quos *Ungres* dicimus, quod ex Pannonia seu Ungaria plurimi in alias Provincias adducantur. Ammianus lib. 17. de Quadis ac Sarmatis : *Equorum plurimi ex usu castrati, ne aut feminarum visu exagitati raptentur, aut in subsidiis ferocientes, prodant hinnitu densiore vectores.*

Spado, pro Equo *spadato.* Vita Caroli IV. Imper. : *Valentemque Spadonem Carolo ante portam civitatis transmisit.* Ubi Freherus equum spadicei coloris perperam interpretatur. Albertinus Mussatus de Gestis Italicor. lib. 11 :

> Sic canis ut primum campis exire maniplum
> Providus aspexit, subito Spadone citato
> Prosiluit volitans una comitante cohorte.

Albertus Argentinensis pag. 120 : *Cum paucis Spadonibus cursu velocissimo properavit ad Rhenum.* Idem pag. 136 : *Post quem idem filius Spadonem more garçonis equitabat.* Utitur et pag. 143. [** Testament. Episcop. Verdens. ann. 1367. apud Guden. in Codic. Diplom. tom. 3. pag. 484 : *Legavit ... duos Spadones, quos secum de civitate Pragensi duxit ad partes, quorum unus griseus et alter ruffus.*]

☞ Vocem *Spadare* Celticæ, vel Germanicæ originis esse scribit Eccardus in Notis ad Pactum Leg. Sal. pag. 76. ab inusitato scilicet verbo *Spahen*, quod findere, secare sonat, cujus etiamnum exstant plurima derivata.

SPADARII. Charta Lewelini Norwalliæ Principis ann. 1198. tom. 1. Monastici Anglic. pag. 920 : *Concessit etiam eisdem, quod licite possint recipere ad habitum suum, et ad famulatum suum, et servitia, liberos meos Spadarios, et homines de advocatione mea, atque omnes primam tonsuram habentes, cujuscumque conditionis exstiterint.* Vide *Spatharius.*

¶ **SPADDRAPOR**, f. Pannus Phrygius. Mirac. B. Henrici Baucenens. tom. 2. Jun. pag. 376 : *Sanguis pretiosissimus et odorifferus de suo corpore revoluto in Spaddrapore et in cassa nova posita, emanavit.*

SPADERNÆ, Instrumenta, quibus capiuntur pisces, ac tincæ potissimum, apud Petrum de Crescentiis lib. 10. de Agricult. cap. ult. Itali *Spaderno* dicunt.

¶ **SPADESCHOOF**. Charta ann. 1277. apud Miræum tom. 2. pag. 867. col. 1 : *Acquisierunt... annuos reditus duarum gerbarum havene, Spadeschoof vulgariter nuncupatos, quos habebamus et levabamus in locis qui dicuntur Leyderwyck et Cardepolre.* [** *Schoof*, manipulus, *Spade*, chordus.]

SPADICARII, Qui *palmatas* vestes texunt, conficiunt : nam *spadix* est palma. Julius Firmicus lib. 13. cap. 7 : *Facit... aut Spadicarios, aut textores, vel pigmentorum inventores.* [Nisi intelligas eos qui inficiunt spadiceo colore : *Spadix* quippe genus est coloris. Gellius lib. 2. cap. 26 : *Et rutilus et Spadix Chœnicei Synonyma sunt.* Vide Servium ad Virgil. Georg. lib. 3. 81.]

¶ **SPADLARIS**. Vide *Spadula.*

¶ 1. **SPADO**, Cœlebs. Exposit. compendiosa benef. f. 18 : *De quibus Spadonibus seu cœlebibus, etc.* Utitur Tertull. lib. de Monogamia cap. 3. Hinc

¶ Spadonatus, Cœlibatus, apud eumd. Tertull. lib. 2. de Cultu femin. cap. 9 : *Non enim et multi ita faciunt, et se Spadonatui obsignant, propter regnum Dei tam fortem et utique permissam voluptatem sponte ponentes?* Vide in *Spadare* et *Spadonare.*

* 2. **SPADO**, Vervex, Gall. *Mouton.* Regula hospit. S. Jacobi de Alto passu ann. circ. 1240. ex Tabul. archiep. Paris. cap. 47 : *Carnes edulium et agnium, qui nundum impleverunt annum, carnes etiam Spadonium unius anni...... eis* (infirmis) *ministrabunt.* Occurrit præterea in Charta ann. 1325. apud Oefelium tom. 1. Script. rer. Boicar. pag. 750. col. 1. Vide mox *Spadonare.*

* Spadones *sunt surculi vitium fruge carentes, dicti quod sint sterilitate affecti.* Glossar. vet. ex Cod. reg. 7613. [** Isidor. Orig. lib. 17. cap. 5. sect. 6.]

SPADONARE, *Castrare.* Gemma. [* Glossar. Lat. Gall. ex Cod. reg. 7692 : *Spadonare, chatrer. Spadonizare, idem.*] [** Vetustis. Transl. Evang. Matth. cap. 19. vers. 12 apud Maium Scriptor. vet. tom. 3 : *Sunt enim spadones qui ex utero matris nati sunt, spadones qui facti sunt ab hominibus,* (spadones) *qui se ipsos Spadonaverunt propter regnum.* Vide *Spadonatus* in *Spado,* 1.]

SPADULA, Humerus, Gallis *Espaule*, in Vita sancti Emeranni apud Canisium tom. 1. Antiq. lect. pag. 145. Vide Cronum in Observat. pag. 4.

Spadlaris, pro *Spadularis*, Eadem notione. Tabularium S. Savini Levitanensis ann. 945 : *Concedimus etiam in ipsa villa, ut si quis porcum singularem, sive cervum venando ceperit, quartam sive Spadlarem S. Savino persolvat.* Vide *Spatula.*

¶ **SPAGNOLUS**, Hispanus, Ital. *Spagnuolo.* Memoriale Potestat. Regiens. ad ann. 1218. apud Murator. tom. 8. col. 1095 : *Et de malis Spagnolis et de malis* [illegible] *fugientes ad exercitum Paganorum, negabant Christum.* Vide *Spaniscus.*

¶ **SPALA**, ut *Spalla.* Vide in hac voce.

SPALAGUS. Aldhelmus cap. 11 : *Simulque truculenta regulorum et aspidum venena, ad quæ quadrupedis rubetæ, et Spalagi pestifera confectio, humanæ naturæ nocitura habebatur.* Ubi *Spalagum*, talpam, ex Græc. ἀσπάλαξ, viri docti interpretantur. Hesychius : Ἀσπάλαξ, ζῶον ἐςερημένον ὄψεως. Vide Dioscorid. lib. 15. cap. 19. et mox *Spalargius.*

¶ **SPALANCARE**, Vallo munire, Ital. *Palancare*, Gall. *Palissader.* Chron. Parmense ad ann. 1308. apud Murator. tom. 9. col. 872 : *Jacobus de la Senaza habita licentia a Communi fortificavit Henzolam et ipsum castrum affossadavit, et Spalancavit.* Vide supra *Palancatum.*

¶ **SPALANGIA**, Araneæ species. Bern. de Breydenbach in Itiner. Jerosol. pag. 31 : *Et cum sit insula* (Candia) *a majoribus venenis notabiliter libera, tamen Spalangias, id est quasdam araneas generat venenosas.*

* **SPALANGIUS**, *Musca venenosa*, in vet. Glossar. ex Cod. reg. 7613.

* **SPALARGIUS**, Eadem notione atque *Spalangius*, quomodo etiam forte legendum est. Vita S. Arduini tom. 3. Aug. pag. 217. col. 2 : *Valde contristor, quoniam inter serpentes et scorpiones et Spalargios habitamus.* Vide *Spalagus* et *Spalangia.*

¶ **SPALARIUS**, In Ecclesia Tullensi dicitur Oeconomus, qui ecclesiæ bona administrat : cujus officium *Spalaria* nuncupatur. Statutum Riquini Episcopi Tull. ann. 1118. in Hist. Tull. pag. 138 : *Accipiet œconomus sive ecclesiæ nostræ Spalarius unum sextarium avenæ de singulis præbendis canonicorum in Vodio et Vischerio, insuper quatuor vini modia de vineis in Luceiaco.* Necrolog. ejusd. Eccl. ibid. pag. 133 : *Albricus filius comitis Arnulphi et Aremburgis de Rorteio uxor dederunt S. Stephano decem sextaria avenæ, pro anniversario, quæ filius eorum Ulricus Leucorum advocatus singulis annis solvere debet Spalario.* Statuta Capituli Tull. MSS. ann. 1497 : *Spalarius olim erat receptor omnium emolumentorum ecclesiæ, sed quia onus illius excedebat vires unius hominis,.... remansit per consuetudinem nomen Spalariæ.*

¶ **SPALDATUS.** Vide mox in *Spaldum.*

SPALDUM, Spaldus, Murus exterior, vel prominens, propugnaculi species; ex Italico *Spaldo.* Charta ann. 1320 : *Refectiones Spaldorum, fossatorum, spinatorum, balistrarum, ambaxiatorum, plaustrorum, etc.* Infra : *Item pro aptandis Spaldis et fortificatione civitatis Astensis, etc.* Rollandinus in Chron. lib. 5. cap. 18 : *Cum tentoriis et fossis, Spaldis taliter circumdederunt locum, quod nemo poterat ingredi.* Adde lib. 8. cap. 10. et lib. 10. cap. 1 Hist. Cortusiorum lib. 1. cap. 4. 21. 23. et alibi non semel. Acarisius : *Spalato, e una parte de la casa, che dal tassello al tetto pende in fuora, detto quod* extra pendeat, et quasi *sporto in fuora.* Mox apud Dantem in Infer. can. 9. hanc vocem explicans : *O vero diciemo alti Spaldi, cioè e mura de la terra alte, che sia la parte per o tutto posta, et veggiamo che le mura de le terre hanno ne la sommità gli Spaldi in fuori, etc.*

☞ Vox etiam nota in re nautica. Barthol. Scribæ Annal. Genuens. apud Murator. tom. 6. col. 499 : *Et puppes galearum volvens de versus exercitum Januæ, proras cujuscumque ipsarum, in quantum potuit, trahens ad ripam Savonæ cum Spaldis antenarum et arborum positis in mari, et cum bricolis erectis in muris Savonæ, etc.* Ibidem col. 524 : *Verum ipsæ galeæ taliter erant sub turre prædicta ex Spaldis, machinis et omnibus compositæ, quod cum eis præliari non potuerunt.* Vide Carolum de Aquino in Lexico milit.

¶ Spaltum, ut *Spaldum*; in Annal. Genuens. Caffari ibid. col. 270 : *Reliquas vero partes quas muri ambitus non contexerant, et eas quas muri altitudo non muniebat, altissimis castris quæ fecerant de arboribus navium et frequentibus betreschis et spatiosis Spaltis et robustissimis ita per triduum munierunt, etc.*

* Ital. *Spalto.* Annal. Placent. ad ann. 1447. apud Murator. tom. 20. Script. Ital. col. 896 : *Tota acie nostram civitatem percurrerunt, et videntes nostri, qui Spaltum burgeti defendebant, civitatem admissam, custodiam reliquerunt.* Vide *Spaldum.*

¶ Spaldatus, *Spaldis* munitus. Ant. Godi Chronic. apud eumd. Murator. tom. 8. col. 72 : *In burgis vero S. Petri apparent valles veterum fovearum : hæ quoque cinctæ erant, Spaldatæ et munitæ betifredis ac foveis amplissimis undique circumdatæ.*

¶ 1. **SPALERIA**, Peripetasma, Gallis *Tapisserie :* eadem voce significantur ligna quibus affiguntur tapetes, ex Bollandistis, ab Italico *Spalliera*, quod quidquid ad murum expanditur, ad *spallas*, id est humeros reclinandum sonat. Acta S. Theophili tom. 3. April. pag. 495 : *Et parietes stratarum erant omnes aulicis Spaleriis contectæ.* Acta S. Jacobi Philippi tom. 6. Maii pag. 175 : *Die 1. Junii dedit mag. Leonardo scaletta pro pictura B. Jacobi-Philippi, ea scilicet quæ est supra altare, et pro Spaleria supra asserem, solidos XXI.*

* 2. **SPALERIA**, Spalleria, Armorum genus, quo *Spallæ* seu humeri teguntur, Ital. *Spallaccio*, Gall. *Epauliere.* Lit. remiss. ann. 1335. in Reg. 69. Chartoph. reg. ch. 254 : *Johannes de Pinu..... armatus cum ense et bloquerio et Spaleriis, etc.* Aliæ ann. 1349. in Reg. 78. ch. 45 : *Aycardus de Miromonte cum hominibus armatis diversorum armorum generibus, ut pote.... Spaleriis, clipeis, etc. vj. Spalleriæ ad armandum,* in Inventar. ann. 1294. V. *Spallarium.*

** **SPALEUM.** Notitia de Casa Vicecomitis in Pictonibus circa ann. 1110. apud Guerardum post Irminonem pag. 378 : *Ferarum omnium pelles, quæ in Spaleo vicecomitis sunt apud Casam, quorumque modo, morbo vel ferro, aut a quolibet interficiantur pellis S. Nicholao erit.* Guerardo Locus ubi distenduntur atque servantur pelles ferarum venatu cæsarum. Idem est quod *Defensum, parcus.* Vide *Espaltum, Expallum* et *Spaltum*, 1.

¶ **SPALION**, Genus operimenti machinarii, lesis et pluteis non absimile, nostris *Gallerie*, ex Carolo de Aquino in Lexico milit. Agathias lib. 3. Hist. Rom. : *Romani vero Spaliones paraverunt, et magnorum saxorum jacularia tormenta. Spalion autem est quoddam textum ex viminibus ad formam tecti confectum, et densitate solidum, et utrinque tectum; utrinque latera deorsum sunt extensa, et repellunt omne telum, quod incidit, ac ferit illam machinam. Pelles autem et coria superne injicientes undique circumtegunt, ut sit firmius munimentum, et excutiat repellatque tela.*

SPALLA, Idem quod *Spadula*, Italis *Spalla*, Gallis *Espaule*, Armus. In plerisque veterum Chartarum sumitur pro armo, aut membro ferarum, vel aprorum, aut cervorum, quod prestari domino solet, pro jure vel facultate venandi in silvis dominicis. Tabularium Prioratus de Domina in Delphinatu fol. 64 : *Mansus de Malburc* 13. *lib. de porco, de ubliis* 6. *denar. et* 5. *Spallas, et* 11. *den. etc. Spalla porcina*, in Bulla Honorii III. PP. apud Ughellum tom. 1. part. 1. pag. 823. Charta alia ann. 1195. apud eumdem tom. 7. pag. 1321 : *In Nativitate Domini duas Spallas porcorum.* Innocentius III. PP. lib. 13. Ep. 65 : *Qui venabantur in ipsa* (silva) *reddebant eidem singulis annis Spallam porci.* Idem cap. Cum venerabilis de Censibus : *Præfatus Episcopus Spallas, quas ab eadem Ecclesia, tam ipse, quam prædecessores sui recipere consueverant, Ecclesiæ præfatæ remisit, et statuit, quod aliud ei servitium non imponeret.* Charta Alexandri III. PP. ann. 1174. apud Ughellum tom. 1. part. 1. pag. 512 : *Quod Giso Primicerius Ecclesiæ vestræ in obitu suo reliquit, videlicet Spallam cum lonza, et sarcinam musti, etc.* [*Duas Spallas de porco*, in Charta ann. 1064. ex Tabular. S. Victoris Massil. Adde Chron. Farf. apud Murator. tom. 2. part. 2. col. 563. Chron. Tarvis. tom. 9. col. 777. Statuta Vercell. lib. 3. fol. 107. v°. Statuta Riperiæ cap. 16. fol. 9. v° etc.] *Humerus porci*, in vett. Statutis Canonicorum S. Quintini in Viromanduis. Charta Almarici Comitis Ebroicensis in Tabulario S. Maglorii Paris. : *De cervorum insuper et cervarum omnium venatione, dextros armos.* Horatius sat. 4 :

Fœcundi leporis sapiens sectabitur armos.

¶ Spala, Eodem significatu. Mirac. MSS. Urbani V. PP. ex Tabul. S. Victoris Massil. : *Portans ipsam* (*entortam*) *in itinere in humero dextro super Spalam.* Statuta Astens. Collat. 7. cap. 1. fol. 23 : *Nec aliquam bestiam sub Spala, vel in rognonibus, vel in aliqua parte inflabunt* (*becharii.*)

¶ Spatla, Pari intellectu, si tamen asserta est lectio, pluries occurrit in Charta ann. 1054. ex eod. Tabul. et in alia ejusdem circiter anni ibidem.

SPALLACIÆ, Morbus equorum in tergo, de quo Jordanus Rufus Calaber lib. 2. de Medicaminibus equorum ad Fridericum Imp. et ex eo Petrus de Crescentiis lib. 9. cap. 29.

* Academ. Crusc. : *Spallato, Malore delle bestie da cavalcare, o da soma consistente in lesione alle spalle cagionata da soverchio affaticamento, o da percossa.*

¶ **SPALLARIUM**, Spallerium, Armorum genus, quo *spallæ*, seu humeri teguntur, Gall. *Epauliere.* Statuta Equitum Teuton. art. 73. apud R. Duellium tom. 2. Miscell. pag. 59 : *Ipse (treperarius) tenetur dare fratribus ad arma deputatis Spallaria, etc.* Chron. Siciliæ apud Marten. tom. 3. Anecdot. col. 89 : *Forma militaris apparatus est cum Spalleriis de cindato et manto de cindato.* Inventar. ann. 1294 : VI. *Spallerie ad armandum. Espaliere,* in Assisiis Hierosol. MSS. cap. 95 : *Et doivent avoir lor chauces de fer chauciés, et lor Espalieres vestuës.* Vide *Spatalaria.*

¶ **SPALLATURA**, vox Italica, *Spallæ* seu humeri luxatio. Rolandini Patav. Chron. apud Murator. tom. 8. col. 271 : *Monarius medicus qui Eccelinum condam de gravi Spallatura sanaverat in exercitu Imperatoris, etc.*

¶ **SPALLERE**, pro Psallere. Vide *Spalmus.*

* **SPALLERIA.** Vide supra *Spaleria* 2.

¶ **SPALLERIUM**, ut *Spallarium.* Vide ibi.

* **SPALMA**, pro *Palma*, non semel in Constit. MSS. Caroli reg. Sicil. *Spalma seminis*, quantum palma continetur.

¶ **SPALMARE**, Palmis excutere pulveres a vestibus. Leg. Palat. Jacobi II. Reg. Majoric. inter Acta SS. tom. 3. Jun. pag. XXXVI : *Qui etiam ipsum sartorem adjuvet in suendo, si opportunum fuerit, nec non et in mundando, vel Spalmando cum opus fuerit, vestes nostras.* Hinc

¶ Spalmator, Qui id ex officio præstat, ibidem pag. XXIX : *At vero in armatorem, et in sartorem personæ nostræ, Spalmatorem, et apothecarium fructuum... damus eis simplicem potestatem, etc.*

¶ **SPALMATA**, Actio qua emtor et venditor, data palma, de re aliqua inter se conveniunt. Vide *Palmata* 2. Statuta Cadubrii lib. 2. cap. 53 : *Datis arris, vel bibito vino de mercato, vel data Spalmata, vel alia facta fide, qua intelligatur perfectam fore venditionem, venditio tunc intelligatur esse perfecta.*

¶ **SPALMATOR.** Vide *Spalmare.*

¶ **SPALMITUS**, Audax, superbus, ut videtur. Chr. Petri Azarii ad ann. 1362. apud Murator. tom. 16. col. 382 : *Et utinam tempore illius Comitis Landi præfatus dominus Luchinus fuisset in Terdona, quoniam Angli non fuissent ita Spalmiti et temerarii, etc.*

SPALMUS, Spalmodia, pro *Psalmus* et *Psalmodia*, perpetuo scriptum in Heitonis Episcopi Basileensis visione Vettini, observat Goldastus ad S. Valerianum de Bono disciplinæ. Ita etiam legere est apud Andream Monach. lib. 1. Vitæ S. Ottonis Episcop. Bamberg. cap. 5. ubi *Spalmus, Spallere, Spalterium, Spalmodia*, promiscue scribitur. [** Vide Schmeller. ad Ecbasim pag. 324.]

¶ 1. **SPALTUM**, ut *Spaldum.* Vide in hac voce.

* 2. **SPALTUM** vel Spaltus, f. *Parcus*, locus muris, sepibus aut fossis circumseptus et defensus; unde vocis origo. Charta ann. 1062. in Chartul. Vindoc. ch. 168. ex Reg. 3. Armor. gener. part. 1 : *Super hæc vero et alia monachis largitus est de Spalto suo, videlicet ad extirpandum quantum domibus eorum ædificandis familiæque ipsorum, insuper et ad burgum in commune faciendum sufficiens fuerit.* Vide *Spaleum.*

* **SPALURARE**, f. pro *Spalmare*, Italis et nostris *Spalmer*, Navem ungere. Charta ann. 1335. in Cod. reg. 5956. A. fol. 1. r° : *Naulizaverunt.... unam bonam et sufficientem galeam de cxvj. remis bene aptatam, stagnam, calefatatam, Spaluratam, etc.*

* **SPAMARE**, Animo deficere, syncope affici, Gall. *Pasmer.* Charta reg. Renati comit. Prov. ann. 1476 : *Hanc autem donationem ob reverentiam Christi Jesu Salvatoris omnium et acutissimi doloris compassionem dulcissimæ Matris ejus, quæ viscera ejus tenera gladio dudum probato transfixa medullitus fidelis plebs inconcesse confitetur, quando ipsum agnum mansuetissimum livore conspersum vidit ad locum pœnarum propriis humeris crucem suam bajulantem et viribus sublatis in terram Spamata corruens, dolore sauciata animam exalare videretur.* Vide *Spasma.*

SPANA. Vide *Spanna.*

* **SPANALDUS.** Accurs. Florent. lib. XI. tit. 26. Cod. in rubr. de Mendicantibus validis, *quos*, inquit, *vulgus appellat Spanaldos et galiotas.* Quod relatum invenio apud Wolfg. Hunger. Elench. in Tabul. Bovill. voce *galiota. Spanaldus* mihi videtur qui hodie Italis *Spalliere*, nostris *Espalier de galere* dicitur. Porro an *Spanaldus* et *Spalliere* sint ab eadem origine, a *Spalla* scilicet, dubius hæreo. Hæc ex animad. D. *Falconet.* Vide supra *Snaphtanus.*

¶ **SPANARE**, Italis *Spannare* proprie est vestibus spoliare : unde dicitur de urbe fossis denudata, cum scilicet cumulantur. Chr. Parmense ad ann. 1307. apud Murator. tom. 9. col. 865 : *Guastalla vero venit ad mandata dicti defensoris, et per eum accepta fuit, et Spanata de foveis, et disguarnita, et deforzata in totum circumquaque.*

1. **SPANDERE**, Expandere, Gall. *Estendre*, vel *Espandre*, [Italis *Spandere* eadem notione.] Chronicon Casin. lib. 2. cap. 99 : *Obtulit... thuribula argentea 2.... argenteam cum leonibus situlam, pallium magnum ad Spandendum, tapetumque optimum, etc.*

* 2. **SPANDERE**, vox Italica, Effundere. Acta B. Amad. tom. 2. Aug. pag. 585. col. 2 : *Ipse pater Amadæus jussit ut eam omnem vernazolam in ipsa canepa quomodocumque Spanditam colligerent et in eo vase remitterent.*

SPANDIDATIO. Constantinus Afric. lib. 6. Pantechn. cap. 23 : *Oscitatio est ex fumosis humoribus in lacertis, masticantibus infusis. Spandidatio similiter de fumosis est humoribus in totis corporis membris vel pluribus inclusis. Atque utraque natura monetur expellere.*

* Idem quod *Pandiculatio*, unde fortean corrupte efficta. Vide *Pandicularius.*

¶ **SPANENUS**, pro *Spavenus.* Vide ibi.

1. **SPANGA**, Fibula, ex Teutonico *Spanghe*, quod idem sonat. Rudolphus Presbyt. in Vita Hrabani Abbat. : *Quædam matrona nobilis... fibulam suam auream, quam lingua Francorum Spangam vocant, in ipso transitu perdidit.* Joan. Buschius in Chronico lib. 1. cap. 28 : *Undecimus fuit frater Egbertus... metallorum in Spangis pro libris fusor bonus.* Id est, fibularum ærearum, quibus libri constringuntur.

2. **SPANGA**, Trabs exterior, quæ muros invicem continet, ex eadem voce Teut. *Spangh*, fibula, quod ædificium connectat. [** Vide Graff. Thesaur. Ling. Franc. tom. 6. 349.] Lex Bajwar. tit. 9. cap. 7. et 8 : *Trabes vero singulæ cum 3. sol. componantur. Exteriores vero, quas Spangas vocamus, eo quod ordinem continent parietum, cum 3. sol. componat.*

¶ 3. **SPANGA**, ut infra *Spanna.* Chron. Corn. *Zantfliet* ad ann. 1456. apud Marten. tom. 5. Ampliss. Collect. col. 492 : *Reliquerunt autem illic Turci undecim fundas grossas seu bombardas, quarum sex continebant in longitudine 33. Spangas manuales, et septem in latitudine.*

* **SPANHOLES**, Hispani. Comput. ann. 1362. inter Probat. tom. 2. Hist. Nem. pag. 242. col. 1 : *Pro vadiis Spanholum, qui erant ante Salgue contra inimicos.* Et pag. 243. col. 1 : *Pro vadiis unius mensis Spanorum, etc.* Notris *Espeignolle*, pro *Espagneul*, Canis Hispanicus cirratus. Lit. remiss. ann. 1462. in Reg. 198. Chartoph. reg. ch. 439 : *Le suppliant menant un chien ou Espeignolle, etc.* Vide *Spani.*

¶ **SPANI**, Spania, pro Hispani, Hispania, passim apud Scriptores medii ævi Anglis *Spain.* Vide in *Spaniscus.*

SPANISCUS, Pannus Hispanicus. Nam *Spaniam*, pro Hispania usurparunt Scriptores ævi medii. [** Vide Forcellin. in *Spanus* et Graff. Thesaur. Ling. Franc. tom. 6. col. 348. voce *Spania.*] Gloss. Lat. Gr. : Σπανία, *Hispania. Spania*, in Epist. Clericor. Italiæ ann. 552. apud Sirmondum tom. 1. Concil. Gall. in Vita S. Fructuosi Episc. Bracar. cap. 1. in Capit. Caroli M. lib. 7. cap. 103. et alibi passim : ut *Speria*, pro *Hesperia*, apud Isidorum Pacensem æra 753. Anastasius in Leone IV. PP : *Vela 7. duo quidem de fundato, et alia duo de stauraci, et tria de Spanisco.* Alibi : *Fecit et in Ecclesia S. Mariæ... vestem de Spanisco unam ornatam in circuitu de fundato.* Adde pag. 193. 196. 197. Chronicon Fontanellense cap. 16 : *Stauracia duo, stragulum Hispanicum unum.*

¶ Spanicus Ferrus, Trutina, ex ferro Hispanico. Vide supra *Ferrum* 2.

SPANNA, Spannus, Spana, Spithama, Italis *Spanna :* Spatium inter pollicem et minimum digitum extensos, unde nomen : *Spannen* enim Teutonibus est extendere : ut spannan, Anglo-Saxonibus, *Spithama* metiri. [** Vide Graff. Thes. Ling. Franc. tom. 6. col. 347. voce *Spanna.*] Sed et nostri *Pan* [vel *Empan*] ab eodem fonte videntur hausisse, quibus idem sonat. Lex Frisionum tit. 22. § 65 : *Vulnus quod longitudinem habeat quantum inter pollicem et complicati indicis articulum Spannum non impleat, 3. sol. componatur, quod integræ Spannæ longitudinem habuerit, hoc est index et pollex extendi possunt, 6. solid. compon.* § 66 : *Quod inter pollicem et medii digiti spatium longum fuerit, 23. solid. componatur.* Rursum *Spanna* in Addit. ad eamdem Legem tit. 3. § 56. [Statuta Vercell. lib. 4. fol. 86 : *Item quod aliquis testor non debeat...., tenere in scripnea gladium majorem una Spanna computato manubrio ad taliandum gruppos.*]

Spana, in Vita B. Torelli Poppiensis n. 21 :

Corpus longum pedibus quinque, pedes longitudinis unius Spanæ hominis. [Radulphus de Gestis Friderici I. apud Murator. tom. 6. col. 1190 : *Ultimo autem die mensis Februarii iterum cecidit nix, cum duodecies cecidisset, cujus altitudo fuit unius Spanæ.* Adde Chronic. Placent. apud eumd. tom. 16. col. 580. Statuta Mutin. rubr. 90. fol. 16. v° : *Pontesellus... habeat boccam per quam aqua discurrere debeat, amplam per unam Spanam, altam per medium brachium et amplius.* Vide *Spanga* 3.] Christina Pisana au *Tresor de la Cité des Dames* 3. part. cap. 3 : *Et estoient ouvrez les grands draps de parement, qui passoient plus d'un espan par soubs la couverture, etc.* Vide Octav. Ferrarium in *Spanna.*

¶ **SPANNALE**, Clavus, quo immisso clauduntur pedicæ et arctissime adstringuntur. Acta S. Raynerii tom. 3. Jun. pag. 448 : *Huic dominus suus miserat catenam ferream in utroque crure, et affixerat ipsam catenam cum Spannalibus acutis in ligno, ut nullatenus se inde movere posset.*

SPANOCLYSTUS, Corona desuper clausa, ex Græco ἐπανώκλειςος. Anastasius in Leone III. PP. pag. 133 : *Fecit autem ibi super crucem majorem ex auro fulvo nimis Panoclystam, ornatam gemmis pretiosis pens. lib.* 42. Infra pag. 134 : *Regnum Spanoclystum ex auro purissimo cum cruce in medio pendens super ipsum altare.* Rursum pag. 146 : *Fecit in basilica B. Dei Genitricis ad præsepe regnum ex auro purissimo Spanoclystum diversis in circuitu de chrysoclavo pretiosis ornatum lapidibus pens. lib.* 4. Idem in Paschali pag. 150 : *Super ejusdem venerabilis altare fecit regnum Spanoclystum ex auro fulvo, etc.*

SPANSIGIL. Charta Heccardi Comitis Augustodun. ex Tabulario Persiacensi in Burgundia apud Perardum pag. 26 : *Theodorico aut Richardo filio meo donate spada, Spansigil, et sicusios* 2. *etc.* [Ubi recte Eccardus in Notis ad Leg. Ripuar. tit. 36. § 11. legendum monet *Spada cum scogilo.* Vide supra *Scogilum.*]

* Ubi legendum *Spangisil* monet Vir eruditus D. *Falconet*, idemque esse quod *Spanga* 1. Forte, addit ille, *Spangesel*, cum *Sel* paragogico, ut in aliis vocibus Teutonicis. De *Scogilo* autem Eccardi valde dubito. Vide Hist. Sabol. pag. 61. et 62.

SPANTORIACOS. Cummianus Hibernus de Controversia Paschali : *Luna* 14. *primi mensis, qui est apud Hebræos Nisan, apud Macedones Spantoriacos, apud Ægyptios Parmothi, qui apud Latinos interdum Martii, interdum Aprilis obtinet partem.* Quid hac voce denotetur, non omnino percipio : quippe Syromacedonibus mensis Martius est δύςρος, Aprilis vero ξανθικός.

1. **SPARA**. Hist. Longobard. Ignoti Casinensis cap. 10. de Siconolfo Principe Beneventano : *Abstulit a S. Benedicto... baziam argenteam unum, vaucas par unum... Sparæ par unum.* Vide *Sparro.*

2. **SPARA**, Repagulum, *barra*, Italis *Sparango* : hinc *Sparapetto*, repagulum, quod pectus protegit, nostris *Parapet.* Vita S. Joannis Episcopi Traguriensis edita Romæ a Jo. Lucio : *Cum civitas nec murorum esset freta circuitu, nec munitione vallata turrium, nec bellicis armis fulta; sed solis Sparis et quibusdam maceriis circunsepta fragilibus, etc.* Forte a *separare*, vel *sbarra.* [Vide Caroli de Aquino Lexic. milit. in voce *Sparæ.*]

* Nostris *Espaare* et *Esparre.* Lit. remiss. ann. 1386. Reg. 129. Chartoph. reg. ch. 140 : *Le suppliant s'en retourna cuidant entrer oudit hostel, et trouva ledit huis fermé et barré par dedens à une grant Esparre de bois.* Aliæ ann. 1399. in Reg. 154. ch. 563 : *Le suppliant.... print deux Espaares de fer d'un huys ;.... et depuis en fist ferrer l'un des huis de son hostel. Une Esparre qui sert à charrue*, in aliis ann. 1470. ex Reg. 195. ch. 498.

SPARACLUM. Testamentum Andreæ Episcopi Dertonensis, scriptum Ugone et Lothario regnantibus, apud Ughellum in Appendice tom. 4 : *Id sunt Bibliotheca integram unam, super Matthæum librum unum, Sparaclum unum, lectionarii tres.* Legendum puto, *super Marcum unum.*

¶ **SPARA-FOSSA**, Fossa prior, Gallis *Avant-fossé.* Statuta Palavic. lib. 2. cap. 70. fol. 129 : *Statutum et ordinatum est, quod nulla persona terrigena, vel forensis, audeat neque præsumat de die vel de nocte piscari, vel piscari facere in fossis, redefossis, vel Sparafossis Rochæ Castri, etc.*

¶ **SPARAGA**, Sparanga, Ital. *Sparango* et *Spranga* est Repagulum, obex, tignum, lignum transversum. Chron. Andr. Danduli ad ann. 1405. apud Murator. tom. 12. col. 520 : *Itaque detentus jussu Imperatoris Galeatii missus fuit Venetias, et paulo post suspensus fuit inter geminas columnas rubeas palatii cum Sparaga in ore... Et eadem die suspensi fuere inter duas columnas unus ejus frater et duo sacerdotes cum Sparanga in ore.* Vide *Spara* 2. et *Sprangha.*

SPARAGUS, pro Asparagus, Summitas plantæ dum est in teneritate sua : juxta Galenum. Matth. Silvatic. Hesychius : Ἀσπάραγος, τὸ ἐκ τῶν ἀκανθῶν φυόμενον τραχύ. Vide Gorræum in Definit. Medic. et Ruellium lib. 1. cap. 20.

¶ **SPARANA**. Vide supra *Parana.*

¶ **SPARANGA**, ut *Sparaga.* Vide ibi.

* **SPARATA**. Charta Frider. II. imper. ann. 1226. apud Murator. tom. 4. Antiq. Ital. med. ævi col. 217 : *Perveniendo a mane dictæ villæ Sanctæ Mariæ per Sparatam abbatis Nonantulæ usque ad ecclesiam S. Anthonii de Precharis.* Ubi non convenit Italicum *Sparata*, de qua voce Academici Cruscani. An. pro *Strata?*

* **SPARAVERARE**, Cum *Sparaveriis* aucupari. Stat. nova crimin. Cumanæ cap. 154. ex Cod. reg. 4622. fol. 96. r° : *Nulla persona.... audeat nec præsumat ire ad Sparaverandum in aliqua terra, ubi sit blava.* Occurit bis infra cap. 156. Vide *Sparvarius.*

¶ **SPARAVERIUS**, Sparavetor. Vide infra *Sparvarius.*

SPARCIA. Vegetius lib. 2. Artis Veterin. cap. 45 : *Mittatur in piscinam,... ut natet, cum Sparcia et pannis vincto pede.* Cap. 57 : *Sparciam veterem contundet.*

¶ **SPARDA**, pro *Spatha*, in Charta ann. 1511 : *Guillelmus petit unum goyardum et unam Spardam.*

SPARGA, *Pannus*, in Glossis MSS.

¶ **SPARGANA**, Semina, a verbo spargere. Fridegodus in Vita S. Wilfridi sæc. 3. Bened. part. 1. pag. 195 :

> Talia labentis patiuntur Spargana vitæ
> Æmula, nec tardat spiris agitare maliguis.

SPARGENA, *Infantia, et dicitur a spargo, is.* Ita Jo. de Janua : perperam, quippe a σπάργανα, fasciæ, quibus infantes involvuntur. Ita de *Sparga* dicendum. [Gloss. Isidori : *Spargana, initiarum infantia.* Emendat Martinius ex Papia, *Spargena, infantiæ initia.*]

¶ **SPARGERE**, pro Spargi, Gall. *Se repandre.* Memoriale Potestatum Regiens. apud Murator. tom. 8. col. 1138 : *Inundationes aquarum magnæ fuerunt, et flumina Sparserunt et exiverunt de locis suis, et Sparserunt per episcopatum Reginorum.*

SPARGICIA. Charta Odonis D. Burgund. ann. 1206. apud Perardum in Tabulis Burgundicis pag. 229 : *Spargicia Castellionis communis est duobus dominis, similiter et pastura, etc.* In alia Hugonis Ducis ann. 1182. pag. 301 : *In eadem villa* (Castellion.) *Dux neque Pargyas* (sic habetur) *neque jus hospitalitatis debet; sed illud juris Pargyæ, quod in terra Francorum habuerat, cum Hierosolymam peteret, prædictæ Ecclesiæ in perpetuum acquittavit.* Libertates Oppidi Calvimontis in Barrensi pago ann. 1190. apud Thomasserium in Consuetud. Bituric. pag. 429 : *Pargia pratorum durabit, ex quo custodes constituti fuerint, donec prata incipientur falcari. Pro Pargia segetum edictum ponitur, ex quo custodes eorumdem constituti fuerint, donec messores incipient metere segetes.* Legi in Adversariis MSS. Augusti Gallandi, *Pargie* appellari in Diplomatibus Ducatus Barrensis, jus quoddam, quod domino competit ratione *emendarum*, quæ pro damno animalium in agris et pascuis irrogari solent, absque tamen præjudicio æstimationis damni, ei exsolvendæ, cui illud factum est.

☞ Eo sensu occurrit vox *Pargie* in Statuto Johannis Domini Commerciaci ann. 1362 : *Item nous etablissons que les amendes que on appelle les Pargiez soient en tel estat et de blés et des preiz, comme elles estoient avant que ces lettres fussent faites.*

¶ **SPARGILLUM**, Aspergillum quo aqua benedicta spargitur, Gallis *Aspersoir, goupillon.* Rituale Cisterc. : *Urceum cum aqua benedicta cum Spargillo.* Vide *Sparsorium.*

¶ **SPARGITARE**, *Frequenter spargere, asperginare*, in vet. Gloss. Vide *Spargo.*

¶ 1. **SPARGIUM**. Statuta Capit. Tullensis ann. 1497 : *Transeundo ante Domum Dei et portam plateæ procedendo per pontem cordigerorum et supra Spargium recta via ad ecclesiam nostram.*

* 2. **SPARGIUM**, Asparagus, Ital. *Sparagio.* Glossar. Provinc. Lat. ex Cod. reg. 7657 : *Asperagus, Spargium, remiaconilh. Prov.*

* **SPARGNIA**, a Gallico *Espargne*, Ærarium regium. Memor. G. Cam. Comput. Paris. ad ann. 1409. fol. 125 : *Anthonius de Essartis scutifer scindens coram rege retentus in officio custodis Spargniæ regis.* Et fol. 149. de eodem : *Garde des deniers de nostre Espargne.* Aliud sign. H. ad ann. 1413. fol. 4. r° : *Johannes de Saint Yon pa-*

netarius regis, ordinatus in officio custodis denariorum Spargniæ seu parcimoniæ regis.

SPARGO. Vita S. Guthlaci cap. 19 : *Sulphureos glaciali grandine mistos vortices, globis Sparginibus sydera pene tangentes.* Ubi forte leg. *spargilibus*. Sed et *spargines* vox Latina est. Glossæ Gr Lat. : Περιραίνω *conspargo* : περιραντήρ, *spargine*.

☞ Bollandistæ ediderunt *globosis Sparginibus*, et *Spargines* recte aspersiones interpretantur. Occurrit præterea apud Fortunatum lib. 3. Epist. ad Felic. Episc. : *Elisa salis Spargine.* Et in Actis S. Reginswindæ tom. 4. Jul. pag. 93 : *Neque veteris fermenti aliquo Spargine novam conspersionem æruginascere.* Vide in *Spargitare*.

* **SPARGOS,** *Persa lingua canem vocant.* Glossar. vetus ex Cod. reg. 7613.

* **SPARGULA** *in confectione unguenti matiaton, sic vocatur rubea minor a quibusdam; similis est rubeæ, non tamen est aspera, nec adeo crescit.* Glossar. medic. MS. Sim. Januens. ex Cod. reg. 6959.

* **SPARGUS.** Tract. de Piscibus cap. 58. ex Cod. reg. 6838. C : *Piscis, qui dicitur Plinio Sparus, aliis Spargus, Æliano additis literis aspargus,.... Italis Sparlo nuncupatur, aliquibus carlino et carlineto, nobis Sparallon, Hispanis Spargoil.*

¶ **SPARIVERIUS,** ut *Sparvarius*. Vide ibi.

SPARODORSUM. Scribit Valerius Andreas in Bibliotheca Belgica, ex Fulcuino [** Gesta Abbat. Lobiens. cap. 20.], Ratherium, Veronensem Episcopum librum scripsisse de *arte Grammatica*, quem *Sparodorsum* inscripsit, vulgari, inquit, loquendi more, quod puerorum dorsum a flagris servet. Galli dicerent, *qui pare le dos*, unde forte legendum *Parodorsum* vel *Paradorsum*. [** German. *Sparen* est Servare.]

* **SPARRA,** Repagulum, ital. *Sparango*, nostris *Barre*, alias *Esparre*. Vide supra *Spara* 2. Catalog. MS. episc. Carnot. ann. circ. 400 : *Petrus.... civitatem Carnotensem a porta Sparrarum* (hodie *la porte des Espars*, pro *Esparres*) *usque ad sanctam Fidem, ubi clausura erat solummodo, de fossatis, muris altis et fortissimis vallavit.*

SPARRO, onis, pro *Spara*, aut *Sparus* : Telum rusticum, in modum pedis recurvum, Germanis *Spar*, vel *Sparen*, Anglis *Spear*, hasta ex Saxon. spæra. Ugutio : *Sparus, telum rusticanum, missile, quod spargatur, i. mittatur.* Gloss. Gr. Lat.: Ἀκοντίου εἶδος, *Gæsa, spiculum, sparus.* Glossæ Isonis : *Tigillis, sparen.* Festus : *Spara, minimi generis sunt jacula, a spargendo dicta, quod passim pugnando jacerentur.* *Sparus* Virgilio dicitur lib. 5. Althelmus de 8. Vitiis :

> Sævu profanorum contundunt tela Sparorum.

Le Roman *d'Alexandres* MS :

> Un Esparre longe et pesant,
> A trovée lès lui enpresant,
> S'en vait, si ferut un gloton,
> Que ne li valu un boton.

Le Roman *de Girard de Vienne* MS :

> Son Espraver a levé contremont,
> Girart en fiert parmi le gros del front.

Sic porro scriptum in MS. pro *Esparrer*.

Sparrones. Eckehardus de Casib. S. Galli cap. 5 : *Fabricantur spicula, filtris loricæ fiunt, et vannis scuta simulantur, Sparrones, et fustes acutæ focis præduran-tur.* Vide Cluverium in Germania antiq. pag. 302.

* Hinc *Epparron*, Fustis crassior ad modum *Sparronis*. Lit. remiss. ann. 1382. in Reg. 121. Chartoph. reg. ch. 40 : *Portant un gros et pesant baston, appellé Epparron, etc.* Vide supra in *Espero*.

* **SPARSARIUS,** Censuum dominicorum, qui vulgo *Eparses*, quod in pluribus locis dispersi sint, appellantur, exactor et collector. Comput. ann. 1306. ex Tabul. S. Petri Insul. : *Pro salario Sparsariorum, decem libras.*

* **SPARSERIUM,** f. pro *Spasserium* vel *Spatserium*, Canalis, quo aqua ad molendinum ducitur; nisi idem sit quod *Paxeria*. Inventar. ann. 1255. ex Cod. reg. 4659 : *Item,... pro Sparserio molendini portæ Aurosæ, xij. den. Turon.* Vide *Spacerium* et mox *Spatserium*.

¶ **SPARSIO,** κρόκος ὁ ῥαινόμενος ἐν θεάτροις. *Spartum*, λευκαία. Ita legit Salmasius ad Hist. Aug. pag. 51. Vide Marsil. ad 1. Martial. Epigr.

¶ **SPARSO,** ut mox *Sparsorium*. Vetus Ceremon. MS. B. M. Deauratæ Tolos. : *Unus juvenis accipit cereum paschale ab altare, et alter juvenis accipit incensum una cum Sparsone et aqua benedicta.* Vide in *Spargillum*.

SPARSORIUM, Spersorium, Joan. de Janua, *id, cum quo aliquid spargitur.* [Gloss. Latino-Gall. Sangerm.: *Sparsorium, Espargoier*. Bernardi Mon. Ordo Cluniac. part. 1. cap. 45 : *Postquam sacerdos primo Sparsorium inde abstraxit, etc.*] Liber Ordinis S. Victoris Parisiensis cap. 43 : *Misso autem sale in aqua a Sacerdote, deponat Minister salinum, et paret Sparsorium.* Statuta Ordinis *de Sempringham* : *Porrigat Prior Episcopo Spersorium, osculans ei manum.* *Sparsorium* etiam hac notione usurpant Usus antiqui Ordinis Cisterciensis cap. 54. 55. 86. 87. Bernardus Mon. in Consuetud. Cluniac. MSS. cap. 47. Ordinarius Præmonstrat. cap. 13. etc. [Vide *Spargillum* et *Sparso*.]

* Glossar. Gall. Lat. ex Cod. reg. 7684 : *Sparsorium, Espargouer.*

SPARSUM, Stupa. Alexander Iatrosophista lib. 2. Passion. : *Mala Cidonia assa involuta in Sparso, et comessa.* Ubi Glossæ MSS. *in Sparso, i. in stupa* : *Coctana enim involvuntur stupa madefacta, et ponuntur sub cinere calido et coquuntur.* Eædem lib. 2. *Sparsum, pastam* interpretantur.

¶ **SPARSURA,** Herbarum florumque stratura, quæ in quibusdam ecclesiis fieri solet, Gallice *Jonchée*. Obituar. MS. Eccl. Morin. fol. 32 : *Die 2. mensis Julii... festum duplex almæ Dei Genitricis Mariæ.... distribuuntur,... fabricæ ecclesiæ x. sol. Item pro Sparsura 11. sol.*

* **SPARTA,** pro *Spelta* vel *Speuta*, ni fallor, Hordei species. Vide in his vocibus. Charta ann. 1226. ex Chartul. eccl. Lingon. fol. 163. v° : *Vendidit.... quinque asinatas bladi usque ad quinquennium, de quibus tres erunt de Sparta et duæ de ordeo.*

¶ **SPARTARIUS,** Qui ex Sparto restes texit, vel qui spartum vendit. Gloss. Lat. Græc. *Spartarius*; σχοινοπώλης : apud Martin. σπαρτοπώλης. Vita apocrypha Pachomii Jun. tom. 3. Maii pag. 359 : *Erat enim Pachomius natione Memphius, genere gentilium natus, sed ab infantia innocens, ignarus literarum, ab omni peritia alienus; fuerat enim arte Spartarius.* Vide *Spatarius* 1.

SPARTEA, Calceus ex sparto confectus, de quo Plinius lib. 9. cap. 2. Χόρτινον, σανδάλιον, apud Socratem lib. 7. cap. 36. S. Isidorus in Regula cap. 17. de excommunicatis : *Calceamentum vero Spartea, aut quodlibet genus solearum, etc.*

* Hinc *Spardille* appellatur Calceus ex restibus ad usum militum Pyrenæorum, vulgo *Miquelets*.

SPARTEOLI. Vetus interpres Juvenalis Sat. 14. v. 303 :

> Dispositis prodives hamis vigilare cohortem
> Servorum noctu Licinus jubet, etc.

Per translationem disciplinæ militaris Sparteolorum Romæ, quorum cohortes in tutelam urbis cum hamis et cum aqua vigilias curare consuerunt vicinis. Ubi P. Pithœus pro *vicinis* legendum putat *causa ignis*, observatque apud hunc duntaxat Scriptorem *Sparteolorum* fieri mentionem, quos ςιφωνάρχους seu *viocuros* esse existimat. At vox ipsa satis indicat a *vasis sparteis*, pice illitis, quibus aqua deferebatur, appellatos, quorum etiamnum usus in restinguendis incendiis perdurat.

SPARTH, Securis. Bromptonus, ubi de Hibernis : *Qui* (Norwegi) *tandem numero succrescentes contra indigenas frequenter rebellarunt, et usum securium, quæ Anglice Sparth dicitur, ad terram Hiberniæ comportarunt.* Infra : *Securim, i. Sparthe, in manu quasi pro baculo bajulant, qua sibi confidentes prævoccupant.* [Chron. Angl. Th. Otterbourne pag. 16 : *Usum securium, qui Anglice, Sparth dicitur, ad terram Hiberni comportaverunt.*] Vide *Securis Danica*, et *Sparro*.

SPARVARIUS, Species Accipitris, quibusdam *Fringilarius* dictus, nostris *Esprevier*. Lex Salica tit. 7. § 4 : *Si quis Sparvarium furaverit, etc.* Adde Legem Bajwar. tit. 20. § 4. Capitulare de Villis cap. 36 : *Accipitres et Sparvarios ad nostrum profectum provideant.* Capitulare 1. Caroli M. ann. 802. cap. 19. et Capitulare Aithonis Basil. Episc. cap. 11 : *Nec canes ad venandum, aut acceptores, falcones, seu Sparvarios habere præsumant.* Charta Caroli III. Imp. in Hist. Pergamensi tom. 3. pag. 399 : *Nec ullas publicas functiones, aut redhibitiones, vel illicitas occasiones, vel cogitaticum, seu Sparvarios, vel operas, sicut circa lacum Comacinum a servis ipsius Ecclesiæ exigebatur, sive angarias superimponere audeat, vel inferre præsumat.* Hujus porro sparvariorum annuæ præstationis mentio est præterea in Monastico Anglic. tom. 1. pag. 649. et supra in v. *Accipiter*. Charta Heccardi Comit. Augustod. apud Perardum in Burgundicis : *Et sigulos 2. et Sparvario uno, etc.* Fridericus Imp. de Arte venandi lib. 2. cap. 29 : *Sparvarii sunt minores aliis avibus de rapina, quibus frequentius utuntur homines, et quia secundum formam membrorum et maneriem plumagii similes sunt* *masturibus, licet sint alterius speciei, etc.*

¶ Sparaverius, Sparavierus, Sparivarius, Ital. *Sparviere.* Rolandini Patav. Chron. lib. 6. cap. 4. apud Murator. tom. 8. col. 355 : *Et fuit illic Sparaverius quidam in pertica in sala, quem videns aliquis litteratus, memor fuit versuum quorumdam jacentium in libro qui appellatur Ysopus, etc. Spariverius,* apud eumdem lib. 10. cap. 4. ibid. col. 314. Statuta Cadubrii lib. 3. cap. 83 : *Si quis furatus fuerit aliquam prædictarum avium aliquo modo, vel ingenio,.... pro Sparaverio, vel alia ave sic furata, c. in centum solid. Pap. condemnetur. Sparaverus,* in iisdem Statutis lib. 3. cap. 82.

Espervarius, in Charta Joannis Regis Angl. de Libertate forestarum. [Comput. ann. 35. Henrici VI. Reg. Angl. : *Dicunt quod Ricardus de Herthull die quo obiit tenuit manerium de Poley in comitatu War. in dominico suo ut de feodo per fidelitatem et servitium unius Espervarii.*]

¶ Spaverius, contracte, ut videtur, pro *Sparaverius,* apud Papiam MS. Vide *Simrillus.*

¶ Sprevarius, ut *Sparvarius.* Codex censualis Irminonis Abb. Sangerman. fol. 72. v° : *Solvit.... Sprevarios* III. *et quando ipsos habere non potest, s.* III.

¶ Spreverius, in Charta Philippi Pulchri Regis Fr. ann. 1293. ex Camera Chartophyl. Atrebat : *Roberto Comiti Attrebatensi et ejus heredi Comiti Attrebatensi donavimus Spreverium feodalem, de quo homagium ligium nobis fecit.* Infra rursum occurrit.

Sperverus, in Monastico Angl. tom. 2. pag. 288. *Espervarius sorus,* tom. 3. pag. 87. De vocis etymo vide Vossium, et Orig. Ital. Menagii et Ferrarii.

☞ Aliud etymon proponit Eccardus in Notis ad Pact. Leg. Sal. tit. 7. § 4. Sparvarium nempe sic dictum a *Spare,* vel *Sparwa,* passer; et *Ar,* accipiter, adeo ut Sparvarius idem sit atque accipiter passeritius, utpote qui avium rapacium minimus, passeres præcipue et aves minores insectatur.

¶ Sparavetor, Qui *sparaverios* nutrit, curat. Statuta Vercell. lib. 5. fol. 127. v° : *Et non intelligatur de falconeriis, Sparavetoribus, vel astoreriis, dummodo non intrent aliqua plantata, nec terras seminatas de blava grossa vel minuta, in qua, si intraverint, subjaceant penis predictis, et ultra damnum passo restituant.*

* **SPARUS**, *Genus gladii ad modum magni cultri vel falcis, Gallice Fauchon,* in Glossar. Lat. Gall. ex Cod. reg. 7679. Aliud ann. 1352. ex Cod. 4120 : *Sparus, Gall. Faucons.* Idem qui nostris *Cimeterre, Semettaire,* propius ad vocem Turcicam *Scimittarre,* in Instr. ann. 1453. apud Marten. tom. 1. Anecd. col. 1820 : *Semettaire, qui est espée Turquie.* Vide *Sparro.*

¶ **SPARZATA**, Septum clatratum. Acta SS. Maii tom. 5. pag. 189 : *Item in dicta ecclesia est Sparzata de ferro, ubi jacet corpus S. Bobonis.*

¶ 1. **SPASMA**, Ital. *Spasmo,* Deliquium, Gall. *Pamoison. Festum B. Mariæ de Spasma,* apud S. Antonin. ubi de Festis tom. 3. *Nostre Dame du Pâme,* alicubi dicitur. * Consule card. Cajetan. qui de hoc festo scripsit, et Baillet. ad diem Veneris quintæ hebdomadæ in Quadragesima.

* 2. **SPASMA** *vocatur Pulvis consolidativus, qui vulneribus recentibus aspergitur.* Glossar. medic. MS. Sim. Januens. ex Cod. reg. 6959.

* 3. **SPASMA**, Spasmus a Gr. σπασμός. Contractio, rigor vel distentio nervorum, nostris alias *Espame.* Alex. Iatrosoph. MS. lib. 2. Passion. cap. 100 : *Facit autem et ad Spasmata.* Ubi Glossæ : *i. Tensiones.* Vita S. Bern. Ptolom. tom. 4. Aug. pag. 484. col. 1 : *Pacificus eremicola cædendo ligna vulnus adeo grave ex securi acceperat, ut præ vehementi Spasmate prope interiturus jaceret.* Acta B. Amad. tom. 2. Aug. pag. 584. col. 1 : *Dum a medicis dubitaretur, ne in incisione ejusdem aut punctura domina ipsa aliquo Spasmo moreretur, etc.* Lit. remiss. ann. 1474. in Reg. 195. Chartoph. reg. ch. 1244 : *Le suppliant.... dudit besoy cuida donner sur la teste d'icellui Fortamer; .... lequel huit jours après tumba en Espame.* Vide *Spasmare.*

SPASMARE, Contrahere, ex Gr. σπασμός, contractio. M. Justinus Lippiensis in Lippiflorio pag. 142 :

Marcescunt nervi, Spasmantur crura deorsum.

Spasmea. Severus Sulpitius Epist. ad Claudiam sororem de Virginitate : *Grande est et immortale, pene ultra naturam corpoream superare luxuriam, et concupiscentiam Spasmeam adolescentiæ facibus accensam animi virtute restinguere, etc.* Ex σπάσμα, τος, convulsio, contorsio, distentio.

¶ Spasmosus. Vita S. Johannis Valentin. Episc. apud Marten. tom. 3. Anecd. col. 1698 : *Qui autem erigit elisos, et consolidat contritiones eorum Dominus Jesus Spasmosam sic in eo laxavit habitudinem, ut collum menti et humeri contiguitatem sejungeret.*

SPASSARE, Male accipere, castigare. Concilium Triburiense ann. 821 : *Si quis Presbyterum calumniatus fuerit, et Spassaverit, septem quadragesimas sine subditis annis pœniteat.* Alibi : *Si Presbyter male tractatus fuerit, et Spassaverit, secundum ejus Episcopi sententiam pœniteat, in cujus territorii potestate esse dignoscitur.* [** Pertzio Capitul. apud Theodon. Vill. inter spuria tom. 2. Leg. pag. 5. et 6. cap. 3. et iterum 3.] Adde Decretum Imperatorum apud Burchardum lib. 6. cap. 6. et Ivonem part. 10. cap. 135. Annales Francor. Bertiniani ann. 865 : *Demum Vernum villam veniens, Episcopos ac cæteros Aquitaniæ primores ibidem obvius suscepit. Ad quorum multam petitionem filium suum Carolum, nec dum bene Spassatum, in Aquitaniam cum Regio nomine ac potestate redire permittit.* Videtur nostrum *Espousseter,* pro *Castigare.* Vide *Pulsare.* Perperam enim Bignonius ad Legem Salicam, *spadaverit* emendat in Statutis apud Theodonis villam, ut *spathaverit* Antonius Augustinus. Italis *Spazzare,* est verrere, purgare : *Spazzo, pavimentum, et spatium.* Ita terga pueri verrenda dicimus, quod scopis, quibus verritur pavimentum, nates vapulent. Vide Oct. Ferrarium et Menagium in Orig. Ital. [** *Spassare* est Sanum fieri, morbum *passum* convalescere, vires integras recuperare, quasi *Desinere pati.* Colligitur hoc et ex Concil. Tribur. ubi capite præcedente : *Si quis diaconum calumniatus fuerit et convaluerit, sex quadragesimas, etc.* et ex Mirac. S. Wigberhti cap. 12. apud Pertz. tom. 4. pag. 226 : *Qui videlicet cum.... jam mortis vicinitate morienti similior esset quam languenti accito viro magnifico patre monasterii Thiothardo.... obsecrans ut in eorum collegio uti sibi liceret habitu monachico... Cumque se hoc facturos non esse, quoniam si Spassaret, id eum non observare, responderent, etc.* Denique de *Carolo Caroli filio Aquitanorum rege* in iisdem Annal. Bertin. apud Pertz. Script. tom 1. pag. 472. ad annum 866. hæc leguntur : *Plaga, quam in capite ante aliquot annos acceperat, cerebro commoto, diutius epelemptica passione vexatus 3. kal. oct. in quadam villa secus Bosentiacas moritur.*]

¶ **SPASSERIUM**, ut *Spacerium.* V. ibi.

SPASSUM, *Adeps, pingue,* στέαρ, in Gloss. Gr. Lat. [f. pro *Spissum,* ut conjectat Vulcanius.]

¶ **SPATA**, ut *Spatha* 1. Vide in hac voce.

* **SPATA** *est illud instrumentum, de quo sericus texendo percutitur; unde Spatula diminutivum est.* Glossar. Lat. Gall. ann. 1348. ex Cod. reg. 4120.

* **SPATAFERIUS**, idem qui *Spatharius,* qui ensem domini defert. Chron. Ditm. episc. Mersburg. [** lib. 4. cap. 22.] tom. 10. Collect. Histor. Franc. pag. 124 : *Romam sane prædicto Cæsare* (Ottone) *ingrediente, non minimum confisus in juvene, fecit eum Spataferium suum.*

¶ **SPATANGIUS**, Echini genus maximum, Hesychio, in Codic. Theod. lib. 14. tit. 20. leg. unic. de pretio piscis. Vide *Spatarius* 2.

1. **SPATARIUS**, Vita B. Posthumii, in Vitis Patrum cap. 1 : *Fuerat restium Spatarius, etc.* Mox cap. 2 : *Plectam de spato plectebat.* Ubi Rosweidus conjicit legendum *Spartarius,* qui e sparto restem plectat, aut distrahit, qui σχοινοπώλης dicitur in Gloss. Gr. Lat. Eustathius : Πλέγματά τινα ἀπὸ σχοινίων, ἢ σπάρτων, ἢ καννάβεω. [Vide *Spartarius.*]

¶ 2. **SPATARIUS**, Piscis genus, idem forte quod *Spatangius.* Rumplerus in Hist. Monaster. Formbac. apud Pezium tom. 1. Anecd. part. 3. col. 433 : *Spatarii non infrequentes sunt* (in Mittich.) Vide alia notione in *Spatharius.*

1. **SPATHA**, Major gladius, ensis, Italis *Spada,* Hispanis *Espada,* Gallis *Espée.* Gloss. Græco-Lat. : Σπάθα, τὸ ξίφος. Ugutio, ex Isidoro lib. 18. cap. 6 : *Spata, Gladius, quod sit spatiosa, ampla et lata.* Joannes de Janua ex eodem Isidoro : *Spata, gladius est longus, ex utraque parte acutus, vel ipsa est rhomphæa.* Alibi : *Spatha, est gladius spatiosus et latus.* Ita Vegetio *Spatha* longior gladius dicitur lib. 2. cap. 15. lib. 3. cap. 14. Epistola Clericorum Italiæ directa Legatis Gallorum ann. 552 : *Spathas nudatas, et arcus tensos portantes.* Victor Vitensis lib. 1. de Persecut. Vandalica : *Introeunt evaginatis Spatis, arma corripiunt, etc. Spata India cum theca argento parata,* in præcepto Caroli M. apud Stephan. Baluzium. Hincmarus Remensis in Concilio Dusiacensi I. part. 5 : *Tunc ipse*

presbyter irruens super filium Livulfi, qui Spatam ad collum portabat, extraxit eamdem Spatam, et volens percutere eum per medium caput, ut illum occideret, levavit idem Rivulfus manum contra Spatam, et suscepit Spatæ ictum. Vide Gregorium M. lib. 5. Ep. 24. Paulum Warnefrid. lib. 2. de Gestis Longob. cap. 28. etc.

Spatham Gallorum veterum propriam fuisse scribit Diodorus lib. 5 : Ἀντὶ δὲ τοῦ ξίφους σπάθας ἔχουσι μακρὰς σιδηρᾶς. Livius etiam lib. 32. Gallis *prælongos gladios sine mucronibus* adscribit : iisque proinde cæsim, non punctim feriisse, διὰ τὸ μηδαμῶς κέντημα τὸ ξίφος ἔχειν, ut auctor est Polybius lib. 2. Vide Cluverium in Germania antiqua pag. 293. et 348. Longioribus tamen ejusmodi gladiis mucronem tribuit Turpinus cap. 22 : *O Spata felicissima acutissimarum acutissima* : et Willelmus Apuliensis lib. 2. de Gestis Norman. Alemannicis longioribus gladiis, de quibus quædam attigimus in Notis ad Joinvillam pag. 73 :

Sunt etenim longi specialiter et peracuti
Illorum gladii.

Francorum nostrorum veterum *Spathæ* ita describuntur a Monacho Sangallensi lib. 1. cap. 36 : *Post hæc balthæus Spathæ colligatus, quæ Spata primum vagina, (al. glezina) secundo corio qualicumque, tertio linteamine candidissimo cera lucidissima corroborato ita cingebatur, ut per medium cruciculis eminentibus ad peremptionem gentilium, duraretur.* Quem locum aliter legit Pontanus lib. 9. Origin. Francicar. pag. 547. Cæsim vero spatha ferisse idem innuit Scriptor lib. 2. cap. 11 : *Uni eorum extracta Spata, cervicem ejus abscindere conabatur.* Et cap. 23 : *Et extracta Spata per cervicem leonis, cervicem tauri divisit ab armis.* Adde cap. 19. 21. 28. [Hist. Glabri Rodulphi apud Duchesn. tom. 4. pag. 38 : *Tebaldus quoque illum* (Guillelmum) *appropinquans, quasi aliquid locuturus, ilico exerta, quam ad hoc tulerat sub pallio, Spatha, uno ictu caput a corpore decussit.*] Petrus Tudebodus lib. 3. pag. 789. de Godefrido Bullionensi : *Tunc Dux Godefridus Christi miles potentissimus irruens in eos, evaginato ense, percussit quendam gentilem ferocissimum tam viriliter, ut in duas partes ipsum divideret, a vertice videlicet usque in sella equi,... post hunc aggressus alium ex obliquo, secuit eum per medium.* Eadem narrat Albertus Aquensis lib. 3. cap. 65. qui addit *lorica indutum divisisse in duas partes.* Adde Ordericum Vitalem pag. 735. Similia ex veteri traditione refert Guillelmus Guiartus in Hist. Francor. MS. de Carolo Magno :

Il iert plein de si très grant force,
Se l'ystoire de lui ne ment,
Que de s'espée proprement,
Dont li ponz et l'enheudure
Ierent d'or fin à couleur pure,
Et qui nommée estoit Joieuse,
Et gent courtoise et outrageuse,
Quant par ire la descendoit
Un Chevalier armé fendoit
A un seul cop tout contreval,
Et trenchoit parmi le cheval,
Cele espée aige toute nue
El tresor S. Denis tenuë.

Hinc Guillelmo Aquitaniæ Duci, postmodum Gellonensi Monacho, *versatilem gladium* attribuit ejusdem Vitæ auctor numero 20. editionis Mabillonii. Ejusmodi spatharum Francicarum longitudinem ac latitudinem inspicere licet in veteribus picturis, ac maxime in Comitibus Hollandiæ Philippi Gallæi. Sed et Ogerii Dani, qui sub Carolo M. vixit, spatham cum ferreo etiam capulo, absque mucrone, ex Monasterio S. Faronis Meldensis, ubi asservatur, ipsimet contrectavimus, qua visa, et expenso illius immenso pondere, haud incredibile omnino videri, quod de Godefrido referunt Scriptores, facile persuaderi passus sum. Hanc cum ejusdem Herois monumento descripsit Joan. Mabillonius tom. 5. Vitar. SS. Ord. S. Benedicti. Tota autem est illa dentata, qualis fuit Aviti, *sub assiduis dentatus cædibus ensis*, ut est apud Sidon. in illius Panegyrico. Quomodo vero regia spatha deferretur a Regis armigero, licet inspicere in iis tabellis Lotharii et Caroli C. quas delineari curavit Steph. Baluzius in Notis ad Capitularia Regum Franciæ.

¶ Spatam super altare ponere irreligiosum putabant, ut colligitur ex Aimoino in Mirac. S. Benedicti lib. 1. cap. 6 : *Cryptas ipsius ecclesiæ ingressa est* (Gerberga Regina) *in quibus pretiosi Patris Benedicti oratorium habetur : ubi dum ad orandum regii stipatores suas flecterent cervices, unus eorum protervæ temeritatis ausu Spatam quam manu gerebat altario superposuit. Exsecrati factum socii, gladio inde ablato, adversus tantæ auctorem vanitatis, increpatoria invexere verba, quibus ille superbe respondet : Quænam, inquiens, in nos nova isthæc religio, ut aggestum calcis ac sabuli cum lapidum mole, meo judicetis ense fore sanctius ? et simul cum verbo, receptam machæram, dominicæ non dubitavit reimponere mensæ.*

¶ Spata et Conucula ex Lege Ripuar. tit. 58. cap. 18. offerebantur liberæ, quæ servum secuta fuerat, ut si conuculam eligat, in servitio perseveret : si spatam, servum interficiat.

Ad Spathas Metiri. Gesta Regum Francor. cap. 41. et Gesta Dagoberti Regis cap. 15 : *Rex vero totam terram Saxonum devastans, omnem populum interficiens, non ibidem majorem hominem reliquit, quam longitudo gladii sui, quem Spatam vocant, habere videbatur.* Monachus Sangallensis lib. 2. de Carolo M. cap. 17 : *Per seipsum ita omnes humiliavit, ut etiam pueros et infantes ad Spatas metiri præciperet, et quicumque eandem mensuram excederet, capite plecteretur.* Quippe qui spathæ longitudinem attigerant, militiæ idonei censebantur. Unde apud Bohemos, qui gladii longitudinem attigerant, militare cogebantur, ut scribit Æneas Sylvius in Hist. Bohem. cap. 10.

Spathis Apprehensis *rem firmare.* Charta Alamannica Goldasti 85 : *Et his ita patratis, cum adhuc quidam de illis, qui se in illa ecclesia hæredes ac dispositores haberi voluerunt, alii garriendo, alii mussitando contradicerent, optimates ejusdem Consilii apprehensis spatis suis denotaverunt se hæc ita affirmaturos esse coram Regibus et cunctis principibus usque ad sanguinis effusionem.* Viderat hanc Chartam Vadianus de Monaster. German. : *Alamanni, utpote bellicosi, gladii, quem Spatam vocabant, prehenso capulo testificabantur, parati manu etiam tueri se veritatem, quam semel affirmassent.* [Vide *Jurare super arma*, in *Juramentum.*]

¶ Spatis Tangere terram de qua contentio est, priusquam lis duello dirimatur, in usu fuisse discimus ex Lege Alemann. tit. 84 : *Postquam girata fuerit* (terra) *veniant in medium, et præsente Comite tollant de ipsa terra... Quando parati sunt ad pugnam, tunc ponant ipsam terram in medio, et tangant ipsam cum Spatis suis, cum quibus pugnare debent.*

Cum Tracta Spatha *se idoneare contra alium, se defendere*, in Lege Alaman. tit. 44. § 1. tit. 56. § 1. tit. 84. 89. *Ad januam cum Spatha tracta accedere*, in Lege Ripuar. tit. 32. § 4. Adde Capitula ad Legem Alaman. cap. 22. Formula nostris familiaris, *tirer l'espée.* Glossæ Gr. Lat. : Σπάσασθαι ξίφος, *Evaginare.*

¶ De Planis Spatis Ferire, Gall. *Donner des coups de plat d'épée*, in Chron. S. Petri Vivi apud Acher. tom. 2. Spicil. pag. 757 : *Abbas autem et Monachi ejus foris remanserunt, quos verbis plurimum minati sunt, per capitia cucullarum turpiter apprehenderunt, de planis Spatis ferierunt, sed non læserunt.*

Spatha in Fuste, id est, Cui fustis pro vagina est, cujusmodi utuntur etiam quidam in Gallia. Ita inscribitur Epigramma Ennodii 131 :

Utrumne incluso per fraudes ense bacillo,
Mors ligni tunicis quem bene tecta lates?
Subsidium portas, quod cunctis terror haberis,
Pacificum est nobis, quod necat obsequium.

Ferrum cavatis baculis condendum, dixit Saxo Grammaticus lib. 6. Historiæ Danicæ.

Spatha S. Petri. Annales Fr. Bertiniani ann. 877. et Continuator Aimoini cap. 36 : *Richildis Compendium ad Ludovicum veniens ... attulit ei præceptum, per quod pater suus illi regnum ante mortem suam tradiderat, et Spatam, quæ vocatur S. Petri, per quam eum de regno revestiret.*

Σμαθομάχαιρον, in Lexico Gr. MS. Reg. cod. 930 : Ἀκινάκης, μικρὸν δόρυ ἤγουν κοντάριον, ἢ σπαθομάχαιρον Περσικόν.

Spatha, Idem qui *Spatharius*, Dignitas Spatharii, de qua mox. Vetus Charta apud Ughellum tom. 7. Ital. Sacr. pag. 977 : *Siphandus Imperialis Spatha et judex, etc.* Sic *Protospatha*, pro *Protospatharius.* Vide in hac voce.

Spada, ex Italico *Spada.* Atto Vercellensis lib. de Pressuris Ecclesiast. : *Tenso collo eductam contra se Spadam intuens, etc.* [Adde Testam. Ermengaudi Comit. Urgell. ann 1010. in Append. ad Marcam Hispan. col. 973.] Vide *Spadare.*

Spathium, ex Gr. σπαθίον. S. Augustinus in Psal. 149 : *Framea, quam vulgo Spathium vocant.*

Spatha, Spathula, Gladiolus, quo martyrum carnes dissecabantur et incidebantur. Acta S. Priscæ Mart. num. 11 : *Jussit Præfectus extendi eam, et cum Spathis incidi membra ejus.* Acta S. Martinæ Virg. et Mart. n. 36 : *Injustam Martinam pœnis affligendam, Spathis incidendam, et ungulis attrectandam, etc.* Hinc σπαδίζειν apud Metaphrastem in Actis S. Agathæ Virg. : Ἐκέλευσεν αὐτὴν κρεμασθῆναι καὶ σπαθίζεσθαι.

1. **SPATHA**, seu SPATA, Pistillus, rudis, vel instrumentum coquinarium, quo cibi, in ollis ad ignem ferventes, despumantur, apud Apicium lib. 4. cap. 3. Anonymus de Re Architectonica cap. 30 : *Tertio olei adjicies sextarium, ea ratione Spatha commovebis.* Utitur non semel.

SPATHARIUS, Qui spathas conficit, in Lege Aleman. tit. 79. § 7.

SPATHARIUS, Imperatorii corporis custos, Σωματοφύλαξ, Cedreno : dignitas in Imperio Constantinopolitano sat illustris. *Gloriosi Spatharii*, dicuntur Alcuino. Vita S. Theophanis Confess. n. 10 : Ὑψηλοτέρῳ δὲ βαθμῷ, ἤτοι τῶν Σπαθαρίων τῷ καταλόγῳ ὑπό τε βασιλέως τιμηθείς, διῆγε τὸν λοιπὸν χρόνον. Vide Chronicon Alexandrinum pag. 692. Vitam S. Lucæ junioris n. 64. et quæ observavimus ad Alexiadem pag. 259.

SPADARII, pro *Spatharii*, in Epist. 3. Leonis III. PP : *Misit Imperator Patricium et Spadarios cum stolo.*

SPATHARIUS, Armiger, qui ensem domini defert. Papias : *Armiger, vulgo Spatarius.* Gloss. Ælfrici : *Spatarius*, swyrd-bora. Id est, Ensifer. Apud Anastasium in S. Martino PP. *Spatharius Olympii Exarchi*, mox *Armiger* nuncupatur. Lex Burgundion. tit. 52 : *Fredegesilum Spatharium nostrum*, *etc.* Apud Gregorium M. lib. 2. Dial. cap. 14. *Riggo Spatharius Totilæ* Regis Gothorum dicitur. Apud Lucam Tudensem lib. 4. Chron. initio, Pelagius filius Ducis Fafilæ, *Spatarius Regis Roderici* nuncupatur. [Apud Fredegarium, *Cariatto Spatarius Guntramni* vocitatur.] Neque alii sunt *Spatharii*, qui subscribunt in Conciliis Toletanis, cum *Comitivæ* dignitate : sic quippe in Concilio XIII : *Guilengus Spatharius, et Comes, Altericus Spatharius et Comes, et Sesemirus Spatharius et Dux*, subscribunt. Monachus Pegaviensis pag. 6 : *Quem* (leonem) *ex improviso in se irruentem videns, gladium a Spatario suo confestim accipere nitebatur : sed ille, ubi eum manu corripuit, pro inermi domino leoni se constanter objecit*, *etc.* Apud Thwroczium in Sigismundo Rege Hungar. cap. 7. Vide *Armiger*.

SPATHARII, dicti *Milites* Ordinis Militaris *S. Jacobi de la Spatha*, instituti in Hispania, circa annum 1158. Radulfus de Diceto ann. 1184 : *Ordo Militum in Hispania, consistentium in proposito pro viribus suis Saracenos atterere, quem signum ensis rubei distinguit a cæteris Militibus, confirmatur a Domino Papa.* Gaufredus Vosiensis part. 1. cap. 65 : *Horum secta nuper exorta, ob indicium bellicosæ probitatis spatham ex pallio rubeo in habitu candido præfert.* Exstat Epistola Innocentii III. PP. inscripta *Magistris et fratribus Spatariis et Religiosis per Hispanias constitutis*, lib. 2. pag. 473. edit. Venetæ. Horum Militum habitus sic describitur in Manuali placitatorum in Parlamento 22. April. ann. 1371 : *L'Habit du dit Chevalier (de S. Jaques) est un long mantel à noiaux de pers double camelin, et un chaperon doublé tout d'un camelin et noiaux sous la gorge, et en son mantel a une espée de drap rouge, pour enseigne de la religion, et dessus avoit une courte houppelande, d'une serge ou catres pers, et une cote de camelin blanc, unes chausses d'un tanné, et solers à la pelume.* Istius Ordinis regulam Hispanice edidit cum Glossis Magister Ysla ejusdem Ordinis, typis Plantinianis ann. 1598. De hoc ordine vide, quæ collegerunt, qui de Ordinibus Militaribus scripsere, Franciscus Menenius pag. 94. Andreas Favinus pag. 1168. et Beloyus cap. 17.

SPATHAROCANDIDATUS, Spatharii simul et Candidati munere fungens. Gregorius II. PP. Epist. ad Leonem Isaurum, præfixa septimæ Synodo : *Literas vestræ Majestatis, per Augustalem Spatharocandidatum missas, accepimus.* Luithprandus lib. 3. cap. 7 : *Cubicularios, Protospatarios, Spatharocandidatos... facit.* [** Adde lib. 6. cap. 10.] Σπαθαροκανδιδάτος Græcis Scriptoribus. Vide Constantinum de Administ. Imp. cap. 42. 50. 51. 52. [** Hæc vox et sequentes in Glossar. med. Græcit. col. 1415. et 1416.]

SPATHAROCUBICULARIUS, Σπαθαροκουβικουλάριος, in VIII. Synodo act. 4 : *Spatharii cubicularius*, Anastasio in versione. Ubi forte leg. *Spatharocubicularius*.

SPATHATUS, *Spatam habens, vel spata armatus*, Ugutioni. Σπαθάτος, Africano in Tacticis. *Spatha cinctus*, Ennodio Epigr. 132.

¶ **SPATHIUM**, Ensis. Vide in *Spatha* 1.

¶ **SPATHOGLANI**, Milites Turcici. Vide supra *Silictarii*.

¶ **SPATHULA**, σπάθη, τὸ ξίφος. Gloss. Lat. Gr. in Cod. Sangerm. *Spatha*. Vide in hac voce, et infra *Spatula* 1.

¶ **SPATHUS**, in Lege Salica edit. Eccard. tit. 41. § 2. pro *Spadatus*. V. *Spadare*.

¶ 1. **SPATIAMENTUM**, Deambulatio, animi relaxatio, Chartusiensibus *Spaciment.* Statuta Capit. Autiss. MSS. ann. 1336 : *Nulli duo canonici Ecclesiæ Autissiodorensis in una domo simul morentur, nisi per sex menses tantum, et semel, scilicet in anno in quo intendit facere stagium suum primum, vel nisi veniat ad præbendam et negotia sua, vel causa solatii et Spatiamenti.* Acta S. Bosselinæ tom. 2. Jun. pag. 494 : *Pro quo Spatiamento, ut vocabant, nunc illis conceditur commune aliquod post refectionem colloquium.* Vide infra *Spatium*.

* Jocus, Gall. *Badinerie*. Lit. remiss. ann. 1350. in Reg. 80. Chartoph. reg. ch. 63 : *Petrus et Guillelmus mantellos suos per modum Spatiamenti exuerunt et colluctati fuerunt.* Aliæ ann. 1377. in Reg. 111. ch. 217 : *Dictus exponens aquam existentem in quodam vitro.... projecit causa Spatiamenti ad terram prope seu versus tybias dicti Guillelmi Mignoti.*

* SPATIAMENTUM, Ambulatio, Gall. *Promenade*. Lit. remiss. ann. 1352. in Reg. 81. Chartoph. reg. ch. 274 : *Cum in labina seu pasturagio ac communi dictæ villæ Spatiamentum causa spatiandi ivissent, etc.*

* SPATIAMENTUM, Venatio, jus venationis. Inventar. Chartar. reg. ann. 1482. fol. 307 : *Littera Petri comitis Drocensis, per quam dat domino regi Spatiamentum et fugam cervorum in foresta de Croutois. De anno 1340.*

* SPATIAMENTUM, Compotatio. Lit. remiss. ann. 1357. in Reg. 87. Chartoph. reg. ch. 27 : *Guillelmus Johannes ac eorum complices post cœnam et recessum dictarum nuptiarum, redeundo de quodam Spatiamento, le vin-donner Gallice nominato, in dictis partibus* (Normanniæ) *fieri consueto, et quod Spatiamentum supra maritum sumitur, etc.* Vide supra *Cochetus* 3. et *Bannum* 5.

¶ 2. **SPATIAMENTUM**, pro Spatium, Gall. *Eloignement, distance.* Utitur Claudius Taurin. Episc. in Epist. nuncupatoria Commentarii sui in Matthæum.

SPATIARE, Diducere, complanare, dilatare, *spatium* dare. Leo Ost. lib. 3. cap. 28 : *Necdum in cor ejus ascenderat, eamdem viam complanare ac Spatiare.* Infra : *Spatiandæ Ecclesiæ gratia, partem non modicam cameræ suæ subduxerat.* Petrus Diac. Casin. lib. 4. cap. 11 : *Præmisit* 3000. *homines cum securibus et aliis ferramentis, qui eamdem viam viriliter inciderent et Spatiarent.*

* **SPATIARI**, Ludere, genio indulgere, Ital. *Spassare*. Lit. remiss. ann. 1353. in Reg. 81. Chartoph. reg. ch. 706 : *Cum idem Jaquetus post prandium..... ad billas ivisset Spatiatum seu lusum, etc.* Aliæ ann. 1360. in Reg. 89. ch. 676 : *Idem exponens de quodam ludo scolæ* (soulæ) *quo se cum quibusdam aliis Spatiatus fuerat, etc.*

* **SPATIATIM**, SPACIATIM, Per spatia, ubique. Glab. Rodulph. tom. 10. Collect. Histor. Franc. pag. 3 : *Illud quoque juxta Lucam aëris et fortitudinis præfert similitudinem ; quoniam Spatiatim diffusum, etc.* Ibid. pag. 11 : *Ostendit Spaciatim per incrementa temporum sese omnipotentem solum bonum atque veracem.*

¶ **SPATIATORIUS**, Amplus, Gall. *Spacieux.* Johannes de Monsteriolo in descript. Monast. Caroli-loci apud Marten. tom. 2. Ampl. Collect. col. 1388 : *In cujus quidem ecclesiæ introitu ampla, Spatiatoria platea præposita, porticus est trium destrariarum seu deambulatoriorum.*

¶ **SPATIATUS**, Liber, expeditus. Chron. Siciliæ apud eumd. Marten. tom. 3. Anecd. col. 37 : *Misit inde* (Petrus) *suum nuncium prædictum dom. Petrum de Queralco militem suum ad prædictum Regem Carolum existentem in obsidione dictæ civitatis Messanæ, faciens dici... quod ipse Rex Carolus statim cum toto suo exercitu, et omni sua gente exiret de dicta insula Siciliæ, et dimitteret ipsi Regi Petro dictam insulam liberam et Spatiatam de omni scrupulo dominii ipsius Regis Caroli.*

* Ab Italico *Spacciare*, Expedire, liberum facere.

¶ **SPATIO**, Vagatio, si tamen sana est lectio, [* Venatio. Vide supra in *Spaciamentum.*] apud Rhegin. lib. 11. Chron. : *Venatu, ac Spatione, victum quotidianum quæritant.* [** Hæc ex Voss. de Vit. Serm. lib. 3. cap. 50. Forte *piscatione*, ut apud Regin. ad ann. 889.]

* **SPATIOSE**, Lente, moderate, spatiis interpositis. Missale Burdegal. MS. ex Cod. reg. 871. ubi de adoratione S. Crucis : *His Spatiose et devote peractis, sicut decet ; si populus nondum cessavit orare, sedeant ministri et clerici expectando orantes, et taceant.* Ordinar. S. Martial. Lemovic. ex Cod. reg. 1138. fol. 31. v°. In Sabbato Sancto *ipse angelicus ymnus tractim et Spatiose dicatur.*

¶ **SPATIUM**, Deambulatio, animi relaxatio. Translat. S. Thomæ Aquinat. tom. 1. Mart. pag. 726 : *Dictus Comes ivit una dierum ad Spatium cum quodam fratre.* Hist. Vicon. Monast. apud Marten. tom. 6.

Ampliss. Collect. col. 298 : *Nam cum causa Spatii eis aderat, non in joculatorum aut histrionum strepitu congaudebant, sed mandato Priore, de ejusdem verbis dulcedinis delectati hilares se reddebant.* Vide supra *Spatiamentum* 1.

* Hinc liber proverbiorum ex Cod. reg. 7618. inscribitur : *Bonum Spacium.*

* Nostris vero *Espasse*, idem quod *Travée*, interlignium. Terrear. Montis-Lether. ann. 1548 : *Une maison contenant deux corps d'hostel, chacun de deux Espasses.. Une maison contenant deux Espasses, faisant portion de trois Espasses couvertes de thuille.... Item une grange contenant trois Espasses.*

¶ **SPATLA.** Vide in *Spalla.*

¶ **SPATOMELE**, Spatomelle, Instrumentum chirurgicum. Vide *Guva* et *Raspatorium.*

* **SPATSERIUM**, Canalis, quo aqua ad molendinum ducitur; vel Contextus ac series palorum, idem quod *Paxeria*. Charta ann. 1229. ex Cod. reg. 4659 : *Facietis dispensatorium, per quod ipsa aqua taliter valeat dispensari, ut semper excludi et detineri valeat sine dampno, sicut excluderetur et detineretur per colpum sive per Spatserium molendini.* Vide *Spacerium.*

1. **SPATULA**, in Gloss. Græc. Lat. : Σπάθη, τὸ ξίφος. [Charta Philippi Aug. ann. 1194. pro Atrebat. : *Quicumque cultellum cum cuspide, vel curtum Spatulam, vel misericordam, vel hujusmodi arma multritoria portaverit,* LX. *libras perdet.*] Vide *Spatha*, 1.

Eædem Glossæ : Σπάθη, ἡ τοῦ ἀνθρώπου, *Costa, humerus : armus, proprie in pecoribus, quod lata sit*, inquit Joannes de Janua : nostris *Espaule.* [Mirac. MSS. Urbani V. PP. ex Tabul. S. Victoris Massil. : *Ponens manum suam super Spatulam dextram, etc.* Concil. Tarraconense ann. 1591. inter Hisp. tom. 4. pag. 611 : *Canonici et presbyteri de capitulo ecclesiarum Cathedralium.... in choro ad horas divinas almucias extensas super Spatulas.... portare omnimode teneantur.*] Vide Constantinum African. lib. 2. Pantechn. cap. 6. ubi *spatularum* ossa describuntur. De *vena spatulosa*, quæ et *cephalica*, agit idem cap. 12.

Spatulosus, *Magnas et diffusas habens spatulas, vel delitiosus, sive delicatus.* Joan. de Janua.

Spatulari, *Delitiari, vel in spatula divinare.* Idem.

☞ Hinc, nisi me fallo, *Spatulati pœnitentes*, apud Reinerium in Catalogo hæretic. pro Delicati, seu delicias sectantes : *In secunda secta sunt qui se fingunt peregrinos S. Jacobi, plumbati* (l. palmati) *ut ultramarinos et Spatulatos pœnitentes.*

Spatulæ, vox Agrimensorum, metæ, termini in acumen surrecti, apud Frontinum.

¶ Spatula, Latus, *Epaule*, eadem notione dicimus, in Bressia apud Guichenon. : *Quia non tantum in Spatulis, quantum in profundo et matrice talium calceatorum.*

Spatulæ, Armi porcorum, *Pernæ.* Tabularium Conchensis Abbatiæ in Ruthenis Ch. 26 : *Medietatem de vestitionibus, et medietatem de Spatulis et agnis, etc.* Crebro in eo Tabulario. *Spatula porcina*, apud Apicium lib. 4. cap. 3. et Turpinum in Carolo M. cap. 20. *Armus feræ*, in Lege Longobard. lib. 1. tit. 22. § 4. [** Roth. 317.] Charta ann. 1214. in Tabulario Ecclesiæ Carnotensis n. 179 : *Habet etiam de quolibet hospite unum panem ad Natale Domini, et unum Armum de quolibet homine, qui ad proprium usum facit baconem.* [Bulla Benedicti VIII. PP. ann. 1014. in Append. ad Hist. Comitat. Comacli pag. 6 : *Ita sane ut singulis quibusque Indictionibus, pensionis nomine, detis S. R. Ecclesiæ.... in Nativitate Domini Spatulas de porcis numero sexaginta.*]

¶ 2. **SPATULA**, f. Tugurium, agreste habitaculum; nisi idem sit quod infra *Spatulum*. Libellus de remediis peccat. apud Marten. tom. 4. Anecd. col. 22 : *Pœnitentia manducandi vel dormiendi* (l. manducantis vel dormientis) *in una domu vel Spatula cum laico laicave*, XL. *dies in pane et aqua pœniteat.*

* 3. **SPATULA**, Alia notione. Vide supra *Spata.*

¶ **SPATULARI.** Vide in *Spatula* 1.

SPATULARIA, inter vestes sacras recensetur in Monastico Anglic. tom. 3. pag. 331 : *Cum alba, amicta, stola, fanone, Spatulariis, et maniculariis, apparatis quodam panno rubeo diasperato de Laret, cum radiis inauratis, etc.* Ibid. part. 2. pag. 85 : *Duæ paruræ; una stola, una fanona poudrata cum auro et perlis.... cum Spaulis duabus, et maniculis de eadem secta*, Gallis *Espauliere.* [Vide *Spallarium.*]

¶ **SPATULOSUS.** Vide in *Spatula* 1.

SPATULUM. Felix Gyrwensis in Vita S. Guthlaci n. 11 : *Tunc indutos artus agresti de Spatulo surgens arrexit, etc.* Legendum forte *spartulo* : ex *sparto*, junco. [Ut ut est lectus significatur. Vide *Spatula* 2.]

¶ **SPATUM**, pro *Spartum.* Vide *Spatarius.*

¶ **SPAVA.** Vide infra *Spaviæ.*

¶ **SPAVANDUS**, Expavefactus, exterritus : Italis *Spaventare*, Exterrere, Gall. *Epouvanter.* Memoriale Potestatum Regiens. ad an. 1218. apud Murator. tom. 8. col. 1098 : *Sed quidam Spavandi de omnibus generibus cœperunt fugere. Saraceni fortius cœperunt præliare, quia videbant posse superari.*

* Alias *Espauté.* Lit. remiss. ann. 1385. in Reg. 127. Chartoph. reg. ch. 91 : *L'exposant frappa et chassa à fort sesdiz chevaulx,.... lesquelx se Espauterent et commencerent à aller fort et le bon trot.* Vide supra *Pavoratus.*

SPAVENUS, Morbus equinus vulgaris, quam vulgo *Esparvin* dicimus, *cum circa garectum intrinsecus ex latere garecti paulo inferius inflationem adducens, etc.* Ita Petrus de Crescentiis lib. 9. de Agricult. cap. 36. *De morbo spaueni*, ubi legendum *spaveni.* Vetus interpres Gallicus, qui vixit Carolo V. regnante, *Espavin* vertit. [Italis *Spavano.*]

¶ **SPAVERIUS.** Vide in *Sparvarius.*

SPAVIÆ, Animalia vagantia et errantia, quæ *expavefacta*, et metu, seu *pavore*, (unde vocis etymon) e dominorum suorum domibus erumpunt, et in aliena dominia transeunt, in incerto, cujus juris sint, et quæ eo nomine domino, in cujus prædio reperiuntur, addicuntur, nostris *Espaves, bestes esgarées, qui ne sont advoüées d'aucun Seigneur,* ut est in Consuetudine Laudunensi art. 3. et Remensi art. 343. in aliis passim *Espaves.* Regestum 1. Parlam. fol. 22. sub ann. 1260 : *Justitia latronis, campi, duelli, Spaviæ, quod Gallici dicitur Estrahere, sanguinis, de melleia, etc.* Charta Radulphi Comitis Suession. ann. 1233. pro Communia Nantoliensi : *Si Espava inveniatur apud Nantolium, reddetur mihi vel servienti meo ab inventore, etc.*

☞ Eodem nomine intelliguntur errantes bestiæ, quæ intra alicujus dominium reperiuntur a venatoribus fugientes, si persequentes venatores non adsunt. Charta Philippi I. Reg. Franc. ann. 1092. ex Chartul. Audomar. : *Et si bestia aliqua fugiens absque venatoribus ibi devenerit, ad mensam fratrum deferatur, sicut prædictus pius Rex Karolus eis concessit.* Ubi e regione hujus loci in margine recentiori, sed antiqua, manu scriptum legitur, *Espave.* Sed et quævis bona mobilia quorum dominus non apparet ea voce significantur. Vide *Espava.* Enumeratio bonorum Abbatiæ *de Baigne* : *Tous Espauvyers sont à la dame Abbesse, et doivent estre revelez à ladite Abbesse en toute la terre dans 24. heures, et tous bournhons et eyssans dans huit jours.* Vide in *Wayf.*

¶ Spava, in Litteris ann. 1236. ex Tabul. S. Quintini in Insula : *In eorum districtu villæ prædictæ nullam justitiam altam seu Spavam habebamus.* [* Vide supra *Espava.*]

* **SPAVIUM**, Quidquid juri *Spaviæ* obnoxium est. Charta Thomæ de Couc. ann. 1142. in Chartul. Campan. ex Cam. Comput. Paris. fol. 297. v°. col. 1 : *Tota vero justitia magna et parva prædictæ aquæ... michi et hæredibus meis imperpetuum remanebit, et Spavium, quociens evenerit, erit meum et hæredum meorum.*

SPAULA. Vide *Spatularia.*

* **SPAUMETA**, Hordei species. Inventar. ann. 1476. ex Tabul. Flamar. : *Item plus duo linteamina duarum telarum primi lini Spaumetarum. Item plus tres longerias primi lini Spaumetarum.* Ubi de linteis sermo est, quæ ejusmodi granis interstincta erant. Vide supra *Paumeta* et mox *Speauta.*

* **SPAVUS**, Errabundus, vagans, cujus dominus ignoratur. Lit. remiss. ann. 1354. in Reg. 82. Chartoph. reg. ch. 430 : *Ad campos quandam vacam Spavam absque custodia invenit.* Vide *Spaviæ.*

¶ **SPAZARE**, Italis *Spazzare*, Verrere, Gall. *Balayer.* Statuta Astens. Collat. 19. cap. 15. fol. 66 : *Quod duo homines per portam eligi debeant in consilio ad brevia qui jurant facere Spazari et scovari zauceas.* Statuta Placent. lib. 4. fol. 39. v° : *Item statutum est quod omnes stratæ civitatis Spazentur et mundentur singulis tribus mensibus, si opus fuerit, scilicet per quamlibet ante domum suam.* Vide *Spassare.*

¶ **SPAZERIUS**, Qui spathas conficit, in vet. Catalogo Confratriæ Nativitatis B. M. institutæ in ecclesia B. M. Deauratæ Tolos. Vide *Spatharius.*

* Vel potius idem atque supra *Espazerius*, aquarius, aquæductuum exstructor. Vide *Spacerium.*

* **SPEAUTA**, ut supra *Spaumeta*, Hordei species, Provincialibus *Espeautlo.*

Charta ann. 1501. ex sched. Pr. *de Mazaugues* : *Quod non possint seu valeant mensurare aliquod bladum, ordeum, siliginem, civatam, Speautam, legumina, aut alia grana, nisi cum mensuris legalibus*. Vide *Speaulta*.

¶ **SPEAULTA**, Hordei species, vulgo *Epeautre*. Charta ann. 1304 ex Tabul. S. Andreæ Avenion. : *Decimæ omnium frumentorum, siliginum, leguminum, ordeorum, Speaultarum, etc*. Vide *Spelta* et *Speuta*.

¶ **SPEBUS**, pro Speciebus, Gall. *Forme, image*. Fridegodus in Vita S. Wilfridi sæc. 4. Bened. part. 1. pag. 724 :

Muscipulos nostis quos obicit æmulus hostis,
Illicibus quærens animos vitiare figuris,
Ingerit incestos lascivis Spebus amores.

¶ **SPECCIBILIS**. Vide *Spectabilis*.

¶ **SPECERIA**, Res quævis aromaticæ, aromatum mercatura, Gall. *Espicerie*. Consuetud. Lemovic. art. 70 : *Libra est et esse debet 14. unciarum et dimidia, salva libra de Speceria quæ debet esse et est 12. subtilium unciarum*. Ubi versio Gallica : *Sauf et reserve de l'Espicerie qui doit être de 12. onces subtiles*. Vide *Speciaria* in *Species* 6.

* **SPECES**, a *Speciendo*, id est, videndo, dicebantur quidam Officiales, quales etiam hodie in ecclesia Senonensi plures Gallice nominantur *des Specs*, pueris choralibus præpositi. Ita legitur inter Paralipomena ad Conat. in Propyl. ad Acta SS. Maii pag. 48. col. 1. In Ceremoniali eccl. Paris pluries occurrit vox *Spex*, qua significatur Puer symphoniacus prior, vulgo *Spe*.

¶ **SPECIA**, ut *Speceria*. Statuta Montis Regalis fol. 288 : *Speciæ, merceriæ, drogariæ, nec aliquæ res comprehensæ sub genere merceriarum, vel specierum, etc*. Vide *Species*.

* **SPECIALE** *est ubi proprie uniuscujusque personæ facta narrantur*. Glossar. vet. ex Cod. reg. 7613.

¶ **SPECIALIS**, *Espicier*. Vide in *Species* 6.

* **SPECIALISSIME**, Magis speciatim. Epist. Adem. Caban. ann. 1028. tom. 10. Collect. Histor. Franc. pag. 506 : *Vobis enim quatuor solummodo nunc Specialissime loquor, etc*. Vide *Specialiter*.

* **SPECIALISSIMUS**, Necessitudine et familiaritate conjunctissimus. Testam. Sim. de Drocis ann. 1329 : *Specialissimus dominus meus Petrus de Chenaie miles, vel carissimus et præcordialissimus meus dominus Johannes de Cantu merulæ, etc*. Vide *Specialitas* 3.

1. **SPECIALITAS**, Vox Fori Anglici, de qua Cowellus. [Ea voce, ut plurimum, Chirographi cautio, scripti obligatio, vel quid simile instrumentum significatur.]

¶ 2. **SPECIALITAS**, Oppositum universitati. Tertull. adv. Marc. lib. 5. cap. 8 : *In distributione facienda et in Specialitate interpretanda*. Conc. Toletan. XI. inter Hispan. tom. 2. pag. 665 : *Cæterum Specialitatis ordinem persequentes, etc*. Charta ann. 1482. ex Tabul. B. M. de Bono-Nuntio Rotomag. : *Tenore præsentium facit... suos veros, certos, legitimos et indubitatos procuratores,.... et negotiorum suorum infrascriptorum gestores, ita tamen quod generalitas Specialitati non deroget, nec e contra*. Charta Maximiliani Rom. Reg. ann. 1507. apud Rymer. tom. 13. pag. 182 : *Ita tamen quod Specialitas generalitati non deroget*. Formula usitata, *sans que le particulier deroge au general. In specialitate*, speciatim, in Chron. Bonincontri apud Murator. tom. 12. col. 1147. Hinc

¶ Specialitas, pro Persona, in Vita S. Adalberti tom. 5. Jun. pag. 98 : *Dehinc articulum ejus Specialitati, prout Dominus concesserit, accommodemus*.

* Nostris *Especialité* idem olim sonabat quod Cura, diligentia, sollicitudo peculiaris. Chron. S. Dion. tom. 3. Collect. Histor. Franc. pag. 292 : *Si estoit cilz joiaux gardez ès tresors des Gociens par grant Espécialité*.

¶ 3. **SPECIALITAS**, Familiaritas, necessitudo conjunctissima, Gall. *Amitié particuliere*. Litteræ Edwardi II. Reg. Angl. ann. 1316. apud Rymer. tom. 3. pag. 574 : *Ob divulgatæ de vobis probitatis præconium, Specialitatem vobiscum mutuam contrahere cupientes, vos in hiis quæ cordi nostro adjacent negotiis experiri censuimus, quatinus, vice versa, vestram amicitiam deinceps appetimus fiducialiter nos facturum*. Gualterius Hemingford. de Gestis Edwardi I. Regis Angl. pag. 113 : *Omni rancore deposito* (Rex) *ipsum* (Archiep. Cantuar.) *cum suis in Specialitatem recepit pristinam et majorem adauxit*. Placitum ann. 1. Edwardi III. apud Th. *Blount* in Nomolex. Anglic. : *Præsentatum fuit per juratores.... quod quidam Johannes de Pratis habuit quandam uxorem amicabilem de cujus Specialitate, Willielmus, filius Henrici molendinarii, et similiter quidam alii malefactores fuerunt; ita quod prædicti malefactores venerunt ad lectum ipsius Johannis, ubi jacebat, et ipsum traxerunt ab eadem, et ipsum abinde duxerunt et tenuerunt, dum prædictus Willelmus concubuit cum ea*. Vide *Plumale*.

¶ **SPECIALITER**, Speciatim, expresse, Gall. *Specialement*, in Cod. Theod. leg. 176. de Decurion. lib. 12. tit. 1. Gloss. Lat. Gr. : *Specialiter*, ἰδικῶς. Charta ann. 1340. ex Archivo D. *de Flamarens* : *In presentia mei notarii et testium subscriptorum ad hec Specialiter vocatorum*. Occurrit passim. Vide *Speciative*.

* **SPECIARIATUS**, *Specierum* seu aromatum mercatura, Gall. *Epicerie*. Lit. official. Paris. ann. 1380. in Reg. 118. Chartoph. reg. fol. 428 : *Cum in causam coram nobis traxissemus Theobaldum de Vauchartis speciarium,.... quod.... plures falsitates in arte sua Speciariatus commiserat, etc*. Vide *Speceria*.

¶ **SPECIARIA**, Speciarius. Vide *Species* 6.

* **SPECIARIUS**, *Specierum*, rerumve quarumcumque et supellectilium negotiator. Sacram. eorum qui ad nundinas urbis S. Martini confluebant apud Murator. tom. 2. Antiq. Ital. med. ævi col. 882 : *Scribimus juramentum, quod cambiatores et Speciarii omnes istius curtis tempore Rangerii episcopi fecerunt, ut omnes homines possint cum fiducia cambiare et vendere et emere. Juraverunt omnes cambiatores et Speciarii, etc*. Ubi cum de *Cambiatoribus* et *Speciariis* dumtaxat sermo sit; hac ultima voce quoscumque negotiatores, non seplasiarios aut aromatarios tantum indicatos recte putat doctissimus Editor. Vide *Species* 2. Pro Aromatariis, vide in *Species* 6.

* *Espicier* vero in aula regia appellabatur is, qui condimentis saccharo confectis præerat. Stat. pro hospitio reg. ann. 1317. in Reg. Cam. Comput. Paris. sign. *Croix* fol. 71. r° : *Item le roy aura touzjours à court quatre valez de chambre et non plus, le barbier, l'Espicier, le tailleur et un autre mangent à cour*. Vide in *Species* 6.

¶ **SPECIATIVE**, ut *Specialiter*. Regest. Philippi Pulchri 13. ex Chartophyl. Reg. : *Nam cognitionem omnium earum quacumque occasione ad dictum monasterium spectantium.... nobis ac successoribus nostris Regibus Francorum Speciative retinemus*.

¶ **SPECIATOR**, ut *Speciarius*. Vide *Species* 6.

¶ **SPECIATUS**, Specie, forma decorus. Tertull. adv. Hermog. cap. 40 : *Quid hodie informe in mundo, quid retro Speciatum in materia, ut speculum sit mundus materiæ?* Ita

¶ Inspeciatus, Qui sine specie est, Irenæo ἀνείδεον, apud eumd. adv. Valentin. cap. 10 : *Sed informem et Inspeciatam, etc*.

1. **SPECIES**, Vox JC. notissima : quibus idem sonat, quod veteribus fruges, ut sunt vinum, oleum, frumentum, legumina : unde *Species annonariæ*, apud Vegetium lib. 3. cap. 3. et in Codice non semel. Senator lib. 12. Epist. 22 : *Et ideo memoratæ Species* (vini, olei, etc.) *in tot solidos datæ pro tributaria functione... reputentur*. Gregorius Turon. lib. 5. cap. 5 : *O si te habuisset Massilia Sacerdotem, nunquam naves oleum, aut reliquas Species detulissent, etc*.

2. **SPECIES**, Res, vel quævis supellex pretiosior. Lex Wisigoth. lib. 5. tit. 5. § 3 : *Si alicui aurum, argentum, aut ornamenta, vel Species fuerint commendatæ, sive custodiendæ traditæ, etc*. Idem Gregorius Turon. lib. 6. cap. 5 : *Judæus quidam... qui ei ad Species coëmendas familiaris erat, advenit*. Lib. 6. cap. 38 : *Magni ibidem thesauri ex auro argentoque, et multarum Specierum reperti sunt*. Lib. 7. cap. 25 : *Equos quoque ejus, aurum argentumque, sive Species, quas meliores habebat, pariter auferentes, etc*. Lib. 10. cap. 2 : *Direptam Speciem de manu cujusdam mercatoris ad metatum detulit*. Marculfus lib. 1. form. 31 : *Præcipientes, ut quicquid ex successione parentum,... vel per quælibet instrumenta Chartarum ad eundem juste pervenit, tam in villabus, mancipiis, ædificiis, accolabus, auro, argento, speciebus, ornamentis, mobili aut immobili, etc*. Walafr. Strabus de Miraculis S. Galli lib. 2. cap. 1 : *Eum ad subterraneum duxit armarium : quod cum idem Vicarius aperiri fecisset, Species, quas inibi reperit, his, qui secum erant facta divisione distribuit*. Vox Ammiano, Capitolino, et aliis usurpata, et in veteri Chartula plenariæ securitatis descripta a Brissonio lib 6. Formul. pag. 647.

¶ 3. **SPECIES**, Facies. Canon. Hibern. apud Marten. tom. 4. Anecd. col. 6 : *Sanguis episcopi vel excelsi principis vel scribæ, qui ad terram effunditur, etc. Si in Specie tertiam partem de argento, et comparem verticis de auro, etc*.

¶ 4. **SPECIES**, f. pro Vices. Formula 36.

inter Andegav. : *In utilitate domnorum partibus Britanici seu Wasconici hostiliter ordine ad Specie mea fuisti, etc.*

¶ 5. **SPECIES**, Materia sacrificii Corporis et Sanguinis Christi, nostris *Especes.* Missale Gothicum apud Mabill. Liturg. Gallic. pag. 283. col. 1 : *Oremus, fratres dilectissimi ut Dominus ac Deus noster Speciem istam, suo ministerio consecrandam, cœlestis gratiæ inspiratione sanctificet.*

6. **SPECIES**, Aromata, vel res quævis aromaticæ, Gallis *Espices.* Marcianus JC. leg. 16. § 7. D. de Publ. et Vectig. (39, 4.): *Species pertinentes ad vectigal, cinnamomum, piper longum, piper album.* Marcell. Empiricus, seu Vindicianus Archiater :

Adde et aromaticas Species, quas mittit Eous.

Senator lib. 12. Epist. 18 : *Species præterea, quæ mensis regiis apparentur, exactas tota sedulitate perquirite.* Ildefonsus Toletanus in Chron. in Heraclio : *Cum hac illacque cum diversis Speciebus aromatum et divitiarum| causa lucri pergeret, etc.* Joan. Sarisberiensis lib. 8. Policrat. cap. 6 : *Conficiuntur salsamenta garo; nihil vilius est nisi complurium polliceatur effectus, et judicia Specierum.* Adde lib. 8. cap. 11. Will. Tyrius lib. 12. cap. 23 : *Erant autem naves eædem orientalibus oneratæ mercibus, Speciebus videlicet, et pannis sericis.* Chronicon Reichersperg. : *Mille et 50. dextrarios Turcos et Species infinitas, et quas noverat pretiosiores misit.* Et infra : 30. *quintarios de pipere, et alias Species sine numero.* Eckehardus de Casibus S. Galli cap. 13 : *Speciebus quoque et antidotis, et prognosticis Hippocratis singulariter erat instructus.* Proverbium medicorum vulgare apud Joannem Sarisber. lib. 5. Policrat. cap. 10 :

Pro solis verbis montanis utimur herbis,
Pro caris rebus, pigmentis et Speciebus.

Le Reclus *de Moliens* MS :

Qui mist en reube odour ambrine
Ni autre Espece Alexandrine.

Statuta Cluniacensia Petri Venerab. cap. 9 : *Statutum est, ut ab omni mellis ac Specierum cum vino confectione, quod vulgari nomine Pigmentum vocatur,... fratres abstineant.* Archithrenius lib. 2. cap. 6 :

Itur ad Eoas Species, messemque perusti
Axis odoriferam, ventris divellere toto
Nititur orbe dapes, et condimenta libido.

Continuator Nangii ann. 1359 : *Et tunc ad invicem in signum pacis vinum et Species cum gaudio receperunt.* [Ordo Romanus 13. cap 14 : *Quo finito, redeunt ad aulam Papæ, ubi parata sunt vina multa et diversa et claretum et Species.* Chronic. Corn. *Zantfliet* apud Marten. tom. 5. Ampl. Collect. col. 357 : *Levatis mensis lotisque manibus et Speciebus datis, abiit Rex in thalamum suum.* Adde Ordin. Cluniac. part. 1. cap. 8. Statuta Monast. S. Claudii pag. 82. 83. etc.] Formula nostris familiaris : *Donner vin et Espices.* Froissartes 2. vol. cap 81 : *Et les recueillit moult honorablement les uns aprés les autres et les envoya en son chastel, et fit apporter le vin et les Espices.* Idem 3. vol. cap. 84 : *Boire et prendre Espices.* Histor. Caroli VII. Reg. Franc. : *Servir vin et Espices.* Vetus Poëta in Poëm. MS. *du Dit du Chevalier* :

Aprés laver isnellement,
La Dame fit donner le vin ;
Et les Espices en le fin.

Chronicon Bertrandi Guesclini :

Le vin a fait mander, et Espices grament.

Christina Pisana in lib. *du Tresor de la Cité des Dames*, 1. part. cap. 12 : *Aprés les Espices prinses, et qu'il sera temps de se retraire, la Dame s'en ira à sa chambre, etc.*

Porro hæc *Specierum*, seu *Espices*, appellatio sumitur apud nos hodie pro Salariis Judicum, quibus cum iis nulla ex legibus præberentur a litigantibus, quorum lites dijudicabant, aut inspiciebant, licitum tamen erat, levioris momenti et pretii donativa recipere, cujusmodi sunt *condimenta, esculenta, aut poculenta, quorum valor in una hebdomada* 10. *solid. Paris. non excederet*, ut est in Edicto S. Ludovici ann. 1254. apud Nangium in ejus Vita : seu ut habet aliud Philippi Pulchri ann. 1302. pro reformatione Regni, in stylo Curiæ Paris. part. 3. tit. 6. § 36 : *Excepto esculento et poculento, et aliis ad comedendum et bibendum ordinatis, et de talibus cum moderamine, secundum conditionem cujuslibet, et cum tali quantitate ea recipiant, quod infra unam diem possint absque illicita devastatione consumi.* Exstat etiam apud Pithœum in Consuetud. Trecens. pag. 479. 480. [Conventio Caroli Comit. Andegav. et Provinc. cum Arelatens. ann. 1251 : *Et ab omni munere manus suas excutere, exceptis esculentis et poculentis a jure concessis.* Statuta Arelatens. MSS. art. 185 : *Neque consules, neque judices... accipiant aliqua munera vel eximia* (exenia) *ab aliquo cive vel extraneo, præter esculentum et poculentum.*] Ita pariter in Fleta lib. 1. cap. 17. §. 18. judices vetantur, *aliquod donum recipere per se vel per alium,... exceptis esculentis et poculentis pro uno die, et non ultra.* Adde Constitut. Siculas lib 1. tit. 51. et tit. 70. §. 1. Joan. Sarisber. lib. 5. Polic. cap. 15. lib. 8. cap. 17. Matth. Paris ann. 1236. pag. 294. Odoricum de Portu Naonis in Peregrinat. num. 11. Vitam S. Julianæ Virg. n. 15. etc. Vide Rainardi Abbatis Cisterciensis Constitutiones cap. 61.

¶ Species, Quidquid diebus jejuniorum vespere apponitur, ut bellaria, fructus, cichoreum aceto et oleo conditum, etc. Transactio inter Abbatem et Monachos Crassenses ann. 1351 : *Consuetum est quod in vigilia natalis Domini, post Vesperas, dominus Abbas, si sit in monasterio et faciat officium festivitatis, dat et dare consuevit Species sufficientes et bonas conventui in refectorio.*

¶ Species, Res ad medicinam spectantes. Mirac. S. Berthæ sæc. Bened. 3. part. 1. pag. 460 : *Si nosti aliquod hujus meæ infirmitatis medicamentum, sive in oleribus, sive in Specierum generibus, edicito.* Comput. ann. 1244. ex Bibl. Reg. : *Apotecarius pro Speciebus captis per Johannem Vicecomitem, x. lib. 11. sol. ix. den.* Vide infra.

Hodie *Speciem* strictius sumimus de acribus tantum et morsicantibus, ut sunt piper, canella et similia. Macrobius lib. ult. Saturn. : *Species et acres, et calidæ super faciem cum apponuntur, exulcerant.* [Statuta Card. Trivultii ann. 1531. pro Monast. S. Victoris Massil. : *Item in vigiliis festivitatum providere tenetur* (Pitansarius) *de potagio, vulgariter dicto pureya et salsa cum Speciebus pro piscibus condecenti.*]

SpecIaria, Res aromataria, aromatum mercatura, Gall. *Espicerie.* Sanutus : *Inhibeatur sub eadem censura, ne quisquam de partibus Africæ, aut etiam Hispaniæ, ubi habitant Saraceni, Speciariam accipiat, vel mercimonia quæcumque a partibus Indiæ portata, etc.* Idem lib. 1. part. 1. cap. 1 : *Magna pars honoris, reditus, proventus et exaltationis Soldani, et gentium illi subjectarum, est propter Speciariam, et multa alia mercimonia.* Adde part. 5. cap. 3. et Raimundum Montanerium in Chronico Aragon. cap. 159. [Acta SS. tom. 1. Julii pag. 604. et Statuta Vercell. lib. 3. fol. 101. v°.]

Speciarius, Qui omne genus specierum vendit, Latinis *Seplasiarius*, παντοπώλης, nostris *Epicier.* [Statuta Astens. cap. 25. f. 75 : *Item quod nullus Speciarius sive apothecarius civis seu habitator Ast. audeat vel præsumat recettas aliquas facere seu dare aliquibus civibus de territorio Astensi.* Adde Statuta Saluciar. cap. 125. Collat. 5. Genuæ lib. 4. cap. 84. fol. 136. v°. Marten. tom. 1. Ampliss. Collect. col. 1568. et Murator. tom. 11. col. 42.]

¶ Speciator, Eadem notione. Pactum inter Jacobum Aragon. Reg. et Berengar. Magalon. Episcop. ann. 1272 : *Juxta marginem seu ripam cujusdam condaminæ Petri de Montillis Speciatoris.* Statuta Arelat. MSS. art. 130 : *Speciatores operent secundum quod eis præcepit antidotarius, vel secundum quod visum fuerit medico expedire.* Mirac. MSS. Urbani V. PP. ex Tabul. S. Victoris Massil. : *Mattheus Passero de Venetiis Speciator.* Statuta Eccl. Avenion. ann. 1341. apud Marten. tom. 4. Anecd. col. 565 : *Ab eodem quoque nullus hipotecarius seu Speciator receptas ordinatas per talem Judæum medicum auderet... conficere.* *Specier*, in Statuto Caroli primogen. Johannis Reg. Franc. ann. 1357. tom. 3. Ordinat. pag. 196 : *N'y billonneurs aucuns, neque Speciers, drapiers, merciers, ne autres quelqu'ils soient, s'entremettent de fait de change.*

¶ Specialis, Eodem significatu, Italis *Speziale.* Statuta Pistoriens. lib. 5. rubr. 65 : *De pœna Spetiariorum committentium fraudem in arte sua. Quoniam necessarium est quod medicinalia a Spetialibus et aromatariis administrentur, etc.* Vita B. Andreæ de Piscaria tom. 4. Maii pag. 628 : *Nam dum cum quodam Speciali, etc.* Vide *Retagliator.*

Species. Recapitulatio Legis Salicæ : *Sciendum est, quod in quibusdam Libellis Salicis... continentur Capitula in quibusdam codicibus 99. in quibusdam vero plus minus 95. habent etiam Species, in quibusdam libellis 20. et 7. in quibusdam vero minus, vel paulo plus.* Ubi *Speciei* voce innuuntur *varietates*, uti mox vocantur, *compositionum*, seu mulctarum, quæ in ea recapitulatione ad 31. excurrunt.

* 7. **SPECIES**, Potio medica, apud Pez. tom. 6. Anecd. part. 2. pag. 25. col. 2 : *Speciem, quam ego a Marchione accepi, amisi : aliam Speciem, quam misi, summo mane jejunus sumite.* Vide in *Species* 6.

* 1. **SPECIETAS**, Pulchritudo, amœnitas, vel aspectus. Vita S. Nivardi tom. 1. Sept. pag. 281. col. 2 : *Simul quod hic locus decentis gratiosæque Specietatis foret benevolentiæ divinissime, foret amatoriæ bonitatis et beatificandæ virtutis.*

¶ 2. **SPECIETAS.** Fronton. vetus Grammaticus : *Species divisio est generis, Specietas qualitatis.*

* **SPECIFFICATUS**, Factus, fabricatus, Gall. *Travaillé.* Charta Petri III. reg. Aragon. ann. 1343 : *Concedimus,.... quod possitis,.... deferre et deferri facere ad quascumque partes volueritis,.... quodcumque argentum purum vel ære contaminatum, in rudi materia vel Speciffcata, et tam in peciis quam alias, et monetam, etc.*

* **SPECIFICA**, *Pulchra, speciosa.* Glossar. vet. ex Cod. reg. 7613.

¶ **SPECIFICARE**, Speciatim notare, exprimere, Gall. *Specifier.* Jo. de Janua : *Specificare, segregare, dividere, separare, designare, vel speciem facere.* Consuet. Auscior. MSS. ann. 1301. art. 81 : *Quicumque vult emere tales* (carnes) *vadat ad talem locum Speciffcando mortem qua illa bestia mortua sit.* Litteræ Caroli V. Regis Fr. ann. 1370. tom. 5. Ordinat. pag. 296 : *Concedimus per presentes, quod ipsa privilegia ipsi Episcopo vel successoribus suis, exprimere et Specificare tenebimur, etc.* Testam. Joannis Comit. Armeniaci ann. 1381. apud Marten. tom. 1. Ampl. Collect. col. 1513 : *Executores autem hujus nostri ultimi testamenti et ultimæ voluntatis minime quoad præsens nominamus, declaramus nec non Specificamus.* Epist. Sigismundi Rom. Reg. ann. 1432. ibid. tom. 8. col. 184 : *Prout de hoc per ipsum Cardinalem et nostros proprios ambassiatores plene Specificati sumus.* Adde Acta SS. tom. 1. Maii pag. 767. Murator. tom. 6. col. 943. tom. 8. col. 150. Statuta Cadubrii cap. 9. Saonæ cap. 42. fol. 94. et *Madox* in Formul. Angl. pag. 215. Hinc

¶ 1. **SPECIFICATIO**, Enumeratio, expressa declaratio, *Specification.* Charta Guidonis *de Mazeroles* ann. 1277. apud Stephanot. tom. 3. Antiquit. Bened. Pictav. MSS. pag. 929 : *Sine alia probatione, Specificatione, declaratione, commonitione, et judicis taxatione, et sine oppositione et exceptione aliqua in contrarium opponenda.* Occurrit præterea apud Acher. tom. 9. Spicil. pag. 327. et in Statutis Saonæ fol. 113.

2. **SPECIFICATIO**, dicitur, *cum quis de aliena materia speciem aliquam sibi fecerit,* qui modus est acquirendi, *factor* enim *dominus erit speciei.* Fleta lib. 3. cap. 2. § 14. Bracton. lib. 2. cap. 3. § 1.

* **SPECIFICATUS**, an sit pro Memoratus aut Facie immutatus quasi in ecstasin raptus, cum doctis Editoribus hæreo. Acta S. Sebaldi tom. 3. Aug. pag. 772. col. 1 : *Finita oratione, qua interim Specificatus sulcanus breve tempus æstimavit, etc.*

¶ **SPECIFICE**, Speciatim. Charta ann. 1329. apud Ludewig. tom. 5. Reliq. MSS. pag. 633 : *Illud insuper Specifice duximus exprimendum, quod etc.* Vide supra *Specialitas* 2.

* **SPECIFIRE**, a Gallico *Specifier,* Speciatim notare, exprimere. Stat. eccl. Tull. MSS. ann. 1497. fol. 99. r° : *Cum in dicto officio* (furnerii) *debeantur Specifire de claustrali et communi* (resali,)... *ut furnerius prædictus sine jactura sua valeat conficere panem qualificatum et ponderis, ut præfertur.* Vide *Specificare.*

¶ **SPECILITAS.** Chronic. Modoet. Bonincontri apud Murator. tom. 12. col. 1155 : *Et in Specilitate diligunt nobilitatem sanguinis DD. Imperatoris.* Hoc est, præ cæteris, speciatim. Leg. forte *Specialitas.* Vide in hac voce.

¶ **SPECILLUM**, Μήλη, in Gloss. Lat. Græc. Hinc emendandæ Glossæ Gr. Lat. ubi *Sperillum* legitur.

* Glossar. medic. MS. Sim. Januens. ex Cod. reg. 6959 : *Specillum vocat Cornelius Celsus tastam vel tentam, quia tentantur vulnera et fistulæ; et est instrumentum æreum vel argenteum, interdum plumbeum ad festigandas* (f. investigandas) *tortuositates viarum ulcerum.* Vide supra *Melis.*

¶ **SPECIOSITAS**, Species, forma. Agnellus in Vita S. Damiani apud Murator. tom. 2. pag. 155 : *Viduæ indutæ sunt veste lugubri, Speciositas virginum immutata est.* Acta S. Henrici Imp. tom. 3. Jul. pag. 745 : *Vir dum juxta corporis Speciositate floridus, morum probitate modestus, etc.* Utitur Tertull. lib. 2. de Cultu fem. cap. 2.

¶ **SPECIUS**, f. pro *Pecius,* Modus agri, *Piece de terre.* Vide *Pecia.* Testam. Tellonis Curiensis Episcopi ann. 766. apud Mabill. tom. 2. Annal. Bened. pag. 709. col. 1 : *In primis Lidorius tenet Specium, quem colit Vidales : ipse revertatur post obitum nostrum ad ipsum monasterium cum omni adpertinentia sua ; similiter et terra quam ipse Lidorius possidet.*

SPECLA. Charta ann. 1181. apud Ughellum tom. 9. pag. 98 : *Inde revertitur usque ad occidentem per viam tenementi de Surbo, et vadit per Speclam et per ripam serræ de Runiaco, etc.* Infra : *Et vadit usque ad paludicellam, et venit juxta Speclam usque ad viam Turcaruli.*

* f. Locus editus, collis ; unde speculari licet.

SPECTABILIS, Titulus dignitatis, quo ornantur varii Magistratus in utroque Codice, inter *Illustris* et *Clarissimi* titulos medius. Gloss. Gr. Lat. : Περίβλεπτος, *Speccibilis,* (leg. *Spectabilis,*) *lustrabilis. Damascius vir Spectabilis Tribunus et Notarius,* apud Liberatum Diacon. cap. 10. Victor Vitensis lib. 3. de Persecut. Vandal. : *Ut Illustres singillatim auri pondo quinquagena darent, Spectabiles auri pondo quadragena, Senatores auri pondo tricena, etc.*

* *Spectable Engerrans de Couchy* post duces et ante comites testis subscribit Edictum Caroli IV. imper. ann. 1377. ex Tabul. eccl. Camer. Ubi *Spectable* idem est quod *Illustris.*

SPECTABILITAS, περιβλεπτότης, in Gloss. Gr. Lat. *Spectabilitatis honor,* apud Senatorem lib. 2. Epist. 28. lib. 7. Epist. 4. 37. Vide Collat. 1. Carthag. cap. 16. Appendic. Cod. Theod. Constit. 8. Pancirolum ad Notit. Imperii Orient. cap. 2. et Jacobum Gothofredum ad Cod. Theodos. [** Vide Glossar. med. Græcit. voce Θαυμασιώτατος, col. 486. Περίβλεπτος, col. 1150. et Σπεκτάβιλις, col. 1420.]

SPECTARE, pro *Expectare.* Utitur Thwroczius. [Occurrit præterea in Cod. censual. MS. Irminonis Abbat. Sangerm. fol. 99 : *Ad tertium annum* (solvit) *vervicem* 1. *et si Spectaverit usque ad mense Madium, solvit vervicem cum agno.*]

¶ **SPECTIARIUS**, pro *Speciarius,* ut videtur. Vide in *Species* 6. Mirac. B. Henrici Baucenens. tom. 2. Jun. pag. 387 : *Maria qu. Michaelis Spectiarii de S. Zumano de Malo-passo, a cunabulis cecidit de alto.*

¶ **SPECTRUM**, Aspectus, in Medicina Salernit. edit. 1622. pag. 19 : *Oculis enim jucundissimum Spectrum viriditas est.*

¶ 1. **SPECULA**, Ambo, pulpitum, tribunal Ecclesiæ, Gall. *Tribune, jubé.* Charta ann. 1340. tom. 2. Hist. Dalph. pag. 390. col. 2 : *Hugo Gratianopolitanus successor S. Hugonis et dom. Odalricus Dyensis venerabilis Episcopus, de Specula, ubi aderamus constituti, etc.*

¶ 2. **SPECULA**, metaphorice pro Providentia, Gall. *Prevoïance.* Mandatum Philippi Pulchri Reg. Franc. ann. 1304. tom. 1. Ordinat. pag. 422 : *Ut per subtilem, et Deo placentem Speculam, ac meditationem sedulam nostri regnicolæ temporalibus non destituantur auxiliis, etc.*

SPECULAR, et SPECULARE, Gypsea, vel vitrea fenestra. [Gloss. MSS. 13. sæculi ex Tabul. S. Andreæ Avenion. : *Specular, fenestra.*] Gloss. Gr. Lat. : Διαφανῆ, *Specularia.* Rursum : Διαφανής, *Limpidus, lucidus, specularis.* Papias : *Specularis, fenestra, foramen per vitrum translucens.* Glossæ MSS. ad Alexandrum Iatrosoph. : *Specular, i. gipsus.* Gloss. Ælfrici : *Specularis,* durhscyne-stan. Cælius Aurelianus Siccensis lib. 2. Acutor. cap. 37 : *Si non fuerit naturaliter frigidus locus, hoc affectabimus, Specularia detrahentes, nisi sol obstiterit, aut aëris inæqualitas adjungitur.* S. Hieronym. in cap. 41. Ezech. : *Fenestræ quoque erant factæ in modum retis, instar cancellorum ; ut non Speculari lapide, nec vitro, sed lignis interrasilibus et vermiculatis clauderentur.* S. Augustinus : *Solis radius penetrat Specular, nec, cum ingreditur, violat, nec, cum egreditur, dissipat, etc.* Idem de Verbis Domini serm. 5. cap. 11 : *Nonne si Specularia in ventre haberemus, de omnibus cibis pretiosis erubesceremus, quibus saturatus es.* Fortunatus lib. 4. de Vita S. Martini :

An Speculare dedit, quo sanctus lumine transit.

Leo Ost. lib. 2. cap. 51 : *Ecclesiam picturis ac Specularibus decoravit.* De Specularibus, et eorum materia, copiose egit Salmasius ad Solinum pag. 259. et 1095. Adde Cujacium lib. 13. Observ. cap. 13.

SPECULAR, dictus etiam, Ugutioni, *locus apertus vel altus, unde quis potest speculari ; unde et fenestra et vehicula, de quibus speculamur, specularia dicuntur.* Papias : *Specularia, grava* [** *genera*] *vehiculorum, de quibus speculantur.* [Gloss. Lat. Gall. Sangerm. : *Specular, speculare, lieu pour gaitier.*] Will. Tyrius lib. 17. cap. 3 : *Erant nihilominus et secus muros* (Damasci) *interius latentes viri cum lanceis, qui per Specularia modica, in muris studiosius ad hoc ordinata, unde videre transeuntes poterant, minime vero* *ipsi videri, prætereuntes confodiebant ex latere.*

Speculia, apud Ælfricum in Gloss. Saxon. dici videntur Cassidum fenestellæ : sceawere.

* **SPECULARIA**, *Genera vehiculorum, de quibus speculatur.* Glossar. vet. ex Cod. reg. 7613. Vide in *Specular.*

SPECULARII, Magi, qui rerum quæsitarum figuras in speculis politis exhibent. Κατοπτρομάντεις. Petrus Blesensis lib. de Præstigiis fortunæ, seu potius Joan. Sarisberiensis lib. 1. de Policrat. cap. 12 : *Specularios vocant, qui in corporibus lævigatis et tersis, ut sunt lucidi enses, pelves, cyathi, speculorumque diversa genera divinantes, curiosis consultationibus satisfaciunt : quia et Joseph exercuisse, vel potius simulasse describitur* (Gen. 4.) *cum fratres argueret subripuisse scyphum, in quo consueverat augurari.* Synodus S. Patricii et Auxentii can. 16 : *Christianus, qui crediderit esse lamiam in Speculo, quæ interpretatur striga, etc.* Spartianus in Didio Juliano cap. 7 : *Quasdam non convenientes Romanis sacris hostias immolaverunt, et carmina prophana incantaverunt, et ea, quæ ad Speculum dicunt fieri, in quo pueri præligatis oculis incantando vertice respicere dicuntur, Julianus fecit. Tuncque puer vidisse dicitur et adventum Severi, et Juliani decessionem.* Vide Joannem Sarisber. lib. 2. Policrat. cap. 28. et Casaubon. ad Spartianum.

¶ **SPECULARIS**, Contemplativus. Acta S. Hugonis tom. 2. Aprilis pag. 766 : *Contigit ut unus fratrum haberet usui post expletionem matutinalis sinaxis, in oratorio Specularis gratia orationis remaneret.* Vide infra *Speculativus.*

SPECULARIUS, Speculorum confector, σπεκλοποιός, in Gloss. Gr. Lat. Ejusmodi speculariorum meminit Paternus JC. in l. ult. de Jure immunit. (50, 6.) et Lex 2. Cod. Th. de Excusat. artif. (13, 4.)

¶ 1. **SPECULATIO**, ita nuncupatur Opus Guillelmi Duranti quod *Speculum juris* ann. 1271. inscripsit, unde *Pater Praxis* et *Speculator* dictus est. Instrum. ann. 1433. apud R. Duellium tom. 1. Miscell. pag. 225 : *Promittit dominus Abbas dirigere corpus juris pro domo,.... item Speculationem ; item summam Ostiensis.* Vide R. P. *Echard* in Scriptoribus Ordin. Prædicat. tom. 1. pag. 480.

* 2. **SPECULATIO**, Præstatio, quæ solvitur pro excubiis seu custodia castri, idem quod *Guetagium.* Vide in *Wactæ.* Charta S. Ludov. ann. 1248. inter Instr. tom. 8. Gall. Christ. col. 535 : *A tallia, exactione, exercitu, equitatu, Speculatione, festagio, pedagio et ab omni costumn dictos servientes liberos eisdem monialibus concessi penitus et immunes.* [** Vide alio sensu in *Speculator,* 1.]

¶ **SPECULATIVUS**, ut *Specularis.* Epitaph. Reinoldi, apud Marten. Itin. Litter. pag. 46 :

Hi duo diversas tenuerunt ordine vitas,
Vir Speculativam, femina pragmaticam.

¶ 1. **SPECULATOR**, Episcopus. Candidus in Vita S. Eigilis sæc. 4. Bened. part. 1. pag. 237 : *Gaudebat quidem Speculator, quod Christum suscipere meruisset in hospite : Pater vero lætabatur, quod in ministro Christi vera Christi susceptio claruisset. Postquam vero se diversis utilitatibus mutuo roborassent, petita licentia pater Eigil a Pontifice benedictus, profectus est Fuldam.*

* Glossar. vet. ex Cod. reg. 7613 : *Speculator, in ecclesia præpositus dictus ex eo quod speculetur atque respiciat populorum intra se positorum mores et vitam.*

** Speculatio, Animadversio, observatio. Chart. Gunther. Episc. Spirens. ann. 1152. in Guden. Syllog. pag. 461 : *Quia ex nostri officii Speculatione res nostrarum ecclesiarum distractas, colligere, etc.*

¶ 2. **SPECULATOR**, Ecclesiasticorum bonorum administrator, Advocatus. Capitulare 3. Caroli Magni incerti anni cap. 1 : *Et postquam ipsæ precariæ finitæ fuerint, faciant potestative Speculatores Ecclesiæ utrum elegerint, ut aut ipsas res recipiant, aut posteris eorum sub precario et censu habere permittant.*

¶ 3. **SPECULATOR**, Testis oculatus, in Charta ann. 1054. laudata a Mabillonio tom. 4. Annal. Bened. pag. 548. Vide *Videntes.*

4. **SPECULATOR**, Carnifex, tortor. Glossæ Antiquæ MSS. : *Speculator, carnifex.* Glossæ Lat. Gr. : *Speculator*, ἐπόπτης, κατάσκοπος, δήμιος. Mox : *Speculatus*, κατάσκοπος, καὶ ὁ ἀποκεφαλίζων. Ubi forte etiam legendum *Speculator.* Lexicon Gr. MS. Reg. Cod. 2062. Σπεκουλάτωρ, ὁ δήμιος. Firmicus lib. 8. cap. 26 : *Speculatores faciet, qui nudato gladio hominum amputant cervices.* Vita Bacchi junioris Martyris, edita a Combefisio pag. 114 : Αὐστηρότερόν τε τὸν σπεκουλάτορα ὑποβλεψάμενος, ἔφη, Τέμνε τρικατάρατε, etc. Cur autem ita *Speculatores* dicti sunt carnifices, multis disquirit Salmasius ad Spartianum. Adde præterea Cujacium lib. 6. Observat. cap. 33. Meursium in σπεκουλάτωρ, et Jacobum Gothofredum ad legem 16. Codicis Theodosiani de Cohortalibus. [** Forcellinum in *Spiculator.*] [Vide *Speculatio.*]

¶ **SPECULATORIA**, Caliga militaris, sic dicta quod eorum, qui inter Speculatores militabant, esset propria. Tertull. de Corona cap. 1 : *Speculatoriam morosissimam de pedibus absolvit, terræ sanctæ insistere incipiens.* Vide Sueton. in Caligula cap. 52.

¶ **SPECULATURA**. Papias : *Inspectura, visura, Speculatura.*

¶ **SPECULATUS**. *In speculatu*, id est, in conspectu, coram oculis. Vetus Irenæi Interpres lib. 2. cap. 31. n. 3 : *Quando igitur apud eos quidem error, et seductio, et magica phantasia in Speculatu hominum impie fiat, etc.* Vide *Speculator* 4.

¶ **SPECULIUM**. Vide in *Specular.*

1. **SPECULUM**. Anastasius in Sergio PP. pag. 62 : *Similiter et Specula ejusdem Ecclesiæ,* (S. Petri) *quæ super sedem sunt, vel regios arcus majores sunt, renovavit.* Ubi legendum videtur *Specularia*, id est, vitreas vel gipseas fenestras. Vide in hac voce.

¶ 2. **SPECULUM**, Gr. ἰθυτής, in re typographica, idem quod *Registrum*, vel *Regestum* vocabant, quo scilicet bibliopegis series chartarum indicabatur. Vide Mich. *Maittaire* Annal. Typogr. pag. 265.

¶ 3. **SPECULUM** Puerorum, Liber quidam cujus auctor est Isembardus Floriacensis Monachus. Andreas Floriac. in Vita MS. S. Gauzlini Bituric. Archiep. lib. 1 : *Cæterum Isembardus vir summæ sanctitatis et innocentiæ qui quantive dogmatis præstantioris lumine hujus ter beati* (Gauzlini) *splenduere sub tempore : in libro quem puerorum Speculum præfixit notamine succincta enucleat sermocinatione.*

* Ad hunc modum quadruplex *Speculum* Vinc. Bellov. et multi alii inscripti sunt libri, ut *Speculum lapidum* Camilli Leonardi ; *Speculum* sive Epitome Galeni a Symphor. Campeg. *Speculum sacro-medicum* Mich. Bald. *Speculum Ecclesiæ*, idem qui *Rationalis*, in Ordinar. MS. S. Petri Aureæval. : *In libro, qui dicitur Rationalis sive Speculum Ecclesiæ.* Ita et *Catoptron* aliis usurpatur.

* **SPEDICARE**, vox Italica, Expedire, extricare. Charta pro Pisan. apud Lam. in Delic. erudit. inter not. ad Hist. Sicul. Bonincont. part. 1. pag. 210 : *De hoc quod nobis rogastis, ut mercatores vestros fuissent custoditi, qui in patriam nostram veniunt, de quibus venduntur in nostra duana, quod Spedicati in omni bato,.... literis nostris scripsimus.*

* **SPEDUS**, Spiculum, venabulum, Ital. *Spiedo.* Stat. Pistor. ann. 1107. apud Murator. tom. 4. Antiq. Ital. med. ævi col. 560 : *Si aliquis Pistoriensis civis detulerit. Spedum, vel lanceam, vel barionem, vel malatayam... tollam ei, vel tolli faciam viginti solidos et non reddam nec reddi faciam.* Vide mox *Spentum* et *Spetum.*

¶ **SPEL**, Saxonibus, Historia, narratio : unde Anspel, conjectura. Hæc Spelmannus. Vide Gloss. Teuton. Schilteri, ubi *Spellen* est Syllabas connectere ; unde Gallicum *Epeller.*

SPELÆUM, Antrum, ex Gr. σπήλαιον. Leo Ost. lib. 1. cap. 1. de S. Benedicto : *Ubi in Speleo quodam... incognitus mansit.* [Walafridus Strabus in Carmine de Grimaldo Magistro :

Novi namque Sicana tibi Spelea placere,
Solus ubi mensis Musarum et amore fruaris.]

¶ Spelea, Eodem significatu. Charta ann. 998. apud Marten. tom. 1. Ampliss. Collect. col. 353 : *Donamus tibi Speleam nostram cum venerandis titulis quæ infra sunt.*

Speleum, pro *Crypta* Ecclesiæ. Candidus Monachus Fuldensis :

Nec minus hoc Speleum capitis in vertice gestat
Altare, etc.

Mox *antrum* vocat :

In parte occidua constructum cernitur Antrum,
Multum dives ope interius, spoliisque piorum,
Ternis prospiciens fixis post terga fenestris.

Spelæum, pro Cellula Monachica, quomodo σπήλαιον usurpat Nilus Narrat. 5. pag. 70. Ita Petrus Cluniac. lib. 1. Epist. 20 : *Clausus tenebris Speleo tuo, et in codicibus tuis terras ac maria peragrabis.* Will. Malmesburiensis lib. 3. pag. 112 : *Combusta illic Ecclesia B. Mariæ, reclusa una ustulata, quæ Spelæum suum nec in tali necessitate deserendum putavit.* Vide Tractatum nostrum de Capite S. Joan. Bapt. cap. 3. num. 8.

Σπήλαιον, pro Sepulcro, dixit Joannes

cap. 11. ubi de Lazari sepulcro : χθόνιον σπέος dicitur Nonno, i. subterraneum specus.

¶ **SPELDA**, ut *Spelta*. Vide ibi.

¶ **SPELDOLUM**, Uncus, per quem catenæ immittitur. Acta S. Raynerii tom. 3. Jun. pag. 448 : *Vidensque eam positam in munitissima catena, causa itineris illuc audita, cœpit et primus Raynerius tuppam catenæ manu tangere, coram monachis dicens : Videamus si velit Deus eam solvere ab his vinculis.... mox Speldolum processit de tuppa, et traxit mulier catenas.*

¶ **SPELEA**. Speleum. Vide *Spelæum*.

* **SPELLERIA**. Charta ann. 1030. ex Tabul. S. Vict. Massil. : *Pontius levita donavit ipsum ortum, qui est ante ipsam Spalleriam.* An nostrum *Espalier?*

SPELTA, Latinis Far, Græcis Ζέα, Germanis *Spels*, Italis et Hispanis *Spelta : Espeautre*, in Statutis Leodiens. art. 1. 7. 17. Gloss. S. Bened. cap. de Agricult. : *Spelta*, *Dupa*. Glossæ Medicæ MSS : *Alica, granum, quod dicitur Spelta.* S. Hieron. in 4. cap. Ezechielis : ζέαν, sive ζείαν, *nos vel far, vel gentili Italiæ Pannoniæque sermone Spicam Speltamque dicimus.* Adalardus in Statutis Corb. cap. 6 : *Volumus, ut annis singulis veniant de Spelta bene ventilata atque mundata Corbi* 750. Polyptychus S. Remigii Remensis : *Campi* 2. *recipientes semine Speltæ modios* 130. Cæsarius lib. 9. cap. 65 : *Requisitus Papa Honorius III. per litteras cujusdam Abbatis nostri (an hostiæ ex Spelta confici possent) respondit, Speltam magis pertinere ad hordeum, quam ad triticum. Annona spelda*, in Charta Alamannica Goldasti 60. Ita *Spelda* rursum ch. 62. [*Spelta disparata*, in Capit. 5. Caroli M. ann. 806. cap. 19. Occurrit etiam apud Eckehardum Jun. de Casibus S. Galli cap. 16. Calmet. inter Probat. Hist. Lothar. tom. 1. col. 420. tom. 2. col. 400. Marten. tom. 5. Ampliss. Collect. col. 445. et tom. 8. col. 1490. Miræum tom. 2. pag. 1211. col. 2.] Utuntur præterea Acta Murensia pag. 56. Constantinus Afric. de Ratione vict. pag. 278. Petrus Crescentius lib. 3. de Agricult. pag. 133. Ægidius Aureæ-vallis Monach. cap. 85. Joan. Hocsemius in Adolfo a Marka cap. 18. Chartæ vett. apud Doubletum pag. 740. 793. etc. [Vide *Speaulta*.]

¶ Speltinus Panis, Ex *spelta* confectus. Charta ann. 1034. apud Meichelbec. tom. 2. Hist. Frising. pag. 523 : *Semper in anniversario prædicti Gotifridi die* xxx. *panes Speltinos, et* xxx. *sigalinos... offerat.*

* Speltus, Hordei species, vulgo *Espeautre*, alias *Espiote*. Charta Caroli C. ann. 23. regni ejusd. in Chartul. S. Dion. pag. 65. col. 2 : *De Simpliciaco... per tres festivitates, scilicet Paschæ, Natalis Domini atque festivitatis S. Dionysii de Speltu modia nonaginta ad seraesam faciendam.* Lit. remiss. ann. 1415. in Reg. 168. Chartoph. reg. ch. 411 : *Le suppliant prist du blé, appellé l'Espiote ou gros blé, pour son cheval.* Vide *Spelta*.

¶ **SPELUM**, an idem quod *Spelæum?* Charta vetus apud Mabillon. Diplomat. pag. 460 : *Qui spatius agri.... maximus est finibus terminis, Spelis, saltibus, pascuis, etc.*

* **SPELUNCA**, Sepulchrum. Obituar. MS. S. Nic. Corbol. xv. April. : *Et post Missam presbyter celebrans dictam Missam ibit super Speluncam dicti Johannis de Valle dicendo :* De profundis. Inclina. Deus veniæ. *et* Fidelium *pro anima ejus.* Vide in *Spelæum*.

¶ **SPENACIUS**, Qui vendit paniculas plumarias, Gall. *Panache*, Ital. *Spennacchio*, in Statutis Vercell. lib. 7. fol. 212.

¶ **SPENDA**. Christoph. Mulleri Introduct. in Hist. Sand-Hippolit. apud Duellium tom. 1. Miscell. pag. 374 : *Deducitur hic cur duplex quotannis in regulari nostra collegiata celebretur agape, quam protrito vocabulo minus Latino Spendam vocat recentior ætas, quasi dispensationem diceret.* [** Testament. Petri Archiep. Mogunt. ann. 1319. apud Guden. in Cod. Diplom. tom. 3. pag. 176 : *Pro facienda pauperibus communi elemosina, quæ Spenda vulgariter dicitur, etc.* Aliud Testam. ann. 1318. apud eumd. tom. 4. pag. 1025 : *Elemosinam seu Spendam pauperum.*] Vide infra *Spenta* 1. et *Spinda*. [** Graff. Thesaur. Ling. Franc. tom. 6. col. 350.]

1. **SPENDERE**, Libare, ex Græc. σπένδειν. Joannes Scotus Erigena ad Carolum Calvum in Præfat. ad Areopagitica :

> Hanc libam sacram Græcorum nectare fartam
> Advena Joannes Spendo meo Carolo.

☞ *Espenoir*, pro Pœnas pendere, ni fallor, usurpat *le Roman de Rou* MSS :

> Qui fera felonie, se on le peut tenir,
> Ja n'iert si gentilhomme qu'il ne face honnir,
> Ou en feu, ou en forche le mal Espenoir.

* 2. **SPENDERE**, vox Italica, Impendere, erogare. Stat. crimin. nova Cumanæ cap. 147. ex Cod. reg. 4622. fol. 95. r°. : *Si quis.... monetam falzam Spendiderit scienter; si in fortia communis Cumarum pervenerit, comburatur, ita quod moriatur.* Charta ann. 1183. tom. 1. Cod. Ital. diplom. col. 1547 : *Albertus de Baone dedit.... totum hoc quod habet in valle.... nomine pignoris, per octo centum et viginti libras Veronenses Spendencium.* Hoc est, usualium. Vide *Spendibilis*. Hinc *Spendium*.

SPENDIBILIS Moneta, Usualis, quæ cursum habet, quæ in communi usu expenditur. *Denarii boni argentei Spendibiles*, non semel in Charta anni 922. apud Ughellum in Episcopis Veronensibus. [*Pro pretio 56. librarum, et 13. solidorum bonorum denariorum Spendibilium*, in Charta ann. 1176. apud Corbinell Hist. famil. *de Gondi* tom. 1. pag. 54.]

* **SPENDIUM**, Ital. *Spendio*, Impensa, sumptus, dispendium. Charta ann. 1174. apud Murator. tom. 4. Antiq. Ital. med. ævi col. 344 : *Ipse Altemanus debeat eos ad suum Spendium et perditam suam bona fide et sine fraude adjuvare.* Vide *Spendere*, 2.

* **SPENSA**, Eodem intellectu, Ital. *Spesa*. Charta ann. 1409 : *Sub refectione et omnimoda restitutione omnium et singularum Spensarum, damnorum et interesse..... Si Spensas aliquas litigando fecerint, etc.* Ceremon. Rom. MS. fol. 25. v°. ubi de funere cardinalium : *Familiares in istis vigiliis et in deducendo funere non intersunt, quia non sunt adhuc induti veste lugubri; habebunt tamen singuli nigrum virretum Spensis defuncti. Est locus satis fortificatus cum modica Spensa*, in Tract. MS. de Re milit. et mach. bellic. cap. 121.

SPENSA, Penaria. Vide *Dispensa* 2.

¶ **SPENSATOR**, in palatiis Regum aut Principum Oeconomus, Major-domus, idem qui *Dispensator*. Vide in hac voce. Chron. Angl. Th. *Otterbourne* pag. 110 : *Anno 14. sui regni Rex Edwardus II. contra commune votum Magnatum, duos foverat Spensatores, Hugonem scilicet patrem et Hugonem filium.* [** Gestis nobilis *Spencer* nomen proprium.]

1. **SPENTA**, Eleemosyna, forte quasi *Expensa*, Erogatio. Henricus Rebdorffensis ann. 1356 : *Et in solenni eleemosyna, dicta Spenta, fuerunt distributæ* 20. *libræ Hallenses, et* 5. *modii siliginis.* [*Spenta*, agapas, in Gloss. Mons. pag. 374. expensas, pag. 413. a *Spenton*, erogare, distribuere, expendere. Vide Gloss. Teuton. Schilteri in v. *Spentari* et supra *Spenda*.]

2. **SPENTA** etiam pro Tributo et pensitatione sumitur. Vetus Notitia in Metropoli Salisburg. tom. 3. pag. 468 : *Scire rogamus omnes fideles populos pactionem nostram, quam fecimus cum provisoribus sylvæ Frisingensis Ecclesiæ. Illi namque singulis annis justitiam suam, id est, Spentam, importune a nobis exigebant, nec tamen nobis nostram Spentam ullatenus reddere volebant. Tandem... constitutio inter nos et illos hujusmodi facta est, ut nos illis annuatim dimidium talentum pro Spenta in Nativitate Domini daremus, et unusquisque nobis similiter sex arbores de majoribus persolverent.*

* **SPENTUM**, Pilum, hastile, spiculum, idem quod supra *Espietus*. Charta ann. 1343. in Reg. 75. Chartoph. reg. ch. 605 : *Consules* (Appamiarum) *armati ensibus, taulachis, lanceis, telis, ballistis.... venerunt ad dictum campum.... Jacobus Royranni cum quibusdam aliis armatis ensibus, Spentis, taulachis et pluribus aliis et diversis armorum generibus venit.* Lit. remiss. ann. 1416. in Reg. 169. ch. 226 : *Dictus Stephanus cepit quoddam venabulum sive Spentum, etc.* Vide mox *Spetum*.

1. **SPERA** vox Italica, pro *Sphæra*, seu globo. Gloss. Ælfrici : *Emisperia*, healftryndel. Ubi frustra viri docti *Hemisphærium* reponunt, *Hemisperium* enim habet etiam Ugutio. Joan. de Garlandia in Synonymis :

> Effigiem pomi retinet sibi Spera, vel ovi,
> Sperica de Spera credas sic esse vocata.

Idem Ugutio : *Spera, circuli circumductio, id est, rotunditas, et dicitur Spera, quasi spatium rotundum, et rotunditas mundi dicitur Spera mundi.* Matth. Sylvaticus : *Sphæra*, Græce *Spera*. Gl. Lat. Gall. : *Spera, Espere, rotunditez. Spericus, en rond. Sperula, petite espere.* Auctor Mamotrecti in Isaiam cap. 29 : *Speram, formam rotundam.* Idem in Exod. cap. 25 : *Sperula, parva rotunditas volubilis, sicut solet fieri in cathedris et archis.* Palladii de Architectura caput inscribitur in Cod. MS. Pithœano, *de Spera, vel hemisperio*, ubi edit. *de sphera cœlestis circuli.* Eckehardus junior de Casib. S. Galli cap. 3 : *Cambocam suam et magistri ejus multarum virtutum operatricem, cum Spera illa S. Crucis notissima rapuit*, i. globo cui crux infixa erat. Imaginationes Gervasii Dorobernensis : *Insanus enim factus nunc ad formam pueri contrahebatur in Speram, nunc autem ultra humanam effigiem distendebatur.* Passim apud Papiam pro *sphæra* lit. S. [Le Roman *de la Rose* MS. ubi de stellis :

Parmi l'air obscurci raiant,
Qui tornoient en leur Esperes,
Si con l'establi Dieu li Peres.]

Nostris *Spere*. Joannes Molinetus Valentianensis, qui vixit ann. 1477. in Templo Martis :

Guerre s'envolle en l'air comme une aronde,
Le Spere ronde environne grand erre.

Utitur etiam alibi.

* Nostris *Espere*. Phil. de Maceriis in Somnio vet. Peregr. lib. 2. cap. 59 : *Jehan de Dons ou Jehan des orloges a fait un grand instrument, par aucuns appellé Espere ou orloge du mouvement du ciel.*

Aliud significat in Charta, quæ refertur in Chronico Besuensi pag. 679 : *Porro media pars baptisterii, mediaque pars Sperarum eidem Presbytero concessa est, quatinus monacho fidelis existeret.* Quæ fortuito et casu parochiis obveniunt, *le Casuel*, hic intelligi censet editor : sed legendum *perarum;* nempe peregrinorum, qui reversi a peregrinatione Hierosolymitana, *peras* suas et *burdones* Ecclesiæ Parochianæ conferebant. [* Ut et in Charta ann. 1215. inter Probat. ult. Hist. Trenorch. pag. 184.] Vide *Pera.*

¶ Spericus, pro Sphæricus. Bern. *de Breydenbach* Iter Jerosol. pag. 238 : *Mittebant bombardarum saxa Sperica contra montana, etc.*

Sperium, Idem quod *Spera*. S. Audoenus in Vita S. Leodegarii lib. 1 : *Ambitur autem* (Cœnobium) *in Sperio muro non quidem lapideo, sed fossato sepe munito.* Id est, in *sphæræ* modum.

Sperula, pro *Sphærula*, apud Honor. Augustod. lib. 1. cap. 219. et 220. et Joannem Sarisber. lib. 8. Policrat. cap. 12. Ita enim præfert prima editio ann. 1513. non *Sphærula*, ut posterior. [Hist. Pontificum Rom. apud Stephanot. tom. 7. Fragment. Hist. MSS : *Anicetus constituit ut clerici coronas portent in modum Spærulæ.*]

¶ Sperulatus,* f. Sphærulatus, quod sphæris seu globis instar rotularum promoveatur. Acta sancti Udalrici cap. 3. tom. 2. Julii pag. 101 : *Exceptis mancis atque debilibus, qui in grabatulis et in lecticis et in scamellis ambulantes et in Sperulatis lectulis.*

2. **SPERA**, [f. Exspectatio,] in Foris Oscensibus Jacobi I. Regis Aragon. ann. 1247. fol. 11 : *Sed dicat : Ecce fidantiam de torna, et justitia accipiat ipsam, et qui negat, similiter det fidantiam de Spera, et justitia accipiat ipsam, etc.* Observantiæ Regni Aragon. lib. 8. tit. 1. § 4 : *Et debet dare fidantiam de la Spera, et petere per reptatorem dari fidantiam de la torna, etc.* [Vide *Sperare* 3.]

* *Espera*, eo intellectu dicunt Hispani; quibus etiam idem sonat quod Dilatio a judice creditori vel reo concessa; qua notione hic accipienda vox *Spera*. Vox fori Hispanici. Hinc etiam

* Spera, Terminus, præstituta dies, Gall. *Terme*. Dicitur de pecunia mutuo data cum fenore ad præfinitum tempus, Charta ann. 1325. in Reg. 62. Chartoph. reg. ch. 523 : *Item quod ipsi* (habitatores Villæ-longæ) *plures contractus fecerant cum pluribus personis ad terminum seu ad Speram; propter quem terminum receperant et lucrati fuerant in anno ultra quatuor solidos pro libra.* Lit. remiss. pro consulibus ejusd. urbis ann. 1337. in Reg. 71. ch. 47 : *Qui res a se venditas minori precio in fraudem usurarum reemerunt, aut pro impulsa seu Spera temporis plus sibi dari in pecunia, blado aut alias in similibus, seu obligari ultra sortem fecerunt.* Charta ann. 1340. in Reg. 72. ch. 292 : *Guillelmus de Podio clericus Tholosanæ diocesis.... solutiones plurium et diversorum debitorum prædictorum et terminorum prorogavit et distulit;.... occasione dictæ prorogationis et Speræ temporis ea* (bona) *sibi appropriando.*

¶ 3. **SPERA**, vox Italica. Franc. Barberinus in Documenti d'amore edit. Ubaldini, pag. 273 :

In luogo di timoni
Fa Spere, e in aqua poni.

Ubi Glossæ : *Ligantur plures fasces, et projiciuntur in aquas retro naves, ut non sic naves currant fractis themonibus : et dicuntur Speræ, quasi res quæ faciunt tardare progressum.* Vide *Spira* 2.

* 4. **SPERA**, Italis, Speculum. Bestiar. MS. cap. 2 : *At ille* (raptor) *quamvis equo vectus fugaci, videns tamen velocitatem feræ se non posse præverti;.... ubi se contiguum viderit, Speram de vitro projicit : at illa ymagine sui illuditur et sobolem putat.*

* 5. **SPERA**, Mensuræ liquidorum species. Census eccl. Reat. MSS. : *Sanctus Johannes Baptista debet medium omnium oblationum et Speram olei et canonicis candelam. S. Johannes Evangelista.... episcopo dupplerium et Speram olei.*

¶ **SPERADORSUM**, perperam pro *Sparodorsum*, in Annal. Bened. tom. 3. pag. 412. Vide *Sparodorsum.*

1. **SPERARE**, Credere. Concilium Compendiense ann. 757. cap. 5 : *Si Francus homo accepit mulierem, et Sperat, quod ingenua sit, etc.* Hincmarus Remensis in Epist. de Synodo apud Tusiacum : *Qui ostendit mihi librum, quem, ut Spero, Canones appellant.* Reclamatio Hincmari Laudun. : *Aditum tamen ad Sedem Apostolicam minime Sperantes mihi posse denegari.* Vita MS. Magnobodi Episc. Andegav. cap. 11 : *Valentem puerum invenerunt, quem defunctum Sperabant.* Fulcherius Carnotensis lib. 1. Histor. Hierosolymitanæ cap. 4 : *Ibi insuper, ut Spero, viginti millia spadones assidua habitatione conversantur.* Ordericus Vitalis lib. 13 : *A Roberto... captus est, cum quo firmam pacem habere Sperarat.* Historia Inventionis S. Mastidiæ : *Inter quos commigrantes quidam Trecassinorum puellas duas, ut Spero, quinquennes adducunt secum.* Supra : *Juvenis, ut puto, 15. annorum.* Passio S. Bercharii pag. 75 : *Sperans aptum se Monasterium ædificandi locum reperisse.* Vide Ammianum lib. 20. pag. 174. Columbanum in Pœnitentiali cap. 2. Legem Bajwar. tit. 16. cap. 1. § 2. librum Miraculor. S. Richarii cap. 16. apud Mabillonium, Matthæum Westmon. ann. 1303. Appendicem ad Capitular. n. 88. Hist. Condomensem pag. 437.

2. **SPERARE**, Timere, metuere. Moschopulus in Lexico Philostrati : Φόβος ἐςὶν ἐλπὶς κακῶν. ἐλπὶς δὲ ἡ προσδοκία ἀγαθῶ. Προσδοκία δὲ καὶ τῶν ἀμφοτέρων. Carisius : *Sperare, timere est.* Auctor Breviloqui : *Achyrologia, est dictio improprie posita; ut timeo requiem, Spero laborem.* Virgil. lib. 4. Æneid. :

.... Si tantum potui Sperare dolorem.

[Cod. Theodos. leg. 25. tit. 10. lib. 10. de Petitionibus : *Cum per Illyrici partes Barbaricus Speraretur incursus, etc.* Charta ann. 1383. tom. 2. Hist. Eccl. Meld. pag. 240 : *Aliquæ altercationes inter dictos exponentes moveri Sperentur, etc.*] Vita S. Goaris cap. 7 : *Speraverunt se sub tanta morte interire.* Aribertus in Epistol. ad Samerium Episcop. Bracarensem in Hist. Episc. Portuensium in Lusitania : *Ego quotidie Spero super me similem plagam, etc.* Statutum Philippi Reg. Franc. ann. 1311 : *Cum multa damna inde pervenerint, et in periculum Reipublicæ Sperentur majora.* Charta Goslini Episcopi Carnotensis ex Tabulario ejusdem Ecclesiæ n. 45 : *Quod nobilis mulier Vicedomina Carnoti ægrotans, cum exitum hujus vitæ se in proximo habituram Speraret, etc.* Observantiæ Regni Aragon. lib. 2. tit. de Citatione § 10 : *Verum, si periculum esset in mora, quia partes Sperantur venire ad arma, etc.* Utuntur præterea Ammianus lib. 14. 16. 30. Firmicus lib. 8. cap. 17. Sidonius lib. 6. Epist. 6. lib. 8. Ep. 7. etc. Ita Græci ἐλπίζειν, nostri *Esperer* interdum usurparunt, [ut in Charta ann. 1362. in laudata Meld. Hist. pag. 235 : *Item sur le discord Esperé à mouvoir entre nous, etc.*] Vide Notas ad Cinnamum pag. 434. et ad Joinvillam pag. 81. præterea Lindenbrogium ad Ammianum lib. 14. pag. 18. 1. edit.]

3. **SPERARE**, Exspectare. Domnizo lib. 2. de Vita Mathildis cap. 15 :

Mortem non Sperans, demum tamen ipsa catena
Mortis cum strinxit, rapuit de corpore tristi.

Usatici Barcinonenses MSS. cap. 74 : *Stabiliverunt etiam,... quod adversarius quilibet suum adversarium in placito Speraret usque ad horam diei tertiam.* Infra : *Satis enim videtur esse congruum Sperare homines, seniores suos usque ad nonam.* Juvenalis Sat. 4 :

.... Jam quartanam Sperantibus ægris.

i. exspectantibus.

☞ Huc spectat formula usurpata in Charta a Mabill. tom. 4. Annal. Bened. pag. 43. ad ann. 987. laudata, quæ acta dicitur *die Dominico post Ascensionem Domini* XI. *Kal. Junii, Luna* II. *Deo regnante et Rege Sperante.* Id est, sperato, ut monet idem Mabillonius : nondum quippe agnitus erat Rex Hugo ab Aquitanis et finitimis populis.

4. **SPERARE**, Petere. Regula Pauli et Stephani cap. 4 : *Nulli liceat absque Prioris permissu de opere Dei discedere; sed quem causa manifesta compulerit, oratione a Priore Sperata et concessa obtineat.* Cap. 5 : *Nec bini, nec terni; sed singillatim exeuntes orationem Sperent.* Leo Episcopus Senonensis Epist. ad Childebertum Regem : *Litteras*

Celsitudinis vestræ honore, quo dignum est, me indico suscepisse : ubi Sperare dignamini, ut ad ordinandum Mecledonensem Episcopum aut præsentia nostra adesse debeat, aut consensus.

5. **SPERARE**, pro Spectare. Charta Dagoberti Regis Fr. in Actis Episcop. Cenom. pag. 186 : *Aut quæ per ipsam Ecclesiam Sperare videntur.* Charta Caroli C. Regis Franc. ann. 10. in Tabul. Flaviniacensi : *In qua erat insertum, qualiter iidem piissimus Augustus concessisset eidem Monasterio omne teloneum de negotiatoribus eorum, vel de hominibus eorum, qui per ipsam casam Dei Sperare videntur, vel de hoc, quod homines ad eorum dorsa deferunt.* Occurrunt eadem verba infra, et in alia Charta, quæ descripta legitur in eodem Tabulario.

6. **SPERARE**. Alypius Antioch. seu Auctor Descript. Orbis cap. 14 : *Horum autem prope Saracenorum gens vivit, rapina Sperantium suam vitam transigere.*

* f. pro Solere, usum habere.

* **SPERATIO**, Spes. Mirac. S. Emmer. tom. 6. Sept. pag. 510. col. 2 : *Saxones enim spem, ut Sperationem hujus vocabuli nomine finitimo vocitare suescunt.*

* **SPERELIG**, vox Belgica, f. Fasciculus. Telon. S. Bertini : *De torsel iiij. den. De Sperelig ij. den. de pensa, etc.*

* **SPERGENSSERE**, Dispergere, distribuere. Comput. ann. 1362. inter Probat. tom. 2. Hist. Nem. pag. 260. col. 2 : *Nominato Pege et Raynaudo pro servitio quod faciunt nocte qualibet supra cloquerium timpanum magnum cloquando, custodesque murorum Spergenssendo.* [** An Expergiscere?]

* **SPERGERE**, pro *Spargere*. Vide supra *Ager naturæ*.

* **SPERGIA**, Aspergillum, quo aqua benedicta spargitur. Comput. ann. 1473. ex Tabul. S. Petri Insul. : *Item pro una Spergia pro capella S. Katharinæ, duos solidos.* Vide *Spargillum*.

¶ **SPERICUS**, SPERIDM. Vide *Spera* 1.

* **SPERIFICARE**, Spem injicere, Gall. *Faire esperer*. Viti Arenpec. Chron. apud Pez. tom. 1. Script. Austr. col. 1231 : *Anno 1292. Albertus dux Austriæ per Electores vocatus, qui cum sexcentis militibus uno colore vestitis in Rhenum ascendit, Sperificatus in regem eligendus.* V. *Sperare* 1.

¶ **SPERILLUM**, pro *Specillum*. Vide ibi.

* **SPERLAGIUM**, pro *Sporlagium*, Id, quod propter investituram, aut ratione relevii exsolvitur a vassallo domino capitali. Vide *Sporta* 2. Charta ann. 1326. in Reg. 65. 2. Chartoph. reg. ch. 106 : *Nec non et omnes quæstas, tallias, census, oblias, Sperlagia, agreria, servitia et expleta.* Vide infra *Sporlare*.

¶ **SPERMA**, a Græc. σπέρμα, Semen. Engelbertus de Longævitate ante diluvium cap. 3. apud Pezium tom. 1. Anecd. part. 1. col. 445 : *Philosophus vult... quod Sperma est principium generationis superfluum nutrimenti, licet sit potentia totum corpus.* Ordericus Vitalis lib. 8 :

Filius Unfreni Dacorum Spermate nati.

¶ **SPERMOLOGIUS**, SPERMOLOGUS, Qui serit verba, sermocinator, prædicator verbi. Glaber Rodulphus lib. 3. Hist. cap. 5 : *Hic tamen pater, scilicet Willermus.... præscriptæ institutionis laborisior ac Spermologius fructificatior est repertus.* Translat. S. Sebastiani, etc. sæc. 4. Bened. part. 1. pag. 399 : *Longum valde ac cuiquam Spermologo difficillimum est viritim ac personaliter ea prosequi.* Notkeri Balbuli lib. Sequentiarum apud Pezium tom. 1. Anecdot. part. 1. col. 29 : *Spermologon philosophos te, Paule, Christus dat vincere sua voce.* [** Liudprandi Legat. cap. 47 : *Qui in aliis rebus sæpe videor Spermologus et multisonus, in hac, ut piscis, videor insonus.* Ademar. Histor. lib. 3. cap. 56 : *Reliquiæ principis summi, qui pater est Aquitanorum et primus Galliarum Spermologus, videlicet beati apostoli Marcialis, etc.*]

* **SPERNACITAS**, Contemptio, Gall. *Mépris, dédain*. Glossar. Gall. Lat. ex Cod. reg. 7684 : *Spernacitas, déprisement*. Hinc

* **SPERNACULUS**, Spretor, contemptor. Glossar. Provinc. Lat. ex Cod. reg. 7657 : *Menspresador, Prov. spernax, Spernaculus. Menspresar, Prov. spernere, contemnere.* Vide *Spernax*.

SPERNATUS, pro Spretus. Gloss. Lat. Gr. : *Spernatus*, ὑπεροραθεὶς, etc.

¶ **SPERNAX**, Spretor, contemtor. Sidonius lib. 4. Epist. 9 : *Erga familiam suam nec in proferendo alloquio minax, nec in admittendo consilio Spernax, etc.* Utitur Silius Ital. lib. 8. 465. Vide *Spernuus*.

* **SPERNOSUS**, Aspernans, despiciens. Lit. remiss. ann. 1358. in Reg. 86. Chartoph. reg. ch. 73 : *Pluribus verbis Spernosis ad invicem inibi dictis, etc.*

¶ **SPERNULIS**, καταφρονητής, in Gloss. Lat. Gr. in Gr. Lat. : *Contemptor, Spernulis, contumax, detrectator.* Vide *Spernax*.

¶ **SPERNUUS**, ut *Spernax*, si tamen sana est lectio, in Cod. Theod. leg. 8. tit. 4. lib. 8. de Cohortalibus : *Partes pro virili captu Spernui laborum procurent.* Ubi non displiceret *strenui*.

¶ **SPEROIDES**. Liutprandi Hist. Longobard. apud Murator. tom. 2. pag. 454 : *Hoc denique tam turpe facinus, atque inauditum, quum, avertentibus oculis proborum, nemo conspiceret, servorum quidam directo obtutu, purpuream secus natium Speroidem, id est curvaturam, vidit dependere corrigiam, quam impudenter arripiens, fœditerque trahens e secretiori parte corporis eam secutus balteus est egressus.* Pro *Sphæroides*, Gr. σφαιροειδής, globosus, in modum sphæræ.

¶ **SPERONALIA**, Morbus in calcaneo, ab Italico *Sperone*, calcar. Acta S. Franciscæ Romanæ tom. 2. Mart. pag. 101 * : *Cum quidam nomine Julianus pateretur in calcaneo quamdam infirmitatem, quæ Speronalia dicitur, et a medicis curari non potest, etc.*

¶ **SPERONISTÆ**, Hæretici. Vide *Paronistæ*.

* SPERONISTÆ inter Valdensium sectarios numerantur in Constit. Freder. II. imper. contra hæreticos ex Cod. reg. 10197. 2. 2. fol. 20. r°. *Sporonistæ* appellantur in alia Constit. ejusd. imper. ibid. fol. 19. r°.

* **SPERONUS**, Calcar, Ital. *Sperone*, Gall. *Esperon*. Comput. ann. 1362. inter Probat. Hist. Nem. tom. 2. pag. 261. col. 1 : *Dicta die solvit magistro Thomæ ferraterio Speronorum, etc.* Vide *Spourones*.

¶ **SPERSORIUM**, ut *Sparsorium*. Vide ibi.

* **SPERVARIUS**, Accipitris species, Gall. *Espervier*. Charta Joan. reg. Angl. inter Probat. tom. 1. Annal. Præmonstr. col. 412 : *Ac donationem.... de tota tertia parte totius prædictæ villæ de Halton... in stagnis et molendinis, in melle et Spervariis, in fecis et ferinis, etc.* Vide *Sparvarius*.

¶ **SPERVERUS**. Vide *Sparvarius*.

¶ **SPERULA**, SPERULATUS. Vide *Spera* 1.

SPERUM, *Genus vasorum rotundum, a spera dictum*. Ugutio. Vide *Spera* 1.

* **SPERXIT**, pro *Sparsit*, a verbo *Spergere*. Vide supra. Lit. ann. 1347. in Reg. 68. Chartoph. reg. ch. 274 : *Racemos prædictos Sperxit et effudit.*

* **SPES**, Animus, voluntas, propositum, Gall. *Dessein*. Lit. remiss. ann. 1350. in Reg. 80. Chartoph. reg. ch. 692 : *De quadam macha, de qua se deffendebat, non habens Spem occidendi eumdem, taliter irruit, etc.* Vide *Sperare* 1.

¶ **SPETIALIS**, SPETIARIUS. Vide *Species* 6.

¶ **SPETLECA**, pro *Spelta*, ut videtur. Charta Gerardi Morin. Episc. ann. 1084. apud Acher. tom. 9. Spicil. pag. 344 : *Præfatus etiam Comes* (Balduinus) *ibidem attribuit terram de Hantengehem cum hospitibus liberam, et duas partes decimæ de Spetleca.* Vide mox *Speuta*.

* **SPETUM**, Pilum, spiculum, venabulum, Ital. *Spiedo*. Stat. Mutin. lib. 1. cap. 112. ex Cod. reg. 4620 : *Arma autem ab offensione sint et intelligantur.... Spetum, Spetum a cingiariis, pergaminus, basclarius, daga, etc. Spirit, Prov. venabulum*, in Glossar. Provinc. Lat. ex Cod. reg. 7657. Vide supra *Spentum*.

SPEUDUS. Charta Heccardi Comitis Augustodun. ex Tabulario Persiacensi apud Perardum pag. 26 : *Ademaro fratre suo, Speudo uno, et cano, et sugios duos, sparvario uno, etc.* [Canis species. Vide *Canis Segusius*, in *Canis*.]

¶ **SPEUTA**, Hordei species, idem quod *Spelta*. Charta ann. 1339. ex Tabular. S. Victoris Massil. : *Item sex seteyratas terræ seminatas Speuta.* Tabular. Sangerm. ann. 1527 : *Percipit... omnes decimas quorumcumque fructuum,... sicut frumenti, silliginis, ordei grossi, bladi, avenæ, Speutæ, fabarum, etc.* Vide *Speaulta* et *Spetleca*.

* Charta ann. 1307. in Reg. 44. Chartoph. reg. ch. 171 : *Item tres eminas siliginis et unum sextarium de Speuta censuales, quas percipiebat dictus dominus noster rex annis singulis.* Occurrit præterea in Stat. Avellæ ann. 1496. cap. 95. ex Cod. reg. 4624.

* **SPEUTO**, Eadem notione. Inventar. ann. 1476. ex Tabular. Flamar. : *In orreo sive granerio dicti hospitii.... triginta et unum libralium Speutonis.* Rursum : *In quodam alio orreolo sive granerio.... blada quæ sequuntur.... novem conquas Speutonis.* Vide supra *Speltus*.

¶ **SPEZABANDUM**. Statuta Riperiæ cap. 97. fol. 11. v° : *Statutum est quod banniti vel condemnati de Spezabando seu occasione* *victualium, vel de eundo de nocte, vel de ludo bischatiæ, vel causa inobedientiæ, etc.* Italis *Spesa* idem quod Sumtus, expensa.

¶ **SPEZZARE**, ab Ital. *Spessare*, ut videtur, Spissare, Gall. *Epaissir.* Chron. Parmense ad ann. 1247. apud Murator. tom. 9. col. 774 : *Et molendina de brachiis et equis, propter defectum aquarum et canalium facta fuerunt per civitatem, et pali Spezzati et strinati per omnes vicinias, contestas et palancata.*

* Cur non nativa notione pro Frangere, discindere, dissolvere, incidere, ut exponunt Academici Cruscani?

* **SPEX.** Vide supra *Speces.*

SPHÆRA Italica. Cælius Aurelian. lib. 3. Chronion cap. 6 : *Raptorio machinamento gestetur, ac deinde recussabili Jera* (l. *Sphæra.*) *utatur, quam Italicam vocant.* Lib. 5. cap. ult. : *Atque longo vel raptorio machinamento, quod Macron sparton vocaverunt, item Italica Sphæra, et luctatione celeri, etc.* Mercurialis lib. 3. Artis Gymnast. cap. 13. fatetur se ignorare quid his locis sit *raptorium machinamentum* et *Sphæra Italica recussabilis.*

¶ **SPHÆRISTA**, Qui *sphæra* seu pila ludit. Sidonius lib. 2. Epist. 9 : *Et ecce huc Sphæristarum contrastantium paria inter rotatiles catastropharum gyros duplicabantur.* Occurrit rursum lib. 5. Epist. 17. et apud Gregor. Turon. in Præfat. de Glor. Confess.

¶ **SPHÆRISTERIUM**, Locus ubi *sphæræ* ludus exercetur, apud eumd. Sidonium lib. 2. Epist. 2. Utuntur præterea Sueton. in Vespas. cap. 20. Lamprid. in Alexandro cap. 30. et alii.

¶ **SPHINX**, Fibula. Vide *Spinulus.*

¶ **SPHONGATUM**, Placentæ species. Miracula S. Georgii Mart. tom. 3. April. pag. 142 : *Transiere mercatores, qui viso Sphongato gratissimum odorem spirante; comedamus, inquiunt, hanc tortam.*

¶ **SPHRAGITIS**, vox Græca, Signum, signaculum. Prudent. Peristephan. hymn. 14. v. 1075 : *Quid cum sacrandus accipit Sphragitidas?* Ubi Vict. Giselinus stigmata et punctiones acuum interpretatur. Vide Lips. 1. de Milit. Rom. dial. 9. et Stewech. ad Veget. lib. 2. cap. 5. Id etiam in usu apud Carpocratianos ut stigmatibus discipulos suos insignirent, ut testatur S. Irenæus lib. 1. cap. 24. Celsus lib. 6 : *Pastillus ad glutinandum vulnus Sphragis nuncupatur.*

1. **SPIA**, Explorator, delator; interdum generaliter quivis nuntius; ex Italico *Spia*, unde Gallis *Espion*, et *Espie.* Epistola Senensium ann. 1313. apud Corium in Historia Mediolanensi : ... *Intimamus, quod Dominus Henricus per varias Spias et nuntios et literas amicorum, quod Romanorum Rex... in borgio de Bonconvento decessit, etc.* Juramentum Potestatum civitatum Italiæ apud Hieronymum *dalla Corte* lib. 4. Hist. Veronensis : *Nec Spia aut guida ero ad damna Veronæ, et bona fide sine fraude et dolo pollicor regere et gubernare civitatem et populum Veronensem, etc.* [Comput. ann. 1333 : *Pro diversis consultationibus, Spiis, et escoutis, et aliis imminentibus* VII. *lib.* X. *sol.* Jac. Auriæ Annal. Genuens. ad ann. 1283. apud Murator. tom. 6. col. 581 : *Et moram facientes apud portum Pisanum, exspectabant quid nostræ galeæ facerent, de quibus omni die per suas Spias nova habebant.* Occurrit præterea apud eumd. Murator. tom. 8. col. 430. in Statutis Vercell. lib. 25. et Riperiæ cap. 178. fol. 25.] Vide Menagium et Oct. Ferrarium in Origin. Ital. in *Spia*, [supra *Espia* et infra *Spio.*]

* 2. **SPIA**, Exploratio, *Spiæ* officium. Charta ann. 1348. ex Tabul. S. Vict. Massil. : *Tenentur etiam facere explorationes sive Spias hinc et inde extra juridictionem terræ S. Leontii propriis sumptibus.* Hinc

* Spiare, Explorare, speculari, vox Italica, Gall. *Espier*, Hisp. *Espiar.* Comput. ann. 1372. inter Probat. tom. 2. Hist. Nem. pag. 315. col. 2 : *Qui dictus messagerius sive Spia stetit in dicta Provincia pro Spiando per quatuor dies, habuit xvj. grossos. Item dicta die etiam fuit missus Jacobus Balbi.... pro Spiando si erant etiam gentes armorum dictorum Anglicorum et Navarreses.* Vide *Expiare.*

¶ **SPIACHIA**, an Specula, vel lecti species? Vita S. Paterni Episc. Venet. ex Breviario Corisopit. tom. 2. April. pag. 380 : *Vigilat, meditatur, dormit in Spiachia, genuflectit altissimo domino, etc.* Vide infra *Spinga.*

1. **SPICA**, ut *Spelta.* Vide in hac voce.

¶ 2. **SPICA**, Spiculum. Mirac. S. Ambrosii Senens. tom. 3. Mart. pag. 232 : *Cum sodalibus luderet, fuit percussus a quodam in oculo cum quadam Spica tam valide, etc.* Vide *Spiculare* et *Spicum.*

* **SPICARI**, Spicas flagello excutere. Lit. remiss. ann. 1396. in Reg. 151. Chartoph. reg. ch. 33 : *Cum idem Johannes supplicans in quadam area sive solo... certa blada Spicaretur et victum suum in sudore vultus sui lucraretur, etc.*

1. **SPICARIUM**, Flandris *Spiicker*, [** Vide Graff. Thesaur. Ling. Franc. tom. 6. col. 326. voce *Spihari.*] nobis *Grange* : Locus recondendis segetibus, a *spicis* dictus; [item, quævis cella penaria, armamentarium.] Lex Salica tit. 18. § 2 : *Si quis Spicarium aut macholum cum annona incenderit, etc.* Quo loco Pithœus, *Spicarium*, horreum cum tecto, *macholum* vero horreum sine tecto interpretatur. Lex Alamann. tit. 81. § 6 : *Si Spicarium servi incenderit, etc.* Formulæ vett. Bignonii cap. 26 : *Contigit, quod cellario vel Spicario vestro infregi, et exinde annona et alia raupa in solid. tant. exinde furavi.* Ita MS. Eckehardus Jun. de Casib. S. Galli cap. 16 : *Spicarium ille novum... condi fecit, quod et ipsum fieri fecit magnificum.* [Bulla Johannis VIII. PP. : *Contulisse dinoscitur... Berzeso marisiacos duos, atque Spicarium.*] Charta Godefridi Comitis Lovaniæ ann. 1174. apud Miræum lib. 1. Diplom. Belg. cap. 65 : *In segete vestra, sive in Spicario, sive in granario condatur, nihil Advocatum juris habere confiteor.* Occurrit præterea in Chron. Trudonensi lib. 5. et 7. pag. 394. 429. in Vita S. Lupicini Abbatis Jurensis num. 3. apud Bucelinum lib. 3. Gallo-Fl. cap. 30. etc.

* 2. **SPICARIUM**, vulgo *Espier*, Census annuus et antiquissimus, qui ex agris debebatur comitibus Flandriæ, quod in *Spicis* seu granis solveretur, sic appellatus. Charta Joannæ comit. Fland. ann. 1230. in Suppl. ad Miræum pag. 89. col. 2 : *Donavi eidem monasterio septem modios et tres hodios Spicarii frumenti ex eleemosyna Spicarii Brugensis, in festo S. Martini de eodem Spicario annuatim imperpetuum percipiendos.* Alia Margar. itidem comit. ann. 1275. ex Cam. Comput. Insul. : *Comme il fust ensi ke Jehans Reinsins eust achatté à Jehan Lauwart... le droit qu'il avoit à briés de la recepte de nostre Espier de Furnes, et nous eussiens entendu ke cil Jehans Reinsins demandast et eust receu outre les droitures qu'il avoit achatées à ceaus ki nos doivent la rente de tel Espier, etc.*

¶ **SPICATUS** Nardus. Vide *Pisticus.*

SPICELLA, Specillum, instrumentum parvum ac teres, quo medici utuntur ad vulnerum aut fistularum viam vel profunditatem perquirendam. Sextus Platonic. lib. 1. de Medicina animalium cap. 9. n. 23 : *Et si dexter oculus glaucomate laborat, in dexteriorem partem Spicella demittitur, etc.*

¶ **SPICEPLATE**, Vas, ut videtur, in quo aromaticæ species reponuntur. Charta ann. 1402. apud Rymer. tom. 8. pag. 277 : *Unum pelvim argenti, unum Spiceplate, unum turribile argenti pro altare.*

* **SPICITUDO**, pro Spissitudo. Lit. ann. 1384. in Reg. 125. Chartoph. reg. ch. 106 : *Jussit fieri per magistros prædictos lapicidas duos murtos sive aleyas largitudinis sive Spicitudinis trium palmorum..... A dicta turnella etiam fient simili modo duo mureti Spicitudinis prout supra.*

¶ **SPICULA**, pro Spiculum. Gl. Lat. Gr. Reg. : *Spicula, sparus*, ἀκόντιον εἶδος. Ubi Sangerman. habent *Spiculum.*

¶ **SPICULARE**, *Spicula, seu minutiores hastas emittere*, in Gloss. Gasp. Barthii, apud Ludewig. tom. 3. Reliq. MSS. pag. 13. ex Histor. Palæst. lib. 4. cap. 18 : *Omnes itaque illos et nos separavit nox, eosque divisit utrosque in prœliando, jaculando, Spiculando, sagittando.* Cap. 33 : *Saraceni igitur tam robuste invaserunt eos per murum et per terram, sagittando et Spiculando cominus cum suis lanceis, etc.* Vide *Spica* 2.

SPICULATOR. Vide *Speculator*, 4.

* **SPICULATURA**, Spigulatura, Spicæ post messem ex agris collectæ. Pactum inter Bonon. et Ferrar. ann. 1193. apud Murator. tom. 2. Antiq. Ital. med. ævi col. 893 : *Blavam, quam joculatores acquirunt, et Spiculaturam et licium, quam saltine acquirunt, quiete ducere permittantur.* In eadem Charta rursum edita tom. 4. earumd. Antiq. col. 450 : *Spigulaturam et linum, quam laboratores acquirunt, etc.* Italis *Spigolare* est spicas legere. Vide *Spigulatura.*

1. **SPICULUS**, Fornix acuminatus, ab acumine spicæ dictus, vel quod *spicum*, quidquid in acumen desineret, veteres dicerent. Chronicon Casin. lib. 3. cap. 26. (al. 28.) : *Ante ingressum vero Basilicæ, et ante introitum atrii, quinque desuper fornices, quos Spiculos dicimus, fecit.*

* 2. **SPICULUS**, Piscis species, a spiculo, quo munitus est, sic dictus. Charta Isemb. de castro Allionis ann. 1190. in Chartul. S. Joan. Angeriac. fol. 187. v° : *Dederunt insuper omnem piscationem, quæ veniet ad eorum* (monachorum) *molendina,.... hoc solo retento, quod si balena,*

aut marsupa, vel Spiculus in ipsa bessa capti fuerint, ipsius erunt. Vide *Spigola.*

SPICUM, Veru. Herbertus lib. 1. de Mirac. cap. 5 : *Is vero, qui præcedebat, gallinam assatam in Spico portabat. Porro in ipso veru ingens coluber per caput et caudam infixus erat, qui gallinam eandem hinc inde cingebat.* Legendum forte *spitum.* Vide in hoc verbo. De voce vero *spicum*, vel *spicus*, apud Latinos Scriptores, consule Stephanum Stephanium in Notis ad Saxonem Grammaticum pag. 60. [Vide supra *Spica* 2.]

¶ 1. **SPICUS**, Nardus, seu herba odorifera, humilis et allios flosculos proferens, ex Bollandistis. Sebast. Perusinus in Vita B. Columbæ Reatinæ, tom. 5. Maii pag. 381 : *Ideo similiter primitiem rosarum involutam Spico ei senior præsentaverat.* Ibid. pag. 388 : *Imposuitque capiti sertum rubentium rosarum, fulcitum floribus Spici.* Vide supra *Pisticus.*

* Italis *Spigo.* Diplom. Chilper. II. ann. 716. tom. 4. Collect. Histor. Franc. pag. 694 : *Spico libras ij.* Haud scio an inde Gallicum vetus *Espigachier,* Nardo vel suavi odore imbuere, aut ab Italico *Spiccare,* Nitere, eminere accersendum sit. Guignevil. in Peregr. hum. gen. MS. ubi de impensiori corporis cura :

Tu cointement Espigachier
Le veus tous les jours, et couchier
Toutes les nuits moult noblement.

* 2. **SPICUS**, *Frondator, avis est.* Glossar. vetus ex Cod. reg. 7613.

SPIDO. Lex Frision. addit. 3. § 34 : *Si quis alium vulneraverit, et ipsum vulnus sanatum, cicatricem depressam, et non reliquæ carni æquam duxerit, quod Spido dicunt, 4. sol. componat.* [** Vide Grimm. Antiq. Jur. Germ. pag. 630.]

* **SPIDROMA**, *Privé,* in Glossar. Lat. Gall. ex Cod. reg. 7692. Vide *Spidromum.*

SPIDROMUM, *Locus post dromum secretus, sicut ad requisita naturæ, idem dicitur ypodromus.* Ita Joan. de Janua. Aliter Gloss. Saxon. Ælfrici : *Ypodromum* : gold hord hus. *vel spondoromum,* digle gang ern. i. ad verbum, occultus latrinæ locus. Non proclive est divinare, unde voces hæ ortæ; tametsi a Græco δρόμος. Putabam legendum ὀπισθόδομος, et apud Joan. de Janua, *locus post domum secretus.* Aliud tamen sonat vox ὀπισθόδομος apud Hesychium.

* **SPIFINIUM**, Perquisitio, investigatio. Charta Phil. reg. Rom. ann. 1208. tom. 2. Hist. Leod. pag. 389 : *In aliqua domo, quæ sit in Leodiensi banno, licet non villico neque scabinis ad quærendum furem vel furtum, vel faciendum Spifinium intrare, si non fiat per voluntatem illius, qui in eadem domo manet.*

¶ **SPIGNA**, f. Acumen, Gall. *Pointe.* Anonymus in Annal. Mediol. apud Murator. tom. 16. col. 809 : *Cotardita una drappi viridis lanæ, tota laborata ad Spignas perlarum cum diamantis.*

¶ **SPIGOLA**, vox Italica, Lupus marinus, apud Paulum Jovium de Romanis piscibus cap. 9.

¶ **SPIGORNELLUS**. Vide in *Spigurnellus.*

SPIGUA, Idem videtur quod supra *Spicarum* 2. Charta Phil. V. ann. 1318. in Reg. 56. Chartoph. reg. ch. 267 : *Medietatem bladi Spiguæ pro xvj. lib. et x. sol. Turon.* Glossar. Provinc. Lat. ex Cod. reg. 7657 : *Spigua, Prov. Spica.*

¶ **SPIGULATURA**. Statuta Vercell. lib. 3. fol. 104. v° : *Teneatur Potestas super blava et aliis rebus interdictis ducendis ad mercata constituta in districtu Vercellarum et etiam reducendis, et super araturis et Spigulaturis consilio credentie tempore congruo providere.* Quibus verbis significari videtur tempus quo agri occantur : tametsi vox *Spiculatura* proprius accedit ad Italicum *Spigolare,* quod spicas legere, Gall. *Glaner,* sonat.

* Vide supra *Spiculatura.*

¶ **SPIGULUS**, f. Talus. Mirac. B. Henrici Baucenens. tom. 1. Jun. pag. 380 : *Natalia... habebat a quatuor annis circiter cicatricem in tibia et Spigulo dextro, ita quod quando ambulabat, sentiebat magnam puncturam pedis.* Vide *Spinella.*

SPIGURNELLUS. Liber Joannis de Westerham, Prioris Ecclesiæ Roffensis, qui postmodum Episcopus Roffensis fuit, editus ann. 1314 : *Primo die adventus D. Regis ad Roff. debent Spigurnelli habere 4. panes de pane Armigerorum, et 4. panes de pane garcionum. Item debent habere 4. galones cervisiæ Conventuales, et 4. galones cervisiæ communis, etc.....* [*Pro ista autem provisione et concessione, debet Prior et Conventus Roff. ubicumque dominus Rex fuerit, quieti esse pro cera ad Sigillum.*] *Item si dominus Rex fecerit moram in Roff. per 2. dies aut amplius, non habebunt Spigurnelli de prædictis : sed si exierit et redierit, habebunt, sicut in primo adventu, ut prædictum est,... et inventum est, quod dicti Spigurnelli habere debent in singulis Monasteriis de Westmonasterio, et Roff. ubi nullam pecuniam habere debent, nec caseum, etc.* [Ubi *Spigurnellus* est obsignator Regiorum edictorum : f. a Saxon. sparran, obsignare, sigillare : hujus officium *Espicurnantia* dicitur. Vide in hac voce.]

* Quæ nomenclatura a Godefredo Spigurnello regiorum sigillorum custode sub Henrico III. rege Angliæ ad successores suos mansit, ut testis est Thoyras tom. 3. Hist. Angl. pag. 393.

¶ SPIGORNELLUS, Eadem notione, in Charta ann. 1275. apud Rymer. tom. 2. pag. 49 : *Noverit universitas vestra nos unanimi assensu... concessisse, remisisse... Regi Angliæ serjantiam capellæ suæ et officium Spigornellorum ejusdem domini Regis.*

¶ **SPIK**, Germanis *Spek* lardum significat. Charta ann. 1405. apud Rymer. tom. 8. pag. 404 : *Frectati cum diversis mercandisis, videlicet cera, idromello, anguillis, Spik porcorum, braseo, et farina, etc.*

¶ **SPILA**, pro *Pila*, Pyramis. Tabul. S. Martialis Lemov. : *Willelmus la Concha fecit Spilam super fenestram S. Martialis.*

¶ **SPILABRA**, Βούτομον, ῥάμνος, in Gloss. Lat. Gr. Sed leg. *Spinalba.* Vide Salmasium ad Plinium pag. 524.

* **SPILETUM** vel SPILETUS, Ital. *Spiletto*, Acicula. Paridis de Grassis Ceremon. capell. Papal. MS. : *Duplicem partem palii locat super sinistra papæ, et ipsum palium Spiletis communibus firmat, ne defluat inde.* Vide *Spinula.*

¶ **SPILIA**, ut *Spia*, Explorator. Chron. Parmense ad ann. 1308. apud Murator. tom. 9. col. 869 : *Sed audito per Spilias sive eorum exploratores, quod etc.* Vide *Spio.*

* **SPILLARE**, Dolio *spillum* seu epistomium apponere; Academ. Crusc. *Spillare, propriamente Trar per lo spillo il vin della botte.* Stat. colleg. Fuxens. Tolos. ann. 1457. fol. 236. v°. ex Cod. reg. 4223 : *Ne quis dolia vini terebrare seu Spillare sine licentia rectoris audeat.* Vide *Spina* 1.

* **SPILLE**. Glossæ Cæsar. Heisterbac. in Reg. Prum. tom. 1. Hist. Trevir. Joan. Nic. ab Hontheim pag. 679. col. 1 : *Lini fusa, id est Spille, sexaginta, quæ libram unam habebunt in pondere.*

¶ **SPILLORIUM**, Columbar, numella versatilis, Gall. *Pilori.* Consuet. Brageriac. art. 91 : *Ex primo furto currat villam, et ultra hoc juxta furti qualitatem, aut ponetur in Spillorio, et signabitur, etc.* Occurrit rursum art. 92. Vide *Pilorium.*

¶ **SPILO**, Purgamentum frumenti, seu spicæ remanentes post ventilationem. Charta Philippi Regis ann. 1221. ex Tabul. Floriac. : *Anselmus de Botterviller quittat abbati Floriacensi redecimam, Spilones, gaspiliones, terratas, etc.* Vide *Piletum*, *Pilo* et *Gaspaleum.*

SPILORIUM, ut *Pilorium.* Vide ibi.

1. **SPINA**, Dolii epistomium, quod spinæ majoris speciem referat : vox Italica, de qua Oct. Ferrarius. Aribo Episc. Frisingensis in Vita S. Corbiniani n. 2 : *Contigit,... ut musto vehementer intumescente, magni fervoris vim vas sufferre nequiret, Sp namque tam fortiter rejiceret, ut ejus sonitus in cellula ad aures viri Dei perveniret.* Mox : *Arrepta clave festine cellarium intravit, et in introitu Spinam pede invenit.* Anonymus de Desolatione Monasterii Morimundensis in agro Mediolanensi : *Quidam ex prædonibus domum, in qua vinum servatur, intrantes, extraxerunt Spinas, sicque indicibili nequitia, vinum, quia potare non poterant, effuderunt.* Mox : *Et apprehendens unam de Spinis, quæ jacebat in terra, voluit meatum vini obtrudere, etc.* [Statuta Riperiæ cap. 4. fol. 9. v° : *Omnes vendentes vinum ad minutum non audeant, nec præsumant tenere aliquam Spinam seu canellam, vel brocalium, etc.* Pluries ibi. Adde Statuta Astens. Vide *Spineta.*]

¶ 2. **SPINA**, Dorsum : de equis dicitur apud Elmham. in Vita Henrici V. Reg. Angl. cap. 23. pag. 51 : *Onera equorum Spinis, curribus derelictis, propter faciliorem itineris expeditionem, portanda decrevit.* Vide *Spinale.* [** *Spina montis*, in charta ann. 1141. apud S. Rosa de Viterbo Elucidar. Append. pag. 39.]

¶ 3. **SPINA** VENTOSA, Morbi genus. Miracula S. M. Magdalenæ de Pazzis tom. 6. Maii pag. 313 : *Puer trimulus pati cœperat Spinas ventosas quæ brachium pedemque sic exederant, ut latus quinque vel sex plagis in directum apertis hiaret, atque assulæ ab ipso osse decederent.*

¶ SPINIS CIRCUMDARE Cruces et imagines, signum excommunicationis et interdicti. Roger. Hovedenus in Richardo I. ann. 1197. pag. 775 : *Johannes Cumin Dubliensis Archiepiscopus, malens exulare, quam enormitates illas sibi et ecclesiæ factas diutius sustinere impunitas, excommunicavit prædictos præsumptores et interdicti sententiam dedit in Archiepiscopatum suum, et abiit, præcepitque cruces et imagines cathedralis Ecclesiæ in terram deponi et Spinis circundari; ut sic malefactores illi terrerentur, et a voluntate sæviendi in bona Ecclesiæ revocarentur.* Hæc pluribus exponuntur in voce *Reliquiæ*.

¶ **SPINACA** Alba. Statuta Avenion. ann. 1570. edit. ann. 1612. rubr. 21. art. 23 : *Item quod in cereis, sive rotundis, sive quadratis, pro una ceræ libra ponantur tantum sex fila bombacis et sex filamenta fili, quod vocant Spinacam albam.*

* **SPINACELLUM** *quidam Latini vocant peucedanum, ut in libro antiquo de Simplici medicina.* Glossar. medic. MS. Sim. Januens. ex Cod. reg. 6959.

SPINACHIUM, Navigii species, Gall. *Pinasse*, Anglis *Pinnace*. Henr. de Knyghton. ann. 1338 : *Redierunt Normanni cum 12. galeis, et 8. Spinachiis cum manu bene armata, etc.*

* Olim *Espinace*. Monstrel. vol. 3. ad ann. 1451. fol. 39. r° : *Lesdits Biscayens vindrent à tout douze vaisseaux d'armes, nommés Espinaces et une grande naue.*

SPINALE, Pars dorsi, ubi *spina* procurrit. Michaël Scotus de Physionomia c. 84 : *Dorsum sive Spinale pilosum et macrum ab æqualitate partium, significat hominem inverecundum, malitiosum, bestialem, etc.* [Vide *Spina* 2.]

* *Espinille* nostris, ab Hispanico *Espinilla*, Cruris tibia, in Lit. remiss. ann. 1415. ex Reg. 168. Chartoph. reg. ch. 405 : *Le suppliant donna du pié deux ou trois cops à icelle femme parmi les Espinilles et par le ventre.*

¶ **SPINARGIUM**, Spinachium, leguminis species, Gallice *Epinard*, Ital. *Spinaccio*. Transactio inter Abbatem et Monachos Crassenses ann. 1351. ex lib. viridi fol. 53 : *Debet dare dictus hortulanus quotidie conventui... de herbis domesticis horti, aliquando de bonis, aliquando de aliis, sicut sunt caules, Spinargia, porri, etc.* Statuta MSS. Card. Trivultii pro Monast. S. Victoris Massil. ann. 1531 : *Debet pitanciarius dare Spinargia pro gaudio dictorum Religiosorum diebus Dominicis Adventus et Quadragesimæ.*

* **SPINARIUM**, Spinachium, leguminis species, Gall. *Epinard*, alias *Epinoche*. Fabul. tom. 4. pag. 41 :

> Je vueil avoir des Epinoches.

Espinoche ibid. pag. 42 :

> Les Espinoches tout à fet
> A semées aval la cort.

Consuet. MSS. S. Crucis Burdegal. ante ann. 1305 : *Potagium de caulibus vel de Spinariis, porribus vel cepis, etc.* Vide *Spinargium*.

¶ **SPINATA**, vox Italica, Clausura ex spinis. Statuta Astens. Collat. 9. cap. 13. fol. 27 : *Juro compellere omnes homines stantes et habitantes in loco novo quarti facere guaytam, scaraguaytam, Spinatas et fossata ipsius castri.*

¶ Spineta, Eadem notione, in Statutis Vercell. lib. 5. fol. 125. verso : *Item quod nemini licitum sit pascare in nemore, altineto,... Spinetis vel cesiis bruxatis, etc.*

¶ Spinatum, Eodem significatu. Charta ann. 1320 : *Refectiones spaldorum, fossatorum, Spinatorum, balistrarum, etc.*

* Nostris *Espinois*. Fabul. tom. 1. pag. 50 :

> Chascun ert en un Espinois,
> Come ces maisons en Gastinois.

SPINATICUS, Pisciculi species, is forte, qui Picardis nostris *Espinocle* dicitur. Joan. Sarisber. lib. 8. Policrat. c. 7 : *Quis Cæsare Augusto frugalior, qui in summo fastigii culmine secundario pane, et pisciculis, quos vulgo Spinaticos vel Ripiliones vocant, contentus erat.* Quæ de pisciculorum specie Suetonio in Aug. c. 76. subdidit. *Ripilliones* vero, seu *Ripillons*, reliquias piscium vulgo vocant iidem nostri.

¶ **SPINATUM**, ut *Spinata*. Vide ibi.

¶ **SPINCTURA**, Spinctus. V. *Spingere*.

¶ **SPINDA**, Eleemosyna, erogatio, idem quod *Spenta* 1. Acta S. Adelheidis tom. 1. Febr. pag. 713 : *In primario etiam festo ex virginis fundatione distribuebatur Spinda, ut loquuntur, duodecim maldrariorum tritici et duo vasa halecum.* Vide *Spenda*.

SPINDULA, Spindulatus. Vide *Spinula*.

SPINELLA, Morbus equinus, *qui fit subtus garectum in junctura ossis ejusdem garecti in utroque latere, etc.* Petrus de Crescentiis libr. 9. de Agricult. c. 38.

¶ 1. **SPINETA**, Idem, ut videtur, quod *Spina* 1. vel etiam ejusd. vocis diminut. Statuta Astens. : *Quod nullus tabernarius, vel hospes, vel alius vendens vinum ad minutum debeat tenere in suis tabernis vel hospitiis brochetas vel Spinetas in carrariis aliquibus ex quibus possit extrahere vinum, nisi solummodo in illis quæ bullate erunt causa vendendi.* Statuta Placent. l. 6. fol. 67 : *Teneantur omnes portatores et mensuratores vini habere urnos bullatos bulla communis, in quibus sit signum mensuræ unius stari et duorum stariorum cum Spinetis sitis in ipsis signis, etc.* Vide alia notione in *Spinata*.

* 2. **SPINETA**, Fibula, acicula, nostris alias *Espinceau* et *Espinchau*. Inventar. S. Capellæ Paris. ann. 1363. ex Bibl. reg. : *Item quoddam sanctuarium habens costam B. Philippi apostoli, in quo a longo tempore defficiunt una Spineta et duo modici lapides.* Occurrit etiam in alio ann. 1376. *Une boucle ou uns Espinciaus*, in Ordinat. Caroli IV. ann. 1324. ex Reg. 66. Chartoph. reg. ch. 560. *Deux cens d'Espinchaux*, in Lit. remiss. ann. 1415. ex Reg. 168. ch. 261. Froissart. in Poem. MSS :

> Il y avoit des pucelettes,
> Qui de mon temps erent jonettes,
> Et je, qui estoie puceaus,
> Je les servoie d'Espinceaus,
> Ou d'une pomme, ou d'une poire, etc.

Vide *Spinula*.

* *Espinette* vero, Monetæ minutioris species, in Lit. remiss. ann. 1395. ex Reg. 148. ch. 11 : *Le suppliant print sept frans et six ou sept mailles d'argent de quinze deniers Tournois la piece, nommée au pays* (d'Aunis) *Espinettes*.

¶ **SPINETICUM**, Ludi genus apud Insules celeberrimum, de quo consulendus Buzelinus in Gallo-Flandria lib. 3. c. 23.

* A Spina, ut videtur, quæ die Dominica, nempe ante Quadragesimam, indicto ad rivum monasterii B. M. de Laude, vulgo *au riez de Los*, solemni ritu colligebatur, nomen habet celeberrima hastiludiis suis societas Insulensis, *L'Espinette* nuncupata; cujus princeps *Regis* titulo decorabatur, eligendus inter præcipuos, insignioresque urbis cives, ut ex scutis gentilitiis, licet minus accurate depictis, in Codice MS. xvi. sæculi, quem mecum humanissime communicavit D. abbas *de Valory*, olim collegiatæ S. Petri Præpositus, judicare est, ubi indicantur quoque libri Cameræ Computorum Paris. in quibus descripta erant hujus societatis hastiludia usque ad ann. 1328. ut et Regestum Cameræ Comput. Bruxell. sign. *Toison d'or* usque ad ann 1382. Acta etiam domus publicæ Insulensis, in quibus nomina, cognomina et scuta regum *Spineti* usque ad illorum abrogationem ann. 1526. servabantur. Horum primus est Joannes *le Grand*, dominus *de Joye*, miles ann. 1283. et ultimus Jacobus *de le Cambe*, cognominatus *Ganthois* ann. 1485. quem excipere nemo voluit ob immoderatos ejusmodi dignitatis sumptus : unde huic a magistratibus suffectus est Jacobus *de Tenremonde* ann. 1486. ea tamen conditione, ut sumptus necessarios civitas suppeditaret. Quales vero fuerint suspicari licet vel ex vestibus, quibus indutus dicitur Thomas Artus rex *Spineti* ann. 1360. in laudato Codice : *Il se présenta aux joustes à cheval, armé et pardessus aussi accoustré de samit blanc, son cheval armé et houssé jusqu'en terre de mesme, entretaillé avec houppes et sonnettes dorées, morillon doré, bien empannachié; ses valets à cheval et à pied et ses halbardiers tous accouetrés aussi de juppons de soye verte.*

* Pluribus autem privilegiis et honoribus compensabantur liberiores ii sumptus : nobilitate siquidem ignobiles, nobiles militari cingulo donabantur, quarum aliarumque dignitatum mulieres quoque eorum participes erant.

* Hastiludiis *Spineti*, sæpius intererant magno cum apparatu comites Flandriæ, interdumque in iis decertabant; quod et de Ludovico XI. rege Francorum refertur, qui anno 1464. contra Balduinum *Gommer*, tunc regem *Spineti*, dimicavit.

* Quæ omnia, ut manifestius pateant, subjicio Statutum ann. 1489. descriptum in laudato Codice ex Reg. rub. domus publicæ Insul. fol. 172 : *S'ensuit la forme et conclusion prinse en la halle de la ville de Lille pour et au nom de tout le corps et communauté de la ville de Lille par ceux qui cy après sont dénommez et qui doresnavant à toujours seront à entretenir pour le fait, regle et conduite de la feste de l'Espinette, de grande anchienneté mainténu en la ville, ainsi que a plust et plaist à mon très-redoubté seigneur et prince monseigneur le duc de Bourgongne par vertu et teneur de ses lettres patentes cy enregistrées.*

* *Pour celui qui sera roy, sera tenu prendre l'Espinette au riez de Los, et de faire soupper en la maniere accoustumée.* (Il se trouvoit ordinairement à ce souper 208. convives).

* *Le roy sera tenu faire une colasse*] *le Jeudy second jour de Caresme, pour illecq terminer et décider les difficultez, qui souvent sourdent entre les jousteurs en diverses manieres.*

* *On fera le voyage de S. George à Templemars le Vendredy ensuivant, et le disner au retour, sans y appeller dames ne damoiselles quelconques; et ce aux despens du roy.*

* *Seront esleus quatre jousteurs du moings pour jouster avecq le nouveau et le vieu rois du behour : lesquels seront tenus eulx houschiers honnorablement selon leur estat, à l'entendement des maistres de la feste, qui seront esluz en la maniere cy après déclarée. Le Samedy veille dudit behourt* (c'est à dire, du premier Dimanche de Caresme) *on fera le disner, les monstres en robes pareilles, avec la colasse au soir en la maniere accoustumée.*

* *Le Dimence les deux rois et les jousteurs seront tenuz de faire chascun une feste au disner, et illecq auront damoiselles, pour après disner accompagner les roines.*

* *On fera le soupper en halle, et puis le bancquet en la maniere accoustumée.*

* *Celui qui gaignera le pris de dedens* (il y avoit deux prix, le principal etoit un epervier d'or et deux lacs de soye verte; l'autre un colier d'argent aux armes de la ville) *et aussi le roy, sera tenu de jouster le Lundy aux joustes qui seront publiées, ou livrer jousteurs pour eux; et s'il advenoit que le roy nouvel gaigneroit ledit pris de dedens, le viez roi sera tenu de l'accompaigner et jouster ou livrer hommes pour lui.*

* *Et se les Mardy, Mercquedy et aultres jours ensuivant en la sepmaine dudit behourt, on faisoit joustes, ledit roy nouvel sera tenu de monter à cheval et aller sur les rengs tous les jours qu'on joustera, et de assembler dames et damoiselles, et livrer vin et espices, avec allumerie en son hostel ou ailleurs.*

* *Que au voyage de Bruges, les jousteurs pour ledit lieu de Bruges seront tenuz avoir robbes de parure, et y sera tenu le viez roy de jouster avecq le nouvel, et de faire le soupper et honneurs accoustumés.*

* *Au jour du gras Dimence sera le roy tenu faire danser au dames et damoiselles, chevaliers, escuiers pour espincer l'espinette et traitter par les viez roys de l'election du roy de ladite Espinette, comme l'on le souloit faire le jour de Caresmeaulx, et faire le soupper de six plats de viande ou de huit au plus.*

* *Le Mardy ensuivant sera tenu de faire disner pour illecq prendre conclusion de aller au riez en delaissant le don de roy et menestriers.*

* *Et si les roys et jousteurs se veullent, oultre ce que dit est, mesler ou esbatre en aultres joustes, si aulcune se faisoit en la ville ou ailleurs ès pays de monseigneur, on se rapporte à leurs voulentez et discrétion, sans les contraindre.*

* *Et pour ce que dessus est dit, auront iceux roy et jousteurs la somme de douze cent livres Parisis monnoye de Flandres, qui leur seront distribuez des deniers de la ville comme s'ensuit, assavoir quatre cent livres au roy et jousteurs à payer le jour du behourt. Au roy seul huit cent livres, si comme deux cent au jour du behourt, deux cent pour son premier voyage et jouste de Bruges, deux cent à son yssue du royaume et feste de l'Espinette, et deux cent livres à son second voyage de Bruges avecq son successeur roy de l'Espinette.*

* *Et au regard de commettre les maistres, tant pour la feste de Bruges, comme celles de la ville, ils seront eslus au nombre des anchiens roys en la maniere accoustumée; lesquels feront rendre compte de la dépense aux roys et compaignons jousteurs en dedens quinze jours, après les festes du behourt et de Bruges; en telle maniere que si sur ces comptes y echeroit contredit, ce sera décidé par messieurs de la loy; et s'il y avoit reliqua, oultre la despence ou charge, ce sera à partir également au roy et jousteurs.*

* *A laquelle conclusion prendre furent le bailly de Lille, les lieutenans de la gouvernance, deux maistres des comptes, rewart, maieur et eschevins, neuf anchiens rois de l'Espinette, deux conseillers et deux clercqs de la ville dénommez au registre et livre cy dessus.*

* In legibus, quas reges nostri de interdicendis ad tempus torneamentis promulgarunt, excipitur hastiludium *Spineti;* quod etiam ut perseveraret, Literis ann. 1328. statuit Philippus Valesius. Vide Haer. in Castel. Insul. Hist. ejusd. urbis editam ann. 1730. et Comment. Acad. Inscript. tom. 7. pag. 290.

SPINETRUM. Inventarium ornamentorum Ecclesiæ Eboracensis ann. 1530. in Monastico Anglic. tom. 3. pag. 170 : *Unum Chrismatorium argenti ornatum et deauratum. Item 8. Spinetra de auro, tria de auro, tria eorum cum lapidibus pretiosis. Item duo Spinetra argentea, et duo monilia argentea, etc.* [Idem videtur quod *Spinula.* Vide in hac voce.]

SPINGA, pro Sphinx. Isidorus lib. 20. cap. 11. de Lecticis et sellis : *Spingæ sunt, in quibus sunt spingatæ effigies, quos nos Grifos dicimus.* [Glossar. MS. Sangerm. num. 501 : *Spinge, sunt lectice in quibus sunt spingate effigies, quos nos Grifes dicimus.* Papias MS. Bituricens. : *Lecti vel sellæ species : lectica, stratus,... pulvinar, Spinge, punicani, sponda, etc.*] Ejusmodi Sphingas in sellis conspicere est in Achate sanctæ Capellæ Parisiensis, qui habetur apud Santamantium, qui Isidori locum non viderat.

SPINGARDA, Spingardus, Machinæ bellicæ, seu balistæ species. Sanutus lib. 2. part. 4. c. 8 : *Indiget dictum navigium tam ædificiis balistrarum, silvestrarum, vel Spingardarum, quam etiam machinarum, et potissime ex eis, quæ, ut longius projiciant, facta sunt penitus fortiora, id est, reforzata, etc.* [Chronicon Estense apud Murator. tom. 15. col. 396 : *Interim præparari fecit maximam quantitatem balistarum, sclopetorum, Spingardarum, etc.*] Historia Obsidionis Jadrensis lib. 1. cap. 38 : *Confeceruntque plus quam 15. trabuchos in vallatione civitatis, architectant multos Spingardos in gyro civitatis, ubi flebilioris apparebat virtutis.* Et lib. 2. cap. 12 : *Aliquos trabuchos mirabiliter exercent,.... et quamplures balistarum et Spingardorum properant opponere. Espringale*, Scriptoribus nostratibus. Gloss. Lat. Gall. : *Balista : Bricole, ou Espringale.* Guillelmus *Guiart* ann. 1304 :

En l'estage ot une Espringalle,
Là ou la breteche est haucie.

Infra :

Sus le pont et en la breteche
Quarriaus traient au cliqueter,
Et font l'Espringale gieter,
Li garros, qui lors de là ist,
Les plus viguereus esbaist.

Eodem anno :

En chascune nef bonne et male
Ra-il au moins une Espringale.

Chronicon Flandr. cap. 110 : *Et avoient avec eux plusieurs charios, qui menoient trebus et Espringales.* Guillelmus *de Guinevilla* Monachus Carilocensis :

Ne nuls tels dars ni púet meffaire,
Combien que on y sache traire,
Malevoisine ses sajetes,
Ne Espringale ses mouschetes.

Froissartes 1. vol. cap. 144 : *Et fit le chastel asseoir droit sur la ville, du costé de la mer, et le fit bien pourvoir de Pringalles, de bombardes, d'arcs et d'autres instrumens.* Ubi legendum *Espringalles*, ut cap. seq. et 191.

¶ Springaldus, Eadem notione. Charta Edwardi II. Reg. Angl. ann. 1325. apud Rymer. tom. 4. pag. 140 : *Victualium, ingeniorum, Springaldorum, et aliarum rerum nostrarum, etc.* Et pag. 142 : *Springaldos, balistas, arcus, sagittas, ingenia, et alias hujusmodi armaturas pro munitione castrorum et villarum.*

¶ Springalis, Eodem significatu. Genealogia Comit. Flandr. apud Marten. tom. 3. Anecd. col. 410 : *Rex autem* (Philippus Pulcher) *ex adverso tres acies statuerat, et ita prope Flandrenses venerat, quod sagittis et telis, machinis, minutos lapides projicientibus, et Springalibus eos mirabiliter infestabat,... Et omnes machinas et Springales confregerunt.*

☞ *Spingarda* Veterum profecto fuit balistæ genus, ut observat Carolus de Aquino in Lexico milit. at recenti militiæ tormentum est pulverarium, non ita ponderosum, ut majoribus bombardis æquari possit, nec ea levitate, ut gestari manibus valeat. Vocis etymon a Germ. *Sprintz*, quod muscetam, genus accipitrum, significat, deducit Ferrarius : malit idem Carolus a verbo Etruscorum veterum *Spingare*, quod est crebro pulsu repulsuque obniti, accersere : quæ non male conveniunt instrumento muris vel navibus diffringendis idoneo. Nihil definio.

* **SPINGARDELLA**, diminut. a *Spingarda*, Balistæ species antiquæ militiæ, recentis vero Tormentum pulverarium; illud etiam quod *Spingardella* projicitur. Annal. Placent. ad ann. 1481. apud Murator. tom. 20. Script. Ital. col. 967 : *Dum comes ipse Amorathus se in margine fossæ præsentaret, Spingardella interfectus est.* Stephan. de Infest. MS. ubi de Innoc. VIII. PP : *Dicti custodes projecerunt quandam Spingardellam contra eum, quæ parum distetit ab eo, causa eum interficiendi.*

¶ **SPINGATUS.** Vide in *Spinga.*

¶ 1. **SPINGERE**, vox Italica, Pellere, trudere, Gall. *Pousser.* Histor. Cortusior.

lib. 11. apud Murator. tom. 12. col. 949 : *In uno ictu naviculam Spingendo, etc.* Statuta Cadubrii lib. 3. cap. 18 : *Si vero Spinxerit aliquem, condemnetur curiæ in 40. sol. p. Et si Spinctus ex tali Spinctura ceciderit, condemnetur in dupplum dictæ pœnæ.* Statuta Riperiæ cap. 85. fol. 16. v° : *Si quis aliquem in terram projecerit, seu Spinxerit, et eum cadere fecerit in terram, et si sanguis exiverit, condemnetur in libris sex parvorum.* Statuta Palavic. lib. 2. cap. 18. fol. 88 : *Qui aliquem in terram projecerit, seu Spinserit, et cadere fecerit, etc.* Adde Statuta castri Redaldi lib. 2. fol. 37. Vide *Sburlare.*

* 2. **SPINGERE**, Obvertere. Lit. remiss. ann. 1409. in Reg. 163. Chartoph. reg. ch. 442 : *Cum capite dictæ furchæ exponens suis manibus erga Bernardum Bovis Spinxit, et ad suum pectus percussit, adeo quod illico ipse Bernardus Bovis... supinatus cecidit. Espincher* vero, pro Volsella stringere. Lit. remiss. ann. 1396. in Reg. 149. ch. 320 : *Icellui Evrart pour ce qu'il fut trouvé coulpable d'avoir dites lesdittes paroles touchans nostre personne, eust la langue coppée et Espinchie par jugement en la ville de Lisle.* Quo supplicio facultate loquendi nequaquam reus privabatur; nam lingua sic incisa nihilominus multa profudit injuriosa verba ex iisdem Literis.

* **SPINGLA**, Acicula, Gall. *Epingle.* Inventar. ann. 1363. ex Tabul. S. Vict. Massil. : *Pro Spinglis et vetis, florenum unum.* Vide *Espingla.*

* **SPINGUALA**, Idem quod supra *Spingardella.* Stat. ann. 1356. inter Probat. tom. 2. Hist. Nem. pag. 181. col. 1 : *Item quod fiant quatuor vel sex Spingualæ, quarum duo ponantur in arena, et alia supra portalia civitatis.*

* **SPINGUIS**, Simiæ species. Bestiar. MS. cap. 14 : *Inter simias habentur et Spingues, villosæ in armis ac dociles ad feritatis oblivionem.*

* ¶ **SPINGUM**, Nardus vulgaris, ut videtur, ab Ital. *Spigo.* Statuta Astens. ubi de intratis portarum : *Spingum solvat pro qualibet libra pond. l. 1. sol. 10.*

¶ **SPINLA**, Idem videtur quod *Spinula*, acicula : nisi sit Carbunculi species, Hispanis *Spinela.* Testam. Guislæ Comit. Ceritan. ann. 1020. in Append. ad Marcam Hispan. col. 1020 : *Relinquo... ad sanctum Petrum de Bisulduno ambas meas Spinlas valentes unciam unam.* Occurrit rursum col. 1021.

¶ **SPINNELBAUM**, Arboris genus. Wolferus in Vita S. Godehardi sæc. 6. Bened. part. 1. pag. 415 : *Quosdam flores rubicundos de arbore, quæ lingua Theutonica Spinnelbaum dicitur, ei forte in ipso momento a paupere quodam illatos, signo crucis munivit, etc.* Ubi Codex Bodec. *de arbore quæ fusarius lingua Belgica dicitur.* Et quidem, ut monet Mabillonius, hanc arborem fusis fabricandis aptam esse aiunt.

SPINORA. Polyptychus S. Remigii Remensis : *Silva minuta map. 11. pastura cum Spinoris map. 30.* [An Spineta, dumeta?]

¶ **SPINOSULUS**, diminut. a Spinosus, difficilis. S. Hieronymus Epist. 83. ad Oceanum. : *Primum Spinosulus noster obmutuit, deinde Pisoniano vitio, cum loqui non posset, tacere non potuit.* Lanfrancus Epist. 58. ad Hugonem : *Non probo quod Papam Gregorium vituperas, quod Legatos ejus Spinosulos nominas.*

¶ **SPINSTER**, vox Anglica, Titulus apud Anglos omnium puellarum quæ non sunt dignitatis vicecomitalis. Spelm. in Aspilogia : *Antiquis temporibus ipsæ Reginæ fusis usæ sunt, unde hodie omnes feminæ Spinsters dictæ sunt.*

¶ **SPINTARIA**, Acicularum artificium, Gall. *Epinglerie.* Litteræ Johannis Reg. Franc. ann. 1353. tom. 3. Ordinat. pag. 125 : *Cum recordationis inclite genitor noster carissimus dudum certa magistris et universitati Spintarie artificii Parisiensis, etc.* Vide infra *Spinula.*

¶ **SPINTER**, Sinus, ruga, ut videtur; tametsi Festo est armilla muliebris. Statuta Ordinis Cisterc. ann. 1481. apud Marten. tom. 4. Anecd. col. 1637 : *Ut ipsæ moniales caput velatum peplis seu capitegiis non pretiosis,.... et desuper, quæ professæ fuerint, velum nigrum de lino vel canabo, et non de serico, absque superfluis Spinteribus, habeant et ferant.*

* Neutro sensu; Acicula est in Statutis laudatis, ut in sequentibus. Glossar. Lat. Gall. ann. 1352. ex Cod. reg. 4120 : *Spinter, Espingle; et est neutrius generis et indeclinabile.* Occurrit rursus in altero ex Cod. reg. 7679. Inventar. Chart. reg. ann. 1482. fol. 331. v° : *Transcriptum litterarum domini regis concessarum Cœlestinis Paris. per quas permittitur eis, quod possint facere fluere per conductus fontis hospitii S. Pauli usque ad domum suam,.... usque ad quantitatem grossiciei capitis unius Spinteris mediocris.* Regula Fontis Ebr. ad calcem de Modo electionis priorissæ : *Annotat vero interea pater visitator in papiro numerum vocum, faciendo foramen parvum acu vel Spintere pro qualibet voce.*

* **SPINTERUS**, Eodem intellectu, in Comput. ann. 1498. inter Probat. tom. 4. Hist. Nem. pag. 71. col. 1 : *Item pro clavis, Spinteris et filo, duos solidos et sex denarios Turon.* Vide *Spinulus.*

¶ **SPINTRIA**, Monstrosi concubitus excitator, apud Suetonium in Tiberio cap. 43. in Caligula cap. 16. et Vitellio cap. 3. Vide Turnebi Advers. lib. 5. cap. 1.

* **SPINTURA**, Pulsus, impulsus, Ital. *Spinto;* a verbo *Spingere*, impellere. Stat. Mantuæ lib. 1. cap. 56. ex Cod. reg. 4620 : *Si vero ex casura, vel Spintura seu projectione facta in terra, etc.* Vide *Spingere* 1.

SPINULA, Acicula, unde Gallis *Espingle*, a spinis scilicet, quæ priscis et rudibus illis seculis, nondum reperto aciculæ fibulæve conficiendæ artificio, utriusque vicem suppleverunt. Tacitus de Morib. Germ. : *Tegmen omnibus sagum, fibula, aut, si desit, spina consertum.*

Maxime vero hæc vox usurpatur pro iis aciculis, quibus Pallium Archiepiscopale constringitur. Honorius Augustod. lib. 1. cap. 222 : *Spinulæ, quibus Pallium affigitur.* Cencius Cardinal. in Descript. coronationis Cælestini I. PP : *Aptat Pallium super Pontificem intromissis Spinulis aureis tribus ante et retro,.... in capite, quarum sunt innixi tres hyacinthini lapides. Infigere Spinulas,* in Ceremon. Rom. lib. 1. sect. 11. Adde Hugonem a S. Victore lib. 1. Specul. Eccles. cap. 52. Librum Miraculorum S. Vulfranni Episc. num. 14. Ceremoniale Episcopor. lib. 1. cap. 16. etc.

Spindula, Eadem notione. Gervasius Dorobern. in Pontificibus Cantuar. : *Præterea mitras, et chirothecas sine auro, candelabra, et ampullas, et acerram de argento,... pannos 2. de serico auro paratos, Spindulas, 3. de auro, mappulam de serico, etc.* tres scilicet spinulæ, quæ adhiberi solent ad *pallium* constringendum.

Spindulatus, id est, Pallio Archiepiscopali ornatus. Idem Gervasius de Reparatione Eccl. Cantuar. : *Lanfrancus autem Archiepiscopus in tabula plumbea ponderosa valde inventus est, in qua a die primæ sepulturæ suæ intactis membris, mitratus, Spindulatus, usque in hunc diem jacuerat.*

¶ **SPINULUS**, Idem quod *Spinula.* Bernardus Scholast. Andegav. in Mirac. S. Fidis ann. circ. 1005. inter Probat. tom. 2. novæ Histor. Occit. col. 6 : *Fibulam auream artificiose compositam, quæ ut Latine Sphinx, rustice Spinulus dicitur, quæritare eadem Sancta* (Fidis) *per quietem videbatur.*

¶ **SPIO**, Explorator, ut supra *Spia*, Gall. *Espion.* Rolandini Patav. Chron. lib. 8. cap. 6. apud Murator. tom. 8. col. 288 : *Nam habebat Spiones cotidie de guarnimento legati.* Idem lib. 10. cap. 16. ibid. col. 324 : *Ductus a duobus factis monoculis secum eadem hora, qui tunc pro Spionibus missi erant, hac de causa solummodo ut scirent quid fierent de Gerardo.* Le Roman *de Rou* MS :

Entretant envoya Rou espier Baex,
De Paris y avoit plus de cinquante liex,
Espier fist Evureves, espier fist Lissieex...
Ceu distrent les Espies qui revindrent arriere,
Quer li païs est beaux, la contrée planiere...
Encontre lors vint dire en conseil un Espie
Quer bien la poent prendre, que toute est dégarnie.

Le Roman *d'Athis* MS :

En l'ost le sorent del prin somme
Par un Espie, ung mauvais homme.

¶ **SPIOCARIUS**, Pannorum pexor, Bollandistis. Acta S. Michelinæ tom. 3. Jun. pag. 936 : *Sexto tabernarii, Spiocarii et triceoli accedere debeant.*

SPIPHIO. Octav. Horatianus lib. 4. Rerum medicar. pag. 101 : *Ozimum, Luna prima tritum, et missum in ollam novam, florebit, permanens usque ad pleniluium. Quod si duplato tempore supradicto condantur in nigra terra, generat Spiphiones.*

1. **SPIRA.** Eucherius Lugdun. de variis vocabulis sacræ Scripturæ : *Spiras, capitella columnarum, vel sicut puto, facturam earum.*

¶ 2. **SPIRA.** Glossar. MS. Sangerm. num. 501. [** Ex Isidor. Origin. lib. 19. cap. 4. sect. 2.] : *Spire, funes quibus in tempestatibus utuntur, quos nautici suo more curcubas vocant.* Bern. *de Breydenbach* Iter Jerosol. pag. 242 : *Ad recessum se parabant, levando anchoras, sursum trahendo barcas et scaphas, erigendo vela, solvendo et complicando Spiras, quæ omnia fiunt cum violentia, festinantia et continuis ac altis clamoribus.* Vide *Spera* 3. et *Spiramen.*

¶ 3. **SPIRA**, intortitium : id est, hastile ducitli, ac longo cereo circumvolutum, ut plurimum in spiram, unde vocis etymon, affirmatum. Acta sancti Petri Cœlestini tom. 4. Maii pag. 436 : *Digneris ostendere nobis signum, ut scilicet una istarum Spirarum, quæ coram sancto corpore sunt accensæ, continuo extinguatur.*

¶ **SPIRACULUM**, *Flatus vel spiritus*, in Gloss. MSS. Sangerm. num. 501. Occurrit Genesi cap. 2. v. 7. cap. 7. v. 22. Proverb. cap. 20. v. 27. et alibi.

* Nostris *Sospiral*, pro *Soupirail*, *tuyau d'une cheminée*, Camini spiraculum. Lit. remiss. ann. 1389. in Reg. 136. Chartoph. reg. ch. 266 : *Lequel chappellain entroit et devaloit en l'ostel de ladite Jaquette par la Sospiral de la cheminée.*

** **SPIRAMEN**. Schol. MSS ad Sedul. II. 147 : *Spiras dicimus replicationes funium in navibus. Hinc Spiramina vocantur revolutiones novem mensium.* Maius in Glossar. novo. Vide *Spira*, 2.

* **SPIRARE**, Italis, Animam efflare. Acta S. Bernard. tom. 7. Sept. pag. 937. col. 1 : *Paulo post placide Spirantem sepultura donavit.* Vide *Spiratus*.

* **SPIRATIO**, pro Conspiratio, in Stat. Avenion. ann. 1243. cap. 74. ex Cod. reg. 4659 : *Quicumque officiales convicti fuerint se fecisse aliquod sacramentum, vel aliquam aliam obligationem, sive Spirationem contra civitatem, etc.*

¶ **SPIRATUS**, Sine spiritu, qui exspiravit, Ital. *Spirare*, spiritum exhalare, Gall. *Expirer*. Mirac. SS. Paulini et Severi tom. 3. Jul. pag. 272 : *Cum ego fui in curia B. Alexandri, ego vidi eum finitum, Spiratum et mortuum.*

SPIRAUCA, Mali seu pomi species, in Capitulari de Villis cap. 70.

¶ **SPIRINGA**, Retis genus, ut videtur, ad capiendos *Spiringos*; unde sic dictus. Charta Winemari Gandensis Castellani in Probat. Histor. Guinensis pag. 66 : *Unum stele in Valham ad pisces, in Spiringa eandem piscandi potestatem quam illius loci dominus habet.*

SPIRINGUS, Pisciculus, Teut. *Spiringen*. Chronicon Montis S. Agnetis ann. 1450 : *Piscatores nostri ceperunt in magna copia multos Spiringos.* Vide Kilianum in *Spierinck*.

SPIRIOLUS. Galbertus in Vita S. Caroli Comitis Fland. n. 107 : *Aviculas capere, Spiriolos et vulpes sagittare; et hujusmodi puerilia recreando satagere.* [Forte *Scuriolus*, sciurus, Gall. *Ecureuil*.]

* Nihil emendandum, ut videre est supra in *Esperiolus*.

¶ **SPIRITALIS**, Vox frequens apud Scriptores Ecclesiasticos, Ad mentem spectans. Utuntur Tertull. Apol. cap. 22. Prudent. in Romano v. 14. Sidonius. lib. 7. Ep. 9. et alii passim. Charta S. Rudesindi inter Conc. Hisp. tom. 3. pag. 181 : *Antiphonarios duos, orationum, comicum, manual precum, alios Spiritales, bibliotheca moralium.*

* *Espirital*, pro Mens, animus, voluntas, in Vita J. C. MS. ubi de stabulo in quo natus est Christus :

N'i ot ne conte, ne cendal,
Se n'est de Dieu l'Espirital,
Car il voloit pourement nestre.

¶ **SPIRITATUS**, Dæmone correptus, energumenus, ab Ital. *Spiritato*, Gall. *Possedé*. Acta S. Francisci de Paula tom. 1. April. pag. 168 : *Quædam neptis sua ultra tres annos fanatica seu Spiritata fuerat.*

¶ **SPIRITUALES**, Ecclesiastici dicuntur ad distinctionem Laicorum, qui vocantur *Temporales*. Barthol. Scribæ Annal. Genuens. ad ann. 1230. apud Murator tom. 6. col. 465 : *Misit personas Spirituales Mediolanum pro Potestate electo ducendo Januam.* Elmham. in Vita Henrici V. Regis Angl. cap. 9. pag. 18 : *Præfatus princeps, concomitante honorabilium personarum, tam Spiritualium quam Temporalium, nobili et præstanti comitiva, etc.* Charta ann. 1404. apud Rymer. tom. 8. pag. 378 : *Super literis tam regalibus, quam aliorum dominorum Spiritualium et Temporalium regni nostri Angliæ, etc.*

¶ 1. **SPIRITUALIA** Episcopi, Spelmanno sunt quæ functioni ejus Episcopali debentur, non temporalium jurium, vel dignitatum possessioni : hoc est quæ jure percipit divino seu ecclesiastico, non judicio fori temporalis. Vide Th. *Blount* in Nomolex. Anglic.

* 2. **SPIRITUALIA**, Bona ecclesiastica et præsertim Oblationes, quæ ecclesiis fiunt, nostris *Espiritualités*. Charta ann. 1240. ex Chartul. Campan. fol. 365. col. 1 : *Præterea omnes decimationes, tam villæ quam terrarum, et ea quæ Spiritualia sunt, nos videlicet fratres de Crista, sine domini regis prædicti participatione, possidebimus.* Alia ann. 1247. ibid. fol. 342. col. 2 : *Nos nam porons panre, ne issues, ne autres choses, fors nos dretures,.... et les Espiritualités.* Et fol. 343. v°. col. 1 : *Et si avons retenu en nostre main toutes les dismes de cest finage, et les grans dismes et les menues, et les Espirtitues choses, etc.* Lit. remiss. ann. 1371. in Reg. 101. Chartoph. reg. ch. 140 : *Jehan de Montigny a pris ledit temporel dudit prieuré* (de S. André en Rosenois) *et en a levé et receu les fruis et émolumens par l'espace d'un an et jusques ad ce que nostre gouverneur dudit Dalphiné a rendu audit prieur l'Espiritualité de sondit prieuré, qui est moult po de chose. Esperituaulté* vero, Regimen animarum significat, in Ch. ann. 1399. ex Tabul. capit. Carnot. : *Nous frere Jehan humble abbé de l'église S. Pierre de Nealphe.... ordenames trois officiers,.... un prieurs du clouastre pour gouverner l'Esperituaulté, etc.*

¶ **SPIRITUALITAS**, Jurisdictio Episcopalis seu Ecclesiastica. Charta fundat. Monaster. S. Mariæ Alaon. inter Conc. Hisp. tom. 3. pag. 131 : *Sisebotus Orgellitanus Episcopus, de cujus Spiritualitate locus est,... ecclesiam prædicti Monasterii benedixit.* Bulla Sixti IV. PP. ann. 1472. apud Lobinell. tom. 2. Hist. Britan. col. 1331 : *Itaque interdictum ipsum currere volumus, nisi Episcopus ipse ad Spiritualitatem suam restitueretur, etc.* Charta Henrici IV. Regis Angl. ann. 1405. apud Rymer. tom. 8. pag. 401 : *Cum dilectus nobis in Christo, custos Spiritualitatis Archiepiscopatus Eborum, sede vacante, electionem nuper factam, etc.* Eadem habentur in Charta ann. 1575. apud eumd. tom. 15. pag. 739.

¶ Spiritualitas, Spiritualis status. Charta Adami Episc. Meld. ann. 1297. ex Tabul. ejusd. Eccl. : *Ut eidem* (Episcopo) *responderent de statu dictæ domus,... et præcipue de Spiritualitate ejusdem loci... Prius juramento ab eisdem præstito, eidem de statu dictæ domus tam de Spiritualibus, quam de temporalitate.... responderunt.*

¶ Spiritualitas, Virtus, ni fallor, apud Guibertum in Vita sua cap. 16 : *Cum tamen otii impatiens essem, quasi de necessitate rejectis imaginationibus, Spiritualitate recepta, ad exercitia commodiora perveni.*

¶ **SPIRITUALITER**. *Catechumeni.... symbolum, quod est* Credo in Deum Patrem, *Spiritualiter doceantur*, in Can. ante viginti de consecrat. dist. 4. Ubi Glossa, id est, quod non de verbo ad verbum memoriter retineri debet, sed tantum sufficit apprehendere sensum.

¶ **SPIRITUALIUS**, Consultius, prudentius, maturius. Charta Joannis Reg. Franc. ann. 1350. in Memor. Cameræ Comput. fol. 91. v° : *Volentes.... super præmissis uti consiliis et Spiritualius deliberare cum ipsis in hiis quæ ordinanda, statuenda, reformanda et aliter pro felice regni regimine videbuntur agenda.*

¶ **SPIRITUS**, Eo nomine quidquid ad cultum divinum pertinet significatur, in Constitut. pro Abbatia S. Pauli Narbon. ann. 1127. inter Instr. tom. 6. Gall. Christ. novæ edit. col. 33 : *Et faciant omne servicium ipsius* (Ecclesiæ) *canonice in Spiritibus et in ceteris secundum consuetudinem antecessorum suorum, etc.*

¶ Spiritus Sanctus, Nobilissimus Ordo Equestris institutus ann. 1578. ab Henrico III. Rege Franc. cujus insigne columba est, symbolum, *Duce et Auspice*. Summum Ordinis Magisterium obtinet Rex ipse. Vide Scriptores Rer. Franc. Exstitit alter S. Spiritus Ordo, cujus auctor fuit Ludovicus Tarentinus Jerosol. et Siciliæ Rex, Provinciæ Comes ann. 1353. Consule *Bouche* Hist. Provinc. lib. 9. cap. 3. § 7. et lib. 10. cap. 8. § 1. Vide *Fratres de Spiritu sancto*.

Spiritus Septiformis. Liber I. Sacramentor. Ecclesiæ Rom. cap. 44. ubi de Ritibus baptismi : *Postea cum ascenderit a fonte infans, signatur a Presbytero de chrismate,.... deinde ab Episcopo datur eis Spiritus septiformis, ad consignandum imponit eis manum in his verbis :.... Tu, Domine, immitte in eos Spiritum S. tuum, et da eis Spiritum sapientiæ et intellectus, Spiritum consilii et fortitudinis, Spiritum sapientiæ et pietatis, etc.*

* Spiritus Crucifixus, Titulus ecclesiæ Ruensis. Tabul. ejusd. eccl. : *Davit Jacobus Sanglet jornale de sua terra in marisco de Marequinæ terra Sancto Spiritui Crucifixo de Rua. Espir*, pro *Esprit*, Genius, dæmon, in Vita J. C. MS. ubi de visione J. C. post ejus resurrectionem ab Apostolis :

Car adonc quidierent veir
Entrens aucun maligne Espir,
Qui tous les vausist trebucier,
Lor foi tollir et desvoier.

¶ **SPIRULA**, Farciminis seu botuli species. Locus est in *Castellamentum*.

* **SPISA** Nuptiarum, Oblatio quæ curioni fit a nubentibus, si tamen bene

lectum est. Charta Bertr. Metens. episc. ann. 1207. ex Chartul. monast. Bosonisvillæ inter sched. Mabill. : *Vicarius habebit.... oblationes panis et vini, visitationes infirmorum, confessiones, Spisas nuptiarum, etc.* In alia ann. 1281. legitur, *Vina nuptiarum.* [** Germ. *Spisa*, Cibus, hodie *Speise.* Vide Graff. Thesaur. Ling. Franc. tom. 6. col. 364.]

* **SPISNE**, Exactionis species, apud Polonos. Stat. Casimiri III. ann. 1454. inter Leg. Polon. tom. 1. pag. 253 : *Statuimus quod burgrabii aut exactores regales seu capitanei nostri non exigant Spisne de hominibus, tam nobilium quam spiritualium.*

¶ **SPISSALICA** Postericalis, Scripturæ species. Vide supra in *Scriptura.*

¶ **SPISSAMENTUM**, Frequentia, multitudo. Ernaldus in Vita S. Bernardi lib. 2 : *Præcedentes itaque et subsequentes lætabundis acclamationibus applaudebant abbati, et diu intra agminum Spissamenta detentum, tandem solemni reddidere* (leg. rediere) *hospitio.* Vide infra *Spissus.*

¶ **SPISSEA.** Chron. Farfense apud Murator. tom. 2. part. 2. col. 484 : *Item concessit in Novubiano vocabulo Ficlini terras modiorum ccxxx. cum Spisseis et vineis.* Hac voce significari videtur quicquid cum spica nascitur.

¶ **SPISSITUDO**, Compressio, Gall. *Serrement.* Johan. *de Trokelowe* in Annal. Edwardi II. Regis Angl. pag. 25 : *Conserta ante scutorum Spissitudine cuneum impenetrabilem statuerunt.*

¶ **SPISSUM**, Spissitudo, Gall. *Epaisseur.* Charta Petri *de Roteys* Vicarii Tolos. ann. 1272. inter Consuet. ejusd. urbis MSS : *Et quod* (faciatis fieri) *trabes peales et palmites de cor et abiete,... et quod habeant unum bonum palmum de Spisso.*

* Alias *Espoisse.* Lit. remiss. ann. 1405. in Reg. 160. Chartoph. reg. ch. 149 : *Icellui Perrot prist un gouet,..... et en frappa Jehan Ravault sur la teste, tant que il perça son chappeau et son chapperon et la teste bien de l'Espoisse d'un doy.*

¶ **SPISSUS**, Frequens. Vita S. Adalberti tom. 3. April. pag. 188 : *Parvulus... febricitans, mortem vicinam parentibus minatur,... pater fecit Spissum gressum ad puerum.* Vide *Spissamentum.*

* **SPITA**, mendose, ut videtur pro *Spica.* Locus est supra in *Degrana.*

¶ **SPITALERIUS**, pro Hospitalerius, in Testam. ann. 1342. ex Tabul. S. Victoris Massil. : *Legat Ricareto filio suo Spitalerio fratri S. Johannis Jerusalem* IV. *libras regales annuatim tanto tempore quanto permanebit scutifer, et postea factus miles* CC. *lib.*

SPITUM, Veru. Glossarium Cambronense : *Assium, veru, id est, Spitum.* Charta Italica ann. 1287. in Miraculis S. Ambrosii Senens. : *Percussit crus suum dixtrum in quoddam Spitum de ferro, ex qua percussione fuit dictum crus perforatum, etc.* Gloss. Theotiscum Lipsii : *Spietis, hastæ.* Nos, inquit idem Lipsius, *Spiesse*, nomen primigenium a mucrone, *Spiets.* [Somnerus addit : Hoc Belgicum *Spet*, *Speet*, unde forte nostrum *Spit*, veru. Hasta autem Sax. *Spere*, quod nobis mansit.] Vide *Spicum.*

* **SPIZATUM**, Munimenti genus, forte Agger. Charta Caroli Crassi apud Camp. in Append. tom. 1. Hist. Placent. pag. 461 : *Concedit licentiam construendi castella in jam nominatis locis cum muris, merulis, bertiscis, fossatis, Spizatis, aliisque propugnaculis.* In alia huic simili ann. 912. apud Murator. tom. 2. Antiq. Ital. med. ævi col. 467. legitur : *Una cum bertiscis, merulorum propugnaculis, Aggeribus atque fossatis, etc.*

* **SPIZIARIUS**, Qui omne genus specierum vendit, Ital. *Speziale*, Gall. *Epicier.* Stat. crimin. nova Cumanæ cap. 204. ex Cod. reg. 4622. fol. 110. r° : *Nemini Spiziario seu apotecario..... liceat facere..... vel vendere.... aliquos dupplerios, etc.* Vide in *Species* 6.

¶ **SPLAGIA**, ab Ital. *Spiaggia*, Ora, æstuarium. Vide *Plagia.* Chron. Andr. Danduli apud Murator. tom. 12. col. 393 : *Tunc galea Clugiensis rumpitur, et aliæ* V. *in Splagiis Senogalliæ impulsæ confractæ sunt.*

SPLANARE, pro Planum reddere, vox Italica. [Regimina Paduæ ad ann. 1320. apud Murator. tom. 8. col. 433 : *Tunc prædicti Potestas cum aliis nominatis Splanare incœperunt, et disecerunt dictam motam cum tajatis et fossa magna.* Chron. Parmense ad annum 1290. tom. 9. col. 820 : *Item eo tempore Bononienses ceperunt Imolam, et eam circumquaque Splanaverunt.* Adde Chron. Modoet. apud eumd. tom. 12. col. 1128. et Chron. Tarvis. tom. 19. col. 863.] *Splanare foveam*, in Hist. Cortusior. lib. lib. 2. cap. 16.

Splanata, pro eo, quod Galli dicimus *Esplanade*, Locus planus, apertus, lib. 6. cap. 8. ejusdem Hist. Cortusior. [Chron. Veronense ad ann. 1329. apud Murator. tom. 8. col. 646 : *Fecit fieri Splanatam circumquaque pontibus junctis super Sillo et canali de Mestre.*]

¶ **SPLANEIRA** Terra, Planities, planus ager. Charta ann. circ. 1039. ex Tabular. S. Victoris Massil. : *Ego Willelmus dono ortum meum dominicum, et damus talem largitatem de Splaneira terra inquantum potuerint rumpere ipsi aratores.*

* **SPLATTA.** Inventar. ann. 1271. in Access. ad Hist. Cassin. part. 1. pag. 329. col. 1 : *Ceteri orti debent reddere de Splattis et de oleribus, quæ sunt in ipsis ortis, ecclesiæ S. Petri ad requisitionem curiæ, decimam.* Num arborum fructus significantur?

¶ **SPLECA.** Chron. Domin. de Gravina apud Murator. tom. 12. col. 689 : *Ubi per bonam horam permanens dormiendo, evigilans, se surrexit, et depositis lorica et aliis armis suis ibidem sub Spleca, ensem tantum habens in manibus abiit, etc.*

¶ **SPLECHA**, Jus pastus, venationis, piscationis, lignationis, et aliarum usualium commoditatum, quas *aisantias* vocant, in foresta vel dominio alterius. Sententia arbitralis inter Dominum et homines Calliani ann. 1497 : *Item cum dicti homines habeant usum depascendi cum quibuscumque averibus tam grossis quam minutis, et porcinis, et omnes alias Splechas faciendi, etc.* Vide *Expleta*, et infra *Spleta.*

¶ **SPLENCHARE**, *Splechas* percipere, seu jure *Splecharum* uti, in Charta ann. 1206. Locus est in *Esplancha.* Vide ibi.

¶ **SPLENDICARE**, Splendere, coruscare, nitere. Apuleius lib. 5. Metamorph. : *Vidisti, soror,.... quæ prænitent vestes, quæ Splendicant gemmæ.* Idem lib. 7 : *Cum mihi etiam tunc depiles genæ lævi pueritia Splendicarent.*

SPLENDICITAS. Alanus de Insulis in Planctu naturæ : *Hæc vestium ornamenti quamvis plenis suæ Splendicitatis flammarent ardoribus, earumdem tamen splendor sub puellaris splendoris sidere patiebatur eclipsim.*

¶ **SPLENDIDARE**, Splendidum reddere. Apuleius in Apol. : *Dentes Splendidas, ignosce mundiciis.* Vide *Splendificare.*

¶ **SPLENDIDISSIMUS**, Titulus Ordinis Senatorii, in Cod. Theod. leg. 4. de Pistor. (14, 3.) hinc *Splendidissima Curia* nuncupatur Senatus ibid. leg. 12. de Agentib. (6, 27.) Eodem nomine donatur Papinianus in Præfat. Digest. *Splendidissima Urbs* dicitur Constantinopolis, in eodem Cod. leg. 51. de Oper. publ. (15, 1.)

¶ **SPLENDIFICARE**, ut *Splendidare.* Mart. Capella lib. 9 : *Lumina ambrosium Splendificant diem.*

¶ **SPLENDIFICUS**, Splendidus. Epist. Quirici Episc. inter Conc. Hisp. tom. 2. pag. 532 : *O lucerna super candelabrum posita Ecclesiæ, quæ lumine veritatis irradians multos, a caligine nubili erroris Splendifico sermone enubilas!*

* **SPLENDIFLUUS**, Spargens splendorem. Vita S. Arnulfi tom. 3. Aug. pag. 250. col. 2 : *Visa est columna ignis ab alto prominens consistere, quæ ab initio noctis usque circa auroram prægrandi fulgore noctis caliginem mutavit in lucem, et cuncta in circuitu spatia luce perlustravit Splendiflua.* [** Inscriptio inter Christian. Maii pag. 199 :

Irradiat trinitatis honor Splendifluus aram.

* **SPLENDISCERE**, pro Splendescere, in Chron. Ditm. episc. Mersburg. tom. 10. Collect. Histor. Franc. pag. 124.

SPLENDOCLASTUS. Rainerus de Inventione Reliquiarum SS. Eutychetis et Acutii : *Crucem Domini ex auro purissimo fecit admirabili artificio compactam, quod Splendoclastum et Antipenton vocabatur. De antipento* diximus suo loco : *Splendoclastum* vero *aurum* videtur esse, quod in tenuissima folia dilatatur, ita vox ibrida fuerit, ex *splendor*, et Gr. κλαςός, *fractus.* Obryzum autem *splendor auri* appellatur in Glossis Isidori, in *Abrigeum*, quod idem valet ac obryzum. Joan. de Janua : *Obryzum aurum dictum sic, quod obradiet splendore.* Constantinus Manasses : Ἔςιλβεν ἥλιος λαμπρὸν ὡς ὄβρυζον χρυσίον.

SPLENDONA, Ugutioni, *Gladius, sic dictus, quod splendeat. Unde Josephus in* 10. *ait, undique jaculatorii arcus, et loricæ, areæ et Splendones.* Glossæ Isidori : *Sica, cluniculus, machæra, Splendona.* [Deceptum Isidorum, aut librarii alicujus inscitia scriptum fuisse *Splendona*, pro *Sphendona*, auctor est Carolus de Aquino in Lexico milit. Est autem Sphendona apud Græcos, addit ille, funda, non gladius.]

* **SPLENS**, an Plana camporum, planities, Gall. *Plaine?* Charta Ric. reg. Angl. in Reg. 34. bis Chartoph. reg. fol. 49. v°.

col. 2 : *In nemore et Splente potest et debet archiepiscopus venari, et in dominico similiter nemore suo de Brunsegneio.*

¶ **SPLETA**, ut *Splecha*. Charta ann. 1141. inter Instr. tom. 1. Gall. Christ. novæ edit. pag. 172. col. 1 : *Tribuo quoque insuper fratribus et habitatoribus dictæ abbatiæ et dictæ grangiæ de Mercadet, et fratribus ibidem servientibus Deo Spletam per universam terram meam, terras, aquas, ligna et glandes, liberum introitum et exitum, et omnia ad usus et cunctis eorum animalibus necessaria.*

¶ **SPLETUM**, Reditus, proventus terræ, prædii, præbendæ, etc. Consuetud. Eccl. Barcinon. : *Clericus hujus majoris Ecclesiæ decedens, quocumque tempore decedat, habeat Spleta ipsius anni integraliter a die mortis usque ad finem anni, et possit inde facere testamentum.* Vide *Expletum* 2.

* **SPLORARE**, Explorare, perscrutari. Comput. ann. 1362. inter Probat. tom. 2. Hist. Nem. pag. 243. col. 2 : *Accessit magister Raimundus de Remolinis consul cum uno famulo in vicaria Andusiæ et bayllivia Salvii, pro Splorando si Guiraudus Sauxii habuit a universatibus dictarum vicariæ et bayllivîæ plus quam reddidit in compotis suis de facto Spanorum.*

* 1. **SPODIUM** *quidam vocant æruginem æris, ut liber antiquus de Simplici medicina.* Glossar. medic. MS. Sim. Januens. ex Cod. reg. 6959.

* 2. **SPODIUM** *est Res cujus origo nos latet, res tamen adusta; videlicet Avicenna dicit radices cannarum adustarum*, in eod. Glossar.

¶ **SPOLA**, Fusus, cui subtemen circumvolvitur, Teuton. *Spoule*. Acta S. Bertrandi tom. 1. Jun. pag. 790 : *Simplici corde puraque fide telam talem texui inusitato licio, inexercitata navicula, aridis Spolis et rudi seta.*

* Ital. *Spola* et *Spuola*. Glossar. Lat. Gall. ann. 1348. ex Cod. reg. 4120 : *Spola dicitur a spolio, Gallice Espolet, quia sæpe spoliatur a filo. Spola, instrumentum textoris, Gall. Espoleste*, in alio ann. 1352. ex eod. Cod. Glossar. Provinc. Lat. ex Cod. reg. 7657 : *Spoal, Prov. panus, panulus, canellus.*

SPOLIARIA, *Exteriores balneorum cellulæ, in quibus balneantium spolia reponuntur*. Papias. Ἀποδυτήριον, Græcis : et ἀπόδυτρον Nicetæ in Man. lib. 4. num. 7. Gloss. Lat. MS. Reg. : *Spoliarium, ubi spolia ponuntur.* Britannicus ad Juvenal. Sat. 1 : *Juxta balnea locus erat, qui Apodyterium, latine vero Spoliarum vocabatur. Ubi, qui balnea ingressuri erant, vestes deponebant apud Capsarium, qui, ut scribit Ulpianus, mercede servanda in balneis vestimenta suscipiebat.* [Vide Cujac. lib. 5. Observat. cap. 8.]

Erat præterea *Spoliarium* locus, ubi conficiebantur, quos arena semivivos dimiserat, ut docet Seneca Epist. 94. Lampridius, mortuo Commodo, acclamatum scribit : *Hostis patriæ, parricida, gladiator, in Spoliario lanietur.* [Passio SS. Perpetuæ et Felicitatis cap. 21 : *Exinde jam exanimis* (Saturus) *prosternitur cum ceteris ad jugulationem solito loco.* Vide Petrum Fabrum lib. 2. Semestr. cap. 11. pag. 152.]

SPOLIATORIUM, *Locus, ubi se denudant religiosi ad disciplinam recipiendum.* Ita Glossa. MS. ad disticha Mag. Cornuti Ugutioni : *Spoliatorium, est locus, ubi spolia ponuntur, i. exterior balnearum vel balneorum cellula.* [Gloss. Lat. Gr. : *Spoliatorium*, ἐκδυτήριον. Lat. Gall. : *Spoliatorium, Lieu à despollier.*] Vide *Spoliaria*.

1. **SPOLIUM**, Rerum ablatio, in Speculo Saxon. lib. 2. art. 31. § 2. *Furtum aut Spolium.* [** Germ. *Düve oder Rof.*] Ibid. lib. 1. art. 39. lib. 2. art. 60. 64. 72. lib. 3. art. 5. etc. [*Spoglio* Italis, eadem notione, in Ital. Sacra tom. 8. in Episc. Benevent.] Præceptio Guntranni Regis post Concilium Matiscon. II : *Aut iniqua quibuscumque Spolia inferre præsumant.* Ita in Concilio Toletano XII. cap. 10. Tolet. XIII. cap. 2. Gregorius Turon. lib. 9. cap. 30 : *Neque ullam novam ordinationem Se inflicturum super eos, quod pertineret ad spolium, spopondit. Præda seu spolium* in Concilio Coloniensi ann. 1266. cap. 4. Vide Skenæum ad Statuta Alexandri II. Regis Scotiæ, cap. 8.

¶ 2. **SPOLIUM**, Quidquid ex agris colligitur, messis, tempus quo agri eorum fructibus spoliantur, *Dépouille* eadem notione dicimus. Charta Curiæ Suession. ann. 1277 : *Confessus est se retinere... quoddam pratum seu Spolium cujusdam prati siti in prætaria quæ est inter villas.* Charta ann. 1481. ex Tabul B. M. de Bono-Nuntio Rotomag. : *Inter cetera petendo restitutionem certarum decimarum feni per dictum Des Comptes captarum et perceptarum in Augusto et Spolio novissimis.* Alia ann. 1492. ex eod. Tabul : *Ipse curatus in Augusto et Spolio ultimo licet sciret præmissa,.... neominus in Augusto et Spolio ultimo plures guerbas dictæ decimæ... ceperat, etc.*

3. **SPOLIUM**, Supellex quævis. Leges Grimoaldi Reg. Longob. tit. 2. § 3. [** 3.] : *Et si Spolia hominis sepulti servus de sepulchro tulerit, etc.* i. vestimenta. [Lex Alaman. tit. 87 : *Si quis res suus apud alium hominem invenerit, quicquid sit, aut mancipia, aut pecus, aut aurum, aut argentum, aut alia Spolia, etc.* Adde Leg. Sal. tit. 37. § 6. et 7.] Vetus Notitia Viennens. ann. 863 : *Dicens, quod ipse Sigebertus cum aliis conductis hominibus liberis et servis emunitatem sancti Mauricii vel sancti Ferreoli, in loco, qui dicitur Riparia per vim infregisset, ibique incendium fecisset, et omnia Spolia domus violenter auferret, cavallos scilicet, arma, vestimenta, et cætera consistentia, etc.* Charta Begonis Episcopi Cadurcensis apud Cruceum n. 299 : *Exposuerunt etiam sæpe accidisse, quod dum contingit aliquem de prædictis viris Ecclesiasticis infirmari, illi, qui ad eorum Ecclesias, vel alibi, ubi sunt eorum bona, mittuntur pro juris nostri conservatione, dictorumque bonorum, quæ vulgariter nuncupantur Spolia, receptione, etc.* Adde n. 301. 302. Vide *Spolium*, 4.

Spolia Colli; quasi vestis et supellex colli. Lex Anglior. et Werinor. tit. 6. § 6 : *Mater moriens filio terram, mancipia, pecuniam dimittat : filiæ vero Spolia colli, id est, murenas, nuscas, monilia, inaures, vestes, armillas, vel quicquid ornamenti proprii videbatur habuisse.*

Exspolia, in Concilio Bracarensi ann. 572. cap. 7. pro *Spolia*.

¶ 4. **SPOLIUM**, Jus quod ex bonis mobilibus defunctorum Prælatorum Cameræ Apostolicæ, vel Curatorum decedentium Archidiaconis obvenit, Practicis nostratibus *Dépouille*. Charta ann. 1409. ex Tabul. S. Victoris Massil. : *Ludovicus II. Rex Jerusalem et Siciliæ, et Comes Provinciæ jubet Prælatos solvere Cameræ Apostolicæ omnia arreragia, debita etiam Spolia defunctorum Prælatorum secundum decreta Alexandri PP. III. in Concilio Pisis habito.* Concil. Tarracon. ann. 1591. inter Hispan. tom. 4. pag. 535 : *Nullus rector aut vicarius... audeat sub nomine Spolii.... sibi vindicare unam ex vestibus, jocalibus vel aliis bonis... illorum quos mori contigerit infra limites suæ parochiæ, qui sit ab ipsa parochia alienigena aut peregrinus.* Ubi de jure quod parochi in bona decedentium parochialium sibi vindicabant. Ad jus vero Archidiaconorum præsertim Parisiensium quod spectat, consule Tractatum hac de re editum ann. 1683. et Fra-Paolo de Benef. circa finem. Parisiensium jus assertum fuit Aresto Parlamenti ann. 1700. 1. Sept. Vide *Spolium*, 3.

* Eodem jure potitur monasterium Cassinense in bona clericorum ab abbatia dependentium, ut patet ex Charta ann. 1398. in Tabul. ejusd. monast. : *Cum venerabilis vir domnus Ricardus, olim archipresbyter S. Angeli in Theodicio.... clausisset extremum diem, et ejus mobilia et immobilia et Spolia, quæ de beneficiorum suorum et ecclesiarum fructibus, redditibus conquisita, de jure et antiqua consuetudine devoluta essent cameræ Cassinensi, etc.* [** Vide Walteri Jus. Eccles. Germ. § 147. et ceteros qui de Jur. Eccl. scripserunt.]

** Spolium, Pannus funebris, integumentum feretri, dum templo infertur defunctus, quod sumebat sibi curatus et ecclesia. Formula Juramenti Præposit. Cizic. ann. 1468. apud Haltaus. in Glossar. German. voce *Leich-tuch*, col. 1251 : *Se non intromittere de quibuscumque pannis illorum ad ecclesiam cum feretro, sub nomine Spolii, etc.*

* **SPONCETA**, f. Fibula, Gall. *Boucle*; unde legendum suspicor *Spinceta*. Vadia et jura gentium Comput. Paris. in Reg. ejusd. Cam. sign. *Croix* fol. 126. v° : *Item quilibet magistrorum habet restaurum trium equorum,... et quilibet primus clericus habet restaurum unius equi : et in scutiferia percipiunt coopertura dictorum equorum lineas pro æstate et laneas pro hyeme, una cum cingulis, capistris, Sponcetis.*

1. **SPONDA**. Regestum censuum Bigorræ ex Camera Comput. Paris. fol. 17. et Tabularium Palense, apud Marcam lib. 4. Hist. Beneharn. cap. 11 : *Quod bellum* (duellum) *fiet, non in Ripa Soulensi, sed in Sponda Navarrensi.* Ubi Marca, *la rive de Navarrenx*, vertit. [Eadem notione occurrit in Charta ann. 879. in Append. ad Marcam Hisp. col. 810 : *Terra in eleemosyna qui infrontat in Sponda et in limite et in prato, et in fines de villare Curcuga plus minus modiatas sex ab integre.* Vide *Sponna*.]

¶ 2. **SPONDA**, Loculus mortui, Gall. *Biere*. Translat. SS. Arsacii et Quirini sæc. 3. Bened. part. 1. pag. 669 :

Erectus in Sponda tamen ponitur exanimis.

Orciniana Sponda, apud Mart. lib. 10. Epigr. 5.

¶ 3. **SPONDA**, Italis, Agger, crepido lapidea, repagulum, Gallice *Digue, Quai, Garde-fou.* Item, Trabeculæ seu partes exteriores, quibus res aliqua, puta navis, pons, munitur in lateribus. Vide *Spondalia.* Guido de Vigevano de Modo acquirendi et expugnandi T. S. cap. 5. ex Cod. Colbert. 5080 : *Accipiatur una assis subtilis et levis longa brachiis 2. et ampla brachio 1. et aliquid plus quæ ponatur pro fundo, et accipiantur assides quatuor pro Spondis ipsius fundi, quæ conjungantur cum ipso fundo, et axis taliter conjunctis, quod una Sponda cadat supra aliam.* Ibid. cap. 8 : *Et post hæc fiant Spondæ navis latæ ab utraque parte brachio uno et medium.... Et conjungantur Spondæ cum fundo de intus cum axis taliter firmatis, quod Spondæ volvantur et cadant supra fundum.* Statuta Mutin. rubr. 90. fol. 16. v° : *Pontessellus lapideus qui ibi destructus est refici debeat... de lapidibus et calce, longus per decem brachia, qui habeat Spondas ab utroque capite, et ab utraque parte longas per quatuor brachia, et altas prout erit strata refecta.* Chronic. Parmense ad ann. 1287. apud Murator. tom. 9. col. 812 : *Palatium novum Communis versus S. Georgium, scilicet Sponda quæ diruerat, refecta fuit et completa.* Hinc *Spondæ*, ἐνήλατα, in Gloss. Lat. Gr. dicuntur ligna recta in quæ defiguntur et adiguntur gradus scalæ, vel Paxilli seu clavi qui axi infiguntur ad retinendam rotam, ne exeat. Neque aliam ob causam

¶ Sponda, Fœdus ad mutuam defensionem initum nuncupatur, ibid. col. 860 : *Quidam vero de Guidonis et quidam de Boschettis et de Rangonibus cum certis suis sequacibus, dicentes se esse partis Guelfæ, seu Ecclesiæ, sive Aygonorum antiquitus dictæ et vocatæ, Spondam fecerunt contra illos qui dicebantur ab antiquo partis de Grisulfis, seu Imperii sive Ghibellinis.*

* *Esponde*, eadem acceptione, in Charta ann. 1448. ex Chartul. 23. Corb. : *L'eaue qui de plain cours devoit deschendre et fluer en ladite ville, alloit fluer et deschendre par dehors la fortresche d'icelle, par ce que lesdits religieux ne retenoient pas les rivieres, cauchies ou Espondes.*

¶ **SPONDALARIUS**, ut *Spondarius.* Vide ibi.

SPONDALIA. Raimundus de Agiles in Hist. Hierosol. pag. 147 : *Audivi ego a multis, qui ibi fuerunt, quod 30. Turcos et amplius, de ponte sumptis Spondalibus in flumine obruissent.* Ut Isidoro lib. 20. cap. 11. *Sponda* dicitur exterior pars lecti; ita *spondalia*, trabeculas, seu partes exteriores pontis, quibus munitur in lateribus, licet interpretari : [eadem proinde notione qua *Sponda* 3. et *Spondilia* 2.]

SPONDALIS, Spondæ lecti instratum. Testamentum Heccardi Comitis Augustodun. apud Perardum in Burgundicis pag. 26 : *Et quicquid de gemmis habemus, et gangana sirica, cum Spondale, et tapete uno, etc.* Aliud est *Epondenale*, infra : *Canones scarsas quaternio uno, Gerberto, et Epondenale, libello de arte militari, et pacto Gunbaldo, etc.* Forte pro *Expositionale.*

☞ Doctissimi viri conjecturam apprime confirmat le Roman *de la Rose* MS. ubi occurrunt voces *Espons*, pro *Expositio*, et *Espondre*, pro *Exponere* :

Ele savoit les songes Espondre...
Et quant par vostre fol respons
M'avez ainssint mon songe Espons....
Ains més si noble vision
N'ot si laide Evposition.

Ovide MS :

Or vos veil Espondre briefment
De ces fables l'entendement.

* Nostri a Sponda, *Esponde* dixerunt, pro *Chalit*, *bois de lit* et *bord d'un lit.* Glossar. Lat. Gall. ann. 1348. ex Cod. reg. 4120 : *Sponda, Gall. Esponde, et derivatur a Spondeo.* Aliud ann. 1352. in eod. Cod. : *Sponda, Gall. eschalis sive Esponde.* Glossar. Provinc. Lat. ex Cod. reg. 7657 : *Sponda, Prov. Sponda, prima pars lecti.* Fabul. tom. 2. pag. 119 :

L'autre Clers est au lit venuz
A l'Esponde par de devant.

Espaude, eadem notione, in Lit. remiss. ann. 1390. ex Reg. 138. Chartoph. reg. ch. 163 : *Le suppliant lia sa femme à l'Espaude de son lit et la feri d'une congnée.*

* **SPONDALIUS**, Executor testamenti. Testam. ann. 1251. ex Tabul. Auxit. : *Satisfaciat de redditibus terræ Bigorræ ad arbitrium Spondaliorum, quousque dictæ comitissæ ordinium et debita sint integre persoluta.... Item domina comitissa Bigorræ statuit et ordinat testamentum et Spondalios hujus præsentis testamenti venerabiles patres dominum episcopum Bigorritanum et dominum episcopum Convenarum.* Vide in *Spondarius.* Hinc

* **SPONDARATICUM**, Tutela testamentaria, seu illius administratio. Testam Bern. Jordani ann. 1228. inter Probat. tom. 3. Hist. Occit. col. 273 : *Item ego Bernardus Jordanus mitto..... omnes meos infantes, et universos et singulos eorum honores et jura ipsorum in posse, et baillia et sub tutela et procuratione dom. Endiæ uxoris meæ et in ejus Spondaratico.*

¶ **SPONDARE**, *Spondis* seu aggeribus munire. Ogerii Panis Annal. Genuens. ad ann. 1215. apud Murator. tom. 6. col. 408 : *Ascendere fecit homines de Cazana in podium quod vocatur Rotundum prope Celascum, et incœpit ipsam incastellare et Spondare.* Vide *Sponda* 3.

SPONDARIUS, Sponderius, Tutor, qui pro pupillo *spondet.* Consuetudines Tolosæ parte 1 : *Tutor testamentarius, qui vulgariter appellatur Spondarius.* Occurrit ibi non semel. Stabilimentum Tolosarum Consulum ann. 1207. apud Catellum : *Videlicet, quod aliquis Sponderius hominis vel feminæ habitantis in hac villa Tolosæ, urbe, vel suburbio, non possit aliquid emere de illis rebus mobilibus vel immobilibus, quæ fuerint illius, ex quo ille erat Sponderius, si ille, qui ipsum statuerat Sponderium, non ordinaverat.*

Spondarii ad Pias Causas, Executores testamentorum. Testamentum Raimundi Comitis Tolosæ ann. 1249. apud eumdem Catellum : *Residuum vero de decem millibus marchis supradictis, quod restat, distribuendum volumus arbitrio Commissariorum nostrorum infra scriptorum, qui Gadiatores seu Spondarii vulgariter appellantur, ad pias causas, sicut saluti animæ nostræ magis expedire videbunt.* Infra : *Commissarii autem, gadiatores, seu Spondarii nostri, sint isti, etc.* Charta ann. 1243. in Regesto Tolosano fol. 88 : *Qui fuerunt Sponderii et testamentarii de computo et testamento Bernardi W. de Brugariis.* Occurrit eadem notione in Charta Alfonsi Comitis Pictaviæ et Tolosæ ann. 1263. [Testam. Audæ de Lasserano dominæ de Bonluco ann. 1351 : *Item dicta domina testatrix ut suum supradictum testamentum executari valde possit, ordinavit Spondarios seu executores illius, videlicet Remundum Aymerium de Montesquivo consobrinum suum, etc.*]

Spondalarius, in Foris Oscæ ann. 1247. fol. 13 : *Spondalarii, cabeçalarii, aut testes, etc.* Vide in *Cabeçalarii.* Observantiæ Regni Aragon. lib. 5. tit. de Tutorib. § 8 : *De Regni consuetudine, tutor, curator, et Spondalarius possunt constituere procuratorem, etiam ante litem contestatam.* Michaël *del Molino* in Repertor. Foror. Aragon. : *Testes septem annorum possunt esse Spondalarii in omni testamento nuncupativo, quando testator decedit in heremo.* Vide Foros Aragon. edit. 1624. fol. 97. 124. 126.

Sponderagium, Tutela testamentaria, seu ipsa tutelæ administratio. Consuetud. Tolosæ part. 1. tit. de *Jurejur.* : *Spondarius creditur cum proprio juramento de administratione Sponderagii.*

¶ **SPONDEDISSET**, pro Spopondisset, in Charta Chlodovæi III. Franc. Reg. ann. 692. apud Felibian. inter Probat. Hist. S. Dionysii pag. 12 : *Quod ipso vaddio de mano memorato Chainone abbati nunquam adchramissit, nec hoc ei dare et adimplere Spondedisset.*

¶ **SPONDERAGIUM**, Sponderius. Vide supra *Spondarius.*

* **SPONDERIA**, Eodem intellectu. Charta ann. 1240. in Chartul. Raym. VII. comit. Tolos. pag. 199 : *Nos Bernardus Cerdanus et Petrus Cerdanus frater ejus, sponderii Johannis Begonis de Andivilla,.... promittimus...... quod omnes res, quas de prædicto pupillo tunc temporis habebimus, in posse domini comitis reducemus, reddendo dom. comiti vel suo bajulo bonum et legale compotum de omnibus, quæ occasione dictæ Sponderiæ percepimus.* Vide *Sponderagium* in *Spondarius.*

1. **SPONDILIA**, Colli vertebræ, in Miracul. S. Godehardi Episcopi n. 19. [Gall. *Spondile.* Vide *Crupponus.*]

¶ 2. **SPONDILIA**, Anterides, erismata, Gall. *Arcboutans.* Gualvaneus Flamma apud Murator. tom. 12. col. 1015 : *Et quia Spondilia istius turris et ecclesiæ majoris erant tabernis conjuncta, fecit omnia dirui.* Vide *Sponda* 3. et *Spondalia.*

¶ **SPONDIUS**, Spondens, ut videtur. Formulæ vett. apud Baluz. tom. 6. Miscell. pag. 546 : *Vel quod memorare minime possimus judicibus brevis nostras Spondiis incolcationibus vel alias stromentas, etc.* In iisdem Form. pag. 551. *Spondo*, pro Spondeo, usurpari videtur : *Unde me Spondo vel subter firmavit ut contra præsente cartola patrociniale neque ego neque de herebus meis ne quislibet ulla opposita persona præ ac die ambulare non debeamus.*

SPONDOROMUM. Vide *Spidromum.*

¶ **SPONEA** Occasio, ἀφορμή, in Gloss. Lat. Gr. et Gr. Lat. ubi Sangerm. habent, *Occasio Spontea.*

* **SPONGIA**, Macula, Gall. *Maille*; unde vestis ad modum retis contexta, *Spongia* appellatur, in Hist. translat. S. Vandreg. ex Cod. reg. 5506 : *De sancto Johanne præcursore Domini et de Spongia ipsius.* Vide Diaria Trevolt. ann. 1737. mens. Maii pag. 791.

SPONGIA Sacra, ἅγιος σπόγγος, in sacris liturgiis a Græcis adhiberi solita, qua sacra mensa et calix detergebantur. Vocabant etiam Μοῦσαν. Vide Glossar. med. Græcit. in his vocibus col. 1423. et 963.

SPONGIARE, Spongizare, Spongia detergere, emundare, apud Apicium lib. 1. cap. 26. lib. 7. cap. 16.

* **SPONGIARIUS**, *Attractivus*, in Gloss. ad Alex. Iatrosoph. MS. lib. 1. Passion. cap. 85 : *Collirion, quod dicitur Spongiarium, bonum satis ad magnos dolores.*

* **SPONIUM** *est Cinis aqua maceratus, qui in fornacibus substernitur, cum affinatur aurum et argentum, ut in libro antiquissimo de Alkimia reperi.* Glossar. medic. MS. Sim. Januens. ex Cod. reg. 6959.

¶ **SPONNA**, ut *Sponda* 1. Charta ann. 890. in Append. ad Marcam Hisp. col. 825 : *Sicuti ascendit per ipsum puialem de Beders usque ad ipsam Sponnam de super rivo et usque in viam de Boxaza.*

¶ **SPONSA** Christi, Sanctimonialis, in Lege Bajwar. tit. 1. cap. 12. Capitul. lib. 6. cap. 424. Canon. Isaaci Episc. Lingon. tit. 7. cap. 8. et alibi.

SPONSA Solis. Glossæ MSS. ad Alexandr. Iatrosoph. : *Intiba, i. cicorea, Sponsam solis intellige.*

SPONSALIA, Donatio facta sponsæ, donatio propter nuptias : ἕδνα, in Gloss. Lat. Gr. *Sponsales tabulæ*, apud Hieronym. Epist. 10. vel *arræ* a sponso sponsæ datæ, quomodo *sponsalia* usurpantur in tit. Cod. Just. *Si rector provinciæ, vel ad eum pertinentes Sponsalia dederint* (5, 2.) : quæ *pignora* dicuntur in leg. 6. Cod. Th. de Sponsalibus (3, 5.). *Arræ sponsaliorum*, apud Papianum lib. Resp. tit. 28. [*Sponsalicia largitas*, in leg. 4. Cod. de sec. nupt. (5, 9.) et in Dotalitio ob matrimonium inter Guillelmum Montispessulani et Titburgam filiam Raimundi Atonis ann. 1191. apud Acher. tom. 8. Spicil. pag. 208.] Græcis μνῆστρα. Acta Episcoporum Cenomanensium pag. 316 : *Ubi dogmatizabat novum dogma, quod feminæ, quæ minus caste vixerant, coram omnibus vestes suas cum crinibus nudæ comburerent : nec quilibet amplius aurum, argentum, possessiones, Sponsalia cum uxore sumeret, nec illi dotem conferret.* Tabularium Brivatense ch. 124 : *Similiter de ipsa hæreditate illa Sponsalia, quæ dedi uxori meæ, dimitto S. Juliano, etc.* Occurrit præterea in Charta 155. *Sponsalitas*, in ch. 423 : *Qui hanc hæreditatem mihi tribuit in die Sponsalitatis meæ.* [Ubi *Sponsalitas*, non de munere nuptiarum, sed de die quo Sponsalia habita sunt, accipi debere existimo.] Vita SS. Bovæ et Dodæ n. 11 : *Quidquid chartis ante assignatum extiterat Sponsalibus sui patrimonii, etc.* Charta ann. 1036. apud Martinezium in Hist. Pinnatensi lib. 2. cap. 34 : *Ego Ranimirus gratia Dei prolis Sanctioni Regis accepi uxorem nomine Gerberga, filiam Comitis Bernardi Rodegeri*, (Bigorrensis) .... *et dedi ei Sponsalia pro dote, et arram propter honorem et amorem, pulchritudinemque suam, aliquid de hæreditate mea, quam dedit mihi pater meus in territorio Aragonensi, etc.* Thidericus Langenius in Saxonia, de Ernesto Duce Brunwicensi :

Hic scrutabatur terras, populos speculatur,
Ad terras versus properans venit, inde reversus
Invenit nuptam tunc sponso sic-sociatam,
Qui mox subrisit, et ei Sponsalia misit.
Hoc sic invento Dux agnitus estque momento,
Brunswic ferocem portavit et ipse leonem.

Incertum tamen, quid hoc loco vox *sponsalia* proprie sonet, nisi intelligatur *Annulus pronubus.*

☞ Ut varia fuit pro variis locis isthæc donatio, ita diversis nominibus in diversis regionibus est appellata : quæ voces cum suo ordine hoc in Glossario occurrunt expositæ, eas iterum hic attexere superfluum existimamus. Itaque monuisse sufficiat hæc verba *Sponsalia*, *Arræ sponsalitiæ*, *Sponsalitia*, et *Munera sponsalitia*, quæ ut plurimum promiscue habentur, interdum distinguenda esse, ut docet Cujacius in tit. 2. lib. 5. Cod. quem consule.

☞ Sponsaliorum per verba de futuro contractorum meminit Charta Amedei Lugdun. Archiep. ann. 1438. ex Bibl. Reg. : *Sponsalia inter se per verba de futuro contraxerunt, carnali copula subsecuta et prole procreata; cum lapsis aliquibus annis... ad solempnizationem matrimonii in facie Ecclesiæ procedere vellent, etc.*

¶ **SPONSALICIA** Charta, Qua sponsalia contrahuntur, et quæ inter jura Episcopi Biterrensis recensetur, in Charta Aldefonsi Comitis Tolos. ann. 1131.

¶ **SPONSALITAS.** Vide in *Sponsalia.*

1. **SPONSALITIUM**, Idem quod *Sponsalia*, Donatio propter nuptias. Charta Caroli C. apud Joan. a Bosco in Vienna : *Donativum Sponsalitii nostræ Reginæ Hermentrudis eidem Sancto condonamus, illa donante et consentiente.* Tabularium Conchense in Ruthenis ch. 59 : *Uxor mea,... quamvis suum esset Sponsalitium, me, ut darem, impulit, etc.* Tabular. Celsinianense : *Et dimitto vineas duas, quas dedi uxori meæ in Sponsalitio et dotalitio.* Alibi : *Duas appendarias, quæ fuerunt Sponsalitium matris meæ.* Usatici Barcinonenses MSS. cap. 99 : *Et si eisdem mulieribus placuerit, separent se a maritis, ita tamen, quod non amittant dotem suam, nec Sponsalitia.* Pactum nuptiale Guillelmi D. Montispessulani ann. 1109 : *Et dabimus filiæ tuæ in donationem propter nuptias, sive in Sponsalitio suo, omne illud, quod habemus... in terminio de Valle Eranga, etc.* [Charta ann. 1105. inter Probat. tom. 2. Hist. Occitan. col. 368 : *Ego Alfarius et uxor mea Engelrada donamus tibi Arnaldo filio nostro et uxori tuæ Metillinæ filiæ Bernardi Atonis Vicecomitis et Cæciliæ in Sponsalicium et donationem castellum de S. Nazario.* Contractus matrimonii ann. 1150. ibidem col. 529 : *Ego Ademarus de Muro-veteri in Dei nomine ducens te Titburguetam in uxorem, dono tibi in donatione propter nuptias, et in Sponsalitium mitto, medietatem omnium bonorum meorum, etc.*] Occurrit præterea in Pacto nuptial, Guillelmi D. Montispessulani cum Mathilde filia Ducis Burg. ann. 1156. Charta Simonis Comitis Leicestriæ et Montisfortis ann. 1211. in 3o. Regesto Archivi Regii ch. 44 : *Pro Sponsalitio tuo, seu donatione propter nuptias, etc.* Jacobus I. Rex Aragon. in Constitutionibus Catalaniæ MSS. : *Non obstante, quod bona prædicta sufficiant plenarie ad dotem et Sponsalitium uxorum suarum. Sponsalitia donatio et largitas*, Aniano ad leg. 3. et 8. Cod. Th. de Sponsal. (3, 5.) et in alio Pacto nuptiali ann. 1191. Adde Gariellum in Episcopis Magalonensibus pag. 92. Formulæ ejusmodi donationum exstant in Spicilegio Acheriano tom. 8. pag. 194. 216. 217. Vide ibid. pag. 166. 207. 225. Huc etiam pertinet Charta Hugonis Episcopi Nivernensis ex Tabulario Ecclesiæ S. Cyrici Nivern. ch. 75 : *Notum sit,... quod ego Hugo sola Dei gratuita bonitate, non mei recompensatione meriti S. Nivernensis Ecclesiæ Episcopus, licet indignus, testamentum de bonis, quæ mihi de Episcopatu proventura sunt, ad laudem Dei et honorem institui præcipio, et quemadmodum quælibet persona laïcalis uxorem sibi legitime junctam juxta mundanæ legis traditionem dotat de bonis suis terrenis et honorat, ita et ego sponsam mihi spiritualiter junctam, hanc videlicet Ecclesiam, de bonis meis supradictis bona voluntate et bono corde doto secundum traditionem canonum, et honoro; tali videlicet modo, ut quandocunque mihi, ex Dei voluntate de hac vita caduca migrare contigerit, medietas bonorum meorum de Episcopatu, tam in pane, quam in vino, auro et argento, et bestiis, omnique supellectili, tamen persoluto prius, si quod fuerit tunc temporis, meo debito, Canonicis, Deo sanctoque Cyrico die noctuque servientibus, ex meo jussu et dono tribuatur; altera vero bonorum medietas rursus per medium dividatur, quarum unam partem peregrinis et viduis in domo Dei infirmantibus, partem vero alteram monachis Monasterii S. Mariæ, sanctique Proto-Martyris Stephani in suburbio nostræ civitatis servientibus erogari præcipio..... Recitatum est hoc testamentum in civitate Nivernis in Ecclesia S. Cyrici anno Dominicæ Incarnationis 1074. Ind. 12. 3. Kal. Nov. fer. 7. Quando idem Episcopus Hugo in Sede Pontificali inthronizatus est, astantibus et audientibus Goffrido Autisiodorensi Episcopo, Willelmo Comite, aliisque primatibus multis una cum clero et populo civitatis. Recitatum est autem secundo in sequenti septimana in plena synodo.* Adde ch. 77.

¶ **Sponsalitium** Delibrum, Deliberatum, statutum, in Testam. Raymundi Trencavelli ann. 1154. inter Probat. tom. 2. novæ Hist. Occitan. col. 550 : *Mea uxor tantum quantum voluerit stare sine marito cum suis et meis infantibus in omnibus terris meis sit domina et segnioressa, et si volebat discedere ullo modo, habeat suum Sponsalitium delibrum solummodo et totam raubam et expletam de meis cameris.*

Sponsalitium, pro Dote Ecclesiæ, in Charta ann. 1030. apud Sammarthanos in Archiepiscopis Aquensibus, et apud Columbum in Episcopis Sistaricensibus lib. 2. n. 11. ubi sic clauditur : *Factum Spon-*

salitium istud anno, etc. Tabularium Ecclesiæ Gratianopolitanæ sub Hugone Episcopo fol. 93 : *Dedit Gumeterius et filii sui.... quandam peciam vineæ Ecclesiæ S. Andreæ pro Sponsalitio, etc.* Tabularium Monasterii S. Andreæ Viennensis : *Similiter concedimus Sponsalitium ipsius Ecclesiæ duas diuturnas telluris : similiter pascua bestiis monachorum, etc.* Alibi : *Concedimus coroatas dominicas nostras et in Sponsalitio consecrationis Ecclesiæ unum curtillum, etc.* Tabularium Prioratus de Domina in Delphinatu fol. 52 : *Fecit donum et relictionem nobis monachis de Domina omne quidquid tenebat a nobis in Ecclesia et in parochia S. Laurentii, et in capella de Castello, scilicet Sponsalicii, primitiarum, oblationum, et decimarum.* Fol. 87 : *Breve de censu de Ferrariis, de Sponsalitiis Ecclesiæ, Walterius debet* 12. *den. etc.* Fol. 108 : *Andreas Terraci debet* 12. *den. in Nativitate S. Mariæ propter Sponsalitium Ecclesiæ, vel* 4. *caseos ad Cluniacum.* [Charta an. circ. 1063. ex majore Chartul. S. Victoris Massil. fol. 91 : *Dedit in Sponsalitium Ecclesiæ S. Stephani* IV. *sexteiratas de terra.* Vide in *Sponsare.*]

* 2. **SPONSALITIUM**, Rerum inter se permistio, vox chimica, apud Arnald. in Rosar. MS. cap. 20.

¶ **SPONSALITIUS**, Ad *Sponsalitium* pertinens. Charta ann. 1402. apud Rymer. tom. 8. pag. 266 : *Necnon de arris et Sponsalitiis largitatibus, etc.* Vide in *Sponsalia.*

* Consuet. Carcass. in Reg. L. Chartoph. reg. ch. 3 : *Dotes vel donationes propter nuptias, vel hæreditates, vel Sponsalitiæ largitates æquis passibus non ambulant ; sed pro libitu conferentium ex utraque parte, vel una sola, et valeant.*

* **SPONSALIUM**, Tempus, quo licitum est *Sponsalia* seu nuptias contrahere. Contract. matrim. ann. 1462 : *Convenerunt ulterius dicti domini de Altoforti et de Ulmo, patres dictorum sponsi et sponsæ futurorum, facere sollempnisari dictum matrimonium de dictis sponso et sponsa in primo Sponsalio, post festum nativitatis Domini proxime venturum.*

¶ **SPONSAMENTUM**, Sponsalia, nuptiæ, Gall. *Epousailles.* Chron. Modoet. apud Murator. tom. 12. col. 1166 : *Franchinus acceperat uxorem filiam Berardini de Longarolo,... et magnum invitum amicorum suorum fecit... Erant autem ibi gentes diversarum partium Lombardiæ, quæ venerant pro Sponsamento fiendo.*

* *Espousaiges*, in Reg. 13. Corb. sign. *Habacuc* ad ann. 1511. fol. 88. v° : *Item du luminaire des Espousaiges, ledit tresorrier n'y prent riens ; mais appartient totallement audit Curé.*

SPONSARE, Sponsalia contrahere, in leg. 38. D. de Ritu nuptiar. (23, 2.) [Leg. Liutprandi [** 12. (2, 6.)] apud Murator. tom. 1. part. 2. pag. 53 : *Si quis puellam ante annos* XII. *Sponsaverit, etc. Sponsare de solido et denario,* supra in *Solidus* 2.]

¶ Sponsare, In matrimonium collocare, in iisd. Leg. [** 119. (6, 66.)] ibid. pag. 74 : *Si quis filiam suam aut sororem alii Sponsare voluerit, habeat potestatem cui voluerit, libero tamen homini, sicut anteriori Edicto continetur. Nam postquam eam Sponsaverit, non habeat potestatem alteri homini eam ad maritum dandi ante biennii tempus.*

¶ Sponsare Ecclesiam, Eam dotare, annuos reditus illi attribuere, Gall. *Doter, fonder une Eglise.* Charta ann. 1096. inter Instrum. tom. 6. Gall. Christ. novæ edit. col. 183 : *Mihi Remundo comiti Tolosensi placuit, ut in manu dom. Urbani PP. et in præsentia archiepiscoporum et episcoporum, qui cum eo aderant, ecclesiam Nemausensem sicut fidelis Dei filius Sponsarem. Placuit vero, et placet, et ideo eam fideliter Sponso, nam omne quod villa Fontis coopertæ mihi debet, et quidquid habeo ibi in servitiis, in usibus, in hospitiis, totum B. Mariæ Nemausensis ecclesiæ,.... in Sponsalitio dono.* Vide in *Sponsalitium.*

¶ Sponsare Ecclesiam, Eam sibi in sepulturam eligere. Litteræ Folcaldi apud Stephanot. tom. 7. Fragm. Hist. MSS : *Do vero ex parte matris meæ Girbergiæ, quæ pro amore D. N. J. C. et S. M. semper Virginis et S. Petri Apostoli et S. Abundi Mart. et O. SS. Sponsavit prædictum locum de sepultura corporis sui, pro redemtione animæ suæ et sui senioris Azonis, quantum ipsa dedit in villa quæ vocatur Juer.*

* **SPONSSALITIUM**, idem quod *Augmentum* dotis. Contract. matrim. ann. 1290 : *Et quia dos data meretur donationem propter nuptias, damus vobis de Sponsalitio seu augmento nuptiali quatuor milia solidorum Turon. nigrorum.* Vide in *Sponsalia.*

¶ **SPONTALIS**, Spontaneus, ultroneus. Gloss. Lat. Gr. : *Spontalis*, 'αὐθαίρετος. Utitur Apuleius lib. 4. Metamorph. et lib. 11. circa finem.

* **SPONTO**, Spunto, Pugio, sica, Ital. *Spuntone.* Stat. Mutin. ann. 1328. apud Murator. tom. 2. Antiq. Ital. med. ævi col. 487 : *Lanceam, scutum, et spatam sive Spontonem, et cultellum, etc.* Stat. ant. Florent. lib. 3. cap. 143. ex Cod. reg. 4621 : *Nullus qui non sit de universitate fabrorum civitatis Florentiæ audeat facere.... aliquas spatas, Spuntones, cultellos, etc. Esperoit,* eadem acceptione, in Lit. remiss. ann. 1391. ex Reg. 142. Chartoph. reg. ch. 131 : *Icellui Drouet print un grant coustel ou Esperoit que ledit Perrinet le savetier avoit à sa sainture.* Vide *Spontones.*

¶ **SPONTALITER**, Sponte, apud Sidonium lib. 8. Epist. 9 : *Id non modo non coactus, verum etiam Spontaliter facio.*

SPONTONES, Pugiones, apud auctorem Mamotr. ad 2. Paralip. cap. 22. Vox Italica, de qua Ferrarius.

¶ 1. **SPONTONUS**, Fustis ferro munitus, Ital. *Spontone*, Gall. *Bâton ferré.* Statuta castri Redaldi lib. 2. fol. 39. v° : *Declaramus quod arma vetita sint infrascripta, videlicet, lancea, spata, cultellus, sive daga, et cultellesia, stochus, Spontonus, massa, etc.*

¶ 2. **SPONTONUS**, Scalprum signatorium, Ital. *Pontone*, Gall. *Poinçon*, quo in signandis monetis utuntur. Statuta Genuens. lib. 2. cap. 31. de Monetis fol. 61 : *Typos vero ad imprimendum, quos hodie formas vocant, vel quos ad eos formandos vulgariter Spontonos dicunt, sive in dominio Genuensi, sive extra, facientibus, bona publicentur, et summo supplicio adficiantur, vel ad id usque plectantur arbitratu Magistratus.* Eadem totidem verbis habentur in Statutis Saonæ cap. 50. fol. 104.

¶ **SPONTUALITAS.** Arestum Parlamenti ann. 1531. inter Privilegia Ord. S. Johannis Jerosol. pag. 253 : *Dicti vero intimati originale computorum de Spontualitate memorati Episcopatus Laudunensis, per eos productorum... penes dictam Curiam nostram.... ponerent.* Legend. videtur *Spiritualitas.* Vide ibi.

* **SPONZONUS**, Doliaris fistula, Germ. *Spont.* Acta B. Amad. tom. 2. Aug. pag. 585. col. 2 : *Cum uno sero quidam filius dicti domini Antonii foramen Sponzoni obturare oblitus esset in vase, ex quo vernazola ipsa hausta erat, etc.*

SPORA. Vide *Spourones.*

* **SPORCA**, Retis seu instrumenti piscatorii species. Charta ann. 1353. apud Ludewig. tom. 9. Reliq. MSS. pag. 530 : *Reservantes nobis ad expensas nostri castri Tornow duas parvas naviculas cum parvis retibus atque Sporcis capiendo pisces in eodem stagno.* Legendum fortean *Sportis.*

¶ **SPORCITIÆ**, pro *Spurcitiæ*, Immunditiæ, Gall. *Ordures*, in Bulla Eugenii IV. PP. ann. 1437. ex Bullar. Carmelit. pag. 194. col. 1.

¶ **SPORLA**, Sporta, Gall. *Corbeille.* Statuta Montis Reg. fol. 312 : *Item pro media dozena de Sporlis sol. den. sex.* Vide *Sporta* 2.

* **SPORLAGIUM.** Vide supra *Sperlagium.*

* **SPORLARE**, *Sporlam*, seu id quod propter investituram, aut ratione *relevii* domino capitali debetur, præstare. Charta Henr. V. reg. Angl. ex Cod. reg. 8387. 4. fol. 1. v° : *Laudamina et alia servitia, per quoscumque subditos nostros in dicto ducatu nostro Aquitaniæ nobis debita et debenda, seu in similibus fieri consueta.... exigendi et ipsos subditos ac personas hujusmodi ad Sporlandum compellendi et feudis hujusmodi juxta formam.... patriæ investiendi,.... ac Sporlas hujusmodi recipiendi.... licentiam* (Johanni Radclyf) *concessimus.* Charta ann. 1287. in Reg. 64. Chartoph. reg. ch. 283 : *Salvis domino nostro regi cavalcata, exercitu communi, et acceptamento seu Sporla, et aliis deveriis, quæ eidem domino nostro regi pro dicto castro de Clarencio et pertinentiis nomine dominii utilis vel directi debentur.* Alia ann. 1309. in Reg. 46. ch. 68 : *Una lancea cum ferro novo deaurato pro Sporla in mutatione domini semper solvenda.* Vide supra *Esporlare* et infra *Sporta* 2.

** **SPORLES**, in vet. Notit. scripta in cod. Polypt. Irminon. post Breve 12. Guerardo pag. 130. E rasis verbis quæ præcedunt certi nihil affirmare licet, videtur tamen idem esse quod *Sporla*, in *Sporta*, 2.

¶ **SPORONES**, ut *Spourones.* Vide ibi.

* **SPORONISTÆ**, Hæretici. Vide supra *Speronistæ.*

* **SPORONUS**, Calcar, Ital. *Sperone.* Inventar. MS. thes. Sedis Apost. ann. 1295 : *Item unam cupam de argento deauratam ad Sporonos cum coperculo.* Vide *Spourones.*

1. **SPORTA.** Inter alia veterum monachorum opificia seu manualia opera, frequens est mentio *Sportarum*, quas vimine, aut junco, sparto, aut alia quavis materia texebant, quo earum pretio victum et alia

necessaria sibi compararent, quod testantur Regula S. Pachomii cap. 74. S. Hieron. Epist. 4. Cassian. lib. 4. de Cœnob. cap. 29. et alibi. Sozom. lib. 6. cap. 29. etc.

Sporta Peregrinationis, Quæ alias *Pera*. Papias : *Pera, sportella, sacculus pastoralis, mantica.* Tabularium S. Victoris Massiliensis apud Guesnaium ann. 855. n. 3 : *Illucescente vero mane ipsius Dominicæ Resurrectionis, post acceptam Sportam suæ peregrinationis, ob religionem piæ devotionis, venit in medium congregationis,* etc. [Charta Hugonis Ducis Burgundiæ ann. 1171. inter Instr. tom. 4. Gall. Christ. novæ edit. col. 91 : *Sportam meam suscipiens de manu Guichardi Lugdunensis Archiepiscopi.... donavi et concessi ad luminare ipsius altaris S. Nazarii* xx. *solidos singulis annis.*] Vide *Pera* 1.

¶ Sportarum Benedictio, inter obventiones presbyterorum recensetur, in Chartul. Bituric. fol. 22. quod scilicet pro benedictione Sportæ seu peræ peregrinantium presbyteris fiebant oblationes. Vide in *Pera* 1.

* *Oblatio Sportæ*, id, quod pro illius benedictione sacerdoti offerebatur, in Charta ann. 1149. ex Chartul. Cluniac. : *Baptisterium, oblatio Sportæ et baculi.... per medium dividatur.*

¶ Sportella, diminut. a *Sporta*, Pera minor. Charta Sancii Reg. apud Morett. Antiquit. Navarræ pag. 616 : *Ut omnes undique partibus venirent causa orandi cum Sportella vel ferrone.*

2. **SPORTA**, Sporla, Id, quod propter investituram, aut ratione *relevii* conceditur a vassallo domino capitali. In Regesto Constabulariæ Burdegalensis : *Isti sunt, qui debent Sportam in diœcesi Burdegalensi. Dominus Bertrandus de Novelliano Miles debet pro Castro de Novelliano unam lanceam de Sporta ; et pro his, quæ habet in parochia de Salas unum austorium*, (autour) *vel* 60. *sol. de Sporta.* Ita de cæteris feudatis, quorum alii lanceam, calcaria aurata, aut chirothecas, vel certam nummorum summam debent pro *sporta*. Fol. 165. ejusdem Regesti est Charta Heliæ de Canpanna Militis ann. 1285. in qua sic loquitur : *Dabimus præfato domino meo Edwardo, hæredibus et successoribus suis, unum austurium sor de Sporta, in qualibet mutatione domini, quotiens mutationem istam ex alterutra parte fieri contigerit.* In Regesto homagiorum nobilium Aquitaniæ fol. 18. ubi agitur de Burgi (urbis ita dictæ) incolis : *Cum secundum nostram consuetudinem non sit feodum, nisi sit ibi Sporle, sive investitura. Esporle*, etiam interdum Gallice effertur ibidem fol. 58 : *Theobaud Seigneur de Budos bailla pour Esporle et devoir deux lansses. Mons. Geraud de la Mota bailla pour Esporle* 20. *sols de la monnoie, etc.* Occurrit vox *Esporle* hac notione in Consuetudine Burdegal. art. 82. 83. 85. 88. 93. 94. Charta Edwardi Regis Angliæ in 84. Regesto Philippi Pulchri Regis Franc. ex Tabulario Regio n. 43 : *Reddendo inde nobis et hæredibus nostris unam lanceam ad Sporlam in mutatione domini, uti Sporlæ de Vasata fiunt.*

¶ Sportula, Eadem notione, in Charta ann. 1317. tom. 2. Hist. Dalph. pag. 166. col. 1.

* *Sportule*, in Charta pariagii inter reg. et abb. S. Severi ann. 1461. ex Reg. 198. Chartoph. reg. ch. 273 : *Lausimes, préparances, Sportules, tous les fiefz, cens et autres droits.* Vide supra *Sporlare*.

¶ Sporlanum, Eodem significatu. Charta Edwardi I. Reg. Angl. ann. 1289. apud Rymer. tom. 2. pag. 425 : *Reddendo inde.... unam lanceam cum ferro deauratam pro Sporla in mutatione dominii cujuslibet hinc et inde... Ita quod quilibet prædictorum... ad solvendum pro rata Sporlani in mutatione dominii teneatur.*

☞ Eodem nomine aliquando significatum quodvis servitium a tenentibus domino debitum, ut colligitur ex Codice censuali Irminonis Abb. Sangerm. fol. 64. v° : *Hic mos est de bobus apud Modiacum et villanorum, quod vulgo dicitur Sporles, quod vinum colligent ministeriales S. Germani tempore vindemiarum, et deliberabunt exceptoribus et conductoribus ejusdem Widonis in eadem villa, et ipsi exceptores conducent vinum ad conductum suum quo dominus eorum voluerit.* Vide *Sporles* suo loco.

Hanc porro vocem a *sportula* Latinorum manasse nemo inficias ierit, quibus, maxime paulo inferioris ævi Scriptoribus, ita munuscula, dona, salaria et honoraria, nuncupantur, quod docuere pridem Juretus ad Symmachum lib. 9. Epist. 124. Sirmondus ad Sidonium lib. 8. Epist. 5. et Alexander Wilthemius ad Diptychon Leodiense, ubi observant *sportulas*, a *sportis* seu canistellis, uti vocantur a Symmacho lib. 2. Epist. 81. appellari, quod in *Sportulis* honoraria vel munera offerrentur, quod præterea ex Corippo colligunt. [Vide Notas Gothofredi ad leg. 1. tit. 9. de Expensis ludor. Cod. Theod.] Atque hac notione posterioribus etiam sæculis *Sportulas* appellari constat. Concilium Vernense ann. 755. cap. 27 : *Ut nec Episcopus nec Abbas, nec ullus Laicus, pro justitia facienda Sportulas, contradictas accipiat.* Id est, *vetitas*. Usatici Regni Majoric. MSS : *Judices ordinarii seu curiæ ordinariæ civitatis nullas expensas, seu Sportulas, nec aliquid pro primis sententiis exigant, habeant seu requirant.* Fori Aragon. lib. 7. de firmis juris : *Non teneantur solvere salarium, expensas, vel Sportulas aliquas Inquisitori, Notario, nec alicui alteri.* [Chartul. Auxit. Eccl. cap. 102 : *Gurpivit ecclesiæ illi* xx. *solidos quos nomine Sportulæ de jure petere videbatur in honore illo de Berdala... Et malitiam suam super hujus Sportulæ exactionem manifeste confessus est.* Diploma Henrici Imper. ann. 1193. inter Instr. tom. 1. Gall. Christ. novæ edit. pag. 79. col. 1 : *Imperiali edicto sancimus ut nulli dominorum in Aptensi civitate constitutorum, de libra accipiant nisi* XII. *denarios nomine Sportularum, et pro justitia.* Charta ann. 1293. tom. 1. Hist. Dalph. pag. 37. col. 1 : *Item quod dictus Raymundus et successores sui expensas et Sportulas latas, nec aliquid aliud pro causis suis solvere minime teneantur.* Litteræ Philippi VI. Reg. Franc. ann. 1340. tom. 3. Ordinat. pag. 172 : *Absque aliquarum levatione Sportularum seu salariorum.* Constit. Ludovici Reg. Siciliæ ann. 2351. ex Cod. MS. D. *Brunet* fol. 100 : *Nullus commissarius.... possit Sportulas seu salarium aliquod recipere a nostra Camera fisci.*] *Sportules*, in Statutis Leodiensibus art. 70. 71. 90. Hinc *sportulantes fratres*, apud Cyprianum, Epist. 28. 34. 66. dicuntur Clerici, quibus *Sportulæ* pro stipendiis præbebantur, quæ postmodum *Præbendæ* dictæ Gregor. M. lib. 1. Epist. 64.

* *Sportule* et *Esportule* nostris eadem notione. Charta ann. 1404. ex Cod. reg. 6008. fol. 204. v° : *Et ne payera ledit comte aucunes Sportules ès cours dudit seigneur, et les fera le Roy tenir quitte et paisible.* Instr. ann. 1433. inter Probat. tom. 3. Hist. Nem. pag. 243. col. 1 : *Salaires, Esportules des comissaires, adjoints, notaires et autres, etc.*

** **SPORTALE**, Sporta, ut videtur, quam Isidor. in Origin. lib. 20. cap. 9. sect. 10. ita dictam secundum nonnullos scribit *quia exportat aliquid*. Membran. Meinhard. Abbat. de Jurib. Mauri-monaster. ann. 1144. in Alsat. Diplom. num. 275. tom. 1. pag. 227 : *Duos porcos dabit* (abbas advocato) *in natali, unum honestiorem, alterum minorem, et unum Sportale, id est rephporci, et panes, etc.* Legendum puto *reph, porci*, Clitella qua unus porcorum asportari potuit. Vide Graff. Thesaur. Ling. Franc. tom. 4. col. 1154. radice *Href* ubi vet. gloss. : *Ref vel meisa, Sarcina.*

¶ **SPORTALIA**, διανομή, in Gloss. Lat. Gr. Aliæ Græco-Lat. : Διανομή, *Divisio, distributio, sportulia, Sportalia.*

* **SPORTATIUM** Cubile, Sporta, in qua quis cubat. Mirac. S. Emmer. tom. 6. Sept. pag. 503. col. 2 : *Quia destituta esset officio membrorum, in qualo deportatur ad S. Emmerammum. Cui dum propria manu, altius tamen suffulta, calicem restituisset,.... subito reddita sanitati, exilit de Sportatio cubili.*

* **SPORTELLA**, Sacrarum Reliquiarum capsa. Traslat. S. Taur. tom. 2. Aug. pag. 646. col. 2 : *In medio Sportellarum, quæ pretiosa corpora prædictorum duorum confessorum continebant, se dedit.* Vide in *Sporta*, 1.

¶ **SPORTELLARIUS**, κοπριαίρετος, in Glossis Lat. Gr.

* **SPORTELLUM**, Ostiolum, Ital. *Sportello*. Tract. MS. de Re milit. et mach. bellic. cap. 178 : *Si vis secure destruere portam sive murum castelli aut fortilicii, fac quod ante te sit musculus aut vinea fenestram habens aut Sportellum : et quando vis ignem in bombarda mittere, prius elevatur altius Sportellum.*

¶ **SPORTULA**. Vide in *Sporta* 2.

¶ **SPORTULARE**, Sportulam accipere, apud S. Cyprianum Epist. 66 : *In honore Sportulantium fratrum.* Vide in *Sporta* 2.

¶ **SPORTULIA**. Vide *Sportalia*.

SPOURONES, Calcaria, Saxon. spora, Germanis *Sporen*, Anglis *a Spurle*, [Italis, *Sperone*,] Gallis *Esperons*. Testamentum Everardi Ducis Forojuliensis : *Baltheum unum de auro et gemmis, Spourones duos de auro et gemmis, vestitum unum de auro paratum, etc.* Sermo Synodalis ann. 1009 : *Nullus cum calcariis, quos Sporones rustici vocant, et cultellis extrinsecus dependentibus Missam cantet.* [** Vide Pertz. Archiv. Histor. Germ. tom. 7. pag. 869.] Philippus

Mouskes in Historia Francorum MS. in Henrico I :

Si l'a jus à ses piés gietée,
Et as Espourons debontée,
Et de puins et de piés batue,
Si que poi faut il ne le tue.

Infra :

Maugré ses gardes chevaucha,
Des Esperons ceval brocha.

Idem in Philippo Aug. :

Uns Esporons ot en ses piés.

Littleton. sect. 159 : *Tenure par petite serjanty est lou home tient sa terre de nostre Seigneur le Roy de render al Roi annuelement un arke, ou un espée, ou un dagger, ou un cuttel, ou une paire de gants de ferre, ou un paire de Spoures doré, etc.*

Spora, in Testamento Ranimiri Regis Aragonum æræ 1099. Locum vide in *Testinia.* [Testament. Ermengaudi Comit. Urgell. ann. 1010. in Append. ad Marcam Hispan. col. 974 : *Et ipsas meas Sporas meliores ad Vivus sacerdotem. Et alias meas Sporas qui sunt de argento, sicut et alias retro scriptas, remaneant ad Bonifilio et ad Bonucio et ad Maier Sacerdotes de Barchinona.*] [** Chronic. Casin. cap. 10 : *Vaucas par* 1. *in gemmis et smaragdis, Spora par* 1. Ubi Leo Marsic. lib. 1. cap. 28. habet *bocis ac fibulis.*]

¶ Esperonnus, a Gall. *Esperon*, in Computo ann. 1239. ex Bibl. Reg. : *Pro Esperonnis* XLII. *sol. Pro calciamento Regis* CXII. *sol.*

¶ 1. **SPRANGA**, Subscudis genus ex ligno vel ferro, repagulum, vox Italica. Guido de Vigevano de Modo acquirendi et expugnandi T. S. cap. 6. ex Cod. Colbert. 5080 : *Et super istis corogineliis ponantur duæ Sprangæ de ligno ante et retro, in quibus fiant duo foramina tam lata, ut perticæ possint intrare.* Ibidem cap. 8 : *Inter illas duas assides subtiles ponantur plures Sprangæ subtiles pro firmitudine fundi.*

¶ Sprangha, Eadem notione. Translatio S. Leonis I. PP. tom. 2. April. pag. 21 : *Tabula marmorea quæ tumbam claudebat, imposita erat quatuor ferreis hastis sive Spranghis per transversum positis.* Vide in *Sparaga.*

* Hinc forte Gallicum *Effranche*, non dissimili notione, scilicet pro Pertica in longum posita a latere carri, vulgo *Ridelle.* Lit. remiss. ann. 1419. in Reg. 172. Chartoph. reg. ch. 12 : *Un baston, appellé Effranche ou ridelle de charrette.*

* 2. **SPRANGA**, Italis, Lamina; unde *Sprangatus*, Ejusmodi laminis munitus et ornatus. Inventar. MS. thes. Sedis Apost. ann. 1295 : *Item duos alios flascones de argento deaurato,.... cum corrigiis de serico violaceo, Sprangatis de argento deaurato.... Item duos flascones de argento.... stantes super quatuor pedibus,.... cum sex Sprangis in quolibet et cum coperculis.* Vide *Sprangatus.*

¶ **SPRANGATUS**, Vox Italica. Anonymi Annal. Mediol. apud Murator. tom. 16. col. 812 : *Botacii duo argenti deaurati cum esmaillis duobus in bottis, et cum litteris Græcis et corrigiis Sprangatis.* Id est, laminis argenteis munitis et ornatis. Vide *Spranga*, 2.

SPRENO. Gloss. Græc. Lat. : Ἐξουδενῶ, *Adnichilo, Spreno, sperno, respuo.* Ἐξουθενῶ, *Sperno, respuo, adnichilo, Spreno, adsperno.*

* **SPRETUS**, Spretio, contemptio. Epist. Pauli I. PP. ad Pippin. reg. ann. 757. tom. 5. Collect. Histor. Franc. pag. 504 : *Spoletinum et Beneventanum, qui se sub vestra a Deo servata potestate contulerunt, ad magnum Spretum regni vestri desolavit.* Utuntur Apuleius et Sidonius lib. 3.

¶ **SPREVARIUS**, Spreverius. Vide *Sparvarius.*

¶ **SPREZIA**, f. pro *Spezia*, Nummus. Castellus in Chron. Bergom. ad ann. 1406. apud Murator. tom. 16. col. 968 : *Similiter invenerunt uxorem Moroni de Ventraria, quam in capite vulneraverunt et scavezzaverunt unum brachium, et acceperunt unam Sprezium auri, et dimiserunt ire.*

** **SPRIMATUS.** Vetus Notit. de panibus distributis apud S. Germanum Pratensem in Nativitate S. Thomæ, post Irminon. pag. 304 : *Ad stabulum* 3. *ad burriam* 1. *vervecarius* 1. 46. *superadditi....* 46. *isti accipiunt panem Sprimatum.* Guerardo idem videtur qui *paximatius.*

¶ **SPRINGALDUS**, Springalis. Vide *Spingarda.*

¶ **SPRIU**, *Peripsema*, in Gloss. Mons. ex Schiltero in Gloss. Teuton.

¶ **SPRIUZA**, *Fulcra*, in iisd. Gloss. apud eumdem, Germ. *Spriessen.*

* **SPROCARIUS** Stat. Mantuæ lib. 1. cap. 126. ex Cod. reg. 4620 : *Piscatores in lacu communis Mantuæ et Sprocarii ire possint per lacum cummunis Mantuæ de nocte et redire; hoc modo videlicet, quod ipsi piscatores et Sprocarii se scribi faciant coram domino potestate, et faciant securitatem de non portando aliquam personam extra civitatem Mantuæ.* Piscatorum genus, qui sic appellantur, quod inter piscandum potissime utuntur instrumentis ex viminibus vel surculis confectis, ab Italico *Sprocco*, germen, surculus; unde etiam fortasse vox Gallica *Esprinier*, eadem, ut videtur, notione, in Lit. remiss. ann. 1395. ex Reg. 148. Chartoph. reg. ch. 34 : *Pour aler jusques au bois querir des Espriniers.*

¶ **SPUDÆUM**, Academia, a Gr σπουδάζω, studeo. Vita S. Stephani Sabait. tom. 3. Jul. pag. 549 : *Huic amicus quidam erat cognomento Basilius; proximam namque ei in Spudæo sanctæ Christi Dei nostri Resurrectionis cellam obtinebat.* Hinc

¶ **SPUDIUS**, Studiosus, industrius, a Gr. σπουδαῖος. Ratherii Episc. Veron. Præloq. lib. 5. apud Marten. tom. 9. Ampl. Collect. col. 933 : *Ipse te custodire valet paulo erectum, qui voluit erigere penitus dejectum;... ipse perpetim efficere Spudium, qui contra naturam citraque omnem spem colligere voluit etiam infatuatum.*

* **SPULGA.** Charta ann. 1272. inter Probat. tom. 4. Hist Occit. col. 51 : *Item in dicta rippa est Spulga de Orlonaco, cum villis de Bicaco, de Sorssaco.... Item vallis de Astnava in dicta rippa incipit, cum castro de Astnava,.... et Spulga de Solombria.* an Rivulus?

SPULUM. Isidorus Pacensis æra 788 : *Tunc capita damnatorum ad Abdellam dirigentes, suo Spulo re fuerunt bellatores, atque cunctos pristinos digne pacificantes.* An *Spolio?*

☞ Hæc male sana sic emendari posse videntur : *Tunc capita damnatorum ad Abdellam dirigentes, suo supplicio reduxerunt bellatores, etc.* Sed hæc divinando.

SPUMATICUM. Gloss. Saxon. Ælfrici : *Spumaticum :* mete of melde, of ban gesoden. Somnero mete est cibus, esca: melve, forte, inquit, similago : gesoden, elixus. Confer *Sprimatus.*

* **SPUMEX**, *quasi spuma maris, Gall. Pousse.* Glossar. Lat. Gall. ex Cod. reg. 7679.

** **SPUNGIOLARE**, Spongia detergere, ut *Spongiare.* Bonifac. Consil. apud Maium in Spicil. tom. 3. pag. 151 : *Vino mareotico manus ejus Spungiolare præcipiunt.*

SPUNLIA. Ordonius Monachus lib. de Miracul. S. Rudesindi Episc. Dumiensis n. 29 : *Cum quædam in ejus naribus infirmitas, quæ vulgo Spunlia dicitur, nasceretur.*

* **SPUNTO.** Vide supra *Sponto.*

* **SPUPILLARE**, Emancipare, vox in Academiis Italicis, qua exprimitur ratio emancipandi, ut ita dicam, *beanos* in Academiis Germanicis; qualis olim descripta est ab Eumop. in Prohæres. et a Gregorio Naz. Orat. in Basilium. Læl. Bisciola tom. 4. lib. 6. cap. 4 Hæc post D. *Falconet.*

¶ **SPURARIUM**, Calcar. Gall. *Eperon.* Charta ann. 1292. apud Kennett. Antiq. Ambrosd. pag. 321 : *Et pro hac recognitione, warantia, acquietantia, fine et concordia idem Johannes dedit prædicto Hugoni unum Spurarium aureum.* Vide *Spourones.*

SPURCALIA in Februario, Superstitionis species et paganiæ interdicta in Capitul. Carlomanni ann. 744. cap. 3. [Aldelmus de Virgin. cap. 12 : *Cui paganorum decepta gentilitas, ad sedandam furoris vesaniam, fanaticæ lustrationis Spurcalia thurificabat.*]

Spurciciæ Gentilitatis, et *Gentilium*, Paganicæ superstitiones, in Capitulari 1. ann. 769. cap. 6. 7. lib. 7. Capit. cap. 128, 129. in Epist. Bonifacii Moguntini ad Cuthbertum Archiepisc. Cantii, et in Concilio Cloveshoviensi ann. 747. in Præfat. Hinc percipere licet, quid velit Capitulare 5. ann. 819. cap. 10. et lib. 4. Capit. cap. 53 : *De locis jamdudum sacris, et nunc Spurcitia fœdatis, ut juxta possibilitatem in antiquum statum reformentur.* Ubi loca sacra *Spurcitia* fœdata intelliguntur ea, quæ in Gentilium fana conversa fuerant.

¶ **SPURCAMEN**, Paganica superstitio. Dudo lib. 1. Histor. Normann. : *Contrita est namque gens ultore Anstiguo Francigena quæ Spurcaminum erat sorde nimium plena.* Pro Spurcities utitur Prudent. Cathemer. 9. 59 : *Gregis suilli sordida Spurcamina.*

¶ **SPURCIDUS**, Spurcus. Vita S. Gerardeschæ tom. 7. Maii pag. 175 : *Et cum ei Spurcida verba diceret, etc.*

SPURHUNT. Vide in *Canis.*

¶ **SPURIUS**, Incerto patre natus, vox JC. nota. Occurrit præterea apud Apuleium lib. 6. Metamorph. in Hist. Cortusior. lib. 8. et alibi. Sed et adjective sumitur, ut apud Auson. Epist. 2 : *Spurii versus*, id est, incerti auctoris.

* Varias illius notiones profert Glossar. vetus ex Cod. reg. 7613 : *Spurius, incerto*

patre, matre vidua genitus, quasi tantum spurii filius; quia veteres muliebrem naturam Spurium dicebant. Spurius dicitur, qui de patre ignobili et matre nobili est. Spurius, Favonius dicitur, de nobili matre vel adulterino semine. Glossar. Provinc. Lat. ex Cod. reg. 7657 : *Spurius, de patre nobili et de matre vili.* Hinc *Spurien* a nostris metaphorice usurpatur, ut quid vile et contemnendum significent. Vide supra *Emphyteosis*.

¶ **SPURTIS**, f. pro *Curtis*. Charta Edwardi III. Regis Angl. tom. 2. Monast. Anglic. pag. 832 : *Usque ad stagnum molendini ipsius Willelmi cum buttorio* (battorio) *et agardino suo ubique usque ad divisas inter Berefod. et Wasperton, cum Spurte, etc.*

SPUTACULUM, Sputum. Evagrius in Vita S. Antonii. : *At ego Sputaculum maximum in os ejus ingeminans, etc.* In Græco est. : Ἐγὼ δὲ τότε μᾶλλον ἐνεφύσησα κατ' αὐτοῦ.

* *Racheron*, in Glossar. Lat. Gall. ann. 1352. ex Cod. reg. 4120.

¶ **SPUTAMENTUM**, ut *Sputaculum*. Conc. Tolet. XVI. inter Hispan. tom. 2. pag. 739 : *In carne sua* (Christus) *flagra pro nobis, colaphos, Sputamenta coronamque spineam sustulit.*

SPUTARIUM, *Sputum*. Gloss. Isid.

* **SPUVIA**, Instrumentum fabrile; vox haud certo lecta; f. pro *Squvia*, instrumentum ferreum, quo utuntur fabri lignarii, nostris *Gouge*. Vide *Guvia*. Lit. remiss. ann. 1353. in Reg. 81. Chartoph. reg. ch. 791 : *A quadam Spuvia feuri, qua in ludendo inter se projecit Heuvetus præfatus, dictus Audrietus fuit in capite percussus et læsus, taliter quod mors exinde fuit subsecuta.*

¶ 1. **SQUADRA**, Acies, cuneus, copiæ militares, vox Italica, Gallis *Escadron*. Chron. Tarvisinum apud Murator. tom. 19. col. 862 : *Tunc prope Cremonam incipit pugna, et Squadra una adversus alteram bello congreditur, ita ut modo una pars alteri cederet.* Vide *Scara* 3.

¶ 2. **SQUADRA**, Caterva, turba, cohors, Gallis *Bande*; item, Plaga, regio, qua etiam notione, in re nautica præsertim, *Bande* usurpamus. Statuta criminalia Riperiæ cap. 16. fol. 7 : *Eligatur unus sindicus in consilio communitatis Riperiæ per Squadras; hoc modo videlicet : quælibet Squadra eligat suum : et si Squadra eligere debens, in eligendo fuerit discors, fiat per consiliarios dictæ Squadræ balotatio ad bussolas, et balotas; et habens majorem partem seu numerum balotarum, sit electus pro dicta Squadra; et sic electi per omnes Squadras, scribantur bulletinis æqualis formæ, et postea ponantur omnes in uno sacculo, et misceantur, et quassentur, et subinde sorte unus extrahatur, qui syndicus esse debeat.* Statuta ejusd. datiaria cap. 5. fol. 12 : *Quælibet persona quæ vendet carnes ad minutum in communitate prædicta, vel ejus districtu, seu in aliquibus Squadris communitatis prædictæ, non possit, nec debeat vendere de ipsis carnibus, nisi in infrascriptis terris.* Chron. Petri Azarii apud Murator. tom. 16. col. 370 : *Et sunt Olegium in Squadra Ticini : Burgomaynerium in Squadra Aconiæ, Calpignanum in Squadra Sitistis, etc.* Vide *Scara* 5.

¶ 3. **SQUADRA**, Norma, gnomon, Gall. *Equerre*. Guido de Vigevano de Modo expugnandi T. S. cap. 12. ex Cod. Colbert. 5080 : *In isto ferro de subtus fuselis ponantur quatuor anuli per Squadras, ut rota jacens possit teneri recta.* Vide *Squaratus*.

* 4. **SQUADRA**. Vide mox in *Squaia*.

* **SQUADRARE**, vox Italica, Exponere vel ad *Squadram* seu normam notare. Annal. Placent. apud Murator. tom. 20. Script. Ital. col. 942 : *Eodem anno 1472. datum est principium hospitali magno ipsum designando, Squadrando.* Vide *Squadra* 3.

* **SQUAGNA**, Mensura agraria, modus agri. Charta ann. 1303. in Reg. 74. Chartoph. reg. ch. 308 : *Et medium arpentum minus novem Squagnis prati et albaretæ.* Vide *Scaqua*.

* **SQUAIA**, Piscis genus. Tract. MS. de Pisc. cap. 40. ex Cod. reg. 6838. C : *Squatinam nostri, Massilienses, Galli, Ligures angelum vocant,.... Veneti squaquam vocant, alii Squaium, alii squadram.* Vide *Squatus*.

SQUALATA. Vide *Scarlatum*.

* **SQUALETUM**, Pannus coccineus, Gall. *Escarlate*. Gaufr. de Bello-loco in Vita S. Ludov. tom. 5. Aug. pag. 544. col. 1 : *Ex quo prima vice viam arripuit transmarinam, numquam indutus est Squaleto.* Vide *Scarlatum*.

¶ **SQUALLA**. Constitut. Lateran. apud Mabillon. tom. 2. Musei Ital. pag. 580 : *Beneficiati vero et capellani, qui servire tenentur in choro, indutas deferant cappas nigras cum superpelliceo seu cotta et almucias de Squallis nigris.* Id est, ut videtur, de pellibus nigris.

* **SQUAMATA** *est lorica ferrea ex laminis ferreis aut æreis concatenata in modum squamæ piscis.* Glossar. vetus ex Cod. reg. 7613.

* **SQUAQUA**. Vide supra in *Squaia*.

¶ **SQUAQUARIUM**, pro *Scacarium*. Vide in *Scacci* 1. Inquisitio ann. 1247. ex Tabul. Gemmet. : *Præceptum fuit hoc in Squaquario apud Rothomagum quod, etc.* Vide *Scacquarius*.

¶ **SQUARATUS**, Quadratus, in quadrum efformatus, Gallis *Equarri*. Statuta Cadubrii fol. 51. v° : *Item quod nullus homo et persona de terra Cadubrii possit aut debeat recipere lignamen Squaratum, etc.* Eorumd. Statut. reformat. fol. 51. v° : *Item statuimus, quod nullus forensis audeat vel præsumat incidere aut incidi facere, laborare vel laborari facere lignamen Squaratum aut rotundum, etc.* Vide *Squadra* 3.

¶ **SQUARLATUM**, ut *Scarlatum*. Vide ibi.

SQUAROSUS, *Asper, vel inæqualis*. Jo. de Janua. Leg. *Scarosus* a *scaro* pisce aspratili.

☞ Alii nihil immutandum censent. Et quidem præterquam quod *Squarrosa rostra* dixit Lucilius, facile *Squarosus* deducitur a *Squarus*, piscis asperrimi genus. Gloss. Lat. Gall. Sangerm. MSS : *Squarus, un poisson qui a la pel aspre de quoy l'en polit le bois.* Vide *Squatus*.

¶ **SQUARTARE**, vox Italica, Quadratim dissecare, dilaniare in quadrantes, Gall. *Ecarteler*, supplicii genus. Jac. De Layto Annal. Estens. ad ann. 1396. apud Murator. tom. 18. col. 935 : *Fuit enim per civitatem Ferrariæ super curru tanajatus, postmodum reportatus ad plateam, et alligatus cum funibus ad quatuor equos, ut Squartaretur, per horam magnam ventilatus et excussus est; sed cum per equos eo modo nequiret esse conscissus, solutus ab illo martyrio, fuit per lictorem communis ibidem, videlicet in platea, decapitatus atque Squartatus, et quarteria cum capite et intestinis in calatho uno positis delata fuerunt ad locum homicidii perpetrati.* Occurrit rursum col. 990.

¶ **SQUARZARE**, ab Italico *Squarciare*, Lacerare, discerpere, frangere, rumpere, Gall. *Déchirer, Briser*. Statuta Cadubrii lib. 3. cap. 56 : *Ordinamus quod si quis aliquam honeste viventem osculatus fuerit, vel in terram projecerit causa et animo eam cognoscendi, vel pannos Squarzaverit, vel ellevaverit vel similem injuriam intulerit, in 15. libris Pap. condemnetur.* Ibidem cap. 67 : *Et si ramum alicujus arboris fructiferæ inciderit, vel Squarzaverit, pro quolibet ramo inciso vel Squarzato curiæ in 20. solid. Pop. condemnetur.*

* *Esquatir*, non dissimili notione, in Stat. ex Lib. rub. fol. magno domus publ. Abbavil. : *Se un pot de lot est trouvés qu'il ne soit de bon aloi, il sera Esquatis, et en paiera xij. deniers.*

¶ **SQUASSUS**, Succussio, Italis *Squasso*, Gallis *Secousse*. Mirac. B. Simonis Erem. Aug. tom. 2. April. pag. 830 : *Ex quodam Squasso crepavit.* Haud scio an eadem notione in Decretis Placent. ad calcem Statut. fol. 108 : *Quas pœnas si non solverint infra x. dies, dent ei v. Squassus sive botte curli vel turture.* Videtur esse supplicii genus.

¶ **SQUATIT**, *Ebullit*, in Gloss. Sangerm. n. 501. Sed leg. *Scatet*.

¶ **SQUATUS**, Piscis genus, Plinio *Squatina*, Italis *Squato*, Gall. *Raye*. Gloss. Lat. Gr. : *Squatus*, ῥίνα, εἶδος ἰχθύος. Ubi *Squarus* emendat Cujacius. Ita etiam fortassis legendum est pro *Squatus*, in Actis SS. Ananiæ et Petri tom. 3. Febr. pag. 493 : *Præses vero jussit sale asperrimo cum Squato dorsum ejus fricari.* Vide *Squarosus*.

¶ **SQUAYLINUS**. Statuta Vercell. lib. 4. fol. 84 : *Item quod aliquis cujuscumque conditionis existat, non audeat vel præsumat ludere.... ad ludum catini sive Squaylini cum taxillis subtus vel alia re.*

¶ **SQUELLA**, Corbis, ut videtur. Eadem Statuta lib. 3. fol. 102 : *Eo salvo quod vanni, corbelle, situle, ceberi, conche, Squelle, incisoria... duci possint non obstante hoc statuto.*

¶ **SQUERA**, an Radius, vel Funiculus ad metiendum, Gall. *Equerre?* Ita Bollandistæ ad Acta sancti Ettonis tom. 3. Julii pag. 49 : *Designatus est autem eis in interiori cancello prioris ecclesiæ lapis unus, qui Squera circumducta, ita loco, cui inserendus quærebatur, inventus est congruus, ac si peritissimi cæsoris studio ad id operis esset excisus.* Vide *Squadra* 3.

* **SQUESA**, f. Compedes. Usatici Barcin. MSS. cap. 7 : *Si fuerit captus,.... et in Squesa vel ferris, sive in tanaga missus, vel in quocumque vinculo aut in custodia detentus, per singulos dies et noctes singulos sex solidos accipiat.*

* **SQUIBALA**, *i. Dura egestio*, in Gloss. Iatricis ex Cod. reg. 6881. Alex. Iatrosoph. MS. lib. 2. Passion. cap. 75 : *De milio et de panico pultes et omnibus plus nutribiles sunt et impinguant Squibala.* [** Occurrit apud Richerum lib. 3. cap. 96. *Squibula.* Unibos vers. 144.] Vide *Squybola.*

¶ **SQUIERIUS**, Armiger, Eques, Gallice *Ecuyer.* Charta apud *Madox* Formul. Anglic. pag. 79 : *Et pro hac datione et traditione, dicti Abbas et Monachi dederunt et concesserunt dicto Fulconi in vita sua... per duos dies unum panem Monachi et duos panes Squierii.*

SQUIFATUS, Squinatus. Vide *Scyphati.*

¶ **SQUILATUS**, Squilia. Vide *Skella.*

¶ **SQUILLA**, Anguilla, aliis Lucius. Translat. S. Genulfi sæc. 4. Bened. part. 2. pag. 232 : *Piscis non parvæ quantitatis, quem Squillam dicimus, a profundo gurgitis emersus, etc.* Vide alia notione in *Skella.*

* Eodem nomine appellantur variæ speciei pisces. Tract. Ms. de Pisc. cap. 134. ex Cod. reg. 6838. C : *Squilla lata, Liguribus orcheta nominatur.* Ibid. cap. 137 : *Squilla gibba a nostris caramot, a Santonibus de la santé, quod ægris plurimum soleant apponere, a Parisiensibus chevrette, a Rothomagensibus salecoque.* Rursum cap. 138 : *Squilla parva, quam nostri cinade appellant.* Glossar. vetus ex Cod. reg. 7613 : *Squilla, genus piscis delicati : hæc vulgo lota dicitur.*

SQUILLARII, seu *Latomi*, in Monastico Anglic. tom. 3. parte 2. pag. 8. Forte pro *Scalarii*, seu *Ardesiarum* sectores, paratores. Vide *Scatiæ.*

* **SQUILLATUS**, Animalis genus. Dialog. creatur. dial. 110 : *Varius licet sit parvus, propter nobilitatem pellis suæ animal excellentissimum est : similiter et Squillatus. Hii duo societatem statuerunt.*

* **SQUINA**, a Gallico *Eschine*, Ital. *Schiena*, Spina dorsi et renes. Charta ann. 1326. in Reg. 66. Chartoph. reg. ch. 727 : *De vulneribus quæ sibi facta fuerant in tibia sua dextra et Squina de retro et in suo capite, etc.* Lit. remiss. ann. 1400. in Reg. 155. ch. 462 : *Dictum Johannem Squatii a parte retro in Squinis sive renibus uno magno ictu de estoquo percussit Johannes Vincentii.*

* **SQUINALIS**. Arest. ann. 1359. 23. Dec. in vol. 4. arestor. parlam. Paris. : *Cum Nicolaus Valenconius patronus cujusdam navis religiosorum S. Johannis Jerosolimitani.... magnam quantitatem ceræ, Squinalium, canelæ et aluni emisset, etc.* Ubi legendum videtur *Specialium.* Vide *Species* 6.

¶ **SQUINANTIA**, Angina, Ital. *Squinanzia*, Gall. *Esquinancie.* Acta S. Benevenuti tom. 5. Jun. pag. 328 : *Liberavit... a Squinantia unum, etc.* Acta S. Etheldredæ tom. 4. Jun. pag. 579 : *Contigit vicarium adversa valetudine detineri et morbo, qui Squinancia dicitur, in collo, gutture et maxillis cæpit vehementer intumescere.*

Squinancialis Passio, Eadem notione, apud Longinum in Vita B. Kingæ tom. 5. Jul. pag. 734 : *Nam passiones Squinanciales graves et insolitas in gutture... sentire cæpit.*

* **SQUINANTICUS** Morbus, Angina, *Squinaticus*, qui eo morbo laborat, Ital. *Squinantico.* Mirac. S. Hyac. tom. 3. Aug. pag. 349. col. 1 : *Squinantico morbo percussus, tantum gutturis et faucium passus est inflaturam, ut cibo et potu nequaquam amplius uti posset... Currum parari jubet et suum Squinaticum ad sepulchrum beati Hyacinthi portari.*

¶ **SQUINANTUM**, pro *Squinanthum*, Juncus odoratus. Gloss. MS. ad Alex. Iatrosophist. lib. 1. Passion. : *Migma, est Squinantum, palea camelorum.*

* Italis, *Squinante* et *Squinanto.*

* **SQUINATICUS.** V. *Squinanticus.*

* **SQUINGIBIN.** Vide supra *Scangibin.*

¶ **SQUIRELUS**, Squirolus, Sciurus, Gallice *Ecureuil.* Vide *Scuriolus.* Charta ann. 1410. apud Rymer. tom. 8. pag. 634 : *De qualibet centena pellium agnorum, capriolorum, Squirelorum venalium, unum denarium.* Conc. Dertus. ann. 1429. inter Hispan. pag. 663 : *Neque folleratus deferat* (Clericus) *pelliam de marthis, de fagnes, de vebres, de ludries, de Squirole aut vulpium.* [* Vide supra *Esquirolus.*]

¶ Squirio, Eadem notione, in Charta ann. 1061. ex Tabul. S. Apri Tullensis apud Mabill. tom. 4. Annal. Bened. pag. 616.

¶ **SQUIRS**, Veteribus idem quod Regula, ut colligitur ex Charta ann. 977. apud Labbeum tom. 2. Bibl. pag. 543 : *Idcirco cum antiquitus idem locus dictus fuerit Squirs, modernis temporibus dicitur Regula.* Hodie vulgo *la Reole.* A voce *Squirs* nostrum fortasse *Equerre*, norma, gnomon.

* **SQUITATOR**, Armiger, eques, Gall. *Ecuyer.* Charta ann. 1291. ex Chartoph. reg. Montispess. : *Domino Amalrico.... recipienti pro se suisque hæredibus et pro omnibus et singulis militibus de coredo et domizellis et Squitatoribus, servitialibus et officialibus suis, quos ipse habuit et tenuit, et habet et tenet ad stipendia et servitia communis Florentiæ.* Vide *Squierius.*

* **SQUNILZEWINUM**, vulgo *Squnilzewin*, Navigii genus apud Rupellenses. Lit. remiss. ann. 1401. in Reg. 156. Chartoph. reg. ch. 114 : *Lesquelz varlez mariniers se demeuroient de aler besongner à une nef, nommée Squnilzewin.*

¶ **SQUYBOLA**, *Duriora excrementa, quæ medici vocant σκύβαλα.* Joachim. Camerar. et in Lexico Phil. Goclenii. [* Vide supra *Squibala.*]

SRADUS. Glossar. Ælfrici. : *Sradus, vel surdaster*, deaf. Sed leg. Surdus.

¶ **SROZWIN**, Vini genus. Charta Henrici III. Imp. ann. 1051. apud Marten. tom. 1. Ampl. Collect. col. 428 : *Ansfrido clerico suo XIII. mansos cum mancipiis suis ad Lutzenrode, et vinum quod dicitur Srozwin, in Clotteno Ernestoni fratri suo duos mansos cum mancipiis. Scozwins* legitur in Charta Richisæ Reginæ ann. 1050. ibid. col. 424. Quæ sit potior lectio definire non facile est. [** *Stortzwin*, apud Graff. in Thesaur. Ling. Franc. tom. 1. col. 886.]

¶ **STA**, pro Ista, in Pactu Leg. Salic. edit. Eccardi cap. 42. pag. 130. ut *Ste*, pro iste, sæpe occurrit apud Scriptores ævi medii, unde *sete* primum, exinde Gallicum *Cet* efformatum observat Cl. Editor.

* **STABELARIUS**, Apparitor ecclesiasticus, *Bedellus*, a baculo seu virga, Germ. *Stab*, quam defert, sic dictus. Lib. sal. eccl. S. Thomæ Argent. ex Charta ann. 1404. fol. 65 : *Johannes, dictus Satteleir, de Constantia.... bacularius ecclesiæ S. Thomæ.* Idem paulo ante appellatur *Stabelarius.* [** *Caduceatores vel Stabellarii cum magna cruce*, in Notit. sæc. XVI. apud Guden. Cod. Diplom. tom. 4. pag. 651. Adde ibid. pag. 656. et 657. *Stebelarii*, in Lib. Sal. S. Thom. Argentor. Vide Scherz. Glossar. German. vocibus *Stæbeler* et *Stebeler.*]

STABELLUM, Lanionis pluteus, mensa, nostris *Establier*, pro *Tablier* : Tabularium. Iter Camerarii Scotici cap. 8. de Carnificibus : *Vendunt carnes in coopertura, seu in secreto, clausa fenestra, et non aperte in fenestra et in Stabello.*

* **STABELLUM** Placiti, Locus, ubi judices sedent; unde forte legendum *Scabellum.* Leges Danicæ apud Ludewig. tom. 12. Reliq. MSS. pag. 176 : *Si aliquis communem pontem vel Stabella placiti fregerit, et illi, qui pontem reparare consueverunt, constituant executorem hujus causæ; si vero Stabella placiti fracta fuerint, constituatur executor ex parte communitatis, qui illud placitum visitare* (debeat).

1. **STABILIA**, Bona immobilia, Italis *Stabili*, quibus opponuntur mobilia. [Bulla Bonifacii VIII. PP. ann. 1295. ex Bibl. Regia : *Restitui faciat dicto Regi Majoricarum præfatum regnum Majoricarum et insulas cum ceteris immobilibus sive Stabilibus occupatis per præfatum Jacobum. Cum ... bonis omnibus mobilibus et Stabilibus*, in Tabular. S. Victoris Massil.] Charta Petri Episcopi Carcassonensis ann. 1297 : *Dedit ... liberam potestatem restituendi vobis castra et fortalicia, et Stabilia omnia, quæ idem D. Rex tenet occasione motæ terræ.* Occurrit ibi non semel, apud Petr. Diaconum lib. 4. Chronic. Casin. cap. 20. Ughellum tom. 7. pag. 566. 707. 864. Petr. de Vineis lib. 5. Epist. 32. lib. 6. Epist. 1. 9. etc.

* Charta Bern. abb. ann. 1273. ex Tabul. Cassin. : *Damus et concedimus tibi* (Petro de Jenetel) *omnia bona Stabilia, quæ fuerunt Joannis de Guidone, clerici de Sancto Elia, proditoris excellentissimi domini nostri regis Caroli et nostri;... quæ bona sunt ad nos et nostrum monasterium ex cadentia devoluta.*

2. **STABILIA**, seu Breve de Stabilia, Gall. *Bref d'establie*, quod dari solet ei, cui vir aliquis potens feudum vel tenementum, quod legitime possidere se asserit, *calumniat* seu repetit : tum enim is *recognoscendum, quis majus jus habet, stabilium Ducis Normanniæ petit*, hoc est, ut ponatur in manu Regis, donec controversia judicio decisa fuerit. Vide Jus Normannicum cap. 115. [*Heritage qui est demandé par Establie* in Consuetud. Norman. cap. 66. 91. Vide *Stabilimentum* 5. *Stabilita*, 3. et *Establia.*] Huc forte pertinet Charta Henrici Reg. Angl. apud Gul. Prynneum in Libertatib. Angl. tom. 1. pag. 1204 : *Et omnes decimas de omni venatione prædictarum forestarum, excepta decima illius venationis, quæ capta fuerit cum Stabilia in foresta de Windeshora.* [** Vide *Stabulatum.*]

¶ **STABILIATUM**, Status, conditio, stabilimen. Charta Philippi Pulchri Reg.

Franc. ann. 1309. ex Regesto ejusd. in Chartophyl. Reg. : *Et quæ divini nominis laudem et gloriam ejusque cultus augmentum respiciant ac temporale Stabiliatum, etc.*

* **STABILICUM**, Tributum, quod pro *Stabilimento* seu præsidio militari a vassallis exigitur. Charta Joan. dalph. pro incolis Bellivisus ann. 1313. in Reg. 152. Chartoph. reg. ch. 307 : *Ipsi sint immunes ab omnibus toltis,... præstationibus, Stabilicis castrorum et munitionibus, etc.* Vide infra *Stabulatio.*

¶ **STABILIDÆ.** Vide *Stabilitates* in *Stabilitas.*

¶ 1. **STABILIMENTUM**, Edictum, statutum, constitutio, Gallice *Ordonnance*, nostris olim *Establissement*, ut ex Joinvilla pag. 122. aliisque passim colligitur. Præceptum S. Ludovici ann. 1228. apud Marten. tom. 1. Ampliss. Collect. col. 1222 : *Statuimus quod Stabilimentum factum de Judæis a claræ memoriæ genitore nostro anno primo regni sui super debitis contractis ante illud Stabilimentum firmiter observetur.* Adde Ordinat. Reg. Franc. tom. 1. pag. 39. Acher. tom. 6. Spicil. pag. 473. Ebrardus contra Valdenses cap. 20 : *A Domino etiam tot jejuniorum Stabilimenta non habetis.* Nude pro Charta occurrit in Confirm. fundat. Monast. S. M. Alaon. inter Concil. Hisp. tom. 3. pag. 135 : *Nostram maledictionem cum ira Dei relinquimus, si in toto vel in aliquo hoc Stabilimentum frangere tentaverint.* Vide *Stacamentum.*

* Unde *Establie*, nostratibus. Lit. ann. 1311. tom. 8. Ordinat. reg. Franc. pag. 597 : *Une ordonnance ou Establie du mestier des candeliers de cieu, etc.* Et *Establisseur*, qui ut hujusmodi statuta serventur, invigilat, in Edicto ann. 1350. tom. 2. earumd. Ordinat. pag. 361. art. 130 : *Iceux jurez... seront tenus de retourner et eulx traire par devers lesdits Establisseurs, et leur presenteront leurdite commission, et lesdits Establisseurs seront tenus de scavoir comment lesdits jurez establis se seront portez en leur dit temps.*

¶ 2. **STABILIMENTUM**, Suasio, jussus, Gallice *Commandement.* Charta ann. 1150. inter Probat. tom. 2. novæ Hist. Occitan. col. 535 : *Juro... quod non prendam te, neque occidam, neque hoc fieri faciam, nec homo, nec fœmina, meo Stabilimento, vel meo consilio, sive ingenio.* Contractus matrimonii inter Raimundum Comit. Paliar. et Valentiam inter Baluzii notas ad Capit. col. 1204 : *Nisi... ipsa cucucia... non sit facta per meum assensum, nec per meum Stabilimentum.*

¶ 3. **STABILIMENTUM**, Institutio, Gallis *Etablissement.* Statuta Eccl. Barcinon. ann. 1341. cap. 6. apud Marten. tom. 4. Anecd. col. 623 : *Quod de cetero de contractu Stabilimenti fiant duo instrumenta per alphabetum divisa. Statuimus insuper et perpetuo ordinamus quod de omnibus Stabilimentis rerum ecclesiasticarum infra nostram diœcesim deinceps fiendis, duo fiant necessario publica instrumenta per alphabetum divisa : quorum unum penes se habeat dominus ecclesiasticus, et alterum episcopus.*

¶ 4. **STABILIMENTUM**, Præsidium militare. Vide infra in *Stabilitas.* De Castro Saphet apud Baluz. tom. 6. Miscell. pag. 365 : *In Stabilimento cotidiano dicti castri sunt necessarii 50. milites et 30. servientes fratres cum equis et armis, etc.*

¶ 5. **STABILIMENTUM**, ut *Stabilia* 2. Leg. Norman. apud Ludewig. tom. 7. Reliq. MSS. pag. 372 : *Unde petit Stabilimentum domini Regis, qui majus jus habeat, ipse tenens, qui difforciat, vel exigens, ratione feodi prenotati.*

¶ 1. **STABILIRE**, Votum *Stabilitatis* in Monasterio emittere. Vide *Stabilitas.* Regula reform. Monast. Mellic. in Chron. ejusd. pag. 350 : *Si monachus sive peregrinus sive alius de licentia sui prælati supervenerit petens suscipi ad monasterium sub forma hospitis, fiat secundum cap. 61. Regulæ. Si autem intendat Stabilire, tunc diligenter conversatio ejus observetur.*

* 2. **STABILIRE**, Ordinare, constituere, Hisp. *Establecer*, nostris alias *Estaulir.* Usatici Barcin. MSS. cap. 24 : *Si a vicecomitibus usque ad inferiores homines et milites, obierit quis intestatus et sine legali conditione suorum fevorum, erit licitum senioribus suis Stabilire illos fevos cum quibus voluerint de infantibus defuncti.* Charta ann. 1320. ex Chartul. 23. Corb. : *Ont recongnut qu'il ont fait et Estaully, font et Estaulissent leurs procureurs generaulx et especiaulx, etc.* Alia ann. 1323. ex Chartul. S. Vinc. Laudun. : *Adams Chevrois de Laon guarde dou seel de la ballie de Vermendois à Laon Estaulit de par le roy.* Hinc *Establi*, qui vices alterius gerit, procurator, vulgo *Commis*, in Ch. ann. 1308. ex Lib. rub. Cam. Comput. Paris. fol. 302. r°. col. 1 : *En tele condition toutevoies que lidiz Jaques ou son Establi puisse prendre et arrester les blez et les farines des baniers.* Unde *Subestablir* dicitur, cum procurator alterum procuratorem constituit. Lit. procurat. Mariæ Blesens. ducissæ Lothar. ann. 1348. in Chartul. 21. Corb. fol. 192. v° : *Donnons auctorité... de Subestablir autres procureurs, etc.* Vide mox *Stabilitare* 3.

* 3. **STABILIRE**, Instituere, reditus assignare ad rem aliquam, Gall. *Etablir, fonder*, Necrol. MS. Heder. ad viij. Cal. Febr. : *Matildis Deo sacrata, quæ Stabilivit lampadem in officinis.*

* 4. **STABILIRE**, *Stabilita* seu præsidio militari castrum munire. Comput. ann. 1383. inter Probat. tom. 3. Hist. Nem. pag. 51. col. 1 : *Notifficando eidem qualiter dominus de Cayslario intraverat Clerenciacum, et Stabiliverat ipsum gentibus armorum.* Nostris *Mettre Estable* vel *Establie*, eodem significatu. Lit. ann. 1342. tom. 8. Ordinat. reg. Franc. pag. 375 : *Donnons plein povoir et auctorité de mettre Estables de gens d'armes, de cheval et de pié en nos chasteaux.* Aliæ ann. 1374. tom. 6. earumd. Ordinat. pag. 106 : *Nous ne mettrons, ne souffrerons estre mis dedanz la ville aucunes gens en garnison, ne Establie.* Vide *Stabilitare* 1.

1. **STABILITA**, æ, in Statutis Delphinalibus pag. 38. videtur idem jus quod *Reseandisia* ; [quo scilicet dominus feudalis vassallum seu tenentem cogere potest, ut intra feudi sui terminos habitet aut mansionem habeat; quod interdum pecunia redimebatur. Comput. Castellan. Viennens. ann. 1322 : *Die 27. Aug. computavit Albertus de villa de Stabilita quam tenuit apud Vezeron.* Charta ann. 1341. tom. 2. Hist. Dalphin. pag. 435. col. 1 : *Ipsos suos quoscumque subditos... a prædictis omnibus et singulis Stabilitis, focagiis, donis, liberavit, etc.* Alia ann. 1349. ibid. pag. 588. col. 1 : *Item quod nec ipsi homines, nec alii quicumque homines, seu subditi Dalphinatus, aut aliarum terrarum dom. Dalphini teneantur ad aliquas Stabilitas.* Comput. Castell. Graisivod. ann. 1348 : *Item solvit et deliberavit pro novem clientibus tenutis ultra numerum suæ Stabilitæ 18. sol.* Vide *Residentia* in *Residentes.*]

¶ 2. **STABILITA**, Præsidium militare, Gall. *Garnison.* Statutum Philippi Pulchri Reg. Fr. ann. 1314. tom. 1. Ordinat. pag. 539 : *Vina, blada et alia victualia quecumque, que per commissos vobis districtus, ad Stabilitas nostras Flandrie, sive ad nostrum Flandrie exercitum... portari... faciatis.* Ubi in Gallico sic legitur : *Et laissez porter et mener bleds, vins et toute autre maniere de vivres, pour ladite guerre, par vos lieus, par vos distroits et par vos paiages, à nos Establies et à nos hostes de Flandres.* Litteræ Caroli Regentis ann. 1359. ex Chartophyl. Reg. Regest. 90. Ch. 444 : *Contra inimicos dicti regni pro posse servierunt et maxime in Stabilita et capitanaria dicti loci et in loco de Creciaco in Bria.* Litteræ Edwardi III. Reg. Angl. ann. 1348. apud Rymer. tom. 5. pag. 605 : *Item, dictus Comes, durante termino antedicto, non receptabit seu recipiet, vel intrare quovis ingenio permittet in villis, castris, et fortalitiis suis, aliquam munitionem seu Stabilitam gentium ad arma, sive peditum de parte inimicorum nostrorum. Stetit in Stabilita pro Ier Barralo in camba de Bergebal per 2. menses* in Charta ann. 1268. Vide in *Stabilitas.* Hinc *Stabilitare*, 1.

* 3. **STABILITA**, Vox fori Normannici, cum scilicet res, de qua est controversia, in manu regis ponitur, donec judicio decisa fuerit. Scacar. apud Cadomum ann. 1234. ex Reg. S. Justi in Cam. Comput. Paris. fol. 29. r°. col. 2 : *Puer infra ætatem non potest petere recordationem assisiæ, nisi de lege vel terra, puta de duello, vel Stabilita, vel recordatione.* Vide supra *Estabilitas* et *Stabilia* 2.

¶ 1. **STABILITARE**, Præsidia militaria collocare, Gall. *Mettre des Garnisons.* Charta ann. 1342. tom. 2. Hist. Dalph. pag. 443. col. 1 : *Oportuit nos terram nostram Stabilitare et gentibus munire,... ob offensiones vestras et injurias nobis et nostris illatas, etc.* Vide *Stabilita*, 2.

¶ 2. **STABILITARE**, Pro certo habere, tenere; *Tabler*, eodem significatu, usurpant Galli. Vita S. Guthlaci tom. 2. April pag. 39 : *Clamabat : Stabilitate, quia futuræ gloriæ huic mundo natus est homo.*

* 3. **STABILITARE**, Ordinare, constituere. Lit. remiss. ann. 1361. in Reg. 91. Chartoph. reg. ch. 143 : *Demum castro prædicto* (S. Romani) *cum magnis laboribus et expensis recuperato ac Stabilitato decenter bono capitaneo nobili domicello, etc.* Vide supra *Stabilire* 2.

STABILITAS, Votum, quod inter cætera emittit Monachus in Capitulo, sese in Congregatione, ut loquitur Petrus Damianus, et in ipso Monasterio in quo professionem emittit, permansurum, sive in vita cœnobitica quæ statum eremiticum excludit, qui licet Monasticus sit, non est tamen Cœnobialis, inquit Hugo Menardus. Quippe, ut ait Adam, Abbas Perseniæ, Epist. 1. ex Baluzianis : *Per lorum promissæ Stabilitatis, tanquam pia jumenta ad cœleste præsepium religantur.* Sed et id exerte statuitur in Concil. Calchedon. can. 3. *Stabilitatem firmare* dicitur Novitius in Regula Magistri cap. 88. *Stabilitatem suam in Monasterio firmare, vel professionem*, in Capitulari 2. Caroli M. ann. 802. cap. 18. Cæsarius Arelat. serm. 4. ad monachos Lerinenses : *Unde etiam, si diu bene viximus, cursum nostrum in Stabilitate et perseverantia commendare debemus.* S. Anselm. lib. 3. Epist. 130 : *Est enim contra professionem tuam, quod promisisti Stabilitatem coram Deo in Monasterio, in quo habitum Monachi accepisti.* Eadmerus lib. de ejusdem S. Anselmi Similitud. cap. 81 : *Professionem etenim faciens, ibi Stabilitatem, morumque suorum conversionem promittit.* Charta Ludovici Pii Imp. in Vita Aldrici Episc. Cenoman. n. 49 : *Perventum est ad nos, quia monachi ex monasterio S. Carilephi egressi sunt de proprio monasterio, aliena loca quærentes, immemores propriæ promissionis eorum, in quo promiserunt obedientiam, et Stabilitatem propriæ promissionis loci, etc.* Historia MS. Rothonensis Monasterii lib. 2. cap. 6 : *Jam devoverat Stabilitatem suam et conversionem morum suorum in eodem Monasterio; sed antiquus hostis, qui semper insidiatur humano generi, immisit ei tales cogitationes, ut locum sanctum desereret, et promissiones suas irritaret, etc.* Vita Guillelmi tertii Abbatis Beccensis : *Quidam Monachus venit ad Abbatem Willelmum, petens, ut in Monasterium susciperetur, volens firmare Stabilitatem suam in loco eodem, etc.* S. Bernardus Epist. 7 : *Duo præcipua nobis in Monasteriis conversantibus observanda traduntur, subjectio Abbati, et Stabilitas in loco.* Ibidem : *Quid ergo tu de Stabilitate tua facis, quam apud Cistertium firmasti, et nunc alibi habitas?* Cæsarius lib. 1. cap. 5 : *In facie Capituli Stabilitatem suam promiserunt.* Lib. 4. cap. 51 : *Novitius quidam, cum in Hemmenrode satis tranquille annum peregisset probationis, et voluntate Stabilitatis expressa in Capitulo radendus esset in Monachum, etc.* Adde eumdem S. Anselmum lib. 1. Epist. 6. lib. 2. Ep. 23. Stephanum Tornacensem. Epist. 1. Guigonem in Statutis Ord. Cartusiensis cap. 23. Formulam 32. ex Baluzianis, et Haeftenum lib. 4. Disquisit. monastic. tract 6. disq. 3.

Stabilitatem etiam in locis, ad quos ordinabantur, promittebant Presbyteri. Liber Epistolarum S. Bonifacii Archiepisc. Mogunt. Epist. 107 : *Traxerunt me ad altare S. Remedi, et fecerunt me jurare Stabilitatem ad illam Ecclesiam.* Vide Capitula Caroli M. lib. 1. cap. 25. et Capitulare Aquisgran. ann. 789. cap. 23. 24. Capitul. 1. ann. 802. cap. 18. Excerpta Egberti Archiep. Eboracensis cap. 13. etc.

¶ 2. Stabilitas, Confirmatio, Sententia qua quis in re possessa *stabilitur*. [* Vel potius idem quod *Stabilia* 2 et supra *Stabilita* 3.] Judicatum ann. 1208. apud D. *Brussel* tom. 2. de Usu feud. pag. 1028 : *Castellanus de Gallon petebat pro domino Rege auxilium exercitus a domino Ricardo de Harecort pro quinque feodis militum. Ricardus dixit, quod non debebat dare auxilium, nec facere servitium in exercitu, sed apud Bellummontem debebat servitium quinque militum per* xl. *dies ad custodiam castri, ad custum domini de Bellomonte; et super hoc, petiit Stabilitatem : judicatum fuit, quod eam haberet.* Haud multum absimili notione occurrit in Cod. Theod. lib. 13. tit. 1. leg. 20. et tit. 10. leg. 7.

3. Stabilitates, Stabilidæ, Præsidia militaria in castris et oppidis, in quibus *stant* et *stabiles* sunt milites : *Stativa*, Ammiano, Lampridio, Hegesippo et aliis : *Sedes*, in leg. 2. Cod. Th. de Domest. et Protect. (6, 24.) Gallis, *Garnisons.* Concilium Tolosanum ann. 1229. cap. 29 : *Circa locum etiam, in quo se receperint* (hæretici,) *fiant Stabilitates militum et peditum* [Idem videtur esse Concilium quod Acherius tom. 2. Spicil. refert ad ann. 1228. ubi pag. 627. ex cap. 8. hæc leguntur : *Circa locum etiam in quo se receptaverit* (qui pacem fregerit) *fiant Stabilitates militum et peditum, ut nec nocere possit aliis, nec alii sibi prodesse. Stabilitiones* habet Stephanot. tom. 10. Fragm. Hist. MSS. pag. 53. ex Cod. Carcasson.] Prima Curia Generalis Catalaniæ Jacobi Regis. Aragon. ann. 1291. MS. : *Nec etiam possimus ipsos mittere in fronteriis, vel Stabilidis invite.* [Libertat. villæ de Viridifolio ann. 1369. inter Ordinat Reg. Franc. tom. 5. pag. 278 : *Stabilitas gencium armorum in dicto loco non ponatur; nisi quathenus de dictorum consulum et habitatorum ejusdem ville, processerit voluntate.*] *Establies* olim nostris. Computum Bartholomæi *du Drach*, Thesaurarii guerrarum Regis anno 1338 : *Establies pour la guerre de Gascogne, premierement celle de pardeça la riviere de Garonne, etc.* Chron. Flandriæ cap. 42 : *Si ordonna avec les Barons de faire Establies sur les frontieres de Flandres.* [Vide *Stabilita* 2.]

Ad Stabilitatem Venire. Leges Henrici I. Regis Angliæ cap. 17. *de placitis forestarum : Placitum quoque forestarum multiplici satis est incommoditate vallatum de essartis, de cæsione, de combustione, de venatione,... si quis ad Stabilitatem non venit. Si quis pecuram suam reclusam dimiserit de ædificiis in foresta, etc.* i. e. ubi stare debet.

Stabilitas Domus. Historia Abbatiæ Condomensis pag. 467 : *Quæ vinea et terra simul sunt in uno clauso, et Stabilitatem domus, quæ est in eodem loco,... dederunt.* Occurrit ibidem semel.

☞ Ubi, nisi me fallo, significantur domus rusticæ appenditiæ, puta curtes, horti, etc. quæ nomine *Estraige*, vel *Estaige*, aut *Estage* designantur in Consuet. Perticensi art. 158 : *La principale maison manables, avec l'issue d'icelle maison, pour y aller par l'Estraige à pied, à cheval, et par charroy, et un arpent de terre découverte à son choix auprès de ladite maison hors l'Estraige.* In antiquiori Consuet. legitur *Estaige* et *Estage*. Vide *Stabuletum*.

* Id est, Domus ipsa uti stat. Neque etiam domus rusticæ appenditiæ significari videntur voce Gallica *Estraige*, quam a *Strata* accersendam atque viam publicam designare arbitror.

* 4. **STABILITAS** Carri, Ipsius compages. Mirac. S. Germ. Autiss. tom. 7. Jul. pag. 285. col. 2 : *Non solum enim sex rotæ, sed et tota Stabilitas carri contrita erat.*

* Nostri *Estableté*, pro *Stabilité*, ut et *Estaule*, pro *Stable*, dixerunt. Charta ann. 1296. ex Chartul. 23. Corb. : *Et pour ce que ces choses aient perpétuel force et Estableté, etc.* Alia ejusd. an. in Chartul. 21. fol. 5 : *Et pour chou que che soit ferme cose et Estaule, etc.* Lit. remiss. ann. 1374. in Reg. 106. Chartoph. reg. ch. 377 : *Laquelle exposant comme despourveue et sans Estableté de senz se parti de nuit, etc.*

¶ **STABILITIONES**, ut *Stabilitates*, Vide *Stabilitas*.

STABILO. Pseudo-Ovidius lib. 1. de Vetula :

Nunc volucrum turmis mihi mos erat insidiari,
Ventilabro modo passim Stabilone ligato
Fila supertracturus eis, si forsitan illic
Oblectarentur.

Sed legendum videtur *sabulone*.

¶ **STABIWURTZ**, Abrotonum, Gallice *Auronne*. S. Wilhel. Constit. Hirsaug. lib. 1. cap. 12 : *Pro signo abrotani, quod alio nomine Stabiwurtz appellatur, præmisso generali, ligni signum adde.*

¶ **STABLIDUM**, et Stablidus, Domus, habitatio. Statuta Cadubrii lib. 3. cap. 71 : *Volumus quod si aliquo habitante in domo vel Stablido alieno dono vel ad affictum, ipsa domus vel Stablidum, culpa vel ex negligentia comburratur, quod habitans in dicta domo vel Stablido curiæ in decem libris P. comdemnetur.* Ibidem lib. 2. cap. 94 : *Et quod nullus qui laborat terram ad affictum, vel ad partem, postquam licentiatus fuerit per dominum,.... audeat accipere vel exportare seccaturas, nec letamen, nec domos, Stablidos, vel paleam, vel aliud stramen sine licentia domini mansi vel terræ.* Vide *Stabuletum*.

¶ 1. **STABULA**, pro Stabulum. Tabul. Calense ann. 1273 : *Recognovit se dedisse.... quamdam Stabulam cum domo eidem Stabulæ contiguam sitam apud Kalam.* Reparat. factæ in Senescalia Carcass. ann. 1435. ex Schedis V. Cl. *Lancelot* : *In aptando et reparando bugetum Stabularum dicti castri, etc.*

* Nostris alias *Estaule* et *Establete*. Charta ann. 1348. ex Chartul. 21. Corb. fol. 186. v° : *Et pour ce que je doibs goir des maisons, granges, Estaules et edifices de ledite censse, etc.* Lit. remiss. ann. 1408. in Reg. 163 Chartoph. reg. ch. 47 : *Le suppliant ala tout droit à une Establete, où sa femme avoit nourry un veau de lait.*

¶ 2. **STABULA**, f. Navis onus, Gall. *Cargaison, facture des marchandises chargées.* Statuta Massil. lib. 4. cap. 26. § 7 : *Qui scriptor juret, et teneatur sacramento fideliter scribere in suo cartulario omnia avera quæ in dicta nave mittentur, vel onerabuntur, et nomina et cognomina illorum, quorum erunt dicta avera,... et denuntiare scriptori Stabulæ dictæ navis ipsa die qua dicta avera fuerint onerata, quæ dies in qua onerabuntur dicta avera scribatur ab ipsis scriptoribus in cartulariis suis.*

* Leg. *Tabula* ex iisd. Stat. MSS.

STABULANUS, *Stabularius*, in Glossis Lat. MSS.

¶ **STABULARE**, Stabulum, in Leg. Bajwar. tit. 1. cap. 14. § 6. Locus est in *Granea*.

¶ **STABULARIS** CURIA, Chors, Gallice *Basse-cour*, ubi Stabula exstructa. Charta ann. 1073. apud Meichelbec. tom. 1. Hist. Frising. pag. 265 : *In Wibetal Stabularem curiam, etc.* Vide *Curtes stabulariæ* in *Cortis*.

1. **STABULARIUS**, qui *Stabulorum*, vel equorum et jumentorum curam habet, in Lege Wisigoth. lib. 2. tit. 4. § 4. Carolus M. lib. 2. de Imagin. cap. 25 : *Apostolus denique Paulus, Evangelicus ille Stabularius,... cui Redemptor duplicis scientiæ, sive duorum testamentorum pecuniam concedit, etc.* Ubi *pecunia*, idem valet quod *pecus*. [Res haud omnino certa : ibi enim respicere videtur ad *Stabularium* Evangelicum, cui duos denarios protulit Samaritanus ut hominem a latronibus vulneratum curaret : unde *Stabularius* ibi idem qui caupo, Gall. *Hôtellier*, ut et apud Apuleium lib. 1. Metamorph.] Udalricus lib. 3. Consuet. Cluniac. cap. 23 : *Est frater, cui commissa est obedientia, ut de solis curam habeat caballis et mulis, quem et Stabularium appellant.* [** Vide Guerard. in Prolegom. Chartul. S. Petri Carnot. pag. 62. not. 13.]

* 2. **STABULARIUS**, Pastor armentitius. Acta B. Amad. tom. 2. Aug. pag. 577. col. 1 : *Cum in summitate* (montis) *esset, inveniret quemdam Stabularium seu pastorem cum multis animalibus ad pascendum super ipso monte, etc.*

* **STABULATA**, pro *Stabularius*, quomodo dicimus *Ecurie*, pro iis qui stabulo seu equili serviunt. Cerem. Rom. MS. ubi de exequiis cardinalis fol. 26 : *Paretur interim feretrum ad portandum corpus, et 50. aut 60. intortitia, quæ ante corpus per Stabulatas deferantur.* Infra : *Distribuunt pannum nigrum familiæ, prælatis quinque cannas, capellanis quatuor, scutiferis tres, Stabulariis duas cum dimidia.* Vide *Stabularius* 1.

STABULATIO, Præstationis species. Charta ann. 1012. pro fundatione Abbatiæ S. Ambrosii Bituricensis apud Sammarthanos : *Relinquo quoque omnes consuetudines, videlicet villicationem, Stabulationem, et ita liberum reddo eumdem burgum,... ut nullus deinceps ausus sit accipere pretium unius gallinæ, nec pretium unius ovi.*

* Idem forte quod supra *Stabilicum*. Charta Phil. Aug. ann. 1181. pro eod. S. Ambr. Bitur. monast. in Reg. 187. Chartoph. reg. ch. 146 : *Omnia quæcumque habet concedimus,... eo videlicet tenore, quo ipse tenuit tempore Harpini prædecessoris nostri et Ludovici patris nostri,... villicationem, Stabulationem, botagium vini et omnes consuetudines burgi.*

** **STABULATOR**, Stabuli Magister, Comes. Gunther. lib. 7. Ligurini :

Si contingat equum cuiquam reperire vacantem,
Nec dominum norit, non detondebit, ut illum
Ignotum faciat, nec clausum fraude tenebit,
Sed Stabulatori nostro denuntiet, ac sic
Invento, ut proprio, nullo prohibente, fruatur.

Infra :

.... At si quis vim fecerit improbus illi,
Id noster digna Stabulator corrigat ira.

In quibus locis Radevicus *Marscalcum* habet.

STABULATUM. Will. Malmesbur. lib. 2. de Gestis Regum Angl. cap. 13. de Edw. Confess. : *Dum quadam vice venatum isset, et agrestis quidam Stabulata illa, quibus in casses cervi urgentur, confudisset : Per Deum, inquit, et Matrem ejus, tantundem tibi nocebo, si potuero.* Forte *Tabulata*. [Angli *Buck-stal* vocant Retis majoris genus.] Vide in *Stabilia*, 2.

¶ **STABULETUM**, Domus rustica, ejus appenditiæ. Charta ann. 1066. apud Calmet. inter Probat. tom. 1. Hist. Lothar. col. 462 : *Confirmamus tibi quicquid nunc jure possessionis habere videtur, seu deinceps habitatura est, videlicet Erisiam cum ecclesia et suis appenditiis,... Stabuletum cum molendino, etc.* Vide in *Stabilitas* et *Stablidum*.

1. **STACA**. Leges Athelstani, ubi de Ordalio et judicio ferri ardentis : *Ne aliquis intret Ecclesiam postquam ignis infertur, unde judicium califacere debet, præter Presbyterum, et eum, qui ad judicium iturus est : Et sint mensurati 9. pedes a Staca usque ad marcam, ad mensuram pedum ejus, qui ad judicium ire debet.* Infra : *Novem pedes mensurati distinguantur inter terminos; in primo signo secus Stacam teneat pedem suum dextrum : in secundum sinistrum pedem, in tertium signum quando ferrum projiciet, et sanctum altare festinet, insigilletur manus ejus, etc.* Ubi *Staca* est palus, vel fustis terræ infixus, quomodo olim *Estaches* nostri vocabant, cum de Duellis agunt, a quo novem pedes, quos, qui judicium ferri initurus erat, emetiri debebat. *Marca* autem est locus, ubi 9. pedes finiebant. Vide *Ferrum candens*, et infra in *Stallum*. Hinc

¶ STACHA, Palus, postis, paxillus, nostris *Estache*, Ital. *Stacca*. Statuta Pallavic. lib. 2. cap. 77. fol. 136 : *Statutum et ordinatum est, quod nullus camparius nemorum præfati domini audeat, nec præsumat incidere, neque incidi facere aliqua bordenalia, Stachas, neque douas in buschis ipsius domini nostri.* Vide *Delicia* et *Estecha*.

* 2. **STACA**, STACHA, Præstatio pro facultate figendi *Stacas* seu palos et ad illos navem aliudve alligandi. *Staiche*, palus, in Ch. ann. 1355. tom. 2. Hist. Leod. pag. 421 : *Item que toutefois que ly voir jurez d'euwe planteront Staiches,.... quant ils seront dedens le banlieu, chascun six soulx pour sa journée.* Charta ann. 1280 : *Nobilis vir Pontius Bremundi, dominus castri de Caslario,... concessit et tradidit seu quasi dicto domino regi... medietatem pro indiviso Stacæ, seu juris quod habet in Staca et in managio, et generaliter medietatem pro indiviso totius alterius juris, quod ipse Pontius Bremundi habet in Staca et managio et pedagio supradictis.... Si contingeret quod aliquid committeretur a transeunte seu transeuntibus nomine vel occasione managii, passagii, et Stacæ seu pedagii, seu alio modo nomine prædictorum, quod cognitio ipsius commissionis, tam ad dictum dom. regem quam ad dictum Pontium Bremundi debeat pertinere ;... et quod dictum pedagium, Staca et managium sine consensu utriusque partis nullo tempore possit dividi.* Alia ann. 1224. ex Chartul. 23. Corb. : *Ego vero dictam præpositurum..... quittavi in perpetuum, cum omni jure ad eamdem pertinente, videlicet justiciis.... antesolaris, Stachis figendis, etc.* Vide supra *Estecha* et mox

* **STACAGIUM**, Eadem notione. Charta ann. 1318. in Reg. 56. Chartoph. reg. ch. 511 : *In tertia parte messegariæ triginta solidos pro Stacagio quatuor molendinorum navium in flumine Garonæ.* Vide mox *Stacasium*.

STACAMENTUM, [Vadium, seu vadimonium, pignus quod judex vel dominus a litigaturis, vel duello decertaturis recipiebat. Charta Petri Regis Arag. ann. 1212. apud Acher. tom. 10. Spicil. pag. 178 : *Alia autem omnia prædicta cum feudis et feudalibus,.... cum stabilimentis et justitiis omnibus, cum Stacamentis, placitis et firmamentis omnium causarum civilium et criminalium, etc.*] Usatici Barcinonenses MSS. cap. 109 : *In Bajulia vel guarda, unde quis habuerit hominaticum, vel censum, si hoc secundum bene posse suum custodierit et deffenderit, habere debet ibi Stacamentum, et moderatum adempramentum, scilicet de herbis, et de paleis, et de ortis, de fructibus arborum, et nullo ingenio debet ei inde malum exire.* Constitutiones Catalaniæ inter Dominos et Vassallos MSS : *Si certæ sunt conventiones inter Dominum et Castlanum, et Dominus sibi retinuerit in instrumento conventionali aliquas dominicaturas, placita, Stacamenta, firmamenta, vel aliqua alia, et tempore procedente Castlanus aliqua de his occupaverit, etc.*

¶ ESTACAMENTUM, ESTACAMENTUS, Eodem intellectu. Litteræ Bernardi Archiep. Tarracon. ann. 1151. in Append. ad Marcam Hispan. col. 1313 : *Bajulus vero vester, seu vicarius, vel successorum vestrorum accipiat omnes Estacamentos ipsius civitatis et totius territorii, et judicet placita præsente Archiepiscopo vel bajulo ejus.* Judicium ann. 1165. ibid. col. 1341 : *Præterea conquestus est prædictas Guillemus Raimundi quia dominus Comes Estacamentum ei de militibus seu peditibus quos in Dertosa tenebat non concedebat, et sic senioraticum quod ei donaverat auferebat... Judicavit ergo prædicta curia quod si familia Comitis inter se litem aut aliquam contentionem habet, Estacamentum de hoc Guillelmum Raimundi, vel ejus vicarium non habere, sed eam tantum qui vicem Comitis inter eos tenet.* Hinc

¶ ESTACARE PLACITUM, Illud, vadiis receptis, firmare, ligare, ut alii loquuntur. Vide in *Duellum*, pag. 955. col. 1. Idem Judicium ann. 1165. ibidem : *Diffinivit curia Comitem de hoc placito ei partem suam integram dare debere, pro eo quia Guillelmus Raimundi illud placitum Estacaverat, placitaverat, judicaverat.* Vide *Estachada Batalia*.

¶ **STACARE**, Palis seu paxillis munire. Vide *Staca* Charta Berardi et Raimundi Consulum Tolosan. ann. 1192. ex Cod. Consuetud. ejusd. urbis fol. 29. v°. : *Prohibebat ipsis et aliis qui habebant molendinos in capite de Bazaegle ne Stacarent molendinos in rippis nec ibi mitterent planeas... causa ingrediendi et Stacandi naves et molendinos.* Vide *Estachamentum*.

* Vel potius ad palos ligare, Hisp. *Estacar.* Charta Joan. comit. Arman. ann. 1357. in Reg. 159. Chartoph. reg. ch. 25 : *Concedimus Guillelmo Rolande militi, quod ipse et hæredes... sui... possint... construere, habere et tenere molendina navalia et alia quæcumque in fluminibus Garonæ et Tarni... et ipsa molendina Stacare in rippagiis fluminum prædictorum.*

* **STACASIUM**, idem quod supra *Stacagium.* Charta Joannæ comit. Fland. ann. 1233. in Suppl. ad Miræum pag. 93. col. 1 : *De redditu centum librarum, quas.... Ferrandus piæ memoriæ, quondam Flandriæ et Hannoniæ comes, in testamento suo ad Stacasium Furnense annuatim solvendas de nostro assensu assignavit, etc.* Emendanda ergo alia ejusdem comitissæ Charta ibid. pag. 681. col. 1. ubi legitur *Ad Scacarium Furnense.* Vox eo sensu, quo apud Normannos, Belgis ignota.

¶ **STACATUS.** Charta Aldegastri, filii Sylonis Regis Ovetens. ann. 781. apud Sandovallium : *Ad ornamentis ecclesiæ damus octo vestimentis,... et sex sabanas, duas litifatas, et quatuor sine serico, et tres acelexas, et duas Stacatas, etc.* Ubi fortean legendum est *Scacatas.* Vide supra *Scacatus.*

* Ut et tom. 2. Hist. Trevir. Joan. Nic. ab *Hontheim* pag. 82. col. 2.

¶ **STACHA**, Acicula, Italis *Stacca*, id quo vestis constringitur, Provincialibus aliisque *Estaque.* Annal. Mediol. apud Muratorium tom. 16. col. 808 : *Item Stacha una auri pro attachando mantellum, habens balassos* XI. *sapphiros* XI. *et perlas* XCII. Statuta Massil. lib. 5. cap. 12 : *Præsenti statuto ordinamus, ut nulla meretrix publica audeat vel possit portare.... mantellum aliquem nisi de panno virgato sine Stachis, etc.* Hinc

¶ STACHA, pro Capistrum, Gall. *Licou*, in Mirac. MSS. Urbani V. PP. ex Tabul. S. Victoris Massil. : *Inveniens equos cum gladio scidit Stacham de collo.* Alia notione, vide in *Staca.*

* Nostris *Stakette*, Cochlea, id omne quo aliquid constringitur. Inventar. jocal. Eduar. I. reg. Angl. ann. 1297 : *Item une coupe d'argent dorée ki s'atake au pié par trois Stakettes d'argent.*

¶ **STACHARE**, Constringere, alligare, Gallis *Attacher.* Eadem Miracula : *Erat armatus de jupone, de tunica ferrea, et jaque de veluto, et cum bacineto ligato et Stachato, ut moris est.* Vide *Estachare.*

¶ **STACIA**, Vectigalis species. Bulla Clementis VII. PP. ann. 1524. inter Instr. tom. 5. Gall. Christ. novæ edit. col. 538 : *De introducendo et vendendo in dicto oppido Weissemburgo et extra illud vina, grana et omnia alia necessaria præposito, decano, capitulo, canonicis, vicariis, et personis ecclesiæ erectæ hujusmodi in toto vel in parte ad minutum absque dacii, Staciæ, gabellæ seu tributi, quæ prius abbas et conventus monasterii... habuerunt.*

* Vide supra *Staca* 2.

* 2. **STACIA**, an Mansio, Ital. *Stanza.* Testam. Guill. Monet. ann. 1213. ex Cod. reg. 5255 : *Filio meo Ermengaudo dimitto et dono jure hæreditario totum illum mansum meum,... quem tenet a me per suam Staciam hodie Petrus d'Armiciano.* Id est forte ratione *Stagii*, quod mihi præstare debet. Vide in hac voce.

¶ **STACIUM**, Statio navium in portu, ut videtur. Charta Lotharii Imper. ex Tabul. S. Victoris Massil. : *Nec non teloneum de navibus ad Stacia venientibus, quæ ad eamdem ecclesiam arripere videntur.* Vide *Sedes navium* in *Sedes* 4.

* **STACONARIUS**, perperam pro *Stationarius*, Librorum venditor, librarius. Stat. Universit. Aurel. ex Cod. reg. 4223. A. fol. 6. v° : *Sequitur juramentum Staconariorum, etc.* Rectius infra fol. 60. r° : *Stationarius seu librarius, etc.* Vide *Stationarii* 3.

STACUMA. Charta vetus : *Concedo... et Stacumam, quantum feodo meo pertinet.*

¶ **STADAL**, STADALLUS, Candela major. Mirac. Urbani V. PP. ex Tabular. S. Victoris Massil. : *Offeram tumulo Sancti memorati Stadal de candelis de longitudine mei.* Infra : *Sepulcrum dom. Urbani PP. V. visitaret offerens ibidem candelas suæ longitudinis pro Stadal.* Leges Palat. Jacobi II. Reg. Majoric. inter Acta SS. tom. 3. Jun. pag. LIX : *Verum quando nocturno tempore dormiemus, in camera in qua jacebimus, Stadallus factus, candelæ similitudine observata, et unus cereus mediæ libræ, continue accensi teneantur.* Ubi *Stadallus* a stando dici videtur viris doctissimis, qui præterea monent in Italia lampadarum frequentem usum esse, quarum scapus superne oleo fartus, et formam et vicem candelæ præbet candelabro impositæ.

STADARIUS. Charta Arichis Principis Longobard. apud Ughellum in Archiep. Beneventanis : *Nec non et in Hiarino casas de caballariis, cum caballis et Stadariis, hæ sunt, casa, quæ regitur per Ursum cum uxore et filis suis, etc.* Videtur legendum *Stotariis*, i. equis admissariis. Vide in hac voce.

¶ **STADERIA**, Statera, verticulum, Gall. *Peson*, Italis *Stadera* et *Stadiera.* Statuta Placent. lib. 6. fol. 68. v° : *Nullus molinarius teneat vel habeat in molendinis, vel domibus, vel habitationibus Staderias, pondera, starium, minam, vel quartarium in pœna* XX. *sol. Plac.* Vide *Stadirola.*

* *Staderia* etiam dicitur id, quod pro ponderandis mercibus ad stateram publicam exsolvitur. Annal. Placent. ad ann. 1447. apud Murator. tom. 20. Script. Ital. col. 896 : *Communitas Mediolani ipsam civitatem Placentiam et ejus districtum... fecit immunem et exemtam ab ordinariis* (oneribus) *per annum præsentem ;.... de Staderia vero et officiis notariorum perpetuo.* Infra col. 908 : *Item quod non solvatur Staderia pro rebus, quæ in civitate vel episcopatu nascuntur.* Charta ann. 1230. apud eumd. tom. 4. Antiq. Ital. med. ævi col. 365 : *Pro ponderatione Staderiæ debeant solvere... decem imperiales pro quolibet milliario et non ultra.*

* **STADES-RECHT**, a Germanico *Stadtrecht*, Jus municipale. Charta ann. 1292. apud Schwart. in Hist. fin. principat. Rugiæ pag. 223 : *Prædictos autem terminos cum sylvis, pratis.... dictæ civitati* (Demminensi) *apponimus eo jure, quod Stades-recht dicitur in vulgari.*

* **STADIA**, Domus, mansio, idem quod *Stans* 1. Charta Frider. episc. Lebus. ann. 1466. ex sched. D. Schœpflini : *Super Stadiam et peciam terræ.* Nisi sit Mensuræ agrariæ species. Vide *Stadium* 3.

* **STADICHUM**, Pignus, ab Italico *Statico*, obses. Charta Conradi II. reg. Sicil. pro Pisan. ann. 1269. apud Lam. in Delic. erudit. inter not. ad Chron. imper. Leon. Urbevet. pag. 270 : *Et quod res et merces ipsorum, seu de ipsis rebus et mercibus occupari vel capi non possint ab aliquo, ratione aut occasione Stadichi, vel alia, sed occupatæ restitui debeant integre.*

STADINGI, STEDINGI, Populi in confinio Frisiæ et Saxoniæ siti, paludibus invijs et fluminibus circumcincti, qui pro suis excessibus et subtractionibus decimarum multis annis excommunicati, contemtores clavium Ecclesiæ sunt inventi. Qui cum essent viri strenui, vicinos populos, imo et Comites et Episcopos pluries sunt aggressi; sæpe victores, raro victi. Ob quam causam auctoritate papali verbum Crucis contra eos fuit per multas diœceses prædicatum. Hæc Godefridus Monachus S. Pantaleonis ann. 1234. cui interdum *Stagingi* dicuntur, *Stedingi*, in Hist. Archiepiscoporum Bremensium ann. 1204. 1211. 1230. 1233. 1234. et in Privilegiis Ecclesiæ Hammaburgensis pag. 196. 197. Vide præterea Joannem de Beka pag. 63. Will. Hedam pag. 339. 1. edit. et Albertum Stadensem ann. 1234.

* **STADIODROMOTUS**, pro σταδιοδρόμος, Qui in stadiis decurrit, apud Julium Firmicum lib. 8. cap. 8 : *Hunc locum si Mars respexerit, Stadiodromotos facit : si vero luna cum Marte, Pictomacharios.*

* **STADIOTTA.** Steph. de Infesturа MS. ubi de Innoc. PP. VIII : *Stadiottas et eorum officium multis clamoribus motus remisit.* f. pro *Stradiotta*, Acad. Crusc. *Stradiotto*, miles Græcanicus. Vide infra *Stratiotæ.*

STADIROLA, Bilanx, Italis *Stadera.* *Condictor dacii Stadirolæ*, in Computo Thesaurariæ urbis Bononiæ in Italia ann. 1364. ex Biblioth. Regia. [Vide *Staderia.*]

¶ **STADITIUS**, a vulgari *Estadit*, non recens. Statuta Avenion. MSS : *Ne aliquis misceat pisces vel fructus recentes cum piscibus vel fructibus non recentibus et Staditiis.*

* **STADIVA.** Glossæ. Cæs. Heisterbac. in Reg. Prum. tom. 1. Hist. Trevir. Joan. Nic. ab *Hontheim* pag. 678. col. 1 : *De cyconia vel Stadiva dominica, id est, locus ubi stat, quando haurit aquam : quot inas procuraverit, tot solidos quinque per annum exigere debet* (præpositus).

1. **STADIUM**, pro *Stagium*, Certum et definitum tempus pro residentia Canonicorum, in Statutis Ecclesiæ Leichefeldensis in Monast. Anglic. tom. 3. semel ac iterum. Vide *Aventura* 2.

¶ 2. **STADIUM**, Pomarium. Tertull. de Corona cap. 4. ubi de Susanna : *Ceterum in Stadio mariti, non putem velatam deambulasse, quæ placuit.* Vulgata Daniel. cap. 13. habet, *Pomarium.*

¶ 3. **STADIUM**, Mensuræ species; sed ignota prorsus. Litteræ Philippi Pulchri Reg. Franc. ann. 1291. tom. 4. Ordinat. pag. 21 : *Præterea in domo qualibet seu ay-*

alli dicte ville, longa de 15. Stadiis et ampla in quinque, debet habere dominus Rex et Abbas prædictus annuatim in festo O. SS. quinque denarios Tholosanos censuales.

4. **STADIUM**, Sedile in choro, vulgo *Forme*, *Stalle*. Locus est in *Decumani*.

* Ordo eccl. Ambros. Mediol. an. circ. 1130. apud Murator. tom. 4. Antiq. Ital. med. ævi col. 898 : *Archiepiscopus accedit ad altare, et deosculatur altare, et sic pergit in tribunam ad Stadium suum.*

¶ **STADIUS**, Eadem notione. Vita ven. Catharinæ de Palantia, tom. 1. April. pag. 653 : *Omnes laborantes ad ecclesiam S. Mariæ de monte ad faciendum Stadios chori dictæ ecclesiæ.*

* 5. **STADIUM** EQUI, an Illud a communi stadio centum et viginti gressuum differt? Vita B. Laur. erem. tom. 3. Aug. pag. 306. col. 2 : *Ad cujus jussionem cum ambulasset per Stadium equi, etc.* Infra : *Cumque ambulasset per Stadia circiter duo, etc.*

* 6. **STADIUM**, pro Spatium quodcumque. Lit. remiss. ann. 1357. in Reg. 85. Chartoph. reg. ch. 95 : *Per Studium ducentarum leucarum vel ultra, in longinquis et diversis locis perquisitos invenire non potuit.*

* 7. **STADIUM**, Portus, locus ubi naves *stare* possunt, ripa, littus. Charta Frider. I. imper. ann. 1177. tom. 4. Cod. Ital. diplom. col. 11 : *Confirmamus... tam aquas fluentes quam stagna, et tam silvas quam valles, et insulas quam Stadia, et tam piscationes, etc.* Charta ann. 1367. ex Diplomat. Bojoar. apud Oefelium tom. 2. Script. rer. Boicar. pag. 188. col. 2 : *In Stadio seu littore tali, prout civitas Pazzawe extitit situata, etc.* Vide infra in *Stagium*.

* 8. **STADIUM**, Pluteus, vel Suggestum. Ordo eccl. Ambros. Mediol. ann. circ. 1130. apud Murator. tom. 4. Antiq. Ital. med. ævi col. 870 : *Diaconus legit evangelium a dextra parte altaris super aliquod Stadium.*

* 9. **STADIUM** *significat laborem*, in vet. Glossar. ex Cod. reg. 7613.

STADIVUM, Idem quod *Sedes salinaria*, de qua supra. Charta Caroli Regis Franc. apud Doubletum pag. 779 : *Et Adalungicella cum patella una et Stadivo uno in vico Bodesio, etc.* Occurrunt eadem verba in alia Caroli Simplicis ann. 11. redintegr. 6. in Tabul. S. Dionysii. Vide in *Sedes* 4.

STADUM. Formulæ veteres Pithœi cap. 77 : *Propterea cautionem de Stado meo tibi emitto.* i. de juri stando.

¶ **STAFA**, ut *Staffa* 2. Vide in hac voce.

¶ 1. **STAFFA**, Baculus, scipio, German. et Danis *Staf*. Processus de B. Petro Luxemb. tom. 1. Julii pag. 574 : *Staffis non poterat ambulare.*

2. **STAFFA**, STAPHA, Stapes, quo quis in equum tollitur, Italis *Staffa*, unde *staffiere*, qui ad *staffam* stat. *Stafier*, apud Jo. Molinetum in Itinere Neapolitano, ex Germanico et Danico *staf*, baculus, cui quis innititur, quod stapedes, quibus equites suffulciuntur, baculi iis vicem præstent. Ita quidam censent. De vocis etymo, vide præterea Gorop. Bekan. lib. 2. Gallicor. p. 49. Epistola Alexandri PP. apud Radulfum de Diceto ann. 1177 : *Et cum ascenderemus palefridum nostrum, Staffam tenuit.* Idem ann. 1170 : *Cum autem Rex et Archiepiscopus secessissent in partem, bisque descendissent, bis Stapham Rex tenuit Archiepiscopo.* Vide ibid. pag. 717. Anonymus Salernitanus parte 4 : *Sellam, super quam equitabat, Staffamque solitam ponebat.* Fridericus II. Imperator lib. 1. de Venat. cap. 71 : *Deinde ponat pedem suum in Staffa sellæ.* [Chron. Parmense ad ann. 1291. apud Murator. tom. 9. col. 821 : *Dominus Gerardus de Parma Cardinalis... Parmam venit, et valde honorifice receptus fuit.... Majores Milites civitatis Parmæ pedestres adestrabant eum per frænum et super Staffas honorifice.* Occurrit apud eumd. tom. 18. col. 938. tom. 19. col. 816.] In Institutionibus Capitul. Gener. Cisterciensis dist. 13. cap. 11. vetantur Monachi uti *sellis equorum curiosis, aut frænis ornatis laminis, aut lunulis stanneatis, neque Staphis ferreis. Staphas*, novitium inventum esse, vel certe veteribus incognitum, jam olim pluribus observarunt viri docti, atque in iis Joannes Tortellius Aretinus, Brodæus lib. 4. Miscellan. cap. 26. Goropius Bekanus lib. 2. Francicor. pag. 48. 49. Vossius lib. 1. de Vitiis Sermon. pag. 32. 33. Santamantius tom. 3. Comment. Hist. et alii. Auctor est Richardus Staniburstius lib. 1. de Rebus Hibernicis, Hibernos *ferreis scalis, quæ a nonnullis stapedes dicuntur, in equos minime ascendere; sed jubarum setas, quæ frontibus imminent, aut equorum auriculas sinistra apprehendere, atque dum equi obstipis capitibus quiete inclinant, (nam ad talem facilitatem, ut est eorum docilitas, a domitoribus finguntur) equites, etiam sagis, aut loricis amictos, mira corporis agilitate se efferre, divaricatisque cruribus, ephippia clitellis non dissimilia subito occupare.*

Nostri porro staphas *Sautoirs* appellarunt, ut a nobis observatum in Dissert. 1. ad Joinvillam, quod ex iis equi insiliantur. *Salitionem equorum, insilire et desilire*, dixit Vegetius lib. 1. c. 18. Consule etiam Notas ad Cinnamum pag. 470. ubi pluribus auctorum locis adductis docuimus, jam olim in more fuisse Imperatoribus, Regibus atque adeo principibus viris, ut equitantibus summis Pontificibus, Archiepiscopis, et Episcopis, et staphas, et fræna tenerent : cui quidem observationi, ut nihil, aut parum, ad eam firmandam desit, alios aliquot, qui postea occurrerunt, hic proferre placuit. Prædictis addo, quæ habet Vita Gregorii X. PP. de eodem in summum Pontificem electo, et ex Terra sancta Brundusium appulso : *Ubi Carolus Rex Siciliæ, ut ipsum prosequeretur honorificentia Regia, sibi festinus occurrit, ei per loca insignia regni sui, per quæ ipsum contingebat transire, addextratoris officium exhibuit.* Infra, ubi de coronatione ejusdem PP : *Ubi, prout moris est, fuit solenne celebratum convivium, in quo idem Rex, sicut ipsum Pontificem addextrarat per urbem, et more prudentis dapiferi, duxit in mensa primum ferculum apponendum.* Jacobus Stephanescus Cardinal. lib. 2. de Coronat. Bonifacii VIII. c. 9. quod inscribitur : *Qualiter coronatus incedebat, et de Regibus Siciliæ et Ungariæ eum addextrantibus :*

..... tunc lora tenebant
Illustres Gallique Duces, Carolusque secundus
Rex Siculus, Carolusque puer prolesque juventa
Floridus, Ungariæ materno a stipite nomen
Regis habens; dextram pater accipit, atque sinistram
Filius, ardentes habitus quos uvea tinxit
Grana rubens, etc.

Continuator Chronici Willelmi Nangii sub ann. 1305. de Philippo Pulchro Rege Franciæ : *Papa Clemente Dominica post festum sancti Martini hiemalis apud Lugdunum in Ecclesia Regalis oppidi, quod dicitur sancti Justi, præsentibus Cardinalibus et Prælatis, multisque Principibus consecrato, dum suam ad domum rediens, gestans, ut moris est, suæ coronationis insignia, per frænum equi, cui insidebat, a Rege Franciæ, qui ob hoc præ humilitate seipsum pedestrem posuerat, seu constituerat, per curiam duntaxat oppidi memorati, deductus maximo cum honore fuisset, illic a fratribus Carolo et Ludovico, nec non Duce Britanniæ Joanne suscipitur adhuc usque ad domum, modo consimili.* Sed et idem audiendus Scriptor ad ann. 1316 : *Joannes XXII. Papa, vocatus ibidem ante Nativitatem B. Mariæ Virginis sua suscepit insignia, Carolo Comite Marchiæ, fratre Philippi Regentis regna Franciæ et Navarræ, eorumque avunculo Ludovico Ebroicensi Comite, frænumque equi, cui insidebat, regentibus, ejusque festum decorantibus.* Huic adjungendus Gobelin. Persona in Cosmodromio ætate 6. c. 77. ad ann. 1383. de Carolo Hungariæ Rege : *Unde Papa* (Urbano VI.) *civitati Aversanæ appropinquante, Karolus egressus obviam ei, osculis inde lætitiam simulans, ipsum cum reverentia dolo plena suscepit. Hinc Karolus equi Papæ manu propria apprehensis habenis, Papam ad ipsius civitatis castrum ducere satagebat, etc.* Joannes Abbas Laudunensis in Speculo Historico MS. lib. 11. c. 66. ad ann. 1342. de Clemente VI. PP : *Si advint, que quant le Pape nouvellement créé alloit à son Couronnement, les deux Ducs, (de Normandie et de Bourgogne,) l'un d'une part, et l'autre d'autre part, tous à piet tenoient le frain, et gouvernoient le cheval du Pape.* De Michaele in notis ad Cinnamum pag. 474. egimus, at ejus posteri non jam ipsi stratoris vicem erga Patriarcham præstitere, sed id muneris per Comitem peragi curabant. Simeon Thessalonicensis de hæresib. ubi de inauguratione Patriar. Constantinopolit. : Καὶ ἵππος παρασήμοις τισὶ κοσμεῖται, καὶ ἐπ αὐτῷ ὁ ὑποψήφιος κάθηται, καὶ ὑπὸ πεζοῦ τοῦ κόμητος τὸν χαλινὸν τοῦ ἵππου κατέχοντος ἀντὶ τοῦ βασιλέως αὐτοῦ, ὡς ὁ μέγας ἐν βασιλεῦσι Κωνσταντῖνος τῷ ἱερῷ πεποίηκε Σιλβέστρῳ, προπέμπεται διά τε τῆς βασιλικῆς αὐλῆς, καὶ τῆς δημοσίας ὁδοῦ ἄχρι, καὶ αὐτοῦ τοῦ Πατριαρχείου. Εἰ δέ ἐστι καὶ τῷ βασιλεῖ υἱὸς, ἕπεται ἔφιππος, καὶ ἡ σύγκλητος πᾶσα. Neque porro hoc dumtaxat vassallorum munus fuit; sed et quorumvis, atque adeo sortis infimæ servorum : quod indicat præsertim Recaredi Gotthorum Regis sententia, in quemdam reum Vacrisam, qui ad Ecclesiam confugerat, lata, hisce verbis apud Paulum Emeritensem in S. Masona cap. 15 : *Sed quia multæ miserationis novimus esse Deum, et nullum despicere, quamvis delinquentem, ad se convertentem ambigimus, ob hoc ita decernimus, ut ipse Vacrisa cum uxore et filiis, et omni patrimonio suo perpetim sanctissimæ Virgini Eulaliæ servus deserviat. Nam et hoc præsenti decreto sancimus, ut sicut ultimi pueri ante equum dominorum suorum absque aliquo vehiculi juvamine ambulare soliti sunt, ita ante caballum domini, qui præest cellæ S. Eulaliæ, ambulare debeat : et omne servitium, quod infimum consuevit peragere mancipium, coram eo, deposito cothurno et fastu, cum omni humilitate exhibeat. Accepta igitur Masona auctoritate, eum illico basilica egredi, et ad suum conspectum venire præcepit : et ut semper pietatis visceribus affluebat, cum blande, ne aliquid deinceps formidaret, admonuit; sed ut jussioni Principis obtemperans, causa obedientiæ, de Ecclesia S. Eulaliæ usque ad atrium, quod est fundatum juxta muros civitatis, ante caballum Redempti Diaconi, manibus frænum gestans pervenisset, statim eum Vir sanctus cum uxore et filiis, et omnibus prædiis absolutis, liberum abire permisit.* Adde Bohuslaum Balbinum in Hist. Bohemic. pag. 303.

¶ STAFA, Eodem intellectu, in Chron. Siciliæ apud Marten. tom. 3. Anecd. col. 23 : *Nostram omnino volumus potentiam experiri machinalibus Stafis secum pro justitia nostra ludere, et de nostris cum eo viribus in gladiis disputare.*

STAPHIUM, Eadem notione, in Gestis Consulum Andegav. c. 3. n. 5.

STAPHA. Leges Adelstani Regis, ubi de examine per ferrum candens : *Sed jaceat ferrum super carbones, postea mittatur super Staphas, et non sit illic alia locutio, etc.* Ubi Saxon. habet stapelum, quod est fulcrum mensarium ex stipitibus. Atque fortean etiam hinc stapedes *Staphas* appellarunt, quod pedibus equitantium fulcri speciem præbuerint. Sed videtur leg. *stacas.* Vide *Staca.*

STAFILE, STAPHILE, Italis *Staffile, striscia di cuoio, o d'altro alla quale sta appiccata la staffa*, Academicis Cruscanis. [Ordo Rom. 13. apud Mabill. tom. 2. Musei Italici pag. 122 : *Habere debet caligas de rubeo panno sine pedulibus et cum Stafilibus, etc.* Acta S. Margaritæ Scotiæ Reginæ tom. 2. Jun. pag. 336 : *Cum aliquando paratus ire venatum, pede in Stafili posito equum vellet ascendere, etc.*] Ceremoniale Roman. apud Raynald. ann. 1272. ex MS. Vaticano, de Elect. PP : *Et habere debet caligas de panno rubro, sine pedalibus, et cum Staphilibus.* Bulla Benedicti PP. ann. 1033. pro Episcopis Silvæ candidæ, apud Ughellum tom. 1. pag. 124 : *In secunda feria Paschæ, quoniam secundum antiquum morem ad Staffilem, ubi de equo descendimus, nos nostrosque successores recipitis, etc.* Vide *Staphilum.*

¶ **STAFFETA**, vox Italica, Tabellarius, vulgo *Estafète*. Vita B. Columbæ Reatinæ tom. 5. Maii pag. 370* : *Directo illuc nuncio velociori, quem Staffetam nominant, etc.*

¶ **STAFFILARIS.** Vide in *Staphilum.*

¶ **STAFFILE**, ut *Staffa*, Stapes. Vide ibi.

¶ **STAFFILUM**, ut *Staphilum.* Vide ibi.

* **STAFILIS**, idem quod *Staphilum.* Bulla Lucii III. PP. ann. 1182 : *Qui videlicet fines a monte Bibuli de Tonzia decurrunt in Stafilem de furca de Cerro.... Per Stafilem casæ Perocis, per montem Cardonem, etc.* Pluries ibi.

STAFOLIUM. Vide *Staplus* et *Constapholarii.*

STAFSAKEN, vel STAPESAKEN. Decretum Tassilonis Ducis Bajw. § 7 : *De eo, quod Bajoarii Stafsaken* (alias *Stapfsaken*) *dicunt, in verbis, quibus ex vetusta consuetudine Paganorum idololatriam reperimus,* (constituimus) *ut deinceps non aliter, nisi sic dicat, qui quærit debitum : Hæc mihi injuste abstulisti; Reus vero contradicat : Non hoc abstuli, nec componere debeo. Iterata voce, requisito debito dicat : Extendamus dextras nostras ad justum Judicium Dei : et tunc manus dextras uterque ad cœlum extendat.*

☞ Paganicæ superstitionis reliquias hic agnoscere facile est : atque adeo non male Spelmannus a Saxon. stæf vel sæf, statua; et saca, causa, vocis originem deducere videtur. Et quidem ibi agitur, ni fallor, de sacramento coram idolo præstito.

* **STAGA.** Vide infra *Stagia* 3.

STAGATUS. Annales Franc. Loiselliani ann. 802 : *Lucerna quoque frequenti obsidione Stagata, et ipsa in deditionem venit.* Annales alii habent *fatigata.*

* Ab Italico *Stancato*, Defatigatus, oppressus, defessus.

¶ **STAGERIA**, Quicquid ob *Stagium* a Canonicis peractum distribuitur. Statuta MSS. Capituli Audomar. ex Tabul. ejusd. Eccl. : *Item et consuetudinem secundum quam super fructibus et emolumentis dictæ bursæ communis Canonici residentes, qui suas residentias debitas fecerunt in ecclesia prædicta; Stagerias magnam et parvam ab antiquo percipere consueverunt... Statuimus et ordinamus quod Canonici qui post primam residentiam peractam ab uno festo B. Joannis Bapt. usque ad aliud residentiam de cætero facient per 24. ebdomadas continue vel interpolate ac in Matutinis, Missa vel Vesperis in quatuor ex solemnitatibus sequentibus.... interfuerint, in qualibet earum quatuor, quartam partem magnæ Stageriæ Augusti.... percipiant : parvam autem Stageriam lucrentur modo prædicto qui in eadem ecclesia divinis interfuerint in die Cinerum et Dominica* Lætare *in dictis diebus mediatim distribuendam. Et idem quod dictum est de magna Stageria volumus in Stageria ceræ et piperis qui per patronatus S. Audomari solvi consueverunt, observari.* Vide in *Stagium.*

¶ **STAGERIUS.** Vide in *Stagium.*

STAGGON, Cervus, Anglis *Stagge.* Leges Kanuti Regis Angl. de Forestis cap. 24 : *Si regalem feram, quam Angli Staggon appellant, alteruter coëgerit anhelare, etc.* [Litteræ Edwardi III. Reg. Angl. ann. 1356. apud. Rymer. tom. 5. pag. 870 : *In eodem dominio, pro deductu suo de licentia nostra, fugaverit, et 16. cervos, 6. bissas, 8. Stagges, 3. vitulos.... ceperit, etc.*]

¶ **STAGI.** Vide infra in *Stagium.*

1. **STAGIA**, [Domus, habitatio.] Charta Occitanica ann. 1298. in Regesto Philippi Pulchri Regis Franc. ann. 1299. num. 13. ex Tabulario Regio : *Item tres Stagias feudales in Parochia S. Cosmæ prope Vassatum, de quibus pro una Petrus de Fonte debet 6. libras, etc. Unum molendinum in aqua del Bever pro 16. libris rendualibus : 16. solid. ubliarum de Stagia quondam Meinaldi Vaquerii, etc.* Infra : *Item Stagiam dictæ domui contiguam, etc.* Vide *Stagium.*

* Form. MSS. ex Cod. reg. 7657. fol. 28. v° : *Licet talis delatus moraretur pro boaterio cum ipso domino tali, comedendo panem suum et vinum suum bibendo, ipse, inquam, delatus a dicto domino tali et ejus Stagia auffugiit.*

¶ 2. **STAGIA**, Commoratio assidua, domicilium, Gallice *Résidence, domicile.* Statuta Massil. lib. 1. c. 8 : *Qui omnes* (consiliarii) *sint.:. cives civitatis vicecomitalis Massiliæ, et ibidem Stagiam facientes.* Ibid. § 9 : *Nullus eligatur vel creetur pro consiliario,... nisi Stagiam fecerit in Massilia tanquam civis stando, et cohabitando ibi per quinque annos ad minus.* Cap. 21. § 2 : *Illi vero qui domicilium suum, vel Stagiam suam habebunt vel facient in prædicta civitate, etc.* Occurrit rursum lib. 2. cap. 1. § 21. et c. 29. § 3. Capitul. gener. S. Victoris Massil. ann. 1348. ex Tabul. ejusd. Monast. : *Si vero monachus per obedientiam ab abbate habuerit Stagiam in Sardinia, Pisis, etc.* Charta ann. 1400 : *Promisit de cetero morari et moram, Stagiam et habitationem continuam facere in dicto castro cum uxore et aliis gentibus suis.* Vide infra in *Stagium.*

3. **STAGIA**, Palus, seu tigillum, quo retis ad capiendas aves sustentatur, Italis *Staggio.* Vide Petrum de Crescentiis lib. 10. de Agric. cap. 19. et infra in *Stanga.*

* Comput. ann. 1482. inter Probat. tom. 4. Hist. Nem. pag. 21. col. 1 : *Solverunt magistro Bernardo Fumal, fusterio Nemausi, pro faciendo Stagias per longum navis et chori dictæ ecclesiæ cathedralis Nemausi, et etiam per transversum dictorum chori et navis ipsius ecclesiæ, pro reponendo ibidem intorticia.* Alius ann. 1498. ibid. pag. 71. col. 1 : *Item pro capella ardente et Stagis pro intorticiis tenendis, etc.*

* 4. **STAGIA**, Pluteus, librorum loculamentum, Gall. *Tablette.* Testam. ann. 1459. inter Probat. tom. 3. Hist. Nem. pag. 297. col. 2 : *Item inhibeo, veto, et defendo alienari aut transportari alibi tabularium, scamnum, et Stagias librorum et scripturarum, infra meum studium in domo meæ habitationis existentes.*

* 1. **STAGIARIUS**, idem qui alibi *Commendator.* Lit. remiss. ann. 1388. in Reg. 135. Chartoph. reg. ch. 132 : *Frater Guillelmus Blanchi ordinis S. Johannis Jerosolymitani, mansionarius seu Stagiarius S. Eulaliæ de Laczaco.*

* 2. **STAGIARIUS**, Qui *Stagium* seu domum incolit sub annuo censu, idem atque *Hospes.* Charta ann. 1358. ex Bibl. reg. : *Item financias seu rachas burgensium de Forano, qui burgenses vocantur Stagiarii, qui quolibet anno finant pro suis Stagiis in festo S. Martini.* Vide in *Stagium.*

¶ **STAGIATOR.** Vide in *Stagium.*

STAGILE, Idem forte quod *Stagia;* 3. [nisi malis intelligere domum vel præstationem ex *Stallis.*] Charta Raymundi Comitis Tolosæ ann. 1149. apud Gallandum de Franco alodio pag. 197 : *Et de omnibus rendis, et de omnibus, quæ pertinent ad dominum Montis-Albani, nunc et in perpetuum, foris meum Stagile, quod ibi retinui, et adhuc retineo, etc.* Vide *Stare.*

* **STAGIMENTUM**, Sequestrum, sequestratio, et *Stagire*, sequestro ponere, Ital. *Staggimento*, a verbo *Staggire*, eadem no-

tione. Stat. ant. Florent. lib. 1. cap. 6. ex Cod. reg. 4621. fol. 15. v° : *Et quilibet ipsorum* (judicum) *possit et teneatur facere Stagimenta, et de ipsis et eorum causis cognoscere, et dari et solvi facere ipsa Stagimenta quæ pronunciata fuerint..... Et antequam fiat adjudicatio seu in solutum datio alicujus sequestri vel Stagimenti, etc. Nullus tamen equus consignatus ad stipendium communis Florentiæ possit Stagiri.*

¶ **STAGINGI**, ut *Stadingi*. Vide ibi.

* **STAGITUS**, Domus vel Locus domui ædificandæ aptus. Acta capit. MSS. eccl. Lugdun. ad ann. 1337. fol. 32. v°. col. 2 : *Confirmaverunt albergamentum factum.... de loco seu Stagito et pasqueriis sitis in territorio de Colonreis.* Vide supra *Stagia* 1.

STAGIUM, Cœnaculum, nostris vulgo *Estage. Stagium* vero quasi ςέγιον dictum quidam autumant unde δίςεγον, binis constans cœnaculis, vel tabulatis. Athanasius in Libello ad Leonem PP. in Concilio Calchedonensi act. 3. ait, ἐν τετάρτῃ ςέγῃ mansionem suam fuisse : nos diceremus : *Au quatriéme estage.* [Gall. Christ. novæ edit. tom. 4. col. 434 : *Tertio Nonas Octobris an. Dom.* 1327. *obiit bonæ memoriæ dom. Joannes de S. Valeriano quondam decanus Eduensis, qui construxit et ædificavit de suis propriis tria Stagia contigua granario, etc.* Le Roman *d'Athis* MS :

A grant plenté y ot fenestres,
Haultains Estages et beaulx estres.]

STAGIUM, præsertim usurpatur pro ea obligatione, qua vassallus tenetur *stare* in castro domini sui, sive pro eo tuendo contra hostes, sive ex alio debito. Feoda Campaniæ pag. 72 : *Hæc dedit domina Comitissa pro continuo Stagio faciendo apud sanctam Menoldim, per totum annum Dudoni de Buixiaco, 7. libratas terræ cum corrucata terræ, quam dominus Comes ei dederat.* Tabularium S. Genovefæ Paris. ann. 1211 : *Quod Dominus Castri et Milites feodati, qui tenebantur ratione feodorum suorum facere stagium pro custodia castri, etc.*

* Hinc *Faire estant, Stagium* facere, in Charta Phil. Pulc. ann. 1300. ex Reg. 61. Chartoph. reg. ch. 45 : *Thiebaus de Lohereine, sire de Rumillei, ait recognu à tenir de nous à touzjours mais et de nos hoirs en fié receptable, sens faire Estant, etc.* Vide supra *Estannus.*

ESTAGIUM, Eadem notione. Vetus Inquesta in Probat. Hist. Guinensis pag. 350 : *Et dixit, quod feodum de Firmitate, et feodum Hugonis Malivicini, quod Dominus de Firmitate tenet, est par et dimidium Allemontis, et debet Estagium per annum, etc.* Feoda Campaniæ fol. 25 : *Theaubaudus de Cresperi debet Estagium in castello domini de Builleuci, etc.* Charta Petri Episcopi Cabilonens. apud Sammarthanos : *Quia prætendebat Milites suos in Castro Ussello in Estagio existere.* [Charta ann. 1244. ex Tabul. Corbeiensi : *Ego Ingerannus de Argolie dictus Pilars et uxor mea debeo Estagium Vicedomino Pinconti apud Alliacum quolibet anno per unum mensem sumptibus meis proprio persolvendum.*] De *Stagiis*, vel *Estagiis*, et qua ex causa tenerentur, et quem in finem ad ea peragenda adstringerentur vassalli in castris dominorum, pluribus docuimus in Notis ad Stabilimenta S. Ludovici : quibus addenda videtur, prolixior licet, Charta insignis, quæ horum usum omnino nobis aperit : *Noverint universi pariter præsentes et futuri, quod cum nobilis vir Hugo Comes S. Pauli requireret a Paribus Castelli S. Pauli, quale Estagium vel residentiam facere debebant in eodem castello : ipsi habito inter se super hoc diligenti consilio et relatu, concorditer responderunt in hunc modum. Videlicet quod si prædictus Comes et uxor ejus Estagium sive residentiam faciebant in castello memorato, ipsi et uxores ibidem secum residentiam facerent per dies quadraginta. Et si uxor ipsius Comitis ibidem præsens non erat, neque eorum uxores præsentes esse tenerentur. Die vero prima adventus ipsorum, cum ipsi veniunt pro suo Estagio faciendo in castello sæpedicto, ipsi et eorum uxores cum familia universa, quam secum adducunt ad Estagium faciendum, debent comedere primum prandium ad Curiam Comitis supradicti. Diebus vero sequentibus usque ad supradictos 40. dies, si ibidem tantum moram fecerint, teneretur unusquisque sibi et familiæ suæ necessaria providere. Die vero ultima 40. dierum, sicut et in primo, teneretur eis in uno prandio providere dictus Comes, et postea ipsos licentiare sine causa, nec a die illa in unum annum tenerentur Estagium facere in prædicto Castello dicti Pares. Si vero totum Estagium non facerent, sed solummodo per tres dies vel quatuor vel amplius, sive minus, nec opus esset, et tamen cum licentia Comitis recederent, nihilominus remanerent quieti et liberi de Estagio ibidem faciendo usque ad unum annum. Sciendum est etiam, quod si uxor dicti Comitis tempore 40. dierum in castello jamdicto præsens erat, et pro viduitate sua, vel pro casu aliquo a prædicto Estagio recederet, et uxores Parium similiter possunt recedere cum causa. Similiter et si dictus Comes recederet sine causa, possent recedere dicti Pares. Si vero dictus Comes alicui Parium injuriam faceret, manente Estagio, et conquereretur de ipso, per judicium Parium incontinenti teneretur emendare ipsi Pari. Notandum etiam, quod omnes Pares communiter per totum annum, quo ibidem præsentes erunt pro prædicto Estagio faciendo, possunt et debent in foresta sua venari, et in garennis suis similiter, tam ad bestias, quam ad volucres, in prædicta foresta possunt mittere summarium suum pro lignis percipiendis ad ardendum per totum annum memoratum. Etiam, quia prædictus Comes a prædictis paribus requisivit, quale servitium ei deberent pro Comitatu defendendo, ipsi concorditer responderunt, quod si viderint quod Comitatus defensione indigeret, quilibet eorum debet defendere ad expensas proprias per 40. dies, nec a fine 40. dierum in unum annum servitium hujusmodi posset requirere dictus Comes. Et si minus spatium temporis sufficiebat ad defensionem dicti Comitatus, nihilominus quieti et liberi remanerent ab hujusmodi servitio usque ad unum annum. Ad hoc dicendum fuerunt et concordaverunt Dom. Joannes de Baliolo, Dom. Rogerus de Dors, Dom. Balduinus de Dunjon, Domina Nedidis Buticularia, Dom. Hugo Ploubes, et Dom. de Pas, Dom. Joannes Boulons, Balduinus Dom. de Senesaint Leger, Balduinus de Aria, Balduinus de Heseke, Rogerus de Heseke, Joannes de Mirebeau. Et ut hoc ratum et stabile perseveret, prædicti Pares præsens scriptum sigilli sui munimine confirmarunt, protestantes et dicentes, quod si possint inquirere a probis viris et antiquis, quid plus servitii facere deberent Comiti memorato, plus eidem facerent diligenter.*

☞ Varie pro variis infeodationum Chartis exhibitum est a vassallis *Stagii* servitium, ut efficitur cum ex iis quæ collegit Vir doctissimus in Notis ad cap. 53. Stabilim. S. Ludovici, tum ex iis quæ hic subjicit. Nonnulla iterum addenda duximus, ex quibus observata a Cangio non modo illustrantur, sed et quædam hactenus prætermissa aut neglecta docebimur. Instrumenta ipsa nude exhibemus ex Tabular. Corbeiensi : otiose enim annotaremus quæ cuilibet legenti obvia erunt. Charta ann. 1214 : *Ego Eustachius de la Leuttillie notum facio quod ego et heres meus lizanchiam et Stagium unius anni annuatim Vicedomino et heredi suo cum uxoribus nostris apud Pinconium ut par integer ad custus nostros debemus.* Alia ann. 1223 : *Ego Hugo Miles de Beeloy tam presentibus quam futuris notum facio quod ego homo ligius sum dom. Pinconii communitatis et dom. de Sessolio de hoc quod apud Tempus et apud Pinconium cum pertinenciis* (habeo) *et debeo dom. Pinconii Stagium unum annum apud Pinconium cum uxore mea et ad custum meum hereditarie annuatim ego et heres meus sibi et heredi suo quum citatus ero vel aliquis ex parte mea absque souspressura. Item alia vice ego sum homo ligius communitatis dom. Pinconii et dom. de Sessolio de hoc quod apud Fordinoy habeo cum pertinenciis, et debeo dom. Pinconii Stagium tres menses apud Pinconium cum uxore mea et ad custum meum imperpetuum annuatim ego et heres meus sibi et heredi suo, quum ego vel aliquis ex parte mea citatus fuero absque souspressura. Et si contigerit quod quidam ex eis me citaverit de servitio suo, alter vero de servitio quod ei debeo, quamdiu ero in illo servitio me debet deportare, salvo hoc quod Stagium est dom. Pinconii.* Charta ann. 1223 : *Ego Radulphus de Boughainevile Miles.... debeo continuam residenciam per unum annum integrum viro nobili dom. de Pinconio in castro suo Pinconii cum uxore mea, quam placebit ei, et in expensis meis propriis.* Alia ejusdem anni : *Ego Petrus de Briskemaisnill... debeo dom. de Pinconio residenciam continuam apud Molanum et in expensis meis.* Charta ann. 1244 : *Ego Manasserus Miles dom. de Blangiaco.... et heredes mei Stagium septem menses Vicedomino in quolibet anno et heredi suo cum uxore nostra apud Pinconium ad custus nostros debemus, et quod ego sum semipar ejusdem.* Charta ann. 1244 : *Ego Petrus dictus Canis... debeo Vicedomino Pinconii ego et heredes mihi sibi et heredibus suis de feodo de Ailliaco Stagium per plenum annum apud Ailliacum cum uxoribus nostris.* Charta ann. 1280 : *Henris Chevalier sires de Fluy salut. Comme noble hom et mes chiers sires Jehans Vidames d'Amiens sires de Pinkeigny m'eust kemandé que je ad journée certaine qui me fu assignée de par li fusse à Pinkeigny pour faire men Estage si comme je li devoie et pour faire certaine moustranche des fiés que je tenoie de li, à lequele journée je fu et li moutrai les tenanches des fiés et des avants-fiés que je tenoie de li, et li cognue tel Estage et tel serviche ke je li devoie le miex et le plus loiaument que je peu et l'en donnai mes lettres à sa requeste, esqueles lettres je ne mis mie que je le devant dit Estage deusse à armes, lequele cose me sire li Vidames entendoit ke li deusse et le me demandoit par droit, et disoit ke autrefois l'avoient me anchiseur paié as siens et je à li et l'offroit à prouver, si vouloit ... Sachent tous ke je li connois tout pleinemeut se demande de l'Estage devant dit faire à armes toutes les fois ke je en aroie eu kemandement de li ou de sen commant, et doit etre entendu ke se en l'espasse du tans ke je sui à men Estage à Pinkeigny, me sires li Vidames ou ses kemans me veut mener à armes avoec li hors Pinkeigny, faire le poet et tenus y sui d'aler, et se me sires li Vidames ou ses kemans me detenoit par quoi je ne peusse chu jour revenir à Pinkeigny, je demourroie à sen coust et seroit tenus de mi paier mes wages.* Charta ann. 1249 : *Je Jehans de Fordinoy Chevaliers fais assavoir ... que je sui hom li le Vidame d'Amiens signor de Pinkigni de la warde de Croy que je tieng de Monsignor Robert de Saveuzes de Monsignor Raoul de Bascoyel et l'en doi un an d'Estage à Pinkigni à men coust je et ma feme et mi oir à lui et à ses oirs quant il ou leurs certains messagès nous en semonra ou ammonestera.*

¶ Stagium, Feudum *stagio* obnoxium. Charta Balduini Comit. Flandr. ann. 1198. apud Miræum tom. 1. pag. 723. col. 1 : *Eustacius vero in mea constitutus præsentia Montibus in castro, sub testimonio Parium suorum, quia hæc prænominata de feodo paritatis suæ et Stagii Montensis a me tenebat, ipsa in manum meam libere reportavit.*

¶ Stagium, Domus, in qua quis *stat*, habitat. Consuet. Lemovic. art. 42 : *Item consuetudo est quia fullones seu sarturatores pannorum debent custodire in Stagiis seu domibus suis per septem dies pannos emptos in loco ubi videri possunt publice.* Vide *Stagia*, 1.

¶ Estaga, Eodem significatu. Charta ann. 1125. inter Probat. tom. 2. novæ Histor. Occitan. col. 429 : *Donamus tibi Bernardo de Tresmals ad fevum et propter castellaniam, ipsam Estagam et ipsum mansum qui fuit Bernardi traditoris et fratrum ejus in Carcassona.* Alia ejusdem ann. ibid. col. 431 : *Damus tibi Nichola ad fevum propter castellaniam ipsam Estagam et ipsum mansum qui fuit Raimundi Cathallanni in civitate Carcassona.* Vide *Estagga.*

Estagia, Eodem intellectu. Regestum Constabulariæ Burdegal. f. 134 : *Arnaldus Bernardi de Moros pro Estagia sua de Puiols, in parochia de Tersat, debet unum barilum vini de sporta.* Ita alibi ibidem sæpe.

Estagium, Eadem notione. Assisiæ Hierosolymit. MSS. cap. 228 : *Et se il n'a manoir estable en la vile, où il doit son Estage tenir, il le doit semondre en l'ostel, où il fu darrainement manant.* Vetus Poëta MS. de Vulpe Coronato :

Qu'onceques en ordene de Prêcheur,
De Jacopin, frere meneur,
Renards n'entra, ne fist Estage.

Guill. *Guiart* in Hist. Francor. MS :

Pour garder le pont de domage,
Ja sont tuit garni li Estage,
De ceus, que len y a huchez.

¶ Stagium, Mansio, commoratio. Charta Curiæ Suession. ann. 1262 : *Habebit Stagium sive mansionem suam in dicta domo.* Guillelmo Tyrii versio Gallica lib. 16. cap. 1 : *Avoit laissié l'Estage de la cité* : ubi Latine habetur : *Illius dimissa habitatione.* Le Roman *de la guerre de Troyes* MS :

N'avoient mie grant corage
De feire el pais loing Estage.

* Charta ann. 1339. tom. 8. Ordinat. reg. Franc. pag. 94. art. 6 : *Concedimus habitatoribus nunc in dicto loco Simpodii commorantibus, ne qui eorum, ratione vel occasione delictorum commissorum,.... ad jus trahantur,.... nisi invenirentur in locis in quibus delinquerunt,.... sive in Stagiis in quibus prius morabantur, pro quibus erant homines ligii et questales.*

¶ Estagna, Eodem sensu. Statuta Montispessul. ann. 1204 : *Si quis extraneus pro quolibet honore homo alterius fuerit et in Montempessulanum venerit pro Estagna, etc.*

* Stagium, Portus, locus ubi naves *stare* possunt. Charta ann. 1342. in Reg. 72. Chartoph. reg. ch. 341 : *Cum eas* (trabes) *ab inde usque ad quoddam Stagium marinum et quamdam insulam marinam.... adduci fecisset, etc.* Vide supra *Stadium* 7.

Estagium habere dominus dicitur, cum hospitium ei debetur. Libertates concessæ Villæ franchæ ab Archembaldo Dom. Borbonii ann. 1217 : *Dominus Borbonensis non debet habere apud Villamfrancam domum, nec Estagium, nec credentiam per vim.*

Stagium Facere, et *complere*, præterea dicuntur Canonici *qui faciunt residentiam*, quæ ad aliquot dies in anno computatur. Tabularium Ecclesiæ S. Aniani Aurelian. ann. 1254 : *Ut quicumque hujus Ecclesiæ Canonicus, seu qui in hac Ecclesia non servierit alia vice, seu non Stagium compleverit, quod quidem Stagium novies, viginti tres dies continet, et in die S. Petri ad vincula inchoatur, a die obitus sui usque ad revolutionem anni ubicumque et quandocunque expleto illius anni Stagio obierit, grossos præbendæ suæ illius anni fructus ratione peragendi servitii integre habeat, etc.* [Obituar. MS. Eccl. Morin. : *Canonicis vero vere residentibus et qui suum Stagium compleverunt, cuilibet* x. *sol.* Ibidem : *Item dies Cinerum pro duplici habetur et dantur* xxx. *libræ amigdalarum cuilibet canonico, dum tamen sint residentes per majorem partem Quadragesimæ, et fecerint totum Stagium ad plenum.* Statutum Renaldi Episc. Paris. ann. 1253. apud Lobinell. tom. 3. Hist. Paris. pag. 38. col. 1 : *Quicumque de cætero in ecclesia sanctæ Opportunæ canonice instituetur, juret quod per sex menses annuatim continue vel per partes ibidem residere tenebitur, nisi aliquis canonicorum in nostro servitio extiterit, qui Stagium suum faciet nostro servitio insistendo, ac si in eadem ecclesia personaliter resideret.* Adde Chartam ann. 1260. inter Instrum. tom. 4. Gall. Christ. novæ edit. col. 210.]

¶ Estagium Facere, Eadem notione, in Charta Petri Abbat. S. Benigni Divion. ann. 1259. ex Tabul. ejusdem Monast. : *Canonici prædictæ capellæ in eadem de cætero facient Estagia personaliter anno quolibet per duos menses et septimanas.... Capellani qui Missas habent ... residentiam continuam in ea facient.*

Stagium Concedere, in Tabulario S. Aniani Aurelian. ann. 1269. est absolvere a residentia, verbi gratia, Canonicum, qui pro servitio Ecclesiæ peregre proficiscitur.

¶ Stagiarius, Stagiator, Canonicus qui in *Stagio* est, [qui *stagium* suum decurrit. Obituar. MS. Eccl. Morin. fol. 43. v° : *Canonicis vero vere residentibus et qui suum Stagium compleverunt, cuilibet* x. *sol. aliis denique Stagiariis et passiageriis, cuilibet interessenti* II. *sol.* Charta Ricardi II. Reg. Angl. ann. 1399. apud Rymer. tom. 8. pag. 74 : *Ac vos, præfate Decane, et Stagiarios sive residentiarios tunc dictæ ecclesiæ existentes, etc.* Regest. Capitul. Autissiodor. ad ann. 1396 : *Domini Stephanus de Hamello et magister Johannes Clementeti qui fuerunt novi Stagiatores, facient pelotam proxima die Lunæ post Pascha.* Vide infra *Stagi.*

Stagerius, Qui debet *stagium*, *stagio* obnoxius vassallus : vel qui domum habet in aliquo loco. Feoda Campaniæ fol. 1 : *Vicecomes Feritatis, ligius et Stagerius de Feritate de hominio Feritatis.* Passim ibi. [Charta ann. circ. 1063. ex Schedis Præs. de Mazaugues : *Primus fuit Stagerius nomine dictarum ecclesiarum in dicto manso.*] Sed et iidem qui *Hospites*, in Tabular. S. Dionysii de Novigento Rotroci fol. 105 : *Hospites, seu Stagiarii.*

¶ Estaetus, Eodem intellectu, in Schedis Lobinelli.

Estagiarii, Eadem notione. *Estagiers*, in Consuetud. Turon. art. 7. 49. 50. Andegav. art. 134. 135. 174. etc. Charta Philippi Regis Franc. ann. 1222. in Tabulario Episcopatus Parisiens. Thuano : *De albanatis forinsecis concedimus, quod solvant Episcopo in una septimana consuetudines debitas, ac si nunquam fuissent albanati, nec de cætero albanentur, nisi sint Estagiarii Parisienses, etc.* Occurrit in Charta alia ann. 1224. apud Perardum in Burgundicis pag. 405. Le Roman *de Garin* :

Ferez fermer le Chastel de Belin :
Et festes dire vostre Prevost Oudin,
Les Estagers face ceans venir,
Trestos semongne et les grans et petits ; etc.

Alibi :

De Gironville font le tours enforcir,
Les barbacanes reparer et blanchir,
Les Estagiers en la ville venir,
Et les Serjant por le fié deservir.

Estagierement. Sacramentum exactum a Burgensibus Insulensis oppidi, apud Haræum in Castellanis Insul. : *Il vous convient venir manoir en cette ville Estagierement vous, vos femme, et vos mesnie, se vos en y estes requis d'Eschevins.* [Id est, ita ut *stagium* seu domicilium in ea habeatis.] Arvernis, *Estagié*, est conductor domus. Vide *Stare* 2.

¶ Stagium. Litteræ Philippi III. Reg. Franc. ann. 1277. tom. 3. Ordinat. pag. 61 : *Item quod consuetudines et usagia quæ dicta Maria et vir suus ejus nomine, habent in castro seu villa predictis* (Lemovic.)...

cum omnibus emolumentis inde provenientibus, necnon foris et pretiis carnium, gallinarum et aliarum rerum venalium.... pro certis pretiis habendarum, ac certis temporibus sibi competentibus ad venditionem feni sui seu aliarum rerum, de quibus est consuetum, quæ tempora Stagium usualiter appellantur, etc. Hinc *Stagium facere* dicuntur qui trimestre servitium Principi exhibent; qua etiam notione vox Gallica *Soison* usurpatur in Charta ann. 1404. apud Lobinell. tom. 2. Hist. Britan. col. 817 : *Item, que tous offices mis, instituez, et confermez par Mons. de Bourg. durant son gouvernement au Duchié de Bretaigne, demourront en leur estat, sans ce qu'ils soient aucunement muez ou ostez sans lettre et consentement de M. de Bourg. excepté Messire Alain de la Houssaye qui sera osté de Soison.*

Stagi, Primarii quidam e Conventu Cathedralis Ecclesiæ, qui moderandis statuendisque ejusdem rebus necessario requiruntur, scilicet *Decanus*, *Subdecanus*, et 2. vel 3. majores Canonici; alias *Residentiarii*. Sic in Paulina Ecclesia Londinensi. Ita Spelmannus.

¶ **STAGIS**, ut *Stagium*. Vide *Stare* 1.

¶ **STAGIUS**, Obses, Gall. *Otage*, ab Ital. *Staggio*, eadem notione. Chron. Domin. de Gravina apud Murator. tom. 12. col. 591 : *Ordinaverunt... quod acceptis primo Stagiis ab eisdem filiis eorum pueris ab omnibus de dicta terra, quos nominabant, ipsi Stagios haberent in castro, etc.* Ibid. col. 642 : *Persuaserunt dicto Capitanio, quod consanguineos omnesque sequaces nostrorum sequacium Stagios asportaret, si vellet terram Gravinæ firmiter possidere.*

¶ 1. **STAGMEN**, Stannum, ni fallor. Vide *Stagnum* 2. et *Stamen*. Charta Henrici III. Reg. Angl. ann. 1255. apud Rymer. tom. 1. pag. 544 : *Ad conventionem emptionis Stagminis, quod ab ipso* (Comite Cornubiæ) *emimus, fideliter observandam, etc.*

* 2. **STAGMEN**, pro *Stamen*, Panni species. Glossar. Lat. Gall. ex Cod. reg. 7679 : *Stagmen, Estamine*. Vide *Staminea*.

¶ **STAGNACULUM**, Stagnalis. Vide infra *Stagnum* 1.

¶ 1. **STAGNARE**, *Stagno* seu stanno obducere, Gall. *Etamer*. Vide *Stagnum* 2.

¶ 2. **STAGNARE**, Sanguinem sistere, ne fluat, Gall. *Etancher*. Vox Italica. Gloss. Lat. Gr. : *Stagnat*, γναθοῖ, ςομοῖ. Lex Alaman. tit. 65. § 6 : *Si autem ferrum calidum intraverit ad Stagnandum sanguinem, etc.* Ubi Puteanus : *Extagnandum*. Mirac. S. Ursmari tom. 2. April. pag. 575 : *Non cessavit sanguinis effusio.... Cœpit requirere a nobis si quid aliquis nostrum ad sanguinem Stagnandum nosset.* Vide Ferrarium in *Stagnare*.

STAGNARIUM. Charta Henrici III. Regis Angl. ann. 1 : *Concessimus Dominæ Reginæ matri nostræ cuneum et Stagnarium Devon. ad se sustinendum.* Ubi *cuneum* monetam, *stagnarium*, stannariam fodinam interpretor. Quomodo etiam Spelmannus *Stannaria, orum*, et *Stannarium* usurpari observat. Vide *Stagnum* 2. et *Stannaria*.

¶ **STAGNATOR**, Stagnatus. Vide *Stagnum* 2.

****STAGNATORIUM**, ut *Stagnarium*. Vide *Stagnator*, in *Stagnum*, 2.

¶ **STAGNEUS**, Stagnans. Vita S. Dunstani tom. 4. Maii pag. 347 : *Erat autem.... in confinio præfati viri insula latis locorum dimensa finibus, piscosis aquis, Stagneisque circumducta fluminibus.* Vide alia notione in *Stagnum* 2.

* **STAGNIFABER**, Vasorum stanneorum opifex, nostris alias *Estaymier*. Vide supra *Estagnatum*. Libert. Caturc. ann. 1344. in Reg. 68. Chartoph. reg. ch. 312 : *Item creant.... curatores seu gardiatores.... aurifabrorum et Stagnifabrorum.* Vide *Stagnum* 2.

* **STAGNIOLUM**, diminut. a Stagnum. Charta Odon. reg. ann. 888. tom. 9. Collect. Histor. Franc. pag. 444 : *Sicut aqua discurrit subtus domum jam dictæ Reparatæ usque ad ipso Stagniolo, etc.* Vide *Stagnolus*.

¶ **STAGNIUM**, pro Stagnum, in Charta ann. 798. apud Ughellum tom. 1. Ital. Sacræ col. 50. edit. ann. 1717.

¶ **STAGNOLUS**, diminut. a *Stagnum*, Fossa. Castellus in Chron. Bergom. apud Murator. tom. 16. col. 912 : *Dicta brigata multos Guelphos interfecerunt.... qui erant in molendinis, inter quos fuit magister Contrus, qui faciebat Stagnolos propter ecclesiam S. Johannis de Hospitali.*

1. **STAGNUM**, Mare. Tidericus Langenius in Saxonia :

Sulcatum Stagnum per multa pericula magnum,
Tertia processit classis, pars indeque cessit.

¶ Stagnaculum, dimin. a *Stagnum*. Epist. Petri de Condeto apud Acher. tom. 2. Spicil. pag. 559 : *Iterum sciatis, quod die Jovis supradicta dom. Rex Siciliæ faciebat poni in quodam Stagnaculo, quod protenditur usque prope Tunicum, quosdam cursores et barellos, qui multum, ut dicunt, ad expeditionem negotii faciunt. Et factum est dum traherentur a littore versus Stagnum illud, congregati sunt Saraceni infiniti, ut Stagnum illud defenderent, appositione cursorum prædictorum.*

Stagnales Civitates, Maritimæ, apud Ericum Upsaliensem lib. 5. Hist. Suecicæ pag. 190 : *Et in magna classe circa littora civitatum Stagnalium pervagatus, etc.* Henricus Aquilonipolensis in Lubecca lib. 2. cap. 3 :

Stagnales inter urbes caput urbs Lubecana,
Inter et urbs etiam septuaginta duas.

2. **STAGNUM**, pro Stannum, κασσίτερον. Gall. *Estain*. Gloss. Lat. MS. Reg. : *Stagnum, lacus, qui non effluit, vel genus metalli.* Gloss. Lat. Græc. : *Stagnum*, κασσίτερον, λίμνη, ὑδροςάσιον. *Stagnea*, κασσιτερινά, Glossar. Græco-Lat. : *Stagnum*, κασσίτερον. *Stagnea*, κασσιτερινά. *Stagno*, περιπεταλῶ. Ubi *Stagnare*, est *Stagno*, sive stanno inducere, nostris *Estamer*. Κασσιτερουργός, *Stagnator*. Gervasius Dorobern. ann. 1182 : *In signum vero sectæ, vel ordinis habitum, lineum habebant capucium, in quo B. Virginis imaginem parvulam plumbo impressam vel Stagno in pectore gestabant.* Vide Cujacium lib. 11. Observ. cap. 1. [Charta ann. 1197. inter Instrum. tom. 6. Gall. Christ. novæ edit. col. 144 : *Carga de Stagno dabit* III. *den.* Comput. ann. 1202. apud D. *Brussel* de Usu feud. tom. 2. pag. CLIV : *Pro* II[c]. *lib. Stagni* C. *sol.* Charta ann. 1468. ex Tabul. S. Victoris Massil. : *Dom. Abbas patentibus litteris dat facultatem aperiendi fodinas auri, argenti, cupri, Stagni et plombi, etc.* Statuta Massil. lib. 3. cap. 10 : *Ordinamus firmiter observandum quod Stagnum seu merces Stagni vendatur deinceps ad quintale Massiliæ.* Occurrit præterea in Statutis Astens. Montis Regal. fol. 311. Riperiæ cap. 12. fol. 4. etc.]

Stagnatus, nostris *Estamé*, *Stagno* fuso perlitus. Gesta sub nomine Acacii : *Ut si dicamus aliquid ceratum, aut picatum, aut Stagnatum, aut quolibet alio genere coloratum.* [Acta Erchanberti Episc. tom. 1. Histor. Frising. pag. 126 : *Crucem unam deauratam, et aliam crucem de Stagno puratam,... et alium calicem et patenam Stagnatas, etc.* Vide *Stanneatus*.]

Stagneus, pro Stanneus. [Ricobaldi Ferrar. Histor. Pontif. Rom. apud Murator. tom. 9. col. 150 : *Hic* (Zeferinus) *constituit... quod omnia vasa altaris essent vitrea vel Stagnea.*] Occurrit præterea passim apud Scribonium Largum cap. 230. 268. etc. Marcellum Empir. cap. 21. Alexandrum Iatrosoph. lib. 1. in Chron. Trudonensi lib. 9. pag. 459. Rigordum ann. 1183. etc. V. Ferrarium in *Stagnare*.

Stagnum, Isidoro dicitur, quod metallum secernit. *Stagni etymologia*, inquit, ἀποχωρίζων, *id est separans dicitur et secernens : mixta enim et adulterata inter se per ignem metalla dissociat, et ab auro et argento æs plumbumque secernit.* Hinc

Stagnare, in ejusdem Glossis, *metalla secernere.* [Vide Vossii Etymolog. in *Stannum.*]

¶ Stagnator, *Stagni* opifex. Liber niger Scaccarii pag. 360 : *Et Stagnatores ei habere facias in ea libertate, quam habere debent et solent.* [** Placit. ann. 35. Edw. I. Devon. rot. 22. in Abbrev. Placit. pag. 259 : *Custos stagni venit et clamavit quod omnes Stagnatores operantes in iisdem stagnatoriis, si in aliquo deliquerunt, quod non debent respondere nisi coram custode, etc.*]

3. **STAGNUM**. Charta Joannis Abbatis S. Bertini : *Dicimus, quod fossatum semper remaneat fossatum, nec Stagna ibi possint figi, nisi partes consentiant, ut dicta Stagna remaneant ibidem.*

☞ Mendum esse suspicor pro *Staqua*, qua voce pali vel fustes terræ infixi significantur, quos nostri *Estaches* vocabant, ut supra observatum est in *Staca* : nisi idem sit quod infra *Stalaria* 1.

¶ 4. **STAGNUM**, Sedes, sedile. Vide supra *Scamnum* 4. et infra *Stallum* 1. Charta ann. 1249. ex Tabul. Casæ Dei : *Certo tempore vinum suum vendere in villa, sive, sicut vulgariter dicitur, Stagnum tenere, ita quod ipso vendente nemo vendere audeat... Homines cimiterii de Jay, vendere vinum seu Stagnum debere in dicto cimiterio etc.* Reditus Monast. Nobiliac. apud Stephanot. tom. 3. Antiquit. Bened. Pictav. MSS. pag. 531 : *Habet unum cubellum vini et unum Stagnum ad vinum vendendum.*

* *Stagnum* hic idem quod *Bannum vini*, Jus scilicet quod domino feudi competit vinum suum certo dierum spatio vendendi, aliis a vini proprii venditione cessantibus; unde *Estanche de vin* illud appellabatur, ut observavimus supra in *Bannum* 1. Charta Aymer. vicecom. de Rupecavardi ann. 1296.

in Reg. 77. Chartoph. reg. ch. 311 : *Concedimus quod nos et hæredes nostri non habeamus nec habere possimus in dicto castro et barriis bannum seu Stagnum vini, nisi duntaxat in mense Augusti, in quo venditur tantummodo vinum censuum nostrorum et vinearum nostrarum.* Alia ann. 1357. in Reg. 81. ch. 490 : *Prior S. Marcelli de proprio vino semel in anno Stagnum faciet ad justum pretium, in quocumque tempore voluerit, usque ad quinquaginta duodenas.*

* An inde repetenda vox *Estangherre*, qua Compotatio, significatur, ut opinor, in Lit. remiss. ann. 1427. ex Reg. 174. ch. 143 : *Comme iceulx compaignons de la chastellenie de Lille feussent alez à une Estangherre, qui se faisoit en la maison de Simon Cuingnet, etc.*

¶ 1. **STAGNUS**, pro *Scaquus*, ni fallor. Vide *Scacci* 1. et *Scaqueti.* Statuta Guidonis Abb. Crassensis ann. 1377. apud Stephanot. tom. 10. Fragm. Hist. MSS : *Item Statuimus et ordinamus ut nullus subditorum nostrorum Monachorum infra septa dicti monasterii vel extra ubicumque ad taxillos ludat, sive ille ludus fiat cum solis taxillis vel cum aleis seu Stagnis, vel alio quocumque nomine nuncupentur. Alias in contra facientes sententiam excommunicationis ferimus in his scriptis; quam sententiam contra tales ludentes ad taxillos sic intelligimus et etiam declaramus, quod ludentes ad aleas seu Stagnos, licet cum taxillis, ad comestibilia et potabilia, etc.* Vide *Stater.*

¶ 2. **STAGNUS**, adject. Strictus, pressus. Guido de Vigevano de Modo expugnandi Terram S. cap. 8. ex Cod. Colbert. 5080 : *Ex istis* (assidibus) *fiat fundus navis bene cusitus et Stagnus, taliter quod aqua non possit ingredi... Et assides ipsius sponde sint fortiter cusite et Stagne.* Charta ann. 1451. ex Archivo Piscator. Massil. : *Petierunt quod valeant visitare tonairas omnes quotiescumque voluerint ut sint Stagnæ et natatæ, ac altitudinis et longitudinis debitæ.*

¶ STAGNUM FERRUM. Canones Hibern. apud Marten. tom. 4. Anecd. col. 18 : *Si quis ancillam alterius apprehenderit fugientem, et a domino suo potuerit evadere, Stagnum ferrum merito accipiat.* Hoc est fortassis, calido ferro signetur. Vide *Scara* 1.

¶ **STAGUETA**, Scopus, Gall. *Blanc, But.* Charta ann. 1353. ex Regesto 81. Chartophyl. Reg. n. 727 : *Ludendo de quadam balista pro jocale quod dari debebat illi qui melius traheret ad quandam bonnam seu Staguetam. Estaque*, eadem notione, apud Bellomaner. MS. cap. 69 : *Aucune fois avient il que* 1. *hons tret avecques autres aus Estaques, etc.*

* Leg. *Staquetam*, ut habet laudatum Reg. ch. 732. quod ad palum alligatur, sic appellatus.

¶ **STAHI**. Locus est in *Angræ.* Vide ibi.

* **STAJARIA**, Obses, ab Italico *Staggio*, eadem notione. Pactum inter Clem. III. PP. et senat. Rom. apud Cenc. inter Cens. eccl. Rom. : *De capitaneis sit salvum urbi et populo Romano quicquid ab eis conventum est et promissum Romæ per scriptum et juramenta, ac plejarias et Stajarias ac prisones.* Ubi male editum a Baronio ann. 1188 : *Plerarias et Stararias ac præcones.* Vide *360 Froraria.*

STAINUM, Stannum, *Estain.* Charta ann. 1248. apud Ughellum tom. 7. pag. 611 : *Calice uno de Staino sive patena.*

* **STALA**, Mercatorum sedes, forum. Charta ann. 1392. inter dom. de Monteclaro et incolas ejusd. loci : *Item fuit de pacto quod turrim ipsam levabant extra et ultra Stalam.* Vide *Stallum* 1.

¶ **STALACA**, STALACHA, Species furti circa caballos, apud Schilter. in Gloss. Teuton. ex Lege Salica tit. 10. § 2. Sed Eccardus emendat *Malatha*, quod *pinxerit* ait interpretari.

¶ **STALAGIUM**. Vide infra in *Stallum* 1.

* **STALANUM**, Eadem, ut videtur, notione atque *Stallum* 1. officina ubi merces venum exponuntur. Charta ann. 1322. tom. 8. Ordinat. reg. Franc. pag. 476. art. 2 : *Nec non etiam præfati consules provideant vias, quarrerias, Stalana, stabularia, et ad statum debitum juste reducant, etc.*

¶ **STALAREA**, ut mox *Stalaria* 1. Charta ann. 1107. apud Calmet. inter Probat. tom. 1. Histor. Lothar. col. 524 : *Cum terris arabilibus, cultis et incultis, pascuis, sylvis et Stalareis.*

* Charta ann. 998. apud Murator. tom. 2. Antiq. Ital. med. ævi col. 10 : *Cum servis et ancillis, pratis, pascuis, campis, silvis, Stalareis, terris cultis et incultis, etc.* Vide infra *Stelarea.*

1. **STALARIA**, STALLARIA. Vett. Glossæ : *Stallaria, salicetum vel cetretum.* Lex Longob. lib. 1. tit. 19. § 26. [** Liutpr. 45. (5, 16.)] : *Si quis Stalariam* (al. *Stallariam*) *capellaverit, componat ei, cujus Stalaria fuerit solid. sex.* (Editio Heroldi pag. 222. habet *Stalaria*) ubi Boherius : *Stalaria, est arboretum sive arbustum, ex quo pali inciduntur.* Tabularium Casauriense ann. 14. Lud. Imp. F. Lotharii : *Cum... vineis, silvis, pascuis, Stalariis, cetinis, calortis, etc.* Charta Adelchisi Regis Longob. in Bullario Casinensi tom. 2. pag. 17 : *Cum cuncta territoria per singula loca, id est campis, vineis, pratis, pascuis, silvis, Stallariis, rivis, paludibus, etc.* Occurrit non semel in Chartis Longobardicis, apud Ughellum tom. 4. pag. 1291. 1368. etc. [Vide *Stellaria* 2.]

¶ STALICIA, Eadem notione, in Charta ann. 993. apud Marten. tom. 1. Ampl. Collect. col. 347.

2. **STALARIA**, pro Vivario piscium usurpare videtur vetus Notitia in Tabulario Fiscamnensi f. 69 : *Omnes jurati dixerunt et recognoverunt, quod quædam Stalaria fuit inter Asiacum et Watevillam, ubi Sequana modo reliquit mariscum, et ubi tunc temporis habebat cursum suum et de consuetudine piscium illius Stalariæ habebat Comes de Mellent medietatem, etc.*

☞ Rectius intelligitur de palis in fluvio fixis ad sustinendum rete eisdem annexum in piscium capturam : qua notione *Estalliere* occurrit in Chartular. Gemmet. tom. 1: pag. 16 : *Outre avons droit de prendre franchement en icelle forest (de Brothonne soixante haistreaux pour ficher nostre Estalliere.* Vide *Estalarius*, *Stagia* 3. et *Stanga.*

* Vide supra *Estalaria.*

* **STALHATA**, ut *Stalarea.* Stat. Avenion. MSS. ann. 1244. ex Cod. musei mei pag. 49. r° : *In stipulis autem deffensis et aliis prædiis incultis, exceptis bladis, vineis et Stalhatis, statuimus pro banno pro yrco vel capra, mutone et ove duos denarios Turon.*

¶ **STALHER**, Magister equitum. Vide *Marescalcus.*

¶ **STALIS**, ἀργός, in Gloss. Lat. Gr. Ubi Vulcan. f. Colei, ὄργεις.

¶ 1. **STALLA**, Mercatorum sedes. Vide *Stallum* 1.

* Præsertim macellariorum. Stat. ann. 1408. tom. 9. Ordinat. reg. Franc. pag. 357. art. 6 : *Quod de more et observancia prædictæ villæ Biterris fuit et est et toto dicto tempore incessanter observatum, quod consules.... ministerii macellariæ Biterris seu Stallæ ejusdem, etc.* Vide infra *Stallium.*

¶ 2. **STALLA**, Stabulum, Saxon. stal, Ital. *Stalla*, eadem notione. Vita S. Bonæ tom. 7. Maii pag. 162 : *Habebat dextrarium... qui subito quadam die in Stalla cecidit extensus in terra.* Johannes Demussis in Chr. Placent. ad ann. 1378. apud Murator. tom. 16. col. 539 : *Hic Papa Urbanus VI. in dicta civitate Januæ, ut dicitur, fecit dictos Cardinales carceratos vivos sepeliri in quadam Stalla equorum.* Adde Chron. Dom. de Gravina apud eumd. tom. 12. col. 607. Vide *Stallarius.*

¶ 1. **STALLAGIUM**, Quod pro *stallando* seu stabulando equo solvitur. Constitut. Caroli II. Regis Sicil. Rubr. *de palea non auferenda, et solvendo Stallagio : Item pro Stallagio equi die ac nocte solvatur granum unum.*

¶ STALLARE, Stabulari. *Stallant equi*, apud Goclen. in Lexico Philos.

¶ 2. **STALLAGIUM**, Cœnaculum, tabulatum, Gall. *Etage.* Vide *Stagium.* Tractat. de expugnat. urbis CP. ann. 1453. apud Marten. tom. 5. Ampl. Collect. col. 790 : *Multas quoque machinas sua adinventione atque industria fabricari mandavit* (Sangambassa) *et diversa carpenta sive Stallagia ad repugnandum altitudinis et latitudinis non minimæ.* Ibidem col. 795 : *Juxta castellum ligneo compactum opere,... illic procuravit et adesse jussit* (Johannes) *sedes et ligna atque Stallagia, aliaque instrumenta ad repugnandum necessaria.*

¶ 3. **STALLAGIUM**, Præstatio pro stallis. Vide in *Stallum*, 1.

* *Stalaige*, inter Redit. comitat. Namurc. ann. 1289. in Reg. Cam. Comput. Insul. sign. *Le papier aux aysselles* fol. 73. r° : *Encor i a li cuens les Stalaiges, les wetaiges et les fenestraiges.* Haud scio an eadem notione *Stalaize*, in Charta ann. 1026. ex Suppl. ad Miræum pag. 299. col. 2 : *Wido de Fontenellis dedit eidem ecclesiæ pro anima avi sui domini Theodorici tertiam partem census, qui vulgo dicitur Stalaize.* Vide supra *Estalagium.*

¶ **STALLANGIARIUS**, STALLANGIATOR. Vide *Stallum* 1.

¶ **STALLARE**. Vide in *Stallagium* 1. et *Stallum*, 2.

¶ **STALLARIA.** Vide *Stalaria* 1.

STALLARIUS. Simeon Dun. Florentinus Wig. et Hov. ann. 1068 : *Eadnothus, qui fuit Haraldi Regis Stallarius, occurrit cum exercitu.* Richard. Monach. l. 2. Hist.

Eliensis : *Alfgarus quidam Stallere, eam (villam de Estre) invasit.* Infra *Constabularius* appellatur : unde conjicit Spelmannus *Stallere* appellari quasi *stal-here*, Præfectum stabuli : cui accedit Janus Dolmerus in Notis ad Jus Aulicum Norvegicum vetus cap. 1. qui auctor est apud Norvegos et Danos *Stal*, stabulum equorum aut pecorum significare, ubi plura de *Stallariis* Danicis. [De Suecicis vero agit etiam Johan. Loccenius lib. 2. Antiquit. Sueco-Goth. c. 11. Vide *Stalla* 2. *Stallarius* alia notione occurrit infra in *Stallum* 1.]

STALLATI, STALLIATI, forte pro *tailliati*, talliis obnoxii : aut potius qui *stallum*, id est residentiam in loco debent, qui glebæ adscripti sunt, aut qui in aliquo loco morantur. Charta Tancredi Comitis Licii ann. 1182. apud Ughell. tom. 9. pag. 102 : *Ita quidem ut libere, et sine aliqua dutione casalia ipsa cum dictis hominibus, tam tributariis, quam Stalliatis*, etc. Mox : *Homines vero tributarii et Stalliati, qui morantur in casali Basilii*, etc. Vide infra *Stellatus*.

¶ **STALLATIA**, ut supra *Stalaria* 2. Chartul. sancti Vandreg. tom. 1. pag. 972 : *Quæ sunt hæc, videlicet ex venditione Johannis du Noyer supra Stallatiis suis sitis in aqua Secanæ.* Ubi leg. videtur *Stallariis*. Vide *Estalarius*.

¶ **STALLERE**, ut *Stallarius*. Vide in hac voce.

¶ **STALLIER**. Reparat. factæ in Senescallia Carcass. ann. 1435. ex Schedis Cl. V. *Lancelot* : *Eidem (Bernardo serralherio) pro... preparando secundam portam Narbonesiam ponendo unam serruram in magno Stallier*, etc.

* **STALLIGIUM**, idem quod *Stallagium* 3. in vet. Reg. parlam. Paris. inter Codd. MSS. Thaumasserii.

* **STALLIUM**, ut supra *Stalla* 1. Chartul. Neronis-villæ fol. 46 : *Godefridus de Paleio donavit Deo et B. M. et S. Petro Neronis-villæ medietatem furni, quod habebat apud Castrum Nantonis juxta Stalla carnificum*, etc. *Mettre à Estal*, Venum exponere, in Stat. ann. 1371. tom. 5. Ordinat. reg. Franc. pag. 421. Vide *Stallum* 1.

STALLO. Charta Caroli C. ann. 18. Ind. 2. in Tabul. Dervensi : *Concedimus etiam eisdem Dei servis in Vico sessum unum indominicatum ad accipiendum salem cum proprio, uti vulgo dicitur, Stallone et furca superposita, ut sine aliquo contradictore meriam licenter habeant.* Camusatus pag. 85. habet *Stalone* cum unico l. Ubi forte *Stallo* est mensura, quæ nostris *Estallon* dicitur. [Vide *Stalo*.]

2. **STALLUM**, Locus, ubi quis habitat, sedet, stat. Præsertim ita appellatæ in foris et nundinis mercatorum sedes vel apothecæ : vox, ut videtur, contracta ex *Stabulum*. Charta Philippi Aug. Reg. Fr. ann. 1195. pro Communia S. Quintini : *Tale est forum nostrum, quod quisquis in forum venerit, Stallum suum statuere possit, ubi terram vacuam repererit, suumque solvat stallagium, salvis et liberis exitibus domorum et camerarum, in quibus manebunt.* Rigordus ann. 1183 : *Inter murum exteriorem et ipsas Halas, mercatorum Stalla fecit erigi desuper operta, ne mercatores tempore pluvioso a mercatura cessarent.* Charta anni 1195. in Tabul. Vindocinensi fol. 274 : *Donavi 40. solid. annuatim habendos in meis Stallis carnificum.* Charta Goffredi Episcopi Lingonensis ann. 1164 : *Excepto, quod Comes in ea* (terra mercati) *Stalla concedere solis cambiatoribus potest, tantummodo ad cambiandum*, etc. [Adde Acta Episcop. Cenoman. apud Mabillon. tom. 3. Analect. pag. 356. et Miræum tom. 1. pag. 277.]

¶ STALLUS, Eadem notione, in Charta censuali Leduini Abb. S. Vedasti ann. 1036 : *Stallus cordarum in mense, 1. den. Stallus cerarii in mense, 1. den.* Pluries ibi. Charta ann. 1189. inter Instr. tom. 4. Gall. Christ. novæ edit. col. 193 : *Novem quoque Stallos in foro Divionensi*, etc. Litteræ Philippi Aug. Reg. Franc. tom. 3. Ordinat. pag. 260 : *Concessimus... duos Stallos ad vendendum carnes.* Charta ann. 1276. in Chartul. Domus Dei Pontisar. : *Grandis domus de burgo sita ante Stallos panum*, etc. In alia vernacula ann. 1278. ibid. de eadem domo : *Assise devant les Estaus au pain. Estaux des lingieres. Estaux de bazaniers*, in Statuto Caroli V. Reg. Fr. ann. 1367. tom. 5. Ordinat. pag. 106.

¶ STALLA, Eodem significatu. Regest. Prioratus de Cokesford. apud. Th. *Blount* in Nomolex. Anglic. : *Quod si aliquis portaverit res suas ad forum et posuerit super Stallas, faciet redemptionem pro eis*, etc.

STALLUM interdum pro *Stallagio* sumitur, hoc est tributo, quod ex *Stallis* mercatorum eruitur. Ita in aliquot Chartis observare est apud Miræum in Diplom. Belg. lib. 2. cap. 31. et 44.

STALLAGIUM, Præstatio pro *stallis*, seu jure ea habendi in foris, mercatis, et nundinis. Bromptonus : *Stallage, est exactio pro statione in plateis tempore nundinarum.* Charta Philippi Aug. ann. 1185. apud Morinum in Hist. Vastinensi lib. 5. pag. 707 : *Carnifices reddent Stallagia, quæ debent.* Charta Aalis Ducissæ Burgundiæ ann. 1219. in Tabul. S. Dionysii de Vergeio : *Centum solidos Divionenses in Stallagiis fori de Nuis, et annuatim persolvendos in Octavis S. Dionysii*, etc. Aresta ann. 1276. in Regesto *Olim* fol. 33 : *Viso privilegio S. Ursini Bituric. pronunciatum fuit, quod in Burgo suo Prior et Capitulum retinere non possunt scambsorem, nisi habeat stallum ad cambium, et solvat Stallagium, sicut alii scambsores de villa Bituric.* [Charta ann. 1141. apud Lobinell. tom. 2. Hist. Britan. col. 293 : *Ego igitur suadente matre et consulente dedi in dotem ecclesiæ partem Stalagiorum quæ ad Comitatum pertinet in urbe Redonensi.* Litteræ Philippi Aug. Reg. Fr. ann. 1182. tom. 3. Ordinat. pag. 259 : *Quisque carnificum singulis diebus Dominicis quibus sciderit carnes porcinas sive bovinas, debet preposito nostro obolum de Stallagio. Reditus Stalorum panum et carnium*, in Charta ann. 1269. apud Thomasser. in Biturig. pag. 96. Adde Miræum tom. 1. pag. 300. et Kenneti Antiquit. Ambrosd. pag. 114. et 311.]

STALLAGIUM, Anglis, usurpatur pro Quietum esse de quadam Consuetudine exacta pro platea capta, vel assignata in nundinis, et mercatis. Ita Rastallus. Monasticum Anglic. tom. 2. pag. 187 : *Cui etiam dedit idem Comes Stallagium per totum hundredum de Halton, et libertatem sibi et hominibus suis de hundredo de Halton libere vendendi et emendi tam in Cestria quam in Comitatu, et Wycis, ubi tunc non fuit lex ulla, omnia sine tol et stud, præter sal et equos.* Pag. 191 : *Omnes quietantias, quas burgenses mei in ipso burgo habent, emendi et vendendi in foro et extra forum, ut nec tolnettum, nec Stallagium reddant.* Adde pag. 71. et 303. [Charta Johannis I. Ducis Brabantiæ ann. 1263. vel 1264. apud Miræum tom. 1. pag. 438 : *Pannarii de Ronsen habebunt Stallagium in halla de Lovanio, et in omnibus mercatibus terræ nostræ erunt sine censu et onere.*]

ESTALLAGIUM, Idem quod *Stallagium* : ex Gallico *Estallage*. Tabularium Ecclesiæ Ambian. : *Et in illis villis habet Ecclesia bannum et sanguinem, et Estallagium, et herbagium.* Alibi : *Estalagium panum totum est Ecclesiæ.* Monasticum Anglic. tom. 2. pag. 26 : *Et si quis est hominum de soka sua, qui habeat Estallagium in burgo, et sit in communitate burgi, si non reddat ibi consuetudinem Estallagii sui, quam juste reddere debuerit*, etc. Consuetud. MSS. S. Juliani de saltu in Lingon. : *Nos volons, que leur Esteleige et les freinchises de leur Esteleige leur soient gardées et tenues, en tele maniere, qu'il ne les puissent vendre ne mettre hors de leur main, se n'est à lors hoirs de leur propre cors engendrez.* Perperam *astallagium* pro *Estalagium* habetur in Charta ann. 1219. in Probat. Histor. Vergiac. pag. 156. Usatica MSS. Vicecomitatus aquarum Rotomagi : *Chascun vendeur de poisson en la ville doit le jour 6. d. de son Estallage : et se il vent en un mesmes estal poisson à plusieurs gens, de chascun homme le vendeur paie 6. den. d'Estallage*, etc. *Establage des marchandises*, in Consuet. Comit. S. Pauli art. 29. 59.

STALLANGIARIUS, STALLANGIATOR, Qui habet *stallum* et locum in publica via tempore nundinarum. Iter Camerarii Scotici cap. 39. § 63 : *Si Stallangiarii emunt et vendunt libere in Burgo*, etc. *Stallangiator*, in Legib. Burgor. Scotic. cap. 40. 58.

STALLARIUS, Eadem notione. [Litteræ Johannis Reg. Fr. ann. 1360. tom. 3. Ordinat. pag. 449 : *Debite implere et exequi volentes magnum numerorum* (numerum) *dictorum mercatorum foraneorum, venditores piscium, mercatores et Stallarios dicte ville Parisiensis, tam in hallis et supra parvum pontem*, etc. *Estallier et hareugier*, in Statuto Caroli V. Reg. Fr. ann. 1370. ibid. tom. 5. pag. 358.] Occurrit præterea in Fleta lib. 4. cap. 28. § 13.

2. **STALLUM**, aut STALLUS, sumitur apud Scriptores pro sede uniuscujusque Monachi, aut Canonici in choro Ecclesiæ. Humbertus lib. 2. de Mirac. cap. 1 : *Solito more venit in chorum, et ecce invenit Spiritum immundum in Stallo suo, simulantem fratri qui juxta se manebat in choro.* Et mox : *Innuit ei ut in aliud Stallum sese transferret.* Statutum Raimundi Comitis Tolosani et Legati PP. apud Catellum pag. 350 : *Inhibemus, ne aliqui seculares Cano-*

nici Stallum in choro, vel vocem habeant in Capitulo, nisi forte fuerint in sacris Ordinibus constituti, etc. Matth. Paris ann. 1256 : *Inquisiverunt.... quodnam esset Stallum Decani.* Radulfus de Diceto : *Richardo Stallum assignavit in Choro, sedem in Capitulo.* [Statuta Eccl. Traject. ann. 1088. in Batav. sacra pag. 136 : *Item abbates de civitate... non stabunt inter canonicos, nec in Stallo canonicorum.* Charta ann. 1201. in Hist. Episcopat. Antverp. pag. 99 : *Stallum in choro, vocem in capitulo, cum cæteris solemnitatibus, eidem assignantes.* Charta ann. 1240. tom. 2. Hist. Eccl. Meld. pag. 142 : *Quod nullus loquatur in choro nostro ita alte quod possit intelligi ab uno Stallo in quarto post in eadem serie.* Statuta ann. 1388. apud Lobinell. tom. 2. Hist. Paris. pag. 339 : *Statuimus quod Stallus seu locus erit in choro, ubi hinc inde tam primi capellani quam alii qui ibidem assignantur, assideant.*] Utuntur Charta Charitatis Cisterc. cap. 2. Cælestinus III. PP. Epist. 6. Cæsarius Heist. et alii passim. Atque ea quidem stalla spondis dividuntur ab invicem. Matth. Paris ann. 1250 : *Et retroire cogens, ad unam spondam, quæ duos de Stallis dividebat, et pro podio facto fuit : adeo senile corpus pressit, ut ossa cum medullis conquassaret.* Vide Joan. Buschium in Chron. lib. 2. c. 25. 31. 36. 39. 43. etc. et in *Forma* 13.

¶ VINUM STALLI. Charta ann. 1180. ex Tabul. Audomar. : *Capellanum Comitis de Rubec canonicum constituimus et concessimus etiam ipsi omnes obventiones,... omnes emendationes, testimonia, vina Stalli et præbendarum.* Id est, quod Canonico debetur ex præbenda.

¶ STALLARE, ut mox *Installare*. Regest. Capit. Rotomag. tom. 4. Histor. Harcur. pag. 1439 : *Juravit et fuit Stallatus per mag. Guidonem Rabacherii hujus Ecclesiæ canonicum tunc in dicto capitulo præsidentem in dicto choro in parte sinistra in bassa forma.*

INSTALLARE, In *stallum* inducere, locum in choro dare, beneficii Ecclesiastici possessionem conferre, Gallis *Installer*. Jo. Brompton. ann. 1088 : *Præbendarios Installant, inducunt, visitant.* Passim. *In stallos mittere*, apud Rogerum Hovedenum pag. 660 : *Sed Archiepiscopus Eboracensis noluit eos* (Decanum et Thesaurarium Eboracensis Ecclesiæ) *recipere, neque in Stallos mittere, donec electio sua confirmata esset a summo Pontifice.*

* Quæ actio, *Stallatio* nuncupatur in Actis MSS. capit. eccl. Lugdun. ad ann. 1340. fol. 67. r°. col. 1 : *Constituerunt procuratores suos ad appellandum de Stallatione facta de Tileta de Monte-canuto.* Stat. MSS. eccl. Tull. ann. 1497. fol. 86. r° : *Cantor Stallat non stallatos. Estaller* vero in *stallo* sedere sonat, in Cerem. MS. eccl. Brioc. : *Les petitz cureaulx ne doivent pas seoir ne Estaller es chaeses haultes ne basses; mes ils doivent estre en estant es petitz releiz du cueur en maniere de station.*

* 3. **STALLUM**, Fundus, solum. Charta ann. 1224. in Chartul. Buxer. part. 1. ch. 14 : *Quitto etiam eisdem omnino et libere totum molendinum et fundum sive Stallum ejus et quicquid ad molendinum vel ad aasantiam molendini pertinet.* Arest. ann. 1346. 28. Mart. in vol. 3. arestor. parlam. Paris. : *Cum scabini et habitantes banni archiepiscopi Rhemensis dicerent..... se esse in possessione.... veniendi, transeundi.... ante porsam de Vedula.... super quadam tabula, sede seu Stallo, stante Rhemis ante et prope seu contigue logiæ præpositi Rhemensis, a parte seu versus viam seu aysamentum publicum.* Vide *Stallus*.

STALLUS, apud Petrum de Vineis lib. 6. Epist. 9 : *Et terras omnes circunquaque jacentes, exceptis C. et P. quas N. N. fideles nostri habere noscentur ad præsens, vel habituri sunt in antea, de Stallis et recompensationibus vassallorum suorum, quos ibidem hactenus habuerunt.* Pro habitatione vel domicilio sumi hic videtur. Vide Historiam Ecclesiasticam Abbatisvillæ pag. 90. 114. Hinc

¶ STALLUM FACERE, TENERE, Hospitari, manere, habitare. Statuta Astens. collat. 4. c. 1. fol. 16 : *Quorum* (Credentiariorum) *nullus possit esse... aliunde ortus quam de civitate Ast. et posse, nisi ille aliunde ortus fecisset Stallum in civitate Ast.* Acta sancti Austregisili tom. 5. Maii pag. 233* : *Unus de optimatibus suis, Agnum nomine, in monasterio S. Austregisili jussit Stallum tenere, et ibidem manendi tribuit facultatem. At ille quidquid in ipso cœnobio invenire potuit, suis comitibus tradidit expensandum.* Vi.le *Stagium*.

¶ STALLUS, Cubiculum, cella, cellula. Castellus in Chron. Bergom. apud Murator. tom. 16. col. 982 : *In eo Stallo acceperunt unam gonellam panni blavati cum pomellis argenteis et unam cincturam fulcitam argento, quæ erat pro usu Benignæ uxoris suæ.* Chron. Estense apud eumdem tom. 15. col. 400 : *Insimul intraverunt quamdam navim magnam,... et in dicta navi erat quoddam solarium cum camino;... juxta dictum solarium erat quædam camera ornata multis ornamentis,... juxta cameram erat quidem Stallus pro valixiis, et aliis necessariis cum quadam robalta, in qua mittebant ligna et alia victualia.* Vide *Stallum* 1. et 2.

¶ **STALO**, Ponderum et mensurarum exemplar, modulus, Gall. *Etalon*. Arestum Parlamenti ann. 1282. ex Tabul. Corbeiensi : *Major vero et jurati custodient exempla seu Stalonem de prædictis ponderibus et mensuris, nec poterunt denegare major et jurati exhibitionem et traditionem Stalonis prædicti cum abbas vel gentes ipsius vel scabini volent adjustare vel justificare mensuras vel pondera supradicta.* Vide *Stallo*.

* **STALONNUS**, Ponderum et mensurarum exemplar, modulus, Gall. *Etalon*. Arest. parlam. Paris. ann. 1275. in Reg. 2. *Olim* fol. 28. v° : *Licet major et pares Medontenses.... exercuerint justitias quæ sequuntur, videlicet mensuras, pondera,..... et semper servaverint Stalonnos ad quos adjustantur.* Vide *Stalo*.

* *Estaillon* vero, Pars quædam carri, vectis species, in Lit. remiss. ann. 1475. ex Reg. 195. Chartoph. reg. ch. 1524 : *Icellui prestre levoit ung Estaillon d'un chariot pour en frapper le pere du suppliant. Eslarde*, eadem notione, in aliis ann. 1478. ex Reg. 205. ch. 163 : *Ung gros baston en façon d'un levier ou Eslarde d'une charrette.*

STALONUS, Equus admissarius, ex Gallico *Estalon*, in Monastico Anglicano tom. 1. pag. 841.

STALPA. Gloss. Gr. Lat. MS. et editum : Σταλαγμός, *Stilla, hoc stillicidium, hæc Stalpa*, [*stiria, stilla. Stalpa*, ςαλαγμός, in Gloss. Lat. Gr.]

¶ **STALTICUS**, a Gr. ςαλτικός, Contrahens, reprimens, Priscian. lib. 2. cap. 29 : *Fovemus calidis mediocriter et Stalticis.* Lib. 3. cap. 7 : *Locis usque ad mammillas cucurbitas Stalticas imponere.*

* *Constrictivus*, in Gloss. ad Alex. Iatrosoph. MS. lib. 2. Passion. cap. 71 : *Fit etiam pultis Staltica de pane Alexandrino.... Tamen aliqui parvi* (pisces) *inveniuntur Staltici.* Ibidem : *De frumenti oriza Stalticotera est pultis.* Ubi eædem Glossæ : *i. magis depressiva.*

* **STALUM**, Chalybs, Belgis *Staal*, Gall. *Acier*. Charta Phil. comit. ann. 1163. in Chartul. 1. Flandr. ex Cam. Comput. Insul. ch. 325 : *De gebenna calibis, id est Stall, iiij. denarios.*

¶ **STAM**, Tributi species apud Polonos. Locus est infra in voce *Strofa*.

¶ **STAMARRIA**, perperam pro *Stannaria*, fodina, unde Stannum eruitur, in Lib. nigro Scaccarii pag. 350 : *Committas Willelmo de Wrotham omnes Stamarrias dom. Regis in balliva tua, et omnia quæ ipsas Stamarrias attingunt.*

¶ **STAMBECHUS**, ab Ital. *Stambecco*, Rupicapræ species, Gall. *Chamois*. Statuta Vercell. lib. 3. fol. 75. v° : *Item quod becharii civitatis Vercellarum non debeant nec possint emere vel vendere aliquas salvaticinas in civitate nec districtu civitatis Vercellarum exceptis capriolis, apris silvestribus, Stambechis, etc.*

* **STAMBOCHINA**, Minoris *balistæ* species, inter arma prohibita recensetur, in Stat. crimin. Cumanæ cap. 138. ex Cod. reg. 4622. fol. 92. v° : *Genera armorum prohibita, Stambochinæ cum sagittis ferratis.* Acad. Crusc. : *Stambecchino, spezie di soldato antico*, Sagittarius.

* **STAMBUCINUS**, Ad rupicapram seu ibicem pertinens, ab Ital. *Stambecco*, ibex. Landulph. in Hist. Mediol. apud Murator. tom. 5. Script. Ital. cap. 14 : *Ducebat suum asinum oneratum pellibus Stambucinis.* Ubi frustra, ut mihi videtur, idem vir doctus tom. 2. Antiq. Ital. med. ævi col. 412. suspicatur restituendum *Scambucinis;* quæ vox, ipsomet teste, idem quod *Stambucinis* sonat.

¶ **STAMEGNA**, STAMEGNIA, ut infra *Staminea*, Ital. *Stamigna*. Statuta Astens. ubi de intratis portarum : *Stamegne de becarie et aliunde solvant pro qualibet petia ad æstimationem officialium.* Statuta Ripariæ cap. 12. fol. 4 : *De qualibet petia bugatorum et Stamegniarum brachiorum duodecim, sol. duo.*

¶ **STAMEN**, Stannum, Gall. *Etain*. Vide *Stagnum* 2. Mandatum Philippi Pulchri ann. 1304. tom. 1. Ordinat. pag. 423 : *Precipimus quatenus.... cuprum, plumbum, Stamen, seu quodcumque metallum,... de prædicto regno trahi.... permittatis.* Comput. ann. 1202. apud D. *Brussel* tom. 2. de Usu feud. pag. CCIII : *Pro xxx. milibus plumbi et uno miliario Staminis, etc.* Et pag. ccIV : *Pro plumbo et Stamine emendo, etc.* Alia notione, vide in *Staminea.*

¶ **STAMENTUM**, Ordo, Gall. *Etat*, Hisp. *Estamento.* Constitut. Eccl. Valent. inter Concil. Hispan. tom. 4. pag. 188 : *Attendentes quod ab immemorabili tempore officium syndicatus capituli, non solum totius cleri civitatis et diœcesis, sed totius etiam Stamenti et brachii ecclesiastici universi regni Valentini annexum habet syndicatus officium.... eligatur etiam alter de gremio ejusdem capituli in syndicum ad negotia dicti brachii seu Stamenti ecclesiastici, extra curias tantum gerenda.* Vide *Esse* 1.

* **STAMESIRICUS**, Holosericus, ex serico contextus. Census eccl. Rom. apud Murator. tom. 5. Antiq. Ital. med. ævi col. 829. bis : *Præstant sub pensione xiij. auri solidos Lucanos, una denarios ix. et vestita Stamesirica iv. cum guindegis suis.* Confer *Tramoserica.* Hinc forte Gallicum *Gastesamis*, in Poem. Alex. MS. part. 2 :

En milieu du palais sont li Griois assis
Desus carriaus de pourpre et de Gastesamis,
Jous y ot et mencastre, roses et fleurs de lis.

Vide supra *Samitium.*

¶ **STAMETA**, Panni species, idem quod *Staminea*, Gallis *Etamine*, Italis *Stametto.* Convent. civitatis Saonæ ann. 1536 : *Item pro pannis conductis in Savona den. 4. pro singula libra, exclusis Stametis pro quibus solvuntur den. 6. pro singula libra.*

¶ **STAMFORTIS**, pro *Stamen forte*, Panni species. Vide in *Staminea.* Comput. ann. 1202. apud D. Brussel de Usu feud. tom. 2. pag. CLVI : *Pro 1. tunica de Stamforti, ad Magdal.* xv. *sol.* Occurrit ibidem semel et iterum. Vide *Stanium.* [* et *Stamfortis.*]

* **STAMIGNOLA**, diminut. ab Italico *Stamigna*; Staminea, panni species. Reg. civit. Mutin. ad ann. 1306. apud Murator. tom. 2. Antiq. Ital. med. ævi col. 897 : *Qui faciunt et exercent artem pignolatorum, toaliarum et Stamignolarum in civitate Mutinæ, etc.* Vide *Stamegna.*

¶ **STAMINA**, ut *Staminea.* Vide ibi.

STAMINARIUS, νήσης, ὁ τὸν στήμονα,.... in Glossar. Lat. Gr. [Ubi νήθων excidit, ut monet Martinius.]

STAMINEA, STAMINEUM, Lanea interula, seu Camisia, qua Monachi quidam vice cilicii utebantur : nam Benedictinis *lineas camisias* interdixit Innocentius III. PP. vulgo *Estamine* : ex voce Latina *Stamen*, στήμων. Varie autem hæc vox effertur : STAMINEA, in Regula Solitariorum cap. 49. in Vita S. Guidonis Abbatis Pomposiani ex MS. Spirensi num. 12. apud Ordericum Vital. lib. 8. pag. 711. Willelmum Gemetic. lib. 3. cap. 8. 12. Sigebertum ann. 1107. Leonem Ost. lib. 2. cap. 26. in Chronico Fontanell. cap. 16. pag. 246. in Vita S. Benedicti Anian. n. 40. in Charta ann. 1320. apud Waddingum in Regesto pag. 120. etc.

STAMINEUM. Udalricus lib. 3. Consuetud. Cluniac. cap. 5 : *Si propter calorem froccum exuerit, in cuculla sedere poterit; sed ita ut nec gunellam, nec pellicium subtus habeat, nec aliud quidquam, quam Stamineum suum.* Cap. 8. *de Novitio : Ei non Stamineum; sed pro stamineo camisia linea datur.* [** Al. *lanea.*]

STAMINIA. [Guidonis Discipl. Farf. cap. 47 : *Omnibus fratribus det* (Camerarius) *per singulos duas Staminias, similiter femoralia.* Vita S. Odilonis sæc. 6. Bened. part. 1 pag. 684 : *Lanea veste, quam vulgo Staminiam vocant, etc.*] Utuntur Regula Magistri cap. 4. Ordericus Vital. lib. 3. pag. 468. Lanfrancus in Decret. pro Ordine S. Bened. cap. 16. Hugo Flaviniac. in Chron. pag. 236. Statuta Cluniac. Petri Venerab. cap. 63. etc.

STAMINIUM. [Dialogus inter Cluniac. et Cisterc. apud Marten. tom. 5. Anecd. col. 1639 : *Similiter froccos et Staminia ex regula non habetis.*] Adde Origines Cisterciensis Ordinis cap. 15.

STAMINA, in Monastico Anglic. tom. 1. pag. 26. [Statuta Alberti Abb. Casæ Dei ann. 1272. apud Stephanot. tom. 4. Fragm. Hist. MSS : *Et pro vestibus dentur singulis annis duas stamineas, scilicet* XII. *ulnas Staminæ pro eis.* Vide *Estamina.*]

STAMINUM, in eod. Monastico Anglic. tom. 1. pag. 6. 999. Le Roman *de Vacces* :

Du chef de son braier une clef defermerent,
Et cole et Estamine et un froc en osterent.

Id est, *cucullam, stamineam, et froccum.* Le Roman *de Guillaume au Court-nez* MS :

Son froc osta, sa gonne a despoillée,
Li Quens remest en l'Estamine pure.

Usurpatur etiam sæpe hæc vox pro specie panni, quam interdum

STAMEN vocabant. Concilium Avenionense ann. 1209. cap. 12. vel 18 : *Firmiter inhibemus, ne panno de Stamine forti, aut alio colorato vel sumptuoso, seu aliquo serico in futurum utantur* (Religiosi.) Adde Concil. Monspeliense ann. 1214. cap. 17. [Charta Bolkonis Ducis Silesiæ ann. 1337. apud Ludewig. tom. 6. Reliq. MSS. pag. 41 : *Ita quod omnes ejus incolæ* (civitatis Friburgensis) *civilia jura habentes, pannos et Stamina non falsificata,... licite possint vendere.* Inventar. ann. 1419. ex Tabul. Eccl. Noviom. : *Item duæ aliæ curtinæ de Stamine rigatæ de rubeo, croceo et asureo.* Vide *Stamfortis* et *Stanium.*]

¶ STAMEN, Lanea interula. Bernardi Mon. Ordo Cluniac. part. 1. cap. 5 : *De Stamine et femoralibus, vel si quæ sunt alia hujusmodi, non est aliud constitutum, nisi cum fuerint inveterata,... alia tribuantur.*

¶ STAMEN, Lana carminata, nostris *Estain.* Litteræ Philippi VI. Reg. Franc. ann. 1335. tom. 2. Ordinat. pag. 114 : *Et sic quilibet pannus, ad minus de mille sexcentis filis Staminis, ut proinde cognoscatur, si pannus sit bonus et legalis vel insufficiens.* Statutum pro pannorum negotiatoribus villæ *de Commercy* ex Cod. MS. ejusd. loci pag. 18 : *Item qui fera drap marchant d'Estain traict sans sain et aussi eschaquetez et royez en* XIIe. *filz et soient à trois pieds sur les mains.* Gloss. Lat. Gall. Sangerm. : *Stamen, Estain de toille ou de drap.*

STAMIO, *Partus.* Gloss. Isidor. *Stavio*, scribitur in Pithœanis. [Emendat La Cerda : *Statio, portus*; cui assentitur Grævius.]

STAMMA. Odo de Diogilo lib. 3. de Profect. Ludov. VII. in Orientem : *Hic primo (in Græcia) cupream monetam et Stammas offendimus, et pro una earum 5. denarios, et pro 12. solidis marcam tristes dabamus.* Idem lib. 4 : *Ante palatium, vel etiam in tentoriis habebamus congruum, si duraret, concambium; minus quam duobus denariis Stammam unam, et earum 24. solidos propter marcam.* Græcis recentioribus στάμενα est pecunia, moneta, ut pluribus docet Meursius. Unde pro *Stamma* apud Odonem Diogilum *stamina* legendum putem, proclivi librarii lapsu.

¶ **STAMMELARIUS**, f. a Germanico *Stammler*, Lingua hæsitans, balbus. Necrolog. Lauresham. apud Freder. Schannat. in Vindemiis Litter. pag. 36 : *III. Kal. Septembris Godefredi Stammelarii qui dedit nobis equum.*

¶ **STAMMIA**, ταυτολογία. Gloss. Lat. Gr. Addunt Sangerm. *Iteratio sermonis.*

STAMNUM, f. pro *Scamnum*, idem quod *Stallum* 1. Charta Thossiac. ann. 1404 : *Debet pro suo Stamno in quo solitus est vendere carnes, etc.* Vide *Scamnum* 4. et *Stannum* 2.

* **STAMNUM** MORTUUM, in Comput monast. Clareval. MS. ann. 1364. fol. 43. r° : *Pro cvij. lib. Stamni mortui emptis apud Trecas, quinque flor. et dimid. grossum.*

¶ **STAMPA**, vox Italica, Typus quo moneta signatur, Gallis *Coin.* Statuta criminalia Riperiæ cap. 129. fol. 20 : *Si quis de cætero fecerit monetam falsam Stampe seu cunei illust. Du. do. Venetiarum, capite puniatur, et ejus corpus igne concremetur.* Vide *Stampus.*

¶ **STAMPÆ**, Scabellula, quibus repentes manibus innituntur. Mirac. S. Bernardini tom. 5. Maii pag. 286 : *Andreas Antonii... qui a duobus annis citra invalidus ab inguine infra nullo modo ambulare nitebatur, cum Stampis ligneis cum difficultate maxima sese trahebat.* Vide *Scamellum.*

¶ **STAMPENSIS** MONETA. Vide in *Moneta Baronum.*

¶ **STAMPUS**, Nota, impressio, signum, character, exemplar, Gall. *Empreinte, modelle*, Angl. *Stamp*, Ital. *Stampa* : unde *Stampillas* vocabant tabulas celatas, quibus, ut nomen suum Chartis apponerent illiterati, utebantur. Vide Præfat. Ludewigi ad tom. 1. Reliq. MSS. Charta ann. 1546. apud Rymer. tom. 15. pag. 101 : *Licentiam damus... ad signandum vice et nomine nostro... cum uno Stampo, vocato a Drie Stampp, ad nostrum mandatum signent et impressionem faciant sine atramento... Et post dictam signationem et impressionem cum dicto Stampo, etc.* Statuta Placent. lib. 6. fol. 82. v° : *Et prædicti quadrelli.... sint et esse debeant... ad mensuram et Stampum, ut hactenus consueverunt esse.* Vide *Stampa*, et *Standardum* 2.

* Unde iisdem *Stampare*, imprimere, quibus etiam perforare sonat ex Acad. Cruscanis : hinc fortassis Gallicum *Stampe*, pro Foramen, perforatio, ut videtur, in Charta ann. 1355. tom. 2. Hist. Leod. pag. 423 : *Item s'il est aucuns qui face ouvreir par devant herrayne d'autruy par Stampe ou par encombrier de fource d'eawe, pour telle herrayne à empirier, etc.*

STAMSKUT, Tributi species, apud Suecos. Charta Suecica ann. 1314. apud

Jo. Schefferum in Notis ad Chronicon Archiepiscop. Upsaliensium pag. 228 : *De qualibet nave, quæ vadit Holmis, cum mercimoniis, unum denarium, quod in nostra lingua dicitur Stamskut.*

* **STAMULA**, perperam pro *Scamula*, Squamula. Vide in hac voce. Germ. Cabilon. episc. in vita Phil. III. ducis Burg. apud Ludewig. tom. 11. Reliq. MSS. pag. 36 : *Sic inedia et fame consumti, impetigine multa circumcepti, per Stamulas cum scalida cute in terram deffluebant, atque in Æthiopicam carnem conversi, suis horridum præbebant aspectum.*

¶ **STAMULTUM**, Calceamenti species videtur. Epist. Obscur. virorum pag. 57 : *Et non staret bene, si unus sartor vellet facere calceos vel Stamulta.*

* **STAMUM**, ab Italico *Stame*, Stamen, lana purior a crassiori separata, Gall. *Etaim*. Stat. Taurin. ann. 1360. cap. 325. ex Cod. reg. 4622. A : *Nulla persona de Taurino vel aliunde audeat...... filari facere per aliquam personam, seu ad filandum tramam seu statutum* (leg. *Stamum*) *in una vel eadem bala seu in uno asse excedens ultra prædictum pondus, videlicet quinque librarum, et unius unciæ de Stamo. Estais* vero Panni species, *Staminea*, in Lit. remiss. ann. 1408. ex Reg. 163. Chartoph. reg. ch. 22 : *Quatre hoppelandes, trois fourrées, les deux d'Estaiz de royez et l'autre de cuissettes d'aigneaulx.* Vide in *Staminea*.

* **STAN**, Servitii genus, apud Polonos. Charta Casim. ducis Oppol. ann. 1228. inter Probat. tom. 1. Annal. Præmonst. col. 480 : *Item excipimus sæpe nominatos homines ipsorum ab omni servitute juris Polonici, ut est Stan, etc.*

STANCA. Charta Balduini Comitis Flandriæ ann. 1193. in Tabulario Monasterii S. Bertini : *Stancam, unde aqua exit, poterunt præparare, et aquam in prato super Stancam eodem termino congregare.* [Agger aquis oppositus, vel id quo aqua continetur. Vide *Estanchia*, *Stancarium* et *Stanka*.]

STANCARE, ςεγνοῦν, Sanguinem sistere ne fluat, pro *Stagnare*. Apud Serenum Sammonicum in veteribus libris, sic lemma capitis 20. legi monet Salmasius : *Ad medendam rejectionem cibi, et sanguinem Stancandum.* Ubi edit. *Rejectionibus cibi aut sanguinis abstinendis.* Italis *Stancare* est defatigare. Vide *Stagnare*.

* **STANCARIUM**, Agger aquis oppositus et quo continentur, quod palis, Belgis *Stang* vel *Steng*, fulciatur, sic dictus; unde Gallo-Fland. *Stanche* nuncupatur, idem quod *Stanca*. Charta ann. 1341. in Reg. 74 Chartoph. reg. ch. 048 : *Marquesia donavit.... nemora, aquas, fontes, rivos, stagna, Stancaria, molendina, etc.* Alia Guid. comit. Fland. ann. 1283. ex Chartul. Namurc. in Cam. Comput. Insul. fol. 24. v° : *Et li devons faire abousner les Stanches de se manoir et de se moulin, etc.* Vide supra *Estanchia*.

* **STANCHATORIA**, Agger itinerarius. Charta Frider. II. imper. ann. 1226. apud Murator. tom. 4. Antiq. Ital. med. ævi col. 215 : *Inde per collinas ad Seneoellium, tenendo collinas per mediam Stanchatoriam et per podium de Costornio.*

¶ **STANCIA**, STANCIARE, etc. Vide *Stantia*.

STANDA, Vas vel dolium vinarium, ex Teutonico *Stande*, Kiliano, labrum, alveus statarius, orca, cadus : a *Standen*, stare, ut habet Vita MS. S. Romarici : *Vas, quod a stando Standam nuncupant, plenum reperit, etc.* Infra : *O miraculum magnum, quod fecisti, vir Dei, qui signaculo tuo Standam meam sicera replesti.* [Vide Sæc. 2. Bened. pag. 418. et infra *Standaris*.]

¶ **STANDALE**, STANDALIS, etc. V. *Standardum* 1.

1. **STANDARDUM**, STANTARUM, STANDARUM, STANDALE: Vexillum præcipuum totius exercitus, vulgo nostris *Estendart*.

STANDARDUM Scriptores rerum Hierosolymitanarum Saracenis ac Sultanis vulgo adscribunt. Tudebodus lib. 5. extremo : *Unus autem nostrorum accepit Standarum Ammiravisi, desuper quod erat pomum aureum, hasta vero tota cooperta argento : quod Stantarum apud nos dicitur vexillum.* Albertus Aquensis lib. 6. cap. 50 : *Longissima hasta argento operta per totum, quod vocant Standart, et quæ Regis Babyloniæ exercitui signum præferebatur, et circa quam præcipua virtus densabatur.* Robertus Monachus lib. 9. Hist. Hieros. : *Vexillum Admiravisi, quod Standardum vocant.* Fulcherius Carnotensis lib. 3. cap. 18 : *Tria nempe vexilla pretiosissima, quæ Standars nominamus, ab eis excusserunt.* Gauterius de Bellis Antiochen. pag. 447 : *Ad montem, quo Standarum, et robur ipsorum conglomeratum fuerat, iter dirigit.* Denique Baldricus Dolensis lib. 4. pag. 137. et ex eo Ordericus Vitalis lib. 9 : *Admiravisi Stantarum a longe considerans.* Adde eumdem Vitalem pag. 759. et Matthæum Paris pag. 35. Turpinus cap. 18. Carrocium iisdem Saracenis tribuit. Tametsi ex prælaudatis Scriptoribus id omnino erui haud possit, constat tamen

STANDARDUM pro *Carrocio* usurpari, vel certe ejusdem fuisse formæ. Simeon Dunelmensis ann. 1138 : *Qui omnes procedentes secus Alvertum in campo quodam.... Standart, id est, malum navis erexerunt, vexillum S. Petri... in eo suspendentes.* Ricardus Hagustaldensis de Gestis Stephani Regis Angl. : *Mox autem aliqui eorum in medio cujusdam machinæ, quam illi adduxerant, unius navis malum erexerunt, quod Standard appellaverunt; unde Hugo Sotevagina Eboracensis Archidiaconus :*

> Dicitur a stando Standardum, quod stetit illic
> Militiæ probitas vincere sive mori.

In summitate vero ipsius arboris... vexillu suspenderunt. Chronicon Andrense ann. 1184. de Comite Flandriæ : *Standardum altissimum, Dragonem desuper præferentem, Comes secum super currum quatuor rotarum duci fecit, quod Rex cum tota Francia indigne tulit.* [** Pertz. Scriptor. tom. 6. pag. 422. lin. 25. *Standarum.*] [Hæc totidem verbis leguntur in Genealog. Comit. Flandr. apud Marten. tom. 3. Anecd. col. 391.] Willelmus Brito lib. 11. Philippid. Ottonis Imp. vexillum describens :

> Standardum ædificat, miroque insignit honore.

Mox :

> Erigit in carro palum, paloque draconem
> Implicat, etc.

Quæ hisce versibus vernaculis reddidit Guillelmus *Guiart* in Hist. Francor. MS. ad ann. 1214. vers. 6830 :

> Othes pour la pais despecier
> Fait lors son Estendart drecier,
> Fols est qui nus plus riche cerche :
> Un grant dragon ot sur la perche,
> Qui fu sus un beau char posée,
> Vers France ot la gueule baée,
> Pour le Reaume chalengier,
> Come s'il deust tout mangier.
> Cis dragons sousting la banniere
> Des connoissance l'Emperiere,
> Qui porte au bel et aloré,
> Dessus ot un aigle doré,
> C'est signe de guerre cuisant.

Matth. Paris ann. 1236 : *Exeuntes igitur cives in multitudine gravi circiter ad 50. millia armatorum obviam Imperatori, cum Standardo suo, quod Carrucam, vel Carrochium appellant, indubitanter perrexerunt.* Ægidius Aureæ-vallis Monachus in Alexandro Episcopo Leod. cap. 24 : *Captoque Ducis vexillo, dicto Gallice Standart, opere plumario, a Regina Angliæ ei misso, quod fastu superbiæ quadriga boum ferebat.* Eadem ferme habet Brustemius. Adde Levoldum Northovium in Chronico Markano ann. 1287. Ita *Standart* pro *Carocio* usurpavit le Roman *de Garin* :

> Nostre Emperere fist l'Estendart venir,
> Mult l'a bien fet de Chevaliers emplir,
> Et de Serjans, por le fez sostenir.

Infra :

> Més les grans gens Fromond le posteif,
> Sor l'Estendart font les nos resortir.

Alibi :

> L'Estendart verse, et li buz est levez.

Jam vero quod *Standardum* signum et vexillum fuerit statorium, a veteri Teutonico *standa*, et *stanta*, quod est *sistere*, deducit Loccenius lib. 3. Antiquit. Sueciear. cap. 2. Hugo vero Eboracensis Archidiaconus a Latino *Stare*.

Apud Anglos præcipuum Regis vexillum *Standardum* etiam dictum fuit. Hinc *Signum regium, quod vocatur Standard*, apud Scriptores rerum Anglicarum, Radulfum de Diceto pag. 480. Bromptonum pag. 1026. Henricum Huntindonensem lib. 8. pag. 388. Robertum de Monte ann. 1065. 1138. Matth. Paris pag. 52. etc. Diversum tamen a *Dracone*, de quo supra egimus. Matth. Westmonasteriensis ann. 1016 : *Relicto loco, qui ex more erat inter Draconem et Standardum, cucurrit in aciem primam.* Sed an *Standardum* vicem *Carrocii* præbuerit, non omnino exploratum.

STANDALE. Rigordus ann. 1190 : *Deinde desuper corpora Sanctorum duo Standalia decenter insignita pro memoria SS. Martyrum et tutela contra inimicos crucis Christi pugnaturus propriis manibus accepit.* Eadem voce utuntur Itali : Jo. Villaneus lib. 6. cap. 77. describens *Carrocium* Florentinorum : *Era uno carro in su quatro rote, tutto dipinto di vermiglio, et havcavi su due grande antenne vermiglie, in su le quali ventilava il grande Stendale dell' arme del Comune di Firenze, bianco et vermiglio. Il quale Carrocio tirava uno grande et forte paio di buoi, tutti coverti di panno vermiglio lano, che solamente erano deputati al detto Officio, etc.* [Vide Murator. tom. 20. col. 660. in Notis.]

¶ Standalis, ut *Standardum*. Nicolaus Specialis de Reb. Siculis lib. 5. cap. 14. apud Muratorium tom. 10. col. 1026 : *Conradus Auria constituens in animo se victorem, si posset in primo conflictu vexillum hostium, quod vulgo Standalem vocant, obruere.*

¶ Standerium, Eodem intellectu. Adrianus de Veteri-busco de Reb. Leod. apud Marten. tom. 4. Ampliss. Collect. col. 1294 : *Item, quod haberent Standardum S. Lamberti, et requireretur domicellus de Marka, quod vellet portare... Ecclesiæ requisitæ de deliberando Standerio, responderunt quod nihil pertineret ad eos.* Ibidem col. 1315 : *Rogaverunt etiam consules illos de majori, quod ostenderent Standerium sancti Lamberti, et ponerent super altare.* Occurrit rursum col. 1316. et 1377.

¶ Stantarius, Eodem significatu. Jac. Auriæ Annal. Genuens. ad ann. 1282. apud Murator. tom. 6. col. 580 : *Insuper (ordinatum fuit) quod Stantarium B. Georgii de cetero non portaretur per mare alicubi ullo modo, nisi essent galeæ* x.

¶ Stendardus, Eadem notione, in Charta ann. 1430. tom. 1. Hist. Dalph. pag. 64. col. 2 : *Et in dicto exercitu de patria Ducis Sabaudiæ quinque Capitanei suos Stendardos deferre facientes interfuerunt.* Funus Job. Galeaz. apud Murator. tom. 16. col. 1026 : *Et postea ipsi steterunt ibi cum dictis scuderiis ad recipiendum et offerendum confanones, bannerias, Stendardos, cimeria, etc.*

¶ Stindardum, Eodem sensu, in Annal. Estens. Jac. De Layto apud eumdem Murator. tom. 18. col. 971 : *Totum exercitum... in civitatem subito introduxerunt cum vexillis et Stindardis dom. Ducis, etc.*

Extendarium Vexillum, apud Albertinum Mussatum lib. 5. de Gestis Italicor. rubrica 2.

Frequens mentio est vocis *Estendart* apud Scriptores vernaculos, apud quos fere semper pro præcipuo exercitus vexillo usurpatur, Froissartem 4. vol. cap. 18. Monstrelletum 1. vol. pag. 248. 254. 2. vol. pag. 35. 3. vol. etc. Berrium pag. 108. Meerbekum in Obsequiis Caroli V. Imp. pag. 79. 85. Chronicon Bertrandi Guesclini :

Thiebaut du Pont quant vit des Anglois l'errement
Qui faisoient Estendart du penon bel et gent.

* *Estrainniere* et *Estrannere*, eadem notione, apud Froissart. 3. vol. cap. 36 : *On faisoit bannieres, pennons, Estranneres de cendaux, si belles que merveille seroit à penser.* Ibid. cap. 116 : *Venteloient sur Estrainnieres trop gentement armoyées des armes des seigneurs, qui resplendissoient contre le soleil.*

2. STANDARDUM, alia notione, [scilicet pro Ponderum et mensurarum exemplari et modulo, Gall. *Etalon*, Angl. *Standard*,] usurpat Fleta lib. 2. cap. 8 : *Committitur alicui Clerico vel Laico cura et custodia mensurarum regiarum, quæ pro Standardis et exemplaribus mensurarum regni habentur, ulnarum videlicet, lagenarum, ponderum, etc.* Joan. Britton in Legib. Anglic. pag. 2 : *Et que celui mesmes ovesques autres soient assignés de essaier touts peys et toutes mesures par toute nostre verge, parmi nostre Royalme solonc nos Estandars, etc.* Et pag. 74. cap. 30 : *Nous volons que nul ne eyt mesure en nostre realme, fors que nous, mes que chescun pregne ses mesures et ses peys de nos Estandars, si come bussels, galons, lievres, aunes, et teles autres mesures.* Adde pag. 75. v. 76. Charta Gallica sub Edw. III. apud Varæum in Antiquit. Hibern. : *Que la livre de mailles par poids de l'Estandard de la change contiendra* 21. *sols par compte.* [Vide supra *Stampus.*]

¶ **1. STANDARDUS**, Cognomen cujusdam Guillelmi Militis, quem ita appellatum ob animi ferocitatem innuere videtur Sallas Malaspinæ de Reb. Sicul. apud Baluz. tom. 6. Miscell. pag. 314.

¶ **2. STANDARDUS**, f. Castellum, aquæ receptaculum, Gall. *Regard.* Charta ann. 1443. apud Rymer. tom. 11. pag. 33 : *Augeas, suspirales, Standardos, cæterasque machinas sub et supra terraneas, dictis conductibus quovis modo necessarias, etc.* Alia ejusdem ann. ibid. : *Diversos aquæ recentis conductus, cum Standardis cæterisque machinis et pipis plumbeis.... construere... proponant.*

¶ **STANDARIS**, ut supra *Standa.* Buschius de Reformat. Monast. apud Leibnitium tom. 2. Script. Brunsvic. pag. 889 : *Amphoras, flascones et Standares de stanno habuerunt ducentas.*

¶ **STANDERIUM**, ut *Standardum* 1. Vide supra in hac voce.

¶ **STANETE.** Charta ann. 944. apud Ughellum tom. 1. Ital. sacræ col. 551. edit. ann. 1717 : *Quod sunt ipse Stanete res inter terra et vinea modiorum ducentorum, etc.* Leg. videtur *Stantes*, positæ.

* **STANFORTIS**, Panni species, qui in burgo *Stenfordia* texebatur; unde nomen. Charta ann. 1227. apud Murator. tom. 2. Antiq. med. ævi col. 903 : *Unum mantellum zendati zani, coopertum de Stanforte brano.* Stat. Ferrar. ann. 1279. ibid. col. 424 : *De vestito bixelli, id est, mezalanæ, tutalanæ, Stanfortis, et cujuslibet alii panni, etc.* Vide supra *Estanfordius* et *Stamfortis.*

STANGA, Tigillus, pertica, [vectis, vinculum,] Germanis *Stange*, Italis *Stanga*, ut *Stangare*, vecte munire. Mamotrectus ad 23. Jud. : *Sudes est pertica sive Stanga.* Habetur in Vita B. Andreæ de Galerannis num. 22. et apud Petrum de Crescentiis lib. 10. de Agricult. cap. 33. [Acta S. Cypriani tom. 2. April. pag. 849 : *Bene claudantur et implumbentur cum Stangis ferreis pro conservatione tanti thesauri in arca marmorea.* Vide *Staca.*]

Stangaria, Eadem notione usurpari videtur in Lege Longob. edit. Heroldi pag. 193 : *Si quis de sepe Stangariam factam unam tulerit, componat sol.* 1. [** Roth. 292. ubi Murator. *Stantaria.*] Editio Boherii lib. 1. tit. 25. § 30 : *Si quis de sepe Stantaria facta unam tulerit, etc.* Editio Lindenbrogii, pro *unam* habet *vimen.* Sed malim *stataria*, ut sit palus defixus stans : Mox enim : si autem *perticas transversarius tulerit, etc.* Glossæ vett. : *Statarius*, ὀρθοςτάτης. Vide Oct. Ferrarium in *Staggio.*

* **STANGARE**, Vox Italica, Vecte munire. Comput. ann. 1362. Inter Probat. tom. 2. Hist. Nem. pag. 260. col. 1 : *Pro duabus larderiis necessariis pontibus Prædicatorum et S. Anthonii pro Stangandis de nocte pontibus, cum levati sunt.* Vide *Stanga.*

¶ **STANGIUM**, Idem videtur quod *Stallagium*, Præstatio quæ fit ob merces venum expositas. Vide in *Stallum* 1. Charta Ludovici Junioris Regis Franc. ann. 1154. ex Tabul. Montis Mart. : *In earum capitulo multis præsentibus Barbariacum villam, Stangium cum justitia et districtis.* Charta ann. 1293. tom. 1. Hist. Dalph. pag. 35. col. 2 : *Sive prædicta castra et feuda consistant in castris, castellis,.... pedagiis, teloneis et gabellis, Stangiis, ripariis, aquarum ductibus, etc.* Vide *Stantia* 3.

* **STANGNUM**, pro Stagnum, Gall. *Etang*, in Lit. ann. 1371. tom. 5. Ordinat. reg. Franc. pag. 439. et alibi passim.

¶ **STANGNUM** Terræ, Modus agri esse videtur, etsi pro *Stagnum*, Gall. *Etang*, scriptum esse vult *Madox.* Charta ann. 1281. in Formul. Angl. pag. 137 : *Dictus Robertus dimisit dicto Simoni unum Stangnum terræ in clauso suo in Lelle... habendum et tenendum dictum Stangnum terræ dicto Simoni et hæredibus suis... Et dictus Robertus et hæredes sui, dictum Stangnum terræ dicto Simoni et hæredibus suis... warantizabimus.*

* **STANHATUS**, Stanno fuso perlitus, Gall. *Etamé.* Inventar. ann. 1361. ex Tabul. D. Venciæ : *Item sex brocas sive candelabros ferreos Stanhatos. Stagnatus*, ibid. Vide *Stagnum* 2.

¶ **STANHOGIA**, Mons lapidosus. Vide *Hoga.*

STANIUM, Panni species. Statuta Raymundi Comitis Tolosæ et Legati Apostolici ann. 1233. apud Catellum : *Canonicis etiam regularibus prohibemus, ne sit eorum habitus notabilis,.... sed secundum Statuta Concilii Avenionensis et Montispessulani, capis, tunicis, pellibis, caligis, de aliqua bruneta etiam vel nigra, vel etiam Stanio forte, vel cameloto, vel aliquo alio colorato panno, seu sumptuoso, vel aliquo serico de cætero non utantur, etc.* Videtur legendum *Staminio.* Vide *Stamfortis*, *Stanfortis*, *Staminea*, et *Stanum.*

¶ **STANKA**, ut supra *Stanca.* Descriptio bonorum dom. de Eska ex Tabul. Audomar. : *Jacet retro molendinum versus solem sub Stanka vivarii a parte Boisten... tendit istud dominium versus solem directe in fovea sub dicta Stanka d'aval.*

¶ **STANNARIA**, Stanni fodina. Litteræ Henrici III. Reg. Angl. ann. 1220. apud Rymer. tom. 1. pag. 243 : *Propter quæ eidem assignavimus Stannarias nostras de Cornubia et Devonia, cum omnibus exitibus qui ex eis provenient.* Vide *Stagnarium* et *Stagnum*, 2.

¶ Stannaria Curia, Quæ ad Stanni fodinas spectat. Charta Edwardi III. Reg. Angliæ ann. 1337. apud eumd. tom. 4. pag. 736 : *Ac etiam expleciis, proficuis et perquisitis Curiæ Stannariæ et mineræ in eodem comitatu* (Cornubiensi.)

¶ **STANNEATUS**, Stanno fuso perlitus. Statuta Ord. Cisterc. ann. 1233. apud Marten. tom. 4. Anecdot. col. 1355 : *Caveant de cetero Hispaniæ et Vasconiæ, et alii* omnes abbates ordinis, ne sellis equorum curiosis, aut frænis ornatis laminis, vel lunulis Stanneatis .. utantur. Vide in Stagnum 2.

* **STANNIFEX**, Vasorum stanneorum opifex, Gall. *Protier d'etain.* Comput. ann. 1484. ex Tabul. S. Petri Insul. : *Johanni Lempene Stannifici pro cambio unius disci stannei servientis in cappella B. Johannis Baptistæ, et duorum potorum in capella B. M. pro toto vij. sol.* Vide supra *Stagnifaber.*

1. **STANNUM**, pro Stagnum. Ugutio : *Stannum, est aqua stans, artificio pisces habens. Piscina est aqua stans artificio non habens, sed carens piscibus.* Charta ann. 1263. in Histor. Monmorenciaca pag. 113 : *Quoddam molendinum... cum jardino, prout se comportat ante et retro, et Stannum contiguum illi molendino, etc.* Alia ann. 1234. in Histor. Castilionensi pag. 244 : *Et eis licebit herbas colligere cum faucillis, factis seu colatis in Stannis nostris pacifice.* Ita præterea usurpatur in M. Pastorali Eccl. Paris. lib. 4. Ch. 35. [Leg. Norman. apud Ludewig. tom. 7. Reliq. MSS. pag. 158 : *Sciendum est quod nullus fluvium aliquem in Stannis vel confossis suis detinere potest, nisi a sole occidente usque ad eumdem orientem.*]

¶ 2. **STANNUM**, Sedes et apotheca, ubi merces venum exponuntur, idem quod *Stallum* 1. Litteræ Philippi III. Franc. Reg. ann. 1277. tom. 3. Ordinat. pag. 61 : *Quod Stanna seu stalla ejusdem castri seu ville, ad vendendum panem seu carnes, aut pisces, vel quelibet mercimonia.... ad dictam Mariam et virum suum pertineant. Stannum draperiæ,* in Charta Calomontis ann. 1399. In alia Thossiac. ann. 1404 : *Charreria tendens a Stanno Perret versus S. Desiderium.* Vide *Stamnum.*

¶ 3. **STANNUM**, Vas stanneum, quævis supellex ex stanno. Statuta Eccles. Nannet. apud Marten. tom. 4. Anecd. col. 958 : *Patellarum vero, Stannorum, mensarum et aliorum sufficientiam utensilium duorum aut trium proximorum rectorum arbitrio committimus æstimandam.* Inventar. ann. 1379. ex Schedis Cl. V. *Lancelot : Item tria parva Stanna modici valoris.... Item unum Stannum parvum.... Item duo magna Stanna.*

* 4. **STANNUM**, f. pro *Scannum*, Scamnum, Gall. *Banc, escabelle.* Lit remiss. ann. 1449. in Reg. 180. Chartoph. reg. ch. 47 : *Ibi (in taberna) prænominati in quodam Stanno et juxta quamdam tabulam sederunt et potarunt de vino albo.*

* 5. **STANNUM**, Stamen. Glossar. Lat. Gall. ann. 1348. ex Cod. reg. 4120 : *Stannum, Estham.* Vide supra *Stamum.*

¶ 1. **STANS**, Domus, habitatio. Statuta Avenion. MSS : *Statuimus quod... de Stantibus dirutis lapides non accipiantur sine consensu curiæ.* Vide *Stagia.*

¶ 2. **STANS**. *Non Stantia*, Gr. ἀλλόκοτα, Monstrosa, absurda. Vetus Irenæi Interpres lib. 1. cap. 1. n. 2 : *Et aliis occasionem dabimus.... ad evertendum eam* (sententiam) *non Stantia, neque apta veritati ostendentes ea, quæ ab iis dicuntur.*

STANTAREUM, STANTARIUM, pro *Statarium*, Candelabrum majus, quod per se stat. Glossæ Lat. Gr. : *Statarius*, ὀρθοςάτης. Vetus Charta Cornutiana, edita a Suaresio : *Coronas argenteas cum catenulis suis et delphinis 8. cicindelas argenteas 5. cum catenulis suis, Stantarea argentea, et in Confessione ostrea argentea 2. cum clavi sua.* Infra : *Septem pharos æreos, duos habentes delphinos octonos, et hermoras, cantharos æreos majores sex, minores 12. et lilia ærea 2. et Stantaria ærea 13.* Vita S. Desiderii Episcopi Cadurcensis cap. 9 : *Adstant et Statarii cereorum corporibus aptati.* Vide *Cereostata.*

STANTARIA. Vide *Stanga.*

¶ **STANTARIUM**, STANTARUM, ut *Standardum* 1. Vide in hac voce.

1. **STANTES**, apud S. Cyprianum dicuntur, qui in fide perstiterunt, uti e contrario *Lapsi*, qui a fide defecerunt, Epist. 14 : *Præsente et Stantium plebe, quibus et ipsis pro fide et timore suo honor habendus est.* Epist. 31 : *Oremus pro lapsis, ut erigantur : oremus pro Stantibus, ut non ad ruinas usque tententur.* Ita Epist. 27. 30. 37. lib. de Lapsis, etc.

¶ 2. **STANTES**, Stagna, in Charta ann. 1004. ex majori Chartul. S. Victoris Massil. fol. 22 : *De alio vero latus consortes usque ad Stantes qui sunt contra Marignana.* Forte pro *Stagnantes.*

* Nequaquam, Petræ, rupes, quæ per se stant, hac voce significantur, ut patet ex Charta ann. 1038. in eod. Chartul. S. Vict. Massil. : *Termini vero istius alodis sunt ex una parte de una petra, quam vocant Stantem antiquum, in directum usque ad viam publicam.* Germanis *Stein*, lapis, saxum ; unde *Joachim Stein* vocant rupem in medio fere Danubii, qua Pataviense territorium ab Austria dividitur. Vide *Stantivus.*

1. **STANTIA**, Camera, ex Ital. *Stanza.* Gualvaneus Flamma in Chron. Mediolan. cap. 284 : *Isti Reges, dum viverent, stabant in Palatio magno inter Ecclesiam S. Mariæ, Canonicam Decumanorum, ubi erant multæ Stantiæ. Inter alias erat una sala, quæ continebat decem millia personarum, etc.*

2. **STANTIA**, perperam scribitur in Legibus Rachisi Regis Longobard. tit. 4. § 2. [** 1.] pro *Sententia*, uti præfert Lex Longobard. lib. 2. tit. 21. § 28.

☞ Hæc sunt legis prælaudatæ verba : *Quia si Stantia, quam ante liberos homines tres aliquis fecerit, stare debet ; quanto magis ea causa quæ per guadiam firmatur.* Quibus verbis minus consonare videtur Cangii emendatio : quam cum eam ob causam, tum ob consentientes in hanc lectionem Codices editos et MSS. rejicit Muratorius, qui observat *Stantiam* dixisse Longobardos, quod Itali appellant *Accordo*, hoc est conventionem sive pactionem coram tribus liberis testibus, notario nullo adstante, initam. Vox derivata a *Stat*, addit idem Muratorius, quod significat decretum est, deliberatum est. His addi potest Glossa in l. si quis debitorem. de debitis et gaudimoniis, ubi *Stantia* intelligitur Pactum obligatorium, in quo omnino stare debetur.

¶ 3. **STANTIA**, STANCIA, Statutum pretium, præscripta æstimatio, Gall. *Taux*, ab Ital. *Stanziare*, statuere. Vide *Sessorium* 2. Statuta Saluciar. collat. 2. c. 55 : *Statutum est quod Potestas Saluciarum teneatur singulo trimestre eligi facere ad brevia in consilio duos Stantiatores, qui habeant omnimodam potestatem taxandi et Stantiandi carnes, vinum, panem, pisces, oleum, caseum et butyrum.... Nec possint dicti Stantiatores dare licentiam alicui personæ vendendi dictas res ultra Stantiam sub pœna floren.* 16. Statuta Montis Regal. fol. 48 : *Item, statutum est quod homines Rochebaudorum, etc. possint in eorum villis statuere et ordinare quicquid eis placuerit super eorum mensuris et Stanciis, etc.* Ibidem fol. 283 : *Item, statutum est quod dom. Vicarius faciat fieri Stanciam, ut infra. Et quod Stanciatores non possint nec debeant vendere carnes plusquam eas vendunt macellarii, antequam fiat Stancia per ipsos, sub pœna sol.* 60. Pluries occurrit. Quo spectat, ni fallor, Charta vernacula ann. 1403. in Chartul. Latiniac. ubi legitur, *Ban ou Estanche de vin*, quo significari videtur jus pretium imponendi vino distrahendo : nisi malis intelligere de jure vinum suum particulatim vendendi, aliis a vini proprii venditione cessantibus, a Gall. *Etancher*, supprimere.

* Quo sensu accipiendum sit *Ban ou Estanche de vin* ex Chartul. Latiniac. diximus supra in *Stagnum* 4.

¶ STANTIARE, Statuere, definire. Chron. Parmense ad ann. 1287. apud Murator. tom. 9. col. 813 : *Parlamentum factum fuit in Castro-Franco episcopatus Bononiæ per ambaxatores Communis Bononiæ pro ipso Communi, et per dom. Capitaneum populi Parmæ.... Et quidquid firmaverunt, Stantiatum et factum fuit per utrumque Commune.* Ab eodem fonte

¶ STANCIARE, Mensuras ad exemplar exigere, Gall. *Etallonner.* Statuta Montis Regal. fol. 272 : *Syndicus Communis teneatur fieri facere unam piutam de vitro factam in forma unius amolæ, ad quam mensurentur et Stancientur sestarii et minæ.*

¶ STANCIATOR, Qui ex officio mercibus pretium indicit. Eadem Statuta fol. 33 : *Item Stanciatores tres, unus pro quolibet tercerio super victualibus, etc.* Vide supra.

* 4. **STANTIA**, Domicilium, statio, habitatio, hospitium, Ital. *Stanza.* Tract. pacis ann. 1427. tom. 3. Cod. Ital. diplom. col. 1090 : *Quod dicti domini duces Sabaudiæ et Mediolani non dabunt transitum, reductum vel receptum, Stantiam neque victualia, aut aditum.... aliquibus inimicis alterius.* Nostris *Estais*, pro Cunctabundus, negligens, quasi *stans.* Mirac. B. M. V. MSS. lib. 1 :

Ombragés iert et Estais
A Dieu servir et à bien faire :
Mais à reuber et à mal faire
Estoit vistes et remuans.

* **STANTIAMENTUM**, Statutum, constitutio, sanctio, Ital. *Stanziamento*, a verbo *Stanziare*, Constituere, sancire. Instr. apud Lam. in Delic. erudit. inter not. ad Hodœpor. Charit. part. 2. pag. 394 : *Visis quibusdam libris statutorum et reformationum communis Ficecchii scriptis 1281. in quibus.... facta fuerunt certa Stantiamenta, quod camera Ficecchii de pecunia dicti communis Ficecchii solverct, etc.* Aliud ann.

1318. ibid. pag. 425 : *Ordinare, Stantiare et firmare, et ordinari Stantiari et firmari facere per opportuna consilia, etc.* Infra : *Sententiare.* Vide in *Stantia* 3.

¶ **STANTIVUS**, Stans, erectus. Chartul. Kemperleg. : *Ab ipsa petra Stantiva, in via quæ ducit de matre ecclesia ad S. Germanum.... usque dum pervenerit ad petram Stantivam longiorem, quæ est in via ubi cepit divisio, etc.* Vide *Stantes*, 2.

STANTOR. Ordericus Vital. lib. 9. de Balduino, a Principe Edessano adoptato : *Turgidus igitur Princeps, livore perfidiaque cæcatus, Christianis insidias prætendit, et Stantori suo in expeditione eunti imperavit, ut... Balduinum... interficeret.* Ubi legendum *Stratori*, id est *Marescallo*, seu copiarum duci, quomodo *Stratorem* vel *Protostratorem* appellatum observavimus ad Cinnamum pag. 475.

¶ **STANUM**, Panni genus, Gall. *Etamine.* Concil. Dertus. ann. 1429. inter Hispan. tom. 3. pag. 663 : *Nullus... clericus... vestiri audeat vestibus alterius panni, quam de lana vel Stani, non rubei vel viridis coloris.* Vide *Staminea* et *Stanium.*

¶ **STAPASLINGUN**, *Tormenta, genus machinæ*, in Gl. Mons. apud Schilter. in Gloss. Teuton.

¶ **STAPELLA**, Emporium, forum publicum. Vide *Stapula* 1. Avesbur. in Histor. Edwardi III. Regis Angl. pag. 194 : *In crastino S. Petri, quod dicitur ad Vincula, anno Domini proximo supradicto* (1353.) *ex præordinatione Domini Regis Angliæ et Consilii sui, Stapella lanarum incepit esse apud Westminster, et locis aliis in Anglia.*

* **STAPELLUS**, f. Parvus tapes. Comput. ann. 1471. ex Tabul. S. Petri Insul : *Item Johanni du Toit pro uno Stapello de Almarcia posito super Robinetum in purpitro, etc.* Vide mox *Stapletus.*

STAPES, STAPEDIUM, STAPEDA, *Stapha* aliis, qua quis in equum tollitur. [Vide *Staffa* 2.]

STAPES. Miracula S. Quirini Mart. lib. 2. n. 30 : *Conscenso equo, dum Stapedi pedem inderet.*

STAPEDIUM. Clemens IV. PP. apud Rainaldum anno 1311. n. 13 : *Cum ipse Pontifex equum ascenderit, teneat Stapedium sellæ ejus, et arepto fræno aliquantulum ipsum addextret.*

STAPEDA. Iter Camerarii Scotiæ cap. 27 : *De sellariis et Ephippiarlis... apponunt sellis mala et vitiosa ephippia, fræna falsa, et corruptas Stapedas, unde multi læduntur.*

¶ **STAPFOLUS.** Vide infra *Staplus.*

¶ **STAPFSAKEN.** Vide supra *Stafsaken.*

¶ **STAPHA**, STAPHILE. Vide *Staffa* 2.

* 1. **STAPHA**, *Gallice Sauges*, inter vasa coquinaria vel mensaria recensetur, in Glossar. Lat. Gall. ann. 1348. ex Cod. reg. 4120.

* 2. **STAPHA**, Fulcimentum, fulcrum ex stipitibus, cui *balista* innititur. Vide supra *Estrif.* Charta ann. 1299. tom. 4. Cod. Ital. diplom. col 46 : *Consignari facere* (velitis) *ipsis castellanis balistas grossas et ad Stapham, sagitamentum, paventes, etc.* Vide in *Staffa* 2.

STAPHILUM. Leo Ost. lib. 1. c. 47 : *Ascendit inde ad ipsum Staphilum de Maiella.* Capitulare Radelchisi Principis Beneventani c. 10 : *Inter Beneventum et Consiam sit finis ad ipsum Staffilum.* [** *Staphilum*, in Chron. Salern. cap. 84. apud Pertz. Script. tom. 3. pag. 511.] Charta Cresimiri Regis Croatiæ et Dalmat. ann. 1067. apud Joan. Lucium l. 2. de Regno Dalm. cap. 8 : *Territorium... a quercu, quæ stat supra vallem rabiosam, usque ad Staphilum, qui hac de causa situs est in trivio, quod est contra Sablatam, etc.* Charta ann. 1141. apud Ughellum in Episcopis Cumanis : *Et ab alio latere parte septentrionis finiuntur in terra dominica, incipiens a Staphilo, et ut descendat directum.* Alia apud eumdem in Teatinis Episcopis : *Sicut antiquis et justis limitibus terminatur, scilicet a Stafilo inter montes, etc.* Ita tom. 5. pag. 848. 876. etc. Vim vocis ignorare se fatetur Angelus a Nuce, in Notis ad Chronicon Casinense. Quædam de eodem vocabulo commentatus est Holstenius in Dissert. *de Pila staffilari*, edita cum notis ad Stephanum, quæ, nescio, an omnibus arrideant.

STRAFILUM, pro *Staphilum*, habetur, ni fallor, in Charta Langobardica in Chronico Beneventano S. Sophiæ pag. 573 : *A fine Venatoris per serra usque in Strafilum inter duo rora, etc.* Pag. 383. habetur *Strafilium.*

* **STAPHYLOMA**, *Passio uveæ tunicæ*, in Gloss. ad Alex. Iatrosoph. MS. lib. 1. Passion. cap. 100 : *Bene facit collirium cathamaximianum ad Staphylomata et dolores oculorum.... Ad Staphylomata enim et adypopias et myocephala fecit cum ovi liquore albo inunctum.*

STAPIA, Stapes, stapha, scala, qua in equos tollimur. Vetus Inscriptio a Wolphgango Lazio, et Hieron. Magio lib. 2. Miscell. c. 14. allata : *Dum virgunculæ placere cuperem, pes hæsit Stapiæ, et tractus interii.*

☞ Recens est hæc inscriptio quam uti veterem laudarunt nonnulli Scriptores, ut pote quæ parentem agnoscat Franc. Columnam in Somnio Polyph. lib. 1. c. 19. ubi alias ex eadem officina congessit. Vide Menagiana tom. 4. pag. 83.

STAPIO. Fortunatus in Vita S. Radegundis c. 13 : *Accedens ad cellam S. Jumeris, die uno, quo se ornabat felix Regina, composito sermone, ut loquar barbaro, Stapionem, camisas, manicas, cofeas, fibulas, cuncta auro ornata... sancto tradit altari.*

☞ Mabillonius ad hunc locum sæc. 1. Bened. pag. 321. *Stapionem* interpretatur pedum ornamenta : nisi quis scribendum malit *Scapionem*, a Germanico *Scappel* vitta, capitis redimiculum, quo regium diadema designaretur.

* **STAPLA**, Mensa, ab Anglo-Saxon. *Staple*, fulcrum mensarium, ut videre est in *Stapula* 1. Hinc *Vendere ad Staplam*, est particulatim vendere, vulgo *En détail.* Arest. ann. 1351. 30. Apr. in vol. 2. arestor. parlam. Paris. : *Item præfatus dominus* (de Hamo) *nisus fuerat et voluerat habere foragium vinorum venditorum ad Staplam et in grosso ; licet ipsi major et jurati sint in possessione et saisina vendendi libere vinum ad Staplam et in grosso.*

* Aliud vero sonat vox Gallica *Staple*, Censum scilicet capitalem, qui viritim exigebatur, inter Redit. comit. Namurc. ann. 1289. ex Reg. Cam. Comput. Insul. sign. *Le papier auxaysselles* fol. 33. v° : *Encor i a li cuens à Vedring rente, k'on apele do Staple de Vedring ; si est chievaiges, et vaut par an entour xxv. sols.* Vide supra *Capitagium* 1.

¶ **STAPLE.** Vide infra in *Stapula* 1.

* **STAPLERIUS**, Miles pedestris, ut opinor. Annal. Placent. ad ann. 1483. apud Murator. tom. 20. Script. Ital. col. 977 : *Manfredus ipse...... ausus est Placentiam intrare cum equis quadraginta, decem scorpionistis equestribus et octo Stapleriis ensibus ambidextis.* (sic).

* **STAPLETUS**, Tapes. Comput. ann. 1434. ex Tabul. S. Petri Insul. : *Pro uno Stapleto ante sedem domini decani, decem solidos.* Vide supra *Stapellus.*

* **STAPLUM**, Emporium, forum publicum, seu quod a mercatoribus domino fori penditur. Charta vetus ex Cod. reg. 10197. 2. 2. fol. 83. v° : *Guillelmus comes Hannoniæ tenet de duce...... thelonium, forum seu Staplum salis, piscium ac animalium.* Vide *Stapula* 1.

STAPLUS, Palatium, domus, ædes, ut quibusdam placet, ex Germanico *Stapel*, locus stabulandarum mercium : sic autem proprie vocabant ædificia tumultuario opere exstructa, aliquot stipitibus innixa, quos Anglo-Saxones s t a p l e dicunt, ut mox docemus. Lex Salica tit. 57. § 3 : *Si quis aristatonem, hoc est, Staplum super mortuum missum capulaverit, aut mandualem, quod est structura, sive sclave, qui est ponticulus, etc.... super hominem mortuum dejecerit, etc.* Lex Ripuarior. tit. 33. § 1. de intertiata re : *Si autem extra regnum super* 80. (noctes) *ad Regis Staplum, vel ad eum locum, ubi mallus est, auctorem suum in præsente habeat.* Tit. 67. § 5 : *Et cum* 12. *ad Staplum Regis... conjurare studeat.* Tit. 75 : *Si quis caballum, hominem, vel quamlibet rem in via propriserit, aut eum secutus fuerit, per tres marchas ipsum ostendat, et sic postea ad Regis Staplum ducat.* Ubi Lindenbrogius et Baluzius monent in aliis Codd. legi *Stapplum, stafolium, stappolum, staffolum, et stapfolum.*

☞ Ex variis hisce lectionibus conjicere licet *Staplum* æque a Germanico *Stapel* et *Staffel* deduci posse : quod postremum *erectum, statutum, constitutum, statuam*, itidem et *gradum, tribunal, solium* designat. *Staf, Staffel, gradus*, in Gloss. Teuton. Schilteri, ubi et *Staffalun, passibus*, et *Staph, passum*, ex Gl. Mons. laudatur. *Staffel* præfert Eccardus, qui Cangium in vocis *Staplus* interpretatione cum ex Lege Salica, tum ex Lege Ripuariorum errasse contendit : hic siquidem, ipso teste, *Staplus* gradum, tribunal sonat ; in Lege vero Salica pro Statua honoraria sepulcro imposita usurpatur. Vide *Aristato.* [** Grimm. Antiq. Jur. Germ. pag. 804.]

¶ **STAPRON**, Ventrale crassum. Comput. ann. 1425. apud Kennett. Antiquit. Ambrosd. pag. 576 : *Et in stipendio Katerinæ Colyns facientis mantalia coquinæ hoc anno xx. den. et in datis eidem pro uno Stapron* III. *den.*

1. **STAPULA**, Emporium, forum publicum, in civitatibus præsertim maritimis constitutum, ubi merces extraneæ publice

distrahuntur : vulgo *Estaple*, a voce Latina *Stabulum*, ut quidam putant : seu, ut Kilianus et alii volunt, a Germanico *Stapelen*, quod *in unum aliquid coacervare* designat. Salmasius in Observat. ad Jus Atticum et Romanum, scribit *Stapen* exponi in veteri Lexico Saxonico-Latino *forum* : unde *facere stapam* vulgo dicimus, inquit, quod Græcis erat ἀγορὰν παρέχειν, Latine *commeatum præbere*. Iisdem Anglo-Saxonibus staple et stapelas, fulcrum mensarium sonat, et stapulas, stipites iidem dicunt : unde fortean foris ac nundinis publicis nomen inditum, ab apothecis, seu, ut nostri vocabant, *Stallis*, quæ in locis urbium, aut pagorum publicis tumultuario opere supra stipites erigebantur, quomodo de *Hallis* diximus. Boxhornius in Theatro Holland. pag. 100 : *Stapula est jus, in quo potestas conceditur aliunde invectis mercibus quasi manum injiciendi, ab instituto cursu retrahendi, ac denique ita sistendi, ut non prius, quam publico foro divenditæ ibi fuerint, alio transferantur. Ita autem dicitur a Stapelen, quod in unum aliquid coacervare designat, etc.* Ægidius de Roia ann. 1324 : *Item Brugis Stapulam concessit omnium rerum, quæ apud Slusam applicarentur ex quacunque patria.* Henr. de Knyghton ann. 1352 : *Ordinatæ sunt Stapulæ esse Londoniis.* Idem ann. 1363 : *Ordinavit Stapulas lanarum esse apud Calisiam.* Eadem habet Thomas Walsinghamus. Cambdenus in Britannia, in Coritan. ait, Lincolniensem urbem *ab Edwardo III. in Stapulam, quam vocant, i. in lanarum, coriorum, plumbi, etc. emporium constitutam fuisse, etc.* [Chron. Angl. Th. *Otterbourne* pag. 176 : *Hoc anno* (1388.) *fuit parliamentum tentum Cantabrigiæ, in quo multa sunt statuta,.... de Stapula revocanda de Midleburghe ad Calesiam.* Vide *Stapella*.] [** Mittermaier. Princip. Jur. Germ. § 574. Haltaus. Glossar. German. voce *Niederlage*, col. 1417. et voce *Stapel*, col. 1730. sqq.]

¶ Staple, apud Elmham in Vita Henrici V. Reg. Angl. c. 108. pag. 295 : *Cumque, post paucas et expeditas dietas, appropinquaret Calesiam* (Henricus Rex) *opidanos et mercatores suos ibidem de la Staple, in solempni festivoque apparatu... obvios habuit. Estappe*, in Consuet. Autiss. art. 148. locus ubi vinum venum exponitur. Vide *Estapula*.

¶ Stapulæ Major, Qui collegio *stapulæ*, seu mercatorum præest. Charta apud *Madox* in Formul. Anglic. pag. 20 : *Radulphus Dodmer Miles, Major Stapulæ Westmonasterii ad recogniciones et debitorum in eadem Stapula accipiendas deputatus.... significo quod.... venerunt coram venerabili viro Thoma Seymer Milite, tunc Majore Stapulæ prædictæ, ac Constabulario ejusdem, etc.*

Manet etiamnum in Picardia nostra oppido, ad Quantii fluvii ostia sito, *Stapularum* nomen, cujus meminit Lupus Ferrariensis Epist. 14. hodie *Estaples*, ex qua ortus Jacobus Faber Stapulensis, cujus elogium contexuere Molinæus in Repetit. Legis 7. D. de liberis et posthumis num. 70. et ad Consuet. Bononiensem, Thuanus lib. 16. et Scævola Sammarthanus in Elogiis virorum illust. Neque aliud est oppidum ab eo quod *Wicum*, et *Quentowicum* vocant Scriptores paulo superioris ævi, cui *emporii* perinde ac *portus* nomen tribuunt præ cæteris Annales Francorum Bertiniani ann. 842. et Vita S. Vandregesili pag. 387. tom. 3. Hist. Francor. Papiæ enim et aliis *Emporium* exponitur *locus supra mare, vel locus, ubi negotiatores exercentur :* adeo ut *stapulæ* et *emporium* idem sonent. Scio, quosdam id nominis Monasterio S. Judoci ad mare adscribere : sed non arridet eorum conjectura, quam alibi discutiendam reservamus.

Scriptum de Statu Stapuli, J. C. Anglis et Cowello lib. 3. Instit. tit. 22. § 6. est obligatio insinuata sive de recordo, quæ coram Majore stapuli in præsentia alterius duorum Constabulariorum recognita, et per eum sigillata. Cujus obligationis vi, si debitor in solutione defecerit, creditor auctoritate Prætoris corpus, terras, et bona ejus sibi usque ad satisfactionem arripit et detinet, modo infra limites stapuli ipse reperiatur, vel bona ejus prehendi possint. Ejusmodi vero scriptum non modo inter mercatores, sed interdum inter omnes Regis subditos locum habet.

¶ 2. **STAPULA**, Instrumentum quoddam navi instruendæ necessarium : Angli *Staple* vocant quod Galli *Gache* dicunt. Charta Edwardi III. Regis Angl. ann. 1338. apud Rymer. tom. 5. pag. 6 : *Tibi præcipimus quod tot pontes, cleias, bordas, raccos, cordas, canevacia, Stapulas, anulos, clavos ferreos, dolia vacua, et alia quæ pro hujusmodi eskippamento equorum necessaria... in navibus poni facias.*

¶ **STAPULARIUM**, Series, ni fallor, *stallorum* seu sedium in choro. Obituar. MS. Eccl. Morin. fol. 44. v° : *Missam solemnem commemorationis ejusdem B. M. Virginis quolibet die Lunæ... 1°. per vicarios presbyterum, dyaconum et subdiaconum dextri lateris majoris Stapularii ; 2°. per vicarios presbyterum, dyaconum et subdiaconum minoris Stapularii ejusdem dextri lateris ; 3°. per vicarios presbyterum, dyaconum et subdiaconum majoris Stapularii sinistri lateris, et 4°. per vicarios presbyterum, dyaconum et subdiaconum minoris Stapularii ejusdem sinistri lateris vicissim celebrandam fundaris.*

* **STAQUETA**. Vide supra *Stagueta*.

STARA, Starium, Sextarius, *Sestier*. Charta ann. 1195. apud Ughellum tom. 7. pag. 1321 : *Sex cuppas olei, et 4. salmas vini, et sex Staras grani, et sex Staras hordei, etc.* [Chron. Parmense ad ann. 1271. apud Murator. tom. 9. col. 785 : *Et per Commune Parmæ solvebatur ducentibus blavam forestariam in Parma ad vendendum* XII. *Imperiales de Stara frumenti.*]

Starium, Eadem notione. Tabularium Casauriense ann. 1159 : *Insuper unam petiam de terra, in qua seminari possunt duo Staria frumenti.* Charta Caroli I. Regis Sicil. ann. 1277. apud Ughellum tom. 7. pag. 807 : *De decima quoque olei,... militaria* 10. *quæ sunt ad Starium Bari Staria* 400. Nomina Potestatum Paduæ ann. 1258 : *Hoc anno.... Starium frumenti valuit solidos* 20. *et ultra.* [Chron. Farf. apud Murator. tom. 2. part. 2. col. 420 : *Casalis de Burro modiorum* XXXIX. *et Stariorum* VII. Occurrit prætere apud eumd. tom. 8. col. 277. 375. tom. 12. col. 1130. inter Probat. Hist. famil. *de Gondi* pag. 2. et in Statutis Vercell. lib. 3. fol. 57. *Stier*, in Statutis Lossens. art. 73.] Vide Vitam S. Zitæ Virginis Lucensis n. 5.

☞ Pro Sextario, mensura liquidorum, occurrit in Chron. Astensi apud Murator. tom. 11. col. 163 : *Starium unum vini* (vendebatur) *florenos duos auri*. Chron. Modoet. apud eumd. tom. 12. col. 1085 : *In vegete Starium vini remanserat.* Statuta Vercell. lib. 1. fol. 15 : *Starium unum boni et puri vini veteris, etc.*

¶ Starius, Eodem significatu. Chronic. Mutin. apud Murator. tom. 11. col. 99 : *Mutinæ vendebatur Starius frumenti tribus libris Mutinensium.* Chronic. Estense ad ann. 1347. apud eumdem tom. 15. col. 433 : *Tunc temporis inter cetera Starius frumenti valuit in Ferraria sol.* XXVIII. Johan. Demussis in Chron. Placent. ad ann. 1185. tom. 16. col. 456 : *Starius frumenti pro denariis* XIV, *et Starius sichalis pro den.* X. *et Starius speltæ pro den.* V.

STARANI. Otto Morena in Hist. Rerum Laudensium pag. 19 : *Sequenti igitur festo SS. Gervasii et Protasii.... ceperunt Mediolanenses Staranos de Pavia, qui Serexanum deprædati fuerant, etc.* Ubi loci *Scaranos*, a *Scara* militari, legendum putat Felix Osius, ex MS. Cod. Mediolanensi. Vide *Scara* 3. et *Scarani*.

STARARIA. Vetus Charta apud Baron. ann. 1188 : *De Capitaneis sit salvum urbi et populo Romano quid ab eis conventum est et permissum Romæ per scriptum et juramenta et plerarias, et Stararias ac præcones.* [Idem forte quod *Stantia* 2. Vide in hac voce.]

* Locum integrum emenda ex eadem Charta, quam supra exhibemus in v. *Stajaria*.

STARCIA. Vide infra *Sitarchia* et *Startia*.

¶ 1. **STARE**, Esse, permanere. Canones Hibern. cap. 9. apud Acher. tom. 9. Spicil. pag. 3 : *Puer vero ab infantia ecclesiasticis ministeriis deditus usque ad vigesimum ætatis suæ annum lector sive exorcista Stet.* Caffari Annal. Genuens. apud Murator. tom. 6. col. 290 : *Et civitas Stetit absque episcopo annum unum.*

¶ Stare in Arbitrio Alicujus, recte diceretur deleta particula *in*. Oberti Cancellarii Annal. Genuens. ibid. col. 325 : *Demum juraverunt Stare de guerra et pace, et de omnibus litibus in arbitrio prædictorum Consulum.*

¶ Stare ad Crucem. Vide *Crucis Judicium*, in *Crux*.

¶ Stare Pedes, ubi superflum est *Pedes*. Vetus Ceremoniale MS. B. M. Deauratæ Tolos. : *Dominus Prelatus, aut ejus vices gerens accipit stolam præparatam a sacrista et ponit super collum et aquam benedictam in manu, ut moris est, et Stat pedes, et conventus curvatur.*

¶ Stare Recto, vel *Ad rectum*, pro Stare juri, *Ster en droit*, in Statutis Lossens. ann. 1548. art. 11. Vide in *Rectum*.

* Stare ad Justitiam, Juri stare. Charta ann. circ. 1075. inter Probat. Hist. Sabol. pag. 335 : *Unde instituerunt Roberto,*

ut scilicet eis Staret ad justitiam de his quæ reclamabant.

* STARE MALE, Dissidere, inimicitias inter se habere, Gall. *Etre mal avec quelqu'un.* Charta ann. 1196. inter Probat. tom. 3. Hist. Occit. col. 169 : *Bernardus comes Convenarum....Stabat male et guerriabat cum dom. Jordano de Iusula, per demandamenta quæ faciebant inter se.*

¶ 2. STARE, Habitare, domicilium habere. Charta ann. 1405. ex Tabul. S. Victoris Massil. : *In loco in quo maluerunt Stare sive stagium facere.* Chron. Parmense apud Murator. tom. 9. col. 772 : *Et multi propter famem cum familiis eorum recedebant de civitate et ibant ad Standum alibi.* Hinc

STARE dicebantur tenentes, qui residentiam debebant dominis suis, seu *stagium* : ex Charta ann. 1162. tom. 13. Spicilegii Acheriani pag. 314 : *Ego Joannes Martini dono corpus meum per hominem, per me et per omnem meam posteritatem, tibi Girardo Rossilionensi Comiti, et omni tuæ posteritati in perpetuum, et convenio tibi, ut semper Stem omnibus diebus vitæ meæ in villa de Malpas per stagem cum infantibus meis, quos ego melius voluero, etc.* [Regest. Campaniæ fol. 30. apud D. *Brussel* tom. 1. de Usu feud. pag. 125 : *Talis est consuetudo Musterioli, quod si guerra erga illud castellum emerserit, omnes milites castellaniæ venient illuc Stare.*] Vide *Stagium*, *Residentes* et *Remanentia*. Hinc

3. STARE, ESTARE, Domus, ubi quis stat, seu manet. Charta ann. 1095. apud Gariellum in Episcopis Magalonensibus pag. 89 : *Ac pro illa guerpitione dedit Episcopus Dalmatio unum Stare, quod ibi habebat.* Adde pag. 96. 169. Donatio propter nuptias facta a Guillelmo D. Montispessulani Mariæ Burgundæ uxori ann. 1156 : *Hoc autem factum est apud Montempessulanum in domo, seu Stari sancti Firmini.* Tabularium Episcopatus Uticensis ann. 1224 : *Nec etiam censum Staris ipsorum de Ucetia persolvebant.* Occurrit ibi passim. Regestum Tolosanum ann. 1229 : *Datum apud Arausicam in Stari domini Episcopi.* *Staria*, seu *hospitia*, in Charta ann. 1316. apud Faustinum Castruccium in Historia Avenionensi tom. 1. pag. 164. [Charta ann. 1127. inter Probat. tom. 2. novæ Hist. Occitan. col. 444 : *Ego Rolandus de Bisano absolvo... ipsam turrem de Biterri cum toto Stare quod pertinet ad ipsam turrem de Biterri, et cum toto Stare Lupeti de Biterri.* Alia ann. 1140. ibid. col. 491 : *Prædictus vero Guillelmus dabit idoneum Stare sacerdoti juxta ipsam ecclesiam.* Tabular. S. Andr. Avenion. ann. 1190 : *Decimam racemorum ipsis reddet et afferet ad Stare eorum de Pertus.* Charta ann. 1215 : *Damus vobis in augmentatum Staris vestri.. totum illud spatium quod est inter murum novum et barrium vetus.* Adde Histor. Dalph. tom. 2. pag. 63. etc.]

ESTARE. Charta Willel. D. Montispessulani ann. 1103 : *Dono tibi Estare Constantini de Alest,... Estare Augerii, etc.* Infra : *Et retineo omnes homines et feminas stantes in domibus illis ad faciendum, quæcumque voluero.* Charta Guillelmi filii Mathildis Ducissæ D. Montispessulani ann. 1185 : *Et eorum unum est Estare, cum curia, et puteo, et arboribus.* Alia ejusdem Guillelmi ann. 1191 : *Cum munitionibus, domibus, Estaribus.* [Regest. *Olim* ann. 1312 : *En faisant, édifiant, refaisant, ou rapareillant issues, saillies,.... appentis, Estares, ou manuels apuis.*] Vide infra *Starrum* 2.

¶ ESTAGA, Eadem notione. Charta ann. 1125. inter Probat. tom. 2. novæ Hist. Occitan. col. 430 : *Donamus tibi Arnaldo Pelapol ad fevum et propter castellaniam, ipsam Estagam et ipsum mansum qui fuit Petri Raymundi Vacheta, in civitate Carcassona.*

¶ ESTAR, Eodem intellectu, in Charta ann. 1152. ibid. col. 539 : *Et mansus qui fuit de Geraldo de Nemauses, et totus ipse planus usque in via quæ pergit ad puteum, et totus ille planus qui est coram Estar de Raymundi Satgerii.*

4. STARE, pro Sextarius, in Chartis Italicis. Vide Historiam Placentinam libro 15. pag. 76. [et supra *Stara.*]

¶ STARELLUS, Sextarius. Charta ann. 1267. ex Tabular. S. Victoris Massil. : *Rector hospitalis S. Andreæ de Pisis inter alia promittit reddere Priori ejusdem Sancti a S. Victore dependente, cupellas apum* XL. *Starellos grani* XX. Vide *Stara* et *Stare* 4.

STARIA. Charta Bonfilii Fulginatensis Episc. apud Ughellum : *In Staria et campo S. Martini modiola tres.* Vide *Startia.*

* STARIOLUS, Sextarius, mensura frumentaria. Charta ann. 1249. inter Monum. eccl. Aquilej. cap. 74. col. 746 : *De frumento ccc. l. modiales, et quinquaginta Stariolos.* Vide *Starellus.*

¶ STARIORA, Sextarius, enuntiatione Longobardica, in Charta ann. 1289. inter Probat. Hist. famil. *de Gondi* pag. 46 : *Quinquaginta duos Stariora et tres punora terræ positæ in populo S. Laurentii de Campi.* Vide *Stara.*

* Modus agri. Charta ann. 1108. apud Lam. in Delic. erudit. inter not. ad Hodœpor. Charit. part. 3. pag. 116 : *Integra quatuor Stariora terræ posita in monte, qui dicitur Monselleri.* Alia ann. 1120. apud Murator. tom. 3. Antiq. Ital. med. ævi col. 1135 : *Una petia de terra cum vinea in suprascripto loco S. Cassiano, quod est Stariora quadraginta, exceptis decem Starioris de eadem vinea.*

¶ 1. STARIUM, ut *Stare* 3. Charta Ordonii Reg. Navarræ æræ 950. apud Ant. *de Yepez* tom. 4. Chron. Ord. S. Bened. pag. 435 : *Cum omnibus suis bonis, et cum suo Stario integro, etc.* Vide *Starrum* 2.

2. STARIUM, STARIUS. Vide *Stara.*

¶ STARLINGUS, ut *Esterlingus.* Vide ibi.

* STARNA, Acad. Crusc. *Uccello noto, la carne del quale è di grato sapore, Avis externa.* Stat. ant. Florent. lib. 3. cap. 177. ex Cod. reg. 4621 : *Nullus capiat cum rete vel lacciuolo vel aliquo alio artificio aliquos columbos, vel Starnas, vel qualeas,.... exceptis Starnis, qualeis, quæ libere possint capi cum avibus et canibus de rete.*

¶ STARRE, ut *Starrum* 2. Vide in hac voce.

* STARRENE vel SCARRENE, Alvus sive fundus navis, ut videtur; unde fortassis pro *Carena.* Vide in hac voce. Contract. navium Massil. in Reg. Cam. Comput. ex Bibl. reg. sign. 8406. fol. 201. v° : *Mensura illius navis talis est, quod sit quatuordecim palmorum in Starreni, et octo palmorum et dimidium in cooperta.* Ubi in Reg. ejusd. Cam. sign. *Noster* fol. 287. r°. legitur *Sterreria.*

1. STARRUM, Chirographum, vel instrumentum, quo Judæi pactiones suas rerumque transactiones conficiebant, apocha, scriptura, charta, cujusmodi multa haberi Hebraice conscripta in arce Londoniensi hoc titulo observant Watsius et Spelmannus. [** Notit. ann. 12. Edward. I. in Abbrev. Placit. pag. 276 : *Hoc recordum tangit solummodo placita Judeorum pro debitis suis et etiam Starra sua.... Leo filius Iacobi recuperavit Starrum suum, quod quietavit, quietum clamavit et perdonavit, etc.*]

2. STARRUM, Idem quod *Stare*, de quo supra, Domus, ædes, in Charta ann. 1215. apud Salvangium Boissium : *Et quod Starra ipsorum, et hominum suorum destruxerat, et eos inde expulerat.* Infra : *Prædictum Armandum ceperat, et eum de Starri suo expulerat.* [Vide *Starium* 1.]

1. STARTIA, STARCIA. Charta Roberti II. Principis Capuani anni 1156. in Sanctuario Capuano pag. 617 : *Hoc est, integram unam peciam terræ, quæ est Startia nostræ curiæ pertinens, et appellatur ea Campus seu Startia de Majano, habetque hos fines, etc.* Alia Guillelmi Regis Siciliæ, ann. 1182. apud Ughellum : *Et sine aliquo servitio castrum illud, sicut prædictum est, cum Startia turris palatii teneat et cognoscat.* Apud eumdem tom. 8. pag. 47 : *Starzia.* Adde tom. 6. pag. 643. et seqq. Charta Philippi Principis Tarentini ann. 1313. post Hist. nostram Gallo-Byzantinam pag. 77 : *Cum civitatibus, villis, castris,... juribus, territoriis, Starciis, et pertinentiis suis omnibus, etc.* [Vide *Stare* 3.]

* 2. STARTIA, Beneficii ecclesiastici species, in Formul. MS. Instr. fol. 46. v° : *Ecclesias aut dignitates, et præbendas, beneficia et ferenda ac Startias, quæ in civitate et diœcesi prædictis per cessionem, renunciationem vel mortem, vel alio quovis modo vacaverint in posterum, vel hactenus vacaverunt, quorum ad nos collatio, provisio seu electio quocumque spectat, personis ydoneis libere conferre possis.* Beneficia fortasse designantur firma et stabilia, quibus possessores privari non possunt.

* STASTARITUS, In sequestro vel sub custodia positus. Pactum inter Pisan. et Arelat. ann. 1221. apud Murator. tom. 4. Antiq. Ital. med. ævi col. 397 : *Si vero autem dubitetur utrum ille, cui dampnum illatum fuerit, sit de civitate Pisana,.... et hoc non probaverit, faciemus omnia supradicta infra quadraginta dies, postquam de hoc litteras sigillo Pisanæ civitatis a communi Pisano missas habuerimus, et quominus habeant fraudem non committemus; et tunc res, quas invenerimus, retinebimus Stastaritos usque ad tres menses.* Vide infra *Stagimentum.*

1. STATARII, Qui alias *Stagiarii*, qui *residentiam* debent. Charta Aimerici Vicecomitis Castri-Airaldi ex Tabulario S. Dionysii de Valleta : *Circumquaque adjacentes*

homines, *Statarios*, *sive advenas*, *sive viatores*, *etc.* [Vide in *Stagium.*]

2. **STATARII**, Alia notione, vide in *Cereostata*, et *Stantareum*.

* **STATER**, Staterum Ludus. Vetus Scheda apud Canisium tom. 4. Antiq. Lection. : *Qui cum coævo jamdicti Regis filio assidue luderet ludum Staterum, et semper obtineret, exitialis iræ fomitem ministravit. Cum vero quadam die huic ludo operam dedisset, et filius Regis multoties victus esset, ira præruptus, Rochum filium Ducis super tempora percussit, ictum mortiferum secuta est mors.* Incertum, qui fuerit hic *ludus staterum*, nisi *scacorum*, forte, atque ita legendum sit. [Vide *Stagnus* 1.] Apud Will. Malmesburiensem in Vita S. Aldhelmi Episc. cap. 9 : *Wintoniæ Prælatus Daniel, qui esset ejusdem regionis oriundus, et Staterarum non egenus.* i. nummorum, ex Græco στατήρ.

¶ **STATERA**. Vide supra in *Stater*.

* **STATERARE**, Ad stateram expendere. Arest. ann. 1410. 23. Dec. in vol. 11. arestor. parlam. Paris. : *Præcepto eis facto quatinus panes prædictos Staterarent seu ponderarent.*

* **STATGIA**, Domus, ubi quis stat, habitatio, cœnaculum. Anniv. S. Martial. Lemovic. ex Cod. reg. 5137 : *Ad anniversarium Heliæ de Magnania debentur decem solidi in Statgio corneira domus Johannis de Monprezet ad quadruvium...... Ad anniversarium Rotgerii Malduit, quinque solidi in Statgiis, quas sub muro S. Martialis comparavit.* Vide supra *Stagia* 1.

¶ **STATHES**, Portus, navium statio. Charta ann. 1431. apud Rymer. tom. 10. pag. 488 : *De quibuscumque portibus et Stathes Angliæ et Flandriæ, etc.* Pluries occurrit.

STATICA, Staticum. Vide *Scatz*.

* 1. **STATICA**, Præsidium militare, Gall. *Garnison*. Usatici Barcin. MSS. cap. 22 : *Habeant* (vassalli milites) *castrum recuperatum, nisi senior habuit guerram, ad quam castrum habeat opus, aut Staticam in ipso castro.* Vide *Stabilita* 2.

* 2. **STATICA**, Commoratio, domicilium. Consuet. Perpin. MSS. cap. 70 : *Item nullus habetur nec defenditur sicut habitator Perpiniani, licet juraverit Staticam, nisi ibi egerit continuam residentiam.* Vide *Stagia* 2.

¶ **STATICULUM**. Vide infra *Statunculum*.

1. **STATIO**, Jejunium dicitur Scriptoribus Ecclesiasticis. Isidorus lib. 6. Orig. cap. ult. sect. 66. et Rabanus lib. 2. de Institut. Cler. cap. 18 : *Jejunium et Statio dicitur.* Glossæ Arabico-Lat. : *Statio, jejunium.* Atque ita pro quovis jejunio usurpant Cassianus lib. 5. de Cœnob. Instit. cap. 20. 24. Collat. 2. cap. 23. Collat. 21. cap. 29. Acta S. Fructuosi et socior. n. 3. etc. Hermes in Pastoral. lib. 3. cap. 5 : *Respondi quoniam, Domine, Stationem habeo. Quid est, inquit, Statio? et dixi : Jejunium; et dixit : Quid est illud jejunium? Sicut solebam, inquam, sic jejuno.*

Alii distinguunt *stationem* a jejunio : *Jejunium enim*, iidem Isidorus et Rabanus aiunt, *est indifferenter cujuslibet diei abstinentia, non secundum Legem ; sed secundum propriam voluntatem. Statio autem est observatio statutorum dierum, vel temporum : dierum, ut quartæ et sextæ feriæ jejunium ex vetere lege præceptum : temporum autem, ut jejunium quarti, quinti, septimi, et decimi mensis, et observatio Quadragesimæ, quæ in universo orbe institutione Apostolica observatur.* Tertullianus lib. 2. ad uxorem : *Ut si Statio facienda est, maritus de die condicat ad balneas, si jejunia observanda sunt, maritus eadem die convivia exerceat.* Idem contra Psychicos : *Arguunt nos, quod jejunia propria custodiamus, quod Stationes plerumque in vesperam producamus.* Et cap. 14. ejusdem libri : *Cur Stationibus quartam et sextam Sabbati dicamus, et jejuniis Parasceven?* Ubi exerte Tertullianus *stationem* a jejunio distinguit, ostenditque *stationem* præscriptam a lege : *jejunium* ex mero arbitrio et propria devotione observatum. Exstant in Biblioth. Casinensi Auxilii Presbyteri Quæstiones Theologicæ, in quibus quærit : *Quid intersit inter Stationem et jejunium.*

Cur autem *Statio* dictum sit jejunium indictum, docet Ambrosius Serm. 25 : *Castra nobis sunt nostra jejunia, quæ nos a diabolica infestatione defendunt : denique Stationes vocantur, quod stantes et commorantes in eis inimicos insidiantes repellamus.* Isidorus loco citato : *Statio autem de militari exemplo nomen accepit pro eo, quod nulla lætitia obveniens castris stationem militum rescindat : nam lætitia libentius, tristitia solicitius administrat disciplinam. Unde et milites, nunquam immemores sacramenti, magis stationibus parent.* Vide quæ Allatius observat de Missa Præsanctificatorum pag. 1550. et 1570. ex Joan. Phurne et Matth. Blastare.

Statio, veteribus dictus Cœtus, sive conventus fidelium in Ecclesia, maxime is, qui dominico fiebat die, apud Tertullianum lib. de Corona militis : ita autem vocantur ejusmodi conventus, metaphora sumta a militibus, qui dum præsidium certo loco collocant, *stationem facere* dicuntur. Gregorius Nazianzen. orat. habita in Concilio CP : Χαίρετε Ναζηραίων χοροστασίαι, ψαλμῳδιῶν ἁρμονίαι, στάσεις πάννυχοι, παρθένων σεμνότης, etc. Alia de voce Στάσις vide in Glossar. med. Græcit. col. 1429.

Stationes præterea dicuntur Ecclesiæ, oratoria seu quævis loca, ubi processiones Ecclesiasticæ moram faciunt, in quibus orationes fiunt, aut decantantur Antiphonæ, vel denique sacrum Missæ Ministerium peragitur : ex quo processiones ipsas *Stationes* passim dictas observare est. Has primum omnium instituisse Cyrillum Patriarcham Alexand. scribit, nescio an ubique, Auctor Chronici Orientalis sub ann. 435. Solebant porro Christiani varias sibi deligere Basilicas, vel martyria, et in iis ad ipsa Martyrum sepulcra diebus Dominicis convenire, et sacrosancto Missæ sacrificio, quod celebrabatur, interesse, et Corpus Domini accipere, ut est apud Tertullianum lib. de Orat. Denique cum eo ex variis Basilicis Clerus procedens conveniret, si quid difficultatis proponendum videbatur, in eo conventu definiebatur. Unde interdum, eodem Tertulliano teste lib. de Jejunio, *Stationes* usque in vesperum producebantur. Atque hac notione *Stationis* vocem accipiendam censent viri docti apud Cyprian. Epist. 41. et 42. Joannes Diacon. lib. 3. Vitæ Gregorii M. cap. 18 : *Stationes per Basilicas, vel Beatorum Martyrum cœmeteria, secundum quod hactenus plebs Romana quasi eo vivente certatim discurrit, sollicite ordinavit : per quas et ipse simul discurrens, dum adhuc eloqui prævaleret, 20. homilias Evangelii coram Ecclesia diverso tempore declaravit.* Nicolaus I. PP. Epist. 8 : *Istius* (Latinæ) *dictione linguæ Constantinopolitana Ecclesia lectionem Apostolicam et Evangelicam in Stationibus fertur primitus recitare.* Anastasius in S. Vitaliano PP : *Item dominico die fuit Statio ad sanctum Petrum, et post Missas celebratas, valefecerunt sibi invicem Imperator et Pontifex, etc.* Guibertus lib. 3. de Vita sua cap. 7 : *Feria secunda post Pascha procedere moris est Clericos Stationem facturos apud S. Vincentium.* Anselmus Leod. cap. 69. in Wolbodo Episc. : *Stationes instituit, seu processiones, quæ ab universo communiter Clero civitatis ad majorem Ecclesiam fiunt.* Adde Synodum Pontigon. ann. 876. cap. 7. Hist. Translat. S. Sebastiani n. 53. 54. Vitam S. Joan. Reomagens. cap. 2. Lanfrancum in Decretis pro Ord. S. Bened. cap. 2. Anast. Bibl. in Vita S. Joan. Eleemosyn. n. 30. 79. Ordinem Romanum, Rupertum lib. 8. de Divin. Offic. cap. 2. Cæsarium lib. 1. Miracul. cap. 7. Durandum lib. 7. cap. 1. n. 20. 21. etc.

In ejusmodi porro stationibus deferebantur publice ministeria sacra, quorum usus erat in sacris Liturgiis. Anastasius in S. Hilaro : *In urbe Roma constituit ministeriales*, (nempe calices) *qui circuirent Stationes. Scyphum aureum pensant. lib. 8.* Alii Codd. habent : *In urbe vero Roma constituit ministeria, quæ circuirent constitutas Stationes, scyphum autem stationatum* (al. *stationarium*) *pens. lib. 8.* [Leg. *Stationalem*. Vide infra.] In Leone III. pag. 146 : *Fecit vero communicales ex argento purissimo per singulas regiones, qui præcederent per Stationes per manus Acolytorum numero 20.* In Valentino II. pag. 166 : *Fecit amas argenteas 6. quæ præcedunt per omnes Stationes.* Præfatio ad Libellum precum Marcellini et Faustini, de Felice PP : *Irrumpit in Urbem, et Stationem in Juli Basilica trans Tiberim dare præcipit.* Infra : *Per cœmeteria Martyrum Stationes sine Clericis celebrabat.*

¶ Stationalis Crux, Quæ ad *stationes* deferebatur et super altare reponi solebat. Benedictus in Ordine Rom. apud Mabill. tom. 2. Musei Ital. pag. 124 : *Primicerius cum schola, et subdiaconi regionarii, et acolythi cum Cruce Stationali S. Petri.* Ibid. pag. 132 : *Tunc subdiaconus regionarius levat Crucem Stationalem de altari, plane portans eam in manibus usque ad ecclesiam.* *Stationales scyphi*, qui scilicet per Acolytos præferebantur in *Stationibus*, apud Anastasium in Hormisda. Vide supra.

Stationari, *Stationem* seu processionem peragere. Eckehardus Junior de Casibus S. Galli cap. 1 : *Crastinam autem processionem ad mansionariam suam S. Crucis disponens Ecclesiam, in proximo prato Stationari jussit. Ibi de gradibus ligneis Esdras*

Domini populum legem novam edocuit, etc.

¶ 2. **STATIO**, Communio, seu ordo a communionem accepturis servandus. Ordo Rom. II. apud Mabill. tom. 2. Musei Ital. pag. 50 : *Deinde venit archidiaconus cum calice ad cornu altaris, et annunciat Stationem : et refuso parum in calicem de scypho inter manus acolythi, accedunt primum episcopi ad sedem, ut communicent de manu Pontificis secundum ordinem. Sed et presbyteri omnes ascendunt ut communicent ad altare.*

¶ 3. **STATIO**, Locus in Monasteriis educandis pueris destinatus. Vita B. Stephani Obazin. Abbat. apud Baluz. tom. 4. Miscell. pag. 157 : *Ejectus inde* (e monasterio feminarum) *ad Stationem puerorum in supradictam cellam directus est.*

4. **STATIO**, Idem quod *Stagium*, de qua voce supra. Sugerius lib. de Rebus in Administr. sua gestis cap. 12 : *Feodos vero, quos ex fisco proprio emimus, ad faciendas Stationes singulis annis per duos menses in eodem Castro Tauriaco, subter intitulare curavimus.* [Charta ann. 1223. ex Tabular. Corbeiensi : *Ego Girardus de Hilli debeo dom. Pinconii homagium et servicium ad custum suum et Stacionem apud Pinconium per quatuor menses singulis annis cum uxore mea ad custum meum.* Vide *Status* 9.]

5. **STATIO**, Convivium, pastus, præbenda panis et vini. Charta Hugonis Episcopi Gratianopolit. ex Tabul. Eccl. Gratianop. : *In Ecclesiis B. Mariæ de Arvisio, et S. Johannis, et de deserto, retinui Stationem cum sociis sex a festivitate Apostolorum Petri et Pauli, usque ad Assumptionem B. Mariæ.* Charta Willelmi Episc. Paris. ann. 1229. in M. Pastorali lib. 20. Ch. 18 : *Ut pro carnibus singularum Stationum, quæ dicuntur Pastus, 12. libræ et 3. solidi a nobis... persolvantur.* Charta Odonis Episc. Parisiens. anno 1205. ibid. lib. 20. ch. 5 : *Concessimus eidem Capitulo in eodem festo Pentecostes Stationem unam de pane et vino, et carnibus porcinis, nobis et successoribus nostris perpetuo percipiendis.* Adde Ch. 102. et Chartam aliam Petri Episcopi ann. 1208. ibid. pag. 423 : *Nota, quod magna Statio panis valet 77. panes, et parva Statio valet 72. panes : item magna Statio pecuniæ valet 72. sol. 9. den. ob. et parva Statio valet 67. sol. 9. den. ob.* Necrologium Ecclesiæ Parisiensis : 6. *Idus Januarii, eodem die obiit Theobaldus Parisiens. Episcopus, qui dedit nobis duas Stationes quatuor ferculorum, quarum una redditur ab Episcopo in Nativitate B. Mariæ, altera in die obitus ejus.* 3. Id. Julii : *Obiit Odo Parisiensis Episcopus, in præsenti sepultus Ecclesia, qui dedit nobis Stationem panis, vini, et carnium in festo Pentecostes reddendam.* Passim ibi.

¶ 6. **STATIO**, Minuti quidam Canonicorum reditus hac voce designantur, in Charta Mauricii Episcopi Paris. ex Tabul. S. Clodoaldi : *Postulavimus ut cujusdam partis prædicti beneficii panis et vini videlicet et quorumdam minutorum reddituum, quos Stationes vocant, caritatum etiam defunctorum pauperes clericos ejusdem ecclesiæ participes facerent.*

¶ 7. **STATIO**, Domus, ubi quis *stat*, habitat. Charta Rodulfi Episc. Cabilon. ann. 980. inter Instr. tom. 4. Gall. Christ. novæ edit. col. 226 : *Quam ab una parte claudit Statio mansionaria Oidolonis canonici.* Tabul. Montis Majoris : *Ublias autem unusquisque qui Stationem habet, et per se focum facit, circa Kal. Januarias ex debito persolvere debent.* Vide *Stare* 3. et *Stativa*.

8. **STATIO**, Tabulatum, nostris *Estage*. [Charta Ludovici Crassi Reg. Franc. ann. 1134. ex Tabul. Montis Mart. : *Domum præterea Guerici et Stationes et fenestras ibi constructas, etc.* Tabul. S. Martialis Lemovic. : *Dono et concedo Deo et S. Martiali et fratribus in hoc monasterio servientibus ad portam stercoris in domo quæ fuit Chatardi Pictavini quæ quinque Stationibus dividebatur, tres ex ipsis totas ex integro, hoc est inferius et superius, et duos solidos.*] Epistola Balduini Imp. CP. de expugnata Constantinopoli : *Turris lignea erigitur super murum Stationibus tribus, aut quatuor, multitudinem continentibus armatorum.* Vide *Stagium* et *Tristega*.

9. **STATIO**, Idem quod *Mutatio*, in leg. 36. et 65. Cod. Th. de Cursu publ. (8, 5.) et leg. 1. de Curios. (6, 29.) ubi Gothofredus.

STATIONARIUS, in Glossis Græco-Lat. dicitur, Ἐπίςαθμος, ὁ τοῦ ςαθμοῦ ἡγούμενος, ὁ ἡγούμενος τῆς μονῆς, *manceps* : qui scilicet in *mansionibus* equorum publicorum curam gerit. *Qui cursui publico præest*, in lege 1. Cod. Th. de Cursu publ. (8, 5.) Adde leg. 2. de Cohortal. (8, 4.) leg. 31. de Episc. (16, 2.) eodem Cod. ubi Jacob. Gothofred.

10. **STATIO**, Apotheca, *Boutique*. *Stationarius*, Apothecarius. S. Fulgentius Homil. 66 : *Temporalis medici Statio videtur esse defixa, ubi herbarum redolent medicamina, et in tectis curationis inclusa renitent ferramenta, etc.* Constitutiones Neapolitan. lib. 3. tit. 34. § 3. de Medico : *Non contrahat societatem cum confectionariis, nec recipiat aliquem ad expensas suas pro certa pretii quantitate, nec ipse etiam habebit propriam Stationem..... Lucrabitur autem Stationarius de confectionibus suis secundum istum modum : de confectionibus et simplicibus medicinis, etc.* Mox : *Nec Stationes ejusmodi erunt ubique, sed in certis civitatibus per regnum.* [Regimina Paduæ ad annum 1272. apud Murator. tom. 8. col. 461 : *Facta fuit hoc anno domus communis Paduæ, quæ est juxta Stationes, ubi venduntur ferramenta.* Chron. Veron. ad ann. 1206. ibid. col. 623 : *Et tunc combusserunt domos illorum de Carcere, Stationes mercatorum, etc.* Statuta Mutin. rubr. 35. fol. 6. v° : *Statutum est pro publica et evidenti utilitate mercatorum communis Mutin. existentium in Stationibus palatii novi, quod dictæ Stationes debeant claudi, scilicet inter unam et aliam viam de muro unius quadreli.*] Vide Cujacium lib. 2. Observat. cap. 40.

* Pro notarii officina occurrit in Nov. 44 : *Scientibus* (tabellionibus) *quia si præter hæc aliquid egerint, cadent omnino iis quæ vocantur Stationibus.* Quod de tabellionum munere interpretatur ibi Gothofredus. [** Vide Marin. Diplom. Papyr. ad num. 75. not. 9. et Massmanni Libellum Auralium pag. 11.]

¶ 11. **STATIO**, pro Vivario piscium, in Charta ann. 1057. apud Meichelbec. tom. 2. Hist. Frising. pag. 516 : *Aquis, aquarumve decursibus, piscationibus, Stationibus, id est gistellis piscium, quos husones dicimus.* Vide *Statua*, 1. *Stele* et *Steyle*.

* 12. **STATIO**, Locus publicus, ubi mercatores merces suas venum exponunt, idem quod *Hala*. Charta ann. 1375. in Reg. 108. Chartoph. reg. ch. 272 : *Quod ad monasterium prædictum* (S. Dionysii) *pertineret.... omnimoda juridictio et justitia alta, media et bassa in campo sive terra, in qua ab antiquo est consuetum teneri et sedere inditum, et specialiter in logia seu Statione draperiorum villæ Paris.* Vide *Logium* 3.

¶ **STATIONALIS**, μόνιμος, in Gloss. Lat. Gr. Aliæ Græc. Lat. : Μόνιμος, *sedulus, efficiosus, Stationalis.* Vide in *Statio* 1.

¶ **STATIONARE**, ab Italico, ut videtur, *Stadiera*, Statera, verticulum, Gallis *Peson*, vel a *Stazzonare*, tractare, Gall. *Manier :* dicitur de pane minoris, quam par est, ponderis; vel minus bene tractato et ficto, in Statutis Pallavic. lib. 2. cap. 63. fol. 124 : *Et qui contrafecerit solvat pro banno, ipso facto, pro quolibet pane et qualibet vice, denarios sex Imper. et perdat panem non repertum ad justum pondus et non bene Stationatum, distribuendum inter pauperes Christi.* Vide in *Stantia* 3.

¶ **STATIONARI**, Vide in *Statio* 1.

* **STATIONARIA**, Officina libraria. Stat. Univers. Tolos. ann. 1314. in Cod. reg. 4222. fol. 49. r° : *Statuantur aliquæ certæ personæ sufficientes et discretæ, quæ videant pecias seu exemplaria, quæ tenentur in Stationariis vel in aliis locis pro libris scribendis vel faciendis.* Vide mox

* **STATIONARIATUS**, Librarii officium. Stat. Univers. Aurel. ann. 1341. ex Cod. reg. 4223. A. fol. 60. r° : *Cum secundum statuta et ordinationes nostras et universitatis nostræ, quibus stationariis seu librariis ejusdem universitatis, antequam ad exercendum Stationariatus seu librariatus officium admitteretur, juraverit sacrosanctis Evangeliis ob hoc tactis, quod ipse obediet rectori.* Vide *Stationarii* 3.

1. **STATIONARII**, Milites, apparitores, et officiales Præsidum, qui dispositi per provincias certis locis denunciabant magistratibus, quid ageretur. Horum mentio est in Cod. Th. et Justin. non semel, et in Append. Cod. Th. Constit. 14. Acta Numidarum Martyrum : *Tunc attentantur numerosis durisque cruciatibus per Stationarium justorum piorumque carnifices, adhibitis in auxilium crudelitatis ejus Centurionum et Cirthensium magistratibus, hoc est diaboli sacerdotibus.* Passio S. Philippi Episcopi : *Hæc adhuc B. Philippo disserente, Aristemarus Stationarius civitatis advenit, ut Præsidis jussu impressis cera signis Ecclesias clauderet Christianis.*

SUPERSTATIONARIUS, apud Optatum lib. 1. extremo, qui *Stationariis* Præsidum præfectus erat.

2. **STATIONARII**, Iidem, qui *Mansionarii*, seu *manentes*, de quibus suo loco. Tabularium Redonense apud Augustinum *du Pas* in Stemmat. Armoric. pag. 823 : *Dedi etiam eis pedagium et tunleum de omnibus, quæ vendiderint, vel emerint homines illorum Stationarii in mansura sua*

de Chameriaco, etc. Historia Abbatiæ Condomensis pag. 470 : *Construxit Ecclesiam, et 20. Stationarios vel eo amplius simul hæreditavit, qui usu annotino 10. sol. in festivitate S. Joannis Bapt. censualiter redderent.* [Andreas Floriac. lib. 4. Mirac. S. Bened. MS : *Coram piissimi patris sistitur mausoleo servusque ei et Stationarius adscribitur perpetuus.*]

3. **STATIONARII**, Librorum venditores, Librarii, a *stationibus*, seu officinis librariis : Anglis *a Stationer*, quomodo appellabant mercium vilissimarum institores, qui in foro *stationes* habebant, ut notatum a Cujacio lib. 2. Observ. cap. 40. Statutum Universitatis Parisiensis promulgatum ann. 1275 : *De Stationariis, sive Librariis : ut Stationarii, qui vulgo appellantur, sive Librarii.... corporale præbeant sacramentum, quod libros recipiendo venales, custodiendo, exponendo eosdem et vendendo,... fideliter et legitime se habebunt, etc.* Vide Statutum integrum apud Lambecium lib. 2. Comment. de Biblioth. Cæsarea pag. 252. 257. Leges Alfonsinæ parte 2. tit. 31. Lege 11 : *Estacionarios ha menester, que aya en todo estudio general, para ser complido, quæ tengan en sus estaciones buenos libros e legibles, et verdaderos de testo e de glosa, que los loguen a los escolares para fazer par ellos libros de nuevo, o para emendar los que tovieren escritos. Et tal tienda o estacion como esta, non la deve ninguno tener, sin otorgamiento del Rector del Estudio.* Statuta Synodalia Nicolai *Gelant* Episcopi Andegav. tom. 11. Spicil. Acher. pag. 202 : *Ipsi et eorum quilibet infra primi anni Synodum S. Lucæ scribi faciant in quaterno statuta eadem, quorum exemplar poni penes Joannem Benchies, vel alium Stationarium faciemus.* Ἐργαςήριον τοῦ καλλιγράφου, *stationem librarii*, vertit vetus Interpres Concilii VI. Oecumenici Act. 14. Vide *Stationaria.* [** Consule Savin. Histor. Jur. Roman. med. temp. tom. 3. cap. 25. § 215. sqq.]

Stationarii, quivis Institores. Jo. Carmessonus in Vita S. Petri Thomasii cap. 3 : *Stationarii, clausis rerum venalium apothecis, sua mercimonia relinquentes ipsum audire summo studio affectabant.* [Chronic. Mutin. ad ann. 1329. apud Murator. tom. 11. col. 119 : *Reliqui mercatores et Stationarii suas apothecas in ipsa civitate per spatium duorum mensium tenuerunt clausas.* Vita S. Antonii de Padua tom. 2. Jun. pag. 712 : *Sed et Stationarii, clausis rerum venalium apothecis, nihil omnino vendere præsumebant.*]

¶ 1. **STATIONARIUS**, Canonicus qui *residentiam* facit, aut facere debet. Vide in *Stagium.* Lambertus Ardensis apud Ludewig. tom. 8. Reliq. MSS. pag. 534 : *Cuilibet igitur canonico in villa conversanti et Stationario, circa forum, et circa novam ecclesiam mansum dedit et liberum concessit.* Charta ann. 1175. apud Miræum tom. 1. pag. 711 : *Si quis canonicus Stationarius ad scholas perrexerit, singularem præbendam quam a cæteris canonicis habet divisam, integram recipiat, nullum commune beneficium cum Stationariis participans.* Alia Stephani Tornac. Episc. ann. 1196. apud eumd. tom. 2. pag. 1197 : *Statuimus ergo, ut qui a modo instituentur in ecclesia nostra canonici, et foranei potius quam mansionarii sive Stationarii esse voluerint, quatuor tantum marchas annuatim pro præbenda sua percipiant ... Si autem aliquis prius foraneus, postmodum voluerit esse Stationarius et assiduus, etc.* Vide in *Statio* 9.

2. **STATIONARIUS**, Subdiaconus dictus in Ecclesia Romana, qui, hebdomada sua in stationibus summo Pontifice Missam celebrante, Epistolam cantabat. Anastasius in Benedicto III. PP : *Apostolorum Epistolæ,... quæ a Subdiaconibus leguntur per cunctas Ecclesiarum stationes more solito.*

¶ Stationarius Acolythus eadem de causa dicitur in Ord. Rom. 1. apud Mabill. tom. 2. Musei Ital. pag. 4 : *Unus autem ex acolythis Stationarius præcedit pedester equum Pontificis; gestans sanctum chrisma manu in mappula involuta cum ampulla.*

Stationarius Cantor, in Charta Philippi Aug. ann. 1204. pro Ecclesia S. Aniani Aurelian. id est, qui *residentiam* facit : *Ut quilibet Ecclesiæ Cantor Stationarius sit in claustro et assiduus, et officium Cantoris in Ecclesia exhibeat.*

STATIOSE, Diu, cum mora. Anastasius Bibl. in Gregorio IV : *Quamdiu ei placuerit ibidem Statiose immorari.*

¶ **STATIVA**, Domus, ubi quis *stat*, manet. Charta ann. 1153. inter Probat. tom. 2. novæ Histor. Occitan. col. 545 : *Et si mei homines, quos naturales vocamus, de meis honoribus illic intraverint, vel illic mansionem fecerint, vel Stativam habuerint, servicium mihi impendant.* Vide *Statio* 7.

¶ 1. **STATIUM**, Sedile, sedes. Processus de sanct. et doct. S. Catharinæ Senens. apud Marten. tom. 6. Ampl. Collect. col. 1321 : *Quandoque vero cum videt me lassam, sedet hic in Statio isto, et ego sedeo de mandato ejus ad pedes ejus.*

* 2. **STATIUM.** Census eccl. Reat. MSS : *Sancta Maria de Consanano* (debet) *medium Statium.... Ecclesia S. Rustici de valle Introduci cum capellis suis debet unum Statium.* Sed leg. *Starium.* Vide in *Stara.*

¶ **STATIUNCULUM**, diminut. a *Statio*, Apotheca, sedes ubi merces venum exponuntur. Charta Gilberti Abbatis S. Pauli Senon. ann. 1236 : *Assignavimus septem solidos dictæ monetæ* (Paris.) *in locatione Statiunculi nostri siti in atrio Senonensi in censiva domini Senonensis.*

STATIVUS Equus, quem alii Refractarium, nostri *Retif*, vocant. Wichbild Magdeb. art. 99 : *Vendat si unus equum alteri... garendare in eo tenetur, quod non sit Stativus, etc.* [** Germ. *stetig.*]

STATORES, Apparitores, officiales Magistratuum, vel quivis famuli, sic dicti, quod starent ad jussa parati, vel quod singuli in stationibus, quibus addicti erant, starent. Vetus Inscript. L. Mario. Verno. Statori. Pr. Alia : Fortunato Statori Augustorum. Petronius in Satyrico : *Quædam fœminæ sordibus calent, nec libidinem concitant, nisi aut servos viderint, aut Statores altius cinctos.* Acta S. Cypriani : *Venerunt ad eum Principes duo, unus Stator officii Galerii Maximi Proconsulis, etc.* Monachus Sangal. lib. 2. de Carol. M. cap. 15 : *Cumque prima die vel secunda inter reliquos Statores eum imperator curiosioribus oculis intueretur, dixit ad filium : Cujus est iste puerulus? Quod cum factum fuisset deosculatum Serenissimus Augustus pusionem remisit ad stationem pristinam.* Ordericus Vital. lib. 12. pag. 856 : *Richardum filium suum cum 200. Militibus Radulpho de Guader suppetias misit, quibus Radulphum Rufum et Ruabodum de Abrincis audaces et industrios Statores constituit.* Vide Ciceronem lib. 2. Epist. famil. ult. Baron. ann. 261. n. 26. et quæ de iis annotavimus ad Cinnamum.

¶ **STATORIUM**, pro *Scacarium*, ut videtur, in Indice MS. benefic. Eccles. Constant. fol. 41 : *Supra quibus debatis et litibus obtinuit contra ipsos dictus de Hamas, videlicet in assisiis regiis de jure patronatum contra dom. de Leseaux et contra Regem in Statorio Paschali tento Cadomi anno nonagesimo secundo, in quo Statorio procurator Regis procuraverat hujusmodi causam advocari.*

1. **STATUA.** Lex Salica tit. 29. § 32 : *Si quis Statuam aut tremaclum, vel vertuolum de flumine furaverit, etc.* Ita in edit. Heroldi tit. 27. § 14. Ubi Wendelinus ait, *Statuam* hic appellari, quod Teutones *Staff* et *Stave* dicunt, *contum* scilicet, sive longurium, quo navicularii per paludes et flumina lintres suos propellunt : a *Stooten*, protrudere. *Stavam* præferre veteres codices quidam observant, [ut Pithœus in Gloss. Leg. Salicæ, ubi *Stavam*, genus majoris retis, nostris *Estave*, interpretatur.] [** Confer *Statio*, 11. et infra *Stele.*] Certe quidquid sit de etymo, constat, hanc vocem pro virga longiori usurpari in Speculo Saxonico lib. 3. art. 45. § 10. al. 8. in margine : *Acervus tritici, duodecim habens Statuas, quarum quælibet per unum passum ab alia distet : et quælibet Statua clavos contineat duodecim a se invicem distantes, in altitudine unius hominis staturæ usque ad humeros.* In textu *virga* habetur pro *Statua*, sic : *Duodecim vero virgarum cumulus tritici, ita ut virga una passum distet ab alia.* [** Germ. *Rude.* Vide Grimm. Antiq. Jur. Germ. pag. 675.] [Vide Acta SS. tom. 1. Jun. pag. 869. col. 1.]

* In Estensi Codice apud Murator. tom. 2. Antiq. Ital. med. ævi col. 288 : *Si quis Statuam* (*id est, retias*) *aut tremaculum, etc.* Rete ergo ibi significatur, ut interpretatus est Pithœus, quod nostri *Estave* vocant; unde eadem nomenclatura donatur Præstatio pro facultate ejusmodi retia tendendi, in Charta ann. 1343. ex Cod. reg. 8428. 3. fol. 67 : *Les bois, les segrayeries, les herbages, les pasnages, rabatue la disme, xjc. liv. xvj. soulz. viij. den.... Les Estaves, vij. liv. x. soulz.*

¶ 2. **STATUA**, Columna. Epist. Imp. CP. ad Robertum Comit. Flandr. ann. 1095. apud Marten. tom. 1. Anecd. col. 268 : *In ea* (Constantinopoli) *habentur pretiosissimæ reliquiæ Domini, id est Statua ad quam fuit ligatus, flagellum unde fuit flagellatus, etc.* Acta S. Wernheri tom. 2. April. pag. 717 : *Item quod idem venerabilis adolescens ab eisdem Judeis fuerit suspensus ad Statuam deorsum.* Adde tom. 6. Maii pag. 10.

¶ 3. **STATUA**, ςαμένα, in Gloss. Lat.

Gr. et Græc. Lat. Emendat Vulcanius, *Statuta*, ἱςαμένα.

STATUALIS, Stupidus, instar statuæ : hinc adagium : *Statua taciturnior.* Liber de Disciplina Scholarium, falso Boetio adscriptus cap. 6 : *Cum autem magistrantis dilectio ætate infrigidatos, Statualesque planeticos Scholastici introitus habuerit participes, si correctionis lima apud eos uti nequiverit senio confectis arridendum est, Statualibus ingemiscendum, planeticisque favoris simulacro est congaudendum.*

¶ **Statualis**, et **Statuarius Cereus**, Qui ad *statuam* seu altitudinem alicujus effictus est. Mirac. S. Simonis Eremit. August. tom. 2. April. pag. 828 : *Et transfigerent arcam prædictam cum uno Statuali cereo.* Ibid. pag. 831 : *Ipsa duceret eum ad arcam dicti Beati, et dictam arcam transfigeret uno Statuario cereo.* Vide *Statuarium* 4.

¶ **STATUARE**, Statuere, præscribere. Acta ad Concil. Basil. apud Marten. tom. 8. Ampl. Collect. col. 383 : *Quin immo seducti Romanorum episcopi quidam, ipsorum animos invadens cupiditas et avaritia inde foras expulit, quam Christus in ecclesia tertio modo dicta plantaverat et Statuaverat, summam meritoriam paupertatem.*

¶ **STATUARII**, ut infra *Statutarii*, quomodo etiam forte legendum est. Constitut. Frederici Imper. in Litteris Ludovici X. Reg. Franc. tom. 1. Ordinat. pag. 611 : *Potestates vero, consules, rectores, Statuarii, et scriptores dictorum statutorum, necnon consiliarii locorum ipsorum, et qui secundum statuta, vel consuetudines memoratas judicaverint, sint ex tunc ipso jure infames.* Statuta Eccl. Æduensis apud Marten. tom. 4. Anecd. col. 476 : *Item* (excommunicamus) *Statuarios, scriptores statutorum ipsorum, etc.* Statuta Eccl. Reatinæ cap. 47 : *Excommunicamus... omnes et singulos Statuarios, consiliarios et officiales quoscumque qui condiderunt...... statuta contra ecclesiasticam libertatem.* Vide *Statutarii.*

1. **STATUARIUM**, *Conflatorium*, Papiæ MS. Perperam in edito *Staturarium*. Occurrit hæc vox nude in Gloss. Arabico-Lat. Vide *Statuarium*, 3.

2. **STATUARIUM**, Sepulcrum, monumentum mortuorum statuis adornatum. Ingulfus pag. 853 : *Ac ejus sacro corpore terræ illic inter multa alia Romana Statuaria commendato, spiritus ejus de præsentis vitæ labore ad æternam requiem ascendit.*

3. **STATUARIUM**. Zachariæ cap. 11. v. 13 : *Et appenderunt mercedem meam triginta argenteos : et dixit Dominus ad me : Projice illud ad Statuarium.* Ubi Græcus interpres, καθὲς αὐτοὺς εἰς τὸ χωνευτήριον, ubi scilicet conflari statuæ solent. Vide *Statuarium*, 1.

4. **STATUARIUM**, *Candela, cum qua cingitur statua, et circumdatur vel crux, vel altare.* Ita Ugutio, et ex eo Will. Brito in Vocabulario MS. et Mamotrectus ad 2. Paralip. cap. 3. [Vita S. Stephani Obazin. lib. 3. cap. 25. apud Baluz. tom. 4. Miscell. pag. 200 : *Cum autem quadam die præfatus homo boves illos vacillari conspiceret, timens ne intra domum morerentur, præcepit uxori suæ ut ipsos longe proiceret, ne sua contagione animalia quæ necdum incurrerant vitiarent. Cui illa respondit : Nequaquam, domine, hoc faciamus, sed potius Statuaria eis facientes, ceraque operientes, sancto patri Stephano dirigamus. Potest enim, si voluerit, et istos salvare, et alios ab omni periculo immunes servare. Placuit viro prudentis consilium mulieris, ipsosque mox boves a frontibus et a tergo funibus circumducens, ceraque operiens, monasterio destinavit ad sancti sepulcrum arsuros.* Ubi de cereis ad mensuram seu *staturam* boum curandorum effictis, atque ad sepulcrum Sancti cujus opem inclamabant arsuris sermo est. Vide *Statualis cereus.*] Glossar. Lat. Gr. : *Staturium*, ὀρθοςάτης. Gl. Gr. Lat. ὀρθοςάτης, *Statuarius*. Sed legendum videtur utrobique *Statarius*. Vide *Statarii* 2.

¶ **STATUARIUS**. Vide *Statuarium* 4.

¶ **STATUITIO**, Statutum, Edictum. Continuatio Chron. Andr. Danduli apud Murator. tom. 12. col. 419 : *Item hoc tempore idem dom. Dux monetam mezaninorum de novo fieri jussit, fecitque Statuitiones, quod soldini amplius non fabricarentur.* Vide *Statutio.*

STATUNCULUM, **Statunculus**, Parvula statua. Gloss. Lat. MS. Reg. cod. 1013 : *Statuncula, idola. Staticulum*, Plauto in Persa. Vita S. Concordii Mart. num. 8 : *Et venientes satellites ad eum cum Statunculo Jovis, dixerunt :.... Vel sacrifica Jovi, aut capitalem sententiam excipies.* Acta S. Sebastiani cap. 18. num. 65 : *Nisi quis Statunculis positis in eo loco... thuris exhibuisset incensum.* Cap. 20 : *Compellitur Martis Statunculo, quod iste stabat, thuris guttas incendere.* Utuntur præterea Tertullianus, Cyprianus, seu Auctor de Aleatoribus, Vita sancti Alexandri Mart. n. 2. Gerohus Reichersperg. in Syntag. de Henric. IV. cap. 9. Fragment. Petronii pag. 33. etc.

Statunculam habent Gregor. Turon. lib. 1. Hist. Franc. cap. 5. et Acta S. Thyrsi cap. 6.

¶ **Statuuncula**, in Actis S. Urbani PP. tom. 6. Maii pag. 13 : *Et Statuunculam Jovis intuens dixit, Destruat te virtus Dei nostri.*

1. **STATURA**, Hominis altitudinis mensura, *la hauteur d'un homme.* Gloss. Lat. Gr. : *Statura*, ἀνάςημα, μέγεθος σώματος, μῆκος ἡλικίας. Glossæ aliæ : *Statura*, σώματος ςάσις. Anastasius in S. Hadriano sub finem, de Tiberi fluvio exundante : *Et per plateas, se extendens usque ad Pontem Antonini, ipsumque evertens murum, egressus in suo se iterum univit alveo, ita ut in via lata amplius quam duas Staturas ejusdem fluminis aqua excrevisset, etc.* Habetur eadem notione paulo ante. [** Annalista Saxo apud Pertz. Scriptor. tom. 6. pag. 571 : *Ad primam usque cementarii Staturam murus ejusdem surrexit ecclesiæ.* Vide Glossar. med. Græcit. in Ἡλικία, col. 475.]

* Sed et nude pro Altitudo. Constit. MSS. Petri III. reg. Aragon. ex Cod. reg. 4671 : *Habeat facere domunculam ipse Johannes habentem duodecim palmos de longitudine et sex de latitudine et duas cannas de Statura sive de altitudine.*

¶ 2. **STATURA**, Statua, imago. Testam. Guillelmi Narbon. Vicecom. ann. 1397. apud Marten. tom. 1. Anecd. col. 1629 : *In quibus siquidem tumulis faciendis, videlicet in nostro, de et super fiat Statura, seu imago lapidea similis corpori nostro, armata armis lapideis, et cum picturis... Rursus vero de et super dicto tumulo dictæ dominæ matris nostræ fiat, et fieri volumus et jubemus, alia Statura, sive imago lapidea similis corpori dictæ dominæ matris nostræ, et ad modum unius dominæ vidualis. In tumulis vero et Staturis prædictis nos testator prædictus fieri et depingi, ac apponi, ac affigi volumus arma et signa Narbonesii.*

¶ **STATURARIUM**, **Staturium**. Vide *Statuarium* 1. et 4.

STATUROSUS, Elegantis staturæ. S. Augustin. Ps. 33 : *Forte habes servum formosum, Staturosum, bene compositum.* [Vide *Statutus.*]

1. **STATUS**, Statura. Lactantius de Mortibus Persecut. n. 9 : *Erat etiam corpus moribus congruens, Statu celsus, caro ingens, etc.* Gregorius Turon. lib. 4. Hist. cap. 24 : *Celsum Patriciatus honore donavit, virum procerum Statu, in scapulis validum, lacerto robustum, etc.* Fredegarius in Chron. cap. 51 : *Formam staturæ meæ laudasti.* Alii codd. habent, *Status mei.* Idem cap. 65. de Heraclio Imp. : *Erat Status forma dignæ mensuræ.* Paulinus Natali 6. al. 7 :

Ergo (videte manum Christi) male pendulus ille
Per tenebras solito funis summissior infra
Aeris assuetum spatium pendebat, et inde
E capitis regione pari libramine factus,
Ut Status ejus erat, etc.

Lex Bajwar. tit. 1. cap. 11. § 1 : *Fiat tunica plumbea secundum Statum ejus, quod ipsa pensaverit, auri tantum donet, qui eum occidit.* Mon. Sangallensis lib. 1. cap. 19. de quodam Ep. : *Qui cum familiaritate illius animari cœpisset, in tantam progresus est proterviam, ut virgam auream incomparabilis Caroli, quam ad Statum suum fieri jussit, feriatis diebus vice baculi ferendam pro Episcopali ferula improvidus ambiret.* Versus in Althelmum, in libro Epistol. S. Bonifacii Archiep. Mogunt. Epist. 69 :

Statura spectabilis,
Statu et forma agilis, etc.

2. **STATUS**, Hominis stantis species. S. Cyprianus ad Demetrianum : *Rectum te Deus fecit, et cum cætera animalia prona, et ad terram situ vergente depressa sint, tibi sublimis Status, et ad cœlum atque ad Deum sursum vultus erectus est.* Victor in Theodosio : *Sic eminens Status, membra eadem, par cæsaries, etc.* Petrus Damianus lib. 3. Ep. 8 : *Plerosque vidimus non modo sacri, sed et sæcularis ordinis viros, qui sic inter quælibet Ecclesiasticæ synaxis officia Status sui viribus sunt contenti, ut nec podio.... dignentur inniti.* Hinc erigere aliquem *in Statum suum*. Aëlredus in Vita S. Edwardi Confess. num. 29 : *In obicem aliquem uno pede immoderatius impingens, pene lapsum incurrit : quem tamen alius recto gressu procedens, iterum in Statum suum, nihil injuriæ passum erexit.* Gregorius M. lib. 3. Dialog. cap. 25 : *Manumque ejus tenuit, et eam in Statum suum protinus erexit.* Gotselinus lib. de Miracul. S. Benedicti Cant. cap. 2 : *Eum solutis nervorum nexibus in Statum suum erigite.* Mox : *Nec mora in Statum suum erigitur.* [*Estage*, eadem notione, utitur le Roman *d'Athis* MS :

Il s'est levé en son Estage
Pour mieulx veoir son heritage.]

¶ 3. **STATUS**, Regnum, imperium, ditio, nostris *Etat*. Litteræ Edwardi III. in Chron. Angl. Th. *Otterbourne* pag. 123 : *Quid ergo pro suo jure suaque securitate non licuit Regi, sui Status suique populi periculum jam videnti, dicat qui noverit.* Jac. De Layto in Annal. Estens. ad ann. 1409. apud Murator. tom. 18. col. 1074 : *Nuntiavit amodo filium olim dom. Ottonis et Statum Parmæ ac Regii esse sub recommendisia et protectione ipsius ducalis dominii.*

4. **STATUS**, Curia, Comitatus, Aula Regia. Jacobus de Vitriaco lib. 3. pag. 1126. de Sapphadino : *Primo die recipit ipsos* (Legatos Christianorum) *in prima scala de Cayron, ubi semper est Status ejus.*

¶ 5. **STATUS**, Comitia generalia regni, vel provinciæ alicujus, Gall. *les Etats*. Prosper Sanctacrucius de civilibus Galliæ dissentionibus apud Marten. tom. 5. Ampl. Collect. col. 1449 : *In communi totius Galliæ concilio, id Status vocant, quod ante indictum reperiebatur, ea de re transferri voluit tractationem, etc.* Quæ nomenclatura potissimum mansit penes Comitia septem Provinciarum confœderatarum. Charta ann. 1592. apud Rymer. tom. 16. pag. 152 : *Duo millia peditum... et cæteros milites a Statibus Hollandiæ et Zelandiæ aliarumque Provinciarum unitarum mittendos, etc.* Eodem nomine designatur conventus hominum alicujus Communiæ, apud Kennett. Antiquit. Ambrosd. pag. 456 : *Die Dominica in festo sancti Andreæ Apostoli ann. 17. Edwardi III. omnis Status de Wrechwyke elegerunt Hugonem Kyng ad officium præpositi, et juramentum suscepit.*

¶ 6. **STATUS**, Ordo. Charta ann. 1361 : *Per tres Status Concilii generalis Prælatorum, Baronum, Nobilium et Universitatuum comitatuum Provinciæ, et Forcalquerii nuper, ut dicitur, facti et ordinati, etc.* Charta ann. 1496. apud Rymer. tom. 12. pag. 598 : *Ratificatio pacis per tres Status de Caours.* Pag. 599 : *Ratificatio pacis per tres Status de Agennoys... absque infractione per dictas gentes trium Statuum.*

¶ 7. **STATUS**, Apparatus, comitatus, familia. Polyptychus Eccl. Vivar. : *Vidit.... Hugonem Meruli qui erat vicarius, tenebat ita magnum Statum sicut unus Episcopus.* Charta ann. 1358. ex Chartul. Domus Dei Pontisar. : *La prieuse, freres et suers de l'ostel Dieu de Pontoise aient ladite Dame, ses gens et tout son Estat et mesnage gracieusement secourue.*

¶ 8. **STATUS**, Reditus, proventus, fiscus regius. Charta ann. 4. Henrici V. Regis, apud Madox in Formul. Anglic. pag. 68 : *Noverint universi... Johannem atte Stokke... relaxasse Ricardo Cheddere, hæredibus et assignatis suis imperpetuum, totum Statum suum quem habet.... in omnibus clausis, pascuis et pasturis, cum pertinentiis in parochia de Cherchehull.* Charta ann. 1245. apud Lobinell. tom. 2. Hist. Britan. col. 394 : *Percipiet 2000. marcas ad Statum nostrum.* Galli dicimus *Prendre sur l'Etat.*

* Pensio quælibet, vel terræ portio alicui assignata. Charta Henr. V. reg. Angl. ex Cod. reg. 8387. 4. fol. 112. v° : *Concessimus præfato consanguineo nostro castrum, villam, manerium et dominium de Lesparre,...... proviso semper quod si aliquæ aliæ personæ ad tunc habuerint aliquem Statum pro termino vitæ, vel annorum, seu in feodo talliato ex concessione nostra seu aliquorum progenitorum nostrorum in castro, villa, manerio et dominio prædictis seu aliqua parcella eorumdem, valerent eodem Statu libere et pacifice uti et gaudere.* Hinc *Estat*, pro *Appointement*, in Stat. ann. 1373. tom. 5. Ordinat. reg. Franc. pag. 660. art. 16 : *Nul n'aura Estat, se ce ne sont les capitaines ordonnez audit nombre de cent hommes d'armes, comme dessus, lesquelz auront chascun cent francs pour moys.*

9. **STATUS**, Sedes : *Statum facere, tenere*, Sedere, morari. Ethelwerdus lib. 4. cap. 3 : *Attamen oppressi lassatu desistunt pugnæ barbari, et sterilem obtinent tunc victoriæ Statum.* Infra : *Hi tres Reges eorum cum immenso exercitu... ad cognominatum locum Grantanbricge, Statumque fecere ibi menses 12.* Mox : *Conjecit Statum communem cum occidentali exercitu juxta oppidum, quod Werham nuncupatur.* [Obituar. MS. Eccles. Morin. fol. 8 : *Item cuilibet canonico residenti tenenti Statum, duo panes celarii, ponderis quilibet 2. unciarum et 5. estrelingorum.* Vide in *Stagium* et *Statio* 4.]

* Idem quod *Stagium*. Charta ann. 1125. in Chartul. S. Dion. pag. 215. col. 1 : *Adam de Vilers de feodo apud Willers; et iste debet omni tempore vitæ suæ Statum apud Villers.* Reg. S. Justi ex Cam. Comput. Paris. fol. 163. r°. col. 2. : *Galerannus... est homo regis ligius et debet exercitum et equitatum ad suum custum, et per annum Statum apud Mellentum.*

10. **STATUS**, pro *Stallo* Monachorum et Canonicorum in Ecclesia. Galbertus in Vita Caroli Com. Flandr. n. 72 : *Status simul et sedes fratrum dejectæ sunt.* Idem n. 98 : *Inter columnas quippe solarii specula et Status suos ex scriniorum aggeribus et cumulis scamnorum prostituerant.* Stephanus Tornacensis Ep. 12 : *Assignetis ei Statum in choro, sicut habere solet, sedem in Capitulo, locum in refectorio.* Statutum de Installatione Canonicorum Bononiensium in Morinis : *Assignaturque sibi Status in choro secundum qualitatem et capacitatem recepti, et locus in Capitulo.*

* *Stallorum* series, locus etiam ubi quis stat. Cerem. eccl. Carnot. scriptum paulo post annum 1193 : *Ipse incipiet hymnum et in quintum Statum portabit antiphonam ad Benedictus; mox revertetur ad Statum suum.* Rursum : *Duo canonici de majori Statu, etc. Incipitur primum Alleluia in grandi Statu. Duo in quinto Statu. Tertio Alleluia incepto, omnes clerici de primo, secundo, tertio et quarto Statu vadunt et exuunt capas suas.*

¶ 11. **STATUS**, Sedes, apotheca, Gall. *Etau*; idem quod *Stallum* 1. Charta Ludovici Crassi Reg. Fr. ann. 1134. apud Lobinell. tom. 3. Hist. Paris. pag. 61 : *Guillelmo Silvanectensi, cujus erat illius terræ vicaria, pro eadem vicaria Statum unum inter veteres Status carnificum... in commutationem dedimus.*

¶ In Statu Tenere, Gall. *Tenir en Etat*, Curare, tueri, suis stipendiis servare. Charta Henrici III. Reg. Angl. ann. 1225. apud Rymer. tom. 1. pag. 280 : *Et vobis mandamus rogantes quatinus illis immorari non omittatis, negotia nostra in Statu tenentes.* Index MS. Benefic. Eccles. Constant. fol. 51. v° : *In dicta parrochia est quædam capella S. Andreæ. Rector tenet ipsam in Statu.*

* 12. **STATUS**, Dilatio, induciæ; quod res in eo Statu, quo sunt, maneant : nostris *Estat*, eadem notione; unde *Securum Statum*, et nostri unica voce *Seurestat*, dixerunt Securitatem, qua coram judice, vel etiam amicis, qui inter se inimicitias ob crimen aliquod perpetratum exercent, sibi invicem per certum temporis spatium *de nihil faciendo* fidejubent, adeo ut de suo *Statu* sint securi. Lit. remiss. ann. 1396. in Reg. 153. Chartoph. reg. ch. 269 : *Pour laquelle chose ledit Tassin et ses amis se garderent, et y ot aucuns Estas prins par les amis de l'un de l'autre; et aprez iceulx Estas failliz, etc.* Hinc *Tenir en Estat*, pro *En suspens*, in Lit. ann. 1380. tom. 6. Ordinat. reg. Franc. pag. 489 : *Et par ainsi estoient leurs causes tenues en Estat.* Lit. remiss. ann. 1356. in Reg. 84. ch. 554 : *Cum propter quasdam dissentiones et riotas..., inter ipsos Securus Status et assecuramentum dati fuissent, etc.* Aliæ ann. 1360. in Reg. 88. ch. 15 : *Après ce fu pris entre main d'amis certain Seurestat entre les parties jusques à certain temps;.... quant ledit Seurestat fu finé et ledit temps passé, lesdites parties s'entretindrent et demourerent en guerre comme devant. Certaines treves et Seurestat furent bailliez entre les parties*, ibid. in ch. 74. Aliæ ann. 1376. in Reg. 109. ch. 413 : *Pour occasion de plusieurs injures et villenies, qui faites ont esté audit exposant.... pardessus certain Seurestat, qui pris avoit esté entre eulx, etc.*

* 13. **STATUS**, Honoris et dignitatis gradus, Gall. *Rang, dignité*. Testam. Joan. Fabri Carnot. episc. ann. 1390 : *Eos* (executores) *rogo intime, quod papiros, quas Vite soleo appellare, eidem domino Petro Solier, et non alteri, tradant, quod meæ fatuitates vulgarentur amplius, quod non expedit homini, qui Statum habuit in vita.* Galli diceremus : *Qui a eu un certain rang pendant sa vie.* Hinc vir dignitate insignis, *Homme d'Estat* nuncupatur, in Lit. remiss. ann. 1406. ex Reg. 161. Chartoph. reg. ch. 111 : *Jehan du Vergier chevalier, homme d'honneur et d'Estat, et qui bien et loyalement a servi nous et nos prédecesseurs en nos guerres, etc.* Dicitur etiam de iis, qui habent domicilium et bona immobilia possident. Charta ann. 1410. in Reg. 165. ch. 80 : *Comme en icelle ville* (de Paris) *de tout temps ait eu confrairie d'arbalestriers de gens d'Estat et mesnagiers, etc.* Vide supra *Homo status* et *Statica* 2.

* 14. **STATUS**, Ministerium, artificium. Arest. parlam. Paris. ann. 1416. 8. Aug. ex Bibl. S. Germ. Prat. : *Executores seu causam habentes defunctorum.... non focum tenentium et aliarum gentium Status, in aliquo Statu seu artificio causa adiscendi servientium, etc.*

* 15. **STATUS**. Comput. ann. 1362. inter Probat. tom. 2. Hist. Nem. pag. 252. col. 2 : *Solverunt.... pro uno tabulario Statorum*

ampto.... pro solaciando supra platheam, etc. Leg. *Scacorum.*

STATUTARII, Magistratus, qui statuta edunt, vel horum observationi invigilant, vel secundum ea judicia sua edunt. [Charta ann. 1208. apud Murator. delle Antic. Estensi pag. 390 : *Statutarii, qui pro tempore fuerint, hoc statutum et supradicta teneantur firmare et scribi facere in volumine statutorum Communis civitatis Ferrarie.* Statuta Genuens. lib. 1. cap. 8. fol. 15 : *Et teneatur dictus notarius sive Statutarius constitui et ordinari facere de prædicta pecunia sex sacculos eosdem nobilium et duos eosdem popularium.*] Charta ann. 1322 : *Infra scripta statuta condita sunt per Dominos... jurisperitos electos per Statutarios.* Bulla Innocentii PP. data Lugduni, in M. Pastorali Eccl. Parisiens. lib. 19. ch. 15 : *Excommunicatos nuncios,... Statutarios et scriptores statutorum ipsorum.* Alia Bonifacii IX. PP. ann. 1391. apud Goldastum tom. 2. Constit. Imper. : *Potestates vero, Consules, Statutarii, et scriptores statutorum prædictorum, nec non consiliarii locorum ipsorum, qui secundum Statuta et Consuetudines memoratas judicarent, etc.* Adde Concilium Turonense anno 1236. can. 3. Biterrense ann. 1246. can. 18. Ravennense ann. 1286. can. 9. etc. [Vide *Statuarii* et *Statutores.*] [** Savin. Histor. Jur. Rom. med. temp. tom. 3. cap. 21. § 68.]

¶ STATUTERII, Eodem significatu, in Statutis Vercell. lib. 6. fol. 141 : *Et quod statutum,... non possit deleri vel cancellari per credentiam, vel arengum, vel aliquos Statuterios.*

STATUTARIUM, Archivum, in quo reponuntur Statuta, seu acta publica. Innocentius IV. PP. in Epistola ad Potestates, etc. sub finem : *Quorum unum* (Statutorum volumen) *sit in Statutario communis cujuslibet civitatis, etc.*

* **STATUTARIUS.** LEX STATUTARIA. Vide supra in *Lex.*

¶ 1. **STATUTIO**, Statutum, Edictum. Charta Olibæ Comit. apud Acher. tom. 8. Spicil. pag. 267 : *Et facio Statutionem, et meus heres simililer faciat per omne tempus, ita quod tu et tuos successores habeatis semper et teneatis justitias de parrochia Pla de Curts.* Vide *Statuitio.*

* Pro jurisdictione juratorum communiæ usurpatur, in Charta ann. 1070. ex Chartul. S. Petri Gand. ch. 17 : *Statutiones, quæ plebeia lingua Keure vocantur, super quoslibet S. Petro attinentes non agat.* Vide *Chora.*

* 2. **STATUTIO**, Assignatio, addictio. Charta ann. 1238. ex Chartul. Campan. fol. 190. v°. col. 1 : *Nos vero prædictas assignationem et Statutionem laudavimus, concessimus et approbavimus.*

¶ **STATUTORES**, ut *Statutarii.* Statuta Arelat. MSS. art. 110 : *Statuta Arelatensia corrigantur, et fiant.... per duodecim Statutores.* Statuta Eccl. Ambian. apud Marten. tom. 7. Ampliss. Collect. col. 1233 : *Sane Honorius Papa III. excommunicationis sententiam protulit contra Statutores, scriptores statutorum contra Ecclesiæ libertatem editorum.*

* **STATUTUM**, mendose, ut videtur, pro *Stamum.* Vide supra in hac voce.

¶ **STATUTUM** LOCALE, Institutum, consuetudo recepta in loco, Gallis *Coutume locale.* Charta Bolkonis Ducis Slesiæ ann. 1336. apud Ludewig. tom. 5. Reliq. MSS. pag. 559 : *Renunciantes... omni actioni, exceptioni,... suffragio tam canonici, quam imperialis et civilis juris, municipalis, reformationis et Statuti localis seu consuetudinis, optime legum interpretis.*

** STATUTA MINUTA. Chart. Senat. Hanover. ann. 1293. apud Grupen. in Histor. Hanover pag. 298 : *Et minuta Statuta civilia, quæ vulgariter Burkore, cujusmodi sunt mercedes fossorum et vigilum etc.* Vide Haltaus. Glossar. German. voce *Burg-kære.*

STATUTUS, Magnæ staturæ, apud Plautum in Rudente :

Recalvum ac Silenum senem, Statutum, ventriosum.

Vide *Staturosus.*

¶ **STATUUNCULA.** Vide *Statunculum.*

STAVA. Vide *Statua* 1.

¶ **STAVARIUS**, ὀρθοςάτης. Gloss. Lat. Græc. Leg. *Statarius.* Vide *Statuarium* 4.

* **STAUDELLUM**, Fulcrum mensarium. Stat. synod. eccl. Castrens. ann. 1358. part. 2. ex Cod. reg. 1592. A. fol. 76. r° : *Item dimittet unam tabulam cum Staudello et duabus mapis et duobus manutergiis competentibus.*

¶ **STAVERA**, Qui juraturo formulam sacramenti præscribit, vel dictat, a Belgico *Staven den eedt*, sacramentum dictare. Consuet. Furnenses ex Tabul. Audomar. : *Et si venerit et legitimum impedimentum ostenderit petendo sacrosancta et divisorem juramenti, hoc est, Stavera, stabit in placito suo, etc.*

¶ 1. **STAULUS**, *Stallus*, sedes Canonicorum vel monachorum in choro Ecclesiæ, nostris *Stalle.* Charta ann. 1227. tom. 2. Hist. Eccl. Meld. pag. 120 : *Canonicus eorum in choro nostro non habebit Staulum in ordine Personarum, sed habebit primum Staulum in ordine sacerdotum.* Vide *Stallum* 2.

¶ STOLUS, Eadem, ut videtur, notione. Statuta S. Martini Turon. ex Cod. MS. Sangerman. num. 1307 : *Debet autem* (Rex) *donare thesaurariam vel decanatum vacantem infra annum et canonico non de terra, sed de Stolo.*

2. **STAULUS**, *Stallum*, apotheca, forte ex Anglo-Saxonico, *Staple*, de quo supra in *Stapulæ* : Gallis, *Estal.* Libertates MSS. villæ S. Desiderii in Campania anno 1228 : *Nemini in villa S. Desiderii Staulos habere vel locare licebit, salvis supradictis Staulis.* Vide *Fenestra*, *Stallum* 1.

* Charta ann. 1285. ex Tabul. S. Petri Carnot. : *Staulum situm Bruroliis in meo feodo pro anniversario dicti defuncti..... concessi.*

¶ STAULLUS, Eodem significatu. Gesta Guillelmi Episc. Cenoman. apud Mabillon. tom. 3. Analect. pag. 373 : *Ipse in claustro Staullum comparavit, unde oleum illud reciperetur, et residuum illius redditus in alias majoris ecclesiæ necessitates poneretur.*

¶ **STAUPULUS.** Vide mox *Staupus.*

STAUPUS, et STOUPUS, Scyphus, crater, poculum, [mensura liquidorum,] Germanis *Stauf.* Kero Mon. in Gloss. : *Stoupus, ciphus certæ mensuræ.* Vetus Glossar. Saxon. apud Somnerum, stapul, *batis.* Est autem *batis* vas, vel etiam vas potorium. [** Vide Graff. Thesaur. Ling. Franc. tom. 6. col. 660. voce *Stauf, Stouf.*]

STAUPUS, in Charta Abbatis Laurisham. apud Freherum in Orig. Palatinis : *Undecima vero huba villicationi attinet, quatenus inde 8. parapsides, 8. Staupi, unum mortarium, in Natali Domini, 40. quoque scutellæ in Pascha fratribus ministrentur.* [Chronicon ejusd. Abbatiæ pag. 179 : *Mensura potus ænea Staupus.* Charta apud Christianum tom. 2. Rerum Mogunt. pag. 534 : *In signum fraternitatis Staupum vini et panem album eidem exhibebimus, prebendalem unius diei vel duorum.* Codex censualis MS. Irminonis Abbatis Sangerm. fol. 34. verso : *Solvit pullos* III. *ova* XV. *scindolas* C. *de sinapi plenum Staupum.* Hist. Novient. Monast. apud Marten. tom. 3. Anecdot. col. 1143 : *Abbas cellarium ingressus, mensuram potus æream inibi pendentem reperit. Cumque a cellerario Staupum justitiæ fratrum esse cognovisset, statim arreptum lapidi inlisit, ac totum in partes comminuit.*] Tractatus de Conversione Boiorum et Carentanorum : *Servis autem Staupis deauratis propinare jussit.* Hincmarus Remensis Opusc. 50 : *Bibit quasi dimidium Staupum de vino.* Anastasius Bibl. in Nicolao I : *Calices argenteos duos, et Staupos argenteos duos, etc.*

¶ STAUPUM, Eadem notione, in Charta ann. 1222. tom. 2. Rer. Mogunt. pag. 668 : *Item qualibet die anni tocius Staupum vini.*

STOUPUS. Ephemerides Monasterii S. Galli, 3. Non. April. : *Ille instituit in S. die Paschæ Stoupum cum cifo et majori leibunculo.* 8. Id. April. : *In cujus anniversario datur minor Stoupus de Balnea stupa retro muros.* Occurrit ibi 14. et 13. Kl. Maii, 5. Kl. Jul. 16. prid. Kl. Dec. et 5. Non. Decemb. et in Anniversariis Alamannicæ Ecclesiæ tom. 2. Alamann. Goldasti pag. 190. 191. 192. et 193.

STOPUS, in Statutis antiquis Canonicorum S. Quintini in Viromanduis : *Debet habere unusquisque privatus demi esteu de moreto, etc. Stopum vini, et ministri 17. Stopos vini.* [Consuetud. Eccl. Colon. ex Tabular. Atrebat. : *Cuilibet prædictorum octo officiorum dantur* 38. *Stopi vini.* Ibidem : *Quando dyaconi et sacerdotes minuunt sanguinem, tunc unus Stopus vini melioris datur unicuique.*]

¶ STOPA, Eodem significatu, apud Ludewig. tom. 1. Reliq. MSS. pag. 354 : *Nos Gevehardus nobilis de Quernuode.... donavimus et donamus domino abbati et conventui Monasterii in Eylwerstorph tynam musti* XVIII. *Stopas capientem ex vinea, etc.* Buschius lib. 3. de Reformat. Monaster. cap. 44. pag. 945 : *Singuli capsam cum speciebus confectis, et Stopam vini pretiosi ei propinantes.*

¶ STOPELLUS, diminut. a *Stopus.* Statuta Placentiæ lib. 6. fol. 67 : *Quælibet villa habeat unum starium ad minus et unum Stopellum bullatos bulla Communis : qui sestarius et Stopellus sint in custodia consulis illius villæ.*

STAUPULUS, diminutivum a *staupus*, in Miraculis S. Valburgis Virg. lib. 2. cap. 5. apud Canisium et Stewartium usurpatur pro *Cicindile*, aut lucerna ardente ante corpus S. Valburgis, quod esset in modum *staupi*, seu crateris efficta : *Suam Staupulus haud valens ferre injuriam, imo virginis, ad cujus pendebat signorum memoriam, displicante se, in quo pendebat funiculo, iterum se dimisit inferius.*

STIPUS, apud Papiam, dicitur *calix consecratus*. Sed an ejusdem originis, cujus *staupus*, non ausim definire. Leg. forte *Scriptus*. [** An pro *Scyphus*?]

¶ **STAURACIN**, STAURACINUS, STAURACIS, STAURACIUM. Vide in *Storax*.

¶ **STAURAMENTUM**, Quidquid non ad vitæ duntaxat, sed et ad agrorum culturam, et prædii supellectilem, pertinet, idem quod *Instaurum*. Vide in hac voce. Tabular. Cadomense : *Willelmus moutum recepit in Stauramento, IV. boves, et XL. bidentes, etc.* Charta Guillelmi Episc. London. in Hist. Abbatiæ S. Audoeni Rotomag. pag. 484 : *Si vero in obitu nostro aliquid de Stauramento prædicto, vel de hiis, quæ ad culturam prædictæ terræ necessaria erunt, quoniam de prædictis abbate et monachis seminatam vel warettatam recepimus, in eisdem terris defuerit, de aliis catallis nostris perficietur.* Charta ann. 1437. apud Rymer. tom. 10. pag. 678 : *Et specialiter pro vinis, ad numerum centum doliorum per annum, quæ ipse de partibus Aquitaniæ pro Stauramento hospitii sui, venire fecit et faciet.* [* Vide supra *Estoramentum*.] Hinc

¶ **STAURARE**, Instruere, adornare, nostris *Estorer*. Anastasius in Hadriano apud Murator. tom. 3. pag. 195 : *Nam et ipse solertissimus præsul per diversos titulos, seu alias ecclesias, atque cunctas diaconias, et monasteria quantacumque infra murum hujus Romanæ urbis, existant, divina inspiratione ignitus ex palleis idem Stauravit.* Charta ann. 3. Henrici Regis apud *Madox* Formul. Anglic. pag. 144 : *Et cum v. quarteriis ordei, v. quarteriis avenarum, v. quarteriis pisarum ad Staurandum manerium prædictum.* Charta ann. 1258. ex Cod. Colbert. 2591 : *Je Amys de Ramery... ai donné et ottroié pour une chapelerie Estorer, etc.* Vide *Staurum* et *Instaurare* in *Instaurum*.

STAURIA, Crux. *Fratres de Stauria*, Iidem qui *Fratres crucis*. Vide in *Crux*. Leges Opstalbomicæ cap. 20 : *Fratres ordinis Prædicatorum, et Fratres Minores, et Fratres de Stauria,... admittere decrevimus.*

¶ **STAUROFERI**, Iidem qui mox *Staurophori*. Vide *Bajulus* 1.

¶ **STAUROFORIA**. Vide in *Staurophori*.

STAUROPHORI, Qui crucem in processionibus Ecclesiasticis portant, ex Græc. σταυροφόροι, nostris *Porte-croix*. Petrus Diaconus lib. 4. Chron. Casin. cap. 39 : *Postero die Pontifex misit in occursum ejus... Bajulos, Cereostatarios, Staurophoros, Aquiliferos, Leoniferos, etc.* [** Papyrus Ravenn. apud Maium in Auctor. Classic. tom. 5. pag. 362 : *Domesticos aut commendatos ecclesiæ diverso sexu, Staurophoros, cophreas, stratores vel cunctam familiam S. Rav. ecclesiæ, etc.*] Gislebertus Monachus in Vita sancti Romani Abbat. Autisiod. cap. 7 : *Sicque* (corpus S. Romani) *inde levatum, et cum Staurophora, cereostata,.... ad præfatum cœnobium deportatum est.* Perperam edit. *Staurophona.* [Rectius tom. 5. Maii pag. 156. editum a Bollandistis, *Cum Staurophoria et cereostata.*] Sic porro hoc loco intelligitur Crux ipsa delata. Vide Meursium, [et Gloss. med. Græcit.]

STAUROFORIA, *Portatio Crucis*, in Gloss. MSS.

¶ **STAUROPHYLAX**, Gr. σταυροφύλαξ, Crucis custos, dignitas in Ecclesia Jerosolymitana : eo etiam nomine interdum donatur Patriarcha Jerosolymorum. Vide *Custos Crucis*, in *Custos* 4. et Gloss. med. Græcitatis.

STAURUM, Quidquid ad vitæ necessaria conducit, Anglis *Store*. [Item, Quidquid ad agriculturam, vel ad prædii supellectilem pertinet, ut sunt animalia, pecora, servi, etc. Vide *Stauramentum*. Elmham. in Vita Henrici V. Regis Angl. cap. 68. pag. 195 : *Largifluæ Cereris copiosa fertilitas, cuncta sua granaria infra urbem omni Stauro spoliata perpendent, etc.* Chron. Joh. Whethamstedii pag. 505 : *A dextra, aut in prædiis, aut in grangiis, aut alicubi alibi in Stauro pro exhibicione vestra, etc.* Vita B. Edmundi Cantuar. Archiep. apud Marten. tom. 3. Anecd. col. 1823 : *Ad hæc Archiepiscopatus ære alieno ad septem millia marcarum obligatus extitit, quem præterea quasi totaliter in Stauro destitutum, et velut inanem et vacuum reperit et recepit.*] Statuta Hospitalis S. Juliani in Anglia : *Item ad Festum S. Martini habebit leprosus quilibet porcum unum de Stauro communi.* Matth. Westmonaster. anno 1259 : *Viginti insuper et 5. libras dedit pro Stauro ejusdem loci.* Idem ann. 1303. De obsessis, qui ut obsidentes fallerent, frumentum et carnes suas in hostium cuneos projecerant : *En quos sperabamus fame periisse, in ejectione Stauri sui, contrarium experimur.* Henr. de Knyghton ann. 1355 : *Si papa posset dispensare cum eis habere granaria et cellaria pro Stauro reservando, etc.* [Adde Kennett. in Antiq. Ambrosd. pag. 571. et *Madox* in Formul. Anglic. pag. 427.] Vide *Instaurum*, et *Restaurum*.

STAURUS, Crux, ex Græc. Σταυρός. Gloss. Ælfrici Anglo-Sax. : *Crux*, vel *Staurus* : rod.

¶ **STAUSARE**, f. Proponere, objicere. Charta ann. 1506. apud Ughellum tom. 1. Ital. sacræ col. 1362 : *Habebat in omnibus licentiam et firmissimam potestatem in omni loco istud munimen ostendere et Stausare, agere, etc.* Leg. fortassis *Stansare*, ab Italico *Stanziare*, decernere, constituere.

* **STAZONATICUM**, Præstatio pro *Stallo* seu *Statione*, Ital. *Stazione*, in foris, mercatis et nundinis, idem quod *Stallagium*. Charta ann. 1228. apud Murator. tom. 2. Antiq. Ital. med. ævi col. 32 : *Et de Stazonatico de foro S. Martini nil habeat episcopus et canonici.... Omnis forensis, qui facit stationem in mercatis Ferrariæ, et discarigat suum havere, non solvat ripaticum, sed Stazonaticum.* Vide supra *Statio* 12.

¶ **STE**. Vide supra *Sta*.

STEBELARIUS. Vide *Stabelarius*.

STECCARE. Charta ann. 1287. in Miracul. S. Ambrosii Senensis : *Stando ante altare S. Ambrosii, fuit ita comoressa, et Steccata, quod nullo modo poterat discedere.* Id est *fixa*, ex Italico *Stecca*, baculus, stipes, septum. Vide Cruscanos, Menagium et Ferrarium in Orig. Ital.

STECHETUM, ex Italico *Steccato*, Palus, repagulum, apud Petrum de Crescentiis lib. 10. cap. 26. Hinc

¶ STECCATA, Palorum series, vallatio ex palis, locus palis circumseptus, Gallis *Estacade*. Annal. Cæsenat. ad ann. 1305. apud Murator. tom. 14. col. 1126 : *Obsedit civitatem Pistoriæ et fecit vallari circa Steccatis, etc.* Joh. Demussis in Chron. Placent. ad ann. 1358. apud eumd. tom. 16. col. 504 : *Et dum versus Papiam navigarent, invenerunt prope Papiam totum navigium Papiensium cum Papiensibus armatum ac paratum ad resistendum, ad quam Steccatam lignorum, quam dicti Papienses dicta occasione fieri fecerant in dicto flumine Padi, etc.* Vide *Stelengarda*.

¶ STECHATA, STECHATUM, Eadem notione. Castellus in Chron. Bergom. ad ann. 1404. apud eumd. Murator. tom. 16. col. 948 : *Habebant infinitas Stechatas factas per eos Guelphos... Intraverunt in dictas Stechatas.* Statuta Palavic. lib. 2. cap. 46. fol. 111 : *Statutum et ordinatum est quod nulla persona... præsumat de die vel de nocte, modo aliquo transire muros seu Stechata et fossatas terræ Buxeti, vel alterius castri.* Chron. Parmense ad ann. 1243. apud Murator. tom. 9. col. 768 : *Carcerati de Bononia, qui erant Parmæ, quia Commune Bononiæ noluit observare pacta quæ juraverat de relaxando illos de Parma, quos in carcere tenebat, positi fuerunt in carceribus in Stechatis lignorum in glarea Communis de Puteo Roseghelli apud murum Parmæ ad cœlum serenum.* Vita Nicolai Laurentii : *Puoi fece stecconiare lo palazzo de Campituoglio, etchiuselo de lenname : ecommannao, che le Steccata de li renchivostri de li Baroni de Roma jessero per terra.*

* **STECCARIA**, Contextus ac series palorum, idem quod *Steccata*. Formul. MSS. Senens. ann. 1414. ex Cod. reg. 4726. fol. 3. r° : *Quod ædificium et molendinum.... cum fretis, Steccariis, gorjis, etc.* Vide in *Steccare* et mox *Steco*.

¶ **STECCO**, vox Italica, Spina, vel festuca. Vita S. Francisci Fabrian. tom. 3. April. pag. 989 : *In auricula portavit Stecconem cum maxima pœna et dolore, et quod usque ad istud tempus aliquo remedio et medicamento non potuit liberari, etc.*

¶ **STECHATA**, STECHATUM, STECHETUM. Vide *Steccare*.

STECHSWEIN, Porci majores, in Metropoli Salisburg. tom. 3. pag. 49.

* **STECO**, Palus, Ital. *Steccone*. Tract. MS. de Re milit. et mach. bellic. cap. 121 : *Recurratur ad Stecones sive palos lignorum, et unusquisque eorum sit lungus unius brachii, et ficatur in terra medietas ejus grossa, et alia pars acuta veniat extra terram,.... et est locus satis fortificatus.* Vide in *Steccare*.

STEDINGI. Vide *Stadingi*.

* **STEDIUM**, f. pro *Stabium*, Domus, mansio. Bulla Anast. IV. PP. ann. 1153. apud Murator. tom. 5. Antiq. Ital. med. ævi col. 1023 : *Stedia, quæ adjacent castris*

Gadi, cum ecclesia Sanctæ Mariæ in Caldune. Vide supra *Stadia.*

STEGMA, pro Stemma. Chronicon Novalicense lib. 5. cap. 8 : *Illustres secundum sanguinem, sed illustriores secundum Stegmata divina.* [Idem Chr. apud Murator. tom. 2. part. 2. col. 704 : *Dicitur autem in hoc monasterio prisco habuisse tempore monachum quemdam olitorem, nomine Waltharius nobili ortum Stegmate ac regali procreatum sanguine.*]

* **STEHOHEN**, Palus. Glossæ Cæsar. Heisterbac. in Reg. Prum. tom. 1. Hist. Trevir. Joan. Nic. ab *Hontheim* pag. 669. col. 1 : *Curia de Denesbure et Hersmansbanide adducent palos, id est quod vulgariter dictum Stehohen, et perticas, Gerten, ad tunicam furni sepiendam.* [** *Stehen*, Stare et *Hoc*, Palus, de qua voce videndus Oberlin. in Gloss. German.]

¶ **STELAGIUM.** Vide mox in *Stele.*

* **STELAREA**, Salictum, Gall. *Saussaie.* Charta ann. 1091. apud Murator. tom. 1. Antiq. Ital. med. ævi col. 419 : *Cum terris arabilis adque gerbibus et busculeis, sive silvis majoribus ac Stelareis, etc.* Vide supra *Stalarea.*

STELE, [f. Retis genus, vel Pali in fluvio dispositi ad capiendos pisces. Vide *Stellinus.*] Charta Winemari Gandensis Castellani in Probat. Hist. Guinensis pag. 66 : *Et unum mansum terræ inter Broelant et Gestlant, præter jus ad dicum, nec non et unum sach ad turvos et ad silvam, unum Stele in Valham ad pisces, in spiringa eandem piscandi potestatem quam illius loci dominus habet.* Vide *Statio*, 11. Hinc forte

Stelagium, in Charta Henrici II. Reg. Angl. pro Abbatia S. Mariæ de Voto.

¶ **STELENGARDA**, Locus palis circumseptus. Vide *Steccare.* Jacobus De Layto in Annalib. Estens. apud Murator. tom. 18. col. 991 : *Quo concesso et facto claustro sive Stelengarda super palea Ferrariæ inter palatium dom. Marchionis et episcopatum, Petrus primus mane introivit armatus, etc.* Vide *Stellata.*

¶ **STELGIÆ**, f. pro *Scailgæ*, vel *Scaliæ*, Lapides sectiles, quos *Ardoises* dicimus. Vide in his vocibus. Hist. Monast. S. Laurentii Leod. apud Marten. tom. 4. Ampl. Collect. col. 1120 : *Item, pro* XC. M. *Stelgiarum emtarum ad opus claustri*, C. *scuta antiqua.*

1. **STELLA.** Societas Stellæ, Ordo Militaris institutus a Joanne Rege Franciæ ann. 1351. *Stellifera Congregatio Militaris*, in Charta ejusdem Regis 5. Jun. ann. 1356. Habetur apud Carolum de Lelis in Familiis Neapolitanis tom. 1. pag. 296. Epitaphium Jacobi Bozzuti Militis ann. 1358. ubi dicitur fuisse *de Societate Stellæ illustris domini Joannis Regis Francorum, et Collateralis Consiliarius Ludovici Ducis Duracii.*

Descripsit vir doctissimus Lucas Acherius, ex Schedis Herouvallianis, tom. 10. Spicilegii pag. 215. litteras Joannis Regis ejusce ordinis Militaris primam institutionem continentes, ubi Militum vestes et li describuntur : quibus adjungenda tur ad uberiorem ejusdem Ordinis am, quæ in hanc rem scripta legun- in Computo Stephani *de la Fontaine* Argentarii Regis, incipiente a 1. Julii, et desinente in 4. Febr. seq. :

Pour 46. aunes d'escarlate vermeille de Broisselles et de S. Omer, pour faire habits de l'Estoille pour M. le Dauphin et ceux de sa Compagnie, et aussi pour M. Charles d'Artois, etc. Pour 2. marbres bruns des Cours de Broisselles, pour faire cotes hardies fourrées d'aigneaus et houces à chevaucher en estat d'escuierie pour Nosseigneurs qui furent faits Chevaliers à la Feste de l'Estoille : c'est assavoir, Messeigneurs Jean et Philippe de France, Loys de Bourbon, Philippe, et Loys de Navarre et Charles d'Artois, etc.

Pour 3. pieces et demie de fin velluyau en grainne pour faire un surcot, un mantel à parer et un chapperon fourré d'ermines pour le Roy à la Feste de l'Estoille, etc.

Est assavoir que l'Oratoire dessus fait pour cause de la noble Maison, etc. 2. draps d'or et demy pour faire les encourtinemens de la noble maison pour cause de ladite Feste de l'Estoille.

8. pieces de cendaux azurez pour les semer de Fleurs de lys d'or de Bateure à parer et mettre sur le daiz du Roy en ladite noble Maison pour cause de ladite Feste de l'Estoille.

Pour faire et ouvrer les 3. estoilles de Broudeure qui furent mis et assises en la courte pointe, ciel et cheveciel de ladite chambre.

Pour faire et ouvrer de bateure 3. grans nues d'argent et dedens chacune nue une estoile pour parer et mettre sur le daiz du Roy le jour de ladite Feste de l'Estoille.

Pour faire et forger une estoille d'or sans pierrerie, et un anel d'or à l'estoille que le Roy luy donna (au D. d'Orleans.)

Pour faire et forger une estoille d'or sans pierrerie et un annel d'or à l'estoille, ouquel son nom estoit esmaillé (au C. d'Anjou.)

Pour faire et forger du commandement du Roy un anelet d'or à l'estoille pour le vieil Dauphin, ouquel anel estoit son nom esmaillé.

Pour faire et forger du commandement dudit Seigneur 6. estoilles d'argent dorées pour esdits Grand Maistre d'Hostel, et pour les cinq Chambellans 6. anneaux d'or à l'estoille par commandement dudit Seigneur.

Pour faire et forger pour Mons. de S. Venant et pour les 4. Chambellans de M. le Dauphin, et par son commandement pour chacun un anel d'or à l'estoille.

Pour une estoille de brodeure faite et ouvrée du commandement de Mons. Robert de Lorris, fait à l'Argentier de la volenté du Roy, pour le vieil Dauphin Patriarche de Iherusalem.

Pour faire habits pour l'estat de l'Estoille audit Mons. d'Andresel et à Mess. Jean de Clermont Chambellans du Roy.

Pour une coustepointe pour un de nos Seigneurs fils du Roy, qui furent Chevaliers à la noble Feste.

In Computo incipiente 1. Jan. ann. 1352. et finiente in 1. Maii ann. 1353 : *Pour deniers payez aux vallets Coustepointiers qui firent et tendirent au commandement du Roy les encourtinemens mis et tendus à S. Ouin en la noble Maison, pour cause de la Feste de l'Estoille, faite illec ou mois de Janvier l'an 351.*

Stellæ Festum, Dies Epiphaniæ, in Codice MS. S. Victoris Paris. Locum vide in *Septuagesima.* Quo quidem die celebratur officium, quod *Officium stellæ* appellatur apud Joannem Episcopum Abrinc. de Offic. Eccl. pag. 30. Sic vero describitur in Ordinario MS. Ecclesiæ Rotomagensis : ex quo etiam habuit Joan. Prevotius, qui illud edidit post Joannem Abrincensem : *Officium Regum trium, secundum usum Rotomag. Die Epiphaniæ, Tertia cantata, tres de majori sede more Regum induti, et debent esse scripti in tabula. Ex tribus partibus ante altare conveniant cum suis famulis portantibus Regum oblationes, induti tunicis et amictis. Et debent esse de secunda sede scripti in tabula ad placitum scriptoris. Ex tribus Regibus medius ab oriente veniens, stellam cum baculo ostendens, dicat alteri*, Stella fulgore nimio. *Secundus Rex a dextra parte respondeat*, Quæ Regem Regum. *Tertius Rex a sinistra parte dicat*, Quem venturum olim. *Tunc Magi ante altare se osculentur, et simul cantent*, Eamus ergo, et inquiramus. *Hoc finito, Cantor incipiat Responsorium*, Magi veniunt. *Et moveatur processio*, *Vers.* Cum natus. *Sequatur aliud Responsorium, si necesse fuerit*, Interrogabat Magos. *Processio in navi Ecclesiæ constituta, stationem faciat. Dum autem processio navem Ecclesiæ intrare cœpit, corona ante Crucem pendens in modum stellæ accendatur, et Magi stellam ostendentes, ad imaginem S. M. super altare crucis prius positam cantantes pergant*, Ecce stella in Oriente. *Hoc finito, duo de majori sede cum Dalmaticis ex utraque altaris parte stantes, suaviter respondeant*, Nos sumus, quos cernitis. *Tunc duo Dalmaticati aperientes cortinam, dicant*, Ecce puer adest. *Tunc procidentes Reges ad terram simul, salutent puerum, ita dicentes*, Salve Princeps sæculorum. *Tunc unus a suo famulo aurum accipiat, et dicat*, Suscipe, Rex, aurum, *et offerat. Secundus ita dicat, et offerat*, Tolle thus, tu vere. *Tertius ita dicat, et offerat*, Myrrham, signum sepulturæ. *Interim fiant oblationes a clero et populo, et dividatur oblatio prædictis Canonicis. Tunc Magis orantibus, et quasi somno sopitis, quidam puer alba indutus, quasi Angelus, illis ante altare dicat*, Impleta sunt omnia quæ Prophetiæ, etc. *Hoc finito, Cantor incipiat ad introitum Chori Responsorium*, Tria sunt munera, *Vers.* Salutis nostræ auctor. *Ad Missam tres Reges Chorum regant, qui* Kyrie Fons pietatis, Alleluya, Sanctus, et Agnus *festive cantent. Officium*, Ecce advenit. Ps. Deus judicium tuum, Kyrie, et Gloria, *festive, Oratio*, Deus qui hodierna die. *Si Archiepiscopus cantaverit, commune pro Dom. Papa, et pro Rege tantum ; sin autem, nulla mentio fiat. Epistola*, Surge, illuminare. *Prædicti famuli cantent Responsorium*, Omnes de Sabba. *Vers.* Surge illuminare, Alleluia. *Vers.* Vidimus stellam. *Sequitur Epiphania Domini, etc.* De hac vero stella, quæ nato Domino a Magis visa est, vide Theodorum Tharsensem Episcopum lib. 5. Contra fatum cap. 53. et Isidorum Pelusiot. lib. 1. Epist. 377. 378.

* Pium ejusmodi spectaculum refert Gualv. de la Flamma ann. 1336. apud Murator. tom. 12. Script. Ital. : *Fuerunt coronati tres reges in equis magnis, vallati do-*

micellis, vestiti variis, cum somariis multis et familia magna nimis. Et fuit Stella aurea discurrens per aera, quæ præcedebat istos tres reges. Et pervenerunt ad columnas S. Laurentii, ubi erat rex Herodes effigiatus cum scribis et sapientibus. Et visi sunt interrogare regem Herodem.... Quo audito isti tres reges coronati aureis coronis, tenentes in manibus scyphos aureos cum auro, thure et myrrha, præcedente Stella per aera, cum somariis et mirabili famulatu, clangentibus tubis et buccinis præeuntibus, simiis, babuynis et diversis generibus animalium, cum mirabili populorum tumultu, pervenerunt ad ecclesiam S. Eustorgii; ubi in latere altaris majoris erat præsepium cum bove et asino, et in præsepio erat Christus parvulus in brachiis Virginis matris; et isti reges obtulerunt Christo munera. Deinde visi sunt dormire, et Angelus alatus eis dixit, quod non redirent per contratam S. Laurentii, sed per portam Romanam; quod et factum fuit.

* STELLÆ SOCIETAS, Turma equestris, de qua Bonincont. in Annal. ad ann. 1379. apud Murator. tom. 2. Script. Ital. col. 33 : *Dum hæc in regno Neapolitano agitabantur, Bernabcus.... quatuor millia equitum, quos Stellæ societatem appellabant, in agrum Genuensem immisserat.*

STELLÆ APPARITIO, Vesper, solis occasus. Fori Oscenses Jacobi I. Regis Aragon. ann. 1247. fol. 12 : *Debet venire cum suis testibus valituris ad locum illum assignatum, et debet ibi stare simul cum aliis probis hominibus, donec Stella appareat, etc.*

¶ STELLA GROSSA DE SERO, Eadem notione. Chron. Parmense apud Murator. tom. 9. col. 765 : *Et ibi prælium arduum fuit inter ipsas partes, incœpto summo mane, et duravit usque ad primum somnum, ita quod Stella grossa de sero jam fuerat tramontata.*

STELLA JUNIOR, Agrimensoribus, est Decussis conduplicatus diductusque : junior vero stella dicta, quasi ab ipsis mensoribus condita, adeoque post cæteras stellas nata. Caius et Theodosius : *Stellam juniorem super picatos palos consecravimus, etc.* Idem Caius : *Et signatim ut inveniantur pali ipsi Stellam consecravimus, et ipsa Stella junior nomine vocatur.*

¶ 2. **STELLA**, vulgo *Estelle*, in Ecclesiis quid sit aperte docet Rituale Suession. apud Marten. de Divinis Officiis pag. 497 : *Funiculus insuper a capite usque ad pedes ecclesiæ protendatur, in quo circulus quidam ferreus habens 7. cereos super ostium sepulcri in altum dependeat. Circulus autem iste, qui et Stella a nobis nuncupatur, verum luciferum, qui mane resurrexit, designat.* Statuta MSS. Eccl. Anic. ann. 1410 : *Matricularius omni die Matutinis, Missæ et Vesperis ad pulsandum campanas chori, Stellam illuminandum.... teneatur interesse.* Vide supra in *Stellæ festum.*

¶ 3. **STELLA.** *Stellæ* dicuntur bacilli quibus alligatur crus post rupturam consolidandum. Mirac. B. Henrici Baucen. tom. 2. Jun. pag. 391 : *Dum curreret supra quemdam equum, cecidit equus taliter, quod tibia dextra in ipso casu confracta fuit, et os ipsius tibiæ ultro confractum fuit. Et dum ligatus esset per quemdam medicum cum Stellis et aliis opportunis, etc.*

* 4. **STELLA**, Machina lignis duobus transversis constans. Tract. MS. de Re milit. et mach. bellic. cap. 171 : *Navigium cum Stella habente saxa ligata, incidantur runcula sive falce, ut ruant super hostium navigia, causa frangendi ea.*

* 5. **STELLA**, Piscis genus. Vide supra *Glaucus.*

¶ 1. **STELLARE**, Stellis micare. Symmachus lib. 3. Epist. 11 : *Oratio verborum Stellatur auro.* Nostri *Esteler*, pro ad instar stellæ fulgere dixerunt. Le Roman *de la Rose* MS :

Biau fu le char à quatre roes,
D'or et de pierres Estelés,

¶ 2. **STELLARE**, Alia notione. Memoriale Potestatum Regiens. ad ann. 1247. apud Murator. tom. 8. col. 1115 : *Parmenses et omnes milites et populares armata manu exierunt de Parma, et per forciam cazaverunt Imperatorem de Victoria, et omnes suos milites et pedites; et multi fuerunt ibi mortui et vulnerati, et totum carrocium Cremonensium ibi Stellaverunt et destruxerunt et in Parmam duxerunt.* Leg. forte *Steccaverunt*, id est in frusta conciderunt. *Stecca* enim Italis frustum ligni sonat : nisi malis *Strabucaverunt.* Vide Infra *Strabucare.*

1. **STELLARIA**, STELLATA, STELLATOR. Ugutio : *A sterno, hæc stellata, i. mare, vel purpura : unde Stellaria, navis marina, vel via in mari, vel via in cœlo quæ ducit nautas, vel purpura quæ per mare fertur, vel vestis ex purpura : et stellarius, marinus, vel purpureus, et Stellator, compositor navis marinæ, vel purpureæ vestis, sive regularum stellarum.* Vide Papiam in *Silataria.*

2. **STELLARIA**, [ut supra *Stalaria.* Vide in hac voce. Charta ann. 1097. apud Murator. delle Antic. Estensi pag. 82 : *Has autem massaritias cum omnibus earum pertinentiis, cum... pratis, pascuis, silvis, hac* (sic) *Stellariis, etc.*] Vetus Charta apud Puricellum in Monumentis Ambrosianæ Basilicæ pag. 360 : *Cum.... silvis, castaneis, roboreis, ac Stellariis cum areis earum, pascuis, etc.*

STELLARII, et *Stelliferi Hospitalarii*, dicti fratres seu Milites Ordinis Teutonici, in veteri Chronico laudato a Bohuslao Balbino in Epitome Rerum Bohemicar. pag. 270. quod ii deferant stellam rubram supra crucem, ex statuto Innocentii IV. Papæ.

¶ **STELLATA**, Palus, repagulum. Jacobus De Layto in Annal. Estens. apud Murator. tom. 18. col. 1023 : *Et fuit refortificatus passus optimis Stellatis, et ponte, atque armatis navigiis.* Hinc

¶ STELLATA, pro Vallatio ex palis, locus palis circumseptus, in Chron. Estensi ad ann. 1332. apud eumdem tom. 15. col. 393 : *Ferrarienses armata manu et cum navilio iverunt Consandalum, quia cives Argentæ acceperant catenas Stellatæ Consandoli* (sic) *et combusserunt aliquam partem dictæ Stellatæ et certa molendina.* Infra : *Tunc gentes legati habuerunt Stellatam cum aliis fortalitiis.* Vide *Steccare, Stelengarda* et *Stellonata.*

* Stat. Mantuæ lib. 1. cap. 41. ex Cod. reg. 4620 : *Quia jam pluries est compertum per officiales et custodes ipsorum carcerum, in damnum et jacturam creditorum, ad quorum postulationem sunt carcerati,.... carceratos inter bastas non detineri, nec in Stellatas; sed extra dictam Stellatam, licet intra ostia, sive foris dictorum carcerum : ... ideo statuimus et ordinamus, quod dicti custodes teneantur et debeant dictos carceratos inclusos tenere inter bastam vel Stellatam, et non alibi.* Vide mox *Stellum.*

¶ STELLATA CAMERA, vulgo *Chamber des Estoiels*, Jurisdictio apud Westmonasterium, a loco stellis ornato ubi sedebant Judices sic dicta, quæ abolita est ann. 1641. sub Carolo I. Rege Angl. Vide *Blount* in Nomolex. Anglic.

* **STELLATICUS** PANNUS, Segmentis in modum Stellæ positis distinctus. Glossar. Lat. Gall. ex Cod. reg. 7679 : *Pannarii.... vendunt pannos albos,.... virides, Stellaticos, radiatos, estanfordios, etc.*

STELLATURA. Vide *Stillatura.*

STELLATUS, Qui *stallum* habet, Mercator qui in *stallo*, merces suas venum exponit. Bracton. lib. 4. Tract. 1. cap. 46 : *Dividatur dieta in tres partes, prima pars matutina detur euntibus versus mercatum, secunda vero detur ad emendum et vendendum, quæ quidem sufficere debet omnibus, nisi forte sint mercatores Stellati, qui merces deposuerint et exposuerint venales, etc.* Vide *Stallati.*

¶ **STELLIATA**, Sepimentum, clausura, ut videtur, Gall. *Cloison.* Charta Radulfi Abb. de Viconia ann. 1206. ex Tabul. S. Quintini in Insula : *Vaccariam quoque quæ in curte S. Quintini est, duabus Stelliatis ampliare et lateribus tegere debemus.* Vide *Stellata*, et *Stellonata.*

* Malim Intertignium, Gall. *Travée;* quod ligna transversim et decussatim ponantur.

¶ **STELLIFERI.** Vide *Stelligeri.*

STELLIFICARE, in Divorum numerum referre, stellis et astris inserere. Ericus Upsaliensis lib. 4. Hist. Suecicæ pag. 139 : *Cujus imitatione Pelliparii Alemanni in Suecia Stellificati, et inter Divos et Cœlites relati etiam magnificabant fimbrias in donativis.*

STELLIGERI, STELLIFERI, Nomen factionis Basileæ in Helvetia, cui opposita *Psittacorum* factio. Albertus Argentinensis ann. 1218 : *Erat autem in illis diebus partialitas inter nobiles Basilienses, hodieque durans inter Psittacos et Stelligeros, quæ ex eo sumpsit originem. Cum olim Milites Basilienses ad torneamenta, hastiludia, vel parlamenta alia cum multitudine egrederentur, et dicerentur, Qui sunt isti? tum dicebatur, Scolarii et Monachi Basilienses, qui erant excellentiores. De quo alii commoti, consilio habito, fecerunt vexillum albæ stellæ magnæ in rubeo campo, quod in torneamentis et alibi efferebant : sub quo signo erant progenies de Eptingen, etc. Alii vero fecerunt viridem psittacum in albo campo, etc.* Adde Annales Colmarienses ann. 1271. Historia Laudgraviorum Thuringiæ cap. 119. anno D. 1372 : *Surrexit una societas, nominantes se Stelligeros, et portaverunt stellas : quorum Capitaneus principalis erat Dux Otto Brunswicensis, et adhuc tres alii.*

Illi enim numero quasi duo millia de Rheno, de Hassia, de Westphalia, de Saxonia, de Buchovia, ac Franconia compromiserunt et juraverunt se velle mutuo defendere, et potenter resistere tam principibus, quam aliis nobilibus ubique constitutis, etc. Vide supra in Stellarii.

¶ **STELLIGUS**, Unciæ pars vigesima, nostris *Estelin*. Comput. ann. 1245. ex Bibl. Reg. : *Pro duabus charneriis ad justas in quibus fuerunt positi*, XIII. *Stelligi de auro* v. s. Testam. Gaudefridi *du Plessis* ann. 1332. ex Tabul. B. M. de Bono-Nuntio Aurelian. : *Tres scyphi argentei immetallati, ponderis quinque marcharum, septem unciarum et duorum Stelligorum*. Vide *Esterlingus*.

STELLINGA. Nithardus lib. 4. Hist. de Lothario Imp. : *Hinc etiam in Saxoniam misit Frilingis Lazzibusque, quorum infinita multitudo est, promittens si secum sentirent, ut legem quam antecessores sui tempore quo idolorum cultores erant, habuerant, eandem illis deinceps habendam concederet : qua supra modum cupidi nomen novum sibi, id est, Stellinga imposuerunt, et in unum conglobati, dominis e regno pene pulsis, more antiquo, qua quisque volebat lege vivebant*. Infra : *Ludovicus etenim seditiosos, qui se uti præfatum est, Stellinga nominaverant, nobiliter, legali tamen cæde compescuit*. Rursum : *Eodem tempore Stellinga in Saxonia contra dominos suos rebellarunt*. Vox formata forte ex *Stel*, Kiliano, vetus, vetustus, et *Ling* filius, (uti in *Adulingus* docuimus,) quod *Stellingæ* leges et mores antiquos affectarent. [** Confer *Stallo* et *Nôtgistallo* apud Graff. in Thesaur. Ling. Franc. tom. 6. col. 674.]

* **STELLINGUS**, Monetæ species. Charta Radul. episc. Virdun. ex Chartul. Campan. fol. 219. col. 2 : *Debuimus eidem Juvenali mille septingentas et viginti marchas bonorum novorum et legalium Stellingorum, scilicet tredecim solidis et quatuor Stellingis pro qualibet marcha computandis*. Vide supra *Esterlingus*.

¶ 1. **STELLINUS**, ut *Esterlingus*. Vide in hac voce, et infra *Sterlinus*. Charta Jubelli de Meduana ann. 1189. apud Marten tom. 1. Ampl. Collect. col. 982 : *Et decimam Stellinorum meorum in Anglia* (reddo) *sicut temporibus antecessorum meorum diu habuerant, etc.*

* 2. **STELLINUS**, Unciæ pars vigesima, nostris *Estelin*. Necrol. eccl. Paris. MS : *Dedit ipsa domina* (Margareta de Rupe-Guidonis) *ad usum dictarum missarum unum calicem cum una patena, duas burettas, unam pacem, totum de argento deaurato, ponderis trium marcarum cum dimidio, et tribus onciis et septem Stellinis*. Vide *Esterlingus* et *Stelligus*.

¶ **STELLIO**, *dicitur qui animo inconstans et varius est verbo vel facto*. Vocabul. utriusque juris.

¶ **STELLIONATOR**, ἐπιθέτης, in Gloss. Lat. Gr. Aliæ Gr. Lat. : Ἐπιθέτης, *Impostor, Stellionator*.

¶ 1. **STELLIONATUS**. *Crimen Stellionatus nomen sumsit a quodam animali reptili, quod Stellio, et est quasi simile serpenti, Stellionatum animal dicitur, quod ex diversis coloribus pictum, sicut cœlum stellis*. Joan. Berberius in Viatorio utriusque juris. Ulpianus lib. 3 : *Stellionatum objici posse his, qui dolo aliquid fecerunt, sciendum est, scilicet, si aliud crimen non sit, quod objiciatur : quod enim in privatis judiciis est de dolo actio, hoc in criminibus Stellionatus persecutio. Ubicumque igitur titulus criminis deficit, illic Stellionatum objiciemus*.

* 2. **STELLIONATUS**, Sortilegium. Glossar. Lat. Gall. ex Cod. reg. 521 : *Stellionatus, maleficium, Gall. Envoutement*.

¶ **STELLONATA**, Sepimentum, seu vallatio ex palis. Statuta Montis Regal. fol. 198 : *Et quæcumque persona quæ de Stellonata aliquid acciperet, seu capi faceret per se vel per alium, vel murum seu Stellonatam dictæ civitatis, cum scalis seu scagliono, vel alio modo transiret, solvat bannum de die solidos* 60. *de nocte vero solidos* 100. *pro quolibet et qualibet vice*. Vide *Stellata* et *Stelliata*.

* **STELLUM**, *Palium*, locus palis circumseptus. Stat. Avenion. ann. 1243. cap. 81. ex Cod. reg. 4659 : *Faciant æquari Stellum a portali Pertusii usque ad portale Briancioni, nec postea aliquis reponat ibi ligna, vel audeat locum illum aliter impedire*. Charta ann. 1232. ibid. : *In loco, qui dicitur Stellum, prope portale novum Pertusi*. Epist. ann. 1251. apud Murator. tom. 4. Antiq. Ital. med. ævi col. 497 : *Fovea inter urbem Laude et castrum effecta est totaliter per nostrates, et vallata est Stello et congruis betifredis*. Vide supra *Stellata*.

¶ **STELLUTIA**, Stellula. Sebast. Perusinus in Vita B. Columbæ Reatinæ tom. 5. Maii pag. 325* : *Stellutias argenteas cum sex acutis radiis capitibus disciplinæ inseruit*. [* Italis, *Stelluzza*.]

¶ **STELTA**, pro Idiomate, lingua vel stilo : si tamen mendose non scribitur, ut monet Spelmannus, in Charta Edgari pro Eccl. Eliensi : *Quæ etiam nostra usitata sermocinatione describi mandavimus, hac eadem Stelta, quæ possit in auribus vulgi sonare*.

STELZIA, Gralla, vel baculus cui quis innititur, German. *Stelze*. Capitula ad Legem Alamannor. cap. 27. edit. Baluzii : *Si quis alteri pedem truncaverit, solvat sol.* 40. *Et si mancat, solvat sol.* 20. *Et si foris villa ambulare potuerit, et in campo suo cum Stelzia ambulare poterit, solvat sol.* 25. *etc.* [** Vide Graff. Thesaur. Ling. Franc. tom. 6. col. 678. voce *Stelza*.]

¶ 1. **STEMA**, Pœna reis inflicta, vel jus eam infligendi. Vide *Estema* 1.

¶ 2. **STEMA**, pro Stemma. Tabular. Landevenec. : *Quædam mulier indolis moribus Stemate regalium orta, nomine Winargant*. Pluries ibi. Vide *Cocteria*.

¶ 3. **STEMA**, pro *Scema*, ni fallor. Vide in hac voce prima notione. Charta Caroli Calvi in Bibl. Reg. ex Cod. Colbert. 5080 : *Sed etiam nosmetipsos debemus qui nos et prædecessores nostros Imperatores et Reges nullo nostro merito, sed sua benignissima gratia regium in Stema evehere dignatus est*.

1. **STEMMA**, pro *Schema*, seu σχῆμα, non semel usurpat Ordericus Vitalis. *Monachile Stemma*, lib. 4. pag. 543. Vide *Scema*, 1.

¶ 2. **STEMMA**, *æ*, Generis series. Charta electionis Johannis in Abbatem S. Pontii ann. 1004. ex Schedis Peiresc. : *Eligimus hunc monachum nomine Joannem, vultu decorum, illustrum sensu, Stemma sublimem, moribus insignem, etc.*

¶ 3. **STEMMA**. Charta ann. 1156. apud Ludewig. tom. 4. Reliq. MSS. pag. 202 : *Si servus ecclesiæ occiderit conservum suum, Stemma ex integro ecclesiæ restituatur, etc. de subsequenti vero emendatione duæ partes ad ecclesiam, tertia ad advocatum pertinebit. Si de ceteris quispiam servum ecclesiæ occiderit, restitutio* (leg. restituto) *itidem Stemmate, subsequentis compositionis duæ partes sunt advocati, tertia ecclesiæ*. Id est, ni fallor, restituto alio servo, etc.

¶ 4. **STEMMA**, a Gr. στέμμα, Corona, diadema. Translat. S. Sebastiani, etc. sæc. 4. Bened. part. 1. pag. 406 : *A Stemmate usque subuculam cultu regali exuti* (Ludovicus Pius et ejus uxor) *uterque Martyri inibi reposuere*. Occurrit præterea tom. 1. April. pag. 65. tom. 3. Maii pag. 510. et tom. 3. Jun. pag. 697. Utuntur etiam Firmicus Mathes. lib. 3. cap. 8. Prudent. Hymno 1. περὶ στεφάνων, et alii.

¶ **STEMNEFREOCH**. Charta Edwardi III. Regis Angliæ in Monast. Anglic. part. 2. pag. 293 : *Nec non libertate multuræ suæ in molendino ipsius Roberti; scilicet quod sint Stemnefreoch et cholfreoch*. Saxon. stemne, truncus, stipes; et freo, liber.

STEMPHIACI, *id est, vinatia*, apud Papiam MS. Perperam in edito, *Steniphiaci, id est, umacia* : est enim vox Græca, στέμφυλα, unde constat legendum *Stemphyla*.

* **STENDALLIENSE** Argentum, Ad *Standardum* scilicet examinatum. Charta Frider. Brandeburg. episc. ann. 1308. inter Probat. tom. 1. Annal. Præmonst. col. 328 : *Quadraginta marcas argenti Stendalliensis, Magdeburgensis ponderis, supradictis præposito, qui pro tempore fuerit, et ecclesiæ Sanctæ Mariæ singulis annis in perpetuum... persolvet*. Vide *Standardum* 2. *Stendatus* et *Stendeliensis*. [** *Stendal*, Oppidum in Marcha Brandenburgica.]

¶ **STENDARDUS**, ut *Standardum* 1. Vide ibi.

¶ **STENDATUS**. *Marca Stendata*, ad *Standardum* scilicet examinata. Locus est in *Marca Stendata* in *Marca*, 1. Vide *Standardum* 2. Ejusdem originis videtur.

¶ **STENDELIENSIS**, in Charta Borchardi Magdeburg. Archiep. ann. 1317. apud Ludewig. tom. 5. Reliq. MSS. pag. 48 : *Exposuisti nobis, quod a Thyderico milite et Rolekino fratribus dictis de Houeleue quinque marcarum argenti et similiter a Johanne Bruninghi quinque marcarum argenti redditus comparaveris pro octoginta marcis argenti Stendeliensis de bonis tuis hereditariis datis prædictis venditoribus et solutis*. Vide *Stendalliense Argentum*.

¶ **STENIPHIACI**. Vide *Stemphiaci*.

¶ **STENTARI**, Distineri, occupari, vox Italica. Acta S. Franciscæ Rom. tom. 2. Martii pag. 139 : *Ergo debes ob ipsius amorem Stentari de omnibus quæ sibi placent*. Vita vener. Catharinæ de Palantia tom 1. April. pag. 652 : *Accepit de manu forficem, et Stenta fuit ad incidendum alios ungues*.

¶ **STENTARIUM**, ut *Standardum* 1. Jac. de Varagine in Chron. Januensi apud Murator. tom. 9. col. 16 : *Ideo ad complendum* *et perficiendum armamentum viriliter processerunt, comiturias assignantes, vexilla distribuentes, Stentarium cingentes, etc.*

¶ **STENTINÆ**, ἔντερα in Gloss. Lat. Gr. Sed leg. *Intestina*, ut patet ex Gloss. Gr. Lat. : Ἔντερα, *Intestina, interanea, Stentinæ.*

STEORA. Vide *Steura.*

STEORESMAN, Navis gubernator, a Sax. steoran, regere et gubernare, et man, homo. Fœdus Ethelredi Regis cum Analano, cap. 4 : *Si homo sit de pecunia sua robatus, et sciat in qua navi, reddat Steoresman, i. gubernator, pecuniam illam, etc.*

¶ **STEPA**, Estepa, Estaut, Palus, tigillum, fulcrum, Gall. *Etaye.* Reparat. factæ in Senescallia Carcassonæ ann. 1435. ex Schedis Cl. V. *Lancelot : Item pro quinque Stepis et quinque cabestris de coral, quilibet ex longitudine duarum cannarum.* Ibidem : *Pro faciendo unum estaut cum uno boqueto pro pizando seu tenendo sommerium dicti molendini.... Item pro faciendo in dicto aychagaterio tres trabes et tres Estauts avietis sufficientes et necessarios. Item pro ponendo unam Estepam querci bonam et sufficientem in dicta paxeria dicti molendini cum sex trabis ab utraque parte dicte Estepe longitudinis qualibet trium cannarum.... Item pro duobus Estauts longitudinis quolibet* XII. *palmorum.*

STEPHADIUM. Historia Episcoporum Autisiodor. cap. 20 : *Dedit et alium missorium similiter anacteum pensant. lib. 40. et dimid. qui habet in medio rotam cum Stephadio, et in gyro homines et feras.* An ex Gr. ςεφάδιον, ut sit coronula; vel quod *Scacarium*, quod *Stephadium* etiam vocabant, efformatum fuerit? Vide *Stipadium.*

* Pro mensa occurrit in Vita MS. S. Laudi Constant. episc. ex Bibl. Carmelit. discal. Paris. : *Necessaria componentes Stephadium beati viri sub arbore posuerunt.*

¶ **STEPHANIENSES**, Monetæ Comitum Burgundiæ. Vide in *Moneta Baronum.*

¶ **STEPHANIZARE**, Coronari, Gr. ςεφανίζω corono, a ςέφανος, corona. Acta S. Ansueri tom. 4 Jul. pag. 102 : *Nam in tormento vario Ansuerus Stephanizat.*

* **STEPILLA**, f. pro *Sterpilla*, Ager dumetis purgatus; ab Italico *Sterpare*, extirpare, evellere. Formulæ vett. ex Cod. reg. 4189. fol. 19. v° : *Sunt etiam in dicta medietate Romanæ ecclesiæ pascua, prata, Stepillæ, etc.* Nisi diminutivum sit a *Stipa*, dumetum. Vide infra in hac voce.

1. **STERA**, *Pellicula in qua involvitur puer in ventre matris et moratur. Unde Macer : Steræ sed subditur herba.* Ugutio. Alius : *Obstetrix, femina quæ Steram tractat.* [A Græco-Barbaris, qui ςέρα, pro ὑςέρα, dixerunt, transiit hæc vox ad Latinos. Vide Gloss. med. Græcit. et Lexicon Martinii.]

¶ 2. **STERA**, ut supra *Stara*, sextarius, Ital. *Staro.* Statuta Vercell. lib. 4. fol. 57 : *Ferrarius vero pro suo labore habeat... pro qualibet mensura de ferro, vel aramo, Stera, balantia, et similia, denarios sex Pap. et non ultra. Stier*, in Chartulario Episc. Parisiens. fol. 122. ad ann. 1269 : *Philippus de Maci armiger dicit quod ipse tenet de domino Episcopo in feodum ipsius Episcopi 13. Stiers ordei et plenam minam et 17. Stiers avenæ et plenam minam, et 7. Stiers mistolii, quæ percipiuntur in decima de Maci.*

¶ **STERBERE**. Gualterius Hemingford. de Gestis Edwardi II. Reg. Angl. ad ann. 1307. pag. 241 : *Quibus auditis, respondit ille nobilis consiliator, Comes Lincolniensis, qui esse Sterbebat capitalis consiliarius Regis mortui.* Ubi Cl. Editor Hearnius, f. *Sciebatur.*

¶ **STERBRECH**, vel Strebrech, Viæ fractio, aversio, obstructio, diminutio, a Saxon. stret, strata, via; et Brecan, frangere, violare. Leges Henrici I. Reg. Angl. cap. 81 : *Strebrech* 100. *sol. emendet.* Cap. 13 : *Hæc emendantur sol.* 100. *grithbrech, Strebrech, forstal, etc.* Ubi MS. Cottonian. habet *Sterbrech.* Cap. 11. de his quæ sunt juris Regii : *Assultus, roberia, Sterbrech, præsumptio terræ vel pecuniæ Regis, etc.* Vide Spelmannum, et infra *Strebreche.*

STERCIDIUM, Κοπρισμός, in Gloss. Lat. Græc.

¶ **STERCIDUM**, ὀχετός, in iisdem Gloss. at in Gloss. Græc. Lat. : Ὀχετός, *Rivus canalium, clabata, rivus, Stercidum.*

¶ **STERCOLA**, Nutrix, quæ cunas purgat. Ita pro *Sterceia*, vel *Stercoia* restituit Rigaltius apud Tertull. adv. Valentin. cap. 8 : *Quare non et Stercolæ et syntrophi nominantur?*

STERCOLINUM, vel Stercolinium, pro Sterquilinium : Fimus, quo stercorantur agri : κόπρος. Gloss. Lat. Gr. : *Sterculinium*, κοπροδοχεῖον, κοπρία. Julianus Antecessor Constit. 58 : *Quod laboraverunt tantum æstimatio fiat, non autem propter emponemata, et Stercolinum aliqua ratio moveatur. Sin autem sine holeribus hortus sit, similiter sine holeribus restituatur, et nulla iterum æstimatio fiat de Stercolino.*

STERCORACES, Stercora. Indiculus Superstitionum et Paganiarum, in Concilio Liptinensi ann. 743 : *De auguriis vel avium, vel equorum, vel boum Stercoracibus.* [Apud Baluz. tom. 1. Capit. col. 151. legitur, *vel bovum stercore, vel Sternutatione.*]

Stercoratium, Eadem notione. Gervasius Tilleberiensis part. 1. de Otiis Imperial. : *Quædam sunt inter apothecas Ecclesiæ membra, quædam ad sentinam Stercoraria promenda.*

STERCORANISTÆ, Hæretici, qui Eucharistiæ Sacramentum secessui obnoxium esse censebant. Algerus lib. 2. de Eucharist. cap. 1 : *Non sunt igitur observanda Græcorum Hæreticorum, qui merito Stercoranistæ vocantur, deliramenta, putantes, celestem escam velut terrenam indifferenter accipi, et in sordidum ventris secessum emitti.* Humbertus Cardinalis in Respons. ad Nicetam Pectorat. 1 *Sed, ó perfide Stercoranista, qui putas fideli participatione corporis et sanguinis Domini quadragesimalia atque Ecclesiastica dissolvi jejunia, omnino credens, cœlestem escam velut terrenam per aqualiculi fœtidam et sordidam egestionem in secessum dimitti, plane sentis cum Ario.*

¶ **STERCORARE**, Alvum exonerare, stercore inquinare, in Canon. Pœnit. apud Marten. tom. 4. Anecd. col. 45 : *Si aves Stercorant in quemcumque liquorem, hujusmodi tollatur stercus, et mundetur cibus aqua benedicta, et sumatur.*

¶ Stercorisare, Stercorizare, Eadem notione. Byzynius in Diario belli Hussitici apud Ludewig. tom. 6. Reliq. MSS. pag. 199 : *Vasa autem prædicta continentia confringentes, vel in eo Stercorisantes, etc.* Adde Statuta Collegii S. Bernardi ann. 1493. apud Lobinell. tom. 3. Hist. Paris. pag. 176. et *Breydenbach* in Itin. Jerosol. pag. 254. *Stercorizare* in Gemma occurrit pro Agros fimo stercorare.

STERCORARIA Sedes, Lapidea, seu marmorea, quæ Romæ est ante porticum Basilicæ Salvatoris Patriachatus Lateranensis, ad quam deducitur electus summus Pontifex, priusquam pergat ad S. Petri ædem; sic dicta, quod dum in ea sedet, a Cardinalibus inde elevetur dicentibus hunc versiculum, *Suscitat de pulvere egenum, et de stercore erigit pauperem, ut sedeat cum principibus, et solium gloriæ teneat.* Ita Ceremoniale Cencii Camerarii apud Baron. ann. 1191. et Ceremon. Rom. lib. 1. sect. 2. Jacobus Cardinalis de Coronatione Bonifacii VIII :

. . . . Et sedes capiens de Stercore nomen
In platea est circa templum despecta parumper.

☞ Quando hujus sedis usus cœperit, non constat : nihil de eo ante sæculum decimum invenitur, quo tempore illius fit mentio apud laudatum Cencium, uno sæculo ante natam fabulam de pseudopapissa Johanna, ut observat Mabillonius in Itinere Italico cap. 30.

* **STERCORARIUM**, *Privé*, in Glossar. Lat. Gall. ex Cod. reg. 7692. Vide *Stercutium.*

¶ **STERCURA**, σκύβαλα in Gloss. Lat. Gr. : Σκύβαλα, *Stercura, quisquilia*, in Gr. Lat.

¶ **STERCUS**, Narium excrementum. Vita MS. Wenwaloei ex Tabul. Landevenec. : *Nares, inquit, meæ dolore vulnerum plenæ Stercus concremant ab ardore, ut vides, tantæ infirmitatis.*

¶ **STERCUTIUM**, Latrina. Vide *Secessus.*

¶ **STERENATES**. Vide *Stravaces.*

¶ **STERIA**, ὅρμαθος, in Gloss. Lat. Gr. Leg. *Seria.* Vide Salmas. ad Inscript. Herod. pag. 15. et ad Plinium pag. 809.

¶ **STERIFIUM**, Stapes, quo in equum quis tollitur. Hist. Novient. Monast. apud Marten. tom. 3. Anecd. col. 1127 : *Quo viso equus cui super sedebat perterritus, ac rapidis passibus totus in præceps actus, densissimam silvam expetiit. Cumque puer non valens residere, ad terram decidisset, pes ejus Sterifio sive ascensorio sellæ inhæsit, ac sic per devia et abrupta tractus, calcibus equi et objectu arborum miserabiliter est protritus.*

STERILENSIS Moneta. Vide *Esterlingus.*

* **STERILES**, *Intestina*, in Gloss. ad Alex. Iatrosoph. MS. lib. 1. Passion. cap. 6 : *Accipiat vero Steriles et pedes de bobus.* Occurrit etiam in aliis Gloss. ex Cod. reg. 6881. Vide *Stentinæ.*

* **STERILLUM**, *Barba Deo apta*, in vet. Glossar. ex Cod. reg. 7613. Monstra verborum, pro *Barba de capra.* Vide *Stirillum.*

* **STERIS**, i. *Pellicula, quæ vocatur matrix*, in nota interlineari ad scen. 1. act. 1. Comœdiæ sine nomine ex Cod. reg. 8163 :

Sterem orbavit misere morbus. Vide *Stera* 1.

1. **STERIUM**, *Statio, d. solitarii habitatio.* Papias.

2. **STERIUM**, Æstuarium. Vide supra *Esterium.*

* **STERLA**, in Dialogo creatur. dial. 53 : *Avis est similis grui : magnum enim habet rostrum et periculosum.*

¶ **STERLINGARIS**, ut *Esterlingus.* Vide in hac voce. Litteræ Raymundi Comit. Tolos. ann. 1248. apud Marten. tom. 1. Anecd. col. 1040 : *Item (confitemur nos habuisse) ex alia parte centum aureos, et quindecim marchas Sterlingares, quas pro Bertrando Ricardi misit Sycardo Alamanni.*

¶ **Sterlencus**, Eadem notione, in Compositione inter Gaufridum II. Aptens. Episc. et Raubaudum de Agouto ann. 1233. ex Schedis Præs. de Mazaugues : *Restagnus et Guirannus habuerant castrum S. Martini quod proprium erat Ecclesiæ Aptensis, retento tamen pro censu jure dominii Sterlenco uno annuatim.*

STERLINGUS. Vide *Esterlingus.*

¶ **STERLINQUUS**, Eodem significatu ac *Esterlingus*, in Charta ann. 1341. apud Rymer. tom. 5. pag. 259.

¶ **STERLINUS**, ut supra *Stellinus.* Vide in hac voce. Vita dom. Hildeburgis apud Acher. tom. 2. Spicil. pag. 690 : *Dedit etiam decimam Sterlinorum suorum de redditibus quos habebat in Anglia omnibus diebus vitæ suæ.*

STERMENTORIUM, *Stabulum jumentorum. Unde Josephus, in* 10. *Annalium : Josephus hæc audiens posuit idola in Stermentorio Cameli. Et etiam Stermentoria dicuntur, quæ in lectis solent sterni.* Ugutio.

¶ **STERNATUS**, pro Stratus, Gall. *Jonché.* P. Amelius in Ord. Rom. apud Mabill. tom. 2. Musei Ital. pag. 535 : *Item parata fuit capella circumquaque de pannis, et Sternata de frondibus de verta.* Vide infra *Sternutus* 2.

STERNAX, *Caballus pavidus, qui homines rejicit de dorso suo*, in Glossis MSS. Aliæ Isidori : *Sternaces, pavidi.* Ita etiam Glossæ Antiquæ MSS. Sueno in Hist. Danica cap. 5 : *Casu inopinato, equi Sternacis præcipitio, arbori illisus interiit.*

¶ **Sternax**, Humilis, qui se sternit, apud Sidon. lib. 5. Epist. 14 : *Ad hæc te festa cervicum humiliatarum, et Sternacium civium suspiriosa contubernia, peto.*

¶ 1. **STERNERE**, *Pacificare, præparare, insellare, obnuere.* Will. Brito in Vocabul. MS. Gloss. Lat. Gall. Sangermanenses : *Sternere, Pacifier, préparer, enseler, accraventer.*

2. **STERNERE**, pro Scribere. Passio S. Maximiliani : *Dion dixit, Sterne nomen ejus. Cumque Stratum fuisset, Dion dixit : quia indevoto animo militiam recusasti, congruentem accipies sententiam, cæterorum exemplum.* Vide Glossarium mediæ Græcitatis, in Καταςρωνεύειν.

¶ 3. **STERNERE**, Subjicere, ultimo gradu et loco collocare, in Cod. Theod. tit. de Domesticis (6,24.) leg. 5.

* **STERNICIUM**, Stramentum, palea quæ equis sternitur, Gall. *Litiere.* Stat. Avellæ ann. 1496. cap. 185. ex Cod. reg. 4624 : *Si aliqua persona posuerit... balchas seu paleas, vel aliquod Sternicium pro fimo faciendo, etc.* Ibid. cap. 184. habetur *Externicium.* Vide *Stertura.*

* **STERNITUS**, Stratus, ad terram dejectus, Ital. *Sternato.* Stat. civil. Cumanæ cap. 96. ex Cod. reg. 4622. fol. 155. r° : *Et quod similiter non possit.... exportare... plodas infichatas, nec Sternitas.* Vide *Sternatus.*

¶ **STERNOMENTUM**, **Sternotum**, **Sternumen**, πταρμός, in Gloss. Græc. Lat. Sternutamentum.

STERNUM, *Torus, toral, stratus*, ςρωμνή, in Gloss. Græc. Lat.

¶ **STERNUTATIO**, Sternutamentum, Gallice *Eternuëment*, inter auguria recensetur in Indiculo superstitionum et paganiarum in Conc. Liptinensi ann. 743. Vide [** Grimm. Myth. pag. 647.] supra *Stercoraces*, et mox

¶ 1. **STERNUTUS**, Eadem notione qua *Sternutatio.* Pirminii libellus apud Mabill. tom. 4. Aneclect. pag. 586 : *Præcantatores et sortilegos, karagios, aruspices, divinos, ariolos, magos, maleficos, Sternutus et auguria per aviculas, vel alia ingenia mala et diabolica nolite facere nec credere.*

2. **STERNUTUS**, pro Stratus, in Rythmo de Verona, tom. 1. Analector. Mabillonii, pag. 371. [** Veron. illust. col. 369.] :

Foro lato spacioso Sternuto lapidibus,
Ubi in quatuor cantus magni instant fornices,
Plateæ miræ Sternutæ de sectis lapidibus.

¶ **STEROLOGIA**, *Postloquium*, in Gloss. Sangerm. num. 501. a Græco-barbaro ςερολογία, pro ὑςερολογία unde efformatum *Sterologia*, pro hysterologia. Vide *Stera* 1.

* **STERPARE**, vox Italica, Extirpare, evellere. Stat. Taurin. ann. 1360. cap. 127. ex Cod. reg. 4622. A : *Item teneatur judex vel rector excutere pro bampno a quolibet incidente, devastante seu Sterpante plantam alevatam viridem primo anno ejusdem, solidos duos.* Vide mox

* **STERPERE**, Eadem notione, in Bulla Greg. IV. PP. ann. 828. apud Murator. tom. 3. Antiq. Ital. med. ævi col. 41 : *Terra culta et Sterpeta insimul juges triginta.* Vide infra *Stirpere.*

STERPIÆ, *Caudæ serpentis*, in Glossis antiquis MSS.

¶ **STERPUS**, ab Italico *Sterpo*, Stirps, truncus, Gall. *Souche.* Acta S. Bertrandi tom. 1. Jun. pag. 796 : *Cum invenisset unam leporem juxta quoddam sepe, seu ad pedem unius Sterpi, etc.*

¶ **STERQUILINIUM**, Stercorum receptaculum. Notitia judicati ann. 994. in Append. ad Marcam Hisp. col. 950 : *Et ibi invenerunt infra Sterquilinio juxta ipsam parietem terminum anticum, et descendit per ipso vallo usque in ipso aquale.* Utitur Columella lib. 1. cap. 6.

* **STERRERIA.** Vide supra *Starrene.*

* **STERTINA**, Aratri culter, quo terra *Sternitur* seu versatur. Glossar. Lat. Gall. ex Cod. reg. 7692 : *Stertina, coue* (leg. f. coutre) *de cherue.* [** F. cauda. Vide Grimm. Gramm. tom. 3. pag. 414.] Nisi idem sit quod Stiva. Vide *Stifa.*

¶ **STERTOR**, pro *Strator*, nisi me fallo. Vide in hac voce. Epitaphium Gerbirgæ Abbat. Geisenfeldæ apud Mabill. tom. 4. Analect. pag. 51 :

Hic jacet in tumba Gerbirgis filia Regis
Græci Stertoris, Eberhardique fuit
Neptis, hujus loci prima fertur Prælata fuisse.

¶ **STERTURA**, Substramen, Gall. *Litiere.* Charta Majoris *de Doulaincourt* ann. 1244. in Tabular. Compend. : *Abbati et suis providebit idem Major de stramine, tam ad lecta facienda, quam ad sternendum per hospicia, et ad Sterturam equorum faciendam.*

STERZER. Reinerus de Valdensibus : *Item Hypocritarum, qui vulgariter Sterzer vocantur, qui fingunt sibi infirmitates, et fingunt subitam sanitatem.* Infra : *Item falsæ peregrinæ, quæ vocantur Sterzer.* [** Errones, homines vagi. Vide Schmelleri Glossar. Bavaricum tom. 3. pag. 660.]

STEURA, **Stiura**, Vectigal, tributum, collatio, etc. ex Germanico *Steur.* [** Vide Graff. Thesaur. Ling. Franc. tom. 6. col. 704. voce *Stiura.* Grimm. Antiq. Jur. German. pag. 298. Chart. Arnolphi reg. German. ann. 889. confirmata ann. 993. apud Eccard. in Franc. Orient. tom. 1. pag. 392 : *Decima tributi... quæ de partibus orientalium Francorum ad fiscum dominicum annuatim persolvi solebat, quæ secundum illorum linguam Steora vel Osterstuopha vocantur.* Plura apud Haltaus. in Glossar. German. col. 1743. voce *Steuer.*] [Statuta Ardacens. ann. 1356. apud R. Duellium tom. 1. Miscell. pag. 111 : *Steuræ vel collectæ.* Charta Alberti Ducis Austriæ ann. 1286. apud Ludewig. tom. 4. Reliq. MSS. pag. 267 : *Ad nullas teneantur collectas, contributiones, dacias sive Steuras.*] *Steura seu precaria*, in aliquot Constitutionibus Adolphi Imper. ann. 1293. et 1299. apud Goldastum tom. 1. Constit. Imper. Sigismundus Monachus in Chronico Augustano ann. 1370 : *Carolus Rex exegit ab Augustensibus* 36. *millia Florenorum, et a Judæis* 10. *millia pro Steura, etc.* Helwicus in Rationario Styriæ : *In Pirchwelde habentur annuatim de Steura* 40. *talenta novorum Wiennensium, etc.* Chronica Salisburgensia ann. 1461 : *Eodem anno propter impositionem Steuræ per Archiepiscopum tota rusticitas.... ad resistendum se erigit.* Adde Constit. Friderici II. Imp. de privilegiis civitatis Norinbergensis § 11. apud eumdem Goldastum, Chronicon Henrici Rebdorff. ann. 1296. 1346. Chronicon Constantiense pag. 626. Pontanum lib. 7. Rerum Danicarum pag. 478. Leonhartum Pauholz in Chron. Bavar. Chronicon Aulæ Regiæ cap. 27. Æneam Silvium in Hist. Bohem. cap. 61. Metropolim Salisburgensem tom. 10. pag. 164. 378. tom. 2. pag. 68. etc.

¶ **Stewra**, Eadem notione, in Charta Mathiæ Reg. Bohemiæ apud Ludewig. tom. 1. Reliq. MSS. pag. 509. Vide *Berna.*

¶ **Steyra**, pro *Steura*, in Charta Alberti Ducis Austr. ann. 1342. apud Steyerer. in Comment. ad Histor. Alberti II. col. 63 : *Ita etiam quod ab omni exactione, Steyra et gravamine, tam vigiliarum quam laborum qualiumcumque Principum et civium sint exempte.* Infra habetur *Steura.*

¶ **Stura**, apud Georg. Christianum tom. 1. Rerum Mogunt. pag. 649 : *Omnes census, Sturas, sive exactiones precarias vini, vulgo Halwin nuncupari solitas judicia, etc.*

Stiura. Vetus Charta in eadem Metropoli Salisburgensi tom. 2. pag. 30 : *Nec in quoquam fideles nostros tam Clericos quam Laicos, aut in pernoctationibus, vel* *in Stiuris, seu regalibus, sive in qualibet re licet minima molestari debent.* [Litteræ Rudolphi et Ludovici Comit. Palat. ann. 1306. apud Tolner. inter Instr. Hist. Palat. pag. 83 : *Hanc gratiam fecimus, ut curia dicta Ilmungeshof in tuo officio sita, quæ ipsum monasterium proprietatis titulo respicit, Stiuris, exactionibus, vel aliis servitiis quibuscumque libera esse debeat in futurum.*]

STEYGNATUS. Monasticum Anglic. tom. 3. part. 2. pag. 80 : *Una fanona de panno serico, præter frontellum, pro Missis ibidem, cum frontello Steygnato.... Una fanona de panno serico, cum frontello Steygnato.* [Hoc est fortassis, notis variegato ac distincto, vel punctis interstincto, ita ut legendum sit *Stigmatus*. Vide in hac voce.]

* **STEYLE**, Septum ad intercipiendos pisces. Glossæ Cæs. Heisterbac. in Reg. Prum. tom. 1. Hist. Trevir. Joan. Nic. ab *Hontheim* pag. 675. col. 2 : *Venna est instrumentum sumtuosum et satis utile, unde pisces capiuntur, quod appellamus.... Steyle.* Vide *Statio*, 11.

¶ **STEYRA**, ut *Steura*. Vide in hac voce.

¶ **STHANERIUS**, Stamnarius, Gall. *Potier d'étain*, in vet. Catalogo Confraternitatis B. M. Deauratæ Tolos. Vide *Stagnum* 2.

STHEMA, pro *Schema*, Habitus, vestitus, ornatus. Johannes Biclariensis in Chron. : *Aramundatus Saracenorum Rex Constantinopolim venit, et cum Sthemate suo, Tiberio Principi cum donis Barbariæ occurrit.* Vide *Scema* 1. et *Stemma*. 1.

¶ **STIBA**, ἐχέτλη, in Gloss. Lat. Gr. pro *Stiva*.

¶ **STIBADIUM**. Vide *Stipadium*.

¶ **STIBULATIO**, ut infra *Stipulatio*. Charta ann. 23. Ludovici Pii apud Stephanot. tom. 3. Antiquit. Bened. Pictav. MSS. pag. 220 : *Cum adnexa Stibulatione manus nostras subterfirmabimus, et bonis hominibus ad roborandum tradimus.* Alia ibid. pag. 230 : *Ut hæc facta nostra firma perduret cum Stibulatione subnixa manus nostras proprias subterfirmavimus, et post nos bonis hominibus ad firmandum tradidimus.* Occurrit rursum hæc formula ibid. pag. 272.

1. **STICA**, *Tunica*, in Gloss. Isid. Papias, et Glossæ Lat. MSS. ex Bibl. Reg. Cod. 1013. habent *Stiga*. Alibi : *Strigium, genus vestimenti*. Savaro *striga* legendum censet. Vide *Striga* 1. [*Stigia, tunica, Stigium, genus vestimenti*, in iisdem Isidori Gloss. Vossio de Vitiis sermonis cap. 50. nimis laxa videtur Isidori interpretatio, Sticamque pro *Sticta*, χιτὼν κατάστικτος, scriptum suspicatur, et tunicam notis variegatam ac distinctam intelligit. A Græco στιχή accersit Salmasius quem consule in Exercit. Plin. pag. 748. edit. Traject. Italiæ Moniales *Stecca* appellant lineam fasciam quam circumligant in fronte.] A *Stica* vero videtur formata vox στιχάριον apud Græcos, quibus perinde est *tunica*.

Sticharium. Gloss. Græc. Lat. : Στιχάριον, *tunica*. Gloss. Lat. Græc. : *Strictoria*, στιχάρια. Palladius in Hist. Lausiaca cap. 135. de S. Athanasio, λαβὼν ἑαυτοῦ τὸν στιχάριον καὶ τὸ βυῤῥίον. Vita S. Eudociæ Martyr. n. 27 : Στιχάριον κιλίκινον ἐνεδύετο. Chron. Alexand. pag. 766 : Φορέσας στιχάριν ἄσπρον, etc. Anonymus Medonii de Offic. Eccl. CP. ait, M. Oeconomum ferre τὸ στιχάριον Patriarchæ in sacra Liturgia.

☞ *Sticharium* præterea appellatur, præsertim apud Græcos, vestis strictior ecclesiastica, quæ est antistitum, presbyterorum, diaconorum, et subdiaconorum propria. Vide Gloss. med. Græcit. voce Στιχάριον. Acta S. Leonis III. PP. tom. 2. Jun. pag. 588 : *Accessit his candidum Sticharium et castanei coloris contextum phenolium.*

¶ Sticcha, ut *Stica*, apud Cencium in Ord. Rom. cap. 33. tom. 2. Musei Ital. Mabill. pag. 200 : *Notandum quod coqui et brodarii debent habere Sticchas in Pascha et in Nativitate Domini.*

2. **STICA**, Stika, Certus numerus Anguillarum, Anglis *Esticke*. Fleta lib. 2. cap. 12. § 7 : *Lunda anguillarum constat ex 10. Stikis, et quælibet Stika ex 20.* [25] *anguillis.* Glanvilla lib. 2. cap. 9 : *Unum sextarium mellis, et duas Sticas anguillarum.* Monasticum Anglic. tom. 1. pag. 148 : *Duodecim Sticæ anguillarum annuatim.* Pag. 363 : *His etenim addidi... unam piscariam, quæ reddit unum millenarium Sticarum anguillarum : unum pesantum anguillarum, 40. valet grossas anguillas.* Tom. 2. pag. 880 : *Quatuor centum anguillarum de redditu piscarii mei de Wiltone annuatim, in principio Quadragesimæ, habenda scilicet 9. Estickes de gurgite qui vocatur Lodweres, etc.* Adde pag. 815.

¶ 3. **STICA**, pro *Strica*, vel *Striga*, Venefica, in Hist. MS. Monast. Gemmetic. pag. 53.

¶ **STICARE**. Correctiones statutorum Cadubrii cap. 117 : *Jubemus quod nullus hospes aut tabernarius.... in ejus taberna seu hospitio ludere nec Sticare permittat tam de die quam de nocte sub pœna librarum 25. Pap.... Qui vero ludent seu Sticabunt in qualibet taberna seu hospitio tam de die quam de nocte cadant ad pœnam lib. 25. Pap.... et hancmet pœnam incurrere intelligatur quicumque non esset hospes sive tabernarius, qui in ejus domo Sticare seu ludere permitteret.* Pro palis munire occurrit supra in *Batifolium*.

STICATA, Dalmatis, Propugnaculum, munimentum, *Bastida* Italis. Historia Obsidionis Jadrensis ann. 1345. lib. 1. cap. 24 : *Quam Italici et Longobardi Bastidam, Dalmatici et Chroati Sticatam appellare consueverunt.* Occurrit pluries ibi. [Germanis et Hungaris *Stechen* est lignum teres et longiusculum, quo clitellæ jumentariæ funibus adstringuntur.] Vide *Steccata* in *Steccare*.

¶ **STICCARE**, Palis et sudibus munire, Italis *Steccare*. Chron. Domin. de Gravina apud Murator. tom. 12. col. 714 : *Sed perveniens Summam invenit ipsam bene fossatam et Sticcatam, et infinitis armigeris custoditam.* Vide *Steccare*.

* Haud scio an inde *Sticher*, quod fuste percutere significare videtur, in Charta ann. 1424. tom. 2. Hist. Leod. pag. 444 : *Quiconque ferat fratin, briserat egliese de forche, tuerat, Sticherat, quasserat gens à playe ovierte deserauble, etc.*

¶ **STICCATELLUS**, diminut. ab Italico *Steccato*, Palus, sudes, assula lignea. Acta S. Raynerii tom. 3. Junii pag. 448 : *Accepit Sticatellos de terra, et cœpit mittere sub bullas acutorum, et statim prosilierunt.*

¶ **STICCHA**, Sticharium. Vide *Stica* 1.

* **STICGMA**, Donum, munus in grati animi signum alicui datum; unde vocis origo. Stat. facult. utriusque juris art. 5. ex Cod. reg. 7212. A : *Statuimus quod quandocumque de cætero quis promovebitur ad gradum doctoratus in altera facultatum, tenebitur dare Sticgmata honorifica, videlicet doctori danti birretum, rotundum mantellum honorabilem usque ad valorem quinquaginta regalium.* Vide *Stigma* 2.

¶ **STICHATUS**, Contextus ac series palorum. Anonymus de Gestis Friderici II. Imper. : *Quo lignaminibus ipsarum domorum, quæ inde disrumpere potuerunt, facerent Stichatos sive palliciata circumcirca civitatem.* Vide *Steccare*.

* **STICULARIUS**, *Stigularum* seu ligularum artifex. Charta ann. 1280. in Lib. nig. 2. S. Vulfr. Abbavil. fol. 108. r° : *Juxta managium Balduini dicti Sticularii.* Vide infra *Stigula*.

* **STICUS**, Piscis fluviatilis notus, tinca. Glossar. Lat. Gall. ann. 1348. ex Cod. reg. 4120 : *Sticus, Gall. Tanche.* Vide *Tenca*.

¶ **STIER**, Sextarius. Vide *Stera* 2.

STIFA, pro Stiva aratri. Flodoardus lib. 14. Carmine 19 :

Virtutem quoque magnifici probat ille Magistri,
Ruricolæ insistens operi, Stifæque medendæ, etc.

STIGA. Joan. de Janua : *Stiga, i. aculeus, stimulus, incitatio, molestatio.* Inde *instigare*. [Gloss. Lat. Gall. Sangerman. : *Stiga, aguillon. Stigare, aguillonner.*] Vide *Stica* 1.

* **STIGARE**, Instigare, incitare. Instr. ann. 1384. inter Probat. tom. 3. Hist. Nem. pag. 74. col. 1 : *Qui (proceres Margaritarum) venerunt apud Nemausum Stigantes consules Nemausi ut juvarentur, etc.* Vide *Stiga*.

* **STIGARIUS**, Secundus inter officiales fodinarum salis; an qui operarios incitat, quomodo nostris *Piqueur*, alia licet ex origine? Stat. de salis fodinis ann. 1451. inter Leg. Polon. tom. 1. pag. 166 : *Statuimus jura officialium. Primo vicezuppario datur media marca qualibet septimana. Item Stigario in Bochnia unus ferto. Item Stigario in Wieliczka septem grossi.* Ibid. pag. 169 : *Statuimus, quod omnes tragarios rebelles quotiescunque crimen commiserint, seu laborare noluerint, extunc idem Stigarius debet eos laboribus destituere.* [** Germ. *Steiger*.]

¶ **STIGINA**. Vide infra *Stigna*.

* **STIGIO**, an Stirpium eradicandarum venditio? Libert. loci de Mirabello in Reg. 74. Chartoph. reg. ch. 564 : *Item quod de permutatione, donatione seu legato et pro Stigione arborum non solventur ventæ, quia sic est usitatum.*

¶ **STIGIUM**, Genus vestimenti. Vide *Stica* 1.

* **STIGLUS**, Stilus, Ital. *Stile*; Lignum teres et longum. Tract. MS. de Re milit. et mach. bellic. cap. 93 : *Notandum est quanto magis rota distat a centro Stigli, magis giratur et frequentius, quia jam cursum suum cepit. Stili* ibid cap. 94. Vide *Stillus* 2.

¶ 1. **STIGMA**, pro Stemma, in Chron. Salernit. Anonymi apud Murator. tom. 2. part. 2. col. 224 : *Sed quantum ad genus pertinet, ex illustribus et ex magno Stigmate fuit nimirum natus.*

* Acta S. Adulphi tom. 7. Sept. pag. 510. col. 2 : *Erat Cordubæ matrona quædam Arthemia nomine, illustrium avorum Stigmate decorata, sed virtutum manipulis egregiis illustrior.*

¶ 2. **STIGMA**, Signum, character, nota. Andreas Floriac. MS. lib. 3. Mirac. S. Bened. : *Quidam episcopalis scematis Stigma præferens ingreditur, etc.* Guidonis Discipl. Farf. cap. 64 :

Hos quibus officium solito damus annue plenum,
Stigma Crucis prudet nomen, ut ordo refert.

Acta S. Aureæ tom. 4. Jul. pag. 652 : *Quam non solum christianam, verum etiam sacræ devotionis insignitam Stigmate contuentes, confestim de ea judici referunt quæstionem.* Ubi de velo virginitatis indicio sermo est. Vide Cod. Theod. de Fabricensibus leg. 4. (10,22.) ubi Fabricensium brachiis, ad imitationem tironum, Stigmata infligi jubet Arcadius, non in pœnam, sed ut fugitivi internosci possent.

¶ 3. **STIGMA**, Modus, ratio. Translat. S. Audoeni apud Marten. tom. 3. Anecd. col. 1674 : *Talis igitur infantiæ primordium decuit hunc virum, quem sibi assumsit in sacerdotem ad multorum expiationem, qui in Melchisedech Stigmate quotidie sub forma panis et vini in altaris offertur libamine.*

4. **STIGMA**. Nicol. Uptonus lib. 1. de Militari officio cap. 3 : *Milites qui creantur per balneum portant de consuetudine in humero sinistro suum Stigma militare album, quod quidem Stigma dictus Tiro portabit, quousque fecerit aliquod notabile factum, nisi aliqua nobilis domina illud tollat; ut est consuetudo Angliæ.* Quod vero *Stigma*, hic scriptor vocat, *Las*, seu lemniscus nodatus dicitur in veteri Ceremoniali MS. ubi de Militari inauguratione. Qui enim Miles cum balneorum ceremonia creatus fuerat a Principe, longiori tunica induebatur, eique lemniscus albus ad sinistrum humerum alligabatur, *Et ce blan las*, (verba sunt Ceremonialis,) *il portera sur tous ses habilemens qu'il vestira au long de cette journée, tant qu'il ait gaignié honneur et renom d'armes, et qu'il soit recorde de si haut record come de nobles Chevaliers, Ecuyers, et Heraux d'armes, et qu'il soit renommée de ses fais d'armes, comme devant est dit, ou aucun hault Prince, ou tres noble Dame de povoir couper le las de l'espaule du Chevalier, en disant, Sire, nous avons ouy tant de vray renom de vostre honneur, que vous avez fait en diverses parties, au tres grant honneur de Chevalerie, à vous mesmes, et à celuy qui vous a fait Chevalier, que droit veut que cest las vous soit ostez.*

STIGMATA, Præstigiæ, characteres magici. Anonymus in Vita S. Brigidæ cap. 10 : *Venit ad S. Brigidam Conaldus, suis satellitibus circumdatus, sub Stigmatibus maligmis, et dixit, etc.* Mox Brigida ea stigmata, *signa diaboli* vocat. Ibidem : *Tunc Conaldus cum suis Stigmata sua deposuit, nec contra Deum et Brigidam venerant.* Et cap. 11. n. 66 : *Quadam die venerunt ad Brigidam quidam viri otiosi et vani, habentes Stigmata diabolica in capitibus suis, et quærentes aliquem jugulare.*

¶ **STIGMARE**, Notam infligere. Prudentius in Romano :

Quamcumque partem corporis fervens nota Stigmarit.

¶ **STIGMATIZARE**, Eadem notione, Gr. στιγματίζειν. Acta S. Reginswindæ tom. 4. Jul. pag. 95 : *Et tanta illum disciplina Stigmatizavit, ut videlicet lividæ cutis vestigia divinæ visionis cunctabilia omnia facerent credibilia.*

STIGMATUS, Punctis interstinctus. Bonifacius Moguntinensis Episc. Epist. 17 : *Præterea parva munuscula pro indicio caritatis direximus, id est corporale, pallium album Stigmatum, variatum, et villosum ad tergendos pedes servorum Dei, etc.* [Vetus Interpres Irenæi lib. 1. cap. 15. n. 4 : *Cum viderit veritatem idolum a Marco factam, et hoc alphabeti literis Stigmatam.* Ubi Græcus. : γράμμασι κατεστιγμένην.]

STIGNA, *Pallia operosiora.* Papias MS. et edit. Gloss. Isid. : *Stigina, ornamenta regia.*

STIGULA, Ligula, Gallis *Aiguillette : Stigularii, Faiseurs d'aiguillettes.* Habetur in 1. Registro *des mestiers de Paris* fol. 89. Arestum pro *Stigulariis, seu Aquiletariis urbis Parisiensis an.* 1421. 7. *Febr.*

* Arest. ann. 1421 : *Actores dicebant quod secundum statuta et ordinationes dicti ministerii Stigulariorum seu aguiletariorum villæ nostræ Parisiensis etc. Stigulas seu aguiletas super suo stallo publice vendebat... Quod dicta Aelipdis in dicto ministerio Stigulariæ seu aguiletariæ aprenticia fuerit.*

* **STIIGH-ROFF**, Latrocinium in via publica, interprete Ludewigo ad Leg. Danic. tom. 12. Reliq. MSS. pag. 201 : *Item spoliantes naufragantes, tanquam pro Stiigh-roff convincantur et eodem modo puniantur.*

¶ **STILA**, Campanula. Vide *Skella.*

* **STILARE**, vox Italica, Obtinere, in usu esse, usurpari. Lit. ann. 1429. inter Probat. tom. 3. Hist. Nem. pag. 221. col. 1 : *Recepta informatione legitima super contentis in illis, nobis constiterit legitime ita fuisse usitatum, Stilatum ac observatum inconcusse a legitimo tempore citra, etc.* Eodem sensu dicimus de consueta cujuspiam agendi ratione : *C'est son stile.* Vide infra *Stillus* 4.

¶ **STILBON**, vox Græca, Splendens, splendidus. Fridegodus in S. Wilfrido sæc. 4. Bened. part. 1. pag. 722 :

Mittitur e summo (dicto mirabile) cœlo
Archonus Michael, nitido lampabilis ore,
Quem pater intendens, non ut fantasma repellens,
Ceu Stilbonta, novum lumen, veneratur amicum.

Pro Stella Mercurii occurrit in Chron. Joh. Whethamstedii pag. 360 :

Sic rapidis Stilbon prædonibus udique regnum
Repleratque nimis sic late sperserat ipsos.

* **STILIARE**, IS, idem quod *Graphium* 1. Stilus. Glossar. Lat. Gall. ann. 1352. ex Cod. reg. 4120 : *Stiliare, grafiere.*

* **STILICIDIUM**. Vide mox *Stillicidium* 2.

¶ **STILINQUADRUM**, *id est, quadrum.* Gloss. Isidori. Vide *Stlinquadruum.*

¶ **STILLA**, Campanula. Vide *Skella.*

* **STILLÆ**, Glacies, stillæ glaciatæ. Acta S. Sebaldi tom. 3. Aug. pag. 772. col. 1 : *Si ligna afferre non vis vel vales, apporta glaciem de platea. Quæ ut se ab immanitate expurgaret, certe glaciem et Stillas portavit oppido.*

STILLARIÆ, Aquarum ductus. Charta Conradi Imp. ann. 1023. apud Ughellum in Episcopis Vicentinis : *Cum pratis, vineis, silvis,.... Stillariis, fontibus, pascuis, aquis, aquarumque decursibus, etc.* [Legendum videtur *Stellariis.* Vide *Stellaria* 2.]

¶ **STILLATUM**, Sorbitiuncula. Acta S. Franciscæ Rom. tom. 2. Martii pag. 100* : *Cum pateretur morbum inflatissimum in gutture, ita quod nec Stillatum nec aliquid aliud poterat sumere, etc.*

STILLATURA, Compendium vel lucellum, quod Duces seu Tribuni ex annona singulorum militum quasi *sub gratia donationis*, licito decerpebant, ut est in leg. 28. 29. et ult. Cod. Th. de Erogat. milit. annonæ. (7,4.) Quam vocem hac notione usurpant etiam Spartianus in Pescennio, cui *Stellatura* dicitur, et Lampridius in Alexandro Severo. De vocis etymo multa commentatur Jacobus Gotofredus ad d. leg. 28. ubi varias scriptorum sententias expendit.

¶ **STILLGERICHT**, a Germanico *Still*, placidus, et *Gericht*, judicium, jurisdictio. Charta Ruperti Rom. Reg. ann. 1401. apud Tolner. Hist. Palat. pag. 145. inter Instr. : *Concedentes... potestatem... destitutos vel exutos per se vel per alium, seu alios, etiam per judicium dictum Stillgericht... restituendi.* [** Vide Haltaus. Glossar. German. voce *Still*, col. 1745.]

* **STILLICIDIARE**, Stillare. Glossar. Provinc. Lat. ex Cod. reg. 7657 : *Sgotar, Provinc. Stillicidiare.*

¶ 1. **STILLICIDIUM**, Momentum, punctum temporis. Vetus Irenæi interpres lib. 2. cap. 32. n. 3 : *Et ne quidem Stillicidio temporis perseverantia, non Jesu Domino nostro, sed Simoni mago similes ostenduntur.*

* 2. **STILLICIDIUM**, **STILICIDIUM**, Ludicra pugna, hastiludium. Charta ann. 1314. in Reg. 50. Chartoph. reg. ch. 77 : *Guillelmus de Aqua dicebat et proponebat contra Humbaudum le Borne domicellum, quod ipse Humbaudus in quibusdam Stillicidiis, seu joustes in vulgari, falso modo, maliciose, ex certa scientia occiderat et læserat ad mortem Guillelmetum de Aqua, filium dicti Guillelmi de Aqua; dicto Humbaudo contrarium proponente et dicente se in prædictis Stilicidiis seu joustes cum dicto Guillelmeto, filio dicti Guillelmi de Aqua, fideliter et modo debito joustasse.* [** An *Stiludiis* pro *Hastiludiis*?]

* 3. **STILLICIDIUM**, Morbi genus oculorum, f. Ægilops. Vita S. Laur. eremit. tom. 3. Aug. pag. 408. col. 2 : *Monachus Stillicidium oculorum sustinens, imposita infula S. Laurentii sanatur.*

* 4. **STILLICIDIUM**, Aquæ decurrentis murmur. Comœd. sine nomine act. 1. sc. 1. ex Cod. reg. 8163 : *Ut tibi etiam somniculandi paremus causas, fricipedum lenem, parvum ac sonorum Stillicidium, etc.*

* 5. **STILLICIDIUM**, quod et *Impluvium* dicebatur, Area ante ædem sacram. Status eccl. Constant. ad ann. 1093. inter Instr.

tom. 11. Gall. Christ. col. 224 : *Episcopi et abbates præscripti, una cum clero et populo,.... sepelierunt eum* (Gaufridum) *honorifice in stillicidio ecclesiæ, sicut ipse præceperat vivens adhuc in corpore.* Vide *Atrium* 1.

¶ 1. **STILLUS**, Stylus, formula, methodus conficiendi acta forensia. Mandatum Caroli IV. Reg. Franc. ann. 1322. tom. 1. Ordinat. pag. 773 : *Cum pridem... ordinatum fuerit, ut Scripturæ, sigilla, scribanie., Stilli, memoralia processuum, etc. quin imo scripturas, scribanias, sigilla, Stillos, memorialia.... ad firmam... tradere nostro nomine studentis.*

* Vel Scribæ officium. Pro *Regesto* seu libro, in quem acta regeruntur, accipi opinor in Reg. Cam. Comput. Paris. sign. *Noster* fol. 401. r° : *Custos Stilli ibi, per diem octo denarios. Custos placitorii castelleti, per diem octo denarios.*

¶ 2. **STILLUS**, Stilus, Palus, sudes. Miracul. B. Henrici Baucen. tom. 2. Jun. pag. 387 : *Ipsa zata ducta sine remigio allisa fuit ad Stillos pontis et sissa in duas partes.* Jac. De Layto in Annal. Estens. ad annum 1397. apud Murator. tom. 18. col. 941 : *Qui ambo exercitus, postquam non erat sibi possibile pontem occupare illum, vastissimis bombardis continue contundebant, rumpendo et sternendo diætim Stilos et alia ipsius pontis robora.* Ubi pontis pilæ seu columnæ intelligi possunt, a Græc. στῦλος, columna; at pro palo certum est usurpari hanc vocem in Charta Desiderii et Adelgisi Reg. Longob. ann. 772. in Bullario Casin. tom. 2. pag. 14. col. 2 : *Per prato in Stilo ficto, et pero teclato, et per runco in furca ficta, usque in pero similis teclato, deinde in Stilo, et rovere teclata. Stili cæci*, apud Hirtium in bello Africano, Pali sunt præacuti ambustique, ac terræ defixi in castrensi munitione. De iisdem Silius :

Et Stilus occulitur, cæcum in vestigia telum.

* 3. **STILLUS**, Stilus, graphium, idem quod supra *Stiliare*. Charta Phil. Pulc. ann. 1294. in Chartul. S. Maglor. ch. 106 : *Concessimus taxamentum vini, quod habebamus apud Arcolium,..... tenendum a nobis et hæredibus nostris in feodum ad unum Stillum ferreum de servitio solvendum quolibet anno in compotis nostris ac senatus Parisiensis compotorum nostrorum auditoribus, loco nostri.*

* 4. **STILLUS**, Consuetudo, mos, Ital. *Stile.* Inquisit. ann. 1288. in Access. ad Hist. Cassin. part. 1. pag. 387. col. 1 : *Ferrarii de S. Germano serviunt monasterio Cassinensi de arte ferrariæ singulis annis in festo Paschatis de Stillo, videlicet uno anno de martello, etc.* Vide supra *Stilare.*

¶ **STILPONES**, νᾶνοι, in Gloss. Lat. Græc. Pusilli, homunciones.

* **STILUM**, Instrumentum calceandis equis aptum. Charta ann. 1263. apud Murator. tom. 2. Antiq. Ital. med. ævi col. 476 : *Item unum Stilum pro ferrandis equis : item duæ pallæ ferreæ.*

¶ 1. **STILUS**, Titulus, Gall. *Titre*, Angl. *Style.* Litteræ Caroli V. Reg. Franc. ann. 1370. tom. 5. Ordinat. pag. 325 : *Nec non omnes consuetudines, libertates, saisinas et Stilos in seu de quibus visi* (usi) *sunt pacifice ab antiquo.* Charta Elizabethæ Reg. Angl. ann. 1570 apud Rymer. tom. 15. pag. 679 : *Investimus eundem Thomam unum pursivandorum nostrorum ad arma, eique nomen illud vulgariter nuncupatum Rougecrosse imponimus, ac Stilum, titulum, libertates, et præeminentias hujusmodi officio convenientia, etc.* Pluries occurrit alibi. Vide *Stillus* 2. et *Stylus.*

* Melius forte, Reditus, emolumentum, salarium.

* 2. **STILUS**, Idem quod etiamnunc *Stipes* nuncupatur in Camera Computorum, id scilicet juris quod illius magistris aliisve competit in venditionibus vel locationibus rerum ad dominium pertinentium. Jura gentium Compot. in Reg. ejusd. Cam. sign. *Croix* fol. 126. v° : *Item percipiunt Stillum consuetum in Campania,.... videlicet de emptoribus præpositurarum, portagiorum et consuetudinum : si summa ascendit ad mille libras, debent solvere pro Stilo xiiij. libras Turon.... Item in Francia, pro Stilo percipiunt magistri xv. solidos Turon. Item in senescallia Pictaviensi, pro Stilo præposituræ Pictaviensis quolibet anno xv. solidos Turon.* Vide infra *Vinagium* 6.

* 3. **STILUS**, Alia notione. Vide supra in *Stiglus.*

¶ **STIMARE**, Stimator, Æstimare, Æstimator. Inquesta ann. 1268. ex Schedis Præs. *de Mazaugues* : *Requisitus quis fecit fieri emendam, dixit quod Stimatores quos ipse testis misit ad Stimandum talam.*

* **STIMATIO**, Æstimatio. Libert. Figiaci ann. 1318. tom. 7. Ordinat. reg. Franc. pag. 602. art. 8 : *Poterunt dicti consules.... extimare bona mobilia et immobilia dictorum habitatorum collectabilium, et stimatores quos et quot volunt et volent instituere; et si de dicta Stimatione oriatur discordia, etc.* Vide *Stimare.*

¶ **STIMPLO**, Extemplo. Paschasius in Vita S. Adalhardi sæc. 4. Bened. part. 1. pag. 342 :

Omnibus una manes sors irrevocabilis horæ,
Quæ nobis Stimplo rapuisti morte beatum.

¶ **STIMULATI**. Vide *Schola stimulati.*

¶ **STIMULATUS**, Fervens. Vita B. Joh. Bonvisii tom. 5. Maii pag. 110 : *Hanc igitur regulam servabat, quod si aliquem subditum haberet ultra modum zelantem seu Stimulatum, etc.*

* **STIMULUS.** Cæsar. de Bello Gallico lib. 7. cap. 67 : *Ante hæc, taleæ pedem longæ, ferreis hamis infixis, totæ in terram infodiebantur, mediocribusque intermissis spatiis, omnibus locis disserebantur, quos Stimulos nominabant.* Vide in *Retorta* 1.

¶ **STINARII**, *dicuntur amatores. Idem dicuntur carnearii.* Vocabul. utriusque juris.

* **STINCA**, Carcer apud Florentinos. Acad. Cruscani : *Stinche, Cosi s'appellano in Firenze le carceri, nelle quali stanno i prigioni per debito, o i condannati a vita.* Stat. antiq. Florent. lib. 1. cap. 24. ex Cod. reg. 4621. fol. 22. r° : *Mense quolibet saltem semel judex domini executoris ordinamentorum justitiæ civitatis Florentiæ ire debeat ad Stincas communis Florentiæ, et videre et examinare si qua commissa contra carceratos ibidem detentos; et si aliquis defectus committeretur per superstites vel aliquas personas Stincarum, etc.*

* **STINCIUS**, *Piscis, Gall. Espinoque*, in Glossar. Lat. Gall. ex Cod. reg. 7679. vulgo *Epinoche.* Vide supra *Sticus.*

* **STINCTUS** 2æ. declinat. Exstinctus, a verbo *Stinguere.* Glossar. Provinc. Lat. ex Cod. reg. 7657 : *Stencher, Prov. Stinguere, exstinguere.* Nostris alias *Destaindre*, pro *Eteindre.* Lit. remiss. ann. 1380. in Reg. 117. Chartoph. reg. ch. 148 : *Après que le feu de ladite maison fu Destaint, etc.* Charta ann. 1332. in Reg. 66. ch. 968 : *Vendo et titulo puræ et perfectæ venditionis irrevocabiliter trado...... in dicto incantu et ad dictos Stinctos candelarum.... quoddam hospicium, ... cum omnibus suis patuo et operatoriis et pertinentiis, situm in villa seu burgo Carcassonæ.* Vide supra *Extinctus.*

STINCUS. Acta antiqua apud Ughellum tom. 7. Ital. sacræ pag. 1361 : *Et a pede Arpi ferit ad caput Fatzeoli, ubi est copia Stincorum, et vadit usque ad locum, qui vocatur antiqua Ecclesia, etc.* Infra : *Ubi surgit fons, et tendens ad seram de Stinchis, etc.* Italis *Stinca*, est montis apex.

¶ **STINDARDUM**, ut *Standardum* 1. Vide ibi.

STINGIS DINT. Vide Leges Burgorum Scotic. cap. 19. [Skenæo de Verborum significatione pag. 153. est Ictus stimuli vel baculi, Latine fustigatio.]

¶ **STIOPHIUM**, pro *Strophium*, apud Ludewig. tom. 6. Reliq. MSS. pag. 311. linteum ad emungendum nasum. Gall. *Mouchoir.*

STIOPUS, *Inflatio oris. Unde,*

Nec Stiopo tumidas intendis rumpere buccas,
Vel braccas.

Ita Jo. de Janua; [unde Gloss. Lat. Gall. Sangerman. : *Stiopus, Enfleure de bouche.*] Sed leg. *stlopo.*

STIOSUS, *Quasi mitissimus, non superstitiosus*, in Glossis antiquis MSS.

¶ 1. **STIPA**, *Quædam parva arbor, ut dicunt copa, quia ex ea stipentur tecta.* Joh. de Janua. Gloss. Lat. Gall. Sangerm. : *Stipa, un petit arbre bon pour balaier. Scopa.*

* 2. **STIPA**, Obturamentum, id quod stipatur seu occluditur. Comput. eccl. Paris. ann. circ. 1381. ex Bibl. S. Germ. Prat. : *Pro una ligatura de teil pro Stipa pressorii, iiij. solidos.* Vide *Stipare* 1.

¶ **STIPABILIS**, στιβάσιμος, in Gloss. Lat. Gr.

STIPADIUM, vel Stipartum, *id est, scaccarium, quia hominibus spectantibus ludum stipetur, vel stipet, si domus fiat. Vel Stipadium, est purus abacus, et hoc Stipadium, genus mensæ.* Ugutio, et ex eo Joannes de Janua. Catholicon parvum : *Stibadium, Eschequier.* Græci στιβάδιον vocant torum, vel cubile ex herbis confectum. Papias : *Stiphadium, a stipitibus, quasi stipiadium, prandium.* In MS. *Stephadium.* [Sidonius lib. 2. Epist. 2 : *In hac* (diæta) *Stibadium, et nitens abacus.*] Vide *Stephadium.* [** Schol. ad Atton. Polypt. num. 49 : *Stephadium signum est in cœlo, quod rustici præsepe dicunt. Et dicitur Stephadium quasi Stipadium; sic enim præsepe dicebatur* *a stipitus ex quibus fiebat.* Vide Forcellinum in *Stibadium.*]

* Glossar. Provinc. Lat. ex Cod. reg. 7657 : *Scaquier, Prov. Stipadium.* Aliud Gall. Lat. ex Cod. 7684 : *Stipadium, i. scacarium, Eschequier à jouer aux tables.*

* **STIPALIA** Bona, vulgo *Biens Stipaux,* appellantur bona, quæ ex stirpe paterna vel materna proveniunt, in Hist. Lossens. Mantel. part. 3. pag. 17. et 51.

1. **STIPARE.** Beda in Vita S. Guthberti Ep. n. 68 : *Sumpto fœno vel argilla vel quidquid hujusmodi materiæ reperisset, Stipaverat rimulas, ne quotidianis imbrium sive ventorum injuriis ab orandi retardaretur instantia.* Ubi *Stipare*, est stupa, vel *stipa* rimas occludere, nos *Estoupper* dicimus. [Vide *Stuppare.*]

¶ 2. **STIPARE**, ut infra *Stirpare.* Charta ann. 1225. inter Probat. tom. 2. novæ Hist. Occitan. col. 438 : *Pro Stipata vinea tantumdem consimilis vineæ, donec illa in priorem reintegretur valorem, etc.*

* 3. **STIPARE,** Stipitibus claudere, munire. Glossar. Lat. Gall. ex Cod. reg. 521 : *Stipare, Clorre de paliz.*

¶ **STIPARIUM.** Vide *Stipadium.*

¶ **STIPARIUS**, Stuparius, ςυπτικός, in Gloss. Lat. Gr. Stypticus, astringens.

¶ **STIPATE**, Contracte. Gesta Tancredi apud Marten. tom. 3. Anecd. col. 126 : *Quo terra genti opulentius serviret diffuse spatiosa, quam Stipate contracta.*

STIPATORES, *Præbendarii, vel compositores, dicti a stipe, id est, præbenda.* Ita Glossæ MSS.

☞ *Stipatores* præterea dicuntur milites qui Inquisitori ad inquirendos et puniendos hæreticos auxilium et comitatum præstant. Hi crucem in extima veste deferunt : unde *Crucesignati* interdum, qui alibi *Familiares*, vel *S. Petri Martyris Scholares,* nuncupantur. Vide Jac. Simancatem Pacensem Episc. de Catholicis Institut. tit. 41. § 15. et Limborch. Hist. Inquisit. lib. 2. cap. 9.

STIPATUS. Concil. Londinense ann. 1342. cap. 2. de abusu Clericorum in vestibus : *Et suis digitis annulos indifferenter portare publice, ac zonis Stipatis pretiosis supercingi.*

¶ **STIPBRICH**, Idem videtur quod *Sterbrech.* Vide ibi. Tabul. Ramesiense Ch. 174 : *Concedo... mundbrich, blodwith,... Stipbrich, etc.*

¶ **STIPENDIALIS**, Ad stipendium pertinens. *Fœdus stipendiale*, apud Sidon. lib. 8. Epist. 9.

¶ **STIPENDIARI**, Sustentari, tueri, Gall. *Entretenir.* Chron. S. Trudonis apud Acher. tom. 7. Spicil. pag. 375 : *Hinc episcopalis terrebat interdictio, quæ sacrilegos illos præconabatur ex oblatione fidelium non debere Stipendiari.* Utitur Tertull. adv. Judæos cap. 9. et adv. Marc. lib. 3. cap. 13.

¶ **STIPENDIARIE**, In *stipendium.* Præceptum Theoderici Reg. inter Acta Episc. Cenoman. apud Mabillon. tom. 3. Analect. 206 : *Sanctimonialibus inibi degentibus et pauperibus, ac peregrinis Stipendiarie dispensante atque ordinante præfatæ urbis Episcopo, etc.*

¶ 1. **STIPENDIARIUS**, Qui alicujus stipendia meret. Chron. Estense ad ann. 1305. apud Murator. tom. 15. col. 353 : *Intravit civitatem Mutinæ, et accedens plateam, invenit Stipendiarios suos clausos sbarris circa totam plateam.*

* *Stipendier*, in Lit. Caroli VI. ann. 1384. in Memor. E. Cam. Comput. Paris. fol. 54. v° : *En révérence de Dieu et de saincte Eglise et contemplacion de nostre saint pere, pour son hostel et ses domestiques, familliers ou Stipendiers, etc.*

* 2. **STIPENDIARIUS**, Œconomus, procurator penus. Mirac. S. Rosæ tom. 2. Sept. pag. 454. col. 1 : *Item cum quidam Uginus Albanensis, Stipendiarius et socius strenui viri Angeli Ronconi, etc.*

¶ 1. **STIPENDIUM**, Quidquid vitæ sustentandæ est necessarium. Charta ann. 850. in Append. ad Marcam Hisp. col. 785 : *Ut nostris futurisque temporibus ipsæ res ejusdem monasterii rectorumque suorum et monachorum ibidem degentium proficiat utilitatibus Stipendiisque in augmentum.* Charta Hugonis Magni ann. 940. apud Mabill. tom. 3. Annal. pag. 709 : *Concessimus ad præfatum S. Juliani monasterium in victualibus, Stipendiis monachorum, ceterisque eorum utilitatibus, etc.* Vita S. Maximi tom. 1. Jun. pag. 93 : *Eat et ipse vobiscum et accipiat Stipendia corporis necessaria.* Adde Gloss. Barthii apud Ludewig. tom. 3. Reliq. MSS. pag. 18. et 70. [** Carol. M. Capitul. lib. 5. cap. 185. ex Concil. Magunt. ann. 813. cap. 9.]

* *Stipende*, eadem notione, in Charta ann. 1258. ex Chartul. S. Petri de Monte : *Et sai aquiteit toutes mes Stipendes, que li abbés et li covens me devoient.*

¶ 2. **STIPENDIUM**, Via, ratio, modus aliquid comparandi. Saxo Grammat. in Histor Danica : *Unicum salutis Stipendium in æris abjectione repositum, nec fugæ subsidium nisi rerum damno carpendum.*

¶ Stipendia Patriæ, Munera curialia, quæ et *Necessitates municipales* dicuntur, in Cod. Theod. de Decurion. leg. 57. (12, 1.)

¶ 1. **STIPES**, Furca, patibulum. Charta Caroli C. ann. 863. apud Miræum tom. 1. pag. 248 : *Isaac et Sigardus Comites humiliter precati sunt, ut concederemus cuidam Cameracensis Ecclesiæ Præsuli... omnem, quam Regia Majestas habet, potestatem, scilicet legalis justitiæ disciplinam, excepto dumtaxat Stipite.* Vide *Stips*, 1.

¶ 2. **STIPES**, pro Stips, in Gloss. Lat. Græc. : *Stipes sodalium*, ἔρανος. *Stips*, in MSS. Sangerm.

* 3. **STIPES** Altaris, Ejusdem basis. Pontif. MS. Elnensis eccl. ubi de consecratione altaris : *Præmissa autem observantur, quando foramen seu sepulcrum fit in medio aræ seu altaris in parte superiori, vel etiam in Stipite altaris a parte interiori* (leg. anteriori) *vel posteriori : tunc enim ara seu ipsum altare, priusquam hæc fiant, super Stipitem levatur et collocatur atque firmatur.* Infra : *Subsequenter inungit cum crismate in modum crucis, et inunctionis mensæ seu tabulæ, et tituli seu Stipitis in quatuor angulis quasi illa conjungens et sigillans, etc.*

STIPHA. Theodericus Monachus de Miraculis sancti Celsi Episcopi Trevir. n. 14 : *Cum de lecto surgere cuperet, et nemo sibi ministrantium afforet, nisu quo potuit, Stipham lectuli apprehendit.* [f. Lecti columna, fulcrum.]

¶ **STIPHADIUM.** Vide *Stipadium.*

* **STIPHANIUM**, Idem videtur quod *Stephadium* vel *Stipadium.* Missale est Joannis in valle ann. circ. 400 : *Vox psallat dulcis ac mera cleri canentis camenas clara per Stiphania crucis.*

* **STIPODIUM**, Stapes, quo quis in equum tollitur, f. pro *Stapedium*, ut legitur in *Stapes.* Instr. ann. 1520. tom. 3. Probat. Hist. Brit. col. 951 : *Prope quam* (porticum) *eodem R. in Christo patre descendente, idem Carolus procurator præfatus tenuit Stipodium dextrum sellæ dicti R. in Christo patris, dum descendebat.* Vide *Staffa* 2.

STIPPA. Anastasius in S. Silvestro : *In medio fontis columnas porphyreticas, quæ portant phialam auream, ubi candela est, pensans est ex auro purissimo libras 52. ubi ardet in diebus Paschæ balsamum lib. 200. nixum* (l. myxum) *ex Stippa amianti.* Id est ex papyro seu *stuppa* immaculata, pura. Alii codd. præferunt *stuppa.*

* 1. **STIPS**, pro *Stipes*, Furca, patibulum, superioris justitiæ signum. Charta Dagoberti I. ann. 627. inter Instr. tom. 5. Gall. Christ. col. 451 : *Omne quod ad fiscum nostrum hactenus pertinebat, excepto Stipe et comitatu.* Vide *Stipes* 1.

* 2. **STIPS**, Monetæ minutioris species, Romanis etiam nota. Charta ann. 1165. ex Bibl. reg. cot. 19 : *Si tunc ista moneta cambiata vel deteriorata erat, dabimus vobis per os Ugonencos Melgorienses xxiij. denarios et unam Stipem ad computum eorum.*

* **STIPTEREA**, *Alumen scissum*, in Glossis ad Alex. Iatrosoph. MS. lib. 1. Passion. cap. 9 : *Gallis asianis, acatia, squama ferri, calcanto, Stipterea æqualia pondera accipiens, etc.*

¶ **STIPTICUS**, pro Stypticus, Gr. ςυπτικός. Alexander Iatrosophista lib. 2. Passion. cap. 79 : *Cibi... qui Stiptici sunt, bene digestibiles et evanadoti.*

* Hildeg. epist. tom. 10. Collect. Histor. Franc. pag. 486 : *Neque manduces aliquid Stipticum, vel plus æquo salsum.*

1. **STIPULA**, pro *Stipulatio.* Traditiones Fuldenses lib. 2. form. 22 : *Vos et successores vestri ad possidendum et ad fruendum in elimosynam meam ulterius perenniter firmissimam habeatis potestatem, Stipula confixum vobis ad roborandum et ad tuendum.* Wfaius Monachus post Vitam sancti Amandi a Milone conscriptam :

Præbuit is Stipulam præclarus Episcopus Emmo,
Affigens digitis pulchra elementa suis.

Stipulas e Manibus Ejicere. Vide *Festuca.* [** *Stipula abrenuntiare*, in chart. ann. 1074. apud Guden. Cod. Diplom. tom. 1. pag. 377. Vide *Abstipulare.*]

* 2. **STIPULA**, *Impostura; significat aridos ad fidem.* Glossar. vet. ex Cod. reg. 7613. Occurrit etiam in altero ex Cod. 7641.

¶ **STIPULAGIUM**, Præstatio pro stipulis. Polyptyc. Fiscam. ann. 1235 : *Omnes homines de S. Georgio, exceptis vavassoribus,* *debent Stipulagium et pasnagium porcorum suorum.*

¶ **STIPULARE**, pro Stipulari. [** Vide *Abstipulare.*] Charta ann. 968. ex majori Chartul. S. Victoris Massil. fol. 7 : *Recognoscentes quia nullum directum habebant de ipsis campis et de ipsis vineis et se guerpiverunt et Stipulaverunt.* Vide mox *Stipulatio.*

STIPULATIO. Gloss. Gr. Lat. : *Stipulationes*, ἀπερωτήσεις. *Stipulatio*, ἱκανοδοσία. [Gloss. Lat. Gall. Sangerm. : *Stipulatio*, *Stipulacion, c'est interrogation petitive adjoustée à responsion permissive.*] Isidor. lib. 4. Orig. cap. 24 : *Stipulatio est quasi promissio vel sponsio ; unde et promissores stipulatores vocantur. Dicta autem stipulatio a stipula, veteres enim quando sibi aliquid promittebant, stipulam tenentes frangebant, quam iterum jungentes, sponsiones suas agnoscebant.* [Charta ann. 1240. apud Miræum tom 1. pag. 580. col. 2 : *Nos per Stipulationem solemnem, fide et juramento interpositis, promittimus, etc.* Charta ann. 1278. apud Ludewig. tom. 4. Reliq. MSS. pag. 45 : *Tenore presentium permittimus* (promittimus) *et per solemnem Stipulationem, fide data vice sacramenti nos ac nostros successores in integrum venerabili in Christo patri Ebroni abbati ac fratribus monasterii Zwetlensis obligavimus, quod etc.*] Hinc formula vulgaris, *Stipulatione subnixa*, quæ crebro occurrit in donationibus, et aliis actis vel instrumentis, et apud Marculfum. Tabularium Monasterii Bellilocensis in Lemovicensibus : *Et præsens instrumentum maneat inconvulsum, cum Stipulatione subnixa. Sed præsens testamenti cessio inconvulsa permaneat, cum Stipulatione subnixa.* Hujus clausulæ ea mens est, inquit Bignonius, ut perinde firmum id habeatur, atque si in stipulatum deducta res fuisset. Stipulatio enim erat commune omnium obligationum astringendarum vinculum, ut ait Paulus lib. 5. Sent. tit. 7.

Verum truncata et mutilata iis locis verba, Notariorum more, constat, qui præcipua et magis solennia adhiberi soliti, cætera quæ subaudiri debent, ultro prætereunt tanquam minus necessaria, cum brevitati nimium quam par est student. Id, inquam, advertere est ex aliquot aliis Chartis, in quibus clausula illa suis verbis legitima concepta, ex jure Romano, et ex Imperatorum legibus petita arguitur. Charta 30. inter Alamannicas Goldasti, sub Ludovico Pio Imper. : *Cartula ista firma permaneat legis Stipulatione subnixa, qui omnium cartarum accommodat firmitatem.* Quo *legis* vocabulo, Legem Aquilianam, seu stipulationem et alteram Arcadii intelligi disertim docent Chartæ aliæ plusculæ. Altera inter Goldastinas 35. barbaris vocabulis exarata, sub Dagoberto Rege, quæ etiam refertur a Vadiano lib. 2. de Collegiis et Monast. German. pag. 65 : *Et cartula donationis sua optenia firmitatem, Aquilianis, Arcatianis leges Estibulationis, qui a omnium cartarum accommoda firmitatem.* Formulæ veteres secundum Leg. Roman. cap. 17 : *Et hæ Epistolæ contulitionis cum Stipulatione Aquiliana, nostris vel bonorum hominum manibus roboratæ firmæ permaneant.* In notis Tyronis pag. 110 : *Stipulatione Aquiliana, Stipulatione subnexa.* Testamentum Berhtichramni Episc. Cenoman. : *Ut Lex edocet septem virorum subscriptionibus et sigillis credidi muniendum, et pro totius rei firmitate atque Stipulatione adnecti præcipi.* Charta ann. 1032. in Chronologia Lerinensi tom. 1. pag. 363 : *Ut teneant et possideant omnes habitantes in ipso cœnobio commemorato, cum omni Stipulatione interposita, omni firmitate subnixa.* Stipulatio porro Aquiliana interponi solita erat acceptilationis causa, cujus vi etiam tenebatur qui chirographum aut testamentum delevisset : Lege vero Arcadii Imper. 17. C. de Testamentis (6, 23.), instrumenta omnia legitime confecta rata esse jubentur. Ita qui chartam ejusmodi infringebat mulctam ab hisce legibus decretam incurrebat. Stipulatio vero Aquiliana definitur a Cujacio, *Novatio obligationis alio genere quam verbis contractæ.* Ex his emendanda vetus Charta in Vita Aldrici Episcopi Cenoman. n. 7. sub finem. [** Huc faciunt const. 2. Cod. Theod. de pactis et tansactionibus (2, 9.) edit. Hænel. quæ est ann. 381 : *Ubi pactum conscriptum est atque Aquillianæ Stipulationis vinculis firmitas juris innexa, etc.* et const. 3. ibid. quæ est Arcadii et Honorii ann. 395. Vide Pardessus. ad Legem Salicam pag. 644. Aliter sentit. Savin. Hist. Jur. Rom. med. temp. tom. 2. cap. 9. § 41. not. o. cap. 12. § 66. cap. 14. § 85. not. K. Quidquid sit, posterioribus temporibus chartarum scriptores formula hoc tralaticia nec intellecta indicavisse stipulam vel festucam chartæ adnexam patet ex locis excitatis in voce *Culmus*, 1. Vide etiam *Constipulatio*, *Aquiliana Stipulatio*, *Dupla*, 2.]

* *Stipulatio Aquiliana* quid nostris interdum sonuerit, aperte docet Arest. ann. 1396. in Memor. F. Cam. Comput. Paris. fol. 51. v° : *Compotoque facto supradicto in aliam speciem contractus, scilicet transactionem seu Aquillianam Stipulationem transierant.*

STIPULATIO sæpe etiam pro *subscriptione* usurpatur. Chronic. Gemblacense pag. 510 : *Omnia quæ B. Wibertus legali testamento delegavit commissæ sibi Ecclesiæ Dei, Imperialis et Apostolicæ manus Adstipulatu fecit perpetualiter corroborari.* Fulcuinus de Gestis Abbatum Lobiensium cap. 6 : *In cujus traditionis Charta sic subscriptum est : Actum Liptinas villa publica, etc. et in Stipulatione, Signum, inquit, Karlomanni Majoris domus, qui hanc donationem fecit, firmavitque.* Alia apud Baldricum in Chron. Cameracensi lib. 1. cap. 27 : *Præsens donatio a me facta omni tempore firma et inviolata permaneat Stipulatione subnixa idoneorum testium, Domini videlicet Vindiciani Episcopi, etc.* Charta Friderici I. Imp. ann. 1154. pro Guillelmo Episcopo Tricastinensi, apud Sammarthanos : *Verumtamen quia tantæ rei firmitas Imperiali auctoritate muniri desiderat, sancimus et concedimus eidem sanctæ Dei Ecclesiæ, Stipulatione equidem nostra subscripta, Guillelmo ejusdem Ecclesiæ Episcopo et successoribus ejus, dominium prædictæ scilicet civitatis, etc.* Ubi *Stipulatio* nihil aliud est quam *subscriptio.* Id præterea adstruit vox *subnexa*, quæ eadem est, qua indicatur subscriptionem subdi. In Notis Tyronis pag. 110. habetur *Stipulatione subnexa*, ut in veteribus Tabulis apud Vadianum pag. 52. 53. et aliis quæ exstant in Chartis Fuldensibus et Alamannicis. Charta ann. 579. apud Perardum pag. 6 : *Stipulatione et sponsione pro omni firmitate sucnexsa.* Verum interdum vox *subnixa*, pro *subnexa* scribitur. *Scripturam veritate subnixam* dixit Lex 4. Cod. Th. de Fide testium : ut Baldricus Noviom. lib. 3. cap. 39 : *Conventionem sacramento subnixam.*

* Charta Ruothardi ann. 7. Conr. in Franc. orient. : *Et ut hæc nostræ donationis auctoritas perpetualiter inviolabilis permaneat, manu propria illam roboravimus et manibus parentum cæterorumque fidelium firmari fecimus Stipulatione subnixa.*

¶ **STIPULUM**, καλάμη, in Gloss. Lat. Gr. *Stipulus*, in MS. Sangerm. pro Stipula.

¶ 1. **STIPUS**, *Mendicus*, Joh. de Janua, *Mandiant*, in Gloss. Lat. Gall. Sangerm. Qui stipem emendicat. Vide alia notione in *Staupus.*

* 2. **STIPUS**, *Calix consecratus*, in veteri Glossar. ex Cod. reg. 7613.

* 3. **STIPUS**, metaphorice, idem quod Stirps, principium, causa. Lit. remiss. ann. 1322. in Reg. 62. Chartoph. reg. ch. 220 : *Quod pater et filii sui prædicti machometum et alios thesauros absconditos invenerunt, ex Stipo, sicut credimus, et in nostris conscientiis affirmamus, processit maliciæ.*

* **STIRATURA**, vox Italica, Torsio, tortura. Utitur Card. de Luca pro Cavillatio, sophisma, argumentum longius repetitum et contortum; quo sensu Itali utuntur voce *Stiracchiatura*, a verbo *Stiracchiare*, Cavillari.

* **STIRICUS**, *Sterilis*, *Brahaing.* in Cath. Armor.

STIRILLUM, *Barba capræ, dicitur a stiria, quia pendet ad modum stiriæ, i. guttæ.* Joh. de Janua. [*Barbe de chevre*, in Gloss. Lat. Gall. Sangerm.]

¶ **STIRKES**, vox Anglica. Testam. Joh. *de Nevill* ann. 1386. apud *Madox* Formul. Anglic. pag. 427 : *Item Radulpho filio meo* (*lego*)., cc. *vaccas pro stauro*, cc. *Stottos et Stirkes*, MM. *bidentes, etc.* Anglo-Sax. styrc, est Buculus.

¶ **STIRPALIS**, ut infra *Stirpaticum* in *Stirpare.* Charta ann. 1076. apud Calmet. inter Probat. tom. 1. Histor. Lothar. col. 476 : *Dedit et omnes decimas grossas et minutas de castro et oppido, scilicet de omnibus dominicaturis, de censalibus, de arigalibus, de Styrpalibus, etc.* Alia ann. 1137. apud eumd. tom. 2. inter Instr. col. 313 : *De Stirpalibus, de censalibus, de arrengalibus, et de omnibus dominicaturis et decima mediæ partis sortium, cum omni minuta decima inibi dedit et concessit.*

STIRPARE, pro *Exstirpare : Stirpitus* evellere, quomodo Salmasius ad Histor. Augustam pag. 284. ait se reperisse apud Prudentium in vetustissimo codice. S. Ambrosius lib. 9. in Lucam : *Stirpare agrum solitus, ne sentibus gemma lædatur, ne luxuriet umbra foliorum.* Vita S. Agrippani Episcopi : *Accepto nempe tanto dignitatis officio, toto posse pravitatem hæreticam Stirpare satagebat.* Capitulare Aquisgr. ann. 789. cap. 79. et lib. 1. Capitul. cap. 75. de operis rusticorum : *Nec in silvis Stirpare,* *vel arbores cædere, vel in petris laborare, nec domos construere, etc.* Capitulare de Villis cap. 36 : *Ut silvæ vel forestes nostræ bene sint custoditæ, et ubi locus fuerit ad Stirpandum, Stirpare faciant.* Adde Capitul. 2. ann. 813. cap. 19. Charta Germanica ann. 801. apud Henschenium in Comment. ad Vitam S. Ludgeri Episcopi § 4 : *Tradidi comprehensionem illam, quam ego in propria hæreditate comprehendi... excepta illa particula quam Folcbertus in proximo angulo inter Ruram et Widubergum olim Stirpare inchoavit.* Alia ejusdem anni ibidem : *Tradidit... suam comprehensionem illam, quam... proprio labore et adjutorio amicorum suorum legibus comprehendit et Stirpavit, id est, in loco qui dicitur, etc.* Le Roman *de Guillaume au Court-nez* MS :

> Li Quens Estrepe tel grans ramier feuillis.

[Le Roman *de Vacce* MS :

> Lor viugnes et lor boiz fist li Roiz Estreper,
> Et lor maisons ardoir et lor chasteaux gaster.

Vide *Styrpus.*]

STIRPATOR, pro *Exstirpator*, [Decoctor, Gallice *Dissipateur.*] In Miraculis S. Ludgeri Episc. Mimigard. num. 9. Liber Ordinis S. Victoris Parisiensis MS. cap. 11 : *Neque prodigus sit et Stirpator substantiæ Monasterii.*

STIRPATICUM, Silva *exstirpata*, alias *Essartum*. Charta Friderici I. Imp. ann. 1175. apud Guichenonum in Episcopis Bellicensib. : *Ad hæc quoque omnia civitatis regalia, videlicet monetam, telonium,... pascua, piscationes, venationes, silvas, Stirpaticum, et omne districtum et jurisdictionem civitatis.* [Vide *Exartus.*]

* Charta ann. 1198. apud Murator. tom. 2. Antiq. Ital. med. ævi col. 85 : *Pro domo ipsorum marchionum ab eisdem personis pro communi Adriæ petebat nemus Adriani, et mille libras Venetorum pro extimatione fraudis Stirpatici a triginta annis usque nunc sibi factæ; et neminem in ipso nemore debere venari vel aucupari sine eorum licentia vel sui nuntii.* Vide mox *Stirpes* et infra *Styrpus.*

STIRPARIUM, Idem quod *Stirpaticum*. Charta Roberti Comitis Palatini Loretelli ann. 1179 : *Deinde descendit per pedem Nobilis,... et vadit per viam Esculanam, quæ est in medio Stirparii Termuleti, et deinde ascendit per latum dicti Stirparii recto calle usque ad fontem Nucum, etc.*

STIRPETUM, Eadem notione. Charta Conradi Imper. ann. 1108. tom. 3. Italiæ sacr. pag. 455 : *Cum..., silvis, buscariis, Stirpetis, pratis, paludibus, etc.*

* **STIRPERE**, ut *Stirpare*, Stirpitus evellere. Stat. Taurin. ann. 1360. cap. 134. ex Cod. reg. 4622. A : *Si quis alienam blavam vel communem, inscio domino, seaverit vel Stirpuerit postquam notata fuerit, solvat pro bampno pro faxo seu onere solidos quinque.* Vide supra *Sterpare.*

* **STIRPES**, ut supra *Stirpaticum*, Silva tirpata, alias *Essartum*. Charta Rob. reg. 2 Chartul. S. Maglor. ch. 3 : *Super hæc m omnia concedimus prænominatis san- decimas omnium Stirpetum silvæ, quæ itur Eulina.*

* **STIRPIGENA**, Estirpe genitus. Mirac. S. Emmer. tom. 6. Sept. pag. 495. col. 2 : *De quodam Stirpigena Lantperti tyranni, qui una hora bina cæcitate prohibitus est ingredi ecclesiam martyris Christi.* Ibid. pag. 501. col. 1 : *Cujus* (Lamperti) *e stirpe unus die quadam cum, etc.*

¶ **STIRPIX**, Qui stirpes effodit, radicum sector. Gloss. Lat. Gr. : *Stirpices*, ῥιζοτόμοι.

1. **STIVA**, Stapes, quo in equum quis tollitur. Chronicon Reicherspergense ann. 1160 : *Imperatore frenum equi et Stivam sellæ tenente.* Ubi nescio an non legendum sit *strivam*, ex Gallico *Estrié*. Alias Latinis, *Stiva, dicitur manica aratri : stivarius, qui tenet aratrum per Stivam.* Jo. de Janua et alii.

2. **STIVA**, Instrumentum musicum. Domnizo lib. 1. de Vita Mathildis cap. 10 :

> Tympana cum cytharis, Stivisque, lyrisque sonant hic.

* Nostris *Estive.* Le Roman *de Cleomades* MS :

> Plenté d'instrumens y avoit,
> Vielles et psalterions,
> Harpes et rotes et canons,
> Et Estives de Cornouaille.

Hinc apparet voci *Stiva* minime substituendum esse *Piva*, ut conjicitur in prolusione ad Musicam Ital. et Franc. quanquam Academicis Cruscanis idem sit quod tibia utricularis; a qua forsan non differt *Stiva.*

¶ 3. **STIVA**, Neuma, quod post antiphonas cantatur. Bernardus de Musica : *Neumata inventa sunt singulis subjicienda antiphonis quæ apud quosdam Stivæ vocantur.*

¶ 4. **STIVA**, Alia notione, in Charta apud Stephanot. tom. 1. Antiq. Bened. Vascon. MSS. pag. 678 : *Cum quodam abbate Bernardo habuit litem pro Stivas et sylvas, quæ sunt in Caldarez, eo quod ipse diceret quia deberet colligere prædam pro se sine consilio abbatis vel monachorum.* Vide *Stivarium* 2.

¶ **STIVAGIUM**. Vide *Sanctivagium.*

¶ **STIVALE**, Ocrea levior, calceorum species, Italis, *Stivale*, eadem notione, nostris olim *Stivelé*. Chron. Domin. de Gravina apud Murator. tom. 12. col. 684 : *Ceperunt ipsum Episcopum habentem tantum jupparellum in dorso et Stivalia in pedibus suis.* Charta ann. 1309. apud Lobinell. tom. 2. Hist. Britan. col. 1639 : *Et aura pour ses chaimbres Stivelez de plates garnis de teles et de fer.* Vide *Æstivalia.*

¶ STIVALLUS, STIVALUS, Eadem notione. Statuta Saluciar. Collat. 5. cap. 431 : *Statutum est quod quilibet caligarius seu affaitator faciens vel fieri faciens subtulares, Stivallos, etc.* Comput. ab ann. 1333. ad ann. 1336. tom. 2. Hist. Dalphin. pag. 284 : *Item, pro duobus paribus Stivalorum et 12. paribus solariorum pro domino, 111. flor.*

* **STIVANDARIUS**, Occitanis *Estivandié*, Custos pecorum, dum in *stivariis* degunt. Vide *Æstiva* et *Stivarium* 2. Charta ann. 1318. in Reg. 56. Chartoph. reg. ch. 465 : *Quodque agrimensores, seu Stivandarii conductitii, seu parcionarii in bladis per ipsos colligendis, panem suum decoquentes tempore messium in dictis bordis, pensionem prædictam seu fornagium pro dicto tempore solvere minime teneantur.*

¶ 1. **STIVARIUM**, ut *Stivale*. Chron. Cavense apud Murator. tom. 7. col. 958 : *Ac sine calcariis, vel Stivariis, vel jurgiis, portam monasterii nostri intrare non audeant, nec secum in ipso monasterio arma deferre præsumant sine nostra speciali licentia.*

2. **STIVARIUM**, [Pecorum stabula æstatis tempore.] Charta Gastonis Vicecom. Benebarn. ann. 1282. in Tabulario Palensi : *Concessi etiam Ecclesiam cum Stivariis et appenditiis, et decimam totam ex integro, etc.* Vide *Æstiva.*

STIURA. Vide *Steura.*

STIVUS, *Semita, tramis, trames*, ςενὴ ὁδός, in Gloss. Græc. Lat.

¶ **STLACTARIUS**, ἐργόμωκος. Gloss. Lat. Gr. : *Adulator, ambiciosus, ancillula, Stlactarius, fuco : Stlatturius*, in Gloss. Gr. Lat. Utrobique leg. *Stlatarius.*

¶ **STLATA**, *Genus navigii latum, a latitudine dictum. Inde Stlataria purpura dicitur, id est marina, vel navis piratica.* Papias. Vide Festum. Glossæ Lat. Gr. : *Stlatta*, πειρατικοῦ σκάφους εἶδος. Hinc emendandæ Glossæ Isidori : *Stlataria, vestis piratica :* ubi *vestis*, pro *navis*. *Stlataria purpura*, apud Juvenal. Sat. 7. 134. quæ *Stlata* seu navi advehitur.

¶ **STLINQUADRUUM**, σκληρόν, αὐςηρόν, in Gloss. Lat. Græc. Vide *Stilinquadrum.*

¶ **STLIPES**, δικαιάρχαι, in Gloss. Lat. Gr. Emendat Vulcanius, *Stlites*, δίκαι, ἀρχαίως.

STLOPPUM, *Genus vasis, rotundum os habens.* Glossæ MSS. idem forte quod *staupus*, et *stopus*. Vide in *Staupus*. Dictum porro videtur quod effingat eum qui *Stloppum* edit, seu qui buccas inflat. V. *Stolpus.*

¶ **STLUDIO**, χαμευνεῖον, in Gloss. Lat. Græc. Leg. χαμούλκιον, Genus carpenti humilis. Vide supra *Chamulcus.*

* **STOA**, *Porta. Stoicus, populus morans juxta Stoam, portam.* Glossar. vetus ex Cod. reg. 521.

STOACES, *Ruina Collisionum.* Papias.

¶ **STOB**, Pulmenti species, Gall. *Brouet.* Chronic. Mellic. ad ann. 1451. pag. 426 : *Die parasceves pro relevatione fratrum detur singulis aliquid coctum, videlicet prodium de furfure, vulgariter Stob, vel de pisis, non tamen nisi sale conditum.* [** Furfur. Germ. hodie *Staubmehl.* Vide Schmeller. Glossar. Bavar. tom. 3. pag. 602.]

¶ **STOBIA**, Stipula, Gallice *Chaume, éteule*, Ital. *Stoppio*. Statuta Montis Regal. fol. 226 : *Item statutum est, quod aliqua persona non possit, nec debeat capere, vel capi facere alienas Stobias, nec portari facere.... Et quilibet possit contrafacientes accusare, tam si viderit dictas Stobias in platea, quam si reperiretur in campis capere dictas Stobias,... et dom. vicarius possit inquirere et comburi facere dictas Stobias.*

STOC ET STOVEL. Charta Conventionum inter W. *de Bray* et Abbatem et Conventum *de Osenay* in Anglia, apud Spelmannum : *Præterea si homines de Stanhal dicti Abbatis inventi fuerint in bosco prædicti Willelmi cum forisfacto ad Stoc et ad Stovel*, [alias *Stovene*] *et aliquis querens corporaliter in terram per eos scesa fuerit, malefactor pro delicto, qui taliter inventus est, reddet* 3. *solidos...* Similiter concessum est *quod si aliquis inventus fuerit cum branchiis quercuum, vel cum aliis minutis boscis, cum forisfacto illo ad Stoc et Stovel, malefactor ille reddet 6. denarios.* Anglis *Stock*, est stipes, caudex, *Stouer*, pabulum, unde forte Forisfactum ad *Stoc* et *Stouer*, dictum fuerit, de eo qui ex silva stipites et pabula abstulisse deprehensus fuerit. Liber Anglicus *Justice of peace*, fol. 81 : *Unum sufficiens par cipporum vocatorum Stockes, etc.* [Vide *Zucheus.*] In Computo Domanii *de Desvre* in Comitatu Bononiensi ann. 1396. titulus habetur, *de la recepte d'Estoquages escheux à ladite Baillie de Jean Chobame pour l'Estocaige de sa maison seans à Desvre à l'encoste du flos que il vendit à Jacques, etc. 4. den.* In Computo Domanii Stapularum fol. 41 : *Recepte d'Estoquaiges de secs bois versez et estouponnez.* In Computo Dominii Comitatus Pontivi ann. 1478 : *Recepte de bois secs d'Estoqueses, et de wastis en ladite forest.* Alibi : *Recepte d'Estoquages, qu'on dit Eschielles, ou plusieurs mariniers souloient mettre leurs rets.* Vide Menagium et Ferrarium in *Stocco.*

* Occitanis *Steu*, nostris alias *Soche.* Lit. remiss. ann. 1463. in Reg. 199. Chartoph. reg. ch. 323 : *Icellui Jourdain en fuiant trouva en son chemin une Soche de boys, appellée* (en Languedoc) *Steu.* Hinc diminutivum *Estoucquet*, Palus, paxillus, in Lit. remiss. ann. 1469. ex Reg. 195. ch. 382 : *Icellui Paliart avoit mis sur les terres deux Estoucquetz, comme il lui sembloit que ilz se devoient rigler et vasser, et qu'il s'en rapportoit à tous les laboureurs.*

¶ **STOCAGIUM**, Arborum et stipitum exstirpatio, evulsio. Charta ann. 1322. ex Tabul. S. Medardi Suession. : *Dictum fuit per prædictos* (arbitros) *quod pro ista vice Prior faceret secare medietatem in suo nemore de Suigno absque præjudicio ecclesiæ, et alia medietas ad nemus de Roquant, sed Prior solveret Stocagium.* Vide *Estochagium.*

* Aliud sonat vox Gallica *Stokaige* inter Redit. Comitat. Namurc. ann. 1289. ex Reg. Cam. Comput. Insul. sign. *Le papier aux ayssellés* fol. 24 r° : *Encor i a li cuens à Templous de tos les hommes,.... soient lai, clerc ou prestre, deux deniers de Stokaige.* Ibid. fol. 25. v° : *Encor i a li cuens le Stokaige de chascun keruier deux deniers, et de chascun manovrier un denier à Noiel.* Ubi census videtur, qui ex domibus percipitur, idem quod *Estocaige* in *Stoc.*

¶ **STOCEA**, apud Martinium in Lexico ex Bart. Comm. Rer. Germ. lib. 2. cap. 16. de Suecis : *Norunt ipsi calceos suere, vestem conficere, ex junco Stoceam texere.* Sed leg. *Stoream.*

¶ **STOCHUS**, Ital. *Stocco*, nostris *Estoc* vel *Estocade*, Ensis species. Vide Menagium et Ferrarium in *Stocco.* Statuta castri Redaldi lib. 2. fol. 39. v° : *Declaramus quod arma vetita sint infrascripta, videlicet, lancea, spata, cultellus, sive daga, et cultellessia, Stochus,.... et omne alius ferrum strictum et acutum simili Stoco.*

STOCIUS, *Stultus.* Glossæ Arabico-Lat.

¶ **STOCKE**. Vide supra *Stoc.*

* **STOCKE NEFFN**, Indices adlecti, uti veridici, interprete Ludewigo ad Leges Danic. tom. 12. Reliq. MSS. pag. 167 : *Item conquerens* (leg. cum quercus) *causas aliquas promulgaverit, super quibus denominati, qui dicuntur Stocke-neffn tenentur discernere,.... et nisi juraverit non teneantur discernere Stocke-neffn, et in tercio placito debent per duos fyllingh moneri ad Stocke-neffend.* Ibid. pag. 177 : *In eisdem legibus juramentum, quod dicitur Stocke-neffn continet xiij. denominatos, et quidquid plures illorum juraverint, hoc ita ratum sit, quod ipsorum juramentum numquam possit in irritum revocari.* Vide *Veredictum* et *Veritas* 1.

* **STOCKENETTE**, Retis genus. Charta ann. 1312. apud eumd. Ludewig. tom. 9. Reliq. MSS. pag. 586 : *Licentiamus etiam iisdem possessoribus in nostra aqua Vipera quatuor piscatores cum minutis retibus, quæ Stockenette vocantur.*

* **STOCKENISCH** vel STOCKEVISCH, vox Germanica, Halex, ut videtur, fumo exsiccatus, aut asellus arefactus. Charta ann. 1450. in Reg. 185. Chartoph. reg. ch. 83 : *Item de chascune kappe de Stockenisch amené par les Alemans, ung estrelin d'entrée* (au bourg de Bruges). Vide *Stockfish.*

¶ **STOCKFISH**, STOKFISH, Skinnero in Etymol. Asellus arefactus, sic dictus quia durus est instar *Stocci*, id est trunci seu caudicis. Charta ann. 1338. apud Rymer. tom. 5. pag. 14 : *Quadraginta et sex milia et quingenta de Stockfish.* Alia ann. 1339. ibid. pag. 146 : *Quinque milia de Stokfish, etc.*

* **STOCMEDUS**, Qui virgam defert, qui apparitoribus præest. Charta ann. 1226. apud Ludewig. tom. 12. Reliq. MSS. pag. 322 : *Bodellis*, (leg. Bedellis) *etiam seu præconibus,.... qui litigantes adjuverint ad detinendum suos adversarios, quos convenire proponunt, et ad capiendum pignora, ubi fuerunt capienda, duo debentur denarii et totidem pro Stocmedo.* [** Geolagium, carcerarium, a *Stock*, Germ. carcer, et *Mete* vel *mede*, hodie *Miethe*, merces. Vide Haltaus. Glossar. German. voce *Stockmete*, col. 1748.]

* **STOCUM**. DE STOCO, Punctim, Gall. *d'Estoc.* Lit. remiss. ann. 1362. in Reg. 93. Chartoph. reg. ch. 115 : *Præfatus Petrus dictum Guillelmum cum cuspide dictæ guizarmæ de Stoco sive taillio dicitur vulnerasse prope mamillam.* Aliæ ann. 1397. in Reg. 152. ch. 36 : *Tunc dictus presbyter commotus tantum fuit cupidus percutiendi de Stoco sive cuspide, quod cecidit ad terram.* Formulæ MSS. ex Cod. reg. 7657. fol. 40. v° : *Ex quibus ictibus dictus talis percussus vulneratus extitit quatuor ictibus, uno videlicet... prope inguinem de Stoco,.... alio modicum altius in ventrem de Stoco.*

* STOQUUM, Eadem notione. Lit. remiss. ann. 1364. in Reg. 96. Chartoph. reg. 184 : *Diversis vulneribus lætabilibus, tam de tallio quam de Stoquo.... vulnerasse dicuntur.* Vide supra *Estoquum.*

¶ **STOCUS**, ut *Stochus.* Vide in hac voce.

* **STOFARE**, Instruere, ornare, Gall. *Garnir.* Lit. remiss. ann. 1366. in Reg. 99. Chartoph. reg. ch. 1 : *Cepit duas zonas de serico, argento Stofatas, etc.* Vide *Stuffare.*

* **STOFFA**, Instructus quivis, quidquid rei rusticæ necessarium est. Charta ann. 1207. in Chartul. Thenol. ex Cod. reg. 5649. fol. 34. v° : *Conquerebatur eadem ecclesia quod ego quinque carrucas et Stoffas domus de Harbes, etiam bladum et avenam ceperam violenter.* Vide supra *Estoffa.*

STOFFATUS, STOFFURA. Vide *Stuffare.*

¶ **STOFFIA**, Pannus, Gall. *Etoffe*, Statuta antiqua Monast. Sangerm. inter Probat. ejusdem Histor. pag. 174. col. 2 : *Et si contingeret quod conveniretur in aliqua summa pecuniæ, dicta summa converteretur in Stoffias, Gallice Etoffes, ad sustinenda vestimenta et ornamenta dicti monasterii.*

* **STOFFLINGH**, Bonorum alterius per vim occupatio, (interprete Ludewigo ad Leges Danic. tom. 12. Reliq. MSS. pag. 177 : *Item quicunque per multitudinem populi ad bona alicujus et ibi injurias bondoni intulerit, per modum qui dicitur Stofflingh, etc.*

¶ **STOFFUS**, STOFUS, Pila lusoria, vulgo *Esteuf.* Advisamenta styli curiæ Eccl. Brioc. : *Johannes permissione divina et S. Sedis apostolicæ gratia Episcopus Briocensis. Licet prohibitum fuerit per statutum synodale ne ludatur ad Stoffum super ecclesiis parochialibus et in terra benedicta, nonnulli tamen prætendentes, dicto statuto non obstante, hoc sibi licere super capellis cultui divino ordinatis et alibi in terra benedicta ad ludendum ad Stoffum et alios ludos se ingerunt, etc.* Regest. 82. Chartophyl. Reg. Charta ann. 1356 : *Luderet ad coulam seu pilam,* (et cum) *pilam seu Stofum portaret, etc.* Vide *Strophus* 2.

¶ **STOGARIUS**. Vide infra *Stotarius.*

¶ 1. **STOLA**, Custodia. Johannes de Bayonna in Hist. Mediani Monast. cap. 73 : *Heinricus in Germaniam reversurus, filium sub Stola Mediolanensis Episcopi reliquit.* [** Vide *Sub stola* in *Stola*, 2.]

2. **STOLA**, Una e vestibus Ecclesiasticis, quæ et *Orarium* dicta. Honorius Augustod. lib. 1. cap. 104 : *Deinde circumdat collum suum Stola, quæ et Orarium dicitur, etc.* Stephanus Eduensis Episcop. lib. de Sacram. altar. cap. 10. ubi de vestibus sacerdotalibus : *Stola circundata collo, ad interiora descendens, significat obedientiam filii Dei, et jugum servitutis, quod pro salute hominum portavit.* Vita metrica sancti Mauri Abbatis MS :

Plorat et exorat, veniam dum fletibus orat,
Deponendo Stolam, quam toto tempore caram
Anni portabat, quam sic vehementer amabat,
Quod sublimatus, quod erat Levita creatus.

Ubi observanda verba, *omni tempore* : nam *sine stola vel orario incedere* vetantur Presbyteri apud Hincmarum et Reginonem de Vita et Conversat. Presb. cap. 62. adeo ut mirum sit haud ita pridem cum stola Curiones sibi adesse non debere contenderint Episcopi. Vide Rupertum lib. 1. de Divin. offic. cap. 21. Innocentium III. Durandum lib. 3. Ration. cap. 5. etc.

☞ *Stola* et *Orarium* licet promiscue usurpari solent apud Scriptores Ecclesiasticos, interdum tamen distinguuntur, ut in Vita S. Livini sæc. 5. Bened. pag. 455 : *Stolam cum orario gemmis pretiosis auroque fulgido pertextam in ipso die ordinationis suæ pro fœdere æternæ caritatis pius magister dilecto suo discipulo devoto amore contradidit.* [** Stolam S. Martini Wormatiæ asservatam scribit Schannat. Histor. Wormat. tom. 1. pag. 136. Vitta est, ait ille, co-

[...] subcærulei, continens in latitudine digitos 3. in longitudine palmas 36. cui hinc inde, vertis intervallis egregio opere intertexta leguntur verba sequentia litteris Romanis in hunc modum expressa :

IN NOMINE DNI

ORA PRO ME.]

☞ *Stolam* præ manibus tenebant sacerdotes dum confitebantur ante missam apud Cluniacenses, eamque facta confessione duntaxat collo imponebant. Bernardus in Ord. Cluniac. part. 1. cap. 72. hujus moris testis est : *Sacerdos inter manus tenendo Stolam*, Confiteor Deo *dicit, respondet socius*, Misereatur vestri ; *sed antequam respondeat*, Misereatur vestri, *socio confitenti, ipsam osculando sibi imponit adjungendo*, Indulgentiam, etc.

* Ea veste induti sacerdotes jubentur audire confessiones, in Stat. MSS. S. Flori fol. 13 : *Præcipimus etiam, quod illi qui confessiones audierint, in loco patenti ecclesiæ et non in occulto, et cum Stola in collo audiant confitentes.*

STOLA autem, propria est Diaconorum vestis, ut observat Amalarius lib. 2. de Eccl. offic. cap. 20. unde in Vita S. Altmanni Episcopi Pataviensis legimus eumdem Episcopum, cum Diaconus adventitius et sinistræ famæ lecturus Evangelium benedictionem ab eo peteret, stolam de collo ejus abstulisse, et alteri præcepisse ut legeret.

STOLAS vero *Diaconi* et *Subdiaconi super humerum sinistrum* ferunt, uti monet Gillebertus Lunicensis Episcopus lib. de Usu Ecclesiastico. Vide Euchologium Græcor. Goari, et quæ observamus in Dissert. de Nummis Impp. Byzantinorum, et in voce *Orarium*. Veneti etiamnum *Stola* appellant panni segmentum oblongum dodrantali latitudine, quod sinistro humero injiciunt. Vide Oct. Ferrarii Orig. Ital. in *Stola*. Glossar. med. Græcit. in Ὠράριον, col. 1792.

STOLIS et SUPERPELLICIIS induti Synodo adesse jubentur Sacerdotes, in Synodo Bajocensi ann. 1300. cap. 3.

STOLÆ CUM TINTINNABULIS, in Testamento Riculfi Episcopi Helenensis ann. 915 : *Stolas quatuor cum auro, una ex illis cum tintinnabulis.* Monasticum Anglic. tom. 3. pag. 317 : *Stola et manipuli cum imaginibus, et in extremitatibus cum campanulis argenteis.*

* STOLA CUM CHILLIS, id est, Tintinnabulis. Obituar. S. Martial. Lemov. ex Cod. reg. 7887. fol. 3. r° : *Fulcbertus levita fieri [...]... Stolam auream planam cum chillis.* Vide *Chillæ*.

* STOLA et ANNULO *privati Abbates*, qui [...]bantur a sua dignitate. Hugo Flaviniacensis pag. 258 : *Judicio dato, eis [...]ra Sedem Apostolicam appellantibus, [...]r Stolam et annulum reddere.* Infra : *[...] vero quamquam depositus, quamquam [...]ortio et communione Ecclesiæ sequestratus, Stolam retinuit et annulum.* [Form. [...]dationis apud Spelmann. : *Signum per hanc Stolam signatum turpiter [...]; ideoque ipsam a te amovemus, etc.*]

* STOLA EXCOMMUNICARE, i. stola [...] ad majorem excommunicationis [...]iam. Charta ann. 1214. in Hist. Guinensi pag. 135 : *Dominus vero Willelmus Abbas cum Conventu suo, sub Stola excommunicaverunt omnes qui hanc eleemosynam ab Ecclesia alienaverint.* Chronicon Montis-Sereni ann. 1216 : *Stola sumpta, reos, tacitis nominibus, excommunicationis vinculis innodavit.* Et ann. 1219. pag. 228 : *Renuentibus eis, statim intentionem suam facto declarans, manu ad tergum porrecta, Stolam ibi occultatam protulit, et priusquam appellationis clypeo se munirent, excommunicationis eos gladio percussit.* [Lamberti Episc. Atrebat. Epist. 134. apud Baluz. tom. 5. Miscell. pag. 365 : *Cumque, ne veritas reticeretur, causa excommunicationis collo nostro Stolam imponeremus, etc.*] Adde Laurentium Leodiensem in Hist. Episcopor. Virdunensium pag. 292. et Chartam Egberti Archiep. Trevirensis ann. 981. apud Browerum in Annalib. Trevir. pag. 484. 2. edit. [** Vide mox *Stolatus* et Haltaus. Glossar. Germ. voce *Stole*, col. 1750.]

STOLA et BANNO *interdicere*. Chronic. Trudonense lib. 2. pag. 366 : *Quæ enim regula, quis canon, quis ordo, quæ leges hoc auctorizant, ut defuncto suo Abbate Monachi... ire ante datum Abbatem ab Episcopo in exilium compellantur, et nisi assentiant, Stola et banno omnes in Episcopio Christiani ab eorum hospitalitate interdicantur.*

** STOLULA. Reinard. Vulp. lib. 3. vers. 2323 :

Inter sacrilegas lychnis Stolulisque gehennæ
Devovere tuum bis caput octo patres.

SUB STOLA JURARE. Otto Morena in Histor. Rerum Laudens. pag. 64 : *Super his capitulis fuerunt testes, et sub Stola tactis sacrosanctis Evangeliis juraverunt D. Petrus Christianus Decanus Basilicæ B. Petri, etc.* Vide *Juramentum*.

* SUB STOLA *votum deponere*, id est, Stola capiti imposita. Charta Joan. episc. Camerac. pro fundat. hospit. S. Joan. Bapt. Bruxell. ann. 1211. ex Cod. reg. 10197. 2. 2. fol. 15. r° : *Statuimus quicumque divina inspiratione tractus in eadem domo se Deo famulaturum obtulerit, non prorsus ad obedientiam recipiatur, nisi quatuor mensibus tanquam novitius inter fratres et sorores conversando probetur..... Tunc demum si.... unicorditer placuerit, sæculo et propriis ac propriæ voluntati renunciet, votum continentiæ sub Stola in manu sacerdotis deponat.* Alia pro fundat. hospit. S Gertrudis ann. 1255. in Suppl. ad Miræum pag. 610. col. 1 : *Votum continentiæ sub Stola in manu sacerdotis deponat, jugum obedientiæ super se tollat.*

* SUB STOLA FIRMARE, Sacramenti formula episcopis usitata. Charta Gaufr. episc. Carnot. ann. 1124. ex Tabul. S. Petri Carnot. : *Ne quis autem hanc pacem diabolica malignitate dissolveret, eam sub Stola mea firmavi.* Vide in *Juramentum*.

STOLA, pro Pallio Archiepiscopali. Eadmerus lib. de Anselmi similitudin. cap. 188. de eodem S. Anselmo Archiepiscopo Cantuariensi : *Et ut Romam ad Papam Urbanum pro Stola sui Archiepiscopatus eundi sibi licentiam daret, humiliter et mansuete petiit.* Landulfus de S. Paulo in Chronico Mediolanensi cap. 1 : *Ordinationem quoque Episcopatus ab extraneis Episcopis suscepit : virga quoque pastorali per munus Comitissæ Mathildæ adhæsit, Stolam vero per Legatum D. Papæ sibi delatam induit.* Cap. 38 : *Unde ipse Papa huic prudenti viro dixit : Frater, meditatus et Episcopus venisti, sed si vis frui auctoritate Archiepiscopi in temporibus meis, necesse est ut Stolam suscipias de manibus meis, sicut ego suscepi ad altare S. Petri.* Ita infra cap. 40. Alexander II. PP. Epist. ad Hugonem Arch. Rotomag. : *Stolam ob insigne dilectionis de collo nostro assumptam per dilectos filios nostros R. et G. viros industrios, tibique devotos, Charitati tuæ transmittimus, ut videlicet ad honorem Dei et B. Petri reverentiam, nostrique memoriam ea assidue perfruaris.*

* *Stolam* pendentem, non cancellatim positam deferunt Cartusienses ex Stat. ejusd. ordin. ann. 1261. in Append. ad tom. 6. Annal. Bened. pag. 689. col. 1 : *Stola non cancellata, sed uniformiter deportetur.*

* STOLA, Oblationes, quæ curionibus casu obveniunt, nostris vulgo *l'Etole blanche*. Charta ann. 1452. apud Pez. tom. 6. Anecd. part. 3. pag. 271. col. 2 : *Item Stolam, comparationes, oblationes, præsentias seu quotidianas distributiones, et alios obventionales accidentales, sub quacumque cadant oppositione, duximus taxandam, etc.* Non eadem prorsus, sed non longe dissimili, notione, in Charta ann. 1327. inter Probat. tom. 1. Annal. Præmonst. col. 449 : *Oblationes quascumque, quas in dicto oratorio ad truncum, altaria, ad pixidem vel ad Stolam, seu ad alia loca quæcumque offerri contigerit, debeant.... recolligi .... in pixidem cum duabus serrariis.*

* STOLÆ inter præstationes ecclesiæ Romanæ singulis annis persolvendas recensentur in Lib. cens. ejusd. eccl : *Monasterium SS. Anastasii et Innocentii situm in Guardeseim tenetur ecclesiæ Romanæ singulis annis in duabus Stolis pretioso serico et aurifrixio contestis, in quibus triginta bissancii aurifrixio contesti debeant esse inserti.*

¶ **STOLATUS**, Stola indutus. Gloss. Lat.-Græc. : *Stolatus*, ἐςολισμένος. Chron. Trudon. apud Acher. tom. 7. Spicil. pag. 365 : *Progressus in publicum Episcopus Leodiensis Henricus Stolatus auctoritate Episcopali per bannum omnibus in Episcopio suo præcepit, ut et hospitium eis non indulgerent.* Ibidem pag. 454 : *Coram Stolato Episcopo, Stolati et ipsi ut in consecrationibus suis facere solent, tam Abbates quam Episcopi, etc.* Eckehardus Junior de Casib. S. Galli cap. 11 : *Pergunt in ecclesiam ad dandas abeuntibus prosperæ viæ preces, et recipiendas a tot Episcopis benedictiones, data prius confessione, et a Stolatis remissione.* Adde Acta S. Reginswindæ tom. 4. Jul. pag. 94.

* **STOLDUS**, Mensura vinaria. Charta ann. circ. 1200. in Tabul. S. Petri Carnot. : *Duos panes et duos Stoldos vini cotidie, quamdiu vixerit, de tali pane et vino in refectorio et coquina, quantum monachus unus, habebit.*

¶ **STOLEUM**, ut *Stolus* 2. Vide in hac voce.

¶ **STOLEZARUS**, ut *Stolizaz*. Vide ibi.

¶ **STOLICHERI**, Stolici, Ita in Germania appellati aliquando Fratres Ord. Prædicatorum : rationem hujus nomenclaturæ exhibent Gesta Trevir. Archiep. apud Marten. tom. 4. Ampl. Collect. col. 241 : *In diebus illis venerunt in partes istas primum Prædicatores et postea Nudipedes, et subito impleverunt mundum. Et primo quidem Prædicatores venerunt Coloniam, et datus est eis locus et hospitale quoddam in platea Stolicorum, ut ædificaretur eis ibi habitatio. Unde a loco nomen aliquando habuerunt, ut vocarentur Stolici et Stolicheri, putantibus multis, quod a paupertate sic vocarentur.*

¶ **STOLIDITAS**, In agendo tarditas, Gall. *Lenteur.* Chronic. Trivetti apud Acher. tom. 8. Spicil. col. 639 : *Hic* (Johannes XXI.) *Episcopus Tusculanus erat antequam Papa fuerit in scientiis diversis famosus : sed scientiarum florem pontificalemque dignitatem quadam morum Stoliditate deformavit, adeo ut naturali pro parte carere videretur industria.*

¶ **STOLIUM.** Vide infra in *Stolus* 2.

STOLIZAZ, Magistratus, apud Longob. [*Stolizaz* Lindenbrogio dici videtur quod loco Regis in judicio præsideat sacraque vice judicet.] Gloss. : *Stolizat, id est Missus Regis.* Glossæ aliæ : *Ab Stolizaz, ab eo qui panem ministrat.* Sed videtur legendum *pacem*, *Paciarius*, εἰρηνάρχης. Lex Longobard. lib. 1. tit. 19. § 5 [** Roth. 150.]: *Si quis molinum alterius scapellaverit, aut clausuram ruperit,... componat sol. 20. in palatio Regis districtus ab Stolizaz.* Ubi Spelmannus monet in aliquot MSS. codd. legi *abstorizat*, et *abautorizat.* Sed nihil mutandum monet Charta Arichis Ducis Longob. in Chronico Beneventano S. Sophiæ : *Concessimus nos Dominus vir gloriosissimus Arrichis, summus Dux gentis Longobardorum, per rogum Griserisci Stolezari* (forte *Stolezazi*) *nostri, tibi Municulano Gastaldo nostro pueros duos, etc.* [** Chron. Salernit. cap. 38 : *Defuncto ut diximus Grimoalt, Idelrici filius Grimoalt, quem lingua Todesca, quod olim Langobardi loquebantur, Stoleseyz fuit appellatus, quod nos in nostro eloquio, qui ante obtutibus principis et regibus milites hinc inde sedendo perordinat, possumus vocitare, in principale dignitate est elevatus.* Gloss. Cod. Cavens. Leg. Longob. : *Stolesaz, i. qui ordinat conventum.* Aliæ apud Cancian. *Ab infertore regis.* Vide Graff. Thesaur. Ling. Franc. tom. 6. col. 305. voce *Stuolsâzo*, et col. 679. voce *Stolze.*]

* **STOLLUM**, idem videtur quod *Socida*, Concessio ad medietatem fructuum. Formul. MS. Instr. fol. 47. v° : *Concessiones etiam ad firmam, vel ad Stollum, sive ad pensionem de rebus nostris et ecclesiæ prædictæ, nomine nostro et ipsius ecclesiæ, ad aliquod breve tempus, juxta consuetudinem ipsius ecclesiæ faciendi* (potestatem damus).

STOLNA. Charta de Urburis post Decreta Hungarica : *Ita tamen ut Stolnas hæreditarias, et aquæductus omnes pro conservatione regalium montanorum suis impensis debito intertenerent.*

STOLPUS. Marcellus Empir. cap. 27. in carmine ad rosus : *Stolpus a cælo cecidit*, etc. Ubi Casaubonus in Comment. ad Persii Sat. 5. reponit *stlopus*, scilicet sonus ille quem buccæ inflatæ et ictu collisæ edunt. Gloss. Gr. Lat. : *Stloppus*, ποιφυγμός. Vide *Stloppum.*

¶ 1. **STOLUS**, Sedes in choro. Vide *Staulus* 1.

2. **STOLUS**, *classis*, *navis*, Ugutioni, ex Gr. στόλος. *Stolus Alexandrinus*, in leg. 7. Cod. Th. de Navicular. (13, 5.) Codex Carolinus Epist. 24 : *Quod sex Patricii, deferentes secum trecenta navigia, simulque et Siciliensem Stolum, in hanc Romanam urbem absoluti a Regia urbe, ad nos properant.* Joannes VIII. PP. Epist. 7 : *Cum... certa relatione didicerimus Stolum amplissimum in primo ad expugnandum urbem venturum, etc.* [Litteræ Senescalli Provinciæ ad Massil. ann. 1337 : *Intelleximus Stolum galearum Regis Aragonum paratum esse proficere.* Ottoboni Annal. Genuens. apud Murator. tom. 6. col. 365 : *Margaritus cum Stolo Regis Tanclerii, scilicet cum galeis* LXXII. *et duabus sagitteis et duabus scurlatis apparuit.*] Vetus Inscriptio Pisis, apud Ughellum tom. 3. pag. 411 :

Anno quo Siculas est Stolus factus ad oras.

☞ Quo ultimo loco pro expeditione navali accipitur, ut et pag. 858. ejusdem tomi et in Annalib. Pisanis ad ann. 1138. ibidem.

¶ Stolum, Eodem significatu. Bartholomæi Scribæ Annal. Genuens. ad ann. 1230. apud Murator. tom. 6. col. 467 : *Postquam vero nostræ galeæ et naves applicuerunt apud Aconem, habuerunt totum mare in sua virtute; et Stolum Imperatoris non audebat stare in mari.*

Estol, apud Raimundum Montanerium in Chron. Catalanico Regum Aragon. cap. 186. et alibi non semel.

Stolium, Eadem notione. Romualdus Salernitanus in Chronico MS : *Alio quoque tempore prædictus Rex Rogerius misit Salernum Ammiratum suum cum Stolio suo in Romaniam, qui invenit maximum Stolium Imperatoris apud caput Maleæ, etc.* Falcandus pag. 648 : *Stephanum quoque Fratrem suum Stolii constituit Admiratum.* Alibi : *Cum enim in partes Hispaniæ misso Stolio, Masmudorum Rex potentissimus Africam obsedisset, etc.* Rigordus ann. 1201 : *Ascito sibi Dux Venetiarum sub juramento, cum suis Venetianis et Stolio.* [Charta ann. 1320. ex Tabul. Massil. : *Ante Januam dum potens Stolium galearum nostrarum inimicos nostros insequeretur.* Litteræ Caroli Reg. Siciliæ ann. 1424. ex eodem Tabul. : *Tempore isto quo hostes adversarii cum exercitu et Stolio sunt velificantes maria, etc.* Chr. Siciliæ apud Marten. tom. 3. Anecd. col. 29 : *Dictus autem Rex Carolus... transiens mare cum suo numeroso Stolio galearum, navium, et aliorum lignorum, etc.*] Utuntur Gesta Innocentii III. PP. pag. 49. 69. 129. ubi perperam *scolium* semper editum, Chronicon Augustense anno 1237. Petrus de Vineis lib. 2. Epist. 31. 32. Epistolæ Bonifacii VIII. aliquot apud Waddingum tom. 3. in Regesto pag. 5. 8. Albertinus Mussatus lib. 16. pag. 91. etc. Interdum

Stolium usurpatur pro Exercitu terrestri, quomodo Itali *Stuolo* dicunt pro quibusvis copiis militaribus. Chronicon Fossæ-novæ ann. 1185 : *Guillelmus Rex Siciliæ fecit Stolium maximum per mare et terram. Super Stolium maris ordinavit Capitaneum Comitem Tancredum, super Stolium terræ fecit Capitaneos Comitem Alduinum et Comitem Richardum de Cerra, etc.*

¶ Stoleum, ut *Stolus*, in Continuat. Chron. Andr. Danduli apud Murator. tom. 12. col. 436 : *Destinatum fuit a ducali dominio Stoleum galearum ad partes Sclavoniæ.*

Extoleum, Extolium, non semel apud Raphanum de Caresinis in Chron. MS. pro *stolium* ann. 1362. 1379. etc. et Andr. Dandulum in Chron. MS. ann. 1312.

Storium, Eodem perinde significatu, Classis. Rogerus Hovedenus pag. 670 : *Eodem die venit illuc Willelmus... cum 30. magnis navibus de navigio Regis Angliæ, et erant pariter in eodem loco de Storio Regis Angliæ centum et sex magnæ naves onustæ viris bellicosis; etc.* Pag. 692 : *Applicuerunt apud Accon cum majori parte Storii Regis Angliæ.* Adde Bromptonum pag. 1177. Chronicon Flandr. cap. 82 : *Le Roy d'Angleterre avoit fait appareiller une grande Estorée de nef à un sien port, etc.* [*Estoire*, apud Villharduinum lib. 1 : *Onques plus belles Estoires ne party de nulle part.* Idem lib. 2 : *Il fu envoyés en Surie en message, en une des nés de l'Estoire.*]

* 3. **STOLUS** *est Pumellus supra domum*, in Glossar. Lat. Gall. ann. 1352. ex Cod. reg. 4120.

¶ **STOMA**, a Gr. στόμα, Os. Paulus Diacon. lib. 18 : *Erant autem Arabum juxtapositorum quidam, qui accipiebant ab Imperatoribus rogas pauxillas, ad custodiendum Stoma eremi.* Id est, deserti ingressus.

* **STOMACHOSUS**, Ital. *Stomacoso*, Molestus, nausea plenus. Vita S. Claræ tom. 3. Aug. pag. 680. col. 1 : *Si qua monialium mala valetudine, morbis vel ulceribus afflictaretur, ad illam vehementi charitate ventitare, curare, Stomachosaque ministeria exercere, manibus ipsis contrectare, nullam concipere nauseam, potius voluptatem.*

¶ **STOMDEGARDA**, Stondegarda, Munimenti genus, Gall. *Redoute.* Gualvaneus Flamma apud Murator. tom. 12. col. 1001 : *Super ripam Ticinelli fecit construi Stomdegardas magnas et bathefreda* XL. Ibidem col. 1016 : *In circuitu civitatis quinque exercitus ordinavit, fossata fodi jussit, Stondegardas et battifreda erexit, etc.*

¶ **STONNE**, Anglis, Repausatio. Vita S. Ethildritæ sæc. 2. Bened. pag. 752 : *Appellatus est locus ille usque in hodiernum diem Edeldrede Stonne, quod Latine sonat Repausatio Etheldredæ.*

¶ 1. **STOPA**, Stupa, Gallice *Etoupe*, Ital. *Stoppa.* Statuta Vercell. lib. 3. fol. 85. v° : *Et de tela riste, canepe et Stope lini solidum unum et denarios decem Pap.* Statuta Montis Regal. fol. 277 : *Item statutum est quod quilibet textor seu textrix capiat tantum pro texitura et orditura, pro qualibet teisa... telæ Stopæ, solidos tres.* Vide *Stopinus.*

¶ 2. **STOPA**, ut *Staupus.* Vide in hac voce.

3. **STOPA**, Obstructio, seu jus obstruendi rivos defluentes. Charta ann. 1207. in Tabul. S. Bertini : *Quocumque aqua defluxerit, vel ubicumque decursus*

aquarum obstrusi fuerint, Philippus de Oya omnes Stopus, quas in feodo Ecclesiæ S. Bertini supra Rambreehtesgat habet, et antecessores sui habuerunt, libere solus tenebit : si autem Rambreehtesgat obtrusum fuerit, et aqua defluxerit per pontem, etc. Charta Gallica apud Prynneum in Libertatibus Eccl. Anglic. tom. 2. pag. 215 : *De chemins Estopez, euves trestornez, bundes brisiez, etc.* Hinc

¶ **STOPARE**, Obstruere, occludere. Statuta Vercell. lib. 3. fol. 93 : *Homines Tridini teneantur et debeant et compellantur per Potestatem Vercellarum tenere Stopatum juxta burgum Tridini alveum novum.* Statuta Montis Regal. fol. 214 : *Et aliqua persona non debeat Stopare nec Stopari facere aquairolium portæ Vici, etc.* Vide *Stupare*.

¶ **STOPASSIS**, Topazius, vulgo *Topase*, lapis pretiosus. Inventar. ann. 1379. ex Schedis V. Cl. *Lancelot : Item duo alii anuli auri, videlicet unus cum lapide vocato Stopassi, et alius cum quodam lapide vocato cornalina.*

¶ **STOPELLUS**, diminut. a *Stopus*. Vide *Staupus*.

STOPHARIUS. Vetus Gloss. : *Tributarius Romanus et Stopharius nominatur, qui censum Regi solvit.* [** Vide *Ostertuopha* in *Steura*.]

* **STOPHUS**, Id quo fenestra *stopatur* seu occluditur, ut opinor. Comput. ann. 1403. ex Tabul. S. Petri Insul. : *Item Jacobo Cornille pro faciendo unam fenestram in thalamo clerici B. Mariæ et pro Stophis, xij. solidos.*

¶ **STOPINUS**, Italis *Stoppino*, Ellychnium, Gallis *Méche*, *lumignon*. Caffari Annal. Genuens. apud Murator. tom. 6. col. 150 : *Unusquisque aspiciens lampades, quæ de foris in circulo ecclesiæ erant, una post alteram vicissim taliter ardebant, ut fumus quidam igneus per aquam et oleum usque ad Stopinum ascendebat, et a tribus favillis Stopino percusso ardere incipiebat.* Statuta Placent. lib. 6. fol. 70 : *Ita quod habeant* (candelæ) *Stopinum de bambasio novo, etc.* Item pro ipsa stupa, unde conficiuntur ellychnia. Statuta Astens. ubi de intratis portarum : *Stopini modis prædictis ponantur et solvant pro qualibet dosena lib.* 1. Guido de Vigevano de Papia de Modo acquirendi T. S. ex Cod. Colbert. 5080 : *Sed antequam firmetur navis super curvis habeantur Stopini preparati, impesati et incerati, qui ponantur in illis tribus scisuris et postea fortiter inclaveletur navis super curvis illis et postea calchentur Stopini cum cuniis et maciis.* Vide in *Stopa* 1.

STOPLUM, *Gravis sonus.* Papias. Leg. *Stloppum*.

¶ **STOPULA**, Stipula. Otto Morena in ist. Laudens. apud Murator. tom. 6. col. 07 : *Ab eis posito igne in quodam plaustro pulæ, qui fuerat in campo relictus, etc.*

STOPUS. Vide *Staupus*.

* **STOQUUM**. Vide supra in *Stocum*.

¶ **STORA**, vox Italica, ut infra *Storia* 1. Statuta datiaria Riperiæ cap. 12. fol. 4. : *De qualibet Stora scorzarum a subris ra introitu soldi sex.* Vide alia notione in *eterana*.

¶ **STORACINUS**, Storacis. Vide *Storax*.

¶ **STORARIUS**. Vide infra *Stotarius*.

* **STORATA**, Storatica, Præstatio pro *Storea* mercibus in foro exponendis necessaria. Pactum inter Mantuan. et Ferrar. ann. 1208. apud Murator. tom. 2. Antiq. Ital. med. ævi col. 873 : *Nec aliquid ab eis* (draperiis) *accipiant de Storata, nisi duos imperiales.* Aliud inter Bonon. et Ferrar. ann. 1193. ibid. col. 893 : *In foro vero annuali, novem Ferrarienses vel Bononienses. Et de Storatica et tabula totidem, si fuerit cambitor.* Vide mox

* **STORATIA**, Storea. Vita S. Sperand. tom. 3. Sept. pag. 902. col. 1 : *Cum Quadragesima jejunaret in cella, quam ex Storatiis sibi fecerat a frigore vehementer afflicta est, etc.* Vide mox *Storia* 1.

STORAX, Papiæ, *lacryma est. Unde eodem nomine dicitur similis mali cydonii, cujus distillatio illa quæ virgis et calamis inhæserit, Storax Calamites dicitur, i. munda. A storace* vero dictus color ipse *Storacis*, vel *stauracis*, *stauracius*, *storacinus*, *stauracinus*. [** Vide Isidor. Orig. lib. 17. cap. 8. sect. 5.] Idem

Stauracium. Papias : *Stauracium, genus palliorum depictorum ex storace, quæ gutta similis est mali cydonii.* Chronicon Fontanellense cap. 16 : *De vestimentis vero Ecclesiasticis largitus est pallia quæ dicuntur fundata tria, Stauracia duo, etc.* Paulus PP. Epist. 15. Codicis Carolini : *Storacium pallium unum habentem paones.*

Stauracis, Stauracinus. Anastas. in Sergio PP. pag. 61 : *Locellum aperuit, in quo interius plumacium ex holoserico superpositum, quod Stauracis dicitur, invenit.* [Idem vero *Plumacium* videtur quod *Opus plumarium*. Vide *Plumarium* 2.] In S. Hadriano pag. 109 : *Fecit etiam in eadem ipsa basilica... cortinas miræ magnitudinis de palliis Stauracin, seu quadrapolis.* Infra : *Similiter fecit vestem de Stauracin, seu cortinam majorem ex palliis quadrapolis : sed et per diversos arcus vela syrica numero* 57. *omnia ex palliis quadrapulis, seu Stauracin.* Occurrit ibi pluries. Hariulfus lib. 2. c. 1 : *Casulas de pallio* 30. *de purpura* 10. *de Storace* 6. *de pisce* 1. *de platta* 15. *de cendato* 5. Vide Epist. 7. S. Bonif. Moguntini Arch. Ex bis apparet perperam Bulengero, *vestes stauracinas*, dici auro et serico pampinatas, corimbiatas, filicatas, quia Græcis recentioribus, ut auctor est Moschopulus l. περὶ σχεδῶν, ςαυράκια, ἕλικες, corymbi et pampini vocantur.

☞ Non placet doctorum Hagiographorum interpretatio ad Acta SS. Maii tom. 3. pag. 394. et 7. pag. 421. quibus *Stauracis* Pannus est crucibus intextus, a Gr. ςαυρός, crux; tametsi iis accedunt Macri fratres in Hierolex. et Torrigius de Cryptis Vaticanis pag. 184. 2. edit.

* Ita quoque censet Rhodigin. de Liturg. Rom. pontif. lib. 1. cap. 15. num. 6.

STORCIDIUM, καμπισμός, in Gloss. MSS. Sangermanensibus.

* **STORCOLL**, Investigatio, inquisitio. Constit. MSS. Ferdin. reg. Aragon. ann. 1413 : *Cum sæpe contingat quod malefactores se in fortaliciis vel castris, sono eos sequente, receptant, et dato scrutinio seu Storcoll, capitanei et alii homines dicti soni, dicto Storcoll non contenti bona malefactorum secum sportare nituntur, etc. Ad recipiendum autem scrutinium sive Storcoll ultra personas per nostram provisionem alias statutas, nullus intrare audeat.*

STORDATUS, Obtunsus, obstupefactus, ex Gallico *Estourdi*, Italico *Stordito*. Ita porro nostri appellabant, qui a prælio quod *Estour* vocabant, uti alibi docemus, recens venerant, tanquam qui nondum sui compotes essent præ certaminis horrore et fragore. Scio alias originationes dedisse viros doctissimos, quas probent alii per me licet. Epist. Petri de Condeto Capellani Regis tom. 2. Spicilegii Acheriani pag. 553 : *Et qui erant extra naves adeo erant fatigati et Stordati, quod vix poterant se sustinere.*

* Glossar. Provinc. Lat. ex Cod. reg. 7657 : *Stordit, Prov. attonitus. Sperdut*, eadem notione, ibidem.

* *Stordoier* vero et *Stordoir* appellatur Trapetum seu mola olearia, inter Redit. comitat. Namurc. ann 1289. ex Reg. Cam. Comput. Insul. sign. *Le papier aux ayselles* fol. 7. r° : *Encor i a li cuens deux Stordoiers d'oile, ki rendent cascun an à conte xxxvij. livres d'oile, si ne croist ne n'abaisse, s'on ni fesist plus de Stordoiers.... Si doit on pour la tenure tenans à Stordoir par an dix deniers.*

1. **STORIA**, Storium, Idem quod *Storea*. [Chron. Parmense ad ann. 1282. apud Murator. tom. 9. col. 798 : *Propter quod magna quantitas bladi et panis venit Parmam, et mercatores habebant in platea communis domos de Storiis pro blado tenendo.*]

* Stat. Ferrar. ann. 1288. apud Murator. tom. 2. Antiq. Ital. med. ævi col. 168 : *Ad officium prædictorum* (æstimatorum) *pertineat ne domus aliqua paleata sive de Storiis cooperta sit in civitate Ferrariæ a terraliis infra.... Teneatur tollere coopertorium de palea vel de Storiis.* Ubi stramen, arundo, similisve materia significatur. Glossar. Provinc. Lat. ex Cod. reg. 7657 : *Straria, Prov. Storia, storula.* Vide supra *Storatia*.

Storia, *Kishihtii*, in Glossis Keronis. [** Pertinet hæc glossa ad *Storia*, 2. Vide Graff. Thesaur. Ling. Franc. tom. 6. col. 415. voce *Gascihi*, et col. 711. voce *Storia*.]

Storium Ugutioni et Joanni de Janua, *dicitur a sterno, eo quod terræ sternatur : nondum enim laneis stramentis repertis, in his accubabant.* [Gloss. Lat. Gall. Sangerman. : *Storium, Nate.*] De *Storeis* Monachorum, quibus vice strati usi fuerunt, vide Regulam S. Isidori c. 14. 17. et Regulam S. Fructuosi c. 19.

¶ 2. **STORIA**, contracte pro Historia, in vet. Inscriptione inter notas Variorum ad Anastas. tom. 3. pag. 198. Idem Anastasius in S. Leone III. apud Murator. tom. 3. pag. 200 : *In eodem sacro altare fecit aliam vestem cum Storiis Crucifixi Domini.* Vide *Historiare* 2. Hinc *Storicus*.

* Vox Italica; ita et nostris alias *Estoire* pro *Histoire*. Testam. ann. 1392. inter Probat. tom. 3. Hist. Nem. pag. 161. col. 1 : *Item volo et ordino quod liber meus Chronicarum et Storiarum Franciæ, scriptarum in Gallico, sint et remaneant perpetuo in thesauraria regia Nemausi.* Prolog. ad Chron. Franc. tom. 3. Collect. Histor. Franc. pag. 152 : *Cil qui ceste œuvre com-*

mence, à tous ceux qui ceste Estoire liront, salut en nostre Seignor.

* 3. **STORIA**, Certa rei cujusvis quantitas. Contract. navig. Reg. Franc. cum Venetis ann. 1268. in Reg. Cam. Comput. Paris. sign. *Noster* fol. 286. v° : *Hæc ponentur in navibus pro quolibet equo quatuor staria ordei et medium ad mensuram Venetorum. Item una Storia de feno, quæ volvat pedes viij. et medium, et sit alta cum testis pedes v. et medium.* Vide *Staurum.*

¶ **STORICUS**, pro Historicus, in Vita S. Landeberti Episc. Traject. sæc. 3. Bened. part. 1. pag. 70 : *A prima fere ætate tradidit eum ad viros sapientes et Storicos sacris litteris edocendum.* Passio SS. Mart. Cæsaraugust. tom. 2. April. pag. 960 : *Celebritatem quippe nominis eorum tam monumenta Storicorum, quam etiam libri concinunt poetarum.* Vide *Storia*, 2.

* **STORINUS**, Color sturni, qui *Stornello* Italis dicitur, ut notant docti Editores ad Vitam S. Rosæ tom. 2. Sept. pag. 434. col. 2 : *Cum semel a quadam ejus commatre esset sibi furto substracta quædam gallina Storina, et per dictam commatrem id negaretur, summa Dei justitia voluerit, quod in dextera parte vultus sui pennæ ejusdem coloris substractæ gallinæ visibiliter appareremt.* Vide *Sturninus.*

* 1. **STORIO**, Asellus, acipenser, Ital. *Storione*, Gall. *Esturgeon.* Charta ann. 943. apud Murator. tom. 6. Antiq. Ital. med. ævi col. 456 : *Excepto si nobis aut filiis et nepotibus nostris Storionem aut adalum in longitudine plusquam quatuor pedum prenderimus, sine scientia aut vestra voluntate, vel vestri successoris, nullo modo venundare debeamus. Et si vos vestrisque successoribus de Storione aut adalus scire feceri mus, etc.* Alia ann. 1017. apud eumd. tom. 4. col. 794 : *Et insuper omnes Marcio mense dare debeatis vos vestrique successores nobis nostrisque successoribus Storiones duos pensione singulis quibuscumque Indictionibus sanctæ nostræ Ravennatis ecclesiæ inferre debeatis.* Vide *Sturgio.*

* 2. **STORIO**, Stultus, ineptus. Glossar. Provinc. Lat. ex Cod. reg. 7657 : *Baburrus, bardus, Storio, fol, Prov.* Sed leg. *Scorio.* Vide in hac voce.

1. **STORIUM**, pro Classe. Vide *Stolus.* [Occurrit alia notione supra in *Storia* 1.]

* 2. **STORIUM**, Umbraculum ligneum, Gall. *Auvent.* Mirac. S. Jacobi tom. 6. Jul. pag. 67. col. 1 : *Storium namque lignis desuper et acutis firmiter confixum, quod ante apothecam mansionis ejusdem ad arcendum fervorem solis nec non impetus aquarum et imbrium est constructum, a solo terræ distat solummodo tribus branchiis* (id est ulnis) *et dimidio.* Porro *Storea* id præstare non potest; unde *Storium* hic de Umbraculo ligneo intelligendum opinor.

¶ **STORME**, Stormenum. Vide *Stormus.*

STORMUS, ex Ital. *Stormo, moltitudine adunata insieme con arme per combattere.* Historia Obsid. Jadrensis ann. 1345. lib. 2. c. 10 : *Notæ* [l. *Nolæ*] *ad Stormum pulsant.* Itali dicunt, *Sonare la campana a Stormo, e sonare per far correr la gente con arme;* nostri *Sonner l'alarme.* Vide Joan. Villaneum lib. 10. cap. 20. lib. 11. cap. 117.

¶ Storme, Eodem significatu. Buschius de Reformat. Monast. apud Leibnit. tom. 2. Script. Brunsvic. pag. 852 : *Ecce subito audierunt sonum valde terribilem campanarum in turri, proprie Storme, per certos fratres monasterii, reformari procurantes procuratum.* Vide *Stremita.*

Ejusdem forte originis est vox *Estourmie*, apud nostros, quibus *Estour* idem fuit quod *Stormo* Italis. [Le Roman *d'Athis* MS :

Cassidorus et tout le sien
Oultre la fraite ou dur Estour
Se prouverent moult bien le jour.]

Chronicon Bertrandi Guesclini MS :

Et Bertrand commenda c'on cesse l'Estormie.

[Le Roman *de Vacce* MS :

A Roen les tramist en une compaignie
Por la cité sorprendre, ainz qu'el fust Estormie.

Hoc est, antequam ad arma sonitu campanæ excitaretur. *Estorbage*, pro Conclamatio ad arma usurpari videtur ibidem :

Pour sa serour rescourre l'Estorbage arestat.]

Chronicon Flandriæ cap. 36 : *Là peut on voir testes voler, poings couper, chevaux esbouler, et grande Estourmie de gens.* Et vox *Estourmir*, pro *pugnare*, vel *velitare.* Le Roman *de Garin* MS :

Je veul aler orendroit Estourmir.

Alibi :

Ceus de Bordele veissiéz Estormir.

Guill. *Guiart :*

Nuit et jour de la dedans issent,
L'ost au Roy de France Estourmissent.

Et an. 1284 :

Uns et autres qui s'Estourmissent,
Du lonc de l'ost en fremissant,
Revont hors des tentes issant.

Idem ann. 1294 :

Com personnes desestourmées,
Commence l'estrif aux espées.

Vide *Bormis.*

* Bellum, pugna. Chron. S. Dion. tom. 3. Collect. Histor. Franc. pag. 169 : *Quant il furent u champ de la bataille, et les eschielles furent ordenées d'une part et d'autre, li fors rois Clodovées donna signe à sa gent de l'Estour commencier.* Ubi Aimoin. lib. 1. cap. 15. ibid. pag. 39 : *Bellum aggredi imperat.* Hinc vox *Estormir*, Pugnare, quæ interdum Convenire tantum sonat, ut in Hist. contin. Guill. Tyrii apud Marten. tom. 5. Ampl. Collect. col. 622 : *Li Sarrasins de l'ost s'Estormissoient plus por veoir son biau contenement* (d'icellui Chevalier) *que por autre chose.* Inde etiam *Estormey*, pro *Escrime*, Armorum ars ludicra. Lit. remiss. ann. 1408. in Reg. 163. Chartoph. reg. ch. 6 : *Jehan Courtot maistre d'Estormey, etc.*

☞ A poetis Provincialibus qui *Storm* et *Stour* eodem significatu dixerunt, *Stormo* Italos accepisse probabile est. *Blancasset* in Cantilena de Comit. Beatrice apud Crescimb. pag. 239 :

Can le Storm sera méchant (*meschatz*)
Cascun devesset ascesmatz.

Infra :

Escus traucar et desgancir
Veirem al entrar de le Stor.

Stormenum, Eadem notione. **Statuta** Patavina Rubr. 45. § 95 : *Hoc tamen Statutum non habeat locum in Stormeno, miscella, aut in prælio.* Vide Oct. Ferrarii Orig. Ital. [** Murator. Antiq. Ital. tom. 2. col. 1309. voce *Storno*, Graff. Thesaur. Ling. Franc. tom. 6. col. 710. in *Storie* et *Sturm*, Raynouard. Lexic. Roman. tom. 5. pag. 380. voc. *Estorn* et *Estornir*, infra *Strumum, Sturma, Stramita* et *Stremita.* Apud Acharisium in *Stormisco* legitur *Sonare le campane à la Stormita.*]

¶ Stornum, Eodem intellectu. Castellus in Chron. Bergom. ad ann. 1404. apud Murator. tom. 16. col. 978 : *Et eo die fuit maximum Stornum in mercata veteri.*

* Stat. Mantuæ lib. 1. cap. 81. ex Cod. reg. 4620 : *Pulsare teneatur et debeat dictus custos statim cum audiverit campanas aliquas in civitate alicujus parrochiæ pro rumore vel rixa pulsare ad Stornum seu martellum.* Infra : *ad Sturnum.*

* **STOROPHORIUM.** Missale MS. S. Joan. in valle ann. circ. 400 : *Adorata vero cruce, ponatur in Storophorio.* Vide supra *Storia* 1. [** F. pro *Staurophorium*, Pyxis in qua crux reconditur.]

* **STORTA**, Retis species, vox Italica. Jura curiæ ducum Tusciæ ann. 1196. apud Murator. tom. 2. Antiq. Ital. med. ævi col. 92 : *Item dicit quod, a sancta Maria de Martio usque ad sanctam Mariam de Augusto, non debet aliquis in flumine piscare ad guadam nec ad Stortam; et si quis contra faciet dabit tres solidos curiæ.*

* **STORTISSIUS**, pro *Torticius*, Fax, tæda, Gall. *Torche.* Comput. ann. 1362. inter Probat. tom. 2. Hist. Nem. pag. 253. col. 1 : *Solvit nominato Martel, qui portavit Stortissium dum magister Bernardus Clareti consul nocte prima usque ad medium noctem visitavit, etc.* Vide *Torticia.*

* **STORULA.** Vide supra *Storia* 1.

* **STORUS**, idem quod *Stolus* 2. Classis. Charta ann. 889. apud Murator. tom. 1. Antiq. Ital. med. ævi col. 755 : *Pro quo ipse Lupus cum Saracenis ambulavit, et pactuetes fuit, quando ipse Storus super hanc prædictam civitatem* (Salernum) *resedit.* Eadem rursus leguntur ibid. col. 181.

STOTARIUS, Qui equorum admissariorum curam gerit, ex Saxon. stod, vel steda, *equus admissarius*, stod-hors; unde stod-fold, equorum admissariorum septum, in Monastico Anglic. tom. 1. pag. 269. stod-deof, *equorum admissariorum custos*, in Legibus Anglo-Saxon. Alfredi Regis cap. 9. Lex Alamannor. tit. 98. § 3 : *Et quod de berbicario, Stotario, et vaccario fit, quod reliquis servis componi solet, componatur eis in duplo.* Aliqui Codd. habent *Stogario, Storario*, vel *Stothario.* Vide *Stadarius* [et *Stuot.*]

¶ **STOTTUS**, Equus admissarius. Testam. Joh. *de Nevill* ann. 1386. apud *Madox* Formul. Anglic. pag. 427 : *Item Radulpho filio meo* (lego) cc. *vaccas pro stauro, cc. Stottos et stirkes, etc.* Infra : xl. *vaccas et* xx. *Stottos.* Vide *Stotarius* et *Stuot.*

¶ **STOUBLAGIUM**, Præstatio pro facultate pascendi porcos in stipulis, nostris *Estouble* dictis, Gall. *Estoublage.* Polyptychus Fiscam. ann. 1235 : *Omnes bordarii de monte Calvarie debent de quolibet porco unum denarium de Stoublagio et unum denarium de pasnagio.* Vide *Estoublagia.*

¶ **STOVEL**, Stovene. Vide *Stoc.*

¶ **STOUPUS**, ut *Staupus.* Vide in hac voce.

* **STOUS** vel Stons. Redit. præposit. Vernonis in Reg. 34. bis Chartoph. reg. part. 2. fol. 106. v°. col. 2 : *Vinum modiationis ij°. modios et pro les Stous xl. solidos.*

¶ **STOUTHERES**, Saxon. Magnanimi domini. Anglis Orientalibus ita olim dicti sunt qui animi magnitudine cæteris præpollebant. Hos ut a prima ipsa ætate dignoscerent, collocare solebant puerulos suos super tecto ædium stramineo, et qui timide illic hærebant, vel ut casuri ejulabant, pusillanimes fore pronuntiabant : qui vero comprehenso stramine, alacre prorepere et se fortiter sustinere deprehendebantur, plausu magno *Stoutheres* futuros acclamabant. Hæc Spelmannus.

STRABA. Vide *Strava.*

¶ **STRABUCARE**, Evertere, demoliri, ab Ital. *Strabocare.* Chron. Parmense ad ann. 1229. apud Murator. tom. 9. col. 766 : *Carrocium Bononiensium captum fuit et Strabucatum et projectum fuit in quodam fossato et coopertum de fraschis.*

* **STRABULÆ**, Femoralia, vestis species, qua crura teguntur, vox Italis alias usitata. Chron. Forojul. ad ann. 1290. in Append. ad Monum. eccl. Aquilej. pag. 25. col. 2. ubi de Pœnitentibus publice se flagellantibus : *Quibusdam vero in Strabulis tantum, flentes et Dominum deprecantes incedebant.*

STRABUS, qui Latinis *Strabo.* Aldhelm. de Laude Virg. :

> Mutos et mancos, surdosque repertos,
> Luscos, ac Strabos, qui torta luce fruuntur.

¶ **STRACCHUS**, Lassus, Gall. *Las, fatigué*, Italis *Stracco.* Joh. Demussis Chron. Placent. apud Murator. tom. 16. col. 518 : *Et omnes erant Stracchi, et jejuni, et siati, et ibi non habebant quid comederent, etc.*

* **STRACCIAFOGLIUM**, Chartæ lacinia, plagula, schedula, vox Italica. Stat. ant. Florent. lib. 3. cap. 8. ex Cod. reg. 4621 : *Dictus testis dum deponit, non scribat in bastardello vel Stracciafoglio, sed illud scribere debeat in dicto libro.* Vide *Stracia* 1.

¶ 1. **STRACIA**, ab Ital. *Straccio*, Vilis lacinia, Gall. *Chiffon.* Conventiones civitatis Saonæ : *Pro qualibet balla papiri de Stracia, etc.* Infra : *Stupis factis Straciis, etc.*

¶ 2. **STRACIA**, Animalis species, ut videtur. Statuta datiaria Riperiæ c. 12. fol. 4 : *De qualibet soma pensium duodecim pili bovis, caprarum, Straciarum, petegratiarum, pro introitu soldi duo.*

STRADA. Vide *Strata.*

* **STRADATICUM**, idem quod *Strataticum*, Teloneum *stratarum.* Charta ann. 942. apud Murator. tom. 6. Antiq. Ital. med. ævi col. 44 : *Una cum muris et fossatis, atque theloneo et Stradatico, seu cum servis vel ancillis inibi pertinentibus, omnemque publicam functionem largimur.*

STRADURA, pro *Stratura*, quidquid ad sternendum equum necessarium est. [Cha]rta Alamannica Goldasti 58 : *Hoc est, [a]uro et argento solidos 70. et cavallos 5, cum saumas, et rufias, et filtros, cum Stradura sua ad nostrum iter ad Romam ambulandum.* [Vide *Stratorium.*]

¶ **STRAFILUM**, pro *Staphilum.* Vide ibi.

¶ **STRAFORATUS**, ab Ital. *Straforare*, Perforare, Gall. *Percer.* Anonymus in Annal. Mediol. apud Murator. tom. 16. col. 813 : *Salinus unus deauratus cum soaxe Straforato.*

¶ **STRAGICIOSUS**, Perniciosus, exitiosus, a Lat. Strages. Chron. Domin. de Gravina apud Murator. tom. 12. col. 563 : *In Stragiciosam prædam, guerram et tristitiam singuli deducuntur.*

* **STRAGIES**, pro Strages. Instr. ann. 1384. inter Probat. tom. 3. Hist. Nem. pag. 72. col. 6 : *Dicti superius nominati et eorum secasses et complices majorem Stragiem et guerram hostiliter fecerunt in patria.* Pluries ibi. [** *Stragia*, in Annal. Lauriss. ad ann. 788.]

STRAGIOLA, Stragulum. Ceremoniale Rom. lib. 2. sect. 1 : *Procedit summus Pontifex super equum faleratum, coopertum a parte posteriori Stragiola carmesina, sub baldachino.*

¶ **STRAGULA**, *Vestis est Monachorum*, in Gloss. MSS. S. Andr. Avenion. Vide *Stragulum.*

¶ **STRAGULARE**, pro Strangulare, Gall. *Etrangler.* Charta Ottonis III. Imper. ann. 1001. apud Eccardum inter Probat. Hist. Misnens. pag. 296 : *Laqueo, quo Judas detentus est per triginta denarios, Stragulatur, nisi resipiscat.* Alia notione, vide in *Stragulum.*

* Nostris *Parestrangler*, pro *Estrangler tout-à-fait.* Lit. remiss ann. 1384. in Reg. 126. Chartoph. reg. ch. 107 : *Touz deux le prindrent par la gorge, tellement qu'il fu sur le point d'estre estranglé,..... et à ce qu'ilz ne le Parestranglassent, etc.*

¶ **STRAGULATURA**, Angustia. Conc. Constant. tom. 1. col. 693 : *Contra clericos aleatores, lusores,... indecentium vestium colore, scissura, Stragulatura* (portatores)... *necesse est... decreta edere.*

STRAGULUM, Stragula, Stragulare. Papias : *Stragulum, vestis discolor plumario opere facta; hinc Stragula vestis, stragulare, variare.* Gloss. Arabico-Lat. : *Stragulo, vario.* Hinc Decreta Colomani Regis Hungariæ lib. 1 : *Nullus qui Clericus æstimatur, vestibus utatur laicalibus, utpote fisso pellicio, vel tunica sparsa, manica rubra, Strangula, vel viridi manica, aut chlamide, caliga, seu joppa, etc.* Ubi legendum *Stragulata.* [Testam. S. Remigii apud Miræum tom. 1. pag. 2. col. 2 : *Futuro Episcopo successori meo... relinquo Stragula columbina duo, etc. Stragulum Hispanicum unum*, in Vita S. Ansegisi sæc. 4. Benedict. part. 1. pag. 634.]

* Glossæ Bibl. MSS. anonymi ex Bibl. reg. : *Stragulum, vestis est discolor, quæ manu artificis diversa varietate distinguitur; dictum autem sic, quia in stratu et in amictu aptum.... Et inde dicitur Stragulare, i. variare : unde Stragulata vestis, i. variata, vel varietate texturæ distincta.*

¶ Stragulare, *Ad modum stragulæ vestis aliquid texere.* Gemma.

¶ Stragulatus Pannus, Diverso colore variatus. Charta ann. 3. Henrici VI. Reg. Angl. apud *Madox* in Form. Anglic. pag. 145 : *Et prædictus Ricardus habebit de præfato Willelmo Skrene et hæredibus suis quolibet anno durante termino prædicto Pannum Stragulatum continentem* xx. *rayes, et unam virgam et dimidiam panni coloris.* Hinc

Stragulati, *Radiati*, vel *Birrati*, seu potius *Barrati fratres*, dicti olim Carmelitæ, quod vestibus diverso colore variatis uterentur : donec Martinus PP. ann. 1279. nomen eorum mutavit et habitum, convertens vestes *stragulatas* in capas albas, Carmelitarum indita appellatione. Vide Walsinghamum ann. 1282. supra *Birrati*, in *Birrus.*

¶ **STRAIATUS**. *Catalla waviata et Straiata*, Caduca, derelicta, bona quæ in fiscum ex quavis causa cadunt, in Litteris ann. 1509. apud Rymer. tom. 13. pag. 243. Vide *Estrajeriæ* et *Stray.*

¶ **STRAKES**, ab Anglico *Strake*, Ferrum quo rota munitur. Comput. ann. 1425. apud Kennett. Antiquit. Ambrosd. pag. 573 : *In uno pari rotarum vocatarum schozears emptarum ibidem,.... et in* vi. *Strakys. ferreis* iv. *sol.*

¶ 1. **STRAMEN**, metaphorice dicitur de sermone incomposito, in Epist. Hadriani PP. ad Episc. Hisp. contra Elipandum, inter Conc. Hisp. tom. 3. pag. 92 : *Perfidorum verborum ibi Stramina incomposito calamo legebantur.*

¶ 2. **STRAMEN**, Quidquid ad insternendum lectum necessarium est, in Vitis Patrum Emerit. inter eadem Conc. tom. 2. pag. 647 : *Straminibus quoque lectulis itidem præparatis eundem infirmum ibidem superponentes.* Vide *Stramentum* 1. et *Stratilectilia.*

☞ A voce *Stramen* nostri *Estrain* pro *Paille, chaume* dixerunt. Gesta Erminæ puellæ cujusdam Remis ann. 1396. ex Cod. MS. S. Victoris Paris. : *Elle dormoit en ung petit lit d'Estrain.* Le Roman *de la Rose* :

> Sus ung poy de chaume ou d'Estrain.

¶ **STRAMENTARE**, Sternere, Gall. *Joncher.* Bernardus Thesaur. de Acquisit. T. S. apud Murator. tom. 7. col. 703 : *Dux Godefridus cum acie sua inter confertissimos hostium cuneos se immittens, tantam egit stragem, ut ex corruentibus campo Stramentato, reliqui converterentur in fugam.*

¶ 1. **STRAMENTUM**, Straminum, ut supra *Stramen* 2. Capitul. gener. MSS. S. Victoris Massil. : *Statuimus ut in dormitorio sint semper lecti* 60. *regularibus Straminis vel Stramentis et pannis sufficienter ornati.*

¶ 2. **STRAMENTUM**, *Insellatura equi.* Mamotrect. cap. 31. Genes.

* 3. **STRAMENTUM**, Vox generatim sumta, qua stramen, arundo, similisve materia domibus tegendis apta significatur. Charta ann. 1388. tom. 8. Ordinat. reg. Franc. pag. 284. art. 7 : *Hospiciorum et parietum, ac fustarum, tegulorum, et aliorum quorumcumque Stramentorum, clausiones, etc.* V. *Storia* 1. et mox *Stranium.*

* 4. **STRAMENTUM**, Tapes super terram stratus. Pontif. vetus MS : *Deinde incipiat clerus lætaniam, et pontifex ante altare super Stramenta cum cæteris sacerdotibus atque levitis se in oratione prosternat.*

¶ **STRAMITA**, ut supra *Stormus*, et infra *Stremita*. Bartholomæi Scribæ Annal. Genuens. ad ann. 1234. apud Murator. tom. 6. col. 471 : *Cum judice suo dom. Anselmo et cum ambobus suis militibus et servientibus, et cum aliquibus de nobilibus civibus Januæ, facta pulsatione campanarum in ecclesia B. Laurentii in modum Stramite, viriliter movit, et exivit de Janua, et apud Albinganam exercitum exspectavit.*

STRAMPÆ. Gaufredus Grossus in Vita S. Bernardi Abbat. Tiron. n. 31 : *Remiges autem fulminum juxta cadentium fœtoribus affecti, mortuis similes in transtris prosternuntur Strampisque rumpentibus, remis ferientibus undas, a columbariis extrahuntur.* Ubi amplector virorum doctorum sententiam, qui *strangis* legendum putant, ex Germ. et Anglico *Strange*, funis.

¶ **STRANACES**, *Cupidi*, in Gloss. Isid. edit. Grævii; malim *Strenaces*. Vide infra *Strenicus*.

STRAND, Ripa, ora, littus. Vox Anglo-Saxonica, quæ in antiqui ævi Chartis privilegium quoddam designat, seu privilegii concessi amplitudinem, tum in *Ripis*, tum in streame, i. fluviis, tum in woode, i. silvis, tum in felde, i. campis, vel pascuis. Charta Henrici II. Regis Angliæ in Monastico Anglic. tom. 3. pag. 4 : *Cum socne et saca, and Strand, and streame, and wood, and felde, tolnes and theames, and gritbraches, and hamsocne, and forstalles, and infangenethives, and flemeneferme super suos homines infra burgos et extra, in tantum, et tam pleniter, sicut proprii ministri mei exquirere deberent, etc.* [Vide *Strond.*]

STRANEUS, pro Extraneus, Anglis *Strange*, in Legis Ripuar. Cod. Corbion. tit. 4. haberi, ubi alii *Extraneus* præferunt, monet Steph. Baluzius. Habetur etiam in formulis Andegav. n. 32. 44. Angli etiamnum *a stranger* dicunt.

* Ital. *Strano*. Constit. MSS. Alf. reg. Aragon. ann. 1419 : *Quod homines Stranei non possint habere in Cathalonia beneficia.*

¶ Stranius, Eadem notione. Jac. de Voragine in Chron. Januensi apud Murator. tom. 8. col. 31 : *Ad præsens autem hoc dixisse sufficiat, quod quatuor modis ostenditur, quod illæ fuerunt reliquiæ, quas Januenses de Strania terra detulerunt, et fuerunt reliquiæ S. Joannis Baptistæ.*

¶ **STRANGEBOWE**. Chron. Nic. Trivetti apud Acher. tom. 8. Spicil. pag. 460 : *Hunc Ricardum* (Comitem de Strogoil) *Anglici ob præcipuam fortitudinem Strangebowe cognominabant, cujus brachia tam producta fuisse dicuntur, ut erectus stans palmas manuum genibus applicaret.*

STRANGUILLO, Morbus equi, Gall. *Estranguillon*. Vide Jordanum Risum Calabrum MS. lib. 2. de Medicaminibus equorum.

STRANGUIRA, στραγγουρία, [Ciceroni Stranguria,] Urinæ difficultas. Ordericus Vitalis lib. 5 :

Stranguiriæ morbo gemuit cruciante molesto.

STRANGULA. Vide *Stragulum*.

¶ **STRANGULATIO**, ἄγξις. Gloss. Lat. Gr. additur in Gr. Lat. *Suffocatio*, in Sangerm. *Suggillatio*.

¶ **STRANGULUM**, pro Stragulum, in Leg. municipal. Mechlin. tit. 16. apud *Bourdot* tom. 1. part. 2. pag. 1226.

* **STRANIUM**, Domus, tugurium stramine coopertuum, vel Horreum straminibus instructum, aut Acervus stramineus. Charta ann. 1388. ex Tabul. Massil. : *Solvatis.... pro equitibus missis per nos pridie ad castrum de Pennis, pro comburendo baraccas et Strania illic sistentes et sistentia, sex florenos auri.* Vide supra *Stramentum* 3.

¶ **STRANIUS**, ut *Straneus*. Vide in hac voce.

* **STRANTGARNA**, Retis species. Charta ann. 1312. apud Ludewig. tom. 9. Reliq. MS. pag. 586 : *Retia nihilominus, quæ Strantgarnæ vocantur, ipsi possessores in littore maris habere poterunt; ita tamen, ne nostri piscatores in nostra piscatura, hoc est, in loco, qui Hake nuncupatur, aliquid impedimenti patiantur.*

¶ **STRANTUM**, *Jugum*, ζύγωμα πλοίου, in Gloss. Lat. Gr. Leg. *Transtrum*.

STRAPA, Porta tabulati, vulgo nostris *Trappe* : unde vox *Attrapper*. Gesta Consulum Andegav. cap. 11. n. 10 : *Ad portam scalæ, quæ vulgo Strapa vocatur, remanentibus.* Occurrunt eadem fere verba in Gestis DD. Ambasiæ cap. 5. n. 1.

¶ **STRAPES**, pro Stapes, apud Fr. Marium Grapaldum fol. 98. edit. Parmensis.

STRAPHILUM. Vide *Staphilum*.

¶ **STRAPODIUM**, Straminea culcitra, Gall. *Paillasse*. Chron. Mellic. ad ann. 1451. pag. 413 : *Pro lectisterniis datur singulis matracium sive filtrum de lana ovina, cui supponitur Strapodium, sive fœnum grosso lineo panno obtectum.* Perperam supra pag. 360. legitur *Stropodium*.

¶ **STRAPONTA**, Strapontinus, Culcitræ species, Ital. *Strapontino*. Statuta Astens. ubi de intratis portarum : *Straponte de cendallo et de bocaramo ponantur et solvant pro qualibet Straponta ad estimationem officialium.* Mirac. S. M. Magdalenæ de Pazzis tom. 6. Maii pag. 344 : *Tres Strapontini pro triremi a tempestate servata donati.*

STRASAURA. Vide *Transitura*.

¶ **STRASCINARE**, Trahere, raptare, Gall. *Trainer*, Ital. *Strascinare*, Supplicii genus. Hist. Cortusior. lib. 2. apud Murator. tom. 12. col. 802 : *Ipsos proditores per civitatem et burgos Vicentiæ Strascinari fecit ad caudam equi et postea in furcis.* Bonincontrus in Chron. Modoet. ibidem col. 1146 : *Judicatus, Strascinatus fuit per totam civitatem Avinionis; in fine suspensus fuit per gulam supra Castellatium, ubi de multis in Avinione fit judicium.* Jac. De Layto in Annal. Estens. apud eumd. tom. 18. col. 911 : *Anno 1394. fuerunt Strascinati per civitatem Ferrariæ, et demum ducti extra portam Leonis suspensi fuerunt laqueo, etc.*

¶ Strassinare, Strassignare, Eadem notione. Statuta Cadubrii lib. 3. cap. 40 : *Qui ad postam alterius præcio vel mercede homicidium commiserint in personam alicujus in terra Cadubrii vel Caprilis, Strassinentur ad caudam asini, mullæ vel equæ usque ad furcas, et ibi laqueo suspendantur per gullam.* Ibidem cap. 49. legitur *Strassignare*. Statuta criminalia Riperiæ cap. 182. fol. 25 : *Si in fortiam dom. capitanei pervenerit, Strassinetur et suspendatur per gulam.* Occurrit etiam in Statutis Palavic. lib. 2. cap. 25. fol. 95.

¶ Straxinare, Eodem significatu. Joh. Demussis Chron. Placent. ad ann. 1314. apud Murator. tom. 16. col. 491 : *Mediolanenses et eorum stipendiarii projecerunt Recessorem cum equo dicti Recessoris in terra, et ipsum Straxinaverunt per totam civitatem Papiæ.* Adde Acta SS. tom. 4. Jun. pag. 766.

¶ **STRASTURA**. Beatus Rhenanus lib. 2. Rerum Germ. pag. 95 : *Ad Regem vel in bellum proficiscens, aut rediens, a vectigali quod Strasturam vocant immunis esto. Strasturam Germani hodie et wegsturam appellant.* [** Vide *Strata* et *Steura*. Idem quod *Strataticum*.]

¶ **STRAT**, Regionem ad fluminum decursum jacentem appellare solent Scoti. Ita Buchan. Hist. Scot. fol. 6. Vide *Strand*.

STRATA, Via publica lapidibus, seu *silice* munita, ut præter Suetonium et alios, loquitur Procopius, lib. 2. de Bello Persico cap. 1 : Στράτα γὰρ ἡ ἐστρωμένη ὁδὸς τῇ Λατίνων καλεῖται φωνῇ. Paulinus Nolanus Carmine ad Cytherium, ubi de Via Appia :

Post hæc et ad nos pergere incœptat viam,
Qua sternit aggerem silex,
Cui munitor Appius nomen dedit.

Vett. Inscriptiones 149. 5. 150. 4. 5 : *Viam silice sternendam curarunt.... Viam quæ ducit in villam magnam silice sua pecunia straverunt.* Papias : *Strata, dicta quasi pedibus vulgi trita; ipsa et dilapidata, id est lapidibus strata, quam prius Pœni, post Romani, per omnem pene orbem disposuerunt, propter rectitudinem itinerum, et ne plebs otiosa esset.* Gloss. Græc. Lat. : Λεωφόρος, *Strata, iter*. Apud Nicetam Græco-Barb. in Manuele lib. 3. cap. 2 : Ῥύμαι, στράται, ubi Codex alius ἄμφοδοι. Ebrardus Betun. in Græcismo cap. 12 :

Est stratum proprie lectus : via regia, Strata :
Stratum quandoque via regia dicitur esse.

Strata viarum dixere Lucretius et Virgilius. *Pontium Stratarumque opera*, in leg. 4. C. de Privil. dom. Aug. (11, 75.) Alcuinus Poem. :

Sed bene securus poteris percurrere Stratam.

Joannes Sarisber. lib. 1. Metalogici cap. 18. : *Ars itaque est quasi Strata publica, qua ire, ambulare, et aggeres, sine calumnia et concussione omnibus jus est.* Victor Vitensis lib. 1 : *Qui in Strata publica multo tempore nudo jacuit sub aere.* Lib. 3 : *Stratæ vero vel semitæ cadaveribus repletæ, etc.* Juvencus lib. 2 :

En ego mitto meum Stratas aptare ministrum
Ante tuos vultus.

Itinerarium Hierosol. : *Super Stratam in parte dextra est monumentum, ubi Rachel posita est uxor Jacob. Strata publica, quæ appellatur via regia*, apud Harigerum Lobiensem in S. Materno Episcopo Leodiensi cap. 13. Will. Brito lib. 8. Phil. :

. . . . : . Publica nulli
Strata patet.

Petrus Diac. lib. 4. Hist. Casin. cap. 11 : *Per antiquam Stratam Romam venit.* Speculum Saxonicum lib. 2. art. 59. § 3 :

Strata seu via regia tantæ latitudinis esse debet, quod currus alteri cedere possit. [** Germ. *Des Koninges Strate.* Vide Haltaus. Glossar. Germ. voce *Kœnigs-Strasse*, col. 1115.] [Charta Ludovici II. Reg. Franc. ann. 878. apud Baluz. ad calcem Capitul. col. 1503 : *Unde ipsa Strata dividit usque ad aliam Stratam quæ pergit de Gerunda ad Barchinonam. Stratæ proclamatæ*, in Correct. Statut. [Cadubrii cap. 138.] Charta Henrici VII. Imp. ann. 1313. apud Goldastum tom. 1. Constit. Imp. : *Stratas communes vel Regias vulgariter appellatas.* Vide Paulum Warnefridum lib. 5. cap. 17. Legem Longobard. lib. 3. tit. 1 § 21. [** Pippin. 5.] Petrum de Vineis lib. 3. Epist. 69. lib. 5. Epist. 1. Bergerium lib. 3. de Itineribus Romanis cap. 54. § 3. 4. [Adde Mabill. tom. 3. Analect. pag. 493. Marten. tom. 3. Anecd. col. 1800. tom. 7. Ampl. Collect. col. 68. Lobinell. tom. 2. Histor. Britan. col. 1135. Kennett. in Antiquit. Ambrosd. pag. 325. Acta SS. tom. 2. Mart. pag. 95. tom. 7. Maii pag. 153. Murat. tom. 12. c. 1086. etc.] [** Vide Guerard. in Chartul. S. Petri Carnot. Proleg. § 8.]

¶ Strata, Vicus, via, Gall. *Rue.* Chronic. Parmense ad ann. 1300. apud Murator. tom. 9. col. 842 : *Omnes domus Stratæ Claudiæ in civitate et extra, etc.*

¶ Strata, de mari etiam dicitur, in Annal. Genuens. Ogerii Panis ad ann. 1203. apud Murator. tom. 6. col. 403 : *Et postmodum alias tres* (galeas armaverunt) *pro Strata maris assecuranda propter blavam, quæ multo plus solito carior erat.*

Strada, pro *Strata* : quomodo Itali dicunt. Charta Dagoberti Regis Franc. apud Doubletum pag. 655 : *Vel de ultra mare venientes in illa Strada quæ vadit ad Parisius in loco qui dicitur Pasellus sancti Martini, etc.* Vetus Charta ex Tabulario S. Benigni, apud Perardum : *Peciola de terra, quæ terminat de uno latere et uno fronte Strada publica, pergit, etc.* Adde Joffredum in Niciensibus Episcopis ann. 1004. Germani *een Strate*, Angli vero *Straet* dicunt, unde viæ publicæ Anglicæ, de quibus Leges vernaculæ Guillelmi Nothi cap. 30. et nos alibi, terminationem accepere. Nostri olim *Estrée* dixere. Le Roman *de Garin* MS :

Parmi Ardane accueillirent l'Estrée.

* Strata Grossa, Agger itinerarius, Gall. *Chaussée.* Charta Boson. episc. Catalaun. in Chartul. Monast. in Argona fol. 8. v° : *Donavit pascua.... per totam terram banni de Noers ultra fluvium Chel versus Auzecurt, usque ad grossam Stratam de Raamcurt.* Infra fol. 11. r° : *Strata levata.*

* Stratam Frangere, Crimen in ea committere. Stat. Taurin. ann. 1360. cap. 204. ex Cod. reg. 4622. A : *Si quis Stratam fregerit, propter sit bannitus.... Stratam rumpere intelligatur, si quis deprehendet peregrinos, romeos, mercatores, fardelarios.* Vide in *Via* 1.

* Stratam Habere, Liberum scilicet transitum per viam publicam et absque telonei solutione. Charta ann. 1324. apud Oefelium tom. 1. Script. rer. Boicar. pag. 749. col. 1 : *Indulsit eisdem civibus, ut Stratam habeant cum sale et aliis mercimoniis per Frisingam.*

* Stratam Offendere, ut supra *Stratam frangere.* Bulla Adr. IV. PP. apud Cenc. inter. Cens. eccl. Rom. : *Stratam, ecclesias et hospitales.... se non offendere jurabunt.*

¶ Strata, ut infra *Stratáticum.* Charta Philippi Augusti Reg. Franc. ann. 1211 : *Adhuc eisdem scabinis dedimus Stratam, et denarios portæ qui sunt ad calceiam faciendam ad usus et consuetudines civitatis.*

* Bulla Anast. IV. PP. ann. 1153. apud Murator. tom. 5. Antiq. Ital. med. ævi col. 1022 : *Jura quoque vestra, quæ in Brixellensi portu habetis, atque Stratam Teutonicam, et theloneum et usum, qui de ea exire solet.*

Strata. Papias : *Galathea, lactea quædam cœli zona, alba hoc nomine dicitur, quæ vulgo Strata nominatur.*

¶ **STRATATECTA**, κατακέραμα, in Gloss. Lat. Gr. melius in Sangerm. *Sartatecta.*

STRATATICUM, Teloneum *stratarum*, seu *Plateaticum.* Charta Ottonis M. ann. 964. apud Ughellum tom. 5. pag. 1582 : *Terram ipsius Comitatus, et publicam fornitionem* (f. functionem) *a Stratatico, et muris in circuitu, et fossato, et alveum aquæ a 4. milliariis rationatum secus et extrinsecus, etc.* Gregor. VII. PP. apud Ughell. in Archiep. Bonon. n. 52 : *Donamus Fraternitati tuæ portam in civitate Bononiæ cum omni reditu, quem antiquis persolvere solent ipsi homines, qui per prænominatas Stratas ire vel redire soliti sunt.* Eadem Charta descripta a Ghirardaccio lib. 2. Hist. Bonon. pag. 54. hæc præfert : *Et stratam, quæ nominatur salaria, cum Stratatico, et cum omni reditu, etc.* [*Straticum* ex eadem Charta editum apud Ughell. edit. ann. 1717. tom. 2. col. 16.] Charta Conradi Imp. ann. 1140. apud Columbum pag. 210 : *Ecclesiæ tuæ... nostra regalia concedimus, monetam, pedagium, utraque Strata telluris et Rhodani fluminis.* [Vide *Strata.*]

STRATEGUS, Straticus, Stratigus, Stratigotus, etc. Præfectus seu Rector civitatis alicujus, vel provinciæ, ex Gr. Στρατηγός. [Hæc vox ita varie effertur, ut non ausim cum Brencmanno in Dissertat. 1. de Rep. Amalphit. pag. 26. pronuntiare corruptis vocabulis *Straticogos* et *Stratigotos* a Freccia appellari, maxime cum ultimum non semel occurrat.]

Strategi. *Schola strategorum*, apud Guill. Bibliothecar. in Hadriano II. PP. pag. 228. Στρατηγός, pro urbium rectoribus, apud Harmenopulum lib. 5. tit. 11. § 19.

¶ Straticotus, in Constitut. Frederici Regis Sicil. cap. 9 : *Hac itaque consideratione ducti, providimus ut si coram Straticoto Messanæ et aliis justitiariis aliquem fidelium nostrorum Siciliæ, etc.* Cap. 10 : *Cupiditas quorumdam Straticotorum, justitiariorum et capitaneorum, etc.*

Straticus. Charta Dalmatica ann. 1036. apud Joan. Lucium : *Romani Imperii dignitatem gubernante serenissimo Michaële, Gregorio Protospathario et Stratico universæ Dalmatiæ.* Apud Ughellum in Archiepisc. Salernitanis ann. 1337 : *Lottus de Adimariis de Florentia Miles regius, Straticus Salerni, suique districtus.*

Stratigus, Stratigo. Leo Ostiensis lib. 1. cap. 50 : *Theophylactus quoque* ςρατηγός, etc. Lib. 2. cap. 2 : *Marianus Anthypatus Imperialis Patricius et Stratigos, id est Dux Calabriæ ac Longobardiæ. Georgius Stratigus*, in Epist. Ludovici II. Imp. ad Basilium Imp. CP. apud Baron. ann. 871. n. 76. Erchembertus cap. 60 : *Stratigo Augustalis.* Crebro ibi. Anonymus Salernitanus part. 4 : *Sabbatius Stratigo, etc.* Idem *Straticus* dicitur pag. 268. [** *Stradico*, apud Boccac. nov. 40. legit Acharisius, ubi vulgo male *Stadico.*] Charta Cresimiri Regis Croatiæ ann. 1067. apud Jo. Lucium lib. 2. cap. 8 : *Imperialis Patricius ac totius Dalmatiæ Stratigo. Stratigon*, in Charta Roberti II. Principis Capuani ann. 1156. in Sanctuario Capuano pag. 646.

Strategotus, Stratigotus. Hugo Falcandus pag. 663 : *Rex autem interim Messenam mittit nuncios ad Strategotum, populumque civitatis, etc.* Adde pag. 669. 671. Charta Joannæ Reginæ Siciliæ ann. 1343. apud Waddingum, in monumentis Neapolit. pag. 3 : *Joanna... Stratigoto civitatis Salerni S. Straticoti Salerni*, in Constit. Siculis lib. 1. tit. 69. § 2. *Straticoti* et *Stratigoti*, in Charta Rogerii, Regis Siciliæ, apud Constantium in Hist. Sicil. pag. 186. *Straticorum Messanæ* catalogum contexuit Philibertus Mugnos in Hist. Vesper. Sicul.

Straticotia Civitatis, Strategi præfectura, in Charta Friderici III. Regis Siciliæ ann. 1302. apud Roccum Pirrum in Archiep. Messan. Στρατηγίς et ςρατηγίτον, Græcis recentioribus, de qua voce egimus ad Alexiadem Annæam pag. 399.

Stratigari, Regi vel judicari per *Stratigos.* Charta Rogerii Regis Siciliæ ann. 1094. apud Ughellum in Episcopis Tropeiensib. : *Ut neque villani Ecclesiæ de quacunque causa accusati, vel rei, nisi in Curia Episcopi judicentur, neque in eisdem villanis neque in quibuslibet rebus Ecclesiæ Stratigentur per ipsos, ut alii ministri manum suam audeant mittere.*

☞ Ejusdem originis est vox Gallica *Stradiots*, vel *Estradiots*, Militum genus notissimum sub Carolo VIII. Rege Franc. De iis ita Philippus *Comines* lib. 8. cap. 5 : *Estradiots sont gens comme Genetaires, vestus à pied et à cheval, comme Turcs, sauf la teste, où ils ne portent cette toile qu'ils appellent Turban, et sont durs gens et couchent dehors tout l'an, et leurs chevaux; ils étoient tous Grecs, etc.* [** Vide Glossar. med. Græcit. in Στρατιῶται, col. 1461.]

* **STRATELLA**, diminut. a *Strata*, via. Formul. vett. ex Cod. reg. 4189. fol. 19. v° : *Tendit per ipsam Stratellam juxta greppum, sicut tendit super ipsa Stratella usque ad caput vallis Cornachiæ.*

* **STRATICCIOLA**, Eadem notione. Charta ann. 1048. apud Lam. in Delic. erudit. inter not. ad Hodœpor. Charit. part. 3. pag. 1033 : *Va ab oriente parte a Nespolo de brixa usque ad loco Lupo usque ad Straticiola et sicut ipsa Straticciola decurrit usque ad collina.*

¶ **STRATICUM.** Vide supra *Stratáticum.*

¶ **STRATICUS**, Stratigari, etc. Vide supra in *Strategus.*

STRATILATES, Exercituum dux, *Dux militiæ*, apud Jo. de Janua. *Militum dux*, in Glossis antiquis MSS. et apud Papiam, ex Græco Στρατηλάτης. Joannes Diacon. in

Vita S. Nicolai Episc. Myrrheæ : *Tres militiæ Principes, quos Dolopes Stratilates vocant.* Alia, ut videtur, notione Joann. Sarisberiensis lib. 6. Policrat. cap. 1 : *Apparitores itaque licenter exigunt, quod eis debetur ex sportulis, et omnium Stratilatum ordines salarium constitutum juste accipiunt.* Ubi *Stratilatæ*, militares dicuntur. [Vide *Stratopedarcha*.]

¶ Stratilates, Satellites, in Actis S. Willelmi Archiep. tom. 2. Jun. pag. 144 : *Non enim valebant in corpus ecclesiæ cum sanctis reliquiis præ multitudine hominum descendere, quamvis Regis Stratilates ad præparandum viam pro viribus niterentur.*

STRATILECTILIA, Stragula, instrata, instrumenta lecti, *lectualia*, vel *lectaria*, supellex lectuaria. Matth. Paris ann. 1233 : *Et illi præcipue, qui equos, et arma, et pecuniam, nec non et Stratilectilia cum viaticis amiserant, etc.* [Vide *Stramentum* 1.]

* **STRATIOTÆ**, Militum genus, nostris *Stradiots*, Philippo *de Comines*, *Estradiots*, a Græco στρατιώτης. Comment. P. Cyrnæi de Bello Ferrar. apud Murator. tom. 21. Script. Ital. col. 1201 : *Habebat Victor classem validissimam triremium, biremium, naviumque magnarum ferme octoginta, milite, equitibusque, quos Stratiotas vocabulo Græco appellant* (Veneti). Et col. 1207 : *Postero die exposuit quadringentos equites Stratiotas, etc.* Vide in *Strategus*.

¶ **STRATOPEDARCHA**, Præfectus militum, apud Nicephorum lib. 7 : *Magno Stratopedarcha cum tribus equitum millibus misso, etc.* Quinque Stratopedarchas in Aula Byzantina recenset Meursius ex Codino, quorum summum, qui *Magnus Stratopedarcha* dicebatur, etiam cognatione sibi adjungere Principes non indignabantur. Vide Glossar. med. Græcit. et supra *Stratilates*.

1. **STRATOR**, Equorum curator, domitor. Gl. MSS. Regiæ : πωλοδάμνης, ὁ στράτωρ, ὁ τοὺς πώλους δαμάζων. Catholicon parvum : *Stratores, i. compositores. Stratores etiam a sternendo dicuntur, quia custodientes in carcere reos, condemnatos puniebant. Vel Stratores dicuntur isti, qui stabulis vel equis stantibus in eis præsunt.* [Gloss. Lat. Gall. Sangerm. : *Strator, apaiseur, ensceleur, accravanteur.*] Paulus Warnefridus lib. 4. de Gestis Longob. cap. 27 : *Equus ejus in portæ medio concidens, quamvis calcaribus stimulatus, quamvis hinc inde ab Stratore verberibus cæsus, non poterat elevari.* Stratorum munus fuisse, equos Imperatoris curare, auctor est etiam Ammianus lib. 29. sic dicti, quod equum domini sternerent, vel ei sellam et stragulum injicerent. Papias : *Stratores, compositores sellæ regiæ.* Gloss. Lat. Gr. : *Sterne equum*, ἐπίσαξον τὸν ἵππον. *Sternit*, στρωννύει ἵππον. Eorum etiam munus fuit, dominos, equum inscensuros, manu erigere et allevare, unde ἀναβολεῖς dicti. Evagrius lib. 3. cap. 25 : Ἀναβολεῖ δὲ οὐκ εἰωθὼς χρῆσθαι τῷ ἵππῳ προσήλατο. Sugerius in Ludov. VI. pag. 318 : *Barones vero Ecclesiæ nostræ feodati, et Castellani nobiles, Stratores humillimi pedites eum equitantes fræno deducebant.* Sed consule, si lubet, quæ de Stratoribus observavimus ad Cinnamum pag. 475. Vide *Marpahis*, [et Gloss. med. Græcit. voce Στράτωρ, col. 1463.]

☞ *Stratorem* a *Marescalco* distinguit Pactus Leg. Sal. edit. Eccardi tit. 11. § 6. ita ut *Marescalcus* is esse intelligatur, cui omnium equorum cura commissa erat; *Strator* vero qui sternendis tantum equis et domino adducendis præerat : *Si quis Majorem, Infestorem, Scantionem, Mariscalcum, Stratorem, etc. furaverit, etc.*

Stratores, præterea appellati in exercitibus, qui castra præibant, ut loca accommodatiora ad exercitum traducendum facerent, et idonea castris præpararent. Vide easdem Notas ad Cinnamum.

Strator, Marescalcus, qui stratoribus seu exercitus vel castrorum metatoribus præest. Ordericus Vitalis lib. 11 : *Robertum autem de Monteforti honorifice suscepit, et nesciens qua de causa natale solum dimiserit, quia Strator Normannici exercitus hæreditario jure fuerat, inter præcipuos sublimavit.* Neque aliter accipiendi videntur *Stratores* apud eumdem scriptorem, locis aliis, quam pro copiarum militarium ductoribus præcipuis. Lib. 10. pag. 778 : *Interea Ravendinos Imperatoris Alexii Protospatharius, aliique Stratores navigio venerunt.* Infra : *Buamundus, ut ea, quæ gesta retulimus audivit, Stratores scilicet Augusti, et omnes Francos cum suis copiis pontum carinis sulcasse comperit, etc.* Lib. 11 : *Rex autem exercitum Angliæ convocavit,... ibique castris constructis, Stratores cum familiis suis tribus mensibus dimisit.* Erchembertus in Hist. Longob. cap. 15 : *Radelgisus invitatus, et a suis Stratoribus fraude suasus Salernum quasi capturus adventavit.* [Otto Frising. de Gestis Friderici I. Imper. apud Murator. tom. 6. col. 724 : *Juxta ecclesiam B. Petri procurrentes, quosdam ex Stratoribus qui remanserant, in ipsa sacrosancta ecclesia necare non timuerunt.*]

¶ Stratores, Qui ad probandos equos, ex provinciis adducendos, mittebantur, in Cod. Theod. leg. 4. tit. 8 lib. 8.

¶ Stratores, dicti etiam carcerum Custodes, in eod. Cod. leg. 1. tit. 3. lib. 9. Vide ibi Gothofredum.

Stratores Laguncularum, apud Hierem. cap. 48. 12. *Paratores craterum*, apud auctorem Mamotrecti, ubi codex editus male præfert *carcerum*. [*Stratores lagunculorum, i. Compositores*, in Gloss. Lat. Gall. Sangerm.]

** Stratores in familia ecclesiæ Ravennatis. Locum vide in *Staurophorus* et mox *Stratura*, 2.

* 2. **STRATOR**, Apparitoris adjutor, ut videtur. Stat. comitat. Venaiss. sub Clem. VII. PP. cap. 55. ex Cod. reg. 4660. A : *Item quia Stratores, apparatores* (leg. apparitores) *et servientes curiarum, vulgariter nuncupantur stipem pauperum et panem esurientium sitientes, etc.*

* 3. **STRATOR**, Grassator, prædo *stratarum*, Gall. *Voleur de grands chemins.* Edictum comit. Tolos. ann. 1233. in Reg. feud. Tolos. fol. 467. v° : *Ruptuarii, faiditi, prædones, latrunculi et Stratores de tota terra nostra exeant.*

1. **STRATORIUM**, *Stabulum jumentorium*, Joan. de Janua. [Gloss. Lat. Gall. Sangerm. : *Stratorium, Estable.*]

2. **STRATORIUM**, *Lectisternium*, Will. Britoni in Glossis MSS. Papias : *Stratoria, lectaria, quæ sterni solent in lectis.*

3. **STRATORIUM**, Stramentum sellæ equestris, seu stragulum, quo illa insternitur. Vetus Interpres Iosephi lib. 1 : *Rachel hoc audiens, posuit idola in Stratorio cameli*, i. sub. Vita S. Benedicti Abb. Anian. cap. 5 : *Vidimus sæpe eum sedentem asinum suum flasconem vini in Stratorio deferre.* Vide 2. Reg. 17. 28. Gregorius Turon. in Vita S. Aridii : *Sanctus Dei Sacerdos capsulam, quam cum sacris reliquiis collo suo appensam portabat, circumspiciens comites, superposito Stratorio et palliolo, ubi requiescere debuerat, etc.* [Vide *Stramen* 2.]

Stratura, Eadem notione, apud Fredegarium Scholastic. in Chron. cap. 38 : *Equusque ejus cum Stratura regia... Berthario conceditur.* Formula 1. ex Andegavensibus : *Cido tibi caballus cum sambuca et omnia Stratura sua, boves tantus, etc.* [Gaufridus in Vita S. Bernardi lib. 3. inter ejusd. Opera tom. 2. edit. 1690. col. 1118 : *Ceterum cum in reliquis omnibus ædificarentur, unum fuit quod prædictum priorem Cartusiensem aliquatenus movit, Stratura videlicet animalis, cui idem vir venerabilis insidebat, etc.*] Cyrillus in Lexico : Σάγματα, στρατούρια ἀλόγων.

* **STRATORIUS**, Stratus, ad terram dejectus. Glossæ Cæsar. Heisterbac. in Reg. Prum. tom. 1. Hist. Trevir. Joan. Nic. ab *Hontheim* pag. 693. col. 1 : *Ligna Stratoria carradas duas ad dominicam scaram.* Vide infra *Substratorius*.

¶ **STRATRA**, ἐπίππιον, in Gloss. Lat. Græc. Leg. ἐφίππιον.

STRATSCONINGHE, Via regia, Teuton. *Straet*, via, platea, et *Konningh*, Rex. Charta Philippi Comitis Flandriæ in Tabulario S. Bertini : *Judicaverunt etiam prædicti ne Stratsconinghe a prædicto Eustachio, vel ab aliquo alio ulterius fieret in terra S. Bertini, ibi scilicet tantum in terra S. Bertini requiritur.* Vide in *Strata*.

* **STRATUM**, idem quod *Strataticum*, Telonuem *stratarum*. Charta Rain. comit. in Chartul. Guill. abb. S. Germ. Prat. fol. 203. v°. col. 2 : *Decernimus ita ut nullus.... rotaticum, vel pedaticum, seu Stratum, vel pastum venatorum et canum accipiendum.... audeat.*

¶ 1. **STRATURA**, Mulcta, ut videtur, ob delictum in *strata* commissum. Inquesta ann. 1235. ex Tabul. Corb. : *De 55. solidis de Stratura quos ipsi cœperant de Petro Lorguellous de Proaist pro forisfacto suo, fuit recognitum quod dom. Abbas habebat in dictis denariis medietatem, et esset locus resaisitus, et esset ad dictum scabinorum, et ipsi scabini judicarent; quod si essent Straturæ dom. Abbas haberet medietatem, et si non esset Stratura fieret ad dictum scabinorum.* Vide alia notione in *Stratorium* 3. et in *Transitura*.

* 2. **STRATURA**, Florum, herbarumve sparsio in ecclesia; quod in majoribus festis fieri solebat. Calendar. eccl. Camer. MS. fol. 51. v° : *Fiet duplum solemne cum plena assizia,.... Stratura herbarum, hymno et moteto.*

* 3. **STRATURA**, perperam pro Statera. Vide supra in *Salvator* 3.

¶ 1. **STRATUS**, Lectus. Gesta Berarii Episc. Cenoman. apud Mabill. tom. 3. Analect. pag. 172 : *Eadem nocte Papam Romanum quidam per visionem ita allocutus est. Cur te, inquit, tam gravis somnus opprimit, ut Stratibus deditus curam tuæ provinciæ negligas?.... His auditis Papa Romanus sine mora a lecto exsiliens, etc.*

* Chartul. Celsinian. ch. 881 : *Dimitto etiam tres cotos, tres Stratos, tres coxinos novos, ubi tres monachi jaceant.*

¶ 2. **STRATUS**, Opus, officium, ni fallor. Consuetud. Ord. S. Bened. apud eumd. tom. 4. Analect. pag. 460 : *Post cibum autem citius redeunt ad Stratus suos, maxime juvenes vel negligentes, quorum mores notantur.*

STRAVA. Jornandes de rebus Geticis cap. 49. de Attila : *Postquam talibus lamentis est defletus, Stravam super tumulum ejus, quam appellant ipsi, ingenti comessatione concelebrant, et contraria invicem sibi copulantes, luctum funereum mixto gaudio explicabant, noctuque secreto cadaver est terræ reconditum.* Lactantius ad illud Statii lib. 12. Thebaidos vers. 62 :

> . . . . . . Sed bellicus agger
> Curribus et clypeis, Graiorumque omnibus armis
> Sternitur. Hostiles super ipse it victor acervos,
> Pacifera lauro crinem, vittisque decorus
> Accubat.

Acervos, exuviarum hostilium moles. Exuviis enim hostium extruebatur Regibus mortuis pyra : quem ritum sepulturæ hodie quoque barbari servare dicuntur, quem Strabas dicunt lingua sua. Ita hoc loco *Strava erit exuviarum hostilium moles.* At Wormius in Monumentis Danicis lib. 1. cap. 6. pag. 36. per *stravam* convivium, in honorem defuncti celebratum, intelligi contendit : quod indicare videntur verba quæ mox sequuntur apud Jornandem : *Cujus fercula, etc.* ad *stravam* referuntur. Nec dissentit Martinus Schodelius in Disquisit. Histor. de Regno Hung. cap. 181. qui ait, *Stravam* esse purum Scythico-Hunnicum, et sic consequenter Ungaricum vocabulum, quo Hunni Silicernium, quod ingenti commessatione concelebrabant, denotabant. Vide Capitul. Caroli M. lib. 6. cap. 194. ubi de ejusmodi conviviis ad mortuorum sepulcra.

☞ *Sdravam* mallet Carolus de Aquino, utpote qui a *Sdraw*, quod lingua Illyricorum salvum sonat, vocis originem accersit. Hinc *Sdraviza* iisdem salus, et proprie quæ nunciari solet inter bibendum. Alii alia divinando proponunt, quibus referendis supersedemus.

STRAVACES, *Cupidi*, in Glossis Isid. Pithœanis : *Strenuares, cupidi*, δωροφόροι. Papias edit. *Strenates*, MS. *Strenaces*, alter MS. *Sterenates*. [Vide *Stranaces*.]

STRAURA. Charta Isabellæ de Fortibus Comitissæ Albemarlæ in Monast. Anglic. tom. 1. pag. 941 : *Cum eorum serviciis.... vivariis, alnetis, moris, vastis, brueriis, turbariis, Strauris, et Weif, etc.*

¶ **STRAUTA**. Leges Norman. apud Ludewig. tom. 7. Reliq. MSS. pag. 187 : *Videlicet aurum, argentum tam in vasis massa quam in moneta, Francos, Strautas, lanes, ebur, roballum, lapides pretiosos, etc.* Vide mox *Strautum*. [** In iisd. consuet. Gall. ant. cap. 17. nov. cap. 602. *Francz chiens et oyseaulx*. Vide *Canes franci* in *Canis*.]

STRAUTUM, θήκη δερματίνη βελῶν, in Gloss. Lat. Græc. [Leg. *Strautum*. Vide Salmasium ad Plin. pag. 371.]

¶ **STRAWSSA**, Mensuræ species. Chronic. Saltzburg. apud R. Duellium tom. 2. Miscell. pag. 132 : *Eodem anno 1415. valebat una Strawssa siliginis* v. *libras et* LX. *den. Lanzhuette.* Vide *Strick*.

¶ **STRAXINARE**, ut *Strascinare*. Vide ibi.

STRAY. [Th. *Blount* in Nomolex. Anglic. ex Regest. Priorat. Cokesford. : *Stray*, *i. Si aliquod animal casu erraverit, et infra libertatem Prioris advenerit, et a ballivis ejus captus fuerit, ducetur ad Pynfoldam, et ibi servabitur per unum annum et diem ; si nemo illud clamaverit infra illud tempus, erit Priori : si autem venerit quis et legitime probaverit illud esse suum, dabit pro quolibet pede unum denarium, et solvet expensas, quæ factæ fuerant, et rehabebit bestiam suam.*] Monasticum Anglicanum tom. 1. pag. 977 : *Concessimus insuper, quod... habeant wreccum maris, et Stray inventa in villa prædicta ac in terris et Sominiis, etc.* Vide Ingulfum pag. 875. 881. *Estrajeriæ* et *Straiatus*.

¶ **STRAZANDUS**, Ex laciniis confectus, Italis *Strazzi*, vel *Stracci*, Lacinia. Statuta Astens. ubi de intratis portarum : *Papirus ponatur et solvat pro qualibet risma ut supra,.... et risme due de Strazando pro una de bono lib.* 5. Vide *Stracia* 1.

¶ **STRAZAROLUS**, Venetis, Vestium interpolator, vel qui laceras resarcit. Statuta crimin. Riperiæ cap. 126. fol. 19. v° : *Idem intelligatur de quolibet pilipario, seu Strazarolo, vel zuponario circa prædicta delinquente.* Jac. De Layto in Annal. Estens. apud Murator. tom. 18. col. 991 : *In angulo claustri versus Strazarolos sub quodam linteo tabernaculo delituit, etc.* Vide *Regratarii*.

¶ **STRAZZARE**, Lacerare, vox Italica, Gall. *Déchirer*. Statuta Castri Redaldi lib. 2. fol. 37 : *Si quis fraudulenter, vel injuriose dilaceraverit, vel Strazzaverit, vel inciserit pannum vel pannos alicui personæ, condemnetur in soldis 25. monetæ currentis.*

STREAME, Fluvius, vox Anglo-Saxonica, in Itinere Camerarii Scotici cap. 16. Vide *Strand*.

¶ **STREBA**, Stapes, ut infra *Strepa*. Vide in hac voce. Constitut. Frederici Reg. Siciliæ cap. 87 : *Item, quod nemini ipsius regni incolæ liceat portare calcarea deaurata, et in equitatura sua frenum, et sellam, et Strebas deauratas, nisi forsan sit miles decoratus cingulo militari, sub pœna amissionis eorum.*

¶ **STREBRECH**. Vide supra *Sterbrech*.

¶ **STREBULUS**, Obliquus, inversus, a Gr. στρεβλός. Arnobius lib. 7. pag. 230 : *Caro Strebula, quæ taurorum e coxendicibus demitur.* Vide Festum.

¶ **STRECMAN**, Vir potens, in Lelandi Collect. vol. 2. pag. 188.

STREGUA, Idem quod *Stapha*, aut *Staffa*, *Strepa*. Acta Hadriani IV : *Decretum quod.... Papæ Hadriano exhiberet stratoris officium, et ejus Streguam teneret ad conscendendum in equum.* Infra : *Et Streguam fortiter tenuit.* Ita præterea in Actis Alexandri III. PP. apud Baron. ann. 1163. et 1177. Italis *Stregua*, est equus sagmarius.

¶ **STREIRA**, Stapes, Gall. *Etrier*, in Annal. Genuens. Oberti Cancellarii apud Murator. tom. 6. col. 295. ex Cod. MS. a Cl. Editore laudato.

STRELAGIUM. Vide *Sextariaticum*.

¶ **STRELICI**, Pedites Russici, ex Hornio Orb. Politic. cum notis Menckenii pag. 45.

¶ **STRELOIQUE** Denarius, pro *Sterlingus denarius*. Locus est in *Denarius*.

¶ **STREMITA**, Conclamatio ad arma, Gallice *Alarme*. Vide supra *Stormus* et *Stramita*. Statuta Vercell. lib. 1. fol. 22 : *Et quod communia illorum quatuor locorum proximiorum nemori comburenti teneantur pulsata Stremita currere ad extinguendum ignem.* Ibid. lib. 4. fol. 115. v° : *Item quod omnes homines civitatis et districtus Vercellarum teneantur ire ad cridas et Stremitas, quas audirent fieri alicubi in districtu Vercellarum, occasione prædictorum baruderiorum et preconum cum armis et sine armis, secundum quod parati essent.* Hist. Dulcini hæresiarchæ apud Murator. tom. 9. col. 432 : *Postea congregati et in se reversi, fecerunt rumorem et pulsaverunt ad Stremitam. Quidam autem juvenes de Moxo, pauci tamen, audita Stremita, cucurrerunt, etc.*

¶ Strumita, Eodem significatu, in Annal. Genuens. Bartholomæi Scribæ ad ann. 1241. apud Murator. tom. 6. col. 490 : *In ipsis* (galeis) *tamquam ad clamorem et Strumitam viri probi ascenderunt, etc.* Ibidem col. 495 : *Subito velut ad Strumitam universi de civitate arma viriliter assumentes, etc.* Rursum col. 531 : *Campanæ S. Mariæ de Vineis fuerunt ad Strumitam pulsatæ.* Vide *Strumum*.

¶ **STREMITAS**, pro Extremitas. Concil. Massil. ann. 1381. ex Tabul. Massil. : *Statuit quod nulla mulier aliqua audeat... portare... de serico in fimbriis seu Stremitatibus vestium suarum.*

* **STREMULA**, Index, ut ex sensu conjiciunt docti Editores ad Vit. S. Walth. tom. 1. Aug. pag. 264. col. 1 : *Aspexit stellam radiantem, regum ab Oriente cum magno apparatu venientium cursu prævio præducem, ac virginalis hospitii in Betleem Dominicæ nativitatis conscii Stremulam.*

¶ **STREMUS**, in Leg. Rotharis Reg. tit. 58. § 11. edit. Boherii, pro *Threus*. Vide in hac voce.

¶ **STREMYO**. Charta ann. 1428. apud Rymer. tom. 10. pag. 391 : *Vult dom. noster Rex quod dom. Comitissa, ac patria Flandriæ teneantur custodire mare Flandrensium, portus ac fluminibus illorum (Stremyo vulgariter nuncupatis) salvum, etc.*

1. **STRENA**. Gloss. Gr. Lat. : Εὐαρχισμός, *Strena*. Falcandus de Calamit. Siciliæ, de Maione Amiralio : *Falsum enim quidquid ipse cædisque factæ socii adversus Admiratum confinxerant, nec illum inventa in thesauris ejus diademata sibi præparasse, sed Regi, ut eadem in Calendis Januarii Strenarum nomine ei transmitteret.* [S. Maximi Taurin. Homil. 5. de Kalendis Januarii : *Illud autem quale est, quod surgentes ma-*

ture ad publicum, cum munusculo, hoc est cum Strenis, unusquisque procedit : et salutaturus amicum, salutat illum præmio, antequam osculo. Vide *Strenua*, et *Strina.*]

¶ Strena, Munus quodvis. Concil. Mexic. ann. 1585. inter Hispan. tom. 4. pag. 369 : *Ne quisquam ecclesiasticus... pacta, conventionesve faciat, aut pecunias promittat, aliave Strenarum nomine, si præbenda obtineatur,... aut ad obtinendum favorem quorumcumque aulicorum... qui præsentationes hujusmodi conferre debent.* Eo etiam nomine appellantur munuscula quæ Cardinalibus recens electis offeruntur. Vide Notas Godefredi ad Hist. Caroli VIII. Reg. Fr. pag. 713. et infra *Strenare.*

Strenæ Diabolicæ, in Concil. Autisiod. can. 1. Vide *Kalendæ.*

* 2. **STRENA**, Tractatio, Gall. *Traitement.* Fragm. hist. Fulginat. ad ann. 1312. apud Murator. tom. 4. Antiq. Ital. med. ævi col. 144 : *Dominus Blasius.... iens cum suis et Guelfis de Spoleto contra Spoletum, malam Strenam prope Spoletum intulit Spoletanis Gibellinis.* [** Ital. *Dare cattiva mancia.*]

¶ **STRENACES.** Vide supra *Stravaces.*

¶ **STRENAESHALCH.** Beda lib. 3. cap. 25 : *In monasterio quod dicitur Strenaeshalch, quod interpretatur sinus fari.* [** Lege *Streoneshalh*, locus in agro Eboracensi, hodie *Whitby.*]

¶ **STRENARE**, *Strenam novo anno mittere, et universe munusculum dare.* Gemma. Vide *Strena.* [* Glossar. Gall. Lat. ex Cod. reg. 7684 : *Strenare, Estrener.*]

¶ **STRENATES.** Vide supra *Stravaces.*

¶ **STRENESCERE**, Strenuum fieri. Anonymus de Gestis Manfredi et Conradi Reg. apud Murator. tom. 8. col. 594 : *Jam Theutonicorum voluntas Strenescit effrænis, et eorum signa velut ex eventu forent futuro victricia, in partibus Tiburtinis... pompose descensa præfulgent.*

¶ **STRENICUS**, *Strenis vel Strenarum cupidus.* Joh. de Janua : unde Gloss. Lat. Gall. Sangerm. : *Strenicus, strenarum cupidus.*

¶ **STRENITA**, ut *Strata*, Via lapidibus munita. Statuta Astens. cap. 15. Collat. 19. fol. 66 : *Teneatur Potestas scovari facere omnes cauzeas sive Strenitas de* xx. *diebus in* xx. *diebus, et quilibet faciat portari totam rumentam de ante domum;..,. et quod vie Strenite debeant manuteneri Sterinte* (sic) *secundum quod Strenite fuerint vel erunt.*

¶ **STRENUA**, εὐαργισμός, in Gloss. Lat. Græc. Leg. *Strena* vel *Strenna.* Vide Casaubon. ad Sueton. in Tiberio pag. 371. et supra *Strena.*

¶ **STRENUARES.** Vide supra *Stravaces.*

¶ **STRENUITAS**, Titulus honorarius, quo Radulfus Archiepiscopus Turon. compellatur ab Urbano II. PP. in Epist. ad eumdem ex Tabul. Majoris Monasterii : *Veniens post hæc ad nos Beneventum tua Strenuitas, carissime frater, etc.*

STRENUTA, *Strepa*, Stapes. Lupus Protospata in Chron. ann. 1046 : *Deinde dictus Imperator venit Beneventum : Beneventani vero ad ejus injuriam absciderunt Strenutas equi ejus.* Forte *strepas*, aut *streguas.* [** Vide var. lect. apud Pertz. Scriptor. tom. 5. pag. 59. not. c.]

STREPA, Stapes, quo quis in equum tollitur, cui insistunt pedes equitantium. Anglis *Stritrop*, est *Strepa* [** *Stirrup.*] : *Stræp*, corrigia. Acta Hadriani PP. IV : *Decretum est... quod idem Rex pro Apostolorum Petri et Pauli reverentia prædicto PP. Hadriano exhiberet stratoris officium, et ejus Strepam teneret ad conscendendum equum.* [Ubi *Streuga* semel et iterum edidit Muratorius tom. 3. pag. 443. col. 1.] quod et alibi occurrit, ut infra videre est. Epistola scripta ann. 1160. apud Marten. tom. 1. Anecdot. col. 451 : *Descendenti* (Victori antipapæ) *de equo Strepam humiliter tenuit* (Imperator.) Occurrit rursum ibid. col. 1038. et tom. 4. col. 1355. Conc. Tarracon. ann. 1591. inter Hisp. tom. 4. pag. 614 : *Nulli canonici vel clerici,... coopertūras sellarum in equitaturis longas ultra unum palmum prope lo Strep deferre aliquatenus seu portare præsumant.*] Liber Ordinis S. Victoris Parisiensis MS. cap. 15 : *Hilari vultu adcurrens ad frenum et ad Strepam illius, etc.* Occurrit præterea apud Helmodum lib. 1. cap. 81. Arnold. Lubec. lib. 6. cap. 5. lib. 7. cap. 21. Metellum in Quirinal. pag. 145. Matthæum Paris pag. 383. 432. Ottonem de S. Blasio cap. 13. Cæsarium lib. 5. cap. 36. lib. 7. cap. 33. Anonymum in Hist. Episc. Bremens. ann. 1155. Joann. Longinum in Actis S. Stanislai n. 162. in Speculo Saxonic. lib. 1. art. 52. in Jure Feudali Saxon. cap. 33. art. 2. in Ceremoniali Rom. lib. 1. sect. 5. apud Thwrocz. in Carolo cap. 99. etc. Galli *Estrief* olim dicebant, hodie *Estrier.* Philippus *Mouskes* in Hist. Francor. MS :

Estrief, ne siele, ne sosçaingle, etc.

Strepes, dixit Stephanus Tornac. Epist. 230. 2. edit. : *In Strepibus justitia dominatur.* Supra : *Strepas quibus innituntur pedes.*

¶ Strepus, Eodem intellectu. Homagium ann. 1110. inter Probat. tom. 2. novæ Hist. Occitan. col. 376 : *Et cum Abbas ascenderit in equum debeo et ego et heredes mei vicecomites Carcassonenses ac eorum successores ei tenere Strepum ob honorem Domini, et S. Mariæ Crassæ.*

Streva, in Regula Templariorum editionis Labbei cap. 37. [Chron. Romualdi II. Archiep. Salernit. apud Murator. tom. 7. col. 232 : *Quumque equum suum album de more vellet ascendere, Imperator ex alta parte accedens, Strevam ejus tenuit, etc.* Guido de Vigevano de Modo acquirendi T. S. cap. 9. ex Cod. Colbert. 5080 : *Ista bota habeat in medio unum manchum ab una parte botæ taliter factum, quod leviter possit teneri intus gamba cum Streva.* Cap. 10 : *Habeat* (bota) *duas Strevas et super hac bota homo ascendat in nomine Christi.*] Charta ann. 1231. in Regesto Comitatus Tolosæ Cameræ Comput. Paris. fol. 25 : *Et quod debet inde tale servitium, videlicet quod semel tenebit unicuique Abbati de Monte Albano ascendenti equum, cum ab eo fuerit requisitus le Streub.*

¶ Streuga, Eadem notione. Sallas Malaspinæ de Reb. Sicul. apud Baluz. tom. 6. Miscell. pag. 204 : *Quotiescumque Corradus equitare volebat, Manfredus promptus et agilis currebat ad scansilem seu Streugam, ac modis aliis famulatus fratri tanquam præcellenti adulari didicerat.*

STREPARE, Exstirpare. W. Thorn. ann. 1264 : *Nec licebit cuiquam... domum vel arborem... Strepare, vel eradicare. Estreper* nostris, de qua voce diximus in Notis ad Stabilimenta S. Ludovici. Vetus interpres Gallicus MS. Codicis Justiniani : *Se aucuns est atains, que il ait Estrepé vignes, ou copez arbres, qui portassent fruit, etc.* Vide *Stirpare.*

¶ **STREPERUS.** Lupus in Epist. ad Sidonium, apud Acher. tom. 5. Spicil. pag. 579 : *Tu honorificus, et inter Streperos plausus* (præfecturas) *exercuisti.* Id est, ingentes, multiplices, repetitos.

¶ **STREPES**, ut *Strepa.* Vide in hac voce.

1. **STREPIA**, *Cauda serpentis.* Jo. de Janua. [*Queue de serpent*, in Gloss. Lat. Gall. Sangerm.]

¶ 2. **STREPIA**, ut *Strepa*, Stapes. Comput. ann. 1237. ex Bibliot. Reg. : *Pro cella* (sella) *Johannis clerici* xx. *sol. Pro frenis, Strepiis ad Joannem clericum, etc.*

¶ **STREPITARE.** Gloss. Lat. Gr. : *Strepito*, κομπῶ : in Cod. Sangerm. *Crepito.*

¶ **STREPITUALIS**, Tumultuosus. Prolog. Richardi de Furnellis ad Commentar. in lib. Numer. apud Mabill. tom. 5. Annal. Bened. pag. 436 : *Post sollicitudinem curæ pastoralis, post Strepitualem dispensationem forensium rerum, etc.*

¶ **STREPITUS**, vox fori Anglici, Destructio, prostratio, mutilatio, idem quod *Estrepamentum.* Vide in hac voce. *Strepitum et vastum facere*, in vett. rescriptis forensibus apud Spelman. et Th. *Blount* in Nomlex. Anglic.

¶ Streppus, Eadem notione, in Charta Edwardi Reg. Angl. apud Rymer. tom. 14. pag. 545 : *Annum, diem, Streppum, vastum, et deodanda, ac omnia alia quæ ad nos, hæredes vel successores nostros pertinere possent vel deberent, tam de dictis anno, die, vasto et Streppo, quam de murdris, etc.* Pluries ibi.

¶ Strepitus Judicialis, Ambages forenses, formulæ. Charta ann. 1300. apud Kennett. Antiquit. Ambrosd. pag. 344 : *Quod possint eos et eorum successores per omnem censuram ecclesiasticam ad omnium et singulorum premissorum observationem absque articuli seu libelli petitione et quocunque Strepitu judiciali compellere. Strepitus judicii*, in Correct. Statut. Cadubrii cap. 134. Vide supra in *Planum.*

* Nostris *Strepit*, eadem acceptione. Lit. ann. 1356. tom. 4. Ordinat. reg. Franc. pag. 182. art. 8 : *Nous voulons estre procedé de part nous contre eulx le mieux, le plus diligemment et rigoureusement que on le porra faire selon raison, sommiairement et de plain, sanz Strepite et figure de jugement. Stripit*, in aliis ann. 1374. tom. 6. earumd. Ordinat. pag. 517.

¶ **STREPUS**, προπωτήρ, in Gloss. Lat. Græc. Leg. *Stropus*, vel *Strupus.* Vide Scaliger. ad Festum in hac voce, et infra *Strupiar.* Occurrit alia notione in *Strepa.*

STRETBRECHE, ex Saxon. s t r e t, strata, platea, et b r e c a n, frangere, Gallis *Bris de chemin.* Crimen, cujus cognitio ad solum Regem spectat, ut est in Legibus Henrici I. cap. 10. emendatur vero mulcta centum sol. cap. 12. et 80. [Vide *Sterbrech.*]

STRETEWARD, Viarum custodia, seu Jurisdictio, *viaria*, nostris *Voirie*. Monasticum Anglic. tom. 2. pag. 187 : *Præterea idem Comes dedit præfato Nigello Constabulario suo le Streteward et Marketzeld in omni terra pertinente de Haulton, et omnia animalia fugitiva, Gallice Weythe* (f. Weife) *in toto Hundredo de Halton.* Infra : *Et valent per annum le Streteward, et le Marketzeld* 18. *sol et obol.* [Placitum apud Cestriam in Nomolex. Anglic. Th. *Blount* ann. 14. Henrici VII. Reg : *Per Streteward Johannes Stanley Ar. clamat quod servientes pacis et ministri sui infra feodum de Aldford capere debent de qualibet fuga catallorum* IV. *denar.*]

* **STRETTA**, vox Italica., Via stricta, locus angustus. Hist. Forojul. apud Murator. tom. 3. Antiq. Ital. med. ævi col. 1208 : *Senserunt gentes ipsas exeuntes Fannam, et venientes superius prope Strettam campi. Et obviaverunt certis portantibus unum puerum, etc.* Ibid. col. 1211 : *Et fuerunt audacter ad manus unus contra alium in Stretta, post domum Pauli quondam Rainardi.* Hinc nostris *Strete*, quomodo etiam Italis *Stretta*, pro Oppressio, pressura. Legenda D. Cl. de Guisia tom. 6. Comment. Cond. ult. edit. part. 2. pag. 95. col. 2 : *D'autant qu'outre les Stretes et dangers que nous deduirons, etc.*

STREVA, STREUGA. Vide *Strepa*.

* **STREVIA**, Stapes, quo quis in equum tollitur. Vita S. Joan. Laudens. episc. tom. 3. Sept. pag. 163. col. 2 : *Si rationabilis eum causa per id temporis equitare quopiam cogeret, nudas ferreæ plantas Streviæ superferret.* Glossar. Provinc. Lat. ex Cod. reg. 7657 : *Striu, Prov. Scansile.* Vide *Strepa*.

¶ **STREYSA**, ut supra *Stray*. Charta Henrici IV. Reg. Angl. ann. 1399. apud Rymer. tom. 8. pag. 95 : *Una cum regaliis, regalitatibus, franchesiis, libertatibus; portubus maris, et omnibus ad portum rationabiliter et debite pertinentibus, homagiis, fidelitatibus, wardis, maritagiis, releviis, escaetis, forisfacturis, waisis, Streysis, curiis Baronum, visibus franciplegii, etc.* Vide *Estrajeriæ*.

STRIA, Strix, *Striga*, Venefica. Lex Salica tit. 67. § 2 : *Si quis mulierem ingenuam Striam clamaverit aut meretricem, etc.* § 3 : *Si Stria hominem comederit, etc.* Capitula ad Legem Alaman. cap. 22 : *Si quis alterius ingenuam decriminat, seu Stria aut herbaria si sit, et eam priserit etc.* Vide *Striga* 1. θριὰς Græci vocant calculos sortilegos. Vide Callimachum hymno in Apollinem v. 45. et ibi Scholiastem, et Thomam Magistrum in θριάσιον. [*Estries* magos et veneficos appellat le Roman *de la Rose* MS :

Dont maintes gens par leurs folies
Quident estre par nuit Estries.]

* Glossar. Gall. Lat. ex Cod. reg. 7684 : *Estrie, fée, lamia.* Mirac. B. M. V. MSS. lib. 1 :

Tele est hideuse comme Estrie.

STRIOPORTIUS, Qui *Strias* ad nocturna sacra deportare creditur. Lex Salica tit. 57. § 1 : *Si quis alterum hereburgium clamaverit, hoc est Strioportium, aut qui æneum portare dicitur, ubi striæ concinunt, etc.* [Vide *Strioportas.*] [** Grimm. Mythol. German. pag. 587. supra *Chervioburgus.*]

STRIÆ, Prominentiæ, seu sulci columnarum, Vitruvio et aliis. Vide Savaronem ad Sidonium lib. 4. Epist. 8.

¶ **STRIBILICO**, σολοικισμός, in Gloss. Lat. Gr. Solœcismus; *Stribligo*, vetustioribus Latinis ex Gellio lib. 5. cap. 20.

¶ 1. **STRICA**, Densa turba, conferta multitudo, Gall. *Presse*. Chron. Parmense ad ann. 1268. apud Murator. tom. 9. col. 783 : *Et in sero propter lætitiam in separatione consilii super scalis palatii fuit ita maxima Strica, quod multi in ipsa necati et mortui fuerunt.*

¶ 2. **STRICA**, Ostium portus, ni fallor. Vide *Strictum*. Statuta Arelat. MSS. art. 144 : *Si aliquod lignum... steterit ad Stricam vel ad moriandam de Passono propter ventum contrarium, etc.*

¶ 3. **STRICA**, ut *Striga* 1. V. in hac voce.

1. **STRICARE**. Regula Magistri cap. 79. extremo : *Si contenti sunt pannos suos vel indumenta in alieno opere Stricare*, id est consumere.

2. **STRICARE**, Impedire, pro *tricare*. Vide in hac voce. Capitulare 1. Caroli M. ann. 802. cap. 8 : *Ut nullum bannum vel præceptum domni Imperatoris nullus omnino in nullo marrire præsumat, neque opus ejus Stricare, vel impedire, etc.*

* *Estricque* appellatur lignum seu thecæ species, in qua falcis ferrum inseritur, ne falcem deferendo lædat. Lit. remiss. ann. 1444. in Reg. 176. Chartoph. reg. ch. 332 : *Lequel suppliant mist jus de son col sa faulx et prist en sa main l'Estricque d'icelle.*

STRICCITAS, Sterilitas, quasi *strictitas*, quomodo *un temps estroit* dicimus. Decretale precum, ann. 779. in Capit. Caroli M. lib. 5. cap. 207. et Addit. 4. cap. 143 : *Episcopi Abbates, atque Abbatissæ pauperes famelicos quatuor pro ista Striccitate nutrire debent usque tempore messium.*

* **STRICHO**, Mensura annonaria, modius, a Germanico *Strick*. Vide in hac voce. Charta ann. 1386. apud Pez. tom. 6. Anecd. part. 3. pag. 75. col. 2 : *Quarum* (arearum) *quælibet quatuor mensuras seu Strichones seminis in se continent.* Ibid. pag. 76. col. 1 : *Eidem plebano satisfacere debemus pro decima ecclesiæ suæ memoratæ, ... videlicet undecim Strichones utriusque grani, sex Strichones siliginis et quinque hordei.*

STRICK, STRICH, Modius, vox Germanica. Cosmas Pragensis cap. 8 : *In pluribus locis mensura siliginis, quæ Strich dicitur, pro uno grosso Pragensi denario vendebatur.* Adde cap. 11. sub fin. [** Vide Schmeller. Glossar. German. tom. 3. pag. 680. voce *Strich, d.*]

¶ **STRICLATA**, ξυςρωτά, in Gloss. Lat. Gr. Vulcanius emendat *Striata*. Utrumque habent Gloss. Gr. Lat. : Ξυςρωτά, *Striata, striclata.*

¶ 1. **STRICTA**, ut infra *Strictum*. Vide in hac voce. Præceptum Ludovici Imper. ann. 817. apud Marten. tom. 1. Ampl. Collect. col. 67 : *Inde* (extenditur) *in melana per ipsum rivulum, inde per Melana josum usque ad Strictam.* Sallas Malaspinæ de Rebus Sicul. apud Baluz. tom. 6. Miscell. pag. 282: *Et tandem ut eos* (captos) *de Stricta urbis extraheret, eosque posset liberius servare, apud Sarracinescum, quod est castrum Corradi... jubet exacta custodia in arto carcere detineri.* Radulphus de Gestis Friderici I. Imper. apud Murator. tom. 6. col. 1195 : *Restagus vero dominus illorum in quadam Stricta montium cum infinito exercitu fuit ante Imperatorem, et non sinebat eum transire.* Vide *Strictura* 3.

* Lemovicibus *Etrille*, nisi leg. forte sit *Etricte*, licet bis *Etrille* legatur, in Lit. remiss. ann. 1467. ex Reg. 200. Chartoph. reg. ch. 183 : *Le suppliant et certains autres du bourg de Coitrion, ou diocese de Limoges, menoient paistre devers le matin leurs beufs vers les Etrilles et passages d'Antepessa, etc.* Infra. : *Eytrille.*

* 2. **STRICTA**, Puteus angustus, unde nomen ab Italico *Stretto*. Stat. civil. Cumanæ cap. 256. ex Cod. reg. 4622. fol. 199. r° : *Nulla Stricta fetida, nec cloacha fetida, nec necessarium debeat scolzari nec evacuari, nisi de mensibus Decembris, Januarii, Februarii et Martii.* Vide *Strictus*, 3.

¶ **STRICTERE**. Radere, strigillare. Gl. Lat. Gr. : *Stricto*, ζύω : ubi Cod. Sangerm. *Strico*. Gloss. vero Græc. Lat. : Ξύω, *rado, Stricto, strigillo.*

¶ **STRICTINNIRE** dicitur hirundo. Vide *Vehyare*.

¶ 1. **STRICTIO**, *Genus avis maximæ*. Gloss. vet. Sangerm. num. 501. Sed leg. *Struthio*.

* 2. **STRICTIO**, *Strictitas, strictura, Estrainture*, in Glossar. Gall. Lat. ex Cod. reg. 7684. Hinc *Estrie* dicitur id, quo aliquid stringitur, et firmatur. Reg. 13. Corb. sign. *Habacuc* ad ann. 1511. fol. 92. v° : *A esté fait rapport au buffet de la visitation faicte au clocquier de l'eglise, là où il est necessaire de mettre plusieurs Estries et ancres de fer, etc.*

STRICTOLA. Charta Roberti II. Principis Capuani ann. 1128. in Sanctuario Capuano pag. 643 : *Et finis Strictola communalis aquaria : namque est finis transenda publica, quæ dicitur, etc.* Charta ann. 1197. apud Ughellum tom. 7. pag. 1272 : *Cum horticello, in quo sunt arbores pomorum juxta eandem curtem a parte meridiei, et cum Strictola a parte Occidentis ejusdem Curtis, etc.* Infra : *Extra parietem ipsius curtis, et nominatam Strictolam, etc.* Forte semita, via stricta. Vide *Strictum*. [Quid si rivum, rivulum, nostris *Rigole*, intelligas?]

STRICTORIA, Σιχάρια, in Gloss. Græc. Lat. Tunicæ, quæ ad corpus stringerentur, nostris hodie *Justaucors*. Vide *Stica* 1.

¶ **STRICTORIUM**, σφιγκτήρ, in Gloss. Lat. Græc. Addunt Græco-Lat. *Contractorium*. Fibula. Hinc

¶ **STRICTOSUS**, σφιγκτός, in iisdem Gloss.

STRICTUM, Via stricta, montium fauces, Gall. *Détroit*. Guillelmus de Podio-Laurentii cap. 52 : *Donec... complanaretur viarum asperitas, et Stricta amplificarentur, etc.* [Chron. Farf. apud Murator. tom. 2. col. 488 : *Concessit in territorio Amiterno Clusurulæ, ubi est substantia Joannis Palumbi et ejus consortium usque Orbecam et Pozellam et Marruce, et usque Strictum vallis de Cucla, etc.*] *Stricta Marrochii*, fretum Gaditanum, quod vulgo *Le détroit de Gibraltar* apud eumdem Scriptorem cap. 48. et Guillelmum *de Baldenzeel* in Hodœporico Terræ Sanctæ, quod *Strictum Sibilæ*, seu *Sevilliæ* dicitur Thwroczio in Hist. Hungar. part. 1. cap. 15. Vide *Districtum*, *Stricta* et *Strictus* 1.

1. **STRICTURA**. Gloss. Isid. : *Alopecia, passio Stricturæ*. [Ita etiam lib. 4. Orig. cap. 8. Gloss. vet. Sangerm. n. 501 : *Alocipia est capillorum fluor circumscriptus, quem Græci Psilosin vocant. Est autem passio Stricturæ*. Qua ultima voce significari opinor vehemens capillitii continue pectendi desiderium ex immoderata cutis prurigine ortum. *Stricturam* videntur dixisse, ut et *Strigilem*, a *Stringendo*. Est autem strigilis, instrumentum quo corpus distringimus, id est, radimus ut equos : atque propter similutudinem usus ad alia transfertur, ut ad pectines, monente Martinio in Lexico. Strigilibus utebantur veteres ad fricanda et polienda corpora in balneis; de iis passim mentio occurrit apud Scriptores Latinos. Vide D. *de Montfaucon* in Antiquit. Expl. ubi de balneis et eorum supellectili. Italis *Strettura* est præsuffocatio, suffocatio.] Alias *Strictura*, dicitur τὸ ἀπὸ τοῦ σιδήρου πίπτον, ὥσπερ σπινθῆρες, in Glossar. Latino-Græc.

¶ 2. **STRICTURA**, σφίξις, φῦσα χαλκέων. Glossar. Lat. Gr. Follis.

¶ 3. **STRICTURA**, Via stricta, montium fauces, Gall. *Détroit*. Sicardi Episc. Cremon. Chron. apud Murator. tom. 7. col. 609 : *Restanus vero dominus illorum cum magno exercitu in Strictura montium transitum prohibebat, dicens quod non transirent, nisi centum summarios auro et argento oneratos darent*. Vide *Stricta* et *Strictum*.

¶ 4. **STRICTURA**, Tributum, pensitatio. Præceptum Henrici Imp. ann. 1023. apud Marten. tom. 1. Anecd. col. 143 : *Theloneum videlicet juxta antiquas antecessorum nostrorum concessiones, ab eis vel eorum hominibus per omnes regni nostri fines, neque in urbe, neque in via, neque ad pontes, seu aliquæ Stricturæ, nullomodo accipiantur, vel quærantur*. Vide *Districtus*.

* 5. **STRICTURA** *est Terra ferri in massam cocta*. Glossar. vetus ex Cod. reg. 7613.

¶ **STRICTURATOR**. Chartul. S. Vincentii Cenoman. fol. 38 : *Concessi... abbatiæ B. Vincentii... omne jus meum tam in plateam et Stricturatore, quam in tractu et momilibus* (mobilibus) *rebus aliis*. [** F. pro *Structuratare*.] An qui mensuras radio exæquat? Certe *Stricher* ea notione occurrit in Statutis Lossensibus art. 73. § 2 : *Item, d'un stier de wassend que le meunier ou son serviteur a veu mesurer et Stricher, etc.*

¶ 1. **STRICTUS**, ut *Strictum*. Litteræ Henrici VI. ann. 1460. apud Rymer. tom. 11. pag. 438 : *Ad eskippandum et traducendum per Strictus Marrok tot saccos lanæ, etc.* Vide *Stricta* et *Strictura* 3.

¶ 2. **STRICTUS**, Astrictus, Gall. *Astreint*. Capituli S. Jacobi Hospit. Statuta ann. 1388. apud Lobineil. tom. 3. Hist. Paris. pag. 340 : *Præcipimus primis capellanis.... ut Missas ad quas tenentur in altaribus suis absque defectu celebrent, prout sunt Stricti per sua juramenta.*

¶ 3. **STRICTUS**, Arctus, angustus, Gallis *Etroit*. Inventar. ann. 1379. ex Schedis V. Cl. *Lancelot* : *Item unus alius parvus rebanus Strictus modici valoris. Strictæ manicæ*, in Constit. Monast. S. Petri-Montis tom. 2. Sacræ Antiq. Monum. pag. 427.

¶ **STRICULUS**, pro Hystriculus, pilis vestitus. Arnobius lib. 5. pag. 174 : *Facit sumere habitum puriorem et in speciem levigari nondum duri atque Striculi pusionis*. Minus recte Turnebus lib. 7. Advers. cap. 20. dictum vult a stricta quadam corporis soliditate et duritie; nec melius lib. 11. cap. 22. duriusculum et strigosum interpretatur. Vide Heraldi Animadv. pag. 215.

¶ **STRIDA**, Clamor, Italis *Strido*. Addit. ad Chron. Estense apud Murator. tom. 15. col. 545 : *Ex hoc factæ et celebratæ fuerunt quolibet mane solemnissimæ processiones cum toto clero Ferrariensi et quolibet dictorum trium dierum falodia et campanarum sona universalia, cum sclopis et Stridis in signum maximæ lætitiæ*. Hinc

STRIDARE, vox Italica, Per præconem sumonere, ciere, nostris *Crier quelqu'un*. Occurrit in Statutis Venetis ann. 1242. lib. 1. cap. 23. etc. lib. 3. cap. 7. 10 etc.

¶ **STRIDERE**, *Inconditum et horrendum clamorem edere, quod faciunt Turcæ paulo ante prælium*. Gasp. Barthii Gloss. apud Ludewig. tom. 3. Reliq. MSS. pag. 21. ex Anonymi Hist. Palæst. cap. 18 : *Tunc videntes Comitem et Boamundum venientes et conducentes illam gentem, mox cæperunt Stridere et garrire ac clamare vehementissimo clamore, circumcingendo undique nostros*. Cap. 20 : *Omnes vero pariter Stridebant in civitate.*

¶ **STRIDOR**, *Clamor bellicus Turcarum*. Idem Gloss. ibid. pag. 447. ex Guiberti Hist. Palæst.

** **STRIFFA**, Lacinia, linea, a Germ. *Streif*. Edictum Theodor. Archiep. Mogunt. de Judæis ann. 1457. apud Guden. Cod. Diplom. tom. 4. pag. 325. et 327 : *Ut videlicet circulos in vestibus viri, et mulieres Striffas in peplis ferentes, etc.* In Statut. Colon. ann. 1451. apud Haltaus. voce *Juden-kleidung*, col. 1054 : *Fœminæ deferant duas Rigas blavii coloris*. Vide *Riga* 2. et *Judæi*.

1. **STRIGA**, Venefica. Ugutio : *Stricæ quædam monstra dicuntur, quæ magicis cantibus in feras transeunt*. Glossæ Lat. Gr. : *Striga*, λαισρυγών, καὶ γυνὴ φαρμακίς. Synodus S. Patricii et Auxentii can. 16 : *Christianus, qui crediderit esse lamiam in speculo, quæ interpretatur Striga, excommunicandus, quicumque super animam famam istam imposuerit*. Capitulatio Caroli M. pro partibus Saxoniæ cap. 5. apud Holstenium : *Si quis a diabolo deceptus crediderit, secundum morem paganorum, virum aliquem aut feminam Strigam esse, et homines comedere, etc.* Lex Longob. lib. 1. tit. 11. § 9. [** Roth. 379.] : *Nullus præsumat aldiam aut ancillam, quasi Strigam, quæ dicitur Masca, occidere*. Ubi Edictum Rotharis Regis tit. 116 : *Nullus præsumat aldiam aut ancillam alienam quasi Stringam, quam vulgus dicit, aut mascam occidere*. Eadem Lex tit. 16. § 2. [** Roth. 189.] : *Si quis puellam aut mulierem... fornicariam aut Strigam clamaverit, etc.* [*Istricam* præfert Codex Mutin. ex Murator. tom. 1. part. 1. pag. 31.] Lib. 2. tit. 11. § 3. [** Roth. 197.] : *Si quis... eam Strigam, quod est masca, clamaverit*. Cathwlphus in Epistola ad Carolum M. : *Maleficos, veneficos, tempestarios, Strigas, pythonissas, fures, etc.* [*Incantationes et sortilegos exquirere, Strigas et fictos lupos credere... Hæc... mala opera sunt diaboli*, apud Marten. tom. 9. Ampl. Collect. col. 217.] Adde Decreta Ladislai Regis Hungar. lib. 2. cap. 31. et Cosmam Pragensem pag. 8. Dantes in Purgat. 19 :

Vedesti, disse, quel antica Strega?

Vide *Stria*.

2. **STRIGA**. Caper : *Striga in turma, ubi equi distringuntur*. Papias : *Striga, Castrense vocabulum, vel intervallum turmarum, in quo equi stringuntur : unde et strigosi dicuntur, corpore macilenti*. Ex Beda lib. de Orthogr. : *Striga, Castrense vocabulum est, intervallum turmarum significans, in quo equi stringuntur : unde equi strigosi dicuntur corpore macilento*. Hinc

STRIGARIUM, in quo docentur et exercentur equi. Italis *Maneggio*, quomodo quidam legendum vel accipiendum censent *Trigaria septa*, apud Victorem in 9. regione urbis Romæ.

3. **STRIGA**, vox Agrimensorum, Festo nota. Papias : *Striga, longitudo major latitudine. Strigatus ager est, qui per Strigas crescit a Septentrione in Meridiem*. Ex Aggeno pag. 60. Frontinus de Agrorum qualitate : *Ager per Strigas et per scamna divisus, etc.*

4. **STRIGA**, STRIGULA, *Genus vestis*, in vett. Glossis apud Savaronem ad Sidonium. Glossæ Isidor. *Strigium, genus vestimenti. Striges*, Hispanorum vestes, eidem Isidoro lib. 19. cap. 23. et Juvenali. Vide *Stica* 1.

* Nostris *Estrainte*. Lit. remiss. ann. 1394. in Reg. 146. Chartoph. reg. ch. 323 : *La suppliante prist.... la moitié d'une garnison d'une piece de robe garnie de toile, et en fist unes Estrainttes à son mary*. Aliæ ejusd. ann. ibid. ch. 394 : *En la chambre le suppliant print unes Estraintes à homme*. f.r Interius subligaculum, vulgo *Caleçon*. Vide infra *Strula*.

¶ **STRIGARIUM**, STRIGATUS. Vide *Striga* 2. et 3.

¶ **STRIGILARIUS**, Qui strigiles facit. Gloss. Lat. Græc. *Strigilarius*, in Cod. Sangerm. : *Strigiliarus*, ξυστροποιός.

¶ **STRIGILECULA**, diminut. a Strigilis. Utitur Apuleius lib. 1. Flor. Gloss. Lat. Gr. : *Strigilecula*, στλεγγίδιον.

STRIGIO, *Mimarius, scenicus*, in Gloss. Isid. qui *Strigam* imitatur. [Ubi leg. *Strio* censet Grævius, pro *histrio*.]

¶ **STRIGIUM**, Genus vestis. Vide *Striga* 4.

¶ **STRIGIUS**, Piscis species, Italis *Strigio*. Statuta Placent. lib. 9. fol. 79. v° : *Item Strigios et senetas pro qualibet libra*, IIII. *den. Item Strigios a vino pro qualibet lib.* II. *den.* Vide *Strionus*.

¶ **STRIGLIA**, Strigilis, vox Italica. Acta S. Helerii tom. 4. Jul. pag. 152 : *Deum diu noctuque exorabat taliter, ut contra spatulas et renes illius juxta Strigliam strictam ad terram, sub qua erant quatuor clavi acutissimi*. Vide *Strilla*.

STRIGNA, *Pallia operiosiora*. Papias. [*Operiosiora*, in vet. Gloss. Sangerm. n. 501.] Vide *Striga* 4.

¶ **STRIGULA**, Genus vestis. Vide *Striga* 4.

* **STRIHAC**. Mirac. S. Germ. Autiss. tom. 7. Jul. pag. 294. col. 2 : *Deinde sub quadam miræ magnitudinis quercu, quæ a patriotis Strihac vocabatur, in regali possessione frondibus et foliis parvulum construxit habitaculum.*

* **STRILHA**, Piscis species. Tract. MS. de Pisc. cap. 106. ex Cod. reg. 6838. C : *Mullus..... a Nicensibus Strilha.... dicitur.*

STRILIARE, quasi *Strigiliare*, Strigili defricare, quomodo apud Vopiscum in Aureliano : *Equum suum sagmarium defricat*, ex Gallico *Estriller*. Fleta lib. 2. cap. 76. § 9 : *Affros lavare, desiccatos Striliare non est inutile.* Adde cap. 78. § 2. Jo. de Janua : *Strigilis, instrumentum, quo mundantur equi; et instrumentum, quo caro mundatur; et sudor corpori eraditur, quod et Strigil dicitur per apocopen.* [Gloss. Lat. Gall. Sangerm. : *Strigilis, Estrille, ou paelle, ou instrument à quoy les enfans emblent les raisins et les figues, ou a quoy la char est netiée, et la suour arrasée.* Vide *Estriliare*.]

¶ **STRILLA**, Strigilis, Gall. *Etrille*. Statuta Massil. lib. 2. cap. 52 : *De mittendo unam Strillam calibris sive acerii, v. den. Scutiferi de Strilla*, quibus equos strigili defricare incumbit, in Constitut. Frederici Reg. Siciliæ cap. 113. Vide *Striglia*.

* *Strelha*, *Prov. strigilis*, in Glossar. Provinc. Lat. ex Cod. reg. 7657.

* **STRIMA**, Stapes, quo quis in equum tollitur; f. pro *Strivia*. Vita S. Walth. tom. 1. Aug. pag. 266. col. 2 : *Vocans illum abbas sciscitabatur ab eo, si prævaleret ipsius descendentis scandile, quod vulgo Strima dicitur, tenere; responditque adolescentulus, se velle attentare. Abbate descendente, puer incumbendo Strimam et equum per lorum tenuit.* Vide supra *Strevia*.

* **STRIMOLUM**, Scriptum mendose pro *Scriniolum*, diminut. a Scrinium, in Arest. ann. 1411. 30. Mart. ex vol. 11. arestor. parlam. Paris. : *Quorum sigillorum ac etiam clavium supradictarum in quodam Strimolo ferreo unica clave firmari solito, cujus clavis custodiam thesaurarius habebat, nec non ejusdem Strimoli.*

¶ **STRIMULENTUS**, Stridulus. Vita S. Guthlaci tom. 2. April. pag. 43 : *Quoadusque eorum Strimulentas loquelas intelligere valuit.*

STRINA, STRINNA, Tributi, seu vectigalis species apud Dalmatas et Croatas, quod Venetis vel Hungariæ Regibus, quibus subinde paruere, vice ultroneæ pensitationis, ac *strenarum*, (unde vocabuli etymon) pensitabatur. Nam auctor est Constantinus Porph. lib. de Adm. Imp. cap. 29. Basilium Imperatorem auctorem fuisse Dalmatis, ut quæ Prætori solvebant, ea Slavis darent pacis causa, et Prætori exiguum aliud penderent, quo debitam Romano Imperio subjectionem testarentur. Ugutio : *Strena, quod vulgo dicitur Strema, scilicet quod datur alicui in Kalendis Januarii.* Charta ann. 1133 : *Tolta, quæ apud Commune erat pro urbe reparanda, et aliis expensis fiendis et Strina Venetis danda, etc.* Charta Seb. Ziani Ducis Venetor. pro Civibus Tragur. ann. 1147. apud Jo. Lucium lib. 3. de Regno Dalmat. cap. 10 : *Nolumus, ut aliquo modo offendantur neque tollatur eis aliqua inconsueta Strinna, nisi quam ipsi sponte dare voluerint.* Statuta Ragusii lib. 7. cap. 56 : *Volumus, quod si aliqua navis, vel lignum, in quo essent mercatores, darent aliquid alicui pro Strina, vel pro pedochia, vel aliquid aliud, etc.* Vide *Strena*.

¶ **STRINARE**, Densare, Gall. *Serrer*. Locus est supra in *Spezzaro*.

STRINCTORIUM, Σφιγκτήρ, in Glossis Lat. Græc. MSS. S. Germani Paris. *Fibula*. [In MSS. ut et in editis *Strictorium* legitur. Vide in hac voce.]

¶ **STRINDERE**, pro Stringere, ni fallor. Transactio ann. 1316. ex Schedis Præs. *de Mazaugues : Item convenerunt... quod nemo audeat blanchiam Strindere, vel soccus arrabare, etc.*

¶ **STRINGA**. Vide *Striga* 1.

¶ **STRINGENTIA**, *Attingentia*, in Gloss. Lat. Gr.

1. **STRINGERE** MANUM MULIERIS. In pacto Legis Salicæ tit. 23. sic inscribitur, *de manu mulierum non Stringenda*. § 1 : *Si homo ingenuus feminæ ingenuæ digitum aut manum Instrinxerit, etc.* (Lex Sal. tit. 22. habet *Strinxerit*.) § 2 : *Et ei si brachium Destrinxerit, etc.* (Lex Sal. *Strinxerit*.) § 3 : *Si super cubitum manum Strinxerit, etc.* (Lex Sal. *miserit*.) Denique § 4 : *Si quis mulieri mamillam capulaverit, etc.* (Lex Sal. *Strinxerit*.) ☞ Ibi *Stringere* de lasciva contrectatione exponit Lindenbrogius, quem errare auctor est Eccardus in Notis ad hunc titulum Legis Salicæ unde ligare, loro vel reste constringere interpretatur, atque de violenta et illicita manuum mulierum ligatione, quæ fit animo eas violenter stuprandi, vel alias ipsis nocendi intelligit.

¶ 2. **STRINGERE**, Cogere, Gall. *Contraindre*. Acta S. Franciscæ Rom. tom. 2. Mart. pag. 137 * : *O anima quæ in via es missa, amor te Strinxit ut venires ad nuptias cœlestis mensæ.* Vide *Distringere*.

¶ 3. **STRINGERE** SE AD TERRAM, Virgilio Æneid. lib. 8. v. 53. *Stringere ripas*, Gall. *Côtoïer les bords*. Bartholomæi Scribæ Annales Genuens. apud Murator. tom. 6. col. 500 : *Et exivit cum galeis usque ad plaziam, semper Stringens se ad terram.*

¶ 4. **STRINGERE** URBEM, In angustum concludere, Galli dicunt *Serrer une ville*. Laur. Byzynius in Diario belli Hussit. apud Ludewig. tom. 6. Reliq. MSS. pag. 168 : *Ut velut tertio castro Pragam sic Stringeret, quod nullus civitati Pragensi liber pateret victualium accessus.*

* 5. **STRINGERE** IGNEM, Inhibere incendium, Ital. *Strignere*, eadem notione, Gall. : *Arrêter le feu*. Tract. MS. de Re milit. et mach. bellic. cap. 42 : *Notandum est sicut oppidum est focatum et ejus intus domus ardent, statim oportet ipsum oppidum bataliari, quia totum oppidum est sub armis, et non possunt oppidanei Stringere ignem et defendere oppidorum mœnia.*

STRINGES, Vestes Hispanis propriæ, ut *Sarabaræ* Parthis, *Lineæ* Gallis, *Rhenones* Germanis, *Mastrucæ* Sardis. Papias in *Vestimentum*. [Leg. *Striges*. Vide *Striga* 4.]

¶ **STRINGI**, id est, Perstringi, *alieni criminis infortunio*, in Cod. Theod. Leg. 1. de bonis proscript. 9. tit. 42.

STRINGINA, *Restrictio Urinæ*, in Gloss. Isidori : δυσουρία. [Leg. *Stranguria* censet Grævius. Vide in *Stranguiria*.]

* **STRINGNA**, *Pallia operosiora*, in vet. Glossar. ex Cod. reg. 7613. in aliis *Strigna*. Vide in hac voce.

¶ **STRINIARI**, Insolescere. Bibl. Patrum Ascet. edit. ann. 1661. tom. 2. pag. 360 : *Abba, quomodo acquiescis tecum habitare pueros istos, et non præcipis eis ne Strinientur?*

¶ **STRINNA**, ut *Strina*. Vide in hac voce.

¶ **STRINNUS**, f. pro *Thainus*, Baro, vir nobilis. Vide in hac voce. Legi etiam potest *Strenuus*, atque eadem notione accipi. Charta Johannis IV. PP. ann. 641. apud Mabill. tom. 1. Annal. Bened. pag. 689. col. 1 : *Quod si quidam Episcopus, tam de præsentibus quam futuris, per ingenii articulum aut avaritiæ præ cupiditatis instigatione quicquam de prohibitis præsumpserit attemptandum, vel contra superius decreta quoquo modo obviandum, aut quacumque persona, sive Strinnus, sive exigua, decreverit resultandum, etc.*

¶ **STRIONUS**, Piscis species, idem forte qui *Strigius*. Vide in hac voce. Statuta Montis Regal. fol. 280 : *Et teneantur dicti piscatores seu vendentes pisces dare libram botarum, Strionum, et piscium minutorum, pro uno solido.*

STRIOPORTAS, Qui *strigas* portat, vel deducit ad locum congregationis. Goldast. Vide *Stria*.

¶ **STRIOPORTIUS**, Eodem intellectu. Vide *Stria*.

* **STRIPARIUM**, *Ein stegriff, vel Ein schreiff*, in Glossar. MS. anonymi. Præstatio, quæ fit episcopo a plebanis. Vide *Strepa*.

* **STRIPATICUS**, Pexus, pectinatus. Privil. textor. Berlin. ann. 1295. apud Ludewig. tom. 11. Reliq. MSS. pag. 626 : *Insuper statuimus, quod omne genus filaminis quod semel intinctum est in copa, quod post hæc ad caldarium non debeat deportari, excepto filamine Stripatico.*

¶ **STRITH**, *Disceptatio, conflictus sermonis*, in Gloss. Mons. pag. 324. et 403. apud Schilter. in Gloss. Teuton.

¶ **STRITITUM**, Flagellum ex funibus. Chronic. Foroliv. apud Murator. tom. 19. col. 874 : *Et cincti erant cingulis, sicut consueverunt facere Battuti; et ibant percutiendo se cum Strititis, clamantes fortissime, quando elevabatur Corpus Christi in altare, Misericordia, Misericordia.*

¶ **STRITUS**, f. Varius, permistus. Veronæ descriptio rythmica, apud Murator. tom. 2. part. 2. col. 1095 : *Tumulum aureum coopertum circumdat præconibus, color Stritus mulget sensus hominum modo albus, modo niger inter duos purpureos.*

¶ **STRO**, *Stipula, palea*, in Gl. Mons. pag. 335. et 339. apud Schilter. in Gloss. Teuton.

* **STROBILUS**, *Conum*, in vet. Glossar. ex Cod. reg. 7641.

¶ **STROBO**, γῦρος ἀμπέλου, in Gloss.

Lat. Gr. Addit Codex Reg. *girus, circulus, ambitus :* Sangerm. vero legit *Scrobe*.

1. **STROFA**, Tributi species apud Polonos. Charta Boleslai Cracoviæ et Sandomeriæ Ducis ann. 1255. apud Odor. Rainaldum n. 6 : *Qui utpote liberi homines Capituli a nostro et nostrorum posterorum et Palatinorum et Castellanorum et quorumlibet judicum aliorum judiciis in perpetuum sint immunes et prorsus liberi a Strofa, et Stam et Povoz, et aliis servitutibus et solutionibus ordinariis et extraordinariis censeantur, Prevod militari excepto, quos volumus dominorum suorum duntaxat utilitatibus et servitiis perpetuo mancipari.*

* *Stroza* editum inter Probat. tom. 1. Annal. Præmonst. col. 480. ex simili Charta Casim. ducis Oppol. ann. 1228 : *Item excipimus sæpe nominatos homines ipsorum ab omni servitute juris Polonici, ut est stan, Stroza, powos, przewod, etc.*

** 2. **STROFA**, a Gr. ϛροφή, Versura, revolutio. Vita S. Galli lib. 2. cap. 26 : *Stropha facta per eandem viam remeavit.*

¶ **STROFARIUS**, Strofosus. Vide *Strophus*.

* **STROFUS**, *Torcimen*, in vet. Glossar. ex Cod. reg. 7641. Vide *Strophus* 1.

¶ **STROGAU**. Pactus Leg. Salicæ tit. 34. ex Cod. MS. Guelferbit. edit. Eccardi pag. 127 : *Si quis vasum ad ministerium quod est Strogau ... furaverit, etc.* Hic hæret Cl. Editor.

1. **STROMA**, pro Stratagema, in Vita S. Udalrici Episcopi August. cap. 12. num. 41. nisi in MSS. vox abbreviata fuerit. [** *Libet stilum retrahere ab... vicissitudine Stromatum diversorum*, ubi superscr. *stramorum*, al. cod. *vel tumultuum*. Confer *Strumum* et *Sturmus*.]

¶ 2. **STROMA**, Culcitra, auleum, tapes, Gr. ϛρῶμα. Capitol. de Vero Imper. cap. 4 : *Ut levatus cum Stromatibus in cubiculum perferretur.* Regula consueta Toribii Archiep. Lim. inter Conc. Hispan. tom. 4. pag. 671 : *Iidem parochi sabbatho sancto et in vigilia Pentecostes Stromatis et ramis ornate vestient pariter sacelli baptismalis* (sic) *spargendo pavimentum herbis refrigerativis. Stroma Babilonicum*, in Charta ann. 1653. inter Instrum. tom. 4. Gall. Christ. novæ edit. col. 124. Vide *Struma*, 1.

¶ **STROMANARIA**. Vide *Strumanaria*.

** **STROMATEUS**, Varie contextus, a *Stroma*. Sigebert. Chronogr. apud Pertz. Scriptor. tom. 6. pag. 272 : *Opere Stromateo tripliciter digessi, ad litteram, allegorice, mythologice.* Joannes Januensis : *Stromacium, cingulum varie contextum cum gemmis.*

STROMEATREUS, vox perperam efficta, ni fallor, in Cod. MS. Vitæ Petri Urseoli Ducis Venetiæ n. 15 : *Aufert ab eo hujusmodi sycophantas cogitationes, addens illi Stromeatreas actiones, cogitque in crastinum veniam petere, etc.* forte leg. *Strophateas*.

¶ **STROMENTA**, ut infra *Strumentum*, pro Instrumentum, Charta. Veteres formulæ apud Baluz. tom. 6. Miscell. pag. 546 : *Ut qui per ipsas Stromentas et tempora habere noscuntur possessio nostra,... possimus ... alias Stromentas tam nostris quam et qui nobis commendatas fuerunt, etc.* Vide *Strumenta*.

¶ **STROND**. Charta Richardi Reg. Angl. apud Th. *Blount* in Nomolex. Angl. : *Notum facimus vobis nos concessisse.... omnes terras suas et omnes homines suos cum sacha, soca, over Strond et streme, on wode et felde.* In hæc verba Glossarium laudat idem *Blount* in quo hæc leguntur : *Voces Anglicæ veteres et in antiquioris ævi Chartis crebro repertæ; Privilegium sapiunt, seu potius privilegii latitudinem sive amplitudinem, et sic latine legantur, in litore, in fluvio, in sylva et campo.* Vide *Strand*.

¶ **STRONT**, *Stercus, struntus*, ex Franc. Junio in Willeram. pag. 225. apud Schilter. in Gloss. Teuton. Vide *Strundius*.

STRONUS, Sturnus. Glossarium Ælfrici : *Stronus*, s t æ r n.

¶ **STROP**. Vide infra *Stropus*.

¶ **STROPATURA**. Vide *Strupatura*.

¶ **STROPHA**, Strophæum, Stropharius, Strophatus. Vide *Strophium* et *Strophus* 1.

¶ 1. **STROPHICUS**, de Christo dicitur, in lib. de musica Theogeri Episc. Metens. apud Pezium tom. 1. Anecd. Præfat. pag. 15.

* 2. **STROPHICUS**. Vide mox in *Strophus* 3.

¶ **STROPHIOLUM**, Mantile, linteum, quo manus absterguntur. Regula consueta Toribii Archiep. Limæ inter Conc. Hisp. tom. 4. pag. 674 : *Ad altare majus bis in septimana eodemque ordine apponent Strophiola seu mappas ad manus tergendas.*

STROPHIUM, Stropheum, *Pallium virginale*, Jo. de Janua. [Gloss. vet. Sangerm. n. 501 : *Stropha, palleum virginale.* Zona. Gloss. Lat. Gall. Sangerm. : *Strophium, Ceinture.*] Ebrardus Betuniensis :

> Zonam dic Strophium, palmam dic esse strophæum.

Trophæum scribendum fuit. Theodulfus Aurelian. lib. 1. Carm. :

> Huic ferruginea est, apta huic quoque lutea vestis,
> Lacteolum Strophium hæc vehit, illa rubrum.

Eckehardus Junior de Casib. S. Galli cap. 5 : *Castitatis, inquit, fili mi, tibi cingulum per hoc lineum meum a Deo accipe, continentiæque Strophæo ab hac deinceps die per Wiboradam tuam te præcinctum memento.* [Sallas Malaspinæ de Reb. Sicul. apud Baluz. tom. 6. Miscell. pag. 273 : *Pretiosum etiam Strophæum quem cingebat en cum isto sonipede habui de ipsius spoliis et portavi.*] Vide Ferrarium in *Stropare*, [** et Forcell. in *Strophium*.]

1. **STROPHUS**, Stropharius, Strophosus; voces ex *Stropha*, dolus, fraus, et Gr. ϛροφή, deductæ. Papias : *Strophus, tortus, fraudator. Stropha, nequitia, fraus. Stropharius, impostor, fraudator.* [Gl. Lat. Gall. Sangerm. : *Stropha, fraude, decepcion, male sentence.* Vita vener. Idæ tom. 2. April. pag. 159 : *Ad antiquæ deceptionis Stropham se convertit.* Utitur Seneca Epist. 16. Gloss. Lat. Gr. : *Strofosus*, δόλιος. *Strofarius, strofosus, impostor, fraudator*, in Glossar. Isidori.] Althelmus de Laude Virginum in præf. :

> Ne fur Strophosus foveam detrudat in atram.

Qui quidem versus occurrit etiam in Epist. Rabani Mauri ad Ludov. Imp. Idem Althelmus cap. 21 :

> Non tulit hanc faustum grassator cernere famam
> Qui genus humanum Strophosis elidere certat.

Et cap. 23 :

> Non cunctante gradu cum sanctæ limina valvæ
> Vellet adire ferox, Stropha stimulante malignum.

¶ Strophatus, Subtilis. Vita S. Deicoli apud Eccardum in Orig. familiæ Habsburgo-Austr. pag. 167 : *Quod si quis mihi liventi objiciat oculo, eumdem principem tunc temporis Imperatorem non extitisse, facile per Strophatum illum revincam syllogismum.*

¶ 2. **STROPHUS**, Follis, Gall. *Ballon*. Statuta Synodalia Radulphi Episc. Trecor. ann. 1440. apud Marten. tom. 4. Anecdot. col. 1151 : *Quidam ludus valde perniciosus et noxius, nuncupatus vulgariter Mellat, cum Stropho rotundo, grosso et eminenti, etc.* Vide *Stoffus*.

* 3. **STROPHUS**, *Conversio*, perperam pro *Contorsio*, in Gloss. ad Alex. Iatrosoph. MS. lib. 2. Passion. cap. 73 : *Et faciunt Strophum cum burburismo.* Glossar. medic. MS. Simon. Januense ex Cod. reg. 6959 : *Strophos, torsiones ventris. Gerodius : Strophicæ passiones, i. volutiones intestinorum gracilium.* Vide *Strufus*.

¶ **STROPIATUS**, Mancus, Ital. *Stropiato*, Gall. *Estropié*. Vita vener. Catharinæ de Palantia tom. 1. April. pag. 653 : *Habebat Stropiatam manum unam usque ad cubitum, adeo quod non poterat quidquam facere.* Mirac. S. Bononis tom. 5. Maii pag. 190 : *Jacobus de Nolo totus Stropiatus ab una parte, ita quod non poterat ambulare sine baculo.*

¶ **STROPODIUM**, pro *Strapodium*. Vide ibi.

¶ **STROPOLOT**, *Horror*, in Gloss. Mons. pag. 362. apud Schilter. in Gloss. Teuton.

¶ **STROPPUS**, a Gr. ϛρόφιον, Insigne quo ornabantur capita sacerdotum, corona. Vide Festum in hac voce.

¶ **STROPUS**, Certus ovium numerus, ut videtur; Grex, Gallice *Troupeau*, f. ab Ital. *Truppa, turba*, Gall. *Troupe*. Statuta Montis Regal. fol. 222 : *In vineis, ottinis, planteriis, bladis; vel leguminibus, quælibet bestia porcina et caprina incurrat pœnam solidos duos, et pro qualibet bestia lanuta, solidum unum et totidem pro emenda, usque ad Stropum, et a Stropo supra quantacunque sit quantitas libras duas de die et de nocte duplum, et totidem pro emenda; et intelligatur Stropus a decem bestiis supra.* Inquesta ann. 1268. ex Schedis Præsid. *de Mazaugues : Et ceperunt eas* (oves) *et duxerunt eas usque ad alias, et ibi cœperunt Strop de dictis ovibus, et duxerunt illud Strop ad Baucium et alias ibi pastoribus reliquerunt.*

* **STROZA**. Vide supra in *Strofa*.

STRUBLUS. Leges Henrici I. Regis Angl. cap. 78. ubi de libero, qui in servum transit : *In signum vero transitionis hujus billum, vel Strublum, vel deinceps ad hunc modum servitutis arma suscipiat, in manus Domini mittat, et caput.*

¶ **STRUCIOS**, Herba. Vide *Lavarcha*.

* **STRUCIUM**, *Brasica, caulus agrestis*, in Gloss. ad Alex. Iatrosoph. MS. lib. [illegible] Passion. cap. 11 : *Flavos facies capillos* (si)

experi folia infundes in succo Structi, et uteris infusione illa.

STRUCTOR, *dicitur*, inquit Papias, *incisor carnium*, *vel infertor*. Gloss. Gr. Lat. : Παραθέτης, *Structor, infertor*. In Cod. MS. S. Germani Paris. *Illator*. Gloss. Gr. MS. Reg. cod. 1673 : Στρούκτωρ, ὁ τὰ ὦτα συνάπτων : ubi videtur leg. ὀπτὰ. Τραπεζοποιός, apud Synesium de regno, et Hesychium. Glossæ antiquæ MSS : *Panum instruere, et proprie instrui convivium dicitur, et qui huic rei præsunt, Instructores dicuntur*. Epistola Valeriani apud Trebell. Pollionem in Claudio : *Structorem, quem refundat unum*. Fragmentum Petronii de Cœna Trimalcionis : *Rotundum enim repositorium 12. habebat signa in orbe disposita, superque proprium convenientemque materiæ Structor imposuerat cibum*. Occurrunt ejusmodi *Structores* non semel in vett. Inscript. 646. 6. 1002. 1. 1117. 10. Vide Glossar. med. Græcit. col. 1467.

Structores. in l. 2. Cod. Th. de Excusat. artific. (13, 4.) ubi Tribonianus *ædificatores* reposuit qui scilicet ædificia construunt. Vide Vegetium lib. 2. c. 11.

STRUCTUARIUS, Structurarius, Cui ædificiorum cura demandata est, idem etiam qui alibi *Cellerarius* dicitur. Excerpta ex Necrolög. sancti Michaelis Hild. apud Leibnit. tom. 2. Script. Brunsvic. pag. 105 : *Feria secunda post octavas Paschæ servabitur memoria dom. Henningi Episcopi Hildeshemensis,... pro qua Structuarius majoris Ecclesiæ pro tempore dabit nobis tria talenta*. Charta Johannis Episc. Havelberg. ann. 1396. apud Ludewig. tom. 8. Reliq. MSS. pag. 298 : *Volumus,... quod Structuarius, quem pro monasterii nostri structura et aliis pronarratis de consensu præpositi, prioris et capituli nostri elegerimus, etc.* Ibidem pag. 299 : *Ordinavimus ut præpositus, prior et duo de capitulo cum Structurario senioris ac nostri successorumque nostrorum deputati Wilsnach conveniant, proventus ipsos trifarie dividendo ... Structurarius pro structuris monasterii, ut præmissum est, tertiam tollet partem... Cum autem Structurarius ad sui officii executionem, secundum nostri nostrorumque successorum ... voluntatem, ut præmissum est, faciendum, pecuniis indiguerit, pecuniarum juxta sui indigentiam tollet summas, etc.*

¶ **STRUCTURA**, Cancelli, interprete Eccardo, quod non a Lat. *Struere*, sed a Germ. *Stricken*, innectere, implicare, accersit. Lex Salica tit. 57. § 3 : *Si quis aristatonem, hoc est, stapplum qui super mortuum missus est, capulaverit, aut manducatum, quod est ea Structura sive selave, etc.*

* Septum quodvis. Charta ann. 1292. apud Schwart. in Hist. fin. princip. Rugiæ pag. 223 : *Adjacentes ne quæ ab aliquo fiant clausuræ sive Structuræ in pena sive alibi civitati in præjudicium vel gravamen*. Vide *Strupatura*.

STRUCTUS, Apparatus. Ordericus Vitalis lib. 4 : *Dum plebs Dei Paschale festum congrue celebraret, et Rex Structum pretiosarum vestium Rogerio per idoneos satellites ergastulo mitteret, ille pyram ingentem e se jussit præparari, et ibidem Regalia nta, chlamydem, sericamque interulam et renonem de pretiosis pellibus peregrinorum murium subito comburi*.

* Glossar. Provinc. Lat. ex Cod. reg. 7657 : *Struch, Prov. Structus*.

* **STRUDERE**, Suppeditare, suggerere, Gall. *Fournir*. Pactum inter dom. de Monteclaro et incolas ejusd. loci ann. 1392 : *Item convenerunt quod dictus dominus pastam necessariam ad opus solariorum suis sumptibus Strudi faciet et illam exolvet, videlicet trabes et fustes et alia necessaria*.

STRUDIS. Lex Ripuar. tit. 32. § 3 : *Quod si ad septimum mallum non venerit, tunc ille, qui eum mannit, ante Comitem cum tribus rachimburgiis in araho conjurare debet, quod eum ad Strudem legitimam admallatum habet, et sic judex fiscalis ad domum illius accedere debet, et legitimam Strudem exinde auferre, et ei tribuere, qui eum interpellavit, hoc est septem rachinburgiis, unicuique 15. solid. et ei, qui causam prosequitur* 45. Ibid. § 4 : *Quod si ipse Strudem contradicere voluerit, et ad januam suam cum spatha tracta accesserit, etc.* Tit. 51. § 1 : *Si quis judicem fiscalem ad res alienas injuste tollendas, antequam ei fidem fecerit, aut ad Strudem admallatum habuerit, invitare præsumpserit, etc.*

☞ Vocis originem ab Anglo-Sax. repetendam docet Eccardus in notis ad hunc locum. Bensonius in Vocabul. *Strudam, spoliare, Strudend, direptor; Strudere, grassator, lucrio, raptor; Strudunge, rapina*. Unde colligit *Strudem* exponi debere direptionem, rapinam, quæ judicialiter in bonis post septem citationes non comparentis rei fiebat. [** Vide Grimm. Antiq. Jur. Germ. pag. 635. et 866. Graff. Thesaur. Ling. Franc. tom. 6. col. 745.]

¶ **STRUDO-CAMELON**, pro *Struthio-camelus*, Gall. *Autruche*. Ratherius Veron. de Contemptu mundi part. 2. apud Acher. tom. 2. Spicil. pag. 195 : *Ne Strudo Camelontis exemplo, quos debueram ipse fovere, conculcantibus judicer exposuisse*.

* **STRUDUS**, Sturnus. Glossar. Lat. Gall. ex Cod. reg. 7692 : *Strudus, Estournel*.

* **STRUES**, Compages lignea, ratis species, Gall. *Radeau*. Stat. ann. 1504. inter Leg. Polon. tom. 1. pag. 298 : *Factores curruum seu navigiorum vel Struum et scapharum, etc.* Alia Sigismundi I. ann. 1511. ibid. pag. 375 : *Per quæ (ostia) naves onustæ, et trabes contextæ, sive Strues, quæ vulgo Traffty vocantur, libere devehi possint*.

STRUFUS, *id est, tortio ventris*, apud Plinium lib. 2. de Medicina cap. 22. ex Gr. στρόφος, *tormina*.

* Vide supra *Strophus* 3.

¶ **STRUGULA**, mendose pro *Stragula*, in Statutis Equitum Teuton. art. 79. apud R. Duellium tom. 2. Miscell. pag. 60. Vide *Stragulum*.

* **STRULA**, Interius subligaculum, Gall. *Caleçon*. Glossar. Lat. Gall. ann. 1352. ex Cod. reg. 4120 : *Strula, veste de cul*. Vide supra *Striga* 4.

1. **STRUMA**, *Opus varie contectum*. Ita Glossæ Arabico-Lat. ubi Vulcanius restituit *Stroma.... contextum*. [Vide *Stroma* 2.]

* 2. **STRUMA**, Glossar. medic. MS. Sim. Januens. ex Cod. reg. 6959 : *Strumas in aliquibus antiquis libris reperio vocari Scrophulas, quæ in cute capitis vel circa guttur nascuntur. Theod. Priscianus vocat Strumam humorem virulentum a matrice manantem.... Item Struma vocabatur antiquitus gilbus, gilbositas*. Vide *Strumo*.

* 3. **STRUMA**, Sporta dossuaria. Glossar. Gall. ann. 1352. ex Cod. reg. 4120 : *Struma, Hote*.

¶ **STRUMANARIA**, Stromanaria, Officium, munus notarii, qui *Strumenta* conficit. Statuta Avenion. MSS : *Statuimus quod nullus in curia, vel occasione curiæ utatur notariæ vel Stromannariæ officio, nisi in illo vel in illis in quibus rectores hujus civitatis habeant plenam jurisdictionem usque ad sanguinem.... Quod tempore suscepti officii notariæ vel Strumanariæ*.

¶ **STRUMENTA**, ut mox *Strumentum*. Charta Harvichi ann. 804. apud Marten. tom. 1. Ampl. Collect. col. 56 : *Quod si aliquas Strumentas de ipsa villa, etc.* Vide *Stromenta*.

¶ **STRUMENTARIUM**, Locus in quo Instrumenta reconduntur et servantur. Charta ann. 1148. apud Marten. tom. 2. Ampliss. Collect. col. 177 : *Hi thesauri in ecclesia nostra tam ad decorem domus Dei, quam ad sublevandas necessitates ecclesiæ, si quando opus esset, in Strumentario repositi fuerant*.

STRUMENTUM, Instrumentum, Italis *Strumento*. Regula S. Isidori cap. 19 : *Strumentorum custodia et ferramentorum ad unum, quem pater Monachorum elegerit, pertinebit*. Avitus Epist. 2. ex Baluzianis lib. 1. Miscellan. : *Et si satis desiderabantur Strumenta cultuum, plus tamen formidari oportuit præda raptorum*. [Pro Instrumentis musicis, in Charta ann. 1381. ex Tabul. Massil. : *Item quod nulla persona privata vel extranea audeat vel præsumat in Massilia vel extra de die vel de nocte facere festum cum quibusvis Strumentis; ita quod nullus menestreys seu jogulator audeat pinsare vel sonare instrumentum cujuscumque generis*. Nostri *Estrument*, pro *Instrument*, etiam dixerunt. Le Roman *de Vacce* MS :

> De Constentin lor fist bons Estrumenz baillier,
> Qui bien sourent par mer et sigler et vagier.]

Præsertim pro chartis ac tabulis. Gloss. Græco-Lat. : *Dotale strumentum*, προικῷον. Perperam reponit Goldastus *Instrumentum*. Testamentum Widradi Comitis et Abbatis ann. 1. Theoderici Regis : *Vel reliquas fabricaturas, seu ministeria Ecclesiæ, vel vestimenta Ecclesiæ, etc.* Charta Chlodovei III. Regis edita a Jo. Mabillonio : *Quicquid ipse Ingobertus vel memorata Angradudis tam de alote parentum, quam de comparato, vel de qualibet adtractum ibidem tenuerint, vel possiderint, per suum Strumentum ipsius Abbatis in integritatem firmassit*. Concilium Duziacense I. part. 4. cap. 5 : *Præcepta et Strumenta Chartarum de rebus Ecclesiæ secum asportare est accusatus*. [Charta Ludovici Pii ex Tabular. Major. Monast. : *Unde præsentiæ nostræ Strumentum protulerunt, etc.*] Occurrit in variis Chartis apud Baldricum in Chron. Camerac. lib. 1. cap. 25. 27. Doubletum pag. 692. in Vita Aldrici Episc. Cenoman. pag. 33. 38. [apud Baluz. tom. 2. Capitul. pag. 392. 405. 461. 469. etc. Mabillon. tom. 2. Annal. Bened. pag. 700. sæc. 4. Bened. part. 1. pag. 743. Marten. tom. 1. Ampl. Collect. col. 32. 52. 173. in Charta Alaman. Goldasti 31. etc.]

¶ **STRUMITA**, ut *Stremita*. Vide ibi.

STRUMO. Michaël Scotus de Physionomia cap. 99 : *Gibbus, id est Strumo, significat hominem sagacem, valde ingeniosum, etc.* Vide *Struma*, 2.

¶ **STRUMPET**, vox Anglica, Meretrix. Placitum ann. 6. Henrici V. apud Th. *Blount* in Nomolex. Anglic. : *Willielmus le Birchewode de Clyve Knave; cum plurimis aliis, et Agnes Cawes de Medio Wico de comitatu Cestriæ Strumpet ... tali die domum Ranulphi Madox vi et armis ... fregerunt.*

¶ **STRUMPFF**, Paralysis, appoplexia, ex Chr. Konigshou. cap. 2. § 205. apud Schilter. in Gl. Teut.

¶ **STRUMUM**, Velitatio, leve prœlium, seditio, turba, Gallis *Escarmouche, Emeute*. Chronic. Parmense apud Murator. tom. 9. col. 763 : *Quos Parmenses et Cremonenses sunt insequuti, et cum eis Strumum incœperunt et fecerunt, et circa cc. equites ceperunt et Parmam captivos duxerunt.* Ibidem col. 766 : *In eodem anno* (1229.) *in civitate Parmæ maximum Strumum fuit.* Vide in *Stormus, Stremita* et *Sturna*.

* **STRUNCO**, Fasciculus, certa rei alicujus quantitas in unum collecta. Chartul. AB. S. Germ. Prat. fol. 1. r°. col. 1 : *Qui custodiunt pressorium regis apud S. Stephanum habent.... novem panes, quales habent monachi, novem etiam Strunçones candelæ semel in anno, etc.* Vide in *Puginata*.

STRUNDIUS, *sive struntus*, σπίλεθος. Ita Gloss. Lat. Gr. Stercus, unde nostris vox eadem notione familiaris, *Estron*, Italis *Stronzo*. [Vulcanius emendat, *Truncus*, σίλεγος : alii nihil mutandum volunt. Vide Salmas. et Scaliger. ad Catalecta pag. 204.]

¶ 1. **STRUNUS**, Loculus, feretrum. Chron. Joh. Iperii, apud Marten. tom. 3. Anecdot. col. 604 : *S. Anselmus Cantuariensis Archiepiscopus, et venerabilis Hugo Cluniacensis abbas ... anno Domini* 1109. *de hoc sæculo nequam cœlicas migraverunt ad sedes; quorum obitus ante monstratus est Fulgentio Affligeniensi abbati sic: Vidit in somnis duos locellos seu Strunos pro mortuis ab angelis in cœlum deferri, etc.*

¶ 2. **STRUNUS**, Strunuus, Ψάρ, τὸ ὄρνεον, in Gloss. Lat. Gr. rectius in Cod. Sangerm. *Sturnus*, nostris *Etourneau*.

¶ **STRUPATURA**, Stropatura, Septum, Gallis *Cloture*. Statuta Cadubrii lib. 2. cap. 66 : *Teneatur quilibet facere pro dimidia serraturas seu strupaturas inter se et domos, seu hortos, curias et clausuras vicini, seu consortis sui de lignamine, vel de aliis secundum consuetudinem contractæ.* Et lib. 3. cap. 68 : *Si quis de possessione alterius sepem, vel paludum, clausuram aut aliam Stropaturam inciderit, vel fregerit, vel extirpaverit, etc.* Vide *Stuppare*.

STRUPIAR, Struppus. Gloss. Sax. Ælfrici cap. *de Navibus* : *Strupiar*, midla, i. frenum. *Struppus : Strop*, vel *Arwiththe*. Ugutio : *Strupi sunt vincula ex loro, vel lino facta, quibus remi ad scalmos alligantur, de quibus Livius : Quinque remos jussit alligare Struppis.* [** Ex Isid. Orig. lib. 19. cap. 4. sect. 9.]

* Glossar. Provinc. Lat. ex Cod. reg. 7657 : *Strop, Prov. Strupus.*

* **STRUPUM**, pro *Stuprum*, Ital. *Strupo* et *Stupro*. Lit. Joan. dalph. ann. 1312. tom. 8. Ordinat. reg. Franc. pag. 108. art. 6 : *Pro Strupo vero vel incestu, secundum leges et jura puniatur. Stupre*, pro *Concubinage*, Concubinatus, in Lit. remiss. ann. 1378. ex Reg. 114. Chartoph. reg. ch. 161 : *Après ce que ledit Pierre Dustos ot ainsi fortrait ladite jeune damoiselle et l'a tenue en concubinage, ou Stupre, etc.*

¶ **STRURUS.** Vide supra *Scarmus*.

¶ **STRUSARE**; Collidere, illidere, conterere, Gall. *Froisser*. Castellus in Chron. Bergom. ad ann. 1406. apud Murator. tom. 16. col. 968 : *Et de Gibellinis decessit Simon de Ceresolis quondam Bonomi, qui currendo cum una equa cecidit, et se Strusavit contra unam arborem, ex quo statim dicessit.*

* Haud scio an in Gallicum *Estrusser*, eadem, ni fallor, notione. Lit. remiss. ann. 1400. in Reg. 155. Chartoph. reg. ch. 270 : *Un prestre dist ces paroles : N'a il doncques nul ... , ne haies près de ladite ville où l'en se puisse Estrusser?*

* **STRUTA**, an Domus, habitatio? Charta Phil. I. reg. Franc. ann. 1075. in Reg. 66. Chartoph. reg. ch. 205 : *Terra ad unam carrucam, cum carruca ipsa Struta apud quoddam castellum, quod dicitur Du Lonz, terra ad dimidiam carrucam et ipsam Strutam.*

STRUTHIO, Piscis, qui vulgo *Esturgeon*, apud Udalricum leg., 2. Consuet. Clun. cap. 4. Vide *Sturgio*.

¶ **STRUZA**, *Struthiones*, in Gloss. Mons. pag. 333. apud Schilter. in Gloss. Teuton. Germ. *Strauss*.

* **STUARE**, Statuere vel Cogitare, perpendere. Chartul. S. Joan. Angeriac. fol. 113. v° : *Willelmus divina præventus gratia cœpit intra se Stuare qualiter mundum relinqueret.... Willelmus.... assumpsit secum Oilardum monachum,.... ad monasterium venit indicans abbati Ansculpho.... voluntatem sui propositi.*

STUBA, Vaporarium, hypocaustum : vox Germanica *Stube*, unde nostri *Estuve*. Lex Alamann. tit. 81. § 3 : *Si quis Stubam, ovile, porcaritiam domum alicujus concremaverit, etc.* Ditmarus lib. 7 : *Crebro a suis pene desperatus, in Stuba vix recreabatur.* Guill. *de Baldenzeel* in Hodœporico T. S : *Est in Cayro domus ampla, et ad modum Stubæ demissa, etc.* Christianus de Scala in Vita S. Wenceslai pag. 61 : *Et veniens invenit eum in asso balneo, quod populari lingua Stuba vocatur, recumbentem.* Chronicon Aulæ Regiæ part. 2. cap. 18 : *Ad vicinam Stubam, ubi plures affuimus, confugit.* Vita Caroli IV. Imp. : *Nunciavit Regi Joanni, ut ad evitanda multarum personarum pericula, secum sola solus in Stuba clauderetur.* Ericus Upsaliensis lib. 5. Hist. Sueciæ pag. 159 : *Annuum tributum immensas pecunias solvendas imponens, videlicet Rumpestat, et de quolibet fumo unam marcam, et pro reedemptione Gothlandiæ 12. oves de quolibet æstuario vel Stuba regni.* Concilium Viennense ann. 1267. cap. 16. de Judæis : *Prohibemus insuper, ne Stubas et balnea, seu tabernas Christianorum frequentent. Stubæ balneares*, in Statuto Guidonis Cardinalis Legati in eodem Concilio. [*Stupa baliniaris*, pro *balnearis*, tom. 1. Rer. Mogunt. pag. 649.] Lindenbrogius laudat Palladium de Architectura in capite, cui titulus est *de balneis et Stufis*. At si Palladius non alius est a Palladio, qui de re rustica scripsit, vox *stufis* non habetur in edito lib. 1. cap. 40. quod inscribitur nude *de Balneis*. Occurrit præterea apud Abbatem Stadensem ann. 1112. 1245. Andr. Monachum in Vita Ottonis Episcopi Bamberg. lib. 2. cap. 15. 23. Joan. Longinum in Actis S. Stanislai cap. 8. in Miracul. ejusd. Stanislai n. 171. in Gestis Episcopor. Saltzburgensium pag. 395. in Annalib. Colmariensib. ann. 1297. etc. [Vide Graff. Thesaur. Ling. Franc. tom. 6. col. 615. et mox *Stuffa*.]

* Unde *s'Estuver*, Balneo uti, lavare, vulgo *Se baigner*. Lit. remiss. ann. 1374. in Reg. 106. Chartoph. reg. ch. 80 : *Comme les supplians feussent aus estuves de la Chevrete en la ville d'Arraz,.... icellui Noble en attendant son compaignon qui s'Estuvoit, etc.* Aliæ ann. 1409. in Reg. 163. ch. 289. : *Icelle Marion se transporta en unes estuves...., avecques une sienne voisine, où ilz se Estuverent, et quant ladite Marion fut Estuvée, etc.* Hinc *Estuveur*, Balneator et *Estuveresse*, Balneatrix. Lit. remiss. ann. 1405. in Reg. 160. ch. 88 : *Guillaume Quarreau Estuveur demourant à Paris en la rue du Bourtibourt, etc. Item que aucun Estuveur ou Estuveresse de la ville de Paris ne pourra doresenavant faire chauffer estuves au jour de Dimenche*, in Lib. 1. Stat. artif. Paris. fol. 289. v°. Vide infra *Stuparius*.

¶ Stuba, Fornacula, caminus, ut videtur, Gall. *Fourneau*. Correct. Statut. Cadubrii cap. 37 : *Si quis proclamari fecerit, quod facere velit vias, vel Stubas, vel alia ædificia pro laborando in aliquo nemore Cadubrii, non impediatur per alium, etc.*

¶ Stupa, ut *Stuba*, in Statutis Massil. lib. 5. cap. 13 : *Constituimus inviolabiliter observandum ne aliquis a modo tenens Stupas vel balnea, recipiat in dictis Stupis vel balneis, ad balneandum, vel Stupendum Judæam vel Judæum, nisi tantum una die singulis septimanis, scilicet die Veneris.*

¶ Stupha, in Serm. Menoti fol. 94. v° : *Quando ibitis ad nuptias, ad choreas, ad convivia, ad Stuphas vos balneare, induamini ut placuerit.* Occurrit etiam in Medic. Salernitana pag. 302. edit. 1622. Statuta Eccl. Avenion. ann. 1441. apud Marten. tom. 4. Anecd. col. 585 : *Item, considerantes quod Stuphæ pontis tronati præsentis civitatis sint prostibulosæ, et in eis meretricia prostibularia publice et manifeste committantur : quorum consideratione per officiarios temporales dictæ civitatis statutum fuerit et inhibitum, homines conjugatos ad ipsas Stuphas non audere Stuphari... Ea propter præsentium tenore inhibetur universis et singulis personis ecclesiasticis clericisque conjugatis, ... ne ab inde in antea die vel nocte dictas Stuphas intrare, nec in illis se Stuphare audeant.*

☞ *Stubas*, vel *Stupas* vocant Germani tabernas seu loca ubi potationibus vacant, quod in eis sint æstuaria : unde ipsis nata vox *Trinkastuben*, a *Stuba*, et *Trincken*, bibere. Statuta Eccles. Argentin. ann. 1435. apud Marten. tom. 4. Anecdot. col. 550 : *Choreas quoque omnibus dominabus quorumvis monasteriorum nostræ diocesis, et spe-*

aliter in publico, scilicet in Stupis virorum quæ dicuntur Trinkastuben, etc.

Stubæ, dictæ in Monasteriis Cameræ Capituli, seu, ut vocant, ipsa *Capitula*, quod in iis essent æstuaria ac hypocausta. Idem Ericus Upsaliensis lib. 4. Hist. Sueciæ pag. 145 : *Omnibus oppidanis in Stuba communi S. Gertrudis convenientibus.* Pag. 147 : *Conveniunt igitur ad tractandum de pace in Stuba Conventus Prædicatorum.* Sic etiam Germani *Caminatas* vocant.

¶ Stuffa, Eodem intellectu. Acta ad Conc. Basil. apud Marten. tom. 8. Ampl. Collect. col. 1 : *In domo fabricæ ecclesiæ Basileensis, sita prope eamdem ecclesiam, et super ejus atrio, et in Stuffa superiori et majori domus ejusdem.*

Stuppa, Stupa. Bernardus Monach. in Consuet. Cluniacensib. MSS. cap. 25 : *Quando aliquis eorum vult in balneum, vel in Stuppam intrare, etc.* Histor. Australis ann. 1295 : *Per totam hyemem aura adeo lenis fuit, quod Stupis bene caruissent, si homines voluissent.*

** Stupula Balnearia, in Chart. ann. 1306. apud Guden. cod. Dipl. tom. 4. pag. 994.

¶ **STUBELLA**, diminut. a *Stuba*, Officina, cœnatiuncula. Chron. Mellic. pag. 416. col. 2 : *Laici sartores sint deinceps semper extra monachorum clausuram in Stubella ex opposito sutorum.* Ibidem pag. 439. col. 1 : *In illo monasterio* (Formbac.) *nostris temporibus fuit quædam Stubella lignea annexa cuidam palatio, in qua quodam tempore sedit abbas illius loci cum sex fratribus, nescio si in aliquo consilio, vel comessatione, et illa Stubella fuit directe supra navigabilem fluvium, qui dicitur Enus, et comparatur Danubio. Subito cecidit Stubella ad fluvium cum prædicto abbate et monachis, et Domino dirigente in casu quilibet manibus apprehendit aliquid, in quo se sustentaret, unus ferramentum fenestræ, alter unum scamnum, et sic de aliis, et fundus Stubellæ mersus fuit, Stubella quasi navis descendit versus Pataviam.*

¶ **STUBICH**, Mensuræ genus, apud Schilterum in Glossar. Teuton.

* **STUBIERA**. Libert. MSS. Barcinon. ann. 1283 : *De Stubiera. Item concedimus capitulum, quod cesset factum de Stubiera, et quod alterius non sit Stubiera in molendinis.*

¶ **STUBIRE**, Servare. Inventar. ann. 1419. ex Tabul. Eccl. Noviom. : *Item quoddam vas cristallinum,... ubi Stubitur de vestimento B. Mariæ.*

STUBULA, Papiæ *Stupula*, Culmus. Catholicon parvum : *Stipula*, *Estouble*, *Chaume*. *Esteule*, in Consuetud. Ambian. art. 245. Comitatus S. Pauli art. 22. Artesiensi art. 48. 49. 50. Fleta lib. 2. cap. 73. § 9 : *Stubula vero in terra requiescat, nec plus inde tollatur, nisi quod pro reparatione domorum curiæ fuerit necessarium, et residuum per carucam subvertatur.* Adde cap. 76. § 12. Vide *Stupla*.

¶ **STUCHI**, *Scissura*, *fragmen*, in Gl. Mons. pag. 328. et 339. apud Schilter. in Gloss. Teuton.

* **STUD**, Præstationis species, apud Anglos. Monasticum Anglic. tom. 2. pag. 187 : *Et libertatem sibi et hominibus suis de Hundredo de Halton libere vendendi et emendi tam in Cestria, quam in Comitatu, et Wicis, ubi tunc non fuit lex ulla, omnia sine tol et Stud, præter sal et equos.* [Vide *Stuth*.]

¶ **STUDENTER**, Diligenter, libenter. Vita S. Bernardi Menthon. tom. 2. Jun. pag. 1083 : *Tempore sationis instante metiatur unusquisque sementem, cumulumque sextarii Deo Studenter exhibebit.*

STUDERE, Studiare, Curare, Gall. *Penser*. Gregorius Turon. lib. 6. Hist. cap. 32 : *Jussitque Rex, ut Studeretur a medicis quoad usque ab his ictibus sanatus, diuturno supplicio cruciaretur.* S. Audoënus lib. 2. Vitæ S. Eligii cap. 44 : *Episcopus adhibito mulomedico, jussit ei* (equo) *Studium impendere, quo scilicet sanari potuisset.* Et mox : *Cuidam illum matronæ... obtulit, quem illa acceptum diligenti cura Studiari fecit.*

* **STUDIALIS**, Ad studium spectans. Charta Petri card. pro fundat. colleg. S. Cathar. Tolos. ann. 1402. ex Cod. reg. 4223. fol. 158. v° : *Statuimus quod.... aliqualiter alicui singulari non permittatur introducere in dicto collegio vinum vel mercaturam publicam pro vendendo, inibi, ne scolaribus detur occasio mercandi, seu tabernandi et se distrahendi ab exercitio Studiali.* Quæ ultima rursus leguntur in Stat. ann. 1391. ibid. fol. 177. v°.

* **STUDIALITER**, Consulto, de industria. Charta ann. 1072. apud Murator. tom. 4. Antiq. Ital. med. ævi col. 591 : *Neque de præfatis omnibus rebus aliquam intentione aut causatione, vel donnicatas Studialiter vobis exinde faciamus, set adjutores vobis simus et erimus ad retinendum et defensandum contra omnes homines, qui vobis tolluerint, aut contempserint, unde non potuerimus per rectam fidem.*

¶ **STUDINI**, Vepres, dumeta. Acta S. Disibodi sæc. 3. Bened. part. 2. pag. 496 : *Propter eos frutices, quos vulgo Studinos vocant, locus ille initio dictus est Studernheim.*

¶ **STUDIOLUM**, Cellula, museum, conclave, ubi studetur, Gall. *Cabinet d'étude* : museolum, scrinia, *Estudiole* dicimus. Charta ann. circ. 1500. tom. 2. Hist. Eccl. Meld. pag. 268 : *Domum ignis vallavit incendium, et Studiolum seu cellulam ejusdem dominæ* (Abbatissæ Jotrensis) *invasit et consumpsit plures litteras.* Statuta Collegii Bajoc. ann. 1543. apud Lobinell. tom. 5. Hist. Paris. pag. 765 : *Quoniam pro supportandis oneribus primarii assignatæ sunt illi duæ cameræ, una cum Studiolo aut Studio eisdem cameris junctis.... Procuratori similiter camera assignata et determinata cum Studiolo, aut alio decenti loco, pro reponendis et suis et collegii rebus necessariis.* Vide infra *Studium*.

¶ **STUDIOSITAS**, Discendi cupiditas. Philippus Eystetens. in *Pater noster*, Bibl. Heilsbr. pag. 16 : *Cum post relictum vobis a nobis halitum scientiæ musicæ paulatim Studiositas vestra magis ac magis inciperet delectari, etc.*

¶ **STUDIOSUS**, Expetendus, opportunus. Præfatio in Digest. : *Cum itaque nihil tam Studiosum in omnibus rebus invenitur, quam legum auctoritas, etc.*

¶ Studiosus, pro Bonus, probus, aliquoties apud Justinianum legitur, teste Vossio lib. 1. de Vitiis serm. cap. 33.

STUDIUM, Academia publica, Universitas. Capitolinus in Antonino Philos. : *Apud Ægyptios civem se egit et Philosophum in omnibus Studiis, templis, locis.* Ulgerius Scholasticus deinde Episcop. Andegav. in Epitaphio Marbodi Episcopi :

> Curans ut fieret virtutem quod redoleret,
> Transtulit huc Studium, transtulit ingenium.

Studium generale, in Bulla Urbani V. et VI. pro fundatione Academiæ Wiennensis in Austria, apud Lambecium lib. 2. Commentar. de Bibl. Cæsar. cap. 5. *Oxoniense Studium*, apud Radulfum in Miracul. S. Richardi Episc. Cicestrensis n. 13. Hist. Cortusiorum lib. 5. cap. 5 : *Civitatem* (Bononiam) *cum Studio reformavit in totum.* Lib. 7. cap. 9 : *Bononia interdicitur, Studio privatur.* Adde lib. 9. cap. 14. Ita apud Scriptores non semel. [Occurrit tom. 3. Conc. Hispan. pag. 691. tom. 2. Hist. Dalphin. pag. 411. apud Mabill. tom. 5. Annal. Bened. pag. 201. Acher. tom. 6. Spicil. pag. 81. 496. 497. Steyerer. in Comment. ad Histor. Alberti II. Ducis Austr. col. 416. etc.] [** Vide Savin. Histor. Jur. Roman. med. temp. tom. 3. cap. 21. § 154.]

* Nostris, *Estude*, eadem acceptione. Lit. remiss. ann. 1399. in Reg. 154. Chartoph. reg. ch. 644 : *Lambert Oudinet estudiant en l'Estude et université d'Orléans, etc.*

* Studium, Schola, Gall. *Ecole*. Mirac. S. Nicetæ tom. 4. Sept. pag. 7. col. 2 : *Qui adolescens cum ad Studium ire intenderet, aquam usque Rivoaltum transfretando submersus fuit cum libris in sacculo ad collum adnexo sub chlamyde.*

¶ Studium, Conclave ubi studetur. Acta B. Petri de Luxemburgo tom. 1. Jul. pag. 513 : *Chorda reperta fuit sub nattis Studii sui.* Vide *Studiolum*.

* Nostris etiam *Estude*. Charta ann. 1375. in Reg. 107. Chartoph. reg. ch. 35 : *Comme maistre Raoul de Pruelles a entention de faire aucunes Estudes spatieuses et secretes pour mettre ses livres, dont il a pluseurs, etc.* Lit. remiss. ann. 1447. in Reg. 176. ch. 566 : *La suppliante print furtivement dans l'Estude de maistre Jehan Hebert chanoine de l'église d'Arras, etc.*

¶ Ad Studium, Studiose, diligenter. Bartholomæi Scribæ Annal. Genuens. ad ann. 1247. apud Murator. tom. 6. col. 513 : *Homines Portus-Veneris, qui cum galea una iverant in cursum, ceperunt galeam unam domini. Friderici, quæ armata fuerat ad Studium in regno.*

¶ **STUDSIERN**. Vide *Ferrum* 3. Leg. *Skudsjern*.

* **STUENA**, f. Fulcimentum, fulcrum, Gall. *Treteau*. Stat. Avenion. MSS. ex museo meo fol. 55. r° : *Statuimus quod in carreria.... aliquis vel aliqua non teneat nec habeat bancam vel celam, nec canistrum, nec cabacium, nec cavillerium, nec Stuenam nec postem, nec aliud impedimentum.*

STUER, Seditio. Charta Henrici Imp. ann. 1170. apud Chapeavillum ad Ægidium Aureæ-vallis Monachum : *Excepta Sabulonaria, in qua forensis potestas nullum jus, nisi in latronibus, in falsis mensuris, in seditionibus, quas vulgo Stuer et Burrinne di-*

cimus, judicandis. Vide *Burina*, [*Strumum* et *Sturma.*]

¶ **STUFÆ.** Vide mox *Stuffæ.*

¶ **STUFERUS**, STUPHERUS, Solidus : Belgis *Stuyver.* Leg. Mechlin. tit. 10. art. 1 : *Hæres feodi intra proximas sex hebdomadas a morte defuncti investituram a domino petere debet, eique dabit pro integro feodo tredecim equites, singulos triginta Stuferis æstimatos.* Tit. 50. art. 14 : *Qui ubi per contumaciam non comparuerint, prima citatione damnabuntur in quatuor Stuferos, secunda in duplum, tertia in triplum.* Charta ann. 1393. tom. 2. Gall. Christ. novæ edit. pag. 563 : *Ea lege ut.... quotannis septem florenos et quatuordecim Stupheros monasterio Gemblacensi persolverent.*

STUFFÆ, STUFÆ, Balnea calida, Saxon. s t o f a. Gallis *Estuves* : vox ejusdem originis ac *Stuba*, de qua supra. Michaël Scotus de Physion. cap. 11 : *Valent sibi Stuffæ, quia faciunt cessare dolores, etc.* [Statuta Eccl. Andegav. ann. 1423. apud Marten. tom. 4. Anecd. col. 527 : *Multosque earumdem* (personarum) *tabernarum, Stufarum, publicorum locorum et ludorum inhonestorum frequentationes exercere cognovimus.* Laudes Papiæ apud Murator. tom. 11. col. 22 : *Propter abundantiam lignorum habentur intra civitatem et extra prope illam, thermæ plures, ubique duplices, seu geminæ, propter viros et mulieres et dicuntur Stufæ.*] Silvester Girald. lib. 1. Itiner. Cambriæ cap. 5 : *Stuphas undique videas, miro artificio consertas, lateralibus quibusdam et præangustis spiraculi viis occulte calorem exhalantibus.* Exstat apud Palladium de Architectura titulus capitis *de Balneis et Stuphis.* Ubi Cod. MS. Pithœanus habet *de fabricis balnearum.* Vide Ferrarium in *Stufa*, et supra *Stuba.*

STUFFARE, Instruere, Gallis *Estoffer* : *Stuffatus, stoffatus*, Instructus, *Estoffé.* Prima Statuta Roberti I. Regis Scotiæ cap. 5. § 5 : *Et quod quisque dominus veniat Stuffatus ad exercitum de cariagiis et victualibus.* Henric. de Knyghton ann. 1338 : *Naves de viris armatis ad plenum Stuffatas.* Et ann. 1357 : *Cum tribus navibus bene Stoffatis.* [Charta Joannis Lothar. et Brabant. Ducis in Chron. Bonæ-Spei pag. 265 : *Servitium unius currus Stoffati per unum diem, pro una corveya reputantes.*] Jac. Hemricurtius lib. de Bellis Leodiensib. cap. 2 : *Et estoient li plus poissans d'amis, et li miez warnis Estoffeis de proismes prochains, qui fuissent en tot Hasbaing.* Cap. 20 : *Il et totes ses parties accordent une journée por chevachier à Wareme bien Stoffeys, et corir sus al Chastelain.* Idem in Speculo Hasbaniensi pag. 100 : *Il servoit Stoffeement, et par especial il avoit.... ses proismes, etc.* Chronicon Flandriæ cap. 110 : *En ce temps fut le Comte eschappé hors de Bruges, et fut venu à Lille moult Estoffement* : id est, cum magno comitatu, rebus omnibus instructus Brugis venit. Hinc *Estoffe*, pro instructu. Cap. 39 : *Et fit prendre toutes les garnisons qui en la ville estoient, et les feit mener au Chastel, et le fit garnir de pierres* (leg. *perrieres*) *et de toutes autres Estoffes.* Quæ quidem vox *Estoffe*, vulgo usurpatur a nostris pro pannis, unde vestes conficiuntur, quibus homo instruitur. [Vide supra *Estoffatus.*]

INSTUFFARE, Idem quod *Stuffare.* Thomas *de la Moor* in Edwardo II. Rege Angl. pag. 599 : *Ad hanc insulam victualibus universaliter abundantem, tamen abundanti vino, oleo, melle, frumento, brasio, piscibus salsis, carnibus et terrestri carbone Instuffatam, Regem volentem adnavigare, ventus contrarius prohibuit.* Henric. de Knyghton ann. 1340 : *Et nobiliter Instuffavit* (naves) *de viris armatis et albalistis, etc.*

STOFFURA, Instructus, apparatus. Henr. de Knyghton ann. 1332 : *Venit cum 10. navibus de Flandria omni Stoffura, quæ ad guerram pertinet, bene refertis.*

¶ STUFFURA, Eadem notione. Charta Henrici IV. Reg. Angl. ann. 1405. apud Rymer. tom. 8. pag. 384 : *Pro Stuffura castri nostri de Hadleg ordinata, videlicet 25. doublettes, 24. jakkes, etc.* Hist. Harcur. tom. 3. pag. 65 : *Inveniendo quatuor homines ad equitandum,... et sufficienter Stuffuram soldariorum in castro, etc.*

Vocis forte etymon a *Stuffis*, de quibus supra, quod qui pluribus vestibus instructus sit, iis frigus non modo depellat, sed et calorem, qualis in *Stuffis* habetur, sibi conciliet.

☞ Probabilius videtur Vossio lib. 2. de Vitiis serm. cap. 5. derivari hanc vocem, ut et *Estoverium*, quod materiem, alimentum, fomentum significat, a Germanico *Stoffe*, quo materies, sive id ex quo aliquid fit, intelligitur. Haud invitus in hanc sententiam descenderem.

* **STUGIUM**, Locus, ut videtur, secretior; nisi scriptum sit pro *Stagium.* Vide in hac voce. Stat. sabat. Carcass. ann. 1402. tom. 8. Ordinat. reg. Franc. pag. 566. art. 22 : *Recusans seu dilatans aperire incontinenti et hostendere dictis suprapositis eorum domos, operatoria, botigias, penora, caxias, armaria, et alia Stugia, etc.*

* *Stuit* vero idem significare videtur quod vulgare *Bail*, Locatio pactitia, in Stat. Lossen. apud Mantel. part. 3. Hist. Lossen. pag. 47 : *Si un locataire renonce à son Stuit avant la saint André, il n'est obligé qu'aux canons arierez.* Posset tamen et de *stagio* seu domo locata intelligi.

* **STUIRA**, Vectigal, tributum, collatio, idem quod *Steura.* Vide in hac voce. Charta ann. 1323. apud Oefelium tom. 1. Script. rer. Boicar. pag. 741. col. 2 : *Stuiram suam in Scheyren, quæ solvit singulis annis xxvj. libras Monacenses, etc.*

STUKA. [** Segmentum.] Vetus Charta apud Joan. Scheff. ad Chron. Upsal. pag. 152 : *Duas pallas de panno aureo. Item duas Stukas de panno aureo inferius in maius argento deaurato.* Infra : *Item obtulit.... duas pallas, alteram cum altare bruno, duas Stukas de serico intextas, et duo suppellicea.*

¶ **STULITES.** Vita S. Willibaldi Episc. apud Canisium : *Ibi sedebant duo solitarii in Stulite, id est fabricata atque firmata cum muro magno de lapidibus valde summo.* Ubi Mabill. sæc. 3. Bened. part. 2. pag. 373. legit post Gretserum, *in silice* : at observat in correctionibus rectius forsan a Canisio editum *in Stulite*, a Gr. στύλη, columna.

¶ **STULLO**, *Horæ*, in Gloss. Mons. pag. 341. apud Schilter. in Gloss. Teuton.

STULTATUS, in Glossis antiquis MSS. *qui deferre nescit.* [Legendum videtur, *qui discere nescit.*]

STULTICINIA, Stulta cantica, amatoria. Johan. Salisber. lib. 1. Policrat. cap. 6 : *Nunc vero laudi ducitur, si videas graviores amatoria, quæ ab ipsis dicuntur, elegantius Stulticinia, personare.* Lib. 8. cap. 6 : *Cythara crinitus Iopas non Stulticinia vel bucolica personat amatorum, etc.*

STULTICINES, apud eumdem Joan. Sarisberiens. lib. 6 cap. 16 : *Vanitate nominum delectantur, contempta rerum veritate, et fructu : aleator, auceps, quodque magis mirere, Stulticines, et qui virilia nunquam tractaverunt.*

STULTILOGUS, Stultus, vel Stulta loquens. Dudo Decanus S. Quintini in Præfat. ad Acta Norman. :

Stultilogo, stolidoque, hebete.

Forte pro *Stultiloquo.* Gloss. Gr. Lat. : Μωρολογία, *stultiloquium.* Paulus ad Ephesios : *Turpitudo et Stultiloquium, aut scurrilitas.* Ubi S Hieronymus : *Stultiloquium esse existimo, non solum eorum, qui aliqua narrant turpia, ut risum moveant, et fatuitate simulata magis illudant eis, quibus placere desiderant : sed etiam eorum, qui sapientes sæculi putantur, et de rebus physicis disputantes, dicunt se arenas littorum, guttas oceani, et cælorum spatium, terræque punctum liquido comprehendisse.* Utitur etiam Plautus.

¶ **STULTITIA.** Tabul. S. Vincentii Cenomanens. : *Vitalis de Doscela præpositus noster dedit nobis medietatem patrimonii sui quod apud Domnolium habebat post obitum suum : aliam vero medietatem, si soror sua, quæ aliquantulum a consilio suo deviaverat, in Stultitia sua, id est, in concubitu non legali, permanere volebat, nihilominus pollicitus est se nobis daturum.*

STULTIZARE, Insanire, in furiam verti, apud Auctorem Mamotrecti in Sapient. cap. 14. [Gloss. Lat. Gall. Sangerm. : *Stultizare, foloïer.* Memoriale Potestatum Regiens. ad ann. 1284. apud Murator. tom. 8. col. 1160 : *Parmenses audientes hæc omnia, miserunt Reginis solemnes ambaxatores in civitate Reginorum, qui rogabant Reginos ex parte Communis Parmæ, ne Stultizarent, sicut Stultizaverunt Mutinenses, et ne vellent civitatem suam destruere.*]

* *Assotir*, in Glossar. Gall. Lat. ex Cod. reg. 7684. Hinc *Estous*, Insanus, furiosus, et *Estoutie*, Insania, furia, in Mirac. Mss. B. M. V. lib. 1 :

Un en i ot qui desor tous
Estoit crueus, fol et Estous,
Et maintes fois par l'Estoutie
Fist honte, anui et felonie
Au saint prodome.

STULTO-MALUS, *Stultus malus*, in Gloss. Isid. Glossæ antiquæ MSS. : *Stultomalus, qui stultus et malus est.* Glossar. Saxon. Ælfrici : *Stulto malus* : y f e l-g y r i g, i. malus stultus.

¶ **STULTULUS**, diminut. a *Stultus*, apud Belet. de Divinis Offic. cap. 100 : *Sed postea interdictum est ne Stultulus quispiam atque rerum imperitus hujus aquæ aspersione se iterum a peccatis mundari putet.*

¶ **STULTUS**, Jocularis, qui Principi est a jocationibus. Extractum computi ann. 1327. tom. 2. Hist. Dalph. pag. 216. col. 2 : *Item, pro sella Rollerii Stulti dom. Humberti Dalphini solvit Thomassino, XIV. sol.* Idem aliquando præstitisse mulieres docet Computus alter ibid. pag. 277 : *Item, mulieri fatuæ quæ moratur in domo, gran. x.*

¶ Stultorum Festum. Vide *Kalendæ*.

STUMBLUM. Leges Henrici I. cap. 80. de via regia : *Tanta vero debet esse, ut inibi duo carri sibi possint obviari, et bubulci de longo Stumbli sui possint assimulare.* [Gloss. Lat. Gr. : *Stumbulum*, κέντρον : in Gloss. vero Gr. Lat. : Κέντρον, *Stimulus, acumen, Stumbulum.* Notum est bubulcos stimulis boves excitare.] Vide *Stumullus*.

¶ **STUMMIA**, ταυτολογία, in Gloss. Lat. Gr. Ejusdem sermonis repetitio.

STUMONES. Charta Philippi Regis Franciæ ann. 1182. pro Communia Bellovacensi, apud Loisellum : *In uno quoque molendinorum duo tantum Stumones erunt. Quod si aliquis plures Stumones, vel alias malas consuetudines imponere voluerit in molendinum, et inde clamor ad Majorem et Pares venerit, illi, qui inde clamaverit, secundum deliberationem ipsorum justiciam facient.* Eadem Charta Gallica pag. 280 : *Adecertes en un chacun des moulins deux Joënnes seront tant seulement; que si aucuns plusieurs Joënnes, ou autres mauvaises coustumes veut imposer és moulins, etc.* Obscurum per obscurius.

☞ Ex Charta vernacula et alia, quæ de eadem re est, Ludovici VII. Reg. Franc. ann. 1147. laudata in voce *Junior*, legendum *Juniores*.

¶ **STUMPHA**, Bases, pedes, in Gloss. Mons. pag. 365. apud Schilterum in Glossario Teutonico.

* **STUMULLUS**, pro Stimulus, Gall. *Aiguillon*, quo boves excitantur. Lit. remiss. ann. 1400. in Reg. 155. Chartoph. reg ch. 86 : *Tenentes unus ipsorum lapides et alter quandam pertiquam sive Stumullum, cum quo boves punguntur.* Vide *Stumblum*.

* **STUNULUS**, f. pro Stimulus, Gall. *Pointe*, ut conjectant doctant Editores ad Acta S. Faustæ tom. 6. Sept. pag. 145. col. 1 : *Evilasius audiens dictum ejus, jussit loculum afferri, et ibi eam mitti, et Stunulis acutis clavari, et secari eam mediam.* Consule notam ad hunc locum.

STUNUM. Charta Heccardi Comitis Augustodunensis, ex Tabulario Prioratus Persiaci in Burgundia apud Perardum pag. 16 : *Uno fanono viridi, cum brusdo uno de gliso, uno de Stuno cum sirico amnistrare, etc.* [Panni species videtur.]

STUOT, Equus admissarius, Germanis, in Conventu Alsatico ann. 1051. apud Glareanum lib. 2. Rer. German. et Goldastum : *Equi autem admissarii, quod vulgariter Stuot vocatur, etc.* [** Vide Graff. Thes. Ling. Franc. tom. 6. col. 652.]

¶ 1. **STUPA**. Mos est Stupas comburere in solemni Pontificum Romanorum consecratione, cujus ritus ratio exstat in Conc. Pisano ann. 1409. apud Acher. tom. 6. Spicil. pag. 334 : *Die autem Dominica immediate sequente, quæ fuit dies septima Julii, dictus dom. Papa Alexander fuit coronatus in ecclesia cathedrali, ubi fuit celebrata Missa solemnis. Et illa die fuerunt multa solemnia, ut puta de Stupis combustis, dicendo, Sic transit gloria mundi.* Itiner. Adriani VI. PP. apud Baluz. tom. 3. Miscell. pag. 408 : *In limine autem* (Sacelli S. Andreæ) *officialis quidam incendit Stupam, atque proclamat : Beatissime pater, sic transit gloria mundi hujus, statimque devenitur ad proprium sacellum B. Petri et Pauli, ubi eorum corpora requiescunt.* Ibid. pag. 444 : *Et cum Papa egrederetur, alta voce et intelligibili acclamavit incendendo Stupam : Pater sancte, sic transit gloria mundi hujus.*

* Qui usus etiam obtinuit, quoties archiepiscopus vel episcopus solemnia agerent, quasi iis diebus maxime admonendi fuissent infirmitatis humanæ, ne tunc illos, ob reverentiam exhibitam, vanitatis stimulus pungeret, ut discimus ex Ordin. ant. eccl. Bisunt. inter Probat. tom. 1. Hist. Sequan. pag. 40. ubi de die S. Paschæ : *Intrent reverentissime chorum cantantes :* Nolite metuere. *Tunc archidiaconus ponat ignem in farum, et dum linum succenditur, venit archidiaconus inclinans se reverentissime ante dominum archiepiscopum, dicit ad eum : Reverendissime pater, sic transit mundus et concupiscentia ejus.* Quod in Natali aliisque solemnioribus festis ex eodem Ordinario fieri solitum fuisse colligitur : imo id non semel repetitum fuisse, aliis quidem verbis docet idem Ordinarium pag. 21. ubi de Natali Domini : *Surgens a cathedra archipræsul, antequam incipiat*, Gloria in excelsis, *accedat archidiaconus reverenter, et tenens oram planetæ, trahat leniter et dicat :* Scito te terram esse ; *sicque debet fieri quotiescumque archiepiscopus aut sacerdos a sede surgit, ut accedat ad altare post orationem.*

2. **STUPA**, ut *Stuba*. Vide in hac voce.

STUPARE, Stupa occludere, [et universe pro Obstruere,] Gallis *Estoupper*, [Gesta puellæ Erminæ ann. 1396. ex Cod. S. Victoris Paris. : *La femme... Estoupa ses oreilles qu'elle ne l'oiet point (le demon) et s'endormit.*] Lex. Alemann. tit. 59. § 7 : *Si autem ex ipsa plaga cervella exierint,.. : ut medicus cum medicamento aut sirico Stupavit, et postea sanavit, etc.* Jac. Hemricurtius de Bellis Leodiensib. cap. 26 : *Il fist remplir et Stopeir de terre les entrées et les sospiraz, etc.* [Charta ann. 1343. in Cod. MS. Colbert. 2591 : *Pour clorre et pour Estouper ledit puis, et pour maçonner dessus, etc.*] Joan. Villaneus lib. 7. cap. 144 : *Le mura erano la notte riparate, e Stoppate con tavole, o con sacchi di lana.* [Vide *Stopare*.]

* Unde *Destoulper*, Obstructa patefacere, aperire. Lit. remiss. ann. 1389. in Reg. 138. Chartoph. reg. ch. 14 : *Adenet des Portes se transporta nagaires en l'ostel de son pere, y fist ouverture pardevers les courtils et Destoulpa un huys, par lequel il entra en l'estables dudit hostel.*

* Aliud vero sonat *Estouper*, nempe Illudere, fallere, a voce Gallica *Estoupe*, Fraus, fallacia, jocus, tom. 2. Fabul. pag. 218.

Ha ! sire, se Diex me sequeure,
Fet dans Constant, je n'y ai coupe.
Dist li provost, ce sont Estoupes,
Dont vous me volez Estouper.

Stupparius. Gloss. Græc. Lat. : Καννάβις, *Stuppa*, Καννάβάριος, *Stupparius*.

Stupacium, Pannus ex stupis confectus. Auctor de Vita Eremitica tom. 1. Operum S. Augustini cap. 20 : *Utroque vero tempore* (hyeme et æstate) *duas de Stupacio camisias vel staminas... habeat.* [** *Stuppea sagmata*, in Reinard. Vulp. lib. 4. vers. 340.]

* **STUPARIUS**, Qui *stupam* seu *stubam* tenet, Balneator. Liber pitent. S. Germ. Prat. : *Super domo Adæ Stuparii ad bellum pulliæ, xx. solidos.* Ibidem : *Super domo Adæ l'Estuveur ad bellum pulliæ, quæ fuit Johannis de Remis, xx. solidos.* Vide supra *Stuba*.

* **STUPATUM**, a Stupa, Ital. *Stoppa*, Cannabum. Inquisit. ann. 1371. in Access. ad. Hist. Cassin. part. 1. pag. 430. col. 2 : *Item quando Stupatum seminatur ad garnum, facit decimam.* Vide *Stupparius* in *Stupare*.

* **STUPEFACTIVUS**, Stuporem generans, Ital. *Stupefattivo*. Chron. circa tempora Alex. PP. VI. in Diar. Ital. Montisfalc. pag. 157 : *Alii serunt aloe terebintina, quæ acutissimum et quodam modo Stupefactivum odorem habebat.*

* **STUPELLUS**, Crater, scyphus, mensuræ species. Annal. Placent. ad ann. 1461. apud Murator. tom. 20. Script. Ital. col. 908 : *Item quod non teneantur levare salem, nisi quando voluerint, et pro solidis duobus pro Stupello.* Vide *Stopellus* in *Staupus*.

¶ **STUPERARE**. Vide *Stupperare*.

¶ **STUPERE**, *Stupa* uti. Vide in *Stuba*.

¶ 1. **STUPHA**, Stagni obturamentum, id quo stagnum occluditur, Gall. *Bonde*, *Pale*. Charta Dombensis ann. 1541 : *Usque ad Stupham seu fracturam ac becium ejusdem stagni.*

¶ 2. **STUPHA**, ut *Stuba*, unde Stuphare, *Stupha* uti. Vide in *Stuba*.

¶ **STUPHERUS**, ut *Stuferus*. Vide ibi.

¶ **STUPIDARE**, *Frequenter stupere*, ex Glossarii membranis laudat Vossius lib. 4. de Vitiis serm. cap. 26. Utitur Mart. Capella lib. 1. pag. 235 :

Pectore saxificam dicunt horrere Medusam,
Quod pavidum Stupidet sapiens solertia vulgus.

** **STUPIDUS**, Stupendus. *Stupidum miraculum* in Vita S. Galli apud Pertz. Script. tom. 2. pag. 17. lin. 33.

** **STUPIFEX**, Stupidus, in Chron. Comit. Capuæ apud Pertz. Script. tom. 3. pag. 208 : *Land, segnis et stupifex.... propter suam desidiam et pertinacem improbitatem, etc.*

* **STUPINUM**, Stupinus, Ital. *Stoppino*, Ellychnium, Gall. *Mèche*. Ordo eccl. Ambros. Mediol. ann. circ. 1130. apud Murator. tom. 4. Antiq. Ital. med. ævi col. 865 : *Tunc cicendelarius ebdomadarius porrigit lampadem accensam subdiacono ebdomadario in secretario, et præcedit eum usque ad phialas, et ille cum lampade accendit, eodem ostendente Stupinos cum virga.* Ibid. col. 930 : *Cicendelariis dantur quatuor fusalia lini de camera pontificis. De quibus duo minores cicendelarii faciunt lampadam. De reliquo vero fiunt Stupina in cicendelis per totius anni circulum.* Rursum col. 877 : *Præcedente eum* (subdiaconum) *clerico ipsius ecclesiæ, et ostendente ei cum virga ly-*

chnum, quem accendere debet. Vide *Stopinus.*

¶ **STUPITUS**, Stupidus. Sebast. Perusinus in Vita B. Columbæ Reatinæ tom. 5. Maii pag. 33o * : *Frequenter mente ac spiritu rapta, suspensis sensuum exteriorum actibus, ac Stupito corpore quasi lapis reddebatur immobilis.*

STUPLA. Edictum Rotharis Regis tit 108. [** 363.] : *Si caballos iter facientes de Stupla, aut de ipsa pascua... movere præsumpserit.* Ubi *stipula* habetur in Lege Longob. lib. 3. tit. 4. § 1. nostris *Esteules. Stupula*, apud Papiam, et in vet. Kalend. rustico apud Gruter. 139 : *Messes frumentar. item triticar. Stupulæ incendunt sacrum spei saluti Deanæ, etc.* Vide *Stubula.*

STUPOR, pro Tumor, superbia. S. Cyprianus Epist. 40 : *Stupore elatus.* Epist. 47. *Stupore superbi tumoris inflatus.* Idem de Unitate Eccles. : *Error fallit, extollit Stupor, livor incendit.*

¶ **STUPPA**, Stupparius. Vide *Stuba* et *Stupare.*

STUPPERARE. Gloss. Græc. Lat. MS. : Φλεγμαίνω, *Stupporo, Stuppero.* Φλεγμονή, *Stupperatio.* Edit. habet *Suppuro*, et *Suppuratio.* Glossæ antiquæ MSS. : *Stuperatus, stupefactus*, forte pro *stuporatus.*

STUPULA. Vide *Stuba* et *Stupla.*

¶ **STURA**, ut *Steura.* Vide ibi.

* **STURCO**, Avis species. Tract. MS. de Re milit. et mach. bellic. cap. 16 : *Sturcones faciunt equis fugam et irruunt in eos ac pungunt cum aculeis in summitate alarum dictos equos.*

¶ **STUREMANNUS**, Gubernator navium, Germanis *Steurmann*, Angl. *Steersman.* Liber nig. Scaccarii pag. 369 : *Item constituentur boni et legales homines in portibus... qui capiant sacramenta omnium Sturemannorum et marinellorum navium ibi applicantium.*

STURGIO, Sturio, Piscis, qui maximo in mensis honore habetur apud eos, in quorum fluminibus capitur : subit enim e mari flumina. Hunc *silurum* Paulus Jovius Ausonii existimavit, ut et Vossius : Hermolaus *Hiccam* apud Athenæum, alii *Tursionem* Plinii : *Lupum* nonnulli; quidam *Attilum* Padi : denique Rondeletus *Acipenserem* Romanorum literis nobilitatum Sturjonem esse volunt. Vide Salmasium ad Plinium pag. 1315. Anglo-Saxones styriga, Anglo-Britanni *Sturgeon* vocant. Alanus de Insulis in Planctu naturæ : *Illic Sturgio sui corporis nobilitatem individuali sui corporis benedictione, mensis offerebat regalibus.* Gotselinus Monachus lib. de Miracul. S. Augustini Episcopi Cantuar. cap. 17 : *Piscis scilicet Rhombus longitudinis pedum 14. capitur, qui vulgo Sturio appellatur.* Occurrit etiam apud Altfridum in Vita S. Ludgeri Episc. Mimigard. num. 5. in Vita S. Adalahidis cap. 11. etc.

Apud Anglos *Sturgio* ad solum Regem pertinet, ut est in Fleta lib. 1. cap. 45. et apud Bractonum lib. 2. cap. 5. § 7. cap. 24. § 1. lib. 3. tr. 2. cap. 2. § 4. 5. ubi hæc idem Bracton. ait : *De Sturgione vero ita observatur, quod Rex illum habebit integrum propter suum privilegium : de Ballena vero, sufficit, secundum quosdam, si Rex inde habuerit caput, et Regina caudam.* Statutum de Prærogativa Regis ann. 17. Edw. II. cap. 11 : *Item Rex habebit wrecum maris per totum regnum, balenas, et Sturgiones, vel alibi infra regnum, exceptis quibusdam privilegiatis locis per Regem.* Charta Stephani Regis Angl. ann. 1138. in Monastico Anglic. tom. 3. pag. 8 : *Et ubicunque evenerit capi piscem Sturjonem in piscaturis suis, sit eorum totus et integer.* Andreas Suenonis Archiep. Lundensis lib. 8. Legum Scanicar. cap. 1 : *Omnes pisces, sive sint mortui, sive vivi, si casu versus terram appulsi, ut manus hominum non possint effugere, occupantibus conceduntur, præter Sturgionem, qui juri Regio, a quocunque repertus fuerit, cedit. Pariter quoque cetum, etc.* Radulfus de Diceto ann. 1150 : *Nunc extrahitur Sturgio regium reservandus in cibum.* Udalricus lib. 2. Consuetud. Cluniac. cap. 4 : *Pro signo salmonis vel Struthionis : signo piscium hoc adde, ut pugnum erecto pollice supponas mento, quo superbia significatur : quia superbi maxime et divites tales pisces solent habere.* [Ubi *Stutio* perperam legitur, apud Bernard. Mon. in Ord. Cluniac. part. 1. cap. 17. S. Wilhelmi Constitut. Hirsaug. lib. 1. cap. 8 : *Pro signo Sturionis generali signo præmisso, hoc adde, ut summitatem pollicis mento supponas.*] De sturgione plura Bruyerinus Champerius lib. 20. de Re Civaria cap. 22. Adde Joan. *Briton* pag. 7. 26. 27.

☞ Eodem jure gaudent Ecclesiæ vel Monasteria, quibus a dominis concessum est. Charta Roberti Comit. Augiensis ann. 1059. ex Tabul. S. Michaelis de Ulteriori portu : *Si homines abbatis piscem, qui dicitur Sturgeon, capiant, totus est sancti Michaelis.* Eadem habent Litteræ Philippi Pulchri ann. 1301. in eodem Tabul.

¶ Sturionus, ut *Sturgio.* Statuta Placent. lib. 6. fol. 79. v° : *Item Sturionos et conutas, pro qualibet libra, XIIII. den.*

¶ Sturiolanensis, Ad *Sturionem* pertinens. Charta Stephaniæ Comit. Provinciæ ann. 1063. in Histor. MS. Montis Majoris : *Et in Tarasconensi castro in fluvio Rhodani de duobus navigiis Sturiolanensi mercimonio hoc totum conferimus.*

¶ **1. STURIA**, f. Canalis. Statuta Vercell. lib. 3. fol. 93 : *Item statutum et ordinatum est quod aqua Sturie que fluit per locum Tridini, fluere debeat recta via per alveum veterem.*

¶ **2. STURIA**, Storea. Testam. ann. 1389. ex Tabul. S. Antonii Massil. : *Corpus meum portetur ad sepulturam prædictam super una litheria coopertum de una Sturia cum quatuor candelis ceræ.* Vide *Storia* 1.

¶ **STURIONUS**, Sturiolanensis. Vide supra *Sturgio.*

¶ **STURMA**, Sturmum, Sturmus, Seditio, leve prælium, impetus, conclamatio ad arma. Vide *Stormus, Stremita* et *Strumum.* Litteræ Reginardi Leod. Episc. ann. 1034. apud Marten. tom. 4. Ampl. Collect. col. 1172 : *Nunquam nisi ab Abbate et ministris ejus se intromittet* (Advocatus) *de aliqua justitia ibi facienda, vel de Sturma, sive burma, nisi evocatus pro hoc ipso fuerit.* Rursum occurrit in Charta Henrici itidem Leodiens. Episc. ann. 1081. ibid. col. 1175. Litteræ Angeli Pechinolii ad Innocent. VIII. PP. ann. 1489. apud Illustr. Fontanin. in Antiquit. Hortæ pag. 476 : *Præmissa celeriter parte copiarum, ipsam civitatem Viennensem, in quam hostes ipsi jam impetum fecerant, primum ab ipso impetu, quem Sturmam vocant, et tandem a tota obsidione liberavit.* Epist. Joannis Corvini ad Ladislaum in Chron. Mellic. pag. 446 : *Ipse Imperator Turcorum post horam vesperarum feria quarta incipiens circa ipsum castrum pugnam manualem, vulgo Sturmam incepit, in tantum ut per totam noctem et feria quinta usque ad horam prandii duraverit.*

¶ Sturmum. Memoriale Potest. Regiens. ad ann. 1244. apud Murator. tom. 8. col. 1112 : *Et fuit ibi unum Sturmum et veniendo Reginus Potestas condemnavit eos in D. lib. Rexanorum.* Annal. vett. Mutin. ad ann. 1245. apud eumd. tom. 11. col. 62 : *Et sequenti die fecerunt etiam magnum Sturmum, scilicet illi de Rubertis et illi de Sesso.*

¶ Sturmus. Ottoboni Annal. Genuens. ad ann. 1192. apud eumdem Murator. tom. 6. col. 366 : *Hoc anno etiam multæ seditiones fuerunt in civitate, et undique Sturmi et prælia multa.* Annal. vett. Mutin. tom. 11. col. 74 : *In vigilia S. Leonardi incepti fuerunt Sturmi et rumores in civitate Mutinæ,... qui Sturmi duraverunt usque ad horam Completorii.* Chr. Domin. de Gravina tom. 12. col. 617 : *Pulsante campana ad Sturmum, universus populus ad domos concurrit Angeli supradicti, quid esset exinde faciendum.* Et col. 620 : *Campanam pulsari mandarunt ad Sturmum.* Statuta Astens. collat. 11. cap. 35. fol. 30 : *Si quis major annis 15. in civitate vel in burgis ad Sturmum, vel alio loco extra Sturmum malo animo de arcu, vel balista.... projecerit, etc.*

* **STURMADE.** Codex MS. ubi de visione quadam ex Bibl. Major. monast. : *Post dorsum quoque meum stat unus immundorum spirituum, qui easdem bestias in me incitat. Nam quando dicit, Sturmade, Sturmade, tunc mihi imminet acutissima pœna. Me autem hoc verbum numquam audiente, interrogavi quid hoc esset. Qui ait : Apud tortores loci hujus dicitur, Perforate. Nam quando hoc dicit, imperat bestiis suis me cornibus perforare.*

¶ **STURMFAN.** Albertus Argentin. ann. 1349 : *Carolus Rex hoc audito statim banerium suum, quod dicitur Sturmfan, super turrim ecclesiæ Spirensis constituit.* [** Vexillum incursionis hostium index, quo proposito ad arma conclamatur.]

¶ **STURMINARE**, *Strumento*, ut videtur, projicere. Statuta Astens. collat. 11. cap. 126. fol. 73. v° : *Statutum est quod non sit aliqua persona que audeat projicere seu Sturminare lapides de nocte super aliquam domum habitationis alicujus persone habitantis in civitate nec trahere seu projicere vel Sturminare aliquos lapides ad aliquam fenestram seu barchonum vel hostium alicujus domus habitationis alicujus civis Astensis.*

¶ **STURMUM**, Sturmus. Vide *Sturma.*

¶ **STURNELLUS**, diminut. a *Sturnus*, Gall. *Etourneau.* Rolandini Patav. Chron. apud Murator. tom. 8. col. 328 : *Quasi veloces accipitres cum irruunt in Sturnellos, aut volantes aquilæ cum sæviunt in columbas.*

¶ **STURNINUS**, Sturnus, vel ad sturptum, pertinens. S. Hieron. in cap. 66. Isaiæ : *In martyrio rubri, vel Sturnini in volatu, vel varii in virtutibus, vel candidi in virginitate.* [* Vide supra *Storinus.*]

¶ **STURNUS**, pro *Sturmus*, in Charta Henrici Imper. ann. 1012. de juribus Advocati Monast. Florin. ex Schedis D. *Maillard : Si quis de familia vel potestate Advocati Sturnum vel burinam fecerit, etc.* Vide *Sturma.* [* Vide supra *Stornus.*]

STUROLÆ, vel Scurolæ, Pusulæ, Gallis *Rougeolle.* Michaël Scotus de Physionomia cap. 10 : *Oportet de necessitate, quod quilibet homo natus tempestive aut tarde habeat quatuor passiones inevitabiles, scilicet variolas, Sturolas, fersas, et scabiem humidam vel siccam.* Infra *scurolæ* scribitur.

* **STUROLLUS**, f. Leguminis. species. Comput. ann. 1488. inter Probat. tom. 4. Hist. Nem. pag. 48. col. 1 : *Item pro decem libris cum dimidia Sturollorum et fanafrachis, videlicet j. solid. x. den.*

¶ **STUS**, Ictus, Germ. *Stos*, a *Stossen*, tundere, ferire. Pactus Leg. Salicæ tit. 17. ex Cod. Guelferbyt. edit. Eccardi : *Si quis ingenuus ingenuum de fuste percusserit, ut sanguis non exiat, III. colobus, hoc est semper unusquisque Stus ternus solidus solbat.*

¶ **STUSTARE**, Pulsare. Ceremoniale MS. B. M. Deauratæ Tolos. : *Postea Prior Stustat insquillam ter vel quater, ut omnes ad sonum insquille surgant.* Rectius alibi *Tustare.* Vide in hac voce.

¶ **STUTA**, Equile, ut videtur; *Stuot* quippe equum et *Stute* equam vocant Germani. Gloss. MSS. Florent. : *Equaritia, Stuot.* Testam. Tellonis Episcopi Curiensis ann. 766. apud Mabill. tom. 2. Annal. Bened. pag. 708. col. 1 : *In primis salam cum solario subter caminata, desuper alias caminatas subter cellarium, coquina, Stuta, circa curtem stabulum, tabulata, etc.* Vide *Stuot.*

¶ 1. **STUTH**. Placitum ann. 14. Henrici VII. Reg. apud Th. *Blount.* in Nomolex. Anglic. : *Per Stuth clamat esse quietum de exactione pecuniæ a singulis villis.... per vicecom. comitatus Cestriæ.* Vide *Stud.*

* 2. **STUTH**, Mulcta, quam cognati homicidæ pendunt consanguineis interfecti. Leges Danic. apud Ludewig. tom. 12. Reliq. MSS. pag. 204 : *Item quicunque aliquem interfecerit, satisfaciat consanguineis interfecti cum ceteris,...... et secundum antiquam terræ consuetudinem recipiunt suum Stuth de cognatis.*

* **STUTH-KORN**, Præstatio frumentaria, vel quæ ex frumentis percipitur. Charta Erici reg. Daciæ ann. 1282. apud Ludewig. tom. 12. Reliq. MSS. pag. 206 : *Item quod nostrum Stuth-korn in festo S. Andreæ, secundum consuetudinem provinciæ cujuslibet exsolvatur.*

* **STUVÆ**, ut *Stuffæ*, Balnea calida, Gall. *Estuves.* Charta ann. 1312. in Reg. 48. Chartoph. reg. ch. 81 : *Domus Johannis Marcelli super Secanam faciens cunum de Lorberia ante Stuvas defuncti Johannis Peterii, Stuvis defunctæ Mariæ de Senonis contigua.* Infra : *Henricus l'Estuveur.* Vide supra *Stuba* et *Stuparius.*

¶ **STYCA**, Ærea moneta minutissima Anglo-Saxonum : octo *Sticæ* æquabant *peningum.* Vide Hickesium Dissert. pag. 109.

STYE, Hara, suile, porcistetum, Anglis *a swines stie.* Lex Burgorum Scotic. cap. 89 : *Non licet Burgensi nec alicui in burgo manenti, porcos tenere, nisi habuerint custodem eos sequentem, vel pascat eos in hara, id est Stye, unde vicini sui et damnum inde non incurrant.*

STYLISONUS, Stylo conscriptus. Paulinus Aquileiensis Episc. in Epist. Synodali : *Domino Carolo... æternas multipliciter supplici concinnamus Stylisona voce salutes.*

1. **STYLUS**, vel Stilus. Præfatio Ælfredi, Regis Angl. ad S. Gregorii Pastoralem sub finem : *In anglicum sermonem eum converti, et ad unamquamque Episcopi sedem in regno unum misi, superque singulos libros Stilum, qui est 50. mancussæ. Et ego præcipio in Dei nomine, ne quis de libris hunc Stilum tollat, neque librum de templo, etc.* Ubi Saxon. *æstel* præfert, id est *æstimatio*, ex *æsto*, eadem notione.

¶ 2. **STYLUS**, Studium. Acta S. Franciscæ Rom. tom. 2. Mart. pag. 140* : *Cum caritate divina anima transformatur in divina majestate, et ibi ponit suum Stylum, quia amat ipsum in veritate.*

¶ **STYRPALIS**, ut *Stirpalis.* Vide ibi.

STYRPUS, [Silva *exstirpata*, idem quod *Exartus.* Vide in hac voce. Codex censualis MS. Irminonis Abbat. Sangerm. fol. 108 : *Habet ibi Styrpos II. quos dominus Irmino Styrpavit, quæ possunt seminari de modiis frumenti LX.*] Vetus Charta in Vita S. Domitiani : *Et habet in longitudine cum colle et silva supra viam secundum virilem manum, perticas agripedales 112. in latitudine et parte meridiana cum sarpa perticas agripedales 72. ac semissem, infra hunc terminum, et perticationem sub integritate vobis cedimus, similiter et unum campellum subtus viam superiorem, qui ad Styrpum præscriptæ vineæ a sero jungit, etc.* [Vide *Stirpare.*]

1. **SUA**, æ, *Domus, in qua Scholastici student*, in Glossis MSS. [** Virgil. Grammat. pag. 14 : *Nomen Sua est femininum, hoc est domus in qua scholastici viri suabte ac suaviter scripta vel dicta conponunt.*]

¶ 2. **SUA**, Sus, Gall. *Truie.* Charta ann. 1442. ex Schedis Præs. *de Mazaugues : Et si porcus fuerit, sus vel Sua, etc.* Vide *Sica.*

¶ **SUADELA**, Suasio, oratio persuadendi vim habens, Gr. πιθανότης, πιθανολογία. Vetus Irenæi Interpres in Præfat. ad lib. 1. n. 3 : *Non autem exquires a nobis... ornamenta verborum, neque Suadelam, quam nescimus.* Jac. De Layto in Annal. Estens. apud Murator. tom. 18. col. 998 : *Et circa talem Suadelam adhibebat solicitudinem incessantem.*

SUADENA, σφύραινα, in Gloss. Lat. Græc. Leg. *Sudena*, ut colligitur ex Gloss. Gr. Lat. : *Σφύραινα, Sudis, suadena.* Vide Salmas. ad Plin. pag. 231.

¶ **SUADENTER**, Ad suadendum apposite, apud vet. Irenæi Interpr. in Præfat. ad lib. 1. num. 1 : *Suadenter quidem illi illiciunt, etc.* Ubi Irenæus habet πειθανῶς. Arnobius lib. 11 : *Ut loquamur Suadenter in litibus.*

* **SUADERIT**, pro *Suaserit*; ubi *Suadere*, idem quod Corrumpere, subornare, Gall. *Séduire.* Vetus Pœnit. MS : *Si mulier Suaderit alterius mulieris maritum, sit excommunicata a Christianis.*

¶ **SUADIBILIS**, Verisimilis, probabilis, apud eumdem Interpretem lib. 1. cap. 4. n. 4 : *Non est enim Suadibile, cum sint unius qualitatis lacrymæ, alteras quidem salsas, alteras dulces aquas ex iis exisse.*

* **SUADORIUM**, pro *Sudarium*, Mappa parva, qua utuntur sacerdotes in sacris ministeriis. Stat. synod. Tornac. ann. 1366. pag. 17. art. 7 : *Missale semper involutum camisia linea et munda apponatur altari et habeant Suadorium vel manutergium dependens, quo presbyteri nares, os et faciem detergant.* Vide *Mappula* et *Subdariolum.*

¶ **SUAICERE**, pro Suadere, ut videtur. Camillus Peregrinus in Histor. Longobard. apud Murator. tom. 2. pag. 258 : *De fugacibus ita stetit; ut si liberi aut liberæ fugient a partibus vestris et vobis Suaicentibus res alienas secum detulerint, etc.*

¶ **SUALA.** Vide supra in *Sala* 1.

¶ **SUALHA**, ut infra *Suelha.* Vide ibi.

¶ **SUALIS**, ut *Soalis.* Vide *Porcus.*

¶ **SUANEGEIA.** Chartul. Monast. Wimondham. pag. 58. apud Spelm. : *Præterea dedi eis totum turbariam, quam dominus meus Comes Arundel tertius mihi dedit in Suanegeia.* Forte loci alicujus nomen proprium.

¶ **SUANIMOTUM.** Vide *Swanimotum.*

¶ **SUAPTIM**, Suapte, sua sponte. Johannes Diac. in Vita S. Greg. M. lib. 4. cap. 75 : *Quamvis astuta Græcorum perversitas in commemoratione Spiritus sancti a Patre procedentis, nomen Filii Suaptim rudens abstulerit.* Vide *Suatim.*

¶ **SUARE**, Abstergere, Gall. *Essuyer*, Ital. *Sciugare.* Statuta Vercell. lib. 2. fol. 27. v° : *Toaliam unam de capite et de manu, scilicet ad Suandum caput et manus.*

* Nostri *Suer* dixerunt, pro *Payer cher*, Graves pœnas luere. Lit. remiss. ann. 1363. in Reg. 92. Chartoph. reg. ch. 236 : *Icellui Gerart respondi qu'il lui feroit Suer les villenies que dites lui avoit.*

¶ **SUARIA**, Hara, suile, Plinio *Suarium*; vel, quod probabilius videtur, Sus, Gall. *Truie.* Charta ex Tabul. Vosiensi apud Stephanot. tom. 2. Antiq. Bened. Pictav. MSS. pag. 286 : *Et domnus Abbas Petrus dedit illi XX. sol. et Suariam, quæ valebat quinque solidos.* Vide *Sua* 2.

¶ **SUARII**, Qui ex officio tenebantur præbere populo Romano animalia, porcos, laridum, carnes porcinas, etc. De iis exstat tit. in Cod. Theod. lib. 14. tit. 4. Vide ibi Gothofredum.

SUASORIUM, Συμβολή, in Glossis Lat. Gr. MSS. S. Germani Paris.

¶ **SUASSUS**, pro Suasus, in Concil. Hisp. tom. 3. pag. 293.

SUATIM, Intra se, apud se, penes se. Nicolaus PP. Epist. 52 : *Quorum privilegiorum tenorem si non Suatim frater Hincmarus partim celasset, etc.* Idem Hincmarus Remensis in Opusculo LV. Capitulorum cap. 43 : *Nos etiam moderni Glossarios Græcos, quos Suatim Lexicos vocari audivimus, etc.* S. Althelmus Episcop. lib. 1. de Virg. cap. 42 : *Venusta inquam, lineamentis corporalibus; sed plus venusta Sua-*

tim, cycladibus compta spiritualibus. Anastasius Bibl. in Præfat. ad VIII. Concil. : *Ne ergo Græcorum Suatim astutia, quin potius dolositas, etiam circa præsentem Synodum agat, hæc me admonendi causa dixisse sufficiat.* Idem : *Ne forte procedente tempore iis Græcis codicibus reperiatur huic sanctæ Synodo a Constantinopolitana Suatim additum vel mutatum.* [Vita S. Ethelwoldi sæc. 5. Bened. pag. 613 : *Lætatusque Rex et jussit abunde propinare hospitibus hydromellum;... in ebrietate Suatim Nordanhimbris et vesperi cum lætitia recedentibus.* Ubi pro *Suapte* scriptum esse censet Mabillonius; quo sensu intelligi etiam possunt laudata a viro doctissimo Cangio. Vide Utitur etiam Joan. Diaconus lib. 4. de Vita S. Gregorii cap. 75. *Suaptim.*] Alias *Suatim*, est instar suis.

¶ **SUAVILUDIUS**, Qui ludis delectatur, vel qui ludum suadet. Tertull. de Spectac. cap. 20 : *Novam proxime defensionem Suaviludii cujusdam audivi.* Utitur rursum lib. de Corona cap. 6.

* **SUAVITARE**, Suavitari, *Beser*, (Baiser) in Glossar. Lat. Gall ex Cod. reg. 7692.

¶ 1. **SUAVITER**. *Postea dom. Archiepiscopus incipiat ad Vesperas mediocri voce* Calicem, etc..... *Et chorus Suaviter dicat Vesperas*, id est, Remissa voce, ad calcem Johannis Abrinc. de Offic. Eccl. pag. 193.

* Acta MSS. Inquisit. Carcass. ann. 1308. fol. 66. v° : *In principio mensæ dictus Petrus Auterii accepit usque ad dimidiam placentulam, et stans pedes tenendo dictum panem cum manutergiis, quæ posuerat in collo suo, incœpit dicere desuper,* Pater noster; *et postea loqutus fuit Suaviter inter dentes per unam pausam. Souavet*, pro *Doucement*, Molliter, in Poem. MS. Rob. Diaboli :

On fait ce que li maistres veut,
Tout Souavet et billement
Le mirent jus courtoisement.

* 2. **SUAVITER**, Placide, sedate, mansuete, Gall. *Doucement, paisiblement.* Lit. remiss. ann. 1409. in Reg. 164. Chartoph. reg. ch. 58 : *Idem exponens iterato dixit : Socie, teneas te Suaviter, quia aliter te castigabo.* Gallice diceremus : *Tenez-vous tranquile.*

¶ **SUB**, pro Super, Gall. *Sur.* Chron. Episc. Metens. tom. 6. Spicil. Acher. pag. 648 : *Trabes vetustate dissoluta, subito Sub altare S. Stephani lapsa, etc.*

¶ Sub. *Per sub*, Subter, ni fallor, Gall. *Par-dessous.* Consuet. Monast. S. Germani a Pratis inter Probat. Hist. ejusdem Monast. pag. 145. col. 1 : *Nos transibimus per Sub capsam, et ipsam osculabimur, et stabimus ordinatim in navi monasterii, et incipietur Gloria laus.*

* **SUB** cum ablat. substant. pro adverbio; *Sub brevitate, sub festinatione, sub celeritate*, pro Breviter, festinanter, celeriter, apud Th. Munck. in Præfat. ad Mytholog. edit. 1681. Vita MS. S. Martial. Lemovic. : *Confestim jussit ut Sub omni celeritate perficeretur oratorium, quod fuerat inchoatum ab ipso et a Stephano duce in possessione beatæ virginis Valeriæ.*

¶ **SUBABUNDARE**, Supplere, perficere. Acta S. Cassiani apud Illustr. Fontanin. in Antiquit. Hortæ pag. 344 :

Quod factum fuerat, tua gratia nunc Subabundet.

* **SUBACASARE**, idem quod *Subinfeodare*, in *retrofeudum*, Gall. *Arriére-fief*, concedere. *Suracaser*, eodem significatu, in Consuet. Brageriac. art. 70. et 71. Charta ann. 1275. in Reg. Cam. Comput. Paris. sign. JJ. rub. : *Dictus Willelmus promisit quod ipse non Subacasabit dictam terram vel feudum quoquomodo.* Vide supra *Casamentum* 1.

¶ **SUBACELLARE**. Gloss. Isid. : *Clanculare, occultare, palliare, Subacellare.* Id est, sub *axilla* condere : unde Vulcanius legit *Subaxillare.* Vide infra *Subascellatus.*

SUBACTI. Vide *Molles.*

SUBACTUM, Subactio, Dominium, *Seigneurie.* Charta Romualdi Ducis Longobardorum ex Chronico Beneventani Monasterii S. Sophiæ 3. part. : *Concessimus... tibi Urso vestarario nostro Condomam, nomine Joannis, cum uxore, filiis, et filiabus, vel cum omnibus eorum pertinentibus, quæ fuerunt de Græcis, de Subacto tuo, Urse, quatenus ab hodierno die teneas et possideas... jam nominatam Condomam, cum casa, vineis, territorio, etc.* Alia Godescalci Ducis Longob. ibi : *Concessimus... puerum nomine Ursum cum uxore, filiis, et filiabus suis, qui in terra ad habitandum se collocaverunt in loco, qui dicitur Fenilia, qui fuerunt de astu* (leg. actu) *Sipontino, de Subactione Warnefrid Gastaldi nostri, etc.* Alia Gisolfi Ducis : *Qui habitare videntur in Selice, de Subactione Scauri nostri, qui nominatur Lupualdus, et eam sibi ancillam in conjugem sociavit, qui fuit de subactione Trasarii Gastaldi et Vestararii nostri, etc.* Alii denique Romualdi Ducis : *Qui fuerunt coloni nostri de Subjectione Aunumis Actionarii nostri, etc.*

SUBADJUVA, Adjutor Adjutoris, ὁ τοῦ βοηθοῦ βοηθός. Sic autem appellabatur, qui in aliquo officio Magistratus præcipuo *Adjutori* suberat, ejusque vices agebat. Notitia Imp. Occident. cap. 29 : *Adjutor, Subadjuvæ Adjutoris, Subadjuvæ fabricarum diversarum, etc.* [Collat. Carthagin. cap. 3 : *Peregrino adjutore Subadjuvarum.*] Gesta de nomine Acacii, seu Breviculus Historiæ Eutychianistarum : *Superveniente Uranio Subadjuva.* Histor. Miscella lib. 17. pag. 528. edit. Canisii : *Qui Subadjuvæ dignitate habebatur insignis.* Ὁ Σουβαδιουβᾶ τοῦ Μαγίστρου, *Subadjuva Magistri*, apud Marcum Diaconum in Vita S. Porphyrii Episcopi Gazensis n. 26. et in Chronico Alexandrino pag. 870. Concilium Calchedon. act. 3 : Σουβαδιούβα τῆς σχολῆς τῶν καθοσιωμένων τῶν Μαγιστριανῶν. Vide Pancirolum ad Notitiam Imp. Orient. cap. 16. et Glossar. med. Græcit. col. 1407. in Σουβαδιουβος col. 844. in Μαγιστριανός et Gothofr. ad Leg. 3. tit. 27. lib. 6. cod. Theod.

SUBADVOCATUS. Vide *Advocatus* et *Postadvocatus.*

* **SUBÆTAS**, Minor ætas; unde nostris *Souzaagié*, pro *Mineur*, Annis minor. Memor. D. Cam. Comput. Paris. fol. 207. v°. : *Dominus Ludovicus filius regis Francorum, dux Andegavensis et Turonensis ac comes Cenomanensis, propter Subætatem duorum regis Karoli et Ludovici filiorum dicti domini Karoli regis defuncti, adeptus fuit possessionem regiminis ejusdem regni.* Charta Phil. Pulc. ann. 1308. in Lib. rub. ejusd. Cam. fol. 340. col. 2 : *Jehanne dame du Bois-Arnaut et Rogier du Bois-Arnaut, tuteurs, curateurs, meneurs et conduiseeurs de Philippot, Jehannot et Nicaysot freres Souzaagiez, fiuz jadis et hoirs de feu Jehan le Veneur le Juesne, jadis chevalier, etc. Soubzaagié*, in Lit. Caroli V. ann. 1374. tom. 6. Ordinat. reg. Franc. pag. 74. *Garde des Soubzaagez*, recensetur inter jura quæ a Ludovico XI. conceduntur ecclesiæ B. M. de Cleriaco, in Ch. 1477. ex Bibl. reg. Vide *Sub Annis* et *Aagiatus.*

* **SUBAGASO**, Gall. *Valet d'écurie.* Stat. Casimiri III. ann. 1451. inter Leg. Polon. tom. 1. pag. 164 : *Zupparius tenetur ad quatuor equos servare unum Subagasonem bene valentem.*

¶ **SUBAGITARE**, Subdubitare. Sebast. Perus. in Vita B. Columbæ Reatinæ tom. 5. Maii pag. 379* : *Quem statim tota pestilentiæ conventiuncula sinistra suggestione prævenerat, adeo quod de omnimoda illius sinceritate Subagitaret.*

¶ **SUBAJULUS**. Vide in *Suballius.*

SUBALA. Vide *Subhircus.*

¶ **SUBALARIS** Ecclesia, Quæ Gallis *Eglise succursale* dicitur. Vide in *Ecclesia.*

¶ **SUBALLIGATURÆ**, Amuleta. Vide *Ligaturæ.*

¶ **SUBALLIUS**, Qui *Ballio* subest, *Ballivi* vices gerens, nostris *Lieutenant-General.* Vide in *Bajulus* 4. Charta ann. 1133. inter Probat. tom. 2. novæ Hist. Occitan. col. 471 : *Testes ex parte domini Comitis, ... Malsanguis ballius, Petrus de Gap Suballius.* Vide *Vicebaillivus.*

¶ Subballivus, Eadem notione, in Gestis Guillelmi Majoris Episc. Andegav. apud Ach. tom. 10. Spicil. pag. 314 : *Reginaldo clerico dicti Subballivi Andegavensis ad hoc misso, ibidem ex parte dicti Subballivi in quolibet dictorum duorum locorum alta voce in præsentia dicti castellani, etc.*

¶ Subajulus, Subbajulus, Eodem significatu. Statuta Massil. lib. 1. cap. 61 : *Statuimus ut nullus possit esse deinceps bajulus, Subajulus, aut vicarius, etc.* Et cap. 65 : *Ut nullus civis Massiliæ subditus tamen communi Massiliæ possit vel debeat esse bajulus, vel subvicarius, vel vicarius, vel Subbajulus, sive judex ordinarius in principalibus causis.*

¶ Subballiva, *Subballivi* districtus, jurisdictio. Epist. Mauricii Rotomag. Archiep. apud Acher. tom. 2. Spicil. pag. 522 : *Interdicimus etiam omnes Ballivos et Subballivos domini Regis, qui in diœcesi Rothomagensi tenent Ballivas vel Subballivas.*

SUBALTERNARE, Alternis superiorem esse ac inferiorem. Pseudo-Ovidius de Vetula lib. 1 :

Seque Subalternant, modo victores, modo victi.

¶ **SUBALTERNUS**, Ex alio dependens, secundarius, inferior. Charta Innocentii II. PP. in Chartul. Episc. Paris. fol. 35 : *Cum enim jus episcopale seu parrochiale quasi genus quoddam consistat in multis et ejus inferiora sint non solum individua, sed species tam specialissimæ quam etiam Sub-*

alternæ, quæ et Subalterna generano minantur, non tantum per individua genus probabitur, sed etiam per species suas et genera Subalterna. Charta Card. Ambas. ann. 1501. apud Lobinell. tom. 5. Hist. Paris. pag. 722 : *Ordinavit dictus Joannes* (Standonch) *quod domus Subalternæ, quæ ibidem seu alibi per ipsum Johannem et successores suos.... de novo fundarentur et jam fundatæ essent, subjicerentur domui seu collegio Montis-acuti.*

¶ **SUBANCA**, Mensa, Gall. *Comptoir.* Statuta Avenion. MSS : *Panni autem lanei cannentur in hunc modum; pannus extendatur super arcam vel Subancum, et non trahatur et superponatur canna, et cannentur.*

* **SUBANNARE**, Præfinitum tempus prætergredi, vox Cancellariæ; unde *Subannatio*, Gall. *Surannation*, dicitur de Literis, quæ singulis annis renovari debent, ut valeant. Instr. ann. 1506. inter Probat. tom. 4. Hist. Nem. pag. 84. col. 2 : *Vobis Anthonio Pinholis, asserto serviente Subannato excequtori nonnullarum litterarum regiarum, etc.* Ibid. pag. 86. col. 2 : *Attenta Subannatione dictarum litterarum vestræ comissionis, etc.* Vide infra *Superannatus.*

SUB ANNIS, Minor annis, *Sous-âgé.* Continuator Nangii ann. 1347 : *Et sic juvenis habet juvenem in uxorem impuberem et Sub annis.* Chronicon Franc. MS. desinens in ann. 1322. ann. 1295 : *En cest an Sansions Rois de Cecille mourut, qui avoit deux enfans Sousagiez, qu'il avait eu d'une nonnain.* [Ex Raguello in Indice *Sous-âgé*, apud Butillerium, et *Des-âgé*, in Stylo Leod. cap. 5. art. 3. Major annis et senio confectus significatur; apud Normannos vero *Sous-agé*, ut apud Nangium est minor annis, sub tutore positus.]

** **SUBAQUILINUS.** Itin. Alexandr. ed. Rom. cap. 6 : *Visu arguto naribusque Subaquilinis fuit.*

* **SUBARARE**, *idem quod Vitiare*, in Glossar. Lat. Gall. ex Cod. reg. 7692.

¶ **SUBARATUS**, Subscriptus, infrascriptus. Charta ann. 1246. apud Ludewig. tom. 4. Reliq. MSS. pag. 94 : *Præsentem chartam sigilli mei munimine roboravi, nominibus, sub quorum sunt testimonio hæc facta, Subaratis, quorum nomina sunt hæc : etc.* Vide *Subarrare*, 2.

¶ **SUBARCHICHORUS**, Qui *Archichoro* subest, succentor, in libris antiquis Eccles. Bajocensis. Vide *Archichorus.*

* **SUBARE** *et Subigere, Soer Gallice.* pro *Suer.* Glossar. Lat. Gall. ex Cod. reg. 521.

¶ **SUBAREUS.** Vide mox in *Subari.*

* **SUBARI**, Calceamenti species, nostris, ut videtur, *Pantoufle*, apud Innocent. III. PP. lib. 1. Ep. Locum vide in *Scafones.* [Forte quod ex Subere compactum erat istud calceamentum.]

SUBAREUS, Eadem forte notione. Pseudo-Ovidius lib. 3. de Vetula :

> .... do pellicium, do Subareos, do
> Tres species telæ pro camisia facienda.

* **SUBARITUM**, Locus suberibus consitus. Charta Roffridi abb. ann. 1207. in Access. ad Hist. Cassin. part. 1. pag. 284. col. 1 : *De foresiis retinemus ad opus nostrum medietatem, et medietatem Subariti, et medietatem querqueti.* Vide infra *Suber.*

* **SUBARMALIS**, SUBARMALE, Vestis sic dicta, ut quidam putant, quod sub armis gestaretur, ut Turnebus lib. 18. Advers. c. 19. qui existimat fuisse crassum sagulum, quod *sub armis* indueretur, ut eorum durities corpus minus offenderet, ut fuere *Gambesones*, quæ sententia arridet Octavio Ferrario, de Re vestiaria 2. part. lib. 3. c. 17. Et certe Papias *Subarmales* fuisse ait *tunicas subcinctas, id est curtas*, quomodo fuere etiam *gambesones.* Spartianus : *Cum Romam Severus venisset, prætorianos cum Subarmalibus inermes sibi jussit occurrere.* Ex Herodiano et aliis, pacificum fuisse habitum, εἰρηνικὸν σχῆμα, quidam volunt : alii sic nuncupatam ejusmodi vestem opinantur, quod armis aptaretur, quemadmodum *Armilausam* dictam vult Isidorus, *quod ante et retro divisa atque aperta esset, in armos tantum clausa.* Utcumque sit, fuisse subarmalem vestem Ducum ac Tribunorum, satis prodit Valerianus Aug. in Epist. ad Zosimionem, qua Claudio etiamnum Tribuno dari jubet inter alia, *album subsericam unam, cum purpura Succumbitana, Subarmale unum cum purpura Maura.... Hæc autem omnia idcirco specialiter non quasi Tribuno, sed quasi Duci, detuli, quia vir talis est, ut ei plura etiam deferenda sint.* Nec Ducum duntaxat, sed et Consulum fuisse propriam vestem, innuit idem Valerianus Aug. in Orat. pro Aureliano apud Vopiscum : *Cape tunicam palmatam, togam pictam, Subarmalem profundum, sellam eboratam : nam te Consulem hodie designo, etc.* Vide quæ observamus in Dissertat de Nummis Imperatorum Byzantinor.

SUBARMALE, Alia notione, videtur usurpare Gervasius Tilleberiensis in Otiis Imperialibus MSS : *Quinquaginta millia mulorum Castrensium ad Subarmalia et sarcinas militum vehendas.* Ubi *Subarmalia* dicuntur militum arma, sarcinæ, castrorum impedimenta.

¶ **SUBARMATUS**, Occultis armis munitus. Charta ann. 1316. apud Rymer. tom. 3. pag. 566 : *Alii vero nautæ fraudulenter Subarmati cum trusoriis, cultellis, etc.*

SUBARRA, Repagulum, ex Italico *Sbarra*, Gallis *Barre.* Albertinus Mussatus de Gestis Henrici VII. lib. 8. rub. 5 : *Insultum fecere ad Subarras Laurentii Joannis Statii, sole ad tertiam jam horam ascendente.*

1. **SUBARRARE**, Arrhabone uxorem sibi desponsare. Auctor Græcismi :

> Pars arrabo venit pretii dum res bona vænit,
> Quam sponsus subarrat, prius arrabone Subarrat.

S. Hieronymus in Virginitatis laude : *Humanorum sponsaliorum pignoribus Subarratur. Annulo Subarrare*, in Lege Longob. lib. 2. tit. 37. § 1. [** Liutpr. 30. (5, 1.)] Ratbodus Episcop. Noviomensis in Vita S. Godebertæ n. 3 : *Virginem illam aureo suo annulo Subbarravit.* Alexander III. PP. in Appendice ad Concilium Lateran. III. part. 6. c. 32 : *Cum quidam secreto mulierem viduam Subarrasset, et cognoscens carnaliter cohabitasset cum ea per annum, etc.* Florentius Wigorniensis ann. 868 : *Alfredus... uxorem de Mercia, nobilem scilicet genere, Subarravit et duxit.* Alexander Necham lib. de Naturis rerum : *O felicia antiquorum tempora in quibus ipsi imperatores mundum Subarrantes, seipsos Philosophiæ dederunt, ut patet de Alexandro, de Julio Cæsare, de Tholomeo Rege Ægypti, qui fuerunt sapientiæ studiosi.* Ubi nescio an recte viri docti emendent *Suberrantes.* [** Ekkebard. Chronicon Universale apud Pertz. Script. tom. 6. pag. 228 : *Ego quidem christianis mihi legibus Subarratum regnum, etc.*] Joanni de Janua, *Subarrare, est quasi latenter arram dare. Unde*, inquit, *beata Agnes dixit : Annulo Subarravit me Dominus Jesus Christus.*

¶ SUBARRHARE, Eadem notione. Chronic. Balduini Diac. tom. 2. Monum. sacræ Antiq. pag. 85 : *Si quis desponsaverit uxorem, vel Subarrhaverit, et morte præventus, etc.*

* 2. **SUBARRARE**, Subscribere, subjicere. Charta Petri abb. ann. 1224. in Chartul. S. Dion. pag. 483. col. 1 : *Salva omnimoda justitia beati Dionysii in supradictis terris, domibus et vineis, quæ propriis nominibus dignum duximus præsentibus litteris Subarranda.* Vide *Subaratus.*

¶ **SUBARRATUS**, Irretitus, Gall. *Gagné.* Laur. Byzynius in Diario belli Hussit. apud Ludewig. tom. 6. Reliq. MSS. pag. 128 : *Has autem epistolas custodes certi carceris muneribus amicorum mag. Johannis Hus Subarrati, caute et circumspecte propter Concilii timorem ipsis fautoribus mag. Johannis Hus portabant.*

SUBASCELLATUS. Gervasius Abbas Premonstrat. Epist. 57 : *Nec si sufficiunt vestra vobis... ideo deberetis vestros negligere, eos maxime, qui nullum a vobis expetunt commodum temporale : quia* (*ut aliquid pro me loquar,*) *nec ad vos fortasse veniens, in manus vestras respiciunt, ut a vobis Subascellatus recedam : nec si veneritis Premonstratum, curabo, ut dextera vestra exeniis repleatur.* Ubi *Subascellatus*, idem valet ac *res quasvis sub ascellis positas* reportans. [Vide supra in *Subacellare.*]

¶ **SUBASI**, Præfecturæ equestris genus apud Turcas. Jovius lib. 14. Hist. : *Sanzachis Subasi obediunt, qui centenarias turbas ductant.*

¶ **SUBASIDÆ**, Eodem intellectu, in Epistola Lauri Quirini de Turci potentia ad Pium II. PP. ex Biblioth. Reg. : *Flamburum Attaliæ habet Subasidas* XV. *Capita ordinum* XL. *equites* IIII. CCCC. *etc.*

¶ **SUBASTARE**, SUBASTATIO. Vide *Subhastare.*

¶ **SUBATUM.** Præceptum Odonis Reg. ann. 889. apud Baluz. Hist. Tutel. pag. 320 : *Ideoque constituimus ut nulli liceat... Belloloco commanentibus neque districte nec aliquam redibitionem loco manu nostræ Subatum aliquando inferre præsumat.* Hæc parum sana sunt. Vide *Subactum.*

¶ **SUBAUDIRE**, *Aliud audire, aliud intelligere.* Gemma. Vossius l. 4. de Vitiis serm. c. 26. monet ante tempora Antoninorum non inveniri hac notione. Primus usus est Ulpianus l. 1. in fi. ff. de hæred. inst. : *Sed et ipsa valebit, Subaudito jubeo.*

¶ **SUBAUDITIO**, pro *Superauditio*, Contumacia, despectus. Vide *Overhernessa.*

** **SUBAUDITOR**, Auditor, ex Gr. ὑπήκοος.

Victor. Comment. ad Philipp. apud Maium Scriptor. Veter. tom. 1. pag. 62.

SUBAULA, Ædificium, quod aulæ adjacet. Vitæ Abbatum S. Albani pag. 92 : *Item unam nobilissimam aulam ad opus hospitum construxit, cui adjacent thalami plures, una nobilissima picta, cum conclavibus et camino, et atrio, et Subaula, quæ palatium regium, quia duplex est et criptata, dici potest.* Vide *Proaula.*

¶ **SUBAURICULARE**, In aurem insusurrare. Epistola Monachorum S. Aniani Thomer. de electione Guillelmi Abbat. ann. circ. 1120. inter Instr. tom. 6. Gall. Christ. novæ edit. col. 84 : *Facta siquidem oratione, omnes de pulvere lacrymantes surreximus, et quasi alter alteri Subauriculasset, cum antea mentio ipsius nulla facta fuisset, unum de nostris confratribus, nomine Guillelmum, conclamantes... elegimus.*

¶ **SUBAUXILIUM** quid sit docent Leges Normann. apud Ludewig. tom. 7. Reliq. MSS. pag. 239 : *Subtenentes non tenentur auxilium persolvere domino capitali, sed domino intermedio tenentur auxiliari, ad auxilium suum domino capitali persolvendum. Et tale auxilium Subauxilium nuncupatur et debet fieri per dimidium auxilium capitale.* Vide *Auxilium.*

* **SUBAX**, Gossipium. Glossar. Provinc. Lat. ex Cod. reg. 7657 : *Coton, Prov. fiscocintus, ti, Subax, cis.*

¶ **SUBBAJULUS**, Subballivus. Vide *Suballius.*

¶ **SUBBAPATERE.** Vide mox *Subbattere.*

SUBBASILICANI, *Qui habitant circa basilicam.* Jo. de Janua.

¶ **SUBBASTARE**, Subbastatio. Vide *Subhastare.*

SUBBATTERE, *Porcellos in ventre matris occidere*, in vett. Gloss. quasi subter ventrem scrofam *battere*, ferire, ut abortum faciat. Lex Salica tit. 2. § 6 : *Si quis scrovam Subbatit in furto, hoc est, porcellos a matre subtrahit, etc.* Recapitulatio ejusdem Legis § 9 : *Si quis scrofam alterius Subbatit, ut porcellos non habeat, etc.* [*Subbapatit* edidit Eccardus; cui *Subbapatere* est vellere, prensare, trahere, rapere : unde vett. Glossarum interpretatio illi non placet.].

SUBBEDELLUS. Vide *Bedelli.*

* **SUBBENEFICIARIUS**, Qui *Subbeneficium* seu *retrofeudum* possidet, Gall. *Arrière-vassal*, apud Chopin. de Leg. Andium part. 1. pag. 632. col. 1.

SUBBIDERE, *Gustare*, in Gloss. Arabico-Lat.

SUBBOSCUS, Silva cædua, Gall. *Bois taillis* : Anglis *Underwood* : *Subbois*, apud Rastallum in verbo *Haybote* : quia quod cæditur in silvis, majoribus arboribus subest. Fleta lib. 1. cap. 24. § 8 : *Non sint hayæ*, (in viis regalibus) *fossati, Subboscus, aut dumeta.* Adde § 9. et lib. 2. cap. 41. § 5. Monasticum Angl. tom. 2. pag. 553 : *Quod Prior hospitalis et successores sui in perpetuum, per se et servientes suos de Buckland, percipiant qualibet septimana tres carrectatas Subbosci infra parcum suum, etc.* [Charta Roulandi Conventr. Episc. apud *Madox* Form. Anglic. pag. 71 : *Cum Willelmus Knyght... concesserit... prata, pascuas, boscos, Subboscos, pasturas, decimas, etc.*] Occurrit præterea in Legibus forestarum Canuti Regis cap. 28. in veteri Charta apud Edoardum Bissæum in Notis ad Nicol. Uptonum pag. 86. et in Chronologia Augustinensi Cantuar. pag. 2294. Vide *Prisæ.*

Subnemus, Eadem notione. Rogerus Hovedenus pag. 784 : *Qui autem forisfecerit in foresta... sive per culpationem de Subnemore, sive per essartum, etc.*

¶ **SUBBOTELLERIUS**, Qui est loco *Botellerii.* Vide *Botellarius* et *Buticularius* in *Butta* 3. Leges Palatinæ Jacobi II. Reg. Majoric. tom. 3. Jun. pag. XVI : *Ipse vel Subbotellerius in botelleria continue jaceant supradicta.*

¶ **SUBBURGERMEISTER**, Proconsul. Processus canonizat. B. Notkeri tom. 1. April. pag. 597 : *Providus Othmarus Blum Subburgermeister oppidi sancti Galli.* Vide *Burgimagister.*

* **SUBBURGUS**, Locus burgo inferior. Charta ann. 1214. apud Lam. in Delic. erudit. inter not. ad Chron. imper. Leonis Urbevet. pag. 218 : *Promiserunt homines civitatis Arretinæ suorumque burgorum et Subburgorum, qui modo sunt, vel in antea erunt, non retractare vel repetere sine mandato potestatis Arretii pro tempore.*

SUBCAMERARIUS. Vide *Camerarius.*

SUBCANCELLARIUS. Vide *Cancellarius.*

SUBCAPELLANUS. Vide *Capellanus.*

¶ **SUBCASTLANUS**, Qui vices *Castellani* agit. Vide in *Castellum* 1.

¶ **SUBCAVALERIUS**, Castrensis miles, vel Apparitor, ni fallor. Statuta Genuens. lib. 3. cap. 6. pag. 72 : *Qui detineri fecerit debitorem suum per nuntium, et exinde alia die per Subcavalerium, habeat a detento impensas omnium detentionum, et qui detineri fecerit per cavalerium absque nuntio et Subcavalerio, solvere teneatur de suo mercedem dicti cavalerii.*

SUBCAUDARE, Excutere, subcutere, vel potius equum ad caudam et nates flagello urgere, ex Gall. *Secoüer*, vel *Soucoüer.* Leges Henrici I. Reg. Angl. cap. 90 : *Si alicujus equus ab aliquo stimulatus, vel Subcaudatus, quemlibet percutiat, etc.*

¶ **SUBCEDENS**, pro Succedens, in Charta pro Aquariatu de Talmundo ann. 1366 : *Nonnulla dudum per multa temporum curricula antiquitas observavit quod Subcedente tempore et temporum variatione sagaci studio decet in melius reformari.*

* **SUBCEDERE**, pro Succedere. Charta ann. 995. tom. 10. Collect. Histor. Franc. pag. 564 : *Tunc temporis etiam altera abbatissa præscripto Subcesserat loco, nomine Eremburgis.* Vide *Subcedens.*

* **SUBCELLATOR**, pro *Subcollector*, ut videtur, Minister secundarius in colligendis pecuniis. Bulla Clem. V. PP. ann. 6. pontif. ejusd. ex Reg. A. Cam. Comput. Paris. fol. 135. v° : *Per vos et singulos vestros et alios Subcellatores vestros ipsa decima ad monetam currentem communiter levetur et exigatur.*

¶ **SUBCELLATUS.** Statuta Henrici Sistaric. Episc. apud Marten. tom. 4. Anecd. col. 1080 : *Item clerici beneficiati aut in sacris ordinibus constituti... manicis vel Subcellatis, vel consutitiis, aut rostratis... non utantur.*

** Pro *Subcellatis*, leg. *Subtellariis*, id est, *Sotularibus*, ut videre est supra in *Consutitii.* Nostris *Souscceler*, pro *Cacher sous*, Celare, obtegere. Vide *Subacellare.* Guignevil. in Peregr. hum. gen. MS. ubi de duabus vetulis :

> L'une estoit enmuselée
> D'un faus visage et Souscelée.

** **SUBCELLERARIUS.** Vide *Cellerarius.* Occurrit apud Robert. de Monte, Pertz. Script. tom. 6. pag. 526. lin. 40. et alibi.

¶ **SUBCENDERE**, pro Succendere. Gl. Lat. Gr. : *Subcendo*, ὑφάπτω. Ὑφάπτει, *Succendit*, in Gloss. Gr. Lat. Hinc pro

¶ **SUBCENSIA**, *Fomenta*, in Gloss. Isid. emendandum ex Papia, *Succendia, fomenta*, scilicet ignis, a Succendere.

¶ **SUBCENSUS**, Census excedens, Gall. *Surcens.* Charta ann. 1266. ex Tabul. Calensi : *Vendidit... partem suam vinorum et metatorum sive esbonachiorum,.... exceptis censibus suis et Subcensibus.* Vide infra *Supercensus.*

SUBCERNICULUM, Cribrum. Gloss. Lat. Gr. : *Subcerniculum*, κόσκινος.

SUBCICIVIUM. Petrus Damianus lib. 7. Epist. 18 : *Dum præfata Comes in Castrensis valli sederet secura crepidine,... repentino mox Subcicivio munitionis ager obruitur, etc.* Concilium Osboriense ann. 1062 : *Dicatur etiam si placet, quod si cœlum rueret, terra Subcicivium pateretur.* Utrobique forte legendum *subsidium*, a voce *subsidere*, Gall. *Croulement*, Concussio.

¶ **SUBCIDANEUM**, ἀποκόψιμον, in iisdem Gloss.

¶ **SUBCINCTA**, Subcinctum. Vide *Subcingulum.*

* **SUBCINCTORIUM** inter vestes pontificales recensetur et explicatur in Pontif. MS. eccl. Elnens. : *Indumenta pontifici celebranti per ordinem necessaria sunt hæc, videlicet caligæ, sandalia, amictus, alba, cingulum cum Subcinctorio, quod habet similitudinem manipuli et dependet a cingulo in latere sinistro.* Consule Card. Bona lib. 1. Rer. Liturg. cap. 24. § 15. ubi tradit neminem hodie in ecclesia Latina *Succinctorio* uti, nisi solum Romanum pontificem, cum solemniter celebrat. Vide *Subcingulum.*

SUBCINGULUM, Subcintorium, quod *Perizoma*, et *subcinctorium* dicitur : *et circa pudenda duplex suspenditur*, inquit Honorius August. l. 1. cap. 206. Idem cap. 82. de Sacerdote : *Cingulo pro arcu se cingit, Subcingulum pro pharetra sibi appendit.* Adde Hugonem a S. Victore in Specul. Eccl. lib. 1. cap. 49. [Gloss. Lat. Græc. : *Subcinctum*, ὑπόζωμα; in Græco-Lat. ὑπόζωμα, *Subcinctum, Succinctum, semicinctum.*] Ita *Souçaingle*, in equis usurpat Philippus *Mouskes* in Hist. Francor. MS :

> Estrief, ne siele, ne Sosçaingle,
> Ne li frains, ne poitraus, ne çaingle,
> Ni remesent à depecier.

Vide *Præcinctorium*, et *Succinctorium.*

Subcincta, Succincta, Idem quod *Subcingulum.* Testamentum Heccardi Comit. Augustodun. apud Perardum in Tabulis Burgundicis pag. 26 : *Albas duas, Subcinctas 2. manipulas 2. etc.* Infra : *Adane ger-*

mea, Succincta aurea, et sigillo de , etc. [Testam. Adelaidis ann. 978. Marten. tom. 1. Anecd. col. 97 : *Raimundo remaneat catinum unum argenteum, et candelabra duo de argento, unum cum rotis et Succinctam.* Excerpta ex Joanne a Bayono in Hist. Mediani Monast. pag. 243 : *Albæ* 50. *Succinctæ de serico duæ tertiaque de auro. Baccei* 4. *cingula serica* 12.]

* *Soubzsainte*, pro *Ceinture*, Zona, in Lit. ann. 1451. ex Reg. 190. Chartoph. reg. ch. 38 : *L'église collégiale de Nostre Dame de Loches.... en l'onneur de la benoiste et glorieuse Vierge Marie,.... de laquelle la Soubzsainte est en icelle église. Sursainte*, eadem notione, in Lit. remiss. ann. 1409. ex Reg. 164. ch. 84 : *Une Sursainte à femme garnie d'argent, et une petite sainture à homme garnie d'argent.* Unde *Sursainte* largior zona fuisse videtur; quod etiam innuit Poema MS. *du Riche homme et du Ladre :*

Largues chaintures et Sourchains,
Dont il se sont par dessus chains.

Vide *Succinctorium.*

¶ **SUBCISIVUS**, *Malus interpres.* Gloss. Isid.

¶ **SUBCLAMATIO**, Supplicatio, querela, in Cod. Theod. leg. 4. tit. 7. lib. 11. de Exactionibus.

¶ **SUBCLAVARIUS**, Qui *Clavario* subest. Statuta Arelat. MSS. art. 72 : *Clavarii eligant Subclavarium, et Subclavarius teneatur reddere rationem clavariis semel singulis septimanis in scriptis de habitis et expensis. Ceperunt Martinum Subclavarium*, in Inquesta ann. 1268. ex Schedis Præs. *de Mazaugues.* Conventio inter Ludovicum Reg. Siciliæ et Arelat. [ann. 1385. ex cod. MS. D. *Brunet* : *Item fuit actum et per ipsos cives retentum quod a cognitionibus, sententiis, preceptis et ordinationibus Subclavarii paritaderiorum et aliorum officialium, qui per consilium et sindicos dicte urbis Arelatis annuatim eliguntur, possit appellari ad vicarium predicte curie.* Vide *Clavarius.*

* Nostri *Sourclave* Clavem adulterinam, vulgo *Fausse-clef*, appellasse videntur. Lit. remiss. ann. 1379. in Reg. 115. Chartoph. reg. ch. 285 : *Les coffres dudit Jehan Vivet ont esté ouvers par Sourclaves ou autrement. Souclave*, apud Bellomaner. cap. 31. MS : *Chaus qui sont prins par nuit en autrui maisons par forche, ou à cri, ou à hu, par Souclaves, ou par esquielles, ou par fosses faire, etc.*

¶ **SUBCOCHUS**, pro *Subcoquus*, coqui adjutor. Statuta Vercell. lib. 1. fol. 2. v° : *Potestas habeat duos milites et sex domicellos, et scutiferos quatuor et unum cochum et alium Subcochum.*

¶ **SUBCOLLECTOR**, Minister secundarius in colligendis pecuniis. Litteræ Johannis Reg. Franc. ann. 1351. tom. 2. Ordinat. pag. 482 : *Et singulos receptores, collectores, Subcollectores decimarum, etc.* Charta ann. 1383. ex Bibl. Reg. : *Venerabilis vir domnus Hugo Lupi canonicus Ambianensis in civitate et diœcesi Ambianensi Subcollector apostolicus deputatus de pecuniis per ipsum in dictis civitate et diœcesi receptis ad Cameram apostolicam pertinentibus, etc.*

SUBCONFESSIO, Sacellum subterraneum, crypta, quæ sub *Confessione* seu ædis sacræ altari, exstructa est. Ughellus in Acheruntinis Archiepiscopis pag. 10 : *Locum quoque subterraneum, cryptam seu Subconfessionem vocant, in qua tria altaria, etc.*

* **SUBCONSERVATOR**, Qui jura monasterii post abbatem conservat et tuetur, atque cum abbate judex sedet, idem qui *Advocatus.* Charta ann. 1394. apud Pez. tom. 6. Anecd. part. 3. pag. 97. col. 1 : *In quo quidem termino comparentibus coram eodem domino Wilhelmo abbate* (S. Emmerammi) *et Subconservatore in dicto suo monasterio ad jura reddenda pro tribunali sedente, etc.* Ibid. col. 2 : *Ex tunc dominus Wilhelmus abbas et Subconservator præfatus citatos non comparentes, nec dicto termino satisfacientes, quoad ad actum et terminum hujusmodi, reputavit, prout erant merito, exigente justitia, contumaces.* Pluries ibi.

SUBCONSUL, Proconsul. Inscriptio Brigantii reperta, *Severius Severianus Subcos. Leg.* III. *Ital. F. Gordian.* Ita Joseph. Scalig. Epist. 66. [** *Subcenturio* legendum videtur Furlanett. apud Forcel.]

* **SUBCOQUS**, Coquus secundarius, in Chartul. eccl. Carnot. ann. circ. 300. Locus est supra in *Bougia* 2. Vide *Subcochus.*

SUBCULTRARE, Cultello concidere. Apicius lib. 4. cap. 2 : *Pulpus, quas Subcultrasti, in jus mittes.*

SUBCUMBUS, Terminus cavus. Vide *Cumba* 2.

SUBCURATOR, Qui sub alio curatore res alterius curat, in leg. 30. Digest. de Negot. gest. (3, 5.) : *Curator cum Subcuratore experiri possit.* Gallice *Subroge curateur.*

* **SUBCURATUS**, Qui *curati* seu parochi vices agit, vicarius. Stat. synod. Petri episc. Nannet. ann. 1481. tom. 3. Probat. Hist. Brit. col. 401 : *Et quia plerique rectores aut Subcurati eorum et ecclesiarum parochiani, qui nullum jus in dictis ecclesiis et locis sacratis, quæ extra hominum commercium sunt, privatis personis tribuere possunt;.... inhibemus dictis rectoribus, Subcuratis, fabricarum procuratoribus, etc.* Formul. Instr. MS. fol. 17 : *Discretis viris capellanis, curatis et Subcuratis civitatis et diocesis Valenciæ, etc.*

* **SUBCURSA**, Succussus, Gall. *Secousse.* Lit. remiss. ann. 1399. in Reg. 154. Chartoph. reg. ch. 739 : *Ipse Sancius dedit unam magnam Subcursam, qua mediante a manibus ipsius Petri evasit.*

¶ **SUBCUS**, *Subcutaneus, subcirratus; Intercus, intercutaneus, intercutatus; Subtercus, subtercutaneus.* Glossæ Isid. Vide *Ignis.*

SUBCUSSATOR, *Equus trotator, et Subcussatura, trotatura*, Ugutioni, qui sessorem gradu suo subcutit. Addit Jo. de Janua, *Unde illud : Gradarius, est equus mollis incessus, sine succusatura innitens.* Vide *Trotare.*

* **SUBCUSTOS**, Æedituus secundarius, apud Bolland. tom. 6. Jun. pag. 262. col. 1 : *Tandem post multum populi concursum, Subcustos vel expectatione fatigatus, vel forte ne horam prandii negligeret, non reposuit caput ipsum* (S. Ladislai) *ad locum seu armarium, pro ejus conservatione deputatum, sed dimisit simpliciter in altari sacristiæ.* Vide infra *Subsecretarius.*

¶ **SUBDARIOLUM**, pro *Sudariolum*, linteolum quo manus absterguntur. Statuta Eccl. Leod. ann. 1287. apud Marten. tom. 4. Anecdot. col. 838 : *Missale semper involutum camisia linea et munda altari imponatur, et habeat Subdariolum, vel manutergium dependens, quo presbyteri nares, os et faciem detergant.*

SUBDECANUS. Vide *Decanus* 4.

SUBDEFENSOR. Vide *Defensor* 2.

¶ **SUBDEFENSUS**, ut simplum *Defensus.* Dicitur de agro, silva vel prato, ubi quidpiam agere, quod iis noceat, non licet. Sallas Malaspinæ de Reb. Sicul. apud Baluz. tom. 6. Miscell. pag. 346 : *Forestas innumeras camposque diversos et nemora Subdefensa, nec non alia infinita hodie regium habet dominium.* Vide *Defensa* 3.

¶ **SUBDELEGARE**, a Gall. *Subdéléguer*, Vicem suam alteri demandare. Charta Henrici IV. Reg. Angl. ann. 1407. apud Rymer. tom. 8. pag. 480 : *Cum potestate etiam cum prædictis clausulis Subdelegandi, quatenus ad nos attinet, etc.*

¶ **SUBDERE** SE, Se dedere, Gall. *Se rendre, se soumettre.* Laur. Byzyn. in Diario belli Hussit. apud Ludewig. tom. 6. Reliq. MSS. pag. 166 : *Captivatis ergo aliquibus veritatis adversariis et his qui ad castrum et turres confugerant se Subdentibus, ipsos de civitate educunt.*

SUBDESCENDERE. Leges Luithprandi Regis Longob. tit. 66. § 4 : *Et quicumque de Lege sua Subdescendere voluerit, et pactiones aut convenientias inter se fecerint, etc.* Ubi Lex Longob. lib. 1. tit. 29. § 2. habet *Descendere.* [Hoc est, ni fallor, qui legem suam ejuraverit, vel ea uti noluerit, etc.] [** Liutpr. 90. (6, 37.) ubi Murat. *Discedere.*]

SUBDIACONALIA, Vestes, quibus Subdiaconi in sacris Liturgiis utuntur. Ordo Romanus : *Subdiaconis vero sibi congruæ vestes, quæ apud quosdam Subdiaconales nominantur, et mappulæ in sinistra manu ferendæ.* Micrologus cap. 46. et 52. has vestes *Subdiaconalia* vocat, ut et Honorius Augustod. lib. 3. cap. 38. et Chron. Abbatum Gemblacensium. Vide *Diaconale.* [** *Tunica Subdiaconalis*, in Vita Folcuini apud Pertz. Script. tom. 4. pag. 57. not. 9.]

SUBDIACONI, qui Græcis ὑποδιάκονες, in Concilio Laodic. cap. 22. ὑπηρέται, uti vocem hanc interpretatur Dionysius Exiguus. Horum Ordo in Ecclesia haud recentis est instituti, cum Subdiaconorum meminerint Canones Apost. cap. 42. et 43. S. Ignatius Epist. ad Antioch. S. Clemens in Constit. Apost. S. Cyprianus Ep. 24. etc. S. Epiphanius in Exposit. fidei Catholicæ, etc. Eorum officium sic describit Alcuinus lib. de Divin. Offic : *Subdiaconus, subminister, eo quod sub Diacono sit, illius ministerium est, ut ministret Diacono, id est, deferat ei linteum, super quod consecrandum est corpus et Sanguis Domini : deferat ei patenam cum oblatis, et calicem in quo vinum et aqua habeatur, quia de latere Domini processit sanguis et aqua. Peracto sacrificio, mysterium corporis et sanguinis Domini, quæ superfuerint, a Diacono colligenda vel deportanda suscipit.* Adde Amalarium lib. 2.

cap. 11. Rhabanum lib. 1. de Instit. Cleric. cap. 8. Ivonem Carnot. serm. de Excellentia Ordinum Eccl. Honorium Augustod. lib. 1. cap. 179. Stephanum Eduensem Episcop. lib. de Sacramentis altaris cap. 5. Canones Hibernic. lib. 10. cap. 13. Gillebertum Lunicensem Episcop. de Usu Ecclesiastico, etc.

Quo vero ritu ordinarentur Subdiaconi, [quorum consecratio ad solos Episcopos pertinere dicitur in Capit. Caroli M. tom. 1. col. 329.] tradunt Concilium Carthag. IV. cap. 5. Ordo Romanus, Sacramentarium S. Gregorii, Isidorus lib. 2. de Eccl. Offic. cap. 10. etc. Ita autem Ordo Romanus : *Subdiaconus, cum ordinatur, quia manus impositionem non accipit, patenam de manu Episcopi accipiat vacuam, et calicem vacuum; de manu Archidiaconi accipiat urceolam cum aquemanili, ac manutergium, etc.* Quærit hoc loco Amalarius, unde sumtus in Ecclesia usus, ut Subdiaconi legant lectionem ad Missam, cum hoc non reperiatur ex ministerio sibi dato in consecratione commissum, neque ex litteris Canonicis, neque ex nomine suo. Respondetque, Subdiaconum esse subditum Diacono ratione officii : olim vero Diaconum non legisse Evangelium, quod non erat scriptum : sed postquam statutum est a Patribus nostris, ut Diaconus legeret Evangelium, statutum fuisse, ut et Subdiaconus legeret Epistolam sive Lectionem.

Quærunt alii, an Subdiaconorum Ordo inter sacros et majores ordines habendus sit. Nam inter minores reponitur in Concilio Laodiceno can. 21. ubi Subdiaconi ὑπηρέται dicuntur, et sacra vasa tangere prohibentur. Deinde cum per manus impositionem non ordinarentur, videntur potius minoribus ordinibus accensendi. Denique etsi Gregorius M. Subdiaconos a minoribus ordinibus distinguat, non tamen sequitur, eorum ordinem sacrum fuisse, idque firmatur auctoritate Petri Cantoris, qui vixit anno 1197. qui de novo institutum esse scribit, ut Subdiaconatus sacer Ordo esset : quod, ut quidam asserunt, decretum demum in Synodo Beneventana sub Urbano II. vel Victore III. id est anno 1087. vel 1091. unde iis interdictæ nuptiæ. Vide Joannem Sarisber. Epist. 68. Interim observare licet in veteri Charta, scripta Ravennæ sub Justiniano, nescio quem Gratianum Subdiaconum, *literas nescientem*, et *alia manu* subscribentem, apud Brissonium in Formulis pag. 646. ut *Comitem Palatii*, in Tabulario Casauriensi.

* Subdiaconorum ordinem inter sacros et majores ordines habitum fuisse ante ann. 1087. colligitur ex Conc. Bitur. ann. 1031. apud Labbeum tom. 2. Bibl. MSS. pag. 786 : *Ut episcopi nullum amplius ad Subdiaconatus gradum ordinent, nisi in præsentia episcopi, ante altare sedis, Deo promittat nunquam se habiturum uxorem neque concubinam; et si tunc habuerit, mox ei abrenuntiet, quod lingua Francorum gurpire dicimus.*

Subdiaconi Regionarii, dicti Romæ, qui per regiones urbis diebus stationum Pontifici ministrabant celebranti, *qui per manus eorum mutabat vestimenta solemnia*, cum sacra facturus esset, ut colligitur ex Ordine Romano. Amalarius lib. 2. de Eccl. offic. cap. 11 : *Subdiaconus regionarius tempore sacrificii stat in facie Pontificis : ideo necesse est, ut subsequentes necessaria a foris ministrent.* Gregorius M. lib. 7. Ind. 1. Epist. 17 : *Sicut in Schola Notariorum atque Subdiaconorum per indultam longe retro Pontificum largitatem sunt Regionarii constituti, etc.* Adde lib. 8. Ep. 5. *Subdiaconus Regionarius primæ Regionis; Subdiaconus Regionarius Regionis sextæ*, apud Anastasium in S. Silverio. Primitus tantum 7. fuerunt, postea 7. alii additi, denique 7. alii, eorumque numerus unius et viginti factus, quorum primus vel Prior Subdiaconorum in Ordine Romano nuncupatur. Idem Anastasius in S. Fabiano PP : *Hic Regiones divisit Diaconis, et fecit 7. Subdiaconos, qui 7. Notariis imminerent, ut gesta Martyrum in integro colligerent.*

Subdiaconi Palatini. Vetus Codex Vaticanus apud Baronium ann. 1057. num. 22. : *Subdiaconi omnes numero viginti et unus, septem Regionarii, qui Epistolas et lectiones cantant in stationibus; septem Palatini, qui idem munus præstant in Ecclesia Lateranensi : septem alii, qui dicuntur Schola cantorum, qui cantant tantummodo, quando summus Pontifex celebrare consuevit.* [Johannes Diac. de Eccl. Lateran. apud Mabill. tom. 2. Musei Ital. pag. 567 : *Debent etiam ibi esse septem Subdiaconi Palatini, et schola cantorum, scilicet alii septem Subdiaconi, qui vocantur Regionarii. Isti debent legere lectiones et epistolas in stationibus ecclesiarum Romæ constitutis. Alii septem, scilicet schola cantorum, debet canere officium, dum dominus Papa celebrat Missam in Basilica Lateranensi, et in aliis. Alii vero septem Palatini epistolam debent legere in palatio ad Missam Apostolici, et in eadem patriarchali basilica Lateranensi, nec non etiam ad Missas ipsius Apostolici.*]

Subdiaconi Basilicarii, Iidem, qui *Regionarii*, sic nuncupati, quod Pontifici certis officiis assisterent et servirent, ut in camera, in mensa, et in processione crucem ante ipsum deferrent. Eosdem cum Palatinis esse volunt.

¶ Subdiaconus de Armario, Cui *armarii* seu Bibliothecæ cura demandata erat. Conc. Romanum ann. 904. apud Mabill. tom. 1. Musei Ital. pag. 87 : *Johannes Aretinus dixit : Benedicte scripsisti hanc Synodum. Qui dixit : Non ego scribere debui, sed Subdiaconus de Armario.* Vide *Armaria* 3.

Subdiaconissa, Uxor subdiaconi, a qua tamen abstinet, in Concilio Turonensi II. can. 19. Castitatem autem observare, perinde ac Diaconi, jussi Subdiaconi, ut est apud Gregorium M. lib. 1. Epist. 42. lib. 3. Ep. 34. Ivonem, Gratianum, et alios.

* **SUBDICTIO**, Subjectio, servitus, fides, hominium. Lit. consul. Limosi ad Amalric. dom. Montisf. ann. 1218. inter Probat. tom. 3. Hist. Occit. col. 258 : *Vobis et omni vestræ progeniei... Subdictionem nostram, nos, natosque nostros, et omnia bona nostra præsentia et ventura mittimus.* Vide *Subditio*.

¶ **SUBDICTUS**, pro *Subditus*, vassallus, cliens. Terragium Bellijoc. ann. 1529. ex Bibl. Reg. n. 1640 : *Petrus et Anthonius Crozier fratres... homines immediate justitiabiles et Subdicti nobilis et potentis viri D. Philiberti de Bellijoco, etc.* Ita ibidem passim. Vide *Subditi*.

* *Sougié*, dicitur de inferiori jurisdictione, quæ alteri subdita est, in Charta ann. 1312. ex Chartul. 21. Corb. : *C'est assavoir que le cours de l'eschevinage de Monchy est Sougiée et basse-cours de le Cours de Corbie.*

¶ **SUBDIGA**, *secundarius*, ὑποκριτής, in Gloss. Lat. Græc. MSS. Sangerm. In editis Gr. Lat. : Ὑποκριτής, *ypocrita*, *secundarius*, *Subdiga*, *ludius*.

SUBDITAS, *Pigneratio*, ἐνεχυρίασις, in Gloss. Græc. Lat. Mox : Ἐνεχυριασμός, *Clarigatio*, *Subditatio*, *pigneratio*. [In Sangerm. legitur, *Subtas*.] De fidejussore, qui in alterius locum *subditur*.

* **SUBDITATUS**, idem quod *Capellania*, vel *Vicaria*, beneficium ecclesiasticum alteri subjectum. Charta ann. 1310. apud Lam. in Delic. erudit. inter not. ad Hodoepor. Charit. part. 2. pag. 342 : *Unum Subditatum perpetuum assignandum uni perpetuo Subdito ipsius ecclesiæ in ipsa ecclesia ordinavit, cui Subditatui et pro ipso Subdito idem presbiter* (rector) *Bindus, de consensu ejusdem delegati, unum modium boni frumenti annis singulis perpetuo de bonis ipsius ecclesiæ adsignavit... Ordinans rector... ut dictus Subditus, si comode fieri potest, ad dictum Subditatum semper presbiter assumatur, vel saltem talis clericus, qui possit in anno de jure ad sacerdotium promoveri.*

SUBDITI, Vassalli, clientes, qui alterius juri ac potestati subsunt, quomodo *Sujets* nostri dicunt. *Subjecti*, in Capitulari ann. 807. cap. 4. Flodoardus lib. 4. cap. cap. 23 : *Heribertus Anselmum, Bosonis Subditum, qui prædictum custodiebat castrum, cum ipso castello recipit.* Leges Henrici I. Reg. Angl. cap. 6 : *Si Episcopus a fide deviaverit, et Subditis secrete commonitus incorrigibiliter apparuerit, etc.*

Quærit Dionysius Salvagnius in Tract. de Jurib. Domin. et Usu Feudor. cap. 17. an domini feudales jure possint vassallos, vel certe prædiorum suorum incolas, *Subjectos*, aut *Subditos*, appellare, contenditque jam ab olim id in usu fuisse. Certe præter jam allatos locos probari etiam id potest ex Gregorio Turon. lib. 10. cap. 3. ex Capit. Caroli M. lib. 2. cap. 37. ex Capit. Dilecti 4. Extr. de Arbitr. Petro de Fontanis in Consilio cap. 1. § 2. cap. 2. § 2. ex Consuet. Pictavens. art. 132. Butelerio lib. 1. tit. 86. et aliis. Sed et Reges nostros recentiores hocce vocabulo indigitare passim Baronum et nobilium vassallos et subditos in Edictis suis constat.

¶ **SUBDITIO**, Subjectio, servitus. S. Greg. M. in Regest. lib. 12. cap. 23 : *Si autem manifestissime cognoveris, eos cum Arnulpho de sua Subditione locatos fuisse, etc.*

¶ **SUBDIVAL**, ut *Subdiale*, pars domus sine tecto. Gloss. Gr. Lat. : Ὕπαιθρον, *subdiale*, *Subdival*. Mox : Ὕπαιθρον, *area*, *subdivum*, *Subdival*, *impluvium*. *Subdival domus*, apud Tertull. lib. adv. Judæos cap. 11.

* **SUBDIVUM**, *Refugium vel certamen sub aura*. Glossar. vetus ex Cod. reg. 7613. Vide *Subdival*.

SUBDOCTOR. Vide *Proscholus*.

* **SUBDOLOSITAS**, Astutia, dolus, cal-

...ditas. Glaber Rodulph. lib. 4. Hist. cap. 1. tom. 10. Collect. Histor. Franc. pag. 45 : *Sed insolentia Romanorum hujusmodi adinvenit palliatæ Subdolositatis ridiculum, etc.*

¶ **SUBDOMINIUM**, Secundarium dominium. Consuet. Brageriac. art. 70 : *Si vero postea dictus fundus vendatur, directum dominium proprietatis dicti fundi ad secundum dominum devolvetur, et Subdominium directum super reditibus reacensatis, penes primum dominum directum remanebit.* Ubi in versione Gallica habetur, *La Soubsseigneurie directe.*

SUBDOMNUS, Vicedominus. Ita indigitatur *Lievinus Cameracensis Vicedominus*, in Charta ann. 1096. in Historia Cameracensi Joan. Carpentarii 4. part. pag. 15. [*Subdompnus* ex eadem Charta legitur apud Miræum tom. 2. pag. 1145. col. 2.]

¶ **SUBDUCTIO**, Remotio, Gall. *Eloignement.* Sententia ann. 1182. apud Marten. tom. 7. Ampl. Collect. col. 89 : *Ad eamdem diem cum ambæ partes ad nostram præsentiam Santonas venissetis, pars abbatis S. Severi prædictam Subductionem testium a te, abbas S. Crucis, sibi factam constanter iterato allegavit.*

* **SUBDUCTURA**, Lacinia extremitati vestis assuta; vel Assutus intrinsecus vesti pannus. Viti Arenpeckii Chron. apud Pez. tom. 1. Script. Austr. col. 1212 : *Anno Christi 1232. Fridericus dux... miles creatus, qui cunctos commilitones suos scharlato cum albo in medio et Subductura de vario vestivit.*

SUBDULUS, pro *Subdolus*, Impostor, fallax, Gall. *Trompeur.* Capitula ad Legem Alamann. cap. 21. edit. Baluzianæ : *Si femina baronem extra rixam Subdulum clamaverit, solvat solid. 12. etc.*

SUBDUPLUM. Histor. Translat. SS. Wandregisili, etc. n. 13 : *Et satis forsan congrue, ut quod desuper datum, est, daretur duplum, quod vero deorsum, Subduplum*, id est paulo minus, quam duplum.

SUBDUX, in Hist. Miscella, qui Theophani in Tiberio ὑποςρατηγός

¶ **SUBELEEMOSYNARIUS**, Secundus Eleemosynarius. Charta Caroli V. Reg. Fr. ann. 1376. ex Bibl. Reg. : *Thesaurariam et præbendam S. Capellæ... dilecto Subelemosinario nostro Magistro Hugoni Boileau contulimus.* Charta Geraldi Abbat. Angeriac. ann. 1385. ex Tabul. ejusd. Monast. : *Hæc subscripta dantur per manum Subeleemosynarii, et non per eleemosynarium. Soubsomosnier du Roy*, in Charta ann. 1406. Vide *Eleemosynarius* 1.

* **SUBER**, SUBERIES, *Escorche* (pro *Ecorce*).

Est Suber cortex, Suberque levis arbor ;
Indeque Suberies pro cortice dicitur esse.

Glossar. Lat. Gall. ex Cod. reg. 7692.

¶ **SUBERIA.** Chartul. Eccl. Auxit. cap. 134 : *Decem et octo solidos de Suberia hujus Ecclesiæ acceperunt.* Contracte fortassis scriptum fuit *Substia* pro *Substantia.* Vide in hac voce num. 5.

* **SUBERIPCIO**, f. pro *Subacceptio*, Susceptio. Bulla Joann. PP. VIII. ann. 879. inter Probat. tom. 1. Hist. Nem. pag. 12. col. 2 : *Suberipcionem autem fidelium, et religiosorum, ac beneficiorum, quam jubet Apostolus cunctis exhibendam, pro possibilitate loci et facultate, non modo ibidem gratis fieri denegamus, verum etiam ut fiat suademus : sed et modus in numero congregationis adeo conservetur, ut nec pluralitas ad penuriam, vel paucitas inhabitantium ad destitutionem loci accedere valeat.*

SUBESCAETOR, Locum tenens ac Vicarius *Escaëtoris.* Vide *Escaëtor.*

¶ **SUBEX**, Subjectus, Gall. *Soumis.* Inventio S. Celsi tom. 3. Febr. pag. 399 : *Et glebam beati Celsi una cum Subice clero de tumulo proprio levare.* Acta S. Reginswindæ tom. 4. Jul. pag. 93 : *Ita dumtaxat, ut eumdem locum nostræ fiscalitatis Subicem ... manu semper potestativa possideas.* Utitur Ennius ex Festo.

¶ **SUBEXECUTOR**, Qui ab *Executore* ad vices suas gerendas delegatur. Charta ann. 1345. ex Tabul. Gellon. Decanus S. Guillelmi Abbas assensum præbet *ut Subexecutor litterarum apostolicarum deputatus ab Ademario Juncellensi abbate et executore, etc.* Charta Henrici IV. Regis Angl. ann. 1403. apud Rymer. tom. 8. col. 339 : *Nolentes quod prædicti doctores, magistri, et baccalarii, procuratores, executores vel Subexecutores, etc.* Vide *Executores.*

* **SUBEXPECTARE**, ut simplum Expectare, quomodo nostris *Surattendre*, pro *Attendre.* Lit. remiss. ann. 1359. in Reg. 90. Chartoph. reg. ch. 318 : *Qui Foletus... cucurrit post prædictum Johannem ante ipsos recedentem, et ipsum attingere non valens Subexpectavit fratrem suum et ejus socios prædictos.* Aliæ ann. 1459. in Reg. 188. ch. 11 : *Le suppliant et autres aloient tout bellement, pour ce que ledit religieux estoit à pié, et ilz le Surattendoient.* Rursum aliæ ann. 1480. in Reg. 205. ch. 272 : *Lesquelz compaignons dirent au suppliant que icellui Colas ne laisseroit à soy en retourner après eulx, et le Seurattendirent.*

¶ **SUBEXTARE**, Eminere. Canonizat. sancti Petri Cœlestini inter Acta SS. tom. 4. Maii pag. 476 :

Parva tamen, quia parvus erat, nam mente Subextans,
Ut magis eniteat, jussisque in singula subdi.

* **SUBFARCINARE**, Occultare, abscondere, Gall. *Cacher.* Glossar. Lat. ex Cod. reg. 7692 : *Subfarcinare, Musser. Subfarcire, idem.*

¶ **SUBFARRATUS.** Testament. Angeli de Sassen, apud Schannat. in Diœcesi Fuld. pag. 307 : *Præfatus Angelus legavit monasterio vestes suas rubicundas, Subfarratas.* Leg. *Subfurratas*, vel *Suffurratas*, id est, Pellitas, Gall. *Fourrées.* Vide *Foderatus, Furratus.*

¶ **SUBFEODARE**, Gall. *Donner en arrière-fief.* Vide in *Feudum.* Hinc

¶ SUBFEUDATARIUS, Gall. *Arrière-feudal*, qui *retrofeudum* possidet; in Charta ann. 1410. ex Schedis Præs. *de Mazaugues* : et in alia ann. 1475. apud Calmet. inter Probat. tom. 3. Hist. Lothar. col. 279.

SUBFIBULUM, vel *Subligaculum*, underb-wræd el, in Glossario Saxonico Ælfrici. [*Subfibulum, subligaculum*, in vet. Gloss. Sangerm. n. 501.]

** **SUBFIGURATIO**, apud Virgil. Gramm. pag. 39. 58. et 59. Verbum præpositioni subjunctum.

¶ **SUBFLAMEN**, τροχῶν ἀγκύριον, in Gloss. Latino-Gr. *Suffulmen* emendat Salmas. ad Plin. pag. 233. Vide *Sufflamen.*

* **SUBFORMERIUS**, Clericus inferioris ordinis in ecclesia Lugdunensi, sic dictus quod in *stallis* inferioribus sedeat. Acta MSS. capit. eccl. Lugd. ad ann. 1342. fol. 82. v°. col. 1 : *Nominaverunt et fecerunt et esse voluerunt Subformerios Guillemum de Franchelens et Petrum de Fontaneys clericos, et dederunt potestatem officium et sedem Subformeriorum tenendi et faciendi.*

¶ **SUBFORNARIUS**, Minister furni. Charta Ildefonsi Reg. Aragon. ann. 1187. in Regesto Ludov. Hutini Reg. Franc. fol. 7. ubi de Molendinariis : *Non detur de sextario nisi libra piscœ appensa, quæ currit in Montepessulano, quotcumque sint ibi Subfornarii, vel alii nuntii, et propter hoc feratur et referatur pisca et panis ad domum vel hospitium dequoquentis.* Vide *Furnarius.*

¶ **SUBFRAGAMEN**, *Auxilium*, in Glossar. Gasp. Barthii ex Histor. Palæst Fulcherii Carnot. apud Ludewig. tom. 3. Reliq. MSS. pag. 293.

¶ **SUBFUGIUM**, Refugium. Eberhardi Abb. Tegerns. Epist. 14. apud Mabill. tom. 4. Analect. pag. 354 : *Quia aliunde non habemus tam firmum Subfugium sicut in vobis, etc.* In Epist. 16. pag. 355. legitur *Suffugium.*

¶ **SUBFUMARE**, Suffumigare. Gloss. Latino-Gr. : *Subfumo*, ὑποκαπνίζω.

SUBGAMBA, Pars pedis. Vide *Gamba* 1.

¶ **SUBGARDA** MONETARUM, Qui sub *Magistro Garda* iis quæ ad monetam spectant invigilat. Charta Humberti II. ann. 1345. Hist. Dalph. pag. 516. col. 1 : *Mandantes Gardis et Subgardis monetarum nostrarum, etc.* Vide *Magister Monetarum.*

¶ **SUBGILLATUS**, pro Suggillatus. Gl. Lat. Gr. : *Subgillatus*, ὑπωπιασθείς

SUBGLUTIO, Singultus, Matthæo Silvatico : nostris, *Souglout.*

¶ **SUBGREGARIUS.** Charta Gerbergæ Reginæ ann. 959. apud Mabill. Diplom. lib. 6. Ch. 139 : *Evrardus Subgregarius et Cancellarius scripsit et subscripsit.* Forte Secretarius, vel familiaris, ex familia.

* **SUBGRUNDA**, Pars tectorum prominens, qua aquæ a muro projiciuntur, vox Varroni eo sensu nota; pro Tectum quodvis projectum, Gall. *Auvent*, occurrit in Charta Phil. III. ann. 1271. ex Reg. 30. Chartoph. reg. ch. 417 : *Volebat facere dirui.... Subgrundas domorum, quæ sunt supra viam extra domos in prædicta villa.* Atque ita intelligendum est vox *Subgrundium* ex Stat. Avenion. [** Vide Prudent. Annal. Trecens. ad ann. 857. et Forcell.]

¶ SUBGRUNDIUM, *Pars tecti prominens, qua stillicidia a parietibus arcentur.* Laur. in Amalthea ex Budæo. Statuta Avenion. ann. 1570. rubr. 7. de Magistris viarum art. 1 : *Provideant super viis et itineribus et aliis locis publicis, appensis, Subgrundiis, tabulariis, etc.* Vide *Subrunda et Subundra.*

¶ SUGGRUNDIUM, Eadem notione, in Leg. municipal. Mechlin. tit. 14. art. 44 : *Quisque aquam ex suis Suggrundiis stillicidiisque in suum fundum deducit, etc.* Gloss. Gr. Lat. : Ἐξθέτης, *Menianus, sugrunda, protectum.* Vide *Grunda.*

* **SUBGUARNIMENTUM**, Quidquid vice et nomine *Guarnimenti*, seu apparatus bellici aut rerum ad muniendam arcem intelligitur. Charta ann. 1231. apud Lam. in Delic. erudit. inter not. ad Hist. Sicul. Bonincont. part. 3. pag. 152 : *Item promiserunt et juraverunt dare castrum Camparenæ et suas fortelias et munitiones omnes cum guarnimentis et Subguarnimentis potestati seu regimini castri S. Miniatis.* Vide *Garnire.*

* **SUBGULTIRE**, Singultire, extremos singultus seu morientis anhelitus emittere. Vita S. Ernæi tom. 2. Aug. pag. 426. col. 2 : *Jam mutum atque Subgultientem revocavit a funere et pristinæ sanitati.... restituit.*

¶ **SUBHASTARE**, Hastæ subjicere, per auctionem vendere, Gall. *Mettre à l'encan. Subhaster*, in Instrum. ann. 1406. ex Bibl. Reg. : *Faut faire reparations nécessaires, qui aprés ce qu'elles ont esté criées et Subhastées à rabais, etc.* Statuta criminalia Saonæ cap. 40. fol. 82 : *Subhastentur bona, et plus offerenti addicentur.* Statuta Montis Regal. fol. 304 : *Primo statutum est, quod gabella salis Subhastetur, et ad incantum vendatur, et detur plus offerenti.* Adde Statuta Pallavic. lib. 1. cap. 12. fol. 16. et Saluciar. collat. 1. cap. 26. Utitur Solinus de Thracia cap. 10.

¶ Subastare, Subbastare, Eadem notione. Statuta Cadubrii f. 52 : *Ipsa re intromissa semel Subastata et proclamata in platea plebis Cadubrii post tres dies a die Subastationis factæ plus offerenti detur.* Obituar. S. Geraldi Lemovic. fol. 27 : *Item dicta domus supradicta fuit Subbastata, etc. Habemus illam Subbastationem in forma.*

* Charta ann. 1389. in Reg. 138. Chartoph. reg. ch. 125 : *Jean Luissier avoit esté longtems receveur général des aides, lors aiant cours pour le fait de la guerre, et pour grande somme d'argent, dont il estoit en reste, tous ses biens avoient esté vendus et Subhastez.* Occurrit præterea in Lit. ann. 1373. tom. 5. Ordinat. reg. Franc. pag. 613.

¶ Subhastatio, Auctio. Charta ann. 961. inter Instr. tom. 2. Gall. Christ. novæ edit. col. 409 : *Ipsum vero feudum componitur juribus quæ sequuntur... Subhastationibus mobilium et immobilium quæ clangore buccinæ et alto clamore buccinatoris fieri solent.* Charta ann. 1319. apud Menester. Hist. Lugdun. pag. 104 : *Ordinavimus quod quando pignora vendentur ad cridam facta legitime Subhastatione, pecunia deponatur ubi partes voluerint concordare.* Occurrit præterea in Statutis Montis Regal. fol. 59. et Saluciar. Collat. 1. cap. 21.

¶ Subhastarius, Sub hasta seu auctione positus. *Subhastariæ possessiones*, in Cod. Theod. lib. 13. tit. 6. leg. 9.

¶ Subhastator, Auctionarius, Gall. *Juré Priseur.* Statuta Avenion. lib. 1. rubr. 14. art. 1. pag. 43 : *Statuimus quod Subhastabunt bona quæcumque sibi tradita ad subhastandum.*

SUBHAUTO, idem quod *Secundus Hauto* dicitur in Charta ann. 1170. ex Chartul. S. Juliani Camer. ch. 4. Hoc est spicæ non omnino trituratæ aliaque minora stramina, quæ secunda ventilatione a frumento separantur. Charta ann. 1182. in Chartul. S. Gaugeri. Camer. fol. 30 : *Major requirebat .... hauton atque Subhauton, totumque stramen sibi arrogare volebat.* Vide *Hauto.*

¶ **SUBHEBDOMADA**, Hebdomada altera. Statuta Capituli Senon. : *Omnes Cepeti tenentur facere hebdomadam et Subhebdomadam et dicere primam lectionem.* Huc spectant Statuta S. Capellæ Bituric. ann. 1407. ex Bibl. Reg. : *Vicarius ebdomadarius et vicarius qui ebdomade præcedenti fuerit ebdomadarius, qui dicitur adjutor, etc.*

SUBHIRCUS, inquit Papias, *Ascellæ dictæ, quod fœtorem in quibusdam reddant.* Glossæ Græc. Lat. : Μάλη ἀνθρώπου, *Subraco, Subala*, ubi legendum *Subhirco.* Mamotrectus ad 19. Proverb. *Ascella*, i. *Subala.* Guibertus lib. 3. de Vita cap. 22. de Fulmine : *In quorumdam sinus flamma subintroiit, et pilos universos adurens, et ascellarum, quæ Subhircos nominant, succrementa conflagrans, pedules ac soleas pertusando per extrema progreditur.*

* **SUBHOMAGIUM**, Clientelaris professio, ab eo, qui *retrofeudum* obtinebat, præstita. Charta ann. 1258. in magno Chartul. nig. Corb. fol. 49. r° : *Vendidit .... totam castellaniam de Corbeya, ... cum omnibus pertinentiis ad eandem castellaniam spectantibus, videlicet in homagiis, Subhomagiis, releveiis, censibus, etc.* Vide supra *Hominium.*

* **SUBHOSPES**, Qui per medium *hospitis* a domino superiori tenet, nec propriam possidet hæreditatem; *Soubshoste*, in Charta ann. 1223. ex Tabul. archiep. Camerac. : *Li Soubshostes, qui nus hiritage n'ara, xviij. den. donra au seigneur à le Pasque et en le feste saint Remy ensement. Souroste*, in alia ann. 1238. ex Chartul. Guilleimit. prope *Walincourt.* Libert. villæ de Piceyo ann. 1208. tom. 7. Ordinat. reg. Franc. pag. 604. art. 13 : *Et si in parte sui tenenti* (tenementi) *unum, aut duos, aut plures Subhospites censuales constituerit, cujuslibet hujusmodi Subhospes duodecim denarios de censu communiæ annuatim michi persolvet.* Vide *Hospes.*

SUBHOSPITARIUS, *Hospitarii* adjutor. Vide *Hospitarius*, in *Hospitale* 2.

¶ **SUBHUMATUS**, Humatus, Gall. *Inhumé.* Charta ann. 1358. ex Regesto Johannis Comit. Pictav. in Camera Comput. : *Cum super eo quod de nostri mandato Stephanus Sterlini lathomus... in Ecclesia B. M. Deauratæ caveret.... ante altare B. M. et indagaret Theodorum Imperatorem ibidem, ut dicebatur, Subhumatum, etc.* Vide *Subterrare.*

¶ **SUBJACENTIÆ**, Appendices, accessiones, Gall. *Appartenances, Dépendances.* Charta Caroli Crassi Imp. ann. 881. in Chron. Farf. apud Murator. tom. 2. part. 2. col. 381 : *Confirmamus etiam eidem monasterio omnes res quæ pertinent de curte S. Gethulii seu de curte S. Benedicti,... cum omnibus illarum pertinentiis et Subjacentiis.* Charta Henrici III. Imper. ann. 1084. ibid. col. 606 : *Castellum Buccinianum totum in integrum, castrum Pharphæ cum totis Subjacentiis sibi pertinentibus castelli.* Vide *Subpertinentia.*

¶ **SUBJACERE**. Vetus *S.* Irenæi Interpres lib. 2. cap. 28 : *Subjacet ergo hæc responsio Deo.* Id est, penes Deum est, soli Deo nota.

SUBICINIUM. Chronicon Gemblacense : *Fecit.... stolas, tapetia, et alia, quamvis numerentur inter Subicinia, ejus tamen industria et studio sunt comparata.* Ubi editor emendat *Subcisiva.*

¶ **SUBICULA**, κολόβιον, in Gloss. Lat. Græc.

¶ **SUBJECTANEUS**, Qui alteri subest, subjectus. Guidonis Discipl. Farf. cap. 43 : *Ipse præfatus frater* (*portarius*) *suis Subjectaneis panem et vinum quotidie deferat.*

* **SUBJECTARE**, Dominium alicujus agnoscere, subjectionem profiteri. Charta ann. circ. 1288. in Access. ad Hist. Cassin. part. 1. pag. 381. col. 1 : *Venientes extranei ad habitandum in castro et villis Pedemontis, constituuntur et constitui debent sub dominio Cassinensis abbatis, et non possunt Subjectare dominium singularis personæ vel ecclesiæ. Sougiter*, pro *Soumettre*, Subjugare tom. 1. Fabul. pag. 158 :

> Li bons rois de Gresse et d'Egite,
> Avoit desouz ses piez Sougite
> De novel Ynde la major.

¶ **SUBJECTI**, Vassalli. Vide *Subditi.*

¶ 1. **SUBJECTIO**, Dicitur de eo quod alicui conceditur et subjicitur. Vita MS. S. Winwaloei ex Tabular. Kemperleg. : *Et iterum hæc memoria retinet quod quidam vir nobilis nomine Cunianus tradidit Subjectionem atque elemosinam de sua propria hereditate. Id est tria vicaria, etc.* Vide *Subactum* et *Subjugatio* 1.

¶ 2. **SUBJECTIO** Canonica, Quæ erga Episcopum a canonibus præscribitur, in obedientia et reverentia, in ordinationibus sacris et consecrationibus ecclesiarum, aliisque similibus posita. Fulbertus Carnot. in Ep. 41. ad Fulcon. Aurel. Episc. : *Si Abbas S. Benedicti* (Floriac.) *de vestro contemptu culpam suam recognoverit, et illam deinceps Subjectionem promiserit, quæ vobis canonice debetur; hortor et suadeo ut recipiatis... At si abbas in tantam superbiam intumuerit, ut ipsam quoque Subjectionem canonicam vobis derogare contendat, etc.* Charta Johannis Episc. Aurel. ann. 1091. apud Stephanot. in Antiquit. Bened. Aurel. MSS. pag. 434 : *Hæc supradicta concedimus, salvis cæteris consuetis et Subjectione quam debet eadem ecclesia matri suæ sanctæ ecclesiæ et nobis, videlicet refectione in vigilia S. Laurentii et synodo et ramis palmarum, etc.*

¶ 3. **SUBJECTIO**, Subjestio, pro *Suggestio*, Quæstio, postulatio. Tabul. Elnon. : *Ad cujus* (Præpositi) *petitionem seu Subjectionem tradidi B. Amando et ejus monachis in pago Bracbantinse, in villa Anvinio dicta, ecclesiam unam, etc.* Charta Johannis XXII. PP. apud *La Faille* inter Probat. tom. 1. Annal. Tolos. pag. 45 : *Præfatum Aymericum occasione vulnerum prædictorum, a quibus prorsus immunis asseritur extitisse, quanquam vi tormentorum et dolosis Subjectionibus sibi factis illa confessus fuisse dicatur,... inhumaniter condemnastis.*

¶ **SUBJECTOR**, Minister imponendis, et colligendis tributis destinatus. Charta

Dalphini ann. 1299. apud Stephanot. tom. 7. Fragm. Histor. MSS. pag. [illegible] : *Sint immunes et franchi ab omnium pedagiorum gabella et tributorum præstatione, ... angariis et parangariis quæ fierent sive imponerentur.... a Castellano de Quirieu seu Preposito de Balma et eorum Subjectoribus aliqua causa, etc.*

¶ **SUBJECTUS**, Obtemperatio, Gall. *Obeissance.* Offensionum condonatio rebellibus Carcassonæ incolis à Rege Carolo indulta ann. 1383. apud Marten. tom. 1. Anecd. col. 1591 : *Asserentes velle et optare deinceps persistere in nostra et nostrorum vera obedientia et Subjectu.*

¶ **SUBJESTIO**. Vide *Subjectio* 3.

¶ **SUBIGITARE**, Subigere. Gloss. Lat. Græc. : *Subigito*, προβάλλω γυναικί. Ubi Cod. Sangerm. habet *Subigo.*

¶ **SUBIMAGINATIO**, Sigillum imaginem alicujus exhibens. Charta Liethardi Episc. Camerac. ann. 1132. apud Miræum tom. 1. pag. 97. col. 2 : *Excommunicationis sententiam proferimus, atque canonica subsignatione, nostraque Subimaginatione hujus nostri decreti paginam confirmamus.*
* Charta Burch. episc. Camer. : *Data igitur in prævaricatores excommunicatione, facta etiam canonica subsignatione, nostra quoque Subymaginatione hujus nostri decreti paginam autenticamus.*

SUBINDIUS. Papias : *Subinde, frequenter, sæpius, ingeminanter. Subindius, frequentius.* [** Occurrit in Atton. Polyptych. pag. 53. cum glossa *sæpius.*]

** **SUBINDUCTUS**, Subintroductus. Victorin. Comm. ad Galen. pag. 13 : *Per Subinductos falsos fratres.*

¶ **SUBINTHRONIZARE**, In *throno* locare, in *thronum* inducere. Charta S. Aldhelmi ann. 705. inter Acta SS. tom. 6. Maii. pag. 78 : *Ego Aldhelmus, postquam me immeritum... in pontificatus officii sedem divina gratia Subinthronizasset.* Vide in *Inthronisare* et *Thronus.*

* **SUBINTRARE**, Possessionem adipisci. *IV. Id. Septembris Cuonradus regnum Subintravit*, ex Chron. Hildensh. tom. 10. Collect. Histor. Franc. pag. 323.

* **SUBINTRARE**, pro Intrare, nude. Charta ann. 1215. in Chartul. S. Joan. Laudun. ch. 129 : *Sicut ipsum alnetum protenditur, possideat in perpetuum, salvo dominio meo; ita quod nec mihi nec ulli ex parte mea liceat Subintrare idem alnetum, quandiu fuerit alnetum, pro aliqua aisientia habenda.*

SUBINTRODUCTÆ, Συνείσακτοι in Concilio Nicæno I. can. 3. quas *Extraneas* vocant Synodus Carthag. I. can. 3. Ilerdensis can. 15. Hispalensis I. can. 3. Braccarensis III. can. 5. et Lex 19. Cod. de Episc. et Cleric. (1, 3.) quarum commercium et habitationem vitare jubentur Clerici. Concilium Romanum sub Zacharia PP. cap. 2 : *Presbyteri vel Diaconi Subintroductas mulieres nullo modo audeant habitare, nisi forsitan matrem aut proximitatem generis sui habentes.* et in Concilio Forojul. cap. 4. et Ro- ann. 1059. cap 3. Rotomagensi 1072. cap. 15. Ita perinde Dionysius us in Codice canonum Ecclesiæ Ro- et Nicolaus et Alexander PP. cap. 5. st. 32. Consule, quæ de ejusmodi *Ex-* et *Subintroductis* mulieribus passim annotarunt qui concilia expenderunt, Justellus, Binius, etc. [Iis adde Muratorium in Disquisit. de Synisactis et Agapetis inter Anecd. Græca pag. 218. Vide etiam infra *Superinducta.*] Glossar. med. Græcit. col. 1483.

¶ **SUBINVITATORIANUS**. Vide *Invitatorianus.*

¶ **SUBINVOLANS**, Dolosus, fallax, Gr. ἐπίκλοπος, apud vet. S. Irenæi Interpretem lib. 2. cap. 21. ult. edit.

¶ **SUBJORNARE**. Vide *Subjurnare.*

¶ **SUBJORNATUS**, Commoratio, Gallice *Séjour.* Charta Massil. ann. 1481 : *Placeat regiæ majestati vestræ præservare vestram civitatem ab justantiis* (ustantiis) *logeamentis, Subjornatis et stationibus armigerorum peditum et equitum.* Vide *Sejornum.*

¶ **SUBIRI**, Extolli. Charta S. Annemundi apud Stephanot. tom. 5. Fragm. Hist. MSS : *Villicus autem aut subvillicus super extollentiam oculorum contra abbatissam si Subiri cœperunt aut aliquid indecens violenter egerunt, etc.*

1. **SUBITARE**, Re quapiam insolita et subitanea percelli, expavescere. S. Cyprianus Epist. 57 : *Steterunt fortes, et ipso dolore pœnitentiæ facti ad prælium fortiores, ut appareat nuper Subitatos esse, et novæ atque insuetæ rei pavore trepidasse.* [Guillelmus *Forestier* de Guill. *Vastel* Abbate Montis S. Catharinæ apud Mabill. tom. 5. Annal. Bened. pag. 632 :

Morte repentina cecidit mox ille cathedra,
Ante cubile suum mors Subitavit eum.]

* Nostri *Avoir Soulpte*, eodem sensu, dixerunt. Lit. remiss. ann. 1471. in Reg. 197. Chartoph. reg. ch. 148 : *Le suppliant veist icellui Raoult assis sur du bois, duquel il eut paour et Soulpte. Soubiter*, pro *Sorbiter*, ut puto, a Lat. Sorbere, in Bestiar. MS. ubi de Hyæna :

Car elle mangue les mors,
Et en leur sepucres habite,
Trestous chiaus devore et Soubite.

* *Subitare* vero hic allatum ex tom. 5. Annal. Bened. Præoccupare, ex improviso aggredi sonat. *Sups*, pro *Soudain, tout-à-coup*, Subito, in Lit. remiss. ann. 1373. ex Reg. 105. ch. 37 : *Jehan de Vaux failli Sups de son souper et courut Sups à sadite femme.*

2. **SUBITARE**, Subito venire ac insperato. Pontius Diacon. in Vita S. Cypriani : *Cum ecce Proconsulis jussu ad hortos ejus... cum militibus suis Princeps repente Subitavit : immo, ut verius dicam, Subitasse se credidit, unde enim posset tamquam improviso impetu mens semper parata Subitari.* S. Eulogius lib. 2. Memorial. Sanct. cap. 10 : *Gaudensque multipliciter in Subitatione insperatæ salutis, etc.* Vide *Desubitare.*

¶ **SUBITILLUS**, ἔνθυτος, in Gloss. Lat. Gr.

¶ **SUBITUS**, pro Sopitus, in Chartis Childeberti ann. 697. et 703. apud Mabillonium Diplomat. pag. 480.

¶ **SUBJUDEX**, Judex inferior. Conc. Pictav. ann. 1030. apud Marten. tom. 4. Anecd. col. 80 : *Tunc quidam ex Subjudicibus testatus est patrem suum judicem fuisse plusquam* LXX. *annos.* Vide *Subjustitiare.*

SUBJUGA, Ζεύγλη, in Gloss. Gr. Lat. Lignum propendens a jugo boum, seu pars ima jugi, in quam boves vel jumenta colla immittunt.

** **SUBJUGABILIS**, ut *Subjugalis*, Gloss. MS. ad Æneid. lib. 1. vers. 448. apud Maium in Glossar. novo : *Quod animal quia Subjugabile est.*

SUBJUGALE, Equus, jumentum. Auctor Mamotrecti ad 1. Esdræ cap. 5 : *Subjugalia, asini, vel animalia jugo apta.* Ordericus Vitalis lib. 9. pag. 731 : *Subjugalia, mulos et equos, boves et camelos, etc.* Infra : *Multi ibi homines defecerunt et Subjugales.* [** *Equis et Subjugalibus universis*, apud Guill. Tyr. lib. 3. cap. 21.] Matthæus Paris ann. 1249 : *Ad caudam Subjugalis traxerunt imaginem Crucifixi, et B. Mariæ, etc.* Occurrit non semel in sacris Literis. Gr. ὑποζύγιον.

¶ **SUBJUGALIS**, Subjectus. Præceptum Caroli M. ann. 789. tom. 1. Capit. col. 246 : *Ipsi* (Deo) *tributarios et Subjugales devote addiximus.* Vide *Subjugale.*

SUBJUGARE, verbum nec antiquum, nec novum, aiunt viri docti. Claudianus :

... Nulla est victoria major,
Quam quæ confessos animo quoque Subjugat hostes.

Rolandinus lib. 6. cap. 6 : *Voluit Ecelinus arcem seu rocham Estensem, et alia collateralia castra suo dominio Subjugare.* Occurrit deinceps passim. Item pro *concedere, tradere.* Acta Episcoporum Cenomanensium pag. 98 : *Eorum hæreditates ad prædictam Ecclesiam... legaliter Subjugaverunt.* Pag. 160 : *Ecclesiastico ordine Subjugavit.*

¶ **SUBJUGUATUS**, Ad rem aliquam astrictus, Gall. *Obligé.* Cæremoniale vetus B. M. Deauratæ Tolos. : *In istis processionibus nichil possunt petere nec debent recipere, sed gratis et sponte debent venire, quia ad hoc sunt Subjuguati.* Vide *Subjugatio*, 2.

¶ 1. **SUBJUGATIO**, ut supra *Subjectio* 1. Charta ann. circiter 1039. ex Tabular. S. Victoris Massil. : *Donat in Subjugatione monasterii Massiliensis, etc.*

2. **SUBJUGATIO**, Servitium, exactio, *Malatolta.* Charta Petri Episcopi Salernitani apud Ughellum tom. 7. pag. 501 : *Qualemcumque Subjugationem aut angariam imponere voluerimus.*

SUBJUGIUM, *Jumentum*, ὑποζύγιον, in Gloss. Græco-Lat.

** **SUBJUGULO**, *as, i. e. Subnervo.* Opusc. vet. MS. ad Josue apud Maium in Glossar. novo.

* **SUBJUGUS**, Subjectus. Joan. ab Insula de Gestis Franc. apud Lam. tom. 3. Delic. erudit. pag. 24 : *Quam ob causam rex Philippus Deodatus, sua strenuitate Conquirens nominatus, e vestigio suum eduxit exercitum, et Normannos, Andegavos, ... Lemovicosque absque mora Subjugos sibi fecit.* Vide *Subjugalis.*

¶ **SUBJUNCTA**. Vide infra *Subvincta.*

SUBJUNCTORIUM, Vehiculum, in leg. 10. Cod. Th. de Cursu publico (8, 5.) : quod scilicet ab ὑποζυγίοις trahitur : *Nulli de cætero Subjunctorio privato animalia publica præbeantur.* [S. Ambrosius de Interpellat. Job tom. 1. col. 660 : *Et cum pastore diripuerint gregem, Subjunctorium pupilli abduxerint, etc.*]

* **SUBJUNGERE**, male, pro Submerge-

re, in Charta ann. 1236. inter Instr. tom. 11. Gall. Christ. col. 117 : *Item dispositio catallorum illorum, qui Subjunguntur in gravia, ad abbatis dispositionem pertinebit.*

SUBJURNARE, Morari, diem ducere, Gallis *Sejourner*. Glossæ MSS. : *Perendinare, Subjornare*. Charta Edw. I. Regis Angl. tom. 2. Monastici Anglic. pag. 1045 : *Absque omni servitio et exactione... et absque... canes Subjurnare, homines vel equos ire vel mittere in exercitum, etc.* Ubi *canes subjurnare*, est eos per diem excipere, vel nutrire. Philippus *Mouskes* in Hist. Franc. MS :

Et li Cevalier qui manoient
En la cité, et Soujournoient.

Sic alibi non semel. Vide *Sejornare* et *Sejornum*.

¶ **SUBIUS**, Subulæ species, qua utuntur pannorum textores, Italis *Subio*. Statuta Montis Regal. fol. 277 : *Nec possit aliquis emens vel vendens pannum tenere vel habere Subium vel rotam ad tirandum pannos, sub pœna et banno solidorum* 60.

¶ **SUBJUSTITIARE**, Justitiam exercere sub alio superiore judice : unde *Subjustitiarius* dicitur judex inferior. Leges Norman. apud Ludewig. tom. 7. Reliq. MSS. pag. 154 : *Dicitur et justitia ballivus vel quilibet Subjustitiarius alius qui Subjustitiandi homines habeat potestatem.* Vide *Justitiare* et *Justitiarius*.

* *Subjustitiarii* officium *Souzjugerie* nuncupatur, in Reg. A. 2. Cam. Comput. Paris. ad ann. 1321. fol. 40. r° : *A Adenet de Riviere demoiselle est renouvellé l'office de la claverie et Souzjugerie de Biauc.*

¶ **SUBLA**, ut *Subula*. Vide in hac voce.

* **SUBLAMIA**, vel Sublanna, non enim mihi asserta est lectio. Reg. S. Ludov. ex Chartoph. reg. ad ann. 1316. fol. 5. r° : *Item concessit Henrico dicto Godement officium Sublamiæ* (sic) *de Loduno ad voluntatem et ad vadia consueta.*

SUBLARDATUS, [Nimio pinguedine, quasi larido fartus.] Joannes Monachus Bertinianus in Vita S. Bernardi Pœnitentis num. 35 : *Morbum illum Græco nomine Sarcoma, id est vitiosam carnis superabundantiam vocant. Quod si vulgariter juxta Theutonicæ linguæ idioma interpretari volueris, mulierem illam Sublardatam fuisse dicere potero.*

SUBLATERALIS, Subditus. Charta Cresimiri Regis Dalmatiæ ann. 1059. apud Jo. Lucium lib. 2. pag. 97 : *Quin et cella, quæ in ea est... huic Sublateralis obice sine ullo efficiatur.* [Vide *Sublatus*.]

¶ **SUBLATUR**, pro Tollitur, aufertur. Capitula ad Augiam directa cap. 8 : *Et si quis præsens ad dicendum post benedictionem Amen non fuerit, Sublatur ei portio sua de potu.*

* **SUBLATURUS**, Tollendus. Glaber Rodulph. lib. 3. Hist. cap. 1 : *Misit Græcorum classem ad res Italicas Sublaturas*. Vide *Sublatur*.

¶ **SUBLATUS**, Subditus. Charta Benedicti III. PP. ann. circ. 855. tom. 6. Spicil. Acher. pag. 406 : *Omnis Sublatus prælati sui debet imaginem sequendo imitari.* Vide *Sublateralis*.

¶ **SUBLECTILE**, pro Supellectile, in Charta apud Meichelbec. tom. 2. Hist. Frising. pag. 33 : *Donavi... pratas, pascua, Sublectilia, vel quicquid utensiliis possidere videbar.*

SUBLEGEREUS, in Fœdere Alfredi et Godrini Regum cap. 5. qui fœdo se polluit incestu : ex Sax. sybleger, quippe syble, est cognatus et consanguineus, et leger, concubitus, seu *accubitor*, ut vult Spelmannus : unde, inquit, Legatos residentes *Legers* vocamus.

¶ **SUBLEMENTUM**, pro Supplementum, in Charta Ottonis Imper. ann. 1000. apud Calmet. inter Probat. tom. 1. Histor. Lothar. col. 398 : *Si locis divino cultui mancipatis alicujus honoris et augmentationis Sublementum præbuerimus, divinitus nos remunerari procul dubio credimus.*

SUBLESTIA, *Infirmitas, tristitia*, in Gloss. Isidori. Ibid. : *Sublestis, infirmus, tristis*. [Ubi pro *tristitia* et *tristis* Grævio scribendum videtur *tenuitas* et *tenuis*.] Henricus Rosla in Herlinsberga :

Per loca pax fruges, pestem Sublestia sparget.

Vide Festum et Latinos scriptores.

¶ **SUBLESTUS**, Subditus, in Catalogo Episc. apud Mabill. tom. 4. Analect. pag. 530 :

Advena sim licet, exilis, vilissimus, excors;
Sublestus vestris sum tamen obsequiis.

¶ **SUBLEVARE**, Exigere, Gall. *Lever* : de tributis dicitur. Tabul. B. M. de Bononuntio Rotomag. : *Aut aliquam aliam exactionem ab ipso, rebus et judiciis Sublevando et capiendo, etc.* Vide *Levare* 3.

* Aliud sonat vox Gallica *Soubslever*, scilicet Rapere, abducere, vulgo *Enlever*, in Lit. remiss. ann. 1400. ex Reg. 155. Chartoph. reg. ch. 112 : *Comme icellui Jehan eust Soubslevée une jeune femme, appellée Mahaut ;.... et telement l'induisy qu'elle se parti et s'en ala avec ledit Jehan.... Ledit Jehan avoit ainsi induitte, amenée et Soubzlevée ycelle Mahaut.*

* **SUBLEVATOR**, Qui sublevat, tuetur. Vita Burch. tom. 10. Collect. Histor. Franc. pag. 351 : *Rex ...... ejus providentiæ commisit, ut Sublevator fidelis atque defensor ipsius ecclesiæ adversus hostes malignos terrarumque invasores existeret.*

¶ **SUBLEVITA**, Subdiaconus, apud Hemereum in August. Viromand. pag. 161. ex Charta ann. 1146. et apud Miræum t. 2. p. 1196. col. 2. ex Charta ann. 1195.

¶ **SUBLIGAMENTUM**. Vide *Suffibulatorium*.

SUBLIGAR, Cingulum, quo equus subligatur, vel ligula caligæ. Glossarium Saxon. Ælfrici : *Subligar*, rearmgyrd. Joannes de Garlandia in Synonymis :

Subligar est ligula, caligas quia subligat alte.

¶ **SUBLIGATORIUM**. Vide *Suffibulatorium*.

** **SUBLIGO**. Abbo de Bell. Par. lib. 1 vers. 627 :

.... hominum quot equum pecudumque boumque
Sublegere mihi natos natasque, suumque.

Ubi Glossa : *Furati sunt.*

1. **SUBLIMARE**, Coctione vel igne perpurgare, *Sublimer*. Petrus Crescentius lib. 1. de Agricult. cap. 3 : *Sublimatio quidem et distillatio aquas rectificant malas.*

¶ 2. **SUBLIMARE**, In sublime ferre, extollere, sublimem facere. *Quos magistri equitum ac peditum pompa Sublimat*, in Cod. Theod. lib. 8. tit. 5. de Cursu leg. 44. Capitul. lib. 7. cap. 143 : *Sed quia, Deo auxiliante, per merita et intercessionem sanctorum servorumque Dei, quos Sublimare et honorare curavimus, etc.* Chron. Pisanum apud Murator. tom. 6. col. 105 : *Urbem Pisanam in tantum honorem non esse Sublimandam, et ei satis sufficere, si patrum suorum honore contenti fuerint.* Charta ann. 1038. ex Schedis Præs. *de Mazaugues : Ego Hugo vocitatus in sancta sede Dignensi officio præsulatus gratia Dei Sublimatus.* Instr. ann. 1523. apud Ludewig. tom. 5. Reliq. MSS. pag. 322 : *Ut omnimodo regia sua dignitas fidelem nostrum animum, personam suam regiam atque nomen Sublimandi, etc.*

¶ 1. **SUBLIMATIO**, Amplitudo. Chron. Farf. apud Murator. tom. 2. part. 2. col. 628 : *Hujus negotii mendacissimos auctores absque pœnitudine vidimus interire... post illius honoris Sublimationem.* Vide supra *Sublimare* 1.

¶ Sublimatio, In Regem inauguratio, Gall. *Couronnement*. Charta ann. 1132. apud Lobinell. tom. 2. Hist. Britan. col. 282 : *Anno ab Incarnatione Domini* mcxxxii. *Kal. Dec. anno secundo Sublimationis Philippi filii Ludovici Regis Francorum, etc.*

* 2. **SUBLIMATIO**, Amplificatio, incrementum. *Pro statu hujus regni et Christianitatis Sublimatione*, in Diplom. Ludov. Transm. ann. 936. tom. 9. Collect. Histor. Franc. pag. 585.

* 3. **SUBLIMATIO**, Excoctio, percoctio, vox Chimica. Arnald. de Villanova in Rosar. MS. cap. 4 : *Per successivam vero illius* (argenti vivi) *reiterata vice Sublimationem figitur scilicet, et non vertitur in terram, imo fusionem dat metallicam.* Vide *Sublimare* 1.

¶ **SUBLIMATOR**, Qui alium sublimem facit, alterius protector. Salvianus lib. 1. de Gubernat. Dei cap. 8 : *Sublimator* (Deus) *quia potentiorem* (Abrahamum), *omnibus fecit.* Capitul. lib. 7. cap. 142 : *Adjutores et defensores, atque Sublimatores Ecclesiarum et cunctorum servorum Dei pro viribus existant, etc.*

¶ **SUBLIMIS**, *Sublimes potestates* dicuntur Præfecti Prætorio, in Cod. Theod. tit. 28. lib. 11. de Indulg. debit. leg. 6. Iisdem titulus *Sublimitatis* tribuitur ibidem leg. 18. de Agent. (6, 27.) Vide Præfat. in Digest.

¶ Sublimes Scholæ, Theologicæ, in Chronic. Mauriniac. : *Habens secum velut auxiliatorem magnum Willelmum Catalaunensem Episcopum, qui Sublimes scholas rexerat.*

SUBLIMITAS, Titulus honorarius Regum, apud Nicolaum I. PP. Epist. 36. 50. [in Charta Caroli Simplicis Reg. Fr. ann. 918. inter Probat. Hist. Sangerm. pag. 21. apud S. Bernardum Ep. 255.] etc. Episcoporum, apud Facundum Hermianensem libro contra Mocianum, initio, Ruricium lib. 2. Ep. 11. 40. 52. 62. Joannem VIII. PP. Epist. 30. etc. [Vide *Sublimis*.]

* Eo etiam donatur Campaniæ comitissa in Charta ann. 1206. ex Chartul. Campan. fol. 270. v° : *Venerabili et karissimæ dominæ*

sua Blanchæ comitissæ Trecensi palatinæ H. decanus totumque Cathalaunensis ecclesiæ capitulum, ... rogamus...... Sublimitatem vestram, quatinus, etc. Sed et hunc sibimet tribuit abbas Angeriacensis in Chartul. ejusd. monast. fol. 169. r° : *Alduinus abbas divina annuente misericordia S. Joannis Angeriaci monasterii,.... accessit ad nostram Sublimitatem quidam vir, etc.*

¶ **SUBLINGIUM**, Sublingua. Vide *Sublinguium.*

SUBLINGUIUM, Papiæ, *Operculum gurgulionis, quasi parva lingua, quæ foramen linguæ recludit, vulgo Livitila dicitur. Sublinguium, sonitus qui sub lingua sonat, quasi non bonus aut rectus sonitus, aut submurmur.* Addit Ugutio, *vel folium, vel aliud quod sub lingua ponit et cantat, ut decipiat.* Gloss. Gr. Lat. : Ὑπογλώσσιον, *sublingua.* Idem Ugutio : *Sublinguium, locus subtus linguam. Sublingium* nude habent Glossæ Arabico-Lat.

¶ **SUBLIPPUS**, ὑπόπτιλλος, in Gloss. Lat. Gr.

¶ **SUBLOCUMTENENS**, Locumtenentis vices agens, Gall. *Souslieutenant*, in Litteris ann. 1558. apud Rymer. tom. 15. p. 485.

SUBLONES, Ὄρυγες, θήλια ἐργαλίατα, in Gloss. Lat. Gr. emendat Casaubonus, θηρία, ἐργαλεῖά τε. Sunt autem eidem *Sublones*, hinnuli, cum primum cornua iis prorumpunt.

¶ **SUBLUCARE**, Sublucere. Gloss. Lat. Græcæ : *Subluco*, ὑποκαθαίρω.

SUBLUCULUS, *Obscurus*, ὑπόμαυρος, ὑποσκότεινος, in Gloss. Gr. Lat.

* **SUBMAGISTER**, Secundus magister, Gall. *Sous-maître.* Stat. colleg. Navar. ann. 1315. in Lib. rub. Cam. Comput. Paris. fol. 515. r° : *In dicta domo ponatur quidam ydoneus gramaticus bonæ vitæ, qui Submagister vocabitur, ad instruendum juniores in primitibis scientiæ gramaticæ.*

* **SUBMAGISTRATUS**, Prioratus *submagistro* attributus, in Bulla Pauli III. PP. ann. 1535. apud Stephanot. part. 1. Antiq. Bened. Lemovic. MSS. pag. 474 : *Unus Submagistratus etiam novitiorum.*

¶ **SUBMAJOR**, Urbis Subpræfectus, cujus dignitas *Submajora* dicitur. Charta ann. 1288. apud Rymer. tom. 2. pag. 402 : *Noverint universi quod... Submajor, Jurati ac Communitas hominum civitatis Baionensis, etc.* Vide *Majora* in *Major*, col. 349.

SUBMANENTES. Vide *Manentes.*

SUBMANICATUS, Ligatus manicis, sive vinculis. Glossarium Ælfrici Saxonicum : *Submanicatus*, Beslifan, gebunden. i. ligatus, vinctus manicis. Lex Longob. lib. 1. tit. 16. § 7. [** 146. (6, 93.)] : *Si ipsam comprehendere præsumpserit, et ad casam suam ligatam, aut Submanicatam adduxerit, componat sol.* 100. Ubi Boërii Glossæ exponunt : *ligatam manicis propriis.* Editio Heroldi pag. 151. habet hoc loco *saumatinam*; sed perperam.

SUBMANSOR. Vide *Manentes.*

SUBMANUM Fulgur, κεραυνοβόλιον ἀπὸ πρωὶ νυκτέρινον, in Gloss. Gr. Lat.

SUBMEIES, in Gloss. Isid. *Qui in lectulo ingit.* In Gloss. Lat. Gr. habetur *Submelus* hac notione : locus non succurrit.

☞ Rem resarcit Grævius in notis ad Glossas Isidori, ubi *Submeles* legit, ex Marcello Empirico lib. de medicamentis cap. 26 : *Leporis testiculi torrefacti, et ex vino poti par remedium Submejulis præstat.* Ibidem : *Ungues aprugni exusti tritique in potione sumti efficaciter Submejulis prosunt.* Rursum : *Urinæ propriæ quantumcumque ignoranti Submejulo efficaciter offertur.*

¶ **SUBMEN.** Vide *Subventrile.*

¶ **SUBMENTUM.** Vide *Summentum.*

SUBMERGIUM, Pœna submersionis, olim satis in usu. Florarium SS. apud Bollandum 3. Jan. : *Tandem Submergio adjudicatus,... in mare præcipitatus, illustre martyrium consummavit.* Ejusmodi pœnæ *submergii* mentionem agunt non semel scriptores. Agobardus lib. de Grandine cap. 16 : *Propter quam causam multos comprehensos audivimus... plerosque autem affixos tabulis in flumen projectos atque necatos.* Charta ann. 1290. in Tabulario Inculismensi Cameræ Comput. Parisiens. : *Si suspendi debeat condemnatus, videlicet ad furcas proximiori loco ubi fiet condemnatio per eosdem, vel si comburi vel Submergi debeat, in loco viciniori fiat.* Willel. Armoricus lib. 1. Philipp. de blasphematoribus pag. 102 :

Sic ut qui legem fuerit transgressus eandem
Quinque quater solidos teneatur solvere Christi
Pauperibus, aut flumineas jaciatur in undas.

Annales Colmarienses ann. 1302 : *Vitriman frater Scutariorum in sacco Submergitur.* Charta Sigismundi Imp. ann. 1312. in Probat. Hist. Sabaud. pag. 130 : *Concedentes tibi nihilominus autoritatem plenam.... assassinos et robatores stratarum laqueandi, judicandi, ac piratas maris Submergendi, juxta sacrorum legum Canonum et jurium communium sacratissimas sanctiones.* Vita Innocentii VI. PP : *De quibus idem Papa justitiam satis rigidam fieri mandavit, sic quod multi ex eis, etiam qui se nobiles æstimabant, erantque apparenter satis magni status, Submersi fuerunt, aut alias trucidati, etc.* Adde Lactantium de Mortibus persecutor. n. 23. Albertum Argentin. pag. 155. Albertum Stadensem ann. 1163. Abulfaragium in Histor. Dynastiarum pag. 262. etc. Octavianus *de S. Gelais* in Viridario honoris, de Carolo VIII. Rege Franc. :

Et pour en Rome son pouvoir limiter,
En champ de Flour en fist décapiter,
Pareillement jetter en la riviere
Fist cinq ou six, par quoi on peut noter
Que sa puissance estoit fort singuliere.

Vide Radulfum *de Hengham* in Summa parva cap. 3. Jo. Fortescutum de Laudibus legum Angliæ cap. 35. Monstrelletum 1. vol. cap. 265. et alibi, Meurissium in Præfat. ad Hist. Episc. Metens. pag. 17. et supra in *Fossa.*

* Lit. remiss. ann. 1352. in Reg. 81. Chartoph. reg. ch. 439 : *Jehan de Champin jadis escuier ravi et prist à force Jehanne de la Broce, pour lequel fait il a esté noyé.*

* **SUBMERINUS**, Qui *merini* seu majoris vices agit. Ordinat. pro regno Navar. ann. 1322. in Reg. Cam. Comput. Paris. nunc in Bibl. reg. sign. 8406. fol. 304. r° : *Item cum nullus possit extrahere vinum de regno, sine regis licentia vel gubernatoris; et dato quod gubernator det licentiam, nichilominus merini, Submerini, vel aliorum gentes accipiunt ab illis, qui extrahunt vinum, quandoque de pondere xij. denarios et quandoque duos solidos, etc.* Vide *Majorinus.*

¶ **SUBMERSUS**, ὑποβρύχιος. Gloss. Lat. Gr. In Sang. legitur *Summersus impessum.*

SUBMILITONES, Vassalli. Tabularium Abbat. Conchensis in Ruthenis ch. 15 : *Consenserunt etiam ad dictum ejus et factum principes amborum Castrorum, sive Submilitones, pauperes, divites, nobiles, ignobiles, etc.*

** **SUBMINISTER**, Qui *ministerialis* locum tenet. Chart. Fœder. II. Imper. ann. 1223. apud Pertz. Leg. tom. 2. pag. 250 : *Postulavit edici super eo, si officiatus aliquis principis cujuscumque, dapifer scilicet, marscalcus, camerarius vel pincerna, posset principi domino suo, ratione sui officii quemquam ponere Subministrum... Super quo sententiam hanc imperialis curia nostra promulgavit, quod nisi de assensu principis fuerit et ejus libera voluntate, nullus talium offitiatorum Subofficiatum quemquam talem domino suo dare potest, etc.*

** **SUBMINISTERIALES** Regni *et communicipes*, in Berthold. Annal. ann. 1079. apud Pertz. Script. tom. 5. pag. 322. Regno subjectus, regni civis.

¶ **SUBMINISTRATIO**, Auxilium, subsidium, apud vet. S. Irenæi Interpretem in Præfat. ad lib. 1. num. 3. ubi Irenæus habet, ἐφόδιον, quod proprie viaticum auxiliumque viæ sonat.

SUBMINOR, Minoris pretii. Vide supra *Plumacium, Galnabis.*

¶ Subminor, Parum minor. Charta Rudesindi Episc. inter Conc. Hispan. tom. 3. pag. 180 : *Calices argenteos exaratos tres, ex quibus unum Franciscum et eorum pateris; et quatuor auratos Subminores.*

¶ **SUBMISSARE.** Gloss. Lat. Gr. *Submisso*, ὑπογογγύζω. In Sangerman. *Summisso.* Leg. *Submusso*, vel *Summusso.*

¶ 1. **SUBMISSIO.** *Submissionum Curia*, quæ olim *Curia Cameræ* dicebatur, ex Statutis Provinc. lib. 2. cap. 3. pag. 122. edit. 1658. Jurisdictionis species quæ etiam hodie obtinet in Senescalliis Provinciæ, non absimilis ab ea quæ apud Montempessulanum *Parvi sigilli* nuncupatur; a verbo *Submitto*, quod idem atque *Obligo* sonat, ducta, ut videtur, vocis origine. Vide Margaletum et Mourgum in eadem Statuta.

* 2. **SUBMISSIO**, Inductio fraudulenta. Stat. Mantuæ lib. 1. cap. 6. ex Cod. reg. 4620 : *Quæ* (portæ) *claudi debeant donec monstra seu rasigna fieret, ne Submissio aliqua fieri possit de aliquo ex familia dicti dom. potestatis, neque fraus.*

¶ **SUBMISSUS**, Statutus, definitus. Charta ann. 1357. apud Rymer. tom. 6. pag. 44 : *Quæ per concilium dicti domini Regis Angliæ et præfatos Prælatos et Nobiles dicti regni Scotiæ, ac procuratores nostros supradictos, vel eorum quinque, vel quatuor tractata, ordinata, concordata, Submissa, jurata, renunciata et facta fuerint, etc.*

¶ **SUBMITTENTES** Personæ. Vide *Summittantes.*

¶ **SUBMOLINARIUS**, Minister molendini. Tabul. Brivat. fol. 198 : *Molinarii et tres Submolinarii, et tres gartiones, etc.* Vide in *Molina.*

SUBMONERE, Summonere, Citare, vocare, Gallis *Semoner.* Leges Edwardi Confess. et Guillelmi Nothi cap. 1 : *Rex Angliæ Guillelmus... fecit Summoniri per universos Angliæ Consulatus universos Anglos nobiles, sapientes, et sua lege eruditos, etc.* Adde cap. 10. 35.

Submonere ad exercitum, in Constit. Sicul. lib. 2. tit. 20. Bromptonus ann. 1178 : *Et postea Summonere fecit Comites et Barones Normanniæ per literas suas, quod essent ad eum apud Argentonium in Festo S. Dionysii equis et armis parati, secum in suo servitio remanendi.* Matth. Paris ann. 1242 : *Fecit etiam militare subsidium per provincias sibi subditas, quale solet Francia fundere, edicto regali communiter convocari, et civilium communiarum legiones ad Submonitionem regiam alacriter animari.* [Tabul. Vindoc. ann. 1048 : *Ipsas consuetudines donat Gaufridus Comes,... excepta Submonitione pro prœlio in adversarios, vel castro faciendo in marchia.*] Le Roman *de Garin* MS :

Mandez nos homes sans prendre nul respit,
Qu'il n'i remagne qui armes puist soffrir,
Ses Semonnez qu'il vos viengent servir
Cil qui de vos vodra terre tenir.

Alibi :

Vet s'en Fromond, Semoine son barnage.

Formula Submonitionum militarium antiqua habetur apud Frotharium Tullensem Episcopum Epist. 25. recentior in Regesto 10. 12. et 36. Philippi Pulchri Regis Franc. Chartophylacii Regii, quam hic damus :

Philippe, etc. Pour cause certaine et necessaire, qui touche l'Estat de nous et de tout nostre Royaume, nous vous mandons et commandons, que vous veniez sans nul deffaut suffisament appareillez en armes et en chevaus selon votre estat, et selon ce, que nous devez, et en outre si suffisament, que vous nous en devons tenir pour bien payez, soiez à Arraz à cest premier jour de Juing prochain venant, pour faire et accomplir diligemment, ce que vous sera commandé et enjoint de par nous. Donné à Paris le Lundi emprés l'Invention sainte-Croiz l'an de grace 1302.

Philippes par la grace de Dieu Roys de France, au Baillif de Coustantin, Salut. Come nous par nos lettres pendans t'avons autrefois mandé, que tu, les Prelaz, Evesques, Abbez, Chapitres et autres personnes d'Eglise de ta Baillie, qui ost, chevaucie, et quelque autre maniere de service nous doivent, priassiez et requissiez de par nous, et avec ce les Semonsissez, que il as octaves de la Nativité saint Jehan Baptiste nouvellement passée fussent à Arras en armes et en chevaux si souffisament come il devroient, et come à chascun d'eux appartiendroit, pour nous servir, et aler avant avec nous en la besoigne de nostre guerre de Flandres, si comme le fait le requiert; nous veans que à ladite Octave ne povions avoir la gent que cuidions et entendions à avoir, et qui pour aucunes causes apparessans de novel, avons ferme propos de estre audit lieu à la quinzaine de la dite Feste saint Jehan, et encore plustost, se nous onques povons; car dés le jour dui nous somes à la voie de nous traire cele part pour suivre le fait de nostre dite guerre le plustost et le plus hastivement, que pourons à l'aide Dieu : et mandons que tu hastivement, et sans point de delai les requieres derechief, et priez de par nous, et à ce les Semons si estroitement comme tu pourras, que il à ladite quinzaine sans nulle faute soient avec nous si come il devront audit lieu en armes et en chevaus, et autrement apareillié comme à eus apartient, en maniere que nous soions tenus à eus à tousiours mais, et cestui mandement et Semonce fait à leur subgiez esquiex nous avons haute Justice, et à ceux esquiex il ont haute Justice fai faire cette Semonce, et cest mandement par les Prelaz dessusdits. Donné à Paris le Mercredi après la Feste saint Pere et saint Pol l'an de grace 1304.

Au prevost de Paris salut. Nous te mandons et commandons, que tous les non nobles de ta Prevosté, qui ont la value de cent livres parisis en meubles, ou de deus cens livres de tournois en meubles et en heritages tout ensemble, Semon et contraing, si commé tu pourra plus, que sans nulle dilation soient à la quinzaine de la Magdelaine prochaine venant à Arraz, garni et appareillié pour faire nostre service, si que nous nous en doions tenir pour bien paié.

Au Baillif de Senlis, salut. Comme nous t'avons mandé par nos autres lettres, que tous ceus de ta baillie, qui de toi tiennent en fié, qui ont la value de 200. *l. de rentes à tournois, de quelque Seigneur que il tiennent; Semonsisses que chier comme il nous ont, et sus quanque il se pevent meffaire vers nous, soient à Arras à la quinzaine de la Magdelaine en armes et en chevaux appareilliez; de nous servir en nostre besoigne de Flandres, et si garni et arrée que nous en doions tenir pour bien paié, et que nous en sachions gré; encore te mandons-nous et comandons, que tu ledit mandement faces et accomplisses bien et diligemment, et tous Chapitres, Abbez, Prieurs, et Convens, Eglises, et Commun de ta Baillie, qui aucun service nous doivent faire, et à toute autre maniere de gens, quelque ils soient, et coment que il soit encore contenu esdites lettres, que tu feisses generalement crier par toute ta Baillie qua toute autre maniere de gens, soit Gentilshommes ou autres, soient garnis et appareilliée en armes et en chevaux selon l'estat de chascun, en tele maniere, que ils soient prest et garni de faire nostre service toutefois, que nous leur feron savoir. Le devant cri et comandement general fait bien et diligemment faire et accomplir, selon, que il est contenu en nosdites lettres.* Complures aliæ ejusdem fere tenoris habentur nobilium submonitiones in hisce binis Regestis, de quibus præterea in vocibus *Hostis*, *Herebannum*. Tantum observo, Barones in Francia per proprias Principis litteras submoneri solitos, quod attigimus in Elogio Joannis D Joinvillæ pag. 19. Vide Statuta Delphinalia pag. 39.

¶ Submonere *pro festo faciendo* vassallos suos poterant itidem Domini capitales, ut colligitur ex Charta ann. 1210. ex Tabul. Corbeiensi : *Si dictus Vicedominus* (de Pinchonio) *me pro festo faciendo Submonuerit, ego cum uxore mea per octo dies secum ad custum meum debeo remanere.* Eadem habentur in Charta ann. 1240. ex eodem Tabulario.

Submonere, In jus vocare per apparitorem, *implacitare*, citare. Quoniam Attachiamenta cap. 2 : *Est autem Summonitio, certi diei et loci exhibitio, partibus facta ad diem legalem.* Leges Henrici I. Regis Angl. cap. 41 : *Qui residens est, ad domum suam Submoneri debet de quolibet placito cum testibus. Ad rectum Summoniri*, cap. 42. 55. Sugerius in Ludovico VI. cap. 2 : *Nec mora, quin præfatum Burchardum ante Patrem Castro Pinciaco Submonitum coegerit.* [Charta Philippi Aug. ann. 1194. pro Atrebat. : *Nullus intra pacem civitatis manens Submoneri debet, nisi per scabinos, et scabini non possunt contradicere quin eant cum justitia nostra, quandocumque eos Submonuerit, sed justitia debet eis dicere causam Submonitionis, an sit rationabilis, nec ire debent, nisi sit rationabilis. Asemoncer*, in Privileg. habitatorum *de Commines* ann. 1364. inter Ordinat. Reg. Franc. tom. 4. pag. 523. sic enim legendum videtur pro *Asemouiré*, uti editum est.] Passim, de iis *submonitionibus* multa habent Bracton. lib. 5. tract. 1. cap. 6. Fleta lib. 6. cap. 6. Regiam Majestatem lib. 1. cap. 6. Quoniam Attachiamenta cap. 2. 3. Bellomanerius MS. cap. 2. Butelerius in Summa Rurali lib. 1. cap. 3. Vetus Consuetudo Normanniæ cap. 61. [Gallandus de Franco allodio pag. 247. 248. Altaserra de Ducibus pag. 318. 320. Choppin. in Consuet. Andegav. cap. 46. pag. 450. etc. Vetus Poeta MS. ex Bibl. Coislin. nunc Sangerm. :

Li juges dit qu'il a meffait,
Celui a fait Semondre à plait,
A jour que cil estoit Semons
Qui devoit faire son respons.]

Vide *Placitum.*

In controversiis, quæ inter ipsos *Pares* enascebantur, reum Dominus evocabat per *pares* ipsos, seu vassallos, qui judicio interesse debebant. Assisiæ Hierosolymitanæ MSS. cap. 223 : *Comment, et où le Seigneur peut et doit faire Semondre ses hommes du service, qu'il lui doivent. Se sont les manieres, selon ce que à moy semble, et sovient ores, coment les Seignors peuvent et doivent faire Semondre leurs homes dou service que ils li doivent, et que il les en peuvent faire Semondre, mais que il aie court là où il les Semont. Ce est assavoir deus de ses hommes, ou plus, et le peuvent faire Semondre par trois de ses hommes un en son leue, et deux comme court ou bien par son banier.* Et cap. 225 : *Le Seigneur peut encore Semondre luimesme son vassal, et en cas il le doit faire devant deux de ses hommes, ou plus, pour ce que il à recort de Court, se mestier li est.* Le Roman *du Renard* MS :

Sire, pour ce devant l'esgart
Deussiez Semondre renard
Par un de vos Pers, et mander.
Ne deussiez pas commander,
Faire Semondre par garçon
Tel Chevalier, ne tel Baron.

Extant complura hujusce moris exempla in Tabulis et Historiis Francicis, ex quibus insigne est illud, quod refert auctor Chronici Flandrici cap. 33. ubi ait, Regem Angliæ Eduardum submonitum fuisse a duobus Paribus Franciæ, Episcopis Bellovacensi et Noviomensi : *Quand le Roy de France oit les nouvelles et complainte qui de tous lez venoient des gens le Roy d'Angleterre, moult en fu iré. Si manda tan-*

tost les Pers de France, et leur montra les injures, que le Roy d'Angleterre luy faisoit, et les conjura que drois luy en dissent. Et les Pers jugerent qu'on envoia deux des Pers au Roy d'Angleterre. Tantost on y envoia l'Evesque de Beauais et l'Evesque de Noyon : et ne finirent, si vindrent en Angleterre, et trouverent le Roy en un sien Chastel, qu'on appelle Windesore. Là lui baillerent leurs lettres, et lui dirent, Sire, les Pers de France ont jugé, qu'on vous adjourne sur les demandes, que le Roy de France vous fait, et nous, qui sommes Pers de France, vous y adjournons, et que dedans 40. jours veniez respondre à cette chose. Aliud exemplum antiquius submonitionis per Pares hic damus ex Tabulario Campaniæ, quod in Bibliotheca Regia asservatur fol. 139. et 112. ex quo cujusmodi etiam fuerit Parium Franciæ judiciorum ratio, cuivis colligere liceat : *Guillermus D. G. Cathalaunensis Episcopus universis, ad quos præsens scriptum pervenerit, in Domino salutem. Noverit universitas vestra, quod cum dilecta et fidelis nostra Blancha Comitissa Campaniæ citata esset per Ducem Burgundiæ, M. de Montemaurentiaci, et Willelmum de Barris, ut iret in Curiam Domini Regis juri paritura super querela quam Erardus et Philippa, quæ dicitur uxor ejus contra eamdem Comitissam et Th. ejus filium proponebant : et super eo, quod idem Erardus et eadem Philippa petebant a domino Rege, ut ipse Rex reciperet homagium ejusdem Erardi de Comitatu Campaniæ, sicut inde tenens fuerat quondam Comes Henricus, quem ipsa Philippa patrem suum esse dicebat : tandem apud Meledunum in præsentia D. Regis constituti prædicta Comitissa Campaniæ et Th. filius ejus ex una parte, et prædicti Erardus de Brena et Philippa ex altera, requirentes super hoc sibi fieri judicium, judicatum est ibidem a Paribus Regni Franciæ, videlicet a venerabili patre nostro A. Remense Archiep. et dilectis fratribus nostris Willelmo Lingonensi, Ph. Belvacensi, St. Noviomensi Episcopis, a nobis etiam et ab Odone Duce Burgundiæ et a multis Episcopis et Baronibus Regni Franciæ, videlicet Altisiodorensi, R. Carnotensi, G. Silvanectensi, et J. Lexoviensi Episcopis, et Willelmo Comite Pontivi, R. Comite Drocarum, P. Comite Britanniæ, G. Comite S. Pauli, Willelmo de Rupibus, Senescallo Andegavensi, Willelmo Comite Joigniaci, J. Comite Bellimontis, R. Comite de Alençon, audiente Domino Rege et judicium approbante, quod homagium Erardi de Brena vel Philippæ supradictæ de Comitatu Campaniæ nullatenus recipere debeat, quamdiu Bl. Comitissa et Th. filius ejus vellent jus facere in Curia Domini Regis et prosequi, quia usus et consuetudo Franciæ talis est, quod ex quo aliquis saisitus est de aliquo feodo per Dominum feodi, Dominus feodi non debet alium recipere in hominem de eodem feodo, quamdiu ille, qui saisitus est de feodo per dominum feodi, velit et paratus sit jus facere in Curia Domini feodi, et prosequi. Et quia Comitem Th. patrem istius Th. per assensum Baronum regni Franciæ nullo contradicente recepit Dominus Rex in hominem de Comitatu Campaniæ et Briæ, sicut pater ejusdem Comes Henricus inde tenens fuerat, et post decessum dicti Comitis Th. recepit Blancham Comitissam de eodem Comitatu in feminam suam sicut de baillio, et postea Th. filium ejus, salvo baillio matris suæ, de eodem Comitatu in hominem recepit nullo contradicente, de jure non debebat Dominus Rex dissaisire B. Comitissam vel Th. filium ejus de Comitatu Campaniæ et Briæ, quamdiu parati essent jus facere in Curia ipsius Regis, et prosequi. Et ipsa Comitissa coram Domino Rege, coram nobis et coram Baronibus regni id semper obtulit. Hoc autem judicium prædictum concesserunt prædicti Erardus et Ph. et ea die, qua istud judicium factum fuit, nihil amplius quæsierunt a prædicta Comitissa Campaniæ et ejus filio, et sic sine die recesserunt. In cujus rei testimonium præsentes Litteras fieri præcepimus sigilli nostri munimine roboratas. Actum Meleduni ann. Dom.* MCCXVI. *mense Julio.* [Vide in *Par*, pag. 71.]

Interdum etiam ad ejusmodi submonitiones adhibebantur *Milites*, non *Pares*, quod ex Aresto dato Parisiis ann. 1224. docemur, in quo hæc habentur : *Cum esset contentio inter Johannam Comitissam Flandriæ ex una parte, et Johannem de Nigella ex altera, idem Joannes appellavit Comitissam de defectu ad Curiam Regis. Dominus Rex fecit Comitissam citari coram se per duos Milites. Comitissa ad diem comparens, proposuit se non sufficienter fuisse citatam per duos Milites, quia per Pares suos citari debebat : partibus appodiantibus se super hoc, judicatum est in Curia Domini Regis, quod Comitissa fuerat sufficienter et competenter citata per duos Milites, et quod tenebat et valebat Submonitio per eos facta de Comitissa.* Edwardus I. Rex Angliæ et Dux Aquitaniæ submonitus fuit a Senescallo Petricorensi et duobus aliis Militibus ad Parlamentum Regium 20. post Natalem Domini die ann. 1293. tenendum, responsurus de aliquot excessibus ac forisfactis. In Transactione inita inter Carolum V. Regem Franc. et Philippum Ducem Aurelianensem pro ejusdem Ducis apanagio, mense Januario ann. 1366. exaratum legitur, Ducem submonitum fuisse per Comitem Bononiæ et Comestabulum Franciæ : in Regesto *Olim*, fol. 57.

Id olim juris sibi arrogarunt Prælati Normannici, ut quoties per Regem ab apparitore regio citarentur ac submonerentur, is quatuor Militibus comitatus esse deberet : *Quod quoties citantur Episcopi, cum serviente Regis intersunt quatuor Milites, ut possint ferre recordationem de citatione facta ; aliter nec ad citationem venire, nec, si venerint, respondere cogentur. Inhonestissimum enim esset, ut dicebant, quod asserente serviente Regis se citasse Episcopum, compelleretur Episcopus vel emendam præstare tanquam deficiens, vel jurare, sicut faciunt alii, se non fuisse citatum.* Quapropter Regem rogarunt, ut hæc consuetudo deinceps servaretur : quod statutum a Rege fuit in rebus, quæ *Baroniam* tangerent solummodo : *Intererunt quatuor Milites, quando citabuntur Episcopi super rebus pertinentibus ad Baroniam. Inter inquestas terminatas Parisiis in Parlamento B. Martini hyemal. an. D.* 1258. Atque id relatum in veter. Consuetud. Normann. cap. 61 : *Les Barons doivent estre Semons par le Bailli, ou par le Vicomte, ou par le maistre Sergent, pardevant quatre Chevaliers au moins, qui puissent porter tesmoignage de la semonce.*

Quod vero dicebant Episcopi inhonestissimum fore, ut servienti Regio fides adhiberetur, submonitionem a se factam asserenti, hoc vero Episcopis denegantibus, Assisiæ Hierosolymitanæ cap. 225. id statuunt, si Banerius, (*Le Banier*) seu apparitor, Baronem aliquem de servitio suo submonuerit, et is defecerit, Banerio submonitionem factam a se asserenti fidem habendam : *Le Banier en doit estre creu, se il dit, que il l'a Semons : et se lui dit par la foi, que il doit au Seignor, que le Banier ne le Semonist de cette semonce, si com il dit et attaint en est quite, ou se non il pert son fié.* Hinc forte natum apud nos proverbium : *Sergent à Roy est Pers à Comte.*

Cæteri etiam Barones Franciæ simile sibi jus asserere conati sunt, ut non nisi a militibus submonerentur : *Super eo quod quidam Barones Dom. Regi supplicabant, quod homines et subditi sui non adjornarentur coram D. Rege per gentes Regis ; sed potius per ipsos : responsum fuit quod dominus Rex hoc non faceret, nec hoc tenebatur facere, nisi vellet. Inter Judicia, Consilia et Arresta expedita in Parlamento Candelosæ ann.* 1276.

Eadem ratione Episcopi, qui sibi invicem Pares dicuntur, locis in v. *Par* laudatis, non nisi a paribus Episcopis judicari atque adeo submoneri poterant. Nota sunt, quæ de Nestorio Patriarcha CP. et Dioscoro Patriarcha Alexandrino habent Acta Conciliorum Ephesini et Calchedonensis, quos ab Episcopis ad ea Concilia citatos et submonitos narrant. Vide Liberatum Diac. cap. 13. et Joannem VIII. PP. Epist. 275. Libellus proclamationis Rothadi Episcopi Suessionensis ann. 863 : *Tunc tres Hincmarus Archiepiscopus Episcopos ad me misit, mandans ad Synodum ipsam ut sine mora venirem.*

Id denique juris sibi olim asseruere Francici Prælati, Regem Ecclesiarum vassallos per suos officiales submonere non debere, sed per Ecclesiasticorum officiales. Inter articulos Regi Philippo Pulchro oblatos sub exitum ann. 1296. a Franciæ Prælatis pro auxilio pecuniario pro bello Aquitanico et Flandrensi, hæc habentur : *Verum cum temporibus vestris in hominibus Ecclesiarum quædam novitas sit inducta, videlicet quod ad exercitus vestros Flandriæ ac Wasconiæ ire, vel mittere vel se redimere per vestros Curiales dicti homines sunt compulsi, faciendo nomine vestro banna et præconizationes in terris Prælatorum ipsorum sine voluntate, imo etiam contra voluntatem eorum, quod nunquam alias anteactis temporibus factum fuit, supplicant supradicti Prælati eis concedi Litteras regias, quod per præmissa vestro tempore innovata Ecclesiis, vel earum hominibus præjudicium nullum fiat, et quod a similibus cessabitur in futurum.* Charta Radulphi de Balgentiaco ann. 1085. in Tabulario Vindocinensi fol. 193 : *Nullum faciet ire in bannum, vel corveam, sive equitatum,* (præterquam in aliquot casibus ibi expressis,) *et tunc qui-*

dem non per Præpositum suum aut vicarium suum submonebuntur homines monachorum ; sed monachis tantum dicetur, ut ipsi unum de servientibus suis homines faciant submonere.

¶ Submonitio, In jus citatio, vocatio. Charta Ludovici VI. Reg. Franc. ann. 1123. in Hist. Blesens. pag. 95 : *Annuimus quod illi Submonitionem, vel falsum clamorem non emendent.* Litteræ Caroli V. Reg. ann. 1367. tom. 5. Ordinat. pag. 73 : *Quodque dictus Major haberet omnes Submonitiones hominum bailliæ suæ ad rectum, etc.*

* Submonitio in Armis, Id est, Ad exercitum. Charta ann. 1210. in Chartul. S. Vinc. Laudun. ch. 159 : *In villa de Villari positionem majoris, gallinas, Submonitionem in armis, etc.*

¶ Summonicio, in Charta apud *Madox* Formul. Anglic. pag. 12.

¶ Summoncio, Eadem notione, in Charta Richardi Reg. Angl. Locus est in *Superassissæ.*

Resummoniare, Iterum summonere, in Fleta lib. 1. cap. 1. § 20.

¶ Resummonitio, Iterata submonitio. Vide *Blount* in Nomolex. Anglic.

Summosa, pro *Submonitione*, in Charta Roberti Guiscardi, apud Baron. ann. 1093. n. 20 : *Et in Curia ipsius monasterii per ejus Summosam veniant ad justitiam faciendam.*

Submonitor, Gallis *Semonneur.* Κλητήρ, apud Harpocrationem, κλητῆρες οἱ ἄνδρες δι' ὧν εἰς τὰς δίκας προσκαλοῦνται οἱ διαδικαζόμενοί τισι. *Legalis Summonitor*, in Regiam Majestat. lib. 1. cap. 6. § 2. Tabularium Vindocinense : *Per ordinarium Submonitorem in curiam vocatus.* Breve Judiciarium apud Littletonem sect. 234 : *Et quod summoneat eos per bonos Summonitores, quod sint coram justitiariis, etc.* [*Summonitores ordinarii, legales, boni : Summonitores scaccarii*, apud Kennet. in Gloss. ad calcem Antiquit. Ambrosden.] *Li Sumenour*, in Legibus Normann. Will. Nothi cap. 45. Assisiæ Hierosol. MSS. cap 78 : *Les 3. Semonnoirs doivent querre celui de quoy l'on s'est clamé.* Infra : *Si requiert et commande à sa Cour, que elle li connoisse, se il est attaint du murtre, et se les Semonnoirs ont recordé en la cour, que ils avoient fait la semonce.* Adde cap. 215. et seqq. et 223. Apud Bellomanerium in Consuetudine Belvacensi caput 2. inscribitur, *des semonces et des Semonneurs et de ceus, qui n'obeïssent as semonces, et comme on doit semonre.* De officio *Summonitorum*, agit præterea Radulfus *de Hengham* in Summa magna cap. 5.

* *Cemonceur*, Apparitor curiæ ecclesiasticæ, in Lit. remiss. ann. 1405. ex Reg. 160. Chartoph. reg. ch. 231 : *Icellui Souchu, qui estoit Cemonceurs et porteurs de cemonces sur poures gens, etc.*

Submonitoriæ, Epistolæ, quibus Episcopi ad Concilium submonentur, et evocantur. Radulfus de Diceto : *Archiepiscopis, Episcopis, Abbatibus, de convocandis ad Concilium generale Submonitorias patentes ostendit.*

* Submonere Alicui Rem, Illam nunciare, declarare, vel offerre, proponere. Charta ann. 1188. in Chartul. Cluniac. : *Si homo de valle terram suam vendere voluerit, prius eam Submonebit priori : si prior emere voluerit, levius emet.*

SUBMONITIO, f. Suppeditatio. Necrolog. Eccl. Carnot. : *Acquisivit etiam apud Menuesin generaliter quiquid Major habebat in granica capituli,... præter unam minam avenæ, quam habet propter Submonitionem saccorum.* Vide alia notione in *Submonere.*

¶ **SUBMONITOR**, Idem qui *Proscholus.* Vide in hac voce. Hujus erat admonere pueros officii sui antequam ad Magistrum accederent, eorum lectiones excipere, priusquam ii in scholam venirent : unde *Submonitor* dictus. Statuta Scholarum Paris. ann. 1357. apud Lobinell. tom. 3. Hist. Paris. pag. 447 : *Nullus tradet scholas suas ad firmam, nec habebit socium, sed habere poterit Submonitorem. Nullus tenebit Submonitorem qui cum alio magistrorum fuerit, nisi tribus scholis, etc. Nullus Submonitor tenebit scholas juxta magistrum suum, nisi tribus scholis intermediis... Si contingat vos capere Vicemagistrum, præsentabitis eum domino Cantori.* Vide alia notione in *Submonere.*

* Charta circ. ann. 1373. inter Instr. tom. 10. Gall. Christ. col. 276 : *Fundavit et dotavit unum colegium perpetuum duodecim scholarium, cum uno magno Submonitore et uno procuratore, quæ personæ faciunt quindecim numerum.* Ubi aut *quatuordecim* legendum est; aut, quod malim, *cum uno magistro, submonitore et uno procuratore*, qui error ex voce *magistro* contracte scripta ortus videtur.

¶ **SUBMONITORIUS.** Vide in *Submonere.*

* **SUBMONTES**, Montes, loca montana. Hist. belli Forojul. apud Murator. tom. 3. Antiq. Ital. med. ævi col. 1202 : *Johannes, natione Utinensis, contestabilis sociorum xxv.... vadens per Submontes, quum applicuit ipse Johannes cum ejus comitiva Avianum, reperiit Sacillum fore datum parti adversæ...... Qui statim venientes per Submontes, ob timorem inducti, videntes ipsas gentes talia loca fortissima verbo tantum vincere, venerunt in ipso constanti et fortissimo castro Maniaci.*

* **SUBMOTIO**, Vide infra *Summotio.*

¶ **SUBMUNTORIA** Brachiorum, Axillæ, Gall. *Aisselles*, f. pro *Submotoria.* Sebast. Perusinus in Vita B. Columbæ Reatinæ tom. 5. Maii pag. 392 * : *Eorum filius domum rediit cum magnis febribus et glandulis in Submuntoriis brachiorum.*

* Leg. videtur *Submunctoria.*

¶ **SUBMURMUR.** Vide *Sublinguium.*

¶ **SUBMURUM**, vel Submurus, Prædium, quod est ad urbis muros. Chron. Farfense apud Murator. tom. 2 part. 2. col. 481 : *Item in Submuro civitatis Reatinæ et ad sanctum Georgium, terram et vineam, et medietatem molini majoris, etc.* Vide infra *Suburbanum.*

SUBNEMUS. Vide *Subboscus.*

SUBNERVARE, Willelmo Britoni in Vocab. MS. *est nervos poplitum succidere. Tunc equus Subnervatur, cum nervi poplitum præciduntur. Veredos truncare*, in Anonymo Valesiano de Constantino M. pag. 471. Gloss. Gr. Lat. : *Subnervare*, νευροκοπεῖν. Ignotus Casinensis cap. 9 : *Post dies aliquot suos Subnervantes equos, navigare cœperunt.* Occurrit in Josue cap. 11. 2. Regum cap. 8. et 1. Paralipom. cap. 18. [apud Tertull. adv. Judæos cap. 10. et Apuleium in Apologet.] Vide *Expeditare*, et *Sgarretare.*

¶ **SUBNOTARE.** Charta Caroli III. ann. 903. inter Probat. Hist. Sangerm. pag. 21 : *Ernustus Notarius ad vicem Askerici Episcopi Subnotavit.* Quæ formula huic longe usitatiori respondet : *ad vicem N. recognovit.*

* **SUBNOTATIO**, Subscriptio. Charta Balduini comit. Hann. ann. 1147. in Chartul. Clarifont. ch. 16 : *Præsentis scripti paginam sigilli nostri impressione firmamus et liberalium virorum Subnotatione roboramus.*

¶ **SUBOBSITUS**, Tectus, opertus. Vita S. Mariæ Ægypt. tom. 1. April. pag. 85 :

Illa gradum fixit, manibusque Subobsita dixit.

** **SUBOCCULTE**, Occulte, in Chron. Palatin. apud Maium Spicil. tom. 9. pag. 125.

SUBOCULARE, Pars, quæ subest oculis, Græcis ὑπώπιον. Joannes Diaconus in Vita Gregorii M. lib. 4. cap. 84. ubi describit vultum ejusdem Gregorii : *Fronte speciosa, elatis et longis, sed exilibus superciliis, oculis pupilla fulvis, non quidem magnis, sed patulis, Subocularibus plenis, etc. Suboculares venæ*, apud Vegetium lib. 4. Artis veterin. cap. 4.

¶ **SUBOFFICIALIS**, Officialis vicarius. Honorii IV. PP. Statuta pro regni Neapolit. incolis ann. 1285. apud Raynaldum num. 45 : *Subofficiales non capiant animalia deputata ad centimulos.*

** **SUBOFFICIATUS.** Vide *Subminister.*

¶ **SUBOLA**, Vasconibus, Regio sylvestris, ex Valesio in Notit. Gall. pag. 535. col. 2.

* **SUBOLERE**, Crescere. Glossar. Lat. Gall. ex Cod. reg. 7692 : *Subolere, Croistre.*

¶ **SUBOPERARIUS**, Qui operibus publicis sub Magistro operarum vacat. Constitut. Eccles. Valent. inter Conc. Hispan. tom. 4. pag. 191 : *Suboperarius ecclesiæ non possit recuperare aliquam annatam ex beneficiis vacantibus, nisi in præsentia domini operarii canonici.* Vide *Operarius.*

* **SUBORDINATIO**, pro *Subornatio*, testium corruptela. Instr. ann. 1385. tom. 5. Cod. diplom. Polon. pag. 81. col. 2 : *Quod prædicti testes, non intuitu justitiæ, sed magis ad inductionem et Subordinationem ac favorem ipsius Heydeckli.... singula dicerent, etc.*

* 1. **SUBORNARE** Sigillo, Illud apponere, sigillo munire. Chartul. Buxer. part. 2. ch. 10. *Hanc laudationem plurimi audierunt.... Haymo dominus Marrigniaci, cujus sigillo cartam istam ad rem certiorem faciendam Subornare curavimus.*

* 2. **SUBORNARE**, f. pro Subrogare, saltem eo sensu usurpatur in Actis S. Gauger. tom. 2. Aug. pag. 686. col. 1 : *Cum ad beati Fronti ecclesiam oraturus accederet, ac ministris sequentibus baculum retro tenendum porrigeret, divina contigit voluntate, præsto neminem suorum affuisse, quorum intererat ipsum sacrum baculum de manu S. patris excipere. Ejus autem animus fide non fallitur; quia cœlestis bacularius ei subito

per Dei providentiam Subornatur. Nostri Soubourner, pro Attirer, Allicere, invitare, dixerunt. Stat. ann. 1390. tom. 7. Ordinat. reg. Franc. pag. 358. art. 15 : *Quiconque dudit mestier vendra son euvre à son estal, ou à son hostel, et il y vient marchans, ils ne les doivent Soubourner ne appellier, s'ilz ne sont à leur estal ou maison, ou passans pardevant, sur peine de cinq sols d'amende.*

¶ **SUBORTIARI.** Concil. Rotomag. ann. 1231. apud Marten. tom. 4. Anecd. col. 181 : *Nec procurabit* (Advocatus) *quod falsitates vel Subortiari, seu falsa instrumenta in causa sua producantur.* Ubi legendum puto, *quod falsi testes vel subornati.*

¶ **SUBPEDIRE,** Baculis subnixus gradi. Miracula S. Roberti tom. 3. April. pag. 332 : *Juvenis quidam... crus ac pedem igneo morbo ardente amisit, os vero cruris manu ferens, Subpediendo baculis Casæ Dei venit.*

¶ **SUBPEDITARE,** Vincere, superare, quasi sub pedes ponere. Will. Wyrcester. Anecd. ad calcem lib. nigri Scacarii pag. 530 : *Magnus Ethelstanus Wallenses Subpeditavit.* Litteræ Henrici VII. Reg. Angl. ann. 1502. apud Rymer. tom. 13. pag. 39 : *Eosque capiendi, Subpeditandi, et incarcerandi, etc.* Vide *Suppeditare.*

¶ **SUBPEDITATIO,** Contentio, despectus, Gall. *Mépris.* Depositio Guillelmi Catallani ex Bibl. Reg. : *Credo quod vos sciatis quod a Gallicis multa tedia, vituperia et Subpeditationes sustinuimus.*

¶ **SUBPELLICIUM,** ut infra *Superpellicium.* Consuetud. Canon. Regular. Monast. S. Jacobi de Monteforti apud Marten. part. 1. Collect. novæ pag. 307 : *Qui cum venerint, inchoetur Missa. Et notandum quod in Subpelliciis privatis diebus ministri serviunt.*

¶ **SUBPERTINENTIA,** Appendices, Gall. *Appartenances.* Charta Ludovici Germanici, apud Eccardum in Orig. Habsburgo-Austr. col. 109 : *Cum omnibus sibi Subpertinentibus, tam mancipiis, quam prædiis.* Vide *Pertinentiæ* et *Subjacentiæ.*

¶ **SUBPHRAGIUM.** Vide in *Suffragium* 6.

* **SUBPISCIONARIUS,** Officium monasticum, cui piscium ministrandorum, aut etiam vivariorum piscium cura, post *Piscionarium*, incumbit. Charta ann. 1349. ex Tabul. S. Crucis Burdegal. : *Constitutis in præsentia mei notarii.... Joanne Thoma priore claustrali et refecturario, Helia subpriore et Subspicionario, etc.* Ubi leg. *Subpiscionario.* Vide supra *Piscionarius.*

SUBPLACITARE. Vide *Placitum* col. 531.

** **SUBPIGNUS,** Pignus, a Germ. *Unterpfand.* Chart. ann. 1311. in Guden. cod. Dipl. tom. 2. pag. 452 : *Universa bona sua immobilia...pro warrandia ipsi D. Conrado facienda pro Subpignore ipsi obligavit.* Vide ibid. pag. 1025. aliam chart. ann. 1324. et Haltaus. Glossar. German. col. 1957. voce *Unterpfand*, ubi scribit in Glossar. Lat.-Germ. MS. etiam legi *Subtervadium.*

¶ **SUBPORTULANI,** Tributorum exactores. Constitut. Frederici Reg. Siciliæ cap. 32 : *Jubemus quod ipsi credenzerii, notarii, et particulares Subportulani exerceant officia ipsa per se personaliter, non per substitutos eorum.* Vide *Portulani.*

SUBPOSITORIUM. Glossæ Græc. Lat. : Ὑποπόδιον, *Scabellum, subsellium, scamillum, Subpositorium.* Sed legendum videtur *Suppeditorium*, [vel *Suppositorium.* Vide in hac voce.]

¶ **SUBPOSTURIUM.** Vide *Suppositorium.*

¶ **SUBPRESTES,** pro Superstes, in Conc. Hispan. tom. 4. pag. 390. 479. Vide *Suprestes.*

* **SUBPRIMATES,** Optimates secundi ordinis. Resp. Bosonis reg. ad synod. Mantal. tom. 9. Collect. Histor. Franc. pag. 306 : *Igitur, domini mei, sacrosancti pontifices, Ecclesiæ summi Dei nostri præsules, et vos omnes nostri fideles, primates et Subprimates, etc.* Quæ ultima de proceribus laicis intelligo, tum quod ecclesiastici jam satis designati sint, tum ex inscriptione epistolæ synodalis ad eumdem regem ibid. pag. 305 : *Sacra Synodus Mantalensis territorii Viennensis, in nomine Domini nostri congregata, simul cum Primoribus, etc.* Vide *Primas.*

¶ **SUBPRIMUS,** Secundus, inferior, apud Pezium in Præfatione ad tom. 1. Anecdot. ex Theogeri Episc. Metens. lib. de Musica. Vide *Supprimus.*

SUBPRIOR, Qui absente Priore cœtui Monastico præest. Orderic. Vital. lib. 5 : *Subprioris curam diutius gessit, vicesque Abbatis in divinæ legis prolatione sæpius explevit.* Vide *Subpiscionarius.*

¶ **SUBPRISIA,** Usurpatio, injusta occupatio. Testam. ann. 1262. apud Lobinell. tom. 2. Hist. Britan. col. 400 : *Volo et præcipio quod omnes Subprisiæ terrarum et reddituum quas feci, ubicumque sint, reddantur penitus, si legitime possint probari.* Vide *Supprisa.*

* Invent. Chart. reg. ann. 1482. fol. 118. v° : *Littera Karoli Regis Franciæ et Navarræ data apud S. Germanum in Laya anno 1324. .... continens inter cætera quod dux Johannes scripto dederat plures articulos interprisiarum et Subprisiarum factarum contra sua jura per ballivos, gentes et officiarios regis in suo ducatu Britaniæ.*

SUBPULMENTARIUS. Quid ejusmodi voce veteres significare voluerint, haud certo scio, inquit Panvinius, nisi is *Subpulmentarius* fuerit, qui pauperibus ea eleemosynarum genera e Palatio Pontificis distribuebat, quæ vel mensæ superfuerant, vel ad cibum pertinebant : quod innuere videtur Bibliothecarius in Hadriano. Mox addit eumdem esse cum Paracellario. Meminit Benno Cardinalis in Histor. Gregor. VII. *Subpulmentarii*, Officialis Ecclesiæ Rom. ut et Luitbprandus lib. 6. cap. 6.

** **SUBPUTRENS.** Galen. lat. MS. ad Glauc. lib. 2. cap. 9 : *Nisi forte cacoethes erit vulnus et Subputrens.* Maius in Gloss. novo. Suppurans.

¶ **SUBRACO.** Vide supra *Subhircus.*

* **SUBRECAP,** vox vulgaris, Operculum, Gall. *Couvercle.* Invent. ann. 1294. ex Tabul. Montisol. : *Octo cifi argentei cum pedibus deauratis, quorum tres erant cum cohopertorio argenteo, sive Subrecap.* Vide infra *Supracopa.*

¶ **SUBRECITARE,** Submissa voce recitare, legere. Gloss. Lat. Gr. : Ὑπαναγινώσκω, *Subrecito.* In Gr. Lat. additur, *Sublego.*

¶ **SUBRECTUS,** Congelatus. Vita B. Notkeri tom. 1. April. pag. 588 : *Vas in latus jacuit, vinumque velut si Subrectum esset, solide continuit.*

¶ **SUBREFECTORARIUS,** Qui *Refectorio* subest, in Monasteriis. Vide in *Refectorium.*

¶ **SUBREGNARUS,** Qui officiales hebdomadarios in tabula annotabat, ex Ordinario Eccl. Laudun. apud Marten. de Ant. Eccl. Ritibus lib. 1. cap. 3. art. 8. n. 4 : *Deinde Subregnarus denuntiat in tabula hebdomadarios canonicos, videlicet hebdomadarium missæ, evangelii, epistolæ, et chori unumquemque in suo ordine.*

SUBREGULUS, Princeps Regali ferme potestate. Ammianus lib. 17. de Zizai Regali Pannonum : *Duxerat potior cum cæteris Sarmatis etiam Rumonem, et Zinafrum, et Fragiledum Subregulos, plurimosque optimates, etc.* Adde pag. 107. Witkindus lib. 2. de Gestis Saxonum : *Timensque sibi vicinum Subregulum, eo quod paruisset imperiis Saxonum, indixit ei bellum.*

Subreguli præterea appellabantur Majores-domus sub prima Regum Francicorum stirpe, quod rerum summa penes eos esset. Vita S. Arnulfi Episcopi Metensis cap. 4. de Gundulfo Majore Palatii : *Gundulfo Subregulo, seu etiam Rectori Palatii, vel Consiliario Regis exercitandus in bonis artibus traditur.* Ursinus in Vita S. Leodegarii cap. 8. de Ebroïno : *Et cum Major-domus effectus esset, cogitare cœpit de ultione inimicorum, qui eum noluerant habere Subregulum.* Gesta Francorum cap. 11 : *Wiomadum amicum Childerici Subregulum ab Egidio iterum Franci instituerunt.* Fridegodus in Vita S. Audoëni Rotomag. Archiep. : *Res Palatii administrante Waratone Subregulo.* Sic Carolum Martellum Majorem-domus Regiæ Francorum compellat Gregorius III. PP. in Epist. 5. et 6 : *Domino excellentissimo filio Carolo Subregulo, Gregorius Papa.* In 7. *Principem Francorum*, vocat : Gregorius II. *Ducem*, Epist. 2. *Patricium*, Epist. 8. in Tabular. S. Cornelii Compend. in Charta Ludovici Regis, Filii Caroli Simplicis de Hugone Duce Francorum, *qui est in omnibus regni nostri Secundus a nobis.* Ita apud Anglos Æthelstanus Dux Orientalium Anglorum, propter summam, quam sub Æthelstano Rege potentiam obtinuit, *Half-king*, id est *Semirex*, appellatus fuit. Vetus Scheda ex Lelandi Collectaneis, apud Will. Dugdalum in Antiquitatib. Warwicensib. pag. 514 : *Cum maxime florerem in diebus Æthelredi Regis Merciorum, cœpi eum benigne precari, ut mihi concedere dignaretur antiquum Cœnobium, quod Flandenburg nuncupatur, quod sibi evenit ex hæreditate suæ uxoris, quæ fuit Ostrithis vocata : satis ille libenti animo, quod poscebam, concessit. Hoc Cœnobium postea dedi Æthelardo Subregulo, qui erat Rex illius provinciæ, quæ Wicce dicitur, pro alio Cœnobio, quod Straetforde nominatur.* Vide Monasticum Anglic. tom. 1. pag. 231. et supra in *Regales, Regulus.*

¶ Subreguli apud Anglos etiam nuncupantur Duces, Comites, et Barones. Th. Walsinghamus pag. 103 : *Cum Edgarus Rex Angliæ, Regem Scotorum et alios Subregulos subjugasset, etc.* Eadem habet Chron. Th.

Otterbourne pag. 84 : *Qui (Edgarus) Regem Scotorum Kynadum et Regem Cumbrorum Malcolmum, et Mackum Regem insularum cum aliis quinque Subregulis ad curiam suam coactos sacramento perpetuo obligavit.* Analecta Eccles. Wigorn. fol. 25 : *Rex Merciorum, cum Comite suo Subregulo, etc.* Florent. Wigorn. ad ann. 1066 : *Quo tumultu Subregulus Haraldus Godwidi Ducis filius, etc. Consul* dicitur apud Huntington. pag. 366 : *Algaro vero filio Leofrici Consulis dedit Consulatum Haraldi.* [** Vide Phillips. de Jur. Anglosax. not. 98. et 229.]

SUBRELICTORUM Liber, qui vulgo *Paralipomenon*, apud Luciferum Calaritanum de non conveniendo cum Hæretic. pag. 197. 1. edit.

¶ **SUBREPTIVE**, Dolose, subrepta ratione, Gall. *Subrépticement.* Charta Urbani II. PP. ann. 1089. ex Tabul. S. Victoris Massil. : *Porro cœnobium vestrum hac libertate donamus, ut te obeunte vel tuorum quolibet successorum nullus ibi quacumque Subreptive substituatur.*

SUBRICULA, Σουβρικιον, in Gloss. Gr. Lat.

* Nostris *Soubrai*, Retis genus, instrumentum piscandi. Lit. remiss. ann. 1386. in Reg. 129. Chartoph. reg. ch. 75 : *Certains engins à prendre poisson, appelez Soubraiz.* Nisi idem sit quod supra *Braga*, gurges, locus in fluvio coarctatus piscium capiendorum gratia.

¶ **SUBRIPINUS**, Locus ad ripam positus, ripæ vicinus. Acta B. Ceslai Odrovantii tom. 4. Julii pag. 192 : *Ecclesiam S. Clementis in Subripinis Vultariæ ... a Rege obtinuit.*

¶ **SUBROGARI**, Reddi, restitui, in Cod. Theod. tit. 1. lib. 12. de Decurion. leg. 120 : *Ordinibus propriis atque officiis jussimus Subrogari.* Occurrit rursum ibid. in leg. 134. ejusd. tit.

¶ **SUBROGATIO**, *est rei litigiosæ in alium translatio, quam a Bonifacio VIII. rejectam Gallicus forensis usus recepit.* Compendiosa benef. Expositio, quæ consuli potest.

¶ **SUBRUCCIONES**, ὑποραφαί, in Gloss. Lat. Gr. *Substrucciones*, ut in Cod. Theod. tit. 1. lib. 15. de oper. publ. leg. 19. Vide Salmas. ad Hist. Aug. pag. 378.

¶ **SUBRUGARE**, f. pro *Subruncare.* Gloss. Lat. Gr. : *Subrugo*, ὑπορύσσω, in Gr. Lat. : Ὑπορύσσω, *Effodio, subruo, Subrugo.*

¶ **SUBRUNDA**, pro *Subgrunda.* Vide *Subgrundium*, Gloss. Lat. Gr. : *Subrunda*, ὑπόστεγον. Aliæ Gr. Lat. Ὑπόστεγον, *Grunda, Suggrunda, Subrunda.* Vide infra *Subundra.*

¶ **SUBRUS**, Suber, ni fallor, Ital. *Sobero.* Statuta datiaria Riperiæ cap. 12. fol. 4. v° : *De qualibet stera soberarum a Subris pro introitu solidi sex.*

¶ **SUBSADINA**, Subsadire. Vide *Solsatire.*

¶ **SUBSANIUM.** Vide infra *Subsannum.*

¶ **SUBSANNATIO**, ut mox *Subsannium.* Gloss. Lat. Græc. : *Subsannatio*, μυκτηρισμός. Occurrit in Psal. 34. 16. 43. 14. etc. ut *Subsannare*, irridere, 4. Reg. 19. 21. 2. Paralip. 30. 10. etc. et *Subsannator*, irrisor, Eccli. 33. 6. *Subsannare, rechiner, moquer, escharnir*, in Gloss. Lat. Gall. Sangerm.

* *Subsannans alios, ipse deridendus*, in Chron. Ditmari episc. Mersburg. apud Leibnit. tom. 1. Script. Brunsvic. pag. 364. *Sorner* nostris, eodem significatu. Lit. remiss. ann. 1420. in Reg. 171. Chartoph. reg. ch. 277 : *Lequel Colart print à noiser avecques icellui Bertran et le Sorner et mocquer de ce qu'il l'avoit batu.* Unde *Sournette*, Jocus, irrisio, in aliis ann. 1452. ex Reg. 181. ch. 163 : *Ung nommé Chapponay ...... tira à part le suppliant, et lui dist à secret que s'il vouloit venir devers le soir,.... qu'il verroit une bonne Sournette ou esbatement.* Ibid. ch. 172. de eadem re : *Jouer une finesse.*

¶ Subsannative, Irridendo, in Excerptis ex Gestis Ottonis Tarentini apud Leibnit. tom. 2. Script. Brunsvic. pag. 58.

SUBSANNIUM, Derisio, *subsannatio.* Indiculus Luminosus : *Christi Domini gregem non uniformi Subsannio; sed milleno contumeliarum infamio impetivit.* Idem : *Aliqua super ejus meretricationis Subsannium ... habita conflictatione verborum.* S. Eulogius lib. 3. Memor. Sanctor. cap. 16 : *Accusatur coram judice de Subsannio vatis sui.* [Vide *Subsannum.*]

SUBSANNUM. Acta passionis S. Felicis Tubyzacensis Episcopi : *Tunc Felix Episcopus navem conscendit, catenarum duris nexibus colligatus, et fuit in Subsanno navis quatuor diebus et quatuor noctibus, jacens sub pedibus equorum, etc.* Ubi quidam ita hæc interpretantur, tanquam is fuerit in *subsannio* eorum, qui in navi erant.

☞ *Subsanium* edidit Baluzius tom. 2. Miscell. pag. 80. ex tribus vett. exemplaribus : alter Codex habet *Subsannium.* Ut ut est hac voce significari videtur ima pars navis, Gall. *le fond de cale*, unde apud Surium legitur : *Et fuit in capsa navis diebus quatuor.*

* **SUBSCALPERE**, Titillare. Dudo de morib. Norman. apud Chesn. Hist. eorumd. pag. 152 : *Subscalpenti voluptuosæ humanitatis fragillitati subactus* (Richardus) *genuit duos filios, totidem et filias ex concubinis.* [** Occurrit apud Martian. Capell. lib. 1. cap. 4. et apud Thietmar. lib. 8. cap. 2.]

¶ **SUBSCITATUS**, pro Suscitatus, in Literis Johannis Reg. Franc. ann. 1355. tom. 4. Ordinat. pag. 167 : *Discordie et debata Subscitate fuerant et mote inter dictos Consules, etc.*

SUBSCRIBENDARIUS, unus in Notitia Imperii, omnibus per Orientem Comitibus et Ducibus rei militaris tribuitur. Hujus etiam mentio fit in leg. 1. Cod. Th. de Erogat. militar. annonæ, (7,4.) et in leg. 8. de Cohortalib. (8,4.) eod. Cod. *Subscribendarii* vero proprium munus haud omnino certum : vide conjecturas Jacobi Gothofredi ad d. leg. 1.

SUBSCRIBERE, Infra scribere, subjicere. Epistola Abbatis de Ebora : *Quod præpositus de Trief dudum scripsit fidem suam se nobis exposuisse, noveritis non aliter, quam subscripsimus, fuisse.*

¶ Subscribere Se, Nomen suum apponere. Instrum. ann. 1381. apud Acher. tom. 6. Spicil. pag. 48 : *Et ego Antonius Bassavega.... publicus.... notarius .... hoc Instrumentum publicum confeci, tradidi et publicavi, et in hanc publicam formam redegi et scripsi et me Subscripsi, signoque meo consueto apposito in testimonium et fidem pleniorem præmissorum roboravi.* Eadem fere formula utuntur Notarii in Testam. Jacobi Reg. Aragon. ann. 1262. apud eumdem tom. 9. pag. 206.

SUBSCRIPTI, dicebantur Baptismi candidati, quia qui baptismum postulabant, scripto nomen edere tenebantur, ut liquet ex Concilio IV. Carthag. can. 25. Cyrillo in Prologo Catecheseon, etc. Exstat Epigramma Ennodii cum hac Inscriptione : *Epigramma in Subscripto :*

> Quod tibi naturæ dederit lex germen, amice,
> Hos mihi fons tradat vivificantis aquæ.

Vide *Competentes.*

¶ **SUBSCRIPTIONUM** varias formulas exhibet Mabillonius lib. 2. Diplom. quas pluribus capitibus expendit. Hunc consule : nihil quippe addendum succurrit.

¶ **SUBSCRIVATOR**, Scriba, notarius. Gualvaneus Flamma apud Murator. tom. 12. col. 1046 : *Habuit in familia* DC. *viros et* XXXVII. *inter capellanos, milites, domicellos, lictores, cancellarios et Subscrivatores.*

* **SUBSECIVI** Agri, *quos in pertica divisos recusant, quasi steriles vel palustres. Item obsecivi, qui in divisione agrorum efficiuntur centuriæ, i. jugera ducenta.* Glossar. vetus ex Cod. reg. 7613. [** Isidor. Origin. lib. 15. cap. 13. sect. 15.]

* **SUBSECRETARIUS**, idem qui supra *Subcustos*, sacrista seu æditiuus secundarius. Mirac. S. Germ. Autiss. tom. 7. Jul. pag. 291. col. 1 : *Fuit in Autissiodorensi cœnobio.... frater quidam, qui etiam inibi Subsecretarii fungebatur officio, etc.* Vide *Secretarius* 1.

¶ **SUBSEDERE**, Supersedere, omittere. Gocelinus in Translat. S. August. Cantuar. tom. 6. Maii pag. 420 : *De ceteris vero, id est Regibus, Præsulibus, ... nunc est Subsedendum, de quibus jam alibi dictum est vel suo tempore dicendum.*

* Gall. *Surseoir.* Ordinat. ann. 1286. in Reg. *Olim* parlam. Paris. : *Item absolutum et condemnatum, in casu in quo erit Subsedendum executioni, poterit senescallus recredere suo periculo.*

SUBSELLIÆ, Clitellæ, quæ *sub sella* equi aut asini ponuntur. Fori Bigorritani art. 33 : *Pagesius, qui in consuetudine non habet somatas deferre, si inventus fuerit a Milite, vel a Militis aut Comitis serviente, qui invenerit, vinum et Subsellias accipiat, asinum vero Comiti mittat.* [Vide *Subtussellia.*]

** Subsellaria Pellis, in Vita Johannis Gorziens cap. 108.

SUBSELLIO, [Subsidium, firmamentum, tutor, ut videtur.] Passio S. Leopardini MS : *Tali nuntio perterrita Blitildis, Subselliones suæ evocat fautionis, non procrastinata hora, etc.*

¶ 1. **SUBSELLIUM**, Equus sessilis. *Cheval de selle.* Vita S. Hugonis Cluniac. tom. 3. April. pag. 644 : *Sinistra sui habenas Subsellii tenebat,.... multique sancti bajula, etc.*

2. **SUBSELLIUM**, *ornamentum equi sub sella positum*, Ugutioni. Statuta Ordinis S. Gilberti *de Sempringham* pag. 748 : *Provideant etiam.... et cæteri ad quorum curam spectat de Subselliis, ut talia fiant, quæ sufficiant tueri læsuram equorum, etc.* [Vide infra *Subtussellia.*]

* Glossar. Gall. Lat. ex Cod. reg. 7684 : *Subsellium*, *Culiere de cheval.*

3. **SUBSELLIUM.** Charta Hugonis Episcopi Suessionensis ex Tabul. Prioratus S. Sulpitii de Petrafonte : *Ut eam* (*terram*) *quantum voluerit, colat, et de ea quantum voluerit, et quibus voluerit, colendam tradat, ita tamen ut terragium et Subsellia accipiat, et jus omne sibi vendicet, etc.* [Forte *Subsidia.*]

¶ **SUBSENESCALLUS.** Vide in *Senescalcus.*

¶ **SUBSEQUENTER**, Deinde, postea. Jac. Auriæ Annal. Genuens. apud Murator. tom. 6. col. 589 : *Subsequenter vero die ultima dicti mensis invenit, etc.*

SUBSEQUIUM, *Servitium*, Ugutioni, et in Catholico parvo. [*Subsequium*, *services*, in Gloss. Lat. Gall. Sangerm.]

SUBSEQUIVUS, Subsequens. *Subsequiva secula*, apud Julianum Toletanum in Histor. Vambæ Regis pag. 821.

* **SUBSERGENTERIA**, *Servientis* seu apparitoris secundarii officium. Lit. Phil. Pulc. ann. 1280. in Lib. rub. Cam. Comput. Paris. fol. 56. r°. col. 1 : *Si vero in Subsergenteriam ejusdem loci, quæ ad præfatam serjanteriam noscitur pertinere, sit aliquis quoquo modo per nostras litteras institutus, etc.* Vide in *Serviens.*

¶ 1. **SUBSES**, *Qui subtus sedet.* Gloss. Isid. Vide *Susses.*

* 2. **SUBSES**, Subsidiarius, vices alterius gerens. Charta Steph. reg. Angl. ann. 1142. in Suppl. ad Miræum pag. 333. col. 1 : *Et ut suum nutriant et Subsidem unum super ripam manentem, ut eos et res eorum per amnem vehat et revehat, et cætera quæ mihi debebat juste servitia eis persolvat.*

SUBSESSÆ, Insidiæ. Gloss. MSS. ex Servio : *Subsessores, qui occisuri aliquem delitescunt. Hinc Subsessæ, doli inimicorum.* [Gloss. Lat. Græc. : *Subsessæ*, ἔνεδραι.] Vegetius lib. 3. cap. 6 : *Adversarii in his locis, quæ sibi opportuna intelligunt, Subsessas occultius collocant.* Mox : *Deprehensa vero Subsessa, si circumveniatur utiliter, plus periculi sustinet, quam parabat inferre.* Vide cap. 22. eodem lib. Ita *subsidere* apud Ammian. lib. 14. usurpatur pro ἐφεδρεύειν, insidias struere. Fragmentum Petronii pag. 17 : *In quibus retia erant picta Subsessoresque cum venabulis, et totus venationis apparatus.* Vide Turnebum lib. 5. Adv. cap. 8.

¶ **SUBSESSOR**, Subsiderе. Vide *Subsessæ.*

** **SUBSICUUS**, Subsequens. Jul. Valer. de rebus Alex. M. ed. Rom. lib. 2. cap. 18 : *Subsicui metus vos formidine solverem.* Occurrit item in Opusc. vet. Mss. ad Decr. Innoc. I. PP. Maius in Glossar. novo.

SUBSIDES, Subsidium, auxilium. Fridegodus in S. Wilfrido cap. 55 :

Subsidibus patris ex omni regione coactis.

☞ Haud scio an melius hic intelligantur Clientes, vassalli, vel etiam villici, quo significatu occurrit hæc vox in Charta Nicolai Episc. Misn. ann. 1379. apud Ludewig. tom. 1. Reliq. MSS. pag. 398 : *Quorum siquidem.... tyrannidis importunitate dicti abbas et conventus, ipsorumque Subsides usque adeo opprimuntur gementes, ut, etc.* [** Vide Haltaus. Glossar. German. voce *Untersassen*, col. 1958.]

SUBSIDIALIS, Subsidium, auxilium, vel potius præstatio auxilii nomine. Charta Ludovici Pii Imperat. pro Ecclesia Mutinensi, apud Ughellum : *Confirmationem, quam Cunibertus Rex fecit ad Ecclesiam S. Geminiani, de villa Purcili, sive tributum, vel Subsidiales, atque angarias, quas servi ejusdem sancti Geminiani ad ipsum casalem laborandum et excolendum habuerunt.*

* Ubi *Succidiales* ex autographo edidit Muratorius tom. 1. Antiq. Ital. med. ævi col. 771.

¶ Subsidialis, Subsidiarius, apud Ammian. lib. 14 : *Post jaculatores, ultimasque Subsidiales acies.*

¶ **SUBSIDIARE**, Milites subsidiarios conscribere. Oratio Legatorum Reg. Franc. habita coram Pio II. PP. ann. 1459. apud Acher. tom. 9. Spicil. pag. 320 : *Et ad objectum nobis factum de illustrissimo domino Duce Burgundiæ, qui armatam sex millium hominum promisit pro succursu fidei... Promissum illustr. dom. Ducis Burgundiæ sub incerto est et cum conditione ; videlicet tam pro subsidio jam levato in regno et extra regnum, quam pro subsidio levando in prædictis terris. Et etiam hoc promittit tam pro terris suis et dominiis existentibus in regno quam extra regnum, nulla facta divisione aut partitione hominum Subsidiandorum et levandorum pro terris regnicolis et forensibus.*

¶ Subsidiari, Subsidio esse, succurrere, apud Hirtium lib. 8. Bell. Gallic. Vide Gloss. Barthii apud Ludewig. tom. 3. Reliq. MSS. pag. 196.

¶ **SUBSIDICTUS**, Subditus. Litteræ Joannis Reg. Franc. ann. 1361. tom. 3. Ordinat. pag. 536 : *Regalis providentia et si cunctos suc ditioni Subsidictos prosequi decreverit favoribus gratiosis, etc.*

SUBSIDIO, Obsidio. Vita S. Antidii Archiepisc. Bisonticensis cap. 6 : *Universas posthæc Galliarum urbes pervagans, alias Subsidione delevit, alias incendio cremavit.*

¶ **SUBSIDIOSE**, Insidiose, dolose. Anonymus de Gestis Manfredi et Conradi Reg. apud Murator. tom. 8. col. 612 : *Et ei posse suum ac Romanorum potentiam Subsidiose spondens, etc.* Vide *Subsessæ.*

¶ **SUBSIDIUM**, Præstatio auxilii nomine, Gallis *Subside.* Privilegia villæ de Viridi-folio ann. 1369. tom. 5. Ordinat. Reg. Fr. pag. 277 : *Ut ipsi quitti sint, liberi et immunes ab omni præstacione fogacgii, Subsidii, gabelle et impositionis cujuscumque. Subsidium gratiosum*, in Statutis S. Claudii ann. 1448. pag. 89. Constitut. Eccl. Valent. inter Conc. Hisp. tom 4. pag. 199 : *Quoties continget auctoritate Apostolica imponi decimam sive Subsidium super fructibus ecclesiasticis,... constituantur duo collectores ejusmodi Subsidii, etc. Soustenue*, eadem notione, in Charta ann. 1471. apud Lobinell. tom. 2. Hist. Britan. col. 1326 : *Ils ne donnent conseil, confort, Soustenuë, ne aide de corps, ne de biens.* Apud Anglos *Subsidium* dicitur Tributum quod ob graviora regni negotia auctoritate Parlamentaria Regi erogatur, ex integra æstimatione cujuslibet subditi, vel secundum annuum prædiorum ejus valorem. Vide *Subsidialis.*

* Subsidium Caritativum, Præstatio, quæ *Caritatis* nomine fit episcopo a plebanis et clericis. Lit. ann. 1411. tom. 9. Ordinat. reg. Franc. pag. 619 : *Ab omni præstatione decimæ, mediæ decimæ, Subsidiorum caritativorum et aliorum quorumcumque impositorum et imponendorum ratione beneficiorum ecclesiasticorum quæ obtinent, quitti sunt ac liberi et immunes.* Anonymus in Epist. de Miseria curatorum : *Episcopum nulla penuria cogit, et semper ad alterum annum Subsidium capit.* Vide *Caritas* 4.

* Subsidium Quinquaginale. Vide supra *Quinquaginale.*

* Subsidium Tolerabile, Illud dicitur quod ad belli sumtus ferendos conceditur, in Charta Rudolphi imper. ann. 1277. apud Oefelium tom. 1. Script. rer. Boicar. pag. 717. col. 2. [** Pertz. Leg. tom. 2. pag. 417. lin. 13.]

** Subsidium, *Sequela*, quæ debetur *clamore violentiæ* vel *huesio* levato. Chart. comit. Waldeck. ann. 1306. apud Haltaus. in Glossar. German. voce *Land-folge*, col. 1162 : *Donamus domum.. absolutam et exemptam ab omni onere quarumlibet arrestationum, exactionum, vigiliarum, insecutionem ad pulsum campanæ, vel ad invocationem armorum vel Subsidii, quæ vulgo Folgunge dicuntur.*

¶ **SUBSIGILLUM.** Vide in *Sigillum* 1.

¶ **SUBSIGNARE**, Idem interdum quod *Subscribere*, aliquando quod *Obsignare.* Vide Salmas. de Modo usur. pag. 397. 436. 437. 438. et 441. Adde Mabill. Diplom. lib. 2. cap. 22. n. 17.

¶ **SUBSILIS**, perperam pro *Subtilis.* Vide in hac voce. Ordin. Eccl. apud Marten. de Ant. Eccl. Discipl. in div. Offic. pag. 208 : *Sacerdos cappa indutus super albam cum ministris, dalmaticis et Subsilibus indutis etc.*

SUBSILLES. Lambertus Ardensis pag. 152. lib. 4. cap. 115 : *Altaria quoque de Hondescoto, et Subsilles circa ejusdem villæ atrium et morum sive mariscum.* [Festo, *Subsilles sunt, quas aliter ipsiles vocant, lamellæ necessariæ sacris, quæ ad rem divinam conferre dicuntur, maxime specie virum et mulierum.*]

¶ 1. **SUBSISTENTIA**, Stabilitas, firmitas. Bulla Eugenii IV. PP. ann. 1431. in Bullar. Carmelit. pag. 184. col. 1 : *Nobis fuit humiliter supplicatum, ut dictis statuto et ordinationi pro illorum Subsistentia firmiori robur Apostolicæ confirmationis adjici mandare de benignitate Apostolica dignaremur.*

¶ 2. **SUBSISTENTIA**, Existentia, constitutio. S. Irenæi vetus Interpres lib. 1. cap. 5. n. 4 : *De timore quidem, et de conversione* (dicunt) *animalia Subsistentiam accepisse.* Occurrit alibi non semel. [** Ὑπόστασις. Vide Furlanett. in Append. ad Forcell. Lexit. et Maii Glossar. novum in hac voce.]

¶ **SUBSISTERE**, Existere, esse, sustentari. Charta ann. 1336. apud Ludewig. tom. 5. Reliq. MSS. pag. 523 : *Quas et quæ* (litteras et instrumenta) *etiam ex nunc cassas et irritas esse volumus ac deinceps nullius Subsistere firmitatis.* Alia ann. 1337. ibid. tom. 6. pag. 10 : *Verum etiam pro damnis quæ sustinuerimus, nobis respondere tenebuntur et pro servitiis nostris etiam, qua* *contentari aut Subsistere possumus, facere recompensam.*

¶ **SUBSOLANEUS**, *Qui infirmum solum colit*, apud Festum.

¶ **SUBSOLANUS**, ἀφηλιώτης, in Gloss. Lat. Græc. Occurrit apud S. Hieronym. in Jerem. 25.

* **SUBSONUS**, vox musicorum, an Hemitonium? Odo in Tract. de Musica MS. ex Cod. Colbert. 2415. nunc reg. ubi de *uno Subsono Guidonis, de duobus Subsonis Guidonis.*

¶ **SUBSTANS**, Præsens, in Cod. Theod. tit. 4. lib. 7. de erogat. milit. annon. leg. 28: *Nulli omnino in nulla specie præbeatur annona, nisi quem Substantem, atque in præsenti constitutum postulare constiterit.*

* **SUBSTANTARE**, pro Sustentare, nutrire, alere, Gall. *Sustenter.* Lit. remiss. ann. 1456. in Reg. 189. Chartoph. reg. ch. 51: *Causa vitam lucrandi et Substantandi emendo et vendendo, etc.* Vide *Substentare.*

1. **SUBSTANTIA**, Alimentum. Lex Wisigoth. lib. 8. tit. 5. § 7: *Quantum in Substantia ipsius caballi expendisse juraverit.* [*Victualis Substantia*, in Cod. Theod. l. 9. tit. 3. leg. ult. de custod. reorum, et l. 11. tit. 27. leg. 2. de alim. *Substantialis victus*, in Form. 1. Marculfi lib. 2. *Soustenance*, in Charta Philippi VI. Reg. Franc. ann. 1348. tom. 2. Ordinat. pag. 300: *Pour ce que les gens d'Eglise, Religieux,.... puissent et diligemment desservir leurs benefices, avoir leurs Soutenances, etc.* Bellomaner. cap. 57: *Aucune fois sont venues les femmes à nous pour requerre que on leur delivre de leur biens communs pour leur vivre et pour leur Soustenanches.*] [** Tradit. Sangall. ann. 744. apud Neugart. in Cod. dipl. Alem. tom. 1. pag. 12. num. 10: *Propter meam Substantiam, quod ad ipsam ecclesiam, mihi vivente, habere cupio, ubi mihi plenius commendo.... omnia... trado.*]

¶ 2. **SUBSTANTIA**, Gr. ὑπόςασις, Coagmentatio, apud vet. S. Irenæi Interpr. lib. 1. cap. 14. n. 2. Pro Persona, in Cod. Theod. l. 13. tit. 10. de Censu l. 7. Hinc pro Servis usurpatur in Chronico Farfensi apud Murator. tom. 2. part. 2. col. 428: *In Carolongo Substantiæ duæ, Jordanus, Aldo. In Marruce Substantiæ* XL. *Taxo, Traso, etc. Istæ omnes servi S. Mariæ et Substantiæ* CV. *De Interumnia Autepertus Substantia una, Severus Substantia una, etc.*

¶ 3. **SUBSTANTIA**, Materia, massa, apud eumd. Interpr. lib. 1. cap. 8. n. 3. lib. 2. cap. 10. n. 3. *Fabricandi Substantia*, in Cod. Th. l. 9. tit. 17. de Sepulcr. violat. leg. 3. *Panificii Substantia*, l. 14. tit. 3. de pistor. eod. Cod. leg. 4. Pro forma occurrit apud laudatum Interpr. lib. 2. cap. 14. n. 6.

¶ 4. **SUBSTANTIA**, Fœcunditas, opimitas, in Cod. Theod. lib. 11. tit. 1. de ann. leg. 4: *Si quis ab emphyteuticariis, seu patrimoniali possessore, privati juris quippiam comparaverit, cujus Substantia alias possessiones sustentare consueverat, etc.*

5. **SUBSTANTIA**, Bona, Gallis *Substance.* Vetus Testamentum apud Scævolam lib. 17. D. de Dolo malo et metu (44, 4.): *Hostes qui mihi fere omnem Subtantiam abstulerunt.* Lex Longob. lib. 1. tit. 25. § 60. [** Liutpr. 152. (6, 99.)]: *Dissipavit Substantiam suam.* Gregorius M. lib. 9. Epist. 31: *Sigillum in Substantia alicujus imponere.* [*Damnatorum Substantia*, in Cod. Theod. lib. 9. tit. 42. de bonis proscript. leg. 6. et alibi. Eddius in Vita sancti Wilfridi Episc. Eborac. cap. 23: *Interrogans quid causæ esset, ut sine aliquo delicti peccato suis Substantiis a Regibus pro Deo donatis prædonum more defraudarent.* Occurrit rursum cap. 53. et in Actis Murens. apud Eccardum in Orig. familiæ Habsburgo-Austr. col. 214. Bonis immobilibus opponi videtur in Charta ann. 1088. ex Chartul. Eccles. Apt. fol. 74: *Reddant puero omnem fraternitatem suam tam in Substantiis, quam in terra.*] [** *Omnem Substantiam suam ducerent in forestem*, apud Robertum de Monte ad ann. 1173.] Utitur etiam non semel Senator. Vide Lex. Jur.

Substantiola, apud Hieronym. Epist. 25. cap. 5. [Testam. Bertichramni apud Mabill. tom. 3. Analect. pag. 115: *De substantiola mea heredem ipsam constituo.* Adde Chartam Godefredi Ambian. Episc. apud eumd. Mabill. tom. 5. Annal. Bened. pag. 692. Capitul. lib. 2. cap. 44. etc.]

¶ 6. **SUBSTANTIA**, Prædium, unde bona percipiuntur. Charta ann. 983. apud Ughellum tom. 1. Ital. Sacræ col. 443. edit. 1717: *Concedimus ibidem Substantiam unam, quæ regitur per Joannem filium Luponis, et concedimus ibidem oblationem quantam ad ipsam ecclesiam venerit.*

¶ 7. **SUBSTANTIA**, Vestis linea, *Superpellicium.* Buschius de Reform. Monast. cap. 31. lib. 2: *Sub cappa illa linea nigra colorata subtile album, more Subtilium Monialium nostrarum formatum portant, quod Substantiam vocant.* Vide *Subtile.*

* Mendum esse suspicor pro *Substanea* vel *Subtanea.*

¶ **SUBSTANTIALIS**, Primus, principalis, potissimus, Gallis *Essentiel.* Litteræ Bonifacii VIII. PP. ann. 1295. ex Bibl. Reg.: *Sub illius tamen conditionis adjectu, si conventa et promissa... in principalibus et Substantialibus ad effectum debitum ducerentur.* Charta ann. 1310. ex Schedis Præs. de Mazaugues: *Et fide facta de testamento ... lecto, seu majore parte ejus circa Substantialia etc.* Conc. Dertus. ann. 1429. inter Hisp. tom. 3. pag. 664: *Cum inter alia Substantialia regulæ, ossibus religiosorum annexa sit custodia castitatis.* Adde Lyndwood. in Provinc. pag. 213 et Rymer. tom. 14. pag. 440. Utuntur præterea Ammianus lib. 14. cap. 11. lib. 21. cap. 1. et Tertull. de Resurrect. carnis cap. 45.

¶ **SUBSTANTIALITER**, Potissimum. Capitul. Caroli C. ann. 859. tit. 30. § 2: *Quam divisionem inter me et fratres meos de cetero a me Substantialiter tenendam.... juravit.* Occurrit apud Tertull. adv. Valent. cap. 7. adv. Marc. lib. 4. cap. 35. et S. August. de Vera Relig. lib. extr.

¶ Substantialiter, Summatim, Gall. *En Substance.* Ordinat. Humberti II. Dalphini ann. 1348. inter Ordinat. Reg. Franc. tom. 3. pag. 272: *Quæ sub forma quorumdam titulorum nobis redditorum et traditorum præsentialiter per eosdem Substantialiter inferius describuntur.*

¶ **SUBSTANTIFICARE**, Substantiam dare, creare. Arnoldus in Vita B. Angelæ de Fulginio tom. 1. Jan. pag. 233: *O divina persona quæ dignasti nos Substantificare in medio substantiæ tuæ!*

¶ **SUBSTANTIOLA**. Vide *Substantia* 5.

¶ **SUBSTANTIVALIS**, Substantivus, Substantiam habens, apud Tertull. adv. Valent. cap. 27. adv. Prax. cap. 26. Gloss. Lat. Gr.: *Substantivus*, ὑπαρκτικός.

* **SUBSTEMNIUM**, pro *Substernium*, proprie Stramen, quod equis substernitur; hic vero pro lecto sumitur, ut monent docti Editores ad Vitam S. Joan. Laudens. episc. tom. 3. Sept. pag. 162. col. 1: *Cuidam enim ex nostris quidam juxta parvulam basilicam et locum monstravit et stratum; Hoc, inquiens, Substemnio Laudensis ille Joannes solebat decumbere.*

¶ **SUBSTENTAMEN**, Sustentaculum, subsidium. Rolandini Patav. Chron. apud Murator. tom. 8. col. 287: *Quod nisi hoc fecerint, in carceris profunditate mittentur, ubi non cibus, non potus, non eis dabitur aliquod Substentamen.*

¶ **SUBSTENTARE**, pro Sustentare, Gall. *Entretenir.* Charta Henrici Reg. Angl. ann. circ. 1155. apud D. *Brussel* tom. 2. de Usu feud. 11: *Custos autem quamdiu custodiam habuerit, Substentet domos, prata, vivaria, stagna, molendina, etc.*

¶ **SUBSTENTATIO**, pro *Sustentatio*, Alimentum. Charta Adami Episc. Meld. ann. 1297. ex Tabul. ejusd. Eccles.: *Ut eidem responderent de statu dictæ domus, Substentatione pauperum, etc.* Vide *Substantia*. 1.

¶ **SUBSTENTUS**, pro Sustentus, in Charta ann. 1487. tom. 2. Macer. insulæ Barbaræ pag. 279. Ita *Substinens*, pro *Sustinens*, occurrit in Chron. Roland. Patav. apud Murator. tom. 8. col. 250.

1. **SUBSTERNIUM**, Stramentum equi, *Litiere.* Gervasius Tilleberiensis MS. in Otiis Imperialibus Decis. 3. cap. 94. de quodam equo: *Solo pane triticeo in concha vescebatur argentea, et culcitra de pluma pro Substernio utebatur.*

* 2. **SUBSTERNIUM**, tropice pro Animi demissio, submissio, ex doctis Editoribus in notis ad Acta S. Gauger. pag. 680. col. 1: *Acquievit idololatra, neque sui depudescens erroris, dejecit se ad pœnitentiæ et confessionis Substernia.*

¶ **SUBSTILLARE**, Substilatio. Vide *Culbare.*

1. **SUBSTILLUM**, Δυσουρία, in Gloss. Gr. Lat.

¶ 2. **SUBSTILLUM**, *Tempus ante pluviam jam pene uvidum, et post pluviam non persiccum, quod jam stillaret, aut nondum desiisset.* Festus. Gl. Lat. Gr.: *Substillum*, ὑποψίον. Tertull. de Pallio cap. 2: *Dehinc Substillum, et denuo sudum.* Vide Salmas. in hunc locum.

¶ **SUBSTINCTIO**, ὑποςιγμή, in Gloss. Lat. Gr.

¶ **SUBSTINCTUS**, f. pro *Subexstinctus*, suppressus. Acta S. Franciscæ Rom. tom. 2. Mart. pag. 105*: *Nisi quod divinæ placeat voluntati, cui penitus se debet unire, et in qua se debet stabilire, dimissis et omnimode Substinctis, sic et non, hoc est, nolle et velle.*

¶ **SUBSTIO**, ὑποκόλαμμα, in Gloss. Lat. Gr. Infra: *Sublumen, Subsutio*, ὑποκόλαμμα, ὑπορραφή, ἀνακολαφή. Salmasius emendat, *Substructio*. Vide supra *Subrucciones*.

¶ 1. **SUBSTITUTIO**, Materia. Vetus S. Irenæi Interpres lib. 2. cap. 14. num. 6 : *Et altera quidem Substitutionis initia esse, altera autem sensationis et substantiæ ; ex quibus primis omnia perfecta dicunt, quemadmodum statuam de æramento et de formatione.*

¶ **Substitutio Personarum**, Præstatio quæ Episcopo fit in mutatione Personarum, *altarium redemptio* dicta. Vide in *Persona*, pag. 215. col. 3. Charta Burchardi Camerac. Episc. ann. 1124. apud Miræum tom. 1. pag. 86. col. 2 : *Personarum quoque Substitutiones, et quaslibet exactiones,... excluso certo pontificali debito, interdicimus.*

* 2. **SUBSTITUTIO**, ea conditione instituta, ut nomen et *arma* substituentis assumantur. Charta ann. 1368. in Reg. 99. Chartoph. reg. ch. 303 : *Petro de Salornayo milite asserente Johannem Raymundi militem quondam in sua ultima voluntate curam et administrationem Catherinæ filiæ suæ impuberis et bonorum suorum dicto Petro commisisse, ordinasseque quod in casu, quo dicta Catherina veniret ad ætatem nubendi, quod hoc de voluntatibus dicti Petri et ejus uxoris, amitæ dictæ Catherinæ facere teneretur; et si ipsa Catherina decederet sine liberis de suo proprio corpore et legitimo matrimonio procreatis, ejus bona venirent ad unum de liberis dictorum conjugum, qui nomen ipsius defuncti et arma portaret.*

1. **SUBSTRATORIUM**, Mappa altaris, cui Corporale insternitur. Ordo Romanus : *Pallæ vero quæ sunt in Substratorio, in alio vase debent lavari, in alio corporales pallæ.* Eadem habet Gregor. M. in libro Sacram. in Ordinat. Subdiac. pag. 235. et Missale Francorum vetus pag. 400. Stephanus Eduensis Episc. de Sacram. Altaris c. 5. de Diaconis : *Horum est ministerium Epistolam legere, Levitis ministrare, altaria componere, Substratoria, pallas, corporalia, lavare, etc.* Vita S. Theotonii Canon. Regul. c. 1 : *Vasa corporis et sanguinis Christi Diaconibus ad altare deferebat, et iterum referebat, corporales pallas, et Substratoria lavabat.* Ex his forte emendandus Anastasius in S. Hormisda PP. ex cod. Mazarino : *Chlamydem Imperialem, i. stolam et Subsutorium super confessionem B. Petri Apostoli.* Alii codd. habent *suffitorium*, et *succinctorium*. Ubi legendum videtur *Substratorium*. Durando lib. 1. Ration. c. 3. num. 23. *Subtratoria*, sunt *tapeta*, quæ pedibus substernuntur, et præcipue Episcoporum, quasi stratio pedum. [Gloss. Lat. Gr. : *Substratorium*, ὑπόστρωμα.] Vide *Palla* 2.

* 2. **SUBSTRATORIUM**, Stratus, lectica. Mirac. S. Audoeni tom. 4. Aug. pag. 830. col. 1 : *Ægrum usque ad locum presbyterii jussit deferri. Ibi languidus de Substratorio solotenus excussus, discatenatis nervis, carne revulsa, arctius cœpit angustiari.* Vide *Stratus* 1.

* **SUBSTRATORIUS**, Stratus, ad terram dejectus. Glossæ Cæsar. Heisterbac. in Reg. Prum. tom. 1. Hist. Trevir. Joan. Nic. ab *Hontheim* pag. 693. col. 1 : *Substratoria lignorum, carradam unam ad dominicam scaram.* Vide supra *Stratorius*. [** Vide *Substratum*.]

SUBSTRATUM, Idem quod *Substernium*, Stramentum equi. Tabularium S. Remigii Remensis : *Dat annis singulis in hostelitia fœtam 1. cum agno... lignum ad mon. car. 1. in villa car. 2. ad Substratum car. 5. ad vineam de materiamine car. 5.* Infra : *Ad Substratum, et materiam car. 10.* Vide *Substratorius*.

* **SUBSTUS**, Idem videtur quod supra *Substemnium*. Chron. Hartm. Schedelii ad ann. 1459. apud Oefelium tom. 1. Script. rer. Boicar. pag. 397. col. 1 : *Recepit ergo pulveres bombardarum et pixidarum spargens hinc inde in castro ad scamna et Substus, similiter ad lectos ac alia loca exiens de nocte.* Si a lectis distinguere velis, de quavis supellectili in qua quis *substat* potes intelligere.

* **SUBSULTIM**, Uno saltu, Gall. *De plein saut*. Hist. Ludov. XII. in Hist. Caroli VIII. pag. 256 : *Ea sane in eo corporis et virium dexteritas erat, ut aliquando fossam pedum quindecim longitudinis Subsultim superaverit.*

¶ **SUBSUMEN**. Vide in *Substio*.

SUBSUMMATIM, Statim. Vita S. Wunebaldi cap. 7 : *Et Subsummatim investigare cœpit, quales reperire possit, ut illis Evangelici sermonis consortium commendasset.* Habetur etiam in Itinerario S. Willibaldi num. 27.

¶ **SUBSUTIO**. Vide supra *Substio*.

SUBSUTORIUM. Vide *Substratorium*.

¶ **SUBSYNDICUS**. Vide *Syndicus*.

¶ **SUBTA**. Caffari Annal. Genuens. apud Murator. tom. 6. col. 290 : *Illico Saraceni de civitate, uti promiserant, exiverunt, et vexilla Januensium et Comitis in Subta posuerunt et se reddiderunt.* Ubi leg. *Suda*, ut habet alter Codex MS. Vide in hac voce.

¶ **SUBTAL**, Cavum pedis, perperam pro *Subtel*. Vide Vossium de Vit. Serm. lib. 1. c. 14. et infra *Subtalares*.

SUBTALARES, Calcei, nostris *Souliers*, [Pedulium genus, quibus maxime Monachi per noctem utebantur in æstate. Ita etiam passim nuncupantur calceamenta Episcoporum sacra peragentium.] Papias : *Subtalares, genus calciamenti, quasi sub talo proprie.* Glossæ Latino-Barbaricæ Rabani Mauri : *Tali, id est ancli, de quibus caligæ nocturnales Subtalares vocantur, quia sub talis sunt.* Glossæ MSS : *Calopodes, lignei subtalares.* Gloss. Sax. Ælfrici : *Subtalares* : swifteleare r. [Capitul. Aquisgr. ann. 817. cap. 22 : *Calciamenta diurna paria duo, Subtalares per noctem in æstate duas, in hyeme vero soccos, etc.*] Odilo in Vita S. Odonis Clun. lib. 2 : *Cum vidisset prædictum fratrem nostrum, nostra consuetudine suos abluere Subtalares, etc.* Vita S. Gudulæ Virg. c. 2 : *Talibus, et, ut ita dicam, dimidiis utebatur Subtalaribus ut superior pars pedum videretur tecta.* Liber Ordinis S. Victoris Parisiensis MS. cap. 18 : *Subtalares non nimis stricti sint, sed competenter ampli, et ante grossi sint ; desuper vero alti sufficienter, ut plene caligas contineant deorsum et apprehendant.* Vide Addit. 1. Lud. Imp. cap. 22. Acta Episcopor. Cenomanens. pag. 78. 105. 163. [** Murat. Antiq. Ital. med. ævi tom. 2. col. 427.]

Subtelares, apud Joannem de Janua, *quasi subtalaris, i. calcaneus, vel dicitur Subtularis, quasi Subtalaris, quia sub talo est.* [Chron. Domin. de Gravina apud Murator. tom. 12. col. 677 : *Novæ militiæ Subtelares induit pedes suos.*] Salmasius ad Tertull. de Pallio *Subtelares* dictos contendit, a *subtel*, quæ vox Prisciano l. 5. imam partem pedis significat. Papias : *Subtel, ima pars pedis, vel medietas.* Jo. de Janua : *Subtel, ima pars, scilicet pedis medietas.* Idem : *Subtilis*, alibi, *Subtelis, a subtel, quod est ima pars pedis.* Saxo Grammat. lib. 7 : *Truncos luporum ungues Subtellibus annectentes, etc.* Et infra :

Quid miri tenerum nobis durescere Subtel.

Subtelaria, in Regula Solitariorum c. 49.

Subtellarius. Michael Scotus lib. de Physion. c. 12 : *Fumus candelæ extinctæ et lucernæ, Subtellarium, sulphuris et argenti vivi interficiunt embrionem.* Adde Vitam B. Berardi Episcopi Marsorum apud Ughellum tom. 1. Italiæ sacræ.

¶ **Suttellarius**, in Bulla Honorii III. PP. apud Ughell. tom. 1. Ital. sacræ pag. 823. Vide *Calsolarius*.

Subtilares, in Bulla Innocentii IV. PP. ann. 1243. apud Waddingum : *Scapularia et mantellum cum pellibus, ac Subtilares cum pedulibus, etc.*

¶ **Subtillares**. Chron. Modoet. apud Murator. tom. 12. col. 1120 : *Rubeus de Serginio, qui veteres Subtillares aptabat.*

Subtolares, apud Ordericum Vital. lib. 8. pag. 683. lib. 11. pag. 815. Isidorus lib. 19. c. 34 : *Subtolares, quod sub talo sunt, quasi subtalares.* Ita MSS. codd. ut monet Salmasius.

Subtolaria, apud Baldricum Noviom. lib. 3. cap. 20 : *De toto corpore nullum vestigium præter unum Subtolarium reperitur.*

Subtulares, apud Galbertum in Vita Caroli Boni Comitis Flandr. cap. 1. Joannem Monachum Bertinianum in Vita S. Bernardi Pœnitentis n. 26. [in Charta Caroli Simplicis Reg. Franc. ann. 889. apud Marten. tom. 1. Ampl. Collect. col. 253. in Ord. Rom. tom. 2. Musei Ital. pag. 65. in Statutis Vercell. lib. 3. fol. 101. v°. et Saluciar. Collat. 4. cap. 146. etc.]

¶ **Sutellares**, in Memor. Potestat. Regiens. ad ann. 1282. apud Murator. tom. 8. col. 1153 : *Erat in civitate Parmensi quidam pauper homo operans de opere cerdonico : faciebat enim Sutellares.*

¶ **Sutilares**. Acta S. Bertrandi tom. 1. Jun. pag. 801 : *Dum in sua statione, ut mos cerdoniæ artis est, Sutilaris scapino infigeret acum suendi causa.*

Sutulares, apud Guibertum lib. 1. de Vita sua cap. 13.

¶ **Sotilaria**, in Charta ann. 1318. apud *Madox* Form. Angl. pag. 316 : *Item omni anno duo paria novorum Sotilarium bassorum, et unum par caligarum, etc.*

¶ **Sottulares**. Mirac. S. Eutropii tom. 3. April. pag. 740 : *Cum vero se vellet de illis Sottularibus calceare.*

Sotulares. Joan. de Janua et Breviloq. :

Sotularis a solea. Item *dicitur per apocopem solear, unde in Doctrinali :*

His sotular socies, specular breviabit origo.

Et est sotular genus calceamentorum. Ugutio : *Solea, solum, planta pedis * solere tangat, vel quod terræ adhæreat, unde Sotular.* Idem alibi : *A suo, Sotularis, quasi sutularis.* [Gloss. Lat. Gall. Sangerm. : *Sotularis vel sotular, solers, chaucemens.*] Jo. de Garlandia in Synonymis :

Calceus, et pero, simul Sotular, et aluta.

Joannes Monachus lib. 1. Histor. Gaufredi Ducis Norman. : *Pedes ejus Sotularibus in superficie leunculos aureos habentibus muniuntur.* Ebrardus Bethun. contra Valdenses cap. 25 : *Sotulares cruciant, cum membra potius debeant cruciare. Calceamenta coronant, caput autem non coronant.* Utuntur passim Scriptores, Rodericus Toletan. lib. 5. de Reb. Hispan. c. 22. Vita B. Rogerii Abbat. Ellantii n. 12. Vita sancti Egwini Episc. Wigorn. num. 19. Hist. Translat. S. Stephani Fundator. Ord. Grandimont. num. 4. Jo. Buschius in Chron. lib. 1. cap. 42. lib. 6. c. 6. Chartæ aliquot in Histor. S. Martini de Campis, pag. 33. 368. etc.

* *Souliers à trois noyaux*, in Lit. remiss. ann. 1394. ex Reg. 146. Chartoph. reg. ch. 394 : *Quant le suppliant fut resveillé vint dedens l'ostel,.... et sans clarté trouva en sa voye uns Souliers à trois noyaux qu'il chaussa, et laissa les siens qui n'estoient pas si bons. Soulliers carrelez*, in aliis ann. 1409. ex Reg. 164. ch. 118. *Soullé*, in Ch. ann. 1504. ex Chartul. Latiniac. fol. 60. v°.

¶ Sotulares Consutitii, Certa ratione consuti, ut in Synodo Rotomag. ann. 1399 : *Sotulares consuti laqueis.* [* vel Ornatiores, elegantiores.] *Sotulares caligis consuti*, in Statutis S. Capellæ Bituric. ann. 1407. ex Bibl. Reg. Conc. Terracon. ann. 1282. apud Marten. tom. 7. Ampl. Collect. col. 279 : *Nec portent Sotulares consutitios, nec rota tractos.* Ubi leg. *rostratos.* Vide *Consutitii.*

¶ Sotulares Cordelati, Certis suturis ornati. Statuta Eccl. Cadurc. etc. apud Marten. tom. 4. Anecdot. col. 726 : *Sotularibus rostratis, seu Cordelatis non utantur.* Vide *Cordulatio.*

* Iidem mihi videntur qui *Laqueati*, laqueis nodati. Stat. colleg. Fuxens. Tolos. ann. 1457. ex Cod. reg. 4223. fol. 231. r° : *Sotulares etiam cordulatos in parte exteriori, ita apertos quod carnem ostendant, etc.*

Sotulares Corduani, Ex pelle de Corduba, apud Ordericum Vital. lib. 5. pag. 591. 596. [*Sotulares de Courdouan*, in Cod. censuali Episcopat. Autissiod. Vide *Cordebisus*].

Sotulares Corrigiati, quorum usus erat in equitando, in Statutis Cluniac. Hugonis V. Abb. ann. 1467. [Occurrunt etiam in Statutis Cisterc. ann. 1437. apud Marten. tom. 4. Anecd. col. 1590.]

¶ Sotulares Excolati, Collari ornati, in Statutis MSS. Cardin. Trivultii Abbat. S. Victoris Massil. ann. 1531 : *Statuerunt ut omnes Monachi... deferant... Sotulares honestos et clausos et altos usque ad cavillam, nec incisos, nec Excolatos.*

* Minus recte; nam Sotulares indicantur circa collum exquisite incisi, ut colligitur ex Lit. remiss. ann. 1387. in Reg. 130. Chartoph. reg. ch. 212 : *Troiz paires de souliers de corduan Escolletez.* Quæ calceorum forma optimatum et divitum propria erat, ex Poem. MS. *du Riche homme et du Ladre :*

Et si ont les longues cornetes,
Et leurs Solers fais à blouquetes;
Pardevant les font detrenchier,
Mais il vausissent mius entier.
J'ai veu que nuls ne le feist,
Se moult grant terre ne tenist :
Or le font li poure valet,
Si c'on ne scet qui riches est.

¶ Sotilares Focilares, f. Lignei. Laudes Papiæ apud Murator. tom. 11. col. 43 : *Certis diebus venduntur Sotilares focilares novi in platea.*

¶ Sotulares Intaliati, Incisi, in Concil. Complut. ann. 1325. Vide *Intalia.*

¶ Sotulares Laqueati, Laqueis, nostris *Lassets*, exornati, in Statutis Cisterc. ann. 1439. apud Marten. tom. 4. Anecdot. col. 1600. Vide supra *Laqueatæ vestes.*

* Sotulares Ordinati, Ordinarii, ni fallor, communis usus. Stat. MSS. pro Bened. provinciæ Remensis ann. 1299 : *Nec calciamentis utantur.... laqueatis sive nodatis; sed solummodo Sotularibus ordinatis.*

¶ Sotulares Rostrati. Vide *Rostra calceorum.*

* Sotulares Rubei. Charta ann. 1220. ex Bibl. reg. cot. 19 : *Pro hac autem concessione dederunt mihi sæpedicti monachi quinque solidos Turonenses et quosdam rubeos Sotulares.* Occurrit rursum in Charta ann. 1198.

¶ Sotulares Scotati. Vide *Scotatus.*

¶ **SUBTANA**, ut mox *Subtaneum.* Bulla Urbani VIII. PP. ann. 1624 : *Omnes* (clerici) *gerant vestes talares, sive, ut vocant, Subtanas, a collo usque ad talos demissas, et desuper præcinctas.* Vide *Sutana.*

SUBTANEUM, Togæ seu tunicæ species, quam etiamnum *Soutane* vocamus, quod forte *Sultanorum* seu Turcorum vestis propria fuerit. [Vide Menag. in Etymolog. Gall. et *Sotanum.*] Chron. Nonantulanum MS. de institutis et ritibus sub Friderico I. Imper. : *Virgines in parentum domibus tunica de pignolato, quæ appellatur Subtaneum, et paludamento lineo, quod Xocam dicebant, erant contentæ.*

* Vide quæ commentatur circa vocis hujus etymon Muratorius tom. 2. Antiq. Ital. med. ævi col. 423.

¶ **SUBTANUS**, Inferior; ut *Supranus*, Superior. Caffari Annal. Genuens. apud Murator. tom. 6. col. 200 : *Tale illico consilium infra se habuerunt, ut medietas bellatorum Januensium cum parte militum Comitis ad Subtanam partam civitatis juxta flumen staret.* Jac. Auriæ iidem Annal. ibid. col. 598 : *Sanctus Stephanus* v. *Petra lata Suprana et Subtana* x.... *Carodanum Supranum et Subtanum* v. Vide *Subterior*, et *Subtranus.*

¶ **SUBTEGMEN**, Indusium, interula, Gall. *Chemise*, apud Mabillon. tom. 5. Annal. Bened. pag. 103. ubi de Gilduino qui Carnutas se devehi curavit ut B. M. ecclesiam orationis causa adiret, *ubi capsam, in qua ejusdem Dominæ nostræ Subtegmen contineri creditur, etc.* Vide *Subtile.* [** Occurrit. Genes. 14. 23. Vide Forcellin. in *Subtemen.*]

SUBTEL. Vide *Subtalares.*

SUBTELA, in Catholico parvo, *Cullere de cheval.* Catholicon Armoricum : *Cropier, Gall. Cropiere. Lat. Subtela.* Glossæ Isid. : *Sutela, corrigia, quæ tenditur sub cauda equi.* Vide *Antela.*

¶ **SUBTELARES**, Subtelaria, Subtelarius, ut *Subtalares.* Vide in hac voce.

SUBTELLA, Calliditas, astutia. Missale MS. S. Joan. in valle ann. circ. 400 : *Extirpat callidas gerronis Subtellas.* Vide infra *Subtilitas* 1.

** **SUBTEMEN**. Vide *Subtegmen.*

¶ **SUBTENENTES**, ut infra *Subvassores.* Leg. Norman. apud Ludewig. tom. 7. Reliq. MSS. pag. 239 : *Subtenentes non tenentur auxilium persolvere domino capitali, sed domino intermedio tenentur auxiliari ad auxilium suum domino capitali persolvendum.*

* **SUBTERALES**, pro *Subtelares*, Calcei. Vide in *Subtalares.* Bulla Eugen. III. PP. ann. 1147. inter Probat. tom. 1. Annal. Præmonst. col. 275 : *Dedit septem mensas, tam panes quam Subterales vendentium.*

¶ **SUBTERCUTANEUS**. Vide *Subcus.*

¶ **SUBTERFIRMARE**, Subscribere, signo suo, vel sigillo infra apposito Chartam firmare. Charta Innocentis Episc. Cenom. apud Mabillon. tom. 3. Analect. pag. 85 : *Manus nostras proprias Subterfirmavimus.* Occurrit rursum ibid. pag. 93. Charta Lotharii Reg. Franc. ann. 13. ejusd. apud Stephanot. in Antiq. Bened. Aurelian. MSS. pag. 341 : *Et ut firmius maneat annulo nostri palatii Subterfirmari jussimus et insigniri.* Vide *Firmare* 2.

¶ **SUBTERFUGIUM**, Effugium, Gall. *Subterfuge.* Gloss. Lat. Gr. : *Subterfugium*, καταφυγή. Gloss. Latino-Gall. : *Subterfugium, Refus. Subterfugere, Refuser.* Joh. Sarisber. Epist. 118 : *Alicujus Subterfugiis obviare.* Charta ann. 1329. ex Tabul. Eduensi : *Renuntiantes etiam in hoc facto... allegationibus, Subterfugiis, cavillationibus et dilationibus atque barris tam juris quam facti.*

SUBTERIOR, inferior. Vetus Charta apud Perardum : *In superiori fronte perticas* 8. *in Subteriore vero perticas* 8. [** *In subteriori urbis parte*, Annal. Sax. ad ann. 1042.] [Vide *Subtanus.*]

* Subterraneus. Glaber Rodul. lib. 5. Hist. cap. 1 : *Dum in Subterioribus cryptis, ubi multa sanctorum requiescunt corpora, obdormiret, etc.* Vide *Subterius* 2.

¶ 1. **SUBTERIUS**, Infra. Charta ann. 855. apud Marten. tom. 1. Ampl. Collect. col. 143 : *Signum Folkeri qui hanc traditionem coram testibus Subterius nominatis manu propria perfecit.*

¶ 2. **SUBTERIUS**, Subterraneus, Gallis *Souterrain.* Martyrol. Eccl. Autiss. apud eumd. Marten. tom. 6. Ampl. Collect. col. 705 : *Autissiodero in Basilica S. Germani dedicatio Subteriarum cryptarum.*

¶ **SUBTERNUS**, Inferior. Necrolog. S. Petri de Casis : XIV. *Aprilis obiit dom. Ysabel de Andrueplis quæ dimisit unam cameram Subternam et supernam conventui de Casis.* Vide *Subtanus*, et *Subtranus.*

SUBTERRARE, Humo mandare, Sepelire, Gall. *Enterrer*. Jo. de Janua : *Subterrare, sub terra ponere, sepelire, terræ infodere.* [Gloss. Lat. Gall. Sangerman. : *Subterrare, mettre soubz terre, ensevelir.*] Adam Brem. c. 102 : *Corpus ejus Bremam revectum Subterratum est in medio chori.* Occurrit in Vita sancti Deicoli Abbat. n. 37. apud Theoderic. Mon. in Translat. S. Celsi Episc. Trevir. n. 17. Humbertum Silvæ candidæ contra Nicetam Pectoratum, Baldricum Nov. lib. 2. c. 21. lib. 3. c. 22. Cantipratanum, in Concilio Biterrensi ann. 1233. c. 14. in Metropoli Salisburgensi tom. 1. pag. 168. etc. Historia bellorum Hierosol. MS : *Si trouva ke Reniers, li freres à la Dame estoit mors et Sousterrés.* Infra : *Lendemain l'entiererent au Moustier deu Sepulcre, la droit ú li autre Roi avoient esté Sousterré.*

* **SUBTERRATIO**, Supplicium apud nostros aliosque usitatum olim, quo feminæ capitalis criminis reæ humo vivæ mandabantur. Annal. Victor. MSS. ad ann. 1308 : *Circa hoc tempus captus est dominus de Ulmeto prope Corbolium, miles satis nobilis et dives, et ductus est Parisius in castelleto districtoque carceri mancipatus.... Causa fuit quia uxorem suam nobilem dominam, moribus gratiosam, filiam domini Matthæi de Tria senioris,.... ob amorem inordinatum suæ concubinæ, procuraverat veneficiis vel maleficiis...... occidi vel extingui, secundum judicium medicorum. Ob hoc igitur dicta concubina et quædam aliæ criminis hujus fautrices et reæ Parisius ductæ vitam turpiter amiserunt ignis combustione vel Subterratione, prout dignæ erant.* Vide supra *Fossa* 1. *Humari* et *Infoditus*. [** Haltaus. Glossar. Germ. col. 117.]

¶ **SUBTHESAURARIUS**. Vide *Thesaurarius*.

* **SUBTICERE**, Silere, tacere. Bulla Clem. V. PP. ann. 1308. contra Templar. inter Probat. tom. 1. Hist. Nem. pag. 169. col. 2 : *Sunt etiam quidam ex eis quædam alia orribilia et inhonesta confessi, quæ, ut eorum ad præsens parcimus verecundiæ, Subticemus.* Charta Phil. Pulc. in Reg. A. Cam. Comput. Paris. fol. 47. v° : *Audivimus.... nonnullos..... quorum nationem et nomina Subticemus, etc.*

¶ **SUBTILARES**, ut *Subtalares*. Vide ibi.

SUBTILE, SUBTILIS, Vestis Subdiaconorum, quæ et *stricta tunica* dicitur, inquit Honorius Augustod. lib. 1. cap. 229. lib. 3. cap. 1. et 85. Durandus lib. 3. Ration. cap. 10 : *Tunica quæ alibi Subtile, in lege vero ποδήρης.* Idem cap. 11. n. 3 : *Dalmatica Diaconi ampliores habet manicas, quam tunicella Subdiaconi, quæ alibi Subtile vocatur.* Adde lib. 6. cap. 2. n. 6. Eckehardus Junior de Casib. S. Galli cap. 10 : *Præter quæ Dalmaticum et Subtile pene aurea... acutia sua versipelli resumpserat.* Adam Bremensis cap. 161 : *Casulas* 35. *cappas* 30. *dalmaticas et Subtiles* 14. Burchard. de Casib. S. Galli cap. 1 : *Stolas similiter deauratas, capsas dalmaticas, Subtilia, cætera quoque Ecclesiastica ornamenta.* Conradus Moguntinus in Chronico tino : *Ejusdem operis duæ dalmaticæ, et duo Subtilia latis aurifrigiis ornata.* Infra : *Duæ casulæ de viridi samitto, et tot dalmaticæ, et Subtilia aurifrigiata valde bona.* Joan. Buschius in Chron. lib. 1. cap. 23 : *Habitus Canonicorum regularium est vestis linea, sive toga linea, quam Romani Roketum Romanum, Germani Subtile, Sarracium, sive Scorlicium appellant.* Adde cap. 42. lib. 2. cap. 6. Krantzius in Metropoli cap. 8. ex veteribus Actis : *Casulam et dalmaticam cum Subtili de serico lasurio.* Habetur in Missa, ab Illyrico edita, hæc Oratio *ad Subtile*, cum scilicet Episcopus sacra facturus illud induit : *Indue me, Domine, vestimento salutis, et circunda me lorica fortitudinis.* Vide Canones Saxon. Edgari cap. 33. Will. Hedam in Conrado Episcopo Traject. [Miræum tom. 1. pag. 71. col. 2. Marten. tom. 4. Ampliss. Collect. col. 352. supra *Substantia* 7.] et infra in *Superpellicium*. Occurrit etiam vox *Subtile* apud Esaiam cap. 19. v. 9. et Ezechiel. cap. 16. v. 10. ubi LXX. τὴν βύσσον verterunt.

1. **SUBTILIARE**, *Tenuem facere*, Ugutioni. Auctor Mamotrecti ad 1. Esdræ cap. 5 : *Attenuatus, i. Subtiliatus.* Lex Angliorum et Werinorum tit. 5. § 19 : *Si quis alium in brachio vel in crure percusserit, ut ipsa membra decrescant, et ita fuerit Subtiliatum, ut duos digitos minuatur,* 4. *sol. componat.* Constantinus African. lib. 1. de Morb. curat. cap. 4 : *Confectio ad capillos Subtiliandos, etc.* Occurrit passim apud Alex. Iatrosoph. veterem Interpretem in libris Passionum, Jo. Sarisberiensem Epist. 85. Mich. Scotum lib. 1. Mensæ Philosophicæ, cap. 7. etc.

2. **SUBTILIARE**, et SUBTILIARI, Argutari, subtiliter agere, Gallis *Subtilizer*. Petrus Cellensis lib. 9. epist. 2 : *Qui vero calcatis grossioribus carnis fæculentiis, cubilia spiritus ingressi, subtiliari in spiritualibus consueverunt, in amicis quærunt gratiam, non pecuniam : fidem, non extrinsecam possessionem, etc.* Knyghtonus ann. 1335 : *Rex Franciæ Subtiliavit viis et modis quibus potuit, qualiter deturbaret Regem Angliæ, etc.*

¶ SUBTILIZARE, Eadem notione. Roland. Patav. Chron. apud Murator. tom. 8. col. 326 : *Jam enim verum erat Eccelinum Subtilizare qualiter adhærere posset Imperatori futuro, ut faceret sicut olim sub umbra imperii suos inimicos cum Frederico Imperatore confuderat, cui fraudulenter applicuit et adhæsit.* Vide infra *Subtiliter*.

* Nostri *Subtiller*, *Subtillier* et *Soustillier* dixerunt, pro *Imaginer, inventer, s'étudier*, Invenire, excogitare, meditari. Lit. remiss. ann. 1393. in Reg. 144. Chartoph. reg. ch. 473 : *Le suppliant se soit Subtillé que ès fermaux que il a fait,.... afin que iceulx pesassent plus,.... ait mis dessoubz la terrasse de chacun un grain de plont.* Aliæ ann. 1408. in Reg. 163. ch. 258 : *Aucuns fermiers de l'imposition du foing et de l'avoine en nostre ville de Paris se sont Soustilliez de trouver voyes et manieres estranges pour contraindre les hostelliers à paier imposition du foing et de l'avoine.* Aliæ ann. 1457. in Reg. 189. ch. 164 : *Les supplians ont advisé par plusieurs fois à trouver la maniere de savoir ou Julien Malet...... mettait...... ladite finance; et tant ont Subtillé et mis garde sur ledit Julien Malet qu'ilz ont sceu, etc.* Froissart. 1. vol. cap. 330 : *Messire Guillaume des Bordes Subtiliait jour et nuict comment et en qu'elle maniere il leur peust porter dommage.* Hinc *Subtif* et *Souptin*, Ingeniosus, solers. Lit. remiss. ann. 1417. in Reg. 169. ch. 526 : *Lequel de Gennes ne fu oncques de mestier : mais estoit tant Subtif et imaginatif, etc.* Le Roman *de Cleomades* MS :

Moult ot en Vregille saige homme
Et Souptiu ; car il fist à Rome
Une chose moult engigneuse,
Moult Souptieue et moult merveilleuse.

Unde *Soutiment*, Subtiliter, solerter, in Chron. S. Dion. tom. 7. Collect. Histor. Franc. pag. 151 : *Aus quatre chiés de cele croix sont séélées et encloses Soutiment précieuses reliques de cors sains.* *Sautif* vero, pro sanus, bene valens, in Lit. remiss. ann. 1377. ex Reg. 111. ch. 296 : *Icellui Gilet ..... repaira ès tavernes, ès noces et ès esbatemens, comme homme Sautif et bien haitié, par l'espace de dix à douze jours.*

¶ SUBTILITAS, Calliditas, astutia, ibid. col. 253 : *Sed machinata est Eccelini Subtilitas cum probissimo quodam viro de terra illa,... et concordavit etiam cum capitaneo dicti castri.* Nostris olim *Soustiveté*. Charta Caroli primogeniti Johannis Reg. Fr. ann. 1358. tom. 3. Ordinat. pag. 222 : *Icelles (lettres) ne seuffrent changier, muer, haussier, ou affoiblоier par quelconques Soustiveté ou maniere, etc.* Le Roman *de la Rose* MS :

Car tiex gens veulent grosse chose,
Sans grant Soutiveté de glose.

Soutiffart et *Soutive pratique*, in Hist. Johannis IV. apud. Lobinell. tom. 2. Hist. Britan. col. 717 :

Les gens du Roy de l'autre part
Si incitoient par Soutiffart
Les Bretons de soy rebeller,
Contre leur Duc.

Ibidem col. 729 :

Et pour ce que nulli n'osoit
Deffendre le Duc, ne son droit,
L'en pensa Soutive pratique, etc.

* *Soutievté*, apud Petrum de Font. in Cons. cap. 23. art. 4 : *Nous ne requerons mie, ne ne faisons si graus Soutievté en no demandes faire, come funt li clerc.* Unde *Soutievesment*, Subtiliter, apud eumd. cap. 13. art. 23.

¶ **SUBTILILOQUIUM**, Subtilis sermo, argutiæ. Vetus S. Irenæi Interpres lib. 3. cap. 14. num. 4. ult. edit. : *Ex hoc enim multas occasiones Subtililoquii sui acceperunt, interpretari audentes male, quæ ab hoc bene sunt dicta.*

¶ **SUBTILIS**. *Subtiles merces*, Aromaticæ dicuntur in Statutis Genuæ lib. 4. cap. 16. pag. 120 : *Non liceat patrono... onerare in dicto viagio .. nisi tantummodo victualia pro usu et necessitate navigii, merces Subtiles et capsas passagiorum.* Nostris *Soutil* et *Soutif*, pro Subtilis, tenuis. Statutum Johannis Reg. Fr. ann. 1350. tom. 2. Ordinat. pag. 397 : *Proposoient entre leurs autres raisons que leur mestier d'œuvre rayé estoit plus Soutif que mestier de lanure planive.* Le Roman *d'Athis* MS :

Une chemise de chainsil
De fil et d'œuvre moult Soutil.

Vide *Subtile*.

¶ **SUBTILITAS**. Vide in *Subtiliare* 2.

* **SUBTILITAS**, Similitudo. Stat. Tornac. eccl. ann. 1366. cap. 4. art. 10. pag. 18 : *Vinum rubrum potius quam album ministretur in calice, si haberi possit, propter Subtilitatem albi cum aqua.*

¶ **SUBTILITER**, Occulte, apud Anonymum Hist. Palæst. cap. 34. tom. 3. Reliq. MSS. Ludewig. pag. 33 : *Consiliati in unum abibant per montaneas, Subtiliter inquirentes et ementes frumentum.*

¶ **SUBTILIZARE**, ut *Subtiliare* 2. Vide ibi.

¶ **SUBTILLARES**, ut *Subtalares*. Vide in hac voce.

SUBTILLUM. Gloss. Gr. Lat. : Ἔπος, *Carmen, Subtillum.* Ita MSS. In edito vox *Subtillum* abest.

¶ **SUBTITULARE**, Subtus scribere, infra referre. Charta Ottonis Imper. ann. 965. inter Instr. tom. 3. Gall. Christ. novæ edit. col. 15 : *Itaque præcepimus Subtitulare rerum ad eumdem locum pertinentium possessiones.* Charta Philippi I. Reg. Fr. ann. 1082. tom. 2. Hist. Eccl. Meld. pag. 15 : *Præsentibus de palatio nostro, quorum nomina Subtitulata sunt, etc.* Occurrit præterea apud Calmet. inter Probat. tom. 2. Hist. Lothar. col. 290. Marten. tom. 1. Anecd. col. 402. Camusat. in Episc. Tricass. fol. 176. etc.

¶ **SUBTOLARES**, SUBTOLARIA. Vide *Subtalares.*

¶ **SUBTOLLERE**, Auferre, tollere. Leges Liutprandi [** 84. (6, 31.)] apud Murator. tom. 1. part. 2. pag. 68. col. 1 : *Tunc habeat ipse judex potestatem foris provinciam eos vendendi, et pretium Substulendi atque habendi.* [** Al. *sibi tollendi.*] Guidonis Discipl. Farf. cap. 7 : *Ante Primam Subtollantur pallia ecclesiæ, et alia ornamenta, quæ usum est auferri.*

* **SUBTONIA**, f. pro *Subtanea*, Togæ seu tunicæ species. Charta official. Belvac. ann. 1341. in Reg. 77. Chartoph. reg. ch. 159 : *Ad lectum, in quo jacebat et dormiebat dicta Clementia, accessit dictus reus, ipsamque..... indutam solummodo pellicio ac quadam Subtonia de tela accepit, rapuit, etc.* Vide *Subtaneum.*

* **SUBTRABES**, Feni meta, acervus. Reg. S. Justi in Cam. Comput. Paris. fol. 199. r°. : *Ecce partes firmæ, videlicet medietas Subtrabum praeriæ vallis Rodolii, Hummi, Beriacia et de Boviners, cum medietate logiæ.* Vide *Trabes* 2.

¶ **SUBTRAGI**, SUPTRAGI, pro Subtrahi, in Chartis ann. 1002. et 1011. apud Murator. delle Antic. Estensi pag. 195. et 200. Locus est in *Retollere.*

¶ **SUBTRAHERE**, Protrahere. Regula S. Benedicti cap. 13 : *Sexagesimus sextus psalmus dicitur sine antiphona Subtrahendo modice, sicut in Dominica, ut omnes occurrant.*

* *Soutrere* dicitur de doliis vinariis, quæ a *cellario* in cellam vinariam et vicissim transvehuntur, in Ordinat. ann. 1415. ex Reg. 170. Chartoph. reg. ch. 1 : *Item pour Soutrere vin, que on appelle mettre vin de celier en cave et de cave en celier, etc. Soutiré* vulgo dicitur de vino elutriato, quod *Soutain* nuncupari videtur, in Pedag. Divion. MS : *Li coue de vin, qui est suz une charette qui vient de fors, se elle est Soutainne, elle doit six deniers de paaige.*

* *Soubztraire* vero, idem quod *Trahere* 1. Insidiose decipere, dolose fallere, in Lit. remiss. ann. 1398. ex Reg. 153. ch. 367 : *Comme paroles chaleureuses feussent esmeues entre ladite exposant et Marguerite femme de Estienne de Lugi,...... pour ce que icelle exposant disoit que laditte Marguerite avoit Soubztrait son mary, comme de avoir geu charnellement avecques elle.* Idem significat *Surduire*, in Lit. remiss. ann. 1376. ex Reg. 110 ch. 202 : *Lesquelz eussent Surduite, fortraitte et emmenée sa femme où il leur pleust. Surtraire*, eadem acceptione, in aliis Lit. ann. 1389. ex Reg. 138. ch. 98 : *Lequel Colin le Conte Surtrahy la femme de Jean Boudier fauconnier.* Hinc *Sourditte* et *Surdite* appellata mulier libidinosa, concubina. Charta ann. 1424. tom. 2. Hist. Leod. pag. 451 : *Ons faisoit d'une proide femme, une femme Sourditte; et d'une femme Sourditte, une proide femme.* Lit. remiss. ann. 1376. in Reg. 110. ch. 46 : *Une femme, appellée Marion de Saint Just, qui estoit femme Surdite et amye d'un des moines de laditte église de Chezi.* Vide *Superinducta.*

* Aliud autem sonat vox *Soubztrait*, Hospitem videlicet, vulgo *Hote*, quod sub tecto recipiatur, in aliis Lit. ann. 1369. ex Reg. 100. ch. 323 : *Icellui Pierre respondi que en leur maison avoit mauvais Soubztrait ou convive.* Vide infra *Tegorium.*

¶ **SUBTRANUS**, Inferior, ut *Subterior.* Statuta Montis Regal. fol. 268 : *Item statutum est quod nullus ferrarius... præsumat ferripedare aliquam vel aliquas bestias... in via tendente a platea versus portam Vici, videlicet a parte Subtrana dictæ viæ, hoc est, deversus domos Subtranas.* Vide *Subtanus* et *Subternus.*

* **SUBTRINO**, *Locus, ubi conduntur aliquæ species*, in vet. Glossar. ex Cod. reg. 7641.

¶ **SUBTULARES**, ut *Subtalares*. Vide ibi.

SUBTULUM. Charta ann. 1316. apud Fantinum Castruccium in Hist. Avenion. tom. 1. pag. 166 : *Subtulum cum solario ejusdem.* Infra : *Subtulum pro tribus equis domus Petri Guillermi.* Occurrit ibi pluries. *Cum staribus, hospitiis, stabulis, etc.* Rursum : *Item unum Subtulum domus D. Raimundi de Aramont, item Subtulum domus Guillermi Ruffi.* [Locus inferior, idem quod *Sotulum.* Vide in hac voce. Vetus Poeta MS. ex Bibl. Coisl. nunc Sangerm. :

Trestot guerpi, si s'en ala
En un Soutil leu habita,]

** **SUBTUMIDUS**. Galen. lat. MS. ad Glauc. lib. 1. cap. 41. apud Maium in Glossar. novo : *Quartanarii habent vultum et oculos Subtumidiores.*

¶ **SUBTUMCLARE**, *Humo condere*, in Glossar. Gasp. Barthii ex Baldrici Histor. Palæst. apud Ludewig. tom. 3. Reliq. MSS. pag. 173. Vide *Subterrare.*

* **SUBTUNICALE**, Vestis, quæ sub tunica defertur, idem quod *Cota* 1. Acta dissolut. matrim. Ludov. XII. fol. 145. v°. ex Bibl. reg. : *Dominam Annam sibi monstravit vestitam suo Subtunicali, Gallice de sa petite cotte.*

* **SUBTUS**, pro Super, Gall. *Dessus.* Lit. remiss. ann. 1355. in Reg. 84. Chartoph. reg. ch. 395 : *Dictus miles cum suo pagio Subtus suum curserium duntaxat existente, Roberto de Hanonia.... obviavit.*

¶ **SUBTUS** MANUM, Secreto, clam, Gall. *Sous-main.* Chron. Domin. de Gravina apud Murator. tom. 12. col. 610 : *Hæc mulier in tantum scivit tractare dulcibus verbis cum dicto capitanio, quod soluta sibi aliquali pecunia Subtus manum, ipsam et bona sua occasione exterioris filii non ulterius molestavit.*

* **SUBTUSCHERA**, Nomen loci, vulgo *Sousquiere.* Charta ann. 1030. in Chartul. magno S. Vict. Massil. fol. 62. v° : *Dant locellum aptum officinis monasterialibus ad construendam cellam propter abundantiam aquæ, juxta ecclesiam S. Mariæ, in loco Subtuschera.*

¶ **SUBTUSSELLIA**, ut *Subsellium* 2. Chartul. majus S. Victoris Massil. fol. 140 : *Ego Tasilis dono cavallum unum cum capistro, et freno, et sella; et Subtussellias ad monasterium S. Victoris.* Vide *Subselliæ.*

SUBTUTUS. Commodianus Instruct. 30 :

. . . . . . Subtutus in prosperis esto.

Id est, subtristis, Rigaltio : malim *Subtutum esse*, hoc loco esse *cavere sibi.*

SUBVASSORES, Armigeri, qui tenent de Militibus. Leges Malcolmi II. Regis Scotiæ cap. 8. § 8 : *Et illi, qui tenent de Militibus, qui vocantur Subvassores, leges tenebunt, et observabunt in omnibus curtis suis, etc.* [Vide *Subtenentes.*]

SUBUBERES, Infantes, qui adhuc sunt sub ubere, in Glossis Isidori. Gr. ὑποτίτθια, ut apud LXX. Oseæ cap. 14. v. 1. quæ Joeli cap. 2. v. 16. νήπια θηλάζοντα μαζούς.

* **SUBUCA**, f. Fabrica ferraria. Charta ann. 1217. inter Instr. tom. 11. Gall. Christ. col. 336 : *Item dimidiam insulam Olnæ fluminis, et Subucam Roberti fabri et tres acras terræ in campo Failli.*

SUBUCULARES, Calcei, pro *Subtalares*, in Vita S. Heldredi Abbat. Novalicensis num 14.

SUBVECTARE, Subministrare, [adjuvare, auxiliari.] *Auxilium Subvectare*, apud Galfridum Monemuthensem lib. 2. cap. 4 : *Nisi ingenium artem Subvectaret.* Adde. lib. 6. cap. 6. lib. 7. cap. 1. 6.

* *Souvaudrer*, pro *Attiser*, ut videtur, ignem adjuvare, in Lit. remiss. ann. 1376. ex Reg. 109. Chartoph. reg. ch. 322 : *Print une grande broche de fer, de laquelle il Souvaudroit le feu à sa forge.*

* **SUBVECTOR**, Qui subvehit, lator, Gall. *Porteur.* Chron. Ademari Caban. tom. 10. Collect. Histor. Franc. pag. 158 : *Canonicis etiam S. Petri Egolismensis procedentibus cum Reliquiis, cum Subvectores earum, induti sacris tunicis, etc.*

¶ **SUBVECTORIUM**. Vide mox *Subvectus.*

SUBVECTUS, Vectura. Leges Luithprandi Regis Longob. tit. 107. § 1. de jumento. : *Qui eam ad Subvectum acceperat.* [** 137. (6, 84.) ubi Murat. *ad suam vecturam.*] *Subvectorium*, eadem notione, apud Stephanum Tornacensem Epist. 27 : *Jam maturassem reditum, sed Subvectoria non* habebam. Galli dicerent, *je n'avois pas de voiture.*

SUBVELLAMEN. Gloss. Gr. Lat. : Ὑποκοίλιον τοῦ προβάτου, *Subvellamen.* In MS : *Subvellaneum* habetur. Vide *Subventrile.*

¶ **SUBVELLERE.** Gloss. Latino-Græc. : *Subvello,* ὑποσπῶ.

¶ **SUBVENDA,** Præstatio minor *venda,* quæ domino feudali exsolvitur pro distractionis seu venditionis prædii falcultate. Charta S. Andreæ Clarom. ann. 1440 : *Ad census et servitutes unius quartonis frumenti censualis et reddituali cum dominio, vendis, Subvendis et laudimiis consuetis.* Vide *Venda* 2.

* Charta ann. 1305. in Reg. 37. Chartoph. reg. ch. 75 : *Cum vendis, Subvendis, mutatgiis, etc.* Alia ann. 1343. in Reg. 74. ch. 514 : *Cum...... proventibus, vendis, Subvendis, capisolidis, laudimiis, questis, etc.*

* **SUBVENIENS,** Succedens. Charta Loth. reg. ann. 965. inter Instr. tom. 11. Gall. Christ. col. 105 : *Præcipientes regia potestate, ut nemo successorum nostrorum regum,.... neque qui in sancta Rotomagensi ecclesia præsul per Subvenientia tempora successerit, etc.*

SUBVENIMEN, pro Subventio, auxilium, apud Gunzonem in Miraculis B. Gingulfi n. 18.

¶ **SUBVENIRE** *in casibus consuetis* domino capitali, hoc est, Auxilia quæ a lege et Consuetudine inducta erant, pollicentur vassalli in hominiis, maxime in Delphinatu. Homagium ann. 1309. ex Schedis D. *de Flamarens : Quod debemus eidem dare et Subvenire super quatuor casibus generalibus.* Aliud ann. 1371. ex Schedis Præsid. *de Mazaugues : Et Subvenire vobis in casibus consuetis, videlicet de militia per vos aut filios vestros assumenda. Item, pro filia seu filiabus maritandis per vos et successores vestros. Item, si contingat vos aut hæredes vestros, quod absit, capi seu captivari. Item, pro emendo terram per vos aut successores. Item, et fidejubere pro vobis ad vestram requisitionem in omni contractu et omni causa, Subvenire de placito et de guerra.* Hæc fusius exponuntur in voce *Auxilium.*

1. **SUBVENTIO,** Præstatio extraordinaria pro subsidio Principis in necessitatibus suis; vulgo nostris *Subvention,* ut fuit illa, quæ ann. 1303. sub Philippo Pulchro pro bello contra Flamingos ab nobilibus perinde ac ignobilibus exacta est, de qua consulendum 36. Regestum, Chartophylacii regii Charta 56. 140. et alibi. In Charta 145. mentio fit *Superintendentium negotio Subventionis novissimæ.* In Charta vero 145 : *Superintendentium negotii decimalium Subventionum an.* 1305.

Subventionem appellari aiunt festum Relationis corporis S. Martini Turones, quod occultaverant Monachi propter Danorum incursus. Odo Cluniacensis in præfatione ad Tractatum de Reversione B. Martini a Burgundia : *Solennitas autem illa, Translatio, seu Ordinatio, non Trans... non Exceptio dicitur; sed Subventio ...iis, quibus rei gestæ veritas melius inno... nominatur.* Et cap. 2 : *Subventionis ejus festum* 4. *Idus Maii solenniter celebretur, quæ nullo alio nomine rectius, quam Subventio censetur.* Eadem verba extrema habent Gesta Consulum Andegav. cap. 2. n. 6. Adde cap. 3. n. 11.

* 2. **SUBVENTIO,** Impensa, Gall. *Frais.* Charta ann. 1223. ex Chartul. Campan. fol. 190 : *Item dicit* (comes) *quod homines nostri* (episcopi) *ad Subventionem suam gaitent villam.*

¶ **SUBVENTOR,** Auxiliator, in Inscript. Gruter. 459. 1 : *Populi Subventori.* Et 1095. 7 : *Subventori civium necessitatis.*

SUBVENTRILE, Subventrilis. Gloss. Græc. Lat. Ὑποκοίλιον, *submen, Subventrile.* Marcellus Empiricus cap. 28 : *Ad intestina rupta, leporinum stercus, atque etiam pili, vel lana ejus de Subventrili cum melle decocta, etc.* Alexander Iatrosoph. lib. 2. Passion. : *Oportet autem non solum Subventrilem et lumbos ungi, etc.* Hesychius : Δέρτρον, δέρμα, ὑμήν, λαπάρα, ἦτρον, ὑπογάστριον.

¶ **SUBVERTERE** Judicium, Unctionibus sancti chrismatis aliisve adversus ignis sensum roborantibus manum alicujus judicium seu purgationem ferri candentis subituri munire, ne igne lædatur. Capitul. 2. Caroli M. ann. 809. cap. 10 : *Ut presbyter qui sanctum chrisma donaverit ad judicium Subvertendum, postquam de gradu suo fuerit expoliatus, manum amittat.* Vide *Judicium* 3.

SUBVIARIUS. Vide *Viarius.*

SUBVICARIUS. Vide *Vicarius.*

SUBVICECOMES. Vide *Vicecomes.*

SUBVICEDOMINUS. Vide *Vicedominus.*

¶ **SUBVICULA,** ὑποδύτης, in Gloss. Lat. Gr. Leg. *Subucula,* ut in Gl. Gr. Lat. : Ὑποδύτης, *Subucula, Subvicula, subula.*

* **SUBVIGERIUS,** Qui *vigerii,* eo absente, vices agit. Lit. remiss. ann. 1363. in Reg. 93. Chartoph. reg. ch. 300 : *Cum circa occasum solis ipse exponens Subvigerium dictæ villæ usque ad domum suam associasset, etc.* Vide *Vigerius.*

¶ **SUBVILLICUS.** Vide *Villicus.*

¶ **SUBVINCTA,** Appenditiæ, pertinentiæ, ut videtur. Placitum Pippini Reg. ann. 752. apud Mabill. lib. 6. Diplom. pag. 491 : *Una cum terris,... vinctis vel Subvinctis, farinariis, gregibus cum pastoribus utriusque generis et sexus, etc. Saltibus atque Subvinctis, terris cultis et incultis etc.* in alio ejusdem Reg. Placito ann. 754. ibid. pag. 493. *Subjuncta* dicuntur in Charta ann. 791. ibid. pag. 503. Ubi etiam intelligi possunt comparata et acquisita, si tamen voce *Vinctum* proprium, *alodis* significetur. Vide *Comparare* 2.

* Quæ interpretatio dubitanter proposita, non idcirco repudianda videtur, quod voci *Subvincta* additur vox *Appenditiæ;* notum quippe est omnibus synonymas voces sæpius adhiberi in veteribus Instrumentis. Sed et alia ibi subjicitur explicatio, quam nescio cur prætermittant Auctores novi Tract. diplom. tom. 4. pag. 583. *Subvaincre* nostris alias, ut simplum *Vaincre,* vincere, superare. Lit. remiss. ann. 1423. in Reg. 172. Chartoph. reg. ch. 324 : *Le suppliant se deffendi tellement que il Subvainqui icelluï assaillant.*

SUBULA, et Subla, Veru, vel ferrum longius ac præacutum, cujusmodi est cerdonum subula. Gl. Lat. Gr. : *Subla,* ὀπήτιον, περόνη. *Subula,* ὑπήτιον, περόνη. Leg. ὀπήτιον. Adrevaldus lib. 1. de Miraculis S. Benedicti cap. 16 : *Requisiti autem, quomodo tantum scelus nudis patrarent manibus, præsertim cum neque Subulas majores, neque malleos, margulos, nec aliquod officinæ fabrilis secum haberent, etc.* Nicephorus Constantinopolitanus scribit Justinianum Rhinotmetum Imp. aliquot ex primoribus Chersonensium, ἐν ξυλίνοις ὀβέλοις immissos, ad ignem torruisse. Quo loco Theophanes habet εἰς σούβλας ξυλίνους. Moschopulus : Περῆναι, τὸ σουβλίζεσθαι. Utuntur porro voce hac Græco-barbara, σούβλα, Græcorum Synaxaria, cum *Subulis* Martyrum carnes dilaniatas scribunt, 12. Octob. 18. et 23. Januar. 22. Mart. 12. et 27. Junii, Menologium Basilii 10. April. etc.

Subulæ, etiam inter arma recensentur, quibus scilicet loricarum defectus scrutarentur. Will. Brito lib. 11. Philipp. pag. 234 :

Hic sudibus, telis hic dimicat, ille bipenni,
Hic verubus, cultris alter Subularibus arctas
Scrutatur thorace vias, galeæque fenestris,
Qua ferro queat immisso terebrare cerebrum.

Infra :

In cerebrum casu ferrum Subulare recepit.

Ejusmodi forte fuerunt σουβλία illa, de quibus Leo Imp. in Tacticis cap. 5. § 4. et c. 6. § 2.

* **SUBULCITAS,** Subulcorum rustica et impura locutio. Stat. colleg. Fuxens. Tolos. ann. 1457. ex Cod. reg. 4223. fol. 216. r° : *Indignum censemus ut scientiæ operam daturi, et in loco omni exercitationi apto et ordinato manentes, maternis linguis, ut bubulci, subulci et ruri viventes, loquantur. Huic igitur Subulcitati, ruditati et vitio linguæ vernaculæ mederi cupientes, etc.* Vide *Subulcus stilus.*

¶ **SUBULCUS** Stilus, Impurus, exilis. Paschasius in Epist. ad Carolum Calvum apud Mabillon. tom. 2. Annal. Bened. pag. 537 : *Sed libellum... quem dudum Placidio... consecrans, ideo sic communius volui stilo temperare Subulco, etc. Subulcus,* porcorum custos, apud S. Valer. de gen. Monach. § 7.

¶ **SUBULTANEUS,** ἠθικός, in Gloss. Lat. Gr. Aliæ Gr. Lat. : Ἠθικός, *Moralis, Subultaneus, moratus.*

* **SUBUMBRACULUM,** *Suburbium* vel Territorium urbi adjacens. Chartul. S. Ursini Bitur. ch. 87 : *Ego Aënor tacta divina inspiratione, pro amore Dei et veneratione S. Ursini, cedo ad ecclesiam suam vel sancti hujus loci, qui est in Subumbraculo Bituricæ civitatis pro remedio animæ meæ, etc.* Vide *Suburbanum* et mox *Suburbium.*

¶ **SUBUMBRARI,** Obumbrari. Albert. Mussatus apud Murator. tom. 10. col. 597 : *Luna ante luciferum pallens fuscæ crucis operta signaculo veluti eclipsabunda Subumbrata est.*

* **SUBUMLA,** Vox, ut videtur, mendose scripta, pro *Subtana* vel *Subtilis,* in Conc. Britan. tom. 1. pag. 447. et 452. Vide *Subtile.*

SUBUNCULA, Papiæ, *Pannus additilius, a subjiciendo, vel subsuendo dictus.* Joan. Buschius in Chronic. lib. 2. cap. 6 : *Vesti-*

menta et calceamenta sine petiis et Subunculis minime reddiderunt.

SUBUNCULARE, Resarcire, segmenta locis vestium vel calceorum attritis apponere. Idem Buschius lib. 1. cap. 6 : *Calceamenta eorum et sotularia vidimus infra et supra a lateribus hinc inde in locis plurimis Subunculata.* Lib. 2. cap. 39 : *Calceosque Subunculando.* Thomas a Kempis in Vita Gerardi Magni cap. 11 : *Antiquum et Subunculatum pellicium.*

SUBUNDRA. Glossæ antiquæ MSS : *Subgrunda, inter tectum et parietes subgrunda dicitur, vulgo vero Subundra.* [Vide *Subgrundium.*]

¶ **SUBVOCATUS**, pro *Subadvocatus.* Vide *Advocatus.* Charta ann. circ. 1060. apud Marten. tom. 1. Anecd. col. 189 : *Super torturas Subvocatorum, quibus quotidie affligebantur, graviter conquesti.* Charta ann. 1156. apud Ludewig. tom. 4. Reliq. MSS. pag. 203 : *De adjutoribus vel vicariis, quos Subvocatos dicunt, in æternum non cogitet.*

SUBURBANI. Charta Henrici V. Regis Angl. pro Abbatia de Exaquio in Normanniæ Ducatu tom. 2. Monastici Anglic. pag. 969 : *Et terram duarum bercariarum, quam pastores tenent, et sex Suburbanos cum alodiis suis, etc.* Iidem videntur, qui nostris *manentes*, et *submanentes.* Vide in *Manentes.*

¶ SUBURBANI, nude dicuntur *Presbyteri ex Suburbanis*, ut habet Ordo Romanus c. 6. in Ceremon. Eccl. Vienn. apud Marten. de Ant. Eccl. discipl. in div. Offic. pag. 504 : *Ad majorem Missam debent esse sex Suburbani, diaconi septem, etc.*

SUBURBANUM, Prædium, quod ad urbem est, προαςεῖον, in Gloss. Auctor Mamotrecti ad c. 30. Numeror. : *Suburbanus, a, um, quasi sub urbe, sicut sunt burgi. Suburbanum prædium*, apud Varronem et Columellam lib. 1. cap. 1. [Utitur etiam Cicero non semel.] Senator lib. 3. Ep. 53 : *Quamvis Romana civitas aquis abundet irriguis, sitque fontibus gaudens, reperiuntur tamen plurima Suburbana, quæ hanc videantur desiderare peritiam.* Synodus Romana in causa Formosi PP. cap. 8 : *Ut patrimonia, seu Suburbana atque massæ et colonitiæ, etc.* Acta SS. Martyrum Numidarum 30. April. n. 2 : *Venerunt in locum, qui appellatur Magnus, cui est Cirthensis Coloniæ Suburbana vicinitas.* Utitur passim Willelmus Tyrius. Adde Gregor. Turon. lib. 2. de Mirac. cap. 32. de Gloria Confess. cap. 58. Vide *Proastium.* S. Hieronym. Epist. 16 : *Suburbanus ager vobis pro Monasterio fuit, et rus electum pro solitudine.*

¶ SUBURBANUM, Urbis territorium, tractus urbi subjectus. Jonas in Vita S. Eustasii Luxov. sæc. 2. Bened. pag. 122 : *Itemque in Suburbano Bituricensis urbis vir venerabilis Theodulfus... monasteria ex regula Columbani omni religione pollentia construxit, primum in insula supra fluvium Milmandram, etc.* Vita sancti Ebrulfi sæc. 1. pag. 367 : *Hanc* (Ebrulfum) *Dei famulum monachis patre suo destitutis abbatem præficere decreverunt in Suburbanis Ambianensium, ubi Fuscianus et Victoricus glorioso certaverunt martyrio.* Quod monasterium duabus leucis ab Ambiano distat.

¶ SUBURBIUM, Pari similiter notione. Vita S. Salabergæ sæc. 2. Bened. pag. 426 : *Cœnobium puellarum in Suburbio Lingonicæ urbis in hæreditate vel successione paterna conatur exstruere.* Occurrit in Charta S. Eligii ibid. pag. 1091. Mirac. S. Marculfi sæc. 4. part. 2. pag. 525 : *Inde ergo in crastino egressi, per Ribodimontem et munitionem, quæ Francorum-curtis dicitur, in Suburbium Laudunense in villam quæ Vallis bvocatur, venerunt.* Adde sæc. 5. pag. 768.

* Nostris *Suburbe* olim, nunc *Faubourg.* Reg. B. Cam. Comput. Paris. fol. 152. v° : *L'an de grace 1302. fu ordenée une suvention en la ville de Paris et ès Suburbes.... de toutes gens, qui avoient 500. livres Tour. de meuble, 25. livres Tour. et dou plus, plus.* Occurrit præterea in Ordinat. reg. Franc. tom. 2. pag. 533. tom. 5. pag. 535. et 536. et tom. 6. pag. 296.

¶ **SUBURBANUS**, Qui *Suburbanum* habitat, rusticus. Translat. S. Sebast. etc. sæc. 4. Bened. part. 1. pag. 405 : *Hanc letiferam vocem qui tunc antequam diesceret vigilare poterant, horribiliter intonantem, non solum in ipsa urbe civiles, verum Suburbani quaquaversum degentes audiere.*

SUBURBICARIÆ, Regiones ac Provinciæ sic dictæ in Italia, quod *Urbis Vicarii* jurisdictioni subdictæ essent, ut *Urbicariæ*, quæ a Præfecto urbis administrabantur. Vide quæ in hanc rem congesserunt Baronius ann. 325. num. 134. 135. Jacob. Gothofredus, Alexander Junior, Salmasius, Sirmondus, Morinus lib. 1. Exercit. 30. et alii, qui famosam hanc, et inter eruditos agitatam diu controversiam scriptis suis illustrarunt. [Vide infra *Urbicariæ.*]

¶ **SUBURBII**, pro Suburbia. Charta ann. 1125. inter Probat. tom. 2. Hist. Occitanicæ col. 429 : *Juro vobis Carcassonam et forcias ipsius atque Suburbios sine vestro inganno.*

SUBURGIUM, pro *Suburbium.* [** Subburgium.] Tabularium Monasterii S. Andreæ Viennensis : *... Vineam nostram quam Domnus noster Rex Chunradus territorium de murum civitatis Viennam mihi dedit propter murum, quem ego feci in Suburgio Viennæ civitatis juris mei, etc.* Vide *Suburbanum.*

* Formulæ MSS. ex Cod. reg. 7657 : *Non verens... in usus suos proprios convertere quamdam viam,.... transeuntem subtus terram, per quædam casalia,...... sita in Suburgiis civitatis ejusdem.*

SUBURIA, *Sonus quilibet*, Papias.

¶ **SUBUSTIO**, Calefactio, in Cod. Theod. tit. 1. lib. 15. de Oper. publ. leg. 32. ubi Codices nonnulli haud male habent *Substructio.*

SUBUSTIVUS, Alexander Iatrosophista l. 1. Passion. : *Eis, quos Subustivos contingit habere oculos.* Ubi Gloss. MSS. rubeos.

* **SUBYMAGINATIO.** Vide supra *Subimaginatio.*

¶ **SUBZEMBLERIUS**, Qui subest *Zemblerio*, seu curatori jumentorum sarcinariorum. Vide locum in *Embla.*

* **SUCA**, idem fortassis quod *Soca* 3. Stipes, truncus. Charta ann. 1313. in Reg. 52. Chartoph. reg. ch. 207 : *Protendebatur per serratum usque ad Sucam de la Nuit bona, ubi modo est la peyriera.*

* **SUCARIUM**, Saccharum, Gall. *Sucre.* Comput. ann. 1482. inter Probat. tom. 4. Hist. Nem. pag. 23. col. 1 : *Item pro media libra Sucarii pro ponendo super tartras, iij. sol. ix. den.* Vide *Succarum.* Hinc *Suchier*, metaphorice, pro Dulcem efficere ac si saccharo condiretur, in Mirac. B. M. V. MSS. lib. 1 :

Bien doit ses nons cuer adouchier,
Bouche enmieler, lange Suchier.

SUCCA, Vestis species. Bulla Nicolai III. PP. pro Canonicis Basilicæ S. Petri Romæ, apud Bzovium ann. 1280. n. 5 : *Nunquam appareant in eadem* (Ecclesia) *quin saltem Succas habeant, et super eas chlamydes ante pectus, vel post collum annixas, etc.* Infra : *Succis et capparum apertura exceptis.* Concilium Palentinum ann. 1322. cap. 6 : *Statuimus, ut Episcopi et superiores Prælati Succas lineas in publico, et cum eos equitare contigerit, nullatenus tabardos, sed cappas et cappellas suæ dignitati deferant congruentes, etc.* [Vide *Soscania.*]

* Vide supra *Socca* 1.

¶ **SUCCAMA**, ut *Succa.* Statuta vetera Domus Dei Paris. MSS : *Sorores habebunt singulæ 3. camiseas, et 3. Succamas talares, etc.*

* Leg. *Succania*, ut recte monet Menagius in Diction. v. *Souquenie.*

* **SUCCAMERARIUS**, pro *Subcamerarius*, qui, camerario absente, ipsius vices agit, dignitas apud Polonos. Mirac. B. Kingæ tom. 5. Jul. pag. 770. col. 1 : *Nobili Andreæ Stano Succamerario Sanocensi, etc.*

¶ **SUCCARE**, Sugere, Gall. *Sucer*, Ital. *Succhiare.* Sebast. Perusin. in Vita B. Columbæ Reatinæ tom. 5. Maii pag. 340* : *Quatenus possint abstrusa mella ruminando Succare.*

¶ **SUCCARUM**, SUCHARUM, Saccharum, Gall. *Sucre.* Iter Indic. Balth. Spingeri, apud Marten. Itiner. 2. pag. 362 : *Succarum quoque inde abundanter evehitur.* Chronic. Corn. *Zantfliet* apud eumd. tom. 5. Ampl. Collect. col. 365 : *In primordio quidem languoris per annos circiter* 19. *usa est* (Lidwina) *parvissima portiuncula Suchari.* Hinc emendanda Charta ann. 1380. apud Rymer. tom. 7. pag. 233 : *Unam casseam Succuri candidi.* Leg. enim *Succari.* Vide *Zucara.*

¶ **SUCCEDANEUS**, *Successor*, in Gloss. MS. Sangerman. n. 501 : *Succedaneus*, ἄντανδρος, in Gloss. Lat. Gr. *Succedaneæ vices*, in Cod. Theod. tit. 5. lib. 13. de navicul. leg. 14.

¶ **SUCCEDENTIA**, Successio, series, in Charta Caroli Simplicis ann. 912. apud Calmet. inter Probat. tom. 1. Histor. Lothar. col. 334 : *Quod ut per Succedentiam temporum verius credatur et diligenter observetur, manu propria subtus firmavimus.*

¶ 1. **SUCCEDERE**, Accedere. *Ut nullus audeat ad loca tutiora, etiam acerbitate temporis cogente, Succedere*, in Cod. Theod. tit. 29. lib. 6. de curios. leg. ult.

¶ 2. **SUCCEDERE**, Cedere, abire. Vetus S. Irenæi Interpres lib. 2. cap. 29. n. 1 : *Animas jam non propter substantiam in medietatem ad similia dicentes Succedere, sed propter operationem; justorum quidem* *discedite illac Succedere, impiorum autem remanere ignem.*

SUCCENTOR, Joanni de Janua, *qui in Ecclesia post Præcentorem, sive principalem Cantorem subsequenter canendo respondet, vel qui facit officium principaliter in choro sinistro.* Durandus lib. 2. Ration. cap. 2. n. 1 : *Cantorum duo sunt in arte musica genera, Præcentor scilicet et Succentor. Præcentor vocem præmittit in cantu; Succentor canendo subsequenter respondet; Concentor vero, qui consonat.* Alia de ejus officio habent Statuta Ecclesiæ Leichefeldensis in Monastico Anglic. tom. 3. pag. 243. et Ecclesiæ Londinensis ibid. pag. 339. et vetus Charta apud Jacob. Petitum post Pœnitentiale Theodori pag. 678. Vide Glossar. med. Græcit. voce Ὑποφωνητής, col. 1649.

SUCCENTORIA, Succentoris dignitas, in Hist. Episcoporum Autissiodorensium c. 59 : *Liberaliter contulit Lectoriam et Succentoriam, per quas totum in legendo cantandove servitium dispensatur.* [Adde Bullam Pauli III. PP. ann. 1538. pro secularizat. Eccl. S. Ægidii.]

SUCCENTRIO. Messianus Presbyter de Vita S. Cæsarii Arelat. Episcopi pag. 254 : *Devoluto itaque tempore, venit ad agrum Ecclesiæ nostræ, ubi diœceses sunt, qui Succentriones vocantur : balnearia ibidem grandibus fastigiis constructa sunt, etc.* Nomen, ut opinor, regionis.

¶ **SUCCENTURIA**, *Alia aliam subsequens caterva*, in Gl. Gasp. Barthii ex Baldrici Hist. Palæst. apud Ludewig. tom. 3. Reliq. MSS. pag. 170. Gesta Consulum Andegav. apud Acher. tom. 10. Spicil. pag. 447 : *Et cominus utraque Danorum et Flandrensium instabant legiones, et ipsorum supervenere Succenturiæ quæ graviter primos cœperunt repellere.*

¶ **SUCCENTURIATUS**, *In subsidium coactus*, ex eod. Gloss. ibid. pag. 195.

¶ **SUCCESSATRIX**, Quæ alteri in aliquo munere succedit. Charta Paschalis II. PP. ann. 1107. in Bullar. Casin. tom. 2 pag. 124 : *Ermingardæ Abbatissæ monasterii Domini Salvatoris;... tibi tuisque Successatricibus, etc.*

* Charta ann. 1052. apud Murator. tom. 5. Antiq. Ital. med. ævi col. 561 : *Domna Olta abbatipsa, tuisque Successatrices, seu pars prædicto monasterio, etc.*

* **SUCCESSATURA**, Eodem significatu. Placit. ann. 1043. ibid. col. 521 : *Ut nullus quislibet omo eandem donna Elena abbatissa, ejusque Successaturæ, vel partem ipsius monasterii disvestire vel molestare audeat de prædictis omnibus.* Occurrit rursum infra.

¶ 1. **SUCCESSIO**, pro Filiis seu successoribus, in Cod. Theod. tit. 7. de div. offic. leg. 19. et tit. 7. de Collegiatis leg. 1.

* 2. **SUCCESSIO**. Bona, quæ jure *Successionis* ad monachos deveniebant, monasterio suo, feudis exceptis, largiri potuerunt, ex Bulla Nicolai PP. ann. 1185. in Chartul. S. Maglor. ch. 25 : *Indulgemus ut possessiones et alia bona mobilia et immobilia, quæ personas liberas fratrum vestrorum ad monasterium, mundi vanitate relicta, convolantium et professionem facientium in eadem, si remansissent in sæculo, jure Successionis vel quocumque alio justo titulo contigissent, et ipsi potuissent libere aliis elargiri, feudalibus dumtaxat exceptis, petere, recipere ac retinere libere valeatis, sine juris præjudicio alieni.* Jus succedendi in possessiones parentum monialibus de Insulis concedit Innocentius IV. Bulla ann. 1247. inter Instr. tom. 12. Gall. Christ. col. 162 : *Ut possessiones et alia bona mobilia et immobilia, exceptis feudalibus, quæ personas sororum ad monasterium vestrum, mundi relicta vanitate, votantium et professionem facientium in eodem, tanquam si remansissent in sæculo, ratione successionis, seu quocumque alio justo titulo contigissent, petere, recipere ac retinere libere valeatis, auctoritate vobis præsentium indulgemus.*

¶ **SUCCESSIVE**, Postea, Gall. *Ensuite.* Litteræ Pii II. ann. 1459. apud Ludewig. tom. 6. Reliq. MSS. pag. 61 : *Venerunt ad nos oratores Georgii, quem in dominum vestrum recognoscitis, et Successive oratores partium Silesiæ.* Pro progressu temporis sæpius usurpant Philosophi.

* **SUCCESSORIE**, Jure successionis. Charta ann. 1283. ex Bibl. reg. : *Decem solidi Turonenses siti super unam vergetam terræ in prato, quam tenebat de me Successorie. Soussalous*, successor, in Ch. ann. 1284. ex Chartul. S. Vandreg. tom. 1. pag. 118 : *Et nos devantdist nommez Engnes et Michel du Busc et nos héritiers sommes tenus au devantdit abbé et au convent de S. Vandrille et à leurs Soussalous la devantdite acre...... contre tous à garantir.*

¶ **SUCCESSORIUS**, Hæreditarius. Litteræ Edwardi III. Reg. Angl. ann. 1337. apud Rymer. tom. 4. pag. 818 : *Attendentes inclitum regnum Franciæ ad nos fore jure Successorio legitime devolutum, etc.* Passim occurrit.

* **SUCCESTRIX**, ut supra *Successatrix.* Dipl. Loth. imper. ann. 846. tom. 8. Collect. Histor. Franc. pag. 383 : *Sed ut præfata nepta Raadruda abbatissa, ejusque in eodem loco Succestrices, etc.*

* **SUCCIDIALIS**. Vide supra *Subsidialis.*

¶ **SUCCIDIMENTUM**, Quod ab alio dependet, ejus appendices, Gall. *Appartenances.* Testam. Almeradi ann. 1052. inter Probat. tom. 2. novæ Hist. Occitan. col. 219 : *Dono ad filium meum Petrum quantum habeo in castro Andusiæ et in Succidimentum ejus, et in alio loco totum castrum Barræ et omne Succidimentum ejus, et in suprascripto castro de Petra-mala et in Succidimentum ejus, etc.* Vide *Subpertinentia.*

¶ **SUCCIDIRE**, pro Succedere, in Charta Theodorici Reg. ann. 690. apud Felibian. inter Probat. Hist. Sandion. pag. 9.

1. **SUCCIDIUM**. Vita S. Rigoberti Archiepisc. Remensis, cap. 1 : *Statuit ligna cædere, aquasque comportare ad faciendum eis balneum : insuper et ad Succidium occurrere, et si quid hujusmodi necesse sit in eorum culina, quod facto opus sit.* Perperam editum *suicidium.* Vide *Subsidium*, nisi ita legendum sit. Alia notione utitur Petr. Damianus lib. 4. Ep. 3 : *Vos estis dæmonum victimæ, ad æternæ mortis Succidium destinatæ.* A voce forte *Succidius.*

* 2. **SUCCIDIUM**, Excidium, ruina, eversio. Charta Caroli Simpl. tom. 9. Collect. Histor. Franc. pag. 510 : *Subsequente continuo paganorum excidio, eædem res perpetuum prope suscepere Succidium.*

SUCCIDIUS, pro *Succedaneus*, Succiduus. Marculfus lib. 1. form. 2 : *Nulla judiciaria potestas, nec præsens, nec Succidia, aut ad causas audiendum, aut aliquid exactandum ibidem non præsumat ingredi, etc.*

¶ **SUCCIDUM**, ἐνδύκαζον. Gloss. Lat. Gr. Ubi Vulcanius ἐνρυπαρόν, vel ἔριον οἰσιπηρόν legendum suspicatur. Hæc vox de potionibus usurpatur.

¶ **SUCCINCTA**, ut *Subcingulum.* Vide ibi.

¶ **SUCCINCTIM**, *Breviter, succincta ratione*, ex Gemma, apud Vossium de Vitiis serm. l. 4. c. 35.

* Aimoin. in Vita S. Abbon. cap. 19. tom. 10. Collect. Histor. Franc. pag. 338 : *Horum itaque locorum situm a sancto viro laudatum, Succinctim literis mandare opportunum fore credimus.*

SUCCINCTORIUM. Papias : *Succinctorium vestimentum, quo tantum genitalia teguntur.* Alibi : *Subcinctorium, dictum quod sub brachiis dictum alarum sinum ambit, atque hinc inde subcingit.* Glossæ MSS : *Succinctorium, bracæ* : Catholicon parvum : *Succintorium, surceint.* [Charta ann. 1205. apud Lobinell. tom. 2. Hist. Britan. col. 455 : *Item ailleurs... une Surceinte de fil blanc, une boursette de soye o reliques de S. Clere.* Charta Petri Episc. Parisiens. ann. 1210. ex Chartul. ejusd. Episc. fol. 57 : *Præterea capicerii debent exhibere sanctum Succinctorium super altare B. Mariæ in Pascha per tres dies tantum, scilicet die Lunæ, die Martis et die Mercurii.*] Necrologium Ecclesiæ Parisiensis 3. Id. Julii : *Dedit præterea imaginem B. Virginis octo marcharum argenti ad reponendum sacrum Succinctorium.* Ab Innocentio III. lib. 1. Myster. Missæ c. 10. 52. inter novem specialia Pontificum ornamenta recensetur. Durandus lib. 3. Ration. cap. 4 : *Pontificis cingulo duplex dependet Succinctorium.* Infra : *Succinctorium, quod alias* περίζωμα, *vel succingulum vocatur.* Cassianus ait *reticulas duplices lineo plexas subtegmine, quas Græci* ἀναλάβους *vocant*, Latinos sui ævi *Succinctoria seu redimicula, vel proprie rebrachiatoria appellasse.* Vide *Rebrachiatorium* et *Subcingulum.*

* Vide supra *Subcinctorium.*

¶ **SUCCINCTUS**, Diligens, strenuus, in Lib. de Castro Ambasiæ apud Acher. tom. 10. Spicil. pag. 567 : *Sane morum probitas mentionem venerandæ matronæ Succinctæque personæ ejus contulit.*

¶ **SUCCISUS**, figurate pro Attritus, debilitatus, in Cod. Theod. tit. ult. lib. 13. de Censitor. leg. 8.

SUCCLAMATIO, Submonitio, citatio in jus. Diploma Zuenteboldi Regis ann. 898. in Monum. Paderbornensib. pag. 45 : *Advocatus eorum super eis justitias agat, nec ad publicum mallum quisquam Succlamationem faciat, priusquam Advocatum eorum interpellaverit pro justitia facienda.*

* **SUCCOLARE**, Plinio *Succollare*, Collo seu humeris portare. Mirac. S. Mauril. tom. 4. Sept. pag. 77. col. 1 : *Dum ergo in locum pristinum, ubi ab antiquioribus collocatum fuerat, a ministris decernerentur,*

Succolantes invicem tanto oneris pondere repente sanctissima corporis gleba aggravata est, etc.

* **SUCCURIO**, idem quod supra *Soucrio*, Hordei species. Charta ann. 1266. ex Chartul. S. Juliani Cameri : *Quod in cartilibus non amasati, prædictis, cum de blado, vicia, pisis, fabis... ordeo, Succurione,... seminabuntur, etc.* Vide infra *Sucrio*.

* **SUCCURIS**, Saccharum, Gall. *Sucre*. Comput. ann 9359. inter Probat. tom. 3. Hist. Nem. pag. 113. col. 1 : *Pro Succure, ij. grossos.* Vide supra *Succarium* et *Succarum*.

¶ **SUCCULCARE**, *Sub se calcare*, ex Gemma, apud Vossium lib. 4. de Vitiis serm. cap. 26.

¶ **SUCCUMBENTIA**, dicitur de eo qui causa cadit, *Qui succombe*. Statuta criminalia Saonæ cap. 14. fol. 15 : *De restituendo omne id, et totum, quod ab eis exactum fuerit ex causa dictarum condemnationum in casu Succumbentiæ in causa dictæ appellationis.*

SUCCUMBUM. Vide *Cumba*.

SUCCURRERE. Vide *Monachi ad Succurrendum*, in *Monachi*.

¶ **SUCCURSIVUS**, Subsidium, auxilium, suppetiæ, Gallis *Secours*. Elmham. in Vita Henrici V. Reg. Angl. cap. 117. pag. 309 : *Hostis tamen commoti principis impetum exspectare formidans, mox, Regis applicatione in partes illas cognita, vecordis fugæ Succursivum cum suis elegit.*

¶ 1. **SUCCURSUS**, ut *Succursivus*. Charta ann. 1257. ex Schedis Præs. *de Mazaugues* : *In tantum quod dictus dominus Comes Ildefonsus congregatis multis militibus ad Succursum eorum, etc.* Literæ Senescalli Provinciæ ad Massil. ann. 1337. ex Tabul. Massil. : *Et jam indiximus, si hoc continget, cavalcatas, ut subito possit adhiberi Succursus.* Occurrit passim, maxime vero apud Matthæum Paris in Addit. in Epist. Friderici II. Imper. apud Marten. tom. 2. Ampl. Collect. col. 1199. Rymer. tom. 2. pag. 322. 944. tom. 3. pag. 140. in Maceriis Insulæ Barbaræ tom. 1. pag. 151. apud Murator. tom. 8. col. 249. tom. 11. col. 278. *Madox* Formul. Anglic. pag. 423. etc. Hinc

¶ 2. Succursus dicitur Ecclesia quæ alteri potiori auxilio est in administrandis plebi Christianæ sacramentis, nostris *Secours*, *Eglise Succursale*. Charta Galteri Episc. Lingon. ann. 1170. inter Instr. tom. 4. Gall. Christ. novæ edit. col. 84 : *Decedentibus vero quoquo modo presbyteris jam dictæ parrochiæ amministrationem, quam Succursum consuevimus appellare, itidem et beneficium cum integritate vobis donando conferimus.*

* Perperam hic *Succursus* de ecclesia *succursali* exponitur; idem quippe est quod alibi dicitur *Deportus*; quo sensu rursum occurrit in Charta Gauffr. Silvanect. episc. ann. 1186. inter Instr. tom. 10. Gall. Christ. col. 442 : *Nos.... quæcumque prædecessor noster... confirmavit,.... ratum habemus : inter quæ hæc propriis voluimus declarare notitiis, Succursum videlicet ecclesiarum suarum, quod eumdem libere habeant.* Alia Guidonis archiep. Senon. ann. 1187. ibid. tom. 12. col. 363 : *Concedimus etiam illis omnibus præfatis ecclesiis et in illis, quæ in posterum conferentur, Succursum, quotiescumque contigerit ecclesias vacare.*

* *Secours* nostratibus, Pera, sacculus vel pannus vesti assutus, ut videtur, Gall. *Poche* vel *Doublure*. Lit. remiss. ann. 1425. in Reg. 173. Chartoph. reg. ch. 160 : *Le suppliant advisa que l'une d'icelles femmes avoit de l'argent ou Secours de sa robe, etc.*

¶ **SUCCURUM**, pro *Succarum*. Vide ibi.

¶ **SUCCUS**, Mons, collis. Terrarium Apchonii in Arvernia : *Juxta Succum de las Chabroles.* Ibidem : *Juxta Sucum vocatum le Suc Roaze.* Charta domin. Luriaci in Foresio ann. 1417 : *Quandam terram sitam in Succo, id est super montem et in altitudine montis.* Exstat etiam hodie domus in parochia S. Stephani in pago Dombensi, quæ *le Suc* dicitur, quod sit in proclivio montis. *Suque*, *Sommet de la tête*, vertex, apud Borellum.

¶ **SUCCUSATIO**, Succussio, Gallis *Secousse*. Gervasius Tilber. in Otiis Imper. apud Leibnit. tom. 1. Script. Brunsvic. pag. 1004 : *Facto leni alarum Succusatione, quasi puerperio consummato in mare decidunt.*

* Nostris alias *Sequeuer*, pro *Secouer*, Commovere, exagitare. Lit. remiss. ann. 1387. in Reg. 131. Chartoph. reg. ch. 63 : *En eulx ainsi Sequeuant et joant courtoisement, etc.* *Sacouhade* vero, pro Copiosa sanguinis detractio, ut opinor, in aliis Lit. ann. 1467. ex Reg. 200. ch. 64 : *Lequel médecin dist que la femme, qui estoit malade de la mere, il la failloit seigner;..... le suppliant parla à ung barbier,.... et lui demanda si vouloit seigner une Sacouhade des vaines de la mere;...... ledit barbier saigna icelle Katherine es quatre parties de son corps, c'est assavoir en chacun pié et en chacun bras,..... des veines de la mere.*

SUCCUSSATOR, *Succussatura*. Vide *Subcussator* et *Trotare*.

SUCERDA, Χοιρεία κόπρος, in Gloss. Lat. Gr. [Stercus porcinum, aliis *Succarda*.]

¶ **SUCH**, *Momentum, i. quantum cito statera declinatur.* Gloss. Mons. pag. 335. apud Schilter. in Gloss. Teuton.

¶ **SUCHERES**. *Juxta les Sucheres domini de Chanins*, in Charta feudorum nobilium Castillionis Dombarum ann. 1463. Haud scio an legendum sit *les Jacheres*. Vide *Jaceria* et *Gascaria*.

* Agri fortean in colle positi, a *Succus*, mons, collis. Vide in hac voce.

¶ **SUCHILES**, f. Qui colligendis tributis invigilat, exactor, ab Hispan. *Escuchar*, vigilare. Conc. Mexican. ann. 1585. inter Hisp. tom. 4. pag. 349 : *Nec occupare possit, exigere aut petere quascumque exactiones, Indi Suchiles aut Tamalaliatli, etc.*

* f. Thuris species, Hispanis *Suchicopal*, eadem notione.

SUCHORNA, Vestis species. Vide in *Surcotium*.

¶ **SUCKING**. Placitum in Itin. apud Cestriam ann. 14. Henrici VII. in Nomolex. Angl. Th. *Blount* : *Per Sucking, hoc est fore quietum de illis amerciamentis, quando le Burliman, id est supervisores del Ringyord, id est clausuræ quæ vocatur le Chiminfildes vel common Medows, et præmoniti fuerint ad imparcandum et faciendum clausuras illas simul cum vicinis suis, ille qui non venit ad talem præmonitionem amerciatus erit ad pretium unius vomeris, Anglice a Suck, pretii quatuor denariorum et hoc quotiescumque præmonitus non venerit.* Vide in *Parcus*.

* **SUCRIO**, Hordei species, vulgo *Sucrion*. Comput. ann. 1469. ex Tabul. S. Petri Insul. : *Item pro blado, Sucrione, lino et navetis, etc.* Vide supra *Soucrio*.

* **SUCRUM**, a Gallico *Sucre*, Saccharum. Comput. ann. 1362. inter Probat. tom. 3. Hist. Nem. pag. 244. col. 1 : *Item pro media libra Sucri pro dictis flansonibus, iij. grossos et medium.* Vide supra *Sucarium*.

¶ **SUCTIM**, Sugendo. Acta S. Bonifacii tom. 1. Jun. pag. 464 : *Ad instar videlicet prudentissimæ apis, quæ Suctim camporum circumvolat arva.*

** **SUCULUS**, *Vitulus*. Ita Glossa ad Abbon. de bell. Paris. lib. 1. vers. 637. Latinis Porcellus.

¶ **SUCUS**. Stercus, lutum, cœnum. Literæ ann. 1345. inter Ordinat. Reg. Franc. tom. 3. pag. 158 : *Item. Quod possint et valeant dictum castrum S. Genesii, videlicet plateas et carreyrias et pontes facere mundare et auferre femoria, Sucos et alias orduras prout indigebunt.* Ubi Cl. Editor legendum suspicatur *Sutos*, qua voce stabulum porcorum intelligeretur, quod Occitani etiamnum *Soute* appellant : at nihil immutandum arbitror; neque enim de Stabulis porcorum, sed de quovis stercore vel luto hic sermo fit. Vide *Succus* et *Sucerda*.

SUDA, Fossa, seu potius vallum, vel sudes, quibus vallum ipsum et castra muniuntur, ut apud Ammianum lib. 15 : *Vallo Sudibus fossaque firmato.* Ethelwerdus lib. 1. ann. 449 : *Tum astuta gens Scotorum gnara quid faceret pro imminente muro, ac Sudæ profundo saltu, ferreos in mensura arte mechanica struunt aculeos, superstantesque muro deorsum trahentes avide interimunt.* Lib. 4. cap. 2. ann. 867 : *Centurias congregant non parvas, visitant hostes jam morantes in Suda, alternatim concitant iras, etc.* Cap. 3 : *In eodem anno* (894.) *Danaa Suda in Beamfleote loco experto nutu ab incolis ruit, omnilem in se dividunt thesaurum.*

Sic Græci recentiores vocem, σοῦδα, usurpant interdum pro fossa, interdum pro vallo et sudibus fossam munientibus. Chronic. Alexandrinum pag. 906 : Καὶ ἤγαγεν τὰ μαγγανικὰ ἀπὸ τοῦ τείχους ἃ ἦν παραστήσας, καὶ τὴν σοῦδαν ἣν ἐποίησεν, καὶ ἤρξατο καταλύειν τοὺς πυργοκαστέλλους οὓς ἐποίησαν, καὶ τῇ νυκτὶ ἔκαυσεν τὸ σουδάτον αὐτοῦ, καὶ τοὺς πυργοκαστέλλους, etc. Ubi σουδάτον idem est quod recentior Latinitas *Vallatum* vel *Palatum* vocavit, seu *Palicium*. Scylitzes pag. 660 : Καὶ γενόμενος ἄχρι τῆς λεγομένης μεγάλης σούδας : alii Codd. habent τάφρου. Joannes Cananus pag. 189 : Ἔστησαν περιέργως εἰς τόπον, ἐν ᾧ σοῦδαν οὐκ εἶχεν ὁμοίαν σουδῶν ἑτέρων, ἀλλὰ κεχαλασμένη ὑπῆρχεν, καὶ ἐκ πάλαι γέμουσαν χῶμαν, etc. Occurrit in Tacticis Leonis Imper. non semel, apud Constant. de Administr. Imp. cap. 42. pag. 132. et in Tacticis, Nicetam, etc. Hinc forte Σουδί appellatum Orontis fluvii ostium, de quo egimus ad Alexiadem Anneam pag. 368. ubi editio Hoescheliana habet σούδη, quasi profundioris fossæ spetalem prætulerit. Vide Glossar. med. Græcit. voce Σοῦδα, col. 1409.

SUDA. Chronica Pisana Ughellana ann. 1126 : *Quarta vero civitatula, quæ circa regiam Sudam, quæ Cassaron dicitur, erat constructa*. [** Annal. Barens. ad ann. 1042 : *Coadunavit omnem exercitum Græcorum et fecit Suda in loco, qui dicitur Tara.*] [Castrum sudibus, seu vallo et fossa munitum intellige. Pro Stabulo porcorum occurrit infra in *Sudis*. Vide in hac voce.]

** SUDA pro *Sudes*. *Acutissima Suda transjecta*, in Vita S. Idæ cap. 11.

¶ SUDATUS, *Sudibus armatus vel ornatus*, Johanni de Janua, unde Gloss. Lat. Gall. Sangerm. ; *Sudatus*, *Garniz de pelz*, *i. sudibus*.

SUDARE, *ris*, Sudium compago, vel contectus. Acta S. Thyrsi Mart. n. 38 : *In hujus circuitu turris in modum Sudarium configite tabulas ibique omnes feras relaxate*, *etc.*

SUDARIA, Stragulum, quo equus insternitur, ne ejus sudor equitem inficiat. Stephanus Episc. Redonensis in Vita S. Guillelmi Firmati num. 26 : *Jocellinus suam, qua suus sternebatur equus, amisit Sudariam*.

SUDARII, apud Firmicum lib. 3. cap. 7. dicuntur, qui ex palæstra venerea sudant : *Faciet infames*, *libidinosos*, *et puerorum amatores*, *et ex coitu Sudarios*. Ita enim legi in scripto codice monet Salmasius.

SUDARIUM, Vestis sacerdotalis, quæ alias *Mappula*. Vide Amalarium lib. 2. de Eccl. Offic. cap. 24.

Est etiam *Sudarium*, veli, quo caput tegitur, species, quod σουδαροκέφαλον appellatur in Nomocanone edito tom. 1. Monument. Eccl. Græcæ, cap. 251. Lexic. Gr. MS. Reg. sign. 2062 : Σουδάριον, λεπτόν τι σκέπασμα ἐκ λίνου συνυφασμένον. Alius Cod. 930 : Σουδάριον, λεπτόν τι σκέπας.

* Ceremon. MS. S. M. Crassens. ubi de vestimentis, quibus monachi mortui induuntur : *Abluto vero corpore, induatur cilicio et cuculla usque ad talos;.... amictum, id est, Sudarium, super cucullam ponatur*. Vide *Lavador*.

¶ **SUDATORIUM**, Vaporarium, hypocaustum. Gloss. Lat. Græc. : *Sudatorium*, ἱδρωτήριον. Nicol. de Jamsilla de Friderico Imp. apud Murator. tom. 8. col. 504 : *Est antrum vetusta murorum compage fabricatum, in quod ingredientes nihil quidem aquæ inveniunt, sed sudare præ calore inviti, quasi in fornace compellentur, unde et Sudatorium vulgo appellatur.* Utitur Seneca Epist. 51. et cap. 7. de Vita beata. Vide *Stuba*.

¶ **SUDATUS**, pro Sutus, ut videtur. [* Nequaquam : legendum enim puto *Sudarium*. Vide supra.] Consuetud. Fontanell. MSS. pag. 424 : *Capellum cucullæ desuper Sudatum et faciem ex utraque parte consuitur*. Vide alia notione in *Suda*.

SUDES, *tis*, *qui facit sudes*, Joan. de Janua.

SUDIS, Porcorum stabulum, Germ. *Suten*, Gall. *Sou*, vel *seu à pourceaux*. Locus sudibus conseptus, unde forte nomen : nisi a Teutonico *seu*, sus, quasi *suarium*. Lex Salica tit. 2. § 3 : *Si quis porcellum de Sude furaverit*, *etc.* Editio Heroldi habet *de Sutten*. Tit. 18. § 3 : *Si quis Sudem cum porcis.... incenderit*, *etc.* Edit. Heroldi, *Sudenn* præfert. Liber Proportionum Arithmetic. qui Gerberto tribuitur : *Paterfamilias stabilivit curtem novam quadrangulam*, *in qua posuit scrofam*, *quæ peperit porcellos 7. in media Suda*. Vide *Sodis*, et *Sucus*.

¶ **SUDORARE**, *Sudare*, *sudorem emittere*, ex Gemma, apud Vossium de Vitiis serm. lib. 4. cap. 26.

* **SUDRIALIS**. Vide infra *Sundrialis*.

¶ **SUDUS**. *Seta suda*, nondum abluta, nondum tincta, Gall. *Cruë*, ni fallor. Constitut. Catalaniæ MSS : *Item statuimus quod nos, nec aliquis subditus noster non portet.... setam Sudam*, *nec sembellinum*, *nec erminium*, *etc.*

¶ **SUEGALUM**, *Fistula*, in Gloss. Rhabani Mauri Gloss. Florentinæ : *Suegelo*, *sistrum*; *Suegila*, *fistula*, *calamus*.

¶ **SUEIGA**, *Buccula*. Gloss. Mons. 412. *Sueichrind*, *Pascualia*, ibidem, apud Schilter. in Gl. Teuton.

¶ **SUEILHA**, SUELHA, Fimetum, sterquilinium, fossa ubi fimus congeritur, Massiliensibus *Sueilles*. Statuta Massil. lib. 6. cap. 80. quod inscribitur *de Sueilhis* : *Ordinamus quod facientes Sueilhas sive femoracia, teneantur easdem facere subtus terram per quatuor palmos*. Charta ann. 1204. ex parvo Chartul. S. Victoris Massil. fol. 66 : *In plateis sive locis areas et Suelhas facere*. Infra *Sualhas*.

¶ **SUEKE**. Vide infra *Suparum*.

¶ **SUELLIUM**, Area, Gall. *Aire*, ubi frumentum teritur. Terrarium Humberti *de Villars* domini *du Chatelard* ann. 1391 : *Tenet res tachiabiles ad decimam*, *tachiam levandam per cellarium dou Chatelard in Suellio ipsius confitentis ad bichetum*. Haud scio an huc spectet le Roman *de Robert le Diable* MSS :

Et passe de jouste la bruelle,
Oa li agais est sous la Suelle.

* Alias *Suel*. Lit. remiss. ann. 1376. in Reg. 110. Chartoph. reg. ch. 159 : *Saltari ipsum fecerat malitiose ad terram de itinere del Bu in quadam area seu Suel, et ipsum verberaverat*. Pro *suelle* vero ex Poemate Rob. Diaboli legendum suspicor *fuelle*, folium.

¶ **SUEOR**, Sutor, Gallice *Cordonnier*, olim *Sueur*, Charta Ludovici Junioris Reg. Franc. ann. 1160. apud D. *Brussel* tom. 1. de Usu feud. pag. 536 : *Concessimus ex nunc in posterum Theci uxori Yvoni la-Choe et ejus heredibus magisterium canatorum*, *baudreorum*, *Sueorum*, *mesgeycorum et burseriorum in villa nostra Parisiensi*. In lemmate Gallico *Sucurs* appellantur, ut videre est in voce *Conreatores*, ubi eamdem Chartam in nonnullis diversam laudat Cangius, v. g. pro *Sueorum* edidit *Sutorum*. *Le mestier des Suers et de la tunnerie de Chartres*, in Litteris ann. 1311. inter Ordinat. Reg. Franc. tom. 5. pag. 272.

¶ SUERIUS, Eadem notione, in Charta Philippi Reg. Franc. ann. 1345. laudata in voce *Conreatores*. Vide ibi.

* *Suerius*, in Stat. ann. 1345. ex lib. 2. Ordinat. pro artif. Paris. fol. 1. r° : *Tennatores corii*, *conreatores*, *baudrarii*, *cordubanerii et Suerii in villa Paris*. Titulus vero habet ; *Ordonnance des... cordouenniers et Sucurs de Paris*. *Suere*, in Stat. ann. 1373. tom. 5. Ordinat. reg. Franc. pag. 682. art. 17. Hinc fortean *Suicherie* vox, quæ Forum, ubi calcei venduntur, significare videtur, in Lib. rub. fol. mag. domus publ. Abbavil. : *Que on vende les vieses cauches en le Suicherie*.

¶ **SUER**. f. Juxta, nisi mendum sit librarii. Charta ann. 1242. tom. 2. Chartul. S. Vandreg. pag. 1841 : *Ego Gaufridus de Ponte de Condé Suer Vire dimisi... viris Religiosis R. Dei gratia abbati S. Vandregisilli et ejusdem loci conventui totam illam terram quam reclamabam apud Livre*.

¶ **SUERGEN**, *Vaccaritia*, Stabulum vaccarum, ex Gloss. Leg. Alaman. cap. 75.

¶ **SUERIUS**, ut *Sueor*. Vide in hac voce.

¶ **SUERT**, SUERTH, *Pugio*, *mucro*, in Gloss. Mons. pag. 327. 338. et 359. apud Schilter. in Glossario Teutonico.

¶ **SUESSI**, pro Suessiones, Gall. *Soissonnois*. *Hugo Suessorum Episcopus*, apud Baluz. tom. 5. Miscell. pag. 297. et 302.

¶ **SUESSIONENSIS** MONETA. Vide *Moneta Baronum*.

¶ **SUESTRI**, an Qui more suum vivunt? Concil. Constant. tom. 1. col. 717 : *Beggardis*, *Begutis*, *quæ Suestri omnes dicuntur de hæresi valde suspectis*, *se eis conversando ingerunt*.

¶ **SUETENSES**, SUITENSES, Gall. *Suisses*, Helvetii. *Helvetii sive Suetenses*, apud Rymer. tom. 13. pag. 464. et 482. Adde Gothofredi Observat. in Carolum VIII. pag. 633. Franc. Carpesani Comment. apud Marten. tom. 5. Ampl. Collect. col. 1232 : *Helvetii*, ... *a nonnullis etiam Suitenses prisco verbo*, *nostra ætate Fœderati nuncupati*, *etc.*

¶ **SUETQUA**, f. Quæ ad sues pertinent. Charta Alaman. Goldasti 39 : *Et in Reutinchona*, *terras et silvas*, *Suetqua*, *vel alias œcentias*, *quicquid ibi habere videor*. De jure pascendi porcos ibi agi opinor. Vide *Succus*.

¶ **SUETTA**, a Gall. *Suitte*, ut *Secta* 3. Charta ann. 1263. apud Kennett. Antiquit. Amdrosd. pag. 262 : *Pro omnibus servitiis*, *demandis*, *auxiliis*, *curiæ sectis*, *Suettis*, *releviis*, *etc.*

¶ **SUFFA**. Vide supra in *Bigera*.

SUFFACIATUS, pro *Suffasciatus*, Fasce onustus : apud Ordericum Vital. lib. 3. pag. 499.

* *Souffée*, Lini fasciculus, in agro Caletensi. Lit. remiss. ann. 1470. in Reg. 195. Chartoph. reg. ch. 491 : *Le suppliant print huit livres de chanvre et sept Souffées de lin* (a Caudebec).

¶ **SUFFARCINATUS**, Instructus, Gall. *Fourré*. *Manticæ Suffarcinatæ*, apud S. Benardum tom. 1. col. 538. edit. ann. 1690. *Suffarcinatus calliditate*, hoc est, refertus, Gall. *Farci de malice*, in Histor. Liutprandi apud Murator. tom. 2. pag. 458.

¶ **SUFFECTIO**, εὐτονία, in Gloss. Lat. Gr. Addunt Gr. Lat. *Animadversio*.

¶ **SUFFECTIVUS**, Sufficiens, Gall. *Suffisant*. Gocelinus in Translat. S. August. Cantuar. tom. 6. Maii. pag. 429 : *Ille relicta domo et cognatione*, *cum Suffectiva possessione ad suum sanatorem Augustinum commigravit*.

1. **SUFFECTUS**, Latinis, qui pro alio

substituitur. Novella Valentiniani de Episcopali judicio : *Ii autem, qui intra decennium transactum a die latæ hujus legis Diaconi ordinati sunt, Suffectos pro se dare debebunt, etc.* Vide Brisson. de verbor. signific. Lex Wisigoth. lib. 5. tit. 7. § 20 : *Unde quia necesse est, ut illi præbeant ex ratione Suffectum, unde meruisse lætantur absolutionis statum.* Ubi Fori Hispanici habent *al servitio.*

¶ 2. **SUFFECTUS**, *us*, Perfectio, executio. Felix in Append. ad libr. S. Isidori de Viris illustr. tom. 3. Conc. Hisp. pag. 82 : *Eleemosynis nimium deditus, in Suffectu operum devotus, in relevatione miserorum promptissimus, etc.*

1. **SUFFERENTIA**, Patientia, tolerantia. Evagrius Monach. in Sententiis : *Sufferentia viri generat spem.* Acta S. Thyrsi Mart. cap. 6 : *Thyrsus dixit : per Christum, qui Sufferentiam tribuit mihi, ut tanta patiar propter nomen ejus.* Acta SS. Saturnini et Socior. n. 7 : *Domine, pro nomine tuo da mihi Sufferentiam.* Occurrit præterea n. 13. 15. 20. in Vita S. Euphrosynæ Virg. n. 15. in Vita S. Frontonis, in Vita S. Luperci Mart. in Epistola Lotharii Regis ad Hadrianum II. PP. in Chronico Reichersperg. pag. 234. in Passione SS. Perpetuæ et Felicitatis pag. 7. apud Hucbaldum in Vita S. Rictrudis cap. 15. in Actis S. Theclæ, etc.

* *Souffrance*, eadem acceptione, in Charta ann. 1320. ex Reg. A. Cam. Comput. Paris. fol. 125. r° : *Nous Pierres par la Souffrance de Dieu arcevesques de Lyon, etc.* Nostris vero *Se souffrir*, pro *Se contenir*, Cohibere se, sibi imperare. Lit. remiss. ann. 1377. in Reg. 111. Chartoph. reg. ch. 4 : *A esté exposé de par Jehan de Montgru, dit Gilet, comme environ un an a, il fust en la ville de Donchery sur Muese, dont il est nez, et en allant par la ville ot débat de paroles entre Bon Wathier de Donchery son cousin d'une part et Baudesson le conreur d'autre part; et pour bien de paix ala dire à sondit cousin qu'il se Souffrist; mais ycelluy cousin, qui paravant estoit esmeu et eschauffé contre ledit Baudesson, etc.* Aliæ ann. 1389. in Reg. 138. ch. 53 : *Laquelle femme dist à icellui Sagardeau qu'il se Souffrit de dire lesdites paroles de ladite femme, mesmement en la présence de son mary. Suffrir*, eodem sensu, in Charta ann. 1269. inter Probat. tom. 2. Hist. Burgund. pag. 33. col. 1 : *Il s'en doit Suffrir, se nos et li sires de Grancé regardons por droit que il s'en doige Suffrir.*

¶ 2. **SUFFERENTIA**, Voluntas, arbitrium, consensus. Charta ann. 1136. apud Calmet. inter Probat. tom. 2. Hist. Lothar. col. 311 : *Si servitia Sufferentia canonicorum antedicta, et eo modo quo sunt determinata, per manus ministerialium non susceperit, hospitia quæ non ex debito aut justitia, sed per Sufferentiam fratrum accipiebat, prorsus amittat.* Tabul. Sangerm. ann. 1219 : *Recognoscimus quod nos dictam domum et ejus pertinentias ex Sufferentia et speciali gratia dicti Abbatis non in manu mortua, sed in vilenagium possidemus.* Litteræ Guidonis Nivern. Comit. ann. 1231. inter Ordinat. Reg. Franc. tom. 3. pag. 116 : *Exceptis redditibus nostris quos nunc habemus ibidem vel sumus in posterum habituri, vel quos aliqui de nobis ad vitam suam, vel ad Sufferentiam nostram modo tenent.* Vide *Sufferta* 1.

¶ 3. **SUFFERENTIA**, Mora, prorogatio diei, Gall. *Délai, répit.* Item, Induciæ, Gall. *Suspension d'armes.* Litteræ Edw. I. Reg. Angl. ann. 1295. apud Rymer. tom. 2. pag. 689 : *Adolpho Regi Romanorum, Eduardus, etc. Vestros solempnes nuncios cum plenaria potestate dandi Regi Franciæ Sufferentiam, vel respectum et tractandi super ineundis treugis.. mitteretis.* Litteræ aliæ ejusd. Reg. ann. 1296. ibid. pag. 715 : *Ut ante omnia aliqualem Sufferentiam a bellicis actibus, donec plenius tractatus haberi posset, sibi concedere dignaremur.... Concessimus ut præfati Cardinales prædictam Sufferentiam nomine nostro possint facere et firmare.* Quæ Gallice sic redduntur ibidem : *E qe, avant totes autres choses, vousisons otrier aukune Suffrance de fetz de gere... Avons graunté... q'il.... peussent fere la dite Suffrance.* Pluries occurrit apud eumd. Rymer. ibid. pag. 723. 733. 795. 799. 812. tom. 3. pag. 541 et tom. 5. pag. 56. Bulla Clementis VI. PP. ann. 1346. tom. 2. Hist. Dalph. pag. 537. col. 1 : *Assumptis interim Sufferentiis aliquibus usque ad tempus de quo tuæ discretioni videbitur duraturis, etc.* Charta ann. 1377. ex Bibl. Reg. : *Facere mus posse nostrum quod darentur Sufferentiæ seu abstinentiæ usque ad festum S. Michaelis proxime venturi.*

☞ Sed maxime hæc vox usurpatur a Jurisperitis ubi de re feudali, aut rei ærariæ rationibus agitur : hinc Suspensæ rationes in *sufferentia* positæ dicuntur; quod et de cliente beneficiario itidem dicunt, cui dicendi sacramenti prolata est dies, ne scilicet ob clientelam nondum professam in subdita prædia domini feudalis injiciantur manus. Utriusque notionis exempla præsto sunt. Litteræ Philippi IV. Reg. Franc. ann. 1300. apud Marten. tom. 1. Ampl. Collect. col. 1407 : *Ab aliis subditis Prælatorum et Baronum et Terrariorum nihil exigentes, donec aliud a nobis super hæc habueritis in mandatis. Ipsos enim posuimus in Sufferentia usque ad Magdalenam.... Item, ipsos posuimus in Sufferentia usque ad Parlamentum proximum B. Martini hyemalis.* Aliæ Philippi VI. ann. 1333. tom. 2. Ordinat. pag. 91 : *Gabellam tamen prædictam, ac inhibitiones et ordinationes prædictas, in personis et rebus dictorum Prælatorum, personarum Ecclesiasticarum, Baronum et Nobilium, qui, ut præmittitur, in Sufferentia positi, sunt in suspenso,... in statu volumus remanere.* Charta apud Menester. Hist. Lugdun. pag. 12 : *Et adhuc in Sufferentia Lugduni occupati detinentur.* Charta ann. 1366. apud Lobinell. tom. 2. Hist. Britan. col. 526 : *Ecce Dux Britanniæ qui ad vos tanquam ad dominum suum supremum accessit, ad se in propria persona excusandum super eo quod ad vos citius non venit pro homagio suo vobis faciendo, et ad regratiandum vobis de Sufferentia, in qua eum plurics posuistis, etc.... et ad supplicandum vobis quatenus ipsum poneretis, teneretis et haberetis in Sufferentia sui homagii.* Charta ann. 1391. tom. 3. Hist. Harcur. pag. 389 : *Tenebat quod Rex servaret sua jura et bonos usus et infra dictum terminum non reciperet aliqua hommagia, sed daret Sufferentiam vassallis, quia ea indigerent.* Adde tom. 4. ejusd Hist. pag. 1715. et Gloss. Juris Gallici v. *Souffrance.* Vide *Respectus* 4.

* Suspensio ad tempus. Charta ann. 1222. ex Chartul. Campan. fol. 432. col. 1 : *Comes Campaniæ...... dictam elemosinam posuit in Sufferentiam, et præcepit eam reddi ad tempus presbytero prænotato, ita quod propter prædicta nullum posset fieri præjudicium ipsi comiti Campaniæ supradicto.* Hinc emendanda alia ejusdem anni Charta ibid. pag. 435. col. 2. ubi legitur, *in sufficientiam.* Vide infra in hac voce num. 2.

* Eo etiam spectat vox Gallica *Trempance*, qua designatur Prorogatio, quam vassallo dominus concedit ad præstandum hominium vel laudimia exsolvenda. Charta ann. 1326. in Reg. 65. Chartoph. reg. ch. 277 : *Nous feismes contraindre religieux hommes l'abbé et le couvent de Nostre Dame de Montebourc en dyocese de Costances pour nous apporter les acquisitions faites par eulx, depuis le temps contenu esdites lettres de la Trempance dessusdites.*

¶ SUFFRENTIA, ut *Sufferentia*, in Charta ann. 1187. apud Spon. tom. 2. Hist. Genev. pag. 46 : *Quandam Suffrentiam facit Gebennensis ecclesia ad tempus, etc.*

¶ SUFRENTIA, Eodem significatu, Induciæ. Charta Johannis Reg. Castellæ ann. 1410. apud Rymer. tom. 8. pag. 618 : *Tam per terram quam per mare, bonas, firmas, legales et legitimas treugas, Sufrentiam et guerræ abstinentiam... Durantibusque treugis, Sufrentia et abstinentia guerræ, etc.*

¶ **SUFFERRARE**, *Ferreas equo soleas subdere vel suppingere*, ex Gemma, apud Vossium lib. 4. de Vitiis serm. cap. 26. Occurrit apud Marten. tom. 7. Ampl. Collect. col. 838. et alibi. Vide supra in *Ferrum* 1.

SUFFERRATURA. Statuta Facultatis Juris Civilis Academiæ Viennensis in Austria tit. 11. § 5 : *Item quod nullus doctorandus doctori ipsum præsentanti varium, vel aliquas Sufferraturas solvere teneatur.* Sed legendum *sufforraturas*, vel nude *forraturas*, Quod satis vox *varium* arguit. Vide *Foderatus.*

¶ **SUFFERRE**, Sufficere. Gloss. Lat. Gr. : *Suffero*, ἀντικατίςαμαι. Ubi MSS. habent, *Suffecto, sufficio* : quibus consonant Gloss. Gr. Lat. : Ἀντικαθίςαμαι, *Suffero, sufficio.*

¶ 1. **SUFFERTA**, Voluntas, consensus. Statuta Massil. lib. 1. cap. 63. § 1 : *Nisi hoc faceret consilio et Sufferta Rectoris vel Consulum Massiliæ, et Consiliariorum vel majoris partis eorum.* Nostris olim *Souffreté* et *Souffraite*, pro *Disette, pauvreté*, Penuria, paupertas, egestas. Le Roman d'Athis MS :

De Souffreté et de pourcté
M'avez en honneur monté.

Ibidem :

De pouvreté et de Souffraite, etc.

Vide *Sufferentia* 1. et 2.

* Hinc *Estre de la Soufferte de quelqu'un*, Esse sub alicujus dominio et voluntate. Lit. remiss. ann. 1446. in Reg. 178. Chartoph. reg. ch. 20 : *Lesquelz habitans te-*

tenant le parti de nostre cousin de la Marche et estoient de sa Soufferte et subjection. Unde *Souffis* et *Souffisant*, pro Subditus, cliens, vassallus. Charta Joan. comit. Catalaun. ann. 1232. in Reg. comitat. Claromont. : *Est assavoir que je ay les choses devant nommées tant seulement, qui à moi appartiennent, si comme desseure est dit, et sui Souffis d'ichelles ès lius devant dis.* Charta ann. 1326. in Reg. 72. ch. 43 : *Item le marchié de Chasteau Renart, la seignorie d'icellui, le prouffit et les émolumens, sauve la franchise des Souffisans.... Les personnes demourans ès lieus de l'assiete dessusdicte, qui se pueent et pourroient advoer et faire Souffisans, etc.*

¶ 2. **SUFFERTA**, ut *Sufferentia* 3. Vide in hac voce. Epist. Henrici de Villariis ann. 1347. tom. 2. Hist. Dalph. pag. 558. col. 2 : *Item, dominos Vinayci et Castri-Novi, qui unus contra alterum dissensiones parabant, posui in statu et Sufferta usque ad festum B. Johannis.... Item, eodem modo posui in Sufferta factum dom. Johannis de Grolea et Aynardi de Anjove.*

☞ Utuntur etiam hac voce in re feodali, eodem significatu quo supra *Sufferentia*. Terrarium feudorum Castillionis ann. 1463 : *Item debet sex den. Viennenses bonos pro Sufferta hommagii ad quod dictæ res præfato dom. Militi adstringuntur, donec et quousque dictæ res devenerint ad manus quæ possint deservire homagium ad quod ipsæ res astringuntur.* Consule Revel quæst. 17. pag. 78. et observat. 51. pag. 163. novæ edit.

¶ **SUFFERTUS**, Toleratus, Gall. *Supporté.* Vita B. Humilianæ tom. 4. Maii pag. 391 : *Hoc pluribus diebus patienter Sufferta, non ferens damnum orationis.*

SUFFIBULATORIUM, Joanni de Janua, *Subligatorium, Subfibulum, i. subligaculum.* Papias : *Subfibulum, subligamentum.*

* **SUFFIBULUM**, *Vestimentum album prætextum, quadrangulum oblongum, quod in capite Vestales virgines sacrificantes habebant, idque fibula comprehendebatur.* Festus. Vide Th. *Hyde* de Relig. Persar. pag. 143. et *Suffibulatorium.*

SUFFICERE, Posse. Anastasius Bibl. in Historia de exilio S. Martini PP : *Cras, quod est dominica dies, obvii ei erimus, et salutabimus eum, quia hodie non Suffecimus.* Id est, *non possumus.*

* **SUFFICIENS**, Natalitiis et dignitate insignis. Lit. remiss. ann. 1353. in Reg. 82. Chartoph. reg. ch. 8 : *Johannes de Courciaco miles eidem Sode dixerat,.... quia non sunt hæreditagia pro tali rustico, quemadmodum tu es, sed pro quodam nobili homine et Sufficienti, ut ego sum. Sufficientissimus militum*, qui plurimos habet milites, ex Dudone lib. 3. apud Chesn. Hist. Norman. pag. 137 : *Quidam Satrapa nomine Teiboldus, dives opum, militumque Sufficientissimus, etc.*

* Sufficiens, Opposito sensu, pro eo tempe quod non est satis. Charta ann. 1322. ex Chartul. AD. S. Germ. Prat. fol. [illegible]0. v° : *Considerans dictus Odo, quod in hac ecclesia cum unius Sufficienti, id est, tam unius tantummodo cerei luminari diebus privatis celebraretur major Missa,.... sufficientem redditum assignavit.* Forte omissa est particula *non* ante *sufficienti.*

¶ **SUFFICIENS** Aliqua Re, Contentus, cui res ipsa satis est. S. Irenæi vetus Interpres lib. 2. cap. 1. num. 5 : *Et unaquæque conditio suum fabricatorem glorificabit, et ipso Sufficiens erit, et alterum non cognoscet.*

* Nostris *Souffire*, pro *Contenter, plaire*, Facere satis, placere. Lit. remiss. ann. 1385. in Reg. 127. Chartoph. reg. ch. 140 : *Une cotele ou piece de robe,.... laquelle ne Souffisoit point audit Thibaut, pour ce qu'elle lui sembloit mal faite.* Hinc *A Souffere*, prout placuerit, *A volonté*, in Ch. ann. 1309. tom. 1. Probat. Hist. Brit. col. 1222.

¶ 1. **SUFFICIENTER.** Anonymus in Vita Edwardi III. Angl. pag. 395 : *Cui ecclesiæ Papa providit de Roberto de Wyveley, qui scripsit speciales litteras Reginæ matris*, (matri) *viro utique Sufficienter* (*ut dicebatur*) *literato.* Id est, Mediocriter, interprete Cl. Editore Hearnio. Pro Satis, Gall. *Suffisamment*, occurrit apud Ulpian. et alios.

* 2. **SUFFICIENTER.** Charta ann. 1170 ex Chartul. A. eccl. Camerac. ch. 88 : *Carritones.... eligat* (major) *per quos nichil aliud facientes, donec perfecerint, decimam nostram Sufficienter colligat.* Id est, totam, integram.

¶ 1. **SUFFICIENTIA**, Facultas, excellentia. Chron. Angl. Th. *Otterbourne* pag. 4 : *Libet paulisper de ejus* (Angliæ) *situ et Sufficientia,.... pauca de plurimis epilogando perstringere.* Infra : *Ejus vero Sufficientia, sive excellens prærogativa, etc.*

¶ Sufficientia, Quod satis est. Oratio habita ann. 1378. apud Marten. tom 1. Ampl. Collect. col. 1504 : *Ivit ad Mendegurriam,.... quam cepit mora postposita, et in ipsa dimisit Sufficentiam gentium armatorum, quæ custodirent et defensarent illam.* Mag. Boncompagnus de Obsid. Anconæ apud Murator. tom. 6. col. 930 : *Quoniam civitates quæ sunt in partibus constitutæ, non possunt de labore proprio frumentum et annonam habere ad Sufficientiam.* Occurrit rursum apud eumd. Murator. tom. 12. col. 448. 588. et *Madox* Form. Angl. pag. 128. Adde Tertull. lib. 1. ad Uxor. cap. 4. et Sidon. lib. 6. Epist. 12.

* 2. **SUFFICIENTIA**, f. pro *Sufferentia*, eodem certe intellectu, induciæ. Annal. Victor. MSS. ad ann. 1372 : *Fuit facta quædam Sufficientia seu treuga inter dictum papam et ipsos; quæ licet a principio reputata fuerit utilis et expediens pro Ecclesia, etc.* Vide supra *Sufferentia* 3.

* 3. **SUFFICIENTIA**, Suppeditatio rei alicujus, quantum ea utenti satis est. Charta pro eccl. Corisopit. tom. 1. Probat. Hist. Brit. col. 377 : *Habet etiam in portu dominus episcopus salagium et Sufficientiam salis de thelonearils.* Unde *Assouvir*, Quantum satis est suppeditare interpretor, in Charta ann. 1317. ex Tabul. eccl. Camerac. : *Se dedans quinsaine après chou que le maistres de ladicte monnoye leur avoyent monstré et faict scavoir ledicte deffaulte* (d'ouvriers) *il ne mectoyent ouvriers ne monnoyers pour nos dictes monoyes Assouvir, ledict maistre y pouriient faire venir et ouvrer aultres ouvriers et monnoyers avecque yaulx, parquoy no dicte monnoye fut bien Assouvie et délivré.* Vide novam Diction. Menag. edit. in hac voce. Hanc nostram interpretationem egregie probat vox *Assouffir*, quæ pro *Assouvir*, legitur in Charta huic simili ann. 1366. ex Lib. archid. cap. 57. in eod. Tabul.

* 4. **SUFFICIENTIA**, Doctrina, intelligentia, ingenii facultas, Gall. *Suffisance, capacité.* Comput. ann. 1403. inter Probat. tom. 3. Hist. Nem. pag. 177. col. 2 : *Attenta ejus sollempnitate, et etiam propter affectionem, quam universus populus Nemausi erga ipsum habet propter ejus Sufficientiam, etc.* Stat. colleg. Navar. ann. 1315. in Lib. rub. Cam. Comput. Paris. fol. 516. v° : *Item* (jurabunt) *quod fidele testimonium perhibebunt de conditionibus bonis vel malis suorum scolarium, et eorum Sufficientia vel insufficientia ad audiendum logicam.*

¶ **SUFFINGILARE.** Gloss. Lat. Gr. MS. Reg. : *Suffingilo*, ὑπαλέγω.

SUFFIRMATUS, *Suffultus, munitus.* Papias MS.

SUFFITORIUM. Anastasius in Hormisda PP : *Pallia olobera blattea cum tabulis auro tectis, de chlamyde vel de stola Imperiali, Suffitorium super confessionem B. Petri Apostoli. Hæc omnia a Justino Augusto orthodoxo votorum gratia oblata sunt.* Quidam Cod. habent *succinctorium.* Alii *chlamydem Imperialem, i. stolam et subsutorium.* Sed legendum forte *suffusorium.* Vide in hac voce. [Rectius supra, tametsi ex conjectura, legendum monet *Substratorium.* Vide ibi.]

¶ 1. **SUFFLAMEN**, Adminiculum, sustentaculum, Gall. *Appuy.* Papias in Præfat. ex Cod. MS. Bituric. : *Pars titubat nullo firmo suffulta Sufflamine.* Vide *Subflamen* et mox *Sufflare.*

2. **SUFFLAMEN**, *dicitur illud quod rotæ opponitur ne currat, oppositio.* Glossar. vetus ex Cod. reg. 7613.

1. **SUFFLARE.** Ugutio : *Sufflare, i. appodiare, fulcire, appodiamentum supponere, vel hoc Sufflamen, appodiamentum, quod cui innititur, ut sustentetur.* [Gloss. Lat. Gr. Sangerm. : *Sufflare, appoier, attaier.*] Vide *Exsufflare.*

* 2. **SUFFLARE**, Jactare, laudibus efferre. S. Aug. epist. 56. ad Dioscor. : *Nomen Anaxagoræ, quod propter litteratam vetustatem omnes, ut militariter loquar, litteratiores libenter Sufflant.* *Souver*, pro *Souffler*, Inspirare, in Bestiar. MS :

Li sains Esperis Souverra,
En toi, dist-il, s'aumberra
La vertu dou très-haut Seignour,
De toi naistra li Sauveour.

SUFFLATOR, Officium in coquina Regia, in Ordinat. Hospitii S. Ludovici Regis Fr. ann. 1261. vulgo *Souffleur.*

* Ordinat. hospit. reg. ann. 1317. in Reg. Cam. Comput. Paris. sign. *Croix* fol. 77. r° : *Cuisine. Item il y aura un hasteur et un Souffleur touzjours sans partir de court et mengeront à court.* Lit. remiss. ann. 1425. in Reg. 173. Chartoph. reg. ch. 344 : *Le suppliant.... fut retenu en serviteur de cellui qui se dit daulphin en office de Souffleur de sa cuisine et depuis hateur.*

SUFFLATORIUM, in Catholico parvo, *Soufflet à souffler.*

* Cujus artifex *Souffletier* nuncupatur, in Stat. ann. 1350. tom. 2. Ordinat. reg.

Franc. pag. 378. art. 238. *Mettre sa teste en un soufflet* dicitur de Stolido, qui cum loquitur, nihil præter ventum profert. Lit. remiss. ann. 1400. in Reg. 155. Chartoph. reg. ch. 129 : *Tay toy, tu n'yez pas digne de parler, mets ta teste en un Soufflet.*

* Nostri alias *Soufflace*, pro *Soufflet*, Egregius in malam ictus, dixerunt. Lit. remiss. ann. 1396. in Reg. 151. ch. 195 : *Icellui Perrin lui alast donner une belle Soufflace ou buffe.* Aliæ ann. 1398. in Reg. 153. ch. 393 : *Elles se sont plaintes sans cause, se en auront chacune deux Soufflaces.*

¶ Sufflatorium, Fornax. Litteræ encyclicæ de obitu Oduini Abbat. Cellensis inter Instr. tom. 3. Gall. Christ. novæ edit. col. 18 : *Sed quia probandus erat velut in Sufflatorio, etc.*

SUFFLETUS, Sufflus, Flatus ventris. Vide in *Bombus.*

☞ Nec flatus ventris, nec buccarum inflatio, ut vult Camdenus, eo loci significatur; sed Sibilus, Gall. *Sifflet :* quod maxime colligitur ex similibus hominiis quæ etiamnum obtinent in Normannia : unum referre sufficiat. Usus est quotannis ut aliquis ex vassallis Dom. *de Belhomme de Graulay* prope Sagium ad vesperam vigiliæ Natalis Domini stipitem ad ejus coquinæ focum deferat; statimque tenetur saltare, crepitum edere et sibilum, quod vulgo dicitur *un sault, un pet et un Sifflet*, vel, ut Normanni efferunt, *un soufflet.*

* 1. **SUFFOCARE**, Infodere, humo mandare. Leg. Norman. cap. 23. apud Ludewig. tom. 7. Reliq. MSS. pag. 196 : *Tripliciter autem dampnantur homines, prout vitæ merita hoc requirunt; aut per corporis destructionem, ut de suspensis, incensis, Suffocatis, etc.* Ubi Gallicum ex Cod. reg. 4651. habet : *Comme de ceux qui sont pendus, ou ars, ou Enfouiz, etc.* Vide supra *Subterratio.*

* 2. **SUFFOCARE**, Exstinguere. Stat. ann. 1348. ex Tabul. S. Vict. Massil. : *Ordinamus quod sacristæ non Suffocent per se vel per alium intortitia, quæ cum funeribus portabuntur, antequam corpora ecclesiasticæ tradita fuerint sepulturæ.* Vide infra *Suffreare.*

* 3. **SUFFOCARE**, metaphorice, ut *Soffogare* Italis, pro Opprimere, vim inferre. Form. promiss. hominum patrim. S. Petri in Tuscia ex Cod. reg. 4189. fol. 6. v° : *Item promitto jura, possessiones et bona Romanæ ecclesiæ existentia in patrimonio beati Petri, per me vel per alium non superapprehendere et occupare et non Suffocare.* Eadem rursum occurrunt ibid. fol. 38. r°.

SUFFOSSOR, vel *suffusus equus*, Ugutioni. Alibi : *Affusus equus, qui vulgo infusus est.*

¶ **SUFFOSSORIUM**, Ligo quo terra suffoditur. Lethaldus in Mirac. S. Maximini Abbat. Miciac. num. 34 : *Operante eo, Suffossorium, quod bessam dicunt, sumit.*

* Vide supra *Fossorium.*

* **SUFFRA**, Via lustrandis vigiliis comparata, Gall. *Galerie, corridor, chemin des rondes.* Instr. ann. 1358. inter Probat. tom. 2. Hist. Nem. pag. 213. col. 2 : *Turres, frachiæ murorum, barbacanæ, Suffræ motarum et fossatorum, et alia fortalitia ordinentur.* Et pag. 217. col. 1 : *Procedatur ad alatas sive Suffras faciendas incontinenti, etc.* Vide supra *Alata.*

SUFFRAGANEI, Episcopi Metropolitano subjecti, in Capitul. ann. 779. cap. 1. in Capit. Aquisgran. ann. 789. cap. 8. lib. 1. Capit. cap. 7. etc. Acta Conciliabuli Romani ann. 963. super depositione Joannis XII : *Tunc Romani Pontifices, Episcopi scilicet Suffraganei, et Cardinales Presbyteri... dixerunt, etc.* Sub finem : *Romani Pontifices Suffraganei scilicet Episcopi, etc.* Sic porro intelliguntur Episcopi diœcesis Romanæ, quique *Suburbicariis* Ecclesiis præerant. *Urbes et Ecclesiæ Suffraganeæ*, apud Will. Tyrium in Notitia Episcopatuum Patriarchatuum Antiochiæ et Hierosol. Sed et ibidem scribit Hierosolymitanum Patriarchatum erectum fuisse sub Justiniano in Synodo Constantinopolitana, eique attributos metropolitanos quatuor ex Antiochena et Alexandrina Ecclesiis : *Et quoniam*, subdit ille, *iterum eundem Patriarcham oportebat habere præter supradictos Metropolitanos familiares suffraganeos, quos Græci Syncellos vocant, subtraxerunt prædictis Metropolitanis quosdam Episcopos, et quosdam de novo creaverunt usque ad viginti quinque.*

Suffraganeos porro dictos putant Gretzerus et alii, quod a Metropolitano ad Synodum vocati, suffragii jus habeant : vel quia absque Metropolitani suffragio consecrari non poterant. Malim ego sic appellatos, quasi Metropolitanorum *adjutores*, quomodo vocantur apud Lupum Ferrariensem Epist. 81. maxime in consecrandis Episcopis, quod soli facere non possunt Metropolitani. Id firmat præ cæteris Anonymus in Vita S. Remberti Archiepiscopi Hamburg. n. 13 : *Cum hujus ergo ad ordinandum eum tenoris insinuatione venerabilem Rembertum gloriosus Rex direxit ad Luitbertum Archiepiscopum Moguntiensem, a quo jussu ejus est consecratus : ut proinde actum sit, quatenus in adjutorium consecrationis non unius Metropolis, sed duarum convenirent Suffraganei, etc.* Arnulfus Lexoviensis in Epist. ad Thomam Cantuar. Archiep. : *Quod sane contemplati, quorum ope niti, quorum muniri consilio, quorum fulciri suffragio debuistis, a vobis velut agmine facto discesserunt, quando maxime nominis sui rationem deberent agnoscere, et se vobis Suffraganeos non refraganeos exhibere.* Dicuntur præterea Suffraganei Metropolitanorum, *quod*, ut inquit Joannes de Janua, *Episcopi nihil possunt statuere vel disponere de his, quæ spectant ad communem statum Provinciæ absque Metropolitano : ita nec e contrario Metropolitanus absque consilio Episcoporum.* Græci ὑποψηφίους Suffraganeos vocabant, qui ψηφισθέντες, ut loquitur Pachymeres lib. 8. cap. 13. seu Cleri suffragiis electi, nondum consecrati erant. Ita ὑπόψηφοι dicuntur Socrati lib. 5. cap 5. et Sozomeno lib. 2. cap. 20. qui populi vel cleri suffragiis in Episcopos eligebantur, nondum consecrati.

Suffraganei, Quilibet Vicarii Prælatorum in re aliqua exsequenda, apud Udalricum in Consuet. Cluniac. lib. 1. cap. 27. lib. 2. cap. 30. lib. 3. cap. 5. 6. 18. Bernardum in Consuet. ejusdem Monasterii MSS. cap. 3. et alibi sæpe : in Statut. Ord. Præmonstr. Dist. 2. cap. 8. et in Consuetudinib. Floriacensib. editis a Joanne a Bosco, pag. 397. In Concilio Rotomagensi ann. 1072. cap. 15. vetantur Sacerdotes, Ecclesias suas regere per *Suffraganeos.* In Concilio Islebonensi ann. 1080. cap. 6 : *Archidiaconi per Archidiaconatus suos semel in anno Presbyterorum Suffraganeorum suorum vestimenta et calices et libros videre jubentur.* Inter Opera Alcuini pag. 1160. hæc habentur : *Dixistis, Serenissime Imperator, velle vos scire, qualiter nos et Suffraganei nostri doceremus populum Dei et de Baptismi Sacramento. Hæc prout potuimus prælibavimus. Suffraganeus est nomen mediæ significationis : ideo nescimus, quale fixum ei apponere debeamus, ut Presbyterorum, aut Abbatum, aut Diaconorum aut cæterorum graduum inferiorum, si forte Episcoporum nomen, qui aliquando vestræ civitati subjecti erant, addere debemus, etc.*

Suffraganei Papæ, dicti præterea Episcopi aliarum Diœceseon Apostolicæ Sedi immediate subjecti, ut est in Gallia Aniciensis, etc. Charta ann. 1233 : *Nos Stephanus Dei gratia Aniciensis Episcopus, D. Papæ Suffraganeus specialis.* In hac fit mentio Matrimonii initi inter Pontium Vicecomit. Podempniaci et Aliciæ de Triangulo. Vide *Suffragium* 5.

Suffragnei, dicti præterea Episcoporum *adjutores*, titulares scilicet Episcopi, et in Episcopalibus functionibus cooperatores, seu Vicarii. Jo. de Janua : *Suffraganeus, auxiliarius, et proprie in verbis. Unde Episcopi Suffraganei aliorum Episcoporum, quod debent eos juvare non solum opere, vel etiam verbis : vel si non possunt opere, saltem verbis.* Lateranense Concilium gravibus utique de causis indulsit, ut ubi publica negotia, valetudo, incursiones hostiles, litterarum ac doctrinæ inopia, obstarent, hic Episcopis adjutores in partem curarum adsciscere fas esset, can. 10. cap. Inter cætera, De Offic. Jud. Ord. Concil. Trident. sess. 5. cap. 2. Vide Stephanum Tornacensem Epist. 129. et Altaserram lib. 1. et 2. *de Adjutoribus Episcoporum.*

* *Suffragant*, eadem acceptione, in Lit. remiss. ann. 1451. ex Reg. 184. Chartoph. reg. ch. 102 : *Icellui Jehan Ducamp estoit banni de la ville de Bailleul, pour avoir batu le clerc du Suffragant de Therouenne.*

¶ Consuffraganeus, apud Ivonem Carnot. Epist. 59 : *Me et Consuffraganeos meos sic litteris vestris instruatis.* Ubi Hugonem Lugdun. Archiepisc. alloquitur.

¶ Suffraganea Ecclesia, Oratorium, ut videtur, minor Ecclesia. Vita S. Alferii sæc. 6. Bened. part. 1. pag. 734 : *Ecclesiam sanctæ Trinitatis, quam Suffraganeam vocant, in signum liberationis suæ propriis manibus depinxit.* Ibid pag. 735 : *Cumque ille trahendo festinaret, hic autem tardius sequeretur, quod ante altare ejusdem Suffraganeæ ecclesiæ veniret, ei visum est.*

SUFFRAGANTIA. Vide *Suffragium* 4.

¶ **SUFFRAGATIO.** Vide mox *Suffragator* 1.

¶ 1. **SUFFRAGATOR**, Intercessor, qui honorem aucupanti suffragatur. Codex Theod. lib. 2. tit. 29. leg. 1 : *Qui itaque repetere nititur vel repetisse convincitur, et quod dedit apud Suffragatorem ejus manebit, vel extortum restituet.* Eo spectat Am-

...anus lib. 22 : *Lex est promulgata, qua caveatur nullum interpellari Suffragatorem super his quæ eum recte constiterit accepisse.* Sueton. in Vespasiano cap. 23 : *Exactaque pecunia, quantam is cum Suffragatore suo pepigerat.*

1. ¶ SUFFRAGATIO, Suffragatoris officium. *Meriti Suffragatio*, in leg. 10. de Prætor. lib. 6. tit 4. Cod. Theod.

2. **SUFFRAGATOR**, Idem qui *Suffraganeus*, in Epist. 9. Pelagii II. PP.

SUFFRAGILATIO, *Est aliquorum fidem suscipere, qui sunt fidejussores.* Papias. [Andreas Floriac. MS. lib. 2. Mirac. S. Benedicti : *Tunc a multitudine totius plebis ad patibulum raptus, ab Aymone fide jussoria legis Suffragillatione redimitur.*]

¶ **SUFFRAGINARE**, *Flectere genua*, Johanni de Janua, et in Gemma. Gloss. Lat. Gr. : *Suffragino*, ἀγκυλοκτόμπω, nervos incido.

* Glossar. Lat. Gall. ex Cod. reg. 7692 : *Suffraginari, Agenoller.*

¶ SUFFRAGINATIO, Incurvatio genuum. Vide *Fragus.*

¶ SUFFRAGINE UNCA, id est, Flexo poplite, apud Fridegodum in Vita S. Wilfridi sæc. 3. Bened. part. 1. pag. 195 :

Qui tellure cubans unca Suffragine suda.

1. **SUFFRAGIUM**, Pecuniæ, quæ suffragii titulo ab Imperatoribus accipiebantur, cum honores deferebant, quæ δεσποτικὰ vocantur in formula jurisjurandi Novellæ Justiniani 8. cujus titulus est, *ut judices sine Suffragio fiant*, quem Julianus Antecessor vertit, *ut Magistratus sine pecunia fiant.* Ubi Græca habent, χωρὶς δόσεως. Glossæ Lat. Gr. *Suffragium*, ψηφοφορία, δόγμα, δόσις, ubi f. δωρεὰ pro δόγμα. Ita præterea usurpatur in Nov. 6. qua cavetur, ut qui emerit Præsulatum *per Suffragium*, non modo Episcopatu, sed et ordine Ecclesiastico, quem prius habebat, excidat. Adde leg. 4. § 2. lib. 2. Cod. tit. 2.

☞ Falso hic appellatur lex 4. Cod. lib. 2. Ad leg. unic. Cod. Just. de Suffrag. fortean respexit Vir doctissimus : sed et vox *Suffragium* eo significatu latius patet; neque enim pecuniæ duntaxat, sed res etiam immobiles et fundi interdum assignabatur cum Imperatoribus, tum iis quorum suffragia ambiebantur rei cujusvis obtinendæ causa. *Præsidium* dicitur Lampridio in Alex. Severo. Vide *Præsidium* 4. *Suffragii* nomine Patronorum stipendia intelligit Butillerius in Summa rurali : *Action Suffragant, si comme la peine et labeur*, fol. 44. v°. Plura vide in hanc rem apud Jac. Gothofredum tit. 29. Cod. Theod. lib. 2. Adde Pancirolum lib. 1. Thes. var. lect. cap. 77.

2. **SUFFRAGIUM**, pro Quavis præstatione. Leo III. PP. Epist. 5 : *Quia omnia secundum quod solebat Dux, qui a nobis erat constitutus per distractionem* (leg. *districtionem*) *causarum tollere, et nobis more solito annue tribuere, ipsi eorum homines peregerunt, et multam collectionem fecerunt de ipso populo ; unde ipsi duces minime possunt Suffragium nobis plenissime præsentare.* Charta Conradi Imp. ann. 1029. apud Ughellum in Episcopis Æmonensibus : *Cum placitis, et districtibus, collectis et angariis, foro, Suffragio, herbatico, eschatico, cæterisque publicis fructuationibus*, etc. Occurrit infra rursum.

3. **SUFFRAGIUM**, pro Alimonia, Sustentatione. Concilium Toletanum III. can. 3 : *Si quid vero quod utilitatem non gravet Ecclesiæ pro Suffragio Monachorum, vel Ecclesiarum ad suam parochiam pertinentium dederint, firmum permaneat.* Regula cujusdam Patris cap. 12 : *Operandum namque est omni tempore præter dies festos, ut habeatur vel propriæ necessitatis usus, vel egenis, unde detur Suffragium.* [Litteræ Caroli V. Reg. Franc. ann. 1365. tom. 4. Ordinat. pag. 555 : *Si... compellatur suam egestatem, vel familiarem paupertatem procuratoribus collegii detegere, et collegii petere Suffragium,... quamdiu idem secretarius vel notarius dictum auxilium exiget, quilibet secretarius et notarius tenebitur sibi, ad proprii victus et status sustentationem,.... viginti solidos Paris. anno quolibet mutuare.*]

4. **SUFFRAGIUM**, Auxilium. Synodus apud Vermeriam : *Statuimus illi Oeconomum persuadere, qui ei Suffragium, et Ecclesiæ sibi commissæ custodiam debitam et canonicam exhiberet.* Dudo lib. 3. de Actis Norman. pag. 98 :

Quin prece rex humili supplex pronusque requirit
Suffragia semet virtute tuaque tueri.

Sugerius in Ludovico VI : *Obsessis Suffragia accelerat.* Will. Tyrius lib. 20. cap. 24 : *Decretum est etiam, ut Domino quoque Imperatori Constantinopolitano, quia nobis vicinior et cæteris longe opulentior, facilius optata nobis posset ministrare Suffragia.* Thwroczius 1. part. cap. 11 : *Cum eos omnino navium carere scirent Suffragio, etc.* [Chron. Angl. Th. *Otterbourne* pag. 165 : *Gandavenses leves et varii, non expectato Suffragio, quod Rex Angliæ, non sine magnis sumptibus, illis præparaverat, Regi Franciæ manus dederunt. Pro abundantioris cautelæ Suffragio*, in Charta ann. 1319. Galli diceremus, *Pour plus grande sureté.*] Hinc *Suffraganeus*, adjutor, de qua voce supra.

* Annal. Victor. MSS. ad ann. 1378 : *Tunc non aderat Suffragium seu auxilium sufficiens, quo mediante contra dictum intrusum prævalere posset.* Vide mox *Suffrator.*

* SUFFRAGANTIA, et SUFFRAGIUM, in Capitulari 1. Caroli M. ann. 802. cap. 30. pro alimonia, vel auxilio.

5. **SUFFRAGIUM**, Districtus Metropolitani, seu Ecclesiæ suffraganeæ. Præceptum Caroli Simplicis pro Ecclesia Narbonensi : *Venerabilis sanctæ Narbonensis Ecclesiæ Archiepiscopus Arnustus nostram adiit serenitatem, innotescens auribus Clementiæ nostræ, quod in sua parochia, seu in cunctis Episcopiis qui in Suffragio ipsius positi sunt, gravissima quædam contra jura Canonum atque instituta Legum increverit consuetudo, etc.* [Vide *Suffraganea Ecclesia.*]

¶ 6. **SUFFRAGIUM**, Privilegium, in Cod. Theod. lib. 14. tit. 2. de Privil. Corpor. leg. 3 : *In honorem æternæ Urbis, Corporatis indulta Suffragia valere præcipimus.*

* 7. **SUFFRAGIUM**, Perfugium. Will. Gemetic. monach. Hist. Norman. lib. 5. cap. 10 : *Odo vero atque Walerannus quærentes Suffragium vitæ, occuluerunt se Dorcasini castri munitione.*

¶ SUFFRAGIA EXTREMA, Sacramenta quæ in extremo positis concedebantur, in eodem Cod. lib. 15. tit. 7. de Scænicis leg. 1 : *Sedula exploratione quæratur, an indulgeri his* (Scænicis) *necessitas poscat extrema Suffragia.*

SUFFRAGIA, Orationes, quibus Dei Sanctorum *Suffragia*, seu auxilia imploramus. Ugutio : *Suffragia proprie sunt orationes Sanctorum, quas pro nobis fundunt ad Dominum, et rogationes pro Christianis, quas eis fundimus.* Evervinus Steinfeldensis de Hæreticis sui temporis pag. 457 : *In Suffragiis Sanctorum non confidunt, etc. Suffragia precum*, in Epist. 73. inter Francicas tom. 1. Hist. Franc. *Suffragia Sanctorum*, apud Honorium Augustod. lib. 2. cap. 41. Fortunatus de Vita S. Martini lib. 1 :

Suffragiisque tuis cœli fremit arduus axis.

Will. Brito lib. 1. Philipp. de S. Thoma Cantuar. :

Ecce tuis redeunt meritis ad propria sani
Omnes infirmi, tua qui Suffragia poscunt.

Flodoardus lib. 14. Carm. 18 :

Inde Carantocus secretis visibus Abbas
Admonitus Sancto Suffragia ferre laboris etc.

Orationis Suffragium, apud Fulbertum Epist. 51. et Cæsarium lib. 6. cap. 5. [Depositio super Vita et mirac. dom. Caroli ann. 1371. apud Lobinell. tom. 2. Hist. Britan. col. 550 : *Itemque tot Suffragia et orationes dicebat, etc.*] Henricus Rosla in Herlingsberga :

Ad consueta precum conversus munia, fundit
Vota precesque pias, et te Suffragia poscit
Utile perfugium, Mater Christi, miserorum.

Infra :

Eripiunt morti multos Suffragia Missæ.

Ita Silentiarius in Descript. S. Sophiæ part. 2. vers. 565. ψηφῖδα usurpavit. Vide Concilium Moguntinum ann. 847. cap. 25. Vitam S. Rictrudis Abb. cap. 4. Miracula S. Richarii lib. 2. cap. 5. Alcuinum Epist. 32. etc.

¶ SUBPHRAGIA, Eadem notione, in vet. Cæremon. MS. B. M. Deauratæ Tolos. : *Non dicuntur Subphragia sanctorum, etc.*

¶ SUFFRAGIA, Orationes Monachorum, aliaque eorumdem pia opera, in quorum participationem admittebantur laici. Charta ann. circ. 1063. ex Schedis Præs. *de Mazaugues* : *Volentes participem facere benefactorum seu Suffragiorum dicti Ordinis, statuerunt, etc.* Charta ann. 1171. apud Kennett. Antiquit. Ambrosd. pag. 127 : *Salvis tantummodo mihi et hæredibus meis ejusdem Ecclesiæ orationibus et eleemosynæ Suffragiis.* Alia ann. 1219. ibid. pag. 189 : *Dicti vero Canonici receperunt me et dominam matrem meam specialiter in orationibus suis et Suffragiis domus suæ in perpetuum.* Vide *Benefactum* 2. et *Fraternitas* 5.

SUFFRAGIA, appellantur etiam Orationes, quæ pro defunctis dicuntur, quod pro iis Sanctorum *suffragia* invocentur. Liber Ordinis S. Victoris Parisiensis MS. cap. 55 : *Inclinant ad chorum, donec Suffragia finiantur, solus Sacerdos inter Suffragia erectus stabit contra altare, etc.* Vide Statuta antiqua Ord. Cartusiensis 1. parte cap. 43. § 76. [Charta Henrici Reg. Angl. ann. 1457. in Chron. Joh. Whethamstedii pag. 422 : *Donentur... 45. libræ annuæ pro Missis, Suf-*

fragiis et obitibus habendis, et elemosina danda, pro animabus dictorum Ducis Comitis et domini sic occisorum.]

* **SUFFRANTIA**, Induciæ, Gall. *Suspension d'armes*. Charta ann. 1356. inter Probat. tom. 4. Hist. Occit. col. 236 : *In casu quo treugæ seu Suffrantiæ inirentur, etc.* Vide *Sufferentia* 3.

* **SUFFRATOR**, *Adjutor, protector*, in vet. Glossar. ex Cod. reg. 7646. Vide supra *Suffragium* 4.

* **SUFFREARE**, pro Sufflare, Gall. *Souffler*, flatu candelam exstinguere. Lit. remiss. ann. 1452. in Reg. 181. Chartoph. reg. ch. 267 : *Ipsi supplicantes Suffreaverunt* (sic) *candelam quam ipsa mulier portabat et eam in terram cadere fecerunt.* Vide supra *Suffocare* 2.

SUFFRENATUS. Acta MSS. passionis S. Eulaliæ Mart. : *Tunc pro camo capillis Suffrenata ad passionem ducitur*, id est quasi fræno tracta.

¶ **SUFFRENTIA**, ut *Sufferentia* 3. Vide ibi.

SUFFUGARE. Concilium Forojuliense ann. 791 : *Ac per hoc pullulantia dominici ruris triticeæ messis virentia sata, adhuc, ut ita dixerim, infra stipulæ thecam spiritualium fructuum turgentibus spicis, necdum in flaventes culmos aureas erumpentes aristas, necdum sterilium zizaniorum manipulis in uno fasce ignitis funibus colligatis traditis in pabulum flammis, umbrosis nihilominus Suffugare falsitatum rhamniculis moliuntur.* Videtur vox usurpata pro *suffundere*, vel certe pro *offuscare*.

Consuffugare. Acta S. Thyrsi n. 25 : *Cumbricius fere ardens reddidit animam, et omnes, qui videbant corpus ejus, dicebant, quod ab igne Consuffugatum erat.* Bollandus emendat ex conjectura, *consuffocatum*

SUFFUGIUM. Gariopontus lib. 2. cap. 13 : (δύσπνοια) *autem Suffugium nominatur, semper interius ad se trahens anhelitum.* Infra : *Aliquoties Suffugium sequitur suffocatio faucium cum anhelitu.* Gloss. Gr. Lat. Δύσπνοια, *suspirium*, δυσπνοϊκός, *suspiriosus. Asthmatici et suspiriosi*, apud eumdem Gariopont. lib. 2. cap. 12. [*Sufugium*, alia notione, vide supra in *Subfugium*.]

* **SUFFULTARE**, Suffulcire. Epist. Floriani abb. Rom. monast. tom. 4. Collect. Histor. Franc. pag. 67 : *Quia igitur tanta sanctimoniæ vestræ prærogativa Suffultat, etc.*

¶ **SUFFUMARE**, Redolere, Gall. *Sentir*. Epistola apud Acher. tom. 2. Spicil. pag. 408 : *Magistris etenim hujus temporis multa et amiranda canunt, sed scripta vestra aliter dicunt, et dulcius sonant. Et sciendum est, quia nihil de Magistrorum hujus temporis jure Suffumant.*

¶ **SUFFUMIGIUM**, Suffumigatio, fumi diffusio. Vita S. Syncleticæ tom. 1. Januar. pag. 252 : *Et divino Suffumigio orationis intimos recessus obire.* Johan. *Wier* lib. 2. de Præstig. Dæmon. cap. 5 : *Consecrationes quoque et benedictiones circuli ac Suffumigiorum, exorcismus ignis, cui superponuntur fumigia, etc.*

¶ **SUFFURATURA**, Pellitium, quo vestis ornatur, Gall. *Fourrure*. Concil. I. Salisburg. : *In pileis Suffuraturas non habeant, nisi forte de nigro centato, etc.* Vide *Fodratura*, et *Sufultra*.

¶ **SUFFUSA**. Vide infra *Suffusum*.

SUFFUSORIUM, *Vas, in quo est oleum, quod ponitur in lucernis, idem est infusorium. Item Suffusorium dicitur, per quod projicitur ablutio calicis. Idem infusorium, et fusorium.* Ita Ugutio, et Joan. de Janua, et Catholicum parvum : *Suffusorium, Vaisseau à huile, ou autre liqueur.* Gloss. Lat. Gr. : *Suffusorium*, ἐπίχυσις. [Græc. Lat. : Ἐπίχυσις, *infusio, Suffusorium, infundibulum.*] Vide *Suffitorium*.

SUFFUSUM. Formula 35. ex Lindenbr. 11. ex Marculfo lib. 1 : *Itemque victum ad caballos eorum, fœno carra tanta, Suffuso modios tantos.* Vetus Charta Aldrici Episc. Cenoman n. 56 : *Et debentur inde de pastione inter frumentum et sigale modii 34. et sextaria novem Sufuso de avena modii 444.* [Annonæ species videtur.]

Suffusa, Eadem, ut videtur, notione, tametsi incerta : neque enim putem huc pertinere vocem *superfusum*, in leg. 4. Cod. Th. de Censitoribus (13, 11.), pro eo, quod supra quam æquum est, imponitur. Charta ann. 950. apud Meurissium in Episcopis Metensibus pag. 137 : *Forestam nihilominus, quæ dicitur Heis, cum integro banno eidem loco concedimus, in omnes usus cum redditibus suis, id est croada et Suffusa, quas debent solvere, quicumque de adjacentibus exinde voluerit focariam de mortua silva habere, et plaustra ad aratra sua, stabula etiam facere.* Alia Leonis IX. PP. ibid. pag. 356 : *Cum silva, quæ vocatur Heis, et cum omni utilitate vel Suffusa ejusdem silvæ.* [Aliud a *Suffuso* videtur esse : nec absurde de jure *suffundendi* vel cædendi ligna intelligeretur.]

* Mallem de Opera, quam subditi ac rustici terram ligone suffodiendo dominis suis præstant, intelligere.

¶ **SUFFUSUS**. Vide supra *Suffossor*.

¶ **SUFIUS**, Follis, Gall. *Soufflet*. Statuta Astens. Collat. 7. cap. 50. fol. 23 : *Nec in eam* (bestiam) *suflabunt aliquo modo seu Sufio vel aura.*

SUFRACEMATUS. Statuta vetera Chirurgorum Parisiensium art. 26. apud Steph. Paschasium in Disquisitionib. Franc. lib. 9. cap. 30 : *Chirothecas etiam purpureo colore coloratas, sericeis pariterque et mixtim aureis, ut moris est, munitas, subsarcitas, Sufracematas pendulis, ut exinde eorum liberalitas appareat, largiri tenebuntur.* Legendum puto *suprasematas*, ex Gallico *Sursemées*.

¶ **SUFRENTIA**, ut *Sufferentia* 3. Vide ibi.

¶ **SUFULA**, Calceus, Gallico *Soulier*. Charta ann. 1316. ex Schedis Præs. *de Mazaugues : Item.... convenerunt.... quod omnes sabbaterii accipiant de solando uno pari Sufularum... III. obolos.*

¶ **SUFULTRA**, ut supra *Suffuratura*. Statuta datiaria Riperiæ fol. 4 : *De qualibet fodra, seu mantello lardellorum, zibellinorum, foinorum, et aliarum Sufultrarum æquivalentium a sex ducatis supra, den. sex.*

¶ **SUFUSUM**. Vide supra *Suffusum*.

¶ **SUGA**, βδέλλα, in Gloss. Lat. Gr. Βδέλλα, *Suga, hirudo, sanguisuga*, in Gloss. Gr. Lat.

¶ **SUGGECTIO**, ut *Subjectio* 1. Vide in hac voce. Codex censualis MS. Irminonis Abbat. fol. 126. col. 2 : *Pertinet autem eadem terra per Suggectionem ad fiscum Spicarias.*

¶ **SUGGELLA**, ὑπώπιον. Suggellatio, ὑπωπιασμός. Gloss. Lat. Gr. Codex Sangerm. *Suggilla, Suggilatio* ; Regius : *Sugilla, sugillatio.* Vide *Suggillare*.

SUGGERA. Lex 3. Cod. Th. de Calcis coctor. (14, 6.) : *Hoc autem excepto a Tarracinensis præstationis Canone Suggera, quæ vetusto præberi Fari ac Portus usibus more consuevit.* Monstrum vocis, inquit Jacobus Gothofredus, cujus vide incertas admodum conjecturas.

¶ **SUGGERENDA**, Libellus supplex, Bollandistis. Victor Vitensis in Vita S. Eugenii tom. 3. Julii pag. 500 : *Si cor barbarum molliretur, Suggerenda daretur tali textu conscripta.* Vide *Suggestio*.

1. **SUGGERERE**, Fundere. Missale Francor. vetus pag. 398 : *Accipiat et orciolum ad Suggerendum vinum Eucharistiæ corporis Christi.* Ordo Romanus de Ordinatione Acolythi : *Dicente sibi Episcopo, Accipite urceolum ad Suggerendum vinum et aquam in Eucharistiam Corporis Christi.* Ita etiam legi in aliquot Codd. libri Sacramentorum monet Mainardus : ubi alii *ad fundendum* præferunt. Cui convenit illud Isidori Junioris ad Licitfredum vel Laudefredum : *Ipse Suggesta pro Eucharistia Subministrat.* Qua voce *vinum* et *aquam* ad Sacramentum designari ait etiam Spelmannus. [Vide *Suggestum*.]

* 2. **SUGGERERE**, Designare, nominare, in vet. Cerem. eccl. Carnot. : *Custos chori incipiat ad vesperas antiphonas et hymnum, ... Suggeret de O quis incipiet.*

SUGGESSIO, in veteribus Codicibus Conciliorum Gallicanorum legi monet Sirmondus ad Concil. Parisiense IV. pro *suggestio*. [Vide Baluzii Notas ad Capitul. col. 985.]

¶ 1. **SUGGESTIO**, Libellus supplex, *litteræ rogatoriæ*, relatio, consultatio ad Principem in Cod. Theod. lib. 8. tit. 1. leg. 9. et lib. 11. tit. 29. leg. ult. de relatione. Gloss. Lat. Gr. MSS. Sangerm. : *Suggestio*, ὑποβολή, ἡ πρὸς ἄρχοντα, ἡ βασιλέα γινομένη ἀναφορά, ἤτοι διδασκαλία. Charta 4. Append. ad Capitul. : *Dum a civitate et loco Episcopus fuerit defunctus, a populo civitatis eligitur alius, et fit a sacerdotibus, clero et populo decretum : et veniunt ad Archiepiscopum, adducentes secum et Suggestionem, hoc est, rogatorias litteras, ut eis Episcopus consecretur, quem secum deportati sunt.* Vide Baluzii Notas ad Capitul. col. 985 *Rogatoriæ litteræ*, et *Suggerenda*.

* 2. **SUGGESTIO**, Consilium. Epist. Conc. Mogunt. ann. 847. tom. 7. Collect. Histor. Franc. pag. 581 : *Ut per nullius Suggestiones iniquas vestram concessionem, quam in eleemosynam vestram Ecclesiis Christi contulistis, sinatis permutari.* Vide *Suggestor*.

* Suggestiones, Scripta quævis, argumenta. Epist. Nicolai I. PP. ann. 863. ibid. pag. 396 : *Ignorare autem fraternitatem vestram non patimur, animum nostrum non mediocriter læsum, eo quod secundum gestorum tenorem, et vestrarum Suggestionum,*

quas ad sedem Apostolicam direxistis, cognitionem, appellantem eumdem Rothadum Apostolicam sedem deposueritis.

¶ **SUGGESTOR**, Qui suggerit, impulsor. Oratio pro electione Abbatis in Constit. Hirsaug. S. Wilhelmi lib. 2. cap. 1 : *Esto, Domine, salus et Suggestor et effector judiciorum nostrorum.* Charta Philippi Pulchri Reg. Franc. ann. 1307. apud Menester. Hist. Lugdun. pag. 49. col. 2 : *Quod etiam tales consultores hoc faciebant ad turbandam pacem dictæ ecclesiæ, patriæ et regni, et quod tales Suggestores non erant fideles ipsi Archiepiscopo, Ecclesiæ suæ et regno, imo infideles erant censendi.*

¶ **SUGGESTUM.** Isidorus Junior in Epist. ad Laudefredum Episc. inter Conc. Hisp. tom. 2. pag. 554 : *Ad acolythum pertinet præparatio luminariorum in sacrario; ipse cereum portat, ipse Suggesta pro Eucharistiæ calice præparat.* Ubi nescio an intelligi debeat tabula seu mensa, in qua vasa altaris reponuntur, vulgo *Credence*; an *Suggerenda*, id est, infundenda in calicem, vinum scilicet et aqua. Vide *Suggerere*, 1.

¶ **SUGGESTUS.** *Suggesta urbs*, in qua sunt *Suggestus*, seu publicæ scholæ, ni fallor. Vita Hugolini JC. apud Ludewig. tom. 5. Reliq. MSS. pag. 283 : *Leges ibidem didicit et decreta moralesque disciplinas, cæterasque liberales doctrinas, et sic didicit, ut quocumque ad Suggestas studiorum urbes proficiscitur, ita ejus celebratur adventus, ut famam ingenii quam habet maximam, ipsiusque exspectationem præsentia superaret.*

SUGGILLARE, Suffocare, strangulare. Gloss. Gr. Lat. : Ἄγξις, *Suggillatio, suffocatio.* Glossæ Biblicæ MSS : *Suggillo, tractum est a gula, quasi suggullo : unde Suggillare proprie est strangulare.* Papias : *Strangulat, suffocat, gulam manu premit, Suggillat. Suggillare, gulam stringere, gulæ manum injicere.* Gregorius Turon. lib. 4. Hist. cap. 28 : *Ad extremum eam Suggillari jussit a puero, mortuamque reperit in strato.* Lib. 3. cap. 2 : *Cui dormienti orarium sub collo positum, ac sub mento ligatum, trahentibus ad se invicem duobus pueris, Suggillatus est.* Quidam Codd. habent *suffocatus est.* Utitur præterea lib. 7. cap. 7. lib. 9. cap. 34. lib. 10. cap. 8. Adde Gesta Regum Francorum cap. 28. [Vide *Suggella.*]

1. **SUGGILLATIO**, Exactio, *Malatolta.* Charta Sanctii Regis Navarræ æræ 1045. apud Sandovallium in Epicopis Pampilon. : *Villam de Pampilona ab omni prorsus servitio liberam, omnibusque modis ab omni Suggillatione regali ingenuam, etc.* [Vide *Sugilatio.*]

* 2. **SUGGILLATIO**, Infamia, dedecus. Epist. Hincm. Rem. ann. 875. tom. 7. Collect. Histor. Franc pag. 548 : *Quæ non pro infidelitate principum nostrorum ad Suggillationem eorum, sed pro periculo eorum cum dolore ac gemitu dicimus.*

SUGGREMIARE, *Sursum gremium faciendo pannos elevare, et succingere.* Ugutio.

¶ **SUGGRUNDIUM**, ut *Subgrundium.* Vide ibi.

¶ **SUGILATIO.** Charta Roberti Archiep. Rotomag. tom. 3. Hist. Harcur. pag. 30 : *Hanc autem Sugilationem, vel ut ita dicam, sigillationem singulis singulorum nominibus coepiscoporum subscribi decernimus.* Sic Chartam vocat Robertus qua ecclesiam ab exactionibus Episcopi et Archidiaconi immunem esse jubet. Vide *Suggillatio.*

SUGIUS. Vide *Canis segusius.*

¶ **SUGMA**, SUGMARIUS, pro *Sagma* et *Sagmarius.* Vide in *Sagma.*

SUGRUNDIA, SUGRUNDARIA. Gloss. Isid.: *Sugrundia, fundamenta. Sugrundaria, sepulchra.*

☞ Hæc emendat Grævius : neque enim *Sugrundia* sunt fundamenta, sed partes tecti prominentes. Vide *Subgrundium. Sugrundaria* vero sunt sepulcra infantum, ut post Fulgentium docet Papias : *Suggrundarium dicebatur sepulchrum infantium nondum 40. dies implentium, quod nondum bustum, vel tumulus poterat dici.* Vide Vossii Etymolog. in utramque vocem.

* **SUIANCIA**, Nostris alias *Suiance*, Præstationis species, quæ interdum pecunia redimebatur. Charta permut. inter Phil. Pulchr. et Hugon. de Bovilla ann. 1303. ex Lib. rub. Cam. Comput. Paris. fol. 223. v°. col. 2 : *Item census et sequentias seu Suiancias cum quinque bichetis avenæ.* Quæ vernacule sic leguntur ibid. fol. 227. r°. col. 1 : *Item les cens et les Suiances avecques cinq bichez d'avaine, viij. liv. iiij. solz.* Vide supra *Sequela* 7. et 11. et *Sequentia* 3.

¶ **SUJATARIUS**, Subditus, Gallice *Sujet.* Notitia judicati ann. 850. in Append. ad Marcam Hisp. col. 783 : *Quod pater meus quondam Stavilis de eremo traxisset Sujatarii Yspani.*

* **SUICHETUS** vel SINCHETUS, Monetæ species, f. pro *Sanchetus.* Charta Phil. V. ann. 1317. in Reg. 53. Chartoph. reg. ch. 259 : *Solvendo centum libras Turonensium seu Suichetorum anno quolibet, ab omni petta, talia seu tributo quictus esset.* Vide supra *Sancetti.*

¶ **SUICIDIUM.** Vide *Succidium.*

¶ **SUILLINUS**, Suillus, ad suem pertinens. Greg. Turon. lib. 10. Hist. cap. 24 : *Pice tergoribusque Suillinis immistis, suppositis ardentibus facibus, succendere* (basilicam) *visi sunt.*

¶ **SUILLUS**, Sus, porcus. Charta Rudesindi inter Conc. Hisp. tom. 3. pag. 181 : *Et per omnia loca quæ in hoc testamento resonant, greges ovium, caprarum et Suillorum, etc.*

SUITA. Vide *Secta* 3.

* **SUITA.** Vide supra in *Secta* 12.

¶ **SUITAS**, vox JC. frequentissima quæ *extraneitati* opponitur. *Heredes in jure alii Sui, alii extranei*, Johanni Raynaudo in Tractatu *Suitatis et extraneitatis.* Vide Lexic. Calvini et comment. Johannis *Schneidewin* in Institut. lib. 2. tit. 19. pag. 592. edit. Argent. ann. 1652.

* Adde ex animadv. D. *Falconet* : Angel. Perillius Perusinus JC. qui obiit anno 1446. scripsit librum de *Suitate* et alium de *Societate.* Pancirol.

¶ **SUITENSES.** Vide *Suetenses.*

* **SUIVISNUS**, Suillus, suinus. Libert. loci de Insula concessæ a Phil. Pulc. ann. 1309. ex Reg. 74. Chartoph. reg. ch. 365 : *Si quis carnes leprosas, Suivisnas, ovinas, caprinas vel hircinas.... in loco communi, ubi sanæ carnes vendi consueverunt, vendiderit, in quinque solidis Turon. puniatur.*

SULANDRIA, Navis species. Vide *Chelandium.*

* **SULATURA**, Fons, scaturigo. Charta Caroli IV. imper. ann. 1354. apud Ludewig. tom. 10. Reliq. MSS. pag. 179 : *Et ut simili modo possit extrahere seu extrahi facere de quolibet alio fluvio seu torrente, necnon de quolibet fonte, sortimine seu Sulatura vel sita infra scriptos confines, de nostra imperiali clemencia liberaliter dedimus.* Vide infra *Sursa.*

* **SULCANUS**, si nomen proprium non est, forsan pro Rusticus, agricola, a sulcis in agro ducendis, ut notant docti Editores ad Acta S. Sebaldi tom. 3. Aug. pag. 772. col. 1 : *Nam finita oratione, qua interim specificatus Sulcanus breve tempus æstimavit, etc.* Paulo ante *Villanus* dicitur.

SULCARE, Sulcos in pergameno ducere, *Regler le parchemin.* Chronicon Trudonense lib. 8. pag. 441 : *Graduale unum propria manu formavit, purgavit, punxit, Sulcavit, scripsit, illuminavit, musiceque notavit syllabatim, etc.* Vide *Punctare.*

¶ **SULCELLUS**, diminut. a Sulcus. Vita S. Trudperti tom. 3. April. n. 13 : *Messurus in gaudio, vallis seu Sulcellos in lacrymis seminabat.*

¶ **SULCEUS**, Certum pondus, ut videtur, in Charta Leduini Abbat. S. Vedasti Atrebat. ann. 1036. ex Tabul. ejusdem Monast. : *De pensa alarum, 2. den. Centum de alosis, 4. den. Sulceus balenæ, 1. den.*

SULCI CIRCA VILLAS, Superstionis species, in Indiculo Superstitionum et Paganiarum cap. 23. [Vide *Urbatus.*]

SULCIA. Capitulare de Villis cap. 34 : *Lardum, siccum, Sulcia, niusultus, vinum, acetum, etc.* [** Vide Graff. Thesaur. Ling. Franc. tom. 6. col. 220. voce *Sulza.*] Helmodus lib. 1. cap. 77 : *Item conqueruntur ii, qui sunt Luneburg, quod Sulcia nostra deteriorata sit propter Sulciam, quam cœpistis habere Thodeslo.* Ad marginem editor : *Salina Luneburgensis.* Ab eo hausit Hermannus *de Lerbeke* in Chronico Comitum Schawenburgensium pag. 18. Est ergo *sulcia* salina, et *sul* in laudato Capitulari : *Salts* Germanis dicitur. Vide *Sulsus* et *Sulzica.*

SULCITA. Albertinus Mussatus lib. 5. de Gestis Italicor. rubr. 2 : *Cum armorum virorumque Sulcitis, e Principatu galeis 40. e Provincia galeis 7. etc.* Legendum forte *scaritis.* Vide *Scara* 3.

¶ 1. **SULCUS**, Rivulus. Charta ann. 1399. apud Kennett. Antiq. Ambrosd. pag. 531 : *In fine inferiore ipsius meræ descendit quidam Sulcus fluens inter medium de Stanford-more,... et prædicta mera et Sulcus dividunt campos de Burncester, etc.*

* 2. **SULCUS**, Linea, quæ instar sulci ducitur. Vita S. Gobert. tom. 4. Aug. pag. 381. col. 2 : *Hæc, et alia multa opera exercuit Deus per manum servi sui Goberti; cujus vitam, si velimus in omnibus perscrutari, ante scribenti penna deficiet, quam Sulcorum finis hæreat, ante studenti deficerent tempora, quam Sulcis tota percurratur historia.*

¶ **SULDUNIS**, Exoldunum, Exoldunum, Gall. *Issoudun*, in Charta ann. 1028. apud Lobinell. tom. 2. Hist. Britan. col. 272 : *Præterea addidit super hac re Sancto-*

nas, Redonis, Suldunis suos monachos clamorem fecisse.

¶ **SULFREAL**, Homo ingenuus et liber, in leg. si mulier libera. de furtis, et leg. si quis liber de adulterio. [** Roth. 262. Liutpr. 140. (6, 87.) Vide *Fulfreal.*]

* **SULFURACHA** *vel* SUFURACHA, *a quibusdam vocatur dens equinus. Paulus cap. de Pleuresi : Vehementes vero dolores post evacuationem paragorisandum lanæ succidæ aut Sulfuracæ suppositione.* Glossar. medic. MS. Simon. Januens. ex Cod. reg. 6959.

¶ **SULFUTARE**, f. pro *Sulfurare*, Sulfure fumigare, ut color immutetur, Ital. *Solforare.* Statuta Cadubrii lib. 3. cap. 83 : *Et si totonderit, vel inciderit auriculas, vel caudam alicui prædictorum canum, aut eum Sulfutaverit, vel alium colorem sibi dederit, quominus cognoscatur, curiæ in centum solidos Papienses condemnetur.*

¶ **SULINGA**, ut *Swollynga.* Vide ibi.

* **SULIRE**, Furere. Glossar. vet. ex Cod. reg. 7641 : *Suliunt, furent iracundi.*

SULIVA, Trabs, tignum, nostris, *Solive* : ex Saxon. sul, vel syll, columna. Ernulfus Episcopus Roffensis de Ecclesia Roffensi : *Debet et* 3. *Sulivas, id est tres magnas trabes supponere.* Ibid. : *Sciendum est, quod omnes Sulivæ, quæ in ponte illo ponentur, tantæ grossitudinis debent esse, quæ bene possint sustinere omnia gravia pondera superjacentium plancarum, et omnium desuper transeuntium rerum.* Monet Spelmannus Saxonicum exemplar habere sylla, ubi Latinum habet *Sulivas.*

* **SULLAREUS**, perperam, ni fallor, pro *Stallareus*, Salictarius. Vide *Stalarea* et *Stalaria* 1. Charta ann. 1007. apud Murator. tom 4. Antiq. Ital. med. ævi col. 937 : *De sylvis castaneis juges tres : de sylvis Sullareis et roboreis, seu zerbis juges decem.*

¶ **SULLIMIS**, pro Sublimis, apud Gualterum Hemingford. de Gestis Edwardi I. Regis Angl. pag. 13. et alibi.

SULLYNGATA. Vide *Swollynga.*

* **SULPHUREITAS**, Vox chimica. Arnaldus in Rosar. MS. lib. 1. cap. 3 : *Sulphureitas adustibilis cum calcinatione ignis deletur a corporibus; Sulphureitas vero radicalis minime.*

SULPHURIUM, Θέιωσις, *Sulpurium*, Θειάφιον, in Gl. Gr. Lat. MS. In edito est *Sulphurium.*

¶ **SULPHURIVOMUS**, Qui Sulphur evomit, in Miracul. S. Servatii tom. 3. Maii pag. 225.

¶ **SULPOR** VIVUM, θεῖον ἄπυρον, in Gloss. Lat. Gr. Leg. *Sulfor*, vel *Sulfur.*

¶ **SULPURIUM.** Vide *Sulphurium.*

SULSUS. Michael Scotus de Physionomia cap. 12 : *Et hic similiter acetum nocet et Sulsus, id est, nervi pedum boum, et lac et cucumer, etc.* Vide *Sulcia.*

* **SULTA**, Item quod supra *Solta* 2. ut videtur. Charta ann. 1249. apud Schwart. in Hist. fin. principat. Rugiæ pag. 222 : *Propter quod et fratres prædicti monasterii in Sulta eorum, censum de tribus acris, quas eligimus, tantum ad vitam nostram nobis concesserunt, ita tamen ut si aciæ ipsæ, quas elegerimus, in tantum deteriorarentur, ut censum solvere non possint, etc. Hoc quoque inter cætera cautum est ut, si Sulta nostra juxta Cristow infra terminos eorum venerit, nobis et hæredibus nostris libera remanebit.*

SULTANUS, SOLDANUS, apud Turcos est supremus Princeps : unde Nicephorus Briennius lib. 1. n. 9. et ex eo Scylitzes, ut et Leunclavius in Pandecte Turcico n. 235. et Vaterius in Præfat. ad El-Macinum, vocem Turcicam esse opinati sunt, significareque aiunt, παντοκράτορα, καὶ βασιλέα βασιλέων, et hunc titulum primum sibi arrogasse Tangrolipecem, post fugatos Saracenos, eorumque Principem Masgudum ann. 1055. At longe ante hæc tempora Sultanorum mentio fit, nempe sub Basilio Porphyrogenito, apud Constantin. lib. 2. de Themat. cap. 11. Scylitzem et Zonaram. Quin et vocem esse Persicam probat vetus numisma Chosrois, Cabadæ filii, Regis Persarum, a Santamantio et a nobis in Dissertat. 16. ad Joinvillam descriptum, in quo *Assoltan* inscribitur, id est, *Rex Regum;* quem titulum sibi arrogat in Epist. ad Justinianum Imper. apud Menandrum Protectorem Ecl. 1. ut et alter Chosroës apud Theophylactum Simocattam lib. 4. cap. 8. lib. 5. cap. 13. Aythonus cap. 25 : *Agareni Imperatorem sibi elegerunt quemdam de progenie Mahometi, ipsum vocaverunt Caliph, et ordinaverunt, quod sedem haberet in Baldach opulentissima civitate : in quolibet vero aliorum regnorum, quæ subjugaverunt Agareni, constituerant unum dominum, quem vocaverunt Soldan.* Auctor Historiæ Hierosol. : *Sicut Principes vestri, vel Imperatores dicuntur, vel Reges; sic apud illos qui præeminent, Soldani, quasi soli dominantes vocantur.* Ita apud Ordericum lib. 11. pag. 828 : *Soldanus dicitur quasi solus dominus, quia cunctis præest Orientis Principibus.* Sed de Sultanis plura congessimus ad Joinvillam, quo lectorem remittimus.

¶ SODANNUS, apud Jac. de Vitriaco lib. 3. Histor. Orient. tom. 3. Anecd. Marten. pag. 274 : *Est autem in medio Nili ante Damiatam firmissima turris erecta, a cujus pede duæ maximæ catenæ ferri usque ad muros civitatis contra turrim Sodanni protenduntur, ne pateat navigio intrantibus vel egredientibus Ægyptum, nisi de licentia Sodanni.*

SOLDANUS, Moneta Sultanorum. Willelmus de Nangiaco in S. Lud. Vita ann. 1249 : *Promisit quod viginti duo millia Soldanorum Soldano daret.* Occurrit hac notione apud Vincent. Bellovac. lib. 31. cap. 140. 143. 144. 150. lib. 32. cap. 54. [et in Chr. Corn. *Zantfliet* apud Marten. tom. 5. Ampl. Collect. col. 77.]

SOLDANATUS, Soldani dignitas, apud Will. Tyrium lib. 4. cap. 11. lib. 18. cap. 9.

SOLDANARIA, Eadem notione. Chronicon Nangii ann. 1290 : *Filium suum... fecit loco sui principatus Soldanariæ gubernaculo sublimari.*

¶ SOLDANIA, Eodem significatu. Jac. Auriæ Annal. Genuens. ad ann. 1289. apud Murator. tom. 6. col. 597 : *Alfis Soldanus Ægypti a suis plus amicissimis et privatis tossicatus fuit, et obiit. Et filius ejus in Soldania et dominio Ægypti successit.*

SOLDANUS CURIÆ ROMANÆ, [Præfectus palatii, Magistratus cui carcerum custodia commissa, meretricum et quarumdam rerum criminalium judex.] Ceremoniale Romanum lib. 1. sect. 3 : *Circa Pontificem aliquando ante, aliquando post, equitabit Marescallus, sive Soldanus curiæ, cum duobus sacculis pecuniarum ante sellam, et projiciet super populum ad pressuram dimovendam.* Vide sect. 5. Promotiones Concilii Pisani : *Si præsentare se, aut ad Monasteria reverti contempserint : de mandato prædictorum superiorum suorum per Soldanum carceri mancipentur.* Ita habent omnes editiones. Vide Octavium Vestrium lib. 2. de Judic. Aulæ Romanæ cap. cujus titulus est: *De judice Marescalli urbis, quem hodie Turris novæ Judicem vocamus.*

¶ SOLDANUS, Idem qui *Syndicus.* Vide ibi.

¶ **SULTOR**, *Cultor.* Glossæ Isidori.

¶ **SULZA**, *Murium.* Gloss. Mons. pag. 400.

¶ **SULZCER**, *Eminulus*, Kero : apparitoribus junguntur in Statutis Augustinis, ex Schiltero in Gl. Teuton.

SULZICA, apud Papiam, vel ut codex MS. præfert, *Sulzita*, inter vasa escaria recensetur, in v. *Vasa.* Alibi : *Salzica, a salibus dicta, quasi salzica, i. salinum.*

¶ **SUMA**, ut *Sagma.* Vide in hac voce.

¶ **SUMACH**, Arbusculæ species, apud Bern. *de Breydenbach* in Itin. Jerosol. et in Statutis Astens. ubi de *Intratis* portarum.

¶ **SUMAG.** Vide supra in *Carno.*

¶ **SUMAGIUM.** Vide in *Sagma.*

¶ **SUMANE**, Somona, Gall. *la Somme.* Charta Henrici V. Reg. Angl. ann. 1413. apud Rymer. tom. 9. pag. 58 : *In et per totam patriam et marchias Picardiæ, a fluvio Sumane usque ad mare protensas.*

¶ **SUMBERINUS**, SUMBRINUS, Mensuræ species. Consuet. Eccl. Colon. MSS : *Quatuor qui vocantur nuncii, quorum quilibet recipit tres Sumberinos avenæ... Sumberinus albæ pysæ, etc.* Charta Friderici Rom. Reg. ann. 1152. ex Tabul. S. Remigii Rem. : *Duodecim avenæ maldra duobus Sumbrinis minus.* Annal. Novesiens. apud Marten. tom. 4. Ampl. Collect. col. 625 : *Anno 1485. maxima caritas salis erat Coloniæ aliisque in civitatibus et regionibus. Senatus Coloniensis apertis nonnullis turribus sal civibus divendit, Sumbrinum, ut vocant, pro 12. alb.*

* Germ. *Simmer*, nostris *Sombrin.* Vide *Simmera.* Gloss. Cæs. Heisterbac. in Reg. Prum. tom. 1. Hist. Trevir. Joan. Nic. ab *Hontheim* pag. 685. col. 1 : *Solvit etiam Sumbrinum avenæ et pullum.* Charta Joan. ducis Lothar. ann. 1283. in Supplem. ad Miræum pag. 139. col. 1 : *Trois muis d'avaine à la mesure de Liege et neuf Sombrins de regon, que ils nous paient chacun an pour cens, pour pieches, pour tailles de terre.* Vide supra *Sombrum* 1. et infra *Summerinus.* [** Graff. Thesaur. Ling. Franc. tom. 6. col. 224. voce *Sumbir.*]

¶ **SUMELARIUS** COQUINÆ. Vide in *Sagma.*

* **SUMELLA**, Calcei solea, Gall. *Semelle.* Charta ann. 1245. in Chartul. Cluniac. : *Ministret omnibus monachis vestimenta,.... caligas unas et duo paria calciorum, unum*

par sotularium cum *Sumellis*. Vide supra *Sumellator*.

* *Sumial* vero, si tamen bene lego, est Mensura vinaria, in Libert. *d'Aigue-perse* ann. 1374. ex Reg. 198. Chartoph. reg. ch. 360 : *Les mesures de vin, c'est assavoir le Sumial et les autres petites mesures du vin à vendre à détail, etc* Vide supra *Simasia*.

¶ **SUMERIUS**, Jumentum Sarcinale. Vide *Sagma*.

¶ **SUMILUS**. Litteræ ann. 1358. tom. 4. Ordinat. Reg. Franc. pag. 189 : *Quod dicta pecunia non* (cum) *fuerit levata seu exacta, apportetur per Sumilas communitates cujuslibet Senescalliæ*. Mendum esse pro *Singulas*. vidit Cl. Editor.

¶ **SUMINATA**, Scrofa. Lampridius in Alex. Severo cap. 22 : *Jussit ne quis Suminatam occideret*. Adjective usurpatur apud Arnobium lib. 2. *Suminata caro*, id est, suilla.

** **SUMINUS**, ut *Sumberinus*. Charta ann. 1270. apud Guden. Cod. Diplom. tom. 3. pag. 685 : *Seminacionem duorum Suminorum lini*.

¶ **SUMIS**, in Pacto Leg. salicæ edit. Eccardi tit. 1. § 1. pro *Sunnis*. Vide in hac voce.

¶ **SUMITAS**, pro *Summitas*, Gall. *Sommet*, in Statutis criminal. Saonæ cap. 42. fol. 93.

¶ **SUMITTANTES** Personæ, pro Submissæ, ni fallor, delegatæ. Charta Henrici I. Imp. ann. 1014. apud Murator. delle Antic. Estensi pag. 112 : *Ut si unquam in tempore ipsi suorumque heredes ac proeredes, aut eorum Sumittantes personas adversus eandem Eufraxia abbatissa, etc. Sumissa persona*, in Charta ann. 1001. ibid. pag. 116. *Submittentes personæ*, ibid. pag. 132. ex Charta Ottonis III. Imp. ann. 998.

* **SUMLUI**, Vox doctis Editoribus plane ignota, nisi forsan sit nomen loci. Vita S. Steph. reg. Hungar. tom. 1 : *Cum ergo pro elevando corpore frustra conarentur, quædam inclusa juxta ecclesiam sancti Salvatoris Sumlui, nomine Charitas, etc.*

1. **SUMMA**, Sors pecuniæ creditæ. *Summa crediti*, in leg. 1. Cod. Th. de Usuris (4, 10.). *Capitis summa*, apud Paulum in Collect. Sentent. [Adde Ordin. Humberti II. ann. 1340. tom. 2. Hist. Dalph. pag. 407. et Lexic. Calvini.]

¶ 2. **SUMMA**, Summarium, breviarum, Gallice *Somme*. Testam. Henrici Archiep. Ebredun. Cardin. Ostiens. ann. 1271. inter Instr. tom. 3. Gall. Christ. novæ edit. col. 180 : *Summam meam ligatam lego vicecancellariæ Romanæ, et aliam solutam Studio Parisiensi*. Vita Alexandri III. PP. apud Murator. tom. 3. pag 447 : *Et cum fecisset sibi conscribi Evangelia et aliquos libros Bibliæ in vulgari et nonnullas auctoritates Sanctorum quas Summas appellavit, etc.* Inter ejusmodi opera celebris est *Summa sancti Thomæ Aquinatis*, in rebus Theologicis; *Placentini, Azonis, Aurea* nuncupata *Summa Hostiensis*, in utroque jure; *Angeli de Clarassio*, quæ *Angelica* dicitur, in rebus ad conscientiam seu mores pertinentibus; et aliæ quas hic appellare superfluum est. Vide *Summistæ*. [** Savin. Histor. Jur. Roman. med. temp. tom. 2. cap. 8. § 20. et tom. 3. cap. 24. § 209.]

¶ Summa, Epitome, synopsis, compendium, Gall. *Sommaire*. *Libros quoque plurimos inter quos præcipuum librum Decretorium cum Summis ejus a Magistris compositis scribere fecit* Gofridus Comes, apud Acher. tom. 5. Spicil. pag. 529. in Chron. Casaur.

* Inter varios hujus nomenclaturæ libros celeberima est *Summa artis notariæ*, quam Rolandino Passagerii civi Bononiensi tribuendam esse, non Patavino, ut Cangius censuit, probat Murator. tom. 1. Antiq. Ital. med. ævi col. 667. Idem tom. 3. col. 930. meminit cujusdam operis Medico-chirurgici ann. 1275. cui titulus : *Summa conservationis et curationis, quæ Gulielmina dicitur. Summa Bernardina* memoratur in Instr. ann. 1392. inter Probat. tom. 3. Hist. Nem. pag. 165. col. 1. Obituar. eccl. Lingon. ex Cod. reg. 5191. fol. 56. v° : *Qui Symon de Bosancuria dedit ecclesiæ Lingonensi libros juris civilis et canonici, videlicet...... Sommam Monardi, Sommam Joffredi*. Charta ann. 1348. in Lib. annivers. S. Germ. Prat fol. 51. r° : *Comme..... frere Guillaume de Paris, à présent prieur de nostres église, de sa bonne pourvéance et du bien de lui, nous ait loiaument acheté et acquis un livre ou volume, appellé Somme des confesseurs, en deux volumes, translaté de Latin en François par maistre Gieffroy des Néefs, etc.*

* Summa, Deliberatio summatim redacta. Stat. Universit. Aurel. ann. 1341. ex Cod. reg. 4223. A fol. 60. v° : *Item quod litteras seu Summas facultatum prædictarum per se ipsius non emet, nec retinebit* (librarius).

¶ 3. **SUMMA** Montis, Vertex, Gallice *Sommet*. Chronic. Farf. apud Murator. tom. 2. part. 2. col. 539 : *Et pro solidis* L. *concessit in Bucciniano cum ecclesia sancti Andreæ, Summam montis S. Cosmæ*. Vide *Summum*.

¶ 4. **SUMMA**, Summagium, Onus. Vide *Sagma*.

1. **SUMMARE**, Submonere, adhortari, ex Gall. *Sommer*. Gerardus Machetus Episcopus Castrensis Epist. 352 : *Monui patrem ipsius Summando et recommendando, ut filium suum hortaretur intrare collegium*. [Conc. Narbon. ann. 1430. apud Marten. tom. 4. Anecd. col. 358 : *Requirimus, et rogamus, et exhortamur, et Summamus ut prædictos abusus superius declaratos reformare.... velitis*. Occurrit præterea apud eumd. tom. 7. Ampl. Collect. col. 617. tom. 3. Hist. Harcur. pag. 755. tom. 3. Hist. Paris. Lobinelli pag. 107. etc.]

¶ Summatio, Submonitio, admonitio, denuntiatio, Gall. *Sommation*. Regest. Magn. Dierum Trecens. fol. 90. v° : *Nec poterat quin eidem nobili fieret præjudicium sine sufficienti Summatione, gentes, seu suam justitiam capere, nec etiam impedire. Per litteras Summationis aut requisitionis*, in Charta ann. 1546. apud Rymer. tom. 15. pag. 95.

¶ 2. **SUMMARE**, Pecuniæ summas exigere, Gall. dicimus *Lever des sommes d'argent*. Berntenius in Chron. Marienrod. apud Leibnit. tom. 2. Script. Brunsvic. pag. 444 : *Fuit quippe* (Hermannus Abbas) *homo agricola ac multa sevit et messuit, multaque pecora nutrivit, unde pecuniam copiosam multoties Summavit*. Germani dicunt *Summiren*.

¶ 3. **SUMMARE**, *Summa rerum capita annotare, summatim dicere*, in Gemma. Conc. Pisan. ann. 1409. apud Marten. tom. 7. Ampl. Collect. col. 1095 : *Fuit Summatum et in brevi recitatus effectus singulorum articulorum contra duos contendentes productorum*. Bulla Alexandri VI. PP. tom. 1. Bull. pag. 351 : *Cum itaque officium recipiendi, videndi, Summandi, et referendi litteras apostolicas, etc.* Hinc

¶ Summator, Qui in epistolis observat præcipua capita, eaque Papæ suggerit, ibidem : *Officium Summatoris literarum per Cameram prædictam expediendarum hujusmodi, ad instar aliorum dictæ curiæ officiorum perpetuorum, auctoritate Apostolica, tenore præsentium erigimus et instituimus*.

¶ 4. **SUMMARE**, Onerare. Vide in *Sagma*.

* 5. **SUMMARE**, Summam conflare, colligere, Gall. *Sommer*. Stat. colleg. mag. Gervasii cap. 9. ex Cod. reg. 4354. A. fol. 26. r° : *Officium autem dispensatoris...... de misiis et receptis cum eodem clerico scribere, computare et Summare*. Lit. remiss. ann. 1407. in Reg. 161. Chartoph. reg. ch. 285 : *Deux petits getoiers à compter et Sommer, etc.* Vide supra *Assummare*.

¶ **SUMMARIE**, Summatim, in Correct. Statut. Cadubrii cap. 134.

* *Parensonmet* vero, quasi *Par-en-somme*, pro Insuper, Gall. *En outre, par-dessus*, in Testam. ann. 1382. apud Menag. inter Probat. Hist. Sabol. pag. 392 : *Ge vuil, commande et ordenne que en outre et Parensonmet tout ce que j'ay divisé dessus et déclairé, cent messes soient dittes, etc.*

¶ **SUMMARIETAS**, Brevitas. Bulla Clementis VII. PP. tom. 2. Bullar. pag. 496 : *Commissarius mittendus, Episcopus vel vicarius... rationem administrationis hujusmodi, cum omni Summarietate, integritate et severitate audiant. Justice Sommiere*, apud Lobinell. tom. 2. Hist. Britan. col. 584.

SUMMARII, Qui faciendæ rationis summarum quarumque periti sunt. Jul. Antecessor Constit. 58 : *Æstimationem autem definire constitutio jubet non solum ab ipsis hortulanis, sed etiam ab his, quos Summarios consuetudo appellat*. Vide Novell. 30. et 44. et ibi Cujacium.

¶ 1. **SUMMARIUM**, Summarius, Summata, Summatarius. Vide supra in *Sagma*.

* 2. **SUMMARIUM**, a Gallico *Sommier*, Tignum minus. Comput. ann. 1486. ex Tabul. S. Petri Insul. : *Item sectoribus pro sectione unius Summarii in quatuor partes ad serviendum summitati sive tecto capellæ S. Katerinæ, xx. solidos*. Vide *Sommerium*.

SUMMATES *Classis Alexandrinæ*, Præfecti, in leg. 32. Cod. Th. de Navicular. (13, 5.)

¶ **SUMMATICA**, Census Episcopo pendi solitus a Clericis ipsi subditis; unde fortean *Summatica* dictus. Vide *Synodus*. Charta ann. 1074. tom. 2. Hist. Eccl. Meld. pag. 9 : *Ita ut... ad synodum quotannis veniat, et Summaticam ceterorum more persolvat*. Charta Manassis Archiep. Rem. ann. 1076 : *Dedi et subjeci cœnobio S. Basoli altaria duo*

Atteiæ videlicet et Caprissæ, ut ea fratres perpetuo sine personatu teneant, tantum Summaticas persolvant.

¶ **SUMMATICUM.** Vide in *Sagma.*

¶ **SUMMATIM,** Statim. Charta ann. 1243. ex Bibliot. Reg. : *Quandocumque vero dictum nemus vendi contigerit dictum monasterium totam pecuniam sine contradictione percipiet et Summatim.*

¶ **SUMMATIO.** Vide in *Summare* 1.

SUMMATITÆ, ex Gr. συμμαθηταί, condiscipuli, apud Ordericum Vitalem in Præfat. Glossæ MSS. : *Simatides, condiscipulus.*

¶ **SUMMATOR.** Vide in *Summare* 3.

¶ **SUMMATUS,** Summa, rei caput. Gesta Tancredi apud Marten. tom. 3. Anecd. col. 175 : *Hæc Boamundus et cum eo qui Summatum subtilius discernebant Normannus et Flandrensis Comites.*

¶ **SUMMEARE,** Carro vehere, onerare. Vide in *Sagma.* Chartul. SS. Trinit. Cadom. fol. 48. v° : *Debet... super hæc... Summeare quaque hebdomada et facere braisium.*

¶ **SUMMEIOLUS,** ἐνουρητής, in Gloss. Lat. Gr. Sangerm. MSS.

¶ **SUMMENTUM,** ἀνθερεών, in Gloss. Lat. Gr. Aliæ Gr. Lat. : Ἀνθερεών, *mentum, Submentum, Summentum.*

* **SUMMERE,** *Implere, bibere.* Glossar. vet. ex Cod. reg. 7641.

* **SUMMERINUS,** Idem quod supra *Sumberinus.* Charta ann. 1389. tom. 2. Hist. Trevir. Joan. Nic. ab *Hontheim* pag. 895 : *In siligine lxxxvj. maldra, septem cum dimidio Summerinis,.... in avena ccxliv. maldra unum Summerinum.* Hist. Ratispon. ad ann. 1492. apud Oefelium tom. 2. Script. rer. Boicar. pag. 519. col. 2 : *Eodem anno magna fuit caritas in partibus Alemanniæ et præsertim in Bavaria. Vendebatur enim unum Summer tritici pro medio floreno.* [** *Sumerinus*, in charta ann. 1259. apud Guden. Cod. Diplom. tom. 3. pag. 684.]

¶ **SUMMERIUS.** Vide in *Sagma.*

¶ **SUMMIPOTENS,** Omnipotens, in Charta dotalitii ann. circiter 1000. apud Marten. part. 2. Collect. novæ vett. Script. pag. 12 : *Ego Sulpitius in nomine Summipotentis Dei, ipsiusque gratia, voluntate, et permissione ipsius omnipotentis Dei, etc.*

¶ **SUMMISSARII,** Presbyteri in Ecclesia Argentinensi inferioris ordinis, quibus ex officio competit majus sacrum seu *Summam Missam*, ut vocant, celebrare; unde vocis origo : id quippe inter cœtera officia præcipuum est, etsi alia ipsis committantur, ut ex subjiciendis videre est. Ordinar. Eccl. Argent. apud Martenium de Divin. Offic. pag. 209 : *Quo finito, cantor vadat ad cameram exuendo se, quia in reliquo officio Summissarius potest supplere vices ejus.* Ibid. pag. 449. ex eodem Ordin. : *Postea legantur lectiones a Summissariis, a majore incipientes, etc.* Statuta ejusd. Eccl. Argent. ann. 1400. ibid. pag. 615 : *Item, quod Summissarii chori ecclesiæ prædictæ intitulati ad Missas ipsorum, debitis temporibus in choro pro horis canonicis et divinis officiis incipiendis et finiendis... repræsentent se.* Denique pag. 617 : *Item, tam majores quam minores levitæ chori sæpedicti Summissarios et annimissarios descendendo de camera, et ascendendo eamdem, ante et post Missam eorumdem præcedant et associent,... quodque majores levitæ prædicti sequantur et associent Summissarium, post Missam usque ad gradus dormitorii.* Protestatio Canonicorum Eccl. S. Thomæ, S. Petri Junioris et S. Petri Senioris ann. 1525. apud Lud. *La Guille* inter Instr. Hist. Alsat. pag. 111 : *Theobaldus Balthener, Jacobus Sculteti Summissarii, etc.*

* Vel quod iis solis liceret in *summo* sive majori altari sacram liturgiam peragere, ut discimus ex Statutis MSS. eccl. S. Thomæ ejusdem urbis fol. 22 : *Cum præter Summissarium in ecclesia nostra in summo altari ad officium chori nulli celebrare licet, etc.* Cum autem sex tantum essent *Summissarii* in ea ecclesia ipsisque hoc officium nimis grave visum fuisset, instituti sunt in eorum subsidium *Vicarii summissarii*, quos *Assiduos* vocarunt, quique interdum in laudatis Statutis *Semisummissarii* nuncupantur, quod dimidia tantum parte redituum, quos *Summissarii* percipiebant, fruerentur. Nolim tamen præstare vocis hujus originem aut a *Summa missa* aut a *Summo altari* esse deducendam ; sic quippe forsan appellati sunt, quod canonicis *submissi* et eorum vicarii proprie essent. Vide *Summissus.*

¶ **SUMMISSUS,** Summittens, pro Submissus et Submittens, in Charta ann. 1176. inter Probat. Hist. famil. *de Gondi* tom. 1. pag. 54.

SUMMISTA, συμμύστης, apud Ordericum Vitalem lib. 1. pag. 330. 333. Vide Hieronym. in Ruffin. lib. 3. cap. 9. Epist. 13. sub fin. et Epist. 25. cap. 2. [** *Intimus Summista regius*, in Translat. S. Hymerii apud Pertz. Scriptor. tom. 3. pag. 266. not. 23.]

SUMMISTÆ. Cæsar Egassius Bulæus in Hist. Academiæ Paris. ad ann. 1120. scribit, Hugonem de S. Victore librum edidisse, quem *Summam Sententiarum* appellavit, hincque *Summas et summarum Theologicarum libros* dici et appellari cœptos, eique *Summistas Theologos* suam originem et appellationem debere. [Vide *Summa* 2.]

* 1. **SUMMITAS,** Culmen, fastigium, Gall. *Comble, faîte.* Locus est supra in *Summarium* 2. Vide ibi.

* 3. **SUMMITAS,** Immoderatio, Gall. *Excès.* Annal. Placent. ad ann. 1470. apud Murator. tom. 20. Script. Ital. col. 927 : *Fœnum eo anno fuit in Summitate pretii, ita ut plaustrum ascenderit ad libras sexdecim denariorum.* Galli diceremus, *à un si haut prix.*

SUMMITTERE, pro *Submittere*, apud Baldricum Noviom. lib. 1. cap. 33.

¶ **SUMMIVIRGIUS,** ἀρχιραβδοῦχος, in Gloss. Lat. Gr. MSS. Sangerm. in editis, *Summus lictor.* Vide *Virgarius.*

¶ **SUMMONERE,** Summonitio, Summonitor, Summosa. Vide in *Submonere.*

¶ **SUMMOSANCTUS,** pro Sanctissimus, crebro occurrit in Tabul. Vierzonensi.

* **SUMMOTIO**, pro *Summonitio*, Citatio, vocatio. Charta Henr. comit. Trec. ann. 1179. inter Inst. tom. 12. Gall. Christ. col. 56 : *Liberos et emancipatos esse concessi a custodia carceris et ab exercitus Summotione.* Infra : *Submotio.* Vide in *Submonere.*

¶ **SUMMULA,** dimin. a *Summa*, compendium. Vide infra *Summulistæ.*

* **SUMMULAGIUM.** Vide supra *Somelagium* in *Sagma.*

* **SUMMULARIUS.** Vide supra *Somarii* in *Sagma.*

¶ **SUMMULISTÆ,** Scholares, quibus *Summulæ* seu compendia philosophica traduntur. Statuta Collegii S. Bernardi Paris. ann. 1493. apud Lobinell. tom. 3. Hist. Paris. pag. 174 : *Scholaribus minoribus, videlicet Summulistis, Logicis, Philosophis deputentur de sufficientioribus collegii, qui certis horis et locis per provisorem deputandis, eosdem secundum librorum et lectionum facultatem repetent, interrogent et ædificent. ... Nulli Summulas audire permittatur nisi qui in grammaticalibus sufficienter fundatus et habituatus per eos fuerit judicatus.*

¶ **SUMMUM,** Castrum, quia sæpius in *Summo* seu vertice montis constructum. Rolandini Pataviens. Chron. apud Murator. tom. 8. col. 324 : *Capitaneus ille qui pretio numerario Summum seu castrum Montissilicis reddiderat Marchioni, etc.*

¶ **SUMMUS,** Superior, Prælatus. Statuta Canon. Regul. apud R. Duellium tom. 1. Miscell. pag. 88. ubi de processionibus :

Summus solus eat retro, reliquos quasi minet.

Infra pag. 93 :

. . . . ni solus Summus qui cætera præbet.

[** *Summus pontifex*, pro Archiepiscopo, in Vita S. Bonifac. cap. 1. num. 3.] Ita *Souverain*, pro Judex superior, occurrit in Edicto Caroli V. Reg. Franc. ann. 1367. tom. 5. Ordinat. pag. 71 : *Voulons et ordenons, que se... le Bailli ou autre leur Souverain, treuve que il les aient fait appeller à tort, il facent rendre les despens à la partie travaillée oultre raison.*

¶ Summi Hominum, Qui aliis præsunt, Summates. Henr. Huntindon. in Epist. ann. 1153. apud Acher. tom. 8. Spicil. pag. 187 : *Quinto tractabitur de Summis hominum, qui sic sunt in rebus humanis ut generalissima in prædicamentis.*

SUMNIS. Vide *Sunnis.*

SUMPNIATA. Vide *Soniare.*

¶ **SUMPTARE,** Scripto excipere. Acta B. Guillelmi Eremit. tom. 1. April. pag. 393 : *Et ego Vincentius Coxia... notarius... præmissis omnibus et singulis, dum sic, ut præmittitur, agerentur et fierent, interfui, et ea rogatus Sumptavi.* Vide *Sumptum.*

¶ **SUMPTICULUS,** Sumtus modicus, exiguus. S. August. de Morib. Clericor. apud Acher. tom. 6. Spicil. pag. 11 : *Sed quod verum hoc est, usque ad hoc tempus curam pro illis ita gerebat, ut Sumpticulos, quibus sustentabantur, apud se haberet, et ipse, ut videbatur, impenderet.*

* **SUMPTICUS.** Morbus Sumpticus, pro Sonticus, Gall. *Epilepsie.* Constit. W. episc. Tornac. ann. 1254. inter Stat. ejusd. eccl. pag. cviij : *Hanc tunc gratiam infirmis facimus, ut eis liceat beneficia per socios suos facere deserviri, quamdiu infirmi fuerint, dummodo Sumptico morbo sive ægritudine chronica non inveniantur laborare.*

SUMPTOR. Synodus Sodorensis in Mannia, ann. 1229 : *Sumptor de jure antiquo, et statutis veteribus, ab omnibus Iconomis garbam de trium ligarum longitudine, scilicet frumenti, ordei, et avenæ annuatim per-*

cipere debet, et ad omnem caseorum decimationem et collectionem unum agnum electum habere debet, etc. Neque proclivius est dicere, qui dicantur

Sumptores, in Vita S. Fructuosi n. 2 : Provenit, ut quodam die possessionem Ecclesiæ ingressi, ipsius præeuntes puericelluli, cum ei ad manendum hospitium præparassent, quidam de Sumptoribus Scholæ ipsius adveniens interrogavit, dicens : Quis hoc occupavit habitaculum? Ubi viri docti, nescio an vere, Sumptores esse arbitrantur, quos Pensionarios dicimus. [Vide Sumptare et Sumptum.]

SUMPTORIUM. Flodoardus lib. 3. Hist. Remensis cap. 5 : *Calicem majorem cum patena, Sumptorioque fecit ex auro lapidumque pretiosorum illustravit nitore : qui calix postea pro redemptione ac salute patriæ Normannis datus est, patena adhuc reservatur ibidem.* Ubi Colvenerius *Sumptorium* interpretatur *cochlear, ut Gallice vertitur, quo nimirum utimur in Calice sacro.* Atqui Græci quidem cochleari sanguinem Christi hauriebant : Latini vero *fistula*. Ita *Sumptorium* pro fistula hic sumi potest, tametsi cochlearia inter ministeria sacra vulgo etiam reponuntur.

* **SUMPTUARE**, Cibum præbere. Mirac. S. Audoeni tom. 4. Aug. pag. 833. col 1 : *Quartana solummodo die, duro et parco victu Sumptuatus, durum captivitatis exsilium deplorabat.* Vide *Sumptuaria*.

¶ **SUMPTUARIA**, Cibaria. Translat. S. Venantii tom. 1. April. pag. 7 : *Et quia per ostium introivit, disposita intus fideliter domo, et Sumptuariis familiæ consignatis, per ostium exivit, dum pro eadem* (ecclesia) *animam posuit.* Vide *Sumptus* 1.

SUMPTUARIUS, *Qui erogat sumptus.* Glossæ Antiquæ MSS. et Papias. Vide Inscript. vett. 331. 2. 333. 5.

¶ **SUMPTUM**, Exemplum, descriptio, Gallis *Copie* : hinc fortassis *Sumptor* et *Sumptores*, de quibus supra, Librarii, exscriptores, Gall. *Copistes*. Rollandinus in Summa Notarii : *Exemplum, quod etiam vocatur Intextum, vel Sumptum, est scriptura exemplata generata, vel sumpta ex priori sive originali scriptura.* Charta ann. 1305. apud Rymer. tom. 2. pag. 959 : *Prædictum transcriptum, exemplum, seu Sumptum per me a suo originali transumptum.* Ibid. : *Prædictum exemplum seu Sumptum cum suo originali reperi concordare.* Charta apud Lobinell. tom. 2. Hist. Britan. pag. 56 : *Nunc quære tuum Sumptum, et fac quod tua hæreditas sit secundum legem et veritatem et rationem.... Tunc respondit Ratfred se ibi non habere Sumptum, quia non erant ibi sui pagenses. Deinde Salomon dixit : do tibi spatium x. dierum ut congreges tuum Sumptum et tuos testes in aulam Penhart. Tunc confessus est Ratfred se non habere testes vel Sumptum, unde posset facere quod haberet hæreditatem in Bain.* Vide supra *Sumptare*.

¶ 1. **SUMPTUOSITAS**, Luxus, Sumptuosa magnificentia. Sidon. lib. 9. Epist. 6 : *Ut primum intelligere cœpit et retractare, quantum de bonusculis avitis paternisque Sumptuositas domesticæ charybdis abligurisset, etc.*

* 2. **SUMPTUOSITAS**, Sumptus. Lit. ann. 1355. tom. 5. Ordinat. reg. Franc. pag. 457 : *Quæ omnia, tam propter nimiam Sumptuositatem, quam propter plurimos habitatores dictæ villæ, qui ad præmissa contribuere recusarunt et recusant indebite, perficere nequirent.* A Latino *Sumptuosus*, vulgo *Dispendieux, qui coute beaucoup*, nostri alias *Sumptueux*, eodem sensu, dixerunt. Glossar. Gall. Lat. ex Cod. reg. 7684 : *Sumptuosus, dispendieux, Sumptueux.* Lit. remiss. ann. 1389. in Reg. 138. Chartoph. reg. ch. 98 : *Ils sont à présent et pourroient estre longuement pendans en nostre court de parlement, qui lui seroit moult Sumptueuse chose et grévable.* Occurrit præterea in Charta ann. 1429. ex Chartul. Latiniac. fol 45. v°

SUMPTUOSUS, *Propino, ambro*, in Glossis antiquis MSS.

¶ 1. **SUMPTUS**, ut supra *Sumptuaria*. Continuatio de Gestis Abbat. Lobiens. apud Acher. tom. 6. Spicil. pag. 629 : *Et quod magnæ castitatis magnum est signum, inter fœminas Monasterii S. Johannis, unde Sumptus accipiebat, juvenculus* (Franco) *intrans et exiens, ne suspicionis nomen contraxit.*

¶ 2. **SUMPTUS**, inter jura quæ a vassallis domino debentur recenset Charta ann. 1317. tom. 2. Hist. Dalph. pag. 166. col. 1 : *Cum... laudimiis, trezenis, lesdis, latis, sportulis, Sumptibus, pedagiis, etc.*

* Idem videtur quod *Sporta* 2. Vide in hac voce.

¶ **SUMTURA**, Bona, facultates. Acta S. Bonifacii Archiep. tom. 1. Jun. pag. 463 : *Hic etiam dum spirituali confortatus armatura et sæculari sublimatus Sumtura, utriusque vitæ stipendiis minime careret.*

* **SUMURARIUM**, an Locus muris circumseptus? Charta admort. Caroli VII. in Reg. Cam. Comput. Paris. alias Bitur. fol. 152. v° : *Item super Sumurario scito ante ecclesiam, unam gallinam.*

¶ **SUNA**, Fœdus, pactum, ut *Sona* 2. quomodo etiam forte legendum est. Diploma Ludovici Ducis Brandenburg. apud Ludewig. tom. 7. Reliq. MSS. pag. 86 : *Etiam si nove structure, munitiones, vel preedificationes, nostri nomine dicto castro fierent, ex tunc Sunam vel concordiam cum emulis et adversariis nostris ipsum castrum obsidentibus inire non debebimus.* Vide *Sunnbouch*.

¶ **SUNAG.** Vide supra in *Carno*.

* **SUNALHA**, f. Ramulus. Charta ann. 1332. in Reg. 66. Chartoph. reg. ch. 1098 : *Usum in tota foresta habere consueverunt, videlicet in Sunalhis mortuis ad terram prostratis.*

¶ **SUND**, Gothice et Saxonice fretum seu mare angustum est; hinc maris Baltici angustiæ hodie *the Sound* vocantur, a Scythis, *Syndis*, ita dictæ, qui a Cimmerio Bosphoro illuc migraverunt. Hæc Sheringham. de Orig. Anglor. pag. 211. Vide Glossar. Teuton. Schilteri.

SUNDERNOTA, vox Saxonica, s u n d e r n o t e, Officium, munus, vel ministerium distinctum vel peculiare. Capitula de Weregildis post Concilium Grateleanum ann. 928 : *Et si villanus excrevisset, ut haberet plenarie quinque hidas terræ suæ propriæ, Ecclesiam et coquinam, tympanariam, et januam et sedem, et Sundernotam in Aula Regis, deinceps erit Taini lege dignus.*

* **SUNDRIALIS**, Idem quod *Dominicatus*, ni fallor, ad domanium pertinens; et quidem *massaricio* opponi videtur *Sundrialis*, ut et *Dominicatus*. Vide *Massariticum*. Charta ann. 782. apud Murator. tom. 6. Antiq. Ital. med. ævi col. 238 : *Id est, sala unam Sundrialem, seu et unam casa massaricia;.... et in omnibus ad prædicta sala vel casa massaricia pertinente....... Pro quibus recepi.... in cambium casella Sudriale,.... et duas casas massaricie...... Ipsa suprascripta casella Sundriale, etc.* Alia ann. 794. apud eumd. tom. 5. col. 620 : *Quantum ad ipse suprascripte case et pertinentes, vel in jam dicte casas abere videor, tam Sundrialibus casis et rebus, quam et massaricitis.* Vide supra *Sondrum*.

¶ **SUNDRIUM.** Vide supra *Sandrium*.

* **SUNESTA**, Grex. Vide supra *Sonesti*.

SUNGÆLONES. Vide *Sakones*.

SUNGEDA. Charta ann. 1147. in Tabulario S. Bertini : *Qui denarii annuatim per manum Presbyteri de Werkin in Nativitate S. Mariæ ad censum Episcopalem, quem Sungeda vocant, dirigentur,* forte pro *suntgelda*, pensitatio ad fretum [Vide *Sund*.]

** **SUNGIA**, Adeps porcina, *axungia*. Adalhardi Statut. Corb. lib. 2. cap. 11. post Irminon. pag. 329 : *Ad portam dentur 60. porci cum omni integritate, excepto Sungias.*

* **SUNGNIA**, Idem quod supra *Sogneia*. Charta ann. 1196. in Chartul. S. Joan. Laudun. : *Mansus Ohardi apud Troissi debet...... quatuor denarios bonæ monetæ de Sungnia.*

¶ **SUNNIA.** Vide mox in *Sunnis*.

SUNNIS, in vett. Glossis, *Impeditio, impedimentum.* Sumitur porro hæc vox pro Excusatione, quam affert quispiam, quo minus juri stare possit. Lex Salica tit. 1. § 1 : *Si quis ad mallum legibus dominicis mannitus fuerit, si eum Sunnis non detinuerit, 600. denariis, qui faciunt solidos 15. culpabilis judicetur.* Adde § seq. tit. 49. tit. 51. § 2. tit. 52. § 4. Legem Ripuar. tit. 32. § 1. et Capit. Caroli M. lib. 3. cap. 45. ubi eadem occurrit formula. Placitum Childeberti et Chlotarii § 5 : *Si placitum Sunnis non detricaverit.* Vetus placitum in Vita Aldrici Episc. Cenoman. pag. 110 : *Ne infirmitas aut legitima Somnis eum detinuerit, etc.* Ita perperam *Somnis* habetur in Lege Longob. lib. 2. tit. 43. § 1. et *Sumnis* lib. 3. tit. 13. § 3. [** Carol. M. 27. Guido 4.] nisi spectetur vox Germanica *Saumnus*, cunctatio, mora. Wendelinus vero vocem *Sunnis* a Teutonico *Sun*, vel *Son* deducit, i. separatus, segregatus, quia, qui *sunnim* proponunt, ut plurimum abesse a judicio propter negotia coguntur. Salmasius ad Spartianum pag. 20. a *Sontico* morbo, etymon arcessit, quem non pro caduco duntaxat, sed pro quavis etiam graviori ægritudine in duodecim Tabulis accipi observat, ita ut *sunnia*, vel *sonnia* dicta sit quasi *Sontia*. Sed aliud nos etymon attigimus in *Soniare*. [** Vide Graff. Thesaur. Ling. Franc. tom. 6. col. 241. Grimm. Antiq. Jur. German. pag. 847. sqq.]

¶ **Sonna**, in Vita Gregorii VII. PP. sæc. 6. Bened. part. 2. pag. 449 : *Venient infra* terminum *Asscensionis Domini, exceptis legitimis Sonnis, id est morte, vel gravi infirmitate, vel captione, etc.*

SUNNIA. Marculfus lib. 1. form. 37 : *Ipse nec venisset ad placitum, nec ulla Sunnia nuntiasset.* Vetus Placitum apud Mabillon. tom. 4. Vitar. SS. Ordinis S. Bened. pag. 619 : *Nec nulla Sunnia nunciasse affirmat.* Editio *sannia* præfert, [pejus apud Felibian. Hist. Sandion. pag. XIV. legitur, *Samnia.*]

SONIA. Vetus Placitum sub Chlodoveo III. Rege, apud eumdem Mabillonium : *Nec misso in vice sua derixsisset, nec nulla Sonia nunciasset.* Formulæ vett. incerti auctoris cap. 22. et 38 : *Nec ipse ille ad id placitum venit, nec missum in vicem suam direxit, qui ullam Soniam nuntiaret.* Baldricus lib. 3. Chron. Camerac. cap. 42 : *Et si Sonia eos tenuerit, probetur ipsa, et infra aliam quadragesimam placitum expectabitur.*

¶ SONIUM, in Tabul. S. Florentii ann. 1198 : *Et similiter quitaverunt Oliverius de Dinan et fratres ejus Priori Pontis de Dinan Sonium curiæ quod repetebant.*

SOINUS, SONIUS, ESSOINUS, etc. Leges Henrici I. Regis Angl. cap. 29 : *Nisi competens Soinus eum detineat.* Alii codd. habent *Essoinus. Soinus* et *sonius*, cap. 41. *Nisi competens Soinus intercedat*, cap. 50. *Nisi Soinus legalis eum detineat*, cap. 51. *Nisi Soinus intercedat*, cap. 61. Atque hinc liquido apparet, unde vox *Soin*, pro *cura*, *animi anxietas, occupatio*, apud nos originem ducat; cum qui ejusmodi excusationibus utuntur, quo minus juri stent, negotiis distentos sese profiteantur. Vide *Soniare.*

ESSONIA, EXONIA, EXONIUM, Idem quod *Sunnis*, a quo profecta hæc vocabula, nostris *Exoine, Essoigne.* Assisiæ Hieros. MSS. cap. 8 : *Venir par Essoigne, c'est alleguer excuse.* Vetus Consuetudo Norman. MS. 1. part. sect. 4. cap. 1. ait, exoniam esse *un delaiement, qui monstre cause par quoi cil, qui est semons, ne vient pas à court. Exoine ou excusation*, in Consuetud. Montfortensi art. 43. *Ensognie* et *Exsonie*, in Consuet. Hannoniensi art. 14. 68. [*Essoigne leel*, in Litteris Philippi VI. Reg. Franc. ann. 1330. tom. 2. Ordinat. pag. 53. *Essoyne loyal*, in Litteris Johannis Reg. Franc. ann. 1354. ibid. tom. 4. pag. 152. *Essoine*, apud Bellomaner. cap. 2. et 3.] [* *Essoiniement* apud Bellomaner. MS. cap. 2. pag. 8. r°. col. 1.] Hincmarus Remens. in Quaternionib. a Cellotio editis, et Opuscul. 29 : *Qui mittens ad Dominationem vestram, excusationem impossibilitatis suæ illuc veniendi mandavit, requisita est, quam patriotica lingua nominamus Exonia, quia venire nequiverit.* Hincmarus Laudun. in Schedula Episcopis et Regi porrecta pag. 434 : *Sæculare judicium non adii, et Exoniam, scilicet personam, quæ firmaret, quod illic venire nequirem, non transmisi.* [Charta ann. 1167. ex Tabul. B. M. de Bononuntio Aurel. : *Ad mandatum Prioris sine Exonio fenatores submonebit.* Litteræ M. Comit. Atrebat. ann. 1306. inter Ordinat. Reg. Franc. tom. 4. pag. 338 : *Cum ex relatione Majorum, Scabinorum et Communitatis villæ S. Audomari intellexerimus, quod quædam consuetudo vulgariter dicta Ensoine, quæ potius abusus et corruptela meruit appellari.... Tale statum importans, ut videlicet si aliquis quantumcumque purus, ignocens, immunis in remotis partibus, peregrinationis, mercationum aliave necessaria et honesta causa consistens, super aliquo crimine, vel questione in Halla villæ prædictæ, in judicio vocaretur, nisi in eodem instanti responderetur publice pro eodem, Non est in villa, reus et convictus super sibi impositis, per judicium habebatur.* Charta conventionis inter Henricum Regis Angl. et Robertum Comit. Flandr. in Libro nigro Scaccarii pag. 9 : *In auxilium Regis veniet, nisi per aliquam harum quatuor Essoniarum remanserit, etc.* In alia ibid. pag. 18. legitur, *Exoniorum. Essoine*, pro impedimentum, seu negotium quo aliquis distrabitur occurrit in Litteris Caroli V. Reg. Franc. ann. 1369. tom. 5. Ordinat. pag. 202 : *Avec grant Essoine et destourbier d'eulx et de leurs gens.*]

ESSONIUM, apud Rogerum Hoveden. pag. 549. in Regiam Majestat. lib. 1. c. 7. § 1. etc.

EXONIUM, Eadem notione. Gauterius Cancellar. de Bellis Antiochen. pag. 446 : *Præcepitque suis omnibus absque omni dilatione et Exonio illic tendere.* Charta ann. 1223. in Probat. Hist. Vergiac. : *Quoniam audivimus excusationem vestram, quod ad nos pro Essonio corporis vestri personaliter accedere non potestis, etc.*

* *Essoine*, in Lit. ann. 1369. tom. 5. Ordinat. reg. Franc. pag. 202. Charta Hugon. de Castell. ann. 1219. in Chartul. Campan. fol. 50. v° : *Notum facio.... me jurasse super sanctos Blanchæ illustri comitissæ Trecensi et Theobaldo comiti nato ejus, quod fortericias meas..... reddam eis..... Ipsi autem mihi fecerunt jurare in animas suas, quod infra xl. dies postquam fuerint extra Exonium suum, michi reddent eas ita munitas, sicut eis traditæ fuerant bona fide.* Alia ann. 1209. ibid. fol. 53. v° : *Postquam ab Exonio suo fuerint expediti. Postquam de Negotio suo liberati essent*, in alia ann. 1220. ibid. fol. 55. *Quarente jours après ce que ses Essoines lui seront failliz*, in Lit. ann. 1262. ibid. *Essonium* passim, eodem sensu, in laudato Chartulario. Vide supra in hac voce.

* ESSOIGNIA, pro *Essonia*, ut *Essoignare*, pro *Essoniare*, Excusationem proponere. Scacar. S. Mich. apud Rotomag. ann. 1232. ex Reg. S. Justi Cam. Comput. Paris. fol. 24. r°. col. 1 : *Judicatum est quod dominus Zacharias de Reniers non potest Essoignare se de recordatione scacarii petita, sicut breve de nova dessaisina, si prius fuerit Essoignia et deffentus.*

Frustra porro viri docti aliunde, quam a *sunnis*, vocis istius etymon accersunt, quam Budæus, Perionius, et H. Stephanus a Græco ἐξόμνυσθαι effictam putant, quod est, *excusare jurejurando absentiæ causam ejus, qui vadimonio obstrictus est.* Jacobus *Bourgoing* lib. de Orig. et usu vulgarium Linguarum pag. 14. ab *exonerare* deducit. Cujacius in tractatu 7. ad Africanum ad leg. 23. de Oblig. et act. a Latino barbaro *exidoneare*, id est *non esse se idoneum affirmare*, priorem improbans sententiam : cui favent codices MSS. Legis Alamannor. c. 44. § 1. qui *exoniare se* habent, ubi editi *idoneare.* Sed Cujacii quoque nec aliis placet, Pithœo, Bignonio, Spelmanno, Vossio, etc. qui probabilius censent a voce *sunnis* et *sonnia* hauriendum etymon. Vide *Sonare*, 3.

☞ *Sunnis* vero originem repetit Hickesius in Dissert. Epist. pag. 8. a veteri Mæso-Gothico *Sunia*, veritas : quod impedimentum, quo quis ne ad curiam se sisteret prohibebatur, verum et legitimum esse probare tenebatur. Hinc *Essoniare*, pergit ille, optime respondet verbo *Sunian*, quod probare verum, verificare, jurejurando confirmare sonat. Sed curiosius exquisita mihi videtur isthæc originatio; sincerior est illa magisque nativa quam proponit Vir doctissimus in *Soniare.* Vide in hac voce.

Varias autem *Essonias*, seu excusationes, (*Essonia rationabilia* apud Hovedenum pag. 549. et in Regiam Majest. lib. 1. c. 8.) quæ in jure proponi solent, recensent libri forenses, L. 2. D. si quis cau. in Jud. sist. Lex Wisigoth. lib. 2. tit. 1. § 18. 33. Speculum Saxonicum lib. 2. art. 7. Stabilimenta S. Ludovici lib. 1. cap. 118. Petrus de Fontanis in Consilio cap. 4. vetus Consuetudo Normannica MS. 1. part. sect. 4. c. 1. et seqq. Edita cap. 39. Assisiæ Hierosol. MSS. cap. 215. et seqq. Regiam Majest. lib. 1. c. 8. Glanvilla lib. 1. cap. 10. et seqq. Britton. c. 122. Bracton. lib. 5. tract. 2. cap. 2. 4. et Fleta lib. 6. cap. 7. 8. 9. 10. 13. ex quibus aliquot ex ejusmodi Essoniis delibabimus. Fortescutus de Laudib. Legum Angliæ c. 52 : *Crebro in deliberationibus judicia maturescunt; sed in accelerato processu, nunquam. Quare Leges Angliæ Essonium admittunt, qualia non faciunt Leges aliæ mundi universi.*

ESSONIUM DE MALO LECTI, Cum quis morbo ita detinetur in lecto, ut ad judicium venire non possit. Qui quidem morbus dicitur *Infirmitas de resseantisa.* Prima Statuta Roberti I. Regis Scotiæ cap. 6 : *Pro Essonio, quod Gallice vocatur Mal de lit, hoc est malum de lecto, Anglice Bed evill. Essoine de maladie residente*, in Consuet. MS. Normann. Vide Statutum 2. Westmon. cap. 19. Regiam Majest. lib. 1. cap. 8. § 3. Glanvillam lib. 1. c. 18. 19. Statuta Roberti I. Regis Scotiæ c. 6. § 1. 2. Radulphum *de Hengham* in Summa magna cap. 3. 4. 9. in Parva c. 1. Bractonum lib. 5. tr. 2. c. 4. § 1. 2. 3. cap. 7. § 1. cap. 8. 9. 10. 11. 12. et seq. Fletam lib. 6. c. 10. Consuet. Cenoman. art. 95. etc. Adde præterea Speculum Saxon. lib. 2. art. 7.

* ESSONIA DE MALADIA RESIDENTE, Cum quis morbo ita detinetur domi, ut ad judicium venire non possit. Scacar. apud Cadom. ann. 1234. in eod. Reg. fol. 29. r° col. 2 : *In Essonia de maladia residente, necessarius est garentus.* Assis. Bajoc. ann. 1236. ex Cod. reg. 4651 : *Judicatum fuit quod Essonia de maladia residente non erat recipienda ex parte ejus, qui in placito debiti, quod debebatur ab eo, illam Essoniam fecerat. Exone de maladie*, in Lit. ann. 1377. tom. 6. Ordinat. reg. Franc. pag. 274. Vide *Essonium de malo lecti.*

ESSONIUM DE MALO VENIENDI, Cum quis infirmitate ita est detentus et impedi-

[illeg.] ut venire non possit. De eo agunt l. 2. § 1. D. si quis cau. in jud. sist. Regiam Majest. lib. 1. cap. 8. § 3. Bracton. l. 5. tr. 2. c. 4. §. 1. 4. 5. c. 5. 6. 7. 9. Fleta lib. 6. c. 9. Radulfus *de Hengham* in Summa magna cap. 3. 4. 9. in Parva c. 1. Britton. c. 125. *Ensoine de son corps*, apud Petrum *de Fontaines* c. 4. n. 18. 24. *Essoine par enfermeté qui vient d'aventure*, in Consuetud. Norman. MS.

¶ Exonium Proprii Corporis, Eadem notione. Charta Philippi Aug. Reg. Fr. ann. 1267. apud Marten. tom. 1. Anecd. col. 894 : *Archiepiscopus, vel Episcopus, non posset se exoniare super his, nisi haberet Exonium proprii corporis; et si Exonium proprii corporis haberet, tunc loco suo mitteret bona fide fideliorem et legaliorem quam posset invenire ad id faciendum.*

* Homag. Radul. dom. *de Baugency* ann. 1244. ex Chartul. archiep. Bitur. fol. 170. r° : *Par plusieurs feis vous aie requis par mes lettres pendans et par mes homes liges le mien que vos tenés por l'Essoine de mon cors, où je aie esté longuement et su encores.*

Essonium de Malo Villæ, Cum quis primo die in curia comparuerit, et se obtulerit, et sine responso eodem die recesserit, si propter aliquam infirmitatem supervenientem a loco, ubi hospitatus fuerit, et receptus, se transferre non possit, nec ad curiam venire, mittit duos Essoniatores, aut excusatores, qui in Curia publice protestantur, quod tali infirmitate detentus est in eadem villa, vel in alia, ubi pernoctavit, quod ad curiam venire non possit pro lucrari et pro perdere. Ita Regiam Majest. lib. 1. cap. 8. § 9. Bracton. l. 5. tr. 2. c. 7. Fleta l. 6. c. 13. etc.

Essonium de Ultra Mare, *vel ultra aquam, etc.* Cum quis in passagio generali ad terram Hierosolymitanam transiit. Regiam Majest. l. 1. c. 8. § 12. 24. 25. 26. Glanvilla lib. 1. c. 25. Radulfus *de Hengham* in Summa magna c. 4. 9. in Parva c. 1. Fleta lib. 6. c. 8. Britton. c. 123. Petrus *de Fontaines* in Consil. cap. 4. § 4. *Essoine de Croisez*, in Consuetud. Norman. MS.

Essonium per Servitium *domini Regis.* Statutum Glocestrense ann. 6. Edw. I. cap. 8. Regiam Majest. lib. 1. c. 8. § 14. et seqq. Statuta 1. Roberti I. Regis Scot. c. 6. § 1. 2. Radulfus *de Hengham* in Summa magna cap. 4. 11. in Parva cap. 1. Britton. cap. 124. etc.

Essonium de Esse ad Nundinas, in Regiam Majest. lib. 1. cap. 8. § 30.

Essonium Participum, Quod a *participibus* seu sociis proponitur, in Fleta lib. 6. c. 12.

* Essonium de Via Consilii, Cum quis quocumque consilii capiendi gratia profectus, ad judicium venire non potest. Assis. Abrinc. ann. 1236. in Reg. S. Justi Cam. Comput. Paris, fol. 30. r°. col. 1 : *Bene quis facere se Essoniari de via consilii, postquam fuit in assisia et respondit.*

* Essonia de Via Curiæ, Cum quis in itinere ad curiam, infirmitate aliqua detinetur. Scacar. apud Cadom. ann. 1234. in Reg. fol. 29. r°. col. 2 : *In Essonia de curiæ, sufficit quod essoniator dicat sine garanto, quod paratus est deresnare ad esgardum curiæ.*

Essoniare, *Essoniam*, seu excusationem proponere, in Regiam Majest. lib. 1. c. 7. 8. 21. 25. et in Fleta lib. 5. c. 2. § 2. [*Essoigner*, in Statuto Philippi VI. Reg. Fr. tom. 2. Ordinat. pag. 68. *Essoinier*, apud Bellomaner. cap. 3.] *Exonier*, vel *Exoiner*, in Consuet. Cenoman. art. 95.

* *Essoiner* et *Essonner*, nostris. Lit remiss. ann. 1391. in Reg. 141. Chartoph. reg. ch. 155 : *Pour excuser et Essonner ledit doyen, maistre Pierre Wautier vint pour lui en jugement devant icellui prévost, en disant qu'il estoit si malade, que les piés ne pourroient porter le corps.* Aliæ ann. 1410. in Reg. 165. ch. 72 : *Jehan Courtois en Essoinant icellui Gilet par devant le bailli ..... proposa une faulse Essoine. Essoinier, Soingniier* et *Soinniier*, apud Petr. de Font. in Consil. pag. 121. art. 19. et 20.

¶ Exoniare, Eodem significatu. Leg. Normann. apud Ludewig. tom. 7. Reliq. MSS. pag. 245 : *Quod ibi accesserit pro A. quem in crastino Exoniabit, etc. Ensoigné*, impeditus, Gall. *Embarassé*, in vulgari carmine de prælio Azincurt. ann. 1415. apud Monstrelet. tom. 1. c. 149. ubi de Carolo VI :

Chief Ensoigné par piteuse adventure, etc.

* Exoniare Corpore, Graviter vulnerare, in discrimen vitæ adducere, nostris alias *Exoiner*, vel *Mettre en Essoine de corps*, aut *de mort*. Lit. remiss. ann. 1453. in Reg. 182. Chartoph. reg. ch. 136 : *Le suppliant voyant et doubtant qu'elle ne le mehaignast ou Exoinast du corps, etc.* Aliæ ann. 1397. in Reg. 153. ch. 55 : *Icellui Avril eust tué ledit exposant ou mis en Essoine de mort, se n'eussent esté le maire de la ville d'Arville et autres.* Aliæ ann. 1455. in Reg. 187. ch. 148 : *Doubtant que icellui Bromon ne tuast le suppliant ou mist en Exoine de son corps, etc. Essoine*, nude, pro Periculum, discrimen. Lit. remiss. ann. 1380. in Reg. 117. ch. 2 : *Icellui Hennache couru sus ausdiz supplians, et les mist en telle Essoine et nécessité, faisant semblant de les tous tuer, qu'il se meissent à défense.*

* Exoniari, Ære alieno impediri, opprimi, nostris alias *Estre ensonniié*. Charta scabin. Malbodii ann. 1311. ex Cod. reg. 10196. 2. 2. fol. 4. r°. : *Comme veomes et connissomes que nos devandis sires li cuens Guillaumes est grandement Ensonniiés de plusieurs debtes et de pluiseurs grans frais et fais de wieres et de chevauchies, etc. Ensongné*, pro Occupatus, cui rei alicujus cura commissa est, in Charta ann. 1287. tom. 2. Hist. Leod. pag. 403 : *Tant qu'ils seront Ensongné pour le corps S. Lambert warder, etc.*

Essoniator, qui Joanni Sarisberiensi Ep. 7. *Excusator*, qui excusationem pro alio in jure proponit. *Exoineur, Exoniateur*, in Consuetud. Norman. cap. 39. 40. 66. [*Essoinierre*, apud Bellomaner. cap. 3.] Fleta lib. 6. c. 7. § 11 : *Mittat excusatorem, qui dicitur Essoniator, qui prætendat excusationem summoniti esse talem, quod venire non possit.* Soli vero illius fidei creditur, nec oneratur cautione fidejussoria, scilicet plegiorum; sed domino probatio incumbit, utrum essonium sit verum. Bracton. lib. 5. tract. 2. c. 2. § 3. Vide prima Statuta Roberti I. Regis Scotiæ cap. 6. § 2.

¶ Exoniator, Eadem notione, in Leg. Norman. supra laudatis : *Ipse exoniatus tenetur emendare vel salvare exonium suum per suum juramentum, in omnibus verbis in exonio expositis, vel per juramentum Exoniatoris.*

¶ **SUNTONATOR**, in vet. Inscript. quæ Genuæ visitur : *Tustactus Suntonator Regis Tholomæi, etc.* Sponio in Itiner. part. 3. pag. 35. et 36. Musicus est seu Symphoniæ Præfectus, a Græc. σὺν, cum, et τόνος, tonus, concentus.

¶ **SUNTRIGUN**, *Seorsum*, in Gloss. x. circ. sæculi ad calcem Collect. Canon. MS. ex Biblioth. DD. *Chauvelin* Sigillorum Reg. Custodis.

* **SUOL**. Vide supra *Sol* 3.

SUONBOUCH, Charta pacationis priscis Germanis, ex *Suon*, pax, pactum et *Buch*, liber, libellus. Charta Alaman. Goldasti 28. et apud Vadianum de Colleg. et Monast. pag. 87 : *Placuit inter nos Chartam pacationis ex utraque parte allevari, quod Tiutisce Suonbouch nominamus, etc.* Ubi Vadianus : Alemannis *Suonen*, erat, pacificare, reconciliare, transigere : unde *Suonbouch*, Charta, id genus conventiones complexa. [Vide Gloss. Teuton. Schilteri in *Suona* et *Sona* 2. supra.]

SUO SCIENTE, Dedita opera, nostris *à son escient.* Charta ann. 1062. ex Tabulario Conchensi in Ruthenis : *Et hoc juraverunt, ut in jamdicto Monasterio, nec in ipso burgo,... hominem illic non assalient, nec feminam per iram, nec per mortem, nec per captionem, nec suam substantiam illis tollant, nec faciant injuriam ad homines egredientes et regredientes a mercato, nec feminas Suo sciente.*

¶ **SUPALTA**, κεκασσυμένα, in Gloss. Lat. Græc. Sed legendum *Suppacta*, ut in Gloss. Græc. Lat. Vide Casaubon. ad Theophr. Caracter. pag. 147.

* **SUPANIA**, Præfectura, jurisdictio *Supani*. Vide in *Zupa*. Charta Leopoldi ducis Austr. et Styr. ann. 1207. apud Pez. tom. 6. Anecd. part 2. pag. 65. col. 1 : *Præterea, ne præfatus ordo, in prædicto loco situs, aliquem defectum sustineat, de rebus nostris superaddere curavimus, ante Petovium scilicet, villam unam majorem, nomine Brizlaudorf, quæ tempore Rudolfi de Rasia in duas Supanias divisa est; aliam minorem, nomine Predansdorf.*

SUPANUS, etc. Vide *Zupa*.

* **SUPARARE**, Rugare, crispare, contrahere. Glossar. Lat. Gall. ann. 1352. ex Cod. reg. 4120 : *Suparare, Rideir.* Vide mox *Supera* 2.

¶ **SUPARUM**, *Lineum brachiale puellarum.* Papias. Hermanni Lerbeckii Chron. Episc. Mindens. apud Leibnit. tom. 2. Script. Brunsvic. pag. 167 : *Velamina enim usque ad primam pestilentiam et alba Supara in brachiis secundum morem Monasterii ad sanctam Mariam ad altare, seu in Capitolio, in Colonia, de quo sunt fundatæ, portabant. Est autem Supara, monile, quod moniales in signum religionis portare in brachiis consueverunt, quod vulgariter Sueke* *nominatur.* Vide Festum in *Supparum*, et ibi Scaligerum.

¶ Supparum, Supparus, Eadem notione. Gl. Gaspar. Barthii apud Ludewig. tom. 3. Reliq. MSS. pag. 250. ex Afranio : *Puella non sum, Supparo si induta sum.* Odo in Carm. de varia fortuna Ernesti Ducis Bavar. apud Marten. t. 3. Anecd. c. 345 :

.... fluitantque per imos Suppara talos.

Vide *Brachiale* et *Camisa.*

* **SUPATUS**, Falcula. Glossar. Lat. Gall. ann. 1348. ex Cod. Reg. 4120 : *Supatus, dicitur Gallice Fauchon.*

¶ **SUPEDIUM.** Vide *Suppedium.*

¶ **SUPELLECTICARIUS**, qui et *a Supellectile* dicitur, Ministerii genus apud Romanos tum urbani, tum militaris, qui supellectilem curabat, apud Ulpian. Augusti libertus quidam in vet. Inscriptione memoratur *a supellectile castrensi.* Vide Salmas. ad Lamprid. in Alexandro, et Vossii Lex. Etymol.

¶ **SUPELLICIUM.** Vide *Superpellicium.*

¶ 1. **SUPER**, Ad, contra, adversus. Charta ann. 1087. ex Tabul. S. Albini Andegav. : *Excepto quod chastellum* (sic) *ejus custodient, quando Super hostes suos perget.* Charta conventionis inter Henricum Reg. Angliæ et Robertum Comit. Flandr. in Lib. nigro Scaccarii pag. 12 : *Et si illo tempore Rex Philippus Super Regem Henricum in Normanniam intraverit.* Oberti Cancellarii Annal. Genuens. apud Murator. tom. 6. col. 308 : *Ut irent cum eis Super Pisanos.* Lex Salica tit. 47. §. 1 : *Si quis Super alterum in villam migrare voluerit, etc.* Id est, alio nolente et invito. Vide *Sequela* 4.

* *Sur*, eodem sensu, in Lit ann. 1370. tom. 5. Ordinat. reg. Franc. pag. 378. art. 28 : *Et s'aucuns Sur la paix de la ville criée par sergent.... villenoit ou feroit personne, etc.* Eadem præpositio interdum apud nostrates *Chez* sonat. Lit. remiss. ann. 1400. in Reg. 155. Chartoph. reg. ch. 249 : *Jehan Fauquet et sa femme, qu'il avoit espousée le Dimenche devant, vindrent Sur Robin Thinel, pere de ladite femme, afin que eulx et leurs prouchains amis s'entrefeissent compaignie et s'assemblassent pour disner et boire ensemble en l'ostel dudit Thinel.*

¶ Super, pro Sub. Charta Ricardi I. Reg. Angliæ inter Ordinat. Reg. Franc. tom. 5. pag. 317 : *Prohibemus ne aliquis eos inde disturbet Super forfaituram decem librarum Turonensium.* Galli dicimus *Sur peine de, etc.*

* 2. **SUPER**, pro Subter, Gall. *Au dessous.* Charta Bern. Aton. vicecom. Nem. ann. 1177. inter Probat. tom 3 Hist Occit. col. 141 : *Trado tibi B. præposito Nemausensis ecclesiæ et cæteris canonicis duos solidos censuales, quos dabatis mihi pro tabula, quæ sunt vel fieri possunt ex utraque parte viæ, ab acua qua est Super cloquarium S. Eulaliæ, usque ad viam, qua discurrit ad pratum.* Chartul. S. Sulpit. Bitur. fol. 78. v° : *Damus terræ unam parvulam, quæ sita est Super murum civitatis Biturigæ.*

* 3. **SUPER**, Prope, juxta. Charta fundat. abbat. Aquilar. ann. 832. inter Probat. tom. 1. Annal. Præmonst. col. 104 : *Invenit unam porcam cum suos filios latitantem Super unam ecclesiam subtus unum arborem.*

* 4. **SUPER**, Erga. Barel. serm. 2. in Domin. 1. Quadr. : *Incompassio, vel crudelitas et duritia Super pauperes, etc.*

* Nostris alias *Sur-bout*, pro *Debout*, Stans. Lit. remiss. ann. 1459. in Reg. 189. Chartoph. reg. ch. 363 : *Après que icellui Drouet ot mengié ung mors de pain et beut une fois Sur-bout à la table où souppoit le suppliant.*

¶ 1. **SUPERA**, *Navis.* Gloss. Isidor. Leg. *Suppara, navis vela.*

¶ 2. **SUPERA**, *Rugaturæ dicuntur panni.* Papias.

* Hinc in Glossar. Lat. Gall. ex Cod. reg. 7692 : *Supera, manche de sourpelis, vel chemise.* Vide *Suparum.*

¶ **SUPERABREPTIO**, Occupatio violenta et injusta. Capit. Caroli C. tit. 39 : *Absque dolositate aut deceptione, vel Superabreptione illi sincerus auxiliator et cooperator reo.*

SUPERABSTINERE, [Excommunicare.] Concilium Toletanum I. can. 13 : *De his, qui intrant Ecclesiam, et deprehenduntur nunquam communicare, admoneantur, et si non communicant, ad pœnitentiam accedant : si communicant, non Superabstineantur : si non fecerint, abstineantur.* Vide *Abstinere.*

SUPERABUNDUS, *Superbus*, ὑπέρογκος, ὑπερήφανος, in Gloss. Gr. ubi sic legendum puto, pro *supervacundus.* Infra : Ὑπερπλεονάζω, *Superabundo.*

SUPERACUTÆ, Tonus in musica sublimior, acutior, κορυφαία ἁρμονία, Maximo Tyrio serm. 3. Hugo a S. Victore in Speculo lib. 1. c. 3 : *Voces autem graves, et acutæ, et Superacutæ, innuunt tribus modis prædicandum esse tribus ordinibus Ecclesiæ, etc.* Chronicon S. Trudonis lib. 8. pag. 441 : *Multa autem propter negligentiorem suam perficiendi operis velocitatem, quæ per graviores literas notari debuerant, per acutas, sive Superacutas notavit, et quæ per acutas, sive per Superacutas, per graviores : quod incorrectum reliquit, alia sollicitudine intercurrente.* [Guido Abbas Cisterc. de Musica : *Quæ enim Superacutarum lineam tenet, in acutis est in spatio, et e converso.*]

¶ **SUPERAFFEODARE**, Fundum, qui ab alio tenetur, in feudum alteri concedere. Consuet. Brageriac. art. 70 : *Item, si quis fundum emphyteota teneat a quodam domino directo, et feodatarius velit ipsum fundum Superaffeodare, etc.* Art. 71. legitur, *Superfeodare.* Utrobique versio Gallica habet, *Suracaser.* Vide *Casare* 1. et *Feudum.*

* **SUPERAGERE**, Subtrahere, rem concessam repetere. Charta ann. 1097. apud Lam. in Delic. erudit. inter not. ad Hodœpor. Charit. part. 3. pag. 1081 : *Unde repromittimus nos Hugo et Raineri et Lotterius atque Bulgari germani comiti una cum nostris credibus....* (si) *aliquanto tempore in aliquo exinde intentionaverimus, aut retolli vel Superagi quæsierimus, etc.* Ubi *Subtrahi* habet Charta ann. 1104. ibid. pag. 1093 : *Et si aliquando ego prænominatus Ugo comes, vel meus heres contra prædictum ospitale suosque rectores in aliquo exinde intentionaverimus, aut retolli, aut Subtrahi quæsierimus, etc.*

SUPERAGIUS, vox ibrida, ex *super* et ἅγιος, sanctus. Itinerarium Gregorii XI. PP : *Electa fuit a Deo et gloriosa Virgine Maria ab initio in monte Superagio.* Infra : *Templum S. Mariæ in Superagio.*

¶ **SUPERALE**, Vestis quæ aliis superinduitur. Acta S. Etheldredæ tom. 4. Jun. pag. 530 : *Hinc insignia ornamenta ecclesiæ suæ contulit, videlicet albam præclaram cum amicto et Superale cum stola et manipulo.* Vide *Superaria.*

SUPERALIA, Ἐπενδύτης, in Gl. S. Benedicti cap. de Vestimentis. Sed leg. *Superaria.* Vide infra.

SUPERALTARE, bifariam sumi videtur, nempe pro Ciborio, quod altari imminet, et Altari portatili.

Superaltare, priori notione, usurpat Joannes Beka in Egilbodo Episc. Traject. 13 : *Obtulit eidem Ecclesiæ de liberali munificentia Superaltare totum aureum, cum multimodis gemmis incomparabilis pretii valde fulgidum, de cujus cacumine lapis, ut fertur, Hostularius furtive sublatus fuit, qui nocturnis temporibus totum sacrarium radiis emicantibus illustrabat.* Vitæ Abbatum S. Albani pag. 71 : *Ipsius enim fratris Guillelmi manu tabula picta ante altare B. Virginis, cum Superaltari cœlato, et Cruce superposita, etc.*

Superaltare, Altera notione. Synodus Exoniensis ann. 1287. cap. 4 : *Nec Missæ nisi in altaribus et Superaltaribus consecratis aliqualiter celebrentur.* Inquisitiones Archidiaconorum diœcesis Lincolniensis ann. 1233. cap. 40 : *An Superaltaria sint honesta, et non molentur super ea colores, et quæ Ecclesiæ sint dedicandæ?* Concilium Sarisberiense ann. 1217. cap. 40 : *Superaltaria nimis stricta non habeant, super quæ periculose celebratur; sed competenter ampla.* Inventarium Ecclesiæ Eboracensis in Monastico Angl. tom. 3. pag. 174 : *Item unum Superaltare pretiosum de jaspide, ornatum in circumferentiis cum argento et auro, ac lapidibus pretiosis subtilis. Item unum Superaltare de rubeo jaspide ornata in circumferentiis cum cupro deaurato. Idem duo Superaltaria de rubeo marmore, ornata cum argento, quorum unum stat super 4. pedes argenti, et alterum sine pedibus, super quem S. Joannes celebravit, quando sibi apparuit Spiritus sanctus, ut in sua legenda patet.* Inventarium Eccl. S. Pauli Londinensis ibid. pag. 313 : *Superaltare de jaspide ornatum capsa argentea deaurata, et dedicata in honore B. Mariæ et omnium Virginum.* Pag. 331 : *Tria Superaltaria benedicta, 7. osculatoria, etc.* Pag. 333 : *Unum Superaltare de jaspide, incluso platis argenteis deauratis, in quo continentur reliquiæ Sanctorum, etc.* Ibidem part. 2. pag. 84 : *Item sex Superaltaria, videlicet unum de jaspide lapide argento ligato, et deaurato; et unum de alabastro, et alia 4. de marmore.* Ex quibus omnibus confici videtur *superaltare* idem esse, quod *tabula itineraria*, seu altare portatile, quod altari non dedicato superponatur.

¶ **SUPERANEUS**, Superior. V. *Superaria.*

SUPERANNATUS, Qui annum ætatis excessit, Gall. *Surанné.* Monasticum Anglic. tom. 3. pag. 153 : *Et si in tempore pannagii 20. porcos Superannatos habuerit, etc.* [Chartul. SS. Trinit. Cadom. fol. 45.

... gerces et hogastres, medietatem ... et medietatem hogastres Superannatos et 40. agnos, etc.]

* Charta Will. comit. Lincoln. inter Probat. tom. 2. Annal. Præmonst. col. 211. Pasturam septingentis ovibus et totidem agnis, usque Superannati fuerint, concessit. Italis, Sopranno, nostris Seuranné. Lit. ann. 1371. tom. 5. Ordinat. reg. Franc. pag. 476. art. 7 : De toutes autres aumailles, comme vaches et veaux Seurannez, et aussi de touz pourseaux Seurannez, etc.

* **SUPERANNUALE**, Quod ex reditu annuo residuum est, reliqua. Charta Theob. comit. ann. 1222. in Chartul. Campan. fol. 316. r° : *Domum magistri Andreæ.... franchivi, tali videlicet conditione, quod de theloneo et consuetudine, quæ inde provenient, habebit dictus Andreas vel hæredes, et prius recipient, quadraginta solidos, et residuum inter me et præfatum Andream vel hæredes ejus æqualiter dividetur, excepto Superannuali, et erit dicti Andreæ et hæredum suorum.*

* **SUPERANNUM**, Eodem ut videtur, intellectu. Hinc *Dare in Superanno*, est dare ea conditione, ut quis reliqua colligat et habeat. Charta ejusd. comit. ann. 1222. ibid. fol. 316. v° : *Anselmo Silvatico de Cremonia dedi et assignavi in feodo et homagio ligio quicquid habebam in redditibus mercati de Superanno apud Pruvinum; qui redditus consistunt in theloneo vini, etc.* Rursum alia ibid. fol. 356. v° : *Cum donassem theloneum pomorum et alluetarum et pelliporiæ de Pruvino in Superanno, tandem dictus magister illud theloneum mihi quitavit.*

¶ **SUPERANUS**, Ex optimatum ordine, princeps. Vetustæ Membranæ apud Ludewig. tom. 8. Reliq. MSS. pag. 221 : *Ladislaus... improvisus hostibus supervenire moliebatur. Unus vero eorum, qui Superani dicuntur, vehementer ei cepit obsistere, monens ne tempus pugne statutum perveniret, etc. Ille etiam Superanus viriliter pugnans cum multis aliis interfectus est.* Vide *Summus* et *Subtanus*.

* **SUPERAPPREHENDERE**, Improviso opprimere, circumvenire, Ital. *Soprapprendere*, Gall. *Surprendre*. Formul. promis. hominum patrim. S. Petri in Tuscia ex Cod. reg. 4189. fol. 6. v° : *Item promitto jura, possessiones et bona Romanæ ecclesiæ existentia in patrimonio beati Petri per me, vel per alium non Superapprehendere et occupare.*

SUPERARE, pro *Superesse*, usurpat Lucifer Calaritanus lib. 1. pro S. Athanasio : *Ego Superavi solus prophetarum.*

¶ **SUPERARGENTARE**, Argento operire. Charta Ludovici VI. Reg. Franc. ann. 1117. apud Marten. tom. 1. Anecd. col. 345 : *Henricus Lotharingus... ad capsam, in qua corpus benti Maglorii requiescit, Superargentandam,... duodecim marchas argenti.... donavit.*

SUPERARIA, *Vestis, quæ superinduitur*, Glossis Isid. et apud Papiam. [*Supparaex* Gloss. Isid. apud Grævium.] Glossæ Lat. Gr. habent ἐπενδύτης, *instata*, (l. *instita*) *Superaria*. Glossæ Lat. Gr. habent ... *Cotta vel camisia superanea*, in Charta Octaviani Cardinalis apud Ughell. tom. 3. pag. 634. [Vide *Superale* et *Superficium* 2.]

SUPERASSISÆ, quæ Latinis *Superindicta*. Vide in hac voce. Charta Edwardi III. Reg. Angliæ tom. 2. Monast. Anglic. pag. 71 : *Quieta de omnibus placitis,... et de assisis, et de Superassisis, et de omnibus forisfactis, etc.* [Alia Richardi Reg. Angl. ann. 7. regni ejusd. tom. 4. Hist. Harcur. pag. 1281 : *Prædicti monachi... sint quieti de theloneo,... de summoncionibus assisæ et de assisis et Superassisis et aquagiis, etc.*]

* **SUPERAT**, Residuum, quod summam aliquam *superat* seu excedit. Comput. MS. monast. Clareval. ann. 1364. fol. 5. r° : *Pro eodem soluto domino abbati in quodam Superat de pecunia sibi tradita per manum domini Cisterciensis.* Vide *Superplus*.

* **SUPERATIO**, Victoria. Epist. synodi Aquisgr. ad Pipp. Aquit. reg. ann. 836. tom. 6. Collect. Histor. Franc. pag. 354 : *Vestram excellentiam flagitamus ut hoc opusculum, quod.... in longinquum felicem ejus* (regni) *protelationem, ; vestrorumque hostium Superationem digessimus, etc.*

* *Surmontement* dicitur Impulsio, qua quis vincitur et superatur. Lit. remiss. ann. 1450. in Reg. 180. Chartoph. reg. ch. 102 : *Icellui prestre considérant sa faulte, et honteux de son orgueil ou Surmontement de temptacion de l'ennemy, sacqua ung coustel qu'il avait et en frappa le suppliant.*

1. **SUPERAUDIRE**. Leges Kanuti Regis Angliæ part. 2. cap. 43 : *Et inveritent hoc ipsi testes in fide Dei et domini sui, quod ei in vero testimonio sint, sicut oculis supervidérunt, et auribus Superaudierunt, quod recte hoc acquisivit.* Phrasis Saxonica, inquit Somnerus : Saxonibus enim o f e r h y r a n, ut Anglis *overheare*, est auribus accipere, vel audire. Alias

2. **SUPERAUDIRE**, est Negligere, insuper habere. Vide *Overhernessa*.

* **SUPERAUGMENTARE**, Accrescere, adjicere. Acta S. Peregr. tom. 1. Aug. pag. 79. col. 2 : *Cum prædicta tribulatio Superaugmentaret, maligni spiritus clamare cœperunt : Projicite in mare illum Peregrinum, et cessabit tempestas.* Charta Phil. Pulc. ann. 1299. in Lib. rub. Cam. Comput. Paris. fol. 445. r°. col. 2 : *Superaugmentavimus vadia sua assueta, quæ a nobis percipit per diem, ratione custodiæ garennæ nostræ prædictæ, de sex denariis Paris. per diem, cum restauro equorum. Surplier*, eodem sensu, in Testam. Caroli reg. Navar. ann. 1376. ex Cod. reg. 8428. 3. fol. 110. v° : *Laquelle chappelle nous entendons et voulons estre Surpliée et eslargie en édifices.* Nostris præterea *Souhaucier* et *Sourhaucher*, pro Augere. Guill. Guiart. :

> Pour Chrestienté essaucier,
> Et pour la loi Dieu Souhaucier, etc.

Vita J. C. MS :

> L'enfés thehi et amenda,
> Et son lignage Sourbaucha.

SUPERAUGURIARE, Auguria consulere. Halitgarius Episcop. Cameracensis in Pœnitentiali cap. 6 : *Si quis sacrilegium fecerit, id est, quos Aruspices vocant, qui auguria colunt, Superauguriaverit, aut quocunque malo ingenio, 3. annos in pane et aqua.*

* **SUPERAURARE**, Gall. *Surdorer*, Deaurare. *Surorer*, in Lit. remiss. ann. 1381. ex Reg. 120. Chartoph. reg. ch. 135 : *Quatre verges d'argent Surorées, etc.* Willel. Brito Philippid. lib. 2 :

> Quem Superaurata volucer Jovis imminet ala.

Quæ Rigord. ad ann. 1215. sic reddit : *Pro vexillo erexerat aquilam Deauratam super draconem.*

SUPERAVUS, nude in Gloss. Arabico-Lat. Atavus. *Suselle* seu *Susayeul*, in veteri Ceremoniali a nobis laudato ad Joinvillam pag. 201.

SUPERAZEMULARIUS, Qui mulionibus præest. Vide *Azemblarius*.

1. **SUPERBIA**, Dolus. Pactus Legis Salicæ tit. 35. § 5 : *Si quis ligatum per Superbiam, aut per virtutem a Gravione tulerit, etc.* Est enim hoc loco *Superbia*, dolus, nostris *Supercherie*, ita ut opponatur *virtuti*, seu *vi*, uti redditur in Edit. Pith. tit. 34. Eadem Lex tit. 41. § 16 : *Si quis per Superbiam aut per inimicitiam, caballos aut jumenta aliena tribatterit.* Capitulare Pipini Regis Italiæ cap. 36 : *Et si fuerit aliquis, qui per ingenium fugitando de Comitatu ad alium Comitatum se propter istum sacramentum distulerit, aut per Superbiam jurare noluerint semoti, etc.* Lex Longob. lib. 1. tit. 16. § 5. [** Liutpr. 125. (6, 72.)] : *Si quis dolose* (edit. Heroldi *malitiose*) *aut per Superbiam... mulierem percutere præsumpserit, etc.* Adde lib. 2. tit. 36. § 3. Leges Henrici I. Regis Angl. cap. 43 : *Qui igitur faciat advocatum contra dominum suum per Superbiam, perdat quod de eo tenet.*

¶ 2. **SUPERBIA**, Bona, facultates. Statuta Montispessul. MSS. ann. 1204. ex Cod. Colbert. 4936 : *Puella quæ numquam habuit virum non possit nubere sine consilio parentum suorum, vel cognatorum, vel gadiatorum, et ille qui eam duceret sine consilio jam dictorum, incidat in manus domini persona ejus et tota sua Superbia.* Legendum forte *Substantia*. Vide *Superbus*.

* 3. **SUPERBIA**, Ornamenti muliebris genus. Reg. visitat. Odon. archiep. Rotomag. ex Cod. reg. 1245. fol. 18. r° : *Præcipimus quod de cætero non apponatis crocum in peplis, nec habeatis Superbias crispatas, nec zonas argenteas aut scacatas.*

* **SUPERBIOSE**, Superbe, arroganter, Ital. *Superbiosamente*. Lit. remiss. ann. 1355. in Reg. 84. Chartoph. reg. ch. 167 : *Robertus Superbiose et rigorose eidem Johanni dixit et respondit, quod pro ipso nichil, nisi pejus, faceret.*

¶ **SUPERBITUDO**, Superbia. Acta S. Bartholomæi Eremitæ tom. 4. Jun. pag. 835 : *Si tamen sui juris metas Superbitudo non excesserit.*

SUPERBRACHIUM, Ornamentum brachiorum. Vide *Brachiale*.

¶ **SUPERBUS**, *Virilis*, ἀγήνωρ, in Gloss. Lat. Græc. Addit Codex Reg. : *Superbia, virilitas*, ἀγηνορία.

¶ **SUPERCÆLUM**, Supremum tegmen, baldachinum, umbella, Gallis *Ciel*, eadem notione. Acta S. Elizabethæ tom. 2. Jul. pag. 212 : *Et in angulis pilaria ferrea super quibus est fabricatum Supercælum.* Leges Palatinæ Jacobi II. Reg. Majoric. inter Acta SS. tom. 3. Jun. pag. LXXIX : *In processione vero corporis Christi, portetur corpus* *ipsius in quadam custodia valde pulchra,... super quod honorifice Supercælum apportetur, una cum octo vel decem intortitiis supradictis.* Vide *Supracellum*.

* **SUPERCALIX**, Velum, quo calix tegitur. Instr. ann. circ. 1220. apud Murator. tom. 5. Antiq. Ital. med. ævi col. 805 : *In unaquaque statione, quando dominus papa vadit ad S. Petrum,..... debet habere...... camisos, amitos, stolas, manipulos, corporalia, Supercalices, manutergia de Alemannia, etc.*

¶ **SUPERCAPELLITIUM**, Lineum capitis tegmen, *Amictus*. Statuta MSS. Augerii Episc. Conser. ann. 1280 : *Sub pœna suspensionis ab officio prohibemus ne capuellæ baptizatorum ponantur in aliis quam in ecclesiasticis usibus; videlicet inde faciant Supercapellitia, etc.*

¶ **SUPERCAPITARE**, Præcellere, proprie Toto capite supereminere. Ascanius in Epist. ad Humbertum : *Quid Hunnorum rabiem commemorem, aut Nortmannorum fortitudinem, cum hi sanguinabiles canes non tantum Hunnos rabie, sed et robore Nortmannos longe Supercapitent.*

SUPERCAPITULUM, Index capitis, seu capituli. Claudius Taurinensis in Apologetico adversus Theodemirum Abbatem : *Epistolam tuam, cum adjunctis Supercapitulis plenam garrulitate atque stoliditate per quemdam accepi rusticum partitorem.*

SUPERCAPTIO. Vide *Superprisia*.

* **SUPERCAPUT**, Capitis tegmen et ornamentum. Testam. reginæ Mafaldæ ann. 1256. tom. 1. Probat. Hist. geneal. domus reg. Portug. pag. 33 : *Unum Supercaput ad filiam suam barrado cum auro.*

¶ 1. **SUPERCEDERE**, Succedere : unde *Supercessio*, Successio. Quæst. ac monita vett. Jurisperit. apud Murator. tom. 1. part. 2. pag. 163. col. 1 : *Supercessio Lege Romana. Si homo decesserit et reliquerit filium, vel filiam, et neptum filium de suo filio, vel filiæ, æqualiter succedant. Similiter omnes Supercedant illi, qui de inferiori linea venerint.* Pluries ibi.

¶ 2. **SUPERCEDERE**, Suspensum tenere, Gall. *Suspendre*. Charta Caroli V. Reg. Fr. ann. 1366. tom. 4. Ordinat. pag. 678 : *De gracia speciali eisdem concedimus, quod hujusmodi Consulatus non possit eis interdici, auferri, Supercedi vel arrestari, vel aliter ad manum nostram poni, etc.*

* *Superceder*, eadem notione, in Comment. Cond. ad ann. 1561. tom. 1. ult. edit. pag. 74 : *M. de Guise.... leur manda.... qu'il les prioit de surceoir et Superceder leur assemblée.*

** **SUPERCELLENS**, Excellens. Litter. ad Carol. IV. Imperat. ann. 1359. apud Guden. Cod. Diplom. tom. 3. pag. 425 : *Vestra Supercellens dominatio.*

¶ **SUPERCELLIO**. Vide *Supersellium*.

* **SUPERCENSIVA**, Incrementum census, Gall. *Surcens*. Charta ann. 1211. ex Tabul. capit. Carnot. : *Ego Gaufridus de Galardone miles..... vendidi capitulo Carnotensi pro centum quadraginta libris quidquid censivæ vel Supercensivæ habebam intra banni leugam Carnotensem.* Vide *Supercensus*.

SUPERCENSUS, Gallis *Surcens*. [Tabul. S. Albini Andegav. ann. 1269 : *Fulco de Torallo minor Miles... vendidit et concessit... omnes fructus quos habere poterat... in censibus, Supercensibus, hominibus, etc.*] Charta Philippi Reg. Fr. ann. 1308. ex 2. Regesto ejusd. Reg. n. 9 : *Item 8. lib. et 10. sol. annui Supercensus super plures domos in villa de Ponte S. Maxentii, etc.* [Vide Gloss. Jur. Gall. voce *Surcens*.]

¶ **Supracensus**, Eodem intellectu. Charta ann. 1332. ex Archivo D. *de Flammarens : Convenit dictus Guillelmus quod ipse non avoabit dictam fasendam ab alio domino, nec in dicta fasenda ponet aliquem Supracensum, nisi de voluntate heredis supradicti.*

¶ **SUPERCESSIO**. Vide *Supercedere* 1.

¶ **SUPERCHORI**, Sedes superiores in choro; pluries occurrit hæc vox in MSS. Eccl. Lugdun.

¶ **SUPERCILICIUM**. Vide in *Superpellicium*.

* **SUPERCILIOSE**, Superbe, arroganter. Annal. Bertin. ad ann. 870. tom. 7. Collect. Histor. Franc. pag. 108 : *Carolus Aquis egrediens, uno itinere Compendium venit : ubi et duodecim missos fratris sui Hludovici pro divisione regni accepit, qui Superciliose, tam de sanitate corporis Hludovici, quam de prosperitate,.... elati, etc.* Hinc *Supercilium rebellionis*, in Chron. Alber. tom. 10. ejusd. Collect. pag. 289. Nostrates *Sorcil et Surcilliere* dixerunt, pro *Sourcil*, supercilium. Le Roman *de Robert le Diable* MS :

Mais l'emperere le regarde,....
Voit les Sorcieulx enflés et gros.

Lit. remiss. ann. 1379. in Reg. 115. Chartoph. reg. ch. 336 : *Hervé de Mauny seigneur de Thorigny feri icellui sergent de sa main par le visage, et telement que d'un anel qu'il avoit en ses doiz, en fist saillir le sanc environ la Surcilliere de l'ueil. Sursielle* et *Sursille*, pari sensu, usurparunt. Lit. remiss. ann. 1422. in Reg. 172. ch. 181 : *Le suppliant frappa icellui Pierre,.... et l'attaint ung seul cop du plat de son espée sur la Sursielle. Au dessus de l'œil sur la Sursille*, in aliis ann. 1425. ex Reg. 173. ch. 230.

* **SUPERCILIUM**, pro *Superlicium*, Vestis ecclesiastica, in Ordinar. MS. S. Petri Aureæ-vallis. Vide *Superpellicium*.

SUPERCILIUM Fluvii, non semel apud Ammianum. Vide Lindenbrog. ad eumdem pag. 9. 1. edit.

* **SUPERCŒLUM**, Cortina quadrata, quæ *ciborii* vice altari imminet, quam vulgo *Ciel* appellamus, Ital. *Sopracielo*. Matyrol. MS. eccl. Narbon. : *Anno nativitatis Christi 1482. Reginaldus de Borbonio Narbonæ archiepiscopus dedit capitulo præsentis ecclesiæ.... Supercœlum, quod est de taffatan* (sic) *livido supra altare majus dictæ ecclesiæ.* Vide *Supercælum* et *Supracellum*.

¶ **SUPERCOLORARE**, Colorem superlinire. S. Bernardus Tract. de Cantu tom. 1. pag. 695 : *Quorumdam vero litteram ut sanctam et Evangelicam retinentes, honestate et pulchritudine cantus Supercoloravimus, etc.*

* **SUPERCONSILIARII**, Qui ad consilium præter consuetudinem vocantur. Libert. Figiaci ann. 1318. tom. 7. Ordinat. reg. Franc. pag. 660. art. 3 : *Possint* (consules) *et poterunt eligere Superconsiliarios*[1], *etc.*

SUPERCOPA, Operculum cupæ, seu poculi, apud Brandaon. tom. 4. Monarch. Lusitan. pag. 304.

¶ **SUPERCOQUUS**, Magister coquorum. Cencius in Ord. Rom. cap. 26 : *Ferrarii de columna debent facere circulos caldariæ, quotiens a Supercoquis domini Papæ fuerint requisiti.*

* **SUPERCRESCENTIA**, Redundantia, superfluentia. Charta ann. 1214. in Chartul. Campan. fol. 289. col. 1 : *Novum fossatum per quod aqua decurrit, implebitur tali modo, si Supercrescentia aquæ venerit, aqua liberum habeat transitum per fossatum illud.*

* **SUPERCUBITUS**, Armus, Gall. *Epaule*. Jura vicecomit. Biter. in civit. Albiæ ann. 1252. inter Probat. tom. 3. Hist. Occit. col. 494 : *De omnibus porcis, qui ibi occiduntur, tibiam dextram anteriorem Supercubitum.* Leg. forte distinctis vocibus *super cubitum*, hoc est, supra juncturam tibiæ.

¶ **SUPERCUNNUM**, ἐφήβιον, ἐπικυσίς, in Gl. Lat. Græc. Additur, *Puberale*, in Græc. Lat.

SUPERDEMANDA, vox forensis, cum Actor in processu litis plus petit quam continet libellus actionis, ut est apud Bractonum lib. 4. tract. 1. cap. 16. § 5. vel cum dominus feudi majorem censum, quam ei debetur, a vassallo exigit : quo sensu accipitur vox *Surdemande* in veteri Consuetud. Normann. cap. 114. in nova art. 3. 52. 53.

☞ Atqui cum dominus aliquid præter debitum postulabat a vassallo; hic judicem adibat, a quo ab exactione domini eximebatur per breve, quod *de Superdemanda* vocabant : neque aliter intelligenda hæc vox in locis Consuetud. Normann. laudatis, ut ex Glossa ipsa manifestum est : *Bref de Sourdemande est ainsi appellé, pource qu' il est fait pour soy deffendre des rentes et des services que les seigneurs des fiefs demandoient de leurs tenans, etc.* Chartul. S. Vandreg. tom. 1. pag. 1183 : *En l'assise de Roën qui fu l'an de grace mil II. chens quatrevins et quinze le Joesdi apreis la S. Vinchent, Guillaume des Mons fu mis en amende pour un brief delessié : lequel brief il portoit d'une Sordemande d'un servise de Chevalier vers l'Abbé et le Convent de S. Vandrille, apreis laquele amande les dis Abbé et Convent ourent ataint la saisine des namps qui avoent esté delivrez par la vertu dudit brief donné comme dessus.* Vide Argentræum in Consuet. Britan. art. 30. Basnag. in Consuet. Norman. art. 51. et Gl. Jur. Gall. v. *Surdemande*.

SUPERDICERE, Accusare, criminari, insimulare : Saxon. forsecgan : quomodo Galli dicunt, *Dire quelque chose sur quelqu'un*. Leges Edgari Reg. Angliæ cap. 9 : *Et qui aliquem injuste Superdicere præsumat, unde vita vel commodo pejor sit, linguæ suæ idoneus erit, si accusatus de hoc non idoneaverit, etc.*

* Non alia, ut videtur, notione, aut pro Audacter exprobrare, accipienda vox *Sorfrougner*, in Poem. Alex. MS. part. 1 :

Cil de Gadres n'ont mie conneu la besongne,
Si come Emenidus de Gadres lor Sorfrongne.

SUPERDICTIONES, Superscriptiones deletis imponi solitæ. Marculfus lib. 2. form. 17 : *Et ut hæc pagina hujus testamenti in disceptationem venire non possit si quæ lituræ, caraxaturæ, adjectiones, Superdictionesque factæ sunt, nos eas fecimus, vel facere jussimus, dum testamentum nostrum sæpius recurrimus, vel emendavimus.* De hac formula vide in *Charaxare*.

* **SUPERDIURNARE**, Morari, diem ducere, Gall. *Séjourner.* Annal. Bertin. ad ann. 869. tom. 7. Collect. Histor. Franc. pag. 104 : *Lotharius...... usque Placentiam viij. Idus Augusti pervenit. Ibique Dominica die Superdiurnans, etc.* Vide *Subjurnare.*

* **SUPERDOMINATIO**, Suprema jurisdictio. Charta ann. 1263. in Reg. S. Ludov. ex Chartoph. reg. fol. 62. v° : *Item tenet* (comes Fuxi) *ab eodem* (rege) *nemora et Superdominationem domus Bolbonæ.... Item Superdominationem hospitalis S. Johannis del Tor.* Pluries ibi. Vide *Superioratus* 1.

SUPERDUCERE, Jus denegare, Gall. *Surmener.* Nam *mener par court*, pro *jus facere* aliqui dicebant. Assisiæ Hierosolymitanæ MSS. cap. 208 : *Nous vous prions come nostre Seignor, que vous, nostre Per tel, tenès à droit, et menès par vostre court, et li faites faire l'esgart, que il vous a requis.* Cap. 213 : *Que il li facent avoir l'esgart premier requis, et que il le maint raisonablement par sa court come son home et per.* Hinc vox *Surmener*, pro jus denegare, eodem cap. : *Por que je vous prie et requiers come mes Pers, que vous ne me souffrès enci à Surmener, tant come je euffre droit à faire.* Et infra : *Et bien sachès, que tant comme il vodra faire droit en vostre court par ses Pers, nous ne souffrirons que vous le Surmenès, ains le maintindrons à droit si come nous devons.* Le Roman *de Garin :*

Par ceus enforce et la noise et li cris,
Moult Surmenoient Loherans, ce m'est vis.

Alibi :

Or vos Sormoinent li Hongre et li Danois.

[Ubi *Surmener* est Male habere, *Malmener.*]

* **SUPERDULIA**, pro Græco *Hyperdulia*, Cultus, qui a Catholicis sanctis exhibetur, vel, ut rectius loquar, Deiparæ; nam *Dulia* ad sanctos quoscumque pertinet, *Hyperdulia* ad Beatissimam Virginem, ut *Latria* ad Deum, uti monent docti Editores ad Acta S. Sebaldi tom. 3. Aug. pag. 772. col. 2 : *Cephas et monarcha supremus militantis Ecclesiæ ipsum instituit revereri mente devota, et Superduliæ cultum, ut decet sanctum, præcepit exhiberi.*

¶ **SUPEREGANEUM**, f. Fœnum autumnale alterum, Gall. *Second regain.* Locus est in *Reganeum.*

¶ **SUPEREGLANGELIARE**, f. *Superevangeliare.* Testam. S. Gennadii sæc. 5. Bened. pag. 35 : *In thesauro ecclesiæ* (offero) *calicem, coronam, et Supereglangeliare argenteum, lucernam, et signum æreum.* Paulo ante legitur, *Evangeliarium :* hic vero libri Evangeliorum integumentum intelligo.

¶ **SUPEREROGARE**, Ultra præscriptum facere. Bulla Honorii III. PP. ann. 1226. in Bullar. Carmelit. pag. 4 : *Hæc breviter scripsimus vobis, conversationis vestræ formulam statuentes, secundum quam vivere debeatis. Si quis autem Supererogaverit, ipse Dominus cum redierit, reddet ei.* Hinc

¶ Supererogatio, Gallice *Surerogation*, Quod sponte fit et præter debitum. Charta ann. 1250. apud Ludewig. tom. 5. Reliq. MSS. pag. 111 : *Cum non haberemus mobilia per quorum distractionem tale periculum evadere valeremus, nec per precarias, nec per emphiteusin, nec etiam per Supererogationem subtractionis usum quottidianarum necessitatum nostrarum prænotata debita solvi possent, etc.*

¶ **SUPERESSE**, Instare, imminere. Marianus in Vita B. Joannis Bonvisii tom. 5. Maii pag. 109 : *Ideo quando hora comedendi Supererat, et dolore flere incipiens, infirmario dicebat : Oportet ut omnino hæc sumam?*

SUPEREXCEPTUS, Spretus, contemtus, in Legibus Adelstani Regis apud Brompton. fol. 850.

* **SUPEREXCREMENTUM**, Quod excedit, Gall. *L'excédant.* Charta ann. 1232. in magno Chartul. nig. Corb. fol. 130. v° : *Et si plus valeret prædicta decima quam duodecim modios, Superexcrementum esset nostrum. Sourmontant*, eodem sensu, in Pedag. Divion. ex Cod. reg. 4653. fol. 24. r° : *Li Sourmontant ne doit ne paage ne vante.* Vide *Superplus.*

¶ **SUPEREXCRESCENTIA**, Accretio, incrementum. Testam. Roberti I. Comit. Claromont. ann. 1262. tom. 2. Hist. Arvern. pag. 269 : *Item remitto illam Superexcrescentiam et quitto pro me et meis in perpetuum, quam posuit et fecit Astorgius Salvages.*

* **SUPEREXIRE**, Licitari, auctioni addere; unde *Superexita*, Auctionis incrementum, accretio. Mandat. senesc. Bellic. ann. 1496. inter Probat. tom. 4. Hist. Nem. pag. 66. col. 2 : *Pro cridando et publicando seu cridari et publicari faciendo, ut qui ad emolumenta revæ.... exire et Superexire voluissent, venissent coram nobis et aliis officiariis regiis.... facturi et audituri eorum exitas et Superexitas super dictis firmis.* Vide supra *Exire* 2.

* **SUPERFACERE**, Benefacto adjicere. Chron. Bohem. apud Ludewig. tom. 11. Reliq. MSS. pag. 246 : *Deinde anno Domini 1108. uxor ejusdem Swatopluck peperit filium, quem post quinque hebdomades Henricus Romanus rex de sacro fonte levavit, et Superfaciens videlicet tria millia marcarum argenti compatri suo Swatopluck omnino remisit, rogans eum ut adversus Hungaros secum, pro tunc imperio rebellantes, armata potentia procederet.*

¶ **SUPERFARI**, Insuper effari, addere, Gr. ἐπιλέγειν. Vetus S. Irenæi Interpres lib. 1. cap. 21. num. 3 : *Alii autem et Hebraica nomina Superfantur, ut stupori sint, etc.*

¶ **SUPERFEODARE.** Vide *Superaffeodare.*

* **SUPERFEUDARE**, In *retrofeudum*, Gall. *Arrière-fief*, quod et *Superfeudum* appellabant, concedere. Charta ann. 1318. in Reg. 59. Chartoph. reg. ch. 229 : *Dictum feudum in toto seu in parte nequeat Superfeudari, vendi, dari, impignorari, biscambiari, nec aliter alienari.* Charta ann. 1247. in Chartul. Raim. VII. comit. Tolos. pag. 142 : *Arnaldus de Pinu et Poncius de Pinu vendiderunt.... Raymundo comiti Tolosæ.... omnes illas oblias et dominationes illis pertinentes, quas ipsi habebant ratione Superfeudi in curia, quæ fuit quondam Bertrandi de Gavarerio;.... quæ obliæ et dominationes ratione Superfeudi eis reddi et persolvi debebant.* Alia ann. 1326 : *Convenit dictum feudum non dare ad Superfeudum, ... nec aliter a se alienare, cur dom. Raimundus Ysalguerii, nec ejus ordinium possit inde perdere.... aliquid suarum dominationum.* Vide in *Feudum.*

¶ 1. **SUPERFICIALITER**, Leviter, tenuiter, Gallice *Superficiellement.* Summa Mag. Pauli apud R. Duellium tom. 1. Miscell. pag. 62 : *Ut cum mora et non Superficialiter confiteatur.* Balth. Spingeri Iter Indic. apud Marten. in Itiner. Litter. pag. 365 : *Superius succincti et Superficialiter viam peregrinationis nostræ proposuimus, etc.*

* 2. **SUPERFICIALITER**, Superficie tenus. Bulla Honorii IV. PP. in Chartul. Cluniac. : *Qui* (episcopi) *privilegia Sedis Apostolicæ vel irreverenter impugnant, vel Superficialiter eorum verba tenentes contra ipsorum gestiunt intellectum.*

¶ 1. **SUPERFICIARIUS**, Qui terræ vel prædii alicujus fructibus utitur sub pensione annua illi exsolvenda qui fundi dominus est. Statuta Genuæ lib. 1. cap. 34. fol. 61. v°. : *Non tamen audiatur in pensione petenda qui steterit ultra annos quinque, quod ipsam pensionem, libellum, censum, vel terraticum non petierit, si pensionarius, livellarius, vel Superficiarius juraverit ipsam pensionem, canonem, terraticum vel censum aut livellum se solvisse.*

¶ 2. **SUPERFICIARIUS**, Exterior. Passio S. Thomæ apud Marten. tom. 3. Anecd. col. 1739 : *Nunc exteriorem* (hominem) *indumento Superficiario sub birro secretius munivit, etc.* Vide *Superficium* 2.

¶ **SUPERFICIES**, Domus fastigium, culmen, Gall. *Faite, charpente.* Charta Johannis de Castellione Comit. Blesens. ann. 1265. ex Schedis Cl. V. *Lancelot : Si contigerit casus per quem debet secundum judicium dictorum abbatis et conventus fieri ravale seu destructio vel rei alterius existentis in aliquo dictorum locorum immunium et quitorum, ut dictum est supra, mandatum dictorum abbatis et conventus Superficiem ligneam domus destruendæ, et Superficiem rei alterius de quibus fieri ravale opporteret, tradent preposito Carnotensi et terram dictorum abbatis et conventus ad comburendum, et statim dictus prepositus vel ballivus dictam Superficiem comburent, etc.* Vide mox *Superficium* 1.

* **SUPERFICIES** Nemoris, Silvæ sectio, cæsura, Gall. *Taillis*, alias *Seurefait*, *Surefait.* Dicitur promiscue in Pandect. de vitibus, arboribus, plantis, segetibus, quæ superficiem terræ occupant. Vide Glossar. juris Gal. v. *Surpoids.* Charta Theob. comit. ann. 1233. in Chartul. Campan. : *Notum facio,.... quod cum dilecta et fidelis mea Maria de Nuelliaco mihi vendiderit Superficiem nemorum suorum de Nuelliaco pro xlv. libris Pruvin. ego concedo et volo, quod eidem Mariæ vel hæredibus suis in venditione dictorum nemorum non

possit fieri præjudicium in futurum, si contigerit quod ipsa vel hæredes sui Superficiem vendere voluerint nemorum prædictorum. Alia Aalid. dominæ S. Sepulcri ann. 1247. ibid. fol. 448. v°. col. 2 : *Je ai vendu toute la part que je avoie et devoie avoir par droit au bois de Semont;.... c'est assavoir le Surefait et le treffons de la terre de chascun arpant por xlv. solz de Proveinisiens forz.* Charta abb. et convent. *de Yaucourt* ann. 1260. in Reg. 30. Chartoph. reg. ch. 272 : *Avons escangié à monseigneur Guillaume chevalier, seigneur de Longueval et de Framerville,.... le terre de no menair que nous aviens à Longueval, si comme il se comporte, à tout le Seurfait, sanz le burc et le grant maison qui nous demeurent. Baillons la despoille et le Seurfet de plusieurs pieces de bois*, in alia ann. 1317. ex Reg. 56. ch. 42. *Sorpois*, eadem acceptione, in Charta ann. 1280. ex Chartul. S. Petri de Monte : *Kant je morrai, li terre revenrait, ansi com elle serait, quel bleif k'il i ait, à la maison de S. Pierre sole et quite, et hoir ke je aie ne pueent ne ne doient niant reclamer, ne en treffons, ne en Sorpois. Surpoids*, in Consuet. Sedan. art. 215. et Vitriac. art. 93. Vide *Superpositum*, 1.

1. **SUPERFICIUM**, Ἐποικοδόμημα, in Gloss. Græc. Lat. [Alia Lat. Gr. : *Superficium*, ἐποικοδόμημα, διστεγὲς οἴκημα, in Cod. Reg. *Superædificium*.] Vide vett. Inscript. 138. et 608. 8.

¶ 2. **SUPERFICIUM**, Vestis quædam exterior, quæ aliis superinduitur. Vetus S. Irenæi Interpres lib. 2. cap. 14. n. 2 : *Quasi centonem ex multis et pessimis panniculis consarcientes, finctum Superficium subtili eloquio sibi ipsis præparaverunt.* Vide *Superaria* et *Superficiarius* 2.

* **SUPERFINITAS**, Dicitur de re cultus et ornatus nimium exquisiti, Ital. *Sopraffine*, optimus. Bulla Innoc. IV. PP. pro Præmonstr. : *Abbates.... frenis, sellis, pectoralibus et calcaribus deargentatis, aut alia Superfinitatem habentibus, sed simplicibus solummodo et absque fimbriis, non utantur.*

** **SUPERFLUITAS**, Excessus in exactionibus, *malatolta*. Tabularium Dervensis Monasterii : *Monachi sancti Petri et beati Bercharii proclamationem fecerunt ad magnanimum Comitem Teobaldum de Superfluitate quam Comes Breonensis faciebat eis, etc.* Vide *Mensura* 2. et *Superimposita*.

SUPERFLUOSA. Radulfus *de Hengham* in Parva cap. 7. ait disseisinam fieri, *cum manu opus alicujus impeditur per Superfluosam, et hoc in tenemento diu ante appruato, etc.* Ubi ad marginem editor apposuit; non nullis, *vel per superfluam*, aliis *Superstitiosam*.

** **SUPERFLUUM**, Terrarum pertinentiæ infra mensuram mansorum non contentæ, ut est in chart. ann. 1309. apud Haltaus. Glossar. German. col. 1437. voce *Oberland*, quem videas. Charta ann. 1363. in Sagittar. Hist. Gothan. pag. 409 : *Unum quartale mansi proprii terræ arabilis, cum Superfluo, quod vulgariter Obirlende dicitur.* Adde Schmeller. Glossar. Bavar. tom. 2. pag 477.

SUPERFLUUS, in Glossis antiquis MSS : *Incongruus, importunus, inquietus.* [Pro injustus, non semel occurrit in Cod. Theod. lib. 10. tit. 13. leg. unic. de petit. et desistent. et lib. 11. tit. 30. leg. 39. 42.]

SUPERFODERE, pro *Superfidere*, quomodo Saxonice Ofertruwan, nimium, et plus justo fidere. Leges editæ sub Adelstano Rege Angl. cap. 13. apud Bromptonum : *Præcipimus hiremannis nostris, ut omnis homo sciat, quando pecus suum habeat, et quando non habeat, in testimonio vicinorum suorum, et nobis monstret vestigium, si non possit invenire infra tres noctes, quia credimus plures idiotæ nesciunt quomodo peculium suum aget, et Superfodiunt in pace nostra : unde præcipimus, ut ipse infra tres noctes vicinis suis judicet, si per solutionem velit habere, etc.*

SUPERFORANEUM, Supervacuum, de qua voce vide Savaronem ad Sidonium lib. 1. Epist. 7.

SUPERFRONTALIS. Vide *Frontale*.

¶ **SUPERFUGIUM**, ὑπεφυγή, in Gloss. Lat. Gr.

SUPERFUNDERE. In Lege Burgund. tit. 53. mater superstes esse filio dicitur, *rebus Superfusis humanis*, id est ut infra habetur, *cum contraria fatorum decreta vertantur.*

* Nostri a Lat. Superfundere, Gall. *Verser dessus*, *Sorfondre* dixerunt. Vitæ SS. MSS. ex Cod. 28. S. Vict. Paris. fol. 6. v°. col. 1. ubi de S. Eulalia : *Après li prévos li fist les mameles Sorfondre de oyle ardant.*

¶ Superfundere, Ornare. *Quos certa privilegia Superfundunt*, in Cod. Theod. lib. 6. tit. 35. leg. ult.

SUPERFUSI, dicti, quibus ob morbum, vel periculum mortis, baptismus conferebatur superfusa salutari aqua, non vero immersione, uti observatum in voce *Clinicus*. Vetus Pœnitentiale MS : *Parens, cujus filius non baptizatus obiit, uno anno pœniteat : si Sacerdos, ad quem pertinebat, vocatus venire neglexerit, ipse propter damnationem animæ, judicio sui Episcopi castigetur. Sed et omnibus licet fidelibus, ubi forte morituros invenerint non baptizatos, immo præceptum est, animas eripere a diabolo per baptisma, id est benedicta simpliciter aqua in nomine Patris et Filii et Spiritus sancti, intinctos aut Superfusos aqua.* Synodus Nemausensis ann. 1284. cap. de Baptismo : *Si tamen tanta copia aquæ haberi non possit, ut infans in ea totaliter mergi possit : cum scutella vel scypho vel alio vase aliqua quantitas aquæ super infantem effundatur a baptizante, et effundendo dicat baptizans, etc.* Vide Synodum Celichytensem ann. 816. cap. 11. *Perfusum*, eadem notione, dixit Rufinus, ubi Eusebius lib. 6. Histor. cap. 43. περιχυθείς habet.

SUPERFUSIO, Profusio. Perfusio, cum [vinum et] aqua post communionem Sacerdotis calici a ministro infunduntur. Synodus Bajocensis ann. 1300. de Presbytero, qui duas Missas eodem die celebrat : *Celebraturus quoque secundam Missam, vinum Superfusionis non sumat; sed ministro habenti bonam conscientiam conferat.* Aliis verbis Synodus Coloniensis ann. 1280. cap. 6 : *Et tunc in prima Missa post perceptionem Sanguinis, non utatur ablutione vini et aquæ; sed reservet in tuto ac honesto loco, et eum accipiat in secunda Missa, vel det honestæ personæ jejunæ, quam noverit ad hoc esse paratam.* Synodus Nemausensis ann. 1284. cap. de Eucharistia : *Præcipimus etiam, quod in Calice magis de vino quam de aqua ponatur, et quod Sacerdos, postquam totum acceperit Corporis et Sanguinis Christi Sacramentum, duas receptiones faciat juxta consuetudinem Ecclesiæ Nemausensis, videlicet primam de vino puro tantum, secundam de vino et aqua, et cum ista secunda simul Perfundat digitos super calicem, et postea recipiat : nisi cum eodem die aliam Missam debuerit celebrare, quia tunc non debet recipere nisi sanguinem : quod si faceret, secundam celebrationem impedit.* Cap. de celebrat. Missarum : *Tamen si in prima Missa post receptionem corporis Christi et sanguinis, Profusionem acceperit, non debet secundam Missam in prædictis casibus celebrare.*

¶ Profusio. Concil. Tarracon. ann. 1329. apud Marten. tom. 4. Anecd. col. 287 : *Quandocumque vero duas Missas celebrari contigerit, sacerdos caveat, ne post sumptionem sanguinis in prima Missa, vinum Profusionis accipiat.* Ita

Calicem Profundere, in veteri Pœnitentiali MS. de Presbytero : *Qui non Profuderit calicem in fine solennitatis*, 30. *dies pœniteat.* Ubi

Calicem Perfundere dixit Petrus Damianus lib. 5. Epist. 18 : *De celebrandis vero Missarum solenniis nos hanc regulam in disciplinatis Ecclesiis et didicimus, et tenemus, ut calicem differamus in Missarum fine Perfundere, si nosmetipsos eodem die sacrificium denuo speramus offerre : alioquin quandocumque sacras hostias immolamus, in fine calicem semper Perfundimus. Porro sive jejunamus, sive reficimur, hanc Perfundendi regulam non mutamus. Quod autem perhibes quosdam dicere, quia postquam Perfundit calicem, non est dicendus jejunus, etc.* Capitula Theodori Archiep. Cantuar. cap. 55 : *Qui perfundit calicem, dum solennitas Missæ celebratur* 50. *dies pœniteat.*

¶ **SUPERFUSUM**, Quod in censu, vel peræquatione alicujus tributi inique alicui impositum et adscriptum est, in Cod. Theod. lib. 13. tit. 11. de Censitor. leg. 4.

¶ **SUPERGREDI**, Gr. ὑπερβαίνειν, Transilire, despicere, nihil curare, efferre se super aliquem. Capitul. lib. 7. cap. 175 : *Ut nullus Episcopus alterius Episcopi plebes usurpet, aut alium conculcet Episcopum vel Supergrediatur.* Vetus S. Irenæi interpres lib. 1. cap. 8. n. 1 : *Ordinem quidem et textum Scripturarum Supergredientes, etc.* Idem lib. 4. cap. 19. n. 1 : *Supra enim Deum facti sunt cogitationes ipsorum, Supergressi cordibus suis ipsum magistrum, suspicione quidem superelati et Supergressi, veritate autem declinantes a vero Deo. Supergredi leges*, eas transgredi, violare, apud eumdem lib. 5. cap. 26. num. 2.

* *Surmarcher*, eadem notione, in Lit. remiss. ann. 1451. ex Reg. 184. Chartoph. reg. ch. 104 : *Icellui Gerard respondi que ledit Oilvier vouloit tousjours Surmarcher chacun.*

* **SUPERGUARDARE**, Ital. *Sopragguardare*, Diligenter custodire. Stat. Pistor. ann. 1107. apud Murator. tom. 4. Antiq. Ital. med. ævi col. 548 : *Item habebo curam et*

studium die noctuque faciendi custodiri et Superguardari castrum Serravalle, et ejus munitiones ad honorem et salvamentum civitatis Pistorii per bonam fidem sine fraude. *Surgarde* Custodum præcipuus, in Charta ann. 1321. tom. 1. Probat. Hist. Brit. col. 1317 : *Item doit le veneour doudit monsour Hervé dire de bouche au Surgarde doudit monsour Rolland, se il le puet trouver, le jour quand ils devront coure.*

¶ **SUPERGULA**, pro *Superregula*, ni fallor, Regulæ transgressio, violatio. Charta Curiæ Arelat. ann. 1253. ex Cod. MS. D. *Brunet* fol. 88 : *Si aliqui alii cives eligerentur ad cognoscendum malefachas et omnes Supergulas.*

SUPERHABERE, pro *Insuper habere*, Despicere, negligere, in Legibus Anglicis non semel.

* **SUPERHABUNDANTIA**, Affluentia, maxima copia, Ital. *Soprabbondanza.* Charta vendit. comitat. Montispesc. ann. 1385. in Reg. sub Joan. ducis Bitur. ex Cam. Comput. Paris. fol. 111. r° : *Verum quia omnia supradicta capi seu comprehendi non poterant in pelle unica pergameni propter facti substantiam verborumque Superhabundantiam, etc.*

* **SUPERHAUTO**, Secundus *hauto* seu spicæ non omnino trituratæ minoraque stramina, quæ secundo colliguntur. Charta ann. 1234. in Chartul. C. eccl. Camerac. ch. 82 : *In stramine, palea, Superhautone et tredecimo vase fructuum ex ipsa decima provenientium.* Vide *Hauto.*

SUPERHUMERALE, Vestis Pontificum in veteri Lege. Exod. 28. 6 : *Et fecerunt Superhumerale de auro et hyacintho et purpura, et cocco, etc.* Passim ibi. Sic vero describitur ab Eucherio : *Ephod, vestis sacerdotalis, quæ Superindumentum, vel Superhumerale appellatur. Est autem velut in caracallæ modum, sed sine cuculo, cujus vestimenti duo sunt genera, unum lineum et simplex, quod Sacerdotes habebant : aliud diversis coloribus, et auro gemmisque contextum, quo soli Pontifices utebantur.* Vide Honorium Augustod. lib. 1. cap. 226. Ivonem Carnot. Serm. 2. de Rebus Ecclesiast. Innocent. III. lib. 1. de Myster. Missæ cap. 18. 53. etc.

SUPERHUMERALE, appellarunt etiam nostri, *Pallium* Archiepiscopale, de quo suo loco egimus. Gregorius M. lib. 1. Epist. 24 : *In utroque humero Sacerdos velamine Superhumeralis astringitur, ut contra adversa et prospera virtutum semper ornamento muniatur.* Maximus Monachus in Collat. cum Principibus apud Anastasium in Collectaneis, de Imperatore : *Neque indicia Sacerdotii fert, Superhumerale scilicet et Evangelium. Superhumerale pallium* vocat Joan. de Beka in Hist. Episcopor. Ultraject. in S. Willebrordo : *Eundem in Ecclesia S. Petri cum Superhumerali pallio solenniter Archiepiscopum ordinavit.* Et in S. Bonifacio : *Tradens eidem Archiepiscopalem benedictionem cum Superhumerali pallio, etc.* Ὠμοφόριον Græcis dicitur, quod in Concilio VIII. act. 22. 9. *Superhumerale* vertit Anastasius Bibliothec. ut apud Theophanem Auctor Hist. Miscellæ lib. 22. pag. 707. edit. Canisii. Glossæ MSS. Regiæ col. 2616 : Ὠμόλινον, τὸ ἐπὶ τῶν ὤμων ὠμοφόριον. Vide Magnum Chronicon Belgicum pag. 111. Baronium ann. 869. num. 19. etc.

☞ *Pallio* simillimum est *Superhumerale* quo utitur Episcopus Tullensis, ut ex Ceremoniali ejusdem Eccl. colligitur apud R. P. *Benoit* Hist. Tull. pag. 168 : *Cum Episcopus utitur Superhumerali, et de hoc privilegiatus existit ab antiquo.... dicitur Superhumerale, ab humero, quia super humeros ponitur post casulam. Est stola larga, fimbriata, circuiens humeros desuper, cum duobus manipulis dimissis ante et retro, circa scapulas, ex utraque parte, in modum scuti rotundi.* Rursum : *Cum Episcopus celebrat utitur Superhumerali ratione decanatus quem gerit, quia decanus aliorum Episcoporum existit, id est, Metensis et Virdunensis.*

SUPERHUMERALE, Idem interdum quod *Amictus.* Udalricus lib. 3. Consuet. Cluniac. cap. 13 : *Et alligat Superhumerale, id est amictum.* [Eadem habentur apud Bernardum Mon. in Ord. Cluniac. part. 1. cap. 53. Expositio Offic. divin. ad calcem Joh. Abrinc. pag. 414 : *Sequitur Superhumerale, quod fit ex lino purissimo.*] Gilbertus Lunicensis Episcopus de Usu Ecclesiastico ait, Ostiarios, Exorcistas, et Acolythos, *in officiis suis solere indui Superhumerali, alba, et cingulo, et tamen posse perfrui conjugio.*

¶ **SUPERI**, Homines superstites, vivi. Jonas in Vita S. Columbani sæc. 2. Bened. pag. 6 : *Et si me quempiam laudare repererint qui adhuc Superis junctus sit, etc.* Idem in Vita S. Eustasii ibid. pag. 117 : *Febrium igne ita succensa est, ut vix jam Superis reddi crederetur.* Utitur rursus idem Jonas in Vita S. Burgundofaræ ibid. pag. 443. *Qui reversus ad Superos*, in Vita S. Waningi ibid. pag. 974. *Quem Superi non recipiunt, inferi Deum esse cognoscunt*, ex Fausti Episc. Serm. apud Marten. tom. 9. Ampl. Collect. col. 153.

SUPERJACTARI MALEFICIUM. Lex Salica tit. 21. § 3 : *Si quis alteri aliquod maleficium Superjactatus fuerit, etc.* Nos dicimus, *Jetter le sort sur quelqu'un.*

¶ **SUPERICONICÆ** LITTERÆ, vox ibrida ex *Super* et εἰκών, imago : ita vocantur Litteræ in imagine alicujus Sancti appositæ, quales visuntur in libris ecclesiasticis. Greg. Turon. in Vitis Patrum cap. 6 : *Videns autem in oratorio litteras Supericonicas Apostolorum, reliquorumque Sanctorum, explevit eas in codice.*

SUPERJEJUNARE. Vide *Superpositio* 3.

SUPERILLUSTRES. Speculum Saxonicum lib. 1. art. 3 : *Ad hunc modum clypeus seu cingulum militare in septimis terminatur : primum quippe habet Rex Romanorum, secundum Episcopi, Abbates, et Abbatissæ, qui et Superillustres dicuntur : tertium Laici principes, ex quo facti sunt Episcoporum subditi et vassalli, qui Illustres nuncupantur; quartum Nobiles et Liberi Domini, etc.*

* **SUPERILLUSTRIS**, Illustrissimus. Titulus honorarius regum nostrorum. Charta ann. 1308. in Reg. 40. Chartoph. reg. ch. 143 : *Johannes Britonis legum doctor clericus Superillustris domini nostri Francorum regis, etc.* Vide *Illustres.*

SUPERIMPOSITA, SUPERIMPOSITIO, [Excessus in exactionibus, *malatolta.*] Charta Ludovici Pii Imp. apud Puricellum in Monumentis Basilicæ Ambrosianæ pag. 215 : *Nullasque præstationes, vel annuas donationes seu quaslibet angarias, et Superimpositas exactiones.... superimponere et exigere audeat.* Infra : *Si quis autem ex his, qui sub imperio nostro degunt aliquam subtractionem, injustamque exactionem, vel angariam, aut Superimpositionem... sponte ingesserit, etc.* [Charta ann. 1079. apud Murator. delle Antic. Estensi pag. 48 : *Alia Superimposita eis non fiat.* Vide *Superfluitas*, *Superindictum*, et *Superponere* 1.] [** Chart. Longob. ann. 765. apud Brunett. in Cod. diplom. tusc. tom. 1. pag. 590 : *Reconfirmavi ad 12. operas, quod sunt dies 12. manualis, et nihil tibi vel ad heredibus tuis superponere promitto; in ea vero ratione, ut si ego vel hhd. meis..... amplius Superinponere festinaverimus nisi ipsi 12. dies, etc.*]

¶ **SUPERIMPOSITIO**, Subscriptio. Charta Arnulphi Chiniac. Comit. ann. 1097. apud Miræum tom. 1. pag. 670. col. 2 : *Quem devotionis meæ traditionem, ne quis ei scrupulus, vel calumniator invidus post dies obiciet, utrorumque filiorum meorum Ottonis et Ludovici, nurus etiam meæ Adeleid manuum Superimpositione confirmari volui.* Vide *Superimposita.*

¶ **SUPERIMPOSITUM**. Vide *Superponere* 1.

¶ **SUPERINDE**, Propterea. Litteræ Henrici VII. Reg. Angl. ann. 1492. apud Rymer. tom. 12. pag. 482 : *Nos rata, grata, et firma habituros et observaturos, et Superinde literas patentes novas aut confirmatorias.... daturos, etc.*

SUPERINDICTUM, SUPERINDICTIO, Quidquid præter *indictionem* provincialibus imponitur. Nam ut notat Asconius in 3. Verrinam, tria sunt genera pensitationum, *canonis, oblationis, et indictionis. Canon*, seu Canonici tituli, sunt ordinariæ præstationes : *Indictio*, quod præter canonem indicitur : *Superindictio*, quod præter indictionem pro aliqua imminente necessitate imponitur. Vide Codicem Justin. et Theodos. tit. de Superindicto. [Charta Frederici II. Imp. ann. 1223. ex Schedis Præs. *de Mazaugues* : *Prohibemus ne qui Comes aut Marchio... præsumant inquietare, vel quibuslibet collectis aut exactionibus aut Superindictis gravare.* Conventio ann. 1251. inter Carolum I. Andegav. et Provinc. Comit. et Arelat. art. 9 : *Item dominus Comes vel ejus vicarius... non poterit... eos* (Arelatenses) *compellere ad mutuum faciendum, nec aliquam exactionem novam, seu Superindictionem, vel pedagium novum facere.* Vide *Superimposita* et *Superponere* 1.]

¶ **SUPERINDITIO**, pro *Superindictio*, Eadem notione. Locus est in *Inditio.*

¶ **SUPERINDUCTA**, Mulier extranea, concubina. Willelmus Armor. de Gestis Philippi Aug. apud Duchesn. tom. 5. Hist. Franc. pag. 81 : *Octavianus Apostolicæ Sedis legatus mittitur in Franciam; ad cujus suggestionem Rex a se Superinductam abjecit superficie tenus, et uxorem suam recepit in suam gratiam semiplenam, carnis debitum ei non reddens... Philippus puer et Maria soror ejus quos Philippus Rex ex*

Superinducta genuerat, a *Papa Innocentio legitimantur*. Vide *Subintroductæ*.

* Annal. Victor. MSS. ad ann. 1215 : *Hoc anno rex Philippus dedit Philippo filio suo juniori, quem Philippum ex Maria Superinducta, filia ducis Boemiæ genuerat, comitatum Boloniæ, quem tenuerat Reginaldus*. Quod repudiata Ingeburga, Mariam in matrimonium duxerat, sic appellatur. Vide supra *Subtrahere*.

¶ **SUPERINDUCTUM**, ut *Superindictum*, apud Senator. lib. 1. Variar. cap. 14.

SUPERINSIGNE, Sagum militare, quod armorum insignibus distinctum gestant in bello Milites. Vide *Jupellum*, in *Jupa*.

SUPERINSPECTOR, Episcopus. Senator in Psal. 108 : *Episcopus dictus Superinspector, eo quod Domini gregem ipsius gratia suffragante, quasi pastor cautissimus, alta sede custodiat, etc.* Hinc *Superinspicere* dicuntur Episcopi apud Sidonium lib. 6. Epist. 1. lib. 9. Epist. 3. Vide *Episcopus*, et *Superintendens*.

¶ **SUPERINTENDENS**, Episcopus eadem ratione dicitur qua *Superinspector*. S. Hieron. Epist. ad Evagrium : *Hoc quidem Græce significantius dicitur* ἐπισκοποῦντες, *id est, Superintendentes. Unde et nomen Episcopi tractum est.* Hinc *Superintendere quibus præficiuntur*, Episcopi dicuntur in Epist. Liciniani ex S. August. lib. 29. de Civ. Dei cap. 19. apud Baluz. tom. 7. Miscell. pag. 3. et tom. 2. Conc. Hispan. pag. 427. Hinc

¶ Superintendens appellatur Præpositus templi in civitate London. pro Germanis, in Charta ann. 1550. apud Rymer. tom. 15. pag. 243.

¶ Superintendens, Cui incumbit summa cura rationum negotiorumque, Gallice *Surintendant*. Instr. domus Slesitarum Viennæ apud Raimund. Duellium tom. 1. Miscell. pag. 225 : *Item si contingeret rationem fieri de regimine domus per aliquem Superintendentem, etc.*

¶ Superintendentia, *Superintendentis* munus, *Surintendance*, ibid. pag. 224 : *Primo, quod Facultas habeat Superintendentiam nomine domini Abbatis.* Occurrit etiam in Compositione Cardinalis Turnonii cum Monachis Sangerm. ann. 1543.

* **SUPERINTENTOR**, Episcopus. S. August. in Exposit. ad Psalm. 116 : *Græce quod dicitur Episcopus, hoc Latine Superintentor, quia superintendit, quia desuper videt.* Vide *Superintendens*.

¶ 1. **SUPERIORATUS**, Præstantia, excellentia, suprema jurisdictio. Charta Henrici IV. Regis Angl. ann. 1400. apud Rymer. tom. 8. pag. 121 : *Dictique Prior et Monachi eisdem Abbati et Conventui dimidiam marcham argenti, nomine pensionis sive redditus, in signum dominii sui Superioratus, singulis annis solvere tenentur.* Vide *Superioritas*.

¶ 2. **SUPERIORATUS**, adject. Major, ad *Superioratum* seu supremam jurisdictionem pertinens. Charta ann. 1338. tom. 2. Hist. Dalphin. pag. 356. col. 1 : *Item, quod nedum appellationes ad regiam curiam pertinentes et pertinere debentes tollere nituntur, quia imo jurisdictionem superiorem regiam invertere et omnino tollere conantur;.... quin imo nuncios regios cum per curiam regiam in causis et casibus Superioratis contingit illuc mitti, afficiunt contumeliis, verberibus et opprobriis.*

¶ 3. **SUPERIORATUS**, Prætextus, Gall. *Brodé*. Statuta Eccl. Ambian. apud Marten. tom. 7. Ampl. Collect. col. 1226 : *Mantellum, houciam vel epitogium non portent, seu vestimenta quæcumque virgata, partita, vel discissa aut Superiorata de fustana, pannisque sericis vel aureis, seu aliis quibuscumque, sed lanificio dumtaxat.*

¶ 1. **SUPERIORITAS**, ut *Superioratus* 1. Chronic. Angl. Th. *Otterbourne* pag. 62 : *Bonifacius Papa querelam posuit contra Regem Edwardum, quod injuste usurpasset Superioritatem in regno Scotiæ.* Charta ann. 1400. apud Rymer. tom. 8. pag. 122 : *Ab omni jurisdictione, Superioritate, potestate, etc.* Charta qua Renatus Rex concedit Baroniam Grimaldi Johanni Cossa ann. 1456. ex Schedis Præs. *de Mazaugues : Sola dumtaxat Superioritate et homagio... nobis et nostræ curiæ reservatis.* Statuta criminalia Saonæ fol. 117 : *Decernentes prout in eis respective continetur, et hoc salva tamen semper Superioritate, auctoritate et jurisdictione M. D. Potestatis dictæ civitatis Saonæ.* Occurrit etiam apud Ludewig. tom. 5. Reliq. MSS. pag. 316. *Supperioritas*, in Litteris ann. 1358. tom. 3. Ordinat. Reg. Franc. pag. 297.

* 2. **SUPERIORITAS**, Locus vel pars superior. Inventar. ann. 1476. ex Tabul. Flamar. : *Et in magno orreo sive granerio, quod est in Superioritate sive capite ejusdem castri, etc. Et in quadam camera, quæ est in Superioritate prædicti castri, prope vicem, per quam ascenditur et descenditur in eodem castro.*

SUPERISTA, Æditnus, ex Græco ὑπερίστης. Glossæ Biblicæ MSS. : Νεωκόρος, κοσμήτωρ ναοῦ, ὑπερίστης. Annales Francorum Lambeciani ann. 882. lib. 2. Comment. de Cæsar. Bibl. pag. 353 : *Quidam Gregorius nomine, quem Romani Superistam vocant, dives valde, in paradiso S. Petri a suo collega occisus est.* Anastasius in S. Hadriano pag. 100 : *Missi Stephanus Sacellarius et Paulus Superista ad prænominatum pergerent Regem.* Alii Codd. habent *Super ista*, disjunctis vocibus, sed perperam. In Leone IV. pag. 199 : *Gratianus Magister militum, et Romani Palatii egregius Superista ac Consiliarius.* In Benedicto III. idem Gratianus *sacri Superista Patriarchii* dicitur. In Hist. Translat. S. Sebastiani cap. 4 : *Erant... et dignitati Apostolicæ sedulo assistentes Quirinus Superista, Theophylactus Nomenclator, etc.* Apud Luithprandum lib. 6. cap. 6. sub finem, inter primates Romanæ civitatis recensetur *Stephanus filius Joannis Superista*. Ex his emendanda vetus inscriptio Mediolan. apud Puccinellum in Zodiaco Mediolan. part. 3. pag. 378 : † *Guillelmus de Pomo Superstes hujus Ecclesiæ, hoc opus multaque alia fieri fecit.* Legendum enim *Superistes*.

SUPERJUDEX, Magistratus dignitas, apud Lusitanos. Vide Brandaon. lib. 15. Monarch. Lusitan. cap. 41.

¶ **SUPERJUMENTARIUS**, Qui *Jumentariis* præest. Sueton. in Claud. cap. 4 : *Superjumentarium ex industria sibi appositum.* Vide Casaubon. in hunc locum, et supra *Jumentum*.

¶ **SUPERJURAMENTUM**. Vide mox *Superjurare*.

SUPERJURARE, [Juramento testari.] Capitula Theodori Archiep. Cantuar. cap. 47 : *Si quilibet ingenuus gravi infamia publicetur, ut eum populus Superjuraverit, criminosum haberi, si se excusare voluerit, ferro se examinet.*

Superjurare, Juramentum, a paucioribus præstitum, juramento plurium præponderatum superare, vincere, evertere, atque adversarium falsi convincere. Ita Somnerus. Lex Ripuar. tit. 79 : *Si quis homo propter furtum comprehensus fuerit, et legitime Superjuratus, et judicio Principis pendutus, vel in quolibet patibulo vitam finierit, omnes res ejus hæredes possideant, exceptis capitali et dilatura, quæ in locum restituant.* Ubi *Superjuratus*, dicitur reus, qui plurium testimoniis criminis convictus est, quam ipse innocentiam suam probavit. Concilium Triburiense ann. 895. cap. 22 : *Si quis fidelis libertate notabilis, aliquo crimine aut infamia deputatur, utatur jure, juramento se excusare : si vero tanto talique crimine publicatur, ut criminosus a populo suspicetur, et propterea Superjuretur, aut confiteatur et pœniteat, aut Episcopo vel suo misso discutiente per ignem candenti ferro examinetur.* Leges Henrici I. Regis Angl. cap. 74 : *Et qui culpam exigit de fure occiso, eat se tertio, ut duo sint de cognatione patris, tertius de cognatione matris, et juret, quod in cognato suo nullum factum erat, pro quo de vita forisfactus esset, et eant alii cum duodecim, et Superjurent ei inmundiciam, quæ ante dicetur.* Eadem ferme habentur in Legibus Athelstani Regis cap. 16. ubi rectius : *Et eant alii cum 12. et Superjurent eum in contaminationem, sicut ante dicebatur.* Capitula de Weregildis post Concilium Grateleanum ann. 928 : *Et qui sic promotum hominem non habet, ipse causam suam Superjuret, vel amittat.* Burchardus Wormaciensis Episcopus in Lege familiæ cap. 22 : *Similiter erit ex parte matris, nisi se cum judicio Scabinorum aut proximorum testimoniis superari possit.* Adde cap. 17.

Superjuramentum, in Legibus Adelstani Regis cap. 5. apud Bromptonum pag. 850. pro *præjuramento* accipi observat Somnerus.

SUPERLABIUM, Labium superius. Leges Kanuti Regis cap. 51. apud Bromptonum : *Eruantur ei oculi, et truncetur ei nasus, et aures, et Superlabium, etc.* Philippus *Mouskes* in Ludovico VIII :

Mais trançoit on piés, et puis oreilles,
Nés, Baulevres, et crevoit jous.

* Voce *Baulevre* vel *Banlevre* totum oris circuitum significari diximus supra in *Banlauca*. Vide ibi.

¶ **SUPERLATIVUS**, Optimus, præstantissimus, Gall. *Excellent*. Gesta Consulum Andegav. apud Acher. tom. 10. Spicil. pag. 424 : *In Autissiodorensi etiam urbe aulam propriam et vineas vini Superlativi bajulas, et prædia suburbana possidebat* (Ingelgerius Gastinensis Comes.) Hinc

¶ Superlative, Excellenter. Henr. Huntindon. in Epist. ann. 1153. apud eumdem

8. Spicil. pag. 182 : *Oxinfordiæ em præposuit Alveredum, cui successit alterius Superlative rhetoricus.*

¶ 1. **SUPERLECTILE**, Stragulum, quod lecto insternitur, vel etiam id omne quo lectus instruitur. Bulla Benedicti XII. PP. apud Stephanot. tom. 10. Fragm. MSS. pag. 115 : *Sic oculos avaritiæ cæcitas excæcavit, quod necdum lectos et alia Superlectilia eorumdem hospitalium et leprosariarum per eos ibidem reperta conservare ac adaugere, ut tenebantur, damnabiliter obmiserunt, etc.* Charta ann. 1343. tom. 1. Hist. Dalphin. pag. 201. col. 1 : *Quod dicti monachi et capellani habeant et habere debeant segregate et ad partem domus, suam coquinam, cellarium, granerium, aysimenta, cubilia et Superlectilia aliaque sibi necessaria.*

* 2. **SUPERLECTILE**, pro *Supellectile*, supellex quævis. Lit. Petri comit. Autiss. ann. 1229. tom. 5. Ordinat. reg. Franc. pag. 718. art. 35 : *Constitui etiam et concessi, ut dictis hominibus* (Mailliaci) *ad aisamenta sua, videlicet dolia, cupas, cistas, et omnia alia Superlectilia, de quocumque nemore sint, sive* (l. sine) *omni occasione vendere liceat.* Libert. Villæ-franchæ ann. 1369. ibid. pag. 700. art. 6 : *Concessimus... quod senescalli... aut alii officiarii regii aliqua de causa non capient vel arrestabunt.... equitaturas, carnalagia sive Superlectilia aut alia eorum bona consulum aut habitatorum dictæ villæ, etc.* Vide infra *Supletalè.*

SUPERLICENTIA, Licentia extraordinaria. Statuta pro Monasterio S. Andreæ Avenionensis ann. 1253 : *Et quia nihil Monacho commune cum urbibus, tam Abbati quam Priori firmiter inhibemus, ne Monachis Avinionem intrare volentibus dent passim licentiam, vel frequenter; sed si cui Superlicentiam dederint semel in hebdomada, non dent iterum in eadem, nisi causa subsit rationabilis et expressa, de qua causa licentiæ non dubitent quin sit vera.* [Apud Acher. tom. 8. Spicil. pag. 238.]

¶ **SUPERLICIUM**, ut *Superpellicium*. Vide ibi.

SUPERLIMINARE, in Hist. Miscella, ὑπέρθυρον, apud Theophanem ann. 6. Justiniani. Ἀνώφλιον, apud Anonymum de Locis Sanct. cap. 7. [Gloss. Lat. Gall. Sangerm. : *Superliminare, Entrée de maison, dessus.*]

* **SUPERMAGNAS**. Vide supra *Magnas*.

¶ **SUPERMAGNUS**, Maximus. Vita Clementis V. PP. apud Murator. tom. 3. pag. 679. col. 1 : *Postquam Supermagnus effectus fuerat, post similem fortunæ gloriam, ignominiam est perpessus.*

* **SUPERMANENS**, Inquilinus, colonus. Charta Will. comit. Vienn. ann. 1222. inter Probat. ult. Hist. Trenorch. pag. 186 : *Quitavi in perpetuum ecclesiæ Trenorchiensi..... quicquid juris habet apud Villamnovam, quæ Silviniacus nominatur, secundum quod a Supermanentibus patriæ visum est et testificatum.* Vide *Manentes.*

SUPERMISSA, Epistola, quæ canitur Missa. Glossæ MSS. S. Germani Paris. Prisciani Græca vocabula : ἐπιςολή, et ἐλιον *idem est, i. Supermissa.* Alcuinus lib. de Divin. Offic. : *Epistola dicitur Supermissa, eo quod super vetus Testamentum et Evangelium Missa sit, non causa dignitatis; sed ut quisque, qui Evangelium fuerit ingressus, ibi inveniat medicinam salutis.* Eadem verba habet Remigius Autisiod. lib. de Celebratione Missæ. Honorius Augustod. cap. 96 : *Lectio dicitur a legendo. Epistola dicitur Supermissa Episcopi super stola dicitur Missa, quia sicut Prophetiæ super legem, ita Epistolæ Missæ sunt super Evangelium.* Summa Magistri Puntii Provincialis MS. ex Bibl. Thuana Cod. 525 : *Epistola est Supermissa c.... sitis præsentibus, non inertæ * composita quæ.... in recipientis affectum, et indicat delegantis.*

SUPERNAS, *natis, Superna colens*. Joan. de Janua. [*Souvrain*, in Gloss. Lat. Gall. Sangerm. MSS.]

* **SUPERNATURALITER**. Charta ann. 1337. tom. 2. Hist. Trevir. Joan. Nic. ab *Hontheim* pag. 129. col. 1 : *Et est sciendum quod eadem capella et curia ibidem... spectant totaliter, sine aliquo intermedio et immediate, Supernaturaliter et temporaliter, ad cameram domini archiepiscopi Trevirensis.* Id est, quoad res spirituales et temporales. Vide *Spiritualitas.*

¶ **SUPERNAVIGARE**, De nave dicitur quæ alteram præcurrit. Chron. Angl. Th. *Otterbourne* pag. 253 : *Quarum una* (navis) *ventis pro voto fruens, disposuit Supernavigasse navem, in qua filius regis erat, sed providentia probitateque naucleri, obliquantis dracenam subito navemque girantis, navis regia vastæ ratis declinavit impetum.* Gloss. Lat. Græc. : *Supernavigo*, ἐπιπλέω.

¶ **SUPERNIS**, *Desuper*, ἄνωθεν, in Gloss. Lat. Gr. *Superius*, in MSS.

¶ **SUPERNOMEN**, Cognomen, Gall. *Surnom*. Judicatum ann. 969. in Addit. ad Chr. Casaur. apud Murator. tom. 2. part. 2. col. 958 : *Et querelati sunt super Walteri, qui Supernomen vocatur Aczo.* Placitum ann. 1014. ex Chartul. Farf. apud Mabill. tom. 4. Annal. Bened. pag. 706. col. 1 : *Benedictus qui Supernomen Bocca-pecu vocatur.* Vide *Supranomen.*

* *Seurnommer*, Non consueto cognomine aliquem appellare. Lit. remiss. ann. 1404. in Reg. 159. Chartoph. reg. ch. 105 : *Icellui Robault dist au suppliant qu'il amenderoit ce qu'il avoit Seurnommé son filz, en l'appellant Jaquemin Morart, et on le appelloit Jaquemin Robault.*

¶ **SUPERNUMERARIUS**, Qui supra numerum usitatum accidit, Gall. *Surnuméraire*. Veget. lib. 2. cap. 19 : *Deputabantur milites, qui vocantur Accensi, hoc est postea additi, quam fuisset legio completa, quos nunc Supernumerarios vocant.* Eosdem *Super-numerum*, vel *Supra-numerum* vocat Sueton. in Claudio.

¶ **SUPER-OBLATA**, Offertorium seu Oratio quæ fit super *Oblata*. Acta SS. tom. 4. Jun. pag. 698. de Festis S. Joannis Bapt. : *Et Super-oblata, eadem quæ prædicto in Romano est secreta festi.*

** **SUPERONERARE** COMMUNEM PASTURAM, Immodice abuti jure compascendi. Placit. ann. 43. Henric. III. Reg. Angl. Suth. rot. 10. in dorso in Abbrev. Placit. pag. 147 : *Quare injuste superhoneraverit communem pasturam suam in la Rugge, ita quod in ea plura habet animalia et pecora, quam habere debet et ad ipsum pertinet habendum, secundum liberum tenementum suum, quod habet in eadem villa.... Consideratum est, quod prædictus Hugo de cetero non habeat in prædicta pastura nisi tantummodo 8. boves, vaccas vel juvencas, 6. porcos et 20. oves ad plus, et sit in misericordia, quia prius eandem pasturam Superhoneravit, etc.* Vide ibid. pag. 123. rot. 7. Aliud ann. 17. Edward. I. ibid. pag. 217. Coron. Buck. rot. 13 : *Gilbertus... et Augustus frater ejus Superoneraverunt communam pasturæ de Wotton de 260. bidentibus post mensuracionem factam ibidem.* Vide Grimm. Antiq. Jur. Germ. pag. 106. 523. Leiseri Jus Georgic. lib. 2. cap. 14. sect. 37.

¶ **SUPERORDINARE**, Aliquem loco alterius ordinare, subrogare. Epist. Sigeberti Mon. ad Leod. ann. 1102. apud Marten. tom. 1. Ampliss. Collect. col. 592 : *Taceo Guacherum, qui Apostolici assensu approbatus et prior ordinatus fuit, subito exordinatum, excommunicatum, et alium ei Superordinatum.*

¶ **SUPER-OS**, Callus ossi adnascens. Vita S. Raynerii tom. 3. Jun. pag. 464 : *Quæ habebat Super-os durissimum ut lapidem, juxta juncturam manus et brachii dextri, magnitudinis fere ovi gallinæ.* Vide mox *Superossum*, et *Supprossum*.

¶ 1. **SUPEROSSUM**, Callus ad equi genu, vulgo *Suros*. Durandus in Speculo juris lib. 4. partic. 3. de empt. et vend. tit. 43 : *Vendidit unum equum.... cum uno Superosso in tali crure, etc.*

* 2. SUPEROSSUM, Tumor super ossum, hominum morbi genus, Gall. *Suros*, Ital. *Soprosso*, Hisp. *Sobrehuesso*. Codex MS. eccl. Vesunt. apud Chifflet. in Vesunt. part. 2. pag. 136 : *Quidam morbus super alteram manum increvit, quem vulgus Superossum solet vocitare.* Vide *Super-os.*

¶ **SUPERPALLIUM**, Umbella, baldachinum. Vita Eugenii IV. PP. apud Baluz. tom. 7. Miscell. pag. 509 : *Intravit* (Imperator CP.) *Ferrariam, ubi erat Eugenius Papa et Concilium congregatum, die quarta Martii cum solemnitate, sicut solet Romanus recipi Imperator, Superpallio super caput, Cardinalibus et tota curia comitantibus.* Vide in *Pallium* 2.

* **SUPER-PEDES**, Idem quod practicis nostris *Sans deport*, sine mora. Instr. ann. 1390. inter Probat. tom. 3. Hist. Nem. pag. 104. col. 2 : *Mandarunt per servientes et alios, nos et dictos nobiles pignorari et exequtari in bonis nostris et dictorum nobilium rigorose et indebite, et contra formam juris et Super-pedes, pro certis pecuniarum summis, etc.* Nisi ad judices referatur, qui stantes et non pro tribunali, ut moris est, sedentes, hanc sententiam tulerant.

¶ **SUPERPELLICEATUS**, SUPERPELLICIATUS. Vide mox in *Superpellicium*.

SUPERPELLICIUM, Vestis linea, manicata, sic appellata, inquit Durandus in Ration. lib. 3. cap. 1. n. 10. 11 : *Eo quod antiquitus super tunicas pellicias de pellibus mortuorum animalium factas induebatur, quod adhuc in quibusdam Ecclesiis observatur. Superpelliciale indumentum*, in Actis Archiepiscop. Rotomagens. pag. 453. Gauterius de Bellis Antiochen. pag. 461 : *Archiepiscopus sacerdotali Superpellicio indutus, etc.* Cæsarius lib. 8. cap. 97 : *Quosdam viros candidos in Superpelliciis et tonsura*

Clericorum adesse vidit. Will. Malmesburiensis lib. 1. de Gest. Pontif. pag. 215 : *Plus 40. Canonicos cappis et superpelliciis ornaverat.* Regula Ordinis Sempringhamensis pag. 725 : *Ministris altaris sint Superpellicia cum capuciis, quæ caput et colli nuda protegant, cum Sacerdotalibus vestimentis induendi fuerint, etc.* [Concil Avenion. ann. 1509. apud Marten. tom 4. Anecd. col. 387 : *Ferant continue et deportent Superpellicium cum longis manicis decens et honestum. Illa quæ manicas non habeant, olim per aliquos ferri consueta, ab eis et eorum quolibet sub excommunicationis pœna dimissa penitus est rejecta.*] Occurrit præterea hæc vox in Legibus Edwardi Confess. cap. 36. apud Michaëlem Scotum lib. 4. Mensæ Philosopicæ cap. 9. Matthæum Paris ann. 1237. 1247. pag. 302. 493. Will. Thorn in Chron. Cruceum in Episcopis Cadurcensibus n. 114. Catellum lib. 5. Rerum Occitanar. pag. 901. Barralem in Chronolog. Lerinensi tom. 2. pag. 167. Sammarthanos in Episcopis Magalonensibus ann. 1339. etc.

* Constit. ant. S. Petrimont. ord. S. Aug. tom. 2. Monum. sacr. Antiq. pag. 435 : *Post completorium fratres ad lectos venientes, cum gravitate in lectis suis assideant, et extractis postea ante lectum sotularibus, crura sua cum honestate ad se contrahant, deinde operimento, quo se debent tegere, usque ad assellas adducto, tunc demum Superpellicia exuant, et ita provide juxta se reponant, ut illa resurrecturi mox in promptu habeant.* Ubi tamen indusium significari videtur, vulgo *Chemise.* Vide mox infra.

* Superpillicium, Eadem notione. Charta ann. 1239. ex Chartul. S. Petri Insul. sign. *Decanus* fol. 185. v° : *Quamdiu manebunt in hospitali, usus hospitalis observabunt, ferentes exterius Superpillicia sive nigras capas.*

¶ Superpellicium Concedere, Clericum facere, aliquem inter cleros et canonicos admittere. Statuta Clementis IV. PP. pro Eccles. Aniciensi apud Marten. tom. 2. Anecd. col. 483 : *Quod nulli in ipsa ecclesia superpellicium concedatur, nisi de legitimo matrimonio, bonæ famæ, etc. Quod quilibet clericus cui a modo Superpellicium concedetur, juret capitulo ipsius ecclesiæ fidelitatem servare, etc.*

¶ Superpelliceum *una cum capucio in processionibus portare* inhibent Statuta Arnaldi Episc. Magalonens. ann. 1339. inter Instrum. tom. 6. Gall. Christ. novæ edit. col. 383.

Superpellicium porro vestis fuit propria Canonicorum regularium, quam nunquam deponunt : adeo ut eo ipso, quod Ecclesiæ Cadurcensis Canonici *superpellicio* uterentur, Regulares fuisse ab initio quidam contenderint, et de hac re ad Innocentium IV. PP. rescripserint, quo illos ad Regulam revocaret, ut est apud Cruceum n. 110. Liber Ordinis S. Victoris Parisiensis MS. cap. 18 : *Superpellicium et tunica lanea, quantum fieri potest, unius longitudinis esse debent, ad minus pleno palmo a terra distantia.... Et ut manicæ Superpelliciorum non plus duobus palmis ultra digitos promineant.* Hanc superpelliciorum longitudinem attigit etiam Stephanus Tornacensis Epist. 123. ubi de Canonicis regularibus : *Regularem habitum sic præfertis exterius, ut interius conservetis. Hujus habitus indicium principale vobis mitto, Superpellicium novum, candidum et talare, quod repræsentet vobis vitæ novitatem, munditiæ candorem, perseverantiæ finem.* Et in Concilio Basileensi ann. 1431. statutum est, ut Canonici Ecclesiarum Cathedralium, *Horas Canonicas dicturi, cum tunica talari, ac Superpelliceis mundis ultra medias tibias longis, vel cappis, juxta temporum ac regionum diversitatem, Ecclesias ingrederentur : non capucia, sed almucias, vel bireta tenentes in capite.* [** Annalista Saxo ann. 1044 : *Hactenus Hildenesheimensis clerus tam districta religione obsequio dei se mancipaverat, ut in professione canonica districtione gauderet monachica.... Delicatioris etiam vestitus tam nulla eis erat cura, ut gulas, quibus nunc ardet clerus, nescirent, linguas pelliciales ac manicas non pallio, sed nigrato panno ornarent, linguas autem claustralium Superpelliciarum non minus quam tunicarum equestrium fibularent.*]

Superpelliciorum Canonicorum Regularium forma varia fuit. Quippe ex Constitutione Benedicti XII. PP. *superpelliceum*, quo in Choro utuntur, longiores manicas habet. Cui non amplæ, sed strictæ manicæ sunt, *Rochetum*, seu *Romana camisia* dicitur, quod eo utantur potissimum Itali. Quod undique per circuitum clauditur, *Cotta* vocatur. *Sarrocia*, ad latus aperta sunt, et nonnisi ad 4. digitos inferne clausa, sine manicis, colobium referentia. Cum foras prodeunt, *parva sarrocia* accipiunt, undique aperta, qualia dantur Novitiis. Latitudo non excedit 4. digitos, et ut scapulare Monachorum, hinc inde dependet, non tamen sine plicis. Auctores *fasciam* appellant et *hastam.* Incommoditas in obeundis muneribus hanc variationem intulit. Verba sunt Nebridii *a Mundelheim* in Antiquario Mon. In eamdem ferme sententiam hæc scripsit Joan. Buschius lib. 1. cap. 23 : *Habitus Canonicorum Regularium est vestis linea, sive tota linea, quam Romani Roketum Romanum, Germani Subtile, Sarracium, sive Scorlictum appellant. Habitus iste in diversis mundi climatibus diversimode formatur. Quidam enim Roketum Romanum, sive subtile deferunt, in lateribus integrum usque ad calceos pene porrectum, cum manicis integris usque ad manus, sive ad cubitum extensis. Alii hanc lineam portant in forma longi latique scapularis, sine manicis in lateribus apertam, aut circa tibias ad latitudinem palmæ manus, more Cartusiensium consutam, aliquando cum rugis, aliquando sine rugis et plicis, quam Sarracium vocant. Tertii hanc lineam vestem deferunt in forma parvi et brevis scapularis de collo dependentis, quam Scorlitum nuncupant.* Vide Claudium Molinetum de Habitibus Canonic. Regul. [** Glossæ antiq. apud Graff. Thesaur. Ling. Franc. tom. 2. col. 431 : *Sarroch, Paludamentum.* Vide ibid. tom. 6. col. 267.]

☞ *Superpelliceum* etiam vocatur apud Moniales Cuculla major, ut colligitur ex Statuto ann. 1209. pro Monasterio Jotrensi ex Cod. 10. Bibl. Pithœanæ : *Habeat quælibet monialis quolibet anno duo Supplicia* (f. *Superplicia*) *alba et duo nigra, quæ terram tangant.* Idem docet Tabul. Calense pag. 412 : *L'an de grace 1438. le Samedi jour de S. Cecile 22. de Novembre fu Madame de Cheles sainte Baupteur par devers M. de Paris pour lui faire aucune requestes, entre lesquelles il luy donna et octroia congié et licence de porter cottes noires par dessoubs le Surpellis noirs pour elle et pour toutes ses Religieuses, toutefois que bon leur semblera tant dehors comme à l'eglise pour supporter leurs necessitez.*

Superpellicia mulieribus quibusvis tribuunt etiam Galbertus Flandr. in Vita Caroli Comitis num. 51. et liber Miraculor. S. Ludgeri Episcopi Mimigard. num. 44.

* Quod de indusio, Gall. *Chemise*, aut de linea veste tunc intelligendum esse puto. Lit. remiss. ann. 1350. in Reg. 80. Chartoph. reg. ch. 57 : *Mulierem ipsius pictoris in suo peliçone, cum quodam Superpellicio desuper, existentem percussit dictus Dionysius;... et dicto suo ense prædictum Superpellicium perforavit, ostendens quod eam vellet interficere. Surpeliz*, eodem intellectu, in aliis Lit. ann. 1388. ex Reg. 135. ch. 48 : *Une cotte simple à femme... en un peliçon de peaulx de conins, avec le Surpeliz dont il estoit envelopez.* Quod pelli superinduatur, sic videtur appellatum, vel fortean a plicaturis.

Supellicium, pro *Superpellicium*, in Statutis Juhelli Archiepiscopi Turon. ann. 1233.

¶ Suppellicium, Eadem notione. Translat. S. Greg. Nazianz. tom. 2. Maii pag. 457 : *Canonici rocheto et Suppellicio induti.* Statuta Eccl. Meldens. apud Marten. tom. 4. Anecd. col. 893 : *Nulli clerico permittatur servire altari, nisi in Suppellicio vel cappa clausa.* Occurrit præterea in Statutis Eccl. Aurelian. apud eumd. tom. 7. Ampl. Collect. col. 1274.

¶ Suppellicia, Eodem significatu, in Computo ab ann. 1333. ad ann. 1336. tom. 2. Hist. Dalphin. pag. 277 : *Item, pro factura Suppelliciarum septem pro capella domini, taren. 12.*

¶ Superlicium, Pari intellectu. Synodus Trecor. ann. 1329. apud Lobinell. tom. 2. Hist. Britan. col. 1604 : *Præcipimus quod sacerdotes et beneficiati jejuni intrent synodum in Superliciis.* Statuta Eccles. Constant. apud Marten. tom. 4. Anecd. col. 801 : *Jejuni statim post pulsationem campanæ grossæ intrent synodum, et Superliciis cum stolis presbyteri et Superliciis beneficiati, etc. Nullus legat epistolam sine Superlicio, vel cappa clausa*, ex iisdem Statutis ibidem col. 810. Occurrit rursum col. 956. et 1075. tom. 1. Gall. Christ. novæ edit. inter Instr. pag. 70. col. 2. in Fragm. ex Ordinar. Eccl. Rotomag. ad calcem Joh. Abrinc. pag. 200. 201. et alibi.

¶ Supercilicium, perperam pro *Superlicium*, in Statutis Caroli VI. ann. 1401. pro reformat. S. Capellæ Paris. apud Lobinell. tom. 3. Hist. Paris pag. 138 : *Dictam cappam, si voluerit, liceat ei dimittere, et in Supercilicio remanere.*

¶ Superpelliceatus, Superpelliciatus, Superpelliceo indutus. Charta ann. 1258. tom. 2. Rer. Mogunt. pag. 710 : *Ut* canonici in *Annunciatione B. M. V. qua cappati hucusque fuerant, perpetuo Superpelliceati incedant.* Hugonis Metelli Epist. 41. tom. 2. Monument. sacræ Antiq. pag. 386 : *Ecce isti sunt Superpelliceati, isti sunt tunicati, quia si regnum Dei obtineatur vestibus... Tunicati exordium sumpserunt a Norberto, Superpelliceati a B. Augustino.* Statuta Collegii Ardac. apud R. Duellium tom. 1. Miscell. pag. 126 : *Volumus quoque ne ullus canonicorum aut vicariorum tempore divini officii chorum vel ecclesiam intrare debeat, nisi fuerit Superpelliciatus.*

¶ Superpliciatus, Eadem notione, in Litteris Henrici VII. Abb. Fuld. ann. 1565. apud Schannat. Diœces. Fuld. pag. 315 : *Præcipimus quod universi et singuli capellani.... dictis decano et canonicis in habitu et relligione, videlicet Superpliciati et piliati* (pileati) *in perpetuum se conforment.*

SUPERPLUS, Residuum, quod summam aliquam excedit, Gallis *Le surplus* : Ὑπέρπλεον, Zonaræ in Alexio Comn. pag. 237. et Glycæ. Leges Adelstani Regis apud Greateleyam cap. 1 : *Excipiatur inprimis capitale repetentis de Pecunia ipsius, et dividatur postea Superplus in duas partes, unam partem habeat uxor ejus, etc.* [Liber niger Scaccarii pag. 334 : *Et Superplus jacet super dominium meum.* Et pag. 339 : *Superplus quatuor milites, quos domino Regi debet, jacet super dominium suum.*]

¶ Superplusagium, Eodem significatu. Charta ann. 1341. apud Rymer. tom. 5. pag. 287 : *Idem Bernardus de Superplusagio nobis respondeat.* Alia ann. 1405. apud eumd. tom. 8. pag. 404 : *Item quod de Superplusagio inde, si quod fuerit, nobis ad scaccarium nostrum singulis annis fideliter respondeatur.*

Surplusagium, Eadem notione, ex Anglico *Surplusage.* Charta Edwardi III. Regis Angl. : *Et de Surplusagio exituum eorum, si quod fuerit, etc.* Ordinationes de Marisco Romeneiensi : *Satisfaciant in omnibus quod conjunctum fuerit per prædictum computum inter eos de Surplusagio recepto de averiis venditis, etc. Surplusage,* apud Will. Stanford. in Placitis Coronæ lib. 2. cap. 13.

* *Suerplus,* in Testam. Helvid. uxor. Joan. dom. de Insula ann. 1274. ex Chartul. Vallis N. D : *Et se ainsi estoit que Suerplus eust en nos muebles et en nos catieux, etc.* Vide supra *Superat.*

* **SUPERPLUVIUS**, Pluvius abundanter. Hist. monast. S. Florent. Salmur. tom. 10. Collect. Histor. Franc. pag. 266 : *Campana quoque argento permista, sonora atque dulcissima... Superpluvio tractu super arcuatam turrem cadens, minutata, etc.*

¶ **SUPERPONDIUM**, Auctarium ponderis, ut mox *Superpondus.* Gloss. Lat. Gr. : *Superpondium,* ὑπέρμετρον. Apuleius lib. 6. Metamorph. : *Exiguum scilicet et illud tantæ molis Superpondium.*

SUPERPONDUS, Quod pondus excedit, Gallice *Surpois*, Occitanis *Subrepès.* Fori Morlanenses art. 18 : *Si aliquis cambiat in hac villa, et Superpondus unius sterlini accipiat in marcam, si probari possit, 6. solid. dabit pro damno.* [Vide *Superpondium.*]

1. **SUPERPONERE**, Ultra debitum exigere. *Censum superponere,* in Præcepto Caroli M. pro Hispanis ann. 812. et in Capitulari Wormaciensi ann. 829. cap. 15. Vide *Superimposita.*

Superpositio, Exactio extraordinaria. Judicium Aganonis Episcopi Augustodunensis : *Oppressiones injustæ et Superpositiones illicitæ,* quæ ita infra exprimuntur : *Quando ex unoquoque manso ab habitatore possesso porcus et agnus, gallina et pullus, fœnum et annona, denarii, nec non et ea, quæ necessaria erant, solebant extorqueri.* Ita

Superpositum, est Pensitatio extraordinaria, quæ præter consuetam imponitur. Synodus Romana sub Eugenio II. cap. 26. ex edit. Holstenii : *Nulli liceat Episcoporum a subjecto Sacerdote, vel aliquolibet Clerico, et piis locis dationes ultra Statuta patrum exigere, aut Superposita in angariis inferre.* Honorius III. PP. in V. Collect. tit. 16. cap. 2. ad Decan. et Capitul. Compostell. : *Sic denariis, tollitur de vigesimandis illis dubitatio quos Superpositum appellatis.* Ubi *vigesimatio denariorum* est id, quod vulgo dicimus *le sol pour livre* : neque enim placet Cironi interpretatio.

Suprapositio, Eadem notione, in Charta ann. 1039. apud Ughell. tom. 3. pag. 301.

Superimpositum, in Charta Caroli Crassi ann. 882. apud eumdem tom. 5. pag. 1572.

2. **SUPERPONERE**, Præferre, anteponere. Capitulare Pipini Regis ann. 793. cap. 10 : *Placuit, ut ubi lex erit, præcellat consuetudini, et ut nulla consuetudo Superponatur legi.*

* **SUPERPORTORIUM**, Superportus, Tributum, quod in portubus, sive pro appulsu ad portum exsolvitur. Pact. inter Raim. V. comit. Tolos. et abbat. S. Egid. ann. 1160. inter Probat. tom. 1. Hist. Nem. pag. 36. col. 2 : *Recedendo a lite et controversia, quæ erat inter nos et monasterium S. Egidii desuper portu sive de portorio S. Egidii,... ut de cetero monasterium S. Egidii,... libere habeat et quiete possideat ipsum Superportum sive Superportorium, etc.* Vide *Portus* 8.

SUPERPOSITA, Morbus seu læsio equina *inter carnem et ungulam, faciens rupturam carnis ibidem, etc.* Petrus de Crescentiis lib. 9. cap. 51. cujus vetus Gallicus interpres vertit *supposte.*

¶ **SUPERPOSITI** Psalmi. Vide *Superpositio* 3.

¶ 1. **SUPERPOSITIO**, Exactio extraordinaria. Vide in *Superponere* 1.

¶ 2. **SUPERPOSITIO**, Accessio, incrementum. Charta Hererici ann. 868. apud Marten. tom. 1. Ampl. Collect. col. 190 : *Post meum obitum res ipsæ cum omni meliorationе ac Superpositione ad ipsum sanctum recipiantur locum.* Vide *Superpositum* 1.

3. **SUPERPOSITIO**, et Superpositio Jejunii, dicitur jejunium strictius, et quod majori abstinentia observatur, quam cætera jejunia, quæ ex regula, aut ab Ecclesia indicuntur : ita ut si quis semel in die edat, in ipso, ut vocabant, *superposito* die a cibo vel etiam a potu penitus abstineret; quod Pœnitentialis MS. *Superjejunare* dixit : *In quarto Superjejunet ad Nonam, et a carne et vino abstineat se.* Concilium Eliberitanum can. 26 : *Errorem placuit corrigi, ut omni Sabbati die jejuniorum Superpositionem celebremus.* In eodem Concilio cap. 23 : *Jejuniorum Superpositiones per singulos menses placuit celebrari.* Regula Magistri cap. 53 : *Qui vero voluerint Fratres jejunium superponere, in ipso superposito die in labore cum Fratribus non spectentur, solummodo laborantibus Fratribus legant, ut otiosi non sint, et pro pane, verbo Dei reficiantur.* Ubi diserte indicatur in superpositis jejuniis a pane abstinuisse jejunantes, proinde superpositionem fuisse strictius jejunium : nos dicimus *Redoublement de jeune.*

Jejunium Duplex, appellatur apud S. Hieron. in Epitaphio Paulæ cap. 1 : *Quoties autem infirmitate corpusculi, quam incredibili abstinentia et duplicatis contraxerat jejuniis, vexabatur, etc.* Cap. 10 : *Lasciventem adolescentularum carnem crebris et duplicatis frangebat jejuniis, malens stomachum dolere, quam mentem.* Et apud Anonymum Suession. in Vita S. Vodali cognomento Benedicti, n. 4 : *Jejunio duplici reliquorum charismatum diadema coronavit.* Quo loco *jejunium duplex* dicitur, quomodo *gemina Superpositio* in Actis Martyrum Numidarum n. 8 : *Continuatis in carcere gemina Superpositione jejuniis, et orationibus sæpe repetitis, etc.* In quibus scilicet a pane et potu abstinebatur. Cujusmodi forte fuit jejunium SS. Patrum, de quibus Nilus Narrat. 3. pag. 34. qui alternis diebus, παρὰ μίαν ἡμέραν, reficiebantur, cum alios ἄσιτοι transigerent. Duplicis jejunii meminit etiam Faustus Regiensis Epist. 2 : *Si trepida parum amplius rudimenta permittunt, alternis hyemales dies jejuniis transigantur : quæ sicut moderari convenit, ita necesse est duplicari : duplicari, inquam, duo enim sunt abstinentiæ genera : unum est incontinentiæ appetitum a cibo et potu, et a diversis carnalium suavitatum illecebris coercere; et vomere crucis terram subjecti exterioris edomare, et necessitati potius quam voluptati temperata moderatione servire paulum, si permittat infirmitas, vel alternis diebus, donec vis longæ consuetudinis dissuescatur, accipere.* Ubi quod Faustus *alterna jejunia*, Belethus cap. 11. *jejunia alternitatis* vocat. Quod porro *continuare jejunia* dicunt Acta Numidarum Martyrum, id per συνάπτειν τὴν νηστείαν dixit Sozomenus lib. 1. cap. 11. ut et Vita S. Paphnutii num. 53.

Superpositio igitur in jejunio erat strictius cæteris jejunium, ut fuit illud quod Monachi Ægyptii Quadragesimali tempore observabant. S. Hieron. Epist. 22 : *Jejunium totius anni æquale est, excepta Quadragesima, in qua sola conceditur districtius vivere.* Vita S. Samsonis Episc. Dolensis lib. 1. cap. 10 : *Jejuniis ac vigiliis prolixioribus plus omnibus Fratribus ibidem habitantibus sese exercebat, ita ut Superpositiones interdum autem et triduanas facere contendebat.* Lib. 2. cap. 12 : *Superpositiones frequentissimas, nec non et biduanas, interdum autem et totas hebdomadas, id est 7. dies totos peragens, septimo demum die reficiebatur.* Rabanus Maurus lib. 2. de Institut. Cleric. cap. 25 : *Qui constituta atque demandata jejunia servare neglexerit, peccat : Qui autem expletis legitimis, privata superexpenderit, propriam mercedem habebit. Nam leguntur aliqui Sanctorum per biduanas, sive per triduanas, sive etiam per totam hebdomadam jejunium extendere : plerique quod nec vinum, nec siceram biberint, nec aliquid manducaverint, præter panem siccum et olera : alii quod ab omni carne se abstinuerint, etc.* Ita Epiphanius in Exposit. fidei Catholicæ n. 22 : Οἱ δὲ σπουδαῖοι διπλᾶς, καὶ τριπλᾶς, καὶ τετραπλᾶς ὑπερτίθενται, καὶ ὅλην τὴν ἑβδομάδα (Πάσχατος,) τινὲς ἄχρι τῶν ἀλεκτρυόνων κλαγγῆς τῆς κυριακῆς ἐπιφωσκούσης. Gregorius Turon. de Vitis Patrum cap. 15 : *Exiguosque cibos et tenues potiones sumens : diebus autem Quadragesimæ sanctæ, addebatur augmentum abstinentiæ ciborum diminutione : nam usus illi panis tantum hordeaceus erat et aqua.* Ejusmodi fuere jejunia, de quibus Apophthegmata Patrum in Agathone n. 20. Palladius in Hist. Lausiaca cap. 20. et Chronicon Montis-Sereni ann. 1157.

Atque ea strictiora jejunia Monachis, quibus crebra ac stata erant jejunia, in pœnam et mulctam pro erroribus commissis imponi solebant, quæ *Superpositiones* simpliciter appellantur. [Canones Hibern. apud Marten. tom. 4. Anecd. col. 7 : *Presbyter aut diaconus faciens fornicationem naturalem.... Superpositionem faciat in unaquaque hebdomada, exceptis* L. *diebus post passionem.* Infra : *Si monachus exundante ventre evomuerit sacrificium in die; cœnam suam non præsumat. Et si non infirmitatis causa,* VII. *Superpositionibus : si infirmitatis et non voracitatis causa,* IIII. *Superpositionibus deleat culpam. Si autem non sacrificium, diei Superpositione et multa increpatione plectatur.*] Regula incerti : *Si qualibet occasione a justo deviatum fuerit, Superpositione damnetur.* S. Columbanus : *Qui vituperat aliquem fratrem obsequium dantem, tribus Superpositionibus pœniteat.* Pœnitentiale MS. Thuanum, seu Capitula Theodori Cantuar. cap. 52 : *Si in die, quando communicaverit, sacrificium evomuerit, si ante mediam noctem, tres Superpositiones faciat, si post mediam noctem, duas, etc.* Ita passim in aliis *Pœnitentialibus*, ejusdem scilicet Columbani (ubi perperam *suppositiones*, pro *superpositiones* editum proclivi mendo etiam in MSS. Codd.) et Halitgarii Episcopi Cameracensis cap. 9. 10. in Regula S. Donati cap. 29. etc.

Eadem notione ὑπερτίθεσθαι, et ὑπέρθεσιν usurpant Græci Patres. Dionysius Alexandrin. in Epist. ad Basilidem can. 1. de Christianis dies Hebdomadæ sanctæ in strictiori jejunio transmittentibus : Ἀλλ᾽ οἱ μὲν καὶ πάσας ὑπερτιθέασιν ἄσιτοι διατελοῦντες, οἱ δὲ δύο, οἱ δὲ τρεῖς, οἱ δὲ τέσσαρας, οἱ δὲ οὐδεμίαν· καὶ τοῖς μὲν πάνυ διαπονηθεῖσιν ἐν ταῖς ὑπερθέσεσιν, εἶτα ἀποκαμοῦσι, καὶ μόνον οὐκ ἐκλείπουσι, συγγνώμη τῆς ταχυτέρας γεύσεως, etc. Ubi observare est *superponentes*, ἀσίτους jejunasse. Ὑπέρθεσις τῆς νηστείας, apud Cyrillum Hieros. Catech. 18. Ὑπερθέσιμοι ἡμέραι, quibus jejunia superponuntur, apud Evagrium lib. 1. cap. ult. : Οἱ πολλάκις μὲν καὶ τὰς καλουμένας ὑπερθεσίμους (ἡμέρας) πράττουσι, διήμεροι καὶ τριήμεροι τὰς νηστείας ἐκτελοῦντες. Ita etiam *Superpositionem* usurpant Medici veteres, nempe pro morbi augmento, *Redoublement de fievre, ou de maladie*, cui *lenimentum* opponitur. Cælius Aurelian. lib. 3. Tardarum passion. cap. 1 : *Non solum lenimenti tempore, sed etiam in augmento, sive Superpositione passionis.* Idem in Præfat. : *Præscriptis celerum passionum libris, tardarum placet curationes ordinare, quæ solo Superpositionis tempore superioribus similes, in lenimento vero varia recorporatione formantur.* Et lib. 1. Acutor. cap. 5 : *In Superpositione quam Greci* ὑπέρθεσιν *vocant.* Lib. 2. cap. 12 : *Si in Superpositionem veniant, quam Græce Epithesin vocant.* Occurrit passim apud hunc Scriptorem. Alexander Iatrosophista lib. 1. Passion. capit. *De signis futuræ freneticæ : Quod si passio Superposuerit, ita ut jam proxima sit frenesis, etc.* Neque aliter accipi debet

Superpositio Silentii, apud Columbanum, in Pœnitentiali cap. 5. 6. et in lib. de Pœnitent. mensura cap. 9. quæ imponebatur in pœnam, ita ut cui indicta erat, silere prorsus, ac ne vocem quidem emittere juberetur. Petrus Cluniac. lib. 1. Epist. 27. pag. 673 : *Videant discreti, utrum superfluæ locutioni utile silentium imponi, an Superponi debeat.* Perperam editum *supponi.* Ita

Superpositio Psalmorum *et officii*, apud Stephanum Paris. in Regulam S. Benedicti, est officii et cursus Ecclesiastici augmentum, additio ad consuetum officium : *Monasteria quædam quadam utuntur psalmorum et officiorum Superpositione.* Pœnitentiale S. Columbani non semel meminit pœnitentiæ Psalmorum cap. 9 : *Pœnitentes fratres et indigentes pœnitentia psalmorum, hoc est, cui necesse fuerit, ut psalmos adhuc pro visione nocturna decantet, etc.* Cap. 10 : *Si quis fratri suo venienti* (detraxerit) *quatuor psalmos. Si quis oblitiscitur aliquid foras, si minus,* 12. *psalmos, si majus,* 30. *psalmos.* Ita alibi non semel. Alio porro sensu

Superpositi dici videntur *Psalmi* in Regula Magistri cap. 50 : *Alii literas discant et doceant, alii psalmos, quos habent Superpositos, meditentur.* Cap. 57 : *Aliquantulum legat, si fuerit psalteratus. Si vero non fuerit, tabulas a Majore Superpositas Psalmis secum portet, ut ad refectionem prandii, aut ad mansionem cum applicaverit, aliquantulum, quantum occurrerit, tamen meditetur, ut quotidie regulæ reddat, quod suum est. Ita et Frater, qui adhuc literas discit, tabulas Superpositas a Majore a Monasterio secum portet, ut si cum literato vult, ipse, cum ad refectionem vel mansionem applicaverit, cum eo tamen, aut solus aliquantulum, quantum occurrerit, meditetur.* Quibus locis Psalmi *super* tabulas peregrinantium illiteratorum *positi* videntur indicari, quorum scilicet loco aliquid de iis meditari liceat. Utcumque sit de horum verborum sensu, constat, genuinam vocis, *superpositio*, significationem Salmasium ad Solini cap. 27. pag. 324. et 1342. ut et plerosque e doctioribus non esse assecutos. Vide Petavium in Miscellan. exercit. post Julianum cap. 5. et infra *Tabula Peregrinantium.*

Superpositio. Glossæ MSS. : *Epicenia, superpositio.* Concilium Erfordiense ann. 362. cap. 5 : *Ut nemo nisi consentiente proprio Episcopo, aut ejus Misso, sub obtentu religionis jejunium sibi imponat, unum diem præ aliis excipiendo, omnino interdicimus :... quia plus causa ariolandi esse cognoscitur, quam supplementum legis Catholicæ.*

1. **SUPERPOSITUM**, Superficies, quidquid agro inædificatum est, aut in eo satum vel plantatum. Testamentum Widradi Abbatis Flaviniac. ann. 1. Theoderici Regis : *Quidquid ad ipsam colonicam aspicere videtur, cum omne Superposito.* Infra : *Ut, dum advivant, hoc teneant, et post ipsum discessum cum omne Superposito ad jam dictam casam S. Prejecti... revertere faciant.* Synodus Belvacensis ann. 845. cap. 3. vel Capitul. Caroli Cal. tit. 4. cap. 3 : *Quod res ad Ecclesiam mihi commissam pertinentes, et tempore principatus vestri ablatas, ita præsentialiter restituatis,.... excepto Superposito, quod in usus possidentium, vel ex ædificiis absumptum est.* Adde Ch. 144. in Appendice ad Capitularia Reg. Franc. [Charta ann. 1015. in Tabular. S. Victoris Massil. : *In civitate Arelate dono mansiones duas optimas cum omni Superposito, quæ sunt non longe a porta S. Stephani. Cum solaribus et Superpositis, et cum curtis, casalibus, etc.* in Charta ann. 1043. ex eod. Tabul.]

¶ Suprapositum, Eadem notione, in Formula 25. inter Lindenbrog. : *Cum omni addita melioratione, vel omnibus Suprapositis, etc.* Charta ann. 1008. ex majori Chartul. S. Victoris Massiliensis : *In civitate Arelate dono mansiones quas ego construxi juxta S. Lucianum cum omni Supraposito et structura quæ ibi pertinet.*

¶ Suppositum, Eodem significatu; nisi etiam contracte scriptum fuerit pro *Superpositum*, vel *Suprapositum.* Charta Jonæ Episcopi Eduens. ann. 865. apud Acher. tom. 8. Spicil. pag. 147 : *Dono etiam in supradicta villa Lanoscra mansum vestitum unum cum omni Supposito, et terris et pratis ad ipsum aspicientibus.*

Superpositum Nemoris, Arbores, virgulta, cædua. Charta ann. 1182. ex Tabulario Fossatensi fol. 25 : *Hoc solum ab eis obtinui, quod Superpositum nemoris illius mihi ab ipsis venditum succidisse, et inde tulisse liceat a Natali Domini anni illius usque ad 5. annos.* Ubi superscribitur *i. le sorpost.* Infra, fol. 237. dicitur *superficies nemoris, Superficiem quod extunc possint dicti Religiosi dictam nemoris vendere, sive scindi facere, etc.* Vide *Superficies Nemoris.*

☞ Eadem notione vox *Surpoids* occurrit in Consuetud. Sedan. art. 215. et Vitriac. art. 93 : *Quand aucune femme tient par droit de douaire aucuns bois ou forests qui jamais ne furent vendus de memoire d'homme, telle douairiere ne les peut vendre, si ce n'étoit par le consentement de l'heritier ou proprietaire; mais des bois ou forests dont on a vendu le Surpois par autres fois, elle les peut vendre, pourvû qu'ils soient en couppe, etc.* Ubi in vett. Consuet. Campaniæ habetur *Suerfais*, pro *Surfais*, quod legitur in Charta ann. 1348.

2. **SUPERPOSITUM**, Exactio extraordinaria. Vide *Superponere* 1.

¶ 1. **SUPERPOSITUS** Monasterii, Abbas, ἡγούμενος, in Diplomate Muncimiri Croatiæ Ducis ann. 992. apud Joan. Lucium de Regno Dalmat. lib. 2. cap. 2. Ita in veteri Inscriptione *Superpositus medicorum*, qui alias ἀρχίατρος. S. Hieron. : *In toto orbe decretum est, ut unus de Presbyteris electus Superponeretur cæteris. Superponi Ecclesiæ*, i. præfici, in Concilio Valentino III. can. 7.

¶ 2. **SUPERPOSITUS**, Propugnaculum, munimentum, quo aliud defenditur. Præceptum Borelli Comit. ann. 986. apud Marten. tom. 1. Ampl. Collect. col. 338 : *Et faciatis ipsa opera ad ipso castro, id est turrem et muros, et Superpositos, et valles, etc.*

* 3. **SUPERPOSITUS**, Dicitur de arboribus, plantis, segetibus, quæ superficiem terræ occupant. Vide supra *Superficies*. Charta Caroli Simpl. an. circ. 906. tom. 9. Collect. Histor. Franc. pag. 503 : *Petiit etiam ut illas cellulas... cum terris... et cum omni Superpositu illorum, etc.* Vide *Superpositum* 1.

SUPERPOSTULATIO, Quod præter debitum exigitur, in leg. 28. Cod. Th. de Erogat. milit. annonæ (7,4.). [Vide *Superdemanda.*]

SUPERPRENDERE, Capere ultra quam fas est, aut licet. Lex Ripuar. cap. 60. § 2 : *Si quis consortem suum, quantulumcumque Superpriserit, cum 15. sol. restituat.* Ubi *Superprindere consortem suum*, est *prendere super consortem*. Gallis, *Prendre sur son compagnon*. Hincmarus Episcopus Laudun. pag. 609 : *Dixit quidem Rex, dum de receptione ejusdem villæ ageretur, quod alia, sicut Normannus dicebat, Superprendissem, quæ in meo non continebantur præcepto.* [Vide *Supprendere* in *Supprisa*.]

SUPERPRISIA, Tributi stati ac ordinarii species, sic appellata, quod domini ultra consueta tributa tenentibus suis id olim imposuerint. Notitia ann. 1114. in Tabulario Ecclesiæ Heduensis : *Siquidem Simon quærebat in terra S. Nazarii, quam duo fratres tenebant... salvamentum et Superprisiam. Unde statutum est in eadem terra annuatim pro salvamento in vindemiis modium vini, denarium pro pane unum, alterum pro vino, tertium pro caseo prædictus Simon accipiat.* Infra : *In omnibus istis terris nihil omnino sæpedictus Simon retinuit, præter illa tantummodo de salvamento, quæ superius annotata sunt, neque Superprisiam, neque uliquam penitus exactionem.* Charta Odonis Ducis Burgund. ann. 1102 : *Relaxant Monachis Divionensibus.... arbergarias, cautiones, et Superprisias.* Charta Philippi Pulchri Regis Franc. ann. 1311 : *Novitas vel Surprisa, quod idem est, etc.* [Vide *Seurprisia* et *Supprisa*.]

Supercaptio, Eadem notione. [Charta ann. circ. 1100. ex Chartul. Matiscon : *Guichardus de Maniaco injuste accipiebat Supercaptionem in colonica de Poirols. Verpiverunt illam Supercaptionem et injurias Berardo Episcopo Matisconensi.*] Vetus Notitia ann. 1122. in eodem Tabulario Heduensis Ecclesiæ : *Theodericum vero de Vaura cum tenore ejus ad mansum pertinente... Canonicis dedit, excepto quod quamdiu Hugo vixerit, in Theoderico Supercaptionem retinuit.*

* **SUPERPUNCTUM**, Vestis species lana spissiori perpuncta et coactili farta, Gall, *Pourpoint*. Lit. remiss. ann. 1374. in Reg. 105. Chartoph. reg. ch. 601 : *Guilebertus de Boura de cubili surgens tunicam seu Superpunctum suum laqueando et nodando, nudus capite et pedibus, perrexit cum dicto domino de Morebeque locuturus. Surseliere*, pro veste militari eodem modo perpuncta, in Stat. pro Torneam. apud Cangium in Dissert. 7. ad Joinvil. : *Une Surseliere sur le pis davant.* Vide *Perpunctum*.

* **SUPERQUÆSTA**. Pensitatio extraordinaria, quæ præter consuetam imponitur. Charta ann. 1339. in Reg. 73. Chartoph. reg. ch. 201 : *Ipse Johannes de Pontibus,... nomine scambii seu permutationis perpetuæ, tradidit.... Heliæ de Ruppe militi... feoda, homagia, quæstas, Superquæstas, etc.* Vide *Quæsta*.

¶ **SUPERREDDERE**, Reddere, remittere, Angl. *Surrender*. Chron. Angl. Th. Otterbourne pag. 218 : *Hujusmodi depositionis sententiam in eundem Regem protulerunt incontinenti, ac homagia, fidelitates et servitia eidem Superreddiderunt.* Vide *Sursum reddere*.

SUPERSALIENTES. Leges Alfonsinæ part. 2. tit. 34. lege 6 : *Sobresalientes llaman otrosi a los omes que son puestos ademas en los navios, assi como ballesteros, e otros omes de armas, e estos non han de fazer otro officio, si non defender a los que fueren en sus navios, lidiando con los enemigos.* Conventiones Michaelis Palæologi Imp. et Genuensium ann. 1261. post Villharduinum nostrum editæ : *Videlicet quilibet nocherius Yperpera 3. et Kar. 6. Supersalientes uniuscujusque galeæ PP. 10. etc.* Eadem Charta Gallica vertit, *Seursaillans*. [Barthol. Scribæ Annal. Genuens. ad ann. 1242. apud Murator. tom. 6. col. 495 : *Facta fuit electio potens et dispensatio Supersalientium, et bellatorum, et balistariorum in civitate per compagnias, et remigum per potestatias.* Ibidem col. 498 : *Decretum fuit quod... licentia daretur universis vogheriis et Supersalientibus et eis injungeretur, quod semper parati essent cum armis redire et ascendere in galeis.* Rursum ad ann. 1244. col. 509 : *Et continuo paratæ fuerunt in Janua galeæ omnes, et electi in ipsis Supersalientes, et vogherii quicumque deberent ascendere in eis.* Italis *Suprassagliente*, vox maritima, Lat. vector, Gr. ἐπιβάτης. Vide Cruscanos.] [** Jal. Archæol. Naval. tom. 2. pag. 328.]

SUPERSALLICIO. Exstat Formula 5. inter Andegavenses, hoc titulo : *Incipit securitas de Supersallicione hic est.* Ubi agitur de eo, qui injuste alium in jus vocavit tanquam rei suæ usurpatorem. [Gallis *Assaillir*, invadere, adsultum, impetum facere.]

* Nostri *Sorsaillir* dixerunt, pro Transgredi, violare, a convento resilire. Charta Jacobi dom. *de Saus* ann. 1246. in Reg. 93. Chartoph. reg. ch. 291 : *Et se ge Sorsailloie de ces choses dessus nommées,... ge pri et requier lou doian de Saus, qui que il soit, que il cessoit en la ville de Saus jusqu'à tant que li sires eust adrecié lou tort que il feroit à ceulz dè la franchise.*

SUPERSCRIBERE, Pignori capere, titulum prædio adscribere : *Saisir*. Gregorius M. lib. 10. Epist. 27 : *Nam si quis eorum exinde, quod non credimus, exire præsumpserit, certum illi sit, quia noster consensus nunquam illi aderit, ut foris de massa, in qua nati sunt, aut habitare, aut debeant sociari; sed et Superscribi terram earum.* Editio ann. 1508. habet, *sed et Suprascriptam terram eorum sciatis, etc.* Vide in *Titulare*.

** **SUPERSCRIPTIO**, Nomina testium, quæ prope sigillum, in externa testamenti parte adscribebantur. Chart. Ravenn. de aper. testam. apud Marinum Diplom. Papyr. num. 74. col. 5. lin. 1 : *In hoc testamento et me certum est interfuisse, in quo agnosco anuli mei signaculum, Superscribtionem meam et infra subscribsi.* Vide Savin. Histor. Jur. Roman. med. temp. tom. 2. cap. 12. § 67.

¶ **SUPERSEDENS**. Vide *Suprastans*.

¶ **SUPERSEDENTIA**, Dilatio, induciæ, Gallice *Surseance*. Litteræ ann. 1473. apud Rymer. tom. 11. pag. 780 : *Exhibitæ fuerunt certæ litteræ suspensionis et Supersedentiæ guerrarum, etc.* Vide mox *Supersedere*.

SUPERSEDERE, Differre : *Supersisa*, dilatio. Proprie *Supersedere*, est negligere, contemnere. Leges Adelstani Regis cap. 25 : *Si quis gemotum, id est publicum Comitatum, adire Supersedeat, ter emendet overhirnessam, etc.* Leges Kanuti Regis 2. part. cap. 26 : *Si quis audito clamore* (de fure agitur) *Supersederit, reddat overhyrnessam Regis, aut plene se adlegiet.* Leges Henrici I. Regis Angl. cap. 50. cui titulus, *de Supersisionibus placiti : Si quis a domino vel Prælato suo de nominatis placitis secundum legem placitatus ad diem condictum non venerit, omnium placitorum, de quibus nominatim implacitabatur, incurrit emendationes, nisi competens aliquid respectaverit. Summonitiones Supersessæ*, cap. 17. Et cap. 53 : *Qui secundum legem submonitus a justitia Regis ad Comitatum venire Supersederit... 20. marcarum reus fit.* Lex familiæ Burchardi Episcopi Wormaciensis : *Si quis in civitate hæreditatem aream habuerit, ad manus Episcopi dijudicari non poterit, nisi tres annos censum et aliam suam justitiam inde Supersederit. Et post hos tres annos ad tria legitima placita invitetur : et si Supersessum jus pleniter emendare voluerit ipse sicut eam antea possideat.* [** cap. 26. conf. cap. 2. Vide Haltaus. Glossar. German. voce *Versitzen*, col. 1892.]

* *Sussoir*, eodem sensu, in Stat. an. circ. 1370. tom. 5. Ordinat. reg. Franc. pag. 369. art. 10 : *Ledit bailli Susserra d'autre nouvelleté faire en ladite duchié de Touraine.* Pro *Sursoir* ex frequenti mutatione *r* in *s*.

Supersisa, perinde dicitur de iis, qui juri stare ac parere recusant, vel negligunt. Bracton. lib. 5. tract. 2. cap. 1. § 1 : *Si autem post primam captionem ad alium diem non venerit, amittet seisinam suam per secundam captionem per parvum Cape, nisi tunc veniat et defendat per legem, ut supra de summonitionibus et Supersisis.*

Sursisa, Eadem notione, apud eumdem Bracton. eod. lib. tract. 1. cap. 4. § 1. et alibi. [** Apud Glanvill. lib. 1. cap. 17. in rubrica *pro sursisa tenentis*, ubi in textu *pro defectu*.] Leges Willelmi Nothi cap. 48 : *E ki le cri orat, e sursera, la Sursise li rei amend,* *à s'en espurget.* Ubi leges Saxonicæ Kanuti Regis 2. part. cap. 26. habet cyninges oferhyrnysse, id est *Regia overhyrnessa.* Vide in postrema hac voce.

Supersisio. Legum Henrici I. cap. 50. *De Supersisionibus placitis*, inscribitur : sed legendum videtur *placiti*, cum scilicet *quis a domino vel prælato suo denominatis placitis secundum legem ad diem condictum non venit omnium placitorum, etc.* [** Thorp. *De Supersessis placitis.*] Ita

Supersessio Comitatus, de eo, qui ad Comitatum non venit, cap. 53.

Supersessio, vox medicorum, ἐγκάθισμα, sessio in aqua medicata ab imis pedibus usque ad umbilicum, ita ut supernæ partes non madescant. Ita Gorræus. Gloss. Medicum MS. Reg. cod. 1486 : *Encatisma, i. Supersessio.*

¶ **SUPERSEDES**, ut mox *Supersedium.* Liber Ordinis S. Victoris Paris. MS. cap. 12 : *Sed et matas, Supersedes, et muscatoria,... quoties opus est emundare.*

* **SUPERSEDIMENTUM**, Dilatio, induciæ, Hisp. *Sobreseimiento.* Constit. MSS. Petri III. reg. Aragon. ann. 1350 : *Statuimus quod in negotiis seu casibus, quibus per nos ex aliqua justa causa nequeat Judæis fieri elongamentum, non concedamus ipsis Judæis aliquod Supersedimentum aut provisionem aliquam, quocumque censeatur nomine, per quam creditori debitum differatur.* Proces. MS. ann. 1351. sub eodem rege : *Nequeant... concedere aliquod guidaticum, Supersedimentum, elongamentum, aut subscriptæ contumaciæ remissionem vel dilationem præsentis judicii.* Vide *Supersedentia.*

SUPERSEDIUM, Sedis *Stragulum.* Hugo Flaviniac. in Chron. pag. 246 : *Supersedium unum.*

SUPERSELLIUM, Stragulum, quod sellæ insternitur. Messianus Presbyter in Vita S. Cæsarii Archiepisc. Arelat. pag. 254. lib. 2 : *Sed regressa ab eo ad sellam ipsius appropinquare se permitti rogavit, quæ de Supersellio, qui sella tegebatur, locum debilitate fideliter tangens, statim pristinam sanitatem recepit.* Vett. Schedæ apud Mabillonium : *Antemanicias paria* 1. *Supersellio vellono* 1. *etc.* Constitutiones Synodales Episcopi anonymi ann. 1237. in Conciliis Anglic. tom. 2 : *Et cum equitant* (Monachi) *decentibus sellis utantur, ac frænis, ac Supersell iis.* Vide *Bancus.*

* *Surselle*, eadem notione, in Lit. remiss. ann. 1393. ex Reg. 145. Chartoph. reg. ch. 261 : *Icellui Estienne print et embla une vielle Surselle, qui povoit valoir quatre solz Parisis.*

¶ **SUPERSENIORATUS**, Superius dominium, Gall. *Suzeraineté.* Charta Caroli Imper. ann. 1122. [* Leg. Henrici V. si tamen mendum non est in ann. 1122.] ex Chartul. Eccl. Aptensis fol. 16 : *Et quod in isto castro non mittamus Superseniora tum præter S. Mariam et S. Castorem, et Episcopum Aptensis Ecclesiæ.*] Vide in *Senior.*

¶ **SUPERSESSIO**. Vide in *Supersedere.*

SUPERSIGNUM, Vexillum navis. Sanutus lib. 2. part. 4. cap. 34 : *Quælibet galearum vel vasculum ex prædictis ferat aliquod Supersignum, quale sibi a dicto Capitaneo impendetur, ut si qua galea extranea vel vasculum ligneum, dictum introiret exercitum, ab aliis cognoscatur.* [Jac. de Varagine in Chronico Januensi apud Murator. tom. 9. col. 16 : *Ad complendum et perficiendum armamentum viriliter processerunt, comitarios assignantes, vexilla distribuentes, stentarium cingentes, et Supersigna fieri facientes, ita quod* DCCC. *Supersigna tam serica quam deaurata fuisse dicantur multum brevi tempore præparata.*] Vide *Superinsigne.*

SUPERSISA, Supersisio. Vide *Supersedere.*

* **SUPERSPECIALIS**, Magis peculiaris. B. de Amoribus in Speculo sacerdot. MS. cap. 6. de Offic. sacerd. curati :

Officium quale tibi sit dixi generale;
Sed tibi nunc eadem Superspecialia quædam.

¶ **SUPERSPECULATOR**, Episcopus : id enim sonat Græcum ἐπίσκοπος. Willibaldus in Vita sancti Bonifacii sæc. 3. Bened. part. 2. pag. 19 : *Quatuorque his partibus præsidere fecit Episcopos,... secundus Erembercht, qui Frisingensis Ecclesiæ Superspeculatoris tenuit principatum.* Vide *Superinspector.*

¶ **SUPERSTANS**, Præfectus, præpositus, ut infra *Suprastans.* Statuta Narniens. inter Acta SS. tom. 1. Maii pag. 397 : *Alius* (liber) *sit penes Superstantem dicti operis, et alius penes aliquem probum virum.* Anonymus in Chron. Cremon. apud Murator. tom. 7. col. 646 : *Guido de Casa nova, Manfredus de Pignole Superstantes Communis ad bona.* Memoriale Potest. Regiens. apud eumd. tom. 8. col. 1154 : *Et Superstantes dicti laborerii fuerunt dominus Albertus de Vinea et frater Gerardus.* Occurrit etiam in Statutis Vercell. lib. 1. fol. 13. v°. A

¶ **SUPERSTARE**, Præesse. Memoriale Potest. Regiens. ad ann. 1233. apud Murator. tom. 8. col. 1108 : *Et tunc frater Jacobinus Superstabat ad laboreria prædicta facienda.*

SUPERSTATIONARIUS. Vide *Stationarius.*

SUPERSTATUTUM, Quod præter *Statuturi* exigitur, in leg. 12. Cod. Th. de Erogat. milit. (7,4.): *A quibus Superstatutorum grave atque inusitatum quoddam nomen Cenaticorum fuerit introductum.* Vide infra *Superstitio.*

¶ **SUPERSTES**, Præfectus, ut *Superstans.* Translat. S. Petri Parentii tom. 5. Maii pag. 99 : *Habito colloquio cum illustr. D. Camerario et dominis Superstitibus fabricæ S. Mariæ.* Acta S. Michelinæ tom. 3. Jun. pag. 938 : *Quælibet ars unum faciat capitaneum seu Superstitem, qui possit et debeat omnes de sua arte scribere.* Correct. Statutorum Cadubrii cap. 135 : *Pro conservatione jurium locorum sive nemorum communitatis quotannis elligantur duo aut plures Superstites et deputati, etc.* Vide *Superista.*

¶ Superstex, in iisdem Statutis cap. 116 : *Massarius Communis sive Superstex operi illi deputatus vinculo sacramenti teneat in quaterno computum distinctum omnium dierum et operarum cujuscumque artificis et operarii separatim.*

¶ Superstes Spatium, Reliquum, quod superest, in Cod. Theod. lib. 2. tit. 7. leg. 2.

SUPERSTITIA, Superstitium, Idem quod *Superstitio.* Gl. Gr. Lat. : Δεισιδαιμονία, *Superstitia, superstitium, superstitio, religio.* Alibi Θρησκεία, *superstitio, superstitium, religiositas.* MS. habet *Religio, Ritus.* Glossæ MSS. ad Prudentium : *Superstitio, paganitas.* Ita apud S. Valerianum lib. de Bono disciplinæ, *Antiquo superstitionis errore*, Ethnicismo, Gentilitate, interpretatur Goldastus.

SUPERSTITIO, Vexatio, quidquid super *statas* et ordinarias præstationes exigitur. Charta Caroli Crassi Imp. ann. 882. pro Ecclesia Veronensi apud Ughellum : *Pervenit ad nostram notitiam maxima venerabilium Episcoporum et populi proclamatio de plurimis sibi illatis Superstitionibus et injunctis oppressionibus a sæculari et publica potestate, etc.* Occurrit ibi rursum, et in alio ejusdem Imp. Diplomate tom. 4. pag. 1366 : *Omnes has Superstitiones, et importunas funditus violentias ab hoc hodierno die deinceps abolendas... decernimus.* Vide *Superponere*, 1. et *Superstitiosus*, 2. [Chartul. Gemmet. tom. 1. pag. 304 : *Taliter legis mundanæ succrescente superfluo usu, illa cœpit fatigari diversi census ritu, ad votum advocatorum usque ad tempus meum. Quapropter vir bonæ memoriæ Theodericus tunc temporis abbas supradicti monasterii factus, miseriæ incolarum condolens,... studuit ejus obtinere meritis et precibus, ut Superstitio tanta vel talis abdicaretur penitus. Inde igitur Rothomagensis monetæ* LXII. *libras mihi obtulit, nec non et sex equos permagni pretii præsentavit, etc.*] Paulo diversa notione dicitur, *Supervacua et Deo odibilis vestimentorum Superstitio*, in Epist. S. Bonifacii Moguntini ad Cuthbertum Archiep. Cantii præfixa Concilio Cloveshoviensi. In Capitulari Aquisgranensi I. ann. 803. cap. 3. et lib. 7. Capitul. cap. 260. agitur de *Chorepiscoporum Superstitione atque damnatione.* In Glossis antiquis MSS. *Superstitio*, exponitur *Superfluitas religionis, superflua institutio vel observatio, Superstitiosus, falsus religiosus, aut idolorum cultor.* Vide *Superstitia.*

¶ **SUPERSTITIOSITAS**, Superstitio. Sallas Malaspinæ de Rebus Sicul. apud Baluz. tom. 6. Miscell. pag. 201 : *Ambulantem sub tenebris et umbra mortis Superstitiositatis hujusmodi nequitiam defendebant.*

¶ 1. **SUPERSTITIOSUS**, Ambiguus. [** An Ambitiosus?] Elmham. in Vita Henrici V. Reg. Angl. cap. 15. pag. 30 : *Episcopus... tam personam regalem quam regnum suum Angliæ modo derisorio parvipendens, Supersticiosis sermonibus ostenderat manifeste, compertoque quod consueta fraude et irrisione solita fruerentur Gallici, etc.* Vide supra *Superstitio.*

* 2. **SUPERSTITIOSUS**, Extraordinarius. *Superstitiosa exactio*, quæ præter consuetam imponitur. Charta Henr. imper. II. apud Murator. tom. 4. Antiq. Ital. med. ævi col. 15 : *Nostra imperiali auctoritate omnes Superstitiosas exactiones et importunas violentias funditus deinceps illis abolendas et radicitus extirpandas modis omnibus decernimus et confirmamus.* Eadem leguntur in Diplom. Henr. IV. ann. 1116. ibid. col. 25. Vide *Superstitio.*

¶ **SUPERSTITIUM.** Vide *Superstitia.*

¶ **SUPERSTOLARE**, pro *Supertollere*, *tollere*, apud Guidonem in Discipl. Farf. cap. 5 : *Philacteria Superstolantur et tapetia ex formis auferantur.* Vide *Subtollere.*

SUPERSUADERE, *Dissuadere*, Papiæ.

* **SUPERTALLIA**, *Tallia* seu præstatio, quæ ordinariæ additur. Charta ann. 1339. in Reg. 73. Chartoph. reg. ch. 201 : *Ipse Johannes de Pontibus,.... nomine scambii seu permutationis perpetuæ, tradidit.... Heliæ de Ruppe militi... tallias, Supertallias et omnia quæcumque alia jura.* Vide *Tallia* 8.

SUPERTENERE, SUPRATENERE, Detinere, possidere per vim, aut contra jus : debitum quid ultra tempus sive terminum solutioni præfinitum detinere, Saxon. oferhealdan, ab ofer, ultra, et healdan, tenere. Leges Alvredi cap. 9. apud Brompton : *Si quis Rumfeith Superteneat, reddat Lashlite, etc. Theloneum Supertenere*, in Legibus Ethelredi cap. 24. *Decimam Supertenere*, in Legibus Henrici I. cap. 11. Infra : *Romfeath in festo S. Petri ad vincula debet reddi, qui Supratenebit, reddat Episcopo denarium illum, et 30. den. addat Regi.*

¶ **SUPERTILE**, pro *Superlectile.* Vide in hac voce. Tabul. Compend. : *Duo paria pannorum de lecto domini Abbatis et tria Supertilia nova et quatuor parva.*

SUPERTITULUS. Firminus de mutatione aeris cap. 1 : *Hæc particula non est nisi Supertitulus tabulæ præcedentis.*

SUPERTOTUS, Vestis species, quam itinerantes supra omnia consueta vestimenta superinjiciebant. Statuta Ordinis S. Benedicti in Provincia Narbonensi ann. 1226. cap. 16. [apud Acher. tom. 6. Spicil. pag. 36 :] *Illas quidem vestes, quæ vulgo Balandrava, et Supertoti vocantur, et sellas rubeas, et fræna et calcaria deargentata penitus amputamus.* Sed videtur legendum *Supercoti*, Gall. *Surcots*, de quibus in *Surcotium.*

☞ Nihil est cur *Supertoti* in *Supercoti* corrigas : ut enim *Surcots*, quia *cotis* addebantur, *Surtouts* perinde Gallis appellatæ ejusmodi vestes, quod aliis superinduerentur. Occurrit præterea hæc vox in Statutis Arelat. MSS. art. 53 : *Et si dominus voluerit bastari facere Supertotum, habeat sartor xx. den.*

SUPERTUNICA, SUPERTUNICALE, Vestis, quæ *tunicæ* injicitur, ἐπενδύτης.

SUPERTUNICA. Statuta Hospitalis S. Juliani in Anglia : *Sit Supertunicas clausa et talaris manicas habens tegentes cubitos circumquaque.* Monasticum Anglicanum tom. 1. pag. 420. de leprosis : *Supertunicas autem stamineas de sargio, et femoralia linea accipiunt, etc.* Tom. 2. pag. 464 : *Tunicam, Supertunicam, longum tabardum et capucium, cum furrura ad Supertunicam et capucium.* Adde Concilium Exoniense ann. 1287. cap. 17. [*Tunicam, Supertunicam, diacono de S. Jacobo,... et Supertunicam de bife dominæ Luciæ reclusæ dedit*, in Testam. Barthol. de Lega, apud *Madox* Formul. Anglic. pag. 423.]

SUPERTUNICALE. M. Robertus de Sorbona in Serm. de Conscientia : *Vidi quendam, qui cum erat coram magnis Beguinis, habebat magnum Supertunicale rotundum cum magnis et latis manicis de camelino, et coram mundanis habebat de bruneta scissum ante et retro, strictum sine manicis, de vario foderatum.* [Comput. ann. 1202. apud D. *Brussel* tom. 2. de Usu feud. pag. CLVI : *Pro una furura unius Supertunicalis domini Barth.* LVII. *sol.* Et pag. CLVII : *Regina, pro tunica, et pallio, et Supertunicali quam domina Margareta habuit ad medium Augustum*, VIII. *lib.* III. *sol. minus.* Comput. ann. 1239. ex Bibl. Reg. : *Abbatissa S. Antonii pro* VI. *Supertunicalibus emptis apud Pontisaram.*] Rogerus Hoveden. pag. 619 : *In eum miserunt sagittas, ita ut etiam Supertunicale suum crudeliter perforarent.* Chronic. Ecclesiæ S. Pauli Narbonensis ann. 1242 : *Dominus Raimundus Comes Tolosæ, et Dominus Amalricus Vicecomes Narbonensis, pedibus et sine Supertunicalibus duxerunt Dom. Archiepiscopum, qui equitabat supra suum equum, per habenas, etc.* Vetus Rotulus ann. 1267 : *Pro capa, Supertunicali, corseto et houcia*, 172. *l.* 19. *s.* Alius ann. 1234 : *Pro Supertunicali D. Joannis de Bellomonte, etc.* Occurrit præterea in Concilio apud Campinacum ann. 1238. can. 25. Turonensi ann. 1239. can. 3. Budensi ann. 1279. can. 4. Toletano ann. 1324. can. 2. Andegavensi ann. 1365. can. 12. apud Radulphum in Vita S. Richardi Episcopi Cicestrensis num. 49. in Gestis Guillelmi Majoris Episcopi Andegav. cap. 15. et alibi in Historia Majorum Abbavillensium pag. 205. in Præceptis Synodalib. Petri de Collemedio Arch. Rotomag. [in Concil. Hisp. tom. 4. pag. 613. apud Marten. tom. 4. Anecd. col. 956. 898. tom. 7. Ampl. Collect. col. 100. 1226.] in Probat. Histor. Blesensis pag. 10. etc. Vide *Mensale.*

¶ **SUPERVACUNDUS.** Vide *Superabundus.*

¶ **SUPERVALERE**, Superesse, excedere. Chronic. Farf. apud Murator. tom. 2. part. 2. col. 598 : *Et vendiderunt huic monasterio et domno Berardo abbati res suas et castellum in Ophiano, quod dicitur montalianum,.... et inde receperunt pretium libras centum. Medietatem autem supradicti monasterii, et quod Supervalet ipsa supradicta res.... in hoc monasterio contulerunt.*

SUPERVANNUM, Pars navis. Contractus initus inter S. Ludovicum Regem Franc. et Venetos ann. 1268 : *Et habet duos paradisos, et unum vannum et Supervannum coopertum, et duos pontes, et unum suprapontem, etc.* [** Vide Jal. Antiq. Naval. tom. 2. pag. 364.]

¶ **SUPERVENDA**, Quod præter jus dominicum ballivo vel majori *vendas* pro domino exigenti competebat. Charta Bernardi de Turre ann. 1308. apud Baluz. tom. 2. Histor. Arvern. pag. 783 : *Item volumus et concedimus quod bajulus S. Amantii.... possit vestire et deinvestire, dare pedas, recipere vendas et Supervendas in absentia domini.* Vide *Retroventa* et *Venda.*

SUPERVENIRE, Superare, antistare, apud Sidonium lib. 3. Epist. 4. 12. lib. 7. Ep. 14. et post Carmen 23. *Longo itinere fatigatos hostes Supervenire*, apud Vegetium lib. 3. cap. 10. i. in eos *Superventum* aut incursum facere.

SUPERVENTA. Hincmarus de divortio Lotharii : *Ad hæc omnia pertinent et ligaturæ execrabilium remediorum,... et quas Superventas fœminæ in suis lanificiis, vel textilibus operibus nominant.* Huc spectat Canon 11. Concilii Bracarensis : *Non liceat mulieres Christianas vanitatem in suis lanificiis observare, etc.* Cujusmodi vero fuerint hæ superstitiones, vide in *Venta.*

¶ **SUPERVENTIO.** Vide in *Superventus.*

SUPERVENTOR, Qui pro alio *intervenit*, et spondet. In Concilio Arausicano I. subscribit post Episcopos, anonymus, hoc verborum tenore : *Ego Superventor pro patre meo et Episcopo Claudio subscripsi et recognovi.*

SUPERVENTORES, *Latrones*, *adgressores*, ut interpretatur Papianus JC. lib. Responsor. Titulus 39. Legis Burgund. incribitur *de Superventoribus et Effractoribus.*

SUPERVENTORES JUNIORES, sub dispositione Magistri peditum Præsentalis : *Milites Superventores*, sub Duce Scythiæ, in Notitia Imperii, qui hostem primi adgrediebantur. *Superventorum* meminit Ammianus lib. 19.

1. **SUPERVENTUS**, Verbum militare, quo pro *incursione* utuntur Vegetius lib. 1. cap. 21. lib. 3. cap. 1. 3. 6. 7. 8. 10. 19. 22. 26. S. Hilarius in Fragmentis pag. 11. Sidonius lib. 3. cap. 3. etc. Est præterea

SUPERVENTUS, Latrocinium. Idem Sidonius lib. 6. Epist. 4. *Vargorum*, latrunculorum sic dictorum, *Superventum*, *latrocinium* postea appellat. Lex Burgund. tit. 39. § 1 : *Si quis Superventu aut latrocinii scelere negotiatorem aut aliquem occiderit, etc.* Addit. 2. § 10 : *Qui violentiam fortasse, Superventum, vel quodlibet crimen admiserint, etc.* Papianus tit. 20 : *Si quis Superventu sive diurno sive nocturno quemque fuerit aggressus, etc.* Ubi *Superventus*, pro *violentia*, sumitur. Dicitur etiam

SUPERVENTUM. Glossæ Philoxeni : Ἐπιβολή, *Superventum.* Aliæ Glossæ : *Superventum*, ἐπανάστασις, ἐπιβολή. Gloss. Græc. Lat. : Ἐπανάστασις, *insurrectio, Superventum* ; ἐπιῤῥίπτω, *Superventum facio.* Pragmatica Sanctio Justiniani cap. 7 : *A Theodorici Regis temporibus, usque ad nefandissimi Totilæ Superventum.* Gregorius Turon. lib. 8. Histor. cap. 40 : *Furta, Superventa, pervasiones.* Vide eumdem lib. 3. cap. 16. Lex Salica tit. 15 : *Si quis hominem ingenuum in Superventu expoliaverit.*

SUPERVENTIO, Eadem notione. Flodoardus lib. 3. Hist. Rem. cap. 13 : *De Superventione paganorum.* [Adde Capitula Caroli C. tit. 25. cap. 2.]

* 2. **SUPERVENTUS**, Advena, adventicius. Charta ann. 1351. in Reg. 80. Chartoph. reg. ch. 710 : *Per dictam informationem non apparebat procuratorem nostrum habere causam sustinendi quod aubani et Superventi, ac exeuntes ab eisdem... ad nos pertineant, quamdiu dicti aubani et Superventi et illi qui ab eis exeunt in sua advoatione perseverant.* Vide *Adventor.*

¶ **SUPERVERSARE**, Mensuram excedere. Statuta Massil. lib. 1. cap. 56 : *Quod non permittant superfundere seu Superversare poiezale seu quamlibet mensuram.* Hinc

¶ **SUPERVERSUM**, Quod mensuram

excedit. Statuta Avenion. MSS : *Qui vendiderit vinum minutatim teneatur habere ad minus mediam cociam, quartonem et pogesiale, quibus teneatur mensurare sine Superverso.*

* **SUPERVESTIMENTUM**, Tunicæ species aliis vestibus superinjecta. Stat. confrat. S. Affrod. ann. 1393. in Reg. 145. Chartoph. reg. ch. 313 : *Item quod post mortem alicujus confratris vel confratrissæ, mandator dictæ confratriæ hospitalerius hospitalis S. Affrodisii possit ire per villam, eques vel pedes, indutus quodam Supervestimento insignito ymagine beati Affrodisii, portans quandam campanam ad denuntiandum confratribus et confratrissis, ut intersint in exequiis dicti mortui.* Vide *Supertunica.*

SUPERVICTUS, Victus, Saxon. ofercymene, *Supervictus.* Leges Ethelredi Regis apud Wenetyngum editæ cap. 16 : *Et judicium stet ubi Thayni consenserint, si dissideant, stet quod ipsi 8. dicent, et qui Supervicti erunt ex eis, reddet unusquisque 6. dimid. marcarum.*

SUPERVIDERE, Inspicere : *Supervisor*, inspector : *Supervisio*, inspectio, apud W. Thorn. ann. 1363. 1365. Habetur in Charta feodi, seu libro Anglico inscripto *Justice of peace* pag. 182. v. formula constituendi *receptorem et Supervisorem omnium et singulorum dominiorum et maneriorum et tenementorum, etc.* Vide *Superaudire.*

¶ **Supervidere**, Curiose et attente considerare. Th. Walsingh. pag. 262 : *Præceperunt eis ut diligenti scrutatione Superviderent obligationes et Chartas.*

¶ **Supervidere**, Speculari, Gallice *Reconnoitre.* Chron. Roland. Patav. apud Murator. tom. 8. col. 291 : *Feltrinos omnes qui secum erant in civitate retinuit, præter quosdam quos misit, ut quasi Superviderant gentem illam, quam ipse esse dicebat plebeculam venientem.* Vide *Supravidere.*

¶ **Supervisus**, ut *Supervisio*, in Charta ann. 1408. apud Rymer. tom. 8. pag. 535 : *Per Supervisum Viridariorum ibidem prosternendum et venditioni exponi faciendum.* Alia apud *Madox* in Formul. Anglic. pag. 148 : *Per Supervisum et deliberacionem Seneschalli.*

¶ **Supervisor**, Anglis *Surveyor*, apud eumd. *Madox* pag. 337 : *Concedimus eidem Duci* (Eboracensi) *officia magistri deductus,.. ac Supervisoris sive Supervisionis regaliæ et manerii nostri de Extildesham.*

¶ **SUPERVIGILIA**, a Gall. *Surveille.* Comput. ann. 1202. apud D. *Brussel* tom. 2. de Usu feud. pag. CLXXXIV : *Renaudus de Cornillon,* vic. *lib. in Supervigilia Omnium Sanctorum.* Chartul. Maurigniac. ann. 1224 : *Dies est assignata coram nobis Senonis ad Supervigiliam B. Stephani proximo venturam, etc.*

* **SUPERVITA**, Donum, quod superstiti conjugi ab altero post mortem suam conceditur. Contract. matrim. ann. 1431. ex meis schedis : *Dicta Domengia dedit eidem Johanni* (Crispini) *ejus viro pro Supervita et de dote sua propria, videlicet quatuor florenos.* Vide *Supravita.*

¶ **SUPERVIVENTIA**, Gall. *Survivance*, Designata successio. Acta Capituli Paris. : *Superviventiæ domorum extinctæ, et statutum ne domus claustrales aliis quam Canonicis præbendatis a cætero vendantur.*

SUPERVIVERE dicitur, qui alteri superstes est, Gallis, *Survivre*, in Legibus Edmundi Regis Angliæ. [Charta ann. 1150. inter Probat. tom. 2. novæ Histor. Occit. col. 529 : *Et si infantem vel infantes communes non habuerimus qui te Supervivant, dono tibi in sponsalitium totam medietatem totius castri de Muroveri.*] Alias *Supervivere*, est salvum evadere. Vide *Supravita.*

¶ **SUPERUNDARE.** Vide mox *Superundatio.*

SUPERUNDATIO, Pœnæ species; cum quis scilicet in mare demergitur, seu aquis ac *undis* operitur, rursumque sanus inde extrahitur. Radulfus de Hengham in Summa cap. 3 : *In omnibus brevibus prædictis potest objici ei, quum vir suus commisit feloniam, ob quam fuit suspensus, utlagatus vel alio modo morte damnatus, vel demembratus; vel apud Douere infalistatus, vel apud Suthampton submersus, vel apud Winton demembratus, vel decapitatus, vel apud Northampton in mari Superundatus, sicut in aliis partibus portuum.*

Ejusdem forte originis vox *Seuronde* in veteri Consuetudine MS. Ambianensi, pro Stillicidio : *Por longue tenure, que nus ait fait de geter yaue en autre tere vuide ou herbegié, soit de Seuronde ou de goutiere, ne demeure, se cil en quel tere ele kiet veut quele soit ostée, qu'il ne conviegne que cil qui le goutiere est ne l'oste.*

* Hinc, ut videtur, accersenda vox Gallica *Seuronder*, pro *Déborder*, Exundare, et *Soronder*, pro *Abonder, regorger*, Abundare, redundare. Guill. Guiart. ad ann. 1249 :

> Car Nilus qui là abondoit,
> Par tout le pais Seurondoit.

Mirac. MSS. B. M. V. lib. 1 :

> Il porest tant sades et dous,
> Que de douchor Soronde tous.

Fabul. tom. 1. pag. 127 :

> Et cil qui en pechié Soronde.

Le Roman *d'Alexandre* MS. part. 1 :

> Si voit la gent de Cadres dont tout le val Soronde,...
> Ne pour paour de mort n'a talent que s'esconde.

Inde etiam vox *Seueronde* et *Seuronde*, pro Stillicidium, vel pars tecti prominens. Lit. remiss. ann. 1397. in Reg. 152. Chartoph. reg. ch. 290 : *Un warat d'estrain, qui estoit emprez ou dedens une fench, joignant à la Seuronde derriere de la maison de Jehan Pelart.* Aliæ ann. 1400. in Reg. 155. ch. 188 : *Quant icellui Loys fu là, il se assist au plus près d'une Seueronde des estables dudit bailli.* Aliæ ann. 1473. in Reg. 195. ch. 936 : *Le suppliant se mist pour la pluye dessoubz la Seuronde ou esgout de la maison de Jehan Willot. Sourronde*, eodem significatu, in Lit. remiss. ann. 1441. ex Reg. 176. ch. 76 : *Gadifer de Bacquerot estant soubz le Sourronde de la maison Jehan le Waast.*

¶ **SUPERVOLTA**, Fornix, concameratio, Italis *Volta.* Memoriale Potest. Regiens. ad ann. 1285. apud Murator. tom. 8. col. 1155 : *Et cooperta fuit et facta Supervolta quæ est inter palatium novum communis et palatium capitanei populi Reginorum.* Vide *Volutio.*

¶ **SUPES**, *Supumpis, hoc est, supinis pedibus.* Glossar. Isid. Fortassis, ut monet Grævius, *Suppus, supinus.* Vide Festum in *Suppus.* Aut. *Suppis, supinis pedibus*, ut notet rem turpiculam. Vide *Suppedire.*

* A *Supinus* nostri *Souvin*, ut videtur, pro *Couché sur le dos*, dixerunt. Fabul. tom. 1. pag. 58 :

> Fait li vilains, qui gist Souvine,
> Vous n'i estes pas bone devine.

* **SUPLETALE**, mendose pro *Superlectile* seu *Supellectile*, Supellex quævis. Charta ann. 1341. in Reg. 72. Chartoph. reg. ch. 368 : *Item fustes, trabes,... et alia necessaria ad ædifficandum domos et cabanas, vasa vinaria, arquas, esclops, et aliorum quorumcumque fustarum Supletalia necessaria, de dictis nemoribus et forestis acceperant, fecerant, etc.* Vide supra *Superlectile* 2.

* **SUPLODERE**, *Descombler*, in Glossar. Lat. Gall. ex Cod. reg. 7692. Vide *Supplosa.*

* **SUPORTABILIS**, Tolerabilis, Gall. *Supportable.* Transact. ann. 1501. ex sched. Pr. *de Mazaugues : Omnes et singulas erras.... ad novum accapitum et in emphyteosim perpetuam sub canone, censu et servitio honesto, condecenti et Suportabili ipsi domino... præstando donare, cedere, etc.*

¶ **SUPPALLIARE**, *Sub pallio abdere, occultare*, ex vett. membranis apud Vossium lib. 4. de Vitiis serm. cap. 26.

¶ **SUPPANUS.** Vide in *Zupa.*

¶ 1. **SUPPAR**, Socius, comes, Gallice *Compagnon*, apud Jos. Moret. in Antiquit. Navarræ pag. 645 : *Bertran de Larbasa cum Suppare Gonçalvo cognato suo.* Quæ Hispanice ibidem sic redduntur : *Con su compañero.* Vide in *Par.*

2. **SUPPAR**, *Interula*, syrc, in Gloss. Saxonico Ælfrici, pro *Supparum.* [Vide *Suparum.*]

¶ **SUPPARARE**, Accommodare, Supplere. *Supparant*, supplent, in Gloss. Isid. Gloss. Lat. Græc. : *Supparat*, ὑπουργεῖ. Tertull. de Cultu feminar. lib. 2. cap. 7 : *Ne exuvias alieni capitis forsan immundi, forsan nocentis et gehennæ distinati, sancto et Christiano capiti Suparetis.* Idem adv. Valent. cap. 4 : *Quantum lupæ feminæ formam quotidie Supparare solemne est.* Adde cap. 14. et lib. de Anima cap. 25.

¶ **SUPPARARIA.** Vide *Superaria.*

* **SUPPARATA**, *Rugaturæ dicuntur panni, camisia, manicæ mulierum usque ad humeros.* Glossar. vetus ex Cod. reg. 7613. Vide *Suparare, Supera* 2. et *Superligaturæ.*

¶ **SUPPARATURA**, Restitutio, restauratio, supplementum. Tertull. de Resurrect. carnis cap. 61 : *Sublata enim morte, neque victus fulcimenta ad præsidia vitæ, neque generis Supparatura gravis erit membris.*

¶ **SUPPARATUS**, *Supparo* indutus. Conc. Constant. tom. 1. col. 693 : *Sacra Synodus omnes et singulos prælatos et ecclesiasticas personas, qui ad modum militum in vestibus accurtatis et alias indecentibus per campos equitant, Supparati et loricati, interdumque sertis plumatis velut laici incedunt in publico, etc.*

¶ **SUPPARUM**, Supparus. Vide *Suparum.*

¶ **SUPPEDAMENTUM**, ut mox *Suppedaneum*, in Inscript. apud Gruter. pag. 1076.

SUPPEDANEUM. Joan. de Janua : *Scamnum quod altioribus lectulis apponitur, seu scabellum, quod parvulis lectulis apponitur. Idem dicitur Suppedaneus, et hypodeon a Græcis.* Legendum *hypopodion.* [Gl. Lat. Gall. Sangerm.: *Suppedaneum, vel hic Suppedaneus, Banc à mettre soubz les piez.* Jul. Firmicus de Error. profan. Relig. : *Quoad usque ponam inimicos tuos Suppedaneum pedum tuorum.* Ubi Psal. 109. 2. respicit.] S. Augustinus in Psal. 98 : *Suppedaneum dicitur Scabellum : quod dicunt Græci ὑποπόδιον, Latini Scabellum, et alii dixerunt Suppedaneum. Scabellum Suppedaneum*, Gregorio M. lib. 1. Dialog. cap. 2. et Paulo Diacono lib. 2. de Gest. Longob. cap. 28. Liberatus Diacon. cap. 12 : *Surgens Dioscorus, et stans in Suppedaneo sedis suæ, dicebat Consilio, etc.* Vita S. Adalberti Episcopi Pragensis apud Surium : *Suppedaneum reddas, quisquis es, qui tanta audes.* Supra *Scabellum* dixit. Liber Ordinis S. Victoris Parisiensis MS. cap. 37 : *Lecti de dormitorio ita sint demissi, ut nullus unquam ante lectum Suppedaneum habeat.* Statuta Ordinis de Sempringham : *In dormitorio non sedeant, exceptis intervallis,... et quando se calciant et discalciant, vel quando mutant tunicas : et tunc in lectis suis vel in subpedaneis, exuentes et induentes se, honeste et caute faciant, ne nudi appareant.* Helgaudus in Roberto Rege Franc.: *Inter colloquium unumquemque aspiciens, vidit quendam eorum mole carnis gravatum, pedes suos dependere ab alto. Pietate ductus, a longe quærens Suppedaneum reperit unum,... et sub pedibus ejus ponere non est dedignatus.* Hugo Flaviniac. pag. 163 : *Surgens namque a latere Principis, et Suppedaneum suum ipse ferens, Abbatem suum petiit, et posito ad pedes ejus Suppedaneo, in eo ipse resedit, etc.* Vide Meursium in Σουππέδιον.

Suppedaneum, pro *Stapha*, accipitur in Gestis Consulum Andegav. cap. 3. n. 5.

¶ **SUPPEDARE**, Subjicere, in Onomastico ad calcem tom. 5. Jun. Act. SS. Vide *Suppeditare.*

* **SUPPEDIDE**, *Juxta pedes deæ*, in Glossar. veter. ex Cod. Reg. 7613.

1. **SUPPEDIRE.** *Suppedile*, apud Papiam, *juxta pedes esse.* Emendat Barthius, *suppes, dis, sedile*, malim, *suppedire.* [Vide *Supes* et *Suppedide.*]

¶ 2. **SUPPEDIRE**, Sufficere, Suppetere. Charta ann. 1064. apud Marten. tom. 1. Ampl. Collect. col. 464 : *Sacras tantorum oblationes fidelium... contulerunt, ut 300. victui monachorum quotidie pro se precantium... abunde sufficerent.... ita moderno tempore profanatas direptasque vidimus, ut non ibi Suppediat victus uni soli monacho.*

¶ **SUPPEDITARE**, Subjicere, evertere, pedibus conculcare, sub pedes ponere. Vetus Inscriptio : *Mors omnia calcat, Suppeditat, rapit.* Rigordus ann. 1180 : *Rex Philippus, Domino miraculose operante, principes rebellantes omnes sibi Suppeditavit, et ad omnem voluntatem ejus faciendam potentissime coegit.* Willelmus Brito lib. 8. Philipp. :

Omnes Suppeditat victos victoria nostra.

Memoriale Potest. Regiens. ad ann. 1218. apud Murator. tom. 8. col. 1085 : *Statuerunt cum omni Christianorum exercitu, qui in auxilio Terræ sanctæ proficiscebantur, in terram Ægypti intrare, gentem quoque paganorum et Saracenorum subjugare et Suppeditare.* Acta S. Franciscæ Rom. tom. 2. Mart. pag. 157 * : *Illi vero dæmones ipsam sic Suppeditando et percutiendo dicebant, etc.* Chronic. Cornelii *Zantfliet* apud Marten. tom. 5. Ampl. Collect. col. 361 : *Cives in maximam servitutem redigere proponebat, francisias ac libertates eorum per fas et nefas Suppeditare.* Adde Durandum Ration. lib. 1. cap. 3. num. 8. Acta SS. tom. 3. Jun. pag. 593. Chron. Episc. Hildeshem. apud Leibnit. tom. 1. Script. Brunsvic. Imitat. Christi lib. 1. cap. 18. etc. Hist. Johannis IV. apud Lobinell. tom. 2. Hist. Britan. col. 691 :

Le monde veut Suppediter,
Car le cueur en est gros et fier.

Vide *Subpeditare.*

* Nostris *Suppediter*, eadem notione. Lit. remiss. ann. 1383. in Reg. 123. Chartoph. reg. ch. 257 : *Il a desja battu et villené senz cause Perrin Boullart mon cousin, et tousjours nous veult Suppediter et villener.* Aliæ ann. 1398. in Reg. 153. ch. 467 : *Le suppliant dist audit Raoulin, tousjours ceulx de Condé et de Erpy veulent Suppediter ceulx de Chastel en Porcien; et ledit Raoulin disoit le contraire, et que ceulx de Chastel vouloient Supediter ceux de Condé et de Erpy.* Occurrit præterea in Lit. ann. 1406. tom. 9. Ordinat. reg. Franc. pag. 109.

¶ **SUPPEDITATIO**, Submissio, in Charta ann. 1512. apud Rymer. tom. 13. pag. 340 : *In resistentiam, Suppeditationem, et debellationem Scotorum et aliorum, etc.* Vide *Subpeditatio.*

SUPPEDIUM, Supedium, *Refugium*, in Glossis Isidori, et apud Papiam, ubi idem Barthius reponit *hypopodium.*

* **SUPPELLICIATUS**, *Suppellicio* indutus. Mirac. S. Auctoris tom. 4. Aug. pag. 53. col. 2 : *Quemdam senem honorabilem, canum et Suppelliciatum sub turri ejusdem ecclesiæ introrsum etc.* Vide in *Superpellicium.*

¶ **SUPPELLICIUM**, ut *Superpellicium.* Vide ibi.

¶ **SUPPENDICULARIS** Linea, Gall. *Ligne perpendiculaire*, Quæ recta imminet. Epistola Gunzonis ad Augienses ann. 969. apud Marten. tom. 1. Ampl. Collect. col. 309 : *Quondam etiam stantibus Suppendiculares (lineæ) copulantur.*

¶ **SUPPERIORITAS.** Vide *Superioritas.*

SUPPETERE, Petere per subreptionem, contra jus. Synodus Tricassina ann. 878. cap. 2 : *Ecclesiarum sanctarum possessiones, id est Monasteria, mansa, cortes, villas, nullus Suppetere a Romano seu reliquis Pontificibus præsumat, nisi personæ, quas Canonica sancit auctoritas.*

¶ **SUPPETIARI**, Suppetias ferre, auxiliari. Vita S. Leonis IX. PP. tom. 2. April. pag. 653 : *Cui etiam mox cuncta sua de integro salva restituit, Suppetiante ejus cognata.* Utitur Apuleius non semel.

¶ **SUPPETIO**, Ratio, modus, quantum quis ferre potest. Hist. Excidii civitatis Acon. lib. 1. cap. 6 : *Et ut quilibet civium juxta suarum Suppetionem facultatum ad sui tuitionem et defensionem civitatis de familia et armis sufficienter habeat.*

¶ **SUPPINCERNA**, Pincerna secundus, qui vices primi supplet; cujus officium *Suppincernatus* dicitur, in Charta ann. 1312. apud Ludewig. tom. 6. Reliq. MSS. pag. 32 : *Omnibus juribus et actionibus quæ nobis in officio Suppincernæ.... competunt,... exceptis literis dicti domini nostri Regis Boemiæ quas de novo super bonis ad dictum Suppincernatum pertinentibus... recipimus.*

SUPPLANTANEUS, *Supplantator*, qui alium supplantat. Utitur Michaël Scotus de Physionomia cap. 72. 75. 100. 101.

¶ 1. **SUPPLANTARE**, Evertere, Gall. *Renverser.* De futuro dicitur in Actis S. Mammarii tom. 4. Analect. Mabill. pag. 97 : *Nos non hæc fecimus, sed Dominus noster Jesus Christus, qui te Supplantavit cum patre tuo diabolo et angelis ejus in igne devorationis, ubi est fletus et stridor dentium. Anulinus proconsul dixit : Ergo nobis est ista pœna præparata?*

* Dejicere. Capitul. Caroli C. ann. 859. cap. 3 : *A qua consecratione vel regni sublimitate Supplantari vel projici a nullo debueram.*

* 2. **SUPPLANTARE**, Auferre. Annal. Bertin. ad ann. 863. tom. 7. Collect. Histor. Franc. pag. 81 : *Hunfridus Gothiæ marchio sine conscientia Caroli regis, factione solito more Tolosanorum, qui comitibus suis eamdem civitatem Supplantare sunt soliti, Tolosam Reimundo subripit et sibi usurpat.*

* **SUPPLANTARIUM**, Assutum vesti resarcitæ segmentum; unde *Supplantarius*, qui vestes detritas resarcit. Glossar. Provinc. Lat. ex Cod. reg. 7657 : *Tacon, Supplantarium, sartacopium. Supplantarius, sartacopius, Taconnier.* Vide *Tacones.*

¶ **SUPPLANTATOR**, Proditor. Capitula Caroli C. tit. 30. cap. 5 : *Ad cujus colloquium sine mea voluntate atque licentia Wenilo venit, quem Supplantatorem meum esse cognovi.*

¶ **SUPPLASSARIUS.** Vide *Seplasiarius.*

* **SUPPLEMENTA** appellabantur Milites adscripti, ut in locum militum amissorum subrogarentur, nostris *Recrues.* Vide in *Adcrescentes.*

SUPPLEMENTARIUS. Ordo Romanus : *Ad denuntiatam diebus festis stationem primo mane præcedit omnis Clerus Apostolicus, ad Ecclesiam... exceptis his, qui in obsequio illius comitantur, ut supra diximus : et expectantes Pontificem in Ecclesia cum Supplementario et Bajulis et reliquis, qui Cruces portant, sedentes in Presbyterio.* Forte legendum *Subpulmentario.* Vide in hac voce.

☞ Ejusdem nominis officium obtinuit in Ecclesia Coloniensi, ut colligitur ex Consuetudinibus MSS. ejusdem Eccl. in Bibliot. Atrebat. quodnam vero fuerit ex his non percipitur : id unum effici potest nihil temere emendandum esse in hac voce.

SUPPLEMENTUM, Viaticum, quod ad iter conficiendum suppeditatur. Jonas Bobiensis Monach. in Vita S. Bertulfi Abb. cap. 5 : *Poscunt ut Supplemento publico*, *qualiter Romæ ad Sedem Apostolicam venire queant, fulciantur.*

¶ SUPPLEMENTUM, Subsidium ad vitæ necessaria. Monast. Anglic. tom. 1. pag. 12 : *Anno gratiæ 681. Baldredus Rex Cantiæ dedit Hemgisel abbati* (Glastoniensi) *ad Supplementum honorabilis ecclesiæ B. Mariæ et S. Patricii manerium de Pennard.* Charta Ludovici Pii sæc. 4. Bened. part. 2. pag. 122 : *Delegavit etiam eidem presbytero quamdam cellam, Hrodnace vocatam, quatenus eidem loco periculis undique circumdato fieret Supplementum. Ad Supplementum servorum Dei ipsi prænominato loco servientium, etc.* in Charta Richardi II. Ducis Norman. Vide *Supplere.*

¶ **SUPPLERE**, Suppeditare, Gall. *Fournir.* Fragm. Hist. Andegav. apud Acher. tom. 10. Spicil. pag. 395 : *Goffridus... deponens omnem curam militiæ rerumque sæcularium monachus factus est in Monasterio S. Nicolai, quod pater ejus et ipse multa devotione construxerant et rebus suis Suppleverant.* Vide in *Supplementum.*

* **SUPPLETARIUS**, in ecclesia Turonensi, Qui vices alterius supplet, vulgo *Soupletier* et corrupte *Soupelletier*, teste *Le Beuf* in ejus Adversariis.

1. **SUPPLETIO.** Leges Henrici I. Regis Angl. cap. 56 : *Si inter aliquem et firmarium suum, qui non etiam sit homo suus, de iis præsertim, quæ ad firmam pertinent, controversia oriatur, si de taleis agatur, si de Suppleccione in ipso manerio sit, etc.* Legendum *Suppletionibus.* Et mox : *De Suppletionibus in hominibus, in pecunia, etc.* [Idem videtur quod *Superpositum.* Videsis *Superponere* 1.]

¶ 2. **SUPPLETIO** DIABOLICA, Obsessio a dæmone, apud Cassianum Collat. 7. cap. 31. 32. Vide ibi notas pag. 868. edit. Rom.

¶ **SUPPLETIVUS**, παραπληρωματικός, in Gloss. Latino-Græc.

¶ **SUPPLETOR**, Qui vices alterius supplet, apud Marten. de Divin. Offic. pag. 222 : *Succentor vel Suppletor incipit* Magnificat *secundi toni.*

* Nude pro eo, qui supplet. Charta ann. 994. apud Mabill. Dipl. pag. 578 : *Verum virtutis auctor, Suppletor, fautor, benignissimi Jesu magnificentiæ non expers erit, cum pro se quæ Dei voto sunt, juverit.*

¶ **SUPPLETUS**, Expletus, finitus. Acta purgat. Felicis Episc. Aptung. apud Baluz. tom. 2. Miscell. pag. 82 : *Magistratus Suppleto anno omnes actus suos domum suam tulit.*

¶ **SUPPLICAMENTUM**, Supplicatio. Acta S. Huberti tom. 7. Maii pag. 277 : *Compluribus aliis id genus precum Supplicamentis deposcens, etc.* Utitur Apuleius lib. 11. Metamorph. semel et iterum.

* **SUPPLICANDA**, Libellus supplex, Gall. *Supplique, requeste*, in Invent. ann. 1476. ex Tabul. Flamar.

1. **SUPPLICARE** dicuntur Monachi, cum ante Abbatem in Capitulo, aut alibi, se inclinant, seu cum eum salutant. Usus antiqui Cistercienses cap. 70 : *Ille qui juxta Abbatem sessurus est* (in Capitulo) *humiliet se profunde de loco suo versus Abbatem, nec tamen super genua vel articulos, et sic resideat. Et ita faciat in omnibus locis, qui juxta eum sedere voluerit, excepto in Ecclesia. Nam nec fratres in Ecclesia sibi Supplicant, neque ad mensas, neque nocturno tempore.* Et cap. 71 : *Dum vero ambulant, humiliter incedant, et discooperto capite Supplicantes invicem obviando. Quod si Abbati obviaverint, divertant se in partem Supplicantes ei.* Adde cap. 83. Vide Regul. S. Benedicti cap. 63. Guigonem in Statutis Ord. Cartusiensis cap. 43. § 5. Statuta Ordin. Præmonstrat. dist. 1. cap. 9. etc.

* SUPPLICARE SEMET, Inclinare se aliquem salutando. Glaber Rodulph. lib. 1. Hist. cap. 1 : *Deinde cum ejus* (Heriberti) *filium osculatus fuisset* (rex) *stansque juvenis...... regi minime semet Supplicaret; pater cernens, qui propter adstabat, valenter alapam collo juvenis intulit, seniorem, inquiens, et regem erecto corpore osculaturum non debere suscipere, quandoque scito.*

* 2. **SUPPLICARE**, Supplici libello agere, practicis nostris *Se pourvoir par requeste.* Catalog. MS. episc. Carnot. ann. circ. 400 : *Nomine capituli quilibet præbendarius in suo tempore regens præbendam suo nomine et consociorum suorum juridictionem illam exercet, et a talibus præbendariis exercentibus Supplicatur ad capitulum et non appellatur.* Vide *Supplicatio.*

¶ **SUPPLICATIO**, Libellus supplex. *Supplicatio ad Regem*, titulus est formulæ 8. novæ Collect. apud Baluz. tom. 2. Capitul. col. 562.

* Nostris *Supplication* olim dicta est *Oblatæ*, Gall. *Oublie*, seu panis tenuissimi species, quam nunc *Gauffre* appellamus. Stat. ann. 1406. in Reg. 161. Chartoph. reg. ch. 135 : *Que nul ne puisse... estre ouvrier en la ville de Paris, ne ès fauxbourgs d'icelle, se il ne scet faire en un jour au moins cinq cens de grans oublées, trois cens de Supplications et deux cens d'estrées dudit mestier.*

¶ **SUPPLICATURIO**, Litteræ commendatitiæ Abbati factæ, ut in cœnobio aliquem, qui monachus fieri cupit, recipiat. *Supplicaturio pro eo qui in monasterio conversare desiderat.* Ita inscribitur Form. 48. apud Marculfum lib. 2.

* **SUPPLICATUS**, Deprecatio, Gall. *Supplication.* Joan. ab Insula de Gest. Franc. apud Lam. tom. 3. Delic. erudit. pag. 25 : *Londinenses....... magnis cum Supplicatibus, pluresque aliæ civitates se se dedunt.*

SUPPLICIA, Quæstiones, torturæ, in Lege Salica tit. 42. § 5. 7. 8. 9. 10. 11.

¶ **SUPPLICIAMENTUM**, Supplicium, pœna. Tertull. de Fuga in persecut. cap. 9 : *Perfecta dilectio foras mittit timorem; quia timor Suppliciamentum habet.* Legitur *pœnam* in Epist. 1. Johannis cap. 4. 18. unde hæc desumta sunt.

* **SUPPLICIATUS**, *Supplicio* seu *Superpellicio* indutus, ut supra *Suppelliciatus.* Charta Mariæ de Brabantia ann. 1398. in Supplem. ad Miræum pag. 439. col. 1 : *Rector omnibus diebus Dominicis et celebribus ad utrasque vesperas, matutinas et missam, cum scholaribus suis Suppliciatus chorum frequentare tenebitur.* Vide in *Superpellicium* et *Supplicium* 1.

* **SUPPLICISSIME**, Perquam suppliciter. Chron. Joan. Vitodur. in Thes. hist. Helvet. pag. 4 : *Nam cæteri cives perterriti res et corpora sibi Supplicissime subjecerunt. Ad te Supplicissimus venio*, in Gest. Franc. Joan. ab Insula apud Lam. tom. 3. Delic. erudit. pag. 28.

¶ 1. **SUPPLICIUM** TERSORIUM, Linteum ad abstergendum. Joh. Legatius in Chron. Monast. S. Godehardi apud Leibnit. tom. 2. Script. Brunsvic. pag. 423 : *Infusa aqua capit semicinctium, portansque collo tersoria Supplicia, inflectit genua, ac prehensos lavandosque pedes lavat, tergit, osculatur.* Ægre crediderim contracte scriptum fuisse pro *Superplicium*, ut supra observavimus in *Superpellicium.*

* 2. **SUPPLICIUM**, Factio, seditio. Lit. remiss. ann. 1358. in Reg. 86. Chartoph. reg. ch. 606 : *Invalescente et durante horrido et detestabili Supplicio et debato, quod quamplurimi innobiles... anno novissime præterito contra universos et singulos nobiles, nequiter et temere fuerunt machinati.*

¶ **SUPPLICIUS**, pro Sulpitius, quomodo *Supplice*, pro *Sulpice*, quibusdam dicitur, in Litteris Johannis Reg. Franc. tom. 3. Ordinat. pag. 493.

¶ **SUPPLOSA.** Papias MS. Bituric. : *Excelsa, Supplosa, alta.*

SUPPLUMBARE, Immergere, *Plonger dans l'eau*, a *plumbo*, quod aquarum altitudinis explorandæ gratia in mare immittitur. Guibertus de Vita sua lib. 3. cap. 8 : *Et cum eos rebus omnibus spoliasset,... ejectos in flumine Supplumbabat.*

SUPPODIARE, Sustinere. Vide *Podium* 2.

¶ 1. **SUPPONERE**, pro Superponere, apponere. Charta ann. 1253. tom. 1. Hist. Dalph. pag. 30. col. 1 : *Et ipse Comes dicta castra et domos fortes, sive turres, debet tenere pro suo dominio per unam diem et unam noctem, et in singulis Supponere banneriam sive vexillum suum.* Vide *Superpositio silentii* in *Superpositio* 3.

* 2. **SUPPONERE**, Deponere, demittere, Gall. *Mettre bas.* Lit. remiss. ann. 1355. in Reg. 84. Chartoph. reg. ch. 476 : *Detecto culo suo, brachis Suppositis seu avalatis clamabat, etc. Supposer*, obscœne dicitur, in aliis Lit. ann. 1382. ex Reg. 121. ch. 68 : *Gilot le Maistre...... tampta tant ladite Damete, que un jour entre les autres ledit Raoul d'aventure les trouva ensemble et en recoy en une estable à vaches, où ledit Gilot la Supposoit et cognoissoit charnelement. Suppoisier* vero est Pondus rei cujusvis expendere, vulgo *Soupeser.* Lit. remiss. ann. 1397. in Reg. 155. ch. 148 : *Lequel apperçut un petit coffret, qui estoit à mettre joyaulx,... lequel il ala Suppoisier, et senti qu'il y avoit de l'argent.*

¶ **SUPPONTATIO.** Vide *Supportare* 2.

1. **SUPPORTARE**, Curare, similiter et ferre onus aliquod, et alii parcere, in Jure Hungarico. Sambucus. Nos etiam *Supporter* dicimus, pro *tolerare.*

¶ SUPPORTARE ALIQUEM, Protegere, favere, Galli dicimus eadem notione *Supporter quelqu'un.* Litteræ Joannis Comit. Armaniac. ann. 1356. inter Ordinat. Reg. Franc. tom. 3. pag. 105 : *Quod in loco patenti et eminentiori ville seu loci recipiantur dicte monstre, faciant venire palam et publice et e clara, nulli defferendo, nec aliquem ... rtando, vel odio, vel mala voluntate ... m agravando.* Excerpta e Joanne a ... no in Hist. Mediani Monast. pag. 289 : *Instat pars adversa. Papa autem Maherum Supportans, eum venientem dicebat.*

¶ Supportatio, Defensio, tuitio, protectio, Gallice *Support.* Charta ann. 1499. apud *Madox* Formul. Anglic. pag. 337 : *Concedimus eidem Duci* (Eboracensi) *defensionem et Supportationem libertatum, et franchesiarum, curiarum, jurium, etc.* Chronic. Joh. Whethamstedii pag. 382 : *Dignatur eadem vestra celsitudo,... in Supportationem primo vestri honoris regii, etc.*

¶ Supportare, Perferre, sustinere, nostris *Supporter.* Charta ann. 1369. inter Ordinat. Reg. Fr. tom. 5. pag. 284 : *Attentis etiam gravaminibus et molestiis, quas ipsi Consules et habitatores loci et honoris prædictorum, tam propter guerras Regum Francorum, quam aliter, diversimode sustinere et Supportare habuerunt, etc.*

¶ Supportatio, Subsidiorum impositorum suppeditatio. Charta Henrici IV. Reg. Angliæ ann. 1400. apud Rymer. tom. 8. pag. 122 : *Tam pro sustentatione dictorum prioris et monachorum, quam pro Supportatione aliorum onerum sibi incumbentium congrue, etc.* Charta ann. 1428. apud *Madox* Formul. Anglic. pag. 101 : *Deductis sumtibus in Supportationem onerum, expensarum ministrancium in divinis, etc.* Occurrit præterea in Bulla Pauli III. PP. ann. 1549. pro secularisat. Monast. Insulæ Barbaræ tom. 1. Macer. ejusd. pag. 264. Vide *Supportus.*

2. **SUPPORTARE**, Transferre, cedere, resignare : vox Feudistarum. Charta ann. 1304. apud Fredericum Sandium in Consuet. feudales Gelriæ pag. 46 : *Quod nos ex libero arbitrio et spontanea voluntate villas nostras de Vronenbrouck.... Supportamus per præsentes ipsi domino nostro Comiti et suis hæredibus libere et solute, recognoscentes ipsas villas a prædicto domino nostro Comite jure feudali recepisse, etc.* Exstant aliæ ejusdem ferme tenoris apud eumdem pag. 37. 38. 47. 48. 50.

* Charta ann. 1345. tom. 2. Hist. Trevir. Joan. Nic. ab *Hontheim* pag. 157. col. 1 : *Quas domos....... resignavimus et Supportavimus, resignamus et Supportamus manu, ore et calamo, cum solemnitatibus debitis et consuetis, ad habendum, tenendum et in perpetuum possidendum.* [** German. *Auftragen.* Vide Homeier. Jus feod. Spec. Sax. tom. 2. pag. 315. *Supraportare*, in chart. ann. 1327. apud Guden. Cod. Diplom. tom. 2. pag. 1035. Adde Haltaus. Glossar. German. voce *Ubertragen,* col. 1824.]

¶ Supportatio, Cessio, translatio. Testam. ann. 1307. apud Ludewig. tom. 2. Reliq. MSS. pag. 257 : *Et hanc meam ultimam voluntatem, quoad dotationem dictæ vicariæ et altaris, resignationem, effestucationem et* [Sup]*portationem bonorum mobilium et immo*[bili]*um, etc.* Ubi perperam editum *Supponionem.*

* 3. **SUPPORTARE**, Adjuvare, commodare operam. Memor. F. Cam. Computis. fol. 25. v°. ad ann. 1396 : *Petrus de ... ordinatus per Cameram ad Supportandum clericos computorum, loco magistri Nicolai de Pratis.*

SUPPORTARI, Eximi, immunem esse ab aliquo onere. Statuta Ord. Præmonstrat. dist. 2. cap. 1 : *Nec non a communi frequentatione et cursu Missarum hebdomadatim celebrandarum Supportati penitus existant.*

* Charta ann. 1282. inter Probat. tom. 2. Annal. Præmonstr. col. 434 : *Nostrum monasterium ab omnibus subsidiorum et contributionum oneribus perpetuo Supportatum esse debeat et exemptum.* [** Chart. Ludov. Imper. ann. 1320. in Guden. Syll. pag. 493 : *Ab omni onere exactionum... absolvendos duximus... Sic, quod dicta quatuor opida, si ea nostra celsitudo habere Supportata non poterit, nobis et imperio quolibet anno in festo B. Martini, pro omnibus Supradictis oneribus præstandis,* 1600. *marcas ministrabunt. Supraportari,* in chart. sec. XIV. apud Guden. Cod. Diplom. tom. 2. pag 1110. Vide Haltaus. Glossar. German. voce *Ubertragen*, col. 1824. et *Vertragen*, col. 1905.] Stat. MSS. S. Vict. Paris. part. 2. cap. 15 : *Qui quadraginta annis ab investitionis suæ tempore in religione conversati sunt, debent a lectura mensæ Supportari, dummodo id in conventu ab abbate humiliter petierint. Supporter,* eodem intellectu, in Ch. Caroli VI reg. Franc. ann. 1416. ex Chartul. episc. Carnot. : *Par le fait des guerres et mortalités, qui se sont survenues en ladite ville, ils n'ont peu paier icelle rentre à nostre amé et feal conseiller l'evesque de Chartres;...... lequel pour consideration desdites fortunes et mortalités, ayant pitié et compassion de leur pauvrete et nécessité, les ait Supportés et déportéo de payer ladite rente.*

¶ **SUPPORTATIO.** Vide *Supportare* 1. et 2.

¶ **SUPPORTUS**, Subsidium, auxilium, Gall. *Support.* Charta ann. 1407. apud Rymer. tom. 8. pag. 466 : *Plenius avisati cum cujusmodi et quali auxilio et Supportu, ac cum quoto et quanto numero hominum defensabilium, nobis in præmissis voluerint et poterunt deservire.* Vide *Supportatio* in *Supportare* 1.

SUPPOSITIO. Glossæ antiquæ MSS. : *Suppositionem, Propitiatorium.* [Vide in *Superpositio* 3.]

¶ **SUPPOSITITIUS**, *Subdititius*; ὑποβολιμαῖος, in Gloss. Lat. Gr. Addunt Sangerm. *Subditivus.*

1. **SUPPOSITORIUM**, Medica balanus. Petrus Blesensis Epist. 43 : *Contra inobedientiam ventris fiat Suppositorium, aut clyster.*

Suppositura, Idem quod *Suppositorium*, apud Constantinum African. de Morbor. curat. lib. 1. cap. 17. lib. 6. cap. 18. lib. 7. cap. 3. etc.

2. **SUPPOSITORIUM**. Gloss. Græco Lat. : Ὑπόθεμα, *Suppositorium.* Idem : Ὑποπόδιον, *Scabellum, subsellium, scamillum, Subpositorium.* Aliud Gloss. cap. de Vasis argenteis : *Subposturium*, ὑπόθημα καὶ ὑποθητήριον. Ejusmodi forte illud est *Suppostorium*, quod inter ministeria sacra reponit Gregorius M. lib. 1. Epist. 42 : *Suppositorium aliquod argenteum pro uno solido dicitur esse optimum, et calix pro 6. solidis esse oppositus.* Alii codd. habent *Suppostorium*, uti monet Jamesius. Et Historia Episcoporum Autisiodor. cap. 20 : *Item salariolam parvam cruciculam habentem pens. uncias 9. item Suppositorium anacteum pens. lib. unam et semis.*

☞ Quo ultimo loco, ut et apud Gregorium M. intelligenda videtur patera quæ poculo inter bibendum supponitur, uti innuit Petrus Abbas Cluniac. lib. 1. cap. 5 : *Cum vino, quod susceperat, frusta omnia comminuti Corporis Christi in vas, quod ori ejus suppositum fueran refundere coactus est.*

¶ 1. **SUPPOSITUM**, ut *Superpositum* 1. Vide ibi.

¶ 2. **SUPPOSITUM**, Subditus, subordinatus, Gall. *Suppôt.* Charta ann. 1426. apud Marten. tom. 1. Anecd. col. 1770 : *In quantum laicos sæculares præsentes et futuros, seu dictæ universitatis, aut eorum Suppositorum laicos familiares concernit, etc.* Bulla Eugenii IV. PP. ann. 1443. apud Miræum tom. 2. pag. 896 : *Plurimum numero Suppositorum pollet* Universitas Lovaniensis. Litteræ Caroli VII. Reg. Fr. ann. 1452. tom. 6. Spicil. Acher. pag. 501 : *Qui* (Baillivus) *regentes, scholares et Supposita ejusdem* (Universitatis Cadomensis) *ut a litterarum studiis nullatenus distrahantur, etc.* Adde Compend. jurium Universit. Paris. per Robert. *Goulet* fol. 5.

* Canonicos ecclesiæ Augustensis eadem voce designari opinantur docti Editores ad Vit. S. Bern. de Monte Jovis tom. 2. Jun. pag. 1075. col. 1 : *Bernardus tunc Suppositis ecclesiæ per archidiaconum præsentatus, etc.*

¶ **SUPPOSITURA**. Vide *Suppositorium* 1.

* **SUPPOSTORIUM**. Vide *Suppositorium* 2. et Georg. Rhodig. in Liturg. Rom. Pontif. cap. 23.

* **SUPPRESSIONARE**, Opprimere, obruere. Chron. Bohem. apud Ludewig. tom. 11. pag. 204 : *Et nihilominus ad observantiam hujusmodi statuti perpetuam, magnates et nobiles principatus Boemiæ in sacramento adstringit, ne pluralitate ducum tam insignis ducatus Suppressionetur; aut ex dissentione fratrum, super ejusdem principatus regimine, dispendium pateretur.*

¶ **SUPPRENDERE**. Vide *Supprisa.*

SUPPRESSUM, Morbus equinus, *vel cum mordetur, in calce percutitur, vel ipso de crure percutit rem aliquam duram, etc.* Petrus de Crescentiis lib. 9. de Agricult. cap. 39. ubi vetus ejus interpres Gallic. *Suros* vertit. [Leg. *Supprossum.* Vide in hac voce.]

¶ **SUPPRESTIS**, pro Superstes, passim apud Marculfum et alibi. Vide *Suprestes.*

SUPPRIMUS, Inferioris conditionis. Acta SS. Neræi, Achillei, etc. n. 21 : *Quid faceretis, si vellent vos ab amore eorum aliquæ ignobiles revocare, Supprimæque personæ, ut ipsi vos maritas acciperent.* [Vide supra *Subprimus.*]

¶ 1. **SUPPRIOR**, ut *Subprior*, passim occurrit in recentioribus Instrumentis.

* *Surprieux*, eadem notione, in Lit. remiss. ann. 1393. ex Reg. 144. Chartoph. reg. ch. 245 : *Aubin de la Porte varlet du Surprieux de l'eglise de saint Remi de Reins.*

* 2. **SUPPRIOR**, Inferior, secundi ordinis. Invent. MS. ann. 1366 : *Littera...... per dominum Bonifacium VIII. super dandis*

coadjutoribus episcopis et Supprioribus prælatis, senio vel dementia, seu alia infirmitate corporali ad eorum officium exequendum perpetuo impeditis. Vide *Supprimus.*

¶ **SUPPRISA**, Supprisia, Exactio extraordinaria, quæ præter consuetam exigitur, violenta occupatio. Vide *Subprisia* et *Superponere* 1. Charta ann. 1265. apud Lobinell. tom. 4. Hist. Paris. pag. 514 : *Conquerebantur burgenses Parisienses de terra S. Opportunæ Parisius, quod Episcopus Paris. de novo levabat ab eis in dicta terra S. Opportunæ telonium unum seu costumam unam de rebus ibidem emptis et venditis in sua tertia septimana, licet ipsi numquam solverint dictum teloneum seu costumam... Canonici etiam dictæ ecclesiæ super hoc conquerebantur, petentes hujusmodi Supprisiam ab Episcopo factam penitus amoveri.* Litteræ Edwardi II. Reg. Angl. ann. 1308. apud Rymer. tom. 3. pag. 119 : *Serenitatem vestram Regiam affectuose requirimus et rogamus, quatenus negotium interprisarum et Supprisarum... differre velitis.* Aliæ ejusd. Reg. ann. 1310. ibid. pag. 237 : *Ut de usurpationibus et Supprisis ante guerram, etc. Super terrarum et Jurisdictionum Supprisiis, excessibus, et aliis delictis quibuscumque, etc.* in Charta ann. 1334. apud eumd. tom. 4. pag. 630. Vide *Superprisia*, et *Surprisia.*

* Usurpatio, quod præter jus sibi quis attribuit. Charta Phil. Pulc. ann. 1312. in Reg. 48. Chartoph. reg. ch. 159 : *Johannes de Villaribus multas Supprisias fecerat in foresta nostra Andeliaci, abutendo usagiis dictæ forestæ.*

¶ Supprendere, Capere ultra quam fas est aut licet, violenter occupare. Charta ann. 1252. ex Tabular. castri Blein. : *Diximus de articulo de partis equorum, ex parte domini de Chesia nihil esse Supprisum, quia ita invenimus usum fuisse dominum Eudonem filium Comitis.* Charta Edwardi III. Reg. Angl. ann. 1340. apud Rymer. tom. 5. pag. 162 : *Nulla fieret nobis restitutio Supprisorum durantibus primis treugis.* Vide *Surprendere.*

¶ **SUPPROSSUM**, Callus, ut *super-os.* Acta S. Lanfranci tom. 4. Jun. pag. 627 : *Si te præsul Lanfrancus de Supprosso quod habes in manu liberaverit, tunc eum credam esse sanctum.* Vide *Suppressum.*

¶ **SUPPULLATUS**, perperam pro *Suppulatus*, apud Ludewig. tom. 8. Reliq. MSS. pag. 69.

¶ **SUPPURARE**, In pus solvi, Gallis *Suppurer.* Gl. Lat. Græc. : *Suppuro*, φλεγμαίνω; in Sangerm. : *Stuppero, stupporo*, φλεγμονή, *tumor, Stupperatio*; in Regiis : φλεγμαίνω, *stupore langueo, tumesco ex languore.* Utitur Columella.

* Glossar. medic. MS. Simon. Januens. ex Cod. reg. 6959 : *Suppurare, saniem seu pus facere.*

¶ **SUPPUS.** Vide supra *Supes.*

¶ **SUPPUSTORIUM**, ἔρισπα, in Gloss. Lat. Gr. [** Ἔρεισμα. Vide *Suppositorium.*]

* **SUPRA** Occasione, Data occasione, Gall. *A l'occasion.* Lit. Phil. V. ann. 1317. inter Probat. tom. 2. Hist. Nem. pag. 25. col. 1 : *Supra occasione quod a domino germano nostro, quondam rege Francorum, prædicta obtinuisse dicitur.*

** **SUPRABANNUM.** *Bannum et suprabannum*, Germ. *Acht und Aberacht*, in chart. ann. 1442. apud Haltaus. Glossar. German. col. 1. Vide in *Bannum.*

¶ **SUPRACAPITANEUS**, Præfectus civitatis, vel exercitus. Anonymus apud Murator. tom. 8. col. 112 : *Et tunc DD. Tiso de Campo S. Petri et Jacobus de Carraria venerunt pro communi Paduæ pro Supracapitaneis in civitate Vicentiæ.* Vide *Capitaneus.*

¶ **SUPRACARICUS**, Qui exonerandis navibus onerariis præest, ut videtur. Statuta civilia Genuens. lib. 4. cap. 16. pag. 121 : *Possit etiam idem patronus seu præfectus exonerare in quocumque loco ad requisitionem Supracarici, seu mercatoris, aut alterius cui res spectarent.* Vide *Carrica.*

SUPRACELLUM. Historia Abbatiæ Condomensis pag. 510 : *Fecit fieri cortinas de tela, et Supracellum altaris B. Petri.* Ubi *Supracœlum* legendum : intelligitur enim cortina quadrata, quæ Ciborii vice altari imminet, quam vulgo *Ciel* appellamus. [Vide *Supercœlum.*]

* **SUPRACELUM**, Baldachinum, umbella, Gall. *Ciel, dais.* Compút. ann. 1356. inter Probat. tom. 2. Hist. Nem. pag. 172. col. 2 : *Solvit clavarius quatuor hominibus, qui fuerunt ad portandum tres magnos pannos,....... necessarios ad faciendum Supracelum in plano thesaurariæ in die Eucharistiæ.* Vide *Supercœlum.*

¶ **SUPRACENSUS**, ut *Supercensus.* Vide ibi.

¶ **SUPRACOMITUS**, Italis *Sopracomito*, Præfectus eorum qui turmis ac copiis militaribus in navigiis præsunt. Vide in *Comes* 2. Continuat. Chron. Andr. Dan-duli apud Murator. tom. 12. col. 450 : *Galeæ omnes Supracomitis, comitis, consiliariis, armigeris, probissimis balistrariis, remigisque subito cernuntur armatæ... Assignatis igitur cuilibet Supracomitorum cedulis de modo et ordine belli, etc.*

* **SUPRACOPA**, Operculum cupæ seu poculi, Gall. *Couvercle.* Inquisit. contra Templar. ann. 1311. ex Cod. reg. 5376. fol. 17. v° : *Unam cupam de cristallo, ornatam de argento deaurato in pede et Supracopa.* Vide supra *Subrecap.*

¶ **SUPRÆ**, γαστροκνημίαι, κνῆμαι, in Gloss. Lat. Gr. Sed legendum *Suræ*, ut patet ex Gloss. Græc Lat. : Γαστροκνημία, *Sura, ventriculus.* Eædem : Κνῆμαι, *crura, Supræ.* κνήμη, *sura, tibia.*

* **SUPRAFATUS**, Supradictus, apud Wibert. in Vita S. Leon. IX. PP. inter Acta SS. ord. S. Bend. sæc. 6. part. 2. pag. 54.

¶ **SUPRAGAMBA**, Crus, pars pedis cui *gamba* subjacet. Veget. lib. 3. cap. 20 : *Si quod jumentum coxam fregerit, aut Supragambam, scias non posse curari.* Vide *Gamba* 1.

SUPRAJUNCTARII, qui Aragonensibus *Sobrejuncteros*, suntque *executores de las sententias, e encalçadores de los malfeytores, e de los encarcados, e aquellos malfeytores, que sean judgados por los justitias de las Ciudades et de las villas, e de los otros lugares de Aragon*, ut est in Foris Aragon. lib. 1. pag. 7. v. edit. 1624. Atque ii primo *Vicarii et Paciarii* appellati : sed postmodum *Surpajunctarios* vocari statuit Jacobus II. in Curia Cæsaraugustæ inita ann. 1300. ut est in iisdem Foris Aragonens. pag. 13. De eorum munere sic idem Jacobus II : *Suprajunctarii exequantur sententias Justitiæ Aragonum, et mandata, quæ eis fecerit ex parte Domini Regis, et mandata, quæ eis fecerit Gubernator Aragonum, et sententias aliorum judicum exequantur, cum per eos fuerint requisiti, et in his non sint aliquatenus negligentes. Et non citent et non pignorent aliquem sine mandato Dom. Regis, vel Gubernatoris, vel Justitiæ Aragonum, vel aliorum judicum, cum non habeant cognitionem causarum. Tamen possint et teneantur persequi, requisiti vel non requisiti, latrones, homicidas, et alios malefactores ex suo officio, et capiant illos, et faciant eos et furta et deprædata fieri de manifesto, et faciant eos judicari per justitias locorum magis convenientium, et restituant furta et deprædata sine aliquo pretio dominis suis. Teneantur etiam et possint facere eos assecurari qui requisierint ipsos : et non accipiant de villis, quæ habent mercatum, nisi 10. solid. et de aliis villis nisi 5. sol. de illis villis scilicet, quæ erunt de Juncta, etc.* Multa de ejusmodi Suprajunctariis, quorum idem munus est, quod *Præpositorum Marescallorum* apud nos, habent Fori Aragonenses fol. 15. 33. 34. 35. 142. Observantiæ Regni Aragon. fol. 23. 36. 40. et alibi passim. Vide *Juncta.*

* **SUPRALECTUM**, Lecti supernum tegmen. Inventar. MS. thes. Sedis Apostol. ann. 1295 : *Item unum Supralectum de panno de Romania ad bestias ad aurum, brodatum de xamito viridi, cum scutis ad arma comitis Casertarum.*

SUPRALIGATURÆ, *dicuntur panni, camisia, manicæ mulierum usque ad humeros.* Papias.

* Vide supra *Supparata.*

SUPRAMITTERE, Mittere supra, Accusare, Gallis *Mettre sus.* Tabul. S. Albini Andegav. : *Et mittit ei supra, quod olim vel sanguinem ejus fudit, et furtum fecit.* Infra : *Destinat se probare per sacramentum, quicquid ei Vicarius Supramittit, non fecit.*

* *Surmettre*, eadem notione, in Lit. remiss. ann. 1370. ex Reg. 100. Chartoph. reg. ch. 897 : *Lesquelz compaignons firent arrester le suppliant,....... en lui Surmettant qu'il leur devoit cent frans.* Hinc *Surmise*, pro Accusatio, in Lit. ann. 1317. tom. 1. Ordinat. reg. Franc. pag. 646. art. 9.

SUPRANOMEN, Quod nomini κυρίῳ, seu *proprio* additur, ad similium nominum discrimen, Gallis *Surnom.* [Vide *Supernomen.*] Charta ann. 1049. in Tabulario Casauriensi : *Ideo constat, me Octeberto, qui Supranomen Fratello vocatur.* Alia apud Ughellum tom. 8. pag. 47 : *Joannes, qui Supranomine Walterii vocatur.* Alia ann. 954. tom. 5. pag. 1539 : *Petro viro magnifico, qui et Supranomen vocatur Pazzii, seu Gregorii, et Rotæ.* Sic porro dictum *Supranomen*, quod in actis præsertim publicis, quæ a testibus subscriberentur, seu ad discrimen similium, ut dixi, nominum, seu ad pleniorem personarum designationem, supra singulorum nomina, locorum et prædiorum, quæ ii incolerent, aut quorum domini erant, nomenclaturas adderent.

Notarii, cujusmodi complures chartas vidimus ex Tabulariis Arelatensi, Massiliensi, Paredensi, et aliis : quod quidem supranomen idem videtur, quod *epinomen*, voce ibrida, vocant Notæ Tyronis pag. 35. ubi perperam scriptum *Ephinomen*. In hujus autem rei exemplum proferam veterum Notitiam MS. de querela inter Archembaldum de Borbonio et Petrum *de Blot*, pro Castello Montis acuti sub Henrico Rege Angl. quæ sic clauditur : *Facta sunt hæc videntibus et audientibus ex parte Arch. Francon.*

de Agonis. de Bosco. Corallo. de Mon-
Rupe. Willelmo. Jordano. Amo-
tinac. Dart borsa.
ne. Tecbaudo.
etc. Quæ quidem superscriptiones nomina designant prædiorum, quorum singuli domini erant. Similia habentur in Tabulario S. Eparchii Inculismens. fol. 28. 32. 33. 84. v°. 125. v°. 230.

Jampridem observatum a viris doctis, atque in primis a Duchesnio in Hist. Monmorenciaca lib. 2. cap. 1. *Supranomina* vix cognita ante tertiam Regum nostrorum stirpem : qua tum tempestate agnosci cœpere viri nobiles a prædiorum suorum nominibus, quæ propriis suis appellationibus addiderunt : incerta licet ratione, nec apud omnes rata et constanti : cum ex iis quidam varia sibi supranomina adscriberent, secundum varia, quæ possidebant, prædia, et prout in horum singulis acta sua conficiebant, quod potissimum in familia Bovensi accidisse colligere est cum ex veteribus tabulis, tum ex Scriptoribus coævis, apud quos Drogo, qui sub Roberto et Henrico Regibus vixit interdum *Bovensis*, interdum *de Papyriaco :* Ingelrannus Drogonis filius, promiscue *Bothuensis*, *Codiciacensis, et de Fara :* Thomas denique Ingelranni filius, *de Fara*, vel *de Feria*, *Codiciacensis*, *de Marna*, seu *de Marla*, cognominantur, quod horum prædiorum domini fuerint. Quod et observatum a secundogenitis, cum eo ipso ævo, prædiorum, quæ in hæredii sortem a parentibus acceperant, nomina vice cognominum sibi usurparent, ac in posteros transferrent : unde postmodum enatæ in familiarum enucleandis stemmatibus conjecturæ admodum incertæ : quod qui in hac Historiæ parte sedulo versantur, satis advertunt.

Longe vero diversus est cognominum inductus usus ex nominibus, quæ *jocularia* vocat Ausonius, quibus discernerentur a se invicem ejusdem nominis viri nobiles, et inferioris etiam conditionis, cum ea singulis propria fuerint, nec ad posteros et familiam traducerentur, iis a cutis colore interdum deductis, ut fuere ii, qui *Albi*, *Nigri*, et *Rubei* dicti sunt, interdum ab ipso comæ colore, aut barbæ prolixitate, unde enatæ appellationes *Barbatus*, *Honestæ barbæ*, *Filans stupam ;* interdum a vestitu, ut sunt eæ, *Capetus*, *Grisa gonella*, *Pellis lupi*, *etc.* denique a moribus ac indole propria, ut *Tricator, Hutinus*, *etc.* [Vide Mabillonium lib. 2. Diplom. cap. 7.] [** Murator. Dissert. 41. in Antiq. Ital. med. ævi.]

¶ **SUPRANUS**, Superior. Vide *Subtanus*.
* Supremus, præfectus, præpositus, Italis, *Soprano ;* quibus notionibus nostrates *Souverain* dixerunt. Charta ann. 1261. ex Chartul. Campan. fol. 375. col. 2 : *Et por ce vos prions nos por Dieu et por ce que faire le devez, . comme sires Sovrains, que vos anvoiez tex genz de vostre consoil, qui vostre heritage et vostre raison puissent attendre et retenir. Le Souverain de la chambre*, pro *Président*, in Ordinat. pro parlam. ann. 1320. tom. 1. Ordinat. reg. Franc. pag. 728. art. 2. Pro superiore generali alicujus ordinis. Stat. ann. 1376. tom. 6. earumd. Ordinat. pag. 188. art. 23 : *Sera tenu le prieur de ladicte eglise* (de S. Catherine du val des ecoliers)....... *quant il yra au chapistre du Souverain de la religion, etc. Souvrain*, in Charta ann. 1282. apud Marten. tom. 1. Anecd. col. 1190. Charta ann. 1409. ex Chartul. S. Petri Insul. sign. *Decanus* fol. 200. r° : *Nous freres Mathieu abbé de Clerevaulx de l'ordre de Cistiaux, en la dyocese de Leingres, Souverain et pere abbé sans moyen de l'eglise de Marquette.* Ita quoque appellabatur ludorum præses. Lit. remiss. ann. 1391. in Reg. 142. Chartoph. reg. ch. 54 : *Michel Pollet, qui estoit ainsi que ordeneur ou Souverain de la besongne, donna le pris à Philippe de Recourt.* Reverentiæ nomen videtur esse in Charta Joannæ Carnot. comit. ann. 1285. ex Tabul. episc. Carnot. : *Nous eussions requis... à très saintisme pere et seigneur Martin par la grâce de Dieu jadis Souverein evesque etc.* Alia ann. 1324. ibid. : *Souverein prélat... l'évesque de Chartres, etc.* De superiori regione dicitur in Chron. S. Dion. tom. 7. Collect. Histor. Franc. pag. 128 : *Lothaire s'en retorna en la Soveraine France, qui est li roiaume d'Austrasie. In superiorem Franciam Revertitur*, in Chron. Adon. ibid. pag. 54. *Souverainnité*, pro *Souveraineté*, suprema potestas et jurisdictio, in Lit. ann. 1370. tom. 5. Ordinat. pag. 368.

SUPRAPONS, Pars navis, [Pons tertius.] Contractus Navigii D. Regis S. Ludovici cum Venetis ann. 1268. tom. 5. Hist. Francor. : *Et habet unum paradisum, et duo vanna, unum supra aliud, et duos pontes, et unum Suprapontem, etc.*

** **SUPRAPORTARE**. Vide in *Supportare*, 2. et *Supportari*.

* **SUPRAPOSITA**, Exactio extraordinaria. Pactum inter Ursum Venet. ducem et Vulpert. Aquil. patriar. ann. 880. tom. 2. Cod. Ital. dipl. col. 1945 : *Populus noster, qui ibi advenerit, nullum gravamen aut Suprapositam vel forcius patiatur.* Vide in *Superponere* 1.

¶ **SUPRAPOSITIO**. Vide in *Superponere* 1.

¶ **SUPRAPOSITUM**. Vide *Superpositum* 1.

* **SUPRAPOSITURA**, Officium *Suprapositi* in collegiis artificum. Stat. sabat. Carcass. ann. 1402. tom. 8. Ordinat. reg. Franc. pag. 558. art. 3 : *Quod dicti quatuor moderni suprapositi sic electi, præsentabuntur quolibet anno, antequam dicto utantur Suprapositurœ officio,....... curiæ regiæ burgi Carcassonæ ; in qua curia...... jurabunt dicti moderni suprapositi ad sancta Dei quatuor Evangelia de se bene et fideliter habendo in officio Suprapositurœ antedicto, utilia domini nostri regis et dicti ministerii procurando, etc.* Vide *Suprapositus*.

¶ **SUPRAPOSITUS**, Qui in collegiis artificum invigilat, ut statuta quæ totius corporis utilitatem spectant, diligenter observentur, Nostris, *Garde juré*. Litteræ Philippi VI. Reg. Franc. ann. 1335. tom. 2. Ordinat. pag. 114 : *Visa per Consilium nostrum quadam oblatione facta senescallo nostro Carcassonensi,.... per Arnaldum Raperie paratorem et Suprapositum paratoriæ Carcassonensis, et Guillelmum Marsedi procuratorem, ut dicebat, et procuratorio nomine aliorum Suprapositorum, etc.* Pluries ibi.

¶ **SUPRAPOSTES**, *Superius limen*, ὑπέρουνος, in Gloss. Lat. Græc. Sangerm. MSS.

¶ **SUPRA-PRÆPOSITUS**. Vide in *Præpositi*.

SUPRAREGULA, dictus Willelmus Divionensis Abbas *a rigore ferventioris propositi*, ut scribit Hugo Flaviniacensis ann. 1013.

SUPRASEDERE, pro *Supersedere. Suprasedente adversario*, in l. 5. Cod. Th. de Pactis. (8,9.)

SUPRASTANS, Præfectus, Italis *Soprastante.* Sanutus lib. 2. part. 4. cap. 21. ubi de apparatu classis nauticæ : *Tertio 4. musarii, qui præsint victui vel scribanis : quarto duo Suprastantes vel supersedentes armis.* Rollandinus in Chron. lib. 5. cap. 15 : *Fecit fieri unum zironem in Anoale, et tres zirones in Mestre, ubi Suprastantibus et custodibus constitutis, et licentiato exercitu, etc.* Adde c. 17. Utitur et alibi. [Chron. Parmense apud Murator. tom. 9. col. 823 : *Suprastantes tam in civitate quam extra ad dounam salis, etc.* Vide *Superstans*.]

** **SUPRATACTUS**, Supra dictus, in chart. ann. 1245. apud Schœnemann. in Cod. Dipl. tom. 1. pag. 179.

¶ **SUPRATENERE**, In maleficio excipere, deprehendere, Gallice *Surprendre*. Leg. Rotharis [** cap. 296.] apud Murator. tom. 1. part. 2. pag. 40. col. 2 : *Et si qualemcumque rem mediocrem furatus fuerit, unde VI. solidi, aut minus in hoc Edicto judicantur, si fur ipse Supratentus fuerit, etc.* [** Al. *supra furtum tentus fuerit.*] Vide *Supertenere*.

¶ **SUPRATENTUS**, Supradictus, in Chartulario S. Vandreg. tom. 1. pag. 946.

SUPRAVESTIS, Sagulum, *Cotte d'armes*. Statuta Ord. Hospital. S. Joannis Hieros. tit. 2. § 4 : *In armorum autem exercitio statuimus, quod sagula sive Supravestes rubeas cum cruce alba recta deferant.* Eadem Gallica MSS : *Tous les freres doivent porter en fait d'armes juppel vermeil à la croix blanche, c'est à sçavoir Sonbreveste.* [Jac. De Layto in Annal. Estens. apud Murator. tom. 18. col. 938 : *Quibus intrantibus portam Leonis hastilusores de societate Notariorum Supravestes suas, et deinde equorum suorum, in signum gaudii propriis manibus dilacerare cœperunt.*] Occurrit præterea apud Andream a S. Cruce in Collationibus Concilii Florentini pag. mihi 906.

¶ **SUPRAVIDERE**, Speculari, Gall. *Reconnoître*. Barth. Scriba in Annal. Genuens. ad ann. 1224. apud Murator. tom. 6. col. 437 : *Demum vero ad Supraviden-*

dum exercitum inimicorum ad castrum Montisalti perrexit.

SUPRAVITA, Dotalitium, quod uxori cedit post mortem mariti, ex Gallico *Survivance*, vel *Survie*. Charta Guidonis Comitis Foresiæ ann. 1247 : *Concedit.... quidquid ad eam pertinet de.... successione dicti Simonis nomine dotalitii aut Supravitæ, seu alia qualibet ratione.* Infra : *Dat et concedit dictæ Elizabeth nomine dotalitii aut Supravitæ medietatem totius terræ suæ, etc.* Vide *Supervivere*.

SUPREMA, *Quando sol supprimitur*, in Gloss. Isid. Solis occasus.

¶ SUPREMITAS, Suprema potestas, Gall. *Souveraineté*. Homagium ann. 1450. apud Lobinell. tom. 2. Hist. Britan. col. 1133 : *Nec intelligebat admisisse seu recepisse, aut admittere seu recipere verba per D. Ducem,... neque eisdem consentire, in tantum quod juribus corone et Supremitatis sue prejudicare possent, etc.*

¶ Supremitas, Gall. *Suprematie*, vox usurpata apud Anglos, qua Regis suprema jurisdictio in Ecclesiam Anglicanam significatur. Litteræ Edwardi VI. Reg. Angl. ann. 1552. apud Rymer. tom. 15. pag. 306 : *In majorem augmentationem et manutenentionem Regalis status coronæ suæ imperialis, et dignitatis Supremitatis Ecclesiæ Anglicanæ, etc.*

¶ SUPREMUS. *Suprema actio*, Accusatio, actio criminalis, quam premit suprema pœna, in Cod. Theod. lib. 9. tit. 1. leg. 5. *Supremum nomen, Suprema scriptura*, Testamentum, in eod. Cod. lib. 16. tit. 5. leg. 40. et tit. 7. leg. 3.

SUPRESTES, et Sueprestes, pro *Superstes*. Glossæ Antiquæ MSS. : *Suprestes, supervivens, vivus, filius in rebus humanis constitutus.* Ita legi in Concilio Toletano V. et apud Marculfum lib. 2. form. 5. ut *Suprestitiosus*, pro *Supertitiosus*, in can. 4. ejusdem Concilii Tolet. V. in vett. codd. monuit Baluzius in Notis ad Antonium Augustinum pag. 522. [Vide *Supprestis*.]

¶ SUPRESTITIOSUS. Vide supra *Suprestes*.

SUPRINUS, pro *Sobrinus*, apud Pelagium Ovetensem Episcop. in Sebastiani Salmanticensis Episcopi Historiæ Addit. in Veremundo Rege, æra 827 : *Mauregato defuncto, Vermundus Suprinus Adefonsi majoris, filius videlicet Froilani fratris sui, tres annos regnavit.* Utitur ibi rursum.

¶ SUPSITÆ, θυμιάσεις, in Gloss. Lat. Gr. Leg. videtur *Suffitus* ex Gloss. Gr. Lat. : Θυμίασις, *Suffitus*.

¶ SUPTRAGI. Vide supra *Subtragi*.

¶ SUPUMPIS. Vide in *Supes*.

SUPURATUS, *Purulentus*. Papias.

SURCARIA. Vide *Surtaria*.

¶ SURCETUR, *Irascitur*. Gloss. Isidori. La Cerda emendat, *Succenset*.

¶ SURCHOTUS. Vide mox in *Surcotium*.

SURCLARE, apud Apicium lib. 4. et 5. pro *Surculis connectere* et *ligare*, dici observat Gabriel Humelbergius pag. 93. 104.

SURCOTIUM, Vestis species, Gallicis Scriptoribus *Surcot*, forte quod *Cotis* adderetur, vel super indueretur. Catholicum Armoricum : *Sourcot, Gall. Robe à femme, superhumerale, item superlectile.* [Gesta Erminæ cujusdam puellæ Remis ann. 1396. ex Cod. MS. Bibl. S. Victoris Paris. : *Il me vint deux femmes qui portoient Seurcos plus longs qu'elles n'estoient environ une aulne, et falloit qu'elles portassent en leurs bras ce qui étoit bas, ou il trainnast à terre, et avoient aussi poingnés en leurs Seurcos pendans aus coudes et leurs tetins troussés en hault.*] Statuta Conradi Archiepisc. Coloniensis ann. 1260. cap. 5 : *Statuimus inhibendo ne aliquis Monachorum Surcotiis, caligis coloratis, calceis nodatis, cingulis irregularibus, aut massublis sericis utatur.* Perperam *Surgotum* scribitur in Annalibus Colmariensibus ann. 1298 : *Fecerat hoc anno ante festum S. Michaëlis Milites, quos omnes vestivit ad minus triplici vestimento, scilicet tunica pretiosa, Surgotum.... nobili vario, suchornam cum vario pretioso.* Vide *Supertotus*.

¶ Surchotus, Eadem notione. Concil. Trevir. ann. 1227. apud Marten. tom. 7. Ampl. Collect. col. 121 : *Præcipimus districte, ut abbates et monachi, abbatissæ et moniales, nec mantella, nec Surchotos portent de cætero.*

¶ Syrcotum, Eodem intellectu, in Constitut. Frederici Reg. Siciliæ c. 96 : *Volumus insuper quod liceat eisdem militibus habere ultra prædicta tria guarnimenta, Syrcotum unum sine manicis, cum quo comedant et morentur in domibus, quandiu ibi steterint : sed eo extra domos aliquatenus non utantur sub pœna amissionis ejusdem Syrcoti.*

* *Seurcot* et *Seurcors*. Lit. remiss. ann. 1380. in Reg. 118. Chartoph. reg. ch. 233 : *Un Surcot lonc de mabre fourré de gros ver, un Seurcot de mabre fourré de gros ver, à manches fourrées de leasses.* Phil. *Mouskes* in Carolo M. :

A tousjors en ivier si ot
A mances un nouviel Surcot,
Fourré de vair et de goupis,
Pour garder son cors et son pis.

Vitæ Patrum MSS. ubi de vestibus mulierum :

Lor Seurcors at lor cortes botes,
Et font faire les longes cotes ;
Ou a sept aunes et demie.

Cercus, eadem acceptione, in Lit. remiss. ann. 1367. ex Reg. 99. ch. 45 : *Le suppliant prinst en l'hostel de Agnes une pele, un viez Cercus, etc.*

SURCULAMEN, Surculus. Gildas de Excid. Britann. : *Amarissima enim quoddam de vite Sodomorum in cordis sui infructuosa bona semini gleba Surculamen incredulitatis et insipientiæ plantaverat.*

* SURCUM, Frugis genus, targus, Indicum frumentum. Chron. Forojul. in Append. ad Monum. eccl. Aquilej. pag. 22. col. 1 : *Anno Domini 1276. vendebatur frumentum xxxvj. denariis, et tantum siligo, et plus Surcum.* Pluries ibi. Vide infra *Surgum* et *Suricum*.

¶ SURDARE, Surdum facere. Gloss. Lat. Gr. : *Surdo*, κωφόω. Lex Bajwar. tit. 5. § 17 : *Si eum Surdaverit, vel sic eum plagaverit ut claudus permaneat, etc.*

¶ SURDIGO, Surditas. Marcell. Empiric. c. 9 : *Surdiginis molestiam pati.* Rursum : *Surdiginem remediare.*

** SURDITIOSUS, Surdus. Berthold. Annal. ad ann. 1077 : *Rex autem Heinricus aure Surditiosa obmutescens, nullum ei responsum dedit.*

¶ SURDUS. *Ictus surdus*, Qui non apparet, qui sanguini effuso opponitur, idem qui *Ictus orbus*. Vide *Ictus* 2. Consuet. civit. Lugdun. ann. 1206. in Hist. ejusdem pag. 97 : *De ictu Surdo debent* VII. *sol. de clamore* III. *sol.* VI. *den.*

* *Sourdois*, Qui in aurem dicit, susurrat, Gall. *Qui parle à l'oreille*, in Fabul. tom. 2. pag. 114 :

Quant je vous enquis Sourdois
Tout ce que dis par mon gabois.

¶ SUREX, Porcellus. Vita S. Kierani tom. 1. Martii pag. 397 : *Crastina autem die visa est scropha præclara et duodecim Surices cum ea... et de semine ejus multi greges porcorum creverunt ibi.*

* *Soure*, Porcorum grex, in Lit. remiss. ann. 1424. ex Reg. 173. Chartoph. reg. ch. 68 : *Lesquelx gens d'armes prindrent une Soure de porcs, de laquelle s'en adira un porc.* Vide *Suum*.

* SURFUR, pro Sulphur. Stat. Taurin. ann. 1360. cap. 335. ex Cod. reg. 4622. A : *Pro dicto salario teneantur et cogi possunt textores et textrices prædicta facere absque Surfure seu sepo.*

1. SURGERE, Emergere, Gall. *Sourdre*, βρύειν, πηγάζειν, ἀναβλύζειν. Vetus Notitia apud Ughellum tom. 7. Ital. Sacr. pag. 1361 : *Maxima petia est ficta in loco, ubi Surgit fons, etc.* Infra : *Ubi Surgit aqua.* Charta Germanica ann. 799. apud Henschenium in Commentario prævio ad Vitam S. Ludgeri Episcopi Mimigard. § 4. n. 24 : *Id est inter duos rivulos, qui Surgunt in monte, et in flumen Ruram vadunt.* Christophorus Bondelmontius in Descript. CP : *Cum muro et antemurali munitissimo, et vallo aquarum Surgentium.* Gobelinus Persona in Cosmodromio pag. 189. de fluvio *Pader*, qui urbi Paderbornensi nomen dedit : *Statim in loco, in quo Surgit, ad stadia quasi 15, duobus fluviis commiscetur.*

¶ Sursere, Eodem intellectu, in Charta Ludovici Imper. ann. 820. apud Marten. tom. 1. Ampliss. Collect. col. 70 : *Deinde* (rivulus) *venit in Winbach usque in Horon, exinde in Moldeshart usque in Boucha rivulo, et per ipsum sursum usque ubi ipse Sursit.* Hinc

Sursa, Fons, scaturigo : ex Gallico *Source*. Charta Rogerii Comitis Herefordiæ, tom. 1. Monastici Anglic. pag. 321 : *Et inde sicut Glendi descendit in moram desuptus per medium cacumen montis usque ad Sursam alterius rivi, qui est in latere montis, etc.*

Sursus, Eadem notione. Anonymus in Vita sancti Guthberti Episc. lib. 3. n. 3 : *Et orante eo, statim aquæ vivæ Sursum in obviam ejus manantem de saxosa terra erumpere invenerunt.*

Surtumen, Eodem perinde significatu, in Charta ann. 1180. apud Petrum Mariam in Hist. Eccles. Placentin. In Regesto 2. part. c. 29 : *Item de omnibus scolaturis, et pluvianis, et Surtuminibus, quæ decurrant,* eam decurrere possunt, etc. Occurrit ibi pluries.

* Nostris alias *Sorgons* et *Surgeon*. Froissart. in Prol. ad vol. 1 : *Toutes grosses rivieres sont faictes et rassemblées de plusieurs Surgeons.* Vitæ Patrum MSS. :

Deseur destre en une crevace
Naissoit un Sorgons de fontaine.

¶ 2. **SURGERE**, Erigere, Gall. *Lever.* Mirac. B. Simonis tom. 2. April. pag. 827 : *Et cepit filium suum et Surrexit eum.*

¶ SURGERE, Altius tollere, Gall. *Exhausser.* Charta ann. 1178. apud Murator. delle Antic. Estensi pag. 348 : *Nec ipse Fulcuinus eam turrem de cetero Surgat, nec armet.*

¶ SURGERE, De loco tollere, amovere, Gall. *Oter.* Hist. Translat. brachii S. Clementis, apud Stephanot. tom. 4. Fragm. Hist. MSS. : *Accessit ad altare principale quod erat consecratum in honore B. Clementis Papæ et Martyris, et Surrexit aram altaris et cepit fodere donec pervenit ad locum in quo positæ erant sacræ reliquiæ.*

* Ita et nostris alias *Sourdre*, Sublevare, sustollere. Lit. remiss. ann. 1375. in Reg. 106. Chartoph. reg. ch. 403 : *Quant l'exposant, qui se sentit ainsi par deux foiz feru et navré, se pot un pou Sourdre de terre en soy relevant, etc.* Aliæ ann. 1386. in Reg. 129. ch. 195 : *Pour ce que l'exposant ne put Sourdre touz seulz laditte charrete, appella à son aide un varlet,...... et en la Sourdant et levant etc.* Aliæ ann. 1394. in Reg. 147. ch. 131 : *Jehan de Pierres Sourdi la robe du lit, et fist semblant de se couchier.* Aliæ ann. 1462. in Reg. 198. ch. 532 : *Le suppliant doubtant que icellui Rogier fust blecié à mort,...... le print par les mains et le Sourdit en son seant.* Denique aliæ ann. 1471. in Reg. 195. ch. 591 : *Le suppliant se Sourdy de la table, et en soy Sourdant mist la main au devant de la dague.* Vide infra *Surrigere* 2.

* Haud scio an inde accersenda sit vox Gallica *Sourgeter* vel *Sourgieter*, pro Hospitio excipere, alimenta præbere. Stat. pro Bono publico ex Lib. rub. fol. magn. domus publ. Abbavil. art. 4 : *Item des houliers, des houlieres, des banis, des banies; que nulz soit si hardis qui les herbert, ne Sourgiet en leur maison.* Alter fol. parvo fol. 96. r°. ad ann. 1288 : *Andriex Lesquos et Lourenche sa femme ont forjuré le ville.... pour larrons qu'il Sourgetoient et herbregoient en leur maison.*

¶ SURGERE, Suscitare, Gall. *Ressusciter.* Libellus de Remed. peccat. apud Marten. tom. 4. Anecdot. col. 27 : *Christus autem cum Surrexerit puellam, sibi jussit manducare, etc.*

¶ SUPERTUNICALE AD SURGENDUM, Quo quis utitur cum e lecto surgit. *Pro furuaria magni Supertunicalis ad Surgendum, c. sol. IIII. sol. minus*, in Computo ann. 1302. apud D. *Brussel* de Usu feud. tom. 2. pag. CCI.

* **SURGIA**, Chirurgia. Stat. synod. eccl. Castr. ann. 1358. part. 2. cap. 1. ex Cod. reg. 1592. A : *Nullus clericus in sacro ordine constitutus aliquam Surgiæ artem exerceat.* Occurrit præterea in Stat. MSS. S. Flori fol. 2. Vide supra *Cisio*. Hinc

¶ **SURGICUS**, Chirurgus. Charta ann. 1261. ex Tabul. S. Victoris Massil. : *Quod abbas omnibus infirmis quocumque genere infirmitatis afflictis, de medico vel Surgico teneatur.* Arestum Parlam. Paris. ann. 1335. apud *la Faille* inter Instr. tom. 1. Annal. Tolos. pag. 88 : *Et demum habita ratione sex Surgicorum juratorum civitatis Tolosæ, etc.* Vide *Sururgicus*.

* Nostris etiam *Surgien* et *Surgier*, pro *Chirurgien*, unde *Surgienne*, Mulier quæ chirurgiam exercet. *Surgien*, in Ordinat. hospit. reg. ann. 1285. ex Reg. Cam. Comput. Paris. sign. *Noster* fol. 58. r°. Lit. remiss. ann. 1412. in Reg. 166. Chartoph. reg. ch. 185 : *Bertran Botarel barbier et Surgier demourant à Carcassonne, etc.* Aliæ ann. 1402. in Reg. 157. ch. 356 : *Le suppliant ala en l'ostel de Ysabel Cornue Surgienne....... pour avoir sa plaie remuée.*

* **SURGIRE**. Vide supra *Baulare*.

¶ **SURGIUS**, *Lana Surgia*, Succida, Gall. *Grasse. De quolibet quintale lanæ Surgiæ, etc.* in Litteris ann. 1413. ex Tabular. Archiep. Auxit.

* Invent. ann. 1476. ex Tabul. Flamar. : *Item plus unum quintale lanæ Surgiæ et ultra.*

SURGOTUM. Vide *Surcotium*.

* **SURGUM**, ut *Surgus*, Targus, Indicum frumentum, Ital. *Surgo*. Lib. regim. civit. Paduæ apud Murator. tom. 4. Antiq. Ital. med. ævi col. 1122. ad ann. 1191 : *Fuit valida fames, ita quod Surgum valuit solidos quadraginta parvorum.* Vide supra *Surcum*.

¶ **SURGUS**. Mirac. B. Henrici Baucen. tom. 2. Jun. pag. 380 : *Cecidit plaustrum oneratum Surgis super ancham dexteram, et denodavit eam taliter, quod non poterat se adjuvare ad laborandum.* Italis *Surgo*, vel *Sorgo* est Targus, Indicum frumentum, Gall. *Blé de Turquie.* Vide *Suricum*.

* **SURGUSTIUM**, mendose pro *Gurgustium*, in Charta ann. 1304. tom. 5. Cod. diplom. Polon. pag. 111. col. 1 : *Ordinamus quod Surgustium in flumine, dicto Semigalera, sit commune in fructu piscium et expensis.* Vide supra *Gurgustium* 3.

¶ **SURIA**, pro Syria, ni fallor. Charta ann. 1228. ex Schedis Præs. *de Mazaugues* : *Anno 1228. Kal. Febr. 3. libræ Massilienses faciebant unam unciam auri, et 3. Bezancii et medium de Suria faciebant duas libras Massiliæ.*

* Ita et nostris *Sulie*, pro *Surie* vel *Syrie*, et *Sulient*, pro *Surien* vel *Syrien*. Le Roman *d'Alexandre* MS. part. 1 :

A la porte gardes remest un Sulient,
Sire fu de Salerne, de Nubie ensement.

Ibidem infra :

Et chevauchent ensemble les mules de Sulie.

SURIANI, ita dicti in Terra Sancta quidam servi ac tributarii, et ad usus agriculturæ, et ad alias inferiores necessitates dominis suis reservati, de quibus multa habet Jacobus de Vitriaco in Hist. Hieros. cap. 74.

** **SURICA**. *Suricamque sericam ac silfori*, in Chron. Casin. apud Pertz. cap. 10. ubi al. edit. *sericam* et Leo Ostiens. *Saricam*. Vide *Sarica*.

SURICUM. Ratherius Veronensis post. Apologetic. pag. 237 : *Inter frumentum et segallum modia 10. inter legumina et milium modia 10. de Surico modia 10. de vino modia 12.* [Charta Bernardi Abb. Casin. in Diario Ital. D. *de Montfaucon* pag. 324 : *De ordeo, spelta, aveno et Surico, de vino etiam et hortis, nihil monasterio Casinensi persolvant.* Idem videtur quod *Surgus*. Vide in hac voce.]

* **SURIRCICUS**, Chirurgus, ut supra *Surgicus*. Form. MSS. ex Cod. reg. 7657. fol. 24. v° : *Cadaver dicti P. de Ventivadia* (supra de Ventimilia) *in barrio S. Ludovici, licet non pervesticatum sive palpatum per Surircicos, ut est moris,...... portaverunt ad domum dicti dom. vicarii.* Vide *Surergicus*.

¶ **SURIRE**, In venerem rapi. Gloss. Lat. Gr. : Καπρᾷ, *Surit.* Utitur Apuleius in Apologia.

SURISCULA, Vasis species. Pelagius libello 4. n. 671 : *Lavabat Suriscu1am, et implebat eam aqua.* Lib. 18. n. 7 : *Puerulus stetit ante eum habens panem et Surisculam aquæ.* Utitur alibi non semel. Vide Conjecturas Rosweidi.

* Nostris *Sourolle* et *Surgoire* pariter Vasis genus est; prima voce lampadis species, altera Hypopatera, vulgo *Soucoupe*, fortean significatur. Lit. remiss. ann. 1379. in Reg. 114. Chartoph. reg. ch. 270 : *Laquelle suppliant prist sur le comptoir dudit chanoine un henap et une Surgoire d'argent.* Aliæ ann. 1451. in Reg. 181. ch. 69 : *Lesquelz prindrent debat ensemble...... à l'occasion de certaine Sourolle alumée, dont l'un d'eulx avoit frappé l'autre.*

SURPLUSAGIUM. Vide *Superplus*.

¶ 1. **SURPRENDERE**, ut supra *Supprendere* in *Supprisa*. Litteræ Edwardi I. Reg. Angl. ann. 1279. apud Rymer. tom. 2. pag. 141 : *Nec non ad petendum et requirendum deliberari Surprisa, sasita, vel alias amparata per vos, genitorem vestrum, gentesve vestros.* Aliæ Edwardi II. ann. 1310. apud eumd. tom. 3. pag. 238 : *Licet intentionis nostræ extiterit et existat, quod hujusmodi usurpata hinc inde et Surprisa, tam per vestros quam per nostros, ad hoc deputatos, corrigantur et reformentur.* Infra : *Processum super usurpatis et Surprisis hinc inde factis ante motam guerram prædictam, etc.*

* 2. **SURPRENDERE**, a Gallico *Surprendre*, Decipere, circumvenire. Charta ann. 1239. tom. 1. Probat. Hist. Brit. col. 913 : *Post illos vero quinque annos, si prædictus Radulphus se Surprisum vel deceptum perceperit, etc.* *Seurprendre* vero, idem quod Serpere, vulgo *Gagner, se glisser*, in Gest. Ludov. Pii tom. 6. Collect. Histor. Franc. pag. 152 : *Li empereres...... sot certainement que la traison et la conspiration, que il bastissoient, contremontoit et Seurprenoit ausi comme chancres.*

¶ **SURPRISIA** ut *Supprisa*. Charta ann. 1237. ex Tabul. Castri Vitreii : *De residuo vero damnorum et Surprisiarum factarum a nobis, nos faciemus legitimum excambium dicto Andreæ.* Litteræ Edwardi I. Regis Angl. ann. 1275. apud Rymer. tom. 2. pag. 51 : *Ex transgressionibus, Surprisia et dampnis aliis, etc.* Arestum Parlam. Paris. ann. 1286. tom. 1. Corp. Diplom. pag. 263 : *De omnibus aliis Surprisiis quæ* *dicuntur factæ per gentes domini Regis Franciæ supra Regem Angliæ scietur veritas.* nibertates Joinvillæ ann. 1354. inter Ordi-Lat. Reg. Franc. tom. 4. pag. 301 : *Sanz paier à nous ne à noz successeurs Seigneurs de Joinville, tailles, prises, Surprises, courvées, ne autres debites quelconques.*

* **SURPRISIO**, Substructio, Gall. *Reprise en sous-œuvre.* Arest. parlam. Paris. ann. 1275. in Reg. 2. *Olim* fol. 28. v° : *Licet major et pares Medontenses, a tempore a quo non extat memoria, in villa Medontensi exercuerint justitias quæ sequuntur, videlicet..... domorum clausuras, pendentes parietes et periculosas Surprisiones parietum, etc.*

¶ **SURRECTARE**, vel SURRECTERE, Excitare, suscitare. *Surrecto*, διεγείρω, in Gloss. Lat. Græc. Vide in *Surgere* 2.

* *Surquerir*, eodem significatu, in Lit. remiss. ann. 1409. ex Reg. 164. Chartoph. reg. ch. 39 : *Pour ce que icellui prestre Surqueroit debas, noises et riotes, etc.*

¶ **SURRECTIO**, ἔγερσις, in iisdem Gloss. *Resurrectio* in Sangerm. MSS.

¶ **SURRECTUS**. Vide mox in *Surrigere*.

¶ **SURREPTUS**, pro Subreptitius, in Litteris ann. 1365. inter Ordinat. Reg. Franc. tom. 5. pag. 210 : *Litteris Surreptis in contrarium impetratis vel impetrandis, nonobstantibus quibuscumque.*

* **SURRIÁGIUM**. Charta ann. 1309. in Reg. 45. Chartoph. reg. ch. 31 : *Juridictio alta et bassa cum emolumento Surriagii.* Forte pro *Furnagii;* nisi legendum est *Firmagii.* Vide supra *Firmagium* 2.

1. **SURRIGERE**, Adversa aqua natare, navigare. Lex Wisigoth. lib. 8. tit. 4. § 29 : *Flumina majora, id est, per quæ esoces aut alii pisces maritimi Subriguntur.* Proprie autem Latinis *Surrigere*, *quasi suberigere*, in altum tollere. Gloss. Gr. Lat. : Ὑπορτεῖ, ὑπεγερίζει, *subrigit*, ἀναβιβάζω, ἀνορθῶ, *subrigo*. Vopiscus in Aureliano : *Surrectus ad stipitem bestiis objectus est.* Ita qui adversa aqua natat vel navigat, in altum fluminis suberigitur.

SURRECTUS, Adversa aqua, cui opponitur *descensus*. Charta Caroli M. pro Monasterio S. Dionysii : *Tam de navibus, qui per universa flumina ad Surrectum, seu ad discensum, etc.* Alia Caroli C. pro eodem Monasterio : *Vel reliquas exactiones de omnibus navibus, quæ per universa flumina tam per aquam ultra Ligerim, tam ad Surrectum, quam et ad descensum navigare videbantur, etc.* Mox : *De navibus ejus, quæ per diversa flumina imperii nostri tam ad Surrectum, quam et ad descensum discurrunt.*

* 2. **SURRIGERE**, *Levare, tollere, levar*, Prov. Glossar. Provinc. Lat. ex Cod. reg. 7657. Vide supra *Surgere* 2.

¶ **SURROGARE**, ut Subrogare, in Correct. Statutor. Cadubrii cap. 59.

* Vox Italica, *Suroguer*, pro *Subroger*, in Lit. Eduardi reg. Angl. ann. 1361. ex Memor. D. Cam. Comput. Paris. fol. 45. v°.

SURSA, SURSERE. Vide *Surgere* 1.

SURSISA. Vide *Supersedere*.

SURSUM REDDERE, vox Practicorum Angliæ, ex Anglico *Surrender*, quæ potissimum usurpatur, cum quis dominium suum vel prædium in manus Domini superioris resignat, alteri reddendum. Vetus Inquesta apud Dugdalum in Antiq. Warwici pag. 665 : *Et si aliqui hujusmodi custumariorum fecerint alienationem bondagii tenuræ suæ alicui, solebant Sursum reddere in curia coram Senescallo illam tenuram, et levare, et finem facere ad voluntatem domini.* Monasticum Anglican. tom. 3. pag. 3 : *Et in manerio.... aliquandiu Lanfrancus tenuit in manibus suis, utens in eis omnimoda lege Episcopali et post ita Sursum reddidit ita libere, sicut et ipse tenuit per cartam suam, etc.* Vetus Formula juridica apud Littletonem sect. 74 : *Ad hanc curiam venit A. de B. et Sursum reddidit in eadem curia unum mesuagium.... in manus Domini ad usum C. de D. hæredum suorum, etc.* Fiebat porro traditione virgæ. Idem Littleton sect. 78 : *Tenants per la verge sont en tiel nature, come tenants per le copy de court roll. Mes la cause pourquoi ils sont appellés Tenants per la verge, est pur ceo que quant ils voilent Surrender lour tenemens en la main lour seignior, al use d'un auter, ils averont un petite verge (per le custom) en lour main, lequel il baillera al Seneschal, ou al Bailife, selonque le custome et use del manoir, et celui que avera la terre, prendra mesme la terre en le court, et son prisel serra enter en le roll, et le Seneschal, ou le Baillife, selonque le custome delivera à celui, qui prist la terre, mesme la verge, ou un auter verge en nosme del seisin : et pur celle cause ils sont appellés Tenans per le verge.* Christophorus de S. Germano in Dialogo de legib. Angl. cap. 9 : *In aliquibus dominiis liberi tenentes possunt terras suas in Curia domini sui Sursum reddere per virgam, vel aliter secundum usum Curiæ illius, et in tali casu per illam Sursum redditionem liberum tenementum inde transibit ad illum, cui fit illa Sursum redditio, absque aliqua liberatione saisinæ inde fienda.* Vide lib. Anglicum *Justice of peace* pag. 132. et seqq. ubi modi *Sursum reddendi* exponuntur. [Vide *Superreddere*. et *Supraportare*]

SURSUM, Aliud sonat in veteri Consuetud. Bituricensi edita a Thomasserio cap. 160. 164. ubi ita appellatur, quod pecuniæ summæ deest, quod quis exsolvere tenetur, quasi *Supersumma*.

¶ SURSUM TOLLERE, pro Auferre. Gall. *Enlever*. Laur. Byzyn. in Diario belli Hussit. apud Ludewig. tom. 6. Reliq. MSS. pag. 164 : *Machinam etiam unam, ab inimicis derelictam, altera destructa, Sursum tulerunt.*

¶ **SURSURIUM**, Seditio, ut videtur. Statuta Montis Regal. fol. 174 : *Quoniam sæpe contingit, quod plures de Berxanis Sursurium et proditiones fecerunt, etc.*

SURSUS. Vide *Surgere* 1.

¶ **SURTA**, SURTERIUS. Constitut. Jacobi Reg. Siciliæ cap. 56 : *Statuimus insuper et mandamus quod nemini justitiariorum et aliorum officialium nostræ curiæ liceat.... de prædictorum armorum portationibus, ad relationem bajulorum, seu magistrorum Surtæ, ad quorum spectat officium scire, videre, etc.* Alia Frederici itidem Reg. Siciliæ cap. 17 : *Frequens clamor universitatum et locorum Siciliæ... aures regias circumstrepit quod occasione Surtæ per justitiarios, capitaneos, bajulos,... universitates ipsæ convertebantur ad prædam, unde.... sancimus, ut anno quolibet in principio mensis Septembris universitates locorum ipsorum nostri demanii, Surterios in competenti numero, prout eis videbitur ad nocturnam custodiam, si voluerint statuant, exclusis ab inde Straticoto, justitiariis, capitaneis, bajulis, magistris juratis aliisque singularibus personis, per quas in locis ipsis Surta et nocturnæ vigiliæ consueverant ordinari.... Pœnæ vero unius augustalis ab iis, qui post tertiam pulsationem campanæ, sine lumine per Surterios intercepti fuerint,... nostræ curiæ reservata. Vigiles autem nocturni prædicti, qui uno anno vigilaverint, sequenti anno, nisi necessitas immineat, conquiescant.* Ubi obscurum non est per *Surtam* et *Surterios* significari Excubias excurrentes et nocturnas ipsosque vigiles, nostris *Guet*, *Patrouille* : at unde ducta sit vocis origo, minus scio.

* *Surguet*, eadem acceptione, in Lit. remiss. ann. 1424. ex Reg. 173. Chartoph. reg. ch. 96 : *Comme Colin Picardel ait esté commis....... à faire le Surguet pour la nuit sur les murs de la ville de Bruieres.*

SURTARIA. Gregorius Magn. PP. lib. 7. Ind. 2. Epist. 54 : *Direximus tibi Surtarias duas imaginem Dei Salvatoris et sanctæ Dei Genitricis Mariæ continentes.* Stephanus II. PP. Epist. ad Hilduinum Abb. : *Et vidi ante altare Dominum Petrum et Dominum Paulum, et nota mente illos recognovi de illorum Surtariis.* Regino ann. 753. habet *surcariis*, ut et MS. codex Ecclesiæ Senonensis : alter vero S. Evodii de Brana *surgariis*. Baronius ann. 754. 4. *Surtariam*, idem esse, quod scutum, ubi sunt pictæ imagines, scribit ex prædicto S. Gregorii loco. Recte, nam utrobique legendum *Scutaria*. Id colligere licet ex Walafrido Strabone lib. de Rebus Eccles. cap. 8. ubi quod Stephanus *Surtaria*, is *Thoracidas* appellat : *In gestis Silvestri PP. legitur Constantinum Imperatorem per Thoracidas Apostolorum, quos ipse in visione viderat, cognovisse.* Nam *Thoracidas* seu imagines pectorales in *scutis* et clypeis depingi solitas docuimus in voce *Scutum*. Glossæ Gr. Lat. : Σκουτάριον, *Citra*. Suidas : Θυρεός, ὅπλον, τὸ παρ' ἡμῖν σκουτάριον. Vide Vitam S. Silvestri a Combefisio editam pag. 278. et Doubletum pag. 665. Sed et *Stetharüs* legi potest. Vide in *Thoracida*.

☞ Haud scio an huc spectet vox *Surtail* in Computo Stephani *de la Fontaine* Argentarii Regis ann. 1350 : *Pour le Roy à la feste du sacre une chambre de Surtail armoyée de France toute plaine, le champ et les fleurs de lys dyaprées, en laquelle chambre a grant coutepointe, cheveciel et ciel garny de 3. courtines et de goutieres, qui sont armoyées à 2. endrois et 6. carreaux et une courtine azurée pour le travers de la chambre, esquelles choses est entré 27. pieces de cendaux azurez de larges, et 10. pieces de cendaux jaunes pour le Surtail, etc.*

¶ **SURTERIUS**. Vide in *Surta*.

* **SURVIVERE**, a Gallico *Survivre*, dicitur, qui alteri superstes est. Arest. ann. 1355. 12. Mart. in vol. 4. arestor. parlam. Paris. : *Sexaginta libratæ terræ ad dictam filiam...... debebant, si matri Surviveret, pervenire.* Vide *Supervivere* et *Survivens*.

¶ **SURTUMEN**. Vide in *Surgere* 1.

¶ **SURVIVENS**, Superstes, Gallice *Survivant*, in Leg. Lotharii apud Murator.

[illegible] 1. part. 2. pag. 140. col. 1. Vide *Superolvere.*

¶ **SURURGICUS**, Chirurgus. Charta Henrici V. Reg. Angl. ann. 1416. apud Rymer. tom. 9. pag. 363 : *De Sururgicis providendis pro viagio Regis. Rex Sururgicis nostris salutem, etc.* Vide *Surgicus.*

* Ita *Sururgie*, pro *Chirurgie*, in Lit. ann. 1364. tom. 4. Ordinat. reg. Franc. pag. 609.

¶ **SURUS**, *Surculus*, in Gloss. Isid. et Excerptis. Vide Festum in hac voce et ibi Scaligerum.

* Nostris *Sursel*, Sarmentum. Lit. remiss. ann. 1405. in Reg. 160. Chartoph. reg. ch. 168 : *Lesquelx seps le suppliant eust emporté des vignes qu'il prouvignoit, et mussiez entre les Surseaux qu'il emportoit au soir.*

SUS, Machina bellica, quæ et *Scropha*, Gallis *Truie.* Willelmus Malmesbur. lib. 4. Hist. : *Unum fuit machinamentum, quod nostri Suem, veteres Vineam vocant, quod machina levibus lignis colligata, tecto, tabulis, cratibusque contexto, lateribus crudis coriis communitis, protegit in se subsidentes, qui quasi more suis, ad murorum suffodienda penetrant fundamenta.* [Elmham. in Vita Henrici V. Reg. Angl. cap. 59. pag. 153 : *Dum quidam nobiles, ligneis obumbrati machinis, quæ, quia verrere videbantur in antra, Sues appellari non videtur inconsonum.* Ibidem cap. 122. pag. 317 : *Quandam machinam, quæ Sus appellatur, per quam et plures armati defendi, et fossata tellure repleri possent, fabricari fecit.*] Galbertus in Vita Caroli Comitis Flandr. num. 96 : *Operantes machinas, sicut sunt arietes, Sues, jactatoria, scalæ, etc.* Rigordus ann. 1202 : *Brectis petrariis, et manganellis, et turre ambulatoria, Sueque lignea, acerrime castrum impugnari cœpit.* Chronicon Leodiense, laudatum ab Isaaco Pontano in Orig. Francic. : *Misit Leodium mangonalia, vel arietes, aut Sues, vineas, biblias, etc.* Utitur etiam Henricus Rosla in Herlingsberga. Locum habes in *Hirundo.* Vide *Scropha, Troja, Asellus.*

* **SUS** Fera, Apri femina, Gall. *Laye.* Charta fundat. S. Mariæ Xanton. ann. 1047. in Reg. 123. Chartoph. reg. ch. 234 : *Statuimus ut quotannis abbatissa, misso venatore suo quoquomodo poterit, habeat de præfata silva ad recreandam femineam imbecillitatem, aprum cum Sue fera, cervum cum cerva, etc.*

Sus Unus, Aper, *Sanglier*, in Tabulario Vindocinensi Charta 309.

* Gallicum vero *Sus*, Vasis seu dolii species videtur, in Lit. remiss. ann. 1416. ex Reg. 169. ch. 471 : *Le suppliant vendi icelle serrure deux queux ou Sus de widange et quatre blans.*

¶ **SUSALICA** Terra, A *salica*, ut videtur, dependens. Vide in *Lex* et *Terra.* Hist. Novient. Monast. apud Marten. tom. 3. Anecd. col. 1132 : *In Valva curtis dominica, cum Susalica terra, et pratis ad ipsam pertinentibus.... In Northus curtis dominica cum consequentiis suis, salica terra in agris et pratis, etc.* Haud scio an eadem notione dicitur

SUSANA Terra, apud Willel. Thorn, de terra maneriorum mensurata : *Summa terræ arabilis 567. acræ dimidia; summa totius cum terra Susana 2149. acræ, etc.* Ibidem : *In marisco cum aqua 318. acræ,.... et de terra Susana 400. acræ, etc.* Mox : *Item de feodo vesturæ de terra Susana et bosco 42. acr.* Rursum : *Item apud Stodmersch, de terra Susana, prati et marisci 480. acræ, etc.* Ubi Somnerus ait, *terram susanam* esse *terram defrugatam, vel cujus status nimia et diutina cultura prorsus exeditur, etc.* a Gallico *Surанné* quod annum excedit. Sed ut verum fatear, vim vocis non assequor omnino.

Susseina Terra, Eadem notione, in Domesdey, in Monast. Angl. tom. 3. pag. 306 : *Item centum acræ de marisco, et valet acra communiter per annum 3. den. et pascunt in marisco et terris Susseinis.*

¶ **SUSCAVARE**, Suffodere, in Charta ann. 1263. ex Schedis Præs. *de Mazaugues : Quod non audeant seu præsumant dictam degam vallatorum, seu ripas illorum frangere, cavare et Suscavare.*

SUSCEMATÆ Carnes, ex Gallico *Sursemées.* Fleta lib. 2. cap. 12. § 27 : *De carnificibus et coquis carnes vendentibus Suscematas, vel de morina, vel semicocta, vel non virtuosa cibaria calefacientes, et insana pro sanis ad vitarum hominum periculum.* Id est, quibus putredinis notæ insperguntur. *Chars sursanes*, Brittoni pag. 33.

* *Char Soursemée*, in Stat. carnif. art. 4. ex Lib. rub. fol. magn. domus publ. Abbavil.

¶ **SUSCEPTARE**, Suspicere. Vita B. Lidwinæ tom. 2. April. pag. 341 : *Per modum stillicidii cœlitus rorantis Susceptando.*

* **SUSCEPTATIO**, Idem quod *Procuratio*, cum quis aliquem hospitio et convivio excipit. Charta ann. 969. apud Murator. tom. 3. Antiq. Ital. med. ævi col. 194 : *Vestros missos cum honore et obedientia suscipere debeamus, et Susceptationes facere debemus, etc.*

SUSCEPTORES, ὑπόδεκται S. Athanasio, Qui annonis et tributis utriusque ærarii recipiendis præpositi sub dispositione Rationalium erant : de quibus multa in utroque Cod. tit. de Susceptor. præpos. etc. ubi Cujacius, Jac. Gothofredus, et alii. Adde Edictum Theoderici Regis. cap. 126. 144. [Vide *Susceptus* et *Suscipere.*]

Susceptores, Qui Principem iter agentem, aut ejus comitatum in ædibus suis *suscipiunt*, vel excipiunt, apud Hincmarum de Ordine Palatii cap. 23.

Suscipere, Tributum exigere. Vide Scholiasten Julian. Antecess. cap. 72. 78.

¶ **SUSCEPTORIUM**, Gr. ἐκδοχεῖον, Receptaculum, apud vet. S. Irenæi Interpr. lib. 1. cap. 14. n. 1.

¶ **SUSCEPTULUS.** Vide in *Susceptus.*

SUSCEPTUS, Cliens, cui adest Advocatus in judicio. Palæmon. Gram. in Glossis : *Assecula, cliens sive Susceptus.* Gloss. Lat. MS. Regium Cod. 1013. *Cliens, domesticus, vel Susceptus.* Gloss. Græc. Lat. : Ἀντιλήπτωρ, *Susceptor, adjutor.* Alibi, *Susceptus*, εἰς τὸ συνηγορῆσαι βοηθούμενος. S. Augustinus Epist. 54 : *Quis tandem advocatus, aut ex advocato ita vir optimus facile reperitur, qui Suscepto suo dicat : Recipe, quod mihi, cum tibi male adessem, dedisti.* Paulinus Epist. ad Alethium : *Igitur priusquam in aliquam tantarum ægritudinum labem incurras, festina medico Susceptus et carus fieri.* Salvianus lib. 5. de Gubernat. Dei : *Ecce quæ sunt auxilia ac patrocinia majorum, nihil Susceptis tribuunt, sed sibi hoc etiam pacto aliquid a parentibus temporarie attribuitur ut in futuro totum filiis auferatur.* Cæsarius Arelat. serm. 5 : *Ibi nullum fructum officiositas ipsa consequitur; sed hoc solum profectus est, si mereatur Susceptus vocari.* Carolus Calvus Imp. Epist. ad Nicolaum PP. de Ebone Archiepiscopo Remensi : *Ipse igitur Ebo regii fisci familia oriundo progressus, regia pietate pii ac gloriosi avi nostri Caroli Susceptus, Palatinis negotiis non mediocriter adnutritus, libertate donatus, etc. Susceptulus*, eadem notione apud Auctorem antiquum Vitæ S. Lupicini Abbat. Jurensis n. 10. Adde leg. 4. Cod. Theodos. de Principib. agent. (6,28.) Gregorium M. lib. 4. Epist. 40. Ruricium lib. 1. Epist. 5. et quæ commentatur Petrus Pithœus ad Collationem Legis Mosaicæ tit. 9. pag. 90.

Suscepti, dicuntur, qui habitu Monachi, vel Canonici Regularis, donantur in morte, et inter Monachos *Suscipiuntur.* [Charta Childeberti Reg. ann. 536. apud Marten. tom. 1. Ampl. Collect. col. 5 : *Et ipsum monasterium una cum omnibus rebus vel hominibus suis, gasindis, amicis, Susceptis, vel qui per ipsum monasterium sperare videntur.*] Statuta Ordinis S. Gilberti *de Sempringham* pag. 781 : *Susceptus quilibet in morte, in habitu Canonici, vel fratris, per Priorem et Conventum alicujus domus,.... in illa domo, in qua Susceptus est, fiat pro eo sicut pro Canonico vel fratre, excepto cibo 30. dierum, et mittetur obitus ejus cum obitu primi defuncti domus illius post mortem illius. Et sic fiet pro eo in aliis domibus, sicut pro familiari, et in brevibus mortuorum scribetur ad succurrendum, si habitum habuerit.* Adde pag. 783. Vide *Frater ad succurrendum.*

¶ **SUSCINTUM**, ut *Succinctorium.* Charta ann. 855. in Append. ad Marcam Hisp. col. 788 : *Suscinta parata una, et camisos III. etc.*

SUSCIPERE, dicuntur Patrini, qui baptizandum ad fontem deducunt, et baptizatum de fonte excipiunt, et inde *Susceptores* appellati, Græcis ὑποδόχοι. [Jesse Ambian. in libello de ordine baptismi cap. 1 : *Signent ipsos infantes in fontibus eorum Susceptores viri vel feminæ, id est, patrini vel matrinæ.*] Gregorius M. lib. 4. Dialog. cap. 32 : *Quidam Curialis illic sacratissimo Paschali Sabbato juvenculam cujusdam filiam in baptismate Suscepit, etc.* Pœnitentiale Theodori c. 4 : *Viro licet feminam Suscipere in baptismo, similiter et feminæ virum Suscipere.* Acta S. Sebastiani Mart. num. 62 : *Quem cum baptizasset S. Polycarpus, ipse pater Susceptionis ejus est factus.* Vide Concilium Calchutense can. 11. Concilium Parisiense VI. can. 7. et Dissertationem 22. ad Joinvillam pag. 275. [Vide *Susceptores.*]

¶ Suscipiens, Accusatus, reus, in Cod. Theod. lib. 11. tit. 39. leg. 12.

* **SUSCIPIMUS**, Vox usitata in Literis *salvægardiæ*, quibus reges nostri aliquem in suam fidem et tutelam *suscipiebant.* Libert. Petræ-assis. ann. 1341. in Reg. 74.

Chartoph. reg. ch. 647 : *Item quod dicti consules dictæ bastidæ, jurati et habitatores dictæ bastidæ,...... cum eorum scindicis et procuratoribus, messegariis, sint et perpetuo remaneant in salvagardia domini regis speciali, cum verbo, Suscipimus.*

¶ **SUSCITATIVUS**, Ad suscitandum aptus. Charta ann. 1425. apud Marten. tom. 1. Anecdot. col. 1765 : *Proscribendo doctrinam tamquam errorum amicam et hæresum Suscitativam.*

SUSKINS, Monetæ Anglicæ species. Vide *Galihalpens.*

¶ **SUSO**, Susovorsum. Vide *Susum.*

1. **SUSPECTIO**, in Legibus Luithprandi Regis Longob. tit. 49. § 1. [** 70. (6,17.) ubi *Suspicio* legitur in Lege Longob. lib. 2. tit. 55. § 15.

¶ 2. **SUSPECTIO**, Spes. Acta S. Austregisili tom. 5. Maii pag. 233 * : *Succurrite mihi velociter, Austregisilus me percussit in capite, et nulla est mihi vivendi Suspectio.* Vide *Suspicio.*

SUSPECTO, adverbialiter, in leg. 21. D. de His quæ ut indign. (34, 9.)

¶ 1. **SUSPECTUS**, Suspicio. Vita S. Wiboradæ tom. 1. Maii pag. 306 : *Non est ita ut tu suspicaris; nam inventio thesauri tollet tibi hujusmodi Suspectum.*

* *Souspete*, eodem sensu, in Stat. ann. 1630. tom. 7. Ordinat. reg. Franc. pag. 254. art. 9 : *Les bouchiers d'Angiers si ont de coustume, que se il y a nul qui ait beste souspeçonnée de morine, et nul des autres bouchiers li ait fait assavoir que il a Souspete de ce, etc.*

¶ 2. **SUSPECTUS**, Suspicax, suspiciosus. Tertull. de Cultu fem. lib. 2. cap. 4 : *Quid gestis aut Suspecto, aut non desideranti placere?* Utitur etiam lib. 1. ad Uxorem cap. 1.

¶ **SUSPENDERE**, Separare, summovêre. *Laurentium et Petrum a communione Papæ se Suspendisse replicatis*, apud Ennodium in Apologet. *Suspendre*, eadem notione, dicimus. Vide *Suspensatio.*

¶ **SUSPENDICULUM**, Funiculus cui aliquid appenditur. Translat. S. Cuthberti tom. 3. Mart. pag. 142 : *Quidam ex officialibus Episcopi, filum de Suspendiculo furatus, inter caligas et calceamenta sibi apposuit.*

¶ 1. **SUSPENDIUM**, Patibulum, furcæ. Tabul. Kemperleg : *Manentes infra leprosariam et Suspendium dictæ villæ.*

* 2. **SUSPENDIUM**. Hymni cum Glossis : *Qui ductus hora tertia ad passionis hostiam, Crucis ferens Suspendia ovem reduxit perditam.* Ubi Glossa : *Suspendia, id est, Tormenta crucis.*

¶ **SUSPENSATIO**, Interdictum, muneris vel beneficii ad tempus privatio, Gall. *Suspension.* Arnoldus Lubec. in Chron. Slavorum lib. 4. cap. 14 : *Qui timens officii Suspensationem, celari rem voluit.* Vide *Suspendere.*

¶ 1. **SUSPENSIO**, ut *Suspensatio*, apud Lindwood. Provinc. pag. 11. et in Bulla Bonifacii VIII. PP. ann. 1298. in Bullar. Carmelit. pag. 50. col. 2. etc.

2. **SUSPENSIO**, *corporis per pedes*, Pœnæ species apud Anglos, de qua Fleta lib. 1. cap. 26. § 4.

☞ Varios suspensionis modos delineavit Gallonius in libro de Martyrum cruciatibus pag. 11. quem consule.

¶ **SUSPENSIVE**, Non definite. S. Bernardus Epist. 8 : *Hæc interim a me ad id quod quæritis, Suspensive responsa sufficiant.*

SUSPENSORIUM, Uncus, cui appenduntur carnes in culina. Cæsarius Heisterbach. lib. 6. cap. 5 : *Quotiens neminem sensit esse in coquina, ipsam latenter intrans,... scala Suspensorium ascendit, et ex ea parte pernas, qua muro conjungebantur, omnes pene usque ad medietatem incidit, etc.* [Malim cum Vossio lib. 3. de Vitiis serm. cap. 51. intelligere camini locum, ubi ad esum suspenduntur pernæ, carnesque aliæ fumo indurantur : vel etiam superioris contignationis locum, ubi, postquam sunt fumo induratæ, aere ventilantur.]

SUSPENSURA, vox Architectorum. Anonymus de Re Architectonica cap. 16. de fabrica balnearum : *Suspensuræ caldarum cellarum ita sunt faciendæ, ut primum area sesquipedalibus tegulis consternatur, inclinata ad fornacem, ut pila missa intro, resistere non possit, sed redeat ad præfurnium.* Ubi Vitruvius lib. 5. cap. 10. habet, *Suspensuras caldariorum, etc.*

SUSPENSURÆ. Glossar. scriptum literis Longobard. ex Bibl. S. Germani Paris. ex Glossis : *Suspensuræ, inaltationes sunt, sicut in Psalmo dicit : Mirabiles Suspensuræ maris, quia quando tempestas * tria re suspenduntur atque exaltantur fluctus.* Vulgata hodierna habet, *elationes.*

¶ **SUSPENSUS**. *Esse* vel *Teneri in Suspenso*, Gallice *Etre en Suspens*, Suspensum hærere. Charta Caroli Hungar. Reg. ann. 1327. apud Ludewig. tom. 5. Reliq. MSS. pag. 479 : *Contractus ipsius matrimonii teneri debebit ad triennium in Suspenso. Qui in sufferentia positi, sunt in Suspenso*, in Litteris Philippi VI. Reg. Franc. ann. 1333. tom. 2. Ordinat. pag. 91.

* **SUSPICABILIS**, Suspectus. Translat. S. Genulfi tom. 9. Collect. Histor. Franc. pag. 145 : *Cernentes eos nihil insistere prædæ (quod illi callide fecere) jam paullo minus mali Suspicabiles habebantur.* Vide mox *Suspiciosus.*

¶ **SUSPICARI**, Existimare, Gr. ὑπολαμβάνειν. S. Irenæi vetus Interpres lib. 1. cap. 4. n. 4 : *Unde etiam secundum argumentationem ipsorum Suspicari oportet, fontes et flumina.... generationem habuisse a sudoribus ejus.* Hinc

¶ Suspicio, pro Opinio, sententia, Gr. ὑπόληψις, apud eumd. lib. 3. cap. 5. n. 1 : *Responsiones secundum interrogantium Suspiciones.* Infra : *Neque secundum Suspicionem interrogantium respondebat eis, etc.*

¶ **SUSPICERE**, Suspicari, Gall. *Soupçonner.* Vita S. Dunstani tom. 4. Maii pag. 370 : *Rex eos qui muneribus pontificis corrupti fuerant nihil Suspiciens, et ob hoc simplici eos animo exaudiens, etc.*

* Alias *Souspectioner.* Lit. ann. 1348. tom. 4. Ordinat. reg. Franc. pag. 5 : *Lesquelles personnes ont esté ou estoient Souspectionez d'avoir meffait ou mepris, etc.*

¶ **SUSPICIO**, Exspectatio, spes, Gr. προσδοκία. Vetus S. Irenæi Interpres lib. 1. cap. 13. num. 3 : *Illa autem seducta et elata ab iis quæ prædicta sunt, concalefaciens animam a Suspicione quod incipiat prophetare.* Vide *Suspectio* 2. Alia notione, vide in *Suspicari.*

SUSPICIOSUS, Suspectus. Gloss. Gr. Lat. Ὑπονοητής, *Suspiciosus.* Alibi : Ὕποπτος, *suspectus, Suspiciosus.* Fabianus PP. Epist. 3 : *Hi, qui in aliquibus criminibus irretiti sunt, vel qui sunt Suspiciosi, vocem adversum majores natu non habeant accusandi.* Utuntur S. Hieronym. Epist. 22. cap. 6. Capitul. Aquisgran. ann. 803. cap. 7. Capitularia Caroli M. lib. 5. cap. 34. (al. 36.) Herardus Arch. Turonensis in Capitulis cap. 101. Hadrianus I. PP. in Canonibus cap. 15. Hincmarus Rem. in Capitulis de Reb. Magistri et Decani etc. cap. 15. *Soupèçonneus*, in Stabilimentis S. Ludovic. lib. 1. cap. 34. [Vide *Soupechon.*]

* *Soupessonneus*, in Charta ann. 1240. ex Chartul. S. Joan. Laudun. : *Et se il avient que aucuns serjans, qui soit mis pour garder ce bos, soit Soupessonneus par crit de prudommes de mal faire, je ou mi hoir...... muerons ce serjant. Suspiz*, eodem significatu, in Vitis SS. MSS. ex Cod. 28. S. Vict. Paris. fol. 27. v°. col. 2 : *Por ce qu'il (Genebaut) ne fust Suspiz, il fist venir sa feme à lui aucunefoiz, ensi com devant.*

* **SUSPICIUM**, *Præsidium, refugium*, in vet. Glossar. ex Cod. reg. 7613.

¶ **SUSPINARE**. Gloss. Lat. Gr. : *Suspino*, χειρουργῶ. Aliæ Gr. Lat. : Χειρουργῶ, *opifico, Suspino.*

¶ **SUSPIRIOSUS**, Suspiritare. Vide *Suspirium.*

SUSPIRIUM, Spiritus, et anhelitus difficultas, apud Apuleium de Virtutib. herbar. cap. 41. [Gl. Lat. Gr. : *Suspirium*, δύσπνοια. Sangerm. addunt, *Suspirio.*]

Suspiriosus, Anhelus, ægre spirans, qui spiritus angustia et difficultate laborat, apud Anton. Musam de Herba Vettonica cap. 8.

Suspirito, *Suspiro.* Vetus Glossarium Longobardic. S. Germani Paris. ex Glossis.

¶ **SUSPRESSURA**. Vide *Souspressura.*

* **SUSSACA**, Sussara. Vide supra in *Soscia.*

SUSSALTIRE. Ugutio : *Digerere, evacuare, ebrietatem deponere, vel vulgariter dicitur Sussaltire, quod fit cum cibaria et potus in stomacho dividuntur, et quædam pars purior transmittitur per membra ad alimenta vitæ, quædam grossiora ad secessum.*

¶ **SUSSEINA** Terra. Vide *Susana.*

SUSSES, *Qui habilis ad substendum.* Gloss. Isid. Idem quod *Subses.* Vide in hac voce.

¶ **SUSTAMENTUM**, in Leg. Norman. apud Ludewig. tom. 7. Reliq. MSS. pag. 322. pro *Sustentamentum.* Vide *Sustentamen.*

¶ **SUSTANTIA**, pro *Substantia*, Alimentum, in Statutis Arelat. MSS. art. 192. Vide infra *Sustentaculum* 1.

* Ita quoque nostris *Sustance*, pro *Substance.* Vita J. C. MS :

Mais tout avoir en lui creance,
Et il vos donrast la Sustance
A chiaus qui bien le serviront.

* **SUSTANTIALIS**, Pernecessarius, Ital. *Sustanziale*, Gall. *Essentiel.* Bulla Pii V.

[illegible] ann. 1572. apud Lam. in Delic. erudit. inter not. ad Hodœpor. Charit. part. 1. pag. 212 : *Omnes et singulos, tam juris quam facti et solemnitatum Sustantialium defectus, si qui forsan intervenerint, in eisdem supplemus.*

* **SUSTARE**, Sarta tecta tueri, Gall. *Entretenir*. Charta Oliver. abb. S. Remig. Senon. ann. 1311. in Reg. 47. Chartoph. reg. ch. 127: *Dictas domos dictis annis durantibus tenebimur Sustare, et in bono statu et laudabili tenere.* Vide infra *Sustinentia* 2.

¶ **SUSTELLA**, f. Axilla. Acta B. Joagnoli tom. 2. April. pag. 955 : *Dum Christophorus pateretur febrem maximam et unum anguinem subtus Sustellam dexteram, etc.*

¶ **SUSTELLOSE**, πανούργως, in Gloss. Lat. Gr. Aliæ Gr. Lat. : Πανούργως, *fraudulenter, Sustellosè, nequiter.* Emendant viri docti *Sutelose*.

¶ 1. **SUSTENTACULUM**, Alimentum. Capit. Caroli M. ann. 789 : *Ad Sustentacula sive stipendia Dei servorum inibi militantium Deo minime sufficere posse.* Vide *Sustentamen*.

¶ 2. **SUSTENTACULUM**, Fulcrum, baculus quo quis *sustentatur*. Acta MSS. S. Victuri in Biblioth. S. Petri Carnot. : *Beatus Martinus dedit illi Sustentaculum super quod solent sacerdotes fusis orationibus sustentari.* Eadem, sed simpliciori stylo, referunt Acta Episcop. Cenoman. apud Mabill. tom. 3. Analect. pag. 68. ubi de eodem Victuro : *Beatus Martinus dedit illi baculum suum, quo sustentari solebat, et deduxit eum secum usque ad urbem.* Vide *Sustentarium*.

¶ **SUSTENTAMEN**, Alimentum, ut *Substantia* 1. Laur. Byzyn. in Diario belli Hussit. apud Ludewig. tom. 6. Reliq. MSS. pag. 182 : *Prædas quoque vaccarum et scropharum et aliarum rerum in civitatem sine offensa pro Sustentamine inducunt.*

¶ **SUSTENTAMENTUM**, Eadem notione. Charta ann. 1164. apud Lobinell. tom. 2. Hist. Britan. col. 307 : *Ad prædicti conventus Sustentamentum redditus sufficere non posse dicebant.* Qua voce non modo victualia intelliguntur, sed arma et cætera, quæ ad oppidi vel castri defensionem necessaria sunt, ut apud Matth. Paris ann. 1250 : *Significavit Soldanus Regi Francorum, ut sedatis omnibus civitatem Damiatæ cum Sustentamentis, quæ garnesturas vulgares appellant, consultius resignaret.* Vide *Sustentaculum* 1. et *Sustentatio*.

¶ **SUSTENTARIUM**, Fulcrum. Acta S. Gudwali tom. 1. Jun. pag. 748 : *Sustentaria scrinii, quas seragus dicunt, tenens, sensimque in sursum repebat.* Vide *Sustentaculum* 2.

¶ **SUSTENTATIO**, Alimentum, Gall. *Entretien*. Anastasius in Gregorio III. apud Murator. tom. 3. pag. 159 : *In quo monasterio pro Sustentatione ibidem idem sanctissimus vir* (Gregorius) *prædia et dona atque familiam largitus est.* Monast. Anglic. tom. 1. pag. 18 : *Pensionem 50. solidorum.... ad Sustentationem unius cerei jugiter ardentis.... assignavit.* Vide *Sustentamen*.

¶ **SUSTENTATIO**, Subsidium, auxilium, Gallice *Secours, soutien*. Capitul. Caroli Calvi ann. 876. tit. 48. § 15 : *Ut nemo fidelium nostrorum quodammodo aliquem celet quem nostrum scierit infidelem esse, neque ei Sustentationem quamcumque præstare pertentet.*

* Hinc *Soustenteur*, Adjutor, fautor, in Ordinat. ann. 1363. tom. 3. Ordinat. reg. Franc. pag. 648. art. 8 : *Et touz leurs biens et des Soustenteurs pris et mis en nostre main par noz receveurs des leux, sanz en faire délivrance ne recréance, jusques à tant qu'il aront esté à droit.*

* **SUSTENTATIVUM**, Alimentum, quidquid vitæ sustentandæ necessarium est, nostris alias *Soustenance*. Dipl. Lothar. ann. circ. 980. inter Instr. tom. 7. Gall. Christ. col. 20 : *Hanc ergo prædictam potestatem Spedonam et has nominatas villas, cum omnibus appenditiis et redditibus suis, ut diximus, ad omnes ejusdem congregationis necessitates et Sustentativa mortalis vitæ ministranda...... concedimus.* Stat. ann. 1373. tom. 5. Ordinat. reg. Franc. pag. 616 : *Parquoy nos bons subgez n'ont à painnes dont ilz puissent vivre ne avoir leurs Soustenances.* Vide *Sustentamen*.

* **SUSTICIO**, pro *Sustitucio*, ab Italico *Sustituzione*, Substitutio. Consuet. Carcass. ex Reg. L. Chartoph. reg. ch. 3 : *In Susticionibus voluntas deffuncti servari debet de cætero omni loco et tempore, sine beneficio legis Falcidiæ, et in pubilibus vel in factis majoribus.*

¶ **SUSTINATIO**, ut *Sustentatio*. Charta Philippi Reg. Franc. ann. 1308. tom. 4. Hist. Harcur. pag. 1197 : *Ad Sustinationem duorum capellanorum, qui in eis, ut permittitur* (leg. præmittitur) *residebunt et deservient, 40. libras annui redditus.... assignare valeat.*

1. **SUSTINENTIA**, Patientia. Vita S. Firmini Mart. : *Mihi Deus noster Sustinentiæ dabit virtutem.* Epist. 129. inter Epist. Fulberti : *In literis amici tui C. Comitis multam deprehendere potes erga te benignitatem, familiaritatem, amicitiam, Sustinentiam, etc.* Vide *Sufferentia* 1.

* 2. **SUSTINENTIA**, Sumptus ad sartam tectam domum tuendam necessarii, Gall. *Entretien*, alias *Soustenance* et *Soustenage*. Charta Phil. Pulc. ann. 1315. in Lib. rub. Cam. Comput. Paris. fol. 416. v°. col. 1 : *Præposito nostro Parisiensi per nostras dedimus litteras in mandatis, ut domum prædictam cum omnibus suis pertinentiis legitime appretiari et æstimari faceret, quantum redditus per annum valere possent, deductis censibus et Sustinentiis ac reparationibus earumdem...... Domum prædictam,...... deductis censibus pro eis debitis et refectionum ac Sustinentiarum custibus, æstimarunt....... usque ad summam 280. lib. Paris.* Stat. ann. 1306. in Reg. ejusd. Cam. sign. *Pater* fol. 166. r° : *Li bailli ne feront nulles nouvelles euvres;....... et des euvres que il feront pour soustenance ou pour necessité, il les varront avant ou feront vouair.* Charta ann. 1339. in Reg. 73. Chartoph. reg. ch. 155 : *Une maison prisée huit livres de rente chascun an, rabatuz cens, rentes et Soustenage. Soustenu*, eodem intellectu, in alia ann. 1353. ex Reg. 82. ch. 256 : *Item le molin d'Ault, deduit le Soustenu du molin de rente annuelle pour onze muis de blé l'an. Sustance* vero, pro *Maintien*, Conservatio, integritas, in Lit. ann. 1526. ex Tabul. episc. Carnot. : *Pour l'honneur de Dieu, Sustance de la reigle et reformation etc.* Vide mox *Sustinere*, 2.

1. **SUSTINERE**, Exspectare. S. Hieronymus Epist. 17 : *Mensuram charitas non habet, et impatientia nescit modum, et desiderium non Sustinet*, i. e. non exspectat. Passio SS. Perpetuæ et Felicitatis : *Perpetua, Sustineo te*, i. exspecto te, ὑπομένω σε. Acta Passionis S. Cypriani : *Cum se dalmatica expoliasset, in linea stetit, et cœpit spiculatorem Sustinere.* Ita Tertullianus Apolog. cap. 35. lib. de Pœnit. cap. 6. Adversus Judæos cap. 6. ad Martyres cap. 2. Tob. cap. 5. v. 9. Matthæus cap. 26. v. 5. Ferrandus Diac. in Breviario Canon. cap. 7. Vetus Interpres Concilii Constantinopolit. sub Flaviano Act. 5. etc.

* 2. **SUSTINERE**, Sarta tecta tueri, Ital. *Sostenere*, Gall. *Entretenir*. Charta S. Ludov. ann. 1263. in Reg. 30. Chartoph. reg. ch. 297 : *Mercerii, correarii et gentes hujusmodi ministerii debent Sustinere et recooperire stalla sua.* Vide supra *Sustare*.

¶ **SUSTINERI**, Pertinere, spectare. Cod. Theod. lib. 12. tit. 1. de Decur. leg. 6 : *Fundus cum manciplis et pecoribus ceterisque rebus, quæ cultui rustico Sustinentur, etc.* Nisi sit pro *destinantur*, uti ibi monet Gothofredus.

¶ **SUSTINEUM**, Objectaculum quo aqua *sustinetur*. Statuta Mutin. cap. 38. fol. 53 : *Molinarii molendinorum novorum teneantur et omnino debeant tenere Sustinea, quæ sunt ad dicta molendina in canale navigii aperta penitus, ita ut libere aqua fluere possit per dicta Sustinea, nisi pro transitu navium.*

* Italis *Sostegno*.

¶ **SUSTIVUS** Equus. Diploma Leonis IX. PP. in Continuat. Bullarii Rom. pag. 1. col. 2 : *Confirmamus tibi* (Hermanno Colon. Archiep.) *omnia, quemadmodum in privilegiis patrum nostrorum apostolicorum virorum sunt inscripta, crucem videlicet, et pallium suo tempore suoque loco ferendum, insigne quoque Sustivi equi.* Melius apud Miræum tom. 2. pag. 1132. col. 1 : *Festivi equi.* Vide *Equus* et *Nactum*.

¶ **SUSTRADO**. Codex censualis MS. Irminonis Abbat. Sangerm. fol. 60. v° : *Et adducunt de lignea duo carra ad Sustrado, etc.* Nescio an huc spectent voces *Sostrale* et *Sostri*. Vide supra in his vocibus. [** Nomen loci, hodie *Suré*. Vide Guerard. pag. 119.]

SUSUM, pro *Sursum*. Glossæ vett. : *Susu*, ἄνω. Rursum, Ἄνω, *Suso, supra, super.* ἄνω κάτω, *Susum deorsum.* Πρὸς τὰ ἄνω, *Susum versum.* Τῇ ἄνω, *Susum versum. Susovorsum*, in vett. Inscript. pag. 204. Gloss. Lat. Gr. : *Susu*, ἄνω. *Susum*, ἐπάνω. Papias : *Susum, in superiori parte, in loco signato. Sursum, ad locum.* Commodianus :

> Integrate locum vestrum, per omnia docti,
> Susum intendentes, semper Deo summo devoti.

Et alibi :

> Terruit sane Dominus domum orationis,
> Sacerdos Domini cum Susum corda præcepit.

Lactantius lib. de Mortibus Persecut. n. 19 : *Constantinus astabat Susum.* Hist. Episcopor. Autisiod. cap. 20 : *Susum habet in se historiam salis cum arbore et serpentibus.* Ita veteres *rusum*, pro *rursum* dicebant, ut observat Scaliger ad Catullum pag. 58. Vide *Jusum*. Hinc Itali Poetæ eadem notione *su* et *suso* dicunt, uti observatum ab Acarisio.

¶ **SUSURRARE**, Maledicere, clanculum carpere. Hadrianus PP. in Epist. ad Episc. Hispan. contra Elipandum tom. 3. Conc. Hispan. pag. 93 : *Liberatorem nostrum non pertimescitis venenosa fauce Susurrare.*

SUSURRATOR, Susurriosus. Gloss. Gr. Lat. : Ψιθυριστής, *Susurriosus, susurrator.* Occurrit vox posterior in Hist. Translationis S. Landoaldi n. 18. *Susurro*, apud Sidonium lib. 5. Epist. 7. Petrum Chrysologum serm. 55. et alios. Glossæ Isidor. : *Susurrio, senillosus, bilinguis.* Pithœanæ habent *Seviltosus.* [Legendum, *Susurro, sententiosus, bilinguis.* Papias : *Susurro, detractor, bilinguis, rixator, qui murmurat, sententiosus.*] Vide *Cauculatores* et *Sententiosus.*

¶ **SUSURRATORIE**, Susurronum more, murmurando et clam machinando. Charta Henrici IV. Reg. Angl. ann. 1405. apud Rymer. tom. 8. pag. 425 : *Diminuere cupientes et denigrare ad aures quarumdam nobilium personarum, tanquam invidiæ facibus succensi, Susurratorie deduxerunt, quod præfatus magister, etc.*

SUSURRIUM, Joanni de Janua, *Murmur latens, locutio.* [*Susurrium, murmurement*, in Glossar. Lat. Gall. Sangerm. Vita Vener. Idæ tom. 2. April. pag. 174 : *Pius Dominus in corde dilectricis suæ tale Susurrium intulit, etc.*] *Juge susurrium*, apud S. Hieronymum in S. Malcho cap. 6. S. Bernardus in Exhort. ad Milites Templi cap. 4 : *Murmur vel tenue, sive Susurrium nequaquam ibi deprehenditur inemendatum.* Et cap. 78 : *Solumque in personam tuam, non etiam in Abbatiam fraternum Susurrium immurmurabat.* Utuntur etiam Cæsarius Heisterb. l. 5. c. 29. Guigo Cartusian. de Quadripertito exercitio cellæ c. 25. et alii.

¶ **SUTANA**, Togæ seu tunicæ species, ut *Subtana.* Acta S. Bertæ tom. 5. Jun. pag. 153 : *Tunicam sive Sutanam unam ex panno Capucinorum confectam, hoc est cordato, hancque talarem ferent.* Vide *Subtaneum.*

* **SUTATORIUM**, *Bracæ, Brayas, Prov.* Glossar. Provinc. Lat. ex Cod. reg. 7657.

¶ 1. **SUTELA**, *Astutia.* Papias. Gloss. Lat. Gr. : *Sutela*, ἐνέδρα, ἐξαπάτησις, δόλος, κακοῤῥαφία. Vide Festum et *Subtela.*

* Præfat. ad Lib. Agani ex Tabul. S. Petri Carnot : *Unde patientia comite, virtus probitatis pressa iniquorum Sutelis, opinione vulgi videtur jacere.*

* 2. **SUTELA**, Assutum vesti resarcitæ segmentum. Glossar. Lat. Gall. ex Cod. reg. 521 : *Sutela, Gallice Tacon.* Vide *Sutellare* et *Tacones.*

¶ **SUTELLARE**, Suere. Eædem Glossæ : *Sutello*, ῥάπτω. Infra : *Suto*, συνράπτω, δέρματα ῥάπτω. Hinc

¶ Sutellosus, πραγματοράφος, in iisdem Glossis.

¶ **SUTELLARES**, ut *Subtalares.* Vide ibi.

SUTHDURE, Porta australis, ex Saxon. suð, Auster, et dure, ostium. Gervasius Dorobernensis Libro de Reparatione Cantuariensis Ecclesiæ : *Deinde sub medio longitudinis aulæ ipsius duæ turres erant prominentes ultra Ecclesiæ alas : quarum una, quæ in austro erat, sub honore B. Gregorii PP. altare in medio sui dedicatum habebat; et in latere principale hostium Ecclesiæ, quod antiquitus ab Anglis, et nunc usque Suthdure dicitur. Quod hostium antiquorum Legibus Regum suo nomine sæpe exprimitur. In quibus etiam omnes querelas totius regni, quæ in Hundredis vel Comitatibus, uno vel pluribus, vel certe in Curia Regis non possent legaliter diffiniri, finem inibi, sicut in Curia Regis summi, sortiri debere discernitur.* Quæ quidem postrema verba satis docent hocce loco facta *judicia Dei*, uti vocabant, cum scilicet lites judicio ordinario dirimi non poterant.

¶ **SUTIARE.** Charta ann. circit. 800. ex Chartul. Matiscon. fol. 167. v° : *Debent rustici de Romenaco duas condaminas elaborare, una ad frumentum et segala, alia ad avenam arando, seminando, colligendo, carricando, Sutiando et usque ad granarium perducendo.* Haud scio an idem sit quod Excutere, Gall. *Battre le blé.*

¶ **SUTILARES**, ut *Subtalares.* Vide ibi.

¶ **SUTITIUS**, Sutilis. Statuta Eccl. Valent. inter Conc. Hisp. tom. 3. pag. 511 : *Præcipimus quod clerici pannos listatos non portent, nec manicas Sutitias, etc.* Vide *Consutitii.*

¶ **SUTOR** Vaccæ, Sutor qui utitur corio vaccæ, Gall. *Cordonnier.* Charta Leduini Abbat. S. Vedasti Atrebat. ann. 1036. ex Chartul. V. ejusd. Monast. pag. 243 : *Stallus Sutoris vaccæ, in mense 1. den. Stallus tacones vendentis, 1. den.* Vide *Vacarius.*

SUTORIUM, Locus, ubi sutores vel sartores merces suas venum exponunt. Comput. præposit. Paris. ann. 1321. in Reg. Cam. Comput. sign. *Noster* fol. 246. v° : *De Sutorio, pro xxxvij. lib. viij. sol. per annum. Suyrin*, eadem, ut videtur, notione, in altero Comput. ibid : *Le Suyrin et les six deniers, soixante livres.* Vide *Sutrium* et mox

¶ **SUTORIUS**, Sutor. Charta ann. 1348. tom. 2. Hist. Dalph. pag. 578. col. 2 : *Item, statuit quod in dicto monasterio sint tres aut quatuor Conversi, quorum unus sit pelliparius, et alius Sutorius pro pellizonis et sotularibus dictarum Monialium familiæ dicti monasterii faciendis.*

SUTRIBALLUM, Sutriballus. Gloss. Græc. Lat. MS. : Παλαιοραφίον, *Sutriballum.* Infra : Παλαιοράφος, *veteramentarius, Sutrivallus.* Edit. habet *veterivallus.* Vetus Interpres Juvenalis Sat. 3. *Consuto vulnere : a Sutriballo sutus.*

¶ **SUTRIUM**, *Locus, ubi suuntur species aliquæ.* Gl. Isid. Utitur Plautus. Gloss. Lat. Græc. : *Sutrinum*, σκύτινον. *Sutrinum, suerrerie, lieu ou l'en coust*, in Gl. Lat. Gall. Sangerm. MSS.

* **SUTRIUS**, Sutor, recensetur inter artifices feudatos archiepiscopi Mediolanensis, in Charta ann. 1221. apud Murator. tom. 1. Antiq. Ital. med. ævi col. 637.

* **SUTRIX**, Sartrix, sarcinatrix, Gall. *Couturiere.* Comput. ann. 1429. ex Tabul. S. Petri Insul. : *Sutrici ecclesiæ pro reparando ornamenta ecclesiæ per totum annum, sexaginta solidos.*

SUTRUM. Charta ann. 1115. apud Ughellum in Episcopis Cannensibus : *Concedimus iterum, ut eadem matrix Ecclesia Cannarum plenam possideat omnium rerum suarum, et suorum hominum vendentium et ementium, tam in Cannis quam deforis, et in casalibus ubicunque possideat etiam omnium suorum hominum artagium Sutrum omnium terrarum, calnarum venientium ad laborandum cum sua adfidatura : ita tamen si non laboraverint, de terris nostris, et de suis laboraverint, eidem Cannensi matrici Ecclesiæ affidaturæ detur medietas, et medietas reliqua nobis tribui, possideat etiam Sutrum petitionum salarium sua maria piscantium vola.* Quæ quidem mendis non carent. [In voce *Artagium* monet Cangius pro *Sutrum* forte legendum esse *suarum.* Haud scio an bene. Gloss. Lat. Græc. : *Sutrum*, ἀμμή.]

¶ **SUTTELLARIUS**, Sutulares. Vide *Subtalares.*

* **SUTULUM** et Sutulus, Solum, *pars* domus inferior, Gall. *Rez de chaussée.* Pactum inter Phil. IV. et Amalr. vicecom. Narbon. ann. 1309. ex Chartoph. reg. : *Item domos liberorum Salomonis de Melgorio, in quibus sunt tres Sutuli et tres solerii.* Charta ann. 1311. in Reg. 46. ch. 111. : *Idem procurator consulum....... donavit domum, scilicet domum macelli, tam Sutulum quam solerium,....... ita videlicet quod...... fiant inferius, videlicet in Sutulo, dictus macellus sive bocharia, et superius in solerio, loco ibi deputato, vendantur, nundinarum temporibus, panni supradicti.* Vide supra *Sotulum.*

¶ **SUTULUS**, Porcellus. Tabul. S. Martini Pontisar. : *Minuta decima agnorum, Sutulorum, vitulorum, edulorum, equulorum, excepta.*

* **SUTUS**, Seta Suta, Ornatus quidam sericus. Curia 2. gener. Tarracon. sub Jacobo I. rege : *Statuimus quod nos nec aliquis nobis subditus non portet in vestibus aurum vel argentum, nec aurifrigium, nec auripellum, nec setam Sutam, nec sembellinum, etc.* Vide *Seta* 1. et *Sudus.*

* **SUTYE**, vox Bohema, Evictio. Charta ann. 1378. apud Pez. tom. 6. Anecd. part. 3. pag. 65. col. 2 : *Nos omnes prænominati in solidum promittimus sæpefata bona, cum omnibus et singulis eorum pertinentiis, ab excussione, quæ dicitur in vulgari Sutye, etiam libertare.*

* **SUUASUS.** Charta ann. 1330. in Reg. 4. Armor. gener. pag. 9 : *Isnardus de Rastello, dominus Rupisblavæ, nomine suo proprio et curatorio nomine Raymundi de Rastello fratris sui, ut asserit, Suuasi....... recognovit.* Hanc lectionem pluribus discutit D. *de Serigny* in notis ibidem et legitimam esse probare tentat, atque adeo repudiandam vocem *Furiosi*, quæ hujusce loco legitur in alia ejusdem anni Charta pag. 10. Quid autem sibi velit *Suuasi* vel *Sunasi?* A *Sunnis*, inquit ille, hoc est, Excusatio, deducenda videtur, significaturque Raymundi de Rastello legitime impediti atque excusati nomine professionem clientelarem præstari. Hæc non male divinando. Verum ego mendum subesse suspicor in hac voce, qua desperata quædam infirmitas significari videtur, ita ut curatorem infirmo assignari necessum fuerit; quod ex ipsa Charta colligere est.

SUUM, *Porcorum cœtus*, in Glossis MSS. Regiis.

¶ **SUUS**, pro Ejus, non semel apud Scriptores medii ævi. Gregor. Turon. Hi-

Franc. col. 562 : *Ragnacharium Regem atque suum parentem Chlodoveus dolis interfecit manu propria, et fratrem Suum* (Ragnacharii scilicet) *Richarium similiter manu propria jugulavit.*

¶ Suus, pro Tuus. Litteræ Bonifacii VIII. PP. ad Edwardum I. Reg. Angl. in Chron. Th. *Otterbourne* pag. 95 : *Et tandem ad id exercens potentiæ Suæ vires, etc.* Ubi Regem alloquitur.

SUXTA, Suxtilis. Chronicon Abbat. S. Trudonis lib. 1. apud Acher. tom. 7. Spicil. pag. 350 : *Candelabra argentea septem, Suxtas argenteas duas ad ferendum incensum...* [*cyphos argenteos quatuor, et duos ex cupro : Suxtilem unum argenteum.*] Vasa ejusmodi incenso ferendo *Acerras* et *Naviculas* vulgo vocant : de hac vero voce nihil sani occurrit, nisi legendum sit *buxtas*, i. pixides. Vide in hac voce.

* **SUYSSI.** Vide supra *Soyssi.*

* **SUZARIUM**, Idem forte quod Sudarium, ab Italico *Suzzare*, paulatim tergere. Charta ann. 1374. ex Chartul. Caunensi : *Convenerunt ipsæ partes, quod operarii dictarum ecclesiarum omnes cereos et omnia tortitia, candelas, imagines, Suzaria, et alias res quascumque, quæ ad dictam ecclesiam de Croso darentur seu offerrentur, ad utilitatem fabricæ seu operis...... converterentur* Vide supra *Sudarium*,

* **SUZZENS**, pro *Sugens*, Hauriens. Tract. MS. de Re milit. et mach. bellic. cap. 82 : *Si vis quod aqua de pelago sive fonte ascendat super montem,.... oportet quod murentur canones terræ coctæ, sive cannæ plumbeæ, et sit canna versans longior canna Suzzente quarta parte plus.*

SWAIGA. Testamentum Frederici Palatini in Metropoli Salisburgensi tom. 3. pag. 446 : *Vineam in Kelhaim, quam emi a Lisungo de Westeten, delegavi in manus Perchtoldi, et duas Swaigas delegavi in manus Wernhardi de Sillengen, etc.*

* Idem quod *Steura*, Vectigal, tributum, collatio, ut colligitur ex Charta ann. 1325. apud Oefelium tom. 1. Script. rer. Boicar. pag. 750. col. 2 : *Obligavit...... Swaigam suam in Steinsperch pro xxx. libris Monacensibus. Swages*, in Tradit. Diessensis eccl. apud eumd. tom. 2. pag. 686. col. 1. [** Certa prædia in Bawaria quæ maxima ex parte usum pastionis præbent, ut recte exponitur supra voce *Schwaichen*. Vide Schmeller. Glossar. Bavar. tom. 3. col. 531.]

¶ **SWALLINGA**, ut *Swollynga*. Vide *Corn-gavel.*

SWANIMOTUM, Suanimotum, Curia libera tenentium in foresta, quæ de delictis in foresta accidentibus ter in anno cognoscit : vox a Saxonico swan, Anglis *Swain, operarius, minister*, et gemotè, *Conventus.* Mainvodo et Watsio *Swain* est libere tenens. Charta libertatum forestæ Joannis Regis Angl. ann. 1215. apud Matth. Paris, et in Pupilla oculi : *Nullum Suanimotum de cætero teneatur in regno nostro, nisi ter in anno... et ad ista duo Suanimota conveniant Forestarii, Viridarii et Agistatores, etc. Swanemoode*, in Monastico Anglic. tom. 1. pag. 976 : *Et sint quieti de... schewyne, et miskenning, Swanemoode, et de thesauro ducendo, etc.* Vide Guill. Prynneum in Libertatib. Angl. tom. 3. pag. 1142.

¶ Swanemotum, Eadem notione. Inquesta ann. 1364. apud Kennett. Antiquit. Ambrosd. pag. 499 : *Item dicunt quod forestarii ut in jure dom. Regis dictæ forestæ habere debent una vice per annum ad Swanemota sua cum tenta fuerint, ac etiam cum fecerint scrutinium per forestam, repasta sua in aliquibus maneriis.* Liber niger Scaccarii pag. 374 : *Quieti sumus de secta Swanemoti, et de omnibus aliis sectis illius bosci.*

SWARMIUM Apum, in Modo tenendi hundredum pag. 128. Examen apum, ex Anglico *Swarm.*

SWARTZ-WILD, Bestiæ nigræ, ex German. *Schwartz*, niger, *Wild*, fera : Gallis *Bestes noires.* Lex Bajwar. tit. 19. § 7 : *De his canibus ursos vel bubalos, id est majores feras, quod Swartwild dicimus, persequuntur.* [Baluzio *Suvarzuvild.*]

¶ **SWATHE**, Quantum unus sector per diem secare potest de prato, idem quod *Falcata prati :* ab Anglo-Sax. swaðe, scissio rasura. Kennettus in Antiquit. Ambrosd. ad ann. 1325. pag. 399 : *Duæ Swathes dicti prati jacent ut sequitur, etc.* Rursum pag. 400 : *Dimidia roda et dimidia Swathe apud Shortedolemede... et duæ Swathes apud Mathames.* Charta apud *Madox* in Formul. Anglic. pag. 202 : *Dedimus illustrissimo principi Edwardo Regi et dom. Simoni de Sidburg Archiep. Cantuariensi septem mesuagia, unam schopam, 40. acras terræ et novem Swathes prati.* Vide *Sectura prati* in *Secare* 2.

SWEIZCHOLI. Lex Bajwar. tit. 13. cap. 11. § 1 : *Et si unum eorum* (equum) *contra legem minaverit, quod Sweizcholi dicunt, etc.* [Baluzius edidit, *Swezcholi.*]

SWERP, Jactura maris, vulgo *Wrec*, et *Warec.* Charta Willelmi Comitis Flandriæ pro confirmatione Consuetudinum urbis S. Audomari ann. 1127 : *Si cum Boloniensi Comite Stephano concordiam habuero, in illa reconciliatione eos a theloneo et Swerp apud Vuitsant, et per totam terram ejus liberos faciam.* Ibidem : *Liberos omnes a theloneo facio ad portum Dixmudæ et Graveninghes et per totam terram Flandriæ eos liberos a Swerp facio.* Tabular. Ramesiense ch. 174 : *Concedo... mundbrich, blodwith,.. stipbrich, Sæupwurpe, sake sokne, etc.* [Vide *Seaupwerpe.*]

SWINHEY, Clausura circa blada, seu *haia*, quæ ab his arcet porcos : ex swin, porcus, et hey, sepes. Vetus Charta Anglica, apud Somnerum in Tractatu de *Gavelkind* pag. 190 : *Item pro clausura circa blada, quæ dicitur Swinhey, 2. sol. 10. den. et quadr.*

SWIRO, Swiro. Lex Bajwar. tit. 15. cap. 11. § 2 : *Si firmare promiserit emptori, id est, Swiro.* Ubi Lindenbrog. *Sweren*, Juramento confirmare, sic et Angli *to swar.* Alii codd. habent *Swiron.*

* **SWODE**, vox Bohema, Servitutis species. Charta Wencesl. reg. Bohem. ann. 1249. inter Probat. tom. 1. Annal. Præmonst. col. 521 : *Ecclesiæ sanctæ Mariæ in Doxan...... talem concessimus libertatem, videlicet quod homines jam dictæ ecclesiæ..... sint liberi et exempti ab omni jugo servitutis seu exactionis et gravaminis, tam ab his quæ vulgariter dicuntur narok seu Swode, quam ab his quæ vocantur narez.*

SWOLLYNGA, Swulinga, vox Cantianis familiaris, quibus idem quod Anglis *hyda*, seu ut est in Domesdey, *Carucata*, nuncupatur : vulgo inquit Somnerus, *a ploughland :* a Saxonico sulh, aratrum. [Charta vetus Eccl. Cantuar. apud Th. *Blount* in Nomolex. Anglic. : *Terram trium aratrorum, quam Cantiani Anglice dicunt three Swolings.*] Liber de situ Ecclesiæ Belli in Anglia : *Dedit idem inclitus rex Willelmus eidem Ecclesiæ de Bello, in Cantia regale manerium quod vocatur Wy, cum omnibus appendiciis suis septem Swulingarum, id est hidarum, ex sua dominica corona, cum omnibus libertatibus et regalibus consuetudinibus.* W. Thorn ann. 1364 : *Et debet quælibet Swollynga habere ducentas acras, quæ debent per annum 8. gallinas, unum multonem, et 200. ova de redditu, et sic secundum quantitatem cujuslibet S.* (*i. Swollinge*) *et debet quælibet Swollinga arare 6. acras de Telwork, etc.* Vide *Corn-gavel.*

Sulinga. Codex MS. Archiepisc. Cantuar. : *Sulingæ maneriorum Archiepiscopatus Cantuar. in Cantia : et scito, quod duæ Sulingæ faciunt unum feodum Militis.*

Sullyngata Terræ. Will. Thorn. pag. 1931 : *Et nunc defendebatur illud manerium pro una Sullyngata terræ versus regem apud Middelton.*

Swollingland, Terra *Swollingatim*, sive per *Swollyngam*, i. quantitatem unius aratri culturæ deputata, et fructuariis elocata. Idem Thorn pag. 2140 : *Acquisierunt... 309. acras, 3. rodas dimidiam de terra vocata Swollingland.*

Swollyngman. Idem Thorn : *Quæ servitia et consuetudines ipsi tenentes annuatim faciunt, et solummodo, præter corporale servitium, quod vocatur Swollyngman, quod facere omnino recusant ad magnum gravamen et præjudicium Abbatis.*

Swyllingmannus, Tenens ad redditus infra limites suæ *swollingæ* colligendos electus. Vetus Scheda apud Somnerum : *Singuli tenentes omnium et singularum prædictarum Swylingarum, et 38. acrarum terræ de Swyllingland ad Curiam dictor. Abbatis et Conventus de Menstre proxime post festum S. Michaelis Archangeli annuatim tentam seu tenendam, eligent et eligere debent de qualibet Swyllinga unum de seipsis, qui nominetur Swyllingmannus... qui quidem Swillingmannus coram eodem Senescallo corporale præstabit sacramentum ad levandum et colligendum ratam portionis tam denariorum, quam granorum, porcorum, aucarum, et gallinarum in forma prædicta levandarum,.... denarios ibidem per ipsum Swyllingmannum sic collectos præfato bedello* (Abbatis) *singulis annis persolvendum, etc.* Idem Thorn : *Et ad quamlibet Swollyngam dominus eliget in Curia sua per tenentes suos, 2. homines, et inde onerabit unum, qui colliget redditum in dicta Swollinga, etc.*

¶ **SYATICA**, Ischias, Gallis *Sciatique.* Acta S. Richardi Episc. tom. 2. Jun. pag. 251 : *Qui quidem per multum tempus, malum quod Syatica dictum est, patiebatur.* Vide *Scia.*

¶ **SYCAMINA**, Sycomori. Vita S. Condedi sæc. 2. Bened. pag. 865 : *Qui armentarium* *caprarumque Amos Sycamina vellicantem elegit in Prophetam, etc. Sycomoros* habet Amos cap. 7. 14. Acta S. Onuphrii tom. 2. Jun. pag. 526 : *Erant autem fructus illarum arborum multæ palmæ, citri, punica, Sycamina, zizipha et vites.* Ficus interpretantur viri docti.

¶ **SYCARIA**, ut *Sicaria* 2. Vide ibi.

* **SYDINARIUS**. Annal. Placent. ad ann. 1453. apud Murator. tom. 20. Script. Ital. col. 903 : *Interea miranda quædam mechanica composuisse, scalas, balistras, catapultas, testudines, caveas tres et decem; habuisse enim affirmabant artifices ex scriva argenti Sydinarios, et teneros eri Sydinarios: sed his similibus machinamentis nihil urbi nocuisse.*

* **SYDONALITER** errore typographi, pro *Synodaliter*. Vide infra in hac voce.

* **SYDRACIA**. Alex. Iatrasoph. MS. lib. 2. Passion. cap. 129 : *Quod si ex his* (humoribus) *vesicas fieri contigerit parvas vel Sydracia, non oportet turbari.* Ubi Glossæ : *Sunt parvi tuberculi, qui in carne nascuntur.*

¶ **SYEMELINGA**, Mensura annonaria. Consuet. MSS. Eccl. Colon. : *De prædicto etiam tritico dantur...* xx. *Syemelingæ singulis diebus de eo quod dicitur griez.* Vide *Swolynga*.

* Eadem quæ *Simmera*, Germ. *Simmer*. Vide supra *Sumberinus*.

SYLLABÆ, Litteræ. Epistola. Glossæ Lat. Græc.: *Adfatibus*, συλλαβῶν, γραμμάτων. Synodus Rom. ann. 745 : *Ante hos dies Syllabas reverendissimi atque sanctissimi fratris nostri Bonifacii Archiepiscopi nobis retulisti.* Zacharias PP. Epist. 9. ad Bonifacium : *Dum vero et series Syllabarum tuarum nobis panderetur per singula, etc.* Codex Carolinus Epist. 72 : *Sagacissimas Syllabas suscipientes, etc.* Occurrit ibi non semel, apud Scriptores ævi citerioris. Βασιλικαὶ συλλαβαί, apud Cyrillum in Epist. ad Acacium Melitenæ Episcopum, et alios.

SYLLABARIUS. Vide *Abecedarius*.

* **SYLLABATIM**, Per literas. Notitia Judic. ann. 863. tom. 7. Collect. Histor. Franc. pag. 297 : *Metropolites Herardus legens scriptum pro præfata altercatione sibi ab eodem papa directum, invenit ceteros eum Syllabatim rogasse antistites, ut ipsi Roberto ad ipsum monasterium adipiscendum unanimiter opem ferrent.* Vide *Syllabæ* et

¶ **SYLLABICARE**, ut mox *Syllabizare*. Vita S. Catharinæ Senensis tom. 3. April. pag. 881 : *Si jubebatur Syllabicare, in nullo sciebat aliquid dicere : imo vix litteras cognoscebat.*

* Glossar. Lat. Gall. ex Cod. reg. 7692 : *Syllabicare, Espeller.* Nostris vero *Syllabifier* et *Syllaber*, Scribere, literas exarare sonat. Lit. remiss. ann. 1479. in Reg. 206. Chartoph. reg. ch. 355 : *Laquelle somme de vingt trois livres Tournois...... n'etoit point Syllabifiée, ne escripte au long.* Mirac. MSS. B. M. V. lib. 2 :

> Li lais ne fait mie à gaber,
> Pour ce s'il ne set Syllaber.

SYLLABIZARE, Elementa sigillatim appellare, quomodo faciunt, qui primas literas ediscunt, nostris *Epeller*. Joannes Sarisber. lib. 5. Polycr. cap. 16 : *Leges ipsæ et Consuetudines, quibus vivitur, insidiæ sunt et laquei calumniantium. Verborum tendiculæ proponuntur, aucupationes syllabarum, vel simplici, qui Syllabizare non novit.*

¶ **SYLLATERIUM**, perperam pro *Filaterium*. Vide in hac voce.

SYLLOGIZARE, Concludere, decernere, *Arrester*. Ericus Upsaliensis lib. 6. Hist. Suecicæ pag. 205 : *Cœperunt de ejus assumptione tractare, et de facili concludendo inferre, quod Syllogizaverunt in occulto.* Vita MS. Caroli M. jussu Friderici Imp. scripta, in prologo : *Quia vero intentione præcordiali in laudem præfati Cæsaris tota nostra suspirat intentio, ut manifestis rationibus ipsius gloriose Syllogizetur canonizatio a sanctis et magnis viris prædecessoribus nostris diu multumque affectata, etc.* [Elmham in Vita Henrici V. Reg. Angl. cap. 84. pag. 237 : *Omnium virtutum verum hospitem reperiunt et demonstracionibus certissimis Syllogizant.*]

Syllogismare, Eadem notione. Ermanricus in Vita S. Alberti Abb. Gambronensis num. 1 : *Quorum pium initium elegantissime finis Syllogismavit.* Id est conclusit, absolvit, ut syllogismus argumentum concludit.

¶ Syllogizatio, Argumentatio, ratiocinatio. Origo Monast. Montis S. Mariæ apud Leibnit. tom. 2. Script. Brunsvic. pag. 427 : *Nescis infelix quia simplicitas devotionis ducit ad cœlum et damnosa Syllogizatio in abyssum.*

¶ **SYLPHORI**, ut *Silfori*. Vide in hac voce.

SYLVA. Sanutus lib. 3. part. 11. c. 13 : *Transeuntes montes Riphæos, quos Ungari Sylvas vocant.*

¶ Sylva, *Lignum, materia*, in Gloss. Gasp. Barthii ex Hist. Palæst. Fulcherii Carnot. apud Ludewig. tom. 3. Reliq. MSS. pag. 357.

* Sylva, *Londe, Gallice. Silvaticus, Boscaia, Gallice*, in Glossar. Lat. Gall. ex Cod. reg. 521. Nostris alias *Selve*, pro *Forest*, Silva; unde etiam nunc *Selve* appellatur Locus in Laudunensi pago, haud procul Fara oppido. Fabul. tom. 2. pag. 255 :

> Il erent si tres près voisin,
> Entre aus deux n'avoit c'une Selve.

* Silva Carbonaria, sic nuncupatur pagus Hannoniensis ab Oliv. Vredio in Epist. dedicat. Hist. comit. Fland. Vide *Carbonaria*, in *Carbo*, 3.

Silva Communis, forte quæ *Communis* est, seu ubi *Communiæ*, vel loci incolæ jus fruendi habent. Polyptychus S. Remigii Remensis : *Silvam communem, ubi possunt saginari porci* 20. Tabular. Eduensis Ecclesiæ : *Silvæ* 3. *ad impinguandos porcos* 2000. *excepto communi Silva.*

* Silva Increta, Alta, ardua, vulgo *Bois de haute futaye*. Vide supra *Incretus* 2.

Sylva Minuta, Cædua, *Bois taillis*. Polyptychus S. Remigii Remensis : *Sunt ibi arabiles campi* 22. *continentes mapp.* 104. *vineæ* 19. *Silva minuta mapp.* 11. *pastura cum spinoris mapp.* 30. [*Silva* nude, eadem notione, in Charta ann. 1287. apud Acher. tom. 8. Spicil. pag. 257 : *Nemora vendere non poterit, nisi esset Silva.*]

Silva Nutrita, [ut *Pastilis* mox.] Idem Polyptychus S. Remigii Remensis : *Silvam noviter nutritam, ubi supra* 5. *annos valebunt saginari porci* 50. Mox : *Wandefridus tenet mansum servilem* 1. *et pro omni aratura et servitio providet Silvam, et nutrit.*

¶ Sylva Palaris, *Ex qua poli* (l. pali) *et podinienti* (l. pedamenta) *sumuntur*. Vocabul. utriusque juris. [** Occurrit fr. 9. § 7. de usufr. (Dig. 7, 1.)]

Silva Pastilis, i. Pastui animalium idonea, in Domesdei, in Monastico Anglic. tom. 3. part. 3. pag. 10 : *Silva pastilis duarum leucarum longitudine, et unius latitudine.* Occurrit ibidem rursum.

¶ Sylva Pascua, Eadem notione, in Vocabul. utriusque juris.

¶ Silva Pastionalis, Eodem intellectu. Codex Censualis MS. Irminonis Abbat. Sangerm. fol. 45. col. 1 : *Habet ibi de Silva pastionali inter totas decanias bunnaria* LXX. *in quibus possunt porci saginari* C. Hinc

¶ Silva Saginacia, Saginandis porcis idonea. Vide *Saginacia*.

¶ Silvalis, Ad silvam pertinens. Leg. Lotharii cap. 27. apud Murator. tom. 1. part. 2. pag. 139. col. 2 : *Ut in testimonium non recipiantur de his capitulis, id est de libertate, et de hereditate, vel de proprietate in mancipiis et terris, sive de homicidio, et de incendio, excepto Silvali, etc.* [** Reinhard. Vulp. lib. 4. vers. 61 :

> Rus habito, numquid Sylvalem debeo censum?]

* Silvagia, Præstatio pro jure utendi silva. Chartul. S. Joan. Laudun. ch. 122 : *Habent in ea* (terra) *pasturas et boscum ad omnes usus necessarios in ædificationem, in combustionem, in venditionem, absque omni exactione Silvagiæ.*

Sylvagium, Jus utendi silva, vel præstatio pro jure utendi silva, ut *forestagium*, de quo supra. Charta Bartholomæi Episcopi Laudunensis ann. 1130 : *Sed et Silvagium, et paisnagium, et alias consuetudines, quas dominis suis debent persolvent.* Tabularium Abbatiæ S. Joannis Ambian. ann. 1161 : *Licebat etiam fratribus de nemore ligna cædere, et redas suas onerare, et per subscriptum Silvagium ligna extra territorium ducere, dare, vendere, prout ipsis placuerit. Pro Silvagio autem unius equi unum denarium persolvent.*

* Charta Petri episc. Camerac. ex Chartul. Mont. S. Mart. part. 3. ch. 17 : *Quod si nemus vendi vel incidi contigerit, Silvagium inde habebit ecclesia, ad quadrigam denarium, ad bigam obolum.* Vide *Scartio*.

Silvaticum, Eadem notione. Jo. de Janua : *Lucar, pecunia vel pretium ex luco collecto, quod vulgo dicitur Sylvaticum, et Forestage.* Charta Friderici II. Imp. ann. 1214. pro Ecclesia Viennensi : *Non teloneum, sive pedagium in aquis vel terris, vel redhibitionem de pasturis, non Silvaticum, non summaticum, non pulveraticum exigere audeat.*

¶ Silvitaticum, Eodem significatu. Charta Karlomanni Reg. Fr. ann. 880. pro Monast. S. Cæciliæ in diœcesi Urgell. in Append. ad Marcam Hispan. col. 812 : *Nullus judex publicus audeat a famulis tam liberis quam colonis ipsius loci hospitaticum, [illegible]taticum*, *rotaticum*, *Silvitaticum*, *aut inferanda aliqua exigere.*

* Silvarius, Qui silvam custodit, providet. Polyptychus S. Remigii Remensis : *Modo Silvarius et messarius tenet propter hoc de terra dominica contra dimid. mansum.* Vide supra *Silva nutrita.*

* Silvanus, ut *Silvarius*, Qui silvam custodit, providet. Charta Rachis Langob. Reg. ann. 747. apud Murator. tom. 1. Antiq. Ital. med. ævi col. 517 : *Ideo accedentes inibi missi nostri...... cum Gisilpert Waldeman inquirentes per Silvanos nostros, id est Otonem et Rach........ veritatem, et renovantes signa et cruces cum clavos ferreos adfigentes simul, etc.* Pluries ibi. Vide *Saltuarius.*

** Silvituus, Idem. Reinard. Vulpes lib. 4. vers. 17 :

Quisquis es, hic linques dolabram, nisi cædere cesses,
Si sum Silvituus regis, ut esse puto.]

SYLVATICUS, Agrestis, incultus, aspero ingenio, *Sauvage*, Italis *Salvatico*. Ordericus Vital. lib. 4. pag. 506 : *Edricus quoque cognomento Guilda, id est Silvaticus.* Infra pag. 511 : *Plures in tabernaculis morabantur, in domibus ne mollescerent, requiescere dedignabantur : unde quidam eorum a Normannis Silvatici cognominabantur.* Vide *Comes silvester*, in *Comes.*

* Le Roman *de Robert le Diable* MS :

Sire, se vos fustes Sauvages
Viers moy, je n'i pris mie garde.

¶ Silvatica Indumenta, Pellibus ferarum silvestrium munita, apud Mabillon. tom. 5. Annal. Benedict. pag. 584. Constitut. MSS. Cluniac. : *Nec quisquam in quovis loco tunicis et coopertoriis de bruneto aut pellibus Silvaticis... uti præsumat.*

¶ Silvaticum Opus, Eadem notione, ut videtur. Consuet. antiquæ Canonic. Regular. apud Marten. part. 1. novæ Collect. pag. 323 : *Sed ne quisquam fratrum Silvaticum opus cujuslibet emat.*

Salvaticus, pro *Silvaticus*, quomodo Galli *Sauvage* dicunt. *Aves salvaticæ*, in Lege Bajwar. tit. 20. § 6 : nostris *Oiseaux sauvages*, quibus opponuntur domesticæ, *domipastæ*. [Joh. Demussis in Chr. Placent. apud Murator. tom. 16. col. 580 : *Similiter juvenes homines portant cabanos, barillotos, et pellardas longos et largos, longas et largas per totum usque in terram, et cum pulchris foraturis peltarum domesticarum et Salvaticarum, etc.*] In Charta Edw. III. Regis Angl. tom. 2. Monastic. pag. 768. *Sauvaginæ*, dicuntur feræ silvestres : *De tota sauvagina, et omnibus bestiis silvestribus cujuscunque generis fuerint.... quæ inventæ forent in clauso de Kitt, ad bersandum, venandum, capiendum, etc.* Itali *Salvaggine* dicunt. Philippus Mouskes in Henrico I :

Ciers i mit, et bisses, et dains,
Puis connins, lievres, et ferains,
Et maniere de Sauvegine.

Charta ann. 1279 : *Et contrata est Salvatica, deserta et inhabitata.* Alia apud Ughellum tom. 7. pag. 397 : *Cultum vel incultum cum et Salvaticum, etc.*

Salvagius, Eadem notione. *Bestiæ Salvagiæ*, apud Gervasium Dorobernensem ann. 1168.

¶ Salvagnia, Fera silvestris. Charta ann. 1335. tom. 2. Hist. Dalph. pag. 304 : *Quod nemo cujuscumque status, sive sit nobilis sive innobilis, sit ausus vel præsumat venari cum retibus, vel canibus, seu alio modo, aliquas Salvagnias palam, publice vel occulte.*

¶ Silvaysina, Pari significatu. Charta ann. 1399. ex Tabul. Massil. : *Tibi licentiam damus et concedimus per præsentes libertatem venandi et occidendi porcos senglares, cervos et capreolos et alias Silvaysinas seu animalia fera capiendi per totum territorium Massiliense.*

* Silvaisuna, Fera silvestris, in Charta Senesc. Provinc. xv. sæculi.

* Silvatus, Nemorosus, silvosus. Acta MSS. notar. Senens. ad ann. 1285. ex Cod. reg. 4725. fol. 55. r° : *Item unius peciæ terræ Silvatæ pro indiviso, in loco qui dicitur Poggioli.* Stat. Vallis-Ser. rubr. 188. ex Cod. reg. 4619 : *Si vero iverit in aliquam peciam terræ....... buschivam seu Silvatam, etc. Sauvechine*, Ager incultus, vepribus et dumetis horridus, in Vitis Patrum. MSS :

N'a cinq lieues de toutes pars,
Fors Sauvechines et essars.

Hinc *Sylvescere*, et nostris *Assauvagir*, dicitur de agro, in quo vepres et dumi, deficiente cultu, crescunt. Charta ann. 985. apud Oefelium tom. 1. Script. rer. Boicar. pag. 708. col. 1 : *Absque habitatore terra episcopii Sylvescat, etc.* [** Berthold. Annal. ad ann. 1075 : *Agrum dominicum, quamvis multo jam ex tempore incuriosa prædecessorum suorum pigritia dumosis nimium usurpationum abusionibus asperrime satis fruticantem, nec non veternosa fructus æcclesiastici ejulabili obsolentia luxurianter prorsus Silvescentem.... attemptavit expurgare.*] Charta ann. 1406. ex Bibl. reg. : *Laquelle ferme est assise en bois et bruyeres, qui ont gagné et Assauvagi grant parties des terres labourables...... Les terre sont toutes Assauvagiées et environnées de bois.* Sed et *Assauvagir* dixerunt nostri, pro aliquem de domo vel societate expellere, fugare. Lit. remiss. ann. 1459. in Reg. 188. Chartoph. reg. ch. 201 : *Icellui Toutefoy dist au suppliant qu'il donneroit audit homme deux souffletz bien assiz pour le Assauvalgir de plus n'aler à sa maison.*

* Ejusdem originis *Sauvargon*, pro *Sauvageon*, Insiticia silvestris arbor, in Lit. remiss. ann. 1396. ex Reg. 150. ch. 100 : *Avec ce a esté compaignon de prendre quatre Sauvargon aus champs, entre ladite Ville-l'evesque et Paris, lesquelz il planta ou jardin de l'ostel là où il demouroit.*

SYLVICOLA, pro *Silvicula*, Silvula, in Charta Alamannica Goldasti 28 : *Et in Syrnaha curtilem unam simul cum adjacente prato, et quicquid habuissent in Silvicola, quæ dicitur Tegeramos inter Syrnaha et Gloton.* [** *Silbula*, eodem sensu, in chart. Longob. ann. 760. apud Brunett. Cod. Dipl. Tusc. tom. 1. pag. 570. Vide *Silvola.*]

¶ **SYMAISIA**, Mensura vinaria, vulgo *Simaise*, sex mensuras continens, seu octo sextarios Parisienses. Tabul. Eccl. Aniciensis : *Heres tenentur offerre perpetuo unum panem et unam Symaisiam vini cum candela accensa.* [* Vide supra *Simasia.*]

¶ **SYMBOLA**, Ciborium, seu pyxis in qua Corpus Christi asservatur. Ordinar. vetus Ambian. : *In majoribus duplicibus.... ad utrasque Vesperas, Matutinum, et Missam accenduntur quatuor cerei super majus altare et duo superius prope Simbolam.* Vide *Symbolum* 2.

SYMBOLÆ, Convivia publica, ex singulorum *Symbolis*, ἀγάπαι. Vox Græcis et Latinis Scriptoribus usitatissima, quod pluribus notavit Henricus Stephanus de Abusu linguæ Græcæ cap. 1. Concilium Auscense ann. 1068 : *Archidiacono autem interdicimus convivia more Symbolarum in ejus Ecclesiis peragi, aut in honore ejus aliquid usurpari contra consuetudinem veterem.* [Vide *Symbolum.*]

☞ Probabilius Concilium Auscense intellexeris de expensis quæ in Archidiaconorum vel Episcoporum susceptionibus a presbyteris ecclesiarum ruralium fiunt, quæ *Paratæ* alibi dicuntur, ut non obscure innuit Epistola Urbani II. PP. ann. 1099. apud Baluz. tom. 2. Miscell. pag. 180 : *Universas præterea paratas sive Symbolas, quas synodos vocant, tam ecclesiarum jam dictarum quam ex ceteris ecclesiis... in sumptus vestium concesserunt.*

¶ **SYMBOLISATIONES**, in Ordine Prædicatorum appellantur Convivia, seu comessationes quæ inter fratres fiunt data ab unoquoque sua Symbola. Capitul. ann. 1314. apud Marten. tom. 4. Anecdot. col. 1946 : *Inhibemus ne de cetero Symbolisationes et festa singularia fiant sine licentia speciali.*

SYMBOLOGIZARE, Symbolam conferre. Galvaneus Flamma in Chronico : *Ipsi Episcopi suam redimentes vexationem, Symbologizantes alia beneficia emerant, etc.*

1. **SYMBOLUM** Christiani appellant summam fidei Catholicæ, quasi, ut quidam censent, Collationem, quod, ut aiunt, Apostoli simul convenientes, quod quisque sentiret ac crederet, in illud contulerint. S. August. Serm. 115. de Tempore : *Quod Græce Symbolum dicitur, Latine collatio nominatur. Collatio ideo, quia in unum collata Catholicæ legis fides... Petrus dixit : Credo in Deum Patrem, etc. Joannes dixit : Creatorem cœli et terræ, Jacobus dixit, etc.* Leo I. PP. in Epist. ad Pulcheriam Aug. : *Ipsa Catholici Symboli brevis et perfecta Confessio, quæ duodecim Apostolorum totidem est signata sententiis.* Ratherius Veron. in Itinerario : *Ipsam fidem, id est, credulitatem Dei, trifarie præparare memoriter festinetis, hoc est secundum Symbolum, id est Collationem Apostolorum, sicut in Psalteriis correctis invenitur.* Excerpta Chronologica edita a Scaligero post Eusebium : *Eodem anno congregata Synodus in Nicæa 318. Episcoporum sub Alexandro Archiepiscopo Alexandriæ, in qua Symbolum S. Trinitatis est manifestatum, etc.* Liber Faceti :

Articuli fidei sunt bis sex corde tenendi,
Quos Christi socii docuerunt pneumate pleni.
Credo Deum, Petrus inquit, cuncta creantem;
Andreas dixit, Ego Credo Jesum fore Christum.
Conceptum natum Jacobus, passumque Johannes,
Infernos Philippus fregit, Thomasque revixit;
Scandit Bartholomæus, veniet censere Mathæus.
Pneuma minor Jacobus, Symon peccata remittit,
Restituit Judas carnem, vitamque Mathias.

Vide Ruffinum Aquileiensem in Symbolo, Isidorum lib. 2. de Ecclesiast. Offic. c. 24. Leidradum Lugdun. Archiepisc. de Sacramento Baptismi cap. 4. Belethum cap. 40. Durandum lib. 4. c. 25. n. 7. et seqq. Honorius August. lib. 1. c. 88 : *Credo in Deum Constantinopolitana Synodus composuit; sed Damasus Papa ad Missam cantari instituit.* Adde Bernonem lib. de Missa cap. 2. Durandum de Ritib. Ecclesiæ lib. 2. cap. 24. præterea Jo. Gerardum Vossium, et Usserium Armachanum in Syntagmatib. de Symbolo.

Symbolum Violare, Peccare. S. Laurentius Novariensis Episc. Homil. 1 : *Violavi Symbolum meum, corrupi pactum in ipso vestibulo Fontis conscriptum.*

Symbolum Accipere *et reddere* dicebantur baptizandi, qui, antequam tingerentur, Symbolum memoriter proferebant, apud S. Augustin. Epist. 67. Homil. 42. c. 1. Serm. 135. de Temp. cap. 1. Ferrandus Diaconus Carthagin. in Epistola ad S. Fulgentium Episcopum Ruspensem : *Hic ergo dominorum fidelium diligentia Sacramentis Ecclesiasticis imbuendus ad Ecclesiam traditur : fit de more Catechumenus : post aliquantum nihilominus temporis propinquante solennitate Paschali inter Competentes offertur, scribitur, eruditur. Universa quoque Religionis Catholicæ veneranda mysteria cognoscens atque percipiens, celebrato solenniter scrutinio, per exorcismum contra diabolum vindicatur, cui se renunciare constanter, sicut hic consuetudo poscebat, auditurus Symbolum profitetur. Ipsa insuper sancti Symboli verba memoriter in conspectu fidelis populi clara voce pronuncians, piam regulam Dominicæ orationis accepit, simulque jam et quid crederet, et quid oraret intelligens, futuro Baptismati parabatur, etc.* Σύμβολον ἀπαγγέλλειν, in Concilio Laodic. can. 46. et Synodo Trullana can. 78. ubi dicitur, baptizandos oportere fidei Symbolum discere, et quinta Feria ultimæ septimanæ, vel Episcopo, vel Presbytero reddere. Gloss. Græc. Lat. : Ἀπαγγέλλω ἐπὶ μαθημάτων, *reddo, memoro.* Ordo Romanus ait, reddi in Sabbato Paschatis, aut Pentecostes, ut et Amalarius lib. 1. de Eccl. Offic. c. 8. Habetur Homilia S. Maximi Taurinensis Episcopi in Traditione Symboli, ubi *Mysterium Symboli tradere* : et alia S. Fulgentii, quæ est 78. *ad Competentes post traditum Symbolum.* Vide Canones S. Patricii cap. 7. Illud autem addiscendum dabatur Competentibus in die Palmarum, ut habent Isidorus lib. 1. de Eccles. Offic. c. 27. lib. 2. cap. 21. 22. Alcuinus lib. de Divin. Offic. Rabanus lib. 1. de Instit. Cleric. cap. 26. Atto Episc. in Capitulari c. 16. etc. [Conc. Agathense can. 13 : *Symbolum ante octo dies Paschæ Competentibus prædicetur.*] Vide Glossar. med. Græcit. voc. Μάθημα, col. 851. et Σύμβολον, col. 1477.

☞ Peculiaris est missæ Mozarabicæ ritus a Concilio Toletano III. ann. 589. can. 2. præscriptus ut symbolum post Canonem a sacerdote hostiam consecratam super calicem tenente ante Orationem Dominicam recitetur. Vide Mabill. de Liturg. Gallic. lib. 1. cap. 1. et 4.

☞ *Symbolum*, quod sub nomine S. Athanasii circumfertur, ad Primam recitari cœpit ann. 922. in Ecclesia S. Martini Turon. ut discimus ex Statuto Capituli ejusd. Ecclesiæ apud Marten. tom. 1. Anecd. col. 62 : *Anno Domini* DCCCCXXII. *Calendis videlicet Junii hortatu et suasione atque servitio cujusdam fidelis fratris gregis inclyti confessoris Christi B. Martini, Adam sacerdotis, et granicarii, necnon et pseudoforensis villæ præpositi, statuerunt ejusdem gregis generaliter fratres, et statuentes confirmaverunt ut ex illo tempore, quandiusculum stetisset, cantarent fratres generaliter ad horam primam tam festis diebus quam et quotidianis catholicam fidem quam S. Athanasius Spiritu sancto dictante composuit, id est,* Quicumque vult salvus esse.

Symbolum Luminis, seu potius *Symbola*, Census pro luminaribus Ecclesiæ. Leges Kanuti Regis Angl. cap. 14 : *Et fiat in anno Symbolum luminis, primum in vigilia Paschæ obolus ceræ de omni hida, in Festo omnium SS. tantundem, tertio tantundem in Festo sanctæ Mariæ Candelarum.*

Symbolum Animæ. Concilium Enhamense ann. 1009. cap. 12 : *Luminarium census ter quotannis penditor. Sed æquissimum est, ut animæ Symbolum, (quam pecuniam sepulchralem vocant) semper dependatur, cum sepulchrum sit effosum.* Ubi Decreta Synodalia ejusdem Concilii can. 13. habent : *Munera nec non defunctorum animabus congruentia puteo impendantur aperto.*

¶ Symbolum, Convivium, comessatio. Hist. Liutprandi apud Murator. tom. 2. pag. 431 : *In his namque* (ecclesiis) *Symbola faciebant, gestus turpes, etc.*

¶ Symbolum, Campana. Vide *Simbalum.*

¶ Symbolum, in scholis dicitur Tessera quæ Gallice loquentibus dabatur Magistro exhibenda ut punirentur. Vide Histor. Paris. Lobinelli tom. 5. pag. 128.

* 2. **SYMBOLUM**, Ciborium seu sacra pyxis, in qua Corpus Christi asservatur. Arest. parlam. Paris. ann. 1354. in Reg. 82. Chartoph. reg. ch. 251 : *Ymaginem beatæ Mariæ Virginis seu Symbolum, in quo Corpus Christi reponebatur instinctu diabolico perforarant.* Ordinar. MS. S. Vulfr. Abbavil. XIV. sæc. : *Thesaurarius juxta medium responsorium surgit et vadit cum duabus torsiis quæsitum vas de Symbolo, in quo Corpus Christi reponi et conservari consuevit.* Vide *Symbola.*

** 3. **SYMBOLUM**, Signum, vexillum. Richer. lib. 3. cap. 69 : *Collectus exercitus... ibat ergo per cuneos Simbolo distinctos.*

¶ **SYMBOLUS**, a Gr. σύμβουλος, Consiliarius, Præfectus urbis. Vita S. Stephani Sabaitæ tom. 3. Jul. pag. 545 : *Ob negotia quædam necessaria cum politica, tum ecclesiastica, ad Symbolum Damasci atque ad judicem frequenter itans, domi nostræ hospitium sibi delegerat.*

* **SYMERINUM**, Mensuræ species, Germ. *Simmer.* Annal. cœnob. Bebenhus, ad ann. 1281. apud Ludewig, tom. 10. Reliq. MSS. pag. 418 : *Item donaverunt nobis....... in Grossen Heppach duo Symerina salis.* Vide supra *Sycmelinga.*

SYMMACHUS. Liberatus Diaconus cap. 23 : *Per portitores literarum velocissimos, quos Ægyptii Symmachos vocant.*

¶ **SYMMELLUS**, pro *Simenellus.* Vide ibi.

¶ **SYMMISTA**, a Gr. συμμύστης, Sacrorum eorumdem particeps et collega. Utuntur S. Hieronymus, Sidonius, Apuleius, et alii. [** *Decano et Symistis suis*, apud Ekkehard. IV. de Cas. S. Galli cap. 16. *Augustensis episcopus, summus Symmista imperatoris*, in Herimann. Aug. Chron. ad ann. 1029. Vide *Summista.*] Nude pro Pontifex occurrit in Vita S. Romani Archiep. Rotom. apud Marten. tom. 3. Anecd. col. 1659 :

Ut sit revera Domini Symmista sacerdos.

A *Symmista* priori notione sine dubio, voce corrupta, ut recte observat P. de Colonia in Histor. Litteraria Lugdun. tom. 2. pag. 68. sex Presbyteri qui in festis solemnioribus Archiep. Lugdunensi sacra peragenti assistunt, *Six muses* vulgo appellantur.

Symnista, pro Symmysta, συμμύστης, socius, consors. Utitur semel ac iterum HRabanus Maurus Poem. 41. 54. Vide *Summista.* [** Ruodlieb. fragm. 3. vers 195 :

Regis Simnistis, aliisque fidelibus ejus,
Ejus servitio qui sunt in cottidiano.]

¶ **SYMPECTÆ.** Vide *Sempectæ.*

SYMPHONIA, Instrumentum Musicum, de quo sic Isidorus lib. 2. Orig. cap. 21 : *Symphonia vulgo appellatur lignum cavum ex utraque parte, pelle extensa, quam virgulis hinc et inde Musici feriunt. Fitque ex ea concordia gravis et acuti suavissimus cantus.* Ugutio : *Tympanum quoddam instrumentum musicum, vel pellis, vel corium, vel ligno ex una parte contentum vel contextum, et dicitur sic quod tinniat, vel dicitur sic a tinton, quod est medium, quia est medium. Est enim media pars Symphoniæ in similitudinem cribri, et virgula percutitur ut Symphonia.* Glossæ antiquæ MSS : *Tibia, Symphonia.* Glossæ Isonis Magistri : *Sistrum, tuba, genus Symphoniæ.* Alibi : *Symphonia, tuba*, ad istud Prudentii lib. 2. in Symm. :

Fluctibus Actiacis signum Symphonia belli
Ægypto dederat, clangebat buccina contra.

Mamotrectus ad 1. Paralipom. cap. 12 : *Liris, id est Symphoniis.* Daniel cap. 3 : *In hora, qua audieritis sonitum tubæ et fistulæ, et cytharæ, et sambucæ, et psalterii, et Symphoniæ, etc.* S. Augustinus in Psal. 41 : *Festa cum hic homines celebrant suæ luxuriæ, consuetudinem habent constituere organa ante domos suas aut ponere Symphoniam, vel quæcumque musica ad luxuriam servientia et illicientia.* Fortunatus lib. 4. de Vita S. Martini :

Donec plena suo cecinit Symphonia flatu.

Galfridus de Vino salvo in Poetria MS. seu de Coloribus Rhetoricis :

Cymbala præcaro, concors Symphonia, dulcis
Fistula, somniferæ citharæ, vitulæque jocosæ.

Nicolaus de Braya in Ludovico VIII :

. . . . Non sistrum defuit illic,
Tympana, psalterium, cithara, Symphonia dulcis.

Occurrit præterea apud S. Hieronymum in Epist. ad Damasum. [* Glossar. Provinc. Lat. ex Cod. reg. 7657 : *Simphonia, Prov. sambuca. Chyphonie*, in Mirac. MSS. B. M. V. lib. 1 :

Car lues c'i court vieut symonie
Et ele trait sa Chyphonie, etc.]

Vetus Poeta Gallicus MS. in Poemate, cui titulus, *le Lusidaire* :

Psalteres, harpes et vieles,
Giges, et Chifonies beles.

Chron. MS. Bertrandi *du Guesclin* :

Et s'avoit chascun d'eux aprés loy un Sergent
Qui une Chiffonie va à son col portant,
Et li deus Menestrers se vont appareillant,
Tous deus devant le Roy se vont Chiphoniant.
Et Mahieu de Gournay les va apperchevant,
Et les Chifonieux aloy priser tout,
Et en son cœur alloit moult durement gabant;
Et li Rois lui a dit apres le geu laissant;
Et que vous samble, dit-il, sont-il bien souffisant?
Dist Mahieu de Gournay : Ne vous iray celant,
Ens ou pays de France, et ou pays Normant,
Ne vont tels instrumens fors aveugles portant,
Ainsi vont li avugles et li poures truant,
De si fais instrumens li bourgois esbatant,
En l'appella de la un instrument truant,
Car il vont d'huis en huis leur instrument portant,
Et demandent leur pain, rien ne vont refusant, etc.

Joannes Molinetus in Throno honoris :

Tubes, tabours, tympanes et trompettes,
Lucs et orguettes, harpes, psalterions,
Bedons, clarons, cloquettes, et sonnettes,
Cors et musetes, Symphonies doucettes,
Chansonnettes de manicordions, etc.

¶ SYMPHONIARIUS, Symphoniacus, in Charta ann. 1602. apud Calmetum tom. 3. Histor. Lothar. inter Probat. col. 465.

¶ SYMPHONIZARE, Symphoniam edere, canere, in Actis S. Ansueri tom. 4. Jul. pag. 102. [** Gerhardi Vita S. Oudalrici cap. 4 : *Symphoniaci venerunt, quorum tum copiosa multitudo fuit, ut pæne intercapedinem aulæ secundum ordinem stando implevissent, et tres modos Symphonizando perfecerunt.*]

**SYMPHONIARE, Idem. Ruodlieb. fragm. 8. vers. 30 :

Est, sit, hic harpa, melior qua non erit ulla,
In qua, dum vixit, meus heros Symphoniavit.

¶ SYMPLEGAS, vox Græca, Complexio. Tertull. adv. Marc. lib. 1. cap. 2 : *Duos Ponticus deos adfert, tanquam duas Symplegadas naufragii sui.* Ubi respicit ad duos scopulos Bosphori *Symplegades* dictos, quod inter se aliquando concurrisse tradunt fabulæ. Vita S. Jacobi Erem. sæc. 4. Benedict. part. 2. pag. 153 : *Et inter has verborum Symplegades* (id est, ambages) *respicit vas, ubi reconditus erat sextarius : et ecce mensura integra conspicitur.*

* SYMPOLONÆ, *id est*, *Convivæ*, in Exposit. serm. antiq. ad Grammat. Calcid. ex Bibl. reg.

SYMPONUS, ex Græc. σύμπονος, συνεργάτης, apud Anastasium in Epist. ad Constantinum Imp.

SYMPSALMA, *Consonantia psalmi*, *vel vocis copulatio in cantando.* Joan. de Janua. [Gloss. Lat. Gall. Sangerman. : *Simpsalma, consonance de pseaumes, ou couple de voix.*] Vide *Diapsalma.*

¶ SYMPTOMA, Græc. σύμπτωμα, Casus quilibet : sæpius de iis quæ in morbis accidunt, Gall. *Symptome.* Vita S. Guillelmi Archiep. Bituric. tom. 1. Jan. pag. 639 : *Hæsitabant medici quid de morbo dicerent, quia causam ejus penitus ignorantes, videbant Symptomata sibi ad invicem adversari.* Godefridus Viterb. in Panth. apud Murator. tom. 7. col. 434 :

Miles ut exponit quæ sit modo causa furoris,
Mitigat Othonis Symptomata vi rationis.

Ibidem col. 473 :

Merlus ait : Ventura magis, si noscere glisces,
Jam regni metuenda tui Symptomata disces.

¶ SYNANTICUS MORBUS, Angina, Ital. *Sinanca*, Gall. *Esquinancie.* Acta S. Canionis tom. 6. Maii pag. 28 : *Ut Synantico morbo laborantes ipsius precibus curarentur.* Vide *Squinantia.*

¶ SYNAPIUM, Sinapi, in Statutis S. Claudii ann. 1448. pag. 81.

SYNASPISMUS. Vide *Sinaspismus.*

SYNASTRIA, Constellatio, in Querolo pag. 40.

¶ SYNAXARIA, Vitæ Sanctorum in compendium redactæ in Menæis aliisque Ecclesiasticis libris insertæ. Vide Glossar. med. Græcit. in hac voce col. 1481.

SYNAXIS, Σύναξις, Latinis, *Collecta* : Conventus seu Congregatio Monachorum, ad orationem et psalmodiam coeuntium, apud Cassianum lib. 2. de Instit. Cœnob. cap. 10. Vide *Collecta* 6. et Glossar. med. Græcit col. 1480.

SYNAXIS maxime pro *Cursu*, seu *officio Ecclesiastico.* Glossæ MSS. : *Synaxis decantatio horarum*, *vel illa hora*, *qua sol ab axe descendit*, *et dicitur quasi sine axe.* Regula S. Benedicti cap. 17 : *Vespertina autem Synaxis 4. psalmis cum antiphonis terminetur.* Regula S. Columbani cap. 7 : *De Synaxi vero*, *id est*, *de cursu Psalmorum et orationum modo canonico*, *quædam sunt distinguenda.* Regula S. Donati cap. 26 : *Similiter pæniteat*, *quæ humiliationem in Synaxi*, *id est in cursu oblita fuerit.* Et cap. 75 : *De synaxi*, *id est de cursu Psalmorum*, *etc.* [Translat. S. Sebastiani etc. sæc. 4. Bened. part. 1. pag. 399 : *Sequenti nocte opportunum tempus Synaxis matutinalis advenerat*, *etc. Ad nonæ Synaxim*, sæc. 5. pag. 15. *Jam Synaxi matutinorum instante*, in Lib. Mirac. S. Eadmundi apud Marten. tom. 6. Ampl. Collect. col. 834. *Synaxis matutinalis* et *Synaxis vespertinalis*, apud Andream Floriac. Mon. lib. 4. Miracul. S. Benedicti ex Cod. MS. Vaticano. *Synaxis vespertinalis*, apud Mabill. in Liturg. Gallic. pag. 109. Adde eumd. tom. 3. Analect. pag. 489. Hist. Mediani Monast. pag. 212. Joh. Abrinc. pag. 35. et alios.] Domnizo lib. 1. de Vita Mathildis cap. 21 :

More suo sanctis surgens cantare Synaxim
Nocturnam, magnus licet algor stingeret artus,
Devote gracilis surgit tamen ipsa Mathildis.

[** Ruodlieb. fragm. 3. vers. 10 :

Qua (*ara*) missæ regi solet officium celebrari,
Matutinalis et vespertina Synaxis,
Cursibus inmixtis aliis de more diurnis.]

Apud Græcos Patres, σύναξις sumitur pro participatione divinæ Eucharistiæ, ut passim apud Dionys. Areopag. lib. de Sacram. ubi Pachymeres ad cap. 3 : Σύναξιν νοητέον οὐ τὴν τοῦ λαοῦ, καθὼς τὴν λέξιν σήμερον ἐκλαμβάνονται, ἀλλὰ τὴν πρὸς Θεὸν συναγωγὴν καὶ κοινωνίαν. Et cap 4 : Σημείωσαι, ὅτι σύναξιν μονὴν τὴν λειτουργίαν φησί, καθ' ἣν τῶν θείων μυστηρίων κοινωνοῦσιν οἱ ἄξιοι, ἐπὶ τοῦτο γὰρ καὶ τὸ ὄνομα λαμβάνει, οὐ διὰ τὸ συνάγεσθαι τὸν λαὸν, καθὼς εἰωθείη τις, ἀλλὰ διὰ τὴν πρὸς τὸ ἓν κοινωνίαν, καθ' ἣν τῷ Σωτῆρι Χριστῷ ὡς μέλη τῇ κεφαλῇ συναγόμεθα.

¶ SYNAXIS, in Hist. Liutprandi apud Murator. tom. 2. pag. 448 : *Siquidem*, *post unius anni Synaxin*, *quum amplioris jam potentiæ esset*, *talibus aggreditur eosdem Principes sermonibus*, *etc.* Id est, expleto unius anni cursu.

¶ SYNCELLATUS. Vide in *Syncellus.*

SYNCELLITA, qui alias *Concellaneus* : Monachus scilicet, qui in eadem cella, i. Monasterio habitat, moratur. Veteres Glossæ MSS. : Συγκελλῖδες, γείτονες. Cassianus Collat. 20. cap. 2 : *Ut nos, tanquam pristinos Syncellitas*, *etiam cellulæ suæ*, *quam in extrema horti parte construxerat*, *honoraret hospitio.* Idem de Instit. Cœnob. lib. 2. cap. 12 : *Unusquisque ad suam recurrens cellulam*, *quam aut solus*, *aut cum alio tantum habitare permittitur; quem scilicet societas operationis*, *vel discipulatus*, *et disciplinæ imbutio copulavit*, *vel certe quem similitudo virtutum comparem fecit.* Et lib. 4. cap. 16 : *Cellulæ suæ cohabitator.*

SYNCELLITAS, latiori significatione, Monachos omnes interdum vocabant. Versus antiqui de laudibus Lirinensis insulæ, apud Vincent. Barralem :

Primus Honoratus te Syncellita beatus
Corpore sacravit, fugiens retinacula mundi.

Epistola cujusdam Monachi ad Ælfricum *N. Cunctorum peripsema Syncellitarum*, i. Monachorum.

SYNCELLUS, Dignitas Ecclesiastica e præcipuis et honoratioribus, qua qui cohonestatus erat, in eadem, qua Summus Pontifex, vel Patriarcha, cella habitabat, unde nominis etymon. Habuit enim suos Syncellos non Græcanica duntaxat Ecclesia, quod notissimum est Scriptoribus Byzantinis, sed etiam Romana. Siquidem Leo Papa in Epistola ad Kenulphum Merciorum Regem apud Willelmum Malmesburiens. lib. 1. de Gestis Reg. Angl. cap. 4. S. Augustino primo Anglorum Apostolo hanc appellationem adscribit : *Nos per omnia enucleatius trutinantes*, *in sacro scrinio reperimus sanctum Gregorium prædecessorem nostrum in integro ipsam parochiam numero XII. B. Augustino Syncello suo Archiepiscopo tradidisse et confirmasse Episcopos consecrandi.* Unde colligitur, Augustinum ex iis fuisse Clericis, vel Monachis, quos idem Gregorius in Synodo Romana ann. 595. statuit, *ministerio cubiculi Pontificalis obsequi* debere : *ut is*, *qui in loco est regiminis habeat testes tales*, *qui vitam ejus in secreta conversatione videant*, *et ex visione sedula*, *exemplum profectus sumant.*

Neque istius moris primus auctor fuit Gregorius Magnus, cum id primum in Ecclesia inductum a Lucio I. PP. tradat Liber Pontifical. Damasi PP. in Lucio : *Hic præcepit*, *ut duo Presbyteri et tres Diacones in omni loco Episcopum non desererent*, *propter testimonium Ecclesiasticum.* Idem Lucius in Epist. ad Galliæ Episcopos : *Hortamur vos*, *sicut et in hac sancta Ecclesia constitutum habemus*, *ut semper testes vobiscum Sacerdotes et Diaconos habeatis*, *etc.* Cui constitutioni subscripsere postmodum variæ Synodi præter Romanam, scilicet Turonensis

II. can. 12. Parisiensis VI. can. 20. Aquisgran. II. ann. 836. can. 1. Ticinensis ann. 850. can. 1. Capitula Caroli M. lib. 5. cap. 174. Canones Hibern. lib. 1. cap. 8. etc. Vide præterea Gregorium Turon. lib. 6. cap. 36. Bennonem de Vita Hildebrandi pag. 41. etc. Atque hinc plures simul eodemque tempore fuisse legimus. Nam Heraclianus et Laurentius Syncelli Epiphanii Patriarchæ Constantinopolitani recensentur in Collatione Catholicorum cum Severianis habita Constantinopoli ann. 532. Basilii Monachi Supplicatio in Concilio Ephesino part. 1. can. 30. de Nestorio Patr. CP : Οὐ μόνον δὲ τοὺς αὐτοῦ κληρικοὺς ἢ συγκέλλους, ἀλλὰ καὶ ἐκ τῶν ἔξωθεν παροικῶν προσελάβετό τινας, etc. Vide Glossar. med. Græcit. col. 1470.

Habuit igitur olim Summus Pontifex suos *Syncellos*, tametsi postmodum, vel appellationem saltem, si non officium, desiisse par sit credere, cum de iis fere sileant cæteri ex nostris Scriptores. In Ecclesia vero Constantinopolitana præcipuum locum obtinuisse *Syncellos*, statim ab instaurata urbe, testantur Cedrenus et Zonaras ad ann. 24. Theodosii Junioris, et Victor Tunnensis in Anastasio. Cæteros etiam Patriarchas Syncellos habuisse colligimus ex Synodo Nicæna II. συγκέλλων γενομένων τῶν ἐκεῖσε Πατριαρχῶν, præterea ex VII. Syn. act. 1. pag. 474. 481. 530. Edit. 1617. Synodo Calchedon. act. 1. pag. 184. et 188. Synodo VIII. act. 1. pag. 713. 734. ex Niceta Paphl. in Vita Ignatii Patr. CP. pag. 713.

Syncellorum, igitur in Ecclesia Constantinopolitana quod fuerit primitus munus, frustra quærunt viri docti. Quidam enim sic appellatum opinantur *Syncellum*, qui morituro Patriarchæ successor designabatur, quique, eo adhuc in vivis, in Patriarchio cum illo habitabat, proindeque erat ejusdem cellæ cohabitator et consors. Idque eruunt ex Cedreno et Zonara, tradentibus *Seryphum* apud Saracenos eumdem obtinuisse locum, quem *Syncellus* apud Patriarcham. Nam quemadmodum, inquiunt hi Scriptores, ὁ Σύγκελλος τοῦ Πατριάρχου θανόντος εἰς τὸν ἐκείνου τόπον ἀντικαθίςατο, sic *Seriphus* Chalyphæ defuncto substituebatur. Certe non negaverim, interdum *Syncellos* Patriarchis extinctis successisse in eam dignitatem. Ecce apud Victorem Tunnensem loco citato : *Timotheus Constantinopolitanus Episcopus.... 5. die mensis Aprilis occubuit, et Joanni Cappadoci Syncello proprio atque Presbytero Episcopatum tradidit.* Suggestio Dioscori Diaconi ad Hormisdam PP. tom. 1. Epist. Roman. Pontif. de Joanne Patr. CP : *In cujus locum Epiphanius quidam Presbyter Syncellus ejus ordinatus est.* In Epistola Synodi Constantinopolitanæ sub eodem Epiphanio, Heraclianus Presbyter sanctæ majoris Ecclesiæ dicitur *Cohabitator prædicti sanctissimi Archiepiscopi*, id est Syncellus, uti appellatur in Collatione, quæ sub Justiniano facta est Constantinopoli. Quosdam alios e Patriarchis Byzantinis, dignitate antea *Syncellos* recenset S. Nicephorus in Chronol. præter Joannem Cappadocem, cui primo hanc dignitatem adscribit, Theodorum videlicet et Georgium ejus successorem, Anastasium et Joannem. Aliquot alios sequiori ætate habent etiam Cedrenus et Zonaras, quos adnotavit Gretzerus ad Codinum. Sed quid hæc inter tantos, quibus nusquam fuit *Syncellorum* munus ante adeptum Pontificatum?

Goarus ad Euchology. et Cedrenum, *Syncellum* putat fuisse patrem spiritualem, πνευματικὸν, et *a Confessionibus* Patriarchæ : at unde id eliciet, non plane video. Consiliorum fuisse participem et socium, bene quidem probat ex Evagrio lib. 6. c. 2. et Socrate lib. 7. cap. 32. ut qui una cum ipso Patriarcha maneret.

Constat igitur viros doctissimos longe a vero aberrare, dum in has abeunt sententias, cum longe probabilius sit, *Syncellos* primum datos Patriarchis, ut et cæteris Episcopis, qui essent vitæ eorum testes, *cubiculo et secretioribus quibuslibet obsequiis assisterent, vigilantes, orantes, sacra eloquia scrutantes jugiter attenderent*, ut est in Synodo Romana laudata, et Ticinensi ann. 850. cap. 1. *Cellulaneos* vocarunt Latini ejusmodi assessores. Ignatius Episcopus in Vita S. Tarasii Patriarchæ CP. num. 36. tradit Tarasio adhibitos ab Imperatore custodes, qui sub *Syncellorum* nomine et dignitate, eum diligenter observarent, viderentque ne iis inconsultis quidpiam ageret. Unde recte *Oculus Patriarchæ* appellatur *Syncellus*, in Epistola Theodosii Patriarchæ Hierosolymitani ad Synodum VIII. Constantinopolitanam, ex versione Anastasii : quia nempe vitæ Patriarchæ invigilabat.

Invaluit postmodum, ut qui *Syncelli* Episcoporum aut Patriarcharum erant, et dicebantur, Syncelli Ecclesiarum appellarentur. Ita apud Theodorum Abucaram Epist. 4. Michael Presbyter dicitur σύγκελλος ἀποςολικοῦ θρόνου, seu Ecclesiæ Hierosolymitanæ. *Syncellorum* munus in dignitatem Ecclesiasticam postea transiit apud Græcos, quorum numerum ad binos auxit Heraclius, ad plures cæteri deinceps Imperatores, qui iis denique *Proto-Syncellum* præfecerunt.

Syncelli præterea dignitas ab Imperatoribus CP. Episcopis et Archiepiscopis titulo tenus attributa legitur : præsertim Archiepiscopis Tranensibus Joanni et Byzantio, qui *Pontificales et Augustales Syncelli* appellantur apud Anonymum in Vita sancti Lucii Episcopi Brundusini, in Præfat. apud Bollandum tom. 1. Jan. et ab Adelferio in Vita S. Nicolai Peregrini, apud Ughellum tom. 7. Ital. Sacræ pag. 1210. quæ dignitas

Syncellatus, ab iisdem appellatur. Vide *Custodire*, et Altaserram lib. 1. Dissertat. Juris Canon. cap. 2. lib. 2. c. 13.

¶ Synkellatus, Eodem intellectu, in Vita sancti Leucii tom. 1. Jan. pag. 669 : *Ut nuper in Archiepiscopatus atque Synkellatus sui tempore, beatissimi Leucii confessoris gesta clarescant.* Adde Acta S. Nicolai Peregrini tom. 1. Jun. pag. 244.

¶ **SYNCHRONUS**, a Gr. σύγχρονος, Coævus, æqualis, Gall. *Contemporain.* Vita S. Anthelmi tom. 5. Jun. pag. 239 : *Quorum alii S. Anthelmo posthumarunt, alii Synchroni fuerunt.* Hist. Cortusior. lib. 2. apud Murator. tom. 12. col. 792 : *Habes auctorem Synchronum rerumque gestarum bene peritum.* Utuntur alii bene multi.

¶ **SYNCLETUS**, a Græc. σύγκλητος, Senatus. Vita S. Agathonis PP. tom. 1. Jan. pag. 625 : *Intra oraculum S. Petri, intra palatium astante Syncleto simulque et Patriarcha, etc.*

1. **SYNCOPA**, Syncopare. Est autem *Syncopare*, scindere, seu potius intersecare, Gallis *Entrecouper.* Alanus de Insulis in Planctu naturæ : *Inter has circulus elucens ad Zodiaceæ obliquitatis similitudinem, pretiosorum lapidum stellatus monilibus, sidereæ contiguitatis oscula Syncopabat.* Ibidem :

Sicque per ascensum male Syncopat illa mariti
Corpus, furtivo dum metit ense caput.

Rursum :

Qui minus Ponti sepolis et auges
Syncopans cursum pelagi furiosi.

Adde eumdem pag. 314. præterea Briton. lib. 9. Philip. v. 449. et Archithrenium lib. 1. cap. 17. extremo.

¶ Syncopatio, Eadem notione. Statuta Eccles. Valent. inter Conc. Hisp. tom. 3. pag. 507 : *Ista verba semper proferre debet sacerdos sine aliqua Syncopatione.*

Syncopare, Verba non omnino pronuntiare; sed ea quasi secare, quomodo *Couper les mots* dicimus. *Verba dimidia, non integra transilientes*, ut ait S. Bernardus serm. 40. super Cantica Cantic. Synodus Cicestrensis ann. 1289. cap. 15 : *Quæ autem tractant vel legunt*, (in Ecclesia) *distincte proferant et aperte, non transiliendo, neque transcurrendo, vel Syncopando, etc.* Bulla Nicolai III. PP. apud Bzovium ann. 1280. n. 5 : *Missæ quoque et omnia divina officia.... in ipsa decantanda Ecclesia, non dicantur per Syncopam, vel transcursum; sed... studiose celebrentur pariter et devote.* Ita in Concilio Rotomagensi ann. 1335. c. 1. Admonitio Guillelmi Episcopi Magalonensis ad Clerum de Modo dicendi Horas :

Qui bene non dicit Horas, Deus hunc maledicit :
Syncopa vitetur, versus non anticipetur,
Donec finitus omnino sit bene primus.

Concilium Lateranense sub Innocentio III. c. 17 : *Et somno residuum relinquentes, vix ad diurnum concentum avium excitantur, transcurrendo undique continuata Syncopa matutinum.* Concilium Sarisberiense ann. 1217. cap. 36 : *Ita quod ex festinatione nimia verba non præcidantur, vel Syncopentur.* Adde Synodum Wigorniensem ann. 1240. cap. 10. Constitutiones Synodales Episcopi Anonymi ann. 1237. cap. de Sacr. altaris, in tom. 2. Concil. Angl. Synodum Rotomagensem ann. 1335. c. 1. etc. [Vide *Syncopizare* 1.]

* Hinc *Sincoper les paroles*, Verba interrumpere, ut eorum sensus pervertatur. Lit. remiss. ann. 1385. in vol. 7. arestor. parlam. Paris. : *Aucuns haineux du suppliant l'ont fait emprisonner pour cause des dittes paroles, voulans par haine aggraver ou Sincoper lesdites paroles et l'entendement d'icelles.*

¶ Syncopati Anhelitus, Interrupti, Galli *Entrecoupes.* Elmham. in Vita Henrici V. Regis Angl. cap. 25. pag. 57 : *Et vix, inter Sincopatos anelitus, sermonem*

...rens, festinanter, inquit, sitis parati ...prælium, etc.

* Syncopatim, Interrupte, distinctis intervallis. Stat. eccl. Tull. MSS. ann. 1497. fol. 6. v° : *Campanæ simul Sincopatim ac pluries pulsantur.* Ibid. fol. 8. r° : *Capitulum vero semper pulsatur cum prima campana Sincopatim cum modicis intervallis, et in fine cum multiplicatione cliquetorum, ut omnes festinent venire, qui in eo vocem habent.*

¶ Cincopare, pro *Syncopare*, apud eumd. Elmham. cap. 48. pag. 119 : *Segnicies in agendis adeo infructifera noscitur, ut... per eam nisus lentescere, et incepta negocia Cincopari inutiliter videantur.*

* 2. **SYNCOPA** Particula. Stat. eccl. Tull. laudata fol. 29. v° : *Tunc succentor post inchoat hymnum*, Veni Creator Spiritus..... *Interim ex alto testudinum navis projectis floribus et Sincopis hostiarum, ad instar mannæ, descendit ignis flamma volvens se tanquam distributus ad omnes partes et vehementer ardet a versu*, Accende lumen, *usque in finem hymni.*

¶ **SYNCOPATIO.** Vide *Syncopa* et *Syncope.*

¶ **SYNCOPE**, Deliquium, defectus cordis. Acta S. Gerardi tom. 1. Jun. pag. 769 : *Percussi omnes de una infirmitate, quæ Syncope vocatur, sic quod nec unus ejusdem loci poterat alteri servire.* In Chronic. Modoet. apud Murator. tom. 12. col. 1086. ubi de eadem re, legitur, *Syncoposis.* Adde Vitam S. Joh. Galberti tom. 3. Jul. pag. 369.

¶ Syncopatio, Eodem significatu. Vita vener. Idæ tom. 2. April. pag. 185 : *Necnon de Syncopatione vitalium et virium... nihil illo die gustando.*

* **SYNCOPHA**, ut *Syncopa* 1. Stat. synod. eccl. Carcass. ann. 1270. cap. 11. ex Cod. reg. 1613 : *Omnibus* (presbyteris et capellanis) *præcipimus, quod matutinum officium dicant in hyeme ante lucem, non continua Sincopha transcurrendo.*

1. **SYNCOPIZARE**, Syncopem seu deliquium pati. Vita B. Torelli Puppiensis num. 11 : *Gravi casu Syncopizavit.* Occurrit etiam in Miraculis B. Ambrosii Senensis.

Syncopare, Eadem notione dixit Radulfus in Miraculis S. Richardi Episc. Cicestrensis n. 11 : *Terræ Syncopando simili morienti prosternitur.*

2. **SYNCOPIZARE**, Idem quod *Syncopare.* Charta Joannis Episcopi Ambian. ann. 1345. in Tabul. Episcopor. Ambian. : *Capitula, preces, et orationes non Syncopizando, sed intelligibiliter et distincte, pro... melius, proferat.*

¶ **SYNCOPOSIS.** Vide *Syncope.*

* **SYNDACATUS**, ab Italico *Sindacato*, Rationum redditio, lex repetundarum. Annal. Placent. ad ann. 1470. apud Murator. tom. 20. Script. Ital. col. 929 : *D. Gaspar de Vologno..... vicarius..... Placentiæ potestatis, positus fuit ad Syndacatum.... Cujus Syndacatus pluribus duravit mensibus.* Vide in *Syndicare.*

** **SYNDACUM**, ut *Cendalum*, Tela subserica, Gall. olim *Cendax.* Testam. ann. 1333. apud Guden. Cod. Diplom. tom. 2. pag. 344 : *Tunicam de Syndaco.* Aliud ann. 1356. ibid. tom. 3. pag. 404 : *Vestimenta sua cum Syndaco sufferrata, cum capucio et caligis. Scindacum* in alio Testam. ann. 1317. ibid. tom. 2. pag. 786.

¶ **SYNDETUS**, Conjunctus, a Gr. συνδέω, eadem notione. Acta S. Sebastiani tom. 2. Jan. pag. 274 : *Aut annus tuus ex diametro susceptus est, aut climacterica tibi in centro sunt nata, aut Syndetus fuit cum malo.*

SYNDICARE, Examinare, in alicujus mores vel acta inquirere, notare, acri censura carpere, nostris *Syndiquer quelqu'un*, quod agunt Syndici seu rerum curatores, qui cuncta diligenter examinant. Bulla Innoc. IV. ann. 1254. apud Waddingum num. 12 : *Teneatur sane Potestas seu Rector, infra* 10. *dies sui regiminis Syndicare præcedentem proximo Potestatem vel Rectorem, et ejus etiam Assessores per tres viros Catholicos et fideles electos ad hoc per Diœcesanum, etc.*

¶ Syndicari, Judicio *Syndicatorum* damnari. Acta SS. tom. 4. Jun. de Cineribus S. Joh. Bapt. pag. 787 : *Alioquin vicarius et quilibet magistratus Januæ contrafacientes possint et debeant Sindicari in libris* 200. *Januæ.* Constitut. Frederici Reg. Siciliæ c. 3 : *Ubi officiales eosdem, de cunctis eorum peccatis mandabimus, quos expedierit, et sicut expedierit, Syndicari, etc.* Statuta Genuens. lib. 1. cap. 30. fol. 37 : *Et qui contrafecerint, sive contrafecisse reperiantur, Sindicentur et Sindicari debeant a libris* v. *usque in* xxv. *inclusive Januæ pro qualibet vice, arbitrio Sindicatorum.*

¶ Sindicamentum, Notatio, acris censura, mulcta a *Syndicatoribus* imposita. Statuta Genuens. lib. 4. cap. 27. fol. 96 : *Qui officiales et magistratus Januenses in diversis mundi partibus constituti statim teneantur dictas literas executioni mandare sub pœna Sindicamenti.* Statuta crimin. Saonæ cap. 9. fol. 11 : *Et notarius ad maleficia deputatus Prætori et judici, quandocumque fuerit requisitus, præsto sit semper sub pœna Sindicamenti.* Adde cap. 40. fol 86.

¶ Sindicatio, Examen, in alicujus mores vel acta inquisitio. Statuta civit. Astens. fol. 4. v° : *Nonobstante si per aliquam licentiam consilii vel alterius cujuslibet a Sindicatione fuerint absoluti : jurabunt autem prædicti tres viri sindicare præfatos de omnibus supradictis.* Synodus Limensis ann. 1602. inter Concil. Hisp. tom. 4. pag. 758 : *Quod visitatoribus constituatur Syndicatio officiorum et munerum quæ gerunt, ubi expedire videbitur.*

¶ Syndicatus. Eodem intellectu. Barthol. Scribæ Annal. Genuens. ad ann. 1230. apud Murator. tom. 6. col. 465 : *Qui dom. Ugolinus Rubeus tempore finito sui regiminis, perfecto Syndicatu stetit in Janua laudabiliter, honorifice et decenter per dies* xv. Statuta Vercell. lib. 1. fol. 3 : *Quod teneatur* (Potestas) *stare ad Sindicatum per tres dies cum tota sua familia post exitum sui regiminis in civitate Vercellarum.* Adde Statuta Cadubrii lib. 1. cap. 9.

¶ Syndicator, Qui inquirit, examinat. Barthol. Scribæ Annal. Genuens. ad ann. 1234. apud Murator. tom. 6. col. 470 : *Condemnatus per Ugonem Ferrarium, Andream de Carmandino, Obertum Auriæ et Rubaldum Anguinum Syndicatores Communis, in quadam pecuniæ quantitate.* Nic. Smeregi Chronic. apud eumdem tom. 8. col. 106 : *D. Gulielmus de Malaflamma judex et Zoppilio de Vello laïcus fuerunt Sindicatores Communis Vicentiæ.* Statuta Vercell. fol. 3. v° : *Item quod Potestas sive Rector per tres dies ante exitum sui regiminis debeat eligi facere in credentia tres Sindicatores et unum notarium ad brevia; inter quos Sindicatores sint duo judices de collegio judicum Vercellarum, ita quod illi qui habuerint brevia eligant illos quatuor cives Vercellarum. Qui Sindicatores inquirere debeant et cognoscere si Potestas sive Rector qui exierit de regimine, vel aliquis ejus judex, vel miles, vel de societate ipsius aliquid habuerit vel receperit a communi vel singulari persona ultra vel aliter quam debuerit, vel tortum vel injustitiam alicui fecerit, etc.* In Statutis Genuens. l. 1. c. 2. inscribitur *de supremis Syndicatoribus*, et c. 3. *de Syndicatoribus ordinariis.*

¶ Sindicus, Eadem notione. Correct. Statut. Cadubrii cap. 3 : *Hoc præsenti decernimus statuto quod finito officio dom. Vicarii per octo vel decem dies ante completum officium, eligantur in generali consilio Cadubrii tres Sindici, qui sic electi delato eis sacramento de bene et legaliter exercendo eorum officio facere debeant proclamari per centenaria Cadubrii voce præconia, quod si quis vel qua prætendit se læsum, vel aliquo alio modo voluerit se gravare de dom. Vicario, et officialibus Cadubrii comparere debeat finito officio dicti dom. Vicarii coram dictis Sindicis, et ejus querelam deponat infra dies quinque. Et si dictus Vicarius, vel aliquis officialis repertus fuerit aliquid fraudulenter commisisse in eorum officio, per dictos Sindicos puniantur secundum formam statutorum communi Cadubrii.*

¶ **SYNDICARIA.** Vide in *Syndicus.*

* **SYNDICARIUS**, Ad *Syndicum*, hoc est, actorem seu procuratorem pertinens. Pactum inter Carol. I. comit. Prov. et abbat. Insulæ Barb. ann. 1262 : *Prædicti, inquam, procuratores, syndici et yconomi, et quilibet eorum, unanimiter et concorditer, procuratorio et Syndicario nomine prædictorum dominorum abbatis et conventus.* Inventar. MS. art. 1366 : *Dictus episcopus nuncius Apostolicus et Nicholaus Bandini de Saliceto civis Bononiensis et syndicus, etc. Idem Nicholaus nomine Syndicario communis et civitatis Bononiensis tradidit realiter et restituit dicto nuncio Apostolico... possessionem et quasi cassarii et turris et totius castri prædictorum.* Vide in *Syndicus.*

¶ **SYNDICATIO**, Syndicatus. Vide in *Syndicare* et *Syndicus.*

SYNDICUS, Defensor, patronus, advocatus. Glossæ Gr. Lat. : Σύνδικος, *Defensor.* Hermogenianus JC. in leg. ult. D. de Muner. et honor. (50, 4.) : *Defensio civitatis, id est, ut Syndicus fiat, munus est personale.* Arcadius Imp. leg. 2. C. de Defens. civitat. : *Defensores, quos Græci Syndicos appellant, pro republica agebant et conveniebant.* Fridericus II. Imp. apud Matth. Paris ann. 1241 : *Reges orbis et Principes, quorum etiam causam, eorum factus Syndicus, foveo, etc.* Idem Matth. ann. 1245 : *Illuc advenit de Terra sancta Episcopus Berytensis, totius Syriæ Nuntius generalis, et Syndicus omnium Christianorum Terræ sanctæ.* Rursum ann.

1255 : *Qui si de communi assensu communem Syndicum et prolocutorem ad Romanam Curiam destinassent, etc.* Est autem *Prolocutor*, idem quod *Advocatus*. [Vide in *Syndicare*.]

* Charta ann. 1404. in Reg. 158. Chartoph. reg. ch. 460 : *Spectabilis et strenuus miles dom. Johannes, dom. Castrimorandi, Syndicus, ambasator et procurator illustris et magnifici D. D. Johannis le Meingre, dicti Bouciquaut, etc.*

☞ *Syndici* maxime appellantur Actores universitatum, collegiorum, societatum et aliorum corporum, per quos, tanquam in republica quod communiter agi fierive oportet, agitur et fit. Hinc *Syndici* interdum nuncupati urbis consiliarii seu *Scabini* : quæ nomenclatura obtinuit apud Aquenses ad tempora Caroli VIII. qui Consules vocari statuit Litteris patentibus ann. 1496. Vide Pitton. Hist. Aquens. lib. 2. pag. 130. et *Bouche* Histor. Provinc. tom. 2. pag. 499 : *In communi totius corporis causa Syndico ordinato*, in Cod. Theod. de Episc. lib. 16. tit. 2. leg. 42. Statuta Massil. lib. 1. cap. 11 : *Eligantur ... actores sive Syndici duo probi homines providi et disoreti ac legales, cives civitatis vicecomitalis Massiliæ, ... et pro ea jura et rationes, et res, et possessiones communis seu universitatis Massiliæ adversus quascumque personas perinde agendo, vel defendendo seu exigendo quæcumque sint.* Charta ann. 1288. apud Rymer. tom. 2. pag. 400 : *Jurati totumque consilium ejusdem civitatis unanimiter constituerunt .... procuratores suos, seu Syndicos speciales, etc.* Charta ann. 1292. ex Schedis Præsid. *de Mazaugues : Et Syndici, actores, et procuratores dicti capituli.* Charta Philippi V. Reg. Franc. ann. 1318. apud Lobinell. tom. 3. Hist. Paris. pag. 130 : *Volumus ... quod ipsi* (Canonici S. Capellæ) *procuratorem, œconomum, Syndicum seu actornatum sub sigillo suo constituere valeant.* Adde Chron. Andr. Danduli apud Murator. tom. 12. col. 448. 465. Conc. Hispan. tom. 4. pag. 133. 188. etc. *Syndicus, qui petit stipem*, apud Vossium in Append. pag. 822.

¶ Syndici de Guerra, in Charta ann. 1370. ex Tabul. Massil. Sex apud Massilienses quotannis eligebantur viri, qui sub eo nomine res bellicas procurabant.

¶ Subsyndicus, Qui *Syndici* vices agit. Constitut. Eccl. Valent. inter Conc. Hispan. tom. 4. pag 147 : *Capitulum congregatur, in quo tam... canonici administratores, quam Syndicus una cum aliis syndicis et Subsyndicis ecclesiæ teneantur assistere, ibique rationem reddere de omnibus ecclesiæ negotiis... quæ gerunt.*

Syndicus, Dignitatis nomen apud Burdegalenses Aquitanos, apud quos occurrunt Nobiles quidam *Soudics* appellatione donati, cum adjectione Castri nominis : quos Arnoldus Ferronus in Consuet. Burdeg. lib. 2. pag. 225. auctor est in veterib. Tabulis *Syndicos* appellari. Hos jus municipale Burdegalensium Ordini Comitum, Vicecomitum, et Baronum accenset. Hujusce vero nomenclaturæ bini tantum occurrunt proceres. *Soldicus* scilicet *de l'Estrade*, et *Soldicus de la Trau*, qui hanc forte iis in Castris primitus *Syndicorum*, seu *Defensorum* dignitatem obtinuere : quam sibi posterisque hæreditariam asseruerunt, ut Comites in urbibus, et Duces in provinciis, quibus præerant. Defensorum enim et Syndicorum civitatis amplam fuisse auctoritatem et jurisdictionem, docet plurimis Guido Pancirolus lib. de Magistratib. municipalib. cap. 9. Vide Raimundum Montanerium in Chron. Reg. Aragon. cap. 185.

Soldicorum de l'Estrade frequens occurrit mentio apud Scriptores, Froissartem 1. vol. c. 161. 2. vol. cap. 81. 90. 4. vol. cap. 18. etc. Orronvilleum in Histor. Ludovici Ducis Borbon. cap. 72. Monstrelletum 3. vol. pag. 35. Tillium, etc. His vetus armorum Liber pro insignibus adsignat *Leonem miniatum in area aurea.*

Soldici de la Trau, de Trabe dicuntur in Bulla Bonifacii IX. PP. apud Waddingum ann. 1391. n. 8. Tabularia Cameræ Computor. Paris. sub ann. 1453. recensent Petrum de Monteferrando *Soudic de la Trau.* In Computo Auxiliorum pro liberatione Joannis Regis Franciæ ann. 1366. vocatur *le Soudich de Laitrau.*

☞ Idem Petrus de Monteferrando *Soldanus de la Trau* nuncupatur in Litteris Henrici VI. Reg. Angliæ ann. 1450. 1453. apud Rymer. tom. 11. pag. 275. et 341 : *Concessimus Petro de Montferant Soldano de Trau baroniam de Marenne in et de ducatu nostro Aquitanniæ, etc. Sciatis quod pro parte dilecti nostri Petri de Mountferrant Armigeri Soldani de la Trau, etc.* Unde manifestum fit *Soldanum* idem esse quod *Syndicum.* Sed hæc *Soldani* nomenclatura jam in usu erat sæculo præcedenti, ut patet ex Testam. domini *de la Trau* ann. 1394. 8. Julii, in quo sic inscribitur : *Noble et pretios signor Baron, Monsior lo Soudan de la Trau, etc.*

* Soldanus, Soudanus, Eadem acceptione. Charta Joan. reg. Franc. ann. 1350. in Reg. 80. Chartoph. reg. ch. 69 : *Attendentes quod ipse Falco de Matas miles contra Soudanum Latrani* (sic) *dominum quondam castri et castellaniæ de Didona, hostem nostrum.... guerram habebat.* Inventar. Chart. reg. ann. 1482. fol. 268 : *Littera Soldani de Lastrau, per quam facit homagium regi de quingentis libris annui reditus et de castro de Bellovisu, cum pertinentiis sitis in senescalia Tholosæ.... De anno* 1364. Ibid. fol. 318. v° ex Ch. ann. 1365 : *Sodanus de Lestrau.* Lit. Caroli V. ann. 1376. in Reg. 109. ch. 280 : *Le Soudic de Lastraut chevalier s'est rendu publiquement et notoirement ennemi de nous et de nostre royaume, en adhérant....... à nostre ennemi d'Angleterre.* Lit. remiss. ann. 1453. in Reg. 182. ch. 139 : *Pierre de Montferrant Soubsdic de la Trau, etc.*

¶ Syndicatus, pro *Syndicus*, in Charta ann. 1374. apud Rymer. tom. 7. pag. 44 : *Quod supradictum instrumentum ambaxiatoribus, Syndicatis et procuratoribus factum, etc.*

¶ Syndicatus, Conventus communitatis cui præsunt Syndici. Memorabilia Humberti Pilati tom. 2. Hist. Dalphin. pag. 622. col. 2 : *Et est sciendum, quod de hominibus Avisani non fuerunt in Sindicatu nisi circa quatercenti, et illi compulsi et coacti pœnis et terroribus dom. nostri Dalphini, et dom. Guillelmi Roche Castellani, Sindici etiam perterriti et coacti in Domo Papali pro dando consensum transactioni.* Charta ann. 1288. apud Rymer. tom. 2. pag. 388 : *Dictus Princeps* (Salernit.) *promisit et juravit fideliter facere posse suum, infra tres menses, a die suæ liberationis, optinere et habere Syndicatum Massiliæ.* Quid hac voce intelligendum sit docent sequentia pag. 391 : *Item quod præfatus Princeps faciet quod Syndici civitatum et villarum nomine suo et communitatum earumdem... præstabunt ad SS. Dei Evangelia juramenta et obligabunt se cum pupplicis instrumentis juxta formam in tractatibus super liberatione dicti Principis comprehensam.* Occurrit rursum ibid. pag. 415.

¶ Syndicatus, Instrumentum quo *Syndicus* quis constituitur. Chron. Parmense ad ann. 1298. apud Murator. tom. 9. col. 839 : *Dictus dominus Potestas de mense Januarii factus fuit Syndicus et compromissarius ex parte communis Parmæ ad compromittendum in dominos supradictos Maphæum et Albertum cum illis de parte episcopi, quem Syndicatum fecit Aliotus notarius etiam et compromissum.*

* Inventar. MS. ann. 1366 : *Syndicatus civitatis Vercellensis ad confitendum, quod dicta civitas erat supposita interdicto, eo quia adhæserant Bavaræ et aliis causis hic expressis...... Syndicatus communis Albing. ad parendum domino papæ et se submittendum, quia rebellarunt et adhæserunt Ludovico de Bavaria.* Vide in *Syndicus.*

¶ Syndicatus, *Syndici* munus, officium. Charta ann. 1292. ex Schedis Præs. *de Mazaugues : Ut de eorum Syndicatu, procuratione et actoria constat per publicum Instrumentum.*

¶ Syndicaria, Eadem notione. Constitut. FF. Prædicat. col. 20 : *Item volumus et ordinamus quod nullus prior sive præsidens Syndicariæ, bursariæ vel procurariæ cujuscumque conventus officium exerceat.*

¶ Syndictus, pro *Syndicus*, in Charta ann. 1490. apud Rymer. tom. 12. pag. 492 : *Habeantque unum vel plures magistrum vel magistros, Sindictum vel Sindoctos, actorem vel actores.*

¶ Scindicus, Scyndicus. Charta ann. 1263 : *Confirmamus vobis dom. Mariæ de Montilio abbatissæ S. Pontii et fratri Podiouchio Scindico monasterii prædicti recipientibus nomine dicti monasteriiet conventus ejusdem illam emptionem quam fecistis.* Charta ann. 1278. ex Schedis Præs. *de Mazaugues : Raymundus de Tollono clericus ecclesiæ S. Salvatoris Aquensis et Scindicus seu procurator capituli, etc.* Charta ann. 1243. ex Schedis Peiresc. : *Bertrandus Brunus Scyndicus communis et universitatis Massiliæ.*

¶ **SYNDON**, Syndonus. Vide *Sindones.*

¶ **SYNEDRUS**, Confessarius, qui dirigit mores, a Gr. σύνεδρος, Consiliarius. Acta S. Corprei tom. 1. Mart. pag. 468 : *Miserum est... si non habuerit aliquem Synedrum sive spiritualem directorem, ejusque ad arbitrium bona opera non fueris operatus.*

SYNERGIUM, Monasterium, in quo scilicet *opus Dei* exercetur. Gloss. Gr. Lat. : Συνέργιον. *Officina.* Ita etiam in Excerpt. ex variis Lexic. pag. 247. Fortunatus in Vita S. Radegundis cap. 13 : *Æquiter S. Gun-*

..... *non minore laboratu nobilitavit Synergium.*

SYNERGUS, Cooperator, ex Gr. συνεργός. Epistola Monachorum S. Remigii Remensis ad Casinenses, de S. Benedicti Epistola : *Quam ille sancti Paracliti familiarissimus Synergus composuit.*

SYNGRAPHEUS, Scriptor, historicus. Idatii Chron. inter Conc. Hisp. tom. 2. pag. 170 : *Post hunc successor Syngrapheus perfectus universis factorum dictorumque monimentis, Hieronymus presbyter, etc.*

¶ SYNGRAPHIS, Gr. συγγραφή, Diploma. Fridegodus in Vita S. Wilfridi sæc. 3. Bened. part. 1. pag. 185 :

Syngraphidem sculpsit, munus venale notavit...
Rex vero phronymus sciudens ferale volumen, etc.

SYNGRAPHUM, Diploma, Charta regia. Dipl. Loth. reg. ann. 973. tom. 9. Collect. Histor. Franc. pag. 634 : *Quicumque autem diabolici instinctus errore, ausuque temerario provocatus, huic nostræ auctoritatis Syngrapho refragationis obicem protervum ingerere nisus fuerit, etc.* Vide *Syngraphis.*

¶ SYNKELLATUS. Vide in *Syncellus.*

¶ SYNOCHUS, a Gr. συνεχής, Continuus. Mirac. S. Bennonis tom. 3. Jun. pag. 224 : *Qui* (morbus) *paulo post sanguinis missione in febris cujusdam genus* (*Synochum medici vocant*) *mutatus, adhuc magis exclusosopore invaluit.* Vide *Febris.*

* Tract. Petri de Alaman. de Febribus ann. 1454. ex Cod. reg. 6983. fol. 116. v° : *Febris sanguinea sive de sanguine, dicitur febris ebulitionis et fervea, sive ignea, propter multitudinem sui caloris. Dicitur etiam Synoca sive Synocus a σὺν, quod est Cum, et ὄγκος, quod est Labor.*

¶ SYNODALE. Vide in *Synodica.*

1. SYNODALIS Liber, Libris Ecclesiasticis accensetur a Gilleberto Lunicensi Episcopo lib. de Usu Ecclesiastico : in quo forte ea, quæ ad Synodales Convectus spectabant, continebantur, vel in quem Synodi Episcopales referebantur. [Placidus Diac. in Supplem. viror. illustr. Casin. apud Murator. tom. 6. col. 76 : *Thomas ab Ebulo Casinensis Monachus.... scripsit Librum Synodalium, etc.* Vide infra in *Synodus.*]

Synodales Testes. Vide *Testis.*

* 2. SYNODALIS, Serviens, apparitor, ut videtur, qui ad *Synodum* seu conventum publicum vocat. Dipl. Frider. II. imper. ann. 1232. apud Heineccо. de Sigil. antiq. pag. 219 : *Item ad centas nemo Synodalis vocetur.* Aliud Phil. Rom. reg. ann. 1208. tom. 2. Hist. Leod. pag. 389 : *Si quis civium terram extra civitatem alicubi in episcopatu tenet,... non potest cogi, ut fiat ibi villicus, sive forestarius, sive Synodalis, aut scabinus.* Vide *Synodare.* [** Vide Haltaus. Glossar. German. col. 1679. voce *Sendbar-leute.*]

* SYNODALITER, In Synodo. Capitul. Caroli C. ann. 853. tom. 7. Collect. Histor. Franc. pag. 610 : *In nomine ejusdem Domini nostri Jesu Christi Synodaliter congregati.* Epist. Hincm. Rem. ann. 860. ibid. pag. 524 : *Unde licet talis accusatio non meruit Synodaliter obtinere responsum.* Hinc emendandum Museum Ital. Mabill. pag. 251 : *Hanc etiam eamdem vel similem professionem faciebant alii. novi quatuor patriarchæ Sydonaliter.* Ubi leg. *Synodaliter.*

SYNODARE, Castigare, punire, emendare; [proprie in Synodum vocare.] Ratherius Veronensis in Itinerario apud Acher. tom. 2. Spicil. pag. 270 : *De synodo a nobis quid agendum nuperime acto. Scitis enim, scitis, me semper hoc agere ideo distulisse, cum bis in anno idem præceptum sit facere, quod dicerem me unde Synodare deberem, omnino nescire. Solet enim in Synodis, si quid contra Canones actum est, emendari.* Charta Paschalis I. PP. in Bullario Casinensi tom. 2. pag. 22 : *Nullus autem Episcopus audeat Synodare vel excommunicare Monachum vel Clericum ipsius Monasterii, quos prædicto suo Abbati suisque successoribus concedimus monendos et constringendos, etc.* Bulla Benedicti VIII. PP. ann. 1028. pag. 80 : *Ut nullus Episcopus præsumat in jamdicto Monasterio, vel in Ecclesiis sibi subjectis, Sacerdotem excommunicare, vel ad Synodum provocare, etc.* Correctionis scilicet gratia.

SYNODATICUM. Vide *Synodus.*

SYNODICA, Epistola ab ipsa Episcoporum Synodo scripta ad summum Pontificem, vel ad Patriarchas aut Metropolitanos, qua eorum, quæ statuta ac decreta sunt in Synodo, ratio exponitur. Συνοδικά, et συνοδικὰ γράμματα, in Concilio Calchedon. act. 5. et 10. pag. 244. 300. edit. 1618. *Synodicæ litteræ*, in Synodo Tullensi apud Saponarias cap. 7. *Synodales Epistolæ*, apud Ordericum Vitalem lib. 9 : *Odo Episcopus Bajocensis, Gislebertus Ebroicensis, et Serlo Sagiensis, Legati quoque aliorum de Normannia Præsulum cum excusatoriis apicibus Arvernensi Concilio interfuerunt et inde cum benedictione Apostolica regressi, Synodales Epistolas Coëpiscopis suis detulerunt.* S. Hieronymus Epist. 11 : *Cum in Chartis Ecclesiasticis juvarem Damasum, Romanæ urbis Episcopum, et Orientis atque Occidentis Synodicis consultationibus responderem, etc.* Ejusmodi Synodicæ habentur complures in Conciliorum Collectione de quibus etiam copiose egit Bernardinus Ferrarius lib. 2. de Epistol. Ecclesiast. cap. 6.

Synodica, præterea dicta Epistola, quam Pontifices recens electi ad alios Pontifices mittebant, in qua fidei suæ rationem exponebant. Quod quidem maxime obtinuit in summis Pontificibus et Patriarchis. De summis quidem Pontificibus testantur Gelasius I. Epist. 2. Liberatus Diacon. cap. 17. Gregorius M. lib. 1. Epist. 4. Joannes Diac. in Gregorii Vita lib. 2. cap. 3. Anastasius Biblioth. in Zacharia PP. etc. Vide *Tractatus.*

Vicissim Episcopi recens creati, præsertim Patriarchæ ac Metropolitani per Synodicas pariter apud summum Pontificem fidei suæ doctrinam profitebantur, de quo more Gregorius M. lib. 5. Epist. 64. Gesta de nomine Acacii. Liberatus Diacon. cap. 18. Anastasius Biblioth. in Eugenio PP. ut in Gregorio II. præter alios a Ferrario laudatos Scriptores.

Hisce Synodicis respondebant summus Pontifex, aliique Patriarchæ, aliis literis, quibus aut recens electorum fidem amplecti, si sanam, vel respuere, si hæreticam saperet doctrinam, testabantur. Anastasius in Gregorio II : *Joannes Constantinopolitanus Antistes Synodicam ei misit, atque ad eum rescriptis idem usus est Pontifex.* Gregorius M. loco laudato : *Sed quia consuetudo non est, ut prius quam ad nos ejus* (Patriarchæ) *Synodica deferatur, debeamus scribere, idcirco distulimus, etc.* Adde Liberatum Diacon. cap. 18. pag. 127. postremæ edit. et S. Hieronymum lib. 3. in Ruffinum cap. 5. et Epist. 71. Theophilum Alexandrinum Epist. 67. inter Epist. Hieron. etc. Quin etiam ea rescripta Synodicæ pariter nomenclatura donantur ab eodem Liberato cap. 18 : *Ubi ergo ad plenum detectus est Acacius hæreticus, Papa Felix in literis suis Synodicis Acacium sic posuit : Peccasti, ne adjicias, etc.* Unde conjicere licet, Synodicas ejusmodi literas appellatas, non quod in Synodo, in qua creati erant Pontifices, exaratæ essent, quod volunt viri doctissimi; sed quod ita Epistolas de fide appellari usus obtinuisset, cujusmodi erant eæ, quæ ab ipsis Synodicis mitti solebant. Vide virum eruditiss. Joan. Garnerium in Notis ad Liberati caput 18.

Synodale, Epistola a Summo Pontifice vel Metropolitano missa ad Clerum et plebem alicujus Ecclesiæ, enarrans, quid in mandatis a Synodo habuerit recens ordinatus Episcopus, de iis nempe, quæ ad Episcopale munus spectant. Vide Diurnum Romanum cap. 3. tit. 9. Est etiam quævis Epistola a Synodo missa, cap. 11.

Synodica denique dicitur Epistola Episcopi de fide, vel rebus Ecclesiasticis, ad Presbyteros suæ diœceseos scripta. Ratherius Veronensis in Itinerario : *Unde igitur Synodus ageretur, nil amplius, quod emendaretur, invento? Sciscitatus itaque de fide illorum, inveni plurimos neque ipsum sapere Symbolum, qui fuisse creditur Apostolorum. Hac occasione Synodicam scribere omnibus Presbyteris sum compulsus, in qua continetur primitus ita suasum.*

¶ SYNODICUS, pro *Synodocus. Synodici pauperes*, ex Testam. Fulradi Abb. S. Dionysii apud Mabill. tom. 2. Annal. Bened. pag. 240. Qui in *Synodochio* alebantur. Vide *Synodochium* et *Sinodoxus.*

SYNODITÆ, Cœnobitæ, οἱ ἐν κοινοβίοις ἢ συνοδίοις μοναχοί, apud Socratem lib. 4. Hist. Eccl. cap. 23. Lex 57. Cod. Th. de Appellationib. (11, 30.) : *Addictos supplicio, et pro criminum immanitate damnatos, nulli Clericorum vel Monachorum, eorum etiam, quos Synoditas vocant, per vim atque usurpationem vindicare liceat ac tenere, etc.* Gennadius de Scriptoribus Eccl. ait, Evagrium Monachum *composuisse Cœnobitis ac Synoditis doctrinam aptam vitæ communis.*

¶ SYNODOCHICE. Guillelmus Autissiodor. in Summa de div. Off. de Cœna Domini : *Quia et alii de discipulis Domini recesserunt a fide et silent campanæ tribus diebus Synodochice.* Id est, Simul, pariter, ni fallor.

SYNODOCHIUM. Vide *Sinodochium.*

SYNODOCLICA. Charta Theodorici Episcopi Teatini ann. 840. apud Ughellum in Episcopis Teatinis : *Idcirco prompto animo illis consentientibus Canonicam reconciliamus*, (i. instituimus, ut supra) *in Ecclesia B. Justini, cum ipsa Ecclesia S. Salvatoris, cum terris et vineis, cum colonibus et omni pertinentia sua, et in Ecclesia S. Agathæ, quod est Synodoclica ibi constituta, cum servis et ancillis, cum terris et vineis, etc.* Ubi Ughellus *Xenodochium* interpretatur. Vide *Sinodochium.*

SYNODUS, Conventus publicus, σύνοδος. Annales Francor. ann. 773 : *Tunc Synodum supradictus Rex gloriosus tenuit generaliter cum Francis apud Januam civitatem, ibique exercitum dividens, etc.* An. 776 : *Conjunxit Synodum ad eandem civitatem, et ibi placitum publicum tenens, etc.* Annales Francor. Bertiniani ann. 767 : *Ibi Synodum fecit cum omnibus Francis solito more in campo.* [Capitul. Aquisgr. ann. 817. cap. 59 : *Ut Abbates monachos secum in itinere, nisi ad generalem Synodum, non ducant.* Synodum masculino genere sæpius occurrere in vett. Tabulis auctor est Baluzius : quem consule tom. 2. Capitul. col. 1006. 1030. 1263. 1402.]

Synodus, vox generica est Scriptoribus Christianis, quibus fere semper quodvis Concilium Episcoporum dicitur. Propria vero significatione Synodus apud nos appellatur, quæ ab Episcopo fit, convocatis quotannis parœciæ suæ Presbyteris.

Ejusmodi autem Synodorum aliæ tempore Quadragesimæ fiebant, in quibus vicarii Presbyteri, qui in urbem commeabant, ab Episcopo Theologicis doctrinis imbuebantur. De his est Canon 3. Concilii Liptinensis sub Childerico ann. 743. Sed has Synodos, ut quæ Presbyteros a gregis sui cura, tempore pietati et religioni dicato, avocabant, sustulit Ludovicus Pius in Capitul. Aquisgranensi an Imperii 3. Constituit quippe, *ut discendi gratia alio quam Quadragesimæ tempore Presbyteri ad civitates vocentur.*

Aliæ Synodi Episcopales celebrabantur ad coërcendos Presbyteros ac Clericos, si qua in parte in Canones peccassent : tunc enim communi Presbyterorum consensu ad emendationem redigebantur, pœnitentia imposita. Atque has bis in anno exactas, medio scilicet Maio, et Kalendis Novembris docet Concilium Autisiod. can. 7. Vide Agobardum lib. de Dispensat. cap. 20. [et supra *Synodare.*]

* *Sane*, eodem intellectu, in Chron. S. Dion. tom. 7. Collect. Histor. Franc. pag. 142. et in Mirac. MSS. B. M. V. lib. 2 :

N'ot en cest an provoire au Sane
Del raconter ne fust tous las.

Usus frequentioris est vox *Senne* nostratibus. Lit. remiss. ann. 1384. in Reg. 125. Chartoph. reg. ch. 174 : *Icellui Piolet dist à l'exposant que sa femme avoit esté pour adultere rapportée au Senne.* Reg. Corb. 13, sign. *Habacuc* ad ann. 1509. fol. 1 : *Ils auroient esté citez et évocquiés à comparoir ce présent jourd'huy à huit heures du matin en la salle de l'official dudit Corbye, pour illec tenir Senne, veoir et ouyr les statuts synodaulx, etc. Concile ou Sesne*, in Lit. remiss. ann. 1384. ex Reg. 126. ch. 33. Hinc emendandum Statutum ann. 1353. tom. 7. Ordinat. reg. Franc. pag. 397. ubi perperam editum *Semie*, pro *Senne.*

Synodus, Census, qui Episcopo a Clericis venientibus ad annuas Synodos, quibus interesse tenentur, pendi solebat, unde vetus Poëta MS. *du Renard* :

Mais à enuis, ou volontiers,
Convient au Sesne aler le Prestre.

Boncompagnus in Arte Dictaminis MS. lib. 2 : *Nota, quod hujuscemodi denarii in quibusdam partibus appellantur Synodales, in quibusdam denarii visitationis, in quibusdam collectæ, in quibusdam procurationes, in quibusdam testiales, in quibusdam denarii de circa, in quibusdam denarii obedientiæ, et Cathedrales, aut Denarii de Cathedratico, et in illis partibus vocantur annuales, in quibus annualiter solvuntur.* Richardus Hagustaldensis lib. 2. de Episcop. Hagustald. cap. 3 : *Hæc igitur Hagustaldensis Ecclesia, ex illa antiqui honoris prærogativa, hanc libertatem et auctoritatem obtinet, quod nec propter Synodum, nec propter Chrisma, nec propter aliquam Ecclesiasticam causam Episcopo Dunelmensi, vel ejus Archidiacono, vel illorum ministris aliquod debitum, sive aliquam consuetudinem debet.* Charta Guidonis Episcopi Belvacensis apud Loisellum : *Et sicut Sacerdotes, qui sunt in villa, suos requirunt parochianos, sic et iste plebis illius administrationem habeat : nequaquam tamen ad Synodum vadat, nunquam censum illum, qui Circata nuncupatur, persolvat.* Concilium Tolosanum sub Victore II. PP : *Statuimus, ut Ecclesiæ solum tertium, aut paratam, vel Synodum, solito more persolvant Episcopo, vel Clericis.* [Charta Teuderici Episcopi ann. 991. in Chartul. Eccl. Apt. fol. 6 : *Addimus etiam in communia de Synodo cum ipsa parata, et de pœnitentes, quæ nobis pertinent, in omnibus tertiam partem concedimus ad ipsos chanonicos.* Tabul. S. Albini Andegav. ann. 1098 : *Quoddam monasterium... in honore S. Audoeni Cenomannis fundatum absolutum et liberum ab omnibus consuetudinibus, exceptis Synodo, et, ut ita dicam, circatione in perpetuum largitus est Fulchoius.*]

Synodaticum dicitur in Cap. Conquerente, de Offic. Judic. ordin. et in Cap. Olim, de Censib. Regestum Parlamenti B. fol. 87 : *Synodaticum, Cathedraticum, sive id, quod in Synodo solvitur.* Vetus Charta apud Joan. Columbum lib. 4. de Episc. Sistaric. n. 36 : *Concessit tertiam partem juris seu servitii Synodatici, quod solvi consuevit in Synodo, quæ tenetur ad Sistaricum de Ecclesiis constitutis infra limites prædestinatos, etc.* Vide Monumenta Paderbornensia pag. 133. [et Selecta juris Canonici Mauricii et Fabroti pag. 33. edit. 1659.]

☞ *Synodaticum* a *Synodo* distinguere videtur Index MS. beneficiorum Eccles. Constant. fol. 67. v° : *Archidiaconi habebunt cohertionem extra visitationem pro deportationibus et pensionibus sibi debitis, ac ratione circatæ quæ debetur in Synodis, et ratione tertiæ partis quæ debetur in Synodatico.*

Synodalis Census, in Charta Lisiardi Episcopi Suessionensis in Chronico Abbatiæ S. Joannis de Vineis pag. 94. et in alia Ingelranni Episcopi Ambian. apud Robert. Quatremarium de Concilio Remensi pag. 56 : *Episcopalis* et *Synodalis censura.* Charta Hugonis Episc. Noviom. ann. 1039. apud Buzelinum lib. 2. Gallo Fland. cap. 26 : *Duos tantummodo solidos singulis annis solvat ad Synodum Episcopalis censuræ.* Charta alia apud Joan. Columbum lib. 2. de Episcop. Sistaricens. n. 44 : *Ripertus, qui Revestem condidit, pro Synodali censura, Episcopo Sistaricensi unum hominem dedit in eodem Revesto, pro cunctis Ecclesiis, quæ in cuncto suo mandamento fundandæ erant. Synodalis parata*, hoc est 2. *denarii*, in Charta ann. 847. apud Baluzium in Append. ad Capitul. n. 69. [*Synodus reddenda*, in Charta ann. 1144 apud Lobinell. tom. 2. Hist. Britan. col. 344.] *Synodalis redditio*, in Charta Isemberti Episcopi Pictavensis apud Beslium in Episcop. Pictav. pag. 62. *Synodales redditus*, in Concilio Narbonensi ann. 1054. cap. 13. *Synodalis consuetudo*, in Rescripto Philippi Episc. Trecensis apud Camusatum pag. 352. *Denarii de Synodo*, in Tabulario Conchensi in Ruthenis ch. 85. *Denarii Synodales*, apud Rogerum Hovedenum pag. 542. in Monastico Anglic. tom. 3. pag. 163. et in Monum. Paderbornensibus pag. 106. 108. *Synodale debitum*, apud Hugonem Flaviniacensem in Chron. pag. 271. *Jus Synodale*, in Charta Bartholomæi Episc. Laudunensis apud Hemereum in Augusta Viromand. pag. 140. [*Synodalis justitia*, in Charta Isoardi Episc. Vapinc. tom. 1. Gall. Christ. novæ edit. inter Instrum. pag. 86. col. 2. *Synodales nummi*, in Charta ann. 1224. ex Schedis Peiresc. *Synodales eulogiæ*, in Charta ann. 929. inter Instr. tom. 4. Gall. Christ. novæ edit. col. 274. *Synodale servitium*, ibidem. *Synodalis* nude in Statutis Eccles. Avenion. ann. 1366. apud Marten. tom. 4. Anecd. col. 575.] *Synodalia*, in Epist. 4. Joan. Sarisberiensis. Statuta Ægidii Episcopi Sarisberiensis ann. 1256 : *Capellani, Personæ, vel Vicarii Ecclesiarum debent Synodalia, scilicet* 15. *denarios.* Tabularium Ecclesiæ Carnotensis n. 28 : *Nos vero Synodalia persolvemus Archidiacono et Episcopo, qui pro tempore erunt.* Vide Monasticum Anglic. tom. 3. pag. 153. [Kennett. in Antiquit. Ambrosd. pag. 483.] et supra in *Denarii Paschales.*

Hæc porro præstatio non omnibus æque Episcopis probata, imo a plerisque improbata. Petrus Damianus lib. 1. Epist. 9. de Rodulpho Episcopo Eugubino : *Congregans annualiter Synodum, nullum assuetæ oblationis vel exeniorum canonem a Clericis exigi permittebat : sed ne a lapsis commodum aliquod præter solam pœnitentiam requirebat : Absit, inquiens, ut Synodum vendam, lapsos etiam potius erigam, quam ex eorum cadaveribus corvino more pinguescam.* Vide *Cathedraticum.*

¶ **SYNONETUM**, a Gr. Συνώνητον, Publica specierum comparatio, quæ in commune fit, in Cod. Theod. leg. 1. de publ. comparat. (11, 15.)

¶ **SYNOPISSARE**, Turpiter facere, lascivire, a famosa meretrice quæ degebat in urbe Synope. Vide Lupum ad Canones Concil. tom. 1. pag. 584.

1. **SYNTHEMA**, Evectio, seu diploma quod datur cursu publico utentibus. Gloss. Gr. Lat. : Σύνθεμα, *insigne, sigillum, evectio.* Aliæ Glossæ : *Evectio*, Σύνθημα. [Vide Gloss. med. Græcit. in hac voce.] Hieronymus in Epist. 34. ad Julianum : *Jam dimisso Synthemate equus publicus sternebatur.* Ubi alii esse volunt

2. **SYNTHEMA**, Idem quod *Synthesis*,

Vestis species. Fridegodus in S. Wilfrido cap. 6 :

....Nec tardat grata cupido,
Occuluit quod tecta pio Synthemate virtus,
Prodere.

¶ **SYNTOCHIUM.** Vide *Sinodochium.*

¶ **SYNTOMA**, pro *Symptoma*, in Hist. Canonizat. S. Edmundi apud Martenium tom. 3. Anecdot. col. 1844.

¶ **SYNTROPHUS**, Gr. Σύντροφος, Simul educatus, apud Tertull. adv. Valent. cap. 8 : *Quare non et stercolæ et Syntrophi nominantur?*

¶ **SYNTYCHIA**, a Gr. Συντυχία. Glossulæ MSS. ex Bibl. Cluniac. inter Opera posthuma Mabill. tom. 2. pag. 23 : *Syntychia, Missa, vel Officium ecclesiasticum, vel Ecclesia.* Vita S. Gregorii PP. tom. 2. Mart. pag. 146 : *Quorum Syntychiæ spathæ sunt, et gratia pœna.* Ubi *Syntychia* est Societas.

* Consortium. Mirac. S. Emmer. tom. 6. Sept. pag. 505. col. 1 : *Quorum Syntychias venenosas qui non observaverit, procul dubio vitæ periculum incurrit.* Vide *Sinthicia.*

SYNVETERANUS, vox ibrida, Συναπεςρατευτής, in leg. 8. D. de Veteranis. (49,18.)

¶ **SYNUSIASTÆ**, Gr. Συνουσιαςαί, Apollinaristæ Hæretici, contra quos scripsere Theodorus Episcopus Antiochenus, et S. Cyrillus Alexandrinus.

¶ **SYON**, Vasis species. Vide *Sium.*

* **SYPEN.** Sacram. Archiep. Bitur. apud Thaumass. hist. Bitur. pag. 346 : *Juro ministrari facere.... ad opus campanarum cordas Sypinis pro unctura et corrigias pro batailhiis.* Mendum hic suspicor; sebum tamen vel axungiam indicari certum est. Vide supra *Seupum.*

¶ **SYPHAC.** Vide supra *Siphac.*

¶ **SYPHATI**, ut Scyphati. Vide in hac voce.

* **SYPHERIUS**, Scyphorum artifex et mercator. Libert. Montifer. ann. 1291. in Reg. 181. Chartoph. reg. ch. 154 : *Item collellarius, forcerius, Sypherius, cutellarius, qui vendunt, duos denarios quolibet anno.*

SYRABRACHA. Fortunatus lib. 4. de Vita S. Martini, de oleo benedicto ab eodem Sancto :

Sed quem non genuit radix oleagina succum,
Nec Syrabracha dedit merito virtutis adulto.

Ubi quidam codd. *Syrobara* habent. Sed videtur legendum *Syra bacca*, i. arboris Syriæ fructus.

¶ **SYRAFIN**, pro Seraphim, in Missali Franc. apud Mabill. Liturg. Gall. pag. 326.

¶ **SYRCOTUM.** Vide in *Surcotium.*

¶ **SYRE**, ut *Scyra.* Vide in hac voce.

SYRI, Negotiatores, qui ex Syria in Occidente mercaturam exercebant. Sidonius lib. 1. Epist. 8 : *Fœnerantur Clerici, Syri psallunt.* Hieronymus in Ezechiel. lib. 8. cap. 26 : *Usque autem permanet in Syris ingenitus negotiationis ardor, etc.* Salvianus lib. 4. de Provident. : *Consideremus solas negotiatorum et Syricorum omnium turbas, quæ majorem ferme civitatum universarum partem occuparunt.* Vide Savaronem ad Sidon. Gravium ad Epist. 8. D. Hieronymi, Nicolaum Fullerum lib. 1. Miscellan. Sacror. cap. 11. et Altaseram ad lib. 3. Gregor. M. Epist. 43.

SYRIARCHÆ, Sacerdotes provinciæ Syricæ, de quibus copiose Jacobus Gothofredus ad leg. 1. Cod. Th. de Prædiis Senator. (6, 3.) Vide Glossar. med. Græcit. col. 1491.

SYRICUS. Vide *Siricus.*

¶ **SYRINGATUS** Agnus, Qui adhuc lac sugit. Vide supra *Mammocestis.*

¶ **SYRMA**, a Gr. Σύρμα, Genus vestis tragicorum, vel cauda seu tractus vestis feminarum. Utuntur Juvenalis Sat. 8. 229. 15. 30. Tertull. de Pallio cap. 3. et alii. Hinc

¶ Syrma, pro Charta, cui in modum caudæ appensum est sigillum. Chron. Mosom. apud Acher. tom. 7. Spicil. pag. 642 : *Textus qui sequitur describit qualiter ipse præsul Adalbero per Romani Syrmata Papæ, consilioque sui decretum, constituit ut, etc.* [** *Blanditii Syrma*, dixit Dudo de reb. Normann. pag. 135.]

¶ **SYROBARA.** Vide *Syrabracha.*

¶ **SYROCOSUS.** Vita B. Angelæ de Fulginio tom. 1. Jan. pag. 200 : *Ungo te uno unguento Syrocoso, quo unctus fuit unus Sanctus qui fuit vocatus S. Cyricus.* Melius, ut videtur, MS. Codex habet, *Siricoso*, id est delicatiori. Vide *Siricus.*

SYROCUS, Ventus qui Latinis *Euronothus*, Italis *Siroco*, vulgo *Sudest*, apud Sanutum lib. 2. part. 4. cap. 25. [Vide *Siroccus.*]

¶ **SYROPARIUS**, Qui *Syrupos* seu juscula præparat, ut videtur. Comput. ab ann. 1333. ad ann. 1336. tom. 2. Hist. Dalphin. pag. 273 : *Mag. Goffrido de Uneco Syropario regio pro claredinibus receptis ad opus domini, etc. taren.* xv.

SYRUPUS, Jusculum medicum, quod *Serapium* Actuario, aliis ὁρωσάτον, ut Myrepso sect. 1. cap. 12. 97. et sect. 8. ex Græc. ὑδρωσατον, ut censet Fuchsius, nostris *Syrop*, in Constitutionibus Siculis lib. 3. tit. 34. § 4. [Gloss. Lat. Gr.: *Syrupus*, σύριον. Vide *Siruppus.*]

¶ **SYRUS**, pro *Scyra*, in Charta apud *Madox* Formul. Anglic. pag. 162. Vide in hac voce.

* **SYSEL**, Judicium inferiùs, interprete Ludewigo ad Leges Danicas tom. 12. Reliq. MSS. pag. 182.

¶ **SYSSITUS**, a Gr. Σύσσιτος, Simul cibum capiens, convictor : item Sodalis, qui ejusdem collegii est. Vide leg. ult. ff. de Colleg. et corp. (47, 22.)

¶ **SYSTALTICUS**, Vim habens contrahendi, Gr. Συςαλτικός. *Tropi ut in melopœia et in rhythmopœia tres sunt, quos Systalticos dicimus*, apud Mart. Capellam lib. 9. pag. 335.

¶ **SYSTATICÆ** Litteræ, Commendatitiæ, Gr. Συςατικαί. Novella Justiniani 6. cap. 3 : *Ne Episcopi ad principis comitatum accedant sine Systaticis litteris.* Vide Snicerum in Thesaur. Eccl. v. Σύςασις, et supra *Commendatitiæ Litteræ.*

¶ **SYSTEMA**, Gr. Σύςημα, proprie Compages, collectio, apud Mart. Capellam lib. 9. pag. 320. et seq. Hinc Astronomis pro mundi constitutione et forma usurpatur : Theologis vero pro complexu articulorum fidei. Vide *Diastema.*

¶ **SYULI**, Σῦς, χοῖρος, in Gloss. Lat. Gr.

¶ **SYXHINDI.** Vide supra *Sixhindi.*

¶ **SYZYGIA**, Conjugatio, a Gr. Συζυγία, apud vet. S. Irenæi Interpr. lib. 1. cap. 6. n. 4.

* **SZARWEK**, Polonica vox. Pax Brestensis ann. 1436. inter Leg. Polon. tom. 1. pag. 122 : *Servitia vero per famulos navigii prædicti, quæ Szarwek appellantur, fieri consueta partibus prædictis similiter, alternatis septimanis et paribus vicibus, impendantur.*

* **SZLACHCIC**, Miles primi ordinis apud Polonos. Locus est supra in *Scartabellus* 2.

¶ **SZUTA.** Charta Rudesindi Episc. Dumiensis æræ 930. apud Ant. *de Yepez* tom. 5. Chron. Ordin. S. Benedicti pag. 424 : *Arrodomas sicacyralis 9. et orabecela, viçach, Szutas de mensa tandem* xx. Vasis species videtur, cujus usus in ministeriis sacris.

T Litera numeralis, quæ 160. designat. Unde versus :

> T quoque centenos et sexaginta tenebit

Seu, ut habet Ugutio :

> T centumque colit, cum sexaginta bicornis.

Eidem literæ si recta linea superaddatur, 160. millia significat.

T *in superscriptione cantilenæ*, *trahere vel tenere debere testatur*. Notkerus Balbulus Opusc. *Quid singulæ literæ significent in superscript. cantil.* Vide *A*.

T *Nomini militis appositum*, *ipsum in bello superstitem esse signabat*. Paulus Diacon. de Notis literar.

T cum duobus punctis suprapositis interdum pro millesimo numero, interdum pro nongentesimo sumi in Intrumentis Aragonicis et Navarricis, observat Hieronym. Blanca in Comment. Rerum Aragon. pag. 617. 647. Vide Historiam Pinnatensem pag. 269. et Ambrosium Moralem in Corduba pag. 130.

¶ T, pro D scribi, aut vicissim, jam dictum est in D, ut et D pro Th passim apud Germanos. Septentrionalibus populis familiares sunt mutationes literarum *T*, *Z*, et *C*, ut annotat Schilterus in Glossario Teutonico. Notissima quoque est *T* et *C* mutatio, etiam apud Latinos.

¶ **TAAGIUM**, male pro *Kaagium* seu *Caagium*, Tributum pro fluviorum portubus quos nostri *Quais* vocant, exsolvendum. Litteræ Philippi Pulchri Fr. Regis ann. 1309. tom. 2. Ordinat. pag. 159 : *Essarum* (malim *Escarum*) *nostrum dictæ villæ parabitur et ponetur in tali statu*, *quod dicti mercatores absque solutione Taagii poterunt suas denerias et mercaturas bono modo onerare et exonerare de die et de nocte*. Vide *Caiagium* in *Caya*, et *Kaagium* suo loco.

* *Caagii* legitur in Reg. 72. Chartoph. reg. ch. 176. unde exscriptæ sunt eæ Literæ.

¶ 1. **TABÆ**, *Mutiæ*, in Glossis Isid. Legendum est : *Tabani*, *muscæ*. Papias : *Tabanus*, *animal modicum armentis aculeo permolestum*; *idem œstrus*, *asylum vulgo dicitur*. Melius in MS. : *Asilus*, *quem Græci œstrum*, *Rustici Tabanum dicunt*. Plinius lib. 11. cap. 28. *Quibusdam aculeus in ore*, *ut Asilo*, *sive Tabano dici placet*. Adde Virgilium Georg. lib. 3. v. 147. Italis *Tafano* et *Tavano*, Gall. *Taon*. Gloss. Lat. Gall. Sangerman. : *Tabanus*, *Taon*, *une mousche*.

¶ 2. **TABÆ**, Pelles Libycæ, quibus *thoracomachos* tegebant, ne lana pluvias paulatim combiberet, ut scribit Laurentius lib. 4. Polymathiæ § 11. n. 5.

¶ **TABALDUS**. Vide mox in *Tabardum*.

¶ **TABANUM**, Βριζία, in Glossis Lat. Gr. Aliæ Gr. Lat. : Βρίζια, *Tebanum*.

¶ **TABANUS**, Gallice *Taon*. Vide *Tabæ* 1.

¶ **TABARDATA** Tunica. Vide *Tabardum*.

¶ **TABARDILII**, Pustulæ pestilentes apud Hispanos. Acta S. Ferdinandi Regis Castellæ, tom. 7. Maii pag. 375 : *Conflictatus cum pestilenti ac maculosa febri*, *quam Peteccias Itali*, *Tabardilios autem vocant Hispani*.

* *Tabardillo*, Acad. Hisp. in Diction. Morbus vel febris tabifica, a Latino *Tabes*.

TABARDUM, Tabardus, Tunica, seu Sagum militare, Anglis *Tabard*. Boxhornius in Lexico Cambro-Britannico : *Tabar*, *tunica longa*, *chlamys*, *toga*. Hispani *Tavardo* dicunt, Itali *Tabarro*. Candidus Monachus in Vita Eigili Abb. Fuldens. apud Browerum : *Marquardus Abbas per Decanum cæterosque Prælatos sæpe monitus*, *ut in ipsorum maxime præsentia*, *non nisi in cuculla*, *vel cappa appareret*, *respondebat*,.... *suum esse Tabarda*, *seu toga*, *et*, *qua libeat*, *veste uti*. Concilium Budense ann. 1279. cap. 2 : *Permittimus autem* (*Prælatis*) *quod possint habere mantellos rotundos*, *sive Tabarda*, *longitudinis moderatæ*. Charta Fundationis Hospitalis London. de *Elsingspittel* ann. 1331 : *Quilibet de 4. Presbyteris dicti Hospitalis habeat unam robam integram*, *videlicet tunicam*, *supertunicam*, *longum Tabardum*, *et capucium*. Statuta Hospitalis S. Juliani, in Additament. ad Matth. Paris pag. 164 : *Fratres Sacerdotes dicti Hospitalis tunica*, *supertunica*, *Tabardo et capucio nigri coloris*..... *utantur*. Occurrit præterea in Statutis Synodalibus Siffredi Archiep. Coloniensis ann. 1280. cap. 3. Joannis Episcopi Leodiensis et Nicolai Episcopi Andegav. ann. 1264. et 1269. in Concilio Ravennensi ann. 1314. cap. 10. in alio Ravennensi ann. 1317. cap. 4. Toletano ann. 1324. cap. 2. [Adde Statuta Massil. lib. 2. cap. 30. § 2. Anecdota Marten. tom. 4. col. 250. 485. 727. 794. 855. Statuta Eccl. Suession. ann. 1404. apud eumd. Marten. tom. 8. Ampl. Collect. col. 1546. etc.]

* Pallium, penula, nostris *Tabart* et *Tabarde*; diversæ pro variis locis formæ. Acad. Hisp. in Diction : *Tabardo*, *casacon ancho y largo*, *con las mangas bobas*. Acad. Crusc. : *Tabarro*, *mantello*. Nostris interdum brevioris pallii genus, quod ad renes tantum descendebat. Glossar. Lat. Gall. ann. 1348. ex Cod. reg. 4120 : *Renones a renibus dicuntur*, *Gallice Tabart*, *quia usque ad renes contingunt*. Unde *Midlog*, quod medio cruri tenus, Anglis dicitur. Lit. remiss. ann. 1382. in Reg. 121. Chartoph. reg. ch. 238 : *Lequel s'efforça de ferir de son coustel ledit Aymeri parmi le corps*, *et de fait l'en feri parmi une Tabarde qu'il avoit vestue*. Aliæ ann. 1389. in Reg. 136. ch. 139 : *Icellui Chabace osta et devesti son Tabart ou mantel*;.... *et après ce qu'il ot laissié sondit Tabart ou mantel sur une fenestre*, *etc*. *Tribart*, in Lit. remiss. ann. 1445. ex Reg. 176. ch. 54 : *Icellui Nicaise tira son coustel hors de sa gaigne*, *qu'il avoit mis dessus son Tribart*, *etc*. Hinc *Tabberdarii* vocantur Aggregati collegio Reginæ Oxonii, quod *Tabardum* pro veste habeant, in Glossar. ad calcem Operum Chaucerii ad v. *Jacket*. Ejusdem originis, sed alterius notionis, videtur vox *Tabardiaus*, in Mirac. MSS. B. M. V. lib. 1 :

> Ces pullentes qui si se fardent,
> Et qui affublent les hardiaus,
> Font les plus sages, Tabardiaus.

Id est, ex sapientibus imprudentes.

¶ Tabarrus, Eadem notione. Statuta Placentiæ fol. 81 : *Item de aliquo mantello sive Tabarro sive gamerro drapi integri*, *etc*. Ibidem : *Et si de cendali fuerit inforatus ipse mantellus sive Tabarrus*, *etc*.] Boccacius : *Andatasene al soppidiano*, *ne trasse il Tabarro*, *e diello al cherico*.

¶ Tabartum. Statuta Eccl. Reatinæ apud Marten. tom. 8. Ampl. Collect. col. 1497 : *Indulgemus tamen quod tempore pluviæ incedentes* (Clerici) *possint uti Tabartis decentis coloris et formæ*.] Henr. de Knyghton ann. 1295 : *Dederuntque signum inter se ut sic suos mutuo cognoscerent in congressu cum Anglicis*, *ut Scotus diceret Anglice Tabart*, *alter responderet Surcote*, *et e converso*. Balduinus de Condato MS :

> Et boin Tabart, si que ne mente;
> Bons dras, linges et chaucemente.

Vetus Poëma de Vulpe Rege coronato MS :

> Ne escrins estoit mie huche,
> Ne Tabars, bouche d'autre part.

Ita ταμπάριον hac notione usurparunt Nicetas in Cod. Barbaro-Græco, in Manuele lib. 4. num. 2. ubi Codex alius χλαμύδα præfert, et Codinus de Offic. cap. 3. n. 4.

TABALDUS. Statuta Collegii Navarræi Paris. apud Launoium in Historia ejusdem Collegii : *Omnes habeant habitus, videlicet Tabaldos, seu houssias longas de bruneta nigra*. Occurrit ibi semel ac iterum.

¶ TAPARDUM. *Tapardo vel toga, vel qua libeat veste uti*, in Actis S. Bonifacii Arch. tom. 1. Jun. pag. 459. V. sup. in *Tabardum*.

¶ TAUBARDUM. Inquisitio MS. pro Canonisatione S. Yvonis : *Palafredus erat in una navi, coopertus ante vultum de uno Taubardo propter aquæ periculum*.

* TABARUM, Eadem notione. Vita B. Goberti tom. 4. Aug. pag. 383. col. 1 : *Assumens ergo sibi ornamenta aurigæ, nobilitati militiæ dissona, videlicet Tabarum dilaniatum, etc.*

* TABBARDUM, Eodem intellectu. Constit. Carmelit. MSS. part. 1. rubr. 14 : *Habeant* (semifratres) *habitum distinctum ab aliis fratribus, tunicas scilicet griseas usque ad medium tybiam, et Tabbardum griseum sive album, et capucia nigra, vel ejusdem panni separata.*

¶ TABARDATA TUNICA. Statuta Guidonis Abb. Crassensis ann. 1377. apud Stephanotium tom. 10. Fragm. MSS. pag. 205 : *Item statuimus et ordinamus, quod monachi nostri de cætero cucullas fieri faciant regulares et honestas, quibus utantur, prout decet, non manticatas seu etiam Tabardatas*, hoc est, instar *Tabardorum* laicorum concinnatas. Alium locum vide in *Rodundellus*.

¶ TABAYLHO, Mappa longior, eadem quæ *Longeria*. Inventarium Eccl. Ausciensis ann. 1360 : *Uno chalone, una mappa, uno Tabaylhone sive longeria.*

* Idem quod *Tobalia*. Vide in *Toacula*.

* TABBARDUM, TABBERDARII. Vide supra in *Tabardum*.

¶ TABELERIUS, Tympanista. Leges Palatinæ Jacobi II. Regis Majoric. in Actis SS. Junii tom. 3. pag. XXVII : *Ordinamus quod in nostra curia mimi debeant esse quinque, quorum duo sint tubicinatores et tertius sit Tabelerius; ad quorum spectet officium, quod semper nobis publice comedentibus, in principio tubicinent et Tabelerius suum officium simul cum eis exerceat.* Melius *Tabularius*, vel potius *Taburarius* diceretur a *Tabur* : quod vide.

¶ TABELETUM, Pugillares, Gall. *Tablettes*. Obituarium MS. Ecclesiæ Morin. fol. 35 : *Decantabitur... collecta, quæ habetur in Tabeleto, in quo sunt conscriptæ collectæ.*

¶ TABELLA PASCHALIS, Notæ chronologicæ cereo Paschali affixæ. Vide *Cereus Paschalis*.

TABELLA PYTAGORICA. Vide *Sortes Sanctorum* in *Sors* 2.

TABELLARIUM, *Sedes, vel acervus tabularum, vel locus, ubi tabulæ servantur.* Ugutio [et Joan. de Janua. Pro pluteo seu loculamentis librorum, nostris vulgo *Tablettes* accipitur in Tabulario S. Victoris Massil. : *Tenentur reparari et sustineri quatuor Tabellaria in Capitulo dicti monasterii ad tenendum libros necessaria, et tabulæ et graffia ad scribendum necessaria.*]

¶ TABELLARIUS, Latinis Nuncius, perferens tabulas seu literas, ut notum est; *Publicus scriba*, Johanni de Janua; qui rationes conficit, data et accepta referens in tabulas, Sidonio lib. 4. Epist. 11 : *Habens eum consiliarium in judiciis, vicarium in Ecclesiis, Tabellarium in tributis, etc.* Quidam præferunt *Tabularium*. Vide *Tabula* 9.

TABELLIO, Qui contractuum et testamentorum instrumenta conscribebat, in lege 1. Cod. Th. de Crimine falsi (9, 19.), et alibi passim in utroque Cod. [*Tabellio, qui talia instrumenta conscripserit*, in Additione 3. ad Capitularia cap. 56. Ἀγόραιος, μονικός, in Gl. Lat. Gr. et Gr. Lat.] Tabellionum etiam meminit Firmicus Mathes. lib. 6. cap. 2. lib. 8. cap. 28. [Matth. Paris in Henrico III : *Quoniam Tabellionum usus in regno Angliæ non habetur, propter quod magis ad sigilla authentica credi est necesse; ut eorum copia facilius habeatur, statutum est, ut sigillum habeant non solum Archiepiscopi et Episcopi, sed etiam Officiales, item Abbates, Priores, etc.* Frequens mentio est *Tabellionum* in Edictis Regum nostrorum, in Consuetudinibus municipalibus laudatis in Glossario Juris Gallici v. *Tabellions* et alibi. *Tabellio* vocatur, *eo quod sit portator tabellarum*, inquit Isidorus lib. 9. Orig. cap. 4. ubi *Tabellionem* minus bene confundit cum *Tabellario*.] [** Vide Glossar. med. Græcit. voce Ταβελλίων, col. 1517. et Savin. Histor. Jur. Roman. med. temp. tom. 1. cap. 2. § 16. et cap. 6. § 140.]

* *Tabellio* minor est *Tabulario*, in Novel. 44. Consule ibi notas Gothofredi. Distinguitur sæpius a notario, qui pro scriba, vulgo *Greffier*, haud infrequenter usurpatur, ut observat Hevinus in Aresta parlam. Brit. Fayni tom. 2. pag. 50. inter Addit.

¶ TABELLIONALE SIGNUM, Subscriptio Tabellionis, quæ juridice fidem faciat. *Copiæ signis Tabellionalibus munitæ*, in Processu de B. Petro de Luxemburgo tom. 1. Julii pag. 606.

¶ TABELLIONARE, Tabulas rite et juxta formam præscriptam describere, *Tabellionner*, in Consuet. Senon. art. 248. Statuta Monasterii S. Claudii ann. 1448. pag. 87 : *Litteræ per Notarios publicos collationentur, et post collationem Tabellionentur. Tabellionata cedula*, in Scripto ann. 1395. apud Acherium tom. 6. Spicil. pag. 131.

¶ TABELLIONATUS, Officium Tabellionis, in Edicto Philippi Pulchri Regis Franc. ann. 1304. tom. 1. Ordinat. Reg. pag. 418. et 419. in Edicto Caroli Regentis ann. 1357. tom. 3. pag. 180. in Synodo Pergami ann. 1311. apud Murator. tom. 9. col. 547. in Schedula ann. 1587. apud Ludewig. tom. 4. Reliq. MSS. pag. 328. etc. *Tabellionage*, in Edicto Gallico ejusd. Caroli Regentis ann. 1356. ibid. pag. 129. et 136. Edicto Joannis Franc. Reg. ann. 1360. ibid. pag. 439. etc. Alias *Tabellionage* dicitur Jus *Tabellionem* instituendi, ut in Consuet. Castrinovi art. 11. Blesensi art. 17. et 20.

¶ TABELLULA, Tabula, axis. Elmhamus in Vita Henrici V. Regis Angl. cap. 100. pag. 183 : *Aderat mox dictus Capitaneus, apertaque porticu, et Tabellula ultra fossata protensa, cæpit ultra porticum super Tabellulam ipsam cum præfato milite habere colloquium; tres vero viri, quos secum miles adduxerat, finem Tabellulæ, ne de facili levaretur, conservabant.*

¶ TABELLUM, vel TABELLUS, Idem quod infra *Tabula* 5. Ferricus de Cluniaco Tornac. Episc. in Confirmatione Capituli Canonicorum Middelburg. ann. 1480. apud Miræum tom. 2. pag. 1343. n. 17 : *Item provideant dicti Cantor et Canonici de Tabello in choro, quo singuli Canonici, Capellani et Habituati ecclesiæ sciant suum turnum in ministerio divino, tam pro Missis, Horis, Lectionibus, Gradualibus et Responsoriis legendis et cantandis, ne multiplex indistinctio confusionem faciat.*

¶ TABELLUS, TABLELLUS, Tabula minor. Inventar. S. Capellæ Paris. ann. 1363. ex Bibl. Reg. : *Item duo Tabelli conjuncti ad invicem ornati gemmis.* Aliud incerti anni : *Item quidam Tablelli in quibus sunt plures reliquiæ ornati gemmis : ..... et sunt dicti Tablelli a longis temporibus dissipati.* Vide *Tabula* 14. et *Tabuletus*.

TABENTUM, *Lapis cabernatus*, (sic) in Glossario Longobardico S. Germani Paris. ex Glossis. An ex caverna erutus?

* *Tabernatus*, haud scio an melius, in vet. Glossar. ex Cod. reg. 7613.

* TABERENA TRICHARIA, pro *Taberna*, Locus, ubi alea luditur. Stat. Avenion. ann. 1243. cap. 64. ex Cod. reg. 4659 : *Addentes huic statuto, quod nec pater vel mater pro ludo filii vel Taberena tricharia, nec ipse filius, nec res ipsorum passive obligari.* Vide in *Tricare*.

1. TABERNA, Jus, seu facultas habendi tabernam in villa. Orig. Murensis Monast. pag. 41 : *Duæ Tabernæ debent hic esse, una vini, altera cerevisiæ.* [Privilegia civitatis Friburg. ann. 1337. apud Ludewig. tom. 6. pag. 42 : *Quod in eisdem villis et etiam aliis a dicta civitate infra milliare circumferentialiter situatis non debet haberi Taberna aliqua, nec aliquis operarius nocivus civitati, sicut pistores, etc.*]

TABERNA BANNALIS, Ad quam venire tenentur, qui intra *bannum*, seu feudum domini manent, si quidem iis ad eam divertere sit animus. Charta Adalberonis Episcopi Metensis apud Meurissium pag. 309 : *Nec non ad victualia quotidiana fratribus comparanda, eis per totum annum bannalem Tabernam in ipsa villa, officialium nostrorum omni prorsus remota molestia.* Charta Stephani Episcopi ejusdem Ecclesiæ, ibid. pag. 416 : *Relatum est, quod bannum totius villæ, et Tabernæ, et forum, et furni, specialiter et indominicate ad Ecclesiam vestram pertinerent.* Pro ejusmodi vero tabernis pensitabatur nescio quid a tenentibus. Tabularium Prioratus de Domina in Delphinatu ch. 210 : *Mansus de la Capella.... per messiones medietatem taschæ ad 1. annum, 1. sextarium de frumento ad alterum, 2. de Taverna, 12. sextarios de frumento, etc.* Infra : *De Cabanaria de Peslerriis 6. den. de multone, 8. den. de agno, pro Taverna 6. sextarios de frumento, etc.* [Chartularium SS. Trinitatis Cadom. fol. 59 : *Si domina fecerit Tavernam, virgata debet emere nummatam cerevisiæ, etc.*] Vide Chartam Stephani Episcopi Metensis laudatam, et Foros Bigorrenses art. 13. 21. 29.

¶ Taberna, Cella vinaria. Consuetudo Lemovic. art. 37 : *Item nemo facere debet foveam seu Tabernam, nisi in terram suam, et amplius ante terram usque ad medium carieræ.* Ubi versio Gallica : *Aucun ne peut creuser Cave que en son fond en terre, etc.*

* Taberna Orba, vulgo *Cabaret borgne.* Vide supra *Orbus.*

* Taberna Venalis, Ubi vinum distrahitur. Charta ann. 1054. ex Chartul. S. Benigni Divion. : *Robertus inferioris Burgundiæ dux concedo unam venalem Tabernam, secundum antiquam consuetudinem, a patre meo rege Roberto et ab antecessoribus ejus Francorum regibus concessam. Taberna ad vinum vendendum* dicitur in Ch. ann. 1123. ibid.

¶ 2. **TABERNA**, Arca seu capsa e tabulis ligneis compacta. Vide *Zaberna.*

* 3. **TABERNA**, Domus, habitatio. Annal. Placent. ad ann. 1444. apud Murator. tom. 20. Script. Ital. col. 886 : *Societas Antonii Sicci... debellavit et deprædatus fuit Tabernam seu hospitium Domus de Rocho.*

¶ **TABERNACLARIUS**, Qui tabernacula conficit : *Quo est colleg. Tabernaclariorum*, in Veteri Inscript. apud Gruterum pag. 642. n. 8. et Fabrettum pag. 42.

¶ **TABERNACULARE**, Habitare. Concilium Armenorum ann. 1342. art. 2. apud Marten. tom. 7. Ampl. Collect. col. 316 : *Verbum caro factum est et Tabernaculavit in nobis.*

TABERNACULARII, Qui Tabernacula curant in castris, Gallis *Fourriers.* Petrus Blesensis Epist. 14 : *Curritur ad meretrices et Tabernacularios curiales, ut inquiratur ab eis, quo Princeps profecturus sit.*

1. **TABERNACULUM**, pro *Taberna*, usurpat Lex 10. Cod. Theod. de Episcop. (16, 2.) : *Quæstus, quos ex Tabernaculis et ergasteriis colligunt.*

2. **TABERNACULUM**, Ciborium, seu pars altaris, ubi reponitur Pyxis in qua sacra Eucharistia asservatur, [Gall. *Tabernacle.*] Statuta Synodalia Odonis Episcopi Parisiensis, de Presbyteris : *Ita sunt negligentes, quod nondum habent pyxidem eburneam, nec tabernaculum, ubi reservetur cum honore Corpus Domini.* Charta Joannis Archiepiscopi Capuani ann. 1301 : *Item vas unum, quod dicitur Tabernaculum de argento, cum cascia sua.* [Inventar. S. Capellæ Paris. ann. 1376. ex Bibl. Reg. : *Quædam cupa auri, ubi reconditum est sanctum sacramentum, una cum Tabernaculo argenti deaurato suspensum tribus cathenis argenteis.* Aliud vernaculum : *La coupe d'or et le Tabernacle d'argent doré à* III. *chaesnes d'argent.*] Vide Provinciale Eccl. Cantuar. lib. 3. tit. 26. Durandum lib. 1. Ration. cap. 2. et 3. etc.

¶ 3. **TABERNACULUM**, Feretrum, capulus, *Cercueil.* Computus ann. 1333. et seqq. tom. 2. Hist. Dalphin. pag. 284 : *Item, octo magistris, qui fecerunt Tabernaculum quondam domini Andreæ*, XVII. *sol. Vienn. Item magistris, qui fecerunt sepulcrum ipsius*, X. *sol.*

* 4. **TABERNACULUM**, Theca reponendis sacris Reliquiis apta. Inventar. ann. 1497. tom. 2. Hist. Cassin. pag. 598. col. 1 : *Item Tabernaculum argenteum, ubi est digitus S. Benedicti. Item Tabernaculum argenteum, etc.* Vide *Taberna* 2.

* 5. **TABERNACULUM**, Sedes abbatis in choro. Charta ann. 1349. tom. 2. Hist. Cassin. pag. 545. col. 2 : *Promiserunt........ facere inde Tabernaculum pro sedia domini abbatis pulcerrimum, ut convenit.* Vide *Thronus.*

* 6. **TABERNACULUM**, Vectigal, quod pro vino in urbem inducendo penditur; f. pro *Tabernaticum.* Consuet. Perpin. MSS. cap. 35 : *Item nullus de Perpiniano, qui aportet vinum ibi vel faciat aportari, det Tabernaculum, nisi fuerit tabernarius, qui vendat illud.* Vide mox *Tabernagium*, 2.

1. **TABERNAGIUM**, Mulcta, qua tenentur tabernarii et caupones, qui Statuta Principis de Tabernis transgrediuntur : maxime in pretio potus, quod a Principe imponi quotannis solet, ne et ii graventur, et emtores carius, quam par est, vinum emant. Vetus Consuetudo municipalis Normanniæ MS. 1. parte : *L'amende de cette manière de action est appellé Tavernage, et est pour refrener et pour oster la convoitise des Taverniers. L'amende del Tavernage fut establie par l'outrage de leur vente, afin que le commun peuple ne fust grevé.* Paulo aliter in edita cap. 16. Editio vero Latina : *Hujusmodi satisfactionis emenda Tabernagium nuncupatur, quæ ad refrænationem cupiditatis tabernariorum, ne excessu venditionis eorum populus gravaretur, fuit a principibus instituta.* Charta Fulconis Comitis Andegavensis ann. 1010. pro fundatione Abbatiæ Bellilocensis juxta Lochas : *Consuetudinarios autem suos, ubicumque vina sua posuerint, sequentur, et Tabernagium habebunt, et non solum infra alodium, sed etiam extra per circuitum, et vendas de omnibus, quæ ad mercatum pertinent.* Tabularium Fiscanense ann. 1260. fol. 51 : *Et quod homines mei de feodo loricæ meæ debent reddere Abbati Tabernagium, etc.* Hujus etiam mentio habetur in Charta Gerardi Comitis Ruscinonensis ann. 1162. et apud Brittonum pag. 36. v°. [Extenta jurium Comitis Sabaudiæ ann. 1309. tom. 1. Hist. Dalphin. pag. 86. col. 2 : *Item habet ibidem Dominus Tabernagium et gridagium, quæ valent ad firmam per annum, ut nunc, quatuor libras; et dominus debet tradere et administrare exemplar mensurarum et etiam mensuras.* Ubi *Tabernagium* non est mulcta pro fraude, sed tributum pro facultate vini distrahendi domino solutum. Vide ibid. pag. 77. Vide *Taberniaticum.*]

* 2. **TABERNAGIUM**, Tributum, quod pro facultate vini distrahendi a quocumque, etiam non tabernario, domino solvitur. Charta Hugon. episc. Autiss. ann. 1202. inter Instr. tom. 12. Gall. Christ. col. 146 : *A quibusdam etiam burgensibus, a nobis vel prædecessoribus nostris non emancipatis, habebamus jus exigendi singulos sextarios pro singulis modiis vini ab eis venditis, quæ consuetudo Tabernagium vocabatur.* Charta ann. 1330. in Reg. 3. Armor. gener. part. 2. pag. vj : *Item cum prædicti Rostangnus et Poncius tenerentur solvere Tabernagium dicto nobili domino Giraudo de vino, quod vendebant in temporibus banni.* Alia ann. 1332. inter Probat. tom. 1. Hist. Burg. pag. 531 : *Prior S. Johannis de Sinemuris in Auxeto dicatur habere certum Tabernagium in villa et castro de Sinemuris, super vino per burgenses dicti loci venditioni exposito.* Vide infra *Tabernaria* 2.

¶ **TABERNALIS**, Pertinens ad tabernam. *Tabernales potationes*, in Diario Belli Hussitici, apud Ludewig. tom. 6. Reliq. MSS. pag. 183.

* **TABERNARE**, Tabernam tenere, vinum singulatim distrahere, nostris *Atavernier.* Charta arrendat. gabellæ vini Avenion. ann. 1367. ex Cod. reg. 5956. A. fol. 70. r° : *Debeat solvere præfatus conductoribus seu firmariis........ octavum pretii totius vini, quod tempore præsentis arrendationis Tabernaverit seu ad minutum vel ad tabernam vendiderit, seu vendi et Tabernari quis fecerit.* Charta Petri cardin. ann. 1402. pro fundat. colleg. S. Cathar. Tolos. ex Cod. reg. 4223. fol. 158. v° : *Statuimus quod.... aliqualiter alicui singulari non permittatur introducere in dicto collegio vinum vel mercaturam publicam pro vendendo inibi, ne scolaribus detur occasio mercandi seu Tabernandi et se distrahendi ab exercitio studiali.* Consuet. Castel. ad Sequanam ex Cod. reg. 9898. 2 : *Se aucun de la ville de Chastillon veult vendre vin à ban,.... il peut Ataverner son vin sans amendes. Taverner* vero est Tabernas frequentare, in Lit. remiss. ann. 1407. ex Reg. 161. Chartoph. reg. ch. 260 : *Jehan le Picart, qui ne servoit* (leg. scavoit) *d'autre bien que de hazarder, Taverner et bordeler. etc.*

1. **TABERNARIA**, Præpositura, seu *balia* in Monasteriis, monacho addicta, cui incumbit *tabernarum* Monasterii cura, seu *tabernagia* exigendi, apud Innocentium III. PP. lib. 13. Epist. 55. [In Glossario Lat. Gall. Sangerm. MS. *Tabernaria*, *Tavernerie* redditur.]

* 2. **TABERNARIA**, Tributum, quod a tabernariis pro facultate vini distrahendi domino pensitatur, nostris etiam *Tavernerie.* Chartul. Latiniac. fol. 187 : *Abbas Joscelinus infirmis dedit..... viginti solidos de Tabernaria Chissiaci.* Charta ann. 1471. ex eod. Chartul. fol. 97 : *Les religieux ont certain droit seigneurial en ladite ville de Laigny, appellé droit d'afforaige ou Tavernerie, et à cause dudit droit d'afforaige ou Tavernerie avoient iceulx demandeurs droit de prendre et percevoir par chacun an sur les taverniers vendans vin a destail, taverne ou feuilliée en icelle ville de Laigny cinq solz Tournois.* Vide supra *Tabernagium* 2.

¶ **TABERNATOR**, Tabernarius, caupo, in Miraculis B. Stanislai Canon. Regul. tom. 1. Maii pag. 782. *Thabernator*, in Charta ann. 1318. apud Ludewig. tom 6. Reliq. MS. pag. 481.

* *Tavernier*, eadem acceptione, in Stabil. S. Ludov. tom. 1. Ordinat. reg. Franc. pag. 224.

¶ **TABERNIA**, pro *Taberna*, in Testamento Bertichramni Episc. Cenoman. apud Mabillon. tom. 3. Analect. pag. 122.

TABERNIATICUM, Idem videtur quod Καπηλιατικόν, in Diplomate Andronici Jun. apud Phranzem lib. 3. cap. 24. [et *Tabernagium* supra dicitur. Vide in hac voce et Gloss. med. Græcit. in Καπηλιατικόν.]

TABERNIO, *Qui frequentat tabernas,*

taberna ubi vendit necessaria. Ugutio. Occurrit in Gloss. Isid. et apud Papiam, [necnon Joh. de Janua; *Tavernier*, in Glossis Lat. Gall. Sangerman. MSS.]

¶ **TABESCERE**, Notione activa, Tabifacere, seducere, corrumpere. Obitus Angelucie Fontebrald. apud Marten. tom. 3. Anecdot. col. 1705 : *Jacente illa in lectulo suo, hora sexta apparuit ei in avis specie hostis, qui cum ea diu pugnaverat, tentans si forte in aliquo eam posset Tabescere.*

TABETUM. Vetus Glossarium Saxonicum Cottonianum : Æcin, *Tabetum* : Ubi Somnerus, *forte Tabes.*

¶ **TABIDITAS**, *Porriture*, Glossis Lat. Gall. Sangerm. MSS. Tabes.

¶ **TABITUDO**, et Tabitas, Eadem notione, apud Joannem de Janua. Occurrit *Tabitudo* apud Bedam.

¶ **TABLARIUS** Cultellus, *sive mensalis*, Gall. *Couteau de table*, in Charta ann. 1256. e Tabulario nostro Sangermanensi.

¶ **TABLEMENTUM**, f. Apparatus *tabulæ altaris*, Gallis *Devant d'autel.* Testamentum ann. 1415. apud Rymer. tom. 9. pag. 273. col. 1 : *Item lego dicto altari S. Stephani duo Tablementa et unum frontellum de rubea veste de Cipro, cum duabus cortinis de rubeo Tateryn, cum una casula, etc.* Pluries occurrit ibidem. Vide *Tabula* 1.

¶ **TABLENA**, Mappula, mantile, Gall. *Touaille.* Charta ann. 1296. e Tabulario S. Germani Autissiod. : *Item assignat idem Guido Abbas pro Tablenis, tersoriis et vitris in refectorio, etc.* Vide *Toacula* et *Tablerium.*

* **TABLERIUM**, Mappula, mantile. Lit. remiss. ann. 1357. in Reg. 85. Chartoph. reg. ch. 86 : *In ea archa cepit dictus Sarracenus duo Tableria, duas mappas et quatuor linteamina.* Unde *Tableriis* legendum opinor in *Tablena.*

¶ **TABLETTUS**, Tabetum, Parva tabula, in qua quid scribitur aut pingitur. Inventarium Eccl. Noviom. ann. 1419 : *Item duo Tabletti, in quibus scriptum est et notatum* Ave verum. *Item quoddam parvum Tabletum in quo depictus est Crucifixus.*

* *Tablel*, eadem notione, in Lit. remiss. ann. 1363. ex Reg. 101. Chartoph. reg. ch. 12 : *Laquelle ordonnance ne fu onques criée ne publiée; mais seulement est escripte en un Tablel pour icelle veoir à ceulx qui afaire en ont. Tabliau*, in Chron. S. Dion. tom. 3. Collect. Histor. Franc. pag. 246. *Tablel*, pro Parva mensa, in Lit. remiss. ann. 1406. ex Reg. 160. ch. 325 : *Le suppliant appuyé contre le mur près de la cheminée regarda une tasse d'argent,...... qui estoit sur un Tablel joignant de lui, etc.* Arculam significare videtur, in Invent. MS. eccl. Camerac. ann. 1371 : *Item autres fringes blanques de fil d'espinart en un Tablel.*

* **TABLETUM**, Theca reponendis sacris Reliquiis apta, nostris quoque *Tablet.* Charta ann. 1328 : *Item unum vas et unum Tabletum de argento pro Reliquiis.* Lit. remiss. ann. 1416. in Reg. 169. Chartoph. reg. ch. 324 : *Le suppliant.... prinst et osta d'un Tablet, qui estoit sur l'ostel* (l. autel) *ou l'on chantoit la messe, un anelet d'argent.* Vide supra *Tabernaculum* 4.

¶ **TABLISTA**, Tablizare. Vide *Tabula* 9.

¶ **TABOLATIUS**, Majus scutum e ligno, Ital. *Tavolaccio.* Statuta civitatis Astæ de intratis portarum : *Targie, brazerie, Tabolatii et borocolerii solvant pro qualibet dozena... ad estimationem officialium.*

¶ **TABOLERIUM**, Scruporum alveolus, Gallice *Tablier, Damier*, Ital. *Tavoliere.* Annales Mediol. ann. 1389. apud Murator. tom. 16. col. 809 : *Tabolerium unum laboratum ad gnora et de jaspide cum schacchis et merellis.*

* **TABOLLARE**, Strepitum facere, nostris alias *Tabouler, Tabourder* et *Tabourer.* Reg. MSS. capitul. eccl. Bitur. ab ann. 1524. ad ann. 1529 : *Dominus Enoc Audras vicarius ecclesiæ, propter scandalum per eum commissum die esterna Tabollando in choro, directe veniendo contra statuta ecclesiæ publicata, incarcerabitur in pillari, et in eo stabit duas noctes et unum diem.* Lit. remiss. ann. 1451. in Reg. 685. Chartoph. reg. ch. 196 : *Et aloient les dessus diz faisanz ladite commotion et insult parmi la ville en hurtant et Taboulant aux huis et portes des hostelz de ladite ville de Mirande.* Rursum occurrit in aliis ann. 1472. ex Reg. 195. ch. 678. Aliæ ann. 1465. in Reg. 194. ch. 134 : *Auquel huys il s'efforçoit fort d'entrer en Tabourdant audit huys.* Aliæ ann. 1410. in Reg. 165. ch. 31 : *Icellui Hennequin recommença à Tabourer et à ferir contre l'huis d'icellui hostel.* Vide infra *Tabussare.*

TABORELLUS, [Tympanulum, Gall. *Tabourin*, cujus alias frequens usus erat in saltationibus rusticanis.] Vide *Baudosa.*

* Ital. *Tamburello*, Hisp. *Tamborilillo.* Eo etiam utebantur in processionibus ecclesiasticis. Comput. ann. 1391. inter Probat. tom. 3. Hist. Nem. pag. 124. col. 1 : *Quæ quidem processio facta in dicta villa cum omnibus mimmis, tum cordarum grossorum instrumentorum, tromparum et Taborellorum.*

* Ejusdem appellationis *Tabourin* extitit monetæ minutioris species, cujus mentio fit in Lit. remiss. ann. 1483. ex Reg. 207. Chartoph. reg. ch. 299 : *Le suppliant, Jehan Chaluel et Simonet prindrent une bille pour jouer aux quilles, et ilz jouerent chacun ung Tabourin; et après qu'ilz eurent joué, demanda ledit Jehan Chaluel au suppliant ledit Thaburin* (sic) *ou ung hardi; lequel Thabourin on appelle communément* (en Querci) *deux deniers.*

* A *Taborelli* forma, *Tabouret* nuncupatum videtur quoddam muliebre ornamentum. Lit. remiss. ann. 1442. in Reg. 176. ch. 239 : *La suppliante avoit prins en ung coffre trois bourses et ung bouton ou Tabouret à usage de femme, estoffez de sonnettes et de boullons d'argent.*

¶ **TABORINUS**, Tympanista, tympanotriba, nostris *Tabourin* et *Tabourineur.* Sententia arbitralis inter Dominos et incolas Calliani ann. 1497 : *Dicti domini in festis Maii proxime futuri solvere habeant carnes unius vaccæ et carnes præterea debitas in uno prandio, et dicti homines panem et vinum, Taborinos et mulieres ad festeiandum et coriandum.* Vide *Tabur.*

* *Taboureur*, in Lit. remiss. ann. 1404. ex Reg. 159. Chartoph. reg. ch. 202 : *Un compaignon joueur de tabour et de fleutes,.... lequel Taboureur, etc.*

¶ **TABORNUM**, Tympanum, Gallice *Tambour.* Processus de Vita S. Yvonis tom. 4. Maii pag. 553 : *Quod si essent hic quatuor garciæ cum Taborno diaboli, etc.* Vide *Tabur.*

1. **TABULA**, *Tabula altaris*, quæ *Mensa sancta* vulgo dicitur : de qua nos in Descript. S. Sophiæ n. 53. Concilium Moguntiacense ann. 888. cap. 9 : *In itinere vero positis, si Ecclesia defuerit, sub divo, seu in tentoriis, si Tabula altaris consecrata, cæteraque ministeria sacra ad id officium pertinentia adsunt, Missarum solennia celebrari permittimus.* Formulæ Baluzianæ cap. 37 : *Cum fuerit opportunum Ecclesiam dedicare, aut sacros ordines benedici, vel Tabulas consecrare, etc.* Gillebertus Lunicensis Episcopus de usu Ecclesiastico : *Dedicat etiam Pontifex atrium, templum, altare, Tabulam altaris.* [Chartularium S. Vandregesili tom. 2. pag. 2098 : *Ogerus Apuliensis... hanc donationem posuit super altare S. Vandregisilli... qui Ogerus, de hac donatione, quam fecit, habuit de pecunia Sancti* xx. *libras, et hæc pecunia de Tabula Sancti fuit sumpta.*]

Tabula præterea dicta tabella, non quæ altari superponitur, sed ea, quæ solida, et figuris exornata ipsi altari prætenditur, cujusmodi in Ecclesiis Cathedralibus, atque adeo in Sangermanensis monasterii æde sacra etiamnum conspicitur. Laurentius Leodiensis in Episcopis Virdunensibus : *Tabulam argenteam ante majus altare decenter fieri fecit.* Catalogus Episcoporum Frisingensium in Metropoli Salisburgensi tom. 4. pag. 141 : *Tabulam ex auro purissimo, quæ in diebus festis ante altare ponitur, fabrili opere compegit.* Helgaudus in Roberto Rege : *Tabulam ad altare S. Petri... auro bono totam cooperuit.* Vitæ Abbatum S. Albani : *Tabulam quoque unam ex auro et argento et gemmis electis artificiose constructam ad longitudinem et latitudinem altaris S. Albani, etc.* Alibi pag. 71 : *Facta est magna Tabula, cujus pars est de metallo, pars de ligno artificiosissime perfecta, quæ est ante majus altare in Ecclesia nostra.... Tabula picta ante altare B. Virginis cum superaltari cœlato, et cruce superposita, et pictura desuper, et a latere in maceria artificiose nimis... est perfecta. Omnes quoque Tabulæ ante altaria nostræ Ecclesiæ, scilicet B. Joannis, B. Stephani, etc.* Necrologium Ecclesiæ Parisiensis exaratum ann. 1316. 3. Id. Sept. : *Dedit insuper nobis* 20. *marchas auri ad faciendam Tabulam auream ante majus altare.* Petrus Diac. lib. 4. cap. 13 : *Item pro Tabula S. Martini libras* 24.... *obtulit.*

Tabula Itineraria, vulgo altare portatile, in Ordine Romano, in quo *Præfatio* et *Consecratio* ejusdem *Tabulæ* describuntur. De ea etiam Hincmarus Remens. in Capitulis anni 12. Episcopatus cap. 3.

2. **TABULA**, quam *Pacis* dicimus. Statuta ann. 1368. pro Ord. Cartusiensi part. 1. cap. 5. § 14 : *In Missis, quæ conventualiter celebrantur, cum dominicali Kyrie eleison, pacem sumimus cum Tabula, in qua depicta sit imago Crucifixi, etc.* Vide *Pax*, *Lapis pacis*, *Marmor* 2.

¶ Tabuleta, Tabellula, eadem notione. Inventar. S. Capellæ Paris. ann. 1376. ex Biblioth. Reg. : *Item quædam pulcherrima Tabuleta auri pro pace danda, ornata lapidibus preciosis, in qua est unus lapis de Camaheu in forma Crucifixi.* Inventar. aliud Gallicum : *Item deux Tableaux d'ivoir à porter la pais.*

* Inde accersenda est vox Gallica *Tableau*, effigies, imago. Lit. remiss. ann. 1384. in Reg. 125. ch. 162 : *Un tableau d'or, là où estoit pourtrait Nostre Seigneur Jhesus Crist.* Nostratibus *Tablette* et *Taulette*, pro Mercium fascis, vulgo *Balle.* Lit. remiss. ann. 1461. in Reg. 192. Chartoph. reg. ch. 32 : *Le suppliant se print à porter la balle ou Tablette de mercerie. Item ungz merchiers à Taulette doit j. ob.* in Pedag. Peronæ ex Chartul. 21. Corb. Unde *Tabletier* vocatur ejusmodi mercator, in Stat. ann. 1355. tom. 3. Ordinat. reg. Franc. pag. 13. art. 24. et *Porteur à Tablate*, in Lit. remiss. ann. 1359. ex Reg. 90. ch. 219.

3. **TABULA**, Orbiculus, clavus, in vestibus. Anastasius Biblioth. in Leone III : *Et præclarus Pontifex fecit in circuitu altaris B. Petri Apostoli, nutritoris sui tetravola rubea holoserica alethina, habentia Tabulas seu orbiculos de chrysoclavo, depictos historiis, cum stelis de Chrysoclavo.* Ita passim aliis locis. Ταβλία dicuntur in Chronico Alexandrino pag. 274. in Numa. [Vide Glossar. med. Græcit. v. Ταβλία col. 1520.]

4. **TABULA** lignea, cujus percussione excitabantur Monachi, malleolo scilicet tabulam tundente : Σφυρίον ἐφυπνιαστικὸν Palladio dicitur in Hist. Lausiaca cap. 104. vel ad sacram Synaxim evocabantur. Liber Revelationum, editus cum Joanne de S. Victore de utilitate tribulationis, cap. 2 : *Cum ex more illius remporis pro convocandis ad Matutinas fratribus Tabula percuteretur, etc.* Matthæus Paris ann. 1196 : *Cum ad Matutinas Tabula convocarentur.*

Tabula præterea in Monasteriis pulsari solet, cum Monachus est in extremis, quo Monachi in *Infirmitorium* ad fundendas pro eo preces cogantur. Udalricus lib. 3. Consuet. Clun. cap. 29 : *Ab uno eorum percutitur Tabula contra ostium claustri crebra et quasi continua percussione. Quod cum signum sit... obituri, illico ut auditum est, Fratres omnes accurrunt.* [Vita B. Stephani Abb. Obazin. apud Baluz. tom. 4. Miscell. pag. 177 : *Cumque jam morti evidentius propinquaret... pulsata Tabula, omnes undique convenerunt, et Letanias cum magno fletu agere coram eo cœperunt.*] *Tabula mortuorum* dicitur Herberto lib. 1. Miracul. cap. 2. quo sensu tabulam hanc non semel memorat eod. lib. cap. 8. 14. lib. 2. cap. 6. 37. ut et Gaufridus Grossus in Vita S. Bernardi Abbat. Tiron. cap. 43. Auctor Vitæ S. Hugonis Abbat. Bonevallis n. 7. Cæsarius Heisterb. lib. 1. cap. 35. 40. lib. 11. cap. 4. 8. etc. Abælardus pag. 156. Liber Ordinis S. Victoris Parisiensis MS. cap. 69. Vita S. Hildegundis num. 34. Herimannus de Restaurat. S. Martini Tornacensis cap. 75. etc.

Tabula eadem pulsabatur etiam, cum *Breve*, uti vocabant, *Defunctorum* adveneret. Charta R. Otheniensis in Anglia Episcopi : *Mox ut breve defuncti venerit, Tabula pulsabitur, vigilia cantabitur, sonabunt classicum.* [Conventio inter Evrardum Priorem S. Martini de Campis et Julianam Abbatissam Faremonasterii ann. 1241. ex Archivo hujus Parthenonis : *Quandocumque aliqua de monialibus Faremonasterii mori contigerit, obitu dictæ monialis nunciato vel cognito apud S. Martinum, Tabula pulsabitur, et officium seu vigilia statim fiet; in crastino Missa celebrabitur in conventu pro defuncta.*] Herbertus lib. 1. de Mirac. cap. 1. propterea *Tabulam defunctorum* vocat : *Repente pulsata est in auribus ejus Tabula defunctorum duobus ictibus tantum. Tabula defunctoria* dicitur lib. 1. cap. 19. Vide Hist. Monast. S. Nicolai Andeg. pag. 12.

☞ *Tabula* ad Capitulum congregandum pulsata. Epistola Wibaldi Abb. Stabulensis ann. 1149. apud Marten. tom. 2. Ampliss. Collect. col. 350 : *Nos capto cum prioribus nostris consilio, facto Tabulæ sonitu.... Capitulum intravimus.*

☞ *Tabulam* percutiunt Franciscani ut fratrum extraneorum adventus aliis nuncietur. Vide in *Foresta.*

Tabula ad mandatum, seu ad pedilavium, pulsata. Vita S. Fravenoldi Abb. lib. 1. num. 32 : *Hora, qua sonitu Tabulæ ad Mandatum fratres more solito convocantur.*

Tabulam ad laborem pulsare, in libro Ordinis S. Victoris Parisiensis MS. cap. 5.

Tabulam percutere ad licentiam loquendi Udalricus lib. 3. Consuet. Cluniac. cap. 8. pag. 181 : *Tabula, quam Prior major, vel Claustralis quinquies percutit ad licentiam loquendi, per Priorem illorum* (puerorum) *est porrigenda.* Idem lib. 1. cap. 12. pag. 54 : *Tabula percussa, fratres loquuntur in claustro.*

Tabula lignea utitur etiam Ecclesia in tribus diebus majoris Hebdomadæ, cum campanarum cessat usus. Udalricus lib. 1. Consuet. Clun. cap. 12. de Cœna Domini : *Pro cymbalo percutitur Tabula, et in refectorio pro scilla.* Vide Joan. Abrinc. de Offic. Eccl. pag. 43. [vel 56. in edit. ann. 1679.]

☞ *Tabulas* hujusmodi ligneas apud Tartaros in usu fuisse sæculo XIII. discimus ex Epistola Constabularii Armeniæ inserta Epistolæ Odonis Episc. Tusculani ad Innocentium IV. PP. ann. 1249. tom. 7. Spicil. Acher. pag. 218. ubi legere est : *Et ante portas habent Ecclesias suas, pulsant campanas suas et percutiunt Tabulas; ita quod euntes ad dominum suum Chan, oportet primo ire ad Ecclesiam, et salutare Dominum Jesum Christum, et post ire et salutare dominum eorum Chan, sive sit Saracenus, sive Christianus, velint nolint, quibus ista non placent.*

* *Table* dictum quoque Crepitaculi genus, cujus usus erat in Oriente ad fideles ad sacram synaxim evocandos. Annal. regni S. Ludov. edit. reg. pag. 200 : *Nous voulons que les églises soient réédefiées, et que l'en sonne les cloches et les Tables.* Rursum pag. 202 : *Devant leur portes sont les églises, là où on sonne les cloches selonc les Latins, et Tables selonc la maniere des Grieus.*

Tabulæ Officiales, apud Leonem Ostiensem lib. 3. cap. 22. dicuntur tabulæ in Monasteriis, continentes seriem ministrorum et *Officialium*, qui per hebdomadam publicis functionibus deputantur, quæ in Capitulo seu exedra ad communem omnium notitiam exponuntur : quarum cui cura incumbit, *Tabularius* dicitur eidem Leoni. Harum meminit S. Gertrudis lib. 4. Insinuat. divinæ pietat. cap. 2 : *Cum vero legeretur Tabula, in qua prænuntiabantur nomina earum, quæ ad Matutinas erant cantaturæ vel lecturæ, etc.* Statuta Ord. Præmonstr. dist. 2. cap. 5. de Cantore : *Servitium et processiones in festis ordinare, et singula officia in Tabulis scribere.* Legi autem solet hæc tabula in Capitulo, antequam pronuntietur commemoratio defunctorum, ut observat Haëftenus lib. 8. Tract. 1. disq. 5. qui ad hanc rem consulendus omnino. Statuta pro Monasterio S. Leonardi Eboracensis : *Et dicta Prima, ingrediantur Capitulum, puero thuribulario cum Tabula præeunte, qui ibidem legat lectionem Martirologii, qua lecta, legat Tabulam, postea hebdomadarius dicat : Pretiosa est, etc.* Vide *Præcentor tabularum.* Ordinarius MS. Ecclesiæ Rotomagensis : *Sunt etiam hebdomadarii in Tabula scripti.* Charta Everardi Episcopi Ambian. ann. 1218. pro erectione Præcentoriæ in eadem Ecclesia : *Cantoris erit scribere Tabulam cantorum.* Concilium Coloniense ann. 1260. cap. 7 : *Item quod in quibusdam Ecclesiis est compertum, raro vel nunquam per anni totius spatium lectiones et cantum divini officii in Capitulari Tabula annotari.* Vide Udalricum lib. 3. Consuet. Cluniac. cap. 10. extremo, Statuta Ord. Præmonstrat. distinct. 1. cap. 5. Monasticum Anglic. tom. 3. pag. 244. 247. [Synodum Mexicanam ann. 1585. tom. 4. Concil. Hispan. pag. 406. et supra *Tabellum.*]

Intabulari, In tabulas officiales referri. Statuta Hospitalis S. Juliani in Anglia : *Ut labor inter fratres absque murmure facilius supportetur, statuimus ac etiam ordinamus, ut fratres Sacerdotes secundum cursum suum, ad matutinas et alias horas Canonicas et Missas diversas, ut præmittitur, celebrandas per aliquem, qui per Magistrum ad hoc fuerit deputatus,.... qui cum Intabulati fuerint, officia, ad quæ fuerint Intabulati, obedienter et humiliter exequantur.*

* Tabula Mortuorum, Mortualis liber, in quo nomina defunctorum describuntur. Invent. ann. 1420. inter Probat. tom. 2. Annal. Præmonst. col. 591 : *Unum textum argenteum et deauratum, cum.... Tabula mortuorum in eodem infixa.*

6. **TABULA**, Lamina. Flodoardus lib. 3. Histor. Rem. cap. 5 : *Tecta templi plumbeis cooperuit Tabulis. Tabulæ ceræ*, in Charta ann. 1061. apud Jacobum Petitum post Pœnitentiale Theodori pag. 664. [Vide post *Tabularium* 6.]

7. **TABULA**, Genus instrumenti musici, quod tenebat in manibus Cantor in Ecclesia. Amalarius lib. 3. de Divin. Offic. cap. 16 : *Eorum* (organorum) *vice Cantor sine aliqua necessitate legendi tenet Tabulas in manibus, ut figuret illud Psalmistæ : Laudent nomen ejus in choro, in tympano, et psalterio psallant ei.* Infra : *Tabulæ, quas Cantor in manu tenet, solent fieri de osse.* [*Tabulæ*

...., quas cantores tenent in manibus, Joan. Abrinc. pag. 17. *Tabulæ ad canendum auro et argento paratæ*, in Testam. ann. 837. apud Miræum tom. 1. pag. 21. col. 1.] Vide Joannem Abrincens. de Offic. Eccl. pag. 13. [vel 17. edit. ann. 1679.] Describuntur eæ Tabulæ a Gaufredo de Vinosalvo in Poëtria MS. quæ exstat in Bibl. Thuana.

8. **TABULA**, Mensuræ agrariæ species, sic forte dicta, quod tabulæ expansæ formam referat, vel quod scriptis tabulis agrorum fines designarentur. Vetus Agrimensor : *Habet Tabula una quadratas perticas* 72. [* *Viginti quatuor Tabulæ perticam componunt*, apud Mabill. in Museo Ital. pag. 177.] Chronicon Novalicense de Luithprando Rege Longobard. : *Qui tantæ longitudinis fertur pedes habuisse, ut ad cubitum humanum metirentur. Horum vero pedum mensura pro consuetudine inter Longobardos tenetur in metiendis arvis usque in præsentem diem, ita ut pedes ejus in pertica fune* 12. *fiat Tabula.* Charta ann. 893. apud Puricellum in Basilica Ambrosiana pag. 258 : *Est autem mensura ipsius terræ secundum hujus temporis Geometras, perticas jugiales* 7. *et Tabulas* 16. Charta Lotharii Reg. Ital. ann. 946 : *Est autem ipsa terra per justam mensuram Tabulæ tres cum ingressu et omni integritate, etc* Charta ann. 908. in Hist. Pergamensi tom. 3. pag. 183 : *Et est per mensuram Tabulas legitima* 76. *etc.* Vetus Charta Mediolanensis apud Puccinellum in Vita S. Simpliciani pag. 110. et Ughellum tom. 4. pag. 169 : *Cui obtulit intra civitatem domum suam, mensuram* 22. *Tabularum et dimidie, in loco, qui Theatrum dicitur, aliam in terra malu Tabularum quatuor, etc.* Vetus Notitia apud Ughellum tom. 5. pag. 1538. *De vinea Tabula una.* Adde eumdem tom. 4. pag. 212. 608. 612. 1457. et in Appendice pag. 7. Occurrit etiam in Tabulario Capellæ in Biturigibus, in Tabulario S. Theofredi in Velavis, in Chronico Farfensi apud Murator. tom. 2. part. 2. col. 450. et 623. in Memoriali Potestatum Regiensium apud eumd. Murator. tom. 8. col. 1175. etc.]

9. **TABULA**, seu *Tabularum* ludus, vel alearum, alveolus, in quem tesseræ jaciuntur : vox veteribus nota. Jo. de Janua, ex Isidoro lib. 18. cap. 60 : *Tabula, i. alea in qua luditur pirgis, calculis et tesseris. Tabula lusoria*, Martiali lib. 14. Epigram. 17. *Tabula alearis*, apud Tertullianum lib. de Carne Christi. *Tabella alearis*, Cælio Aureliano lib. 2. Chronicon cap. 1. *Tabulæ lusus*, Prospero de gloria Sanctor. *Tabula*, nude, Sidonio lib. 1. Epist. 2. lib. 5. Epist. 17. lib. 8. Ep. 12. Julius Africanus lib. 5. Hist. Apostol. : *Dum ludere Tabulis et spectaculis non perhorrescunt, etc.* Concilium Eliberitanum can. 79 : *Si quis fidelis alea, id est Tabula luserit nummos, placuit eum abstineri.* Metellus in Quirinalibus :

Huic ludo Tabulæ Regis erat filius obvius.

...arta ann. 1345 : *Non possit, nec debeat ...ere.... ad aliquod ludum taxillorum, ex... o ad scachos et ad Tabulas.* Jo. Sarisbe... sis lib. 1. Policrat. cap. 5 : *Hinc tes... , calculus, Tabula, urio, etc.* [Adde ...tuta Massil. lib. 5. cap. 10. Pistoriensia lib. 5. rubr. 71. Vercellensia lib. 3. fol. 83. v°. Le Roman *de Vacce* MS :

D'eschez sout et des Tables sou compaignon mater.]

Le Roman *de Parise la Duchesse :*

Puis aprist il as Tables et eschas joier.

Vide Turnebum lib. 27. Adversar. cap. 3. [et Lobin. in Gloss. tom. 3. Hist. Paris.]

Tablizare, Tabula ludere. Julianus Antecessor Constitut. 115. cap. 439 : *Neque Episcopus, neque Presbyter,... neque alius cujuscunque religiosi consortii vel habitus constitutus Tablizare audeat, vel socius ludentium fieri, vel spectator, etc.* Græca habent Ταβλίζειν, Gloss. Græc. Lat. : Ταβλίζειν *Tablizare*. Τάβλα, *Tabula*. Ταβλιςής, Ταβλοπάροχος. Glossæ MSS. Reg. Πεσοί, καὶ πεσσοί, τὰ βόλια ἐν οἷς ταβλίζουσιν. Aliæ : Πέσσευσιν, ταβλίζουσιν. Thomas Magister pag. 59. edit. Rom. : Κύβοι λέγονται τὰ ἐστιγμένα ὀςᾶ οἷς χρῶνται οἱ ταυλίζοντες. Sic non erat, cur emendaret Meursius. Vide Cujacium ad Novell. Justin. 123. Gloss. Fabroti ad Cedrenum, et Favorinum in πεττεύειν, et πεττός. Habentur Pauli Silentiarii duo Epigrammata εἰς τάβλαν, seu ludum tabulæ lib. 4. Anthol. cap. 32. Epigr. 4. et 5. Vide aliud Agathiæ lib. 1. cap. 61. Epigram. 1. quod multis explicat Salmasius ad Histor. Aug. pag. 468.

Tablista, Qui *Tabulis* ludit. Luxurius Poëta, nescio quis, in Epigrammate quodam, cujus lemma est, *de Tablista furioso, quasi tesseris imperante :*

Consulibus sceptrum, mensis decus, arma Tablistis.

Tabellarius, *Qui frequenter ludit cum tabulis.* Jo. de Janua.

¶ 10. **TABULA**, Lex apud Neapolitanos, sic forte primum dicta, quod descripta esset in tabula instar Legis Romanorum in duodecim, vel Legis Mosaicæ in duabus tabulis exaratæ. Marinus Freccia de Feudis cap. de offic. Admirali maris : *In regno* (Neapolitano) *non lege Rhodia maritima decernuntur, sed Tabula, quam Amalphitanam vocant, omnes controversiæ, omnes lites, et omnia maris discrimina, ea lege, ea sanctione usque ad hæc tempora* (an. circit. 1570.) *finiuntur.* [** *Tabula Prothontina maris*, dicitur in Præfat. Chronic. Amalph. apud *Pellicia, Raccolta di varie croniche, etc.* tom. 5. pag. 143. *Prothontinus*, Dignitas in re navali, major *Comitis*, minor *Viceammirati*, non semel occurrit in Statut. Neapol. ann. 1282. apud Pardessus. Leg. Maritim. tom. 5. pag. 254 Tabula Amalphitana edita est nuper in Append. Archiv. Histor. Ital. num. 8. pag. 259. ann. 1844.]

¶ 11. **TABULA**, Mensa, Ital. *Tavola*, nostris *Table*. Albertinus Mussatus lib. 5. de Gestis Henrici Imp. rubr. 8. apud Murator. tom. 10. col. 408 : *Tabulaque argentea magni ponderis aliisque exeniis donavit.* Occurrit alibi non semel.

¶ 12. **TABULA**, Mensa, in qua prostant res venales, *stallum*, apotheca. Bulla Adriani IV. PP. ann. 1156. inter Instr. tom. 6. Gall. Christ. col. 198 : *Tertiam partem sextarii, corde, et quintal, tertiam partem omnium Tabularum, salvo in hoc jure canonicorum.* Pactum inter Jacobum Aragoniæ Regem et Berengarium Magalonæ Episc. ann. 1278 : *Cum per compositionem initam inter prædictum dominum Regem et Episcopum septem Tabulæ macelli fuerint adjudicatæ in parte episcopali, etc.* Jura Comitis Biterr. in Civitate Albiensi ann. 1252 : *Habebant in dicto festo* (*Natalis Domini*) *in singulis Tabulis mercериorum unam libram piperis pro pedagio, et in singulis Tabulis sutorum* XII. *denarios Raimond. et in singulis Tabulis canbiatorum* II. *solidos Raimond. et in singulis Tabulis carnificum omnes linguas vaccarum.* Litteræ ann. 1369. inter Ordinat. Reg. Franc. tom. 5. pag. 312 : *Concedimus... in ipsis halis facere Tabulas et antetabulas quatuor brassarum amplitudinis, easque Tabulas et antetabulas locare et arrendare ad tempus aut tempora, prout eis placuerit.* Ubi *Tabula* locum in quo merces servantur; *Antetabula* mensam, in qua venum exponuntur, designare existimo. Haud satis scio an eadem notione Testamentum Guillelmi Montis-pessulani ann. 1202. male 1211. tom. 9. Spicil. Acher. pag. 162 : *Illud vero quod statui de flocaria et Tabula, et moleudino et tincturis, pacato debito R. Carison et Boneti, omnino deleatur in perpetuum.*

¶ 13. **TABULA**, Idem quod aliis *Mensa*, Gallice *Mense*, Quicquid ex bonis alicujus est, et ad *Tabulam*, seu mensam, ejus instruendam, id est, ad vescendum, et ad cætera vitæ commoda conducit. Chartarium Ecclesiæ Auxitanæ cap. 34 : *Dono Deo et B. Genetrici pageuses, quos dedit mihi et fratribus meis Astanova.... ut sint perpetualiter de mensa clericulorum.* Et cap. 38 : *Post mortem autem Arnaldi Hugonis filii revertatur ad Tabulam B. Mariæ* honor seu possessio, de qua ibi. Sic aliquando *Tabula* dicta est in rebus feodalibus feodum ipsum, seu quicquid ad illud pertinet. Vide *Mensa*.

☞ Huc spectare videtur Charta ann. 1448. ex Chartul. 23. Corb. : *Le droit de tonnelieu et forage des vins vendus et délivrez en ladite ville se diversifioit selon la qualité de ceulx qui estoient appellés ou reputés estre de la Table de Ganelis, ou de ceulx qui n'estoient pas de ladite Table... Pour ceulx qui ne sont pas de ladite Table du Ganelis que ung sestier de vin de tonnelieu, et ung sestier de vin de forage.* Qui de alicujus familia est, de mensa illius esse dicitur. Vide in *Mensa*.

* Dominium, Gall. *Domaine*, alias *Table*. Libert. Villæ-novæ in Ruthen. ann. 1368. tom. 5. Ordinat. reg. Franc. pag. 396. art. 10 : *Que ladicte ville et toutes ses appartenances demoura perpetuelment au roy et à sa Table.* Reg. 13. Corb. sign. *Habacuc* ad ann. 1509. fol. 4. r° : *Nous ayons par auctorité de seigneurie retenu en nos mains et mis à la Table et domaine de nostre dite église et monastere de Corbye, une maison, lieu et pourprins séant audit Corbye.*

¶ 14. **TABULA**, inter vasa ecclesiastica, Sanctorum Reliquiis sæpius ornata. Vita S. Benedicti Anian. num. 37. sæc. 4. Benedict. part. 1. pag. 206 : *Frater Tabulam sacratam, in qua B. Dionysii erant reliquiæ aliorumque Sanctorum plantatæ, missus est ab alia cella ad aliam deferre; isque secum pergens catulos detulit, Tabulam vero sacratam post aliquos dies non lotis vestibus incautus deferre nititur. Ingressus navio properat.... sed ut mox terram attigit, equumque ascendens, in quo catulos pertulerat, Tabulam portaturus suscepit, divina hunc ultio* perculit. *Equus quidem eadem hora se in circulo rotando conversus, quousque in terram rueret, Tabula quoque manibus ejus elapsa inlæsa suscipitur.* Vide *Tabellus*, *Tabulamentum* 1. et *Tabuletus*.

¶ 15. **TABULA**, Calculus, Gallice *Balote*. Statuta Montis-regalis Collat. 1. cap. 48 : *Fabæ seu Tabulæ cum quibus seu de quibus fient partita, ponantur super uno discho, qui sit coram disco D. Vicarii; et numerentur per syndicum vel judicem seu militem, et quod Tabulæ seu fabæ non habeant vocem nisi sint integræ.* Pluries occurrit ibi.

* 16. **TABULA**, Societas campsorum. Charta Theob. comit. ann. 1229. in Chartul. Campan. fol. 348. v° : *Accipio in conductu meo et protectione mea Matheum et Bernardum de Fuer, Durannum juvenem.... campsores cives Lugdunenses et omnem Tabulam Duranni de Fuer de Lugduno, cum omnibus illis, qui de dicta Tabula nundinas meas Campaniæ frequentant.*

¶ Tabula Cambii, Mensa argentaria, Gallice *Banque*; *Tabula canbiatoris*, in Charta jam laudata in *Tabula* 12. *Tabula campsaria*, in Litteris Philippi III. Franc. Regis ann. 1277. apud D. *Secousse* tom. 4. Ordinat. pag. 671. art. 8. *Tabula campsoris*, in Charta Massil. ann. 1344. ex Schedis D. *le Fournier*. *Tabulæ nummulariorum*, in Charta Agnetis Comitissæ de Consuetudinibus villæ S. Joannis Angeriac. ann. circiter 1050. tom. 2. Gall. Christ. novæ edit. col. 468. Hinc

Tabulam Tenere Cambii, dicuntur *Mensarii*, seu Nummularii, vel *Campsores* : qui inde Græcis τραπεζῖται. Jacobus I. Rex Aragon. in Foris Oscæ ann. 1247. fol. 26 : *Rex potest monetam, quantamcunque voluerit et sibi placuerit, fabricare, et Tabulam statuere per singulas civitates, ad quam cambiare venire teneantur omnes populi terræ suæ, etc.* Curia generalis Catalaniæ, celebrata Ilerdæ a Jacobo II. Rege Aragon. ann. 1301. MS : *Item quod aliquis non teneat Tabulam cambii in aliquo loco Cataloniæ, nisi prius eam assecuraverit... pro mille marchis argenti... Et qui dictam securitatem sub dicta forma non præstiterint, non audeant tenere in sua Tabula tapits, vel alios pannos, seu storia, immo fustis dictæ Tabulæ sit et esse debeat sine aliqua cooperta, et ille, qui contra fecerit, tamquam falsarius puniatur.* Adde Curiam actam Cervariæ sub Petro III. Rege ann. 1359. Charta Philippi Regis Franc. ann. 1305. in 12. Regesto Chartophylacii Regii ch. 231 : *Pour le profit de tout nostre Roiaume et de nos monnoies, nous avons ordené à faire une Table qui sera tenue en 12. ou 14. lieux solempniex en nostre demaine et de nostre Royaume, et que il soit crié que se ce n'est à nos monnoies ou ès Changeurs, qui des ores ayent nostre auctorité et nostre consentement de changer et tenir change, nus ne soit si hardis, que or ne argent, qui ne soit monnoiez de nostre coing, qui soit dedans nostre Royaume et en nostre terre, il vende ne achate jusques à tant qu'il ait esté porté à nostre dite Table et mis en escrit par devers nous, etc.* Adde Chartam sequentem, et vide Salmasium lib. de Usuris pag. 510. 511. 512.

* 17. **TABULA**, Certa panni quantitas, Gall. *Piece d'étoffe*. Arest. ann. 1359. 23. Dec. in vol. 4. arestor. parlam. Paris. : *Cum Johannes Odonis viginti duas balas pannorum de Louveriis, unam Tabulam de camelotis, viginti duos saccos lini de Alexandria ac plures alias merces in et super quodam panphilo...........onerasset, etc.*

* 18. **TABULA**, Immunitas, privilegium. Charta ann. 1116. apud Murator. tom. 4. Antiq. Ital. med. ævi col. 59 : *Insuper statuit, ut nulla injuria vel violencia a se, vel a suis successoribus, vel a suis hominibus inferatur alicui Warstallensium, nec in castro nec in burgo, non in ripa, non in villa. Et Warstallenses de Tabula castelli annualiter solvant unum Ranucinum, pro Tabula burgi denarium unum currentis monetæ.* Porro hac Charta conceditur Warstallensibus facultas eligendi consules, qui rempublicam regant.

* 19. **TABULA**, Sacrarum Reliquiarum expositio, quæ fit super tabulam. Stat. et Obit. MSS. eccl. Paris. : *Item in die S. Firmini fit statio in capella S. Martini post* Ave Regina. *Et in magna missa fit Tabula.* Infra : *Item in primis vesperis et missa fit Tabula pro toto festo, de fundatione domini Guillelmi Grelier, cancellarii Parisiensis.*

Tabulæ Dictales. Vita S. Wolfgangi Episcopi Ratisb. cap. 18 : *Ut autem adolescentes in capiendis scientiæ liberalis notitiis forent agiliores, frequenter voluit Tabulas eorum cernere dictales.* Id est, in quibus *dictabant*, seu componebant.

Tabulæ ad Evangelia. Udalricus lib. 1. Consuetud. Cluniac. cap. 12. de Cœna Domini : *Interea vero reconditur dominicum Corpus a Sacerdote retro altare. Ponitur patena aurea, et patena inter scutellas aureas, et adhuc scutellæ inter Tabulas argenteas, quæ factæ sunt ad Textum Evangelii.* Id est quibus liber Evangeliorum tegitur. Vide *Tabulare*, 2.

¶ Tabula Horaria, Qua horæ pulsantur. Regula Toribii Archiep. Limæ, tom. 4. Concil. Hisp. pag. 677. col. 1 : *Præsidentis cura erit horariam Tabulam prescribere, juxta quam præbendarii, sacellani et reliqui Ecclesiæ ministri et alii clerici civitatis assistent, comitabuntur et custodient sanctissimum Sacramentum* (feria v. in Cœna Domini.)

Tabulæ, seu Tabellæ Leprosorum, quas illi quatiunt, ne ab aliquo tangantur. Vincentius Belvac. lib. 23. cap. 165 : *Ante cujus curiam cum Tabellas more talium infirmorum tangeret, etc.*

¶ Tabula Maris. Vide *Tabula portus*.

¶ Tabula Marmorea, Practicis nostrs *Table de marbre*, quo nomine donatur triplex jurisdictio : Prima Comitis seu Præfecti stabuli, altera Amiralli seu summi Præfecti rei maritimæ, tertia Protoforestarii seu supremi Præfecti rei saltuariæ et aquariæ. Jure summæ et ultimæ cognitionis judicant in hac triplici jurisdictione, cum judiciis intersst unus e Præsidibus supremi Senatus cum certo Senatorum numero. Nomen *Tabulæ marmoreæ* sortitæ sunt hæ jurisdictiones, quod olim ibi lites dirimerent, ubi tabula seu mensa erat marmorea. Vide Notas D. *Secousse* ad Litteras Caroli Regentis ann. 1359. tom. 3. Ordinat. Reg. pag. 347. ubi probat duas olim in Palatio positas fuisse tabulas marmoreas; unam in area, alteram in aula majori. Vide *Mensa*.

¶ Tabulæ Nummulariorum, Mensa, argentaria. Vide supra *Tabula Cambii*.

¶ Tabulæ Osseæ. Vide *Tabula* 7.

Tabula Patronatus. Vetus Interpres Juvenalis Sat. 10. v. 57 : *Honorum pagina. Ænea pagina, ante imaginem eorum stans, eorum omnes gradus honorum inscriptos continet : quam nunc dicunt Tabulam patronatus.* Forte quod ejusmodi imagines seu statuæ fere semper a clientibus fierent ac dedicarentur, qui in tabulis æneis subditis patronorum honores ac Magistratus gestos describere solebant, quod docent Inscriptiones veteres.

Tabula Peregrinantium. Vita S. Judoci c. 3. apud Mabillonium : *Quos cum interrogaret quo tenderent cursum, respondentes dixerunt se Romam pergere velle. Quo audito Judocus adhuc Laicus absque ulla dilatione baculum tantum et Tabulam manu arripiens, secutus est eos.* Cur autem *Tabulam* peregrinaturi secum deferrent, indicat Regula Magistri cap. 57 : *Si vero in viam longiorem dirigatur, codiculum modicum cum aliquibus lectionibus de Monasterio secum portet, ut quavis hora in via repausaverit, aliquantulum tamen legat : ita tamen si fuerit psalteratus. Si vero non fuerit, Tabulas a Majore superpositas psalmis secum portet, ut ad refectionem prandii, aut ad mansionem cum applicaverit, aliquantulum quantum occurrerit, tamen meditetur, ut quotidie regulæ reddat quod suum est. Ita et frater, qui adhuc literas discit, Tabulas superpositas a Majore de Monasterio secum portet, ut si cum literato vadit, ipse cum se ad refectionem vel mansionem applicaverit, aliquantulum tamen meditetur, ut videatur cotidie consuetam regulam adimplere.*

¶ Tabula Portus, Mensa publicani seu exactoris vectigalium in portubus maris. Inquesta ann. 1268. ex Archivo Eccl. Massil. : *Episcopus et Ecclesia Massiliensis, ambo, simul ratione jurisdictionis habebant et tenebant ad Tabulam portus, in villa inferiori, duos homines vel unum ad libitum, qui colligerent cum hominibus villæ inferioris, tunc vicecomitalis Massiliæ, redditus sive intratas portus dictæ civitatis. Tabula maris atque portus*, in alia Charta Massil. ann. 1379. Rursum in alia ann. 1509. *Tabula maris et rippagli* dicitur.

Tabula, seu Mensa Rotunda, Decursionis, aut hastiludii species, a certo et definito Militum numero obiri solita, qui, priusquam in arenam descenderent, vel etiam præliis et velitationibus decursis, ad mensam figura orbicularem una cibum capiebant, ne quod discrimen inter nobiles ex sedis prærogativa oriretur, indeque jurgia aut dissidia emergerent. Vetus sane Gallorum institutum : mensis enim circularibus circumsedisse, armigerosque, eorum scuta ferentes, a tergo adstitisse ex Athenæo lib. 4. Dipnosoph. recte advertit Camdenus; renovatum vero ab Arthuro Britanniæ Rege prædicant passim scriptores, ita ut *Arturi Tabula rotunda* in ore omnium versetur, eamque esse, quæ muro veteris Castri Vintoniæ, seu Vincestriæ, in Anglia, appensa conspicitur, vulgus hominum existimet, quod jure in dubium vocat idem Camdenus, cum longe recentioris videatur ætatis. Vetus Ceremoniale MS : *Le Roy Artus d'Angleterre et le Duc de Lencastre ordennerent et firent la Table Ronde, et les behours, tournois, et joustes, et moultes d'autres choses nobles, et jugemens d'armes, dont ils ordonnerent pour juger Dames et Damoiselles, Roys d'armes et Heraux.* Albericus ann. 1235 : *Multi Flandriæ Barones apud Hesdinum, ubi se exercebant ad Tabulam rotundam, cruce signantur.* Matthæus Paris ann. 1252 : *Milites exercitio militari peritiam suam et strenuitatem experirentur, constituerunt unanimiter, non ut in hastiludio illo, quod communiter et vulgariter Torneamentum dicitur, sed potius in illo ludo militari, qui Mensa Rotunda dicitur, vires suas attentarent.* Vide reliqua in *Jocari.* Th. Walsingh. in Edw. I. ann. 1280. et Nic. Trivettus ann. 1279 : *Illustris miles Rogerus de Mortuomari apud Kelingworthe ludum militarem, quem vocant Rotundam Tabulam, 100. Militum, ac tot Dominarum constituit, ad quam pro armorum exercitio de diversis regnis confluxit Militia multa nimis.* Historia Prioratus de *Wigmore* in Anglia, de eodem Rogero : *Iste Rogerus... primo insigniis Militaribus sublimatus, centum Milites et tot Dominas ad hastiludia de Kenillworth, expensis suis sumptuosis, per tres dies solemniter ordinata et tenta, qualia in Anglia tam solemnia prius visa non fuerant, secum adduxit et Rotundam Tabulam ibi incœpit, et quarta die Leonem aureum, triumphi signum sibi adjudicatum, dictam comitivam suisque expensis ad Warvik adduxit.* Idem Walsingham. ann. 1344 : *Rex Eduardus fecit convocari artifices ad castrum de Windesore, et cœpit ædificare domum, quæ Rotunda Tabula vocaretur. Habuit autem ejus area a centro ad circumferentiam, per semidiametrum centum pedes, et sic diametrum 200. pedum erat.* Chronica Aulæ Regiæ cap. 7 : *Accesserunt ad Regem quidam juvenes Baronum filii plus levitate quam strenuitate moti dicentes : Domine Rex, per torneamenta et hastiludia... vestra diffundetur gloria,... edicite itaque Tabulam Rotundam, Regis Artusii curiam, et gloriam ex hac reportabitis perpetuis temporibus memorandam.* Jo. de Condato MS :

S'en faisoient grands esbanois
Tables reondes, et tournois.

Cridar Taula redonda, apud Raimundum Montanerium in Chron. Reg. Aragon. cap. 179. *Taules redones*, apud eumdem cap. 166. et in Chronico Petri Regis Aragon. lib. 2. cap. 10. lib. 3. cap. 23.

Quemadmodum Torneamenta variis Pontificum et Principum Sanctionibus interdicta constat, ita et Mensas Rotundas, seu Monomachias ludicras, quas *Justas* vocabant, prohibuit Clemens V. PP. quod ex iis nonnunquam cædes, et pericula non mediocria emergerent, quod satis superque testatur Matth. Paris. loco citato, ubi Herualdum Montiniacum, strenuissimum Militem, a Rogero Lemburno, non sine veteris odii suspicione, in illa Mensa Rotunda, cæsum narrat. Sic autem Clemens in Bulla sua, cujus in voce *Torneamentum* meminimus : *Quinetiam in faciendis justis prædictis, quæ Tabulæ Rotundæ in aliquibus partibus vulgariter nuncupantur, eadem damna et pericula imminent, quæ in Torneamentis prædictis, idcirco certa causa idem jus statuendum existit.* [* Complura opuscula de *Tabula rotunda*, partim edita, partim inedita, recenset Bibliotheca *des Romans* pag. 174.]

* TABULA SICCA, Ludus aleatorius, Gall. *Breland.* Arest. ann. 1371. 29. Nov. in vol. 6. arestor. parlam. Paris. : *Emolumentum ex sicca Tabula seu ludo ad belencum provenièns, ordinavimus converti in solutionem redditaum ad vitam.... præfatis rentariis seu reddituariis.... debitorum.* Lit. remiss. ann. 1382. in Reg. 121. Chartoph. reg. ch. 309. bis : *Pierre Damaulx executeur de justice, qui avoit pris à cense la secque Table, brelengh et jeu de dées de la ville de Tournay, etc.* Vide *Tabula* 9.

TABULAM TENERE dicebatur apud Catalanos, Vicarius, seu Judex, qui post exactum officium, eo in loco, ubi illud exercuerat, statis diebus morabatur, quo de se conquerentibus coram alio judice a Principe delegato responderet. Curia generalis Alphonsi II. Regis Aragon. in Montisono celebrata ann. 1293. MS : *Statuimus, quod officialis scilicet unusquisque teneat Tabulam per 30. dies de anno in annum, et ad introitum assecuret, quod faciat jus conquerentibus, et eo tenente Tabulam, sit suspensus de officio.* Prima curia generalis Barcinonensis Jacobi II. Regis Arag. ann. 1291. MS : *Et ad introitum officialis quod assecuret ipse facere jus conquerentibus, et in fine cum exierit de officio, teneat Tabulam per 30. dies.* Secunda Curia ejusdem Jacobi ann. 1299 : *Quem ad hoc ordinavimus tenere Tabulam per 30. dies, qui incipiat prima die Januarii quolibet anno, secundum quod in Ordinationibus hujus Curiæ continetur.* Cap. seq. : *Et omnes officiales dictorum officialium.... exeant quolibet anno prima die Januarii, et teneant Tabulam per 30. dies, juxta ordinationes curiarum. Et quod nos eligamus de præsenti et postea quolibet anno prima die Januarii quemdam jurisperitum idoneum et sine suspicione in capite cujuslibet Vicariarum vel Bajulariarum, qui faciat inquisitionem contra officiales ipsius Vicariæ vel Bajuliæ. Et procedente inquisitione, aliquis officialis non possit redire, vel uti officio, quousque inquisitio ipsa sit terminata, sine placito et solennitate placiti, et absque figura judicii, et facta satisfactione super damnis datis, antequam nos, vel aliquis pro nobis inde aliquid habeamus.* Adde Curiam generalem Ilerdæ celebratam ab eodem Rege ann. 1301. cap. 1. et 2. Curiam celebratam in villa Montisalbi ab Alfonso Rege ann. 1333. in qua idem præcipitur pro Notariis, scribanias tenentibus, etc. et Curiam celebratam Cervariæ sub Petro Rege ann. 1359. in qua pro 30. diebus, 50. statuuntur.

* AD TABELLULAM COMEDERE, Pœnitentiæ genus in monasteriis. Stat. MSS. monial. Congregat. Casalis Bened. cap. 25 : *Pour faultes qui concernent le service divin,... elles satisferont par prostrations au chœur devant la communauté, ou mangeront à terre en refectoir au pain et à l'eau, ou seront à la miséricorde, qui est que quant elles seront ainsi à la Tablette au meilleu du réfectoir, elles n'auront sinon ce que la supérieure leur envoyera de miséricorde en pitance, oultre le pain et le vin.*

* **TABULACCIUM**, Ital. *Tavolaccio*, Scuti species, parma, clypeus. Stat. antiq. Florent. lib. 3. cap. 156. ex Cod. reg. 4621 : *Quilibet in civitate, burgis et suburgis Florentiæ debeat in sua propria vel conducta apoteca, pro trahendo et capiendo tales malefactores* (habere) *unam targiam, scutum vel Tabulaccium pictum.* Vide *Targa.*

* **TABULAGIUM**, Præstatio pro *Tabula*, seu jure habendi mensam in foris et nundinis, in qua prostent res venales, idem quod *Stallagium.* Charta ann. 1318. in Reg. 66. Chartoph. reg. ch. 441 : *Nundinantes.... pro qualibet tabula quam tenebunt, dent pro Tabulagio quatuor denarios Turonenses* Vide *Tabula* 12. et infra *Taulagium.*

¶ 1. **TABULAMENTUM**, Stylobata, Gallis *Piédestal*, olim *Entablement.* Inventarium Ecclesiæ Noviom. MS. ann. 1419 : *Item quædam tabula argentea deaurata, sedens super Tabulamentum esmaillatum, in qua tabula sunt plures reliquiæ, clauditurque et aperitur.* Inventar. S. Capellæ Paris. ann. 1376. ex Bibl. Reg. : *Item caput S. Symeonis argenti deaurati in factione hominis antiqui, situatum desuper unum Entablement Gallice.* Vide supra *Tabula* 14.

2. **TABULAMENTUM**, Sepimentum, cancellus, δρύφακτος. Scholiastes Aristophanis ad equites : Τοὺς δρυφάκτους, τὰ νῦν ταυλώματα καλούμενα. Idem ad Vespas : Τὰ ταυλώματα τοῦ δικαστηρίου. Ταύλωτον, seu *Tabularium*, eadem notione dici observat Suidas, in δρύφακτοι.

1. **TABULARE**, *Tabulas præparare, prosternere*, Ugutioni. [*Tabulas parare, prosternere*, Johanni de Janua ; *Tabler*, in Glossis Lat. Gall. Sangerman. nostris hodie *Planchéier*, Contabulare, tabulis compingere. Berntenii Chronicon Marienrod. apud Leibnitium tom. 2. Scriptor. Brunsvic. pag. 447 : *Ambitum nostrum superius Tabulavit.* Hac notione *Tabulatus* dixit Plinius lib. 2. Epist. 17. Vide Vossium de Vitiis serm. lib. 4. cap. 27.]

* 2. **TABULARE**, Libros *tabulis* seu asseribus compingere. Stat. synod. eccl. Castr. ann. 1358. part. 2. cap. 2 ex Cod. reg. 1592. A : *Rectores ecclesiarum faciant ligari libros ecclesiarum suarum et Tabulari, qui ligatura indiguerint.*

TABULARIA. Charta Rogerii Regis Siciliæ ann. M. 6652. pro Ecclesia Panormitana apud Rocchum Pirrum tom. 1. pag. 112. et 147 : *Donamus prædictæ Ecclesiæ... Tabulariam felicis urbis Panormi, eis potestatem concedentes, ut ipse venerabilis Archiepiscopus et successores ejus nunc et in perpetuum habeant licentiam et perpetuam dominationem concedendi eam Clericis prædictæ Ecclesiæ, etc.* Ubi Pirrus *Tabulariam*, facultatem tabelliones instituendi interpretatur. Vide *Tabularii*, 2.

* *Tabulaire* appellatur apud moniales illa, quæ seriem *officialium*, per hebdomadam publicis functionibus deputatarum, in tabula describit. Stat. MSS. monial. Congregat. Casalis Bened. cap. 16. quod inscribitur *De la Tabulaire* : *Ordonnons qu'il y aura une sœur députée pour toute l'année pour faire la table du chapitre, en*

laquelle table elle marquera les sœurs qui devront dire les leçons à matines, les verserts, les respons, les Alleluia..... Il faudra que la maitresse des novices lui baille par mémoire les noms des filles qu'elles voudra faire chanter versets, respons ou aultre chose à l'église, afin qu'il n'y ait confusion; car la maitresse en pourroit instruire aucunes, et la Tabulaire en marqueroit d'aultres en ladite table. Vide *Tabulæ officiales.*

TABULARIA LEX, Conditio, quæ adhibetur in manumissione per *Tabulas*, seu libertorum *Tabulariorum*. Tradit. Fuldenses lib. 2. trad. 143. ann. 825 : *Decernens, ut lege Tabularia unaquæque de vobis per singulos annos duos denarios argenti solvat.*

1. **TABULARII**, Servi per *tabulas*, seu per *instrumenta chartarum* manumissi. Quomodo vero, et quo ritu per tabulas manumitterentur servi, refert Lex Ripuar. tit. 58. § 1 : *Hoc etiam jubemus, ut qualiscumque Francus, Ripuarius, seu Tabularius servum suum pro animæ suæ remedio, seu pro pretio secundum legem Romanam libertare voluerit, et in Ecclesia eorum Presbyteris, Diaconibus, seu cuncto Clero et plebe in manu Episcopi servum cum tabulis tradat, et Episcopus Archidiaconum jubeat, ut ei tabulas secundum Legem Romanam, qua Ecclesia vivit, scribere faciat, et tam ipse, quam omnis procreatio ejus liberi permaneant, et sub tuitione Ecclesiæ consistant, vel omnem reditum status, aut servitium Tabularii eorum Ecclesiæ reddant.* In Capitul. Caroli M. lib. 5. cap. 128. [** 199] et in Lege Longob. lib. 3. tit. 5. § 1. [** Carol. M. 12.] ponuntur inter *tributarios Ecclesiarum*, id est, qui censum Ecclesiis debebant, hac conditione manumissi in Ecclesia, et sub onere alicujus servitii. Sed et si absque liberis decederent, *nullum alium nisi Ecclesiam relinquebant hæredem*, ut est in eadem Lege Ripuar. § 4. § 4. V. *Manumissio.*

2. **TABULARII**, Qui tabulas publicas civitatum, et rei vectigalis rationes tractant, ita appellati ex Lege Valentis Imp. cum antea *Numerarii* dicerentur, leg. 9. Cod. Th. de Numerar. (8,1.) Nec multo post *Tabularii* duo in singulis provinciis a Theodosio statuti quorum alter fiscalis arcæ ratiocinia, alter largitionales titulos curaret, leg. 12. eod. tit. et leg. 30. de Susceptorib. (12, 6.) De ejusmodi Tabulariis est præterea tit. in Cod. Theod. ubi multa Jacobus Gothofredus, et alii. De iis etiam agitur in Edicto Theoderici Regis § 126 : *Nullus post hæc curialium, sive Tabulariorum, aut susceptorum, in Ecclesia residens pictacia delegationis emittat; sed si quem fisco debitorem novit, exponat eum extra Ecclesiam constitutus, etc.* [*Tabularius in tributis*, apud Sidonium lib. 4. Epist. 11.]

☞ Eodem *Tabularii* nomine designatus qui res Ecclesiarum administrabat, apud Gregorium M. lib. 11. Epist. 49. ad Joh. Episc. Panorm. : *Tabularium autem una cum consensu seniorum et cleri memineris ordinandum, qui annis singulis ad amputandam fraudis suspicionem solemniter suas debeat rationes exponere.*

1. **TABULARIUM**, Officina. Concilium Palentinum ann. 1388. cap. 5 : *Permittimus* (Judæis) *habere operatoria, tentoria, Tabularia seu boticas, etc.*

* Idem quod *Schoppa*, Gall. *Echoppe*, alias *Tablier*. Libert. Petræassis. ann. 1341. in Reg. 74. Chartoph. reg. ch. 647 : *Item quod omnes habitantes hospitia seu ayrilia in garlanda seu circuitu plateæ dictæ bastitæ, possint ædificare cohopertas impune et facere Tabularia, et ea conducere cuicumque ad eorum libitam voluntatem.* Occurrit præterea in Lit. ann. 1388. tom. 8. Ordinat. reg. Franc. pag. 284. art. 6. Charta ann. 1474. inter Probat. tom. 3. Hist. Nem. pag. 325. col. 1 : *Certaine cense montant xviij. deniers Tournois, ou environ, à nous deue sur ladite loge ou aucuns petiz Tabliers estans à l'entour d'icelle, esquelz se vendoient aux, oignons et autres herbages; lesquelz petiz Tabliers appartenoient à aucuns particuliers de ladite ville. Ung Tablier assis en la place de Nismes*, in Chron. ejusd. urbis ibid. pag. 3. col. 2. Lit. remiss. ann. 1460. ex Reg. 190. ch. 57 : *Icellui Peyroton s'en ala à la porte de la maison du suppliant,... et illecques demoura aucunement en soy soustenant à ung Tablier.* Vide infra *Tabularius* 2.

¶ 2. **TABULARIUM**, f. Ambo, suggestum, tabulatum, vel exedra. Statutum Capituli B. M. Podiensis ann. 1386 : *Statuimus quod nullus descendat Tabularium, donec presbyter dixerit totam orationem seu conplendam Missæ.*

¶ 3. **TABULARIUM**, Locus ubi sedet Notarius, et acta ab ipso scripta servantur, Gallice *Etude de Notaire.* Consuetudines Tolosanæ MSS. fol. 34 : *Notarii nostri domus communis Tholosæ in suis personaliter non sedent Tabulariis, nec suo officio personaliter deserviant.* Vulgare est hodie eo significatu. *Tablier*, in Litteris Caroli V. Reg. Fr. ann. 1370. tom. 5. Ordinat. pag. 352 : *Aucuns de noz genz ou officiers ont tenus et encores tiennent certains Tabliers en la ville de Thoulouse, qui oncques ne furent mis en recette, ne aucune mention n'en est faitte ès comptes de la recepte de Thoulouse; lesquelz Tabliers ils ont baillé à ferme, et en ont receu et reçoivent tres grans émolumens.*

* *Tablier*, eadem acceptione, in Lit. remiss. ann. 1454. ex Reg. 187. Chartoph. reg. ch. 222 : *Les supplians commencerent à s'en partir d'illec pour eulx en aler en ung Tablier ou ouvrouer d'escripture,..... où avoient acoustumé escrire et exercer fait de pratique.* Pro officio notarii, ut et vox Gallica *Tablier*, usurpatur. Charta ann. 1316. in Reg. 54. fol. 23. r° : *Item Stephano de Cossaco clerico concessit Tabularium seu officium tabellionatus.* Lit. Phil. VI. ann. 1331. tom. 2. Ordinat. reg. Franc. pag. 66 : *Comme nous...... avons voulu et ordené que touz les seaus, escriptures et Tabliers de nostre royaume, tant de faiz de contraus, comme d'esploiz de justice,..... soient mis en nostre main et retenuz à nostre demaine, etc.*

¶ 4. **TABULARIUM**, *Numerus redituum in tabula scriptus*, in Glossulis apud Mabillon. tom. 2. Operum posthum. pag. 23.

¶ 5. **TABULARIUM**, λογιςήριον, in Glossis Latino-Gr. Locus vel schola ratiocinatorum.

¶ 6. **TABULARIUM**, *Tablier*, in Glossis Lat. Gall. Sangerm. *Tabularium ad ludum tabularum*, in Constitut. Frederici Regis Siciliæ cap. 81. *Tabularium de ebore*, in Computo ann. 1333. et seqq. tom. 2. Hist. Dalphin. pag. 277. vel *Tabulerium*, ut habetur in MS. Cl. V. *Lancelot.* Haud scio an eadem notione legitur in Inventario ann. 1379. inter Schedas ejusd. : *Item tres aliæ tabule de sapo cum quatuor Tabulariis.* Tabulæ fulcrum intelligi potest; nisi idem sit quod mox *Tabularius.* Vide *Tabulatum* 2.

* 7. **TABULARIUM**, Conventus, ut videtur; forte a loco ubi habebatur, Tabulario scilicet forensi, sic nuncupatus. Vidimus pariag. de villa Montisfalc. in Vallavia ann. 1405. ex Reg. 161. Chartoph. reg. ch. 104 : *Apud Montemfalconem in Tabulario extraordinario curiæ regiæ ipsius loci, et coram venerabili et discreto viro magistro Johanne Alierii de Tensano, clerico honoris domini nostri regis, etc.*

* 8. **TABULARIUM**, Stabulum, Gall. *Etable.* Libert. de Gleolla ann. 1350. in Reg. 81. Chartoph. reg. ch. 124 : *Dicti consules...... habeant potestatem cognoscendi de viis publicis,..... ædificiis et Tabulariis bestialinis.*

¶ TABULARIUM CERÆ, Massa ut conjecto, cerea, Gall. *Pain de cire.* Historia Monast. Beccensis MS. pag. 572. num. 17 : *Sed etiam dimidium Tabularium ceræ, quod monachi Beccenses de Longolio reddebant illi annuatim de recognitione decimæ.* Supra *Tabula ceræ.* Vide *Tabula* 6. et *Talentum* 1.

¶ 1. **TABULARIUS**, Tabula qua ferunt cibos in refectoriis monachorum, quibusdam *Taulier*, aliis *Tablette.* Inventarium ann. 1341. ex Archivo S. Victoris Massil. : *Unam tinam, 2. mensas et 4. Tabularios, item 1. inbucum, etc.* Vide *Tabularii.*

* 2. **TABULARIUS**, Idem quod supra *Tabularium* 1. Stat. ann. 1276. inter Probat. tom. 1. Hist. Nem. pag. 93. col. 2 : *Constituti per curiam domini regis ad taxandum et reformandum tabulas minus ampliatas et Tabularios hominum hujus civitatis existentes in fronteriis ipsorum hominum ;... voluerunt quod quilibet possit habere et tenere in fronteria sua.... Tabularium fusteum trium palmorum in latitudine, et in altitudine palmorum duorum et dimidii.* Pluries ibi.

* 3. **TABULARIUS.** Inscript. vett. Joan. Vignol. pag. 302 : DIIS MANIB. M. TREBELLIO ARGOLICO TABULARIO VIATORUM QUÆSTORIORUM AB ÆRARIO, etc. Ubi Vignolius : Qui tabulas expensarum conficiebat, dum Quæstores iter facerent. Vide *Tabularii* 2.

* 4. **TABULARIUS**, Notarius, scriba. Vide supra *Tabellio.*

¶ **TABULATA**, f. Ædicula *tabulis* compacta, vel in qua plures sunt tabulæ usibus rusticæ domus destinatæ. Testamentum ann. 15. Pippini Regis, tom. 2. Annal. Benedict. pag. 708 : *Circa curtem stabulum, Tabulata, torbaces vel alia hospitalia, vel cellaria, et quidquid ad ipsam curtem pertinet.... Item ad Vicum curtem meam cum Tabulata, cum bareca, cum omnibus quæ ad ipsam curtem pertinent.* Pluries occurrit ibi.

* Idem potius quod supra *Tabularium* 8.

1. **TABULATUM**, Quævis tabula. Valerianus Cemeliensis Homil. 20 : *Requiramus, cujus sit vitium, quod tenui Tabulato*

hominis vita committitur, et dubiis casibus incerta tentantur. [Codex Theod. lib. 11. tit. 16. leg. 15 : Materiam, lignum atque Tabulata exceptorum virorum patrimonia non præbeant. Et leg. 18. eod. tit. : Non conferendis Tabulatis obnoxia, non lignis, indultam quoque materiem sub eadem exceptione numerabit. Materiam trabes, Lignum, unde hastilia fiunt et sagittæ, Tabulata, tabulas seu asseres interpretatur Gothofredus.]

2. **TABULATUM**, Abacus, alveolus, seu tabula lusoria. Saxo Grammaticus lib. 14 : Calculorum ludum poposcit, gloriatus se ejus apprime peritum.... sed cum Tabulata non suppeterent, ne lusui quidem vacatum est. [Vide Tabularium 6.]

* 3. **TABULATUM**, Idem fortassis quod Tabula 3. Orbiculus, clavus, in vestibus; nisi sit pro Effigies, imago. Acta S. Etheld. tom. 4. Jun. pag. 529. col. 2 : Insignem quoque purpuram, aurifriso undique cinctam, fecit; et per partes, auro et gemmis pretiosis mirifico opere, velut Tabulatis, adornavit.

Tabulatum Murorum, nostris Entablement. Charta Philippi Pulchri Regis Franc. ann. 1299. pro Pariagio oppidi Sarlatensis in Regesto ejusdem Regis ex Tabulario Regio n. 6 : Poterunt..... juxta muros villæ prædictæ domos ipsas jam factas, vel inceptas, vel faciendas extollere, et altas facere usque ad Tabulatum dictorum murorum, et non ultra. Vide in Materia.

* Alias Entablissement. Charta ann. 1334. in Reg. 66. Chartoph. reg. ch. 1461 : Jehan Cornu abati les Entablissemens des murs le roy, et en pava ses viviers et fossés. Parietis corona, supercilium, muri fastigium, vulgo Chaperon.

1. **TABULATUS**, Instar tabulæ planus. Vita S. Aidoni Episc. Fern. in Hibernia num. 15 : Vir quidam in Britannia Tabulatam habens faciem, id est, sine oculis et naribus ex utero natus, etc. [Eadem fere occurrunt in Vita S. Chartaci Episc. tom. 3. Maii pag. 381. num. 16.]

¶ 2. **TABULATUS** Lapideus, Pavimentum. Andreas Floriac. in Vita MS. S. Gauzlini Archiep. Bituric. lib. 1 : Novum vicum etiam lapideo Tabulatu fabricavit ecclesiam. Hinc

¶ Tabulatus, pro Pavimento stratus. Chronicon Romualdi II. Archiep. Salern. tom. 7. Murator. col. 194 : Panormi palatium satis pulchrum jussit ædificari, in quo fecit capellam miro lapide Tabulatam. Italis Tavolato proprie est tabulis seu axibus structus, nostris Plancheié.

¶ **TABULERIA**, f. Linearis adumbratio rei alicujus faciendæ in tabulis descripta, Gallis Dessein. Statuta Montis-regalis pag. 351 : Item statutum est, quod eligantur sex homines, qui faciant Tabulerias ad divisionem dictæ aquæ et secundum quod divisa fuerit, valeat et teneat.

¶ 1. **TABULERIUM**. Speculum, ut videtur, Gall. Miroir. Chronicon Estense ad ann. 1345. apud Murator. tom. 15. col. 424 : Præsentari fecit Delphino tres destrerios coopertos scarlato et uxori ejus unum Tabulerium argenti aurati et crystalli.

¶ 2. **TABULERIUM**, Umbella, seu Umbraculum, ni fallor, Gall. Ecran. Computus ann. 1333. tom. 2. Hist. Dalph. pag. 282 : Item pro tabulis ad faciendum unum duaczatorium pro domina Dalphina et duo Tabuleria ad opponendum igni cum pedibus et clavis necessariis ibidem, XLVIII. sol.

¶ **TABULETA**. Vide Tabula 2.

¶ **TABULETUS**, Tabellula, eadem notione qua Tabula 14. Inventar. S. Capellæ Paris. ann. 1376. ex Bibl. Reg. : Item quidam Tabuleti argenti deaurati claudentes et firmantes cum cherneriis ornati de minuta perreria et de perlis. Inventar. aliud Gallicum : Item uns Tableaux d'argent doré fermans à charnieres, ou il y a plusieurs reliques, aornée de menue prierrerie et de pelles.

TABULINUM. Vide Hyginum de Castrametatione pag. 3. 11. [et Apuleium in Floridis cap. 22.]

¶ **TABULLERIUS**, Tabula lusoria, Ital. Tavoliere, Gall. Tablier, Echiquier. Statuta Civitatis Astæ cap. 1. de ludo taxillorum : Qui dictos taxillos vel raianetas vel Tabullerios præstant, etc. Vide supra in Tabularium 6.

¶ **TABULUM**, ἰκρίον, in Glossis Lat. Gr. Tabula, Tabulatum. Glossæ Græc. Lat. : ἰκρίον, Tabulum, Tignus. Statuta Vercell. lib. 3. fol. 55. verso : Et quod totam pecuniam quam recipiet pro Communi sibi dari faciet ad dictum Tabulum, et totum id, quod solvet, solvere debeat super ipsum Tabulum in eadem pecunia, quam recipiet. Hic mensam intelligit, seu abacum nummulariorum; mensam vero sarcinatoris in Statutis Astens. Collat. 7. cap. 5 : Et hoc faciant (sartores) antequam incidant (pannum) ad Tabulum suum vel alibi. [* Hac ultima notione nostris alias Taulier et Estaulie, nunc Etabli. Lit. remiss. ann. 1415. in Reg. 169. Chartoph. reg. ch. 54 : Le suppliant cousturier du lieu de Meset,... qui estoit sur son Taulier ou Estaulie, etc.]

* 1. **TABULUS**, Stylobata, Gall. Piédestal. Testam. Guill. de Meled. archiep. Senon. ann. 1376. in Reg. 108. Chartoph. reg. ch. 338 : Item corpus Tabulorum, super quos dicta crux infixa existit, et plures reliquiæ plurimorum sanctorum in eisdem, et sunt armatizati circumquaque ad arma nostra. Vide Tabulamentum 1.

* 2. **TABULUS**, Mensa nummulariorum, Ital. Tavola. Stat. Ast. collat. 2. cap. 3. pag. 12. v° : Potestas Asten. pro se et judicibus, militibusque et aliis de familia sua teneatur ponere ad unum Tabulum boni campsoris de suo feudo libras cc. Asten.... quæ... remaneant in deposito penes dictum cambiatorem seu Tabulum pro satisfaciendo communi. Vide Tabulum.

Tabur, Thabur, Tympanum bellicum notissimum, vulgo Tambour, olim Tabour, vel Tabur, aut Tabor, ex Arabico Al-Tambor : nam Saracenorum primitus fuit, uti pluribus docuimus ad Joinvillam pag. 61. Vide præterea Leonem in Tactic. cap. 18. § 110. 142. cap. 20. § 76. [* Glossar. Lat. Gall. ann. 1352. ex Cod. reg. 4129 : Timpanum, Tabur.] Radulfus de Diceto ann. 1191 : Juxta sonum illius instrumenti, quod Ripatoribus vocatur Tabur, subito cercella quædam alarum remigio perniciter evolavit. Ubi Matthæus Paris habet Thabur. [Mittimus vobis unum Tabur, in Chronico Danduli apud Muratorium tom. 12. col. 513.]

Tambures. Epistola Arnoldi Archiep. Narbon. de Victoria relata contra Mauros Hisp. ann. 1212. apud Ughellum tom. 1. part. 1. pag. 190 : Personantibus igitur valide instrumentis Maurorum, quæ Hispani appellant Tambures, figunt gressus Saraceni, etc.

Taburcium, Taburcinum. Henricus Huntindon. lib. 7. Histor. : Equi namque insolitum non ferentes clamorem, et buccinarum clangorem, et ictus Taburciorum, calcaribus non obtemperabant. Ubi Matth. Paris ann. 1097. habet Taburcinorum.

¶ Tamborinum. Annales Mediolan. ad ann. -381. apud Murator. tom. 16. col. 795 : Conduci fecit publice quemdam fratrem Ordinis Minorum per civitatem Mediolani cum Tamborino præcedente.

¶ Tamburium. Memoriale Potestatum Regiens. ad ann. 1218. apud Murator. tom. 8. col. 1098 : Saraceni in civitate cum cimbalis, tubis, Tamburiis et vocibus exultantes laudabant Deum eorum. Vide Glossar. med. Græcit. Append. col. 81. voce Θαμβεύριον.

¶ Tamburrum. Castelli Chronicon Bergom. ad ann. 1399. apud Murator. tom. 16. col. 917 : Conducta fuit ad lupanar seu ad bordellum cum Tamburris et barteriis dicti domini Potestatis.

Tamburlum. Sanutus lib. 2. part. 4. cap. 22 : Qui sciant nacharas pulsare, tympana, et Tamburla. Le Roman du Renard MS :

> Li avoit pendu un bacin,
> Dont on fait aux annes paor
> Nul parestoit les li Tabor.

[Le Roman de chastié Musart MS :

> Qui velt en la marine
> Faire Tabor soner, etc.]

[Le Roman d'Aubery MS :

> Sonnent cil cor, et mains Tabour noisa.

Le Roman de Kanor MS :

> Oist cors et araines sonner,
> Taburs et timbres tentir et freseler.

Le Roman d'Alixandres MS :

> Ces menuiaus sonner, et ces Tabours tentir.

Qua vero ratione pulsarentur aut percuterentur ejusmodi a Saracenis Tamburla, docet Auctor MS. Hist. Excidii Acconis ann. 1291. ubi de Saracenis : Voces emittebant terribiles, ut moris est eorum, maximaque percutientes tympana cum baculis retortis ad terrendum inimicos.

* **TABUSSARE**, ut supra Tabollare, Strepitum facere crebris ictibus aliquid percutiendo, nostris alias Tabuster. Lit. remiss. ann. 1383. in Reg. 124. Chartoph. reg. ch. 124 : Pervenit quod Ymbertus de Bliez archidiaconus Belsiæ in ecclesia Aurelianensi.... ludendo ad pilam in suburbiis civitatis Aurelianensis in vico S. Aniani, ad portam domus Margotæ la Fromentine venit et ad eam fortiter Tabussavit, fortiter proclamando et ipsam domum intravit. Aliæ ann. 1410. in Reg. 165. ch. 126 : Celui qui ainsi Tabustoit ladite cloche, etc. Occurrit apud Rabelais. tom. 1. pag. 35.

Hinc *Tabuter* a *Tabust*, Rixa, jurgium. Lit. remiss. ann. 1478. in Reg. 205. ch. 17 : *Lesquelx compaignons se Tabutoient fort ensemble, à l'occasion duquel Tabust, etc.* Aliæ ann. 1457. in Reg. 187. ch. 174 : *Le suppliant dit à son nepveu, je vous prie qu'il n'y ait point de noise ne de Tabust.* De quovis strepitu *Tabut* dixerunt nostri. Lit. remiss. ann. 1400. in Reg. 155. ch. 169 : *Sans qu'icellui Simon veist cheoir ledit Jehan, ne le oy crier, pour ce que ladite charrete estoit couverte et pour le grant Tabut d'icelle.* Vide *Tabustellus.*

¶ **TABUSTELLUS**, Certa campanæ pulsatio, ac fortassis illa qua altero duntaxat latere pulsatur, Gall. *Tintement.* Statuta MSS. Eccl. Lugdun. : *Clerici de terra ad Matutinas sive ad omnes alias Horas diei conveniant simul in unum locum eisdem præparatum, scilicet in capella B. Photini, dum Tabustellus sonat, vel retornus cujuscumque Horæ, vel classus in festivis diebus.*

¶ 1. **TAC**, Idem, ut puto, quod *Taxa*, Impositio, Angl. *Tax*, Gall. *Taxe.* Formulare Anglican. Th. *Madox* pag. 188 : *Ego Willelmus Patric. dedi... Ormo filio Willelmi, pro humagio et servitio suo..... masuagium... liberum et quietum de Tac et de tol et de stallagio.* Vide *Tacus* et *Theam.*

¶ 2. **TAC**, Morbi genus seu febris pestifera qua ceu repentino ictu (unde nomen) Parisienses percutiebantur sub ann. 1411. vel 1414. Miracula MSS. Urbani V. PP. ex Tabul. S. Victoris Massil. : *Graviter patiens infirmitatem pestilentialem et habens per totum corpus suum lo Tac, quod signum dicebatur esse mortale.* Pluries occurrit ibidem. Chron. vet. Gallicum : *En Mars audit an* (1414.) *commença à Paris une maladie populaire qu'on nomoit le Tac ou le Horion, qui dura trois semaines ou plus, et plus de cent mille personnes en furent atteinte, mais nul n'en mouroit.*

* Lit. remiss. ann. 1415. in Reg. 168. Chartoph. reg. ch. 324 : *Dictus Jacobus vulneratus, bocio carbunculo et quodam alio morbo, le Tac nuncupato, tactus fuit.*

¶ **TACCA**, Patera, Gall. *Tasse*, Ital. *Tazza.* Literæ ann. 1429 : *Vasa aurea et argentea, sicut sunt Taccæ, etc.* Forte legendum est ut mox *Tacea.*

* **TACCULINUM**, Ital. *Taccolino*, Acad. Crusc. : *Spezie di panno rozzo, e grossolano. Copertæ Tacculini*, in Invent. ann. 1230. apud Cl. V. Garamp. in Dissert. 7. ad Hist. B. Chiaræ pag. 231. Vide *Tacolinum.*

TACCUNATUS. Cæsarius Heisterbachensis lib. 12. cap. 20 : *Calceos sibi novos, et bene Taccunatos fieri petivit.* Alii codd. habent *Tacciniatos.* [Italis *Tacconare* est Calceos reficere, resarcire. Vide *Tacones.*]

TACEA, Patera, crater, nostris *Tasse.* Occurrit in Consultatione post Observantias Regni Aragon. pag. 43. v. [in Instrumentis Gall. Christ. novæ edit. tom. 1. pag. 70. col. 2. in Libro nigro Scaccarii pag. 673. etc.]

¶ **TACELLUS**, Idem quod infra *Tassellus.* Testamentum Guigonis Episc. Casin. ann. 1345. apud Marten. tom. 1. Ampl. Collect. col. 1458 : *Insuper volo et mando, dispono et ordino cappam cum historiis et imaginibus et Tacello argenti munitam et completam.*

¶ **TACETA**, Crater, patera, Gall. *Tasse*, Hispan. *Taça.* Leges Palatinæ Jacobi II. Regis Majoric. tom. 3. SS. Junii pag. LIX : *In Tacetis non tamen deauratis bibant.* Vide *Tacea.*

¶ 1. **TACHA**, Agri limes, signum finium, forte a Germanico *Teeken*, Signum, ut habet Vossius lib. 2. de Vitiis serm. cap. 18.

¶ 2. **TACHA**, Macula, labes, Gall. *Tache.* Statuta Massil. lib. 1. cap. 36. § 1 : *Tachæ et malefacturæ et alia vitia et corruptiones ipsorum pannorum, etc.*

* Glossar. Provinc. Lat. ex Cod. reg. 7657 : *Taca, Prov. macula.*

¶ TACHA CORIORUM *uni bolo census* obnoxia dicitur in Privilegio Leduini Abb. ann. 1036. e Chartulario V. S. Vedasti Atrebat. pag. 243. Vide *Tachia coriorum* et *Tacra.*

* 3. **TACHA**, idem quod *Tasca* 2. Præstatio agraria. Reg. 138. Chartoph. reg. ch. 287 : *Anno Domini* 1360. *die* 26. *Sept. acquisivit dictum capitulum* (Narbonense) *a Petro Conilhi omnia jura sibi competentia in et super quodam cavalherio, sito in termino de Laurano,... necnon Tachas bladi et vini, et alia jura, quæ habebat ratione dicti cavalherii.*

* 4. **TACHA**, Instrumentum piscationi aptum, Gall. *Tache*, nisi forte legendum sit *Cache.* Charta Phil. Pulc. ann. 1289. inter Consuet. Genovef. MSS. fol. 35. v° : *La berroiche, nasse pelée, nasson espés, la Tache, de quibus piscari imperpetuum prohibemus.*

* 5. **TACHA**, Incerta mihi notione, nisi forsan sit pro Corium. Vide infra *Tachia*, 3. Charta ann. 1345. inter Probat. tom. 4. Hist. Occit. col. 201 : *Ramundus Arquerii, athilator Tolosæ domini nostri Franciæ regis, recognosco habuisse... pro iij. umis de Tachis, xiij. pavesiis, etc.*

¶ **TACHARENTIA** TERRA, Ager obnoxius *tascæ* seu præstationi, quam vulgo *Champart* appellamus. Codex censualis Humberti *de Villars* domini *de Chatelard* in agro Dombensi ann. 1391 : *Tenet terram Tacharentiam ad decimam tachiam.* Vide in *Tasca* 2.

* **TACHARIA**, Ludus aleatorius, locus ubi aleæ vacatur, Gall. *Académie de jeu.* tat. Avenion. ann. 1243. cap. 77. ex Cod. reg. 4659 : *Statuimus ne aliquis in tabernariis, vel Tachariis, vel lupanaribus,..... postquam campana nocte pulsata fuerit, ludum audeat exercere* [** F. *Tricharia.* Vide in *Tricare* et *Taberena.*]

* **TACHETUS**, Clavi species, Hisp. *Tachon.* Comput. ann. 1356. inter Probat. tom. 2. Hist. Nem. pag. 172. col. 2 : *Solvit à na Stivana, pro quingentis Tachetis emptis ab eadem, necessariis lectis factis, etc.*

¶ 1. **TACHIA**, Præstatio agraria, vulgo *Champart.* Vide in *Tasca* 2.

¶ 2. **TACHIA**, f. pro *Cachia*, Ambitus, septum : nam solebant mœnia cratibus munire, ne ab arietibus, vel missilibus lapidibus læderentur ; atqui de turre *hurdanda* hic agitur. Vide *Hurdicium.* Computus ann. 1202. apud D. *Brussel* tom. 2. de Feudorum usu pag. CLXXVIII : *Pro Tachia turris hardenda et plumbanda, et pro aliis Tachiis, quas fecit apud Dunum,* III^c^. *l.* Ibid. pag. CCVII : *Pro Tachiis Gornaci, quas Rex tradidit, quando Rex fuit ibi*, XLV. *libr.*

¶ 3. **TACHIA**, Idem quod paulo post *Tacra*, Coria decem. Tabularium Compendii de foragiis et ripagiis : *Infra prædictos terminos... de millenario alexium et makerellorum et plumbi, et de Tachia coriorum... redduntur* II. *denarii.* Vide *Tacha coriorum.*

* Nostris *Tache* et Picardis *Tacque*, eadem notione. Stat. ann. 1372. tom. 6. Ordinat. reg. Franc. pag. 121. art. 16 : *Que nulz tanneurs ne puisse acheter aucunes Taches de cuirs, ne de peaulx, etc.* Pedag. *de Cappi* ex Chartul. 21. Corb. fol. 345. v° : *Chacune Tacque de cuirs, dix cuirs pour le Tacque, iiij. den.* Vide mox *Tachra.*

¶ **TACHIABILIS**, TACHIBILIS, Obnoxius *tascæ* seu præstationi agrariæ. Vide *Tasca* 2.

* Nostris etiam *Tachible.* Charta admort. ann. 1412. in Reg. 166. Chartoph. reg. ch. 272 : *Item tient plus ledit tenementier.... une terre Tachible, ou à quart, contenant six meteres de terre ou environ.* Infra pluries *Tahible.* Vide supra *Tacha* 3.

* **TACHRA**, ut supra *Tachia* 3. Consuet. antiq. Bitur. ex Chartul. S. Sulpit. fol. 61. v°. *Si burgenses cordoenum, capinas et Tachras a foris ad vendendum attulerint reddere debent.... de Tachra duos denarios.* Redit. comitat. Hannon. ann. 1265. ex Cam. Comput. Insul. : *Tacre de quir mise en nef doit deux deniers.* Vide *Tacra.*

¶ **TACIA**, Idem quod *Tacea*, Patera, crater, Gall. *Tasse*, Ital. *Tazza.* Joh. Demussis Chronicon Placent. apud Murator. tom. 16. col. 583 : *Utuntur Taciis, cugiariis et forcellis argenti, et utuntur scudellis et scudellinis de petra, et curtellis magnis a tabula et bronzinis, etc.*

* **TACIDA**, Exactionis species. Charta ann. 1331. in Reg. 66. Chartoph. reg. ch. 527 : *Quod exactiones, quæ vulgariter appellantur in eadem* (villa Montispessulani) *los meliors, las Tacidas e las beassas, amodo cessare deberent.*

¶ **TACITURIRE**, *Silentium appetere*, Laurentio in Amalthea. Sidonius lib. 8. Epist. 16 : *Unde cognosce, quod etsi tacere necdum cœpimus, certe Taciturire jam deliberavimus.*

* *Taiser* alias in usu pro hodierno *Taire.* Lit. remiss. ann. 1473. in Reg. 194. Chartoph. reg. ch. 365 : *Icellui Dumont ne se voulut à tant Taiser.* Unde *Taisible*, pro Tacitus, non expressus, et *Taisiblement.* Tacite, vulgo *Tacitement.* Charta ann. 1302. in Lib. rub. Cam. Comput. Paris. fol. 194. r°. col. 2 : *Et toute l'action réelle et personnelle, mixte, directe, Taisible, expresse et toute autre.* Alia ann. 1341. in Reg. 73. ch. 176 : *Taisiblement ou expressément.* Occurrit præterea in Lit. ann. 1337. tom. 4. Ordinat. reg. Franc. pag. 65. *Teuement*, eodem sensu, in Lit. ann. 1374. tom. 6. earumd. Ordinat. pag. 48.

* **TACITURNITAS**, pro eo quod taceri debet, nec nominari quidem, in Versione 70. Cantici Canticor. cap. 4. v. 1 : *Extra Taciturnitatem tuam*, ἐκτὸς τῆς σιωπήσεώς σου. S. Hier. in Isaiam cap. 47. v. 2. refert Symmachi interpretationem, qui vertit κατάκλυμμα hujus loci σιώπησίν σου, Hiero-

[illegible]o *Taciturnitatem tuam*, quod taceri debeat præ verecundia. Hæc ex animadv. D. *Falconet*.

¶ **TACITUS**, Cui ita factum est satis, ut nihil sit de quo loquatur aut queratur. Charta ann. 1343. ex Archivo S. Victoris Massil. : *Pro qua Capitulum et Conventus dicti monasterii se habuerunt pro Tacitis et bene contentis*. Alibi : *pro pacatis et contentis*.

* **TACLA**, Gall. *Tacle*, Sagitta, telum, Cotgravio, Borello, aliisque : verum inter arma ad tegendum, ut clypeus, recensenda videtur ex Guill. Guiart. ad ann. 1298 :

Mes hauberjons et cervelieres,
Gantelés, Tacles et gorgieres,
Qui entre les cops retentissent,
Les armes de mort garantissent.

Idem ad ann. 1301 :

Tacles, hauberjons et cointises.

Rursus ad ann. 1302 :

Targes fendent, Tacles resonnent.

Vide *Talavacius*.

TACOLINUM, Italicum *Taccolino*, Genus densioris panni, diversicolori filo contexti. Occurrit in Vita B. Margaritæ de Cortona n. 207 : *Una duntaxat de Tacolino induta tunicula*.

¶ **TACONES**. Privilegium Leduini Abb. ann. 1036. e Chartulario V. S. Vedasti Atrebat. pag. 243 : *Stallus sutoris vaccæ in mense* 1. *den. Stallus Tacones vendentis* 1. *den. Tacon*, teste Nicotto, *Gallis est minor salmo*; sed nihil ad hunc locum, ubi *Tacones* vestes interpolas intelligo, præsertim ex sequenti *Taconatus*. Etiamnum in quibusdam Gallo-Flandriæ locis *Tacon* dicitur assutum vesti resarcitæ segmentum.

* Vide supra *Supplantarium*.

¶ Taconatus, de vestibus resarcitis dicitur in Charta Præpositi S. Audomari ann. 1227. e Tabulario ejusdem Ecclesiæ : *Incedant autem Canonici honeste, tonsura rotunda, gestu et habitu honesto, videlicet superpellicio et cappa honesta, non Taconata seu petiata, sed integra, ut in superpellicio honesto similiter, non Taconato seu repetiato, sed integro*. Vide *Taccunatus*.

* **TACOUIN**, Arabice, Productio, a verbo *Cawana*, Producere, in Animadv. D. *Falconet*.

TACRA, [Coria decem,] Idem quod *Dacra*, de qua voce, supra. Regestum Castri Lidi in Andib. fol. 31. ubi de Pedagiis et Consuetudinibus : *Tacra coriorum* 2. *den. Millenarius de harenc*. 1. *denar. Centum ob. etc.* Occurrit ibidem alio loco.

* ☞ Hinc emendare licet Privilegia Pontis-Ursonis tom. 4. Ordinat. Reg. Fr. pag. 641. num. 42 : *De unaquaque Cacra coriorum duos denarios, tanquam de transitu; et de Tarra tanata, quatuor denarios*. Pro *Cacra* et *Tarra* legendum indubie est *Tacra*. Sic etiam forte legendum in Charta ann. 1409. tom. 8. Rymeri pag. 576. col. 2: *Quinque albos* (vectigales) *pro quacumque Turqua coriorum*. Statuta Scabinorum Mariarum ad Mosam MSS : *Le coussin doit* [illegible] *den. le Tacre de cuir doit* 11. *d. le plis de vaires doit* 11. *den.* Vide *Tachia* co-m.

TACSUS, Melis, Gall. *Taisson*, species silvestris, cujus pelles sunt in usu. [illegible]e supra *Melota* et *Taxus*.

TACTARE, Confirmare, in Fleta lib. 2. cap. 61. § 22. [Vide *Tangere chartam*.]

¶ **TACTE**, Πάγκακος, in Glossis Lat. Gr. et Græc. Lat. Vulcanius suspicatur legendum esse, *Tecte*, παγκάκως, Omnino male.

* **TACTITUS**, pro Tacitus. Charta Petri Adriens. episc. ann. 1016. tom. 2. Cod. Ital. diplom. col. 1949 : *Cunctam transactæ prædæ querimoniam definivimus, et inde Tactitus cunctis diebus vitæ esse promitto*. Alia ann. 1116. ibid. tom. 4. col. 1538 : *Et inde Tactitus cunctis diebus vitæ meæ esse promitto*.

TACTUM, *Pavidum, vel nigrum*, in Glossario Longobard. S. Germani Paris. ex Glossis.

* **TACUINUM**, inscribitur Opus quoddam medicum, quod commentariis illustravit Magister Dudo, in Bibl. Sorbonæ sign. 781. Acad. Crusc. *Taccuino, Nome di Libro simile all' almanacco, o lunario*.

¶ **TACULA**, Species cornicis, Ital. *Taccola*. Chronicon Modoetiæ apud Murator. tom. 12. col. 1135 : *Visa est in aere supra dictum pratum maxima multitudo et innumerabilis avium, quæ dicuntur Taculæ*.

¶ **TACUS**, Idem, ut puto, quod *Taxa*, Impositio, Gallice *Taxe*. Charta Caroli Simplicis ann. 916. apud Baluz. tom. 2. Capitul. col. 1529 : *Nolumus præterea, ut ab ipsis vel ab eorum hominibus aliquid telonei, neque pascuaticum, nec mansiones, Tacos aut aliquas redibitiones exigatur*.

¶ **TÆDIABILITER**, Moleste. *Tædiabiliter urgeri a creditoribus*, in Chronico Senon. apud D. Calmet. in Probat. Hist. Lotharing. tom. 2. col. 42.

TÆDIARE, Tædio affici. Glossæ antiquæ MSS : *Tædet, tædiatur. Tædiatur, tædio afficitur*. Glossæ MSS. Salmasii : *Tædio*, ἀθυμιῶ. [Glossæ Lat. Gall. Sangerman. MSS : *Tediari, Ennuyer ou estre ennuyez*.] Lampridius in Alexand. Severo : *Neque unquam Tædiavit, aut morosus aut iratus resedit, fronte semper pari, et lætus ad omnia*. Vegetius de Re veterin. lib. 3. cap. 2 : *Inter exordia igitur Tædianti bovi adversus omnes morbos potio ista succurrerit* [Epistola 2. Synodi Arelat. ad Silvestrum PP : *Tædians* (Constantinus) *jussit omnes ad suas sedes redire. Tædiare ad vincula*, apud S. Ambrosium tom. 2. col. 1099. num. 10. Vide *Tædium*.]

¶ **TÆDIOLUM**, *Parvum tædium*, Johanni de Janua; *Petit ennuy*, in Glossis Lat. Gall. Sangerm.

* **TÆDIOSUS**, Tædium afferens, molestus. Translat. S. Genulfi tom. 7. Collect. Histor. Franc. pag. 378 : *De quo quamvis ob prolixitatem viæ Tædiosum sibi valde videretur, etc.* Dicitur etiam de equo, in Charta ann. 1341. ex Reg. 74. Chartoph. reg. ch. 363 : *Petrus dictus Choart... sciens .... quemdam equum ipsius Petri fuisse et esse cacitrosum, Tædiosum et naturæ ferocis, etc.*

TÆDITUDO, Tædium. Gloss. Gr. Lat. : Σικχασία, *Tedium, Teditudo, Fatidia*.

TÆDIUM, Ægritudo. In Concilio Epaonensi can. 1. statuitur, *ut nisi causa Tædii evidentis extiterit, nullus excusetur Episcopus, quo minus veniat ad Synodum*. Concil. Aurelian. II. can. 1. *Ut nullus Episcoporum, nisi certa Tædii causa detentus, ad Concilium venire penitus ulla excusatione detrectet. Infirmitas* dicitur in Concilio Turon. II. cap. 1. *Acerbitas corporeæ infirmitatis*, apud Avitum Vienn. Epist. 80.

¶ Tædiare, Ægrotare. Vita S. Rusticulæ Abbat. Arelat. sæc. 2. Benedict. pag. 146. num. 31 : *Cum nimia ægritudine febrium teneretur.... die Dominica gravius Tædiare cœpit*.

¶ Tædium Facere, Molestiam exhibere, Gall. *Inquieter*. Inquisitio ann. 1268. ex Schedis Præs. *de Mazaugues ; Et quod vidit avere prædictorum in territorio de Moreriis, et non vidit quod aliquis Arelatis faceret ei Tædium*.

¶ **TÆDULA**, *Parva tæda*, Johanni de Janua; *Petit brandon*, in Glossis Lat. Gall. Sangerman.

¶ **TÆLLIA** Oliva. Legitur in Annalibus Benedict. tom. 2. pag. 154. ad ann. 751. Rotharium incerti loci Abbatem concessisse Monasterio S. Georgii Reatino *Olivas Tællias quindecim in loco, qui dicitur Mussinus*. Emendandum forte est *Tullias*. Vide in *Talea* 1.

¶ **TAELLIED**, vox Aremorica, idem sonans quod infra *Tallia* 6. Exactio, Gallis *Taille*. *Incisura quæ dicitur Taelhed cum forisfactis et furtis et aliis exactionibus*, in veteri Charta Kemperleg. apud Lobinell. tom. 2. Hist. Britan. col. 125.

¶ **TAFATANUS**, Tafetanum, etc. Vide *Taffata*.

TAFFATA, Taffatin, Pannus sericus, quem vulgo *Taffetas* dicimus, [Armorici *Taftas*, unde nomen.] Monasticum Anglic. tom. 3. part. 2. pag. 86 : *Unum mantellum... de camoca duplici, cum alba Taffatin*. Infra : *Unum mantellum Comitis Cantiæ, de banno blodio laneo, duplicatum cum viridi Taffata*. Pag. 95 : *Capis nigris cum capuciis de sindone vel Taffata linatis utentur*. Charta scripta circa ann. 1320. pro Infante Majoricæ, in Camera Comput. Paris. : *Pannis aureis et sericeis, et laneis, et pannis de samit, et de camelot, et de Thafatas, et multis tapetis, etc.*

¶ Tafetanum, Eadem notione, in Conc. Mexic. ann. 1585. tom. 4. Conc. Hispan. pag. 339. ubi et *Tafetaneum opus* legitur.

¶ Taffetta. *Linteamen de Taffetta*, in Actis S. Davini, tom. 1. Junii pag. 332.

¶ Taffetanus, E panno *taffeta* dicto. Synodus Limensis ann. 1582. tom. 4. Concil. Hispan. pag. 275 : *Clericis sacris ordinibus initiatis præcipimus, ne quisquam ipsorum utatur veste holoserica, villosa, damascena, rasa, Taffetana, etc.*

¶ Tafatanus Niger, in Concilio Taracon. ann. 1591. tom. 4. eorumd. Conc. Hispan. pag. 612.

¶ Tafetalis Rubeus, in Annalibus Mediolan. ann. 1389. apud Muratorium tom. 16. col. 809.

¶ **TAFURANEA**, Aleatorium. Concilium Terracon. ann. 1317. apud Marten. tom. 7. Ampl. Collect. col. 307. cap. 7 : *Abstineant* (*Clerici*) *a negotiationibus et aliis actibus inhonestis, et specialiter carnificum seu macellorum... nec Tafuraneas teneant, nec in eis etiam conversentur*. Vide mox *Tafuria*.

* Melius *Tafuraria* in Cod. MS. ejusd. Conc.: *Moneantur* (clerici) *quod nec Tafurarias exerceant.* Hispan. *Tahureria.*

* Gallicum vero *Taffurier*, Aptare, apponere sonat, ut opinor, in Comput. Rob. de Seris ab ann. 1332. ad ann. 1344. ex Reg. 5. Chartoph. reg. fol. 4. r° : *Une selle de guerre, les arçonnieres devant et derriere de cordouan vermeil, Taffurié sur orprise.*

TAFURIA, Tafuraria, Species tributi, aut pensitationis, apud Catalanos. Petrus II. Rex Aragon. in Charta ann. 1283. pro Libertatibus Catalaniæ : *Statuimus, quod Tafuraria tollatur perpetuo, et eam revocamus.* In titulo Capituli scribitur *Tafuria.* Fori Arag. lib. 1. tit. Privilegium generale Regni Arag. : *Aquello mesmo de las Tafurerias, que sian deffeytas a todos tiempos.* Exstat aliud Statutum Ferdinandi I. Regis, quo eadem *Tafureria* exstingitur et aufertur. Sebastianus Cobarruvias : *Tahur, el que continua mucho el juego; que si se repite Tahur, Tahur, dize hurtar, porque muchos de Tahures dan en ladrones, quando non tienen que jugar. La Ley 6. tit. 14. part. 7. dize assi en confirmacion desto: E a todo home deue asmar, que los Tahures, e los bellacos usando la trahirferia, por fuerça, conviene que sean ladrones, e homes de mala vita. La Ley 8. tit. 16. part. 3. llama a estos Tafures, y los cuenta entre los infames y sera bien que se vea. La Ley final tit. 5. part. 2. donde se afea mucho el juego que passa de conversacion y entreteniemento, y como particularmente deven huyr deste vicio los Principes y grandes Señores.* Lusitanis *Tafularia*, est alea : quomodo etiam *Tafureria* apud Raymundum Montanerium cap. 237. et in Foris Aragonensibus, apud Michaëlem *del Molino* in Repertorio Fororum Aragon. V. *Ludus.* Rursum Hispanis *Tafuria*, vel *Tafurea*, est navis hippegus, [*para passar los cavallos*, ut habet Antonius Nebrissensis.]

** **TAFUS**, a Græco τάφος, Sepulcrum, monumentum. Gerhardi Vita S. Oudalrici cap. 13 : *In ecclesia S. Mariæ ante altare S. Walburgæ virginis in sede unius Tafi ambos fideliter sepelivit.* Vide *Taphus.*

TAGARA, Vasis species, apud Lusitanos. Vet. Charta apud Brandaonem tom. 5. Monarch. Lusitan. pag. 304. v° : *Item recepit 5. Tagaras, quæ ponderaverunt 6. uncias. Item unam Tagaram, quæ ponderavit, etc.* Ubi *Tagara* inter vasa recensetur.

* **TAGARNICUS**, Idem qui *Tavarnicus.* Vide infra in *Tavernica.*

TAGAX, *Furunculus.* Vett. Glossæ in Glossario Longobard. S. Germani Paris. [Festus addit, *a tangendo dictus; cujus vocabuli Lucilius meminit;* imo et Tullius lib. 6. Epist. 3. ad Atticum : *Quæstor levis, libidinosus, Tagax*, ut emendavit Cujacius ex MS.]

¶ **TAGDIENST**, Servitium diurnum, a Germanico *Tag*, Dies, et *Dienst*, Servitium, officium. *Servitia quæ Tagdienst vulgariter nuncupantur*, in Litteris ann. 1269. apud Tolnerum in Probat. Hist. Palatinæ pag. c. Vide mox *Tagewane.*

¶ **TAGEWANE**, Idem quod *Tagdienst*, Servitium diurnum, seu operarum manuariarum certis diebus exhibendarum. Charta Argentorat. ann. 1318. apud Schilterum in *Dagewane : Cum agris, pascuis, servitutibus, quæ vulgater* (sic) *dicuntur Tagewane, ac juribus, etc.* Docet ibidem laudatus Glossator, vocem *Wan* Celticam esse, reliquam in Suecica lingua, in qua *Wanda* est sollicite et cum cura aliquid elaborare et efficere; *Vandad*, sollicite factum; *Vandliga*, sollicite, etc. Hinc efficit *Tagewan* seu *Dagewan* esse diurnam curam, operam : quod etiam dicitur de operis conductis, ut ex allato ibidem testimonio patet.

¶ **TAGIA**. Necrologium MS. S. Martialis Lemovic. : *V. Id. Jan. P. Andreas monachus* x. *sol. Helemosinario debet solvere in duabus Tagiis prope clocarium B. Martialis.* Idem videtur, vocis tamen origine incomperta, quod Galli diceremus *En deux paquets.*

* Legendum puto *Cagia*, Arcula. Vide supra *Cacia* 1. et *Cagia* 2.

¶ **TAGLIA**, Italis, Impositio, tributum, nostris *Taille.* Gesta Manfredi et Conradi Regum apud Murator. tom. 8. col. 609 : *Omnes angariæ, perangariæ, collectæ, Tagliæ, dativæ, contributiones exercituum, etc.* Vide *Tallia.*

¶ **TAGLIARE**, Italis, Incidere, Gall. *Tailler.* Additiones ad Statuta Mutin. cap. 27. fol. 49 : *Nullus audeat tempore æstivo vel hyemali Tagliare, rumpere vel incidere ripam seu ripas alicujus fluminis publici vel privati.*

* **TAGLIATA**, vox Italica, Silva cædua, Gall. *Taillis.* Stat. Mutin. ann. 1360. cap. 158. ex Cod. reg. 4622. A : *Nullus ducat vel intrare permittat aliquas bestias ad pascendum in aliqua Tagliata;... et intelligatur Tagliata infra duos annos.* Vide *Tailla.*

TAGMA. Gloss. Gr. Lat. : Τάξις πολεμική, *Cuneum, Tagma, Cuneus, Exercitus*, ex Gr. τάγμα.

* **TAGNARE**, pro *Tannare*, Coria subigere, et *Tagnator*, pro *Tannator*, qui coria subigit. Arest. ann. 1354. 9. Aug. in vol. 4. arestor. parlam. Paris. : *Quod dicti Tagnatores pilosa per eos empta, de cetero modo prædicto nullatenus acquestabunt..... Quod dicti Tagnatores coria per alios empta..... Tagnare pro justo pretio tenebuntur, coriaque bene et utiliter Tagnata et foenata vendere tenebuntur.* Vide *Tannare.* Hinc

* **TAGNERIA**, Officina ubi coria subiguntur et præparantur. Charta ann. 1258. in Chartul. eccl. Lingon. ex Cod. reg. 5188. fol. 234. v° : *Fauvez uxor Clemencet Vaudri tres denarios de sua Tagneria.* Vide *Tanería.*

¶ **TAGULA**, Cumulus, strues, Gall. *Tas.* Consuetudines Marchiæ Dumbarum art. 30 : *Si aliquis furetur de die nemus scissum existens insimul vel in mota, quod in illo casu furator 15. sol. Vien. bonos solvere teneatur, et si de nocte furetur dictum nemus scissum in Tagula 30. sol. Vien. teneatur solvere domino, de cujus dominio nemus existit, si furetur ad collum.* Vide infra *Tassus.*

* **TAHONA**, vox originis Arabicæ, Hisp. *Atahona*, Moletrina, pistrinum, cujus mola aliquo animali versatur. Stat. pro reformat. regni Navar. ann. 1322. in Reg. Cam. Comput. Paris. sign. *Noster* fol. 440. r° : *Fuit ordinatum quod Tahonæ et molendina de Arquedis, quæ sunt in Ybero et terminis de Arquedis confiscarentur.*

* **TAHUTIS**, Tahutum, Feretrum, tumulus honorarius, Gall. *Cercueil, Catafalque;* unde *Tahut*, pro *Tahuc*, legendum videtur apud Godefr. in Observat. ad Hist. Caroli VIII. pag. 751 : *Et quand le corps sera arrivé à Nostre Dame des Champs, sur le Tahuc, où est le corps, sera faite une plate-forme, sur laquelle sera un lit de parade, où sera mise la statue dudit seigneur en son habit royal.* Comput. ann. 1362. inter Probat. tom. 2. Hist. Nem. pag. 255. col. 1 : *Solvit... domino sacristæ Nemausi pro panno aureo habito ab eodem, posito supra Tahutem Rostagni de Blandiaco, olim scutifferi, dum corpus suum fuit præsentatum ecclesiæ sepulturandum.* Consuet. S. Crucis Burdegal. MSS. ann. 1305 : *Si parrochiani non habent pannos aureos, siricos, vel laneos, vel lineos, debent conducere a sacrista, et sacrista tenetur eis locare, ad ponendum super Tahutum cadaveris... Quod si parrochiani S. Crucis faciunt Tahutum novum, quando unus parrochianus est mortuus, ad portandum cadaver mortui, etc.* Charta obit. Franciscæ de Lebreto comit. Petragor. ann. 1483. ex Cod. reg. 4223. fol. 128. v° : *Firmaverunt in dicta capella dicti collegii... celebrandum* (anniversarium) *de una magna missa alta cum diacono et subdiacono, Tahuto parato.*

¶ **TAJAMENTUM**, Italis *Tagliamento*, Incisura proprie; hinc pro Canalis, aquæductus, terra incisa, ut illac aqua fluat. Chronicon Estense ad ann. 1351. apud Murator. tom. 15. col. 466 : *Insidias posuerunt juxta Caffam in introitu oris Algoren, quod fuit Tajamentum, quo ducitur mare in partibus istis.*

¶ **TAJATA**, Italis *Tagliata*, Incisio, fossa, vallum in terra cavatum. Regimina Paduæ ad ann. 1320. apud Murator. tom. 8. col. 433 : *Motam magnam... faciebat facere dominus Canis cum multis fossis et Tajatis ad claudendum Paduanos, ne exirent per illam partem.* Annales Mutin. apud eumd. Murator. tom. 11. col 60 : *Eodem anno* (1235.) *facta fuit Tajata apud Savignanum per Mutinenses.* Vide *Taleata* 2.

¶ **TAILEA**, Silva cædua. Charta Guillelmi Comitis Pontivi ann. 1221. Histor. Comitum Pertic. pag. 224 : *In nemore nostro de Claretis, præterquam in nostris Taileis.* Vide *Tailla.*

¶ **TAILHA**, Tailhium. Vide *Tallia* 8.

¶ **TAILHARE**, Disponere, statuere, *Tailler* eadem notione Galli dicimus. Charta ann. 1351. ex Schedis Præs. *de Mazaugues : Promittentes... ratos, gratos in perpetuum habituros.... quidquid per dictos levatorias actum, dictum, pollicitatum, pactum, Tailhatum et obligatum fuerit.*

¶ **TAILHATOR**, f. Cui silvarum cæduarum cura commissa est. Sententia arbitralis ann. 1292. inter Abbatem et Consules de Gimonte : *In his omnibus consentiunt R. D. Pater Abbas... frater Geraldus de Bralio Tailhator, frater Dominicus de Pompiniaco grangiarius, etc.* Vide *Tailliator.*

* **TAILHEA**, Præstatio, quæ dominis fit a tenentibus seu vassallis. Charta ann. 1045. in Reg. feud. comitat. Pictav. ex Cam. Comput. Paris. fol. 87. v° : *Johannes Rabaudi valletus.... me habere et tenere confiteor..... duodecim solidos Tailheæ cum sex*

denariis et duas gallinas, decimam et terragium bladorum, etc. Vide *Tallia* 8.

* **TAILHIA**, Servitii genus, quo vassalli tenentur exscindere ligna dominis necessaria. Pariag. inter reg. et prioriss. *de Paulhaguet* ann. 1316. in Reg. 56. Chartoph. reg. ch. 273 : *Retinemus.... nobis priorissis Tailhias et manobras et alias servitutes nobis et prioratui nostro debitas et compulsiones pro prædictis.* Vide *Tailhum*.

¶ **TAILHIA.** Vide *Tallia* 5. et *Tallia* 8.

¶ **TAILHUM**, Jus, ut videtur, exscindendi lignum in silva cædua. Charta Richardi de Nova-villa ann. 1231 : *Vendidit et donavit azempium de Tailho et pailho super omni jure suo, quæ habebat et* (f. *in*) *decimario S. Bausilii d'Anhas.* Vide mox *Tailla*.

TAILLA, Silva cædua, Gallis *le Taillis*. Domesdei apud Spelmannum : *In Hund. Bitham habet Edward. 7. car. terr..... et fabric. ferri* 40. *sol. et* 7. *acr. prati*, *et* 300. *acr. silvæ pastilis per loca T. R. E.* (i. tempore Regis Edw.) *et modo vol.* 6. *lib. Tailla* 40. *sol.* [Vide *Tailea* et *Talterium*.]

¶ **TAILLABILIS**, TAILLADA, TAILLAGIUM. Vide *Tallia* 8.

* **TAILLADA**, Silva cædua, Gall. *Taillis*. Libert. Navarier. ann. 1324. in Reg. 62. Chartoph. reg. ch. 266 : *De ecclesia sancti Tirsii usque ad Tailladam ante callam, quæ vocatur vicus de paradiso.* Vide alia notione in *Tallia* 8.

* *Tailade* vero, Gladii genus est, quo cæsim percutitur, in Lit. remiss. ann. 1420. ex Reg. 171. ch. 226 : *Guillaume des Jardins, qui tenoit une Tailade toute nue en ses mains, frappa Denisot Thalance un seul coup sur la teste. Espée à haut Taillier*, in Testam. Thomæ *de Failly* ann. 1473. ex Bibl. reg.

* **TAILLADUS**, Orbiculus mensarius, super quo edendi cibi disciduntur, nostris olim *Tailloir*. Inventar. ann. 1218. inter Probat. tom. 1. Hist. Nem. pag 67. col. 2 : *Novem scutellas, tres doblies, duos Taillados, etc.* Vide *Talhadorum* et infra *Talliatorium*.

* **TAILLAGIUM**, Exactio quævis. Scacar. Paschæ apud Rotomag. ann. 1200. in Reg. S. Justi ex Cam. Comput. Paris. fol. 22. v°. col. 2 : *Judicatum est quod septem servientes abbatis Cadomi sint quieti de equitatu et exercitu et omni Taillagio.* Vide *Tallia* 8.

* **TAILLAIGIUM** MENSURARUM. Præstatio pro adæquatione mensurarum. Charta ann. 1323. in Chartul. eccl. Lingon. ex Cod. reg. 5188. fol. 199. v° : *Dictus Guillermus* (tradidit) *præposituram sive sergentiam perpetuam de dicto Montigneio, de Vila-nova et de Champis..... cum omnibus juribus et pertinentiis ejusdem præposituræ, videlicet laudibus venditionum, Taillaigio mensurarum, quarto denario in emendis, etc.* Vide in *Talliare*.

* **TAILLANDERIUS**, TAILLIENDARIUS, TALLENDARIUS, Sartor, Gall. *Tailleur*, alias *Taillandier*, cujus artem *Taillanderie* et *Taillerie* vocabant. Testam. Caroli comit. ann. 1481 : *Item dominus rex testator ordinavit exsolvi Guillelmo Chauveti ejus Taillanderio sive sartori id quod sibi juste debetur,..... et præterea eidem legavit mille libras Turon.* Occurrit rursum in primo codicillo ejusdem. Lit. remiss. ann. 1351. in Reg. 81. Chartoph. reg. ch. 465 : *Guillermus Menuel Tailliendarius, etc.* Libert. Figiaci ann. 1318. tom. 7. Ordinat. reg. Franc. pag. 666. art. 33 : *Si vero textor, parator, tonsor, tinctor, Tallendarius, robarius, etc.* Lit. remiss. ann. 1455. in Reg. 183. ch. 18 : *Girot Hallot party de son hostel et s'en ala querir ung Taillandier pour soy vestir, lequel Taillandier il trouva, etc.* Stat. sartr. Pictav. ann. 1461. in Reg. 198. ch. 290 : *L'office et mestier de Taillenderie, pourpoincterie et autres garnimens et habits.... Le Taillendier du roy ou les Taillendiers des seigneurs de son sang.* Lit. remiss. ann. 1470. in Reg. 195. ch. 494 : *Jehan Therasse simple homme, du mestier de Taillanderie,.... avoit laissé pluseurs varletz cousans robes, etc.* Aliæ ann. 1460. in Reg. 192. ch. 76 : *Denis Sapience Taillandier suivant nostre court a de coustume de avoir et tenir pluseurs varletz ou serviteurs pour sa Taillerie..... Le suppliant print de mal avanture ung siseaulx, qui estoit sur le Taillier, etc.* Aliæ ann. 1389. in Reg. 136. ch. 200 : *Guillemin Carrouge varlet cousturier de la Taillerie de nostre tres chiere et tres amée compaigne la royne, etc.* Pro sartoris officina legitur, in Charta ann. 1349. ex Reg. 68. ch. 406 : *Lequel Jehan confessa qu'il avoit esté en une Taillerie, où il avoit aucune fois eu aucunes petites pieces.*

¶ **TAILLARE**, Cædere, Gall. *Tailler*. Transactio ann. 1316. ex Schedis Præs. *de Mazaugues* : *Quicumque Taillaverit, arrabaverit, seu fregerit, vel alias distrinxerit arbores fructiferas, etc.* Vide alia notione in *Tallia* 8.

¶ **TAILLATA**, Impositio. Vide *Tallia* 8.

¶ **TAILLATOR**, Scalptor monetarius, Gall. *Tailleur*. Litteræ Joannis Reg. Franc. ann. 1353. tom. 2. Ordinat. pag. 519 : *In vestris senescalliis cotidie supervenit et concurrit pluralitas diffusa servientum et comestorum, Taillatorum seu scisorum monetarum.*

¶ TAILLIATOR, Eodem significatu, in Ordinat. ann. 1340. tom. 2. Hist. Dalph. pag. 416 : *Pro expensis eorumdem magistrorum ac Tailliatorum monetarum et operatorum.*

* **TAILLETA**, Silva cædua, Gall. *Taillis*; *Tayeul*, in Primord. Calmosiac. monast. ad ann. 1222. apud Marten. tom. 3. Anecd. col. 1198. Charta Phil. Pulc. ann. 1308. in Chartul. Regal. loci part. 1. ch. 13 : *Quoddam nemus, dictum le Hasoy, cum parva Tailleta, prout se comportat in longum et latum...... Pro dictis nemore et Tailleta, etc. Le Hasoy et la Tailleta*, ibid. in ch. 46. Vide supra *Taillada*.

¶ **TAILLIA**, TAILLIABILIS. Vide *Tallia* 8.

* **TAILLIA**. PETRA TAILLIÆ, a Gallico *Pierre de taille*, Lapis scissilis. Vide supra in *Petra*.

* **TAILLIA** VIOLENTA, Tributum, quod per vim exigitur. Libert. Vienn. ann. 1361. tom. 7. Ordinat. reg. Franc. pag 430. art. 3 : *Non habemus Viennæ toltam vel Talliam violentam.* Vide in *Tallia* 8.

* **TAILLIAGIUM**, Exactionis vel servitutis species. Libert. Montisfalc. ann. 1369. in Reg. 149. Chartoph. reg. ch. 296 : *Habitatores omnes et singuli loci de Montefalcone...... ab omnibus juridictione, Tailliagiis, guetis et vigilationibus et a quibuscumque aliis servitutibus...... exempti sint.* Vide supra *Tailhia*.

¶ **TAILLIARE**, Secare, cædere, Gall. *Tailler*. Acta S. Moduennæ tom. 2. Julii pag. 311 : *Arborem.... omnibus ramis et radicibus Tailliatam.* Occurrit alia notione in *Tallia* 8.

* **TAILLIARIUS**, Præstationi quæ *Tallia* dicitur, obnoxius. Arest. ann. 1258. in Reg. *Olim* parlam. Paris. : *Vicecomes Lemovicensis dicebat, quod quando aliquis Tailliarius suus recedit a castro suo de Creignac* (vel *Treignac*) *sub alio domino bona sua mobilia et immobilia, in dicto castro suo existentia, non potest neque debet ille recedens expletare, sed debent ipsi vicecomiti remanere.* Pro exactore *talliarum*, vide in *Tallia* 8. unde *Taillaire*, eadem notione, in Lit. remiss. ann. 1448. ex Reg. 179. Chartoph. reg. ch. 195 : *Plusieurs des manans et habitans des villes et lieux du païs de Languedoc,....... qui ont esté...... receveurs, Taillaires, tresoriers, clavaires et autres officiers, etc.*

¶ **TAILLIARIUS**, TAILLIATA, etc. Vide infra *Tallia* 8.

* **TAILLIATIO**, *Tailliæ* impositio ad exsolvenda civitatis debita communia. Charta Inger. Camerac. episc. ann. 1284 : *Cum debita civitatis Cameracensis, quæ notorium est et manifestum fuisse et esse magna, absque Tailliatione dictæ civitatis sive taillia facienda solvi non possunt, etc.* Vide in *Tallia* 8.

¶ 1. **TAILLIATOR**, Sarcinator, ut puto, Gall. *Tailleur*. Charta ann. 1320. apud Lobinell. tom. 4. Hist. Paris. pag. 525 : *Lite mota coram Præposito Paris. inter procuratorem fratrum et sororum Domus Dei Paris. ex una parte, et Sediliam dictam la Dame relictam Davidis Tailliatoris ex alia, super eo quod dictus procurator dicebat, quod dicta Sedilia.... acquisierat quandam domum, etc.* Lobinellus in Glossario scribit *Talliator*, redditque *Celui qui leve la taille*, Exactor tributorum, *Tailles* dictorum; sed nullo satis idoneo fundamento, ut ex ipso contextu paulo fusius relato satis patet. Vide *Taillator*, et *Talliator*.

* Charta. Phil. Pulc. ann. 1297. in Lib. rub. Cam. Comput. Paris. fol. 447. r°. col. 1 : *Notum facimus quod nos obtentu grati servitii, quod Johannes Victoris de S. Germano in Laya Tailliator noster et valletus cameræ nostræ nobis impendit, etc.*

* 2. **TAILLIATOR**, Scalptor monetarius. Lit. ann. 1371. tom. 5. Ordinat. reg. Franc. pag. 638 : *Quod in eadem moneta sint magistri, gardiæ, Tailliatores, operatores et alii officiarii, etc.* Vide *Taillator*.

* 3. **TAILLIATOR**, *Talliarum* partitor vel exactor. Lit. ann. 1378. tom. 6. Ordinat. reg. Franc. pag. 395 : *Cum in civitate et burgo prædictis esse numerum excessimus* (l. numerus excessivus) *Tailliatorum;..... ordinamus serie præsentium, quod de cetero sint, et esse debeant in civitate et burgo prædictis viginti quatuor Tailliatores, et non ultra, qui..... tailliam et extimacionem bonorum consulum et habitatorum dictorum*

civitatis et burgi facere possint et debeant.

¶ **TAILLIATUS** Lapis, Malleo politus, Gallice *Pierre taillée.* Charta Officialis Paris. ann. 1319. tom. 3. Hist. Paris. pag. 220. col. 1 : *Poterunt* (Carmelitæ) *ab ipsa domo suisque pertinentiis levare et habere, ac quocumque sibi placuerit duci facere et deferri lapides omnes Tailliatos et non Tailliatos, omnes tumbas et corpora seu cadavera defunctorum, etc.* Lobinellus in Glossario legit *Talliatos.*

* **TAILLIENDARIUS**, Sartor. Vide supra *Taillanderius.*

* **TAILLINATUM**, pro *Tailliatum*, Silva cædua, Gall. *Taillis.* Charta Phil. Pulc. ann. 1309. inter Instr. tom. 10. Gall. Christ. col. 271 : *Usagium quoque et pasturam...... in forestia nostra de Hallata et de Cuisia,.... extra Taillinata nova et deffensa, ubi nocere possent hujusmodi animalia, concedimus et donamus. Talliata* rectius habet eadem Charta in Lib. rub. Cam. Comput. Paris. fol. 437. v°. Vide supra *Tailleta.*

¶ **TAILLIVI.** Vide infra *Tallivi.*

* **TAILLIUM.** De Taillio, Gall. *de Taille*, Cæsim. Lit. remiss. ann. 1362. in Reg. 93. Chartoph. reg. ch. 115 : *Præfatus Petrus dictum Guillelmum cum cuspide dictæ Guizarmæ de stoce sive Taillio dicitur vulnerasse prope mamillam.* Vide infra *Talium* 2.

* **TAILPOTGE.** Charta ann. 1222. apud Pez. tom. 6. Anecd. part. 2. pag. 74. col. 1 : *Ut omnes decimæ, quæ solventur de cultura vinearum, quas ipsi comites nunc habent, aut in perpetuum habebunt, in dolium communitatis, quæ Tailpotge dicuntur, immittantur.* Vide mox *Talagium.*

* **TAINERIA.** Charta ann. 1162. in Chartul. Thenol. ex Cod. reg. 5649. fol. 25. v° : *Et a meta usque ad Tainerias juxta fractum fossatum, et de Taineriis usque ad fontem, etc.*

¶ **TAINTURARIUS**, Gall. *Teinturier,* Tinctor, infector. Charta Caroli Regentis e Regesto 86. fol. 174. Chartophylacii Regii : *Audita supplicatione Petri Radulphi et Stephane uxoris, Tainturariorum et mercatorum, continente, etc.*

* Cujus officina *Taincture* dicitur, in Lit. remiss. ann. 1454. ex Reg. 182. Chartoph. reg. ch. 130 : *Le suppliant et Raymond Jouguet se transporterent en la Taincture de Guillaume Temeque, posée et assise lez le lieu de Reaumont.*

TAIOLA, Pedica, qua capiuntur vulpes et lupi, ex Italico *Tagliola*, apud Petrum de Crescentiis lib. 10. de Agricult. cap. 32. [Vide *Taliola.*]

¶ **TAJOLUS**, Idem quod infra *Talea* 1. Statuta Mutin. rubr. 45. fol. 9 : *Inter quæ communia dictum laborerium dividatur ad modum Tajolorum coltæ proxime præcedentis pro medietate, et quod alia medietas ad numerum et secundum numerum focorum fumantium cujuslibet dictarum villarum.*

¶ **TAJORE**, Escalis, orbis e ligno, Ital. *Tagliere*, Gall. *Tranchoir.* Johan. Demussis Chron. Placent. apud Murator. tom. 16. col. 581 : *Et pro prima imbanditione dant duos cappones, vel unum capponem, et unam magnam petiam carnis pro quolibet Tajore.* Et col. 582 : *Et duo comedunt super uno Tajore.* Hispanis *Tajo* est brevior ligni truncus, nostris *Bloc, Billot; Tajo de carnicero,* Truncus in quo carnifex secat carnes. Vide *Talhadorium* et *Talierium.*

¶ **TAISIA**, Gall. *Toise.* Vide *Teisia.*

¶ **TAISSARE,** Veneno *tais*, vel *tays* nuncupato inficere. Charta Massil. ann. 1300 : *Unde dominus locumtenens et dictum consilium statuit ad cognoscendum dictos pisces Taissatos, lothoselatos et empoysonatos.* Vide *Lothosela.*

¶ 1. **TALA,** Vastatio, damnum, præsertim frugibus illatum, Hispanis *Tala*, Provincialibus *Tale*, Gall. *Dommage, dégat.* Charta ann. 1167. Marcæ Hisp. col. 1346 : *Dono prædicto hospitali* (*Perpinianensi*) *ut bestiæ ejus habeant pascua in omnem terram nostram, ita ut non faciant Talam, et si facient Talam, emendent illam consilio bonorum hominum.* Rursum occurrit ibid. col. 1395. in Constit. Petri Regis Aragon. supra laudatis in v. *Maleficium;* ubi legitur *Cala*, male, ut jam ibi notatum est. Charta Raymundi Comitis Tolos. ann. 1177. pro S. Ægidio Arelat. : *Dono per totam terram nostro dominio subditam plenissimum et liberrimum jus pascendi sua pecora et armenta, eorum tamen pastores et armentarios cautos et pervigiles esse volo, ne Talam faciant, id est, segetes alienas non depascant. Talas et vastationes bonorum*, in Charta ann. 1270. ex Archivo S. Victoris Massil. : *Talam facientes vel damnum aliquod dantes in vineis, ortis, bladis et aliis defensis*, in Sententia arbitrali MS. ann. 1292. inter Abbatem et Consules de Gimonte. Adde Statuta Massil. lib. 2. cap. 32. lib. 5. cap. 19. § 13. cap. 20. § 2. Statuta Montis-Olivi diœcesis Carcasson. ann. 1231. apud Marten. tom. 1. Anecdot. col. 968. Statuta MSS. Augerii II. Episc. Conseran. ann. 1280. rubr. de restitutione, Chartam ann. 1342. tom. 2. Hist. Dalphin. pag. 442. col. 2. etc. Simili, ni fallor, notione Consuetudines Furnenses MSS. ex Archivo Audomarensi : *Quicumque fur cum pronuntia captus fuerit, debet in vierscara adduci et ibi debet audire allegationes, id est Tala et Weidtala per manum ipsius, qui eum cepit, et quatuor bonorum virorum.* [** *Tala et Wedertala*, apud Warnkœnig. Hist. Flandr. tom. 2. Probat. pag. 74. art. 10. Accusatio et defensio. Vide ibi et mox *Talemanni.*] Sed haud satis scio an huc revocari possint veteres Formulæ Andegav. art. 33 : *Cum per cæca cupiditate per loca orbana semper hostis antiquus bella consurget, et solent homines perfidi et pessimi per malus intolerabilia mala subire, tam ab hostibus, quam latrunculus, per Talas et fortes, per captores et rapacis conmovere et conmutare damnos ægravis tatis.* Ubi per *Talas* intelligi possent vastatores seu damna inferentes. Vide mox *Talare.*

¶ Talla, Eadem notione. Transactio ann. 1317. e Schedis Præs. *de Mazaugues : Si contingeret quod Talla seu damnum, etc.* Sententia arbitralis inter Dominos et incolas Calliani ann. 1497 : *Item cum prædictis hominibus de Caliano contingat aliquando damna eisdem inferri in eorum eysartis et possessionibus, et Tallas tam per homines privatos quam exteros, quam animalia seu averia.... pro prædictis damnis et Tallis æstimandis, etc.*

¶ Tallia, Eodem significatu. Transactio ann. 1295. ex Schedis Præsidis *de Mazaugues : Quod si familia laica... Talliam faceret vel damnum daret... in bladibus, pratis et aliis consimilibus.*

¶ Tala, Mulcta ipsa quæ pro *Tala* seu damno exigitur. Charta ann. 1323. ex Tabul. Massil. : *Salvo quod si bannum commiserint in vineis, bladis, ortis et pratis, quod pro ipsa animalia bannum et Talam solvant.*

¶ 2. **TALA**, Idem quod *Tailla*, ni fallor, Silva cædua, Gall. *Taillis.* Charta ann. 1218. apud Stephanotium tom. 4. Antiq. Pictav. MSS. pag. 764 : *Concessi dilectis in Christo monachis B. Martini Majoris-monasterii,.. calfagium in foresta nostra de Rocha in Tala et branchia ad usum domus suæ, quantum eis opus fuerit in perpetuum.*

* 3. **TALA**, *Cunabula nuptiarum.* Glossar. vet. ex Cod. reg. 7641.

¶ **TALAGA**, f. pro *Tigris.* Vide *Tagala.*

* **TALAGIUM**, Præstationis species, nostris etiam *Talaige.* Charta ann. 1202. ex Tabul. archiep. Camerac. : *Recognitum est et concessum quod villa, quæ vocatur Solemium,..... pertinet ad jus et dominium beati Dyonisii, in terris cultis et incultis, aquis, pascuis, pratis, nemoribus, molendinis, furnis, Talagiis, introitibus, exitibus, mortuis manibus, theloneo, censu, etc.* Charta ann. 1319. in Reg. 59. Chartoph. reg. ch. 316 : *Item valet Talagium et focagium xviij. libras Turon. annui redditus.* Alia ann. 1321. in Reg. 61. ch. 290 : *Li Talaige, les coustumes, li tonliu et li forage que li cuens avoit, etc.* Vide in *Tallia* 8.

¶ **TALAHIA**, f. Id quod *Tajata*, Incisura, fossa, vallum cavatum. Vide *Muragium.*

TALAMASCA. Vetus Gloss. MS. : Πέτμα, *Delusio imaginaria, Talemasca.* Theodulfus Aurel. in Epigrammate *de Talamasca :*

Pusio personæ cum vultum obducit inanem,
Quod tremit hinc terret; quod fugit inde fugat.
Credo et prostratus jacuit, palmasque tetendit,
Ante Redemptorem parvula membra movens.

Hincmarus in Capitul. ad Presbyt. diœcesis suæ cap. 14. Regino lib. 1. cap. 213. et Burchard. lib. 2. cap. 161 : *Nec larvas Dæmonum, quas vulgo Talamascas dicunt, ibi ante se ferri consentiat.* Apud Kilianum *Talmasche*, est larva, ut *Talmaschen*, larvam induere. Vide *Masca.*

Talamascæ Litteræ, pro occultis, et quæ *talamascis* ac sortilegis solis notæ sunt, [et iis quibuscum de earum literarum significatione conventum est.] Fragmentum Odonis Ariberti de cæde Bernardi Comitis Barcinonensis : *Cætera, quæ pandere periculosum est, literis Talamascis inscribam.* [Vide supra *Cifræ.*]

¶ Talamatium. Chronicon Parmense ad annum 1300. apud Murator. tom. 9. col. 873 : *Qui fecerant per ipsas communitates multa Talamatia et insignia eorum, quæ ibi habebant, suis aciebus ordinatis, iverunt contra dictum dominum Ghibertum.*

¶ **TALAMELLARII**, Talamerarii, Panifices. Vide *Talemarii.*

1. **TALARE,** Vastare, rem invadere, per vim auferre. A Sax. talon, Carpere, detrahere, uti vult Spelmann. [Malim ab antiquo *Taliare*, ut et Gallicum *Tailler*, Italicum *Tagliare;* unde *Talare* proprie sit Scindendo vastare.] Lex Alamann. tit. 34 : *Si quis præsumpserit infra provinciam hostiliter res Ducis invadere, et ipsas Talare,*

et post hæc convictus fuerit, quicquid ibi toltum fuerit, mancipia, pecuniam, omnia tripliciter restituat. Rex Ripuar. tit. 64 : *Et quanticumque post auctorem sanguinis effusores, vel post tres priores fuerint, unusquisque 15. sol. mulctetur, et, quidquid ibi Talaverint, restituant.* Eadem, ni fallor, notione TALARE dicebantur milites, flagrantibus Albigensium bellis, qui vineas et arbores in agris evellebant et exscindebant; fortean a Gallica voce *Tailler*, quam nostri de consueta vinearum putatione usurpant, quasi ii, cum vastationem hanc aggrederentur, id operis peragere se per ludibrium dictitarent, vitibus ipsis radicitus excisis et putatis. [Ut ut est de primæva vocis origine, *Talare* dictum est a *Tala*, vastatio, damnum, ut superius observavimus.] Will. de Podio-Laurentii in Chronico cap. 38 : *Memini, quod dicebat pius Episcopus, dum Talando quasi fugientes redirent, Miro modo fugiendo adversarios nostros superamus.* Supra dixit *vineas demoliri*. Cap. seq. : *Peracto igitur Talæ hujus negotio, etc.* [Inquisitio ann. 1268. ex Schedis Pr. *de Mazaugues* : *Pro quodam blado quod Talaverat cum ovibus suis, emendavit quatuor sextarios annonæ ei cujus erat bladum talatum.* Tabularium B. Mariæ Piperac. : *Pastores dicti Comitis cum dicto bestiario Talaverunt blada dictæ parochiæ.* Et alibi : *Pratum Talaverant et destruxerunt.* Charta ann. 1302. tom. 2. Hist. Dalphin. pag. 98 : *Talaverunt vineas et prata et animalia prædaverunt.* Alia ann. 1339. ibid. pag. 376 : *Ne quisquam.... nemora scindere, accipere vel Talare... audeat.* Alia ann. 1342. ibid. pag. 441 : *Mandamenta Talavistis, multas arbores... tam furtive et clandestine, quam palam scindistis.*] Stabilimentum Communis Tolosæ ann. 1181. apud Catellum in Comitibus Tolosanis lib. 2 : *Qui inveniet Talatorem in vinea, sive sua, sive alterius, vel in prato deves* (i. vetito) *vel in viridario, vel in horto, vel in arbore, vel in segetibus hominum urbis Tolosæ, vel suburbii, capiat eum, et retineat, si potest : et ille Talator factum talem emendet illi, cujus est honor, etc.* Concilium Biterrense ann. 1246. cap. 18 : *Et illi* (excommunicantur) *qui vineis, bladis, arboribus Talam faciunt, et aliis bonis, quæ ad Ecclesiam pertinent, etc.* Synodus Nemausensis ann. 1284. cap. de Pœnitentia : *De Talis et incendiis, etc.* Charta ann. 1383. apud Guesnaium in Annalibus Massil. pag. 437 : *Quingentos balistarios, quingentos pavesiatores, Talatores, vastatores et bombardas in magno numero pro faciendo vastum ante civitatem Aquensem, etc.* Hispani etiamnum *Talar*, dicunt, pro agros depopulari, et *Tala*, pro depopulatio. Sed et

2. TALARE, est Putare, scindere. Charta Garciæ Fernandi Comitis, æræ 1010. apud Anton. *de Yepez* in Chron. Ord. S. Benedicti tom. 1 : *Et per omnes terminos plantare et arrumpere licentiam habeant fratres de Ecclesia S. Petri, ubi voluerint ligna Talare, aut herbare garda, aut vinis per cofinus, aut carro per qualecunque ambulare, etc.* In alia Charta æræ 1018. ibidem : *Nullusque sit ausus aliqua terra laborare, neque pascua aliqua ibi defendere, neque vinea plantare, vel aliqua ligna abscindere, etc.* Vide Observantias Regni Aragon. pag. 26. edit. 1624. et Repertorium Michaëlis *del Molino* in *Alcaydus*, *Diffidamentum*, et *Talator*.

* Charta ann. 1217. inter Probat. tom. 1. Hist. Nem. pag. 55. col. 2 : *Ponit iterum P. Bonitus, quod Petrus Altrannus Talavit quendam clausum suum, etc.* Stat. Avenion. ann. 1243. cap. 105. ex Cod. reg. 4659 : *Statuimus quod si quis Talaverit vel erradicaverit, vel Talari seu erradicari fecerit, pro singulis corgonibus Talatis vel erradicatis solvat communi nomine pœnæ tres solidos.*

TALARE, Alias Latinis est Talo percutere, κονδυλίζειν.

* *Taler* vero, Atterere, frangere, vulgo *Froisser*, sonat in Lit. remiss. ann. 1417. ex Reg. 170. Chartoph. reg. ch. 113 : *Les cyrurgiens qui firent le rapport que icelle femme estoit Talée et froissée de ses membres, tout ainsi que s'elle feust cheue d'un arbre a terre.*

* 3. **TALARE**, Continere. Testam. Isaac medici Carcass. Judæi ann. 1305. ex Chartoph. reg. Montispess. : *Item Vitali Astruch...... duo vasa vinaria, quolibet unius modii, et unam tinam quam ego emi, quæ tina Talat unum modium et dimidii vini.*

TALARIA, TALARES. Glossæ Gr. Lat. : Ὑποδήματα, *Talaria*. Glossæ Lat. Gr. : *Talaria*, πέδιλα. *Talare*, περίσφυρον. Isidorus lib. 19. cap. 34 : *Talares calcei, socci sunt, qui inde nominati videntur, quod ea figura sint, vel contingant talum; sicut subtalares, quod sub talo sunt, quasi subtalares.* Fortunatus lib. 8. Poëmate 23 :

> Cui das unde sibi Talaria missa ligentur;
> Pellibus et niveis sint sola tecta pedis.

Vide *Subtalares*.

* Unde Gallicum *Talaire*. Comput. MS. monast. Clareval. ann. 1364. fol. 11. v° : *Pro duodecim Talaires pro retectoribus, j. flor.*

** TUNICA TALARIA. Schol. MSS. ad Juven. Sat. 6. vers. 444. apud Maium in Glossar. novo : *Ante Ciceronem ita mulieres et viri succingebant suas tunicas, quas subarmales vocant; sed Cicero primus instituit, ut feminarum tunicæ ad talos usque dependerent, propter varices operiendas, quæ tunicæ Talariæ dicuntur.*

TALARES, Tali ipsi. Baldricus Noviom. lib. 1. cap. 56 : *Marcentibus nervis, Talares cruribus adhæserant, ac nullo conamine sejungi valerent.* [Glossæ Lat. Gr. : *Talares*, κόνδυλοι χειρῶν. *Talari*, κόνδυλοι ποδῶν. Adde Glossas Gr. Lat. Vide *Talatrum*.]

* **TALASSUS**. Glossar Provinc. Lat. ex Cod. reg. 7657 : *Peada Prov. peda, vestigium, Talassus.*

TALASTRUS, *Colaphus in talos*. Papias. [Vide *Talitius*.]

¶ **TALATA**, Exactio, *Taille*. Vide *Tallia* 8.

* **TALATIUM**, pro *Matalatium*, Culcitra, Gall. *Matelas*. Inventar. ann. 1449. ex Tabul. D. Veneiæ : *Quædam lichiera garnita Talatio et plumari pleno lanæ.*

¶ **TALATOR**, Qui vastat, scindit. Vide supra *Talare*.

¶ **TALATRUM**, Κόνδυλος ποδὸς ἢ χειρός, in Glossis Lat. Gr. Aliæ Gr. Lat. : Κόνδυλος ποδὸς ἢ χειρός, *hoc Talatrum, Pugnus*. Vide *Talaria*.

TALAVACIUS, Majoris ac spissioris clypei species, Gallis olim *Talvas*. Lexic. Cambro-Britannicum : *Talbos, clypeus; Talwas, clypeus*. Ordericus Vitalis lib. 8. pag. 707. de Roberto Belismensi : *Robertus autem, qui pro duritia jure Talavacius vocabatur, etc.* [Rolandinus Patavinus in Chronico Tarvis. lib. 8. cap. 10. apud Murator. tom. 8. col. 292 : *Circa CL. pedites ... cum Talavaciis statuit super turrim et portam, etc.* Le Roman *de Vacce* MS.

> As Talevaz se sout et courrir et moller.]

Joan. *de la Gogue* in Hist. MS. Principum *de Deols* in Biturigibus : *Et commanda par tous les loigis de son host, que chascune chambre heust le jour ensuivent un homme d'armes et deux Talevassiers pour assaillir le Chastel.* Rursum : *Envoia deux des plus esprouvez de sa compaignie pour viser le chastel, accompaigniez de Talvassiers et archiers pour les garder.* Vocem Gallicam alibi usurpatam vix reperias. [Vide infra *Tavolacium*.]

* Hinc, ut opinor, accersenda vox Gallica *Taillevacier*, qua prædator, grassator significatur. Lit. remiss. ann. 1383. in Reg. 124. Chartoph. reg. ch. 166 : *Un homme qui sembloit estre pillart, Tellevacier ou fourragier, et parloit estrange langaige. Pillart, Taillevacier ou fourragier*, in Lit. seq. Vide *Talare* 1. Inde etiam fortassis *Talebot*, quæ vox injuriæ loco usurpatur, in Lit. remiss. ann. 1470. ex Reg. 195. ch. 428 : *L'un d'iceulx compaignons...... par maniere d'injure appella le suppliant Talebot. Parquoy ledit suppliant soy voyant injurié, etc.*

* **TALAUCHA**, Clypei species, nostris olim *Taloche*. Monstra ann. 1339. inter Probat. tom. 4. Hist. Occit. col. 184 : *Mostra servientum peditum cum lanceis, Talauchis, telis, ensibus et gladiis, etc.* Male editum *Talanchis*. *Talebart*, eodem intellectu. Lit. remiss. ann. 1397. in Reg. 152. Chartoph. reg. ch. 19 : *Icellui de Fortit armé de badelaire et de Taloche ou Talebart, etc.* Aliæ ann. 1408. in Reg. 165. ch. 364 : *Arnault Dader issy hors de l'ostel portant son espée et son Talebart ou Taloche.* Vide infra *Talochia* et *Taulachia*.

¶ **TALAX**, *Scaurus*, in Glossis Isid. Cui sunt exstantes tali. Hinc emendanda sunt Excerpta Pithœi, ubi perperam, *Telax, Stamus*.

* **TALAYÆ**, Excubiæ excurrentes et exploratoriæ, Gall. *Patrouilles*. Charta ann. 1322. ex Bibl. reg. : *Excubias, gardias sive Talayas teneri faciat ad illum finem, ut si quid contrarium regno Franciæ seu alicui patere eis appareret, per signa ignis vel alias ostenderent.*

¶ **TALCUS**, Lapis pellucidus, Gallis *Talc*, Germanis *Talck*, unde nomen. Occurrit in Actis S. Juvenalis Episc. Narniensis, tom. 1. Maii pag. 400. col. 2.

¶ **TALE QUID**, Vox generica qua verecunde significatur Involuntaria pollutio nocturna. Bernardus in Ordine Cluniac. part. 1. cap. 18 : *Si Tale quid ei contigit in nocte, quod nos verecunde Fragilitatem appellamus, etc.* Et cap. 35 : *Qui dum per chorum transit* (is, qui textum Evangelii defert osculandum) *omnes altius inclinant illi, et si alicui Tale quid contigit, signum* *sibi cum manu facit, ut eat in antea et inclinat.* Rursum occurrit eodem cap. et alibi non semel. Vide *Fragilitas.*

1. **TALEA**, TALIA, TALLIA, TALLIUM, Voces unius ejusdemque originis, quæ nostris Tesseram ligneam significant, in duas partes fissam, in quarum utraque debitum continetur, transversaria quadam cæsura denotatum, altera penes emtorem vel debitorem, altera penes venditorem vel creditorem remanente : nostris vulgo *Taille.* Quæ quidem voces a Latina *Talea* et *Talia* deducuntur. Est enim *Talea, ramus incisus*, in Glossis MSS. Glossæ Lat. Gr. : *Talia*, κορμός, σχίζα, σκυτάλη. *Talia*, κορμός, σχίδαξ. *Taliæ*, σχίδακες. *Taleæ oleaginæ*, apud Catonem et Varronem de Re rustica. *Taliæ ferreæ*, apud Cæsarem lib. 5. de Bello Gall. *Taleæ fraxineæ*, apud Serenum Sammonicum cap. 12. *Intercisi ex arboribus cylindri, quos Taleas vocant*, apud Vegetium lib. 4. cap. 8. Nonius : *Taleas, scissiones lignorum, vel præsegmina.* Vetus Agrimensor : *Terminus, si aliquam scissuram, hoc est, Taliaturam habuerit, montem scissum, id est, Taliatum ostendit, limes ille finem transit.* Vide Acta SS. Valeriani, Tiburtii, etc. num. 11. Hinc igitur

TALEA, pro ejusmodi Tessera lignea, Gallis, *Taille*, Anglis *a Taley*, al. *Talley.* Leges Henrici I. cap. 56 : *Si.... de his, quæ ad firmam pertinent, controversia oriatur, si de Taleis agatur, etc.* Gervasius Dorobernensis in Hist. Angl. : *Videlicet ut Conventus Monachos tres vel quatuor ad custodiendas villas ordinaret, qui redditibus omnibus Thesaurariis, a Conventu constitutis, per Taleas responderent.* Matth. Paris ann. 1247 : *Fecit etiam per ballivos perscrutari, quod si aliquis institor, vel injuriam passus quicunque alius, in aliqua accommodatione coacta, vel extorsione pecuniæ, vel victualium ut solet per regios exactores, proferret scriptum, vel Taliam, vel testimonium, vel juraret, etc.* Atque hac notione passim usurpat Fleta lib. 2. cap. 27. § 5. c. 30. c. 61. § 2. c. 63. § 12. c. 70. § 1. c. 72. § 20. c. 82. § 5. etc. Adde Cowellum lib. 4. tit. 22. § 8. [Glossarium Lobinelli tom. 3. Hist. Paris.] etc.

¶ TAULLIUM, Eadem notione. Tabularium Ecclesiæ Ambianensis : *Majores vero in his, quæ ad grenidam veniunt, nihil juris habent, excepto quod quando annona mensuratur, si præsentes fuerint ad servitium Ecclesiæ, et Taullia sua fecerint, ut de summa annonæ rationem possint reddere officialibus Ecclesiæ, et saccos et vehicula ad deferendam annonam submoverint, uterque sex nummos pro sua procuratione habebit.*

CORULINA TALLIA, Laterculus ex corylo arbore. Henr. de Knyghton pag. 2570 : *In æstate sequenti Rex cepit lanas de tota terra Angliæ, per Tallias corulinas, et parvula brevia scripta, imposito pretio 9. marcarum ad saccum, etc.* Gloss. Lat. Gr. : *Corulus*, ποντικέα. Vide *Tallia.*

2. **TALEA**, [Idem videtur quod *Tala* 1. Vastatio, depopulatio, seu mulcta quæ ob damnum illatum exsolvitur.] Charta Roberti Regis Francor. ann. 1028. ex Tabulario Columbensi : *Cum terris cultis et incultis, cum vineis et pratis, cum tota vicaria, et bannis, et incendiis, Taleis, et omnibus legibus cæteris, pascuis, etc.*

¶ 3. **TALEA**, Societas fœdere confirmata, Italis *Taglia.* Vide *Talia* 4.

¶ 4. **TALEA**, Pretium quod exsolvitur ei, qui rebellem aut perfidum capit vel occidit, Ital. *Taglia.* Chronicon Danduli apud Murator. tom. 12. col. 470 : *Inter cætera statuitur Talea de perperis viginti millibus de Constantinopoli dantibus eum vivum, et de perperis decem millibus dantibus eum interfectum.*

¶ **TALEARE**, Idem quod supra *Talare*, Scindendo vastare. Petrus Azarius de Bello Canepiciano apud Murator. tom. 16. col. 433 : *Ruscando arbores infinitas... et Taleando vineas fecerunt vasta apud Castrum Montis, etc.*

1. **TALEATA.** Vetus Charta ex Tabulario Abbatiæ S. Stephani de Vallibus [edita inter Instr. tom. 2. Gall. Christ. novæ edit. col. 474. et seq.] : *Gamo Ecclesiæ detrahere conabatur paludis partem non modicam, et Taleatas in palude ædificatas, et prata, et saltuum necessaria.* Mox : *Partem vero paludis ejusdem, quam P. Benedicti sub censu duorum solidorum possidet, A. prædictus uxori suæ in dotem dederat, dum obtineret : hoc etiam Abbas et Ecclesia dominæ reliquit, dum vixerit, obtinendum : qua defuncta, ministris Ecclesiæ, vel palus, vel census sine querela reddatur. Quod si præfatus A. Taleatam ibi facere voluerit, victui domus suæ necessariam, per manum Abbatis sumat, et ædificet, et, dum vixerit, obtineat : eo vero defuncto, ad Ecclesiam, ut fuerit ædificata, sine querela reddatur.* Infra : *De præfatis vero Taleatis, dum prædictus A. et uxor ejus vixerint, sex nummos censuales Ecclesiæ reddent, quibus defunctis ad Ecclesiam sine querela reddantur omnes census Taleatarum in palude, ab Abbate sibi demonstrata, ædificatarum.* Ubi *Taleata* videtur fuisse certus ac definitus locus in palude, *Taleis*, seu palis defixis septus, in quo pisces asservabantur : [vel fortassis idem quod]

¶ 2. **TALEATA**, Fossa, locus cavatus, canalis. Memoriale Potestatum Regiens. ad ann. 1220. apud Murator. tom. 8. col. 1104: *Eodem anno Taleata fuit incœpta cavari, et fuit missus Paudus per dictam Taleatam.* Et ad ann. 1243. col. 1112 : *Potestas fecit cc. brachia ex muro civitatis juxta alium, et fecit murari Rezetum de Razòlo, et fecit fieri pontem super Taleatam.* Vide *Tajata* et *Talgiata.*

TALEMANNI apud Groninganos, dicuntur triumviri, velut Collegii Præsides ac Rectores, eo quod nomine reliquorum verba faciunt in senatu, ut habet Ubbo Emmius in Groninga pag. 61. Kiliano, *Taelman*, est Orator, Causidicus, Advocatus, ex *Taele*, oratio, sermo, et *Man*, homo.

TALEMARII, TALEMETARII, seu TALEMELARII, Gallis, *Talemeliers*, Panifices, qui panem conficiunt ac venum exponunt. Ita in Statutis MSS. Talemellariorum Parisiens. in quibus hæc habentur : *Nul Talemelier ne peut faire plus grant pain de 2. deniers, se ne sont gasteaux à presenter, ne plus petit de obole, se ne sont eschaudez, etc.* Regestum feodorum Comitatus Carnotensis fol. 17 : *Item la Coustume du pain : chascun Talemelier, qui vent pain au Jœudi devant la Tour, doit obole.* Regestum peagiorum Parisiens. : *Ne puet nul vendre pain à Paris, ce se ne sont Talemelliers ou regratiers.* [Adde Præceptum Philippi Pulchri Franc. Regis ann. 1305. apud *de Lauriere* tom. 1. Ordinat. pag. 427 *Talamellarii* dicuntur in Literis ejusd. Regis ann. 1313. ibidem pag. 532. *Herveus Talamerarius* memoratur in Charta 23. Chartularii Dunensis.] Charta ann. 1231. in Hist. Castilionensi pag. 53 : *Burgenses vero ejusdem villæ coquent ad eadem furna ad vicesimum panem : Talemarii vero coquent sextarium pro tribus denariatis panis tales, quales furnerius voluerit accipere.* Regestum Magnorum Dierum Trecens. ann. 1228. fol. 84 : *Probatum.... esse in possessione recipiendi in primis 7. diebus nundinarum 7. denarios a quolibet Talemetario Vallis S. Aigulfi.* Vide Brolium lib. 2. Hist. Parisiensis pag. 307. 2. edit. [et D. *Secousse* tom. 3. Ordinat. Reg. Franc. pag. 356. et 659.]

¶ THALEMETARII, Eadem notione, in Charta ann. 1176. e Tabulario B. M. de Charitate, ubi Stephanus Sacri-Cæsaris Comes eidem Monasterio donat molendina ea conditione ut *Thalemetarii* de castro Sacri-Cæsaris molant in iis molendinis. Rursum occurrit in Charta Capellæ Castri Provinensis sæc. XIII. *Thalametiers*, in Literis vernaculis ann. 1269. tom. 4. Ordinat. Reg. Franc. pag. 533. at ibid. pag. seq. scribitur *Talemeriers.*

* *Talemetiers*, in Stat. ann. 1358. tom. 3. Ordinat. reg. Franc. pag. 659. et tom. 5. pag. 392. ex Lit. ann. 1371. Quorum artificium *Talemesterie* et *Taillemellerie* nostratibus olim nuncupatum. Charta admodiat. major. Castel. ann. 1380. in Reg. 116. Chartoph. reg. ch. 243 : *Tout le droit des commendises, Talemesteries, gasteleries, messeries, etc.* Alia ann. 1443. in Reg. 179. ch. 147 : *Les maistres du mestier et artifice de boulengerie et Taillemellerie de nostre ville de Bourges, etc.*

* TALEMERARII, Eadem notione, in Reg. 34. bis part. 2. fol. 143. v° : *Talemerarii Montis-Leherici conqueruntur quod..... hæredes ejusdem Guidonis compellunt ipsos Talemerarios ad forniliam quærendam.* [** Occurrit non semel in Chartul. S. Petri Carnot. Vide Guerard. Prolegom. pag. 57.]

☞ Vocem *Talemouse*, vel *Talmouse*, quam pro pane dulciario e caseo et ovis confecto usurpamus, ex *Talemelier*, derivari, haud sine probabilitate, docet *de Lauriere* tom. 1. Ordinat. Reg. pag. 427. nota *b.* sed unde dicti ipsi *Talemarii?* An a voce Gallica *Tamis*, vel potius Aremorica *Tamones*, Farinarium cribrum, ita ut *Talemeliers* dicti fuerint Pistores, quasi nunc diceremus *Tamisiers*, Qui cribro farinam secernunt?

* Haud sine probabilitate inde deducitur vox Gallica *Talemouse* vel *Talmouse*, a cujus forma triangulari forsan modus agri *Tallemouze* appellatur in Chartul. Latiniac. fol. 260. v° : *Item sept quartiers en façon de Tallemouze audit lieu, aboutissant etc.*

¶ **TALEMASCA.** Vide *Talamasca.*

¶ **TALEMETARIUS.** Vide in *Talemarii.*

¶ **TALEMIS**, TALEMUS. Vide *Talmud.*

¶ **TALENAGIUM**, *id est, Jus exigendi singulos sextarios pro singulis modiis vini* *penditis*, in Charta Hugonis de Noeriis Episc. Autissiod. de manumissione hominum Varziaci ann. 1202.

1. **TALENTUM**, pro Centum libris. Glossæ Lat. MSS. Regiæ : *Talentum, centum pondus auri ; idem* 82. *pondo*. [** Cod. reg. 7644. *certum*. Vide Isidor. Orig. lib. 16. cap. 25. sect. 22. ex Eucherio.] Ita Theophanes ann. 9. Nicephori General. τάλαντον, pro centum libris usurpat. Vide Agrimensores pag. 333. Budæum lib. 4. de Asse, Agricolam de Ponderibus lib. 2. et 5. Covarruviam de veteribus Numismat. Hispan. cap. 4. n. 5. et alios.

Talentum, pro 50. libris. Osbernus in Vita S. Elphegi Archiep. Cantuar. n. 28 : *Ut si vita ac libertate velit potiri, sexaginta auri Talenta persolvat, singulis Talentis quinquaginta librarum pondere appensis.*

Talentum, interdum pro *Libra* et *Marca* sumitur, ut apud Annam Comnenam in Alexiade pag. 414. Neque aliter accipi apud Gregor. Turon. lib. 7. cap. 40. videtur : *Ferunt autem ducenta et quinquaginta Talenta argenti fuisse : auri vero amplius quam triginta.* Speculum Saxonicum lib. 3. art. 51. § 2 : *Equus, cum quo quis dominum suum sequendo eidem inservit, Talento, id est* 20. *solidis coæquatur.* [** Germ. *punt.*] Quot scilicet *marca* dicitur *ponderare*, eodem lib. art. 45. § 3. *Talenta seu libræ*, tit. 64. § 2. *Marca vel Talentum*, in jure Saxonico cap. 26. § 1. Witikindus, et ex eo Conradus Usperg. : *Pro qua præsumptione condemnavit eum centum Talentis, omnesque Principes, qui ad hoc eum juvabant, dedecore canum, quos portabant usque ad urbem regiam, quæ dicitur Magedeburg.* Vetus Charta apud Hubertum Leod. in Monumentis antiq. pag. 38 : *Pro præsumptione autem delicti, impetrando dijudicamus, ut si liber est,* 10. *Talenta ; si ministerialis*, 5. *Talenta.... persolvat.* Adde Matth. Paris pag. 547. et 567. Chronicon Montis-Sereni ann. 1171. et alibi non semel, Leges Opstalbomicas cap. 34. etc. Præterea quæ observamus ad Annam Comnenam pag. 400. At in Chronico Laurishamensi, *Talenta* 18. *et dimidium marcas* 15. *confecisse* dicuntur, [et in Statuto Abbatiæ Pegav. ann. 1308. apud Ludewig. Reliq. MSS. tom. 2. pag. 263 : *Pro septem marcis recipi debent sex Talenta denariorum usualium.* Charta Pilgrini de Swarzenowe Ministerialis Austriæ ann 1271. apud eumdem Ludewig. tom. 4. pag. 81 : *Unius Talenti redditus in Stranais libere tradidi, sex videlicet solidorum redditus et* LX. *denariorum redditus.* Charta Stephani Waiwodæ Transsilv. ann. 1346. ibid. pag. 277 : *Promittimus.... condonare mille marcas puri argenti ponderis Wiennensis aut duo millia Talenta latorum denariorum Wiennensium, et pro quocumque Talento sex pens. latorum den. Wienn. computando.* Adde pag. 79. 80. 82. 100. 109. 119. 162. Dissertationem Christiani Schlegelii de nummis antiquis Gothanis, etc. editam Francofurti ann. 1717. p. 7. et 8. Chronicon Mellicense pag. 379. col. 2. ubi Schrambius *Talentum* vertit per *Florenum*, Vindemias Liter. Schannatti pag. 3. etc.] Sumitur etiam interdum pro Aureo. [*Unum Talentum auri valens septem solidos Turon.* in Indice MS. Beneficiorum Ecclesiæ Constant. fol. 54.]

* Pro Libra, pondus, in Charta ann. 1389. tom. 2. Hist. Trevir. Joan. Nic. ab *Hontheim* pag. 895 : *In oleo lxxviij. Talenta, in cera vij. cum dimidio Talenta, etc. Talentum magnum humuli....... Talentum magnum canabis*, in Charta ann. 1522. tom. 5. Cod. diplom. Polon. pag. 184. col. 2.

¶ Talentum Ceræ, in Charta ann. 1315. apud Christianum Schlegelium in Dissertatione jam laudata pag. 11 : *Talentum cimini, Talentum piperis*, in Consuet. MSS. Eccl. Colon. Vide *Tabularium* 6. [** *Talentum ceræ et talentum piperis*, in chart. ann. 1244. apud Guden. Cod. Diplom. tom. 2. pag. 83.]

* Talentum, Interdum idem quod nostris *Besant*. Glossar. Lat. Gall. ex Cod. reg. 7679. : *Talentum, Besant.* Stat. colleg. de Marchia fol. 128 : *Domus onerata in octo denariis Paris. pro fundo terræ erga priorem S. Eligii, et erga dom. nostrum regem in duobus Talentis, Gallice besans. Talentum* septem solidis æstimatur in Charta Guich. prior. S. Salvii ann. 1202. ex Tabul. S. Gauger. Camerac. : *Memoratum hospitale singulis annis die Natalis Domini Talentum unum septem solidorum Vallencenensis monetæ censualiter nobis persolvet.*

* Talentum Majus, ut res rara observatur a Muratorio, in Charta ann. 1037. tom. 1. Antiq. Ital. med. ævi col. 348 : *Si quis igitur præsumtor temerarius, diabolico avaritiæ stimulo percussus, huic nostræ auctoritatis præcepto resistere, aut eum aliquatenus infringere temptaverit noverit se compositurum auri purissimi libras centum Talenta majora.*

2. **TALENTUM**, Animi decretum, voluntas, desiderium, cupiditas, Florentinis et Hispanis *Talento*, nostris olim *Talent*. Testamentum Stephaniæ, Reginæ Navarræ, Garsiæ Regis uxoris, æræ 1098. apud Sandovallium in Episcopis Pampilonensibus pag. 61 : *Igitur si venerit ad aliquam de meas filias in Talentum Deo servire, et habuerit habitum, Deo devota permaneat, etc.* [Le Roman *de la guerre de Troyes* MS :

> Et dou combatre sai-je bien,
> Que ceus de là n'en feront rien...
> Ce poez bien savoir sans faille
> Q'il n'en ont ore nul Tallant.]

Hinc formata vox apud nostros *Entalenté*, qui aliquid agere cupit, vult, decrevit, etc. Le Roman *de Garin* :

> Entalenté fu de Buegue vengier,
> Par mautalant a brochié le destrier.

L'Ordene *de Chevalerie* :

> Aprez deux esperous li mit
> En ses deux piez, et puis li dit,
> Sire, tout autres i es maus,
> Que vos volez, que vos chevaus,
> Soit de bien corre Entalentez,
> Quant vos des esperons ferez.

Alanus Charterius *au debat des deux fortunes d'Amour* :

> Si recorde sa leçons en son lit
> Très ententiz
> Et d'en sçavoir du tout Entalentez.

Huicce voci opponitur alia *Maltalent*, mala voluntas. Guillelmus *Guiart* :

> A grans flos de la ville saillent
> Mautalentis, et presque à guerre
> Vont les fouriers S. Loys querre.

Alibi :

> Courrouciez et Mautalentis.

Matth. Villaneus lib. 10. c. 9 : *Pieno di Maltalento. Detalenté de voler*, de falcone qui volare renuit, in lib. de Falconaria, Jani *de Franchieres* c. 7. Ab ἐθελωτής, vocis etymon accersit Budæus, quod video probari viris doctis. Mihi vero origines linguarum vulgarium, a Græca lingua petitæ, minus arrident.

☞ *Atalenter* non semel etiam usurparunt nostri pro Gratum habere, placere, velle, etc. Le Roman *de Rou* MS :

> Rou oi la parole, mout lui Atalenta,
> Par conseil de ses homs les trieuves asseura.

Le Roman *d'Athis* MS :

> Mesgnié out belle et riche et gente,
> Qui à bien faire s'Atalente.

Et infra :

> Moult m'Atalente et plaist leur estre.

* Glossar. Provinc. Lat. ex Cod. reg. 7657 : *Talent, Prov. desideratio.* Hinc *Ratalenter*, Gratum se exhibere, apud Guignevil. in Peregr. hum. gener. MS. ubi de Concupiscentia :

> Quant je vuel, je fai le plaisant,
> Gracieuse et Ratalentant.

[** Vide Raynouard. Glossar. Provinc. tom. 5. pag. 296. voce *Talen*.]

¶ **TALERUS**, Tallerus, Monetæ species apud Germanos, de qua jam dictum est in *Dalerus*. Melchioris *de Redern* Epistola ad Archiducem Austriæ de Obsidione Varadiu. ann. 1589. apud Ludewig. tom. 6. Reliq. MSS. pag. 328 : *His virtutis et meritæ laudis ergo centum Taleros donavi.* Rursum occurrit pag. 329. *Ungarici Talleri*, apud Carolum Carafam in Commentariis de Germania sacra restaurata.

¶ **TALETA**, Exactio, Gall. *Taille*. Vide *Tallia* 8.

¶ **TALGATUS**. *Talgata braca*, Cui assutæ peræ, ni fallor. Charta ann. 855. in Append. Marcæ Hisp. col. 788 : *Dono... bracas Talgatas* XXXIII. *et sutulares parilia* XV.

* Acad. Hisp. in Diction. *Talega*, Mantica, manticæ repositum, et *Talego*, Saccus.

TALGIATA. Sanutus lib. 1. part. 1. c. 1 : *Tempore vero mensis Octobris et circa, flumen illud abundat in tantum, quod ipsæ speciariæ et mercimonia a Babylonia per dictum flumen intrant, per quamdam Talgiatam longam, et per ducenta miliaria, quæ sunt a Babylonia usque in Alexandriam deferuntur.* [Canalem intelligo. Vide *Taleata* 2. *Tajamentum* et *Tajata*]

¶ 1. **TALHA**, Idem quod *Tala* 1. Vastatio, damnum. Statuta Castri de Jeguno ann. 1291. MSS : *Facientes Talham et gast solvant esmendam.*

* 2. **TALHA**, Idem quod Pondus in monetis. Lit. remiss. ann. 1389. in Reg. 145. Chartoph. reg. ch. 32 : *Alii duodecim denarii albi ejusdem legis et melioris Talhæ reponerentur.* Ubi in aliis Chartis de re monetaria habetur, *Ponderis*. Vide *Tallia* 5.

¶ **TALHABILIS**, Gall. *Taillable*. Vide *Tallia* 8.

TALHADORIUM, Orbiculus mensarius, super quo edendi cibi discinduntur, nostris olim *Tailloir*. Occurrit apud Brandaonum in Monarch. Lusitana 5. pag. 304. tom. Ταλιεύριον dicitur in Hist. Conc. Florent. sect. 6. cap. 2. [Vide *Talierium* et *Tajore*.]

* **TALHARE**, Singulatim distrahere, Gall. *Vendre en détail.* Charta ann. 1307. in Reg. 42. Chartoph. reg. ch. 44 : *Concedimus quod si in alio loco dicti castri carnes venderentur ad tallium per dictos macellarios..... Promittimus vendere et Talhare infra dictas domos seu macellum bonas carnes, sanas, vendibiles, et legales.* Occurrit rursum in Charta ann. 1310. ex Reg. 49. ch. 80. Vide infra *Tallium* 4.

TALHENDARIUS, [TALHIA, TALHATA.] Vide in *Tallia* 7.

* **TALHUM**. DE TALHO, Gall. *de Taille*, Cæsim, Ital. *di Taglio*. Formulæ MSS. ex Cod. reg. 7657. fol. 35. v° : *Unum magnum cutellum evaginavit repente, et.... tam de Talho quam de stoco ictus quamplures contra eum lansando.... percusssit.* Vide supra *Taillium* et mox *Talum* 2.

¶ 1. **TALIA**, Stria in vestimentis, seu rugæ pars eminens ac protuberans in longum deducta ad instar *taliæ* seu *taleæ*, quæ proprie significat arboris ramum ex utraque parte æqualiter præcisum, seu brevem baculum utrimque pariter crassum, quem etiam Græci σχίδαν, vel σχίζαν vocant. Tertullianus de Pallio c. 5 : *Nec artificem necesse est, qui pridie rugas* (pallii) *ab exordio formet, et inde deducat in Talias.* Vide Hofmannum.

¶ 2. **TALIA**, Silva cædua, Gall. *Bois taillis*. Charta ann. 1234. e Chartulario Monasterii Baugeseii : *Quod si Talia in dicto nemore fuerit, et animalia Abbatis et Conventus ibi fuerint inventa, etc.* Vide *Tailla*.

¶ 3. **TALIA**, Tessera, etc. Vide *Talea*.

¶ 4. **TALIA**, TALEA, TALLIA, Italis *Taglia*, Pars illa quæ aliquem spectat; v. g. Certus militum numerus qui a quovis fœderatorum exigitur, Gall. *Contingent*. Chron. Veron. ad ann. 1332. apud Murator. tom. 8. col. 648 : *Domini Lombardiæ requisiti sunt ad ligam cum Florentinis et Rege Roberto contra Regem Bohemiæ, quæ liga Veronæ per sindicos et ambasciatores Regis Roberti et Florentinorum facta est circa finem Martii, posita Talea inter ipsos de tribus millibus equitum et duorum millium peditum.* Memoriale Potestatum Regiens. ad ann. 1279. eod. tom. col. 1145 : *Certa quantitas militum et peditum de civitate Reginorum cum tota montanea et cum certa Talia militum et peditum de Bononia et de Parma, et cum balesteriis, iverunt circumquaque, obsiderunt Besumantuam, etc.* Chronicon Parm. ad ann. 1282. tom. 9. col. 797 : *Et inter eos ordinatum fuit, quod Talia militum eorum continuo staret Cremonæ.* Et col. 826 : *Item eodem anno* (1294.) *dictus dominus Potestas cum* M. *de populo et aliis de Tallia deputatis, armata manu cucurrit, etc.* Vide *Taxa Gentium* in *Taxa* 1.

¶ 5. **TALIA**, Exactio, impositio; *Taliabilis*, Obnoxius tributo. Vide in *Tallia* 8.

¶ **TALIADA**, Præstatio Vide in *Tallia* 8.

TALIARE, Scindere, exscindere, Gallice *Tailler, couper*. Leges Alvredi cap. 13 : *Si quis nemus alicujus sine licentia comburat, vel Taliet, persolvat omne grossum lignum cum 5. solidis.* [Charta ann. 1044. apud Murator. delle Antic. Estensi pag. 184 : *Ut nullus quilibet homo ipsam silvam ... Taliare vel capellare audeat. Taliavit radices*, in Actis S. Francæ n. 32. tom. 3. April. pag. 389. *Taliando et cusendo*, in Statutis Placentiæ fol. 80. v°. ubi de Sartoribus. *Universa extra muros Taliaverunt, prostraverunt et diruerunt*, Petro Azario de Bello Canepiciano ad ann. 1339. tom. 16. Muratorii col. 431.] Vide *Tala* 1. et *Talare*.

☞ Hinc ducenda est vox *Entaillieres*, quam pro Sculptore usurpat le Roman *de la Rose* MS :

> Pymalion uns Entaillieres,
> Portraians en fus et en pierres.

¶ **TALIATA**. Formula vetus apud Murator. tom. 1. part. 2. pag. 83. col. 1 : *Si charta manifestat, quod missus vel tutor comparasset vel de infante, fiat Taliata.* Hoc est, si bene opinor, *tale* seu id fiat, quod in Charta faciendum esse declaratur.

¶ **TALIATGIUM**, Idem quod *Tallia* 6. Vide in hac voce. Literæ Johannis Auxitan. Archiepiscopi ann. 1401 : *Vinum recollectum extra consulatum et Taliatgium.*

¶ **TALIATOR**, Sartor, Gall. *Tailleur*. Epitaphium ann. 1449. tom. 1. SS. Aprilis pag. 806 : *Hoc opus fecit fieri ars Taliatorum vestium et juponorum.* Vide in *Taliare*.

* **TALIATURA**. Vide in *Talea* 1. Glossar. Provinc. Lat. ex Cod reg. 7657 : *Talhadura, Prov. cissura, fissura. Talh, Prov. acies, cisus, cisura. Talhar, Prov. amputare, findere.*

¶ **TALIATUS**, Cæsus, scissus, divisus, Ital. *Tagliato*, Gall. *Taillé, coupé*. Chron. Modoetiense apud Murator. tom. 12. col. 1159 : *Fuerunt in civitate sua capti, mortui et Taliati tali modo, quod nefas est dicere.* Rursum occurrit col. 1184. Vide *Taliare*.

¶ **TALIBUS**, pro *Talmud*. Vide in hac voce.

¶ **TALIERIUM**, Escalis orbiculus quivis, sed proprie ligneus, Ital. *Tagliere*, Gall. *Tranchoir*. Annales Mediolan. ad ann. 1389. apud Murator. tom. 16. col. 812 : *Salinum unum deauratum cum pedibus* III. *Aliud salinum deauratum. Talieria* XXIV. *alba argenti mezanella signata in fundo de capite S. Ambrosii. Talieria* XXIV. *quadra deaurata. Talieria* XXIV. *rotunda deaurata.* Vide *Talhadorium* et *Taulerius*.

¶ **TALIERUS**, Species artocreatis, Gallis *Paté*, ni fallor, eadem quæ Italis *Tagliarelli*, vel *Tagliarini*. Chronicon Bergom. ad ann. 1386. apud Murator. tom. 16. col. 855 : *Fecerunt fieri plusquam* C. *tortas ac Talieros artibasalorum seu cazonzellorum; et venerunt ballantes in civitatem Bergomi tres et tres, et dabant cuique volentibus comedere de dictis tortis et cazonzellis.*

¶ **TALINPULUM**, f. Tantillum, aliquantum. Canones Hibern. apud Marten. tom. 4. Anecd. col. 7 : *Tribus annis pœniteat.... horti oleribus, ovis paucis, Britanniæ formello utatur.... tenuclæ vero vel balthutæ lactis sextario Romano; sitis gratia et aquæ Talimpulo, si operarius est.* Et col. 10 : *Soloque pane et aqua et sale et leguminis Talimpulo utatur.*

¶ **TALIMUS**, pro *Talmud*. Vide in hac voce.

TALIO, [apud Isidorum lib. 5. Orig. cap. ult. *est similitudo vindictæ, ut taliter quis patiatur, ut fecit; hoc enim et lege et natura institutum, ut lædentem similis vindicta sequatur; inde et illud Legis : Oculum pro oculo et dentem pro dente. Talio autem non solum ad injuriam referendam, sed etiam pro beneficio reddendo ponitur; est enim communis sermo et injuriæ et beneficientiæ.* Donatio Abbatiæ S. Ægidii v. Id. Febr. regnante Aianrico Rege (ann. 1038.) : *Pro Talione nobis impendentur cælestia.*] *Talionis* pœna, seu *reciproca pæna*, in l. 3. Cod. Th. de Exhibit. reis, (9, 2.) etc. Ταυτοπάθεια, apud Psellum in Synopsi legum pag. 55. Harmenopulum lib. 1. tit. 2. § 34. l. 6. tit. 9. § 3. et alios. Ἀμοιβαῖα ἀποκλήρωσις, apud Dionys. in Eccl. Hierarch. [Ἀντιπήρωσις, ἀμοιβή, in Glossis Græc. Lat. et Lat. Gr.] *Vicarium pœnæ genus*, apud S. Valerianum de Bono disciplinæ. Indicitur in Lege Wisigoth. lib. 6. tit. 4. § 3. Charta Communiæ villæ Cerniaci in Laudunensi pago ann. 1184 : *Quod si reus inventus fuerit, caput pro capite, membrum pro membro reddat, vel ad arbitrium Majoris et juratorum pro capite aut membri qualitate dignam persolvet redemptionem.* Consuetudines Arkenses ann. 1231. in Tabulario S. Bertini : *De homicidio voluntario convictus, parentibus vel cognatis occisi tradetur occidendus, et bona ejus domini erunt.* Adde Brittonem in Legib. Angl. pag. 16. Statuta Academiæ Viennensis apud Lambecium lib. 2. Commentar. de Bibl. Cæsar. pag. 108. Chartam Communiæ urbis Faræ ann. 1207. apud Thomasserium in Consuetud. Bituric. pag. 438. Ivonem Carnot. Epist. 51. Observantias Regni Aragon. lib. 8. tit. de Homicidio, § 14. etc. Abrogatur in Consuetudine Hannoniensi cap. 15. In quibus casibus locum habeat apud Aragonenses, docet Michael *del Molino* in Repertorio Fororum Aragon. v. *Pœna talionis*. Vide Jacobum Gothofredum ad l. 7. Cod. Th. de Accusat. [Vide *Tallio*.]

TALIOLA, Ποδοςράβη, [Tendicula. *Taiola* supra ex Petro de Crescentiis. Vide ibi.] Lex Langob. lib. 1. tit. 22. § 4. [** Roth. 317.] : *Si in pedica aut in Taliola fera tenta fuerit, etc.* Ubi Edictum Rotharis Regis tit. 104. § et 4. habet *Tanola*. Forte a *Tana*, de qua voce infra. Adde lib. 3. tit. 22. § 4. Gratius in Cynegetico vers. 92 :

> Quid qui dentatas iligno robore clausit
> Venator pedicas, cum dissimulantibus armis
> Sæpe habet imprudens alieni lucra laboris.

TALIORCHUS, Ludi vel aleæ species. Joannes Sarisber. lib. 1. Polycrat. cap. 5 : *Hinc tessera, calculus, urio, vel dardana pugna, tricolus, senio, monarchus, orbiculi, Taliorchus, vulpes, quorum artem melius est dediscere quam docere.*

TALIPEDARE, Titubare : verbum priscum, quasi talis insistere, quod faciunt πτερνοβαται; quorum meminit Hippocrates : contra quam *Attæ*, qui primis plantis ambulant. Liber Miraculor. S. Adelardi Abb. Corb. c. 8 : *Et ipse cœpit vix subsistens quasi ebrius Talipedare.* i. titubare, retro cedere. Vide Savaronem ad Carmina Sido-

[Glossæ Lat. Gr. et Græc. Lat. : *Tali-*, Παραγείρομαι. In Glossario mediæ t. habetur Παραγέρνειν hac notione.]

* **TALIS** Qualis, Gall. *Tel quel*, Medio-cris, medius; titulus, ab episcopo Redonensi assumtus in Actis ejusdem inter Probat. Hist. Brit. tom. 1. col. 672 : *Eapropter ego Stephanus de Filgeriis, Redonensis ecclesiæ Talis qualis episcopus, et regis Anglicorum capellanus, quæ ad utilitatem ecclesiæ nostræ et honorem rationabiliter adquisivi, memoriæ traducere proposui, etc.*

TALISMANUS. Ita Sacerdotes suos vocant Turcæ. Vide Wadding. in Annal. Minor. ann. 1342. n. 10.

De *Talismanis* vero, seu ςειγείεις, vel characteribus magicis ita appellatis, consulendi Salmasius in Kerkoetium pag. 75. de Annis climactericis pag. 578. in Histor. August. pag. 360. Gaffarellum de Curiositatibus inauditis, et alii. Glossar. med. Græcit. col. 1540. voce Τελέσματα.

* **TALITER** Facere, Gall. *Faire ensorte*, Efficere, dare operam. Comput. ann. 1399. inter Probat. tom. 3. Hist. Nem. pag. 50. col. 2 : *Dicti domini consules.... eques ivenrunt ad dictum locum de Bolhanicis, pro vitando dictas gentes armorum, et Taliter facere quod se dislogiarent a prædicto loco.*

¶ **TALITIUS**, *Colaphus in talo*, in Glossis Isid. *Talitres*, in Excerptis Pith. Legendum esse *Talitrus* vel *Talitrum* censet Martinius. Vide *Talastrus*.

* 1. **TALIUM**, Silva cædua, Gall. *Taillis*. Charta ann. 1341, in Reg. 72. Chartoph. reg. ch. 368 : *Ne animalia infra dicta Talia valeant causa corrodendi intrare vel aliter dampnificare seu devastare, et quod ipsa Talia deffendentur et relaxentur, prout in forestis de Angulis vel de Narbonesio extitit fieri consuetum.* Vide *Talivum* et mox *Tallicium*.

* 2. **TALIUM.** De Talio, Gall. *de Taille*, Ital. *di Taglio*, Cæsim. Lit. remiss. ann. 1400. in Reg. 155. Chartoph. reg. ch. 86 : *Dictum Monentum in humeris collo et capite de pico sive Talio percussit.* Vide supra *Taillium*.

¶ **TALIVUM**, vel Talivus, Silva cædua, si fallor, jus ea utendi, vel etiam præstatio ob id juris exsolvitur. Gall. *Bois tail-*. Charta Hospitalis S. Johannis de Ulmis : *Retento tamen dicto Hospitali et suis hominibus paschivo et Talivo in garrigiis a cacumine montis usque ad caminum.*

¶ 1. **TALLA**, Vastatio, damnum. Vide *Tala* 1.

¶ 2. **TALLA**, Impositio, *Taille*. Vide *Tallia* 8.

¶ 3. **TALLA**, f. Funis angularius, comtorius, Nautis nostris *Taille de point*, *lle de fond*. Informationes MSS. Massil. passagio transmarino : *Item Tayas de* IX. *Item Tallas ad fornimentum arswales et sentiles*, LX. *Tallas. Item dostas et de tarrogas de medio et de* XII.

4. **TALLA.** Ad Tallam, Gall. *En dé-* Singulatim, particulatim. Charta ann. 9. in Access. ad Hist. Cassin. part. 1. 312. col. 1 : *Quicumque de eodem cas occidit ad Tallam porcum seu scrofam, tenetur de porco seu scrofa prædictis lumbellum eorumdem animalium.*

Rursum occurrit ibid. pag. 316. col. 1. Vide supra *Talhare*.

¶ **TALLACA**, pro *Tallata*. Vide in *Tallia* 8.

¶ **TALLAGIA**, Exactio. Locus exstat in *Tenseria* sub *Tensare* infra.

¶ **TALLAGIUM.** Vide *Tallia* 8. et *Talliare*.

¶ **TALLARE**, Exscindere, Gallice *Tailler, Couper*. Judicatum ann. 867. apud Perardum in Burgundicis pag. 147 : *Dixit quod... sui servi.... Tallassent vel occidissent uno casno de S. Benigno.* Vide in *Talare* et *Taliare*.

¶ **TALLATA**, Exactio, *Taille*. Vide *Tallia* 8.

¶ **TALLATOR**, Numerator, ratiocinator, a Saxonico Tællan, Numerare. Liber niger Scaccarii pag. 352 : *Tallator Regis in domo comedet, homini suo* III. *obol.* Nisi sit Sarcinator, Gall. *Tailleur*.

* **TALLAVACIUS**, Clypei species, Gall. *Talevas*. Stat. Ferrar. ann. 1279. apud Murator. tom. 2. Antiq. Ital. med. ævi col. 487 : *Quod quilibet custos deputatus ad aliquam custodiam alicujus castri, vel loci civitatis Ferrariæ, vel districtus, teneatur et debeat toto tempore custodiæ habere... spatam, lanceam, Tallavacium, sive bonam targetam.* Consule eumd. Murator. ibid. col. 517. Le Roman *d'Alexandre* MS. part 2 :

A pié comme serjant a pris le Talevas.

Vide *Talavacius*.

¶ **TALLEA**, Species tigni, materiæ, vel Scandula, Gall. *Bardeau*. Statuta Cadubrii cap. 23 : *Mercatores de Cadubrio libere et impune possint et valeant conducere, seu conduci facere suas Talleas ad quem locum seccarum vellent.* Correctiones eorumdem Statut. cap. 26 : *Si commune alicujus villæ de Cadubrio, vel major pars inciserit, vel fecerit Talleas et alia lignamina causa mercimoniandi, illud nemus non solum vicinis, sed etiam omnibus civibus et habitatoribus Cadubrii intelligatur esse commune, ita quod omnes impune possint in dicto nemore laborare.* Et cap. 99 : *Sancimus, quod quilibet buscherius in Cadubrio per dies octo, postquam signatæ fuerint Talleæ per aliquem mercatorem, tam terrigenam quam forensem, teneatur et debeat eas inaquare vel inaquari facere sub pœna sol. c. pro quolibet buscherio, et nihilominus ipsas Talleas inaquare omnino teneatur.* Rursum cap. 105 : *Si aliquis... ausus fuerit... furari assides, Talleas, vel aliqua alia lignamina cujuscumque generis alicujus personæ, condemnetur in libris decem pro quoque ligno, Tallea vel asside, ultra alias pœnas in statutis contentas.* Vide *Talea* et *Tallia*.

¶ **TALLEICIUM**, Silva cædua, Gall. *Taillis*. Literæ Ludovici IX. Regis Franc. ann. 1236. e Chartulario Parthenonis Montis-Martyrum : *Habent brueriam et genestam in dicto nemore præter Talleicia, quæ se de bestiis deffendere non possint.*

* Charta Phil. Aug. ann. 1220. in Chartul. Barbel. pag. 262 : *Præcipimus quatinus in Talleiciis omnium nemorum dilectorum nostrorum abbatis et conventus et fratrum de Barbeel, ubicumque sint, non mittatis aliqua animalia vel mitti sufferatis, quousque eadem Talleicia habuerint quinque annos completos.* Vide supra *Talium* 1. et infra *Tallicium*.

¶ **TALLERUS**, Monetæ species. Vide *Talerus*.

¶ **TALLETA**, Idem quod *Tallia* 8. Exactio, tributum, Gallice *Taille*. Literæ Gregorii IX. PP. pro Monasterio Malleac. apud Stephanotium tom. 4. Antiq. Pictav. MSS : *Concedo... exactionem pecuniæ, quæ ab hominibus monasterii et prioratuum, et aliorum locorum ipsius exigebatur annis singulis pro Talleta.* Rursum occurrit in Literis fundationis Monasterii Bellæ-Noæ inter Instrum. Gall. Chr. novæ edit. tom. 3. col. 412.

¶ **TALLHUM**, ut *Tallia* 5. Vide ibi.

¶ 1. **TALLIA**, Vastatio, damnum. Vide *Tala* 1.

¶ 2. **TALLIA**, Silva cædua, Gall. *Taillis*. Libertâtes S. Palladii ann. 1279. e MS. Coislin. : *Si infra quatuor annos et Maium animalia essent inventa in Talliis solvent emendam, scilicet* V. *sol. Paris.* Vide in *Tailla*.

¶ 3. **TALLIA**, Tessera lignea, etc. Vide *Talea*.

¶ 4. **TALLIA**, Gall. *Contingent*. Vide *Talia* 4.

¶ 5. **TALLIA**, Bessis aurei vel argentei nummaria partitio, Gall. *Taille*, apud monetarios. Dicitur de certo numnorum numero, qui ex auri vel argenti marca conflatur : v. g. denarius argenteus dicitur ad *Talliam* 10. denariorum, cum ex una argenti marca decem dumtaxat denarii percutiuntur. Rotulus computorum Præpositurae Franciæ ann. 1289. apud D. *Brussel* tom. 1. de Usu feodorum pag. 472 : *Pro busta* VII. *lib.* VII. *sol.* III. *den. gross. Valent* IIII$^{xx.}$ VIII. *lib.* VII. *sol. Turon. petiz. Et erat busta bona de pondere et Tallia ; sed deficiebant duo grani cum dimidio.* Literæ Humberti Dalphini ann. 1345. tom. 2. Hist. Dalphin. pag. 514. col. 1 : *Magistros, gardas et rectores monetarum nostrarum ac ligam, pondus, remedia, formam et Talliam ac seignoriam eorum in statu in quo sunt manutenendi, mutandi, augendi seu minuendi, etc.*

¶ Talhia, Eadem notione. Computus ann. 1339. tom. 1. Hist. Dalphin. pag. 95 : *Item, quod fierent denarii albi curribiles pro* 12. *denariis, sub forma et cunho aliorum dozenorum, qui fiebant nuper, sub minori Talhia tamen, et quod essent de liga sex denariorum argenti fini, et de pondere decem solidorum dict. dozenorum pro qualibet marcha, sub remediis et ligæ et ponderis, sub quibus alii dozeni noviter cudebantur.* Vide Lobinelli Glossarium ad calcem Histor. Britan. in vocibus *Taille* et *Alloyé*.

¶ Thallhum, Eodem significatu. Charta ann. 1417. e Schedis Pr. *de Mazaugues* : *Et in liga sive in Thallho solidi* 20. *et denarii* 4. *complebant dictam marcham.*

¶ 6. **TALLIA**, Gall. *Taille*, Territorium urbis. *Punicion et correccion des fais perpetrés et avenus en ladicte ville et Taille d'icelle*, in Literis ann. 1363. tom. 4. Ordinat. Reg. Fr. pag. 563. ubi de civitate Insulensi. Occurrit rursus in Inscriptione Consuetudinis ejusd. urbis, ut et art. 44. etc. quod annotatur in Glossario Juris Gallici tom. 2. pag. 402. Vide *Taliatgium*.

¶ 7. **TALLIA**, Scissura, ni fallor, divisio quæ fit in partes scindendo, distractio, venditio quæ fit minutatim, a Gallico *Taille, coupe, dissection*, vel Belgico *Talie*, Cæsio. Codex MS. Ecclesiæ Audomarensis : *Hæ sunt consuetudines et jura, quæ habent Ecclesiæ SS. Bertini et Audomari in theloneo de castro S. Audomari et in appenditiis ejus, scil. de sturione IV. den. de Tallia ceti IV. den. de merluis II. den.*

8. **TALLIA**, Præstatio, quæ dominis fit a tenentibus seu vassallis, in certis eorum necessitatibus, nostris vulgo *Taille* : sic dicta a *taleis*, seu taliis, de quibus supra, hoc est laterculis ligneis, in quibus, *cæsuris* subinde aliquot solutiones exarabantur, parte altera penes dominum, altera penes tenentem, cui vice apochæ erat, remanente. Charta Rainoldi Remens. Episc. ann. 1094 : *Et wirpivit exactiones, quas Tallias vulgo vocant, quas in villa S. Remigii exercebat.* Charta Roberti Comitis Augi : *Nulla auxilia, nullas Tallias sive collectas, nullas omnino exactiones exigant.* Charta Henrici Comitis Trecensis : *Exactio, quam vulgo Talliam vocant.* Charta Adelæ Comitissæ Carnotensis ann. 1109. in Tabular. Abb. Bonævallis : *Descriptionem pecuniæ, quæ consuetudinarie Tallia nominatur, in burgo Bonævallensi fieri præceperam.* Rigordus : *Ne principes... Ecclesias, vel Clericos ibidem Domino servientes, aliquibus angariis, Talliis vel aliis exactionibus gravare præsumerent. Tallia, sive precaria*, in Chartis aliquot in Historia Guinensi pag. 498. 522. Charta ann. 1060. apud Louvet. in Bellovaco : *Quasdam injustas consuetudines, Talliam videlicet et omnes alias oppressiones.... dimisi.* Sugerius de Administrat. sua cap. 10 : *Possessionem B. Dionysii... a multis retro temporibus tribus Talliis expositam, videlicet Domino Castri Cabrosæ, et Domino Castri Nielphæ, et Simoni de Villa Aten, etc.* Infra : *Ne reducat manum ad Talliam, vel terræ oppressionem.* Concilium Lateranense ann. 1176. cap. 4 : *Ne subditos suos Talliis et exactionibus Episcopi gravare præsumant.* Adde Appendicem ejusdem Concilii cap. 7. [Chartam ann. 990. apud Lobinell. tom. 2. Hist. Britan. col. 95. Vide ibid. col. 102. 134. 182. 270. Chartam Communiæ Laudun. tom. 7. Miscell. Baluzii pag. 291. Marten. tom. 1. Anecdot. col. 596. 646. 647. 649. tom. 3. col. 439. tom. 1. Ampliss. Collect. col. 1145. *de Lauriere* tom. 1. Ordinat. Reg. Franc. pag. 20. Glossar. Lobinelli tom. 3. Hist. Paris. Calmet. in Hist. Lotharing. tom. 2. col. 36. Hist. Dalph. tom 1. pag. 127. tom. 2. pag. 54. etc.]

ATALLIA, pro *Tallia*, in Tabular. S. Flori Arvern. : *Ab omni Atallia, collecta, leuda, segoha, et manobra.*

TALLEA, Eadem notione, ex Gall. *Taillée*. Tabul. Eccles. Carnot. ch. 72 : *Tallea supranominata fiet. Quarto anno submonebo Canonicos ejusdem villæ, et facient Talleam convenientem, de qua habebo medietatem, et ipsi aliam.* Tabular. Absiense fol. 29 : *Et dederunt 10. nummos Talleæ.* Passim in hoc Tabul. Charta Ludovici Regis ann. 1133. pro Ecclesia S. Maglorii Paris. : *Consuetudinem quamdam, quam Talleam nominant, quæ in eorum villa... ab officialibus Regiis extorquebatur, etc.* Innocentius III. PP. lib. 1. Epist. pag. 52. edit. Venetæ : *Ab omnibus violentiis, Talleis, et exactionibus duxerit absolvendos, etc.* [Literæ Henrici Archiep. Remens. ann. 1163. e Chartulario Compendiensi : *Tallea vero vel generalis exactio ibidem non poterit fieri, nisi Abbas et ipse Hilduinus consenserint.* Adde Chartam ann. 1251. apud Thomasserium in Biturigibus pag. 90.] Charta vernacula ann. 1246. in Hist. *des Chastaigners : Sour ce que je demandoe sur la terre de la Gombaudiere, et sur les prés, que il teneit, à aveir ma Taillée haute et basse, et mes autres services, etc.* Charta Savarici Vicecomitis Thuarcensis ann. 1269. apud Gallandum lib. 1. de Franco alodio : *Et li homes, qui devoient Taillées par raison de rachat ou de mortemain, n'en rendront desormais nulle Taillée.*

¶ TALLEIA. Charta ann. 1218. apud Baluz. Histor. Tutel. col. 527 : *Illi homines, qui ibi se collocaverint, erunt liberi et immunes ab omni servitio, Talleia, bianno et exactione.* Recurrit ibid. col. 528. et alibi.

¶ TALEA. Synodus Pergami ann. 1311. apud Murator. tom. 9. col. 579 : *Ita quod secundum æstimum sive æstimationem prædictam collectarum et Talearum fieri valeat distributio, etc.* Occurrit eadem notione tom. 12. ejusd. Muratorii col. 802. 1041. tom. 16. col. 369. Statuta Vercellarum fol. 12 : *Potestas teneatur fodra, mutua et Taleas impositas per Commune Vercellarum... solvere et dare illi vel illis, quibus seu quorum occasione fuisset imposita vel tal[illegible]* Adde Statuta Civitatis Astæ Collat. 20. cap. 35. etc.

¶ TAILHA, Eodem significatu. Vincentius Cigalt. de Bello Italico : *Domini habentes credit in curiis Regum, qui in odium litium et Tailharum* des quatre cas *faciunt vastare subditos per armigeros et destruere.* Quæ vero sint hæ *Tailhæ des quatre cas* dictæ, videre mox potes in *Talliæ franciles.*

¶ TALLHIA, in Charta ann. 1362. apud Baluzium tom. 2. Hist. Arvern. pag. 436.

¶ TAILHIA. Charta Regiensis ann. 1361 : *Ad recolligendum et assignandum pecunias Tailhiarum in ipsis comitatibus universaliter, ut dicitur, indictarum.* Occurrit præterea in Charta ann. 1375. apud Baluz. tom. 2. Hist. Arvern. pag. 208.

¶ TAILLA, in Charta ann. 1203. ex Regesto 151. Chartophylacii Reg. num. 370 : *Non Tenebamini ad gachas, vel ad badas, vel ad Taillas, vel ad opera communia.*

¶ TALLADA. *Absolvit... quicquid habebat in dominio in bordaria de Fonte amara, scilicet... Tailladam, et expletum totum quod habebat vel requirere poterat*, in Charta ann. 1085. apud Baluzium Histor. Tutel. col. 428.

¶ TALIADA, in Charta Raimundi de Turena pro Monast. Belliloc. ann. 1190 : *Nullas exactiones vel Taliadas debebat habere in villa de Belloloco.*

¶ TAILLIA, in Mandato Philippi Pulchri Regis Fr. ann. 1302. apud Menesterium Hist. Lugdun. pag. 87. col. 2. *Tailliis, costumis, vendis*, in Literis ann. 1269. ex Archivo S. Albini Andegav. Adde Vossium de Vitiis serm. in Appendice pag. 812. Lobinelli Glossarium ad calcem Hist. Britan. etc.

¶ TALLIIA, in Conventionibus Ludovici Regis Siciliæ cum Arelatensibus ann. 1385. e MS. D. *Brunet* fol. 7. et 9.

¶ TALIA, in Literis ann. 1275. inter Ordinat. Reg. Franc. tom. 3. pag. 62. et alibi.

¶ TALLA, in Charta Communiæ Balneoli, ex Schedis Cl. V. *Lancelot*.

TALATA. Tabular. S. Eparchii Inculism. fol. 34 : *Pravis exactionibus vexarent, scilicet in mestivis, in Talatis, et aliis servitiis, etc.*

¶ TALLATA. Statuta Arelatens. MSS. art. 159 : *Ex Communis auctoritate possint Tallatam facere super omnibus possessionibus.*

¶ TALLACA, ut *Tallata*, nisi ita legendum est. Literæ S. Ludovici inter Privilegia Ordinis S. Johannis Jerosol. pag. 32 : *Sint liberi et quieti de exercitu et equitatu... de omnibus querculis, placitis auxiliis et de Tallacis, etc.*

¶ TAULLIA. Charta Theobaldi Episc. Ambian. ann. 1177. e Tabulario S. Richarii : *Medietatem ex integro omnium censuum, jurium... possidebit Ecclesia, excepta Taullia, quæ per laicam manum in angaria exigitur, et ad jus ecclesiasticum minus pertinere videtur.*

Talliæ porro diversimode imponebantur : quædam enim *ex Consuetudine*, hoc est, usu ita jam olim inducto, certis ac statis anni tempestatibus exigebantur. Charta Communiæ Rotomagensis ann. 1207 : *Nec eos cogeremus ad reddendum nobis Talliam per consuetudinem, nisi sponte sua nobis dare voluerint.* Tabularium Ecclesiæ Ambian. ch. 82 : *Per duos hospites... confirmari fecerunt, quatenus neutrius viri prædecessores in terra S. Firmini Talliam jure, vel consuetudine habuerunt.* Hinc *Talliæ Consuetudinariæ* dicuntur in Charta Communiæ Belnensis ann. 1196 et in Charta Communiæ Crispiacensis ann. 1184 : *Tam pro censibus quam pro Talliis consuetudinariis, quæ 4. terminis sic solvuntur ad mandatum nostrum, in Festo omnium SS. 20. in Nativitate Domini 20. in Pascha 20. in Festo B. Joannis 20. etc.* [Charta ann. 1227. e Tabulario S. Jacobi Montis-Gortis : *Radulfus Niel Dominus Muciæ dedi Ecclesiæ S. Jacobi de Monte-forti IV. libras in IV. terminos divisas, videlicet XX. solidos in Tallia Augusti, XX. solidos in Tallia OO. SS. et XX. solidos in Tallia Natalis Domini, et XX. solidos in Tallia Paschæ.*] Adde Chartam Communiæ Laudunensis ann. 1128, et Communiæ Cerniacensis ann. 1188.

Interdum ter tantum exigebatur. Charta Nicolai Episcopi Cameracensis, apud Doubletum pag. 449 : *Et ab hominibus ter in anno Talliam violenter exigebat. Tallia Natalis et Paschæ*, in Regesto Philippi Augusti Herouvalliano pag. 143. Consuetudo Burbonensis art. 202 : *Quiconque doit Taille personnelle trois fois l'an, c'est à scavoir en Aoust, à Noel et à Pasques, etc.*

Talliarum præterea aliæ sunt *Reales*, aliæ *Personales*. *Reales* dicuntur, quæ ratione tenementorum debentur : *Personales*, quæ ratione capitis, *qui sont sur le chef et la personne*, ut loquitur Consuetudo Burbonensis art. 189. 190. 191. 488. et seqq. De Realibus agit eadem Consuetudo art. 488. et seqq.

TALLIÆ PERSONALES, rursum aliæ sunt Serviles, aliæ Liberæ, seu Franciles : Servet, et franches. Liberæ dicuntur, quæ a liberis exiguntur : Serviles, quæ a servis, in eadem Consuetud. art. 189.

TALLIÆ FRANCILES seu liberæ sunt, verbi gratia, quæ a personis liberis præstantur in 4. casibus, scilicet pro expeditione Hierosolymitana Domini, in ejus captivitate, in filiæ matrimonio, et in Militia filii, nam ejusmodi præstationes *Talliæ* dicuntur in eadem Consuetud. Burbonensi art. 343. 344. et in Arvernensi cap. 17. art. 9. cap. 25. art. 1. quæ alias *Auxilia*, seu *Aides* vulgo appellantur. [Transactio inter Priorem Carthusiæ Vernensis et Rossolinum de Fossis ann. 1295. e Schedis Pr. *de Mazaugues : Quod propter merum imperium, quod habet dictus Rossolinus in territorio de Verna, non possit ibi acquirere aliquam servitutem super dictum monasterium... nec pro filia maritanda, suo filio uxorando, vel alio quocumque casu Tallias vel quistas facere, etc.*] Ejusmodi etiam sunt *Talliæ*, quæ a liberæ conditionis hominibus exiguntur a dominis in eorum necessitatibus. Regestum Philippi Augusti Herouvallianum pag. 149 : *De Conventu S. Aniani Aurelian. dicebant, quod ipsi poterant Talliare homines suos de Tilleio.... pro servitio D. Regis, pro servitio D. Papæ, et pro terra emenda ad opus Ecclesiæ.* Charta Philippi Aug. Regis Franc. ann. 1185. pro Laudunensibus : *Pro Talliis super homines illos, quas tribus de causis facere poterat, videlicet pro exercitus nostri servitio, pro Domino Papa, et pro guerra manifesta Laudunensis Ecclesiæ.* Exstat Charta Reginaldi Episcopi Parisiensis ann. 1252. in M. Pastorali lib. 1. ch. 2. qua agnoscit Capitulum Parisiense, *esse in possessione vel quasi hominės de Orliaco Talliandi pro negotiis Parisiensis Ecclesiæ, etiam aliis quam pro exercitu Regis.* Alia ann. 1267. lib. 2. ch. 44 : *Salva etiam Tallia, quam facere consueverunt, cum Do. Rex Franciæ vadit in exercitum.*

TALLIA PANIS et VINI. Charta Philippi Aug. ann. 1215. pro Aurelianensibus : *Sciendum, quod duorum annorum collectio sit facta de blado et vino, quæ quidem collectio, vulgo Tallia panis et vini nuncupatur.* Exstat Charta Ludovici Regis Franc. ann. 1225. in M. Pastorali Eccles. Paris. lib. 19. ch. 58. qua concedit Canonicis ejusdem Ecclesiæ, *ut omnibus annis, quibus Tallia panis et vini de cætero colligi debebit Parisiis, colligant eandem Talliam panis et vini per totam terram suam in Gallia, et in Claustro S. Benedicti, a principio messium, et a principio vindemiarum, que ad Festum S. Martini hyemalis.* Charta Philippi Regis ann. 1273. pro Ecclesia S. Frederici Parisiens. : *Habebimus etiam in ... a terra prædictæ Ecclesiæ et ipsius hospitibus, bannum, guetum, talliam, exercitum, et cavalcatam, Talliam panis et vini, mensuras, justitiam, etc.* Occurrit in alia ejusdem Regis pro Monasterio S. Germani Paris. ann. 1272. apud Brolium lib. 2. Hist. Parisiensis. Consilium pro Monetis circa ann. 1320. ex Camera Comput. Paris. : *Item il nos semble qu'il seroit bons et grans aumosnes, et tourneroit à grant profit, que li Rois feist toillir par bonnes gens tous les Tournois pelez et les Parisis pelez, et qu'il les fit fondre, etc. Car les monnoyes le Roy en sont mout refusées, et en sont fez mout de malices, et li Rois est tenus à tenir les en bon point, car il en a la Taille du pain et du vin de sa terre, et sa monnoie en sera mieus amée.*

☞ Ex quo patet ideo Regi solutam fuisse *Talliam panis et vini*, ne monetas immutaret quod tributi genus in Normannia *Foagium* dicebatur, ut suo loco dictum est. Sed quod primum in *blado et vino* solvebatur, in certam pecuniæ summam commutatum est, ut inter cætera probat Excerptum ex libro 2. antiq. Ordinat. de artibus, mercibus et politia Paris. part. 2. fol. 31 : *Taille du pain et du vin, dicte la ceinture la Reine, qui se liéve de trois ans en trois ans. La Taille du pain et du vin de Grève est vendue de trois ans en trois ans, et commence à estre receue par l'achetteur le jour de la S. Remi, et finit de Quasimodo, etc. L'Abbé de S. Denys doit x. livres parisis pour lui et pour ses hostes, et par ce sont francs, sauf tant seulement se aucun y avoit qui amena vin au port pour vendre, etc. L'Abbé de S. Mor doit c. s. parisis, etc. L'Abbé de S. Germain doit c. s. etc.* Plura vide apud D. *Brussel* tom. 1. de Feudorum usu lib. 2. cap. 36.

TALLIA DE MORTUA *manu, et de Maritagio, et de Prisone*, passim in Tabular. Absiensi.

TALLIA ALTA, et BASSA, et *Tallia ad voluntatem*, quæ a dominis minuitur vel augetur supremo jure, pro libito, ita tamen ut facultatum Tenentium ratio habeatur. Charta Petri de Foccio Valeti de Charteria ann. 1233 : *Ego dicebam, me habere in eosdem pro tenementis, quæ in dominio meo habebant, Talliam altam et bassam annuatim.* Tabularium Fossatense fol. 61 : *Tallia, quæ fit haut et bas, ad placitum.* Charta Philippi Regis Fr. ann. 1304. apud Doubletum pag. 942 : *Nihil Ecclesiæ subventionis noviter nobis concessæ levabitur ab hominibus Ecclesiarum de corpore, seu manu mortua, alto et basso ad voluntatem Talliabilibus, etc.*

TALLIA AD VOLUNTATEM. Suger. de Administrat. sua cap. 2 : *Cum eadem villa multis angariis a Comite Domni Martini, videlicet exactione Talliæ, frumenti scilicet 5. modiorum, quos ei pro pace concesseram, cum ipsa Talliam pro voluntate sua facere consuevisset, etc.* In M. Pastorali Eccl. Parisiens. lib. 1. ch. 1. et lib. 2. ch. 4. exstant Chartæ Manumissionum, in quibus Capitulum Paris. retinet *Talliam ad voluntatem, et beneplacitum suum in personis et bonis* manumissorum. [Charta Guigonis Comitis Forensis ann. 1224. tom. 1. Macer. Insulæ Barbaræ pag. 136 : *Tam nos quam progenitores nostri in prædictis villis et hominibus, pro nostræ solius voluntatis arbitrio, quandoque Tallias fecimus. Tallia ad voluntatem et misericordiam*, in Charta ann. 1320. tom. 1. Hist. Dalph. pag. 81. col. 2.] Vetus Consuetudinarium Franciæ lib. 3. pag. 93. veteris edit. : *Je suis en saisine à juste titre de Tailler et exploiter haut et bas et à voulente de Seigneur tel homme mon homme de corps de serve condition et de main morte, de faire à la personne de lui, et de ses biens, toutes maniere d'exploits de servage accoustumez à ceux, qui sont de la condition dont il est, etc.* Consuetudo Burbonensis art. 190 : *Quiconque doit taille personnelle et sur le chef, soit de taille franche ou de taille serve, ladite Taille est à volonté raisonnable, et la peut le Sergent croistre ou diminuer selon la faculté des biens, de celui qui la doit.* Hoc est *sine destructione et exilio faciendo*, ut est in Fleta lib. 2. cap. 71. § 15. Vide [Froissart. vol. 3. cap. 50.] Consuetud. Trecensem art. 3. 4. Nivernensem tit. 8. art. 1. et seqq. Ducatus Burgund. art. 97. Comitatus Burgund. art. 101. etc. Huic porro *talliæ* opponitur ea, quam *abonnatam*, id est fixam, ac ratam, vocant Consuetudines aliæ.

* Charta ann. 1256. in Chartul. Guill. abb. S. Germ. Prat. fol. 180. v°. col. 2 : *Cum homines de Emento et de potestate Ementis confiterentur Talliam annuam ad plesir anno quolibet se debere monasterio S. Germani de pratis, etc.*

¶ TALLIA VOLUNTARIA, in Charta Roberti Abbatis Maurigniac. ann. 1218. ex Chartul. ejusdem Monasterii.

VOLUNTAS, nude, pro *Tallia ad voluntatem.* Charta Hugonis de Castronovo in Tabulario Ecclesiæ Cadurcensis : *Habet et Delmas de Boisol quatuor agnos in Festo Paschæ, et Voluntatem suam in rusticis.* Occurrit ibi pluries. Hinc

TALLIA AD PLACITUM, Idem quod *Tallia ad voluntatem*, in Charta ann. 1248. in Tabul. S. Germani Prat.

VOLUNTARIUS, Subditus, qui *talliatur* ad voluntatem. Charta Henrici Comitis Ruthenensis ann. 1282 : *Cedimus et concedimus... tibi Guillelmo de Sauhinac domicello.... et hæredibus et successoribus, et Voluntariis tuis, etc.*

¶ TALLIA AMOISSONATA, Quæ quotannis solvitur, in certa, de qua conventum est, frumenti quantitate vel etiam pecuniæ summa. Vide suo loco *Amoissonata* et mox *Taillabiles.*

* TALLIA AUGUSTI, Quæ in Augusto exsolvebatur. Charta Phil. abb. de Cultura ann. 1224. ex Bibl. reg. : *De feodo illo debet abbas equum de servitio, et singulis annis decem solidos Cenomanenses de Tallia Augusti et decem solidos Cenomanenses de aliis talliis, quando contingeret.*

¶ TALLIA COMITALIS in Dalphinatu dicebatur certa quædam et determinata præstatio, quæ Comitibus Viennensibus, id est Dalphinis, quotannis exsolvebatur ab omnibus, ut docetur tom. 1. Hist. Dalph. pag. 70. Rescissa non fuit hæc *Tallia* in locis, in quibus olim exigebatur, ut dicitur ibidem; ubi etiam observatur, partem dotis Monasterio Montis fluriti assignatam, in hujusmodi *talliis* sitam esse. Chartam habes ann. 1342. ibid. pag. 83. et seq. in qua Dalphinus dicitur pro dotatione prædicti Parthenonis concessisse *Primo, Talliam Comitalem de Mura, quæ valet annuatim 100. l. 16. s. bon. m. Item, Tailliam Comitalem mandamenti Belli-montis, quæ valet annuatim 61. l. Item, etc.*

¶ TALLIA COMMUNIS et *Tallia Dominica.* Jura et reditus Ecclesiæ Nobiliac. apud

Stephanotium tom. 3. Antiq. Pictav. MSS. pag. 525 : *Habemus apud Nobiliacum* CXX. *sestoria frumenti de Præposito in Assumptione B. M. de Tallia dominica* XL. *solidos; eodem die de Tallia communi* V. *solidos; in Festo OO. SS. de censu* IX. *solidos.*

* TALLIA FEODALIS, Quævis præstatio, quæ ratione feodi debetur. Charta ann. 1215. ex Bibl. reg. cot. 19 : *Concessi...... culturam de Marleiz et magnum campum, sicut se dissepat, de feodo Esquetot;.... de quo dicti fratres dicto Johanni de Feugeroles annuatim reddent.... Tallias feodales.* Vide in *Tallio*.

¶ TALLIA JUSTA, Quæ ex Consuetudine debetur. Chartularium S. Vincentii Cenoman. fol. 129 : *Salvis tribus solidis et dimidio de justa Tallia, quando eam contigerit exhiberi debere.*

¶ TALLIA LEGITIMA, Eodem significatu, ibid. fol. 113 : *Cum domini ejusdem Gaufridi de feodo illo legitimas Tallias fecerint, monachi dominis illis* XI. *denarios persolvent.*

¶ TALLIA RECTA, Pari notione, ibid. f. 78 : *Monachi vero tenentur dicto Gervasio et hæredibus suis.... reddere... rectas Tallias sibi et dominis suis, quando evenerint.* Et fol. 80 : *Reddebant etiam monachi rectas Tallias, quando eveniebant.* Adde fol. 114.

* TALLIA MILITUM, quænam sit intelligitur ex titulo Literarum *pro stipendiis militum stratas custodientium*, in Cod. reg. 4189. fol. 11. r° : *Debetis affectare ut Tallia militum persolvatur, per quos stratarum custodia diligenter exerceatur.* Ubi *Tallia* idem est quod Stipendium.

* TALLIA REGINÆ, Præstationis species, quæ alibi *Zona reginæ* appellatur. Lit. remiss. ann. 1389. in Reg. 138. Chartoph. reg. ch. 98 : *Audoyn Chauveron chevalier, prévost de nostre ville de Paris, après ce que feusmes mariez, mist une taille sur en ladite ville de Paris, montant à la somme de xvij. mil frans, laquelle taille l'en appeloit la Taille de la Reine*, etc. Vide *Zona Reginæ*.

* TALLIA SEPTENARIA, Quæ quolibet septennio pensitabatur. Vide supra *Septenarius* 2.

¶ TALLIA IV. SOLIDORUM. Humbertus II. Dalphinus Jaquemitium et Perrinum Vauterii *nobilitat* eosque *liberatos et absolutos* declarat *potissime a Tallia* IV. *solidorum, quam ipsi et prædecessores* eorum *inferre* consueverant, in Literis ann. 1346. tom. 2. Hist. Dalphin. pag. 538.

* TALLIA VACCARIÆ. Charta ann. 1320. in Reg. 59. Chartoph. reg. ch. 404 : *Item Talliæ dictæ de la Vacherie super masuris debitæ*, etc. Vide *Vaccaria*.

Tallia etiam imponebatur ab ipsis civitatibus seu burgensibus ad exsolvenda debita communia. [Literæ Philippi III. Fr. Regis ann. 1275. tom. 3. Ordinat. pag. 62 : *Consules Castri Lemovic... Tallias una cum Preposito et non alias, ex causa rationabili, et pro evidentibus ville necessitatibus, scilicet pro juribus et deveriis seu redevenciis Vice-comitis... solvendis atque reddendis... vel edificatione seu reparatione murorum, turrium, portallorum, fossatorum,... Talliam seu collectam facere poterunt per Tenentem locum Domini et per ipsos*, etc. Decretum ejusdem Regis ann. 1282. inter Instrum. Gall. Chr. novæ edit. tom. 2. col. 147 : *Item quod homines dictæ villæ fecerunt Tallias aliquando pro necessitatibus dictæ villæ, de voluntate, assensu et auctoritate Capituli Brivatensis, et quod Capitulum compellit eos ad solvendum.* Adde Literas Caroli V. Franc. Reg. ann. 1366. tom. 4. Ordinat. Reg. pag. 676. art. 6.] Aresta ann. 1290. in Regesto Parlam. B. fol. 86 : *Quod dicti Major et Jurati S. Quintini possunt Talliare, Tallias levare, vel institutiones facere, quando indigent pecunia pro negotiis dictæ villæ per punctum Chartæ Regiæ, quam dicunt se habere.* Quod intelligendum ut plurimum de licentia, ad eam rem a Principe impetrata. Vide Loisell. in Bellovaco pag. 296. 318.

¶ TAILHIUM, TAILLIA, Eodem significatu. Charta ann. 1351. ex Schedis Præs. de Mazaugues : *Taillia ex quibuscumque personis possessiones habentibus in dicto territorio recipiendum et dictas personas pro dictis Tailliis pignerandum et pignera vendendum et distrahendum usque ad mensuram Tailhii contingentem.* Privilegia villæ Figiaci concessa a Carolo V. Rege Franc. ann. 1366. inter Ordinat. tom. 5. pag. 265. *Quod cum onera publica ipsius ville, absque communi auxilio, non valeant commode sustineri, et eisdem consulibus ex antiquis privilegiis, liceat facere collectam aut Tailliam pro factis et negotiis ville.*

Talliam assidendi, ut loquuntur nostri, seu imponendi, forma habetur in Charta Gauffredi Episcopi Carnotensis ann. 1166 : *Pro bono igitur pacis utrimque concessum est, et prædictum competens auxilium, quod propter nominatas causas Vicecomes (Castriduni) sibi exigere posse licenter dicebat, omnino dimittet, et propter hoc singulis annis Vicecomes a Burgensibus* 10. *libras hoc modo haberet. Prior siquidem S. Sepulchri, vel aliquis loco ejus, sex vel quatuor legitimos Burgenses, in eo Burgo commorantes, circa festum S. Remigii in eamdem Ecclesiam convocabit, et præsente aliquo de servientibus Vicecomitis, quem ob hoc ipse destinaverit, jurabunt prædicti Burgenses, quod bona fide communiter in hominibus in eodem burgo manentibus, juxta cujusque facultatem, aut possessiones ibidem a Monachis habentibus,* 10. *libras et nihil amplius, legitima æstimatione tam facultatis quam possessionis Talliabunt, etc. Serviens vero quem ad audienda juramenta Vicecomes miserit, Talliæ non intererit, etc.*

Habetur præterea in Regesto seu Tabulario Normanniæ fol. 21. verso, Cameræ Comput. Paris. *Forma, in qua Dominus Rex vult, ut Tallia assideatur in villis suis: Eligantur per Consilium Sacerdotum Parochialium, et aliorum virorum Religiosorum, nec non et Burgensium, et aliorum proborum virorum, de Communi ipsarum usque ad* 40. *vel* 30 *bonos viros et fideles, vel plures, aut pauciores, secundum quantitatem ipsarum villarum. Et illi, qui sic electi fuerint, jurabunt super sancta, quod ipsi de ipsis, vel de aliis probis viris earum villarum eligent usque ad* 12. *de illis, qui meliores erunt, ad illam Talliam assidendam, et illi* 12. *nominati jurabunt super Sancta, quod bene et fideliter assidebunt dictam Talliam ad libram æqualiter, et valor immobilium appretiabitur ad medietatem mobilium in assisia prædictæ Talliæ. Eligentur etiam simili modo cum prædictis* 12. *alii* 4. *boni viri, et scribentur nomina eorum, secreto tamen, ita quod eorum electio non publicetur aliquibus; sed sub secreto habeatur quo usque illi* 12. *assederint, sicut prædictum est, Talliam prædictam. Quo facto antequam publicetur Tallia, vel aperiatur scriptura facta super Talliam prædictam, illi* 4. *sic electi juramento ab illis posito de illis scilicet* 12. *Talliandis sub forma prædicta assidebunt Talliam competentem.* Eadem habentur in Regesto S. Justi in Camera Comput. vernaculis verbis concepta, [a *de Lauriere* edita tom. 1. Ordinat. Reg. Franc. pag. 186.] et in Regesto 10. Chartophylacii Regii fol. 48. ubi S. Ludovico hoc Statutum ascribitur, editum nuper in Spicilegio Acheriano tom. 12. Adde Consuetudinem Nivernensem cap. 8. art. 2. et seq. Vide *Foagium* 1.

☞ In harumce *talliarum* distributione, luxus aliquando habitam fuisse rationem, discimus ex Litteris Caroli V. Franc. Regis pro Monspeliensibus ann. 1367 : *Item quod quilibet juxta sui conditionem et facultates habeat moderate statum suum et ejus uxoris et familiæ; nam si quis contrarium fecerit Tailliabitur... et in Talliis villæ augmentabitur juxta exigentiam status et pompæ, in quibus quilibet reperietur.*

TALLIAGIUM, TALLAGIUM, JC. Anglis, dicitur Præstatio quævis, verbi gratia decimæ, quindecimæ, subsidia, et alia ejusmodi, quæ a Parlamento regno indicitur, a qua præstatione immunes sunt, qui tenent in antiquum dominium, nisi expresse iis indicatur, quod facere potest Rex ex magna causa, cum lubet. Ita Rastallus. Apud Bromptonum, *Hidage vel Taillage*, exponitur *Tallagium, de hidis terrarum*, ut *Danegeld, Tallagium datum Danis.* Leges Willelmi Nothi Regis Anglor. cap. 5 : *Habeant et teneant terras suas libere ab omni exactione injusta, et ab omni Tallagio, ita quod nihil ab eis exigatur.* [Charta Henrici Regis Angl. ann. 1156. tom. 1. Anecd. Marten. col. 446 : *Dedi etiam, ad serviendum iisdem Fratribus* (Ordinis Grandimont.) *quatuor homines.... liberos et quietos... ab omni servitio et Tallagio, pontagio, teloneo, etc.* Similia leguntur in alia Charta ejusd. Regis ann. 1172. ibid. col. 573. Alias adde Richardi Regis tom. 4. Histor. Harcur. pag. 1281. Elizabethæ Reginæ Angl. apud Hearnium in notis ad Chronicon Johannis Whethamstedii pag. 386.] Matth. Paris ann. 1241 : *Non sub nomine aut titulo liberi adjutorii, sed Tallagii, etc.* Matth. Westmonast. ann. 1297 : *Accedentes præfati Comites et Barones ad Scacarium Domini Regis apud Westmonasterium, prohibuerunt Baronibus loci illius, ne levare facerent per Vicecomites octonarium denarium a populo Anglicano, dicentes de conscientia suorum non emanasse, sine quorum assensu Tallagium non debet exigi, vel imponi.* Thomas Walsinghamus ann. 1297 : *Nimis afflicti sunt per diversa Tallagia, auxilia, prisas, etc.* Vocem hanc usurpant passim Scriptores rerum Anglicanarum, Matth. Paris pag. 127. 466. 475. 476. 486. Nicolaus Trivettus ann. 1210. Thomas Walsinghamus pag. 73. 100. Monasticum Anglic. tom. 1. pag.

193. etc. [Vide Nomolexicon Thomæ *Blount* et Kennetti Glossarium ad calcem Antiquitatum Ambrosd. etc.]

Talliare, *Tallium* a tenentibus exigere. *Tailler ses hommes et sujets*, in Consuet. Burbonensi art. 343. 344. [Charta Conani Ducis Britanniæ ann. 1112. apud Lobinellum tom. 2. Hist. Britan. col. 270 : *Modum autem faciendæ atque capiendæ ejusdem Talliæ sic eis constitui, ut quotiens ego Conanus, vel hi qui in loco vel honore meo Duces Britanniæ successerint, suos homines de Guerrandia Talliaverint, totiens Abbas Roton... homines suos juxta quantitatem et numerum eorum pariter Talliabit.* Epistola A. Monachi ad Odonem Episc. Paris ann. 1196. apud Marten. tom. 1. Ampl. Collect. col. 1016 : *Silentio tamen prætereundum non censeo... te videlicet diœcesis tuæ Talliasse presbyteros, quod non modo a perfectione, verum etiam a pietate et justitia videtur esse penitus alienum.*] Matth. Paris. ann. 1256 : *Cives Londonienses iterato ad quingentas marcas Tallientur.* Fleta lib. 2. cap. 71. § 15. de Custumariis : *Ad quantum Talliari valeant per annum sine destructione et exilio faciendo.* Charta ann. 1233 : *Promisit etiam quod nec eos nec successores eorum de cætero Talliaret, nec Talliare posset, nisi ad novam Militiam senioris filii sui, etc.* Concilium Tolosanum ann. 1229. cap. 20 : *Clerici quoque non Talliabuntur occasione etiam hæreditatis, etiamsi per successionem eis evenerit, nisi sint mercatores et uxorati.* Et cap. 23 : *Homines autem Ecclesiarum et Ecclesiasticorum virorum Laici Talliare, vel in eos exactiones aliquas facere non præsumant, etc.* Adde Albertum Argentin. pag. 150. 517. [Gualterum Hemingfordium in Gestis Edwardi I. Regis Angl. pag. 105. et Kennetti Glossarium ad calcem Antiquitatum Ambrosd. etc.]

¶ Tailliare, Eadem notione. Charta Henrici Comitis Trecensis ann. 1190. apud D. *Brussel* tom. 1. de Feudorum usu pag. 191 : *Propter quodcumque incrementum castelli sive castellariæ ibidem aliquid amplius nequaquam Tailliabo vel Tailliare potero.* Adde Gesta Guillelmi Majoris Episc. Andegav. ad ann. 1291. tom. 10. Spicil. Acher. pag. 281. Literas ann. 1358. tom. 4. Ordinat. Reg. pag. 189. Mandatum ann. 1302. apud Menesterium Hist. Lugdun. pag. 87. col. 2. Franchisias ann. 1320. ibid. pag. 95. col. 2. etc.

¶ Taillare, Eodem intellectu. Charta Officialis Autissiod. ann. 1285. pro Monasterio S. Mariani : *Voluit dictus Regnaudus, quod... ditior de heredibus suis possit a dictis Religiosis singulis annis Taillari usque ad v. solidos Turon.*

Talliare, in re feudali, *Idem est quod ad quamdam certitudinem ponere, vel ad quoddam certum hæreditamentum limitare. Unde feodum Talliatum*, est *hæreditas in quandam certitudinem limitata*, ex Littletone sect. 18. Vide *Feodum talliatum*.

☞ Huc spectat vox Gallica *Taillier* in Instrum. ann. 1406. ex Bibl. Reg. : *Ladite fiefferme est bien Taillié de valoir moins que ladite somme de x. l. se gueres ou mortalitez surviennent.* Ibidem : *Les gens sont tres pouvres par quoy elle est (la fiefferme) mielx Taillié d'empirer que d'amender.* Infra : *Et si est Taillié d'empirer par la mortalité derreniere.*

Talliabilis, *Talliæ* obnoxius, in Aresto ann. 1278. apud Loisellum in Bellovaco pag. 300. *Taillablier*, in Consuetud. Burbon. art. 413. 415. 416. 417. in aliis passim *Taillable*. [*Tailliabilis terra*, in Tabulario Kemperlegiensi. *Taillabilis alto et basso, de conditione manus mortuæ*, in Charta Officialis Senon. ann. 1281. id est, ni fallor, obnoxius *talliæ ad voluntatem. Talhabilis de capite et corpore*, in Charta Virzionensi ann. 1269. *Taillabilis ad misericordiam*, tom. 1. Hist. Dalphin. pag. 69. et 81.] Sententia judicis Silvanectensis ann. 1330. apud eumdem Loisellum pag. 313 : *Disoient et maintenoient icelui Henri avoir esté et estre leur bourgeois, leur communier, et leur Taillable.* [*Taillifs et serfs*, in Charta ann. 1375. apud Lobinell. tom. 2. Hist. Britan. col. 1640.]

¶ Taylliatilis. Inquisitio ann. 1262. in Regesto *Probus* fol. 12 : *Interrogati si omnes homines ipsius loci sunt Taylliatiles. Resp. quod sic, exceptis allodianis vel nobilibus, seu illis quibus datum est inde libertas.*

Talhendarius, Eadem notione, in Charta ann. 1292. apud Justellum in Hist. Turenensi pag. 65.

☞ Notanda est conditio hominis *Taillabilis pro medietate sui*, cujus mentio fit in Charta ann. 1371. 2. Martii ex Schedis D. *Aubret* : *Bernardus Milod de Vaneus recognoscit se esse hominem ligium, quittum, justiciabilem, explectabilem et Taillabilem pro medietate sui et suorum hæredum, sine reclamatione alterius domini Baronis vel superioris, et tenere de directo dominio Antonii de Saxo domino Barbarelli domum..... sub servitio et taillia amoisonata... una cum laudibus, vendis, recognitionibus in loco debito, dimidiam corvatam ad usus et consuetudines Dumbarum, et non se reclamare in medietate sui pro alio domino nisi pro dicto Antonio du Saix, renuncians omnibus franchesiis, etc.*

☞ Haud fortean inutile fuerit hic addere, quod de judicio *francorum* hominum et *Taillabilium* statuitur in Consuetudine Marchiæ Dumbarum. Ex articulo 2 : *Si aliquis nobilis juramenti Marchiæ Dumbarum, qui habet suam liberam franchesiam, velit aliquem hominem alterius nobilis accusare, quod forefecerit et deliquerit infra suam franchesiam, et dictus homo non sit captus in præsenti forefacto dictæ franchesiæ, si accusatus velit negare dictum forefactum, oportet quod accusans accusatum conveniat et prosequatur coram domino, cujus homo accusatus est homo Taillabilis, et si accusator potest convincere accusatum coram domino suo de forefacto dictæ franchesiæ, in illo casu dominus dicti accusati debet et tenetur dictum hominem accusatum remittere domino dictæ franchesiæ in illo forefacto suo merito puniendum.* In articulo vero 12. dicitur, *quod omnis francus, cujuscumque homo sit, punietur in dominio, in quo forefecerit, secundum jus et rationem, scilicet illi franci qui non debent manum mortuam.* Ex quibus patet, *francum* hominem in loco, ubi delictum commissum fuerat, judicatum fuisse; *taillabilem* vero apud dominum proprium, et non in loco delicti, nisi fuisset in ipso delicto deprehensus et in *franchesia libera*.

☞ Neque videtur prætermittendum esse, quod art. 3. ejusd. consuetudinis statuitur, scilicet *quod domini possunt quittare mortem seu punimentum corporis hominum suorum Taillabilium homicidarum, dummodo homicida vel dominus ejus concordet cum domino hominis Taillabilis mortui.*

Talliata, Talliada, *Talliæ* impositio, atque adeo idem quod Anglis *Talliagium*. Charta Willelmi Ducis Aquitaniæ ann. 1076. [1077. in edito tom. 2. novæ Gall. inter Instrum. col. 351.] ex Tabulario Monasterii Novi Pictavensis : *Ut nullus meorum non filius, non filia, non uxor, non aliquis propinquus, non Dapifer, non Præpositus, non Mariscalcus, non Serviens, aut in aliquo ministerio positus, aut Monachos jamdicti Monasterii, aut homines eorum, in quocumque loco eorum habitent, cogat sibi præbere arbergarium, aut hospitium, aut quærat ab eis, quod Talliatam vocant.* Tabularium Eccl. S. Laudi Andegav. fol. 84 : *Et faciant consuetudines nostras, sicut liberi homines nostri; reddant etiam nobis convenientem Talliatam, quando alii homines de Losdunesio reddent nobis Talliatam.* Tabularium Vindocinense fol. 201 : *Fecerant exactionem, id est Talliatam, in terra de Buslo.* Chronicon Vosiense ann. 1169 : *Hoc anno Burgenses de Susterraneu ad invicem conjuraverunt, ut nullum omnino Monachis darent explectum, quod vocatur Talliada.* Epistola Manegaudi Abbatis S. Michaelis in Lotharingia ad Eugenium III. PP. apud Richard. Wasseburgium pag. 302 : *Pecuniarum rapinas, quas vulgo Talliatas vocant.* [Statuta Arelat. MSS. art. 87 : *In ceteris levatis tocius districtus volumus; quod omnis* (sic) *domus religiose subeant et prestent dictam Talliatam.* Occurrit passim.] Vide Beslium in Comit. Pictav. pag. 572. 601.

¶ Talliatio, Eadem notione. Kultzingi narratio de Monasterio Hilgenthal. apud Leibnitium tom. 2. Scriptor. Brunsvic. pag. 386 : *Post hæc dominus Otto accessit Albertum Ducem qui inter Prælatos certam ab eo summam pecuniæ postulaverat, supplicans ei, ut de tali Talliatione inter Prælatos propter Deum haberet supportatum.*

¶ Tailliarius, Exactor *tailliarum*. Literæ Caroli V. Franc. Regis ann. 1366. tom. 4. Ordinat. pag. 677. art. 8 : *Item, quod dicti Consules* (Marologii) *cum eorum Consiliariis potestatem habeant compota audiendi a quibuscumque personis et Tailliariis præteritis et futuris, qui gubernaverint et rexerint bona et jura Universitatis predicte, ipsosque quittandi et quittanciam dandi de gestis et administratis per eos.*

* 9. **TALLIA**, Sectura, tantum prati quantum uno die secari potest. Charta Fulcon. Jun. comit. Andegav. in Chartul. Fontis-Ebraldi fol. 132 : *Dono Deo et domino Roberto de Arbressello unam Talliam in pratis de Longa islia.* Vide supra *Sectura* 2.

* **TALLIACIUS**, ad *Talliam* pertinens. Vide supra *Decima talliacia* in *Decimæ*.

* **TALLIANUM**, Idem quod *Tallia*, tributum, vectigal. Charta ann. 1225. inter

Instr. tom. 10. Gall. Christ. col. 454 : *Diximus quod communia Silvanectensis in perpetuum habeat extra burgum clausum et infra burgum clausum in domibus hospitum beati Reguli.... placita catauli et Talliani, sicut habent in omnibus juratis de communia Silvanectensi.*

¶ 1. **TALLIARE**, Idem quod supra *Tailliare*, Secare, cædere, Gall. *Tailler*. Capitulum generale S. Victoris Massil. MS : *Cuculle regulares more solito Tallientur.* Charta Ramirezii Reg. Aragon. apud Martinezium lib. 3. Hist. Pinnat. cap. 27 : *Et si aliquis Talliaverit in totum terminum S. Johannis in ligno viridi... peitet* 60. *solidos.* Occurrit alia notione in *Tallia* 8.

¶ **Talliare Mensuras**, Illas aptare, adæquare. Chartularium S. Vandregesili tom. 2. pag. 1640 : *De mensuris autem vini dicimus quod Abbas et conventus... Talliabunt mensuras suas ad mensuram dominorum Sitobii.* Vide *Adjoustare*.

¶ **Taillagium Mensurarum**, Earum adæquatio, ibid. pag. 1641 : *Super contentione, quæ vertebatur inter Abbatem et conventum S. Vandregisilli ex una parte, et dominum Guillelmum Sine-averio avunculum nostrum ex altera, videlicet de magna justitia, de latrone, de resorto, de coustuma totius mercaturæ, de Taillagio mensurarum, etc.*

¶ **Talliatio**, Eadem notione. Literæ ann. 1277. tom. 3. Ordinat. Reg. Franc. pag. 61 : *Pondera dicti castri prope portas vel alibi posita vel appensa et cubitorum et alnarum, omniumque ponderum et mensurarum traditio, Talliatio, inspectio et emende, et omnia emolumenta inde provenientia ad Vicecomitissam proveniant pleno jure.*

* Unde *Tail*, ipsa sectura, in Lit. remiss. ann. 1459. ex Reg. 190. Chartoph. reg. ch. 46 : *Laquelle vigne les supplians avoient lors taillée ou chapoulée, et le bois ou sarment provenu dudit Tail, etc.* Et *Tailhe, Taillot, Taille-busson*, Instrumentum, quo fœnum, vinea, dumi secantur. Lit. remiss. ann. 1470. in Reg. 196. ch. 194 : *Une faulx, qu'on appelle Tailhe* (en Albigeois). Aliæ ann. 1473. in Reg. 195. ch. 878 : *Icellui Levasse frappa le suppliant sur la teste d'un Taillot qu'il tenoit.* Aliæ ann. 1457. in Reg. 187. ch. 297 : *Une andanse, ditte ou pays de Pierregort Taille-busson.* Ab eodem fonte derivatur vox *Taillans*, pro *Ciseaux*, forfices, in aliis Lit. ann. 1415. ex Reg. 169. ch. 54 : *Le suppliant cousturier du lieu de Mesel getta à sa femme les Taillans, desquelz il avoit accoustumé à copper drap, appellez en François Ciseaux.* Hinc *Mestailler*, Male pannum dissecare, in Stat. ann. 1366. tom. 8. Ordinat. reg. Franc. pag. 530. art. 6 : *Que quiconques sera tailleur de robes à Paris, et il Mestaille robe ou ung garnement par mal ordonner le drap au tailler, etc.*

* 2. **TALLIARE**, Dividere, partiri, disponere. Charta ann. 1255. in Reg. 73. Chartoph. reg. ch. 326 : *Ad Talliandum carrerias et plateas et terras et areralia et loca domorum dividenda et adjudicanda, et discernendum et ordinandum omnia et singula, quæ ibidem ad utilitatem dictæ bastidæ videntis facienda.* Nostri vero *Estre Taillé* dixerunt, pro vulgari *Etre fait pour*, Is esse qui. Lit. remiss. ann. 1376. in Reg. 109. ch. 213 : *Icellui Tassart..... dist audit de Piz...... qu'il n'estoit mie Taillez de desmentir sondit frere, ne sa femme.* Pro *Etre en état*, Posse, legitur in aliis Lit. ann. 1389. ex Reg. 137. ch. 90 : *Il ne savoit homme ou pays, considéré la poureté qui y estoit, qui fust Taillié de l'acheter* (un fermail d'or). Vide in *Tallia* 8.

¶ **TALLIATA**, Gall. *Taille*. Vide *Tallia* 8.

¶ 1. **TALLIATOR**, Sarcinator, Gall. *Tailleur. Incisor et Talliator pannorum*, in Miraculis S. Zitæ tom. 3. Aprilis pag. 526. *Sartor seu Talliator*, in Ordinat. ann. 1340. tom. 2. Hist. Dalphin. pag. 395. col. 2. *Talliator pannorum*, in Charta ann. 1247. ex Tabul. Sangerm.

¶ 2. **TALLIATOR**, Alia notione. Capitulum generale S. Victoris Massil. MS. ann. 1340 : *Talliatores expensarum factarum pro Capitulo.* Ubi per *Talliatores* intelligo, vel collectores seu exactores *talliarum* seu tributorum ratione expensarum Capituli generalis impositarum, vel eos, qui has expensas in *Tallia* seu ligno scisso notabant. Vide *Talea* et *Tallia* 8.

* 3. **TALLIATOR Lapidum**, Lapicida, Gall. *Tailleur de pierres*, in Charta ann. 1263. ex Chartul. thesaur. S. Germ. Prat. fol. 102. r°.

* **TALLIATORIUM**, Orbiculus mensarius, super quo edendi cibi discinduntur, nostris alias *Tailleur* et *Tailloer*. Pedag. castri *de Les* ann. 1263. ex Cod. reg. 4659 : *In singulis centenariis fusorum, capellorum, Talliatoriorum, pectinarum, coeleariorum, etc.* Aliud prior. S. Gondulfi in diœc. Bitur. ann. 1314 : *Le millier d'escuelles et de Tailloers, cinq deniers.* Charta ann. 1404. in Reg. feud. comitat. Pictav. ex Cam. Comput. Paris. fol. 57. r° : *Item dois* (Jehan de Montfaulcon) *à cause de madicte femme* (Jehanne de Baussay) *audit monseigneur ou à ses gens bailler escuelles de fust et Tailleurs seu trancheurs, moy requis, ès quatre festes annuelz, et les faire laver.* Pelvim, vulgo *Bassin*, sonat, apud Joinvil. edit. reg. pag. 122 : *Un grant Taillouer d'or chargé de joiaus à pierres précieuses.* Est et Ludi genus ejusdem nomenclaturæ. Lit. remiss. ann. 1457. in Reg. 187. Chartoph. reg. ch. 162 : *Lesquelx compaignons estoient coustumiers de jouer au Taillouer et au plus près du cousteau.* Vide supra *Tailladus*.

* **TALLIATUM**, ut mox *Tallicium*. Locus est supra in *Taillinatum*.

* **TALLICIUM**, Silva cædua, Gall. *Taillis*. Charta Phil. III. ann. 1271. in Reg. 30. Chartoph. reg. ch. 418 : *Mandamus tibi quatinus animalia leprosariæ Chaynonis ire permittas ex parte nostra in forestam Chaynonis, causa pascendi seu pasturandi,..... extra tamen Tallicia.* Alia Phil. V. ann. 1318. in Reg. 56. ch. 547 : *Quæ omnia nemora sexcentas nonaginta octo acras vel circiter, tam in pleno bosco quam Talliciis,.... continere dicuntur.* Vide supra *Talleicium*.

¶ **TALLIIA**, Exactio, *Taille*. Vide *Tallia* 8.

TALLIO, *Tallia* quæ imponitur pro exercitu Regis, nostris *Taillon*, quasi *tallia* minor, vel extraordinaria. Charta Communiæ S. Richarii in Pontivo ann. 1126 : *Postea Burgenses in sua multitudine confidentes, et jura nostra, scilicet Tallionem de exercitu Regis, et pastum ejusdem, et mensuras, et religia nobis aufferre conati sunt.* Infra : *A fossis, ab excubiis, a Talione liberos.* [Martyrolog. Autiss. 13. sæc. ex Bibl. Colbert. : *Talionem autem quando in villa canonici voluerint facere, facient; ipse vero Stephanus* (cellerarius) *in villa Talionem numquam faciet.*] Unde colligitur, vocem hanc non primitus inventam sub Henrico II. Rege; tametsi tanquam extraordinariam talliam a subditis *tallionem* primus exegerit, in militaria stipendia.

☞ Latius accipitur in Tabulario S. Vincentii Cenoman. ubi legere est : *Concessit omnes illas Talliones, quæ de fevo suo erant.* Ubi quævis præstatio ratione feudi debita significatur.

* **TALLITIO**, Cæsio, sectura; Gall. *Taille, coupe*. Charta ann. 1205. ex Lib. albo episc. Carnot. : *Si ad Tallitionem vendiderit nemus de Gratelou vel de Glastigneio, ab illa parte cæsa tribus annis et dimidio abstinebunt.*

TALLIVI. Regestum Comitatus Tolosæ ex Camera Comput. Paris. : *Terras cultas et incultas, boscos et barcas, prata et pascua, Tallivos et explectivos, venationes et forestagia, quercos, etc.* [In *Expletivus*, ubi idem locus refertur, habetur *Taillivos*.] Idem valet quod *Talliata* in *Tallia* 8. Vide in hac voce ex Chronico Vosiensi.

* Dici videtur de silva cædua. Vide supra *Explectivus*.

¶ 1. **TALLIUM**, Idem quod *Tallio*, minor vel extraordinaria *tallia*. Charta ann. 1358. ex Schedis Cl. V. *Lancelot : Cum nunc et de novo quoddam Tallium ordinatum fuerit in loco S. Saturnini, etc.* Concilium apud S. Tiberium ann. 1389. tom. 4. Anecd. Marten. col. 344 : *Quod indicatur in tota provincia Narbonensi unum Tallium de mille francis incontinenti levandum, etc.*

* 2. **TALLIUM**, Territorium urbis, certi limites, intra quos civitatis cujusdam districtus continetur. Charta pro incolis loci de Giniaco ann. 1340. in Reg. 73. Chartoph. reg. ch. 164 : *Non possit portari facere vinum, vindemiam aut racemos;.... nisi dumtaxat hoc facerent de propriis ipsorum prædiis,.... vel nisi hoc facerent de prædiis alienis, scituatis tamen infra Tallium dicti loci.* Vide *Tallia* 6.

* 3. **TALLIUM**, Incisio, Gall. *Taille*. Charta Phil. Pulc. ann. 1301. in Lib. rub. Cam. Comput. Paris. fol. 127. r°. col. 2 : *Cum quæstio verteretur super jure et dominio Talii cunorum monetæ nostræ Tholosanæ, etc.*

* 4. **TALLIUM. Vendere ad Tallium**, Singulatim distrahere, Gall. *Vendre en détail.* Pactum inter abb. S. Tiber et consul. Biter. ann. 1243. ex Tabul. ejusd. monast. : *Vendere pannos ad Tallium, etc.* Charta ann. 1307. in Reg. 13. Chartoph. reg. ch. 4 : *Concedimus quod si in alio loco dicti castri* (de Naiaco) *carnes venderentur ad Tallium per dictos macellarios, etc. Vendere ad Tallium*, in alia senesc. Ruthen. ann. 1310. ex Reg. 49. ch. 80. Vide supra *Talhare*.

* 5. **TALLIUM**, Præstatio, quæ episcopo fit a presbyteris suæ diœcesis. Stat. synod. eccl. Castrens. ann. 1358. part. 2. ex Cod. reg. 1592. A. fol. 76. r° : *Archipresbyter*

solvet anno quolibet in dicto Tallio unum florenum et duas partes floreni.

* 6. **TALLIUM.** De Tallio, Cæsim, Gall. *de Taille*, Ital. *di Taglio*. Lit. remiss. ann. 1397. in Reg. 152. Chartoph. reg. ch. 224 : *Dictum Vitalem duobus vulneribus de pito, sive de Tallio, uno super capite et alio super altera suarum tibiarum sic deffendendo percussit.* Hinc *Tallure*, pro *Entaille*, Incisio, vulnus cæsim factum, in Constitut. civit. Tullens. ann. 1297. ex Reg. A. Chartoph. reg. ch. 1 : *Qui feroit Tallure ou sanc, il paieroit dix pour ladres et autretant à celui, cui li injure seroit faite, c'il la voulott requerre, et veuderoit la ville deux mois.* Vide supra *Taillium*.

¶ **TALLONARIUM**, Vectigal. Vide infra *Telon*.

* **TALLONUS**, Clavi species, aut quid simile. Pactum inter Bonon. et Ferrar. ann. 1193. apud Murator. tom. 2. Antiq. Ital. med. ævi col. 894 : *De ceteris aliis mercationibus et rebus debent dare Bononienses pro nave, excepto quod de ferro laborato, scilicet de figlis et de Tallonis, debent dare Bononienses, pro unoquoque sachetto usitato et consueto, Ferrarinum unum.*

* **TALLOS**, *dicuntur vasa offertoria esse juxta modum Tyrium facta, cum quibus in præcipuis festivitatibus offerebant, quorum similitudo hactenus in quibusdam locis habetur.* Glossæ Biblicæ MSS. anonymi ex Bibl. reg. Machab. lib. 2. cap. 14. legitur *Thallos*. Vide infra *Talus* 1.

* **TALLUM**, Exactionis species, quæ explicatur in Charta Henr. comit. Bles. ex Reg. 34. bis Chartoph. reg. part. 2. fol. 62. r° : *Addidit etiam* (Ivo Carnot. episc.) *petitioni suæ, ut exactio, quam vulgo Tallum vocant, quæ defunctis episcopis vel decedentibus, fieri solet in servientes episcopi vel rusticos, simili ratione condonaretur.*

¶ **TALLUS**, *Calculus*, *tabula*, in Glossis Isid. Legendum : *Talus*, *Calculus tabulæ*. Vide *Talus* 3.

¶ **TALMUD**, vel Thalmud, Opus doctrinale multiplicem scientiarium omnium doctrinam, ac potissimum jus Canonicum et Civile Judœorum complectens. Duplex est *Jerosolymitanum* et *Babylonicum*. Illud pro Judæis in terra Israel commorantibus, Jerosolymis et lingua Jerosolymitana, h. e. Syro-Chaldaica composuit R. Johhánam III. et IV. Ecclesiæ sæculo ; Babylonicum vero ad usum Judœorum, qui in Babylonia degebant, inchoarunt V. sæculo ineunte RR. Asche et Avina, perfecit que R. Jose desinente eodem sæculo, vel incipiente VI. Talmudis Babylonici, ad nostram usque ætatem universa dæorum gens cum in sacris, tum in pois, legibus obtemperat, relicto Jerosoitano utpote obscuro, difficili et imfecto, quippe quod decisiones omnes ime contineat. Hæc cum aliis D. *Gua*tom. 2. Hebraicæ Gramm. pag. 414. et q. ubi singulas Talmudis partes et ediones exponit, quas longius foret hic reere. Innumeris fabulis et erroribus scatet hic liber ; quare Judæus quidam ellensis, post conversionem ad Relinem Christianam Thomas nomine, guæ Hebraicæ peritissimus, Romam peann. 1238. ut Gregorio IX. Talmudis errores patefaceret : qua delatione commotus summus Pontifex hos errores 35. articulis comprehensos ad Archiepiscopos Gallicanos misit, simulque varias scripsit Epistolas ad Reges Franciæ, Angliæ, Aragoniæ, Castellæ, Leonis, Navarræ et Portugalliæ, ut Hebræorum libros, in suo quisque regno, comburendos curarent : quod factum est in Galliis, ubi innumeri pene Judæorum libri flammis traditi sunt. Innocentius IV. Gregorii successor Odoni Castri-rufi suo in Gallia Legato Talmudis cæterorumque librorum Judæorum examinandorum munus injunxit, ut eos solos, qui nihil Christianæ religioni contrarium complecterentur, Judæis uti permitteret ; sed accepto Legati responso, quod hæc permissio pro approbatione censeretur, hos libros solemni ritu proscripsit 15. Maii ann. 1248. S. Ludovicus in Edicto ann. 1254 : *Judæi cessent ab usuris et blasphemiis, sortilegiis, caracteribus, et tam Talmutum quam alii libri, in quibus inveniuntur blasphemiæ comburantur.* Sic legitur in Codice MS. Consuet. Tolos. fol. 52. *De Lauriere* edidit *Talibus*, adnotato legi *Talemus* in Regesto Chartophylacii, ut etiam habetur in antiqua versione Gallica. Baluzius *Talemis* legit, *Talimus* D. *Brussel* tom. 1 de Usu feudorum pag. 593.

¶ Talmut Pensionum, Codex censualis in quo describuntur pensiones omnes, quas Abbatiæ S. Victoris Massil. solvere debent Monasteria et Prioratus ipsi subjecta. Concinnatus est ann. 1337. ab Abbatibus ejusdem S. Victoris et Montis-majoris, quos ad hoc delegarat Benedictus XII. PP. Sic dictum puto a *Talmude* Judæorum, cujus nomenclaturæ non alia forte ratio quærenda est, quam ipsa voluntas Editorum, quibus sæpe placuit peculiare nomen hujuscemodi codicibus imponere.

TALO, Talonus, Talus, ex Gallico *Talon*, vel Italico *Tallone*. Ugutio : *Calx, vel calcaneus, et idem quod calx, et quod Talus : nam talus est sub cruribus : idem et Talonus.* Quoniam Attachiamenta cap. 13. § 5 : *Nec vertat articulos pedum, ubi Talones steterunt, antequam contradixerit.* Vide Formulam 14. ex Baluzianis, [et Statuta Eccl. Æduensis ann. 1468. tom. 4. Anecd. Marten. col. 508.]

* **TALOCHIA**, Clypei species, nostris olim *Taloche*. Glossar. Gall. Lat. ex Cod. reg. 7684 : *Taloche, bouclier, parma.* Lit. official. Suession. ann. 1378. in Reg. 151. Chartoph. reg. ch. 117 : *Viginti solidos Parisienses amoverat eidem et subripuerat cum ense ipsius et Talochia. Un boucler ou Taloche*, in Lit. remiss. ann. 1388. ex Reg. 137. ch. 6. Aliæ ann. 1390. in Reg. 138. ch. 149 : *Cavelier tira un grant panart ou badelaire et en voulut frapper le Maçon. Celui cy para en partie le coup de sa Taloche. Une Taloche de fer*, in aliis Lit. ann. 1397. ex Reg. 151. ch. 345. Vide supra *Talaucha*.

¶ 1. **TALPA**, Operculum, a Vasconico *Tapo*, vel *Talpo*, Operire. Inventarium S. Martialis Lemovic. : *Item concha argentea cum Talpa.*

2. **TALPA**, Machina ad suffodiendos muros, sub qua latent, qui *cuniculos* conficiunt. Petrus Tudebodus lib. 3 : *Hoc nostri videntes, statim ordinaverunt, ut facerent maximam Talpam, cum qua potuissent perforare pontem, et fecerunt, etc.* Robertus Monachus lib. 4. Hist. Hieros. : *Balistæ, falces, arietes, Talpæ, tela, sudes, et fundæ, etc.* Gilo Parisiensis lib. 5. Viæ Hierosol. :

Fiunt balistæ, plumbata, phalarica, Talpæ.

Godefridus Viterbiensis part. 17. Chron. :

Hinc cibus arctatur, fons tollitur, inde paratur
Talpa cavans arces, mangonibus injaculatur.

Ἀσπάλακες, eadem notione, dixit Anna Comnena pag. 382. Vide *Ericius* 2.

☞ A *Talpa*, ni fallor, *Talpen*, vel *Telben* Teutones dixerunt pro Fodere, *Untertalpen*, Suffodere.

Talparii, Cunicularii, qui sub *talpis* latent. Monachus Altisiod. ann. 1188. et Joannes Monachus Majoris Monasterii in Chron. MS. Bibl. Regiæ, eodem anno : *Habebat quippe quosdam artifices, quos Fossores vel Talparios vocant, qui ad modum talpæ subterranea fodientes, quaslibet murorum et turrium firmitates ferramentis validissimis perrumpebant.* [*Fossores, id est Talparios*, in Chron. Turon. apud Marten. tom. 5. Ampliss. Collect. col. 1031.] de iis etiam Guillelmus de Podio Laurentii c. 43 : *Deinde incipientes minare instar talparum, conantur invadere civitatem, etc.* Quo referri possunt hæc ex Senatore lib. 9. Epist. 3 : *Cameris enim ingeniosa præsumptione revolutis, Talpinum animal imitantes, itinera fodiunt, quæ nullis ante patuerunt.*

TALPÆ, Maculæ nigræ instar talparum. Carmen de Carolo M. quod Alcuini esse putatur :

Pallia permixtis lucent hyacinthina Talpis.

* **TALPIS**, pro Talpa. Vita S. Emmer. tom. 6. Sept. pag. 480. col. 2 : *In Talpium obscuram habitationem convertatur, etc. Waupe* alias, pro *Taupe*, in Pedag. Peron. ann. 1295. ex Chartul. 21. Corb. fol. 356. v° : *Item pennes de blancs connins et de Wauppes, chacune doit deux deniers.* Vide *Talpæ*.

TALTERIUM, Silva cædua, Gall. *Taillis*, a *Taleis*, forte, seu ramusculis, de qua voce supra egimus : unde etiam vox *Tailler*, pro cædere, scindere, quod ejusmodi *taleæ* exscindi solent : nec multum abludit Salmasius ad Tertulliani pallium, qui vocem nostratem *Tailler*, ab ipsis *taleis* ortam vult, *quod taleæ*, ut ait, *sint scissiones lignorum.* Charta Philippi Regis Francor. ann. 1220. apud Louvetum in Hist. Bellovacensi : *Si autem alta foresta de Hez vendatur, ubi concedimus Monachis pasturam animalium suorum extra deffensa, sicut prædictum est, ipsi non utentur ibidem illa pastura, quousque Talterium in tantum excreverit, quod de animalibus se defendere possit.* [Vide *Tailla* et *Tallea*.]

* Leg. *Talleicium* vel *Tallicium*. Vide supra in his vocibus.

* **TALUDARE**, In propedem construere, nostris *Taluder*, vel *Taluter*. Instr. ann. 1381. inter Probat. tom. 3. Hist. Nem. pag. 47. col. 2 : *Item ordinavit dictus commissarius quod murus sive locus, ubi est*

custodia dicti Macelli, sublevetur et ædificetur longitudinis decem palmorum, et quod Taludetur. A voce

* Talutum, Propes, in talum exiens projectio, Gall. *Talut.* Reg. Phil. Aug. in Chartoph. reg. sign. 34. bis part. 1. fol. 98. v°. col. 1 : *Murus tenens portæ castelleti habebit octo tesias altitudinis inter scutum et krenellum, et sex pedes spissitudinis juxta quarnellum et Talutum, versus pratellum de sex pedes spissitudinis petræ scissæ et de duodecim pedes altitudinis, et aliud Talutum ex adversa parte eodem modo.* Hinc *Talart*, Locus editus et acclivus, in Lit. remiss. ann. 1473. ex Reg. 197. ch. 381 : *Le suppliant en soy deffendant cheut à terre sur ung Talart ou haulte place.*

¶ **TALUERIA**, Modus agri. Charta ann. 1511. ex Terrario Apchonii : *Plus unam Talueriam vocatam la Talue des Codert.* Ibidem : *Una Talueria prati,... et etiam unum ortum juxta dictam Talueriam.*

TALUREGA. Vide *Overcoupunga.*

1. **TALUS**, Talea, ramus arboris. Lib. 2. Macchab. c. 14. v. 4 : *Offerens ei coronam auream, et palmam, super hæc et Talos, qui templi esse videbantur.* Ubi Gr. edit. : πρὸς δὲ τούτοις τῶν νομιζομένων θαλλῶν τοῦ ἱεροῦ. Θαλλὸς vero Græcis est *ramus virens.* Mamotrectus *tallos* etiam legit, *et vasa offertoria* interpretatur. Lex Frisonum tit. 14 : *Sortes tales esse debent, duo Tali de virga præcisi, etc.* [Agnellus apud Murator. tom. 2. pag. 162. col. 2 : *Aquimanile desupra ex argento investito Talis.*] Vide *Tenus* [et *Rascia.*]

* Hinc *Talos*, in Lit. remiss. ann. 1482. ex Reg. 207. Chartoph. reg. ch. 304 : *Le suppliant print à deux mains le baston ou Talos, où pendoit la clef de son estable, etc.* Vide supra *Tallos*.

2. **TALUS**, Posterior digitus falconis. Fridericus II. Imp. lib. 1. de Arte ven. cap. 34 : *Falcones feriunt cum posteriori digito, quod Falconarii dicunt Talum.* Infra : *Posterior digitus, quod dicunt Talum.*

3. **TALUS**. Libertates villæ Martelli in Lemovicib. ann. 1219 : *Nemo debet vendere ad Talum res extraneas, nisi per concessum procuratoris particularis in Curia rogationum, et qui fecerit, pro justitia* 60. *solidos dabit.* Idem videtur significare quod *Extalium.* Vide in hac voce.

* Vide supra *Tallium* 4.

¶ Tallus, Eadem notione. Statuta MSS. Montispessul. ann. 1204. ex Cod. Colbert. 4936 : *Nec quis extraneus pannos aliquos in hac villa vendere debet ad Tallum, nisi eos quos ad collum portaverit per villam.*

* **TAM** et Tami, *Sepe in regali dispositione pro bolo Armeno invenitur.* Glossar. medic. MS. Simon. Jan. ex Cod. reg. 6959.

¶ **TAMALALIATLI**, vox Indica, Tributi genus. Conc. Mexic. ann. 1585. inter Hisp. tom. 4. pag. 349 : *Ne ullus Indorum minister.... possit exigere aut petere quascumque exactiones, Indi suchiles aut Tamalaliatli vocant.*

* **TAMARICES**, Hisp. *Tamaras*, Minuta quisquilia lignea, virgulta. Charta Aldef. reg. Aragon. pro incolis Tutelæ æra 1165. in Reg. 53. Chartoph. reg. ch. 295 : *Inprimis persolto vobis totos illos sotos de illo Miratulo inviso usque ad novellas, quod talietis ibi ligna sicca et Tamarices.* Hinc

* **TAMARISSA**, Sepes ex virgultis contexta. Instr. ann. 1310. inter Probat. tom. 1. Hist. Nem. pag. 221. col. 1 : *Possit dictus dominus abbas..... Tamarissas plantare, ad utilitatem et defensionem bonorum et fructuum pendentium in terris prædictis.*

¶ **TAMARIXIUS** Cristalli, Opus crystallinum, fortassis *tamerindos* referens, Ital. *Tamarigia.* Chronicon Estense ad ann. 1345. apud Murator. tom. 15. col. 424 : *Quos omnes dominus Marchio Obizo honoravit multum, et præsentari fecit Delphino tres destrerios copertos scarlato, et uxori ejus... duos Tamarixios crystalli fulcitos argento et auro, et alia honorabilia.*

TAMATA, *Curia*, Ugutioni. Vide *Tagma.*

¶ **TAM BENE**, Gall. *Aussi-bien*, Æque ac. Charta Henrici Regis Angl. ann. 1457. in Chronico Johannis Whethamstedii pag. 423 : *Declaramus Tam bene ipsos, sicut et nostros prædictos consanguineos, etc.*

* **TAMBONIA** Poma, Lugdunensibus *Pommes tapones*, apud Carol. Steph. de Nutrim. pag. 62. Italis Poma D. Petri appellantur. Ita D. *Falconet* in suis Animadversionibus.

* **TAMBOR**, Tympanum bellicum. Charta ann. 1312. ex Bibl. reg. : *Guillelmus de Stapo, bajulus civitatis Albiæ,.... cum multitudine hominum armatorum,... cum gralis et tuba sive cornu,........ et Tambor, etc.* Vide *Tabur.*

* **TAMBORELLUS**, diminut. a *Tambor*, Ital. *Tamburello*, Hisp. *Tamboril.* Stat. Universit. Tolos. ann. 1328. ex Cod. reg. 4222. fol. 61. v° : *Item quod nullus sit ausus in sua licentia habere ultra duo paria tubarum cum uno Tamborello, qui in eundo ad ecclesiam et redeundo ad hospitium tantum possit secum habere. Quibus tubicinatoribus et Tamborello dare pecuniam valeat, et non vestes.* Ubi et pro ipso Tympanotriba usurpatur.

¶ **TAMBORINUM**, Tambur, etc. Vide *Tabur.*

TAMBUCA, pro *Cambuta*, in Folcuin. Gest. Abbat. Lobiens. cap. 40. apud Pertz. tom. 6. pag. 73.

* **TAMBURARE**, Italis, Litem intentare, accusare. Stat. antiq. Florent. lib. 5. cap. 5. ex Cod. reg. 4621 : *Magnates possint Tamburari in dicta civitate Florentiæ per quemcumque.* Vide supra *Intamburare.*

* **TAMBURINUM**, ut supra *Tambor.* Hist. belli Forojul. ad ann. 1385. apud Murator. tom. 3. Antiq. Ital. med. ævi col. 1198 : *Et erant equites et pedites numero sexaginta cum uno Tamburino.* Ubi *Tamburlino* legitur in Append. ad Monum. eccl. Aquilej. pag. 47. col. 2. Vide *Tamburlum* in *Tabur.*

* **TAMBURUM**, Capsa ab ejus forma sic nuncupata. Vide supra *Intamburare.*

¶ **TAMEMES**, *Bauli homines*, in Synodo Mexicana ann. 1585. tom. 4. Concil. Hispan. pag. 368.

¶ **TAMES**, *Cruor sanguinis*, apud Turnebum lib. 28. c. 5. Glossæ Isidori : *Tames, Cruor, sanguis.* In Excerptis additur *Tabes*, sicque omnino legendum esse probat Grævius : quem, si tanti est, consule.

* **TAMIACA** Prædia, Quæ principis cellæ penuariæ vel ærario assignata erant, a Græco Ταμεῖον vel Ταμιεῖον, eadem acceptione. Lex Cod. 11. 68 : *De prædiis Tamiacis et de his, qui ex colonis dominicis aliisque liberæ conditionis procreantur.*

¶ **TAMINARE**, *Adversari*, Johanni de Janua ; *Adverser, contrarier*, in Glossis Lat. Gall. Sangerm. MSS. Metaphora est ducta ab agitatione farinæ in cribro, ut docet D. *de la Monoye* in Glossario Burgundico pag. 222. edit. 1720. Proprie enim *Taminare* est Farinam cribro secernere; unde laudatus de Janua : *Attamen, inis, Setacium. Attaminare, Purgare farinam cum setacio*, vel *setario*, ut alibi scribit. Voces procul dubio compositæ a fictitiis *Tamen*, et *Taminare*, quæ dictæ sunt pro *Stamen* et *Staminare.* Hinc nostris *Tamis*, Cribrum, et *Tamiser*, Succernere.

TAMISIUM, Cribrum, quo farina purgatur, ex Gall. *Tamis.* Herimannus de Restaurat. S. Martini Tornac. c. 70 : *Nec cribro, nec Tamisio farina purgabatur.* [Cribrum inter et *tamisium* illud inest discriminis, quod *tamisii* tela sit ex serico, vel equinis jubis, cribrum vero ex pellibus hac illacque artificiose perforatis.]

* **TAMISSUM**, Cribrum, Gall. *Tamis. Item unum Tamissum*, in Invent. ann. 1361. ex Tabul. D. Venciæ. Vide *Tamisium.*

* **TAMNEGI**, *Stephano est fumus ligni rituus, i. ligni colofoniæ.* Glossar. medic. MS. Sim. Januens. ex Cod. reg. 6959.

* **TAMNUM**. Molendinum ad Tamnum, Gall. *Moulin à tan*, quo cortex querceus ad subigenda coria in pulverem redigitur. Charta fundat. eccl. de Guerchia tom. 1. Probat. Hist. Brit. col. 805 : *Dono etiam...., decimam molendini ad Tamnum.* Vide in *Molendinum.*

¶ **TAMOLA**, Fulcrum subaxillare, Gall. *Bequille*, Hisp. *Muleta*, ex quo forte per metathesin efformatum est *Tamola.* Vita Ven. Catharinæ de Palantia, tom. 1. Aprilis pag. 653 : *Erat mutus et stropiatus una tibia et ibat cum ferulis seu Tamolis.*

¶ **TAMUSA**. Ammianus lib. 28. c. 1. ubi de crudeli Maximino : *Resticulam de fenestra prætorii quadam remota dicitur semper habuisse suspensam, cujus summitas quendam velut Tamusam colligaret, etc. Empusam* legendum esse credit. Gronovius in notis pag. 562. Vocem compositam ex *Tames*, cruor sanguinis, et οὐσία opinatur Marcellus Donatus. Felicius divinet qui potest. [** Cod. *Damusa*, al. *clausa.*]

TANA, Caverna, Ital. *Tana*, Gall. *Taniere.* Charta ann. 1235 : *Venari ad capriolos, perdices, etc. vel capere cum laqueis, vel facere lascos, vel stopare, vel stopari facere Tanas, etc.* [Chronicon Modoetiense apud Murator. tom. 12. col. 1151 : *Vulpis vetula non intrat in Tanam novam.*] Vide Gloss. Meursii [et mediæ Græcitatis] in Τάνα, et infra in voce *Zava.* De vocis origine quædam habent Menagius et Ferrarius.

* **TANACERIUS**, f. pro *Tannarius*, Coriorum infector. Charta Phil. VI. reg. Franc. ann. 1341 : *Episcopus proponebat quod, licet ipse ratione episcopatus Meldensis ecclesiæ prædecessoresque sui fuissent soli et in solidum in possessione et saisina habendi et exercendi pacifice omnimodam, altam*

tetbassam, justitiam in domibus apud situatis, quæ cameræ de Messi nunatur; nichilominus gentes præfati comitis (Campaniæ) *in dictis cameris quasdam pristias fecerant, duos videlicet Tanacerios walleyam facientes ibidem.* Vide *Tanoverius.*

TANACETUM, Portio cibaria, ut vocant, Monachica, *quæ quinque ovis conficiebatur*, ut est in Chronico Abb. S. Trudonis lib. 13. pag. 510.

* **TANAGA**, Compedes vel Cæcus carcer, ut videtur. Usat. Barcin. MSS. cap. 2 : *Requisitus et cessus vel vulneratus, sive in Tanaga missus pro redemptione districtus, sit per mortem emendatus.* Ibid. cap. 7 : *Si fuerit captus,.... et in squesa vel ferris, sive in Tanaga missus, vel in quocumque vinculo aut in custodia detentus, per singulos dies et noctes singulos sex solidos accipiat.*

* **TANAIA**. Charta ann. 1073. apud Murator. tom. 4. Antiq. Ital. med. ævi col. 807 : *Ut presbiteri, qui inibi sunt ordinati, cantent Primam et Completam ad horam legitimam, et Missam celebrent cum Tanais, una die pro salute vivorum, alia die pro requie defunctorum, omni die, excepta die Dominica et festivis diebus.* Ubi legendum esse *Litaniis* colligitur ex duabus aliis similibus Chartis ibid. col. 804. et 809.

¶ **TANAJARE**, Candenti forcipe laniare, Ital. *Tanagliare*, Gall. *Tenailler*. Johannis de Bazano Chronicon Mutin. apud Murator. tom. 15. col. 613 : *Fecerunt dictos comites... justissime Tanajari, et.... in quatuor partes dividi et frusta suspendi per partes et diversa loca.* Annales Estenses apud eumd. Murat. tom. 18. col. 935 : *Fuit enim per civitatem Ferrariæ super curru Tanajatus, etc.*

* **TANALIA**, Ital. *Tanaglia*, Forceps, Gall. *Tenaille*. Stat. antiq. Florent. lib. 3. cap. 61. ex Cod. reg. 4621 : *Quicumque præsumpserit in civitate, comitatu vel districtu Florentiæ....facere..., congregationem gentium, conventiculam, conspirationem..... pro violatione vel subversione pacifici status populi,.... debeat ultoribus ferris seu Tanaliis in ejus corpore lacerari.* Vide *Tanajare.*

TANARIA. Charta Adefonsi Regis Hispaniæ, æræ 1198. in Hist. Segoviensi c. 27. § 5 : *In pratis, in sernis, in vineis, in hortis, in moneta, in tendis, in homicidiis, in Tanariis, in carnacariis, in Molendinis, etc.* [Haud scio an idem sit quod nostrum *Tannerie*, Officina in qua coria subiguntur, *Tannarium molendinum*, ut habetur supra in *Molendinum ad than.* Vide *Taneria* et *Tannare*,]

* Hisp. *Teneria*, Coriaria officina.

* **TANARIUS**, Coriorum infector, Gall. *Tanneur*, in Charta ann. 1187. ex Chartul. Joan. Laudun. ch. 71. Vide infra *Tan-*

¶ **TANATARIA**, Tanator. Vide *Tanare.*

* **TANATUS**, Panni species fulvi colo-, Gall. *Tanné*, ut infra *Tanneyum*. Stat. arte parat. pannor. Carcass. renovata 1466. in Reg. 201. Chartoph. reg. 121 : *Item quod nullus possit.... tingere tingi facere aliquos pannos, caput seu um cotonis habentes, in Tanato seu burello, nec in lana seu filatura cum escorcia nucis.* Vide in *Tannare.*

* **TANBUCULUM**, *Quod modo huc, modo illuc præfingitur aliquid comitando*, in Glossar. Provinc. Lat. ex Cod. reg. 7657.

* **TANCHELMISTÆ** sic appellati sectatores cujusdam Tanchelmi hæretici, qui et *Tanchelinus*, *Tanquelmus*, *Tauchelinus*, *Tandemus*, *Tanderius* et *Landelinus* pro variis scriptoribus seu librariorum socordia dictus est. Hic in Flandria sæculo XII. ineunte errores suos disseminare cœpit. Vita S. Norberti tom. 1. Jun. pag. 843. col. 2 : *Contigit ut hæreticus quidam, miræ subtilitatis et versutiæ seductor, Tanchelinus nomine, ibi adveniens, in eadem gente suæ seductionis locum inveniret. Erat denique omnium hominum sceleratissimus, et Dei et omnium sacramentorum ejus inimicus et totius religionis et Christianæ fidei contrarius, etc.* Vide ibi notam doctorum Editorum et Supplem. ad Miræum pag. 567.

TANDÆ, Reliqua, *Arreragia*. Observantiæ Regni Aragon. lib. 9. tit. Quæ sit pœna etc. § 2 : *Dominus Rex dando cavallerias censetur dare Tandas jam lapsas, et per eum aut suos officiales non receptas, licet tempore vacationis decursas, etc.*

¶ **TANDAM**, pro *Tandem*, passim legitur in Tabulario Calensi, præsertim in Chartis sæculi XIII.

¶ **TANEGLIARE**, Italis *Tanagliare*, Gallis *Tenailler*, Candenti forcipe laniare. Anonymus apud Murator. tom. 8. col. 113 : *Omnes tres Tanegliati fuerunt usque ad furcas et suspensi.* Vide *Tanajare.*

¶ **TANERIA**, Officina, ubi coria subiguntur, in Charta ann. 1237. e Chartulario B. Magdalenæ de Castroduno, et in alia ann. 1273. apud Lobinellum tom. 3. Hist. Paris. pag. 25. col. 1. *Tanere molendinum*, in Chartulario S. Martini Pontisar. Vide *Molendinum ad than* et *Tannare.*

* **TANETERIUS**, Ad querceum pulverem, quo coria subiguntur, Gall. *Tan*, pertinens. Charta ann. circ. 1060. inter Instr. tom. 11. Gall. Christ. col. 126 : *Apud Ebroicas duos molendinos, unum annonarium et alterum Tuneterium.* Vide infra *Tanium.*

TANGANARE, Interpellare, *Sommer quelqu'un en justice.* Pactus Legis Salicæ tit. 60. § 1 : *Si qui Rachemburgii legem voluerint dicere in Mallebergo residentes, cum caussam inter duos discusserint, debet eis qui causam requirit dicere : Dicite nobis Legem Salicam. Si illi tunc noluerit dicere, tunc iterum qui caussam requirit, dicit : Vos Tangano, ut mihi et isto legem dicatis.* Lex Salica hoc loco habet : *Ego vos Tangano, usque dum vos inter me et contra causatorem meum legem judicetis.* Nempe hæc interpellatio judices spectat. Ita in Lege Ripuar. tit. 55. Rachimburgios causator interpellat : *Ego vos Tangano, ut mihi legem dicatis.* Ibid. tit. 58. § 59 : *Hoc etiam constituimus, ut hominem regium Romanum vel tabularium interpellatum in judicio non Tangaret, etc.*

Tanganum, Ipsa interpellatio judiciaria. Lex Ripuar. tit. 30. qui *de interpellatione et incendio servorum* inscribitur § 1 : *Dominus ejus in judicio pro eo (servo) interrogatus respondeat, et sine Tangano loquatur, et dicat, etc.* Tit. 58. § 20 : *Servi autem Ecclesiarum, non per actores, sed ipsi pro semetipsis in judicio respondeant, et sacramenta absque Tangano conjurent.* Et tit. 59. § 8 : *Quia dum interpellatur, respondeat ad interrogationes, et sine Tangano loquatur, et dicat : Non malo ordine, sed per testamentum hoc teneo.* Cujus vocis originem a *Tagghen*, Teutonico, disceptare, litigare, vitilitigare, altercari, arcessit Wendelinus : ita ut *absque Tangano loqui, respondere*, sit plane, nude, cum nulla altercatione, vel interpellatione : [Eccardus vero ex eo quod Saxones vocem *Tange*, Germanis *Zange*, pro Forcipe vel tenaculo usurpent, conjicit olim fuisse verbum *Tangen*, pro Tenere, detinere; hincque Latinum *Tanganare* esse Tenere, retinere, Gall. *Arrêter;* et substantivum *Tanganum* esse Detentio, captio, captura.] [** Vide Grimm. Antiq. Jur. Germ. pag. 5. et 843. Graff. Thesaur. Ling. Franc. tom. 5. col. 433. et 680.]

¶ 1. **TANGERE**. Dicere, de re aliquam sermonem habere, Gall. *Toucher.* Annales Genuenses ad ann. 1238. apud Murator. tom. 6. col. 479 : *Tetigit qualiter dominus Imperator tractaverat et tractabat homines de regno.* Occurrit hac notione in Diario Belli Hussitici apud Ludewig. tom. 6. Reliq. MSS. pag. 212. et alibi. *Tangere verbis* dixit Ovidius lib. 1. Fast. v. 184. et *Tangere leviter*, pro Paucis de re aliqua dicere, Tullius pro Roscio Am. cap. 30.

¶ 2. **TANGERE**, Statuere, convenire, concordare, ducta notione a manuum tactu, quo scilicet solebant inter se concordata firmare. Et hæc quidem firmandi promissi ratio velut jusjurandum sacra habebatur, habeturque etiam inter plerosque mercatores. Charta Fulconis Episc. Andegav. qua litem componit inter Canonicos Eccl. Andegav. et Monachos S. Albini ann. 1337. ex Archivo ejusdem S. Albini : *Tacto nihilominus inter partes prædictas, quod reverendus Pater prædictus ordinabit, etc. Tacto etiam inter partes easdem, quod Religiosi, etc.* Frequenter occurrit ibi. Vide *Palmata* 2.

Tangere Chartam, Subscribere. Charta Hugonis Comitis et Marchionis ann. 936. in Hist. Vergiacensi pag. 33 : *Et ut hujus nostræ largitionis cartæ pleniorem in Dei nomine capiat firmitatem, Tangendo firmavimus, et fidelibus nostris infrascriptis firmare rogavimus. Actum etc. Signum Hugonis Comitis, etc.*

☞ Mabillonio lib. 2. Diplom. cap. 22. n. 14. *Tangere chartam*, non est eam subscribere; sed, ut verbis ejus utar, qui propria manu non subscribebant, neque apponebant signum crucis, chartam manu tangebant, ut subscriptionem nominis sui a Notario factam ratam haberent : id probat ex Charta Theobaldi Comitis ann. 1083. ubi legitur : *Chartam hanc sigillo auctoritatis nostræ impresso, cruce autem facta manu nostra roboravimus, et fidelium nostrorum manibus Tangendo corroborandam dedimus.* Tum observat, in regiis literis sub tertia stirpe regni Primores erecta manu eas rati habuisse, quod probat ex Chartario S. Martini a Campis, ut ibi videre potes.

* Chartul. Major. monast. pro pago Vindoc. ch. 7 : *Infantesque ipsius* (Tet-

baldi) *qui præfatæ non interfuerant convenientiæ, Burcardum scilicet, Aremburgem et Johannem, Tangendo eam firmare seu auctorizare fecit, datis pro hoc singulis singulis denariis, testibus istis, etc.* Ibidem ch. 106 : *Hi posteriores testes de auctoramento uxoris Fulcodii et filiorum ejus sunt, quod factum est quando omnes pariter contactu manuum cartam hanc firmaverunt, approbantes venditionem ipsius.* Vide supra *Manum mittere* in *Manus.*

* 4. **TANGERE**, Pulsare. *Tangantur campanæ*, in Missali MS. Burdegal. ad vigiliam Pentecostes.

¶ **TANGIBILIS**, Qui tangi potest, apud Lactantium lib. 7. Instit. cap. 11. et 12. et alios recentiores.

TANGOMENA. Fragmentum Petronii pag. 10 : *Quare Tangomenas faciamus, vita vinum est.* Et infra pag. 67 : *Ita Tangomenas faciamus, et usque in lucem cœnemus.*

☞ Nodotius in Petronio restituto scribit *Tingomenas*, Compotationes, helluationes, illustratque ex illo Horatii loco lib. 2. Od. 14 :

Absumet hæres Cæcuba dignior
Servata centum clavibus, et mero
Tinget pavimentum superbum,
Pontificum potiore cœnis.

Vide *Taquies.*

* **TANGUA**, f. Piscis fluviatilis notus, Gall. *Tanche;* nisi sit nomen loci. Bulla Urbani III. PP. ann. 1186. inter Instr. tom. 11. Gall. Christ. col. 248 : *Totam decimam de Crienciis, decimam Tanguæ et molendini, decimam molendini de Fulleia.*

* **TANIA**, Capsa, arca, ut videtur. Arest. ann. 1330. 28. Apr. in Reg. *Olim* parlam. Paris. : *Unam Taniam pictam, plenam diversis mercibus et jocalibus.* Vox, ni fallor, fictitia.

¶ **TANISTRY**, Lex aut consuetudo olim vigens in Hibernia, qua, nulla natu majoris habita ratione, is inter natos Principum illustriumque familiarum hæres instituebatur, qui cæteris merito præcellebat. Vide Thomam *Blount* in Nomolexico Anglicano.

* **TANIUM.** Molendinum ad Tanium, Gall. *Moulin à tan*, quo querceus cortex ad subigenda coria in pulverem redigitur. Vide supra *Tannum*. Charta ann. 1225. inter Instr. tom. 8. Gall. Christ. col. 358 : *Omnia molendina nostra de Rivereyo, tam ad bladum quam ad Tanium. Tanarie*, pro *Tavernier*, caupo, in Lit. ann. 1341. tom. 3. Ordinat. reg. Franc. pag. 575. art. 7. *Tanniere*, pro Taberna, in aliis Lit. ann. 1354. tom. 2. earumd. Ordinat. pag. 565.

¶ **TANLAGIUM**, Vectigal. Vide in *Telon.*

TANNARE, Coria subigere, Gall. *Tanner.* Leges Burgorum Scoticor. cap. 98 : *Nullus sutor potest emere coria ad Tannandum majoris pretii, quam quod cornua et aures sunt æqualis longitudinis.* [*Tanatum*, vel *Tannatum corium*, in Privilegio Liduini Abbatis S. Vedasti Atrebat. ann. 1036. e Chartul. V. ejusd. Cœnobii pag. 243. in Statutis Cisterc. ann. 1157. tom. 4. Anecdot. Marten. col. 1247. in Computo ann. 1202. apud D. *Brussel* tom. 2. de Feudorum usu pag. CXLV. ad calcem, in Edicto ann. 1329. tom. 2. Ordinat. Reg. Franc. pag. 33. n. 3. in Privilegiis Pontis-Ursonis tom. 4. earumd. Ordin. pag. 641. n. 42. *Tannatæ pelles*, in Consuetudinibus Ecclesiæ SS. Bertini et Audomari ex Archivo Ecclesiæ Audomarensis.]

* *Tanner* præterea nostri dixerunt, pro Vexare, molestiam creare. Lit. remiss. ann. 1475. in Reg. 195. Chartoph. reg. ch. 1493 : *Jehannin Joly dist à Jehannin le Clerc que le suppliant les Tannoit et hayoit moult fort.* Vox in quibusdam provinciis necdum obsoleta.

Tanneria, seu Tannatoria, Officina, vel ars coria subigendi, Gall. *Tannerie*, in Fleta lib. 2. cap. 52. § 35. [*Tanataria*, in Chartulario S. Vincentii Cenoman. fol. 35. *Tannarium molendinum*, in Chartulario S. Vandregesili tom. 1. pag. 1002. Vide *Molendinum ad than.*]

¶ Tannator, vel *Tanator*, Qui coria subigit præparatque, Gall. *Tanneur*, in Chartulariis S. Vincentii Cenoman. fol. 36. S. Vandregesili tom. 2. pag. 1451. in Necrologio Confratriæ Clericorum apud Pontisaram, apud Thomasserium in Biturigibus pag. 87. 112. apud Ludewig. tom. 7. Reliq. MSS. pag. 158. in Instrumentis novæ Gall. Christ. tom. 2. col. 352. etc.

* **TANNELLA**, Forceps, Gall. *Tenaille.* Judic. ann. 1326. 13. Dec. in Reg. *Olim* parlam. Paris. : *Prædictus miles dictum Galterum.... comminari fecerat,...... quod dentes suos de gula extrahi faceret cum Tannellis ferreis, quas eidem ostendi faciebat.* Vide supra *Tanalia.*

* **TANNERIUS**, Qui coria subigit præparatque, Gall. *Tanneur.* Invent. Chart. reg. ann. 1482. fol. 93 : *Littera acquisitionis magisterii Tanneriorum, baudreiorum etc. De anno 1405.* Vide in *Tannare.*

* **TANNEYUM**, Panni species fulvi coloris, Gall. *Tanné.* Testam. Steph. de Mornaio decani S. Mart. Turon. ann. 1332. in Reg. 66. Chartoph. reg. ch. 978 : *Item lego dicto le Borne valleto meo malam tunicam meam de Tanneyo, cum epithogio ejusdem panni.* Vide supra *Tanatus.*

1. **TANNUM.** Charta Edw. III. Regis Angl. in Monastico Angl. tom. 1. pag. 507 : *Et similiter de toto Tanno de bosco ipsius Roberti usque ad Creyton, scisso per visum Forestariorum nostrorum.* Nostri *Tan*, Itali *Tane* vocant querceum pulverem, unde tinctura fit. Vide *Molendinum ad than*, et Scaligerum in Exercit. 325. in Cardanum n. 12.

¶ 2. **TANNUM**, Locus vacans et publicus, non semel in libris censualibus Calomontis et in Charta Tossiacensi, teste Cl. Viro D. *Aubret.*

TANOLA, Tendicula. Vide *Taliola.*

¶ **TANOVERIUS**, Idem, ut puto, qui *Tannator*, Coriorum infector, Gall. *Tanneur.* Arestum Parlamenti ann. 1469. e Tabulario Corbeiensi : *Dictus appellans proponi fecit, quod licet ipse, qui homo mere laicus et Tanoverius, non existebat secundum usum, etc.* Ubi legendum forte est *Tannerius.*

TANQHANUM. Aresta Parlamenti Pentecostes ann. 1285. in Regesto B. fol. 71 : *Cum in villa Atrebatensi quidam de plebe dictæ villæ contra Scabinos villæ et Majores Atrebat. conspirationem seu Tanqhanum fecissent, capsam reliquiarum plenam in foro Atrebatensi causa devotionis a Capitulo Atrebat. ibi missam juxta locum, ubi candela B. Mariæ est reposita, et ubi consuetum est a Deo multa miracula operari, impetuose ac violenter et in scandalum totius populi cepissent et extra locum tulissent, etc. Pronuntiatum fuit per judicium Curiæ D. Regis dictum Tanqhanum et maleficium ad altam justitiam pertinere, ac illud per dictum Comitem vindicare debere, etc.*

* Coitio, conventus illicitus, seditio, turba, Gall. alias *Taquehan.* Charta Phil. V. ann. 1320. in Reg. 58. Chartoph. reg. fol. 59. v° : *Pour eschiver touz perilz, conspirations et Taquehanz, qui en pourroient ensuir, etc.* Lit. ejusd. ann. tom. 6. Ordinat. reg. Franc. pag. 139. art. 22 : *Les habitanz des villes dessus dictes se pourront assembler pour eulx conseiller et tailler, senz ce que il puis estre dit Taquehan. Taquehen*, in Charta ann. 1397. ex Reg. 151. ch. 311. quomodo etiam legendum est, pro *Taquehеu*, in Stat. ann. 1398. tom. 8. earumd. Ordinat. pag. 305. art. 13. *Taqueham*, in Lit. ann. 1343. ex Reg. 74. ch. 60. *Tacaan*, eodem intellectu, in Lit. remiss. ann. 1389. ex Reg. 138. ch. 98 : *Par maniere de Tacaan et venans contre leurs sermens et contre l'utilité publique, etc.* Unde *Tacain*, Seditiosus, rixosus, in aliis Lit. ann. 1411. ex Reg. 165. ch. 219 : *Icellui Pierre appellast le suppliant arlot, Tacain, bourc, qui vault autant à dire en langaige du pays de par delà, garcon, truant, bastart.* In bonam partem *Takehans* accipi videtur, videlicet pro Pactum, conventio, in Lib. rub. fol. parvo domus publ. Abbavil. fol. 105. r° : *Uns maires et uns eskevins de le baniere des tisserans...... firent un acort,...... que il meteroient quatre deniers en une boiste;.... et dura chis Takehans por l'espasse de sis ans;.... et fu li acors tes que etc.*

Taqueha, Eadem notione. Aresta ann. 1290. in eod. Reg. fol. 91. verso : *Inhibendo, ne ipsi* (Majores Rotomag.) *vel aliqui eorum Taqueham, collectam, seu talliam faciant, seu congregationem sine nostra auctoritate prius interposita.*

¶ Taquiha, Eodem intellectu. Literæ ann. 1286. e Regesto Domus publicæ Paris. notatum A. fol. 114 : *Cum vecturarii aque quoddam Taquiham seu conspirationem fecissent contra mercatores vinorum.* Interpretatio Gallica habet, ibid. fol. 115 : *un Toquihan et une conspiration.*

TANQUAM, inquit Galbertus in Prologo ad Vitam S. Caroli Comitis Flandr. *non est* semper *similativum, sed sæpe confirmativum. Tanquam enim dicitur in Scriptura sancta pro eo, quod vere est, sicut est ibi : Tanquam sponsus, hoc est vere sponsus.*

* **TANSA.** Charta ann. 1281. apud Murator. tom. 2. Antiq. Italic. med. ævi col. 83 : *Ut commune Finalis Mutinensis debeat dare pro eorum* (mercatorum) *securitate Tansam a Finali usque Bondenum, cum burclello uno et cum hominibus armatis.* Ubi *Tansam* a verbo *Tensare*, defendere, protegere, recte quidem accersit idem Muratorius, interpretaturque Præsidium militum, Ital. *Scorta*, Gall. *Escorte.* Sed nihil pertinet, ut opinor, ad vocem *Tansum*, quidquid dicat Vir doctissimus.

TANSSAMENTUM. Vide in *Tensare.*

TANSUM. Charta Frider. I. imper. 1177. apud Murator. tom. 2. Antiquit. I. med. ævi col. 82 : *Hæc igitur suripta et cetera omnia, quæ in aliquo rii nostri loco præfata possidet ecclesia custris, capellis, decimis, placitis, mers, teloneis, ripis, rupinis, molendinis, collectis, viis et inviis, vineis etc. Tansis, bannis ac olivetis, universisque exhibitionibus, atque cujuslibet functionibus, cum omni honore et districtu, salva tamen imperiali justitia, confirmamus.* Eadem reperiuntur in alia ann. 1219. ibid. col. 876.

¶ **TANT**, Vox Arvernis usitata pro Umbraculum, Gall. *Dais:* Consuetudinarium Monasterii S. Marcellini Cantagilensis : *In die festo Corporis Christi clericus ecclesiæ debet parare lo Tant tantum quod posset fieri honeste.* Et mox : *Servitores domini Abbatis... portant lo Tant super Corpus Domini.*

* **TANTALLUS**, Ardea. Glossar. Lat. Gall. ex Cod. reg. 7692 : *Tantallus, Heron,* Hinc *Tantalus, libenter comedens,* in alio Gall. Lat. ex Cod. reg. 7684.

* **TANTANELLUM**, Gari species, Gall. *Trentanel.* Stat. pro arte parator. pannor. Carcass. renovata ann. 1466. in Reg. 201. Chartoph. reg. ch. 121 : *Item quod nullus possit...... tingere seu tingi facere aliquos pannos, caput seu signum cotonis habentes, cum Tantanello fusco, archica perussa neque sortello, qui sunt tinctus pravi.*

* **TANTE**, vox vulgaris, Cerei species. Charta ann. 1398. inter Probat. Hist. Autiss. pag. 129. col. 1 : *Thesaurarii tenebuntur.... facere ardere nocte dieque continue singulis diebus tres cereos, Tantes vulgariter nuncupatos, in tribus bacilibus pendentibus et suspensis ante Corpus Christi.*

¶ **TANTI**, pro *Tot*, ut *Quanti*, pro Quot, passim occurit apud Scriptores ævi medii.

TANTILLITAS, Exiguitas. Anastasius Bibl. in Præfat. ad versionem Vitæ S. Joan. Eleemosyn. : *Non personam Tantillitatis meæ intuens, non astutiam investigans.* Utitur et cap. 1. n. 6. [Epistola Guiberti Abb. Gemblac. ad Sigifridum Mogunt. et Philippum Salzburg. Archiepiscopos apud Marten. tom. 1. Ampl. Collect. col. 942 : *Gaudeo... quod... ad notitiam celsitudinis vestræ exiguitatis meæ Tantillitas attigerit.* Rursum occurrit in Vita S. Ragenuflæ, tom. 3. Julii pag. 696. Vide *Tantitas.*]

¶ **TANTILLULUS**, Tantillus. Miracula Austregisili Episc. tom. 5. Maii pag. 237 : *ubitat si super Tantillulam personam intis sic despecti dignetur illa cœlestis matris extendere manum suæ benedictionis.* ...bam. in Vita Henrici V. Reg. Angl. 25. pag. 57 : *Nec totidem hostium imum numerum contra se et Tantillulum rcitum suum prævalere posse.... arbitratur.*

TANTITAS, Exiguitas. *Tantitas nostra,* ...oardo in Præfat. ad Histor. Remens. ...de *Tantillitas.*

TANTO. *In Tanto*, Interim, idiotismo ...ico. Vita S. Zitæ, tom. 3. April. pag. ... : *De vestimentis ejus auferre aliquid sat...t, adeo quidem ut pluribus vicibus, in Tanto induta extitit, remansit seinuda.*

¶ **TANTOLOGIA**, *Vitiosa repetitio ejusdem dictionis, ut egomet ipse; sufficiebat enim dicere, Egomet, ut Ego ipse, etc.* Joh. de Janua. Legendum *Tautologia*, a Gr. Ταυτολογία.

* **TANTIADES**, *Cornelio Celso sunt Tarisilæ induratæ*, in Glossar. medic. MS. Sim. Jan. ex Cod. reg. 6959.

* 1. **TANTUM**, *Ranchiert*, in Glossar. Lat. Gall. ex Cod. reg. 7679. At mihi haud asserta est hæc lectio.

* 2. **TANTUM** Quantum, Dum, interim, tamdiu, Gall. *Tandis que, pendant que*, alias *Tant comme.* Charta ann. 1334. ex Tabul. D. Venciæ : *Item quod nulla persona bibat in taberna, post quod pulsatum fuerit pro Ave Maria, nec Tantum quantum celebrabuntur Missæ in diebus devotis et festivis in dicto castro.* Instr. ann. 1406. ex Bibl. reg. : *Ilz apperçurent que les lampiers, qui estoient d'argent, en estoient ostez,...... et trouverent par ymagination que ce avoit esté fait Tant comme l'en disnoit en cloistre. Tant-moins*, vulgo *en déduction*, in Lit. remiss. ann. 1427. ex Reg. 173. Chartoph. reg. ch. 707 : *Fut baillié au suppliant aucun argent Tant-moins de la somme dessusditte.* Id est, Tantum de summa detrahendo, quantum pecuniæ numerabatur. *Tantant*, pro *Autant*, tantum ex æquo, in aliis Lit. ann. 1399. ex Reg. 154. ch. 745 : *Icellui Waissy but à plain hanap de vin audit de la Londe, lequel ne voult boire Tantant.*

* 3. **TANTUM** et Tantum, Duplum, Gall. *Deux fois autant.* Charta ann. 1043. ex Bibl. reg. cot. 17 : *Qui meam donationem infringere voluerit..... componat tibi in vinculo Tantum, et alium Tantum, et inantea quod petiit, adquirere non valeat.*

* 4. **TANTUM**, pro Tam, in Conc. Rem. ann. 991. tom. 10. Collect. Hist. Franc. pag. 528 : *Tantum lividum cœnum impudentia negationis volebat obruere.*

* **TANTUMDEM**, Tantum, Gall. *Seulement.* Vita S. Petri canon. tom. 3. Sept. pag. 465. col. 1 : *Cum præfatus Dei servus.... regulari canonicorum jugo colla submitteret, ut divino cultui, tantumdem vacaret, etc.*

* **TANTURERIUS**, a Gallico *Teinturier*, Infector. Invent. Chart. monast. Athanat. fol. 45. r° : *Instrumentum anni 1518. xliij. solidorum de annua pensione debitorum dominis de conventu Athanatensi per Johannem Clepoint Tanturerium.*

¶ 1. **TANUS**, Dignitatis nomen. Vide *Thainus.*

* 2. **TANUS**, Præstationis seu tributi species. Charta ann. 1151. apud Murator. tom. 5. Antiq. Ital. med. ævi col. 318 : *Nec aliud a presbyteris earum exigeret, nisi ut superius legitur...... Tanus vero nullus ab eis exigeretur.* Vide supra *Tallium* 5.

TANUTA, Telonia, jura viarum, in Jure Hungarico. Albert. Molnarus.

* **TAONI**, *Arabice, Album*, in Glossar. medic. MS. Sim. Jan. ex Cod. reg. 6959.

¶ 1. **TAPA**, Tessera lignea, idem quod *Talea*, ut videtur. Chronicon Petri Azarii apud Murator. tom. 16. col. 393 : *Per latebras nemorum solus vagans, tamquam desperatus, invenit unum rusticum... Tapas pro faciendo novas parasides laborare.... et dixit : Ave frater.... Respondit rusticus, et semper lignamina picando, etc.* Legendum fortassis *Tala.*

¶ 2. **TAPA**, f. Murus terreus, idem quod Hispanis *Tapia.* Statuta Montis-Regalis pag. 259 : *Item quod a Tapa illorum de S. Blasio usque ad bealeriam Pesii possit capi pars una dictæ aquæ.* Vide *Tapia* et *Tappa.*

¶ **TAPARDUM**, Tunica. Vide *Tabardum.*

* **TAPARE**, ab Hispanico *Tapar*, Occludere, obturare. Charta pro incolis de Stagello ann. 1331. in Reg. 69. Chartoph. reg. ch. 174 : *Aquam fluminis de Ayglino, hactenus decurrentem et defluentem per aquæ versum, de loco seu castro vocato de Turre.... avertendo,..... fregit paxeriam seu resclausam dicti fluminis Tapando et claudendo et impedimenta lapidum et lignorum interponendo. Tappir*, nostris, eadem acceptione. Lit. remiss. ann. 1476. in Reg. 195. ch. 1592 : *Il fist mettre sur le lieu, où il avoit esté frappé.... ung petit de mousse pour cuider Tappir et faire cesser le sang.* Vide infra *Tapia.*

* Haud scio an inde Pons versatilis, *Tapecul* appelletur, in Lit. remiss. ann. 1474. ex Reg. 195. Chartoph. reg. ch. 1224 : *Lesquelz portiers desja avoient avalé et fermé le Tapecul de la porte* (de la ville de Compiegne); ... *qu'ilz preissent les chaines dudit Tapecul.*

¶ **TAPECIUS**, Tapes, aulæum, in Testamento ann. 1010. Marcæ Hispan. col. 973. Vide *Tapesium* et *Tapetiæ.*

¶ **TAPEDUS**, Τάπης ψιλή, in Glossis Lat. Græc. et Græc. Lat. Legendum volunt *Tapetus*, τάπης, ψιλή; si tamen credimus Isidoro lib. 19. Orig. cap. 26. retineri posset *Tapedus;* habet enim ibi : *Tapeta dicta, quod pedibus primum sternerentur, quasi Tapedia.* Vide Scaligerum ad Festum.

TAPELUS. Charta Longobardica ann. 1094. apud Ugellum tom. 7. pag. 581 : *Et ille et ejus descendentes dent pro redemptione animæ meæ... centum solidos, quorum quisque habeat auri Tapelos bonos quatuor monetæ hujus civitatis*, (Salerni) *etc.* Vereor, ne legendum sit, *Tarenos* : nam solidi aurei Salernitani quatuor *Tarenos* conficiebant. Vide *Tarenus.*

¶ **TAPER**, Anglis, Fax, cereus. Testamentum ann. 1386. apud *Madox* Formul. Angl. pag. 429 : *Item volo, quod* XXIIII. *torches et* V. *Tapers, quolibet Taper pondere* X. *lib. præparentur pro sepultura mea absque alio hercio.*

TAPESIUM, Tapes, aulæum, Gallis *Tapisserie.* Vitæ Abbatum S. Albani : *Dossale sive Tapesium, in quo passio S. Albani figuratur.*

¶ **TAPESTRY**, Anglica vox, Tapes, Gall. *Tapisserie.* Vide locum in *Testura.*

¶ **TAPETIÆ**, Tapetes. Guido lib. 1. Disciplinæ Farfensis cap. 29 : *Super formas sternant Tapetias ante Vesperam.*

* **TAPETIARIUS**, Cui tapetium cura commissa est. Comput. ann. 1483. ex Tabul. S. Petri Insul. : *Ab honesto et prudenti viro P. Pourcelet illustrissimi principis ducis Burgondiæ Tapetiario, etc.*

* **TAPETUM**, Pannus sericus aut pretiosioris materiæ, qui feretro insternitur, cum mortui cadaver humandum defertur. Chartul. Major. monast. pro pago Vindoc

ch. 102 : *Quo mortuo, prædicti filii ejus Guicherius atque Rodulfus portaverunt eum tumulandum ad Majus monasterium, et in redemptionem unius Tapeti, quod patri mortuo superpositum fuerat, ut est consuetudo nobilium, dederunt ipsi filii monachis unum campum alodi apud villam Gumbergenam.*

TAPHUS, Sepulcrum, ex Græco τάφος. Inventio S. Celsi n. 15 : *Beati pignoris Taphum de loco depositionis movere nequaquam præsumpsit.* Occurrit etiam in Vita S. Udalrici Episcopi August. cap. 13. Vide *Tafus* [*Thafus* vero apud Ratherium Veron. lib. 2. Præloq. tom. 9. Ampl. Collect. Marten. col. 850.]

¶ **TAPIA**, Murus terreus, ut videtur, ab Hispanico *Tapia* : quod idem significat. Transactio ann. 1219. ex libro flavo Episcopatus Massil. pag. 25 : *A termino lapideo posito juxta Tapiam, et ipsa Tapia recta linea... usque in unam traversam.* Vide *Tapa* 2. et mox *Tapiale.*

* Qua voce etiam significatur quædam parietis terrei mensura, ut in Libert. MSS. Barcin. ann. 1283 : *Clausura domorum habet fieri de tribus Tapiis, et clausura orti debet fieri de duabus Tapiis in altum.* Sed et pro septo cujusvis generis aliquando usurpatum videtur. Charta ann. 1225. ex Bibl. reg. cot. 17 : *Dono ad laborandum...... totam illam clausam cum suo solo et planterio vineæ et arborum,.... ita quod in hoc præsenti anno claudatis totam ipsam clausam ad Tapiam vel ad massom.* Vide supra *Tapare.*

TAPIALE. Fori Oscæ Jacobi I. Regis Aragon. ann. 1247. fol. 10 : *Si aliquis homo in aliquo casali veteri aperuerit fundamenta, super quibus tantum postea construxerit in gyrum, donec opus illud sit de tribus Tapialibus in altum, et miserit ipsum casal in arrevo, et fecerit ibi portal supra firmaverit postal, etc.*

* Idem quod *Tapia* seu quædam parietis terrei mensura. Acad. Hisp. in Diction. *Tapial*, Asserum forma ad parietes ducendos.

* **TAPICERIA**, Tapissaria, Aulæa, peristromata, Hisp. *Tapiceria*, Ital. *Tappezzeria*, Gall. *Tapisserie.* Comput. ann. 1495. inter Probat. tom. 4. Hist. Nem. pag. 65. col. 2 : *Domini consules destinarunt dom. consulem Claudium de Menonville, ut iret cum uno servitore ad dom. de Calvissione pro habendo ejus Tapiceriam, sicut alia vice villa habuerat,..... Tapiceriam obtinuit.* Alius ann. 1482. ibid. pag. 22. col. 1 : *Fuit præceptum...... ut cum Tapissaria parari et ornari facerent aulam paramenti episcopatus Nemausi.* Mox : *Tapisseria.* Occurrit præterea *Tapissaria* in Testam. Caroli comit. Prov. ann. 1481.

¶ **TAPICERIUS**, Aulæorum opifex, Gall. *Tapissier*, in Charta ann. 1273. apud Lobinellum tom. 3. Hist. Paris. pag. 26. col. 2.

* **TAPICIARIUS**, a Gallico *Tapissier*, Aulæorum opifex, propola vel sartor, Hisp. *Tapicero.* Charta ann. 1364. in Reg. 96. Chartoph. reg. ch. 96 : *Supra quodam stallo Tapiciariorum in dictis hallis* (Paris.) *situato.* Vide *Tapicerius.*

* **TAPICIUM.** Tapicia Sarracenorum, Gall. *Tapis de Turquie.* Arest. ann. 1339. 23. Apr. in vol. 3. arestor. parlam Paris. : *Magistri et operarii Tapiciorum Sarracenorum Parisius etc.*

¶ **TAPICUS**, Tapes, Ital. *Tapeto*, Gall. *Tapis.* Statuta Civitatis Astæ de intratis portarum : *Tapici banchalis de Francia et aliunde ponantur et solvant ad estimationem officialium.*

¶ **TAPINA**, Idem quod mox *Tapinatio*, si vera lectio est. Statuta Massil. lib. 2. cap. 21 : *Decernimus, ut si alicui res aliqua vel Tapina ablata fuerit vel furto subtracta, etc.* Titulus est, *De rebus raptis vel furtive subtractis* : unde pro *Tapina* legendum videtur *Rapina.*

* **TAPINAGIUM.** Per modum Tapinagii, Clanculum, secreto, nostris alias *En Tapinage.* Lit. remiss. ann. 1355. in Reg. 84. Chartoph. reg. ch. 172 : *Insidians retro quasdam molas existentes ante domum Adæ de Liero, per modum Tapinagii se abscondit.* Aliæ ann. 1382. in Reg. 121. ch. 231 : *Icellui Guillaume les attendait en Tapinage au bout des pons de Moneco.* Vide *Tapinatio.*

TAPINATIO. *Cum Tapinatione* aliquid agere, [Nostris *en Tapinois*,] furtim, clanculum more *talparum*, quas *Taupes* dicimus, quæ sub terra delitescunt, et quæ latenter terram suffodiunt : nisi a voce Græca ταπεινός, humilis, non multum a terra assurgens, quis deducere velit [cum Labbeo, qui hanc in rem hunc affert versum ad Guillelmum Comitem Blesensem ante annos 800. a quodam Monacho directum :

Gozbertus Tapinos, micros, apodemus et exul.

Hoc etymon probat Menagius post aliquot alios.] Charta ann. 1060. apud Louvetum in Historia Belvacensi : *Iste ut rei exitus probavit, nutu et voluntate Dei Jerusalem et sacra loca... adiit, illis videlicet temporibus, quibus nullus Christiani nominis Confessor, nisi furtim, aut, ut ita dicam, (cum) Tapinatione, propter obsistentium paganorum timorem illuc pergere ausus erat.* Le Roman *de Rou* MS :

Li Dus fist son pelerinage,
Si com l'en dist, en Tapinage.

[Le Roman *de la Rose* MS :

Qu'il s'en iront en Tapynage,
Ainssint comme en pelerinage.

Historia Johannis IV. Ducis Britan. apud Lobinellum tom. 2. Hist. Britan. col. 695 :

Et faillit que sa mere allast
Hors du pays, et l'emportast,
Com' povres gentz en Tappinage,
Car ils n'avoient argent ni gage.

Vide Bellomaner. cap. 30.] Joannes Abb. Laudun. in Speculo Historiali MS. lib. 11. cap. 20 : *Le Antipape ne se audsoit pas monstrer manifestement, mais s'en alloit en Tapinage, etc.* Alanus Charterius in Consolatione trium virtutum, pag. 325. *en Tapinage* eadem notione dixit : *Vostre honneur perist, puisque vos vaillances s'espreuvent à mordre et à abbayer l'un et l'autre en travers, et en Tapinage, comme chiens et chats de chetif courage, et laissez la protection du commun salut.* Boccac. Nov. 27 : *Andato Tapino por lo mondo.* Et Nov. 16 : *Passati sono homai quattordici anni, ch'io sono andata Tapinando por lo mondo.* Ita Nov. 19. et 29. Italis *Tapino*, est infelix; *Tapinare*, vivere in miseria.

¶ **TAPINOMA**, Ταπείνωμα, Humilitas, depressio, apud Sidonium lib. 4. Epist. 3.

TAPINOSIS, Tapinositas, Humilitas, ταπείνωσις : Stylus depressior, [vel, ut habet Isidorus lib. 1. cap. 3 : *Humilitas, statum magnæ rei dictis infirmans; ut*

Apparent rari nantes in gurgite vasto.

Hinc Alexander de Villa Dei in Doctrinali :

Cum per verba rei magnæ summissio fiet,
Tunc Tapinosis erit, si dicas mare gurges.]

Vita S. Eugendi Abb. in Prologo : *Hæc nostra Tapinosis, nequaquam jactantia superborum judicum ventosa superfluitate calcetur.* Quidam Codd. *Tapinositas* præferunt. Theodericus Monachus in Histor. Invention. S. Celsi Episc. Trevir. cap. 1 : *Nos autem per Tapinosim præcelsa fenestratim propalantes, etc.*

¶ **TAPINUM.** Chartularium Latiniaci : *Mercatores Remenses qui vendunt telas et Tapina debent in nundinis pro qualibet, que fuerit aperta, cotidie unum denarium.* Puto legendum esse *Tapitia*, pro *Tapetia*, Aulæa, Gall. *Tapis.*

* **TAPISSARE**, Acupingere, Gall. *Broder.* Charta ann. 1479. in Reg. 3. Armor. gener. part. 2. pag. 16 : *Dictus sindicus sive conventus teneatur recuperare quoddam cohopertorium Tapissatum et figuratum.*

* **TAPISSARIA.** Vide supra *Tapiceria.*

¶ **TAPISSERIA**, Gall. *Tapisserie*, Aulæum, tapes. Tabularium Piperaci : *Fecit facere Tapisseriam chori, ubi impressa est gloriosissima passio Christi.*

* **TAPISSERIUM**, Aulæum, tapes. Memor. H. Cam. Comput. Paris. ad ann. 1421. fol. 146. v° : *Johannes Duval retentus in officio custodis camerarum et Tappisseriæ regis.* Ibid. fol. 164. v° : *Custos camerarum et Tapisseriorum regis. Tapicero mayor*, apud Hispanos, Aulæorum præfectus in regia.

* **TAPISSIUM**, Eadem notione. Lit. remiss. ann. 1361. in Reg. 91. Chartoph. reg. ch. 193 : *Iidem Laurentius et supplicans acceperunt unum Tapissium lanæ, etc.*

* **TAPITUM**, Tapes. Pontif. MS. eccl. Elnens. ubi de Benedictione virgin. : *Prosternit se pontifex ante altare super faldistorium et ministri hinc inde, et virgines post ipsum in ordine suo super Tapita.*

* **TAPITUS**, Tappitus, Eodem significatu, Ital. *Tappeto. Item duos Tapitos*, in Invent. ann. 1361. ex Tabul. D. Venciæ. Charta ann. 790. apud Murator. tom. 3. Antiq. Ital. med. ævi col. 562 : *Abbatissa .... eidem episcopo pro benedictionem dare debeat uno Tappito bono; nam amplius et nullum imponatur.*

TAPPA, Minutatim, ex Teuton. *Tappen. Vendere vinum ad Tappam*, est, *Vendre du vin en détail* : unde iisdem Teutonibus, *Tapper*, tabernarius, caupo : a voce *Tap*, epistomium, de qua mox in *Tappus.* Statuta Ordinis S. Gilberti *de Sempringham* pag. 746 : *Nec... licet nobis vendere vinum ad tabernam, sive, ut vulgo dicitur, ad broccam; seu, ut lingua Teutonica dicitur, ad Tappam, in nostris... domibus.* Eadem habentur in Institut. Capituli Generalis Ord. Cisterciensis ann. 1134. cap. 50.

ABIUS, Aulæorum opifex. ann. 867. apud Murator. tom. 5. Ital. med. ævi col. 514 : *Donamus aliis servos nostros manuales mini-... Tappetarios tres, etc.* Vide *Tapiciarius*.

TAPPISSERIA. Vide supra *Tapisserium*.

* TAPPITUS. Vide supra *Tapitus*.

¶ TAPPONNARE, Cavare, suffodere, a *Talpa*, ni fallor, detorta voce. Chronicon Petri Azarii apud Murator. tom. 16. col. 309 : *Dum de præsenti fundamenta palatii clam fodisset, et dictos muros lignamine fulcisset, facta cava, ut est moris, Tapponando, etc.*

* Aliud sonat Gallicum *Tappigner*, Ruere, vexare, vulgo *Houspiller*. Lit. remiss. ann. 1411. in Reg. 165. Chartoph. reg. ch. 408 : *Jaquet Carbonnier...... respondi que se les levriers du suppliant feroient ou Tappignoient son chien, qu'il les tueroit.*

¶ TAPPONATOR, Cunicularius. Idem Chronicon P. Azarii col. 351 : *Et quamvis aliquando per contrariam cavaturam ipsis Tapponatoribus male successisset, nihilominus castrum seu domignonum super rondellis posuerunt, frustra contendentibus obsessis.* Vide *Talparii* in *Talpa* 2.

¶ TAPPONUM, Idem quod *Talpa* 2. Machina ad suffodiendos muros. Idem Chronicon col. 345 : *Deinde Marchio cœpit castrum machinis tormentare, et Tapponum pro ipso castro habendo incœpit. Ubi cum Tapponasset pluribus diebus, Castellanus... valde pertimuit.* Et col. 351 : *Aggressores, videntes prædicta non valere, cœperunt ponere in civitate Tapponum valde occultum pro ipso castro obtinendo et cavando.*

TAPPUS, Epistomium, truncus ligneus, quo foramen dolii, per quod liquor infunditur, obturatur; Gall. *Tampon*, seu *Tappon*, [Celtis etiam *Tampon*,] Teuton. et Angl. *Tap*, Ital. *Zaffo*. Lambert. Ard. : *Et in medium proclamabat, quod tantus esset bibitor, quod si dominus sponsus ronchinum, aut equum quemlibet ei dare vellet, majus dolium, quod in cellario suo haberet cervisia plenissimum, dolii Tappo extracto, et foramini ore semel apposito, et usque evacuationem dolii non retracto, totum ebiberet, et fæces exhauriret, parato sibi tantum loco exoptato, ubi per virilem virgam ire, dum biberet, vel emittere posset* Infra : *Quo exhausto, prosiliens in m scurra, et in signum jocularitatis, ingluviei, Tappum dolii evacuati gestans quem in pacto et bibendo lucrifecerat um,... exigere cœpit.*

TAPSATIO, ut *Taxa*, Exactio. Charta Polypt. Irmin. Brev. 12. sect. 51. rdo pag. 130 : *Ut nullam omnino consuetudinem in prædicta villa haneque receptum, neque hospitatum, Tapsationem, neque rogationem, etc.* *Taxa*, 1. *Taxare* et *Taussamentum*.

APSERIA, Idem quod *Tapisseria*, m, tapes, Gall. *Tapisserie*, Angl. ry. *Opus tapseriæ*, acu pictum, *Ouvrage de tapisserie*, in Charta 1388. apud Rymer. tom. 7. pag. 590. : *Duas duodenas de cussyns de opere, etc.*

* TAPSIA. Glossar. medic. MS. Simon. Januens. ex Cod. reg. 6959 : *Tapsiam vocat Paulus Rubeam tinctorum cap. de Rubicundis capillis.*

TAPTROUGHE. In Charta Feodi pag. 162. inter utensilia Bracinii, seu officinæ cerevisiariæ, recensentur *duo plumba, unus cacabus existens in fornace, unum Taptroughe de plumbo, unum mashfatum, decem barelles, etc.* Vide *Tappus*.

¶ TAQUEHA, Taquiha. Vide *Tanghanum*.

¶ TAQUIES, Indica vox. Synodus Limæ ann. 1585. tom. 4. Concil. Hispan. pag. 432 : *Est etiam inter Indos communis abusus.... instituendi inebriationes et ludos, quos Taquies vocant... si autem ejusmodi compotationes fiant cum tripudiis vulgo Taquies, etc.* Vide supra *Tangomena*.

¶ 1. TARA, Arvernis *Tare*, Pondus. Inventarium Ecclesiæ Aniciensis ann. 1444 : *Item duo candelabra argenti, quæ non fuerunt ponderata propter Taram feri* (*ferri*) *quod in eis est subtus.*

* Rectius, Superpondium, quod scilicet a mercium pondere distrahitur, ob id quo continentur. Italis et Hispanis, *Tara*, eodem intellectu.

* 2. TARA, Vasis species. Charta ann. 1323. ex Tabul. S. Vict. Massil. : *Item ex alia parte quadraginta libras monetæ prædictæ de pretio cujusdam coronæ argenteæ et duarum Tararum argenti superdeauratarum.*

TARABER. Historia Longobardorum Ignoti Casinensis cap. 8 : *Obsitis siquidem vestimentis, et calciamentis, saltem nec Tarabere*[** Pertz. *tara bene*] *succinctis, sed solis arundinibus manu gestantes.* Idem videtur quod *Tabardum*. Vide in hoc verbo.

¶ TARABINTA, Fulcrum axillare. Processus de Vita S. Yvonis, tom. 4. Maii pag. 543 : *Vidimus etiam ibidem... multa sudaria, mamillas cereas, Tarabintas sive potentias ligneas, etc.* Miracula Urbani V. PP. MSS : *Ullo modo posset ambulare pedibus suis, et positus est in quadam Tarabinta sive scassa, cum qua se juvaret, etc.* Vide *Scassa*.

TARABOCCI, Hæretici Anconitani, de quibus Waddingus in Annalib. Minor. ann. 1331. 4.

* TARACIO, Æstimatio; unde legendum forte est *Taxacio*. Charta ann. 1261. tom. 1. Probat. Hist. Brit. col. 982 : *Nemine contradicente nec propinquiore ad retinendum præmissa veniente, Taracione et advenantatione curiæ supradictæ perhibita per probos et etiam fide dignos, adjudicavimus judicio curiæ memoratæ supradicto Gaufrido et heredibus suis quidquid juris, dominii, proprietatis et sesinæ dicta Adelicia habebat.*

¶ TARAGA, Fascia, similis illi, qua uti jubentur Episcopi peregrinantes ex Cæremoniali lib. 1. cap. 3 : *Circa collum fasciam sericam coloris nigri latitudine duorum palmorum.* Utuntur *Taraga* Doctores ecclesiastici Siculi et Melitenses supra superpelliceum ad modum stolæ in concionando, sive in processionibus; sed in Melita soli Doctores in Theologia ea decorantur. Origo vocis Arabica est. Vide Macros in Hierolexico.

¶ TARANTASMUM. Vide *Sarantasmum*.

* TARANUS, Idem quod *Tarenus*, Moneta aurea, apud Apulos et Siculos. Lib. cens. eccl. Rom. MS : *Guillelmus II. rex Siciliæ constituit monasterium B. M. juxta Panormum anno xvij. pontificatus Alexandri PP. III. et subjecit illum Romanæ ecclesiæ sub annua pensione centum Taranorum. Terrin*, apud Bened. abb. Petroburg. in Gest. Henr. II. reg. Angl. tom. 2. pag. 612. ad ann. 1190 : *Cui* (regi Angliæ) *Tancredus rex Siciliæ respondit in his verbis : Ego dedi Johannæ sorori vestræ decies centena milia Terrins pro quieta clamatione dodarii sui, antequam a me recederet.*

TARATA, et Tareta, *Vestis regia et purpurea*, apud Ugutionem.

TARATANTARA, Taratantarizare. Ugutio et ex eo Joh. de Janua : *Taratantara, indecl. nomen ficticium est, i. ex sono, quem facit dictum. Est enim instrumentum, quo farina colatur, et est instrumentum, cujus percussione granum defluit inter molas molendini. Unde quidam :*

Ad festum Thomæ Taratantara filia tange.

Hinc Taratantarizare, farinam colare, setaciare. Gloss. Lat. Gall. : *Tartazizare*, (leg. *Tarantarizare*) *Tromper ou naguairer, c'est joüer de nagaires.* Aliud addit, *ou sasser farine.* [Nostrum Sangerman. : *Taratantizare, Tromper ou faire son noiseux, ou couler le farine.* Introitus Francisci III. Ducis Britan. Rhedones ann. 1522. apud Lobinell. tom. 2. Hist. Britan. col. 1602 : *Horologiis et tympanis pulsantibus et Taratantariis sonantibus, etc.*] Liber 2. Miraculor. S. Bertini cap. 4. de quodam mendico surdo et muto :.... *Cum pulsatibus Taratarantium tabellarum stipem mendicaret*, i. quæ eumdem sonum edebant, quem *Tarantatara*, *Taratantara*. Idem Ugut. *Cernida, dæ, a Cerno, is, lignum, supra quod ducitur Taratantara, et Cernida dicitur Taratantara, discernit furfurem a polline.* Glossar. Saxon. Ælfrici : *Taratantara*, hridder, i. cribrum. Gl. Lat. Gall. : *Taratantarum, Clines ou le batoil du milieu*, [melius *du moulin*, in Sangerm. MSS.] *ou son de trompes.* Aliud Gloss. Gall. MS. ex Bibl. Thuana Cod. 525 : *Taratantorium, Saas.* Aliud editum : *Taratantara, æ, Sas à passer ou sasser la farine.* Vocem hanc usurparunt veteres pro tubæ clangore : Ennius apud Priscian. lib. 8 :

At tuba terribili sonitu Taratantara dixit.

[Quæ Virgilius sic expressit lib. 9 :

At tuba terribilem sonitum procul ære sonoro.]

* Benzo in Henr. III. apud Ludewig. tom. 9. Reliq. MSS. pag. 258 : *Resonantibus tubis perstrepunt Taratantara.*

¶ TARATARA, Vox nullius sensus, quæ sonum loqui nescii exprimit. Vita S. August. Cantuar. tom. 6. Maii pag. 391 : *Cui pestifer morbus vocem ademerat, cui sibilus pro loquela, cui Taratara pro clamore erat.* [** Vide *Tabella taratarans* in *Taratantara*, *Tabulæ leprosorum* in *Tabula* et *Tartavellare*.]

TARATRUM, Taretrus, Terebra, [Gallice *Tarriere*.] Joan. de Janua : *Terebrum, instrumentum perforandi, quod aliter dicitur Taratrum, quasi Teritrum, quod lignum foret terendo.* [*Taratrum quasi Teratrum*, Isidoro lib. 19. Orig. cap. 19.] Gloss. Gr.

Lat. : Τέρετρον, *foraculum*, *perforaculum*. Adalardus lib. 2. Statutor. Corbeiensium cap. 1 : *Et unusquisque habeat ad hortum excolendum,..... sive ad alias necessitates explendas, fossorios 6. bessos 2. secures 2. dolatoriam, Taratra 2. majus et minus, scaprum 1. etc.* Capitulare 2. ann. 813. cap. 10 : *Dolatorias, secures, Taretros, fundibulas, etc.* [*Taretros* trabibus affixos, quibus muros perforabant in obsidionibus urbium, descripsit et delineandos curavit R. P. *Daniel* tom. 2. Milit. Franc. pag. 63.]

* Alias *Tairelle* et *Taliere* ex frequenti mutatione *r* in *l*. Lit. remiss. ann. 1378. in Reg. 112. Chartoph. reg. ch. 192 : *Icellui Jehan avoit amblé en l'ouvroir Jehan Joly charon...... une doloere, quatre Talieres, etc.* Aliæ ann. 1480. in Reg. 206. ch. 601 : *Motinet Dumont tenant en sa main une hache trenchante, ung taignon et ung Tairelle, etc.*

¶ 1. **TARAVELLA**, ut *Taratrum*, in Inventar. ann. 1379. ex Schedis Cl. *Lancelot* : *Item duo martelli ferrei acuti. Item una Taravella magna.*

¶ 2. **TARAVELLA**, f. pro *Tartavella*. Vide in hac voce. In Statutis Civitatis Astæ collat. 7. cap. 3. inscribitur : *Ne quis cum Taravellis piscari audeat, vel præsumat.* Deinde legitur : *Ingenium quod appellatur ingenium de Taravellis sive de astellis, etc.*

TARCASIUS, Tarchasius. Vide *Tarcasia*.

TARCHAN, apud Tartaros dicitur, qui ab omnibus, quæ a Rege imponuntur, immunis est, cuique, quidquid in bello spoliorum reportaverit, totum cedit, nec ulla inde Regi pars desumitur. Abul-Faragius in Historia Dynastiarum pag. 281.

¶ **TARCHETA**, Minor *Targa*. Vide ibi.

¶ **TARCIA**, Clypei genus. Vide *Targa*.

TARDA, Mora, Gall. *Retardement*. Occurrit in Foris Aragon. lib. 1. pag. 34. v° : *Pro sua negligentia sive Tarda.*

TARDILOQUENS, Qui difficulter loquitur, in Concilio Aquisgranensi II. ann. 836. cap. 11 : *Si forte contigerit Episcoporum aliquem Tardiloquentem esse, aut infirmitate aliqua impeditum.*

* **TARDITARE**, Tardare. Comœd. sine nomine act. 6. sc. 3. ex Cod. reg. 8163 : *Quid esse potest quod præter morem* (Epiphanius) *Tarditat?*

* **TARDIUS**. Ad Tardius, Phrasis Gallica *Au plus tard*, Cum tardissime. Charta Galteri Senon. archiep. ann. 1227. in Chartul. Campan. fol. 126 : *Debent autem dicti arbitri dictum suum dixisse ad Tardius infra instans Pascha. A tart*, pro *Jamais*, Nunquam, apud Joinvil. in S. Ludov. edit. Cang. pag. 129 : *Aussi grant deshonneur sera à ceulx de son lignaige, qui ne le vouldront ensuir, et seront monstrez o le doy, en disant que à Tart le bon saint homme eust fait telle mauvaistié ou telle villennie.*

¶ **TARDUS**, Serotinus. *Tarda hora*, a Gallico *Tard*, ad vesperum, in Instrumento ann. 1301. tom. 1. Anecd. Marten. col. 1335.

* *Heure tarde*, in Lit. remiss. ann. 1450. ex Reg. 180. Chartoph. reg. ch. 151. *Tost et Tart*, Mane et sero, in Lit. ann. 1372. tom. 5. Ordinat. reg. Franc. pag. 559.

¶ **TARECENA**, Mauris quid sit, discimus ex Actis B. Ferdinandi Principis Lusitaniæ, tom. 1. Junii pag. 572 : *Hic collocavit illos in domibus quibusdam munitissimis, ubi moneta conficitur, aliaque regia quædam opera fiunt; Tarecenam ipsi vocant.*

* **TAREA**, *Vestis regia, aut stola purpurea.* Glossar. vet. ex Cod. reg. 7613. Vide *Tarata*.

¶ **TAREDA**, Navis oneraria. Vide *Tarida*.

¶ **TARELARES**, Monetæ Belgicæ species, ut videtur. Charta ann. 1442. ex Chartul. 21. Corb. fol. 250 : *Ledit feu Guischart lui avoit baillé ou fait bailler plusieurs monnoies tant patars, Tarelares, gros de Brabant, et autres pour plus hault pris qu'elles ne valoient.*

* Chartul. Corb. sign. *Ezechiel* fol. 260. v° : *Le Tarelare vault viij. estrellins, et font les trois Tarelares viij. gros, et les trois demi Tarelares iiij. gros.* Lit. remiss. ann. 1447. in Reg. 176. Chartoph. reg. ch. 566 : *Six francs de monnoye blanche, tant patars de Flandres comme Talerales, etc.* Mox : *Tant patars de Flandres comme Tarelares.*

* **TARENTELLA**, Piscis genus. Tract. MS. de Pisc. cap. 26. ex Cod. reg. 6838. C : *Magnus thunnus, is scilicet qui a nostris Ton vocatur,...... dicitur Italis Tarentella, a Tarentino, unde advehitur, sinu.*

¶ **TARENTINIDIUM**, *Perspicua vestis*, Laurentio lib. 3. Polymathiæ de Vestimentis.

¶ **TARENTINUS**. Vide in *Tarenus* sub finem.

TARENUS, Taris, Moneta aurea, apud Apulos et Siculos. Matth. Silvaticus : *Tarenus ponderat grana* 20. [Computus ann. 1333. et seqq. tom. 2. Hist. Dalphin. pag. 285 : *Qualibet uncia computata pro quinque florenis, et quolibet floreno pro sex Tarenis, et quolibet Tareno pro duobus Carolenis, et quolibet Caroleno pro decem granis.*] Fulcandus pag. 656 : *Domumque reversus* 700. *millia Tarenorum hostiariis, qui cum eo missi fuerant, assignavit.* Adde pag. 658. 661. Charta ann. 1431. 18. Febr. : *Illas uncias mille* 36. *et illos Tarenos* 20. *et in cortenis argenti gillatis boni et justi ponderis* 60. *eorum pro uncia qualibet, et duobus pro Tareno singulo, juxta modum et cursum regni Siciliæ.* Vide Chronicon Casinense lib. 1. cap. 58. lib. 2. cap. 74. lib. 3. cap. 44. 57. lib. 4. cap. 99. Constitutiones Sicul. lib. 1. tit. 89. § 1. tit. 9. § 2. lib. 3. tit. 34. § 3. [Constitutiones Frederici Regis Siciliæ cap. 91. 106. Jacobi Regis itidem Siciliæ cap. 58.] Raynald. ann. 1283. n. 40. Vitam S. Petri Abbatis Cavensis num. 20. Sanctuarium Capuan. pag. 273. etc. Computus Ballivorum Franciæ de termino Candelosæ ann. 1268 : *Pro* 38. *marchis de Tarins*, 18. *libr.*

Tareni Siciliæ, in Charta ann. 1212. apud Ughellum tom. 7. pag. 577. in Actis Innocentii III. PP. pag. 10. etc.

Tareni Amalphitani, apud Richardum de S. Germano ann. 1221. in veteribus Chartis apud Ughellum tom. 1. part. 1. pag. 784. tom. 6. pag. 298. 497. tom. 7. pag. 274. 401. et apud Camillum Peregrinum lib. 1. Hist. Longob. pag. 253.

Tareni Salernitani, apud Ughellum tom. 7. pag. 566. 576. in Bullario Casinensi tom. 1. pag. 9. etc.

Tareni Africani, apud Leon. Ost. lib. 3. cap. 57. (al. 58.) Ex his emendandus Jo. Bromptonus pag. 1184 : *Ego dedi Joannæ sorori vestræ Reginæ centies centena millia Tirrenis pro quieta clamatione doarii sui, antequam a me recessit.* Legendum enim *Tarenis*, aut *Tarenorum*. Vide *Taranus*. *Tarins*, apud Raimundum Montanerium in Chronico Reg. Aragoniæ cap. 196. 199.

¶ Tarinus, Eadem notione. Annales Genuens. ad ann. 1205. apud Murator. tom. 6. col. 391 : *Cum ipsis* (*galeis*) *et maxima pecuniæ quantitate et numero Tarinorum Messanam accessit.* Charta ann. 1306. ex Schedis D. *le Fournier* : *Erant obligati in quatuor viginti et tribus unciis et decem Tarinis auri, computatis quinque florinis pro uncia.*

Tarus. Charta apud Ughellum tom. 7. Italiæ Sacræ pag. 397 : *Id est auri solidos* 310. *de Tari boni, ana Tari quatuor per solidum.* Eadem habentur in alia pag. 262. Adde præterea pag. 400. 404. et Chron. Monachi Casin. apud Caracciolum ann. 1192. *Tari*, apud Ammiratum in familiis Neapolit. tom. 1. pag. 153. tom. 2. pag. 51. [in Actis SS. April. tom. 1. pag. 387. et Maii tom. 6. pag. 311.] *Teri*, apud Joannem Villaneum lib. 7. cap. 10 : *Trovo il tesoro di Manfredo quasi tutto in oro di Teri spezzato.*

Nominis etymon videtur indicare Bulla MS. Nicolai IV. PP. ann. 3. de Censibus Ecclesiæ Rom. : *Monasterium S. Nicolai de Calusis* 1. *Michaletum auri, quod valet* 5. *Tarentinos Regis.* Ibidem : *Monasterium S. Mariæ de Fundiliano*, 10. [*Tarent. de Salerno.* Alibi : *Ecclesia sanctæ Hierusalem unum Tarenum Regale.* Ita [ut *Tarenus*, moneta fuerit Tarenti primum cusa. Vide Glossar. med. Græcit. in Τάριον, col. 1533.

¶ **TARERIUM**, Terebra, Gall. *Tarriere*, vel *Terriere*. Enumeratio munitionum Sommeriæ in Occitania ann. 1270 : *Item* IIII. *Tareria; item* IIII. *limæ, etc.* Vide *Taratrum*.

¶ Tarerius, Eadem notione. Epistola ann. 1113. apud Marten. tom. 1. Ampl. Collect. col. 1114 : *Quatuor sextaria salis et* XII. *bacones, et* III. *Tarerios, et unam goiam, etc.*

* **TARERONDA**, Piscis genus. Vide supra *Pastinaca*.

¶ 1. **TARETA**, Vestis genus. V. *Tarata*.

¶ 2. **TARETA**, Species navis. Vide *Tarida*.

* **TARETRUM**, Terebra, Gall. *Tariere*, in Mirac. S. Germ. Autiss. tom. 7. Jul. pag. 286. col. 1.

TARETRUS, Terebra. Vide in *Taratrum*.

* **TARETTA**, Sagittæ vel arcus species. Stat. Mantuæ lib. 1. cap. 131. ex Cod. reg. 4620 : *Nulla persona audeat vel præsumat aliquo modo projicere vel sagittare in civitate Mantuæ vel ejus districtu cum Taretta vel alio sagittamento ad aliquem columbum.*

* **TARFARA** *Stephanus et Tarfe scripsit, quod est Tamariscus.* Glossar. medic. MS. Simon. Januens. ex Cod. reg. 6959.

TARGA, Targica, Targia, Pelta : ex Arabico *Tarka*, et *Darca*, Clypeus, ex Bocharto; vel Germanico *Tarisch*, Besoldo: vel denique ex Bohemorum *Tarts*, quibus ita dicuntur Scuta prælonga pene totam oris inferioris partem tegentia, apud um lib. 4. German. exeg. cap. 26. eon Cambro-Britannicum : *Turjan*, , scutum. [** Vide Grimm. Gramm. m. tom. 3. pag. 445.]

☞ Aliunde vocem hanc post Menagium arcessit Carolus de Aquino in Lexico Militari, scilicet a *tergo*, vel potius a *tergore*, quoniam, inquit, e crudis coriis boum præcipue a tergo detractis, conflari solebant; quod probat ex hoc Ammiani loco lib. 34 : *Obtecti scutis vimine firmissimo textis, et crudorum tergorum convestitis.* Tum adducit Virgilium de scuto hujus generis ita loquentem lib. 9 :

...... Quam nec duo taurea Terga,
Nec duplici squama lorica fidelis et auro
Sustinuit.

Targa. Nangius in Vita S. Ludovici pag. 345 : *Trifarie enim procedentes similitudinem exercitus prætendebant. Centum siquidem præibant cum balistis, in equis decentissime phaleratis, et centum cum testudinibus sive Targis in armis lucidis, et in equis loricali tunica coopertis, sequebantur.* Idem pag. 375 : *Telorum, sagitturum, et lapidum ictibus se cum Targis et clypeis opponentes, etc.* Monasticum Anglic. tom. 3. pag. 316 : *Cum Targis de armis Regum Angliæ et Hispaniæ.* [Enumeratio munitionum Sommeriæ in Occitania ann. 1270 : *Item* xx. *albergons; item* x. *Targe, etc.* Chronic. Anonymi Salern. apud Murator. tom. 2. part. 2. col. 233 : *Ille vero tantæ fortitudinis erat, ut Targa, quam in manu gestabat, amphitheatrum... exsuperaret.* Metaphorice sumitur in Epistola Sanctimonialium Basileensium ad Urbanum II. PP. tom. 5. Annal. Benedict. pag. 654. col. 1 : *Vestra enim Targa nobis arma et scutum inexpugnabile debet esse.* Sic Franciscus Richardus Soc. J. librum edidit Paris. ann. 1658. hoc titulo decoratum : Τάργα τῆς πίστεως τῆς Ρωμαϊκῆς ἐκκλησίας εἰς τὴν διαφένδευσιν τῆς ὀρθοδοξίας. Vide Glossar. mediæ Græc. in Τάργα.]

Targea. Oliverius, Scholasticus de Captione Damiatæ : *Hostes autem, dissimulato metu, tres ordines armatorum stationi navium nostrarum contra posuerunt : unam peditum super ripam cum clypeis, quos Targeas appellant, lineariter ordinatam, etc.* [Literæ Edwardi III. Regis Angl. ann. 1328. apud Rymer. tom. 4. pag. 367 : *Centum et viginti Targeas armis nostris depictas, centum arcus balistos ad pedem, etc.*]

Targia. Thomas Walsinghamus pag. 105 : *Capti sunt... Scutiferi in numero excessive, de quibus dominus Rogerus de Northburghe custos Targiæ Domini Regis, quæ ab eodem ibidem per Scotos est ablata, in captivitate ductus.* Matthæus Paris ann. 1219 : *Hostes vero fidei omni metu dissimulato, tres ordines armatorum stationi navium Christianorum opposuerunt : unam peditum super ripam fluminis cum Targiis eleganter ordinatam, etc.* Adde pag. 212. [Epistolam ann. 1113. apud Marten. tom. 1. Ampl. Collect. col. 1114. Computus ann. 1202. apud D. *Brussel* tom. 2. de Feudor. pag. CXLII : *Pro asseribus ad Targias ...das.* Hinc liquet *Targias* aliquando ligneas, quales erant *Targiæ* illæ majores, quas Itali *Tavolaccios* vocabant. Vide *Tabolatius*. Memoriale Potestatum Regiens. ad ann. 1218. apud Murator. tom. 8. col. 1092 : *Adduxerunt Targias et tabulas et ostia domorum, zapas, palleas et multos oneratos herbarum, quia volebant reimplere fossatum, etc.* Rursum occurrit in Recensione munitionum castri Carcasson. ann. 1294. in Computo ann. 1333. et seqq. tom. 2. Hist. Dalph. pag. 275. 285. etc.]

¶ Tarcia, Eadem notione. Radulphi Abb. Chr. Terræ S. apud Marten. tom. 5. Ampl. Collect. col. 569 : *Alia vero decem millia vel eo amplius bene armatos usque ad talum constituit sub scutis et Tarciis cum arcubus ad sagittandum, etc.*

¶ Targatus, *Targa* munitus, ab Italico *Targare*, *Targa* munire. Chronicon Petri Azarii apud Murator. tom. 16. col. 331 : *Nam infinitos balistis et scaramuciis et irruptionibus occiderunt ex Perusinis, quia portant longas Targas; et ad bellandum ut plurimum sunt indiscreti : et vidi Contrum de la Specia, qui* LX. *et ultra ex Perusinis sic Targatis occidit cum balista.*

* Hinc nostri id omne, quo quis tegitur et defenditur, *Targe* appellarunt; unde *Targer* iisdem, pro Tegere. Lit. remiss. ann. 1373. in Reg. 204. Chartoph. reg. ch. 319 : *Icellui Cuiot qui estoit Targié d'un huis qu'il portoit sur ses espaules, et ledit Perrot chappellain, qui avoit mis audevant de lui une petite fille dudit suppliant de l'aage de huit ans, dont il faisoit Targe, afin qu'il ne les ferist.* Aliæ ann. 1379. in Reg. 116. ch. 127 : *L'exposant sacha son coustel pour soy défendre, dont il se Targa par pluseurs foiz et brisa pluseurs cops de coustel à lui gettez par Garin.*

¶ Targeta, *Targa* minor, in Inventario ann. 1379. e Schedis Cl. V. *Lancelot.*

* Hist. Franc. Sfort. ad ann. 1461. apud Murator. tom. 21. Script. Ital. col. 725 : *Georgius Dalmata, qui a pelta, quam vulgo Targetam dicunt, cognominabatur, etc.* Occurrit præterea in Stat. Ferrar. ann. 1279. apud eumd. tom. 2. Antiq. Ital. med. ævi col. 487.

* Targueta, Eadem notione, in Instr. ann. 1488. ex Tabul. D. Veneciæ.

¶ Targhetta, vox Italica, pari intellectu. *Equites cum lanceis et Targhettis*, in Chron. Petri Azarii jam laudato, col. 357. Hinc

¶ Tarcheta, Eodem significatu. Ripalta in Annal. Placent. ad ann. 1443. apud eumd. Murator. tom. 20. col. 879 : *Magnæ exequiarum pompæ et funeralia facta fuere cum equis* 24. *vexillis* 13. *Tarchetis* 10. *ac etiam chimeris et armis.*

¶ Targonus, Major *targa*, Ital. *Targone. Habebant... multos scutos seu Targonos Gibellinos*, in Chronico Bergomensi, apud Murator. tom. 16. col. 942.

* Targo, Major *targa*, Ital. *Targone*, nostris *Tergon*. Tract. MS. de Re milit. et mach. bellic. cap. 115 : *Pedites et equites habent fascinas sive flastea lignorum pro Targonibus et mantelletis.* Le Roman *du Chevalier Deliberé* MS :

La damoiselle qui seurvint,
Ce fut Relique de jeunesse,
Qui reçeut des coupz plus de vingt,
Sur un grand Tergon qu'elle tint.

Ibidem :

Et le Tergon pour soi garder,
S'appelloit Loyaument-amer.

Varie autem vox *Targe* a nostris Scriptoribus usurpatur : interdum enim pro quovis clypeo, qui ad collum appendebatur. Le Roman *de Garin* MS :

A son col pend une Targe florie.

Guillelmus *Guiart* MS :

Coutiaus, hachettes esmoluës,
Targes entieres et fenduës.

Alibi :

Tante Targe à col penduc,
Peinte d'or, d'azur, et de sable.

Et ann. 1248 :

Les arbalestes ès poins prises,
Et les Targes au col assises.

Idem tamen majores et longiores clypeos fuisse satis innuit :

Les grants Targes au col assises.

Et ann. 1304 :

Ont leur baie ourdie et tissue
De fors Targes longues et lées.

Ita *Le Roman de Garin*, eorum potissimum fuisse usum, cum copiæ militares ad muros admoventur, quo iis toto corpore tegantur non semel indicat :

Totes les lices fet as serjans coper,
Les Targes fet as serjans amener.

Rursum :

Sor les fossez font les Tarjes tenir.

Matth. Paris ann. 1240 : *Oppositis corporibus suis propriis et amplis clypeis, qui Targiæ appellantur.*

Qui porro ex militibus prælonga ejusmodi scuta prætendebant, *Targer* dicebantur. Idem Guiartus :

Li unt Targent, li autre traient.

Cum igitur *targiæ* validiora atque adeo majora essent, quæ militem totum protegerent, recte *testudines*, appellavit loco citato Nangius, de quarum usu plene Vegetius et alii. Sed et inde *Targer*, vel *Atarger*, dicti, qui diutius morantur, quod qui *targias* deferebant, propter earum gravitatem ac pondus lente procederent. Le Roman *de Garin :*

Au chastel vont, n'y volent plus Targier.

Alibi :

Cil de Bordele n'out point de l'Atargier.

Idem Poëta :

En sa voie entre, ne se vot Atargier.

[* Lit. remiss. ann. 1412. in Reg. 166. Chartoph. reg. ch. 296 : *Icellui Rabuissel dist au suppliant que se il Tarjoit guaires, il le ferait pendre.* Ejusdem originis videtur *Tarjement*, Irrisio ex contemtu vel superbia, a verbo *Tarjer*, Deridere, ludificari, arroganter se gerere, nunc *Targuer*. Lit. remiss. ann. 1405. in Reg. 160. ch. 253 : *Lesquelx compaignons passerent pardevant iceulx freres par maniere de Tarjement et derision... Hennequin Flayau meu de chaudecole pour l'injure que autreffoiz lui avoit esté faite, et que encores le venoit Tarjer ledit de la Montagne.* Hisp. *Tartago*, Molesta ludificatio.] Vox Picardis etiamnum familiaris. Neque aliter

Targa accipienda, quam pro mora, in Foris Bigorrensibus art. 20 : *Pugiles in Bigorra non nisi indigenæ recipiantur. Qui pugnaverit, 20. solidos accipiet, pro Targa 12. nummos, pro præparatione 6.* Apud Artemidorum lib. 1. cap. 65 : Τὸ ὅπλον, τὸ λεγόμενον, παρολκάς σημαίνει; ubi ὅπλον est *scutum*. Vide Orig. Linguar. Franc. et Ital. Menagii, et Oct. Ferrar.

* Pro ensis specie *Targe* legitur apud Monstrel. vol. 3. fol. 59. r°. : *Les autres gens avoient Targes et semitarges, qui sont espées de Turquie.* Lit. remiss. ann. 1451. in Reg. 181. Chartoph. reg. ch. 1 : *Le suppliant tira une Targe ou dague qu'il avoit, et en frappa icellui Seguin.*

Targa, seu Targe, Moneta 2. denariorum Ducum Britanniæ in quodam Consilio de Monetis, *Avis des monnoyes*, quod in ea scutum insignium effictum esset, uti describitur apud Hautinum in libro de Monetis Francicis pag. 101. [Edictum Francisci Ducis Britan. ann. 1459. pro reformatione monetarum, apud Lobinellum tom. 2. Hist. Britan. col. 1214 : *Grands blancs de la valeur de* x. *deniers de cours la peice.... tenant au cours....* vi. *deniers de loy, et* xiii. *s.* vi. *den. de taille; portans en caractere nostre propre nom et nos armes en Targe, et toute autre pareille façon que la monnoye des Targes que feu monseigneur et oncle le Duc Jehan fist ouvrer.*] Ita etiam appellata Moneta quædam in Vasconia, cujus mentio est in Consuetudine Solensi tit. 36. art. 3. atque in Hispania, quam 4. quadrantum seu Maravedinorum pretii fuisse ait Jo. Mariana l. de Ponder. et mensur. cap. 22. Sebast. Cobarruvias in *Tarja : Cierta moneta Castellana, con mezela de plata, dicha essi por ventura del escudo a Tarjeta de sus armos.*

* Lit. remiss. ann. 1454. in Reg. 191. Chartoph. reg. ch. 91 : *Le suppliant print quatre grans blancs, appellez Targes. Targes, demy targes,* in aliis ann. 1474. ex Reg. 195. ch. 1165.

* **TARGARNICUS**, pro *Tarvarnicus.* Vide infra in *Tavernica.*

1. **TARGIA**, Navis species. Jacobus de Vitriaco lib. 3. Hist. Orient. : *Sic noster exercitus tentoria et manubria fugientium disripuit, Targias plures, et omnes galeas cum barbutis et aliis navibus, quæ infra Casale inveniebantur, cum aliis Hospitalis Fratres victores occupaverunt.* Eadem ferme habet Matthæus Paris ann. 1219. pag. 211. [Vide mox *Tarida.*]

* Le Roman *d'Athis* Ms. :

Ne remest ne batel, ne Targe,
Dromon, galée, ne huissiez,
Ne esquippe n'y trouvissiez,
Ne feust chargié à sa maniere.

¶ 2. **TARGIA**, Targonus. Vide *Targa.*

* **TARGUETA**. Vide supra in *Targa* 1.

¶ **TARICHUM**, Τάριχος, Salsamentum. Evagrius Interpres Vitæ S. Antonii per S. Anastasium, tom. 2. Januar. pag. 134 : *Asserebant cuncti, piscium salsorum et Tarichorum in navi positorum hunc esse putorem.*

TARIDA, Tarides, Tareta, etc. Navis onerariæ species, eadem quæ *Tartana* vocitata, ut quidam volunt. Pactum initum inter Philippum Imp. CP. et Venet. ann. 1281. descriptum in Hist. nostra Gallo-Byzantina pag. 30 : *Quia Imperator et Rex non proponunt habere nisi vassella pro deferendis gentibus, equis, et victualibus, videlicet naves et Taridas.* Andreas Dandulus in Chron. MS. ann. 1275. [nunc edito apud Murator. tom. 12. col. 391.] : *Duæ galeæ Januensium, circa Messanam unam Venetorum Taridam capiunt.* [Et col. 371 : *Taridas Venetorum oneratas pane... ceperunt.* Occurrit in Annalibus Genuens. apud eumd. Murator. tom. 6. col. 395. 399. 485. Adde Sanutum lib. 3. part. 12. cap. 6. Codex Barbaro-Græcus Nicetæ in Alexio lib. 3. n. 9. ταρίδων habet, alius codex δρομόνων. Atque ni fallor, ex eo emendanda vita S. Nili junioris pag. 121. ἀπέλυσεν αὐτοὺς σὺν τοῖς ταρίοις, legendum enim ταρίδοις. Quippe loquitur de Monachis captivis, quos Ameras Siciliæ in Calabriam remisit. Nisi Τάριον hoc loco pro *tureno* sumatur.

¶ **Tarrida**, in Chronico Danduli ad ann. 1264. col. 505 : *Mercatores... Tarridas et alia ligna reliquerunt.*

Tareta. Sanutus lib. 2. part. 4. cap. 11 : *Cum decem Taretis, quibus Januenses utuntur in Constantinopoli et in Pera, quæ Galata antiquitus vocabatur.* Henricus de Knyghton ann. 1385 : *Dominus Baldewinus de Radinghton cepit duas Taretas bene onustas.* Occurrit apud eumdem anno 1389.

¶ **Tareda** *Comitis Venetiarum multis onusta mercibus*, in Epistola Clementis IV. PP. ann. 1268. apud Marten. tom. 2. Anecd. col. 573.

Tarrita. Thomas Walsinghamus ann. 1386 : *Ceperunt 5. naves magnas, et 6. Tarritas, refertas Januensium multis bonis.* Pachymeres lib. 5. Hist. cap. 30. de iisdem Genuensibus : Ἐν συςελλομέναις κατὰ μῆκος ναυσὶν, ἃς ἐκεῖνοι Ταρίτας λέγουσι, πλέοντες. *In contractæ longitudinis navibus navigantes,* [*quas ipsi Taritas vocant.* Possinus in hunc locum *Taritas* existimat fuisse similes *Dromonibus* : non male; mox enim observabatur, pro ταρίδων scribi δρομώνων in Codice Barbaro-Græco. Merito addubitat idem Possinus Carolo de Aquino judice, an ex *Tarritis* manaverit Italica vox *Tartana*, quæ etiam est navis quoddam genus.]

* Tarita, ut *Tarida*, Navis onerariæ species. Tabul. Massil. : *Vendo octavam partem Taritæ, cum toto apparatu et cum omnibus juribus ad me pertinentibus in dicta Tarita, vocata S. Katarina, quæ nunc est in portu Massiliæ.* Tarlette vero est vasis lignei species, in Lit. remiss. ann. 1455. ex Reg. 183. Chartoph. reg. ch. 71 : *Lequel Gaillart tenoit en sa main un vaisseau de bois, nommé Tarlette, et une miche de pain.*

¶ Tarta. Statuta Massil. lib. 6. cap. 33. de iis, qui advehunt vinum natum extra Massiliam : *Solvant nomine pœnæ... 50. libras regales, scilicet dominus vel patronus dicti* (sic) *navis 50. lib. et dominus vel patronus Tartæ vel galeæ 20. lib. et dominus vel patronus ligni vel barchæ duorum thimonorum vel canpoli 10. libras, etc.*

Terida, Terrida. Charta ann. 1281. descripta in Historia nostra Gallo-Byzantina pag. 32 : *Et volumus, quod idem Dux et Commune Venetorum debeant armare 15. galeas, et ipsi Imperator et Rex 15. et 10. Terridas, in quibus Terridis habeant ipsi Imperator et Rex circa 300. equos et 300. homines ad arma, etc.* Statutum Honorii IV. PP. pro Regno Neapol. ann. 1285 : *Nullus Comes, Baro, vel alius in regno prædicto compellatur ad Terridas, vel alia quæcunque vassella propriis sumptibus facienda.* [*Rates magnas, quas Teridas vocant,* apud Nicolaum Specialem de Siculis rebus lib. 3. cap. 18. Regestum *Olim* fol. 150 : *Quod cum ipsi quamdam Teridam in portu Majoricarum pluribus mercimoniis onerassent, etc.* Adde Chronicon Siciliæ apud Marten. tom. 3. Anecd. col. 30. et 38. Constitutiones Jacobi Regis Siciliæ cap. 31. etc.] *Teride*, non semel apud Raimundum Montanerium in Chron. Aragon. cap. 109. 113. 119. et alibi.

Teretes. Albertinus Mussatus lib. 5. de Gestis Italicor. rubr. 2 : *Ac inter eas onerarias naves una Venetorum miræ proceritatis, quam Teretem vocant.* Vide Statuta Venetorum. lib. 6. cap. 68. [** Jal. Antiq. Naval. tom. 2. pag. 224.]

¶ **TARIFA**, Tariffa, Index pretii, Gall. *Tarif*, ab Arabico *Tarif*, quod proprie est Series rerum, præsertimque consanguineorum in genealogiis; hinc transiit ad quarumlibet rerum indicem seu catalogum, maxime mercedis, Scribis ac Notariis exsolvendæ pro instrumentis ab iisdem confectis. Statuta Genuens. lib. 1. cap. 14 : *Scribæ et Notarii ac subscribæ dictorum Potestatum et jus dicentium non possint accipere pro mercede, nisi illud quod per Tarifam sive Statuta concessum est.* Concilium Hispal. ann. 1512. inter Hispanica tom. 4. pag. 19. col. 2 : *Inserat in libro taxam de his, quæ sunt solvenda* (*Notario*) *juxta Tariffam.* Rursum occurrit ibi pag. 22. et alibi.

TARINGÆ, Taringæ, Sudes ferreæ, Gallica lingua veteri. Passio S. Quintini : *Jussit vocari fabrum ferrarium, præcipiens ei, ut faceret duas sudes ferreas, quæ Gallica lingua Taringæ vocantur, quibus B. Quintinus a cervice usque ad crura transfigeretur.* Inventio ejusdem S. Quintini : *Venerabilis igitur femina sudes ferreas, quæ Gallica lingua Taringæ vocantur, quibus supra beatus Christi Martyr confixus fuisse dicitur, manentes adhuc in ejus corpore inveniens extraxit aliquas, et pro veneratione reliquiarum sibi assumpsit.* Passio SS. Fusciani et Victorici : *Tunc Rictiovarus.... jussit naribus et auribus eorum Tarincas immitti, et cum clavis candentibus capita eorum transfigi præcepit.*

¶ **TARINUS**, Monetæ species. Vide *Tarenus.*

TARISUS. Vide Ordericum Vitalem lib. 8. pag. 700.

¶ **TARITA**, Species navis. Vide *Tarida.*

* **TARITATICUM**, Tributum ex navibus, quæ *Taritæ* appellabantur; si tamen legitima est lectio : ibi enim Cointius tom. 8. Annal. Eccles. legit *Carvaticum* et D. *Bouquet* legendum putat *Tranaticum*, tom. 6. Collect. Histor. Franc. pag. 492 : *Nemo teloneum, neque, quod vulgo dicitur, ripaticum,*

atque rotaticum, aut pontaticum, vel portaticum, aut Taritaticum, atque cispitaticum........ exactare præsumat.

¶ **TARLATUS**, Cariosus, ab Italico *Tarlare*, Carie consumi. Ita cognominatum fuisse B. Franciscum Ordinis Servorum B. M. observatur tom. 3. Maii pag. 656.

* **TARMOSUS**, *Lart plein de vers.* Glossar. Lat. Gall. ex Cod. reg. 7692. Vide *Tarmus.*

* **TARMUS**, *Vermes in carne*, in Gloss. Ibid. in Gloss. Lat. Gall. : *Le ver qui naist du lart.* Italis *Tarma*, est blatta, tinea, [ut et Latinis *Tarmes* vel *Termes*, a *Terere* dictus, quod terat seu exedat carnem vel lignum.] Vide Orig. Italicas Ægidii Menagii.

TARPETUM. Charta Tancredi Comitis Licii ann. 1185. apud Ughellum tom. 9. pag. 67 : *Damus etiam licentiam construendi Tarpetum pro molendinis suis.* Nescio an huc referri debeat locus Pachymeris lib. 11. Hist. cap. 15 : Γενουητῶν δὲ αὐτόθεν κατὰ Ἰταλοὺς βούτζοις, καὶ σανίσιν ἀσφαλισθέντων κύκλῳ, etc. [Vide Glossarium mediæ Græcit. in Τάρπη et mox *Tarponeria.*]

¶ **TARPONERIA**, Moles aquis opposita, ni fallor, fortean, a Celtico *Tampon*, Obturamentum. Statuta Perusiæ pag. 64 : *Exceptis tamen locis in quibus commode defendi non potest ipsa aqua, et si intraverit per aliquam Tarponeriam vel tempore inundationis aquarum, quibus casibus nulla incurrat pœna.* Vide in *Tappus.*

¶ **TARQUA** Coriorum. Vide *Tacra.*

1. **TARRA**, Locus ad torrendum. Vide *Torra.*

¶ 2. **TARRA**, pro *Tacra.* Vide in hac voce.

* **TARRABRUM**, Terebra, Gall. *Tariere.* Charta Erardi dom. *de Chauscenai* ann. 1206. in Chartul. Aremar. ch. 9 : *Quod si forte dicti homines fagum vel jarronem succiderint talis grossitudinis, ut Tarrabrum, quod vulgo dicitur loceret, de quo factores rotarum perforant rotas suas, etc.* Vide *Taratrum.*

¶ **TARRASSARIA**, Tarressaria, Agger terreus, Gall. *Terrasse.* Reparationes factæ in Senescallia Carcass. ann. 1435. ex Cod. MS. Cl. V. *Lancelot* : *Pro faciendo de novo Tarressariam dictorum molendinorum, quæ similiter erat totaliter destructa, quia vix dicta molendina poterant habere sufficientem aquam, et plura alia in dictis paxeria, Tarresseria et molendinis necessaria faciendo et complendo de fustibus, etc.* Et paulo post : *Ad faciendum pontem sine quo ferri non poterat rasum dictarum paxerie et Tarrassarie.*

* **TARRATER**, Eodem intellectu. Charta ann. circ. 1260. apud Pez. tom. 6. Anecd. part. 1. col. 73 : *Et in carris vestris utensilia diversi generis, id est, cuniada et dolaturia, Tarratres, assias, fossorios, etc.* Hinc emendatur Charta apud Oefelium tom. 1. Script. rer. Boicar. pag. 725. col. 1. ubi r : *Annuda doletaria, Tarratros, ascias s.*

¶ **TARRIDA**, Tarrita. Vide *Tarida.*

¶ **TARROGES.** Vide in *Talla* 3.

¶ **TARSENATUS**, Tarsionatus, Armamentarium, Gall. *Arsenal.* Litteræ Roberti Regis Jerosol. et Siciliæ Massiliensibus : *Statuimus Tarsionatum galearum 20. vel 30. facere ex altera parte portus inter monasterium S. Victoris et Salinas.... nam completo Tarsenatu Neapolitano, quem confidimus in magna parte per præsentem hyemem ultimam manum ponere, etc.* Alias Massilienses *Tiercenaux* dicebant pro *Arsenaux.* Vide *Arsena.*

* Alias *Tarsenal.* Assis. Hierosol. cap. 314 : *La taille soit ordenée pour la gent d'armes et le Tarsenal et hasar de fane de Famaguste, et qu'il ne puisse estre destorbié en autre place.* Vide supra *Darsena.*

TARSICUS, Panni pretiosioris species. Visitatio Thesaurariæ S. Pauli Londinensis ann. 1295 : *Tunica et dalmatica de panno Indico Tarsico Besantato de auro,... Tunica et dalmatica de quodam panno Tarsici coloris, tegulata*, [f. *regulata*, Gall. *Rayée*] *cum Besantiis et arboribus de aureo filo contextis.* Alibi : *Casula de panno Tarsico, Indici coloris, etc.* Ita autem appellatus, quod ex Regno *Tharsiæ* adveheretur, quod vicinum fuisse regnis *Cathaii* et *Turquestani* testantur Aithonus cap. 2. Sanutus lib. 3. part. 13. cap. 15. et vetus Geographia, quæ habetur in Gestis Dei per Francos tom. 2. pag. 285. Scriptores alii inferioris ævi *Tarsos* vulgo cum *Tartaris* confundunt, ut vetus Chronicon Flandriæ cap. 98. Oronvillæus cap. 76. et Froissart. 1. vol. cap. 28. 4. vol. cap. 74. Philippus *Mouskes* in sancto Ludovico :

> Adont fu la nouviele esparse,
> Que tout li Tarsien de Tarse
> Furent isus de leur contrée,
> Et orent Rousie gastée.

* **TARSIMANNATIKUS**, an ad *Tarsos* pertinens? Vide *Tarsicus.* Charta Otton. III. imper. ann. 998. apud Murator. tom. 2. Antiq. Ital. med. ævi col. 9 : *Unum latus in terra casa sancti Zenonis, et in terra Tarsimannatika, aliud latus in via regis, etc.* [** An *Arrimannatica*?]

¶ **TARSIONATUS.** Vide *Tarsenatus.*

1. **TARTA**, Placentæ species, Gallis *Tarte.* Charta Alienoræ Comitissæ S. Quintini ann. 1103. in M. Pastorali Eccl. Paris. lib. 13. ch. 1 : *Debent etiam mihi unam Tartam sine farina singulis annis.* [Joh. Demussis Chronicon Placent. apud Murator. tom. 16. col. 581 : *Et aliqui loco Turtarum et zoncarum dant in principio prandii Turtas, quas appellant Tartas, factas de ovibus et caxeo et lacte et zucharo super dictas Tartas in bona quantitate.* Occurrit in Ordinatione Humberti II. tom. 2. Hist. Dalphin. pag. 313. col. 1. et passim in Instrumentis MSS.] Joannes Ruellius lib. 2. de Natura stirpium cap. 15. *Tartum*, quasi mutata priore litera *Fartum* dictum existimat. Vide in *Pastillus* 2.

* Unde *Tartier* qui eas divendit, in Stat. pro bono publico ex Lib. rub. fol. magn. domus publ. Abbavil. art. 9 : *Que nulz Tartiers voist en taverne pour son mestier vendre, se il n'y est appellés.*

¶ 2. **TARTA**, Species navis. Vide *Tarida.*

TARTABOISA. Statuta antiqua Canonicorum S. Quintini in Viromanduis : *In festo S. Joannis debet Decanus 18. sext. frumenti, et obolos 3.... et 6. humeros salsos, verrem, Tartaboisas, venationem, volatilia, carpeiam cum fresia.* Infra : *Quotiens habemus costam fartam, sunt in costa farta 24. frusta carnis, 24. gallinæ, etc.... In Tarboisa 12. gallinæ, 20. ova.* Occurrit ibi semel adhuc et iterum.

¶ **TARTALE**, Idem, opinor, quod infra *Tartarum.* Modus exigendi gabellam pedagii ad calcem Statutorum Saonæ : *Pro qualibet vegete seu carratello Tartalis, cinerum, et pro quolibet pondo pulveris Tartalis soldum unum.*

* **TARTANA**, Instrumentum piscandi. Stat. senesc. Bellic. ann. 1337. inter Probat. tom. 2. Hist. Nem. pag. 100. col. 2 : *Invenimus......... permaxime esse dampnosum piscari in mari cum rethe, thesura seu instrumento dicto seu nominato vulgariter Tartana, a festo Paschæ usque ad festum Omnium sanctorum.*

* **TARTAR.** Vide infra *Tartarum.*

¶ 1. **TARTARA**, Peccata, delicta. *Deus, qui.... Tartara lavare dignasti per crucem*, in Missali Gothico apud Mabillon. de Liturgia Gallic. pag. 189. col. 2.

* 2. **TARTARA**, Species panni ex Tartaria advecti, vel operis Tartarici, nostris *Tartaire.* Invent. S. Capellæ Paris. ann. 1335. in Reg. I. Chartoph. reg. ch. 7 : *Item una tunica, una casula et una dalmatica de Tartara plonquata.* Aliud ann. 1340. ibid. ch. 8 : *Item una casula, dalmatica et tunica de panno de Tartaire pluncata.* Comput. Rob. de Seris ab ann. 1332. ad ann. 1344. in Reg. 5. fol. 2. v° : *Item le xxviij. jour de Septembre l'an cccxxxvj. pour Mons. une selle de la taille d'Alemaigne, devant et derriere de veluel vermeil et asure partiz semez de cornes, le siege de Tartaire vert dyappré à oisiaus d'or.* Lit. official. Senon. ann. 1336. in Reg. 82. ch. 22 : *Quatuor gibaceriæ, Gallice de Tartaire, operatæ et ornatæ de brodura.* Vide *Tartarinus.*

* **TARTAREALIS**, Tartareus, ad infernum pertinens. Charta Hugon. episc. Nivern. ann. 1054 : *Si quis autem contra aliquid demolitus fuerit,..... accipiat partem cum inimico humani generis, et imperpetuum pœnæ subjaceat Tartareali.*

¶ **TARTARICUS.** Vide *Tartarinus.*

TARTARINI, Tartari. Chron. S. Medardi Suession. ann. 1240 : *Quædam genera hominum, qui vocantur a quibusdam Tartarini, a quibusdam vero Comani, a quibusdam vero peritis creduntur esse Hismaelitæ, i. filii Ismaëlis, quem habuit Abraham ex Agar ancilla sua, quos David vocat Agarenos. Prædicti vero comedentes carnes hominum, bestiarum, avium et serpentium, et sugentes et bibentes sanguinem, et parum panis et vini utentes, cum nimia multitudine et incredibili equitum et peditum tam virorum quam mulierum, Regna Bohemiæ, et Hungariæ, et Ducatum Poloniæ, et quasdam alias terras maximas et optimas, in illis partibus sitas, ferro et igne devastant, maximas et incredibiles cædes utrorumque sexuum tam virorum quam mulierum facientes, nec alicui sexui parcentes.* Joannes Molinetus Valentianensis :

> Monstres hideux vivans ès Isles
> Des Indois et des Tartarins.

TARTARINUS, Tartariscus, Species

panni ex Tartaria advecti, vel operis Tartarici. Vetus Charta apud Rocchum Pirrum in Episcop. Agrigent. : *Unam cappam de diaspro auri samito, vel Tartarisco aureo de sindone foderatam.* Monasticum Anglic. tom. 3. part. 2. pag. 85 : *Una penula de Tartarin blodio, pro capis.* Pag. 86 : *Unum mantellum de laneo cum Tartarin blodio.* Ibidem : *Duplicatum cum Tartarin planket. Tartaron*, ann. 4. Henrici VIII. cap. 6. apud Steph. Skinnerum in Etymologico Anglico. Arestum Paris. 9. Maii 1320 : *Item unam capellam de Tartarico rubeo, videlicet tunicam, dalmaticam, etc.* [Literæ ann. 1388. apud Rymer. tom. 7. pag. 577. col. 1 : *Unum coopertorium cum celura integra et testerio de eadem secta, ac tribus curtinis de rubeo Tartarino.* Inventar. S. Capellæ Paris. ann. 1363. ex Bibl. Reg. : *Item una casula, una dalmatica, et una tunica de Tartaire.* Aliud annn. 1376 : *Tunica de panno de Tartaire plumbeo pro officio Quadragesimali.* Inventar. Gallicum : *Item un chasuble, dalmatique et tunique de Tartaire plumbée pour Caresme.*] Joann. de Mandevilla in Itinerario : *Devant le Soudan nul estrange mesage ne vient, qui ne soit vestu de drap d'or, ou de camocas, ou de Tartaire en la guise que les Sarazins sont vestus.* Vide *Tartara*, 2.

TARTARON, Moneta ænea Græcanica, Græcis ipsis τεταρτηρόν dicta, a Nicephoro Phoca Imperatore adinventa, ut auctores sunt Cedrenus pag. 658. 659. et Zonaras pag. 162. Albertus Aq. lib. 8. cap. 26 : *Peregrinis vero et humili populo cujusdam generis monetam, quam vocant Tartaron, ad sustentationem vitæ sæpius idem Imperator mittebat.* Fulcherius Carnot. lib. 1 cap. 4 : *Jussit Imperator de auro suo et argento atque palliis proceribus nostris dari, et peditibus quoque fecit de nummis suis æneis, quos vocant Tartarones.* Ordericus Vital. lib. 10 : *Imperator autem plurimas naves Tartaronibus onustas misit.* Occurrit iterum apud eumdem pag. seq. et apud Albertum Aquensem lib. 1. cap. 16. lib. 2. cap. 16. Dicta videtur quasi quadrans assis, aut alterius monetæ. Vide Dissertationem nostram de Imperatorum Constantinopolitanorum nummis [num. 87. ubi ex hoc ejusdem Orderici Vitalis loco, *Tartarones quippe quadratos ex cupro nummos Thraces vocitant*, colligitur τετραγώνους, seu quadratos, fuisse *Tartarones* : quod improbat Sigismundus *Liebe* in sua Gotha Nummaria Amstelodami edita ann. 1730. pag. 102. ubi delineandum curavit *Tartaronem* rotundum, non quadratum, cum hac inscriptione ΤΕΤΑΡΤΕΡΟΝ. Alia notione occurrit in *Tartarinus*.]

* Apud nostrates quoque in usu fuit moneta, quæ *Tarte* nuncupabatur. Lit. ann. 1357. tom. 3. Ordinat. reg. Franc. pag. 165 : *Gros Tournoys, viez compaignons, Tartes, exterlins, volans, et toutes monnoyes deffendues.* Ubi pro *Volans*, leg. *Vaillans*, ex Stat. ann. 1358. ibid. pag. 222. art. 2 : *Compaignons, Tartes, vaillans, ou autres monnoies que des nostres.*

TARTARUM, Joanni de Garlandia in Synonymis Chymicis, *scoria de dolio vini*, aridæ fæcis doliariæ crustula, vini fex indurata, et doliis adhærens, Myrepso sect. 1. cap. 76. Τάρταρον, nostris *Tartre*, Italis *Rasina di botte*, [et *Tartare.*] Vide Bartholomæum Anglic. de Proprietatib. rerum lib. 15. cap. 99. Angelum Paleam in Antidotar. Mesuæ cap. 259. et alios medicos.

* Ital. et Hisp. *Tartaro*. Glossar. medic. MS. Sim. Jan. ex Cod. reg. 6959 : *Tartar, Arabice, Tartarum, quod ex vino in lateribus vegetis generatur.* Arest. ann. 1345. 6. Aug. in vol. 2. arestor. parlam. Paris. : *Scancionarius vero* (habet) *vina doliorum ad duos digitos vel circa subtus barram, Tartaraque seu lieas et dolia vacua.*

¶ **TARTAVELLA**, vulgo *Tartavelle*, Instrumentum quoddam compluribus ligneis frustis sese invicem collidentibus constans, cujus strepitu piscatores cogunt pisces ad retia. Ita Mabillonius sæc. 6. Benedict. part. 2. pag. 209. *Tartavele*, in Satyris Christianis apud Borellum :

> Qui sont ces asnes sans cerveles
> Qui sonnent de leurs Tartaveles
> A nos huis?

Vide *Taravella* 2. Hinc

¶ Tartavellare, Pulsare. Vita S. Roberti Abbat. ibidem : *Videns se tanto articulo adstrictum, quod absque nota non posset declinare, ut parvum frusticulum in ore misit, leproso ad januam Tartavellanti totum frustum transmisit. Tarteveler* in iisdem Satyris ibidem :

> Cuisine ou rien n'est avalé
> Qui n'ait été Tartevelé.

* *Tartevelle* appellatus vir lepra infectus, quod ejusmodi instrumentum pulsare tenebatur, ut sanos a se removeret. Lit. remiss. ann. 1382. in Reg. 122. Chartoph. reg. ch. 29 : *Comme n'agueres Jehan Mauclerc demourant à Senlis eust esté ordenné avec aucuns autres de ladite ville à faire le guet de nuit en icelle, et pour ce faire, il acompaingné de Raoulet Dupuis, dit Maynage, et d'autres de ladite ville, s'en alerent sur les murs d'icelle ville, et en montant sur la garde, après ce qu'il avoient beu, crierent par maniere d'esbatement et de moquerie, Tartevelle, par plusieurs fois, en disant à plusieurs personnes qu'ilz trouverent sur lesdiz murs, faites bon guet, veez çà Tartevelle qui vient.* Vide *Taratara*.

¶ **TARTAZIZARE**. Vide in *Taratantara*.

* **TARTELETA**, Tartelleta, a Gallico *Tartelette*, Placentula, in Comput. ann. 1488. inter Probat. tom. 4. Hist. Nem. pag. 45. col. 2. et pag. 46. col. 1. V. *Tartra*.

¶ **TARTERIUM**, pro *Carterium*, seu *Quarterium*, Quarta pars, Gall. *Quartier*. Pluries occurrit hac notione. *Tarterium de caseo*, in Consuetudinibus MSS. Monasterii Solemniacensis.

* **TARTRA**, ut *Tarta* 1. Placentæ species. Comput. ann. 1482. inter Probat. tom. 4. Hist. Nem. pag. 22. col. 2 : *Item in viginti libris casei grassi pro faciendo Tartras, etc. Item in quinque duodenis ovorum pro faciendo dictas Tartras, etc.*

* **TARTUGA**, Tartugua, Testudo, Ital. *Tartaruga*. Glossar. Provinc. Lat. ex Cod. reg. 7657 : *Tartuga, Prov. Testudo.* A testudinis forma sic appellatur sera catenaria, vulgo *Cadenat*, in Comput. ann. 1402. inter Probat. tom. 3. Hist. Nem. pag. 169. col. 1 : *Pro uno cathenato sive Tartuga ferri, iij. solid. ix. den. Turon.* Ibid. pag. 174. col. 2 : *Richardo saralherio, pro una sera, vocata Tartugua, ab eodem habita pro ponendo in studio dicti dom. Gaufridi, in quo libri et alia bona ejusdem erant reposita, ne perderentur, v. solid. Turon.*

* **TARVISII** appellantur Tarvannenses, in Annal. Bertin. ad ann. 850. tom. 7. Collect. Histor. Franc. pag. 66 : *Ceterorum vero pars Menapios, Tarvisios, aliosque maritimos deprædantur.* Neque fortassis alii sunt qui *Tourviquiaux* appellantur apud Froissart. vol. 1. cap. 127 : *Aussi estoient venus avecques lui* (Godemar du Fay) *ceux d'Abbeville moult etoffement, et furent audit passage* (du Crotoy) *audevant des Anglois bien environ 12000. hommes qu'uns qu'autres : dont il y avoit bien 2000. Tourviquiaux.*

TARUS, *Clava*, Ugutioni. Vide in *Tarenus*.

TARUSBULUM, pro Thuribulum, ut videtur. Charta fundat. Vallis-bonæ ann. 1242. inter Instr. tom. 6. Gall. Christ. col. 488 : *Item damus...... unum Tarusbulum et duas aras et apparamenta trium altarium, scilicet de pannis lineis.*

¶ **TASA**, Scyphus, cratera, Gall. *Tasse*. Testamentum ann. 1351 : *Legavit... Esclarmundæ et Beatrici de Montesquivo unicuique duas crateras sive Tasas argenti.* Vide *Tacea*.

1. **TASCA**. Jo. de Janua : *Pera, sacculus, qui Tasca vulgo vocatur.* Italis nempe; [qui vocem hanc deduxerunt a Germanico *Tassche*, ut docet Vossius de Vitiis sermonis pag. 293. et post eum Menagius in Diction. Etym. v. *Tasque*.] [** Vide Graff. Thesaur. Ling. Franc. tom. 5. col. 460. voce *Tasca*.] Vita S. Catharinæ Senensis n. 128 : *In regione illa Tascha parvus saccus vulgariter nominatur.* Dantes in Infern. cap. 17 :

> Che dal collo a ciascun pendea una Tasca.

Abbavillenses etiamnum vocant Marsupium, quod a cingulo *Majoris* pendet, *la Tasse du Majeur* : estque magistratus symbolum.

☞ Nota perinde est ejusdem vocis significatio apud Burgundiones aliosque, quibus pera, sacculus, *Tasche* nuncupatur : hinc nonnulli *Tache*, pensum operis, accersunt; quod in peram pecunia ex diurno opere conjicitur. *Tasque* sacculum vocat Rabelaisius lib. 2. cap. 30.

¶ Tassa, Eadem notione, ut *Tasse*, aliquando pro *Tasque*, apud nostrates : quod observat Menagius. *Cepisse in bursa vel Tassa*, in Litteris Caroli Regentis ann. 1357. laudatis tom. 3. Ordinat. Reg. Franc. pag. 371. Unde merito Cl. Editor conficit voces *Tassetiers* et *Boursiers* unum et idem sonare, in Litteris ejusd. Caroli ann. 1359. eos nempe qui faciunt *Tassas*, vel *Tascas*, seu crumenas.

2. **TASCA**, Taschia, Præstatio agraria, *Agrarium*, *Campipars*. Vox in Chartis Occitanis, et Provincialibus præsertim, sat frequens. Scribit Camdenus in Britannia pag. 314. 3. edit. se vidisse nummos antiquos, quos ibi exhibet, cum equo absque fræno currente, et inscriptione Tascia : ex altera parte in medio nummo Ver. et Davidem Povellum, eruditissimum antiquitatis indagatorem, *tributum Verulamii*, (urbs est Britanniæ) interpretatum : *Tasc* enim

m, *Tascia*, denarium tributi, et d præcipuum tributi Collectorem nice sonare : alios vero existimare mos tributarios fuisse, qui in caput s impositi quotannis a Romanis exntur, quibus haud se refragari profite-. Ita *Tasca* vox est Gallica vetus, quam præstatione agraria postmodum usurunt nostri. [Veteribus Septentrionali-, Hickesio teste, in Grammatica Theot. 92. *Tacan*, Saxonibus tæcan, Cim- *Taka*, et *Takia* Capere est, levare, ipere, auferre; unde apud veteres Da- *Tekia*, Captura. Hinc, inquit, *Tasca*, *Taschia*, Tributum, quod accipitur, *Attachiare*, Vincire, ligare; nemo enim *chiatur*, seu vincitur, nisi prius capiatur.] *Thasca*, in Legibus Henrici I. Regis Angl. cap. 78. [Judicium ann. 34. Caroli M. apud Stephanot. tom. 1. Antiq. Occitan. MSS. pag. 480 : *Ut de ipso villare per singulos annos, ibidem vobis exinde Tascas et decimas persolvere debuissemus.* Donatio ann. 901. Marcæ Hispan. col. 837 : *Et de ipso viviale ipsi homines de Artedone et de Tregale donare faciant per singulos annos ipsam decimam et Tascham.* Testamentum Borrelli Comitis Barcin. ann. 993. ibid. col. 946 : *Cum villulis et Ecclesiis et decimis et primitiis, et cum ipsas Taschas, etc.* Adde col. 997. et Probationes novæ Hist. Occit. tom. 2. col. 147.-489. 606. Chartularium Prioratus S. Petri de Domina fol. 93 : *Mansus de la Varx debet unum sextarium vini de Tascha, qualis licuerit*, IX. *sextarios de frumento.* Occurrit ibi pluries.] Charta ann. 1065 : *Petrus Rainoardus dedit unam modiatam de terra culta et inculta Deo et S. Mariæ cum Tasca et decimo.* Charta Bernardi Archiep. Arelat. ann. 1139. in Tabular. Archiepiscopatus ejusdem Ecclesiæ fol. 109 : *Istius etiam prænominati honoris decimas atque Taschas sine omni impedimento retinemus.* Alia ann. 1107. in Tabulario Eccles. Gratianop. sub Hugone Ep. fol. 20 : *Et Morardus Jovencellus donavit Tascham Episcopo, et laudavit terram in manu jamdicti Episcopi... et Tascham de terra Rosseti similiter donavit.* Fol. 45 : *Quædam vero pars* (mansi) *est de Tascha, et alia pars de decima.* Charta Gerardi Comitis Matiscon. ann. 1180. in Tabulario Cluniacensi : *In nemore dicto Jou Comes et Monachi habent Taschias suas.* Infra : *Apud Domange habet Comes medietatem Taschiæ, et monachi aliam.* Charta Simonis Comitis Montis-fortis ann. 1211. pro Pezenacio, ex Regesto Carcassonensi : *Furnum, homines et feminas, et prædia urbana, et suburbana, cum omnibus ædificiis suis, et rustica similiter, et 4. Taschas et usatica, et albergas, etc.* Infra : *Et insulas, et nemora, et venationes, et devezia, et 4. Taschas terrarum, et pascua, et paludes, etc.* Charta ann. 1214. in 30. Regesto Archivi Regii ch. 58 : *Similiter liceat nobis libere emere vineas et alias possessiones, cartones, vel Tascas ad usum mensæ nostræ, vel Canonicorum, etc.* Alia ann. 1230. apud Perardum pag. 428 : *Jure dictarum possessionum et terrarum, tam in Taschiis, seu tertiis, quam in decimis dictis Abbati et Conventui... in perpetuum remanente.* Libertates concessæ Aquarum-Sextiarum Incolis a Beatrice Comitissa Provinciæ, mens. Sept. 1245 : *Salvis nobis pensionibus et censibus, et Taschis, quæ et quas percipimus in possessionibus aliquorum.* Alia anni 1211. in Regesto Carcassonensi : *Insulas et nemora, et venationes, et devazia, et 4. Taschas terrarum, et pascua, et paludes.* Compositio inter Carolum Comitem Provinciæ et Dominos Arearum ann. 1257 : *Jura recipiendo, banna et justitias, et pasqueria, Tascas in tenementis.* Charta ann. 1289 : *Videlicet jus exsartandi absque præstatione Taschiæ, ac etiam laborandi et fusterandi, et lenhairrandi, pascendi et piscandi.* Charta ann. 1280 : *Damus.... medietatem totius partis nostræ, quam habemus in podio, qui dicitur, etc. in territorio civitatis Majoricarum, et tenetur per dominum Regem ad decimam et Tascham.* Tabularium Priorat. de Paredo fol. 16 : *Natali Domini 4. panes, 2. spatulas, duas oscors, pastionem de porcos in silvis, et Taschiam de terra.* Fol. 34 : *Et reddit.... sexturium vini, et 2. de avena, et Taschiam de fructibus.* Fol. 75 : *Illam condominam... in qua duplam Taschiam habebant Monachi.* Charta ann. 1304. in 9. Regesto Philippi Pulchri Regis Franc. ch. 86. ex Tabulario Regio : *Illud agrarium sive Tascam, quod et quam dictus Rex percipere consuevit in 9. quartonatis terræ, etc.* Occurrit præterea in Synodo Nemausensi ann. 1284. cap. de Pœnitentia : et in Concilio Avenionensi ann. 1326. c. 11. ubi vir doctus perperam reposuit ad marginem *Taxas* : ut apud Dion. Salvaingum Boissium de Usu feudor. pag. 385. *Taschas* etiamnum Hispani dicunt. Audreas Bosch *dels Titols de honor de Cathalunya* lib. 5. pag. 553 : *Quant als delmes, primicies, y Taschas, gosal en especial los de Cathalunya.* Vide Appendicem ad Capitul. Reg. Franc. n. 145. et Sammarthanos in Episcopis Massiliensib. n. 28. [Hujusce præstationis origo retegitur infra in v. *Tertia* 3.]

¶ Tachia, Eadem notione. Homagium ann. 1272. apud Guichenonum in Probat. Hist. Bressiæ pag. 19 : *Humbertus de Tregnay... confitetur tenere a domino Baugiæi quidquid habet apud Avignion et in territorio de Avignion tam in Tachiis, quam in aliis.* Charta ann. 1335. apud Menesterium in Probat. Histor. Lugdun. pag. XXIV. col. 2 : *Item grangiam de Rebussello cum omnibus terris, pratis, nemoribus, Tachiis, decimis, servitiis, juribus, etc.* Charta Chassaniæ ann. 1399 : *Terra erat ad Tachiam decimam, quæ remota fuit, et de novo asservisata fuit ad servitium 12. denariorum.* Charta ann. 1465. e Schedis D. *Aubret* : *Tenet res Tachiabiles ad decimam Tachiam levandam per cellarium etc.* Et infra : *Tenet terram Tacherentiam ad decimam Tachiam.* Ubi decima *Tachia* est decimus manipulus pro *Tachia* solvendus. Regestum 87. Chartophylacii Regii : *Aynardus senior percipit Tachiam dicti dimidii jornalis terre predicti ... Percipiunt,... quinque cartas frumenti et dymidiam cartam frumenti pro Tachia. Tachia vinee et duorum dimidiorum jornalium terre predictorum*, ibidem, ubi sæpius recurrit.

* *Tache*, eadem notione, in Charta Guidon. comit. Nivern. ann. 1232. ex Reg. comitat. Clarimont. : *Nous avons assigné à nostre amé et loial Fouchier Guerri nostre cambellen.... toutes nos Taches de la ville de Bor et des apartenanches d'icelle.*

* Thascha, Eodem significatu. Charta ann. 1307. in Reg. 44. Chartoph. reg. ch. 82 : *Salvo etiam domino nostro regi jure et suis in Thascha scilicet, undecima parte bladorum et vini.* Vide *Taschia*, 1.

¶ Tasqua, Eodem intellectu, in Charta ann. 1052. ex Tabul. S. Victoris Massil. Charta ann. 1216. e parvo Chartulario ejusd. S. Victoris pag. 157 : *Exactiones quascumque facere poterant, videlicet comtalias, cavalcatas, lesdas, Tasquas, linguas boum, etc.* Venditio Vicecomitatus Rellaniæ ann. 1410. e Schedis Præsidis *de Mazaugues* : *Cum... albergis, cavalcatis, adempris, Tasquis, cuistis, etc.* Charta ann. 1509. ex iisd. Schedis : *Ad Tasquam sive facheriam, etc.* Statuta Ecclesiarum Cadurc. Ruthen. et Tutel. tom. 4. Anecd. Marten. col. 737 : *Decimæ... debent solvi statim cum fructus percipiunt, et antequam inde segregentur census vel Tasquæ, id est, quintam et quartam, etc.* Statuta Eccl. Nemausens. ibid. col. 1030 : *Circa agricolas interroget de furto, et maxime super decimas et primitias, tributa, census, Tasquas, etc.*

* Charta ann. 1394. in Reg. 146. Chartoph. reg. ch. 441 : *Acquisiverunt Tasquam, sive nonam partem fructuum annualium, cum dominationibus septem peciarum terræ.*

¶ Taychia, Eadem notione. Tabul. S. Germani a Pratis ann. 1527 : *Omnes census, redditus, proventus, obventiones, coroatas, fornagia, Taychias, quartonos et alia quæcumque servitia.*

Terræ Tascales, Tascabiles, *Tascharum* præstationi obnoxiæ, in Tabulario Prioratus de Domina in Delphinatu fol. 81. Charta Comitis Provinciæ ann. 1252 : *Defensum, quod vocatur de Vesiano, ubi sunt terræ Taschales et venationes.* Charta laudata ann. 1306 : *Item 15. sextariatas terræ Tascabiles pro 5. sextariis bladi communis singulis annis, etc.*

¶ Tachabilis Terrá, Eadem notione. Charta Prioratus S. Triverii in Dumbis ann. 1420 : *Sub servitio 6. den. fortium et unius cuppæ messis ad quodlibet levagium cum Taschia septima talis bladi qualis crescet in dicta terra Tachabili.* In Dumbis et Bressia septimus manipulus vulgo solvitur pro *taschia*, aliter alibi, ut ex relatis jam satis patet.

Tachibilis Terra. Acta Capitularia Ecclesiæ Lugdun. ann. 1347. fol. 126. v. Cod. MS : *Juxta pratum hæredum Stephani Remensis ex una parte, et juxta terram Tachibilem dictorum hæredum.* Occurrit ibi pluries.

Tascharia, Ager *tascæ* obnoxius. Vetus Charta tom. 7. Spicilegii Acher. pag. 264 : *Dono... illam partem taschæ, quam habeo vel habere debeo in prædiis cultis vel incultis, et jus et dominationem, quod vel quam habeo in ipsis prædiis, vel adversus possessores prædiorum ratione taschæ : quæ prædia sunt infra Taschariam, etc.*

¶ Tascherrium, Tempus quo *Tascha* colligitur, ni fallor. Polyptychus S. Remigii Remensis : *Mansus ingenuilis 1. habet in Taschereio, facit mapp. 1. ad tremsaticam sationem, etc.*

¶ Tascha, Liber, ut videtur, in quo

taschæ impositæ describuntur. Chron. Parmense ad ann. 1308. apud Murator. tom. 8. col. 870 : *Ascenderunt palatia Communis vetus et novum, et domos Potestatis et Capitanei et gabellæ, et judicis exactoris averis Communis, et omnes libros bannorum et Taschas maleficiorum et actorum novorum et veterum... dilaceraverunt, et de fenestris in plateam projecerunt ad modum nevolarum, ita quod tota platea erat plena de chartis laceratis.* Vide *Taxare.*

¶ Tasquerius, Collector *taschæ*. Inquisitio ann. 1268. ex Schedis Præsid. *de Mazaugues : Requisitus a quibus vidit accipere tascham, a dom. Hugone de Baucio, vel dom. Barralo; dixit quod a nullo : sed vidit ire Tasquerios et portare bladum in saccis; sed nescit ubi accepissent.* Infra : *Ipse fuit Tasquerius territorii de Græso, et habuit tascham. Tasquerius seu recolligens tasquam*, in Sententia arbitrali inter dominos et incolas Calliani ann. 1497.

A *Tascis* vel *Taschiis* istis agrariis, Hispani vocem *Tacha*, usurpant pro quolibet defectu in quavis re. Lex partida 64. tit. 5. part. 5 : *Tache, maldad, aviendo el sierno, que un home vendisse a otro, etc.* ut et Galli nostri vocem *tasche* pro quavis macula aut labe, quod agri, qui hujuscemodi præstationibus gravantur, inquinati et commaculati quodammodo sint : tametsi promiscue sumitur apud Poëtas et Scriptores vernaculos in utramque, malam scilicet, et crebrius in bonam partem, contra quam hodie. Philippus *Mouskes* in Philippo Augusto :

Quar li Dus i ert de male Teke.

Infra :

Godefrois de Condet fu Vesques,
Ki plains estoit de boines Teques.

Willelmus *Guiart* in Ludovico VIII :

Cis Marcomires proprement
Ou lors ot mainte bone Teche,
Mua le nom de Leuteche.

Idem ann. 1205 :

Cil qui sont de hardies Taches
Embatent le feu és estaches.

Ann. 1214 :

Montmoranci, Rethel, Camaches,
Et autres à hardies Taches.

Ann. 1304 :

Car gens à plains de bonne Teche, etc.

[Le Roman *d'Athis* MS :

Bontez chascun membre toucha,
De bonnes Teches l'entecha.]

Historia Franciæ MS. ex Biblioth. Memmiana fol. 223 : *Ingebor* (uxor Philippi Augusti) *belle et bonne sainte Dame et religieuse, et garnie de moult bonnes Taches.* Hinc vox *Entechié*, in libro Inscripto MS. *Le lignage de Coucy*, ubi de Odone Burgundo Comite Nivernensi : *Et fut li plus riches homes, qui en son temps allast aux armées ou Royaulme de France, de plus grand grace, et de plus grand renommée d'estre bien Entechiez, et de bonne vie mençr.* Assisiæ Hierosolymitanæ MSS. cap. 190 : *Yvrongne, ou Entechié de aucun mauvais et vilain vice.* Robertus Bourronus in Hist. fabulosa Merlini et Arthuri : *Et si a le plus preude feme et le plus affaitié, et Entechie de toutes les millors Teches qui soint.* Vide in *Thaschia.*

Quod vero *Tasca* in hisce locis dicitur, *Macula* videtur appellari in Charta ann. 1309. in 2. Regesto Philippi Pulchri Reg. Franc. n. 132. de quibusdam servis : *Super capitagio, manumortua, maritagio, seu super alia quacunque Macula seu redibitione servili non molestabimus in futurum.*

* 1. **TASCHIA**, Pera, sacculus, marsupium, nostris alias *Tasse*. Lit. remiss. ann. 1357. in Reg. 89. Chartoph. reg. ch. 84 : *Dictus exponens cepit in Taschia socii sui quemdam florenum ad scutum.* Aliæ ann. 1389. in Reg. 138 : *Il prit sa sainture et sa Tasse, en laquelle avoit environ douze Poitevines. Tasse ou bourse*, in aliis ejusd. ann. ibid. Hinc *Tassetier*, marsupiorum artifex, cujus ars *Tasseterie* nuncupabatur. Lib. 2. Stat. artif. Paris. fol. 56. r° : *Des Tassetiers et faiseurs de Tasses à Paris. Nulz doresenavant ne puisse lever mestier de Tasseterie, etc. Taxetier*, in Stat. ann. 1350. tom. 2. Ordinat. reg. Franc. pag. 379. art. 245. Stat. ann. 1412. in Reg. 167. ch. 6 : *Les jurez ou gardes des mestiers de ganterie, bourserie, Tasseterie, etc.* Vide in *Tasca* 1. et infra *Tassia* 3.

* 2. **TASCHIA**. Vendere in Taschia, Sub certis præstationibus annuatim exhibendis. Lit. remiss. ann. 1361. in Reg. 89. Chartoph. reg. ch. 672 : *Petrum Mabille præfatus Johannes requisivit quatenus sibi vendere in Taschia terras suas. Ad Tasquam sive facheriam*, in Ch. ann. 1509. ex schedis Pr. *de Mazaugues.* Vide *Tasca* 2.

* 3. **TASCHIA**, Pensum diurnum, vel opus summatim susceptum, Gall. *Tâche*, Picardis *Tasque.* Charta ann. 1380. in Memor. E. Cam. Comput. Paris. fol. 19. v° : *Item pro denariis per eum a vicecomite Pontis archæ traditis....... pro duabus Taschiis operum, quas quibusdam personis fiendas tradidit.* Chartul. Corb. sign. *Ezéchiel* ad ann. 1421. fol. 115. v° : *Marcandu mons. de Corbie....... à Bernard le Clerc de faire une Tasque de carpenterie en la maison et cense de Gentelle.* Hinc *Frapper en Tasche*, pro Incerto ictu ferire. Lit. remiss. ann. 1373. in Reg. 105. Chartoph. reg. ch. 219 : *Les suppliens frapperent sur lui en Tasche, comme ceulx qui pas bien ne veoient.* Aliæ ann. 1374. in Reg. 106. ch. 363 : *Il faisoit si obscur, que à grant peine veoyent eulx l'un l'autre, et frappeoient en Taache.* Aliæ ann. 1386. in Reg. 130. ch. 120 : *Par cas de meschief, ainsi qu'il feroit en Tache, et n'y veoit pas bien cler pour l'oscurté du lieu, etc.*

TASCODROGITÆ, Hæretici ita appellati a τασχός, quod illis *paxillum* sonabat, et δρούγγος, *nasus*, quod inter orandum indicem digitum naso apponerent, ut animi tristitiam, et affectatam quamdam sanctitatem præ se ferrent. De his agunt Philastrius, Epiphanius, Augustinus de Hæresib. et Lex 10. Cod. Th. de Hæret. (16,5.) ubi Jacobus Gothofredus. [Perperam in Hierolexico Macri dicuntur *Trascodrygitæ.* Vide *Passalorinchitæ.*]

* **TASIUM**, Mensuræ annonariæ species. Charta ann. 1184. ex Tabul. S. Juliani Turon. : *Prior spopondit se redditurum eis decem solidos Redonensis monetæ et tria Tasia minutæ avenæ.*

¶ **TASPHORUM**, vox ibrida Strues vel munera deferens, a *Tassus*, strues, et Græce φορόν, ferens. Ratherius Veron. lib. 1. Præloq. apud Martenium tom. 9. Collect. Ampl. col. 821 : *Ut in Tasphoro illius (cameli) Madiam, Epha et Saba aurum et thus ad templum Domini deferant, Ismahelitæ quoque negotiatores stactem et thimiama resinamque in Galaad nascentem, etc.*

* **TASQUA**. Vide supra in *Tasca* 2. et *Taschia* 2.

¶ **TASQUERIUS**. Vide *Tasca* 2.

1. **TASSA**, Taxa; Tassare, Taxare. Vide Sanctuarium Capuanum pag. 602.

¶ 2. **TASSA**, Scyphus, patera, Gall. *Tasse.* Inquisitio ann. 1337. ex Archivo Eccl. Massil. : *Novem Tassis diversarum formarum in aliqua earum parte deauratis*, XXII. *scutellis, etc.* Occurrit in Consuetudinibus Brageraci art. 16. in Testamento ann. 1440. tom. 2. Rerum Mogunt. pag. 492. et alibi. Vide infra *Tassea.*

* *Taison*, Vas cavum ad modum *Tassæ*, legitur in Pedag. Bapalm. ex Chartul. 21. Corb. : *Escuelles, hanas, Taisons pour argent fondre, etc.*

3. **TASSA**, Cumulus, Gall. *Tas.* Vide *Tassus* 1.

¶ 4. **TASSA**, Marsupium. Vide *Tasca* 1.

¶ 5. **TASSA**, vel Tassus, Ornamenti genus, Vittarum strues seu nexus, ut videtur, Gallis *Nœud de rubans*, Clericis et Monachis prohibitum, in Concilio Senon. ann. 1346. tom. 5. Spicil. Acher. pag. 133 : *Utentes... capuciis, aut capellis super capita, vel Tassis, et corrigiis inhonestis, etc.* Nisi idem sit quod *Tassellus.* Vide in hac voce.

* **TASSAGIUM**, Servitium, quod domino suo debent subditi in *Tassando* seu aggerando ipsius fœnum; unde *Tasseour*, qui hujusmodi servitium præstat. Reg. S. Justi ex Cam. Comput. Paris. fol. 188, r°. : *Item fenagium et Tassagium dictorum pratorum.* Charta ann. 1318. in Reg. 36. Chartoph. reg. ch. 548 : *Item je peusse mettre à Beusemonchel un Tasseour, qui emportoit pour son salaire sept quartiers de blé.* Vide *Tassare* in *Tassus* 1.

TASSALE. Matth. Paris ann. 1239 : *Tassale vero S. Severii, quod non erat in totum Abbatis terræ Majoris Aconensis, ibi jura habebat, quæ tenebat in feudum ab ipso Imperatore, per judicium fuit juste destructum, quia, etc.* Sed legendum *Casale.* Vide in hac voce.

¶ **TASSAMENTUM**. Vide in *Tassare.*

TASSARE, In struem ordinare. Vide *Tassus.*

¶ **TASSEA**, Idem quod *Tassa* 2. Scyphus, patera, Gall. *Tasse*, in Hist. MS. Abbatiæ Gemet. pag. 242. in Statutis Monasterii S. Claudii pag. 88. in Glossario Lobinelli tom. 3. Hist. Paris. et alibi. Vide infra *Taxea* 2.

TASSEGIUM, Italis *Tasseggio.* Statuta Venetor. ann. 1242. lib. 5. cap. 4. 5 : *In Chartis illis, quæ in illis Tassègiis tunc factæ fuerint, etc.* Italica versio habet : *In esse carte, che saran fatte in quel mezzo, etc.*

¶ **TASSELLARE**, Claudere, obstruere, ab Italico *Tassello*, Obturamentum. Sta-

Mutinæ pag. 4 : *Et si per aliam domum vel casamentum fieri fecerit aliquod cavamentum, ab utraque parte dicti cavamenti fieri faciat et bene Tassellari, cooperiri, ac dictum, casamentum de terra, luto et pulveline remondari ac desgombrari.*

TASSELLUS, Fimbria, ex Anglico *Tassel*. Monasticum Anglic. tom. 1. pag. 21 : *Dedit Ecclesiæ... duo dorsalia de pallio, et duas capas de pallio, cum Tassellis auro paratis.* Vitæ Abbatum S. Albani : *Dedit etiam casulam unam auro, Tassellis ac gemmis decoratam.* Mox : *Capam unam purpuream morsu et Tassellis carissimis redimitam.* Vide Ricordanum Malaspinum cap. 161.

☞ Pro humerali pluvialis, seu aureo argenteove aut serico textili, quo trabeæ sacræ postica pars adornatur, nostris *Chaperon*, accipiendum esse censeo in locis sequentibus. Inventarium Ecclesiæ Noviom. ann. 1419 : *Item duæ cappæ panni serici viridis... quarum una... habet ad Tassellum duas pecias crystalli... Item una cappa panni aurei, in qua cappa est unus Tassellus argenteus deauratus et esmaillatus ad unum coronamentum nostræ Dominæ et in poto dicti Tasselli non est arbor.* Rursum ibi : *Tassellus, in quo est Sanson fortis, in quo deest medietas carneriæ.* Iterum ibidem : *Unus Tassellus argenteus et esmaillé Gallice ad imaginem S. Christophori pro ponendo in alia capparum Episcopi Ægidii. Item unus parvus Tassellus argenteus deauratus esmaillé ad unam Annunciationem pro ponendo in una cappa... Item quidam Tassellus magnus argenteus deauratus desuper, in quo et in medio est ymago B. Mariæ elevata in campo viridi... Item duæ cappæ de eodem velueto et sic broderatæ de sindalo asureo, quarum una habet nodulum esmaillattum cum duabus peciis argenteis ad tenendum Tassellum.* Inventarium Ecclesiæ Aniciensis ann. 1444 : *Item duo Tasselli argentei pro cappis ponderis duodecim unciarum et dimidiæ.*

¶ Tacellus, Eadem notione. Testamentum Guigonis Episc. Casin. ann. 1345. apud Marten. tom. 1. Ampl. Collect. col. 1458 : *Insuper volo et mando, dispono et ordino cappam cum historiis et imaginibus et Tacello argenti munitam et completam.... dictæ Aniciensi ecclesiæ dari.* Vide *Taxellus* 2.

* Tessella, nostris *Tassel* et *Tasseau*, Ornamenti species formæ quadratæ. Invent. eccl. Camerac. ann. 1371 : *Item un Tassel doret, quarret à pierres verdes et rouges.* Lit. remiss. ann. 1456. in Reg. 183. Chartoph. reg. ch. 214. *Icelle jeune fille se complaignoit que icellui Arnoulet violentement et contre son gré lui avoit osté de son saing et poitrine une petite piece de drap qu'elle y mettoit pour soy parer et estre plus honnestement, laquelle piece de drap on nomme Tasseau ou pays de Henault et environ.* Sed et pro re quadrata materiæ cujusvis hæc eadem vox aliquando est usurpata. Lit. remiss. ann. 1400. in Reg. 155. ch. 14 : *Icellui Guillot avoit sept Tasseaulx en sa bourse ;..... il fist entendre que c'estaient sept escus.*

1. **TASSIA**, Scyphi species, nostris *Tasse*. *Tassia vini*, pro vini haustu, in Charta ann. 1274. in Histor. Eccl. Placentinæ : [*Pro valore quarumdam Tassiarum, coquetiarum et bassini de argento*, in Charta Massil. ann. 1352.] Vide *Tassea*.

* 2. **TASSIA**, Confertus herbarum globus, Gall. *Touffe*. Charta ann. 1221. ex Lib. albo episc. Carnot. : *De pratis dicimus quod major habet herbæ residuum, quod remanet in pratorum marginibus et Tassiis, quas falx non potuit attingere.* Hinc nostris *Tasse*, pro Arborum congeries, silvula. Lit. remiss. ann. 1398. in Reg. 154. Chartoph. reg. ch. 108 : *Ils alerent tous ensemble jusques à une Tasse de bois, nommé le bois Patey.* Aliæ ann. 1409. in Reg. 164. ch. 149 : *Lesquelx se bouterent et musserent tous ensemble en une Tasse de boys.* Vide infra *Toussa*.

* 3. **TASSIA**, Pera, sacculus, marsupium, nostris alias *Tasse*. Stat. capit. Bened. apud Compendium habiti ann. 1379. ex Bibl. S. Germ. Prat. : *Item quod nullus monachus....... Tassias vel corrigias largas vel argenteas ; aut aliter curiosas, modo laycorum,..... portare præsumat.* Vide supra *Taschia* 1.

¶ **TASSIUM**, Idem quod mox *Tassus* 1. *Pro Johanne Bowdon furcante carect. per unum diem* III. *den. et pro victualibus emptis pro factoribus Tassiorum Prioris* XII. *d.* apud Kennettum ad ann. 1407. Antiq. Ambrosden. pag. 550.

1. **TASSUS**, Tassa, Cumulus, seu strues aristarum, vel fœni, Gallice *Tas*. Leges Malcolmi II. Regis Scotiæ cap. 3. § 4 : *Blada de cumulis et Tassis fractis.* Matth. Paris ann. 1248 : *Dum quemdam frumenti consertum aggerem, quem vulgariter Tassum appellamus, venalem æstimans consideraret, agger ille nutans et inordinate compositus, subito corruit super eum.* Tabular. Lewensis Prioratus : *Item omnes venient ad fœnum vertendum et colligendum sine corredio; et ad portandum Tassum in curia cum corredio.* [Chartularium SS. Trinitatis Cadom. fol. 28 : *Habemus... duos Tassos garbarum.* Polyptychus Fiscamn. ann. 1235 : *Et debet folare fena in Tasso.* Vide Thomam *Madox* in Formulari Anglicano pag. 359. et Nomolexicon Anglicanum Th. *Blount* in *Tassum*.] Neque alia notione

Tassa, in Magno Custumario Monaster. de Bello, apud Spelmannum : *Et debet falcare, spargere, vertere, cumulare, cariare in manerium domini, et ad Tassam furcare unam acram prati de prato domini.* Id est ad cumulum.

Tassare, In struem ordinare, messem, vel aristas, aut fœnum aggerere, Gallis *Tasser, entasser, mettre en un tas.* Fleta lib. 2. cap. 73. § 9 : *Foragium autem Tassari faciat et cooperire.* Adde cap. 82. § 1. Custumarium Monast. de Bello : *Et inveniet etiam per totum autumnum unum hominem ad Tassandum blada domini in dicto manerio, dum blada domini ibi Tassanda fuerint.* Charta ann. 1206 : *Inveniet etiam prædictus Joannes et hæredes sui sex homines de prædicto manerio de Preston ad levandum et Tassandum fœnum nostrum, etc.* Alia Charta Odonis Archiepisc. Rotomagensis ann. 1266 : *Costuma denarii et oboli, vendæ, servitia quadrigandi et Tassandi, bannum vini, etc.* Vetus Charta apud Somnerum in Tractatu de *Gavelkind* pag. 190 : *Item pro opere Tassandi in autumno* 13. *den. etc.* Charta alia ibidem, pag. 187 : *Relaxaverunt tenentibus suis de Rokinge, videlicet falcationem, levationem, curiagium, et Tassationem prati.*

¶ Thassare, Eodem intellectu. *Qui carectas non habuerunt, venient cum furcis suis ad dictum fœnum levandum et Thassandum*, apud Kennettum ad ann. 1292. Antiq. Ambrosd. pag. 320. Adde pag. 550.

Intassare, Eadem notione. Monastic. Anglicanum tom. 1. pag. 116 : *Ut ipse et hæredes sui, propriis operariis, et proprio custu, facient metere, et Intassare decimam dominii sui de Kynemersordo.* [Vide *Intassare* suo loco.]

Attassare, Idem quod *Tassare*. Charta Nivelonis Episcopi Suession. ann. 1190. in Tabulario Monasterii S. Crispini in Cavea : *Illud etiam sciendum est, quod trituratores decimæ partem suam foragii supra mensuram suam ante ostium Monasterii portabunt et Attassabunt : si vero trituratores decimæ foragium præfati Petri ad prædictam mensuram portare et Attassare noluerint, licebit eis flagella sine forisfacto capere et tenere, quousque eis satisfecerint.*

¶ 2. **TASSUS**, Animalis genus, Italis *Tasso*. Johannes de Bazano in Chronico Mutin. apud Murator. tom. 15. col. 606 : *Venit Mutinam quidam Franciscus de Castro Montagnæ cum quodam mirabili animali, quod appellabatur Tassi Barbarinum.* Quodnam fuerit postea describitur : locum consulat, qui plura voluerit. Vide *Taxonus* et *Taxus*.

* Nostris *Taisson*, idem qui nunc *Blaireau*. Charta ann. 1247. in Chartul. S. Corn. Compend. fol. 97. v°. col. 2 : *Je devantdiz Robers..... reconnois que li prévoz de Rumigni..... puist penre en ce bos lievre ou counin, leu, renart et Taison.* Lit remiss. ann. 1389. in Reg. 138. Chartoph. reg. ch. 104 : *Lesquelz se assemblerent par esbatement pour aler chacier aus Taissons de nuit.*

* 1. **TASTA**, vox Italica, Turunda, lemniscus, Gall. *Tente*, apud Velsch. syllog. observat. pag. 74. *Tasta vel tenta*, in Glossar. med. MS. Sim. Jan. Vide supra *Specillum* et *Tastum*.

* 2. **TASTA**, Locus dumis et vepribus consitus; nisi tamen legendum sit *Tasca*. Vide supra in hac voce num. 2. Charta Petri Card. ann. 1402. pro fundat. colleg. S. Cathar. Tolos. ex Cod. reg. 4223. fol. 151. v° : *Ordinamus domum ipsam...... et quæcumque alia loca, fortalitia, domos, vineas, prata, hortos,...... terras cultas, et incultas, Tastas, oblias, etc.*

* **TASTARE**, Tentare, explorare, Ital. *Tastare*, nostris *Taster*. Charta Phil. VI. ann. 1328. in Reg. 65. Chartoph. reg. ch. 217 : *Ipsi homines et singuli habent talem modum utendi in nemoribus prædictis...... ipsas arbores cum ferramento quolibet operandi et Tastandi an suo usui sint utiles, et jam Tastatas et tailliatas pro suo usu, si usui suo inveniantur inutiles, dimittendi.*

¶ **TASTART**, Monetæ genus, apud Gallos. Instrumentum inter Acta SS. Maii tom. 1. pag. 64 : *Promittuntur pro pretio* XXIII. *scuta in Saluts, Tastarts et Besonds solvenda. Testones* hic significari vix dubium est : quod monetæ genus recentissimum est; unde Instrumentum, ex quo hæc descripta sunt, recens esse colligitur; quod tamen vetustissimum existimant Bollandistæ.

¶ **TASTUM**, Linamentum, collyrium, Ital. *Tasta*, Gall. *Charpie*, vel *Tente pour une playe*. Acta sanctæ Franciscæ Rom. tom. 2. Martii pag. 97* : *Adeo erat profundum vulnus, quod ultra octo uncias Tasti recipiebat in se*. Vide *Taxta*.

TATA, Nutritius, Pædagogus. Michael Ducas in Hist. Byzant. cap. 35 : Τί εἰσι ταῦτα λαλά; (ὡς εἴποι τις) κατὰ τὴν ἡμετέραν γλῶτταν, τατά, ἤτοι παιδάγωγε, etc. Thwroczius part. 1. Hist. Hungar. cap. 10 : *Cujus quidem Monasterii nomen pro eo Tata appellatur, quia cum beatus Rex Stephanus ipsius* (Deodati) *nomen ob reverentiam non exprimeret, sed eum Tata appellaret, abolitum est nomen Deodati, et Tata extitit vocatus : unde etiam ipsius Monasterium taliter est vocatum*. Bonfinius vernacula Italorum, Ritius Hungarorum lingua, *patrem* significare aiunt, [ut et *Tat* Armoricorum.] Utuntur Mart. lib. 1. Epigr. 101. et alii. Occurrit etiam in vet. Inscriptione.

Tata Palatii, Τάτας τῆς αὐλῆς, Officium Palatinum apud Byzantinos Imperatores : cujusmodi vero ejus fuerit munus, incertum, ut testatur Codinus de Offic. Hujus mentio est apud Pachymerem lib. 4. cap. 29. lib. 6. cap. 31. Τὰς τῆς αὐλῆς, dicitur Matthæo Monacho de Offic. Palatii CP. Anonymo vero ex Bibliotheca Mazarina, Τὰτ τῆς αὐλῆς, sed utrobique metri causa.

* Italis et Hispanis *Tato*, vox puerilis; unde fortasse nostris *Tatemon* et *Tatin*, vox contemtus, pusillus animus. Lit. remiss. ann. 1423. in Reg. 172. Chartoph. reg. ch. 309 : *Lequel Mahiet dist que ceulx de Cappi se moquoient de ceulx de Susaine, ... et qu'ils les avoient tenuz pour Tatemons, ou autre tel mot semblable*. Aliæ ann. 1387. in Reg. 132. ch. 52 : *Icellui Jehan print en sa main un baston, nommé picque de Flandres,..... et dist ainsi, comme par maniere d'esbatement, veci un baston pour ferir d'un cop deux Tatins*. Hinc ubi de muliere sermo est, *Tatinoire* dicebant. Lit. remiss. ann. 1460. in Reg. 189. ch. 492 : *Le suppliant dist à icellui Perceval, pourquoy il appelloit sa femme Tatinoire*.

* *Tatin* vero Ictum significare videtur, in Hist. Joan. IV. apud Lobinel. tom. 2. Hist. Brit. col. 735 :

Contre le roy rien ne pourrez,
Vous serez tretous détrenchez;
L'on vous donra maint grand Tatin;
Vous n'estes qu'un vuire à matin.

¶ **TATABOLUM**, pro *Catabolum*, Solutio, præstatio. *Juxta quod ordo Tataboli fuerit*, in Placito ann. 716. apud Mabillonium sæc. 3. Benedict. part. 2. pag. 622. Vide *Catabolum*.

1. **TAU**, et Taau, Crux, veteribus Gallis : hinc *Tau Gallicum* apud Virgilium in Priapeis, Quintilianum lib. 8. Inst. Orat et Ausonium Idyll. 5. Gregorius Turon. lib. 5. Hist. cap. 5 : *Tunc etiam in subita contemplatione parietes, et domorum, et Ecclesiarum, signari videbantur, unde a rusticis hæc scriptio Thau vocabatur*. Exstat in Tabulario Andegav. Charta Capituli Canonicorum S. Laudi, qua teneri se ii aiunt ad excipiendum Comitem Andegavensem, uxorem, et liberos, quoties ad dictam Ecclesiam venerint, *cum textu, turibulo, et aqua benedicta, tradendo dicto Comiti similiter in dicta receptione Thau eboreum, quod Fulco Rex Hierusalem Comes dictæ Ecclesiæ dedit, quod habuit a Soldano Babyloniæ, quando Christus in Regem Hierusalem ipsum Fulconem sublimavit. Ego vero Guido de Athenis cum toto Capitulo Ecclesiæ et Clericis pluries Comitem Andegavensem ita recepi, et ideo dictus Fulco Rex dictum Thau Ecclesiæ nostræ dedit, ut nos ita Comitem reciperemus*. Huc pertinet, ut opinor, subscriptio in Charta Edgari Regis Angliæ, apud Seldenum ad Eadmerum pag. 159 : *Ego Eadgifu prædicti Regis Ava hoc opus egregium crucis Taumate consolidavi*. Et alia in Charta Ethelredi Regis ann. 988. in Monastico Anglic. tom. 3. pag. 121 : *Ego Oswaldus Eboracensis Ecclesiæ Archiepiscopus Crucis Taumate annotavi*. Vide Rosweidum ad Epistolam 2. Paulini Nolani.

* 2. **TAU**, Vestimenti genus, f. *Scapulare*, ut suspicantur docti Editores ad Vit. S. Joan. Laud. episc. tom. 3. Sept. pag. 166. col. 2 : *Adhuc namque supersunt, qui meminerunt, eum cum ad agrarias visendum cellas exisset, absque monachico ad eremum colobio remeasse, oblitumque cælestis Tau tegmen obvolvere corpori*.

* **TAUALCHUS**, pro *Taulachus*. Vide infra in hac voce sub *Taulachia*.

* **TAVARNICUS**. Vide mox in *Tavernica*.

¶ **TAUBARDUM**, Tunica. Vide *Tabardum*.

* **TAUCA**, Idem videtur quod Hispanis *Toca*, Capitis velum, plagula. Testam. reginæ Malaldæ ann. 1256. tom. 1. Probat. Hist. geneal. domus reg. Portugal. pag. 33 : *Item mando domnæ Orracæ Sancii sorori meæ...... quatuor Taucas..... Item domnæ Adaræ Petri..... quatuor Taucas serici.... Item sorori meæ Constantiæ mando...... quatuor Taucas serici et tres cabos de auro*.

TAUDREGIL, Taudragil, Athaudregil. Lex Bajwar. tit. 3. cap. 12 : *Si quis aliquem plugaverit, ut exinde claudus fiat, sic ut pes ejus ros tangat, quod Taudregil vocant, etc.* Edit. Heroldi *Athaudregil* habet. Lex vero Alamannorum tit. 65. § 13. *Taudragil*. [** Graff. Thes. Ling. Franc. tom. 5. col. 501. Grimm. Antiq. Jur. Germ. pag. 94. et 630.]

TAVEGA, [Cippi species,] in Usaticis Barcinonensibus. Locum vide in *Escassa*.

¶ **TAVELLA**, Tavellonus, Species lateris ad sternendum accommoda; quod maculis sit interstincta sic forte appellatur : certe notis varium et maculosum *Tavelé* dicimus. Statuta Riperiæ fol. 29. v° : *Teneantur fornasarii facere et fieri facere cuppos, quadrellos, pohinas, matonos, Tavellonos et Tavellas longas sive magnas et parvas, et alia quæcumque in fornacem coquenda ad infrascriptam mensuram, etc.* Statuta Placentiæ fol. 67. v° : *Vendant fornasarii... cuppos, quadrellos et Tavellas secundum modum consuetum*. Et fol. 82. v° : *Quadrelli, cuppi et Tavellæ.... sint... bene cocti et bene sasonati et ad mensuram et stampum, ut hactenus consueverunt esse*.

¶ Tavellare, Lapidibus sternere, munire, Gall. *Paver*. Statuta Mutinæ f. 2. v°. rubr. 14 : *Ita quod si aliquis murus vel fundamentum in porticibus supersit, illud debeat radicitus destrui per eosdem, et de dictis lapidibus tota porticus cum strata debeat Tavellari*. Et fol. 7. recto rubr. 38 : *Intra portas usque ad domos, quæ sunt juxta prædictas portas, inglarare... et ibi Tavellare et Tavellari facere et dictum Tavellatum manutenere*. Pluries occurrit ibid. fol. 3. v°. rubr. 20.

* Quid vero significet vox *Tavelle* apud Arvernos, discimus ex Lit. remiss. ann. 1416. in Reg. 169. Chartoph. reg. ch. 353 : *Une Tavelle de claye, ainsi nommée au païs* (d'Auvergne) *que l'en dit un baston long de demi brassée*. Nostris *Tavelé* dictum est id, quod notis varium est et maculosum, vulgo *Tacheté*. Joinvil. edit. reg. pag. 63 : *Le cuir de nos jambes devenoient Tavelés de noir et de terre*. Le Roman *de Tristan* ibid. in Glossar. : *La royne estoit vestue d'un bliaut Tavelé de vert, de jaune et gris et de vermeil*.

* **TAVELLI**, *Subterranei*, in vet. Glossar. ex Cod. reg. 7613.

¶ **TAVERE**, pro *Tabere*. Gloss. Lat. Græc. : *Tavo*, σήπω. Aliæ Græc. Lat. : Σήπω, *Tavo, putro, putrefacio*; at in MS. Sangerman. legitur, *Tabeo, putreo*. Vide *Tavus*.

¶ **TAVERNA**, pro *Taberna*, Gall. *Taverne*. Occurrit sæpe. Vide in *Taberna*.

TAVERNICA, Tavernicalia, Thavernica, Hungaris, judicia dicuntur de liberarum civitatum controversiis, quæ remitti solent ad personalem Præfectum, qui *Magister Tavernicorum Regalium* dicitur in Charta ann. 1308. apud Odoricum Raynaldum n. 24. et in Decretis Ludov. Regis Hungariæ ann. 1351. et Sigismundi Regis ann. 1435. apud Thomam Archid. in Hist. Salonitana cap. 39. et in Hist. Cortusiorum lib. 11. cap. 12. ubi perperam editum *Chavernicorum*. Idem etiam

Tavernicus appellatur a Rogerio de Destruct. Hungariæ per Tartaros cap. 10 : *Qui autem potentiores erant, sicut Tavernicus, qui et Camerarius dicitur, etc.*

Domus Tavernicalis. Thwroczius sub finem Historiæ : *Domus Tavernicalis et mensa Regis hujus, tantis ornatibus et clenodiis, tantis apparatibus, tantisque aureis et argenteis nitet vasis et poculis, ut nullus Regum Hungariæ in his rebus tam gloriosus fuisse credatur*.

* Varie apud Scriptores medii ævi scripta legitur hæc vox. Charta ann. 1308. apud Pez. tom. 6. Anecd. part. 3. pag. 4. col. 1 : *Magnifico principi, famoso domino, domino Heinrico magistro Tavarnicorum serenissimi regis Ungariæ, illustri duci Sclavoniæ, etc.* Alia Andr. reg. Hungar. ann. 1233. apud Cenc. inter Cens. eccl. Rom. : *Quare post tractus multiplices et diversos per Nicolaum Tavarnicorum, Mauricium dapiferorum..... magistros, etc.* Ibidem in alia Charta : *Magister Targarnicorum*. Rursum in altera : *Magister Tawarnicorum*. [** *Magister Thawarnicorum*, in chart. ann. 1220. apud Schœnem. Cod. Dipl. tom. 1. pag. 169.]

* **TAVILLÆ**, arum, *Tavelles*, in Glossar. Lat. Gall. ann. 1352. ex Cod. reg. 4120. Tæniolæ.

TAVILUS Operis, qui alias *Operarius*

itur. Vide tom. 9. Spicilegii Acheriani 141.

TAULA, Latitudo. Reparationes factæ in Senescallia Carcassonæ ann. 1435. ex MS. Cl. V. *Lancelot : Item pro quinque stepis et quinque cabestris de coral, quilibet ad longitudine duarum cannarum, unius de Taula et trium quartonum de espes, emptis precio* VI. *l.* II. *s.* VI. *d. turon.*

* TAULACHIA, Clypei species, nostris olim *Taloche*, idem quod supra *Talaucha* et *Talochia*. Charta ann. 1345. inter Probat. tom. 4. Hist. Occit. col. 201 : *Ramundus Arquerii, athilator Tolosæ dom. nostri Franciæ regis, recognosco habuisse..... pro l. lanceis, c. telis, xiij. Taulachiis, etc.*

* TAULACHO, Eadem notione. Charta ann. 1328. in Reg. 65. Chartoph. reg. ch. 361 : *Cepit eidem quendam penardum et Taulacho, et reddidit eidem dictum penardum, dictum Taulacho habet adhuc pro expensis.* Lit. remiss. ann. 1354. in Reg. 82. ch. 225 : *Hospitium ipsius bajuli debellavit et debellare fecit cum lanceis, Taulachonibus et aliis armorum generibus.*

* TAULACHUS, Pari significatu. Lit. remiss. ann. 1340. in Reg. 74. Chartoph. reg. ch. 169 : *Quem quidem Johetum vulneraverunt, et quemdam Taulachum, quem deferebat, perforarunt cum quodam telo.* Hinc emendanda Charta ann. 1342. in Reg. 75. ch. 512. ubi *Taualchus*, pro *Taulachus*, legitur : *Dicto Geraldo Bonan armato lansea, Taualcho, ense et aliis armaturis, etc. Taulachus* rursum in alia ann. 1343. ex eod. Reg. ch. 605.

* TAULAGIUM, Idem quod supra *Tabulagium*; a *Taula*, Occitanis, pro *Tabula*, Præstatio pro *Taula* seu jure habendi mensam in foris et nundinis, in qua prostent res venales. Charta ann. 1318. in Reg. 61. Chartoph. reg. ch. 356 : *Item valent Taulagium et focagium decem octo libras Turon. annui redditus... Item focagium et operatoria valent annuatim sexaginta solidos Turon.* Leudæ min. Carcass. MSS : *Item de homine extraneo, pro Taulagio, j. obol.* Adde Chartam voce *Taulagium* in *Telon* laudatam, ubi minus recte idem esse quod *Teloneum* dictum est. Vide mox *Taulaticum*.

* TAULAGIUS, Idem quod supra *Taulachus* in *Taulachia*. Lit. ann. 1334. in Reg. 69. Chartoph. reg. ch. 236 : *Alquerius de Deodata..... armatus perpuncta, lancea, gonjone, bassineto, camberiis et, Taulagio magno, etc.*

* TAULATICUM, Idem quod paulo ante *Taulagium*. Pactum inter abb. S. Tiberii et consul. Biter. ann. 1243. ex Tabul. ejusd. monast. : *Obolus, qui vocatur Taulaticum, et hunc obolum ad denarium reduxit abbas.*

* TAULERIUM, Officina, idem quod supra *Tabularium* 1. Lit. remiss. ann. 1380. in Reg. 118. Chartoph. reg. ch. 413 : *Cum exponens ipse quamdam barram fusti vellet apponere in quodam Taulerio sive stallo fusti, quod erat fixum ante quemdam parietem, etc.*

¶ TAULERIUS, Escalis orbiculus, ni fallor, Gall. *Tailloir, tranchoir*, alias *Talleor*. Inventarium ann. 1379. e Schedis Cl. V. *Lancelot : Item* XXII. *scutelle stagni.... item tres parve cornute; item tres Taulerii modici valoris.* Vide *Talierium*.

* TAULETUM, diminut. a *Taula*, Mensa, in qua prostant res venales. Stat. ann. 1352. inter Probat. tom. 2. Hist. Nem. pag. 150. col. 2 : *Item quod ortolariæ vendentes herbas in plathea Nemausi vel circa, supra earum Tauletum vendant earum herbas, et non in carreria.* Glossar. Provinc. Lat. ex Cod. reg. 7657 : *Taula, Prov. escaria, cillaba, ferculum, gisca, assidella, tabula. Taulissas, Eschaffaux*, inter voces Occitanicas ab Anonymo scriptas circa med. sæc. XIV. inter Probat. tom. 3. Hist. Occit.

¶ 1. TAULLIA, Tessera lignea. Vide *Talea* 1.

¶ 2. TAULLIA, Impositio, exactio. Vide *Tallia* 8.

* TAULONUS, Pes mensæ. Glossar. Provinc. Lat. ex Cod. reg. 7657 : *Toulons, Prov. Tripos, quia tabulam subtus regat.* Inventar. ann. 1361. ex Tabul. D. Venciæ : *Item quatuor Taulonos, etc.*

¶ TAUMA, Johanni de Janua, *Admiratio vel miraculum ; Taumantia, Arcus cœlestis, ab admiratione et stupore admirantium dictus, vel Taumantias, quia fuit filia Taumantis.* Scribendum esset *Thauma*, a Græco θαῦμα : quod idem significat. Vide *Tau* et *Thauma*.

¶ TAVOLACIUS, Scutum ligneum ex tabula, idemque brevius, Latinis priscis *Parma*. Academici Cruscani : *Tavolaccio, spezie di targa di legno.* Vide *Targa*. Statuta Patav. lib. 3 : *In qua fuerint decem homines armati Tavolaciis vel scutis, lanciis vel lancionibus.* Boccac. Nov. 43 : *Poste giù lor lancie e lor Tavolacci.* Hinc *Tavolaccini* dicuntur Apparitores et ministri magistratuum lanceis et brevioribus scutis armati. Bened. Varch. Stor. lib. 11 : *V'erano non solo, oltre i ramarri delle compagnie, i Tavollacini e i mazzieri della Signoria, ma i famigli de Signori Otto.* Vide *Talavacius*.

* Nostris *Tavel*. Lit. remiss. ann. 1445. in Reg. 184. Chartoph. reg. ch. 78 : *Icellui Anthoine de Segular ayant en sa main ung haiz, vulgaument appellé Tavel, etc.*

¶ TAVOLERIUM, Pavimentum, vel tabulatum, ni fallor. Statuta Cadubrii lib. 3. cap. 25 : *Meretrices autem, ruffiani et baraterii, seu ribaldi, soliti, se in terrula super Tavolerium spoliare, possint impune percuti et verberari, dummodo ex percussione non smacetur membrum vel debilitetur; et intelligantur baraterii seu ribaldi, qui tribus vicibus, vel abinde supra, super Tavolerium in terrula se spoliaverunt, etc.* Vide *Tavella*.

¶ TAUPIA, Talparius cumulus, Gall. *Taupiniere*. Statuta Arelat. MSS. art. 87 : *Roueria levatarum et Taupie et receptacula cyrogrillorum... destruantur.*

* Nostris *Estauppineur*, Talparum captator vel qui talparios cumulos adæquat, vulgo *Taupier*. Lit. remiss. ann. 1404. in Reg. 159. Chartoph. reg. ch. 130 : *Branchart nous veult bien tenir pour Estauppineurs de prez.* Haud scio an huc spectet vox *Taupainé* ex Chartul. Corb. sign. *Daniel* ad ann. 1429. fol. 126. r° : *Seront tenuz... de cranner autour de ledite maison, avecq les Taupainez dudit mollin rendre en bon et souffisant estat.*

TAUREA, Ταυρέα, Species tubæ, quæ mugitum tauri quodammodo edebat, qua exercituum motus significabantur : est enim ταυρεία, Suidæ, φωνὴ τοῦ ταύρου. Ita vocem usurpant Leo in Tacticis cap. 7. § 31. 68. et Mauritius 1. Strateg. cap. 19. Meursius perperam, ni fallor, tympanum ex pelle taurina interpretatur. Statius lib. 2. Thebaid. :

. . . . . Tunc plurima buxus
Æraque Taurinos sonitu vincentia pulsus.

TAUREÆ, Ταυρέαι, Athanasio in Epist. ad Solitar. pag. 850. βοεῖαι, Sozomeno lib. 6. cap. 19. lib. 8. cap. 24. Flagella ex boum seu taurorum coriis. Salvianus lib. 8. de Gubern. Dei : *Detestantibus ridentium sibilis, quasi taureis cædebantur.* [Sed et Juvenalis Satyra 6 :

. . . . Taurea punit
Continuo flexi crimen facinusque capilli.

Memorantur *Taureæ venatorum*, a Tertulliano ad Martyres cap. ult. et a Valerio in Vita S. Pontii Mart. apud Baluzium tom. 2. Miscell. pag 137. metaphorice vero sumitur a Mamerto Claudiano in Epistola ad Sapaudum Rhetorem tom. 6. eorumd. Miscell. pag. 538 : *Quasdam resonantium sermunculorum Taureas rotant, et oratoriam fortitudinem plaudentibus concinnentiis eviranl.*]

¶ THAUREÆ, Eodem significatu. Fr. Arnonis Scutum Canonicorum apud R. Duellium tom. 1. Miscell. pag 8 : *A Judæis simul et Gentibus multoties scorpionibus et Thaureis plumbatis et flagris attrectatus sum.*

* TAURI LEGES. Vide supra in *Lex*.

TAUROBOLIARE, Magnæ Deum matri *Taurobolium*, seu boum sacrificium facere, de quo veteres passim Inscriptiones. Lampridius in Heliogabalo : *Matris etiam Deum sacra accepit, et Tauroboliatus est, ut typum eriperet.* De Taurobolio, vide Turnebum lib. 27. Advers. cap. 21. Lud. de la Cerda in Advers. Sacr. cap. 60. n. 4. Vossium lib. 2. de Idololatriæ ortu et progressu cap. 52. et 53. etc. Cæterum Julianus Parabata ab ejusmodi Taurorum sacrificiis dictus ab Gregorio Nazianzeno Stel. 1. σαυσίταυρος, de quo etiam Ammianus lib. 15.

* TAUROS, *Paulo cap. de Ruptura inguinis et in capitulo de Partibus testium, est Oscum, scilicet bursa testiculorum.* Glossar. medic. MS. Sim. Jan. ex Cod. reg. 6959.

1. TAURUS, *Qui gregem regit et nunquam vinctus fuit*, in Pacto Legis Salicæ tit. 3. § 8. ubi Lex Salica habet *junctus*. Idem Pactus § 9 : *Si quis Taurum furaverit, qui de tribus villis communes vaccas tenuerit, etc.* Vide *Trespellius*. Rursum in eodem Pacto Legis Salicæ § 10 : *Si quis Taurum Regis furaverit, etc.* Id est, taurum qui cum aliis tauris jungitur currui Regio, uti interpretatur Wendelinus. Reges autem nostros boves vel tauros curribus suis junxisse, docet in primis Eginhardus in Vita Caroli M. initio : *Quocumque eundum erat, carpento ibat, quod bubus junctis, et bubulco rustico more agente, trahebatur.*

¶ TAURUS ALBUS. Charta ann. 1533. apud *Madox* Formul. Angl. pag. 151 : *Robertus Wryght et Johannes Anable, executores et assignati sui, invenient seu inveniri facient unum album Taurum, omni anno eorum termini prædicti, tociens quociens contigerit aliquam mulierem generosam, vel aliquas alias mulieres, ex devocione sive voto per ipsas facto, venire ad feretrum gloriosi Regis et Martyris S. Edmundi, ad oblaciones dicti Tauri faciendas.* Taurum immolare solebant qui agebant triumphum. Vide supra *Tauroboliare.*

Tauri Ingrates. Thwroczius in Andrea Rege Hungariæ cap. 43 : *Misit Cæsari* 50. *corpora immensorum husonum, et duo millia lardorum, mille Tauros ingrates.* i. *incrassatos*, Gallis, *en graisse*, vel *engraissez*.

Tauri Liberi Libertas. Charta Walteri *de Gant* Comitis, apud Edw. Bisseum in Notis ad Uptonum pag. 86 : *Cum... libertate faldiæ, liberi Tauri, et liberi apri, et cum duobus molendinis, etc.* Ubi *liberum taurum*, bannalem interpretor, vel quomodo accipitur in Foris Bigorrensibus art. 11, 12 : *Melior villæ Miles verrem habeat, et Monasterium, per pacem securum, non vi inclusum. Sed si in damno fuerit inventus, solute abjiciatur.... Idem dicimus de Militum et Monasteriorum Tauro, et ascensore equarum equo.* [Instrumentum ann. 16. Edwardi I. Regis Angl. apud Th. *Blount* in Nomolexico : *Compertum per Jur. quod Will. de Losa fuit seisitus de libero Tauro habendo in Hamsted, etc. Ideo consideratum est, quod prædictus W. recuperet damna sua, quæ taxantur per Jur. ad* IV. *s. pro imparcatione ejusdem Tauri, etc.*]

2. **TAURUS**, Maritus. Leges Henrici I. Reg. Angl. cap. 77 : *Si pater sit liber, et mater ancilla, pro libero reddatur occisus :... videtur autem matris ejus cujuscunque Taurus alluserit.* Ubi alii Codd. habent, *matris est cujuscunque, etc.* [** Al. *vitulus autem matris est etc.* Vide ibi Thorpium.] [Lexicon MS. Cyrilli : Ἀταυρώτη, ἁγνή, ἀμικτος.

* **TAUSSAMENTUM**, Pensitatio, quæ a vassallis aut subditis domino pro protectione exsolvebatur, nostris *Taxement* et *Tensement*. Lib. pitent. monast. S. Germ. Prat. : *Triginta modia vini pro Taussamento et quindecim solidi Paris.* Charta ann. 1312. in Chartul. S. Mart. Pontisar. fol. 29 : *Item trente sis setiers et demi de vin chacuns an de Taxement sur les vignes ci dessouz nommées. Tensement*, in alia ejusd. ann. ibid. fol. 30. v°. Vide *Tensare* 1.

¶ 1. **TAUTA**, Mentum, maxilla. Processus de Vita S. Yvonis Presb. tom. 4. Maii pag. 575 : *Maxillam et Tautam multum habebat inflatas, et interdum comedere non poterat nec potare.* Ejusdem Vita prolixior pag. 607 : *Statim lapis unus qui erat in ipsa Tauta seu maxilla resiliit in ore.*

* 2. **TAUTA**, f. pro *Tauca*, Capitis velum. Vide supra in hac voce. Comput. ann. 1405. inter Probat. tom. 3. Hist. Nem. pag. 183. col. 2 : *Reclusa suos dies clausit extremos, pro quibus pro ejus exequiis fuerunt factæ expensæ sequentes. Primo pro Tauta, xij. solid. vj. denar.*

TAUTO. Glossæ Isonis Magistri in Prudentium : *Setas vocat cilios, quos nos etiam Tautones proprie vocamus.* Ita etiam in Cod. MS. Bibl. S. Germani Paris. [Glossæ Isidori : *Tautones, palpebræ.* Papias : *Tautones, pili palpebrarum, vel palpebræ.*]

¶ **TAVUS**, Σῆψις, in Glossis Lat. Gall. Aliæ Græc. Lat. : Σῆψις, *Tavus, marcor, mucor.* Est pro *Tabes*, nisi ita legendum est. Vide *Tavere*.

¶ **TAUXILLUM**, occurrit supra in *Fractillus*.

* **TAWARNICUS**. Vide supra in *Tavernica*.

1. **TAXA**, Exactio, impositio, certum pretium, seu certa pecuniæ quantitas, per vim exacta : nostris *Taxe*, Italis *Tassa, imposizione o composizione di danari da pagarsi*. Charta Richardi II. Regis Angl. tom. 1. Monast. Angl. pag. 538 : *Impositiones, contributiones, Taxæ, quotæ, tallagia, vel auxilia, etc.* Thomas Walsinghamus pag. 243 : *Eo quod totiens non tam aporiassent quam dispoliassent patriam diversis Taxis, quas Gabelas appellant, etc. Taxas levare*, pag. 248. [Bulla Sixti IV. PP. ann. 1427. in Continuatione Bullarii Rom. pag. 282. col. 2 : *Et quia propter assiduas guerras et novitates, quæ continue vigent in dicto regno, prætenditur Ecclesias, dum vacant, gravatas in Taxa etiam reformata in Concilio Constantiensi, quæ reducta est ad medietatem antiquæ Taxæ, quod gravatus in eadem Taxa Prælatus promovendus solvat communia, etc.* Adde Chronicon Angl. Th. *Otterbourne* pag. 153. Bullam sæcularizationis Monasterii Insulæ Barbaræ ann. 1549. tom. 1. Maceriarum ejusdem Cœnobii pag. 263. Glossaria Thomæ *Blount* in v. *Tax* et Lobinelli tom. 3. Hist. Paris. etc. Vide *Taxare*.]

¶ Taxatio, Eodem intellectu. Charta ann. 1363. ex Tabul. Sangerm. : *Cum dictum monasterium propter pressuram guerrarum, mortalitatum et aliorum onerum importabilium ac excessivam Taxationem, etc.* Vide *Tapsatio*.

¶ Taxa Gentium, Certus militum numerus, quo quis ad commune bellum pro sua parte fungi debet, Gall. *Contingent*. Legatio Sigismundi Rom. Regis ad Eugenium IV. PP. ann. 1432. apud Marten. tom. 8. Ampliss. Collect. col. 87 : *Tam litteris quam nunciis mandavit et disposuit, ut hi qui Taxam gentium sibi impositam in exercitu suo non habuerunt, eamdem mox ad fronterias Bohemiæ ad gentes tres menses ibidem moraturas contra hæreticos mitterent, etc.* Vide *Talia* 4.

* Taxa Equorum, Tributum, quod pro equis, quos quis habet, exigitur, vel servitium cum equis. Annal. Placent. ad ann. 1451. apud Murator. tom. 20. Script. Ital. col. 902 : *Omnes fere nobiles et cives cum familiis suis venerunt Placentiam timore decreti ducalis super hoc emanati, quod aliter cum rusticis describerentur, et onera salis, Taxæ equorum et carrigii, quæ profecto sunt maxima, cum illis supportarent.* Ibid. col. 908 : *Item, quod non solvant carrigio. Item, quod non solvant Taxas equorum, nisi per sex menses anni.*

¶ 2. **TAXA**, Pensum, injunctum opus, Gall. *Tache*, Angl. *Task*. Computus apud Kennettum ad ann. 1425. Antiq. Ambrosd. pag. 576 : *Et in Johanne Leseby trituranti ad Taxam* XLV. *quarteria frumenti, ut patet per tallium hoc anno capiendo pro quolibet quarterio* III. *den. ob.* IX. *sol.* IV. *den. ob. etc.*

* 3. **TAXA**, Pera, sacculus, marsupium, nostris alias *Tasse*. Lit. remiss. ann. 1382. in Reg. 120. Chartoph. reg. ch. 346 : *Duos francos de eadem pecunia ceperat et eos in sua Taxa seu bursa asserebat habere.* Vide supra *Tassia* 3.

TAXAGIUM. Charta ann. 1216 : *De garbagio et Taxagio sic diximus, quod illi, qui colunt terram, cum equis in territorio de Bernevalle, reddent sæpedicto Priori unam garbam de meliore blado, quod colligent in terris suis pro quolibet equo pro Taxagio et garbagio, præterquam de puro frumento. Et si cultor illius terræ non colligeret, nisi frumentum, de frumento redderet unam garbam de Taxagio et garbagio pro quolibet equo. Quod si terram excolat sine equo, reddet Priori unam garbam, sicut prædictum est.* Vide *Tassus* 1.

¶ **TAXALES**, Species ludi cum *taxillis*, fortassis idem qui Gallis *Trictrac*, Fritillus, ludus scrupulorum. Statuta S. Jacobi *Hospitalis* ann. 1388. apud Lobinellum tom. 3. Hist. Paris. pag. 339. col. 2 : *Inhibemus etiam ne aliquis de dicto loco ad Taxales seu girestum ludat.*

TAXAMENTUM, Pensitatio. Vide *Tensare*.

1. **TAXARE**, Taxatio. Papias : *Taxare dicitur æstimare ; tractum ab emptoribus, qui Taxatione pretii tandem suas voluntates colligunt. Taxat, ponderat, nominat, æstimat, tangit. Taxatio, æstimatio, deliberatio, nominatio.* Ugutio : *Taxare, numerare, firmare, licitari, imponere pretium rei, quæ venditur, æstimare, addere vel diminuere pretium rei quæ venditur.* Gloss. Lat. Gr. : *Taxatio*, ποσότης. *Taxamus*, ὁρίζομεν. [*Taxare, Taucer, prisier*, in Gloss. MSS. Lat. Gall. Sangerm.] *Pretio Taxare*, apud Siculum Flaccum. *Secundum bonitatem* agrum *Taxare*, apud eumdem. Charta Eadredi Regis Angl. tom. 1. Monast. Anglicani pag. 169 : *Pro damnis et expensis per eos sibi factis vel illatis, Taxandis per juramenta 4. vel 5. hominum fide dignorum, etc.* [Charta ann. 1302. ex Tabul. S. Victoris Massil. : *Quod illa quæ vendunt sine quibus sotulares fieri non possunt, Taxentur, cum alias Taxam servari non possent dicti sabaterii.*] Utuntur Plinius lib. 17. cap. 1. Lex 3. D. ad Exhibend. (10,4.) lex 9. Cod. de Excusat. muner. (10,48.) etc.

* Nostris *Taucer* et *Tausser*, eadem acceptione. Charta ann. 1288. inter Probat. Hist. Sabol. pag. 346 : *Desquelles choses la vallue.... jugeons et Taussons.... à la somme de trois cent quatre vingt livres de monnoie courante en Anjou... et à cette chose enquerre, faire, Tausser et jugier, etc.* Charta ann. 1454. in Chartul. Latiniac. fol. 78. v° : *Et icelles deux pieces de vin fait Taucer et jaulger par Guillaume Becquet jaulgeur juré de la ville de Paris.*

* Hinc fortassis *Estassement* appellatur Jus quoddam, quod in bonis burgensis defuncti aut ad extraneum venditis, habita illorum ratione, ad scabinos hujus loci pertinet, in Libert. villæ *de Commines* ann. 1364. tom. 4. Ordinat. reg. Franc. pag. 523. art. 7 : *Et s'il avenist que aucuns bourgois ou bourgoise vendist tiere en la franquise de le ville à un forain,... ledit eschevin pour ladicte ville en doivent avoir Estassement.* Et art. 8 : *Et se uns bourgois alast de vie à trespassement, et il eust hoirs non bourgois, ledit eschevin en aront Estassement.*

Taxatio, Pretium, æstimatio, [*Taxation, pris*, in Glossis Lat. Gall. Sangerm.

]Vita S. Machuti Episcopi cap. 14 : mox villam quamdam non parvi red- et Taxationis ad metatum et comma- ex integro delegavit. [Diploma ann. . apud Ludewig. tom. 5. Reliq. MSS. 516 : *Possessiones et prædia in regno Boemiæ debeant assignari ad existimationem et Tutationem.... Joannis Olumucensis Episcopi et... Busconis de Welhardis, etc.* Pro *Tutationem* legendum puto *Taxationem* ex subsequentibus ibidem : *Si fortasse super æstimationem et Taxationem premissorum concordare non possunt, etc.* Rursum occurrit in Aresto Parlamenti ann. 1394. apud Menesterium in Probat. Hist. Lugdun. pag. 82. col. 1. in Statutis Massil. lib. 2. cap. 39. § 2.]

1. TAXATOR, *Æstimator*, in Glossis MSS. [*Æstimatores et Taxatores bonorum talium duxit similiter eligendos*, in Diplomate ann. 1356. proxime laudato. Vide paulo post alia notione.] [** Savin. Histor. Jur. Rom. med. temp. tom. 3. cap. 21. § 76.]

¶ TAXIARCHUS, Eadem notione. Glossulæ Cluniac. apud Mabillon. tom. 2. Operum Posthum. pag. 23 : *Taxiarchi sunt qui præsunt rebus taxandis, id est æstimandis.* Vide Glossar. med. Græcit. col. 1530. voce Ταξιάρχης.

TAXARE, Nominare, appellare, dicere. Abbo in Præfat. lib. 1. de Bellis Parisiac : *Cæterum tam tuæ, quam reliquorum quidem lectorum almæ caritati non istud metrice complecti volumen quod vates Taxer, notum fore molior.* Ubi pro Glossa ad marginem habetur, *nominer.* Et initio lib. 1.... *Parisiusque novo Taxaris ab orbe.*

Item pro Scribere. Facundus Hermianensis lib. 4. cap. 1 : *Legens literas a vestra Reverentia missas, cognovi nomen Joannis in sacris diptychis scriptum. Interrogans autem inde venientes, cognovi non in ordine Laicorum, sed in Episcoporum Taxari.* S. Eulogius lib. 3. Memorial. SS. cap. 6 : *Et alibi Taxatum est*, i. scriptum, dictum est. Alcuinus de Divin. Offic. : *Deinceps vero a custodibus omni lumine decoretur Ecclesia, et sicut isto die Taxavimus, ita et Feria sexta atque Sabbato.* Carolus M. de Cultu Imaginum lib. 1. cap. 6 : *Antequam discutiendorum testimoniorum, quæ absurde Orientales in sua Synodo Taxaverunt, silvam ingrediamur, etc.* Id est, scripserunt. Eadem notione usurpat cap. 11. initio : *Sed et omnis illa Synodus, quæ et in pluribus somnianti ad sensum præbuit, quæ non solum dicenti resistit, sed etiam dicta in volumine Taxavit.* Ubi tamen Tilius editor *Taxare*, pro *Texere*, contexere, dictum putat. Flodoardus lib. 1. cap. 21 : *Transfertur ad villam ipsius Suprataxatam, nomine Sparnacum.* Ita lib. 3. cap. 11 : *Elegit... Supraxatos Episcopos*, i. supradictos, nominatos. [*Ut superius Taxavimus.* Glabro Rodulpho apud Duchesnium tom. 4. Hist. Franc. pag. 46.] Vide Regulam Magistri cap. 7. et Chartas Alamannicas Goldasti cap. 39. [** Gesta Abbat. Fontanell. cap. 18. Pertz. Script. tom. 2. pag. 288. lin. 3.]

¶ TAXARE SESE, Pacisci. Vita B. Caroli Boni Comitis Flandriæ n. 56. tom. 1. Martii pag. 191 : *Datis dextris et acceptis, fide et sacramento juramenti sese Taxabant, quatenus eadem intentione eisdemque armis et eodem consilio in obsidione cum ipsis jungerentur.*

TAXARI, Haberi, censeri, quomodo *Taxari inter vicarios*, dixit lex un. Cod. Theod. de Comitib. et archiatris. (6,16.)

TAXARE, *Taxam* imponere. Thomas Walsingh. pag. 244 : *Quapropter scirent procul dubio plebem nullatenus velle vel Taxari, vel Taxationibus acquiescere, etc.* [Constitutiones Jacobi Regis Siciliæ cap. 59 : *In Taxatione et solutione ipsius pecuniæ, non cum eisdem terris, sed semotim per se imponi et Taxari faciunt certam pecuniæ quantitatem, etc.* Vide supra *Taxa* 1.]

¶ TAXARE EMENDAM, Mulctam imponere, vel quæ solvenda sit decernere. Mandatum Philippi Pulchri Franc. Regis ann. 1302. apud Menesterium in Probat. Hist. Lugdun. pag. 84. col. 1 : *Inhibentes de cætero, ne Præpositi præposituras ad firmam tenentes Taxare vel judicare præsumant emendas.*

* *Tauxer l'amende*, in Lit. ann. 1371. tom. 5. Ordinat. reg. Franc. pag. 406. Hinc *Tax* dicitur ejusmodi impositio seu judicium, in Stat. ann. 1366. tom. 4. earumd. Ordinat. pag. 629. art. 1 : *Et lui faire amender selon la qualité du meffait, au Tax et constrentes de gardes de nostre monnoye.*

¶ 2. TAXATOR, qui *Taxam* imponit pro uniuscujusque facultate. Charta Humberti Dalphini pro franchesiis Villæ de Pineto ann. 1343. e Schedis Cl. V. *Lancelot : Incholæ... possint levare et exigere vintenum Taxandum et ordinandum inter se, prout eorum legalitati videbitur ordinandum, præstito prius juramento in manibus Castellani ipsius loci, vel ejus vices gerentis, per Taxatores et exactores ipsius vinteni, quod bene et legaliter prædicta facient et exercebunt.* Constitut. Eccl. Valent. inter Conc. Hisp. tom. 4. pag. 199 : *In eo casu subsidii sint quatuor Taxatores ex antiquioribus canonicis.* Et pag. 200 : *Collectores et Taxatores præfati subsidiorum teneantur ejusmodi officia per seipsos exercere.*

* Haud scio an eadem notione, in Stat. Univers. Tolos. ann. 1313. ex Cod. reg. 4222. fol. 35 r° : *Sciendum est quod creato rectore primo in principio studii, statim Taxatores creabuntur ab eadem Universitate, qui erunt annales.... Qui jurabunt in manu dicti rectoris se fideliter Taxaturos.* Vide *Taxator*, 1.

TAXATI, Milites stipendiarii, qui *taxam*, seu stipendium excipiunt, quomodo *Recevoir taxe* dicimus. Hist. Miscella lib. 20. pag. 616 : *Acie Arabes in Africam mota, hanc obtinuerunt, et ex proprio exercitu Taxatos in ea quosdam constituerunt.* Pag. 634 : *Electus ex proprio stolo velocibus scaphis misit Taxatos ex Themate Obsiciano, etc.* Adde pag. 637. 640. 763. etc. Vita S. Symeonis Mirabilis-montis : Ὄντων δὲ κατὰ τὸ συνῆθες ἐν τοῖς Γαβάλοις, ταξάτοι τῶν Ἀγαρηνῶν κατῆλθον εἰς τὴν παραθαλασσίαν. Theophanes pag. 410 : Ἦσαν γὰρ καὶ τῶν λοιπῶν θεμάτων ταξάτοι ἄρχοντες οὐκ ὀλίγοι. Adde eumdem in Theodosio, et alibi, et Constantinum in Basilio Macedone cap. 49. Vide Glossar. med. Græcit. voce Ταξάτοι, col. 1527. sqq.

TAXATIO, Præsidium, sedes *taxatorum.* Hist. Miscella : *Quod formidantes prælium et Taxationem tumultuarent.* Theophanes in Constantino : Καὶ ἐκ τοῦ οἰκείου στρατοῦ ταξατίωνα ἐν αὐτῇ κατέστησαν. Cedrenus in Leontio ann. 3 : Καὶ καταλιπὼν Ταξατίωνα ἴδιον, τῷ βασιλεῖ ταῦτα ἐδήλωσε. Ταξείδιον vero idemne sit quod ταξατίων, vide Meursii, et Fabroti ad Cedrenum Glossaria.

TAXATUM, Expeditio bellica, Græcis recentioribus ταξείδιον. Formula 15. ex Andegavensibus : *Unde mihi homo, nomen illi, interpellabat eo quod caballo suo furassit, aut in Taxato post me habuissit, etc.* Infra : *Nunquam furavit, nec consciens ad ipso furandam nunquam fuisset, nec post me in Taxata ipso caballo nunquam habui, etc.*

* 2. **TAXARE**, In struem ordinare, messem vel aristas aut fœnum aggerare, Gall. *Tasser.* Charta ann. 1262. in Reg. 30. Chartoph. reg. ch. 278 : *Pertinentiæ de Gaillon, des Noes et de Humesnil et de Douvrent sunt heæ,.... servicia carrucagii et Taxandi, etc.* Vide *Tassare* in *Tassus* 1.

¶ **TAXAROLUS.** *Gerardinus Miralpa Taxarolus*, memorantur in Litteris Frederici Ferrar. Episc. ann. 1295. in Bullario Carmelit. pag. 528. col. 2. An idem qui *Taxator*, Æstimator, aut qui imponit vel colligit *taxas?*

¶ **TAXATIO**, TAXATOR, etc. Vide in *Taxa* 1. et *Taxare.*

1. **TAXEA**, Gallis, Laridum, seu lardum. Ita Isidorus lib. 20. Orig. cap. 2. et Papias.

¶ 2. **TAXEA**, Scyphus, patera, crater, Gall. *Tasse.* Ordo Rom. apud Mabillon. tom. 2. Musæi Ital. pag. 506 : *Antiquior acolytorum, post ipsum Episcopum bajulat ampullas cum vino et aqua et duabus Taxeis.* Et infra : *Abluit parvam Taxeam.* Vide *Tassea* et infra *Maxia* 1.

1. **TAXELLUS**, pro *Tessellus*, Tessellatum opus. Anastasius Bibl. in versione Concilii Nicæni II : *Sanctas imagines proponendas tam de coloribus, et Taxellis, quam ex alia materia.*

¶ 2. **TAXELLUS.** Acta S. Raynerii, tom. 3. Junii pag. 450 : *Tunc illa aspiciens frizum, quod erat in Taxellis mantelli sui, recognovit suum esse mantellum.* Adnotant Bollandistæ *Taxellum* ab Academicis Cruscanis indicari partem panni a foris affixam, qui ornatus etiamnum sit in usu rusticorum; Belgis hodieque, sed viris dumtaxat, simile quid in usu esse ad collum a tergo pendens forma fere quadrata : quod et nomen *Taxilli* indicat. Vide supra *Tassellus.*

TAXEMA. Petrus Damianus lib. 6. Epist. 26 : *Quanti sal veneat, utrum annonæ modium, Taxema carius vendat.* Vide *Taxare.*

TAXEOTÆ, Apparitores Principum, Magistratuum, etc. Gloss. Gr. Lat. : Ταξεώτης, *apparitor, officialis.* Papias : *Taxeota, id est officiosus*, seu officialis. Ταξεωταί, apud Palladium in Histor. Lausiaca cap. 63. 67. Codinum in Origin. CP. Lambecianis pag. 20. 36. [Additio 3. Capitularium cap. 56 : *Si monachus laicus factus fuerit, honore et cingulo expolietur et res ejus monasterio adiciantur. Quod si monasticam vitam reliquerit, Præses provinciæ eum teneat, et Taxeotas vel curiæ suæ connumeret.* Desideratur vox *Taxeotas* lib. 5. Capitul. cap. 381. Vide Julianum Antecess. Nov. 123. cap. 63.]

* **TAXETA**, diminut. a *Taxea*, Scyphus, Ital. *Tazzetta*. Lit. ann. 1375. in Reg. 108. Chartoph. reg. ch. 68 : *Item quatuor Taxetas parvas, etc.*

¶ 1. **TAXIA**, Crater, patera, Gall. *Tasse*. Computus ann. 1333. et seqq. tom. 2. Hist. Dalphin. pag. 273 : *Habebant in pignore duas parascides, unam Taxiam et tria garnimenta robarum Senescalli*. Vide supra *Taxea* 2.

¶ 2. **TAXIA**, f. Violenta percussio, a vocula *Tax*, qua usus est Plautus pro percussionis sono. Chartularium Prioratus S. Florentini sub Odone Abb. S. German. Autissiod. sæc. XI : *Waldricus... dereliquit in eorum præsentia omnes torturas et consuetudines, quas per suam vim immiserat superius memoratæ potestati... hoc est, sannum, placitum, justitiam, districtum, incendium, homicidium, violentiam, quæ vulgo appellatur rapt, furtum, Taxiam, infractura, assaltus, et quidquid culparum dici aut æstimari potest.*

¶ **TAXIARCHA**, Gr. Ταξιάρχης et ταξίαρχος, Ductor ordinum, Centurio vel Decurio. Legitur in Hist. Miscella apud Murator. tom. 1. part. 1. pag. 117. col. 2.

¶ **TAXIARCHUS**, Æstimator. Vide *Taxa*.

* **TAXILLATOR**, Tesserarum ludo deditus. Lit. remiss. ann. 1355. in Reg. 84. Chartoph. reg. ch. 504 : *Petrus Betrouwe erat lusor sive Taxillator falsorum taxillorum*. Vide mox

TAXILLI, Lusoriæ tesseræ, *Des. Taxillorum lusores*, in Consuet. Siculis lib. 1. tit. 50. [Adde Statuta Genuens. lib. 5. rubr. 71. Vercellensia fol. 83. v°. Pallavicinia lib. 2. cap. 47. Montis-regalis pag. 178. etc. Chronicon Dominici de Gravina apud Murator. tom. 12. col. 567 : *Et multi quidem artifices de ossibus eorum* (hominum occisorum) *accipientes, aliqui Taxillos, aliqui manicas cultellorum fecerunt ad rei memoriam sempiternam.*]

* Qui ludus prohibetur, exceptis tribus diebus festi Nativitatis Domini, in Stat. Taurin. ann. 1360. cap. 303. ex Cod. reg. 4622. A : *De non ludendo ad Taxillos;... salvo quod in die Nativitatis Domini et duobus sequentibus, juxta consuetudinem, ludere possint sine pœna.*

¶ **TAXILLUS**, Calx, Gall. *Talon*. *Taxilli ita natibus tenaciter inhæserant, quod nunquam a nativitate gressum incessuum experiri quiret*, in Miraculis S. Benedicti, tom. 3. Martii pag. 311. Joh. de Janua : *Taxillus, dimin. de Talus, secundum utramque significationem Tali; unde Taxillus, parvus talus, i. postrema pars pedis, et Taxillus, parvus decius.*

* **TAXIS**, Indicium, nota. Stat. pro arte parator. pannor. Carcass. renovata ann. 1466. in Reg. 201. Chartoph. reg. ch. 121 : *Item quod quilibet pannus, qui conficietur in dicto burgo cum Taxite seu signo cotonis, antequam possit vendi,... examinabitur.*

TAXO. Charta Ludovici VII. ann. 1058. in Regesto Philippi Augusti Herouvalliano pag. 78 : *Cæterum Regii juris est, et si vacaverit sedes* (Laudunensis) *in vindemiis, vinum de Taxone, de talliis, et vinagium quod per pagum colligitur.*

* Idem mihi videtur quod supra *Taussamentum*.

☞ Unum idemque sonant *de taxone*, et *de talliis*, Gall. *de taxe* et *de taille*, ut conjectat *de Lauriere* tom. 1. Ordinat. Reg. Franc. pag. 14. ubi Chartam hanc edidit. Vide *Taxa* 1.

¶ **TAXONARIA**, Locus ubi crescunt taxi. Testamentum Bertichramni Episc. Cenoman. tom. 1. SS. Junii pag. 719 : *Cum terris, mancipiis, silvis, pratis et omni jure suo, et cum Taxonaria, quam vindicavi contra Leutherum.*

¶ **TAXONUS**, Melis, Gall. *Taisson*, Ital. *Tasso*. Statuta Vercell. lib. 3. fol. 75. v° : *Item quod becharii civitatis Vercellarum non debeant nec possint emere vel vendere aliquas salvaticinas in civitate... exceptis capriolis, apris silvestribus, stambechis, ursis et Taxonis*. Vide *Tassus* 2. et *Taxus*.

* Glossar. Provinc. Lat. ex Cod. reg. 7657 : *Taysson, Prov. Taxus, melota, melo*. Joan. de Cardalbaco serm. in Annunc. B. M : *Taxus, ne ventus cavernam suam valeat intrare et sibi nocere, claudit cavernæ suæ januam cum cauda*. Vide supra *Tassus* 2.

TAXTA, vel Tasta, Instrumentum vulnerum profunditati explorandæ inventum, Italis *Tasto*, nostris *Sonde*. Acta S. Herculani Episcopi et Mart. n. 28 : *Quantum plus ei* (mamillæ fistulatæ) *aliquis medicabatur, tanto plus pejorabat, et in tantum succreverat, quod costam pectoris jam Taxta tangebat*. [Vide *Tastum*.]

¶ 1. **TAXUS**, *Quoddam animal est*, Johanni de Janua; Gall. *Taisson*, Melis. Vide *Cilicium, Melota, Taxonus* et *Tesso*. [** Graff. Thesaur. Ling. Franc. tom. 5. col. 123. voce *Dahs*.]

* 2. **TAXUS**, Pretium, æstimatio, Gall. *Taux*. Diplom. Caroli IV. imper. ann. 1346. tom. 2. Hist. Trevir. Joan. Nic. ab *Hontheim* pag. 169. col. 2 : *Concedentes.... ut ipsi* (archiepiscopi) *cum eorum comitiva gaudeant et fruantur illo eodem Taxu seu æstimatione circa victualia comparanda, quo, ratione Romani regni vel imperii, nos utimur et gaudemus*. Vide *Taxatio* in *Taxare* 1.

¶ **TAYA**, Vox nautica, idem f. significans quod *Talla* 3. Vide ibi.

¶ **TAYCHIA**, ut *Tasca* 2. Vide in hac voce.

* **TAYETUM**, Idem quod *Tajamentum* et *Tajata*, Incisio, fossa, canalis. Stat. Mantuæ lib. 1. cap. 97. ex Cod. reg. 4620 : *Statuimus quod nemo audeat, sive sit nauta, sive cujusvis alterius conditionis,.... post tertium sonum campanæ... ire per Tayetum, nec ibi cum aliqua nec in aliqua navi seu burchiello arrivare.*

* Nostratibus *Tayon*, pro *Grand-pere*, Avus, et *Taye*, pro *Grand'mere*, Avia. *Tayon ou grant-pere*, in Lit. remiss. ann. 1389. ex Reg. 137. Chartoph. reg. ch. 20. Aliæ ann. 1393. in Reg. 145. ch. 204 : *Aux supplians escheurent et advindrent par le trespas d'un leur Tayon, d'une leur Taye, et de certains leurs oncles, freres et seurs, plusieurs biens et héritages, etc.*

¶ **TAYLLIATILIS**, Gall. *Taillable*. Vide *Tallia* 8.

¶ **TAYOLA**, Species tigni. Statuta Cadubrii lib. 2. cap. CXXVIII. *de mensuris Tayolarum : Statuimus, quod aliquis de Cadubrio non faciat, nec sit ausus fieri facere aliquas Tayolas alicujus ligni per Plavim conducendas ultra mensuram decem pedum.* Pluries occurrit in iisdem Statutis fol. 51. et 52. Correctiones eorumd. Statut. pag. 51 : *Qui Tayolas, morellos, sive mezenas extra districtum Cadubrii trahere... voluerit, teneatur et debeat duas partes ad minus ipsarum Tayolarum dimittere ad seccandum in serris*. Vide *Tallea*.

¶ **TAYS**, Piscatoribus Massiliensibus, Veneni genus necandis piscibus aptum. *Tayssare*, Veneno, *Tays* dicto, aliquid inficere. Vide supra *Lothosela* et *Taissare*.

¶ **TAYSIA**, Mensura 6. pedum. Vide *Teisia*.

¶ **TAZETUM**. Chronicon Bergom. ad ann. 1393 : *Iverunt homines partis Guelphæ in Castegnola, ubi moratur Theudaldus Petri de Pesentibus et certi ejus parentes, et ibidem combusserunt omnes domos, seu Tazetum ipsius Theutaldi*. F. *Casatum*. Vide *Casata* 1.

TEAM, Teames. Vide in *Theam*.

¶ **TEBANUM**. Vide *Tabanum*.

* **TEBELLUS**. Vocabul. Lat. Germ. Twingeri, *Bellzes zagel, Tebellus*. Vide *Tebennum*.

TEBENNUM, Vestis Senatoria; Τήβεννον, Eunapio in Juliano. Hesychius : Τήβεννος, εἶδος περιβολαίου παρὰ Ῥωμαίοις. Τήβεννα in Gloss. vett. *Toga*, τήβεννα, et Themistio orat. 14. pag. 318. [Gloss. Lat. Gr. : *Togato*, τηβεννηφόρῳ. Gloss. Gr. Lat. Τήβεννος, *Toga, trabea*. Julianus Antecessor Constit. 96. de Officio Proconsulis : *Indicatur autem et Tebennum, id est aliquod genus vestimenti, in festis diebus.*

* **TEBESE**, *Prov. Tepor, caliditas*, in Glossar. Provinc. Lat. ex Cod. reg. 7657. [** Vide Raynouard. Glossar. Roman. tom. 5. pag. 311. radice *Tebe*.]

1. **TECHA**. Simeon Dunelmensis ann. 1144 : *Cerneres alios eculeis distendi, alios per verenda sursum trahi, alios Techis parvissimis lapidibus substratis includi, et pene quassari. Thecis* legendum putat Somnerus.

* 2. **TECHA**, Tegumen lineum, quod *Taye* appellamus, ni fallor. Stat. S. Vict. Paris. MSS. part. 1. cap. 18 : *Quibus autem ad lectum utimur, hæc sunt : culcitræ sine plumis, coopertoria duo hyeme ex lana alba, cervical, Techa et capitegia linea.*

¶ **TECIA**, pro *Taxa*, ni fallor, Impositio, exactio. Charta Ludovici Jun. Regis Fr. ann. 1160. apud D. *Brussel* tom. 1. de Usu feudorum pag. 536 : *Et insuper quictavimus dictam T. et ejus heredes ab omni consuetudine et Tecia et talia.*

TECLATUM, Teclatura. Vide *Theclatura*.

** **TECNA**, Artificium, dolus, fraus, a Gr. τέχνη, ut *techna*, apud Terentium. Richer. lib. 4. cap. 43 : *Et cum Tecnas superiores effunderet, etc.* Adde Paneg. Bereng. lib. 3. vers. 225. Vide *Tegna*.

TECTAMENTUM, καλυπτήριον. Gloss. Gr. Lat.

¶ **TECTERE**, Tegere. Glossæ Lat. Græc. : *Tecto*, ἐπικαλύπτω. Glossæ Gr. Lat. : Ἐπικαλύπτω, *Cooperio, Tecto*. Ἐπικαλύπτει, *Tegit*.

* **TECTIGLACA**, Vox dubie lecta, qua significari videntur Assulæ, quibus tecta compinguntur. Arest. ann. 1346. 28. Mart.

3. arestor. parlam. Paris. : *Cum scabini habitantes banni archiepiscopi Remensis ...ut.... se esse in possessione... sedendi, ...iscendi... super quadam tabula;... quæ quidem sedes seu tabula erat ad platum, ...à plat, dictusque archiepiscopus per ...gentes suas fecerat destrui seu demoliri, et refici postmodum Tectiglacis vel apparentis* (f. appenticiis) *taliter, quod.... non poterant uti saisinis suis, etc.* Vide *Theclatura.*

¶ **TECTONATUS**, Coopertus. Vide *Tectora.*

¶ **TECTONUS**, Faber lignarius, a Græco τέκτων. Papias : *Faber, Tectonus... cum adjectione Faber lignarius, Faber ærarius.*

TECTOR, in Glossis, κονιάτης, ut *Tectorium*, κόνισμα. Est autem *Tector*, qui *Tectorium* inducit, *dealbator. Albarius Tector*, apud Tertullianum de Idololatria. Vide Cujacium lib. 10. Observat. cap. 9. et ad leg. 1. Cod. de Excusat. artific. tit. 66. lib. 10. et JC.

TECTORA, pro *Tectum*, Ædes, enuntiatione Longobardica. Charta Longobardica in Bullario Casinensi tom. 2. pag. 9 : *In primis casam ipsam domocultilem meam, et omnes Tectoras infra ipsam terminationem meam, sclandonicias vel pallearicias, cum stabulo meo seu molino ad ipsam curtem pertinentem, etc.* Infra : *Cum casas et omnes Tectoras, etc.*

TECTORATUS, *Tecto coopertus*, in Glossis antiquis MSS. *Tectoriatus*, apud Papiam : *Tectonatus*, in Gl. Reg. Cod. 1018.

¶ **TECTORIUM**, f. Lodix, stragulum, Gall. *Couverture*. Constructio Castri Saphet apud Baluz. tom. 6. Miscell. pag. 363 : *Mansit autem ibi dictus Episcopus, donec castrum firmatum fuit.... et cum repatriavit, dedit dicto castro tanquam filio Symon prælecto omnes equitaturas suas et Tectoria et superlectilia.* Vide *Tectum* 2.

1. **TECTUM**. *Super Tectum pro sanitate febris filium ponere*, Superstitio damnata in veteri Pœnitent. MS. et apud Cumeanum Abbat. de mensura pœnitentiarum cap. 7. Huc forte spectant hæc ex Papia, et ex Glossis Isidori : *Tegellaria, maleficia, eo quod supra tegulas sacrificent.* [Emendatius Jo. de Janua : *Tegellaria a Tegella, quæ et Tegularia dicitur, scilicet Venefica supra tegulas sacrificans.*] [** Glossa ad Atton. Polypt. pag. 57 : *Veneficia quæ super tegulas sacrificabantur.* Virgil. in Cir. vers. 368 : *Patula testa.*]

TECTUM ET FOCUM *hospiti negare*, vetitum in Lege Burgund. tit. 38. § 1. et 9. Ita *Tectum præstare*, leg. 1. § 19. D. de Ventre in possess. mitt. *Agro Tectoque suscipere*, leg. 5. Cod. Th. de Desertor. (7, 18.) Germanorum et Celtarum hospitalitatem commendant passim Scriptores apud Cluverium lib. 1. German. antiq. cap. 19. et Lindenbrogium.

¶ 2. **TECTUM**, f. Tegumentum, vestis qua quis tegitur, vel Stragulum, Gall. *Couverture*. Vide *Tectorium*, et mox *Tectura*. Leges Luitprandi Regis Langobard. lib. 6. art. 38. apud Murator. tom. 1. part. 2. pag. 69 : *Dare debet medium de omnibus rebus mobilibus, excepto Tecto, quas in ipsa casa habuerit ipse homicida.* In Codice Cathed. Mutin. legitur, *excepto Tectores.*

¶ **TECTURA**, Tectorium, tegumentum quodvis, tectum, lodix, stragulum, Gall. *couverture*. Palladius de Re Rust. 1. 15 : *Parietum Tectura fortis et nitida.* Ebrardus Bethuniensis in Græcismo :

> Velum cortina, velum Tectura vocatur.

Præceptum Caroli C. ann. 862. apud Marten. tom. 1. Collect. Ampl. col. 163 : *Tecturam vero monasterii et omnem emendationem, undecumque tempore avi et genitoris nostri consueverunt facere, exinde peragant.* Lambertus Ardensis apud Ludewig. tom. 8. pag. 468 : *Ita ut plumbea Tectura trabibus et transtris superposita pinnaculis ædificii sederet.* Regula reformat. Mellicensis in Chronico ejusdem Monasterii pag. 360. col. 2 : *Item quilibet monachus pro tegumentis lecti habebit stropodium, matratium, unam Tecturam duplam de panno laneo, subtus albam citerius gryseam, etc.* Vide *Tectorium.*

¶ 1. **TECTUS**, Tutus, securus. Guillelmus *Forestier* in Elogio Abbatum Montis S. Catharinæ prope Rotomagum sub ann. 1304. tom. 5. Annal. Bened. pag. 631. col. 2 :

> Abbas cœnobio Rogerus septimus isto
> Extitit, hoc scripta testificantur ita.
> Tectum temporibus in pace satis fuit ejus.

Nempe Cœnobium. Forte legi debet *Tutum.*

¶ 2. **TECTUS**, pro *Tectum*. Hariulfus lib. 2. Chronici Centul. cap. 7 : *Claustrum vero monachorum triangulum factum est, videlicet a S. Richario usque ad S. Mariam Tectus unus : a S. Maria usque ad S. Benedictum Tectus unus; itemque a S. Benedicto usque ad S. Richariam Tectus unus.*

TECUARIUM, TECURIUM. Vide *Tegorium.*

1. **TEDA**. Tabularium Prioratus de Domina in Delphinatu fol. 108 : *Debet.... per vindemias 2. circulos plicatos ad tinam, et* 5. *trainas, et* 1. *fassum de Teda, etc.*

TEDAS FORIBUS APPENDERE. Synodus Coloniensis ann. 1300. cap. 20 : *Quia vero nonnulli, ut intelleximus, Tedas et litteras annexas ante portas et januas aliquorum religiosorum, et grangias eorum suspendere non formidant, in quibus incendia, homicidia et alia damna et maleficia se illaturos eis, ante quorum dictas litteras et Tedas suspendunt, inferre publice comminantur, nisi intra certum terminum eisdem malefactoribus aliqua pecuniæ summa pro ipsorum arbitrio persolvatur, etc.*

* 2. **TEDA**, *Pinus*, in Gloss. ad Alex. Iatrosoph. MS. lib. 1. Passion. cap. 133 : *Dolente autem dente, galla Asiana cum aceto cocta in ore tenta juvat. Similiter quoque et Teda in aceto cocta.*

TEDIALIS Possessro, Quæ datur contra minores, mente captos, furiosos, etc. in in Statutis Mediolanens. parte 1. cap. 14. 15. [Adde Statuta Massil. lib. 1. cap. 29. § 1. Vercell. fol. 53. Montis-regalis pag. 81.]

** **TEDIFERA**. Vide *Tremaculum.*

TEDINGPENY. Vide in *Tethinga.*

* **TEFESTILIS**, an Tectus? Placit. ann. 853. apud Murator. tom. 3. Antiq. Ital. med. ævi col. 167 : *Dum... resedissent in judicio in sala illa Tefestile cum ipsis et nos Rachimbaldo schabinus Florentinensis urbem, etc.* Vide *Tegorium.*

TEGA. Anastasius in Hormisda PP : *Gabata electrina pens. lib.* 2. *Tegas cerei aureas* 2. *pens. sing. libr.* 6. Ita quidam Codd. ubi alii habent *Thecas cyrei*. Forte *Tedas* legendum, ut fuerint cerei fictitii aurei.

* F. pro Theca, ut in Annal. Victor. MSS. ad ann. 1337 : *Fuit positum cadaver in campis, in loco ubi ponuntur malifici, inclusum in una Tega lignea inter duas bigas appensa, in timorem aliorum.*

¶ **TEGELLA**, *Parva tegula*, Joh. de Janua : *Tieulette*, in Glossario Lat. Gall. Sangerman. MS.

¶ **TEGELLARIA**, Venefica, etc. Vide *Tectum* 1.

¶ **TEGENARIUS**, Ψιαθοποιός, in Glossis Lat. Gr. Glossæ Gr. Lat. : Ψιαθοπλόκος, *Tegitarius*. Ψιαθοποιός, *Tegenarius*. Mallem *Tegetarius*, Qui *tegetes* seu mattas facit, ut habetur in Thesauro Fabri.

¶ **TEGES**, *Parva domus quæ et Tugusium, scilicet Casula, quam faciunt sibi custodes vinearum vel pastores ad tegmen sui; quasi Tegerium vel Tugurium. Hanc rustici Capanam vocant, quod unum tantum capiat.* Joh. de Janua. Hinc Glossæ Lat. Gall. Sangerm. : *Teges, Maisonnette.* Vita S. Hugonis Abb. tom. 3. Aprilis pag. 641 : *Ipse uno tantum comite monacho Tegetem ingreditur.* Pro *tecto* sumitur in Gestis Consulum Andegav. tom. 10. Spicil. Acher. pag. 460 : *Repente supervenit a plaga australi vehementissimus turbo, ipsam repellens seculam ac replens eam turbido aere diu multumque concutiens, deinde vero solutis laquearibus, universæ ejusdem Ecclesiæ trabes, simulque tota Teges per pignam templi ejusdem occidentalem in terram corruentes, eversum ierant.*

¶ **TEGESTAS**, Καλυπτήρια, in Glossis Lat. Græc. et Gr. Lat. Tegumentum.

¶ **TEGESTRATORIA**. Gl. Gr. Lat. Sangerm. MSS. Ψίαθος, *Teges, Tegestratoria.* Videtur legendum *Teges stratoria*, Quæ humi sternitur. [** *Tegestræ de caprinis pellis*, in Edict. Dioclet. de pret. rer. sub inscript. de *Tegestribus*.]

¶ **TEGETARIUS**. Vide *Tegenarius.*

TEGIA, *Fides, coopertura*. Papias MS. et editus. [* Ubi Muratorius recte emendat *Feni coopertura*; ab Italico *Tegia* vel *Teggia*, Locus nempe ubi fenum ac paleæ reconduntur, fenile. Quod adnotat Vir doctus ad Chartam ann. 869. tom. 1. Antiq. Ital. med. ævi col. 721 : *In omnibus suprascriptis rebus et Tegia palliaticia meliorentur et non pejorentur usque advenientibus continuo annis.*] [** Cod. reg. Papiæ num. 7609 : *Teia fides, coopertura.* Leg. f. *chorda*. Conf. Hor. Od. 17. lib. 1. vers. 18.]

¶ 1. **TEGILLA**, pro *Togilla*. Vide in *Toacula.*

¶ 2. **TEGILLA**, pro *Tigillum*, Canterius, Gallice *Chevron*. Chronicon Stederburg. apud Leibnitium tom. 1. Scriptor. Brunsvic. pag. 867 : *Ex ipsa occulta vi (fulguris) sub tecto plumbeo inter murum plumbum et monasterii Tegillæ ligneæ incensæ sunt, etc.*

* **TEGILLUS**, pro Tigillum. Tract. MS. de Re milit. et mach. bellic. cap. 30 : *Postea tinæ* (ponendæ sunt) *lapidibus plenæ in medio earum* (vegetum) *habentium perticas sive Tegillos.* Vide *Tegilla* 2.

¶ **TEGITARIUS**, Textor tegetum. Vide *Tegenarius.*

* **TEGLA**, ut *Tegillus*, in laudato jam Tract. cap. 165 : *Pontes barcharum compositi Teglis fractis, et postea superpontes ponantur gratices, super quos transire possunt pedites.*

¶ **TEGMINATIM**, Per tegmina librorum, in Actis SS. Aprilis tom. 1. pag. 104 : *Vita et miracula S. Francisci de Paula... quæ ne forte pereat, per hæc quatuor volumina S. Hieronymi dispersimus Tegminatim.*

¶ **TEGNA**, (pro *Techna*) *Dolus, fraus*, Iohanni de Janua; *Baraz, fraude, deception*, in Glossis Lat. Gall. Sangerman. MSS. Hinc *Tegnosus*, (pro *Technosus*) *Fraudulentus, deceptorius, dolosus. Tegnula* (pro *Technula*) *Parva tegna*, eidem de Janua. Occurrit vox *Tegna* in veteri Epistola apud Marten. tom. 1. Ampliss. Collect. col. 496. Vide *Tecna*.

Tegnio, *Malarum artium*, in Glossis antiquis MSS. ex Gr. τέχνη, ars, fraus. Vide *Thainus*.

TEGNON, ex Gr. Τέκνον, Filius. Passio SS. Perpetuæ et Felicitatis : *Et dixit mihi : Bene venisti, Tegnon.*

¶ **TEGNOSUS**, Tegnula. Vide *Tegna*.

TEGORIUM, Locus seclusus ac superne tectus, a *tegere*, voce deducta : nisi idem sit quod *Tugurium*. Glossæ Antiquæ MSS. : *Tegurium, casa a tegendo dicta.* Glossæ Isidori et Pithœanæ : *Gumma, Tegorium.* Ubi pro *gumma* forte legendum *calumma*, ex Gr. κάλυμμα. Adamnanus lib. 1. de Locis sanctis cap. 2 : *In medio spatio hujus interioris rotundæ domus, rotundum inest in una eademque petra excisum Tegorium, in quo possunt ter terni homines stantes orare.* Al. *Tegurium.* Infra : *Hujus Tegorioli introitus ad Orientem respicit, etc.* Occurrit ibi pluries et cap. 3. 4.

Tegurium, Tigurium. Anastasius Biblioth. in S. Symmacho PP : *Hic fecit Basilicam S. Andreæ Apostoli apud B. Petrum Apostolum, ubi fecit Tigurium ex argento, et confessionem pens. libr.* 120. Infra : *Ubi et super altare Tigurium argenteum fecit.* [*Tygurium*, ex Cod. MS. apud Murator. tom. 3. pag. 124.] In Sergio PP. pag. 62. et 245 : *Hic fecit ambonem et Tegurium in basilica SS. Cosmæ et Damiani.* Mox : *Hic Teguriam basilicæ S. Susannæ, quod ante ligneum fuerat, ex marmore fecit.* Ita quidam Codd. ubi editus habet *ciburium* et *ciborium*, quod unum idemque sonat : nam tegimen, et umbraculum *Ciborium* appellat Ordo Romanus, quod altare tegat. Vita Aldrici Episc. Cenoman. n. 17 : *Fecit Tegurium, quod et ciborium nominatur, super altare, etc.* ubi perperam edit. *Tugurium.* Gloss. Lat. Græc. : *Tegimentum*, στέγασμα, κάλυμμα, σκέπασμα. Atque hac notione eadem vox capienda in Capitul. 3. ann. 789. cap. 17 : *Ut super altaria Teguria fiant, vel laquearia.* Ubi quidam Codd. habent *Tecuaria* [vel *Tecuria*.] Vide Descriptionem nostram ædis Sophianæ, ubi de Ciborio, [et supra *Ciborium*. Meisterlinus in Hist. Rer. Noriberg. apud Ludewig. tom. 8. Reliq. MS. pag. 130 : *Mandataque dat omni consulatui, ut foro amplo, ubi erant domunculæ gazæ et Tiguriæ carnificum, pistorum, penaticorum, piscatorum, institorum et eorum, qui res suas sub hasta vendebant, omnino amoverentur.*]

* Ejusdem originis nostratibus vox *Soutecte*, pro *Toit*, tectum. Lit. remiss. ann. 1468. in Reg. 195. Chartoph. reg. ch. 192 : *Le suppliant mist la boeste de feurre toute alumée à la Soutecte de la maison, qui estoit de petite valeur, couverte de feurre, laquelle par ce moyen fut incontinent arse.* Hinc *Soustectier* et *Soustoiter*, Sub tecto habere, recipere, occultare. Charta Phil. VI. ann. 1348. in Reg. 78. ch. 11 : *Ottroions aux religieuses, abbesse et couvent du Montel lez Pons sainte Maixance.... que pour habergier et Soustectier leurs dites bestes et les pasteurs qui les gardent et garderont, elles puissent faire édifier, tenir et avoir perpétuelement en aucun lieu convenable de ladite forest de Halate une loge souffisant et convenable.* Lit. remiss. ann. 1365. in Reg. 98. ch. 285 : *Lequel Martin mist et Soustoita en sa maison plusieurs compaignons pour batre ou villener les dessuz diz.* Aliæ ann. 1400. in Reg. 155. ch. 48 : *Lequel Jehan avoit leurs diz fardeaux logiez, hebergiez et soustoitiez en sa maison.* Unde *Soubztoiteur*, Qui hospitio recipit, in aliis Lit. ann. 1426. ex Reg. 173. ch. 544 : *Recepteurs et Soubztoiteurs de nos ennemis, etc.*

¶ **TEGULARE**, *Tegulas facere, vel tegulis operire*, Johanni de Janua. Secunda notione legitur in Gemma.

1. **TEGULARIA**, *Malefica, dicta quod super tegulas sacrificet.* Glossæ Antiquæ MSS. et Papias. Vide *Tectum* 1.

* Glossar. Lat. Gall. ex Cod. reg. 7692. *Tegularia, Sorciere.*

¶ 2. **TEGULARIA**, Tegularium, Tegularum officina, Gall. *Tuilerie; Tieullerie*, in Glossis Lat. Gall. Sangerm. MSS. Occurrit vox *Tegularia* in Literis ann. 1263. apud Lobinellum tom. 3. Hist. Paris. pag. 207. in Charta Thossiacensi ann. 1461. in alia ann. 1447. e MS. Coislin. ubi Gallice redditur *Thuillerye*; in alia ann. 1048. apud Baluz. tom. 2. Hist. Arvern. pag. 596. Liber anniversariorum Monasterii Sangerm. fol. 20. v° : *Anniversarium Odelinæ de* XXX. *solidis Paris de redditibus Tegulariarum, quos percipimus super Tegulariis in Pascha et in festo S. Remigii.* Ab hisce *Tegulariis*, Palatium quod vulgo *les Tuileries* vocant, nomen habet. *Tegularia lapidea*, in Charta ann. 1202. apud Miræum tom. 1. pag. 731. Joh. de Janua : *Tegularium locus ubi fiunt, vel acervus vel multitudo tegularum.* Lex 180. Dig. de Verborum signif. : *Ofilius ait, tugurium a tecto, tanquam Tegularium, esse dictum, ut toga quod ea tegamur.*

* 3. **TEGULARIA**, Terra tegulis conficiendis apta. Charta ann. 1318. in Reg. 56. Chartoph. reg. ch. 322 : *Cum ipsi de novo reppererint prope monasterium suum quamdam Tegulariam seu terram ad faciendum tegulas, pro coopertura domorum suarum convenientem et bonam, eisdem dignemur concedere ut pro dicta terra in ipsa tegularia decoquenda,... libere percipere valeant et habere boscum in foresta prædicta.*

¶ **TEGULARIS** Petra, Tegula, apud Thom. *Madox* Formul. Anglic. pag. 139.

¶ **TEGULARIUS**, Johanni de Janua, *Qui tegulas facit; Tieuller*, in Glossis Lat. Gall. Sangerman. MSS. Glossæ Lat. Græc. : *Tegularius*, Κεραμοποιός, κεραμεύς. Adde Græc. Lat. Codex MS. reddituum Episcopatus Autisiod. circa ann. 1290 : *Item* XX. *mille tegularum, quæ debet Tegularius quolibet anno.* Occurrit apud Rymer. tom. 5. pag. 693. col. 2. D. *Secousse* tom. 3. Ordinat. Reg. Franc. pag. 78. etc.

¶ **TEGULATOR**, Idem qui *Tegularius*, apud Lindwodum Provinc. pag. 196. Rymer. tom. 2. pag. 664.

¶ **TEGULATUS**, Tegulis tectus. Charta ann. 3. Henrici VI. Angl. Reg. apud *Madox* Formul. Anglic. pag. 145 : *Omnes domos dicti manerii Tegulatas sustentabunt et manutenebunt cum tegulis.* Vide *Tarsicus*.

¶ **TEGULITIUS**, Factus e tegulis, in veteri Inscriptione apud Gruterum pag. 54.

¶ **TEGULUM**, pro *Tegula*, non semel in Reparationibus factis in Senescallia Carcassonæ ann. 1435. e MS. Cl. V. *Lancelot.* Vide *Sorda*.

¶ **TEGURIUM** Vide *Tegorium*.

TEGUS, Ἡμίτομον χείρου, in Gloss. Gr. Lat. Infra, Ἡμίχειρον, *Tegus.* [Glossæ Isidori : *Tegora, Tegus, coria vel posteriora jumentorum.* Quis non videt cum Grævio scribendum esse, *Tergora, Tergus, etc.*] [** Vide Varron. de L. L. lib. 4. cap. 22. ibique Gothofred.]

¶ **TEHINGUS**, Decanus. Vide *Tunginus*.

* **TEIA**, Idem videtur quod *Tela*. Stat. datiar. Riper. cap. 12. fol. 5. v° : *De quolibet pari armaturarum Teiæ pro faciendo saccos ab oliva et pro piscando, pro introitu denarii duo.*

TE IGITUR, Prima pars Canonis, qui in Missa legitur et dicitur post hymnum Angelicum. Auctor Micrologi cap. 23 : *Canon, juxta Romanam auctoritatem est iste : Te igitur clementissime Pater, etc.* [Et cap. 11 : *Angelicus hymnus, id est Sanctus, sanctus, sanctus... Hunc autem hymnum et ipse Sacerdos cum aliis necessario debet dicere, ne seipsum sua prece videatur privasse, qui et suas voces et aliorum angelicis laudibus admitti deprecatus est in Præfatione.*] Capitular. Caroli M. lib. 6. cap. 173 : *Te igitur non inchoent Sacerdotes, nisi post Angelicum hymnum finitum.* [Capitula Herardi Archiep. Turon. cap. 16 : *Et ut Secreta Presbyteri non inchoent antequam Sanctus finiatur, sed cum populo Sanctus cantent.* Quod in aliquot ecclesiis hodie vix obtinet.] Vide Steph. Durandum de Ritibus Eccles. lib. 2. cap. 33. num. 1. 2. [Amalarii Eclogas de officio Missæ,] et supra in *Jurare super Te igitur*.

TEIGNUS, Tein, etc. Vide in *Thainus*.

* **TEILULÆ**, *Arabice, Verrucæ, quæ etiam buruchæ.* Glossar. medic. MS. Simon. Jan. ex Cod. reg. 6959.

¶ **TEINTURARIUS**, Tinctor, infector, Gallice *Teinturier*, in Litteris Johannis Franc. Regis ann. 1359. apud D. *Secousse* tom. 3. Ordinat. Reg. Franc. pag. 369.

TEISIA, Thaisia, etc. Pertica seu mensura sex pedum apud nos vulgo *Toise*; de qua Consuetudo Burbon. art. 302. et Marchensis art. 215. Adde Aurelianensem art. 213. et veteres Consuetudines, editas a Thomasserio cap. 112. [Computus ann. 1202. apud D. *Brussel* tom. 2. de Feodorum usu ad calcem pag. CLIV. col. 1 : *De* IIII^{xx}. *Teisis muri levandis* XXVIII. *l. De* XX. *Teisiis de apenticio* XXVIII. *l.*] Tabularium Fossatense : *Abbas convenit cum granchiario de una domo ibidem facienda, quæ habebit* 8. *Taisias longitudinis, et* 3. *pignacula* mlarium per totum, etc. Libertates villæ ...censis in Ducatu Burgundiæ ann. 1256. apud Perardum : *Pro qualibet Teysa cujuslibet domus dictæ villæ, nos et successores nostri habere debemus 4. denarios Viennenses censuales, solvendos annuatim in festo B. Michaëlis, ex illa parte videlicet in qua est ingressus principalis, et egressus.* Idem ferme habetur in Chartis libertatum villæ Baugiaci ann. 1250. et Jasseronis ann. 1283. apud Guichenonum in Hist. Sebusiana pag. 63. 106. ex quibus constat, non nuperam esse præstationem, quam nostri vocant *le Toisé des maisons.* Vide *Tensa.* [Charta Ludovici Regis Franc. ann. 1228. apud Fantonum Hist. Avenion. tom. 1. pag. 140 : *Donec.... de muris Tolosanis dirutum sit usque ad quingentas Taysias rapinales.* Statuta Montis-regalis pag. 275 : *Quilibet textor et textrix debeant habere Teisam ordinatam orditoriam, ad quam texitur pannus, ita magnam sicuti est illa consueta, duodecim palmorum.* Le Roman *d'Athis* MS :

Lui a le bon fer tranchant mis,
Et la lance une Tesée
Lui a parmy le corps passée.]

☞ Non una est *Teisæ* longitudo variis in locis. Parisiensis est sex pedum, Lugdunensis vero est septem pedum cum dimidio, ut et Bellijocensis; quare emendandum est quod ait Cangius in *Peda* 2. ex Charta Humberti D. Bellijoci ann. 1233. *Teisa* qua utuntur fabri lignarii et silvarum mensores quinque pedum est cum dimidio, etc.

TEITHI. Menstrua mulierum, vox Wallica, in Legibus Hoëli Boni cap. 13. [*Teithi* Cambro-Britannis est Pretium, ex Johanne Davies et Boxhornio.]

¶ 1. **TELA**, pro *Telum*, Jaculum, spiculum. Ordo ad Ecclesiam dedicandam ex Missali MS. annorum 900. apud Marten. tom. 3. de Antiq. Eccl. Ritibus pag. 245 : *Adversus omnem Telam et jaculam inimici.* Hinc confirmatur Baluzii conjectura in Notis ad Capitularia tom. 2. col. 1015. ubi ait, videri nostros *telam* dixisse pro *telo*, eo quod in omnibus exemplaribus Legis Bajwar. ut et in Editione Basileensi *Telarum genus* legatur tit. 3. cap. 8. § 1. pro *Telorum genus*, ut edidere Tilius et Lindenbrogius.

¶ 2. **TELA**, Panni seu telæ latitudo, Gall. *Lé*, alias *Toille.* Invent. ann. 1476. ex Tabul. Flamar. : *Unum lectum... cum duobus linteaminibus duarum Telarum.* Infra : *Unum linteamen novum fili stoparum duarum Telarum. Deux paires de draps de trois toilles*, in Testam. Isabellæ *Davaugour* comit. Thoarcii ann. 1400. ex Bibl. reg.

¶ **TELÆ-PES**, ἰςόπους, in Gloss. Græc. Lat. Vide supra *Pedestellæ.*

¶ **TELARE**, *Longare, differre; sed non est usu : inde Protelare, distendere, prolongare, differre.* Ita Jo. de Janua. *Telare* legitur in Gemma; *Protelare* vero in locis suo indicatis. Vide *Telarium* 1.

¶ **TELARIS**, E tela confectus, Gall. *De* ... Stat. eccl. Tull. MSS. ann. 1497. fol. 41 r° : *Magna crux portetur a matriculario ... tero cum velo impendente, in rochetο ... strictis manicis, discalceato seu nudis*

1. **TELARIUM.** Ceremoniale Episc. lib. 1. cap. 2 : *Eaque* (pallia) *sectis quadratisque lignis munita, quæ Telaria vocant, ne rugosa aut sinuosa... conspiciantur.* Forte *Velaria.*

☞ Lignum esse videtur cui affiguntur telæ, vel pallia seu aulæa altaris, Gall. *Contretable. Telare* dicitur in Ceremoniali Monastico Congregat. S. Mauri pag. 591 : *Si fieri potest, Telari ligneo affigatur extente* (pallium altaris :) *sed illa cautio adhibeatur in Telaris asserculo superiore, ut ejus angulus inferior cui pallium adhæret, omnino recidatur.*

¶ 2. **TELARIUM**, *Instrumentum texendi*, Johanni de Janua : *Mestier, ou instrument à tixtre*, in Glossis Lat. Gall. Sangerman. MSS. Statuta Vercell. lib. 4. fol. 85. v° : *Item quod aliquis testor non debeat lixare telas, mantilia vel toalias cum gladio, garreria seu re aliqua super Telario, etc.* Eadem, ut videtur, notione Concilium Compostell. ann. 1031. cap. 5 : *Interdicimus ut nullus Christianus auguria et incantationes faciat, nec lunæ prosemina, nec animalia immunda, nec mulierculas ad Telaria suspendere.* Hinc emendandam existimo aliam Synodum Compostell. ann. 1056. cap. 5 : *Iterum interdicimus omnes Christianos auguria et incantiones et lunæ prosemina, nec ad animalia domanda, nec mulierculas ad telas alia suspendere, quia omnia cuncta idololatria est.* Ubi *Telaria* legendum videtur; tametsi *telas* non male legatur : *tela* quippe non tantum dicitur opus quod texitur, sed etiam instrumentum ipsum, ut apud Virgil. Georg. 1. 285. et Ovid. Met. 6. 576. Superstitionis genus hic subindicatur.

* Glossar. Provinc. Lat. ex Cod. reg. 7657 : *Telayron, Prov. collum, insubulus. Telier, Prov. Telarium. Teillier*, pro Textoris officina, in Lit. remiss. ann. 1418. ex Reg. 170. Chartoph. reg. ch. 233 : *Le suppliant ouvrant et faisant son mestier de tisserant en son Teillier ou ouvrouer, etc.*

¶ **TELARIUS**, Qui facit aut vendit telam; item et tela confectus : *Toillier ou de toile*, in Glossis Lat. Gall. Sangerman. MSS. *Gillebertus Telarius*, memoratur in vet. Charta apud Th. *Madox* Formul. Anglic. pag. 115. Nostri *Toiliere* vocant lintearium mercatricem.

* Nostris *Telier* et *Tellier*, cujus artificium *Telerie* appellatur, in Lit. remiss. ann. 1409. ex Reg. 163. Chartoph. reg. ch. 378 : *Raoul le pareur ouvrier du mestier de Telerie en telles, de la parroise de S. Germain de Talemende, en la vicomté de Vire, etc.* Aliæ ann. 1377. in Reg. 111. ch. 309 : *Icellui Denaing fust alez boire en une taverne de cervoise en ladite ville de Valenchiennes avec un Tellier de toiles, pour à lui marchander de toiles tistre. Colin du Certain Telier de toilles*, in aliis Lit. ann. 1372. ex Reg. 103. ch. 233. *Telerons*, in Chartul. Latiniac. fol. 240. v° : *Ly Telerons, die quo vendit, ob..... Ly ferons, ob.*

TELARIUS Cervus, Domesticus, mansuefactus. Vide *Extelarius.*

* **TELATA**, Suffisio vel cataracta oculi, Gall. *Taye*, ut interpretantur docti Editores ad Mirac. B. Ant. Ripol. tom. 6. Aug. pag. 538. col. 2 : *Jam erat* (oculus) *totus coopertus de tela, et magnam Telatam habebat super eo, nec de eo jam pluribus diebus non poterat videre.*

¶ **TELAX**, pro *Talax.* Vide in hac voce.

¶ **TELEONUM**, pro *Teloneum.* Vide *Telon.*

TELEOPORPHYRUS, Totus ex purpura, ex Gr. τελειοπόρφυρος. Charta donationis Ecclesiæ Cornutianæ factæ, edita a Suaresio : *Item mafortem e Teleoporphyro tramosericum opus maximum.*

¶ **TELERIA**, f. Officina ubi tela texitur. Constitutiones Cluniac. MSS : *Nullus monachus infra bannos exemptionis nostre comedat aut bibat, aut de die ac nocte jaceat... videlicet in grangia helemosinarii, vacheria, Teleria.*

¶ **TELES**, pro *Talis.* Charta ann. 1143. in Probat. novæ Hist. Occitanæ tom. 2. col. 500 : *Ipse Comes debet dare* LX. *millia solidorum Melgorum ipsi Rogerio, et pro ipsis debet mittere temtores, et debet habere Telem Sicardum, ut juret ipsi Rogerio castellum de Avinione et Castrum-novum, sicut olim factum fuit patri suo Bernardo Atoni Vicecomiti.*

***TELHA**, f. Imbrex, Gall. *Echinée.* Charta ann. 1316. in Reg. 66. Chartoph. reg. ch. 502 : *Quarta parte unius Telhæ porci sex denariis.* Vide infra *Tilia* 2.

* **TELHONUS**, ad *Tiliam* pertinens, funis ex cortice tiliacea, quam *Tille* vocant. Comput. ann. 1362. inter Probat. tom. 2. Hist. Nem. pag. 261. col. 1 : *Solvit Francisco Dohati peyrerio, qui fecit quoddam perforamen in primo archo portalis Prædicatorum, pro affixiendo ibidem quoddam croquum ferreum, causa ibidem inligandum funem canapis Telhonæ, pro juvamine del contrapes pontis levadis dicti portalis.* Comput. eccl. Paris. ann. circ. 1381. ex Bibl. S. Germ. Prat. : *Pro una ligatura de Teil pro stipa pressorii, quatuor solidos.* Usi fasciculus corticis tiliaceæ intelligi videtur.

* *Telleman*, Ludi genus apud nostrates. Lit. remiss. ann. 1481. in Reg. 206. Chartoph. reg. ch. 747 : *Après qu'ilz orent soupppé se mirent à jouer au Telleman.*

TELIA, Modus agri, aut vineæ. Tabularium Prioratus de Paredo in Ducatu Burgundiæ fol. 9 : *Dedit Deo et huic loco campum unum, quem appellant unam Teliam in villa Deprise al Moncel, etc.* Fol. 13 : *Quidam homo nomine Galannus dedit Deo et huic loco in villa Volauro unam Teliam mediam, quæ est subtus Capella S. Sulpitii.* Fol. 25 : *Item terræ portionem... quam dicunt Teliam. Item aliam Teliam in medias combas, semita per medium eunte.* Fol. 53 : *In eadem villa duas Telias de terra, quæ sitæ sunt juxta 2. vias etc.* Charta Prioratus Bellævallis in Comitatu Vaudanimontis ann. 1566 : *Item une Theille de prey au ban dudit Gelaucourt.* Passim ibi. [** Vide Recltitud. singul. person. ed. Leo pag. 57. et supra *Celga.*]

Tilia scribitur in Tabulario S. Cyrici Nivernensis ch. 17 : *In alio vero loco concedimus illis quinque Tilias de vinea.*

¶ **TELLENEUS.** Vide in *Telon.*

** **TELLEUS**, Terreus, terrester. Virgil. Grammat. pag. 97 : *Sapientia biformis est, aerea Telleaque, hoc est humilis et sublimis.* Occurrit alibi apud eundem.

TELLIGRAPHA dicuntur, quæ aliis *Documenta*, seu instrumenta chartarum, Anglis *Evidentiæ*, quod rem evidentem reddant. Ex Saxonico forte tellan, dicere, loqui, narrare. Concilium Clovesboviense ann. 800 : *Tandem Cenulfus Rex sera ductus pœnitentia, Telligrapha, id est libellos, quos a supradictis hominibus Vriheh et Osberto injuste perceperat, cum magna pecunia Ecclesiæ Christi in Dorobernia remisit.* Concilium Celichytense ann. 816. cap. 6 : *Tamen serventur libri primordiales cum aliis Telligrafis, ne in posterum aliquod scrupulum contradictionis immittere conentur.*

* Felicius, ut videtur, Auctores novi Tract. diplom. tom. 1. pag. 411. vocis originem accersunt a Lat. *Tellus* et Gr. γράφειν. Etquidem Th. *Madox* in Formul. Anglic. pag. 11. *Telligraphum*, idem sonat quod *Libellus de terra*, in quo terræ limites describuntur. [** *Telligraphus* apud eund. Madox pag. 174. num. 283. forte a τέλος, ὅρος, *Limes, finis*, ut est in Gloss. Gr. Lat.]

¶ **TELLO**, Telloneus. Vide *Telon.*

¶ **TELLUMO**, Deus telluris; apud S. Augustinum lib. 7. de Civitate Dei cap. 23.

¶ **TELLURUS**, Idem qui *Tellumo*, Martiano Capellæ lib. 1.

¶ **TELLUSTRIS**, Terreus, terrenus. Martianus Capella lib. 7 : *Nonnulli Tellustres silvicolæque divi.* Quidam legunt *Terruristres.*

* **TELO**, Locus ubi vectigal, quod *Teloneum* appellatur, exigitur, ipsummet tributum. Bulla Alex. III. PP. ann. 1177 : *Apud Pruvinum, domus et eleemosyna nobilis viri comitis Henrici, in Telones telarum prope burgensem vicum.* Charta Petri de Corbolio archiep. Senon. ann 1202 : *Super Telones telarum, quæ venduntur Pruvini in parvo allodio, etc.* Vide mox *Telon.*

TELOCIUM. S. Audoenus lib 2. Vitæ S. Eligii cap. 57 : *Tandem ingenio reperto aptaverunt ex fustibus quoddam Telocium, ea scilicet ratione, ut si ad præcedentem se mittere tentaret, posterior eum retrosum attraheret, etc.* Mox *Tolocium* scribitur. Sed videtur legendum *Telonion.* Ugutio : *Telon Græce dicitur longum, unde telo, onis. Telonem hortolani vocant lignum, quo hauriuntur aquæ, Hispani Ciconiam dicunt.* Ita etiam Papias. [Isid. lib. ult. Orig. cap. 15. habet : *Telonem hortulani vocant lignum longum, quo hauriunt aquas; et dictus Telon a longitudine; τηλὸ (τῆλε) enim Græce dicitur quicquid longum est.* Ubi Vossius lib. 3. de Vitiis serm. cap. 53. legit *Tolonem* et *Tolo* ex optimæ notæ Codice MS.] Vide supra *Ciconia* et *Tollenum.*

TELON, Teloneum, Toll, Tolnetum, etc. : *Tributum de mercibus marinis circa littus acceptum*, Ugutioni. Glossæ vett. : *Teloneum, quasi omnium littorum fiscalis conductio.* Ita emendandum [pro *Telonem quasi omnium littorum*,] apud Isid. in Gloss. ex Gr. τέλος, et τελώνιον. Hesychius : Τέλος, τὸ καταβαλλόμενον τοῖς τελώναις. Glossæ vett. : *Portorium*, τελωνεῖον. *Portitor*, τελώνης. Nicephorus Xanthopulus in Synaxario Dominicæ publicani : Τελώνης δέ ἐστιν ὁ τὰ τέλη ἀπὸ τῶν ἀρχόντων λαμβάνων, καὶ δι' ἄκραν ἀδικίαν ὠνούμενος, καὶ παρακερδαίνων ἐντεῦθεν. Teloneum, Telonium, vox passim obvia.

* Theloneum de Terra *vel de Plumis*, in Charta Phil. comit. Fland. ann. 1163. pro incolis Novi-oppidi, nunc Novi-portus, ex Chartul. 1. Fland. in Cam. Comput. Insul. ch. 325 : *Concessi etiam oppidanis meis de Novo oppido, quod quicumque ibi manserit ab omni Theloneo, nisi sit de terra vel de plumis, liber erit. Thounier*, inter Redit. comitat. Namurc. ann. 1289. ex Reg. ejusd. Cam. sign. *Le papier aux ayselles* fol. 73. r° : *Encor i a li cuens le Thounier de le merchenerie, ki vot par an vj. lib. et x. sols..... Encor i a li cuens le Thounier de le noueve scoherie.*

¶ Teloneatus. Concilium Sanctonense ann. 1095. apud Marten. tom. 4. Anecd. col. 123 : *Si mercatores transierint per istam terram, et non reddiderint pedagium et Teloneatum, etc.*

¶ Teleonum, in Bulla Frederici Imp. ann. 1157. in Instrum. Gall. Christ. novæ edit. tom. 4. col. 17.

¶ Tallonarium. Charta Lotharii Imp. tom. 5. SS. Junii pag. 485 : *Cum ritratibus, Tallonariis, quatisoniis, etc.* In Confirmatione ejusd. Chartæ legitur ibidem : *Cum... riparibus, portubus, ripis, Teloneis, quartisinis, etc.*

¶ Taulagium, Gall. *Tonlieu.* Literæ Philippi Pulchri Franc. Reg. ann. 1291. tom. 4. Ordinat. pag. 23 : *Quilibet mercator extraneus habens trossellum vel plures trossellos in dictis nundinis, pro introitu et exitu et Taulagio et pro leuda det quatuor denarios Tolosanos.* [* Vide hanc vocem suo loco.] Atque ita legendum esse omnino videtur pro

¶ Tanlagium, in Statutis Edwardi I. Regis Angliæ apud Rymer. tom. 2. pag. 262 : *Quilibet mercator extraneus, qui habeat trossellos multos et trocellum in dictis nundinis, dabit nobis pro intragio et exitu et Tanlagio et pro leuda 4. denarios.*

¶ Tellenrus, in Charta ann. 692. apud Felibianum Hist. San-Dionys. pag. xii.

¶ Teloneus, in Capitulari ann. 779. cap. 18. apud Miræum tom. 1. pag. 241. et alibi.

Theloneus cum aspiratione post T. Capitula ad Leg. Salicam cap. 1. § 18 : *Theloneus aut census non exigatur a quolibet, etc.* Speculum Saxonicum lib. 2. art. 27. § 1 : *Valvarum, pontium, sive aquarum Thelonium.* §. 2. *Theloneum forense*, quod ex foro exsolvitur.

¶ Theloneagium, in Charta ann. 1233. cujus locus exstat in *Timonagium* post *Temonaticum.* Passim etiam

Tholoneum, in Capitul. Caroli M. lib. 2. cap. 19. lib. 3. cap. 12. 54. lib. 4. cap. 31. [et alibi non semel.] Unde nostrum *Tonlieu.*

Tollonium, pro *Telonium*, in Monast. Anglic. tom. 2. pag. 190 : *Ut nec Tollonium, nec stallagium reddant.*

Telon. Simeon Dunelmensis ann. 884 : *Marinus Papa scholam Saxonum in Roma morantium.... ab omni tributo et Telone liberavit.* Vide eumd. ann. 1031.

Thelon. Papias : *Thelon, Græce et Latine vectigal interpretatur.* Florentius Wigorn. ann. 1041 : *Ut Scholam Anglorum ab omni tributo et Thelone liberaret impetravit.*

Tello, Telloneus, apud Chrodegangum in Regula Canonicorum Metensium. cap. 29.

¶ Telonarium. Diploma Caroli M. in Instrum. novæ Gall. Chr. tom. 2. col. 179 : *Ita ut nullus ecclesiasticus... gadium, nec Telonarium, nec aliquam justitiam per vim exsolveret.* Adde Chronicon Danduli apud Murator. tom. 2. col. 190.

¶ Theoloneum, in Chartulario S. Vincentii Cenomanensis fol. 19.

¶ Theolonia, fem. gener. in Literis Edwardi I. apud Rymer. tom. 2. pag. 293.

¶ Theolonium, apud eumd. Rymer. tom. 2. pag. 918. tom. 8. pag. 2. tom. 11. pag. 732. et in Actis SS. Aprilis tom. 2. pag. 705. col. 2.

¶ Theunuarium, Eadem notione, si tamen lectio sana est. Charta ann. 1242. e Tabulario S. Nicasii Rem. : *Quos xx. solidos dicte capelle annuatim in perpetuum in Theunuario fori contuli percipiendos.*

¶ Toleneum, in Charta Berengarii Regis ann. 950. apud Ughell. tom. 2. Ital. Sacræ col. 104. edit. 1717.

¶ Toloneum, in Chronico Farfensi apud Murator. tom. 2. part. 2. col. 441. *Tolomeum vini*, apud Rolandinum Patavinum lib. 7. cap. 2. tom. 8. ejusd. Murator. col. 272. ubi Codices Estens. et Ambros. habent *Toloneum.*

** Telonicum Transitus. Chart. Carol. IV. Imperat. ann. 1356. apud Haltaus. Glossar. German. col. 246. voce *Durchzoll* : *Sicut... habere et possidere noscuntur* (jus) *Thelonici transitus, quod vulgariter Durchczoll dicitur.*

Teloneum, Locus, in quo *telonearius* suas ex teloneis coactas pecunias asservat. Liber de Miraculis et transitu S. Nicolai Myrens. : *Erat autem ipse telonearius. Quadam autem die posuit ipsam iconam ante Teloneum suum, ubi erant omnia, quæcumque habebat, aurum et argentum, vel vestes, etc.* Occurrit ibi non semel. Papias : *Teloneum, dicitur ubi merces navium, et nautarum emolumenta redduntur : ibi enim vectigalis exactor sedet, pretium rebus impositurus, et voce a mercatoribus flagitans.* [* Eadem leguntur in Glossis Biblicis MSS. anonymi ex Bibliotheca regia.] [** Ex Isidori Originibus lib. 15. cap. 2. sect. 45.]

Telonarius, Telonearius, Portitor, τελώνης. W. Brito : *Telonearius dicitur, qui exigit tributum.* Glossarium Lat. Gall. : *Telonarius, Changeur, ou qui recoit truage.* [Aliud Sangerman. MS : *Telonarius, Changeur, vel qui exigit tributum.*] Lex 3. Cod. Theod. de Indulg. debit (11,28.): *Conductores diversorum portuum et vectigalium, publicani etiam ac Telonarii, etc.* Concilium Matiscon. I. cap. 13 : *Ne Judæi Christianis populis judices deputentur, aut Telonarii esse permittantur.* Adrevaldus lib. 1. de Mirac. S. Benedicti cap. 19 : *Ad urbem pervenit Aurelianum, ibique a Telonariis civitatis detenta*, (nave) *rector navis, vectigalis gratia, quæstioni subjicitur.* Matth. Paris ann. 1247 : *Fratres Minores et Prædicatores, quos, ut credimus, invitos jam suos fecit dominus Papa, non sine Ordinis eorum læsione et scandalo, Telonearios et bedellos.* Occurrit præterea in Lege Wisigoth. lib. 11. tit. 3. § 2. in Legibus Ladislai Regis Hungar. lib. 2. cap. 7. [in Epistola

PP. in *Temo* 2. laudata, in Charta Chlodovei tom. 1. Maceriar. Insulæ Barbaræ pag. 35. in Capitulari de Villis Caroli M. cap. 10. etc. Statuta pro vendentibus pisces marinos ann. 1320. art. 4. apud *de Lauriere* tom. 2. Ordinat. Reg. pag. 579 : *Li Tonloiers des halles de Paris ne peult, ne doibt rien louer hors des couvertures des halles au poisson.*] Magnum Tabularium Corbeiense : *Item tous les Tonlius des denrées c'on vent et acate à Corbie est siens, (à l'Abbé) car il est Tonloiers de ledite ville.* Ubi *Telonarius* dicitur is, ad quem *teloneum* ipsum pertinet. [*Toulaier* vero *Telonei* exactor, dicitur in Regesto laudato v. *Oiancia*, ut et *Toulé*, ipsum *Teloneum*.]

Thelonitarius, vel *Thelonarius*, *etc.* in Legibus Colomani Regis Hungariæ lib. 1. extremo : *Egressuri de Hungaria Thelonariis tam Regis, quam Comitis, qui exitus tenent, sigillum quærant pro Thelonitariis, quod Theolonitarius Regis ab una parte cum sigillo comprimat, ab altera parte Theolonarius figuram Comitis sui concludat.* In Glossis Græc. Lat. lego τελώνιον, *vectigal, telonatum, mancipatum.* Ita cod. MS. [Rursum memorantur *Thelonarii* in Literis Sigismundi Regis Rom. apud Marten. tom. 8. Ampl. Collect. col. 12. *Thelonearii*, in Privilegio Leduini Abb. S. Vedasti Atrebat. ann. 1036. e Chartulario V. ejusd. Monasterii pag. 243.]

* Tolonearius, *Thelonei* exactor. Pact. inter Odon. episc. Paris. et Joan. abb. S. Genov. ann. 1202. inter Instr. tom. 7. Gall. Christ. col. 227 : *Extra septa canonicorum tres servitores, scilicet tres escuerii abbatis, unus serviens capicerii, unus clauserius vinearum, unus Tolonearius.* Vita J. C. MS :

Chil Mahieus estoit Tonloiers.

¶ Theoloniator, in Charta ann. 1565. apud Steyer. in Commentariis pro Historia Alberti II. Ducis Austriæ col. 426.

Tolonearius, Dignitas Palatina apud Reges nostros, qui regni omnibus portitoribus præerat, et ab ipsis *Portoria* recipiebat. Hincmarus Remensis Opusc. 35 : *Non solum eorum querela, quorum causa usque ad alium tractatum diffinienda remansit; verum et quæ, ut dixi, in Domini Regis præsentia electorum judicum sententia diffinita fuerunt, sine Metropolitani conscientia, sine que Canonico et Episcopali judicio, per judices seculares Helmigarium scilicet Mercati Palatii Tolonearium, et Flotharium ac Ursionem villarum Regiarum Majores refriantur contra Canones, etc.* Cellotius in oncilio Dusiensi habet *Telonearium*. Vide Lupum Epist. 74.

¶ Toll, vel Toln, Tolonium, Anglis *Toloneum*, ab eodem fonte, quo *Teloneum*; nostris *Tonlieu*. Proprie vero Fletæ lib. 1. cap. 47. § 8. *est acquietantia telonii ubique in Regno.* Cowello, *regale privilegium, quo* fruitur, *immunis est a gabellis.* Willelm. Thorn : *Hoc est quod vos et homines vestri toto homagio et servitio vestro sitis quieti omnibus mercatis de Tolneto de rebus emptis et venditis.* Leges Edwardi Confess. 24. [** 22.] : *Thol, quod nos dicimus teloneum, est scilicet quod habeat libertatem vendendi et emendi in terra sua.* Atque hac notione usurpatur in Monastico Anglicano tom. 1. pag. 15. 16. 156. tom. 2. pag. 190. 191. 300. apud Bractonum pag. 424. [Thomam *Madox* Formul. Anglic. pag. 47. etc. Chartularium Beccense : *Toll, estre quitte de turnus : c'est costume de marché.*] [** Vide Graff. Thesaur. Ling. Franc. tom. 5. col. 659. voce *Zol.*]

¶ Tool, Toollum. Charta ann. 1165. apud Stephanotium tom. 5. Fragm. MSS : *Item prædictæ Rochæ dedit Willelmus Marchio quidquid juris habebat in Tool prænominato Abbati cum hospitali, eo tamen tenore, quod quidquid modo est ibi, vel aliquo tempore, per Marchionem vel per alios ibi injuria Toolli acquisitum fuerit, hospitalis esse debeat*, sive Parthenonis B. M. de Roia in Monte-ferrato.

Tholneum, Eadem notione tom. 1. Monast. Anglic. pag. 767. [Locus exstat in *Blodwita.*]

¶ Tolneum, apud *Madox* Form. Angl. pag. 116.

¶ Tonleium, in Charta Communiæ Compendii ann. 1186. apud Baluz. tom. 7. Miscell. pag. 315. in alia Lorriaci ann. 1187. apud Thomasser. in Biturig. pag. 394. alia ann. 1199. Ibid. pag. 416. alia ann. 1196. tom. 4. Ordinat. Reg. Franc. pag. 63. ubi *Touleyum* legitur; in alia ann. 1235. e Chartulario B. Magdal. Castridun. et alibi passim.

* Tonleum, in Libert. Mailliaci ann. 1229. tom. 5. Ordinat. reg. Franc. pag. 717. art. 26 : *Quicunque in foro Mailliaci sive in feria emerit aliquid vel vendiderit, et per oblivicionem Tonleum suum retinuerit, etc. Tonneur*, eadem acceptione, vel pro *Tonlei* exactor, in Pacto ann. 1314. inter Guill. de Domnopetra dom. S. Desid. et monach. de Spinosa valle, ex Reg. 59. Chartoph. reg. ch. 579 : *Sus nostre Tonneur de saint Disier xxxix. livres de Tournois petiz, monnoie coursable.*

¶ Tonlaium, in Charta ann. 1258. apud Thomasserium in Consuetudinib. Bituric. pag. 156.

¶ Tonlium, in Diplomate Ludovici Reg. Franc. ann. 1159. ex Archivo Floriacensi *Tonliu* vernacule in Tabulario Calensi pag. 171. *Tonnelieu*, in Litteris Caroli V. Reg. Franc. ann. 1370. tom. 5. Ordinat. pag. 333. *Tonlin* ejusdem soni gratia usurpat le Roman *de la Rose* MS :

Cil qui sires est de la foire,
Doit par tout prendre son Tonlin;
Et qui ne put à un moulin, etc.

¶ Tonlerium, in Litteris Philippi I. Franc. Reg. ann. 1106. tom. 4. Ordinat. pag. 342.

¶ Tonloneum, in Litteris Ludovici Jun. ann. 1138. apud D. *Brussel* tom. 1. de Feudorum usu pag. 507.

Tolnetum, Idem quod *Teloneum.* Lexicon Cambro-Britannicum : *Toll*, telonium exigere. Vox vero *Tolnetum* occurrit non semel in Chartis Anglicis tom. 1. Monastici Anglicani pag. 156. 321. 322. 324. tom. 2. pag. 55. 190. 191. 349. etc. in Fleta lib. 1. cap. 38. § 7. etc. [apud Rymerum tom. 12. pag. 704. tom. 15. pag. 661. etc.]

Toletum, Eadem, ni fallor, notione, pro *Tolnetum*, in Charta Ottonis III. Imperat. ann. 985. apud Maximilianum Henricum in Apologia pro Archiep. Colon. pag. 2 : *Tam in bonis quam Toletis.* Quæ verba pluries ibi occurrunt.

¶ Teonnium, Idem quod *Teloneum*, in Fragmento de Rebus Ludovici VII. Fr. Regis apud Duchesnium tom. 4. pag. 437. *Tomneu* et *Tonneu*, in Declaratione Gallica ann. 1383. apud D. *Brussel* tom. 2. de Feudor. usu pag. 757.

¶ Theloneagium, *portagium, rotagium, minagium*, in Bulla Innocentii II. Papæ, e Tabulario S. Nicasii Remensis.

¶ Thelonearium, Eadem significatione, in Charta ann. 1087. inter Instrum. Gall. Chr. novæ edit. tom. 5. col. 325.

¶ Tunleium. Charta ann. 1083. apud Lobinell. tom. 2. Hist. Britan. col. 173 : *Dedi etiam eis pedagium et Tunleium de omnibus, quæ vendiderint vel emerint homines illorum stationarii in mansura sua de Chameriaco.* Ibid. col. 174 : *Reddiderunt... dimidium pedagium et dimidium Tunleium de hominibus suis manentibus in mansura sua et in pago suo de Chameriaco.* Alium locum vide in *Tinnulus.*

¶ **TELONUM**, Idem forte quod *Teloneum.* Vide locum supra in *Burjuratus.*

TELUM pro eo omni, quod hominum saluti nocere potest. Capitularia Caroli M. lib. 7. cap. 262. [** 343.] : *Hi, qui ædes aliquus villasque expoliaverint, effregerint, expugnaverint, si quidem id turba cum telis coacta fecerint, capite puniantur. Telorum autem appellatione, omnia, ex quibus saluti hominum noceri possit accipiuntur.* Vide Legem Bajwar. tit. 3. cap. 8. § 1. Caius in leg. Calvitur, D. de Verbor. signific. (fr. 233. § 2.) : *Telum vulgo quidem appellatur, quod ab arcu mittitur; sed unum omne significatur quod manu mittitur.*

Telum, Dolor lateris, in Gloss. Saxon. Ælfrici, sticwerc, stic-adl. Papias [ex Isidoro lib. 4. Orig. cap. 6.] : *Telum, lateris dolor, a medicis dictum, quod dolore corpus transverberet veluti gladius.* Serenus Sammonicus de Medicina cap. 21 :

Est et vis morbi, quod telum commemoratur,
Cum subito dolor insanus fuerit incitus ictu.

Vide ibi Gabriel. Humelberg. et vocem *Ficta.*

¶ Telum Amicitiæ, Gallice *Trait d'amitié*, vel *d'ami*, Amice factum, si vera lectio est. Diploma Henrici Ducis Slesiæ ann. 1337. apud Ludewig. tom. 6. Reliq. MSS. pag. 8 : *Cum magnificus princeps dominus Joannes Boemiæ Rex ac Lucemburgensis Comes... civitatem suam Glogoviam... motus Telo sinceræ amicitiæ pro vitæ nostræ temporibus donaverit, etc.* Sed videtur legendum esse *zelo sinceræ amicitiæ.*

TELWORC, Opera, inquit Somnerus, ad certum numerum fructuariis imposita, dominorum terram scilicet seminandi, et similia, q. *tale works*, a *tale*, numerus, et *work*, opus. Will. Thorn. ann. 1364 : *Et debet quælibet swollinga arare 6. acras de Telworc, et 2. acras de swodleybon, et prædictas 6. acras seminare, etc.*

¶ **TEMELICI**, Temellini. Vide *Thymele.*

TEMERA, pro *Temeraria*, in Libro manuali Dodanæ cap. 1. Vide *Agonizatorium.*

* **TEMERARE** Donationem, Violare,

infringere. Chartul. Celsinian. ch. 883 : *Si quis Temerare hanc donationem præsumpserit, iram Dei omnipotentis incurrat.*

* Nostris *Temer*, ut et Provincialibus, a Lat. Timere, pro *Craindre*. Glossar. Provinc. Lat. ex Cod. reg. 7657 : *Temer, Prov. timere, formidare.* Lit. remiss. ann. 1456. in Reg. 187. Chartoph. reg. ch. 198 : *Jehan Bourdin dist aux autres bergiers : Me Temez vous point? qui estoit à entendre selon le langaige du pays* (Bourbonnois) *s'ilz le craignoient point.*

* **TEMERARITAS**, *Folie. Temeritas, idem.* Glossar. Lat. Gall. ex Cod. reg. 7692. Aliud ex Cod. 521 : *Temerarius, Afolé Gallice.*

* **TEMERATIVE**, Temere. Bulla Joan. VIII. PP. ex Tabul. S. Gauger. Camerac. : *Denique censemus ut nullus regum deinceps, abbatum vel aliorum utriusque ordinis vir potestative seu Temerative in præfato monasterio mansiones dare aut accipere præsumat.*

* **TEMERATUM**, Panis ampli frustum, Gall. *Chanteau.* Glossar. Lat. Gall. ex Cod. reg. 521 : *Temeratum, ti, Chantel de pain, Gallice.*

¶ **TEMERIDITAS**, pro *Temeritas*, vitiosa temporum scribendi et loquendi ratione, in Privilegio Agiradi Episc. Carnot. ann. 696. apud Felibianum Hist. San-Dionys. pag. XVII.

TEMETURA, *Ebrietas*, μέθη, in Glossis Græco-Latinis MSS. ubi editæ *Trementura* perperam habent, ex *temetum.*

** Temetolentus, Temulentus, apud Luidpr. lib. 1. cap. 41 : *Temetolenti post nonnulla inutilia tragodimata, id est cantiones, somno sese dedere, stertere.*

* **TEMITA.** Steph. de Infestura MS. de Bello inter Sixtum IV. PP. et reg. Ferdinand. ann. 1482 : *Bona Ecclesiæ fuerunt divisa inter prænominatos cardinales, de quibus hic non habetur memoria, et abstulerunt unam Temitam Sancti Spiritus, et dederunt eam.*

* **TEMNICULARE**, Dicitur de eo qui temulentus est. *Temniculas, nutrix*, in Comœd. sine nomine act. 3. sc. 2. ex Cod. reg. 8163. Vide *Temetura.*

¶ 1. **TEMO**, Italis, Navis gubernaculum, Gall. *Timon.* Annales Genuens. ann. 1195. apud Murator. tom. 6. col. 373 : *Descenderunt in barchis et Temones dimiserunt in mari.* Et ad ann. 1207. col. 395 : *Projectis antennis Temonibusque fractis vix evaserunt.* Rursum occurrit in Vita S. Raynerii, tom. 3. Junii pag. 465. Hinc

¶ Temonarii, *Qui attendunt ad temones, et dirigunt navem rectam, per quam vinm debent*, in Glossis Francisci Barberini in suum Poema inscriptum. *Documenti d'Amore* edit. Ubaldini.

¶ Themonaria, Gubernaculum, vel gubernaculi manubrium. Statuta Massil. lib. 4. cap. 15 : *Si forte contingeret, quod arbor navis.... vel themo, vel Themonaria, vel antennæ, vel aliud simile rumpetur, etc.*

¶ Thimonus, Simili notione. Eadem Statuta lib. 6. cap. 33 : *Dominus vel patronus ligni vel barchæ duorum Thimonorum vel caupoli, etc. Dominus vel patronus barchæ minoris duorum Thimonorum, etc.*

¶ Tymonus. *Barchia de pallela aut de Tymono bayonesto*; in Schedis D. *Le Fournier* ann. 1368.

2. **TEMO**, Temonarii, voces, quæ non semel occurrunt in Cod. Theodosiano. Sunt autem *Temonarii*, quibus *aurum tironum*, id est adæratio et pretium tironum solvebatur : qui pretium, pecuniamque vice tironum exigebant, quippe ad præbitionem tironum provinciales tenebantur. *Temonariorum* porro munus inter vilia munera vulgo reponitur, quod *Temonaria functio, Temonis onus, Necessitas, Injuria*, dicitur in eodem Codice, locis a Jacobo Gothofredo indicatis, ad leg. 7. de Tironibus (7,13.), qui de vocis etymo conjecturam suam profert. Passio S. Maximiliani : *Idem dixit : Fabius Victor Temonarius est constitutus cum Valeriano Quintiano Præposito Cæsareensi, cum bono Timone Maximiliano filio Victoris.* [Zosimus PP. in Epistola ad Episcopos provinciæ Byzacenæ ann. 418. ubi de Episcopo, quem hujuscemodi vectigalium redemtorem fuisse probabilissimum est : *Adde quod telonariorum sive Temonariorum etiam nomen inseritur, et judicium in Episcopum ab hac congregatione* (laicorum) *colligitur. Sedent publicani homines et auditur Episcopus, et talibus quid fas non est facientibus vobis auditur.* Forte leg. *et a talibus, quod fas non est, patientibus vobis auditur.* Ita editio Coustantii ; in aliis *Demonariorum* habetur pro *Temonariorum.*]

¶ **TEMOLUS**, Piscis genus, Italis *Temolo.* Petrus Azarius de Bello Canepiciano apud Murator. tom. 16. col. 427 : *Pisces habent excellentissimos, et in magna copia, et præcipue trutas, et Temolos in quantitate valde grossos.*

¶ **TEMONARII.** Vide in *Temo* 1. et 2.

TEMONATICUM. Vide *Themonaticum.*

1. **TEMPE**, Montium angustiæ, *Clusuræ*, uti docuimus ad Alexiadem pag. 328. Basilius de Exercitat. Grammat. Moschopulus lib. περὶ σχεδῶν : Τέμπος, τὸ τοῦ ὄρους κοίλωμα. Diploma Premilh Marchionis Moraviæ ann. 1235. apud Waddingum : *Cum omnibus appenditiis, pratis, pascuis, sylvis, agris, aquis, Tempe, et omnibus hujusmodi pertinentiis.* Ubi *Tempe* sumitur pro pascuis in montium convallibus. Vide *Alpes.*

* 2. **TEMPE**, Pubes. Formul. MSS. ex Cod. reg. 7657. fol. 40. v° : *Ex quibus ictibus dictus talis percussus, vulneratus extitit quatuor ictibus, uno videlicet super Tempe seu pinchilichium prope inguinem de stoco, etc.* Neque alia notione accipienda videtur vox Gallica *Temple*, in Lit. remiss. ann. 1395. ex Reg. 148. Chartoph. reg. ch. 319 : *Le suppliant prist un petit cousté et en ferl ledit Moricet sur la Temple du ventre un cop tant seulement, dont six jours après mort s'en ensuy. Templé* vero, dicitur de Morbo porcino, in Stat. ann. 1424. ex Reg. 173. ch. 118 : *Item on ne pourra en la ville d'Evreux vendre chars de porc Templé, ne oint ne porc qui soit nourri de pousson d'uilliers.*

* **TEMPELLUM**, diminut. a *Templum*, ædicula sacra. Georg. Cruger. tom. 2. Aug. pag. 523. col. 2 : *Circa Giczinium ultra magnam piscinam Tempellum desolatum verterunt in ovile hæretici.*'

¶ **TEMPERACULUM**, Temperamentum. *Potus copiam ad sitis Temperacula ministrari*, in Actis sancti Procopii, tom. 2. Julii pag. 141.

¶ Temperacula Ferri, apud Apul. in Floridis, Gallis nostris *Trempes*, quibus nempe mixturis ferrum induratur. Vide *Temperare* 1.

¶ **TEMPERAMENTUM**, Temperatio, Gall. *Mélange.* Andr. Floriac. in Vita MS S. Gauzlini Bituric. Archiepisc. lib. 1 : *Indeque cæmentum imperat confici, unde paries totius templi cum Temperamento concrevit.*

* **TEMPERAMENTUM** Mensurarum, Illarum adæquatio. Charta Guill. episc. Cenoman. ex Tabul. Major. Monast. : *Ita quod ipsi nec vicarii eorum aliquid habe-rent,...... nec sanguinem, nec raptum mulieris, nec Temperamentum mensurarum, nec aliud aliquid juris.*

¶ **TEMPERANTES**, Qui cælibem vitam affectabant, Græcis Ἐγκρατευόμενοι, ut adnotat Gothofredus ad legem 20. tit. 2. lib. 16. Codicis Theod. Iidem sunt qui supra *Continentes.*

TEMPERANTIÆ Libellus, Idem, qui *Libellus pœnitentiæ*, de quo in voce *Libellus.* Epistola Synodica concilii Tricassini ann. 867 : *Convocavit ad se quosdam Episcopos, et eorum usus consilio, ut et ipse opprobrium vel periculum imminens de impetitis vel impetendis declinaret, et Sacerdotalis dignitas insultationem secularium devitaret, libellum Temperantiæ, juxta decreta Leonis PP. sicut tunc cautius invenire potuerunt, dictavit... ac propria manu subscripsit.*

1. **TEMPERARE**, Diluere, Gallice *Tremper.* Lex Longob. lib. 1. tit. 3. § 4. [** Roth. 139.] : *Si quis liber homo aut mulier venenum Temperaverit et alii ad bibendum dare voluerit, etc. Potionem veneficam Temperare*, in Synodica Epist. Concilii Dusiacensis II. Concil. Copriniacense cap. 33. de Clericis : *Bene sibi vinum Temperent, nec ad bibendum quempiam excitent.* Synodus Nemaus. ann. 1284 : *Vinum sibi Temperent, et bene ac modeste se habeant.* Regula Trinitariorum cap. 3 : *Vinum sumendum a fratribus taliter Temperetur, ut sobrie sumi valeat.* Glossæ Lat. Gr. : [*Temporatum*,] εὔκρατον, συγκεκρασμένον. [Rursus : *Temperatum*, κρᾶμα, κεκραμένον, εὔκρατον. Adde Glossas Græc. Lat.] Vide *Distemperare*, et *Temperaculum.*

* Alias *Temprer*, pro Macerare. Bestiar. MS. ubi de Magnete :

Mais chil qui dépechier la veulent,
O maus de fer brisier la seulent,
Quant en sanc de bouc est Temprée,
En itel guisse est esgrunée.

* Hinc, ut videtur, *Trempoir*, qua voce intelligo Disculum, in quo condimenta reponuntur ad intingendos cibos, Gall. *Tremper.* Froissart. in vol. 4. cap. 2 : *Il y avoit quatre pots d'or, six Trempoirs d'or et six plats d'or.*

2. **TEMPERARE**, Scalpere. *Temperat*, γλύφει κάλαμον, in Gloss. Lat. Gr. [et Græc. Lat.]

3. **TEMPERARE**, Mature ire, [rem sapienter disponere.] In Statutis Leprosariæ S. Juliani in Anglia, in Additam. ad Matth. Paris pag. 168. habetur caput, *de Horis Temperandis.* Mox sequitur : *Mane campana pulsata ad horas Canonicas audiendas omnes surgant, etc.* Mox : *Illud mane sic Temperatur, ut nulli sit onerosum ; sed ad aisia-*

omnium infirmorum, ut nullus possit se excusare, nisi graviori infirmitate fuerit detentus. Nescio an alia notione usurpet lib. 1. Sacrament. Eccl. Romanæ cap 43 : *Et sic Temperent, ut in Trinitatis numero Litaniæ fiant.* Vide *Horologium* et *Temperius.*

TEMPERIUS, pro *Temporius*, cui opponitur *Serius*. Gloss. Gr. Lat. : *Temporius*, ὀψιαίτερον. *Temporia*, πρόσκαιρος. Ruricius Epist. 23. tom. 5. Antiq. Lect. Canisii : *Moneo ut crastino, quod erit quarta feria, Brivæ, Temperius tamen, mihi jejunus occurras.* Flodoardus lib. 1. Hist. Rem. cap. 7 : *Ad cujus celebritatis vigilias fratres Temperius exurgentes.* Utuntur S. Benedictus in Regula cap. 11. 48. Magister in Regula cap. 36. et 50. Guillelmus in Vita S. Bernardi lib. 1. cap. 5. Historia Translat. S. Sebastiani n. 70. Rupertus de Divin. Offic. lib. 10. cap. 26. Glaber Rodulphus lib. 5. cap. 1. Liber usuum Cisterciensis Ord. cap. 66. etc. Apud quos interdum *Temporius* reperitur : qua usus voce Ovidius 14. Metamorph. :

. . . . Modo surgit eoo
Temporius cælo, modo serius incidit undis.

Columella lib. 9. cap. 4 : *Ante crepusculum gallinæ cibi spe Temporius ad officinam redeant.* Ordo Romanus : *Colligite vos Temporius ad Ecclesiam illam.* Utitur etiam Cæsarius serm. 12. Belgæ nostri *Tempre* dicunt : ita in Consuetud. Hanuoniensi cap. 68. Le Caton *en Roman* :

Si te compere û Tempre, û tard.

Vetus Poëta MS. de Vulpe Coronato :

Que nouvelles doivent venir
Tempreement à court, etc.

* **TEMPES**, Porticus, Gall. *Gallerie.* Glossar. vet. ex Cod. reg. 7613 : *Tempes, laubia vulgo dicitur.*

¶ **TEMPESTA**, Italis, Grando. Chronicon Parmense ad ann. 1293. apud Murator. tom. 9. col. 825 : *Maxima tempestas fuit in episcopatu Cremonæ, et ita grossa ut una balla dictæ tempestæ ponderabat* III. *libras.* Contractus Monialium Artacellæ ann. 1403. e Schedis Præsidis *de Mazaugues* : *Ipsæ dominæ teneantur, videlicet de guerra, coissone, Tempesta et de omnibus casibus jure concessis.*

* Tempestas, procella, Gall. *Tempête, orage, ouragan; Tempiest*, eadem notione, in Charta Margar. comit. ann. 1274. in Chartul. 1. Fland. ex Cam. Comput. Insul. ch. 263 : *Nous leur devons respondre de kemun feu, de kemun fluct, de kemun Tempiest, et de kemune wiere. Contretempeste*, in Lit. ann. 1360. apud Marten. tom. 1. Ampl. Collect. col. 1473 : *Lesquelx mareschal et sire de Poyane furent destourbez sur leur passage de la mer par Contretempeste de vent. Tempeste* vero, pro *Temps, saison*, Lat. Tempestas, legitur in Chron. S. Dion. tom. 7. Collect. Histor. Franc. pag. 32 : *En cele Tempeste vindrent li Normant seconde fois jusques à Paris, etc. Tempoire*, eodem sensu, in iisd. Chron. ibid. tom. 3. pag. 157 : *En ce Tempoire régncit empereres Theodosies.*

* **TEMPESTARE**, *Vexare, molestare*, *tempester*, *Prov.* Glossar. Provinc. Lat. ex Cod. reg. 7657. *Tempestare* Italis, et nostris, *Estre tempesté*, Tempestate, grandine et imbre vastari. Charta ann. 1334. in Reg. 70. Chartoph. reg. ch. 280 : *Pour cause de quatre de leur souffisans maisons, qui ont esté toutes Tempestées en blez et en tous grainz.* Lit. remiss. ann. 1482. in Reg. 208. ch. 201 : *Les habitans de la parroisse de Bousse furent tellement battuz et Tempestez de ouraige de temps, etc.* Hinc *Tempeste* dicitur is, qui animo perturbatus, sui compos non est, in aliis Lit. ann. 1375. ex Reg. 107. ch. 34 : *Icellui Jehan fust tellement esmeuz, eschauffez et Tempestez, etc.* Italis, *Tempestoso*, eodem significatu.

TEMPESTARII, TEMPESTUARII, in Capitulari Aquisgran. ann. 789. cap. 93. in Capitul. 1. incerti anni. cap. 40. lib. 1. Capitul. cap. 62. et apud Cathwolphum in Epistola ad Carolum. *Qui tempestates et alia maleficia faciunt*, in Capitul. 2. ann. 805. cap. 25. qui νεφοδιώκται, in Synodo Trullana can. 61. *Emissores tempestatum* in Pœnitentiali Theodori cap. 33. apud Spelm. tom. 1. Conc. Angl. seu *immissores*, ut habet Cumeanus Abbas lib. de Mensura Pœnitentiarum cap. 7. *Tempestatum immissores, qui quibusdam incantationibus grandines in vineas messesque mittere perhibentur*, in Lege Wisig. lib. 6. tit. 1. § 3. Capitularia Ludovici II. Addit. 2. cap. 18. de Maleficis : *Ferunt, suis maleficiis aëra posse conturbare, et grandines immittere.* Anianus ad leg. 3. Cod. Th. de Malefic. (9, 16.) : *Malefici, vel incantatores, vel immissores tempestatum, vel qui per invocationem dæmonum mentes hominum turbant, omni genere pœnæ puniantur.* Seneca lib. 4. Natur. Quæst. : *Rudis adhuc antiquitas credebat et attrahi imbres cantibus, et repelli.* Ventis magos imperare, tempestates sedare, grandines et imbres ciere, testantur passim Poëtæ. Tibull. lib. 1 :

Quum libet, hæc tristi depellit nubila cælo,
Quum libet, æstivo convocat orbe nives.

Ovidius lib. 1. Amor. El. 8 :

Cum voluit, toto glomerantur nubila cælo,
Cum voluit, puro fulget in orbe dies.

Lucanus lib. 6 :

.... Legi non paruit æther :
Torpuit et præceps audito carmine mundus.

Mox :

Miratur non ire polum : nunc omnia complent
Imbribus, et calido producunt nubila Phœbo,
Et tonat ignaro cœlum Jove.

Empedocles apud Laërtium pag. 329 :

Θήσεις δ' ἐξ ὄμβροιο κελαινοῦ καίριον αὐχμὸν
Ἀνθρώποις, θήσεις δ' ἐξ αὐχμοιο θερείου
Ῥεύματα δενδρεόθρεπτα, τά δ' ἐν θέρει ἀνήσαντα.

Agobardus Lugdun. lib. de Grandine et Tonitru, vanam hanc de *Tempestariis* sententiam pluribus suggillat. Vide Herardum Archiepisc. Turon. in Capitul. cap. 3. Burchard. Decret. lib. 10. c. 23. lib. 19. pag. 270. Ivon. Carnot. part. 11. c. 36. 53. Pœnitentiale Roman. tit. 6. c. 3. et 20. Bedam de Remediis Peccator. c. 7. Pirminium Abb. in excerpt. ex libris Canonic. Delrium lib. 2. Disquisit. Magic. quæst. 11. Petrum de Valle tom. 2. Epist. 5. pag. 520. edit. Paris. etc. [** Grimm. Mythol. Germ. pag. 365. et 615.]

* **TEMPESTAS** EXTREMA appellatur Mulcta seu pœna confiscationis, in Charta ann. 1284. ex Reg. Cam. Comput. Paris. olim Bitur. fol. 99. r° : *Quod si aliquis hominum suorum...... tale crimen committeret, propter quod oporteret, de consuetudine vel de jure, extremæ Tempestatis discrimini bona subjici condempnati, quod vulgariter incurrementum vel confiscatio appellatur, totum illud incurrementum et confiscatio ad dictum militem et successores suos perpetuo remaneat.*

TEMPESTATIO, pro *Temptatio*, seu *Tentatio* male legerunt Lud. de la Cerda, et Vossius apud Gregor. Turon. de Vitis Patrum c. 11. Sic enim præferunt aliæ editiones.

¶ **TEMPESTATUS**, Conspersus. Acta S. Philippi Neri, tom. 6. Maii pag. 654 : *Inter alia autem simulacra Divorum argentea... præcipuum censetur S. Philippi, variis gemmis maximi valoris Tempestatum.* Italis *Tempestato*, eadem notione.

¶ **TEMPESTE**, Aliquando. Miracula S. Vulfranni, tom. 3. Martii pag. 164 : *Sed tale quid natura Tempeste factum uspiam non agnovimus.*

¶ **TEMPESTIALIS** FEBRIS, f. Febris ardens, Gall. *Fievre chaude*, quæ quasi *tempestatem* excitat in laborante, qui sui compos non est cum talem febrim patitur. Miracula MSS. Urbani V. PP : *Gravissimam infirmitatem et febrem Tempestialem patiebatur, etc.*

* **TEMPESTIVE**, Impetuose, tempestatis instar, Italis, *Tempestosamente.* Lit. remiss. ann. 1364. in Reg. 96. Chartoph. reg. ch. 247 : *Ad hostium domus uxoris Simonis Mercherii percussit, et valde inhoneste et Tempestive repercussit.* Aliæ ann. 1386. in Reg. 129. ch. 237 : *Præfatus reus ense evaginato crudeliter et Tempestive ad ipsum defunctum accessit.* Hinc *Tempestatif*, qui omnia commovet et perturbat, in aliis Lit. ann. 1480. ex Reg. 206. ch. 651 : *Pour ce que icellui Chrestien estoit très Tempestatif et faisoit grant bruit, etc.*

¶ **TEMPESTUARII**. Vide *Tempestarii.*

* **TEMPESTUOSUM** TEMPUS, quomodo dicimus *Temps orageux*, Seditionibus agitatum. Vita dom. Garnerii tom. 10. Collect. Histor. Franc. p. 382 : *Imminente denique hoc volubili et Tempestuoso tempore, etc.*

¶ **TEMPESTUS**, Tempestivus, opportunus, in Actis S. Petri Cœlestini PP. tom. 4. Maii pag. 454. et tom. 3. Muratorii pag. 632. col. 2.

¶ **TEMPIERIUM**, Tigni species. Statuta Montis-regalis pag. 312 : *Item pro media dozena postium ligni sol. duos den. Item pro media dozena Tempieriorum sol. den.* IIII. *Item pro media dozena gambociarum sol. den. sex.* Vide *Templarius.*

¶ **TEMPLACIUM**, Idem quod Templum, spiritali notione. Statuta Equitum Teuton. art. 30. apud Raim. Duellium lib. 2. Miscell. pag. 42 : *Legitur Salomonem templum Domini et omnia, quæ in ipso erant, auro texisse, et scuta aurea fabricasse; militiæ nostræ Templacio deerit decor... si caruerit charitatis auro.*

¶ **TEMPLALES** OPES, pro Temporales, mendose. Radulfus Cadom. de Gestis Tancredi apud Marten. tom. 3. Anecdot. col. 198 : *Quamvis opum adeptione Templalium præ cæteris abundet, etc.*

* **TEMPLARES**, Templarii vel Templariorum domus. Bulla Adriani IV. PP. apud Cenc. inter Cens. eccl. Rom. : *Facient treugam, stratam, ecclesias, et hospitales, Templares, clericos et monacos se non offendere jurabunt.* Vide infra *Templicolæ.*

TEMPLARII. Templariorum Militum Ordo institutus anno 1118. Hierosolymis, ab Hugone de Paganis et Gaufredo de S. Aldemaro : horumque fuit primitus pro= fessio, *ut vias et itinera, maxime ad salutem peregrinorum, contra latronum et incursantium insidias, pro viribus conservarent.* Cum autem novem annis post eorum institutionem in habitu fuissent seculari, in Concilio Trecensi data fuit eis Regula, et habitus assignatus, albus videlicet, de mandato Honorii II. PP. et Stephani Hierosolymitani Patriarchæ. Postmodum vero sub Eugenio PP. cruces de panno rubeo, ut inter cæteros essent notabiliores, assuere cœperunt, tam equites, quam eorum fratres inferiores, qui dicuntur *Servientes.* Atque hi, quoniam juxta Templum Domini in Palatio Regio mansionem habebant, *Fratres Militiæ Templi*, seu *Templarii* appellati. Hæc fere Willel. Tyrius lib. 12. c. 7. et ex eo Jacobus de Vitriaco in Hist. Hierosol. cap. 65. [et lib. 3. n. 10. apud Marten. tom. 3. Anecd. col. 276.] Sanutus lib. 3. part. 6. c. 14. part. 7. c. 3. Matth. Paris ann. 1118. Bromptonus pag. 1008. Hovedenus pag. 479. Henric. de Knyghton pag. 2382. etc. Adde Anselmum Havelbergensem lib. Dialogor, cap. 10. pag. 113.

* Qui *Fratres militiæ Salomonis* nuncupantur, in Charta ann. 1177. ex Chartul. Campan. fol. 164. r°.

Verum hi, qui in institutionis suæ primordiis tanta vitæ sanctitate fulgebant, in superbiam intolerabilem postea delapsi, quam damnant non semel Scriptores, in primis Antistes Tyrius loco citato, Matth. Paris pag. 419. 529. 614. Bromptonus pag. 1279. Gervasius Dorobern. pag. 1365. et alii. Variis etiam subinde criminibus insimulati, Philippo Franciæ Rege procurante, comprehensi 13. Octob. ann. 1307. ac convicti, plerique vivi igne cremati sunt ; tandemque in Concilio Viennensi a Clemente PP. V. ann. 1312. 3. April. Templariorum Ordo penitus abrogatus, eorumque bona Hospitalariis concessa. Totam hanc Historiam narrant Scriptores Ecclesiastici et Francici, atque in iis præsertim Puteanus, Bibliothecæ Regiæ Præfectus, peculiari edito in hanc rem Commentario.

In Anglia pariter uno eodemque die, hoc est 4. Idus Jan. ann. 1307. de mandato Clementis PP. ad instantiam Philippi Regis Franciæ comprehensi, deinde variis pœnis addicti, eorumque bona Hospitalariis pariter concessa. Rem recitant Thomas Stubbs in Actis Pontificum Eboracens. pag. 1730. Knyghton ann. 1307. Monasticum Anglic. tom. 2. pag. 512. 559. 560. 943. 944. 945. etc. Will.. Brito lib. 4. Philipp. de Richardo Rege Angliæ :

Imperiale solum cultu Templarius intrat,
Privato ut tectus habitu securior iret.

☞ Eodem anno idem Papa *in virtute sanctæ obedientiæ injunxit* Burghardo Archiepiscopo Magdeburgensi, *ut omnes Templarios, in ejus territorio commorantes, capi faceret et detineri, propter certa crimina ipsis imposita*, uti narratur in Chronico Episcoporum Merseburg. apud Ludewig. tom. 4. Reliq. MSS. pag. 407.

Templariorum Ordinis Magnorum Magistrorum nudum utcumque catalogum, quos Τεμπλουμαΐςορας vocat Cinnamus lib. 4. ex Cartusiæ Villa-novanæ veteri codice pridem edidit Dion. Salvaingus Boissius. Nos etiam horum historicam seriem olim contexuimus, quam ex Familiis nostris Hierosolymitanis, seu Ultramarinis, hic delibabimus, indicatis dumtaxat Scriptorum locis, in quibus eorum mentio subinde occurrit, cum horum historiam hactenus nemo, opinor, attigerit.

* Magnorum hujusce ordinis Magistrorum catalogo, quem Cangius edidit, pauca adjicimus, cum data opera diligentius illum contexere nobis per tempus non liceat. Id tantum lectorem monitum velim, provinciarum præfectos etiam *Magistri militiæ templi* titulo insignitos fuisse, provinciis quibus præerant interdum non designatis; quod pluribus errandi occasionem præbuit. Sic Petrus de Roveira *Magister militiæ templi* laudatur inter testes Chartæ Raimundi comit. Barcin. ann. 1156. in Probat. tom. 2. Hist. Occit. col. 554.. qui rursus *Magister militum templi* nuncupatur in alia ejusd. ann. ibid. col. 556. Eumdem titulum potissime sibi attribuebant, qui Templariis cis mare superiores generales constituebantur. Charta ann. 1184. ex Chartul. Guill. abb. S. Germ. Prat. fol. 210. v°. col. 2 : *Amio Dei gratia cis mare domus templi humilis Magister etc.* Sed et *Magister templi* inscribitur Magister ordinis S. Joan. Hierosol. in Charta ann. 1239. ex Bibl. reg. cot. 793 : *Frater B. Dei gratia sanctæ domus hospitalis Hierusalem magister humilis et pauperum Christi custos... Nos prædictus Magister Templi et alii omnes nobiles de regno Siriæ etc.*

Primus igitur Ordinis institutor fuit

Hugo de Paganis, seu de *Payens*, patria Trecensis, qui Concilio Trecensi interfuit ann. 1127. et in Syriam e Gallia rediit ann. 1130. de quo agunt Præfatio ad Regul. Templarior. S. Bernardus in Exhortat. ad Milites Templi, Guill. Tyr. lib. 12. c. 7. lib. 13. c. 26. Robertus de Monte ann. 1128. Jacob. de Vitriaco l. 1. c. 65. Sanut. l. 3. part. 6. c. 14. part. 7. c. 3. Roger. Hoved. pag. 479. Henric. Huntindon. lib 8. pag. 384. Bromptonus pag. 107. Vassorius in Annalib. Noviodun. pag. 877. Mon. Angl. tom. 2. pag. 517. 885. etc. Huic successit

Robertus, cognomento *Burgundio*, Magnus Templi Magister, ann. 1140. 1147. de quo agunt Tyrius lib. 15. cap. 6. lib. 17. c. 1. Gesta Ludovici VII. c. 18. Diagus in Comitib. Barcinon. lib. 2. c. 145. 146. natales vero ac ejus familiam, quæ Credonensium dominorum apud Andes fuit, attigerunt Duchesnius in Histor. Burgund. lib. 4. c. 37. Augustin. *du Pas* in Familiis Armoricis pag. 748. Vide præterea S. Anselmum lib. 3. Epist. 66. Ordericum Vital. lib. 8. pag. 674. et Sammarthanos in Abbat. de Rota pag. 796.

Ebrardus, vel Everardus de Barris, eadem dignitate donatur apud Sugerium Epist. 50. S. Bernardum Epist. 362. Petrum Cluniac. lib. 6. Epist. 26. Odonem de Diogilo de Ludovici VII. Profect. in Orientem lib. 3. et 7. pag. 33. 67.

Hugo Magnus Templi Magister sub ann. 1151. nominatur in Privilegiis Ord. Hospitaliorum pag. 10.

Bernardus de Tremelay, Magnus Templi Magister, Ascalonensi obsidioni interfuit ann. 1153. ut narrat Tyrius lib. 17. c. 21. 27. a Saladino in prælio captus, Manuele Imperatore procurante, libertate donatur ann. 1157. ut docet Cinnamus lib. 4. n. 22. Familiæ de *Tramelay*, vel *Tremeley* in Sebusianis, meminit Guichenonus in Bibl. Sebusiana cent. 2. cap. 25.

Bertrandus de Blanchefort, Magnus Templi Magister ann. 1160. 1161. cujus complures leguntur Epistolæ ad Ludovi-VII. Regem Franc. in Gestis Dei per Francos pag. 1176. et tom. 4. Hist. Franc. pag. 692. 693. 694. 697. 698. 700. 702. Interfuit Christianorum cladi ad *Harenc* ann. 1165. in Gest. Dei pag. 1179. Vide tom. 4. Hist. Franc. pag. 701. et Tyrium lib. 20. cap. 5. Eadem tempestate vixit Gaufridus Fulcherius Domus Templi Hierosolymitanæ Præceptor, de quo agunt Joan. Sarisber. Epist. 275. tom. 4. Histor. Franc. pag. 695. 699. 701. 702. Ughellus tom. 3. pag. 465. et Vassorius pag. 903.

Andreas, Bernardi Domini Montisbarri et Hunbergæ filius, S. Bernardi Abbatis Clarevall. avunculus, Magnus Templi Magister ann. 1165. Hujus meminit idem Bernardus Epist. 288. et Gaufrid. lib. 1. de Vita ejusdem S. Bernardi cap. 4. § 11. lib. 3. c. 1. § 1. Vide Petrum Franc. Chifletium in S. Bernardi genere asserto pag. 641. 644.

Philippus Neapolis in Syria Dominus, Miles Templi factus, ejusdem Ordinis Magnus Magister exstitit : quam dignitatem postea dimisit, ante annum 1170. Vide Tyrium lib. 20. c. 24. lib. 22. c. 5. et Ughellum tom. 3. pag. 475. De ejus familia egimus in Familiis Hierosolymitanis. [* Hic memoratur in Charta ann. 1169. apud Murator. tom. 2. Antiq. Ital. med. ævi col. 908 : *Philippus militiæ templi Magister.*] Huic suffectus ;

Odo de S. Amando, primum Mareschallus, deinde Buticularius Regni Hierosolymitani, qui abdicata rerum secularium cura, Miles Templi factus, ejusdem Ordinis Magnus Magister creatus est, quam dignitatem obtinebat ann. 1174. et 1175. Interfuit prælio, quo Balduinus IV. Saladinum ad Ramam fudit, in quo acriter pugnavit. Sed haud multo post ab eodem Saladino in Sidoniensi tractu captus, vitam in captivitate finivit. Will. Tyr. lib. 20. cap. 32. lib. 21. c. 22. 29. Radulphus de Diceto pag. 601. Robertus de Monte ann. 1180. Vide Patriarchium Bituric. c. 71.

Arnoldus de Torogio, Magnus Templi Magister ann. 1181. obiit ann. 1184. Will. Tyr. lib. 22. c. 7. Rigord. ann. 1184. Hoveden. pag. 628. Monach. Altisiod. pag. 88. Sanut. lib. 3. part. 9. c. 4.

* Idem qui *Arnaldus de Turre-rubea* nuncupatur, in Charta Ildefonsi reg. Aragon. ann. 1177. ex Chartul. Gemundensi.

Theodoricus, seu Therricus, Magnus Templi Magister post hunc occurrit, cujus crebra est mentio apud Script. Rer. Hierosol. ubi de Guidonis Regis clade ann. 1187. cui interfuit, et a qua evasit : licet captum a Saladino dicant Rad. de Diceto et Nicol. Trivettus sub ann. 1188. Plura de Therrico habentur apud Monachum S. Pantaleonis ann. 1187. Hovedenum pag. 636. Gervasium Dorobern. pag. 1502. Matth. Paris pag. 100. Sanut. lib. 3. part. 9. c. 4. in Chronico Reichersperg. ann. 1187. etc. Adde Ughellum in Archiepiscopis Pisanis eodem anno. Abdicato statim post hanc cladem Magistratu subrogatur

Girardus, vel Gerardus, de Ridessor Bromptono cognominatus : *de Ridesford*, auctori Hist. Hierosolym. pag. 1151. 1153-1156. 1165. *de Bedefort* Radulfo Coggeshalensi MS. et Hovedeno : denique *de Ridefort* auctori vernaculo Historiæ Hierosol. qui Flamingum et Regis Hierosolymitani Senescallum fuisse ait. Hanc porro dignitatem paucis mensibus tenuit, cæsus in prælio, quod initum est inter Guidonem Regem et Saladinum 4. Octob. ann. 1188. Vide præterea Jacob. de Vitriaco lib. 1. c. 98. Girardo

Gualterus sufficitur, ut est in Catalogo Villanovano. Huic

Robertus de Sabloil, ann. 1155. ex familia forte de Sableio apud Andes. [* Rem evincit Charta Gaufridi de Sabolio inter Probat. tom. 2. Annal. Præmonstr. col. 355 : *Ego Goffridus Sabolii dominus, Roberti* (abbatiæ Perrodii-novi fundatoris) *filius, qui scilicet Robertus Magister Templi Jerosolymis tunc temporis habebatur.*] Isti successit

Gilbertus Horal., vel Eral, [*Magister citra marinus*, ut legitur in Charta ann. 1193. Magnus Templariorum Magister postea dictus est, circa] ann. 1196. quem excepere,

Pontius Rigaldus, ann. 1198.

Philippus du Plessiez, ann. 1201. [ut patet ex Transactione hujus anni facta in Syria. Exstat in Archivo Arelat.]

Theodatus de Bersiaco ann. 12.... de quibus, in supra laudato catalago recensitis, silent Scriptores. Meminit Innocentius III. l. 14. Epist. 64. controversiæ inter Leonem Regem Armeniæ, et Magistrum Templi et Templarios super Câstro Gastonis, de qua etiam quædam habent Gesta ejusdem Pontificis pag. 123. 128. 129. hoc est sub ann. 1211. Post Theodatum Thomas de Monte-acuto ann. 1210. recensetur in eodem catalogo; sed is post Guillelmum de Carnoto hanc dignitatem obtinuit : deinde

Guillelmus de Montedon ann. 1216. quem excipit idem

Guillelmus de Carnoto, seu *de Chartres*, ann. 1218. qui obsidioni Damiatæ interfuit ann. 1219. ut est apud Oliverium Scholasticum, a quo ob virtutem bellicam laudatur, ut et universa *Templi Militia, quæ*, inquit, *prima solet esse in congressu, et ultima in recessu*, a quo hæc verba mutuati sunt Jacob. de Vitriaco lib. 3. pag. 1134. et Matth. Paris pag. 208. 211. 212. Vide præterea tom. 8. Spicilegii Acheriani pag. 374. Honorium III. lib. 2. Epist. ann. 1217. et Hieron. Rubeum in Hist. Ravenn. lib. 6. pag. 380. Guillelmo successit

Thomas de Monteacuto, seu *Montaigu*, cujus Epistola legitur apud Matth. Paris ann. 1221. qua in Regno Hierosol. gesta post expugnatam Damiatam enarrat. Sub hoc, ni fallor, Honorius III. PP. Templarios ab Patriarchæ Hieros. et Episcoporum jurisdictione exemit, ut est in Privilegiis Ordin. Hospitalariorum. [Exstat in Archivo Arelat. Transactio hujus Thomæ cum Guarino de Monteacuto summo Magistro Hospitalariorum anno 1225.]

A. Magnus Templi Magister occurrit in Tabulario Manoscensi in Charta ann. 1234. qui non alius est, quam qui *Armandus* appellatur in quadam Epistola scripta Theobaldo Regi Navarræ, Comiti Campaniæ, et Comitibus Nivernensi, Foresii, et Monfortensi, aliisque Franciæ Baronibus ab Episcopo Nicosiensi Patriarchæ Hierosolymitani Vicario, H. Episc. Nazaretensi [*Nazarenensi Archiep.* in Chartul. Campaniæ ex Bibl. Reg. fol. 78. ubi eadem Charta legitur;] R. Episc. Acconensi, R. Episc. Liddensi, H. Abbate Templi, G. Magno Hospitalis Magistro, Armando Magistro Militiæ Templi, Gauterio Comite Briennensi, Eudone de Montebeliardo Regni Hierosol. Comestabulo, B. Domino Sidonis, et I. Dom. Cæsareæ, super statu Terræ sanctæ, nulla cæteroquin addita anni nota.

Hermannus de Perigord, Præceptor Domus Templi in Sicilia et Calabria sub anno 1229. ut est apud Rocchum Pirrum tom. 2. pag. 640. Magnus ejusdem Ordinis Magister dictus est : quam dignitatem obtinebat ann. 1239. ut est apud Albericum in Chron. MS. qui forte is est, quem patria Pictavinum fuisse ait sub ann. 1237. Illius Epistolam super Regni Hieros. statu descripsere Matth. Paris et Nicolaus de Trivetto sub ann. 1244. quo ille a Saracenis cæsus interiit, electo statim in Vicemagistrum Guillelmo *de Roquefort*, interim dum alius eligeretur Magister. Vide eumdem Paris pag. 416. 419. 421. 427.

Guillelmus Sonnac, vel de *Senay*, ut nominari videtur in Epistola, quæ describitur apud Matth. Paris in Addit. pag. 110. una cum S. Ludovico obsidioni Damiatæ interfuit ann. 1249. ut est apud Joinvillam, a quo ob fortitudinem laudatur, ut et a Paris ann. 1240. pag. 528. 533.

Renaldus de Vichier, in Tabul. Eccl. Autisiodor. *Domorum Militiæ Templi in Francia Magister*, anno 1247. *Marescallus Templi*, apud Joinvillam pag. 35. nostræ edit. *Magister Templi*, cap. 52. edit. Pictavensis, denique *Magnus Templi Magister* : in Archivo Regio, scrinio *Champagne* VI. De Templariis hac fere tempestate, vide Sanut. lib. 3. part. 12. cap. 5. 6. 7. 9.

* Guill. Tyrii contin. Hist. apud Marten. tom. 5. Ampl. Collect. col. 736. ad ann. 1256 : *Morut frere Renaut de Vichieres, Maistre du Temple. Après lui fu fait Maistre frere Thomas Berait.* Infra : *Berard.* Expungendus itaque *Aimericus*, quem inter illos collocat Cangius.

Aimericus Præceptor domorum Franciæ, in Magnum Magistrum ejusdem Ordinis electus est ann. 1264. ut est apud Odoricum Rainaldum hoc ann. n. 31. Breve Chronicon Hospitalariorum tradit, Guillelmum de Castellonovo Arvernum, Magnum Ordinis Magistrum ann. 1260. fratrem fuisse Magni Templi Magistri : unde conjici daretur ex temporum ratione hunc Aimericum innui.

Thomas Berart, vel *Beraud*, eadem gaudebat dignitate, ut docemur ex Epist. vernacula Theobaldo scripta, quam dedimus in Notis ad Joinvillam pag. 64. Ubi *Maistre de la poure Chevalerie du Temple* indigitatur. Quæ quidem Epistola licet nullam anni notam præferat, ex serie tamen colligitur, scriptam sub ann. 1273. triennio scilicet post mortem Joannis Comitis Briennensis, quam in ann. 1270. conjiciunt Scriptores. Huic ascriptum scribit Puteanus in Templariorum Hist. pag. 20. pravum hunc morem, qui cæteris Templariis objectus fuit in eorum condemnatione, Christum abnegandi in professione, quem alii nescio cui Roncelino Magistro attribuunt. Utcumque sit, non multo post

Robertus, Magnus Templi Magister Concilio Lugdunensi cum M. Hospitalariorum Magistro interfuit anno 1274. ut est in actis ejusdem Concilii. Vide Sanutum lib. 3. part. 12. cap. 14. 16. 17. Post hunc

Guiffredus de Salvaing, M. Templi Magister nominatur in Catalogo Villanovano sub ann. 1285. ex familia nobili Delphinate, ex qua erat supralaudatus Dionysius Salvaingus Boissius, vir natalium et eruditionis splendore illustris, Primus in Camera Computorum ejusdem Provinciæ Præses, et scriptis clarissimus.

* Eadem Hist. contin. Guill. Tyrii apud Martenium ibid. col. 746. ad ann. 1273 : *Morut frere Thomas Berart, Maistre du temple le jor de la Nostre-Dame de Mars, et fu fait Maistre à xiij. jors de May frere Guillaume de Biaujeu, qui estoit outre mer commendeor du Temple en Puille, et alerent por li querre frere Guillaume de Pouçon, qui avoit tenu lieu de Maistre, et frere Bertran de Fox : et frere Gousier fu fait commandeor grant tenant lieu de Maistre.* Inter ejusmodi locum-tenentes recensendi ergo sunt *Robertus* et *Guiffredus de Salvaing*, siquidem *Thomæ Berart* proxime suffectus est

* *Guillelmus de Bellojoco*, ut in laudata Historia asseritur. Et certe *Frater Guillelmus de Bellojoco venerabilis Magister domus militiæ Templi* annumeratur inter eos, qui præsentes aderant conventioni initæ inter Jacob. Contar. Venet. ducem et Joan. de Monteforti v. Kal. Jul. ann. 1272. tom. 3. Cod. Ital. diplom. col. 1577.

Guillelmus de Bellojoco, uti appellatur in Inquisitionibus contra Templarios, et alibi : perperam *Petrus de Belgiou*, seu *Bellivisus*, dictus in laudato Catalogo, qui Magnus Templi Magister exstitit ann. 1286. [Prius, anno scilicet 1278. hanc dignitatem obtinuisse discimus ex Inscriptione quam refert Paulus Lucas in Itin. tom. 2. pag. 31. si tamen huic fides habenda est.] Periit in obsidione Acconensi, viriliter contra Saracenos pugnans, anno 1291. cum omnibus fere Templariis, decem dumtaxat Ordinis Militibus clade elapsis. Vide Sanutum lib. 3. part. 12. cap. 21. Dictamina MSS. Magistri Berardi de Neapoli Epist. 141.

142. Odoricum Rainaldum ann. 1291. 7. Puteanum in Hist. Templariorum pag. 129. Archivum Regium scrinio, *Croisade de Philippes de Valois*, Ch. 27. etc.

Monachus Gaudini, Magnus Templi Magister statim post Acconensem cladem a decem Militibus, qui ex ea superfuerant, electus, in insulam Cyprum cum iis concessit, uti narrat Auctor Historiæ Excidii Acconis MS. in Biblioth. S. Victoris Paris. Postremus denique hujus Ordinis Magnus Magister fuit

Jacobus de Nolay, Burgundio, ex diœcesi Bisuntinensi, perperam de *Molay* nominatus in plerisque Historiæ Templariorum locis, pag. 122. 128. 129. 160. et in Catalogo Villanovano. Tortosam una cum Almerico Tyri domino expugnavit, et exinde aliquot annis bella cum Saracenis fortiter gessit, donec a Babylonico Sultano ea pulsus, in Franciam venit, ubi cum aliis Templariis igne consumtus Parisiis interiit. Hunc porro nescio unde *Fratrem Gracchi* appellet Brustemius apud Chapeavillum tom. 2. Hist. Leodiensis pag. 347. Vide Rainaldum ann. 1298. 21. et Sanutum lib. 3. part. 13. cap. 10.

☞ De eo Templariorum cruento interitu Poema MS. cui titulus, *Les Adventures advenues en France*, initio sæculi xv. editum, hæc refert :

L'an mil trois cens et vii. sçachiez bien qu'en ce temps
Furent prins les Templiers, qui moult furent puissans ;
Vilment furent menés auques des plus vaillans,
Je crois bien que ce fu par l'art des mescreans.
Je ne scai se Templiers faisoient tels explois,
Mais en leurs draps portoient une vermeille crois.

¶ **TEMPLARIUS**, Species tigni, vel assidis. Statuta Vercell. fol. 76. v° : *Item quod nullus revenditor emat vel emi faciat lignamen aliquod, trabes, canterias, columnas, remas, circulos, assides, Templarius, nec aliquod aliud lignamen laboratum vel non laboratum usque ad horam octave, que pulsatur post nonam.* Vide Tempierium.

* **TEMPLATURA**, Fornix, concameratio; unde *Templatus*, Concameratus, Gall. *Vouté*. Charta ann. 1349. tom. 2. Hist. Casin. pag. 545. col. 2 : *Promiserunt construere tectum totius ecclesiæ Cassinensis secundum formam, secundum quam laboratum est tectum ecclesiæ Lateranensis de Urbe, tam de lignaminibus quam Templatura, et etiam copertura plumbi vel aliarum tegularum,.... et ipsam Templaturam promiserunt depingere seu depingi facere, juxta modum et formam dictæ Lateranensis ecclesiæ..... Promiserunt facere chorum ipsius ecclesiæ cum sediis duplicibus, unam videlicet altam et aliam bassam;.... ita quod dictus chorus principalior, sit super capite revolutus et Templatus.*

* Hinc *Templée* nostris et Italis *Tempione*, Acad. Crusc. : *Colpo dato con mano nella Tempia, intorno ad essa.* Vitæ SS. MSS. ex Cod. 28. S. Vict. Paris. fol. 40. r°. col. 2. ubi de S. Joan. Eleemosyn. : *Je te donrai tel Templée que toute la citez d'Alixandre si asamblera. Et après li Diables li dona une Templée en semblance de mort* (Maure). Ubi in Actis ejusd. tom. 2. Jan. pag. 512. col. 1. legitur, *Alapa.*

* **TEMPLICOLÆ**, Iidem qui *Templarii*. Vita B. Goberti tom. 4. Aug. pag. 380. col. 2 : *Quia Fridericus properabat Templicolas debellare. Quo peracto, fama hujus rei usque ad Templarios evolavit.... Revera igitur nunciatum est summo magistro Hospitalis Jerusalem, et Templicolarum summo præceptori, etc.* Vide supra *Templares.*

TEMPLUM. *Templa* appellatas potissimum paganorum ædes sacras docet Cod. Th. tit. *de Paganis, sacrificiis, et templis*, (16,10.) locis a Jacobo Gothofredo indicatis in Paratitlo ejusdem tit. § 3. Interdum tamen ita dictæ Christianorum ædes sacræ, ut leg. 4. de his, qui ad Ecclesias confugiunt (9,45.), d. Cod.

* Glossar. Lat. Gall. ex Cod. reg. 7692 : *Templum, Temple, i. navis monasterii.*

Templum, Ordo ipse *Templariorum.* Will. Brito lib. 5. Philipp. :

Suscipiens habitum Templi Syrias aufugit in oras.

Anonymus de Bell. Franc. in Morea :

Μητροπολίτας, Ἀρχιερεῖς, τὸ Τέμπλο, τὸ Σπητάλη.

Philippus *Mouskes* in S. Ludovico ann. 1242 :

Dont revint noviele et exemples,
Que li Osphaux et li Temples,
Li saudoier et li Baron
De toute la tiere environ
Avoient entr'aus fait un Roy, etc.

* Charta delph. Vienn. ann. 1225. inter Probat. tom. 2. Hist. Burgund. pag. 9. col. 1 : *Si ducissa Burgundiæ mihi Templum vel Hospitale constituere fecerit principales debitores,..... et cum Templum vel Hospitale sic fecerint mihi, etc.*

Templum, Ædes Templariorum, quomodo Parisiis eorumdem ædes etiamnum appellatur, vulgo *le Temple.* Monasticum Anglic. tom. 2. pag. 549 : *Dedit Templariis Templum Outtinge pertinens eidem.*

Porro in *Templo* Parisiensi, reconditus olim fuit Thesaurus Regius, [jam a temporibus Philippi Aug. Franc. Regis, uti patet ex ejus Testamento : cujus excerptum hoc refertur tom. 2. Hist. Dalphin. pag. 75 : *Præterea præcipimus, quod omnes redditus nostri et servitia et obventiones afferantur Parisius per tria tempora : 1°. ad festum S. Remigii; 2°. ad Purificationem B. Virginis; 3°. ad Ascensionem, et tradatur Burgensibus nostris præd. et P. Marescallo. In receptionibus averi nostri Adam Clericus noster præsens erit et eas scribet, et singuli habeant singulas claves de singulis arcis, in quibus reponetur averium nostrum in Templo, et Templum unam.* Hoc est, Magister Templi clavem quoque unam habeat. Ibidem pag. 74. habentur Literæ ann. 1294. in quibus Philippus Pulcher Franc. Rex *Dalphino et filio quingentas libras parvorum Turonensium annui redditus* assignat, *ab iisdem et successoribus in dicto Dalphinatu percipiendas perpetuo Parisius ad Templum.*] Charta ejusdem Regis ann. 1309. in 2. Regesto ejusd. ex Tabul. Regio n. 168 : *Concedentes eisdem hæredibus, et suis hæredibus, ut dictum reditum apud Templum in Thesauro nostro, vel alibi, ubi thesaurus reponetur prædictus, ad festum Candelarum habeant et percipiant annuatim, etc.* Exstat in alio Regesto ejusdem Regis Philippi ann. 1312. compositio, facta a Leonardo de Tybertis sanctæ domus Hospitalis S. Joannis Hierosolymitani Priore Venetiarum, et Locum tenente Magistri Hospitalis prædicti in partibus transmarinis, et ipsius Ordinis Procuratore, et fratre Joanne de Villaribus Præceptore domus de *Fieffes* Prioratus Franciæ, cum gentibus ejusdem Regis, *super variis Regnis Franciæ receptis nomine dicti domini Regis factis et habitis apud Templum, in quo Thesaurus ejusdem domini Regis servabatur per fratres Ordinis Templi ante reprobationem illius ordinis, ex quo postmodum dictæ gentes prædicti Domini Regis finalem compotum minime recepisse dicuntur, etc.* Data Parisiis 21. die Martii ann. 1312. Ubi præterea hæc habentur, quæ docent penes Templarios regii thesauri custodiam fuisse, ac de eo *compota* exegisse : ac *proinde dictus Ordo, cui bonorum Templi, quæ prædicto domino Regi pro regimine et custodia dicti thesauri regii dictis Templariis traditi, sub eorum cura et periculo obligata remanserant, administratio pro Terræ Sanctæ subsidio est commissa, in perpetuum remanebit quitus et penitus absolutus, super rationibus aut compotis exhibendis occasione receptæ cujuslibet a Fratribus ordinis Templi nomine dicti domini Regis factæ in dicto thesauro vel alibi, nec non super omni eo, quod ab Ordine nostro prædicto occasione receptarum aut rationum seu compotorum hujusmodi reddendorum ex ipsis receptis deinceps peti posset.*

Apud Anglos perinde Thesaurus Regius reponebatur in *Novo Templo* Londinensi. Matthæus Paris ann. 1232. de Huberto de Burgo Angliæ Justitiario repetundarum postulato : *Exegit rationem.... de quintadecima et sextadecima, et aliis redditibus, tam ad Scacarium suum, quam ad Novum Templum Londinense,* (ubi Spelmannus in voce *Justitia* addit, *ubi etiam reponebantur pecuniæ regiæ,*) *et alibi.*

¶ Templum Dei, *Deo fidele, cæleste,* Cœtus Christianorum, Ecclesia, Lactantio lib. 4. Institut. cap. 14. et lib. 2. de Morte persecutorum cap. 2. et 15.

¶ Templum Domini, *Templum Militiæ,* Jerosolymis. Jacobus de Vitriaco lib. 3. Hist. Orient. n. 12. apud Marten. tom. 3. Anecd. col. 277 : *In Templo Domini Abbas est et Canonici regulares. Et sciendum est, quod aliud est Templum Domini, aliud Templum Militiæ. Isti Clerici, illi Milites.*

¶ 1. **TEMPORALIA**, Pulvinus, Gall. *Coussin*; forte quod in eo reclinentur tempora, sic dictus. Rituale Suession. MS. a Martenio nostro laudatum in Tractatu de antiq. Eccl. Discipl. in divinis Officiis pag. 382. ubi de Feria vi. Parasceves : *Dum cantatur (Tractus,) Archidiaconus ascendat in pulpitum sic : Clericus cum incenso nudis pedibus eum præcedat : deinde Subdiaconus ferens Temporalia, infula indutus, post illum Archidiaconus ferens Evangelium panno serico rubro involutum; infula sua plicata et in modum stolæ super humerum imposita; finitoque Tractu statim incipiat, Passio Domini, etc.* In Additis recentioribus ad Missale Suession. ad hunc diem legitur : *Subdiacono tunica induto, pulvinar tenente, etc.*

¶ 2. **TEMPORALIA**, Bona clericorum. Gall. *Le Temporel*, in Instrumentis Gall. Christ. novæ edit. col. 159. apud Ludewig. tom. 6. Reliq. MSS. pag. 5. Rymer. tom. 3.

pag. 120. col. 1. tom. 8. pag. 393. col. 1. Bennett. Antiq. Ambrosd. pag. 330. et alibi passim. *Temporale dominium*, apud eumdem Ludewig. tom. 5. pag. 508. Vide *Regalia* 2. et *Temporalitas* 2. [** Haltaus. Glosar. German. col. 2073. voc. *Weltlichkeit*.]

* 3. **TEMPORALIA**, Jejunium quatuor temporum. Charta ann. 1181. apud Murator. tom. 5. Antiq. Ital. med. ævi col. 364 : *Ecclesia sanctæ Mariæ ad Carceres debeat solvere annuum censum, scilicet solidos centum pro ecclesia sancti Salvatoris nobis et successoribus nostris omni anno in Temporalibus Nativitatis Domini in perpetuum.*

TEMPORALIS. *Temporales potestates*, in lege 47. Cod. Th. de Episcop. (16,2.) qui ibidem *sæculares judices* appellantur. [Hac etiam notione Litteræ Caroli V. Regis Franc. ann. 1366. tom. 4. Ordinat. pag. 682 : *Cum se... presentare consueverint* (*Canonici Turon.*) *coram quibuscunque judicibus nostris et aliis Temporalibus, et negocia sua tractare et peragere, etc. Temporales domini*, in Declaratione ann. 1335. apud Ludewig. tom. 5. Reliq. MSS. pag. 509. et alibi. *Temporales personæ*, Sæculares, laïci, apud Rymer. tom. 9. pag. 877. col. 2.]

TEMPORALIS DIES, in leg. 63. de Appellat. (11,30.) leg. ult. de Reparat. appellat. (11,31.) Cod. Th. et in Cod. Justin. etc. dicitur ultimus spatii et temporis illius, quod ad appellationem exsequendam vel reparandam legibus tribuitur : quo exspirante, causa quoque exspir. Gloss. Gr. Lat. : Ὀλιγοχρόνιος, *Temporalis*. [Et alibi : Πρόσκαιρον, *Temporale*. Adde Latino-Græcas.]

TEMPORALIS HOSTIS. Capitulare 2. ann. 813. cap. 9 : *Habeant loricas vel galeas, et Temporalem hostem, id est æstivo tempore*, [hoc est, definito, æstate scilicet in *hostem* seu exercitum pergant, ut jam dictum est in *Hostis*.]

TEMPORALIS, Inconstans. S. Columbanus Epist. 3 : *Nos scimus, quod cum gaudio et fervore suscepimus verbum domini. Caveamus nunc, ne simus Temporales.*

¶ 1. **TEMPORALITAS**, Tempus, ætas, temporis ratio. Tertullianus de Pallio cap. 1 : *Si quid conditio, vel dignitas, vel Temporalitas vestit*. Et de Resurr. carnis cap. 6 : *Vita transferatur a Temporalitate ad æternitatem*. Utitur etiam Philastrius Hæresi 71.

¶ 2. **TEMPORALITAS**, Idem quod *Temporalia* 2. Bona Ecclesiastica, Gall. *Le Temporel. Temporalité*, in Litteris Philippi VI. Reg. Franc. ann. 1342. tom. 5. Ordinat. pag. 271 : *En tant comme il touche la Temporalité, etc.* Epistola Juliani Cæsarini Card. ad Eugenium IV. PP : *Non dico esse negligendam Temporalitatem; sed dico multo pluris esse æstimandam animarum salutem.* Occurrit in Charta ann. 1266. in Instrum. Gall. Christ. novæ edit. tom. 6. col. 158. in alio Instrum. ann. 1283. apud Baluz. tom. 4. Miscell. pag. 270. in Litteris ann. 1299. tom. 1. Ordinat. Reg. Franc. pag. 331. et 332. in aliis ann. 1356. tom. 3. earumd. Ordinat. pag. 102. in aliis ann. 1355. tom. 1. Anecd. Marten. in aliis Alphonsi Regis Arag. tom. 3. Concil. Hispan. pag. 659. Adde Instrumenta Gall. Christ. novæ edit. tom. 1. pag. 34. col. 2. Probationes Hist. Lugdun. pag. 39. col. 1. Chartam Caroli Regis Franc. ann. 1374. apud D. *Brussel* tom. 2. de Feudorum usu pag. cxxx. Chartam Henrici VI. Regis Angl. ann. 1441. apud Rymer. tom. 10. pag. 844. col. 2. Glossarium Lobinelli tom. 3. Hist. Paris. etc. Vide *Regalia* 2.

* Sed et bona quævis, etiam laicorum hac voce nostris significabantur. Lit. ann. 1372. tom. 5. Ordinat. reg. Franc. pag. 535 : *Ilz puissent..... imposer pour les reparacions, fortiffications et garde d'icelle* (ville) *sur toute maniere de gens lays, qui ont et tiennent aucunes Temporalitez en ladite ville.*

¶ 1. **TEMPORALITER**, Ad tempus, Gall. *Temporellement. Lex Temporaliter observata*, Tertulliano adv. Judæos cap. 2. *Quo* (*mundo*) *Temporaliter libere uti potuisset*, S. Gregorio lib. 2. Dialog. in Præfat. *Temporaliter* opponit *semper* S. Paulinus Epist. 23. n. 15. *spiritaliter* vero Carolus IV. Imper. in Diplomate ann. 1347. apud Ludewig. tom. 6. Reliq. MSS. pag. 44 : *Incrementum suscepit spiritaliter et Temporaliter*, hoc est, quoad res spiritales et terrenas. Vide *Temporarie*.

* 2. **TEMPORALITER**, Prospere, feliciter quoad temporalia. Charta Rob. reg. post ann. 1022. tom. 10. Collect. Histor. Franc. pag. 607 : *Ad instantem vitam Temporaliter transigendam, etc. Ad præsentem vitam cum felicitate transigendam*, in alia ejusd. reg. ibid. pag. 604.

TEMPORANEE, Temporius, Gall. *De bonne heure*. Ritus ordinandi Episcopum in Ecclesia Rotomagensi : *Tertia pulsetur Temporanee, et interim præparet se Domnus Archiepiscopus, etc.* [Pontificale MS. Eccl. Bisunt. apud Marten. de Antiqua Eccl. discipl. in divinis Offic. pag. 376 : *Ita Temporanee vadant, ut hora sexta ad majorem ecclesiam revertantur omnes.*]

¶ **TEMPORANEUS**, Maturus, tempestivus. Jac. 5. 7 : *Ecce agricola expectat pretiosum fructum terræ, patienter ferens donec accipiat Temporaneum* (suppl. imbrem, Gr. ὑετὸν πρώϊμον) *et serotinum*. Passim occurrit in sacris Scripturis.

* Gesta comit. Barcin. tom. 10. Collect. Histor. Franc. pag. 318 : *Pene per omnem æstatem et autumnum siccitas nimia et fervor immanis fuit, ita ut innumerabiles fruges non pervenirent ad Temporaneam maturitatem propter solis ardorem.*

TEMPORARE, *Tempus ducere*, (Gall. *Temporiser*) *vel in tempore vivere. Adtemporare, contemporare, simul temporare*. Joan. de Janua.

TEMPORARIE, Ad tempus. Salvianus lib. 5. de Gubernat. Dei : *Nihil susceptis tribuunt, sed sibi hoc etiam pacto aliquid a parentibus Temporarie attribuitur, ut in futuro totum filiis auferatur*. Utitur etiam libro 8. Disputatio Zachæi lib. 3. cap. 3 : *Temporarie abstinentiam et continentiam simulant.* Utuntur etiam Latini Scriptores.

¶ **TEMPORATIM**, pro Vario tempore. Tertullianus de Pallio cap. 2 : *Sic et terram si recenseas Temporatim vestiri amantem, prope sis eandem negare, memor viridem cum conspicis flavam, mox visurus et canam*. Adde eumd. Tertull. lib. de Anima cap. 28.

¶ **TEMPORICARE**, ut infra *Temporizare*. *Dum iret Temporicando*, in Chronico Estensi ad annum 1388. apud Murator. tom. 15. col. 517.

TEMPORINUS, Tener, mollis, Gallis *Tendre*. Odo Cluniac. lib. 2. de Vita S. Geraldi cap. 27 : *Dixerat, et de rupe, quæ eidem loco imminet, cervus sese præcipitavit. Quem ministri gaudentes pariter et mirantes tulerunt, et inde, sicut tunc cervorum caro Temporina est, delicatum edulium seniori paraverunt.* [** Idem f. quod *Temporivus*.]

TEMPORIVE. Gregorius Tur. lib. 5. Hist. cap. 46 : *Nunquam prandio usus est, nisi tantum cœna, ad quam sic Temporive residebat, ut sole stante consurgeret.* Ubi forte legendum *Temporius*. Vide *Temperius*.

¶ **TEMPORIUS**, Maturius, citius. Vide *Temperius*.

¶ **TEMPORIVUS** FRUCTUS, apud Faustum lib. 2. de Libero arb. cap. 10. Medius inter præcocem et serotinum.

* **TEMPORIVUS**, ut *Temporaneus*. Dudo de Morib. Norman. lib. 2 : *Da illi aliquod regnum unde conducat sibi cibum et vestitum, donec impleatur terra, quam illi das, opulentiarum congerie, reddatque Temporivos fructus victuum, hominum et animalium.* Haud scio an inde, vel quod temporius secatur, prima pratorum herba *Temporial* appelletur, in Libert. Laudozi ann. 1392. tom. 8. Ordinat. reg. Franc. pag. 192. : *Nulli gentium ecclesiasticarum, nobilium aut aliorum licitum sit facere in dicta villa et pertinentiis ejusdem reviore sive duas herbas, sed unicam tantum, vocatam Temporial*. Eadem rursus occurrunt ibid. pag. 204. art. 26.

¶ **TEMPORIZARE**, Gall. *Temporiser*, Ital. *Temporeggiare*, Cunctari. Legitur in Historia Monasterii S. Laurentii Leodiensis apud Marten. tom. 4. Ampl. Collect. col. 1143. Vide *Temporare*.

¶ **TEMPTARE**, pro *Tentare*, passim legitur, ut et *Temptatio*, pro *Tentatio*. Vide in hac voce.

¶ **TEMPTATIVUS**, pro *Tentativus*, Seducens, fallax, in Charta ann. 1377. cujus locus exstat in *Truffaticus*.

TEMPTATUS. Capitula ad Legem Alamannor. cap. 22. edit. Baluzianæ : *Si in clida misa non fuerit, et prisa et Temptata fuerit, etc.* i. tenta, seu detenta.

¶ **TEMPTORIUM**, pro *Tentorium*, in Memoriali Potestatum Regiens. apud Muratorium tom. 8. col. 1096.

* Annal. Placent. ad ann. 1447. apud Murator. tom. 20. Script. Ital. col. 893 : *Post venit Carolus marchio Mantuanus cum multis militibus, qui tabernacula sua sive Temptoria firmavit a latere dextro.* Rursus legitur ibid. col. 894. et 917. *Temproir* vero, Crater, patera, scyphus, videtur, in Chron. Fland. cap. 69. pag. 138 : *Elle* (la Reine Jeanne) *avoit un bouteiller qu'on appelloit Happin ;..... celuy Happin apporta clarey en un pot d'argent, et porta un Temproir pour la bouche de la reine.*

¶ **TEMPTUS**, pro *Tentus*, detentus, passim.

TEMPUS, *Ad tempus*, suo tempore, vel mature, phrasis Gallica, *A temps*, vel *en son temps*. Capitula Caroli M. lib. 2. cap. 67.

18 : *Aut si aliqua re præpediente id facere non potuit, cur nobis ipsam impossibilitatem ad Tempus non annuntiavit.* Et cap. 27 : *Eorum relatu nobis ad Tempus indicetur.*

¶ TEMPUS, Aer, cœlum, Gallice *Temps.* Annales Genuens. ad ann. 1227. apud Murator. tom. 6. col. 446 : *Ubi per plures dies moram fecit, quia procedere non poterant, novercante maris et Temporis qualitate; exinde vero nondum Tempore tranquillo, etc.* Et col. 509 : *Circa mediam noctem validissima fortuna maris et Temporis fuit in portu Januæ, etc.* Chronicon Parm. ad ann. 1296. apud eumd. Murator. tom. 9. col. 836 : *Semper die noctuque cecidit pluvia... nullo modo exire voluerunt propter dictum malum Tempus.* Nostris *Mauvais temps*, Cœlum nubilum et pluviosum dicitur.

LIBER TEMPORUM, *id est Paralipomenon*, apud S. Hieronymum lib. 2. in Ruffinum cap. 8.

¶ TEMPUS OCTAVIANUM, Quo Cæsar Augustus imperabat. Charta apud Meichelbec. tom. 2. Hist. Frising. pag. 351 : *Magna populorum concordia fiebat, letantes in eo quod Octavianum Tempus se accepisse mirabantur.*

¶ TEMPUS PINGUEDINIS, Quo pinguescunt feræ. Charta vetus apud Thomam *Blount* in Nomolexico : *Tempus pinguedinis hic computatur inter festum B. Petri ad Vincula et Exaltationem S. Crucis; et tempus firmationis inter festum S. Martini et Purificationem B. Mariæ.*

** TEMPUS APERTUM, Quo in agros demessos animalia immittere licet. Notit. ann. 21. Edward. I. Glouc. rot. 14. in Abbrev. Placit. pag. 232 : *Habeant communiam pasturæ per omnes terras suas in Shenington Tempore Aperto et post fena et blada collecta.*

* TEMPUS CARNALE, Quo licet carnes comedere. Charta ann. 1365. ex Cod. reg. 5187. fol. 16. r° : *Cum ad vos venerint in vestris ecclesiis....... quadragesimali vel carnali Tempore, recipiatis.* Vide *Carnale* 4.

* TEMPUS FATALE, Quod a lege præstitutum est ad causas appellationum apud judices instruendas et terminandas. Constit. MSS. Jacobi II. reg. Aragon. ann. 1306 : *De Tempore fatali. Tempus enim triennale et alia tempora super prædictis a jure communi statuta et usu hujus terræ ad dictum tempus anni et medii et ad alia tempora prædicta coarctamus.* Vide *Fatalia.*

* TEMPUS INFIRMUM, Morbis opportunum. Acta S. Vict. III. PP. tom. 5. Sept. pag. 429. col. 1 : *Quia fervor æstatis nimius erat, propterea tunc Romam ire distulerunt, quousque se et calor æstatis imminueret et Tempora infirma transirent.*

* TEMPUS MEDIUM, nostris *Temps moiens*, Intermedium. Lit. ann. circ. 1360. apud Marten. tom. 1. Ampl. Collect. col. 1474 : *Si vous prions cherement, que en le Temps moiens vous veullez conforter et faire de toutes choses et par especial touchant la sauve-gardes des chasteux.*

* TEMPUS MORTUUM, vox artificibus nota, *Temps mort*, Quo scilicet operæ cessant. Lit. remiss. ann. 1350. in Reg. 80. Chartoph. reg. ch. 250 : *Dicendo eidem Hugoni quod false ipsum a suo servitio in Tempore mortuo sui operis ejecerat, cum in bono ipsum deservisset.*

¶ TEMPUSCULUM, Tempus, ætas. Vita S. Gerardi Abb. Bron. n. 19. sæc. 5. Benedict. pag. 264 : *Asseverans ejus tutamine revixisse aurea quondam Tempuscula.*

* **TEMTARE**, pro *Tentare*, in Carm. Adalber. episc. Laudun. tom. 10. Collect. Histor. Franc. pag. 65.

¶ **TEMTOR**, Fidejussor, ut puto. Vide *Teles.*

* **TEN**, *i. Lutum* in Glossar. medic. MS. Simon. Jan. ex Cod. reg. 6959. *Tay* nostris, eadem notione. Lit. remiss. ann. 1410. in Reg. 164. Chartoph. reg. ch. 179 : *Jehan Sohier gettast une pierre en la boe ou Tay,... telement que laditte boe ou Tay sorti contre le branc ou rochet dudit suppliant.* Bestiar. MS :

En Tai et en limon se mouille,
Et illuec se devoitre et souille.

Thoi, eadem, ut videtur, notione, in Serm. 19. ex Cod. MS. S. Vict. Paris. : *Comme l'anguile, quant ele sent la roiz, si s'anfuit et se respont el Thoi qu'ele ne soit prise.*

1. **TENA**, vel TENIA, Joanni de Janua, *a teno dicitur, estque vittarum extremitas dependens diversorum colorum*, vel *extrema pars vittæ, quæ dependet coronæ.* [Glossæ S. Andreæ Avenion. MSS. sæc. XIII : *Tenia seu Tena dicuntur lingule que dependent de mitra pontificis.*] Gloss. Lat. Gall. : *Tena, vel Tenia, Bende ou queue de mitre.* Provinciale Ecclesiæ Cantuar. lib. 3. tit. 1 : *Contra Clericos portantes infulas, aut Tenas coram Prælatis, etc.* Concilium Lambethense ann. 1281. cap. 22 : *Et cum corona sit character Christianæ militiæ, et revelati cordis ac patuli radiis cœlestibus insigne : ipsi ut veraciter ostendant, se hujus characteris titulum erubescere, Tena coronas abscondunt, quasi cœlestes radios repellentes, etc.* Infra : *Portantes infulas aut Tenas coram Prælatis*, aut coram *populo publice deferentes, etc.* Ubi Concilium Londinense ann. 1268. cap. 5. habet, *Infulas, quas vulgo Coifas vocant.* Ita *Tenæ* et *Coifæ*, idem sunt. [** Placit. ann. 15. Edward. I. Hereff. rot. 2. in Abbrev. Placit. pag. 279 : *Jurati dicunt quod Reginus Dingge venit in quadam grangia et voluit luctare cum Roberto de Clynton ipso Roberto invito, ita quod cepit ipsum et prostravit ipsum ad terram, et Tenam suam de capite suo cepit et in luto projecit.*]

* 2. **TENA**, *Infirmitas capitis, Taigne, Gallice. Tenosus, Tegnous, Gallice.* Glossar. Gall. ex Cod. reg. 521.

* **TENABILIS**, a Gallico *Tenable*, Qui defendi potest. Memor. H. Cam. Comput. Paris. ad ann. 1423. fol. 162. r° : *Data est potestas.... omnia fortalitia, ecclesias et castra, quæ per bonum consilium inveniet non Tenabilia, nocibilia et præjudiciabilia reipublicæ dictæ patriæ destruendi et demoliendi.*

¶ **TENABULA**, Idem quod mox *Tenacula*, Forceps, Ital. *Tenaglia.* Historia Dulcini Hæresiarchæ apud Murator. tom. 9. col. 440 : *Positisque ante eorum conspectum vasibus igne plenis ordinatis ad calefaciendum Tenabulas et comburendum carnes ipsis, adhibitisque carnificibus, qui cum Tenabulis ferri candentis carnes eorum laniabant, et frustatim in ignem ponebant.* Vide *Tenalea.*

¶ **TENABULUM.** Vide mox *Tenaculum.*

TENACES, *Forcipes*, in Glossis antiquis MSS. Hispanis *Tenazas*, nostris *Tenailles*, a tenendo, inquit Philander ad Vitruvium. Charta Fernandi I. Regis Hispaniæ æræ 1101 : *Servitium de mensa, id est, salare, inferturia, Tenaces, trullone cum coclearibus 10. etc.* [Fuscinas hic intelligo, nostris *Fourchettes.*]

TENACIA, pro *Tenacitas*, usurpatur ab Jona Aurel. Episc. lib. 3. de Instit. laicali cap. 11. [et a Scriptore Vitæ B. Lidwinæ tom. 2. Aprilis pag. 278.]

TENACULA, Forceps, in Mamotrecto ad 2. Paralip. cap. 4. nostris *Tenaille.* [*Tenaculum*, ea notione legitur in Vita S. Dunstani, tom. 4. Maii pag. 363 : *Tenacula, quibus ferra tenebat, etc.*]

* Glossar. Provinc. Lat. ex Cod. reg. 7657 : *Tenalha, Prov. forceps, Tenacula.* Vide mox *Senagla.*

1. **TENACULUM**, *Venabulum.* Joanni de Janua. [Lego in Editione ann. 1514 : *Tenabulum, venabulum, quia retinet aprum venientem.*] Gloss. Lat. Gall. habet : *Tenabulum, Retenail, espié.* At aliud sonat in M. Chronico Belgico pag. 172. ubi de expugnatione Ascalonitana a Balduino Rege Hieros. : *Quod inter maxima miranda miracula miraculum esse summum videtur, ut urbs 150. turribus prævalidis munita, et Tenaculis domuum in plateis suis quasi crypta laquearis supertecta, tandem aliquando vinceretur.* Leg. forte *Tectaculis.*

TENACULUM, Fibula, *retinaculum, Retenail*, in Gloss. Lat. Gall. laudato. Vetus Charta apud Jo. Schefferum ad Chronic. Upsaliense pag. 152 : *Item duæ ampullæ ponderant 2. markas. Item Tenacula duarum capparum ponderant quinque markas argenti deaurati.* Usus hac voce Terentianus Maurus in Præfat. sed alia notione. [Bern. *de Breydenbach* Itin. Jerosol. pag. 208 : *In navibus, quæ non clavis aut aliis ferramentis sunt compacte, sed funibus quibusdam et lignetis Tenaculis conglutinate, etc.*]

* 2. **TENACULUM**, *Instrumentum scriptoris*, in Glossar. Lat. Gall. ex Cod. reg. 521.

¶ **TENAGIARE**, Candenti forcipe laniare, Ital. *Tenagliare*, Gall. *Tenailler.* Joh. Demussis Chron. Placent. ad ann. 1326. apud Murator. tom. 16. col. 494 : *Eodem anno Carcagnus proditor et Rodulphus ejus socius, et duo alii socii cum eis Tenagiati fuerunt.* Vide *Tenaglare.*

* **TENAGLA**, Forceps, Ital. *Tenaglia*, Gall. *Tenaille.* Instr. ann. 1384. inter Probat. tom. 3. Hist. Nem. pag. 66. col. 1 : *Cum Tenaglis dentes aufferendo etc.*

* TENAGULA, Eadem notione. Steph. de Infestura MS. ubi de Innoc. VIII. PP : *Fuit igitur* (Macrinus) *ductus per urbem in curru rectus et nudus, et cuidam stipiti alligatus et passim ferris seu Tenagulis et forcipibus infocatis afflictus.* Hinc

* **TENAGLARE**, Candenti forcipe laniare, Ital. *Tenagliare*, supplicii genus. Chron. Patav. ad ann. 1281. apud Murator. tom. 4. Antiq. Ital. med. ævi col. 1149 : *Mascharonus prædictus et duo alii positi in carrectis vincti, et Tenaglati per civitatem, etc.* Vide *Tenagiare.*

¶ **TENALEA**, Forceps, Gall. *Tenaille*, *Tenaglia.* Joh. de Bazano Chron. Mutin. apud Murator. tom. 15. col. 613 : *Deinde fuit Tenaleis morsicata.... super unum lectum accensorum carbonum*, etc. Vide *Tenella.*

¶ **Tenales**, Eadem notione. Index utensilium de Ruminiaco e Chartulario Compendiensi : *Una securis et quidam tripes, et trois chemines de fer, et uncs Tenales et duo treffus.*

¶ **Tenalia**, Eodem intellectu. Chron. D. de Gravina, tom. 12. Muratorii col. 567 : *Licet in eorum corporibus caro modica superesset morsibus Tenaliarum ignearum, etc. Tenaliis igneis mordere*, ibid. col. 641.

¶ **Tenalium**, Eodem significatu. Chronicon Bergom. Castelli de Castello ad ann. 1406 : *Quod ipsi ducantur super una curretta ad locum justitiæ et cum Tenalio ardente deberent attenajari*, etc.

¶ **Tenalla**, Idem. Enumeratio MS. munitionum Sommeriæ in Occitania ann. 1260 : *Item* VI. *martellos. Item* IV. *Tenallas. Item* L. *forcipes.* Ubi per *forcipes* forte minores, per *tenallas* vero majores forcipes sunt intelligendi.

¶ **Tenalleatus**, Candenti forcipe laniatus, Gall. *Tenaillé.* Annales Estenses ad ann. 1403. apud Murator. tom. 18. col. 990 : *Villanus debito damnatus supplicio fuit, per civitatem super curru Tenalleatus*, etc. Vide *Tanajare.*

¶ **TENAMENTUM**, Idem quod infra *Tenementum*, post *Tenere.* Ibi vide.

¶ **TENANCIA**. Vide in *Tenere* 1.

* **TENANCIARIUS**. Vide infra in *Tenere* 1.

TENANDRIUS. Statuta Roberti III. Regis Scotiæ cap. 4. § 3 : *Statutum est et ordinatum, quod licet in posterum dominus Rex de dicto Comitatu aut dominio, cum Tenandriis et libere tenentibus per chartam suam infeodaverit aliquem*, etc. Legendum puto *Tenanceriis*, ex Gallico *Tenancier*, Teneus.

☞ Nihil est cur certo locum emendes. *Tenendria*, pro villa, infra occurrit : quidni *Tenandrius*, pro villicus? Vide *Tenendria* in *Tenere* 1.

* Recte quidem, a *Tenandia*, Villa. Charta Jacobi reg. Scot. ann. 1450. in Chartul. Glasguens. eccl. ex Cod. reg. 5540. fol. 96 : *Episcopi Glasguenses teneant de nobis dictas terras in meram, puram et liberam regalitatem seu regaliam... cum Tenandiis, Tenandriis et libere tenentium servitiis.*

¶ **TENANTIA**. Vide *Tenentia*, et *Tenere* 1.

¶ **TENASMUS**, *Egerendi libido continua, sed inanis*, Laurentio in Amalthea. Plinius lib. 28. cap. 14. habet : *Tenesmos, id est, crebra et inanis voluntas desurgendi.* Habet etiam *Tenasmus* eod. cap. Sæpius alii *Tenesmus* dicunt, Medicis nostris *Tenesme, Epreinte.*

* Acta B. Amadei tom. 2. Aug. pag. 588. col. 1 : *Dum ipse dominus Antonius de la Ecclesia..... infirmaretur quadam infirmitate, quam vulgus appellat infirmitatum canalis, medici autem eam appellant infirmitatem Tenasmorum quodammodo incurabilem*, etc. Vide infra *Thenasmus.*

¶ 1. **TENATOR**, pro *Tannator*, ut videtur, *Tanneur. Constantius de Mongueur Tenator Trecensis*, in Charta ann. 1249. ex Chartul. Campan. fol. 533. col. 1.

* 2. **TENATOR**, Qui prædium a domino feudali dependens, et in ejus feudo vel dominio tenet et possidet. Charta Jordani de Insula ann. 1171. inter Probat. tom. 1. Annal. Præmonst. col. 365 : *Absolvo etiam parentibus meis, Tenatoribus et hominibus meis, quidquid donare voluerint de rebus vel terris suis.* Vide *Tenere* 1.

* **TENATURA**, Possessio. Charta ann. 1223. in Chartul. eccl. Glasguens. ex Cod. reg. 5540. fol. 42. r° : *Salvo etiam jure et Tenatura rectorum ecclesiarum, qui modo sunt, quousque cesserint vel decesserint. Tenure*, eadem acceptione. Vide infra in *Tenere* 1.

¶ **TENCA**, Piscis fluviatilis notus, Gall. *Tanche*, Ital. *Tenca*, Ausonio in Mosella v. 125. *Tinca.* Dicitur *Tenca* Petro Azario apud Murator. tom. 16. col. 428. Rumplero lib. 1. Histor. Monasterii Formbac. apud Pezium tom. 1. Anecd. part. 2. col. 433. et aliis. Hinc emendandus alter ejusdem Rumpleri locus col. 468. ubi pro *Tenca* perperam habetur *Tenta.*

¶ **Tencha**, Eadem notione, in Statutis Astensibus, ubi de *intratis portarum*, et in Statutis Placentiæ lib. 6. fol. 79. verso.

¶ **Tenchia**, Eodem intellectu, in Charta Hugonis Abb. S. Dionysii ann. 1200. ex Archivo B. Mariæ de Argentolio.

¶ **TENCHURERIUS**. Sententiæ Inquisit. Tolos. pag. 9 : *Matheus Aycardi Tenchurerius de Tolosa, etc.* Forte *Tenthurerius*, pro *Tenturerius*, Gall. *Teinturier*, Tinctor, infector. Vide *Teinturarius.*

* Nihil emendandum; nam Provinciali idiomate *Tenchurie* dicitur, pro *Tenturier*, quo forsan utuntur etiam Occitani.

* **TENCIA**, Induciæ, Gall. *Suspension d'armes.* Stat. Petri archiep. Narbon. contra Albig. ann. 1234. inter Probat. tom. 3. Hist. Occit. col. 370 : *Demandent homines burgi incontinenti Tenciam et amicitiam, sive treugas* xx. *dierum, quas habent cum O. de Termino et fautoribus suis.* Vide infra *Tenencia.*

1. **TENDA**, Tabernaculum, tentorium, Gallis *Tente.* [Ital. *Tenda.*] Tudebodus lib. 2. Hist. Hierosolymitanæ : *Et in nostras laxatis frænis concurrerunt Tendas.* Florentinus Monachus de Expugnatione Acconensi :

Bachanalis Africus mare perturbabat,
Evulsa tentoria cuncta laniabat,
Si confratres mei tunc ibidem fuissent,
Et tenere dentibus me Tendam vidissent,
Horum quidam, reputo, super me risissent.

Occurrit præterea apud Ordericum Vital. lib. 9. pag. 742. 743. [in Annalibus Genuens. ad ann. 1213. apud Murator. tom. 6. col. 405. in Memoriali Potestatum Regiens. ad ann. 1275. apud eumd. Murator. tom. 8. col. 1138. in Chronico Estensi ad ann. 1350. apud eumd. tom. 15. col. 458. in Chronico P. Azarii, tom. 16. ejusd. Murator. col. 331. in Statutis Astens. col. 17. cap. 71. in Statutis datiariis Riperiæ cap. 14. etc.] Raymundus Montanerius in Chron. Aragon. cap. 122 : *Et lo Senior Rey d'Arago feu anar la crida per la sua host, que tot homes plegas les Tendes*, etc. Sic Τένδας et Τέντας, tabernacula vulgo vocant recentiores Græci, Leo in Tactic. cap. 5. § 9. cap. 10. § 12. cap. 13. § 3. cap. 18. § 54. Nicetas Græco-Barb. in Notis Wolphianis pag. 115. edit. Genev. Ducas pag. 37. 188. Joan. Cananus pag. 192. et alii a Rigaltio et Meursio laudati, [ut et in Glossario mediæ Græcitatis.]

Tenda, Hispanis, est Statio seu officina in foro aut locis publicis exponendis et vendendis mercibus. *Tentorium* exponitur in Foris Aragon. lib. 9. pag. 179. Diploma Weremundi Regis Hispan. apud Ambrosium Moralem : *Cum omnibus utensilibus, cupis, torcularibus, et Tendis in mercatello, et vineis, quæ servierunt ipsi corti*, etc. Charta Aldefonsi VIII. Regis Castellæ æræ 1213 : *Et vestras Tendas nullus Alvarit, neque Almusericus, neque Almoçabel violenter intret*, etc. Rodericus Toletanus lib. 6. cap. 24 : *Rex dotavit Ecclesiam Toletanam, et dedit ei.... in civitate omnes stationes, quas vulgariter Tendas vocamus.* Idem in Hist. Arabum cap. 40. *Stationes vendentium* vocat. Fori Oscæ ann. 1247. sub Jacobo I. Rege Aragon. f. 18 : *Si duo habent domos, Tendas, aut alias hæreditates simul, etc.* Charta Lusitanica, apud Brandaon. lib. 15. Monarch. Lusitan. cap. 31 : *Item retineo mihi et successoribus meis omnes Tendas, quas Reges Saraceni solebant tenere tempore Saracenorum.* Adde tom. 5. pag. 308. Præterea Colmenarezium in Hist. Segoviensi, cap. 17. § 15. cap. 19. § 1.

Tendarii, Qui in *Tendis* merces suas venum exponunt. *Apothecarii et Tendarii*, in Foris Aragon. lib. 9. tit. Quod Physici, etc.

Tendere, Tentorium explicare, vel in tentorio subsistere, castra metari, [Italis *Tendare*, nostris *Tendre.*] Gloss. MSS. Reg. Cod. 1013 : *Tendebat, tentorium habebat.* Palmerius ad Salustium pag. 520. restituit vocem *Tendentes*, pro *Tentoria figentes*, aitque vocabulum esse Numidarum. Huc viri docti ista referunt Maronis :

. . . . hic sævus Tendebat Achilles.

Et Suetonii in Galba cap. 12 : *Cohors Germanorum juxta hortos Tendebat.* Denique Taciti Annal. 13 : *Milites Tendere omnes extra vallum jussit.*

Adtendare, Eadem notione, [Italis *Attendare.*] Epist. Tierrici Magistri Templi in Chronico Reicherspergensi ann. 1187 : *Et non potuerunt Adtendare ultra tendas tres.* Joan. Villaneus lib. 5. cap. 1 : *Ove il detto Imperadore s'era Attendato a gran danno di Romani.* Adde lib. 7. cap. 147. lib. 9. cap. 46. Hinc nostrum *Attendre* fluxit, [ut et Italicum *Attendere*,] pro *expectare*, quia donec *tendæ*, seu tentoria figantur, subsistunt, et expectant.

Tabernacula autem olim ex coriis confecta constat : unde in Epistola Valeriani ad Zozimionem, apud Pollionem in Claudio : *Pellium tentoriarum decurias triginta.* Zonaras in Constantino M. : Σκήνη ποτὲ τῷ πατρὶ διεκομίσθη ἐκ Βαβυλῶνος δέρμασιν ἐγχωρίοις ποικιλώτερον εἰργασμένη.

2. **TENDA**, apud Papiam, *quæ rustice Trabis dicitur.* Cod. alius *Trabea* præfert. Gloss. Saxon. Ælfrici : *Tenda*, tyldsyle, i.... Domus limen.

* 3. **TENDA**, **Tendalis**, Locus vacuus, in quo aliqua extendi seu expandi possunt,

Hisp. *Tendalero.* Charta admort. Caroli VII. in Reg. Cam. Comput. Paris. alias Bitur. fol. 148. r° : *Item super una locata sive Tendali ad Carentenas,..... ij. den. obol. Turon... Item super una locata Tendæ, sita ad Carentenas,....... semi pict.* Et fol. 150. r° : *Item super locata cum Tenda ad Carentenas, quam idem Sparos tenebat, ij. den. Turon. et obol.* Rursum fol. 151. v° : *Item super duabus Tendis cum suis locatis, ... iiij. den. ob. Turon. Tande* et *Tende*, eadem, ni fallor, notione, in Charta ann. 1270. ex Tabul. S. Mich. in eremo : *Octroions que....... toutefoiz et quanteffois que* (les bestes) *auront fait aucun domage.... en aucune ou aucunes de leurs maisons, vignes, terres, salines, prés, Tandes ou autres leurs tenences ou appartenances, etc.* Infra : *En leurs maisons, vignes, terres, salines, Tendes, ou autres leurs tenances ou appartenances, etc.* Vide infra *Tenta* 3.

* **TENDARE**, pro *Tendere*, explicare, Gall. *Tendre.* Comput. ann. 1399. inter Probat. tom. 3. Hist. Nem. pag. 150. col. 1 : *Pro clavellis ad Tendandum dictos pannos, ij. grossos. Tenderie*, Facultas plagas tendendi ad capiendas aves, et præstatio, quæ pro ea facultate pensitatur, in Comput. redit. comitat. Pontiv. ann. 1554 : *De le Tenderie aux oiseaulx du conté de Ponthieu ;.... moyennant le prix et somme de douze livres Parisis par an. Tandeis* vero, Propugnaculum ante se protensum, quo quis defenditur ac protegitur, apud Joinvil. in S. Ludov. edit. Cang. pag. 40 : *Les Turcs avoient ja brisé et froissé nos Tandeis et gardes.* Ibidem pag. 50 : *Six des chevetaines des Turcs.... vindrent faire ung Tandeis de grosses pierres de taille, affin que noz arbalestriers ne les bleczassent du trect.*

¶ **TENDARII.** Vide *Tenda* 1.

¶ **TENDARIS**, Locus in quo panni explicantur seu extenduntur, ut discimus ex Litteris Philippi VI. Reg. Franc. ann. 1335. tom. 2. Ordinat. pag. 115 : *Concedimus eisdem quod pro custode Tendaris, seu loci communis in quo panni tirantur seu tenduntur, et in parte adaptantur, possint unum denarium et pro clausura, et aliis reparationibus dicti tendaris... imponere desuper. seu supra quemlibet pannum in dicto Tendari, et aliis Tendariis dictæ villæ tirandum, per illos qui facient pannos ipsos tirari.* Vide in *Tenda* 1. et infra *Tiratorium* 1.

* **TENDARIUS**, Tinctor, infector, Gall. *Teinturier*, alias *Tandeur*, Glossar. Lat. Gall. ann. 1348. ex Cod. reg. 4120 : *Tinctores, Gallice Tandeurs, et dicitur ab hoc verbo, Tingo.* Libert. Caturc. ann. 1344. in Reg. 68. Chartoph. reg. ch. 312 : *Item creant...... curatores seu gardiatores pannorum,... et artificii textorum et paratorum et Tendariorum in pannis faciendis.*

¶ **TENDEHEVED**, mendose apud Hovedenum in Henrico II. pro *Tenth-heved*, vel potius *Tenheved.* Spelm. Vide *Tenheved.*

¶ **TENDELLI**, mendose, ut dicitur in *Collaterii.*

¶ **TENDERE**, Extendere. Codex Theod. lib. 11. tit. 14. leg. 1 : *Ante omnia autem quæ in horreis habentur expendi volumus, ita ut non prius ad id frumentum Tendatur expensio.* Codex Justiniani præfert extendatur. Pro tentorium explicare seu castra metari sumitur paulo ante in *Tenda* 1.

¶ **TENDITAS**, Voluntas, auctoritasve. Bulla Gregorii IX. PP. e Tabulario Corbeiensi : *Ingerannus de Wareignies possessiones, redditus et alia bona ipsius monasterii occupare propria Tenditate præsumens, villas, molendina et grangias monasterii cum non modica quantitate bladi... succendit ausu nephario et destruxit.*

TENEAMENTUM, Teneatura. Vide infra *Tenere* 1.

¶ **TENEBELLÆ**, Parvæ tenebræ. Cl. Mamertus lib. 2. de Statu animæ cap. 9 : *Eruentur mihi atque extrahentur etiam nuncupatim ex abditis Tenebellarum, qui hactenus delituere.*

TENEBRÆ, Officium Ecclesiasticum, ita appellatum, quod peragitur feria 4 5. et 6. majoris hebdomadæ. *His enim diebus Ecclesia Tenebras colit, et Matutinas in Tenebras finit*, inquit Durandus lib. 6. Ration. cap. 72. n. 2 : *Primo quia in luctu et mœrore est propter domini Passionem, et propter ejus triduanam mortem exequias celebrat triduanas. Secundo Officium Tenebrarum significat tenebras, quæ fuerunt super faciem terræ, dum pendebat Sol justitiæ in cruce, etc.* Adde Beletum cap. 100. Liber Ordinis S. Victoris Parisiensis MS. cap. 20 : *Ad Tenebras in Parasceve per tres dies* 13. *cerei accenduntur.* Hugo Flaviniac. pag. 170 : *Ubi vero ventum est ad Tenebras, miser ille, dum Kyrie eleyson cum versibus cantaretur, corde compunctus genibus patris advolutus est.*

☞ Ad hunc posteriorem locum non satis attendisse videtur Mabillonius, cum *Tenebras* generatim *Matutinas* interpretatur in Onomastico ad calcem partis 1. sæculi VI. SS. Benedict. Verum quidem est de *Matutinis* hic agi ; sed de *Matutinis* nocte Cœnæ Domini celebratis, unde a Cœna Domini dictæ sunt *Tenebræ*, non a tenebroso noctis tempore, ut intellexisse videtur vir doctissimus.

¶ **TENEBRARE**, *Obscurare, tenebrosum facere*, Johanni de Janua. *Tenebrare terras* Martiano Capellæ lib. 6. S. P. Chrysologus Serm. 74 : *O si nebulæ fumus mulieris Tenebrasset aspectum !* Lactantius lib. 4. cap. 19 : *Tenebrabitur dies lucis.* Guibertus lib 1. de Pigneribus SS. cap. 1 : *Quid dicam de illis, qui nullis aliorsum testimoniis clarurunt, et ex eo quod scripturis qualibuscumque celebrari putantur, potissimum Tenebrabuntur?*

* nostris *Entenebrer.* Vitæ SS. MSS. ex Cod. 28. S. Vict. Paris. fol. 2. r°. col. 1 : *Cil qui ont longuement demoré en chartre, ont les oelz Entenebrez et oscurs et ne poent veoir clerement.*

TENEBRARIUS, Vir obscurus, obscuri nominis. Vopiscus in Firmico : *Et illi quidem adversum nos contendenti hæc sola ratio fuit, quod dicebat, Aurelianum in edicto suo non scripsisse, quod tyrannum occidisset, sed quod latrunculum quondam a Rep. removisset : perinde quasi digne tanti Principis nominis debuerit tyrannum appellare hominem Tenebrarium, aut non semper latrones vocitaverint magni Principes eos, quos incadentes purpuras necaverunt.*

¶ **TENEBRATIO**, Obscuratio, caligatio. *Tenebratio visus*, Cælio Aurel. lib. 1. Chron. cap. 2.

¶ **TENEBRESCERE**, Tenebrosum fieri, tenebris obduci. S. Aug. de Genesi ad litt. lib. 1. cap. 10 : *Quo tempore pars ista, in qua sumus, Tenebrescit in noctem.* S. Chrysologus Serm. 74 : *Tenebrescit vesper, non lucescit.* Rursum utitur Serm. 77. Homagium ann. 1257. e Schedis Præsidis *de Mazaugues* : *Quoniam veritatis series plerumque... Tenebrescit.*

¶ **TENEBRICARI**, Idem quod *Tenebrescere. Sol media die Tenebricavit*, apud Tertullianum adv. Judæos cap. 13. Paschasius Radbertus lib. 3. de Fide, Spe et Char. cap. 12. tom. 9. Ampl. Collect. Marten. col. 570 : *Hinc* (*anima*) *Tenebricatur peccatorum suorum aspectibus; illinc resplendet gratia Dei respersa et virtutum muneribus.*

¶ **TENEBRICOSITAS**, Obscuritas, caligo. *Tenebricositate vexari*, Cœlio Aurel. lib. 1. Chron. cap. 4.

* **TENEBROSITAS**, Obscuritas, caligo, Gall. *Tenebres*, alias *Tenebreur.* Lit. remiss. ann. 1398. in Reg. 153. Chartoph. reg. ch. 208 : *Lanceam propter Tenebrositatem noctis reperire non poterant.* Aliæ ann. 1373. in Reg. 105. ch. 219 : *Lequel compaignon les supplians ne congnoissoient point, comme il ne le peussent choisir ne adviser, pour la Tenebreur et obscurté de la nuit, etc.* Vide *Tenebricositas.*

* **TENECIO**, Possessio. Charta ann. 1204. ex Bibl. reg. cot. 17 : *Ego Aladaicis Cornelo.... te Bernarde de Turre in Teneccionem mitto ex omni illo dono, quem tibi feci in meo novissimo testamento.* Vide supra *Tenatura.*

¶ **TENECULA**, Idem quod *Tenacula*, Forceps, Gall. *Tenaille.* Acta SS. Martis, tom. 2. pag. 508 : *Brachium S. Joseph ab Arimathia in argento cum Teneculis in manu de argento.*

¶ **TENEDO**, TENEDURA. Vide *Tenere* 1.

* **TENEIREA.** Vide infra in *Tenere* 1.

¶ **TENELLA**, Gall. *Tenaille*, Forceps. Vita B. Lidwinæ, tom. 2. Aprilis pag. 274 : *Tenella solet calefieri ad ignem.* Et pag. 314 : *Quod* (*pomi fragmentum*) *etiam inter ferreas Tenellas candentesque compressum, insipidum omnino reddebatur.* Utitur etiam Cornelius *Zantfliet* in Chronico apud Marten. tom. 5. Ampl. Collect. col. 365. ubi de eadem B. Lidwina. Vide in *Tenalea.*

1. **TENELLUS**, Obturaculum oris dolii. Jo. Laudensis in Vita S. Petri Damiani Card. num. 22. de dolio, seu tina : *Evulso Tenello, nihil prorsus vini suscipiunt.*

¶ 2. **TENELLUS**, Cenaculum aulicorum. Ordinatio Humberti II. super ordine et numero mensarum tom. 2. Hist Dalphin. pag. 311. col. 1 : *Item, quod aliis Militibus simplicibus in nostro Tenello comedentibus serviatur eodem modo inter duos quoslibet, videlicet de una gallina, etc.* Mox : *Item, quod omnibus... in Tenello nostri hospitii comedentibus serviatur, etc.* Et pag. 312. col. 2 : *Die Veneris... in hospitio non comedetur, nisi semel in die et in Tenello, sicut nec aliis diebus jejunii.* Ibid. pag. 313. col. 2 : *Potatio de mane in Tenello : Item, volumus et ordinamus, quod qualibet die de mane, quando non est jejunium ordinatum ab Ec-*

ssia, panaterius hospitii nostri portet seu portari faciat in loco, ubi tenetur Tenellus mappam cum duodecim panibus parvis... et quod botellerii portent pro eisdem ad prædictum Tenellum sex mensuras vini puri de Tenello, et quod coquus de coquina nostra portari faciat ad dictum locum pro eisdem unum rotulum de carnibus, etc. Similia mox repetuntur, ubi *de potatione per diem in Tenello.* Rursum infra pag. 317. col. 1 : *Item, volumus quod illi qui debent in Tenello communi comedere, etc.* Adde pag. 335. col. 1. et vide *Tinellus.*

* 3. **TENELLUS**, Structa in forcipis modum munitio, Gall. *Tenaille.* Charta Galth. comit. Brenæ ann. 1231. ex Tabul. commend. Trec. : *Non poterunt forteritiam facere; nisi suæ proprisiæ clausuram de fossatis xiv. pedum in latitudine tantum, et palatii vel muri x. pedum in altitudine super terram, sine tornellis, archeriis et Tenellis.* Inquisit. ann. 1371. in Access. ad Hist. Cassin. part. 1. pag. 433. col. 2 : *Camera etiam habet...... curtim cum Tenello, casalenum et turrim supra portam. Teniau* inter instrumenta piscandi recensetur in Lit. ann. 1367. tom. 6. Ordinat. reg. Franc. pag. 471.

¶ **TENEMENTARIUS**, TENEMENTUM, TENENDRIA, etc. Vide *Tenere*, 1.

* **TENEMIUM**, Vox mendose scripta aut plane barbara, qua designari intellectum suspicantur docti Editores ad Acta S. Hildegard. tom. 5. Sept. pag. 699. col. 2 : *Præterea cum magnum Tenemium non habuerit, quadragesimo secundo ætatis suæ anno libros non paucos scribere incepit Spiritus sancti revelatione.*

* **TENENCIA**, Induciæ, securitas data coram judice vel domino feudali inter inimicos, idem quod practicis nostris *Asseguramentum.* Stat. Jacobi I. reg. Aragon. ann. 1251 : *Similiter quicumque habuerit cum aliquo Tenencias ad aliquem certum vel certos dies, infra illas Tenencias, nec ratione pignorationis, nec aliqua ratione vel occasione, possit malum facere alteri, nec illas Tenencias infringere, et quicumque infra treugas vel Tenencias adratas malum fecerit alicui, cum quo treugas habuerit, vel pignorationes fecerit vel dampnum aliquod intulerit, dampnum emendet in duplo.* Vide supra *Tencia.*

* **TENENCIORES**, Iidem qui *Tenentes.* Vide infra in *Tenere* 1.

TENENS, forense vocabulum, pro reo, ut contra, *Petens* pro actore, in Regiam Majestatem lib. 2. cap. 2. Occurrit passim in Legibus Scoticis et Anglicis. Vide *Tenere* 1.

¶ **TENENSA**, Possessio quam quis tenet ab alio. Charta ann. 1210. e Chartulario Lezatensi : *Ego Guill. Abb. Lezat. solvo et derelinquo... Bernardum de Vauro et omnem suam Tenensam, et omnes suas res mobiles et immobiles, quocumque loco prædicta Te... sit vel esse debet, et omnem suam ...niem... tali pacto quod prædictus B. de Vauro et qui per eum erunt, reddant et do... duos solidos de bonis Tholosanis annua... ex parte dominationis per seipsos et per ...em suam Tenensam, scilicet prædicto G. ...i Lezatensi, etc.* Vide infra *Tenere* 1. [* Vide supra *Tenecio.*]

* **TENENSARIUS**, TENENSOR, *Tenens.* Vide infra in *Tenere* 1.

* **TENENTA**, TENENTARIUS. Vide infra in *Tenere* 1.

¶ 1. **TENENTIA**, TENANTIA, Securitas standi promissis et conventis. Literæ Willelmi Scotorum Regis ann. 1209. apud Rymer. tom. 1. pag. 155. col. 2 : *Pro eisdem terminis fideliter tenendis dedimus eis in Tenentiam obsides nostros, quos habet.* Charta Johannis Regis Angl. lib. nig. Scaccarii pag. 379 : *Tradidit nobis tria castra Walliæ suæ... in Tenantiam reddendi nobis prædicta debita nostra et satisfaciendi nobis, etc.* Vide *Teneteria* et *Tenmantale.* Occurrit alia notione in *Tenere* 1.

* 2. **TENENTIA**, Proprietas, dominium. Testam. Bern. de Pradis ann. 1312. ex Cod. reg. 8409. fol. 35. r° : *Jubeo et veto ut illa Tenentia domus, quæ est in petra, numquam alienetur, quia volo semper remaneat penes liberos dictorum hæredum meorum.* Charta ann. 1371. in Reg. 103. Chartoph. reg. ch. 37 : *Item et quædam Tenentia hospitiorum situatorum in carreria argenteriæ Montispessulani, quæ sunt in numero septem.* Nisi malis intelligere ibi collectionem domorum, quæ sibi invicem contiguæ sunt et cohærent.

* 3. **TENENTIA**, Reditus, qui ex prædiis percipitur. Charta Drocon. de Melloto ann. 1222. ex Chartul. S. Steph. Autiss. : *Compromisimus in eosdem, videlicet de terris quas homines de Eglingy venientes ad S. Mauricium tenent ad costumam vel tertias, ... tali modo quod dicti tres, quantum ad terras prædictas, inquirent bona fide consuetudines, erramenta et Tenentias, quæ tam nos quam capitulum obtinuimus.*

¶ **TENENUM**, Ager, ut videtur, clausus. Charta ann. 1358. apud Corbinell. inter Probat. familiæ *de Gondi* tom. 1. p. CLVII : *Item unum palatium magnum cum columbaria, et cella, et curia, et una domo bassa, et casolare, et Teneno cum vitibus positum in populo S. Martini.*

* **TENEORICA**, *Genus cartæ*, in vet. Glossar. ex Cod. reg. 7613.

¶ **TENERARE**, Tenerum efficere, Constantino Africano, cujus locus exstat in *Gastia.*

1. **TENERE**, TENENS, TENEDO, TENEMENTUM, etc. Voces fori feudalis. [** *Li rois ne tient de nuluy fors de Dieu et de luy*, in Statut. S. Ludov. reg. Fr. lib. 1. cap. 78. et alibi.]

TENERE dicitur, qui prædium a domino feudali dependens, et in ejus feudo vel dominio possidet : quæ vox hac notione passim occurrit.

TENERE IN CAPITE dicitur, qui nullo medio ratione feudi domino subjectus est, apud Anglos specialiter, qui a Rege seu *Corona* feudum suum tenet. Cowell. [Charta Henrici Regis Angliæ circa ann. 1155. apud D. *Brussel* tom. 2. de Feudorum usu pag. 1. ad calcem : *Si quis Comes, vel Baro, seu alius tenamentum Tenens de nobis in capite per servitium militare, mortuus fuerit, et cum decesserit heres ejus plenæ ætatis fuerit, et relevium debeat, habeat hereditatem suam per relevium antiquum, et alii similiter per antiquam consuetudinem feodorum.*] Radulphus de Diceto ann. 1163 : *Nullus scilicet, ut vulgariter loquar, de Rege Tenens in capite castellum, villam, vel prædium, etc.* Epistola Monachorum Ecclesiæ Cantuariensis ad Reg. Henricum II : *Cum nihil ad eum spectent, sed nos Teneamus post Deum in capite de vobis, sicut et ipse.* Matth. Paris. ann. 1244 : *Ad omnes Prælatos, qui de Rege Baronias Tenebant in capite.* Et infra : *Ut quilibet Baro Tenens ex Rege in capite, haberet prompta et parata regali præcepto omnia servitia militaria, quæ ei debentur.*

* TENERE PER ACAPTUM, Sub *accapitorum* conditione et onere. Consuet. Catal. MSS. cap. 55 : *Si unus vassallus Tenet duo vel tria feuda pro uno domino per acaptum unius temporis vel domini suorum, bene potest ea legare seu dividere inter diversas personas.* Vide *Accaptare.*

* TENERE PER BARONIAM, Jure Baronum, hoc est, supremo dominio. Vide supra in *Baro.*

* TENERE AD DUO BLADA, Per tantum temporis habere agrum, ut *tenens* bis ex eo bladum colligere possit. Charta ann. 1294. in Lib. nig. 2. S. Vulfr. Abbavil. fol. 67. v° : *Honoratus ad Dentes debet Tenere terram prædictam ad duo blada et duas avenas.*

* TENERE AD CAPTANIAM. Vide supra *Captania.*

* TENERE AD CATALLUM, Ad medietatem fructuum. Vide supra in *Catallum.*

* TENERE IN COTERIA. Gall. *Tenir en Coterie*, Ad societatem. Vide supra in *Coteria.*

* TENERE DALPHINALITER. Vide supra in *Delphinus.*

* TENERE IN FAMULATU, Servientis feudalis conditione. Reg. feud. Norman. ex Cod. reg. 4653. A fol. 170 : *Theobaldus de Faverilles Tenet in famulatu medietatem præpositurae,..... unde est famulus ligius.*

* TENERE LAICALITER. Vide supra in *Laicus.*

* TENERE AD MANSUM, Sub certo scilicet censu et annua pensione domino fundi præstanda. Vide supra in *Mansus.*

* TENERE IN MARITAGIUM, Ex dote uxoris seu donatione, quæ a parente filiæ fit propter nuptias. Feoda Norman. in Reg. S. Justi ex Cam. Comput. Paris. fol. 158. v°. col. 2 : *Dom. Engerrannus de Hommet Tenet in maritagium ex parte sororis Willelmi de Mombray apud Escoucheium duo feoda in baillivia castri Laire.* Ibid. fol. 170. r°. col. 2 : *Dom. Galterus de Flavacourt... Tenet a dom. Johanne de Monchevrel.... medietatem matrimonii sororum suarum, quæ sunt a Laicort.* Vide in *Maritagium.*

* TENERE IN MILITIA. Vide supra in *Decimæ.*

* TENERE DE NUDO AD NUDUM, dicitur, qui nullo medio, ratione feudi, domino subjectus est. Charta Guill. dom. Salionis ann. 1281. in Chartul. eccl. Lingon. ex Cod. reg. 5188. fol. 18. v° : *Accepi feodum domus et fortherotiæ et fossatorum et pertinentiarum domus dom. Bartholomæi de Villacomitis, quam domum idem dom. Bartholomæus Tenet de nudo ad nudum a domino Beræ.* Alia ann. 1291. ex Chartul. episc. Carnot. : *Symon, dictus de Maricorne, de S. Leobino, de Joncheretis armiger et domicella Johanna ejus uxor confessi sunt vendidisse reverendo patri dom. G. episcopo Car-*

not. quatuor vavassores, quos habebant et quos dictus Symon jure hæreditario Tenebat ab eodem episcopo de nudo ad nudum, ad fidem et homagium. Charta ann. 1289. ex Chartul. S. Carauni : *Guillaume de Danonville chevalier tieng de moi an fié nu à nu environ sept muis de terre semeure. Sans moienne Tenue*, eodem sensu, in Reg. B. Cam. Comput. Paris. ad ann. 1336. fol. 76. r° : *Se il tient aucune chose en fié, ou en vilenage dudit mons. le Duc et souz lui, sans moienne Tenue d'autri, que l'on appelle Tenue de Duchainne.*

* Tenere ad Octenum, Ad octavam scilicet fructuum partem. Vide supra *Octenus.*

¶ Tenere a Soyete, hoc est, ad societatem, ut satis explicant Litteræ Officialis Morinensis ann. 1271. e Tabulario Corbeiensi : *Peterent etiam dicta triginta jornalia terræ Tenenda ab eadem Ecclesia hæreditarie à soyete, tali modo quod dicti abbas et Conventus deberent invenire tertiam partem seminis dictæ terræ, et prædicti superius nominati deberent ad sumptus suos proprios dictam terram excolere, seminare et ahanare, et habere medietatem fructuum ratione agriculturæ suæ, et prædicti Abbas et Conventus aliam medietatem.* Vide *Socida.*

* Tenere, Prædium, hæreditas. Stat. Pistor. ann. 1107. apud Murator. tom. 4. Antiq. Ital. med. ævi col. 558 : *Item si quis civis de cetero fuerit de suo Tenere inter Pistorii districtum expulsus, et mihi fuerit reclamatum; citius quam potero, expulsum in Tenere suo et podere faciam restitui.*

* Tenenciores, Tenensores, *Tenentes*, qui diversis titulis terras et prædia tenent. Libert. villæ de Burgo in ducatu Aquit. ann. 1451. ex Reg. 198. Chartoph. reg. ch. 379 : *Item dixerunt quod alii feudarii et Tenenciores in palude de Barba et in villa certa deveria reddunt nobis.* Reg. Cam. Comput. Paris. sign. JJ. rub. fol. 14. v° : *Item dixerunt quod sunt aliqui feodatarii et Tenensores in palude de Barba et in dicta villa, qui certa deveria reddunt domino regi.*

Tenentes in Communi, sicut illi, qui ex diversis titulis terras ac tenementa pro indiviso tenent. Ita Cowellus lib. 2. tit. 2. § 14. Ii in Foris Aragonensibus unica voce *Terrastenentes* dicuntur, apud Michaëlem *del Molino* in Repertorio pag. 75. et alibi : *Terretenents*, in Chron. Petri regis Aragon. lib. 1. cap. 43.

Tenentes in Feodo Simplice, Littletoni sect. 1. 2. 3. etc. *Tenans en fée simple*, Vide in *Feodum simplex.*

Tenentes in Feudo Talliato. Vide *Feudum talliatum.*

Tenentes in Tallia Generali, Littletoni sect. 14. et 15. dicuntur, cum tenementa dantur alicui et hæredibus ex proprio corpore procreatis. Tum enim *generalis tallia*, (*general taile*) dicitur, quia ex qualibet uxore, si is plures habuerit, procreati liberi ad ejusmodi tenementorum successionem admittuntur.

Tenentes per Talliam Specialem, Cum tenementa alicui et uxori, et hæredibus ex utroque procreatis dantur. Tum enim soli ex hoc conjugio nati liberi ad ea tenementa admittuntur. Littleton. sect. 16. 19. Vide *Talliare* in *Tallia* 8. et *Feudum talliatum.*

Tenens in Dote, dicitur cum uxor marito defuncto, tertiam ejus tenementorum in dote tenet. Idem sect. 36.

Tenens ad Vitam, seu usumfructum. Idem sect. 56.

Tenens ad Certum *annorum numerum.* Idem sect. 58. 59. etc.

Tenens ad Voluntatem, Cum tenementa alicui conceduntur possidenda ad voluntatem donatoris, apud eumdem sect. 68. et seqq. Quæ quidem *Tenura*, alia videtur ab ea, de qua vetus Consuetudo Normanniæ MS. part. 1. sect. 3. c. 15 : *Uns fiemens sont apelez frans Tenemens sans homage et sans parage en fieu lay, et ce est fet par aucune composition, qui est fete entre aucunes personnes. Si comme un homme a 30. s. de rente, et il en donne à un autre les 10. et l'homage e son homme : cil qui tient le fieu ne fet pas homage à l'autre, car il tient le fieu par un seul homage, et tele Tenure est apelée Tenure de volenté, pour c'en que ele est fete de la volenté à celui, qui baille le fieu, et qui le rechoit sans nul homage, et sans nul besoing d'eritage, etc.*

Tenens per Consuetudinem *Angliæ*, dicitur is, qui tenet seu possidet *Tenementa*, vel terras, quæ ex Consuetudine Angliæ maritis, vel in dotem uxoribus permittuntur. Is enim invaluit mos apud Anglos, ut si quis fœminam hæredem ducat, et ex ea prolem gignat, quæ viva prodit in lucem, terras, de quibus uxoris nomine saisitus in ejus vita est, et mortua, integras ad vitæ suæ terminum retineat. Quam legem Henrico I. quidam adscribunt. Vide Littletonem sect. 35. Cowellum lib. 1. Instit. Angl. tit. 2. §. 18. et supra in voce *Curialitas Angliæ.*

Tenentes Libere, Qui liberum tenementum tenent vel possident, in Legibus Malcolmi II. Regis Scotiæ cap. 9. *Libere Tenentium* alii sunt *intrinseci*, alii *forinseci*, in Fleta lib. 2. c. 71. § 13.

¶ Tenens Medius. Vide in *Medius.*

Tenens per Copiam Rotuli Curiæ. Vide in *Copia.*

Tenens per Virgam. Vide *Virga.*

Tenens per Homagium, in veteri Consuetud. Normanniæ cap. 28. 29.

Tenens per Paragium. Vide *Paragium.*

Tenens per Eleemosynam. Vide *Eleemosyna* 2.

Tenens per Burgagium. Vide *Burgagium.*

Tenens per Bordagium. Vide *Bordagium*, in *Borda* 5.

¶ Tenementum, Territorium, districtus alicujus loci. Statuta Arelat. MSS : *Si maleficium vel injuria in Arelate vel ejus Tenemento commissa fuerit, etc.* Statuta Massil. lib. 2. cap. 32 : *Statuimus, quod si aliquo tempore* (contigerit) *talam fieri in civitate Massiliæ, Tenemento vel ejus districtu, occasione guerræ generalis, etc.* Charta Montis-majoris ann. 1212 : *Quidquid in tota prædicta villa Pertusii seu in toto ejus Tenemento quacumque ratione justa vel injusta possidet.* Donatio Templariis facta ann. 1248 : *Dono... villam seu castrum de Geneiraco cum omni suo Tenemento.* Charta ann. 1266. ex Archivo Eccl. Massil. : *Quatuor pecias terræ sitas in Tenemento Alaudi.* Charta ann. 1203. inter Instrum. Gall. Chr. novæ edit. tom. 1. pag. 85. col. 1 : *Ego Ildefonsus Dei gratia Comes et Marchio Provinciæ.... concedo tibi Raimundo Dei gratia Forojuliensi Episcopo ... omnes justitias hominum qui sunt vel erunt in posterum in Tenemente Forojuliensis Ecclesiæ sive in civitate Forojulii, sive extra, in castris vel villis ad episcopatum vel præposituram pertinentibus, etc.* Vide mox *Tenimentum.*

Tenementum, Prædium urbanum, quod de domino tenetur. Skenæus ait, Tenementum communiter accipi pro hæreditate vel feudo; liberum vero tenementum idem esse cum usufructu, tametsi sæpissime confunduntur, atque hæc differentia minime observatur. Bractono lib. 4. tract. 1. cap. 31. § 1. et lib. 5. tract. 5. c. 28. § 1. Tenementum est prædium, quod in villa est, seu villæ partem conficit. Historia Translat. S. Julianæ Virg. ann. 1207 : *Ut casalia et Tenimenta civitatis ab eorum incursibus defensarent.* Passim. Le Roman *d'Amile et d'Amy* MS :

Partiray vous parmi mes Tenemens.

Infra :

Se donna li trestou son Tenement,
Et à ses sers donna graut chazement.

Liberum porro Tenementum, inquit Bracton. lib. 4. tr. 1. c. 28. § 1. *est id, quod quis tenet sibi et hæredibus suis in feodo et hæreditate, vel in feodo tantum sibi et hæredibus suis.* Ita autem dicitur *ad differentiam ejus, quod est villenagium : quia tenementorum aliud liberum, aliud villenagium.* Liberorum autem tenementorum aliud *tenetur libere pro homagio et servitio militari, aliud in libero sockagio cum fidelitate tantum, vel cum fidelitate et homagio.* Vide ibi varias species tenementorum, et cap. 38. § 5. Quoniam Attachiamenta cap. 45. 46. 47. et Fletam lib. 5. cap. 9. § 16. *Tenement noble*, in nova Consuetud. Atrebatensi art. 194. Alias *liberum tenementum* accipitur pro usu fructu, ut in Legibus Burgorum Scoticorum cap. 135. § 9. uti vult Skenæus. At Bracton. loco laudato scribit, *Liberum tenementum non posse dici alicujus, quo quis tenet ad certum numerum annorum, mensium, vel dierum, licet ad terminum centum annorum, quod excedit vitas hominum.* Vide Christophorum de Sancto Germano in Dialogo de Fundamentis Legum Angliæ cap. 7. pag. 25.

¶ Tenimentum, in Chronico Farfensi apud Murator. tom. 2. part. 2. col. 536. in Chronico Siciliæ apud Marten. tom. 3. Anecdot. col. 8. et 26. in Diplomate Henrici VI. Imper. ann. 1193. apud eumd. Marten. tom. 1. Ampl. Collect. col. 1002. in Chronico Dominici de Gravina apud Murator. tom. 12. col. 552. in Actis B. Joachimi, tom. 7. Maii pag. 92. quibus in locis modo Prædium quod de domino tenetur, significat, modo Territorium seu districtum alicujus loci, ut vox ipsa *Tenementum*, quod supra observavimus. [** *Civitatem sanctam Ierusalem cum suis Tenimentis*, in Epist. Magistri dom. Theut. ann. 1229. apud Pertz. Leg. tom. 2. pag. 263. ubi infra *Tenementis.* Occurrit iidem plur. num. in Pact. Matrim. ann. 1234. apud eumdem Pertz. pag. 308. et 311 : *In dodanam constituat vallem Mazariæ cum civitatibus, castris et villis, Tenementis, terris cultis, etc.*]

¶ Tenamentum, Idem quod *Tenementum*. Charta Nobiliacensis ann. 1270. apud Stephanotium tom. 3. Antiq. Pictav. MSS. pag. 888 : *In terra nostra ac domanio nostro, dictorum Religiosorum, feodis, retrofeodis ac Tenamentis, quæ a nobis tenentur in dictis villis de Meriaco, etc.* Rursum occurrit ibid. pag. 890. et 891. Tabularium Monasterii Villæ-novæ : *A. de Thareeio Dominus Muchecolli, cum Beatricis uxoris meæ assensu, A. de Porta et hæredibus suis quoddam Tenamentum in maresio juxta Vacharepecam dedi in perpetuum possidendum.* Occurrit rursus in Chartulario S. Vincentii Cenoman. fol. 84.

¶ Teneamentum, Eadem notione. Homagium Arturi Ducis Britan. præstitum Philippo Regi Fr. ann. 1202. apud D. *Brussel* tom. 1. de Feudorum usu pag. 328 : *Ego feci carissimo domino meo Philippo Regi Franciæ illustri hommagium ligium... de feodo Britanniæ... salvis omnibus Teneamentis de quibus ipse dominus Rex et homines sui tenentes erant eo die, quo ipse diffiduciavit.*

¶ Tenentia, Tenantia, Idem quod *Tenementum* et *Tenetura*. *Tenanche*, in Charta ann. 1246. apud Thomasser. pag. 86. Donatio ann. 1125. in Probat. novæ Hist. Occitan. tom. 2. col. 429 : *Donamus tibi totum ipsum honorem, quem ipsi habuerunt... in omnibus locis, sive per alodium, sive per fevum, sive per Tenentiam.* Charta Guidonis Comitis Flandriæ ann. 1237. e Tabulario S. Bartholomæi Bethun. : *Hospites etiam et tenentes dictæ Ecclesiæ cum a dictis Præposito et Capitulo de novo ad dictam Tenantiam admittentur, debent jurare, etc.* Guillelmus Marra Magister Ordinis de Spata ann. 1261. Aurelio Abb. Tuliensi se suumque Ordinem donat *et possessiones, et honores, et homines et feminas, cum eorum Tenentiis, et jura ad eas spectantia et pertinentia, scilicet domus, campi, vineæ, etc.* apud Marten. tom. 1. Anecd. col. 1111. Arestum ann. 1285. ex Chartular. Corb. : *Abbas et Conventus dicebant et proponebant contra dictos Majorem et Juratos quod ipsi Major et Jurati in trefonssis et Tenanciis dictorum Religiosorum emerant et ratione emptionis tenebant... unam domum, etc.* Charta ann. 1294. ex eod. Chartular. : *Lesquelles Tenances devant devisées sont prisiées bien et justement à XXVI. livres et onze saudées de terre.* Charta ...wardi primogeniti Henrici III. Regis ...gl. apud Th. *Blount* in Nomolexico v. ...ancies : *Sciatis quod dedimus et assi...vimus in Tenenciam dilecto et fideli no... Yvoni Pauntun omnes terras... quæ fue... Hugonis Bedelli... tenendas ad nostræ ...e lacitum voluntatis.* Charta ann. 1344. ...edis Marchionis de *Flamarens* : *Sol... dictum accaptamentum, ut moris est, ... dominorum mutationibus et heredum ra... Tenentiarum, quas tenet ab ipso do...llo.* Occurrit passim.

Tenementarium, Idem quod *Tenemen...*, in Actis Capitularib. Eccl. Lugdun. ... 1337. Cameræ Comput. Paris. pag. 23.

☞ In Chartis Lugdunensibus, ut nos amice monuit D. *Aubret*, *Tenementarium* idem sonat quod Codex agrorum vectigalium, nostris vulgo *Terrier*.

¶ Tenementarius, Idem qui *Tenens*, Manceps, feudatarius; *Tenementier*, in Consuet. Lotharingiæ tit. 12. art. 32. et tit. 16. art. 1. Libertates Belli-visus ann. 1256. tom. 1. Hist. Dalphin. pag. 59. col. 1 : *Si alio modo quam per venditionem tenementum mutari contigerit, debemus habere pro mutagio nos et successores nostri censum a novo Tenementario duplicatum. Hoc idem intelligimus ad mutationem domini.* Occurrit in Regesto *Probus*, cujus locus exstat in *Confraria*, in Tabulario S. Andreæ Claromont. non semel, in Consuetud. Marchiæ Dumbarum art. 7. in Statutis Vercell. fol. 70. v°. apud Baluzium tom. 2. Hist. Arvern. pag. 173. et alibi passim.

* Pactum inter comit. Sabaud. et nobil. baron. *de Dombes* ann. 1398. ex Cod. reg. 9873. fol. 27. v° : *Item que lesdis noubles soient en coustume de exiger et recouvrer de leurs Tenementiers recognoissances à mort de seigneur et de Tenementier ou aultrement. Item tient plus ledit Tenementier... une terre tachible*, in Lit. admort. ann. 1412. ex Reg. 166. Chartoph. reg. ch. 272.

¶ Tenemenciarius, Eadem significatione. Terrarium Apchonii ann. 1512 : *Tam diu quam diu erunt Tenemenciarii dictarum proprietatum supra confinatarum, etc.* Rursum occurrit infra.

¶ Tenementius, contracte, pro *Tenementarius*, ni fallor, in Terrario Sacristæ S. Illidii Claromont. ann. 1398.

¶ Tenentiarius, Idem qui *Tenementarius*, Gall. *Tenancier*. *Tenentiarii homines monasterii* S. Johannis Angeriac. in Charta ann. 1285. e Chartulario ejusdem cœnobii. Occurrit alibi non semel.

* Tenanciarius, Eadem notione, a Gall. *Tenancier*. Charta ann. 1404. in Reg. feud. comitat. Pictav. ex Cam. Comput. Paris fol. 63. r° : *Cum hominibus meis, mensionariis et aliis Tenanciariis meis, etc.*

* Tenensarius, Pari intellectu. Charta senesc. Ruthen. ann. 1313. in Reg. 50. Chartoph. reg. ch. 143 : *Prædictos redditus mandare sibi faciet per homines et Tenensarios qui prædicta tenent.*

* Tenentarius, Eodem sensu, in Sent. ann. 1329. ex Reg. Car. IV. et Phil. VI. in Cam. Comput. Paris. fol. 62. r° : *Præcipientes hac eadem nostra sententia omnibus Tenentariis vinearum, domorum, pratorum, etc.*

¶ Tenementator, Eadem notione. Charta ann. 1214. e Tabular. S. Barthol. Bethun. : *Ecclesia debet ponere dicto domino, Roberto de Rolt Militi vel ejus hæredi certum Tenementatorem, post cujus decessum Ecclesia debet solvere duplicem redditum anni unius pro relivio.* Hic *Tenementator*, ut et *Tenementarius* Regesti *Probus*, loco in *Confraria* relato, vices agit caduci clientis, quem Practici vocant *Homme vivant et mourant*, quemque domino præstare debent *homines manus mortuæ*, seu Congregationes, quæ nunquam moriuntur, ne dominus iis privetur juribus, quibus potiri solet tenementario vita functo.

Tenetura, Forma, qua *Tenementum* de domino per vassallum *tenetur*, seu possidetur, vel ipsum tenementum. Vetus Consuetudo Normanniæ MS. 1. part. sect. 3. cap. 15 : *Teneure est appellée la maniere, par quoi les tenemens sont tenus des Seigneurs; l'une des tenuës est tenuë des Seigneurs par homaige, l'autre par parage, et l'autre par aumosne.* Charta Matthæi de Marliaco ann. 1202 : *Præterea dedimus ei 30. libras Paris. ad emendum aliquam Teneturam, quæ ad ipsum et uxorem suam, quamdiu vixerint, ... pertinebit.* Monastic. Anglic. tom. 1. pag. 362 : *Notum... nos dedisse... quandam Teneturam ad sartandum in Tenetura manerii, quod dicitur Chithtebruga.*

* Charta Rob. ducis Norman. ann. 1035. inter Instr. tom. 11. Gall. Christ. col. 326 : *Imprimis eamdem S. Mariæ ecclesiam cum aliis subtus scriptis ecclesiis ab omni episcopali consuetudine absolutam, immunem et omnino liberam constituimus in omni Tenetura, sicut tenet Fiscannensis ecclesia.*

Tenedura, pag. 526. ibidem. [Chartul. S. Vandregesili tom. 1. pag. 32 : *Sicut inde adhuc plures vestituras et Teneduras ostendunt.*]

Teneatura. Charta Communiæ S. Quintini ann. 1195 : *Si quis aliquam Teneaturam anno et die in pace tenuerit, etc.* Infra : *Si quis Teneaturam aliquam tenuerit, et vitam finierit, etc.* [Eadem occurrunt in Charta Communiæ Calniaci ann. 1213. Charta Henrici Regis Angl. ann. 1220. apud Marten. tom. 1. Ampliss. Collect. col. 1144 : *Idem autem Rex Franciæ et homines et imprisii sui erunt in ea Teneatura, in qua sunt modo.... et nos et homines et imprisii nostri erimus in ea Teneatura, in qua sumus modo.* Id est, in ea saisina et possessione, etc.]

¶ Tenitura. Charta Communiæ Noviom. ann. 1181. tom. 7. Miscell. Baluz. pag. 300 : *Si quis terram vel domum vel quamlibet Tenituram per annum et diem tenuerit, etc.*

Tenatura. Charta Guillelmi Cardinalis Archiepiscopi Remensis ann. 1182 : *Decernimus autem, ut quicumque hæreditatem, vel emptionem, vel alias quaslibet possessiones per 7. annos et unum diem in pace possederit et tenuerit, Tenaturam suam deinceps libere et quiete possideat. Ita quod alius reclamare non possit, vel Tenaturam calumniare, nisi possit probare, quod interim absens a terra fuerit, et absentiæ suæ rationabilem prætenderit occasionem, vel infra spatium illud, talis ætatis extiterit, quod jus suum disrationare non voluerit.* [Similia prorsus habentur in Charta Odonis Ducis Burgund. ann. 1216. apud Perardum pag. 344. hisque mox subditur : *Sciendum etiam, quod gageria non est Tenatura.*] Les Miracles *du Chevalier* MS :

Et si seros de m'amour toute
En Teuure et en saisine.

¶ Tenguda. Transactio Ludovici Domini de Castro-novo in agro Lemovic. cum incolis ejusdem loci ann. 1461 : *In eodem tractatu comprehenduntur tenentiarii de Croslo-baret, qui erant antea possessores ipsius Tengudæ.* Charta Comitatus Marchiæ ann. 1406 : *Tradiderunt..., quamdam Tengudam contiguam prædicto manso.* Et infra : *In dictis villagio et Tenguda assensatis.*

Tenedo, vel Tenezo, Idem quod *Tenetura*, et *Tenementum*. Usatici Barcinonenses MSS. cap. 68 : *Constituerunt hujusmodi prætaxatam Tenedonem, videlicet hominaticum, potestatem Castri, etc.* Charta Raymundi Comitis Tolosæ ann. 1224 : *Cum hac præsenti charta te investimus, et in tuum jus et proprietatem transferimus, et in Tenedonem et possessionem te inde mittimus, etc.* Alia ejusdem Comitis ann. 1233 : *Et in Tenezonem et plenam juris ac facti possessionem nos inde mittimus.* Alia Petri II. Regis Aragon. ann. 1283. pro Libertatibus Catalanorum : *Item quod nos... non possimus emere infra Tenedones alicujus Castri Baronis, Militis,... alodium aliquod, etc.* [Charta ann. 942. in Appendice Marcæ Hispan. col. 855 : *Totum vero castrum, vocatum Marræ cum omnibus fructibus et Tenedonibus atque pertinentiis... post obitum nostrum donamus, relinquimus, sive accordamus Domino Deo et domui S. Cæciliæ.* Rursum occurrit in Literis ann. 1137. ibid. col. 1282. et in Charta ann. 1160. col. 1330. Charta ann. 1080. in Probat. novæ Histor. Occitan. tom. 2. col. 310 : *In stagnis atque rivis, quæ sunt in alodio vel Tenedone S. Pauli* (Narbon.) *jam dicti.* Occurrit rursum col. 419. 467. 468. 529. etc. *In Tenesonem et commendam dare*, in Charta ann. 1394. Cameræ Comput. Provinciæ.]

¶ Tenedus, Eadem notione : *Ita ut unus quisque habeat suas Tenedos in pace*, in Conventione ann. 1140. in Probat. novæ Hist. Occitan. col. 491.

¶ Tenendria, Villa. Charta Wilhelmi Justitiarii generalis Regis Angliæ apud Johan. Skenæum de verborum significatione pag. 82 : *Mandamus quatenus summoneatis seu summoneri faciatis legitime coram testibus legalibus, de qualibet baronia* xii. *vel* xv. *homines ad hoc opus magis sufficientes, et de qualibet Tenendria seu villa* iv. *vel* vi. *homines, et de quolibet burgo* xii. Vide *Tenandrius*.

Tenura, Gall. *Tenure*. Hist. Translat. S. Guthlaci num. 151 : *Qui meta et finis inter utriusque Ecclesiæ agros, certo discrimine Tenuras et extensiones utrimque disterminat et certificat.* [Charta ann. 1050. ex Archivo S. Victoris Massil. : *Dono ipsas Tenuras cum prædicta Ecclesia... quantum tenent ipsas Tenuras cum mansionibus, cum curtis, cum oglatis, cum campis, cum ortis, cum molendinis, cum omnibus appendiciis, cum montibus et vallibus, etc.* Alia ann. circiter 1100. ex eod. Archivo : *Mansiones quæ in illa Tenura erant.* Charta ann. circiter 1178. inter Instr. tom. 3. Gall. Chr. novæ edit. col. 1074 : *Notum sit omnibus.... quod Petrus Ebredun. Archiep. et nepotes sui... dederunt Tenuram totam, quam habebant in fortareza, domui S. Crucis pro duobus solidis et sex denariis, præter terram illam quam tenet Columba Maurella.* Charta Roberti Comitis Castriæ apud Stephanotium tom. 15. Fragm. MSS. pag. 115 : *Sciatis me concessisse* (Floriacensi Cœnobio) *quidquid habeo in duas Mentigas, excepta Tenura Roberti de Sermentum.* Vita S. Oswaldi Archiep. Eborac. sæc. 5. Bened. pag. 752 : *Tenura et omnibus catallis Regis misericordiæ adjudicatis.* Petitio ann. 1292. apud Rymer. tom. 2. pag. 582 : *An de dicto regno Scotiæ sit aliter judicandum, quam de comitatibus, baroniis et aliis Tenuris.... scilicet Tenuris impartibilibus, etc.* Leges Balduini Comitis Flandriæ ann. 1200. apud Marten. tom. 1. Anecd. col. 771 : *Bajulus de possessionibus et Tenuris et hereditate D. Comitis placitare non potest... nec... aliquem D. Comitis hominem trahere in causam vel querelam de Tenuris suis, vel hereditate ejus, nisi in præsentia D. Comitis.* Regimina Paduæ ad ann. 1292. apud Murator. tom. 8. col. 426 : *Hic accepta fuit Tenura de tota insula Calcinariæ pro Commune Paduæ, et aliæ villæ quamplures.* Quibus in locis *Tenura* modo nudam possessionem significat, ut in Regiminibus Paduæ, modo prædium, quod a Domino feudali aliquis tenet, ut attento lectori satis ex ipsis locis patebit.]

¶ Tenuria, Eadem notione. Charta ann. 1256. e Tabulario S. Nicasii Rem. : *Vendidit totum Tenuriam suam, jardinum, etc.*

* Teneirea, Prædium, possessio, hæreditas, quidquid ab aliquo *tenetur*. Charta ann. 1253. ex Chartul. episc. Carnot. : *Confessi fuerunt Matheum de Bercheriis militem, filium dicti Radulphi, vendidisse reverendo patri M. episcopo Carnotensi omnes Teneireas ubicumque sitas, quas idem Matheus miles ab eodem episcopo in feodum tenebat.*

* Tenenta, Eodem significatu. Charta Henr. I. reg. Angl. ann. circ. 1108. inter Instr. tom. 11. Gall. Christ. col. 157 : *Concedo etiam ut omnes possessiones et Tenentæ, sive ecclesiasticæ, sive seculares, quas etiam habet eadem abbatia, vel futuris temporibus habitura est, in protectione et in manu mea sint liberrimæ et ab omnium subjectione immunes.* Infra : *Tenuras.*

Teneura, Possessio, in Charta Libertatum de Graciaco in Biturigib. ann. 1246. [in alia ann 1192. e Tabulario Monasterii Charitatis, alia Ludovici Comitis Blesensis ann. 1197. pro Credulio, alia ann. 1213. apud Lobinell. tom. 2. Hist. Britan. col. 303. alia ann. 1223. apud Marten. tom. 1. Ampl. Collect. col. 1178. alia ejusd. ann. ibid. col. 1179. alia ann. 1273. apud eumd. Lobinellum tom. 3. Historiæ Paris. pag. 28. col. 2. et alibi passim. Le Roman *de Vacce* MS. :

Dam Hebert de Saint Liz fu de grant Teneure.]

* Consuet. Norman. part. 1. cap. 29. ex Cod. reg. 4651 : *Notandum etiam est quod quædam sunt Teneuræ de redditibus, ut quando aliquis tenet redditum sibi assignatum, terra possessori remanente. Quædam Teneura fit de terra, ut quando aliquis tenet de alio fundum terræ alicujus. Quædam autem fit de dignitate, ut quando aliquis tenet aliquam dignitatem, ut de habere garantizantiam vel quitanciam in forestis, vel nundinis, vel aliis locis, vel habere serjantariam vel moutam, etc.* Male editum *montam* apud Ludewig. tom. 7. Reliq. MSS. pag. 223.

* Tenitura, Possessio, Gall. *Possession, jouissance.* Charta ann. 1221. ex Lib. albo episc. Carnot. : *De decima igitur dicimus, quod de jure communi debet eam reddere major,...... nisi major poterit se tueri Tenitura quadraginta annorum.* *Tenuere*, eodem sensu, in Charta ann. 1313. ex Tabul. eccl. Camerac. : *Par longue Tenuere de lequelle il n'est memore du contraire, etc.* *Teneure*, in alia ejusd. ann. ibidem.

¶ Tentura, ut *Tenetura*. [* Glossar. Lat. Gall. ex Cod. reg. 521 : *Tentura, Teneure Gallice.*] Charta ann. 1087. tom. 3. Hist. Harcur. pag. 13 : *Conquestus est apud ipsum, quod Abbas Fiscannensis tenebat quoddam manerium, quod debet pertinere ad Regem et ad regalia et ad Tenturam sui castelli.* Chartularium S. Vincentii Cenoman. fol. 82 : *Et judicavit ibi omnis curia Cenoman. quod S. Vincentius non debet perdere suas Tenturas, quas tenuerat diu, solide et quiete.* Passim occurrit in hoc Chartulario.

¶ Tenuitura. Charta Philippi Franc. Regis ann. 1190. e Tabulario Corbeiensi : *Noveritis nos concessisse Abbati et monachis Corbeiæ, quod nullum damnum sustineant de his, quæ ad proprietatem Abbatis et monachorum pertinent, occasione Tenuituræ, quam Communia Corbeiensis contra eos fecerit.*

¶ Tenuitio, Possessio. Charta ann. 1139. Marcæ Hispan. col. 1269 : *Dono jam dictæ Ecclesiæ* (*B. M. de Aspirano*) *omnes meas tracturas et Tenuitiones, sicut ego modo teneo et possideo.*

¶ Tenultura. Charta Hugonis Abb. Corbeiensis ann. 1224. e Tabulario ejusd. loci : *Prædicti duo arbitri diligenter... inquirent justam Tenulturam dicti advocati,.. et si ipse advocatus... aliquid injuste tenuerit .. debet illud dimittere, et si... aliquid tenere debeat, quod modo non teneat, debet per dictum illorum reponi in justam Tenulturam suam.*

Tenuta, Gallis *Tenuë*. Gesta Innocentii III. PP. pag. 148 : *Ecce nunc omnino succumbit, quia et Tenutam terræ contra populi decretum... illi dimittit.* Petrus de Vineis lib. 5. Ep. 92 : *Tenuta seu possessione ipsorum bonorum.* Thwroczius in Ludovico Rege Hungariæ cap. 25 : *Cum enim Rex principatus, Tenutas, et dominia regni sui sacræ Coronæ subdita vellet conservare, etc.* Adde cap. 27. [Mandatum ann. circiter 1207. apud Baluz. tom. 2. Miscell. pag. 250. aliud Mandatum ann. 1275. apud de Lauriere tom. 1. Ordinat. Reg. Fr. pag. 305. 1. col. 1. Chartam ann. 1277. apud Stephanot. tom. 3. Antiquit. Pictav. pag. 916. et 926. Gall. Christ. novæ edit. tom. 4. col. 149. Chartam Philippi Pulchri apud Menester. in Probat. Hist. Lugdun. pag. 43. col. 2. aliam ejusd. Regis apud D. *Brussel* tom. 1. de Feudorum usu pag. 668. Chron. Veron. apud Murator. tom. 8. col. 649. Estense tom. 15. col. 413. Annales Cæsenates apud eumd. Murator. tom. 14. col. 1141. Literas ann. 1360. tom. 1. Hist. Dalphin. pag. 149. Fœdus ann. 1314. tom. 2. ejusd. Histor. pag. 150. Literas Bonifacii IX. PP. ann. 1396. apud Ill. Fontaninum ad calcem Antiq. Hortæ pag. 425. et 427. *Possessio vel Tenuta alicujus possessionis*, in Statutis Montis-regalis pag. 197. *Tenuta seu inductio in possessionem*, in Statutis Cadubrii lib. 1. cap. 60. *Mittere in Tenutam et corporalem possessionem*, in Correctionibus eorumd. Statut. cap. 14. Hac etiam notione *Tenuta* dicunt Itali.]

¶ Tenuta, Res quævis mobilis, ut videtur, quam quis tenet seu possidet. Statuta Cadubrii lib. 3. cap. 61 : *Si quis pignus, vel Tenutam jam captam per aliquem præconem ex commissione D. Vicarii... reacceperit dicto præconi, vel ei cui pignus seu Tenuta consignata fuerit per dictum præconem, contra voluntatem ipsius curiæ in centum sol. et ad restituendum pignus vel Tenutam... condemnetur.*

* Tenuta, Forma, qua *Tenementum* per vassallum *tenetur*. Charta ann. 1353. in Reg. 82. Chartoph. reg. ch. 240 : *Quod prædictæ terræ et feoda tenerentur.... ad unam solam Tenutam in parria.*

* Tenuta, Investitura, missio in possessionem. Lit. procurat. in Formul. MS. Instr. fol. 39 : *Ad recipiendum ejus nomine et pro ipso Tenutam et possessionem corporalem ipsius præbendæ ac jurium et pertinentiarum earumdem, si vacat ad præsens, vel quamprimum vacaverit.*

* Tenuta, Obsignatio, manucaptio, Gall. *Saisie*, in Charta Phil. Pulc. apud Menester. inter Probat. Hist. Lugdun. pag. 43. col. 2.

2. TENERE. *Teneri* dicuntur infantes a Patrinis, cum baptizantur, quia revera ab illis in brachiis dextris *tenentur*, cum Sacerdos orationes baptismales dicit, et cum tinguntur, Gall. : *Tenir sur les Fonts de Baptesme*. Ordo Romanus : *Induti vero* (vestibus candidis) *ordinantur per ordinem,... et infantes quidem in brachiis dextris Tenentur, majores vero pedem ponunt super pedem patrini sui.* Concilium Nicænum Arabicum Pisani cap. 22 : *Ut viri non teneant in baptismo puellas, aut mulieres, neque mulieres Teneant masculos.* Conradus Abbas Uspergensis ann. 1123 : *Hoc etiam injungit,... ne filios suos et filias ad baptismum Teneant, sed sibi patrinos quærant, etc.* Historia Ludovici VII. Regis Franc. ann. 1165 : *Hugo etiam Abbas S. Germani Parisiensis patrinus puerum super fontem baptismatis in ulnis suis tenuit.*

Teneri etiam dicuntur Baptizati in Confirmatione. Honorius Augustod. lib. 3. cap. 116 : *Qui autem de Baptismo suscepit, idem etiam ad Confirmationem Tenere potest. Tenere ad Confirmationem*, in Concilio Compendiensi ann. 757. cap. 12. Cabilonensi II. cap. 31. Wormaciensi ann. 868. cap. 34. lib. 5. Capitul. cap. 7. in Epistola Nicolai PP. ad Rodulfum Archiep. Bituricensem cap. 5. et Fulberti Carnot. Epist. 18. Florentius Wigorniensis ann. 943 : *Idem Rex Anlafum Regem... de lavacro sanctæ regenerationis suscepit, regioque munere donavit, et parvo post tempore Reignoldum Northamhimbrorum Regem, dum ab Episcopo confirmaretur, Tenuit, sibique in filium adoptavit.* Vide Dissertat. 22. ad Joinvillam pag. 275. et in v. *Gestantes.*

¶ 3. TENERE, Claudicare, quod ex repede fiat claudicatio. Pactus Legis Salicæ tit. 32. § 9 : *Si vero pes capolatus fuerit, mancus ibidem Tenuerit, etc.* Vide Eccardum.

¶ 4. TENERE, Obtinere, lib. 12. Cod. tit. 53. leg. 1. et alibi passim in eod. Codice.

* Valere, sortiri effectum, Gall. *Tenir, Avoir lieu.* Stat. S. Flori MSS. fol. 37 : *Nullus tamen religiosus vel clericus secularis pactum cum aliquo faciat,...... ut in suo cimiterio eligat sepulturam, et si pactum fecerit, non Teneat electio sepulturæ.*

¶ 5. TENERE, Habere, existimare, Gall. *Tenir, Reconnoître pour, Reputer, Estimer.* Bartholomæus Scriba lib. 6. Annal. Genuens. ad ann. 1237. apud Murator. tom. 6. col. 476 : *Et juraverunt, ut dicebatur, quod non haberent, neque Tenerent dictum Potestatem electum pro Potestate, nisi primitus cognitum esset et definitum per sapientes.* Chronic. Briocense apud Lobinell. tom. 2. Histor. Britan. col. 837 : *Anno Dom.* MCCCLVI. *circa festum natale S. J. B. Henricus Rex Castelle fuerat conquestus totum regnum Castelle, quod Rex Petrus solebat antea possidere; unde multi mirabantur de hoc, pro eo quod tempore guerre incepte inter ipsos idem Rex Petrus Tenebatur et erat potencior et dicior Rex omnibus Regibus totius Christianitatis.*

* Charta ann. 1354. in Reg. 82. Chartoph. reg. ch. 324 : *Sciatis quod dicta verba dixit quodam caloris motu, et Tenet dicta verba pro non veris, vosque Tenet et habet pro bono et probo viro, atque ab illis innocente.*

¶ 6. TENERE, Cogere, congregare, Gall. *Tenir.* Litteræ Henrici IV. Regis Angl. ann. 1403. apud Rymer. tom. 8. pag. 334. col. 2 : *Constat nobis per inspectionem rotuli Parliamenti.... apud Westmonasterium Tenti, quod, etc. Hustengo Tento*, apud *Madox* Formul. pag. 200. *Curia Tenta*, ibid. pag. 237.

¶ 7. TENERE, Pertingere. Miracula B. Ambrosii Senens. num. 12. tom. 3. Martii pag. 204 : *Habuit fistulam in duobus digitis pedis, et tenebat usque ad dorsum pedis.*

¶ 8. TENERE, Scriptoribus ecclesiasticis, Credere, pro fidei articulo habere. Vide Barthium ad Claudianum Mammertum pag. 245. *Tene pro firmo*, in Vita Henrici V. Regis Angl. cap. 54.

* 9. TENERE, Tractare, accipere, agere. Charta ann. 1230. in Chartul. Raim. VII. pag. 65 : *Nos Raymundus Dei gratia comes Tolosæ recipientes donum supradictum a te Geraldo de Gordon supradicto, promittimus tibi quod te tractabimus et Tenebimus honorifice, et providebimus tibi in omnibus necessariis tuis in tota vita tua.*

* 10. TENERE dicitur Equus admissarius, quando equam init. Constit. MSS. Petri III. reg. Aragon. ann. 1359 : *Quod equa, quam ille cujus fuerit, quis Teneri seu calcari fecerit per equum aut roncinum nostrum, nequeat pro debito vel quavis alia causa seu occasione pignorari seu capi, nec etiam interim donec ad habendum apta fuerit.*

* Tenere in Amicitia. Vide supra *Amicitia.*

* Tenere Arma, Ludicras pugnas seu *hastiludium* agere. Constit. Feder. reg. Sicil. cap. 106 : *Item quod comites, magnates, barones et milites possint habere pro buchurvando seu Tenendo arma, duo guarnimenta, videlicet tunicam incordatam de scarlato et mantellum.*

¶ Tenere Campum Duelli, *Duello* præesse, præsidere, a Gallico *Tenir*, ut cum dicimus : *Ce Juge tient ses assises.* Vide locum in *Campus* 3.

* Tenere Captionem dicebatur fidejussor, qui in loco designato manere debebat, quamdiu is, pro quo spoponderat, pacto fecisset satis. Charta ann. 1213. ex Chartul. S. Joan. de Valle : *Fide obligati tenentur, si fratres illi ab hoc recederint, hoc plene facere observari, et ad submonitionem partis alterius tamdiu Tenere captionem apud Sparnonem, donec istud fecissent integre perfici et teneri.* Vide *Hostagium* 3.

¶ Tenere Chorum, Gall. *Tenir le Chœur*, Cantantium choro præesse, cantum moderari. Juramentum Cantoris S. Capellæ Paris. apud Lobinell. tom. 3. Hist. Paris. pag. 151. col. 2 : *Item, quod in Festis annualibus, videlicet in utrisque Vesperis... Tenebo chorum nisi debilitate corporis aut infirmitate fuero excusatus.* Statuta S. Capellæ Bituric. ann. 1407. ex Bibl. Reg. : *In festis autem novem lectionum duo vicarii Tenebunt chorum, etc.*

* Tenere Chorum dicuntur etiam Canonici, cum officio ecclesiastico intersunt. Necrol. eccl. Paris. MS. : *Statuit autem universum capitulum præfati regis* (Philippi) *anniversarium singulis annis sollempniter celebrari, et Missam ad majus altare celebrari, canonicis in Vesperis et in Missa chorum Tenentibus in capis sericis.*

¶ Tenere Contra, vel Tenere Cum, Gall. *Tenir contre ou pour quelqu'un. Cum Rege contra Principem Tenuit in hoc bello*, in Chronico Trivetti tom. 8. Spicil. Acher. pag. 646. id est, Regis partes adversus Principem sequitur. Occurrunt hæ loquendi formulæ in Chronico Parm. ad ann. 1297. apud Murator. tom. 9. col. 838. in Diar. Belli Hussitici, apud Ludewig. tom. 6. Reliq. MSS. pag. 182. in Chron. Angl. Thomæ *Otterbourne* pag. 85. et alibi.

* Tenere Curtum, Cohibere, coarctare, Gall. *Tenir de court.* Vide supra *Curtus.*

* Tenere Duellum, Illud juridici decernere. Vide supra in *Duellum* 3.

* Tenere in Guerra, Infense agere. Vide supra in *Guerra.*

* Tenere Se in Mercato, Pactionem de re comparanda ratam habere, Gall. *Tenir un marché.* Charta ann. 1054. ex Tabul. S. Vict. Massil. : *Guilelmus Theodosiæ et Niccius suus consanguineus fecerunt fidem in tali tenore, quia si sui fratres de S. Stephano non se Tenent in isto mercato de ista terra, etc.*

* Tenere Ordinem, Capitulo monachorum præesse, in capitulo convenire. Item, Observationes monachicas servare. Vide supra in *Ordo* 6.

* Tenere Parolam, Promissa exigere. Vide supra *Parola.*

¶ Tenere Prisionem *Corporalem*, in Charta ann. 1252. ex Chartular. Maurigniac. Phrasis Gallica, *Tenir prison.*

¶ Tenere Punctum in cantando dicuntur qui plus æquo protrahunt cantum finiendo. Spicilegium MS. Fontanell. pag. 202 : *Punctum nullus Teneat, sed cito dimittat... Nullus ante alios incipere et magis currere præsumat, aut post alios minus currere, trahere vel punctum Tenere.*

* Tenere Quæstionem, Congregationem

habere, in qua proponuntur a magistro quæstiones a discipulis discutiendæ et solvendæ. Constit. Carmelit. MSS. part. 1. rubr. 15 : *Magister studentium omnes actus scholasticos fieri consuctos intus vel extra infaillibiliter exerceat et sequatur, et specialiter quod omni ebdomada, semel ad minus, habeat Tenere quæstionem.*

¶ Tenere ad Raubas. Vide in *Raub.*

* Tenere in Regardo, Timorem incutere. Vide supra in *Regardum* 3.

¶ Tenere Regnum, Illud regere. Charta ann. 1213. ex Chartul. Campaniæ fol. 86 : *Umfredus nichil valet ad regnum Tenendum, et ideo, dicebant, auferamus ei uxorem suam et demus eam Marchioni qui bene reget regnum.*

¶ Tenere Se, Vim vi repellere, defendere, Gall. *Se defendre.* Breviarium Historiæ Pisanæ ad ann. 1171. apud Murator. tom. 6. col. 184 : *Cumque diu pugnatum esset, illi se non valentes Tenere, videntes murum a gatto foratum, et a manganis turrim, IV. Nonas Decembris se reddiderunt Pisanis.*

* Tenere Societatem, Gall. *Tenir compagnie*, Cum aliquo versari. Arest. ann. 1350. 6. Nov. in vol. 2. arestor. parlam. Paris. : *Audito quod dictus Colardus erat in prisione detentus, Johannes Candelerii iverat ad locum in quo erat detentus,.... et Tenendo sibi societatem, etc.*

¶ **TENERI** cum infinitivo sequenti pro Debere, vel oportere, ex antiquis nulli notum, præterquam Justiniano in Institutionibus, omnibus hodie ita familiare est, ut scriptorem vix reperias, qui non utatur : quo de vitio videre potes Scioppium de Stylo Hist. pag. 211. 222. et 233. et Vorstium de Latin. merito suspecta cap. 17. pag. 153.

TENERIA, Manubria balistarum, seu arcubalistarum, Sanuto lib. 2. part. 4. cap. 22.

* Ital. *Tenere*, manubrium. Hinc nostri *Tien-main* appellarunt partem scalæ cui ascendens innitur, quamque manibus tenet. Lit. remiss. an. 1457. in Reg. 189. Chartoph. reg. ch. 131 : *Icellui Jaquemin cheut par entre l'eschelle et le Tien-main de ladite eschelle jusqu'à terre.*

¶ **TENERINUS**, Tener, Ital. *Tenerino. Formagium toninum seu Tenerinum*, in Statutis Placentiæ fol. 81. v°. Caseus musteus, recens.

TENERIOR. Regestum Castri Lidi in Andibus fol. 47 : *Præco habet consuetudinem caprarum,..., et totum criagium vini, de ascensu et de descensu : de nuptiis* 1. *den. de Tenerioribus* 4. *den. ad Natale*, et 4. *den. ad Pascha, et* 4. *den. ad festum S. Joannis. Et de Judæis* 4. *den. et de bellis* 4. *den. et habebit armaturam convicti, et de latrone robam, et quando tolletur de annulis ferreis, etc.* [Vide *Tenerriaria.*]

* **TENERITUDO** Annorum, Tenera ætas, Gall. *Jeunesse*, alias *Tendresse.* Gerberti epist. ad Fulcon. episc. Ambian. tom. 10. Collect. Histor. Franc. pag. 411 : *Etsi enim totius metropolis Remorum cura nobis injuncta est, sed vestri potissimum, qui et amorum* (l. annorum) *Teneritudine et morum levitate pondus sacerdotale necdum ferre didicistis.* Charta ann. 1319. tom. 1. Probat. Hist. Brit. col. 1286 : *Ouquel temps de nostre Tendresse, homme de clere mémoire nostre très-cher seigneur et pere, monsieur Artur duc de Bretaigne nous bailla audit monsieur* (Simon de Monbuerchier) *en garde pour nous enseigner et doctriner, etc.* Vide *Tenerositas.*

¶ **TENEROSITAS**, Teneritas. *Tenerositas ætatis*, in Actis S. Godebertæ tom. 2. Aprilis pag. 32. *Tenerositatis anni*, in Vita S. Medardi, tom. 2. Junii pag. 80. *Tenerositas membrorum*, in Consecratione Ecclesiæ S. Leonardi Belesm. præsente Roberto Rege apud Ægidium *Bry de la Clergerie* lib. 2. Hist. Pertic. pag. 45. Vide *Teneritudo.*

¶ **TENERRIARIA**, f. Idem quod Ripa. *Si Tenerriariæ sive ripæ aquæ fronteriæ... non sint legitime curatæ, esbuscatæ et reparatæ*, in Statuto Judicis Aquensis ann. 1471. e Regesto *Columba* Cameræ Comput. Provinciæ fol. 282. Vide *Tenerior.*

¶ **TENESO**, Tenementum. Vide in *Tenere* 1.

¶ **TENETERIA**, f. Idem quod *Tenentia*, Securitas. Charta Guill. Raymundi ann. 1291. e Chartulario S. Johannis Angeriac. pag. 278 : *Ego dictus Miles obligo corpus meum ad faciendam seu tenendam hostagia seu Teneterias infra muros castri S. Johannis per tantum tempus, donec de præmissis sit eidem Abbati plene et integre satisfactum.* Vide supra *Tenentia* et mox *Tenmantale.*

* Idem prorsus sonat quod Mansio, in qua consistere debet fidejussor, donec is, pro quo spopondit, creditori satisferit. Vide supra *Tenere captionem* in *Tenere* 10.

* **TENETURA**, Status, conditio. Treuga inita inter Phil. Aug. et Joan. reg. Angl. ann. 1214. in Reg. 34. bis Chartoph. reg. part. 2. fol. 56. v°. col. 2 : *Nos et homines nostri et imprisii erimus in eadem Tenetura, in qua eramus prædicta die Jovis, in qua data est ista treuga.*

¶ **TENETURA**, Teneura, Tenezo. Vide supra in *Tenere* 1.

* **TENEURA.** Vide supra in *Tenere* 1.

¶ **TENGELDUM**, Tributi species, in Monastico Anglic. pag. 372. cujus locus exstat in *Forgeldum.*

¶ **TENGUDA**, Tenementum. Vide in *Tenere* 1.

¶ **TENHEVED**, Decanus, Decemvir, caput vel princeps decaniæ sive decuriæ, Sax. tienheofed. Spelmannus. [** Leges Edward. Conf. cap. 28 : *Imposuerunt justiciarios super quosque* 10. *fridborgos, quos decanos possumus dicere, Anglice autem* tiende heved *vocati sunt, hoc est capud decem.* Vide *Friborga.*]

¶ **TENIA**, Extremitas vittæ. Vide *Tena.*

TENILIS, *Qui teneri potest*, apud Papiam, et in Glossis Arabico-Latinis. Glossæ Isidori et Pithœanæ habent *Tenere.*

¶ **TENIMENTUM**, Tenitura. Vide *Tenere* 1.

¶ **TENIUS**, Ἀραιόθριξ, in Glossis Lat. Gr. et Gr. Lat. Martinius emendat *Tenuis*, Qui raros pilos habet.

TENMANTALE, Saxon. tienmantale, seu tienmannatale, ut est in Legibus Edwardi Confess. cap. 20. decem hominum numerus : ex Saxon. tien, decem, man, vir, et tale, numerus. Sic autem appellabant Anglo-Saxones securitatem, quam decem homines, invicem colligati, qui decaniam conficiebant, (*Decaniæ* vero decem *Centuriam* et *Hundredum*,) præstabant Regi de pace ejus observanda : ita ut si quis eorum forisfecisset, de illius forisfactura cæteri tenerentur, nisi ille judicio stetisset. Res pluribus ibi describitur, ut et in Fœdere Alvredi et Godruni Regum : *Omnes in legibus pareant devote, vel exulentur, et pro exlegibus habeantur, nisi ei obedientes sint, et in Tienmentale, id est per decemvirale numero et fidejussione libera, quod Anglice dicitur, in Freborg, sint universi : ita quod si unus ex decem forisfaciat, novem ad rectitudinem eum habeant, aut solvant, et restituant damnum, quod idem fecit.* Meminit etiam istius vocis Rogerus Hovedenus ann. 1194. pag. 737 : *Rex constituit sibi dari de unaquaque carrucata terræ totius Angliæ* 2. *sol. quod ab antiquis nominatur Tenmantale.* Forte quod universa Decania pro vectigali exsolvendo in solidum teneretur. Vide *Friborga.*

* **TENNARIUS**, Qui coria subigit, Gall. *Tanneur*, in Arest. ann. 1368. ex lib. 2. Ordinat. artif. Paris. fol. 80. r°. ubi et *Tennator*, eadem notione, legitur fol. 79. r°.

¶ **TENNATOR**, Idem qui supra *Tenator*, Qui coria subigit, Gall. *Tanneur.* Vide locum supra in *Conreatores.*

¶ **TENNATUS** Corius, Corium subactum, in Codice MS. redditum Episcopatus Autissiod. Vide *Tannare.*

* **TENOLEAGIUM**, perperam pro *Teloneagium.* Vide in *Telon.* Inventar. Chart. reg. ann. 1482. fol. 322. v° : *Littera regis Philippi super centum libris annui reditus datis Guillermo Turpin percipiendis super Tenoleagio Turonensi. De anno* 1214. Sic et

* **TENOLIUM**, pro *Telonium*, legitur in Charta Wladislai ducis Oppol. ann. 1260. inter Probat. tom. 1. Annal. Præmonst. col. 480 : *Omnia supradicta acceptantes et sigilli nostri munimine roborantes, excepto Tenolio, quod pro nobis in dicta castellatura Sevor excepimus, pro quo jam dictos decem lapides ceræ domui prænominatæ contulimus.*

1. **TENOR.** Constantinus Afric. lib. 1. Pantechn. cap. 1. ubi de medici officio : *Dignos quoque postmodum et ipse doceat, et hæc sine pecunia, et sine Tenore aliquo, futurique meriti emolumento, et indignos ab hac scientia repellere satagat.* Id est, sine mora aliqua. [Caffarus lib. 1. Annal. Genuens. ad ann. 1162. apud Murator. tom. 6. col. 278 : *Ad pedes domini Imperatoris inermes venerunt, et personas et civitatem, et mobile et immobile, quæ habebant, sine ullo Tenore in potestate Imperatoris posuerunt.* Chronicon Parm. ad ann. 1302. apud eumdem Murator. tom. 9. col. 844 : *Et videns ipse D. Maphæus, quod non poterat resistere dictis adversariis suis, et in instanti sine prœlio et sine Tenore deposuit in dicto exercitu dominium civitatis Mediolani et baculum sive matiam sui capitaneatus.*]

¶ 2. **TENOR**, Practicis nostris *Teneur*, Argumentum instrumenti, quod in scripto continetur. Liga Caroli IV. Imp. cum Johanne Franc. Rege ann. 1355. apud Ludewig. tom. 5. Reliq. MSS. pag. 452 : *Sic nunc eadem promissa et colligantias...*

præsentibus innovamus sub Tenoribus infra scriptis. Occurrit alibi passim. In Glossario ad calcem tomi 2. Gall. Chr. novæ edit. *Tenor*, dicitur, *Possessio, vel media pro tuenda causa in lite et contentione.* Desiderantur loci, quibus hæc definitio fulciatur.

¶ 3. **TENOR**, in Glossis Lat. Græc. ἰσχύς, τόνος, τάσις, τύπος, δύναμις. Et mox: *Hic Tenor*, ἡ ὑφή, τάξις. *Tenore*, περιοχῆς, δυνάμεως. *Tenorem*, σχέσιν. Adde Glossas Græc. Lat. Papias: *Tenor, rectitudo, norma, ordo, lex, conditio posita. Tenor, accentus, a tenendo, id est, regendo sermonem.* Johannes de Janua: *Tenor, status, pactum, conditio; Tenor, etiam dicitur accentus; quia in prolatione una syllaba magis tenetur quam altera.* Charta ann. 1239. e Chartulario S. Vandregesili tom. 1. pag. 97: *Ego Robertus Morel de Vatevilla vendidi et concessi Petro Ivus de Caudebec dimidium arietem redditus et quatuor panes.... annuatim recipiendum de viris religiosis monachis S. Vandregesili... in die festo S. Vandreg. et B. M. Magdalenæ, sicut alii homines meæ Tenoris*, id est, ni fallor, meæ conditionis, qui idem mecum jus habent.

¶ 4. **TENOR**, Nostris *Taille*, dicitur is cui est vox subgravis atque huic concentui, qui *Tenor* nuncupatur, exsequendo apta. Statuta S. Capellæ Bituric. ann. 1407. ex Bibl. Reg.: *Incipiet Chorialis Offertorium, Sanctus et Agnus et Post-communionem in tono sacerdotis Missam celebrantis, nisi sacerdos prædictus sit Tenor, quia tunc altius poterit incipere. Tenour*, in Computo ann. 1413. et seqq. apud Lobinell. tom. 2. Hist. Britan. col. 962: *Jehan Tromelin Tenour de la chapelle de Monseigneur*, LXX. *l. par an. Teneure* ipse concentus appellatur in Poemate *de la Rose* MS:

> Et chante hault à plaine bouche
> Motés, gaudis et Teneure.

* *Teneur*, in Lit. remiss. ann. 1457. ex Reg. 189. Chartoph. reg. ch. 176: *Jehan Ales, que on dit estre corial et Teneur en l'église de Nostre Dame de Chartres, etc.*

* 5. **TENOR**, Sumptus, conservatio, Gall. *Entretien*. Testam. Beatr. comit. Albon. ann. 1228. ex Cod. reg. 5456. fol. 45. v°: *In valle S. Hugonis decem libræ pro Tenore luminis perpetui unius lampadis.*

* **TENOSUS.** Vide supra *Tena* 2.

1. **TENSA**, Mensuræ species, eadem forte quæ *Teisia*, de qua supra. Helgaudus Monachus in Vita Roberti Regis Fr.: *Habet namque ipsa domus longitudine Tensas 42. in latitudine 12. in alto 10. fenestras 123. etc.* [Tabularium S. Vincentii Cenoman.: *Robertus de Pontoin* VIII. *Tensas terræ in latum et* XVI. *in longum, et Ansegisus* VI. *Tensas in latum et* XVI. *similiter in longum.... dederunt S. Vincentio... ad ædificandum ortum, aream et domum.* His confirmatur interpretatio Cangiana.]

2. **TENSA**. Historia Cortusior. lib. 7. cap. 20: *Loderisius... per Tensa fugit Somam.* Legendum puto per *densa*, i. silvas.

3. **TENSA**, pro *Tenda*, Tentorium. Otto Morena in Hist. Rer. Laudens. pag. 10: *Quia prædictus Rex, suam Tensam in ipso proprio burgo Placentino posuerat.* Adde pag. 112. [*Tensa*, Θρόνος, in Glossis Lat. Gr. Aliæ Gr. Lat.: Θρόνοι, *Tensa, sedilia.*] Vide *Tenda*.

* 4. **TENSA**, Pensitatio quæ a vassallis aut subditis domino pro protectione exsolvebatur, idem quod *Tensamentum*. Vide in *Tensare* 1. Charta ann. 1188. apud Murator. tom. 2. Antiq. Ital. med. ævi col. 79: *In his autem locis habuit et tenuit dominus imperator...... fodrum, placitum, banna, erbaticum, escaticum, Tensas, etc.* Vide infra *Tensio*.

* 5. **TENSA** Candelæ, Certa candelarum quantitas, idem quod *Tesa candelæ*. Vide ibi. Charta Ludov. Junior. ann. 1173. ex Chartul. Regalis-loci part. 1. ch. 33: *Quatuor panes singulis diebus, et dimidium sextarium vini,..... et unam Tensam candelæ.*

* 6. **TENSA**, Rapina, expilatio. Vide mox in *Tensare* 3. *Tensaria* et *Tenseamentum.*

* **TENSAMENTUM**, Protectio, tutela; unde Pensitatio pro tutela et protectione *Tensamentum* nuncupata. Charta Phil. Aug. ann. 1217. in Reg. 34. bis Chartoph. reg. part. 2. fol. 56. v°. col. 1: *Homines de Illies in Tensamentum nostrum et custodiam nostram recipimus.* Vide *Tensare* 1.

1. **TENSARE**, *Defendere, securum facere, protegere*, Ugutioni, et Jo. de Janua. [Unde Gloss. Lat. Gall. Sangerm.: *Tensare, defendre, tencer: frequenter Tendere, securum facere, ducere.*] Formulæ vett. Bignonii cap. 1: *Ipse homo sacramentum intra ipsam casam Dei, vel ipsius Abbatis habuisset adhramitum, ad suam ingenuitatem Tensandum in ipso mallo, in basilica sancti illius ob hoc jurare debuisset.* Vetus Notitia Nobiliacensis apud Beslium pag. 149: *Et Hermenbertus ad præsens notitias ostendit ad relegendum,.... inspecto quo ipso testamento, ipse Gratianus ipsum Jaciacum Tensare non potuerat, et per suos wadios ipsam cellam cum reliquis appenditiis suis partibus S. Hilarii reddiderat, etc.* Vetus Charta apud eumdem Beslium pag. 176: *Taliter dixerunt quod ipsa charta adverare non potebant, sed falsa in omnibus aderat, et ipsa conscribere rogaverant, nec per nullo modo ad ingenuitatem se Tensare non potebant.* Nescio, an eadem notione usurpet Monasticum Anglic. tom. 2. pag. 612: *Claudemus 40. acras terræ ad excolendum, vel ad Tensandum ad libitum nostrum: ita tamen quod Canonici et fratres habebunt liberum iter ad usum pecuniæ suæ, etc.* [* Vide *Tensare*, 2.] Sic porro *Tenser*, nostri olim dixerunt. Le Roman *de Vacce* MS:

> Ja li ert cest païs livrez et vendus,
> Par quoi n'est si par li Tensez et defendus.

Le Roman *de Garin* MS:

> Le feu escrient, leans le font bouter,
> La vile esprant, nus ne l'en puet Tenser.

Le Roman *d'Aubery duc de Bourgogne*:

> Diez, con Diex volt Auberi Tenser.

Alibi:

> Par vous fust bien cette terre Tensée.

Le Roman *de Roncevaux* MS:

> Tains ne blazons ne le pot contrester,
> Ni li haubers garantir, ne Tenser.

Le Roman *de Gaydon* MS:

> Mais se l'en l'ost garenti et Tensé.

Le Roman *d'Amile* et *d'Amy* MS:

> Tos l'or del mont ne vos porroit Tanser.

Guillelmus *Guiart* ann. 1304:

> Chascun d'eus garentit et Tense
> De tout son pouvoir sa defense.

Item ann. 1205:

> Ne leur semble pas que le gent
> De leans fust contre eus Tensée.

Chronicon Bertrandi Guesclini:

> Et que le Chastelain, quant ne le pot Tenser,
> Le rendit à Bertaut, etc.

[Consuetudo Leodiensis cap. 7. art. 26: *Le créancier ayant deux tiltres de diverses dates, estant resaisi, ou ayant purgé simplement pour le sien Tenser et garder, conserve le droit du tiers acquis entre ses deux tiltres.*]

Tensamentum, Pensitatio quæ a vassallis aut subditis domino pro protectione exsolvebatur: quæ alias *Commentatio, Salvamentum*, et *Tutamentum* dicitur. Chronicon Mauriniacense lib. 1: *Tutamentum, quod vulgo dicitur Tensamentum.* Tabularium Vindocinense: *Videlicet ut unusquisque, qui in ea terra bordam vel domum haberet, mensura Blesensi minam avenæ redderet illi ob Tutamentum.* [Chartularium S. Martini Pontisar.: *Singulis annis nomine annui redditus* IV. *sextarios avene, uno prebendario minus, ratione cujus consuetudinis, quæ Tensamentum vulgariter appellatur, etc.* Charta ann. 1232. ex Archivo Bonevallensi: *Ego Simon dominus Rupisfortis et Pusati et Vicecomes Carnot. etc. Noverint universi, quod ego vendidi et in perpetuum quitavi religiosis viris Abbati et monachis Bonevall. pro quat. mille libris Turon. omnia Tensamenta, que ego habebam... in villa Bonevall. et in aliis villis.... in quibus Tensamenta percipere consuevi; et unum servientem proprium in villa Castriduni de burgensibus ejusdem ville ad colligendum Tensamenta liberum et immunem ob omni tallia et qualibet alia exactione in anno, in quo colliget Tensamenta.* Similia leguntur in alia ejusd. rei Charta Galteri Archiep. Senon. eod. ann. et ex eod. Archivo. Adde Chartam ann. 1194. tom. 2. Hist. Eccl. Meld. pag. 80.] M. Pastorale Eccl. Parisiens. lib. 2. ch. 82: *Præterea dedit nobis Tensamentum Civiliaci, quod emit a D. Simone de Pisiaco Milite pro 65. lib. pro quo Tensamento tenentur homines de Civiliaco nobis reddere singulis annis 7. lib. in crastino S. Andreæ.* Vide præterea lib. 1. ch. 10. lib. 2. ch. 88. Charta ann. 1168. ex Tabulario Fossatensi fol. 19: *Emit cujusdam Tensamenti partem, continentem in se decem et octo frumenti sextarios, et 5. solidos pro pastu, atque corveias bis in anno, quas Haias vulgus appellat.* Necrologium Ecclesiæ Carnotensis: *Retentis solummodo redditibus Tensamenti, quos pro terra tensanda singulis annis habebit.* Tabularium S. Martini de Campis Paris.: *Consuetudinem unam, quam Tensamentum vocant, scilicet unum sextarium avenæ singulis annis pro grangia sua de Wirmis, etc.* Tabular. Vindocinense ch. 105: *Ad Moncellum omnem consuetudinem habebat, Tensamentum, carregium, vicariam, etc.*

Charta Radulfi Abbatis Fiscannensis ann. 1204. in 31. Regesto Chartophylacii Regii fol. 50 : *Pro Tensamento villæ nostræ de Buxeio, etc.* Alia Odonis Ducis Burgundiæ ann. 1204. in Regesto feodorum Episcopi Lingonensis : *Non habeo, nec habere debeo aliquam custodiam, aut aliquod Tensamentum in villa Besuensi. Tensamentum vini,* in Charta Roberti Regis Franc. apud Doubletum pag. 829. Notitia ann. 1159. in Tabul. Monast. S. Bertini : *Dubit... in festo S. Michael. 2. sol. pro verschingis, in festo omnium SS. 5. pro Tessement.* Liber censuum Carnotensium ex Camera Comput. Paris. fol. 2 : *Le Tensement de Neuville : l'avoine des Tensemens.* Occurrit præterea apud Sugerium lib. de Reb. in Administr. sua gest. cap. 2.

¶ Tassamentum, Eodem intellectu. Necrolog. Eccl. Paris. : *Executores dederunt 4. sextaria avenæ annui redditus ad Tassamentum de Castellione quæ emerunt a Johanne de Yssiaco armigero, etc.*

¶ Tessamentum, pro *Tensamentum*, in Computo ann. 1202. apud D. *Brussel* tom. 2. de Feudorum usu pag. CLVIII. et CCIII. *Tensamentum* legitur ibidem pag. CL. et CLXXXIV.

¶ Tanssamentum, Eadem notione, in Tabulario Calensi pag. 224. 225. et alibi passim in eodem Tabulario.

Taxamentum, pro *Tensamentum*, in M. Pastorali Eccl. Paris. lib. 3. ch. 8. 9. etc. lib. 7. ch. 42. Tabularium Fossatense fol. 62 : *Et de Taxamentis bladi et avenæ, quæ percepit ab hospitibus de Torciaco.* Vide in voce *Ignis.*

Tensabilis. *Pratum Tensabile*, Idem quod *Defensum*, de qua voce suo loco egimus. Liber Prioratus Dunstaplensis : *Et est pratum illud Tensabile per totum annum : unde Prior post asportationem herbæ, pro denariis locat partem suam.*

Tensura, Idem videtur quod *Tensamentum.* Charta Philippi Comitis Flandriæ ann. 1181. apud Miræum in Diplom. Belg. lib. 2. cap. 44 : *Comitatum etiam, stallum, et totius opidi teloneum.... Tensuram, et creditionem, atque omnem exactionem..... concessi.* [Eadem habentur in Charta Theoderici Flandriæ quoque Comitis ann. 1130. apud eumd. Miræum tom. 1. pag. 277. col. 1. edit. 1723. et apud D. Calmet. inter Probat. tom. 2. Hist. Lothar. col. 290.]

Tenseria. Concilium Turonense ann. 1163. cap. 10 : *De Cœmeteriis et Ecclesiis, sive quibuslibet possessionibus Ecclesiasticis, Tenserias duci prohibemus, ne pro Ecclesiæ vel Cœmeterii defensione, fidei suæ Clerici sponsionem interponant, etc.* Vitæ Abbatum S. Albani : *Hæc est summa pecuniæ perditæ, et Tenseriæ datæ tempore guerræ, de maneriis Abbatis Guillelmi, etc.* [Concilium Londin. ann. 1151. cap. 1. apud Baluz. tom. 7. Miscell. pag. 81 : *Sancimus igitur, ut Ecclesiæ et possessiones ecclesiasticæ ab operationibus et exactionibus, quas vulgo Tenserias sive tallagias vocant, omnino liberæ permaneant, nec super his eas aliqui de cætero inquietare præsumant.*]

* 2. **TENSARE** Terram, In pratum *defensum* redigere. Locus est in *Tensare* 1. ex Monast. Anglic. tom. 2. pag. 612. ubi vide *Tensabilis.*

* 3. **TENSARE**, Prædari, expilare, grassari; unde *Tensa*, expilatio, et *Tensator*, prædator. Lit. official. Morin. ann. 1348. in Reg. 78. Chartoph. reg. ch. 157 : *Quod dictus clericus fuerat deprædator et Tensator...... Proponimus contra vos, ut supra, quod vos publicus et notorius deprædator et robator itinerum et Tensator gentium fuistis et estis; nam plures et diversas personas.... Tensavistis, robavistis, seu robari et Tensari fecistis et sinistis, et ab eisdem maximas quantitates pecuniarum subtraxistis, cepistis, amovistis, per modum Tensæ et rapinæ absportavistis.* Vide infra *Tensaria* et *Tenseamentum.*

* *Tencerresse* vero dicitur de muliere rixosa, contentiosa, in Lit. remiss. ann. 1386. ex Reg. 129. ch. 159 : *Laquelle femme estoit rioteuse, Tencerresse, depite et perverse.* Aliæ ann. 1394. in Reg. 147. ch. 9 : *Comme le suppliant eust une femme Tanceresse et plaine de très-mauvaise voulenté, etc.* A voce *Tençon*, rixa, contentio, controversia. Joinvil. edit. reg. pag. 81 : *Lessiés ester la Tençon du seigneur de Joinville et de nostre Commandeur.* Vide *Intentio* in *Intendere* 7. [** Raynouard. Glossar. Roman. tom. 5. pag. 344. sqq. radice *Tenso.*]

* **TENSARIA**, Latrocinium, rapina, expilatio, nostris alias *Tenserie.* Lit. remiss. ann. 1366. in Reg. 99. Chartoph. reg. ch. 1 : *Commisit in villa Duacensi furta, maleficia, roberias, Tensarias et delicta quæ sequuntur, etc.* Charta ann. 1356. in Reg. 84. ch. 528 : *Rebellions, monopoles, Tenseries et autres malefaçons, etc.* Vide *Tensare*, 3. et mox *Tenseamentum.*

* **TENSATIO**, Jurisdictio, dominium. Charta Hugon. archiep. Senon. in Chartul. S. Germ. Prat. sign. tribus crucibus fol. 58. v°. col. 2 : *Dicebat siquidem prædictus Theobaldus* (advocatus) *quod tensaret homines a monachis, nec venirent ad eorum submonitionem, sed ipse faceret monachis justitiam de hominibus........ Isti* (testes) *in veritate sua dixerunt, quod advocatus nullam in hominibus contra monachos habet Tensationem, sed monachi eos submonebant, et ipsi ad justitiam monachorum omnimodis stabunt.* Vide *Tentio.*

* **TENSATOR**, Latro, prædator. Vide supra *Tensare* 3.

* **TENSEAMENTUM**, Idem quod supra *Tensaria*; a *Tenseare*, Expilare, grassari; unde *Tenseator*, Prædator. Lit. remiss. ann. 1369. in Reg. 100. Chartoph. reg. ch. 62 : *Item quod dictus Johannes fuit et est Tenseator sive spoliator, consuetus homines Tenseare........ Item quod ipse Rogerus reus Tenseavit Evrardum de Busco, et ab eodem Evrardo per Tenseamentum cepit et habuit viginti florenos auri ad mutonem.* Vide supra *Tensare* 3.

¶ **TENSIBILIS**, *Tensilis*, Joanni de Janua, Qui tendi potest; *Tendables*, in Glossis Lat. Gall. Sangerm.

* **TENSIO**, Pensitationis species, eadem quæ supra *Tensa* 4. Feoda Norman. in Reg. S. Justi ex Cam. Comput. Paris. fol. 164. r°. col. 1 : *Domina Petronilla, de Calvomonte tenet de rege....... in feodum dominium et vicecomitatum et Tensionem avenæ apud Triam.*

¶ **TENSIO** Apium, Alvus vel Examen apum, ut videtur. Charta 61. Tabularii Dunensis : *Concessit nobis..... decimam omnium Tensionum apium, quascumque in omnibus forestibus suis habuerit.*

¶ 1. **TENSURA**; Pensitatio, etc. Vide in *Tensare.*

2. **TENSURA**, Tensio arcus, Italis *Tesa.* In Lege Burgund. tit. 46. est *de his, qui Tensuras ad occidendum lupos posuerint.* In ipso vero contextu, jubentur ii, *qui arcus occidendorum luporum studio posuerint*, id est certo in loco statuerint, ut id vicinis suis statim indicent, *ac tres lineas ad prænoscenda positi arcus indicia diligenter extendant, ex quibus duæ superiores sint*, ut hosce locos devitare habeant : ne si forte laxarentur arcus, læderentur, mortisque periculum incurrerent. Ita ut *si ab homine, per ignorantiam veniente, aut ab animali domestico tactæ fuerint, sine periculo sagittas arcus emittat. Quod si hoc modo provisa res fuerit, ut Tensuræ factæ circunstantibus innotescant, quicunque ingenuus incaute veniens casum mortis aut debilitatis incurrerit, nullam ex hoc calumniam, is qui arcus posuerit, sustinebit, etc.* Ex quibus patet, ita arcus seu balistas positas, ut motis hisce *lineis*, statim sagittas emitterent. A *Tensura*, nostri forte *Tesurer* pro *arcum tendere*, [vel retia ponere,] acceperunt. Consuetudo municipal. Andegavens. art. 25 : *Nul ne peut de jour, ne de nuit tendre ne Thesurer en autruy domaine.* Ita et Cenomanensis art. 39. 162. Charta ann. 1445 : *Item du droit, que j'ay de chasser, tendre, et Tesurer, et prendre bestes à pied rond, rouges, rousses, et noires, etc.* Vide *Arcuare* et *Tensura*, 3.

Enteser, nostri pro Arcum intendere dixerunt. Philippus *Mouskes* in Hist. Francor. MS :

Et quant li enfés l'entendi,
L'arc Entesa, plus n'atendi,
Le cierf quida traire à desroi,
Mais son Seignour i traist le Roy.

Chronicon MS. Bertrandi Guesclini :

Chascun tendi son arc, la sayete Entesa.

Alibi :

Les Archers tout devant chascun l'arc Entesé.

Le Roman *de Merlin* MS : *Et vint à la meslée son arc Entesé.*

* 3. **TENSURA**, Plagæ, rete, Gall. *Filet.* Lit. remiss. ann. 1347. in Reg. 86. Chartoph. reg. ch. 42 : *Quod præfatus exponens iret cum eisdem et veniret ad venandum,..... oportebat quod haberent tellas sive Tensuras.* Vide in *Tensura* 2. mox *Tensutum* et infra *Tesura* 2.

* 4. **TENSURA**, Idem quod *Tenementum*, Prædium, possessio, hæreditas. Parlam. Pentecost. ann. 1290. in Reg. S. Justi ex Cam. Comput. Paris. fol. 41. r°. col. 1 : *Ordinatum fuit et redditum per arrestum, quod ballivi vel alii justitiarii dom. regis non impediant ecclesias nec ecclesiasticas personas, quin possint se accrescere in Tensuris et feodis, in quibus omnimodam habent justitiam, altam et bassam; sed in Tensuris et feodis ecclesiarum, in quibus rex et barones vel alii domini laicales altam justitiam vel forefacturas habent, etc.* Vide in *Tenere* 1.

* **TENSUTUM**, Rete, Gall. *Filet.* Charta ann. 1377. in Reg. 113. Chartoph. reg. ch. 89 : *Cum quædam naveria ac piscaria, in qua pisces regales et cujuscumque alterius conditionis in ascendendo cum Tensutis* (infra, *Tessutis*) *et filatis ad hoc necessariis et condecentibus capi possunt, etc.* Vide supra *Tensura* 3.

¶ 1. **TENTA**, Tentorium, Gall. *Tente.* Computus ann. 1324. tom. 1. Hist. Dalphin. pag. 133. col. 1 : *Item... pro adducendis Tentis et pavillonibus*, VI. *sol.* Alius locus exstat in *Gribellio*. Pro umbella sumitur in Translatione S. Theophili Episc. Brix. tom. 3. Aprilis pag. 495 : *Unumquodque corpus sub serica auroque distincta Tenta deferebatur a diaconibus.* Vide supra *Tenda.*

¶ 2. **TENTA**, pro *Tenca.* Vide in hac voce.

* 3. **TENTA**, Locus in quo panni explicantur seu extenduntur, idem quod *Tendaris.* Stat. pro lanif. et pannif. ann. 1317. in Reg. A. Cam. Comput. Paris. fol. 197. v° : *Item quod tentoria sive Tentæ, in quibus panni, duplices appellati, in posterum tirabuntur, ultra xiij. cannas communes cum dimidia in longitudine, aliqualiter non excedent. Tentoria vero sive Tentæ, in quibus panni, qui de sorte vocantur, quorum non est longitudo taxata, sed in textoris voluntate consistit, fieri et esse poterunt longiores; sed in ipsis tiratoriis* (sic) *sive Tentis panni aliqui duplices vel alii communes panni, qui debent xij. cannas ad minus continere, nullatenus tirabuntur.* Vide supra *Tenda* 3.

* 4. **TENTA**, Gall. *Tente*, Linamentum, quod vulneri apponi solet, quod *Tentare* dicebant. Locus est supra in *Specillum.* Nostris *Tenter*, eodem sensu. Lit. remiss. ann. 1468. in Reg. 195. Chartoph. reg. ch. 122 : *Les barbiers avoient mal Tenté la playe d'icellui Simon.* Le Roman *de Cleomades* MS :

La plaie le roy fu Tantée,
Et à point remise et bendée.

Hinc *Tantable* dicitur vulnus, cui *Tenta* apponi potest. Lit. remiss. ann. 1456. in Reg. 183. ch. 152 : *Ung cop sur la teste au-dessus du front; et y eut effusion de sang et playe Tantable.*

¶ **TENTARE**, Attentare, oppugnare. Annales Cæsenates apud Murator. tom. 14. col. 1127 : *Die ultima mensis Octobris anni prædicti* (1306.) *eadem civitate cum manganis et ædificiis Tentata, etc.*

1. **TENTATIO**, Examen, *Essay.* Charta Edwardi I. Regis Angl. apud Gul. Prynneum in Libertatibus Angl. tom. 3. pag. 465 : *Temptatio panis fiat bis in anno, etc.* Mox : *Et quotiescunque debeat fieri temptatio panis et cervisiæ, etc.*

* 2. **TENTATIO**, Ipsummet crimen, pro fidei desertione utitur S. Cyprianus in Epist. laudata tom. 4. Sept. Actor. SS. pag. 283. col. 1 : *Videtis ergo, fratres, quoniam et vos hoc facere debetis,..... ut si qui in hanc Tentationem inciderunt, cœperint apprehendi infirmitate etc.*

¶ **TENTATOR**, Examinator, seu judex doctrinæ candidati gradus academici. Rob. *Goulet* in Compendio jurium Universitatis Paris. fol. 4. v° : *Et sic sunt quinque examinatores, quorum examen die sequenti festum aperitur; et inter illos Tentator pro provincia Paris. est primus non majoritate, sed solum ordine.* Nota est thesis, quam *Tentativam* vocant, quamque ad eruditionis experimentum et argumentum propugnat is, qui ad Baccalaurei gradum provehi desiderat.

* **TENT-CLAVIA**, Umbellæ, seu tentorii species. Stat. synod. eccl. Tornac. ann. 1366. pag. 67 : *Manifestos autem usurarios intelligimus proscriptos a synodalibus,...... qui signa habent in hospitiis et fenestris, tabulas scedulas, fenestras velatas, tentas seu Tent-clavias vulgariter appellatas, per quas ab aliis sine declaratione vel conscriptione alia discernuntur.* Vide *Tenta* 1.

* **TENTHURARIA**, Tinctoris officina. Formul. MSS. ex Cod. reg. 7657. fol. 30. r° : *Recesserat cum quibusdam extraneis versus operatorium Tenthurariæ suum in suburgiis civitatis.* Vide supra *Tenchurerius.*

¶ **TENTHS**, Anglica vox, Decimæ ecclesiasticæ. Vide Thomam *Blount* in Nomolexico et Kennettum in Glossario ad calcem Antiq. Ambrosd.

* **TENTIA**, pro *Tenentia*, continentia. Inventar. ann. 1476. ex Tabul. Flamar. : *Item plus duo alia metalla Tentia quodlibet decem parapsides offarii sive potatgii.*

¶ **TENTIO**, Jurisdictio, ditio, possessio. Chronici Fragmentum apud Lobinell. tom. 2. Hist. Britan. col. 100 : *Hinguethenus abbas erat de monasterio S. Jacobi de Tentione Archiepiscopi Dolensis.* Diploma March. Misniæ et Hassiæ Landgr. ann. 1376. apud Ludewig. tom. 5. Reliq. MSS. pag. 584 : *Volumus et debemus... contra omnes homines... qui vellent dictum dominum nostrum Wenceslaum in imperio et ejus Tentione impedire, offendere vel etiam molestare, sibi tota nostra potentia fideliter assistere auxiliis et consiliis opportunis.* Caput 87. Chronici Siciliæ apud Marten. tom. 3. Anecd. col. 82. inscribitur : *De colloquio per dictum Regem Fredericum in Panormo et in Tentione regiminis dicti Dom-Petri.* In Gloss. Lat. Gr. *Tentio*, τάσις redditur; in Græco Latinis, Τάσις, *Tencio*, *Tentio*, *Tentigo*, *Teno.* Vide *Tenere* 1.

TENTIPELLIUM, Φάρμακον πρὸς ῥυτίδας, in Gloss. Lat. Græc. Medicamentum, quo pellis tenditur. [*Tentipellium Artorius putat esse calciamentum ferratum, quo pelles extenduntur; inde Afranium dixisse in Promo : Pro manibus credo habere ego illos Tentipellium. Titinium ait Verrius existimare, id medicamentum esse, quo rugæ extenduntur, cum dicat : Tentipellium inducis, rugæ in ore extenduntur; cum ille τροπικῶς dixerit.* Ita Festus. Vide *Tentor* 2.]

¶ 1. **TENTOR**, Qui tenet seu possidet. *Tentorum, possessorum aut occupatorum*, in Literis ann. 1515. apud Rymer. tom. 13. pag. 479. col. 2.

¶ 2. **TENTOR**, Instrumentum, quo utuntur ad tentionem pellium pannorumve, apud Thomam *Blount* in Nomolexico. Vide *Tentipellium.*

¶ **TENTORES**, Ἀφέται, in Glossis Lat. Gr. et Gr. Lat. Est autem ἀφέτης, Emissor, vel manumissus.

¶ 1. **TENTORIUM**, Machina bellica, eadem quæ Latinis *Pluteus.* Abbo de Obsidione Parisiensi pag. 505. lib. 1. vers. 217 :

Mille struunt etiam celsis Tentoria rebus,
Tergoribus collo demptis tergoque juvencûm,
Bis binos tressisve viros clypeare valebant;
Quæ Pluteos calamus vocitat cratesque Latinus.

* 2. **TENTORIUM**, Locus in quo panni extenduntur. Vide supra in *Tenta* 3.

¶ **TENTUM**, Tabernaculum, Gall. *Tente.* Litteræ Edwardi VIII. Regis Angl. ann. 1548. apud Rymer. tom. 15. pag. 175. col. 2 : *De thesauro nostro munitionum, artillariorum, Tentorum, pavilionum, etc.* Vide *Tenda* 1. et *Tenta.*

¶ 1. **TENTURA**, Possessio, etc. Vide in *Tenere* 1.

* 2. **TENTURA**, a Gallico *Tenture*, Aulæum, tapes. Cerem. vet. MS. eccl. Carnot. : *Sabbato Septuagesimæ ante Nonam auferuntur cortinæ de Tentura ecclesiæ.*

TENTUS IN FURTO, in Lege Longob. lib. 1. tit. 25. § 2. 3. 7. [** Rothar. 258. 259. 263.] In furto ipso deprehensus.

¶ **TENUARIUS.** Vide mox *Tenuiarius.*

TENUCLA. Cumeanus Abbas de Mensura Pœnitentiarium cap. 3 : *Cæteris vero diebus paximati panis mensura, et misso parvo impinguata, horreo oleris, ovis paucis, formatico, seminalatis* (f. semidalatis) *pro fragilitate corporali, Tenucla, vel batuto lactis sextario pro sitis gratia, etc.* Infra : *Sed mensura non gravetur panis, si operarius est, sextario de lacte Romano, et alio Tenucla et aqua, quantum sufficit pro siti ardore sumat.* [Vox detorta videtur a *Tenue lac*, nostris *Petit lait*, Serum. Vide *Balducta.*]

¶ **TENUIARIUS**, Qui dat operam rebus tenuioribus. *Tenuiarius vestiarius*, Qui tenuia vestimenta conficit, in vett. Inscript. apud Gruterum 650. 8. 1067. 8. *Tenuarius* habetur apud D. *de Montfaucon* tom. 9. Antiq. expositæ pag. 55. [** Vide Forcell.]

¶ **TENUISSANA**, Scripturæ genus. Vide supra in *Scriptura.*

* **TENUITAS**, *Fames, jejunia*, in vet. Glossar. ex Cod. reg. 7613. *Tenuité*, pro *Pauvreté, indigence*, in Lit. ann. 1526. ex Tabul. episc. Carnot. : *Pour la Tenuité de la maison, qui est de petit revenu, etc.*

¶ **TENUITIO**, TENUITURA, TENULTURA, TENURA, etc. Vide in *Tenere* 1.

* **TENURA**, Feudalis dependentia, Gall. *Mouvance.* Chartul. Aldernard. fol. 13. v°. col. 2 : *Omnes Tenuras, quas contra advocatum de Mainwaut et advocatum de Wodeka usque modo libere obtinuit, sub recordatione scabinorum ei debeo salvare.* Vide alia notione in *Tenere* 1.

1. **TENUS**, Virgultum, vel ramus de arbore decisus, a Sax. tan, vimen, virgultum; unde Teutonibus apud Kilianum, teen, vitile, lentum vimen, teenbosch, virgetum, salicetum, *teenen*, vimineus. Lex Frision. tit. 14. § 1 : *Tali de virga præcisi, quos Tenos vocant.* Infra : *Tunc unusquisque illorum septem faciat suam sortem, id est tenum de virga, et signet signo suo, etc.* Hic autem agitur de ῥαβδομαντεία, seu, de divinatione per tenos, vel per virgas, quam præterea Scythis Herodotus lib. 4. et Scholiastes Nicandri in Theriacis; Alanis, Ammianus lib. 31. Saxonibus, Adamus Bremensis cap. 6. adscribunt. [** Tacit.

German. cap. 10.] Hanc videtur intellexisse Concilium Autisiodorense ann. 578. cap. 3 : *Non licet ad sortilegos vel ad auguria respicere, nec ad sortes, quas Sanctorum vocant, vel quas de ligno aut de pane faciunt aspicere.* Vide Cœlium Rhodiginum lib. 1. cap. 29. Delrium lib. 4. Disquisit. magic. quæst. 7. sect. 1. n. 1. [** G. Grimmium de Litt. Run. German. pag. 296.] Somnerum in Glossario Saxonico v. *Tan.* Lindenbrogium ad Ammian. et ad Leges antiq. et alios. [Sicama ad laudatam Legem Frision. *Tion* etiamnum vimen dici, ex quo corbes fiunt, observat.] [** Adde Richthof. Glossar. Frisic. voce *Ten.*]

* 2. **TENUS**, Juxta, Gall. *Proche.* Charta ann. 1181. inter Probat. tom. 3. Hist. Occit. col. 151 : *Factum est hoc apud S. Ægidium in domo hospitalis S. Joannis, quæ domus est Tenus chorum ecclesiæ.*

Tenus Hoc, pro *Hactenus*, dixit Auctor Vitæ S. Isidori Hispalensis in Prologo sub finem.

¶ Tenus Verbo, vel potius *Verbo Tenus*, Verbo, voce, ore, Gall. *De bouche, verbalement.* Bulla Clementis VI. PP. ann. 1346. tom. 2. Hist. Dalphin. pag. 531. col. 1 : *Nuntius prudenter et eleganter nobis explicare curavit verbo Tenus, etc.* V. *Oretenus.*

¶ 1. **TENUTA**, Legitima, si bene conjecto, materiæ nummariæ conflatura, Gall. *Alloy.* Constitut. Jacobi Regis Siciliæ tit. 1. cap. 10 : *Semel tantum in vita... faciemus cudi monetam, legalem tamen et Tenutæ.... competentis.* Occurrit alia notione supra in *Tenere* 1.

* Constit. MSS. Caroli reg. Sicil. : *Cudi faciemus monetam bonæ Tenutæ, pretii et valoris, secundum quod statui dictarum partium videbitur expedire.*

* 2. **TENUTA**, Capacitas; qua etiam notione utuntur Itali. Lit. remiss. ann. 1377. in Reg. 111. Chartoph. reg. ch. 217 : *Cum verba surrexissent inter ipsos de Tenuta cujusdam mensuræ ad oleum quam tenebant, et ad sciendum quam et qualem Tenutam importabat, etc.* Vide aliis notionibus supra in *Tenere* 1.

¶ **TENUTARIUS.** Miracula B. Kingæ Virg. tom. 5. Julii pag. 771 : *Balthazar Poreba Tenutarius Gnoini commendavit se... D. Cunegundi.* Cl. Editor *Tenutarium* dici arbitratur eum, cui *tenutarum* seu possessionum cura incumbit vel administratio. Posset etiam intelligi manceps, feudatarius aut villicus, Gall. *Tenancier,* nisi forte legendum sit *Teinturarius*, quæ vox suo loco legitur, tinctor, infector, Gall. *Teinturier :* vel *Tenutarius.* Vide in hac voce.

* **TENZARIUS**, Tinctor, infector, vel vas ad officinam tinctoris pertinens. Stat. Taurin. ann. 1360. cap. 155. ex Cod. reg. 4622. A : *Nulla persona aquam alicujus tincturæ seu alicujus Tenzariorum projiciat seu projici faciat in viis seu in strata Taurini.* Vide supra *Tendarius.*

¶ **TEODISCA** Lingua. Vide *Teudisca.*

¶ **TEOLICÆ**, Tegulæ, tectum, Massiliæ *Taulees.* Donatio Raymundi Comitis Tolos. Communi Massil. ann. 1216 : *Concedimus vobis quasdam domos optimas apud Bellicadrum cum omnibus ædificiis et bastimentis, cum duobus pilariis, in quibus Teolicæ prædictarum domorum se sustinent*

* *Teollerie*, pro *Tuilerie*, tegularum officina, in Comput. redit. comitat. Pontiv. ann. 1554 : *Des proffiets et revenus de la Teollerie de ladite ville d'Abbeville, etc.*

¶ **TEONNIUM**, Vectigal. Vide in *Telon.*

¶ **TEOPANTLACA**, vox Indica, Tributorum exactor. Concil. Mexicanum ann. 1585. inter Hispan. tom. 4. pag. 493 : *Nec occupare possit, exigere aut petere quascumque exactiones... per se vel per fiscales, aut quos vocant Indi Teopantlacas.*

¶ **TEORAGIUM.** Tabularium Eleemosynariæ Montismorilionis fol. 52 : *Medietatem de Teoragio, et medietatem servientiæ, etc.* An legendum est *Foragium?* Vide in hac voce. [* vel *Terragium.*]

* **TEPESCI**, pro Tepescere, in Epist. Car. imper. ad Joan. VIII. PP. ann. 876. tom. 7. Collect. Histor. Franc. pag. 549 : *In diebus autem domini et genitoris nostri piæ memoriæ Hludowici imperatoris, cum ipsa Tepesci exsecutio aliquatenus cœpit, etc.*

¶ **TEPIDITAS**, pro *Tepor*, improbat Vossius de Vitiis serm. pag. 622. Occurrit nude pro Tepore animi in Concilio Emeritensi, inter Hispanica tom. 2. pag. 629.

¶ **TEPIDITUS**, Tepefactus. Vita B. Columbæ Reatinæ, tom. 5. Maii pag. 257* : *Adverto plane, quod a diebus novissimis iniquitatis superabundantiæ ac nimis Tepiditæ caritatis trahant ad omnem sententiam conscientias.*

¶ **TEPIDUS**, *Dubius animi, medius inter confidentem et desperantem*, Gaspari Barthio in Glossario ex Baldrici Histor. Palæst. apud Ludewig. tom. 3. Reliq. MSS. pag. 168.

TEPORARI, pro *Tepescere*, apud Gunzonem in Miraculis S. Gengulfi, num. 33. [Dracontius Hexaemero v. 28. utitur verbo *Teporare*, pro Tepefacere :

. . . . Glaciemque Teporat
Flammeus ignis aquæ.]

¶ **TEPPA**, Terra inculta et viridi cespite cooperta, in Charta feudorum nobilium Castilionis Dumbarum ann. 1463. e Schedis D. *Aubret.*

* Charta ann. 1489. inter Probat. ult. Hist. Trenorch. pag. 279 : *In quibusdam vineis, terris et Teppis scituatis in dicto territorio Trenorchii, loco dicto en Bô.*

¶ **TEPTIS**, f. Sectio, pars, portio, a τέμνειν, Secare, scindere. Chronicon Novalic. apud Murator. tom. 2. part. 2. col. 751 : *In pago Diense Cassies sibi Teptis et portione nostra in Bosedone, quem de Siagrio conquisivimus, una cum libertis et servis vel adpendices suas.... ut habeas volo ac jubeo.*

¶ **TERA**, pro *Terra*, ni fallor. Ordinarium Eccles. Turon. apud Marten. de antiq. Eccl. Discipl. in div. Off. pag. 584 : *Duo pueri secundum* ℟. *duo de secunda Tera tertium* ℟... *duo clerici de tertia Tera quartum* ℟. *duo de quarta Tera quintum* ℟. *duo de basilica sextum* ℟. *duo canonici diaconi septimum* ℟. *etc.* Ubi *pueros clericosve de terra* dictos puto, quod non in *stallis*, sed in *terra* seu in chori solo starent variis in locis dictis de *prima Tera*, *de secunda Tera*, *etc.* Vide *Clerici.*

* **TERAMERITUM**, Terræ proventus. Charta ann. 1206. ex Bibl. reg. cot. 19 : *Impignoramus..... domos,...... terras, vineas,...... agraria, decima et omnia alia Teramerita.* Vide *Meritum* et infra *Terremeritum.*

* **TERASCA**, Terassia, Teoracia, Gall. *Tierache*, pagi nomen. Charta ann. 1143. in Chartul. S. Vinc. Laudun. ch. 126 : *Eo tamen tenore facta est ista donatio, quod si aliquis de prædicta familia ultra Terassiam redierit, in jus et possessionem ecclesiæ de Molehem revertatur.* Alia ann. 1218. ex Chartul. S. Corn. Compend. fol. 177. v°. col. 2 : *Abbas et prior de Bucellies et prior S. Michaelis in Terasca, etc.* Vide infra *Tereschia.*

* **TERASUS**, pro Cerasus, in Obituar. MS. S. Nic. Corbol. 5. Mart. : *Duos et triginta solidos..... mandavit sumendos ex proventu et redditu cujusdam domus, quæ dicitur Area Guillelmi Thomas, scilicet cum orto et geminis plantis Terasorum.*

¶ **TERBENTINA**, pro *Therebinthina*, Gall. *Terebenthine*, Ital. *Terebintina.* Statuta Cadubrii cap. 36 : *Non sit licitum alicui forensi colligere largatum, seu Terbentinam in nemoribus Cadubrii.*

¶ **TERBICHETUM**, Machina tollenonis instar ad putei marginem erecta, cujus fini alteri cathedram exhibenti spurcas et rixosas feminas imponentes, aqua solent immergere, Angl. *a cukestole.* Spelmannus. Vide *Trabuchus* 2. et *Trebuchetum.*

* **TERÇARIA**, Præstatio agraria, eadem quæ *Tertia* 4. Charta ann. 1206. ex Bibl. reg. cot. 19 : *Impignoramus...... domos,.... terras, vineas, cultum et incultum, migairias, Terçarias, quartos, quintos, etc.*

¶ **TERCELLUM.** Chartularium Monasterii Aquicint. fol. 40 : *De vinea Theodorici in valle 3. sextaria et dimidium et Tercellum, quod est tertia pars sextarii.* Vide *Tertia* et *Tercieyra.*

* Mensuræ species liquidorum simul et aridorum, modus agri, arpenti pars tertia, nostris *Tercel* et *Tercelée.* Necrol. eccl. Paris. MS. v. Kal. Jul. : *Unum Tercellum vineæ, situm in territorio de Peruches, contiguum ex una parte vineæ capituli Parisiensis de stationibus.* Charta ann. 1304. in Lib. pitent. S. Germ. Prat. fol. 124. r° : *Deux Tersseaux de pré. Un ensange et un Tercel de pré*, in alia ejusd. ann. ibid. fol. v°. Charta Arturi ducis Brit. ann. 1310. ex Bibl. reg. : *Chacune Tercelée de froment, à la mesure d'Aurey, pour six sols chacun an, et chacune Tercelée de sayle, à la mesure d'Aurey, pour cinque sols chacun an.* Vide mox *Tercenaria* et *Tercerium* 2.

* **TERCENARIA**, Vectigalis species. Charta ann. 1216. apud Murator. tom. 2. Antiq. Ital. med. ævi col. 918 : *Pisani tenentur donare medietatem passagii, quam solebant dare tempore Boamundi avi mei principis, et medietatem Tercenariæ ejusdem portus et medietatem ancoragii.*

¶ **TERCENARIUM**, Idem quod infra *Tricenarium.* Charta ann. 1381. e Chartulario S. Johannis Angeriac. pag. 467 : *Tercenaria quæ facere debet eleemosynarius, etc.*

¶ **TERCENARIUS** Numerus, Triginta. Litteræ Caroli VI. Fr. Regis ann. 1385. apud Marten. tom. 1. Anecd. col. 1613 : *Cardinales moderni in numero Tercenario*

...gnato.... omnia regni nostri beneficia pro ipsis et eorum statu non sufficerent.

* **TERCENERIA**, TERSENERIA, TERSERIA, Idem quod supra *Tercellum*, Mensura liquidorum. Inventar. ann. 1476. ex Tabul. Flamar. : *Item plus unam Terseneriam stagni rotundam.... Item plus unam Terseriam stagni....... Item plus unam pitalpham Terseneriam novam rotundam stagni. Terzino*, Acad. Crusc. : *Vaso da tener liquidi, e tiene la terza parte d'un fiasco. Tierçain*, eodem sensu, in Lit. remiss. ann. 1456. ex Reg. 187. Chartoph. reg. ch. 8 : *Ung pot d'estaing ou Tierçain plain de vin.* Vide *Tertia* 6.

* **TERCEOLAGIUM**, Præstationis species ex vineis. Charta ann. 1229. inter Instr. tom. 8. Gall. Christ. col. 361 : *Donavimus eidem Nicolao et ejus successoribus in perpetuum octo barillos Terceolagii annui redditus...... in tribus arpentis vinearum..... Quos octo barillos Terceolagii annui redditus dictus Nicolaus tenebit a dictis abbate et conventu S. Petri Carnotensis in feodum.* Pluries ibi. Vide *Terciolagium.*

TERCERIA. Charta Bituricensis ann. 1318 : *Videlicet quinque Tercerias super quadam pecia terræ sita subter vadum molendini.* [Exactionis genus est, ut videtur, sic dictum a *Tertia.* Vide in hac voce.]

* Idem quod *Terceolagium*, in Charta ann. 1320. ex Reg. 60. Chartoph. reg: ch. 32 : *Item Tercerias, quæ possunt valere per annum tres pipas vini.*

¶ 1. **TERCERIUM**, Tertia pars, ut puto, Gallice *Tiers*, Ital. *Terzo.* Statuta Vercell. fol. 137. v° : *D. Ubertus Coarasa et filii... pro se et consortibus eorum pro duobus Terceriis habeant præcipuum modios 400. boschi mecleti.* Statuta Montis-regalis pag. 5 : *Syndicus Communis.... in principio cujuslibet regiminis, eligi facere teneatur et debeat unum hominem literatum de quolibet Tercerio, qui sint de consilio, qui electi teneantur jurare in consilio, quod quotiescumque proponeretur in consilio, publico vel privato, aliquid contra formam præsentis capituli, quod denunciabunt, etc.* Pag. 33. et 34 : *Item stanciatores tres, unus pro quolibet Tercerio super victualibus, qui habeant pro eorum salario solidos* 30. *pro quolibet. Item duo prudentes homines pro quolibet Tercerio acconciatores discordiarum.* Rursum pag. 58 : *Dividatur dicta pecunia per syndicum communis de consilio novem sapientum, qui pro tempore fuerint inter massarios pontium et viarum Terceriorum secundum æstimum et registrum Terceriorum.* In hisce posterioribus Statutis tertiam partem urbis intelligo, seu regionem, quæ *Tercerium* dici potest, ut alibi *Quarterium*, Ital. *Quartiere*, nostris *Quartier de ville.*

* 2. **TERCERIUM**, Modus agri, idem quod supra *Tercellum.* Charta ann. 1220. ex Chartul. Miciac. : *Pro censiva vero eorum dedit eis in escambium tria arpenta terræ, uno Tercerio minus, etc.* Lit. admort. ann. 1376. in Reg. 109. Chartoph. reg. ch. 214 : *Item supra tria Terceria vineæ in duabus petiis, prope domum pictam xvj. sol. Item supra unum Tercerium vineæ,...... iiij. sol.* Vide *Tertiarium.*

* 3. **TERCERIUM**, Instrumentum, ut videtur, cujus percussione monachi ad officium divinum vocabantur, forte quod tribus malleolis constaret, sic dictum. Vide *Tabula* 4. Ordinar. MS. S. Petri Aureæ-val. ad feriam 2. Quadrag. : *Circa nonam horam fiat signum pro Sexta dicenda cum Tercerio, et signo facto conveniant fratres in choro et dicatur Sexta solum.*

* *Terchois* vero, pro *Carquois*, Pharetra, in Lit. remiss. ann. 1359. ex Reg. 90. Chartoph. reg. 250 : *Un homme armé de chapeau de fer qu'il avoit sur sa teste, gantelés de fer en ses mains, et d'autres choses qu'il avoit, avecques une arbeleste et le Terchois à mettre saiettes, qu'il portoit à son costel.*

* **TERCEYROLA**, Dolii pars tertia, ut *Carteyrola*, vulgo *Cartaut*, quarta, Hisp. *Tercerola*, doliolum. Comput. ann. 1488. inter Probat. tom. 4. Hist. Nem. pag. 46. col. 1 : *Item plus solverunt dicti domini consules..... pro una Terceyrola vini rubey, ad rationem xiij. florenorum pro vase,...... tres libras, quinque solidos Turon. Item ulterius solverunt.. .. pro una Terceyrola vini clari etc.* Vide mox *Terciolus.*

* **TERCEYROLIUM**, Canistrum, cista vel doliolum ejusdem capacitatis, in eodem Computo ibid. col. 2 : *Item ulterius solverunt dicti domini consules pro uno Terceyrolio pleno serazis, emptis pro collationibus factis in dicta turri et pariter pro dicta cena, videlicet iiij. sol. ij. den.*

¶ **TERCIA**, TERCIARIA. Vide *Tertia* et *Tertiaria* 4.

* **TERCIALE**, Potionis genus videtur, in Stat. ann. 1401. inter Leg. Polon. a Prilusio collect. pag. 160 : *Volentes quod a prædictis scholaribus seu studentibus, qui sibi per seipsos, per amicos aut per quascumque personas promisiones* (leg. provisiones) *facere voluerint in braseo, cervisia, Terciali et quacumque alia,...... nulla penitus telonea et dationes requirantur.*

* **TERCIARE**, TERCIATIO. Vide infra *Tertiare* 2.

¶ **TERCIEYRA** JUSTA, Mensura vinaria capiens monachi portionem tertia parte majorem quotidiana. Vide locum in *Justa* 2. et *Tercellum.*

¶ **TERCIGENITUS**, pro Tertio-genitus, in Literis ann. 1361. inter Ordinat. Reg. Franc. tom. 3. pag. 557.

* **TERCINALE**, Armamentarium, Gall. *Arsenal*, ab Italico *Darsena;* unde legendum haud dubie *Darcinale.* Vide supra *Darsena.* Stat. ordin. S. Joan. Jerosol. ann. 1584. tom. 2. Cod. Ital. diplom. col. 1828 : *Insuper eliget admiratus unum scribam, et deputabit eum dicto officio Tercinalis, qui teneat registrum ad præceptum admirati omnium rerum, quæ sunt intra dictum Tercinale, pertinentium ad artem marinariam.*

TERCIOLAGIUM, Præstationis species ex vineis; verbi gratia pro quadrante vinearum, seu *Pour un quart de vignes, demi baril.* Ita in Regesto Censuum et feudorum Carnot. pag. 8. ubi *Terceuil*, vel *Terceau* appellatur. Charta Hugonis Decani et Capituli Carnotensis ann. 1224. ex Tabulario ejusdem Ecclesiæ n. 248 : *Totius vini medietas nostra erit, et altera medietas dictis cultoribus manebit. Terciolagium singulis annis de vineis, ex quibus debebitur, de communi reddetur.*

¶ 1. **TERCIOLUS**, Monetæ species. Vide *Tertiolus.*

* 2. **TERCIOLUS**, Dolii seu modii pars tertia. Charta Ludov. comit. Blesens. et Clarimont. ann. 1202. in Reg. A. Chartoph. reg. ch. 21 : *Cappellanus habeat annuatim duos modios frumenti in granario meo, et duos modios vini et Terciolum in vindemiis in ipsa cuppa capiendos.* Vide supra *Terceyrola.*

¶ **TERCIUM** *et Dangerium.* Vide *Tertium.*

* **TERCOLIUM**, Modus agri, idem quod supra *Tercellum* et *Tercerium* 2. nostris alias *Tercuel.* Charta ann. 1276. in Chartul. S. Dion. pag. 348. col. 1 : *A Johanne le madelinier sex denarios, tam pro censu quam pro decima unius Torcolii* (leg. *Tercolii*) *vineæ de valle Pannoel; a relicta Johannis de Clotet sex denarios, tam pro censu quam pro decima unius Tercolii vineæ de valle Pennoel. Tercuel* legitur in Charta Gallica ejusdem argumenti et anni ibid. pag. 349. col. 2.

* *Tercoeul* vero, Farina crassior a subtiliori secreta, furfur. Lit. remiss. ann. 1397. in Reg. 151. Chartoph. reg. ch. 306 : *Icellui Estienne, qui long-temps a servi nostre très chere et très-amée tante la duchesse de Bourgogne en faisant la boulengerie et paticerie pour sa bouche,....... dist à Colin son varlet : Je say certainement que tu as vendu certaine quantité de Torcoeul, appellé bran, sans mon congie. Tercoeul*, in Comput. ann. 1638. ex Chartul. S. Vedasti Attrebat. : *Les boulens* (sorte de pain) *de pure farine, telle qu'elle vient du moulin, sans y mesler aucun Tercoeul ou rebulet.*

¶ **TERCULA.** Chartularium S. Vincentii Cenoman. fol. 75 : *Litigantibus.... super quadam noa et quadam Tercula.... dictas Terculam et noam abbatiæ B. Vincentii Cenom. dederunt.* Legendum videtur *Terrula.* Vide in hac voce.

* **TERCULUM**, diminut. a Tergum. Glossar. Provinc. Lat. ex Cod. reg. 7657 : *Dors, Prov. dorsum, tergum. Dorsiculum, Terculum.*

¶ **TERCUS**, Vortex aquarum, Bollandistis. Miracula B. Wernheri Mart. tom. 2. April. pag. 713 : *Dum pervenissent prope Tercum quemdam magnæ abyssi Rheni.*

* **TERDONINI**, Terdonensis moneta. Comput. decimæ in Italia collectæ ann. 1278. pro subsidio T. S. ex Cod. reg. 5376. fol. 247. v° : *Summa....... pro meis expensis...... ex decima collecta in civitate et diocesi Terdonensi,...... libræ decem Terdoninorum.*

* **TERDRUM**, ut *Tertrum*, Collis, clivus. Charta ann. 1404. in Reg. feud. comitat. Pictav. ex Cam. Comput. Paris. fol. 63. r° : *Item et manerium de Bellofonte, cum sua clausura,...... pasturis, Terdris, hominibus meis, etc.*

* *Terdre* vero, pro *Essuyer*, a Latino Tergere dixerunt nostrates. Annal. regni S. Ludov. edit. reg. pag. 237 : *Leur Terdoit les piés et baisoit moult humblement.* Vita ejusd. reg. ibid. pag. 352 : *Terdoit leur bouches d'une touaille, etc.* Vide infra *Tersorium.*

¶ **TER DUPLEX**, Major gradus festivitatis in Calendario MS. Canon. Regul. S. Laurentii Diœcesis Autiss. XIII. sæc. et in quibusdam aliis. Idem est quod in aliis quibusdam *Festum* seu *festivitas triplex* : de quo dictum est in voce *Festum*.

¶ **TEREBRA**, Machina bellica muris perforandis, de qua Vitruvius lib. 10. cap. 19. Hanc delineatam fuse explicat P. *Daniel* lib. 2. Milit. Franc. pag. 63. Fusius quoque de *terebra* disserit Carolus de Aquino in Lexico Militari.

* **TEREDO**, Vermis species; Ovidio, *Terepo*. Glossar. Lat. Gall. ex Cod. reg. 7692 : *Teredo, Vers de bois*.

* **TEREFORUM**, Terebra. Idem. Glossarium : *Tereforum*, *Tariere*.

¶ **TERENTIANUS**, pro *Teruntianus*, Monetæ genus apud Romanos. Vide *Follis* 2.

* **TERESCHIA**, ut supra *Terasca*, Teoracia, vulgo *Tierache*. Charta ann. 1220. in Chartul. Campan. ex Cam. Comput. Paris. fol. 397. r°. col. 1 : *Ego Rogerus dominus Roseti in Tereschia*, *etc*. Vide *Theraschia*.

TERETES, Species navis. Vide in *Tarida*.

** **TERETISSO**. *Anates Teretissant*, S. Aldhelm. de Gramm. apud Maium Auctor. Classic. tom. 5. pag. 569. qui in Glossar. novo scripsit *Terutizo* et *Teretizo*.

TERGAFUGA, dicitur, inquit Papias, *quoties milites fugientes a tergo cæduntur*.

¶ **TERGAVERSATOR**, Morator, qui tergiversatur, moratur, impedit. Charta ann. 776. apud D. Calmet. in Probat. Hist. Lothar. tom. 1. col. 287 : *Qui contra præsentem epistolam donationis meæ... venire aut aliquid agere voluerit*, *aut Tergaversator steterit*, *anathema sit*. Vide *Tergiversator*.

¶ **TERGIA**, f. pro *Cergia*, Ceria, potionis genus e grano. Historia Ordinis Prædicat. apud Marten. tom. 5. Collect. Ampl. col. 377 : *Medici dederunt ei quotidie tres et aliquando quatuor ciatos vini nigri potentis*, *cum tantummodo de aqua et offa panis calefacti et Tergia*, *volentes subvenire debilitati*, *et non considerantes estivum tempus et febrem acutam*, *quam habebat*, *etc*.

¶ **TERGIDUCTORES**, Ductores extremi agminis, alio nomine agminis Coactores. Ita Carolus de Aquino in Lexico Militari.

TERGILLA, diminutivum a tergore : ita pellem et cutem ipsam suis crassam vocat Apicius lib. 4. cap. 3. [Glossæ Lat. Græc. : *Tergilla sive Tergillum*, φορίνη, χοίρου δέρμα. Adde Græco-Latinas.]

¶ **TERGIMENTUM**, Σήκωμα, in Glossis Lat. Gr. Aliæ Gr. Lat. : Σήκωμα, *Scamnum*, *libramentum*, *examen*, *Tergimenta*, *temperamentum*, *æquipondium*.

¶ **TERGIVERSABILIS**, *Deceptorius*. Jo. de Janua.

¶ **TERGIVERSABILITER**, Fallaciter, tergiversando. Charta ann. 1302. ex Tabular. Massil. : *Ne fraus committatur per inimicos reginales Tergiversabiliter et dissimulative super vehitura salis*.

* **TERGIVERSARI**, Gothofredo ad L. 1. § 1 ff, ad SC. Tupill. (48,16.) Est accusationi terga vertere, ab accusatione desistere. Vide *Tergiversatio*. Glossar. Lat. Gall. ex Cod. reg. 7692 : *Tergiversari*, *Essier*. *Tergiversatio*, *Essiance*.

¶ **TERGIVERSATIO**, *Fuga*, *objectio tergi*, in Glossario Barthii ex Baldrici Hist. Palæst. apud Ludewig. tom. 3. Reliq. MSS. pag. 204. *Sine aliqua Tergiversatione*, in lege 6. Cod. Theod. lib. 9. tit. 4. id est, sine corruptione, ut explicat Gothofredus in Glossario Nomico. Glossæ Lat. Gr. : *Tergiversatio*, περίκαμψις, φυγοδικία. *Tergiversatione*, μελλέσμῳ. Adde Græco-Latinas.

¶ **TERGIVERSATOR**, *Deceptor*, Joh. de Janua; *Deceptor*, in Glossis Lat. Gall. MSS. Sangerm. Vox nota Gellio lib. 11. cap. 7. et Arnobio lib. 7. pro eo qui tergiversatur. Glossæ Lat. Gr. *Tergiversator*, καταςραφεύς, δόλιος, περικάμπτης, ἐθελοκακεῖ, περικάμπτει. Adde Græco-Latinas.

TERGIVERSUTUS, [ut *Tergiversator*.] Anastasius in Conone PP : *Constantinum Diaconum Ecclesiæ Syracusanæ Rectorem in patrimonio Siciliæ constituit*, *hominem perperam et Tergiversutum*. Videtur deducta vox a *Tergiversari*.

¶ **TERGIUM**. Guido de Vigevano de Modo expugnandi T. S. cap. 9. cujus inscriptio est, *De modo equitandi per aquas*. *Primo accipiantur Tergia quatuor rotunda*, *lata quatuor digitis et alta brachio medio*, *et post hæc accipiantur orli subtiles et leves*,... *et ex illis cooperiantur illa Tergia*, *et firmentur super illis Tergiis cum clavibus*, *et fiet una bota rotunda*.

¶ **TERGORIUM**, Ἐκμαγεῖον, in Glossis Lat. Gr. et Gr. Lat. Legendum videtur *Tersorium*.

* **TERGOVINA**, Tributi seu exactionis species. Pactum inter Venet. et comit. Tiniens. ann. 1343. tom. 4. Cod. Ital. diplom. col. 1643 : *Item quod omnes homines et mercatores Sibenici..... possint ire...... per castrum Finini*,..... *sine solutione alicujus datii*, *Tergovinæ*, *telonei seu male ablati*.

* **TERGUISIADES**, Idem atque *Terquisiaeth*, quod de præstatione agraria explicatur suo loco; haud scio utrum bene : nam *Terguisiades*, Pensitatio pecuniaria est, nisi præstatio agraria in pecuniam commutata, quod sæpe fiebat, dicatur, in Charta ann. 1244. tom. 1. Probat. Hist. Brit. col. 669 : *Dederunt insuper prædicti Guidomarus*, *Leoniæ dominus*, *et uxor sua et filii sui supradictæ abbatiæ terram Forquilli*, *ut miles qui eam tenebat et de terra illa homo vicecomitissæ erat*, *similiter et homo abbatis esset*, *et terram Forquilli de illo teneret*, *tam ipse quam hæredes sui*, *et Terguisiades de terra illa*, *scilicet undecim solidos annuatim*, *sicut et prius*, *in vigilia natalis Domini dictis abbati et canonicis persolveret*.

¶ **TERGUISIAETH**. Vide infra *Terquisiaeth*.

* **TERGUM** Manus, Gall. *Le dos de la main*, Pars manus aversa. Lit. remiss. ann. 1361. in Reg. 89. Chartoph. reg. ch. 672 : *Dictus Petrus defunctum Johannem super vultum seu in labiis percussit de Tergo manus suæ*.

TERIDA, Species navis. Vide *Tarida*.

* **TERIGINUM**. Stat. Mantuæ lib. 1. cap. 139. ex Cod. reg. 4620 : *Ordinamus quod..... blada*, *legumina*, *bestiamina sive Terigina extrahi non possint de territorio Mantuano*.

¶ 1. **TERIMENTUM**, *Nutrimentum*, in Glossis Isid. Addunt Excerpta *Intertrimendum*. Legendum ex Festo : *Termentum*, *detrimentum*. *Termentum* dixit Plautus Bacchid. 4. 9. scilicet a *Terere*.

* 2. **TERIMENTUM**, f. pro *Tenimentum*, Prædium. Vide in *Tenere* 1. Charta ann. 961. tom. 1. Cod. Ital. diplom. col. 1517 : *Area una de terra*,..... *cum silva et buscaliis*, *seu uno Terimento*, *etc*.

1. **TERIPES**, Stapes, *Estrier*. Ordericus Vitalis lib. 8. pag. 695 : *Tunc Sacerdos sinistrum pedem in Teripedem misit*, *manumque arreptis loris clitellæ imposuit*.

¶ 2. **TERIPES**, Pedes, qui pedibus iter facit, Gall. *Piéton*. Hist. Monasterii S. Florentii Salmur. apud Marten. tom. 5. Ampl. Collect. col. 1088 : *Postera lux tacitas ut primum reppulit umbras*, *caballum itinere fatigatum in latibulo quodam dimittit*, *et ut fortis Teripes iter inceptum arripit*.

TERISTRUM, Teristratus. Vide *Theristrum*.

TERMEN, pro *Terminus*, occurrit apud veteres Agrimensores, in Collatione Legum Mosaicarum, in Epist. 47. inter Francicas tom. 2. Hist. Franc. in Concilio Helenensi ann. 1065. in Charta Ranimiri Regis Aragon. æræ 1173. apud Blancam in Comment. Regum Aragon. pag. 646. in Charta ann. 971. in Append. ad Capit. n. 144. etc.

TERMENTORIUM, Ἀπόμαγμα, in Gloss. Græc. Lat. MS. Editum *Cermentorium* habet. Legendum videtur *Tergimentorium*.

¶ **TERMILLUM**. Odo de varia Ernesti Bavariæ Ducis fortuna, tom. 3. Anecd. Marten. col. 354 :

> Dicentes : Cœli Deus et Rex optime mundi,
> Qui miranda potens, recutitis manna pluisti
> Judæis, clausoque lacu panes Danieli
> Coctos misisti, pascens in monte ministris
> Eliam corvis, Elisæum mulieris
> Termillo, viduæ parva crescente farina,
> Atque olei modico non deficiente lecito.

Intelligo *subcinericium panem*, quo Eliam, non Eliseum, refecit mulier vidua, cujus *hydria farinæ non defecit*, *et lecythus olei non est imminutus*, ut narratur 3. Reg. 17. *Termillum* autem mendose fortassis pro *Fertillum*, diminut. a *Fertum*, Genus panis. Vide in hac voce.

* **TERMINALE**, Prædium, dominium *terminis* suis et limitibus circumscriptum, districtus, nostris alias *Termenal*. Charta ann. 1266. in Reg. S. Ludov. ex Chartoph. reg. fol. 42. v° : *Oliverius de Terminis recognovit quod ipse contulerat*...... *monasterio Fontisfrigidi*..... *totum unum Terminale suum et pasturale de Joncarolis*, *quod Terminale et pasturale sunt in terra Terminesii*. Alia ann. 1295. ex Bibl. reg. : *Ego Bernardus de Auriaco domicellus*...:.. *recognosco a vobis* (*Aymerico vicecomite et domino Narbonensi*) *dictum Terminale de Sancto Brancassio tenere ad feudum et me esse vestrum hominem pro prædicto Terminali et vassallum*. Pactum ann. 1416. tom. 10. Ordinat. reg. Franc. pag. 400. art. 1 : *In eodem loco de Pedenacio*, *ejusque territorio sive districtu*, *aut in alio Terminali*, *sive loco quocumque*, *etc*. Lit. remiss. ann. 1459. in Reg. 188. ch. 184 : *Le suppliant et Raymond Serrat partirent de la ville de Limous pour aler chasser aux grues*, *et alerent vers ung Termenal*, *appellé Aragaste*, *près d'un olivier*, *où ilz trouverent certaine quantité de grues*. Vide *Terminus* 1.

TERMINALES. Gloss. Gr. Lat. MS : ὅρων διάκρισις, *Terminales, singulare non habet.* Editum habet *Terminalia.* [Gloss. Lat. Græc. : *Terminalia*, ὁροθεσία, ἑορτὴ ὁρίου θεοῦ. Et mox : *Terminalia*, *singulare non habet*, ὅρων διάκρισις, ὀπωντήσια, pro ὁροθεσία, ut emendat Cujacius.] Alibi : ὅριαῖος λίθος, *Terminalis lapis*. Ita apud Ammianum lib. 18 : *Terminales lapides*. Lib. 30 : *Terminales plagæ*. [*Terminalia fossata*, in Charta ann. 1230. ex Chartul. Campaniæ.]

¶ TERMINALIA, Loca terminis conscripta, seu appendices ad aliquem locum pertinentes, confinia. Transactio inter Abbatem et Monachos Crassenses ann. 1351. e libro viridi fol. 53 : *Et nihilominus prædicta jura Conventus, loca, res, bona, redditus, jurisdictiones et proventus seu Terminalia, de quibus et ubi dicti redditus et jura percipiuntur, hic inserere et nominare in hoc publico instrumento.* Rursus ibidem : *Cooperta tenetur ponere operarias, qui tenet redditus, quos monasterium prædictum percipit in loco et Terminalibus de Capite stagno.*

1. TERMINARE. Capitulare 1. Caroli M. ann. 802. cap. 22. de Monachis : *Non per vicos, neque per villas ad Ecclesiam vicini vel Terminantes sine magisterio vel disciplina, qui Sarabaiti dicuntur. etc.* Forte leg. : *Ad Ecclesiam vicinam Itinerantes, etc.*

¶ 2. TERMINARE, Præfigere, determinare. Raimundus *de Agiles* Hist. Hieros. cap. 41 : *Terminata die pugna incipitur.* Adde cap. 21. et Baldricum lib. 7. cap. 12.

* Charta Caroli Simpl. ann. 908. tom. 9. Collect. Histor. Franc. pag. 506 : *Cellam S. Genesii in ipso pago, cum terminis et adjacentiis suis, sicut Terminatum fuit ab Unaldo et ab Adelberto, quod in illorum judiciis resonant vel Terminant.*

¶ 3. TERMINARE. Acta S. Isidori Agricolæ, tom. 3. Maii pag. 522 : *Nunius propter nimiam ægritudinem oculorum longo tempore cœcus fuit, et ad B. Patris Isidori catacumbam salubriter Terminavit*, id est *terminum* seu finem imposuit cœcitati, sanatus est.

* 4. TERMINARE, Mori; qua notione utuntur Itali. Chron. Pontif. Leon. Urbevet. apud Lam. in Delic. erudit. pag. 101 : *Hic Vigilius licet male papatum intraverit........ quia tamen de facto pœnituit, pro fide in exsilio relegatus, ibidem feliciter Terminavit. Estre Terminé* dicitur de puero, qui post nisus in partu editos, ab iis continuo cessat, in Lit. remiss. ann. 1402. ex Reg. 157 Chartoph. reg. ch. 356 : *Laquelle Brouguard ot plusieurs maulx et doleurs naturels, tellement que ledit enfant vint et fu en voie de ladite Brouguarde hors de sa nurreture, embouchié, vif, sain et fort remuant et faisant devoir avec sa mere pour naistre sur terre naturellement et en temps d'enfans avoir aide pertinente. Parquoy furent esdiz maulx naturelx du Jeudi jusques au Vendredi ensuiant environ Nonne, que ledit enfant fut Terminez et ladite Brouguarde alée de vie à trespassement; et tantost après sa mort ycelle Brouguarde fu ouverte et l'enfant osté,........ lequel ot vie et fu présingniez, ainsi qu'il apparut, etc.*

TERMINARII, apud Ordines Mendicantes dicuntur, qui habendis per agros cuique conventui addictos concionibus destinantur. Habent enim singuli Ordinum istorum Conventus descriptos circumjecti territorii pagos, intra quos duntaxat eleemosynas colligere liceat, ne cum jactura caritatis et periculo scandali mutuis officiant commodis. [Statutum Ordinis S. Guillelmi ann. 1337. apud Lobinell. tom. 3. Hist. Paris. pag. 242 : *Statutum quod quilibet prior nostræ provinciæ pro sustentacione studentium Parisius solveret quolibet anno unum florenum, quilibet conventus unum, quilibet Terminarius sex grossos, quilibet socius Terminarii participans secum in lucro tres grossos.* Rursum occurrit ibidem pag. 243. Haud satis scio an eadem notione Buschius de Reform. Monast. cap. 17. apud Leibnitium tom. 2. Scriptor. Brunsvic. pag. 818 : *Sequuntur primo scolares in superpelliciis, deinde altaristæ capellani, Terminarii et plebanus.*] Vide Joann. Guillimannum in Vita S. Himelini Presb. n. 1. et ibi virum doctissimum Henschenium 10. Mart.

* Chron. Fratrum Minor. ad ann. 1378. apud Ludewig. tom. 9. Reliq. MSS. pag. 201 : *Obiit frater Botuidus Buttis,.... fidelis Terminarius Phlandensis et quondam guardianus Lyncopensis, etc.* Ibidem pag. 205. ad ann. 1403 : *Obiit frater Johannes de Ner, fidelis Terminarius conventus, qui dedit pro refectione æstivali conficienda de eleemosyna sua xvj. marcas argenteas, et pro organis novis ix. marcas argenteas.*

1. TERMINARIUS, Qui aliquod tenementum ad *terminum*, seu annorum spatium definitum, possidet, apud Radulfum *de Hengham* in Parva cap. 7. [*Termor, Tenens ex termino*, apud Th. *Blount* in Nomolexico Anglic.]

☞ Huc revocari potest vox *Termoieeur*, quam usurpat le Roman *de la Rose* MS :

> Més esgardés que de deniers
> Ont usuriers en leur greniers,
> Faussonniers et Termoiecurs,
> Baillif, beded, prevost, maieurs.

Et infra :

> Ou se nus homs outre mesure,
> Vent à Terme ou preste à usure.

Ubi *Termoieur* idem est cum eo *qui vent à terme* : quibus ille significatur qui ad *terminum* quemdam præstitutum res aliquas vendit, ut summam rei pretio majorem tempore statuto percipiat : qui haud male feneratori conjungitur.

* 2. TERMINARIUS. *Terminarii* in ordine Lectorum, quorum primus *Summus Terminarius* nuncupatus, recensentur ultimi in Ordin. eccl. Ambros. Mediol. ann. circ. 1130. apud Murator. tom. 4. Antiq. Ital. med. ævi col. 861 : *Deinceps autem primicerius sexdecim lectorum, et magister cum supradictis adscribitur. Prior tamen numero illorum sexdecim secundicerius, id est, vicarius primicerii, et quatuor post hunc sequentes clavicularii dicuntur. Residui vero undecim Terminarii appellantur.* Ibid. col. 899 : *Similiter dat* (panem) *omnibus subdiaconis, et quatuor clavicularii, et secundicerio, et summo Terminario, et duobus lectoribus, qui portant duas cruces in capitibus arcæ, etc.* Vide *Terminator* 1.

¶ TERMINATIO, Terminus, limes. [** Chart. Dagobert. ann. 715. in Gestis Abbat. Fontan. cap. 6 : *Aliæ vero Terminationis fines sunt a termino Itcinse, etc.*] Præceptum Ludov. Imp. ann. 820. apud Marten. tom. 1. Ampl. Collect. col. 69 : *Silva vero ipsa has habet Terminationes, etc.* Charta ann. 1030 ex Tabul. S. Victoris Massil. : *De aliis vero duabus partibus erat dubia Terminatio, donec eam fecit certam divina miseratio per judicium aquæ et ignis manifestissimis signis a parte orientali ab ipsa ripa fluviali, etc.* Occurrit eadem notione in Chronico Farfensi apud Murator. tom. 2. part. 2. col. 602. in Charta ann. 930. apud Eccardum in Origin. familiæ Habsburgo-Austriacæ pag. 169. in alia ann. 1027. inter Instrum. Gall. Christ. novæ edit. tom. 6. col. 373. etc. Vide mox *Terminator.*

* Charta Almar. archiep. Aquens. ann. 1002. ex Tabul. Montis-major. : *Quidquid infra hanc Terminationem est, totum donamus.* Vide *Terminium.*

1. TERMINATOR, TERMINATIO. Charta Friderici II. Imp. ann. 1211. pro Ecclesia Panormit. apud Rocchum Pirrum tom. 1. pag. 144 : *Et quatuor beneficia, videlicet Cantoriam, et Thesaurariam, Subcantoriam, et Terminationem, quorum reditus, etc.* Officialis ipse in Ecclesia Panormitana, Agrigentina, et aliis, *Terminator* appellatur, seu Magister Ceremoniarum, qui, ut et ejus collega, utitur veste violacea. Hujus autem est invigilare, ut in celebrandis sacrificiis, officiis recitandis, unanimiter procedant Sacerdotes et Clerus, quale item quotidie sacrum, et officium sit recitandum edicit. Ita idem Pirrus tom. 1. pag. 210. et t. 2. pag. 326. Vide *Terminarius*, 2.

2. TERMINATOR, Ὁροθέτης, in Glossis Lat. Gr. et Gr. Lat. [Finitor, qui terminos seu limites statuit. Literæ Caroli V. Regis Fr. ann. 1366. tom. 4. Ordinat. pag. 676 : *Extimatores, Terminatores, carreyrenos, levederios, robiniarios, defensores pacuorum, alliatores et inspectores mensurarum predictarum, etc.*]

¶ TERMINATURA, Cœmeterium seu spatium Ecclesiæ vicinum et ad Ecclesiam pertinens, certis *terminis* contentum atque privilegiis donatum, in Charta ann. circ. 950. e Chartulario Matisconensi fol. 103. Vide *Dextri* et infra *Termonlandes.*

¶ TERMINATUS, substantive, pro Terminus, non semel apud Frontinum de Aquæductibus et in Fragmentis legis Mamiliæ. Vide Salmasium ad Spartianum in Ælio Vero et Vossium de Vitiis serm. pag. 622.

* TERMINENTUM, Pagus, regio *terminis* suis et limitibus circumscripta, districtus. Charta Ludov. II. comit. Prov. ann. 1399 : *Cum jurisdictionibus altis et bassis,....... regalibus et naufragiis quibuscumque forsitan intervenientibus in littore maritimo Terminentorum et territoriorum dictarum terrarum et locorum.* Vide infra *Terminus* 1.

TERMINIA, TERMINEA, Terminus, limes. In Collatione Legis Mosaicæ tit. 13. inscribitur, *de Terminia mota.* Et infra : *Explicit de Terminea mota.*

¶ TERMINIUM, Terminus, limes, passim in veteribus Instrumentis.

¶ TERMINUM, Terminus, limes. Charta ann. 1357. inter Ordinat. Reg. Franc. t. 4.

pag. 448 : *Incedere non audent per Termina, teritoria, itinera, forestas, etc.*

1. **TERMINUS**, Pagus, regio *terminis* suis et limitibus circumscripta, districtus. Gregorius Turon. lib. 1. de Miracul. cap. 59 : *Ecclesia est vici Iciodorensis sub Termino Turonicæ urbis, etc.* Cap. 90 : *Apud Terminum vero Pictavum vicus est in Arbasilico nomine Becciaco, etc.* Cap. 101 : *Cum portitores ad locum quemdam Lemovicini Termini pervenissent, etc.* Ita cap. 107. lib. 2. cap. 12. lib. de Gloria Confess. cap. 11. 18. de Vitis Patrum cap. 5. et in Hist. non semel. [Gall. Chr. novæ edit. tom. 3. pag. 935. narratur, Lotharium III. Imp. ann. 1132. decrevisse, assensu Leod. Episc. Alexandri, Ecclesiam parochialem S. Servatii solam in Trajectensi urbe habere decimas et *terminum*, hoc est, jurisdictionem, qualis competit ecclesiis parochialibus. Literæ Caroli V. Fr. Regis ann. 1366. pro Arvernis, tom. 4. Ordinat. pag. 686 : *Mandantes Baillivo nostro.... ceterisque Justiciariis et Officiariis regni nostri... quatenus dictam presentem gratiam... in suis Terminis teneant et observent.* Ubi *Terminus* idem omnino est quod districtus, ut et alibi non semel. Lex Bajwar. tit. 1. § 4 : *Si quis servum Ecclesiæ vel ancillam ad fugiendum suaserit, et eos foras Terminum duxerit,* Id est, territorium Ecclesiæ.] *Terminus sancti Petri ac Pauli*, Ecclesiæ Romanæ patrimonium, apud Joannem VIII. PP. Epist. 87. 249. [** *Bona hereditaria.... infra muros et communitatem dicti oppidi nostri in Eschewege et Terminos decimales ipsius oppidi sita*, in chart. ann. 1341. apud Haltaus. voce *Zent*, col. 2150. Vide eumdem col. 2051. voce *Weichbild*.]

2. **TERMINUS**, Definitio, ὅρος, quomodo hæc vox Græce sumitur in Actis Conciliorum. Synodicon adversus tragœdiam Irenæi cap. 38 : *Excommunicationis conculcaverunt Terminum.* Ita cap. 209. extremo. [Epiphanius Scholast. lib. 5. Hist. tripart. cap. 29 : *Quem Terminum salutarem, adorabilemque deliberationem, corrumpere quidam aliis cogitationibus atque temerare voluerunt.* Ex Theodoreto lib. 2. Hist. cap. 22. ubi legitur : ὅνπερ σωτηριώδη ὅρον καὶ τὴν προσκυνητὴν σκέψιν, etc.]

¶ 3. **TERMINUS**, Præfinitum tempus, dies præstituta, Gall. *Terme. Solvere in Termino*, in Charta ann. 1341. apud Ludewig. tom. 5. pag. 554. *Habere ad Terminum* de rebus ad certum annorum numerum conductis dicitur in Epistola ann. circ. 1100. apud Marten. tom. 1. Anecdot. col. 600. Vide supra *Terminarius*, 1.

* Nostris alias *Termine*. Charta Theob. comit. Barri ann. 1260. in Chartul. Campan. ex Cam. Comput. Paris. fol. 140. r°. col. 1 : *Et se li devant nommé signor voloient, il porroient cest Termine aloignier, s'il lor ere mestiers et lor plaisoit.*

¶ 4. **TERMINUS**, Dies fastus, apud Spelmannum. Quinam vero sint apud Anglos *Termini*, seu anni tempora litibus agendis designata, vide apud eumdem Glossatorem.

* 5. **TERMINUS**, Idem quod *Placitum*, *assisia*, conventus, qui ad præfinitum tempus habetur. Charta Pertoldi Aquil. patr. ann. 1231. inter Monum. ejusd. eccl. cap. 71. col. 707 : *Ipse* (Pertoldus) *in generali Termino suo apud Camformium habito, cum consensu et voluntate capituli Aquilegensis...... concessit civibus Aquilegensibus etc. Actum in prato de Camformio feliciter.* *Terme*, eadem acceptione, in Libert. Engolism. ann. 1373. tom. 5. Ordinat. reg. Franc. pag. 681. art. 3 : *Et tout cecy fait, tient ses Termes le maire chascun jour, environ heure de tierce devant disner et à relevée après disner.*

* 6. **TERMINUS**, Ratio, modus, forma. Charta ann. 1345. inter Probat. tom. 4. Hist. Occit. col. 201 : *Ramundus Arquerii, athilator Tolosæ dom. nostri Franciæ regis, recognosco habuisse.... pro.... una caxia cadrillorum parvi Termini, etc.*

¶ TERMINUS IMPIUS, Mors, obitus, ut videtur. Cod. Theod. lib. 6. tit. 24. leg. ult. : *Ut fructus domesticis, impio Termino consequenti, etiamsi mortalitas intervenerit perire non possint, etc. Terminum impium* explicant *etiamsi mortalitas intervenerit*, ut videtur Gothofredo.

* TERMINUS LANGUORIS, Dilatio a judicibus reo concessa ob infirmitatem qua detinetur et juri stare non potest. Vide supra *Jurare languorem* in *Juramentum*.

¶ TERMINUS PASCHALIS, Dies quo incidit luna decima quarta Paschalis cujusvis anni. Hac nota chronologica primus, quem sciam, usus est Rodradus presbyter Ambian. medio sæculo IX. ut jam dictum est in voce *Pascha*. Laudatur apud Lobinellum tom. 2. Hist. Britan. col. 237. Charta *data anno MCXXXII. Ind. X. Epacta I. Concurrentibus V. Terminus Paschalis II. Non. Apr. Dies ipsius Paschalis diei IV. Id. Luna ipsius diei XX.* Quæ omnes notæ optime cohærent, ut sibi quisque persuadere poterit, si tanti faciat, indices chronologicos in voce *Annus* descriptos consulendo. Vide *Claves terminorum*.

* Charta ann. 1035. inter Instr. tom. 8. Gall. Christ. col. 414 : *Annoab incarnatione Domini M. XXXV. concurrente II. indictione III. epacta II. nov. Terminus Paschæ sexto Calendas Aprilis, dies Domini Paschæ tertio Calendas Aprilis, luna ipsius diei 17.*

TERMINI SANCTORUM, quomodo, *Limina Sanctorum* dicunt alii. Epistola Placidiæ Augustæ ad Pulcheriam Augustam, apud Hieron. Rubeum lib. 2. Hist. Ravennatis : *Ut Romam frequentibus concursibus adæque desideremus inspicere, causa nobis est amplectenda religionis, ut Terminis Sanctorum nostram exhiberemus præsentiam, quos certum est pro sua virtute in cælestibus constitutos, neque inferiora despicere.* Vide in *Limen*.

* **TERMITANUS**, Ad *Terminalia* pertinens. Comœd. sine nomine act. 6. sc. 20. ex Cod. reg. 8163 : *Haud procul hinc Termitana harundine cerno pastorem* (sonantem) *duabus tibiis puellariam.*

¶ **TERMONERS**, Coloni ecclesiastici, lib. Hib. fol. 14. apud Spelmannum. Vide *Termonlandes*.

¶ **TERMONLANDES**, apud Hibernos, Terræ ad Ecclesiam pertinentes, a Saxonico *Land*, Terra, et Latino *Terminus*, quasi terra limitibus distincta, puta a prædiis laicorum : quo sensu territorium Ecclesiæ *Terminus* etiam dicitur, in Lege Bajwar. jam laudata in *Terminus* 1. Cum autem terræ Ecclesiæ, inquit Spelmannus in voce *Corba*, multorum canonum vigore, liberæ essent et immunes a sæcularium potestate et sanctæ habitæ, dici etiam cœpit *Termon* pro loco sancto, atque inde Tearmuin pro sanctuario, ut ibidem exemplis probat. Quod autem ait quosdam esse, qui *Termon*, Gallicum *Terre-moine*, i. Terram monachorum, sonare volunt, nihili est. Vide *Dextri*.

TERMOSITAS. Charta Roberti Episcopi Messanensis ann. 1094. apud Rocchum Pirrum in Episcop. Pactensib. pag. 386 : *Rogerius Calabriæ Comes... multas inopias et labores passus, et multo sanguine suo tota Sicilia Saracenorum Termositate, et in Christianos eorum tyrannide.... funditus annihilata, etc.* Vox formata ex Græc. θέρμωσις, impotens calor, animi fervor, audacia, θερμότης.

TERMOTIO, quasi Terræ motio, terræ motus, *Termuoto*, vel *Tremuoto*, Joanni Villaneo, et aliis Scriptoribus Italicis. Ditmarus lib. 7. pag. 113 : *Iste annus nova nuncupatione Termotio et magna contritio ex rei veritate appellari potest.*

* *Terre-mot* et *Terre-mote*, nostris. Hist. Caroli VII. pag. 294. ad ann. 1456 : *Est allé en ruine par le mesme Terre-mot ou tremble-terre, la moitié du pays de la Pouille.* Vitæ SS. MSS. ex Cod. 28. S. Vict. Paris. fol. 58. v°. col. 1 : *Terre-mote fu faiz très-grans.*

TERNA. Vide *Septena* et *Tertia* 3.

¶ 1. **TERNALE**, *Funis cum quo vela, cum extenditur, sustinetur, ne cadat in aquam*, Franc. Barberino in Glossis in hos versus *Documenti d'amore* :

Quinal porta, e Ternale,
Senale, e quadernale.

Ternalis legitur hac notione in Informationibus Civitatis Massil. pro passagio transmarino e codice Sangerm. MS. [** Vide Jal. Antiq. Naval. tom. 2. pag. 97. et 413.]

¶ 2. **TERNALE**, Tertia pars. Charta Jacobi Regis ann. 1272. in magno *Talamus* Montispessul. MS. Bibl. Præsidis *de Mazaugues* : *Statuimus quod dicta moneta grossa fiat semper de argento fino Montisp. signato signo solito Montisp. vel æquivalente, quod, inquam, argentum etiam grossius non debet tenere in marcha nisi unum Ternale.*

* 3. **TERNALE**, Minoris ponderis species, *Tarnal* apud Occitanos. Comput. ann. 1356. inter Probat. tom. 2. Hist. Nem. 172. col. 1 : *Pro medio Ternali de ceda empto ab eodem, necessario ad perficiendum dictos penonos, etc.* Alius ann. 1412 ibid. tom. 3. pag. 205. col. 1 : *Pro octo Ternalibus ciricis rubey coloris et medio, etc.*

* 4. **TERNALE**, Modus agri, idem quod supra *Tercellum* et *Tercerium* 2. Protoc. S. Marci Argent. ann. 1509. fol. 1 : *Unum Ternale viniferum, etc.*

¶ **TERNALIS**, Moneta Dalphinalis pretii *trium* obolorum vel denariorum, unde *Ternalis* dicta, ut videtur. Ordinatio Humberti II. ann. 1345. tom. 2. Hist. Dalphin. pag. 515 : *Item denarios nigros, videlicet parvos Ternales pro tribus obolis, de liga unius denar. et decem granorum argenti fini, etc.* Et infra : *Item, in Ternalibus currentibus pro tribus denariis, remedium* *nariorum granorum in liga*, etc. Vide *Ternale* 1.

¶ 1. **TERNARIUS** quid sit in Ecclesia collegiali S. Dionysii Leod. colligitur ex Statutis ejusd. Eccl. ann. 1330. tom. 2. Sacræ Antiq. monument. pag. 439 : *Statuimus quod canonici qui primam residentiam fecerunt possint exire pro negotiis suis de licentia decani per* 40. *dies absque Ternario : post hos vero* 40. *dies habebit canonicus qui perfecit residentiam tres quindenas per quas pro negotiis suis potest exire, sed tenetur qualibet die qua fuit absens Ternarium restituere, scilicet novem Turonenses, de quibus* 16. *faciunt grossum antiquum.... Si canonicus necesse habuerit exire, decanus debet ei dare licentiam cum Ternario per octo dies.* Ibidem pag. 440 : *Item statutum est eisdem anno et die quod si quis canonicus post terminum suæ licentiæ manserit, tenebitur solvere duplicem Ternarium, videlicet* 12. *denarios Leodienses qualibet die quamdiu sine licentia extra stetetit usque ad octo dies.* Vide *Tertius*. 1.

¶ 2. **TERNARIUS**, Mensuræ seu vasis species in Austria. Chronic. Saltzburg. apud R. Duellium lib. 2. Miscell. pag. 166 : *Eodem anno* (1485.) *tanta sterilitas in Austria, ut ubi prius creverant* XXX. *Ternarii, vix unus aut duo creverint.* Chron. Mellic. pag. 379. col. 2 : *Hoc anno* (1442.) *vasa fuerunt in magna caristia, ita ut Ternarius vacuus daretur pro* 14. *solidis et pro* 2. *talentis.*

* Idem quod supra *Terceyrola*.

¶ **TERNIA**, pro Ternio, ni fallor, ternus numerus. Vide locum in *Tetra*.

TERNIO. Julius Africanus lib. 3. Histor. Apostol. : *Sic Proconsul Septem eum Ternionibus flagellorum cæsum crucifigi præcepit.* [Gellius lib. 1. cap. 20 : *Numerus Ternio, qui Græce dicitur* τριάς.]

* Acta SS. Firmi et Rust. tom. 2. Aug. pag. 420. col. 1 : *His auditis, imperator commotus graviter jussit fustes adferri, et beatos viros nudos extendi, binosque Terniones super eos transire, et dicere eis : Sacrificate Diis, quos imperator adorat.* Ubi docti Editores per *binos Terniones* recte prorsus intelligunt sex carnifices seu flagellatores, ut ex ipso textu manifestum est.

¶ **TERNO**. Fundatio Collegiatæ S. Nicolai Pictav. circa ann. 1060. apud Marten. tom. 1. Anecd. col. 187 : *Præterea donavit Agnes Comitissa... vendas salis de mercato Pictavensis de Cairo scilicet duos sextarios salis, et unum denarium de quadriga cum Ternone, unum sextarium, et unum denarium de quadriga sine Ternone tres denarios, si quatuor boves ibi habentur : si duo unum et dimidium, de Berocata cum asinis unum denarium.* Quem integrum locum sic lego iisque interpunctionibus distinguo ut planior fiat : *Donavit... vendas salis de mercato Pictavensi : de caro scilicet duos sextarios salis et. unum denarium; de quadriga cum Temone unum sextarium et unum denarium; de quadriga sine Temone tres denarios, si quatuor boves ibi habentur; si duo, unum et dimidium : de berocata cum asinis unum denarium.* Ex hac emendatione probabili evanescit inexplicabilis vox *Terno*, et locus ipse totus intellectu facilior evadit.

TERO. Charta Ludovici II. Imp. in Chron. S. Vincentii de Vulturno pag. 689 : *Cum castris, montibus, collibus, vallibus, Teronibus, Ecclesiis, etc.* Forte *Toronibus*. Vide *Toro*.

¶ **TEROANUS**, Nummi genus, ab urbe Teruana sic dicti. Bulla Nicolai IV. PP. ann. 1290. de censibus Ecclesiæ Rom. apud Marten. tom. 2. Ampl. Collect. col. 1303 : *In episcopatu Morinensi unum Teroanum, Ecclesia S. Bertini unam unciam auri, monasterium S. Wulmarici unum bisantium.*

¶ **TERPENTINUS**, Germ. *Terpentin*, Therebinthina resina, Gall. *Terebenthine*. Vide *Fernisium*.

¶ **TERQUISIAETH**, TERGUISIAETH, Præstationis agrariæ species, f. eadem cum *Terragio*, quod colligitur e terris recens cultis, a Latino, ut videtur *Terra*, et Aremorico, *Quisiat*, proprie Pellem detrahere, quod ad agros recens cultos translatum fuit, quia quasi pelle exuuntur agri, cum primum proscinduntur. Charta vetus apud Lobinell. tom. 2. Hist. Britann. col. 104 : *De ipsa autem terra hic redditus est : Terquisiaeth, kevrod, multones, pastus, decimæ et cætera jura, quæ de propria terra ad dominum pertinent.* Alia e Chartulario Kemperleg. : *De ipsa autem terra, quæ est septem hanafat mellis, hæc est redditio, videlicet decima et Terguisiaeth.*

TERRA, Prædium, ager, dominium, nostris *Terre*. Lex Burgund. tit. 79. § 1 : *Ut si quis in populo nostro barbaræ nationis personam, ut re sua consisteret, invitasset, ac si ei Terram ad habitandum deputasset.* Lex Longob. lib. 2. tit. 44. § 4. [** Lothar. I. 82.] : *De liberis hominibus, qui super alterius Terram resident, etc.* Tit. 51. § 15. [** Lothar. I. 62.] et in Capit. Caroli M. lib. 5. cap. 301 : *De liberis hominibus, qui proprium non habent, sed in Terra dominica resident.* [Inquisitio ann. 1206. apud Lobinell. tom. 2. Hist. Britan. col. 329 : *Vidit etiam quod homines Comitis semper solent transire libere ad Terram Episcopi, ad manendum in Terra Episcopi, et homines Episcopi in Terra Comitis, etc.*] .

TERRA, Hispanis, quid sonet, vide in *Honor*.

¶ TERRA, Regnum. Gualterus Hemingford. in Edwardo I. Rege Angl. pag. 237 : *Cognita itaque malicia novi Regis, misit Rex noster magnatibus Terræ, etc.* Et in Edwardo II : *Reduxit* (Rex) *eam* (Reginam) *in Angliam, et coronatus est cum ea Londoniis... lætantibus et exultantibus populis utriusque Terræ.*

¶ TERRA, Italis, Castellum, oppidulum muratum. Vita B. Torelli n. 3. tom. 2. Martii pag. 501 : *Post dies octo ad Terram Puppi remeans, propinquos adiit.*

¶ TERRA, Modus agri, forte tantus qui uni pari boum possit sufficere. Charta ann. 1077. in Probat. novæ Hist. Occitan. col. 294 : *Dono etiam extra muros urbis Tolosæ Terras omnes, quas habeo ante portam civitatis.*

¶ TERRA ALTARIS, in Chartulario Eccl. Ambian. et alibi, quæ pertinet ad *Altare* seu ad Ecclesiam. Vide *Altare*.

¶ TERRA ANIMALIUM IV. VI. X. XX. vel XXX. etc. in Charta ann. 855. apud Marten. tom. 1. Ampliss. Collect. col. 142. prædia sunt, in quibus totidem nutriuntur equi vel boves, aut requiruntur ad colendos agros ex iis prædiis pendentes, ut

¶ TERRA CARRUCARUM II. vel IV. pro Terra quæ totidem *carrucis aratur*. Vide *Carrucata*.

¶ TERRA ARIVA, Riparia, quæ est ad *rivam* seu ripam. Charta ann. 1046. ex Chartul. magno S. Victoris Massil. fol. 59 : *Donamus dom. Deo et ad ecclesiam S. Victoris de Terra ariva modiata una in comitatu Aquense.* Alia ann. 1066. ibid. fol. 54 : *Dono de meo alode de Terra ariva ad S. Victorem, etc.*

¶ TERRA AVIATICA. Vide *Terra Salica*.

TERRA CENSITA, CENSUARIA, CENSALIS, etc. Obnoxia censui. Vide *Census*.

¶ TERRA COMITALIS, Quæ Comitis est, ejus dominium, in Charta ann. 904. pro Monasterio S. Victoris Massil. apud Marten. tom. 1. Ampl. Collect. col. 262.

¶ TERRA DOMINICA, Quæ Domini est, lib. 5. Capitul. cap. 301. et in Capitulari Ludovici Pii ann. 829. cap. 6.

* TERRA DOTALIS, DOTIS, Quæ ad sarta tecta ecclesiæ, et clericorum in ea deservientium sustentationem a fundatore confertur. Charta Guar. episc. Ambian. ann. 1139. inter Probat. tom. 1. Annal. Præmonst. col. 693 : *Donamus quoque vobis ecclesiam de Marcel cum tota decima et Terra dotali et appenditiis.* Alia Renaudi episc. Tull. ann. 1211. ex sched. Mabill. : *Censum etiam annuum, qui jure parrochiali olim, tam episcopo quam archidiacono, solvebatur, Terram etiam dotis totam, censum atrii, ipsumque atrium.* Vide *Dos* 4.

¶ TERRA ECCLESIASTICA, Quæ pertinet ad Ecclesiam in Capitul. Caroli M. ex Lege Longobard. cap. 20.

¶ TERRA EVINDICATA, in Appendice Marculfi form. 7. Quæ per sententiam judicis repetitur et recuperatur.

¶ TERRA EXCULTABILIS, Arabilis campus, habilis culturæ, apud Th. *Blount* in Nomolexico Anglic. Monasticum Anglic tom. 1. pag. 426. col. 2 : *Terram excultabilem, quam habuit apud Norvicum in campis, videl.* XXV. *solid. Terræ et pratum ad Terram illam adjacens.*

¶ TERRA EXTENDENDA, Æstimanda, cujus pretium inquiri debet et declarari, apud eumd. *Blount* ibid. Vide *Extendere*.

¶ TERRA FERMA, vel potius *Firma*, Continens, Gall. *Terre ferme. Insularum Canariæ et Indiarum ac Terræ fermæ maris Oceani*, apud Rymer. tom. 13. pag. 752. col. 1. *Terra firma* legitur ibid. pag. 38. col. 2. et alibi sæpe.

¶ TERRA FISCALIS, Quæ ad regium fiscum seu Dominium pertinet. Vide *Fiscus*.

¶ TERRA FRANCA, vel *Francha*, Immunis *talliarum* seu tributorum, quæ domini a suis tenentibus exigebant, non immunis tamen cujusvis servitii. Charta feudorum nobilium Castillionis Dombar. ann. 1463 : *Super* XIV. *bichenatis Terræ franchæ et sine tallia, quæ debent* XV. *den. de servitio*, II. *bichetos siliginis.* Vide *Franca terra* post *Franci* 1.

TERRA FRANCIGENA, Dragoganti species, quæ ex Gallia affertur, inquit Constantinus Africanus lib. de Gradibus pag. 383.

¶ TERRA FRISCA, FRUSCA, Ager incultus, Gall. *Terre en friche*. Monasticum Anglic.

tom. 2. pag. 327. col. 2 : *Continens* XL. *acras Terræ fruscæ, pasturæ, etc.* Vide *Friscum.*

¶ Terra Giliforata, Ea est ex qua domino præstari debet flos caryophyllæus, apud Thom. *Blount* in Nomolexico Anglic.

Terra Hæreditaria, [Cujus possessio scripto firmabatur.] Vide *Liber.*

¶ Terra Herma, Ager incultus, in Charta ann. 4. Rodulphi Regis Provinc. Vide *Eremus.*

¶ Terra Laborabilis, etc. Arabilis, Gallice *Terre labourable.* Vide in *Labor* 3.

* Terra Laboriosa, Lucrosa, Arabilis, culta, quæ lucrum affert. Charta ann. 1056. inter Instr. tom. 11. Gall. Christ. col. 225 : *Dederunt.... silvam de Catis et Terram laboriosam et inlaboriosam;..... omnem partem, quam ibi habebant, in ecclesiis, in Terris lucrosis et inlucrosis, etc.*

Terra Laboris, Campania felix in Italia. Vide in *Labor* 3.

Terræ Leigiales, [Quas tenent homines *ligii.*] Charta S. Bernardi Abb. Clarevall. ann. 1145. in Tabulario Eccl. Autissiodor : *De Terris leigialibus manifestum est, quod nusquam licet Comiti, vel homini suo eas, quæ de feudo sunt Episcopi, acquirere, nisi per Episcopum.* [Vide *Ligius.*]

¶ Terra Levata, Eadem quæ mox *nova.* Vide *Levare terram.*

¶ Terra in Littore Maris, *ubi salem faciunt*, lib. 4. Capitul. cap. 8.

¶ Terra Lucrabilis, Arabilis, culta, in Monastico Anglic. tom. 1. pag. 406. col. 1. Vide *Lucrari* et *Gagnagium.*

Terræ Liberæ, apud Danos, quæ et *Regiæ*, et ab omni censu immunes erant, in Charta Waldemari Regis Daniæ ann. 1240. apud Pontanum lib. 6. Rerum Danicar. Vide *Tenementum liberum* supra in *Tenere* 1.

* Terra Mansualis, A manso dependens. Vide in *Mansus.*

Terræ Mortuæ, quæ et *Silvaticæ*, in veteri Consuetudine Normanniæ cap. 34 : *Terres sauvages, que l'on appelle en Normandie Terres mortes.*

* Consuet. Norman. part. 1. cap. 33. ex Cod. reg. 4651 : *De terris autem silvestribus, quæ in Normannia mortuæ Terræ dicuntur, solet per sex denarios in pluribus locis Normanniæ relevari. Terre morte*, vero appellatur Stercus putridum, fimus, in Lit. remiss. ann. 1447. ex Reg. 179. Chartoph. reg. ch. 35 : *Discension se meut entre le suppliant et ung nommé Jehan Ythier, à l'occasion de certaine Terre morte ou fumier.*

¶ Terra Normannorum, in Anglia dicebatur terra a nobili Normanno possessa, cum Rex Angliæ illam confiscabat, quod ille Regis Francorum partes sequeretur. Litteræ Henrici III. Reg. Angl. apud Kennettum Antiq. Ambrosd. ad ann. 1224. pag. 197 : *Scias quod commisimus Thomæ Basset manerium de Kirtlington, quæ est Terra Normannorum, ad se sustentandum.*

* Terra Nova, in Chartis feodalibus et in censualibus schedulis, sumitur pro terra vel noviter concessa, vel noviter exsarta. Tabular. Prioratus Lewensis : *Reddit pro nova Terra* 2. *sol.* Jacob. I. Rex Arag. in Foris Oscæ 1247. f. 25 : *Pœna invasionis Palatii infantionis est ultra serram*, 25. *solid. et citra, quæ dicitur Terra nova, id est noviter acquisita*, 60. *solid.*

¶ Terra Octava. Vide *Octava* 4.

* Terra Parana, Quæ jure hæreditario possidetur. Vide supra *Paranus.*

¶ Terra Paterna Vide *Terra Salica.*

* Terra Plana, Ager cultus, cui opponitur *Silvestris.* Charta Gaufr. episc. Carnot. ex Chartul. B. M. de Josaphat : *Hanc* (capellam) *miles quidam Hugo, Rufus appellatus, seculariter hæreditario jure ante tenuit, et circa capellam eandem, tam silvestris quam planæ Terræ, non parvam vastitatem.* Vide *Planum.*

* Terra Poenæ, de Poena, Pornosa, Tributis, angariis et aliis exactionibus obnoxia. Vide supra in *Pœna* 3.

* Terra Præbendaria, Ad *præbendam* pertinens. Vide supra *Præbendarius* in *Præbenda.*

¶ Terra Præconis, Judicis aut *Majoris* villæ, in Charta ann. 1123. apud Miræum tom. 1. pag. 373. Vide *Præco.*

¶ Terra Puturata. Vide *Putura.*

* Terra Quietis, an Quæ in manu mortua, vel ex dimissione habetur? Chartul. eccl. Lingon. ex Cod. reg. 5189. fol. 24. r° : *Item duodecim denarios a quocumque volente intrare Terram quietis in finagio d'Ysoine.* Vide *Admortizatio* et *Quietare* 4.

Terræ Regales, dicebantur apud Dalmatas, quæ ratione census, vel præstationis Regi obnoxiæ erant. Vide Jo. Lucium lib. 2. de Regno Dalmat. cap. 15. pag. 99.

¶ Terra Repromissionis, Abrahæ a Deo promissa, nostris *Terre promise*, Judæa. *Jerusalem caput Terræ repromissionis*, in Chronico Farfensi apud Murator. tom. 2. part. 2. col. 540. *Terra repromissionis* etiam legitur Hebr. 11. 9.

¶ Terra Sabulosa, Gall. *Terre sabloneuse*, apud Th. *Blount* in Nomolexico Anglic.

¶ Terra Sacerdotalis; in Synodo ad Teudonis villam ann. 845. cap. 4. Quæ Sacerdotum seu Ecclesiæ propria est. Alludunt Patres ad illud Genesis 47. 22 : *Præter terram Sacerdotum, quæ a Rege tradita fuerat eis.* Vide *Terra Sanctuaria.*

* Idem quod *Feudum presbyterale.* Charta ann. 1035. inter Instr. tom. 11. Gall. Christ. col. 326 : *Ecclesia de Mancire cum Terra sacerdotali.* Pluries ibi.

Terra Salica, Portio terræ *Salio* militi, atque adeo Principi seu Regi assignata, ex iis, quas in Galliis virtute bellica acquisierant partitione inter victores facta. Harum enim aliæ ab omni munere ac servitio, præterquam militari, immunes, dictæ *Salicæ*, eæque assignatæ *Saliis*, seu viris Principibus, vel certe ex Salica gente, quæ primas tenuit inter gentes illas Septentrionales, quæ in Gallias irruperunt, easque Romanis abstulerunt : aliæ *Læticæ*, et *Lidiales*, quæ *Lætorum*, vel *Litorum* erant, hoc est virorum obnoxiæ conditionis, cujusmodi fuerunt *Læti*, vel quos *Romanos* appellabant, veteres nempe Galliæ incolæ, quibus assignati agri ad culturam, sub certis redhibitionum oneribus. B. Rhenanus in Epist. ad Petrum Heldingum : *Franci igitur victores consuetudinem Romanorum imitati, et ipsi nobilibus et veteranis militibus agros in quibusdam locis, ut istis habitare licuisset, assignarunt, immunes penitus et ab omni servitute liberos : iique dicti Terra salica : sic proprie prædia Principum libera et immunia Salicæ terræ nomine solita sunt appellari. Salicæ* vero *terræ*, ea erat prærogativa, ut cum sub militaris obsequii conditione assignata esset, ad mulierem, quæ illius prorsus incapax est, pervenire non posset. Quod exerte habet Lex Salica tit. 62 : *De terra vero Salica nulla portio hæreditatis mulieri veniat; sed ad virilem sexum tota terræ hæreditas pervenit.* De ejusmodi igitur terris Salicis agunt Traditiones Fuld. lib. 3. trad. 28 : *Centum quinquaginta terræ Salicæ, et Ecclesiam cum omni decimatione ad eam pertinentem.* Vide Dominicum de Prærogat. alodior. cap. 7. et in Assertore Gallico cap. 8. et quæ attigimus in Dissert. 17. ad Joinvillam.

☞ Annotavimus supra ad vocem *Lex Salica*, Eccardum *Terram Salicam* eam intelligere, quæ ad *salam*, hoc est, ad domum *curtis* præcipuam pertinet. Hæc videsis. Eidem Eccardo *Terra Salica*, apud Marculfum *Terra paterna*, et in Lege Ripuariorum *Aviatica*, ita κατ' ἐξοχὴν dici videtur, quia principem in patrimoniis locum obtinebat.

* Idem quod Proprium. Hujus ea erat prærogativa ex Lege Salica tit. 62. notante Cangio, ut ad mulierem pervenire non posset. Cui tamen legi aliquando derogatum esse probat Formula 12. Marculfi lib. 2 : *Diuturna, sed impia, inter nos consuetudo tenetur, ut de terra paterna sorores cum fratribus portionem non habeant. Sed ego perpendens hanc impietatem, sicut mihi a Deo æqualiter donati estis filii, ita et a me sitis æqualiter diligendi, et de res meas post meum discessum æqualiter gratuletis. Ideoque per hanc epistolam te, dulcissima filia mea, contra germanos tuos filios meos illos, in omni hereditate mea æqualem et legitimam esse constituo heredem, ut tam de alode paterna quam de comparatum, vel mancipia aut præsidium nostrum, vel quodcunque moriens reliquero, æquale lance cum filiis meis germanis tuis dividere vel exæquare debeas.* Vide supra *Alodis.*

Terræ Salsæ, Quas in Pictonibus *Marais salans* vocant. Tabular. S. Cypriani Pictavensis fol. 113 : *Airardus concessit Monasterio S. Cypriani aliquid de terra sua in pago Alninse, et sunt* 50. *areæ de Terra salsa in vicaria de terra Alloni de una parte, etc.*

¶ Terra Sancta, Gall. *Terre sainte*, Judæa, sic passim dicta ab undecimo Ecclesiæ sæculo, quod in ea perfecta fuerint Religionis Christianæ sacrosancta mysteria.

¶ Terra Sanctuaria, Quæ ad sanctos, seu ad Ecclesiam pertinet. Chartul. Aptense fol. 21 : *Est inter consortes de uno latus via publica, et de uno fronte vel de alio terra Leufredo ipso, et de alio fronte Terra sanctuaria.* Vide *Sanctuarius.*

¶ Terra Senieuræ, Quæ domini est, Gallice *Terre seigneuriale*; in Literis Officialis Carnot. ann. 1236. Vide *Senior.*

* Terra Silvestris, Inculta. Charta ann. 1127. ex Chartul. Montis S. Mart. fol. 98. v° : *Silvestris autem Terra, quæ sartus vocatur, ab ecclesia eorum perpetim obtine-*

Vide *Gastina* in *Vastum* 1. et supra *Plana*.

¶ Terra Tachabilis, Tachibilis, Tascalis, Tascalis. Vide in *Tasca* 2.

* Terra Tenax, Argilla, Gall. *Terre glaise*. Comput. ann. 1482. ex Tabul. S. Petri Insul. : *Item pro duobus balneis Terræ tenacis pro prædictis parietibus, iiij. sol.*

* Terra Terraigiaria, *Terragio* obnoxia. Vide infra in *Terragium* 1.

¶ Terra Tertia, f. Tertia pars frugum e terra nascentium, nisi idem sit quod *Tertia* 4. nostris *Champart* Litteræ ann. 1030. apud Ludewig. tom. 6. Reliq. MSS. pag. 40 : *Censum quoque tollere de omnibus areis... et de quolibet tempore messis unum messorem, tertiam Terram, tertiam arborem de foresto, etc.*

¶ Terra Tertialis, *Tertiæ* seu præstationi agrariæ, vulgo *Champart*, obnoxia. Vide *Tertia* 4.

Terra Testamentalis. Vide *Liber*.

¶ Terra Tributaria, Quæ obnoxia est tributo. Capitulare 4. ann. 819. cap. 2. et lib. 4. Capitul. cap. 37 : *Quicumque Terram tributariam, unde tributum ad partem nostram exire solebat, vel ad Ecclesiam vel cuilibet alteri tradiderit, etc.*

¶ Terra Vacua, Inculta. Chartular. S. Vandregesili tom. 1. pag. 818 : *Concessi... partem cujusdam pechiæ Terræ vacuæ, quam habebam in vico prædicto.* Vide *Vacuus*.

¶ Terra Vestita, Culta, fructibus referta. Vide *Vestire*.

¶ Terra Vicinabilis, Quæ viis *vicinalibus* obnoxia est. Tabular. Aptense fol. 139 : *Vendo vobis petiam de vinea : ... in uno fronte Raymundus et hæredes suos, in alio terras sanctuarias et Terra vicinabilis, etc.* Vide *Via convicinalis* in *Via* 1.

* Terra Ymia, Fossilis, idem quod Cadmia. Vide infra *Ymius* 2.

Terræ Meritum, [Terræ fructus, proventus.] Vide *Meritum*.

¶ Terræ Sensus. Vide in *Sensus*.

¶ Terram Facere, Colere. Charta ann. 1164. tom. 8. Spicil. Acher. pag. 196 : *Dederunt terram illam.... quam faciunt Pontius Balzans et Pontius Alon, et terminatur, etc.*

¶ Aula Per Terram, Aula inferior, nostris *au rez de chaussée*, vel *au réz de Terre*. Charta ann. 1270. ex Chartul. Episc. Paris. fol. 130 : *Actum Parisius... in domo domini Parisiensis Episcopi in parva aula per terram.*

¶ **TERRACEA**, Agger terreus, Gall. *Terrasse*. Excidium urbis Aconis apud Marten. tom. 5. Collect. Ampliss. col. 778 : *De murorum custodiis per vicos et Terraceas ad portas civitatis in subsidium descenderunt etc.* Vide mox *Terracia*.

* **TERRACEUM**, Agrarium, idem quod *Terragium* 1. Chartul. S. Gauger. Camerac. ch. 31 : *Terram, de Barunval vulgariter tam, sub constituta redemptione et Terra nobis tenebant.*

TERRACIA, Terratia, Solarium, Italis , Gall. *Terrasse*. Tabularium Morii sancti Andræ Viennensis : *Dono discessum meum S. Andreæ et Symphono omnem hæreditatem, quam habeo in ante Sparato, domum, et medietatem Ter-, etc.* Vita Clementis VI. PP. pag. 97 : *Tria sunt tamen, quæ reliqua valde specialiter excedant, videlicet Capella major, Audientia, et Terraciæ superiores.* Processus de Vita S. Thomæ Aquin. : *In quodam solario seu Terratia discooperta.* [Statuta Arelat. MSS. art. 59 : *Quilibet qui furnum habet... teneatur ipsum et domos ipsius furni cohoperire de tegulis vel Terracia*, i. Terra seu tecto terreo, ut satis patet. Simili, ut videtur notione le Roman *de Vacce* MS :

Fors un seul qui grant mal avoit,
Qui souz un Terriz se gesoit.]

* **TERRACITUM**, ut *Terraceum*. Charta Ludov. VII. reg. Franc. ann. 1166. in Chartul. Cluniac. ch. 217 : *De silvis autem et de exartis, ubi partem habet, nullus nisi per violetem* (leg. voluntatem) *illius Terracitum accipiat.*

¶ 1. **TERRACIUM**, Terra inutilis, Ital. *Terraccia*. Statuta Mutinæ fol. 68. v°. rubr. 350 : *Caricatores Communis teneantur portare eo Terracium, quod est in vastis bannitorum.*

* Stercus putridum, fimus, Gall. *Terreau*. Vide supra *Terræ mortuæ* in *Terra*. Stat. Avellæ ann. 1496. cap. 67. ex Cod. reg. 4624 : *Nulla persona ponat vel poni faciat in plateis vel viis seu conforzis Avillianæ aliquod fimum, terram, vel terracium seu Terracium, etc. Terraille*, eodem sensu, nostris. Lit. remiss. ann. 1491. in Reg. 142. Chartoph. reg. ch. 143 : *Icellui Philipon amassoit de la terre ou Terrailles à un fessouer ou houe en un pannier, etc. Une charrete chargée de fiant ou Terraille*, in aliis ann. 1480. ex Reg. 208. ch. 66. *Terrarec* vero pro Arena, sabulum, in Comput. ann. 1363. inter Probat. tom. 2. Hist. Nem. pag. 257. col. 2 : *Solvit... pro loqueriis trium tombarellorum, qui portaverunt de Terrarec in carreria domini Petri Scatisse,... pro reparanda sua carreria.*

2. **TERRACIUM**, Item quod *Terratio*, de qua voce infra, Terra, ager. Charta anni 1041. apud *la Chiesa* in Historia Ecclesiast. Pedemont. cap. 19 : *In Suavis autem Ecclesiam in honore S. Stephani cum omni dote, Terracio, et oblationibus ad eamdem pertinentibus.*

¶ **TERRACULUM**, Idem, ut videtur, quod *Terracia*. Lobinellus in Collectaneis MSS. ex quodam Chronico : *Terraculum quod Alanus Barbatorta in circuitu Ecclesiæ Nannetensis fecerat.*

¶ 1. **TERRADA**, Navis genus apud Indos. Maffeius Hist. Ind. lib. 8 : *Lembos, quos vulgo Terradas vocant, ducentos adjunxit.* Vide *Tarida*.

2. **TERRADA**, Terra, ager. Charta Lotharii Regis Franc. ann. 998. tom. 8. Spicilegii. Acheriani pag. 358 : *Cum domibus, ... aquis,... planitiolis sive Terradis, etc.*

* **TERRÆMAGNENSIS**, Idem qui *Feudarius*, vassallus major. Charta ann. 1224. apud Murator. tom. 6. Antiq. Ital. med. ævi col. 7 : *Item promitto, quod nullus de novo efficietur judex vel judicissa in ipso regno sive judicatu, quin jurent fidelitatem ipsi ecclesiæ* (Romanæ) *et facient omnes liberos terræ sive Terræ magnenses, habentes feudum ab eis, in principio suæ dignitatis jurare fidelitatem ecclesiæ memoratæ.*

* **TERRÆ-MOTUS**. Ordinar. MS. S. Petri Auræ-val. : *Ad matutinas vero, antequam quid fiat, omnia signa simul pulsantur in principio; quæ quidem pulsatura vocatur Terræ-motus, hoc est quod omnes moveantur ad devotionem propter solemnitatem festivitatis.* Ibidem : *In hac vigilia* (Apostolorum Petri et Pauli) *in qua tantummodo fit descensus pro invitatorio dicendo, tertium responsorium non reiteratur, nec per priorem claustralem dicitur; nec in eo fit Terræ-motus : sed immediate post orationem matutinarum, fit commemoratio solemnis de prædictis festivitatibus; et tunc pulsantur omnia cimbala in claciscum, etc.*

* **TERRÆSCIDIUM**, Niger cespes, qui e terra palustri et bituminosa eruitur et *scinditur*, idem quod *Turba* 1. Stat. Georg. *Nevill* archiep. Eborac. ann. 1466. apud Labbeum : *Persolvant decimam..... Terræscidiorum et carbonum, in locis ubi fabricantur et fodiuntur.*

* **TERRÆTENUS**, Ad superficiem terræ. Gesta synodi Aurel. ann. 1022. tom. 10. Collect. Histor. Franc. pag. 537 : *Dehinc spinis et rebus superfluis mundatur; ut postmodum Terrætenus truncata sarculo, meliori inseratur ramusculo, quæ postmodum fertilis sit mellifluo pomo.*

TERRAGENARIUM, Idem quod *Terragium* 1. Vetus Charta apud Augustinum *du Pas* in Stemmat. Armoric. pag. 245 : *Nec non etiam quartam Terragenarii partem, et quandam domum in Salneriensi villa positam jure quasi hæreditatis sine fide possidendam, ubi scilicet decima cum Terragenario supradicta coadunetur.*

* **TERRAGERIA**, Terragia, Gall. *Terragerie*, Agrarium, idem quod *Terragium* 1. Charta ann. 1405. in Reg. feud. comitat. Pictav. ex Cam. Comput. Paris. fol. 65. v° : *Item Terragiam terrarum de li Gaudere, quæ quidem Terragia dictorum terraigiorum michi vallet seu vallere potest quolibet anno tria prevenderia bladi vel circa; in qua quidem Terragia partem capiunt mecum dicti filii Guiardi de Gordon.* Et fol. 66. r° : *Item unam Terragerium, appellatam parvam Terrageriam de poteria;... in qua quidem Terrageria... ego dictus Johannes de Foresta capio tertiam partem grani dictorum terragiorum;... et ego prædictus Johannes de Foresta teneor Terragiare.* Charta ann. 1404. ibid. fol. 102. r° : *Sa Terragerie, vulgairement appellée la Terragerie du bois Martin.* Ubi et districtus, in quo exigitur *Terragia*, indicatur, qui *Terragens* appellatur, in Lit. ann. 1293. ex Tabul. Nobiliac. apud Stephanot. part. 3. Antiq. Pictav. MSS. pag. 946 : *Se il devenoit que ce avage deust estre fait en choses Terragens, ou quinteres, ou quarteres, qui fussent audits religioux ens leus dessusdis, ge li dis Joffreis et mi hoir successour, signour de Chastel-Achart, ne li porrions faire en préjudice des religioux.*

1. **TERRAGIUM**, Agrarium, Gall. *Terrage, champart*. [*Campipars sive Terragium*, in Charta ann. 1248. ex Chartular. Campan. fol. 514. col. 1.] *Terrage ou champart, qui est la mesme chose*, in Consuetudine Dunensi art. 50. Burbonensi art. 352. Pictavensi art. 62. 64. 84. Angeriacensi art. 10. 21. Ambianensi, et aliis. *Terrage ou agrier*, in Marchensi art. 331. Sic porro definitur in Consuetud. Blesensi art. 130 :

Le droit de Terrage est tel, que les heritages, qui sont tenus audit droit, quand ils sont enfruitez en grains, ou autre fruits, il en est deu au Seigneur du Terrage certaine portion, aux aucuns plus, aux autres moins, et ainsi qu'on les a accoustumez de payer selon la diversité des lieux. Charta Ottonis Comitis Viromanduor. ann. 1030. apud Hemeræum: *Ut persolvant annis singulis redditum terræ cum consuetudinibus suis, id est quartam garbam Terragii, et 5. solidos, et 4. denarios in medio Martio, et 2. solidos, et 4. denar. de hospitibus.* Alexander III. PP. Epist. 48 : *Quosdam reditus, qui Terragia dicuntur, etc.* [Charta ann. 1228. tom. 2. Sacræ Antiquit. monument. pag. 550 : *Concessi in perpetuum eidem Ecclesiæ Bellæ-vallis unum rasum frumenti singulis annis in Terragiis de Biauclei.*] Vide Mich. *del Molino* in Repertorio v. *Terragium*, et Historiam Ecclesiast. Abbavillensem pag. 86. 88. etc. Occurrit passim. [Vide *Terraticum* et *Agrarium*.]

* Formul. MS. Instr. fol. 30. v° : *Cum quoddam beneficium ecclesiasticum, quod decimæ et Terragium wlgariter nuncupatur,... vacare noscatur ad præsens per mortem ejus,... qui ipsas decimas et Terragium in beneficium ab ipsa ecclesia obtinebat, etc.*

* Terraigium, Eodem sensu, in Charta ann. 1280. ex Chartul. S. Vinc. Laudun. Pro districtu, in quo agrarium percipitur, vide supra in *Terrageria*.

¶ Terragerium, Eadem notione. Chartularium S. Vincentii Cenomanensis fol. 138 : *Dedit monachis sancti Vincentii... Terragerium, quod de terra monachorum supradictorum annuatim accipiebat.*

¶ Terrageuria, Eodem intellectu. Charta ann. 1232. apud Stephanotium tom. 3. Antiq. Pictav. MSS. pag. 822 : *Serviens percipiet per se consuetudines suas; videlicet Terrageurias, aostagia, mestivam, gallos, caseos, tortellos, et corveiam suam, etc.*

¶ Terregium, Pari significatu. Chron. Balduini diaconi tom. 2. Sacræ Antiq. monument. pag. 207 : *In emptione terrarum, et Terregiorum, et decimarum aliorumque redditnum, etc.*

Terrageria, *Terragerie*, in Consuetudine Pictavensi art. 64. 75. 191. Prædium *terragio* obnoxium : *Terre à terrage*, in Consuetud. Bituric. tit. 10. art. 26. *Terre terragée*, in aliis.

* Terragium, Fructus jure *terragii* collecti. Charta ante ann. 1200. ex Tabul. S. Petri Carnot. : *Si de eo, quod sine se terragiatum fuerit, terragiator illius clamorem fecerit, in granea nostra Terragium adunabitur, triturabitur et partietur.*

* Terraigiaria Terra, Quæ *terragio* obnoxia est. Charta ann. 1242. in Chartul. Arremar. ch. 8 : *Vendiderunt..... terras quas habebant Terraigiarias in finagio de Luisigniaco. Terre terrageau*, in Lib. cens. terræ *d'Estilly* an. circ. 1430. ex Cod. reg. 9493. fol. 6. v°. et 38. v°.

Terragerare dicitur, qui *terragii* jus habet. Tabular. Absiense fol. 170 : *Quod de omnibus terris feodi sui, quas fratres de Vauvert excolerent, in campo vel in area, advocato famulo suo Terragerarent.*

¶ Terragiare, Eadem significatione. Hist. MS. Monasterii S. Cypriani Pictav. pag. 432 : *Quandocumque gerbæ in agris dicti territorii decimandæ fuerint et Terragiandæ, etc.* Pluries occurrit ibi, ut et pag. seq. in Pancharta MS. titulorum S. Stephani apud Xantones Ch. 8. in Charta ann. 1230. apud Stephanotium tom. 3. Antiq. MSS. pag. 797. etc.

¶ Terragire, Idem. Chronicon Bonæspei pag. 7 : *Balduinus Comes (donavit) duas carrucatas silvæ, ea conditione ut extirpata Terragiretur.*

¶ Terragialis, Ager obnoxius *terragio*. Charta ann. 1285. e Chartulario S. Johannis Angeriac. pag. 214 : *Recompensationem quarumdam terrarum... quæ Terragiales sunt et solvunt terragium.*

Terragiator, Qui vice domini *terragium* colligit. Charta ann. 1226. ex Tabular. S. Bertini : *Ita convenit, quod intrante Augusto quando voluerit ponet apud Helchin Terragiatorem suum juratum ad prædicta colligenda, etc.* [*Terragier* Nostris. Charta ann. 1247. ex Chartular. Campan. in Bibl. Reg. fol. 343. v°. col. 1 : *Et se il avenoit chose par avanture que li sergens Terragieres et li dismieres ne soient au descharger les gerbes, un croira lou deschargeour par som sairement.*]

¶ Terragitor, Eodem significatu. Locus exstat supra in *Bipertator*.

¶ Terruactum, Idem quod *Terragium*. Chartular. Aquicinct. fol. 39 : *Terruactum quoque tantum per consuetudinem nobis usque ad Alsigniacum afferat, et decimam in campo relinquat.* Hinc

¶ Terruactare, Terruectare, *Terruactum* seu *Terragium* colligere. Idem Chartul. fol. 18 : *Si monachi prædictæ Ecclesiæ manipulos suos Terruactare voluerint, hoc aequaquam facere præsument, nisi illi prius ab eis ad hoc vocati, venire distulerint.* Bis occurrit *Terruectare* ibid. fol. 39.

2. **TERRAGIUM**, Ager, prædium. Charta Rogerii Comitis Calabriæ ann. 1088. apud Ughellum tom. 5. pag. 1047 : *Dedi Abbati B. Ambrosii pro Monasterio S. Bartholomæi Liparensis Terragia infra scripta,... quæ Terragia sunt prope faciem Castri Militi limitata cum finibus infrascriptis, etc.* [Charta Johannis Rem. Archiep. et Theobaldi Regis Navarræ ann. 1267. ex Chartul. Campan. fol. 116. v° : *De quibusdam videlicet Terragiis acquisitis de Monachis de Igniaco Cisterciensis Ordinis Rem. dyocesis, quæ nos Archiepiscopus dicimus in banno et jurisdictione nostra esse, et nos Rex dicimus dictorum Terragiorum custodiam ad nos de antiqua consuetudine pertinere.* Vide infra *Terraria*.]

¶ 3. **TERRAGIUM**, Præstatio, ut videtur, quæ domino feudi exsolvitur pro facultate acquirendi *terram* seu prædium. Charta ann. 1207. ex Chartul. Campan. f. 363. col. 1 : *Si autem homines ejusdem villæ extra metas ipsius villæ aliquid adquisierint in territorio Prioris Bellæ-vallis, Prior per se habebit Terragium et consuetudinem inde sibi debitam.* Occurrit rursum infra.

4. **TERRAGIUM**, [Quod pro inhumatione solvitur Sacerdoti.] Constitutiones provinciales sancti Edmundi Archiep. Cantuariensis ann. 1255. cap. 7 : *Et quod a Terragio corpus sepelire non differatur, sed post sepulturam si quid datum fuerit in eleemosynam recipiatur.* [Vide *Interragium*.]

* Privil. civit. Viennæ ann. 1361. in Reg. 101. Chartoph, reg. ch. 118 : *Item quod* (pro) *exequiis et Terragio mortuorum in civitate et diocesi Viennæ exigi non valeat, nisi quod ponetur in ecclesia circa funus.* Consuet. S. Crucis Burdeg. ante ann. 1305. MSS : *In magno cœmeterio S. Crucis nihil solvitur pro sepultura seu Terragio.*

¶ Terragium, Ipsa inhumatio. Vincentius Cigalt. de Bello Italico : *Utrum pro Terragio cadaveris domini Curati, sacristæ vel vicarii possint et debent aliquid percipere? Certe non.*

¶ 5. **TERRAGIUM**, Agger terreus, Gallice *Terrasse, Rempart.* Radulfus de Rebus Gestis Friderici I. Imp. apud Murator. tom. 6. col. 1196 : *Quod castrum fortissimum erat cum fossato magno et murato... et cum altissimo muro merlato juxta Terragium, et cum alio muro intus.* Gualwaneus Flamma apud eumd. Murator. tom. 12. col. 1018 : *Ex statuto Azi Vicecomitis Terragium, quod erat supra fossatum, cœpit explanari, et omnia luti culmina per civitatem adæquari.* Chronicon Modoet. lib. 3. eod. tom. col. 1137 : *Prætereundo fossam veniebant certi de eorum gente usque ad palangatum, qui tunc temporis erat super Terragium fossæ.* Rursum occurrit ibid. col. 1164. ut et vox *Terrage*, pro Gallica *Terrasse*, Aggere repræsentato et insculpto, uti patet ex Computo XV. sæculi apud Lobinellum tom. 2. Hist. Britan. col. 921 : *Une couppe et une esguerre de bericle garnie d'or à deux Terrages d'argent ez pattes esmaillez de vert, etc.* Vide *Terracia, Terraius* et *Terrale* 2.

* 6. **TERRAGIUM**, Gall. *Terraige*, idem quod *Stallagium*, Præstatio, pro loco, ubi quis merces suas venum exponit. Consuet. Castell. ad Sequanam ex Cod. reg. 9898. 2 : *Marchans ou marchandes qui amenent en foire pour vendre en gros, vin, miel, sel, huille et autre graisses, ne doivent d'estaul ou de Terraige que quatre deniers Tournois.*

¶ **TERRAIUS**, Idem, ni fallor, quod *Terragium* 5. Ital. *Terrazzo.* Statuta Mutinæ fol. 4. rubr. 21 : *Aperiantur et opertæ stent viæ, quæ vadunt circas* (circa) *Terraios civitatis a parte intrinseca.*

TERRALAGIUM, Tabularium S. Martini de Campis : *In Castro etiam insulæ 10. solid. de Terralagio, et 2. hospites.* [Forte tributum est pro aggere terreo ad castrum muniendum.]

¶ 1. **TERRALE**, *Genus vestis*, in Glossis Isid. Suspicatur Grævius legendum esse *Teristrum*, vel *Theristrum*, de quo nos infra; vel potius scriptum fuisse *Torale, genus vestis*, qua scilicet torus sternebatur. Nam, inquit, et lectorum tegmina vestes esse dictas, quis tam hospes est in litteris, quem hoc fugiat?

¶ 2. **TERRALE**, Agger terreus, Gallice *Terrasse, Rempart.* Recognitio ann. 1327. tom. 2. Hist. Dalphin. pag. 28. col. 2 : *Guigo de Yllino recognovit se tenere de feudo D. Dalphini... Castrum et omnia et singula fossata seu Terralia de Yllino.* Le Roman de *Vacce* MS :

Jouste les archiers se sont mis,
Le Terrail ont avant porpris.

alio in loco :

Ne pourent cil dehors lez cous desus soiffrir,
Du mur et du Terrail les esteut departir.

¶ TERRALEUM, Eadem notione. Statuta Mutinæ fol. 45. v°. rubr. 240 : *Vadit recta linea usque ad aggerem sive Terraleum.* Chronicon Parmens. ad ann. 1308. apud Murator. tom. 9. col. 870 : *Venit illuc ad ipsam portam, et quum vidit desuper Terraleo, quod prædicti banniti erant pauci, jussit aperiri dictam portam.* Vide *Terracia* et *Terragium* 5.

¶ TERRALIUM, Eodem intellectu. Idem Chron. ad ann. 1302. col. 845 : *Domus laborerii circumquaque cavatæ fuerunt per se et burgi similiter per se cum Terraliis.* Adde col. 761. Statuta Palavicinia l. 2. cap. 71 : *Nulla persona... præsumat ire super Terraliis castri Busceti.* Rursum occurrit in Statutis Mutinæ fol. 20. v°. rubr. 108. ut et in Charta ann. 1343 : tom. 2. Hist. Dalphin. pag. 468. col. 2.

* Melius, Fossa, nostris *Terrail* et *Terreau.* Consule Diction. Trevolt. in hac voce. *Terral*, eodem sensu, in Sent. arbitr. ann. 1313. ex Reg. 53. Chartoph. reg. ch. 53 : *Item li dis religieus sont quittes de deus saus Parisis que il doivent au maieur et au jurés pour la cause des Terraus, qui sont au debout de leur gardin.* Libert. S. Marcel. ann. 1343. tom. 9. Ordinat. reg. Franc. pag. 380. art. 7 : *Quam siquidem villam.... dicti burgenses vintenis claudere teneantur et etiam fossatis... et aquam in dictis Terrariis* (leg. *Terraliis*) *facere venire; quæ Terralia cum fructibus eorum, seu fossata sint dicti domini dalphini.*

TERRALLIUM. Charta ann. 1294. apud Dion. Salvaingum Boissium lib. de Usu feudor. c. 37 : *Retinentes nobis perpetuo atque nostris piscationes Terralliorum dictæ villæ, et totius aquæ Galabri, ab esclosa molendini noviter facti,... usque ad pontem Galabri super ipsum, etc.* [Fossas hic intelligo, quæ villam circumdabant, sic a labris seu aggeribus, quibus clauduntur, dictas, ut et in Litteris ann. 1324. tom. 1 : Hist. Dalphin. pag. 148 : *Concedimus dicto Aymoni, quod ipse possit ponere pisces in Terraliis nostris de Sablonieres et in eis piscare cumcumque voluerit.* Charta Eccl. Lugdun. ann. 1308 : *Dominus Bellijoci habet tres asinatas bladi a Terraliis veteribus Lugduni usque ad S. Sebastianum.*]

* TERRALLIUM, Eodem significatu, in Charta ann. 1369. ex Cod. reg. 5187. fol. 81. v° : *Idem Hugo habeat... in ipsa vinea, videlicet illam partem contiguam, prout protenditur in longitudine ab illo Terrallio;... et cum ipso Terrallio usque ad vineam, etc.* Infra : *Terrellium.* Hinc *Terrellier*, Terram fodere, fossam cavare, in Pacto inter comit. Sabaud. et nobiles baron. Dumb. ann. 1398. ex Cod. reg. 6873. fol. 27. r° : *m que nostredit sire le conte... ne souffrira estre contrains les hommes desdis noubles à ortiffier, contrebuir et faire gait ou garde, rrellier, chevauchier, etc.* Inde etiam *Terllon*, pro *Pionnier*, fossor, qui ligone m fodit. Lit. remiss. ann. 1416. in eg. 169. Chartoph. reg. ch. 182 : *Un Terraillon ou pionnier, homme vacabond et d'estrange pays, etc.*

¶ TERRAYLLIUM, Eadem notione. Computus ann. 1336. tom. 2. Hist. Dalphin. pag. 325. col. 1 : *Item, pro fieri faciendo uno Terrayllio per montaneam Bellini usque ad locum ipsorum ædificiorum, pro decursu aquæ venientis per Terrayllium ipsum ad opus dicti operis*, VII. *s.* IV. *den.*

¶ TERRELLUS, Eodem significatu. Libertates Thossiaci in agro Dumbensi ann. 1310. art. 2 : *Si quis emerit domum, pedam, pratum, terram, vineam, vel aliud immobile infra villam fossatos et Terrellos ejusdem villæ, etc.* Charta Thossiacensis ann. 1404 : *Concesia et Terrello dicti prati intermedio.* Alia ann. 1467. ex Schedis D. Aubret : *Juxta terram Anthonii Guichardeti, quodam Terrello intermedio. Clausum fossatis seu Terrellis*, tom. 2. Maceriarum Insulæ Barbaræ pag. 401.

¶ TERRAMENTUM, Idem quod *Terragium* 1. si vera lectio est. Charta ann. 1. Caroli Regis apud Stephanotium, tom. 10. Fragm. MSS. pag. 91 : *Ipsas terras.... per beneficium de ipsos abbates S. Johannis vel pro precario tenuerunt, et ipsas decimas vel Terramenti ad ipsa casa Dei vel ad ipsos abbates donatas habebant.* Vereor ne legendum sit *Terræ meriti*, vel potius *Terræ merita*, seu proventus.

* TERRANEA DOMUS, Pars inferior domus, solum, Gal. *Rez-de-chaussée*, Ital. *Terreno.* Stat. MSS. eccl. S. Laur. Rom. : *Incorporaverunt pro fabrica et utilitatibus ejusdem ecclesiæ certam domum suis confinibus confinatam, pertinentem ad ipsos canonicos, Terraneam et solareatam, etc.*

¶ TERRANEUS, E *terra*, seu oppido, ab Italico *Terra*, Oppidum. Litteræ Cardin. de Farnesio ann. 1537. tom. 1. SS. April. pag. 391 : *Castellanis, balivis, servientibus, officialibus civilibus, Terraneis, ceterisque officialibus judiciariis, etc.* Vide *Terrarius.*

¶ TERRARE, Terra munire, obstruere vel cooperire. Reparationes factæ in Senescallia Carcasson. ann. 1435. e MS. Cl. V. Lancelot : *In reparando, in Terrando et sordando coperturam dicti castri de fustibus, tegulis, morterio, etc.* Et infra : *In Terrando, in sordando et recoperiendo bene et sufficienter de terra, fustibus, ferraturis, etc.* Vide *Terratus.*

* *Tarrer*, eadem significatione, in Lit. remiss. ann. 1397. ex Reg. 152. Chartoph. reg. ch. 249 : *Lequel tuel estoit abonny de solliveaux desdis guerniers, que encores n'estoient Tarrés ne plastrés, etc.*

¶ TERRARIA, TERRARIUM, Ager, prædium, possessio, territorium. Charta Guillelmi Episc. Cabilon. ann. 1297. inter Instrum. Gall. Christ. novæ edit. tom. 4. col. 252 : *Episcopi Cabilonenses consueverunt ab antiquo conferre in Terrariis Decani et Capituli præfatæ Ecclesiæ Cabil... quædam officia seu potestates quasdam, quæ vulgariter Vicedominatus nuncupantur, Canonicis videlicet Ecclesiæ Cabilonensis.* Et post pauca : *Dictos vicedominatus seu redditus eorum vendebant laicis et personis extraneis, propter quæ aliquoties homines Capituli gravabantur ab ipsis hominibus, levando emendas minus juste, extorquentibus etiam ab hominibus Ecclesiæ Cabil. qui in dictis Terrariis commorabantur, patrimonia eorumdem, et eosdem prægravantibus vexationibus infinitis.* Ibid. col. 253 : *Terrarii dictorum locorum in Terrariis et locis prædictis poterunt ponere auctoritate propria, ipsis Canonicis prædictis prædictos redditus percipientibus minime requisitis, unum de Terrariis, vel unum alium fidelem virum, qui dictas terras et justitias vicedominatuum prædictorum fideliter teneat et gubernet, etc.* Rursus infra : *In refusionibus et pecuniis, quas debent pro suis Terrariis et præbendis.* Charta Roberti Episc. ejusd. Eccles. ann. 1307. de eadem re ibid. col. 256 : *Terrarii* (*non tenentur*) *dictam medietatem dictarum pensionum nobis solvere vel tradere vel in partagio dictarum Terrariarum dictæ Ecclesiæ, quando casus occurreret, nobis aut successoribus nostris aliquid assignare, etc.* Charta ann. 1239. e Chartulario S. Vandregesili tom. 2. pag. 1636 : *In villa autem Alpici vel omni Terrario, si sanguis effusus fuerit, vel facta seditio, vel vagium belli datum, meum est judicare.* Vide *Terragium* 2.

¶ TERRARIUM, Agger terreus, Gallice *Terrasse.* Tabularium S. Sergii Andegav. : *Duo itaque Terraria ex utraque parte burgi sita illis in pace dimisi; monachi igitur prædicta Terraria poterunt in planitiem æquare.* Haud satis scio an eadem notione in Chronico Andrensi tom. 9. Spicil. Acher. pag. 394 : *Hoc autem* (instrumentum) *factum est in Castro Gisnensi, scilicet inter capellam S. Mariæ et Terrarium domus Eustachii de Hammes, anno...* MCXVI. Vide *Terragium* 5. Occurrit alia notione in *Terraria.*

* *Terriers*, pro Paries terreus, ni fallor, in Lit. remiss. ann. 1410. ex Reg. 165. Chartoph. reg. ch. 366 : *Pour ce que l'huis de l'hostel ne fut pas ouvert, ledit Jamet se prist au Terriers dudit hostel, et fist tant qu'il entra dedans.* Vide infra in *Terratia* 2.

☞ *Terriere* Scriptoribus nostris interdum Locus unde terra eruitur. Charta ann. 1403. ex Chartular. 21. Corb. fol. 321. v° : *Promettons de bonne foy que nous ne nos gens ne donrons, ne porrons donner congié de prendre terre ou argille en ledite Terriere ou argilliere.*

TERRARIUS, Vassallus, tenens. Charta Philippi de Monteforti Dom. Tyri et Torani pro Communia villæ de Castris in Occitania ann. 1264 : *De consilio et voluntate expressa Domini Guillelmi Peluti, Dom. Joannis, et Dom. Gamberti de Pasonis,... Militum Terrariorum patris nostri præfati, etc.*

* Charta ann. 1269. in Reg. S. Ludov. ex Chartoph. reg. fol. 64 : *Prædictus senescallus convocavit prælatos, Terrarios, barones, milites, consules et majores comitatuum.* Nostris *Terriau* et *Pourterrien.* Poema laudat. a Thaumas. in notis ad Assis. Hieros. pag. 251 :

Le chastelain de Coucy
Moult de feaux a Terriaux.

Lit. remiss. ann. 1374. in Reg. 105. Chartoph. reg. ch. 318 : *Comme Gauthier de Boulain escuier tiengne en fié une mairie de condition en la ville de Saumorey,... de laquelle mairie il ait pluseurs personnes ses Pourterriens, de lui tenans terres par cer-*

tain cens ou rente, etc. Vide supra *Terræmugnensis.*

TERRARII, Qui multas *terras* seu prædia possident, *grands terriens*, nostris : *Terrarum domini*, in Synodo Coloniensi ann. 1300. cap. 11. *Barones terrarii*, hoc est multarum terrarum possessores, in Chron. incerti auctoris apud Catellum ann. 1240. Vincentius Belvac. lib. 32. cap. 89 : *Rex autem de consilio Baronum suorum, et Baronum ac Terrariorum Cypri, etc.* Annales Waverleienses ann. 1086 : *Rex tenuit curiam suam apud Wintoniam, ibique venerunt contra eum omnes Barones sui, et omnes Terrarii hujus regni, qui alicujus pretii erant, cujuscumque feodi fuissent, et omnes homines regis effecti sunt.* Et ann. 1084 : *Rex Willelmus accepit hominium omnium Terrariorum Angliæ, cujuscumque feodi essent. Terrarii baillivi Aurelianensis*, in Regesto Parlamenti B. f. 92. v°. [*Terrarii Ecclesiæ Aniciensis seu pensiones*, in Statutis ann. 1267. apud Marten. tom. 2. Anecd. col. 481. *Præsente Senescallo cum curia regali et Terrariis*, apud Bernardum Guidonem in Historia fundationum Conventuum Prædicatorum tom. 6. Ampliss. Collect. ejusd. Marten. col. 478. Adde Chartas ann. 1297. et 1307. jam laudatas in *Terraria.*] *Terrarii* etiam Barones Castellorum appellantur, in vetere Notitia apud Rocchum Pirrum in Episcopis Agrigentin. pag. 272. 276. Guiot *de Provins en sa Bible* MS :

> Li Quens Philippes qui refu,
> Diex quel Terrier, Dex quel escu.

TERRARIUS, in Legibus Inæ Regis cap. 57. apud Bromptonum : *Si homo sithercundus Terrarius expeditionem supersedeat, emendet* 120. *solid.* Ubi Saxon. habet landagend, id est fundum vel prædium possidens.

* *Terrier* vero territorii seu districtus judicem sonat, in Lit. remiss. ann. 1377. ex Reg. 112. ch. 229 : *Le suppliant ala ces choses dénoncier au Terrier de Saint Mars escuier, soubz la jurisdiction duquel il est demourant, et li en requist correction et pénitence : liquelx Terrier le fist pour ce tantost mener en prison.*

* TERRARIUS, Idem qui *Firmarius*. Charta ann. 1298. ex Cod. reg. 8409. fol. 69. r° : *A dictis hominibus portantibus bladum seu cum blado transeuntibus per dictum locum dicta exactio non petatur,.... potissime cum aliqui Terrarii dom. regis Franc. et gentes eorum sint immunes a dicta exactione.*

* TERRARIUS, Officium monasticum, cui *terrarum* seu agrorum, hoc est, censuum ex iis percipiendorum cura commissa est. Charta ann. 1313. in Reg. 52. Chartoph. reg. ch. 207 : *Petrus Barrani hospitalis et Petrus de Reyssiaco Terrarius, monachi procuratores et sindici monasterii Fontisfrigidi, etc.* Comput. ann. 1326. ex Cod. reg. 9434. fol. 31. v° : *Infirmarius* (Silvæ majoris) *xx. solid. Petragoric. Terrarius xx. solid. Petragoric.* Lit. remiss. ann. 1350. in Reg. 80. ch. 200 : *Frater Bernardus Mauha Terrarius monasterii de Bonavalle petens cujusdam domus censum, etc.* Vide infra *Terrerius* 2.

¶ TERRARIUS LIBER, In quo *terragia*, census, possessiones describuntur, Nostris *Terrier*. Ferrerius in notis ad Decis. 272. Guid. Pap. : *Porro recognitiones, item Terrarii libri et codices antiqui fidem faciunt ad probandum directum dominium.* Vide infra *Terrerium* 1.

¶ TERRARIUS, Terrestris, apud veterem Persii interpretem ad Satyr. 6. v. 24. ut observat Vossius de Vitiis serm. lib. 3. cap. 52..

¶ TERRARIUS, TERRARIA, Incola alicujus oppidi, ab Italico *Terra*, Oppidum. Acta B. Girardi, tom. 1. Junii pag. 771 : *Nobilis matrona.... Terraria Modoetiæ, etc.* Vide *Terraneus.*

¶ **TERRASCIS**, Idem quod mox *Terrassia*. Charta ann. 1228. e parvo Chartul. S. Victoris Massil. pag. 128 : *Liceat vobis, D. B. Abba, destruere parietem meum, apodiendo tamen prius tigna mea et Terrascen, quod non possit corruere.*

¶ **TERRASSIA**, Agger terreus, solarium, Gallice *Terrasse*. Ordinatio Johannis XXII. PP. apud Fantonum Hist. Avenion. pag. 175 : *Item cameram cum modica Terrassia domus Raimundæ Saninadæ.* Bulla Benedicti XII. PP. ann. 1337. ex Archivo S. Victoris Massil. : *Terrassiæ seu pavimenta tam super quam subtus... minantur ruinam.* Vide *Tarrascia.*

* **TERRASSONUS**, Agger terreus. Formul. MSS. ex Cod. reg. 7657. fol. 42. r° : *Ipsam domum, per quamdam parvam januam habentem exitum ad quemdam Terrassonum,.... intravit.* Vide *Terrassia.*

TERRASTENENTES. Vide *Tenentes* in *Tenere* 1.

¶ 1. **TERRATA**, Idem quod *Terreata*. Diploma Philippi August. Regis Franc. ann. 1221 : *Anselmus de Botterviller quittat Abbati Floriacensi redecimam, spilones, gaspiliones, Terratas, etc.*

* 2. **TERRATA**, Eadem, ut videtur, notione. Charta admort. Caroli VII. in Reg. Cam. Comput. Paris. alias Bitur. fol. 147. r° : *Item pro orto et Terrata molendini ad barrium,.... vij. den. pict.* Forte Agger in quo constructum est molendinum.

* *Terrée* vero, Ornamentum quoddam sellæ, in Comput. Rob. de Seris ab ann. 1332. ad ann. 1344. ex Reg. 5. Chartoph. reg. fol. 3. r° : *Una Terrée en l'arçon derriere, de veluel vert, etc.*

¶ **TERRATEA**, Idem quod *Terraticum*. Charta ann. 1124. tom. 5. Annal. Benedict. pag. 668. col. 1 : *Dimidiam partem de Terratea terrarum adjacentium inter Basentum et Salandram, et mediam partem nostræ salinæ.*

* 1. **TERRATIA**, Ager, territorium. Charta Guid. episc. Lingon. ann. 1260. in Chartul. ejusd. eccl. fol. 238. r° : *Unum jornale situm juxta commam, dictam as Damoisiaus, et unum jornale, situm desuper Terratiam de dicto Marigneio.*

* 2. **TERRATIA**, Idem quod *Terrassia*, agger terreus, solarium. Comput. ann. 1450. ex Tabul. S. Vulfr. Abbavil. : *Propter tres viaturas beleni ad deferendum antiquum plumbum Terratiarum grangiæ, etc. Terreasse*, pro Ager, prædium, ni fallor, in Charta admort. ann. 1412. ex Reg. 166. Chartoph. reg. ch. 272 : *Item Jehan du Curtil tient une Terreasse au terrouer de Manopon.... à service annuel de xvj. deniers Viennois. Terrasse* vero Lutum paleatum, vulgo *Torchis*, sonat in Lit. remiss. ann. 1453. ex Reg. 182. ch. 7 : *Ainsi que le suppliant fut venu de besongner de certaine Terrasse ou Torchis en certain endroit de son hostel, etc.* Vide supra *Terrarium.*

* **TERRATICARIUS**, Qui *terraticum*, quod a colonis exigitur nomine terræ et agri quem colunt, colligit. Inquisit. ann. 1273. in Access. ad Hist. Cassin. part. 1. pag. 337. col. 1 : *Item universi habitatores castri Cerbasii..... non debent uvas pistare et de palmentis extrahere sine Terraticariis vel decimariis infirmariæ Cassinensis.* Vide *Terraticum.*

TERRATICUM, Idem quod *Terragium* 1. Quod a Colonis exigitur nomine terræ et agri, quem colunt. Academicis Cruscanis, *Terratico* dicitur, *quel che si paga per fitto di seminar nel altrui terreno.* Argentreus ad art. 266. Consuet. Britan. : *Utitur hæc regio certo contrahendi genere, quod Terragium appellant, Latine verbum pro verbo Solarium dixeris : usus est, cum prædia fere inculta colenda certis colonis tribuuntur perpetuo, aut vero temporario jure, lege dicta, ut in annos singulos decima fructuam auctori rependatur.* Chronicon Casinense lib. 3. cap. 63 : *Cum quidam frater ad Terraticum a ruricolis accipiendum directus fuisset, rusticus quidam, a quo triticum exigebatur, saccum frumento implens,... fugam arripuit.* Charta Ludovici II. Imper. ann. 869. apud Ughellum tom. 2. pag. 559 : *Ut nullus habitator terræ pertinentis ad Monasterium supradictum ex illis, qui soliti fuerunt Monasterio reddere Terraticum, etc.* Charta Ludovici IV. Reg. in Bibl. Cluniacensi pag. 266 : *De silvis, ubi partem habent, et terris, nullus nisi per ipsorum voluntatem Terraticum accipiat.* Charta Hugonis Archiep. Senonensis, ex Tabular. S. Germani Pratensis : *Si autem terram ad Terraticum monachi dederint, Advocatus nihil habebit.*] *Terraticum de terra assa*, in Charta Leotherici Archiep. Senon. ann. 1020. ex Chartul. Crisenon. diœc. Autissiod.] Adde Chartam Rogerii Regis Siciliæ ann. 1137. apud Falconem Beneventanum, et Chronicon S. Sophiæ Benevent. pag. 740. [Chronicon Farfense apud Murator. tom. 2. part. 2. col. 441. Statuta Genuens. lib. 6. cap. 5. etc.]

* **TERRATINA**, unica voce vel divisis vocibus, ut edidit Muratorius ex Reg. Mutin. tom. 2. Antiq. Ital. med. ævi col. 897 : *Soma Terræ tinæ, de qua fit auricalchum.* Utrumque male pro *Calamina*, terræ fossilis species, quæ cum cupro mixta auricalchum efficit.

TERRATIO. Vetus Charta apud Baldricum in Chron. Camerac. lib. 1. cap. 27 : *Hoc est mansos dominicos... et Terrationes, et servos, et ancillas, etc.* Idem videtur quod *terræ*, agri. Vide *Terrada.*

TERRATORIA, Matta, sic dicta, quia humi sternebatur, ut quidam volunt. Gloss. Gr. Lat. : Ψίαθος, *Teges, Terratoria, matta.* Sed legendum monuimus, *stratoria*, vel *storea*, in v. *Matta.* [Legitur tamen *Terratoria* etiam in Glossis Lat. Gr. et in aliis tom. 3. SS. Martii p. 843. relatis habetur :

Psiathos, Teges, Terratoria, matta, territoria.]

TERRATORIUM, pro *Territorium*, in Chartis Italicis passim, et in Charta Caroli M. pro Ecclesia Parisiensi in M. Pastorali lib. 19. ch. 56. Testamentum Bertichramni Episc. Cenoman. : *Vineolas, vel pradela, vel Terratorium, quod in dextera parte de strada est, etc.* Vide Acta Episcop. Cenoman. pag. 86. 92. 104. Perperam editum *Terreaturiis* in Charta ejusdem Caroli tom. 2. Analector. Mabillonii pag. 401.

¶ Terraturium, Eadem notione, in Formulis Andegav. art. 21. 36. 39. etc.

¶ **TERRATUS**, Terra clausus, obturatus vel aggere terreo munitus. Radulfi Coggeshal. Chronic. apud Marten. tom. 5. Ampl. Collect. col. 821 : *Mandaverat... quomodo omnes portæ civitatis, contra eum Terratæ erant, præter portam S. Stephani ad Aquilonem partem urbis, contra quam exercitum suum collocare suadebat.* Vide *Terrare.*

¶ **TERRAYLLIUM.** Vide supra in *Terrale* 2.

* **TERRAYRONUM.** Vide supra *Careironum.*

TERREATA. Charta Odonis Borelli de Curtalano, in Tabulario Ecclesiæ Carnotensis num. 72 : *Ponent tamen Canonici si voluerint famulum suum, qui custodiet res suas, quando Major numerabit in agris, et in grangia, et ego meum, et hæredes mei si voluerimus. Feodum Majoris est farrago de grangia, Terreata annonæ post paleam, et caudæ annonarum bene exquisitarum*, hoc est, ni fallor, granum vel frumentum, quod in *terram*, seu aream, antequam tritum et excussum sit a palea, decidit, et terræ miscetur. [Vide *Terrata.*]

¶ **TERREATURIUM.** Vide in *Terratorium.*

¶ **TERREGIUM.** Vide in *Terragium* 1.

* **TERRECTORIUM**, pro *Territorium*, Ager, possessio, prædium. Charta ann. 1091. apud Murator. tom. 1. Antiq. Ital. med. ævi col. 419 : *Et est ista sorte masaricia inter sediminis et vineis cum areis suarum seu terris arabilis et pratis, jugies quinque, et omnibus rebus Terrectoriis in loco et fundo Campicino....... Et est istis rebus omnibus Terrectoriis inter sediminis et vineis cum areis suarum seu terris arabilis et pratis jugies similiter quinque.* Semel et iterum ibidem rursus occurrit.

* **TERRELLIUM.** Vide supra *Terrallium* in *Terrale* 2.

¶ **TERRELLUS.** Vide supra in *Terrale* 2.

* **TERREMERITUM**, unica voce, ut supra *Terameritum*, Terræ proventus quilibet. Charta ann. 1263. in Reg. S. Ludov. ex Chartoph. reg. fol. 24. v° : *In taschis seu agrariis, quintis et quartis et in omnibus aliis Terremeritis.* Alia ann. 1311. in Reg. 48. ch. 39 : *Tenentur solvere et dare census, deveria et Terremerita consueta.* Vide *Meritum.*

* **TERRENA**, Via terrea, agger, Gall. *Chaussée.* Charta admort. ann. 1375. in Reg. 109. Chartoph. reg. ch. 401 : *Cum quadam Terrena publica, qua itur de Montepessulano ad molendinum de Septem-canibus.* Infra : *Cum itinere, quo itur de Montepessulano ad molendinum de Septem-canibus.*

¶ **TERRENERIETTUM**, f. Idem quod *Terraticum.* Vide Onomasticum ad calcem tom. 5. Anecdot. Marten.

TERRENITAS Dei, Humanitas, οἰκονομία, Incarnatio. Occurrit in lib. 1. Miraculorum S. Agili cap. 5.

TERRENUM, Ital. *Terreno*, nostris *Terrain*, [Fundus, solum.] Rollandinus in Summa Notariæ : *Domus sitæ in Terreno Ecclesiæ S. Joannis in Monte.* [Statua Cadubrii lib. 1. cap. 28 : *Si aliquis terrigina posuerit in manu Jurati pignus alicujus sui debitoris pro suis operibus spectantibus ad laborerium Terreni, Juratus sequenti die teneatur et debeat æstimare dictum pignus, et pro suis operibus ipsi creditori ipsum pignus dare in solutum.* Statuta Mutinæ fol. 13. v°. rubr. 66 : *Cum in terra Castri veteris, ubi est fornax una, non possint fieri boni coppi, nec quadrelli, propter malum Terrenum, quod est ibi, etc.*]

* Charta ann. 1347. apud Lam. in Delic. erudit. inter not. ad Hodœpor. Charit. part. 1. pag. 62 : *Et quod habentes seu habituri Terrena seu ædificia, quæ prædicto laboratorio occuparentur, vel destruerentur, vel alias necessaria forent, etc.*

* Terrenum, pro Territorium, Ital. etiam *Terreno.* Form. MSS. Senens. ann. 1414. ex Cod. reg. 4726. fol. 3. r° : *Item totum Terrenum, quod circum circa res prædictas, quod Terrenum est et consistit infra confines infrascriptos, etc.*

¶ **TERRENUS**, Omne genus vecturæ terrestris, sive carris, sive equis fiat. Charta Ludovici Pii pro Ecclesia Argentinensi, apud *Laguille* in Probat. Hist. Alsat. pag. 19. col. 1 : *Ut ubicumque... homines memoratæ Ecclesiæ navigio aut Terreno, id est, cum carris et saumariis, negotiandi gratia irent et redirent, etc.*

* **TERRERIALIS** Dominus, Dominus fundi seu feudi. Consuet. Dumbens. MSS. ann. 1325. art. 12 : *Nullus homo tailliabilis..... non possit nec debeat in alia curia respondere, neque renunciationem facere ullomodo, quæ possit domino suo Terreriali, cujus est homo tailliabilis, in aliquo præjudicium generare.*

¶ 1. **TERRERIUM**, Codex agrorum vectigalium, Gall. *Terrier.* Charta Humberti II. ann. 1338. tom. 2. Hist. Dalphin. pag. 372. col. 1 : *Item, de dictis recognitionibus per vos fiat in singulis castellanis terræ nostræ unum Terrerium in pergameno scribendum et signandum in forma publica per manus unius vel duorum notariorum publicorum in archivio nostro reponendum postea et perpetuo conservandum. Item in eodem Terrerio describantur omnia nomina et cognomina hominum nostrorum, etc.* Rursum occurrit in Charta ann. 1489. apud Baluzium tom. 2. Hist. Arvern. pag. 238. et alibi. Vide *Terrarius liber.*

¶ 2. **TERRERIUM**, Territorium, districtus. Charta ann. 1247. e Chartulario S. Vandregesili tom. 2. pag. 1667 : *Nos viris religiosis Abbati et Conventui S. Vandreg. totam avenam, quam percipiebamus in censivis et Terreriis suis apud Montual annuatim... vendidimus, etc.* Vide *Terreria.*

¶ 1. **TERRERIUS**, Indigena. Chronicon Modoetiæ apud Murator. tom. 12. col. 1136 : *Tunc fugerunt in ipsa nocte de illis, qui erant in Modoetia tam de Terreriis quam de forasteriis plus de medietate, sic quod terra erat quasi derelicta. Tam forenses quam Terrerii*, in Chronico Petri Azarii apud eumdem Murator. tom. 16. col. 393. *Terrerii seu de communi illius villæ*, in Statutis Mutinæ fol. 88. rubr. 401. Vide infra *Terrigenæ.*

* 2. **TERRERIUS**, Officium monasticum, cui censuum ex terris percipiendorum cura commissa est, Gall. *Terrier.* Charta ann. 1335. in Reg. 70. Chartoph. reg. ch. 355 : *Imponebatur quod fratrem Amaluinum de Narcesio, monacum Sarlatensem ac Terrerium dictæ ecclesiæ, interfecissent. Moine et Terrier de Sarlat*, in alia vernacule scripta ibid. Vide supra in *Terrarius.*

¶ **TERRESTREITAS**, Terrestritas, Materia terrena, terræ proprietas. Engelbertus de longævitate ante diluvium apud Pezium tom. 1. Anecdot. part. 1. col. 446 : *Modicum nutrit quia Terrestritas vincit in plantis, quæ non est apta digestioni.* Leonardus in Speculo lapidum lib. 1. cap. 1. ex Cod. MS. Bibl. Reg. : *Nullus enim lapis est qui ratione suæ Terrestreitatis in aqua non submergatur, dummodo non sit porosus seu plenus aeris.* In edito *Terrestritas.*

* **TERRESTRIS**, Ad territorium seu districtum pertinens. Charta Joan. reg. Bohem. ann. 1336. inter Probat. tom. 1. Annal. Præmonstr. col. 525 : *Quod ipsum monasterium et homines ipsorum, bonorum occasione eorum, non possint nec debeant trahi ad judicia, vel zudas, Terrestria seu etiam provincialia quoquo modo.* Stat. Vladisl. Jagel. ann. 1420. inter Leg. Polon. pag. 76 : *De Clausura et reservatione actorum judicialium, seu libri Terrestris... Coram quibus* (Baronibus) *etiam resignationes bonorum magnorum peraguntur, et aliæ causæ per eosdem definitivæ in speciali libro conscribuntur.... Unde.... volumus quod liber prænotatus.... sub clausura trium clavium amodo conservetur, quarum unam judex, aliam subjudex, tertiam vero notarius Terrestris habeant.*

¶ **TERRIBILIA.** Literæ Henrici IV. Angl. Regis ann. 1408. apud Rymer. tom. 8. pag. 539. col. 2 : *Videbatur honestum... ipsos vel eorum alterum ab ultimo Terribilium custodire, tempore quo quis eorum Johannis et Bertrandi* (duello certantium) *victoriam habuisset, eis pugnæ supersedere mandavimus.* Ubi *Terribilium* ultimum est mors ipsa, quæ probabiliter subsecuta fuisset, nisi auctoritate regia certamen fuisset interruptum.

** **TERRIBILITAS**, Species quæ terrorem incutit. Jornand. Get. cap. 24 : *Hunni quos bello forsitan minime superabant, vultus sui terrore nimium pavorem ingerentes, Terribilitate fugabant.* Appon. Comment. in Cantic. Cantic. lib. 8. in Spicil. Roman. tom. 5. pag. 50 : *Ornamentum sunt Terribilitatis et potentiæ.* Et pag. 51 : *Propter terribilitatem pœnarum.* Occurrit ibid. pag. 66. et 67.

¶ **TERRIBILITER**, *Terriblement, espouvantablement*, in Glossis Lat. Gall. Sangerm. MSS. Utuntur Arnobius lib. 2. S.

Augustinus lib. 12. Conf. cap. 25. et alii recentiores.

** **TERRIBOLA**, *Formidolosa*, apud Papiam ex glossa ad Atton. Polypt. pag. 56 : *Terribola mens hostis aciem spectare non præsumens.*

TERRIBULUM, *Quoddam tormentum, quod terreat reos, et dicitur a terreo.* Joan. de Janua. Occurrit etiam in Gloss. Lat. Gall.

¶ **TERRIBUNDUS**, Terribilis, in Vita B. Lidwinæ, inter Acta SS. tom. 2. April. pag. 339.

TERRICELLA, Campulus, campellus. Occurrit passim in Chartis Italicis. Vide Ughellum tom. 8. pag. 610. 621. tom. 9. pag. 97. 99. etc. Italis *Terricciuola*, est locus muro cinctus, oppidulum.

TERRICLÆ, χαρακίδες, in Gloss. Lat. Græc. quasi *Terriculæ*, terræ aggeres.

TERRICREPUS, Terribilis. Vita S. Guillelmi Abb. Divion. cap. 14 : *Quam lasciva ad omnes pene sermones ore Terricrepo juramenta.*

TERRIDA, Navis species. Vide *Tarida.*

TERRIFINIS, pro *finis*, Terminus. Vetus Charta ann. 1099. apud Ughellum in Episcopis Populoniensibus : *Cum habitantiis, et cultis, et silvis, et omnibus in isto Castello pertinentiis, per Terrifines illorum, etc.*

TERRIGENÆ, Indigenæ. Gl. Gr. Lat. : Αὐθιγενής, *indigena, Terrigena, indigetum.* Auctor Mamotrecti ad cap. 18. Levitici : *Indigena, id est Terrigena.* Occurrit apud Joannem VIII. PP. Epist. 27. Ordericum Vitalem lib. 4. pag. 105. lib. 11. pag. 814. 818. etc. [in Statutis Cadubrii lib. 1. cap. 48. in Correct. eorumdem Statutor. cap. 104. et 105. in Statutis Montis-regalis pag. 5. etc. Vide supra *Terrerius.*]

¶ **TERRIGIPONA**, pro *Terripiscina.* Vide *Lacus.*

¶ **TERRINEUS**, Terreus. Vide locum in *Solariatus* post *Solarium.*

* Hinc *Terrin* nostris dicitur Poculum terreum. Lit. remiss. ann. 1399. in Reg. 154. Chartoph. reg. ch. 595 : *Lequel Bery print un godet de terre ou Terrin à quoy ilz buvoient, etc.* Aliæ ann. 1440. in Reg. 176. ch. 5 : *Print ung plain Terrin de vin, getta Terrin et vin entre lui et ledit Bigot;.... print derechief ung autre Terrin et le cassa.*

TERRIPISCINA, Piscina. Vide *Lacus.*

¶ **TERRISONUS**, Terribili sono. Miracula S. Roberti Abb. 3. Aprilis pag. 325 : *Hæc non tantum Terrisono fremitu... significabat insaniam.*

* **TERRISTRUM**. Vide infra *Theristrum.*

* **TERRITAGIUM**, pro *Terragium*, Agrarium. Charta ann. 1239. inter Instr. tom. 10. Gall. Christ. col. 268 : *Hæc autem decem bovaria dicta ecclesia et ejus habitantes tenebunt in perpetuum libere et absolute, absque Territagio et absque ulla alia consuetudine.*

* **TERRITIO**, pro Terror aut Terriculum, in Opusc. Pithœi apud Loisel. pag. 357. Vide mox *Territorium* 3.

* **TERRITORIA**, Ager, possessio, prædium. Charta ann. 1000. apud Murator. tom. 1. Antiq. Ital. med. ævi col. 337 : *In pertinentiis de civitate Asculo in villam, quæ cognominatur Lanniano, clausuriæ, Territoriæ, putea. Et in Locum, qui dicitur Malesoma, clausuriæ, Territoriæ et putea.* Pluries ibi. *Terreur*, eadem notione, in Lit. remiss. ann. 1481. ex Reg. 209. Chartoph. reg. ch. 105 : *A Pierre Malia suppliant compette et appartient..... ung Terreur ou pasturail assiz au villaige de Favars* (en Auvergne). *Terruere*, pro *Territoire*, in Ch. ann. 1286. ex Tabul. S. Mart. Pontisar. et *Tieroir*, in Lit. ann. 1287. apud Marten. tom. 1. Anecd. col. 1228. Vide in *Territorium* 1.

* Notandum vero prorsus est quod legitur in Chartulario abbatiæ Clarifontis scripto 13. sæculo : *De curtibus,.... de quibus dicitur quod ecclesia Clarifontis eas habeat liberas et absolutas ab omni decimatione in territorio suo, nobis videtur quod Territorium ibi tantum valeat quantum allodium, præsertim propter quædam quæ statim subsecuntur etiam eodem articulo, ubi fit differentia inter proprium territorium et alias parrochias.*

TERRITORIÆ Res, Prædia, agri, Gallis *Biens de terre.* Charta ann. 1046. apud Ughellum in Episcop. Veronensibus : *Id sunt omnes casæ, et res Territoriæ illæ juris mei, etc.* Occurrit ibi non semel.

1. **TERRITORIUM**, in Gloss. Gr. Lat. ἐνορία, περίβολος, περίχωρος. Ugutioni : *Locus modicus, vel districtus alicujus, vel Territorium dicitur, quasi tauritorium, i. tritum bobus. Civitatum Territoria*, in lege un. Cod. Th. de Hirenarch. Vide Sidonium lib. 1. Epist. 8. et ibi Savaronem, Menagium in Amœnitatib. Juris pag. 940. et alios. [*Territorium Lemovicense*, pro Diœcesi, in Breviario MS. Eccl. Lemovic. cujus excerptum refertur sæc. 2. Bened. pag. 1090. Sic *Territorium Pontivense*, in Miraculis S. Angilberti Abb. sæc. 4. part. 1. pag. 131. *Noviomense, Ambianense*, ibid. pag. 132. *Belvacense*, ibid. pag. 137.] [** Pro pago accipiendum videtur in Gestis Abbat. Fontanel. cap. 2 : *Luciniacum in Territorio Vilcasinensi.* Mox : *Gamapium in pago Vilcasino.*]

Territorium, Ager, possessio, prædium. *Territoria civium*, in leg. 34. Cod. Th. de Operibus publ. Adde leg. 2. de Exactionib. leg. 30. de Annonis, et leg. 186. de Decurion. eod. Cod. Siculus Flaccus : *Bellis gestis victores populi terras omnes, ex quibus victos ejecerunt, publice atque universaliter Territorium dixerunt.* Lex Bajwar. tit. 17. § 2 : *Cur invadere conaris Territorium, quem ego juste jure hæreditario donavi.* Otto de S. Blasio cap. 18 : *Succensisque quibusdam Welfonis Territoriis, ad propria revertuntur.* [Vide *Terragium* 2.]

Territorium, pro Modo agri usurpatur in libro de Fundatione Monasterii Gozecensis pag. 211 : *Ex communi patrimonio nostro subjectas possessiones offerimus,... in Gerenstede Territorium unum, in Lochrestide septem mansos : in Zcorrege 4. mansos : in Plaime 15. jugera : in Alforstide 12. mansos : in Belteggelorhe Territorium unum.* Vetus Charta apud Ægid. Gelenium in Colonia Agrippina pag. 357 : *Et tria Territoria prope claustrum sui monasterii.* [Vide Glossarium ad calcem tomi 3. Gall. Christ. novæ edit.]

¶ Territorium Equinum, f. Prædium, ubi equi nutriuntur. Charta vetus apud Meichelbec. tom. 1. Hist. Frising. pag. 213 : *Territorium in urbe Radaspona, unam hobam cum equino Territorio ad Pullingum, Territorium equinum ad Hutichar.*

2. **TERRITORIUM**. Vita S. Endei Abbatis Aranensis n. 18 : *Septem annis in Monasterii Territorio fideliter serviens mansit. In his quoque 7. annis sic diligenter exercebat trituratoris officium, ut in paleario Territorii non posset granum, quod culmen faceret, inveniri.* Sed ibi viri docti legendum censent *Teritorium*, ut sit area terendo et excutiendo frumento comparata.

* 3. **TERRITORIUM** Id quod in agris et hortis ad terrendas aves ponitur. Glossar. Gall. Lat. ex Cod. reg. 7684 : *Territorium, Espointal.* Pro *Epouventail.* Vide supra *Territio.*

¶ **TERRITORIUS**, Humi stratus. *Territoria matta*, in Glossis laudatis in *Terratoria.*

¶ **TERRITURIUM**, pro *Territorium*, in Gestis Innocentii Episc. Cenoman. apud Mabillon. tom. 3. Analect. pag. 84. in Charta Theodorici Regis Fr. tom. 2. Annal. Bened. pag. 701. col. 1.

¶ **TERROLA**, Agellus, in Testamento S. Vigilii Episc. Antissiod. tom. 1. Annal. Bened. pag. 695. col. 1. Vide *Terrula.*

* Charta ann. 813. apud Murator. tom. 1. Antiq. Ital. med. ævi col. 520 : *In decania Lupuni modia duo Terrola seminaturæ. In decania Lumper modia treu Terrola seminaturæ.* Pluries ibi.

¶ **TERROLENTUS**, ut *Terrulentus.* Statuta Vercell. fol. 86 : *Nullus vendam blavam grossam vel minutam fraudulenter balneatam vel Terrolentam, vel in qua quid aliud in fraudem ementium miscuerit.*

¶ **TERRUACTARE**, Terruactum. Vide supra *Terragium* 1.

* **TERRUCIUM**, ut supra *Terracium* 1. Vide in hac voce.

TERRULA, Agellus, exiguum prædium, apud Gregorium M. lib. 2. Epist. 2. in Synodo Agathensi can. 45. in Charta Caroli C. Imper. apud Puricellum in Basilica Ambrosiana pag. 224. [in Capitularibus ejusd. Caroli tit. 37. cap. 11. in Indice vett. Canonum, tom. 3. Concil. Hispan. pag. 30. col. 1. in Charta ann. 1082. apud D. Calmet. tom. 1. Hist. Lothar. in Probat. col. 479. in Annal. Benedict. tom. 2. pag. 626. in Monastico Anglic. tom. 1. pag. 28. col. 1. Hist. Harcur. tom. 3. pag. 44. apud Miræum tom. 1. pag. 164. col. 1. In Codice Theod. lib. 15. tit. 1. leg. 51. *Terrulæ* dicuntur privatorum possessiones, quæ alibi *Terræ* nuncupantur.]

TERRULENTUS, Terreus, ex *terrula.* Occurrit apud Prudentium, [ut et *Terrulente*, pro Terreno modo. Vide *Terrolentus.*]

¶ **TERRUNCULA**, Modica Terræ portio, in Onomastico ad calcem tom. 9. Ampl. Collect. Marten.

* **TERSALE** Festum. Vide supra in *Festum* 1.

TERSANA. Charta Raymundi V. Vicecom. Turenensis ann. 1296. apud Justellum in Hist. Turenensi pag. 155 : *Item concedimus dictæ universitati* (Bellilocensi,) *quod loco usatici, quod dicitur Tersana,* quod nobis competit ratione venditionum feudorum, seu in emphyteosim datorum, seu detentorum, quo tenentur et in posterum tenebuntur a nobis in feudum seu in emphyteosim in dicta villa de Belloloco et ejus pertinentiis et districtu, emptores unum denarium tantum pro quolibet solido pretii venditionis solvere teneantur; ipsa feuda seu emphyteoses a dicto usatico, dicta Tersana, in perpetuum afrancantes, et dictum denarium tantum pro quolibet solido pretii nobis et nostris successoribus retinentes. Ubi *Tersana*, forte est tertia pars pretii venditionis prædiorum feudalium, quomodo *Tiers denier* vocat Consuetudo Nivernensis tit. 4. art. 58. 70. tit. 24. art. 10. tit. 6. art. 2. 23. et Arvernensis cap. 31. art. 75. tertium denarium pretii prædii venditi, qui domino superiori exsolvitur. [Vide *Tresenum* et *Trezenum*.]

** **TERSARATUS**, Terseratus. Chart. ann. 760. apud Brunett. Cod. Dipl. Tusc. tom. 1. pag. 570 : *Da pede est Tersaratu unu testuclu, et super illum est alius testuclu Terseratu, et super illo duo testucli sunt duo quercias, et super ipse una cerru Tersevatu.* Dictum videtur de incisionibus arborum, quæ vice termini sunt, forte pro *Tesseratus* i. e. quadratam formam præferens. Confer *Theclatura*.

¶ **TERSAURIA**. Vide mox *Tersoria*.

* **TERSAYROLA**, Dolii pars tertia. Comput. ann. 1479. inter Probat. tom. 3. Hist. Nem. pag. 339. col. 1 : *Item solverunt Johanni Tizay pro una bota Tersayrola vini clareti etc.* Vide supra *Terceyrola*.

* **TERSENERIA**, Terseria, mensuræ species. Vide supra *Terceneria*.

* ¶ **TERSERIUM**. Vita B. Andreæ de Galleranis, tom. 3. Martii pag. 56 : *Quidam faber fuit in civitate Senensi in Tersetio S. Martini.* Raimundus Italice reddit *Terzo*, quod tertiam cujusque rei partem significat, ut adnotant Bollandistæ, qui dubitant an in tot partes Senæ distinguantur, an alia sit vocis propria istic notio. Vide *Tercerium*.

* **TERSOLUS**, Trium annorum natus. Inventar. ann. 1476. ex Tabul. Flamar. : *Item plus aliam quandam gasalhiam duarum magnarum vaccarum, unius Tersolæ sive vaxæ ætatis trium annorum prægnantis, etc.*

¶ 1. **TERSONUM**, Tersonus. Inventarium Ecclesiæ Anic. : *Tersonum de lino quasi duarum ulnarum.* Alibi : *Tersonum de lino habens in quolibet capite duas barras de cotone alvo.* Rursum alio in loco : *Item duo Tersoni de lino operis Franciæ cum frangitis de cirico diversorum colorum in capitibus, dedicati ad dicendum in Quadragesima* : In spiritu humilitatis, etc. Forsitan ubique legendum est *Tersorium*. Vide ibi.

* *Tersenet*, Panni species videtur in Invent. ann. 1449. ex Tabul. D. Venciæ : *Item quædam alia raupa de viride foderata tellæ rubæ, cum colleto ranu[illegible]lo foderato de Tersenet, cum monstris manicarum, ipsius quondam dominæ.*

* 2. **TERSONUM**, Urbis regio, idem quod *Tercerium* 1. Lit. ann. 1378. tom. 6. Ordinat. reg. Franc. pag. 394 : *Et est sciendum pro* (quod) *prænominati consules anno quolibet, ut est moris, eligentur;.... videlicet de civitate, unus de Tersono S. Justi, et alter de Tersono Beatæ Mariæ majoris; et de burgo, unus de Tersono B. Mariæ de monachia, alter de Tersono Migano, et tercius de Tersono Attacis.*

¶ **TERSOR**, Mappula, seu linteum ad tergendos pedes pauperum. Consuetudines S. Augustini Lemovic. MSS. : *Feria v. in Cœna Domini : Sacrista ministret Tersores et Præpositus dividat pauperes, etc.* In Glossis Lat. Græc. et Gr. Lat. : *Tersor*, καταμάκτης, qui tergit.

¶ **TERSORIA**, Tersauria, Locus ubi fiebat lotio pedum apud Monachos in usu. Ritus Luxovienses apud Marquardum *Herrgott* ad calcem vet. Disciplinæ Monast. pag. 580. et 581 : *De mandato hebdomadariorum. Debent isti hebdomadarii reservare vasa in Tersauriam, et facere mundari a famulis coquinæ, et aliis hebdomadariis intrantibus reddere et facere mandatum omnino cum eis, et cellarius debet recondere dicta vasa in Tersoria.* Vide *Mandatum* 9. et mox *Tersorium*.

TERSORIUM, inter vestes Ecclesiasticas. Charta Hugonis Ducis Burgundiæ ann. 1077. tom. 6. Spicilegii Acheriani : *Dorsalia duo, tapetia quatuor, Tersoria tria, bancales tres, etc.* Gloss. Gr. Lat. : Ἐκμαγεῖον, *Tergorium*. Rectius, *Tersorium*, in Gloss. S. Benedicti c. de Vestimentis. [Bernardus in Ordine Cluniac. part. 1. cap. 46 : *Cum autem percutietur tabula ad mandatum, continuo congregentur ante Capituli introitum, ac succincti de pedum Tersoriis, cum viderint præire coquos transanctæ hebdomadæ cum aqua, singuli singulos subsequantur tergantque fratrum pedes, sicut illi lavando præcesserint; atque ablutis aliquantulum prius Tersoriis in conchis, etc.* Pro linteo quo pedes absterguntur, rursum usurpat idem Bernardus part. 2. cap. 15. Pro linteo autem quo Sacerdos in Sacris manus abstergit part. 1. cap. 55 : *Apocrisiarius solerti procurat diligentia, ut duos de junioribus eligat studiosos, et uni quidem coopertoria et linteamina altarium, Tersoria quoque et offertoria consignet custodienda, etc. Tersoria calicum*, quibus Calices sacri terguntur, in Concilio incerti loci apud Marten. tom. 4. Anecd. col. 163.]

* Nostris *Tierde*, pro Actio tergendi, in Vita J. C. MS :

Et com saint Anne fu portee
Qui ains ne fut d'omme engenrée
Mais par le Tierde d'un contiel
En la quisse saint Fauuiel.

Vide supra *Terdrum*.

* **TERSTERBANTENSIS** Pagus, nunc *Teysterbant*, apud Miræum in Diplom. Belgic. pag. 809. Vide Vales. in Notit. Gall. pag. 550. col. 2.

* **TERSTHIER**, vox Belgica. Charta Rob. de Bethunia ann. circ. 1190. in Suppl. ad Miræum pag. 577. col. 1 : *De piscibus vero, qui per instrumenta molendini capientur, quæ instrumenta dicuntur Tersthiers,.... decimationem omnium plenariam.... capellanus habebit.*

* **TERSTRE**. Vide infra *Trista*.

¶ **TERTERNUS**. Moretus Antiq. Navarræ pag. 527. refert Chartam *offertionis et confirmationis*, quæ dicitur *facta era Terterna, centena, sexdena et* XIIII. Forte 974.

1. **TERTIA**, Officium Ecclesiasticum diurnum, quod hora tertia canitur. Gregorius Turon. lib. 10. cap. ult. de Injurioso Episcopo Turon. : *Hic instituit Tertiam et Sextam in Ecclesia dici, quod modo in Dei nomine perseverat.* Vide Durandum lib. 5. cap. 6. Menardum ad Concordiam Regular. Cardin. Bona de Psalmodia, etc.

* Acta B. Joan. Firm. tom. 2. Aug. pag. 471. col. 1 : *Sic jacuit quasi exanimis, usque ad Tertiam magnam : erat enim in æstate.* Ubi horam diei intelligo, qua *Tertia* cani solet, quæ in æstate clarissima est. Hinc *Tierce de nuit* appellatur hora post solis occasum tertia, in Lit. remiss. ann. 1389. ex Reg. 138. Chartoph. reg. ch. 216 : *Doudry qui est jeune homme et qui veoit.... qu'il avoit temps et lieu, comme il feust Tierce de nuit ou environ, et aussi qu'il avoit oui dire qu'elle* (Thevenete) *avoit fait courtoisie de son corps à aucuns, etc.*

2. **TERTIA**. *Tertiæ Ecclesiarum*, quas *antiqui Canones de parochiis suis habendas Episcopis censuerunt*, ut est in Concilio Toletano XVI. can. 5. quarum ratione Ecclesiarum reparationi tenebantur, ut est in eodem can. et in Concilio Tarracon. ann. 516. cap. 8. Concilium Aurelian. I. ann. 511. cap. 5 : *De his, quæ in altario accesserint, Tertia fideliter Episcopis deferatur.* Adde cap. 33. et Toletanum IX. cap. 6. [Acta consecrationis Ecclesiarum S. Stephani et S. Martini in Rivoferrario ann. 993. Marcæ Hispan. col. 948.] et Ughellum tom. 1. Italiæ sacræ parte 1. pag. 121. Pecuniæ namque a fidelibus oblatæ in tres partes olim divisæ, quarum una Episcopis, altera Presbyteris et Diaconibus, tertia Subdiaconibus et Clericis cessit, ex Emeritensi Concilio ann. 666. cap. 14. Ex Concilio vero Braccarensi II. cap. 7. oblationum tertia fuit Episcopi, altera Clericorum, tertia in recuperatione Ecclesiæ. Postea oblationes Ecclesiæ in quatuor partes divisæ, quarum una Pontifici, altera Clericis, tertia pauperibus, quarta fabricæ addictæ sunt, ut est apud Gelasium PP. in Epist. ad Episcopos Lucaniæ, Gregorium M. lib. 3. Epist. 11. et in aliquot Conciliis, locis alibi indicatis : cujus quidem partitionis primam fieri mentionem in Concilio Romano sub Silvestro I. hancque Concilium Agrippinense cap. 6. *ex usu Ecclesiæ* esse innuisse alii observarunt. [Vide *Tertiaria* 2. et *Tertium* 2.]

* Aliam hujusce appellationis rationem discimus ex Charta Hervici episc. Æduens. ann. 921. inter Probat. tom. 1. Hist. Burg. pag. 17. col. 1 : *Nec reticendum judicavimus qualiter sæpe dictus pater et avunculus noster decimam partem ex publico reditu, qui nobis et nostris ministris in ejus successione ab omnibus totius dioceseos nostræ ecclesiis anno tertio reddebantur, in congruis ecclesiæ obsequiis, ubi amplius necessarium fore existimabat, destinare solebat expendendam.*

3. **TERTIA**. Debellata et subjugata a Gothis Italia et a Wisigothis Hispania ita divisi sunt agri, ut victoribus partes duæ, tertia ntiaquis eorum possessoribus cederent. Lex Wisig. lib. 10. tit. 1. § 8 : *Divisio inter Gothum et Romanum facta de portione terrarum, sive silvarum, nulla ratione turbe-*

tur... nec de duabus partibus Gothi aliquid sibi Romanus præsumat, aut vindicet : aut de Tertia Romani Gothus sibi aliquid audeat usurpare, aut vindicare. Adde § 16. Quod et firmatur a Senatore lib. 2. Epist. 16. ubi Theodoricus : *Juvat*, inquit, *nos referre, quemadmodum in Tertiarum deputatione Gothorum Romanorumque possessiones junxerit et animos. Nam cum se homines soleant de vicinitate collidere, istis prædiorum communio causam noscitur præstitisse concordiæ. Sic enim contigit, ut utraque natio, dum communiter vivit, ad unum velle convenit. Et factum novum et omnino laudabile, gratia dominorum de cespitis divisione conjuncta est : amicitiæ populis per damna crevere, et ex parte agri defensor acquisitus est, ut substantiæ securitas integra servaretur. Necesse est enim, ut inter eos suavis crescat affectus, qui servant jugiter terminos constitutos.*

Id etiam observasse Burgundos in Gallia, postquam eam partem, quam insederant, occuparunt, docet Lex Gundebalda cap. 54. 57. 79. Præterea in hac agrorum divisione Princeps exactionem et contributionem aliquam in antiquorum possessorum Tertiis reservavit, quæ quotannis fisco inferretur. Lex Wisig. lib. 10. tit. 1. § 16 : *Judices singularum civitatum, Villici atque Præpositi, Tertias Romanorum ab illis, qui occupatas tenent, auferant, et Romanis sua exactione (manente) sine aliqua dilatione restituant, ut nihil fisco debeat deperire.* Quod quidem vectigal, *Tertiarum illationem et exhibitionem* appellat idem Senator lib. 1. Epist. 14. lib. 2. Epist. 17. et 37. non quod tertia fructuum pars, in pecuniam postea commutata, pensitaretur; sed potius quod ex Tertiis inferretur. Testatur enim idem Scriptor etiam ex binis agrorum partibus, quæ in sortem victoribus obvenerant, quoddam pariter tributum aut vectigal in Principis fiscum, perinde ac ex Tertiis, illatum, quod utrumque *Exactionem binorum et ternorum* vocat, et ad Comitis Sacrarum largitionum officium pertinuisse ait, lib. 3. Epist. 8. et lib. 7. Epist. 20. 21. 22. Vide Paulum Warnefridum de Gestis Langob. lib. 2. cap. 32. At secus egisse Odoacrum scribit Procopius lib. 1. Gotthic. cap. 1. ubi ait, Gotthorum ope arrepta tyrannide, τὸ τριτημόριον τῶν ἀγρῶν, iis concessisse, hocque pacto eorum animos sibi devinxisse. [** Vide *Sors*, 4. Savin. Histor. Jur. Rom. med. temp. tom. 1. § 103. 118. et 89.]

4. TERTIA, Idem quod *Terragium* : ab ejusmodi enim *Tertiarum* illationibus, de quibus mox egimus, et agrorum parte tertia, quæ antiquo possessori relicta est, et Principi fructuum partem pensitare quotannis solebat, agrario, quod *Campipartem*, dicimus, etiamnum in Burgundia et vicinis provinciis mansisse *Tertiarum* nomen admodum vero simile est : non quod tertia fructuum pars domino superiori solveretur : neque enim agrarii quantitas eo accedit; sed quia ex *tertiis*, quæ veteribus incolis relictæ sunt, pensitabatur, cum duæ, quæ in victorum sortem cesserant, a graviori illa pensitatione immunes essent, licet censui leviori obnoxiæ. *Agri* enim *vectigales*, ut habet Hygenus de Limitibus constituend. pag. 206. *multas habent conditiones : in quibusdam provinciis fructus partem constitutam præstant, alii quintas, alii septimas, etc.* Inde enim graviorum ex agris pensitationum origo videtur petenda. Charta Sanctii Majoris Regis Navarræ æræ 1068. apud Anton. *de Yepez* in Chronico Ord. S. Benedicti tom. 1 : *Manifeste comperimus præteritis temporibus nullum Episcoporum prædecessorum nostrorum in Ecclesiis vel parochiis, Monasterio S. Æmiliani collatis, primitiva vel Tertias requisisse, vel accepisse.* Adde Chartam sequentem ibidem. Alia Didaci Episcopi Compostellani æræ 1153. apud eumdem tom. 4 : *Sanctum Georgium de Valegia cum suis Tertiis, et cum omni censu et devito, et censu nostræ Ecclesiæ, et cum suo canto, etc.* Infra : *Cum suis bonis et Tertiis liberam ab omni censu.* Rursum : *Has Tertias et ista debita alii mei prædecessores vestro Monasterio contulerunt.* [Confirmatio fundationis Monasterii Veteris-pediculi ann. 1202. apud Marten. tom. 1. Ampliss. Collect. col. 1040 : *Dederunt... unum modium annonæ in Tertiis de Aillantoe.... et si aliqua causa seu aliquo casu aliquid de summa dicti bladi in prædictis Tertiis defecerit, requisierunt et præceperunt, ut residuum repleatur de Tertiis et aliis redditibus S. Mauritii.* Charta ann. 1232. pro Ecclesia S. Benigni Divion. : *Tertiæ de Mieumeant, quæ de jure spectant ad obedientiam de Dineto, etc.* Adde Chronicon Farfense apud Murator. tom. 2. part. 2. col. 748. Gall. Christ. novæ edit. tom. 4. Instrum. col. 100. et 161. Chartam ann. 1235. tom. 3. Anecdot. Marten. col. 1250.] Tabularium Prioratus de Paredo fol. 94 : *Tam de hospitibus, qui in villa ipsa manent vel laborant, quam de porcis, qui ibidem incrassati fuerint, et pastionati, nec non et de Tertiis et taschis, quæ exierunt ex eisdem silvis et de raminatio.* Vetus Charta apud Perardum in Burgundicis pag. 96 : *Accrevit, quod absque redditione Tertiarum supradicti loci habitatores, quocumque loco vellent, in sua terra seminarent ac meterent.* Alia, pag. 118 : *Et eorum famuli de terra, quam in dominio haberent, excolerent, absque Tertiis velut propria tenerent.* Alia ann. 1221. pag. 325 : *Et Tertias debent adducere ad illam villam, et computare ante hostia.* Adde pag. 122. 327. 476. Charta ann. 1240. in Tabul. Campaniæ ex Bibl. Reg. fol. 365 : *De terragiis autem, quæ vulgo Tertiæ* (male *Terræ*) *dicuntur, ubicumque homines dictæ villæ terras nostras excoluerunt, nos dicti fratres de Crista habebimus medietatem.* Alia ann. 1276. apud Chifflet. in S. Bernardo pag. 525 : *Tria sextaria frumenti, in quibus mihi tenebatur de annuo reditu super Tertias suas Aubigneio.* Chr. Besuense pag. 634 : *In prædicta sylva,.... si laboratum fuerit, cujus erit fundus terræ, illius erit et Tertia.* Pag. 676 : *Addiderunt et Tertiam partem de Blaniaco, etc.* Adde pag. 622. Tabular. Abb. Beigniacensis Ord. Cisterciensis ann. 1263 : *Sus ce que li Abbés et li Convens demandoient toutes les Tierces de la ville de Joux, etc.* Hinc *Terræ Tertiales*, in Charta ann. 1313. apud Roverium in Reomao pag. 396 : *Et singulas Tertias suas, quas habet annuales in terris Tertialibus existentibus in finagio de Rubeomonte.* Adde pag. 289. *Tertiarum* meminit denique Rhenanus lib. 2. Rerum German. pag. 64. scribens divites interdum colonis locasse agros sub reditu *tertiarum.*

* Quæ *servitus seu redditus pro dominio* deberi dicitur, in Charta ann. 1269. ex Chartul. eccl. Lingon. fol. 182. r° : *Item quamdam servitutem seu redditum, quæ vocatur Tertia, quæ pro dominio debetur, in terris inferius annotatis.* Alia ann. 1336. ibid. fol. 102. v° : *Dominus utilis dictæ villæ* (de Martilleio) *consuevit percipere... quemdam redditum, qui vulgaliter appellatur les Tierces, videlicet de undecim gerbis unam, qui redditus Tertiarum valet etc.* Reg. Cam. Comput. Paris. sign. *Bel* fol. 123. v° : *Item le quart et le sixieme en une maniere de disme, que on dit les Tierces. Terce*, eodem sensu, in Charta ann. 1411. ex Tabul. episc. Carnot. Ex quibus aliisque pluribus instrumentis patet *Tertiæ* nomine, non semper significari tertiam fructuum partem, ut asserit D. *Bouquet* in Monitu ad tom. 1. Jur. publ. Gall. pag. xviij. ubi et varias ejusdem vocis notiones a Cangio expositas minus attente perpendisse videtur. Hinc *Terchier*, *Tertiam* seu *terragium* colligere, in Charta ann. 1283. ex magn. Chartul. nig. Corb. fol. 98. v° : *Se li serjans l'abbé estoit en defaut de venir Terchier, je ou mi hoir ou mi successeur porriens mettre d'une part sen terrage etc.*

TERTIARIUS, Collector *tertiæ*. Tabular. Albæ ripæ in Diœcesi Lingon. : *Neque Tertiarii nostri, neque Tertiarii fratrum sine altero recolligent tertias.*

TERTIA MANCIPIORUM. Burgundi pervasa Galliarum parte, ita cum veteribus incolis, quos Romanos vocabant, se gesserunt, ut agrorum parte tertia iis relicta, alias duas sibi assererent : contra, *mancipiorum* duabus partibus veteribus incolis concessis, sibi tertiam tantum reservarent. Vide Legem Burgund tit. 54. § 1. et tit. 57.

TERTIAS, seu *Tercias Regales* Hispani vocant, tertiam partem redituum fabricarum Ecclesiarum, quam Gregorius X. PP. Alfonso Sapienti Regi indulsit pro sustinendis bellis contra Mauros.

* TERTIA LEGUMINIS, in Charta Odon. ducis Burg. ann. 1207. ex Chartul. eccl. Lingon. fol. 16. r° : *Lambertus vero tenebit ex episcopo Lingonensi..... salagium Castellionis et Tertias leguminis; pro quo salagio et Tertiis exhibere tenetur episcopo in hospitio suo sal et legumina, quotienscumque veniet aput Castellionem.*

TERTIA CONLABORATIONIS, id est eorum, quæ vir et uxor stante matrimonio simul acquisierunt, quæ uxori attribuitur. Capitula Caroli M. lib. 4. cap. 9 : *Volumus, ut uxores defunctorum post obitum maritorum Tertiam partem conlaborationis, quam simul in beneficio conlaboraverunt, accipiant.* Marculfus lib. 2. form. 17 : *Sed dum villas aliquas, quas superius memoravimus, ad loca sanctorum hæredibus nostris deputavimus, quod pariter stante conjugio adquisivimus, prædicta conjux nostra Tertiam inde habere potuerat.* Gesta Dagoberti Regis Franc. cap. 47. et Aimoinus lib. 4. cap. 35 : *Tertiam tamen partem de omnibus, quæ Dagobertus Rex acquisierat, postquam Nanthildis Regina regnare cœperat, eidem reservant.*

5. **TERTIA**, Id quod liber homo dat sponsæ suæ ad ostium Ecclesiæ tempore desponsationis : [*Tiers coutumier*, in Consuet. Norman. art. 367.] *Dos* scilicet *rationabilis*, quæ tertia pars est totius tenementi viri sui, quod habuit tempore desponsationis : ita quod si plus tertia parte tenementi vir daret in dotem, ea ad tertiam partem reducatur : in Regiam Majestatem lib. 2. cap. 16. § 4. et seqq. Eadem appellatur *rationabilis Tertia pars mulierum* lib. 1. cap. 3. § 2. ubi placita de ejusmodi *Tertiis* ad Vicecomites pertinere dicuntur. [Testamentum Humberti II. ann. 1347. tom. 2. Hist. Dalphin. pag. 545 : *Item volo, quod de prædictis omnibus dicta Dalphina sit contenta, et prohibeo, quod in hæreditate nihil aliud ratione dotalitii, donationis propter nuptias, quartæ, Tertiæ, incontri, petere valeat.*] Quoniam attachiamenta cap. 45 : *Si aliquis liber tenens, cujus tenementum liberum est ab omni servitio per suum infeofamentum, cadat in Tertiam alicujus dominæ, etc.* Adde cap. 85. Littlet. sect. 36. 37. et Radulfum *de Hengham* in Parva cap. 2. [Vide *Tertiaria* 4.]

6. **TERTIA**, Mensuræ liquidorum species, in Itinere Camerarii Scotici cap. 10. § 5. de Brasiatoribus : *Non habent mensusuras, videlicet quartam, pintam, Tertiam, etc.*

¶ 7. **TERTIA**, Tributum pro pane solvendum, ut videtur. Codex MS. Episcopatus Autissiod. sæc. XIII : *Tertiæ circa* XV. *s. in panibus. Sequentia avenarum* IIII. *lib.* Vide *Tertiaria* 1.

¶ 8. **TERTIA** PRISONARIORUM, f. Tertia pars pretii, quod pro redemtione solvere tenebantur *prisonarii* seu captivi. Charta Henrici VI. Regis Angl. ann. 1452. in Chronico Johannis Whethamstedii pag. 321 : *Tercias et Terciarum Tertias omnium prisonariorium, in guerra captorum, nobis debitas (relaxavimus.)*

* **TERTIABILIS**, Præstationi, quæ *Tertia* appellatur, obnoxius, nostris *Terciauble et Tiersauble*; quod de agro pariter et colono dicitur. Charta ann. 1259. in Chartul. eccl. Lingon. fol. 154. v°. : *Omnes etiam tertias in finagio de Cohum, de quibus homines tertias hactenus retinuerunt vel recelaverunt, quæ solebant vel debent esse Tertiabiles, tenetur dominus episcopus et successores ipsius, qui pro tempore fuerint, reducere ad solutionem tertiarum.* Alia ann. 1272. in Chartul. Buxer. part. 17. ch. 10 : *Laquele terre fut Lorant au barbier de Poille, que estoit Terciauble monsignor lou duc de Borgoinne et as signors de Poille. Terre tiersauble*, in Libert. villæ *de Grancey* ann. 1348. tom. 9. Ordinat. reg. pag. 161. art. 6.

TERTIAGIUM. Bulla Clementis VI. PP. data Avinione anno Pontificatus 4 : *Super mortuagiis seu præstionibus Ecclesiis principalibus Ducatus Britanniæ, Prælatis et Rectoribus Ecclesiarum, videlicet in tertia parte bonorum mobilium, quæ Tertiagium dicitur, de consuetudine laudabili pia devotione fidelium introducta debitis, ut dicti Episcopi et Clerus dicebant, in bonis seu ex bonis defunctorum, seu decedentium parochianorum suorum, nec non super pastu nuptiali a parochianis ipsius nubentibus seu nuptis debite ex consuetudine simili, ut dicebant, etc.* Vide *Mortuarium*, [*Nonagium*, et *Testatio*.] [* Vide supra *Funeralia* 2.]

TERTIALES, Tertia agrorum proscissio. Tabularium Fossatense ann. 1276 : *Debent de quolibet animali* 4. *corveias per annum, videlicet* 3. *in marceschiis, in binalibus, et in Tertialibus, et in vindemiis etc.* Ita *Terzare* dicunt Itali, pro tertio arare, [nostris *Tiercer*. Vide *Tertiare* 2.]

TERTIANA PLENÆ VILLÆ. Charta Thomæ Regis Manniæ et Insularum ann. 1055. in Monastico Anglic. tom. 1. pag. 718 : *Et tertiam partem decimarum de omnibus Ecclesiis de Manne, confirmantes eis Tertianam plenæ villæ de Kyrkby, propinquiorem Ecclesiam S. Bradani, cum terra sancti Bradani; et Tertianam plenæ villæ de Kyrkmarona, terras de etc.... Tertianam de Balycem, de Knokcrokor, etc.*

** **TERTIANARIUS**, Febri tertiana laborans. Galen. Comp. lat. MSS. cap. 2. apud Maium in Glossar. novo : *Sed quia sunt homines imperita mente et curiosi, qui forsitan dicant, quamvis cotidianarius, seu Tertianarius, sive quartanarius faciat, etc.* Vide *Tertiarius*, 5.

¶ **TERTIANI**, Milites. Vide in *Ritteri*.

¶ 1. **TERTIARE**, Sequestrare, in tertiam manum mittere. Glossæ MSS. ab Eccardo laudatæ in Pactum Legis Salicæ pag. 73 : *Tertiare, Drittehanton.* [** Vide Haltaus. Glossar. German. voce *Dritte Hand*, col. 245.]

* Charta S. Ludov. ann. 1259. inter Instr. tom. 12. Gall. Christ. col. 76 : *Hæc autem supradicta omnia dicti fratres in suos conventus superius memoratos, nec ea teneantur aut valeant Tertiare. Rentiercer*, eodem, ut videtur, sensu, in Consuet. Camerac. MSS : *Quant uns hom Rentierce un keval, u autre bieste quelequele onques soit, li eschevin le doivent moult bien eswarder.... et se li doivent moult bien commander que li rentiers ne soit cangiés ne replegiés.*

¶ 2. **TERTIARE**, Tertio iterare. Radulfus Cadom. de Gestis Tancredi, apud Marten. tom. 3. Anecd. col. 174 : *Nec mora qui primo, qui secundo venerat, illico Tertiat vicem.* Alibi *Tertiare*, ut et apud Italos *Terzare*, est Tertio arare. Vide *Binare*.

3. **TERTIARE**, Tertiam partem bonorum conferre, vel auferre, Gall. *Tiercer*. Charta Theoduini Episc. Leodiens. apud Ægidium Aureæ vallis Monachum in Gestis Episc. Leod. cap. 1. [et apud Miræum tom. 1. pag. 68.] : *Prænominata vero villa pro libertate sua, ad sumptus Ecclesiæ necessarios, omnia mobilia sua primo mihi Tertiavit, qua libertate ut amplius frueretur, postmodum dimidiavit.* Rigordus ann. 1199 : *Milites qui olim sua libertate gaudere consueverant, et homines ipsorum Tertiavit, id est, tertiam partem omnium bonorum suorum eis violenter abstulit.*

* 4 **TERTIARE** SE, Dicitur de censu, cum illius pars tertia superadditur; unde *Tertiatio*, ipsa tertiæ partis perceptio, nostris *Tierçoier*, eodem sigificatu. Charta ann. 1313. in Reg. 61. Chartoph. reg. ch. 303 : *Cujusmodi minuti census, laudomia*, (sic) *et vendas important, et dumtaxat se Tertiant;... et sic in redditu annuo pro Tertiatione hujusmodi, viginti duos solidos, octo denarios extimantur valere.* Alia ann. 1318. in Reg. 56. ch. 233 : *Item gros cens et menu,.... dont la moitié Tierçoie, et l'autre moitié quintoie.*

* Aliud sonat hæc eadem vox Gallica, Liceri scilicet, vulgo *Enchérir*, in Lit. remiss ann. 1372. ex Reg. 104. ch. 116 : *Comme lesdis Jehan et Colin feussent alez à Gisors.... en entention de Tierçoyer ou enchérir aucunes de nos fermes desdis aides, etc.*

1. **TERTIARIA**, Vectigalis aut tributi species. Charta Conradi Imp. pro Pisanis Tyrum incolentibus apud Ughellum tom. 3. pag. 488 : *Ut a Pisanis.... nomine Tertiariæ aut alicujus directuræ possit exigi, etc.* Alia Guidonis Regis Hierosolym. ann. 1190. pro Massiliens. apud Guesnaium in Annal. Massil. pag. 336 : *Ut per omnia loca liceat vobis libere intrare et exire, commorari et negotiari cum magnis navibus et lignis parvis de riberia, per mare et per terram cum universis rebus vestris sine ulla directura et Tertiaria, vel anchoragia, et absque alia exactione, etc.* In Constitutionibus Siculis lib. 1. tit. 69. § 1. *Tertiaria* dicitur, quod a *Bajulis* recipiebatur *in certis tantum quæstionibus et personis, commodato videlicet, mutuo, et deposito.* Hispanis *Tercero*, est arbiter, *Tercera*, arbitrium. [Vide *Tertia* 7.]

¶ 2. **TERTIARIA**, Aremoricis *Tierçage*, Idem quod *Tertium* 2. Vide in hac voce. Charta H. Turon. Archiep. e Tabulario S. Vincentii Cenom. : *Herbertus Frumengerii, dum Cenomanensi præessemus Ecclesiæ, aliquando a nobis excommunicatus pro primitiis et pro Tertiaria, quæ Presbyteris pertinet, quæ capiebat in Ecclesiis... quæ juris monasterii S. Vincentii sunt, infirmitate coactus, prædicta Ecclesiæ S. Vincentii reddidit, scilicet primitias et Tertiariam.* Concilium Tolet. ann. 1323. can. 13. de Decimis : *Ratione autem scriptæ distributionis, quam tradit Tertiario, cum pro scriptura de acervo satisfaciat scriptori, vel scripturæ constitutionis tertiarii vel aliquem tertiarium faciat, aut a Tertiaria excuset, nihil penitus recipiat, cum ex primis occasio furandi, ex ultimo non solvendi decimas præbeatur.*

¶ 3. **TERTIARIA**, Tertia pars fructuum, quam conductor reddit locatori, prædiumve tali conditione locatum. Statuta Castri Redaldi fol. 21. v° : *Statuimus insuper et ordinamus pro communi et publ. Castri Redaldi et hominum ipsius quod amodo nullus mezadrus, terzarinus, laborator, affictabilis vel molinarius possit terram, molendinum seu aliam rem contam ad mezadriam seu Tertiariam, seu aliter ad partem vel ad affictum, dimittere vel relinquere, etiam elapso termino... nec ad aliam mezadriam, Terzariam, molendinos vel affictus, in totum vel ad partem transvolare sine licentia dicti domini sui.* Eadem, ni fallor, notione in Charta ann. 1296. tom. 1. Chartul. S. Vandreg. pag. 161 : *Je Guillaume.... doi et sui tenu à rendre et à paier d'an en an.... à hommes religieux... de S. Vendrille dis sols et sept deniers tournois d'annuelle rente pour la raison de la Ciercheverie des frus crosans en une acre et* XXIX. *pieches de terre, que lesdis religieux ont franchi de ladite Ciercheverie à moi.... à tenir et à avoir ladite rente pour ladite Tiercheverie.* Vide *Terzaria*.

¶ 4. **TERTIARIA**, in regno Neapolitano,

ut docet Lucas de Penna, iis qui jure Francorum vivebant, idem quod *Tertia* 5. Ibi vide. Contractus matrimonii ann. 1358. apud Salernum : *Promisit..... domicellæ Johannellæ uxori suæ in dodarium et Terciariam, seu pro dodario et Terciaria annuas uncias auri* 220.

¶ 5. **TERTIARIA**, Femina Deo sacra ex aliquo Ordine religioso. Concilium Tolet. ann. 1582 : *Constitutioni... Pii V.... de clausura a sanctimonialibus et ab iis fœminis, quæ Tertiariæ seu de Pœnitentia vocantur, servanda*, etc. Vide *Tertiarius* 1.

TERTIARIUM, Modus agri, a *Tertiis*, de quibus supra, nomen sortitus. Charta Jonæ Episc. Eduensis ann. 858. pro Abbatia S. Andochii, apud Sammarthanos : *In pago quoque Augustodunense... addicimus Tertiarium unum, in quo possunt bonam partem fœni colligere, atque ad monasterium devectum hiemis tempore animalium suorum inopiam, quam frequenter patiebantur, temperare.* Occurrit eadem vox rursum [in Charta Caroli C. ann. 859. inter Instr. Gall. Chr. novæ edit. tom. 4. col. 56. ubi perperam editum est *ad folium colligendum*, pro *ad fœnum etc.*]

* Charta ann. 1312. in Lib. rub. Cam. Comput. Paris. fol. 522. v° : *Une piece de terre, appellée la Terciere, en quoy a lxxxj. arpens et xlv. quarreaus etc.* Vide mox *Tertiolum*.

¶ 1. **TERTIARIUS**, Vir e Tertio aliquo Ordine religioso, Gall. *Tierçaire, Tierciaire*, vel *Tiertiaire*. Tertius ordo dici solet, Gall. *Tiers ordre*, quod omnes qui alicujus Sancti, ordinis religiosi fundatoris, vitæ instituta sequuntur, in tres dividantur classes. Prima virorum est, quos proprie *Religiosos* dicimus; secunda feminarum, seu sanctimonialium, quæ eamdem regulam, quam viri religiosi profitentur : tertia laïcorum utriusque sexus, qui sæcularem quidem vitam vivunt, sed directam ad religiosioris vitæ præcepta, qua tantum accedant ad vitæ monasticæ normam, quantum licet hominibus in sæculo degentibus. Votis quibusdam, sed simplicibus tantum obstringuntur, si nonnullos excipias, qui majoris virtutis studio accensi, vota adjecerunt sollemnia, sicque veri facti sunt *religiosi*, retento tamen *Tertiariorum* nomine, quo distinguantur a viris feminisve, primævæ institutionis, seu primæ vel secundæ classis. De *Tertiariis* passim agunt variorum Ordinum Scriptores : inter quos consulere potes Lezanam in Summa quæst. regul. part. 2. cap. 14. et part. 4. verbis *Tertiarii* et *Tertiariæ*, sed præsertim Patrem *Helyot* in Historia Ordinum Monast. tom. 3. pag. 64. et seqq. pag. 247. et seqq. tom. 7. pag. 214. etc.

¶ 2. **TERTIARIUS**, Collector *Tertiæ*, in *Tertia* 4.

¶ 3. **TERTIARIUS**, Præstationis agrariæ species, sita, ni fallor, in tertia parte fructuum, quam tenentes domino reddebant ex agris, quos hac conditione colendos susceperant. Charta ann. 1251 : *Damus... Capitulo S. Nazarii Carcassonæ.... agrerios, tascas, medios, quartos, Tertiarios... et cætera terræ merita, bona et jura*, etc. Vide *Quartus*, et *Massus meitaerius* in *Massa* 5. et mox *Tertiator*.

¶ 4. **TERTIARIUS**. Glossæ Græco-Latinæ : Ἔφεδρος, *Terciarius, superstes*.

* 5. **TERTIARIUS**, Tertiana febri laborans, Gall. *Qui a la fievre tierce. Tierceinne*, apud Joinvil. edit. reg. pag. 2. Mirac. S. Hildegard. tom. 5. Sept. pag. 699. col. 1 : *Dicit etiam, quod viderit alios dæmoniacos et quaternarios et Tertiarios ibidem liberatos.* Vide *Tertianarius* et *Tertionarius*.

* **TERTIATIM**, Tertia vice. Addit. ad Stat. eccl. Conseran. MSS. ann. 1472 : *Rectores debent percipere quantum unus ex præbendariis de frumento. Bordonarii debent recipere unum modium Tertiatim.*

** **TERTIATIO**, Tertia iteratio, apud Arnoldum de S. Emmeram. lib. 2. cap. 53.

TERTIATOR, Colonus forte, qui ad *Tertium* tenet, seu qui tertiam fructuum agri domino pensitat. Frequens occurrit mentio *Tertiatorum* in Capitulari Sicardi Principis Beneventani ann. 836. ac primum cap. 4 : *Hoc promittimus de Tertiatoribus, ut si a Longobardo venditi fuerint, comparentur, et nullatenus in nave imponatur, aut trans mare venundetur, excepto si homicidium fecerit, aut facere voluerit, habeat sibi licentiam eum vendere.* Cap. 14 : *De Tertiatoribus vero hoc stetit, ut nulla nova eis a parte Reipublicæ imponatur, excepto antiqua consuetudine, hoc (est) responsaticum solum, et angarias, et calcarias*, etc. Ejusdem præterea Capitularis, quod imperfectum editum est a Camillo Peregrino in Hist. Longob. supersunt capita aliquot de Tertiatoribus. Cap. 20 : *Ut non præsumat aliquis Tertiatorem exercitalem aut militem facere.* Cap 21 : *Ut si Tertiator absconse exercitalis factus fuerit aut miles.* Cap. 22 : *Ut si quis homo liber uxorem duxerit Tertiatricem.* Cap. 25 : *De nefandis criminibus, vel aliis causis si in Tertiatores devenerint.* Cap. 26 : *Ut si aliquis cum Tertiatore causam habuerit a parte Reip.* Cap. 29 : *Ut non tollatur a Tertiatoribus excusaticum et porcos.* Cap. 30 : *Ut invito non detur pretium a Tertiatore pro tritico aut vino.* Denique cap. 32 : *Ut coloni Tertiatores non dent in collata nec in pactum.* In Pacto Arichis Principis Benevent. cum Neapolit. : *Firmatum est qualiber inter partes esse deberent de terris in liburia, de servis, et de ancillis, et de Tertiatoribus, et de omnibus causis*, etc. [Vide *Terzarinus*.]

* **TERTIENARIA**, Prædium, quod a colono ad tertiam fructuum partem colitur. Reg. S. Justi ex Cam. Comput. Paris. fol. 219. r° : *Ecce partes* (firmæ) *videlicet Tertienariæ et modietariæ, cum pertinentiis in firma tractus.*

¶ **TERTIEYRA** Justa, Mensura vini tertia parte major solita, quæ majoribus solemnitatibus præbebatur monachis in Monasterio Solemniacensi. Vide in *Justa* 2. et *Tercellum*.

¶ **TERTIOGENITUS**, Tertius filius, in Testamento ann. 1381. apud Marten. tom. 1. Ampliss. Collect. col. 1511.

TERTIOLI Mediolanenses, Monetæ Mediolanensium species. Charta ann. 1171. apud Puricellum in Ambrosiana Basilica pag. 930 : *Et pro ipso libello accepit iste Gillebertus ab isto domno Abbate argenti denarii boni Tertiolorum Mediolanensium libras* 10. Alia ann. 1183. pag. 1014 : *De quibus rebus sunt positæ in feudo tantæ, quæ valeant libras centum Tertiolorum, etc.* [Radulfus de Gestis Friderici I. Imp. apud Murator. tom. 6. col. 1181 : *Roncinus quatuor soldis Tertiolorum in civitate* (Mediolanensi) *vendebatur.* Rursum *Tertioli* memorantur in Chronico Modoetiensi apud eumdem Murator. tom. 12. col. 1138. in Statutis Vercell. fol. 141. v°. et fol. 205. recto, etc.]

* **TERTIOLUM**, Modus agri, idem quod supra *Tercellum*. Charta ann. 1250. in Chartul. S. Genov. : *Simon presbyter de Autolio recognoscit se tenere et possidere in vilenagiis de licentia abbatis et conventus S. Genovefæ terras et vineas sequentes, unum Tertiolum terræ in Grois etc.*

* *Tiersonnier* vero est mensura frumentaria, in Charta ann. 1391. ex Reg. 142. Chartoph. reg. ch. 156 : *Une rente de deux cens trois quartiers, un boissel, un Tiersonnier.... de froment, mesure de Coustances.*

TERTIOLUS, Accipitris species minor, Italis *Terzuolo*, nostris *Tiercelet*. Fridericus II. Imp. lib. 2. de Arte venandi cap. 19 : *Tertiolis et minoribus inter falcones dari debet pro pastu sufficienti minor quantitas carnium, et minoranda est quantitas secundum proportionem convenientem quantitati sui corporis, etc. Terçonnalis*, dicitur Anonymo de Falconibus secundum Aquilam, etc.

TERTIONARIA. Charta S. Ludovici Regis Fr. pro Abbatia Persiniensi, mens. Maio 1248 : *Decimam etiam quam habent in tota terra de Gochicon, et Tertionariam de Merula Radulphi, prout dictæ decimæ per metas et limites dividuntur.* Vide *Tertiarium*.

☞ Non idem videntur *Tertiarium* et *Tertionaria*. Illud est modus agri; hæc vero, ni fallor, eadem notione accipi debet atque *Tertiaria* 2. Vide in hac voce et *Tertium* 2.

¶ **TERTIONARIE**, Ad rationem tertiæ partis fructuum. Charta ann. 1290. e Chartulario S. Vandregesili tom. 1. pag. 170 : *Concessi eisdem religiosis* xv. *denarios annui redditus ad medium Quadragesimæ.... persolvendos, sitos supra duas pechias terræ, quibus mihi Tertionarie quitarunt pro supradicta pechia terræ et pro* xv. *den. supradictis.* Vide *Tertiator*.

¶ **TERTIONARIUM** Blatum, Frumentum, ut videtur, tribus granis mixtum. Histor. Monasterii Beccensis MS. pag. 620 : *Recipiet* iv. *sextarios blati Tertionarii a conventu Becci.* Hinc emendanda interpretatio nostra in voce *Bladum Tertionarium*.

* *Blé Tiercerain*, in Charta ann. 1386. ex Chartul. Latiniac. fol. 127. v° : *Et fust faicte ceste présente prinze pour et parmy le pris de dix huit muys de grain à la mesure de Senlis. C'est assavoir les deux pars blé sain et sec et Tiercerain, et la tierce partie avoyne, tout bon grain et suffisant.* Vide supra *Bladum tertianum*.

* **TERTIONARIUS**, ut supra *Tertiarius* 5. Mirac. S. Hildeg. tom. 5. Sept. pag. 697. col. 2 : *Similiter Tertionarii, quaternarii apud sepulcrum ejus ad nominis ejus invocationem sunt liberati.* Et pag. 698. col. 1 : *Quædam Tertionaria ejus auxilium implo-*

[illegible], ipsa aquam per calicem suum eidem immisit : qua gustata, curata est.

1. **TERTIUM**, Tertia pars pretii venditi prædii, quæ ad dominum feudalem datur pro laudimio. [Inquisitio ann. 1220. tom. 1. Hist. Dalphin. pag. 93. lin. 1 : *Capit ibi Tertium de omnibus quæ ibi venduntur de feudo suo.*] Consuetudines Cataloniæ inter dominos et vassallos MSS. cap. 53 : *In isto casu dominus non potest petere Tertium, sive laudemium, vel alias res, sicut de venditione.* Pactum inter Comitem Sabaudiæ et Abbatem Pinarol. ann. 1246 : *Quod Comes possit emere sapputuras vinearum, factarum ab earum possessoribus sine Tertio et affaitamento, etc.* Ejusmodi, ni fallor, *Tertia* habet Plantavitius in Episcop. Lodovensibus pag. 70. 87. 93.

¶ **Tiertium**, Eodem intellectu. Charta ann. 1230. ex Chartul. Campan. fol. 207. v°. col. 2 : *Dedimus etiam ipsi Regi... quicquid Capitulum Lingonense habebat apud Mandres in justitia, hominibus, nemoribus, censibus, Tiertiis et chevagiis, etc.*

* Non puto : idem enim videtur quod *Tertia* 4. Agrarium nempe, ut et in Charta ann. 1295. ex Chartul. Pontiniac. pag. 158 : *De Tiertiis portantibus laudas et vendas, sitis in terra de Fossenart et in finagio de Venoussa.*

2. **TERTIUM**, in Concilio Tolosano ann. 1056. Tertia pars decimarum : *Statuimus etiam ut Ecclesiæ ad sedem pertinentes, quæ solvunt Tertium, aut paratam, vel synodum, solito more solvant Episcopis vel Clericis. De iis vero Ecclesiis, quæ non dant Tertium, vel paratam, tertia pars decimarum cum primitiis et oblationibus, quæ de cœmeteriis et defunctis consequuntur, Episcopo et Clericis assignetur.* Nescio, an huc pertineat Tabular. S. Albini Andegav. : *Aimericus Præpositus de Thoarchio et Goscelinus ejus Vicarius clamabant consuetudinem, quam Tertium appellabant, se habere, si Juratum eis esset in feno de quodam vaccello, etc.* Vide *Tertia* 2.

¶ 3. **TERTIUM**, Idem quod *Tertia* 4. Agraria pensitatio, vulgo *Champart*. Charta Guillelmi Episc. Agath. ann. 1173. apud Stephanotium tom. 8. Fragm. MSS. pag. 157 : *Decimas et Tertium de Porcheyranicis... Tertium de Montigniaco, quod est* XII. *solidorum... Tertium de Bessiano, quod est trium modiorum... Tertium de Papyrana, quod est* II. *modiorum.*

¶ 4. **TERTIUM**, Tertia pars anni, in Computo ann. 1202. apud D. Brussel tom. 2. de Usu feudorum pag. CXXXIX. et seqq. ubi passim occurrit *de primo tertio, de secundo tertio, de ultimo tertio*, quod annus in tres partes, quarum unaquæque quatuor mensium erat, dividebatur, ut accuratior ordo esset accepti et expensi, cum, quo anni tempore utrumque accidisset, annotaretur.

Tertium et Dangerium, in Charta Ludovici Hutini Regis Franciæ ann. 1315. pro Normannis; nostris *Tiers et Danger* : Jus, quod Rex habet in forestis et silvis Normanniæ, in quarum cæsionibus, ac venditionibus pretii tertiam partem percipit, nisi exemtio et immunitas chartis aut longo usu probetur. Additur *Tertio, Dangerium*, non quod hæ voces valeant *tertium et decimum denarium*, quem revera Rex percipit, uti vult Santyonus : sed quod alter iste tertius denarius, sit tertia pars tertiæ partis pretii principalis, qui datur pro facultate cædendi silvam, aut alienandi. Aresta Candelosæ ann. 1259. in 1. Regesto Parlam. fol. 100 : *Petebant a Rege, quod permitteret eis vendere boscos suos de Alisiaco et de Albamarla libere absque solutione Tertii cum prædecessores earum usi fuissent semper ita vendere eosdem boscos.* Adde fol. 14. v°. [Arestum ann. 1267. e Regesto Olim fol. 155. v° : *Conquerebatur Guido de Tournebus Miles, quod cum venderet superficiem bosci sui de Monetot quodam modo vendendi, quod dicitur Ablectare, quod de jure facere poterat sine Tertio et dangerio domini Regis, ut dicebat.*] Charta Philippi Regis Franc. ann. 1312. in 48. Regesto Archivi Regii ch. 26 : *Pro eo, quod dicti Religiosi illud* (nemus) *seu aliquam ejus partem vendiderant absque solutione Tertii et dangerii, nostraque licentia non petita, nec super hoc obtenta, etc.* [Occurrit etiam in Charta Philippi VI. Franc. Regis ann. 1338. tom. 3. Hist. Harcur. pag. 248.] Vide Bretium lib. 3. *De la Souveraineté du Roy*, cap. 3. et in voce *Dangerium*.

* Reg. Cam. Comput. Paris. in Bibl. reg. sign. 8406. fol. 102. v° : *Tertia boscorum sunt, quando rex debet habere in venda tertium denarium.* Vide Hist. Critic. Monarch. Franc. *Dubos* tom. 1. 2æ. edit. pag. 106. et supra *Dangerium* 2.

☞ Id juris alii præter Regem habuere, etiam ex concessione regia, ut ex sequentibus colligitur. Inventar. Chartar. Reg. ann. 1482. fol. 257. in Bibl. Reg. : *Carta dom. Philippi Regis concessa dicto Ingeranno de Marigny pro juribus vulgo dictis Tiers dangers et fouages ad hereditatem perpetuam sibi datis a dicto dom. Rege in omnibus terris quas dictus Ingerannus de Marigny habebat et possidebat in tota patria Normanniæ. De anno* 1313. Charta Philippi Comitis Ebroicensis ann. 1320. ex Tabulario Episc. Paris. : *Nous leur baillons en assiete et en pris de vint et cinq livres Tournois petiz de rente par an tout nostre droit de Tiers et de dangier, que nous avions en douze vinz et quatorze acres de boys.* Vetus inquesta MS. de juribus Abbatiæ Beccensis : *Guill. de Tandos Armiger, tenens de dictis religiosis, vendidit boscum suum, licentia non petita ab eisdem, qua de causa dicti religiosi traxerunt dictum Armigerum in curiam et justitiam eorumdem, quo facto dictus Armiger accessit ad dictos religiosos et emendavit factum suum et Tertium dicti bosci vadiavit eisdem. Requisitus quomodo scit : dicit quod præsens fuit, quando emendavit et Tertium vadiavit.*

¶ **Tertium-Genus**, Chartæ species, qua quis alteri quippiam cedit aut promittit. Chronicon Farfense apud Murator. tom. 2. part. 2. col. 551 : *Fecit illis scriptum, quod Romani dicunt Tertium-genus, de prædicto castello Tribuco.* Et col. 552 : *Quapropter ab omnibus legem scientibus non ignoratur, quod numquam stat Tertium-genus legaliter sine appare.* Pluries occurrit ibi, ut et apud Mabill. tom. 4. Annal. Bened. pag. 699. et seqq. ubi eadem edita sunt.

* *Tiers*, Ludi genus, cum ludentes tripartito dispositi stant, et explorator andabata illum, quem tetigit, nomine appellare debet, ut ejus loco succedat. Lit. remiss. ann. 1391. in Reg. 141. Chartoph. reg. ch. 155 : *Au soir après souper icellui doyen s'en ala jouer ès prés avecques autres gens et pluseurs jeunes femmes de ladite ville* (de Vaucouleur) *au jeu du Tiers; et là il couru et sailli legiérement et liément.* Aliæ ann. 1428. in Reg. 174. ch. 190 : *Lesquelz jeunes gens à marier jouerent à un jeu, que l'en nomme communément au Tiers et en jouant audit jeu du Tiers, Perrotin Renon cheut à terre et pluseurs sur lui.*

¶ 1. **TERTIUS Beneficii**, Tertia pars redditúum beneficii ecclesiastici, nisi me fallo. Epitome Constitut. Eccl. Valent. tom. 4. Conc. Hispan. pag. 170 : *Quoad absentes volumus constitutiones circa Tertios, ut dici solet, beneficiorum ob absentiam disponentes, inviolabiliter observari.* Vide *Ternarius* 1.

2. **TERTIUS Defunctorum Dies**, olim sacrificio Missæ celebratus a Christianis. S. Ambrosius Orat. de Theodosii Imp. obitu : *Et quia alii Tertium diem et trigesimum, alii septimum et quadragesimum observare consueverunt, quid doceat lectio, consideremus, etc.* Τρίτα τῶν κεκοιμημένων, in Canonib. Apostol. Adde Hist. Lausiacam, ubi de S. Eulogio, Eustratium Presbyt. tract. 3. de Defunctorum animis apud Photium cod. 171. et Novellam Justiniani 133. cap. 3. Vide *Tricenarium*.

¶ 1. **TERTRUM**, Collis, clivus, locus editior, Gall. *Tertre*, ab Aremorico *Tertr*, quod idem significat. Chartularium Divionense pag. 4 : *Universi homines infra villæ Divionis Tertra infra banleucam commorantes, etc.* Charta ann. 1080. apud Lobinell. tom. 2. Hist. Britan. col. 232 : *Ex dono W. de Gueta, duo jugera ad Tertrum Molt.*

* *Teltre*, in Poemate *de Rou* MS :

> Li Provoire et li ordenez
> Ensus un Teltre sont montez.

* 2. **TERTRUM**, Territorium, nostris etiam *Tertre*, eadem acceptione. Charta ann. 1217. inter Instr. tom. 11. Gall. Christ. col. 336 : *Item de donatione ejusdem patris mei in Tertro de Fontaneto quinque acras.* *Tostrum* paulo ante. Charta Galt. de Risnello ann. 1246. in Chartul. Campan. ex Cam Comput. Paris. fol. 352. v°. col. 1 : *Comme descorde fust.... sur ce que je demandoie au Tertre ou finage de Mont-Esclaire, etc.*

* **TERTULLIANISTÆ**, *Hæretici a Tertulliano presbytero Cartaginis dicti, animam immortalem esse, sed corpoream prædicantes et animam hominum peccatorum post mortem in dæmones verti.* Glossar. vet. ex Cod. reg. 7613. [** ex Isidor. Orig. lib. 8. cap. 5. sect. 60.] A quibus erroribus Tertullianum purgare, facile erit viro theologo.

* **TERTURATOR**, f. pro *Terraector*, Decimæ seu *terragii* collector. Vide in *Terragium* 1. Charta fundat. priorat. Landal. tom. 1. Probat. Hist. Brit. col. 1141 : *Notandum quod ipsius decimæ tractor et Terturator de communi consensu utriusque partis ponetur ab ipsis, fide data corporaliter custodiendi fideliter decimam ipsam.* Nisi sit pro *Triturator*; quo sensu vox Gallica *Tertonez*, accipi videtur in Lit.

remiss. ann. 1462. ex Reg. 198. Chartoph. reg. ch. 279 : *Ainsi que le suppliant battoit du blé,.... survint en ladite aire Guillaume Boutier,.... qui dist tout hault telz motz : Vela un vieil Tertonez, que je le batrois bien.*

TERTUSSUS, Porcellus domesticus, qui domi nutritur, hoc est, inquit Wendelinus, quasi *Tertesun*, seu tertii gregis; est enim *sun*, grex, ut alibi observatum. Ait porro ille apud Taxandros porcis pro ætatibus varia esse nomina; recens editos ac nefrendes, *biggen*, mox *baggen*, quamdiu lactent, appellari. Postquam vero in tantum adoleverunt, ut cum matre possint prodire, quod est *terden*, ou *troden*, *Tertussi* sunt, et *Tratsen* vocantur; ii denique facti adultiores, fiunt *cuddens*, hoc est gregales, etc. Pactus Legis Salicæ tit. 2 : *Si quis porcellum Tertussum usque ad annicolatum furaverit, etc.*

☞ Eccardo *Tertussus* compositum videtur ex *Tertia sus*, et significare suem tertio jactu editam; cum enim, inquit, hæ præstantiores cæteris essent, et ad propagandum gregem conservarentur, majori quam cæteræ pretio redimendæ erant.

* Glossæ ad Pact. Leg. Sal. ex Cod. Estensi apud Murator. tom. 2. Antiq. Ital. med. ævi col. 286. *Tertussum* aut *Tertustum*, id est *castratum*.

* **TERXOLUS**, Monetæ Mediolanensium species. Charta ann. 1313. tom. 3. Cod. Ital. diplom. col. 214 : *Taliasti clero nostro civitatis et diœcesis Mediolani de decem millibus libris Terxolis vel circa, et ab ipsis renuentibus extorsistis.* Vide *Tertioli* et *Terzolus.*

¶ **TERZA**, Crines intexti, Gall. *Tresse*, Ital. *Treccia*. Chronicon Placent. ad ann. 1388. apud Murator. tom. 16. col. 580 : *Dominæ pro majori parte loco Terzarum de auro vel de serico, quas portare solebant contextas seu interzatas in capillis capitis earum, nunc portant bugulos, etc.* Vide *Trica* et *Terzolla.*

¶ **TERZANA**, Tertiana, sc febris, Ital. *Terzana febbre*, Gall. *Fievre tierce*. Occurrit in Actis SS. tom. 3. Aprilis pag. 536. tom. 2. Julii pag. 446.

¶ **TERZANELLA**, Schedula data laborantibus *terzana* seu febri tertiana. Acta B. Petri a Cruce tom. 2. Julii pag. 446 : *Ob multas gratias illis præstitas per schedulas illas supradictas, quæ vulgo a Viterbiensibus dicuntur Terzanellæ, eo quod infirmis febre terzana laborantibus maxime juvent.*

TERZARE, Italis est Tertio arare. Vide *Tertiales.*

¶ **TERZARIA**, Tertia pars fructuum, quam tenens domino reddere debet. Donatio ann. 1138. apud Baluz. tom. 2. Hist. Arvern. pag. 489 : *Ego Bernardus Atonis Vicecomes Nemausensis reddo et dono et laudo in feudum tibi Raimundo Cantarelle et successoribus tuis... omnem honorem... quem visus est tenuisse pater tuus... et tu post eum... sive ad mejariam, vel Terzariam, vel cartariam, hoc est octo pecias de terra, etc.* Vide *Tertiaria* 3.

¶ **TERZARINUS**, Tenens qui tertiam partem fructuum ex agris, quos tenet, nascentium domino reddit. Statuta Castri Redaldi fol. 20 : *Si boves vel vaccas habuerit mezadrus vel Terzarinus seu laborator cum domino suo, et contigerit ipsum velle discedere a mezadria vel laborerio, teneatur et debeat ille talis mezadrus vel Terzarinus vel laborator medietatem totius fœni, quod habuerit et cum bobus conduxerit, domino suo dimittere, quando de mezadria discedit.* Alter locus exstat in *Tertiaria* 3. Vide *Tertiator.*

TERZAROLUS, ex Italico *Terzuolo*, Academicis Cruscanis, minus velum, quod navis habeat : *E nelle galee dicono far il Terzuolo, quando si raccoglie un terzo della vela, e s'attacca all' antenna.* Sanutus lib. 2. part. 4. cap. 5 : *Propter quod expedit, quod totum remigabile navigium pro minori sit dispositum ad Terzarolos,* Occurrit ibi pluries. [Fr. Barberinus in *Documenti d'a more* pag. 259 :

Vele grandi, e veloni,
Terzaruoli, e purpaglioni.

Ubi in Glossis *Terzarolæ*, *velæ minores sunt.* Utitur etiam Dantes :

Chi Terzaruolo, chi artimon rintoppa.

Vide *Tessayrolum.*]

* **TERZIATUS**, ab Italico *Terso*, nitidus, politus. Charta ann. 1375. ex Tabul. Cassin. : *Item promisit dictus magister Joannes facere lectorile in medio chori notabile et pulcherrimum, cum armariis pro libris, Terziatum et ornatum juxta decentiam ecclesiæ.* Male editum *pro libris tertiarum*, tom. 2. Hist. Cassin. pag. 546. col. 1.

* **TERZIOLUS**, Accipitris species minor, Ital. *Terzuolo*. Stat. crimin. nova Cuman. cap. 144. ex Cod. reg. 4622 : *Si aliquis homo.... capere vel habere reperiretur aves mutatas de buscho, videlicet astorem, vel falconem, vel Terziolum, vel sparaverium, etc.* Vide *Tertiolus.*

¶ **TERZOLLA**, Ornamentum muliebre, quod explicat Joh. Demussis in Chronico Placent. ad ann 1388. apud Murator. tom. 16. col. 580 : *Aliquæ (mulieres) portant coronas de argento aureato, vel de auro puro cum perlis et lapidibus pretiosis, valoris a florenis* LXX. *aur. usque ad* C. *et aliquæ portant Terzollas de perlis grossis, valoris florenorum* C. *auri usque in* CXXV. *quæ Terzollæ vocantur Terzollæ, quia ex* CCC. *perlis grossis sunt factæ, et quia in tribus filzis sunt constructæ et ordinatæ.* Vide *Terza* et *Trica.*

¶ **TERZOLUS**, Monetæ species, eadem quæ *Tertiolus*. Decreta Placentiæ ad calcem Statutorum ejusdem fol. 98. v° : *Sub pœna librarum* XXV. *Terzolorum.* Vide *Tertioli.*

¶ **TESA**, Gall. *Toise*, Mensura sex pedum. Occurrit in Charta ann. 1270. apud Menestier. in Probat. Hist. Lugdun. pag. 13. col. 2. et in voce *Bocheta.*

TESA CANDELÆ, Gall. *Toise de chandelle.* Dabantur nempe candelæ regiis officialibus ad mensuram *tesiæ*. [Fundatio Capellæ B. Mariæ in Palatio Paris. ann. 1154. tom. 3. Hist. Paris. pag. 119 : *Quotiens et quamdiu Rex sive Regina, sive etiam proles regia fuerit Parisius, Capellanus qui in capella B. Mariæ servierit, quatuor panes et dimidium vini sextarium, et Tesam candelæ, et duos denarios quotidie habebit pro coquina.* Charta S. Ludovici ann. 1248. apud *Du Bois* tom. 2. Hist. Eccl. Paris. pag. 400 : *Habebit prætera dictus capellanus in liberationibus per diem,.... quatuor panes, unum sextarium vini, quatuor denarios pro coquina, et duas Tesias candelæ.*] Charta ejusdem Regis ann. 1269. apud Sammarthanos in Archiepiscopis Senonensibus : *Capellanus habebit liberationem suam integram, scilicet 4. panes, et dimidium sextarium vini, et pro coquina 2. denarios, unam Tesam candelæ.* Vide *Teisia.*

☞ Ubi *Tesa candelæ* idem esse videtur quod *Pongnée de chandoille* dicitur in Statuto Philippi V. Regis Franc. pro Hospitio suo ann. 1317. Vide *Puginata*. *Tesam candelæ* interpretatur Lobinellus in Glossario ad Hist. Paris. libram ceræ in sex candelas divisam. Vide *Torchia.*

* Ordinat. pro hospit. reg. ann. 1317. Reg. Cam. Comput. Paris. sign. *Noster* fol. 79. r° : *Item la chambre le Roy aura pour chandoille à alumer pour Toise et pour cierge, ce que mestier sera.*

¶ **TESCEIA**, Latrocinium. Vide *Testeia.*

TESCUA, Joan. de Janua, dicuntur *loca, quibus pecora castrantur. Unde Tescuare, castrare, Tescuatores, castratores, et Tescuationes, castrationes dicuntur.* [Eadem fere leguntur in Glossario Langob. Sangerm. MS. n. 501. in quibus Glossator subjungit hæc Isidori lib. 15. cap. 12 : *Tescua quidam putant esse tuguria, quidam loca prærupta et aspera.* Vide *Tesqua.*][** Apud Papiam et in Glossar. eod. reg. 7644 : *Thescua, loca quibus pecora castrantur, etc.* ut ex Isidoro.]

¶ **TESIA**, Idem quod *Teisia*, et *Tesa*, Mensura sex pedum, Gall. *Toise*. Charta ann. 1203. e Chartulario B. M. de Bononuntio Aurelian. : *Concessit monachis unam Tesiam in platea sua, per quam ire possint in vineas suas.* Charta Monasterii de Rupibus ann. 1211 : *Domus conversorum tresdecim Tesias in longum habebat, decem in latum.* Occurrit alibi non semel. *Tesia ad mensurandum telas*, in Statutis Saluciarum collat. 4. cap. 118. Adde cap. 121. Vide *Tesa.*

* Regest. episc. Nivern. ann. 1287 : *Quilibet cordarius in dictis vigiliis debet unam Tesiam cordæ, nec de grossiori, nec de minori, sed de mediocri. Tesia rapinalis.* Vide supra in *Rapinalis.*

* **TESIATA**, Pari significatu, vel Mensura ad *tesiam*. Charta ann. 1323. in Reg. 61. Chartoph. reg. ch. 358 : *Concedimus viginti duas Tesiatas terræ pro faciendo cimiterio ad ponendum corpora deffunctorum.* *Tesaige*, ipsa cum *tesia* dimensio, vulgo *Toisé*, in Lit. ann. 1404. tom. 9. Ordinat. reg. Franc. pag. 56. Quid vero significet vox Gallica *Tesier*, ignoro, in Lit. remiss. ann. 1387. ex Reg. 132. Chartoph. reg. ch. 22 : *Adonc ledit Guillaume se retourna et bouta ledit Philippon contre un Tesier.* Nisi forte ex familiari mutatione *r* in *s* idem sit quod *Terier* supra in *Terrarium*. Vide ibi.

¶ **TESIS**, *Vitium in pulmone*, in Glossis ad Doctrinale Alexandri de Villa Dei. Est pro *Phtisis*, a Græco φθίσις, Gall. *Phthisie*. Miracula Urbani V. PP. MSS : *Patiebatur tussim validam a longo tempore, propter quod dicebatur per multos esse malum de Tesie.* Vide infra *Thesicus.*

TESQUA. Ægidius Aureæ-vallis Monach. in Episcopis Leod. cap. 5 : *Jamque illi longo* *[illegible] tractu, diversarumque cælo regio- [illegible] transito, infra inculta quædam loca, [illegible] vulgus illa nominat, pariter habuere [illegible]rium.* Atqui vox Latinis Scriptoribus [illegible], ac proinde non vulgaris aut nu[illegible].

¶ **TESSA**, Idem quod *Tesia*, Mensura [illegible] pedum, Gall. *Toise*. Inquisitio ann. 1220. tom. 1. Hist Dalphin. pag. 93 : *Si alius eorum incipiat aliud croterium, debet illud ei manutenere de omnibus per quinque Tessas in latere, etc.*

¶ **TESSAMENTUM**, Vide supra in *Tensare*.

¶ **TESSARA**, f. Præstatio agraria, eadem ac *Quarta* 6. dicta a Græco τέσσαρα, quatuor; nisi quis malit *Tessara* vocem esse detortam a *Tasca*, de qua suo loco. Charta Ludovici Franc. Regis ann. circiter 1104. apud Marten. tom. 1. Ampliss. Collect. col. 603 : *Mansuræ hospitum S. Vedasti, si pastus debent, sex denarios solvunt : et Tesseram nunquam dabunt hospites, nec corveias facient.*

* **TESSARARIUS**, *Præpositus curruum qui bello nutriunt.* (sic). Glossar. vet. ex Cod. reg. 7641. Vide mox *Tesserarii* 1.

¶ **TESSARESCÆDECITÆ**. Vide *Quartadecimani* et τεσσαρεσκαιδεκίται in Glossario mediæ Græcit. Iidem qui

¶ Tessaresdecatitæ *dicti* Papiæ, *qui* XIIII. *luna Pascha cum Judæis observandum contendunt, nam tessara quatuor, deca decem significat*, ex Isidoro l. 8. Orig. c. 5. sect. 61. ubi Græce legitur τεσσαρεσκαιδεκαδῖται.

* **TESSARRANDARIUS**, Textor, Gall. *Tisserand*. Inventar. Chart. reg. ann. 1482. fol. 96. v° : *Littera.... per quam apparet Thomam Carpentarium..... vendidisse comiti Pictaviæ quandam domum, cum platea eidem adjacenti, sitas Parisii in vico des Poulies, contiguas ex una parte domui Hamonis Tessarrandarii, etc.* Vide *Texenderius*.

¶ **TESSAURUS**, pro Thesaurus, in Charta Childeberti III. ann. 694. apud Felibian. Hist. Sandionys. pag. xv.

¶ **TESSAYROLUM**, Species veli. Informationes Civitatis Massil. pro passagio transmarino e MS. Sangerm. : *Cum tribus velonibus arboris de prora, videlicet duobus Tessayrolis et uno velono que fiunt secundum rationem artimoni, et unum Tessayrolum vult habere* XLV. *goas pro antenal, et aliud Tessayrol vult habere* XL. *goas d'antenal, et velonum modicum vult habere* XXXV. *goas d'antenal.* Vide *Terzarolus*.

¶ **TESSELLARE**, Tessellis, Lapillis seu lignis quadratis distinguere. Glossæ Lat. Græc. et Græc. Lat. : *Tessellat*, ψηφοθετεῖ. *Tessello*, ψηφολογῶ. Aliæ Græc. Lat. : Ψηφολογῶ, *Tessello, termino.*

¶ Tessellarius, Tessellator, ψηφοθέτης, in iisdem Glossis. *Deauratores, fusores, blattiarii, Tessellarii*, in Cod. Theod. lib. 13. tit. 4. leg. 2.

¶ Tessellatum, ψηφοθέτημα, in Glossis Lat.Gr. In Græc.Lat. additur, ψηφολόγημα, *Pavimentum, Tessellatum.*

¶ Tessellatus, ψηφολογία, *Pavimentum*, in iisd. Glossis. *Tessellata pavimenta*, apud Sueton. et Kennetum in Gloss. ad calcem Antiq. Ambrosden.

1. **TESSELLUS**. Messianus Presbyter in Vita S. Cæsarii Arelatensis : *Cœpit sub obtestatione domini multis precibus exposcere a me, ut unum pannum de Tessellis illius* (S. Cæsarii) *quem nudo corpore habuisset, sibi ferrem.* Infra : *Ea consuetudo erat, ut, antequam quiesceret, Tesselli adhiberentur calefacti ad ignem, et aliis detractis apponerentur.* Infra, *velaris pannus* appellatur. [Mabillonius tom. 1. SS. Ordinis S. Benedicti pag. 672. quadratos panniculos fovendo stomacho appositos interpretatur.] [** Galen. MSS. ad Glauc. lib. 1. cap. 13 apud Maium in Glossar. novo : *Constitues ægrotum in pavimento, aut in Tessello, aut in tegestri, quem aqua frigida roras et ponis pueros et puellas, ut cum muscariis flabellent.*

* 2. **TESSELLUS**, Cumulus seu strues feni, Gall. *Tas*. Charta ann. 1227. inter Instr. tom. 10. Gall. Christ. col. 178 : *Item concessimus...... viginti Tessellos fœni in pratis in hunc modum assignatis, videlicet in prato Bosier.... Et si dicta prata ad solutionem viginti Tessellorum fœni non sufficerent, nos eisdem residuum in nostris pratis restituere teneremur.* Vide *Tassus* 1.

¶ **TESSERARE**, *Tesseris ludere*. Gemma.

1. **TESSERARII**, Qui *tesseras*, seu præcepta Ducum per contubernia militum nuntiabant, apud Veget. l. 2. c. 7. [Singulis centuriis peculiarem fuisse *Tesserarium* colligere proclive est ex vet. Inscriptione apud Gruterum 550. 2. *Tesserarius in leg.* III. *Ital. cohor.* XI. *pr.* Adde pag. 753. num. 4.]

* Vita S. Cypr. tom. 4. Sept. pag. 331. col. 1 : *Quidam ex Tesserariis, quondam Christianus, res suas obtulit, etc.*

¶ 2. **TESSERARII**, Qui *tesseris* ludunt. Ammianus lib. 8. c. 4 : *Aleatorum vocabulum declinantes, ideoque se cupientes appellari Tesserarios.*

TESSERINI, *Agripenni bicurti, quia ad modum sunt tesserarum, quibus ludimus.* Papias et Jo. de Janua.

* **TESSERISARE**, Tesseris ludere. Stat. Casimiri ann. 1347. inter Leg. Polon. pag. 37 : *Filius nondum emancipatus,..... si globisando, vel Tesserisando, aut quemlibet alium ludum damnosum ludendo, aut alia exercendo aliquid perdiderit, etc.* Vide *Tesserare*.

¶ 1. **TESSO**, Meles, Gall. *Taisson*, vel *Tesson*. Charta ann. 1290. e Regesto *Olim* fol. 87 : *Venandi quoties sibi placuerit, in bosco suo, ad cuniculos, lepores, vulpes et Tessones, etc.* Occitanis *Tessones* sunt porcelli, qua notione usurpatur in vet. Ceremoniali MS. B. M. Deauratæ : *In festo B. Luce Evangeliste domnus (Prior) teneretur dare predicto conventu quatuor rincues sive Tessones.* Vide *Taxus*.

* 2. **TESSO**, Porcellus. Testam. ann. 1469. ex Tabul. Flamar. : *Item unam suem sive troyam cum tribus Tessonibus, etc.* Locum alium vide in *Tesso* 1.

¶ **TESSUTIUS**, Textum, vitta, tænia, Gall. *Tissu*, Ital. *Tessuto*. Computus. ann. 1239. MS. e Bibl. Regia : *Pro bouclis et noellis argenti, et pro una ceintura auri, et pro Tessutiis...* VIII. *lib.* XII. *s.* Et alio in loco : *Pro quatuor fermatoriis ad libros et pro le Tessuz* XL. *s.* Vide *Texutus*.

* **TESSUTUM**. Vide supra *Tensutum*.

* **TESSUTUS**, Ital. *Tessuto*, Textura, tænia, nostris alias *Tessu*. Bulla Eugen. IV. PP. ann. 1445. ex Bibl. reg. : *Jocalia, ciphos, tasseas, anulos, coclearia, zonas, Tessutos, bursas, etc.* Inventar. ann. 1316. in Reg. A. Cam. Comput. Paris. fol. 84. v° : *Item cinq Tessus de soie sanz garnison, v. s. Par. pour chacun xxv. s. Par....... Item quatre Tessus feirez d'argent, xl. s.* Lit. remiss. ann. 1394. in Reg. 146. Chartoph. reg. ch. 394 : *En la chambre il print unes estraintes à homme, deux Tessus de soie ferrez d'argent.* Vide *Tessutius* et infra *Testor*.

¶ 1. **TESTA**, perperam ut videtur pro *Tasca*, vel *Taxa*. Statuta Ecclesiæ Ambian. apud Marten. tom. 7. Ampliss. Collect. col. 1233 : *Sed nec præmissæ personæ (ecclesiasticæ vel religiosæ) de suis rebus propriis solvere teneantur pedagium sive Testam.*

¶ 2. **TESTA**, Italica vox, Frons, Gall. *Face*, vel Caput, Gall. *Teste*. Statuta Massil. l. 3. c. 18 : *Statuimus quod in lapidibus vendendis... servetur hæc forma, scilicet, quod volssors habeant duos palmos et dimidium de longo et unum palmum de alto et unum palmum de Testa, et lapides angulares habeant duos palmos de longo et unum palmum de Testa, etc.* Testam. ann. 1509. inter Schedas D. *Le Fournier* : *Item lego quamdam meam bastidam, cum toto suo affari vinearum,... situm... per Testam cum vinea nurus Antonii Giraudi.* Vide *Quindena* 3. et *Trabuchus*.

* Extremitas cujuscumque rei ea parte qua longa est. Charta ann. 1457. ubi de agri limitibus : *Per Testam cum terra Petri Emerici, vallato in medio, etc.*

Testa, Calvaria, Gall. *le Test* : unde *la teste*, pro ipso capite. Ausonius Epigr. 71 :

> Abjecta in triviis inhumati glabra jacebat
> Testa hominis, nudum jam cute calvitium.

Lex Aleman. tit. 59. § 6 : *Si autem Testa transcapulata fuerit, ita ut cervella appareant, etc.* Lex Bajwar. tit. 3. cap. 1. § 4 : *Vel in capite Testa apparet, quod Gebulskini vocant.* Adde tit. 4. § 3.

¶ De Testa esse, Esse obstinatum, Ital. *Essere di testa*. Utitur Anonymus hac loquendi formula, apud Murator. tom. 8. col. 109.

* 3. **TESTA**, Persona, homo, qua notione *Teste* dicimus. Charta pro incolis villarum de Lautrico et Forciarum ann. 1410. in Reg. 165. Chartoph. reg. ch. 361 : *Ordinat quod si contingeret aliquam fieri indictionem sive talliam, quod talis indictio sive tallia imponatur et dividatu pro capite sive Testa. Testée* vero pro Consilium quod in animo versatur, apud Froissart. vol. 3. cap. 77 : *Le comte douta que l'escuyer ne fist sa Testée; car il estoit bien courageux de cela faire.*

* 4. **TESTA**, Vertex, summitas. Chartar. Norman. ex Cod. reg. 4653. A. fol. 83 : *Costumarii* (habent) *mortuum boscum de costuma, et residua carpentariorum cum Testis capellorum, etc.*

TESTÆ, seu *testarum confractarum fragmenta*, super quibus tyranni nudos volutari cogebant Martyres. S. Augustinus Serm. 13. de Sanctis : *Contusa quo jacebat Testa substernitur, ut vis acuminis concisam molem superjecti corporis plus discinderet,* *atque reddita tormentis membra quæ secarent, obvia susciperent fragmenta.* Versus de S. Eutychio Martyre in Ecclesia S. Sebastiani ad Cœmeterium Calisti Romæ :

Testarum fragmenta parant, ne somnus adiret.

Acta sanctæ Martinæ Martyris c. 2 : *Præcepit Testas eos levare, et faciem ejus cædere.* Acta sancti Luciani Presb. c. 4 : *Nunc autem in toto dorso graves Testarum aculeos densos et continuos maligno animo substernebant.* Acta S. Vincentii Mart. c. 3 : *Fragmenta Testarum exasperata passim congerite, ut quicquid jacentis corporis male incisa fractura tetigerit, illima:is infigat aculeis, et ipsa conversio laterum innovetur ad pœnam.* Acta S. Thyrsi Mart. c. 8 : *Et pro minutis movitis de lateribus fragmenta Testarum infigite.* Althelmus de Laude Virg. c. 32 :

Tum rogus ardesceus, et rubræ fragmina Testæ.

Vide Gregorium, seu Ruffinum in Actis SS. Phileæ, Philoromi et Socior. n. 4. Acta Proconsularia Martyrum apud Baron. ann. 285. num. 5. Acta S. Agathæ n. 12. Acta SS. Tharaci et Socior. apud eumdem ann. 290. n. 12. et alia passim SS. Martyrum, præterea Gallonium de SS. Martyrum Cruciatib. cap 6.

Testulæ, Eadem notione, in Actis SS. Claudii, Asterii et sociorum, apud Baron. ann. 285. n. 5.

TESTAEVANGELIUM. Vide in *Textus.*

TESTAGIUM, Idem quod *Capitagium*, Census pro capite, *Cens qui se leve par teste.* Bonifacius VIII. PP. lib. 4. Epist. 217. ad Regem Cypri : *Quandam collectam, vel talliam annuam, quæ Testagium dicitur, ordinasti, videlicet duorum Bizantiorum pro capite cujuslibet incolæ dicti regni.*

¶ **TESTALE**, Lecti pars superior, ut videtur, idem quod *Testerium.* Annales Mediolan. ad ann. 1389. apud Murator. tom. 16. col. 810 : *Sequuntur paramenta camerarum. Paramentum unum, videlicet Testale et cœlum drappi auri in campo viridi, laboratum ad spicas et grada auri cum certis florettis albis et rubeis.*

* Gall. *Fond de lit.*

¶ **TESTAMEN**, Testimonium. Felix in Appendice ad Isidorum de viris illustr. tom. 3. Concil. Hispan. pag. 82 : *Quinimo ut ex eo tempore clarescere cœperit, per ejus textrinum et telam Testamine piæ relationis pandam.* Vide *Testamentum* 2.

* **TESTAMENTALE** Edictum, idem quod *Testamentum* 1. Charta, quæ in donationis ac largitionis argumentum conscribitur. Hist. translat. S. Glodes. tom. 6. Jul. pag. 220. col. 1 : *Regis Lotharii junioris edicta Testamentalia penes ipsas ancillas Dei usque hodie manent, quæ suasu conjugis suæ Teutbergæ reginæ,... eis et de noviter datis et de antiquioribus restitutis, sive etiam de immunitatibus ejusdem monasterii regia auctoritate constant liberalissime attributa.* Vide infra *Testatoria littera.*

¶ **TESTAMENTALES** Litteræ, Charta, Donatio, idem quod mox *Testamentum* 1. Charta Rainoldi Rem. Archiepisc. a Mabillonio laudata Diplom. pag. 5 : *Ceterum ut hæc nostra largitio rata et inconvulsa perseveret, litteris eam Testamentalibus, sigilli quoque nostri impressione... adstipulari præcepimus.* Eadem verba adhibet Manasses II. in Charta pro Remigianis Cœnobitis, teste eod. Mabillonio ibid.

¶ **TESTAMENTALITER**, Per *Testamentum*, seu Chartam donationis. Diploma Bolkonis Ducis Slesiæ pro Cœnobio Grissoviensi ann. 1367. apud Ludewig. tom. 6. Reliq. MSS. pag. 393 : *Dicta bona eximentes Testamentaliter donamus, tradimus, conferimus et testimonio præsentium incorporamus.*

¶ **TESTAMENTARE**, Donare testando vel per *Testamentum*, seu chartam. Charta Angueranni Vice-domini Ambian. ann. 1207 : *Ego unum modium frumenti et alterum avenæ, quos Petrus patruus meus fratribus ecclesiæ B. Mariæ de Gardo de redditu suo.... Testamentavit capiendos perpetuo, eisdem in eleemosynam concessi.*

¶ **TESTAMENTARIE**, Testando. *Testamentarie ordinare*, in Testamento ann. 1398. e Schedis Pr. *de Mazaugues.*

TESTAMENTARIUS, Executor testamenti. Leges Alphonsi IX. Regis Castellæ part. 6. tit. 10 : *Testamentarios son llamados aquellos que han de seguir et de cumplir las mandas, e las voluntades de los defunctos, que dexan en sus testamentos.* Occurrit in Charta Joannis Militis Dom. *de Waillancourt* ann. 1242. in Tabulario Abbatiæ Montis S. Martini Ordinis Præmonstrat. in alia Erici Ketelsoni apud Pontanum lib. 9. Rerum Danicar. pag. 518. [in Testamento ann. 1260. apud Miræum tom. 1. pag. 207. in alio ann. 1440. tom. 2. Rerum Mogunt. pag. 492. apud Bernardum *de Breydenbach* Itin. Jerosol. pag. 15. in Epistola Friderici II. Imp. tom. 2. Ampliss. Collect. Marten. col. 1159.] Testamentum vernaculum Balduini Comitis Guinensis ann. 1244. apud Duchesnium : *Et à cho à parfaire ai-je mis mes Testamenteurs Robert mon frere, Andriu de la Mote, etc.* [Aliud Helvidis uxoris Johannis dom. *de Lile* ann. 1274. ex Chartul. Vallis B. Mariæ : *Je vel que il soit rendu par mes eseuqiteurs, lesquieus je establis et doins plain pooir de mes detes paier et de mes torfais amender.... et sont à sçavoir li Testamenteur li Abés du Val etc.*] Ἐπιμεληταὶ τῶν ἐν τῇ διαθήκῃ γεγραμμένων, in Testamentis Theophrasti et Stratonis, apud Diogenem Laertium lib. 5. pag. 185. 187. Ἐπίτροποι, in Testamento Platonis, apud eumdem lib. 3. pag. 110. et in Novella Leonis 63. Ὑπουργοί, in Basilicis in l. 17. de Legat. 2. Alias [in Digesto et Codice]

Testamentarius, est Scriptor Testamenti, διαθηκόγραφος, in Gloss. Gr. Lat. [In pravum sensum accipit Tullius lib. 3. Offic. c. 18. pro eo qui Testamentum fingit et supponit.]

Testamentarius, Officium Monasticum, penes quem, ut auctor est Browerus lib. 2. Antiq. Fuld. c. 10. fuit dispositio piorum legatorum, seu ab exteris ea, seu a domesticis proficiscerentur, velut hac in re fidelium testamenta exsequeretur. [Litteræ ann. 1301. apud Schannatum Diœc. Fuld. pag. 102 : *Heroldus Decanus Monasterii in Holzkirchen, Wigandus hospitalerius, Johannes magister cœnæ, Henricus Testamentarius, ac Wolselinus infirmarius.*]

* **TESTAMENTARUS**, ut *Testamentarius*, Executor testamenti, vel hæres testamento institutus. Charta ann. 1147. apud Cenc. inter Cens. eccl. Rom. : *Ego vel nostri hæredes, Testamentari vel legitimi solvemus... Sin autem ego vel mei hæredes Testamentari vel legitimi vobis fecerimus etc.*

* **TESTAMENTATOR**, Eadem notione, in Charta ann. 1242. laudata in voce *Testamentarius.*

1. **TESTAMENTUM**, Donatio, seu potius Charta, quæ in donationis ac largitionis argumentum conscribitur. [Diplom. quodvis, præceptum, seu, ut habet *Columby* de gente Siminianea lib. 1. quævis *Charta testium subscriptionibus firmata.* Ambrosius Morales in Notis ad Veremundi Regis Diploma : *Solemne his temporibus et multis postea sequentibus fuit, quamcumque donationem Rex aut Proceres* (atque etiam privati) *facerent, Testamentum ipsum vocitare, quasi hoc nomine majori jure solidaretur.* Codex legum vett. form. 101 : *Manumissio sub libertatis Testamento solemniter roboretur.* Restitutio bonorum facta Monialibus S. Cæsarii Arelatens. per Guillelmum Comitem Povinciæ ann. 992. apud Saxium de Pontific. Arelat. pag. 194 : *Factum hoc Testamentum in ipso monasterio* : quam chartam Scriptores plerique *le Testament du Comte Guillaume* perperam appellarunt.] *Testamentum venditionis*, in Lege Ripuar. tit. 59. § 1. 3. tit. 67. § 1. Abbo Floriacensis Abbas in Canonibus cap. 7 : *Quoniam Testamentorum alia fiunt dotis nomine, alia hæreditatis donatione, alia de rebus Ecclesiæ quas abalienari est difficile, et dicuntur Precariæ.* Arnulfus Lexov. Episc. Epist 26 : *Privilegia siquidem Romanorum Pontificum, quasi quædam ipsorum Testamenta credenda sunt, nec a morte testatoris expirant, sed potius ab ipsa contrahunt firmitatem.* Vita S. Agili Abb. c. 7 : *Quin etiam largiens solemniter per titulum Testamenti ex propria ditione numerosam copiam fundi ac familiæ.* Odo Cluniac. lib. 1. de Vita S. Geraldi c. 19 : *Quandam sui juris Ecclesiam, facto solemniter Testamento, eidem contulit.* Adde lib. 2. cap. 2. Faustus in Vita S. Mauri Abb. num. 50 : *Vocansque ad eum Ansebaldum, qui scriptoribus Testamentorum regalium præerat, præcepit ei, etc.* Adde n. 40. Odo Abbas S. Mauri de Miracul. S. Mauri cap. 1 : *Post hæc omnia Testamenta, quorum auctoritate rerum cunctarum eidem loco collatarum constabat delegatio, sollicite perquirens, etc.* Infra : *Cum domorum eversione Testamenta sunt ablata prædiorum. Per testamentum litterarum* concedere, in Bullario Cluniac. pag. 6. Utuntur passim Bulla Benedicti VIII. PP. in Scriptores, Gregor. Turon. l. 6. c. ult. Aigradus in Vita S. Ansberti Arch. Rotom. n. 15. Paschasius Radbertus in Epitaphio Vualæ, Abbat. Corbeiensis lib. 1. cap. 26. 27. Adrevaldus de Translat. S. Benedicti c. 3. Anonymus Floriac. de Miracul. S. Benedicti c. 27. Conradus de Fabaria de Casib. S. Galli c. 14. pag. 142. Ado Viennensis ann. 727. Hariulfus l. 4. Chronici Centulensis c. 6. 7. 19. 22. Chartæ veteres apud Doubletum pag. 654. Miræum in Notitia Eccles. Belg. pag. 52. Duchesnium in Hist. Limburg.

pag. 5. Petrum Joffridum in Episcop. Nieieusibus pag. 158. Roverium in Reomao pag. 197. Puricellum in Ambrosiana Basilica pag. 263. 311. etc.

¶ Testamentum, Decretum Ecclesiæ. Concilium Ticin. c. 8. apud Labbeum tom. 9. col. 930 : *Hoc autem Ecclesiæ Dei Testamentum contra malignantes... Henrici Augusti lege firmari volumus.*

☞ Testamenta proprie dicta pro supremis testatorum voluntatibus, condita non semel fuisse ab Abbatibus et Abbatissis, etiam pietate insignibus, miratur et exemplis probat Mabillonius Diplom. pag. 8. et 9. quod tamen prohibent Gregorius M. Imperatoriæ leges, Regulæ S. Benedicti, aliorumque, qui quodvis peculium Monachis interdicunt, quod etiam de Abbatibus intelligendum est, uti probat Gregorius ipse, qui Probo Abbati ea tantum ratione testamentum condere permittit, quod ex improviso ad monasterii regimen raptus sit. Verum uniformis et eadem ubique non servabatur ea de re disciplina. Magister in Regula sua adeo non putavit Abbatis testamentum monasticæ professioni repugnare, ut rem quasi receptam agnoscat, cum præscribit cap. 89 : *Breves donationum factos a Fratribus tempore mortis suæ Abbas inserat testamento suo.* Plura vide laudatis paginis.

¶ Testamentum Nuncupativum a scripto differt, ut vult vulgus Jurisconsultorum : nam *Nuncupare hæredes* et *scribere* opponuntur, leg. 21. in princip. D. qui testam. fac. (28,1.) Hæc jam monuimus ad vocem *Nuncupamen*. At vero cum *Testamentum nuncupativum* litteris etiam aliquando mandari observare est cum ex locis in v. *Nuncupamen* laudatis, tum ex privilegiis Delphin. ann. 1349. inter Ordinat. Reg. Fr. tom. 5. pag. 40 : *Quod deinceps in quacumque curia Delphinatus, vel alibi infra Delphinatum seu terras ipsi Delphinatui, mediate vel immediate subjectas, nulla publicentur vel publicari debeant Testamenta nuncupativa, nec ad id quispiam compellatur, nisi dumtaxat in casu quo hæres universalis institutus, ipsum peteret publicari Testamentum nuncupativum, in quo esset scriptus et institutus hæres.* Ex his efficio *Testamentum nuncupativum* illud appellari in quo aliquis hæres *nuncupatur* seu palam nominatur a testatore testamentum ex propriis tabulis publice recitante. Cui opinioni illustrandæ aptissimus videtur Isidorus lib. 5. Orig. cap. 24. sect. 12 : *Nuncupatio est quum in tabulis cerisque testator recitat dicens : Hæc ut in his tabulis cerisque scripta sunt, ita videtur, ita dico, ita lego : itaque vos cives Romani testimonium mihi perhibete, et hoc dicitur Nuncupatio, Nuncupare enim est in palam nominare et confirmare.*

* Seu *Per nuncupationem conditum*, ut legitur in Testam. Beatricis comit. Estens. ann. 1165. tom. 1. Cod. Ital. diplom. col. 1541. A scripto differt. Testam. ann. 1236. apud Murator. tom. 1. Antiq. Ital. med. ævi col. 703 : *Coram scriniario et subscriptis testibus ad hoc a me rogatis, nuncupativum facio Testamentum, quod sine scriptis dicitur jure civili.* Testam. cardin. Talayrandi de Petragor. ann. 1360. ex Cod. reg. 4223. fol. 110. r° : *Præsens nuncupativum Testamentum sine scriptis condimus.* Interdum licet scriptum, *Nuncupativum* nihilominus appellatur. Testam. ann. 1342. tom. 3. Cod. Ital. diplom. col. 999 : *Yolanda de Monteferrato comitissa Sabaudiæ .... Testamentum suum nuncupativum et sine scriptis dictum, in scriptis tamen redactum, in modum qui sequitur uno contextu fecit.* Aliud Audoyni cardin. Ostiens. ann. 1363. ex Cod. reg. 4223. fol. 135. v° : *Testamentum meum ultimum nuncupativum, quamvis in scriptis redactum,... ordino.* Aliud ejusd. cardin. ibid. fol. 139. v° : *Omne aliud testamentum vel codicillum per me hactenus in scriptis vel sine scriptis, aut vocaliter seu verbaliter factum cassans.* Hinc cum *vocaliter* factum aut *sine scriptis* conditum dicitur, de testamento aliena, etiamsi publica manu, exarato, nec a testatore subscripto, sed tantum dictato, videtur intelligendum esse. Solemni vero *nuncupativum* opponitur eamdem ob causam. Testam. Herardi de Novo-Castello ann. 1308. ex Cod. reg. 9484. 2. fol. 142. v° : *Pour ceu que je ne estoie en leu ou je peusse faire Testament solemnel, je ai fait Noncupatif.* Charta ann. 1354. in Reg. Cam. Comput. Paris. sign. *Vienne* fol. 57. r° : *Testamenta si qua deffuncti vel deffunctorum reperirentur in scriptis vel sine scriptis, sollemniter vel per nuncupationem condita, ubicumque facta fuerint, legitime observentur.* Testam. Bertr. de Borno milit. dom. de Altoforti ann. 1360 : *Et hoc est Testamentum meum ultimum,..... quod..... ego dictus testator valere volo, ordino et præcipio ad perpetuum jure testamenti perfecti vel imperfecti, in scriptis vel sine scriptis, solemni vel non solemni aut nuncupativi.* A testamento clauso rursum distinguitur nuncupativum, in Charta ann. 1251. ex Bibl. reg. cot. 2 : *Nec prohibeat vicecomes* (Narbon.) *Testamenta personarum jurisdictionis archiepiscopalis in curia archiepiscopi publicari, sive nuncupativa fuerint, sive clausa.*

* Irritum habebatur Testamentum, quo ecclesiarum *fabricæ* nihil relinquebatur, ex Stat. MSS. eccl. S. Laurent. Romani : *Statuerunt quod quilibet parrochianus in parrochia dictæ ecclesiæ, qui et quæ testamentum condiderint, aliquid secundum sui voluntatem dictæ fabricæ legare teneantur : quod si aliquid non legaverint, dictum Testamentum pro infecto habeatur. Sint autem dicti operarii solliciti, quod dum sciverint aliquem parrochianum condere testamentum, meliori modo quo poterunt, dictæ ecclesiæ fabricam recommittant, et notarios testamenta recipientes avisent.*

* Id præterea juris sibi olim arrogare tentaverant episcopi, ut executores testamentorum, deficientibus iis quos testator constituerat, nominarent : quod abusive ab iis factum judicavit Arestum ann. 1357. 26. Maii in vol. 4. arestor. parlam. Paris. : *Dicebat etiam* (procurator episc. Belvac.) *quod dato, quod aliquis fecerit testamentum, et defuerint aut esse desierint executores hujusmodi testamenti, dictus episcopus per se et prædecessores suos fuit et est in dicta possessione ac saisina ponendi et constituendi super hoc executores..... Per arrestum curiæ nostræ dictum fuit,....... ipsum episcopum in prædictis abusum fuisse seu abusisse.*

* Testamentum Sacramentale quid sit et qua de causa sic appelletur, docent Libert. MSS. concessæ Barcin. ann. 1283 : *Item est consuetudo, quod si aliquis fecerit testamentum, præsentibus testibus, in terra vel in mari, ubicumque sit, in scriptis vel sine scriptis,.... quod valeat ipsa ultima voluntas sive testamentum; dum testes, qui interfuerint,... infra sex menses, ex quo fuerint in Barchinona, jurent in ecclesia S. Justi super altare S. Felicis martyris, præsente notario qui talia testamenta conficit, et aliis personis, quod ipsi testes ita viderunt et audiverunt scribi seu dici, sicut in illa scriptura continetur, sive ultima voluntate, verbotenus ab ipso testatore dicta; et quod tale Testamentum vocatur Sacramentale.*

¶ Testamentorum Princeps, Chartarum regiarum custos, in Vita S. Dunstani sæc. 5. Benedict. pag. 672.

2. **TESTAMENTUM**, Testimonium. Vide Pithœum ad Collat. Leg. Mosaic. tit. 8. [et *Testamen.*]

* 3. **TESTAMENTUM**, pro *Tensamentum*, ut opinor. Feuda Norman. in Reg. S. Justi ex Cam. Comput. Paris. fol. 170. r°. col. 2 : *Quicquid de eo* (Galtero de Marinis) *tenetur apud Mogueviller et omnes advocatias et Testamenta, quæ tenentur ei ad Marinas.*

* **TESTARDIA**, Pertinacia, obstinatio, contumacia ; unde *Testardus*, Pertinax, obstinatus, vulgo *Têtu*, *opiniatre*. Glossar. Provinc. Lat. ex Cod. reg. 7657 : *Testardaria*, *Prov. Assefallia.* Lit. remiss. ann. 1333. in Reg. 66. Chartoph. reg. ch. 1310 : *Dictus Jassequinus erat Testardus et ebriosus et contusionibus utens, sic quod ex culpa sui et propter Testardiam suam evenerat dicta brica.* Testart vero Asser quidam appellatur, in Chartul. Corb. sign. *Ezéchiel* ad ann. 1421. fol. 146. v° : *Lesquelx carpentiers seront tenus de mettre et faire en le grange au mars de ledite cense ung Testart et ung patin.*

1. **TESTARE**, Testari, Testimonium dicere. Lex Bajw. tit. 16. cap. 2 : *Nisi super hominem Testare voluerit aliquam causam, etc.* Videtur aliud sonare in Lege Salica tit. 29. § 19 : *Si quis aratrum in campum alienum intrare prohibuerit, vel arantem foras jactaverit, vel Testaverit, etc.* [** Vide *Antestare.*] [* Sensum explicat cod. Est. ejusd. leg. apud Murator. tom. 2. Antiq. Ital. med. ævi col. 288. ubi pro *Testaverit*, legitur, *Restaverit, id est, vetaverit.* Quo sensu Galli Dicimus : *Faire tête.*] Vide Pactum Legis Salicæ, tit. 27. § 20. [Idem Pactus tit. 48. § 1 : *Si vero contra interdictum unius vel duorum in villa ipsa adsedere præsumpserit, tunc Testare illi debent, et si noluerit inde exire, ille qui Testat, cum testibus sic ei debet Testare, ut inter decem noctes exinde exeat, etc.* Hujus capituli sensus est, ut illi, qui quempiam in villa aliena considentem tolerare nolunt, cum adsumtis testibus admoneant, ut exeat.]

* 3. **TESTARE**, pro Testari, testamento disponere. Lit. Philippi VI. ann. 1340. in Reg. 73. Chartoph. reg. ch. 227 : *Audita per nos supplicatione seu requesta juratorum et consulum villæ de Regula, continente quod*

cum in dicta et in Vasedesio sit expressa consuetudo, ut nullus habitator dictæ villæ de bonis suis immobilibus Testare vel aliter ordinare possit seu disponere;...... nos eorum supplicationi annuentes, attentis meritis et gratis servitiis dom. regi et ejus prædecessoribus per vos impensis, dictis juratis seu consulibus..... potestatem concedimus, ut ipsi de bonis eorum omnibus, mobilibus et immobilibus,....... in testamento vel aliter disponere et ordinare possint. Stat. synod. eccl. Castr. ann. 1358. part. 2. ex Cod. reg. 1592. A. fol. 76. r° : *Sequuntur taxationes lx. florenorum auri annuatim exsolvendorum domino nostro Castrensi episcopo per beneficiatos infrascriptos, ut possint Testare de bonis suis suorum beneficiorum Castrensis diocesis, nec non et quantitates provisionum, lectorum et aliorum necessariorum successoribus suis dimittendorum.*

* Testandi in gratiam pii loci facultas concessa etiam iis qui in minori erant ætate, a Luitprando rege Longobardorum lib. 4. cap. 1. apud Murator. tom. 5. Antiq. Ital. med. ævi col. 619 : *Ut si cuicumque ante ipsos decem et octo annos* (quibus superatis tantum licebat de rebus suis disponere) *evenerit ægritudo, et se viderit ad mortis periculum tendere, habeat licentiam de rebus suis pro anima sua in sanctis locis caussa pietatis, vel in xenodochio judicare quod voluerit; et quod judicaverit, stabile debeat permanere.* Cujus legis auctoritate fultos pueros atque impuberes non semel id fecisse probat exemplis Muratorius ex Chartis ann. 794. 1000. et 1018. ibidem prolatis.

¶ **TESTATA**, Extremum, finis, apud Italos, Gall. *Bout.* Statuta Mutinæ fol. 70 : *Quilibet per suas terras et terrarum suarum Testatas, et Testatæ bannitorum et viarum juxta dictam foveam debeant cavari.*

* Vide supra *Testa* 2.

TESTATIO, Jus dicitur quod Episcopi habebant disponendi de quarta, interdum nona parte relictorum de testamentis in pios scilicet usus; quod quidem inde manavit, quod antiquitus statutum fuit, ut rerum, quæ in testamento relinquerentur, autoritate Ecclesiæ distributio deinceps fieret, et ut Episcopis ac Prælatis, in pios, sicuti diximus, usus, certam eorum quantitatem distribuere liceret. Cum autem de *decima tantum parte* disponendi iis facultas esset data, scribit Matthæus Paris ann. 1190. statutum in Normannia, Ricardo Rege annuente, inter cætera : *Ut distributio rerum quæ in testamento relinquuntur, autoritate Ecclesiæ fieret, nec decima pars, ut olim subtraheretur.* De rebus porro testamento relictis quartam sibi postmodum arrogarunt, non amplius in pios usus erogandam, sed tanquam sibi propriam, et de qua disponere iis omnino esset liberum, uti de *intestatorum* bonis, quod supra docuimus. Charta Leonardi Episcopi Cæsenatensis ann. 1175. apud Ughellum tom. 2 : *Insuper largimur vobis vestrisque successoribus in perpetuum alias decimationes, et primitias, et testationes, et Aquam sanctam totius Vicariatus, etc.* Alia ibidem Aimerici Episcopi ejusdem Ecclesiæ ann. 1274 : *Insuper largior, do, trado,... in perpetuum Canonicam portionem testamentorum et aliarum ultimarum voluntatum de jure spectantium mihi meisque successoribus ab hac hora in antea in perpetuum per totum plebatum dictæ plebis S. Mauri,... ut libere quicquid ad me meosque successores ratione Canonicæ portionis, id est, quartæ testamentorum, et aliarum ultimarum voluntatum pertinebit amodo, vel pertinere videbitur in perpetuum per totum plebatum utrumque, percipere ac exigere et habere pacifice valeatis, etc.* Vide *Nonagium*, [et *Tertiagium*.]

¶ **TESTATIOR**, Magis testatus, compertus, notior. Codex Theod. lib. 10. tit. 1. leg. 14 : *Quo facilior sit discussio pecuniæ, cujus nobis fuerit summa Testatior.*

TESTATOR, Patronus, intercessor. Liber 2. Miraculor. S. Bertini cap. 7 : *Præsertim de Dei auxilio Testatorumque propriorum interventu fisi.* Et cap. seq. extremo : *Tam clementis Dei provisione adjuti... imo de experta patrum intestatorum solita et provida defensione salvati, etc.*

* **TESTATORIA** Littera, idem quod supra *Testamentale edictum.* Charta Caroli Simpl. ann. 915. tom. 9. Collect. Histor. Franc. pag. 523 : *Et ut hoc nostræ auctoritatis præceptum perpetualiter manens, semper sit inconvulsum, has Testatorias litteras exinde fieri jussimus.*

TESTEIA, *Tesceia.* Capit. Caroli C. tit. 12. cap. 13 : *Istud sacramentum jurabunt franci homines. Ego ill. adsalituram, illud malum schach vocant, vel Tesceiam non faciam, nec ut alius faciat, consentiam. Testeia* scribitur in tit. 39. cap. 3 : *De illis hominibus, qui infames vel clamodici sunt de Testeiis, vel latrociniis et rapacitatibus, et assalturis, etc.* Infra : *Juret... quod Testeiam, vel latrocinium, aut rapinam non fecerit.* Occurrit ibi pluries. Vocis origo incerta, tametsi notio ex allatis satis constet. Sane *Testeia* scribi debere, non *Tesceia*, evincit Epistola Fulcardi Abbatis Lobiensis ad Imp. Henricum, in Chronico Lobiensi : *In placitis præter bincinam et Testeiam non debet habere Advocatus, nisi tres denarios, et alicubi duos ; modo si aliquis non placito scabinorum banno fuerit devictus, etc.* Ubi legendum monuimus *burinam*, id est, seditionem, *mesleiam.*

☞ *Tesceiam* a *Texaga* deducit Eccardus in Notis ad Pactum Legis Salicæ tit. 9. art. 3. eamdemque notionem esse utriusque vocis haud male asserit vir doctus. Vocabulum *Texaga*, inquit, lenius enunciatum mutatum est in *Texegam, Tescegam*, sive ut communiter in veteribus monumentis scriptum reperitur, *Tesceiam* : unde fallitur Cangius qui *Testeiam* scribi debere contendit. Significatio autem vocis agnosci facile potest ex laudato Caroli C. Capitulari tit. 39. cap. 3. ubi *Tesceia* per *latrocinium* tamquam synonymum explicatur. Est ergo *Tesceia*, ut et *Texaga*, furtum clandestinum et occultum. Vide infra *Texaga*.

¶ **TESTEIMENIARE**, pro *Testimoniare*, in vet. Charta apud Doubletum Hist. San-Dion. pag. 687.

¶ 1. **TESTERA**, Species machinæ bellicæ. Radulfus de Gestis Friderici I. Imp. apud Murator. tom. 6. col. 1178 : *Et cum Testeriis et prederis expugnaverunt illud* (*castellum.*) Vide *Prederia.*

¶ 2. **TESTERA**, Frontalia, Gall. *Têtiere*, Ital. *Testiera.* Statuta Vercell. lib. 7. f. 170 : *Nullus molinarius audeat vel præsumat ducere vel duci facere per civitatem Vercellarum aliquem asinum vel aliam bestiam quadrupedem per se, nisi ducatur vel teneatur per cordam vel capistrum, vel frenum seu bretholam, vel Testeram in pena solidorum x. Pap.* Vide *Testinia.*

¶ Testeria, Eadem notione. Garnisiones castri Carcasson. ann. 1294 : xxiii. *cohoperture equorum de tela puncta* v. *Testerie equorum puncte.*

* Capitis equorum armatura. Lit. Alfonsi comit. Pictav. ann. 1269. in Reg. 11. Chartoph. reg. fol. 81. v° : *Mandamus vobis quatinus...... duas Testerias ad equos.... apportari faciatis vobiscum.*

¶ **TESTERIUM**, Lecti supernum tegmen, Angl. *Tester,* Gall. *Ciel de lit,* vel *Fond de lit.* Litteræ ann. 1388. apud Rymer. tom. 7. pag. 577. col. 1 : *Unum coopertorium cum celura integra et Testerio de eadem secta.* Rursum occurrit pag. 356. col. 1. Italis *Testiera* latus est lecti cervicali proximum. Vide *Testale* et *Testrum.*

¶ **TESTEUS**, pro Testaceus. *Testea corpora*, Macrobio lib. 7. Saturn. cap. 15. *Testeum vas,* apud Marten. tom. 1. Anecd. col. 510.

¶ **TESTICIDIUM**, Testis cædes, occisio. Gerohus Reichersperg. in expositione Psalmi 64. apud Baluz. tom. 5. Miscell. pag. 124 : *Interficiunt* (Joan. Bapt.) *cavendo quidem sibi, ut æstimant, a reatu homicidii, sed non effugientes crimen Testicidii, etc.*

* **TESTICULARE**, Testiculos abscindere. Glossar. Provinc. Lat. ex Cod. reg. 7657 : *Escolar, Prov. Testiculare, tescuare.* Vide *Tescua.*

¶ **TESTIFICARE**, pro Testificari. Concilium Legion. ann. 1012. can. 19 : *Si autem aliquis testium falsum Testificasse probatus fuerit, etc.* Occurrit alibi non semel.

¶ 1. **TESTIFICATIO**, Martyrium, passio. S. Paulinus Epist. 31. num. 5 : *De loco Testificationis* (*Christi*) *confirmata* (S. Helena) *jussit illico...., in ipsum locum operam fossionis accingi.*

* 2. **TESTIFICATIO**, Existimatio, fama. Charta Alani Brit. ducis tom. 1. Probat. Hist. Brit. col. 381 : *Quam* (potestatem) *jam divæ memoriæ genitor noster Gauffredus marchisio ejusdem loci rectori, nomine Roberto, pro remedio, tam suæ quam genitoris, avi scilicet nostri magnæ Testificationis viri Conani, ante concesserat.*

* **TESTILIS**, *Rustica quædam, vel fictilis, rusticum nomen.* Glossar. vet. ex Cod. reg. 7613. [** Virgil. Eclog. 2. vers. 10.]

TESTIMONIALES, Diplomata, vel *Epistolæ*, quæ a Principibus conceduntur iis qui *militiam sub armorum labore* exegerunt, quibus in emeritæ militiæ præmium, in *Protectorum, Præpositorum*, vel *Tribunorum* ordinem ii adscribuntur. *Testimonialibus dignitatem adipisci,* in leg. 8. Cod. Th. de Honorariis codicill. (6,22.) Vide eumdem Cod. tit. de Testimoniali ex Tribunis et Protectoribus (7,21.), et ibi Gothofr. Gall. *Temoignage de service.*

¶ Testimonialis, Scripta testificatio, Gall. *Certificat.* Concilium Tolet. ann. 1323. can. 12 : *Qui alieno Parochiano absque alia Testimoniali sacerdotis proprii Missam cele-*

bruerit nuptialem, trecentos morapetinos nobis solvere teneatur. Ubi pro *absque alia jubera* legerem *absque littera*, vel *licentia*, aut quid simile.

¶ Testimonialis Charta *seu publicum instrumentum*, in Charta ann. 1399. apud Menesterium in Probationibus Hist. Lugdun. pag. 127. col. 1.

¶ Testimonialis Diaconus, Custos Episcopi concionantis. Consule Panvinum in vocum ecclesiasticarum interpretatione. Vide *Diaconus* et infra *Testimonium*.

¶ Testimoniales Litteræ, In alicujus rei testimonium datæ, apud *Madox* Formular. Anglic. pag. 11. Vegetio lib. 2. cap. 3. sunt illæ, quibus milites completis stipendiis dimittuntur. Vide supra *Testimoniales*.

TESTIMONIARE, Testimonium dicere, Gall. *Tesmoigner*, in Capitul. ad Legem Salicam cap. 11 : *Optimus quisque in pago vel civitate in testimonium assumatur, et cui is, contra quem Testimoniare debet, nullum crimen possit indicere.* Adde lib. 3. Capitul. cap. 32. [Commemoratorium ann. circiter 780. apud Marten. tom. 1. Ampliss. Collect. col. 41 : *Illi pagenses et ingenui homines sic in omnibus Testimoniaverunt, quod ipsi viderant ipsas villas partibus supradictis Ecclesias possidere.* Adde Chartas Chlodovei Reg. Fr. sæc. 3. Bened. part. 2. pag. 617. 618. et Perardum in Burgundicis pag. 14. Le Roman *de Vacce* MS :

> Mez ce disoient et juroient,
> Et Franchoiz le Testemoignoient,
> Que onques mez de sa valeur
> N'out en la terre eu Seigneur.

Le Roman *de Giron le Courtois* MS : *Sire Gauvain, tout le monde vous Tesmoigne à bon chevalier.* Infra : *Vous tient à bon chevalier.* Charta Auberti Abbatis Castricii ann. 1147. ex Chartul. Campan. fol. 343. v°. col. 2 : *S'aucuns dist lait à l'autre en la vile, et il soit veu d'eschevin, ou Testmoignié par deux autres personnes il paiera por l'amende III. s.* Vide in *Testimonium*.]

* Nostris *Tesmoigner quelqu'un*, pro *Rendre bon temoignage d'une personne*, Alicujus probitatem testari, in Lit. ann. 1390. tom. 7. Ordinat reg. Franc. pag. 370. *Thesmoignier*, pro *Temoigner*, Significare, declarare, in Vita J. C. MS :

> L'Escriture oi Thesmoignier
> Qu'il ne porent avoirenfant.

TESTIMONIUM, Testis, unde Gallis *Tesmoin*. Capitulare ann. 779. cap. 19 : *De mancipiis quæ venduntur, ut in præsentia Episcopi vel Comitis sit,... aut ante bene nota Testimonia.* Vetus placitum editum a Baluzio in Append. ad Capitul. : *Nuper veniens Arloinus ad suum placitum, quod arramitum habuit, ibidem sua Testimonia protulit bonos homines idoneos, his nominibus, etc.* Aliud Placitum ann. 869. apud eumdem : *Unde sic dedit iste Wardina mandatarius... tale Testimonia qui juraverunt ad sua conditione, etc.* Chronicon Farfensis monasterii pag. 656 : *Et sic venit domnus Abbas, et ejus Advocatus, una cum Testimoniis, quorum nomina sunt, Gradolfus, etc.* Tabularium Persiense cap. 19. apud Perardum : *Ante ipsos Missos duodecim Testimonia ibidem præsentavit, his nominibus,... ipsa Testimonia diligenter discussi fuerunt. etc.* Charta 99. ex Alamannicis Goldasti : *Tunc prædictus Comes jussit, ut ipsa Testimonia supra irent, et ipsos terminos ostenderent, quod dicebant, etc.* Burchardus Wormaciensis Episcopus in Lege Familiæ : *Ut devitentur perjuria volumus, ut ex utraque parte ostendantur illorum Testimonia, et ita collaudant testes quasi gratum habeant; et ex supradictis duobus Testimoniis, duo eligantur ad pugnam, et cum duello litem decernant, et cujus campio ceciderit, perdat.* [Vetus Constitutum Sylvestro PP. attributum num. 6. : *Non damnabitur Præsul nisi in 72. (Testimonia)... presbyter autem nisi in 44. Testimonia... filios et uxores habentes et omnino Christum prædicantes.*]

* *Testemonie*, in Charta ann. 1274. tom. 1. Probat. Hist. Brit. col. 1033. pro *Temoignage, preuve.*

Pro *Testimonio* aliquid accipere. Vetus Charta apud Ordericum Vital. lib. 5. pag. 590 : *Inde habuimus beneficia et societatem fratrum, et pro Testimonio unum equum centum solidorum.* [Ubi pro consensu rei agendæ præstito scriptum esse videtur.]

☞ *Testimonia* etiam dicuntur, ni fallor, mulctæ pecuniariæ quæ domino feudali debebantur ob falsum testimonium : nisi malis intelligere eo nomine designari id quod ipsi domino exsolvebatur ob audita ab ipso testimonia. Ut ut est, memorantur *Testimonia* inter jura dominica in Litteris Gerardi Præpositi Eccl. Audomar. ex Tabular. ejusd. Eccl. : *Capellanum Comitis de Ruhoc Canonicum constituimus et concessimus etiam ipsi omnes obventiones,... emendationes, Testimonia, vina stalli, et præbendarum, bracellos qui ad talliam non pertinent.*

Testimonium Ecclesiasticum, [Sic vocantur Episcoporum socii, quia erant vitæ eorum testes.] Chronicon Reicherspergense ann. 272 : *Lucius PP. præcepit, ut duo Presbyteri, et 3. Diaconi in omni loco Episcopum non deserant propter Testimonium Ecclesiasticum.* S. Hieronymus Ep. 85 : *Sed dicis, Quomodo Romæ ad Testimonium Diaconi Presbyter ordinatur.* Vide *Cellulanus, Tyncellus*, et *Testimonialis Diaconus.*

☞ Testimonium Clericorum ac Monachorum olim receptum fuisse in propria causa exemplis et auctoritate probat Mabillonius lib. 3. de Re Diplom. num. 5. et seqq. licet habeatur lib. 7. Capitul. cap. 152 : *Ut nullus in sua causa judicet aut Testimonium dicat.*

☞ Testimonium proprie dictum variis vocibus olim expresserunt Galli, quod nos unica nunc voce *Temoignage* enunciamus. Charta ann. 1252. ex Chartul. Campan. fol. 396. col. 1 : *An Testmoinance de ceste chose nos avons ces lestres saelées de nostre sael.* Occurrit pluries in eod. Chartul. Litteræ ann. 1255. apud Lobinell. tom. 2. Hist. Britan. col. 406 : *Nos Jehan Dux de Bretaigne.... li en avon doné cestes lestres pendantes seellées en nostre seel en Testemoine. E en Testemoigne de ces choses*, in aliis Henrici Regis Angl. ibid. col. 409. *Donné par Testmoignance à nostre grant seal*, in aliis Richardi Regis Angl. ann. 1379. ibid. col. 602. Vide *Testimoniare.*

¶ Testimonium Jesu-Christi, Novum Testamentum, Evangelium. Poema de Nomine Jesu in Appendice Operum S. Paulini pag. 25 :

> Salve, ô Appollo vere, Pæan inclite,
> Pulsor draconis inferi.
> Dulcis tui pharetra Testimonii,
> Quod quatuor constat viris, etc.

* Testimonium, dicitur, ut et Gallis *Tesmoin*, de caudicibus, quibus continetur lignum focarium, cum illud metiuntur. Charta Caroli IV. ann. 1326. in Reg. 64. Chartoph. reg. ch. 129 : *Cum sorores beati Ludovici de Pissiaco quingentas quadrigatas bosci, quamlibet quatuor modulos continentem.... percipiant;... verum quia moduli antedicti fuerunt..... interdum incompetenter mensurati,...... concedimus quod in mensuratione cujuslibet moduli...... tres buschæ, videlicet unam pro plano et duas pro Testimonio deinceps........ tradantur.*

TESTINIA, Armaturæ species. Testamentum Ranimiri Reg. Aragon. æræ 1099. in Hist. Pinnatensi lib. 2. cap. 38 : *De meas autem armas qui ad Varones et Cavalleros pertinent, sellas de argento, et frenos, et brunias, et espatas, et adarcas, et gelmos, et Testinias, et cinctorias, et sporas, et cavallos, et mulos et equas, et vaccas, et oves, dimitto ad Sanctium filium meum, etc.* Quid si legatur *testirias?* ut sit capitis armatura, quam *Testiere* nostri vocant. Quam etiam armaturæ speciem equis militaribus adscribunt Assisiæ Hierosolymitanæ MSS. cap. 95. ubi de duello certantibus : *Et le cheval doit estre couvert de couverture de fer, et avoir une Testiere de fer, et emmi la Testiere, une broche de fer, telle comme celle de l'escu.* [Vide *Testera* 2.]

¶ **TESTINIUM**, *Opportunum*, in Glossis Isid. Grævius emendat *Tempestivum*. [** Ita legitur apud Placidum et ex eo apud Papiam et alios.]

TESTINUM. Lex Familiæ Burchardi Episc. Wormaciensis. cap. 17 : *Nihil juret, sed in Testino Scabinorum sit.* Ubi *Testimonio* legendum nemo non videt.

TESTIPHADIUM. Iso Magister in Glossis : *Fulchra, sustentacula vel lectorum, vel aliarum rerum, quæ Testiphadia nominamus.* Leg. *Stibadia*, ex Græco στιβάδιον.

1. **TESTIS**. Statuta Synodalia Nicolai Episcopi Andegavensis ann. 1263 : *Prohibemus singulis Sacerdotibus parochialibus, ne ipsi parochianis suis die Paschatis Testes seu hostias loco panis benedicti ministrent, ne ex ejus ministratione, seu receptione erubescentiam evitare videantur; sed panem benedictum faciant, sicut aliis diebus dominicis fieri consuevit.* Ubi pro *evitare* legendum puto *irritare* : forte enim intelliguntur paniculi, seu oblatæ in *testiculorum* figuram formatæ, quas in hoc festo Paschali loco panis benedicti dabant.

☞ Haud scio an simplicior veroque similior sit Acherii tom. 11. Spicil. pag. 207. emendatio, qui *tostas* ibi pro *Testes* legendum esse suspicatur.

¶ 2. **TESTIS**, pro *Textus*. Vide in hac voce.

3. **TESTIS**. *Teste meipso*, vel *Teste Rege*, Formula Chartis Regum Angliæ [seu potius

Epistolis minoris momenti a temporibus Richardi I.] passim adscripta, cum scilicet a Proceribus non subscribitur, sed a solo Rege; quam suggillavit olim Pius II. PP. in mandato Henrici VI. lib. 3. Commentar. suor. : *Testem autem se dicit* (Deus) *futurum, quia in judicio suo non indiget testibus.* [Vide Mabil. lib. 2. Diplom. cap. 21. num. 7. et 8. ubi præter illa quæ spectant Anglos, aliquid simile refert e Litteris Rogerii Calabriæ Comitis, Cœnobio Pactensi concessis ann. 1094. apud Pirrum Sicil. sacræ lib. 3. pag. 386 : *Teste me dante et concedente et conjuge mea Adalayde Comitissa.* In aliis ibid. pag. 387. habetur : *Teste eodem Comite Rogerio, etc.*]

* Eadem formula alii præter Angliæ reges usi sunt : Theobaldus comes Trecensis in Charta pro monast. Corbiniac. ex Reg. 105. Chartoph. reg. ch. 16 : *Actum Trecis, Teste me ipso anno Verbi incarnati* 1199. *mense Novembri.* Rursum in alia ex Chartul. Campan. fol. 65. r° : *Actum apud Choaudon, Teste me ipso anno incarnationis Dominicæ* 1200. *mense Januario. Datum per manum Galteri cancellarii mei.* Guillelmus de Valle Grignosa in Charta ann. 1224. ex Chartul. AD. S. Germ. Prat. fol. 61. v° : *Datum Parisius apud S. Germanum de pratis, Teste me ipso.*

* *Liber est, et non doctus, non sperat habere lucrum, nec damnum; et super suam animam juravit.* Hæc formula uniuscujusque testis declarationem excipit, in Inquisit. ann. 1252. apud Murator. tom. 1. Antiq. Ital. med. ævi col. 811. Ubi *non doctus* idem sonat atque *non subornatus.*

Testes ex Eodem Comitatu; in quo res acta, de qua controversia est, sumi debent. Capitula Ludovici Pii Imp. ad Legem Salicam, [et lib. 4. Capitular. cap. 23. *Eligantur in ipso pago,* lib. 3. eorumd. Capitul. cap. 78. Adde Chartam reclamatoriam ad Ludovicum Pium inter Epistolas S. Bonifacii num. 115. a Baluzio laudatam in Notis ad Capitularia col. 1187.]

Testes qui oculis suis viderunt, et auribus suis audierunt; in Lege Alamann. cap. 1. tit. 2. § 1.

Testes per Aurem Attracti. Vide *Auris.*

¶ Testes Crediti, Quibus fides habenda est, in Testamento ann. 1121. in Probat. novæ Hist. Occitan. tom. 2. col. 416.

¶ Testes Redemti, Pretio allecti, corrupti, subornati. Vide *Redimere.*

Testes Rogati. Vide *Charta rogata,* pag. 318. col. 2.

Testes Synodales Publici, Qui publice recepti et probati in Synodo; *de quorum fide non dubitatur,* in Concilio Cabilonensi ann. 813. cap. 1. Cap. Præterea, de Testibus cogend. : *Testes publicos, quos civitas nuncupat Synodales.* Censent Cironus et Altaserra lib. 2. Dissertat. Juris Canon. cap. 12. dici hoc loco *Testes Synodales,* qui publice recepti et probati in Synodo, quasi custodes et speculatores eorum, quæ fiunt in Ecclesia, vel contra Synodi decreta decernuntur et geruntur, quos Græci παραφύλακας vocant, ut notavit Cujacius ad cap. 7. de Testib. cogend. vel potius hos esse, qui in quacumque parœcia vel Episcopatu eligebantur, adhibito super 4. Evangelia, vel Martyrum reliquias juramento, ut omnia, quæ contra fidem et religionem fiebant, observarent et inquirerent, ut patet ex Can. *Episcopus,* 35. q. 6. et Concil. Lateran. sub Innoc. III. cap. 6. Concilium Narbon. ann. 1227. can. 14 : *Districte mandamus, ut ab Episcopis Testes Synodales in singulis instituantur parochiis qui de hæresi et aliis criminibus diligenter inquirant, etc.* Concilium Tolosanum ann. 1229 : *Statuimus itaque ut Archiepiscopi et Episcopi singulis parochiis, tam in civitatibus quam extra, Sacerdotum unum, et duos vel tres bonæ opinionis Laicos vel plures, si opus fuerit, sacramento constringant, qui diligenter, fideliter et frequenter inquirant hæreticos in iisdem parochiis, etc.* Synodus Coloniensis ann. 1300. cap. 10 : *Et illud inventarium fiet per probos viros et idoneos, videlicet per Presbyterum, et duos Scabinos loci, vel Synodales, non suspectos, etc.* Infra : *Facto inventario in præsentia Sacerdotis loci, vel duorum vel trium Scabinorum, vel Synodalium, vel fide dignorum.* Statutum Friderici II. Imp. apud Alber. ann. 1234 : *Statuimus, quod si quis treugas datas violaverit, si cum ipso in cujus manum treugæ fuerant compromissæ, et cum duobus aliis Synodalibus hominibus treugas violatas esse convincere potuerit, et testari, violator manum perdat.* Adde Statuta Walteri Episc. Dunelmens. ann. 1225. sub finem, Concil. Saltzburgense ann. 1420. cap. 16. et Senonense ann. 1485. art. 4. cap. 7.

Ut porro ii deligerentur, docet in primis Concilium Rotomagense apud Reginonem lib. 2. cap. 2. et Burchardum lib. 1. cap. 91 : *De juratoribus Synodi : Episcopus in Synodo residens, post congruam allocutionem, septem ex plebe ipsius parochiæ, vel eo amplius aut minus, prout viderit expedire, maturiores, honestiores, atque veraciores viros in medio debet evocare, et allatis Sanctorum pigneribus unumquemque illorum tali Sacramento constringat : Amodo inantea, quicquid nosti vel audisti, aut postmodum inquisiturus es, quod contra Dei voluntatem et rectam Christianitatem in ista parochia factum est aut in futurum erit, si in diebus tuis evenerit, tantum ut ad tuam cognitionem quocunque modo perveniat, si scis, aut tibi indicatam fuerit Synodalem causam esse, et ad ministerium Episcopi pertinere, quod nec propter amorem, nec propter timorem, nec propter præmium, nec propter parentelam celare debeas Episcopo, aut ejus misso, cui hoc inquirere jusserit, quandocunque te ex hoc interrogaverit. Sic te Deus adjuvet et istæ Sanctorum reliquiæ.* Quo quidem peracto juramento, interrogabantur per ordinem ab Episcopo de delictis, quæ in parœcia sua peracta esse noverant.

¶ Testis Termini, Idem, ut videtur, qui veteri Gromatico *Testacius Terminus* dicitur. Nostri *Perdriaux* vel *Temoins de bornes* appellant quatuor silices ad metas apponi solitos qui metam esse ostendunt. Hieronym. de Monte Brixiano de Finibus regundis cap. 18. num. 1 : *Quando terminus respicit alium terminum per rectitudinem, non per transversum, vel si Testis termini, sive Guardia, ut alii appellant, respicit terminum ab uno latere, tunc erit signum esse finem territorii vel prædii.* Vide in *Warda.*

¶ Testis, Teste, adject. ut *fidelis, fidele.* Liberius Epist. 11. edit. Coustantianæ : *Teste est omne presbyterium Romanæ ecclesiæ.*

Testes Levare. Usatica MSS. civitatis Ambian. : *Quiconque che soit, qui ne sache mie coment il puist et doie le Tesmoins lever, il le puet demander au Majeur coment il le puist lever, et li Maire li doit certifier, et ensengner coment il le puet et doit lever. Derekief quiconques ce soit qui veulle Tesmoins lever, il le puet lever con faus tesmoins, et le doit lever par le poing, et presenter son gage, et en puet retenir à avoir campion et avoué s'il veut, etc.*

¶ Testes *oretenus examinandi,* in Correctionibus Statutorum Cadubrii cap. 136.

☞ Haud abs re futurum est, si post Mabillonium Diplom. lib. 2. cap. 22. n. 15. observemus, aliquando testes laudari in chartis nonnullis hac similive formula : *Hujus rei testes sunt,* licet neque subscribant hi testes, neque Notarius pro ipsis. Nimirum quia cum testes non raro post tempus confecti instrumenti subscriberent, fiebat nonnunquam, ut ex incuria partium chartæ subscriptionibus destitutæ remanerent. Quod testium subscriptiones spectat, fuse refert idem Mabillonius lib. 22. laudato, cap. 20. et seq. Ibi vide.

☞ Probatio *per unum testem* approbatur Statutis Massil. lib. 2. cap. 12 : *In causa pecuniaria rerum mobilium vel immobilium aut moventium, quæ vel ejus æstimatio c. sol. non excedat... ita tamen si plures testes ad illam causam probandam se non posse habere ille producens assereret vel affirmaverit suo sacramento.* Excipiuntur *quæstiones injuriarum et furti.*

* In falsos testes eamdem, quam in illos qui eos proferunt pœnam decernunt Stat. Avenion. ann. 1243. cap. 73. ex Cod. reg. 4659 : *Si aliquis produxerit falsum testem, vel nisus fuerit, quamvis ad effectum non perduxerit, scienter, amittat nasum cum labro usque ad dentes, et eodem modo puniatur ille testis; nisi istorum uterque centum libras solverit prima vice.* Contra proferentes falsos testes ita definiunt Stat. Cadubr. lib. 3. cap. 50 : *De inducentibus vel facientibus induci scienter falsum testem. Tunc sic inducens vel induci faciens falsum testem, curiæ in centum libris P. condemnetur; quam pœnam, si non solverit infra mensem a die publicationis sententiæ, duplum dictæ pœnæ infra alium mensem solvere teneatur. Et si infra dictum terminum dictam pœnam non solverit, amputetur sibi lingua, et de Cadubrio per unum annum banniatur.*

* *Tesmoing,* pro vulgari *Montre, échantillon,* vendendæ mercis specimen, in Lit. remiss. ann. 1408. ex Reg. 162. Chartoph. reg. ch. 202 : *Le suppliant ala en la ville de Brou et porta avecques lui un pou de blé pour Tesmoing, en entention d'en vendre jusques à un muy du pareil blé.*

¶ **TESTITUDO,** *Testimonium,* in Onomastico ad calcem tom. 2. SS. Martii.

TESTON, Testones, inquit Spelmannus, nummi genus, quod Gallis 18. denariis valebat. Et sic olim forte apud Anglos : æreum autem et argento delibatum sub Henrico VIII. 12. denariis exponebantur. Sed Edwardi VI. ann. 1. ad 9. denarios contractum est; postea vero, quale hodie permanet, ad sex denarios, sed hoc optimi argenti.

De *Testonibus* Francicis, vide Syntagma de Monetis argenteis, supra a nobis descriptum.

¶ TESTONUS, TESTUTUS, Eadem notione. Statuta Avenion. lib. 1. rubr. 30. art. 4 : *Quia sepe contingit contentiones oriri super solutione monetarum, quæ hic recipi solent, et maxime in scutis et Testutis seu Testonis, etc.* Et mox : *Testutos autem seu Testonos, etc.* Sed rubr. 24. art. 2. legitur *Testones.*

* *Testart*, in Lit. remiss. ann. 1455. ex Reg. 183. Chartoph. reg. ch. 85 : *Sept rides en or, six salus, ung escu, ung Testart, ung gros de quatre deniers, etc.* Aliæ ann. 1471. in Reg. 195. ch. 620 : *Le suppliant esperant estre bon ami acquis de Grant Jehan, lui offrit prester trois scotes ou Testars pour aider à payer sa perte.*

TESTONES. Additamentum 1. Legis Burgundion. tit. 11 : *Si quis acceptorem alienum involare præsumpserit, aut sex uncias carnis acceptor ipse super Testones comedat, aut certe si noluerit, sex solidos illi, cujus acceptor est, cogatur exsolvere.* [** Vide Grimm. Antiq. Jur. German. pag. 690. Forte pro *Testiculi.* Confer tit. 10.]

¶ TESTOR, pro *Textor*, Gall. *Tisserand*, Ital. *Testore.* Occurrit in Statutis Vercell. fol. 85. v°.

* Charta ann. circ. 1150. apud Pez. tom. 6. Anecd. part. 1. col. 359 : *Præterea duos concessi campanarios, ... et duos cubicularios,... et unum Testorem, etc.* Infra : *Textorem.* Hinc *Testut*, pro *Tissu*, Textus, in Inventar. ann. 1419. ex Tabul. Montisol. : *Cum alba, stola, manipulo, zona sive sinta vermelha, vocata Testut.* Vide *Testus.*

¶ TESTRATOR, f. pro *Strator* vel *Prostrator*, de quo supra. Epitome Chronic. Casin. apud Murator. tom. 2. pag. 354. col. 2 : *Mauritius autem Imperator a Phoca Testratore Prisci Pabinii occiditur.*

¶ 1. TESTRUM, Lecti tegmen supernum, Angl. *Tester.* Testamentum ann. 1386. apud *Madox* Formul. Anglic. pag. 428 : *Lego dictæ Mesiæ Deyncourt filiæ meæ 1. lectum rubeum quiltpoint cum 1. Testro de eadem setta.* Vide *Testerium* et *Testura.*

* 2. TESTRUM, Collis, clivus, f. pro *Tertrum.* Vide in hac voce. Charta ann. 1234. in Chartul. Med. monast. fol. 146. v° : *Andreas de Sancto Ursino et uxor ejus recognoverant habuisse grantum suum et pecuniam numeratam pro arpento campi siti, ut dicitur, apud grossum Testrum.*

* TESTUDINALIS, Testudinatus, Gall. *Vouté*, in Charta ann. 1379. apud Pez. tom. 6. Anecd. part. 3. pag. 63. col. 1.

¶ 1. TESTUDO, Calva, *Test de la téte, crane.* Vita S. Joh. Gualberti tom. 3. Julii pag. 357 : *Tam grave infixerunt vulnus, ut pervenirel acies ferri usque ad Testudinem cerebri.* Vide *Testa.*

¶ 2. TESTUDO, Testa, Lagena. Vita S. Adalberti Episc. tom. 3. Aprilis pag. 193 : *Vinum nescio an aquam portavit, Testudinem cum eo quod intus erat illæsam servavit... mirantur omnes vas sanum.*

¶ 3. TESTUDO, Scuti genus oblongum aptumque ad testudinem conficiendam. Nangius in Vita S. Ludovici : *Centum cum Testudinibus sive targis in armis lucidis, et in equis loricali tunica coopertis sequebantur.* De testudinibus variis militaribus, vide Carolum de Aquino in Lexico Milit.

* 4. TESTUDO, *Densitas ramorum*, in vet. Glossar. ex Cod. reg. 7613.

TESTULÆ, Testarum fragmenta. Vide *Testæ.*

¶ TESTURA, Idem quod *Testrum*, vel *Testerium*, de quibus supra. Testamentum ann. 1415. apud Rymer. tom. 9. pag. 277. col. 2 : *Lectum de Worstede vel tapestry cum Testura, selura et tribus curtinis.*

¶ TESTUS, pro *Textus*, adject. in Legibus Rotharis apud Murator. tom. 1. pag. 41. col. 1. substantive vero infra in *Textus* 1.

¶ TESTUTUS, pro Textus, *Tissu.* Inventar. ann. 1476. MS : *Toalhas factas et Testutas in opere Damasci.* Vide alia notione in *Teston.*

1. TESURA, Claustrum vel cratis, qua ingressus loci defenditur, prohibetur. Charta ann. 1073. ex Tabular. Monast. S. Quintini in insula pag. 14 : *Tesuris nunc existentibus in dicto vivario, etc.* Infra : *Et si aliquis novas Tesuras in dicto vivario existentibus de cloiis novis.* Rursum : *Tesuras prædictas in dicto vivario existentes de cloiis novis et retibus factas de palis et virgis retinere poterunt, etc.* [Tabular. S. Michaelis in periculo maris : *Ego Clamarhocus dedi Deo et S. Michaeli unam Tesuram, id est, piscatoriam in mari.*] *Tesure* non semel in Chartis Gallicis, ibid. pag. 17. et alibi. Fateor tamen hanc vocem derivari posse a *tendre* : sic enim in Ordinat. ann. 1293. pro piscationibus, ibid. pag. 23. v° : *Et defendons tendre as archas; et pescher aux gardons freaux, etc.* [Huc spectare videtur Chron. Bertrandi *du Guesclin* MS :

Toutes les garnisons le verront corramment
Des gens d'armes qui vont gardant maint Tassement.]

* 2. TESURA, THESURA, Plagæ, rete, textus, Gall. *Filet*, alias *Tesure.* Libert. castri de Crudio ann. 1325. in Reg. 62. Chartoph. reg. ch. 467 : *Cujuscumque conditionis seu generis censeretur* (venatio) *excepto cum filatis seu rete, et alia Tesura, vocata saumach.* Libert. Petræ assis. ann. 1341. in Reg. 74. ch. 647 : *Item quod quicumque capiens extra eorum columbarium columbos cum filatis in xxx. sol. Turon. et cum Thesura v. sol.* Charta ann. 1391. in Reg. 148. ch. 59 : *Incolæ dictorum locorum* (de S. Paulo etc. in Occitania)..... *habent usum, ademprivum, libertatem, franquesiam et consuetudinem piscandi cum quibuscumque Tesuris, retibus et modis consuetis...... Item habent usum, ademprivum capiendi cum quibuscumque modis et Thesuris quæcumque animalia fera et silvestria.* Alia ann. 1247. in Chartul. S. Corn. Compend. fol. 97. v°. col. 2 : *Je devant diz Robers....... recounois que li prévoz de Rumigni....... puist penre en ce bos lievre ou counin, lou, renart, et taison, sans haie faire et sans Tesure, etc.* Hinc *Tesurer*, Retia seu plagas tendere, in Charta ann. 1326. ex Hist. Sabol. pag. 249 : *Que lesdiz bourgeais..... ne puissont Tesurer, ne mettre fillé : mais ils pourront chacier, porter arc, trere et chienz mener.* Vide supra *Tensura* 3.

* TESUTUS, Paratus, cui aliquid deliberatum constitutumque est, Gall. *Résolu, déterminé.* Charta ann. 755. apud Murator. tom. 5. Antiq. Ital. med. ævi col. 627 : *Manifestus sum ego nominatus Guiprand V. D. quia in exercito ad Francia Tesutus sum ambulandum, etc.*

TETA. Servius ad Eclogam 1. Virgilii : *Palumbes quas vulgus Tetas vocat.*

* TETANIUM, *exponitur in antiquis libris vel synonimis, quod est flos calcis, et alibi flos muri : in libro vero de Doctr. Græc. exponitur, quod est calx et gypsum; sed potius calcem puto.* Glossar. medic. MS. Sim. Januens. ex Cod. reg. 6959.

* TETANUS, *Paulo est spasma, et ipse fit velut congelatis corporis vel corporibus, et maxime contra spinam musculi a frigido humore interius et exterius exeunte*, in eodem Glossario.

¶ TETARE, Sugere, Gall. *Teter.* Occurrit in Glossis ad Doctrinale Alexandri de Villa-Dei.

* Italis *Tettare.* Glossar. Provinc. Lat. ex Cod. reg. 7657 : *Tetar, Prov. lactere, lallare, sugere.*

* TETERANI, *Proni, sive tenebrosi*, in vet. Glossar. ex Cod. reg. 7641. Leg. *Tetrani, pravi.* Vide *Tetranus.*

¶ TETHICUS. Vita S. Winwaloei MS : *Muro utrimque circumdatus Tethico.* Vox ducta videtur a Græco θετικὸς, posititius; quod si verum est, melius legeretur *Theticus.*

TETHINGA, vel TITHINGA, pro *Decania* et *Friborgus*, interdum pro *Trithinga*, quæ vide suis locis.

TETHINGPENY, Pecunia, quam subsidii causa Vicecomes olim exigebat ex singulis *Tethingis*, seu decuriis sui Comitatus. Inter tributa, a quibus immunitas conceditur, recensetur. Charta Henrici II. Regis Angliæ in Monastico Anglic. tom. 2. pag. 283 : *Sint quieti... de blodwite, et garwite, de ferwite, et de leiewite, de Tedingpeny, de flemenewide, et telonio, etc.* Adde pag. 387. *Thenedingpeny* habetur pag. 827. *Thethingpanye*, pag. 1003. [*Thedinpeni*, in Tabulario Beccensi et in Chartophylacio Reg. Regest. 92. Expositio vocabulorum Anglican. ad calcem Chartularii Beccensis ante annos 400 exarata : *Thetenpeny, aveir deniers de vos disaines.* Haud scio an idem sit *Thengdpeny* infra in *Weretoff.*]

* TETINA, a Gallico *Tetine*, Mamma. Lit. remiss. ann. 1362. in Reg. 93. Chartoph. reg. ch. 105 : *Qui Petrus evaginavit gladium, quem deferebat, et dedit dicto Guillelmo unum ictum subtus Tetinam.*

TETIX. Miracula ult. S. Joannis Beverlacensis num. 4. de quodam contracto : *Si quando necesse habuit in matris Tetige mutare locum, manibus et genibus quasi pedibus quatuor innitebatur in modum quadrupedum.* [Cl. Editor putat esse Tectum vel Tugurium tom. 2. Maii pag. 191.]

TETMALLUM, pro *Mallum*, Placitum. Pancharta Nigra S. Martini Turon. an. Odonis Regis : .. *Data est hujus cessionis auctoritas 11. Kalend. Junii Turonis in publico Tetmallo, quod tenuit Aldradus Vicecomes.* Vide *Mallum.* [** *Tet*, Populus. Vide Graff. Thesaur. Ling. Franc. tom. 5. col. 124. radice *Diot.*]

TETRA, ex Græco τέτρα, Quatuor. Althelmus de Laude virginum :

> Helias vates, quem tetra volumina Regum
> Insignem memorant virtutum ternia fretum.

TETRACTY, vox Græca τέτρακτυ. Ingobertus Caroli Magni scriba :

> Rex cœli dominus solita pietate redundans
> Hunc Carolum Regem terræ dilexit herilem.
> Tanti ergo officii ut compos valuisset haberi,
> Tetracty implevit virtutum quattuor alma.

Qua voce intelligit virtutum quaternionem, Justitiam scilicet, prudentiam, fortitudinem et temperantiam: Vide Nicolaum Alemannum in Dissertat. de Lateranensibus Parietinis cap. 9. et Notas nostras ad Alexiadem.

* *Tetrasti* legitur apud Mabill. in Museo Ital. pag. 72. Incertum porro est utrum Ingobertus ille Caroli Magni, an Caroli Calvi fuerit scriba.

TETRADA, in Pœnitentiali Halithgarii, dicitur quarta feria cujusque septimanæ, ex Græc. τετράς, τετράδος : *Omnis itaque pœnitens non solum debet jejunare quod illi mandatum est a sacerdote, verum etiam postquam compleverit ea, quæ illi jussa sunt, debet, quantum ipsi visum fuerit, jejunare sive Tetradas, sive Parasceve.* Nempe solebant Christiani, maxime Orientales, jejunare quarta et sexta feria. Sic νηστεύειν τὰς τετράδας καὶ παρασκευὰς ἡμέρας dixit Socrates lib. 7. cap. 21. ubi de Theodosio juniore, *qui plerumque jejunabat, et maxime quarta feria et sexta, studio Christianitatis*, ut Socratis verba vertit Senator lib. 11. Hist. Tripartitæ cap. 17. Τετράδα vero pro quarta feria usurparunt S. Ignatius in Epist. ad Antioch. Justinus Martyr. in lib. Responsionum ad Orthodoxos, Clemens Alexandrinus lib. 7. Strom. idem Socrates lib. 5. cap. 22. Balsamon, Nicetas Choniates in Manuele lib. 4. n. 6. et alii. Sed et τετράδα, Græcis nuperis, pro τετράς dicta eadem feria, uti observatum a Meursio. [Vide Glossar. mediæ Græcit.]

¶ **TETRADUS**, Quartus canendi modus, complectens tonos duos, septimum et octavum. Tractatus de cantu inter Opera S. Bernardi tom. 1. col. 695. edit. 1690 : *Quatuor enim sunt diversitates sive maneriæ cantuum, quibus omnis ipsorum multiplicitas includitur. Hæ apud Græcos vocantur, protus, deuterus, tritus, Tetradus, etc.* Aurelianus Mon. *Tetrardus* habet in Epistola, quam de Musica scripsit ann. 851. apud Marten. tom. 1. Ampliss. Collect. col. 123.

* **TETRAFOTUS**, Panno, quadruplici colore imbuto fartus. Charta ann. 471. apud Angel. Calog. in *Raccolta* Venet. edita tom. 9. peg. 505 : *Palleum molosiricum Tetrafotum.* Vide *Fotus.*

¶ **TETRAGRAMMATON**, Quatuor litteris constans. Sic apud Judæos dicebatur Dei nomen יהוה quod exprimere illis erat religioni.

TETRANS, Groma, ferramentum geometricum. Incertus Agrimensor : *In quam partem verteris, Tetrantem pones.* Vide Glossarium Rigaltii ad Gromaticos Scriptores.

TETRANSITON. Hypomnesticum de Anastasio Apocrisiario, in Anastasii Bibl. Collectaneis pag. 257 : *Filiis Plutini beatissimi Imperatorii pistoris, id est, qui super omnes pistores publicos est, eorum videlicet, qui annonas scholarum omnium solvunt, quod appellatur Tetransiton.* Vox videtur formata ex Gr. τετράσιτος, quadruplex annona. [Macri fratres in Hierolexico interpretantur annonam pro Scholaribus.]

TETRANUS, *Pravus, tenebrosus, a teter.* Ugutio et Joannes de Janua.

¶ **TETRAPLARE**, Quadruplicare, τετραπλασιάζειν, Martiano Capellæ lib. 9. *Tetraplasis*, Quadruplicatio, τετράπλασις, ibidem.

¶ **TETRAPTOTON**, Τετράπτωτον, Nomen quatuor casibus seu terminationibus constans, apud Isidorum lib. 1. cap. 6. Joh. de Janua et alios.

¶ **TETRARCHA**, Τετράρχης, Qui quartam partem regni tenet, Lucæ cap. 3. et alibi. Item, Qui quatuor cohortibus præest. Leoni in Tacticis cap. 4. n. 13 : Τετράρχης ἐστὶν ὁ καὶ φύλαξ, ὁ λεγόμενος Οὐραγὸς καὶ τελευταῖος ἱστάμενος τῆς ἀκιάς. Prima notione *Tetrarchus* legitur in Gestis Consulum Andegav. cap. 2. apud Acherium tom. 2. Spicil. pag. 409.

* Anonymi Gloss. Bibl. MSS. ex Bibl. reg. : *Tetrarcha, Princeps super quatuor vel super quartam partem regni.*

TETRARDUS, *Quartanus*, Papiæ MS. Editus *Tetrerdus* habet. Ex Gr. [Vide *Tetradus.*]

TETRASSARIUS, Semuncia, apud Marcellinum Empiricum : τετράριος, apud Arrianum in Epictetum : τετράσσαρον Ἰταλικὸν, unciam vocari Cleopatra scribit.

TETRAVELUM, Velum quadruplex, seu vela quatuor, quæ in circuitu ciborii quo altare tegitur, expandi solent, uti pluribus docuimus in descriptione ædis Sophianæ n. 65. Vox ibrida. Anastasius in Sergio PP : *Hic fecit in circuitu altaris basilicæ Tetravila octo, quatuor ex albis, et quatuor ex coccino.* In Leone III : *Sed et super altare majus fecit Tetravela holoserica quatuor cum astillis et rosis chrysoclabis.* Ibid. : *Fecit et in circuitu altaris, ubi supra, alia vela alba holoserica rosata, quæ pendent in arcu de ciborio numero quatuor, etc.* Rursum : *Fecit Tetravila alithyna ornata in circuitu de quadrapulo.* Mox : *Nec non et Tetravela rubea alythyna quatuor, ubi supra fecit.* Occurrit præterea in hac Vita semel ac iterum pag. 142. 144.

¶ **TETREVANGELIA**, Quatuor Evangelia. Platina in Marco 1 : *Constantini temporibus fuit Juvencus Hispanus Presbyter genere nobilis, qui Tetrevangelia hexametris versibus fere ad verbum transferens quatuor libris composuit.*

TETRICARE, Tetricum esse. Alexander Necham : *Tetricat, quotiens quis surgendo pigrescit.* Alludit ad illud Eccl. : *Et hora surgendi non Tetrices.* [Ubi tamen vulgo legunt distinctis vocibus, *non te trices.* Vide Johan. de Janua. Glossæ Sangerman. Lat. Gall. MSS. : *Tetricare, Estre paresseux ou tristes.* Vide infra in *Trica*, et *Tricare.*]

TETRIMENTUM, *Nutrimentum*, apud Papiam.

¶ **TETRINNIRE** dicuntur anates clamantes Auctori Philomelæ versu 22 :

> In fluviisque natans forte Tetrinnit anas.

* **TETRISITARE.** Vide supra *Baulare.*

* **TETTERIA**, Capitis equorum armatura, Gall. *Tétiere.* Garnis. inventæ in castro Carcass. ann. 1294 : *Quinque Tetteriæ equorum punctæ.* Vide supra *Testeria.*

* **TETUS.** Charta ann. 1096. tom. 1. Probat. Hist. geneal. domus reg. Portugal. pag. 2 : *Si rixam inter se habuerint, et de pugno, aut de palma, aut de ligno se percusserint, aut de capillis Tetis, etc.* [Forte leg. *Tractis.*

¶ **TEUCRI**, pro *Turcæ* vel *Turci*, pluries in Epistola Sigismundi Rom. Regis ann. circ. 1412. tom. 1. Anecd. Marten. col. 1744. *Teucri sive Turchi*, in Epistola ann. 1448. tom. 7. Spicil. Acher. pag. 256.

* Mirac. S. Nicetæ tom. 4. Sept. pag. 8. col. 2 : *Venerunt Teucri et invaserunt territorium, etc.*

* THEUCRI, Eadem notione. Annal. Placent. ad ann. 1447. apud Murator. tom. 20. Script. Ital. col. 896 : *Et ita factum est, ut eos Christianos non existimares, sed infideles potius Theucros, aut barbaros.*

* **TEUDACHARIUS**, Vectigalis, illius forte quod pro navibus transeuntibus exsolvebatur, collector. Charta Caroli II. reg. Sicil. ann. 1269. pro Pisanis, apud Lam. in Delic. erudit. inter not. ad Chron. imper. Leon. Urbevet. pag. 282 : *Et quod officiales, bajulivi, dohanerii, et Teudacharii, et alii omnes qui præsunt dirictibus et introitibus exigendis, etc.* Vide *Teumitum*, [** F. *Leudatarii.*]

¶ **TEUDISCA** LINGUA. Vide *Theotisci.*

* **TEULA**, TEULIS, Tegula; unde *Teuleria*, Tegularum officina, in Instr. ann. 1322. inter Probat. tom. 2. Hist. Nem. pag. 43. col. 1. Glossar. Provinc. Lat. ex Cod. reg. 7657 : *Teule, Prov. tegula. Teulier, tegularius. Teuliera, tegularium. Tielerie*, in Charta ann. 1255. ex Chartul. Campan. Cam. Comput. Paris. *Tieulerie* a voce *Tieulle*, tegula; unde etiam *Tieulier*, tegularum artifex, in Reg. Corb. 13. sign. *Habacuc* ad ann. 1510. fol. 62. v° : *Conclusion pour le Tieulerie de la Noeufville....... A esté conclud avec Bernard Doysi Tieulier de la Noeufville ...... sera tenu faire de le Tieulle cuitte, etc.* Charta ann. 1168. inter Instr. tom. 12. Gall. Christ. col. 272 : *Dedi etiam quarreriam super ripam prædictæ aquæ cum campo; et terram figulorum ad faciendas Teulas.* Libert. Caturc. ann. 1344. in Reg. 68. Chartoph. reg. ch. 312 : *Item habent* (consules)...... *mensuras ad mensurandum blada, vina, oleum, sal, calcem et lateres sive Teules.*

¶ **TEULERIUS**, Qui tegulas facit, in veteri Catalogo MS. Sodalium Confraternitatis S. Mariæ Deauratæ Tolosanæ. Vide *Tegularius.*

¶ **TEULICIA**, Tectum, sic dictum a Tegula, Gall. *Tuille.* Exstat in Archivo S. Victoris Massil. Charta divisionis bonorum terræ vicecomitalis Massil. ann. 1212. quæ facta dicitur *Massiliæ in tholoneo in solario superiori Teuliciæ.*

¶ **TEUMA**, pro *Thema.* Vide *Theuma.*

¶ **TEUMITUM**, Vectigal pro navibus transeuntibus exsolutum, ut *Temonaticum*, pro carris. Privilegium a Berengario Provinciæ Comite Hospitalariis concessum ann.

1114 : *Donamus Deo et Hospitali Iherusalem Teumitum Arati hospitalis, qui per alveum fluminis; qui vocatur Durentia, descendit.*

¶ **TEUTISCA** Lingua. Vide *Theotisci.*

TEUTONA, Gloss. Ælfrici : *Clava, vel cateia, vel Teutona,* anes cynnes gesceat. Vide *Cateia.*

¶ **TEUTONICA** Lingua. Vide *Theotisci.*

* **TEUTONICALIS** Moneta, apud Germanos in usu. Comput. decimæ in Italia collectæ ann. 1278. pro subsidio T. S. ex Cod. reg. 5376. fol. 243. r° : *Marchas quatuor ad pondus diversarum monetarum Teutonicalium argenti.*

¶ **TEUTONICUS** Ordo Militaris, Germ. *Die Teusche Herren*, Gall. *Ordre Teutonique.* Hujus primus auctor Germanus quidam fuit, si Jacobo de Vitriaco fidem habemus, qui occupata a Christianis Terra S. Hierosolymis cum populares suos, tum alios, linguæ loci ignaros, hospitio excepit. Quod ut commodius faceret, impetravit a Patriarcha veniam xenodochium, cum sacello B. Virgini dicato, exstruendi. Huic dein alii quoque Germani juncti, Bremenses inprimis et Lubecenses nonnulli, opibus affluentes, novum xenodochium Acræ excitarunt ann. 1191. titulo Equitum Teutonicorum sub regula S. Augustini, cum cruce in pallio albo, assumto : hinc *Crucigeri* quoque dicti. His Bremensibus et Lubecensibus primam Ordinis originem acceptam refert Joh. Dusburg. in Prussiæ Chronico, nulla Germani, cujus meminit J. de Vitriaco, facta mentione. Ut ut est hic Ordo a Cœlestino III. PP. ann. 1192. confirmatus et a successoribus ejus insignibus privilegiis donatus est. Primus Ordinis Magnus Magister fuit Henricus a Valpot. Capta a Saladino Hierosolyma, Equites Ptolemaidem concesserunt, inde in Germaniam translati, Prussiam occuparunt, per duo sæcula fama viribusque florentissimi. Albertus Brandeburgicus M. Magister ann. 1525. a Sigismundo Poloniæ Rege Prussiæ Dux creatus hac lege, *ut in Ducatu Kinspergensi, cum posteris suis legitime susceptis, ut et in terra Samnia regnaret, deficiente stirpe, Ducatus feudali jure ad regnum Poloniæ devolveretur.* Lutheranismum amplexus Albertus cum equitibus plerisque dignitati nuntium remisit; quare cæteri Equites Catholici in Germaniam secedere coacti sunt, ubi novo Magno Magistro creato, solam fere umbram Ordinis splendidissimi retinuerunt. Vide Jacobum de Vitriaco Histor. Orient. cap. 66. Petrum Dusburg. in Chronico Prussiæ cap. 1. Gaignium et Cromer. Hist. Polon. Joh. Eustachium Sollium Histor. Ordin. Teuton. Thuanum in Historia, Miræum de Orig. Ord. Eq. lib. 1. cap. 3. Philippum Bonanni in Catalago Ordinum Equest. etc.

* **TEUTONIZARE**, Lingua Teutonum seu Germanica significare. Vita S. Emmer. tom. 6. Sept. pag. 490. col. 2 : *Hæc est civitas, quam olim Teutones a Germano sive Germanico Germanisheim vocabant. Hujus vocabulum modernis temporibus lingua nostra Reganisburc Teutonizat, quam antiquitas Romana, ut quidam scriptis testantur, Tiburniam vocabant.* Vide in *Theotisci.*

* **TEUXUM**, Idem quod supra *Tessutus.* Glossar. Lat. Gall. ann. 1352. ex Cod. reg. 4120 : *Teuxum, Tessus de soie.*

¶ **TEXACA**, ut mox *Texaga.* Vide *Tenca.*

¶ **TEXACHAT**, pro *Septachat*, Septenaria mulcta, ut docet Eccardus ad Pactum Legis Salicæ tit. 2. §§ 10. et 12.

TEXAGA, in Glossis veteribus est *intra tecta*, quomodo accipi videtur in Lege Salica tit. 11. § 4 : *Si quis homo ingenuus alienum servum in Texaga secum duxerit, aut aliquid cum eo negotiaverit, etc.* Ubi Wendelinus, in *texaga*, in furto *tecto*, et non manifesto, seu *clam*, significare ait; ut et in Lege Aleman. tit. 99. § 25 : *Si quis servum mulinarium involaverit, alium cum ipso reddat, et solvat sol. 6. in Texaga, cujus fuerit.* Editio Heroldi cap. 104. habet *ferrum*, pro *servum*, et in Lege Ripuar. tit. 63 : *Si quis hominem in hoste interfecerit, triplici weregeldo culpab. judicetur; de Texaga similiter.* Ubi Editio Heroldi, *de furto similiter*, habet. Monet Baluzius aliquot Codices Legis Ripuariæ tit. 18. § 1. tit. 82. cap. 1. et alibi *texagam* habere, ubi alii *furtum.* Vetus Formula obnoxiationis : *Quod ego caballum ab homine aliquo... in Texaga subduxi; unde de ipso furtu victus apparui.* [Vide *Testeia* et *Thenca.*]

* Codex Estensis Leg. Sal. apud Murator. tom. 2. Antiq. Ital. med. ævi col. 287. pro *in Texaga*, habet, *in Taxetam, id est, mercatum.*

* **TEXAMEN**, Textum. Helgaud. Floriac. Epit. vitæ Rob. reg. tom. 10. Collect. Histor. Franc. pag. 104 : *Sunt enim hujusmodi erigentes supercilia, inflato corde, elato pectore, cervice resupina, qui solum quidem pedum præstringant vestigiis : toto autem se librant corpore, et inani suspendunt Texamine.*

TEXAMENTUM, Pensitatio. Vide *Tensare.*

¶ **TEXARA**, pro *Texaca*, uti monet Eccardus in Pactum Legis Salicæ tit. 9. § 3.

¶ **TEXARE**, vel Textare, Texere. Codex MS. redditutum Episcopatus Autissiodor. an. circiter 1290 : *Coustumæ illorum qui Textant pannos, etc.* Et mox : *Misteria ad Texandum pannos, etc.*

* **TEXELLA**, Texelula, *Lepusculus*, in Glossar. Provinc. Lat. ex Cod. reg. 7657.

¶ **TEXENDERIUS**, Textor, Gallice *Tisserand*, in Tabulario Vosiensi fol. 44.

* **TEXERIUS**, Texturarum artifex; nam a textore distinguitur in Instr. ann. 1405. inter Probat. tom. 3. Hist. Nem. pag. 189. col. 2 : *Petrus de Ucharleriis, textor, Johannes de Bordo, Texerius.*

* **TEXERRANDERIA**, Vicus Parisiis, a textoribus, qui ibi habitabant, dictus, vulgo *Tisseranderie.* Charta ann. 1317. in Reg. 56. Chartoph. reg. ch. 116 : *Domus in veteri Texerranderia sita etc.*

* **TEXIMENTUM**, Quidquid a principali domo dependet, idem quod *Tenimentum*, quomodo etiam forte legendum est. Vide in *Tenere* 1. Charta ann. 1196. apud Murator. tom. 2. Antiq. Ital. med. ævi col. 89 : *Qui Rolanduccius, postquam sic juravit, dixit suo juramento, quod domus Abruini, et totum Teximentum, quod sub Fracta est, est de curia.*

¶ **TEXITARE**, *Sæpe texere*, in Glossis MSS. quas laudat Vossius de Vitiis serm. pag. 757.

¶ **TEXITURA**, Textura, actio texendi. Statuta Montis-regalis pag. 277 : *Textor seu textrix capiat tantum pro Textitura et orditura, pro qualibet teisa telæ subtilis lini, sol. 4.*

* **TEXO**, idem quod *Tesso*, Melis. Inquisit. pro foresta *de Lyons* in Reg. 34. bis Chartoph. reg. part. 2. fol. 118. r°. col. 1 : *Robertus de Assiaco habet leporem, vulpem, catam et Texon.*

¶ **TEXON**, Melis, *Taisson.* Vide *Levrerii.*

* **TEXORIUM**, Machina textoria, textrinum, Gall. *Métier de tisserand.* Stat. pro lanif. et pannif. ann. 1317. in Reg. A. Cam. Comput. Paris. fol. 195. v° : *Fila de stamine, cum pannus scinditur, in Texorio remanentes, etc.*

¶ **TEXTA**, pro *Testa*, Putamen. *Texta ovi*, Bernardo Monac. in Ordine Cluniac. part. 1. cap. 17. Vide *Carubla.*

¶ **TEXTARE**, Ornare, operire. Ordinarium S. Firmini Ambian. : *Sabbato 1°. Adventus, ad Vesperas altare Textatur ex candido... Sabbato in Passione altare Textatur de rubeo.* Vide *Texare.*

* Texturis seu aulæis instruere. Ordinar. MS. S. Vulfr. Abbavil. : *In festo S. Nicholai.... Textatur altare, ut consuetum est in talibus duplis.*

* **TEXTATOR**, Textor, nostris alias *Texeur.* Libert. Petræ assis. ann. 1341. in Reg. 74. Chartoph. reg. ch. 647 : *Item quod dicti consules possint instituere et destituere bajulum seu bajulos super quolibet ministerio Textatorum, etc.* Charta admort. ann. 1412. in Reg. 166. ch. 272 : *Item Jehan Saigneton Texeur dudit lieu* (de S. Symphorien) *tient etc.* *Texutier*, in Lit. remiss. ann. 1471. ex Reg. 194. ch. 343.

* **TEXTILIA**, *Plumata, species texti*, in vet. Glossar. ex Cod. reg. 7613.

TEXTILICINIUM, pro *Textilicium.* Hugo Eterianus in Præfat. in lib. 3. de Hæresib. : *Fidem habens cum integritate sensus, et admirationem cum gloria, quibus acute dijudicat, sicubi Textilicinia ignobiliter eminentissimæ sapientiæ connectantur, etc.*

* **TEXTIVILICIUM**. Ita legendum in Glossar. ex Cod. reg. 7613. pro *Textuvilicinium*, *fila putrida, quæ de telis cadunt, res vilissimæ.* Qua postrema notione legitur in Prol. ad Acta S. Florent. tom. 6. Sept. pag. 428. col. 2 : *Nos quoque extremæ abjectionis Textivilicium, pro captu insipidi acuminis nostri, egregii confessoris Christi Florentii Glomenensis cœnobii digna memoratu opera scriptis colligere decrevimus.* Plauto etiam vox nota. Vide *Textilicinium.*

¶ **TEXTRICULA**, Parva textrix. *Textriculas puellas*, dixit Arnobius lib. 5.

¶ **TEXTRICUM**, *Weppeo*, in Miscellaneis Theodiscis, apud Pezium tom. 1. Anecdot. part. 1. col. 409.

* **TEXTRILIS**, pro Textilis, apud Alpert. in Libel. de Diversit. tempor. cap. 2. tom. 10. Collect. Histor. Franc. pag. 138.

¶ **TEXTRINALE** Officium, Ars texendi seu ipsum textoris opus, in Miraculis B. Gerardi Episc. Tull. cap. 1. apud Marten. tom. 3. Anecd. col. 1075.

¶ **TEXTRINIUM**, Textus, textura metaphorice, in Conciliis Tolet. XV. et XVI. inter Hispanica tom. 2. pag. 726. et 739.

TEXTORES, Hæretici Albigenses, seu Cathari, quos Galli *Tixerans*, vocabant. Vide in *Pifli*.

TEXTRINUM, *Locus, ubi naves fabricàntur, i. navalia. Est etiam locus, ubi fœminæ texunt telas*. Papias. [** Prior significatio ex Isidor. lib. 14. cap. 8. sect. 38. qui transcripsit Serv. ad Æn. lib. 11. vers. 326.] [Nota vox secunda notione. Pro ipsa texendi arte Suetonius de Illustr. Gramm. cap. 23 : *Palæmon primo Textrinum, deinde literas didicit*.]

¶ **TEXTUM**, Idem quod mox *Textus*. *Texta aurea*, *Texta argentea*, in veteri Catalogo MS. ornamentorum S. Martialis Lemovic.

1. **TEXTUS**, Liber seu Codex Evangeliorum, qui inter cimelia Ecclesiastica reponi solet, auro gemmisque ut plurimum exornatus, aureis etiam interdum characteribus exaratus. Annales Fr. Anianenses : *Dedit idem Rex serenissimus Augustus quatuor Evangeliorum librum, qui Textus dicitur, cujus postes sunt mirabili schemate compositi, ut unum electri aureolum conformet peripitisma, alterum vero eburis pulchre cælatum distinguat iconisma*. Fridegodus in Vita S. Wilfridi cap. 15 :

Codex aurato conseptus grammate scriptus,
Auctus evangelicum servans in corpore Textum.

Bulla Benedicti VIII. PP. ann. 1023. in Bullar. Casin. et Leo Ost. lib. 2. cap. 44 : *Textum Evangelii deforis quidem ex uno latere adopertum auro purissimo, et gemmis valde pretiosis; ab intus vero uncialibus literis, atque figuris aureis mirifice decoratum*. Histor. Translat. S. Sebastiani n. 88 : *Textum deinceps sacrorum Evangeliorum, aureis characteribus exaratum, laminisque metalli ejusdem absque admixtione cujusquam materiei inclusum*. Rupertus Tuitiensis lib. 2. de Divin. Offic. cap. 23 : *Codices Evangelici auro et argento, lapidibusque pretiosis non immerito decorantur, in quibus rutilat aurum cœlestis sapientiæ, nitet argentum fidelis eloquentiæ, fulgent miraculorum pretiosi lapides, etc.* Adde Durandum lib. 3. Ration. cap. 19. n. 14. Orderic. Vital. lib. 6 : *Textum Evangeliorum auro et argento gemmisque decoravit*. Versus scripti in fronte Biblior. Bibl. Regiæ :

Quid de Evangelico Textu replicabo colendo ?
En ipsos apices gemmis circundat et auro.

Cedrenus ann. 21. Constantini M : Ἀλλὰ καὶ πτύχας Εὐαγγελίων χρυσᾶς, διὰ μαργαρίτων καὶ λίθων κατασκευάσας, ἐν τῇ μεγάλῃ ἐκκλησίᾳ προσήγαγε. Zonaras in Justiniano : Καὶ βίβλοι τῶν θείων Εὐαγγελίων χρυσῷ περιλαμπόμεναι πάντοθεν καὶ λίθων παντοίοις γένεσι ποικιλλόμεναι. Ducas cap. 42 : Εὐαγγέλια μετὰ κόσμου παντοίου. Habetur apud Joan. Euchaitam pag. 21. Carmen εἰς λιτὸν εὐαγγέλιον ἐνίστορον, id est picturis adornatum. Hildebertus Episc. Cenomanensis Epist. 15 : *Ex eo quoque traxit hanc Ecclesia consuetudinem, ut Textus quidem Pontifici apertus, cæteris autem clausus ad osculandum deferatur, etc.* Vide præterea Baldricum Noviom. lib. 1. Chron. Camerac. cap. 90. [Johannem Abrinc. de Offic. Eccl. pag. 66. edit. 1679. Ordinarium Rotomag. ibid. ad calcem pag. 181.] Sugerium lib. de Administ. sua, cap. 20. in Ludov. VI. pag. 320. Will. Gemeticensem pag. 317. Fulcherium Carnot. lib. 1. cap. 18. Gervasium Dorobern. pag. 1584. Historiam Episc. et Comitum Engolismensium cap. 35. Monasticum Anglic. tom. 1. pag. 15. Bibliothecam Sebusianam pag. 389. etc. Librorum porro sacrorum exteros ornatus ita commendat Senator lib. de Divinis Lectionib. cap. 30 : *His etiam addimus in Codicibus cooperiendis doctos artifices, ut literarum sacrarum pulchritudinem facies desuper decore vestiret, exemplum illud dominicæ figurationis ex aliqua parte forsitan imitantes, qui eos, quos ad cœnam æstimavit invitandos, in gloria cœlestis convivii stolis nuptialibus operuit. Gemmis Codices vestiti*, apud S. Hieronym. Epist. 22. cap. 13. Vide Ethelwolfum de Abbatibus Lindisfarnensibus cap. 20. [Charta Willelmi de Altaribus e Tabulario B. M. de Bononuncio Rotomag : *Hanc donationem meam concesserunt mater mea et Simon frater meus, et per unum Textum super altare Ecclesiæ Prati posuimus*. Vide *Investitura per Textum Evangelii*.]

Testus, Testum. Jo. Berardi in Chronico Casauriensi lib. 3 : *Fecit et calicem aureum,... fecit et Testum argenteum, quod expanderetur vel aperiretur super altare dominicis diebus, et in festis Sanctorum*. [Acherius tom. 5. Spicil. pag. 477. edidit *textum*; sed ibid. lib. 2. pag. 465. habetur : *Nec pepercit Testis aureis et argenteis, quibus texta videbantur verba Salvatoris*.] Joannes Belethus cap. 115 : *Crucibus ordine collocatis, capsis, Testibus Evangelicis, phylacteriis*. Vide Ughellum tom. 7. pag. 275. Le Roman *de Rou Duc de Normandie* MS :

A Roem fist mainte malice,
N'i laissa Tiexte, ne galice,
Ne croix, ne bon drap en aumaire,
Que Mauger ne fist hors traire.

¶ Testis, pro *Textus*. Guidonis Disciplina Farfensis lib. 1. cap. 29 : *Testes Evangeliorum in altare omnes ponant*.

Testaevangelium, unico verbo, in Charta ann. 1197. apud eumdem Ughellum tom. 7. pag. 1274.

2. **TEXTUS**, interdum pro Regesto sumitur, maxime apud Will. Thorn. pag. 1765. 1770. et 1864. ubi mentio fit cujusdam *Textus S. Adriani*. Observat præterea Somnerus Regestum Roffensis Ecclesiæ, vulgo *Textum Roffensem* appellari.

¶ 3. **TEXTUS**, Character, nostris *Texte*. Processus de B. Wernhero Mart. tom. 2. Aprilis pag. 715 : *Produxerunt tres tabulas... quarum una ultra centum annorum antiqua, magni Textus, continet illius S. Wernheri primæva nonaginta miracula*.

¶ Textus Italicus, Altus, Bifractus. Vide in *Scriptura*.

* 4. **TEXTUS**, Calva, Gall. *Têt de la tête, crâne*. Lit. remiss. ann. 1364. in Reg. 96. Chartoph. reg. ch. 184 : *Cum ense evaginato percussit et vulneravit dictum Guillelmum in capite suo uno magno ictu et letali vulnere, taliter quod aliquas pecias Textus sui capitis opportuit renovari*. Vide *Testudo* 1.

* **TEXTUVILICINIUM**. Vide supra *Textivilicium*.

¶ **TEXUITALIS**, Qui *textum*, seu litteram explicat, Gall. *Textuaire*. Vita S. Francisci Fabrian. tom. 3. Aprilis pag. 985 : *Texuitalis autem sacræ paginæ optimus fuit*. Mallem *Textualis*.

¶ **TEXUS**, Nostris alias, Textus seu texturæ species acupicta, vel auro argentove elaborata, qua mulieres capillos certa ratione dispositos decorabant. Computus ann. 1445. apud Lobinell. tom. 2. Hist. Britan. col. 1112. IV : *Texus et* IV. *garnitures données à Katerine du Beignon*. Ibid. col. 1114: *Texus cramoisis à la Dame de Hacq, etc.... VII. autres Texus de couleurs, longs, o leurs garnitures dorées, etc.* XIII. *autres courts, etc. Tissu*, eadem notione legitur col. 1208. et 1317.

* Reg. Cam. Comput. Paris. sign. *Noster* fol. 196. v° : *Item pieces de Texus, ouvrez à perles et à pierretes pour faire estole et fanon*. Non raro pro zona accipitur, ut vox *Tissu*, in Testam. Margar. ducissæ Brit. ann. 1469. ex Bibl. reg. : *Item donnons.... à nostre belle sœur Marie, dame de Rohan, l'une de nos ferrures d'or pour garniture de Tissu*. Lit. remiss. ann. 1375. in Reg. 107. Chartoph. reg. ch. 238 : *Deux Tissus ferrez d'argent*. Vide supra *Tessutus*.

¶ **TEXUTUS**, Textus, textura, Gall. *Tissu*. Litteræ ann. 1500. ad Officialem Noviom. : *Zonas, Texutos, vestes, forraturas, mantellos, annulos, virgas, perlas, lapides pretiosos, etc*. Vide *Tessutius* et *Tissutus*.

¶ 1. **TEYSA**, Teysia, Idem quod *Teisia*, Mensura sex pedum, Gall. *Toise*, in Statutis civitatis Astæ Collat. 17. cap. 71. Vide *Ripperia* in *Riperia* et *Rondellum* 2.

* 2. **TEYSA**, Strues, Gall. *Tas*. Stat. Avellæ ann. 1496. cap. 52. ex Cod. reg. 4624 : *Quæ ceperit vel exportaverit aliqua aliena ligna..... de ligneriis, vel Teysis, seu alio amasso seu fassinerio lignorum, etc.*

* **TEYSIEYRA**, Textrix, in Instr. ann. 1366. inter Probat. tom. 2. Hist. Nem. pag. 305. col. 1. *Teysseyr, Prov. textor*, in Glossar. Provinc. Lat. ex Cod. reg. 7657.

¶ **TEYTUM**, Tectum, Vasconibus *le Teit*. Tabularium S. Martialis Lemovic : *Duas marchas argenti ad restaurandum Teytum novum donavit*.

¶ **TEZA**, Idem quod *Teysa*, 2. in Statutis Mutinæ fol. 45. rubr. 237. Vide *Teisia*.

¶ **TEZOLANUS**, f. Textor lanæ, seu pannorum e lana, ab Italicis vocibus *Testore* et *Lana*. Statuta Mutinæ fol. 1. rubr. 2 : *Quilibet habitator in dictis villis, locis et castris, et etiam Tezolani teneantur de prædictis* (viis restaurandis.) Et fol. 2. v°. rubr. 12 : *Sdugaria districtus Mutinæ et fossata Potestas fodi et deradi facere teneatur hominibus laborantibus ibi terram tam civibus quam Tezolanis et aliis personis... Tezolani non compellantur nisi in ea terra, in qua faciunt Tezolariam*, (vel *Tezolaniam*, ut legendum videtur, pro Textura lanæ.) Ibid. fol. 74. v°. rubr. 370 : *Exceptis scutiferis, servis cartolariis et veris Tezolanis, qui exceptuati sunt, nec compelli possunt ut sint saltarii in aliqua villa*. Rursum fol. 78. rubr. 376 : *Scutifer, Tezolanus, castaldus, bubulcus, gualdemanus sive custos cujuslibet civis Mutinæ, etc.* Pannifici Mutinenses multis gaudent privilegiis, unde nostra interpretatio utcumque confirmatur.

* Textor quivis, sive serici, sive lanæ.

Copiale Murator. tom. 2. Antiq. Ital. med. ævi col. 896.

* **TEZYORA,** *Prov. Forfex*, in Glossar. Provinc. Lat. ex Cod. reg. 7657. Hinc nostris *Tezoires*, eodem sensu. Lit. remiss. ann. 1461. in Reg. 198. Chartoph. reg. ch. 165 : *Le suppliant dit à sa femme qu'elle lui fist ung pou sa barbe avecques ung ciseaulx ou Tezoires.*

TH, seu Θ, Character Græcus, qui θάνατον, seu obitum designat, in Necrologiis Monasteriorum. Isidorus lib. 1. Orig. cap. 3. inter quinque mysticas Græcorum literas, ait Θ *mortem significare*. Et cap. 23. annotat, in breviculis, quibus nomina militum continebantur, Θ *ad uniuscujusque defuncti nomen apponi*. Ruffinus lib. 2. Invectiv. in S. Hieronymum : *Quod tale esset, quale si quis accepto breviculo, in quo militum nomina continentur, nitatur inspicere, quanti in bello ceciderint, et requirens, qui inspicere missus est propriam notam, verbi causa, ut dici solet* Θ *ad uniuscujusque defuncti nomen ascribat, et propria rursus nota superstitem signet, etc.* Paulus Diaconus in Notis : Θ *nomini militis appositum, ipsum obiisse demonstrat*. Vetus interpres Juvenalis Sat. 4 : *Judices literam Theta apponunt ad eorum nomina, quos supplicio afficiunt. Merito* Θῆτα ἀπὸ τοῦ θανάτου, *eo quod quasi habeat telum suum, ideoque triste intelligitur, vel mortis signum. Unde quidam ait :*

O multum ante alias infelix litera Theta.

In Ecclesia S. Paulini Trevir. exstant monumenta Bertholdi et Ruotgeri Archiepiscoporum, cum his inscriptionibus : Θ. *Bertolfus Trevir. Archiepiscopus IV. Id. Febr. VI. Kal. Feb.* Θ. *Ruotgerus Trevir, Archiep.* apud Brower. lib. 9. et 10. Annal. Trevir. Vide Camillum Peregrin. in Not. ad Anonymum Casin. sub ann. 1014. eumdem Brower. in Antiq. Fuld. pag. 129. 153. 169. 177. 323. 324. ubi eadem nota in variis sepulcris exarata legitur. Habetur etiam in Inscript. Gruterianis pag. 567. 6. [** Reinard. Vulp. lib. 3. vers. 1219 :

Audi versiculum perlecta pace sequentem,
Nolentes chartæ credere Theta trahit.]

* Liber censuum eccl. Rom. : *In loco proprii nominis, quod vel ex toto, vel ex parte nullatenus legi potuit, appositum est Theta.*

¶ **THABERNATOR,** Caupo. Vide *Tabernator.*

THABIT, Pannus sericus undulatus, vulgo nostris etiamnum *Tabis*. Vincentius Belvacensis lib. 31. cap. 143 : *Ante pugnam dedit* 16. *millia vestimentorum de samito et de Thabit, sarbois exceptis.*

¶ **THABUR,** Tympanum. Vide in *Tabur.*

¶ **THADIO,** Germ. *Thæter*, Qui commisit crimen, convictus de crimine, apud Eccardum ad Pactum Legis Salicæ tit. 45. § 4.

¶ **THAFATA,** Gall. *Taffetas.* Vide *Taffota.*

¶ **THAFUS,** Τάφος, Sepulcrum. Vide *Taphus.*

THAINUS, THAYNUS, THANUS, Nomen dignitatis apud Anglo-Saxones, quæ varia tamen fuit; duplicem enim Thaynorum ordinem statuunt Leges Kanuti Regis cap. 97. [** 45.] et Leges Henrici I. Regis Angl. cap. 14. *Thainorum* scilicet *Regis*, et *Thainorum mediocrium.* Ubi *Thaini Regis* post Comites recensentur, eisque proximi esse dicuntur, eorumque *relevatio*, dimidium *relevationis* Comitis; ita ut cum *relevatio* Comitis sint 8. equi, etc. Thaini Regis sunt quatuor, etc

THAYNORUM REGIS mentio est in Legibus Inæ Regis West-Sax. cap. 49. [** 45.]

THAINI MEDIOCRES, nude *Thaini*, in Leg. Henr. I. cap. 64. ubi dicitur *Jusjurandum Thaini contravalere jusjurandum 6. villanorum. Thaini credibiles*, cap. 65. *Dignitas Thaini*, cap. 68. cui Presbyterorum vel Canonicorum æquiparatur. Leges Adelstani Regis post cap. 25 : *Missæ Presbyteri et secularis Thayni jusjurandum in Anglorum laga reputatur æque earum, et pro 7. ordinibus Ecclesiæ, quos Sacerdos per Dei donum ascendit, ut haberet Thayni rectitudinem dignus est.* Adde Concilium Ænhamense ann. 1009. cap. 2. In Statutis Alexandri II. Regis Scotiæ pag. 15. *Thaini Regis* videntur esse *Thaini, qui de Rege tenent*, et post *Episcopos, Abbates, Barones, et Milites* recensentur; tametsi *Thani* cum *Militibus* ibi interdum confundantur. Sane Somnerus existimat *Thainos*, deposita prisca nomenclatura, post Normannorum in Angliam ingressum *Milites* appellari cœpisse. Idem porro recte observat in editione Saxonica Legum Canuti apud Lambertum cap. 67. quod est 97. apud Bromptonum, *Thainos regios* dici, *qui liberam habent jurisdictionem :* adeo ut Thaini isti majores *Baronibus Regis*, ut minores Baronibus minoribus, hoc est maneriorum dominis æquiparari debeant.

☞ Omnibus et singulis Comitatus Thainis, ut conventibus interessent, non indultum modo, sed gravissimis pœnis cautum erat, ne quis ab iis ter abesset, lege 20. Æthelstani Regis, et legibus Henrici I. cap. 29.

Thanorum nomen et dignitas etiam sub Normannis obtinuit. Domesdei in Berkeshyre : *Thanus vel Miles regis dominicus moriens pro relevamento dimittebat Regi omnia arma sua, et equum unicum cum sella; quod si ei essent canes et accipitres, præsentabantur Regi, ut si vellet acciperet.*

THANUS, in Regiam Majestatem lib. 4. cap. 21. § 21. cap. 31. § 3. cap. 36. § 3. in Statutis Alexandri II. Regis Scotiæ cap. 15. ubi Skenæus observat, ejusmodi Thanos apud priscos Scotos, seu Hybernos, dictos *Thosche*, et *Maktosche* : filius Thaini, qui hodie est Princeps tribus, seu familiæ Catanæorum, (*Clancha Horn.*)

THEIN, in Legibus vernaculis Will. Nothi cap. 8.

¶ THEINUS, apud Thomam *Madox* Formul. Anglic. pag. 1. 36. et 238.

TEIN, apud Simeonem Dunelmensem de Obsessione Dunelmi ann. 869 : *Filiam autem Alduini... quidam Tein in Evervicshire Kilvert filius Ligulfi accepit uxorem.* Ibidem : *Quidam Tein in Cowerwicshire, nomine Orm, filius Gamellonis, accepit uxorem unam ex* 3. *filiabus Alredi Comitis, etc.*

TEGNIO, Thaynus, a Saxon. tegen, Baro, vir nobilis. Ricardus Hagustaldensis de Bello Standardico : *Rex igitur David duobus Tegnionibus, id est Baronibus suis cum gente eorum, obsidione Carrum commendata, etc.*

¶ TEIGNUS, apud Hickesium Dissertat. pag. 75. ex Charta Willelmi I. qua *suis Teignis in Episcopatu Roffensi... præcipit omnes consuetudines exsolvere.*

THEGEN. Charta Henrici I. Regis Angliæ pro Libertatibus Ecclesiæ Cantuariensis, apud Somnerum in Tractatu de *Gavelkynd* pag. 205 : *Notum facio, me concessisse eis omnes terras, quas tempore Regis Eadwardi cognati mei, et tempore Willelmi patris mei habuerunt, et saca, et socne,... super suos homines infra burgos et extra in tantum pleniter, sicut proprii ministri mei exquirere debent. Et etiam super tot Thegenes, quot eis concessit pater meus, etc.* [Vide *Liberalis.*]

THANAGIUM, in Statutis Alexandri II. Regis Scotiæ cap. 5. § 4 : *Si vero in dominiis vel Thanagiis domini Regis malefactor ille fuerit, etc.* Monasticum Anglicanum tom. 3. pag. 9 : *Et omnes antecessores sui tenuerunt dictam Baroniam in Thenagio; et reddit domino Regi inde per annum* 50. *sol.* Idem quod

TAIND-LAND, [*Terra Tani*, apud *Madox* Formul. Anglic. pag. 291.] Terra *Thaini*, fundus *Thainis* peculiaris, in Domesday : *Hæc terra T. R. E.* (id est tempore Regis Edwardi) *fuit Tainland; sed postea conversa in Reveland.* Alibi : *Willelmus Comes dedit Duitonæ et Suindone et Chevrel, quæ erant Thainlande pro terra de insula de Wiht, etc.* Rursum : *Hic Robertus habuit unam virgatam, quam tenebat Dodo T. R. E. huic addita fuit Dolvertone manerium Regis : modo dijudicata est esse Tainland.* Charta Willelmi Junioris Regis Angliæ ex Tabulario Ramesiensi, ch. 178 : *Si terra de Isham reddidit firmam Monachus... sit in dominio Abbatis : si vero Teinlanda tunc fuisse inveniatur, qui eam tenet de Abbate, teneat, et recognoscat; quod si noluerit, eam Abbas in dominio habeat.* Ubi Spelmannus observat opponi terram *ad firmam*, seu ad tempus elocatam, *Teinlandæ*, id est hæreditaræi.

Jam vero ut de vocis *Thaynus* origine aliquid dicamus, Saxonicæ linguæ peritiores hanc ab ea arcessunt, traduntque Thaynos, Ꝥegn Saxonibus dictos, a Ꝥenian, *ministrare :* additque Seldenus ad Eadmerum, in Domesday promiscue *Thaynos* et *Servientes*, et qui *Thaini Regis* aliis dicuntur, hic *Servientes Regis appellari* : tametsi, ut ait Lambardus, et ex eo Somnerus, *Thainus ei, qui servitutem servit, e regione contrarius sit.* At *Thaini* ex eo nobilium ordine fuisse videntur, quos *Ministros* vocant Chartæ Anglicæ, qui uti in hac voce docuimus, præcipui erant inter Nobiles aulicos, et Regi ratione tenementorum immediate subjecti, quos *Barones* ætas postera nominavit. Neque enim alii videntur *Ministri* ii, seu *Thaini*, quam præcipui e nobilitate Danica, quos Kanutus Magnus Danorum Rex ad sui comitatum adscivit, *bipennibus, mucronumque capulis deauratis coruscantes*, ut ait Sueno in Legibus Castrensibus cap. 2. quorum catervam ad tria millia militum selectorum excurrentem, *suo idiomate Thinglith* nuncupavit, ut auctor est idem Scriptor, voce nimirum conflata ex *lith*, quæ *ordinem aciei* sonat, et *Tein*, *Thein* vel *Theing*, ut tum efferebant, qua nobilium ordo designabatur. Neque enim placet Stephani Stephanii conjectura, qui emendandum censet *tinglith*, hoc est, cohors, constans viginti ordinibus. Cur autem *Theinorum* istorum catervam conflarit Kanutus, pluribus narrat Sueno dicto cap. 2. et 3. ut et Saxo Grammaticus lib. 10. De Thaynis plura Spelmannus, Lambardus, Seldenus de Titulis honor. part. 2. cap. 5. § 2. 4. et in Notis ad Eadmerum pag. 170. Somnerus in Gloss. Saxon. v. *Theyen*, et alii. [** Phillips. de Jur. Anglos. § 32. De etymo Grimm. Antiq. German. pag. 944. et Graff. Thesaur. Ling. Franc. tom. 5. col. 119. voce *Degan*.]

* **THALAMASIUM**, Grani species. Redit. Bellæ quercus in Reg. 34. bis Chartoph. reg. part. 1. fol. 91. r°. col. 2 : *De advocationibus decem modia, videlicet in aors et Thalamasio.* Quæ rursum occurrunt ibid. part. 2. fol. 107. r°. Vide supra *Arao.*

¶ 1. **THALAMUM.** Litteræ Gaufridi Comitis Andegav. ann. 1135. inter Ordinat. Reg. Fr. tom. 4. pag. 632 : *Insuper stabilivit, quod nemo ab Ingrandis usque Andegaviam, nisi solummodo Andegavensis, Thalamum aut navem vino venali onerare queat, aut portum facere presumat.* Nullus dubito, quin legendum sit *Chalanium*, aut *Chalannum*, Gallice *Chaland*, quod est navis genus in Ligeri notissimum. Vide *Chelandium.*

¶ 2. **THALAMUM**, Idem quod mox *Thalamus*, Cubiculum. Charta ann. 1253. e Chartulario S. Vandregesili tom. 1. pag. 14 : *Ego Richardus Guerson tradidi et concessi Tierrico de Caudebeguet meo fratri dua Thalama de domo, quæ fuit Roberti le Monnier nostri patris.... tenenda et habenda jure hæreditario dicta dua Thalama, etc.*

1. **THALAMUS**, Domus, palatium, vel cubiculum. Vox Græcis et Latinis cognita. Exstant Chartæ duæ in Tabulario Ecclesiæ S. Laudi Andegavensis, prior Fulconis Regis Hierosol. et Comitis Andeg. quæ sic clauditur : *Actum est Andeg. in Thalamo meo.* Posterior : *Actum est Andegavi in Thalamo Episcopi.* Alia ann. 1170. in Tabul. companiæ : *Actum in Thalamo Comitis apud Trecas.* Occurrit hac notione in Gestis Consul. Andegav. cap. 11. n. 8. 9. et alibi non semel. Βασιλέων θάλαμοι, apud Niceph. Gregoram lib. 10. Hist.

* THALAMUS, Cella, cellula, Gall. *Cellule.* Descript. abbat. Fesul. canonic. Regul. S. Aug. apud Lamium tom. 12. Delic. erudit. pag. 128 :

> Quinquaginta sint Thalami, quos nomine cellas
> Dicimus, his totidem stent volo rite patres.

* THALAMUS, Officina. Charta ann. 1222. in Chartul. S. Corn. Compend. fol. 231. v°. col. 2 : *Abbas et conventus Compendiensis concesserunt nobis...... super ij. domos Ph. Gubernatoris x. sol. et ij. capones, et super Thalamos Johannis Burgari v. sol. ij. den. minus.* Alia S. Ludov. ann. 1269. in Chartul. B. M. de Lilio ch. 19 : *Cum.... abbatissa et conventus monasterii de Lilio...: tenerentur..... nobis reddere singulis annis.... vj. denarios, sitos super duos Thalamos apud Meledunum.* Liber nig. 2. S. Vulfr. Abbavil. fol. 45. v° : *Robertus Caudron xviij. sol. de domo in qua manet et de Thalamo juxta.*

¶ 2. **THALAMUS**, Veli species, ut videtur, iis similis, quibus thalami decorantur. Synodus Mexic. ann. 1585. tom. 4. Concil. Hispan. pag. 358 : *Ne capellæ et fontes baptismales sericis Thalamis aut auleis aliove profano apparatu ornentur.*

* 3. **THALAMUS**, Tabulatum, Gall. *Estrade.* Ceremon. Rom. MS. ubi de solemni convivio in die coronationis papæ fol. 14 : *Parabitur igitur aula convivii aulæis et pannis sericeis aureisque, pro temporis et loci conditione; in capite aulæ erit suggestum ad quod triplici gradu ascendetur, longum per latitudinem aulæ, in medio surget quadratus Thalamus palmi altitudine, super quo mensa paratur pontificis.*

THALAPSICUM Opus. Bibliothecarius in Paschali II. apud Baronium ann. 1118. ubi de istius PP. gleba, seu cadavere : *In mausoleo purissimi marmoris Thalapsico opere sculpto collocatus est.* Latini *Thalassicum* colorem ferrugineum dixere. Plautus in Milite glorioso :

> Facito ut venias ornatus huc ornatu nauclerico :
> Causiam habeas ferrugineam.

Mox :

> Palliolum habeas ferrugineum, nam is color Thalassicus est.

Infra :

> . . . . nescio quis eccum incedit
> Ornatu quidem Thalassico. P. A. Jam nos volt hic profecto,
> Nauclerus est hic quidem, etc.

Ubi Thalassicus color is est, qualem deferunt Naucleri. Sed nihil vox hæc videtur habere commune cum *Thalapsico opere.*

¶ **THALAPTA**, Duodecim, ut jam dictum est post Wendelinum in voce *Chunna.* Titulus 78. Pactus Legis Salicæ est, *In quantas caussas Thalaptas debeant jurare,* id est, in quot vel quibus causis duodecim jurare debeant. Vide Eccardum in hunc titulum et suo loco *Jurare duodecima manu.*

¶ **THALEMETARIUS**, Panifex. Vide *Talemarii.*

¶ **THALERUS**, Idem quod supra *Talerus*, seu nummus trium librarum Francicarum argenteus, Germanis *Thaler*, vel *Reichdale*, Gall. *Richedale.* Occurrit apud Ludewig. tom. 6. Reliq. MSS. pag. 220. 227. 324. et passim apud alios Scriptores Germanicos. Vide *Dalerus.*

¶ **THALGIA**, Idem quod *Tallia* 8. Gallice *Taille.* Chartular. 1. Monasterii Aquicinct. fol. 60 : *Excepto relevamento et exactione illa, quæ vulgo Thalgia dicitur.*

* **THALIA**, pro *Tallia*, Exactio, præstatio. Lit. ann. 1372. tom. 6. Ordinat. reg. Franc. pag. 525 : *Concessæ fuerunt immunitates et privilegia eisdem consulibus et habitatoribus dictæ villæ* (Amiliani) *non solvendi aliquas Thalias seu collectas ordinarias seu extraordinarias.*

THALITARIUM. Cosmas Pragensis in Chronico Bohem. pag. 5 : *Nunc, si vobis placet, meum accipite Thalitarium et chlamydem, ac mutatoria Duce digna, et pergite, etc.* Ubi *Tolutarium* equum scilicet, quidam legendum censent.

¶ **THALLEUM.** Vide supra in *Tallia* 5.

¶ **THALMUD**, Thalmudium. Vide *Talmud.*

¶ **THAMMUS**, vel Thammuz, Numen a Judæis idololatris adoratum. Vide Tertullianum adv. Judæos cap. 11.

THANAGIUM, Thanus. Vide in *Thainus.*

* **THANASIA**, Placentæ species. Charta Theob. episc. Ambian. in Cod. reg. 4184. fol. 14. r° : *Ad Pascha debet thelonarius episcopo Thanasiam ducentorum ovorum et lardum ad coquendum et coquo sestarium vini, Thanasiæ ejusdem quarta pars defertur ad domum thelonarii; ipse vero prandio interest, quo reliqua comeduntur.*

* **THANATUS.** Mirac. S. Lamberti tom. 5. Sept. pag. 555. col. 1 : *Tum eamdem valvarum foribus gressu propinquans, extemplo ac si Thanata* (id est, moribunda, a θάνατος, mors,) *solo cecidit palpitans.*

THANYA, Sinus, piscatura, fœtus, in jure Hungarico. Sambucus.

THARCASSIUS. Mauritius Catanensis Episc. de Corporis S. Agathæ translat. apud Rocchum Pirrum : *Artus vero reliquos, ne quovis indicio possint detegi, quos vulgo Tharcassios nominant, attulerunt.* Infra : *Navigio Armeniam usque perveniunt, quo in loco diebus 4. commanentes, et Tarchasios ubi sanctas occultaverunt reliquias, aptius componere disponentes, etc.* Rursum : *Deinde reliquias de Tharcassis extraxi.* Ubi indubie legendum *Carcassius*, id est, *Cadaver*, ex Gallico *Carcasse*, de qua voce, vide in *Carcasium.*

☞ Felicius veriusque vim vocis vir doctissimus explicat infra in voce *Turcasia*, quam videsis.

* **THARIDA**, Navis onerariæ species. Charta ann. 1337. ex Bibl. reg. cot. 15 : *In dicto portu ceperant quamdam Tharidam Stephani Rogerii.* Vide *Tarida.*

¶ **THASCA**, Præstatio agraria. Conventio ann. 1245. e MS. D. *Brunet* fol. 79. v° : *Barralus..... recipere possit... pedagia, census, Thascas, etc.* Hinc emendanda Charta fundationis Monasterii Francarum vallium ann. 1143. in Instrum. Gall. Christ. novæ edit. tom. 6. col. 192 : *Totum hoc sive in Thastis, sive in quartis cum omni dominio .... donamus, etc.* Lege *Thascis*, et vide *Tasca* 2.

* **THASCHA**, Præstatio agraria. Vide supra in *Tasca* 2.

THASCHIA. Leges Henrici I. Regis Angl. cap. 78 : *Si quis eos occidat, eumque si parentes repetentes wera, wyta, manbota, sicut justum accidentia fecerit, persolvantur, vel in Thaschiis, vel hujus suggerendis sicut de blodstodiis est institutum, quod parentes sui divites ac domini multa sinunt in progenies egestate mendicos.* Hæc sunt admodum intricata, quæ aliis evolvenda et explicanda relinquimus. Scribit Camdenus in Britannia, vocem *Tascia*, apud Britannos *denarium tributi significasse.* Vide *Tasca* 2.

¶ **THASSARE**, Gall. *Entasser.* Vide *Tassus.*

¶ **THASSES** Naufragiorum, in Charta Odonis Regis ann. 888. inter Instrum. tom. 6. Gall. Chr. novæ edit. col. 10. perperam pro *Classes naufragiorum*, ut habetur in *Rafica.*

¶ **THASTA**, pro *Thasca*. Vide in hac voce.

THAU, Crux, veteribus Gallis. Vide *Tau*.

THAVERNICA, Judicia, etc. Vide *Tavernica*.

THAUMA. Freculfus tom. 2. Chron. lib. 5, cap. 10 : *Quibus etiam diebus Judæi habitantes in Creta sollicitati sunt a quodam, qui se Mosen legislatorem e cœlo ad eos denuo missum testabatur : monens, ut omnes suas relinquerent possessiones atque pecunias, quoniam illo ductore per siccum mare ad repromissionis gaudia pervenirent. At illi hac spe capti omnia contempserunt sua. Cumque venisset dies, quam designaverat seductor ille, deduxit eos ad quandam rupem declivius incumbentem, jussitque ut Thaumarum schemate semetipsos evolverent, etc.* Socrates lib. 7. cap. 27. al. 38. unde hausit prædicta Freculfus, nihil habet, quod vocem hanc clariorem reddat.

☞ Legendum forte est, *jussitque ut raubarum schemate semetipsos involverent*, ne scilicet a præcipitio deterriti, in mare sese præcipitare, ut jubebat impostor ille, renuerent.

¶ **THAURUS**. Membrana vetus apud Ludewig. tom. 8. Reliq. MSS. pag. 169 : *Ipsi etiam habuerunt inter terras eorum montes et paludes, et ideo semper habuerunt rixas ad invicem, rapinas et incendia ; ex hoc Francigenæ multum fuerant tristes, nolentes ipsis ab hora in horam Thaurum dare.* Hoc fortean est locum, vel sedem dare, mutare, ducta locutione a *Thorus*, quod proprie stratum, in quo cubatur vel sedetur, significat.

¶ **THAURUSCA**. Charta ann. 1227. e Chartular. S. Vandregesili tom. 2. pag. 1834 : *Unde mihi reddebat.... semel in anno servitium quadrigæ... si haberet ; sin autem unum servitium Thauruscæ ; si Thauruscam non haberet, unum servitium herciæ, si equum vel equam haberet.* Ut *quadriga* carrum, ad quem equi juncti sunt, significat, sic forte *Thaurusca* plaustrum est, cui subjuncti sunt *tauri* seu boves. [** Idem videtur quod *Carruca*, 3.]

¶ **THAYNUS**. Vide *Thainus*.

THEADA. Lex Salica tit. 48 : *Ista omnia alii tres testes jurati dicere debent, quoniam in mallo legitimo, vel ante Regem, ille qui accepit in laisum suum fortunam in mallo publico, hoc est ante Theada vel tungenum, etc.* Id est coram populo : est enim Saxonibus, þeod, populus, gens, provincia, in plurali þeoda : vel potius *Coram Rege, Principe ;* ex Saxon. þeoden, quod idem sonat, de qua postrema voce multa Somnerus in Glossario Saxonico. Proinde *ante Theada, vel tunginum*, erit, *ante Regem, vel ante Judicem :* quo supra dixit, *in mallo legitimo*, hoc est ante judicem, vel *ante Regem*, hoc est ante *theada*. Nam hæc unum idemque sonant.

☞ Eccardus ad Pactum Legis Salicæ tit. 49. ubi eadem fere leguntur, *Teata*, vel *Theada*, Decanum interpretatur, a *Teha* vel *Tia*, decem. Hunc Scriptorem consule.

THEAM, Them, Thema, Themum, Voces Saxonicæ.

Theam, vel Team, est Laudare auctorem, advocare, proferre. Joan. Brompton. : *Theam, est laudare autorem, i. revoucher garant* [** Anglice *vouching to warranty*.] : *Et quandoque dicitur sequela nativorum.* Priori notione usurpatur in Legibus Edwardi Confess. cap. 25 : *Theam, quod si quispiam aliquid interciet super aliquem, et intertiatus non poterit warantum suum habere, erit forisfactura sua, et justitia sua similiter de calumniatore, si defecerit.* [** Vide Phillips. de Jure Anglos. § 58. et Histor. Jur. Anglic. tom. 2. pag. 152. sqq. infra *Warantus*.] Rursum

** Theam, Bromptono, dicitur *sequela nativorum*, id est jus *sequendi* servos proprios, si a dominio domini evaserint, aut fugerint, aut in alienam terram transierint : a Saxon. team, soboles, propagatio, quod á tyman, propagare, partum edere, sonat. Cowellus et Rastallus : *Theam est Regale Privilegium, quo qui fruitur, habet villam, et propaginem, id est potestatem habendi nativos, bondos, et villanos in feudo aut manerio suo.* Fletæ lib. 1. cap. 47 § 9 : *Theam* est *acquietantia amerciamentorum sequelæ propriorum suorum.* Willel. Thorn : *Hoc est, ut habeatis totam generationem villanorum vestrorum cum eorum sectis et catallis ubicumque inventa fuerint ; excepto quod si aliquis nativus quietus per unum annum et diem in aliqua villa privilegiata manserit, ita quod in eorum communiam, vel gildam tanquam unus illorum repertus fuerit, eo ipso a villenagio est exemptus.* Eadem etiam habet Rastallus. [Glossar. ad calcem Chartularii Beccensis : *Theam, aveir la progenie de vos nays.*] Adde Skenæum de Verbor. significatione, et ad Regiam Majestatem lib. 1. cap. 4. § 2. ubi

Theme scribitur. Charta Leofrici Comitis pro Fundatione Monasterii B. Mariæ de Coventria in Anglia : *Has autem villas cum medietate prædictæ villæ trado huic monasterio cum saca, et socna, et theloneo, et cum Themo, cum libertate et omnibus consuetudinibus, etc.* Alia ejusdem Comitis : *Has autem terras dedi huic monasterio cum soca, saca, cum telonio, et Theme, etc.* Leges Burgorum Scoticorum cap. 14. § 2 : *Nisi fuerit de proditione* (appellatus) *vel de Theme, unde se debet defendere bello.* Ubi Skenæus : *i. de quæstione status, al. de furto.*

¶ Them, apud *Madox* Formul. Anglic. pag. 43 : *Cum socha et sacha, et tol, et Them, etc.*

¶ Thiem, apud eumd. *Madox* pag. 47 : *Cum thol et Thiem, etc.* ut et in Chartul. SS. Trinit. Cadom. etc.

Theame, in Quoniam attachiamenta cap. 100. *Theam*, tom. 1. Monast. Anglic. pag. 307.

¶ Team, Teame, eodem tom. pag. 29.

Teames. Charta Edwardi Confessoris, apud Somnerum in Tractatu de *Gavelkind* pag. 207 : *Sciatis, me dedisse Deo et S. Augustino et fratribus, ut habeant eorum soca et socna, et pacis fracturam, et pugnam in domo factam, et viæ assaltus, et latrones in terra sua captos, latronumque susceptionem, vel pastionem, super illorum proprios homines infra civitatem et extra, teloniumque suum in terra et in aqua, atque consuetudinem, quæ dicitur Teames, et super omnes allodiarios suos, quos eis habeo datos.*

* **THEATA**. Charta ann. 1356. tom. 8. Ordinat. reg. Franc. pag. 284 : *In ipsorum solis, soleriis, parietibus,... parietum aperturis, aygueriis, Theatis, laternis, etc.* Ubi legendum haud dubie *Cloacis, latrinis.*

¶ **THEATO**, Denarius, Eccardo ad Pactum Legis Salicæ tit. 30.

¶ **THEATRALIA**, Ludi theatrales. Vita S. Ildephonsi Episc. tom. 2. Concil. Hispan. pag. 569 : *Lætati sunt cives, Theatralia docti parabant, et Equites cuncti sua festa fecerunt.*

THEATRAPUS, Vox corrupta, in S. Martini PP. Donatione Blandiniensi Monasterio facta, [apud Miræum tom. 1. pag. 333.] : *Datum 14. Kal. Febr. per manum Amandi Episcopi Theatrapi sanctæ sedis Apostolicæ.* Idem Amandus in alia Donatione ejusdem Pontificis Elnonensi Monasterio facta, *Bibliothecarius S. Sedis Apostolicæ* vocatur.

THEATROQUINEGIUM, ex Gr. θεατροκυνήγιον. Julianus Antecessor Constit. 98 : *Processiones autem ipsius* (Consulis) *esse volumus septem, omnes in circo, et in harena, et in theatro. Et prima quidem processio erit Kalendis Januariis ; secunda autem ea, quæ Mappa, tertia autem, quæ Theatroquinegium appellatur, etc.* Ubi *Quinegium*, pro *Cynegium*, scribitur, quomodo *Quinegius Cos.* pro *Cynegius*, scriptum in vett. Codd. Capitul. Addit. 4. c. 32. monet Baluzius Capitul. tom. 2. col. 1250.

* **THEATRUM**, Forum, locus publicus, ubi merces venum exponuntur. Glossar. Gall. Lat. ex Cod. reg. 7684 : *Theatrum, quarrefour, lieu où les gens s'assemblent.* Vita MS. S. Martial. Lemovic. : *Postea denique perrexit* (Martialis) *cum discipulis suis ad Theatrum prædicare Evangelium regni Dei.* Charta ann. 1295. apud Ludewig. tom. 11. Reliq. MSS. pag. 626 : *Hoc autem principaliter præcipimus observari : ne quisquam de fraternitate plures quam octo pannos Theatrum præsumat inportare.* Alia ann. 1323. apud eumd. tom. 9. pag. 523 : *Nullus in districtu seu advocatia Soldwedell de cætero pannum incidere præsumat, seu divisum seu indivisum vendat, nisi tantummodo in antiqua nostra civitate Soltwedell, in communi Theatro pannicidarum.* [** Vide Haltaus. Glossar. Germ. voce *Haus-mete*, col. 850. et *Spiel-haus*, col. 1703.]

1. **THECA**, Θήκη, Capsa Sanctorum reliquiis instructa. Vita S. Eligii Episc. Noviom. : *Multas Sanctorum ex auro, argento, atque gemmis fabricavit Thecas, sive tumbas.* S. Asterius Orat. in SS. Martyres : Ἐν θήκαις φιλοκάλοις ἀποτιθέμεθα, καὶ οἴκους τῆς ἀναπαύσεως ἐγείρομεν ταῖς κατασκευαῖς μεγαλοπρεπεῖς, etc. Τῶν ἁγίων μαρτύρων θῆκαι, apud Chrysostom. Homil. 5. in c. 3. Genes. Θήκη διάχρυσος, apud Annam Comn. l. 3. Alex. et Acropolitam c. 11. Vide Baronium ann. 811. n. 49. Θήκας, Græci appellarunt etiam loculos ligneos, in quibus recondebantur corpora, atque adeo monumenta ipsa hypogæa, qua notione usurpant Æschylus, Plato lib. 12. legum, et Julius Pollux. Hesychius : Θῆκαι, σοροί. Alibi : Γλωσσόκομον, θήκη, σορὸς ξυλίνη τῶν λειψάνων.

Theca. Charta Henrici Imp. ann. 1107. in Metropoli Salisburgensi tom. 3. pag. 308 : *Ut constructo eodem inibi monasterio, a Comite scilicet Pericht. partium termini utrorumque infra murorum ambitum clauderentur, et altare quoddam in Orientali Theca positum, et in honore B. Petri consecratum parti Ottonis cederet.* [Hoc est, in Orientali parte, a fornice sic dicta].

¶ Thecatus, Theca tectus. *Arcum gestare Thecatum,* Sidonio lib. 1. Epist. 2.

* 2. **THECA**, Digitale, Gall. *Dé.* Glossar. Lat. Gall. ann. 1348. ex Cod. reg. 4120 : *Theca, Gallice Deis et Deaul, id quod mulier habet in digito.*

* **THECELLA**, diminut. a *Theca*, Capsa sanctorum Reliquiis instructa. Vita S. Trudp. tom. 3. Apr. pag. 429. col. 2 : *Quæ* (Reliquiæ) *hactenus in ipsa Thecella, in qua eas Dei famulus asportavit, habentur.*

THECLATURA, vel Teclatura, Cæsura, incisio in arbore, quæ vice termini est; ejusmodi vero incisiones in arboribus, *Eclats*, et *Eclatures*, etiamnum vulgo dicimus; vel certe incisionum avulsas particulas, quasi *Teclatures*. Edictum Rotharis Regis tit. 96. § 3. [** 242.] et Lex Longob. lib. 1. tit. 26. § 3 : *Si quis liber homo arborem, ubi Theclatura facta est, inter fines discernendos, inciderit, aut deleverit, etc.* Adde § 4. 5. Charta Desiderii Regis in Bullario Casinensi tom. 2. pag. 14 : *Et deinde per ipsa via percurrentes per arbores Teclatos habentes literas Omega, usque in fossa Scaveriola, etc.* Mox : *Et de capite ipso perfossato de homines de vico Bedullio, per prato in stilo ficto, et pero* (piro) *Teclato, et per runco in furca ficta, usque in pero similis Teclato, deinde in stilo similis Teclata, etc. Ceclatura*, perperam, pro *Theclatura*, in Charta Rachisi Regis Longobardorum ann. 742. apud Ughellum tom. 3. pag. 671 : *Inde recte ad alia quercia, qui est circa semita, qui venit de Paliano, et vadit recte vico Lordoniano, et habet Ceclaturas, inde vero, etc.* Emendanda etiam Charta alia Friderici I. Imp. ann. 1153. in Bullario Casinensi tom. 2. pag. 172 : *Ac casale Domnino per circuitum per designata loca et Calaturas per circuitum, quos etiam terminos et fines eidem monasterio concedimu* . Ubi legendum *Teclaturas*, ut est editum apud Ughellum tom. 4. pag. 1291. [** Vide Grimm. Antiq. Jur. Germ. pag. 542.]

THECULIOLA. Albertus Stadensis Abbas pag. 187 : *Ante Tyrum lapis marmoreus, super quem sedit Jesus, nunc super se habens Theculiolam.* Forte *Teguliolam*, i. tectum. [Vide *Themilla*.]

¶ **THECUS**, pro *Threus*. Vide in hac voce.

¶ **THEDA**, pro Tæda, fax. *Theda ao censa ab elevatione SS. Corporis D. N. J. C. usque post-communionem*, in Obituario MS. Eccl. Morin.

¶ **THEDINGPENI**. Vide in *Tethinga*.

* **THEFANIA**, Ornamenti genus. Inventar. MS. thes. Sedis Apost. ann. 1295 : *Item unam Thefaniam ad arcus cum liliis, cum uno esmalto azurino in fundo.* Pluries ibi, ut et aliquando *Thephania*.

THEFBOTE, Furti compensatio vel mulcta, a Saxon. ðeofte, Furtum, et bote, Emendatio, vel mulcta. Olim dicebatur pretium, quo quis furti reus a vitæ dispendio sese redimebat; postmodum usurpatum de iis, qui furtiva bona a latrone susceperint, sceleris sui fovendi gratia. Veteres Schedæ a Spelmanno laudatæ : *Thefbote est quant home prist chattel de larone de lui faveurer et maintener, et ne my autrement.* Staunfordio lib. 1. de Placitis Coronæ cap. 43. *Thefbote* est, cum quis bona sua aliqua a latrone furata, ab eo, qui eum tutatus est, vi aufert; cujus criminis pœna olim capitalis fuit, sed postmodum pecuniaria et carceralis. Aliud esset, si quis bona sua ab ipso latrone auferret. Addit denique Spelmannus, in privilegiorum Chartis, ubi *Thefbote* conceditur, intelligi alias esse *emendam furti sine consideratione Curiæ Domini Regis*, ex Statuto Walliæ ann. 12. Edwardi I. Ita diversimode hæc vox accipitur. Prima Statuta Roberti I. Regis Scotiæ c. 9. § 1 : *Nullus capiat rachetum, hoc est Thieftbute, de latrocinio.* Id est nemo componat cum fure. Vide Brittonum de Legibus Anglic. pag. 72.

THEGEN, Theinus. Vide supra in *Thainus*.

¶ **THEIO**, Duo, vett. Francis. Vide *Chunna*.

¶ **THEIOPHANIA**. Vide *Theophania*.

¶ **THEISA**, Mensura sex pedum, Gallice *Toise*, in Statutis Montis-regalis pag. 198. Vide *Teisa*.

¶ **THELETUS**, Perfectus, a Græco Τελεῖος. Utitur Tertullianus in Scorpiace cap. 10.

THELODIVES, Qui dives videri vult. Utitur S. Augustinus Epist. 59.

THELOHUMILIS, Qui humilis videri vult, θέλει, affectat, apud eumdem S. Augustinum Epist. 59.

THELON, Thelonarii, etc. Vide *Telon*.

* **THELOQUELARIUS**. Vide infra *Theoloquelarius*.

THELOSAPIENS, Qui sapiens videri vult, θέλει. Utitur pariter S. Augustinus Epist. 59.

¶ **THEM**. Vide supra in *Theam*.

1. **THEMA**. Papiæ : *Vittarum extremitas dependens diversorum colorum. Themæ, infulæ, ligaturæ, vittæ sacræ.* Sed legendum *theniæ*, vel *tæniæ*.

2. **THEMA**, seu Theme, vox Practicorum Leodiensium, in Magno Recordo Leodiensi pag. 70. [*Thesme*, in Statutis Lossensibus art. 23. et 25.] [* Actoris libellus.]

THEMANATALE. Monasticum Anglican. tom. 2. pag. 201 : *Et sint quieti.... de geldis et danegeldis, et Themanatale, et concelationibus, et scottis, et auxiliis, etc.* Pag 827. habetur *Tenemannetale*. [Saxon. tienmentale est Sermo decem hominum, vel decemvirorum numerus. Vide Th. *Blount* in Nomolexico Anglicano.] Vide *Tenmantale*.

THEMATA, Regiones, provinciæ, ita dictæ a legionibus, quæ in iis præsidio erant. Gloss. S. Benedicti : *Legio*, τάξις, θέμα. Hinc colligitur Salmasium non bene divinasse, cum dixit, numquam legionem θέμα, appellatam. Vide Glossar. med. Græcit. col. 487. Luitprandus in Legatione cap. 25 : *Vis majus scandalum, quam quod se Imperatorem vocat, Imperii nostri Themata sibi usurpat?* Infra cap. 36 : *Duo illa Themata, quæ ultra mare habes, etc.* Ita passim usurpant Byzantini Scriptores. Vide Bonavent. Vulcanium, et Federicum Morellum ad libros Thematum Constantini Porphyrog. Fabroti Glossar. ad Cedrenum, etc.

¶ **THEME**. Vide in *Thema* 2. et in *Theam*.

¶ **THEMELA**. Passio SS. Seraphiæ et Sabinæ, tom. 2. Miscell. Baluz. pag. 107 : *Præses vero post tertium diem paravit lusorium trans pontem super arcum Albini, ubi solebat fieri Themela, et jussit officio ut adduceretur Seraphia, etc.* Ubi *Themela* a Græco est θυμέλη, Ara in Theatris, ut interpretatur Suidas, vel Pulpitum in orchestra, ubi musici canebant in scenis. Vide *Thymele*.

THEMILICUS. Vide *Thymele*.

¶ **THEMILLA**, Θήκη, πυρέος, in Glossis Lat. Græc. et Græc. Lat. Recte Martinius emendat *Thecula*, Parva theca.

¶ **THEMISTA**, Jurisprudens, Legum consultus, in Lexico Goclenii, a θέμις, Lex, jus, institutum.

¶ **THEMISTIANI**, Hæretici iidem qui Agnoitæ, de quibus suo loco, sic dicti a Themistio Diacono, qui docebat Christum quædam ignorasse, ut ultimum judicii diem, male intellecto, quod habetur Matth. 13. 32. Baronium consule ad ann. 535. et alios Historicos.

THEMITIÆ. In Tabula decimationum legitur, *Decimæ de Themitiis*, idemque exponitur *Trees planted in the field for fencing*, id est, Arbores in agris satæ sepium fovendarum gratia. Spelmannus. Vide *Thenerium*.

¶ **THEMO**, Themonaria. Vide *Temo* 1.

THEMONATICUM, Timonaticum, Tributum seu pensitatio pro currus temone. Charta Dagoberti Regis apud Doublet. pag. 656. [et Miræum tom. 1. pag. 241.]: *Portaticos, rivaticos, rotaticos, vultaticos, Themonaticos, cespitaticos, pulveraticos, etc.* Alia Ludovici Pii Imp. apud eumdem pag. 732 : *Quodcunque acquiri potest, partibus S. Dionysii reddi atque haberi debeat, tam de portatico, et pontatico, et ripatico, et rotatico, et Timonatico, et volutatico, et cispitatico, etc.* In Glossario Basilic. videtur appellari Τέμωνος ἀνάγκη, ἢ τῆς κοβερνήσεως, ἤγουν ἀναπληρώσεως. [Vide *Timonagium*.]

¶ **THEMURBEUS**, Gall. *Tambourlan*, Utrumque minus recte pro *Timurbec*, *Temurlan*, vel, ut vulgatius effertur, *Tamerlan*, Mogolis et Tartariæ Imperator celeberrimus. Inventar. Chartar. Reg. ann. 1482. fol. 99. v° : *Quidam rotulus in papiro in lingua Persica nobis incognita, super quem Gallice scriptum est, la lettre du Tamburlan. Alius rotulus in pergameno et lingua Latina continens translationem rotuli prædicti translati de Persico in Latinum facientis mentionem de statu dicti Themurbei et filii sui requirentis confederationem et amicitiam dom. Regis Karoli VI. et mercatorum sibi subditorum.... In dicto etiam rotulo continentur litteræ Miranxa filii dicti Themurbei.* Hæc nesciit auctor Historiæ ejusdem Imperatoris editæ ann. 1722.

THENAGIUM. Vide supra in *Thainus*.

* **THENASMUS**, ut supra *Tenasmus*, Morbi genus. Alex. Iatrosoph. MS. lib. 2. Passion. cap. 80 : *Thenasmus est passio intestini apeutisment. Patitur igitur conationes cum assellandi delectatione et ventositate :*

faciunt enim per secessus ventris muccilogines cum pondere. [** Occurrit apud Richer. Histor. lib. 3. cap. 109.]

THENCA. Pactus Legis Salicæ tit. 11. § 8 : *In alio pacto dicit, de ipsis Malb. Thenca texata is mala texaca, amba texaca, amba othonia, præcia hæc sol. in summa 85. qui faciunt denar. 3200. culpabilis judicetur, etc.* Ubi Wendelinus : *Malbergo Thenca texeca*, est ipsa contentio, quæ disceptatur ac ventilatur super furto *texagæ*. *Thenca* vero proprie est *Dinghe*, lis, disceptatio, unde *Dinghen*, litigare, etc.

☞ Legitur § 1 : *Theutha texaca*, §. 2. *Theu texaca*, § 6 : *Theuca texara*. Hæc emendat Eccardus censetque legendum esse *Theu, maracha, texaca*, quibus redduntur hæc verba legis : *Servum aut ancillam, caballum aut jumentum furaverit. Theu* ancillam, *maracha* equum, *texaca* furtum significat eodem vade Eccardo : quem, si plura cupis, consule.

¶ **THENECIUM.** Vide infra *Thenerium*.

¶ **THENEDING-PENY.** Vide in *Tethinga*.

THENEMANNETALE. Vide *Themanatale*.

THENERIUM. Provinciale Ecclesiæ Cantuariensis lib. 3. tit. 16 : *Decimæ... ovorum, thenerii agrorum, apum, etc.* Ubi Lindwodus, *id est, arborum crescentium circa agros pro clausura eorum.* Spelmannus legit *Thenecium*, [ut et *Blount* in Nomolexico.] Confer *Themitiæ*.

¶ **THENIA**, pro Tænia. Vide *Postena*.

¶ **THENSA**, Capsa. *Reliquiæ... in Thensa seu capsa collocatæ fuerunt super majus altare*, in Actis S. Medardi tom. 2. Junii pag. 77. *Moxque coopertus velo serico, delatus est a R. P. Rectore prædicto ad Thensam extra altaris septa decore præparatam*, in Actis B. Aloisii Gonzagæ, ubi docti Editores papilionem interpretantur; at forte nihil aliud ea voce intelligendum est, quam quod ipsa apud veteres Grammaticos sonat. Porro iis *sunt sacra vehicula*, ἅρμα θεῶν, in Glossis Lat. Gall. hoc est, Gestatoria seu fercula, in quibus imagines deorum gestabantur, a quibus hæc vox ad Christianos transiit ad significanda fercula, quibus vel sacras reliquias portant, vel sanctas imagines, ut videre potes in Translatione Crucifixi miraculosi tom. 3. Julii pag. 454. et alibi. Vide *Theca* et *Tensa*, 3.

¶ **THEO**, Francis vett. Duo. Vide *Chunna*.

¶ **THEOBALIA**, Mappula. Vide *Toacula*.

¶ **THEODISCI**, Teutones. Vide *Theotisci*.

* **THEODOCTUS**, Scientiæ divinæ peritus. Bulla Innoc. PP. IV. pro Universit. Tolos. ann. 1245. inter Probat. tom. 3. Hist. Occit. col. 454 : *Magistri vero et scholares theologiæ, in facultate quam profitentur, se studeant laudabiliter exercere, nec philosophos se ostendant; sed satagant fieri Theodocti. Teulagie*, pro *Théologie*, in Chron. ad ann. 1674. inter Probat. tom. 3. Hist. Nem. pag. 7. col. 1 : *Sermon dit par ung bien suffisent mestre en Teulagie dudit ordre* (de S. Dominique).

¶ **THEODORICUS**, *Dei contemplator, sive divinorum speculator*, exponitur in Vita B. Theodorici Abb. Andag. sæc. 6. SS. Bened. part. 2. pag. 561.

* **THEODOSION.** Vide infra *Thylus*.

* **THEOLOGANS**, Ital. *Teologante*, in Theologia versatus. Barel. serm. in Domin. Quinquag. : *Trita et vulgata sententia omnium Theologantium etc.*

¶ **THEOLOGARE**, Deum prædicare, annunciare, de Deo loqui, Theologiam edocere. Officium S. Wlfranni pag. 7 : *Tandem voce angelica mundi relinquens omnia, profectus est incredulam Theologare Frisiam*. Vide θεολογεῖν in Glossar. med. Græcit. col. 490. voce Θεολογία.

¶ **THEOLOGARI**, Johanni de Janua, et *Theologizari, De Theologia tractare vel loqui; Theologizer, c'est parler de Theologie*, in Glossis Lat. Gall. Sangerm. MSS. Habetur *Theologizare* in v. *Pisticus*,

THEOLOGUS, in singulis Ecclesiis Cathedralibus, *qui Sacerdotes et alios in sacra pagina doceat, et in his præsertim informet, quæ ad curam animarum spectare noscuntur*, institutus Statuto Concilii Lateranensis sub Innoc. III. cap. 11. Vide cap. 4. et 5. Extr. de Magistris.

¶ **THEOLONEUM**, Theolonarius, etc. Vectigal, vectigalis exactor. Vide *Telon*.

* **THEOLONEUS**, pro *Telonium*, in Charta Caroli C. ex Chartul. S. Dion. pag. 75. col. 2 : *Concessissent omnes Theolones vel barganaticos, etc.* Vide in *Telon*.

THEOLOQUELARIUS, vox ibrida, Theologus, qui de Deo loquitur. Formula Electionis Episcopi tom. 8. Spicilegii Acheriani pag. 154 : *Prisca modernaque Ecclesiarum moderamina Theoloquelariis sanxere canonibus, q o arripientibus viam universæ terræ quarumlibet sedium præsulibus, etc.*

* *Theloquelarius* mendose editum inter Instr. tom. 1. Gall. Christ. pag. 28. col. 2.

THEOMACHA, Deum impugnans, venefica, saga, malefica, in Vita S. Samsonis Episc. Dolensis lib. 1. cap. 26. 27.

¶ **THEONOLEUM**, pro *Theoloneum*, in Charta ann. 1295. pro Conventu S. Leodegarii Suession.

THEOPHANIA, Dies Christi Natalis, ἡ τοῦ Θεοῦ Φανέρωσις. Edictum Theophili Patr. Alexandrini : *Quia ergo accidit, ut sanctorum Theophaniorum sit hic* (Dies Dominicus) *profestus dies, et a jejunando tamen dispensemus, etc.* Loquitur de vigilia Natalitiorum Christi, quæ jejunio caret, quia ob Natalis Christi lætitiam 12. illi dies, qui a Natali Christi usque ad Epiphaniam intercurrunt, olim a jejunio vacabant.

☞ Nihili est ratio quam affert vir doctissimus cur in vigilia Natalitiorum Christi jejunium celebratum non fuerit : neque enim vigilia computari debet inter 12. dies post Natale decurrentes. Jejunio itaque caruit, quod eo anno, quo scriptum est Theophili Edictum, vigilia in Dominicam diem incideret. Præterea Natale Christi ab Epiphaniæ festo distinguit Cangius, quod iis temporibus non obtinebat : nam Theophili ætate, ea etiam quæ ipsum secuta est, uno eodemque die apud Ægyptios celebrabatur festivitas Nativitatis Christi ejusque baptismatis sub nomine Ἐπιφάνια vel Θεοφάνια. Cassianus Collat. 10 : c. 2 : *Intra Ægyptii regionem mos iste antiqua traditione servatur, ut peracto Epiphaniorum die, quem provinciæ illius Sacerdotes vel Dominici Baptismi, vel secundum carnem Nativitatis esse definiunt, et idcirco utriusque Sacramenti solemnitatem non bifarie, ut in Occiduis provinciis, sed sub una diei hujus festivitate concelebrant.*

☞ Idem mos Natale Christi et Baptismum uno festivitatis die, sexto Januarii, concludendi etiam obtinuit in Græcia primis Ecclesiæ sæculis, nec nisi desinente quarto sæculo consuetudinem Occidentalium, qui duas festivitates, ut nos hodie celebrabant, amplexi sunt Orientales, ut discimus ex Chrysostomo qui ait Homil. 72. nondum decem elapsos fuisse annos, cum primum dies (Natalitiorum Christi) innotuisset Ecclesiæ Orientali : Οὔπω, inquit, δέκατόν ἐστιν ἔτος, ἐξ οὗ δήλη καὶ γνώριμος ἡμῖν ἡ ἡμέρα γεγένηται. Vide Suiceri Thesaurum in Ἐπιφάνια, Bailletum ad Natale et Epiphaniam Domini et vocem *Epiphania* suo loco.

☞ Posterioribus temporibus vox *Theophania* solam Epiphaniorum festivitatem significare solet, hacque notione legitur apud Lobinellum tom. 2. Hist. Britan. col. 292. Rymerum tom. 2. pag. 795. et seq. in Hist. Harcur. tom. 4. pag. 2212. et alibi. Johannes de Janua : *Epiphania... vocatur Theophania a Theos, quod est Deus, et Phanos, apparitio, vel Phanos, Sonus; quod Deus Trinitas tunc* (in Baptismo Christi) *apparuit; Pater in voce, Filius in carne, Spiritus in columbæ specie.* Gloss. Lat. Gall. Sangerman. : *Theophania, Tiphaine, une feste.* Varie effertur hæc vox apud Scriptores Gallicos. Alanus *Chartier* pag. 140. ad ann. 1441 : *Ou mois de Janvier aprés la Tiphaine. Enprés la Tyephaine*, in Litteris ann. 1290. tom. 2. Ordinat. Reg. Fr. pag. 33. *Tiphagne*, in Chartul. S. Vandreg. tom. 1. pag. 975 : *Che fu feite l'an de grace mil* II. *chens* IIII. XX. *et quinze le merquesdi devant la Typhagne de Noel.* Ex quo illud etiam efficitur hac ætate utrumque festum, Natalitiorum nempe et Epiphaniorum *Theophaniæ* nomine appellatum fuisse : alias frustra annotaretur *la Typhagne de Noel;* quod ad alterius discrimen factum est. Tabular. Episc. Paris. : *Ces lettres scellées sous le scel de la dite Prevosté, qui furent faictes l'an de grace* 1312. *le Vendredi veelle de la Tiephanie.* Chartular. 21. Corb. fol. 100 : *Au terme de la Tiephaigne nostre Seigneur à commenchier à le Tiephaigne, qui sera l'an* 1353. *Tiephagne*, in alia ann. 1382. ibid. fol. v°. Guillelmus Guiart. sub ann. 1286 :

Receu sans ce con le repraingne
A Raims le jour de la Tiphaingne,
Veant mainte bonne personne,
Li biaus Phelipe la couronne.

¶ Theiophania, Eadem notione. Epitaphium Sugerii Abb. apud Mabillon. tom. 1. Oper. S. Bernardi col. LXXV. ad calcem :

Cui rapuit lucem lux septima Theiophaniæ,
Veram vera viro Theiophania dedit.

Obiit Sugerius Idibus Januarii, ut ibidem dicitur ex Chronico Sandionysiano.

* Nostris *Thiphaine*. Tabul. Carnot. : *Ce fut fait en l'an de l'incarnation nostre Seigneur* M. CCLIX. *le samedy avant la Thiphaine ou mois de Janvier. Thiphanie*, in Stat. ann. 1371. tom. 5. Ordinat. reg.

Franc. pag. 441. art. 6. *Tiefane*, in Charta ann. 1281. ex Tabul. eccl. Camerac.

THEOPROPIA. S. Augustinus Ep. 158 : *Quod autem scripsit Eximietas tua, dubitare te, utrum in Theopropia debeas eadem gesta jubere proponi, fiat, si potest illuc frequens confluere multitudo.* Ubi ad oram : *Theopropia, seu Theopropium, Græcis oraculum, videtur sic appellatus locus, ubi solent Cæsarum edicta promulgari.* Nescio an huc referri possit, quod habet Collatio III. Carthagin. cap. 5 : *Quæ vos exceptores superius Proconsularis, tradidistis nobis coram patribus et Coëpiscopis nostris die octava Iduum Juniarum hora diei tertia in Ecclesia Theoprepia.* Lexicon MS. Cyrilli : Θεοπρόπιον, τὸ ἐκ Θεοῦ μάντευμα, προφήτευμα. Lexic. Gr. MS. Reg. sign. 930 : Θεοπροπεία, ἁμαρτία, καὶ θεοπροπεῖον, τὸ ἐκ θεοῦ μάντευμα ἢ προφητεία. Leg. ἡ μαντεία, pro ἁμαρτία. Hesychius : Θεοπρόπιον, μαντεῖον ἐκ Θεοῦ. θεόπροποι, προφῆται, μάντεις, ἐκ Θεοῦ προλέγοντες. Ita usurpant Philo l. περὶ ὀνείρων, et alii. Vide Clementem Alexandr. lib. 7. Strom. [** et Henric. Stephan. Thesaur. in his vocibus edit. Didot. tom. 3. col. 304.]

☞ *Theopropia* vel potius *Theoprepia* locis laudatis nomen esse proprium cujusdam ecclesiæ apud Carthaginem tunc ad Donatistas pertinentis non dubitant Editores Benedictini tom. 2. Operum S. Aug. col. 419. ubi etiam monent in melioris notæ MSS. Codd. legi *Theoprepia*, non *Theopropia*.

¶ **THEORARE**, *a Theos dicitur, Videre, quia Deus omnia videt, et Theorare, propria est considerare divina*, Johanni de Janua. Gloss. Lat. Gall. Sangerman. MSS. : *Theorare, contempler, considerer divines choses* : pro Græco θεωρεῖν, spectare, contemplari.

¶ **THEORETRUM**, Quidquid sponsæ in præmium defloratæ virginitatis a sponso dabatur eo die qua se videndam præbebat et prodibat in publicum. *Virgo propter honorem virginitatis habet Theoretrum, vidua non habet*, in Novella 2. Constantini Porphyrog. Vide Θεώρητρον in Gloss. mediæ Græcit. col. 494.

* **THEORIA**, Gr. θεωρία, Meditatio, contemplatio. Vita S. Joan. Laud. episc. tom. 3. Sept. pag. 166. col. 1 : *Sicque ab activa vita in Theoriam tendebat calefaciendus, ut a contemplativa in activam rediret calefacturus.* Vita S. Columbæ tom. 5. Sept. pag. 624. col. 1 : *Maximum etiam in obsecrationibus stando expendens curriculum, in tantam subito ferebatur Theoriam, etc.* Vide *Theoricus*.

* **THEORICA**, Theologia. Bern. de Amoribus in Speculo sacerdotum MS. cap. 5 :

Leges audire non debes, nec medicinam
Presbyter, ut scire melius possis Theoricam.

¶ **THEORICALIS**, Spiritalis, ut videtur. Miracula S. Bertæ, tom. 2. Julii pag. 56 : *Sciatis, vos ipsos non hujus cosmi cum honore esse residuos, nec Theoricalis amœnitate prosperitatis gaudere, nisi jam dicto omnia restitueritis loco.*

¶ **THEORICUS**, *Contemplativus, qui tantum contemplationi vacat*, Joh. de Janua. Græc. θεωρικός, Gall. *Theorique. Theorica vita*, nostris *Vie contemplative*, in Vita S. Romani Archiep. Rotomag. metrice scripta, tom. 3. Anecd. Marten. col. 1661.

¶ **THEORISMA**, *Theorema*, Johanni de Janua et in Glossis Lat. Gall. Sangerman. MSS.

¶ **THEOSOPHICUS**, Theologicus, spectans Theologiam. Epistola Gozechini Scholastici, tom. 4. Analect. Mabillon. pag. 362 : *Quæque vel legendo, vel disputando perplexe intricata, vel in Theosophicis vel in sophisticis occurrissent, etc.* Vide mox *Theosophus*.

THEOSOPHUS, ex Græc. Θεοσόφος, Theologus, Theologiæ peritus, vel qui Deum sapit. Vetus Charta apud Beslium pag. 268 : *Data mense Septembri an.* 999. *Ind.* 12. *regnante Rege Roberto Theosopho anno* 5. Concilium Lemovicense ann. 1031. sess. 1. *doctissimum* eumdem Robertum vocat. Hugo Flaviniac. pag. 111 : *Quem Græcia excipiens peregrinum mirata est inter suos Philosophum, extra suos Theosophum.* Et pag. 184 : *Simulat ille ad tempus se Philosophum, ut crederent eum, qui non noverant Theosophum.* Epistola Monachorum Remensis Cœnobii S. Remigii ad Casinenses : *Occasionem autem ejusdem Epistolæ in primis placuit prælibare, quasi in aliquo, quod absit, tantum authoris thema interrumpatur, quod omnium Theosophorum judicio ipsi Tulliano stylo jure meritoque præfertur.* Henricus Aquilonipolensis in Lubeca lib. 1. cap. 20 :

Transeat egregio doctore Theosophiali, etc.

Ita θεοσόφου epitheton non semel tribuitur Constantino Pogonato in Concil. VI. Oecumenico. Theologiæ doctores nostri appellarunt *Maistres en divinité.* Vide Origines domus Alsaticæ pag. 151.

THEOTHECA, quasi Θεοῦ θήκη, Pyxis, in qua reponitur sacra Eucharistia, ægris deferenda. Epitaphium Joannis de Græcolanis, Mediolani :

Et casulæ, binæque cruces, calicesque gemelli,
Thuribulum, Theotheca sed et mortualibus in qua
Est ægris portanda salus, mundique Redemptor.

☞ De sacratissima Virgine dicitur in veteri libro ad usum Ecclesiæ Senon. XIII. sæc. ubi de Officio Nativitatis B. Mariæ : *Perfudit te sacra Virgo Theotheca, decrevitque Deus filius esse tuus.* [** Θεοτόκος.]

¶ Theothica, Eadem notione. *Kyrie Theothica*, in Cod. MS. Chableiæ XIII. sæculi. Prima sunt verba cujusdam additionis quæ cum *Kyrie eleyson* festis solemnioribus in quibusdam ecclesiis decantari solet. Vide *Farsa* 2.

* **THEOTICA.** Glossar. Provinc. Lat. ex Cod. reg. 7657 : *Deytat, Prov. Deitas, Theotica.*

THEOTISCI, Theodisci, Teutones, Germani, unde *Theodisca lingua*, apud Servium in 8. Æneid. Otfridum in libro Evangeliorum et alios, *Theotisca*, in Concilio Turonensi III. ann. 813. cap. 17. Moguntino I. cap. 2. in Synodo Pistensi cap. 4. in Edicto Pistensi cap. 33. *Theudisca*, in Capit. Caroli C. tit. 12. cap. 3. tit. 26. post cap. 12. *Theodisca*, eodem tit. 26.

Tuitisci. Vetus Charta apud Vadianum de Colleg. et Monaster. pag. 87 : *Placuit inter nos chartam pacationis ex utraque parte allevari, quod Tuitisce Suonbuoh nominamus.* Ubi ille *Tuitisce* dixit, quod vulgo *Theutonice;* nam et Theodiscam linguam illi dicebant, hoc est Germanicam, *Die Tuitsche sprach.* Vide Cluverium lib. 1. German. antiq. cap. 9. ubi multa. *Thiois* dixerunt nostri. Vetus Poeta *de Bertain*, apud Falcetum :

Longuement tint Sassoigne, qu'ins nus n'i mit defois,
Mès puis fu reconquise par Francs et par Thiois.

Le Reclus *de Moliens* MS :

Thiois, Brabant, et Avalois.

Adde Willelmus *Guiart* ann. 1214. [Le Roman *de Cleomades* MS :

Quant Grieu sot, pour savoir Tiois
Vint à Couloigne en Allemaigne...
En cel pays tant demora
Qu'il sot Tyois ; lors s'en ala.]

Lingua Theotisca, *Theodisca, Theudisca*, eadem quæ *Theutonica*, seu Germanica, quæ olim in Gallia etiam aliquandiu obtinuit, a Francis nostris Orientalibus subinde invecta, adeo ut hac etiam loquutos primæ ac secundæ stirpis Reges haud ægre probari possit, longe tamen diversa ab hodierna, ut pluribus probavit Freherus ad formulam fœderis Ludovici Germaniæ et Caroli Galliæ Regum, Ludovici Pii filiorum, et Browerus in Proparasceve Annalium Trevirensium n. 14. ex Capitulo 19. lib. 4. Capitul. Caroli M. hac lingua, imperante Ludovico Pio, exarato; quod antea attigerat Trithemius in Catalogo illustrium virorum in Otfrido : *Otfridus ex eo volumine, quo Carolus Imperator quondam Magnus barbariam Theutonicæ nostræ linguæ ad regulas inchoavit reducere grammaticales, edoctus, multa et miranda lingua materna secundum easdem regulas composuit metro seu carmine, quæ nemo facile nostra ætate legere et intelligere potest, quantumcunque sermonis nostri peritus : quippe cum sermo ille regulatus a nostro plus differat, quam Etruscus a Latino.* Unde vero vox *Theodiscus* fluxerit, pluribus disserit Cluverius lib. 1. German. antiquit. cap. 9. [** Vide Rühs. ad Tacit. German. pag. 103. Monium de Pagan. Europ. Boreal. tom. 2. pag. 7. Grimm. Grammat. German. 3a edit. tom. 1. pag. 12.]

¶ Theutonicum Opus. Testamentum MS. Roberti Canonici Autissiod. ann. 1205 : *Optuli etiam super altare pallam benedictam Theutonico opere decenter operatam.*

¶ Theutonizare Voces, Alterius linguæ, vocabula Teutonice reddere, vel Teutonice facere. *Kathalina.... Theutonizatum Gwefl sonat*, in Historia de Guelfis apud Leibnitium tom. 1. Scriptor. Brunsvic. pag. 782.

¶ **THEOTOCHE**, Deipara. Acta S. Ursmari Episc. tom. 2. Aprilis pag. 558 :

Ecclesiam pia Virgo simul Theotoche tuetur.

Notum est Θεοτόκος B. Virginis epitheton.

¶ **THEOTONIA**, Germania. *Regnum Theotoniæ*, apud Marten. tom. 2. Anecd. col. 13. ex Epist. Urbani IV. PP. ann. 1263.

¶ **THEOTONICUS**, Germanus, apud Murator. tom. 3. pag. 490. col. 2. tom. 6. col. 94. 421. et alibi. Vide *Theotisci*.

* **THEOTONISI**, Iidem qui *Theotisci*, Teutones, Germani. Mirac. S. Patric. tom. 5. Aug. pag. 221. col. 2 : *Cum Theotonisi civitatem Acerrarum possiderent, quidam*

eorum postposito Dei timore, *rapinam exercebant per circumstantes villas.* Haud scio an inde vox *Theudrier*, qua Extraneus, alienigena significari videtur, in Lit. remiss. ann. 1482. ex Reg. 206. Chartoph. reg. ch. 889 : *Icellui Bosquier avoit dit plusieurs parolles injurieuses et diffamatoires de la personne du suppliant*, *et entre autres qu'il estoit ung villain Theudrier, et que on ne scavoit qui il estoit.*

* **THEPHANIA.** Vide supra *Thefania.*

¶ **THERASCHIA**, Teorascia, *Tiérache. Juvenis canonicus de Roseto in Theraschia, etc.* in Charta ann. 1254. ex Chartul. Campan. fol. 158. *Theraisse*, in Peagio ex Chartul. 21. Corb. fol. 344.

* *Thieraisse*, in Lit. ann. 1371. tom. 5. Ordinat. reg. Franc. pag. 450. Vide supra *Terasca.*

¶ **THERIA.** Annales Genuenses ad ann. 1242. apud Murator. tom. 6. col. 495 : *Pisani galeas et alia ligna de duabus Theriis* 1. *numero muniebant*, *in quibus Ruscarinus Pisanus præerat admiratus.* Ubi *ligna de duabus Theriis*, forte sunt navigia de duobus tabulatis, Gall. *de deux ponts.*

THERISTOTIDES, in Gloss. Saxonico MS. apud Somnerum exponitur wade wan gie sela, ubi *theristrum* corrigendum putat.

THERISTRUM, TERISTRUM, *Genus pallii muliebris*, Eucherio Lugdun. Hieronymus in Esaiam : Θέριστρα *nos possumus appellare palliola*, *quibus obvoluta est Rebbecca*, *et hodie quoque Arabiæ et Mesopotamiæ operiuntur feminæ*, *eo quod* ἐν θέρει, *id est in æstate et caumate corpora protegant feminarum.* Ex eo Papias : *Teristrum palliolum est, quod ad usque Arabiæ et Mesopotamiæ mulierum est velamentum*, *quo tutissimo umbraculo utuntur in æstivo.* Mox : *Teristra*, *subtilissimæ cortinæ.* [Adde Isidorum lib. 19. Orig. cap. 25. et Tertullian. de Pallio cap. 4.] Glossæ Biblicæ MSS : *Theristrum*, *æstivum vestimentum*, *theros enim æstus.* Ugutio : *Teristrum quoddam genus muliebris vestis subtilis et tritæ*, *a terendo dictum*, *vel a tegendo*, *quia in æstu corpora tegat feminarum.* Gloss. Lat. Gall. : *Teristrum*, *une maniere de vestement de femme*, *qu'on dit Chainse.* Salomon Proverb. 27 : *Sustulerunt a me Teristrum meum custodes murorum.* Hepidanus de Vita S. Wiboradæ lib. 1. cap. 5 : *Teristrum cum omni vittatoria compositione detrahens.* Luitprandus lib. 3. cap. 5. al. 23 : *Dum hunc Græcorum more Theristro opertum*, *habituque insolito viderunt indutum*, *etc.* Perperam *cheristro* editum. Idem in Legatione cap. 37 : *Mihi mandavit*, *fas non esse quempiam*, *ubi Imperator esset*, *pileatum*, *sed Teristratum incedere : cui mulieres*, *inquam*, *nostræ tiaratæ*, *et Teristratæ*, *viri equitant pileati.* [** Adde cap. 40. et 54.]

* Glossar. Lat. Gall. ex Cod. reg. 7692 : *Teristrum*, *soucanie. Terristrum*, *ceinse de fame veuve.*

* **THERITA**, ut *Tarida*, Navis onerariæ species. Constitut. MSS. Caroli reg. Sicil. : *Amiranti vice*, *prothontini*, *amirati in reparatione navium*, *galearum*, *Theritarum*, *et aliorum vassellorum*, *etc.* Vide supra *Tharida.*

¶ **THERMAPALUS**, Θερμαπαλός, Callidus et mollis. *Ova Thermapala*, Sorbilia, Th. Prisciano 20. 10.

THERMARIUM, Thermæ. Gloss. Saxon. Ælfrici : *Balnearium vel Thermarium*, bæth hus. i. domus thermarum.

THERMIPHILÆ, pro *Thermopylæ*, Quævis montium angustiæ, *clusuræ.* Chronicon Reichersperg. ann. 753 : *Haistulphus Rex Thermiphilas*, *id est clusas Longobardorum petiit.* Regino habet *Thermopylas.*

¶ **THESAURARE**, *Facere thesaurum*, *thesaurum congregare*, Joh. de Janua. Vide *Thesaurizare.*

¶ 1. **THESAURARIA**, Gall. *Thresorerie*, *Thesaurarii* dignitas, vel locus ubi thesaurus reconditur. Occurrit posteriori notione apud Rymer. tom. 2. pag. 930. 1046. tom. 4. pag. 648. in Reparationibus factis in Senescallia Carcasson. ann. 1435. e MS. Cl. V. *Lancelot*, etc. Priori vero in Charta Philippi V. Fr. Regis pro S. Capella Paris. ann. 1318. apud Lobinell. tom. 3. Hist. Paris. pag. 126. col. 2. in Synodo Mexicana ann. 1585. tom. 4. Concil. Hispan. pag. 385.

* 2. **THESAURARIA**, Vasa sacra, aliaque pretiosior ecclesiastica suppellex in *thesauro* ecclesiæ asservata. Instr. ann. 1308. tom. 5. Cod. diplom. Polon. pag. 32. col. 2 : *Thesaurum ecclesiæ de ipsa ecclesia*, *confractis seris*, *Thesauraria manibus sacrilegis abstulerunt.*

¶ **THESAURARIATUS**, Thesaurarii dignitas in Ecclesiis, apud Rymer. tom. 9. pag. 541. in Historia Mediani Monasterii pag. 410. et in Inventario S. Capellæ Paris. ann. 1363. ex Bibl. Reg.

THESAURARIUM, pro *Thesaurus*, apud S. Augustin. enarrat. in Psal. 48 : *Numquid perdes in Thesaurario Christi ponens?* Ibidem : *Inveniunt nummos*, *et ponunt in Thesaurario.* Vita Burchardi Episcopi Wormaciensis : *Tunc Principes*, *qui aderant*, *intrantes Thesaurarium et cameram*, *ubi putabant pecuniam reconditam*, *diligenter angulos omnes perscrutati sunt*, *etc.*

THESAURARIUS, Thesauri Regii custos. *Desiderius Thesaurarius* Dagoberti Regis, in ejusdem Regis præcepto de Episcopali dignitate Cadurcæ urbis eidem Desiderio collata. *Rado Thesaurorum regalium summus Procurator*, apud Fridegodum in Vita S. Audoeni Episc. Rotom. cap. 4. apud Surium.

¶ THESAURIS, Eadem notione, in Mandato Johannis Reg. Fr. ann. 1352. tom. 2. Ordinat. pag. 513 : *Præsentibus Thesauribus et Magistris monetarum*, *etc.*

* *Nicolas Braique Tressouriers de Normandie*, in Chartul. S. Benigni Divion. ad ann. 1350.

THESAURARIUS, Dignitas in Ecclesiis Cathedralibus et Capitularibus, cui thesauri Ecclesiæ servandi cura incumbit, quod ipsa docet nomenclatura. [*Thesaurier*, non semel in Chartul. Latiniac.] Isidorus Hispalensis in Epist. ad Leufredum Cordubensem Episcopum : *Ad Thesaurarium pertinet ostiarii basilicarum ordinatio*, *incensi præparatio*, *cura Chrismatis conficiendi*, *cura Baptisterii ordinandi*, *præparatio luminariorum in sacrificio.* Rodericus Zamocensis Episc. in Speculo Vita humanæ lib. 2. cap. 16 : *Thesaurarius sive custos*, *præcipua quadam prærogativa*, *ac honoris præeminentia in sacrosancta Ecclesia fulget. Illorum enim dignitati et officio*, *basilicarum primo incumbit custodia et tuitio*, *ostiariorum institutio*, *luminarium incensio et præparatio*, *cura denique baptisterii : vasorum quoque sanctorum*, *ac sacerdotalium vestium*, *necnon sacrarum reliquiarum*, *et tandem totius Ecclesiæ thesauri ad eum pertinet principalis custodia. Sed et inter Ecclesiæ ministros*, *pro modo obsequii*, *et personarum differentiis*, *reditus et oblationes dividit.* Leges Alfonsi IX. Regis Castellæ part. 1. tit. 6. leg. 6 : *Tesorero tanto quier dezir como guardador de Tesoro cu a su oficio conviene de guardar las cruzes*, *e los calices et las vestimentus*, *e los libros*, *et todos los otros ornamentos de la santa Eglesia*, *et el deve componer los altares*, *et tener la Eglesia limpia et apuesta*, *e a bonda de encienso*, *et de candelas*, *et de las otras luminarias*, *que son menester. Otrosi el deve guardar la chrisma*, *e mandar e ordenar como se faga el Baptismo. E a su oficio pertenesce de fazer tanner las campanas.* [Synodus Mexic. ann. 1585. tom. 4. Conc. Hisp. pag. 385 : *Thesaurariam* (*creamus*) *ad quam Ecclesiam claudere et aperire*, *campanas pulsare facere*, *omnia utensilia Ecclesiæ custodire*, *lampades et luminaria curare*, *de incenso*, *luminibus*, *pane et vino ac reliquis ad celebrandum necessariis*, *de redditibus fabricæ Ecclesiæ exponendis ad votum Capituli providere pertinebit.*] Joann. de Deo in Pœnitentiario lib. 5. cap. 12 : *Thesaurarius vel Sacrista*, *quod idem est in officio*, *licet nomina sint diversa*, *etc. Thesaurarii* officio potissimum munus incumbit *luminaria* Ecclesiæ providere. Hincmarus Epist. 4. ex Labbeanis : *Thesaurarius de luminaribus et de aliis omnibus*, *quæ ad Ecclesiæ honestatem*, *utilitatem*, *atque salvationem*, *et ad suum ministerium pertinent*, *providentiam gerat.* Concilium Coloniense ann. 1260. cap. 8 : *Thesaurarii seu custodes*, *quorum interest Ecclesiæ luminaria ministrare*, *ea ita fideliter administrent*, *et generaliter omnis Ecclesiasticæ supellectilis seu thesauri custodiam eorum fidei atque curæ commissam ita conservent fideliter et solerter*, *etc.* Adde Statuta Leichefeldensis Ecclesiæ in Monastico Anglic. tom. 3. pag. 241. 250. et Statuta Ecclesiæ Londinensis ibid. pag. 337. [necnon Probationes Hist. Cabilon. pag. 95.]

* Charta ann. 1164. in Chartul. S. Corn. Compend. fol. 174. r°. col. 1 : *Notum fieri volumus.... quod inter Meldensem episcopum et Thesaurarium Compendiensis ecclesiæ*, *dominum videlicet Philippum fratrem regis*, *diutina fuerat controversia de quadam annona*, *quam præfatæ Compendiensis ecclesiæ matricularii in decima Nantolii accipiebant. Si quidem Meldensis episcopus annonam illam saisierat*, *quia de suo erat feodo*, *et prænominatus Thesaurarius ei hominium inde facere nolebat. Prædicta igitur controversia in hunc modum compositionis est terminata. Abbas Compendii*, *in cujus manus Thesauraria devenit*, *quia hominium facere non potest*, *Meldensi episcopo annuatim persolvet in festo beati Stephani mense Augusto decem solidos.* Multa hic habes notatu digna.

Subthesaurarius, Dignitas pariter Ecclesiastica in Ecclesia Remensi, apud Joannem Sarisberiensem Epist. 268.

¶ Thesaurarius, f. Procurator, Syndicus. Legitur tom. 4. Annal. Benedict. pag. 425. ad ann. 1038. Widonem *Thesaurarium* S. Mauricii Andecavensis, cum consensu uxoris suæ, triumque filiorum fundasse atque dotasse Ecclesiam in honorem S. Martini Vertavensis in villa Legionis ad Oldonem fluvium, ut monachi S. Albini eam monasticæ religioni aptarent. Postmodum Wido ipse apud S. Albinum monachus factus est.

¶ Thesaurarius, Cellerarius. Consuetud. Fontanell. MSS. pag. 397 : *Thesaurarius, qui in aliquibus monasteriis Cellerarius vocatur, recipit debita et redditus totius monasterii.*

* Thesaurarius, Ædituus, Gall. *Marguilier.* Charta ann. 1352. in Reg. 81. Chartoph. reg. ch. 599 : *Matricularii seu Thesaurarii et alii parreciani parrochialis ecclesiæ B. M. Magdalenes civitatis Paris. etc.*

Thesaurarius Angliæ. Hujus officium et dignitas describuntur in Fleta lib. 2. cap. 25. 26. 27. 28.

Thesaurarius Scacarii, apud Anglos, de quo Matth. Westmonaster. ann. 1295.

Thesaurarius Garderobæ, in Anglicana Curia, est is, cui cura expensarum Regis et familiæ suæ commissa est. Ejus officium est pecuniam, jocalia et exenia Regi facta recipere, receptaque Regis secreta custodire, et de receptis expensas facere rationabiles, etc. Vide Fletam lib. 2. cap. 17. § 1.

THESAURENSES, Officiales Comitis Thesaurorum dicuntur in lege 14. Cod. Th. de Divers. offic. (8,7.) et lege 2. Cod. de Palatinis (6,30.), qui scilicet *Thesaurorum custodiam suscipiebant*, in eadem lege, hoc est titulorum largitionalium exactorum et illatorum in thesauros.

¶ **THESAURIA**, Thesaurus, seu locus ubi thesaurus reconditur, gazophylacium. Acta B. Isfridi, tom. 2. Junii pag. 1090 : *Monstrant hodie fontem juxta domum Thesauriæ in Raceburg.* Charta ann. 1224. apud *Madox* Formul. Anglic. pag. 29 : *Confecta sunt tria instrumenta concepta sub eodem tenore, quorum unum remanebit penes Abbatem et conventum, aliud penes rectorem ecclesiæ de Brichtwalton... tercium in Thesauria Sarum :* quo in posteriori loco *Thesauria* idem videtur quod Chartophylacium. Sic Chartophylacium regium vocamus le *Tresor des Chartes.*

¶ **THESAURIS**, ut *Thesaurarius.* Vide ibi.

¶ **THESAURIZARE**, Idem quod *Thesaurare*, Johanni de Janua, Gall. *Thesauriser*, Gr. θησαυρίζειν, Divitias congerere. Occurrit passim in Bibliis sacris, et apud Salvianum lib. 5. de Gubernat. Dei et alios Scriptores ecclesiasticos.

¶ **THESAUROPHYLACIUM**, Θησαυροφυλάκιον, Thesaurus, seu locus ubi thesaurus reponitur, apud Martenium et alibi.

THESAURUM, neutro genere usurpant Alcuinus Epist. 49. et Poem. 105. [Folcardus lib. 1. Mirac. S. Bertini cap. 8. et alii Scriptores ævi medii.]

1. **THESAURUS**, seu Thesauri inventio, inter Jura Regia accensetur in Legibus Edwardi Confess. cap. 14. in Legibus Henrici I. cap. 10. apud Brittonem in Legib. Angl. cap. 17. in Speculo Saxon. lib. 1. art. 35. et apud Bractonum lib. 2. cap. 24. § 1. Definitur autem ab eodem Bractono lib. 3. tit. de Corona cap. 2. § 4. *quædam vetus depositio pecuniæ vel alterius metalli, cujus non extat memoria, ut jam dominum non habeat.* Adde Fletam lib. 1. cap. 43. § 2. et Regestum Parlam. B. fol. 116. Æthelredus lib. 1. ann. 418 : *In nono etiam anno post eversionem Romæ a Gothis, relicti qui erant in Britannia, Romana ex gente, multiplices non ferentes gentium minas, scrobibus occultant thesaurum, aliquam sibi futuram existimantes fortunam, quod illis post non accidit.* Charta Theobaldi Comitis Carnotensis ann. 1118 : *Justitiam quoque murtri, raptus, incendii, furtivi Thesauri inventi et celati, quia durum erat Monachis de talibus judicare, mihi et hæredibus meis Comitibus Carnotensibus in Bonavalle et in terra sua de banleuga concesserunt habendam.* Charta Guillelmi Castellani S. Audomari ann. 1175. in Tabul. Monasterii S. Bertini : *Ab omni calumnia et consuetudine, quæ de jure Comitatus exigi solet, a banno scilicet, furto, teloneo, occasione inventi Thesauri, liberi sint.* Articuli Cleri contra Dionysium Regem Lusitaniæ apud Bzovium ann. 1289. n. 9. § 26 : *Impingit aliquibus viris Ecclesiasticis, mulieribus religiosis et Abbatissis, quod invenerunt Thesaurum, quorum occasione facit eos capi, et secum taliter captos duci, non parcens religioni, aut etiam dignitati intendens, et compellens contra jura, ut totus Thesaurus sibi restituatur, etsi in propria domo, possessione aut villa, aut campo seu allodio ipsius inventus sit, aut dicatur inventus.* Vide Capitulare 3. ann. 789. in Appendice cap. 2. et supra in voce *Inventio* 1.

* Judicat. ann. 1261. in Reg. *Olim* parlam. Paris. : *Inventa fuit pecunia usque ad xl. m. in muro cujusdam domus apud Lochias, cum ipsa domus reficeretur. Baillivus voluit eandem pecuniam habere pro rege; ille, cujus erat domus, petebat eandem habere. Placuit regi, quod ipsa pecunia redderetur domino domus ipsius, nisi manifesta et certa consuetudo in contrarium inveniatur in ipsa terra.*

* Quæ vero vasa sic casu inventa fuerant, aqua benedicta et oratione purificabantur, ex antiquissimo Pontificali MS. Bibl. reg. sign. 943 : *Oratio super vasa in loco antiquo reperta, quæ primitus aqua lavantur exorcizata. Omnipotens sempiterne Deus, insere te officiis nostris, et hæc vascula arte fabricata Gentilium sublimitatis tuæ potentia ita emundare et benedicere digneris, ut omni immunditia depulsa, sint tuis fidelibus tempore pacis atque tranquillitatis utenda. Per Dominum, etc.*

Thesauri Ducendi Onus. Monasticum Anglic. tom. 1. pag. 976 : *Sint quieti de... hornegeldo, caruagio.... et de Thesauro ducendo etc.* Pag. 922 : *De maeremio cariando, de armis portandis, de Thesauro portando, etc.*

¶ 2. **THESAURUS**, Monile. Chronicon Valciodor. tom. 7. Spicil. Acher. pag. 516 : *Comes Eilbertus... sine consilio suæ nobilissimæ conjugis... loco obsidis mirabilem Thesaurum quem apud se conservabat Clerico tribuit, diem statuens in quo fieret solutio debiti. Thesaurus autem iste desiderabilis compositus est in similitudinem insignis monilis, quem S. Eligius... præcepto nutuque inclyti Lotharii Regis Franc. manibus propriis operatus est. Lapis si quidem beryllus in medio positus sculptum retinet qualiter in Daniele Susanna a senibus judicibus male criminata sit, qui varietate sui operis diligentiam ostendit artis, et diligentia venustatem locupletis honoris.* Quod *Thesaurus* pluries ibi appellatur, nude dicitur *Monile* in fragmentis ex Chronico Valciod. sæc. 5. Benedict. pag. 597.

¶ Thesauri Ecclesiastici, Vasa sacra, aliaque pretiosior supellex ecclesiastica, gemmæ et alia hujusmodi, in Capitulari 5. ann. 806. cap. 5. ubi prohibet Carolus M. ne vendantur Judæis aliisve negociatoribus. Ne *Vasa sacra* dentur pignori, pariter prohibet Ludovicus Pius Capitul. ann. 816. cap. 13.

THESEUS Mensis, in Hepidanni Annalibus ann. 973. pro mense *Desio* dicitur, ut recte conjectat Goldastus. Sic vero appellatur mensis Junius a Macedonibus, Græc. Δέσιος.

¶ **THESIA**, Mensura sex pedum, Gall. *Toise*, in Charta Godefridi Episcopi Lingon. inter Instrum. novæ Gall. Chr. tom. 4. col. 179. et in Glossario tom. 3. Hist. Paris. ubi Lobinellus observat *Thesias* etiam aliquando dici tigna canteriosve ex Charta ann. 1282. ubi legitur, *duas campanas, quamlibet ponderis centum librarum in capella domus cæcorum congregationis prædictæ ponendas, pendentes duabus Thesiis super copertura ipsius capellæ.* Vide *Teisia.*

¶ **THESICUS**, Phtisi laborans, ni fallor, a ficto *Thesis*, pro Phtisis. Codex MS. D. *de Chalvet* Senescalli Tolos. de Albigensibus: *Dictus infirmus non permittebat ipsos recedere, eo quod Thesicus erat et volebat hereticari in morte.* Vide *Tesis.*

THESINDUS, Idem qui *Thainus*, de qua voce supra. Leges Henrici I. Regis Angl. cap. 69 : *De Tihindi hominis* (occisi) *wera, debent reddi secundum legem 30. solidi ad manbotam, idem hodie 5. marcæ. De Thesindo, id est Thaino, 120. sol. qui faciunt 20. marcas.*

¶ **THESMOPHORUS**, Θεσμοφόρος, Legislator, de Moyse dicitur in Gestis Consulum Andegavensium tom. 10. Spicilegii Acheriani pag. 470.

* **THESPETATICUM** ex Charta Dagoberti regis apud *Grosley* in Disquisit. ad Jus Franc. pag. 121. Vox fictitia, ut videre est in *Themonaticum.*

* **THESURA**, Plagæ, rete. Vide supra *Tesura* 2.

THETA, Vide *Th.*

THETHINGPANYE. Vide in *Tethinga.*

THEU, Francis veteribus, Duo. Vide *Chunna.*

* **THEUCRI**, Turci. Vide supra *Teucri.*

¶ **THEUDISCI**. Vide supra *Theotisci.*

¶ **THEUGDPENY**. Vide in *Tethinga.*

* **THEULONIUM**, idem quod *Telonium*, Exactio, tributum. Charta S. Ludov. ann. 1264. in Reg. S. Justi ex Cam. Comput. Paris. fol. 142. v°. col. 2 : *Nullum tenean-*

tur. Theulonium seu exactionem quamlibet aut costumam solvere. Vide in *Telon.*

THEUMA, Teuma, pro *Thema*. Willelmus Brito in Prologo ad Philippid. :

> Rursus ut aggrediar prolixius edere Theuma.

[Et ad calcem editionis Duchesnii pag. 256 :

> Nam qui prælibant librorum Teumata versus
> Nolo quidem numeris connumerare meis.]

* Hinc forte nostris alias *Theutes*, pro *Teneur*, scripti verba. Chron. S. Dion. tom. 5. Collect. Histor. Franc. pag. 270 : *Teux estoit li Theutes de la chartre le patriarche Jehan, que li dui Crestien aportoient.*

¶ **THEUNCARIUM**, Tributum. Vide in *Telon.*

¶ **THEUROMA**, Aulæum seu tapes, ut videtur. Joh. de Monsteriolo Epist. tom. 2. Ampl. Collect. Marten. col. 1329 : *Mihi Theuromata seu tapeta illa misisti; quæ res etsi rara et singularis sit, etc.* Hæc verba *quæ res etc.* indicare videntur particulam *seu* esse nudam explicationem vocis *Theuroma*, cum de re singulari seu unica agi videatur; alioquin crederem *Theuroma* esse pro *Toreuma*, Τόρευμα, quod est Opus sculptum aut cælatum ex quacumque materia.

¶ **THEURORA**, vel ut legere mavult Eccardus *Theurona*, Puella, in Pacto Legis Salicæ tit. 15. § 2. Eccardum consule.

THEUSEBIA, ex Gr. θεοσέβεια, Pietas. Ordericus Vital. lib. 8. pag. 708 : *Sed in pace Dei cultores legali Theusebia tripudiare sineret.*

¶ **THEUTHA**. Vide in *Thenca.*

¶ **THEUTHONICI**, Theutonici, Theutonizare. Vide *Theotisci.*

* **THEUTRAMUS**, Vir eximius ac celebris. Ermoldi Nigel. Carmen tom. 6. Collect. Histor. Franc. pag. 64 :

> Ecclesiæ custos Theutramus nomine quondam
> Præfatæ fuerat, nomine dignus eo.

¶ **THEW**, Thewe, Caveæ, vel scabelli genus, quo mulieres rixosas et in lacessendo procaces in aquam mergunt apud Anglos, a Saxonico þ e o w, Servus, homo vilis. Placitum in Itiner. apud Cestriam ann. 14. Henrici VII : *Georgius Grey Comes Cantii clamat in maner. de Bushton et Ayton punire delinquentes contra assisam panis et cervisiæ per tres vices per amerciamenta, et quarta vice pistores per pilloriam, braciatores per tumbrellum, et rixatrices per Thewe, hoc est ponere eas super scabellum vocatum a Cucking stoole.* Monasticum Anglic. tom. 1. pag. 977 : *Habere possint Thew, pillorium atque tumbrellum pro punitione malefactorum.* Vide *Blount* in Nomolexico Anglicano

THEYN, Liber, ut *Thett*, servus, in Fleta lib. 1. cap. 47. § 26. idem qui *Thingus*, de qua voce mox. Vide *Thainus.*

¶ **THEYSIA**, Pertica, seu mensura sex pedum, Gall. *Toise.* Franchesiæ Villæ de Pineto ann. 1343. e Schedis D. *Lancelot* : *Terminos vero dictæ franchesiæ declaramus... extra menia dictæ villæ per cc. Theysias.* Vide *Teisia* et *Thesia.*

THIA, Amita, Gall. *Tante.* Vide *Thius.*

¶ **THIARA**, Honorarius Cancellarii cudo, Gall. *Mortier.* Acta Comitiorum general. Turonis habitorum ann. 1483. ex Bibl. Sangerm. : *Dominus vero Cancellarius ad Regem conversus, Thiara deposita et curvato genu, petiit si ei placeret nos sermonem inchoare.* Vide *Tiara.*

¶ **THICINYNUS**, male pro *Hiacynthinus*, apud Isidorum lib. 19. Orig. cap. 21. edit. 1602. Vide Vossium lib. 3. de Vitiis serm. cap. 52.

THIEFT-BUTE. Vide *Thefbote.*

¶ **THIEM**. Vide supra in *Theam.*

THILAC, pro *Tyhtlan.* Vide in hac voce.

¶ **THIMIAMA**. Vide *Thuricremium* et *Thymiama.*

¶ **THIMIAMATERIUM**. Vide *Thymiamaterium.*

¶ **THIMONUS**. Vide in *Temo* 1.

* **THINA** ; Vas grande ex qualibet materia. Stat. Casimiri III. ann. 1451. inter Leg. Polon. tom. 1. pag. 163 : *Item sal quod datur nobilibus sive claustralibus per dominum regem in Thinis, etc.* Vide *Tina* 2.

* **THINDESKATH**, Decimæ exactio, a *Thinde*, Decima, et *Skat*, impositio. Leges Danicæ apud Ludewig. tom. 12. Reliq. MSS. pag. 212 : *Item, nova gravamina noviter inducta, videlicet Thindeskath, ammodo non petantur, nec recipiantur per quemcumque.*

THINGARE, Donare, vox Longobardica, in Lege Longob. lib. 2. tit. 1. § 8. tit. 14. § 4. 5. 12. 13. 25. tit. 15. § 1. 2. tit. 18. § 1. tit. 21. § 9. tit. 34. § 1. 3. 8. 9. lib. 3. tit. 15. etc. [** Roth. 223. 156. 157. 160. 170. 171. Liutpr. 76. (6, 23.) Roth. 172. 173. 176. 365. 225. 227. Liutpr. 9. (2, 3.) 55. (6, 2.) Aist. 2. Roth. 390.] Papias : *Tingatio, mutua donatio.* Boerius ad Legem Longob. : *Thingatio dicitur donatio per universitatem.* In præallatis locis crebro vox *Thingare* sumitur pro *libertatem conferre*, quod et manumittere per *Thinx* dicunt. Leges Luitprandi Regis Longob. tit. 54. § 1. [** 76. (6, 23.)] : *Si duo fratres, aut si pater et filii Thingati fuerint, etc.* Tit. 109. § 4. [** 140. (6, 87.)] : *Vadant liberi et absoluti fulfrealis, tanquam si Thingati fuissent, ubi voluerint.* Leges Astulphi Regis Longob. tit. 8. [** 2.] : *Si quis Longobardus pertinentes suos Thingare voluerit in quarta manu, et chartulas ei fecerit, et sibi reservaverit servitium ejus dum advixerit, etc.*

Inthingare, Eadem notione. Leges Luitprandi tit. 36. § 1. [** 55. (6, 2.)] : *Si quis servum suum fulfreale Inthingaverit, et aamund a se fecerit, etc.* Lex Longob. lib. 2. tit. 34. § 8. habet hoc loco nude *Thingaverit.*

Thinx, Idem quod *Thingatio*, in eadem Lege Longob. lib. 2. tit. 8. § 6. tit. 14. § 13. tit. 15. § 2. 3. tit. 20. § 1. lib. 1. tit. 32. § 5. [** Liutpr. 104. (6, 51.) Roth. 171 173. 174. Liutpr. 64. (6, 11.) 140. (6, 87.)] Charta donationis ann. 1060. in Tabulario Casauriensi : *Hæc traditio de memoratis rebus firma permaneat in sempiternum, quia in loca sànctorum nec Thinx, nec launegild impedire debet, eo quod homo pro anima sua fecit. Dare per libellum de Tinc*, in Charta Gandulfi Episcopi Regiensis tom. 5. Ughelli pag. 1594. *Manumissio per Thinx*, in Legib. Luithprandi Reg. Longobard. tit. 109. § 4. [** 140. (6, 87.)] et in Legib. Longob. non semel.

Thinx idem sonare quod *Thing* Teutonicum, in Fœdere Ludovici et Caroli C. Regum, quod a Nithardo lib. 3. refertur, ubi per *plaid*, seu *placitum*, effertur, putat Marq. Freherus. Cui astipulatur locus Adami Bremensis cap. 229 : *Adeo ut Concilio populorum communi, quod ab ipsis Warph, a nobis Thinc vocatur, Episcopos interesse non renuant.* Sed et in Capitulari Theotisco Ludovici Pii apud Browerum in Proparasceve ad Annales Trevirenses num. 14. *Thegein*, traditio exponitur. [** *Thegein* ibi est *nulla*, vox sequens *thia sala* reddit latinum *traditio*.] Teutones *Dinghe* et *Denghen*, vocant litem, disceptationem : unde *Dinghen*, litigare. Vide Joan. Stiernhookum de Jure Sueonum vetusto cap. 2. pag. 26. [** Graff. Thesaur. Ling. Franc. tom. 5. col. 176. sqq. voce *Ding*; Grimm. Antiq. Jur. Germ. pag. 747. De *Thinx* Longobardorum videndus Beseler. Pact. Hæredit. tom. 1. pag. 108. sqq.]

* **THINGFRED**. Leges Danicæ apud Ludewig Rel. MSS. tom. 12. pag. 182 : *Item sciendum est, quod quicumque ad placitum accesserit, et in via aliquis contra eum deliquerit ad distantiam a loco placiti, quo a placito videri potest; illud delictum, sit Thingfred delictum.* A *Thing*, Placitum, judicium, et *Fred*, Infractio.

* **THINGHORINGE**, Testis judicialis, qui audit quod agitur inter partes, interprete Ludewigo ad easdem Leges ibid. pag. 184 : *Item si aliquis alteri in placito leges firmaverit, tunc quilibet illorum nominet sibi duos Thinghoringe, et advocatus et alii meliores nominent eis tres Thinghoringe, et quicumque illorum sine occasione legitima se absentando, interfuerit cum leges dantur, solvat conquerenti tres marcas et regi tantum. Horinge*, Auditio.

THINGUS, idem qui *Thainus*, de qua voce supra, a Saxonico ð e n g, vel ð e i n g, *minister, baro*, homo liber. Vetus Charta a Cowello laudata : *Sciatis me concessisse omnibus militibus, et omnibus Thingis, et omnibus libere tenentibus, qui manent in foresta mea de honore de Lancastre, quod possunt, etc.* Vide *Thainus* et *Theyn.*

* **THIRANNUS**. Vide infra *Tyrannus.*

¶ **THIRD-PENY**, *Denarius tertius est, ea pars mulctarum forensiumque molumentum* (emolumentorum) *quæ in comitatu olim cedebat Comiti, Rege alias duas percipiente*, in Nomolexico Anglic. Thomæ *Blount* : quod consule.

* **THIRIACA**, Tyriaca, pro Theriaca, Gall. *Thériaque*, alias *Tiriacle.* Vide infra *Triaculum.* Inventar. MS. thes. Sedis Apost. ann. 1295 : *Item duo vasa de stagno, plena Thiriaca.* Arest. ann. 1410. 29. Nov. in vol. 11. arestor. parlam. Paris. : *Johannes Cognati experimentator et venditor, ex eo quod Tyriacam inutilem et ineptam vendebat, etc.* Lit. remiss. ann. 1460. in Reg. 189. Chartoph. reg. ch. 476 : *Icelle femme bailla entre deux escailles ou quoquilles de jambles, qui croissent en la mer, une chose resemblant de couleur à Tiriacle ou metridat.* Vide *Tiriaca* et *Tyriaca.*

* **THIROTINUM**, Tirocinium, scientiæ argumentum. Gesta Gaufr. episc. Constant. inter Instr. tom. 11. Gall. Christ. col. 220 : *Si cuilibet et eorum* (juniorum clericorum) *scriptum vel versus, vel Thirotinum, vel*

aliquid utile videbat, congratulans ei sublimiter illud collaudabat.

¶ **THIRUS**, *Serpens venenosissimus, de quo fit thiriaca*, in veteri Vocabulario Juris utriusque ; a Græco θήρ, θηρός, fera, bellua.

¶ **THISIASTERIUM.** Vide *Thysiasterium.*

THIUBDA, Furtum, Germanis *Dieb*, Otfrido lib. 4. cap. 7. et Willeramo, *Thiob*, Saxonibus þef. Ita inscribitur titulus 3. Legis Frisonum.

THIUPHADUS, Dignitas in Aula Regum Gothicorum Hispan. sed ex inferioribus prima : scilicet post *Duces*, *Comites*, et *Gardingos.* Huic suberant *Millenarii*, *Quingentarii*, *Centenarii*, *Decani*, *exercitus* etiam *Compulsores*, *Annonarii*, *Defensores*, *Pacis assertores*, *Numerarii*, *Villici*, *Sajones*. *Tiuphadum*, civilem administrationem habuisse colligitur ex Lege Wisigoth. lib. 2. tit. 1. § 23. 26. et lib. 4. tit. 5. § 6. Huic in omni criminalium negotiorum genere judicandi licentia concessa erat, præterquam in his criminibus, quæ legum sententiæ aperte condemnant, quibus qui obnoxii reperiebantur, eos non judicare amplius, sed ut jam a lege præjudicatos condemnatosque debitis pœnis subjicere cogebantur. Ita enim accipienda videtur eadem lex lib. 2. tit. 1. § 15 : *Cum in cæteris negotiis criminalium causarum Thiufadis judicandi licentia concessa fuit, criminosos a legum sententiis judicare non audeant, sed debitam in eis, ut competit, censuram exerceant.* [** Al. *Cum cæteris negotiis criminalium etiam... concessa sit... sententiis ipsi vindicare, etc.*] Hi, si quando sive ad bellum, sive alio avocarentur, vices suas in exercendis judiciis committere poterant, ex eodem §. In bellum porro provinciales suos educebant, et ad *hostem* exire compellebant, quomodo Ballivi ac Senescalli olim apud nos, hoc est Regios subditos, qui ex sua *Thiuphadia* erant : ita enim provincia Thiuphadi appellatur lib. 9. tit. 2. § 1. 3. 4. 5. 6. 9. Suberat autem *Thiuphadus* Comiti, ex d. § 5. Vide Diploma Ervigii Regis post Concilium Toletanum XIII. Quidam vocem hanc a Germanico *Tief*, altus, deducunt, quasi suprema fuerit inter inferiores dignitas.

☞ Arcessendam censet Hickesius Dissert. pag. 153. a Francico articulo *Thiu*, et *Fads*, a *Fadian*, Ordinare, dispensare. [** Vide Grimm. Gramm. Germ. tom. 2. pag. 493. *Thius*, Gothice est Famulus, ita ut *Thiuphadhs* Wisigothis dictus fuerit qui aliis *Siniskalk*.] *Thynphadus* perperam legitur apud Spelmannum ; *Tuifadus* vero in Charta ann. 1027. in Probat. Hist. Occitan. tom. 2. col. 179.

THIUS, ex Græco θεῖος, Patruus, Italis *Zio*. [Isid. lib. 9. cap. 6 : *Tius Græcum nomen est. Patruus, frater fratris est. Thii, id est, patrui vel avunculi*, ut exponit *Coquille* Cent. de Nivern. pag. 418. Occurrit hæc vox pluries in Nov. 118. cap. 3.] Codex Carolinus Epist. 93 : *Thius Regis Persarum, Princeps et Dux exercitus.* Chronicon Comitum Capuæ § 3 : *Projectus est de eadem civitate a Pandone Thio suo.* Pactum Gregorii Ducis Neapolitani ann. 911 : *Joannes Consul et Dux, Gregorius Thius ejus.* Charta Hispan. æræ 819. apud Sandovallium in Sylone Rege : *Et sic postea conjunctus pariter cum idem prædicto tuo Tio domino Fromistano Abbate fundasti in isto loco jam dicto Oveta Basilicam S. Vincentii Levitæ, etc.* Ita in alia apud Colmenarezium in Historia Segoviensi cap. 13. § 13. Hist. Miscella : *Ubi erat Isbaali Thius Madi.* Theophanes, καὶ ἦν ἐκεῖ ὁ Ἰσϐααλ ὁ θεῖος τοῦ Μαδί.

Thia, Tia, Amita, Ital. *Zia*, in Conc. Bracar. II. ann. 563. cap. 15. et in Concilio Arelatensi II. cap. 3. uti præferunt Codd. Corbeiensis et Lugdunensis. Adde veterem Chartam allatam a Duce Gardiæ in familia Guietana pag. 182. [et Canones Hibern. tom. 4. Anecd. Marten. col. 3.] Apud Gregorium M. lib. 1. Epist. 37 : *Volo autem, ut domnæ Paterichiæ meæ, etc.* Spelmannus emendat *Patheriæ Thiæ meæ*, quomodo Codd. bonæ notæ præferre monet vir doctus nuperus operum S. Gregorii editor, quosdam etiam *amitæ*, pro *thiæ*. Charta Rudesindi Dumiensis Episcopi æræ 930. apud *Yepez* : *Et villa ipsa monasterio integra in Faro ex dato Tiæ meæ dominæ Gunterodis, etc.* Alia æræ IIII. apud eumdem tom. 6. pag. 450 : *Et de ipsa villa, quæ dedit mihi illa Tia mea, etc.* Vide Chronicon Petri Reg. Aragon. edit. a Carbonello lib. 1. cap. 2. et Anton. Brandaonem tom. 3. Monarch. Lusitanæ fol. 90.

¶ **THLASIÆ**, Thlibiæ, Castrati, spadonum genus, in leg. 128. D. de verbor. signific. : *Spadonum generalis appellatio est, eoque tam hi qui natura spadones sunt, item Thlibiæ, Thlasiæ, castrati : sed et si quod aliud genus spadonum est, continentur. Thlibiæ* proprie ii sunt, quibus attriti sunt testes ; *Thlasiæ* vero quibus ejecti sunt ; a Græc. Θλάω seu Θλίβω, frango. Vide Gothofredum ad Cod. Theod. et Calvini Lexicon.

¶ **THLIBOMENUS**, Θλιβόμενος, Pressus, afflictus. *Thlibomeni* in Ecclesia dicebantur Egentes, qui sustentare se ac victui necessaria suppeditare sibi non valebant. Epistola Cleri Rom. ad S. Cyprianum 8. edit. Oxon. : *Sive viduæ, sive Thlibomeni* (perperam in Editione Pamelii *Clydomeni* et in aliis *Clinomeni*) *qui se exhibere* (i. e. se nutrire sibique necessaria ad vitam præbere) *non possunt.... utique habere debent, qui eis ministrent.* Epistola S. Cornelii PP. ad Fabium Antioch. n. 3. Edit. Coustantii : *Viduas cum Thlibomenis plus mille quingentas*, χήρας σὺν θλιβομένοις, in Græco. Vide Notam Coustantii.

¶ **THLIPSIS**, Gr. θλῖψις, Afflictio, oppressio, apud Luciferum Calarit. lib. 1. ad Constantium Imperatorem.

THO, Celtis, Duo. *Tho-ulufil*, Duo cum dimidio. Vide in *Chunna.*

¶ **THOBALIA.** Vide in *Toacula.*

¶ **THOCA**, *Flavus, vel vestis*, in Glossis Isid. Legendum omnino videtur *Toga*, ut pro *Flavus*, Latus clavus, uti jam dictum est in *Flavus*. Vide Grævium.

* **THOCELLA.** Vide infra *Thosella.*

THOKEI, Piscis genus, cujus fit mentio, inquit Cowellus, ann. 22. Edw. IV. cap. 2.

THOL, Tholneum, etc. Vide *Telon.*

THOLUS. Glossæ Antiquæ MSS : *Tolum, fastigium templi rotundum, sive cerebrum cameræ.* Papiæ : *Proprie est velut scutum breve, qui in medio tecto est in quo trabes coeunt.* Idem : *Tholus, eminens, rotunditas, fastigium templi, culmen tecti.* Gloss. Gr. Lat. : Θόλος, *Testudo. Tholi balnearum*, apud Ammianum lib. 28. Sedulius lib. 1. Paschalis operis :

..... Properemus in urbem
Libertatis ope, radians ubi regia fulvis
Emicat aula Tholis.

Vita S. Joannis Eleemos. ex versione Anastasii Biblioth. n. 52 : *Pergebat aliquando Beatus ad visitandos pauperes in locum, qui dicitur Cæsarium : illic enim eis fecerat quasi Tholos quosdam prolixos, ligneis tabulis pavimento strato ad requiescendos eos.* Epitaphium Aldeberti Abb. Lerinensis, qui decessit ann. 1101 :

Namque sui dextra construxit intus et extra
Turres, atque Tholos, Ecclesiæque polos.

Liber Miraculor. S. Bertini cap. 3. apud Mabillonium de *Turrili*, seu Campanario : *Cum Tholus pomifer in edito una cum triumphali signo Crucis erigeretur, etc.* Occurrit hac notione apud Palladium cap. 8. et 43. Sed non plane assequor quid sit *Tholus* in Gestis Francor. usque ad Robertum Regem ex Bibl. Loiselliana, ann. 1014 : *Fecit quoque 18. Tholos ejusdem metalli*, (cupri Hispanici) *sparsim in choro desuper infixos.* [F. Laminæ cupri bracteatæ, a Gall. *Tole*, quod de ferro bracteato potissimum dicitur.]

* Richardus Cluniac. de Origin. monast. de Carit. apud *Le Beuf* tom. 1. Collect. var. script. pag. 415 : *In Tholo siquidem turris mediæ quæ choro præeminet pulcre deaurato etc.* Pro Lamina usurpari videtur, ut et in Gest. Franc. supra laudatis, ibidem ex Hist. Translat. S. Corn. pag. 363 : *De hujus scilicet ecclesiæ fabrica miro lapideo contabulatu constructa, multum nobis quod loqueremur aderat;..... ubi regia fulvis emicans aula Tholis evecta est supremi ad arcem usque culminis, etc.* Haud scio an inde vox Gallica *Thou*, qua Camera, fornix, vulgo *Voute*, significatur, in Chartul. Latiniac. fol. 194. v° : *Neantmoins lesdits Bizet et Vincelot.... avoyent rompu et desmoly ladite chaussée, et en icelle commancé à faire et édiffier ung esvyer, glassouer ou russeau, pour mener agouster et conduyre l'eaue et agoustz de l'ostel dudit Charles en partye, par dessoubz la chaussée du russeau de la fontaine dudit Laigny, en maniere d'un Thou.*

¶ **THOMATIZARE**, Incredulum esse instar D. Thomæ, qui credere nolebat Christum resurrexisse. Vita S. Trudperti Erem. tom. 3. Aprilis pag. 432 : *Si Ecclesiæ toti non credis, et adhuc non post dies octo, sed post annos tot Thomatizas, mitte vel adhuc manum tuam... et noli esse incredulus sed fidelis.*

¶ **THOMOCHARTA**, Charta, diploma, scriptum. Historia Reliquiarum S. Petri in Abbatia S. Mansueti Tull. tom. 2. Hist. Lotharingiæ inter Probat. col. 277 : *Sicut enim veridicis historiographorum probatur sententiis, et prout Romanæ bibliothecæ monstratur Thomochartis, etc.* Vox ibrida est, quæ a Græc. τόμος, Tomus, volumen, et Latino *Charta*, efficta est.

* Hac notione occurrit apud Mabill. tom. 3. Annal. Bened. pag. 612. ut observant Auctores novi Tract. diplom. tom. 1.

pag. 425. De Chartarum vero regesto seu Chartulario, locum supra laudatum potius intelligendum esse opinantur; quibus haud ægre assentior, atque etiam cum iis vocem ibridam esse minus attente dictum fuisse libenter agnosco. Vide mox

* **THOMUS**, unde diminut. *Thomulus*, Libellus, codex, membrana. Cencius in Præfat. ad Lib. cens. eccl. Rom. : *Census ipsos, sicut in Thomis carticiniis et voluminibus regestrorum antiquorum....... inveni etc.* Et in ipso Libro : *Item in quodam Thomo carticio, qui est in Cartulario juxta Palladium, legitur etc. Item in alio Thomo ejusdem Cartularii legitur etc. Item in alio Thomulo carticio leguntur etc.* Vide *Tomus*.

* 1. **THONA**, Dolium, vas aquæ, vini, cerevisiæ et alterius liquoris capax. Charta ann. 1310. in Reg. 46. Chartoph. reg. ch. 88 : *Item duodecim dolia sive Thonas, et una tina sive cuba.* Vide infra *Tunna*.

* 2. **THONA**, Retis species ad venandum, idem forte, quo ad capiendos thunnos utuntur. Charta ann. 1341. inter Probat. tom. 2. Hist. Nem. pag. 124. col. 1 : *Nulla persona, cujuscumque conditionis existat, sit ausa venare et capere perdices cum rethibus sive Thona, seu aliis ingeniis, sub pœna sexaginta solidorum, et amittendi ingenia sive retia antedicta.* Vide infra *Thuna* 1.

¶ **THOPA**, Navigii species. Chronicon Siciliæ apud Marten. tom. 3. Anecd. col. 90 : *In cathena portus dictæ urbis volentes eam frangere cum cockis, Thopis, galeis, etc.* Sed emendandum puto *chopis*, pro *copis*; *copa* enim pro navigii specie usurpatur a Nicolao Speciali lib. 7. de Rebus Siculis cap. 17. cujus locus exstat in *Cupa* 2.

* **THOPASIUS**, pro Topasius, Gall. *Topase*. Acta S. Wencesl. tom. 7. Sept. pag. 806. col. 1 : *Item sub manu Christi est magnus Thopasius.* Vide *Topazio*.

¶ **THOR**, Getarum Deus. Vide *Thur*.

* **THORA**, Toxicum, venenum. Lit. remiss. ann. 1330. in Reg. 66. Chartoph. reg. ch. 494 : *Dixit publice quod ipse vellet Thoram vel aliud mortiferum comedisse, ad finem ut breviter expiraret.*

* *Thore* vero, pro *Génisse*, Juvenca, forte quod tauro idonea, in Lit. remiss. ann. 1480. ex Reg. 208. ch. 118 : *Deux beufs, trois vaches et une Thore.* Taurus junior, *Thorin* appellatur, in aliis ann. 1414. ex Reg. 168. ch. 88 : *Le suppliant trouva que c'estoit une de ses bestes aumailles, c'est assavoir un Thorin, que un chien tenoit soubz lui. Thoureau*, pro *Taureau*, in Consuet. Andegav. tom. 7. Ordinat. reg. Franc. pag. 563. art. 6.

THORACIDA, Imago pectore tenus : προτομή, [Gall. *Buste.*] Trebellius Pollio in Claudio : *Expressa Thorace vultus imago.* Glossæ MSS : *Toracida, imago sculpta pectoralis, i. usque ad pectus, in auro, vel in quolibet, a thorace quod est pectus.* Adamannus lib. 3. de Locis sanctis, cap. 4. de statua marmorea S. Georgii divinitus emollita : *Hinc itaque manifeste ostenditur, quantæ et qualis fuerit honorificentiæ apud Deum Georgius, inter tormenta, cujus Thoracidam, in re natura impenetrabili, penetrabilem potentia fecit.* Et cap. 5 : *S. Mariæ matris Domini Thoracidam habet.* Versus in Althelmum, in libro Epistolarum S. Bonifacii Archiep. Moguntini Epist. 69 :

> Nec non adhuc munusculum
> Quidam addunt pulcherrimum
> Thoracidos, tuentibus
> Retorquentes luminibus
> Imagines auriferis
> Christi Matris capitibus.

Walafridus Strabo lib. de Reb. Eccl. cap. 8 : *In gestis Silvestri Papæ legitur Constantinum Imperatorem per Thoracidas Apostolorum, quos ipsos in visione viderat, cognovisse.* Durandus lib. 1. Ration. cap. 3. n. 2. ait, Græcos imagines pinxisse solum ab umbilico supra, et non inferius. Vide *Scutum*, *Surtaria*.

Græci recentiores vocem στηθάριον, eadem notione usurparunt. Chronicon Alexandr. : Αὐτῷ τῷ ἔτει ἀφιερώθησαν στηθάρια γ'. ἐν τῷ συγκλήτῳ, Ὀνωρίου καὶ Θεοδοσίου Αὐγούστων, καὶ Πουλχερίας Αὐγούστης ἀπὸ Αὐρηλιανοῦ δὶς ἐπάρχου τῶν ἱερῶν πραιτωρίων. Idem in Justiniano: Ἔχων ἀντὶ πορφύρου χρυσοῦν βασιλικὸν ταῦλιν, ἐν ᾧ ὑπῆρχεν ἐν μέσῳ στηθάριν ἀληθεῖδιν μικρὸν τοῦ βασιλικοῦ χαρακτῆρος Ἰουστίνου.

¶ **THORACIUM**, Carchesium proprie, Gall. *Hune*; item Specula, inspectorium, contracte a voce integra *Theoracium*; inquit Carolus de Aquino, quod a cernendo vel inspiciendo, ex Græco θεωρεῖν, dicitur. Non solum est summitas, seu loculamentum in suprema parte navis, in quo degunt Speculatores ad remotissima quæque lustranda et exploranda; verum etiam machinula bellica, utilis et accommodata ad explorandum impune statum rerum hostilium in urbium aggressionibus. Appendi vero hujus generis machinulæ vel defigi solebant in scalis, quæ inde speculatoriæ appellabantur, in machinis arietariis aliisque organorum generibus, quæ vi potissimum tollenonis in sublime sustollebantur. *Thoracii*, pro inspectorio vel specula, meminit Hero de Machinis bellicis, ubi videndus est Bocacius. Hæc e Lexico militari.

¶ **THORACLA**, Idem, ni fallor, quod *Thoracida*. Nevelo Monachus Corbeiensis de Translat. S. Nicolai ex Cod. MS. Sangerm. 394. initio prologi : *Sicut manus sculptoris perita est ad dilucidandam suæ indaginis Thoraclam, ita strenua ad propalandam quali in sexu conditionis enuclearet.*

THORACOMACHUS. Anonymus de Rebus bellicis Notitiæ Imperii subjectus : *Inter omnia, quæ adversum bellicum provida posteritatis cogitavit antiquitas, Thoracomachum quoque mira utilitate ad levamen corporis armorum ponderi et asperitati subjecit. Hoc enim vestimenti genus, quod de coactili ad mensuram et tutelam pectoris humani conficitur de mollibus lanis timoris sollicitudo solers magistra composuit, ut hoc inducta primum lorica vel clivanus, aut his similia, fragilitatem corporis, ponderis asperitate non læderent, etc.* Ubi *Thoraconactus* legendum recte censet Salmasius ad Plin. et ad Histor. Aug. i. νακτὸς θώραξ, ex lana coactili confectus, cujusmodi fuere nostri *Gambesones*, Νακτὰ enim, et πιλητὰ eadem. Gloss. Græc. Lat. : Νακτὸν, τὸ πεπιλωμένον, *densum, pressum*. Vetus Scholiastis Juvenalis Sat. 6. v. 80 : *Linum tenuissimis maculis nanctum*. Vide Cujacium lib. 5. Observationum cap. 11.

* **THORAGIUM**, *Ornatus mimicus*, in vet. Glossar. ex Cod. reg. 7641. Vide *Toragium* 1.

¶ **THORAL**, THORALE, Culcitra. Ebrardus in Græcismo cap. 12 :

> Estque Thoral lecto quod supra ponitur alto,
> Ornatus causa, quod dicunt Culcitra puncta.

Miracula S. Joannis Beverlac. tom. 2. Maii pag. 194 : *Ut amoverent Thoralia, transferrent stratoria etc.* Ubi *Thoralia* lectos interpretantur Editores, quod fere eodem redit. Vide *Torale* 1.

* **THORELAGIUM**, Pensitatio, quæ ex *Torrali* seu ædificio, in quo torrentur et exsiccantur frumenta et grana, exsolvitur. Vide in *Torra*. Charta locat. præposit. Ambian. ann. 1292. in Reg. 70. Chartoph. reg. ch. 252 : *Omne jus nobis competens...... in Thorelagio combariorum seu factorum cervisiæ.*

* **THORERIA**, Monialis *torno* seu timpano versatili præposita. Vide infra *Turnus* 4.

THORGHOREHNGH. Charta Waldemari Regis Daniæ ann. 1326. apud Pontanum lib. 7. Rerum Danicar. pag. 443 : *Si ita contigerit, quod absit, quod alecia non capiantur, nec in Skanor salsentur, quilibet dato suo Thorghorehngh autoritatem habeat bona, quæ adduxerit absque teloneo libere deducendi.* Habetur ibi pluries. [** *Torghortugh*, apud Lappenb. Orig. Fœder. Hans. Probat. pag. 314. a *Torg*, Forum.]

¶ **THORINGI**. Vide infra *Trotingi*.

¶ **THORUS**, Deus gentilis. Vide *Fret* 2. et *Thur*.

THOSCA. Liber Chirographorum Absiæ fol. 86 : *Et cætera omnia præter unam Thoscam, et unum pratum.* Ita fol. 189. Vide *Pleisseicium* et *Tosca*.

* **THOSELLA**, THOCELLA, THOZELLA, Annonæ frumento inferioris species, Occitanis aliisque *Touselle*. Bulla secular. eccl. Magalon. ann. 1536. inter Instr. tom. 6. Gall. Chr. col. 395 : *Triginta sex sextaria bladi Thocellæ et duo modia vini puri.* Et col. 396 : *Quadringenta et quinquaginta novem sextaria bladi Thosellæ, etc.* Charta ann. 1356. inter Probat. tom. 2. Hist. Nem. pag. 179. col. 1 : *Et primo Thozella, iiij. sestaria, etc.* Vide *Touzella*.

* **THOUMA**, Caseus recens. Comput. ann. 1482. inter Probat. tom. 4. Hist. Nem. pag. 22. col. 2 : *Item in septem libris Thoumæ grassæ, xj. solidos, viij. denarios.*

* *Thouée* vel *Touée* appellatur Funis ductilis, quo navis remulcatur, vulgo *Hansiere*, in Ordinat. ann. 1415. ex Reg. 170. Chartoph. reg. ch. 1 : *Lesquelx maistres des pons auront une bonne flecte..... pour porter les fillez, appellez la Touée, pour lesdiz labourages faire, tant en montant et avalant lesdiz nefs, basteaux et vaisseaux...... Item lesdiz bateliers auront une petite nacelle ou batellet peschèret, pour porter un fillé, appellé la Thouée, devant le grant batel, pour le fermer à la palée.*

* **THOZELLA**. Vide supra in *Thosella*.

THRENARE, Plangere, ex Gr. θρηνεῖν. Paschasius Radbertus in Epitaphio Walæ Abb. Corbeiensis lib. 1. cap. 8 : *Fortasse tunc venter præcordiorum contra nefanda futurorum, quasi cythara Threnabat.*

THRENGUS, Vassalli genus. Vide *Drench*.

THRENO. Vide *Tremum.*

* **THRENOSUS**, Queribundus, lamentabilis. Glossar. Lat. Gall. ex Cod. reg. 521 : *Threnosus, malestrene Gallice.* Vide *Threnare* et infra *Trenus.*

THRETIUM. Fragmentum Petronii pag. 70 : *Decem partes dicit, librum ab oculo legit, Thretium sibi de diariis facit, artisellium de suo paravit, et duas trullas.* [Pretium emendat Schefferus.]

THREUS, Ex filio nepos, quasi *tertius* ab avo; nam *Threus*, in vett. Glossis est *tertius.* Angli *Three*, pro *tres* dicunt, [Germani *Threy*, *dritte*, pro *tertius.*] Edictum Rotharis Regis. tit. 58. § 11. [** 157.] et Lex Longob. lib. 2. tit. 14. § 5 : *Qui de filio naturali generatus fuerit, quod est Threus, etc.* At hoc loco *Threus*, est *libertus.* [Editio Boheriana præfert *Stremus*, et in margine *Thecus*, male. Quidam MSS. præferunt, *qui est Treuuis.* Schiltero videtur, quia de nato ex serva sermo est, forte legendum esse *Theus*, servus, famulus. Papias : *Treus, libertus.* Sed *Treus* a *Treu*, fidelis est eidem Papiæ.]

¶ **THRIMSA.** Vide *Thrymsa.*

* **THRINUM**, Pulpitum, ambo, Gall. *Jubé.* Comput. ann. 1518. ex Tabul. S. Petri Insul. : *Pro duobus ostiis veteris Thrini ecclesiæ venditis in claustro, lxvj. sol.* Alius ann. 1519 : *Henrico pictori, qui deauravit tria diademata posita supra capita Crucifixi, B. Mariæ et S. Joannis.... in Thrino et fecit plurima arma in Thrino et alibi, etc.* Denique alter ann. 1523. ex eod. Tabul. : *Jacobo le Roy carpentario, pro tabernaculo per eum facto, pro die Ascensionis ante Thrinum chori, etc.*

THRONI, Angeli ex primo hierarchiæ Angelicæ gradu, cujus appellationis variæ recensentur causæ a S. Dionysio cap. 7. Gregorio M. Hom. 34. in Evang. Isidoro lib. 7. cap. 5. Hugone lib. 7. in cap. 7. Dionysii, Guillelmo Parisiensi part. 11. c. 101. S. Bernardo lib. 5. de Consid. cap. 4. etc.

** **THRONIZARE.** *Principis honor Thronizat*, apud Sedul. de Rector. Christian. cap. 19. tom. 8. Spicil. Roman.

* **THRONUM**, Statera publica et Vectigal, quod pro *throno* pensitatur, vulgo *Trosne.* Charta Joan. comit. ann. 1234. in Chartul. 2. Fland. ex Cam. Comput. Insul. pag. 98 : *Cum karissima soror nostra Margareta, domina de Dampetra,....... centum libratas Flandrensis monetæ annui redditus de propria hæreditate sua, percipiendas annuatim ad theloneum et Thronum Insulense ;........ ad quod theloneum et Thronum terram assedimus, etc.* Redit. comit. Hannon. ann. 1265. ibid. : *Encore a li quens à Valenchiennes un grant pois, k'on appiele Trosne, etc. Throsne*, eadem acceptione, in Charta Margar. comit. ann. 1274. ex Chartul. 1. Fland. ch. 263. ex ead. Cam. : *Nous avons donné à loial cense..... nos mairies, nos changes,...... nos Throsnes, nos cambages, etc.* Vide infra *Trona.*

THRONUS, Sedes Episcopalis, θρόνος, passim. Unde

INTHRONIZARE, Græc. ἐνθρονίζειν, Episcopum in *thronum* inducere : ἐνθρονιασμός, pro Ecclesiæ dedicatione, cum scil. *Thronus Episcopi* in ea collocatur, in Synodica ad Theophilum Imp. apud Balsamonem, et alios. Liberatus Diac. cap. 14 : *Ordinatus ergo Proterius, præsentibus supra memoratis Episcopis, Inthronizatus.* Utitur cap. 15. 18. 20. etc. ut et Leo Ost. lib. 2. cap. 4. Concilium Ingelenheimense ann. 948. cap. 2. Adalbero Laudunensis Episcopus in Carm. ad Robertum Regem Franc. pag. 241. Sigebertus Gemblac. in Vita S. Sigeberti Regis Austrasiæ n. 5.

Neque tantum de Episcopis vox hæc usurpatur, sed etiam de Abbatibus, atque adeo de quibusvis Presbyteris, qui *ad titulos*, seu Ecclesias quasvis ordinantur. Liber de Fundatione Gozecensis Ecclesiæ : *Post hunc Thiemonem... substituerunt Abbatem hujus Inthronizationis anno tertio, etc.* Vide Formatam Dadonis Episcopi Virdun. tom. 2. Concilior. Sirmondi pag. 673. Præterea de quibusvis inaugurationibus. Ditmarus lib. ult. pag. 110 : *Ducem Henricum Ratisbonæ Inthronizavit.*

INTHRONISMUS, ex Græco ἐνθρονιασμός, apud Liberatum Diacon. cap. 19.

¶ THRONI DEI, Episcopi. Vide *Episcopus.*

THROTEBOLLA, Guttur, vox Saxon. Leges Henrici I. Regis cap. 93 : *Gurgullio vel Throtebolla.* Ubi alii Codd. præferunt *Wrotebolla*

THRYMSA, Genus nummi Anglo-Saxonici. In Legibus Æthelstani, ubi omnium capita æstimantur, hæc habentur : *Archiepiscopus et Satrapa* (qui Corle dictus est) 15000 *Thrymsis, Episcopus et Aldermannus* 8000. *Belli Imperator et summus Præpositus* (hodie *Vicecomes*) 4000. *Thrymsis.* Vide Concilium Grateleanum ann. 928. cap. 13. Lambardus *Thrimsam* nummum trium solidorum fuisse ait, a Treo, quod *tria* sona : vel ut Spelmannus, a þrim, quod *ternos* significat. In Glossario Saxon. exarato sub Edw. III. *Wrinsa*, vel *Wrimsa*, *et est solidus denariorum* : ubi legendum videtur *Thrimsa.*

☞ *Thrymsa* non est trium solidorum nummus, sed moneta solido minor, scilicet quatuor denariorum : cujus nomen non a Treo, ut vult Lambardus, vel a Trim, ut ait Spelmannus, deducendum est, sed a *Tremissis*, ut docet Hickesius Dissert. pag. 110. Est autem *Tremissis* vel *Tremissus* quatuor denariorum, seu tertia pars assis, vel solidi, ut dicitur infra, quod et perspicuum est ex Lege Ripuar. cap. 23 : *Tremissem, id est, quatuor denarios componat.* Vide *Tremissis.*

* Quæ opinio hic ex Hickesio profertur, hanc ipsemet emendat in Præfat. ad tom. 1. pag. xlj. quem consule. [** Adde Phillips. de Jure Anglos. not. 186.]

¶ **THUBATICUM**, Species tributi. Charta Ludovici Pii apud *Laguille* in Probat. Histor. Alsatiæ pag. 19. col. 2 : *Nullum Telonium... aut laudaticum, aut Thubaticum, aut pulveraticum, aut ullum acursum, vel ullum censum, aut ullam redditionem accipere vel exactare audeat.* Fortasse mendum est pro *salutaticum*, *rotaticum*, aut quid simile. [** *Trabaticum*, in Alsat. Diplom. num. 92. tom. 1. pag. 75. ex autographo. Vide in hac voce.]

THUBDA, in Lege Frisionum tit. 3. ubi Sicama *Thiaftha* rescribendum censet. Hodie enim *thiaeff*, vel *thieff*, furtum, *thiaftha* appellant Frisii. [** Omnes edit. habent *Thiubda.*]

¶ **THUE**, Duo, vett. Francis. Vide *Chunna.*

* **THUILA**, a Gallico *Tuile*, Tegula, in Comput. MS. eccl. S. Egid. Abbavil. ann. 1326 : *Pro centum Thuilarum, xij. denarios.* Vide supra *Teulis.*

THUMELUM. Leges Inæ Regis cap. 55. apud Bromptonum [** Anglos. 49.] : *Si pasnagium captatur de porcis, de tridigitali tertius, de duodigitali quartus, de Thumelo quintus* : Saxonice þymel, a voce þuma, Anglis *Thumbe*, pro pollice, de porco hic dictum, cujus pinguedo ad pollicis latitudinem excreverit. Ita Somnerus.

¶ **THUMINUS**, Mensuræ species apud Siculos et Neapolitanos. Nic. Specialis lib. 3. de Rebus Siculis cap. 6. apud Murator. tom 10. col. 972 : *Quilibet equitum ad posteriora equi grani modium mancipavit, pedites vero singuli singulos Thuminos assumpserunt. Sic ergo per amica noctis silentia festinantes roccam eamdem victualibus aliisque necessariis muniverunt.* Charta Alphonsi Arag. Regis ann. 1450. pro Carmelitis Neapol. in Bullario Carmel. pag. 620 : *De Thuminis salis 12. ad justum Thuminum et mensuram nostræ curiæ de sale nostræ curiæ sistentes in fundico seu gabella salis civitatis nostræ Neapolis,.... pro usu dicti monasterii ... liberaliter elargimur.*

* Vide *Tuminus* et *Tumminus.*

* 1. **THUNA**, Retis species ad venandum, idem quod supra *Thona* 2. Charta ann. 1501. ex sched. Pr. *de Mazaugues : Quod nullus particularis dicti castri, moderni et qui pro tempore futuro erunt, non audeant seu præsumant venari ad grossam venationem cum balistis et colobrinis, ac ad cuniculos cum furono, nec ad perdices cum Thuna ac peyrolo, sive de nocte cum lumine, sub pœna prædicta, videlicet centum solidorum de die et duplum de nocte pro quolibet et vice qualibet, et perditione sive confiscatione balistarum, furonorum, Thunæ et peyroli.*

* 2. **THUNA**, Panni species; f. qui Toruno, Gall. *Thorn*, texebatur. Stat. ann. 1451. inter Leg. Polon. tom. 1. pag. 167 : *Plebano de Collo cellarii dantur quinque marcæ, cum octo ulnis panni brevis de Thuna.*

¶ **THUNGREVIUS**, Præpositus villæ. Vide Spelmannum et infra *Tungravio.*

¶ **THUNITIA.** Ordo Rom. apud Mabillon. tom. 2. Musei Ital. pag. 262 : *Potu recepto dictoque Tu autem* (post refectionem Papæ et Cardinalium,) *surgit diaconus, et tenet Thunitiam, dum gratiæ referuntur.* An *Tunicam?*

THUR, Getarum et Gothorum Deus, cui *sanguinem mactabant hominum*, ut est apud Dudonem lib. 1. de Morib. et Actis Normann. pag. 62. Hunc *Martem* putabant, ut habet Willelmus Gemetic. lib. 2. cap. 4. Adde Ordericum Vitalem lib. 4. pag. 513. *Thor* appellatur in Historia S. Cuthberti.

THURARII, Pigmentarii. Vide interpretem Juvenal. Sat. 1. v. 52. [Firmicus lib. 8. cap. 25. *Thurarii, pigmentarii, etc.* Tertullianus de Idololatria cap. 11 : *Ec-*

... majoris operæ et erga dæmonia Thurarius? i. qui thure fumigat.]

THURARIUM, Acerra. Vide in *Acerna*.

THURCIBOLDUS. Vide supra *Curcinbaldus*.

¶ **THUREUS**. Vide mox in *Thuridus*.

¶ **THURIBOLORUM**, pro *Thuribulum*. *Lucerna, id est Thuribolorum ex auro cum sua offerturia*, in Donatione S. Rudesindi Episc. tom. 3. Concil. Hisp. pag. 180. col. 2.

* **THURIBULARE**, Thure adolere, Gall. *Encenser*. Consuet. S. Crucis Burdeg. MSS. ante ann. 1305 : *Item dictus sacrista habet supplere incensum ad Thuribulandum, et nota quod consuetum est in dicto monasterio, quod semper in primis et secundis vesperis omnium SS. duplicium,...... ille qui capitulat, debet se induere sacris vestibus et debet incensare omnia altaria ecclesiæ*. Vide *Thurificare*.

¶ **THURIBULARIUS**, Idem qui mox *Thuriferarius*, qui in ceremoniis ecclesiasticis defert thus vel thuribulum. Breviarium Sarisber. ann. 1556 : *Procedat dyaconus cum subdyacono et Thuribulario*. Charta Eccl. Aniciensis ann. 1312 : *Thesaurario ecclesiæ VIII. lib.... Turibulario X. s. Thuribularius cantet tractum*, in Ordinar. S. Protadii Vesont. pag. 28.

THURIBULUM, Vas, in quo thus reponitur, [*Vaissiau à encens*, in Gloss. Lat. Gall. Sangerm. MSS.] inter ministeria sacra vulgo accensetur. Alcuinus Poem. 3 :

Hic quoque Thuribulum capitellis undique cinctum,
Pendit de summo fumosa foramina pandens,
De quibus ambrosia spirabunt thura Sabæa,
Quando Sacerdotes Missas offerre jubentur.

Dudo lib. 2. de Morib. Normann. pag. 153 : *Thuribulaque inauditæ amplitudinis et pretii auro confecta delegavit*. Leo Ostiensis lib. 1. cap. 58 : *Thuribulum argenteum inauratum, etc*. Occurrit passim. Sed audiendus interim Joan. de Janua : *Thuribulum, a thus, et bolus, componitur, vel quod ibi thus, mordetur et crematur : vel quod thuris bolos, i. morsellos cremat*. Ita nugantur recentioris ætatis Grammatici. [Audiendus quoque est Amalarius in Eclogis de Officio Missæ, ubi de mystica *Thuribuli* significatione loquitur : *Portatur et Thuribulum, quod Christi corpus significat, sicut scriptum est in eadem Apocalypsi* : Alius Angelus venit, et stetit ante altare habens Thuribulum aureum. *Quod sic expositum est. In conspectu scilicet apparuit Ecclesiæ, factus ipse Thuribulum, ex quo Deus odorem suavitatis accepit, et propitius factus est mundo*.] De Thuris seu incensi primævo usu in Ecclesia, vide Durandum lib. 1. de Ritib. Eccles. cap. 9. et Jacob. Petitum in Notis ad Pœnitentiale Theodori pag. 135. 136.

TURABULUM Glossæ antiquæ MSS : *Turabulum, Turabulum, quod Græci Tymarion dicunt*. Mox : *Turibulum, ubi thus incenditur*.

THURICREMIUM, *Incensarium, quia in eo crematur thus*, Ugutioni. Joann. de Janua habet *Thuricremulum*, subditque convevisse dici : *Pone thymiama in Thuricremulo*. [Gloss. Lat. Gall. Sangerm. MSS. : *Thuricremulum, Encencier*.]

THURIDUS, et *Thureus*, *de thure exiens, vel ad thus pertinens, vel fumosus*. *Hieronymus super Isaiam : Unusquisque altius quærat auxilium) ,ciem Thuridam pallore circumferens*. Joan. de Janua. Leg. *Luridam*. [Glossæ Sangerm. Lat. Gall. MSS : *Thuridus vel Thureus, de encens, ou pertenant à encens*.]

THURIFERARIUS, Acolytus, qui *incensarium* in Ecclesia defert, qui et *portator thuribuli* dicitur ab Hugone a S. Victore lib. 1. Speculi Eccl. cap. 7 : *Per Ceroferarium et Thuriferarium intelligimus Sanctos, qui præcesserunt Testamentum*. Vide Durandum lib. 4. c. 5. [et supra *Thuribularius*.]

THURIFEX, *Sacerdos : Thurificium, Sacerdotium : Thurificina, locus, ubi thus efficitur, vel spargitur, vel sacrificatur*. Ugutio [et Joh. de Janua. Gloss. Sangerm MSS. Lat. Gall. : *Thurificina, Lieu à faire encens, ou à sacrefier de encens*.]

THURIFICARE, Thura adolere, sacrificare. Acta Marcelli PP : *Deferatur tripoda, et Thurificent Majestatibus*. Lex 12. Cod. Th. de Paganis (16, 10.) : *Namque omnia loca, quæ thuris constiterit vapore fumasse, si tamen ea in jure fuisse Thurificantium probabuntur, fisco nostro adsocianda censemus*. Consuetudines Floriacensis Monasterii : *In die dedicationis Ecclesiæ post officium debent duo Sacerdotes capati omnes cruces Thurificare, duobus servitoribus comitantibus cum acerris et plurimo incenso*. Occurrit passim in Vitis SS.

THURIFICATI. Vide *Sacrificati*.

** **THURIFICATIO**. *De Thurificationis ritu coronata*, apud Appon. in Cant. Cant. Spicil. Roman. tom. 5. pag. 9.

¶ **THURIFICINA**, THURITICIUM. Vide supra *Thurifex*.

¶ **THURNUM**, Culcitra. Vide in *Torale* 1.

THUS MASCULUM. Ugutio : *Thus, quædam materies apud nos dicitur Masculum, quia sit natura rotundum, in modum testiculorum, reliquum vero planum et pene scabiosum*.

¶ **THWELFINDUS**. Vide *Sixhindi* et *Thythuti*.

THWERTNIK. Charta Regis Angliæ Ricardi II. apud Spelmannum : *Concessimus etiam communitati prædictæ* (Cestrescirae) ... *quod habeat omnes libertates, eidem communitati per Ranulphum dudum Comitem Cestriæ concessas, etc. Concessimus etiam, quod Vicecomes noster, aut hæredum nostrorum, qui pro tempore fuerit in dicto Comitatu, de cetero faciat executiones pro debitis recuperatis et recognitis in Comitatu vel Scaccario Cestriæ, aut in itinere Justiciariorum, qui pro tempore fuerit, absque aliquo capiendo pro executione hujusmodi facienda, licet etiam præteritis temporibus usum sit, prout per chartam habet ipsa communitas. Quod si aliquis in curia nostra culpatus fuerit, per Thwertnik se defendere possit, quia hæc defensio est contraria legi communi, nutrix malorum, pacis æmula, et damnosa populo pacifico. Volumus etiam de consensu et requisitione dictæ communitatis, ordinamus et præcipimus, quod dicta defensio per Thwertnik de cætero non allocetur, sed annulletur totaliter et damnetur, prædictaque charta in eo puncto vacua sit et nullius effectus temporibus duraturis*.

☞ Anglis *to thwart* est impedire, contradicere, adversari, et Anglo-Saxon. *Nic*, particula negans : an inde *Thwertnik*, quasi esset species contradictionis, qua quis negat aut falsi arguit quod objicitur?

* **THWIGILD**, Dupla solutio vel mulcta, ex *Thwi*, duplex, et *Gild*, solutio, mulcta. Leges Danic. apud Ludewig. tom. 12. Reliq. MSS. pag. 175 : *Item notum sit quod igildh est tantum, quantum fur abstulit bondoni, et Thwigild est in duplo tantum*.

¶ **THYAPHAD** inter personas viliores numeratur in Lege Wisigoth. lib. 9. tit. 2. § 2. cujus locus exstat in *Compulsores*. Vide *Thyuphadus*.

¶ **THYELFINDUS**. Vide in *Sixhindi*.

* **THYLUS**, *Callus*, in Gloss. ad Alex. Iatrosoph. MS. lib. 1. Passion. cap. 97 : *Collirium, theodosion magnum ad dolores et passiones antiquas et veteres, ulas enim et Thylos detergit*.

¶ **THYMALLUS**, Θύμαλλος, Piscis genus. Isid. lib. 12. cap. 6 : *Timallus ex flore nomen accepit; Timum quippe flos appellatur : nam dum sic specie gratus et sapore jocundus, tamen sicut flos flagrat, et corpore odoris exspirat*. Melius apud Papiam legitur *Thymallus*, a *Thymus*, et *fragrat*, pro *flagrat*. Joann. de Janua præfert *Timalus*, minus recte. Rumplerus Histor. Formbac. lib. 1. apud Pezium tom. 1. Anecdot. part. 3. col. 433 : *Quamvis Timalli etiam in Æno capiantur, sunt tamen rarissimi*. Vide S. Ambrosium lib. 5. Hexaem. cap. 2.

* Gesnero de Piscib. pag. 1032. edit. Francof. Umbra, fluviatilis est Thymallus Æliani. Vide in *Umbræ*.

¶ **THYMELE**, THYMELICI. Isid. lib. 18. Orig. cap. 47 : *Thymelici erant musici scenici, qui in organis et lyris et citharis præcinebant; et dicti Thymelici, quod olim in orchestra stantes cantabant super pulpitum, quod Thymele vocabatur. Scenici et Thymelici*, apud Vitruvium lib. 5. cap. 8. *Thymeles*, meminerunt Martialis lib. 1. Epigr. 5. Juvenalis Sat. 1. Codex Theod. lib. 8. tit. 7. leg. 21. et 22. ubi habetur *Thymela*. *Thymelicorum* vero mentio fit in eodem Cod. Theod. lib. 15. tit. 7. leg. 5. et 12. in Digesto leg. 4. de his qui not. infam. (3, 2.) et leg. 10. de Pollicitat. (50, 12.) et alibi; unde emendandæ Glossæ MSS. ubi perperam *Temelici, Joculatores*; legendum enim *Thymelici*, ut et in aliis, ubi habetur *Temellini*. Salvianus lib. 6. de Gubern. Dei per *Thymelicos* intelligit Joculatores seu mimos, qui scurrilia exhibent in theatris. Vide Suicerum in Thesauro v. Θυμελικός et alios Scriptores ibi laudatos. [** *Themilici*, apud Thegan. de Vita Lud. P. cap. 19.]

THYMIAMA, dicitur Ugutioni, *quædam confectio diversarum specierum, quam Sacerdos in altari Thymiamatis adolebat*. Exod. 30 : *Sume tibi aromata, stacten, et onica, galbanum et thus lucidissimum, æqualis ponderis erunt omnia, faciesque Thymiama*. Nude, thus, incensum. Codex Epistolar. S. Bonifacii Archiep. Moguntini Epist. 143 : *Sanctitati vestræ direxi sabanum unum, facitergium unum, et modicum Thymiama*.

THYMIAMATERIUM, Thuribulum, vas, in quo *thymiama* servatur. Ordo Romanus :

Tenens Thymiamaterium aureum pro foribus ponit incensum, ut pergat ante Pontificem thuribulum. Helgaudus in Roberto Rege Franc. : *Et Thymiamaterio usquequaque satis mirabili, auro et gemmis bene elevato in sublimi, hunc sanctum devotissime nobilitavit. Erat enim hoc ad plane conveniens Thymiamaterium, Thuribulo aureo a Gauzlino Abbate mirabilium factore patrato, cujus opus splendescit præ omnibus, quæ vidimus.* [Anastasius in Silvestro PP : *Thymiamateria duo ex auro purissimo pens. libras* XXX. Ejus peculiarem usum ostendit idem Anastasius in Sergio : *Hic fecit Thymiamaterium aureum majus cum columnis et cooperculo, quod suspendit ante imagines tres aureas B. Petri Apostoli, in quo incensum et odor suavitatis festis diebus, dum Missarum sollemnia celebrantur, omnipotenti Deo opulentius mittitur.* Rursum occurrit apud Guidonem lib. 2. Discipl. Farfensis cap. 23. in Libello de successoribus S. Hidulphi apud Calmet. tom. 2. Hist. Lothar. col. 55. in Vita S. Leonis IX. PP. tom. 2. Aprilis pag. 644.] Thurificationis vero usum in Ecclesia perantiquum esse probat Menardus ad librum Sacramentorum Gregorii Magni pag. 195. 362. 373.

¶ TIMIAMATHERIUM, Romualdo II. Archiep. Salern. tom. 7. Muratorii col. 81.

¶ THYMIATERIUM, Eadem notione, Gr. Θυμιατήριον, in Actis SS. Martii tom. 3. pag. 716. et supra in voce *Cantulla*. Vide Glossarium mediæ Græcitatis in Θυμιατόν.

¶ TIMIATERIUM, apud Murator. tom. 3. pag. 106. col. 2. not. 69. e Codice MS.

¶ TYMIAMATERIUM, eodem tom. 3. pag. 213. col. 1.

¶ THYMIATHIZARE, Thus incendere. Guido lib. 1. Discipl. Farf. cap. 34 : *Præcedant duo sacerdotes in cappis, et stent a latere altaris hinc et inde tenentes duo thuribula Thymiathizantes aram desuper.*

THYMPHANA, *Modiolos rotarum dicere possumus.* Gloss. Longob. S. Germani Paris. ex Gloss. antiq.

¶ **THYNPHADUS.** Vide *Thiuphadus.*

¶ **THYRSUS**, Cerea fax, Gall. *Torche*, sic forte dicta, quod filum cera obductum baculo circumvolutum esset, ut hedera Thyrso Bacchi. Vita B. Bernardi Pœnitentis, tom. 2. Aprilis pag. 677 : *Ardenti Thyrso et infusione liquentis ceræ scissuras illas et læsiones pedum urere consueverat.*

¶ **THYSIASTERIUM**, Gr. Θυσιαςήριον, Altare. Geso Abbas de Corpore et Sanguine Domini apud Murator. tom. 3. Anecdot. pag. 300 : *Petrus* (Alexandrinus) *tempore episcopatus nunquam in cathedra sua sedere voluit... quoniam quoties Thisiasterium* (Thysiasterium) *ascendebat, splendor igneus de ipsa sede egrediens ei apparebat.* Vide Suiceri Thesaurum in Θυσιαςήριον.

THYTHUITI. Leges Henrici I. Regis Angl. cap. 69 : *De Thythuiti hominis wera, debent reddi secundum legem* 30. *solid. ad manbotam, id est hodie* 5. *mancæ, de Twelfhindo, id est Thayno,* 120. *solid. quæ faciunt* 20. *mancæ.*

¶ **THYUPHADUS**, post Duces et Comites et ante Vicarios et Gardingos numeratur. in Lege Wisigoth. lib. 9. tit. 2. § 8. cujus locus exstat in *Gardingi.* Vide *Thyuphad* et *Thiuphadus.*

¶ **THYYHINDI**, inter homines liberos primi recensentur in Legibus Henrici I. Regis Angl. cap. 76. Vide locum in *Sixhindi.*

TIA, Amita, Gall. *Tante.* Vide *Thius.*

¶ **1. TIARA**, Mitra Abbatis. Gesta Abbatum Lobiens. tom. 6. Spicil. Acher. pag. 738 : *Tiaram gessit* XVIII. *mensibus Nicolaus Abbas.* Gloss. Lat. Gall. Sangerman. : *Tiara, mitre : vel pileum sacerdotale, chapiau de feutre.* Occurrit etiam pro mitra episcopali, sed alias ; nunc enim solum dicitur de Papali, quam aliter vocant *Regnum*, ut supra observatum est. Vide *Thiara.*

¶ TIARATUS, Qui gestat tiaram. *Tiarati Reges*, apud Sidonium lib. 8. Epist. 3. Vita S. Guidonis Abb. tom. 3. Martii pag. 917 : *Vir stola candida indutus ac mirabiliter Tiaratus.* Vide *Neutri.*

* **2. TIARA**, Ecclesiasticum capitis tegumentum. Stat. MSS. S. Petri Insul. ann. 1388. ex Tabul. ejusd. eccl. : *Statuimus quod canonici in sacris ordinibus non promoti, Tiaras vel almucias suas supra capud in choro non deferant; sed alibi deportare valeant, sicut placet.* Glossar. Lat. Gall. ann. 1352. ex Cod. reg. 4120 : *Tiars* (leg.) *Tiara est amictus supra caput, Gall. Amis.*

¶ **TIARIES**, *Portitores signorum*, in Glossis Isidori. Post Grævium emendo *Triarii.*

¶ **TIBIA** PETASONIS, Tibia porci, seu Perna, Gall. *Jambon.* Vide locum in *Petaso.* [* Charta ann. 1299. in Lib. rub. Cam. Comput. Paris. fol. 170. v°. col. 2 : *De quolibet porco seu sue vendito seu vendita ad macellum ibidem, unam Tibiam.*]

* TIBIA, Postis, Gall. *Jambage de Porte.* Charta ann. 1339. ex Tabul. colleg. Lombard. : *Pars autem istius domus magnæ, videlicet a conjunctura cujusdam lapidis secti, facientis Tibiam portæ sive hostii dictæ domus, etc.*

* TIBIIS IN PERA COMPOSITIS, Proverbii genus, quod idem significat atque Gallicum, *La queue entre les jambes*, in Annal. Placent. apud Murator. tom. 20. Script. Ital. col. 935.

* **TIBIALE.** Vide supra *Housellus.*

* **TIBIANEI.** Vide infra *Tubianei.*

** **TIBIARE.** Virgil. Grammat. pag. 14 : *Tibio hunc sensum habet citharizo.*

¶ **TIBIARIUS**, Αὐλοποιός, in Glossis Lat. Græc. et Gr. Lat. Qui facit tibias.

¶ **TIBIATOR**, Qui canit tibia: Sanutus lib. 2 : *Sint quatuor tubatores, tibicines, Tibiatores, et qui sciant pulsare nacharas.* Quid discriminis sit inter *Tibicines* et *Tibiatores* non percipio.

¶ **TIBICINARE**, Tibia canere, Tertulliano de Anima cap. 38. et Fulgentio Mytholog. lib. 3. cap. 9.

¶ **TIBICINATOR**, Αὐλητός, in Gloss. Lat. Gr. Aliæ Græc. Lat.: Αὐλητής, *Flator, Tibicinator, Tibicen, Subulo, Vagus.*

TIBICINES, *Fulcra bifurca, quibus domus sustentatur, quæ aliter Destines dicuntur.* Jo. de Janua. [** Festus : *Tibicines in ædificiis dici existimantur a similitudine tibiis canentium, qui ut cantantes sustineant, ita illi ædificiorum tecta.* Occurrit apud Catullum et Juvenalem. Papias : *Tibicines bifurca fulcra dicuntur, quibus domus sustentatur, vel imperfecti versus, qui fulciuntur.* Panegyr. Berengarii lib. 2. vers. 47 :

Dispericre. Jubet jandem Lamberticus horror.

Ubi Glossa : *Vacat* tandem *et est versus de iis qui Tibicines vocantur, quibus datur aliquid ad solum metri sustentationem. Est autem Tibicen proprie furca apposita, etc.*]

TIBIN, *Scirpus, vel genus vasculi in modum scrinii, ex virgultis agrestibus contextum.* Jo. de Janua.

* **TIBISSARE**, TIBIZARE, Aliquem per *Tu* alloqui. Serotinus in Lex. Germ. vocibus *Euer*, vester; et *Du*, tu, dicit *Tibissare, Tuissare* et *Tibissatio.* Æneas Silvius epist. 105 : *Tibizando poetæ scribunt etiam principibus.* Hæc ex animadv. D. *Falconet.* Vide infra *Tuisare.*

* **TIBLA**, *Prov. Trulla, Tibla*, in Glossar. Lat. ex Cod. reg. 7657. *Tiblete*, nostris, Ludi genus. Lit. remiss. ann. 1392. in Reg. 142. Chartoph. reg. ch. 289 : *Lesquelx issirent hors de la taverne et alerent jouer à un jeu, appellé la Tiblete.*

TIBRACA. Ocrea lanea. Vide *Tubrucus.*

TIBRILLUM. Charta Ludovici Pii Imp. pro Abbatia S. Dionysii, apud Doubletum pag. 740 : *De lignis dentur eis mensuræ quæ nudi* [leg. *Midi*] *appellantur mille centum : de melle secundum consuetudinem : de Tibrillo carra duo : de modiis sedecim.* [*Tribillum* non clariori notione ex eadem Charta edidit Mabillonius lib. 5. Diplom. pag. 392. at in alia ibid. pag. 520. habet *Tibrillum*, ubi melius definire non ausim.] Eadem habentur in Charta alia Sandionys. firmata in Synodo Suessionensi ann. 862. apud eumd. pag. 794.

* **TICA**, Tela fili densioris, Gall. *Coutis.* Charta Phil. comit. ann. 1163. in Chartul. 1. Fland. ex Cam. Comput. Insul. ch. 325 : *Qui extraneus lectum sine plumis, id est, Ticam, vendidit, unum denarium dabit, et qui emerit, unum.*

* **TICELLUM.** Charta ann. 1259. in parvo Reg. S. Germ. Prat. : *Concesserunt... quamdam archam sicut* (f. sitam) *in aqua Sequanæ Parisius a parte parvi pontis, in gravasio prope muros domus regis Franciæ, Ticello ipsius gravasii contiguam, pro molendino a dictis Thoma et Saucelina et eorum hæredibus ponendo et habendo.*

TICHODIFRUS, ex Gr. τειχόδιφρος, *genus machinæ ex rei suæ commoditate Græca appellatione vocabuli sumpsit exordium, eo quod per hunc facilior in murum paretur ascensus, ante balistæ semper ducendus incessum, quo protectior eadem balista operetur.* Vide reliqua apud Anonymum de Machinis bellicis, subjectum Notitiæ Imperii.

TICIMIUM PECORIS, [f. pro *Tintinnum*,] in Legibus Adelstani Regis. Vide *Blanhornum.*

* **TICIONARI**, *Atizier le feu*, in Glossar. Gall. Lat. ex Cod. reg. 7684. Aliud Provinc. Lat. ex Cod. 7657 : *Tione, Prov. Ticio, lignum extinctum, vel dum ardet.* Vide *Titionari.*

¶ **TIDAM**, Species navis, si tamen vera lectio est. Chronicon Siciliæ apud Marten. tom. 3. Anecd. col. 8 : *Quædam Tidam onerata tribus aliis machinis terræ Trapani applicuit post meridiem ad littus maris dicti castri, et ipso die exoneratæ de dicta Tidam in terra aguinibus et parvis dictarum machi-*

narum. Supervenerunt die crastino dicti diei in aurora tres galeæ dicti Regis Roberti, quæ ceperunt dictam Tidam cum residuo dictarum machinarum, et combusserunt ea. Pro *Tidam* legi posse *Tidina* suspicio est ex sequenti voce; quare pro *de dicta Tidam in terra aguinibus et parvis dictarum machinarum*, lubens restituerem, *di dicta Tidina in terra cum aguinibus parvis dictarum machinarum.*

* *Teridam* legendum esse vix dubito : vox quippe compendiose scripta abbreviationisque notam non præferens, lectores minus attentos fefellit. Vide *Tarida*.

¶ **TIDINA**, Navis Ecclesiæ, si recte divino. Chronicon Januense apud Murator. tom. 9. col. 32 : *Qualiter autem Januenses prædictis captionibus interfuerunt, et auxilium præbuerunt, scriptum erat literis aureis in Tidina S. Sepulchri.* Vide *Tidam*.

TIENMENTALE. Vide *Tenmantale*.

* **TIERCELLUS**, Tiercerius, Mensura vinaria, eadem quæ supra *Tercellum*. Charta ann. 1269. ex Chartul. S. Vinc. Laudun. : *Item duos sextarios et dimidium Tiercerium vini vinagii, ventas portantes... Item duos sextarios et dimidium Tiercellum vini vinagii ventas portantes.... Item duos Tiercellos vini vinagii.*

* *Tiercelin* vero et *Thiercelin*, Panni species, forte quod ex tribus diversæ speciei filis contextus sit. Lit. remiss. ann. 1382. in Reg. 121. Chartoph. reg. ch. 100 : *Une demie piece de cendal azuré, appellé Tiercelin, contenant trois aunes.* Aliæ ann. 1456. in Reg. 187. ch. 47 : *Item sept pieces de petit taffetas. Item trois pieces de Thiercelins.*

* **TIERTIUM**, Agrarium. Vide supra in *Tertium* 1.

TIGELLUM, pro *Tigillum*. Occurrit in Vita SS. Severini et Victorini n. 12. [Vide *Sparro*.]

* Hinc, ut videtur, *Tigne*, Fustis crassioris species, in Lit. remiss. ann. 1472. ex Reg. 195. Chartoph. reg. ch. 771 : *Embastonnez de dagues, gros bastons, nommez Tignez, et autres grans bastons.*

* *Tigel* vel *Tigeau* dicitur Pars tibialis longior, vulgo *Tige, canon*. Lit. remiss. ann. 1394. in Reg. 146. ch. 323 : *La suppliante prist... deux Tigeaux d'unes chausses à homme, dont elle appareilla sa robe.*

¶ **TIGNA**, Tinea, scabies, porrigo, Gall. *Teigne*, vel ut alii efferunt, *Tigne*, Ital. *Tigna*. Vita B. Bartholomæi, tom. 2. Martii pag. 666 : *Cum puer quidam... morbo, quem Tigna dicunt Hetrusci, caput infectum gestaret, signans eum signo crucis illico mundatum aspexit.*

¶ **TIGNEA**, Tinea, Gall. *Tigne*, vel potius *Teigne*, vermis notus. Charta Archivi Villæ novæ : *Ne demoliri Tignea vel vermibus actum in tempore... scripturæ debet memoriæ commendari.*

TIGNUM, *Genus bestiæ, fœminini generis*, in Glossar. Langobard. S. Germani Paris. ex Glossis antiq. [Forte legendum est *Tinea*, vermis qui corrodit vestes.]

¶ **TIGRAN**, Tegrannus, etc. Ager, ut videtur, terra, territorium. Tabularium Rothon. : *Rivralt dat Tigran Bot... anno* xx. *imperii Hlodowici.* Ibid. : *Dat Tigran Fabr, excepto unum campum.* Rursus : *Vendidit villare de suo Tegranno.* I rum : *Dat totam suam hereditatem in A rac, excepto medietatem unius Tigran.* I rum : *Alunoc venit ad Rothon. ut moderaretur tributum suæ Tegrannæ.* Denique apud Lobinell. tom. 2. Hist. Britan. col. 74 : *Terra ex Tigranno Acun in Landon.*

TIGRIS, Ensis, Spatha. Gregorius Turon. de Gloria Confess. cap. 42. de Nunnino quodam Tribuno : *Provolutum ad beati sepulchrum, cum diutissime orasset, extracto de vagina Tigre, lapidem qui super venerabile sepulchrum habebatur, nemine vidente, percussit.* Isidorus ait, Persis, Medis, et Græcis *Tigrin*, sagittam appellari.

* ¶ **TIGRONUS**, pro *Trigonus*, Species patibuli versatilis suspendendis movendisque in foco lebetibus. S. Wilhelmi Constitut. Hirsaug. lib. 1. cap. 98 : *Duo quoque Tigroni uterque de tribus lignis licet imparibus angulis sint facti, qui in modum ostiorum huc et illuc versari possint : in his pendent catenæ, quibus caldaria suspenduntur, etc.*

¶ **TIGULI**, *Foramina quibus exit fumus*, in veteri Vocabulario juris utriusque.

TIGURIUM. Vide *Tegorium*.

* **TIHANUS**, Vas coquinarium, Provincialibus *Tihan*. Inventar. ann. 1361. ex Tabul. D. Venciæ : *Item duos Tihanos de aramo.* *Tihays* vero fustem sonat aut armorum genus, in Lit. remiss. ann. 1467. ex Reg. 200. Chartoph. reg. ch. 124 : *Une javeline et ung baston, que on dit Tihays, etc.*

TIHINDUS. Leges Henrici I. Regis Angl. cap. 9 : *De Tihindi hominis* (interfecti) *wera debent reddi secundum legem* 30. *solidi ad manbotam.* Þ w y h i n d e n m a n dicitur in Legibus Alvredi Saxonicis, apud Lambardum, ex Saxonico Þwy, *duo*, et h y n g, vel h u n d, centum : ita *Tihindus*, homo est, qui in æstimatione capitis ducentorum solidorum censetur.

TIHLA, seu t i h t l a, Saxonibus Accusatio, postulatio, compellatio, quasi *titulus accusatorius*. Leges Canuti Regis Angl. cap. 62 : *Si quis amicis destitutus, vel alienigena ad tantum laborem veniat, ut plegium non habeat in prima Tihla, i. accusatione, ponatur in carcanno.* Leges Henrici I. Angliæ Regis cap. 9 : *Differt etiam an aliquis cum suo vel alterius homine causam agat, et si quid in actu, vel in sola Tihla consistat.* Cap. 45 : *De nemore in operato per Tihlam nemo respondeat, nisi sit ibi captus, vel sit homo ejus, cujus est nemus.* Cap. 57 : *Inter homines aliorum Comitatuum observetur, et de Tihla pariter veniant in curias, etc.* Adde cap. 59. 64.

¶ **TILANS**; Πέρνης, σκώλιξ, in Glossis Lat. Gr. Forte πάρνης, inquit Vulcanius. Desideratur hæc vox in Glossis Græc. Lat. sed habetur Σκώληξ, *Tilans, vermiculus, vermis.* An *Tinea*?

* **TILE** *dicitur Sappa, mustum coctum.* Glossar. medic. MS. Sim. Januens. ex Cod. reg. 6959.

¶ **TILEA**, pro *Tilia*, Gall. *Tilleul*, in Descriptione censuum Monasterii de Crisenone.

¶ **TILETUS**, Schedula qua quis in jus vocatur. Statuta Avenion. lib. 2. rubr. 2. art. 1 : *Statuimus quod deinceps... omnes citationes cujuscumque judicis.... fiant in scriptis, per Tiletum tabellionatum, cum clara expressione ad quid, ad cujus instantiam, ad quam diem, horam, locum, et locum loci, ac coram quo quis citetur .. Volumus etiam, quod primæ citationi judicis delegati, copia commissionis literis ac Tileto ante subsignationem notarii inseratur, aut dicta copia tabellionata literis ac Tileto alligetur.* Rursum occurrit eod. lib. rubr. 6. art. 11. Videtur detorta vox a *Titulus* : nisi forte legendum sit *Biletus*. Vide *Billa* 1.

* *Tillet* Librariis Parisiensibus dicitur Chirographum, quo inter se negotiantur.

¶ **TILHA**, Saxon. Accusatio. Vide *Tihla*.

1. **TILIA**, Modus agri vel vineæ. Vide *Telia*.

* *Tille*, eodem significatu, in Charta ann. 1480. ex Chartul. Buxer. part. 7. ch. 31 : *Item une Tille de terre en toppe, etc.* Vide *Telia*.

2. **TILIA.** Charta Corbeiensis : *Concessimus ipsi et hæredibus suis jure hæreditario singulis diebus panem unum monachorum... in quinque festis singula sextaria vini et in Quadragesima unam Tiliam lardi, quæ omnia solventur de præpositura monachorum; inde est ligius homo Ecclesiæ.* An *Tibia lardi*, seu perna, Gall. *Jambon*? an *Petia*, frustum, membrum? Vide *Pecia*.

* Idem quod supra *Telha*, Gall. *Tille*, Imbrex porci, ni fallor, vulgo *Echinée*. Charta ann. 1294. in magno Chartul. nig. Corb. ch. 61. fol. 58. r° : *Le pain et le vin qu'il prenoit en ledite abbeye à chertaines journées et à chertaines festes, le Tille de bachon, le flique, et le candeille qu'il prenoit et avoit chascun an en ledite abbeye par le raison dudit fief.*

¶ **TILIATUS**, Tiliosus, *rasibilis, flexibilis, vel ad tiliam pertinens*, Johanni de Janua. Glossæ Lat. Gall. Sangerman. : *Tiliosus, Tilleux.*

* Nostris *Tilleul*, Virgula tiliacea, cujus usus maxime erat in hastiludiis. Vide supra in *Bohordicum*. Chartul. Corb. sign. *Ezéchiel* ad ann. 1423. fol. 198. r° : *Pour le faichon de chacun cent de laigne ou de Tilleul, fait audit bos, douze deniers.* Ubi scandula, qua cooperiuntur tecta, designatur. Vide mox *Tilla*.

¶ **TILIENSIS** Clangor. Vide *Titiensis*.

* **TILIGA.** Testam. Odon. Morini curionis de Jonqueretis diœc. Ebroic. ann. 1381. ex Bibl. reg. : *Item Symoni de Bellon unum capucium et unas Tiligas.* Sed legendum videtur *Caligas*.

* **TILIUM**, Tilia. Charta ann. 1319. in Reg. 56. Chartoph. reg. ch. 603 : *Nomine bosci mortui accipiuntur salices, marsalices, tremble, arable, charme, Tilium, etc.* Ordinar. eccl. Camerac. MS. fol. 41. r°. ad Sabbat. Sanct. : *In hac die itur ad S. Sepulchrum per clokemannum propter novum ignem, qui affertur in lucerna, et in medio ecclesiæ accenditur ignis de Tilio.* *Til*, in Lit. remiss. ann. 1377. ex Reg. 112. ch. 106. *Tilloel*, in Stat. ann. 1388. tom. 7. Ordinat. reg. Franc. pag. 777. art. 39.

* **TILLA**, Scandula cooperiendis tectis apta, Gall. *Tille*; unde *Tilletium*, earumdem præstatio. Assignat. dotal. Joan. reginæ Franc. ann. 1319. in Reg. 60. Char-

toph. reg. ch. 69 : *Item pro Tilletiis, vicinti quatuor milia de Tillis, quæ non sunt computatæ, quia sunt necessariæ pro ædifigiis sustinendis.* Chartul. Corb. sign. *Ezéchiel* ad ann. 1415. fol. 11. v° : *De toutes les estoffes et couvertures qu'il y faulra, tant rosel, herbe, esteulle, latte, cleu, Tille, cavels, terre, etc.* Eadem notione accipienda hæc vox in *Tillum*. Vide supra *Tiliatus*.

* Hinc fortassis vox Gallica *Tyolle*, qua ligni fragmentum significari videtur, in Lit. remiss. ann. 1474. ex Reg. 204. ch. 112 : *Le suppliant dist à icellui Taveau : Pourquoy as-tu rompu mon matras, et le frappa des Tyolles.* Id est, ex hujusmodi sagittæ fragmentis.

* *Tilletaige* vero, nescio unde, inter Commentaria Condæana tom. 1. ult. edit. pag. 505. appellatur Jus quod regi penditur pro obtinendis officiis : *Le Tilletaige, c'est-à-dire, une somme inestimable, qui revient du renouvellement des offices de ce royaume.*

* **TILLETUM**, a Gallico *Tillet*, Locus tiliis consitus. Charta Guid. episc. Lingon. ann. 1260. in Chartul. ejusd. eccl. fol. 230. r° : *Quatuor jornalia, sita in comma Remberti et in Tilleto, dicto de Maiseio.*

¶ **TILLIOLUS**, a Gallico *Tilleul*, Tilia, in Chartulario S. Vandregesili tom. 2. pag. 1455.

* *Subtillatz*, Eadem forsan notione, in Lit. remiss. ann. 1474. ex Reg. 195. Chartoph. reg. ch. 1392 : *Lesquelz compaignons prindrent ung beuf et le atacherent d'une corde par les cornes à ung petit Subtillatz.*

TILLUM. Vita S. Samsonis Episc. Dolens. lib. 1. cap. 16 : *Venenum poculo miscuit, Tillum quoddam fricans, dedit ei bibere.* [Nescio an huc pertineat vox Gallica *Tille*, in Pedagio Bapalm. ex Chartul. 21. Corb. fol. 359. v° : *Carette à roisins, à mortiers, Tille, etc.*]

TILPTALIUM, *Linteolum minutissime carminatum, sive carpia.* Ita Glossæ MSS. ad Alexandrum Iatrosoph. et Græc. τιλτά, linteamenta, apud Æginetam, vel τιλτός, discerptus, unde τιλτὸς μότος, linteum carptum. Vide *Carpia*.

¶ **TIMALLUS**, Timalus. Vide *Thymallus*.

* **TIMANIADARIS**, Thuribulum, vas; in quo *thymiama* adoletur. Charta ex Tabul. Cassin. inter schedas Montisfalc. : *Quatuor calices de argentum, e duo Timaniadares de argentum.* Vide *Thymiamaterium*.

¶ **TIMAR**, seu *Timarium prædium*, apud Turcas, Pensio, vel stipendium, vel reditus bene meritis militibus assignatus in prædiis et possessionibus castrorum, oppidorum, pagorum, agrorum, vel in percipiendis decimis aliisve fructibus, cum præfectura illorum locorum, vulgo *Timarion*, commenda, dynastia, reditus 9000. asprorum et infra. Ita *Meninski*. Simile est apud nos *Feudum*. [** Vide Glossar. med. Græcit. voce Τιμάριον, col. 1578.]

¶ Timarati, Timaratores, et vulgatius *Timariotæ*, nonnunquam *Timarei*, Gall. *Timariots*. Iidem fere qui *Milites limitanei*, Vassallorum genus apud eosdem Turcas, qui prædia possident *Timaria*, ea conditione, ut militent ipsi, si jubentur, cum certo equitum numero, majori vel minori, habita *Timarii* valoris ratione. Passim memorantur apud Scriptores de rebus Turcicis. Vide Jovium Hist. l. 14. Georg. Hornium Orb. Polit. pag. 33. Gallicam Descriptionem Status Turcici, Diarii Europæi continuationem, Ottonis Menckenii animadversion. et supra vocem *Flamburum*.

TIMBERLODE, Servitutis genus, quo vassallus obligatur materiam sive lignum de silva, ubi prosternitur, ad domini sui domum devehere : a Saxon. Timber, Anglis, *Timber*, i. lignum, tignum, et lade, Anglis *load*, onus. Occurrit apud Willel. Thorn ann. 1364 : *Et debent pro qualibet swolinga 14. den. per annum, pro schippeshere, Timberlode, et bordlode, vel cariare extra Waldam per mare, vel per terram, ad manerium prædictum.*

TIMBRELIUS, Parvus cœtus. Sic Skenæus de verborum significatione.

¶ **TIMBRELLUM**, Genus tormenti, eidem Skenæo de verbor. significat. Idem quod *Tumbrellum*.

TIMBRIUM, fasciculus, vel certus numerus pretiosarum pellium, cujusmodi sunt Marturum, Murium Ponticorum, etc. quæ ab exteris regionibus deferuntur : Gallis *Timbre*. In Glossis antiquis MSS. lego : *Timbre, locus propellium.* Sed an huc pertineant, vix putem. Charta Swecica ann. 1314. apud Schefferum ad Chronicon Archiepisc. Upsaliensium pag. 228 : *Unam ulnam telæ vel ejus valorem, de quolibet aratro. De qualibet Timbria pellium variorum, unam pellem meliorem.* Fleta lib. 2. c. 12. § 8 : *Lunda pellium continet 32. Timbria.* Skenæo de verbor. significat : *And timmer of skins.* Charta Communiæ Rotomagensis ann. 1207 : *Unde nos de unaquaque navi habebimus unum Timbr. martrinarum, vel 10. libras, si mercatores navis jurare poterunt, quod martrinas non invenerint emendas ad portum, in quo chargiaverunt, neque id fecerint pro consuetudine nobis auferenda.* Usatica MSS. Vicecomitatus Aquarum Rotomagi : *La nef qui vient de Yllande doit à la Viconté 20. s. Item au Chastel de Rouen un Timbre de martres, ou 10. livres tournois, premierement receu le serment des merchans que il ne pourront trouver à vendre ledit Timbre ès parties d'Yllande où la nef fut carchie, et se elle apporte ledit Timbre, les merchans jureront que il fu acheté és parties d'Yllande, et n'est pas à rechevoir ledit Timbre autrement.* Computum Stephani *de la Fontaine* Argentarii Regis ann. 1351 : *Pour 60. Timbres et 31. pel sans couroy, et sans appareil, contenans chacun Timbre 60. peaux, etc.* [Tabular. Latiniac. fol. 241 : *Le Timbre de vair, c'est assavoir quarente peaulx basties, 1111. den.*][** Vide *Cimber*, 1. *Timmera*, in chart. ann. 1252. apud Lappenberg. Hist. Orig. Hanseat. Probat. pag. 59. Vide ibi not. 2. et pag. 278. not. 3.]

TIMBRUM. Charta Martini Regis Aragonum apud Brizium Martinezium in Hist. Pinnatensi lib. 1. c. 47 : *In quo quidem calice aureo supradicto sunt signa sequentia, videlicet in pede tres esmalti, duo Timbra, et unus cricifixus Jesu-Christi, et in pomo, qui est in medio sex esmalti, duo ad signum Aragon, etc.* Ubi *Timbrum*, pro scuto insignium seu armorum videtur sumi. Vide *Tymbris*.

* 1. **TIMERE IN ALIQUEM**, pro Alicui timere, metuere, Gall. *Craindre pour quelqu'un.* Arest. ann. 1355. 12. Mart. in vol. 4. arestor. parlam. Paris. : *Naturaliter parentes magis Timent in liberos, quam Timeant in se ipsos.*

* 2. **TIMERE**, Cogere, compellere. Charta ann. 1264. ex Chartul. Campan. fol. 369. v°. col. 2 : *Excellentiæ vestræ placeat quod nos et abbatia nostra* (Vallislucentis) *unius tantum sint ballivæ et unius præposituræ vestræ, et quod non Timeamur coram tot baillivis et præpositis comparere.* Sed legendum videtur, *Teneamur*.

¶ **TIMIAMATHERIUM**, etc. Vide supra *Thymiamaterium*.

* **TIMICAR** vel Tincar, *Arabice, Borax, quod capistrum Avicenna dicit, eo quod cum ipso aurifaber aurum auro consolidat.* Glossar. medic. MS. Sim. Januens. ex Cod. reg. 6959.

¶ **TIMIDUS**, Horribilis, qui timorem incutit. Miracula B. Ægidii tom. 3. Aprilis pag. 244 : *Subito eam arripuit infirmitas quædam horrenda multum et Timida non modicum omnibus assistentibus.*

* **TIMINUS**, Mensuræ species Siculis et Neapolitanis. Charta ann. 1233. apud Cenc. inter Cens. eccl. Rom. : *Pro majoribus vero salibus aquaticis, debemus abbatiæ de Egris xxvj. marcas pro quolibet Timino.* Vide *Tuminus* et *Tumulus*.

TIMMERA. Vide *Timbrium*.

* **TIMMERHOUD**, *Timo* navis, ut videtur, gubernaculum. Telon. S. Bertini : *Navis cum Timmerhoud, j. denarium.* Vide *Timo*. [** Materia lignea, ex qua ædificium constat. Kilianus.]

* **TIMNIPARE.** Carmen de Philomela ad calcem Cod. reg. 6816 :

Carrus enim quamquam per noctem Timnipet omnem,
Sed sua vox nulli jure placere potest.

¶ **TIMO**, pro *Temo*, Gall. *Timon*, Ital. *Timone. Timones quadrige*, in Literis ann. 1253. tom. 3. Ordin. Reg. Fr. pag. 634. *Timo navis*, gubernaculum, seu gubernaculi manubrium, in lib. 6. Annal. Genuens. apud Murator. tom. 6. col. 394. *Franciæ Timonem obtinere*, Franciæ regnum gubernare, in Charta ann. 1103. tom. 5. Annal. Bened. pag. 461. Phrasis Gallica *Tenir le timon des affaires.* Vide *Temo* 1. et 2.

* **TIMOA**, *Paulo cap. De dolore pudendorum, est species verucarum.* Glossar. medic. MS. Sim. Januens. ex Cod. reg. 6959.

* **TIMONACHUM**, Idem quod *Themonaticum* et *Timonagium*, Tributum seu pensitatio pro currus temone. Charta Odon. abb. in Chartul. S. Dion. pag. 417. col. 2 : *Pro quibusdam injustis exactionibus, quas Hugo, cognomento Lupus, et homines sui in decimis nostris de Villa-picta, quas Timonachum vocant, antiquitus extorquere consueverant, etc.*

TIMONAGIUM, [Idem quod *Themonaticum*. Vide in hac voce.] Charta Willelmi Cardinalis Archiep. Remensis ann. 1182 : *Forifactum quoque de Timonagio nobis per 7. solidos et dimidium emendabitur.* [Charta Johannis Comit. Suession. ann. 1230 : *Ecclesiæ S. Medardi Suession. dedi in elemo-*

..param et perpetuam Timonagium habebam in locis infra scriptis... cum jure et dominio quod habebam in Tigio supradicto, quod tale est, videlicet mihi pro qualibet quadriga, quæ vino ...tur, in dictis locis, tres oboli Suession. monetæ debebantur.] Ch. Radulfi Com. Suession. ann. 1233. pro Communia Nantoliensi : *Homines etiam de Nantolio, si opus fuerit, poterunt chiminum meliorare sine mesfacere. Timonagium autem et thelonagium quæ habebam apud Nantolium, cum emendis inde provenientibus concedo dictæ Ecclesiæ, etc.* [Chartul. S. Vandreg. tom. 2. pag. 1967 : *Cum ego haberem quoddam Timonagium in decima dom. Prioris de Brandenestoch, etc.*]

* **TIMONARIUS**, Gubernaculum, clavus navis. Pedag. castri *de Les* ann. 1263. ex Cod. reg. 4659 : *In singulis antennis et in singulis timonis et Timonariis, quinque solidos Melgorienses.*

¶ **TIMONATICUM.** Vide *Themonaticum.*

¶ **TIMONUS**, Gubernaculum navis, seu gubernaculi manubrium, Gall. *Timon.* Informationes civitatis Massil. de passagio transmarino e MS. Sangerman. : *Sunt etiam necessarii ad unam navem tres Timoni, scilicet duo in capcia et unus superfluus habentes longitudinis* XVI. *goas et latitudinis* IX. *palmos.*

* Ital. *Timone.* Charta ann. 1381. ex Tabul. S. Vict. Massil. : *Quælibet barchia duorum Timonorum solvat pro quolibet viagio unum grossum..... Quælibet barchia unius Timoni etc.*

¶ **TIMORANTER**, Timide, in Actis B. Christinæ tom. 4. Junii pag. 298.

TIMORARE, Timorem incutere, apud Ottonem Morenam in Hist. Rer. Laud. pag. 46. 54.

* Charta ann. circ. 1401. inter Probat. tom. 3. Hist. Nem. pag. 157. col. 1 : *Item destinantur comissarii ad reparandum itinera..... et Timorant gentes, sic et taliter quod loqui non audent.*

¶ **TIMORATIUS**, Cum majore reverentia, in Glossario Barthii, tom. 3. Reliq. MSS. Ludewig. pag. 418. ex Guiberti Hist. Palæstina.

TIMORATUS. Wippo de Vita Chunradi Salici pag. 428 : *In Dei servitio Timorata, in orationibus et eleemosynis assidua.* Gesta Innocentii III. pag. 77 : *Devotus et timoratus.* Ditmarus lib. 2 : *Filiam bene timoratam, etc. Humiliter et timorate*, apud eumdem lib. 3. Fulbertus Carnot. Epist. 40 : *Hærebam timorate suspensus et exspectans, etc.* Occurrit non semel : [nostris *Timoré*, Dei timidus et a levibus culpis aversus. *Timoratus et totus plenus Deo*, in Chronico Novalic. apud Murator. tom. 2. part. 2. col. 735. Adde lib. 2. de Imit. Christi, c. 10. n. 3. etc.]

* Extat in Bibl. Universit. Argent. Codex MS. cui titulus : *Johannis Nideri Tractatus de Timorata Conscientia.*

¶ **TIMOROSE**, Timide. *Murmurabatur latenter et Timorose*, Rolandino Patavino in Chron. Tarvisino apud Murator. tom. 8. col. 304. Paulo alia notione Statuta Canonicorum Regul. sæc. XIII. apud R. Duellium tom. 1. Miscell. pag. 87 :

> . . . . Servite Deo sapienter
> Atque Timoroseque decenter ad hæc, et ovanter.

TIMOROSUS, Timidus, Gallis *Peureux.* Constantinus Afric. lib. de Gradibus : *Timorosos et cardiacos confortat.* Utitur hac voce non semel, ut et Albertus Argentin. in Chronic. pag. 155. [necnon Rolandinus Patav. apud Murator. tom. 8. col. 255. et alii.]

¶ **TIMPA**, f. Limbus. Joh. Buschius de Reformat. Monaster. c. 3 : *Tunc dixit Archiepiscopus, accipiens Timpam cappæ Præpositi : Non obest vobis, etc.*

¶ **TIMPANI.** Vide *Tinpeni.*

* **TIMPANUM**, idem quod *Timbrium*, Fasciculus vel certus numerus pretiosarum pellium. Reg. S. Justi ex Cam. Comput. Paris. fol. 192. r° : *Quælibet navis de Ybernia, unum Timpanum de martis vel x. lib. perpetuum.*

¶ **TIMPORA**, pro Tempora, sæc. 3. SS. Benedict. part. 1. pag. 182. et alibi.

* **TIMPUS**, Capitis pars, tempus, Gall. *Temple.* Lit. remiss. ann. 1352. in Reg. 81. Chartoph. reg. ch. 657 : *Lapis de ipsa fondibula... elapsus super capud dicti Theobaldi in parte Timporis casualiter corruit. Tin*, eodem sensu, in aliis Lit. ann. 1459. ex Reg. 188. ch. 82 : *Jehan Armand arracha ung pal de la clousture d'un affar,... et donna dudit pal sur le Tin du chief d'icellui Anthoine au droit de l'oreille, etc.*

¶ **TIMULUS**, in Glossis Lat. Græc. et Græc. Lat. ἔφυδρις, ἑξάπουν ἐπινηχόμενον τῷ νώτῳ. Martinio videtur addendum ὑδάτων, ita ut *Timulus*, si genuina lectio est, idem sit quod *Tippula, bestiolæ genus sex pedes habentis, sed tantæ levitatis, ut super aquam currens non desidat*, ut habet Festus : ad quem vide Scaligerum.

¶ **TIMURUS**, Piscis species, eadem forte quæ Italis *Timalo*, in Statutis Placentiæ fol. 79. v°.

1. **TINA.** Lib. 3. Reg. c. 10 : *Attulit ex Ophir ligna Tina multa nimis, etc.* Ubi editio Gr. ξύλα ἀπελέκητα, *securi non dolata ligna*, inquit Eucherius, et ex eo Papias, *de quibus Salomon gradus fecit in Domini domo, incognita etiam peritioribus Judæorum.* Glossa : *Imputribilia, spinosa, in similitudine albæ spinæ Tina candida sunt et rotunda, et invenitur in Bibliis correctis duplex litera i, scilicet Tiina, vel Tina per simplex i.* Ita etiam Jo. de Janua, et Auctor Mamotrecti. [** Vulgat. *Thyina.*]

2. **TINA**, seu TYNA, Vas grande ligneum tam lavationibus quam condendis vinis paratum, quod vocabulum usurpatum a Varrone tradidit Nonius. Nostri etiamnum *Tine* dicunt. Apitius lib. 4. de re culin c. 2 : *Rutæ suffundes liquamen, quod satis erit, et olei modicum, et commiscebis in Tina cum pulpis.* Additio ad Willelmum Gemeticensem pag. 317 : *Et aliquando in ipsa solemnitate solebat unam Tinam plenam textis, et thuribulis, et candelabris,... ante altare sanctæ Trinitatis portare, ipsamque pro suis peccatis Deo ibi offerre.* [*Tina communis, quæ capere potest* 20. *saumatas racemorum*, in Inventario ann. 1294. e Schedis D. *le Fournier.* Adde Statuta Massil. lib. 2. cap. 1. § 7. Montis-regalis pag. 312. Vercell. fol. 189. v°. etc.] Utuntur etiam Hepidanus de Vita S. Wiboradæ c. 20. Cæsarius lib. 3. c. 47. Acta S. Tyrsi Mart. n. 25. Fortunatus in Vita S. Radegund. c. 17. vetus Charta securitatis apud Brisson. de formul. pag. 647. Joannes Laudensis in Vita Petri Damiani n. 22. Jo. de Burnino Archiep. Viennensis de Stephano Diensi Episcopo, in Vita S. Joan. Episcopi Tragur. pag. 4. Johan. Longinus in Actis S. Stanislai n. 18. etc. [** Gemma Gemmarum : *Tina, Germ. ein bytte oder ein grosser zuber, ut in balneis utitur. Inde Argentina civitas amenissima in Alsatia, quasi argentea tina, vel tina argenti.* Notit. Decan. eccles. Scafnab. sec. XIV. apud Guden. Cod. Diplom. tom. 2. pag. 349 : *Tres tonnas, sex buttas cum quinque Tinis, in vulgari dictis Zuber und Standen.* Inde vectis, quo ea vasa deferuntur, dicitur *Tinellus.* Vide *Tinellus*, 2. et *Tineta.*]

TINUM, Eadem notione. Notæ Tyronis pag. 149 : *Canava, cavea, Tinum, etc.* [Acta S. Franciscæ Rom. tom. 2. Martii pag. 166* : *Erat unum magnum Tinum plenum pice liquefacta*]

3. **TINA**, Pilei species, in modum forte ac formam *Tinæ* confecta, cujusmodi fere sunt Clericorum isti pilei, quos *Bonnets carrez* dicimus. Synodus Sodorensis in insula Manniæ c. 7 : *Statuimus quod omnes Capellani, Diaconi, et cæteri ministri altaris honeste et devote... non capuciis in capitibus, nec Tinis, vel pileis, aut chirothecis in manibus... ad divinum officium accedant.*

* **TINALE**, Vas grande ligneum vel lapideum, idem quod *Tina* 2. Testam. ann. 1480. inter Probat. tom. 3. Hist. Nem. pag. 306. col. 1 : *Voluit etiam quod possint se juvare Tinali lapideo, quod est in dicta domo, ad bulhiendum earum vinum, tempore vindemiarum, ad earum placitum.*

* **TINARIUM**, Conclave rationarium, Gall. *Bureau de recete.* Charta ann. 1217. ex Bibl. reg. cot. 17 : *Liceat tibi et tuis ipsam vineam dare, laxare, vendere..... consilio dominorum canonicæ S. Pauli, quibus dabitis inde fideliter quartum, quod aportabitis in suo Tinario.*

¶ **TINASIUM**, Torcular, vel cella vinaria, ubi sunt *tinæ.* Charta ann. 1169. apud Murator. delle Antic. Estensi pag. 336 : *Et si vellet Tinasium vel vegetem majorem; et Prior elegit terram cum vineis et Tinasium.* Vide *Tina* 2.

TINC, *Ligo* exponitur in glossa interlineari in Grammatica MS. Smaragdi.

TINCA, apud Mundinum de Anatomia pag. 172. Italis *tinca* est piscis, qui Lat. *Merula*, Gallis *Tenche.* Ausonius in Mosella :

> Quis non et virides, volgi solatia Tincas
> Norit?

[Cardanus de rerum varietate lib. 7. c. 42 : *Tincarum decocto maculas omnes tolli existimant; quoniam lentum sit ac viscidum, unde materiam maculæ ad se trahat.* Vide Hofmannum.][** *Tinco*, in Ruodlieb. fragm. 13. vers. 14.]

¶ **TINCMAN**, Decanus. Vide in *Tunginus.*

1. **TINCTA**, Tinctura. Lucifer Calaritanus lib. Moriendum esse pro Dei filio : *Recordare... quantos per abrupta una Tincta subscriptionis tuæ dejecerit.* Id est, una

subscriptio, quæ *tinctura* vel atramento fit. Hispanis *tinta* etiamnum est atramentum.

2. **TINCTA**. Diploma Friderici II. Imp. ann. 1210. apud Rocchum Pirrum in Archiepiscopis Panormitan. : *Donamus totam Tinctam nostram ipsius civitatis nostræ Panormitanæ, quæ fit et fieri potuerit in futuro, cum fundico, et omni jure, et libertate sua.* Infra : *Omnia jura ipsorum Judæorum, et redditus ipsius Tinctæ.* Vide *Tintoria*.

¶ 3. **TINCTA**. Charta ann. 1338. tom. 2. Hist. Dalphin. pag. 363 : *Centum duodenas vitrorum formæ Tinctarum.* Bene scyphos campanæ formam referentes intelligit Cl. Editor; sed mallem *Tinarum*, quæ formam hanc sæpius referunt. Vide *Tina* 2. *et* 3.

¶ **TINCTARE**, Joh. de Janua, *frequenter tingere; a quo Tinctitare.* Vide in hac voce.

* **TINCTENETUM** inter grana tincturæ utilia et necessaria recensetur, in Stat. pro lanif. et pannif. ann. 1317. ex Reg. A. Cam. Comput. Paris. fol. 195. v° : *Grana insuper gauda, gayda, garencia, Tinctenetum, pastellum, cardones domestici sive franchi, clavati cineres atque ligna, et cætera omnia et singula, quæ ad paraturam, tincturam, adaptationis complementum et perfectionem pannorum parandorum.... utilia, necessaria et expedientia fuerint,.... nullatenus extrahantur.* Lit. Caroli IV. ann. 1321. in Reg. L. Chartoph. reg. ch. 4 : *Grana insuper, gauda, gaydia, garancia, Tintenetum* (sic), *brisolium et quodcumque pastellum, etc.* Quæ rursum occurrunt in Lit. ann. 1332. ex Reg. 69. ch. 324. Unde male editum tom. 2. Ordinat. reg. Franc. pag. 90 : *Tinctæ, nec non pastellum.* Adde præterea Lit. ann. 1333. in Reg. 66. ch. 1251 : *Tinctenetum, pastellum, etc.*

¶ **TINCTIO**, Baptismus. Vide *Tingere*.

¶ **TINCTITARE**, *vel Tinctare, Tabourer, ou joer des naquaires, ou souvent taindre*, in Glossis Lat. Gall. Sangerman. MSS. Vide *Tinctare*.

¶ **TINCTITULA**, *Parva tinctrix*, in iisd. Glossis.

* **TINCTOR**, Tinctuarius, Gall. *Teinturier*, Infector. Reg. episcopat. Nivern. ann. 1287 : *Johannes Tinctuarius, quinque solidos.... Yssabella filia Johannis Tinctoris etc.*

* **TINCTORIA**, Officina tinctoria, ubi tinguntur panni. Stat. pro lanif. et pannif. ann. 1317. in Reg. A. Cam. Comput. Paris. fol. 197. v° : *Item quod Tinctoriæ sive loca, in quibus panni tingi hactenus consueverunt, nullatenus invitis paratoribus alibi mutabuntur.* Vide *Tintoria*.

1. **TINCTORIUM**, Eucherio Lugdunensi et Papiæ, *Baptisterium*. Vide in hac voce.

¶ 2. **TINCTORIUM**, *Gladius*, in Glossis Isidori. Lege et vide *Cinctorium*.

¶ **TINCTRIX**, Johanni de Janua, Quæ tingit. *Teingneresse*, in Glossis Lat. Gall. Sangerman.

¶ **TINCTUARIUS**. Vide supra *Tinctor*.

* 1. **TINCTUM** vel Tinctus, Panni species. Charta Henr. II. reg. Angl. pro Norman. ex Reg. S. Justi Cam. Comput. Paris. fol. 35. v°. col. 1 : *Sit.... una latitudo pomorum* (leg. pannorum) *et Tinctorum et russetorum et haubergetorum, scilicet duæ ulnæ infra listas.* Libert. castri *de Malast* ann. 1312. tom. 7. Ordinat. reg. Franc. pag. 502. art. 16 : *Quod quilibet dicti castri seu villæ lanas, filatum, filacia, Tinctum et pannos pariter libere valeat portare,.... sine leuda et pedagio.* Lit. remiss. ann. 1365. in Reg. 98. Chartoph. reg. ch. 265 : *Prædictus Miletus dixit ipsi Guyoto, quod ipse furatus fuerat tincturam seu Tinctum ipsius Mileti.* *Taint* vero de Laminis stanneis, quibus scuta cooperiebantur, intelligendum puto. Poema Alex. MS. part. 1 :

Qui li trencha l'escu, le Taint et le vernis
Et le haubert li a déront et désertis.

Ibidem part. 2 :

Des fors escus i chiet li Tains et li vernis.

* 2. **TINCTUM**, ut supra *Tinctoria*, Ital. *Tinta*, Officina tinctoria. Charta apud Cenc. inter Cens. eccl. Rom. : *Plaza de ponte majori, quod habet ecclesia in Benevento, et omnes planeas cum palatio piscium et foliorum, Tincta Judæorum, plateaticum de ponticello, etc.*

* 3. **TINCTUM**, Sputum coloratum, tinctum sanguine. Alex. Iatrosoph. MS. lib. 1. Passion. cap. 139 : *Accedente tempore* (pleuretici) *omnino expuunt Tinctum, quod significat qualis humor flegmonem operatur.*

* **TINCTURARIA**, Quidquid ad tincturam necessarium est. Charta ann. 1372. inter Probat. tom. 4. Hist. Occit. col. 311 : *Cuilibet sit licitum Tinctorariam et lanas, blada, telas, vinum, filum et alias mercaturas.... a regno Franciæ extrahere.*

¶ **TINCTURARIUS**, Ad tincturam pertinens. *Tincturarius cacabus*, in Charta ann. 1156. inter Instrum. novæ Galliæ Christ. tom. 6. col. 40.

* **TINCTURIA**, Officina tinctoria, ubi tinguntur panni. Stat. pro arte parat. pann. Carcass. renovata ann. 1466. in Reg. 201. ch. 121 : *Item quod casu quo reperiatur aliquis pannus cum capite de bombace seu cotono in aliquo molendino seu in aliqua Tincturia aut alibi, etc.* Vide supra *Tinctoria*.

TINEA, Scabies, ex Gall. *Tigne*. Occurrit apud Folcardum in Vita S. Joannis Episc. Eboracensis n. 2.

¶ Tinearum Dies. Vide in *Dies*, pag. 849. col. 3.

¶ 1. **TINELLUS**, vel Tinellum, Cenaculum aulicorum, Italis *Tinello*. *Diminut. di Tino, vaso grande di legname, nel quale si pigia l'uva, per fare il vino*, ut habent Academici Cruscani, quibus *Tinello* dicitur *nelle corti de' Principi, è il Luogo dove mangiano i cortigiani*, Locus ubi comedunt Aulici. Ordinatio Humberti II. tom. 2. Hist. Dalphin. pag. 404. col. 2 : *Item, sit in exercitio officii dictæ coquinæ unus cocus pro persona dictæ Dalphinæ, et cocus unus alter pro Tinello.* Ibid. pag. 606. col 1 : *Item ordinamus quod prædictus magister hospitii teneat de gentibus dictæ Dalphinæ Tinellum suum ad partem, etc.* Statuta Cisterc. ann. 1390. tom. 4. Anecd. Marten. col. 1520 : *In palatio et Tinello domini nostri Papæ et domibus RR. Cardinalium... dum in ordine legitur in ecclesia, capitulo, collatione et refectorio, etc.* Adde Museum Ital. Mabillonii tom. 2. pag. 476. 487. 528. 541. Testamentum Cardinalis Ambian. apud Gothofredum ad Carolum VI. pag. 760. Concilium Dertus. ann. 1429. tom. 3. Concil. Hispan. pag. 655. et 656. Itinerarium Adriani VI. PP. tom. 3. Miscell. Baluz. pag. 399. 438. etc. *Tinel* eadem notione dixerunt etiam nostri. Regnerius Satyra 6.

Le Sommelier en haste est sorti de la cave;
Déià monsieur le maistre et son monde se lave.
Treve avecque l'honneur. Je m'en vais tout courant,
Decider au Tinel un autre different.

Aula magna vulgaritur vocata lo Tinel, in Inventar. ann. 1476. ex Tabul. Flamar. Vide Historiam Dalphinatus tom. 1. pag. 366.

☞ Quidam vocem hanc non a *Tino* cum Academicis Cruscanis, sed a *Tin, Tin*, seu Tintinnabuli sono, quo convocantur ad refectionem, deducunt, unde primum dictum fuerit *Tintinellum*, vel *Tintinellus*, deinde *Tinellum*, vel *Tinellus* per syncopen. Malim a *Tino*; ut enim nos *Vaisseau* de vase dicimus, ac de loco ampliori v. g. aula, ecclesia, etc. sic Italos *Tino*, vel *Tinello* de utroque dixisse probabile est. Pro vase legitur in Statutis Montis-regalis pag. 313 : *Item pro quolibet Tinello, cibrio, et situla magna sol. den. sex.* Vide *Tina* 2. *Tenellus*, et Menagium in Orig. Ital. et Gall. Tertium hujus vocis etymon indicat Joh. Loccenius, ut mox dicitur in *Tinnulus*.

* 2. **TINELLUS**, Vectis species, quo vasa aquaria vel vinaria deferuntur, Gall. *Tinel*. Vide mox in *Tineta*. Lit. remiss. ann. 1357. in Reg. 89. Chartoph. reg. ch. 154 : *Cum afferrent dicti supplicantes de hujusmodi domo et torculari.... unam calderiam plenam dicti vini cum uno baculo seu Tinello, ut moris est, nec haberent baculum, cutellum, gladium seu quævis arma, nisi solum dictum Tinellum, etc.* Aliæ ann. 1351. in Reg. 80. ch. 709 : *De quodam baculo, vocato Tinel, super capud taliter et ita horribiliter percusserunt, etc.* Aliæ ann. 1374. in Reg. 106. ch. 305 : *L'un d'iceulx trois prist un Tinel à porter et raporter seaulx au puis, etc. Baston sans fer, que l'on dit levier ou Tinel*, in aliis ann. 1403. ex Reg. 158. ch. 134. *Un Tine à porter vin*, in aliis ann. 1388. ex Reg. 133. ch. 188. *Thygnel*, in aliis ann. 1441. ex Reg. 176. ch. 78 : *Tynau ou baston de plain poing, de quoy on porte les ances ou temps de vendenges*, in Lit. ann. 1465. ex Reg. 202. ch. 32. *Tineul*, inter arma recensetur, in Poem. *de Vacce* MS :

Machues portent et grans peuls,
Fourches ferrées et Tineuls.

Confer *Tina*, 2.

* Hinc forte, vel a *Tinello*, ubi comedunt famuli, adeoque idem quod vulgare *Valetaille*, est quippe vox contemptus, *Tinardaille*, in Lit. remiss. ann. 1401. ex Reg. 156. ch. 451 : *Lesquelx Galois et Tourbier commencerent à dire : ..... N'avez vous oy de l'orde Tinardaille, brénaille, qui nous veulent compter leurs œufs?*

¶ **TINE-MAN**, vel Tien-man, Custos forestæ apud Anglos. Constitut. Canuti Regis de Foresta art. 4 : *Sub horum* (*Ealdermen*) *iterum quolibet sint duo minutorum* *hominum, quos Tine-man Angli dicunt : hi nocturnam curam et veneris et viridis, tum servilia opera subibunt.* Vide *Tenmantale.*

* **TINERIUM**, An idem quod supra *Tinale?* Stat. Taurin. ann. 1360. cap. 154. ex Cod. reg. 4622. A : *De pœna illius qui tenet Tinerium ante domum suam. Item statuerunt quod si aliquis habuerit et tenuerit per directum suæ domus furnum seu furneum ultra tres dies, quod ipse sit in bampno solidorum decem.*

* **TINETA**, diminut. a *Tina* 2. Vas ligneum, quo racemis deferendis utuntur in vindemiis, doliolum, vulgo *Tine.* Vide supra in *Tinellus* 2. Reg. episcopat. Nivern. ann. 1287 : *In vinea Mathæi Brunelli et Morelli Laudri percipit episcopus cum priore per medium, de undecim Tinetis racemorum, unam Tinetam de terragio.* Ibidem : *Item si dominus episcopus.... celebraverit Missam in abbatia B. Mariæ, abbatissa debet eidem domino unum pavonem et unam Tinetam pimenti.* Chartul. Floriac. fol. 103. v° : *Habebimus ratione decimæ, quam habemus super vineas de Castellione, duodecimam Tinetam vindemiæ.* Hinc *Tinée*, quantum *tineta* continetur. Lit. remiss. ann. 1389. in Reg. 137. Chartoph. reg. ch. 2 : *Tu as dit de moy que je n'ay pas vignes pour croistre deux pieces de vin, et aussi que j'ay mis en deux pieces de vin que j'ay vendues quatre Tinés d'eaue.*

¶ **TINEUM**, f. pro *Tannum*, Quernus cortex, Gall. *Tan.* Charta Innocentii III. PP. ann. 1208. apud Murator. tom. 7. col. 888 : *Forestam juxta ecclesiam S. Stephani, et de capite pontis de prato, et de Tineis, molendina, vineas, etc.* Vide *Molendinum ad than.*

¶ **TINGATIO**, Donatio. Vide *Thingare.*

1. **TINGERE**, Baptizare, baptismum impertiri. S. Cyprianus epist. 71 : *Ut putent eos, qui apud hæreticos Tincti sunt, quando ad nos venerint, baptizari non oportere.* In epist. 23. 25. et 62. ubi Matth. 28. *baptizantes eos*, habet *Tingentes eos. Iterata tinctio*, apud S. Leon. ep. 3. Vide Conc. Hispal. II. cap. 7.

¶ 2. **TINGERE**, f. pro *Tondere* : vox maxime usurpata, ubi de falsa moneta. Vide *Tonsare* et *Tonsores.* Transactio inter Reg. Fr. et Abbatem S. Tiberii ann. 1273. inter Probat. tom. 6. Gall. Christ. novæ edit. col. 339 : *Volentes et concedentes quod dominus Rex et sui successores ibi semper habeant justitias falsæ monetæ, si ibi cuderetur, fieret, et Tingeretur.*

¶ **TINGINUS**, Decanus. Vide *Tunginus.*

¶ **TINGITARE**, *Frequenter tingere*, in Glossis a Vossio laudatis lib. 4. de Vitiis serm. cap. 28. Vide *Tinctitare.*

* **TINGULA**, Ad equi usum vel ornatum pertinere videtur, ut et Gallica vox *Thierre.* Reg. S. Justi ex Cam. Comput. Paris. fol. 106. r° : *Quædam calcarea argentea, duo pannuli, duo capistra et duæ Tingulæ.* Lit. remiss. ann. 1450. in Reg. 180. Chartoph. reg. ch. 121 : *Guillaume Dubois dist que Gervaise mere de la femme du suppliant lui avoit emblé la Thierre de son cheval.*

* **TINGULARE**, Regulis ligneis, Gall. *Tringles*, aperturas obstruere. Comput. ecol. Paris. ann. circ. 1381. ex Bibl. S. Germ. Prat. : *Item faciendi...... posticium prope in introitu dictæ curiæ totum de novo ac Tingulandi juncturas aessellarum dictarum portæ et posticii.*

¶ **TINGULUM**, f. Mappula. Usus Fuldenses : *Camerarius Abbatis procuret cultellos, coclearia et Tingula.* Vide *Toacula.*

¶ **TINIARA**, Βρῶσις, ἡ σῆψις, in Glossis Lat. Græc. In Græc. Lat. additur *robico.*

¶ **TINIATUM**, Σητόκοπον, in iisdem Glossis. In MSS. Sangerm. *Tiniatus*, σητόκοπος, *Tinea.* corrosus. [** Epist. Jacob. cap. 5. vers. 2 : *Patruerunt et Tiniaverunt vestes vestræ.* Apud Baruch. cap. 6. vers. 71. *Tineo.* Hæc Maius in Glossar. novo ex vet. Ital.]

* **TINIOSUS**, Scabie laborans, Ital. *Tignoso*, Gall. *Teigneux.* Lit. remiss. ann. 1352. in Reg. 81. Chartoph. reg. ch. 654 : *Ipsum Petrum Tiniosum in capite, tumefactumque in ventre.... reperisse etc.* Vide *Tinea.*

¶ 1. **TINNA**, Vasis genus. Vide *Gustrum* et *Tina* 2.

* 2. **TINNA.** Epist. Joan. Presbyt. ad Emanuel. imper. ann. circ. 1165. apud Pez. tom. 5. Anecd. part. 2. pag. 21 : *Tinna quoque nostrum respice et considera.*

¶ **TINNELIUS**, Extrema pars ejus loci quem alluit fluxus *maris*, Skenæo de verb. signif. pag. 158.

¶ **TINNHATERIA.** Charta ann. 1414. e Schedis Præs. de *Mazaugues* : *Moinerius percipit illo die quo molit, unam Tinnhateriam ultra tertiam partem lucri, quod fit in dicto molendino.* Vox ducta a *Tina* 2. Vas majus. Est autem *Tinnhateria*, mensura minor tantum capiens, quantum pugillo contineri potest, ut patet ex alia ejusdem rei Charta, ubi pro *Tinnhateria* legitur *Pugnatoria.* Vide *Poinanderia* et *Pugnanderia.*

** **TINNIBILE** OPUS, Campana. Inscriptio Campanæ apud Schannat. Episcop. Wormat. tom. 1. pag. 63 :

Anne milleno triceuteno duodeno
Hoc per Volmarum fit opus Tinnibile clarum.

Vide *Tintinnabulum.*

TINNIBULUM, in Glossis S. Benedicti, κώδιον.

TINNIOLUM, Tintinnabulum. Vita S. Hilarii Arelatensis : *Videt se sacris interesse mysteriis, intuetur tunicæ Aaron quondam Pontificis tegmine decoratum,... Tinniola etiam commota gressibus incedentis, et intrinsecus malogranatis illisa clarum personabant extrinsecus, salutiferumque tinnitum.* Infra : *Fulsit logium pietatis, justitiæ byssinum, continentiæ cingulum, prædicationis Tinniolum, malagranata bonæ spei opere et sermone jugiter sonuerunt.*

¶ **TINNISO**, Κοπίδερμος, in Glossis Lat. Græc. An *Tintinnaculus*, qui δέρμα κόπτει, Qui pellem percutit, verberat, inquit Martinius.

¶ **TINNITARE**, TINNIPARE, *Sonare, tinnire*, in Glossis laudatis a Vossio lib. 4. de Vit. serm. cap. 28. ubi pro *Tinnipare* legendum censet *Tintinare*, ut est apud Catullum Epigr. 52. Nonius habet *Tintinnare*, ex Nigridio et Afranio. [** *Tinnipare*, habet Aldhelm. de Grammat. tom. 5. Auctor. Classic. pag. 570.]

¶ **TINNIVOLENTIA**, et TINNIVOLUM, Sonoritas, in Actis SS. Maii tom. 7. pag. 600.

TINNULUS, Sonitus ex ære aut ferro percusso. Glossæ Lat. Gr. : Ἦχος ἐπὶ χαλκοῦ καὶ σιδήρου, *Tinnulus : Tinnitus.* Gloss. Lat. Gr. : *Tinnulum*, πλῆκτρον, [ἀλαλάζων. Et mox : *Tinnulus*, ἦχος, etc.] Papiæ, *Tinnulus est sonus liquidus, lenis, et purus.* Hieronymus in Prolog. in Job : *Interdum quoque et vicinus dulci et Tinnulus fertur numeris lege solutis.* [*Tinnulus vocis* dixit Sulp. Severus in Epistola ad sororem tom. 1. Miscell. Baluz. pag. 353. adjective vero Catullus 62. 13. *Tinnula vox*, Ovid. Met. 4. *Æra Tinnula ; Tinnulæ chordæ*, Senecæ in Troade v. 833.]

☞ Huc, ni fallor, revocari debet vox *Tintirece*, qua utitur le Roman *de la guerre de Troyes* MS :

Là veissiez lances brissier,
Ja ne se set nus conseillier ;
Là oissiez tiel croisserece,
Et sor beaumes tiel Tintirece.

Ubi *Tintirece* sonitum armorum galeas percutientium denotat.

A *Tinnulo*, vel *Tinniolo*, dictum volunt Regum Palatium, quod ut in monasteriis fieri solet ad *Tinnulum*, seu *tinnitum* campanæ singuli regii Palatii domestici ad epulas cierentur : indeque *tenir tinel* nostros dixisse pro *Curiam solennem celebrare. Cola da Benevento* in Tractatu *del Governo della Corte d'un signore* cap. 19 : *Il Tinello non men corrotto a tempi nostri ne' fatti che nel nome fu così da' maggiori nostri chiamato per diminutione (come io mi stimo) da Tinno (Tinnio) voce Latina, quasi Tinello, cioè picciol suono che così si dice in quella lingua il suono de' metalli; perciochè al suono d'una picciola campana (come ognun sa) si corre a Tinello, il quale è un luogo (per chi non lo sapesse) dove in commune si va a mangiare da' cortegiani, come al refettorio de' frati. Et era all'hora di tanto honore il mangiare in Tinello, quanto è hoggi riputato cosa vil et dishorrevole.* At Joan. Loccenius lib. 3. Antiquit. Suecicar. cap. 23. videtur indicare, *tuna* aulam significare, vel certe locum conseptum : unde proverbium Suecicum de agrestibus et illepidis : *Tu non fuisti in Tuna ;* Galli nostri dicerent, *tu n'a pas esté à la Cour :* proinde ex *Tuna*, formata fuerit vox *Tunella* vel *Tinella*, atque inde Gallic. *Tinel*, pro palatio. Blasius Ortizius in Itinerario Adriani VI. Papæ cap. 19 : *Ibique familia Pontificis in palatio ipso Tinellum, ut ita loquar, Romanum agnoscere cœpit, quo se familiares vescendi gratia conferebant.* Adde cap. 435. Chronic. MS. Bertrandi Guesclini :

Bien sai qu'il est entrez dedeus à son comment,
Avec lui quatre cent de son Tinel plus grant.

Chronicon Flandriæ cap. 57 : *Et alla au palais tenir son Tinel, et y feit office royal.* Chronicon Petri IV. Regis Arag. lib. 2. cap. 22 : *Davant tot lo poble de Barcelona, qui ja per allo era ajustar en lo nostre Tinell major de nostre palau.* [Literæ ann. 1404. apud Lobinell. tom. 2. Hist. Britan. col. 815 : *Huit valets de chevaux, chacun* XXV. *l. par an, hors Tinel. Deux valets pour le queurre, chacun* XV. *l. hors Tinel. Quatre menestrieux bouche à cour et leur pension.* Ubi *hors Tinel* de iis dicitur, qui extra aulam comedebant; *bouche en cour* vero de iis, qui jus mensæ habebant in palatio. Vide *Tinellus* suo loco.] Charta ann. 1209. pro Libertatibus Magduni, apud Thomasserium in Consuetud. Bituric. pag. 426 : *Quiconque au marché de Meun aura acheté aucune chose, ou aura vendu, et par oubliance son plassage ou Tineil aura retenu, etc.* Ubi Consuetud. Lorriaci, unde hæc desumta sunt : *Et per oblivionem Tunleium suum retinuerit, etc.* [hoc est tributum quod a mercatoribus solvendum est pro loco, in quo merces suas exponunt in foris et nundinis. Vide Glossarium Juris Gallici, et supra *Stallum.*]

TINPENI, Tributi species, apud Anglos : forte quod pro fodinis stanneis pendebatur : ex Anglo-Sax. Peni, denarius, pensitatio, et tin, stannum. Charta Henrici II. Regis Angliæ tom. 1. Monastici Angl. pag. 419 : *Non tributa, non xenia, non lestagia, non.... tethinpeni, non Tinpeni.... exigat.* Charta alia ejusdem Henrici tom. 2. Monastici Anglic. pag. 1003 : *Nulla persona... exigat.... non saumagia, non vectigalia, non navigia, non opera, non tributa, non xenia, non lestagia, non tethingpanie, non Timpany.* [Alia apud Th. *Blount* in Nomolexico : *Sint quieti de tributis et lastagiis et stallagiis, et theting-peny et Tympeny, et summonitionibus, etc.*]

¶ **TINSIRETA**, Bestiæ genus mihi ignotum. Epistola Johanni Presbytero seu Regi Abissin. falso adscripta ad calcem MS. Corbeiensis : *In terra nostra oriuntur et nutriuntur elephantes... cameleones, Tinsirete, pantere, onagri, etc.*

TINTA. Charta ann. 1083. apud Ughellum tom. 4. pag. 1457 : *Sedimonium unum cum Tinta, cum acra, quæ ibi extat, et campo insimul tenenti, etc.* Infra : *Idem sedimen cum Tinta, etc.* Vide *Tincta* 2.

* **TINTENETUM**. Vide supra *Tinctenetum.*

* **TINTIARE**. Vide supra *Baulare.*

* **TINTIGNAMENTUM**, Tinnitus, Gall. *Tintement.* Charta ann. 1399. ex Chartul. episc. Carnot. : *Pro sacramento dictæ majoris Missæ, una campanularum, super medio chori appensarum, pulsabitur cum Tintignamento usque ad elevationem Corporis Christi, et dum Christi Corpus elevabitur, pulsabitur ad plenum.*

¶ 1. **TINTILLARE**, proprie pro *Titillare*, metaphorice Tentare, ad malum quasi titillando inducere. Acta S. Franciscæ Rom. tom. 2. Martii pag. 172 * : *Anima semper vel per unum vel per alium modum Tintillatur et tangitur ab ipsa turma dæmonum.*

* 2. **TINTILLARE**, Iterato tinnitu fores pulsare, *tintinnare.* Mirac. S. Pantal. tom. 6. Jul. pag. 423. col. 1 : *Cum quadam nocte ex more venisset regiamque Tintillaret, et fratres, assiduitate illa permoti, aperire sibi diutissime remorarentur, etc.* Vide *Tinnitare.*

¶ **TINTINABULUM**, Vas aquarium, diminut. a *Tina* 2. unde legendum videtur *Tinabulum.* Usus S. Germani a Pratis in Probat. Hist. ejusd. Abbatiæ pag. CXXXIV. col. 2 : *Et tunc lavabunt pedes Prioris illi hebdomadarii, habentes aquam calidam in Tintinabulis, et sic lavabunt pedes omnibus in ordine.*

¶ **TINTINELLUM**, *Tintinnabulum*, campanula. Chronicon Parm. tom. 9. Muratorii col. 769 : *Tintinellum cum chorda aurichalci positum fuit ad turrem Communis.* Vide *Tinnulus.*

* **TINTINNABULARIUM**, Campanile, Gall. *Clocher.* Visitat. facta ann. 1488. in Lib. nig. priorat. S. Petri Abbavil. fol. 355. r° : *Tintinnabularium sive locus, ubi reponuntur campanæ, indiget nova copertura.*

TINTINNABULUM, Campana, quæ pulsatur in triclinio et in refectorio Monachorum, apud Beletum de Divin. offic. cap. 86. Vide Capitula Monachorum ad Augiam directorum cap. 8. in Appendice ad Capitularia Regum Fr. edit. Balluzianæ.

Privilegium *tintinnabuli*. Bulla Paschalis II. anno 1103. apud Puricellum in Basilica Ambrosiana pag. 109. et Puccinellum in Zodiaco Mediolan. part. 3. pag. 377 : *Concedimus tibi tuisque successoribus, quidquid de usu dalmaticæ, sandaliorum, nec non chirothecarum, et licentiam ferendi Tintinnabulum capellæ, ex Apostolica auctoritate antecessorum nostrorum habere meruisti, etc.*

Tintinnabulis exornatas interdum fuisse Sacerdotales vestes observamus in vv. *Capa, Stola, Tinniolum* et *Tunica.* Sed et procerum ita depingit Apuleius lib. 10 : *Et pictilibus baltheis, et Tintinnabulis perargutis exornatum, ipse residens amantissime nonnunquam comissimis affatur sermonibus.* [Eccardus in Legem Salicam pag. 151. observat etiam, sæculo præsertim XIV. lautioris conditionis hominum vestibus addita fuisse tintinnabula.] Sed maxime equorum instrata exornasse nostros tintinnabulis legimus. Nicetas in Manuele lib. 6. n. 4. Francos Antiochenos describens torneamentum inituros cum Imperatore : Καὶ τοὺς ἵππους ἠσχημένους εἶχον, ἄλλοις τε κόσμοις λαμπροτάτοις, ἀλλὰ δὴ καὶ ἀπαυχενίοις ἀγλαΐσμασιν, ἐκ τριχῶν συγκειμένοις ἱππείων, ἐς ἱκανὸν καθιεμένων, καὶ περιηρτημένους ἐκ χρυσῶν ἠχητικοὺς κώδωνας. Arnoldus Lubecensis lib. 2. cap. 16 : *Sedens in equo phalerato, cujus operimento filia Principis inseruerat Tintinnabula plurima, tum pro ostentatione, tum equi alterius fugatione.* Philippus *Mouskes* in Philippo Aug. :

Es vous atant le Duc Ricart,
Son fil u venoit d'autre part,
Aplanoiiés et acesmés,
Et mult cointement atornés,
A Cloketes et as lorains,
Venoit si tost que ne post ains.

Raimundus Montanerius in Chron. Aragon. cap. 124. de milite Gallo : *E guarda, e vae en lorech que era entre lo seu ort, et un altre, un Cavaller Frances ab son cavall armat, e ab lo pitrall de Campanellas, etc.* Monstrelletus 1. vol. cap. 62. de Rege Ludovico : *Son cheval estoit couvert et paré de Clochettes dorées.* Chronicon, quod Scandalosum vocant, pag. 20 : *Lesquelles housseures (des chevaux) estoient... chargées de grosses Campanes d'argent, blanches et dorées.* Et pag. 93 : *Il estoit monté dessus un beau coursier à une moult belle houssure, toute couverte de tranchoüers d'argent, dessus chacun desquels il y avoit une grosse Campane d'argent dorée, etc.* Octavianus *de S. Gelais* in Viridario honoris :

Sur leurs chevaux d'or et d'argent Clochettes.

Adde Wlsonem Columberium in Theatro Honoris tom. 1. pag. 60. et Ceremoniale Francicum, ubi de solemnibus Regum ingressibus : præterea Radulphum in Vita S. Richardi Episcopi Cestrensis num. 44. [Vide *Tintinnum.*]

¶ **TINTINNABULUM CAMPANÆ**, Clava, tudicula, Gall. *Battant.* Obituarium MS. Eccl. Morin. fol. 42 : *Et ut ad illam Missam populus convocari possit, Tintinnabulum grossæ campanæ ter tangetur.* Vide *Pulsare* 3.

* **TINTINNARE**, Tinnire. *Cum campanella Tintinnando*, in Conc. Virtzburg. ann. 1287. Vide *Tinnitare.*

TINTINNUM, Tintinnabulum armentorum collo appensum. Lex Burgund. tit. 4. § 5 : *Qui Tintinnum caballi furto abstulerit, etc.* Lex Salica tit. 29. § 2 : *Si vero de pecoribus Tintinnum furaverit, etc... Si quis Skellam de caballis furaverit, etc.* Fortunatus lib. 2. Poem. 17 :

Tintinnum rapit alter inops magis improbus ille,
Qui jumentorum colla tenere solet.

Walafridus Strabo :

Mala fidem Tintinna sonant documenta saluto.

Tintinnabulum de caballo vel de bove furari, in Lege Wisigoth. lib. 7. tit. 2. § 11. in Lege Bajw. tit. 8. § 11. *Greges Tintinnabulatos* dixit Sidonius lib. 2. Epist. 2. ubi sat multa in hanc rem Savaro. In armentis porro tintinnabula collo appenduntur, ne in silvis aberrando amittantur. Aimoinus lib. 3. Hist. Franc. cap. 82 : *Nunquid non audis Tintinnabula pascentium equorum collis dependentia? mos quippe antiquis inoleverat Francis, et maxime Austrasiis, ut pascentibus equis Tintinnabula imponerent, quo si forte longius in pascendo aberrassent, eorum sonitu dignosci possent.* Ubi Ado Viennensis in Chron. : *Nam tunc temporis Tinnitos equos Austrasii ad pastum emittebant.* Equis vero, sagmariis præsertim ac mulis onerariis, tintinnabula pariter dantur, quod tinnitu mulceantur, et sono laborem leniant. Vide Vitam S. Frontonis Abbat. n. 12.

* **TINTIRCONUS**, Infector, Hisp. *Tintorero*, Gall. *Teinturier*, f. pro *Tinturarius.* Lit. admort. ann. 1375. in Reg. 109. Chartoph. reg. ch. 401 : *Cum vinea Andreæ Castanheti Tintirconi Montispessulani etc.* Vide supra *Tinctor.*

¶ **TINTON**. Vide *Symphonia.*

TINTORIA, Officina tinctoria, ubi tinguntur panni, in Charta Caroli II. Regis Siciliæ apud Ughellum tom. 9. Ital. sacræ pag. 929. Vide *Tincta* 2.

¶ **TINTULUS**, Promulgatio, quæ fiebat per campanæ tinnitum in parochiis. Inquisitio ann. 1323. tom. 1. Hist. Dalphin. pag. 41 : *Anno et die prædictis ultra generalem Tintulum dictæ generalis inquæstæ, pervenit ad audientiam dictæ generalis curiæ, etc.* Vide supra *Tinnulus.*

¶ **TINTURARE**, Tingere, Gall. *Teindre.* Charta ann. 1525. e Schedis D. *le Fournier* : *Emptio cacabi sive peirol ad Tinturandum retia.*

¶ TINTURIA, Tingentium officina. *Cum platea domus Tinturiæ*, in Charta ann. 1494. ex iisd. Schedis.

¶ TINUM, Vas magnum. Vide *Tina* 2.

TIOCIUM, [f. contracte scriptum pro *Tyrocinium*, Locus ubi juvenes instituuntur et exercentur.] Charta Longobardica ann. 745. apud Ughellum in Episcopis Aretinis : *Ad hæc respondebat... quod Ecclesiæ istæ vel Tiocia, unde agimus, in territorio Senensi positæ sunt.* Infra : *Dum ad tantorum annorum curricula possessionem S. Donati in prædictis baptisteriis et Tiociis esse cognovissemus, etc.* [** Confer *Tinctorium*, 1.]

¶ TIORDO. Charta sæc. XII. ex Archivo S. Victoris Massil. : *Post hæc venit dies, ut acciperent uxores suas, venerunt ad monachos ut facerent eis Tiordinem. Sic mos est.* Haud scio an bene scriptum : ut ut est, Præstatio quædam hic indicatur, quam dominis suis exibebant vassalli, ut ab iis matrimonium contrahendi facultatem obtinerent.

TIPETTUM. Concilium Londinense ann. 1342. cap. 2. ubi de habitus Clericorum abusu : *Ac caputii cum Tipettis miræ longitudinis, etc.* Quo loco *Tipettum*, est quod *Touppet* vulgo dicimus, apex, qui capitio imminet. Unde nescio an non legendum fuerit *Tuppetis.* Glossarium Ælfrici : *Apex, summitas galeæ*, helmestop. Vide *Tufa.*

* TIPHONIA, An idem quod *Typhus* 1. Superbia, elatio mentis ? Lit. remiss. ann. 1355. in Reg. 84. Chartoph. reg. ch. 236 : *Cum dictus supplicans et post eum Johanna filia Gerardi Boucherii transirent coram hospitio Droconis,.... idem Droco verba talia protulit, videlicet Tiphonia ante et Tiphonia post, et alia opprobria.* Nisi legendum sit *Ciphonia*, ab Italico *Ciffone*, garcio, garciunculus. Vide *Cifo.*

¶ TIPPA, f. Idem quod *Tophus*, Gall. *Tuf*, Ital. *Tufo.* Chronicon Romualdi II. Archiep. Salern. apud Murator. tom. 7. col. 81 : *Nitrum ex Tippa amianti in labro fontis agnum ex auro purissimo fundentem aquam, etc.* Vide *Tufus.*

* TIPPUS, perperam pro *Cippus*, in Charta Eduardi reg. Angl. ex Cod. reg. 8387. 4. fol. 46. r° : *Prohibemus ne.... ante sententiam latam in ferris, trassis, Tippis aut aliis tormentis ponatis aut ponere præsumatis.*

¶ TIPSANA. Vide *Nebula* 2. et *Tisana.*

* TIPUS, Simulatio, causa, prætextus. Libert. Lautr. ann. 1273. tom. 8. Ordinat. reg. Franc. pag. 39 : *Ne autem Tipo conjurationis olim factæ a dicta universitate et singulis de eadem, vestra liberalitas remaneat diminuta, etc.* Vide alia notione in *Typus.*

* TIRA, Tortilis ex virgultis laqueus, vimineum vel ex cortice vinculum. Charta ann. 1332. in Reg. 66. Chartoph. reg. ch. 1098 : *Usum in tota foresta habere consueverunt,..... videlicet pro suis Tiris seu cordis vel redortis.*

* *Tire* vero appellatur certus numerus pellium simul collectarum, in Lit. remiss. ann. 1397. ex Reg. 153. ch. 53 : *Item une piece de penne de gris et une Tire de gris.* Forte pro *Timbre*, saltem eadem notione. Vide *Timbrum* et alia notione infra in *Tyra.*

¶ TIRACES. Gloss. Isidori : *Bestiones, Tiraces.*

TIRALLA. Chron. Ceccanense, seu Fossæ novæ ann. 1196 : *Optimam Tirallam frisatam super altare, pulchra sandalia cum caligis.* Sed legendum *Tuallam.* Vide *Toacula.*

TIRANNI, Trabes, quibus ædium muri continentur, Gallis *Tirans.* Historia Vezeliacensis lib. 4. pag. 617 : *In crypta, quæ supra B. dilectricis Mariæ Magdalenæ sepulchrum exstat, tantus ignis casu erupit, ut etiam Tirannos, quos Francigenæ Trabes vocant, qui erant in superiori parte, combusserit.*

* TIRANIDES. Inquisit. contra Templar. ann. 1311. ex Cod. reg. 5376. fol. 18. r° : *Interrogatus si dictus deponens habebat unum librum, vocatum Tiranides, et respondit quod sic..... Interrogatus de qua materia tractabatur in dicto libro, et dixit quod de medicina, herbis, de animalibus et de lapidibus pretiosis.*

* TIRANNIA, TIRANNIDE. Vide infra *Tyrannia* et *Tyrannide.*

¶ TIRANNUS, TIRANNIZARE, etc. Vide infra *Tyrannus.*

¶ 1. TIRARE, Projicere, displodere, Gall. *Tirer*, Hispan. *Tirar.* Deliberatio MS. de ingressu Caroli VIII. Regis Franc. Neapolim genialiter agendo ann. 1496 : *Quod omnes machinæ sive bombardæ onerentur et Tirent sive projiciant cum lapidibus, occasione, etc.*

¶ 2. TIRARE, Trahere, Gall. *Tirer*, Ital. *Tirare.* Miracula S. Zitæ, tom. 3. Aprilis pag. 523 : *Et stetit ipsa Magese cum sartorio in manu Tirando ipsam Guidam ex una parte, et lupus Tirando ipsam Guidam ex altera.* Petrus Azarius apud Murator. tom. 16. col. 438 : *A parte exteriori traxit super turrim longum funem, cum quo taciturnitate noctis unum levem hominem Tiravit, et deinde prædicti duo alios quinque Tiraverunt. Tirare naves*, in Chronico Estensi, tom. 15. ejusdem Murator. col. 367. *Tirare campanas*, in Charta ann. 1339. ex Archivo S. Victoris Massil.

¶ 3. TIRARE, Extendere, explicare, Gall. *Etendre.* Statuta Montis Regal. pag. 277 : *Nec possit aliquis emens vel vendens pannum tenere, vel habere subium, vel rotam ad Tirandum pannos.* Occurrit præterea in *Tendaris.* Vide in hac voce.

¶ TYRATUS, Extentus. Charta Annæ Dabsaco dom. de Monte-Astruco ann. 1488 : *Juraverunt ad et super quatuor Dei Evangelia, eorum manibus dextris Tyratis corporaliter tacta.*

¶ 4. TIRARE, Producere, Gall. *Allonger.* Inventar. MS. ann. 1476. ex Tabular. Flamar. : *Unum librum in pargameno scriptum de littera Tirata et in lingua Franciæ, etc.*

* 5. TIRARE, Moleste aliquem hinc et illinc trahere, agitare, Gall. *Tirailler.* Instr. ann. 1217. inter Probat. tom. 1. Hist. Nem. pag. 57. col. 2 : *Dum ego prohiberem eum et vellem sibi auferre palam cum qua colligebat fimum, et Tiraremus ambo, etc.* Lit. official. Lingon. ann. 1346. in Reg. 76. Chartoph. reg. ch. 323 : *Item Stephanus clericus manus apposuit temere violentas in dictum Willelmum ipsumque pluries ultravit, Tiravit et hotavit animo irato.*

* 6. TIRARE, nude, Nomen alicujus in schedula scriptum ad aliquod officium sorte educere. Libert. Montisfalc. ann. 1369. in Reg. 149. Chartoph. reg. ch. 296 : *Illi, qui noviter deserent consulatum, sex alios probos viros eligent, quorum quidem sex proborum virorum sic electorum bajulus dicti loci tres sufficientiores accipiet in consules et Tirabit; et si sortem dicta Tiratio recordaretur qualicumque causa, quod illo casu immediati consules regant,.... quousque alii fuerint electi noviter et Tirati.*

* 7. TIRARE, Adulteri pœna, cum ad equi caudam vel ad currum alligatus per urbem ducitur. Consuet. Dombens. MSS. ann. 1325. art. 13 : *Si aliquis homo seu quæcumque mulier, qui sint capti in adulterio,.... et ipse vir et mulier sint de duobus dominis,.... quilibet dictorum dominorum currat seu Tiret suum.* Vide supra *Currere* 1. et infra *Trotare.*

* TIRARIBA, Retis species. Libert. loci de Portello ann. 1405. in Reg. 184. Chartoph. reg. ch. 586 : *Quando eveniunt inundationes aquarum in flumine Garonæ vel Arigiæ, habitatores de Portello possunt piscari cum retibus, vocatis bagau et Tirariba, sine aliquibus gabarrotis.* Vide *Tirasse.*

¶ TIRASSARE, Trahere, Gall. *Trainer*, Provincialibus *Tirassar.* Inquisitio ann. 1268 : *Item dixit quod vidit Tirassari, etc.*

* Unde *Tirassatio*, ipsa trahendi actio. Formulæ MSS. ex Cod. reg. 7657. fol. 25. r° : *De qua quidem ecclesia dictum Johannem Maleti.... extraxerunt sive Tirassarunt, tenendo eum per tibias.* Ibid. fol. 32. v° : *De ipsa ecclesia extraxerunt et extractum per tibias suas immaniter Tirassarunt per luttum carreriæ;...... ita quod ipsis causantibus ac Tirassatione prædicta, idem talis extitit semis mortuus.*

¶ TIRASSE. Inventarium ann. 1379. e Schedis Cl. V. *Lancelot : Item, unum rete vocatum Tirasse modici valoris.*

* TIRATIO. Vide supra in *Tirare* 6.

* TIRATOR, Trahens. Reg. Cam. Comput. Paris. sign. JJ. rub. fol. 15. v° : *Ipsi debent habere et parare unum batellum cum octo Tiratoribus et uno gubernatore. Tirement* nostris, Ipsa trahendi actio. Lit. remiss. ann. 1369. in Reg. 100. Chartoph. reg. ch. 208 : *Lesquels Pierre et Jehannot Baillet prindrent ledit Fremin par la barbe et par la poitrine, en lui tirant et sachant ; ..... et pour le Tirement etc.*

1. TIRATORIUM. Charta ann. 1263. ex Regesto 31. Chartophylacii Regii fol. 102. qua Renaldus *de Ghgy* et ejus uxor vendunt Regi *tres partes quas se habere dicebant in quodam botatorio sito apud Villam novam Regis; ante Tiratoria ejusdem villæ, etc.* Exstat etiamnum in urbe Parisiensi compitum, quod vocant *la Croix du Tiroir.* Sed de nominis ratione vix placent quæ habent Brolius lib. 1. Antiq. Paris. pag. 4. 2. edit. et vetus Scheda Gallica inedita de Fundatione Parisiorum, ex qua hæc depromsimus : *A la croix du Tirouer se trioient les bestes, et pour ce à proprement parler, elle est appellée la Croix du Triouer, pour les bestes que l'en là trioit.*

☞ A verbo *Tirare*, extendere, accersendam esse vocem *Tiratorium* cuivis, ni fallor, probabile videbitur, adeoque idem esse quod supra *Tendaris*. An vero hinc repetenda sit denominatio compiti *de la Croix du Tiroir*, nondum assecutus sum. Vide *Sauval* in Antiquitatib. Paris. tom. 3. pag. 606. edit. ann. 1724.

* Locus, ubi panni extenduntur et explicantur, Ital. *Tiratoio*. Stat. pro lanif. et pannif. ann. 1317. in Reg. A. Camput. Paris fol. 197. v° : *In ipsis Tiratoriis sive tentis, panni aliqui dupplices vel alii communes panni qui debent duodecim cannas ad minus continere, nullatenus tirabuntur.* Vide supra *Tenda* et *Tenta*, 3. Haud scio an inde accersenda sit denominatio compiti *de la Croix du Tiroir* vel *Tirouer*. Lit. ann. 1375. in Reg. 108. Chartoph. reg. ch. 201 : *Domus, sita Parisius in vico dicto ad Crucem, Gallice Tirouer.* Ut ut est, a nostris appellatus *Tirouere*, Locus, ubi rei per distentionem membrorum cruciantur, ut ab eis veritatem extorqueant. Lit. remiss. ann. 1456. in Reg. 183. Chartoph. reg. ch. 178 : *Le suppliant fut prins prisonnier et mené devant la Tirouere ou question, où il a confessé ledit cas sans aucune contrainte.* Vocis igitur origo ea notione, repetenda videtur aut a *Tirare*, extendere, aut ab *Extorquere*, quomodo dicimus *Tirer la vérité*. Hinc etiam *Tirouere* vocant doliarii instrumentum, quo circulos extendunt, vulgo *Tiroir* vel *Tirtoir*. Lit. remiss. ann. 1417. in Reg. 169. ch. 484 : *Un certain engin à relier tonneaux, appellé Tirouere.* Infra bis : *Thirouere. Tireboute* vero, Baculus ferro munitus, in aliis Lit. ann. 1424. ex Reg. 173. ch. 8 : *Un baston ferré, nommé Tireboute.*

2. **TIRATORIUM**. Fridericus II. lib. 2. de Arte venandi cap. 55 : *Est Tiratorium quodcunque membrum avis, aut alterius animalis dandum falconi ad mordicandum in eo, ne inquietet se falco propter timorem, aut aliam causam. Et est duplex Tiratorium, unum carnosum, quod debet esse recens, et de bonis carnibus,... aliud est non carnosum, quod debet esse ossuosum, et nervosum, et munitum plumis aut pennis, quod datur falconi, potius ad impediendum falconem circa ipsum, et ad deplumandum in ipso, potius quam ad gustandum, vel comedendum, etc.*

* **TIRETANIUS**, Pannorum, qui *Tiretaines* appellantur, textor, nostris *Tiretanier*. Consuet. Genovef. MSS. fol. 12. r° : *Statutum Tiretaniorum. Toutes les foiz que aucun Tiretanier venra en ladite ville pour ouvrer du mestier de Tiretaines et de sarges, il doit prendre congié de nous. Tiretenier*, in Consuet. Castell. ad Sequanam ex Cod. reg. 9898. 2. *Thiretier*, eodem sensu, in Charta scabin. Duac. ann. 1366. ex Reg. 97. Chartoph. reg. ch. 154 : *Marchans drapiers, Thiretiers ou autres vendeurs desdis draps, pieces et Thiretaines, etc. Un seurcot de Tyreteinne*, apud Joinvil. in S. Ludov. edit. reg. pag. 14.

¶ **TIRETANUS**, Pannus lana filoque textus, Gall. *Tiretaine*. Pedagium Peronnæ in Chartul. Corb. 21. fol. 333 : *Item ung fardeaulx de Tiretaine vers doit* 11. *sols ob.* Locus exstat in *Coopertorium*.

¶ **TIRETUM**, a Gall. *Tiroir*. Ductile scrinium. *Item plus unum dressaderium coralli cum duobus armariis et duobus Tiretis sive leyhas fusti munitum de suis sarralhiis et clavibus*, in Inventario ann. 1476. ex Tabular. Flamar.

¶ **TIRIACA**, pro *Theriaca*, Gall. *Theriaque*, Bernardo *de Breydenbach* in Itin. Hierosol. pag. 59.

¶ **TIRO**, Tirocinari, etc. Vide *Tyro*.

TIROGRILLUM, perperam legit apud Willelmum Armoricum lib. 1. Philippidos Spelmannus, pro *Cirogrillum*. Vide *Chirogrillus*.

* **TIROGULA** *lib. de Doctr. Græc. Serum lactis*. Glossar. medic. MS. Sim. Januens. ex Cod. reg. 6959.

TIRONATUM, *Rudimen*, νεολεκτοςράτευμα, in Glossis MSS. Regiis Cod. 1013. Tyrocinium. Vide Canon. Eccles. Afric. cap. 90.

¶ **TIRONICARE**, Tironizare. Vide *Tyro*.

¶ **TIRONIUM**, Genus aciei disponendæ, quod cum cuneo confundit Modestus de Vocab. : *Tertio præcipiendum, ut quadratam aciem repente constituant, quo facto in Tironium, quem Cuneum vocant, acies ipsa vertenda est.*

TIRRENUS, pro *Tarenus*. Vide in hac voce.

* **TIRSTA**. Chron. Leob. ad ann. 1328. apud Pez. tom. 1. Rer. Austr. col. 929 : *Populus et clerus Romanus quasi a Tirsta percussus, oculos habens et non videns etc.* Forte *a Thyrso*, ut monet Pezius.

¶ **TIRSUS**, pro Thyrsus, Fragmentum, pars : an quia Thyrsus est dimidia lancea? Roland. Patav. Chron. lib. 11. cap. 4. apud Murator. tom. 8. col. 328 : *Catanius... inimici clypeo deaurato lanceam fixit viriliter, quæ protinus confracta in stipites et in Tirsos velud arundo confractilis, devolavit ad campum.*

* **TIRUNCULUS**, Miles, qui *militiæ* cingulo recens decoratus est. Constant. in vita S. Germ. Autiss. tom. 7. Jul. pag. 202. col. 1 : *Cui mos erat, Tirunculorum potius industriis indulgere, quam Christianæ religioni operam dare. Is ergo assidue venatui invigilans, ferarum copiam insidiis atque artis strenuitate frequentissime capiebat.* Vide in *Tyro*.

¶ **TIRUNLA**. Judicium ann. 1030. Marcæ Hispan. col. 1045 : *Testatus fuit illi partem rerum suarum, id est, ipsum solarium cum trileis et Tirunlis, quæ in circuitu sunt et domibus.*

¶ **TIRUS**, Immanis belluæ species. Epistola Johanni Presbytero seu Regi Abissin. falso adscripta ad calcem MS. Corbeiensis : *Omnes armati sunt prope* (l. propter) *Tiros et serpentes, qui vocantur Denterses.* [** Jo. de Janua : *Tyrus, quidam serpens.*]

¶ **TISANA**, Gall. *Tisane*, alias *Ptisane*, Ptisana, a Græco πτισάνη. Glossæ ad Doctrinale Alexandri de Villa Dei : *Tisana, aqua cocta in hordeo.* Occurrit non semel. Vide *Tysana* et *Fariola*.

* Hanc potionem omnibus, qui Parisiis infirmi erant, subministrare tenebatur Hospitale S. Gervasii ex Lit. ann. 1358. in Reg. 86. Chartoph. reg. ch. 603 : *Cum infirmantibus et ægrotis Parisius degentibus Tisanam largiri teneantur.*

** Tisana, Pulmenti species. Jo. de Janua : *Ptisana est sicut succus hordei, vel pulmentum inde factum.* Glossæ Bibl. laudatæ in *Nebula*, 2 : *Tipsauæ, panes qui dicuntur nebulæ.* Huc spectat Reinard. Vulpes. lib. 3. vers. 1409 :

> Sed quo Tipsanas dentato femina ligno
> Inverrit, dentes dentibus ipse modo.

Elucid. de las Propr. apud Rainouard. Glossar. Roman. tom. 5. pag. 366. voce *Tizana : Tipsana, es ordi sec, pilat, mundat.*

* **TISICA**, Italis et Hispanis, Phthisis. Mirac. S. Rosæ tom. 2. Sept. pag. 472. col. 2 : *Domina Magdalena..... graviter febricitans, in tantum quod in Tisicam devenerat, etc.* Vide *Tisis*.

* *Tiser*, nescio unde, pro *Dénoncer*, Denuntiare, nostri dixerunt. Lit. remiss. ann. 1456. in Reg. 183. Chartoph. reg. ch. 103 : *Publier et Tiser, ou faire publier et Tiser ladite monition ou excommeniement..... Ledit curé publia et dénonca, ou fist publier et dénoncer ladite monition ou excommeniement.*

¶ **TISIS**, vel Tysis, pro Phthisis, Gall. *Phthisie*. Joan. de Janua : *Tysis, ulceratio in pulmone et tumor, sic dicta Græce; quia fit consumptio corporis totius : unde Tysicus, tali infirmitate detentus.* Glossæ Lat. Gall. Sangerm. : *Tisis, une maladie, qui est enflure ou escorcheure de poumon. Tisicus, Tisiques.* Rursum habetur *Tisis* tom. 1. Anecd. Marten. col. 544.

¶ **TISO**, Tisonus, Gall. *Tison*, Titio. *Tiso tractus de incendio*, in Prologo libri de Doctrina novitiorum Ord. Grandimont. tom. 5. Anecd. Marten. col. 1825. *Et non audeat... aliqua persona portare de nocte per civitatem aliquas fasces, Tisonos*, in Statutis criminalibus Saonæ cap. 34.

* Alia notione *Tison* vel *Tyson* præterea nostri usurparunt, scilicet pro Ligno quodam et navis carina, vulgo *Quille de vaisseau*. Joinvil. in S. Ludov. edit. reg. pag. 3 : *Nostre neif hurta si malement que la terre là où elle hurta, enporta trois toises du Tyson sur quoy nostre neif estoit fondée.* Ibid. pag. 72 : *Bernicles est le plus grief tourment que l'en puisse souffrir; et son deux Tisons ploians, endentés au chief, et entre l'un en l'autre, et sont liés à fors corroies de beuf au chief.*

* **TISSERANDUS**, a Gallico *Tisserand*, Textor. Lit. remiss. ann. 1372. in Reg. 105. Chartoph. reg. ch. 226 : *Ipse suplicans cum certis aliis Tisserandis seu textoribus pannorum fuit captus.* Non semel occurrit in Memor. D. Cam. Comput. Paris. fol. 94. r°. *Tixerand*, in Pedag. Divion. XIV. sæculi.

* **TISSERIUS**, a Gallico *Tisseur*, Eadem notione. Reg. episcop. Nivern. ann. 1287 : *Gener Perronini Tisserii, iiij. solidos.... Robinus filius au Tissiers, iij. solidos.* Vide *Tissor*.

* **TISSIO**, *Tisoir*, in Glossar. Lat. Gall. ex Cod. reg. 7692. Vide *Titionarium*.

¶ **TISSOR**, Textor, Gall. *Tisserand*. *Tissor pannorum*, in Charta ann. 1317. apud Lobinell. tom. 3. Hist. Paris. pag. 218.

¶ **TISSUTUS**, Textus, Gall. *Tissu*, ut supra *Testutus*. Capitulum Ludovici Imperat. ann. 817. apud Murator. tom. 4. pag. 609 : *Ut monachi cappas Tissutas præter villosas habeant.* Vide *Texus* et *Textutus*.

¶ **TISTOL**, Vox abbreviata et corrupta

pro *Epistolarium*, Liber Epistolarum, quæ leguntur in sacris Liturgiis. Ordinarium MS. Eccles. Piperac. ann. 1301 : *Subdiaconus indutus sui habitus cum Tistol, et diaconus cum textu Evangelii, etc.*

* **TITAN**, Sol. Vita S. Petri confess. tom. 6. Aug. pag. 643. col. 2 : *Mulier quædam Dominico die, granum causa siccandi ad Titanem sparserat, etc.*

** **TITANE**. Opuscul. vet. MSS. ad Judith. cap. 16. vers. 8. apud Maium in Glossar. novo : *Titan, sol. Titana, luna. Titane, ordinate.*

* 1. **TITANUS**, *Theod. Prisciano est Calx*, in Glossar. medic. MS. Sim. Januens. ex Cod. reg. 6959.

* 2. **TITANUS**. Vita fabul. S. Marini tom. 2. Sept. pag. 216. col. 2 : *Ibant ergo sancti viri Marinus et Leo cum multitudine incisorum ad cacumina divexi montis, qui lingua rustica vocatur Titanus.* Vide supra *Titan*.

¶ **TITIA**, Κρέα (κρέας) νηπίων, ὃ λέγουσι σίζι.... in Glossis Lat. Græc. et Græc. Lat. a Græco τυτθός, νήπιος, parvus.

** **TITIARE** : *Passeres Titiant*, Aldhelm. de Gramm. apud Maium Classic. Auctor. tom. 5. pag. 570.

¶ **TITIENSIS** Clangor, *id est, sonitus cum tumultu*, in Glossis Isidori. In Excerptis habetur *Tiliensis*, f. pro *Titinniens*, ab antiquo *titinnire*, pro *tinnire*.

¶ **TITILLARE**, *Titubare, vacillare*, in Glossario Barthii apud Ludewig. tom. 3. Reliq. MSS. pag. 170. ex Baldrici Hist. Palæst. [** Pag. 105. lin. 18. Bongars. Jo. de Janua : *Titillo, Titubare*.]

TITIONARI, *Titionibus præparare, eos in ignem mittere*, Ugutioni [et Jo. de Janua.] Nos *Tisonner* dicimus.

TITIONARIUM, *Locus ignis, ubi titiones morantur*. Ugutio. [Addit Johan. de Janua, *vel instrumentum mittendi titiones in ignem*. Glossæ Lat. Gall. Sangerman. : *Ticionarium, Tisonnier, ou foier*.]

¶ **TITIUNCULUS**, pro *Pipiunculus*. Vide *Pipiones*.

¶ **TITTEX**, Μύζαξ, in Glossis Lat. Gr. Vide conjecturas Martinii in Lexico.

¶ **TITTUS**, perperam pro *Littus*, in Glossis Isidori v. *Telonem*. Vide *Telo*.

¶ **TITUBARE** Campanam, in Obituario MS. Eccl. Morinensis fol. 39. v°. Gall. *Tinter*, alterum campanæ latus lente pulsare. Vide supra *Tintinnabulum*.

* **TITULA**, *Procuratio sive defensaculum*. Glossar. vet. ex Cod. reg. 7641.

1. **TITULARE**, Titulo præsignire, exornare; [*Designare titulo vel titulum apponere*, Joanni de Janua. *Tituler, designer, mettre titre*, in Glossis Lat. Gall. Sangerman. Tertullianus lib. de Anima cap. 13 : *Quis non animæ dabit summam omnem, cujus nomine totius hominis mentio Titulata est?* Idem in Poem. de Judicio Dei :

> Quis mihi ruricolas aptabit carmine musas,
> Et verni roseas Titulabit floribus auras?

S. Ambrosius in Epist. ad Coloss. cap. 4 : *Ita enim devota fuisse videtur, ut omnis domus ejus signo Titulata esset Crucis.* Calendarium Philocali : *Furius Dionysius feliciter Titulavit.* Martianus Capella lib. 1. pag. 15 : *Et licet per Zodiacum tractum nonnulli singulas vel binas domos animalibus Titularint, in aliis tamen habitaculis commanebant.* Adde Petrum Chrysologum serm. 155.

¶ Titulare, Inscribere, Gall. *Intituler*. Johan. Diaconus in Vita S. Gregorii lib. 4. cap. 15. n. 81 : *Et quia inter diversa mala, aliquos etiam sermones scripsit, atque eos ex nostro nomine Titulavit, et suspecti sumus, ne eos alicui transmiserit.* Eadmerus in Prologo ad Vitam S. Anselmi : *Opus igitur ipsum de Vita et conversatione Anselmi Archiep. Titulatum, taliter Deo adjuvante curavi disponere, etc.* Et lib. 2. cap. 4 : *Insigne volumen edidit, quod Cur Deus homo Titulavit.* Vide Vossium de Vitiis serm. lib. 4. cap. 28.

¶ Titulare Se Regem, Regium nomen sibi adsciscere, Gall. *Prendre le titre de Roi*. Sallas Malaspinæ lib. 6. de Rebus Siculis, apud Baluzium tom. 6. Miscell. pag. 344.

Detitulare, Titulum auferre, delere. Josephus Iscanus lib. 2. de Bello Trojano :

> .... Propriæ nam venditor artis
> Detitulat titulos, quos ingerit.

2. **TITULARE**, *Significare*, in Glossis Arab. Lat.

3. **TITULARE**, pro Titillare. S. Althelmus de Laude Virginitatis cap. 17 :

> Quique Titulantis sprevit primordia luxus.

[Simili modo in Gemma gemm. *Titulare* exponitur ad venerem ac luxuriem incitare; unde postea deducit, inquit Vossius, ridiculam vocem *Titillicus*, pro eo, qui incitat vel incitatur ad coitum. Vide *Titulatio*.]

¶ 4. **TITULARE**, Exarare, conscribere. Tabularium S. Vincentii Cenoman. : *Tituletur in pagina, ne labatur a memoria, quia Robertus de Poutorn dedit Abbati Ranulfo, etc.* Privilegium Ferdinandi *Gonzalez* Comitis Castellæ ann. 957. tom. 3. Concil. Hispan. pag. 176 : *Veilla Revellez hic testis. Tello Marillez hic testis. Joannes Titulavit.* Vita S. Eusebiæ Abb. : *Quæ vero occasio fuerit susceptæ fidei vel Regi vel ipsi genti, suis in locis plenissime potest inveniri, cujus hic summam libuit Titulare in indicium vel confirmationem nostræ narrationis.* Vide *Titulatio litteralis*. [** Proprie Per compendia scribere, notis excipere, *abbreviare*. Joannes *Spencer-Smith*, vir clarissimus, Cadomi ann. 1840. litteris scripturæ assimilatis expressit partem codicis MSS. sec. XV. ubi hæc leguntur : *Incipiunt quedam regule de modo Titulandi seu apificandi pro novellis scriptoribus copulate; et iste modus Tytulandi servari potest in libris preciosis, etc.* Vide *Titulatio*.]

¶ 5. **TITULARE**, Donare *titulo*, hoc est, scripto, charta. Charta Ludovici Pii e Tabulario Majoris Monasterii : *Si quis ex fidelibus nostris imperii eis ad hujus rei necessitatem aliquid augere vel Titulare placuerit, etc.* Vide *Titulatio*, et aliis notionibus in *Titulus* 1.

* 6. **TITULARE**, Dicitur de monachis, qui in monasterio recens exstructo, collocantur. Petrus Malleac. monach. tom. 10. Collect. Histor. Franc. pag. 180 : *Illa Gaubertum monasterii S. Juliani martyris abbatem... ad se accersiens, totius ordinem rei enarrat; seque illic tredecim fratres, quorum unus prior diceretur, Titulare velle, et ex suo eos cœnobio præstolari, si ipse votis ejus annueret, prædicat.* Vide in *Titulus* 3.

* **TITULARIARE**, Titulariatus, Titularius, Voces academiæ Tolosanæ. Stat. Guill. archiep. Tolos. ex Cod. reg. 4222. fol. 65. r° : *Prohibemus ne aliquis bacallariandus vel Titulariandus, ratione sui novi principii, tituli vel libri in quacumque facultate, audeat convivium majus facere.* Et fol. 65. v° : *Scholares autem tripudiantes seu choreantes occasione præmissorum, publice vel occulte, per biennium sint inhabiles ad bacallariatus seu Titulariatus honorem in dicto studio obtinendum.* Stat. ann. 1314. ibid. fol. 44. r° : *Et hoc statutum teneantur servare omnes supradicti virtute præstiti juramenti exceptis Titulariis et illis, qui legere voluerint decretalem* Firmiter credimus, *etc.*

¶ **TITULATIO**, pro Titillatio. Vita MS. S. Wenwaloei : *Si ille possessor renium est, quis renium fluctus Titulationem celare poterit ante illum?* Pro titillatione invidiæ, nisi me fallo, occurrit in Epist. Henrici Clerici Pomposiani sæc. XI. apud D. *de Montfaucon* in Diario Ital. pag. 82 : *Quosdam ex fratribus adversos habeo, ob nimiam Titulationem non valentes legere libros a me scriptos.* Vide *Titulare* 3. [** *Titulationem* hic esse Scripturam per compendia exaratam, recte monuit Blumius Itin. Ital. tom. 2. pag. 216. Vide *Titulare*, 4.] Alia notione legitur in *Titulus* 1.

¶ Titulatio Litteralis, Charta, scriptum, donatio scripto firmata. Charta ann. 1073. ex Archivo Montis-majoris : *Nullam donationem sine litterali Titulatione fieri debere.* Vide *Titulare*. 4. et infra *Titulus* 2.

¶ **TITULATORIUM** Altare. Vide *Titulus* 3.

1. **TITULUS**. *Titulos apponere*, seu Tabulas inscriptas, σανίδας γραπτάς, Cum velis purpureis, ut est apud Agathiam lib 5. quo ritu res privatorum, aut reorum fisco addicebantur. Augustinus in Ps. 21 : *Ubi potens aliquis invenerit Titulos suos, nonne jure rem sibi vindicat? et dicit, non poneret Titulos meos, nisi res mea esset.* Gregorius M. lib. 4. Epist. 33 : *In Sicilia autem insula Stephanus quidam marinarum partium Chartularius tanta præjudicia, tantasque oppressiones operari dicitur, invadendo loca singulorum, atque sine dictione causarum per possessiones ad domos Titulos ponendo, etc.* Ado in Martyrol. 29. Aug. : *Omnes facultates ejus publicis Titulis præsignari.* Eadem verba habentur in Vita S. Sergii Mart. n. 3. Anastasius in Nicolao I. PP. pag. 213. ubi idem Pontifex ad Ravennatem Archiep. : *Præcipimus tibi, ut nunquam res cujuscumque personæ qualicumque ingenio vel chartula acquisitas et possessas, olim modo occupes, aut Titulum superimponas, donec in præsentia Apostolica, vel Missi ejus, aut Vestararii Ravennæ legali ordine illas in judicio convincas.* Senator lib. 4. Epist. 14 : *Casas ejus appositis Titulis fisci nostri juribus vindicabis.* Idem lib. 5. Epist. 6 : *Fixis Titulis juri publico applicare.* Adde lib. 9. Epist. 18. *Liberi a fiscalibus Titulis*, in Diurno Romano cap. 5. tit. 4. [*Fundus fiscalis Tituli proscriptione*

signatus, lib. 15. Cod. Th. tit. 2. leg. 4.] Tibullus lib. 2. pag. 112 :

Ite sub imperium, sub Titulumque lares.

Vide titulum utriusque Codicis *de his, qui potentiorum, etc.* et Glossar. med. Græcit. voce Σανίδες, col. 1331. Hinc

Titulare, Fisco addicere titulis appositis. *Domus Titulata*, apud Gregor. M. lib. 1. Epist. 63 : cui fiscalis titulus appositus est. Adde lib. 4. Epist. 44.

Titulatio, Confiscatio, qua voce δήμευσιν, apud Theophanem in Nicephoro Generali ann. 9. vertit Historia Miscella.

Tituli Fiscales, Tributa, vectigalia publica, fiscalia : passim in utroque codice. Salvianus lib. 5 : *Illud est gravius, quod plurimi proscribuntur a paucis, quibus exactio publica peculiaris est præda, qui fiscalis debiti Titulos faciunt esse privatos, et hoc non summi tantum, sed pene infimi.* Anonymus de Rebus bellicis subjunctus Notitiæ Imperii, de exactoribus : *Quæ enim ab his occasio fiscalium Titulorum inlibata peracta est, quæ conventio sine præda discessit?* *Susceptores fiscalium Titulorum*, in Edicto Theoderici Regis cap. 144. *Titulus siliquatici*, apud Senatorem lib. 4. cap. 25. *Titulus Canonicus vinarius*, in veteri Inscript. 647. 7.

¶ Titulus Functionis, Simili notione. Traditio S. Karilefi apud Mabillon. tom. 3. Analect. pag. 82 : *Nullas functiones vel exactiones, neque exquisita et lauda convivia, neque gratiora vel insidiosa munuscula, neque etiam caballorum partus, aut paravereda, vel angaria, aut quodcumque functionis Titulum judiciaria potestate dici postest, de præscripta facultate penitus non requiratur.* Vide *Functio.*

2. **TITULUS**, Limes, meta. Aggenus : *Videmus igitur modo per terminos territoriales, et limitum cursus et Titulos, id est inscriptis lapidibus, plerumque fluminibus, nec non aris lapideis claudi territorium, atque dividi ab alterius territorio civitatis.* Gloss. Gr. Lat. : Στήλη, *Cippus, Titulus.* Nam *titulus* proprie lapis inscriptus, vel ipsa lapidis inscriptio. Hac notione *lapideum titulum* habet vetus inscriptio Salonæ, apud J. Sponium in Itiner. tom. 3. parte 2. pag. 5. Petrus Chrysol. serm. 154 : *Dominum prædiorum limitibus affixi Tituli proloquuntur.* Fortunatus in Vita S. Medardi cap. 5 : *Diebus quoque illis de cujusdam agri confinio controversia inter propinquos illius exorta est : cumque disceptarent alternatim, et jam furor iraque mentem præcipitaret, ille lapidi pedem superposuit, qui ejusdem agri divisor esse videbatur ; commotam ergo turbam dicto citius ab illa compescens seditione, Titulum hunc, inquit, horum jugerum limitem esse noveritis et confinium.* Hinc forte

Titulos vocamus instrumenta Chartarum, quæ prædiorum possessionem firmant, quove jure teneantur, indicant. Concilium Ticinense sub Benedicto VIII. PP. in Præfat. : *Prædia et possessiones aut tollunt, aut minuunt, aut quibusdam Titulis et scriptis colludio fabricatis, a nomine et jure Ecclesiæ alienant.*

* Charta ann. 1121. tom. 1. Probat. Hist. geneal. domus reg. Portugal. pag. 3 : *Magnus est Titulus donationis, in quo nemo potest auctum largitatis irrumpere, nemo extra legum jura peripsere.*

3. **TITULUS**, Ecclesia, cui deserviendæ ordinabantur Presbyteri, ita ut in ea *stabilitatis promissionem* facere tenerentur, et ab ea recedere iis non liceret, ut est in Capitulari Episcoporum cap. 13. in Capitul. Caroli M. lib. 5. cap. 26. 108. lib 7. cap. 173. in Addit. 3. Ludov. Pii. cap. 39. in Synodica Ratherii Veron. ad Presbyter. etc. Vide Joannem VIII. PP. Epist. 173. Synodus Remensis ann. 813. cap. 20 : *Ut Presbyteris de minore Titulo ad majorem non liceat transmigrare.* Addit Turon. III. cap. 14 : *Sed in eo permaneat, ad quem ordinatus est.* Concilium Calchutense ann. 787. can. 6 : *Et in illo Titulo perseverent, ad quem consecrati sunt, ita ut nullum de alterius Titulo Presbyterum aut Diaconum suscipere præsumat, etc.* Concilium Londinense ann. 1125 : *Nullus in Presbyterum, nullus in Diaconum nisi ad certum Titulum ordinetur. Qui vero absolute fuerit ordinatus, sumpta careat dignitate.* Id etiam in usu fuisse testatur Lupus Ferrariensis Epist. 29. nisi Episcopi licentia intercedat. Vetitum enim in Concilio Chalcedonensi cap. 6. ne quis Presbyter aut Diaconus ἀπολελυμένως ordinaretur, *absolute*, ut habent Concil. Meldense ann. 845. cap. 52. Synodus Romana ann. 853. cap. 39. Crisconius in Breviario cap. 196. Egbertus Archiep. Ebor. in Dialogo cap. 9. Capitul. Aquisgran. ann. 789. cap. 24. Capit. Francoford. ann. 794. cap. 26. Capit. 6. ann. 806. cap. 7. Capit. 1. incerti anni cap. 11. lib. 1. Capitul. cap. 25. Append. 1. cap. 12. etc. sed εἰδικῶς, *specialiter*, Ecclesiæ civitatis vel pagi adscriberentur, abrogatis ordinationibus absolutis : qua tamen ordinatione Presbyterum se factum in Ecclesia Barcinonensi scribit Paulinus Epist. 6. ad Severum : *Ea conditione in Barcinonensi Ecclesia consecrari adductus sum, ut ipsi Ecclesiæ non alligarer; in Sacerdotium tantum Domini, non in locum Ecclesiæ dedicatus.* Sed irritæ postmodum factæ ejusmodi ordinationes : et in ipsis Presbyterorum et Diaconorum, aut Subdiaconorum ordinationibus, ab Episcopis ordinatoribus, nominati tituli, quibus ii adscriberentur, ut colligitur ex Sacramentario Gregoriano Menardi pag. 236. Anastasius in Evaristo PP : *Hic Titulos in urbe Roma divisit Presbyteris.* In S. Marcello : 25. *Titulos in urbe Roma constituit, quasi diœceses, propter baptismum et pœnitentiam multorum, qui convertebantur ex paganis, et propter sepulturas Martyrum.* In S. Silvestro : *Hic fecit in urbe Roma Ecclesiam in prædio cujusdam Presbyteri sui, qui cognominabatur Equitius, quem Titulum Romanum constituit, etc.* In S. Damaso : *Hic constituit Titulum in urbe Roma, scilicet basilicam, quam ipse construxit, etc.* In S. Innocentio : *In quo loco... Titulum Romanum constituit, etc.* Ita pag. 110. 116. 117. 238. Alexander III. PP. in Epist. apud Baron. ann. 1148 : *Jus Ecclesiarum a SS. Patribus canonice constitutum necessario ad memoriam copiose credimus revocandum, qualiter scilicet 28. Titulis, eorumque Sacerdotibus tota urbs distributa sit, etc.* Concilium Nannetense cap. 16. et ex eo Hincmarus Remens. in Capitulis ad Presbyteros parochiæ suæ cap. 17 : *Ecclesiam illam.... quæ Titulus per se constans extitit.* Ubi a Capellis distinguitur. *Titulorum vel Diaconorum Ecclesiæ*, in Synodo Romana ann. 853. cap. 39. Titulum pro Ecclesia usurpaut passim Scriptores, Pius I. PP. Epist. 3. Concil. Rom. sub Greg. I. cap. 3. Nannet. cap. 16. Diurnus Roman. cap. 7. tit. 21. Hincmarus Rem. in Capit. de Reb. Mag. et Dec. cap. 12. Capitul. Guilleberti Epist. de Interdictis cap. 2. Synod. Londin. ann. 1125. Hugo Flaviniac. pag. 261. etc. Adde Ughellum tom. 1. Ital. sacr. part. 1. pag. 110. 122. 123.

Cur porro Ecclesia *Tituli* nomine a veteribus Christianis donata sit, variæ sunt auctorum sententiæ. Baronius ann. 112. n. 5. 6. a *titulis fiscalibus* desumtam hanc appellationem putat, quorum appositione rem aliquam sibi fiscus vindicare solebat : *Titulum* autem *Crucis* fuisse, quo apposito, res sacra censebatur, quod pluribus observat in Notis ad Martyrol. Rom. 26. Julii. Alii a *Titulis*, seu sepulcris Martyrum vel Confessorum, in ædibus sacris reconditis. Nam *Titulum sepulchri* dixit Juvenalis lib. 2. Sat. 7. *Titulis decorare sepulchrum*, Silius Italicus lib. 15. *Titulum busto addere*, Auctor Queroli. *Titulum Memoriæ*, vetus Inscriptio, 519. 5. Vetus Epitaphium Treverense : *Hic quiescet Dardanius, qui vixit annos* 35. *Apronius frater Titulum posuit in pace*, apud Browerum in Proparasc. ad Annales Trevirenses, ubi ejusmodi alia Christianorum describit pag. 59. 60. 61. et in ipsis Annalib. 404. 439. 2. edit. [Sigehardus in Vita S. Albani apud Canisium tom 5. et sæc. 4. Bened. part. 2. pag. 58 : *Siquidem in argumentum fidei, intra et circa Ecclesiam, quoquo versum exstant mausolea, singulorum nomen et obitus diem Titulis designantia.* [** Adde Lambert. Annal. ad ann. 1074. apud Pertz. tom. Script. 5. pag. 209. lin. 50.] Alii denique, quod ædi sacræ vestibulis Sancti, cui dicata erat, nomen inscriberetur, seu quod eo *titularetur*, titulos dictas Ecclesias volunt. Ut ut sit, ab his titulis, seu Ecclesiis, quibus attitulati erant Clerici,

Tituli nomenclatura vulgo donantur Sacerdotis facultates idoneæ ad vitam, absque quibus ad Sacerdotium non admittitur. Concilium Lateranense III. ann. 1179. cap. 5 : *Episcopus si aliquem sine certo Titulo, de quo necessaria vitæ percipiat, in Diaconum vel Presbyterum ordinaverit, tamdiu necessaria ei subministret, donec in aliqua ei Ecclesia convenientia stipendia militiæ Clericalis assignet : nisi forte talis qui ordinatur, extiterit, qui de suo vel paterna hæreditate subsidium vitæ possit habere.* Synodus Exoniensis ann. 1287. cap. 8 : *Caveant ad sacros ordines promovendi, ut Titulum habeant sufficientem, sine quo omnibus ad sacros ordines accedere interdicimus facultatem.* Mox : *Et quoniam quidam promovendi advertentes se non posse absque Titulo ordinari, cum Clericis beneficiatis vel Laicis paciscuntur, ut eis per chartam nomine Tituli conferant spirituale aliquod vel temporale, eandem chartam ab eisdem post susceptos ordines recepturi, etc.* *Titulus Patrimonialis*, in Concilio Biterrensi ann. 1233. cap. 6 : *de iis qui admittuntur ad sacros* ti, et sine *Titulo patrimoniali centum m Turonensium ad minus*, (vel) *tico beneficio competenti, sicut in nico cautum est, ordinandus de nullus admittatur.* Adde cap. 8. et m Tornac. Epist. 12. Habentur ta feodi, seu libro Anglico inscripto: *Justice of peace*, pag. 175, formulæ *litterarum sacerdotalibus Titulis, et literarum testimonialium de patrimonio sufficienti.*

Tituli, Bona, facultates, quæ quovis titulo alicui competunt. Conventus apud Andelaum ann. 586 : *Cum omnibus rebus eorum, cum civitatibus, agris, reditibus, vel cunctis Titulis, et omni corpore facultatis, etc.*

Tituli Cardinales in urbibus et suburbiis, Ecclesiæ præcipuæ, ac parochiales, in Conc. Meldensi ann. 845. cap. 54. et apud Guillelmum Bibliothecarium in Stephano VI. sub finem. Descripsit Baronius ann. 559. n. 3. Bullam Joannis III. PP. qua Basilicam XII. Apostolorum a Pelagio inchoatam, a se absolutam, *Titulum Cardinalem* constituit, eidemque parochiæ fines definit. Vide *Cardinalis*. [** Thomæ Capuani Dictat. Epist. pag. 286. apud Hahnium.]

Tituli Populares, Plebes, parochiæ, Ecclesiæ parochiales seu plebales. Decretum Tassilonis Ducis Bajwar. : *Unde ab universis Abbatibus facta professio, ut minime Titulis popularibus se ingerere deberent; sed hæc omnia, cui commissæ sunt plebes sub potestate Episcoporum permanerent.*

Tituli Baptismales, aliis *Ecclesiæ baptismales*, in Præcepto Ludovici et Lotharii apud Flodoardum lib. 2. Hist. Remens. cap. 19. Vide *Ecclesia*.

Titulus, Pars ea Ecclesiæ, in qua altare consistit, βῆμα Græcis, *Presbyterium*, Latinis Ecclesiasticis Scriptoribus. Leo Ost. lib. 2. cap. 3 : *In Ecclesia etiam Titulum cum confessione sua a parte occidentali satis decorum adauxit.* Idem cap. 32 : *Ecclesiam S. Angeli.... jam vetustam restaurans, Titulo addito amplians, atque depingens, etc.* Cap. 51. (al. 52.) : *Titulum quoque* (in Ecclesia) *ab orientali parte non parvi ambitus cum Confessione construxit.* Lib. 3. cap. 28 : *Fenestras quoque in superioribus* (ἐν ὑπερῴοις) *satis amplas, in navi quidem 21. in Titulo vero 6. longas et rotundas 4. ac duas in absida mediana instituit.* Cap. 29. (al. 27.) : *Fenestras omnes tam navis quam Tituli plumbo ac simul vitro compactis tabulis, ferroque connexis inclusit.* Ubi perperam Angelus a Nuce, *titulum* partem esse transversam Ecclesiæ, quam nostri *la Croisée* dicunt, existimavit. Sed et

Titulus, interdum pro Ecclesiarum sacellis, quæ alii *Cubicula* vocant, usurpatur. Sanctus Eulogius lib. 2. Memorial. cap. 1 : *In basilica B. Aciscli, in eo Titulo, quo felicia ejus membra quiescunt, humatur.* Rodericus Toletan. lib. 4. de Reb. Hispan. cap. 8 : *Fundavit etiam Ecclesiam Cathedralem, et majus altare in honorem sancti Salvatoris, et altaria 12. Apostolorum cum suis Titulis elevavit.* Eckehardus Junior de Casibus S. Galli cap. 1. pag. 39 : *Obiens autem,... circa Landaboum Episcopum in Titulo Apostolorum conditum, cognatum et amicum suum, extra parietem tamen, sepeliri se petiit.* Adde, quæ ibi observat Goldastus pag. 180. [Vita S. Theofredi Abb. sæc. 3. Benedict. pag. 483 : *Ipse ante venerandum B. Petri Titulum in oratione est prostratus.* Mabillonius *altare* interpretatur in Onomastico : quod eodem redit.]

Titulatorium Altare, Idem quod *Titulus*, seu altare, vel capella in majori Ecclesia. [Altare præcipuum, Gall. *Maître-autel*, intelligo : siquidem ecclesia Deo in honorem B. Mariæ dedicata erat.] Jacobus de Vitriaco in Hist. Orientali pag. 1143. [et Bernardus Thesaur. apud Murator. tom. 7. col. 838.] : *Quatuor in ea* (Ecclesia Damiatæ) *principalia fundata sunt altaria : Titulatorium B. Virginis primum, Principis Apostolorum Petri secundum, etc.*

Titulare, Ad *titulum* vel Ecclesiam promovere. Vita S. Constantiani Abbatis : *Ad prædictum nempe vicum Hebron sanctæ Cenomanicæ matris Ecclesiæ Titulatus ac Presbyter ordinatus fuit jam dictus Constantianus a memorato Innocente Episcopo, illucque ad prædicandum ab eo directus.* Admonitio Synodalis antiqua : *Res et facultates, quas post diem ordinationis vestræ adquiritis ad Ecclesiam, ad quam Titulati estis, pertinere sciatis.* Ratherii Veronensis Synodica ad Presbyteros : *Nullus Ecclesiam, ad quam Titulatus est, relinquat, et ad aliam quæstus causa migret.* Ita in Capitul. Caroli M. lib. 5. cap. 26. Willelmus Neubrigensis lib. 3. cap. 5 : *Pro personis spectabilibus, quibus tanquam quibusdam monilibus Eboracensis olim fulsit Ecclesia, Titulavit imberbes, etc.* Decreta Calomani Regis Hungar. lib. 2. cap. 18 : *Nullus Presbyter sine titulo ordinetur : de eodem nullus habeatur in Clero, qui non est Titulatus alicui Ecclesiæ.* Adde Concilium Placentinum ann. 1095. cap. 15. Hincmarum in Capitulis anni 12. Episcopat. cap. 3. Puricellum in Basilica Ambrosiana pag. 1146. 1148. 1149. etc.

Intitulare, Eadem notione. Leo IV. PP. de Cura Pastorali : *Nullus Ecclesiam, ad quam Intitulatus est, dimittat, et ad aliam quæstus gratia sine licentia Episcopi migret.* Petrus Blesensis Epist. 57 :

Nepotum turba pullulat,
Quos variis Ecclesiis Intitulat.

Adde Concilium Auscitanum ann. 1308. cap. 2.

Prætitulare. Admonitio Synodalis antiqua : *Volumus autem scire de quolibet Presbytero.., si de nostra parochia aut de alia natus est, aut ordinatus, vel ad quem locum Prætitulatus.* Adde Capit. Caroli M. lib. 5. cap. 26.

Adtitulare, Attitulare, apud S. Anselmum lib. 3. Epist. 2. Tabularium Ecclesiæ Viennensis, sub Sobbone, Archiepisc. fol. 44 : *Ecclesia S. Nazarii.... in qua ipse Uboldus more Ecclesiastico Adtitulatus fuit.* [Charta ann. 1186. ex Tabular. Sangerman. : *Dilectum nostrum Odonem presbyterum ad presentationem Abbatis S. Germani de Pratis ecclesiæ de Baneolis Attitulavimus et de cura investimus animarum.*] Stephanus African. Presbyt. in Vita S. Amatoris n. 19 : *Crucis signaculo frontem ejus Attitulans, salutis integritatem roganti restituit.*

4. **TITULUS**, Clamor militaris. Ægidius Monachus Aureævallis in Episcopis Leodiens. cap. 111 : *Comes vero Lossensis impetum belli videns imminere, accessit propius cum sua phalange, et clamans tertio Titulum sui Comitatus, scilicet Loz, audacter hostium cuneos penetravit.*

5. **TITULUS**. Leo Ostiensis lib. 2. cap. 52 : *Virgam quoque pastoralem, cum Titulo nihilominus argenti opere pulchro vestivit.* Ubi Angelus a Nuce, *titulum* partem recurvam baculi Pastoralis interpretatur, nescio quo vade.

6. **TITULUS**, Exemplar. Liber Ordinis S. Victoris Parisiensis MS. cap. 15 : *Qui morum atque verborum disciplina instructus, cunctis quasi exemplum et Titulus totius domus proponatur.*

¶ 7. **TITULUS**, Versus lugubres de morte insigniorum personarum, quos scribebant monachi variorum monasteriorum, quibuscum inita erat societas, cum ad eos deferebantur *rotuli*, mortem illarum personarum nunciantes : quo de more jam pluribus dictum est in *Rotulus* et in *Brevis*. Plures hujuscemodi *titulos* de morte Mathildis primæ Parthenonis SS. Trinitatis Cadom. Abbatissæ conscriptos exhibet Mabillonius tom. 5. Annal. Benedict. pag. 690. et seq. Sed quia in hisce Versibus nonnunquam futilia et vana scribebantur, Monachi Majoris-monasterii in sua Epistola encyclica de morte Bernardi Abbatis eod. tom. pag. 668. socios monent, *Patrem suum virum sanctæ severitatis fuisse, et non solum verba peccatricia, sed et vana et scurrilia, et quocumque modo inutilia exosa habuisse, et ab auditu suo, quantum potuit, rejecisse.* Quare *Sanctitatem vestram precamur*, inquiunt, *ut versuum næniás et derisiones, quæ potius, quam prosint defuncto, facientibus accumulant damnationem, ab hac charta submoveatis, tantumque simpliciter locorum vestrorum nomina, et quid pro defuncto patre nostro et pro nobis feceritis, annotetis, ut quid etiam nos pro vobis debeamus facere, cognoscamus.* Vide eumdem Mabillon. tom. 3. Analect. pag. 487.

¶ 8. **TITULUS** Crucis, Crux nude. Concil. Turon. II. can. 3 : *Ut Corpus Christi Domini non in imaginario ordine, sed sub Crucis Titulo componatur.* Anonymus de Miraculis S. Bercharii Abb. sæc. 2. Benedict. pag. 856 : *In Titulo Crucis, qui stabat ad pedes artificis decumbentis, subito visus est illucessere globus æthereus*, hoc est, sub cruce, quæ ad pedes fidelium in extremis agentium apponi solet. Vide Mabill. lib. 1. de Liturg. Gallic. cap. 9. n. 20. et 21.

* 9. **TITULUS** Mitræ, Lamina aurea, quæ in gyro mitræ orificium ambiat, Bonanno Hierarch. eccl. cap. 64. et Marangono Chronol. pont. pag. 66. Quæ definitio non arridet Cl. V. Garampio in Disquis. de sigill. Garfagn. pag. 83. quod tunc *Titulus* a *Circulo* nihil differret, qui tamen reapse differunt inter se, ut perspicuum est ex Cerem. Greg. X. ibid. laudato : *Unam* (mitram) *cum aurifrisio in Titulo sine circulo; et mitram aurifrisiatam in circulo et Titulo.* Et ex Invent. ann. 1295. ibid. pag. 85 : *In ipso circulo anteriori, et liliis, et Titulo sunt xx. balasci, etc.* Unde Viro erudito *Titulus* videtur esse *Una lista ofre-*

gio diritto, che tagliasse la faccia della mitra perpendicolarmente dalla punta all' orificio. Nisi, addit ille, *Titulus* corrupte dicatur, pro *Tutulus*, id est, acumen mitræ. Quid si hic *Titulus* spectare existimetur ad *Laminam*, de qua Levit. cap. 8. v. 9 : *Cidari quoque texit caput : et super eam, contra frontem, posuit Laminam auream consecratam in sanctificatione.*

¶ **TIUPHADUS.** Vide *Thiuphadus.*

TIUS, Patruus. Vide *Thius.*

¶ **TIUTISCE**, Germanice. Vide supra *Suonbouch* et *Theotisci.*

¶ **TIXATOR**, Textor, Gall. *Tisserand. Tixier*, in Consuet. Andeg. art. 173. Index MS. Beneficiorum Eccl. Constant. fol. 17 : *Rector percipit... decimas Tixatorum, pro quolibet instrumento* XII. *den.*

* A verbo *Texere, Tixtre*, pro *Fabriquer au métier*, in Stat. ann. 1358. tom. 5. Ordinat. reg. Franc. pag. 596. Vide *Tissor.*

TOACULA, TOBALEA, etc. Mappa, mappula, mantile, manutergium, Gall. *Touaille*, [Provincialibus *Touaillo*, Ital. *Tovaglia*, Hisp. *Toalla.*] Kero Monachus : *Mappula, Duvahila.* Chronicon Fontanellense pag. 245 : *Ad saccos autem faciendos drappos albos* 2. *de quibus fieri possunt stamineæ* 10. *Toaculæ* 2. Occurrit ibi semel atque iterum.

¶ TOAGLA. Statuta Civit. Astæ de intratis portarum : *Toagle, veleri et copgieri de seta Alamanie solvant pro qualibet petia lib.* 4.

¶ TOAILLIA, in Inventario S. Capellæ Paris. ann. 1363. ex Bibl. Reg. : *Item solebant esse duæ custodiæ et una Toaillia paratæ ad lilia aurea... Item una alia Toaillia parata ad losenginas de armis Franciæ.* Inventarium Gallicum : *Item souloit avoir deux custodes et une Touaille parée à fleurs de lis d'or... Item une autre Touaille parée à losenges des armes de France.* Ubi *Toaillia* est Tapes, ornamenti genus, ut et in sequentibus aliquando.

¶ TOALEA. Ordo Rom. apud Mabillon. tom. 2. Musei Ital. pag. 198 : *Quando aliquis consecratur a domino Papa, propter servitium quod eidem consecrato exhibent, debent habere suum pluviale, et bacilia, atque Toaleam; sed de bacilibus atque Toalea fit divisio inter ipsos et Acolythos.* Adde pag. 202. et 205.

¶ TOALHA. Testamentum G. Comitissæ Montisferrandi ann. 1199. apud Baluz. tom. 2. Hist. Arvern. pag. 257 : *Totas meas Toalhas et mei mantil præter octo mappas et unum mantile.* Inventar. ann. 1476 : *Item plus quinque mappas sive Toalhas factas et testutas in opere Damasci.*

TOALIA. Testamentum Riculfi Episcopi Helennensis ann. 915 : *Capas duas, una purpurea et alia bition. Toalias olicias, una cum argento, vel clavellos spaniscos duos, etc.* B. Ordericus Forojuliensis in peregrinat. cap. 2. n. 6 : *Et pulchris Toaliis involuta corpora in Indiam... portavi.* Ubi perperam Bollandus *roaliis*, edidit. Occurrit etiam in Statutis Synodalibus Odonis Parisiensis Episcopi cap. ult. § 42. [ut et in Statutis Vercell. fol. 27. v°. et 85. v°.] Le Roman de Jordain :

Quant Zisbell i tendit la Touaille,

[Vetus Poeta MS. e Bibl. Coislin. nunc Sangerm. :

Quant tu auras tes mains lavées,
Et à la Toaille essuiées.]

* Glossar. Provinc. Lat. ex Cod. reg. 7657 : *Toalha, Prov. mapa. Toalhola, togilla, facitergium. Toalhon, manutergium, mantile.* Stat. Taurin. ann. 1360. cap. 335. ex Cod. reg. 4622. A : *De quolibet ramo de Toaglis de rista, solidos iiij. Touaillon*, in Lit. remiss. ann. 1411. ex Reg. 167. Chartoph. reg. ch. 417. Hinc *Touaillolle*, Capitis tegumentum, quo utuntur Sarraceni, quod ex linteo seu mappula componatur, apud Joinvill. in S. Ludov. edit. Cang. pag. 75 : *L'un d'iceulx admiraulx, qui nous estoit contraire, cuidant qu'on nous deust tous faire mourir, vint sur la rive du fleuve, et commença à crier en Sarrazinois à ceulx qui nous conduisoient ès gallées; et o la Touaillolle, qu'il osta de sa teste, leur faisoit ung signe, disant qu'ilz nous remenassent vers Babilonne. Thouelle*, pro *Toille*, Tela, in Chartul. Latiniac. fol. 246. v°.

¶ TOALLIA. Computus ann. 1239. e Bibl. Regia : *Pro una paratura Toallie altaris* LX. *sol.*

* TOALLIA, Pannus sericus, quo altare vestitur. Lit. ann. 1386. in Reg. Joan. ducis Bitur. ex Com. Comput. Paris. fol. 85. r° : *In qua quidem capella continentur peciæ quæ secuntur : videlicet dosserium et frontale ac etiam Toallia bordata pro altari magno.*

TOBALEA. Charta Joannis Archiep. Capuani ann. 1301 : *Tobaleam unam de seta listatam auro, etc.* Concilium Ravennense ann. 1311. can. 8 : *Corporalia, pallæ, Tobaleæ, et cætera Sacerdotum et altarium ornamenta.* Ceremoniale Rom. ex MS. Vaticano, de Consecratione PP : *Et tergit eum cum linteamine, sive subtili Tobalea.* Occurrit ibi pluries, et in Charta ann. 1280. apud Ughellum tom. 7. Ital. Sacr. pag. 611. in Ceremoniali Episcop. lib. 1. cap. 29. [in Computo ann 1333. tom. 2. Hist. Dalphin. pag. 274. Statuta Eccl. Avenion. tom. 4. Anecd. Marten. col. 570 : *Mandamus, ut linteamina altaris, sive Tobaleæ... sæpe abluantur.* Statuta Eccl. Reatinæ apud eumdem Marten. tom. 8. Ampliss. Collect. col. 1518 : *Non celebretur sine duobus Tobaleis in altari, quarum una superior sit benedicta.* Occurrit alibi.]

¶ TOBALEOLA. Ordo Rom. apud Mabillon. tom. 2. Musei Ital. pag. 532 : *Bacile semper in camera Papæ cum rasoriis et Tobaleolis remanet.*

TOBALIA, TOBALLIA. Matthæus Silvaticus : *Mandile, Tobalia.* Anniversaria Basilicæ Vaticanæ apud Joannem Rubeum in Vita Bonifacii VIII. PP. pag. 345 : *Item* 20. *Tobalias, tam sericeas, quam operis Alemannici.* [Ordo Rom. apud Mabillon. tom. 2. Musei Ital. pag. 162 : *Tobalias frisatas et opertas, quæ totum altare colligant sine frisio. Item* XX. *Tobaliæ sive mappæ pro altaribus*, in Inventar. S. Capellæ Paris. ann. 1376.] Occurrit prætrea apud Durandum lib. 4. Ration. cap. 30. n. 1. in Miracul. S. Angeli Carmelitæ, semel ac iterum, etc.

¶ THOBALIA. Computus ann. 1333. tom. 2. Hist. Dalphin. pag. 280 : *Pro tela ad faciendum copertoria quatuor, cappulis et Thobaliis pro capite, cannæ* 3. *gross.* XXII. Inventar. S. Capellæ Paris. ann. 1376 : *Duo esmaillia argenti quæ dicuntur esse de meliori Thobalia altaris majoris. Deux esmauls qui sont de la bonne Toaille*, in alio Inventar. ejusd. S. Capellæ.

¶ THEOBALIA. Inventarium MS. Eccl. Aniciensis ann. 1444 : *Item unam Theobaliam de canapi. Item quædam servieta modici valoris, etc.*

¶ TOBALIUM, vel TOBALE. Synodus Limæ ann. 1604. tom. 4. Concil. Hispan. pag. 672. col. 2 : *Quod, quando Sacerdos celebraturus est Missam, videat an in altari sit ara sacrata, et adsint tria Tobalia linea per missale præscripta.*

¶ TOELLA. Visitatio Reliquiarum S. Launomari ann. 1284. sæc. 4. Benedict. part. 2. pag. 258 : *Quæ omnia de altari levantes, cum reverentia, ut decebat, reposuimus ea super Toellam mundissimam, expectantes quid in vasis aliis haberetur.*

¶ TOILLIA. Inventarium Eccl. Noviom. ann. 1419 : *Una longa Toillia cum quodam manutergio.*

TOGILLA. Jo. de Janua : *Togilla, parva toga : item dicitur mantile.* Alibi : *Facitergium, Togilla, gausape.* Balbus in Catholico : *Mapa, Togilla.* Gloss. Lat. Gall. : *Togilla, vel mantile, vel togula, parva toga, petite robe : vel Togilla, Touaille.* Ugutio : *Mantile, extergimentarium, Togilla, gausape.* Glossar. Isid. : *Mappa, gausape, Togilla, expiarium.* Perperam *tegilla* edit. Promotus MS. in Grammatica : *Facitergium, Togilla, mappa, mappula, gausapa, orarium, mensale, manutergium, prandeum, manumundium, manupiarium.*

¶ TOUALIA. Annales Mediolan. apud Murator. tom. 16. col. 810 : *Toualiæ* XII. *mantilia* II. *ab altari. Una de altari Toualia, una planeta de purpura*, in Charta ann. 1266. ex Tabular. S. Victor. Massil.

¶ TOUAILLIA. Inventarium MS. Eccl. Noviom. ann. 1419 : *Item duæ Touailliæ operatæ de serico ad ponendum super pulpitum.* Et alibi : *Item una Touaillia operata de serico ad ponendum super pulpitum.* Charta ann. 1387. apud Lobinell. tom. 3. Hist. Paris. pag. 189 : *Faire laver et tenir net le linge de l'Eglise, les vestemens et Touailles parez.*

¶ TOUAILLA, TOUALLIA. Ordinarium MS. Eccles. Lexov. sæc. XIII. ad diem Nativitatis Domini : *Ante majus altare puerperium ponitur, scilicet quædam Touallia super coisinum et textus eburneus.* Ibid. ubi de festis duplicibus : *Majus altare duobus palliis et quadam Touailla parata paratur.*

¶ TOUALUS. Memoriale ann. 1297. ex Archivo S. Victoris. Massil. : *Septem savenas altaris, et tres Toualos de seda.*

¶ TOWELLA. *Cum tablementis, frontellis et duabus Towellis*, apud Rymer. tom. 9. pag. 278. col. 1.

¶ TUABOLA. Leges Palatinæ Jacobi Regis Majoric. in Actis SS. Junii tom. 3. pag. LXXII : *Tuabolæ et cuzini et frontalium et alia, de quibus in ecclesia copiose haberi nostræ intentionis est.*

¶ TUALEA. Ordo Rom. apud Mabillon. tom. 2. Musei Ital. pag. 102 : *Ministri* (die ceves) *unam tantum Tualeam extent, super altare nudatum.*

¶ TUALIA, in Charta ann. 855. Marcæ Hispan. col. 788. et in Actis SS. Aprilis pag. 813.

TUALLA. Chron. Fossæ novæ ann. 1196 : *Unum par bacilium, duæ Tuallæ.* [Vide Kennetti Glossar. ad calcem Antiq. Ambrosden. et voces *Carda* 2. et *Abstersorium,* ubi etiam habetur *Tuallum.*]

¶ TUALLIA, in Chronico Cavensi apud Murator. tom. 7. col. 951. et D. *Brussel* tom. 2. de Feudorum usu pag. CLXXXIII. in Computo ann. 1202.

TUELLA. Chronicon Abb. S. Trudonis lib. 6. pag. 403 : *Tres Tuellas, unam sternendam super altare, aliam sub libro, tertiam ad tergendas manus.* Ita etiam in Provinciali Cantuariensi lib. 3. tit. 27. in Synodo Exoniensi ann. 1287. can. 12. in Synodo Mertonensi ann. 1300. Lamethensi ann. 1330. can. 1. etc. ubi inter vestes sacras reponitur.

* **TOBAILLIA**, ut *Toacula.* Vide infra *Toubaillia.*

TOBANCULA, *vel ornamentum est pancœ.* Ita Glossæ MSS. sed videtur leg. *Tobacula.* Vide *Toacula.*

* **TOBLATUM.** Vide infra *Trabeatum.*

¶ **TOC**, TOCH, Decem. Vide in *Chunna.*

1. **TOCA**, TOCHA. Glossæ Isidori : *Toca, is calculus dictus est, computo solo pilis quod sibi componunt. Calx enim est lapis, calculus diminutivum.* Locus mendosus. [Legit Grævius, *Tocuis, calculus dictus est, etc.* Vossius lib. 2. de Vitiis serm. cap. 18. *Tocua,* observatque *Tocha* pro calculo etiam esse apud auctores de limitibus agrorum : *Trifinium quam maxime quando constituimus cum signis, id est cineribus aut carbonibus, et calce ibidem construximus, et superduximus, et super Tocham monticellum constituimus.* Eidem Vossio videtur et ad Græcos manasse, quando Tzetzi Chil. 12. pro calculo dicitur τζόγη, nisi τζόγη ex *Schacus* sit, hoc est, calculus. Meursius ibi legit τζόχαι. Vide Glossarium mediæ Græcitatis in hac voce.]

¶ 2. **TOCA**, Rugatus pileolus, Gall. *Toque.* Menotus Serm. fol. CXX : *Pulchram camisiam rugis plenam supra collum, bombicinum elegans velutium, Tocam Florentinam, crines crispatos, etc.* Utitur rursum infra. Vide *Togua.*

* **TOCAGIUM**, pro *Estocagium.* Vide supra in *Escoragium.*

¶ **TOCCUS.** Chronicon D. de Gravina apud Murator. tom. 12. col. 617 : *Recuperantes prædam ovium... vidimus quosdam ex illis peditibus... Toccum unum dimissarum ovium transportare.* An vellus, Gall. *Toison,* Ital. *Tosone?*

* Ab Italico *Tocco,* Frustum, fragmentum.

¶ **TOCH**, TOCHA. Vide *Toc,* et *Toca* 1.

* **TOCHINARE**, *Tochinorum,* hoc est prædatorum seu rebellium more agere; unde *Tochinatus,* eorumdem facinus. Instr. ann. 1384. inter Probat. tom. 3. Hist. Nem. pag. 65. col. 2 : *Item ponunt...... quod prædicti domini, sui complices...... inde manupolia, congregationes illicitas in eorum terra, et de gentibus propriis et subditis terrarum suarum et patriæ vicinæ, oriri fecerunt quoddam genus, vulgariter dictum Tochini.* Et pag. 74. col. 1 : *Item negant ipsos de Nemauso cum dictis Tochinis Tochinasse, nec fuisse de eorum secta seu sacramento.* Comput. ann. 1383. ibid. pag. 50. col. 2 : *De condempnatione octingentorum milium francorum pro Tochinatu.* Vide *Tuchinatus* et infra *Tuchinus.*

¶ **TOCUA**, TOCUIS. Vide *Toca* 1.

TODA, TODINUS, TODERE. Ugutio : *Toda est avis, quæ non habet ossa in tibiis, quare semper est in motu, unde Todius* (al. *Todinus*) *dicitur ille qui velociter todet, et movetur ad modum Todæ, et todere, moveri, et tremere ad modum Todæ.* Festus : *Todi, et Todelli, sunt aves parvæ.* Glossæ Lat. Gr. : *Tuderculus,* ἐρίθακος. Latinis autem, ἐρίθακος est Rubecula. [Glossæ Lat. Gall. Sangerman. : *Toda, un oiseau, verdiere. Todere Trambler. Todinus, Tramblables, chealdes. Todonus, idem.* Adde Johannem de Janua.]

¶ **TODDE**, Pondus 28. librarum, Angl. *Tod.* Vide Kennetti Glossarium ad calcem Antiq. Ambrosd.

¶ **TODELLUS**, TODERE. Vide in *Toda.*

TODERICUM. Leo Ost. lib. 3. cap. 11. ait, Desiderium Abbatem Monasterii Casinensis ædes renovasse, atque in iis domum Abbatis, *adjuncto illi Palatio cum absida, quod veteres Todericum appellare solebant.* An *Theodericum,* a Theoderico Rege Italiæ conditore?

TODINUS, Gracilis, quomodo, *Todu,* [*Dodu*] vulgus nostrum usurpat : *Erant et tibiæ et cruscula gracilitate Todina gradiendi usibus inepta penitus et inutilia,* [in Miraculis S. Joannis Beverlac. tom. 2. Maii pag. 189. Vide *Toda.*]

TODINUS, Lubricus, qui non firmiter stat. Henricus Rosla in Herlingsberga :

Este viri fortes, ne sitis honoris inermes,
Tu vero abscede quisquis vis Todinus esse,
Armato pavido potior est tressis agaso.

TODONUS, *Gallus,* Joanni de Janua. Vide *Toda.*

¶ **TOELLA**, Mappa. Vide in *Toacula.*

¶ **TOERNUM.** Inventar. ann. 1476. ex Tabul. Flamar. : *Unum botgium ferri cum sua cauda sive asta fusti cum suo rosco Toerni cum clavibus claverato.*

¶ **TOFINEUS**, TOFOSUS. Vide in *Tufus.*

TOFTA, TOFTUM. Cowello est locus, ubi stetit ædificium : nostris *Masure* : Reynerio vero, est genus luci parvuli, seu loci consiti arboribus minusculis. Monasticum Anglic. tom. 1. pag. 524 : *Duas bovatas terræ... cum Tofto illo, in quo Walterus frater ejus mansit.* Pag. 72 : *Dedit illis monialibus 2. Toftas in campis de Dunceley super mare.* Adde pag. 247. 250. 309. 399. 774. Idem Monast. tom. 2. pag. 26 : *In Stivedai unam hidam, et 20. acras inter boscum et planum, et unam Toftam, et virgatam Gunild in eadem villa.* Pag. 37 : *De Helia de Bosevilla 3. bovatas terræ, et 6. acras, et unam Toftam quæ fuit Huschar in Barneburgh, etc.* Pag. 94 : *Tenent etiam duo Tofta, etc.* 30. *acras terræ,... tenent 2. Tofta, et 2. bovatas terræ, etc.... tenent etiam* 3. *Tofta cum grangia decimali, etc.* Pag. 150 : *Ex dono Gregorii de Nenton 22. acras terræ et capitale Toftum, et croftum, quod fuit Walteri patris sui, etc....* 3. *bovatas terræ, et* 5. *Tofta cum prato et crofto.* Monast. Anglic. tom. 3. pag. 139 : *Habet etiam Vicarius duos Toftos simul junctos pro manso, et unam bovatam terræ.* Ex quibus potior videtur sententia Cowelli, qui *Toftum* fuisse ait, quod nostri *Masuram* vocant. Adde Will. Thorn. ann. 1367. et idem Monasticum tom. 3. pag. 12. 59. [Hist. Harcur. tom. 4. pag. 2199. 2200. Formul. Anglic. Thomæ *Madox* pag. 56. 398. Chronicon Joh. Whethamstedii pag. 535. Glossarium Kennetti ad calcem Antiq. Ambros. Nomolexicon Thomæ *Blount* : ubi *Toftum* exponunt *Messuagium,* vel locum ubi fuit *Messuagium,* seu domum habitationi idoneam.][** Vide Ihrii Glossar. Suiogothicum voce *Tomt,* tom. 2. col. 922. et Haldorson. Lexicon Island. voce *Toft.*]

☞ Ex iis emendo Chartas Anglicanas, unam ann. circiter 1089. apud Marten. tom. 1. Anecd. col. 248 : *Dedi... bovatam terræ cum Tosto uno de dominio meo.* Alteram incerti anni apud *Madox* Formul. Angl. pag. 23 : *Similiter de 2. Tostis pertinentibus ad domum suam, quando eas propriis sumptibus et laboribus excolent.* Tertiam denique laudatam in v. *Baiata,* in quibus omnibus *Toftum,* vel *Toftam,* pro *Tosto,* vel *Tosta* restituendum est.

TOFMAN, vel *Toftmannus, Toftæ* possessor, *hospes.* Tabularium Prioratus Lewensis in Anglia pag. 18 : *Toftmanni similiter operabantur a S. Michaele usque ad autumnum, et in autumno per sex hebdomadas, unaquaque hebdemada per 2. dies, etc.* Et pag. 21 : *Omnis lanceta, omnis Toftman, et omnis Molman, etc.* Vide *Lancetus.*

TOFUS, Species lapidis. Vide *Tufus.*

* **TOGA** MONACHORUM, Congregatio eorumdem, monasterium, ut monent Auctores novi Tract. diplom. tom. 4. pag. 575. ex pluribus Chartis apud Perez. Dissert. ecclesiast. pag. 58. 59. et 166 : *Regente Toga monachorum Sigericus abbas. Ubi regit Toga fratrum Sigericus abba. Ubi est ascisterium et regit ibi Toga fratrum Egilani abba sub gratia Dei omnipotentis et regula S. Benedicti. In quo regit congregatio monachorum Pasqualis abba, etc.*

¶ **TOGALA**, vel TALAGA. Vita S. Theodosiæ Mart. apud Monbritium tom. 2 : *Post hæc dimissi sunt ad eam leopardus et Togala, lenitatis suæ signa monstrantes, et nihil eam læserunt.* At in MS : *Sedet pro tribunali Præses, jubet omnes feras adduci, et a venatoribus exacervari, et rugiebat leo. Vacca ferocissima cornibus cuncta ventilabat, subsequebatur taurus rugiens, et terribilis leopardus, et Talaga levitatis suæ signa monstrabat, etc.* Hæc Carolus Macer in Hierolexico, qui merito conjectat *Togala,* vel *Talaga,* vocem esse corruptam, putatque *Tigridem* substituendam, quod levitas Tigridis proprium sit, ut videre est ex Plinio lib. 8. cap. 18.

¶ **TOGARE**, Vestire. Miracula S. Bennonis, tom. 3. Junii pag. 199 : *Quamvis summa pecuniarum non exigua... in pontificia familia Togauda... soleat consumi.*

* **TOGATI** MORES, Romani. Theod. reg. Ital. Epist. tom. 4. Collect. Histor. Franc. pag. 5 : *Vestimini moribus Togatis, exuite barbariem, abjicite mentium crudelitatem.*

TOGIFORIUM, *Locus ubi Scholastici disputant.* Papias. Jo. de Janua habet *Togi-*

ferium, et subdit, videri componi a *toga* et *ferio*. Gloss. Lat. Gall. : *Togiferium*, *lieu à disputer*.

TOGILLA, Mappula, mantile. Vide *Toacula*.

¶ **TOGILLATIM**, *Sigillatim*, in Glossis Isidori. Vide *Tongillatim*.

TOGINATIO, *Satietas nauseativa*, M. Silvatico.

TOGIPURIUM, *Toga pura*. Papias et Gloss. MS. Reg. [necnon Isidori. Credibilius videtur Grævio *Togipurium* esse tempus, quo toga pura sumebatur, quod veteribus dicebatur dies tyrocinii.]

¶ **TOGUA**. Capitulum generale S. Victoris Massil. ann. 1506 : *Nec deferant bonetum a retro longum, vulgo dictum Togua*. Vide *Toca* 2.

¶ **TOGULA**, Mappula, mantile. Vide *Toacula*.

* **TOILANDALO**, Piscis genus. Vide supra *Libella* 2.

¶ **TOILL**, Vectigal, Anglis *Toll*. Locus exstat in *Fossa* 1. Vide *Telon*.

¶ **TOILLIA**, Mappa, mappula. Vide *Toacula*.

¶ **TOIRULUS**. Oratio apud Bern. Pezium pag. xv. Præfationis Anecd. tom. 1 :

Is (*Christus*) in ævum sit benedictus...
Scandicus et Salicus, Climacus, Toirulus.

* **TOISA**, Toisia, Pertica seu mensura sex pedum, Gall. *Toise*. Charta ann. 1267. in Chartul. eccl. Lingon. fol. 147. v° : *Forresterius.... tenetur jurare in ecclesia die Dominico vel festivo, quod non capiet homines,...... nisi in forefaciendo, videlicet scindendo nemus aut ponendo super quadrigam, aut extra nemus cum lignis, dummodo infra spatium sexaginta Toisarum rapenaus, computandarum ab exitu nemoris capiantur*. Alia ann. 1250. in Chartul. S. Corn. Compend. fol. 184. col. 2 : *Tenentur.... qnolibet anno facere annuatim viginti Toisias muri lapidei circa porprisium domus et manerii*. Vide *Teisia*.

¶ 1. **TOISO**, Canaliculus, in Schedis D. *Aubret*.

* 2. **TOISO**, a Gallico *Toison*, Vellus Jura eccl. paroch. de Thoisiaco diœc. Æduens. ann. 1383. ex Cod reg. 5519. B : *Percipit curatus...... de quindecim Toisonibus unam;..... illi etiam qui non habent nisi octo Toisones, tenentur solvere.... unam Toisonem*.

TOL, Vectigal, tributum. [* Charta sub Henr. I. reg. Angl. inter Instr. tom. 11 Gall. Christ. col. 232 : *Cum socca et sacca, et Tol et them, et infangenetef, et aliis consuetudinibus et quietudinibus*.] Vide *Tac* 1. et *Telon*.

¶ **TOLA**, pro *Tolta*. Vide in hac voce.

* **TOLAGIUM**, Census, præstatio annua, quam quis exigere potest, alias, *Toloison*. Charta Radul. comit. Clarimont. pro eccl. B. M. de Warvilla ann. 1190. in Reg. 34. bis Chartoph. reg. part. 2. fol. 115. r° : *Item dimidium modium vini, quem nomine Tolagii annuatim in quadam vinea de Liherval.... recipiebam, quietum clamo*. Alia Roberti itidem comit. Clarimont. ann. 1283 : *Dix muis de vin que ledite Oeudeline tenoit de nous et perchevoit en Toloison chascun an au terouer de Clermont ès lieu dedens escrips, etc*. Vide *Tollagium* et infra *Tolomena*, *Tolticium*.

TOLARIUM. Fragmentum Petronii : *Donec advenerunt ministri, ac Tolaria proposuerunt toris, in quibus retia erant puta, subsessoresque cum venabulis*. An *Toralia* ? Vide *Torale* 1.

☞ Clariora sunt quæ leguntur in editione Schefferi : *Tolaria proposuerunt toris, in quibus retia erant picta*. Ubi cum Cangio *Toralia* emendat.

¶ **TOLARIUS**, Πλεονοτρόφος, in Glossis Lat. Gr. Vulcanius emendat, *Pullarius*, πωλοτρόφος. Martinius præfert, *Tolutarius*, πλεονεςρόφος, qui sæpe inter eundum se ςρέφει.

¶ **TOLDRE**, Idem quod infra *Tortus* 1. Injustitia, damnum, etc. Charta ann. 1123. in Probat. novæ Hist. Occitan. tom. 2. col. 424 : *Qui de istas causas suprascriptas tolleret tibi, aut t'en guerram tibi faceret per Toldre, adjutor tuus essem sine inganno*.

* Neutiquam; verbum est antiquum a Lat. *Tollere*. Vide infra in hac voce.

¶ **TOLENEUM**, ut *Telon*. Vide in hac voce.

¶ **TOLENUM**, *Trochlea*, in Hierolexico Macri.

* **TOLERABILIS** dicitur de eo quod rei tolerandæ inservit. Vide supra *Subsidium tolerabile*.

* **TOLERARE**, Fulcire, tueri, approbare. Charta official. Camerac. ann. 1416 : *Et ita ipsæ partes....... recognoverunt præmissa fuisse et esse vera, supplicantes ipsæ partes, et quælibet earum ultra præmissa, ad validandum et Tolerandum hujusmodi ordinationem,.... quamlibet earumdem per nos earum judicem ordinarium, sub pœnis suspensionis et censuris ecclesiasticis moneri, ut præmissa omnia et singula in prædicto appunctuamento seu ordinatione...... contenta et narrata teneant, faciant et adimpleant*. *Toulourer*, pro *Tolérer*, Sufferre, in Charta Ludov. XI. reg. Franc. ann. 1465. ex Chartul. S. Petri Carnot.

TOLERATIO, Ususfructus. Charta Christinæ filiæ Bermundi II. Regis æræ 1062. apud Anton. *de Yepez* in Chronico Ord. S. Benedicti : *Sub ea videlicet ratione servetur, ut dum vivimus, Tolerationem exinde habeamus, post obitum vero nostrum... sibi vindicent et possideant*.

** **TOLERATOR**. Atto Polyptych. pag. 51 : *Perpetitores in supernum aget*. Ubi glossa : *Tolerat ores*.

TOLES, Tumores in faucibus. Vide *Tusillæ*.

TOLETUM. Vide in *Telon*.

TOLFFMYNING, Mensuræ species apud Danos, de qua sic Andræas Suenonis Archiep. Lundensis lib. 14. Legum Scanicar. cap. 1 : *Quandocunque indeterminatim agitur de mensura, illa debet intelligi, quæ rotunditatem æqualem amplectens, et orthogonaliter, et more catheti, per senam pollicis latitudinem a fundo consurgens, duplo majorem habet instar hypotenusæ altitudinem transversalem per virgam, quæ habens pollicis duodenum latitudinem in longitudine, ubicumque superponitur extremitati fundi; qua parte conjungitur cum corona, per mensuræ medium transeundo, summitate sua contingit directe oppositam summitatem coronæ, ob quam altitudinem hanc mensuram Tolffmyning idioma patrium appellavit; ubi Cathetus*, Græcis κάθετος, est perpendiculum, vel altitudo perpendicularis : *hypothenusa* vero, ὑποτείνουσα, nempe πλευρὰ Euclidi et Geometris vox familiaris, de qua consulendi Grammatici Græci, et Mathematici.

¶ **TOLIA**, Toles, tonsillæ. Vide *Tusillæ*.

TOLINGPENY, tom. 2. Monastici Anglic. pag. 286. ubi forte legendum *Tedingpeny*. Vide *Tethinga*.

¶ **TOLL**, Tributum, vectigal. Vide *Telon*.

¶ **TOLLA**, Idem quod *Tolta*, si non est ita legendum. Charta ann. 1217. inter Instrum. Gall. Chr. novæ edit. tom. 3. col. 238 : *Nullus abbas vel monachus in eum Tollas, vel servitutem faciat*.

¶ **TOLLAGIUM**, Idem quod *Tolta*. Charta Elizabethæ Reginæ Angl. in notis Hearnii ad Chronicon Joh. Whethamstedii pag. 386 : *Sint quieti pro thelonio, pannagio, passagio, lastagio, tallagium, Tollagio, etc*. Le Roman *de Rou* MS :

Si vivras de tes rentes, sans proie et sans Tolage.

* **TOLLEFERU**, Census, præstatio annua, idem quod supra *Tolagium*. Charta Henr. reg. Angl. pro monast. Montisburg. in Reg. 119. Chartoph. reg. ch. 42 : *Apud Vernonem decem modios vini in Longuavilla, ita quod quinque sunt de modiatione et quinque de Tolleferu*.

¶ **TOLLEMENTUM**, Exactio. Donatio ann. 1044. facta S. Victori Massil. in Probat. novæ Hist. Occit. tom. 2. col. 210 : *Aliquam vim inferre in ecclesia, loco aut Burgo S. Promasii, neque per arbergariam, neque per Tollementum* (nemo præsumat.)

* Melius, ut videtur, quam *Collementum*, ut ex Tabul. S. Vict. Massil. editum est supra ad hanc vocem.

TOLLENUM, pro *Tolleno*, seu Machina, qua hauriuntur aquæ, pondere prægravante alterum ejus finem, apud Festum. Jo. de Janua : *Tollinum*, *a tollo*, *lis*, *lignum puteorum*, *quo hauritur aqua*. Lex Longob. lib 1. tit. 9. § 24. [** Luitpr. 136. (6,83.)] : *Tollenum putei*. Editio Heroldi pag. 247. *Tolenum* præfert. Glossæ Lat. Gr. : *Tolleno*, κηλώνιον. [Glossæ Lat. Gall. Sangerman. : *Tolinum*, *Perche ou instrument à puisier yaue du puis*.]

* **TOLLEONE**, idem quod *Tollenum*. Locus est supra in *Passarinus*. Vide ibi.

¶ **TOLLERE**, Liberare, redimere. Pactus Legis Salicæ tit. 41. art. 2 : *Quod si etiam non habet, ut legem solvat, et totam legem componat, tunc illum qui homicidium fecit, Tollit, qui eum in fide sua habet, et per quatuor mallos præsentem faciat; et si eum per compositionem aut fidem nullus suorum Tulerit, hoc est, eum redimat aut pro eo persolvit, tunc de vita componat*. [** *Tollere*, Emere, apud Richer. lib. 1. cap. 5 : *Ovis vero tribus unciis atque vacca iabo Tollebatur; vini nulla coemptio erat, etc*.] Alia notione occurrit in *Tolta*. In Glossis Isidori legitur *Tollerunt*, *Genuerunt*, pro *Tulerunt*. Vide *Tollutus*. A *tollere*, pro Auferre *Touldre*, vel *Toudre*, nostris alias in usu fuit. Le Roman *de Bertrand du Guesclin* :

La teste vous Touldrai par dessous le menton,
Si que jamais n'aurez besoin de chapperon.

Homanerius in Consuetud. Bellovac. cap. 30 : *Se il arrivoit que un lierres eut emblé aucune chose, et cil qui la chose seroit, la Toussit au larron sans justiche, et li lierres requerroit à estre resests, avant tout il le resesiroit.* Adde cap. 34.

* *Toldre*, in Lit. remiss. ann. 1374. ex Reg. 106. Chartoph. reg. ch. 241 : *Je vous Toldrai la vie du corps, ou vous me la Toldrez.* Glossar. Provinc. Lat. ex Cod. reg. 7657 : *Tolre, Prov. Tollere, rapere.* Hinc *Tollerres*, qui rem quamlibet alicui tollere nititur, in Stabil. S. Ludov. tom. 1. Ordinat. reg. Franc. pag. 140. *Teiller*, eodem sensu, in Bestiar. MS :

Pour le Dragous qui les espie,
En une eue grans replevie,
Vait faonner pour le dragon
Qu'il ne li Teille son faon.

* **TOLLES**, *Gallica lingua dicuntur, quas vulgo per diminutionem tussillas vocant, quæ in faucibus turgescere solent.* Glossar. vet. ex Cod. reg. 7613. Vide *Tusillæ*.

* **TOLLETUM**, idem quod *Teloneum*, Tributum, vectigal. Pactum inter Raven. et Ferrar. ann. 1221. apud Murator. tom. 4. Antiq. Ital. med. ævi col. 435 : *De toloneis sive maltolettis, quæ ab initio suorum regiminum fuerunt ablata, in dictarum potestatum cognitione esse debet, et cognita veritate ex utraque parte, quid quantumque exigere debeant seu recipere a Ferrariensibus, exigant et accipiant Ravennates et non ultra. Et si aliquid ultra Tolletum commune, quod debent, penitus restituatur Ferrariensibus sine aliqua quæstione.* Vide in *Telon.*

¶ **TOLLICIUM.** Charta ann. 1205. apud Stephanotium tom. 2. Antiq. Occitan. MSS. pag. 461 : *Dono Deo et B. M de Villa longa Tollicium de Serra mejana sicut habeo.* An idem quod *Teloneum?* Vide in *Telon.*

¶ **TOLLINUM.** Vide *Tollenum*.

¶ **TOLLIRE**, pro *Tollere*, nostris alias *Tollir. Et si castellum prædictum vos Tolliam*, in Charta ann. 1145. inter Probat. novæ Hist. Occit. tom. 2. col. 506.

¶ **TOLLONIUM**, Tolloneus. Vide *Telon.*

¶ **TOLLUTUS**, Ablatus, in Charta Aleman. Goldasti 119. laudata in *Contradrutum.* Vide *Tollere.*

¶ **TOLN**, Tributum, vectigal. Vide *Telon.* Eadem notione *Tolnes* habetur in voce *Strand.*

¶ **TOLO**, Tolocium. Vide *Telocium.*

* **TOLOMENA**, Census, præstatio annua, quam quis exigere potest. Charta Ludov. Pii pro monast. Anian. ann. 822. tom. 6. Collect. Histor. Franc. pag. 528 : *Placuit etiam nobis hujus congregationi monasterii, quando Dominus abundanter largiri dignatus fuerit, decem modia de holeo dare, id est de Tolomena et solatia, quando vero minus, sex modia.* Vide supra *Tolagium.*

* **TOLONEARIUS**, *Tolonei* exactor. Vide supra in *Telon.*

¶ **TOLONEUM**, Tolonium, etc. Vide *Telon.*

¶ **TOLOSIPETA**, Qui petit, seu tendit Tolosam, apud Joannem Sarisber. Epist. 60. Vide *Romipetæ.*

* **TOLPA.** Charta ann. 1212. ex Cod. reg. 4659 : *Non haberent.... aliquam forciam vel Tolpam seu exactionem aliquam.* Haud dubie legendum est *Toltam.*

¶ **TOLPRI**, f. Idem quod *Polpre.* Vide in hac voce. Privilegia Abbatiæ Elnonens. ann. 1116. apud Miræum tom. 2. pag. 1153 : *Neque exactionem quam vulgo Tolpri vocant, sive herbam aut corvedus inconsulto Abbate exigat* (Præpositus). *Torpri* mendose ex Litteris Gerardi Tornac. Episc. ann. 1152. pro eodem Monasterio apud Marten. tom. 1. Anecd. col. 432. Vide *Torni.*

TOLSESTER, Præstatio pro confectione cerevisiæ. Vetus Charta apud Somnerum in Tractatu de *Gavelkind* pag. 24 : *De Tolsester cervisiæ, hoc est de quolibet bracino per annum unam lagenam de cervisia.* Vide [Th. *Blount* in Nomolexico et] *Gavelsester*, quod idem sonat.

1\. **TOLTA**, Exactio, quæ per vim fit, quod contra jus tollitur, quodvis tributum, etc. Charta Radulfi de Balgentiaco ann. 1085. in Tabul. Vindocinensi : *Nullam Toltam faciet eis in mercato suo, neque in tota terra Monachorum, nec quæstionem cujuscumque rei nec quispiam suorum, nisi Monachi concesserint.* [Alia Philippi I. Reg. Franc. eod. anno ex Tabul. Maurigniac. : *Auctoritate regiæ majestatis inhibemus quod nullus præpositus... in ipsa violentiam seu Toltam facere præsumat.*] Alia ann. 1092. apud Beslium pag. 496 : *Et nulla vis alia, vel injuria, vel Tolta inferatur.* Charta Philippi Aug. ann. 1190. apud Rigordum, [et *de Lauriere* tom. 1. Ordinat. Reg. pag. 20.] : *Prohibemus etiam universis Prælatis Ecclesiarum, et hominibus nostris, ne tallium vel Toltam douent, quamdiu in servitio Dei erimus.* Alia D. *de Termes* ann. 1208. in Regesto Carcassonensi Cameræ Computor. Parisiens. fol. 19 : *Propter oppressiones, Toltas, forcias, violentias, et rapinas, quas faciebamus.* Charta Thomæ Comitis Sabaudiæ ann. 1226. apud Guichenonum : *Immunitatem exactionum et Toltarum.* Occurrit [rursus in Charta ann. 1128. Marcæ Hispan. col. 1267. in alia ann. 1170. ibid. col. 1352. in alia ann. 1166. inter Probat. novæ Hist. Occitan col. 607. in Libertatibus Calmæ concessis ann. 1209. tom. 1. Hist. Dalphin. pag. 19. edit. Genev. unde emendanda editio Paris. pag. 21. ubi perperam legitur *Tola;* in Statutis Montis Olivi ann. 1251. tom. 1. Anecd. Marten. col. 967. 968. in Saisimento Comitatus Tolosæ ann. 1271. et alibi] passim. Vide Doubletum pag. 887. Galliam Christianam Sammarthan tom. 4. pag. 128. Catellum in Comitib. Tolosan. pag. 226. Plantavitium in Episcopis Lodovensib. pag. 106. Monasticum Anglic. tom. 1. pag. 763. etc.

Touta. Libertates oppidi Jasseronis in Sebusianis ann. 1283 : *Nec dare teneantur nobis vel aliis Toutam, talliam, charreumen, corvatam, etc.* Synodus Nemausens. ann. 1284 : *Usura et indebita extorsio, talliæ, questiæ, vel Toutlæ, etc.* [Adde Statuta ejusd. Eccl. tom. 4. Anecd. Marten. col. 1030. Libertates Moirenci ann. 1164. tom. 1. Hist. Dalphin. pag. 16. Literas ann. 1079. tom. 4. Ordinat. Reg. Franc. pag. 45. Chartam ann. 1194. inter Instrum. Gall. Chr. novæ edit. tom. 6. col. 142. aliam ann. 1224. tom. 1. Maceriarum Insulæ Barbaræ pag. 136. etc.] Charta Catharinæ Comitissæ Blesensis et Clarimontis ann. 1202. in Tabul. Abb. Frigidi montis : *Unum quarterium vini, quod annuatim mihi reddebatur de exactione, quæ vulgo appellatur Toute.*

¶ Tulta. Charta ann. 1160. ex Archivo S. Victoris Massil. : *Malos vero usus, Tultas, tortitudines, districtiones... funditus abrenuntiamus.* Alia ann. circiter 1128. in Probat. Histor. Occitan. tom. 2. col. 445 : *Nec facient ibi Tultam, nec quistam.* Occurrit alibi non semel.

Tutta. Charta Amedei III. Sabaudiæ Comitis, apud Guichenonum : *Insuper remitto omnes injurias, et omnes Tuttas et bannos, et cavalcatas, etc.*

* *Tolte*, in Lit. Ferrici ducis Lothar. ann. 5126. tom. 7. Ordinat. reg. Franc. pag. 363. art. 1.

Tollere, Tributum exigere. Tabularium Majoris Monasterii ch. 129 : *Nobiscum hanc etiam firmavit convenientiam, ut in terris S. Martini nihil amplius Tollat, aut Tollere faciat.*

Tolta Mala, vel *Malatolta*, *Mautota*, Malum vel indebitum tributum; pecunia a subditis injuste et vi et male ablata sub specie telonei aut vectigalis. Galli enim *Mautolu* dicebant, pro re per vim et contra jus sublata, ut ex Petro de Fontanis liquet c. 12. § 3. Matth. Paris : *Mercatores... erant et vendebant sine Toltis malis.*

Malatolta. Charta Philippi Pulchri ann. 1309. pro Burdegalensib. in Regesto Constabulariæ Burdegal. f. 144 : *Assisiam seu coustumam, quæ in illo loco et locis circumvicinis Malatolta vulgariter nuncupatur.* Charta Comitis Flandriæ ann. 1230. in Hist. MS. Remensi Joannis Rogerii : *Super assisia quadam apud Duacum, quæ vocatur Malatolta.* Charta Philippi Aug. ann. 1214. in Normannicis Duchesnii : *De Malatolta, quam Joannes Rex Angliæ et sui imposuerunt, sic erit.* Th. Walsinghamus in Ricardo II. pag. 282 : *Postquam mercatores Angliæ concessissent Regi pro subsidio consuetudines lanarum iterum, quas Maltot vulgares appellant.* Charta ann. 1056. apud Chiffletium in Trenorchio : *Remoto omni viatore sive præposito et Mala tolta, absque mala consuetudine, etc.* Alia Petri Regis Castiliæ ann. 1366. apud Seldenum de Titulis honorariis pag. 267 : *Sint immunes ab omni pedagio, leuda, costuma, Maletota, seu aliis quibusvis impositionibus.* [Consuetudines MSS. Villæ de Saissano ann. 1288 : *Consules possint levare soquetum sive Malam-toltam, videlicet de 17. cartonibus vini medium cartonum vini sive ejus pretium.* Litteræ ann. 1358. inter Ordinat. Reg. Franc. tom. 3. pag. 255 : *Et quod nichilominus a Malatota veteri quatuor denariorum pro libra, vocata Buta Lombardorum et a duobus denariis, qui solvuntur pro clavaria Aquarummortuarum pro intuitu (introitu) et exitu regni prædicti, etc.* Alias adde Litteras Johannis Fr Reg. ibid. pag. 478. Conventiones ann. 1220. apud Marten. tom. 1. Ampliss. Collect. col. 1145. Chronicon Cornelii Zantfliet tom. 5. ejusdem Ampl. Collect. col. 145. 272. 397. 1113. Statuta Vercell. fol. 132. v°. Statuta Montis-reg.

pag. 286. etc.] Guillel. *Guiart* sub ann. 1302 :

Mut à Bruges un mortel contens,
Entre les grans et menus gens,
Et fust empris et soustenus,
Ce dit-il sus qui ge m'accoste,
Par raison de la Maletoste,
Con ot illenc alevée,
Car la gent s'en mit à grevée.

Vide Hemeræum in Augusta Virom. in Regesto pag. 58. Hanc vocem agnoverunt etiam Lusitani. Charta Joannis II. Episcopi Portensis in Lusitania era 1364. apud Rodericum *da Cunha* in Hist. Episc. Portens. part. 2. pag. 138 : *Mandovos que metades o nosso Cabido do Porto, ou outrem por el em seu nome em corporal possiçon da terça parte dos dereitos et dos rendas da Maltosta, et dos almudes, dos pesos que a nossa igreja ha de aver na nossa cidade do Porto.*

* *Malatolta* etiam dicta Ordinatio regia, qua tributum aliquod decernitur. Lit. Joan. locumten. senesc. Bellic. ann. 1296. in Cod. reg. 8409. fol. 68. r° : *Cum dominus noster senescallus nobis... dederit in mandatis, ut quandam ordinationem factam a domino nostro rege Francorum,..... quæ ordinatio Malatolta appellatur, publicaremus, etc.*

¶ Malatosta. Litteræ Johannis Comitis Carnot. ann. 1222 : *Noverint universi, quod ego volo et concedo, quod Malatosta, que loco talie erat imposita super pannos burgensium Carnotensium de riparia a festo S. Michaëlis proximo venturo in antea nullo modo capiatur.* Rursum occurrit in Charta ann. 1219. apud Lobinell. tom. 2. Hist. Britan. col. 375. et alibi. *Imposition ou Malletoste empetrée*, in Charta ann. 1340. ex Tabular. Corbeiensi.

¶ Malatoxa, in Charta Hervei Comitis Nivern. ann. 1200. ex Archivo B. Mariæ de Charitate.

¶ Maltolta, Eodem sensu. Charta Philippi VI. Reg. Franc. ann. 1339. ex Chartular. 23. Corb. : *A nobis litteras impetrarunt super concessione dictæ impositionis seu maltoltæ, etc.*

Malatolla, et Malatolia habet Henricus Knyghton lib. 3. de Event. Angl. c. 5. 11. *Malctorth* lib. 4. ann. 1363. sed ibi legendum *Malatolta* et *Maletot*; nec est, quod Somnerus ad vocem *toll* nos deducat, quæ Anglis vectigal et telonium significat; est enim *Malatolta*, res injuste ablata, seu, ut tunc loquebantur, *tolta*, vel *tulta*. Tabularium Hospitalis Montis-Maurilionis in Pictonibus : *Ego Islebertus de Castillione dono domui pauperum Christi de Mommorlione omnem consuetudinem et omnem Maltotam quadrigarum per omne tempus.*

Ejusmodi porro exactiones contra jus inductæ, *informia vectigalia* appellantur a Sidonio in Panegyrico Aviti; *Indebitæ consuetudines et exactiones*, in Synodo Belvacensi ann. 845. c. 5. *Injustæ calumniæ, malæ consuetudines immissiones pessimæ*, in Charta Roberti Regis Franc. ann. 1055. ex Tabular. S. Germani Pratensis. *Malæ consuetudines*, in Legibus Henrici I. Regis Angl. cap. 1. apud Gregorium VII. PP. lib. 7. Epist. 19. apud Lucam Tudensem in Chronico pag. 80. Hugonem Flaviniacensem pag. 246. Ordericum Vitalem lib. 10. in Charta Hugonis VI. D. de Leziniano ex Tabulario S. Maxentii, etc. *Consuetudines injuriosæ*, in Charta ann. 1067. apud Hemeræum in Aug. Viromand. *Perniciosæ et noxiæ consuetudines*, in Tabul. Prioratus de Paredo. *Consuetudinaria gravamina*, in Chronico Mauriniacensi pag. 360. *Falsæ consuetudines*, in Chron. MS. Bertrandi *du Guesclin* :

Toute fausse coustume vous sera abaissée.

In veteri Regesto : *C'est le temps que la fausse coustume commença à Rouen, c'est assavoir depuis l'an 1297. jusques à l'an 1312. Injustæ consuetudines, pravæ invasiones*, in Charta Wlgrini II. Comitis Inculismensis in Tabulario S. Eparchii. *Malæ captiones*, in Charta Willelmi III. Comitis Arvernensis. *Exactiones injustæ*, in Legibus Willelmi Nothi cap. 55. *Mali usus*, in Charta ann. 1103. apud Sammarthanos in Archiepiscopis Aquensibus; *Toltæ et mali usus*, in Charta Mathildis Comitissæ apud Ughellum tom. 2. Italiæ sacræ pag. 217. *Prava usatica*, in veteri Tabula marmorea, characteribus aureis exarata, quæ exstat in publica Montiliensis oppidi Domo, 4. bullis plumbeis munita, quam, ut insigne Ademariorum familiæ antiquitatis monumentum, hic ex Schedis Peirescianis insere placuit : Anno ab Incarnatione Domini mcxc. octavo, *Ego Gerardus Aemarius, et ego Lambertus, nos duo Domini Montilii, per nos et per nostros bona fide, et sine dolo, ex mera liberalitate, et spontanea voluntate donamus, et titulo perfectæ donationis concedimus omnibus nostris de Montilio præsentibus et futuris libertatem talem, ne de cætero toltam, vel quistam, vel aliquam novam exactionem, vel Prava usatica in eis faciamus, vel aliquo modo fieri permittamus, nec eis per vim, vel per aliquam forciam, gravamen aliquid, vel jacturam, nisi juris vel justitiæ debito conabimur inferre. Quod si nos vel aliquis successorum nostrorum predictam donationem et libertatem quocunque modo violare tentaverit, jam dictos omnes omines nostros et res eorum in villa Montilii sub dominio nostro in præsenti, vel in futuro existentes, ab omni jure, fidelitate et ominio absolvimus, et ut omnia, sicut superius scripta sunt, fideliter observemus, et nullo tempore contraveniamus, tactis sacrosanctis Evangeliis juravimus.*

2. Tolta, Practicis Anglis, est Breve, quo lis tollitur e curia Baronis, et fertur ad curiam Vicecomitis, nostris *Evocatio*. *Tolta placiti*, inquit Spelmannus, significat processum, per quem causa a jurisdictione juris temporalis tollitur. *In placit. coram rege term. Pasch. 22. Edw. I. rot.* 17. Vide *Translatio*.

* TOLTICIUM, Census, præstatio annua, quam quis exigere potest. Charta ann. 1352. in Reg. 82. Chartoph. reg. ch. 101 : *Item quatuor libras,........ quas faciunt.... homines dicti loci de Canonica pro Tolticio sive salvegardi... Item duos denarios Turon. ratione Tolticii, quos facit Johannes Puech ratione unius orti. Item tres obolos Turon. ratione Tolticii, quos facit Johannes Gile, alias Gaufre, ratione unius palheri.* Vide supra *Tolagium*.

¶ TOLTICIUS. Vide *Vinum Tolticium*.

¶ TOLTRAY. *Venditio salis, quæ debet solvi, i. Bushel et dimid. salis per mensuram 4. den.* apud Thomam *Blount* in Nomolexico Anglic. e MS. tempore Edwardi I. exarato. [** Abbreviatio Placit. pag. 212. *Essex* rot. 6. ann. 15. Edward. I. Hillar.]

* TOLTS, Tonsi, Ita legendum pro *Tolis* in Curia gener. celebrata Ilerdæ ann. 1301. Locus est in *Capilli*.

¶ 1. TOLTURA, Injustitia, damnum, violentia, ut *Tolta* 1. Chartularium B. Mariæ de Bono nuncio Aurelian. : *Querimoniam facientes de quibusdam injuriis et Tolturis quas fecerant.* Forte legendum est *Tortura* : quod vide suo loco.

* 2. TOLTURA, Jus sumendi a subditis res præsertim ad victum necessarias, absque præsenti solutione pretii earum. Chartul. Fontis Ebraldi fol. 67 : *Concessit etiam ut omnes, qui in eodem furno coxerint, per totum castellum illum panem sine Toltura et sine credentia vendant.* Potest et de tributo intelligi, quod pro pane vendito exsolvebatur.

TOLTUS, Tultus, Ablatus. Lex Alaman. tit. 34 : *Quidquid ibi Toltum fuerit,... omnia tripliciter restituat.* [*Dictæ curtes... per fortia nobis Toltæ sunt*, in Placito apud *le Blanc* in Dissert. Hist. de Monet. pag. 87.] Gloss. MS. Reg. cod. 1197 : *Ademptis, Tultis.* Marculfus lib. 1. form. 28 : *Memorato illo Tultis fidejussoribus Kalendas illas ad nostram eum omnimodis dirigere faciatis præsentiam.* Annales Francorum Bertiniani ann. 868 : *A filiis Ranulfi Tultis honoribus, etc.* Confessio fidei edita sub nomine Alcuini : *Tulta sæculi amaritudine, etc.* Joannes Abbas in præfat. ad Librum precation. : *Hanc autem unius copulæ gloriosam virtutem, ni fallor, observandum pronunciat illa una costa, quæ Tulta est de corpore viri, ex qua formata est mulier.* Chronicon Fossæ novæ ann. 1208. : *Sora autem Tulta est per Abbatem Cassinensem.* Hist. Longob. Ignoti Casinensis c. 6. in Diplomate Ludovici Imp. : *Nunc autem certissime scitote, cujuscumque proprietas Tulta fuerit, vix a nobis promerebitur recuperationem.* S. Fructuosus in Regula c. 7 : *Tulta murmurationis occasione.* Cap. 10 : *Tulta laboris et itineris occasione.* Adde c. 15. Gregor. M. lib. 3. Moral. lib. 7. Ind. 2. Epist. 58. Hariulfum lib. 3. c. 20. lib. 4. cap. 22. Guibertum lib. 1. de Vita sua c. 14. [Vitam S. Cuthberti Episc. sæc. 2. Benedict. pag. 889. Vitam S. Gervini Abb. sæc. 6. Benedict. part. 2. pag. 325. etc.]

Abstultus, pro Ablatus. Chronicon Fredegarii c. 76 : *Excepto Ducatu Dentelini, qui ab Austrasiis iniquiter Abstultus fuerat. Abstollere, et Abstultus*, non semel apud Anastasium Biblioth. in Vitis PP. pag. 93. 104. 105.

¶ TOLUBERNA, *Adsecula*, παράσιτος, εὐτράπελος, in Glossis Lat. Græc. An quasi *tolis verna*, qui toli seu gulæ servit, inquit Martinius, nisi vitiose sit pro *Contubernalis*.

¶ **TOLUM**, Fastigium, etc. Vide in *Tholus*.

¶ 1. **TOLUS**, Τριπτήρ, in Glossis Lat. Græc. Martinius emendat *Tudes*.

* 2. **TOLUS**, *Pumellus domus, vel ensis*, in Glossar. Lat. Gall. ann. 1352. ex Cod. reg. 4120. Vide *Tholus*.

TOLUTILOQUENTIA, Ἐπίτροχον, in Glossis Lat. Græc.

TOMA, TOMANTULA. Papias : *Toma, Tomantula, Pantia, vulgo Tomacellus*. Ita MSS. At editus habet *Tomacula*. Italis, *Toma* est formaticum pinguius, *Tomacella* vero hilla, vel lucanicæ species, quomodo Latinis *Tomaculum*. J. de Janua : *Tomacula, intestina propter divisiones et sectiones*, a Gr. τέμνω.

* Stat. Bereng. comit. ann. 1235. apud *Mourgues* in Stat. Provinc. pag. 369 : *Item statuit et ordinavit, quod nullus castellanus vel miles ab ovibus euntibus et redeuntibus a montaneis..... possit exigere vel petere aliquid, sive multationem, sive aliquam bestiam, seu Tomam, vel aliquid in pecunia numerata. Toumo*, apud *Pellas* in Diction. Provinc.

¶ **TOMAIRA**, Obstragulum calcei, corium superius, Italis *Tomaia*, *Tomaio*, et *Tomara*, Gall. *Empeigne*. Statuta Saluciarum collat. 5. c. 143 : *Statutum est quod quilibet caligarius seu affaitator faciens vel fieri faciens subtulares stivalos, seu borgechinos quos vendiderit, teneatur... facere... Tomairam totam de uno corio, seu de una pelle*.

¶ **TOMALLA**. Odo de varia Ernesti Ducis Bavariæ fortuna tom. 3. Anecd. Marten. col. 362 :

Sunt alii setis birci, mirabile dictu,
Non caput est, nec vultus eis, humerisque retrusi
Igoescunt oculi, parvum pro nare foramen
Pectus habet, rictusque loco parvissimus oris,
Leopnias appellant, crudis de more Tomallis
Vescuntur, salsaque maris potantur ab unda.

Intestina significari videntur. Vide *Toma*.

¶ **TOMARIA**. Vide *Tremata*.

¶ **TOMBA**, Sepulcrum, *Tombe*. Vide *Tumba* 1.

* **TOMBARE**, Saltare, exsilire more histrionis, nostris alias *Thumer*, *Tumer* et *Thumber*. Dialog. creatur. dial. 96 : *De quodam joculatore dicitur vel legitur, qui sciebat Tombare, qui postea visus est Tombare in cella sua ad honorem Dei, et visi sunt circa eum quatuor Angeli, cum singulis oereis assistentes ei*. Talis est ille histrio, de quo in Mirac. MSS. B. M. V. lib. 1 :

Je servirai de mon mestier
La Mere Dieu en son moustier :
Li autre servent de canter,
Et je servirai de Tumer.
Sa cape oste et si se despouille,
De lès l'autel met sa despouille.....
Lors li commence à faire un saut,
Primes deseure et puis desous ;
Puis se remet sor les genous,
Devers l'image se l'encline,
A! fait-il, très-douce Roine,
Par vo pitié, par vo franchise,
Ne despiziez pas mon servise.
Lors Tume et saut et fait grant feste,
Le tour de Més fait à la teste, etc.

Lit. remiss. ann. 1454. in Reg. 189. Chartoph. reg. ch. 24 : *Les autres commancerent à eulx esbatre, à sailliret Thumer ou Thumber sur une autre table*. Vide mox *Tomelicus*.

* *Tumber* vero active sumitur pro Dejicere, vulgo *Faire tomber*, in Lit. remiss. ann. 1389. ex Reg. 137. ch. 34 : *Icellui Giraut donna audit Manson un si grant coup sur l'espaule que il le Tumba par troiz foiz en la chariere. Tumbée* et *Tumble*, nostris alias, pro *Chute*, Casus, lapsio. Lit. remiss. ann. 1447. in Reg. 179. ch. 84 : *La laisse ou sangle dudit cheval rompy, telement que ledit Walerant ensemble la selle tumba à terre, et print tel coup qu'il fut tout estourdi dudit coup et Tumbée*. Aliæ ann. 1471. in Reg. 197. ch. 156 : *Ainsi que iceux supplians s'entretenoient et jouoient, tumberent,... par le moyen duquel Tumble et choite, etc.* Neque aliud sonat vox *Tumberiel* in *Tumbrellum*. *Tombissement*, autem strepitus, in aliis Lit. ann. 1427. ex Reg. 173. ch. 755 : *Quant le suppliant oy et senti le Tombissement et effroy de la venue soubdaine d'iceulx freres, etc.*

¶ **TOMBARELLUS**, f. Plaustri genus, nostris *Tombereau*. Inventarium ann. 1379. e Schedis Cl. V. *Lancelot : Item una quadriga antiqua garnita. Item' unus Tombarellus antiquus garnitus. Item due foladoyre*. Vide *Tumbrellum*.

* Comput. ann. 1362. inter Probat. tom. 2. Hist. Nem. pag. 257. col. 2 : *Solvit...... pro loqueriis trium Tombarellorum, qui portaverunt de terrarec in carreria dom. Petri Scatisse, thesaurarii Franciæ, pro reparanda sua carreria. Tumbarellus*, in Instr. ann. 1329. ibid. pag. 66. col. 2.

* **TOMBELLUM**, Sepulcrum, quod in memoriam sepulcri Christi in ecclesiis construi solet. Stat. MSS. eccl. Tull. ann. 1497. fol. 70. r° : *In cujus præmium laxata sunt ei et suis successoribus ligna Tombelli Tullensis, secundum portionem ab antiquo eidem thesaurariæ competentem. Tonbel*, Tumulus, lapis sepulcralis, in Ch. ann. 1378. ex Tabul. Cartus. B. M. de Parco.

* **TOMELICUS**. Glossar. Provinc. Lat. ex Cod. reg. 7657 : *Juglar, Prov. Tomelicus, histrio, mimus*. Vide *Tombare* et *Thymele*.

¶ **TOMELLUS**, Parvus *tomus*, libellus, aut epistola. Exstat apud Acherium tom. 2. Spicil. pag. 410. *Tomellus* sive epistola Ernulfi Episcopi Roffensis, et ibid. pag. 411. legitur : *Decens et commodum fore ratus sum ; quod de re Majestati vestræ sentio Tomelli clausula explicare*. Vide *Tomus*.

¶ **TOMEN**, TOMINUS, Monetæ species apud Hispanos Indicos, quæ memoratur in Synodo Mexicana ann. 1585. tom. 4. Concil. Hispan. pag. 315. et pag. 371. quo in posteriori loco *pretium* 60. *Tominorum pro unaquaque argenti marca æstimatur*.

* Acad. Madrit. in Diction. Hispan : *Tomin, in argento tertia pars drachmæ. In auro Castellani octava pars*.

TOMENTARII SAGI, in Regula Magistri cap. 81. stragula seu *lectalia* ex tomento.

* **TOMICATA**, Exactionis species. Charta Alienor. ducissæ Aquit. ann. 1199. in Reg. A. Chartoph. reg. ch. 33 : *Concedimus eis* (monachis S. Joan. Pictav.) *Tomicatas a stagno usque ad flumen Clennis et turrem, quæ sub stagno est..... Mercatores extranei, si transitum illic habuerint et vendiderint sua, eis debitam consuetudinem reddant*. Vide mox *Tonagium*.

¶ **TOMINUS**, Species monetæ. Vide *Tomen*.

TOMOLA. Vide *Tumba*.

* **TOMOS**. Vide supra *Barbarostomus*.

* **TOMPSOR**, Tonsor pannorum. Lit. remiss. ann. 1353. in Reg. 82. Chartoph. reg. ch. 9 : *Johannes de Longues Tompsor pannorum in villa nostra de Arifloto etc.*

1. **TOMUS**, Libellus, codex, membrana, [Epistola, præsertim de fide, Græcis τόμος. *Tomus ad Antiochenses* inscribitur Epistola Synodi Alexandrinæ ann. 362. apud Athanasium. Alias Epistolas synodicas *tomi* titulo insigniri, observat Coustantius in notis ad Epistolam Concilii CP. ad Damasum PP. ut et in Epist. Concilii Carthag. ad Innocentium. Indicem consule ad calcem tomi 1. Epistolarum Rom. Pontif. et vide Glossar. mediæ Græcit. in Τόμος.] Marcellinus Comes in Chronico : *Leo Imp. pro Tomo Chalcedonense per universum orbem singulis orthodoxorum Episcopis, singulas consonantesque misit epistolas, quo sibi quid de eodem tomo sentirent, cuncti suis rescriptionibus indicarent*. Jo. Biclariensis in Chronico ann. 7. Mauricii : *Gentis Gothicæ confessionem Tomo scriptam manu sua Episcopis porrigens*. Vigilius PP. Epist. 5 : *Sed et Epistolam prædicti beatæ memoriæ Leonis ad Flavianum Constantinopolitanum Episcopum datam, quæ et Tomus appellatur, per omnia veneramur*. Anastasius in S. Leone PP : *Beatus vero Leo direxit Catholicæ fidei Tomum, et exposuit, damnans omnes hæreses*. In S. Hilaro : *Confirmans tres Synodos,.... Tomum sancti Archiepiscopi Leonis*. Diurnus Roman. cap. 3. tit. 6 : *Sanctæ et beatæ recordationis Leonis Apostolicæ Sedis Antistitis Epistolam ad Flavianum Constantinopolitanum Episcopum datam, quæ et Tomus appellatur*. Idem Anastasius in S. Agathone : *Suos intromiserunt libros, et Tomos diversos, et Synodos, quas falsaverant*. Infra : *Deinde protulit piissimus et serenissimus Princeps Tomum ad relegendum, in quem vanum hæreticum dogma Macarii erat conscriptum*. Diurnus Romanus pag. 40. de Concilio VI : *Cui Apostolicæ recordationis Agatho Papa per legatos suos et Responsales præfuit, cujus venerabilem Tomum celebriter assequentes, etc.* Gregor. Turon. lib. 10. cap. 19 : *Negavit Episcopus has Epistolas vel misisse suo nomine, vel suscepisse a rescripto Chilperici. Sed puer ejus familiaris adfuit, qui hæc notarum titulis per Tomos chartarum comprehendens tenebat : unde non dubium fuit residentibus hæc ab eo directa*. Althelmus de Laude Virg. cap. 41 :

Tomum præterea comptum sermone polito
Ad famulam Christi scripsit didascalus idem.

[Adde Præceptum Ludovici Imp. ann. 832. apud Baluz. tom. 2. Capitul. col. 678. et Mabillon. tom. 2. Annal. Bened. pag. 550. Epistolam Alberti Abb. Miciac. ad Johannem XVII. PP. apud eumd. Mabill. tom. 3. Analect. pag. 440. etc.] Vetus Charta ex Monastico Anglic. tom. 2. pag. 844 : *Hæc vero vocabulorum* (variorum prædiorum) *signa Tomi stylo indita sunt, ne forte litium vel contentio, vel jurgium jam crepserit inter tributarios vestros, nostrosque colonos : quod autem crebro solet fieri, ubi evidentiora allusionibus litteraliæ, elementorumque definitione indicia limitum metum non procederint.* Aimoinus lib. 3. Hist. Franc. cap. 32 : *Et Tomi universi quos secum ferebat, igne cremati sunt.* Gregorius Turon. lib. 5. cap. 29. habet hoc loco *libri descriptionum.* Vide *Chartarum tomi* in *Charta* et *Charticinium.* Neque alia notione vocem

Tomus videtur usurpasse Isidorus Episcopus Pacensis in Chronico æræ 749 : *Adiens per Gaditanum fretum Columnas Herculis protendentes, et quasi Tomi indicio porti aditum demonstrantes, vel claves in manus transitum Hispaniæ præsagantes, vel reserantes, etc.* Hic enim per *Tomum*, libellum, itinerarium, vel *mappam mundi* in membrana exaratam intelligit. [** Academ. Matrit. *Tomo* est Corpus, moles : Provinc. *Tom* idem quod Tumulus in Glossar. Raynouard. tom. 5. pag. 371. Confer *Ton.*]

* 2. **TOMUS**, Certa chartarum seu membranarum collectio, quomodo dicimus nunc *Main* vel *Rame de papier.* Diploma Chilper. II. ann. 716. tom. 4. Collect. Histor. Franc. pag. 694 : *Carta Tomi quinquaginta.* Nisi codices simul ex chartis vel membranis compactos intelligas. Vide *Tomus* 1. et supra *Carticius.* Nugatur itaque D. *de Foy*, qui tom. 1. Notit. Diplom. ad Hist. Franc. pertinentium pag. 109. hæc Gallice sic reddit : *Cinquante bouts de cervelats.* Hinc et ex aliis scite omnino colligit ille suspicari posse Benedictinos Corbeienses tum a carnibus abstinuisse. Neque feliciori conjectura plerasque hujus diplomatis voces interpretatur, ut videre est in his suo ordine dispositis.

* 3. **TOMUS**, Intestinum. Formulæ MSS. ex Cod. reg. 7657. fol. 42. v° : *Dictus talis uno ictu punctim per dictum talem in flanco sinistro percussus extitit, et etiam vulneratus cum magna effusione Tomorum.* Vide *Toma.*

¶ **TON**, Johanni de Janua, *dicitur altitudo vel totum*, et ex eo Glossatori Lat. Gall. Sangerm. MS. [** Glossar. Cod. reg. 7644 : *Thon, altitudo*, ut ex Placido. Papias legit *Ton.*]

¶ **TONA**, Dolium, *Tonne.* Vide in *Tunna.*

TONABULUM, *Sonus, vel tintinnabulum.* Johanni de Janua : [*Son*, in Glossis Lat. Gall. Sangerman.]

¶ **TONACELLA**, Tunicella. Translatio S. Antonini, tom. 1. Maii pag. 768 : *Demum dictum sanctum corpus.... cum.... amictu et camice ex byssino ac Tonacella ermisini rubei, etc.* Vide *Tonicella* et *Tunicella.*

* Nostris *Tonollet*, vestis species, idem quod *Perpunctum.* Lit. remiss. ann. 1391. in Reg. 141. Chartoph. reg. ch. 212 : *Un pourpoint, nommé Tonollet.*

* **TONAGIUM**, idem quod *Teloneum*, Tributum, vectigal. Charta A. Trevir. archiep. ann. 1255. in Chartul. Romaric. ch. 29 : *Præfata Katherina et sui apud Bruerias et apud Estaie Tonagium imposuerant .... In dicto Tonagio et aliis injuriis et exactionibus nichil juris se habere penitus recognovit et juramento corporali spontaneoque exhibito, dictum Tonagium imperpetuum acquitavit. Tonagium*, per Gallicum *Thonneu* redditur in Charta Frider. ducis Lothar. eadem de re ann. 1295. ibid. ch. 34 : *Dou Thonneu de Brueires cognossons nous que nous ne avons droit ou panre, ne ou faire panre.* Vide supra *Tolletum.*

* Alterius generis est Tributum, *Tonaige* nuncupatum, illud nempe quod aliquot privati exigebant ab iis, qui auri bracteolas in fluviis et montibus Occitaniæ, rege licet jubente, colligebant, apud *Laurière* in Glossar. jur. Gall. ad hanc vocem.

¶ **TONAIRA**, Rete piscatorium 250. orgyas longum. Litteræ ann. 1451. ex Archivo Piscatorum Massil. : *Valeant visitare Tonairas omnes quotiescumque voluerint, ut sint stagnæ et natatæ ac altitudinis et longitudinis debitæ.* Aliæ ann. 1477. ex eod. Archivo : *Item ordinarunt, quod nullus piscator audeat neque possit calare certam artem piscandi, appellatam Tonaira de posta, a loco de Lestuca in mari usque ad Gargatam portus Massiliæ.* Aliæ ann. 1479 : *Piscari ad Tonairas dictas vulgariter de Corre... cum dicto ingenio dicto à las Tonairas de Corre. L'art de la Tonaire de Corre*, in Ordinatione vernacula Vicarii Massil. eodem anno. [* Vide *Tunnaria.*]

* **TONALE**, Vas vinarium, dolium, Gall. *Tonneau.* Lit. remiss. ann. 1381. in Reg. 119. Chartoph. reg. ch. 290 : *Venerunt ad domicilium Johannis Parvi de Villaribus, et in eodem duo Tonalia vini simili modo effuderunt.* Vide *Tunna.*

¶ **TONALIS** Pronunciatio, Alta et clara, eodem tono quo cantari solet in choro *Dominus vobiscum. Tonali pronunciatione dicit*, apud Bernardum in Ordine Cluniac. part. 1. cap. 45.

¶ **TONALITER**, Cantando, cum modulatione et notis. Confederatio ann. 1300. in Chronico Mellicensi pag. 187. col. 1 : *Missa pro defunctis in choro Tonaliter celebretur.* [** *Missa Tonaliter decantetur*, in charta ann. 1283. apud Guden. Cod. Diplom. tom. 2. pag. 339.] Instituta Patrum apud Thomasium in Appendice ad Antiph. Rom. pag. 444 : *Si Tonaliter finis versuum deponitur, oportet ut sæpius accentus infringatur.*

¶ **TONARE**, Canendo prædicere. *Adventum Christi mysticis vocibus Tonuerunt Patriarchæ*, in Expositione Antiquæ Liturgiæ Gallic. tom. 5. Anecd. Marten. col. 91. *Tonare horrendum*, Horrenda et minaci voce clamare, apud Mabillon. tom. 4. Annal. Benedict. pag. 140.

¶ **TONARIUS**, Liber de tonis seu cantu. Trithemius narrat Aurelianum scripsisse *Tonarium.* Quintiliano *Tonarium*, vel *Tonorium* ut quidam legunt, fistula est, qua tonus traditur, ne altior vel remissior sit vox loquentis aut canentis

¶ **TONATE**, Cum tono, seu modulatione, canendo. *Tonate dicat Diaconus*, Benedicamus Domino, apud Guidonem lib. 1. Discipl. Farfensis cap. 1.

* **TONDEIA**, pro *Tenda*, ut videtur, Præstatio pro jure habendi *Tendam* seu locum in foro ad merces venum exponendas. Vide *Tenda* 1. Charta ann. 1114. ex Tabul. episc. Carnot. : *Concessit.... quod ipsi* (monachi Tironenses) *et sui conversi, donati, servitores et cæteri homines sub ipso monasterio et ejus membris manentes, præsentes et posteri a.... tabernagiis, mensuragiis, stalagiis, Tondeiis*, (al. *Tondeis*) *havagiis.... in perpetuum liberi sint et immunes.* Ita et *Tende* legendum videtur, pro *Tonde*, in Lit. remiss. ann. 1424. ex Reg. 172. Chartoph. reg. ch. 467 : *Sept boisseaulx de froment de rente sur les Tondes du mariage de la mere de la suppliante.* Quæ nimirum in dotem ei concessæ fuerant. Vide supra in *Tenda* 3.

TONDERARE, pro *Tondere.* Utitur Felix Monachus Gyrwensis in Vita S. Guthlaci cap. 21.

¶ **TONDERE**, Tonsura clericum aut monachum efficere. Leges Ludovici Imp. apud Murator. tom. 1. part. 2. pag. 132. col. 2. et lib. 4. Capitul. cap. 35 : *Si quis puerum invitis parentibus Totonderit, aut puellam velaverit, etc.* Additio 3. cap. 121. et Concilium Mogunt. ann. 813. cap. 23 : *De Clericis vero hoc statuimus, ut hi qui inventi sunt sive in canonico sive in monachico ordine Tonsurati sine eorum voluntate, si liberi sunt, ut ita permaneant. Et deinceps cavendum est, ut nullus Tondeatur, nisi legitima ætate spontaneaque voluntate, vel cum licentia domini sui.* Baluzius scribit *tondatur* : sic *tondi*, pro *tonderi*, legitur apud Jonam in Vita S. Eustasii n. 12. ut et apud Bedam lib. 4. Hist. cap. 1. ex MS. ut observat Mabillonius post Onomasticon ad calcem sæculi 2. SS. Benedictinorum. Vide *Tonsorare.*

Tondere Alium *contra Legem*, in Lege Alamann. cap. 65. § 1 : *Si quis alicui contra Legem Tonderit caput liberum non volenti, cum 12. sol. componat.* § 2 : *Si autem barbam alicujus Tonderit nolentis, cum 6. sol. componat.*

Dimidio Capite Tonderi, Pœna servorum latronum in Capitulari 1. ann. 809. cap. 11. et lib. 1. Capitul. cap. 50.

Tondere ad Modum Crucis. Fori Oscæ ann. 1347. sub Jacobo I. Rege Aragon. : *Testes autem convicti ad modum crucis capite Tonsurentur, et cum batallo campanæ candenti ad modum crucis, in frontibus figurentur, et ita turpissime de illa villa, ubi hoc evenerit, expellantur.* Vide *Tonsurari.*

* Tondere in Crucem, Pœna latronum et furum. Charta ann. 1273. inter Probat. tom. 4. Hist. Occit. col. 59 : *Debetis fures, qui furabuntur in mercato bladi, mittere in costello, Tondere in crucem in modum furis.* Tondebantur etiam adulteræ, ex Lit. remiss. ann. 1387. in Reg. 134. Chartoph. reg. ch. 55 : *Quia dicta Guigona prius adulterium commisisse confessa fuerat, ipsam idem judex per ejus sententiam definitivam Tondi, et Tonsam cum veilles bouum mattando carnem verberari, absque effusione sanguinis,........ pronuntiabit.* [** Non tondebantur excommunicati. Guillelmi Sedis Apostol. Legati Epist. de Treugis ann. 1102. apud Marcam in Notis ad Concilium Claromontanum : *Excommunicati non salutentur, non Tondeantur capita eis, non abluantur, in mappa non comedant, etc.*]

TONDERO, *Tonsura altissimarum ovium*, Papiæ. In MS. *Tondicrum.* [* *Tonderum*, in Cod. reg.] [** Lege ex Cod. reg. 7644 : *Ton-*

dendarum, tonsuræ abtissimarum ovium.]

* *Tondison*, vulgo *Tonte*, tempus tonsionis ovium, in Stat. pannif. ex Lib. rub. fol. magn. domus publ. Abbavil. : *Que nuls ne puist drapper de gratuse, ne de pelich fait depuis Tondisons jusques à le S. Remy.* *Tonre* vero, Instrumentum, quo tondetur, forceps. Arest. ann. 1279. in Reg. 2. *Olim* parlam. Paris. fol. 48. v° : *Item les tisserands disoient que li tainturiers ne devoient avoir en leur maisons oustius, que l'en appelle cornebers, Toures, lates, etc.*

¶ **TONDITURA**, Tonsura. Vide in *Aczima.*

¶ **TONDURARIUS**, Sarcinator, Gall. *Tailleur, Couturier*, in Processu de Vita S. Yvonis, tom. 4. Maii pag. 553. Male pro *Condurarius.* Vide ibi.

¶ **TONEGARE** Navem, f. Sebo vel pice illinire, ab Italico *Tonicare*, Inducere, illinire, Gall. *Enduire.* Vide *Hosta.*

¶ **TONELLA**, Tonellus, etc. Vide *Tunna.*

TONENEA. Formula Andegav. 1 : *Cido tibi bracile valente solidus tantus, Toneneas tantas, lectario ad lecto vestito valente solidus tantus, etc.* [** In cod. MSS. est *tonecas* i. e. tunicas.]

* Idem forte quod *Toacula.* Vide in hac voce.

¶ **TONETUM.** Charta ann. 1251. e Tabulario S. Nicasii Rem. : *Recognovit se legasse unum modium avenæ annuatim percipiendum et assignatum super Toneto suo, quod acquisivit in villa de Pree.* Legendum fortasse *Toreto*, colliculo. Vide in *Toro.*

* Legendum suspicor *Tolletum.* Vide supra in hac voce.

TONGILLATIM, *Singulatim*, Papiæ. [Glossæ Isidori : *Togillatim, sigillatim.* Et mox : *Tongillatim, singillatim. Tongillatim loqui, pravis verbis, a Tongilio parasito, qui in hoc invenerat risus aucupium, ut salutatus convitio responderet, et maledicentem salutaret blandissime.* Contrarium sentit Martinius, qui *Tongillatim loqui*, suspicatur esse clare et scienter loqui, a *Tongo*, quod est nosco, teste Festo, quem adi.]

¶ **TONGINUS.** Decanus judex. Vide *Tunginus.*

¶ **TONICA**, pro *Tunica*, tom. 3. Muratorii pag. 166.

¶ **TONICELLA**, diminut. a *Tonica*, Parva tunica. *Tonicella una de purpura viridi*, in Charta ann. 1266. ex Tabul. S. Victoris Massil. Vide *Tonacella.*

* **TONILE**, Jus quoddam dominicum. Pariag. inter reg. Franc. et episc. Tricastr. ann. 1408. tom. 9. Ordinat. pag. 394. art. 26 : *Per prædicta præfatus dominus episcopus non intendit communicare.... dominia directa, laudimia, trezena, Tonile, parerias, decimas seu alia jura, etc.* Vide supra *Tonagium.*

¶ **TONIMENTUM.** Charta ann. 1012. apud Murator. delle Antic. Estensi pag. 131 : *De areis castro cum Tonimento et fossato circumdato per mensuram justam pertice jugiales tres, etc.* Legendum est *Tenimentum*, ut in Charta ann. 962. ibid. pag. 140. Vide in *Tenere* 1.

¶ **TONINA**, Thunnus salsus, Italis *Tonnina.* Conventiones Saonæ pag. 54 : *Compellunt dictos homines ad solvendum denarios sex pro singulo barile Toninarum.* Vide *Tonnina.*

¶ **TONINUM** Formagium. Vide *Tenerinus.*

¶ **TONIS.** Glossæ Isidori : *Vestis ludiaria, histrionica, Tonis.* La Cerda mallet : *Vestis ludiaria, histrionis tunica. Tonis* Grævio videtur delendum.

TONITRABILIS, Βρονταῖος, in Gloss. Græc. Lat. MS. Editum, *Toniptabilis*, habet. Alii reponunt *Tonitruabilis*, [ut est in MS. Regio,] vel *Tonitrualis.* Lucretius lib. 1 :

Neve ruant cœli Tonitralia templa superne.

[*Tonitrualis Evangelistarum vox*, apud Marculfum lib. 2. Formula 1.]

Tonitrua Rumpere. In Notis litterarum Petri Diaconi hæc leguntur : *Dies malus sequitur cras, si ruperis Tonitrua, dein invenies carbones.*

¶ **TONITRUARE**, *Tonare*, in Onomastico ad calcem Actorum SS. Junii tom. 4.] Glossæ veteres : Βροντῶ, *Tonitruo.* Commodianus Instruct. 6 :

Insipiens ergo Jovem Tonitruare tu credis?

[** Virgil. Grammat. pag. 127 : *De tonitruo aiebas.... cujus sonus Tonitruit.*]

¶ **TONIUM.** Testamentum ann. 1299. apud Baluz. tom. 2. Hist. Arvern. pag. 522 : *Item et Aymericus filius meus possideat et habeat hereditario centum solidos renduales ad vitam suam duntaxat. Item et Margarita filia mea volo quod habeat et possideat hereditario centum solidos renduales ad vitam suam duntaxat. Item lego dicto Guidoni filio meo successionem Tonium et freyreschiam, exceptis centum solidis quos Agnes primogenita percipiet post mortem Aymerici fratris sui.* Mendum inesse puto in hac voce, ac fortean legendum *omnium*, adeo ut Guido constituatur hæres omnium redditiuum, qui aliis fratribus ad vitam dumtaxat conceduntur.

¶ **TONIZARE**, Certo tono, seu modulatione cantare. *Psalmos juxta Antiphonas Tonizare*, apud Beletum cap. 58.

¶ **TONLEIUM**, Tonlium, etc. Vide in *Telon.*

* **TONLEUM.** Vide supra in *Telon.*

1. **TONNA**, Tributi species. Charta Berengeri Comit. Provinciæ ann. 1235. apud Dion. Salvaingum : *Quod nullus Castellanus vel Miles ab omnibus euntibus et redeuntibus a montaneis possit exigere vel petere aliquid, sive multationem, sive aliquam bestiam, seu Tonnam, vel aliquid in pecunia numerata.*

* Legendum *Toma*, ut videre est supra in hac voce; et est Casei species.

2. **TONNA**, Dolium; *Tonnagium.* Vide *Tunna.*

¶ **TONNARIA**, Piscaria thunnorum. V. *Tunnaria.*

* **TONNATOR**, inter pannificos seu pannorum mercatores recensetur in Reg. episcopat. Nivern. ann. 1287 : *Item sabbato ante nativitatem Domini, quilibet draperius, Tonnator, coifferius, ferperius debet duos denarios..... Item quilibet ferperius, draperius, Tonnator in uno sabbato Februarii, debet quilibet obolum.* Ita distincte scriptum est, ut legendum esse *Tannator* dicere non ausim.

TONNAUS, Tonnella, Tonnellus, Dolium. Vide *Tunna.*

* **TONNELERIA**, Tonnellaria, Vicus Parisiis, ubi habitant doliarii, vulgo *Tonnellerie.* Charta S. Ludov. ann. 1263. in Reg. 30. Chartoph. reg. ch. 297 : *Notum facimus quod cum nos haberemus quandam halam in mercato nostro Paris. inter duas halas, in quibus draperii Paris. sedent, cum uno appenticio, quod est in Tonneleria, etc.* Alia Phil. V. ann. 1318. in Lib. rub. Cam. Comput. Paris. fol. 577. r°. col. 2 : *Super domum Guillermi de Succyaco, sitam in Tonnellaria, c. viij. sol. Paris.* Vide in *Tunna.*

TONNEURS, Exactionis species apud Metenses, in Charta ann. 1226. apud Meurissium in Episcopis Metensibus pag. 455 : *Sane cives Metenses præter alias injurias, quibus Ecclesias diversis modis afficiunt, quadam versuta malitia novam fecerunt consuetudinem, ut quædam fiat exactio in civitate Metensi, quæ Tonneurs appellatur, ad fossatorum suorum munitionem faciendam, etc.*

☞ Nihil aliud videtur quam *Telonium*, seu tributum e mercibus in foro venditis exactum, ut in Statutis Maceriæ ad Mosam MSS. ubi legitur : *Sur les articles, redevances ou prouffis, qui pour cause du Tonneux sont deus, etc. Et ne leur loiroit de lever ou exiger le prouffit du Tonneux que pour l'une des marchandises, de laquelle il plairoit au Tonnieur.* Et mox : *Item ce sont les redevances du Tonneu de la ville de Maisieres... le cent de cire doit* IIII. *den. le cent de cieuf doit* IIII. *den. le cent de sayn doit* IIII. *den. le cent de poix doit* IIII. *den. etc.* Vide *Telon.*

* Hinc emendandæ Literæ ann. 1359. tom. 3. Ordinat. reg. Franc. pag. 364. ubi *Tounens* legitur, pro *Tonnnes. Tonny*, eadem acceptione, in Lit. ann. 1377. tom. 6. earumd Ordinat. pag. 318.

¶ **TONNINA**, Thunnus salsus, apud Italos. Academici Cruscani : *Tonnina, Salume fatto della schiena del pesce tonno.* Vide *Tonina* et *Tunnaria.*

¶ **TONNITUS**, pro *Tinnitus*, Campanæ altero latere tantum pulsatæ sonus. *Absque sonitu Tonnitorum*, Guidoni lib. 2. Discipl. Farfensis cap. 39. Vide *Tintinnabulum.*

* **TONNOLIUM**, Præstatio, quæ ex pane et vino percipitur. Charta ann. 1317. in Chartul. S. Maglor. ch. 59 : *Retentis insuper eisdem ac eorum monasterio in dicta domo et ejus pertinentiis Tonnolio seu jure Tonnolii panis et vini, et omni alio jure.* Vide supra *Tolticium.*

* **TONNUM**, Vox, ut opinor, male scripta aut lecta; qua Compitum significari videtur. Instr. ann. 1406. tom. 9. Ordinat. reg. Franc. pag. 221 : *Judex et commissarius per suas litteras præcepit et mandavit ..... præconi publico Valenciæ, quatinus publice et alta voce proclamaret et injungeret ex parte dicti domini episcopi, more solito et per loca et Tonna consueta, quod omnes et singuli cives et habitantes et incolæ civitatis prædictæ Valenciæ, caput hospicii facientes, se præsentent, conveniant et congregarent, etc.* Vide supra *Connus.*

¶ **TONODERACH**, Qui fures exquirit, apud Scotos, ut habet Spelmannus : quem consule.

¶ 1. **TONSA**, Ovis. Jacobus Cardin. in Vita S. Petri Cœlestini lib. 1. cap. 7. § 5 :

Cumque puer denum binumque perageret annum,
Hunc mulier niveas pascentem pascua Tonsas
Aspicit imberbem, etc.

* 2. **TONSA**, *Composita, æqualiter pressa, pulcra. Tonsæ, i. remi, a tondendis et decutiendis fluctibus dicti.* Glossar. vet. ex Cod. reg. 7613.

¶ **TONSARE** Monetam, Tondere, circumcidere, in Statutis Pallaviciniis lib. 2. cap. 37. Vide infra *Tonsores.*

¶ **TONSATUS**, apud Acherium tom. 2. Spicil. pag. 218. ex Ratherio, pro *Tonsuratus*, ut supra legitur in *Arsenoquita.*

¶ **TONSILLA**, *Palus dolatus et cuspide præferratus, qui navis religandæ causa in littore figitur*, apud Festum. Utuntur Accius, Bern. *de Breydenbach* Itin. Jerosol. pag. 240. Scriptor Vitæ S. Probatii, tom. 1. Febr. pag. 554. etc.

* **TONSONA**, Pellis lanata, nostris alias *Tonseau* vel *Touseau. Tonser* quippe et *Touser*, pro *Tondre*, promiscue nostri dixerunt. Arest. ann. 1369. 6. Maii in vol. 5. arestor. parlam. Paris. : *Ducentas oves valoris vij*^{xx}*. lib. Ducentas Tonsonas lanæ valoris lx. lib.* Chartul. Corb. sign. *Ezechiel* ad ann. 1422. fol. 153. r° : *Et les peaulx, que on dist Tonsiaulx, viaulx et moutons à laine, etc.* Reg. 13. ejusd. monast. sign. *Habacuc* ad ann. 1516. fol. 302 : *Les peaulx à laine et Tonseaulx des moutons tuez en le boucherie de l'église.* Pro vellere, vulgo *Toison*, et jure quod ex velleribus percipitur, occurrit in Pacto inter castell. et monach. de Britolio : *Et plus.... que de nos Tonsiaus de nos laines,.... qui estoient vendues dedens l'abeie*, (disoit ledit sire) *que à li apartenait le Tonsiaus* (vel) *Tousiaus.*

¶ **TONSORARE**, Tondere in Clericum vel Monachum, in Capitularibus Pippini Regis ann. 755. cap. 11. apud Marculfum lib. 1. form. 19. in Vita Sigiberti Regis apud Duchesnium tom. 1. in Actis SS. Maii tom. 1. pag. 51. in Histor. Novientensis Monast. apud Marten. tom. 3. Anecd. col. 1143. 1147. etc. Vide *Tondere.*

* *Touser*, pro *Tondre*, Capillos tondere, usurpatum, in Mirac. MSS. B. M. V. lib. 2 :

Vous cloistrieres, vous damoiseles,
Vous jones toutes, vous puceles,
Qui à Diu estes espousées
Et qui tondues et Tousées
Avez por Dieu vos belles tresches.

Touzer, in Literis remiss. ann. 1477. ex Reg. 206 Chartoph. reg. ch. 1176. *Le suppliant atteigny une forsetes pour Touzer les cheveuz autour de la playe.*]

¶ **TONSORATIO**, Tonsura. *Tonsoratio in Clericum*, in Bulla Honorii III. PP. e Tabulario S. Richarii. Vide *Tonsura.*

TONSORES. Matth. Westmonasteriensis ann. 1247 : *Moneta Esterlingorum... cœpit deteriorari et corrumpi per illos falsarios monetarum, quos Tonsores appellamus. Retonsores monetæ*, in Fleta lib. 1. cap. 20. § 122. 128. etc. *Retonsura cruda*, § 126. quæ necdum in laminam aut *platam* redacta est. *Moneta retonsa*, § 128. *Tonsura*, § 123. [** Placit. temp. Joh. reg. Angl. in Abbreviat. Placit. pag. 68. Linc. rot. 8 : *Walterus aurifaber de Tadewell malecreditur de Retonsura a 12. de wapentac. Judicium, purget se aqua.*] [Trivetti Chronicon ad ann. 1278 : *Hoc anno Judæi pro Tonsura monetæ in magna multitudine ubique per Angliam suspenduntur. Tonsurare aurum vel monetam*, in Statutis Perusiæ pag. 52.] Meminit Procopius lib. 3. de bello Gothico cap. 1. cujusdam Alexandri Logothetæ, quem Byzantii ψαλίδιον, seu Forficulam cognominarunt, quod nummum aureum tam dextre circumcideret, ut eo, quantum vellet, curtato, orbem vel sic servaret, quo erat antea circumscriptus. Mox addit : Ψαλίδιον γὰρ τοῦτο καλοῦσι τὸ ὄργανον, ᾧ ταῦτα τις ἐργάζεται. [Vide *Tonsare.*]

¶ **TONSORIUM**, Linteum, quo teguntur pectus et humeri, cum quis raditur, aut etiam pelvis ad barbam abluendam. Guido lib. 2. Discipl. Farf. cap. 20 : *Debet unus frater vel duo habere injunctum officium rasorium acuendorum, atque colligendorum ad scrinium, ubi reponuntur, et ipse debet procurare Tonsoria ad illud opus deputata.*

¶ **TONSURA** Adultera. Proclamatio Civitatis Apt. incerti anni : *Nulla persona audeat seu præsumat Tonsuram adulteram portare.* Comam subdititiam intelligo, qualis tunc temporis gerebatur, et cujus usus recens admodum erat, cum hic prohibeatur : nisi malis hoc statuto vetitum esse ne quis se clericum simulet.

Tonsura Ecclesiastica. Isidorus lib. 2. de Eccl. Offic. cap. 4. et ex eo Papias : *Tonsuræ Ecclesiasticæ usus a Nazareis exortus est, qui prius crine servato, denuo post magnæ continentiæ devotionem completam caput radebant, et capillos in ignem sacrificii ponere jubebantur. Hujus ergo exempli usus ab Apostolis introductus est, ut hi, qui in divinis cultibus mancipati Domino consecrantur, quasi Nazarei, i. Sancti Dei, crine præciso innoventur.* Adde Alcuinum lib. de Off. divin. Amalarium lib. 2. cap. 5. lib. 4. cap. 59. Raban. lib. 1. de Instit. Cleric. cap. 3. denique Baronium ann. 58. n. 122. et seqq. usque ad n. 143. Menardum ad librum Sacrament. Gregorii, et ad Concordiam Regular. cap. 68. § 10. [Coustantium tom. 1. Epist. Rom. Pontif. col. 73. et seqq. Formulas vett. apud Eccardum ad calcem Legis Salicæ pag. 240.]

Tonsura Petri, in tertia Vita S. Euthberti lib. 2. cap. 2. Gregorius Turon. lib. 1. de Mirac. cap. 28 : *Petrus Apostolus ad humilitatem docendum caput desuper tonderi instituit.* Quæ quidem *Tonsura Petri*, non alia est ab ea, quam *Coronam Clericalem* appellamus. Vide Germanum Patriarcham in Theoria Eccles.

Monachi Scotici aliter tondebantur : quippe ab aure ad aurem per frontem in Coronæ modum incisus erat capillus, ab aure ad aurem per occipitium capillus intonsus dependebat, ut ex Ceolfridi Abbatis Epistola, quæ exstat in Actis S. Eustasii, colligitur. Atque hujus quidem tonsuræ Scoticæ occasione, multas in Anglia exortas turbas testatur Beda lib. 3. Hist. Eccl. cap. 3. 4. lib. 5. cap. 16. *Hujus autorem in Hibernia Subulcum Regis Loigeri, filii Nil*, (Nell) *extitisse Patricii sermo testatur, ex quo Hibernienses pene omnes hanc Tonsuram sumpserunt*, ut est in Libro Canonum Cottoniano, quem laudat Waræus ad Synodum S. Patricii. At Patricius tonsuram Romanam conatus est revocare, ut patet ex Synodo ejusdem cum Auxilio et aliis celebrata can. 6. Vide Capitula Theodori Cantuar. cap. 80. et quæ de hac tonsura scripsit Mabillonius ad tom. 3. SS. Ordinis S. Benedicti § 1.

* Formam tonsuræ clericalis ita definit Conc. Montispess. præsidente P. Benevent. cardin. Apost. sedis legato inter schedas Mabill. : *Statuimus insuper ut clericus .... talem Tonsuram ferat, quod gradum non habeat; sed dirigatur in gyrum, ita quod capilli, qui inter superiorem et inferiorem tonsuram remanent, propter suam rotunditatem, merito possint dici mona....* Desunt reliqua.

* Qui recipiebantur in *Oblatorum* ordinem apud moniales, ab abbatissa coram testibus tondebantur, quam tonsuram dehinc perpetuo deferebant. Charta ann. 1308. tom. 2. Hist. Cassin. pag. 624. col. 1 : *Raynaldus Scarparolus...... et Maria uxor ipsius Raynaldi, volentes se a seculo ad Dominum convertere, et in dicto monasterio ipsi Deo servire, bona sua et spontanea voluntate obtulerunt se et bona sua dicto monasterio S. Mariæ monialium de Palacziolo, et professionem in manibus olim domnæ Mendulæ, quæ tunc erat abbatissa ipsius monasterii, fecerunt, et in signum oblationis et conversionis eorum, Tonsuram, sicud alii oblati dicti monasterii deferunt et deferre consueverunt, de manibus ipsius abbatissæ Mendulæ receperunt, præsentibus ibidem bonis hominibus vocatis pro testibus, et sororibus suis monialibus ipsius monasterii.*

¶ Tonsura Monetæ, Vide *Tonsores.*

¶ Tonsura Nemorum, Jus exscindendi et colligendi ramos in silvis. Conventio ann. 1125. in Probat. novæ Hist. Occitan. tom. 2. col. 437 : *Tonsura vero nemorum ab hominibus Montispessulani nullatenus fiat.* Charta ann. 1364. e Tabulario B. M. de Charitate : *Donavit terram de Miniers cum suis juribus, aisiis et pertinentiis salva et reservata Tonsura nemoris d'Artenne.* Inventarium Chartar. Reg. ann. 1482. fol. VIIIxx. IX. v° : *Alia compositio facta inter dictos abbatem et conventum S. Dionysii et comitem Bellimontis super venditione Tonsuræ vel scissuræ nemorum Farridel et de Maffliers.* Charta ann. 1487. ex Chartul. 23. Corb. : *La justice et seigneurie totale en demoura,... ausdits Religieux, abbé et convent (de Corbie)..... avec le pourfit, Tonture et despouilles desdits arbres.*

* Quod et de ligno domibus ædificandis apto interdum intelligitur, ut et vox Gallica *Tondente*, in Charta ann. 1307. inter Instr. tom. 12. Gall. Christ. col. 182 : *Comme nous aions à présent mestier de marrien à maisonner, et à nostre resquestre il plaise........ que nous aiens la Tondente de vij. arpens de bois à penre en la forest dou val de Lis.*

¶ Tonsura Pannorum, Gall. *Tonture de draps*, in Computo ann. 1333. tom. 2. Histor. Dalphin. pag. 282.

* **TONSURARE**, Capillos in clericum

tondere. Pontif. MS. Senon. ad usum eccl. Paris. : *Hic Tonsurat episcopus puerum, dicendo hunc versum :* Dominus pars hæreditatis meæ etc.

¶ **TONSURARE** Monetam. Vide *Tonsores.*

TONSURARI, dicuntur Clerici, qui tonsuram seu Coronam Clericalem accipiunt, in Concilio Meldensi ann. 845. cap. 58. apud Nicolaum I. Epistola 7. etc.

Tonsurari More Romanorum, i. crines detonsos deferre more Romanorum, cum Longobardi solutos haberent, apud Anastasium in S. Hadriano PP. pag. 106.

¶ Tonsurari ad Poenitentiam. Gesta Archiepiscoporum Trevir. apud Marten. tom. 4. Ampliss. Collect. col. 243 : *An. Dom.* MCCXXXI. *orta est persecutio hæreticorum....* (talis ut) *nec defendendi locus daretur.... sed incontinenti oportebat eum* (quisquis capiebatur) *vel reum se confiteri et in pœnitentiam recalvari, vel crimen negare et cremari. Insuper qui sic Tonsoratus esset, oportebat eum complices suos prodere, alioquin debebat cremari... Quin etiam in ultimis deprehensum est, quod hæretici aliquos de suis subornaverant, qui se tamquam in pœnitentiam Tonsurari permiserunt, et sic catholicos accusaverunt.* Vide *Tondere*, [** et Haltausii Glossar. German. voce *Harschar*, col. 824. Grimm. Antiquit. Jur. Germ. pag. 702.]

TONSURATORES, Exactores, quasi *Tonsores* plebis. Gregorius M. lib. 10. Epist. 47 : *Pervenit ad nos quod Tonsuratores in Sicilia prava sibi præsumptione nomen Defensorum sumerent.*

TONSURATUS, Idem qui *Psalmistatus*, Extr. de Reg. Jur. cum inter, id est Psalmistæ Ordo minor. Vide Durandum lib. 2. Ration. cap. 3. num. 1.

¶ **TONSUS**, Clericus, tonsura initiatus. Testamentum S. Remigii apud Flodoardum lib. 1. cap. 16. et Miræum tom. 1. pag. 5 : *Et si quis ordine clericali, a Presbytero usque ad Tonsum, contradicere.. præsumpserit, etc.* [**Papyr. Ravenn. apud Maium Classic. Auctor. tom. 5. pag. 362 : *Sacerdotes, clerum, Tonsos.*]

1. **TONUS**. Joan. Abrinc. de Offic. Eccl. pag. 63 : *Tres Psalmi.... in Tono dicantur.* Id est voce altiori, et cantu inflexo, seu Gregoriano. [Contraria notione pro cantu directo absque ulla inflexione in Synodo Limæ ann. 1582. tom. 4. Conc. Hisp. pag. 276 : *Diebus Dominicis et aliis festive colendis cantent Missas et Vesperas, et intra septimanam, ubi cantari non poterunt, recitentur in Tono.* Adde Regulam Toribii eodem tom. pag. 666. col. 1.]

* Charta Odon. abb. ann. 1241. in Chartul. S. Dion. pag. 172. col. 1 : *Magna missa erit de anniversario ad majus altare, et servitium totum fiet in vigilia in Tono.* Vide *Tonaliter.*

* 2. **TONUS**. Tradit. eccl. Herbipol. sæc. IX. apud Pez. tom. 6. Anecd. part. 1 col. 86 : *Sex camisæ cum Tonis.* An idem quod *Albæ paratæ?* Vide supra in *Alba* 3.

¶ **TOOL**, Toollum. Vide in *Telon.*

¶ **TOPA**, Destructio, ruina vel alienatio. Juramentum Canonicorum Belnensium in Burgundia : *Et si qua alienata vel in ruinam seu Topam deducta fuerint, ad debitum statum reducam.* Juramentum Decani ejusd. Ecclesiæ : *Si aliqua sunt alienata aut in Topam posita ad bonum reparationem reponi faciam.* Forte leg. *Tortum.* Vide *Tortus* 1.

* Neutiquam; idem enim est quod *Vastum* 1. Ager incultus, terra pascendis animalibus destinata, a veteri Gallico *Tope* et *Toppe*, eadem notione. Lit. remiss. ann. 1408. in Reg. 162. Chartoph. reg. ch. 346 : *Martin Freschet et Jaquet Petit eurent nouvelles ensemble, pour ce que les bestes dudit Martin vindrent en une Tope ou pasquier;..... lequel pasquier appartenoit, au moins pour la plus grant partie, audit Martin.* Charta ann. 1480. in Chartul. Fuxer. part. 7. ch. 31 : *Item une tille de terre en Toppe.... Item.... une Toppe et aultres terres contenant environ quatre journaulx, tant en Toppe, en boisson, comme en édifices. Item environ ung journaul, tant en labeur que en Toppes.*

¶ **TOPACA**, Species panis dulciarii cum caseo. Consuetudines Floriac. MSS : *Pro signo Topacarum, generali panis signo præmisso et etiam casei primario hoc adde, ut digitos unius manus facias currere per pollicem ejusdem manus, etc.* Ex similitudine signorum, quæ pro *flatonibus* facienda dicit Udalricus supra in voce *Signum*, *Topacas* idem esse conjecto quod *Flatones.* Vide *Flantones.*

¶ **TOPARCHA**, Τοπάρχης, Loci præses, dominus, princeps. Occurrit apud Spartianum in Adriano cap. 13. et recentiores passim. Vide Glossarium mediæ Græcitatis.

¶ Toparchia. Glossæ Gr. Lat. Τοπαρχία, *Pagus.* Occurrit hac notione 1. Machab. 11. 28. pro ipsa vero pagi seu regionis præfectura dicitur Plinio lib. 5. cap. 14.

Toparchiliter. Glossæ MSS : *Toparcha, Princeps unius loci. Toparchiliter, Principaliter.*

TOPAZIO, Topazius. Alvarus in Vita S. Eulogii : *Ornavi titulum decoris tui unionibus miro candore niventibus, et Topazione fulgenti, etc.* [*Topasion* habetur apud *Madox* Formul. Angl. pag. 336. alibi *Topasium*, vel *Topasius.*]

TOPAZIUM, pro *Typarium*, [f. quod *Topazio* sigillum, seu Principis imago insculpta erat,] habetur apud Matth. Paris ann. 1246. ubi de Friderico II. Imp. : *Et quæ prius promiserat,... et in scriptis redacta, Topazio suæ Majestatis signaverat, adimplere contempsit.* Epistola Mag. Berardi de Neapoli MS. ad Regem Navarræ : *Me minimum et ignotum dulcedinis benedictione prævenïens mihi per litteras Topazio suæ Serenitatis impressas familiaritate suæ Celsitudinis obtulit.* Vide *Typarium.*

TOPHUS, Tophicus, etc. Vide in *Tufus.*

* **TOPIA**, Italis, *Topaia*, Domus caduca, semiruta. Stat. Avellæ ann. 1496. cap. 46. ex Cod. reg. 4624 : *Quæ ceperit vel exportaverit alienas uvas vel alienum agrestum in et de aliena vinea, alteno vel plantato, vel Topia seu arbore de die, solvat..... solidos quinque.*

* **TOPICUS**. Dei Topici, Quorum cultus intra muros suos terminatur, apud Servium ad lib. 7. Æneid. v. 47. quos Minucius initio Octavii vocat *Deos municipes* et Tertullianus lib. 2. ad Nat. cap. 8. *Deos decuriones cujusque municipii.* Vide supra in *Municeps.*

* **TOPINARIA**, Morbi genus. Acta B. Amad. tom. 2. Aug. pag. 584. col. 1 : *Dum domina Constantia uxor sua in ejus collo haberet quoddam apostema, quod a vulgo natta appellabatur, a medicis vero aliquando appellabatur Topinaria, etc.* Vide ibi notam.

TOPOTERITI. Vide *Lociservator.*

¶ **TOPPUS**, Fascis, manipulus, ut videtur. Charta Henrici Ducis Saxon. ann. 1158. apud Ludewig. tom. 6. Reliq. MSS. pag. 237 : *Census autem per omnes terminos horum trium episcopatuum.... solidus unus, Toppus lini unus, pullus unus.* Saxonibus *Top* dicitur fastigium, culmen, jugum; Belgis vero cumulus, et ubi de crinibus agitur, cirrus, nostris *Touffe*, *Toupet.* Vide *Tufa.*

* Idem videtur sonare quod *Terreche de lin*, in Chartul. Corb. sign. *Ezechiel* ad ann. 1421. fol. 124. r°. Belgis *Top* est Cumulus: unde *Topenne*, ni fallor, pro Clivus, in Comput. ann. 1394. ex Tabul. S. Petri Insul. : *Joanni Patin pro reparanda le Topenne ante crucem, v. lib.*

¶ **TOPUS**, Gr. Τόπος, Locus. Manilius 3. v. penult. :

Octo Topos, per quos stellæ diversa volentes.

* **TOQUASSEN**. Vide infra *Touquassen.*

¶ **TORAGERIUS**, Carceris custos. Vide *Turris.*

1. **TORAGIUM**, *Ornatus vel minutus, et dicitur a torus.* Ita Ugutio, et Joannes de Janua. Papias editus habet, *Ornatus inimicus*, pro *mimicus*, quomodo præferunt Glossæ antiquæ MSS.

2. **TORAGIUM**. Charta Philippi Aug. ann. 1185. pro Ferrariensi oppido, apud Morinum in Histor. Vastinensi lib. 5. pag. 707 : *Vinagia sua omnibus diebus reddent, Toragia in crastino S. Martini reddere incipient, eo scilicet tenore, quod pro omni dolio majore vel minore, quod vendetur, 3. denarios Ecclesiæ solvent.* Sed legendum *Foragia.* Vide *Foragium* 1.

* Si quid hic emendandum est, *Tolagium* legendum puto. Vide supra in hac voce.

3. **TORAGIUM**, pro *Geolagium.* Vide *Turris.*

1. **TORALE**, Supellex lectaria : nam *torum* Latini vocant, quidquid lecto instruendo ac insternendo conducit. Gloss. Lat. Gr. : *Torale*, περίκλινον. Sic legendum pro περίπλεινον. Glossæ aliæ habent περίκλιτρον. Gloss. Lat. Gall. MS. : *Thurnum, Toral, culcitra picta;* an *puncta?* [Papias : *Torale, longæ perpetuæque mappæ, a toro dictæ.* Leges municip. Mechliniensium tit. 16. art. 15 : *Optimum ex linteis Torale, optimum ex lana strangulum, cum præstantissimo cervicali.*] *Lintei torales*, apud Ammianum lib. 16. Lampridius in Heliogabalo : *Primus omnium privatorum toros aureis Toralibus texit.* Vide Cujacium lib. 10. Observ. cap. 18.

2. **TORALE**, Idem forte quod *Toro*, Collis, monticulus. Tabularium Eleemosynæ S. Pauli Viennensis : *Infra subscriptos terminos, id est a vado aquæ, qui vocatur Secusia, sicut vadit charreria S. Eugendi, et*

per Torale in circuitu montis, usque ad alium vadum præfatæ aquæ, etc.

☞ Species aggeris est inter agros ducti, per quem inceditur, cum opus est, unde et pro via cespititia inter agros exstructa sumitur, ut mox *Torallum.* Charta ann. 1370. e Schedis Marchionis *de Flamarens : Necnon Toralia, terras, nemora predicta eidem actori esse ypothecatas et obligatas.*

TORALLUM, Eadem, ut videtur, notione, ac *Torale* 2. Charta Communiæ Bituricensis ann. 1181 : *Si quis accusatus fuerit pastorale, vel Torallum, vel viam, vel plateam, vel metam arasse vel fodisse, etc.* Vetus Consuetudo Bituricensis edita a Thomasserio cap. 12 : *En demande de heritaige entre privées personnes, et aussi en demande sur action hypotheque, et là où aucun juge suit son sujet que il a fait aulcune malefaçon en Toral ou en chemin.* Ubi Vir doctus *Torallum* effossionem denotare ait in veteribus Chartis, nescio quo vade. Nam *Torallum*, viæ species fuit, [ut mox in *Torale* 2. dicebatur. Vide *de Lauriere*, in Gloss. Juris Gallici v. *Toral*, et inferius *Turella* 2.]

TORALLUS, Torallum, Collis, idem quod *Toro.* Charta ann. 1238. in libro 1. Feudorum Borbonensis Dominii fol. 37 : *Sicut dividit strata publica, que ducit apud Roseres usque ad prata des Granges, et usque ad Torallum Borbonense.* Charta ann. 1233. ibid. fol. 73 : *Et ibi invenitur quidam Torallus, qui se extendit super vineas de Corp. etc.* [Fortean accuratius exponeretur agger seu iter cespititium inter agros, ut in *Torale* 2. dictum est. Idem enim omnino sonare videntur *Torale, Torallum*, et *Torallus.*]

¶ **TORANUS.** Vide *Turo* in *Toro.*

* **TORATIUM**, Turris, Ital. *Torre.* Annal. Placent. ad ann. 1447. apud Murator. tom. 20. Script. Ital. col. 895 : *Die 25. mensis Julii hora 12. pluit fortiter,...... cum impetu et vento quammaximo : et tanta fuit vis et violentia, quod tegulas Toratii majoris ecclesiæ, et plactellas plumbeas ecclesiæ S. Antonini revolvit.*

¶ 1. **TORBA**, f. Fascis. Statuta datiaria Riperiæ fol. 5. cap. 12 : *De qualibet Torba pro introitu soldi duo. De qualibet libra æstimationis situllarum pro introitu den.* 4.

* 2. **TORBA**, Niger cespes, qui vicem carbonis præstat. Gall. *Tourbe.* Vide *Turba* 1. Lit. Phil. Pulc. ann. 1298. in Lib. rub Cam. Comput. Paris. fol. 62. r°. col. 1 : *Item triginta libras Paris. ad emendos duodecim lectos... legavit pro cubando nocte qualibet viginti quatuor pauperibus in eadem (domo) et ad emendas Torbas ad calefaciendum eos.* Hinc *Tourbourie, Torbarum* confectura, in Comput. redit. comitat. Pontiv. ann. 1554 : *Des proffits et revenus de la teollerie de ladite ville d'Abbeville,..... neant, pour ce que en l'année de ce compte, ne de long temps n'ont esté faict aucunes Tourbouries.*

* A Latino autem *Turba, Torbe*, pro *Troupe, multitude*, in Chron. S. Dion. tom. 8. Collect. Histor. Franc. pag. 338. et in Vita J. C. MS :

A grans Torbes et à grand gens.

¶ **TORBAC.** Testamentum Tellonis Episcopi Curiensis ann. 15. Pippini Regis, tom. 2. Annal. Bened. pag. 708 : *Item villam meam Iliande, salam cum cellario, cum omnibus, quæ circa ipsam salam haberi videntur ex integro; Torbaces, tabulata, barecæ, etc.* Et mox : *Cum tabulata, cum Torbacibus, cum orto.* Rursum : *Item Muriciam salam cum cellario, cum caminatis, cum solario, cum Torbace, cum stabulo, cum barecis, cum tabulata, orto, etc.* Pluries occurrit ibi pro ædificiolo, ut videtur, seu parte ædificii mihi incomperta. [** Frugum repositoria vel granaria, Rhæti vocant *Torwasch.* Ita Eichhorn. in Episc. Curiens. Cod. Probat. pag. 5. not. L.]

* **TORCA**, pro *Troca.* Vide infra in hac voce.

¶ **TORCAMANS**, Manutergium, quasi *Torchemains.* Statuta S. Victoris Massiliens. ann. 1531 : *Providere de manutergiis sive Torcamans pro tergendis manibus.*

TORCARE, Detergere, ex Gallico *Torcher.* Fleta lib. 2. cap. 78. § 2 : *Boves striliare, Torcare.*

¶ **TORCEA**, Idem quod mox *Torchia.* Acta SS. Nerei et Achillei, tom. 3. Maii pag. 14 : *Accensis quatuor Torceis cereis albis. Torceys*, apud Kennettum Antiquitatum Ambrosd. pag. 574.

* **TORCELLARE**, f. *Torceas* seu funalia tortitia ministrare. Charta Frider. imper. ann. 1221. in Access. ad Hist. Cassin. part. 1. pag. 291. col. 1 : *Domum ubi debent hospitari, Torcellari in sancto Germano.*

* **TORCELLUS**, perperam pro *Tortellus*, in Charta ann. 1210. ex Diario Virdun. mens. Dec. ann. 1764. part. 1. pag. 441 : *Gervasius et Mabilia uxor ejus, Castelli domini, pro animabus suis dederunt in eleemosinam.... leprosis de Castello.... Torcellum factum de uno sextario frumenti, quod debet manius de Sancto-Angelo annuatim ad natale Domini.* Vide in *Torta* 1.

¶ 1. **TORCHA**, ut mox *Torchia.* Conventio inter Decanum et Capitulum S. Germani Autissiod. apud Lobinell. tom. 3. Hist. Paris. pag. 100 : *Quotiescumque Missam in choro celebrari contingit, quod duæ Torchæ cereæ in perpetuum ad expensas Capituli in elevatione Corporis Christi habeantur et teneantur accensæ.*

* Charta ann. 1252 : *Cum Torchis seu cereis ardentibus etc.*

¶ Torcheta, Parva *torcha Torchetam ad ardendum in levatione Corporis J. C.* in Literis ann. 1420. apud Rymer. tom. 9. pag. 873. col. 1.

¶ Torchetus, ut *Torcheta. In dictis exequiis et Missa sint* 24. *pauperes*, 24 *Torchetos arsuros,,,, tenentes*, apud Rymer tom. 11. pag. 9. col. 1. in Literis ann. 1445.

* 2. **TORCHA**, Torchia, f. Certus coriorum numerus, idem quod *Tacra.* Arest. ann. 1330. 28. Apr. in Reg. *Olim* parlam. Paris. : *Quindecim Torchas de coriis bovinis ... Quinque Torchias de coriis bovinis, etc.* Vide supra *Tachia* 3.

* 3. **TORCHA**, Modus agri, ut videtur. Charta Thebaudi *Chabot* in Tabul. Absiensi ch. 681 : *Donamus monachis Absiæ in territorio feodi nostri de Malrepast duas sextarias terræ et unam Torcham.*

* A verbo *Torquere* appellari videtur *Torche*, Ornatus quidam in rugas concinnatus et contortus, in Cerem. MS. eccl. Brioc. : *Item l'en doit porter et vestir honestement le sourpeliz, les bras dedans les manches dudit sourpeliz, n'en plus l'une manche d'avant et l'autre derriere, ne Torche, ne remply au coul, ne en autre maniere deshonneste.* Hinc forsan diminutivum *Torchete*, in Comput. Rob. de Seris ab ann. 1332. ad ann. 1344. ex Reg. 5. Chartoph. reg. fol. 3. v° : *Item baillié et délivré pour Mons. une Torchete d'Alemaigne garnie.* Vide infra *Torniclum.*

* **TORCHEA**, ut supra *Torcha.* 1. Testam. Guill. de Meleduno archiep. Senon. ann. 1376. in Reg. 108. Chartoph. reg. ch. 338 : *Sint die obitus mei tresdecim pauperes induti quilibet tribus alnis panni nigri, tenentes quisque ipsorum unam Torcheam ceream ardentem triumdecim librarum ceræ.* Vide *Torchia.*

TORCHIA, Funale tortitium, Gall. *Torche.* Knyghton lib. 5 : *Quarum una* (navis) *onusta erat pro magna parte cum fertura equorum, et una alia cum cera facta in Torchiis, cereis, et talibus, etc.* Ordinatio Hospitii S. Ludovici Reg. Franc. ann. 1261. edita in Notis ad Joinvillam : *De candela unam Torchiam per 7. etiam per 5. etiam per 4. et 12. pecias candelæ minutæ.* Infra : *Unam Torchiam per 4.* id est quadrilateram. Occurrit ibi pluries, [ut et apud Lobinell. in Glossario Hist. Paris. tom. 3. *Torchiæ quatuor* vel *quinque librarum ceræ*, in Ordinatione Humberti II. tom. 2. Hist. Dalphin. pag. 314. *Torchiæ... quatuor librarum ceræ illuminantes in elevatione Corporis D. N. J. C.* in Testamento ann. 1430. tom. 3. Hist. Lotharingiæ inter Probat. col. 639. Adde Arrestum Parlamenti ann. 1394. apud Menesterium in Probat. Hist. Lugdun. pag. 76. col. 1. Kennetti Glossarium ad calcem Antiq. Ambrosd. Statuta S. Claudii ann. 1448 : *Debetur anno quolibet per dominum de Dortenco una Torchia ceræ, quam Torchiam redimere potest solvendo semel eidem monasterio summa 20. florenorum.* Vide *Tesa.*]

¶ Torches, Torchii, Eadem notione. Testamentum ann. 1386. apud *Madox* Formul Anglic. pag. 429 : *Item volo quod* XIIII. *Torches.... præparentur pro sepultura mea... et volo quod dicti* XXIIII. *Torchii teneantur per* XXIIII. *pauperes.*

* **TORCHO**, Tæda minor, candela cerea. Comput. ann. 1393. inter Probat. tom. 3. Hist. Nem. pag. 124. col. 2 : *Consules ordinaverunt facere incennium domino Petro de Chabrosia, videlicet unum vas vini, cum vj. intorticiis et vj. libris Torchonum, de quibus torchis idem dominus Petrus noluit recipere, nisi unam torcham cum duabus libris dictorum Torchonum.*

* **TORCHONNUS**, Contextum stamen pedibus suppositum, Gall. *Paillasson.* Reg. visitat. Odon. archiep. Rotomag. ex Cod. reg. 1245. fol. 454 : *Item inhibuimus ne amplius jacerent in choro Torchonnos straminum.* Vide infra in *Torqua.*

¶ 1. **TORCIA**, Idem quod *Torchia*, Acta S. Juvenalis Episc. tom. 1. Maii pag. 404 : *Præcedentibus octo facibus seu Torciis ceræ albæ accensis.* Chronicon Placent. apud Murator. tom. 16. col. 583 : *Utuntur... Torciis sive brandonis et candelis de sepo.*

Chron. Bergom. ibid. col. 856 : *Torcias decem ceræ albæ.* Vide *Torsa*, *Torticia* et *Tortisius*.

2. **TORCIA**, Torsia, Agger ad Ligeris ripas, quo hiemales fluminis exundationes comprimantur. Robertus de Monte ann. 1169 : *Rex Henricus fecit fossata alta et lata, inter Franciam et Normanniam, ad prædones arcendos; similiter fecerat in Andegavensi pago super Ligerim, ad aquam arcendam, quæ messes et prata prædabat, quædam retinacula, quæ Torsias vocant, per 30. fere milliaria, faciens ibi ædificare mansiones hominum qui Torsias tenerent : quos etiam fecit liberos de exercitu, et multis aliis ad fiscum pertinentibus.* Nicolaus Trivettus habet hoc loco *Torcias*. Hos aggeres, *Turcies* vocat Consuetudo Aurelian. art. 356. [** Confer *Destorser*, apud Raynouard. Glossar. Rom. tom. 5. pag. 384.] Ita Padi accolæ illam terræ aggestionem, qua agros finitimos a fluminis eruptione defendunt, lingua patria *Argines* appellant, ex Latino forte *agger*. Capitula Caroli M. lib. 4. c. 10 : *De aggeribus juxta Ligerim faciendis, ut bonus Missus eidem operi præponatur.* Ita *aggeres Nili* dicuntur in Cod. Theod. tit. de Nili aggeribus (9,32.), apud Sidonium lib. 5. Epist. 5 : *Publicarum molium objectus.* [Huc referri debet, ut videtur, vox *Torchiez*, quam usurpat le Roman *d'Athis* MS :

> Les aultres se sont embuchiez.
> Par vallées et par Torchiez.]

¶ **TORCICIUS**, f. *Tortilis*, a Gallico *Torse*. Computus ann 1245. e Bibl. Regia : *Pro pede cujusdam cifi Torcicii et redorando* XVIII. *s.* Vide *Tortisius*.

* **TORCIMANNUS**, Interpres, Ital. *Torcimanno;* unde *Torcimannia*, Interpretatio, exotici sermonis explicatio. Pacta inter reg. Tunet. et Pisan. ann. 1398. tom. 1. Cod. Ital. diplom. col. 1120 : *Item quod omnes Torcimanni sint et esse debeant æquales in Torcimannia, et in eis non sit aliqua prioratas* (l. prioritas) *nec differentia; et solvatur dictis Torcimannis pro eorum Torcimannia, milliarenses quinque de auro, de omni centenario bisantiorum tantum, et sine aliqua juncta.* Ibid. col. 1124 : *Supradicta omnia interpretata et translata per Torcimannos fuerunt de lingua Arabica et Saracena in Latinum.* Vide *Dragumanus* et *Turcimanus*.

* **TORCINIA**, Funale tortitium. Chron. Guill. Bard. ad ann. 1422. ubi de exequiis Caroli VI. inter Probat. tom. 4. Hist. Occit. col. 37 : *Erant illuminati a flamma Torciniarum cereorum alborum.* Ubi forte leg. *Torticiarum*. Vide *Torticia*.

¶ **TORCIO**, Damnum, injustitia, Gall. *Tort.* Chronicon Briocense apud Lobinell. tom. 2. Hist. Britan. col. 884 : *Torciones et rebelliones notificare fecit.... quatinus ipsum juvarent... ad compellendum Comitissam et suos adherentes ad obediendum et emendam condignam faciendam.* Vide *Tortus* 1.

* **TORCITORIUM**, Agger, ni fallor. Vide *Torcia* 2. Formulæ MSS. Senens. ann. 1414. ex Cod. reg. 4726. fol. 3. r° : *Quod ædificium et molendinum erant tunc temporis sine ferramentis et macinis et aliis apparatibus et instrumentis opportunis et necessariis ad molendum et ferrum cudendum, cum fretis, steccaris, gorjis, Torcitoriis et aquæ ductibus pertinentibus, etc.*

* **TORCOISUS**, Turcicus. Charta Phil. comit. Fland. pro libert. Brug. ex Cam. Comput. Insul. : *De canipulo et clava Torcoisa, sicut comes juravit.*

* **TORCOLIUM**. Vide supra *Tercolium*.

¶ **TORÇONNERIE**, Injuria, Gall. *A tort.* Regestum Parlamenti ann. 1379. apud Baluz. tom. 2. Hist. Arvern. pag. 165 : *Avunculum nostrum, aut ejus procuratorem pro ipso... Torçonnerie et ad malam causam se opposuisse diceretur.* Charta ann. 1394. ex Chartul. Latiniac. fol. 227 : *L'opposition contre icelle donnée estre Torçonnere, etc.* Vide *Tortionarie*.

¶ **TORCULA**, Ἐλαιοτριβεῖον, Torcular, in Glossis Lat. Græc. Sangerman. MSS. In Editis : *Torculæ*, ἐλαιοτριβεῖα.

¶ **TORCULARE**, Uvas terere. Fortunatus Epist. ad Syagrium : *Quod iste Torcularet in fletu, ille apothecaret in fluctu.* Inventar. ann. 1476 : *Item plus in eodem stabulo unum torcular... pro Torculando vindemiam tempore vindemiarum.*

* Charta Phil. Pulc. ann. 1303. in Lib. rub. Cam. Comput. Paris. fol. 239. v°. col. 1 : *Qui ad Torculandum ad torcular seu pressorium ejus venire tenentur, etc.*

* A Latino *Torquere*, nostri *Tordoir* et *Torgoir* appellarunt, Torcular seu molam, quæ aqua versatur vel jumento, ad terendum et calcandum quidquid illi supponitur. Redit. comit. Hannon. ann. 1265. ex Cam. Comput. Insul. : *Et si doit maistres Willaumes li carpentiers pour sen Tordoir k'il a fait às mollins le conte, ix. lib. par an.* Lit. remiss. ann. 1399. in Reg. 154. Chartoph. reg. ch. 385 : *Comme François Mucet eust accensé ou afermé et prins certains moulins et Tordoirs scituez à Castillon sur Oyse, etc.* Aliæ ann. 1403. in Reg. 158. ch. 225 : *Lesquelx firent tourner la roue d'un Tordoir ou molin à huille.* Charta Galt. *d'Estrommel* ann. 1308. in Reg. 72. ch. 309 : *Je disoie que mes molins de Vendville et mes Torgoirs...... douvoient avoir gouvernance pour maurre en partie de l'yaue du vivier.... Disoient encores que sanz cause demandoie yaue pour mondit Torgoir...... Molin et Torgoir pour maure ou pour batre oile.* Unde *Torgerres*, ibid. Qui ejusmodi molendinum tenet, et *Torgeur*, in Lit. remiss. ann. 1448. ex Reg. 176. ch. 606 : *Girard de Rieve poure homme, Torgeur ou huillier..., Icellui Faignet avoit esté batu au Torgoir de la Neufville. Jehan Petas Torgeur ou huillier...... tenoit la Torgerie ou huillerie des chanoines et chapitre de Cambray*, in aliis ann. 1456. ex Reg. 183. ch. 150. Vide infra *Troillium* 1. *Torgoir* vero nuncupatur instrumentum quo cera torquetur, in Comput. ann. 1367. ex Tabul. S. Petri Insul. : *Item donné à Lotard de Biauvoir pour refaire le Torgoir de le cyre de le fabrique, xxiiij. sol. Tourtre*, pro *Tordre*, torquere, in Lit. remiss. ann. 1394. ex Reg. 146. ch. 89 : *Lequel prestre print le suppliant à la gorge en lui Tourtant son chaperon qu'il avoit au col. Teurtre*, in aliis ann. 1479. ex Reg. 206. ch. 135. Hinc *Corde à Tuortonoir* dicitur, Restis torcularia, in Lit. remiss. ann. 1375. ex Reg. 107. ch. 337 : *Lesquelz avoient mis les bonnes gens en gehines, les uns de cordes à Tuortonoirs entour la teste, etc.*

* Ejusdem originis videtur vox Gallica *Torsin*, pro *Dresche*, Cerevisiæ fex, in Stat. cambar. ex Lib. rub. fol. magn. domus publ. Abbavil. art. 5 : *Que tous les brasseurs de le ville ne merllent le quiej de leur mestier aveuc leur Torsin : ains qu'il le vendent, et tout leur mestier soit trais et vendus par le broque.*

¶ **TORCULATOR**, Ληνοβάτης, in Glossis Lat. Gr. Aliæ Gr. Lat. : Ληνοβάτης, *Calcator, Torculator*.

* **TORDERA**, *Prov. Turtur*, in Glossar. Provinc. Lat. ex Cod. reg. 7657. Italis, *Tordela*, nostris, *Tortre* et *Tourtre*. Codex MS. serm. XIV. sæc. ex Bibl. S. Vict. Paris. serm. in Purificat. B. M. : *Por lui si offri la Virge Marie deux Tortres ou deux colons.* Bestiar. MS :

> Or vos diron d'un autre oisel,
> Qui moult parest courtois et bel,......
> C'est là Tourtre, dont nous parlon.

Vide infra *Turturella*.

* **TORECHT**, male pro *Cherchet*. Vide supra in hac voce.

¶ **TORELLA**, vel Torellus. Testamentum ann. 1386. apud *Madox* Formul. Anglic. pag. 427 : *Lego.... Radulfo filio meo... unum aulam bleu cum Torellis cum lecto ejusdem settæ.* An dimin. a *Torus*, lectulus?

TORELAGIUM, Vide *Torale*.

¶ **TORELLAGIUM**. Vide *Torrellagium* in *Torra*.

¶ **TORESTINA**, Panis certi ponderis. Conventio Domini et incolarum Castri-novi ann. 1461 : *Dictus dominus Ludovicus et sui tenebuntur dare cuilibet dictorum habitatorum, in die qua fenabunt, unam dimidiam Torestinam panis vendibilis.*

¶ **TORETUS**, Colliculus. Vide in *Toro*.

TOREUMA, Vas, opus cælatum. Gloss. Gr. Lat. : Τόρευμα, *Toreuma*. Papias : *Toreumata, vasa, quæ sunt a torno facta.* Eadem habet Will. Brito. Joan. de Janua : *Toreuma, est tornatura, vel tornatum vas, vel quidquid tornatur et dolatur, sive vas sive lectus, sive aliud.... Unde Prudentius, Pulchra mero veterique Toreumata rore rigantur.* In Psychom. v. 370. Vide *Tornitalia*. [*Torneure, ou vaissel torné, ou tout ce qui est fait à tour*, in Gloss. Lat. Gall. Sangerm.] Glossæ : Τορεύω, *cælo, torno.* Hesychius : Τορνεύει, γλύφει. Τορνευταί, γλυπταί. Fortunatus lib. 2. de Vita S. Martini :

> Emblema, gemma, lapis, Toreumata, thura, falerno.

Idem lib. 4. Poem. 4 :

> Spernit opum laqueos, unguenta, Toreumata fluxa.

[** Ruodlieb. fr. 4. vers. 46 :

> Mensa sublata properat sustollere vasa,
> Ne mingat catta, catulusve coinquinet illa,
> Sedulus ac lavit, post in Toreuma reponit.]

Vide Salmasium ad Solinum, ubi multa de arte Toreutica. Improprie vero

Toreuma, pro Toro, vel torali usurparunt Scriptores ævi inferioris. Salvian. lib. 4. ad Eccl. Cathol. : *Natant tricliniorum redundantium pavimenta; vino nobili lutum faciunt; mensæ eorum ac Toreumata mero jugiter madent.* Sidonius lib. 1. Epist. 2 : *Toreumatum peripetasmatumque modo con-*

chyliata profertur supellex. Lib. 2. Epist. 13 : *Sericatum Toreuma.* Petrus Damianus lib. 8. Epist. 14. pro aulæis videtur usurpasse : *Regem sane quis excepturus hospitio, quid prodest, si tota domus atria diversis Toreumatibus instruat, si per laquearia quæque carbasina vela suspendat?*

Toreuma, apud Smaragdum in Grammatica MS. in Glossa interlineari exponitur *carmen nuptiale.*

¶ **TOREYSIUS** Caseus, in Statutis Montis-regalis pag. 308. An a loco, ubi fit, sic dictus?

¶ **TORGIA**, Idem quod *Torchia*, Anglis *Torch.* Testamentum Richardi II. Regis Angl. apud Rymer. tom. 8. pag. 75. col. 2 : *Et totum iter 24. Torgiæ circa funus nostrum continue deferantur ardentes, etc.* Pluries recurrit ibi.

* Acta B. Amad. tom. 2. Aug. pag. 605. col. 2 : *Vovit,...... de donando unum imaginem ceream et Torgias duas cereas magnas et longas, prout dictu ejus uxor erat.*

TORIA, *Panis incisus*, Papiæ : sed videtur legendum *Torta.* Vide in hac voce. Est enim *incisus*, incisionibus notatus et distinctus.

* Melius *Torta*, in vet. Glossar. ex Cod. reg. 7613.

¶ **TORICA**, pro *Lorica*, mendo typographico; nisi sit pro *Thoraca*; quæ vox idem sonat atque lorica. Literæ ann. 1275. tom. 3. Ordinat. Reg. Franc. pag. 63. n. 14 : *Baliste vero et quarcelli, torni, scuta, Torice, albergiones, etc.*

¶ **TORIMA**, *Cochlear quo colla vertitur.* Amalthea.

TORITUS, [f. pro Tortus, cujus frons obducta est, nostris *Refrogné, rechiné.*] Vide in *Escotus.*

¶ **TORMAMENTUM**, Tormentum, pro *Torneamentum.* Charta Matthæi Abbat. Fusniac. ann. 1237 : *Ne videlicet ad submonitionem ipsius Thomæ irent ad exercitus, expeditiones et Tormenta, ad que tenebantur ire per legem, ut dicebat idem Thomas; et ne dicti homines emendas eidem Thomæ facerent, quando citati ab ipso neglexerant ire ad predictos exercitus, expeditiones et Tormamenta* Vide infra *Torneamentum* et *Tormentum* 2.

¶ **TORMEN**, *Torment*, in Glossis Lat. Gall. Sangerman. MSS. ex Joanne de Janua, qui *Turmen* habet pro *Tormentum.* Pro dolore intestinorum *Tormina* plur. num. passim occurrit apud Latinos; unde *Tormen* dixit J. de Janua. Vide *Tormentum* 1.

TORMENTARE, Torquere, [Tormentis excruciare,] Gall. *Tormenter.* Arnoldus Lubec. lib. 2. cap. 16 : *Teutonicum quendam, quem diu carceris inclusione Tormentaverat, fecit muros ascendere.* Goffridus Vindocin. lib. 2. Epist. 32 : *Captos et ligatos nuper in unam de obedientiis nostris adduxerunt, et ibi eos, quamdiu placuit, Tormentaverunt.* Hist. Pontificum et Comitum Inculismensium cap. 25 : *Nec sivit eam Tormentari ulterius, et vitam concessit.* [Rursum occurrit lib. 6. Annal. Genuens. ad ann. 1227. apud Murator. tom. 6. col. 446. in Regiminibus Paduæ ad ann. 1279 tom. 8. ejusd. Murator. col. 424. in Chronicis Danduli tom. 12. col. 491. Dominici de Gravina eod. tom. col. 564. in Statutis Cadubrii lib. 1. cap. 1. et alibi passim.]

* **TORMENTINA**, Therebinthina resina. Tract. MS. de Re milit. et mach. bellic. cap. 14 : *Deficiente vino recurratur ad caratellos unctos Tormentina intus et postea pulverizetur pix bene contrita super Tormentinam in carretello.*

1. **TORMENTUM**, Est omnium intestinorum vexatio. Vide Cælium Aurelian. lib. 3. Acutor. cap. 17. Glossæ Lat. Gr. : *Tormina*, δυσεντέριον

2. **TORMENTUM**, pro *Torneamentum.* Epitaphium Rogeri de Mortuomari in Monast. Angl. tom. 2. pag. 229 :

Militiam scivit, semper Tormenta subivit.

Jo. Britton. in Legib. Anglic. cap. 25. pag. 49 : *Car de trespas faits en Tourmentes ne à joustes, ne en tiels faits semblables à guerre, etc.*

* 3. **TORMENTUM**, *Funis, quo contrahitur prora ad puppim.* Glossar. vet. ex Cod. reg. 7613. Aliud Provinc. Lat. ex Cod. reg. 7657 : *Tormentum, quo prora ad puppim extenditur.*

* 4. **TORMENTUM** Murale, Petrariæ species, quatiendis urbium ac castrorum mœnibus, idem quod *Bombarda.* Annal. Laur. Bonincont. ad ann. 1406. apud Murator. tom. 21. Script. Ital. col. 94 : *Florentini mense Aprili Vicum obsidebant; Tormenta muralia plura ad id expugnandum exposita.* Et col. 136 : *Tormento murali, quod bombardam dicunt.*

¶ **TORMENTUOSUS**, Tormentis plenus. *Ligationes Tormentuosi organi*, Cælio Aurel. lib. 3. Acut. cap. 6. Occurrit etiam apud Johannem de Janua, ut et *Tormentus* eadem notione.

¶ **TORMENTURA**, Tortura. Processus de B. Wernhero Mart. tom. 2. Aprilis pag. 732 : *Statua suæ Tormentaturæ a variis gentibus honoratur.*

¶ **TORMIN.** In Epistola ann. 1113. Ampl. Collect. col. 1115. memoratur *balista ad Tormin;* sed legendum est, ni fallor, *ad Tornum.* Vide *Tornus* 1.

TORMOVELÆ, Hybernis dicuntur trabes transversariæ, ad portas, vel in aditu viæ alicujus, qua arceri equi aut currus solent : vel crates mobiles, aut septa, quibus pratorum claudi ingressus solet. Vita S. Aidani Episc. Fernens. in Hibernia n. 35 : *Qui ante nos aperiet Tormovelam vadi.*

1. **TORNA**, Duellum, ex formula recepta, quod qui duello rem probaturus esset *tornari* ad duellum diceretur. Charta Alfonsi VI. Imperatoris Hisp. ann. 1086. apud Anton de Yepes tom. 6 : *Homisida cognitus dabit centum solidos, et tertia pars sit condonata pro Rege. Si negaverit, juret, quod non fecit, et ad Torna litiget, et si ceciderit, petet centum solidos, et 60. solidos de campo, et quod ultra expendit in armis et operariis et expensis.* Ubi *litigare*, est *pugnare.* Vide in hac voce. Fol. 11 : *Quod si probare non poterit, accipiat juram ab adversario, quia taberna publica non habet Tornam ad batallam.* Jacobus I. Rex Aragon. in Foris Oscæ ann. 1247. fol. 11 : *Sed dicat : Ecce fidantiam de Torna, et Justitia accipiat ipsam.* Fol. 12 : *Torna aut batalla non habet locum inter Christianum et Judæum, aut Saracenum : sed quisque defendit se de alio proprio sacramento in omni causa.* Fol. 14 : *Equa furata non habet Tornam ad batallam, etc.* Fol. 20 : *Si mutuum quod valeat ultra 10. solidos inficiatur, est ibi Torna, etc.* Fol. 35 : *Quoniam non potest eos Tornare ad batallam.* Adde fol. 21. 34. Ita in Observantiis Regni Aragon. pag. 25. 30. et alibi.

Tornare, In duellum vocare, lege duelli aliquem aggredi. Libertates villæ Franchæ, concessæ ab Archembaldo D. Borboniensi ann. 1217 : *Qui alium pugno percusserit, 3. solidos debet, si probatum fuerit; de uno quoque aliorum ictuum quos percussus probaverit, 12. denarios. Sed si probaverit plusquam duos, potest eum Tornare ea lege, qua debebit.* Assisiæ Hierosolymitanæ MSS. cap. 21. 27 : *Si le requerant noie la paie, la Cour doit esgarder, ou connoistre, que celui li doit prover par deux loiaus garens de la loy de Rome, que il ait paié, et que celui, contre qui il preuve ce par garent en peut lui Torner* (alias *tourner*) *par gage de bataille, se la querelle est d'un marc d'argent, ou de plus.* Cap. 65 : *Aucune malfaite, et tel que il conviegne à prover par guarens et en qui il ait Tornes de bataille.* Infra : *Vostre aversaire aura celui plait desregné contre vous, et sa querelle gagnée, si ce n'est de querelle de que vous vous voulés Tourner com faus guarens l'un des guarens par gage de bataille, et lever com esparjur, et ce n'est de querelle de que y a Tornes de bataille, etc.* Passim in iis Assisiis.

* 2. **TORNA**, Quanti pluris res sit compensatio, in permutationibus, nostris *Tourne*, idem quod *Turna* 1. Libert. novæ bastidæ de Trya ann. 1325. in Reg. 64. Chartoph. reg. ch. 54 : *Item quod de permutationibus faciendis de possessionibus inextimatis,...... non dentur vendæ, nisi tradantur extimatæ, vel essent ibi Tornæ : nam tunc in eo casu de extimatis et Tornis tantum vendæ solvantur.* Lit. remiss. ann. 1479. in Reg. 205. ch. 434 : *Le suppliant transporta par maniere d'eschange à Benoist l'Estendu... trois mines de terre avecques ung minot en plusieurs pieces,..... sans aucunes Tournes d'un cousté ne d'autre.* Vide infra *Tornare* 2.

* 3. **TORNA**, Turna, quod in emptionibus merci venditæ superadditur in compensationem partis ejusdem vitiosæ. Charta ann. 1342. in Reg. 72. Chartoph. reg. ch. 341 : *Cum Bernardus duo milia trabium.... pretio viginti duorum solidorum et sex denariorum Turonensium fortis monetæ, pro qualibet petia ipsorum duorum millium trabium,..... et Tornis decem petiarum pro quolibet centenario dictarum trabium, ita quod ratione dictarum Turnarum, dictus Bernardus dicto magistro Simoni pro putrefactione, corruptione, vel aliquo alio vitio dictarum trabium non teneretur. Tourne* vero nuncupatur id quod in compensationem damni a judice assignatur injuriam passo, in Lit. remiss. ann. 1450. ex Reg. 185. ch. 104 : *Lesquelz promisdrent croire Jehan de Percey au ressort de deux saluz d'or et ung salut de vin, tant pour despens que pour le barbier ou malefaçon, sauf le droit de justice et la Tourne.* Nisi de mulcta domino feudi a percussore solvenda intelligas.

* 4. **TORNA**, Cavum recipiendis aquis

a montibus decurrunt, gurges, vo- vulgo *Torne*. Tabul. S. Vict. Massil. : *quamdam terram sitam in territorio de ... à la petita Torna, restante prædicta Terra in præsenti possessione*. Charta ann. ... in magno Chartul. ejusd. S. Vict. fol. 37. v° : *Sicut est terminatum suprascriptum territorium cum partita territorii de Solerits, Melna, Corios et de illa Torna, et monachi S. Victoris habeant et possideant.* *Tornace*, Vallum, fossa, ut videtur, vulgo *Trenchée*, in Hist. contin. Guill. Tyrii apud Marten. tom. 5. Ampl. Collect. col. 614 : *Or vous dirai qu'il avint la nuit, la pierre d'une perriere ferri si à l'ordois d'une Tornace, que li hordois chai. Tourniere*, eadem forte notione, in Declarat. ann. 1497. ex Cod. MS. Commerc. pag. 207 : *L'une desdites terres est entre Bertrand Chebin d'une part..... et les Tournieres d'autre part; et l'autre est aux Tounieres de cette dite terre, et d'autre part sont les Tournieres d'autres terres.* Vide *Tornafollis*.

TORNADIZ, Qui religionem suam ejuravit, et ad aliam se convertit, *qui s'est retourné*, ut vulgo loquimur, [Hispanis *Tornadizo*.] Jacobus I. Rex Aragon. in Foris Oscæ ann. 1247. fol. 30 : *Statuimus.... ne alicui, de Judaismo vel paganismo ad fidem nostram Catholicam converso, præsumat aliquis cujuscunque conditionis sit, improperare conversionem suam, dicendo vel vocando eum Renegat, vel Tornadiz, vel consimile verbum.* Vide *Renegatus*, et *Tressallitus*.

* **TORNAFOLIUM**, Titulus libri in quo varia tractantur, apud Charvet. hist. Vienn. pag. 296.

¶ **TORNAFOLLIS**, Tornafollum, Propugnaculi genus, ut *Batifolium*. Vide in hac voce. Regestum Computorum Dalphin. tit. Graisivod. ann. 1348. fol. 23 : *Item fecit fieri quinque Tornafolles novos et unum reparari, pro quibus solvit et pro* 300. *flethonibus carrellorum empennatis emptis pro garnisone castri*, 75. *s*. 4. *d*. Statuta Vercell. lib. 5. fol. 126 : *Item quod aliquis non accipiat vel exportet lignamina alicujus domus, cassine, molendini, balfredi, Tornafolli, spaldi, pontis, sepium, cupos vel lapides, assides seu alterius edificii, quod sit in civitate vel curia et districtu Vercellarum.*

¶ **TORNAGLIUM**, Instrumentum quod aquæ vi versatur. Statuta Montis-regalis pag. 248 : *Item statutum quod nulla persona audeat vel præsumat facere vel tenere in dicta bealeria seu bealeriis aliquod molendinum seu Tornaglium, vel aliquod aliud ... sub pœna librarum* x. *Asten. pro quolibet et qualibet vice, et totidem pro emenda.*

*Nostri *Tornaille* dixerunt Baculum, quo funes carrorum contorquentur. Lit. remiss. ann. 1372. in Reg. 104. Chartoph. reg. ch. 66 : *Lequel Symon couru tantost après ce à une charrette,... et print en icelle la Tornaille, qui estoit grosse et pesant.* Vide infra *Tornus* 1. et *Tortor* 2. *Tournée* vero, pro ..., ligo, quo terra versatur, in Lit. remiss. ann. 1395. ex Reg. 147. ch. 331 : *Philippot le Barbier estoit en un champ, tenant en sa main un oustil de la façon d'une petite hoe, appellée Tournée. De la Tournée ou pioche que tenoit Jehan Robin*, in aliis ann. 1471: ex Reg. 195. ch. 576.

TORNALE Opus. Lib. 1. Miraculorum S. Richarii cap. 13 : *Servus, quem a Deo dira passio angebat hydropica, ut inhabilis haberetur ad omne opus, vixque e loco moveri potuisset, positus in Monasterio, ubi Tornale opus exercebatur.* Legendum forte *Torrale*, [nisi quis malit *Tornale opus* esse quod *torno* fiebat.] Vide *Torrale* in *Torra*. [** *Tornatorium opus*, apud Pertz. Scriptor. tom. 4. in Glossario. Locum non invenio.]

TORNALERI. Charta ann. 1273. in Regesto Homagiorum Nobilium Aquitaniæ fol. 12 : *Tenent unam stagiam ejusdem feudi cum Tornaleris suis*; [id est, pertinentiis seu appendicibus, a Gallico *Tour*, vel Hispanico *Torno*, ambitus, ut videtur.] Occurrit ibi pluries.

* Tornalerius, Hæres legitimus, qui in *turno* seu ordine est ad successionem habendam; vel qui jure agnationis prædium venditum *Tornare* seu redimere potest. Charta ann. 1263. in Reg. feud. Aquit. ex Cam. Comput. Paris. sign. JJ. rub. fol. 47. r° : *Augerius de Miromonte miles proximus Tornalerius in prædictis dominæ supradictæ; qui Angerius quitavit prædicto domino Edwardo et suis hæredibus omne jus et omnem actionem realem et personalem, quam ipse haberet vel habere deberet in affario prædicto de la Guingis et pertinentiis ejus, ratione successionis vel alias quoquo modo.* Hinc legendum videtur *Tornaleriis* supra pro *Tornaleri*, atque de cohæredibus, participibusve intelligendum. Vide infra *Tornare* 3. *Tornerius* 2. et in *Turnus* 1.

TORNAMENTUM, Prælium hostile. Epist. 73. ex Francicis tom. 4. Duchesnii : *Forsitan non præteriit cognitionem vestram, Rainaldum Pomponiensem hominem vestrum Ansericum Montisregalis in hoc Tornamento cepisse.* [Wern. Rolevinkus de antiqua Saxonia, apud Leibnitium tom. 3. Scriptor. Brunsvic. pag. 646 : *Sanguinem non sitiunt, ominia, usuras, Tornamenta, pompas sumptuosas, neque faciunt, neque super cor ascendunt.*] Vide *Torneamentum*.

1. **TORNARE**, Divertere, deflectere : unde in vocibus, quibus Duces inter præliandum utebantur, illa erat : *Torna*, i. deflecte, apud Mauricium in Strategicis. Gloss. Arabico-Lat. : *Torno, reddo, reduco.* Vocem esse Pannonicam, vel certe Avarum, seu Hungarorum propriam docuimus in *Retornare*, 1. Edictum Rotharis Regis Longob. tit. 104 § 2. tit. 105. § 20. [** 314. 352.] et Lex Longobard. lib. 1. tit. 22. § 6. de Venatore : *Quando eam* (feram) *postposuerit, et se ab ea Tornaverit, etc.* Tit. 25. § 45 : *Nam si sequi cœperit, et se de via Tornaverit, etc.* id est, se averterit, vel deflexerit. *Detornare*, apud Gellium lib. 9. cap. 8. et Ammianum lib. 23. Vetus Charta Hispanica ann. 1063. apud Blancam pag. 635 : *Et statim, quando fuerit Tornatus de cavalgata, et venerit ad Tutela, etc.* Id est, cum reversus fuerit, Gallice, *quand il sera retourné.* [Privilegium Petri II. Regis Valentiæ pro Ecclesiasticis, tom. 3. Concil. Hispan. pag. 616. col. 1 : *Faciemus quod illud, quod per dictos auditores eis notificatum fuerit, vobis et singulis vestrum pro prædictis debere restitui et Tornari*, i. ad vos reverti, ni fallor. Aliis notionibus occurrit in *Torna* et *Turnus bursæ*.]

¶ Tornare Pastam, Farinam subigere, subigendo versare, et in panem efformare, apud Bernardum in Ordine Cluniac. part. 1. cap. 75. *Tornare panem*, in Regula Hireevallis, inter Probat. Hist. Lothar. tom. 2. col. 114. et inter Monumenta sacræ antiq. tom. 1. pag. 138.

Tornata Vina, *quæ Confusa dicimus*, in Charta Ludovici VII. ann. 1141. pro Bituricensib. apud Thomasserium, [nostris *Vin tourné*, Vappa, vinum vapidum : qua notione rursum occurrit in Chartis ann. 1194. et 1279. apud eumd. Thomasser. *Vinum acetosum vel Tornatum*, in alia ann. 1309. tom. 1. Hist. Dalphin. pag. 98. col. 2.]

* 2. **TORNARE**, Compensare, supplere, rem permutatam *Torna* seu compensatione adæquare, idem quod supra *Retornare* 6. nostris *Tourner*. Libert. villæ de Berco ann. 1290. in Reg. 46. Chartoph. reg. ch. 229 : *Item quod si qui habeant bona immobilia communia et ea dividant, et illa divisio non competat dominis villæ novæ, vel ejus fevalibus, laudimium nullum detur, vel aliud pro laudimio, nisi una pars Tornet alteri pecuniam, quia ex illis Tornis tantum competit dominis, vel curiæ, vel ejus fevalibus laudimium.* Charta ann. 1312. in Reg. 48. ch. 162 : *Fut fait cest eschange but à but, sans Tourner maille ne deniers entre lesdiz religieux et ledit chevalier.* Lit. remiss. ann. 1386. in Reg. 129. ch. 170 : *Lequel suppliant eschanga ledit cheval à un autre qui estoit d'un Juif, parmi ce que icellui Juif lui Tourneroit ou devroit Tourner de soultes treze frans d'or.* Aliæ ann. 1425. in Reg. 173. ch. 195 : *Iceulx Guiot et Guillaume furent d'accord de changier leurs chapperons l'un à l'autre, parmi ce que ledit Guiot devoit Tourner et Tourna audit Guillaume six blans. Tourner change*, Nummum nummulis commutare, in aliis Lit. ann. 1406. ex Reg. 160. ch. 367 : *Laquelle femme pour avoir un pain d'un denier voulsist que l'en lui Tournast change d'un grant blanc.* Pro locum mutare, in aliis ann. 1434. ex Reg. 175. ch. 317 : *Touteffois que la lune Tourne ou se mue, etc. Tourner de place*, eodem sensu, in Poem. Rob. Diaboli MS :

Que les premiers Torne de place,
Sor un autre Tornoi s'eslaisse.

* *Tournée*, pro vulgari *Echange*, Permutatio, in Pacto inter dominam de Bellomanerio et Steph. *du Chastelet* ann. 1376. in Reg. 116. ch. 72 : *De laquelle rente ledit Estienne deschargea lui et les dittes terres et en laissa en Tournée et assiete à laditte dame les rentes, dont les parties ensuivent, etc.* Vide supra *Torna* 2.

* 3. **TORNARE**, Prædium ab agnato venditum redimere, pretio emptori restituto. Libert. Brager. ann. 1314. in Reg. 70. Chartoph. reg. ch. 330 : *Item si forsan primus emptor vendat alicui dictam rem infra dictum terminum,..... quis de parentela dictam rem venditam Tornare poterit infra annum et mensem.* Vide *Turnus bursæ* in *Turnus* 1.

* 4. **TORNARE**, In regesta referre. Memor. D. Cam. Comput. Paris. fol. 27. v° :

Die vij. mensis Sept. 1361. *Petrus de Chevreuse, thesaurarius regis,..... fecit juramentum de bene exercendo suum officium,..... et quod numquam faciet Tornare vel scribere per campsorem thesauri in suis libris receptæ et expensæ aliquas partes in recepta, nisi pecunia sit recepta realiter et de facto.* Quæ Gallice fol. 28. r°. sic redduntur : *Item qu'il ne fera aucune recepte ecrire pardevers le changeur du tresor, se l'argent n'est apporté au tresor.* Alia notione *Tourner cedulle* dicitur in re æraria, de mandato scilicet seu scheda solvendæ pecuniæ alteri usui destinatæ, vulgo *Billet, lettre de change.* Stat. ann. 1388. tom. 7. Ordinat. reg. Franc. pag. 241. art. 20 : *Que sur les tresoriers de nos guerres, ne soient par notredit tresor Tournées aucunes cedulles ou descharges; attendu que le fait d'iceux tresoriers est ordenné gour la guerre, et ne doit estre converti ailleurs : et peutestre que par tels Tourmens* (leg. Tournemens) *que le fait de la guerre est souvent demeuré.* Unde *Tour d'escript*, eodem sensu, in alio Stat. ann. 1407. tom. 9. earumd. Ordinat. pag. 285. art. 15.

* 5. **TORNARE**, Instituere. Constit. MS. Jacobi II. reg. Aragon. ann. 1291 : *Quod non possimus ibi Tornare et eligere officiales, sicut nobis placuerit.*

* 6. **TORNARE** Pignora, Deponere, Gall. *Consigner.* Constitut. MS. Petri I. reg. Aragon. ann. 1207 : *Si quis de Magnatibus regis, vel aliquis miles, vel alia quælibet persona, convictus a domino rege vel vicario suo super restitutione pacis et treugæ et bovatici, pignora ponere noluerit; si talis persona fuerit, quæ teneat castrum vel castra, vel munitionem aliquam per dominum regem, statim det potestatem inde..... Si vero talis fuerit persona malefactoris, quæ non teneat aliquid pro domino rege, et noluerit pignora Tornare, statim cum exierit de curia regis, teneat se pro suo acunydato.* Vide *Retornum.*

¶ **TORNARIA.** Vide *Turnus bursæ*, in *Turnus* 1.

* **TORNARIA**, Prædium permutatione acquisitum. Charta ann. circ. 1119. apud Murator. tom. 6. Antiq. Ital. med. ævi col. 289 : *In campo sancti Benedicti Tornariam unam videlicet casales duos et eo amplius, et medium casalem de Bonitto, et medium casalem Capitis Cavalli, et unam clausuram ante Portum campi.* Vide supra in *Tornare* 2.

TORNARIUS, [Idem qui infra *Tornator.*] Charta Brzetislai Bohemiæ Ducis circa ann. 1052. apud Bohuslaum Balbinum in Hist. Bohemica pag. 191 : [*Aratores ad prædictas villas dedi Miross, Lascn, Scek... Tornarium scutellarum Bozetham... et alium qui tornamina facit.* Alia notione legitur infra in *Turnus bursæ.*]

¶ 1. **TORNATILIS**, Torno politus, perfectus, in Canticis Cant. 5. 14. et 7. 2. *Tornatiles manuales*, Wernero Rolevinko de antiqua Saxonia, apud Leibnitium tom. 3. Scriptor. Brusvic. pag. 639. *Tornatilis ventus*, Johanni de Polda, apud eumd. Leibnit. tom. 2. pag. 509. Turbo, nostris *Tourbillon.*

* 2. **TORNATILIS**, Versatilis. Epist. Gerberti ann. 988. tom. 10. Collect. Histor. Franc. pag. 400 : *Nam amici qui familiaritate beati patris Adalberonis mecum usi fuerunt, mecumque laborabant, ob Tornatile lignum deferendi erant.*

1. **TORNATIO**, Prælium, conflictus, quomodo *Tornamentum* usurpari diximus. Galbertus in Vita Caroli Comit. Fland. n. 121 : *Rex et Comes cum gravi exercitu obsedit Ipsam, et facta est Tornatio, et Militiæ utrimque acriter occursus.* Idem n. 181 : *In quibus diebus tot militias, tot Tornationes excitabant Milites utriusque exercitus.*

Tornatio, interdum etiam decursio equestris, vel bellica, seu *Torneamentum.* Idem Galbertus n. 8 : *Pro exercitio Militum... cum ducentis equitibus Tornationes exercuit.*

¶ 2. **TORNATIO**, Tornatura, Forma, elegantia, Gallis *Tournure* eadem notione. Guido Abbas Cisterciens. lib. de Musica : *Quæ enim superacutarum lineam tenet, in acutis est in spatio, et e converso. A gravibus enim differunt per Tornationem sicut et acutæ... Nihil fere reliquit intactum, neque nomina linearum, neque paginulas, neque versus, nec etiam Tornaturas ipsarum notularum.* Vide *Tornatura* 1.

¶ **TORNATOR**, Τορνευτής, in Glossis Lat. Græc. Aliæ Gr. Lat. : Τορνευτής, *Celator, Tornator. Tornatores aut simulacrorum sculptores*, Julio Firmico lib. 4. cap. 7. Occurrit hac notione, in Capitulari de Villis Caroli M. cap. 45. et 62. in Chartulario S. Vincentii Cenoman. fol. 54. Historia Beccensis MS. fol. 142 : *Dederunt Beccensi cœnobio unum Tornatorem in foresta de Conchis.* An faber lignarius, quem *Tourneur* nominamus, intelligi debeat hocce in posteriori loco, mihi non satis liquet, ut et in alio loco citato in *Bigus.* Rursus alia notione legitur in *Turnus bursæ.*

* Qui torno operatur. Chartar. Norman. ex Cod. reg. 4653. A. fol. 92 : *Rogerus de Bremecort habet unum Tornatorem in foresta ad scutellas, ... et abbas lyræ unum Tornatorem similiter.*

TORNATRICES, Saltatrices, mimæ. Hincmarus in Capitul. ad Presbyteros diœcesis suæ cap. 14 : *Nec turpia joca cum urso vel Tornatricibus ante se facere permittat.*

¶ 1. **TORNATURA**, Opus torno factum, 3. Reg. 6. 18. Miracula S. Mauri tom. 1. Jan. pag. 1058. et sæc. 4. Benedict. part. 2. pag. 178 : *Cum rudentem peripetasmatis, malum navis scandens (nauclerus,) Tornaturæ, de qua dissilierat, reaptare vellet, etc.* Hinc ad alias res translata vox, ut apud S. Bernardum Epist. 135. edit. 1690 : *Laudatur de bona litteræ Tornatura manus, non calamus.* Vide *Tornatio* 2.

2. **TORNATURA**, Modus agri, [jugero respondens, nostris *Arpent*,] apud Bononienses Italos præsertim, ut colligitur ex Rollandino in Tractatu seu Summa de Notaria scripta ann. 1265. Concilium Marzaliæ sub Honesto Archiep. Ravennate ann 973 : *Ut concederet in duobus locis Tornaturas vinearum 30. videlicet in primo loco juxta Monasterium S. Isaiæ vineam unam, quæ tribus viis circumdatur, etc.* apud Ughellum in Archiepisc. Bonon. n. 47. Charta alia ann. 1175. apud eumdem in Episcop. Cæsenat. n. 38 : *Et quinquaginta Tornaturas terræ in Androna etc.... et 12. Tornaturas terræ in Gabanella, etc.* Charta ann. 1081. apud Hieron. Rubeum in Hist. Ravennate lib. 5 : *Nec non et ducentas terræ Tornaturas ad Canonicorum opus laborandas, positas in loco, qui dicitur, etc.* Alia ann. 1086. apud eumdem : *Videlicet quinquaginta Tornaturas terræ laboratorias, juxta podismo designatas, quæ positæ sunt in loco, qui dicitur Mutafeno.* [Codex censualis MS. Irminonis Abbat. Sangerm. fol. 2. col. 2 : *Dalbertus colonus S. Germani tenet de terra arabili antsingam 1. inde facit Tornatura.*] [** Guerardo hoc loco idem est quod *Scara*, Epistolarum, aliarumque rerum minoris ponderis ultro citroque perlatio.]

¶ 3. **TORNATURA**, Mensuræ species, minor *Tornatura* vulgari, quæ jugerum est, Italis etiamnum *Tornatura di terra.* Statuta Mutin. fol. 26. rubr. 144 : *Qui habent terras juxta dictam stratam et ab utraque parte stratæ, teneantur extirpare terram suam per unam Tornaturam longe a strata.*

* Charta ann. 1192. apud Murator. tom. 5. Antiq. Ital. med. ævi col. 87 : *Molendina Rolandi Bajamontis et sociorum, quæ sunt superius, Tornatura una inferius fiant.* *Tournant de l'espaule* dicitur Humeri flexus, in Lit. remiss. ann. 1404. ex Reg. 159. Chartoph. reg. ch. 205 : *Le suppliant fery d'un coustel ledit hoste un seul coup assez près du Tournant de l'espaule senestre.*

¶ **TORNATUS**, Idem qui *Atturnatus*, Procurator, de quo supra. Vide Spelmannum in *Atturnatus.*

¶ **TORNE**, *Agonis genus et certaminis, unde fortasse Torneo*, apud Laurentium in Amalthea.

* **TORNEA**, Turris, propugnaculi species. Reg. 34. bis Chartoph. reg. part. 1. fol. 95. r°. col. 2 : *Debet facere tres portas cum duplicibus tornellis et quatuor Torneas alias.* Vide *Tornafollis.*

TORNEAMENTUM, [Gallis alias *Tornoiement*, ut in Præcepto Philippi Pulchri ann. 1304. vel *Tournoyment*, ut in alio ejusd. Regis Præcepto ann. 1314. tom. 1. Ordinat. Reg. pag. 426 *. 539. et alibi passim; nunc *Tournoi.*] Auctor Breviloqui : *Torneamenta dicuntur quædam nundinæ, vel feriæ, in quibus Milites ex edicto convenire solent, et ad ostensionem virium suarum et audaciæ temere congregari, vel congredi.* Decursiones militares, ludicræ equestres pugnæ, Matthæo Paris; *hastiludia, ludi equestres*, Willelmo Neubrig.; *Meditationes militares, armorum exercitia* Hovedeno; *Militaria exercitia, quæ nullo interveniente odio, sed pro solo exercitio, atque ostentatione virium* fiebant, ait idem Neubrig. *Ludi militares*, Thomæ Walsinghamo; *Gladiaturæ*, Lamberto Ardensi : [*Bellicæ illusiones*, eidem.] Joannes Sarisberiensis lib. 3. Metalogici cap. 10 : *Fuit antiquitus hæc jure militari disciplina Romanorum, ut qui armis fuerant exercendi, ab ineunte ætate assuescerent militiæ imaginariæ, et ludentes in eo jugiter versarentur adolescentes, unde postmodum in necessitatibus Reipublicæ feliciter triumpharent.* Chronicon Montis-Sereni ann. 1175 : *In exercitio militari, quod vulgo Torneamentum vocant.* [Excerptum Historiæ MS. Parlamentorum Occitan. apud Baluz. tom. 2. Capitul. col. 1088 : *Anno Domini* MCCCL. *et die* XXVII. *Januarii cum Rex Joannes commoraretur apud Villam-novam juxta Ave-*

sionem... et ibi certamen lancearum sive hastarum, quod nos Torneamentum vocamus, celebrasset, tota curia Papali adstante, etc. Vide Tractatum Georgii Scubarti de ludis equestribus, Caroli de Aquino Lexicon Militare et Dissertat. Cangii ad Joinvillam 6.]

Torneamentorum nomen manare multi opinantur ab illa equorum decursione, et sciomachia, seu imaginaria pugna veterum, quam *Trojam* et *Trojanum ludum* vocabant, ab Ænea in Sicilia ad Anchisæ patris tumulum primum inventa, deinde ad Romanos traducta, de qua Virgilius, Suetonius, et Xiphilinus. Alii probabilius censent, ut a Gallis eorum usus originem acceperit, ita et vocabuli etymon ab iis repetendum, nempe a verbo *torner*, aut *tourner*, i. in orbem circumduci, circumflecti. Qui enim in his militaribus decursionibus decertabant, quos insidebant, flexis in gyrum frænis, equos circumagebant.

Torneamentorum repertorem Gaufridum II. Dominum Pruliaci, (*de Preulli*) in Andibus agnoscit Chronicon Turonense : *Anno* 1066. *Gaufridus de Pruliaco, qui Torneamenta invenit, apud Andegavum occiditur.* Chron. S. Martini Turon. : *Anno Henrici Imp.* 7. *et Philippi Regis* 6. *fuit proditio apud Andegavum, ubi Gaufridus de Pruliaco et alii Barones occisi sunt. Hic Gaufridus de Pruliaco Torneamenta invenit.* Fuit Gaufridus pater alterius Gaufridi, a quo Comitum Vindocinensium series profluxit.

Certe inventas a Francis ludicras istas decertationes, et ab iis primum receptas, et obiri solitas, profitentur passim Scriptores. Matthæus Paris ann. 1179. *Conflictus Gallicos*, Torneamenta appellat. Huic consentit Radulfus Coggeshalensis in Chron. MS : *Dum more Francorum cum hastis vel contis sese cursim equitantes vicissim impeterent.*

A Francis Torneamentorum usum accepere Angli, quibus haud innotuerunt, *nisi in diebus Regis Stephani, cum per ejus indecentem mollitiem nullus esset publicæ vigor disciplinæ*, ait Willelmus Neubrig. lib. 5. cap. 4. Tunc enim et sub Henrico II. *qui Stephano successit, Tyronum exercitiis in Anglia prorsus inhibitis, qui forte armorum affectantes gloriam exerceri volebant, transfretantes, in terrarum exercebantur confiniis.* Id præ cæteris testatur Rogerus Hovedenus, ut et Bromptonus ann. 1177. scribens, Galfridum Comitem Britanniæ, cum a patre Henrico II. Militiæ insignia accepisset, *transfretasse de Anglia in Normanniam, et in confinibus Franciæ et Normanniæ militaribus exercitiis operam præstantem, gavisum esse, se bonis Militibus æquiparari.* Deinde hæc subdit Neubrigensis : *Considerans igitur illustris Rex Ricardus, tanto esse acriores, quanto exercitatiores atque instructiores, sui quoque Regni Milites in propriis finibus exerceri voluit, ut ex bellorum solenni præludio, verorum addiscerent artem usumque bellorum, nec insultarent Galli Anglis militibus, tanquam rudibus et minus gnaris.* In Anglia ergo Torneamenta primum celebrari cœperunt, *Rege* Ricardo *id decernente, et a singulis, qui exerceri vellent, indictæ pecuniæ modulum exigente*, inquit idem Scriptor, a quo hausit, quæ habet in eam rem Joan. Bromptonus. Id ipsum astruit Matth. Paris ann. 1194. pag. 124.

Certum est, etiam e Francia in Germaniam invecta torneamenta. Nam et si Fr. Modius in Pandect. Triumphal. ejusmodi decursionum et concertationum militarium seriem longe ante Gaufr. Pruliacensis tempora ediderit, constat, falsa veris sæpe miscuisse, et multa ab eo inepte inventa, et quæ apud, non dico eruditos, sed eos, qui prima Historiæ elementa degustarunt, ullam fidem merentur.

Præ cæteris vero Byzantini Scriptores ingenue profitentur, ejusmodi decursionum artem et usum didicisse Græcos a Latinis, id est, Gallis, quos earum primos fuisse repertores tradunt; in quibus est Niceph. Gregoras lib. 10. At Jo. Cantacuzenus lib. 1. cap. 42. tempestatem, qua in Græciam transierunt, videtur indicare, cum videlicet Anna Sabauda, Amedei IV. Allobrogum Comitis filia, Constantinopolim Andronico Juniori Imper. nuptura venit, hoc est ann. 1326. tunc enim Nobiles Sabaudi et Galli, qui Principem fœminam comitati erant, ejusmodi ludicras decursiones et concertationes celebrarunt, earumque usum Græcos, quibus hactenus incognitæ erant, primum docuerunt : Τζούςριαν, καὶ τὰ τερνεμέντα αὐτοὶ πρῶτοι ἐδίδαξαν Ρωμαίους, οὔτω πρότερον περὶ τῶν τοιούτων εἰδότας οὐδέν. Quæ verba ita capienda sunt, non quod tunc primum Græci in his decursionibus decertarint, sed quod illas deinceps exercuerint. Tradit quippe Nicetas in Manuele lib. 3. cap. 3. cum Imperator iste Antiochiæ moram ageret, solemnem factam decursionem, in qua Græci contra Francos dimicarunt. Et Cinnamus lib. 3. auctor est Manuelem rerum potitum Græcos docuisse artem novam bellandi, scutis oblongis pro rotundis uti, hastas vibrare longiores, etc.

Ejusmodi autem decursiones, *pro solo exercitio, atque ostentatione virium fiebant*, ut ait Neubrig. γυμνασίας ἕνεκα σώματος, inquit Gregoras, *ut ex solenni bellorum præludio verorum addisceretur ars ususque bellorum*, ut est apud Willelmum Neubrigensem.

Cum igitur nullo interveniente odio, sed solius excercitii causa, ad Torneamenta convenirent, decrevere eorum inventores, ut armis innocuis, gladiis hebetibus, lanceis absque ferro, seu ἀσιδήροις δορατισκοῖς, ut ait Nicetas, dimicarent, ne, si forte vulnera sibi invicem infligerent, mutilarent artus, ad bella minus idonei procederent. Ejusmodi arma, quæ *lusoria tela* dicuntur Senecæ, nostri *Armes courtoises* appellabant, hoc est, urbana, innocua.

Vetabantur præterea in ipso certamine punctim gladiis adversarium ferire, sed ictus suos sursum aut deorsum dirigere jubebantur; qui contra agebat, non solum proposito victori præmio indignus habebatur, sed etiam tanquam qui male pugnasset, a judicibus mulctabatur, et infamia quadam aspergebatur. Apud Matthæum Paris ann. 1252. cum Rogerus de Lemburne, Hernaldum Montiniacum in torneamento lanceæ mucrone, *qui prout debebat, non erat hebetatus*, in gutture lethaliter vulnerasset, *licet se insontem prætendisset, factus est suspectus, et quod proditiose facinus perpetrasset, acriter reprehensus.* Nam si forte quis adversarium in ipso certamine vulneraverat, aut occiderat, dummodo contra decursionis leges non peccasset, indemnis erat : quod et observatum a Nicephoro Gregora.

Erant autem, ut supra annotatum est, torneamenta imagines bellorum, ut loquitur Scriptor Hist. Hierosol. ann. 1177. *imaginariæ bellorum prolusiones*, vel, ut Neubrigensis et alii, *belli præludia* : diversis enim cohortibus et turmis, una omnes ad prælium accincti properabant, et gladiis in alterutrum ingeminantes ictus, vires suas exercebant : quod secus erat in *Justis*, quæ monomachiæ speciem præbebant, in quibus singulari certamine alter in alterum ferebatur, lanceisque congrediebatur. Nicephorus Gregoras lib. 10. Torneamentum describens : Μερίζονται κἀνταῦθα κατὰ φύλας, καὶ δήμους, καὶ φρατρίας, καὶ ὁπλίζονται πάντες ὁμοῦ, καὶ ἀρχαιρεσιῶν γινομένων, κλήρῳ λαγχάνουσι τὴν ἡγεμονίαν δύω τινὲς ἐξ αὐτῶν, ἑκατέρου μέρους ἑκάτερος. Hunc locum illustrant, quæ habet Thomas Walsinghamus sub ann. 1274. ubi Torneamentum Cabilone inter Regem Eduardum cum Anglis et Comitem Cabilonensem cum Burgundis initum belle exsequitur.

TORNEAMENTUM, Hostile bellum, prælium. Charta ann. 1265. in Tabul. Bonævallis : *Homines commorantes in dicta villa et banleuga Bonævallis cum Comite Carnotensi vel Blesensi, seu successoribus eorum, seu cum mandato eorum, ire ad Torneamenta seu ad aliquam cavalcatam nullatenus tenebuntur.* [Charta Blanchæ Comitissæ Trecensis ann. 1212. apud Marten. tom. 1. Anecdot. col. 829 : *Ad Torneamenta duci non poterunt, nisi aliquis arroganter comminatus fuerit se dominum Campaniæ et suos inclusurum in aliquod municipiorum suorum, aut vastaturum terram suam.*]

* Charta Phil. Aug. ann. 1200. inter Probat. Hist. Autiss. pag. 34. col. 2 : *Comes Petrus Autissiodorensis et Tornodorensis quittavit burgenses suos, qui sunt de censiva Autissiodorensi, qui etiam debebant ei equitationes, Torneamenta et exercitus.*

TORNEAMENTUM ACULEATUM *et Hostile*, Matthæo Paris pag. 554. et 372. dicitur illud, quod utrimque inter hostes publicos ex condicto, infestis animis, armisque et gladiis vel hastis non hebetibus, sed ferro et aculeis instructis iniri solebat, cujusmodi torneamenta et justas, *Armes à outrance* vocabant nostri. De eo pluribus egimus in Dissertatione ad Joinvillam 7. in qua de Torneamentis disseruimus.

Torneamentum vero *quasi hostile*, appellat idem Matthæus Paris ann. 1241. ejusmodi torneamentum, quod infestis armis contra quosvis, etiam non hostes, inibatur, provocatione ad id vulgata, et certis conditionibus descriptis : de qua etiam Torneamenti specie egimus in eadem Dissertatione.

Interdicta subinde Torneamenta a summis Pontificibus, sub excommunicationis pœna, ob cædes et membrorum mutilationes, quæ in iis crebro accidebant, pluribus in laudata Dissertatione 6. documus; quibus addi velim, quæ habent in hanc rem Leges Alfonsi IX. Regis Castellæ 1. part. tit. 13. lege 10. et Chronicon Montis-Sereni ann. 1175.

☞ Iisdem Ecclesiæ legibus statutum erat ut iis petentibus pœnitentia et viaticum concederentur, tametsi eorum corporibus negabatur ecclesiastica sepultura. Conc. Lateran. ann. 1139. c. 14 : *Detestabiles autem illas nundinas, vel ferias, in quibus milites ex condicto convenire solent, et ad ostentationem virium suarum et audaciæ temerarie congrediuntur, unde mortes hominum et animarum pericula sæpe proveniunt, omnino fieri interdicimus. Quod si quis eorum ibidem mortuus fuerit, quamvis ei poscenti pœnitentia et viaticum non negetur, ecclesiastica tamen careat sepultura.* Idem testatur Cæsarius Heisterbach. lib. 7. Mirac. c. 39 : *In Torneamentis occisi, extra cœmiteria fidelium sepeliuntur.* Durior est ejusdem Cæsarii sententia lib. 12. c. 16 : *De his vero qui in Torneamentis cadunt, nulla quæstio est, quin vadant ad inferos, si non fuerint adjuti beneficio contritionis.* [* B. de Amoribus in Speculo sacerd. MS. cap. 15 :

Quamvis confessi fuerint et fine soluti
Hii qui decedunt publicis ex Torneamentis,
Quamvis solvantur ad pœnam, non Tumulantur.]

Aliis de causis interdum prohibita a Principibus torneamenta; has omnes prosequitur Cangius laudata Dissertat. 6. ad Joinvillam. [** Breve ann. 6. Edward. II. reg. Angl. in Abbrev. Rotul. tom. 1. pag. 196. *Berk.* rot. 11 : *Rex vicecomiti Berk. Cum nuper tibi præcepimus, quod in singulis locis in balliva tua, ubi expedire videres, publice proclamari et ex parte nostra firmiter inhiberi faceres, ne quis comes, baro, miles seu alius quicumque homo ad arma, cujuscumque* conditionis *aut dignitatis existeret, infra balliviam tuam, seu alibi infra regnum nostrum, Torneare, burdeare, justas facere, aventuras querere seu alia facta armorum exercere præsumeret, sine licencia nostra speciali, et quod si quos post inhibicionem etc. tunc eos cum equis et hernesiis suis arestares et in prisona nostra salvo custodiri faceres donec, etc.* Hanc vero legem in Anglia extitisse a temporibus Richardi I. evincit Notit. in Abbrev. Placit. pag. 3. *Lincoln.* rot. 11 : *Robertus de Mortuomari invenit plegios quod quereret pacem infra festum S. Hilarii versus D. Regem per D. Cancellarium, de eo quod ipse Turniavit sine licentia, etc* Adde Placitum Wigornense ann. 20. Edward. I. *Esser.* rot. 1. ibid. pag. 243.]

Torneamenta, seu quævis hastiludia certis in locis teneri ac celebrari non posse, vice privilegii, interdum concessum. Vide Gul. Prynneum in Libertatibus Anglic. tom. 3. pag. 52. 466. 1100. 1152.

Torneare, Torniare, Hastiludio decertare, Gall. *Tornoier.* Theobaldus Episc. in Vita Guilelmi Eremitæ n. 4 : *Circa illius cellam more militari cœperunt Torneare, et ludo duellari vicissim pugillare.* Henr. de Knyghton pag. 1459. de Edw. I. Rege Angl. : *Cumque appropinquaret Franciam, et fama gloriæ ejus divulgaretur in populo, invidebant gloriæ ejus multi, et præcipue Comes ille strenuus de Chalon : misitque et petiit, ut Torniaret cum eo in terra sua, etc.* [Rursum pluries occurrit in Præcepto Philippi Fr. Regis ann. 1305. tom. 1. Ordinat. Reg. pag. 434. in Mandato Edwardi II. Regis Angl. ann. 1319. apud Rymer. tom. 3. pag. 758. et alibi non semel.]

¶ Torniamentare, Eadem notione. Lambertus Ardens. apud Ludewig. tom. 8. Reliq. MSS. pag. 540 : *Quia in Torniamentando aciem perdiderat oculorum.*

¶ Torneizare, Pari significatu. Annales Mediolanens. ad annum 1372. apud Murator. tom. 16. col. 745 : *Fecit Torneizare et facere multa falodia propter lætitiam Regii per octo dies continuos.*

¶ Torniator, Qui decertat in *torneamentis.* Lambertus Ardensis apud Ludewig. tom. 8. pag. 491 : *Et omnes Ghisnensis terræ Torniatores ad ipsum, ut ad dominum,.... confluebant.*

¶ Turneare, Idem quod *Torneare.* Locum vide in *Bohordicum.*

¶ Turneimentum, ut *Torneamentum.* Radevicus Frising. de Gestis Friderici I. Imp. lib. 1. cap. 8 : *Placentinorum militia egressa ad certamen provocaverat, quod modo Turneimentum vocant.*

Torneare, Velitari, ante acies decurrere, pugnare. Arnaldus Archiepiscop. Narbonensis in Epist. de Victoria Christianorum contra Mauros, apud Ughellum in Episcop. Sabinensib. : *In crastino venerunt similiter diluculo Saraceni dispositis eo modo aciebus, quo præcedenti die fuerant ordinatæ : nostri quoque supersederunt bello etiam ipsa die, sagittariis solis et paucis aliis hinc inde discurrentibus : Arabibus etiam ex parte ipsorum Torneantibus cum nostris, non more Francorum, sed secundum aliam suam consuetudinem torneandi cum lanceis sive cannis, etc.*

TORNELLA, Turricula, Gall. *Tournelle.* Rigordus ann. 1190 : *Præcepit etiam civibus Parisiensibus, quod civitas Parisii.... muro optimo cum Tornellis decenter aptatis et portis diligentissime clauderetur.* [Rursum occurrit in Computo ann. 1202. apud D. *Brussel* pag. ccii. in Literis ann. 1223. apud Marten. tom. 1. Anecd. col. 903. in Charta ann. 1347. tom. 1. Hist. Dalph. pag. 66. col. 2. apud Bernardum Thesaurar. tom. 7. Muratorii col. 719. Lobinell. tom. 3. Hist. Paris. in Glossario et alibi passim. Tabularium Episc. Clarom. citatum in Instrum. novæ Gall. Christ. tom. 2. col. 97 : *Fidelitatis sacramentum pro temporalitate exhibuit Regi an.* 1376. *qui Rex percepit censum Tornellarum pro ipso Episcopo, sede vacante.* Suspicatur Glossator censum esse, qui solvebatur ad *tornellas* in ingressu civitatis a mercatoribus aliisve; vel a vassallis ipsius Episcopi, quorum subjectio indicabatur iis *tornellis*, si tamen non est nomen proprium loci.]

* Nostris *Tourelle* alias *Tournelle.* Inventar. ann. 1492. ad calcem Necrol. eccl. Paris. : *Ung cresmeau à trois Tournelles, etc.* Passim alibi.

* **TORNENSIS**, pro Turonensis, Ital. *Tornese*, Gall. *Tournois.* Glossar. Provinc. Lat. ex Cod. reg. 7657 : *Tornes, Prov. Turonensis moneta est.* Stat. abb. Cassin. pro reformat. clericor. ann. 1286. ex Tabul. ejusd. monast. : *Qui defecit in Missa solvat Tornensem unum; in cæteris autem horis unum denarium.* Testam. Jacot. Chati ann. 1482 : *Item ulterius do.... quinque solidos Tornenses.*

TORNERIUM, *Torneamentum*, hastiludium, *Tournois.* Historia Cortusiorum lib. 4. c. 6 : *Ibi fuerunt dominæ pulcherrimæ, hastiludia, et Torneria, et breviter, ad perfectum gaudium nihil defecit.* Lib. 5. c. 7 : *Fuerunt etiam hastiludia, giostræ, Torneria, et omnia solatia cogitata.* [Chronicon Estense ad ann. 1390. apud Murator. tom. 15. col. 519 : *Marchio Estensis magnam et nobilem curiam fecit in civitate Ferrariæ celebrari per xv. dies continuos cum tripudiis, giostris et Torneriis, et magnis præmiis pro victoribus.* Vide infra *Torneta.*]

¶ 1. **TORNERIUS**, Idem qui *Tornator*, in Catalogo Sodalium antiquæ Confraternitatis B. M. in Ecclesia ejusdem B. M. Deauratæ Tolosanæ.

* Comput. ann. 1412. inter Probat. tom. 3. Hist. Nem. pag. 205. col. 1 : *Solverunt Johanni Russi, Tornerio, pro faciendo pomellos in bordonibus pavalhoni et asta banderiæ etc.*

* 2. **TORNERIUS**, Particeps, qui prædium vel feudum cum aliis possidet. Reg. feud. Aquit. ex Cam. Comput. Paris. sign. JJ. rub. fol. 16. r° : *Parrochia de Lopa quinquaginta solidos, de quibus solvit stagia de Labatut, cum suis Torneriis, qui sunt in parrochia de Camarsaco.* Vide supra *Tornalerius* et infra *Turnarius.*

¶ **TORNESIUS** Grossus, Monetæ species, Gall. *Gros Tournois.* Chronicon Astense ad ann. 1300. apud Murator. tom. 11. col. 192 : *Lectus meus et equi mei super fœno et avena constabant mihi Tornesium 1. Grossum.* Vide *Turonenses* et *Grossus* 3.

* Idem quod supra *Tornensis.* Bonincontr. Hist. Sicul. part. 2. apud Lam. in Delic. erudit. pag. 14 : *Quod apud Torres, Galliæ oppidum, pecuniam eam argenteam cuderat, Tornesios dictos, quorum singuli unius auri cum alterius dimidio valorem æquabant.*

TORNETA, *Torneamentum.* Theodoricus Abbas lib. 1. Vitæ S. Bernardi cap. 11 : *Illi omnes fere juvenes deditì militiæ seculari, circumibant, quærentes execrabiles illas nundinas, quas vulgo Tornetas vocant.* [Vide *Tornerium.*]

TORNETTUM, vox Falconariorum. Fridericus II. Imp. lib. 2. de Arte venandi cap. 40 : *Est autem Tornettum quiddam duobus annulis compositum, gyrantibus in se invicem, et hoc modo est factum : sunt duo annuli ferrei, aut æneì, aut argentei, aut de alio metallo facti, magni ad quantitatem annulorum, qui sunt in jactis, etc. Quoties igitur timebitur, ne falco intorqueat se jactis, alligabitur hoc Tornettum annulis jactorum cum quadam corrigiola subtili et forti, etc. Est autem utilitas Tornetti in hoc, quod falco non possit vexari per intortionem jactorum in pedibus suis.*

¶ **TORNETUM**, Campanæ instructus, Gall. *Mouton.* Transactio Abbatem inter et Sacristam Monasterii Crassensis ann. 1381. e Chartulario ejusd. loci : *Consuevit reci-*

pere de arboribus nemorum dicti monasterii pro aptandis et reparandis cimbalis et campanis dicti monasterii, videlicet fustas pro bassex Tornetis seoffis, quæ solum habet ponere dictus sacrista. Ubi legendum videtur, *bis sex Tornetis seu noffis* : quod scilicet *Tornetum* noffi seu navis inversæ speciem præ se ferat. Vide *Noffus* et *Tornus* 4.

* **TORNEURA**, Vox forestariorum, quibus vulgo *Tournant* dicitur, Arbor, quæ ad flexum forestæ extat. Inquisit. forestæ *de Lyons* in Reg. 34. bis Chartoph. reg. part. 2. fol. 118. r°. col. 1 : *Molendinum Panche* (habet) *Torneuram per minam bladi...... Tristre sicut alii et Torneuram molendini sui*. Nisi intelligas Jus capiendi arborem versatilem molendini. *Tourneure*, pro *L'action de tourner*, Versatio, in Lit. remiss. ann. 1479. ex Reg. 206. ch. 335 : *Guillotin Barbes avoit getté et mis certaines pierres au no du moulin à fouler draps;..... en telle maniere que ledit moulin et la Tourneure d'icellui en estoient empeschez*. *Tourneure* præterea nostri dixerunt, pro *Tonnerre*, a Lat. *Tornodorum*. Charta ann. 1270. in Chartul. Pontin. ch. 94 : *Guiz dou Mes balliz d'Auceurre et de Tourneure, etc.*

¶ **TORNI**. Charta pro Communia Balneoli ann. 1208 : *Saumata de Torni* 1. *denar*. Vide *Tolpri*.

¶ **TORNIAMENTARE**, TORNIARE, TORNIATOR. Vide *Torneamentum*.

* **TORNICLUM**, Vestis species, qua collum circumcingitur, ad usum puerorum symphoniacorum in ecclesia S. Petri Insul. ex Comput. MS. ann. 1400. ejusd. eccl. : *Item Flotardo pro reparatione quatuor Torniclorum puerorum cum filo, vj. sol. Tourniquiau*, in alio Comput. ibid. Potest et de tunica seu veste ecclesiastica aut militari, quam nostri vocabant *Tornicle* et *Tournicle*, intelligi. Inventar. MS. eccl. Camerac. ann. 1371 : *Une casure de vermeil velours, Tournicle et damaticle*. Chron. Fland. cap. 51. ubi de Henr. Luxemb. imper. : *Et fut monté sur un grant destrier, et avoit vestu un Tornicle d'or à aigle noir, etc.* Vide infra *Turnicula*.

TORNIO, ex Gall. *Tornoi*. Histor. Cœnobii Viconiensis cap. 13. [apud Marten. tom. 6. Ampl. Collect. col. 289.] : *Ad determinatum congressum, quem vulgo Tornionem vocant, properans lancea perfossus est*. [Vide *Torneamentum*.]

TORNITALIA. Glossæ Isonis Magistri ad Prudentii Psychomach. : *Toreumata; celaturæ, vel Tornitalia*. Legendum forte *Tornatilia*.

¶ **TORNUM**, Machina ad trahendas naves ascendentes in fluviis, a Gallico *Tourner*, quod instar rotæ versatilis esset, sic dicta. Charta Willelmi Episc. Autissiod. ann. 1176. e Tabulario S. Mariani : *Item prædicti Milites concesserunt Canonicis, quatenus de terra sua, quoties necesse esset, exclusam suam gravarent, et Tornum suum, quod ad trahendas naves fecerunt, quo loco eis expediret, super ripam Icaunæ ponerent*. Charta Guillelmi alterius ejusdem Civit. Episc. ann. 1208. ex Archivo Episcopatus : *Petrus de Chableis... super duas pilas pontis Autiss.... ædificavit Tornum ad naves superius trahendas*.

* Ejusdem originis est *Touret*, Rota scilicet nendo filo accommodata. *Laine ouvrée au Touret*, in Stat. ann. 1366. tom. 4. Ordinat. reg. Franc. pag. 703. art. 5. *Touroit*, in Lit. remiss. ann. 1394. ex Reg. 146. Chartoph. reg. ch. 291 : *Laquelle femme filloit laine au Touroit. Tournette*, eodem sensu, in aliis Lit. ann. 1384. ex Reg. 125. ch. 38. vel Instrumentum evolvendo filo aptum, vulgo *Devidoir*.

1. **TORNUS**, Bellicæ machinæ species. Charta Petri Regni Majoricarum Domini ann. 1232 : *Tali quidem conditione, quod ipsam* (turrim) *bene custodias, et teneas in ea omni tempore unum Tornum paratum, et unam balistam de Torno ad fidelitatem nostram et defensionem civitatis ejusdem*. [Enumeratio munitionum Sommeriæ in Occitania ann. 1260 : *Item* IIII. *machine. Item* II. *Torni ad opus balistarum. Item* I. *mola fabrica. Balista obtima de Torno*, in Statutis Arelat. MSS. art. 140. XXXI. *Turni balisterii* recensentur in Garnisionibus inventis in castro Carcassonæ ann. 1294.] Vide *Balista*.

☞ Carolus de Aquino in Lexico Militari, haud sine probabilitate scribit *Tornum* balistæ partem esse, et quidem eam, ubi axis vertitur, dictamque fuisse a vertendo, origine Gallica a voce *Tourner*. Quod si vere machina est jaculatoria, perspicuum est, inquit, sic fuisse vocitatam a *Tornetto*, quæ vox apud venatores in re falconaria et accipitrum aucupiis familiaris est, ut mox dicebatur in hac voce. Potissimum vero rem ita se habere statuit, quoniam a falconibus et re accipitraria non paucæ jaculatoriæ machinæ suam appellationem adeptæ sunt, ut alibi notavit super Italicis vocibus *Falcone*, *Sagro*, *Moschetto*, *Smeriglio*, *Spingarda* : quæ postea voces ad rem tormentariam nostræ militiæ commigrarunt, propter analogiam et similitudinem cum antiquis illis organis et instrumentis. Academici Cruscani *Torno* definiunt *Strumento da strignere, e da caricar balestre, e simili armi da trarre*. Vide *Tortirella*.

* Ejusdem originis vox Gallica *Tournot*, in Lit. remiss. ann. 1374. ex Reg. 106. Chartoph. reg. ch. 78 : *Lequel Michiel veant que ledit Garnier se approchoit ainsi de lui, courut à un baston, appellé Tournot ou levier*. Ubi idem est quod supra *Tornaille* in *Tornaglium*.

2. **TORNUS**, Compensatio, Gall. *Retour*. Charta R. Episcopi Carnotensis ann. 1197. in Tabulario ejusdem Ecclesiæ n. 84 : *Capitulum quoque Carnotense ad ejusdem personatus augmentationem,... centum solidos confert et assignat in computatione, quæ dicitur Tornus sive Computatio, de Purificatione B. Mariæ annis singulis capiendos*. [Vide *Turnus bursæ* in *Turnus* 1.]

* Vel potius Census pecuniarius, qui singulis annis solvitur, idem proinde quod infra *Turnus* 2. Etquidem de distributione annua, quam *Lampredam* vocabant, hic agitur. Vide supra in hac voce.

¶ 3. **TORNUS**, f. Ambitus, Hispan. *Torno*. Gall. *Tour*. Donatio ann. 935. tom. 3. Concil. Hispan. pag. 180. col. 2 : *In Torno S. Eulalia cum Sisnandi et Gerasio medio*. Conventio ann. circ. 1131. in Probat. novæ Histor. Occitan. tom. 2. col. 461 : *Excepto ipsum castrum de Poselserias et ipsum Tornum superiorem*.

¶ 4. **TORNUS**, Instructus campanæ, Gall. *Mouton*. Ordinatio MS. Officii divini in Ecclesia Lugdun. : *Panetarius tenetur resarcire in trabibus et postibus coclearium, et Tornos campanarum meliorare, si necesse fuerit, et ligaturas ferri ad firmandum campanas in Tornis, et tradere ligaturas batellorum*. Vide supra *Tornetum*.

* Sacram. archiep. Bitur. apud Thaumass. Hist. Bitur. pag. 346 : *Juro ministrari facere clavos qui ponuntur in ligaturis ferreis vertilium seu Tornorum lignorum ad opus campanarum*.

¶ 5. **TORNUS**, Mensuræ species. Statuta Massil. lib. 3. cap. 18 : *Lapides de cara habeant duos palmos de longo, et unum palmum de alto, et ad minus unum Tornum de leoto; et lapides de miliario unum palmum de longo, et unum Tornum de alto a Torno usque ad unum palmum de leoto*.

* 6. **TORNUS**, Versatile timpanum, apud moniales, vulgo *Tour*. Acta S. Domin. tom. 1. Aug. pag. 587. col. 2 : *Ad jussum ergo ejus per fratrem Rogerum cellerarium allatus est scyphus vino plenus usque ad summum. Deinde benedixit, et primo ipse bibit, et postea ceteri fratres....... Tunc vocans sanctus sororem Nubiam, dixit ei : Vade ad Tornum, id est, rotam, tolle scyphum, da potum sororibus universis*. Vide infra *Turnus* 4.

* 7. **TORNUS** EXERCITUS, Præstatio pro expeditione militari. Reg feud. Aquit. ex Cam. Comput. Paris. sign. JJ. rub. fol. 32. r° : *Debet idem Bernardus de Lugenhac pro prædictis de Torno exercitus seu adjutorio domino G. de Monte trepidanti, quinque solidos de obsequiis*. Vide supra in *Torneamentum*.

TORNUTIO, Vertigo, σκοτοδινία. Ardo in Vita S. Benedicti Anianensis cap. 38. edit. Mabillonii : *Sed eas* (mulieres) *statim digna subsequitur ultio; Tornutionibus vero vexari cœperunt, a quo dolore non sunt ereptæ, quousque, etc.*

* *Torteau*, eadem, ni fallor, notione in Lit. remiss. ann. 1419. ex Reg. 171. Chartoph. reg. ch. 15 : *A icellui Colesson survint chaude maladie de fievres, ou autre maladie nommee le Torteau. Tourniche* nostris alias dictum de bestia vertigine correpta. Redit. comit. Hannon. ann. 1265. ex Cam. Comput. Insul. : *Le brebis, mais k'ille ne soit rongneuse, ne clavereleuse, ne Tourniche*.

TORO, TORONUS, TORUS, TURO, TURONUS, Collis cacuminatus, et rotundus. [Charta ann. 1200. tom. 1. Macer. Insulæ Barbaræ pag. 129 : *Non ædificent domum fortalitii in Toro Sachmeriæ*.] Charta Cornutiana, edita a Suaresio : *Quæ sepis descendit per regam ante ad viam cavam, sive ad Torum, quæ redit usque ad arcum supradictum*. Will. Tyrius lib. 11. cap. 5 : *Castrum ædificavit, cui quoniam in monte erat excelso admodum et cacuminato, nomen indidit Toronum*. Hist. Hierosolymitana : *Montem proximum, quem vulgo Turonem vocant*. Infra : *Supra Turonem vero, qui urbi vicinus incumbit, civitas Ptolemais nomine, olim sita fuerat*. Et mox : *Collis autem... Turoni propinquus*. Matth. Paris ann.

1188 : *Fecit omnes suos in collem ascendere civitati vicinum, qui eo quod instar turris erectus sit in sublime, et rotundus, Turonus a vulgo nuncupatur.* A Gallico nempe *Tourion.* Jacobus de Vitriaco lib. I. cap. 98 : *Acconensem obsedit civitatem, in Torono aliquantum eminenti tentoria sua collocando.* Charta Hugon. Ibelini ann. 1160. in Tabulario S. Sepulcri : *Dedi... partem Turonii, quæ superjacet Surdis fontibus.* Historia MS. Bellorum sacrorum vernacula : *Et Salehadin cacha bien demie lieue desci sour un haut Thoron.* Infra : *Et se hierberga sour un Thoron de fors à Acre.* [Alia apud Marten. tom. 5. Ampl. Collect. col. 705 : *Li messages trova l'ost au Toron.*]

Turo. Charta Rogerii Comitis Siciliæ pro Ecclesia Pactensi apud Rocchum Pirrum pag. 386 : *Sicut via scandit sursum ad Turonem altum, qui est supra mare.* Anastasius in Eccles. pag. 148. ubi hæc Theophanis verba, πᾶσαν τὴν παραλίαν ἀκτήν, vertit, *omnes maritimos Toros*, id est aggeres, vel monticulos ac colles, uti Latini cubitos *Toros* dixerunt. Glossæ Lat. Gr. : *Torus*, ὠλένη. *Torum*, ὠλένην. *Toranus*, ὠλένος, τρόφος. Ubi forte legendum *Toronus*, ὠλένη, δρος. [Vulcanius retinet *Toranus* et emendat ὠλενοτρόφος. Priorius vero legit *Toranius*, vel *Torarius*, ὠλενοτρόφος, vel potius ὠλενοστρόφος. Vide Salmasium ad Plinium pag. 40.]

¶ Toretus. Charta ann. 1473. ex Schedis Præs. *de Mazaugues : Sextus terminus est situatus juxta quemdam Toretum, etc.* Quæ vox redditur *Costeau*, Collis, monticulus, in Processu vernaculo ann. 1565. ex iisdem Schedis.

Quidam existimant vocem hanc a Gallis manasse, præsertim vero a Provincialibus, qui una cum Raimundo Sanctægidiano Comite in Terram sanctam profecti sunt; ita enim montem ab iis appellari observat Columbus in Manuasca lib. I. n. 5. quod firmatur ex veteri Charta, quæ habetur in Notitia Ecclesiæ Diniensis P. Gassendi pag. 18 : *Quod possit emere seu acquirere hospitium sive locumad ædificandum, ubicumque voluerit in civitate Dignensi, dummodo extra Torum, seu montem, vel fortalitium, etc.* Sed probabilius est *Toronum*, vocem esse Chaldæorum, quibus *Tor*, mons dicitur, aut clivus, ut auctor est Petrus *della Valle* tom. 2. Epist. I.

TOROC, *Gurgulio* : ita in Glossa interlineari in Grammatica MS. Smaragdi.

¶ **TOROSUS**, Ad taurum spectans. *Torosa vox*, apud Andream Floriac. MS. in lib. 2. Miracul. S. Benedicti. *Tors*, pro *Taureaux*, in Charta vernacula pedagii *de Doing* ann. 1348. ex Chartul. 21. Corb. fol. 347 : *Item vacques, bœufs, Tors ou geniches, le piece doit I. den.*

* **TORQUA**, Tæda cerata, fax, Gall. *Torche*, Picardis *Torque*. Pact. inter abb. et consul. Aureliaci ann. 1350. in Reg. 78. Chartoph. reg. ch. 246 : *Item quod omnes et singulæ faces sive Torquæ, intorticia, candelæ....... habeant fieri taliter, quod quatuor partes sint de bona et sufficienti cera etc.* *Torquelon* vero diminut. a *Torchon*, Stramen contorum, in Lit. remiss. ann. 1392. ex Reg. 144. ch. 166 : *Icelle femme se douloit que son mary l'injurioit et lui disoit qu'il ne savoit qui elle estoit, et qu'elle estoit avolée sur un Torquelon d'estraia.* Vide supra *Torchonnus.*

¶ **TORQUATUS**, Tortus. Monast. Anglic. tom. I. pag. I : *Tamen locum istum cum XII. hidis terræ ab eo impetrarunt, in quo virgis Torquatis muros perficientes, primam hujus regni construxerunt ecclesiam anno post passionem Domini* XXXI.

* **TORQUERE**, Molestare, damnum inferre. Bulla Honor. PP. in Chartul. S. Petri Gand. ch. 20 : *Abbas et conventus prædicti super terris et rebus aliis injuriabantur eisdem* (abatissæ et conventui). *Ne....... in abbatis et conventus monasterii præjudicium Torqueri contingat etc.*

¶ **TORQUERE** Naves, in Statutis Massil. lib. 4. cap. 6. Eas in latus invertere, ut commodius purgari possunt. Vide locum in *Raspare.*

¶ **TORQUILLA**, Τροχιλία, in Glossis Lat. Græc. Trochlea. Laurentius in Amalthea : *Torquilla, Tortula, Avis ita dicta, quod collum crebro torqueat.*

TORQUIMENTUM, Βάσανος. Gloss. Gr. Lat. MS. Editum habet *Tormentum.*

* **TORQUIS**, pro Torques, in Vita S. Lugid. tom. I. Aug. pag. 343. col. 2 : *Quod puer Lugidius Torquidem aureum circa collum suum dedisset, etc.*

TORRA, Tarra, seu Tharra, Locus vel fornax, in quo torretur avena, quæ olim Alamannis, ut et hodie, Turgaviis maxime, in cibo et pulmento fuit. Ea vero sic conficitur. Torretur primum avena cruda, tum molitori pinsenda seu molenda traditur, non in farinam minutam, sed crassam, ad instar hordei, quod ubivis locorum ad eam formam teritur. Hæc Goldastus ad hunc locum Eckeardi junioris de Casib. S. Galli cap. I : *Simile etiam quiddam de lebete æneo grandi, et de Tarra avenis centum maltrarum commoda cum projectasset, etc.* [** Vide Graff. Thesaur. Ling. Franc. tom. 5. col. 200. voce *Darra.*] Ubi mallim *Torra*; nam et inde *Torrale* et *Torrelagium* dicta, a torrendo scilicet; horron. de Gloria Confess. cap 81 : *Quidam de retur priusquam molatur.* Gregorius Tudeum quippe vel avena ad cerevisiam torvicinis annonas diu infectas aqua ac germine producto conflatas, facto igne super vimina contexta Torrere parat ad pocula facienda.* Et cap. I : *Jubet fieri ex annonis aqua infusis atque decoctis, messoribus poculum præparari. Hanc autem coctionem Orosius a coquendo Coctiam vocari narravit.* Ovidius de potione, quam Anus Attica Cereri propinavit :

> . . . . Lymphamque roganti
> Dulce dedit tosta quod coxerat ante polenta.

Polentam vero Plinius ait ex hordeo prius tosto fieri. Veteres denique tam far quam hordeum prius molebant, deinde torrebant; unde Virgilius lib. I. Georg. :

> Et Torrere parant flammis, et frangere saxo.

Torrale, Ædificium, in quo frumenta et grana torrentur et exsiccantur; a torrendo dictum. Leges Burgorum Scoticorum cap. 54 : *Si aliquis accommodavit Torrale suum alicui, et fuerit combustum tempore, quo commodatur, etc.* Vide Skenæum de Verborum signif. verbo *Torralium.*

Torrellagium, Pensitatio, quæ ex *torrali* exsolvitur. Charta Episc. Ambian. ann. 1301 : *Torrellagium Ambian. valet* 10. *modios vel circiter.* Alia Philippi Com. Flandr. pro teloneis urbis Ambian : *Cascunes oechine à cambier de la chité d'Amiens, là où on seke brais à Toralle, se elle n'est en franc lieu, doit cascun an* 22. *sestiers d'avaines au Vesque, et* 22. *sestiers d'avaine au Comte. Mais li Quens en rent de sa part du Torrellage* 4. *muis d'avaine au Vidame chascun an, et c'est à sçavoir que chil qui seke à Toraille, et franc lieu, il ne doit point de Toraille.*

* **TORRACHA**, *Prov. Specula*, Glossar. Provinc. Lat. 7657. ex Cod. reg.

¶ 1. **TORRENS.** S. Audoenus in Vita S. Eligii lib. I. cap. 14 : *Porro Rex Dagobertus Torrens, pulcher et inclytus, ita ut nullus ei similis fuerit in cunctis retro Francorum Regibus, etc.* An ingenii vis, colorve oris adustior significatur?

* 2. **TORRENS**, Fluviolus, rivus, Gall. *Courant d'eau.* Chartul. Major. monast. pro pago Vindoc. ch. 65 : *Terra Vindocinensis pagi, inter Torrentes duos sita, Glandessam. et Gubernessam.* Paulo ante *Fluvioli* dicuntur. Charta ann. 1319. in Reg. 59. Chartoph. reg. ch. 87 : *Item de quodam prato quatuor falcatas continente, sito supra villam prædictam de Barro in capite vici pontis monachorum prope Torrentem sive ruissellum.* Vide *Torrentulus.*

TORRENTULUS, Parvus torrens, rivulus, fluviolus. Charta Fulconis Comitis Andegav. ann. 1033. in Histor. S. Nicolai Andegav. pag. 6 : *Si vinum cum banno vendidero, bannerius meus Torrentulum de barra non transibit, causa capiendi vasa ementium monachorum vinum.* Supra : *Trans flumen vero vineas alias, etc.*

* **TORRES**, *dicitur a torrendo, et est magnus truncus, qui ponitur in capite ignis, Gallice Tréfouel à mettre en feu.* Glossar. Lat. Gall. ex Cod. reg. 7679. Vide *Torriculus.*

* **TORREXANUS**, Turris seu campanilis custos. Inventar. MS. ann. 1366 : *Claves palatii veteris Bononiensis et turris palatii certo civi Bononiensi tradiderunt, ipsum constituendo Torrexanum et campanarium ad pulsandum ad consilium communis Bononiensis, quotiens opus esset.*

¶ **TORRICULUS**, *Parvus torris*, Johanni de Janua; *Tisonnet de feu*, in Glossis Lat. Gall. Sangerman.

¶ **TORS.** Epistola ann. 1113. apud Marten. tom. I. Ampliss. Collect. col. 1114 : *Duas archas quarrellorum, unam ad estrif et alteram ad duos pedes, et* II. *Tors, et* II. *cros, et* II *glomos fili et* 9. *libras ceræ.* Idem videtur quod supra *Tornus* I.

¶ **TORSA**, Fax, tæda, nostris alias *Torse*, nunc *Torche.* Obituarium MS. Eccl. Morin. fol. 36. v° : *Ordinavit... duabus Torsis ardentibus decantari antiphona*, O salutaris bostia. Litteræ ann. 1344. e Tabulario S. Audomari : *Recepimus.... duas Torsas ponderis* XXXIV. *librarum ceræ.* Vide *Torcia* I. *et Tortisius.*

* *Une poignié de chandeilles de cire ou une Torse de chambre*, in Declarat. MS. feud. Camerac.

¶ **TORSATA**, Torsel, Torsellus, Fascis, fasciculus, Gall. *Trousseau.* Consueet jura Eccl. Audomar. e Tabulario em : *De pensa filorum* II. *d. si Torsata* I II. *d. ballæ* IV. *d. item de Torsel* IV. *d... lollarum metallinarum* IV. *d. Torsel pamænearum* IV. *d. Torsel pannorum corligatus* IV. *d.* Et mox : *Si aliquis mercar huc venerit et Torsellum post tergum suum cordis ligatum super equum attulerit, dabit* II. *d... Torsellus gladiorum ligatus cordis* IV. *d.* Annales Genuens. apud Murator. tom. 6. col. 836 : *Furtim lignum unum armaverunt et quemdam bucium Torsellorum Astensium carricatum ceperunt.* Col. 512 : *Duæ galeæ Massiliensium oneratæ Torsellis pannis Franciæ.* Emendo *Torsellis et pannis Franciæ*, ut legitur col. 513. Rursum col. 522 : *Torsellum ad formam pannorum qui feruntur de Francia. Toursée*, in Peagio Peronnæ ex Chartul. 21. Corb. fol. 339 : *Item le cheval qui porte Toursée deriere... doit* IX. *den. Toursel*, in eodem Chartul. fol. 85. v°. Vide *Trossa* et ibid. *Trossellus.*

* Adjective sumi videtur *Torsata* a verbo *Torsare*, id est in fascem cogere ; unde etiam nostris, *Tourser*, fasciculum imponere, portare, in Bestiario MS. ubi de formicis :

Tant qu'il sont el lieu venu,
Ou li autre se sont Toursé.

* *Torsel* nostris alias *Tourse.* Lit. ann. 1400. tom. 8. Ordinat. reg. Franc. pag. 378. art. 2 : *Chevaulx qui porte à Tourse, ne doit riens.* Le Roman *de Robert le Diable* MS :

Ains ne regardent lor tentes
Li Turc qui ont autres ententes :
Onques par eulx n'y ot Tourse,
Pavillon, n'avoir en bourse.

* *Toussel*, Eodem sensu, in Lit. remiss. ann. 1411. ex Reg. 166. Chartoph. reg. ch. 42 : *Icelle femme fist aler la suppliante querir un Toursel enveloppé, ouquel son argent estoit.* Unde diminutivum *Tourselet*, in aliis ann. 1387. ex Reg. 131. ch. 30 : *Laquelle femme avoit noué en un Tourselet huit frans et quatre florins de Flandres.*

* 2. **TORSELLUS**, Scalprum signatorium, Gall. *Coin, poinçon*, Acad. Crusc. : *Torsello, Conio, o punzone, con che s'improntan le monete.* Stat. ant. Florent. lib. 3. cap. 129. ex Cod. reg. 4621 : *Domini monetæ seu aliquis alius...... partiri faciat ...... quonium, Torselllum, pilam, puntellum, marchium seu pondus monetæ aureæ vel argenteæ.*

TORSATORIUM. Gl. MS. : *Laceroli, Torsatoria.*

¶ **TORSERIA**, Idem quod *Torsata*, seu Hippopera, vidulus. Statuta Eccl. Anic. ann. 1267. apud Marten. tom. 2. Anecd. col. 485. n. 50 : *Item quod nullus Canonicus vel Clericus quilibet sine cappa vel mantello... audeat equitare, nec manticam seu Torseriam post se deferre.*

TORSIA, Agger, etc. Vide *Torcia* 2.

¶ **TORSOR**, *Tourmenteur*, in Glossis Lat. Gall. Sangerm. ex J. de Janua, apud quem *Torsores, tortores vel cruciatores.*

¶ **TORSORIUM**, Peniculum, Gall. *Torchon. Munda sicut Torsorium culinæ*, Menoto in Sermonibus Quadragesim. fol. 121. verso. Vide *Tersorium.*

* Glossar. Lat. Gall. ann. 1352. ex Cod. reg. 4120 : *Torsorium, Escuvillon de four.*

Toullon, eodem sensu, in Lit. remiss. ann. 1471. ex Reg. 195. Chartoph. reg. ch. 586 : *Des Toullons ou essuyons à escuelles.*

¶ **TORT**, Gallica vox, quæ non semel occurrit apud Latino-barbaros. Vide *Tortus* 1.

1. **TORTA**, Placenta, nostris *Tourte.* [*Tourterie*, quodvis placentæ genus dicitur, in Litteris ann. 1355. inter Ordinat. Reg. Fr. tom. 5. pag. 509 : *Et ne puet nuls ne nulle faire boulengherie, ne Tourterie, etc.*] Guill. Brito in Vocab. : *Torta, unde tortula diminutivum, genus cibi est vel panis, quod vulgo dicitur ita.* Erotianus in Onomastico ait, ἄρτον ἐγκρυφίαν ab Atticis appellatum esse panem ex pinguibus palmulis, farina et aqua confectum, hæcque verba addit, ὃν τοῦρταν καλοῦσιν, quæ addita a recentiori existimat Hieronymus Mercurialis lib. 2. variar. lection. cap. 5. tametsi sacrorum Bibliorum interpretes ἄρτον ἐγκρυφίαν, *Tortam panis* transtulerint, Exod. 29. Numer. 6. 1. Reg. 2. 10. 1. Paralip. 26. et Jerem. 37. Rituale Hebræorum, a Baronio laudatum : *Deinde paterfamilias Tortam azymam sub mappa hactenus servatam in frusta frangebat, in tot particulas illam dividens, quot essent in cœna discumbentes, etc.* Althelmus de Laude Virg. cap. 28 :

Punica mala vident granis scitisque referta,
Botros, et ficos, et plures ordine Tortas.

Vita S. Tilonis Monachi n. 23 : *Vilissimam panis Tortam ab eis pro benedictione* (eulogia) *sibimet vendicabat.* Vita B. Stephani Abbatis Obasinensis lib. 1. cap. 4 : *Accessit, deferens eis dimidiam Tortam panis et vas lactis, etc.* [** *Torta panis*, in Ecbasi. vers. 42. et 544.] Guigo II. in Statutis Ord. Cartusiensis cap. 7. § 10 : *Post cœnam, singulas Tortas tanquam Christi mendici accipientes, cellas repetimus.* Et cap. 34 : *Panis quivis de tritico, Torta est, album enim panem non facimus.* Adde cap. 53. Statuta antiqua ejusd. Ordin. 1. part. cap. 34. § 10. part. 2. cap. 13. § 39. cap. 14. § 16. cap. 31. § 17. Bernardus Mon. in Consuet. Cluniac. MSS. cap. 14. et ex eo Udalricus lib. 3. cap. 24 : *Quotidie dantur... et* 12. *Tortæ, quarum una quælibet* 3. *libras appendit.* Warnerius MS. in Macrum Poetam Scottum :

His ita perceptis, divisque ex cæde placatis,
Tres Tortas caldas ex humeris religat,
Ut sibi per populum sic fas foret ire quietam,
Securamque suam cernere Glycerium.

[*Torta panis siliginis*, in Charta ann. 1322. tom. 1. Maceriarum Insulæ Barbaræ pag. 203.] Adde Volphardum Presb. lib. 3. Miracul. S. Walburgis n. 4. Decreta Hungarica Mathiæ Regis cap. 86. Monasticum Anglic. tom. 1. pag. 106. Labbeum tom. 2. Biblioth. pag. 744. [Chronicon Bergom. ad ann. 1386. apud Murator. tom. 16. col. 855.] etc. Rob. Gaguinus in Poem. vernaculo :

Le poure mangue sa Torte,
Ses aux, oignons, sans cremeur.

¶ Torta Ceræ, in Tabulario Compendiensi. [* Certa ceræ meta vel massa, nostris *Pain de cire.*]

¶ Tourta. Gerardus in Vita S. Stephani Grandimont. apud Marten. tom. 6. Ampliss. Collect. col. 1085 : *Attulit et Tourtam panis.... et ait ad eum : Esto securus et vade, ac de isto pane... procura uxorem tuam, prout tibi duraverit.* Chartular. S. Vandregesili tom. 1. pag. 803 : *Vendidi unam summam hordei... ratione cujusdam Tourtæ, quam habere consueveram ibidem annuatim diebus singulis, quam Tourtam... excambiaveram pro summa ordei supradicta.*

Turta. Liber Ordinis S. Victoris Parisiens. MS. cap. 25. : *Panis, qui vulgariter Turta appellatur.* Udalricus lib. 2. Consuet. Cluniac. cap. 4 : *Pro signo panis sigali, qui Turta vulgariter appellatur.* [Rursum occurrit apud Murator. tom. 9. col. 772. tom. 12. col. 1084. tom. 16. col. 581. in Statutis Montisregalis pag. 13. et alibi] De vocis etymo multa viri docti congessere, Vossius, Menagius, Ferrarius, et alii.

Tortula, *Quoddam genus cibi vel panis, quod vulgo ita dicitur*, Ugutioni. Diminutivum a *Torta.* Gregorius Turon. lib. 1. Miraculor. cap. 7 : *De qua Tortulæ parvulæ formantur.* Vita S. Lupicini Abbatis Jurensis n. 11 : *Non quadrupedi invictus est equo, sed sufficiebat cuique cum sustentatione baculi crassior fortiorque Monasterii Tortula.* Udalricus lib. 2. Consuet. Clun. cap. 4 : *Pro signo Tortulæ, quæ præter solitam libram datur in quatuor principalibus festis, etc. Tortula ceræ*, apud Odonem Cluniac. in Vita S. Geraldi lib. 1. cap. 25. Occurrit præterea 1. Numer. 11. [Bernardus Mon. part. 1. Ord. Cluniac. cap. 6 : *In quinque principalibus (festis) præter solitum panem dari solet singulis una Tortula de ovis farinaque conspersa.*]

Tortella. Papias : *Artocrea panis carnem continens, vulgo Tortella.* Adelbertus Abb. Heidenheimens. pag. 328 : *De farina domini sui furabatur, et Tortellam inde, quam comederet, confecit.* [Rolandinus Patavinus lib. Chron. Tarvis. cap. 13. apud Murator. tom. 8. col. 181. *Dactylis et muscatis, Tortellis, pyris et cotanis, rosis, liliis et violis.*]

Tortellus, ex Gallico *Tourteau.* Papias : *Pastilli, Tortelli pigmentati, vel unguenta.* Ordericus Vitalis lib. 6. pag. 624 : *Ad tumulum S. Ebrulfi accessit, laminamque reverenter amovit, sanctæque carnis pulverem instar Tortellorum congessit.* [Charta ann. 1226. apud Stephanotium tom. 3. Antiq. Pictav. MSS. pag. 810 : *Petebat unum boisellum (siliginis) ab illo, qui non habebat nec bovem nec asinum, et Tortellum a quolibet sive denarium pro eodem.* Alia ann. 1232. ibid. pag. 822 : *Serviens percipit per se consuetudines suas, videlicet terrageurias, costagia, mestivam, gallos, caseos, Tortellos et corveiam suam, etc.* Alia ann. 1298. e Chartulario. S. Vandreg. tom. 1. pag. 850 : *Dedimus... unam pechiam terræ... pro* IV. *sol. Tur.* II. *garbis*, I. *Tortello et* V. *ovis annui reditus.*] Charta Mauricii Episc. Paris. ann. 1189. in Tabular. S. Maglorii : *Consuetudinem Tortellorum ad Natale, et ovorum ad Pascha reddent hospites S. Juliani.* Charta Roberti Comitis Drocensis : *Tenentur et quilibet hospitum Ecclesiæ reddere... singulis annis in crastino Natalis Domini unum Tortellum, vel unum obolum pro Tortello, si maluerit hospes.* De ejusmodi tortellis in crastino Natalis Christi Domino offerendi more, qui etiamnum in aliquot Galliæ provinciis non omnino abrogatus est, agunt Chartæ aliæ in Hist. Monasterii S. Martini de Campis pag. 187. 188. 514. Usatica MSS. Vicecomitatus Aquæ Rothomagi : *A la ferme des estaulx appartient la porte Cauchoise, et la porte Estoupée, et les Tourteaulx que l'en y paye, et la porte de Bouvereul, et le Barrage, et les Torteaulx, et la porte Beauvoisine, et les Tourteaulx, et le Barrage, et les escroes des taillies.* Ibidem : *L'Abbé de Fescam doit à la porte Beauvoisine une mine de fourment par an pour aller querre les Tourteaulx à sainte Marie des Fontaines, et doit le Fermier dudit Abbé faire paier les Tourteaulx au barrier à ses cousts et despens.*

* *Torelli* ad natale Chrtsti dominis offerebantur a subditis, quæ præstatio in pecuniam sæpius est commutata, retento nihilominus *Tourteau* nomine. Charta ann. 1309. in Lib. rub. Cam. Comput. Paris. fol. 347. r°. col. 1 : *Derechef, les Tourteaux de Noel du forestage, cinc solz Par.* Alia ann. 1318. in Reg. 56. Chartoph. reg. ch. 520 : *Rentes que on appelle Tourtiaus, terrages sur plusieurs terres de la ville.*

¶ **Tourtellus.** Codex MS. reddituum Episcopatus Autissiod. : *Quicunque effert unctum in hac villa, solvit de Tourtello* I. *ob. Tourtel*, pluries in Chartular. Latiniac. fol. 159. v°.

¶ **Turtellus.** Charta ann. 1112. tom. 2. Hist. Eccl. Meld. pag. 21 : *Tertia pars Turtellorum monachorum est.* Infra : *Turtellos de Nativitate.* Ita legendum est in Bulla Alexandri III. PP. ann. 1169. ex Chartul. Pontisar. : *Apud Herovillam in Ecclesia duas partes offerendæ et Turtellorum.* Hæc rursum infra occurrunt.

¶ **Torth**, Eadem notione, Aremoricis *Tors*. Chartularium S. Crucis Kemperleg. : *Ad Pascha Torth panis cum ovis suisi, ad Natale Domini iterum Torth panis cum* II. *gallinis.*

2. **TORTA**, Virga *torta*, qua sepes contineantur ac vinciuntur. Vide in *Retorta*.

* Tortilis ex virgultis laqueus. Stat. Avellæ ann. 1496. cap. 146. ex Cod. reg. 4624 : *Si aliqui bubulco vel conducenti boves cum plaustro, vel laboranti terram alicubi, contingat, quod ruperit aysale vel Tortam, seu aysalia vel Tortas, etc.*

* *Tourte*, Pars molendinum, in Chartul. Corb. sign. *Ezéchiel* ad ann. 1415. fol. 25. v° : *Pour l'arbre, le roeue, le rouet, les Tourtes et tout ce qui tourne, etc.*

¶ 3. **TORTA**, Fascis, fasciculus. Statuta civitatis Astæ collat. 4. cap. 32 : *Teneatur Potestas eligi facere duos ponderatores lini, qui totum linum pensent, ut sciatur, si quælibet Torta est libr.* L. *et accipiant dicti pensatores de qualibet Torta denar.* I. *et si Torta inveniatur minus de libr.* L. *Potestas teneatur ei auferre pro pena pro qualibet Torta solid.* V. *Astens. et qui Tortam vendiderit que pensata non sit, amittat pro pena sol.* V. *et de media pro rata.* Legendum forte *Torsa*. Vide *Torsata* et *Trossa*.

* **TORTAMENTUM**, Charta ann. 1337. in Reg. 70. Chartoph. reg. ch. 331 : *Informatione facta de Tortamento, sufficientia et insufficientia eorum* (servientum) *etc.* Ubi legendum esse *Portamentum* patet ex sequentibus : *De quorum legalitate et Portamento inter alios bonum testimonium perhibebatur.* Vide supra *Portamentum*.

¶ **TORTARII**, Canonici inferioris ordinis in Ecclesia Autissiodorensi, vulgo *Chanoines Tortiers*, sæpius *Semiprebendez*, sic dicti, ut suspicatur D. *Le Bœuf*, vel quod simplici *torta* panis donarentur in sua prima institutione, vel a possessione quadam *Tortaria*, vernacule *la Torterie* dicta, cujus redditus primum assignari potuerunt a Capitulo ad alendos hosce Canonicos. Gesta Abbatum S. Germani Autiss. in Galtero qui abdicavit ann. 1242. apud Labbeum tom. 1. Bibl. pag. 582 : *Blasius eorum hebdomadarius non erat integre Canonicus, sed tantum Tortarius.* Perperam editum est *Portarius*. Necrologium Ecclesiæ Autiss. ann. 1250. ad 29. Martii : *Obitus Adriani Canonici Tortarii et Presbyteri* XXV. *solidi.* Epistola Capituli ejusd. Eccl. ad Capitulum Nivern. ann. 1286. e MS. Eccl. Nivern. : *Petiistis a nobis, ut vos certos reddere curaremus qualiter et quomodo septem Presbyteri, quos Canonicos Tortarios nuncupamus, consueverunt et debent in nostra Ecclesia deservire.*

* Horum conditio aperte declaratur in iis quæ sequuntur in eadem Epistola ann. 1286. inter Probat. Hist. Autiss. pag. 149. col. 2 : *Unde discretioni vestræ tenore præsentium intimamus, quod postquam præbendas, quas Tortarias vocamus, ad collationem nostram pleno jure spectantes, pacifice sunt adepti, personalem residentiam in ecclesia tenentur facere, et nisi sint sacerdotes, infra annum tenentur se facere promoveri; nec possunt moram trahere extra villam causa peregrinationis, seu alia de causa, nisi prius petita a nobis in capitulo licentia et obtenta : et super præmissis in institutione sua jurant corporaliter. Tenentur etiam celebrare ad majus altare et etiam ad aliud altare, quod aitare Comitissæ vocatur, in suis hebdomadis, chorum regere, horas canonicas, tanquam hobdomadarii, dicere, sicut majores canonici sacerdotes. Non tamen potest canonicus Tortarius celebrare ad majus altare in majoribus solemnitatibus, si ejus septimana evenerit, sive in festis duplicibus, si commode possit habere majorem canonicum qui pro ipso celebret dicta die. Consueverunt insuper dicti Tortarii supplere defectus majorum canonicorum quotiens est, et cantando et legendo eorum onera supportare. Hæc autem vobis sufficiant, quæ de dictis Tortariis vobis ad præsens duximus rescribenda.*

¶ **TORTELLA**, **Torth**, etc. Vide in *Torta* 1.

¶ **TORTIA**, Idem quod *Torcia* 1. Fax, tæda. Computus ann. 1333. et seqq. tom. 2. Hist. Dalphin. pag. 277 : *Item, libravit... Usseriis pro Tortiis, quas debuerunt habere, quando dominus Andreas fuit baptizatus, taren.* V. *gran.* XVI. Vide *Tortisius*.

¶ **TORTICA**, ut *Tortia*. Statuta S. Capellæ Bituric. ann. 1407 ex Bibl. Reg. : *Thurificabitur insuper in elevatione Corporis Christi solum per duos clericos, et per alios duos tenebuntur duæ Torticæ accensæ usque post communionem.* Vide *Torticus*.

¶ **TORTICIA**, **Torticius**, Idem quod *Tortisius*, Fax, tæda. Ordo Rom. apud Mabillon. tom. 2. Musei Ital. pag. 364. ubi de ritu excommunicationis die Cœnæ Domini : *Circa ultimum verborum habens aliquos Torticios accensos in manu, projicit ipsos D. Papa versus populum ad terram. Hoc idem faciunt singuli Cardinales et Prælati, tenentes tantummodo unum Torticium in manu, nihil dicendo; et cum candelæ projiciuntur, debent campanæ Ecclesiæ inordinate pulsari.* Et pag. 529 : *Torticiæ seu brandones, quilibet ad minus* VI. *lib. ceræ.* Concordia ann. 1322. e Tabulario S. Audomari : *Offerat ad magistrum altare unum Torticium vel unam candelam ceræ ponderis dimidiæ libræ. Torticius cereus*, in Testamento ann. 1392. apud Baluz. tom. 2. Hist. Avern. pag. 180. Aliud adde ejusdem anni tom. 2. Maceriarum Insulæ Barbaræ pag. 664.

¶ **TORTICIUS.** Histor. Inquisit. Tolos. apud Limborch. pag. 305 : *De dictis ossibus accepit ab eis aliquam partem, et posuit juxta Torticium domus suæ ante ymaginem Crucifixi.* Lutarium parietem intelligo sic dictum ab Occitanico *Tourtis*, Gall. *Torchis*. Vide *Tortissus* et alia notione in *Torticia*.

¶ **TORTICORDIUS**, *Tortum cor habens*, S. Augustino in Psalm. 146. Locum vide in *Pravicordius*.

¶ **TORTICUS**, Idem quod *Tortisius*. Charta Philippi Pulchri apud D. *Brussel* tom. 1. de Feudorum usu pag. 669 : *De... duobus Torticis in elevatione accendendis financia non præstetur.* Litteræ Caroli V. Reg. Franc. ann. 1369. tom. 5. Ordinat. pag. 209 : *Candele et Tortici de cera.... fient in tarra eorumdem, talis quantitatis et valoris, quod operarii et operatrices qui candelas ipsas facient per se vel per alium, et Torticos, atque vendent, pro toto eorum labore atque lucro, ultra ipsorum puram sortem, vel proprium capitale, de et super qualibet libra cere, in candelis et Torticis, ut predicitur, operata, sex denarios Turonenses percipient et habebunt tantummodo.* Vide *Tortica* et *Tortisius*.

¶ **TORTILITER**, Modo qui torquet, J. de Janua; *Tormentablement*, in Gl. Lat. Gall. Sangerm. MSS.

TORTILOQUIUM. Gloss. Gr. Lat. : Διάλεκτος συνεςαμμένη, *Tortiloquium.* Alibi : συνεςραμμένη ὁμιλία, *Tortiloquium, Oratio intorta*, apud Plautum in Cistellar. : *Involucra censuum et verborum volumina*, apud Gellium. *Inversa verba*, apud Lucretium l. 5 :

> Inversis quæ sub verbis latitantia cernis.

* **TORTILUS** Charta vetus apud Corium inter Inscript. antiq. Denian. pag. 508 : *Tortili paria octo.* Quæ in Indice *Turtures* exponuntur. Vide supra *Tordera*.

¶ **TORTINA**, Stateræ species. Statuta Perusiæ fol. 56 : *Si quis mensuraverit ad mensuram vel pondus, scandalium, stateram, seu Tortinam, vel balanciam, etc.* [* Forte pro *Trutina*.]

* **TORTINUS**, Cereus certa ratione contortus. Charta ann. 1290. in Lib. 1. nig. S. Vulfr. Abbavil. fol. 29. r° : *Dicebamus simplices cereos foramine carentes et Tortinos foramina habentes ad nos, ratione thesaurariæ nostræ, pertinere. Tourtis de cire*, eadem de causa, appellatur Massa fili ce-

[illegible] et contorti, vulgo *Pain de bougie*, in [Chart.] ann. 1358. tom. 6. Ordinat. reg. Franc. pag. 596. art. 32.

¶ **TORTIONARIE**, Injuria, Gall. *à tort.* Arrestum Parlamenti ann. 1531. inter Privilegia Ordinis S. Johan. Jerosol. pag. 251 : *Supradictos vero defensores Tortionarie et sine causa supradictæ querimoniæ opposuisse diceretur etc. Torsonnierement*, in Charta ann. 1369. ex Chartul. 21. Corb. fol. 316. *Torchonnierement*, in Charta ann. 1448. ex altero Chartul. 23. ejusd. Monaster. : *Tout ce qui par eulx ou de leur partie avoit été Torchonnierement entrepris, fait et commis.* Vide *Torçonnerie* et *Tortionarius.*

TORTIONARIUM. Glossæ MSS. : *Sanna, Tortionarium.* [Haud scio an referri queat ad sequens]

¶ **TORTIONARIUS**, Injustus, injoriosus. Practicis nostris *Tortionaire.* Arrestum Parlamenti ann. 1494. apud Menesterium in Prob. Lugdun. pag. 76. col. 1 : *Impedimenta in contrarium facta Tortionaria et iniqua extiterat judicatum. Torsonnier*, in Charta Caroli VI. Reg. Franc. ann. 1402. ex Bibl. Reg. : *Lequel empeschement qui estoit et est Torsonnier, si come dient nos dis Chappellains.*

TORTIRELLA, Tortorella, Machinæ bellicæ species, [a torquendo, seu jaciendo, ut videtur, appellata.] Rolandinus in Chron. lib. 1. cap. 12 : *Comes Paduæ Manfredinus... a lapide Tortorellæ intrinsecæ cecidit mortuus.* Idem lib. 1. cap. 1 : *Fovea quoque facta, constructum est ibi spaldum trabeum, longo tractu fortissimum, et condensum, et turres quoque ligneæ, Tortirellæ, sive predariæ, certis locis, ut si temerarius inimicus accesserit, redeat cum pudore et damno.* [Chronicon Veron. ad ann. 1237. apud Murator. tom. 8. col. 639 : *Castrum obsiderunt cum novem manganis et pluribus Tortorellis seu manganellis.*] Vide *Prederia*, et *Tornus* 1.

TORTISIUS, Tortitius, Tæda, *Torse*, vel *Torche*, nostris. Synodus Exoniensis ann. 1287. cap. 4 : *De parochiarum eleemosynis Sacerdotes procurent duos fieri Tortisios, in Canone Missæ ardentes, prout in Ecclesiis multis hactenus fieri consuevit.* Fleta l. 1. cap. 5. § 6 : *Militi quotidie liberetur a Celario Regis... unus Tortitius cum sex minutis candelis ceræ.* Computum Domanii Stapularum in Comitatu Bononiensi ann. 1475. fol. 53 : *Recepte des Torsins de chire deus au terme de Chandeleur.* Vide *Soolax.* [Le Roman *de la Rose* MS :

> Il venist lors en repostaille,
> Ou par nuit devers les cortils
> Sans chandele et sans Tortils.]

Vide *Torticia*, *Entortitius* et *Intorticium.*

* **TORTISSIUS**, Tæda, fax, funale intortitium. Lit. remiss. ann. 1357. in Reg. 89. Chartoph. reg. ch. 188 : *Combusta cum uno Tortissio ardenti.* Vide *Tortisius.*

¶ **TORTISSUS**, Lutum paleatum, ab Occitanico *Tourtis*, Gall. *Torchis.* Reparationes factæ in Senescallia Carcassonæ ann. 1435. e MS. Cl. V. *Lancelot* : *In aptando et reparando solum aliquarum camerarum ejusdem castri de terris et Tortissis et aliis necessariis.* Vide *Torticius.*

1. **TORTITUDO.** Gibbositas, apud Constantinum Afric. lib. 2. Pantechn. cap. 8.

2. **TORTITUDO**, Idem quod *Tortus* 1. Injustitia, violentia. Chronicon Besuense pag. 602 : *In causa violentiæ et Tortitudinis, etc.* Alibi : *Pro multis Tortitudinibus et sceleribus.* Historia Episcoporum Autisidor. cap. 49 : *Interdixit sub anathemate, ut nullus mortalium præsumere deinceps auderet vim seu calumniam, nec aliquam Tortitudinem inferre pro quavis occasione rebus ejusdem Ecclesiæ.* Tabularium Arremarense : *Terram quoque Osanicurtis... recognita sua Tortitudine abdicavit.* Adde Chartas alias a Beslio descriptas in Comitib. Pictavensib. pag. 468. 485. 506. Occurrit etiam non semel in Tabular. Dervensis Monasterii, [ut et in Epistola Hadrian. II. PP. apud Labbeum tom. 8. Concil. pag. 914. in alia Johannis XIX. ann. 1030. Marcæ Hispan. col. 1044. in Charta ann. 1079. apud Marten. tom. 1. Ampliss. Collect. col. 498. in Hist. Monasterii S. Laurentii Leod. tom. 4. ejusd. Collect. col. 1127. et alibi passim. Inter *malos usus et tultas, Tortitudines*, hoc est, injustæ exactiones, recensentur in Charta ann. 1062. e Tabulario S. Victoris Massil. *Tortitudo peccati*, apud Lambertum Abb. S. Rufi in Floribus Psalmorum MSS. *Tortitudo morum*, in Actis Ven. Erluini Abb. tom. 7. Maii pag. 845.] *Tortas et confragosas*, dixit Plautus in Menæchmis.

¶ **TORTIUS**, Idem quod *Tortisius.* Charta ann. 1269. apud Lobinell. tom. 3. Hist. Paris. pag. 47 : *Administrabit et dictus capicerius ad Pascha duos Tortios qui accendentur quotidie in majori Missa, in elevatione Corporis Christi.*

¶ **TORTIVUM** Vinum. Vide in *Vinum.*

¶ **TORTIX** Cereus, Idem quod *Tortisius.* Testamentum ann. 1300. e Schedis Marchionis *de Flamarens* : *Dare teneantur... Torticem cereum ad illuminandum Corpus Christi in elevatione ejusdem.*

* **TORTOLANI**, Hæretici Valdensium sectatores, quod *Tortellum* facerent de quo communicabantur, in Bibl. Dominic. tom. 1. pag. 191. ex Alberto Magno.

¶ 1. **TORTOR**, Jaculator, qui tela *torquet*, immittit, vibrat. Radulfus Cadom. in Gestis Tancredi tom. 3. Anecd. Marten. col. 167 :

> Nec minus adversis, obverso turbine, dextris
> Tela retorquebat, Tortores torta per ipsos.

* 2. **TORTOR**, Baculus, quo funes carrorum contorquentur, nostris alias *Tortoer*, *Tortoir* et *Tortouer*, Charta ann. 1332. in Reg. 66. Chartoph. reg. ch. 1098 : *Item non tantum de mortuis, sed etiam de vivis infrascriptis, videlicet pro suis...... Tortoribus, videlicet modicis baculis, cum quibus cordæ stringuntur.* Lit. remiss. ann. 1377. in Reg. 111. ch. 213. bis : *Un autre de leur compaignie fery ledit Rousselet par la teste d'un Tortoer de charrette ou d'un gros baston.* Aliæ ann. 1380. in Reg. 117. ch. 47 : *Un gros baston, que l'en appelle Tortoir de charrue. Icellui Thevenon garny en sa main d'un Tortouer ou baston à charue*, in aliis ann. 1393. ex Reg. 144. ch. 437. *Tuerdoir de cher ou de charette*, in aliis ann. 1397. ex Reg. 152. ch. 105. Vide supra *Tornuglium* et *Tornus* 1.

¶ **TORTORELLA.** Annales Mediolan. ad ann. 1389. apud Murator. tom. 16. col. 808 : *Fermalium unum auri cum una Tortorella super uno radio auri.* Italis *Tortorella* est Turtur junior. Vide *Tortoreta.* Occurrit alia notione in *Tortirella.*

¶ **TORTORERIÆ** Cordæ. Vide in *Corda* 3.

¶ **TORTORETA**, dimin: ex *Tortora*, ni fallor. Italis Turtur. Funus Johannis *Galeaz* Ducis Mediol. ann. 1402. apud Murator. tom. 16. col. 1035 : *Erant enim prima duo scuta cum sola aquila nigra... alia duo cum radio solis cum Tortoreta.* Vide *Tortorella.*

¶ **TORTORIUM**, Carcer, custodia. Miracula MSS. S. Angilberti n. 56. e Tabulario S. Richarii : *Quin etiam uxorem suam in vadem sibi subrogare curavit; at illa mente robusta ingreditur mariti Tortorium.*

* **TORTOSUS**, Intortus, nostris *Tortillé*, alias *Torticié.* Inventar. MS. thes. Sedis Apost. ann. 1295 : *Item stolam et manipulum de serico violaceo, laboratos ad Tortosum ad nodos ad aurum.* Comput. Rob. de Seris ab ann. 1332. ad ann. 1344. in Reg. 5. Chartoph. reg. : *Le fondz d'or soudeiz fait d'or trait, Torticié en maniere de veilles.*

* **TORTOYRIEYRA**, Funis. Comput. ann. 1334. inter Probat. tom. 2. Hist. Nem. pag. 85. col. 1 : *Item pro uno peytrali et una Tortoyrieyra, etc.* Ubi de equi instructu sermo est.

TORTUA, Testudo, ex Gallico *Tortue*, apud Silvestrum Girald. in Topogr. Hibern. Dist. 1. cap. 7.

TORTUCA, Matthæo Silvatico, *Testudo enuda.*

¶ 1. **TORTULA**, Τροχιλέα, in Glossis Lat. Græc. Trochlea. Aliæ Gr. Lat. : Τροχιλία, *Tortula*, *Trogala.*

2. **TORTULA**, Placentæ species. Vide *Torta* 1.

* **TORTULUS**, Placentæ vel panis species, idem quod *Tortellus* in *Torta* 1. Census eccl. Reat. MSS : *Sanctus Johannes Evangelista* (debet) *vj. spatulas et xij. Tortulos.*

¶ **TORTUM**, Damnum, injustitia. Vide *Tortus* 1.

¶ **TORTUOSA**, nude, Gladii species, eadem quæ *Machua tortuosa.* Leges Furnenses MSS. ex Archivo S. Audomari : *Qui bannitum fugat vel interficit cum defensis armis, nisi cum canipulo vel Tortuosa, liber erit in forefacto... Qui de nocte ad helperocys cum armis venerit, excepto canipulo et Tortuosa, nihil emendabit.* [** Apud Warnkœnig. Hist. Flandr. tom. 2. part. 2. Probat. pag. 79. in Statut. Furnens. ann. 1240. art. 61. et 63. legitur *Torcoisa.* Pro *Helperocys* ibidem *Helperop.*]

¶ **TORTUOSITAS**, Pravitas, dolus. Tertullianus de Carne Christi cap. 20 : *Qualis est autem Tortuositas vestra, ut etc.* Adde lib. 4. contra Marcionem, cap. ult.

¶ **TORTUOSUS**, *Injustus*, *falsus*, in Glossario Barthii, apud Ludewig. tom. 3. Reliq. MSS. pag. 117. *Tortuosissima nodositas*, S. Augustino. lib. 2. Confess. extrem.

1. **TORTURA**, *Torturæ*, Cruciatus, Tormenta, seu supplicia, quibus ad eruendam a reis confessionem judices uti solent : Gallis *Tortures.* Quod quidem *torturarum* genus Anglis inauditum, Francis nostris ut inhumanum passim ii objiciunt. Joan. Fortescutus de laudibus legum Angliæ cap. 22 : *Non igitur contenta est lex Franciæ in criminalibus, ubi mors imminet, reum testibus convincere, ne falsidicorum testimonio sanguis innocens condemnetur; sed mavult lex illa reos tales Torturis cruciari, quousque ipsi eorum reatum confiteantur, quam testium depositione, qui sæpe passionibus iniquis, et quandoque subornatione malorum ad perjuria stimulantur. Quali cautione et astutia criminosi etiam et de criminibus suspecti, tot Torturarum in regno illo generibus affliguntur, quod fastidit calamus ea literis designare... Leges etiam ipsæ civiles, deficiente testium copia, in criminalibus veritatem consimiliter extorquent tormentis; qualiter et faciunt etiam quamplurima regna. Sed quis tam duri animi est, qui semel ab atroci tanto torculari laxatus, non potius innocens ille, omnia fateretur scelerum genera, quam acerbitatem sic experti iterum subire tormenti, et non semel mori mallet, dum mors sit ultimum terribilium, quam toties occidi et totidem gehennales furias morte amariores substinere?* Nec multis post, gravius invehitur in judices ipsos, qui hisce tormentis adsunt ipsi : *O judex, quibus in scholis didicisti, te præsentem exibere, dum pœnas luit reus? Executiones quippe judiciorum in criminosos per ignobiles fieri convenit, etc.* Sed hoc non novum. Auctor ad Herennium : *Majores nostros dicemus, veri inveniendi causa cruciatibus ac tormentis voluisse quæri, et summo dolore homines cogi, ut quicquid sciant, dicant.* Vide Leges Alfonsinas parte 7. tit. 30. Michælem *del Molino* in Repertorio Foror. Aragon, v. *Tortura*, [Correctiones Statutorum Cadubrii cap. 61 Chronicon D. de Gravina apud Murator. tom. 12. col. 680. Annal. Genuens. apud eumdem tom. 17. col. 1163. etc.]

* Ita quoque appellatur Locus ubi *Tortura* exercetur, vel *Torturæ* instrumentum, in Computo ann. 1536. ex Tabul. S. Petri Insul. : *Pro reparatione Torturæ in carcere, lvj. solidos.*

2. **TORTURA**, Idem quod *Tortus, Tortitudo.* Charta Petri Episcopi Albanensis Cardin. ann. 1078. in Bibl. Cluniac. : *Nullam læsionem vel Torturam inferre præsumant.* Alia ann. 1103. in Biblioth. Sebusiana pag. 265 : *Donavit et omnino finivit Deo et B. Petro ad locum Cluniacum unum receptum, quem in Lavariaco exigebat, omnesque malas consuetudines ac deprædationes, seu Torturas, quas ibi per se vel per suos exercebat, funditus werpivit et absolvit.* Tabularium S. Albini Andegav. ubi Fulco Junior Comes *condonat Torturas, quas fecit in terris S. Albini*, ann. 1087. [Occurrit rursus in Charta ann. 1103. e Tabulario S. Benigni Divion. in alia sæculi XI. e Chartulario S. Florentini, et alibi.] Vide *Tortus*, 1.

¶ 3. **TORTURA**, Circuitus, iter obliquum, flexuosum, Gall. *Tour, Détour.* Epistola ann. 1204. apud Marten. tom. 1. Anecd. col. 786 : *Vadum profondum... non potuimus transmeare, nisi trium leugarum faceremus Torturam.*

¶ 4. **TORTURA**, Compressio tortilis. Bernardus, part. 1. Ord. Cluniac. cap. 46 : *Ablutis... tersoriis... et coccis... Tortura quadam aquam exprimentibus, etc.*

TORTURA CAPILLORUM. [Vita MS. Geraudi de Sala apud Stephanotium tom. 2. Antiq. Pictav. MSS. pag. 576 : *Contigit eum ad Moniales Fontis Ebraldi prædicationis gratia declinare, ingressusque Capitulum vidit in mulieribus illis Deo et Angelis abominabile monstrum; nam crinium suorum Tortura et circumdatura more meretricio, etc.*] Vide *Capillus.*

1. **TORTUS**, TORTUM, Damnum, injustitia, vis, violentia alicui illata. Jo. de Janua : *Tortus a torqueo dicitur. Hic tortus, tus, i.* corrisio, vel injuria.* Gloss. Lat Gall. : *Tortus, ta, tum, Tort, injurieux. Tortus, tus, torsion, ou injure.* Edictum Pistense Caroli Calvi cap. 20 : *Sic injustitiam istam exsolvant, sicut illi, qui in suo ministerio Tortum faciunt.* Cap. 23 : *Sicut ille, qui Tortum in suo Comitatu, vel ministerio fecerit.* Adde cap. 26. Vetus Notitia in Tabulario Vindocin. n. 6 : *In perverso et aperto Torto nobis postea abstulit.* Charta Ludivici II. Imp. pro monasterio Casauriensi : *Pro nulla denique mallaturæ quispiam a Monachis præfati monasterii, vel ab Advocato eorum Tortum quærere audeat, quia... eidem monasterio concessimus.* Tabularium S. Joannis Angeriac. : *Thetbaldus fecit eis multa Torta.* Prima Statuta Rob. I. Regis Scotiæ cap. 17 : *Quandiu defendens aut suus prælocutor defendet Tort, et non reason, etc.* Ubi Skenæus : *Quamdiu tenens defendit se nihil fecisse contra jus vel legem.* Testamentum Sancii I. Reg. Portugall. æræ 1217. apud Brandaonem tom. 4. pag. 261 : *De quibus faciant pacari, quantum invenerint, quod accepi cum Torto.* [Charta Monasterii S. Albini Andegav. ann. circiter 1090 : *Recognoscens Tortum suum et rectum monachorum, etc.* Tabularium S. Florentii : *Bellum conquerentium, quo Tortum superavit rectum.* Proverbium apud Aremoricos natum occasione prælii apud Conquireticum ann. 992. ubi Conano Britonum Duce interfecto, Fulco Comes Andegav. victoria potitus est. Adde formulam vet. apud Murator. tom. 1. part. 2. pag. 91. col. 1. Chartam ann. 1112. in Probat. novæ Hist. Occitan. tom. 2. col. 381. aliam ann. 1138. apud D. *Brussel* tom. 1. de Feudorum usu p. 507. Chronicon Parm. ann. 1243. apud eumd. Murator. tom. 9. col. 768. Statuta Pallavicinia lib. 2. cap. 20. Vercell. fol. 3. v° etc. *Torfait* et *Torfes*, nostris. Testam. ann. 1274. ex Chartul. Vallis N. D : *Et s'ainsi estait que mis venist avant de qui j'eusse riens eu par mauvaise raison,... je vel que il soit rendu par mes eseuqiteurs, lesquieus je establis et doins plein pooir de mes detes paier et de mes Torfais amender.* Aliud ann. 1275. ibidem : *Je veil e establis e commant que totes mes doites soient payées et tos mes Torfez adreciez e amendez.*]

* Lit. remiss. ann. 1375. in Reg. 108. Chartoph. reg. ch. 123 : *Icellui deffunct avoit fait paravant audit sire de Disquemue plusieurs griefs, Torfaiz, dommages et villenies.*

IN TORTUM MITTERE. Diploma Pipini Regis Aquitaniæ ann. 835. tom. 12. Spicilegii Acheriani : *Ipsumque Advocatum nemo præsumat temerario ausu distringere, vel in Tortum mittere, etc.* Tabularium Brivatense ch. 446 : *Ipsumque Advocatum nemo præsumat distringere, vel in Tortum mittere.* Fori Oscæ ann. 1247. fol. 3 : *Debet mittere suum nuntium ad portam de illo, qui facit ei Tortum, etc.* Fol. 6 : *Et si testatus fuerit Infantio ad Villanum cum justitia, et sint ambo, qui tenent Tortum, etc.* Mox : *Et si ille, qui se clamat, est de una villa, et qui facit Tortum de alia, etc.* Rursum : *Emendet ipsum Tortum.*

TORTUM ELEVARE. Vetus Placitum in Tabulario Viennens. Eccl. fol. 70 : *Archiepiscopus Viennensis B. misit in placitum Duranni Cheuvrii de Torto, quod elevaverat in terra sua, et in causis Ecclesiæ S. Mauritii. Et cum ipse Durannus noluit ire Jerusalem, dimisit in manu Archiepiscopi Tortum, quod ipse elevaverat, et ejus ministri in terra illa, etc.*

Latini porro *tortum*, seu *tortuosum* dicunt, quidquid obliquum est, vel non rectum; unde damnum, vel injustitia aliqua, seu violentia recto opponitur. Glossæ Lat. Gr. : *Tortus*, καμφθείς. Glossæ Gr. Lat. : Μανιάξ, *Tortile, circulus tortus.* Papias : *Linea dicitur, qua lignarii utuntur, ne Tortum aliquid construant.* Prudentius in Apotheosi hymno 1 :

Tam multa surgunt perfidorum compita
Tortis polita erroribus.

Constantinus African. lib. 2. Pantechn. cap. 8 : *Os coxæ majus est totius corporis ossibus Tortum in extranea parte a superiori, in familiari ab inferiori.* Infra : *Ne corpus Tortum et non rectum fieret.* [*Iter obliquum et Tortum*, lib. 3. Annal. Genuens. ad ann. 1196. apud Murator. tom. 6. col. 378.]

2. **TORTUS**, Torques. Eustochius in Vita S. Pelagiæ meretricis cap. 11. in Vitis Patrum : *Illa vero convocavit omnes pueros et puellas suas, et liberavit omnes, donavitque Tortos aureos eis de manu sua, etc.*

¶ 3. **TORTUS**, Idem, ni fallor, quod *Tortisius*, Fax, tæda. Joh. Blakman. de Virtutibus Henrici VI. Regis Angl. pag. 298 : *Consueverat etiam ex permaxima humilitate et devotione, nocte et Dominicæ Resurrectionis tempore propria manu gerere magnum Tortum, ob reverentiam Dominicæ Resurrectionis et fidem.*

¶ **TORTUUS**, Distortus, curvus, Gall. *Tortu.* Miracula S. Thomæ Aquin. tom. 1. Martii pag. 377 : *Puer quidam de Alto gradu recens Tortuus, et quinque diebus toto corpore impotens effectus etc.*

* Nostris *Se Torfaire*, pro *se Détourner, s'égarer,* Divertere, itinere deerrare. Lit. remiss. ann. 1476. in Reg. 204. Chartoph. reg. ch. 186 : *Lesquelx prindrent ung autre chemin et se Torfirent de bien deux lieues.*

¶ **TORTZA**, *Fax*, in Amalthea. Vide *Tortisius.*

¶ **TORVA**, Cespes. Polyptych. Fiscamn. ann. 1235 : *In prædictis tribus acris herbagii capiuntur Torve ad exclusas molendini.* Bullarium Fontanell. fol. 116 : *Ipsi fodere et capere feodaliter possint in prato meo de*

Ayrholin Torvam sufficienter ad necessaria ni. Vide *Turba* 1.

TORVIDUS, Torvus. Vita S. Lifardi tom. 1. Jun. pag. 301. col. 1 : *Ne timeas et baculum hunc ante Torvidi draconis aspectus in solum figere ne dubites.*

¶ **TORULUS**, in re munitoria, fascia est, ut exponit Carolus de Aquino in Lexico Milit. v. *Arx*, quæ propugnaculi partem inferiorem, quæ declivis est, discriminat a superiori, quæ plana est et recta; quid vero sit in Galea apud Ammianum lib. 16. *Cujus vertici flammeus Torulus aptatur*, est divinandum; etsi eidem Glossatori videtur indicari pars editior cassidis, aut ornamentum æneum rubri coloris.

* Apud Ammianum lib. 16. idem videtur esse quod *Bourrelet* appellamus, Spira farta, quæ galeæ superimponebatur, etiamnunc in arte heraldica *Tocque* et *Tortil* nuncupata.

TORUM. Charta Longobardica ann. 774. apud Ughellum tom. 8. pag. 34 : *A fine Venatoris usque in strafilum inter duo Tora.* Charta Cornutiana vetus edita a Suaresio : *Que sepis descendit per regam ante ad viam cavam, sive ad Torum, quæ redit usque ad arcum supradictum, etc.* Vide *Toro*, *Torale*, et *Torallum.*

* **TORZIZIUM**, Fax, tæda, funale intortitium. Testam. ann. 1409. tom. 2. Hist. Cassin. pag. 591. col. 2 : *De qua cera fieri mandavit et voluit Torzizia octo librarum duarum.*

TOSCA. Charta Theobaudi *Chabot*, ex Tabulario Absiensi fol. 219 : *Donamus siquidem libere Deo et S. Mariæ et habitatoribus Absiæ... in præmisso feodo 2. sextariatas terræ, et unam Toscam, quæ ab antiquis Gamburcca a nobis vocatur : tali conventione ut in illa domum et capellam in honore gloriosæ Dei genitricis Mariæ et nostro adjutorio construant... Donamus etiam illis aliam Toscam, quæ vocatur Firmitas, et 10. sextariatas de nostra propria terra, quocumque ipsi eam prædicto feodo meliorem invenerint, ipsasque duabus præfatis sextariatis et duabus Toscis concedimus illis ab omni calumnia, prece et pretio funditus liberare et expedire.* Idem Tabular. fol. 222 : *Ructuram ruinatæ terræ juxta Toscam Boni-repasti, quæ antea Cambiceria vocabatur.* Tabular. Dalonensis Abbatiæ fol. 61 : *In terra quæ est juxta domum et superiorem Toscham et landas.* [Tabularium majoris Monasterii : *Rollandus Prior et fratres Capituli Lebon. in hanc formam pacis convenerunt coram nobis super Toscha Mabon, de qua contendebant cum Joanne albo et Alano fratre ejus. Prior et monachi quitaverunt prædictis Militibus illam Toscam Mabon.*] Vide *Thosca*, *Tuscha* et *Pleisseicium.*

☞ *Tosca* in laudatis Chartulariis videtur intelligi Locus ad ædificandum aptus : nisi idem sit quo Gallicum *Tousche* in Charta ann. 1406. ex Bibl. Reg : *Ladite fefferme est bien taillié de valoir moins que ladite somme de x. lib. se guerres ou mortalitez surviennent ; car il est vrai, que à cette fefferme ne appartiennent fors seulement une Tousche de bois et une piece de terre.* Ubi *Tousche*, ut et in Consuetud. Blesensi art. 78. et *Touschaige*, in Andegav. art. 117. Lucus est seu arbores ad ornatum consitæ. Provincialibus *Tuesco* rubum, nostris *Buisson*, significat. Vide *Tosta.*

* Vide infra *Touchia* et *Tusca.*

* **TOSCABILIS**, perperam, ni fallor, pro *Tascabilis*, Præstationi agrariæ, *Tasca* dictæ, obnoxius. Charta ann. 1307. in Reg. 44. Chartoph. reg. ch. 171 : *Item quasdam terras Toscabiles, quas ibi habet dominus rex in dicto tenemento.* Vide *Tasca* 2.

TOSCHEODERACH. Regiam Majestatem lib. 1. cap. 6. § 7 : *Si fuerit Marus domini Regis, vel Toscheoderach ipsius, vel aliquod nomen officii, pertinentis ad submonitionem faciendam.* Ubi Skenæus barbarum nomen esse observat, priscis Scotis et Hibernis usitatum pro *Serjando*, vel *Serviente curiæ*, qui literas citatorias mandat executioni ; subditque Davidem II. Regem Scotiæ dedisse et concessisse Joanni *Vallace* Armigero suo et fideli officium *Serjandiæ* Comitatus de *Carrik*, quod officium *Toschaderech* dicitur, vulgo *ane mair of feé.*

* **TOSCHUS**, Nemus, silvula, idem quod *Tosca.* Charta ann. 1297. apud Lam. in Delic. erudit. inter not. ad Hodoepor. Charit. part. 1. pag. 124 : *Disternendo ipsam partem silvæ et Toschi de Camporena, pertinentem ad dictum commune castri Florentini.* Paulo ante : *Silvam seu boschum de Camporena.* Vide infra *Touchia.*

¶ **TOSONDI**, Francis vett. Mille. Vide *Chunna.*

¶ **TOSPRI**, pro *Tolpri.* Vide in hac voce.

¶ **TOSSICARE**, Toxico seu veneno inficere apud Italos. Legitur in Chronico Parm. ad ann. 1249. apud Murator. tom. 9. col. 776. et alibi. Vide *Toxicare.*

¶ **TOSSICATOR**, Qui inficit toxico, in Annalibus Genuens. ad ann. 1289. apud eumd. Murator. tom. 6. col. 598. Vide *Toxicator.*

¶ **TOSSICUM**, pro *Toxicum*, Venenum, Ital. *Tossico* apud Murator. tom. 12. col. 559. etc.

¶ **TOSTA**, Panis tostus, Gall. alias *Tostée.* Menotus Sermon. fol. 126. v° : *Bene video quod tempore præterito modicum gustatis de ista Tosta. De ceste Tostée des serviteurs*, ut ibid. Gallic. redditur. Vide *Tofta.* [* *Tosta* hic idem quod mox *Tostée* in *Tostea.*]

* Tosta, Panis tenuissimus ex farina et aqua confectus atque ad ignem ferreis prælis tostus ; unde nomen. Synod. Andegav. ann. 1263 : *Prohibemus sacerdotibus parochialibus, ne parochianis suis die Paschalis Tostas seu hostias, loco panis benedicti, ministrent.* Hinc *Tostée* rem minutissimam designat in Mirac. B. M. V. MSS. lib. 1 :

Car je ne prise une Tosté,
Parole, qui n'est escoutée.

¶ **TOSTACIO**, Οπτησις, in Glossis Lat. Græc. In Græc. Lat. additur *Coctura.*

** **TOSTARE.** Pro Torrere occurrit apud Plin. Valer. De re med. lib. 2. cap. 28. Vide Forcellinum. Papias : *Tostant, Siccant. Tostatus, Siccatus.* Inassare significat in Ecbasi vers. 696 :

Dum Tostat verua scutellæ balnea potet.

Adde ibidem vers. 271.

* **TOSTEA**, Pulmenti species ex pisis tostis : nostris *Tostée* proprie dicitur de tosto pane, vino, butyro, oleove imbuto, vulgo *Rotie.* Lit. remiss. ann. 1357. in Reg. 89. Chartoph. reg. ch. 222 : *Dicta Jaquemina supervenit in quodam loco dictæ villæ Monsterolii supra mare, in quo quædam Tostea pisorum fiebat, quæ ibidem Tostée de pois Gallice nuncupatur, in qua cum ceteris compatriotis et vicinis de pisis Tostatis comedebat.* Aliæ ann. 1426. in Reg. 173. ch. 432 : *Le suppliant ala querir du vin et de l'eaue en ung gobelet de voirre, et fist une Tostée à icellui enfant.* Aliæ ann. 1458. in Reg. 188. ch. 41 : *Icelle chamberiere mist dessus la table du pain, du beurre et du lait en une escuelle, et lors le suppliant fist une Tostée de pain. Toustées à l'ypocras blanc*, in Hist. Joan. *de Saintré* pag. mihi 561. *Toster*, Luculenter calefacere se, in Lit. remiss. ann. 1379. ex Reg. 116. ch. 54 : *Un varlet....... vint en la cuisine dudit hostel, et là se despoilla pour soy Toster ou rostir, etc. Tostée lardée*, Egregius in faciem ictus, vulgo *Soufflet*, in aliis ann. 1411. ex Reg. 165. ch. 283 : *Icellui Galchaut dist tout haut, j'ay ja donné une Tostée lardée ou buffe ; mais j'en donray encor ennuit des autres.*

* **TOSTRUM**, Territorium. Vide supra *Tertrum* 2.

¶ **TOSTUM**, vel Tosta. Vide in *Tofta.*

1. **TOTA**, Idem quod *Tolta.* Meminit Salvaingus in Tract. de Jurib. dominic. cap. 40. prædiorum concessorum in emphyteusin *ad Totam et talliam, et misericordiam domini.* Vide *Tolta.*

Tota. Charta ann. 1155. apud Gariellum in Episcopis Magalon. pag. 127 : *Justitias, albergas, Totas, questas, sive aliquas alias injustas exactiones, etc.* Charta ann. 1232. in Regesto Comitum Tolosæ Cameræ Comput. Paris. f. 103 : *Terras cultas et incultas, nemora et bartas, prata et pascua, census, usus, quarta, quinta, decima, et agrarias et primicias, oblias, et dominationes, Totas, toltas, escaducas, et successiones, etc.* Alia ann. 1234. f. 102 : *Oblias et dominationes, Totas, questas, et albergas, et toltas, adempriva et successiones, etc.* Ubi nescio an *Tota* aliud sit a *Tolta*, quod ibidem apponitur; nam et *Tote* pro exactione dicitur. Charta Libertatum villæ Perusiensis ann. 1260. apud Thomasserium : *Li Sires ne la Dame de la Perose... ne haut en la vitae herbergage, ne Tote, ne taille, ne queste, etc.*

¶ 2. **TOTA**, Vestis species qua totum corpus involvitur. Gallia Chr. novæ edit. tom. 4. col. 1151 : *Dedit Conventui Celsiniac capucia forrata atque Totas, quibus tunc temporis valde indigebant.* Nisi forte legendum sit *Tocas* vel *Toxas.* Vide *Toca* 2. *Togua* et *Toxa.*

¶ 1. **TOTAGIUM**, Idem quod *Tota* 1. vel *Tolta.* Charta ann. 1231. e Tabulario sancti Clodoaldi : *Majoria ab omni Totagio erit libera et quitta.*

* Reditus, proventus. Lib. visitat. leprosar. diœc. Paris. ann. 1351. ubi de Leprosar. juxta Eleemosyn. prope Pontisar. : *Exceptis novem denariis restantibus ad computandum de residuo censuum, Totagiorum dictæ domus.* Si tamen legendum non sit

Terragiorum. Huc etiam pertinet locus ex Tabul. episc. Autiss. laudatus in *Totagium* 2. Nostri *Totage*, pro *Total*, summa, dixerunt. Arest. ann. 1402. 19. April. in vol. 9. arestor. parlam. Paris : *Est ordonné que sur le Totage desdites oblations se prendra....... le luminaire de l'autel.*

2. TOTAGIUM, Solidum. *Totage*, pro *total*, in Consuetud. Arvernensi cap. 21. art. 8. Tabularium Episcopatus Autisiod. : *Totagium, quod est totum Comitis quittum draperiorum. Quilibet drapperius, qui tenuerit mulierem annum et diem, debet 4. ulnas de buriau Comiti... et in hoc Totagio habet Miles de villa Ferreoli et soror ejus 11. ulnas, janitor castelli 5. ulnas, etc.*

¶ **TOTALIS**, Totus, integer. Epistola Calixti III. PP. ann. 1456. ad Carolum VII. Regem Franc. e Bibl. Regia : *Nobiscum concinas qui ad Totalem Machometicæ gentis eradicationem anhelamus.* Correctiones Statutorum Cadubrii cap. 93 : *Quousque fecerint integram et Totalem executionem, etc. Totalis exercitus*, in Diario Belli Hussitici apud Ludewig. t. 6. Reliq. MSS. pag. 182.

* **TOTALITAS**, Abundantia. Charta Girardi abb. ann. 1278. ex Chartul. AD. S. Germ. Prat. fol. 81. r° : *Nos abbas tanti valoris et amplitudinis fecimus aut statuimus anniversarium nostrum, et tantam Totalitatem vel largitatem cenæ conventus fecimus etc.*

¶ **TOTALITER**, Prorsus, omnino, penitus. Passim occurrit apud Scriptores medii et infimi ævi : quod improbat Vossius lib. 1. de Vitiis serm. cap. 25. et lib. 4. cap. 35. *Tousdis*, eodem sensu, Scriptoribus Gallicis. Charta ann. 1339. ex Chartul. 21. Corb. fol. 141 : *Volons et acordons que les lettres mesire Willaume de Prayans... tiegnent en leur vertu à Tousdis.*

* Minus recte; *Toudis* enim Semper, vulgo *Toujours*, sonat, ut *Toudits*, in Lit. ann. 1253. apud Marten. tom. 1. Anecd. col. 1053. et *Toudiz*, in aliis ann. 1355. tom. 4. Ordinat. reg. Franc. pag. 332.

¶ **TOTANUS**, *Avis genus, et piscis marini*, in Amalthea. Italis *Totano*, species est gallinæ silvaticæ.

* **TOTATIM**. Charta ann. 1360. in Reg. 89. Chartoph. reg. ch. 541 : *Super domo Johannis le Charpentier..... viginti solidos Paris. censuales Totatim.* Ter ibi occurrit. Id est, in una summa solvendos, vel pro unica præstatione. Vide *Toutena*.

¶ **TOTENNIS**, Tot annorum, in Vita B. Columbæ Reatinæ, tom. 5. SS. Maii. pag. 352 *.

¶ **TOTFARIAM**, *Tot modis fando : et tot modis in genere*. Martinius in Lexico.

¶ **TOTHLANDA**, Modus agri apud Anglos. Antiquit. Ambrosd. ad ann. 1380 : *Cum una virgata terræ, et cum una Tothlanda, et octo acris, etc.* Veram *Tothlandæ* dimensionem assequi se non posse fatetur Kennettus in Glossario ad calcem. Quid si *cum una Tothlanda* idem sit quod *cum una alia terra*, Ab Anglico *Tother*, alter, et *Land*, terra?

TOTO, adverb. *Omnino*, ὅλως, in Gloss. Græc. Lat. [*Alicujus esse in Toto*, ad aliquem omnino pertinere, in Diplomate ann. 1341. apud Ludewig. Reliq. MSS. tom. 5. pag. 530.]

TOTTONARIUS EQUUS. Vegetius lib. 1. de Arte veterin. cap. 56 : *Equos, quos vulgo Trepidarios, militari vocabulo Tottonarios vocant.* Idem lib. 4. cap. 6 : *Inter Colatorios enim, et eos (equos,) quos Totonarios vulgus appellat, ambulatura eorum media est.* Legendum puto utrobique *Trottonarios*, vulgo *Troteniers*, de qua voce agimus in *Trotare*; nam *trepidarios* equos ita appellari observat Vegetius. At Salmasius ad Capitolinum *Guttonarios* emendat. Hunc consule, si lubet, pag. 247.

* **TOUBAILLIA**, Mappa, mappula, mantile, manutergium. Charta ann. 1473. in Obituar. eccl. Lingon. ex Cod. reg. 5191. fol. 265. v° : *Decanus et capitulum videntes quod in die prædicta Jovis sancta, nulli erant, qui pelvim et manutergia sive Toubaillias pro ablutione altarium ac etiam pedum defferrent, pro augmentatione divini servitii....... quatuor deputaverunt et ordinaverunt, quorum duo de pelvi serviebant, et alii duo de Tobaillia sive manutergio.* Vide *Toacula*.

* **TOUCHIA**, ut supra *Toschus*, Nemus, silvula, nostris alias *Touche*. Lit. remiss. ann. 1354. in Reg. 82. Chartoph. reg. ch. 414 : *Qui eidem Stephano fuerunt obviam juxtà unam Touchiam nemoris.* Charta ann. 1404. in Reg. 158. ch. 455 : *Une petite Touche de bois, en laquelle au temps passé souloit avoir garenne.* Alia ann. 1405. in Reg. feud. comitat. Pictav. fol. 23. r° : *Item une Touche de chaisnes,... pour raison de laquelle Touche feu Robert et Pailloux souloient paier... une geline.* Recognit. feud. MS. dom. de Veteri-ponte ann. 1366 : *La Tousche de la Roiche et en la Tousche de Molins etc. Touche* vero Calcar, quo equus stimulatur, sonat, in Instr. ann. 1386. tom. 2. Probat. Hist. Brit. col. 504 : *Messire Pierre avoit defailli en sa choaisie et eslite de y mettre et avoir esperons ou Touches pour mener et conduire le cheval.*

¶ **TOUCHUS**, Lapis lydius, Gall. *Pierre de touche*, Angl. *Touch-stone*. Litteræ ann. 1369. apud Rymer. tom. 6. pag. 611. col. 1 : *Eustachio de la Tour custodi de la Touche dictarum monetarum... per Touchum nostrum et alios vias et modos... assaiari faciatis.*

* Hinc *Toucheau* in re monetaria nuncupatur frustum auri ad hunc lapidem probatum. Lit. remiss. ann. 1399. in Reg. 154. Chartoph. reg. ch. 703 : *Le suppliant ouvry l'uis de la chambre de nos monnoies,.... et prist nos Toucheaux et les Toucheaux dudit Jehan le Mareschal, et une touche estant en ycelui,...... bailla à un prestre nosdiz Toucheaux d'or par lui pris.*

* **TOUERBUS**, Maleficii mulcta, a *Thower*, maleficium, et *Bus* vel *Busse*, emendatio, auctore Eccardo in notis ad Leg. Salic. ex Cod. Guelferbyt. tit. 18 : *Si quis alteri maleficiis fecerit, aut dederit bibere ut moriatur, et ei fuerit adprobatum (Malb. Touerbus) sunt dinar.* VIIIM.

¶ **TOUGH**, Lignum aratri per quod trahitur, apud Kennettum in Glossario Antiq. Ambrosden.

¶ **TOULEYUM**, Vide *Tonleium* in *Telon*.

* **TOUQUASSEN**, TOQUASSEN, Tumultus ad sonum campanæ, vulgo *Tocsin*, concitatus. Lit. remiss. ann. 1372. in Reg. 103. Chartoph. reg. ch. 185 : *Cum dicti servientes cum dictis animalibus recederent, per aliquos in dicto loco de Varinio hoc videntes, fuit in ipso loco factum magnum Toquassen. Touquesain*, in aliis ann. 1379. ex Reg. 117. ch. 37 : *Armati diversorum armorum generibus, fieri faciendo Gallice Touquesain etc. Touquesaint*, pro *Tocsin*, ipse creber et subitus campanæ pulsus. Lit. remiss. ann. 1383. in Reg. 123. ch. 179 : *Bientost en oyrent nouvelles par le Touquesaint de ladite ville, qui est accoustumé de sonner par la guette d'icelle ville, quant noz annemis y survainnent.*

* Ab Italico *Toccare*, Occitanis *Tocadoire* nuncupatur Aculeus, quo boves pungun-tur et stimulantur. Lit. remiss. ann. 1463. in Reg. 199. Chartoph. reg. ch. 354 : *Ung baston que on appelle communement* (en Languedoc) *Tocadoire*; (infra *Tocadoiere*) *car d'icellui baston on touche ou conduit les buefz à la charrue.*

* **TOURAGIUM**, Idem quod *Geolagium*, quod carcerum custodi ab *incarcerato* exsolvitur, nostris etiam *Tourage*. Stat. eccl. S. Petri Insul. ann. 1545. ex Reg. M. ejusd. eccl. fol. 136 : *Intellecto per dominos meos decanum et capitulum....... de custodia et Touragio Jodoci Beguin, juvenis capellani, qui fuerat in prisoniis spatio trium hebdomadarum,....... quod dictus custos haberet pro illo Touragio unum patardum qualibet die, unum dumtaxat grossum taxaverunt, injungentes dicto custodi, ob id coram eis vocato, quatenus deinceps non petat a vicariis prisionariis pro hujusmodi Touragio ultra unam grossum pro qualibet die.* Reg. feud. comitat. Clarimont. ex Cam. Comput. Paris. fol. 109. r° : *Guillaume de Souvegny........ tient du chastel de Clermont........ le Tourage en cas civil de tous les prisonniers, qui sont mis au chastel de Clermont.* Vide *Toragium* in *Turris*.

¶ **TOURMENTUM**, pro Tormentum, a Gallico *Tourment*, in Litteris. ann. 1292. tom. 4. Ordinat. Reg. Franc. pag. 611.

¶ **TOURTA**, TURTELLUS. Vide in *Torta* 1.

* **TOURTELAGIUM**, Gall. *Tourtelage*, Vectigalis species, quod a præstatione *tortellorum* distinguendum videtur, in Charta ann. 1362. ex Reg. 92. Chartoph. reg. ch. 81 : *Sans paier aucune coustume ou acquit de tous travers, passages, paages, pontages, panages, Tourtelages, barrages et autres nouvelletez.*

* **TOUSQUATA**, ut supra *Touchia*, Nemus, silvula. Lit. remiss. ann. 1349. in Reg. 78. Chartoph. reg. ch. 45 : *Dictus Aycardus associatis sibi superius nominatis,...... quandoque in nemoribus sive Tousquatis, ab itineribus deviantes more prædonum etc.*

* *Touquesches* vero, pro *Triquoise*, Instrumentum, quo calceantur equi, in Lit. remiss. ann. 1400. ex Reg. 155. ch. 137 : *Et prinst ledit Jehanin* (mareschal) *une Touquesches et ledit Attrape un bourdon ferré. Truquoise*, in aliis ann. 1399. ex Reg. 154. ch. 646. Hinc emendandæ aliæ Lit. ann. 1408. ex Reg. 162. ch. 232. ubi legitur *Truquaise. Pinces ou Turquoises*, in Lit. remiss. ann. 1404. ex Reg. 159. ch. 90.

* **TOUSSA**, Arborum congeries, silvula. Assignat. dotalit. Joan. reginæ Franc. ann.

1319, in Reg. 60. Chartoph. reg. ch. 69 : *Et non continetur in dictis vendis una Toussa bosci, quæ vocatur Montarsis. Une Tasse de bois*, in Ch. ann. 1320. ibid. Vide supra *Tassia* 2. *Touchia* et infra *Tusca*.

¶ **TOUTA**, Exactionis species. Vide *Tolta*.

¶ **TOUTENA**, Species piscis, Loligo, Ital. *Totena*, Gall. *Casseron*. Statuta Massil. lib. 6. cap. 17 : *Pisces minuti, scil. Sardinæ Jarreti, Sercleti, Boguæ, Aurioli, Toutenæ, etc.* Vide *Totanus*.

¶ **TOUZELLA**, Annonæ species, Occitanis *Touzelle* vel *Missole*, de qua pluribus in Respons. ad Quæst. Provinc. tom. 1. cap. 61. pag. 553.

TOWAGIUM, Navis subductio in tutiorem stationis partem, seu navis ductio per naviculas alligatas; sive ejusdem ad alterius navis puppim alligatæ, [remulcatio,] Gall. *Touage*, Angl. *Towage*, [a voce marina *Touer*, remulcare, alicubi *Remorguer*.] Will. Thorn ann. 1286 : *Et etiam temporibus retroactis habere debent in prato adjacenti et in eodem loco, ubi prædictæ domus et caya sita fuerunt, Towagium, quod impeditum est per levationem prædictam*. [Vide *Blount* in Nomolexico v. *Towage*]

¶ **TOWELLA**, Mappa. Vide in *Toacula*.

TOXA, Stragulum e grosso panno. Papias : *Stragulum, vestis, quæ Toxa dicitur*. Grimlaicus in Regula Solitarior. cap. 50 : *Sufficiant autem eis stramenta lectorum, marta et cilicium, sagum, vel Toxa et capitale*. [Vide *Tota* 2]

** **TOXICA**, Fenestricula oblongior, a Gr. Τοξική. Vide Glossar. med. Græcit. in hac voce col. 1583. et supra *Archeria*, 1. Opusc. vet. MSS. ad Ezech. cap. 41. v. 16. apud Maium in Glossar. novo : *Fenestras obliquas*, LXX. *absconditas*, *Symmachus Toxicas. Obliquæ sive Toxicæ a sagittis vocabulum acceperunt, quod instar sagittarum angustum in ædes lumen immittant, et intrinsecus dilatentur*.

¶ **TOXICARE**, Veneno inficere, necare, apud Joh. Sarisber. lib. 1. cap. 6. lib. 3 cap. 9. Petrum Bles. Epist. 20. Petrum Cellensem lib. 7. Epist. 3. Baluz. tom. 6. Miscell. pag. 205. Marten. tom. 4. Anecd. col. 194. Murator. tom. 16. col. 647. 922. et alios recentiores passim. Vide *Tossicare*.

Toxicator, Venenarius, qui venenum propinat, apud Lambertum Schafnaburgensem ann. 1054. [et in Gemma, ubi etiam *Toxicatrix*, *Venefica*.]

¶ Toxicum, Τοξικόν, Venenum : vox nota. Hinc nostris alias *Tosiche*. Le Roman de *Vacce* MS. :

Illeuc su mort par un Tosiche
Que li donna par felonnie
Un pautonnier. Dex le maudie.

¶ Toxicus, Toxico infectus, venenatus. *Toxicum telum*, in Actis SS. Aprilis tom. 2. pag. 41 : *Toxicum pectus*, ibid. pag. 43. *Toxica potio*, ibid. pag. 586. Fortunatus in Vita S. Hilarii Pictav. lib. 1. cap. 1. n. 6 : *Cum Ariana hæresis venenata de radice flore Toxico pullularet, etc.* [** Sedulius Scot. Explan. in Præf. Hieron. pag. 31. tom. 9. Spicileg. Rom. : *Quantum ad Toxicam æmulorum invidiam*.]

* **TOXICATIO**, Toxici seu veneni præbitio, veneficium. Chron. ducum Bavar. apud Oefel. tom. 1. Script. rer. Boicar. pag. 42. col. 2 : *Ludwicus imperator habens et sentiens in corpore suo debilitatem vel, ut multi asserunt, Toxicationem, etc.* Vide *Toxicare*.

¶ **TOXUS**, Arcus, a Græco Τόξον. Agnellus lib. Pontif. part. 2. cap. 3 : *Toxos adhibete in armis*.

¶ **TOYA**, Pulvinaris tegumen, Gall. *Taye*. Inventar. Eccl. Noviom. ann. 1419. de pannis : *Item una Toya operata de serico ad faciendum unum coussinum*.

¶ **TOYCUM**, vox corrupta pro *Ptochium*, πτωχεῖον, Locus ubi pauperes degunt et aluntur. Index vett. Canonum tom 3. Concil. Hispan. pag. 19. col. 1 : *De clericis, monachis vel laicis, qui sunt in Toycis, monasteriis atque martyriis, in potestate sint uniuscujusque Episcopi civitatis*. Quæ verba translata sunt ex can. 8. Concilii Calched. Οἱ κληρικοὶ τῶν πτωχείων καὶ μοναστηρίων, etc.

* **TOYSA**, Fascis, fasciculus. Lit. remiss. ann. 1353. in Reg. 82. Chartoph. reg. ch. 83 : *Furata fuit in domo dicti Reginaldi unam Toysam sericeam......... et unum lomellum fili, de mensura et pondere consuetis*. Vide supra *Torsellus* 1.

* **TOZELLA**, Annonæ species, Occitanis aliisque *Touzelle*. Comput. ann. 1488. inter Probat. tom. 4. Hist. Nem. pag. 45. col. 1 : *Solverunt dicti domini consules........ pro quatuordecim salmatis bladi Tozellæ, emptis pro eleemosina sive caritate, quæ fit singulis annis dicta die Assencionis Domini, pretio duarum librarum, decem solidorum Turon. pro salmata, summam triginta quinque librarum Turon.* Vide *Touzella*.

* **TOZOLUS**, Tozzus, ab Italico *Tozzo*, Frustum ; unde diminut. *Tozzetto*, frustulum in Pacto inter Mutin. et Lucens. ann. 1281. apud Murator. tom. 2. Antiq. Ital. med. ævi col. 900. et 902.

* **TPARIUS**, pro *Triparius*, Extaris propola, non attenta abbreviationis nota. Stat. synod. eccl. Tornac. ann. 1366. pag. 49 : *Hæc sunt officia clericis interdicta, quæ volumus omnino scire, puta...... telonearii, vinotarii, Tparii, molendinarii, furnarii et hujusmodi*. Vide *Triparius*.

TRAAL, Servus cujuscumque conditionis, in Jure Sueonum, apud Joan. Stiernhookum p. 207.

¶ **TRABACA**, Ital. *Trabacca*, Tentorium, *Spezie di padiglion da guerra, tenda*, Academicis Cruscanis, nostris *Tente*. Chronic. Estense ad ann. 1317. apud Murator. tom. 15. col. 381 : *Reliquit campum, dimittens omnia sua ibi, scilicet Trabacas, victualia, et alia in maxima quantitate*.

TRABALE, Lignum, quod transit per rotas. Joannes de Garlandia in Synonymis :

Temo, longale, Trabale, furcale, forale.

Trabale Judicium. Concilium Toletan. XIII. can. 2 : *Vidimus multos et flevimus, ex Palatini ordinis officio cecidisse, quos et violenta professio ab honore dejecit, et Trabale judicium aut morti, aut ignominiæ perpetuæ subjugavit*. Quo loco *Trabale judicium* dici videtur firmum, ratum, et supremum ; solemne enim est veteribus Scriptoribus *Trabale* appellare, quidquid ingens et firmum est, eodem sensu, quo *Trabalis jussio* dicitur in Nov. Theodosii de Judæis, quæ cum summa serveritate exercetur : *Trabali jussione decernimus, ut quicunque, etc.* Ita *clavo trabali figere* dixit Cicero 5. in Verr. Paulinus Nat. 9. Felic. :

Corpora transfixis Trabalibus inclyta clavis.

Vita SS Ferreoli et Ferrutii : *Capitibus beatorum Martyrum Trabales clavi... malleis ferreis affixi*. Gloss. Gr. Lat.: Δοκώδης, *Trabalis*. Est igitur *judicium trabale* adeo firmum et validum, ut quemadmodum valida trabs flecti aut disrumpi non potest, ita et illud nulla ratione convellatur.

¶ Trabale Ferrum, pro Gladio, poetice dixit Odo de varia fortuna Ernesti Bavariæ Ducis, tom. 3. Anecd. Marten. col. 370.

TRABARIÆ, *Naviculæ in fluminibus, quæ e singulis trabibus cavantur, unde et dicuntur. Hæ et littorariæ vel caudicæ*. Papias [ex Isidoro lib. 19. Orig. cap. 1. quem vide.] Gloss. Sax. Ælfrici : *Trabaria*, Anbyme scip [** Beam, trabs.] Florentius Wigorniensis pag. 618 : *Deinde uterque Rex in insulam... Trabariis advehitur*. Vox *trabs*, pro *navi*, usurpata ab Ennio, Virgilio, Catullo, Horatio, etc.

* Glossar. Provinc. Lat. ex Cod. reg. 7657 : *Trabariæ, breves naviculæ, quibus in fluminibus et paludibus utuntur*.

TRABATICUM, Tributi species, forte pro *Trabibus* ad publica opera devehendis, vel prestandis. Charta Hlotarii Imp. ann. 840. apud Chiffletium in Tornutio : *Nullus theloneum, aut ripaticum,..... aut cenaticum, aut pastionem, aut Trabaticum, aut ullum occursum, vel ullum censum... exactare præsumatis*. Eadem pene habentur in Charta Caroli Calvi apud Beslium in Episcop. Pictaviensibus pag. 28. ex qua Chiffletianam emendare licet. [Aliam adde Ottonis I. Imp. ann. 949. apud Marten. tom. 1. Ampl. Collect. col. 291. Hinc emendandum est Privilegium ann. 831. inter Instrum. Gall Christ. novæ edit. tom. 5. col. 463. ubi perperam legitur *Trabuticum*. Eadem omnino notione *Travaticum* habetur in Diplomate Ludovici Pii ann. 821. tom. 1. Ampl. Collect. jam laudato col. 77. *Travaticum* vero in alio ejusd. Imp. Diplomate ann. 814. tom. 2. ejusd. Ampl. Collect. col. 22. *Trabaticum*, in alio Ottonis III. Imp. ann. 983. ibid tom. 1. col. 335.] Innocent. III. lib. 13. Ep. 115 : *Tarciates* (sunt ii Ravennatibus Custodes sylvarum seu parcorum) *per monasterium certum numerum Trabium in feudum percipiebant de sylva*. Vide Senatorem lib. 4. Epist. 8.

TRABATTERE. Pactus Legis Salicæ tit. 28. § 4 : *Si quis fœminam ingenuam gravidam Trabattit, et ipsa fœmina fuerit mortua, etc.* Ubi Lex Salica tit. 26. § 4. nude habet : *Si quis fœminam gravidam occiderit, etc.* Wendelinus *trabattere*, ex *trans*, et *battere*, effictum putat, quod est perquam sæviter percutere. Vide *Tribattere*.

☞ Wendelini sententiæ favet Italicum *Trabattere*, quod etiamnum significat Verberare, pecutere. Attamen non arridet Eccardo, qui *Trabattere*, seu *Transbattere* interpretatur Ire super aliquem, sive aliquem pedibus conculcare, indigne tractare, notione deducta a *trans* Latino, et

Germanico *batten*, Ire; unde, inquit, *batte, patte, pote, pfote*, pes; inde etiam restat *batschen* vel *patschen*, ire. Hinc, si eidem credimus, Itali *passare*, Galli *passer*, transire desumserunt.

¶ **TRABBA**, Trabs. *Perspexerunt tectum... quod coopertum est cum tabulis et Trabbis*, in Actis SS. Maii tom. 2. pag. 841.

1. **TRABEA**, *Porticus tecta dicitur*. Ita Glossæ antiquæ MSS. Addit Joan. de Janua, *Trabibus*. Nos *Travée* dicimus seriem trabium, vel spatium inter duas trabes. Papias : *Tenda, quæ rustice Trabea dicitur*.

* 2. **TRABEA**, *Genus est vestis imperialis, qua soli imperatores utebantur, unde Trabeatus, trabea indutus, unde legitur quod Dominus noster fuit indutus trabea carnis, id est, veste regia, carnis trabea*. Glossæ Bibl. MSS. anonymi ex Bibl. reg. Glossar. Lat. Gall. ex Cod. reg. 7692 : *Trabea, vesteure. Trabeatus, vestu vel ennobli*. Quod donabatur *trabea*, vel eam induere poterat, qui nobilium ordini adscribebatur.

TRABEATIO, Crucifixio, passio Christi. Charta continens Electionem Froterii Episcopi Cadurcensis, ann. 990. sic clauditur : *Schedula hujus indaginis a corporea Trabeatione Verbi divina anno* 990. *Ind*. 3. Alia in Tabulario Conchensis Abbat. in Ruthenis n. 83 : *Facta Charta wirpitionis, vel exvacuationis, sive securitatis, anno Trabeationis Dominicæ* 1013. Adde Chartam 145. in Appendice ad Capitul. Regum Franc. et aliam apud Diagum in Comitibus Barcinonensib. lib. 2. cap. 31.

☞ *Trabeationem* minus recte Cangius nosque ipsi in voce *Annus* pag. 269. ejus auctoritate ducti, Crucifixionem seu Passionem Christi sumus interpretati : nam Incarnatio seu Nativitas hac voce significatur; quod aperte demonstrari potest Chartis bene multis. Decretum Electionis Borelli Episcopi Rotensis apud Baluzium tom. 2. Capitul. col. 630. datum dicitur *anno Trabeationis D. N. J. C.* MVII. *æra* MLV. *Indictione* XV. *Concurrente* I. *Epacta* XX. Notum est æram Hispanicam epocha Nativitatis Christi antiquiorem esse annos 38. Totidem annis æra Decreti laudati superat annum *trabeationis*. Præterea cæteræ omnes notæ chronologicæ anno Nativitatis conveniunt, non Passionis, ut et *annus* XXI. *regnante Roberto Rege* sub finem hujus Decreti notatus. Idem probant Charta 145. Appendicis Capitul. quam laudat ipse Cangius, alia ann. 947. Marcæ Hispan. col. 860. alia ann. 957. ibid. col. 874. alia ann. 972. ibid. col. 900. alia ann. 986. apud Marten. tom. 1. Ampliss. Collect. col. 336. alia ann. 1013. in Probat. novæ Hist. Occitan. tom. 2. col. 168. alia ann. 1035. tom. 0. Spicil. Acher. pag. 435. in quibus omnibus adjunctæ sunt aliæ temporis notæ Nativitatem constanter indicantes, non Crucifixionem. *Trabeatio* autem, non a *trabe*, qua Crux intelligi posset, sed a *trabea*, togæ species, deducitur, atque ex hoc, nisi me fallo, S. Fulgentii Sermone de S. Stephano, ubi ait : *Heri enim Rex noster Trabea carnis indutus*, id est, Incarnatus, seu natus; ex quo loco *Trabeationem*, pro Incarnatione, seu Nativitate Notarios finxisse probabilissimum est. Vide *Trabea*, 2.

* **TRABEATUM**, Locus ubi fenum reconditur, Gall. *Grange*. Hist. belli Forojul. apud Murator. tom. 3. Antiq. Ital. med. ævi col. 1200 : *Videntes nostri de Maniaco sic fecisse buffas de nobis et quod quotidie procedebat plus ad damna nostra, quam primo, uno sero, dum ipse Thias venisset ad domum patris, certi nostri socii ipsum stantem in Trabeato patris super fœnum invaserunt et percusserunt fortissime*. Ubi codex alter MS. habet, *Toblato*, pro *Trabeato*, ut notatur in Append. ad Monumen. eccl. Aquilej. pag. 48. col. 2.

* **TRABEATUS**, Ortus, natus. Vita B. Goberti tom. 4. Aug. pag. 379. col. 1 : *Gobertus...... parentibus et cognatis, avisque et proavis, ex vetustissimo tempore nobilissimis, Trabeatus*. Vide supra *Trabea* 2. et *Trabeatio*.

¶ **TRABELIANICA**, TRABELLIANICA, pro *Trebellianica*, in Statutis Genuæ lib. 4. cap. 6. lib. 5. cap. 16. et in Testamento ann. 1272. apud Marten tom. 1. Anecd. col. 1139. Vide *Trebellianica*.

1. **TRABES** in Ecclesiis. Harum ut crebra fit mentio, ita diversus fuit usus. Leo Ost. lib. 3. cap. 31. (al. 33.) : *Trabem quoque nihilominus fusilem ex ære cum candelabris numero* 50. *in quibus utique totidem cerei per festivitates præcipuas ponerentur, lampadibus subter in æreis uncis ex eadem trabe* 36. *dependentibus, quæ videlicet ærea trabes æreis æque brachiis ac manibus sustentata, trabi ligneæ, quam pulcherrime sculpi, et auro, colorumque fucis interim fecerat Desiderius exornari, commissa est, etc.* Vide lib. 4. cap. 73. Brompton.: *De cujus Ecclesiæ una Trabe* 5000. *marcas argenti corrosit, unde Regis manum impleret, etc.* Chronicon Atinense ann. 1061 : *Fecit et duas Trabes ferreas, unam in choro, et aliam extra chorum ad apponendas candelas*. [*Trabium S. Petri* mentio est in Charta apud Cencium inter Census Eccl. Rom.]

TRABES cum *arcubus*, non semel memorat Hariulfus lib. 2. cap. 9 : *Cæterorum Sanctorum reliquias... per alias* 12. *capsas minores auro argentoque vel gemmis pretiosis honestissime paratas,... dividere, atque super Trabem, quam in arcu coram altare B. Richarii statuimus, ponere curavimus*. Cap. sequenti : *Trabes minores cum arcubus suis argento paratæ*. Lib. 3. cap. 3 : *Ante altare ejusdem Sancti stant columnæ sex magnæ ex cupro, argento, et auro paratæ, sustentantes Trabem unam similiter cupream argento auroque paratam. Sunt et aliæ Trabes minores tres ex cupro, argento auroque paratæ in circuitu altaris vel chori, sustentantes arcus 17. ex cupro, argento, auroque fabricatos; inter quos stant imagines bestiarum, avium, hominumque*. Vitæ Abbatum S. Albani : *Transpositam veterem Trabem, quæ supra majus altare ponebatur,.... in qua etiam Trabe series* 12. *Patriarcharum et* 12. *Apostolorum, et in medio Majestas cum Ecclesia et Synagoga figuratur*.

2. **TRABES**, Frugum meta, continens 24. garbas Anglis, *a thrave conteining* 24. *sheaves*. Domesdey de Burgensibus Derbiæ : *Hi autem ad festum S. Martini reddebant Regi duodecim Trabes annonæ*.

¶ **TRABETUS**, Trabecula, tigillum, Provincialibus *Travete; Trabatel* in Doujati Dictionario, nostris *Solive, soliveau*. Vide *Eschalmamentus*.

¶ **TRABIS**. Vide *Tenda* 2.

* **TRABOCHARE**, Idem quod *Trabucare* 1. Monetas pondere minuere. Stat. antiq. Florent. lib. 3. cap. 130. ex Cod. Reg. 4621 : *Nullus audeat falsare, limare, tondere, minuere, incidere, Trabochare, vel deteriorare, vel magnagnare aliquam monetam*.

¶ **TRABUCA**, TRABUCARE *Castrum* vel *arcem*, Evertere, diruere. Vide in *Trebuchetum*.

* Nostris *Trabucher* et *Trébucher*, eadem acceptione. Charta ann. 1358. in Reg. 86. Chartoph. reg. ch. 458 : *Comme pour le prouffit de la nécessité de la ville de Meuleun, la maison de Gillet Grenant de Meuleun ait esté Trabuchée, etc.* Chron. S. Dion. tom. 8. Collect. Histor. Franc. pag. 351 : *Les chastiaus et les forteréces Trebuchoient* (les Normans).

¶ **TRABUCARE** MONETAM, De justo ejus pondere detrahere, nostris alias *Trebucher, trebuchier*. Statuta Civitatis Astæ Collat. 4. cap. 6 : *De pena Trabucanztium et ronzantium* monetas : *Statutum est quod, si aliquis ronzaverit vel tonderit monetam.... amittat pro pena libras* 200. Statuta Perusiæ pag. 52 : *Si quis inciderit vel tonsuraverit aurum vel monetam, solvat pro banno solidos* 60. *si vero implicaverit aut Trabucaverit, solvat pro banno sol*. 100. Statuta Massil. lib. 5. cap. 41. *de moneta Trabucanda : Nulla persona audeat Trabucare vel Trabucari facere ullam monetam, quæ currat in Massilia*. Hinc emendo Præceptum Philippi VI. Fr. Regis ann. 1329. tom. 2. Ordinat. pag. 36 : *Nullus campsor, nec alia persona sit ausa Trabutare* (corrigo *Trabucare*) *nec recourre aliquas monetas, quæ habeant cursum*. Præceptum Philippi Pulcri ann. 1310. tom. 1. earumdem Ordin. pag. 475 : *Que nul ne rechace, ne face rechacier, ne Trebucher, ne requeure nulle monnoye, etc.* Recurrit ibi vox *Trebucher*, ut et in alio Præcepto ann. 1329. tom. 2. pag. 39. in alio ejusd. ann. ibid. pag. 46. *Trebuchier* vero in alio ann. 1332. ibid. pag. 87. in alio ann. 1343. ibid. pag. 185. etc. Vide *Trebuchetum*.

¶ TRIBACHARE, Idem. Vide *Recurrere* 3.

¶ TREBUCHATIO, Detractio de legitimo pondere. Charta Lud. Hutini Reg. Fr. ann. 1315. apud *Lafaille* in Probat. Annal. Tolos. tom. 1. pag. 63 : *Cum propter ordinationes monetarum non servatas peterent aliquem non puniri, imo hujusmodi pœnam cuilibet a nobis gratiose remitti; concessimus quod ob transgressionem præteritam dictarum ordinationum monetarum solo usu seu cursu, vel Trebuchatione, quæ quidem Trebuchatio nobis non fuerit immoderate damnosa, nullus alicui pœnæ subjaceat*.

TRABUCCA, *Trabuchetum, etc.* Vide *Trebuchetum*.

* **TRABUCCUS**, Mensura agraria, apud Mabill. in Museo Ital. pag. 177 : *Apud Mediolanenses sex pedes Trabuccum efficiunt; duo Trabucci jucatam, quæ in se multiplicata tabulam constituit, et viginti quator tabulæ perticam componant*. Vide mox *Trabuchus*.

¶ **TRABUCHETTUS.** Vide infra *Trabucus, 1. et Trebuchetum.*

* **TRABUCHETUM.** Vide infra *Trebuchetum.*

* **TRABUCHIO**, Ponderis monetarum minutio. Charta ann. 1327. in Reg. 65. Chartoph. reg. ch. 80 : *Berengario Lamberti de Utecia imponebatur, quod ipse monetas regias trabuchaverat,...... et multa alia...... super Trabuchione et fusione monetarum nostrarum.* Vide infra *Trebucatio.*

¶ **TRABUCHUS**, Trabucus, Species mensuræ, si bene conjecto. Statuta Civitatis Astæ Collat. 3. cap. 47 : *Revenditores, qui habent discos in mercato teneantur et debeant tenere expeditas quatuor vias latas per duos Trabuchos.* Statuta Placentiæ fol. 60. v° : *Cum quidam habentes testam juxta rivos, quæ testa est terra glarea vel gerbida, quæ non consuevit laborari vel colligi, vetantur habere quindenam juxta numerum Trabuchorum ipsius teste terrarum glarearum et gerbidarum.* Statuta Montis-regalis pag. 60 : *Quod illa venditio seu acquisitio... fieri non possit, et facta non valeat, nisi facta fuerit ad mensuram, nominando jornatas sive Trabucos in instrumento talis venditionis.* Vide alia notione in *Trebuchetum.*

* Eadem quæ supra *Trabuccus*. Annal. Placent. ad ann. 1451. apud Murator. tom. 20. Script. Ital. col. 902 : *Flumen Trebbiæ supra modum, et ultra hominum memoriam, inundavit, et faciem terræ cooperuit.... per Trabuchos, sive mensuras duas.* Acad. Hisp. *Trabuco* est Novempedalis mensura.

¶ 1. **TRABUCUS**, f. Genus calceamenti. Charta Petri Abb. Cluniac. apud Baluz. tom. 5. Miscell. pag. 452 : *Trabucos vero et pedules fratrum primo custodi operis novæ Ecclesiæ imposui, cujus redditibus... propter novas emergentes guerras deficientibus, camerario.... injunxi, ut Trabucos et pedules fratribus provideret.* Occurrit alia notione in *Trabuchus* et in *Trebuchetum.*

¶ 2. **TRABUCUS**, Trabuchettus, Monetalis statera, Gall. *Trebuchet.* Constitutiones Jacobi Regis Siciliæ cap. 58 : *Habebant in eorum domibus Trabuchettos non justos, seu majoris ponderis, cum quibus Turonenses grossos argenteos et alias pecunias argenteas, si essent integri, et statuti ponderis videri et eligi faciebant, etiam, dum occasione majoritatis Trabucorum ipsorum, prædicta moneta argenti minoris ponderis videretur.* Pluries ibi.

* **TRABUGARE**, ut *Trabucare* 1. Monetas pondere minuere. Stat. ann. 1313. inter Probat. tom. 2. Hist. Nem. pag. 13. col. 2 : *Quod omnes monetas...... portent ad monetas propinquiores regias, ut dictum est, absque hoc quod eas recassent et Trabugent.*

¶ **TRABULA**, Chronicon Lobiense ad ann. 1340. apud Marten. tom. 3. Anecd. col. 1429 : *Eduardus Rex Angliæ.... femur Trabula trajectum habuit, sed victor universam classem Francorum, quæ cccc. navibus constabat, delevit.* An species jaculi? Aliud sonat, si vera lectio est, in Chronico Trudon. tom. 7. Spicileg. Acher. pag. 375 : *Erat tunc temporis totum oppidum nostrum vallo fortissimo munitum, atque desuper postibus fortissimis magnisque Trabulis coronatum.* Sed forte leg. *Trabibus.*

* **TRABUNCULA**, Trabecula. Tract. MS. de Re milit. et mach. bellic. cap. 135 : *Ista machina (testudo) est composita lignaribus Trabunculis et modellis, et aliquando tegitur corio bubalino.*

¶ **TRABUS**, pro Trabs. Vide *Fileria* 1.

¶ **TRABUTARE**, Dissipare, disperdere, profundere, Ital. *Trabuttare.* Nicolai Smeregi Chronicon apud Murator. tom. 8. col. 106 : *Condemnaverunt ipsum D. Senesium in maxima quantitate denariorum, propterea quod et se (f. sibi) retinuerat datium vini conducti extra Vincentinum districtum, et quia Trabutaverat.* Statuta Vercell. fol. 117 : *Quicumque dederit, obtulerit vel Trabutaverit aliquid alicui officiali domini Potestatis vel Communis Vercellarum contra suum officium, etc.* Vide alio significatu in *Trabucare.*

* Molestare, vexare. Stat. crimin. nova Cumanæ cap. 2. ex cod. reg. 4622. fol. 59. v° : *Robatores, schachatores, fures famosos, ... Trabutantes injuste aliquos officiales, etc.* Vide supra *Trabucare* 2.

¶ **TRABUTICUM.** Vide *Trabaticum.*

TRACA. Consuetudines Ecclesiæ de Regula, apud Labbeum tom. 2. Bibl. pag. 747 : *De equo Hispaniæ 4. denar. de Traca coriorum boum, ovium, vel caprarum, 4. den.* [*Traca* videtur scriptum esse pro *Tacra*, de quo supra, Decem coria; saltem eadem notio est; an vero idem significet in Charta ann. 1197. inter Instrum. Gall. Christ. novæ edit. tom. 6. col. 144. haud satis scio : *Carga de Tracas* 111. *den. saumada asino* 11. *mezaillas, honus* 1. *den.*]

* Nostris *Trac*, pro *Bagages, équipages*, Impedimenta, sarcinæ. Lit. remiss. ann. 1441. in Reg. 176. Chartoph. reg. ch. 32 : *Lesquelz varlez de guerre demeurerent darriere par le commandement de leur cappitaine, pour prendre garde et faire guet sur le Trac ou trayn, de ladite compaignie* (de la garnison de Ste. Suzanne).

¶ **TRACADA**, *Strues lignorum*, in Amalthea.

* **TRACCITIUS.** Vide infra *Tractitius.*

TRACEA, Perquisitio, per quamcumque viam, quam *Trace* dicimus, unde Gallo-Belgæ nostri *Tracer* dicunt, pro perquirere. Chronicon Flandriæ cap. 9 : *Voüa que jamais ne finiroit de Tracer, qu'il ne l'eust trouvé.* Vide Skenæum ad Regiam Majestatem lib. 4. cap. 32. Bracton. lib. 3. tit. de Corona cap. 1. § 1 : *Si homo per infortunium oppressus... statim levetur hutesium.... et postea Traceam conducant per terram suam, etc.* Joan. Molinetus pag. 123 :

Perchant, Trachant, cherchant, courant, querant.

Pag. 27. v :

* Musant, Trassant à grant travail de corps.

Vide *Trassare*, præterea Menagium et Ferrarium in Originibus Italic. in voce *Traccia.*

TRACHALA. Aurelius Victor in Epit. de Constantino M. : *Irrisor potius quam blandus; unde proverbio vulgari, Trachala decem annis præstantissimus, duodecim sequentibus latro, decem novissimis pupillus, ob profusiones immodicas nominatus.* Scurrilis istius Constantini M. appellationis rationem prodit Cedrenus pag. 268 : Εὐρύτερος τοὺς ὤμους, καὶ παχὺς τὸν αὐχένα, ὅθεν καὶ τραχηλᾶν αὐτὸν ἐπωνόμαζον : a τράχηλος igitur deducta vox. [Vide Τράχαλος, in Gl. med. Gr.]

¶ **TRACHIDII**, Τραγῳδοί, in Glossis Lat. Græc.

¶ **TRACHINA**, Genus piscis. Acta S. Francisci de Paula, tom. 1. Aprilis pag. 139 : *Cum semel vellet capere piscem quemdam, dictum in partibus illis Trachina, punxit digitum, etc.*

* **TRACINARE**, Trahere, Gall. *Traîner.* Lit. remiss. ann. 1355. in Reg. 84. Chartoph. reg. ch. 212 : *Dicta vaca projecit eum ad terram et aliquandiu Tracinavit eumdem per terram.* Vide *Trascinare.*

¶ **TRACIO.** Litteræ ann. 1137. tom. 5. Ordinat. Reg. Franc. pag. 23 : *Eandem villam in nostra Tracione et deffencione suscipimus.* Sed omnino legendum est *tuitione*, quod vidit Cl. Editor.

TRACONES, Meatus subterranei, cavernæ, speluncæ. Gloss. Lat. Gall. : *Tracon, onis, allée sous terre.* Anonymus Poëta, nescio quis, laudatus a Joanne de Janua :

Terrarum Tracones, animalia dico dracones.

Will. Tyrius lib. 16. cap. 9. de regione Traconitide in Syria : *Videtur autem nobis a Traconibus dicta : Tracones enim dicuntur occulti et subterranei meatus, quibus illa regio abundat; nam pene universus illius regionis populus in speluncis et cavernis habitat, et in Traconibus habet domicilia.* Lib. 19. cap. 26. de Nilo : *Sed tamen quibusdam meatibus tempore soliti incrementi, fluvii pars urbem influit; quam aquarum influxionem cisternis amplissimis, ad hoc specialiter deputatis, ad usus proprios toto anno diligenter servant; sed et pomeria, quæ sunt extra urbem procuranda, occultis Traconibus portionem ex ea dirigunt necessariam.* Matth. Paris ann. 1247 : *Cavernis terrestribus, et profundis Traconibus, etc.* Vitæ Abbatum S. Albani : *Tracones vero et vias cum meatibus subterraneis, et solide per artificium arcuatis... obturavit.* [Vide Vossium lib. 3. de Vitiis serm. cap. 53.]

* Glossæ Bibl. MSS. anonymi ex Bibl. reg. : *Traco, idem est quod Via subterranea aut via solis nobis* (l. radiis) *ignota, vel ubi habitant dracones fantastici; et ideo debemus dicere* : Laudate Dominum de terra Tracones, *et non dracones, ut dicunt quidam errantes; quia sermones inquirendi sunt penes materiam, ut sequitur, Et omnes abici* (l. abyssi) *id est, profunditates.* Hinc *Crypta Traconaria* sub Miseni promontorio, teste Mabillonio in Museo Ital. pag. 108.

¶ 1. **TRACTA**, Vectio, vectigal, quod exigitur pro mercium extra regnum vel provinciam exportatione seu evectione, nostris *Traitte, Traitte foraine.* Inquisitio ann. 1377. e Camera Comput. Provinciæ : *Una cum juribus virgæ ponderis et Tractæ bladi et leydarum.* Charta ann. 1389. ex Archivo S. Victoris Massil. : *Maria Regina Jerusalem et Siciliæ... Officialibus regiis... gabellæ... Tractæ et impositionis, etc.* Litteræ Clementis VII. PP. ann. 1382. tom. 10. Spicil. Acher. pag. 240 : *Poterunt... blada, vina, carnes... portare et portari facere libere et sine impedimento, per terram vel per mare... sine solutione Tractæ, pedagii, leudæ, etc.* Litteræ ann. 1409. apud Rymer.

tom. 8. pag. 580 : *Et de qualibet Tracta corii* (leg. *Tacra*) *quinque ardicos.* Eadem habentur in aliis ann. 1413. tom. 9. pag. 30. Aliæ ann. 1514. tom. 13. pag. 460 : *Tracta bladorum et vinorum, etc.* Adde Bullam Pauli III. PP. ann. 1539. inter Privilegia Equitum S. Johannis Jerosol. pag. 100.

¶ 2. **TRACTA**, Pecuniæ exportatio, *Traitte*, eadem notione, dicunt Nummularii. Statuta Genuens. lib. 4. cap. 14 : *Qui voluerit cambia, seu Tractas sibi factas solvere supra protestum, ad hoc ut retineat obligatum eum, qui traxit seu qui mandavit pecunias, seu cambium solvi, teneatur in illis locis, in quibus solutiones cambiorum habent sua tempora præfixa, facere declarationem in actis notarii coram testibus infra horas 24. post præsentationem litterarum cambii, sicuti acceptat talem Tractam supra prostestum.*

* Seu Syngraphæ pecuniariæ solutio. Vide infra *Trajectitius.*

¶ 3. **TRACTA**, Extractio pecuniæ ex arca communi, si bene conjecto. Charta Eccl. Anic. ann. 1312 : *Secuntur illa quæ solvuntur in Tracta.* 1°. *Thesaurario Ecclesiæ* VIII. *l.... pistori* II. *s. regi* XXXVI. *s. etc.* Hodie apud Arvernos *la traitte* dicitur extractio pecuniæ ex arculis in æde sacra ad recipiendas oblationes collocatis.

* *Traicte*, eadem notione, in Arest. ann. 1402. ex vol. 9. arestor. parlam. Paris. : *Laquelle somme dient devoir estre receue en la Traicte qui s'en fait le lendemain de la feste du saint Sacrement.*

* 4. **TRACTA**, Administratio, procuratio, Gall. *Régie*; vel Conductio, Gall. *Bail.* Lit. ann. 1411. tom. 9. Ordinat. reg. Franc. pag. 628. art. 10 : *Quod de quibuscumque causis factum et gubernationem dicti salis et eas tangentibus, deppendentibus et connexis, et de quibuscumque excessibus, delictis seu criminibus per officiarios dicti salis qualitercumque commissis et committendis, civiliter aut criminaliter, durante Tracta et gubernatione salis supradicti etc.*

* 5. **TRACTA**, Italis *Tratta*, Pœnæ genus. Stat. antiq. Florent. lib. 1. cap. 40. ex Cod. reg. fol. 25. r° : *Quod non possint dicti berrouarii stare vel habitare in civitate Florentiæ intra unum annum numerandum a die finiti sindicatus illius rectoris, cum quo fuerit in officio, sub pœna decem Tractarum collæ suæ seu funis.*

* **TRACTÆ**, in lanificio, κατάγματα ἐρίου, Productiones lanæ. In pannificio *Tractas* vocant Pastillos in longum productos, et *Offas* in rotundum glomeratos; Græcis τρακταί, Latinis *Tracta.* Joseph. Scaliger Epistol. pag. 107.

¶ 1. **TRACTAMENTUM**, Agendi ratio, Gallice *Traitement.* Charta Balduini Episc. Noviom. ann. 1049 : *Videns ergo memorati viri devotionem erga loca Sanctorum, concite compungitur cor meum, et non audeo ejus petioni surdæ auris dare Tractamentum.*

* 2. **TRACTAMENTUM**, Pactum, compositio, Gall. *Arrangement, convention.* Charta prior. S. Jacobi de Pontida Pergam. diœc. in Chartul. Cluniac. : *Hic quasi publice sonat* et *fertur, quod super hoc in hiis partibus facta sunt et fiunt cotidie per aliquos Tractamenta, ut non per prudentiam et virtutes dicti monasterii prioratum, sed interventu pecuniæ per pravitatem Simoniacam habeant.* Vide mox *Tractare* 8.

** 3. **TRACTAMENTUM**. Schol. Remig. ad Marc. Capell. lib. 7. apud Maium in Glossar. novo : *Commenta, id est Tractamenta, argumenta.* Vide *Tractator*, 2.

¶ 1. **TRACTARE**, Consulere, sententiam in commune proferre, una proponere. Pactus Legis Salicæ in titulo : *Hi autem sunt qui Legem Salicam Tractavernnt, Wisogast, Arogast, Salegast, etc.* Vide infra *Tractator* 4.

2. **TRACTARE**, Lac mulgere, Gall. *Traire.* Fleta lib. 2. cap. 79. § 7 : *Omnes oves ultra festum Nativitatis B. Mariæ matrices Tractari per ubera, seu lactari non permittantur.*

3. **TRACTARE**, Disserere. Servius : *Xenocrates primus Philosophiæ scholam aperuit, cum antea in porticibus Philosophi Tractarent.* Vide 2. leg. Cod.Th. de his, qui super religione contendunt (16,4.), et infra in *Tractator* 2. [*et Tractatus* 3. Vita S. Eugenii Episc. tom. 3. Julii pag. 496 : *Liberum arbitrium habeant in Ecclesiis suis, quibus voluerint linguis, populo Tractare*, id est, Concionari, exponere, explicare disserendo; qua etiam notione Prudentius in Agone Cypriani :

Disserit, eloquitur, Tractat, docet, instruit, etc.]

¶ 4. **TRACTARE**, Controversari, litigare. Cod. Theod. lib. 6. tit. 23. leg. 19 : *Ita nec de ejus unquam successione Tractabitur, qui nobis medius et toto jure, quod in nostris est scriniis constitutum, teste succedit.*

¶ 5. **TRACTARE**, Convivio accipere, nostris *Traiter.* Gesta Abbatum Lobiens. tom. 6. Spicil. Acher. pag. 636 : *Abbatem suum cum comitatu Tractare tenebantur. Benignius se Tractare*, pro Lautius se curare, seu pascere, legitur apud Horatium lib. 1. Ep. 17.

¶ 6. **TRACTARE**, Abolere, tollere. Conventio ann. 1111. in Probat. novæ Hist. Occitan. tom. 2. col. 379 : *Mali namque usagii non sunt recitandi*, (f. *retinendi*,) *sed potius Tractandi et dissipandi.*

* 7. **TRACTARE**, Differre, in longum trahere, ut recte interpretari videntur docti Editores ad Mirac. S. Germ. Autiss. tom. 7. Jul. pag. 283. col. 1 : *Si quid Deo vovistis, incunctanter absolvite, memores ruinam esse homini post vota Tractare.* Ubi Labbeus legit, *Retractare.*

* 8. **TRACTARE**, Pacisci, transigere, Gall. *Convenir.* Annal. Placent. ad ann. 1481. apud Murator. tom. 20. Script. Ital. col. 964 : *Postmodum Tractato accordio, equos et arma restituit.* Vide supra *Tractamentum* 2.

* 9. **TRACTARE AD MORTEM**, Occidere, mortem inferre. Lit. remiss. ann. 1328. in Reg. 65. Chartoph. reg. ch. 191 : *Cum dictus interfectus forefecisset,...... et prænominati....... niterentur eum capere et in prisionem dicti domini adducere, ipse in defensione et rebellione se posuit contra eos, et ob hoc ne evaderet, de necessitate, quia vivum capere nequiverunt, Tractaverunt ad mortem.*

* 10. **TRACTARE SE**, Gerere se, Gall. *Se porter pour.* Lit. Caroli VI. ann. 1415. in Memor. H. Cam. Comput. Paris. fol. 71. v° : *Ita quod omnes et singuli Januenses cives, districtuales, incolæ, convencionati, et qui pro Januensibus se Tractant, possunt et valeant...... ire, stare, morari, mercari ...... per omnes et singulas civitates...... regni Franciæ.* Ibid. fol. 72. v°. : *A donné* (le Roy) *tréve...... aux Jennevoys bourgois, habitans et à ceulx de leurs destroits et à convenancez et alliez et qui pour Jennevois se tiennent. Se Traiter pardevers un juge ou arbitre*, Ad judicem vel arbitrum recurrere, vulgo *Se pourvoir*, in Charta ad calcem Chartul. S. Joan. Laudun. : *Droars sires de Marle à tous présens et advenir, salut. Ly abbés et couvent de saint Jean de Laon s'estant Traités pardevers nous, etc.*

TRACTAREA. Anonymus Barensis in Chronico anno 1042 : *Argiro perrexit in Trane, per mare et terra obsedit eam, fecit ibi turrem excelsam ligneam, et Tractareas manculas, et berbices, ut comprehenderet eam.* Forte legendum *petrarias*, nisi per *tractareas* intellexerit quasvis machinas jaculatorias; *trahere* enim pro *jaculari* dixerunt inferioris ævi Scriptores, ita ut leg. *tractareas machinas.*

* **TRACTAROLIUM**, Machinæ bellicæ jaculatoriæ species. Stat. Vercell. lib. 3. pag. 102. r° : *Tractarolia targiæ, scuta, brazoroliæ, coffini, cassiæ, sellæ et lanciæ duci possint, nonobstante hoc statuto.* Vide *Tractarea.*

¶ **TRACTAROLIUS**, Publicanus, Gall. *Traitant*, in fallor. Statuta Vercell. lib. 4. fol. 71. v : *Item victurales tempore vindemiarum portent super fiolis butallorum. Tractarolios, qui vinum colligant, et qui contrafecerit, solvat vice qualibet solidos* x. *Pap.*

* Nequaquam; Instrumentum videtur esse, quo vinum ex dolio in aliud *trahitur* seu infunditur, vulgo *Siphon.*

¶ **TRACTATE**, De industria, data opera. Statuta Cadubrii lib. 3. cap. 38 : *Dummodo hoc factum fuerit Tractate, ordinate et pensate... si vero aliter acciderit, non Tractate et non pensate, tunc similiter relinquatur arbitrio vicarii et consulum.*

¶ **TRACTATIM**, Lente, graviter. Vide *Tractim.*

* **TRACTATIO**, Exportatio, evectio, Gall. *Traite.* Arest. ann. 1342. in vol. 3. arestor. parlam. Paris. : *Commissarii deputati super tracta seu Tractatione lanarum etc.* Vide *Tracta* 1. et infra *Tractus* 13.

1. **TRACTATOR**, Chartularius, qui tractat vel retractat largitionales titulos. Scholiastes Juliani Antecess. ad cap. 82 : *Tracteutæ, quos dicimus apud Latinos, Tractatores, maxime in Africa sic dicuntur, id est Scriniarii, qui annonas publicas computant et tractant.* Eustathius in Vita S. Eutychii Patriarch. CP. n. 68 : Συνέβη πρὸς τὴν ἐπαρχίαν τοῦ Πόντου διοικοῦντας, τρακτεύτας φημὶ καὶ ἀνυτὰς τῶν δημοσίων, etc. Ita *Chartularios* et *Tractatores* pro iisdem dici in leg. 3. Cod. de Canone largit. titulor. (10,23.) in leg. 10. de Numerariis, lib. ult. (12,50.) eod. Cod. et Nov. 28. 30. 128. 129. 147. observat Cujacius ad d. leg. 3. Vide Nicolaum Alemannum ad Procopii Anecdota pag. 100. 1. edit. et Nov. 1. Theod. sub finem. [** Lydum de Magistrat. lib. 3. sect. 21. et 68.]

2. **TRACTATOR**, Qui de rebus seriis docte et erudite *tractat*, scribit, loquitur,

Expositor. Gloss. Gr. Lat.: ὁμιλία, *Loquela, sermo, locutio.* ὁμιλητικός, *Tractator.* S. Cyprianus in Præfat. ad libr. de Cardinal. operib. Chr.: *Sublimes materiæ subtilium ingeniorum exigunt Tractatores.* Infra: *Aditum ad se temerariis Tractatoribus vel scriptoribus interdicit.* S. Hieronymus adversus Helvidium: *Quæ non solum pene omnes Græciæ Tractatores in suis voluminibus reliquerunt.* Spartianus in Geta: *Fuit adolescens moribus asperis, a natura decorus, Tractator, gulosus, etc.* Monachus Sangall. lib. 1. de Carolo M. cap. 4: *De pauperibus supradictis quemdam optimum Tractatorem et scriptorem in Capellam suam assumpsit.* Horatius, *Ethicus Tractator* dicitur Ivoni Carnotensi Epist. 7.

☞ Huc, ut videtur, revocari possunt *Tractatores*, de quibus hæc habentur in Privilegiis Ecclesiæ Rom. apud Marten. tom. 2. Ampl. Collect. col. 1232: *Pacta et conventiones, concordata inter Regem ipsum* (Siciliæ Tancredum) *et Ecclesiam Romanam, mediantibus Cardinalibus missis ad Regem et certis aliis Tractatoribus deputatis per Regem super appellationibus libere faciendis in toto regno ad Ecclesiam Romanam.* Oratores intelligo vel viros doctos, qui de negotiis prudenter et erudite tractare poterant.

Tractatores dicti præsertim Librorum sacrorum Interpretes, qui de rebus sacris tractant. S. August. de Doctrina Christ.: *Debet divinarum Scripturarum Tractator et dictor, defensor rectæ fidei, ac debellator errorum, et bona docere, et mala dedocere.* Vincentius Lirin. Commonit. 1: *Doctores, qui Tractatores nunc appellantur, quos hic idem Apostolus etiam Prophetas interdum vocat, eo quod per eos Prophetarum mysteria populis aperiuntur.* Ruffin. de adulteratione Librorum Origenis: *Quoscunque veterum nobilium Tractatorum invenerunt de his, quæ ad gloriam Dei pertinent, plene et fideliter disputasse, etc.* Facundus Hermianensis lib. 4. cap. 2: *Hieronymus quoque noster, vir admodum doctus, qui etiam tantæ fuerat lectionis, ut omnes, aut pene omnes, sive in Græco, sive in Latino eloquio divinarum Scripturarum Tractatores legeret, etc.* Idem lib. 9. cap. 5: *Proinde melius facimus, si quemadmodum divinam Scripturam, sic etiam ejusdem Scripturæ Tractatores locutos contra hæreticos fuisse credamus.* Arnobius Junior in Psal. 67: *Cleros enim hoc loco dictos et Judæi dicunt, et nostri plurimi Tractatores.* Senator lib. de Divin. Instit. cap. 17: *Habent etiam post Tractatores,* (SS. Patres) *diversos relatores temporum studia Chistiana, etc.* Nicolaus I. PP. Epist. 42: *Si enim ipsorum decreto cæterorum opuscula Tractatorum approbantur, etc.* Didymus apud S. Hieronymum in Epist. 51. ad Domnionem, *Scientia Scripturarum omnes sui temporis Tractatores vincere* dicitur; adde Epist. 52. 61. 62. 64. etc. Idem Hieronymus Claudiano Mamerto lib. 2. de Statu animæ cap. 9. *Potissimus Tractatorum* appellatur: Lupo Servato de Trib. quæst. *Alterum lumen Tractatorum.* Beda, Monacho Sangallensi lib. 1. de Carolo M. cap. 2. *Peritissimus post sanctum Gregorium Tractator.* S. Eulogius, Alvaro Cordubensi in ejus Vita n. 10. *Tractator peritissimus et dictator.* Origenes, Sidonio lib. 2. Epist. 9. *Scævus cavendusque Tractator,* Sulpitio Severo Dial. 1. cap. 3. *Tractator sacrarum Literarum peritissimus. Ecclesiastici Tractatores,* apud Vigilium Tapsensem lib 5. contra Eutychem. Adde Auctorem Prædestinati pag. 36. 82. etc. Mitto, quæ alii de hac voce observarunt, Juretus, Savaro, Sirmondus, Jacobus Gothofredus, Joan. Filesacus, Baluzius, et alii.

3. **TRACTATOR**, Concionator, qui *tractatus*, seu homilias habet ad populum. Petrus Chrysologus serm. 91: *Vacat humanus sermo, silet prædicatio Tractatoris, quando angelico præconio Joannis* (Baptistæ) *profertur gloria, virtus insonat, laus collaudatur.* [Vide *Tractare* 3.]

4. **TRACTATOR**, Consiliarius. Senatori lib. 8. Epist. 12: *Decet enim Tractarores habere doctissimos, quibus summa potestas committitur, etc.* Ita alibi *Tractatum*, pro Consilio, usurpat. [Vide *Tractare* 1. et *Tractatus* 2.]

¶ 5. **TRACTATOR**, Arbiter, conciliator: idem etiam forte qui *Conservator.* Vide in hac voce. Litteræ Johannis Fr. Regis ann. 1356. tom. 4. Ordinat. pag. 178: *Nec tamen nostre intencionis existit, quod per hoc antique consuetudini, per quam dicti Decanus et Capitulum asserunt se habere debere in dicta nostra curia Tractatores, etc.* Quæ sic Gallice utcumque redduntur in Litteris Caroli V. ann. 1367. tom. 5. earumd. Ordin. pag. 26: *Et toute-voyes n'est pas nostre entente, que pour cause de noz presens don, grace et octroy, aucun prejudice soit fait, ou puisse estre mis de present, ne pour le temps à venir, aux autres privileges anciens de ladicte Eglise, par lesquelz lezdiz Doien et Chapitre ne sont tenuz de plaidier audit Parlement, fors comme pardevant Traicteurs de leurs causes. Traicteurs esleuz,* in aliis ejusd. Reg. Litteris ann. 1372. ibid. pag. 516. *Traiteur moyen* apertius dicitur in Litteris Ægidii Episc. Tuscul. Cardin. ann. 1376. e Bibl. Reg.: *Puisque je estoye Traiteur moyen, il me convenoit essayer de mouvoir plusieurs voyes, afin de procurer l'acort d'une partie et d'autres.*

* Interdum et Judex delegatus a rege, vulgo *Commissaire.* Chartul. eccl. Carnot.: *De querelis episcopi et capituli contra comitem consuevit rex committere Tractatores, qui ex parte sua querelas inter eos et discordias amicabiliter pacificarent.* Ibidem: *Clausuram claustri quam faciebant canonici, comes impedire voluit: sed post inquestam per Commissarios ex parte regis propter hoc Carnotum destinatos factam, fuerunt fundamenta reperta et clausura facta, contradictione dicti comitis non obstante.* Rursum: *Omnem justitiam in omnibus exercuerent episcopi et capitulum in terris suis, absque eo quod ad comites vel ballivos regios appellaretur ab eis; sed si fuisset controversia, rex per se vel per nuntios et speciales Commissarios negotium matura deliberatione in se suscipiens advocabat.* Nostris *Traicteur.* Charta ann. 1312. ex Tabul. episc. Carnot.: *Erart de Tyenges,..... Pierre Hounovre,..... Geffroy de Foucheis,...... et Renaut de la Broce, Traicteurs des contens meus entre les gens de noble prince et puissant monseigneur Challes, fils de roy de France, conte de Chartres d'une part, et R. P. en J. C. l'evesque de Chartres d'autre. Traiteur,* Qui negotia principum tractat, apud Froissart. 1. vol. cap. 64: *Si se devoient assembler ces appointeurs en une chappelle...... Le jour ordonné, après la messe et après boire, ces Traiteurs vindrent ensemble etc.*

¶ Tractator Pacis, Ædilis, scabinus, qui pacem inter cives tuetur, idem qui *Paciarius.* Vide in *Pax.* Transactio inter Dominum et incolas de Masalguis ann. 1501. e Schedis Præs. *de Mazaugues: Licitum sit... annis singulis creare unum vel duos Tractatores pacis.*

¶ Tractator Venditionis, Cui cura erat vendendi res ad dominum pertinentes. Charta Ludovici Regis Fr. ann. 1484. apud Baluz. tom. 1. Hist. Arvern. pag. 231: *Ac dicti ipsius Comitis servitores ac dictarum venditionum Tractatores ad requestam dicti Morinoti in vino rubeo ipsius Comitis vinum album loco aquæ pluries posuerant seu miscuerant.*

TRACTATORIA, Epistola Synodalis, *Synodica*, quæ a *Synodo*, quam *Tractatum* appellari mox docemus, ad Episcopos scribitur, vel de quavis re ad *tractatum*, seu Synodum spectante. Ea enim est vera vocabuli origo, quam non adverterunt Baronius ann. 142. et Bernardinus Ferrarius lib. 1. de Epist. Ecclesiast. cap. 2. nisi locis mox laudandis legendum sit *tractoria*, uti contendit Philippus Priorius. Meminit S. Augustinus *Tractatoriæ* Serm. 2. in Psalm. 36. qua Episcopi declarabant hunc vel illum esse excommunicatum: *Atque ideo non immemores puritatis Ecclesiæ conducibile existimavimus, omnes sanctos Consacerdotes et omnes Clericos, et omnes populos, qui se Christianos meminerint, hac nostra Tractatoria commonere, ut omnes ejus* (Primiani) *communionem, utpote damnati, diligenti cura horreant.* Eodem sensu *Tractatoriam* usurpat Epist. 162: *Quod si non fecerint, ibi etiam eorum pravitas et perversitas innotesceret, missaque Tractatoria super eorum nomine per totum orbem terrarum, quacunque jam Christi Ecclesia dilatata est, ab omnibus Ecclesiis eorum communio præcidetur. Tractatoriæ* denique mentio est in Concilio Telepteusi. In Concilio Carthaginensi V. can. 10. et Africano sub Bonifacio et Cælestino cap. 43. jubentur Episcopi ad Concilium evocati, *si non potuerint occurrere, excusationes suas in Tractatoria conscribere.* Quo loco Capitula Car. M. lib. 7. cap. 20. [** 34.] habent *Tractoria.*

TRACTATORIUM, Locus, in quo *tractatus* seu consilia agitantur, Senatus. Sidonius lib. 1. Epist. 7: *It in Tractatorium frequens Senatus.* Vide *Secretarium.*

1. **TRACTATUS**, ὁμιλία, Collatio, præsertim de rebus sacris, præterea concio Episcopi vel Sacerdotis ad populum. Acta Numidarum Martyr. apud Surium 1. Maii, et Baron. ann. 262. n. 39: *Horum tanta charitas fuit, et tanta dilectio, ut licet taciti possent jam devotæ et obsignatæ virtutis exemplis fidem fraternitatis extruere; tamen ad stabilitatem perseverantiæ latius consulentes, pectoribus nostris rorem Tractatus salutaris infunderent; neque enim tacere poterant, qui Dei sermonem videbant. Nec mirum si paucis illis diebus tam large nostrum omnium mentes eorum Tractatus salubris animavit*

in quibus jam Christus, micante gratia de proxima passione fulgebat. S. Cyprian. de Opere et Eleem. : *Quales nunc in Ecclesia quosdam videmus quorum præclusæ aures, et corda cæca nullum de spiritualibus monitis lumen admittunt, de quibus mirari non oportet, quod contemnant in Tractatibus servum, quando a talibus Dominum videamus esse contemptum.* Adde eumdem Epist. 78. et Optatum lib. 4. et 5. Ambrosium in Ep. 14. Gaudentium Brixiensem, etc. *Tractatus populares, quos Græci Homilias vocant,* inquit S. Augustinus in Epist 4. ad Quodvultdeum, præfixa lib. de Hæresib. et Victorem Vit. lib. 1. *Populares sermones Ecclesiastici,* eidem Augustino lib. 1. Retract. cap. 22. et serm. 20. de Diversis cap. 7. Chronic. Reichersperg. ann. 436. de eodem S. Augustino : *Usque ad illud tempus* 232. *confecerat libros, exceptis innumerabilibus Epistolis, et homeliis, et aliis Tractatibus popularibus.* Vide Petrum Chrysologum serm. 36. initio. In Concilio Laodiceno can. 19. ὁμιλίας ἐπισκόπων, *Tractatus Episcoporum,* vertit Isidorus Mercator. In Capitul. Caroli M. lib. 1. cap. 73. al. 78. *Soli Canonici libri, et Catholici Tractatus, et Sanctorum authoritates et dicta legi et tradi* jubentur. Ita *Tractare,* pro *Scripturas sacras exponere,* usurpat, lib. 1. Sacrament. Eccles. Roman. cap. 33. semel ac iterum. [Vide *Tractator* 2.]

2. **TRACTATUS,** Consilium. Senator lib. 8. Epist. 10 : *Defensorem omnium suis Tractatibus adjuvabat, et ministrando consilium, regebat ipse Rectorem.* Vide *Tractator* 4. [et *Tractare* 1.]

3. **TRACTATUS,** Concilia Episcoporum, in quibus de rebus Ecclesiasticis *tractatur,* ceptatur. *Tractatus Nicænus,* non semel apud S. Hilarium in Fragmentis. S. Ambrosius Ep. 13 : *Hoc scriptum est in Ariminensi Synodo; meritoque Concilium illud exhorreo, sequens Tractatum Concilii Nicæni, a quo me nec mors nec gladius poterit separare.* Infra : *Si Tractandum est, Tractare in Ecclesia didici, quod fecerunt patres mei.* Ita etiam *Tractatum Concilii Nicæni* dixit Vigilius Tapsensis lib. 1. contra Palladium pag. 498. et *Tractatum plenum,* quem ibidem *Concilium plenum* vocat. Codex Canonum Ecclesiæ Africanæ cap. 47 : Περὶ τῆς πίστεως γὰρ τοῦ ἐν Νικαίᾳ τρακτάτου ἠκούσαμεν. Epistola Clericorum Italiæ directa Legatis Gallor. ann. 552 : *Usque ad universalis Concilii Tractatum.* Epistola Synodalis Concilii Aurelian. I : *Quia tanta ad religionis Catholicæ cultum gloriosæ fidei cura vos excitat, ut sacerdotalis mentis affectu Sacerdotes de rebus necessariis Tractaturos in unum colligi jusseritis, etc. Tractatus, ac deliberatio Synodi,* apud Facundum Hermianensem lib. 1. cap. 5. *Synodalis Tractatus,* in Epist. Leonis I. PP. ad Flavian. CP. et apud Marbodum Diac. in Vita S. Licinii Episc. Andeg. *Tractatus Ecclesiasticus,* in Epist. 9. Gelasii I. PP. Lex 15. Cod. Th. de Episcop. etc. (16,2.) : *In Ariminensi Synodo super Ecclesiarum et Clericorum privilegiis Tractatu habito, etc.* Hlotharii Imp. Epistola ad Leonem IV. PP : *Observantes, ut si ipse ratum esse decerneret, ex suo latere viros idoneos destinaret, quia una cum Episcoporum ipsius provinciæ Tractatu, causam utriusque inquirere, et canonice definire valerent.* Præfatio Concilii Wormaciensis ann. 868 : *Dum... apud Wormaciam... convenissemus, ut de quibusdam Ecclesiasticis utilitatibus communis a nobis Tractatus ageretur, etc.* Concilium Romanum ann. 904. cap. 2 : *Quatenus cum ad Synodum convenerint, libere eis Tractare et statuere liceat, quæ sanctorum Patrum canonica censura decrevit.* Concilium Trosleianum ann. 909. in Præf. : *De statu sanctæ Ecclesiæ ac totius regni utilitate Tractaturi.* Adde Conc. Confluent. ann. 922. cap. 1.

¶ **TRACTATUS,** Congregatio, Conventus Monachorum in capitulo congregatorum. Charta ann. 1232. ex Chartul. Campaniæ fol. 194. col. 2 : *Conventus Latiniaci post cessionem Gaufridi quondam Abbatis Latiniaci Tractatum habuerat de electione Abbatis... Conventus Latiniaci vacante monasterio antequam Tractatum habeat de eligendo Abbatem, etc.*

4. **TRACTATUS,** Epistola, quam Pontifex recens electus ad alios Pontifices mittebat, fidei suæ testis, quam *Synodicam* appellabant, ut in hac voce docemus. Auctor Prædestinati lib. 1. hæresi 89 : *Consuetudo est namque, ut unum Tractatum suum Episcopus Alexandrinus mittat ad Constantinopolim, qui recitetur in Pascha, et Tractatum suum Constantinopolites, qui Alexandriæ recitetur. In Tractatu suo Constantinopolites Nestorius scripsit, Mariam non esse Theotocon, sed Christotocon, etc.*

5. **TRACTATUS.** Charta Petri Abbatis S. Benigni et Menardi Abbatis S. Sequani pro societate monastica, apud Perardum pag. 265 : *Post brevis recitationem statim fiet officium, et ea die si talis fuerit hora, vel in crastino Missa matutinalis, cum signorum pulsatione et Tractatu celebrabitur.* An *Tractu?*

¶ 6. **TRACTATUS,** Pactum, compositio, Gall. *Traité.* Charta S. Benigni Divion. ann. 1282 : *Rogavimus dictos Abbatem et Conventum... ut ipsi dicto Tractatui consentirent. Tractatus pacis,* in Litteris ann. 1225. apud Rymer. tom. 1. pag. 280. Occurrit passim hac notione.

¶ 7. **TRACTATUS,** Examen. Canonizatio S. Edmundi Cantuar. Archiep. apud Marten. tom. 3. Anecd. col. 1843 : *Habito diligenti Tractatu, licet nihil invenisset omissum, quod diligens inquisitor facere debuisset, tamen, etc.*

¶ 8. **TRACTATUS,** Convulsio, spasmus. Miracula B. Ambrosii Senens. tom. 3. Martii pag. 204 : *Malum quod vocatur in majoribus morbus caducus, et habebat Tractatus, quos habet ille quem arripuit malum prædictum.* Vide *Tractus* 5.

*¶ 9. **TRACTATUS,** Jactus. Lit. remiss. ann. 1395. in Reg. 148. Chartoph. reg. ch. 99 : *Petrus Laurentii, filius Bartholomei ludendo jecit rotam uno Tractatu; quo facto Bartholomeus prædictus cepit et levavit de facto rotam ipsam a dicto ludo, et illam longe extra dictum ludum projecit.* Forte pro *Tractus.*

¶ **TRACTE.** Charta an. circiter 940. apud Baluz. Hist. Tutel. col. 329 : *Excepto Cologas cum locu, cum Tracte ad scavas, cum bosco, etc.* An idem quod *Tractus* 2.

TRACTEUTÆ. Vide *Tractator* 1.

* **TRACTIGER,** Sagittarius, idem qui *Archifer,* nostris alias *Homme de trait.* Vide *Tractus* 4. Charta Ludov. XI. ann. 1474. ex Cod. reg. 8428. 3. fol. 250. v° : *Dantes in mandatis universis nostris locatenentibus, connestabulario, marescallis, admiraldo, viceadmiraldo, armorum et Tractigerarum gentium capitaneis et conductoribus etc.*

TRACTIM, in Glossis veteribus, *jugiter, continuatim. Tractim* vero *canere,* lenta et morosa modulatione. Honorius Augustodun. lib. 1. cap. 36 : *Tractus, a trahendo dicitur, quia trahendo, id est Tractim canitur.* Id est *lente,* morose, quomodo *Tractim* exponitur in Glossario Longobardico S. Germani Paris. [Nonius : *Tractim, ut sensim, id est, diutine, longo tractu.*] Usus antiqui Ordinis Cisterciensis cap. 68 : *Dicto itaque* Deus in adjutorium meum intende, *morose et trahendo a Sacerdote, etc.* Cap. 119 : *Et cum paratum fuerit, tabulam in claustro Tractim percutere.... debet.* Romualdus Salern. Archiep. in Chronico MS. [nunc edito tom. 7. Muratorii] ann. 1166 : *Clericos in ea multos et præbendas instituit, et divinum in illa officium reverenter, et Tractim,* [edit. *Tractatim*] *et cum Dei reverentia et timore celebrari disposuit.* Chronicon Trudonense lib. 8 : *Assiduus erat omnibus horis in choro, et de Psalmis Tractim cantandis, et cantu dulce æque modulando indefessa illi sollicitudo.* Charta Caroli Regis Siciliæ ann. 1304. apud Ughellum tom. 7. Ital. sacræ pag. 897 : *Volumus, quod ipsa deinceps Ecclesia secundum ordinem Parisiorum Ecclesiæ per libros, quos eidem Ecclesiæ dedimus, divinum officium celebretur, punctatim videlicet atque Tractim.* Statuta antiqua Ord. Cartus. 2. part. cap. 13. § 5 : *Historiam legat rotundius, sermones et homilias attractius, aperte tamen et distincte legat omnia, ut possit intelligi, etc.*

¶ **TRACTIO,** Tractus, ὅλκυσις, σύρσις, in Glossis Lat. Græc. Inter pœnas in læsæ majestatis reos numeratur in voce *Exenteratio.*

* **TRACTITIUS.** AURUM TRACTITIUM, Gall. *Or trait,* Aurum textile. Inventar MS. thes. Sedis Apost. ann. 1295 : *Item tres mitras ad circulum, cum frixio ad aurum Tractitium* (sic bis)...... *In duobus capitibus est laborerium ad aurum Tractitium.*

1. **TRACTOR.** Concilium Avenionense ann. 1281. cap. 8 : *Denuntientur autores, fautores, Tractores, defensores, et fidejussores pro his observandis excommunicati, etc.* Forte *Tractatores,* ex Gallico, *Traiteurs,* Contrahentes.

¶ **TRACTOR DECIMARUM,** Cui cura est decimas colligendi, *trahendi* seu vehendi in horreum decimatoris. Chartularium S. Vincentii Cenoman. fol. 43 : *Per dominam et heredes suos attrahetur decima ad domum monachorum, et eodem anno quo domina et hæredes sui tractum habebunt, ipsi habebunt clavem domus et monachi paleas, Tractore interposito per fidem singulis annis, quod erga monachos et dominam... legitime se habebit.* Fol. 81 : *Hanc potestatem in decimis eligendi Tractorem suum et excussorem.... Paganus habebit.* Vide *Tractus* 3.

* 2. **TRACTOR,** Qui pannos *trahit* seu extendit et explicat. Vide supra *Tiratorium* 1. Lit. Phil. V. ann. 1318. in Reg. A. Cam. Comput. Paris fol. 207. r° : *Suprapositis*

Paratoribus, textoribus, fullonibus, Tractoribus, alludariis et omnibus...... in et sub arte parreriarum pannorum...... constitutis etc. Occurrunt eædem Literæ in Reg. L. Chartoph. reg. ch. 2. ubi legitur *Tractaribus*; unde vix putem mendum esse pro *Tinctoribus*.

1. **TRACTORIA**, Idem quod *Traga*, vel *Traha*, de qua voce infra. Erchempertus in Hist. Longobard. cap. 68 : *In quamdam Tractoriam plaustro vehentem intromissus, Capuanam urbem ingressus est.* [** In Chronic. Salernit. cap. 140.]

2. **TRACTORIA**, Diploma, seu instrumentum evectionis, cursusque publici, hoc est, quo jus et facultas dabatur equos, vehicula, et viaticum petendi de publico. *De Tractoriis* passim tituli *de Cursu publico*, et *de Tractoriis et stativis*, lib. 12. Cod. Justin. et lib. 8. Cod. Th. ubi multa Cujacius, Jacobus Gothofredus, et alii doctiores interpretes, quos non exscribo.

Tractoria, Interdum est Epistola citatoria et evocatoria, qua jubetur quispiam certo loco et tempore præsentem se sistere; qua scilicet trahitur et evocatur quispiam. S. Augustinus Epist. 217 : *Tractoria ad me 5. Id. Nov. venit, jam finito die, et me valde indispositum invenit, ut occurrere omnino non possem, etc.* Vide Formulas antiquas promotionum Episcopalium tom. 2. Concil. Gall. Sirmondi pag. 651. 653. 656. Johannem VIII. PP. Epist. 177. 181. 228. 229. Bernardinum Ferrarium de Epistol. Eccles. lib. 2. cap. 1. et Garnerium ad Marium Mercatorem in Commonitorio cap. 3.

☞ Alias eodem intellectu sumitur, quo *Tractatoria*, ut apud Marium Mercatorem in Commonitorio pag. 138. ed. Baluz. ubi *Tractoriam* appellat Zosimi Epistolam de Pelagii et Cœlestii damnatione omnibus Ecclesiis inscriptam.

Tractoriarum etiam sub Regibus nostris usus innotuit, quem a Romanis mutuati sunt; quibus scilicet Missis suis commeatum et hospitia in itinere præberi jubebant. Exstat harum formula apud Marculfum lib. 1. form. 11. cujus titulus : *Tractoria Legatorum, etc.* Initium autem sic concipitur : *Ille Rex omnibus agentibus. Dum et nos in Dei nomine Apostolicum virum illum partibus illis legationis causa direximus, ideo jubemus, ut locis convenientibus eisdem a vobis evectio simul et humanitas ministretur, hoc est, veredos seu paraveredos tantos, panis nitidi modios tantos, vini modios tantos, etc.* Ex quibus patet expressum in Tractoriis quid Missis singulis, secundum eorum qualitatem præbendum esset; unde *Tractoriæ stipendiales* appellantur Agobardo lib. de Insolent. Judæor. Ita porro *Tractorias* usurpant Capitul. Caroli M. lib. 4. cap. 30. 69. Lex Longob. lib. 3. tit. 1. § 38. tit. 7. § 1. [** Lud. P. 24. 54.] Capitul. Ludovici Pii ann. 818. cap. 30. et ann. 819. cap. 26. et Capit. Caroli C. tit. 32. cap. 16. Vide Diurn. Roman. cap. 6. tit. 9. 10.

Tractoria, interdum sumitur pro quovis Diplomate Principis. Carolus M. in Charta seu Præcepto, quo Monasterium S. Dionysii ab omni teloneo eximit, apud Doubletum pag. 709 : *Ideoque per hanc Tractoriam expresse præcipimus atque commendamus, ut ipsum mercatum cum omnes suos teloneos, sicut anteriores Reges ac Principes partibus S. Dionysii contulerunt, ita in omnibus sint concessi atque indulti.* Mox : *Et ut hæc Tractoria nostris et futuris temporibus firmior habeatur, etc.* Quibus postremis verbis concipitur pariter Præceptum aliud Ludovici Pii pro eadem immunitate teloneorum, pag. 733. Nec scio an aliter intelligendum sit Concilium Meldense can. 71. in quo Galliæ Episcopi a Carolo Rege postulant, *ut auctoritatem sigillo regio roboratam more Tractoriæ Christianissimus Princeps singulis donet Episcopis, quam quisque Episcoporum penes se habeat, ut quando ei necesse fuerit, per eandem auctoritatem reipublicæ ministros conveniat, ut ipsi in quibuscumque civili indiguerint auxilio, reipublicæ ministris concurrentibus, suum, imo divinum, possint rite peragere ministerium.* Quo loco *auctoritas sigillo regio more tractoriæ roborata*, nihil aliud, opinor, sonat, quam Diploma authenticum Principis, ejusque firmatum sigillo, quomodo *tractoriæ* firmari solent, hoc est, *præcepta regia*, (cujusmodi sunt Caroli M. quorum meminimus) quibus scilicet tractoriis ac diplomatibus facultas daretur Episcopis *ministros reipublicæ* conveniendi, iisque nomine regio præcipiendi, ut quotiescunque res exegisset, præsto essent ad eorum auxilium. Scio Bignonium et Bernardinum Ferrarium *Jus tractoriæ*, seu evocandi ministros regios per *tractoriam*, a Rege expositum censuisse, quorum sententiam si quis amplecti malit, non magnopere repugnabo. Binæ denique habentur formulæ *Tractoriæ* nomine, in formulis incerti auctoris cap. 10. et in Chartis Parensalib. form. 15. Prior quæ est Episcopi, inscribitur *Tracturia pro itinere peragendo;* altera quæ est majoris domus, inscribitur *Charta Tracturia ;* utraque porro precibus concipitur, ut peregrino religionis vel pœnitentiæ causa ad Sanctorum limina pergenti, mansionem, focum, panem et aquam præstare velint ii, per quos iter facturus est; quæ quidem *tractoriæ* non multum differunt ab iis quas *Commendatitias* appellabant; adeo ut liceat opinari *tractoriæ* vocem latius postea sumtam pro quovis Diplomate. Vide *Tractatoria*.

¶ 3. **TRACTORIA**, Vas grande. Acta S. Urcini Mart. tom. 3. Junii pag. 811 : *Habuit idem presbyter Tractoriam vini juxta parietem oratorii ejusdem Martyris ad usum egenorum et pauperum vino plenam.*

¶ **TRACTUATIM**, Idem quod *Tractim*, in Cantu ecclesiastico, Lente, morose. Statuta S. Jacobi Hospitalis Paris. ann. 1388. apud Lobinell. tom. 3. Hist. Paris. pag. 339. n. VII : *Præcepimus quod omnes psalmodiantes in dicta Ecclesia psalmodient Tractuatim, facientes pausam in medio versiculi, etc.*

¶ **TRACTULARE**, *Versare*, in Gemma, ut in tritico et feno obtinet. Est a *tractum* ea forma, qua *ustulo*, ab *ustum; postulo*, ab inusitato *postum*, non pro *positum*, sed pro *poscitum*, ut habet Vossius lib. 4. de Vitiis serm. cap. 28.

¶ **TRACTULUS**, Parvus *tractus*, seu species lineolæ inclinatæ, quam inter signa cantus recenset Johannes de Muris apud D. *le Clerc* in libro cui titulus : *La Science et la Pratique du Plain-chant* pag. 272.

¶ **TRACTURA**, Possessio, fructus qui ex aliqua re *trahuntur*, seu percipiuntur. Charta ann. 1130. Marcæ Hispan. col. 1269 : *Ego Petrus Bernardi Capellanus istius Ecclesiæ dono jam dictæ Ecclesiæ omnes meas Tracturas et tenuitiones, sicut ego modo teneo et possideo... exceptus vinea una et decimum, quod milites possident.... prædictas Tracturas et tenuitiones, ita laudamus, ut sit franchum prædictæ Ecclesiæ.* Concil. Arand. ann. 1473. cap. 21 : *Sed etiam bladi annonæ.... et aliorum fructuum, tam decimarum quam primitiarum, Tracturas, exitus, redditus necnon transitus de loco ad locum vetant et interdicunt.* Vide *Tractus* 3.

1. **TRACTUS**, Cantus Ecclesiastici species. Honorius Augustod. lib. 1. cap. 96 : *Tractus a trahendo dicitur, quia trahendo, id est tractim canitur.* Hugo a S. Victore in Spec. Eccl. lib. 1. cap. 7 : *Tractus autem quia gemitum et cantum lachrymabilem exprimit, lachrymas Sanctorum.... repræsentat. Unde Tractus dicitur, quia Sancti suspirantes ab imo pectoris gemitum trahunt.* Adde lib. 2. cap. 19. Alcuinus lib. de Offic. divin. : *Tractus semper in causa humilitatis ponitur.* Joannes Abrincensis Episc. de Offic. Eccl. : *Per Tractum qui nullo respondente cantatur, et in melodiis suis similitudinem fert gemitus, etc.* In eo vero quod nullo respondente canitur, differt a responsorio. Amalarius lib. 4. de Divin. Offic. cap. 12 : *Hoc differt inter responsorium, cui Chorus respondet, et Tractum, cui nemo.* Inde igitur Tractus cantatur, cum cessat Alleluia. Ordo Romanus : *Si fuerit tempus, ut dicatur Alleluia, bene; sin autem, Tractus.* Alibi : *Quapropter Alleluia illo tempore non cantatur apud nos, sed Tractus, id est luctus.* Necrologium S. Leonorii Bellimontis in Bellovacis : *Kal. Jan. obiit Matthæus Comes..... officium plenum fiat, cappa in Choro, Responsoria et Tractus in cappis, tres pauperes reficiantur, Generale facit Prior de piscibus abundanter. Tractus* et hymnos composuit Gelasius PP. ut auctor est Rupertus lib. 2. de Div. Offic. cap. 21. et ex eo Auctor Chronici Reicherspergensis sub ann. 494. [Ricobaldus Ferrar. apud Murator. tom. 9. col. 114 : *Gradualia, Tractus et Alleluia Ambrosius, Gelasius et Gregorius ad Missam cantari instituerunt.*] Vide præterea librum usuum Ordinis Cisterc. cap. 12. Stephanum Eduensem Episc. lib. de Sacram. altar. cap. 12. et Durandum lib. 4. cap. 21.

* Hinc *Traitif* dicitur Suspirium ex imo corde tractum, in Mirac. MSS. B. M. V. lib. 1 :

Moult se dolouse, moult se plaint,
Maint souspirs fait lonc et Traitif.

* *Traite de messes* vero, nuncupatur Missarum series, in Testam. Thomæ *de Failly* ann. 1473. ex Bibl. reg. : *Item a voulu et ordenné quatre Traites de messes estre celebrées pour le remede et salut de son ame.*

2. **TRACTUS**, Piscatio, jus piscationis, quod alias *Jactus* dicitur; pisces, qui ex fluvio vel vivariis extrahuntur. Tabular. Belliloc. ch. 159 : *Cum terris cultis et incultis, domibus, sylvis, adjacentiis, et in*

Dordonia Tractis, sive jetis. Ch. 176 : *Et juxta fluvium Dordoneæ piscatoriis et ripaticis, jectis sive Tractis.* Charta ann. 1266. in Probat. Hist. Sabaud. : *Ripaticis, piscationibus, Tractis, venationibus, laudemiis.* Charta Ricardi II. Ducis Norm. ann. 1027. pro Monast. Fiscan. : *Et in eodem fluvio Tractus piscatorios.... item in fluvio qui dicitur Authura, in loco dicto Hasdans, Tractus piscatorios cum aliquibus hospitiis.* Fleta lib. 5. cap. 9. § 24 : *Sunt etiam aliæ res hæreditariæ, quæ veniunt in partitionem, quæ cum commode dividi non possunt, uni conceduntur, ita quod alii cohæredes alibi de communi hæreditate habeant ad valorem : sicut sunt vivaria, piscariæ, parci, et hujusmodi; vel saltem quod partem habeant, sicut secundum, tertium, vel quartum, vel secundum Tractum, tertium, vel quartum, secundum numerum cohæredum; et ita de parcis, secundam, tertiam, vel quartam bestiam.* Charta Ludovici Regis Franc. ann. 946. in Biblioth. Cluniacensi pag. 275 : *Excepto tertio Tractu de Hosa, quod pertinet ad S. Vincentium.* Alia Rodulphi Regis ann. 997. ibid. pag. 410 : *Et tertiam partem piscinæ, quæ vocatur Osa, cum mancipiis, vel reliquis rebus ad eandem piscinam pertinentibus, ut semper iidem Monachi medium Tractum habeant.* Orig. Murensis Monasterii pag. 50 : *In lacu autem habemus duos Tractus et dimidium, etc.* Tabularium Vindocinense fol. 54 : *Donavit eis Tractum sagenæ unius, in universis aquis suis, ubicunque piscaturas habere dinoscitur.* Vide Radulphum in Vita S. Richardi Episcopi Cicestrensis n. 78.

* Vivarium etiam seu locus, ubi retia trahi possunt. Charta Henr. reg. Angl. ann. 1268. in Reg. 173. Chartoph. reg. ch. 150 : *Cum piscaria et duobus Tractibus, qui ibi sunt, ad trahendum cum retibus.* Charta ann. 1242. in Pomer. diplom. pag. 195 : *Medietatem piscaturæ principalis et Tractus stagni pro centum marcis argenti vendidimus.*

3. **TRACTUS**, vel *Tractus decimæ*, in agris ac culturis, alius prorsus a *Tractu piscatorio.* [Charta Petri Leucorum Episc. ann. 1179 : *Hauvidis Ducissa fondatrix Ecclesiæ Casteniensis dedit in præfata villa Tractum et decimas Ecclesiæ, et quidquid allodii ibidem possidebat.*] Charta Alexandri III. PP. anno 1180. in Historia Vastinensi : *Decimam de la Narville, et Tractum per singulos annos.... apud Chaloereth quartam partem decimæ de Fratevilla, et duos Tractus; quartam partem decimæ de Varennis, et quartum Tractum; Decimam in terra Burchardi Gononis,..... et ipsius decimæ Tractum.* Charta Hugonis Decani Paris. ann. 1213. in M. Pastorali lib. 7. ch. 33 : *Ipsi autem Monachi nobis quitaverunt medietatem totius decimæ in proventibus, videlicet in dominio, in justitia, in Tractu.* Alia ann. 1248. lib. 8. ch. 22 : *Medietatem in quadam decima, ... videlicet in grano, palea, Tractu, stramine, et in omnibus aliis quibuscunque proventibus ratione decimæ supradictæ.* Charta ann. 1239. apud Roverium in Reomao pag. 263 : *Cum Abbas et Conventus Reomaensis, Laurentium de Crie piscatorem coram nobis auctoritate Domini Lingonensis, super terris tertialibus sitis in finagio de Crie, in quibus dictus Laurentius dicebat se Tractum habere, et super sergenteria ad Prioratum de Asiaco spectantibus traxissent in causam, etc.* Quæ hic commentatur idem Roverius pag. 640. nihili sunt. [Index MS. Beneficiorum Ecclesiæ Constant. fol. 46. v° : *In qua parochia sunt tres Tractus decimarum, de quibus rector ejusdem Ecclesiæ percipit unum Tractum feodi de Colonc. et in aliis duobus non percipit nisi terciam partem.* Chartularium S. Vincentii Cenoman. fol. 43 : *De Tractu vero fuit constitutum, quod utraque pars tam monachi quam domina et sui hæredes de anno ad annum alternatim Tractum decimæ possidebit, et eodem anno quo monachi Tractum habebunt, per ipsos attrahetur decima ad domum dominæ et hæredum suorum; et eodem anno habebunt clavem domus, ad quam decima attrahetur; domina vero et sui hæredes habebunt paleas.*] Vide *Grenchiagium* in *Granea.*

☞ His omnibus in locis, si bene conjecto, *Tractus decimæ* idem est quod alibi, *Cario, Decima decimæ, Redecima*, seu pars decimarum, quam percipiebat is qui eas colligebat, *trahebat* seu vehebat in horreum decimatoris. Hoc jus, ut in *Cario* dictum est, ad varios pertinuit, modo ad Majorem loci, modo ad Dominum, modo ad Ecclesiam aliosve, qui nullam forte ponebant operam in decimis sive colligendis, sive advehendis : sed collectio seu vectura decimarum prima fuit hujusce juris causa, quod deinceps ad varios transierit, ut in aliis similibus juribus factum est sæpissime. Interpretationi nostræ non parum favet locus e Chartulario S. Vincentii laudatus : cum enim monachi *tractum habent, per ipsos attrahi*, seu advehi debet *decima ad domum dominæ et hæredum suorum.* Annis vero quibus *domina et hæredes sui tractum habebant*, ab ipsis *attrahi*, seu advehi, debebat *decima ad domum monachorum*, ut dicitur in alio ejusdem Chartularii loco, supra relato in voce *Tractor.* Præterea nullus alius est locus, sive a Cangio, sive a nobis citatus, cui hæc nostra explicatio nequeat accommodari : qua de re tamen penes attentum lectorem esto judicium. Vide *Trahere* 8.

* Quam interpretationem rursum firmare licet ex Charta Barthol. episc. Laudun. ann. 1116. in Chartul. S. Vinc. Laudun. ch. 32 : *Notificamus præterea tam præsentibus quam futuris, quod inter eandem ecclesiam et memoratum Odonem ingens querela extitit super quinque modiis frumenti, quos ecclesia extra partem in decima singulis annis percipiebat, prædicto Odone dicente, quod ecclesia propter illos quinque modios propriis vecturis decimam trahere debebat, aut ex illis trahentes conducere, absque ulla aliqua redecimatione. Super Tractu decimæ etiam idem Odo asserebat, quod sicut tertiam partem in decima habebat, ita tertio anno decimam trahere debebat. Sæpedicta vero beati Vincentii ecclesia Tractum decimæ omnino liberum, et præscriptos quinque frumenti modios se extra partem antiquitus, absque ulla calumnia possedisse, legitimis testibus in curia nostra comprobans obtinuit. Tractus* ergo *decimæ* pretium erat, quod pro ducenda decima exsolvebatur.

¶ 4. **TRACTUS**, Telum, sagitta, Gall. *Trait.* Charta ann. 1430. tom. 1. Hist. Dalphin. pag. 64. col. 2 : *Magna quantitate victualium, artilleriæ et Tractus ibidem dimissa, quæ erat sufficiens ad custodiam dicti castri.* Monstræ factæ apud Chassagniam ann. 1511. e Schedis D. *Aubret : Franciscus Carbonelli habet balistam calibus fulcitam sub ingenio et una trossa Tractuum... unam duodenam Tractuum.* Pluries occurrit ibi. *Gens de Trait*, Sagittarii, in Præcepto ann. 1428. apud Lobinell. tom. 2. Hist. Britan. col. 1013. *Gens d'armes et de Trait*, in Charta Caroli VII. Reg. Fr. ann. 1431. ex Chartul. Latiniac. fol. 31.

* *Traict*, in Lit. remiss. ann. 1450. ex Reg. 186. Chartoph. reg. ch. 7 : *Le suppliant....... dist à ung sien nepveu...... qu'il prinst une crennequin et du Traict, afin d'eulx deffendre.* Aliud sonat *Trait*, Ovi scilicet albumen, in aliis Lit. ann. 1478. ex Reg. 205. ch. 54 : *Le suppliant visita sa playe et lui mist du Trait d'eufz avecques des estoupes.*

¶ Tractus Balistæ, Spatium extensum ad teli jactum, *Trait d'arc*, in Consuetud. Burbon. art. 524. et in Charta ann. 1449. ex Tabul. Latiniac. Epistola Petri de Condeto tom. 2. Spicil. Acher. pag. 553 : *Extendebat se in longum quasi per leucam et plus, et in latus per tres Tractus balistarum.* Simili notione *Tractus* nude dicitur in Conventione ann. 1292. e Schedis Pr. *de Mazaugues : Et a dicto burgo per magnum Tractum et spatium] distat.* Nostris etiam dicitur *Trait*, hoc intellectu.

¶ 5. **TRACTUS**, Mors, obitus. Vetus Charta apud Lobinell. tom. 2. Hist. Britan. col. 222 : *Et illam terrulam ab omni calumnia dimisit liberam, quam in Tractu, id est, in exitu sui antecessoris reclamabat suam.* Hinc

¶ Tractum Facere, Extremum spiritum agere. Miracula B. Angeli Clareni, tom. 2. Junii pag. 1101 : *Infirmabatur ad mortem, et desperatus erat ab omnibus, et etiam Tractum facere incipiebat.* Miracula MSS. Urbani V. PP : *Nec pulsum, neque anhelitum habebat per os suum, et quod oculos subverterat, et Tractum sive badalli fecerat.*

* *Au Traict de la mort*, pro vulgari *A l'article de la mort*, In extremo spiritu, in Vita S. Isabel. soror. S. Ludov. apud Cang. pag. 175 : *L'on trouva que la saincte Dame estoit trespassée, ou estoit au Traict de la mort.* Vide *Tractatus*, 8. et *Tractus*, 1.

¶ 6. **TRACTUS**, Pars, portio. Charta ann. 1260. ex Tabul. S. Richarii : *Vendiderunt... septem et decem jornalia terræ cum dimidio in duobus Tractibus.* Gallice diceremus, *En deux pieces.*

¶ 7. **TRACTUS.** Quis sit hujusce vocis intellectus, quæ vis, in Notitia Imperii, in Vita S. Germani lib. 2. cap. 5. auctore Constantio, in Panegyr. Aviti v. 369. apud Sidonium aliosque Scriptores hujus et subsequentis ætatis, erudite docet Vir doctissimus *Du Bos* tom. 1. Histor. Monarch. Franc. pag. 70. quem consuluisse haud pigebit.

¶ 8. **TRACTUS**, Consensus, consensio. Testamentum P. Archiep. Narbon. ann. 1238. inter Instr. Gall. Christ. novæ edit. tom. 6. col. 52 : *Ordinamus, quod unus de clericis beneficiatis ejusdem Ecclesiæ, non* *ramen canonicis, pro tempore in eadem Ecclesia constituatur Tractu communi et consensu Archiepiscopi et Capituli ejusdem Ecclesiæ.*

¶ 9. **TRACTUS**, Lorum tractorium, Gall. *Trait*, *Pro una cartsadel, uno colero, cum uno pari Tractuum, emptis* XIV. *d.* apud Kennettum in Glossario ad calcem Antiq. Ambrosd.

* Lit. remiss. ann. 1361. in Reg. 91. Chartoph. reg. ch. 40 : *Dictus Nicolaus suum custellum evaginavit, et Tractus equorum cidit, quos Tractus prædictus quadrigarius statim renodavit, et iterum equos suos astellavit.*

¶ 10. **TRACTUS**, Contractus. Vita S. Petri Cœlestini lib. 3. cap. 13. tom. 3. Muratorii pag. 665. col. 2 :

> At brachiis geminæ, noctis phantasmate, Tractæ
> Perdiderant dextrumque latus, etc.

¶ 11. **TRACTUS**, Præteritus, elapsus. *De hoc* (tempore) *sunt Tracti* XVII. *anni*, in Placito ann. 1158. inter Probat. novæ Hist. Occitan. tom. 2. col. 571.

* 12. **TRACTUS**, Gall. *Trait*, vox heraldica, Tessellarum ductus. Lit. Caroli VI. ann. 1386. in Reg. 135. Chartoph. reg. ch. 91 : *Cum carissimus dominus ac genitor noster... concessisset dilecto et fideli nostro armorum servienti Bernardo Chini et suæ posteritati perhenniter armorum insignia sive arma, scilicet scutum coloris sereni cœli sive azuris, cum benda ejusdem coloris liliorum flosculis auri rutilantis seminata, cum duobus filis sive Tractis argenti etc.*

* 13. **TRACTUS**, Exportatio, evectio, commercium. Libert. castri *de Malast* ann. 1312. tom. 7. Ordinat. reg. Franc. pag. 508. art. 62 : *Quod omnia ad Tractum pertinencia, pro quolibet animali onerato illis, quatuor denarios pro pondere et leuda, si vendantur dicta onera, solvere teneatur.* Vide supra *Tractatio*.

* 14. **TRACTUS**, Vectura, quæ equis carrum trahentibus fit. Liber privil. eccl. Carnot. ch. 257 : *Unum Tractum ad unum equum, etc.* Alia notione vide in *Trahere*, 18.

TRACTUS EXTRA ROTULOS. Leges Malcolmi II. Regis Scotiæ cap. 3. n. 2 : *Item ordinaverunt pro sustentatione justitiarii quolibet die itineris sui centum solidos. Item Clericis suis, pro quolibet homine amerciato, vel vendito duos solidos; et pro quolibet homine mundato per assisam, pro Tractu extra rotulos, quatuor denarios.* Galli dicerent : *Pour estre tiré du rôle des accusations ou des amendes.*

¶ TRACTUS FERARUM, Venatio, in Charta ann. 1317. tom. 2. Hist. Dalphin. pag. 166. et in alia ann. 1344. ibid. pag. 495.

¶ TRACTUS QUADRIGÆ, Opera cum curru domino debita. *Tractus quadrigæ tempore Augusti*, in Chartulario S. Vandregesili tom. 1. pag. 85.

TRABAVIUM. Charta Alamannica 99. Goldastina : *Proclamavit, eo quod in contradutum suum mansum ei tollutum fuisset, quod ei advenit a parte uxoris suæ simul et Flavino, et propresum fuisset, et legibus suum esse deberet, quia jam de Tradavio uxoris suæ fuisset, idcirco suum esse deberet.* Legendum forte *tritavio*, ita quod prædium a *tritavo* uxoris possessum fuisset, nisi potius *tradavium* accipiatur pro proprietate, vel dote. [Vide *Threus.*]

* **TRADELLUS**, f. pro *Tratellus*, Fulcrum mensarium, tripedis species, nostris *Treteau*, alias *Traitel*. Chartul. B. M. Medii monast. fol. 25. v° : *Johannes vicarius habet quandam alam, quam locat octo solidos Turonenses,... unam mensam parvam et duos Tradellos.* Lit. remiss. ann. 1390. in Reg. 139. Chartoph. reg. ch. 172 : *Mengin Briet avoit marchandé au suppliant son oncle de enfoncier et faire certain ouvrage de tonnelerie.... Ledit neveu prist en sa main un Traitel, duquel il feri le suppliant son oncle et l'en cuida tuer.* Vide *Trestellus*.

¶ 1. **TRADERE**, Prodere, Gall. *Trahir*. Passim usurpat vetus Interpres Evangeliorum, ubi de Juda proditore, pro Græco παραδοῦναι. Hinc Sedulius Acrost. Christi v. 74 : *Tunc ille Judas carnifex, Ausus magistrum Tradere, etc.* Vita S. Hugonis Abbat. Bonæ-vallis, tom. 1. Aprilis pag. 47 : *Miles unus perfidus et dolosus, qui eodem anno duo castella Tradiderat et destruxerat.*

¶ TRADIMENTUM, Proditio, in Charta ann. 1190. in v. *Raptus* laudata. Vetus membrana apud Ludewig. tom. 8. Reliq. MSS. pag. 244 : *Tradimentum cum civibus Fribergensibus fecit, ita quod promissis privilegiis et libertatibus imperialibus cives Fribergenses dolo circumvenit.... Quod cum cives tunc Traditores Regi promisissent, etc.* Regimina Paduæ ad ann. 1279. apud Murator. tom. 8. col. 424 : *Fuit factum Tradimentum, quando Bartholomæus et Ansedisius fratres de Schinellis fuerunt de Padua forbanniti.* Adde col. 429. Chronicon Parm. ad ann. 1284. tom. 9. ejusdem Muratorii col. 805. Epistolam cujusdam Cartusiani apud Marten. tom. 2. Anecd. col. 1635. Statuta Pallavicinia lib. 2. cap. 25.

TRADITIO, Proditio, Gall. *Trahison*, apud Simeonem Dunelm. ann. 1088. 1096. Radulphum de Diceto ann. 1190. et alios non semel. Leges Alfonsinæ part. 6. tit. 2. lege 1 : *Læsæ Majestatis crimen, tanto quiere dezir en Romance come yerro de Traycion, que faze omo contra la persona del Rey.*

TRADITOR, Proditor, Gall. *Traitre*. Tacitus lib. 1 : *Quin potius interfecto Traditore, fortunam virtutemque suam malo omine exolverent.* Hugo Flaviniacensis in Chron. pag. 163 : *Regebat tunc Ecclesiam* (Remensem) *Arnulfus Lotharii Regis, qui quintus a Karolo Calvo fuit, filius, qui Traditor cognominatus est ob id, quia civitatem patruo suo Karolo reddidit, cum doleret regnum alienæ stirpi datum, et suæ præreptum.* Ita etiam usurpant Leges Edwardi Confess. cap. 19. Thwroczius non uno loco, et alii passim. [Le Roman *de Partonopex MS.* :

> Nus ne m'osoit du Trahitor
> Riens nule dire for amor.]

¶ TRADITIOSUS, Proditorius, in Vita B. Caroli Boni n. 91. tom. 1. Martii pag. 200.

* 2. **TRADERE ET DARE**, non ejusdem significationis esse, alias fuisse disputatum, discimus ex Charta ann. 1203. in Chartul. S. Joan. de Valle : *Cum... fuisset disputatum super verbi hujus dubietate, Tradiderunt; nos illud dubium, ducti rationis spiritu et sententiis sapientum, resecantes, volumus interpretari Tradiderunt, scilicet dederunt.*

1. **TRADITIO**, Cessio, concessio, alienatio, vel dispositio per testamentum, in Capitul. 2. ann. 813. cap. 6. in Concilio Turonensi III. ann. 813. cap. 51. in Capitul. Caroli C. tit. 32. cap. 5. etc. Vide *Investitura*. [Habetur alio significatu in *Tradere*.]

¶ TRADITIO S. BENEDICTI, pro ejusdem S. Patris Regula, in Epistola quam laudat Mabillonius tom. 4. Annal. Bened. pag. 110. *Traditio super Regulam S. Benedicti*, pro Explanatio, tom. 2. eorumdem Annal. pag. 619.

TRADITIONES EVANGELII. Testamentum Riculfi Episc. Helenensis ann. 915 : *Alium vero missale cum antiphonario in uno volumine, Smaragdum unum, Traditiones Evangelii, et Epistolas libros duos, etc.* [Explanationes Evangeliorum intelligo, ut mox *Traditio super Regulam S. Benedicti.*]

¶ TRADITIO PONDERUM *et mensurarum*, Jus domino competens ponderum et mensurarum exemplaria proponendi, ad quæ subditi teneantur sua pondera et mensuras exigere, in Litteris ann. 1275. tom. 3. Ordinat. Reg. Franc. pag. 61.

* 2. **TRADITIO**, Dolus, fraus, perfidia. Epist. Soldani ad Pisan. apud Lam. in Delic. erudit. inter not. ad Hist. Sicul. Benincont. part. 1. pag. 216 : *Quando nos audivimus illam magnam Traditionem, quam mercatores vestri fecerunt nostris, quum essent nostri mercatores secum in una nave Alexandriam, quum eos omnes ingenio occiderunt, et censum illorum sumpserunt, etc.* Vide in *Tradere*.

¶ **TRADITIONALIS** NOTITIA. Vide *Traditoria*.

¶ **TRADITIOSUS**, Proditorius. Vide *Tradere*.

1. **TRADITOR**, Donator. Orig. Murensis Monasterii pag. 49 : *In Wirhenlos sex diurnales habemus, quorum Traditores fuerunt Rustein, Lutprandt, etc.* [Alia notione occurrit in *Tradere*.]

2. **TRADITORES**, dicti ex Christianis, qui atrocitate pœnarum perterriti, quos apud se haberent codices sacros, tradebant Tyrannis. Horum ingens numerus fuit, sed prope infinitus illorum, quorum constantia nulla est concussa formidine, qui, ne sacros libros traderent, lubentissimo animo mortem oppetierunt. Horum memoriam præsertim agit 2. Jan. Martyrologium Romanum. S. Augustinus lib. 7. de Baptismo contra Donatist. cap. 2 : *Post Cypriani mortem 40. et quod excurrit annis peractis, Traditio codicum facta est, unde cœperunt appellari Traditores.* Sub Diocletiano nempe. Acta SS. Saturnini et Socior. Mart. Carthag. cap. 1. n. 2. 11. Febr : *Qui pleni Deo, devicto atque prostrato diabolo, victoriæ palmam in Traditores et eorum consortes ferentes, quia illos ab Ecclesiæ communione rejecerant, cuncti Martyres proprio sanguine consignabant. Fas enim non fuerat, ut in Ecclesia Dei simul essent Martyres et Traditores.* Adde cap. 3. n. 16. De iis etiam idem Augustinus Epist. 50. 162. 164. 171. de Verb. Dom. serm. 18. cap. 19. lib. 3. contra Crescon. cap. 27. 30. in Collat. 3.

cap. 13. lib. 7. de Baptismo contra Donatist. cap. 2. Concilium Arelatense I. can. 13. etc.

* *Tracher*, eadem notione, in Instr. ann. 1217. inter Probat. tom. 1. Hist. Nem. pag. 56. col. 1. *Traiteur*, unde *Traitrement*, proditorie, apud Bellom. in Consuet. Bellovac. MSS. cap. 53. pag. 80. v°. col. 1. *Trahites*, in Poem. MS. *de Cleomades* :

Sachiés que chilz est uns gillere,
Mauvais et Trahites et lere.

Trahidose de muliere perfida dicitur, in Lit. remiss. ann. 1447. ex Reg. 178. Chartoph. reg. ch. 257. *Tredoulx* vel *Treidoulx*, apud Lemovices, ex aliis Lit. ann. 1452. in Reg. 181. ch. 105. *Tridor*, Bigerronibus, ex aliis ann. 1416. in Reg. 169. ch. 348.

TRADITORIA, Instrumentum seu Charta traditionis, vel *investituræ*, qua quis agrum seu quamvis rem aliam alteri tradit, et in ejus dominium tranfert, per festucam, vel ramum, etc. Hujus formulæ habentur in formulis veteribus Bignonii 19. et 57. ubi et *Notitia traditionalis* dicitur.

¶ **TRADUCARE**, *Traducere*, in Glossis MSS. a Vossio laudatis lib. 4. de Vitiis serm. cap. 28.

¶ **TRADUCERE** Uxorem, Uxorem ducere. Chron. *Zantfliet* apud Marten. tom. 5. Ampl. Collect. col. 261 : *Winceslaus Dux, qui dominam Johannam Traduxerat, ducatum Brabantiæ ex integro sibi voluerat vindicare.* Vide *Traducta.*

¶ **TRADUCIANI**. Vide mox in *Tradux.*

¶ **TRADUCTA**, Transducta Mulier, Quæ matrimonio juncta est. Consuetud. Tolos. rubr. de dotibus art. 1 : *Mulieres Transductæ per maritos suos ipsis viris mortuis lucrantur, et debent recuperare de bonis ipsorum maritorum dotes et donationes propter nuptias.* Art. 2 : *Si uxor... Traducta præmoriatur, dictus maritus lucratur dotem et donationem propter nuptias.* Art. 3 : *Maritus uxore sua præmortua cognita per eum carnaliter vel Transducta lucratur dotem, et e converso uxor viro suo præmortuo lucratur donationem propter nuptias.* Vide *Traducere.*

* **TRADUCTUS**, Trajectus seu locus, quo fluvius navigio trajicitur. Charta ann. 1285. apud Schwart. in Hist. fin. principat. Rugiæ pag. 224 : *Vendidimus civitati Tribuses hæreditatem Traductus nostri juxta Tribuses... Adjectum est etiam quod infra vel supra nullus Traductus debet fieri, qui dicto Traductui impedimento sit.*

TRADUX, Stirps, progenies. Glossæ antiquæ MSS. et ex iis Papias : *Tradux, ex altero ducta propago, radix vel origo.* Glossæ Lat. MSS. Reg. Cod. 1013 : *Tradux, Propago.* Aliæ : *Tradux, origo.* Eulogius lib. 3. Memorial. Sanctorum cap. 17. de Aurea S. : *Grandique fastu Arabicæ Traducis exornabatur.* Alvarus in Vita ejusdem S. Eulogii : *Patritia Senatorum Traduce natus.* Isidorus Pacensis æra 728 : *Julianus Episcopus ex Traduce Judæorum, ut flores rosarum de inter vepres spinarum, productus*, etc

Tradux, invenitur etiam, inquit Joannes de Janua, pro *originali peccato, quod Adam commisit, et ab ipso in posteros fuit translatum, sicut de patribus filii propagantur.* Hinc

Traduciani, appellati vulgo a Pelagianis Catholici omnes, qui, contra quam ii, mortem in omne genus humanum *per transitum seu Traducem, et per peccatum et per semina transire, currere*, ut loquitur Marius Mercator lib. Subnotat. cap. 9. §. 7. 14. hoc est per peccatum originale, existimant. Idem Mercator lib. laudato cap. 6. § 5 : *Quomodo non et tu Traducianus es, ut tibi libet, et adhuc licet, nomen imponere Catholicis Christianis?* Annianus in Præfat. ad homilias Chrysostomi : *Quantum nobis consolationis exoritur, cum cernimus tam erudito, tamque illustri Orientis Magistro, eum, quam in nobis Traducianus oppugnat, adstrui veritatem?* Infra : *Solvendo omnes illas quæstiones, quibus Traducianus os innitens beatum Paulum vitiorum obfuscatione commaculat, ut scilicet fidelibus suis Apostolico exemplo peccata conciliet.* Prudentius in Apotheosi v. 977 :

Hæc prima est natura animæ : sic condita simplex
Decidit in vitium per sordida fœdera carnis.
Exin tincta malo peccamine Principis Adæ
Infecit genus omne hominum, quod pullulat inde
Et tenet ingenitus animarum infantia in ortu
Primi hominis maculas, nec quisquam nascitur insons.

Vide Auctorem Prædestinati lib. 1. hær. 88. et Cæsarium quæst. 78. etc.

Tradux denique vox usurpata ab iis hæreticis, qui animas a parentibus in filios traduci existimabant. Aiebant enim, *animas rationales esse ex traduce*, id est ex propagatione ductas, vel origine, ex altero, ita ut anima filii ex anima patris originem haberet. Quam hæresin carpit loco laudato Prudentius :

Vitandus tamen error erit, ne Traduce carnis
Transfundi in sobolem credatur fons animorum
Sanguinis exemplo, cui tenta propagine vena est.

Eusebius Pamphili in Apologia Origenis ex versione Ruffini : *De anima vero, utrum ex semine Traducis ducatur, ita ut ratio ipsius vel substantia inserta ipsis seminibus habeatur, an vero aliud habeat initium, etc.* Ejusmodi Traducianorum hæresin exagitant Hieronymus Epist. 61. ad Pammachium cap. 6. Epist. 82. lib. 2. in Rufinum cap. 1. 2. 5. Cæsarius S. Gregorii Nazianzeni frater quæst. 78. etc. Vide Auctorem Prædestinati, hæresi 26. 86.

* **TRAFEGATOR**. Vide infra *Transfegator.*

* **TRAFFEU**, vox vulgaris, Repaguli genus ante ignem positum, nunc *Garde-feu.* Reg. episc. Nivern. ann. 1287 : *Unum Traffeu cum craticula.* Vide *Repofocilium, Retrofocilium* et *Trelfus.*

* **TRAFFICUM**, Commercium, negocium, Ital. *Traffico*, Gall. *Trafic.* Formulæ MSS. Senens. ex Cod. reg. 4726. fol. 29. v° : *Societatem habebant et retinebant de mercantiis et Trafficis quampluribus in eorum societate existentibus... Erat socius dicti Pauli pro uno tertio dictæ societatis et ejus Traffici,... et ipse institor seu factor eorum dictam societatem cum suo toto Trafico exercebat.* Hinc

* **TRAFFIGARE**, Negotiari, Ital. *Trafficare.* Fœdus inter Joan. Galeat. vicecom. Mediol. et Venetos ann. 1380. tom. 3. Cod. Ital. diplom. col. 313 : *Item quod statim post factam diffidantiam teneatur comes Virtutum claudere et claudi facere... omnes ejus passus, ita et taliter quod nullus possit Traffigare seu negociari de terris seu per terras et territoria ipsius dom. comitis etc.* Vide *Traficare.*

* **TRAFFTY**, Polonica vox. Vide supra *Strues.*

¶ **TRAFICA**, Commercium, mercatura proprie, Gall. *Trafic.* Pro dolo et fraude, apud Menotum in Sermon. fol. 30. v° : *Si oportet hodie invenire unam Traficam vel deceptionem, etc.* Fol. 128 : *Si vultis facere de rencheriata et per longum tempus mihi uti istis Traficis.* Hæc vox ducta est ab Ital. *Traffico*; Itali vero ab Arabico desumserunt, ut vult Menagius in Origin. Gall. et Ital. Vide *Transfegator.*

¶ **TRAFICARE**, Negotiari, Gall. *Trafiquer.* Statuta Pallavicinia lib. 1. cap. 12 : *Teneatur. .. pupilli.... pecuniam impendere vel Traficare, per modum quod ipsius pupilli bona augeantur et bonificentur.* Litteræ ann. 1559. e Schedis Præs. *de Mazaugues : Pro conservatione dicti instrumenti, ne Traficando illud per varia locorum discrimina amittatur seu laceretur.* Ubi *traficando* idem videtur quod deportando, ut solent merces a negotiatoribus deportari. Sic etiam in Litteris ann. 1564. e Tabulario Eccl. Massil. : *Ne Traficando in diversis provinciis literæ ipsæ originales deperdantur seu alias lanientur.*

TRAGA, Plaustri species. Glossar. Lat. Gall. MS. Thuanum : *Hæc Tragua, Havet.* Charta Simonis Comitis Northampton. in Monastico Anglic. tom. 1. pag. 851 : *Qui cum quadriga, vel Traga, aut onere per licentiam forestarii de bosco fuerit egressus.* Occurrit iterum pag. 853. Nescio an aliud *traca* sonet in Consuet. Monast. de Regula : *De Traca coriorum boum, ovium, vel caprarum, 4. den.* [Hujus vocis sensus supra suo ordine exponitur.]

¶ Tragua, Eodem significatu. Charta ann. 1165. Marcæ Hispan. col. 1344 : *Quoniam novos usaticos et novas consuetudines misisset in civitate Dertosa, videlicet jovas Traguis, etc.* Vide *Tragina.*

Tragula, Papias : *Trahæ, quæ rustici Tragulam vocant.* Idem rursum : *Traha, genus vehiculi, a trahendo dictum, nam non habet rotas.* Addit Brito : *Sic etiam appellatur instrumentum dentatum, quod equus trahit super terram de novo seminatam pro semine recondendo et glebulis conterendis.* Gloss. Latino-Gall. : *Traha, Herce.* Gloss. Gr. Lat. MS. Χαμοῦλκος, *Trahea.* Edit. *Trahe.* Sed leg. *Traha* Gloss. Lat. Gr. : *Trahea*, τυκάνη τὰς βώλους ἀφανίζουσα. Eædem Glossæ : *Traduco*, καςρός, ὄχημα δίχα τροχῶν. Ubi puto legendum *Tragula.* Ælfrici Gloss. *Traha*, cive. Unde nostrum *Civiere.* Gloss. Lat. Gall.: *Traha : Civiere, ou broüette.* [Sangerm. : *Traha, civiere, ou berohete, ou herche.*] Virgil. lib. 1. Georg. :

Tribulaque, Trabæque, et iniquo pondere rastri.

Paralipom. lib. 1. cap. 20 : *Fecit super eos tribulas et Trahas.* Matth. Paris ann. 1259 : *Ligones, tridentes, Trahas, vomeres, aratra, etc.* Thwroczius pag. 50 : *Rex Andreas post hæc cito incidit in paralysin, et tam hiemali quam æstivali tempore super Traha ferebatur.* Josephus Barbarus in Itinerario ad Tanaim : *Trahis secum vehunt omnia, quæ volunt, et quidem in eo celerrime sese expediunt. Trahæ apud eos in eo usu sunt, quo apud nos fortasse carri; et hi a latere et parte dextra Travali vocantur.*

TRAGAL. Vetus Charta apud Will. Hedam pag. 246. 1. edit. : *In Untecomeri laxatio retium, quod Tragal dicitur, omnis et dimidium piscationis ad S. Martinum pertinet.* Vide *Tragum.*

* **TRAGARIUS**, Qui *Tragam*, quæ est plaustri genus, ducit. Stat. Casimiri III. ann. 1451. inter Leg. Polon. tom. 1. pag. 163 : *Tragariis et notariis cum sectoribus inclusis.* Ubi de salis fodinis agitur. Vide *Traga.*

* **TRAGELAPHUS**, *Tragelaphe*, apud Cotgravium. Dialog. creatur. dial. 101 : *Tragelaphus, id est, Hircocervus, dicit Brito, nomen est compositum a Tragos, quod est hircus, et Laphos, quod est cervus; qui licet sit ejusdem speciei cum cervo, villosos tamen habet armos ut hirci, et mentum barbatum, cornubus ramosis.*

TRAGEMATA, Τραγήματα, Bellaria. Papias : *Collibia sunt apud Hebræos, quæ nos vocamus Tragemata, vel alia munuscula, ut cicer frixum, uva passa, poma diversi generis.* Regula S. Pachomii cap. 37 : *Qui ante fores convivii erogat fratribus Tragematia, in tribuendo meditetur aliquid de Scripturis.* Cap. 52 : *Si vero sint Tragematia, vel poma, dabit ei janitor ex his comedere, quæ poterit, etc.* Vita B. Veronicæ de Binasio cap. 9 : *Vasa quædam afferri vidit lignea præclare elaborata, quibus ex saccharo delicatiora quædam composita servabantur, quæ Tragimata vocamus.*

¶ **TRAGERIA**, Pyxidis species, alias multum in usu, in qua anisum, amygdalum aliaque hujuscemodi saccaro circumducta, nostris *Dragées*, Ital. *Traggea*, servabantur. Inventarium vassellæ de argento ann. 1347. tom. 2. Hist. Dalphin. pag. 555 : *Ostendit... unam Trageriam argenteam, cum pede argenteo, esmallatam in medio pedis, etc.* Testamentum ann. 1367. tom. 1. Anecd. Marten. col. 1523 : *Legamus... nostrum vas argenti deauratum vocatum Tragier.* Hodie vocamus *Dragier.* Vide *Dragerium.*

¶ **1. TRAGINA**, Vectura, opera cum curru, Hispan. *Tragin.* Bulla Benedicti VIII. PP. ann. 1017. Marcæ Hispan. col. 1002 : *Nulli liceat ex jam dicto monasterio accipere pascuarios, vel exigere Traginas, aut distringere placitos, etc.* Eadem recurrunt ibid. col. 1004. Charta ann. 1078. ibid. col. 1168 : *Insuper omnes malas consuetudines, boaticos, albergas, Tragmas et omnes torturas... dimitto.* Emendo *Traginas.* Vide *Traga.*

* **2. TRAGINA**, Via, per quam currus potest duci seu *Traginari*, Hisp. *Traginar.* Charta ann. 981. in Append. ad Marcam Hispan. col. 926 : *Et incipit finis ipsius ecclesiæ per Portellas, et descendit cum ipso minario per Traginam,.... et inde pergit per eandem viam vel ipsas vineas ad comam vel ad ipsam Traginam, quæ descendit de cacumine montis, etc.* Vide infra *Treginerius.*

TRAGINARE, vel **Tragmare**, Trahere, ex Gallico *Trainer*, vel *Traigner*, ut vulgo Picardi efferunt. Charta Communiæ Atrebat. ann. 1211. art. 24 : *Qui alium per capillos ad terram Traginaverit, etc. Traginatus, etc.* ibid.

TRAGIPITINUM, in Notis Tyronis pag. 161. intercalceamenta. [** Kopp. *Tragitipinum*, quod scriptum censet pro *Trechedipnon.*]

* **TRAGNIARE**, Trahere, a Gallico *Traîner.* Charta Phil. Aug. pro Atrebat. ann. 1194. in Reg. 76. Chartoph. reg. ch. 249 : *Qui alium per capillos ad terram Tragniaverit, vel pedibus desollaverit, undecim libras et dimidiam perdet; unde nos decem libras habebimus, castellanus decem solidos, Tragniatus quindecim.* Lit. official. Belvac. ann. 1341. in Reg. 77. ch. 159 : *Ad lectum, in quo jacebat et dormiebat dicta Clementia, accessit dictus reus, ipsamque indutam solummodo pellicio..... rapuit, portavit, Tragniavit et eduxit extra domum prædictam usque ad curticulos.* Vide *Traginare.*

* **TRAGO**, Opera cum plaustro seu curru, vectura, idem quod *Traga.* Vide in hac voce. Charta ann. 1150. ex Cod. reg. 5132. fol. 106. v° : *Hubrt comes* (Barchinonensis) *in omni isto honore stachamenta, et placita, et justitias, et cussuras totas, et Tragines, et operas.* Vide *Tragina*, 1.

* **TRAGŒDIA**, *Ironia, laus facta de vilibus et fetidis; unde Tragœdisare, dictare*, in Gloss. Bibl. MSS. anonymi ex Ugutione in Bibl. reg.

TRAGUA, **Tragula.** Vide *Traga.*

TRAGULI. Matth. Paris ann. 1253 : *De viris quoque sanctis et literatis, qui seculum ordine irregressibili pro Deo imitando reliquerunt, suos facit Papa telonarios ad pecuniam argumentose extorquendam, quod et ipsi onus inviti suscipiunt, ne inobedientes esse videantur. Et sic de secularibus fiunt seculariores, et mentitur in eis Tragulorum vilitas, dum sub habitu paupertatis spiritus habitat elationis.* Forte leg. *Stragulorum.*

TRAGUM, Instrumentum piscatorium, rete : *Tragula*, Plinio lib. 16. cap. 8. Glossæ Isidori : *Tragum, genus piscatoriæ.* [Idem Isid. lib. 19. cap. 5 : *Tragum, genus retis ab eo quod trahatur nuncupatum, ipsum et Verriculum; verrere enim trahere est.*] Gloss. Lat. Gall. : *Tragum, Rais à pescher, Trouble.* Charta Edgari Regis Angl. pro Monasterio Ramesiensi : *Cui sanctus in somnis apparuit sic fando Benedictus : Aurora spargente polum, tuum ejiciens Tragum, multitudini copiosæ voti compos obviabis piscium.* Mox : *Prædictus igitur piscatorum didascalus iis auditis evigilans,.... in aquam, sicut sibi jussum fuerat, Tragum suum laxare cœpit, et sicut sanctus Pater prædixerat, copiosam multitudinem piscium conclusit.* Vide *Tragal.*

* Idem quod *Tryans* appellatur, in Stat. baillivi Senon. ann. 1327. ex Reg. 65. Chartoph. reg. ch. 69 : *Item Tryans couranz* (deffendons) *en toutes saisons.* Ejusdem est originis vox Gallica *Trayneau*, retis species, quod trahendo ducitur ad capiendas perdices. Lit. remiss. ann. 1472. in Reg. 195. ch. 745 : *Lesquelz compaignons traynoient certain filé à prendre perdrix et autres oyseaulx.... Le suppliant print icellui Trayneau, etc.* Vide *Tirasse.*

¶ **TRAHA**, Vehiculum sine rotis, a *trahendo* dictum, apud Columellam lib. 2. cap. 21. nostris *Traineau.* Pro occa sumi videtur in Litteris ann. 1326. tom. 4. Ordinat. Reg. Franc. pag. 452. ubi legitur *ad Traham sive ad hercam;* ut et in Chartulario Gemetic. ubi memorantur *precationes aratri et Trahæ.* Vide supra *Traga.*

* Glossar. Gall. Lat. ex Cod. reg. 7684 : *Traha, herce ou brouete.*

¶ **Traharius**, Qui *traha* vehit, Sidonio lib. 6. Epist. 1. ubi *extimos Trahariorum* cum calonibus et lixis conjungit; unde liquet eos exercitum secutos et in impedimentis fuisse.

* **TRAHALE**, Vehiculum sine rotis, idem quod *Traga* et *Traha*, Gall. *Traineau.* Glossar. Lat. Gall. ann. 1348. ex Cod. reg. 4120 : *Trahale, Gallice, haple, et dicitur a Traho.* Aliud ann. 1352. ex eod. Cod. *Trahale, trainiel. Trainel* vero appellatur, qui ejusmodi vehiculum ducit, in Lit. ann. 1397. tom. 8. Ordinat. reg. Franc. pag. 187 : *Les deschergeurs auront douze deniers, et le Trainel huit deniers.*

* **TRAHANDERIUS**, Gall. *Trahandier*, Artifex qui setam *trahit.* Lit. Phil. VI. ann. 1340. in Reg. B. 2. Cam. Comput. Paris. fol. 125. r° : *Lesquelz Trahandiers refusoient à enteriner et à acomplir lesdites convenances, selon ce que promis li avoient et à ce s'estoient obligiez, et avecques ce avoient commis et commectoient plusieurs inconveniens et mauvaistiez audit mestier de traire ladite soie;..... pour ce eussiez fait crier et deffendre de par nous.... que nulle personne, quele que elle fust, ne baillast ne fist bailler follains à traire auzdiz Trahandiers de ladite soie.*

* *Trahant* vero nostri appellarunt, Instrumentum, quo fimus ex stabulo trahitur. Lit. remiss. ann. 1479. in Reg. 205. Chartoph. reg. ch. 302 : *Certain baston, appellé Trahant, à quoy on tire le fumier hors des estables.* Ejusdem usum apertius unica voce declaratur in aliis Lit. ann. 1409. ex Reg. 164. ch. 107 : *Un crochet à fiens, appellé au pays* (Nivernois) *un Trafiens. Tranc* nuncupatur idem instrumentum, in aliis Lit. ann. 1483. ex Reg. 209. ch. 274 : *Ung petit Tranc duquel on a acoustumé oster le fiens des bestes* (en Poitou). *Tréchant* vel *Tréhant*, in aliis ann. 1399. ex Reg. 154. ch. 711 : *Un instrument à curer estables, nommé Tréchant.* Melius infra, *Trehant.*

* **TRAHARE**, *Traha* seu occa terram occare. Charta Phil. Pulc. pro monast. Pissiac. ann. 1310. ex Cod. reg. 9607. 3. ch. 84 : *Item corveins de seminare et Trahare, debitas annuatim cum sex corveis de uno homine.* Vide *Traha.*

* **TRAHATICUM**, Vectigal, quod pro mercibus, quæ *traha* ducuntur, pendi solet. Charta Caroli C. ann. 7. regni ejus in parvo Reg. S. Germ. Prat. : *Nec ullus thelonarius... aut laudaticum, aut Trahaticum, aut pulveraticum, aut ullum occursum... accipere aut exigere audeat.* Vide *Tranaticum.*

1. TRAHERE, Rapere. Lex Salica tit. 14 : *Si puer Regis vel litus ingenuam fœminam Traxerit, de vita componat.* Marculf. lib. 2. form. 16 : *Si aliquis puellam invitam Traxerit, etc.* Form. 29 : *Si servus ingenuam Trahit.* Libertates urbis Vasatensis :

Quicunque alium percusserit, vel Traxerit, pugno vel palma, vel pede, irato animo, sanguine non interveniente, etc.

☞ Eccardo *Trahere* his in locis idem est quod *Insidiose decipere, turpiter fallere, dolose seducere*, quo sensu Galli suum *Trahir* usurpant, a Trahere formatum, metaphora, ut credit, ab aucupibus desumta, a quibus aves allectæ improviso retibus attractis capiuntur. Tum addit, *Betriegen*, Sax. *Betregen*, et *Betrecken* apud Germanos, a *Trecken*, Trahere, derivata, de fraudulenta actione adhiberi.

* Nostris *Fortraire*, eadem notione. Privil. Judæor. ann. 1360. tom. 5. Ordinat. reg. Franc. pag. 494. art. 20 : *Lesquelles choses pourroient estre dictes emblées ou Fortraittes par lesdis Juis etc.* Maxime vero *Fortraire* et *Fourtraire* dixerunt nostrates eodem sensu, quo *Trahere* ex Lege Salica exponit Eccardus, nimirum pro Insidiose decipere, turpiter fallere, dolose seducere; præsertim ubi de uxore seducenda atque a viro suo detrahenda agitur; quod verbi *Fortraire* vis propria est, quasi *Foras trahere*. Lit. remiss. ann. 1377. in Reg. 111. Chartoph. reg. ch. 192 : *Jehan Rochié.... par ses fausses inductions, illusions et fraudes eust Fourtrait et osté audit Vincent Garnier sa femme espousée.* Aliæ ann. 1398. in Reg. 153. ch. 566 : *Le suppliant se feust trait par devers ledit curé en lui démonstrant que il n'avoit pas fait comme personne de bien d'avoir Fortraite sadite femme d'avec lui, elle qui estoit sa commere, en lui depriant que de ors en avant se voulsist déporter de plus aler ne fréquenter avecques elle.* Stat. ann. 1384. tom. 7. earumd. Ordinat. pag. 100. art. 5 : *Que nul maistre dudit mestier ne Fortraie ou puist Fortraire l'apprentiz d'un autre maistre.*

2. **TRAHERE**, Alia notione, in eadem Lege Salica tit. 29. § 38 : *Si quis casam alienam sine permissu possessoris Traxerit, etc.* Ubi edit. Heroldi tit. 27. § 31. *Si quis per casam, etc.* habet. Quo loco Wendel. *Traxerit* positum pro *Iter fecerit*, censet, quomodo dicimus : *Tirer vers quelque lieu.*

☞ Eccardus vero, probata prima lectione e duobus MSS. Guelferbytanis, ubi omittitur *per*, *Trahere* probabilius interpretatur *Destruere, disrumpere, disjicere*, qua notione Barbaris usitatum fuit. S. Hieronymus Epist. 3. ad Heliodorum : *Marcomanni Trahunt, vastant, rapiunt.* Consuet. Marchiæ Dumbarum ann. 1325. art. 24 : *Si aliquis homo scindit vel Trahit*, (i. evellit, extirpat) *aliquam arborem... tenetur domino... de LX. sol. Vienn.*

3. **TRAHERE**, Jaculari, nostris *Tirer, traire*. Otto Morena pag. 51 : *Ac super ipsum castellum fortiter diu noctuque Trahere non cessaverunt.* Galbert. in Vita Caroli Com. Flandr. cap. 7 : *Non cessabant Trahere sagittis.* Adde cap. 13. n. 96. Robertus Monac. lib. 3. Hist. Hieros. : *Turcorum nempe consuetudo est, ut retro confugiant Tractis sagittis, etc.* [Guido de Vigevano de Modo expugnandi T. S. cap. 13 : *Et super ipso carro poterit fieri manganela quæ Trahet ubique lapides et rothecas.*] Adde Hist. Cortus. lib. 7. cap. 20. [et Annal. Genuens. ad ann. 1244. tom. 6. Murator. col. 509.]

* Unde *Estre trait*, Sagitta vulnerari, in Lit. remiss. ann. 1389. ex Reg. 138. Chartoph. reg. ch. 140 : *Dannye se retournant fut Trait d'une flesche parmi le corps et son cheval aussi, dont il tomba à terre.*

* TRAHERE LAPIDEM, Jactare, Gall. *Jetter*. Lit. remiss. ann. 1454. in Reg. 191. Chartoph. reg. ch. 70 : *Dictus Latapia Traxit unum magnum lapidem adversus supplicantem.*

4. **TRAHERE**, Moras agere, quomodo *Tirer de long* vulgo dicimus. Vide *Tractim*.

¶ 5. **TRAHERE**, Mulgere, *Tirer*, eadem notione Gallis. Chartular. SS. Trinit. Cadom. fol. 55. et 60 : *Feminæ eorum Trahent bidentes.* Et mox : *Usque ad tempus quo incipiet Trahere oves.*

* Hinc *Traians* et *Triant*, pro Mamma seu mammæ papilla. Bestiar. MS. ubi de Hyerna :

On dit que vous la troverez
Une fois malle, autre femelle,
Et o Traians et o mamelle.

Le Roman *de Rou* MS :

Li quens Berenger out une fille mout bele,
Pope l'apeleut l'en, mout ert gente pucele,
N'avoit encore en sein ne Triant ne mamele.

Hinc *Tirpendiere* dici videtur de muliere, cui mammæ pendent, in Lit. remiss. ann. 1383. ex Reg. 123. Chartoph. reg. ch. 20 : *Lequel Mahieu... dist à la mere desdiz freres : Taisiez vous, vieille Tirpendiere, ou autres paroles sentant villenie.* Nisi idem sit quod *Trupendiere*, qua voce scortum significatur, in aliis Lit. ann. 1392. ex Reg. 143. ch. 142 : *Auquel mary sa femme dist moult despiteusement, vostre Truppendiere est venue et vous a demandé.* *Truperie* vero Præstigium, vulgo *Tour de passe-passe*, sonat, in Mirac. B. M. V. MSS. lib. 2 :

Aiment mais miex Antruperies,
Risées, gieus et baleries, etc.

Infra :

Tant atrupés de Truperies,
Que vos ames erent peries.

Vide *Trufa*.

¶ 6. **TRAHERE**, nude, vel *Trahere per equos*, Reum quadratim discindere, dilaniare, Gall. *Tirer à quatre chevaux.* Processus Comitis Lancast. ann. 1322. apud Rymer. tom. 3. pag. 939 : *Thomas Comes non Trahatur neque suspendatur; sed quod executio tantummodo fiat super ipsum Thomam Comitem, quod decapitetur.* Litteræ ann. 1323. tom. 4. pag. 20 : *Cum... per equos Tracti et... suspensi fuissent.*

¶ 7. **TRAHERE**, Prodere, Gall. *Trahir. Judas qui Dominum Traxit*, in Charta ann. 1090. ex Archivo S. Victoris Massil. Vide *Tradere*.

¶ 8. **TRAHERE**, Equo vel curru ducere. Charta ann. 1220. ex Chartul. S. Aviti Aurel. : *Rambaldus dicebat se debere Trahere decimam B. Aviti de Trugniaco et pro tractu percipere decimam decimæ et habere farragina et jarbam avenæ pro equo suo trahente decimam.* Vide *Tractus* 3.

¶ 9. **TRAHERE**, Introducere, intromittere, Gall. *Introduire*. Ripalta in Annal. Placent. ad annum 1443. apud Murator. tom. 20. col. 878 : *Die 6. dicti mensis* (Junii) *ipse Annibal in Bononiam Tractus fuit hora prima noctis, hora vero quinta dictæ noctis Bononiam cepit, et captivum fecit magnificum Franciscum Pizzininum.*

¶ 10. **TRAHERE**, Aliquo contendere, Galli dicunt *Tirer vers un lieu, vers quelque endroit.* Miracula S. Zitæ, tom. 3. Aprilis pag. 525 : *Ad rumorem ipsius lupi Traxerunt et cucurrerunt multæ gentes.* Albertus Mussatus apud Murator. tom. 10. col. 361 : *Dubii ad portas Traxere, pauci muros conscendentes nonnullam repugnantiam ostendere. Pisani se Traxerunt ad terram*, in Annal. Genuens. tom. 8. ejusd. Muratorii col. 373. Vide *Trahere* 2. Hinc

¶ TRAHERE AD ARMA, Ad arma ire, arma capere, Gall. *Courir aux armes.* Chron. Veron. ad ann. 1325. apud Murator. tom. 8. col. 644 : *Stipendiarii domini Canis ad arma Traxerant, etc.* Et ad ann. 1334. col. 649 : *Bononienses ad arma Traxerunt contra D. Belframum Legatum Eccl. Rom... et ipsum D. Legatum in castro Bononiæ incluserunt, etc.* Chron. Parm. ad ann. 1308. tom. 9. ejusd. Muratorii col. 871 : *Populus Parmæ Traxit ad arma ad plateam Communis cridando*, Vivat, vivat populus, *etc.*

¶ TRAHERE IN CAUSAM, *in Curiam*, In jus vocare, ad tribunal adducere, in Capitulari Normannico apud D. *Brussel* tom. 1. de Usu feud. pag. 280. *Traire en cause*, in Litteris Caroli V. Reg. Franc. ann. 1370. tom. 5. Ordinat. pag. 377. art. 19. *Traitier*, eadem notione, in Litteris ejusd. Regis ann. 1370. ibid. pag. 368 : *Et sont lesdis marchans Traitiez pardevant nostre dit Chastelain et Officiers à Crecy. Traittier à amende*, pro mulctam imponere, in Litteris ann. 1324. ibid. pag. 380.

¶ TRAHERE IN CONSEQUENTIAM, *Tirer à conséquence*, Ad exemplum pertinere. Charta ann. 1224. ex Chartul. Campan. fol. 430. v°. col. 2 : *Nos vero ne hujusmodi quitatio possit Trahi in consequentiam præsentes litteras fieri fecimus et sigilli nostri munimine roborari.*

TRAHERE IN PARTEM. Vide *Pars*, pag. 107. col. 3.

TRAHERE SPATHAM. Vide in *Spatha*.

* 11. **TRAHERE**, nude, pro Pulsare campanam. Consuet. MSS. monast. S. Crucis Burdeg. ante ann. 1305 : *Monachi debent facere Trahi Primam, et Trahuntur campanæ usque ad finem talis officii.* Stat. colleg. S. Cathar. Tolos. ann. 1394. ex Cod. reg. 4223. fol. 180. v° : *Ordinamus quod presbyteri et studentes, quando campanella pro prandio vel cœna Trahetur, statim ad prandium et cœnam conveniant.* Occurrit præterea inter Probat. tom. 1. Hist. Nem. pag. 10. col. 2.

* 12. **TRAHERE**, De dolio haurire, Gall. *Tirer d'un tonneau*. Lit. remiss. ann. 1356. in Reg. 85. Chartoph. reg. ch. 183 : *Filius dicti Jacobi, qui cervesiam Trahebat de quodam vase sive tonello, etc.* Necrol. eccl. Paris. MS. ad calcem : *Servienti de vino dantur duæ candelæ ad servandum et Trahendum vinaria.*

* 13. **TRAHERE**, Proferre, exhibere, Gall. *Produire*. Charta ann. circ. 1130. ex Chartul. Stirp. : *Unde cepimus cum eo pugnam. Sed ipse die constituto non Traxit michi hominem suum; sed secundum velle*

et respectum huic pugnæ usque ad festum S. Michaelis.

** 14. **TRAHERE**, Promulgare, publicare, affigere. Steph. de Infestura MS. ubi de Innoc. VIII. PP : *Innocentius Traxit unam Bullam contra quosdam Hispanos Judæos vel hæreticos, vulgariter dictos Marani lingua Hispana.*

** 15. **TRAHERE**, Dicitur de pannis qui accedunt ad colorem aliquem, Galli dicimus, *Tirer sur une couleur.* Leges palat. Jacobi II. reg. Majoric. tom. 3. Jun. pag. lxxij. col. 1 : *De pannis sericis albis cum historiis et de aureis ad albedinem Trahentes; et de pannis aureis ad lividum vel viridem seu violatum colores Trahentes.*

* 16. **TRAHERE SE ANTE**, Progredi, procedere, Gall. *s'Avancer.* Steph. de Infestura MS. ubi de Innoc. VIII. PP : *Dictus Abulii* (cardinalis) *Traxit se ante, dixitque eidem cardinali* (legato) *quod præpararet in tentorio suo multa bariglia vini, etc.*

* 17. **TRAHERE DE HEREMO**, Agrum in culturam redigere. Dipl. ann. 886. tom. 9. Collect. Histor. Franc. pag. 357 : *Vineas veteres quas Castellanus presbyter et parentes sui et alii ceteri homines Traxere de heremo.* Aliud ann. 916. ibid. pag. 527 : *Cum omnibus cellis,... quas moderno tempore, tam ex aprisione quam ex heremo habent Tractas, etc. Traire paine*, pro Pati, vulgo *Souffrir*, in Bestiar. MS :

> Espira un nouvel Adam,
> Qui pour nous Trait paine et ahan.

** 18. **TRAHERE**, Calculum movere. Ruodlieb fr. 2. vers. 206 :

> ..., Ludas volo cum me,
> Nam quos ignotos facies volo discere tractus.
> Statim rex et ego studiose Traximus ambo.

TRAHINA. Fridericus II. Imp. lib. 2. de Arte venandi in Prologo : *Quædam* (instrumenta) *in docendo ipsa ut sciant capere aves, quas vult artifex, quomodo vult, id quod dicitur Trahina, sive fiat de grue, sive de ayrone, sive de alia ave, sive de pelle leporina impleta paleis, et sunt multa, quæ spectant ad Trahinam.*

¶ **TRAHINARE**, Trahere, *Trainer*, in Inquisitione ann. 1268. inter Schedas Præsid. *de Mazaugues.* Vide infra *Trainare.*

* ¶ **TRAIARE**, Seligere, Gall. *Trier.* Exstant apud Rymer. tom. 4. pag. 136. Litteræ vernaculæ, quibus præmittitur *vice summarii : De assignando ad Wallenses Traiandos et arraiandos;* in corpore vero : *Vous assignoms jointement et severalement de surveer lesdiz galeys.... et de les Trier et arraier, et de les sauvement conveer et mesner... jesqes à Portesmuth... et les avantditz galeys bien Triez et arraiez, etc. Assignavimus vos ad ducentos homines.... de melioribus, validioribus et fortioribus eligendum et Traiandum*, apud eumdem Rymer. tom. 5. pag. 308. Vide *Arraiare* et *Triare.*

* **TRAJECTITIUS**. TRAJECTITIA PECUNIA, Syngrapha, apud Salmas. de Modo usurar. Ind. Lat. Vide supra *Tracta* 2.

* **TRAJECTOR**, Transactor, ut interpretantur docti Editores ad Vit. S. Ysarni tom. 6. Sept. pag. 738. col. 1 : *Gauscelinus per amicos suos, potentes civitatis, acrius monachum repetit; at illi a fratribus clanculo persuasi, verbis multa agentes, ut inter hujusmodi Trajectores assolet fieri, tandem precario rem componunt.* Vide supra *Tractator.* 5.

TRAJECTORIUM, *Fundibulum.* Gloss. MS. Regium Cod. 1013. [Le Roman *de Vacce* MS :

> Saillir devers senestre, et Treget tost geter,
> C'est un coup domageux qui ne s'en sait garder.]

TRAJECTUM, lingua Gallica, Oppidum sonat. Sigebertus ann. 697 : *In loco Wltaburg, qui nunc Wltrajectum dicitur, a nomine gentis Wltarum, et Trajecto compositum, quasi Wltarum oppidum; nam Trajectum lingua Gallica oppidum dicitur.* Hausit a Beda lib. 5. Hist. cap. 12.

TRAJECTUS, vox Latinis haud incognita, ea notione, qua utitur Monachus Sangall. lib. 1. de Carolo M. cap. 32 : *Fuit consuetudo in illis temporibus, ut ubicunque aliquod opus ex imperiali præcepto faciendum esset, siquidem pontes, vel naves, aut Trajecti, sive purgatio, seu stramentum, vel impletio cœnosorum itinerum, ea Comites per Vicarios et officiales suos exequerentur, etc.* Adde cap. 33. [Charta Lotharii Imp. ann. 840. apud Murator. tom. 2. part. 2. col. 390 : *Fundum Fornicatam cum Trajecto suo, seu gualdum unum, in quo est ecclesia S. Gethulii, etc.*]

¶ **TRAILLA**, TRAILLIARE. Vide *Trela.*

TRAINA. Tabularium Prioratus de Domina in Delphinatu fol. 107 : *Cabannaria in villa Perdita, servitium per Kalendas duo membra de carne, et 2. panes, et 2. Trainas, et unum fassum de teda.* Adde fol. 108. 113. Rursum fol. 114 : *Et 1. cartalum de fabis, et 3. Trainas de lignis, et 10. faxos de majoria.* [Vide *Trana* 1.]

* Tigillum, ut videtur, trabecula; certe *Trayne*, eo sensu, occurrit in Lit. remiss. ann. 1475. ex Reg. 195. Chartoph. reg. ch. 1437 : *Icellui Mathelin print une courge et la haulsa pour ramener son coup sur le suppliant, et l'eust tué, au moins l'eut bien fort blecié, se n'eust esté une Trayne de ladite maison, laquelle ainsi qu'il cuidoit frapper, detenist ledit coup.* Neque aliud sonat *Traine*, apud Rabelais. lib. 1. cap. 12. Pro ligno quo rotæ præpediuntur, legitur in Lit. remiss. ann. 1449. ex Reg. 180. ch. 69 : *En laquelle charrette par simplesse ou ignorance, iceulx charretiers n'eussent point mis de Trayne à devaller en la coste du bois, etc.*

¶ **TRAINARE**, verbum Ital. nostris *Trainer*, Trahere. Regimina Paduæ ad ann. 1322. apud Murator. tom. 8. col. 464 : *Inter quos* XVI. *ex eis reperti mortui, et ducti fuerunt in civitatem et Trainati ad catenam Communis.* Annales Mediol. tom. 16. ejusdem Muratorii col. 795 : *Fecit Trainari unum per civitatem Mediolani ligatum ad caudam unius equi.*

* Unde *Trahyne* et *Traynne* nostris, Vehiculum. Lit. remiss. ann. 1457. in Reg. 187. Chartoph. reg. ch. 291 : *Quant il fu près, il apparceu les beufz de Pierre Caurin hatellés aux Trahynes chargées dudit bois.* Aliæ ann. 1467. in Reg. 200. ch. 71 : *Deux bestes chevalines et une Traynne pour aler querir ledit bois.* Vide infra *Trenare.*

TRAINELLUM. Catholicon Armoricum : *Trainell, Gal. c'est Trainel à aider à chaucer, chaucepié, Lat. hic parcopollex, item hoc Trainellum.* Vide *Parcopollex.*

¶ **TRAINUM**. Statuta Pallavicinia lib. 2. cap. 73 : *Item pro quolibet plaustro ducente ad Trainum sol.* 10. Italis *Traino* dicitur quantum a dubus animalibus trahi potest.

TRAITA. Charta Guigonis Comitis Forensis ann. 1253. pro Libertatibus Villarezii : *Remittimus hominibus antedictæ libertatis bannum, quod habebamus in dicta villa de vinis nostris vendendis in mense Augusti, excepta Trayta, quam ad manus nostras expresse retinemus.* Hinc forte nostris vectigal, *Traite foraine*, seu ea præstatio pro mercibus, quæ in Regnum inferuntur, vel ex eo efferuntur.

¶ **TRALESIUM**. Radulfus apud Murator. tom. 6. col. 1179 : *Milites, qui iverant societate Tralesio.* Locus, ut videtur, corruptus.

TRALIA. Vide *Trelia.*

* **TRALICIUM**, Textile rarius, minus densum, Gall. *Treillis.* Laudar. MS. episc. Carcass. : *Item pro duodena de leuciis et Traliciis, obolum.* Hinc *Trelliciée* dicitur de tela ejusmodi texturæ, in Lit. remiss. ann. 1374. ex Reg. 105. Chartoph. reg. ch. 367 : *Un drap de lit, une toye de lit Trelliciée, etc.* Vide infra *Translicium.*

* **TRAMA**, Minutioris ponderis species. Stat. Mutin. ann. 1283. apud Murator. tom. 2. Antiq. Ital. med. ævi col. 822 : *Panis venalis bene coctus, qui fiet de sextario frumenti, qui valuit xx. solidos Mutinenses, vel ultra, fieri debeat tribus denariis Mutinensibus xiv. unciarum et trium Tramarum, minus quarta parte unius Tramæ.* Vide alia notione infra in *Transmisum. Trayme*, pro *Trame*, Subtegmen, trama, in Stat. ann. 1378. tom. 6. Ordinat. reg. Franc. pag. 365.

* **TRAMADAS**, Vox vulgaris textorum Tolosanorum. Charta ann. 1316. in Reg. 53. Chartoph. reg. ch. 334 : *Plures panni lanei fiebant in villa Tholosæ per nonnullos textores, in quibus pannis texendo immiscebantur filaturæ, vocatæ Tramadas, sive filaturæ falsi lanagii; propter quod dicti panni fiebant et erant viciosi.... Nam tales filaturæ, vocatæ Tramadas, seu falsi lanagii, colores tincturarum capere non poterant commode.*

¶ **TRAMAIOLUS**, Baculus collo canis appensus, ne per ea currat loca, quibus nocere posset. Statuta Placentiæ l. 5. fol. 65. v° : *Quilibet habitans in villis tenens canes teneatur eo tempore, quo sunt uvæ super vineis, tenere ipsis canibus ad collum unum Tramaiolum longitudinis unius brachii cum dimidio, ut impediantur canes intrare vineas.... possint tamen dicti Tramaioli amoveri a canibus tempore venationis.* Vox est ejusdem originis, cujus est sequens : sic nos *Tramail* vocamus non solum rete, sed etiam quodvis pedicæ genus.

TRAMALLUM, TRAMELA, Species retis ad capiendos pisces, Gallis *Tremail*, Italis *Tramaglio*, sic dicta, quod tribus *maculis*, vel triplice *macularum* ordine, quas *Mailles* nostri dicunt, confecta sit. Catholicon Armoricum : *Tremaill, c'est une rets à pescher. Lat. hoc tragum*, Tabularium Vindocinense ch. 240 : *Quatuor tractus retis, quod vulgariter vocant Tramallum ad capiendos pisces.* Schedæ MSS. Corbeienses de Mensa Abbatis : *Et sciatur, quod talis debet esse Tramela, dont on prent roces (pisciculos); quod de facili per foramina Tramelæ possint transire tres medii digiti de manu dextra.* Vide *Tremaclum*, et Menagii ac Ferrarii Origines Italicas.

☞ Hinc, ut videtur, emendandum est *Tromalium*, in Charta ann. 1087. apud Baluz. Histor. Tutel. col. 428 : *Clavos non mittent super molendinum ad capiendos lucios, nec Tromalium in ullo loco, nisi quinque diebus tantum per annum.* Et mox : *Mittent Tromalium et clavos, ubi visum fuerit eis.*

* *Tramaire* nuncupatur in Invent. ann. 1511. ex Reg. 13. Corb. sign. *Habacuc* fol. 39. v°. Hinc *Tramaillié*, Locus, ubi cum *tramallo* piscare licitum est, in Charta ann. 1353. ex Reg. 82. Chartoph. reg. ch. 256 : *Item pour les explois du haule, lagans et Tramailliez de mer pour trente deux livres.* Eo utebantur quoque ad capiendas aves, quod *Tramel* appellatur, in Lit. remiss. ann. 1357. ex Reg. 85. ch. 32 : *Ilz s'estoient apperceuz que en leur avoit couppé un Tramel à prendre oyseaux.* Nisi legendum sit *Trainel*. Vide supra *Tragum*.

¶ **TRAMARCUS.** Hugonis Magni Diploma pro S. Juliani Monasterio Turon. tom. 3. Annal. Benedict. pag. 710. datum dicitur *in villa Fontanas, ubi residebat domnus Hugo venerabilis Comes et Tramarcus cum suis fidelibus;* hujus vero Diplomatis initio *Hugo Dux Francorum* appellatur necnon *Demarcus :* unde colligere est *Tramarcum* et *Demarcum* unum et eumdem esse; est autem *Demarcus* juxta vim vocis δήμαρχος, Princeps populi, quod de Duce vel Comite dici petest. Vide *Demarchus.*

¶ **TRAMARICIA**, *Quædam arbustula*, Johan. de Janua. *Une petite arbre comme ronce*, in Glossis Lat. Gall. Saugerman.

¶ **TRAMASERICUM.** Vide *Tramoserica.*

* **TRAMBLUS**, a Gallico *Tremble*, Populus tremula. Charta ann. 1206. in Chartul. Arremar. ch. 111 : *Unam quadrigatam in nemore de Trohoude de salice, vel de Tramblo, sive de lignis jacentibus in ebdomada accipiet. Tranmioteau*, eadem, ut videtur, acceptione, in Chartul. Corb. sign. *Cæsar.* fol. 58. v° : *A esté donné..... aux compaignons de S. Lienart en Corbie cinq petiz chennoteaux et trois petitz Tramioteaux pour faire le hourt de ladite feste.* Vide infra *Tremblius.*

¶ **TRAMELA**, Species retis. Vide *Tramallum.*

¶ **TRAMELLUM**, pro *Trainellum.* Vide *Parcopollex.*

TRAMEN *de arboribus*, in Gloss. Saxon. veteri, spæc. In Cottoniano, *Framen*, ubi Somnerus : Neutrum intelligo. Fortasse *Termes*, quod Belg. *Speckmaede.* [Vide *Tremen.*]

* **TRAMENTARIUM**, pro *Atramentarium.* Vide supra in hac voce.

¶ **TRAMESAGIUM.** Vide in *Tremesium.*

* **TRAMETUM**, Immutatio in consueto ordine et ratione excolendi agros. Charta ann. 1276. in Lib. nig. 2. S. Vulfr. Abbavil. fol. 70. r° : *Dictus etiam Bernardus tenetur dicta viginti jornalia terræ mallare propriis custibus et expensis infra festum Omnium sanctorum proximo venturum; et in compostis dictorum viginti jornalium terræ, quando acciderint, dictus Bernardus faciet talia Trameta, qualia sibi placuerint.*

¶ **TRAMIS**, *Extrema pars vestimenti*, Johanni de Janua. *Horletet de vestement*, in Glossis Lat. Gall. Sangerman.

¶ **TRAMISIA.** Vide in *Tremissis.*

TRAMISIS, Tramisium, etc. Vide *Tremesium.*

¶ **TRAMONTANA**, vox Italica, nostris *Tramontane*, Aquilo, Boreas, sic dictus in mari Mediterraneo quod flet a partibus transmontanis, Romanorum habita ratione. Frequenter occurrit vox *Tramontana* in Archivo S. Victoris Massil. et apud Scriptores Italicos. Vide *Prodenses.*

* *Trémontain*, eadem ratione, pro *Ultramontain*, in Stat. Aurifab. Paris. ann. 1355. tom. 3. Ordinat. reg. Franc. pag. 14. art. 28 : *Que nuls Trémontains ne puissent ouvrer, ne faire ouvrer secrettement, ne en appert en leurs hostiex, se il n'est orfevre.*

¶ **TRAMONTARE**, verbum Ital. quod de astris occidentibus dicitur, ac præsertim de Sole. *Stella grossa de sero jam fuerat Tramontata*, in Chronico Parm. tom. 9. Muratorii. col. 765.

TRAMOSERICA, *Vestis, quæ stamina ex lino, tramam vero ex serico habet.* Papias et Ugotio [ex Isidoro lib. 19. Orig. cap. 22. Gloss. Lat. Gall. Sangerm. : *Tramosericus, bordés de soie.*] Gloss. Saxon. Ælfrici : *Tramasericum*, seolcenab. Ibidem seolcen, est sericus, bombycinus. [** ob vel ab, Trama.] Charta Cornutiana, edita a Suaresio : *Mafortem Tramosericum, rhodomelinum, aquilatum.* Ibidem : *Vela Tramoserica prasinopurpura.* Chartula plenariæ securitatis exarata Justiniano imperante, apud Brissonium lib. 6. Formul. : *Camisia Tramoserica in cocco et prasino valente solidos tres semis.* Vide *Stamesiricus.*

* **TRAMPESIUS**, vulgo *Trempis*, Aqua in qua salsamentum maceratur et diluitur. Arest. ann. 1384. ex Memor. E. Cam. Comput. Paris. fol. 83. v° : *Et licet in dictis parvis stallis nullum Trampesium vendi deberet etc. Trampois*, ibid. fol. 84. r° : *Ordené est que en nul temps le Trampois ne se vende point en ladite place.* Ubi vol. 7. arestor. parlam. Paris. habet *Trempis.*

¶ **1. TRANA**, Idem quod *Traina*, nisi sit ita legendum. Chartul. S Petri de Domina fol. 26 : *Monachi habebant apud Muram 12. den. et 2. sextar. avenæ et unum fascem de fœno et alium de palea, et unam Tranam et unum caponem.* Vide *Traca.*

2. **TRANA**, Lydio, et Goldasto, *Evectio, tractoria.* At *Evectio tranæ* dicitur conjunctim, in Charta Caroli M. apud Will. Hedam in Rixfrido Episcopo Trajectensi : *Præterea præsenti præcepto decernimus... ut non per ullos portus, neque per civitates, ubicunque in nostro regno aut pagis, aut territoriis, teloneus exigatur, nec de navali vel carrali, neque de saumis, seu Tranæ evectione, vel rotaticum, vel pontaticum,.... requiratis vel exigatis, etc.* Quid sit *Trana* hoc loco, non facile est assequi. Papias MS : *Tranas quidam putant esse, quibus mare colligitur; Donatus vero vehicula esse sine rotis.* Donatus habet *Traha*, non *Trana*, ad 1. Georgic. unde conficitur perperam Papiam apud eumdem *Tranas* legisse. Recte tamen dixit, *tranas* esse locum, ubi mare colligitur, sunt enim *piscatoriæ*, seu *piscariæ*, quæ ad ædium vestibula conficiebantur in mari, quas Leo Imp. Nov. 57. et 104. ἐποχάς, vocat, quasi *aquarum maris remoras*, nos *Retenuës d'eaux* dicimus, posteriores vero] Græci τράνας, ut auctor est Michaël Attaliata in Synopsi tit. 95. Eæ autem ἐποχαί, non tam fuere *retia in mare extensa confixis palis*, quod vult Cujacius lib. 14. Observat. cap. 1. quam maritimæ piscinæ, seu ex aqua maris exundantis in ipso littore confectæ. Proinde *tranæ evectio*, nihil aliud fuerit, quam quod pro piscium maris evectione pensitabatur : quod et

Tranaticum dicitur in Charta Ludovici Pii, et Caroli C. ex Tabulario Flaviniacensi :... *Nec salutaticum, nec laudaticum, nec Tranaticum, nec de hoc, quod homines ad eorum dorsa portant, exigere aut exactare prasumat.* Adde Appendicem ad Capitularia Baluzii n. 67. [et 26. in quo posteriori privilegio male legitur *Tranicticum*, pro *Tranaticum :* quod rursum legitur in Hist. Lotharing. tom. 1. col. 555.] [** In Histor. S. Michael. cap. 3. apud Pertz. Script. tom. 4. pag. 80. lin. 32.]

☞ Evectionem, quæ fit traba interpretatur Vossius lib. 2. de Vitiis serm. cap. 18. ex alio ejusdem Caroli M. Privilegio apud Aimoinum lib. 5. cap. 1 : *Teloneus exigatur nec de novale, nec de carale, neque de saumis, neque de Trana evectione, nec rotatico, nec pontatico.* Legit Baronius tom. 9. Annal. ad ann. 779. ubi idem Privilegium habet : *Nec de navali, nec de carrali, neque de saumi, sive de Trana evectione vel rotaticum, vel pontaticum.* In quibus verbis multiplicem distinguit evectionem laudatus Vossius, aliam quæ navi fit, aliam quæ curru, aliam quæ traba, vehiculi genere sic dicto, quod non volvatur rotis, sed trahatur : quod postremum evectionis genus *tranam* dici putat, quæ idcirco evectioni navali et carrali opponatur.

¶ **TRANATARE**, Tranare. *Tranatare navicula*, Elmhamo in Vita Henrici V. Regis Angl. cap. 82.

¶ **TRANATICUM.** Vide in *Trana* 2.

TRANATORIUM, ab eodem fonte, quo *Trana* 2. Florentius Wigorniensis ann. 465 : *Hengiscus et Æsca cum Britonibus prope Wipepes fleote, id est Wippedi Tranatorium pugnaverunt.* Anglo-Saxonibus fleat, *æstuarium, gurges, amnis.*

¶ **1. TRANCHEIA**, Tranchia, Fossa, Gallice *Trenchée*, Ital. *Trincea.* Histor. Beccensis MS. pag. 361 : *Statuit ne cogantur ire ad operationem castellanorum, sive pontium, vel fossatorum reparandorum, vel Trancheiarum.* Transactio ann. 1295. ex Archivo Castellionis Paludis in Bressia : *Castrum de Castellione cum fossatis contiguis et Tranchia sive sissura. A cimeterio usque ad Tranchiam Domus-Dei de Meriaco*, in Charta ann. 1209. apud Thomasserium in Biturig. pag. 714. Rursum occurrit in Epistola ann. 1212. tom. 1. Anecd. Marten. col. 821. Vide infra *Trenchea.*

* Hinc *Tranche*, Instrumentem ferreum,

quo terra proscinditur, ligo, vulgo *Beche.* Lit. remiss. ann. 1472. in Reg. 197. Chartoph. reg. ch. 278 : *Le suppliant print une Tranche, et se mist à becher.* Vide infra *Trenchia.*

* 2. **TRANCHEIA**, Tranchia, Jus scindendi lignum mortuum seu aridum. Charta Ludov. VII. reg. Franc. ann. 1146. ex Tabul. Monast. novi Pictav. : *In nemore etiam nostro, quod Molleria appellatur, sibi concedimus Trancheias illas, quæ ab antiquo dono ducis Aquitanorum habuit, perpetuo possidendas. Trencheia*, ex eadem Ch. in Reg. A Chartoph. reg. ch. 33. In Charta vero hic memorata Guill. Aquit. ducis legitur : *Dono mortuam silvam de Moleria, quam acquisivi.* Charta ann. 1407. in Reg. feud. comitat. Pictav. ex Cam. Comput. Paris. fol. 129. r° : *Ego Guillermus Coaigne....... recognosco me tenere..... ad homagium ligium..... explectum meum seu usagium vel Tranchiam meam, quod et quam habeo in nemore, publice appellato Chavaigne.*

* **TRANCHETUS**, Cultri species, nostris *Trenchet* et *Tranche ; Tranchet* nunc dicitur scalprum sutorium. Lit. remiss. ann. 1364. in Reg. 96. Chartoph. reg. ch. 148 : *Tenens in altera manu quemdam cutellum, nuncupatum vulgaliter Tranchet,...... in calido motu dictam concubinam de dicto Trancheto percussit. Un certain coustel appellé Tranche,* in aliis ann. 1416. ex Reg. 169. ch. 483. Aliæ ann. 1407. in Reg. 161. ch. 252 : *Un petit coutel à pain, autrement Trenchet.* Ab usu, cui cultri inserviunt, sæpius nomen habent. Hinc scalpellum pennis acuendis appellatur *Trencheplume*, in Lit. remiss. ann. 1463. ex Reg. 199. ch. 351 : *Certaines rasures faites d'un ganivet ou Trencheplume.* Et *Tranchelart*, culter coquinarius, in aliis Lit. ejusd. ann. ibid. ch. 359 : *Ung grant cousteau de cuisine, nommé Tranchelart.*

* **TRANCHIA.** Vide supra *Trancheia* 1.

¶ **TRANCUS**, pro *Truncus*, ni fallor. Vide locum in *Eschalmamentus.*

TRANEX, vel Tranix. Edictum Rotharis Regis tit. 101. § 61. [** 300.] et Lex Longob. lib. 1. tit. 19. § 7 : *Si quis Tranicem de vite aliena inciderit, componat medium sol.* Ita tres editiones. Quidam codices MSS. habent *Travices*, et in lemmate, *de radice vitis.* Sed legendum puto *de traduce vitis*, ut in ipsa lege *traducem*, id est vitis surculum, quem ita appellant Varro lib. 1. de Re rustica, Columella lib. 4. cap. 29. lib. 5. cap. 6. et alii. Nisi titulus *de radice vitis*, sit vice Glossematis. Itali *Tralcio* [palmitem] dicunt.

☞ Palmitem aut flagellum interpretantur Vossius lib. 2. de Vitiis serm. cap. 18. et Martinius in Lexico, sic dictum a Saxonico, vel Germanico *Rancke* : quod idem significat. Hinc pro *Tranicem* puto legendum *Traucem*, ut habet unus MS. Estens. alter præfert *Trance*, ut annotat Muratorius tom. 1. part. 2. pag. 40.

¶ **TRANICTICUM.** Vide *Tranaticum* in *Trana* 2.

¶ **TRANQUILLACIO**, pro Tranquillitas, in Chronico Joh. Whethamstedii pag. 335.

TRANQUILLITAS, Titulus honorarius Imperatorum, apud Vegetium lib. 2. in Prologo et alios. In Diurno Romano cap. 2. tit. 4 : *Tranquillissimi ac Christianissimi Domini nostri.* Vide *Serenitas.*

TRANSACTARE, Transferre, possessionem aut rem in alium transferre, in Statutis Venetis ann. 1242. lib. 3. cap. 39. et Consulto 16.

TRANSACTUM. Lex Longobard. lib. 1. tit. 25. § 59. [** Liutpr. 247. (6, 94.)] : *Si cujuscunque servus aut aldius, ancilla aut aldia in furto comprehensi fuerint, et dominus eorum neglexerit eos liberare, et usque ad dies* 30. *eos dimiserit, sint fefangi, et habeat eos in Transactum, cui furtum fecerint, et componat postea ipsum furtum, sicut Lex et Edictum continet.* Hoc est, sibi habeat ipsos servos quasi per modum *transactionis*, seu pacti.

¶ **TRANSAGIUM**, in Litteris ann. 1369. inter Ordinat. Reg. Franc. tom. 5. pag. 388. Mendum esse videtur pro *Caufagium*, quod præferunt aliæ Litteræ eadem de re ann. 1371. ibid. pag. 400.

TRANSALPINARE, Trans *Alpes* proficisci, Romam vel in Italiam contendere. Johan. de Janua : *Transalpinare, ultra Alpes ire.* Robertus Monachus lib. 2. Hist. Hieros. : *Sed natale solum transeuntes diverso tempore et itinere Transalpinaverunt.* Utuntur Gregorius VII. PP. lib. 2. Epist. 9. Hildebertus Cenoman. Epist. 9. ex iis, quæ editæ sunt tom. 13. Spicileg. Acher. S. Bernardus Epist. 164. 244. 245. Petrus Blesens. Epist. 59. Otto de S. Blasio cap. 16. 24. 28. Nangius in Chron. ann. 1156. Richardus de S. Germano in Chron. ann. 1236. Rogerus Hovedenus pag. 528. Matthæus Westmonaster. ann. 1133. 1217. Matthæus Paris. ann. 1257. Godefridus Monachus S. Pantaleon. ann. 1166. etc.

¶ **TRANSARTAT**, Vexilli genus. Gesta Guidonis Episc. Cenoman. tom. 3. Analect. Mabill. pag. 335 : *Willus de Buris, qui jam dudum causa pœnitentiæ Jerosolymam profectus fuerat... obtulit B. Juliano Dominicæ crucis reliquias, cum pretioso pallio et vexillo, quod Transartat dicitur, in cujus hasta laminæ ductiles erant,* VIIII. *marcas argenti continentes.*

¶ **TRANSCAMBATA**, Saltus, insultatio, Gall. *Gambade*, ab Occitano *Cambata*, Spatium inter pedes divaricatos interjectum, Gall. *Enjambée.* Sentent. Inquisit. Tolos. apud Limborch. pag. 170 : *Affirmans quod ex quo ipse Rex Carcassonensibus et Albiensibus super factis inquisitorum deficiebat in justitia, ipsi poterant licite alium Dominum sibi assumere ; et ex quo Rex ipse unam eis fecerat Transcambatam (quia scilicet non providerat eis circa dicta negotia, ut volebant) aliam sibi per eos fieri justum erat.*

***TRANSCAPITARE,** In caput præcipitem agere, Gall. *Jetter quelqu'un la tête la premiere.* Acta S. Calm. tom. 7. Jul. pag. 174. col. 2 : *Cum adhuc seminecis ante illorum pedes jacens, spirare extremum moriturus habitum* (halitum) *cerneretur, in adjacentis putei profundum, inversis immersum pedibus, Transcapitaverunt.* Vide *Transcapitatus.*

¶ **TRANSCAPITATUS,** Actus præceps in caput. Acta S. Torpetis, tom. 4 Maii pag. 7 : *Quadrigam in fluvio mergi fecit, et Transcapitatus est auriga et nusquam comparuit.*

TRANSCAPOLARE, Transcapulare, Truncare, etc. Vide in *Capulare* et *Cervella.*

TRANSCENDERE, Præceptum transgredi. Conventus apud Andelaum, apud Gregor. Turones. lib. 9. cap. 20 : *Si qua pars præsentia statuta sub quacunque calliditate tempore quocunque Transcenderit.* [Vitæ Patrum Emerit. tom. 2. Concil. Hispan. pag. 646. col. 2 : *Ite et implete præceptum Domini : quod semel datum est, nequaquam Transcendi potest.* Etiam legitur in Cod. Theod. lib. 6. tit. 4. leg. 22.]

* **TRANSCENSUS**, idem quod *Trecensus*, Census ex terra seu prædio, quasi *Terræ census*, Gall. *Trécens.* Charta Math. I. ducis Lothar. ann. 1138. inter Probat. tom. 2. Annal. Præmonst. col. 134 : *Confirmo.... nominatim vallem, in qua sita est abbatia tua, quam per Transcensum duodecim nummorum de abbatissa S. Petri.... habetis.* Rursus in Ch. Henr. Tull. episc. ibid. col. 135 *: Transcensu unius denarii.*

¶ **TRANSCHEIA,** Idem quod *Trancheia*, Fossa, Gall. *Trenchée. De operationibus castellorum, et pontium, et vivariorum, et fossatorum, et Transcheiarum,* in Litteris Henrici Regis Angl. ann. 1285. e Chartophylacio Regio.

* **TRANSCITARE**, Transmittere. [Stat. synod. eccl. Tornac. ann. 1366. pag. 77 : *Quapropter constitutiones editas contra tales vobis duximus sub sigillo sedis nostræ curiæ Tornacensis Transcitandas et* (ut) *eas in ecclesiis vestris publicetis.*

¶ **TRANSCOPIARE**, Exscribere, Transcribere, Gall. *Copier, Transcrire.* Chronic. Whethamstedii pag. 406 : *Abbas Transcopiari eas* (*litteras*) *fecerat, et post Transcopiationem inseri ulterius in Registro.* Rursum occurrit apud Ludewig. tom. 8. Reliq. MSS. pag. 28.

TRANSCORNATI. Chronicon Novalicense lib. 3. cap. 14. de quodam *joculatore*, qui dux viæ fuerat Carolo M. pergenti in Italiam contra Langobardos : *Tunc accendens jam dictus joculator ad Regem petiit, ut sibi promissum daretur, quod ante illi pollicitus fuerat. Tunc ait illi Rex : Postula, quod vis. Cui ille : Ego ascendam in unum ex his montium, et tubam fortiter personabo corneam, et quantum longe audiri potuerit, dabis mihi in merito et munere cum viris et fœminis. Et Rex : Fiat tibi juxta verba tua. Qui protinus adorans Regem abiit. Ascendensque in uno monticulo, fecit, sicut dixerat. Descendensque ibat per viculos et arvam, et interrogans quos inveniebat : Audisti, inquit, sonitum tubæ? Cui si dixisset : Etiam audivi, dabat illi mox colaphum dicens : Tu inquit, es meus servus. Ita ergo dedit illi Carolus quantum sonitum tubæ audiri potuit, atque ita, dum vixit, tenuit, suique filii post eum, qui usque in præsentem diem servi ipsi Transcornati vocantur.*

¶ **TRANSCORPORATIO**, Animæ in aliud atque aliud corpus migratio, Gr. μετενσωμάτωσις et μετεμψύχωσις, apud veterem Interpretem Origenis in Matth. tractatu 27.

¶ Transcorporatus, Qui de uno corpore migrat in aliud, veteri Interpreti S. Irenæi lib. 1. cap. 25. ult. edit.

¶ **TRANSCRIPTI** Milites *vocantur, cum de alia in aliam regionem transeunt, et inde Transcripti, quod nomina dant ut transcribantur.* Isid. lib. 9. cap. 3.

¶ **TRANSCRIPTUM**, Exemplum, Gall. *Copie. Vidimus ou Transcript*, in Litteris Caroli V. Reg. Franc. ann. 1371. tom. 5. Ordinat. pag. 403. Inventar. Chartar. Reg. ann. 1482. fol. 281. v° : *Rotulus in pergameno super quem scriptum est verbis Gallicis, Ce sont les Transcriptz des Lettres que les Grecs envoyerent à Monseigneur et à Madame. Et in dicto rotulo sunt inclusæ duæ litteræ missivæ in papiro et idiomate Græco scriptæ.. Tancris*, eadem notione in Chartul. Campan. fol. 291. col. 2. ex inscriptione Chartæ ann. 1242 : *C'est li Tancris de la Chartre de la Commune de Provins.* Charta ann. 1260. ibid. fol. 390. col. 1 : *Quant cele taille sera faite, ele sera gitée, et somme feite par devant les hommes devant diz et par devant nos Sergens, et en porteront li homme devant dit le Tancrit de la taille, et la somme de tout et de chacune vile.*

¶ 1. **TRANSCURSUS**, Præteritus, neglectus. Codex Theod. lib. 12. tit. 1. leg. 182 : *Nemo posthac munerum ordine Transcurso ad altioris curiæ honores audeat pervenire.* Vide *Transilire*.

* 2. **TRANSCURSUS**, Vectigal, quod præstatur a transeuntibus per terras alicujus domini. Arest. ann. 1339. 14. Apr. in vol. 3. arestor. parlam. Paris. : *Quod ipsi mercatores vel extranei de dictis averiis seu mercaturis solvent pedagium seu Transcursum apud Bapalmas.* Vide *Transitorium*.

* **TRANSCURTIS**, *Curtis* seu prædium hospitio adjacens. Charta ann. 1308. in Reg. 44. Chartoph. reg. ch. 123 : *Item hospitium cum Transcurte, quod fuit Mosse Bonafos.* Vide infra *Trescurtis*.

* **TRANSDORSA**, Post equitem sedens, Gall. *Portée en croupe.* Stat. Avenion. ann. 1243. cap. 35. ex Cod. reg. 4659 : *Si aliquis locaverit bestias ad equitandum, et contra conventionem alium hominem vel alium Transdorsam portaverit, duplicem mercedem solvat.*

¶ **TRANSDUCTA** Mulier. Vide *Traducta*.

* **TRANSDUCTUS**, Canalis quo aqua transfluit. Libert. de Stagello ann. 1331. in Reg. 69. Chartoph. reg. ch. 174 : *Possint reficere et mutare et remutare semel et pluries paxeriam et paxerias,..... besalia, meatus, recos, aquæductus et Transductus.*

* **TRANSEGANTIA**, In Dipl. Caroli Simpl. ann. circ. 906. tom. 9. Collect. Histor. Franc. pag. 504. Ana Latino Transigere? Nihil quippe certi ex Charta mutila erui potest.

TRANSENDA, Via, platea, qua transitur : sed proprie via strictior, *Passage*, unde Italis *Transandare*, transcurrere, prætergredi. Anastasius in Stephano IV. PP. pag. 94 : *Eumque projicientes in terra juxta Transendam campi Lateranensis, ejus effoderunt oculos.* Charta Landolphi et Atenolphi Ducum Longobard. : *Secus Transendam, quæ pergit ad portam Rufini.* Alia Pandolfi et Landolphi Ducum Longob. in Chronico Beneventano S. Sophiæ : *Concedimus in nominato monasterio S. Sophiæ ipsam Transendam, quæ vadit retro ipsam Ecclesiam, et quæ in parietibus ejusdem Ecclesiæ conjuncta est.* Alia eorumdem Ducum ibid. : *Juxta plateam majorem illam publicam quæ ascendit de porta Summa, et juxta Transendam publicam, quæ olim pergere videbatur erga ipsum prædictum monasterium, etc.* Diploma Roberti Regis Neapol. ann. 1321. apud Wadding. : *Item domus seu apothecæ... sitæ in civitate Neapolis in platea portus, intus anditus seu Transendam communem, et sunt conjunctæ cum prædicto anditu seu Transenda communi, sicuti paries exfiniat.* Adde Sanctuarium Capuanum pag. 643. Vide *Andare*.

TRANSENNA, Cancellus, κιγκλὶς, in Onomastico Lat. Gr. Anastasius in Sixto III. PP : *Item fecit Sixtus Episcopus Confessionem B. Laurentii Martyris cum columnis porphyreticis, et ornavit Transennam et altare, et Confessionem S. Martyris Laurentii de argento purissimo.* [Eumdem adde in Stephano IV.]

Transenna, Fenestra. Gl. Gr. Lat. : Κέραμος φωταγωγός, *Transenna*. Quomodo scilicet est gypsum, vel vitrum pellucidum, per quod lumen intus admittitur. Glossæ Lat. Gr. : Ὕσπληξ, παγγαγή, μαππαρίου σημεῖον. Legendum παραλλαγή. Paulinus Epist. 12. ad Severum : *Lætissimo vero conspectu tota simul hæc basilica, in basilica memorati Confessoris aperitur trinis arcubus paribus perlucente, Transenna, per quam vicissim sibi tecta ac spatia basilicæ utriusque junguntur.*

¶ **TRANSEUNTER**, Obiter, in Libro de Singularitate Clericorum S. Cypriano perperam attributo, et apud Ammianum lib. 28. cap. 4.

¶ **TRANSFEGARE**, f. Transfretare. Chron. Bergom. ad ann. 1406. apud Murator. tom. 16. col. 991 : *Licitum sit ipsis partibus.... libere et impune Transfegare, ire, stare, et redire, mercari, etc.*

* **TRANSFEGATOR**, Explorator, investigator. Stat. Avenion. ann. 1243. cap. 112. ex Cod. reg. 4659 : *Statuimus quod tempore pacis Transfegatores seu espiæ aut explorantes vel exploratores maleficiorum vel guerræ, non veniant neque habitent in civitate Avinionis. Trafegatores*, in Cod. MS. musei mei. [** Vide Raynouard. Glossar. Roman. tom. 5. pag. 396. radice *Trafec*.]

¶ **TRANSFERISCERE**, Transferre, tradere. *Trado, confero, largior, et irrevocabiliter offero atque Transferisco*, in veteri Charta apud Ughellum tom. 1. Ital. Sacræ col. 528. edit. 1717.

* **TRANSFERITOR**, Donator, qui transfert rem quampiam alicui. Charta ann. 992. apud Lam. in Delic. erudit. inter not. ad Hist. Sicul. Benincont. part. 2. pag. 316 : *Dominus Wido comes filius ejus donatori et Transferitori in ecclesiæ monasterio in perpetuum præsens præsente salute sacrarum scripturarum hæc actio permaneat, etc.*

* **TRANSFERIUS**, Armorum genus ad transfigendum. Stat. Ferrar. ann. 1268. apud Murator. tom. 2. Antiq. Ital. med. ævi col. 515 : *Arma vetita in civitate Ferrariæ et districtu, intelligimus bordonem, lanzonem, Transferium...... Si quis inventus fuerit portare de nocte.... bordonem, lanzonem, Transferium, etc.*

¶ **TRANSFERSIO**, Translatio, transcriptio, cessio. Charta ann. 1072. apud Murator. delle Antic. Estensi pag. 192 : *Per anc cartulam judicati et offersionis et perpetualis Transfersionis proprietario nomine donamus, indicamus et offerimus et tradimus, etc.* [* Vide infra *Transpersio*.]

TRANSFIGURARE Faciem, in Lege Longob. lib. 1. tit. 15. § 5. [** Roth. 31.] : *Walapauz est, dum quis alienum furtivum vestimentum induit, aut si caput latrocinandi animo, aut faciem Transfiguraverit.* Gall. *Se defigurer le visage.*

¶ Transfiguratus in Vestimentis, Aliena veste indutus, nostris *Deguisé*, apud Rolandinum Patav. in Chronico lib. 7. cap. 4. ubi etiam habetur *Transfiguratio*, pro Consuetæ vestis mutatio.

¶ **TRANSFIRMARE**, Transcribere, tradere. Charta ann. 32. Caroli Regis ex Archivo S. Bertini : *Ad integrum vobis per venditionis titulum accepto pretio Ecclesiæ vestræ a die præsenti Transfirmo.*

TRANSFLUVIARE, Fluvium pertransire. Commodianus Instr. 50 :

Transfluviat hostis, tu sub latebra conde.

* **TRANSFORATIO**, Perforatio, diruptio. Charta Ansoldi abb. in Chartul. S. Corn. Compend. fol. 127. v°. col. 2 : *Carrucas ecclesiæ pro Transforatione pyrgii vel alio forefacto non poterit capere.*

* **TRANSFORATUS**, Dicitur de ligno quavis perforatione vitiato, in Stat. ann. 1313. inter Probat. tom. 2. Hist. Nem. pag. 15. col. 1 : *Si residuum nemoris erat Transforatum vel deterioratum, et aliqua partium super hoc se dolebat, etc. Trefforé ou empiré*, vernacule redditur, in Lit. ejusd. ann. tom. 1. Ordinat. reg. Franc. pag. 526. art. 5.

TRANSFOSSORIUM. Papias : *Veru, i. Transfossorium, quo carnes assantur.*

TRANSFRANCIARE, Ex Anglia per Franciam transire Romam. Matth. Paris ann. 1257 : *Pro negotiis Regis transalpinantes et Transfranciantes.*

* **TRANSFRETATIO**, Pensitatio, quæ exsolvitur a navibus secundo vel adverso flumine aliqua transeuntibus. Chartul. Guill. abb. S. Germ. Prat. fol. 203. r°. col. 2 : *Ego Odo, comes quarumdam provinciarum Galliæ scilicet et Franciæ,.... concedo monachis servientibus S. Germano Parisiacæ urbis episcopo quasdam consuetudines in quodam castro nostro, quod vocatur Musteriolum, hactenus habitas in Transfretatione navium, in eundo superius sive redeundo inferius.* Vide *Traversum* 1.

¶ **TRANSFUNCTORIUS**, Levis, inutilis, haud satis accuratus et sedulus. *Transfunctoria expugnatio*, apud Tertull. adv. Valent. *Transfunctorium præceptum*, apud eumdem lib. 1. adv. Marc. cap. 27.

¶ **TRANSGLADIATUS**, Gladio transfixus, in Vita S. Elisabethæ Schonaug. tom. 3. Junii pag. 621.

* **TRANSGLUTIRE**, Sorbere, deglutire. Stat. synod. eccl. Carcass. ann. 1270. cap. 6. ex Cod. reg. 1613 : *Quociens sacerdos*

communicat infirmum, faciat in sua præsentia Eucharistiam Transglutire, et propinet postmodum sibi vinum. Vide *Transgulare* 1.

¶ **TRANSGREDERE**, pro Transgredi. *Si quis hoc Transgredere præsumpserit*, in Capitulari 1. ann. 802. cap. 30. *Transgredere præceptum*, ibid. cap. 34.

* *Transigier*, eadem notione, pro *Transgresser*, in Lit. ann. 1374. tom. 6. Ordinat. reg. Franc. pag. 25 : *Pour yceux faire amender la transgression de noz dictes ordonnances et statuts qu'ils ont Transigiez.*

¶ **TRANSGRESSIBILES** Costumæ, Præstationis species. Charta ann. 1187. ex Archivo Majoris monasterii : *Reclamabant monachis petrinas vaccarum, lumbos porcorum, botellagium, costumas Transgressibiles, decem solidos annuatim.* Vide *Consuetudo* 4.

TRANSGRESSIO Super Casu, JC. Anglis et Cowello liv. 4. Institut. tit. 3. § 1. est, cum quis alterius statum vel conditionem suo delicto deteriorem facit.

¶ Transgressiones de Viridi *in Forestis*, Damnum silvis viridibus et frondosis illatum, apud Rymer. tom. 5. pag. 692.

1. **TRANSGULARE**. Ugutio et Joannes de Janua : *Transgulare, ultra gulam deorsum immittere, scilicet, transglutire.* Gloss. Lat. Gall. : *Transgulare, Transgloutir outre, devourer.* Goffridus Vindocinensis lib. 4. Epist. 22 : *Habuerunt itaque escas, sed in escis illis retia, quibus capti, et hamum quo sunt Transgulati, invenerunt.* Alia forte notione vocem hanc videtur usurpare Gilbertus Porretanus Episc. Pictav. in procemio ad Commentar. in Boëtii librum de S. Trinitate : *Et ne vel timiditatis angustia nos ad silentium penitus Transgulare, vel temeritatis audacia ad garriendum laxare putetur, etc.* [Id est, cogere.]

¶ 2. **TRANSGULARE**, pro Strangulare, vitiosa, ut videtur, pronuntiatione. Chronic. Andegav. apud Marten. tom. 3. Anecd. col. 1379 : *Johanne Papa* (X.) *Transgulato, alter Johannes succedit mensibus* III. Charta ann. 1413. ex Chartul. 23. Corb. : *Super hoc quod in anno prædicto fuit quidam vir vitæ honestæ et conversationis* (*qui*) *instinctu diabolico in domo sua propria.... se Transgulasset, etc.* Metaphorice pro Exstinguere, Gall. *Etouffer*, in Charta ann. 1168. tom. 1. Maceriarum Insulæ Barbaræ pag. 109 : *Damnosam inter utramque domum controversiam... fructus pacis lætus exurgens Transgulavit.* Hinc

Transgulatio, pro Strangulatio. Papias. : *Suspensio, Transgulatio, laqueus.*

¶ Transgulatus Pannus, Variis coloribus distinctus. *Pannis de serico Transgulatis seu reatis a modo non utantur*, in Statutis Ecclesiæ Anic. ann. 1267. tom. 2. Anecd. Marten. col. 483. Sed legendum videtur *Stragulatus*. Vide *Stragulum*.

** **TRANSIBILIS**. Sedul. Scot. de Rect. Christ. cap. 16 : *Rerum Transibilium inconstantia.*

*¶ **TRANSIBILIS** Mesura, Mediocris mensura, quæ neque minor sit, neque major, in Chartulario S. Vandregesili tom. 2. pag. 163. Gall. *Mesure passable.*

¶ **TRANSIGERE**, Transire. *Longo itinere confecto, multis montibus Transactis*, tom. 2. SS. Martii pag. 48.

TRANSIGIA. Libertates Villæ de Moneto anno 1269. apud Thomasserium in Consuetud. localibus Bituricensib. cap. 65 : *Nullus de franchisia faciat mihi biennium aut corvatam extra Moneto, nisi tantummodo Transigias.... usque ad domum leprosorum, quas habent facere, etc.* [Vide *Transvectura*.]

¶ **TRANSILIRE** Sacros Ordines, *Per saltum*, ut aiunt, sacris Ordinibus initiari, i. e. suscipere superiorem omisso inferiori, v. g. Presbyteratum non suscepto Diaconatu. Concil. Belvac. ann. 1114. tom. 2. Spicil. Acher. pag. 595. hæc statuit post Gregorium VII. PP : *Qui sacros Ordines Transiliunt, suspendantur ab officio, et si meruerit vita eorum indulgentiam consequantur, et intersint ordinibus, quos amiserunt.*

¶ 1. **TRANSIRE**, Tolerare, dissimulare. Epistola Friderici II. Imp. tom. 2. Spicil. Acher pag. 572 : *Ita nos graviter provocavit, ut Transire non possimus ulterius incorrectos suæ levitatis excessus. Injurias inultas Transire*, in Codice Theod. lib. 8. tit. 10. leg. 2.

¶ 2. **TRANSIRE**, Traducere. Charta ann. 1468. apud Lobinell. tom. 2. Hist. Britan. col. 1299 : *Liberabit naves... ad Transeundum et transfretandum dictos* 1500. *sagittarios.* Acta S. Benedicti Avenion. tom. 2. Aprilis pag. 257 : *Benedictus iterum rogavit, ut amore Dei et B. Mariæ Transiret illum ultra.*

¶ 3. **TRANSIRE** Actum, Practicis nostris, *Passer acte*, Chartam seu testimonium rei gestæ conscribere. Synodus Trecor. ann. 1372. apud Lobinell. tom. 2. Hist. Britan. col. 1608 : *Notarii curiarum nostrarum jurent fideliter acta coram eis facta Transire.*

¶ Transire Accorda, Literas, dicitur Parlamentum, cum illa publica auctoritate confirmat : qua notione vox *Passer* non semel occurrit in vett. Edictis Regum nostrorum; hodie *Homologuer*. Litteræ ann. 1358. tom. 4. Ordinat. Reg. Fr. pag. 725 : *Necnon litteras et accorda quascumque per predictum Parlamentum alias fieri et Transiri solitas ac solita, fieri faciatis et eciam Transeatis.*

¶ 4. **TRANSIRE**, Peragere. Ordo Concilii celebrandi, tom. 1. Concil. Hispan. pag. 230 : *Nec aliud aliquid ante Transibitur, quam ista omnia explicentur.*

¶ 5. **TRANSIRE**. Leges Palatinæ Jacobi II. Regis Majoric. in Actis SS. Junii tom. 3. pag. xxxix : *Cum autem nos iter facere alicubi contingat, debebit aquam, ornamenta, paramentave, et argentea vasa portare, cum quibus Transire possimus, ad usum nostrum.* Hoc est, quæ nobis satis sint, aut quibus simus contenti, cum iter agimus.

6. **TRANSIRE**, Defungi, obire. *Transitus*, obitus, mors. Voces Christianis Scriptoribus usitatiores. Beletus cap. 4. et ex eo Durandus lib. 7. Ration. cap. 1. n. 18 : *Transitus dicitur festum de morte Sanctorum, quoniam animæ illorum a corporibus exeuntes, per ignota sibi et diversa loca transeunt, ut per cœlum aëreum et æthereum, et crystallinum, ut tandem perveniant ad Empyreum.* Vita MS. S. Mauri Abb. :

Non mors dicenda, sed vero nomine vita
Est, obit ut justus, cujus sit Transitus ortus.

Vetus inscriptio Viennæ : Transiit Sub Die... Orbis Fausto Viro. c.... Coss. Prosternuntur Milite Coeli. Commodianus Instr. 42 :

Transire jubentur ad Dominum partibus dextris.

Gregorius Turon. lib. 5. Hist. cap. 8 : *Eodem anno et B. Germanus Parisiorum Episcopus Transiit.* Florentius Wigorn. ann. 862 : *Sanctus Transivit Swithunus, et astra petivit. Vitam transire*, pro *transigere*, quomodo dicimus, *Passer la vie*, in Epist. Silonis Regis Hisp. ad Cixilanem.

Transitus, Mors. Vetus inscriptio Christiana in S. Crucis Monasterio Burdegalensi : *Hic requiescet bone recordationis famulus* XPI. *Mummolenus, qui vixit annus* CC. *septuagenta, apud quem nullus fuit dolus malus, qui fuit sene ira jocondus, hoc est, accepit transitum sub die* VI. *Idus Augustus, ubi fecit Augustus dies septem anno* V. *Regnum Domini nost. Chlodovei Reg.* Testamentum Hadoindi Episc. Cenoman. apud Brisson. lib. 7. Formul. : *Ut hanc* (*villam*) *ministri ejusdem post meum Transitum teneant, possideant. etc.* Gregorius Turon. de Vitis Patr. cap. 10 : *Die Dominica Transitum accipio, etc. Transitus S. Martini*, apud eumdem Gregorium non semel, Chrodegangum in Regula Canonicor. Metensium cap. 20. etc. Adde Senatorem lib. 8. Epist. 8. Leg. Burgund. tit. 42. § 1. tit. 63. Capit. Walterii Aurelian. Episc. cap. 18. Form. 37. ex Baluz. etc.

* 7. **TRANSIRE**, Superare, Gall. *Surpasser.* Bened. abb. Petroburg. de Gest. Henr. II. reg. Angl. tom. 2. pag. 387 : *Ejusmodi scelus filii domini regis, Henricus scilicet et Gaufridus Transierunt multum.*

* **TRANSIRI**. Charta ann. 1108. inter Probat. ult. Hist. Trenorch. pag. 139 : *Paucis siquidem diebus transactis post obitum D. Petri Trenorchiensis abbatis, cujus pene totum tempus sub hac concertatione Transiebatur, etc.* Id est, Effluxerat.

* **TRANSITA**, Possessionis alicujus alteri cessio, translatio. Charta ann. 952. apud Murator. tom. 2. Antiq. Ital. med. ævi col. 133 : *Donamus atque offerimus per hanc præsentem paginam offersionis nostræ a die præsenti et ora ad jure ipsius scolæ proprietatis nostræ,... Talem exinde habeant potestatem de ipsas res atque Transitam, sicut supra legitur, ad regendum et gubernandum seu disponendum.* Vide infra *Transpersio*.

1. **TRANSITORIUM**, Transitura, Transitus, Quod præstatur a transeuntibus per terras alicujus domini, Gall. *Droit de passage. Transitorium tributum*, in lege Longob. lib. 1. tit. 14. §. 16. [** Ludov. P. 43.] *Transitoriæ consuetudines*, apud Guibertum lib. 3. de Vita sua cap. 8. Ch. Phil. I. Reg. Franc. pro Abbat. Becci in 20. vol. [Bulla Innoc. II. PP. ann. 1135. ex Arch. Resbac. : *Insulis quoque et molendinis, necnon et piscatoriis cum pontibus etiam cunctisque aquæ Transitoriis.*] Chart. Regum Angl. in Camera Comput. Paris. pag. 17 : *Quæ sive teloneum, sive Transitus nominatur, sive alio nomine dicitur, quod solet exigi pro*

consuetudine fisci a vendentibus, vel ementibus, vel Transeuntibus. [Diploma Lotharii II. Imp. ann. 1137. tom. 2. Ampliss. Collect. Marten. col. 99 : *Nullum teloneum, nullum pontaticum, nullum Transitum vel exitum, nullam denique publicum terra aquave vectigal, aut pensionem monachi... in nullo regni nostri loco persolvant.* Donatio ann. 20. Ludovici Regis : *Donavi Ecclesiæ Cluniacensi... omnes consuetudines, amnem quoque subter currentem cum Transitu.*]

* *Transaige,* in Charta ann. 1387. inter Probat. tom. 3. Hist. Burg. pag. 109. col. 2 : *A nous seul et pour le tout appartenoit esdits termes.... le peage, le passaige, Transaige, les ventes, etc.* Vide *Transmissum.*

Transitura. in Capit. Caroli M. lib. 4. cap. 59: *Ut nullus ad Palatium, vel in hostem pergens, vel de Palatio, vel de hoste rediens, tributum quod Transituras vocant, solvere cogatur.* Lex Longob. habet hoc loco *Transitorium. Trastura,* eadem notione in Chartis Italicis apud Ughellum tom. 4. pag. 787. 789. 795. Capitulare 5. Lud. Pii ann. 819. cap. 16. *Trasturas* etiam habet, ubi Codd. alii *straturas, tricturas, tristuras,* uti monet Baluzius. Rhenanus lib. 2. Rerum German. pag. 93. videtur legisse *straturas. Tresturas* vero habet Charta Caroli C. ann. 18. Ind. 2. in Tabul. Dervensi : *Silvas etiam quas ex omni parte in circuitu monasterii concessimus, et mercatum in prædicta villa Glonna, et Tresturas ad salem emendum, quas de pontanatico. S. Petro et B. Berchario in usus Monachorum tradidimus.*

¶ Charta Liutpr. Langob. reg. ann. 715. vel 730. apud Murator. tom. 2. Antiq. Ital. med. ævi col. 24 : *Item in Campo Marcio Transitura debeat dare binos tremisses per singulas naves.* Vide supra *Transfretatio.*

* 2. **TRANSITORIUM,** Pars liturgiæ sacræ, in Ordine eccl. Ambros. Mediol. ann. circ. 1130. apud Murator. tom. 4. Antiq. Ital. med. ævi col. 893. ubi de Feria v. hebdom. S. : *Missa vero ordine suo agatur, usque dum diaconus dicit :* Offerte vobis pacem, *et tamen non dicat et archiepiscopus non det pacem ministris. Transitorium :* Tristis est anima mea usque ad mortem : *Tunc archiepiscopus communicet cum clero et populo. Sic missa compleatur secundum morem.* Ibid. col. 899. ubi de die Paschæ : *In ultimo vero officii Paschæ canitur* Alleluia. *Transitorium vero canit chorus, magistro lectorum incipiente, reiterando cum* Gloria. Occurrit rursum ibid. col. 905. Vide *Transitus* 2.

* **TRANSITUDO,** Consuetudo, Gall. *Habitude.* Stat. Universit. Aurel. ann. 1337. ex Cod. reg. 4223. A. fol. 51. v° : *Hoc enim nimia Transitudo delictorum facere nos compellit, ut ceteri præteriti* (l. perterriti) *punitorum exemplo, ad talia de cetero procedere non præsumant.*

1. **TRANSITUS,** dicitur de Præfectis aut Judicibus Provinciarum, qui in regiones vel urbes aut vicos sui districtus *discurrunt,* juris discendi, vel de criminibus inquirendi gratia, in leg. 4. Cod. Th. de Off. Rector. prov. (1,7.) et leg. 6. Ne quis in Palatio, (7,10.) etc.

¶ 2. **TRANSITUS** (cum scilicet Missale refertur a cornu Evangelii ad cornu Epistolæ) Communio dicitur : *Nazaræus vocabitur.* Ita in Actis SS. Junii tom. 4. pag. 699. ubi de festis S. Joh. Baptistæ. Vide alia notione in *Transire* 6. et *Transitorium.*

Transitus Viæ Publicæ. Hugo Flaviniac. in Chron. pag. 132 : *Correptionem omnium mensurarum, exceptis alodiis, quæ homines tenent ad placitum generale respicientes et publicæ viæ Transitum.* Id est justitiam criminum, quæ in itineribus publicis committuntur : *La Justice des grans chemins.*

* 3. **TRANSITUS,** Ultimæ morientis angustiæ. Ceremon. MS. B. M. Crassens. : *Si autem diu* (moriens) *in Transitu duraverit, hæc sæpius repetantur, nec sine psalmis aut divinis lectionibus relinquatur.* Vide in *Transire* 6.

¶ **TRANSLA,** f. Tela crassior, vulgo *Treillis.* Statutum Gellonense ann. circiter 1150. apud Stephanotium tom. 8. Fragm. MSS. pag. 175 : *Debet... habere pro lecto suo palassam novam et duas flessiatas et duo linteamina, unam culcitram novam de Translis, cum plum.* * *et unum pulvinare.* Vide *Transletum.*

1. **TRANSLATARE,** Transferre, in aliam linguam vertere. Anastasius in Hadriano PP : *Quam Synodum.... in Latinam linguam Translatari jussit.*

2. **TRANSLATARE,** Alio transferre. Anastasius in S. Hadriano PP. pag. 115 : *Translatavit atque introduxit in eam corpora sanctorum Martyrum, etc.* [Chronic. Modoet. apud Murator. tom. 12. col. 1080 : *Plurimi Imperatores Translataverunt sedem suam a Roma in Mediolano. Translatavit se dicta Domina usque in Swaneton et ibi obiit,* apud Kennettum in Glossar. ad calcem Antiq. Ambrosd. Adde Flodoardum lib. 2. Hist. Rem. cap. 17.]

¶ 3. **TRANSLATARE,** Exscribere, Gall. *Copier.* Charta ann. 1142. inter Instr. Gall. Chr. novæ edit. tom. 6. col. 322 : *Hanc chartam Translatavit Bernardus de Caucionolo publicus notarius de Biterri ex originali.* Testam. ann. 1154. in Probat. novæ Hist. Occit. tom. 2. col. 549 : *Subdictam litteraturam et rationem de altera charta Translatavit in istam.* Chartul. Brivat. laudatum a Baluzio tom. 2. Hist. Arvern. pag. 272 : *Nomen cujus non potuit Translatari, quia cartula disrupta erat.*

¶ 4. **TRANSLATARE,** Transcribere, rem ab aliquo possessam in alium transferre. Statuta Vercell. fol. 92 : *Non possint in posterum per commune Vercellarum alienari, obligari, Translatari, vendi, etc.* Charta ann. 1035. ex Tabul. S. Victoris Massil. : *Ego pro hoc non me Translatabo, neque vetabo, etc.*

1. **TRANSLATIO,** in legibus 15. et 40. Cod. Th. de Episcop. Eccles. et Cleric. (16,2.) pro angariarum, parangiarum vel navicularia etiam translationis onere, sumitur, cum scilicet res fiscales transvehendæ erant, vel annona militaris. Vide Jacob. Gothofredum ad leg. 40.

2. **TRANSLATIO,** Idem quod *Transitus,* seu teloneum, quod pro *transferendis* et transportandis mercibus exsolvitur. Appendix Codicis Theod. Constit. 11 : *Nulla pontium restauratio, nulla Translationum sollicitudo gignatur.*

Translatio Causæ, Gallis Practicis, *Evocation* : cum ab inferiori curia ad superiorem evocatur. Vide Reg. Majest. lib. 2. cap. 16. § 24. lib. 3. cap. 20. et 21. et Quoniam attachiamenta cap. 14. § 3.

Translationes Episcoporum, de Ecclesia scilicet in aliam Ecclesiam, interdicuntur in Canonibus Apost. can. 14. in Concil. Sardic. can. 1. 2. et alibi non semel, nisi id aliarum Ecclesiarum necessitas exigat, ut est in [supposititia] Antheri PP. Epist. Decret. et, ut aiebat Gregorius VII. PP. apud Conradum Uspergensem, translationes Episcorum duobus modis fieri possunt, necessitate vel utilitate. Sed de translatione et mutatione Episcoporum præclare egit omnino Bernaldus Presbyter Constantiensis lib. de reconciliatione lapsorum pag. 277. et seqq. Gregorius IX. in Decretal. lib. 1. tit. 7. Francisc. Bivarus ad Pseudochronicon Maximi p. 616. et seqq. Thomassinus de Disciplina Eccles. part. 1. lib. 2. cap. 24. 25. part. 2 lib. 2. cap. 44. et alii plerique. Vide Glossar. med. Græcit. voce Μετενθρονιάζειν, col. 500.

TRANSLATITIE, pro *Defunctorie,* Jurisconsultis. [* L. 1. § 6. ff ad S. C. Turpill. (48,16.) : *Prævaricatorem eum esse ostendimus, qui colludit cumreo, et Translatitie munere accusandi defungitur, eo quod proprias quidemprobationes dissimularet, falsas vero rei excusationes admitteret.*]

¶ **TRASLATOR,** Interpres, qui vertit in aliam linguam. Epistola Concilii Francoford. ad Episcopos Hisp. tom. 3. Concil. Hisp. pag. 107 : *Quamvis multi codices per Translatorum simplicem intelligentiam in hoc loco pro* proprio filio, suo filio *conscriptum habeant, Græcitas tamen, qua lingua Apostolus est locutus, proprium nunc magis quam suum nuncupavit.*

* Inter ejusmodi interpretes celebris memoratur *Magister Johannes Golain sacrosanctæ theologiæ professor, ordinis Beatæ Mariæ de Carmelo, plurium variorumque librorum et actorum Translationibus editis,* in Lit. Caroli V. ann. 1378. ex Reg. 113. Chartoph. reg. ch. 366.

¶ **TRANSLATUM,** Exemplum ex alio descriptum, Gallice, *Copie.* Statuta Arelatens. MSS. artic. 7 : *Transcripta sive Translata testamentorum... camdem* (vim) *habeant, ac si essent instrumenta orignalia.*

* Nostris alias *Translat.* Ordinat. ann. 1315. tom. 1. Ordinat. reg. Franc. pag. 597. art. 18 : *Leurs privileges, se il sont trouvés, leur seront rendus, et se il ne peuvent estre trouvé, et l'en treve les Translas, il leur seront renouvellés.*

* **TRANSLATUS,** Defunctus, mortuus. *Translatus sanctus Dominicus,* in Annal. Dominic. Colmar. ad ann. 1233. Vide *Transire* 6.

¶ 1. **TRANSLEGARE,** Delegare. Litteræ Bohemorum ad Concilium Basileense ann. 1432. tom. 8. Ampliss. Collect. Marten. col. 178 : *Spectabiles viros... de intentione nostra et voto plenius eruditos, V. P. duximus Translegandos.*

** 2. **TRANSLEGARE,** Legare, donare. Chart. ann. 1335. apud Haltaus. in Glossar. Germ. voce *Vermachen,* col. 1872 : *Quos mansos cum censu 10. solidorum... ecclesiæ et conventui.... in animæ suæ remedium et* *aliquem pia donatione juste et proprie post suum obitum Translegavit.*

¶ **TRANSLETUM**, Culcitra, ni fallor, e tela crassiori, quam *Treillis* vocant. Inventarium. ann. 1342. ex Archivo S. Victoris Massil. : 1. *matelacium*, 1. *culcitram*, 1. *flassatam*, 1. *Transletum*, 1. *pulvinarium, etc.* Vide *Transla* et *Translicium*.

* **TRANSLICIUM**, ut supra *Tralicium*, Textile rarius, minus densum, Gall. *Treillis*, vel culcita ex hujusmodi tela. Arest. ann. 1380. 16. Jun. in vol. 7. arestor. parlam. Paris. : *Unum coopertorium panni bruni,...... unum Translicium etc.* Vide *Traslicium*.

* **TRANSLIGERENSIS**, Cujus jurisdictio est trans Ligerim. Inter testes Chartæ ann. 1116. in Hist. Sabol. pag. 52. occurrit *Guillelmus decanus et archidiaconus Transligerensis*.

TRANSLUCIDUM, Διαφανές, διαυγές, in Glossis Lat. Græc. Nos dicimus *Translui-sant*.

TRANSMARINARE, Trans mare proficisci, proprie iter Hierosolymitanum aggredi, in Chronico Montis Sereni ann. 1131. *Peregrinatio transmarina*, ibidem ann. 1146. et 1175. [Adde Testam. Ottonis IV. Imp. ann. 1218. apud Tolnerum in Probat. Hist. Palat. pag. 63. Chronicon Cornelii *Zantfliet* ad ann. 1454. tom. 5. Ampliss. Collet. Marten. col. 483.]

¶ **TRANSMENTATIO**, Mutatio mentis, μετάνοια, Reditus ad sanam mentem, pœnitentia. Goclenius in Lexico Phil.

TRANSMIGRARE, Transferre rem aliquam in alium, in Legibus Rotharis Regis Longobard. tit. 62. § 3. [** 174. ubi Murator. *Transmittere*.] Vetus Charta Longobard. apud Ughellum tom. 1. part. 1. pag. 390 : *Non in vendendum vel donandum, neque per nullum ingenium in nullius potestatem ad proprietatem dandum, aut Transmigrandum, etc.*

** **TRANSMIGRATOR**, Qui in alium locum migrat. Occurrit apud Anastas. de Miracul. SS. Cyri et Johan. cap. 40. in Spicil. Roman. tom. 3. pag. 446.

** **TRANSMINARE**, Transducere. Lothar. III. Imper. charta pro Mercat. Quitelineb. ann. 1134. apud Erath. Cod. Diplom. Quedlinb. num. 3. pag. 80 : *Ut pro Transminandis pecoribus pontem ipsis præparet, et cum opus fuerit reparet.* Vide *Minare*, 1.

* **TRANSMISSUM**, Pensitatio, quæ exsolvitur ab iis, qui trans locum aliquem merces vehunt. Judic. ann. 1328. 26. Nov. in Reg. *Olim* parlam. Paris. : *Absque solutione pedagii, Transmissi vel exactionis cujuscumque.* Vide *Traversum* 1.

TRANSMISSUS, Intermedius, Italis *Trasmesso. Aliquid per rogadiam vel Transmissum alteri dandum recipere*, in Statutis Venetor. ann. 1242. lib. 1. cap. 4. 48. lib. 6. cap. 13. [*Tramis* missum vocat le Roman d'*Athis* MS :

> Messagiers sui à lui Tramis
> De meilleur de tous ses amis.]

* Itali *Trasmettere* et nostri *Tramettre* dixerunt, pro Mittere, delegare. Pactum inter Margar. de Bellojoco et Eduard. dom. Bellij. ann. 1375. 22. Jul. in vol. 7. arestor. parlam. Paris. : *Item oblige ledit seigneur son corps et ses biens.... de Tramettre dedans dix jours après le défaut, deux chevaliers, à Paris à huict chevaux en ostages sans partir hors des portes de Paris, jusque à tant que lesdittes choses promises soient accomplies.* Occurrit præterea in Chron. S. Dion. tom. 3. Collect. Histor. Franc. pag. 168. et in Vita metrica J. C. MS.

* **TRANSMISUM**, Tempus, ut videtur, quo *tremesium* seritur vel colligitur. Glossæ Cæs. Heisterbac. in Reg. Prum. tom. 1. Hist. Trevir. Joan. Nic. ab *Hontheim* pag. 677. col. 1 : *Facit unusquisque in waym, wanno, pertigatas integras : in tramis, Transmiso, similiter.* Vide infra *Tremesium*.

* **TRANSNADARE**, Transnatare, transnare, Gall. *Passer à la nage*, alias *Tresnoer*. Mirac. S. Jac. Major. tom. 6. Jul. pag. 60. col. 2 : *Melius est nobis flumen Transnadare, quam vobis tantum pretii dare.* Chron. S. Dion. tom. 3. Collect. Histor. Franc. pag. 275 : *Tant corut, comme il pot, par montaignes, par valées, par bois et par landes, et Tresnoa rivieres et fleuves, se il li furent audevant, etc.*

TRANSNAVARE, Navi trajicere. Thwroczius 1. part. Hist. Hung. cap. 12 : *Brachio maris, quod strictum Sibilæ dicitur, Transnavato.* Et in Uladislao Reg. cap. 42 : *Circa castrum Orsowe Danubio Transnavato, hostilem in terram se ingesserunt.*

TRANSNOCTARE, Noctem transigere, vel rem ultra noctem unam detinere. Jacobus I. Rex Aragon. in Foris Oscæ ann. 1247. fol. 4 : *Qui pignorat alium, et Transnoctet, vel remaneat ipsa pignora apud eum super fidantiam de directo, est calonia pignorantis* 60. *sol.* Fol. 9 : *Transnoctare pignus.*

¶ **TRANSOLVERE**. Vide infra *Transsolvere*.

¶ **TRANSPARERE**, *Pellucere. Transparentia, Pellucida*, in Gemma. Pelluciditas, nostris, *Transparence*.

TRANSPASSARE, Ultra progredi, Gall. *Trépasser*. Thwroczius part. 1. cap. 24 : *Abunde Rheno Transpassato, Lotharingensem Ducatum igne et gladio vastaverunt.* [*Canis jugum Transpassans*, supra in *Canis* Vide ibi.]

* **TRANSPERSIO**, Possessionis alicujus ad alterum translatio, cessio. Charta vetus apud Lam. in Delic. erudit. inter not. ad Chron. pontif. Leon. Urbevet. pag. 165 : *Profitentes profiteor ego quidem in Dei nomine Bonifacius gloriosus marchio per hujus paginæ nostræ vocis, professionis, sponsionis, donationis seu Transpersionis, atque perpetualis transactionis, etc.* Vide *Transfersio*.

¶ **TRANSPLENDIFER**, Perlucidus, Gall. *Transparent*, in Vita B. Lidwinæ tom. 2. Aprilis pag. 345.

1. **TRANSPONERE**, *Servum transponere*, Avertere, Gall. *Detourner*, in Lege Longob. lib. 1. tit. 25. § 14. 15. 16. 17. [** Roth. 270. sqq. Vide Forcellinum.]

2. **TRANSPONERE**, pro *Transcribere*. Gellius lib. 6. cap. 9 : *Locum istum totum huc ex Pisonis annali Transposuimus.*

TRANSPORTANEORUM Passio, Lepra, *Elephantia*, Celso lib. 3. cap. 25. Ἐλεφαντιάσις, Græcis sic dicta, quod cutem reddat Elephanti corio similem. Senator de Elephante l. 10. Epist. 30 : *Cutis hujus ulcerosis vallibus exaratur, a qua Transportaneorum passio nomen accepit.* Sic autem appellatur a Senatore, quod *cum hæc passio*, ut ait Cælius Aurelianus Siccensis lib. 4. χρονίων, cap. 1. *corruptione quadam, vel laxatione extremæ cutis in corporibus generetur*, humor ab interioribus, seu, ut idem scribit, *altioribus*, ad superficiem transmittitur, seu *transportatur*.

¶ **TRANSPORTARE**, Cedere, transcribere, transferre, Practicis nostris *Transporter*, in Litteris ann. 1369. inter Ordinat. Reg. Fr. tom. 5. pag. 325. Pactio nuptialis inter Carolum VIII. Regem Fr. et Annam Britan. ann. 1491. apud Lobinell. tom. 2. Hist. Britan. col. 1541 : *Domina Anna... domino nostro Regi donavit, cessit, quitavit et dimisit, præsentisque instrumenti serie donat, cedit, quittat, dimittit et Transportat* (Ducatum Britanniæ.) Adde Statuta Collegii Cenoman. ann. 1526. apud eumd. Lobinell. tom. 3. Hist. Paris. pag. 587. col. 1.

* **TRANSPORTATIO**, Idem quod *Transportus*, Cessio, transcriptio. Charta ann. 1409. ex sched. Pr. a S. Vincent. : *In dictis laudimiis seu trezeni receptis de alienationibus et Transportationibus dictarum possessionum et proprietatum.*

¶ **TRANSPORTUS**, Cessio, transcriptio, Gall. *Transport*. Charta Ecclesiæ Æduensis, qua Præpositura ejusd. Eccl. annectitur mensæ Episcopali : *Rogantes dictum nostrum Capitulum prædictum Transportum, annexam et appropriationem ratificari... promittens per fidem nostram contra præsens Transportum seu aliquod præmissorum non venire.* Charta ann. 1377. e Bibl. Regia : *Mirabatur quomodo dictus Dux cessionem et Transportum receperat.* Rursum occurit in Litteris Johannis Franc. Regis ann. 1360. tom. 3. Ordinat. Reg. pag. 453. Arresto Parlamenti ann. 1394. apud Menesterium in Probat. Hist. Lugdun. pag. 79. col. 2. Regesto ann. 1450. apud Baluz. tom. 2. Hist. Arvern. pag. 388. apud Rymer. tom. 9. pag. 763. col. 2. Marten. tom. 1. Anecd. col. 1518. et passim in Chartis recentioribus.

¶ **TRANSPOSITIO** Subitanea, Mors, obitus. Marculfus lib. 2. form. 2 : *Quatenus fragilitatem naturæ, quod omnes generaliter patiuntur, priusquam subitanea Transpositio eveniat, etc.* Adde form. 4. et inter Sirmondicas form. 36. [** Eberhard. Comit. Alsat. super. Charta ann. 731. in Alsatia Diplom. tom. 1. num. 12. pag. 14 : *Dum fragilitas humani generis pertimescit ultimum vitæ et temporis subetanea Transpositione ventura, oportit christian. etc.*]

¶ **TRANSPOSITUM**. Litteræ ann. 1359. tom. 4. Ordinat. Reg. Franc. pag. 198 : *Per paragium, partagium, scambium, terrarum assietamver* (vel) *Transpositum, etc.* Editori Cl. legendum videtur *Transportum*. Vide *Transportus*.

TRANSPUNGERE, Perforare, ita ut sanguis exeat. Lex. Aleman. tit. 64. § 3 : *Si autem collus Transpunctus fuerit.* Tit. 65. § 3 : *Si quis alicui brachium super cubitum Transpunxerit, etc.* § 5 : *Si manum Transpunxerit, ita ut focus non intret ad coquendum venas, vel sanguinem stagnandum, etc.*

§ 24 : *Si autem in latus punctus fuerit.* Adde § 26. 30. 31. Lex Anglior. tit. 5 : *Corpus Transpunctum, coxa vel brachium Transpunctum, et sanguinis effusio.* Ibid. § 13 : *Si ipse stomachus perforatus fuerit,* et infra non semel. Leges Henrici I. Regis Angl. cap. 93 : *Si Transpunctus sit ad utrumque os, etc. Lumbi truncati... intus puncti,... Transpuncti, etc.*

* **TRANSPUNGERE NOTICIAM**, Chartam falsi arguere. Charta ann. 876. inter Probat. tom. 1. Hist. Nem. pag. 11. col. 1 : *Præfatus Bernardus in omnibus hoc denegavit, et dixit quod nequaquam ipsam villam per suos wadios prædicto episcopo, nec partibus S. Mariæ redideraț : et in manu Heralii viciscomiti et ipsius Bernarii ipsam noticiam Transpunxit. Tunc judices et personæ interrogaverunt prædicto episcopo et Bernario ejus advocato super ipsam noticiam veram adprobare poterant, an non? Sed præsencialiter dixerunt, quia sic poterant.*

¶ **TRANSREMIGARE**, Navigare. Elmhamus in Vita Henrici V. Regis Angl. cap. 59 : *Nulla Neptuni tumida comparente tirannide, regiones Transremigantur aquaticæ.*

¶ **TRANSRIPARIA**, Ripa quæ est ultra fluvium. Testam. ann. 1509. inter Schedas D. *Le Fournier : Item lego quamdam meam bastidam... cum Transriparia Sareti, etc.* Vide *Riparia.*

¶ **TRANSSARTANUS**, Qui trans Sartham, agri Cenomanensis fluvium, habitat. Plures occurrit in Chartul. S. Vincentii Cenom. ut fol. 28. 33. etc.

TRANSSOLVERE, Idem quod *Solvere.* Formulæ vett. Pithœi MSS. cap. 28 : *In festivitate Sancti illius in luminaribus ipsius loci solidos tantos vobis et actoribus vestris dare et Transsolvere faciam.* Cap. 30 : *In festivitate Sancti illius loci triante uno dare et Transsolvere facias.* Cap. 75 : *Minime habui, unde Tanssolvere debeam, etc.* [Marculfus lib. 2. form. 18 : *Ita ut pro ipsa causa solidos tantos in pagalia mihi dare deberes, quos et in præsente per wadio tuo visus es Transolsisse.* Perperam *Transselsisse*, pro *Transolsisse*, legitur in Charta ann. 716. apud Felibian. Hist. San-Dionys. pag. xxi].

¶ **TRANSSUMERE**, **TRANSSUMPTARE**, Transcribere, Gall. *Copier; Transsumptum, Copie.* Acta S. Juvenalis Episc. Narn. n. 27. tom. 1. Maii pag. 405 : *Ad effectum exemplandi et Transsumptandi... quandam inscriptionem, etc.* Statuta Genuæ lib. 4. cap. 12 : *Si libri vel scripturæ essent in loco, quo extrahi non possunt, debeant Transumptari et exemplari, quod Transumptum et exemplatio legitime facta faciat fidem sicut originale.* Epistola ann. 1269. in Instrum. Gall. Chr. novæ edit. tom. 6. col. 158 : *Præsenti pagina inseri fecimus et Transsumi ab originali nihil addito vel remoto.* Charta ann. 1399. apud Menest. in Probat. Hist Lugdun. pag. 126 : *Exhibuerunt Transsumptum revocationis impetrationis prædictæ.* Exstat hujusmodi *Transumptum* ann. 1432. apud Marten. tom. 8. Ampliss. Collect. col. 153. in cujus prooemio declarant Notarii duo se ab Imperatore Sigismundo requisitos fuisse, *literas apostolicas et cedulam per se Transsumi et exemplari, quodque exinde copias authenticas et Transsumata* (f. *Transsumpta* vel *Transsumptata*) *facere deberent. Extracta et Transumptata*, in Vita S. Ubaldi tom. 3. Maii pag. 628. Adde Concil. Hisp. tom. 4. pag. 314. Rymer. tom. 14. pag. 391. etc. Vide *Transcriptum.*

¶ **TRANSTOLLERE**, Transferre. Vita S. Guthlaci, tom. 2. Aprilis pag. 48 : *Decursis hujus vitæ terminis, ad infinita gaudia Spiritus Transtolli malit.*

** **TRANSTOLLERE SE**, Oblectari, ludere, Italis *Trastullare.* Bonifac. Cons. Mirac. SS. Cyri et Johan. sect. 11. tom. 3. Spicil. Roman. pag. 162 : *Ludentem et se Transtollentem inveniunt.* Vide Murat. Antiq. Ital. tom. 2. col. 1321.

TRANSTOLLEUS, Gloss. Arabico-Lat. *Fidicina, Transtolleus, vel Cantatrix.*

TRANSVADARE. Willel. Brito in Vocab. MS : *Transvadare dicitur ultravadare, trans vadum ire, vel trans vadum ducere.* [*Transvadato Rheno*, apud Calmet. in Probat. Hist. Lotharing. tom. 2. col. 2. *Transvadato fluvio*, apud Murator. tom. 12. col. 1022. Occurrit etiam in sacris Bibliis.]

¶ 1. **TRANSVASARE**, *Vasa transferre, sedem mutare*, in Lexico Goclenii.

¶ 2. **TRANSVASARE**, Transfundere, Gall. *Transvaser.* Epistola Petri Delphini ann. 1477. tom. 3. Ampliss. Collect. Marten. col. 1015 : *Vinum quod Fanni emeras, hodie tandem huc applicuit, Transvasaturque modo in cellam vinariam reponendum.* Vide *Travasare.*

¶ **TRANSUBSTANTIARE**, Unam substantiam in aliam convertere; *Transubstantiatio*, hujusmodi conversio. Voces Theologis familiares, ubi de sacrosancto Eucharistiæ Sacramento. Alio transfertur in Actis S. Godelevæ, tom. 2. Junii pag. 373 : *Terra Transubstantiatur, in gemmas effigiatur.*

* **TRANSVECTORIUS**, Portatu facilis, interprete D. *Bouquet* ad Vit. Ludov. Pii tom. 6. Collect. Histor. Franc. pag. 93 : *Naves Transvectorias fabricantes, unamquamque earum in quaternas partirentur partes, quatenus pars quaterna cujusque duobus equis vel mulis vehi posset.*

TRANSVECTURA, Oneris vel præstationis species, pro transvehendis forte domini rebus, in Charta Waldemari Regis Daniæ ann. 1180. Vide in *Paratæ.*

* **TRANSVERCIA**, Via transversaria. Stat. ann. 1352. inter Probat. tom. 2. Hist. Nem. pag. 150. col. 2 : *Item quod nulla persona sit ausa aliquas laysanas facere seu prohicere juxta portalia et in doguis, Transverciis, vallatis protendentibus de portale B. M. Magdalenes, usque ad januam sororum S. Claræ, nec ultra; nec juxta portalia, nec etiam in dogua et Transverciis protendentibus a portale Carmelitarum usque ad ecclesiam Carmelitarum, nec in aliis Transverciis, seu muris dictæ civitatis.* Vide *Traversia* 1.

¶ **TRANSVERSA**, Pars obliqua, latus, Gall. *Travers.* Lex Bajwar. tit. 12. cap. 6 : *Si quis messem vel pratum alterius araverit usque ad tres sulces in longitudine jugeris, vel in Transversa sex sulces, cum tribus solidis componat.*

¶ **TRANSVERSALIS**, Vitruvio *Transversarius. In singulis vicis civitatis ejusdem ponendo catenas ferreas Transversales*, in Charta ann. 1269. apud Menester. in Probat. Hist. Lugdun. pag. 16. col. 1. Vide *Transumalis.*

¶ 1. **TRANSVERSARE**, Transire, trajicere, Gall. *Traverser.* Charta Thossiaci ann. 1452 : *Pro licentia capiendi et pro Transversando iter publicum.* Miracula MSS. Urbani V. PP : *Vidit dictum Matheum Transversantem aquam cum equo suo ac si traheretur per gentes.* Statuta Eccl. Pictav. tom. 4. Anecd. Marten. col. 1073 : *Intrans quoque et exiens:.. reverentiam deo faciat. Chorum Transversari caveat.*

¶ 2. **TRANSVERSARE**. Statuta Eccles. Ambian. cap. 1. art. 10. apud Marten. tom. 7. Ampliss. Collect. col. 1230 : *Clerici vero in sacris ordinibus constituti, vel beneficium ecclesiasticum habentes, qui in platea vel in loco publico publice cum taxillis ludere præsumpserint, ipso facto ab executione sui ordinis sint suspensi; ludere in præmissis casibus intelligimus illum qui Transversat, vel qui ludi est particeps vel lucrum exinde consequitur, sive damnum.* Conc. Trevirense ann. 1310. apud eumd. Marten. tom. 4. Anecd. col. 252 : *Ludere in præmissis casibus intelligimus ad puncta, ut sic dicamus, ponendo eum qui Transverserat* (sic) *vel qui ludi est particeps, vel lucrum exinde consequitur sive damnum. Transversantem* hic intelligo eum qui pignore contendit cum alio ratione ludi, licet ipse non ludat, a Gallico *Traverser*, quod aliquando idem sonat quod Adversari. Eodem intellectu *Traversare* legitur in Statutis Bertrandi de Turre Episc. Tull. ann. 1359. supra laudatis in *Punctare.*

* *Traverser*, eadem acceptione, in Lit. remiss. ann. 1393. ex Reg. 145. Chartoph. reg. ch. 107 : *Ouquel lieu le suppliant eust trouvé compaignons jouans aux grosses boules; et là lui estant abuvré de vin se feust mis à Traverser pour un petit blanc contre un autre. Triper*, eodem, ut videtur, sensu, in aliis Lit. ann. 1454. ex Reg. 184. ch. 492 : *Pierre Fecondeman et le suppliant commencerent à jouer au jeu de boules, et mettre gaige et Triper l'un à l'autre.* Vide *Transvertare.*

TRANSVERSARIÆ, Trabes, quæ reorum in *cippo*, seu ἐν τῷ ξύλῳ positorum, pedes constringebant. S. Cyprian. Epist. 77 : *O pedes compedibus et Transversariis cunctabundi; sed celeriter ad Christum glorioso itinere cursuri.* Gregorius Turon. de Vitis Patr. cap. 7 : *Trabes illa, qua vinctorum pedes coarctantur.* Vide dissertationem 19. ad Joinvillam pag. 254.

In Consuetudine Turon. art. 63. *Traversier*, est species doliì vinarii.

1. **TRANSVERSARIUM**, Species retis quo pisces in fluminibus capiuntur; describitur a Petro de Crescentiis lib. 12. de Agricult. cap. 37.

¶ 2. **TRANSVERSARIUM**, Lignum, ut puto, transversum, quo cætera ratis ligna colligantur. Charta ann. 1164. in Probat. tom. 2. novæ Hist. Occitan. col. 603 : *In omnibus consuetudinibus, quas de ratibus, quæ per aquam veniunt, accipere solent, quæ sunt decimæ et gubernacula et Transversaria et in remo, quem de unoquoque navigio descendente per aquam, antiquitus habent, etc.* In Instrum. Gall. Chr. novæ edit. tom. 6. col. 300. habetur *Traversaria.*

¶ **TRANSVERSARIUS.** Vide in *Traversum.*

¶ **TRANSVERSERIS.** Statuta Massil. lib. 2. cap. 39. de Sartoribus § 2 : *Item, de capsa Transverseris drapi de colore cum penna... XII. den.* Genus est panni, si genuina lectio est : sed potior videtur lectio MS : *Item, de capa Transversoria* (vel *Tranversaria*) *drapi.* In statutis Arelat. MSS. habetur *capæ traversariæ*, quod de veste transversa, Gall. *qui croise*, intelligi potest.

¶ **TRANSVERSIA**, f. Apothecæ clathri, ut videtur, cancelli, transenna, Gallice *Treillis.* Statuta Massil. lib. 2. cap. 40. § 4 : *Quandiu panni unius operatorii inspicientur... in carreria extra operatorium vel Transversiam, alii panni alterius operatorii non afferentur ab aliquo... donec illi panni, primo ibi apportati causa emendi, fuerint reportati infra operatorium de quo sunt.*

¶ **TRANSVERSORIA** Capa. Vide *Transverseris.*

TRANSVERSUM. Vide in *Traversum.*

* **TRANSVERSUM** Fluvii, Pensitatio, quæ ab iis exsolvitur, qui trans flumen eunt vel merces portant, in Charta ann. 936. tom. 9. Collect. Histor. Franc. pag. 585. Vide *Traversum* 1.

¶ **TRANSVERSUS.** *Transversa linea*, Transversus cognationis gradus, Gallice *Ligne collaterale*, in Lege 6. Cod. Theod. lib. 8. tit. 18. de maternis bonis.

* **TRANSVERTARE**, perperam pro *Transversare*, in Stat. MSS. S. Flori fol. 56 : *Ludere in præmissis casibus intelligimus illum, qui Transvertat, vel qui ludi est particeps, vel lucrum exinde consequitur, sive damnum.* Vide supra *Transversare* 2.

¶ **TRANSVERTERE**, Commutare, apud Apuleium in Apolog. : *Ut quæ defensio fuerat, eadem, manentibus iisdem litteris, in accusationem Transverteretur.*

¶ **TRANSVIARE** Rianam, *sive aquam*, Rivulum avertere, in alium cursum detorquere, in Statutis Montis-regalis pag. 214.

¶ **TRANSUMALIS.** Litteræ de nullitate matrimonii ann. 1530. apud Rymer. tom. 14. pag. 391. col. 1 : *Item in linea Transumali in primo gradu prohibetur consanguinitas et affinitas jure divino et naturali, nec Papa potest dispensare.* Patet legendum esse *Transversali.* Vide *Transversus.*

¶ **TRANSUMERE**, Transumptare, Transumptum. Vide in *Transsumere.*

¶ **TRANSUNDARE** Fluvium, Illum trajicere, in Epitome Chron. Casin. apud Murator. tom. 2. pag. 369. col. 1. Quamvis analogice satis *transundare* dici queat, vereor tamen ne legendum sit *Transvadare.* Vide in hac voce.

¶ **TRANSVOLUTIO**, Fornix. Vide *Volutio.*

¶ **TRANSVORARE**, Devorare, deglutire, apud Apuleium in Apolog. : *Jam universas opes Transvoraram, etc.* Vide *Transgulare* 1.

¶ **TRANTORIUM**, f. pro *Tranatorium*, Piscaria. Charta ann. 1058. ex Archivo S. Victoris Massil. : *Ab occidente sicut est Trantorium de la Faga et costa plena.* Vide *Trana* 2.

¶ **TRANVERSIA.** Ita lego in Computo ann. 1202. apud D. *Brussel* tom. 2 de Feudorum usu pag. CLII. col. 2 : *Pro Tranv'siis et servientibus* XIX *lib.* sed quid significet hæc vox non occurrit, nisi sit pro Vectura, Gall. *Voiture, Transport.* Vide *Transvectura.*

TRAOLIUM, [Instrumentum ad filum in spiram convolvendum, Gall. *Devidoir.* Armoricis *Traouil* et *Troil.*] Miracula S. Bertæ Blangiac. Abbat. n. 8 : *Filum in Traolium de fuso extrahere cœpit.*

TRAPA. Fundi domestici species, [Locus secretior et remotior.] Consuetudines seu Libertates Prioratus S. Dionysii de Capella in Biturigibus, a Richardo et Aymone Archiepiscopis confirmatæ : *Quin etiam si aliquis infra determinatas 4. cruces moretur ad alium furnum, nisi ad S. Dionysii panem coxerit, et certum erit, imprimis reddito furnacio, legem suam emendabit. Si quis etiam Trapam habuerit, et sub ea panem consuetudinaliter coxerit, si convictus fuerit, Trapa frangetur, et ipse legem solvet.* Vide *Trappa.*

¶ **TRAPACCETA**, Idem, ut videtur, qui mox *Trapezeta.* Analecta de VII. Martyribus tom. 3. Julii p. 24 : *Qui Hludari Imperatoris jussu obcæcatus, eo quod artem Trapaccetarum exercebat.*

* **TRAPASSUS**, Deceptor, impostor, ut videtur, ab Italico *Trappola*, decipula, dolus. Stat. antiq. Florent. lib. 3. cap. 115. ex Cod. reg. 4621 : *Nullus tabernarius seu coquus...... audeat in domo propria seu taberna propria vel conducta receptare latrones, malandrinos seu Trapassos, vel aliquem puerum cum eisdem.*

* **TRAPENTUM**, Tabula, f. quæ *Trapis* conficiendis est idonea. Comput. MS. monast. Clareval. ann. 1364. fol. 3. r° : *Pro secatura mille iiij^c. l. Trapentorum, xij. flor.* Ibid. fol. 45. r° : *Pro secatoribus Trapentorum, j. flor. vij. gros.* Vide mox *Trappa.*

¶ **TRAPERARIUS**, Traperius. Vide *Trapus.*

¶ **TRAPETUM**, Mola olearia, Latinis; Italis vero ac præcipue Siculis Mola, qua cannæ melleæ conteruntur ad constituendum saccharum. Vide Hierolexicon Macri. Gloss. Lat. Gall. Sangerm. : *Trapeta et hoc Trapetum, meule à broyer herbes ou enclume à monnoiers.*

* Glossar. vet. ex Cod. reg. 7613 : *Trapetæ, molæ olivariæ. Trapetum, conca olivaria.*

¶ **Trapitum**, Eodem significatu, in Charta ann. 1219. apud Ughellum tom. 1. Ital. Sacræ col. 1123. edit. 1717 : *Item concedimus monasterio sæpe dicto et fratribus ejusdem facere, et in perpetuum habere, ac libere et franche possidere Trapitum unum pro faciendo oleo in domanio Comitatus Laureti.*

TRAPEZETA, Monetarius. Jo. de Janua : *Trapezeta, vel Trapezita, nummularius, vel mensarius, qui pecuniam super mensam dinumerat.* [Gloss. Lat. Gall. Sangerm. *Trapezeta, chungeur de monnoye.*] Gloss. Saxon. Ælfrici : *Trapezita, vel monetarius,* Mynetere. Gloss. Lat. MS. Reg. : *Trapezeta, Nummularius, Mensularius.* Gloss. Gr. MS. Reg. cod. 1673 : Κολλυβιστής, τραπεζίτης. Diploma Caroli Simpl. ann. 915. pro Abbat. Trenorchiensi : *Concedimus quoque, ut Trapezetas locus prædictus habeat, qui nostri nominis signum singulis imprimant nummis, ne metallorum mixtura adesse valeat.* Eadem habentur in Chartis Rodulfi Reg. ann. 924. et Henrici I. Reg. ann. 1059. pro eodem Monasterio. Historia Translationis S. Sebastiani n. 43 : *Monetam etiam publicam incudibus, et Trapezetam perpetuo famulatu sacris ipsius deservituram subdidit.* Arnoldus Lubecensis lib. 2. cap. 40 : *Comiti Adolfo medietatem tributorum totius civitatis de teloniis, de molendinis, de Trapezitis, in beneficio dedit.* Notitia Viennensis monetæ, in Tabulario ejusdem Ecclesiæ fol. 25. de monetario, qui falsam monetam cuderat : *Tamen et omnibus notum fiat, Trapezeta a domno Leone IX. PP. excommunicatus, paralysi perculsus, membris omnibus dissolutus, impiam vitam digna morte finivit.* Vide lib. Miraculor. S. Vulfrani Episc. n. 13. [et Rolandinum Patav. lib. 12. cap. 2. apud Muratorium tom. 8. col. 345.] [** Guerard. in Proleg. Chartul. S. Petri Carnot. pag. 63.]

¶ **TRAPEZETUM**, Mensa *Trapezetæ.* Vide in *Cambiare*, pag. 45. col. 1.

¶ **TRAPHAX**, Tabula, qua panis ad furnum fertur, apud Martinium.

¶ **TRAPITUM**, ut *Trapetum.* Vide ibi.

* **TRAPOGNERE**, Reficere. Lit. remiss. ann. 1405. in Reg. 160. Chartoph. reg. ch. 14 : *Solam calciamenti cum certa cordula et una aleyna, more agricolæ, perforabat ipse exponens, et secundum morem patriæ* (Dalphinatus) *Trapognebat.*

¶ **TRAPOLA**, Idem quod mox *Trappa.* Statuta Montis-regalis pag. 283 : *Nulla persona... audeat capere columbos ad filatum seu ad Trapolas sub pœna sol. 60.*

TRAPPA, Muscipula, transenna, decipula avibus capiendis, Gallis *Trappe*, Italis *Trappola*, unde Teutonib. *Trappen*, capere, irretire; nostris *Attraper.* Pactus Legis Salicæ tit. 7. § 9 : *Si quis turturem de Trappa furaverit, etc.* Ubi Lex Salica tit. 7. § 7. habet *turturem de reti.* Formula 14. ex Baluzianis : *Non est homo hic, miser talis latrat, sed non ut canis, psallat de Trapa ut linguaris dilator major, etc.* Miracula S. Ludgeri Episc. Mimigard. n. 49 : *Pauper quidam in diverticulis Episcopalis domus monasterii repertus a servis, quasi reus furti pugnis mulctabatur, et certatim crinibus ad aquam trahebatur.* Deinde infra : *Erat enim ei valde contritum* (crus) *quando crinibus de Trappa Episcopalis domus trahebatur.* Ubi quidam codd. habent *Trappia.* [* *Trappa* ex Miraculis S. Ludgeri episc. Mimigard. Locus secretior et remotior designari videtur, ut ex voce *Diverticulum* paulo ante colligere est. Vide *Trapa.*] [** F. Scalæ, gradus, German. *Treppe.*] [Si credimus Eccardo in Notis ad Pactum Legis Salicæ, *Trappa*, idem est quod *Tensum*, a veteri Germanico *Drepen*, aut *Treffen*, quod *Tendere* olim significavit.] Vide Origines linguæ Italicæ Menagii et Ferrarii.

¶ **Trappula**, diminut. a *Trappa*, Eadem notione. Inquisitio ann. 1196. apud Cencium inter Census Eccl. Rom : *Item si quis paret laqueum vel Trappulas in silva vel campis*, III. *sol. dabit curiæ.*

* Hinc nostris *Destrapper*, pro *Dégager, débarrasser*, Expedire. Lit. remiss. ann. 1393. in Reg. 144. Chartoph. reg. ch. 252 :

Lequel de Saint Symon embrassa le suppliant, lequel comme il se cuidoit Destrapper dudit de Saint Symon, etc. Unde *Destraper des chevaux*, pro *Dépétrer*, in aliis ann. 1375. ex Reg. 107. ch. 278. *Trapant* et *Trapen*, pro *Trape*, porta vel fenestra seu tabula ductilis, nostri dixerunt. Lit. remiss. ann. 1391. in Reg. 141. ch. 139 : *Le suppliant... dudit plancher desterra et osta un Trapen pour y cuidier avaler et entrer et prendre de la finance.* Aliæ ann. 1404. in Reg. 158. ch. 389 : *Par nuit le suppliant leva un aiz ou Trapant, qui estoit couchiez en la maniere de plancher etc. Trepant*, in aliis ann. 1369. ex Reg. 100. ch. 405. Haud scio an eadem notione *Trappan*, in aliis Lit. ann. 1398. ex Reg. 154. ch. 50 : *Sur lequel siege avoit un Trappan de bois.* Ubi Muscipula significari videtur. *Trappe* vero, Vasis genus, in Lit. remiss. ann. 1459. ex Reg. 188. ch. 127 : *Ung vessel, qui se nomme Trappe, à mettre lect.*

¶ **TRAPPATURA**, Ornatus e *trapo* seu panno, amplum equi stratum undique defluens. Elmbamus in Vita Henrici V. Regis Angl. cap. 26 : *Equos etiam habens sequaces, ditissimis Trappaturis modo regio decoratos.* Et cap. 111 : *Equi nobiles ditissimis Trappaturis amicti.* Rursum cap. 129 : *Manni nobiles ejusdem sectæ nigerrimæ Trappaturis induti.*

¶ **TRAPPULA**. Vide in *Trappa.*

TRAPUS, Pannus, panniculus, Hispanis *Trapo*, Gallis *Drap.* Vetus Charta apud Martinezium in Hist. Pinnatensi lib. 1. cap. 54 : *Et quia negaverat, quod sancto Joanni servire non debebat, judicavit Rex, ut tollerent ei, quicquid habebat in Lecucita, domos, et terras, et vineas, et panem et vinum, et Trapos, et sic fecerunt, et abstulerunt ei totum, et duos horreos plenos de tritico.* Vide *Drappus.*

Traperius, [Traperarius, et Treperarius, apud R. Duellium tom. 2. Miscell. pag. 53. et 59.] in Statutis Ordinis Teutonici, qui in Hospitalariorum Statutis *Draperius* vocitatur, qui scilicet curam habet vestimentorum fratrum. Vide Christophorum Hartknochium in Dissertationibus Prussicis cap. 19. pag. 419.

¶ **TRASCINARE**, Italis, Trahere, Gall. *Traîner.* Chron. Parm. ad. ann. 1294. apud Murator. tom. 9. col. 828 : *Capti fuerunt et ducti Parmam, et Trascinati ad caudas mulorum.* Vide *Trasinare.*

¶ **TRASCODRYGITÆ**. Vide *Tascodrogitæ.*

1. **TRASELLUM**, [f. Transitus.] Charta Willel. Comitis Matiscon. ann. 1214. apud Perardum : *Notum facio... me assignasse D. Odoni Duci Burgundiæ 4. denarios in unoquoque Trasello pedagiorum meorum, ubicumque recipiantur, etc.*

¶ 2. **TRASELLUM**, Numerosus et modulatus sonitus, *Carillon*, a Burgundico *Tresler*, campanas argute et numerose pulsare, *Carillonner.* Vide Glossariolum ad calcem Canticorum natalit. Burgund. Statuta Capituli Tull. ann. 1497 : *Pulsantur Matutinæ in annualibus majoribus solemnitatibus.... cum magnis campanis et Trasello per omnes campanas vicissim et successive.* Vide *Trinion.*

* *Trisellum* semel in laudatis Stat. fol. 5. r° : *In dictis autem solemnitatibus pulsatur cum glasiaco et Trisello per majores campanas.*

* **TRASENS**, pro *Trahens.* Charta Simon. dom. Bellifort. ann. 1152. inter Probat. tom. 1. Annal. Præmonst. col. 356 : *Cuncta animalia, Trasentia, sive non Trasentia ad aratrum libere etc.*

¶ **TRASIA**, *Acervus ficorum, vel ex calamis contexta tabula, in qua refrigerantur fici*, in Vocabulario Sussannæi et in Amalthæa, a Græco Τρασιά,

¶ **TRASINARE**, Idem quod *Trascinare*, Trahere. Miracula S. Zitæ, tom 3. Aprilis pag. 523 : *Ipse lupus ipsam cedit ad collum, et aliquantulum Trasinavit per terram.* Annales Estenses ad ann. 1404. apud Murator. tom. 18. col. 1000 : *Trasinatus usque illuc a palatio communis, etc.*

¶ **TRASLICIUM**, f. Culcita e tela crassiori, vulgo dicta *Treillis.* Inventarium ann. 1379. e Schedis Cl. V. *Lancelot* : *Item una flassada alba et alia listata; item una vanoa alba : item unum Traslicium quasi nullius valoris.* Vide *Transla* et *Transletum.*

¶ **TRASPOL**, Species coopertorii. Inventio S. Luciferi Calarit. n. 69. tom. 5. Maii pag. 210 : *De sero fuit detectum vulgo dictum un Traspol, per modum tecti seu coperturæ sepulchri.*

1. **TRASSA**, Pensitationis species, *questa* : est enim *Tracer*, perquirere. Vide *Tracea.* Consuetudines Monspelienses MSS. art. 102 : *Monopolium, vel Trassa, vel rassa nullatenus fiat in Montepessulano.* Eædem vernaculæ : *Monopols con rassa ni Trassa en nulla guisa non sia facha en Monpesler.* Charta MS. Mali Gaulini Comitis Impuriarum ann. 1319 : *Et directa et utilia dominia, laudimia, foriscapia, jovas, Trassas, et alias omnes servitutes, etc.* [** Vide Raynouard. Glossar. Roman. tom. 5. pag. 401. voce *Traissa.*]

* 2. **TRASSA**, Fossa, imus carcer; vel Compedes, nostris alias *Trasse* et *Tresce.* Charta Edwardi reg. Angl. ex Cod. reg. 8387. 4. fol. 46. r° : *Prohibemus ne..... ante sententiam latam in ferris, Trassis, cippis aut aliis tormentis ponatis aut ponere præsumatis.* Lit. remiss. ann. 1472. in Reg. 197. Chartoph. reg. ch. 345 : *Icellui de la Tare disoit que Jehan Madone avoit joué son argent d'une gabarre de bois, et qu'il le feroit mettre ès Trasses, qu'il n'en sailliroit de deux ans.* Aliæ ann. 1369. in Reg. 100. ch. 279 : *Icellui sergent fist mettre Jehan de May par les mains et par les piés ès ceps, autrement appellez Tresces, etc.* Aliæ ann. 1478. in Reg. 206. ch. 46 : *Lesquelz prindrent le suppliant, le getterent par terre près d'une Trasse etc.* Hinc *Trasser*, Alicui infensum esse, molestare. Lit. remiss. ann. 1472. in Reg. 195. ch. 809 : *Le suppliant dist : Contremaistre, l'en m'a dit que vous me Trassez; je ne scay la cause pourquoy; et ledit Quot lui respondi felonneusement, oy, Augerot, je vous Trasse. Trasser*, pro Leviter attingere, in Lit. remiss. ann. 1380. ex Reg. 118. ch. 9 : *Icellui seigneur d'Auxeville lui dist qu'il mentoit, et lui Trassa le doy parmi la bouche.* Delere vero aut eradere sonat, in aliis ann. 1454. ex Reg. 184. ch. 479 : *Icellui Pierre Mautrasse ratissa et Trassa le nom de Jehan Erard qui estoit escript en icelle commission, afin qu'il n'apparust.*

TRASSARE, Perquirere. Vide *Canis Trassans.*

* **TRASTAMI**, Ratis Polonicæ species. Mirac. S. Stanisl. tom. 2. Maii pag. 279. col. 2 : *Joannes Osowski, dum e gravi periculo liberatur, vectus rate, alias Trastami, Vistula versus Crocoviam, etc.*

¶ **TRASTRUM**, f. pro Transtrum. Instrum. ann. 1200. e Tabulario S. Victoris Massil. : *Cum.... staret in monasterio de Pessano in porticu super Trastrum, etc.*

* Trabs, nostris alias *Traste.* Lit. remiss. ann. 1480. in Reg. 206. Chartoph. reg. ch. 561 : *Il cheut par cas fortuit une tuille de la couverture de la maison sur une des poutres ou Traste d'icelle maison.*

TRASTURA. Vide in *Transitorium.*

* **TRASVERSUM**, Pensitatio, quæ exsolvitur ab iis, qui trans locum aliquem, aut villam, vel urbem merces vehunt. Charta Phil. V. ann. 1317. in Chartul. abbat. Regalis-loci part. 1. ch. 46 : *Item Trasversum seu pedagium dictæ villæ.* Vide *Traversum* 1.

¶ **TRATEGA**, f. Lignum aratri. Vide locum supra in *Mejanus.*

¶ **TRATTAMENTUM**, Ital. *Trattamento*, Tractatus, pactum. *Sub spe concordiæ et Trattamenti concordiæ*, in Chronico Parm. ad ann. 1290. apud Murator. tom. 9. c. 818.

TRAVA. Videtur sic dicta, nescio qua præstatio in blado, avena, ect. ex agris domino pensitari solita, incerta mihi vocis origine : tametsi *Trava* videatur fuisse mensuræ species. Miracula S. Joannis Beverlacensis n. 7 : *Et quidem coloni illius provinciæ hesterasda, id est, quod exigebatur ad pabulum equorum Regis singulis annis solebant Regis præfectis reddere, videlicet de unaquaque caruca, id est, ad cultrum et vomerem, quatuor Travas de suis frugibus, et talis reditus inter vectigalia Regia computabatur et exigebatur a regione illa, etc.* Monasticum Anglic. tom. 1. pag. 175 : *In Foresthill, duas acras de dominicatu, et de singulis virgatis unam Travam. In una Horspeda 3. acras, et de singulis virgatis unam Travam, etc.... de Dentona 4. Travas de omni blado.* Adde pag. 985. Hist. Fundationis Monast. S. Leonardi Ebor. : *Concessit... de qualibet caruca arante in Episcopatu Eboraci unam Travam bladi, anno 936. quæ usque in præsentem diem dicitur Petercorne, cujusmodi et Travas Reges tunc temporis potuerunt sacris locis ex sua regalitate concedere et assignare. Et nihilominus ex consensu incolarum Episcopatus Eboraci Rex habuit Travas prædictas sibi et successoribus suis, sic quod exterminaret lupos patriam devastantes.* Idem Monastic. tom. 2. pag. 380 : *Dictum hospitale dotatum fuit.... ad percipiendum de qualibet carucata terræ arabilis in Kipschire unam Travam de quolibet genere bladorum, et valet per annum 20. sol.* Tom. 3. pag. 93 : *Unam Travam bladi de singulis carucis villæ meæ, etc.* Parte 2. pag. 3 : *Travæ garbarum.* Charta Joannis Regis Angl. apud Gul. Prynneum in Libertat. Eccles. Anglic. tom. 3. pag. 8 : *Firmiter præcipientes, quod sine contradictione et difficultate reddant de carrucis suis ad ostia grangiarum suarum Travas S. Joannis Beverlaci per manum propriam, vel ser-*

rientium suorum, sicut facere solebant, antequam Travæ illæ datæ essent ad firmam, etc.

☞ Nisi tot locis occurreret *Trava*, legendum esse *Trana* suspicarer : ut ut est, eadem notione accipiendam utramque vocem existimo. Vide *Traina.*

TRAVACHA. Otto Morena in Hist. Rer. Laudensium pag. 53 : *Cremenses vero cognoscentes, se non posse defendere murum castri, quin destrueretur, Travacham magnam ex lignis et terra insimul compositam ibi intus in ea parte, in qua ipsum murum destrui videbant, juxta eum construxere.* Et pag. 54 : *Quandam machinam, quam fecerant super Travacham, quam ipsi ex lignis et terra intus juxta murum castri composuerant, etc.* Ubi vox *travacha* videtur poni pro *travaglio*, quomodo Galli dicimus *un travail*, pro quolibet munimento ad propulsandos hostes exstructo.

☞ Pro *Travacha* Muratorius tom. 6. col. 1041. et 1043. e Codice Ambrosiano legit *Travata*, ut infra videre est; quod magis placet; est enim *Travata*, Academicis Cruscanis *Riparo fatto con travi*, Propugnaculum trabibus constructum : quæ notio belle congruit locis citatis.

☞ *Travacha* vero Tentorium est, Italis *Trabacca*, Academicis Cruscanis *Spezie di padiglion da guerra, tenda.* Statuta Vercell. fol. 3 : *Habendo... tentoria et Travachas in exercitu ad usum suum, etc.* Et fol. 280. v° : *Ego Massarius Communis juro ad sancta Dei Evangelia bona fide et sine fraude salvare, custodire et gubernare balistas, tentoria sive Travachas, ferramenta, etc.* Rolandinus Patav. lib. 10. cap. 4. apud Murator. tom. 8. col. 313 : *Cum tentoriis, Travachis et tendis.* Memoriale Potestatum Regiens. ad annum 1218. ibid. col. 1090 : *Invenerunt Christiani in dicto campo papiliones, Travaclas rarissimas et cultras optimas, etc.* Emendo *Travachas*. Chronic. Parm. ad ann. 1279. tom. 9. ejusdem Murator. col. 791 : *Travachæ et pavioni erant in platea Communis, ubi jacebant infirmi.* Vide Lexicon Milit. Caroli de Aquino et mox *Travata.*

¶ **TRAVAGLIARE**, Italis, Laborare, affligi. Miracula S. Zitæ, tom. 3. Aprilis pag. 515 : *Fuit ultra modum.... gravata et de ejus strata extracta et Travagliata. Être travaillé,* eodem sensu dicimus.

* **TRAVAILLIUM**, TRAVALLIUM, a Gallico *Travail*, Catasta, ubi calceantur et curantur equi. Charta ann. 1302. ex Tabul. Carnot. : *In qua viaria positum erat et situm quoddam Travaillium ad fabri officium deputatum ad constringendum equos, quod dictum Travallium positum et situm erat et fuerat ex mandato nostro.* Vide *Travallum.*

¶ **TRAVALLUM**, Catasta ubi calceantur et curantur equi, Gall. *Travail*, quod a *Trefs*, Trabs deducit Borellus. Regestum Olim ad ann. 1267 : *Inquesta facta.. ad sciendum utrum .. spectat ad dom. Regem, Travalla equorum et stalla terræ defixa, quæ sustinentur super columnas solo adhærentes, quæ cheminis et viis præstant impedimentum, propter hoc tollere. Probata est hæc consuetudo, videlicet quod potest tollere stalla aut scalla et Travalla terræ noviter defixa, præstantia viis impedimentum.* Nostrum *Travail* hac notione, vel a *Trepalium*, de qua voce infra, vel ab Ital. *Travaglio* accersendam putat Menagius; sed probabilius a voce *Trabs* prima origo deducitur.

¶ **TRAVALLUS.** Computus ann. 1202. apud D. *Brussel* tom. 2. de Usu feud. pag. CXLII : *Expensa. Pro Travallis et pro circulis et pro vectura duorum ferratorum* LX. *s.* Et pag. CLV : *Pro merreno ad tres Travallos ferratorum et uno ferrati et pro duvis,* XLIIII. *s.* Conjecto trabeculas esse, unde asseres fiunt ad dolia, quæ *ferratos* vocabant, fabricanda.

* Quodvis instrumentum ad moletrinam pertinens, ad aliamve artem, significare videtur.

☞ Aliud sonat vox *Traveillan* in Charta ann. 1498. ex Chartul. Latiniac. fol. 76 : *Ung moulin à mouldre blé.... que tient à present à tiltre de loyer ledit Dangereulx, avec toutes les tournelles et Traveillans d'icelluy moulin.* Vide *Travata* et *Travayso.*

¶ **TRAVASARE**, Italis, Transfundere, in Statutis Placentiæ lib. 6. fol. 81. v°. Vide *Transvasare* 2.

¶ TRAVASATOR, Qui *travasat*, seu transfundit, in Statutis Astæ collat. 9. cap. 12.

¶ **TRAVATA**, vox Italica, nostris *Travée*, Intertignium. Otto Morena apud Murator. tom. 6. col. 1043 : *Venerunt Cremenses supra quamdam machinam, quam fecerant supra Travatam illam, quam ipsi ex lignis et terra intus juxta murum castri composuerant.* Annales Cæsenates ad ann. 1314. tom. 14. ejusdem Murator. col. 1135 : *Et tunc pars utraque in suo latere pontis et aliis locis necessariis serraglios fecerunt plurimos et Travatas.* Vocem *Travée* a *Transversum* vulgo deducunt, malim a *Trabs*, unde *Trabata* primo dicta est, dein *Travata.* Vide mox *Travayso* et supra *Travacha.*

¶ **TRAVATICUM.** Vide in *Trabaticum.*

¶ **TRAVAYSO**, Contignatio, a Gallico *Travaison*, vel *Travée*, Intertignium. Computus ann. 1324. tom. 1. Hist. Dalphin. pag. 132. col. 1 : *Petrus perfecit dictam garitam usque ad primam Travaysonem, in quo opere sunt* XXXVIII. *teysiæ muri.* Alter ann. 1336. tom. 2. pag. 325. col. 2 : *Item in ipsa turre sunt tres Travaysons.* Vide *Travata* et *Travacha.*

¶ **TRAUCIS**, Palmes. Vide *Tranex.*

TRAVER. Glossæ Gr. Lat. ξυρόν, *Novacula.* ξυρὸν κουρέως, *Traver.* [An quia *Travorat*, seu transvorat pilos? inquit Martinius.] Codex S. Germani *craver* præfert.

¶ **TRAVERISUM.** Vide in *Traversum* 1.

¶ **TRAVERSA**, Via transversaria, Gall. *Traverse.* Transactio ann. 1219. e libro flavo Episcopatus Massil. pag. 25 : *Recta linea... usque in unam Traversam... usque in viam publicam.* Vide *Traversena.*

¶ **TRAVERSALIUM**, Pulvinar, Gall. *Traversin. Mutalacium cum Traversalio seu pulvinari*, in Statutis Monialium S. Salvatoris Massil. ann. 1400. Vide *Traverserium.*

¶ **TRAVERSANS**, Transversus. *Cum appositione tabulæ Traversantis dicta villata*, in Transactione ann. 1515. e Schedis Præs. *de Mazaugues.*

¶ **TRAVERSARIUM.** Vide in *Transversarium* 2.

¶ **TRAVERSARIUS**, pro Transversarius, Transversus. Vide *Transversaris.*

* *Trossellus traversarius*, qui equo transverse imponitur, in Charta ann. 1250. in Reg. S. Ludov. ex Chartoph. reg. fol. 100. v°.

¶ **TRAVERSENA VIA**, Traversa, transversaria, in Chartulario S. Vandregesili tom. 2. pag. 1567. Vide *Traversa* et mox *Traversia.*

* **TRAVERSENUM.** Dolii vinarii species, forte pars illius dimidia, nostratibus *Traversain, Traversia* et *Traverssier.* Charta ann. 1210. in Diario Virdun. mens. Dec. ann. 1764. part. 1. pag. 440 : *Gervasius et Mabilia uxor ejus, Castelli domini, pro animabus suis dederunt in eleemosinam.....: leprosis de Castello, scilicet de dolio unum sextarium vini, de Traverseno semi-sextarium.* Lit. remiss. ann. 1367. in Reg. 97. Chartoph. reg. ch. 385 : *Icellui mettoier avoit fait charger une queue ou Traversain de vin sur une charrette.* Aliæ ann. 1408. in Reg. 162. ch. 265 : *Comme le suppliant eust acheté deux Traversins de vin d'un marchant, qui reserva à lui les fus vuides desdiz Traversins.* Stat. doliarior. Ebroic. ann. 1471. in Reg. 197 : *Item que nul ne face feust de queue sans merque, et qu'il soit de moison selon la mesure d'Arques, ne aucunes demies queues, rondelles ou Traversins que à l'equipolent.* Lit. remiss. ann. 1467. in Reg. 194. ch. 262 : *Le suppliant cuidant avoir ung pelloton de fil, qui estoit au fond d'une busse ou Traverssier, qui estoit sur bout, se blessa.* Vide in *Transversariæ.*

¶ **TRAVERSERIUM**, Pulvinar, transversum lecti cervical, Gall. *Traversin.* Inventar. ann. 1476. ex Tabul. Flamar. : *Et primo unum lectum incortinatum, bonum et sufficientem, munitum unius culcitræ, unius pulvinaris sive Traverserii cum pluma intus.* Vide *Traversalium* et *Traversinum.*

* *Traversier*, in Stat. MSS. monialium congregat. Casalis Bened. cap. 8.

* **TRAVERSERIUS**, Transversarius. Comput. ann. 1362. inter Probat. tom. 2. Hist. Nem. pag. 259. col. 2 : *Petro Stoci fabro, pro iiij*^{xx}. *libris ferri...... habendas ad selelandum barras Traverserias positas in dictis portalibus, etc.*

¶ 1. **TRAVERSIA**, Vicus transversarius. Statuta Massil. lib. 6. cap. 12. *de tabulis non faciendis in Traversiis nisi ad certam mensuram : Nullus a modo in viis rectis audeat facere tabulas habentes ultra quatuor palmos, et quod nullum obstaculum ante dictas ab aliquibus apponatur, nec in Traversiis ultra tres palmos.* Statuta Arelat. MSS. art. 47 : *Nullus audeat portare fimum.... a portali usque ad Traversiam S. Eulalie.* Testamentum Anglici Episc. Alban. et Cardin. ann. 1388. apud Stephanotium tom. 10. Fragm. MSS. pag. 339 : *Lego... unam magnam domum... quæ confrontatur ab interiori et posteriori partibus cum carreriis publicis... et ab alia parte cum quadam modica Traversia.* Testament. ann. 1509. ex Schedis D. *Le Fournier : Confrontata cum vinea Georgii, cæca quadam Traversia in medio.* Quædam plateæ *Traversines* Parisiis dicuntur, quod sint transversariæ.

* Pro Angiportu, Gall. *Cul-de sac*, occurrit in Charta ann. 1371. ex Reg. 103.

Chartoph. reg. ch. 37 : *Item quoddam aliud hospitium,.... situm in quadam Traversia, quæ non transit.* Quod transverse in alium vicum incidat, sic dicta videtur. *Par le Treval des champs*, pro vulgari *A travers les champs*, Per campos, in Charta ann. 1344. ex Reg. 72. ch. 424 : *Lors icellui Guillaume s'avança par le Treval des champs, et se meussa en une fosse.* Infra : *Au travers les champs.*

¶ 2. **TRAVERSIA**, Favonius, Occidens, in agris Lugdun. et Bellijoc. Terragium Bellijocense : *Juxta terram dicti Cochard en Traversia.* Alterum locum vide in *Alvernia.*

¶ **TRAVERSINUM**, ut *Traverserium*, Gall. *Traversin.* Testam. ann. 1367. tom. 1. Anecd. Marten. col. 1527 : *Lego... Traversinum de auro et cirico et mathalassium deauratum.*

1. **TRAVERSUM**, Traversus, Pensitatio, quæ exsolvitur ab iis, qui trans locum aliquem, aut villam, vel urbem merces vehunt. *Droit de travers*, jus nempe, quod competit domino Castellano, seu majori Justitiario, in Consuetud. Silvanect. art. 93. 105. Turonensi art. 59. etc. et in viis majoribus tantum exigi potest, ut est in Claromontensi art. 229. Διαβατικόν, in Diplomate Andronici Palæologi Imper. apud Phranzem lib. 3. Chron. cap. 24. Charta Rotroci Comitis Perticensis ann. 1136. apud Souchetum ad Vitam S. Bernardi Tiron. pag. 273 : *A pedagiis, Traversibus, deprisibus, et quibusvis consuetudinibus... liberi sint.* [Eadem habentur in Charta Guillelmi Episc. Catalaun. ann. 1228. pro Monasterio Tiron.] Charta Richardi Ducis Norman. ann. 1024. tom. 2. Monastici Angl. pag. 1005 : *Liberum quoque transitum battorum eorum, sive navium per Sequanam ascendentium aut descendentium... ab omni costuma pontagii, vel Traversi, etc.* [Charta Radulphi Comitis Suession. ann. 1186 : *Ecclesiæ de Valcellis... liberum et quietum transitum per totam terram nostram dedimus et concessimus, absque omni exactione Traversi vel pedagii... nullas consuetudines Traversi vel pedagii solvent de omnibus illorum, que ad usum fratrum predicte Ecclesie pertinent.* Charta ann. 1224. ex Chartul. 21. Corb. : *In elemosinam contuli ecclesiæ Corbeïensi ut omnes res ejusdem ecclesiæ per loca ubicumque Traversum habeo, libere sine Traverso et exactione aliqua... possint secure pertransire.* Adde Chartam ann. 1179. tom. 2. Hist. Eccl. Meld. pag. 65. Litteras Johannis Franc. Regis ann. 1360. tom. 3. Ordinat. pag. 431. alias incerti ann. tom. 4. earumd. Ordinat. pag. 420. et tom. 5. Hist. Paris. pag. 248. ex quibus omnibus emendo Litteras ann. 1345. apud Rymer. tom. 5. pag. 441 : *Absque solutione, exactione Traverisi, pedagii, etc.* Lego *Traversi.* Charta ann. 1358. e Chartulario Domus Dei Pontisar. : *Accorda que tous les biens quelsconque estans et appartenans audit Hostel* (Dieu) *soient frans et quittes au Travers de l'Isle Adam, soit en montant et avalant, par dessus ou par dessous le pont de ladite ville.* Ex hac aliaque superius laudata Ricardi Ducis Norman. Charta discimus id juris exactum a navigiis, quæ secundo vel adverso flumine navigabant : quod ex aliis perinde est intelligendum, nisi aliud constet ex opposito usu. Charta ann. 1177. tom. 2. Hist. Eccl. Meld. pag. 64 : *Dix sols à prenre chascun an sur le Travers de S. Pathus.* Adde tom. 3. Ordinat. Reg. Franc. pag. 42. n. 3.]

Transversum. Charta Reginaldi Comitis Bononiæ in Tabulario Fiscanensi fol. 11 : *Relaxavimus Abbati et Monachis.... consuetudinem illam, quæ cognominatur Transversum, vel passagium, apud Harebbou, etc.* Alia Stephani Episcopi Paris. ann. 1124 : *Dedit etiam.... omnibus annis 40. solidos de Transverso suo inter S. Dionysium et Pontisaram, etc.* Alia Rainaldi de Claromonte : *Et concedo pedagium, quod dicitur Transversum de Lusarchis, etc.* Radulfus de Diceto ann. 1027. et Jo. Brompton. : *Thelonea et Transversa.., diminuit.* Vide Hemeræum in Aug. Virom. pag. 169. et in Regesto pag. 74. 48. Chron. Nangii ann. 1025. etc.

Transversarius, Exactor *transversi*, vulgo *Traversier*, in Charta Matthæi Comitis Bellimontis ann. 1160. [Litteræ ann. 1370. inter Ordinat. reg. Franc. tom. 5. pag. 356. art. 6 : *Pour ce que les Traversiers ou peagiers, ou aucuns d'eux, sont coustumiers d'aumenter et accroistre les travers et peages qu'ils tiennent des seigneurs.* Chartul. 21. Corbeiens. fol. 196. v° : *Sans paier travers ne passage aucun as seigneurs de Bone, ne à leurs gens, ne à leurs Travessiers.* Infra : *Traversiers.*]

¶ 2. **TRAVERSUM**, Gall. *Travers*, Transversum. Inquisitio ann. 1371. pro Canonizatione Caroli Blesensis, apud Lobinell. tom. 2. Hist. Britan. col. 550 : *Fecit.... magnum pulpitum fieri ex Traverso dicte Ecclesiæ*, id est ex uno latere ad aliud.

* **TRAVERTINUS**, Tiburtinus, Ital. *Travertino.* Acta S. Juvenal. tom. 1. Maii pag. 404. col. 2 : *Idem tumulum clausit primo lapide Tiburtino, vulgo dicto Travertino.* Occurrit præterea tom. 5. Jun. pag. 377 col. 2.

* **TRAVES**, pro Trabes. Libert. MSS. Barcin. ann. 1283. sub Petro II. reg. Aragon. cap. 58. : *Item quod quilibet potest habere atans perlarchi pro Traves in pariete vicino, etc.* [** Leg. *per larc e per traves*, per transversum.]

* **TRAVESTITUM.** In Travestito, Veste mutata, ab Italico *Travestire*, vestem mentiri vel mutare, Gall. *Se Travestir.* Hist. belli Forojul. apud Murator. tom. 3. Antiq. Ital. med. ævi col. 1209 : *Dum nostri in nemore in Travestito contra prædictos posuissent, et illi de Funna, sed non omnes fœno equos et personas onerassent, nostri ex nimia ardoris voluntate impetum contra prædictos facientes, et insultum nimis subitum et ante debitam horam, quadraginta tres ex ipsis ceperunt.*

¶ **TRAVESA**, Idem ni fallor, quod Hispanis *Travesia*, Via transversa, nostris *Traverse.* Vetus Charta tom. 3. Concil. Hisp. pag. 168. col. 1 : *Et perveniat ad illas Travesas inter Lor et Chayroga.* Vide *Traversia* 1.

¶ **TRAUCA**, pro *Treuga.* Vide in *Treva.*

* **TRAVEYA**, Intertignium, Gall. *Travée*, idem quod *Travata.* Charta ann. 1381. in Reg. 119. Chartoph. reg. ch. 232 : *Insuper quandam grangiam ad decem trabes seu Traveyas tegulis coopertam, etc.* *Traveure*, nautis vulgatius *Traversin*, Transtrum juxta gubernaculum, in Lit. remiss. ann. 1382. ex Reg. 120. ch. 189 : *En la Traveure de laquelle nef il avoit une jeune femme, que ledit Estiennot avoit prise à Paris, pour mener audit Rouen.*

TRAUGUM, Foramen, Picardis *Treu*, vel *Trau*, nostris *Trou.* Lex Ripuar. tit. 43 : *Si quis.... in clausura aliena Traugum ad transeundum fecerit, 15. sol. mulctetur.*

¶ **TRAVICES.** Vide in *Tranex.*

¶ **TRAVICTICUM.** Charta Ludovici Imp. apud Stephanotium in Antiq. Aurelian. MSS. pag. 311 : *Ullum theloneum, aut ripaticum, aut pontaticum, aut portaticum, aut salutaticum, aut cespitaticum, aut cenaticum, aut laudaticum, aut Travicticum.* Emendo *Tranaticum.* Vide *Trana* 2.

* **TRAULUS** *dicitur, qui deficit in proferendo, j. elementum; et est Græcum. Sed Oribasius in Commento Affor. exponit blesum; et Papias blesum dicit balbum, verba scilicet frangentem.* Glossar. medic. MS. Simon. Januens. ex Cod. reg. 6959. Benzo episc. Albens. in Henr. III. imper. apud Ludewig. tom. 9. Reliq. MSS. pag. 323 : *Hinc est, quod ad comparationem vestri omnes nos sine albedine, sine lingua, sine sale comprobatis, hoc est, Ethiopes, Traulos et rancidos judicatis.*

¶ **TRAVOLTUS**, Inversus, contortus, Ital. *Travolto.* Gall. *Renversé.* Miracula S. Zitæ, tom. 3. Aprilis pag. 513 : *Pedem habebat Travoltum et attractum, et brachium non poterat elevare.*

* Hinc fortean nostrum *Travulse*, pro *Trouble, désordre*, Perturbatio. Lit. Joan. reg. Franc. ann. 1351., in vol. 12. arestor. parlam. Paris. : *Pour cause de harelles, esmeutes, seditions, Travulses, etc.*

¶ **TRAUVATICUM.** Vide in *Trabaticum.*

¶ **TRAXATIO**, Supplicium quo reus quadratim discinditur. Chron. Angl. Th. Otterbourne pag. 228 : *Qui traxatione atque suspensione capitisque truncatione vitam finierunt.* Vide *Trahere* 6.

TRAYLEBASTON, a Gall. *Tray le baston*, hoc est *Trahe*, vel *Educ baculum*; vox vulgaris apud Anglos, qua ita ii vocarunt severiores inquisitiones primitus factas a Justitiaris sub Edw. I. in omnes cujuscumque generis malefactores. Nic. Trivettus in Chronico ann. 1304 : *Hoc anno ordinati sunt Justitiarii, qui de malefactoribus inquirerent.... et juxta demerita punirent inventos. Hi Justitiarii ab hominibus popularibus vocati sunt de Tray le baston, quod sonat : Trahe baculum.* Matthæus Westmonast. ann. 1305 : *Circa eadem vero tempora processit in publicum novum inquisitionis breve, quod Anglice dicitur Tray le baston, contra invasores alienarum terrarum, qui propter timorem conquerentium, ipsas terras vel prædia in manus potentiorum alienarunt, et contra conductitios hominum vapulatores, etc.* Historia Roffensis eod. ann. apud Spelmannum : *Circa hæc tempora processit in publicum novæ inquisitionis breve, quod Anglice dicitur Tray le baston, contra intrusores, conductitios hominum vapulatores, conductitios seisinæ captores, pacis infractores, raptores, incendiarios, murduratores, pugnatores. Multi hoc perempti, multi redempti, multi noxii, pauci innoxii sunt inventi,* *adeo quidem rigido processit hujus coercionis justitia, quod pater proprio filio non parceret, etc.* Adde Thomam Walsinghamum eodem ann. 1305. Monasticum Anglic. tom. 2. pag. 77 : *Dominus Robertus filius Walteri cum aliis super Tray le baston apud Chelmisford, inquirendo de malefactoribus, etc.* Apud Spelmannum Justitiariorum Inquisitio sub Edw, III. Rege sic inscribitur : *Tray le baston coram Rogero de Grex et sociis suis Justic. apud S. Albanum, an. regni Regis Edwardi III. post conquestum, quinto.*

¶ **TRAYNARE**, Trahere, Gall. *Trainer*, Ital. *Trainare. Traynatus per civitatem crudeliter est peremptus*, Rolandino Patav. lib. 7. cap. 9. apud Murator. tom. 8. col. 278. *Traynatus et decollatus*, in Regiminibus Paduæ eod. tom. col. 430. Vide *Trainare.*

¶ **TRAYTURARIUS**, Proditor, Angl. *Traytor*, Gall. *Traitre.* Gualterus Hemingford. de Gestis Edwardi I. Regis Angl. pag. 130 : *Vocaveruntque eum non Thesaurarium, sed Trayturarium Regis, et verius hoc quam credebant ; multos enim seduxit in die hac, sed et ipse seductus est, etc.*

¶ **TRAZEA**. Joh. Demussis Chron. Placent. apud Murator. tom. 16. col. 581 : *Tostea dant turtas et zoncatas cum Trazea zuchari desupra;* id est, cum sacchara consperso, deducta voce, ni fallor, ab Ital. *Traccia*, vestigium vel delinatio, Gall. *Trace.*

* **TREAGA**. Homag. Joan. comit. Brit. ann. 1239. ex Cod. reg. 8542. 3 : *Nec alicui inimicorum ejus adhærebo, qui guerram cum ipso habeat vel cum hæredibus ejus, ni Treaga sit erga ipsum vel hæredes ejus.* An proditor, Gall. *Traitre?*

TREANS, pro *Triens*, in Form. 48. ex Andegavensibus, [pluriesque in Actis Episcoporum Cenoman. tom. 3. Analect. Mabillonii pag. 57. et 58. *Triens sive Treas*, IV. *unciæ*, apud Rabanum lib. de Computo, tom. 1. Miscell. Baluz. pag. 13.]

* Apud Dalphinates *Tréant* appellatur, Ligo seu instrumentum ferreum, quo terra versatur, vulgo *Houe.* Lit. remiss. ann. 1409. in Reg. 164. Chartoph. reg. ch. 109 : *Un fesseur, appellé au pays* (Dauphiné) *Tréant.*

¶ **TREB**, TREU, TREP, Aremoricis *Treve*, Ecclesia succursalis. Hæ voces passim occurrunt apud Lobinell. tom. 2. Hist. Britan. locis in Glossario indicatis.

TREBAX. *Trebacissimus senex*, apud Sidonium lib. 1. Epist. 11. ubi Savaro et Sirmondus dici pro *Tribacissimus*, vocemque esse Græcæ originis, nempe a τρίβαξ, vel τρίβακος, *usu tritus, versatus*, observant. *Tribaces viri*, apud Plautum in Mostell. In Glossis Gr. Lat. τρίβαχος, exponitur *Pannosus.* Alibi τρίβαχα, *trita*, cap. de Vestimentis.

TREBACITER, adverbialiter idem Sidonius usurpat. lib. 9. Epist. 11 : *Malui Jacotum confiteri simpliciter, quam Trebaciter diffiteri*, hoc est, callide, astute.

¶ **TREBBIARE**, verbum Ital. Triturare. *Trebbiare millium*, in Miraculis S. Zitæ, tom. 3. Apr. pag. 525.

¶ **TREBELLIANICA**, Vox fori Romani, Quarta pars successionis fideicommissariæ et alteri restituendæ, quæ remanet instituto hæredi, ne prorsus vacua sit et inutilis hæredis qualitas. Passim occurrit in Testamentis vox *Trebellianica*, inde ducta quod in Digesto titulus sit *ad Senatusconsultum Trebellianum.* Sed de his Jurisconsulti.

* **TREBES**, Pilum, instrumentum quo trituratur, Italis, *Trebbia.* Stat. synod. eccl. Castr. ann. 1358. part. 2. ex Cod. reg. 1592. A. fol. 76. r° : *Item unum Trebes ferreum, unum mortier, etc.*

¶ **TREBIUM**, Trivium, ab Italico *Trebbio.* Memoriale Potestatum Regiens. ad ann. 1272. apud Murator. tom. 8. col. 1135 : *Inceptum fuit palatium novum Communis Regii super Trebium illorum de Sesso... et aliorum casamentorum cohærentium eidem Trebio.*

* *Treyve*, eadem notione, in Lit. remiss. ann. 1447. ex Reg. 178. Chartoph. reg. ch. 215 : *Et ainsi s'en alerent ensemble jusques au Treyve ou carrefour, estant entre la croix et l'église de Beligny.* *Truy*, in Charta pro eccl. Vivar. ann. 1445. ex Reg. 177. ch. 151 : *En la rue droitte au Truy ou carrefour de S. Laurens.* Hinc forte Gallicum *Treble*, nunc *Triple*, Triplex. Stat. ann. 1382. tom. 7. Ordinat. reg. Franc. pag. 742. art. 1 : *Festes solempnieulx, Trebles et jeunables, etc.* Consil. Petri de Font. pag. 133. art. 18 : *Soit contrains......... de rendre le Treble de le cose ki li a esté dounée, et le double de che ki li a esté promis.* Mirac. B M. V. lib. 1 :

Voir vous dirai des prélas d'ore,
Ki les mains lor argente et dore,
Provendes a doubles et Trebles,
Qui puet donner, moult seit de werbles.

* *Treble* præterea, pro *Trompette*, tuba, in Annal. regni S. Ludov. edit. reg. pag. 223 : *Comme devotement il fit chanter la messe, et tout le service à chant et à dechant, à ogre et à Treble.* Versio Bibliæ ibid. in Glossar. : *A oure que vous orrez le son des Trebles, de frestel, etc.* Ubi hæc Danielis verba cap. 3. v. 5. redduntur : *In hora, qua audieritis sonitum tubæ et fistulæ, etc.*

* **TREBNICA**, f. Monetæ vel servitii species. Charta Boleslai ducis Polon. ann. 1149. inter Probat. tom. 2. Annal. Præmonst. col. 691 : *Contuli... tabernam in Polsnica, cum villis Grabsfin, Socolnice, et Chenesa et Sabocisce quam dedit dux Uladislaus pro dimidia Trebnica.*

* **TREBOLUS**, Turbidus, turbulentus, Gall. *Trouble.* Pact. inter Arn. de Villanova dom. de Transio et incolas ejusd. loci ann. 1303. ex Tabul. D. Veneiæ : *Quando aqua venit Trebola, possint piscare cum copis, etc.*

¶ **TREBORG**, Anglica vox de qua in *Tenmantale.*

* **TREBUCATIO**, Ponderis monetarum minutio, idem quod supra *Trabuchio.* Charta Ludov. XI. ann. 1463. inter Probat. tom. 3. Hist. Nem. pag. 316. col. 1 : *Concessimus quod ob transgressionem præteritam dictarum ordinationum monetarum, solo usu seu cursu, vel Trebucatione, quæ quidem Trebucatio nobis non fuit immoderate damnosa, nullus alicui pœnæ subjaceat seu etiam puniatur.* Legitur præterea in Reg. 13. Chartoph. reg. ch. 209. in Reg. 52. ch. 28. et in Reg. 165. ch. 207. Vide mox.

* 1. **TREBUCHARE**, Pondus monetarum minuere, de eo detrahere. Lit. remiss. ann. 1353. in Reg. 82. Chartoph. reg. ch. 13 : *Nonnullas auri et argenti billonum quantitates per se et ejus familiares Trebuchaverat,........ seu Trebuchari....... fecerat.* Vide *Trabucare* 1.

¶ 2. **TREBUCHARE**, Evertere, dejicere, disturbare. Computus ann. 1202. apud D. *Brussel* tom. 2. de Feudorum usu pag. CCVII : *Pro hordamenta Feritatis, quod ventus Trebuchavit, et pro granchia reparanda* c. *et* XIII. *s.* Nostri *Trebucher* dicunt neutra notione pro titubare, vacillare, procidere, prolabi.

* Hinc *Faire le Trabuchet* vel *le Trebuchet*, Crus crure implicare ad aliquem dejiciendum seu prosternendum, vulgo *Donner le croc en jambe.* Lit. remiss. ann. 1413. in Reg. 167. Chartoph. reg. ch. 149 : *Icellui Symon fist le Trabuchet de son pié parmi les jambes de Jehannet, dont icellui feust chu à terre.* Aliæ ann. 1418. in Reg. 170. ch. 227 : *Pour ce que Colart Milon avoit fait le Trébuchet par esbatement à icellui Perresson.* Vide supra *Gamba* 1. et *Trabucare* 2.

¶ **TREBUCHATIO** MONETÆ. Vide *Trabuchare.*

TREBUCHETUM, TRABUCHETUM, etc. Catapultæ species, seu machina grandior ad projiciendos lapides, et concutiendos urbium obsessarum muros. Monachus Vallis Sarnaii cap. 86 : *Jaciebant siquidem hostes super nostros creberrimos lapides cum duobus Trabuchetis, mangonello, et pluribus matafundis.* Matth. Paris ann. 1246 : *Per septem Trebuchetta ordinata, quæ tam de die, quam de nocte, in castrum Capacii projicere non cessabant.* Gesta Ludov. VIII. Reg. Franc. ann. 1226 : *Machinæ eriguntur, Trabucheta, petrariæ, mangonelli parum proficiünt.* Richardus de S. Germano in Chronico : *Combusta machina, quæ vulgo dicitur Trebuchetum.* Ita enim leg. pro *Trebuvetium.* [Rursum memorantur *Trabuchetti*, vel *Trabucheti* in enumeratione munitionum Castri Sommeriæ in Occitania, apud Baluz. tom. 6. Miscell. pag. 259. Murator. tom. 6. col. 440. tom. 12. col. 587. 644. etc.] Philippus *Mouskes* in Phil. Augusto :

Grans perieres et mangoniaus,
Arbalestres et Trebukiaus,
Atravé sont droit à la rue.

Infra :

D'un Trebukiet fit trebukier
Mult grant partie de lors murs.

Trebus, in Chron. Flandriæ cap. 110 : *Et avoient avec eux plusieurs chariots, qui menoient Trebus et espringals.* Cap. 11 : *Et ebahirent plusieurs François de leur Trebus.* Germani *Trebock* dicunt. Fragmentum Hist. post Albert. Argentin. ann. 1212 : *Otto Imp. ab Apulia et Italia reversus obsedit oppidum Visense, quod similiter expugnavit usque ad arcam.... Ibi tunc primum cœpit haberi usus instrumenti bellici, quod vulgo Triboc appellari solet.* Apud Petrum de Vineis lib. 2. Epist. 57. scribitur etiam *Tribocchus.*

* Glossar. Lat. Gall. ex Cod. reg. 7679 : *Trebuchetum est quædam machina grandis*

et materialis, Gallice Trébuchet. Aliud ann. 1348. ex Cod. 4120 : *Trabucheta, Gallice Trabuchet.* Glossar. Provinc. Lat. ex Cod. 7657 : *Trabuc, Prov. fundibolus, tormentum. Trabucar, Prov. irruere, præcipitare,* Guil. Tyrii contin. Hist. belli sacri apud Marten. tom. 5. Ampl. Collect. col. 706 : *Mistrent la main à assegier le chastel et faire engins, et firent un grant Trébuchet, qui gettoit le pesant d'un quintax.*

TRABUCHUS, apud Auctorem Histor. Obsid. Jadrensis lib. 1. cap. 29. 36. 38. lib. 2. cap. 10. 11. Rollandinum in Chr. lib. 4. cap. 2. 4. 14. lib. 10. cap. 4. [Murator. tom. 6. col. 425. 446. tom. 10. col. 68. tom. 11. col. 67. 262. tom. 12. col. 786. tom. 17. col. 1032. etc. Vide Lexic. Milit. Caroli de Aquino.]

¶ TRABUCCUS, TRABUCUS, apud eumdem Murator. tom. 6. col. 411. 436. tom. 12. col. 551. 589. tom. 16. col. 463. tom. 17. col. 1033. etc.

¶ TRABUCKUS, in Chronico Siciliæ apud Martenium tom. 3. Anecd. col. 79.

TRABUCHA, apud Monachum Paduan. lib. 2. et Petrum de Vineis lib. 2. Epist. 1. Raimundus Montanerius in Chron. Aragon. cap. 165 : *E su arbora 4. Trabuchs, qui tot jorns treien deins la ciutat.* Ita non semel in Chronico Petri Regis Aragon. edito a Mich. Carbonello, lib. 1. cap. 22. 17. 30. lib. 4. cap. 4. lib. 6. cap. 4. *Trabuquet,* in Historia bellorum Albigensium lingua vernacula scripta MS. in Bibliotheca Regia pag. 277. Petrus Gerardus Patavinus lib. 7. de Gestis Ezelini pag. 78 : *Gatti, mangoni, Trabuchi, ponti, et ogni sorte di munitioni.* Occurrit præterea pag. 80. et in Historia Cortusior. lib. 1. cap. 21. lib. 8. cap. 16. lib. 9. cap. 6. lib. 11. cap. 10. *Ædificia Trabucantia,* apud Rollandinum in Chr. lib. 6. cap. 6.

¶ TRABUCARE, Evertere, diruere, Ital. *Traboccare.* Chron. Parm. ad ann. 1285. apud Murator. tom. 9. col. 808 : *Pars de Boschettis intrinsecorum Mutinæ equitavit ad guastandum et Trabucandum castrum de Livizano.*

TRABUCHELLUS, in Epist. scripta circa ann. 1220. in lib. 2. Miscell. Baluzii pag. 259 : *Super unam quamque turrem unus Trabuchellus fuit erectus.*

¶ TRIBUCCUM. Bern. *de Breydenbach* Itin. Jerosol. pag. 268 : *Machinam versilem, quod Tribuccum vocant, ingentia saxa in munitiones et hostium fossas torquens erigere statuunt.*

¶ TRIBUCETUM. Jac. de Vitriaco lib. 3. Histor. Orient. tom. 3. Anecd. Marten. col. 298 : *Nos interim petrarias, Tribuceta, scalas et alia bellica præparantes instrumenta, etc.* Alter locus exstat in *Biblia* 1.

¶ TRIBUCH, in Charta Johannis Regis Angl. apud Thomam *Blount* in Nomolexico.

¶ TRIBUCHETUM. Jac. de Vitriaco lib. 3. jam laudato, col. 291 : *In expugnatione turris cujusdam miræ magnitudinis, quæ nec petrariis nec instrumentis, quæ Tribucheta dicuntur, poterat superari.*

TRIBUCULUS, Eadem notione, apud eumd. Jac. de Vitriaco lib. 3. Hist. Orient. : *Quæ omnes* (testitudines) *remanserunt integræ, præter unam quæ crebris Tribuculis Templariorum ictibus concussa fuit aliquantum.* Infra : *Inventi sunt in Damiata Tribuculi quatuor, cum petrariis et mangonellis.*

TRIBUNCULUS, apud Matthæum Paris ann. 1099 : *Petrarias, Tribunculos et arietes.*

TREBUCULUS, apud eumdem ann. 1218 : *Neque insultu petrariarum, aut Trebuculorum ictibus, parum vel nihil profecerunt.* An. 1219 : *Cum diutius usu petrariarum et Trebuculorum aliarumque machinarum muros civitatis subvertere laborasset.*

TRABUCULUS, lib. 2. Hist Obsid. Jadrens. cap. 14. [et apud Muratorium tom. 7. col. 839.]

TREPGET, pro *Trebuchet,* apud Henricum de Knyghton ann. 1382 : *Posuerat etiam unam machinam magnam, et unum Trepget, cum una magna gunna, etc.* Hinc appellatio mansit apud nos instrumentis, aut machinulis suspensis et lapsilibus, ad captandas aviculas. Has enim etiamnum *Trebuchets* appellamus. Vide *Tribuculus,* et Meursium in Τριμπουτζέτον, ex Gallico *Trebuchet.*

* **TREBUCUS**, Calceamenti genus, pedum indumentum. Ceremon. MS. B. M. Crassens. : *Abluto vero corpore induatur cilicio et cuculla usque ad talos, Trebucis autem et caligis calcietur.* Vide *Trabucus* 1. et *Tubrucus.*

* **TREBULA**, Instrumentum piscatorium, Gall. *Truble.* Charta ann. 1287. in Chartul. Guill. abb. S. Germ. Prat. fol. 218. v°. col. 2 : *Dicti homines de cetero piscare poterunt in riparia dictæ villæ ad panerium, Trebulam, lineum et nassas tantummodo.* Vide *Trubla.*

* **TREBULETUM**. Charta ann. circ. 1133. ex Tabul. S. Petri Carnot. : *Adjecit etiam dono huic unam ibidem terræ carrucatam,...... cum una hospitatura in Trebuleto, et cum una area juxta ecclesiam, in qua monachi sufficienter possent hospitari.* An nomen loci?

¶ **TREBUNA**, pro *Tribuna.* Vide in hac voce.

TRECA, Crines intexti. Vide *Trica.*

¶ **TRECANUM**. Expositio Liturgiæ Gallic. tom. 5. Anecd. Marten. col. 96 : *Trecanum vero quod psalletur* (tempore sacræ communionis) *signum est catholicæ fidei de Trinitatis credulitate procedere. Sic* (f. *sicut*) *enim prima in secunda, secunda in tertia et rursum tertia in secunda, et secunda rotatur in prima ; ita Pater in filio, etc.* Intelligo versus, qui tempore sacræ communionis in Missa canebantur, quique ita nuncupantur a ternario eorum numero et ratione cantus. Vide R. P. *le Brun* in Expositione Missæ tom. 2. pag. 263. et 330.

* **TRECCAMENTUM**, Fraus, deceptio, ab Italico *Treccare,* Decipere. Sacram. mercat. qui ad nundinas S. Mart. Lucens. confluebant, apud Murator. tom. 2. Antiq. Ital. med. ævi col. 881 : *Juraverunt omnes cambiatores et speciarii, quod ab illa hora inantea non furtum faciant, nec Treccamentum, aut falsitatem infra curtem S. Martini.* Vide in *Tricare.*

* *Tréceau,* Uvæ species, in Lit. remiss. ann. 1394. ex Reg. 146. Chartoph. reg. ch. 460 : *Le suppliant dist à iceulx vendengeurs que ilz meissent les pinoz à part, sans y mettre autres raisins : mais ce nonobstant ledit Jehannin mettoit des Tréceaux et autres raisins avec les pinoz.*

¶ **TRECCIA**, TRECCIS. Vide *Trica.*

¶ **TRECENARIUM**. Vide *Tricenarium.*

¶ **TRECENSARIUS**, Qui de prædio, quod tenet, solvit *trecensum.* Statuta S. Dionysii Leodiensis ann. 1330. inter Monumenta sacræ antiq. tom. 2. pag. 445 : *Nec poterit canonicus sub eadem pœna aliquid a Trecensario dictæ ecclesiæ recipere vel levare.... nec etiam poterit pro se, ejus societate vel equis avenam vel alias expensas a Trecensario ecclesiæ recipere, quin solvat in promptu. Trecensiarius* habetur in Appendice ad Hist. S. Laurentii Leod. tom. 4. Ampliss. Collect. Marten. col. 1190.

* Vel Qui prædium nomine locationis sub annuo reditu fundi possidet, vulgo *Fermier; Trescenseur,* in Pacto inter clerum et cives Leod. ann. 1287. tom. 2. Hist. Leod. pag. 403 : *Nous les anglises dususdits porons recevoir nos bleiz à telle mesure que nous volrons de nos Trescenseurs.*

¶ **TRECENSIUM**, ut mox *Trecensus.* Charta ann. 1248. ex Chartular. Campan. fol. 442. col. 1 : *Recognoscens se in feodum dicti Regis posuisse quadraginta sextarios bladi de terragiis et Trecensii de Verzenaio, videlicet medietatem silliginis et aliam medietatem avenæ et medietatem nemoris de Verzenaio.*

* **TRECENSUALIS** TERRA, Quæ *trecensui* est obnoxia. Charta ann. 1210. in Chartul. S. Joan. Laudun. ch. 108 : *Sciendum quod de illa Trecensuali duas modiatas terræ pro remedio animæ meæ, cuicumque voluero in elemosinam potero conferre : totam vero aliam terram Trecensualem ego et hæredes mei nemini vendere....... poterimus.* Vide *Trecensus.*

TRECENSUS, Census ex *terra* seu prædio, quasi *Terræ census,* Gall. *Trecens.* Vetus Charta in Auctario Flodoardi apud Labbeum : *Ad Trecensum eam* (terram) *dederunt pro 3. libris nummorum Virmandensium, quas singulis annis acciperent de censu apud Nonincum in festo S. Dionysii.* Ægidius Aureæ vallis Monachus cap. 98 : *Orta est contentio inter Ducem Lovaniensem et Comitem Lossensem propter Trecensum sancti Trudonis ad Episcopum Metensem pertinentem.* Charta Guarini Episc. Ambian. ann. 1144. in Tabul. Abb. S. Joan. Ambian. fol. 19 : *Et clausuram piscium, quam Gilo de Sens dedit inter Pontem et Somam fluvium sub Trecensu trium solidorum et tercentum anguillarum.* Infra : *Concesserunt Ecclesiæ S. Joannis sub Trecensu 40. sextariorum frumenti.* Charta ann. 1189. in Hist. Drocensi pag. 239 : *Omnem terram quam juxta Cortiant tenebant de Monasterio S. Theobaldi ad Trecensum 10. solid. fratribus Ecclesiæ B. Mariæ sanctique Evodii de Brana vendidi et contuli in eleemosynam sub eodem Trecensu perpetuo possidendam.* [Charta Bartholomæi Laudun. Episc. ann. 1139. tom. 2. Monument. sacræ antiq. pag. 16 : *Item aliud quadrum acceperunt in eleemosynam a Monachis S. Martini de Campis sub Trecensu* XXX. *solid. Paris. monetæ .... dimidium quoque prædicti territorii acceperunt a monachis Majoris monasterii...*

sub Trecensu xx. sextar. frumenti. Rursum occurrit supra in *Primiceriatus* et in Historia Mediani monasterii pag. 273. ubi etiam *Trecensus*, pag. 323. *Tressensus*, in Charta ann. 1252. ibid. pag. 322. Adde Marten. tom. 3. Anecd. col. 1184. 1192. tom. 4. Ampl. Collect. col. 1090. et Consuet. Leodic. cap. 6. art. 3 : *L'on ne peut arrester fruits creus sur terre à Trescent, quand ils sont coupez, bien peut-on arester fruits croissans pour vieux et nouveau Trescent.* Adde Statuta Lossensia apud Mantelinum part. 3. Hist. Lossens. pag. 51.]

* **TRECENTIS** cæcis a S. Ludovico institutis jus deferendi in veste florem lilii, quo ab aliis secernantur, concedit Philippus Pulcher Lit. ann. 1312. ex Reg. 48. Chartoph. reg. ch. 69 : *Notum facimus...... quod nos fratribus et sororibus congregationis domorum cæcorum Paris. quam B. Ludovicus, quondam avus noster, pia devotione fundatæ, decrevit ut ab aliorum congregatione cæcorum ab aliis fundata, priusquam a prædicto avo quondam nostro, debeant et possint agnosci, ne sub eorum velamine elemosinas erogantium ceteri valeant usurpare, sicut interdum dicitur contigisse; de speciali gratia duximus tenore præsentium concedendum, quod dicti fratres et sorores,....... qui nunc sunt et qui erunt pro tempore, signum unius floris lilii infixum in eorum veste superiori ante pectus cujuslibet deferre valeant de cetero imperpetuum, ad differentiam aliorum, quibus signum hujusmodi deferri districtius prohibemus.* Vide supra *Ordo Trecentorum* in *Ordo* 6.

¶ 1. **TRECIA**, Trecouer. Vide *Trica*.

* 2. **TRECIA**, Ornamenti architectonici genus. Trecia cum columnis, in vet. Inscript. templi Veneri vel Dianæ dicati, ex Museo Genovef.

* **TRECITINI**, pro Treceni, ut videtur, in Annal. Bertin. ad ann. 842. tom. 7. Collect. Histor. Franc. pag. 61 : *Tandem inventum est ut missi Trecitini per universum suæ ditionis regnum deligerentur, quorum industria diligentior descriptio fieret.*

* **TRECOLLUM**, Mons, collis, Provincialibus *Trecola*. Recognit. ann. circ. 1460. ex Tabul. S. Vict. Massil. : *Dederunt ad acapitum,.... quamdam boscam sive affare abosquitum in territorio de Alpibus, loco dicto la Brusqua, confrontantem cum Trecollo de Bretagna.*

* **TREÇONNUM**, idem quod *Tressorium*, Instrumentum plectendis et intertexendis crinibus aptum. Lit. official. Senon. ann. 1336. in Reg. 82. Chartoph. reg. ch. 22 : *Item quatuor paria Treçonnorum seu gallonnorum ad pellas, chastonnos et Gallice esmaux.* Vide in *Trica*.

* **TREDECIMUM**, Tertia decima pars, præstationis species, Gall. *Le treizieme.* Charta Phil. V. ann. 1317. in Reg. 56. Chartoph. reg. ch. 132 : *Assignamus in villa de Villechien, tam...... in vendis, relevetiis, Tredecimis, regardis, curia et usagio xviij. libras.* Libert. Rupel. ann. 1372. tom. 5. Ordinat. reg. Franc. pag. 573. art. 7 : *Concedimus per præsentes, quod amodo a futuris temporibus quamcunque imposicionem, gabellam, decimum, Tredecimum....: in dicta villa nostra de Tuppella....... non imponemus.* Vide *Trezenum*.

¶ **TREDECIMUS**, Decimus tertius, in Actis SS. Aprilis pag. 714. [** *Anno tredecimo post domni nostri Dacopirti, diem tertium kalandas Setenb.* in charta ann. 745. apud Neugart. Cod. Diplom. Alem. tom. 1. pag. 20. num. 14. In charta ibi sequenti, ab eodem notario exarata, iisdemque fere testibus signata, legitur : *Facta cartola donationis anno 30. pos regnu Domni nostri Dacopirti reies, die tertiu Calandas Settenbris.*]

¶ **TREDENUM**, Tricesimum. In Computo Vienn. ann. 1318 : *Petrus Petri Castellanus de Avisano computat de receptis guidagiis, de laudimiis et Tredenis, de condempnationibus* 1^a. 2^a. *assisiæ etc.* Vide *Tricesimalis consuetudo.*

¶ **TREFFA**, Trifolium, Gall. *Treffle.* Acta S. Francisci de Paula, tom. 1. Apr. pag. 137 : *Accepit quandam herbam, quæ erat ante ipsum vocata Treffa, etc.* Nostri trabem et velum olim vocabant *Tref.* Chartularium Gemmetic. tom. 1. pag. 19 : *Pour un Tref de nef nous est deu pour chascun cornet quatre deniers.* Eodem præterea nomine donabant tabernaculum, tentorium. Le Roman *de la guerre de Troyes* MS :

> Tant ont alé et chevauchié,
> Qe à l'ost de Gruié sont repairie,
> Au Tref Agamenon alerent.

Le Roman *d'Athis* MS :

> Dedans un gracieux vergier
> Se fist le Roy Villas logier,
> La ot maint riche Tref tendu
> De muscaber et de boufu...
> Dedans son Tref dont la faiture
> Racompte à paines l'escripture.

Et alibi :

> Les aultres Trefs sont herbergié,
> Mais nul n'y entre sans congié...
> A chascun Tref a Despensiers,
> Et eschansons et boutilliers.

Trés, eod. significatu occurrit. Le Roman *d'Artus* :

> Et ceus qui n'avoient hostex
> Faire loger et tendre Trés.

Vide Borellum. Quid autem *Tref* Armoricis sonet, vide in *Treb.*

* Glossar. Gall. Lat. ex Cod. reg. 7684 : *Tref de maison, laquear, trabs.* Charta ann. 1311. in Chartul. Pontin. pag. 209 : *Se sont consenti...... que li Tref, qui sont boté et enclavé dedenz ledit mur,...... tant comme il en piert par dehors, soient sée et rasé reiz-à-reiz doudit mur.* Lit. remiss. ann. 1394. in Reg. 146. Chartoph. reg. ch. 246 : *Laquelle Jehanne pour aucune frenesie ou division, qui lui estoit venue, ou autrement,....... se pendi à un Tref de la cheminée de son hostel. Trez*, eodem intellectu, in Vit. SS. MSS. ex Cod. 28. S. Vict. Paris. fol. 322. r°. col. 2 : *Pose en ton cuer que ti pechié sont ausi com cis Trez, et li pechié de lui ausi com li festus.* Pro velo legitur in Stat. ann. 1398. tom. 8. Ordinat. reg. Franc. pag. 304. art. 4 : *Tellement que l'en puisse convenablement et proffitablement et sans inconvénient tendre le Tref, se mestier en est, et le vent est bon. Trés*, eadem notione, in Hist. contin. Guill. Tyrii apud Marten. tom. 5. Ampl. Collect. col. 621.

TREFFUNDUS, Trefundus, quasi *Terræ fundus*, Ager, solum, *Tresfond*, in Consuetudine Turon. art. 1. et in Bapalmensi. Charta Radulphi Comitis Suession. anno 1233. in Historia Monasterii Suessionensis pag. 449 : *In toto territorio, sive Treffondo, nec non in dominio vel justitia Ecclesiæ, etc.* [Charta ann. 1193. e Tabulario Monasterii S. Urbani : *Salvis custumis domini cujus est Trefundus.* Inventar. Chartar. Reg. ann. 1482. fol. 304. v° : *Quictantia... per quam Johannes de Marchain quictat dom. Regi Treffundum seu solum* LXX. *arpentorum.* In anno 1236. Chartular. 2. S. Quintini in Insula pag. 284 : *Acquisierunt... unam senteriatam terræ arabilis sitam... in Trefundo domini de Moy.* Alia ann. 1293. apud Baluz. tom. 2. Hist. Arvern. pag. 297 : *Totum commodum, Trefundum et hereditagium... erunt quiete, libere et in perpetuum dictæ priorissæ.* Adde tom. 4. Collect. Ampl. Marten. col. 1119. Charta ann. 1309. e Chartul. S. Vandreg. tom. 1. pag. 1125 : *Lesdis religieux avoent en tout le Treffons par reison de lor seignorie.*] Usatici urbis Ambianensis MSS : *Et à savoir que cil qui ara suer l'iretage le premier cens, c'on appele le Treffons, ou s'il i avoit suer le lieu 2. Treffonciers, ou plus, aussi bien à un come à plusieurs, l'iretage leur sera delivrés, ne ne seront tenu à rendre nul chens à chiaus qui les i ont, se n'est du Treffons : et se cil qui les i ont autrement que de Treffons voelent rendre à Treffonciers leurs cens, l'iretage sera delivrés à celi qui le premier cens i ara apres le Treffoncier, etc.* Ita etiam hæc vox *Treffonciers*, qui terræ fundum possident in Charta Philippi Regis Franc. ann. 1335 : *Et oye la relation desdits asseours furent trouvées aucunes choses doubteuses, et obscures si comme sursais de bois, tiers et dangiers de bois, d'autres Tresfonciers et autres choses, lesquels par coustume de pays ne par advisement de comptes, ou d'escripts, ne porroient estre bonnement justement prisez ne estimez à vallue de terre, ne à pris ancien, etc.* [Consuetudo Leodic. cap. 15. art. 17 : *Trefonciers et lansagers peuvent deminer pour faute de relief.* In Stylo Curiarum sæcularium ejusdem urbis cap. 5. art. 8. cap. 13. art. 20. et alibi *Seigneurs Trefonciers* dicuntur ii, quorum propria sunt decimæ, redditus, census, justitia, prædium, licet alii sint usufructuarii.] Vide Origines Alsatienses Vignerii pag. 140. 141. Petrus de Guigneriis in Biblioth. Patr. : *Item capiunt per suos servientes Clericos, in quocumque Trifundo, absque hoc quod justitiam loci faciam appellari.*

¶ **Trefonsus**, Eadem notione. Arestum ann. 1285. ex Chartul. Corb. 23 : *Abbas et conventus dicebant et proponebant contra dictos majorem et juratos quod ipsi major et jurati in Trefonssis et tenanciis dictorum religiosorum emerant et ratione emptionis tenebant ... unam domum, etc.*

¶ **Trefundarii Patriæ**, vulgo *Trefonciers*, singulari quadam nomenclatura et prærogativa nuncupantur insignis Ecclesiæ Leodic. Canonici. Chron. *Zantfliet* apud Marten. tom. 5. Collect. Ampliss. col. 457 : *Requisiti sunt, ut Dominis Capituli Leodiensis, tamquam Trefundariis patriæ, juramentum fidelitatis, sicut cæterorum castrorum Castellani facere consueverunt, publice præstarent.*

¶ TREFFUNDALIS JUSTITIA, Jurisdictio minor, quæ de censibus, redditibus, et aliis quæ ad terræ fundum spectant, judicat, Gall. *Justice fonciere.* Arrestum ann. 1306. ex Chartul. 23. Corb. : *Cum ipsi* (Religiosi) *habeant in dicta villa et ejus banleuca cognitionem treffundorum.... Dictum fuit quod dicti major et jurati de dicto pallicio locum prædictum et justitiam Treffundalem dictorum Religiosorum resaisient.*

¶ TREFFUNDIALIS DOMINUS *seu etiam feodalis*, in Charta Curiæ Suession. ann. 1229.

¶ **TREFFUS**, f. Tripus seu craticula tripes. Vide *Tenales* et *Treparium*.

* Vel Sedile tripes. Vide *Trifocalium*. Hinc nostris *Treffouel* et *Treffeu*. Lit. remiss. ann. 1399. in Reg. 154. Chartoph. reg. ch. 616 : *Pour l'eschoison d'un Treffouel qu'il trouva, où il eschopa, il chey à terre.* Aliæ ann. 1441. in Reg. 176. ch. 10 : *Le suppliant tira son espée, et icellui de Logie print ung Treffeu pour courir sus l'un contre l'autre.* Vide supra *Traffeu*.

* *Treffond* vero, Vestis species videtur, feminalia, vulgo *Culote*, in Lit. remiss. ann. 1460. ex Reg. 190. ch. 86 : *Ung meschant gibacier de soye, ouquel rien n'avoit,......, deux paires de Treffons, une bourse de cuir, etc. Treffond*, pro *Tirefonds*, Instrumentum doliarii, in aliis ann. 1416. ex Reg. 169. ch. 391.

* **TREFOAGIUM**, Locus, ut videtur, cespitibus fodiendis idoneus. Charta Phil. V. ann. 1320. in Reg. 59. Chartoph. reg. ch. 520 : *Item turbagium, nec non sex Trefoagia, ultra tria Trefoagia,....... in augmentationem feodorum,...... ad opus et usagium albergamenti seu manerii sui, Roberto de Perchi militi concedimus.* Vide in *Turba* 1.

¶ **TREFONSUS**, TREFUNDARIUS, TREFUNDUS. Vide *Treffundus*.

¶ **TREGESTA**, *Domus triangularis*, in Glossis ad Doctrinale Alexandri de Villa Dei. Male pro *Trestega*, vel *Tristega*. Vide in hac voce.

¶ **TREGINERICUS**, pro *Terræginerius*, per abbreviationem, ni fallor, Incola, in *terra genitus*. Translatio SS. Abdon et Sennen ad calcem Marcæ Hispan. col. 1452 : *Deinde apropinquans* (*Abbas*) *ad dictum locum de Arulis, ne videretur discrepare dignitati et officio quo fungebatur si dictum barrile in humeris portaret, conduxit unum hominem cum uno animali, qui dictum barrile ad sæpedictum monasterium portaret. Sed cum per loca transirent, campanæ per seipsas pulsabant, nullo humano auxilio suffragante. Sed cum dictus Treginerius hoc comperisset, cum fuisset prope cœnobium de Arulis prædictum, et campanæ omnes per seipsas, ut dictum est, pulsarent, dixit dictus Treginerius : Per Deum ego videbo, si porto diabolos vel quid porto, etc.*

* Rectius ad hunc locum tom. 7. Jul. pag. 141. col. 2. docti Hagiographi monent hanc vocem accersendam esse ab Hispanico *Traginero*, convector, mulio, a verbo *Traginar*, trahere, convectare, comportare, uti docent Acad. Madrit. in Diction. Hispan. Unde *Tregenier*, vector, nostris *Voiturier*, apud Rabelais. tom. 2. pag. mihi 32. Vide *Tragina* et *Traginare*.

TREGUA, Induciæ, *Treve*. Vide *Treva*.

* **TREGULATA**, Trabecula, ut videtur; nisi sit Clathrus ad modum tragulæ seu retis formatus. Rubric. antiq. MS. eccl. Belvac. : *Duo pallia suspendantur ad Tregulatam juxta altare a dextris et a sinistris.* Vide supra *Alæ* 2.

* **TREGUNA**, pro Tribuna, ex vet. Necrol. laudato a Cl. V. Garampio in Disquis. de sigil. Garfagn. pag. 83. in notis.

* **TREHENUS**, Haud dubie pro *Trezenus*, Pretii venditionis pars decima tertia. Charta Mich. archiep. Arelat. ann. 1214. ex Cod. reg. 6407. 2. 2. fol. 57. r° : *Justitias, firmancias, Trehenos, medios Trehenos, laudimia, monetam, etc.* Vide *Trezenum*.

¶ **TREJECTUS**, pro *Trajectus*, qua trajicitur. Capitulare 2. ann. 809. cap. 9. et lib. 3. Capitul. cap. 54 : *Similiter in plano campo, ubi nec pons nec Trejectus est, ibi omnimodis præcipimus ut non teloneum exigatur.*

* **TREILLIARE**, Cancellare, clathris obducere, Gall. *Treilliser*, alias *Treslisser*. Lit. remiss. ann. 1357. in Reg. 89. Chartoph. reg. ch. 322 : *Petrus Perrotel per alterum foraminum cujusdam hostii ferrei perforati sive Treilliati exivit. Une fenestre qui estoit Treslissée de fer*, in aliis ann. 1464. ex Reg. 199. ch. 579. Vide mox *Trelea*.

¶ **TREILLEA**. Vide mox in *Trelia*.

¶ **TREIS**, f. pro *Lathrad*. Ibi vide.

¶ **TREIT**. Vide *Panis de Treit*.

¶ **TRELA**, Cancelli, clathri, transenna, Gallice *Treillis*. Excerptum e Regesto Parlamenti ann. 1231 : *In dicta domo erat figura leonis de petra elevata et interclusa Trelis de ferro.*

¶ TRAILLARE FERRO FENESTRAM, Cancellis munire, ornare, in Statutis Monasterii S. Claudii pag. 110.

TRELIA. Tabularium Bellilocense in Lemovic. Ch. 151 : *Mansum, ubi Raynaldus manet, cum ipsa Trelia.* Et Ch. 155. in Charta Lothario regnante scripta : *Campmansionilem nostrum indominicatum cum ipso orto, et cum ipsis vineis, et cum ipsis Triliis indominicatis.* Tabular. Brivatense Ch. 188 : *Et Treliam cum curte, et orto, et ex eo : et Treliam unam, quam ipse excolit, etc.*[Fundatio Capellæ S. Nicolai in Palatio Paris. inter Acta et Statuta S. Capellæ Paris. : *Constituimus capellano... Parisius in Trelia nostra retro Palatium sex modios vini.* Vinea est trichilis suffulta, Gall. *Treille*, vel clathris inclusa ut mox in *Trilia*.]

* TRELEA, Cancelli, clathri, transenna, Gall. *Treillis*, *grille*, alias *Traille*. Artic. reform. pro monast. S. Elig. Noviom. ann. 1370. ex Bibl. S. Germ. Prat. : *Item in dormitorio habent cameras clausas......... Quantum ad cameras clausas, abbas, quantum poterit, tolerabit; dum tamen hostia camerarum, saltem pro tertia parte, de Treleis existant, ita quod infra cameram videri possit, nulla cortina seu alio obstaculo repugnante.* Chartul. Corb. sign. *Cæsar* fol. 58. v° : *Fut donné congié... à Pierre de Bonez de mettre et assir une Traille à boitte à se maison à la chambre de haut.* Vide *Trela* et infra *Trilliatus*.

¶ TREILEA. Charta Archidiaconi Suession. ann. 1216 : *Restituit... quamdam vineam sitam ad Treileam de puteo.*

¶ TRESLIA. Charta Curiæ Suession. ann. 1274 : *Cum Treslia et appendiciis dicte domus.* In Summario huic Chartæ præfixo habetur *Traillia*.

TRALIA. Vetus Charta ex Tabulario S. Benigni apud Perardum pag. 96 : *Quod.., Præpositus Divionensis homines S. Stephani ... placitabat propter Tralia.... quæ ipsi in quibusdam locis destruxerant.* Occurrit ibi pluries.

¶ TRELLA CHORI, Cancelli, clathri, in Statutis Capituli Tull. ann. 1497. *Trella vineæ*, Trichila, in Tabulario Vosiensi fol. 6.

¶ TREILLIA. Charta ann. 1285. e Tabulario Verzeliaci : *Concessimus... duo sextaria frumenti et duos Cenomanenses annui redditus, que et quos nobis debebat Guillelmus Morin.... pro quadam Treillia cum rocha... inter Treillias nostras et Treillias à la Pussegnée, etc.*

TRILLEA. Jacobus I. Rex Aragonum in Constitutionibus Catalaniæ MSS : *Domus, campi, vineæ, et omnes arbores cujuscumque generis sint, Trilleæ, orti, ortales, etc.* Nos *Treilles* dicimus trichilas, seu pergulas in cratis modum confectas, quibus vites sustentantur, quasi forte *trilices*. Vide *Trolium*.

¶ TRILLEA. Vide locum in *Tirunla*.

¶ TRILIA, TRILLIA. Charta ann. 1037. Marcæ Hispan. col. 970 : *Terras et vineas, cultum et eremum, et Trilias et arbores diversi generis, etc.* Alia ann. 1019. ibid. col. 1019 : *Cum palatio et cum Triliis, etc.* Alia ann. 1234. apud Stephanot. tom. 3. Antiq. Pictav. MSS. pag. 817 : *Super jure parrochiali et quadam grangia, Trillia et platea adjacenti.* Alia Philippi Pictav. Episc. ibid. pag. 836 : *Trilliam parvam, quæ est contigua ipsi arbergamento.* Donatio incerti anni in Instrum. tom. 2. Gall. Christ. novæ edit. col. 338 : *Concessimus Fratribus de Ordine Prædicat. S. Jacobi Paris. ipsam Ecclesiam S. Christophori cum Trilia et platea, et tota illius loci amplitudine ad ipsam Ecclesiam pertinente.* Locum interpretor clathris cancellisve ligneis aut etiam sepibus conclusum, in quo vineæ coluntur. Vide supra *Trelia*.

¶ TRILA, TRILLA. Charta ann. 1027. Marcæ Hispan. col. 1041 : *Cum ipsas Trillas, quæ Miro Altemir ædificavit, et ipsas vineas et terras, quod nos habemus.* Alia ann. 1149. in Probat. novæ Histor. Occitan. tom. 2. col. 526 : *Consentio tibi ortum et Trillam, et medietatem insulæ, quæ est ultra flumen Aregiæ.* Chartarium Eccl. Auxitanæ cap. 86 : *Dedi Trilam, quæ circa vallum castri habetur.*

¶ TRILLETUS, Loculus cancellis clausus, qualis etiamnum in ecclesiis conspicitur. Inventarium Eccl. Noviom. ann. 1419 : *Breviarium quod ponitur in uno Trilleto in quodam pilliari in navi Ecclesiæ.*

* **TRELHIA**, Vitis. Charta ann. 1385. in Reg. 3. Armor. gener. part. 2. pag. xxv : *Permutavit...... partem suam cujusdam hospicii,...... cum omnibus Trelhiis, terris suis cultis et incultis.* Vide in *Trela* et infra *Trilhata vinea*.

TREMA. Gloss. Græc. Lat. MS. : Τρῆμα, ἡ

οἶμος, *Semita*, *Trema.* Editum habet *Trames.*

TREMACLUM. Lex Salica tit. 29. § 32 : *Si quis statuam, aut Tremaclum aut vertfolum* [*vertivolum* Baluzio] *de flumine furaverit etc.* Ubi *tremaclum* Goldastus Germanicum *Tremmel* interpretatur, quod gyretur, inquit, ad aquam aliquo transferendam : Bignonio vero et Wendelino, est rete bene contextum maculis, quod Normanni, *Tremail*, Burgundiones *Tremailler* vocant, forte quod ternis maculis constet, quomodo *Trilices* dicunt Latini. At § 28. de furto *retis ad anguillas capiendas de flumine*, jam egit. Deinde *statuam*, hoc loco, pro *conto* accipi supra observatum : unde *Tremmel* Goldasti, seu sparum, conto accedit. [Pactus Legis Salicæ præfert *Tremagolum.*] Vide *Tramallum.*

* *Tremaculum*, in Codice Estensi apud Murator. tom. 2. Antiq. Ital. med. ævi col. 288 : *Si quis statuam* (*id est*, *retias*) *aut Tremaculum etc.* Ubi notat vir doctus : Retis genus, nunc Tuscis *Tremaglio*, Lombardis *Tramacchio.* Vide supra *Tramallum.*

** **TREMACULUM.** Testament. ann. 1361. apud Guden. Codic. Diplom. tom. 2. pag. 349 : *Unum mortarium cum suo tondario. Tediferam cum Tremaculo. Unum feru cum tribus craticulis*, *etc.* Lamina denticulata suspendendis lychnis. Vide *Cremasclus.*

TREMATA, *Romaria*, Papiæ. MS. habet *Tomaria.*

* *Tremater*, Ordinem mutare, prævertere, nautis nostris. Ordinat. ann. 1415. in Reg. 170. Chartoph. reg. ch. 1 : *Les bateliers* (ordonnez pour passer la riviere) *garderont run l'un envers l'autre sans entreprendre en Tremater le run l'un de l'autre*, *sur peine de paier cinq solz Parisis d'amende*, *et de rendre à cellui qui aura esté Trématé l'argent qui aura esté receu.*

* **TREMBLEIA**, Populetum album, locus *Tremblüs* consitus, vulgo *Tremblaye*, masculini generis *Tremblay*, in Lit. remiss. ann. 1443. ex Reg. 184. Chartoph. reg. ch. 609 : *Lequel Bertault mena icelle femme traversant en ung Tremblay*, *etc.* Inquisit. forestæ Britolii in Reg. 34. bis part. 2. fol. 129. v°. col. 1 : *Cathenæ et Tremblıæ de la Biguerrie recta via ad S. Eglen sunt defensa.* Vide mox

* **TREMBLIUS**, a Gallico *Tremble*, Populus tremula. Charta Thomæ comit. Pertic. ann. 1217. in Reg. forest. comitat. Alenc. fol. 50. r°. ex Cam. Comput. Paris. : *Confirmamus quod prior et monachi* (de Bellismo) *in prædicta foresta nostra percipiant........ omne genus mortui nemoris*, *præter charmenum et Tremblium et fraxinum.* Vide supra *Tramblus*, et infra *Tremulus.*

* **TREMECIATUM**, Bladi species, a *Tremesagio* seu trimensi tritico distinctum ; unde Miscellum frumentum interpretor, ab Italico *Tramestare*, miscere. Bulla Clem. PP. III. ann. 1188. inter Probat. tom. 2. Annal. Præmonst. col. 194 : *Quatuor sextarios bladi*, *duos Tremeciati et duos tremesagii*, *quos Guido dominus de Cytripeio dedit ecclesiæ vestræ* (de Moncellis).

¶ **TREMEBUNDITAS**, Tremor. Excidium Acconis lib. 1. cap. 6 : *Licet nos... Soldani furentis sæviens sævitia*, *juxta quorumdam Tremebunditatem*, *possit nos reddere tremebundos.*

¶ **TREMEIS**, Trimense triticum. Vide *Tremesium.*

* **TREMELAGIUM**, Trimense triticum, forte pro *Tremesagium.* Vide in *Tremesium.* Charta Guid. de Garlenda ann. 1211. inter Probat. tom. 1. Annal. Præmonst. col. 478 : *Concessi unum modium bladi*, *medietatem frumenti et medietatem Tremelagii.*

TREMELLUM, [Infundibulum molendini, Gall. *Tremie*, Germ. *Trimellen*, Belg. *Tremellen.*] Monast. Anglic. tom. 1. pag. 470 : *Sciendum tamen est*, *quod prædicti monachi facient sectam molendini mei tam de blado suo*, *quam hominum suorum. Ita quod ipsi habeant primam molituram post bladum*, *quod invenerint in Tremello ; brasium autem proprium in curia sua molent.* Vide *Treumia* [et *Tremœa.*]

¶ **TREMEN**, Ροδάνη, in Glossis Lat. Gr. Aliæ Gr. Lat. : Ροδάνη, *Trama*, *Tramen*, *Tremen*, *Subtemen.*

¶ **TREMENSE**, Tremenstruum, Triticum trimense. Vide in *Tremesium.*

¶ **TREMENTINA**, vox Italica, Gall. *Terebenthine*, Terebenthina resina. Legitur in Conventionibus Saonæ, ubi de modo exigendi gabellam ponderis.

¶ **TREMENTURA.** Vide in *Temetura.*

¶ **TREMERE**, Notione activa, Movere, agitare. Miracula S. Walarici, tom. 1. Aprilis pag. 29 : *Tremens manum pariter cum baculo*, *hoc*, *inquit*, *ibidem baculo graviter vapulabit.*

TREMERELLUM. Charta Communiæ Atrebat. ann. 1211. art. 37 : *Banni vini et banni venalium a 60. solidis et infra*, *et banni de Tremerello remanebunt hominibus civitatis.* Charta Communiæ Hamensis : *Habent insuper Major et Jurati mandatum super ludos*, *quos vulgo vocant Tremerel*, *et super potationes in tabernis.* Eadem Gallice exarata : *Sur les jeus c'on apelle Tremerel*, *et sur buveries en tavernes.* [Le Roman *de Courtois d'Artois* MS :

Bien a son tens et son merel,
Qui boit et joe au Tremerel.]

☞ Hinc, ut videtur, *Tremelere* dicitur ejusmodi ludi studiosus. Philippus *Mouskes* de Roberto *Guischard* :

Cil Robert estoit un bevere,
Uns Cevaliers fort Tremelere.

* *Tremreal*, in Charta ann. 1331. tom. 2. Hist. Leod. pag. 415 : *Item avons ordineit qu'il ne soit nulz que de ce jours en avant qui joue....... aux deis ,...... ou aux autres jeuz*, *que ons appelle Tremrealz.*

* **TREMESATUM**, Eodem significatu, quo mox *Tremesium.* Charta Hugon. Senon. archiep. in Chartul. Barbel. pag. 363 : *Tres sextarios*, *medietatem scilicet ivernagii et medietatem Tremesati.*

TREMESIUM, etc. Idem quod *Trimense triticum.* Isidorus lib. 17. cap. 3 : *Trimense triticum ideo nuncupatum*, *quia satum post tres menses colligitur.* Τριμηναῖος πυρός, Dioscoridi lib. 2. cap. 107. In Gloss. Lat. Gall. *Trimense*, *une maniere de blé*, *secourgon* : nostris *Tremés*, aut *Tremois*, quod alii *les Mars*, vel *Marsés.* Illud, quod Itali *Martiolinum*, vel *Martiollum* vocant, ex eo, quod Martio mense seritur, ut ait Angelus Palea in Antidotar. Mesuæ cap. 111. Usatici urbis Ambianensis MSS : *Nus ne doit mesurer pour vendre et pour acater blé ne Tramois fors à la mesure de Vidame.* [Chartul. 21. Corb. fol. 85. v° : *Le carette... de Tremois*, *doit* IX. *den.* Le Roman *du Guesclin* :

Failli nous est le vin, le bled et Tremois ;
Il nous convient manger chevaux et pallefrois.]

Vide Consuet. Comitatus S. Pauli cap. 22. [Charta S. Martini Pontisar. : *Medietas est de blado et alia medietas de Tremense.* Testamentum ann. circiter 1170. e Tabulario S. Remigii Rem. : XI. *sextaria siliginis*, *et* XI. *Tremenstrui...* III. *minas siliginis et* III. *Tremenstrui.* Charta ann. 1190. tom. 2. Monum. sacræ Antiq. pag. 545 : *Ubi autem eodem anno frumentum fuerit*, *sequenti anno eadem Ecclesia Tremisse possidebit.* Charta Alani Episc. Autiss. ann. circiter 1160 : XII. *bicheti Tramisii.*] Tabular. Abbat. Hederæ fol. 107 : *Pro sex sextariis annonæ per singulos annos*, *tribus scilicet de ivernagio*, *et tribus de Tramoisio.* Tabularium S. Benigni apud Perardum ann. 1206 : *Istorum autem* 3. *jornalium unus erit in frumento*, *alius in Tremesio*, *tertius in veisatura.* Sed ibi legendum *versatura*, Gallis *Jachere.* Tabularium Prioratus Neronis-villæ fol. 12 : *Medietatem ivernagii*, *et medietatem Tremisii*, *etc.* [Index MS. Beneficiorum Ecclesiæ Constantiensis fol. 21 : *Medietatem straminis et de yvernagio et medietatem de Tremesio.*]

¶ **TREMESAGIUM**, Eadem notione. Charta ann. 1203. e Tabulario Parthenonis de Crisenone : *Medietatem ybernagii*, *et aliam Tremesagii.* In alia ann. 1215. ibidem legitur *Tramesagii.* Charta ann. 1253. e Tabul. S. Mariani Autissiod. : V. *bich. frumenti*, V. *siliginis et* X. *Tremesagii super decimam de Cheriaco.*

TREMSATICA SATIO, seu Satio *trimensis tritici.* Polyptychus S. Remigii Remensis : *Mansi ingenuiles* 34. *arat unusquisque ad hibernaticam sationem mapp.* 1. *habentem in longum perticas* 60. *in transversum perticas* 6. *ad Tremsaticam sationem similiter*, *faciat corvadas* 4. Infra : *Mansus ingenuilis* 1. *habet in taschereio*, *facit mapp.* 1. *ad Tremsaticam sationem*, *et donat decimam de annona.* Polyptychus Floriacensis : *Arant ad hivernaticum unusquisque* (mansus) *perticas* 4. *ad Tramisium* 2. Occurrunt eadem verba ibi non semel, [ut et apud Baluzium tom. 2. Capitul. col. 1387. et seqq. ex Polyptycho Fossatensi. Codex Irminonis Abb. Sangerman. : *Arat ad hibernaticum perticas* IV. *ad Tramisem perticas* II. Alibi legitur *Tramisum*, *Tremis*, *Tremissum* et *Tremissa.* Polyptyc. Fiscamn. ad ann. 1235 : *Debet dimidiam acram aratare ad hiemalia*, *et dimidiam acram ad Tremeis.*]

¶ **TRIMENSILE SEMEN.** Libertates Calmæ ann. 1209. tom. 1. Hist. Dalphin. pag. 19 : *Per tres dies in anno mihi serviant*, *scilicet ad movendum garachia per unum diem*, *ad semina hiemalia per alium*, *ad semina Trimensilia per alium.*

¶ **TRIMENSE** *dicitur quoddam genus ordei*, *quia satum post tres menses colligitur*, *etc.* Joh. de Janua. Gloss. Lat. Gall. Sangerm. : *Trimense, une maniere de blé, segourjon.*

¶ Trimesium. Charta Guillelmi Episc. Autissiod. ann. 1171 : *Monachi Regniacenses tria sextaria annonæ Canonicis S. Petri persolvent, videlicet unum sextarium frumenti, aliud siliginis, tertium vero Trimesii.*

* *Tremis*, in Annal. Trenorch. ad ann. 1573. inter Probat. ult. Hist. ejusd. abbat. pag. 293 : *Les Tremis furent aussi très-endommagés par les chenilles, que l'on excommunia du côté de Brancion.*

* **TREMESSALIS**, Qui valet *Tremisse*. Charta ann. 777. apud Murator. tom. 1. Antiq. Ital. med. ævi col. 723 : *Uno porco Tremessale et uno berbice similiter valente uno Tremisse, etc. Tremissalis*, in *Friscinga*.

TREMIA. Breviloquus : *Item antiqua dicitur pars Ecclesiæ, quæ dicitur Tremia.*

* **TREMIDUS**, a verbo *Tremere* pro Trepidus. Chron. Andr. presbyt. ad ann. 840. tom. 6. Collect. Histor. Franc. pag. 681 : *Sed dum has angustias contemplarentur, refulsit sol, et quasi Tremidus umbraculam fugere cœpit.*

* **TREMISIUM**, Tempus, quo trimense triticum seritur, nostris *Tramois* et *Tremois*, eodem intellectu. Charta ann. 1336. in Chartul. eccl. Lingon. ex Cod. reg. 5188. fol. 103. r° : *Quilibet habitator dictæ villæ habens aratrum seu carucam, debet domino villæ ter in quolibet anno corvatam de bestiis suis trahentibus, videlicet.... semel in Tremisio.* Charta ann. 1308. in Reg. 40. Chartoph. reg. ch. 64 : *Item chascune desdites quatre villes doit à la maison de Espailli....... une journée en Tremois.* Alia ann. 1320. in Reg. 59. ch. 459 : *Les corvées des bestes traians ,....... et des hommes, c'est assavoir des bestes trois fois en l'an, une fois en vayn, une en Tramois, et une en sombre.* Occurrit præterea in Lit. ann. 1331. tom. 4. Ordinat. reg. Franc. pag. 335. art. 4. et in aliis ann. 1357. tom. 6. earumd. pag. 630. art. 2. Vide in *Tremesium*.

¶ **TREMISSALIS**, Qui valet *tremisse*. Vide *Tremessalis* et *Friscinga*.

TREMISSIS, pro *Tressi*, seu tertia parte assis, vocem esse inferioris ætatis pridem observatum a viris doctis. Capitolinus in Alexandro Severo : *Tremisses aureorum formati sunt.* Utuntur passim Lex Wisigoth. lib. 7. tit. 2. § 11. tit. 4. § 4. tit. 6. § 5. leg. 8. tit. 3. § 10. 12. 15. tit. 4. § 11. 26. 31. lib. 9. tit. 1. § 9. 14. Lex Burg. in Præf. et tit. 4. § 3. tit. 5. § 3. tit. 6. § 1. tit. 27. § 1. Add. 1. tit. 2. § 3. Lex Bajwar. tit. 1. cap. 3. § 1. tit. 8. cap. 2. § 4. Lex Frision. tit. 1. § 9. Lex Aleman. tit. 75, 77, etc. præterea Julianus Antecessor, Concil. Bracarense ann. 572. cap. 4. Paulus Warnefridus lib. 5. cap. 39. Leo Ostiens. lib. 2. cap. 8. etc. [** Chart. ann. 765. apud Brunett. Cod. Dipl. Etrur. tom. 1. pag. 584 : *Vindedit ad pretium placitum et finitum, quod inter nos bono animo conbenet, auro Trimissi septe fenitum et adinpletum pretium, etc.* Ita *quatuor Tremisses*, in Chron. Farf. loco exscripto mox in *Tremissus*, et in alia ann. 759. apud Brunett. pag. 566 : *Vindedit tibi qui supra Joviano petia una de terram aridipsima... hoc est in Trimissi quatuor id est in uno sol. centum pedis in longa et centum in lato et in illo uno Trimisse triginta pedis per triginta, et recipi ego qui supra vinditor ad te emtore pro supra scripta vinditione in auro Trimissi quatuor, finitum pretium, etc.* Ubi primo Tremissis pro parte fundi usurpatum videtur, pro parte vero pedis tertia, in charta ann. 765. modo laudata ubi hæc leguntur : *Terrula... mensurata est de una parte perticas 14. et de ali parte est perticas undeci et pedi sex e Tremisse unu, et de tertiam pars perticas septe et pedes sex et Tremisse uno, de quartam pars perticas tres, et ipsa perticas de pedes deodeci ad pedes justus.*]

☞ Minus attente *Tremissis*, pro *Tressi* dictum ait vir doctissimus : *Tressis* enim est trium assium ; *Tremissis* vero tertia tantum pars assis : quæ duo plurimum distant. Gloss. Lat. Gall. Sangerman. : *Tremissis, la tierce part du sols. Tressis, le pris de* III. *mailles.*

* Varro lib. 4. de Ling. Lat : *A tribus assibus, tressis. Tricessis, a tribus decussibus, id est, trecenis assibus.* Laur. in Amalth : *Tremisses, nummi valentes tertiam partem solidorum seu aureorum. Tressis, trium assium. Persius : Vilis et minimi pretii.*

Tremissus, Eadem notione. Pactum Childeberti et Chlotarii § 6 : *Si servus minus Tremisso involaverit, etc.* Lex Alamannor. tit. 1. cap. 6. § 3 : *Saiga autem est quarta pars Tremissis, hoc est, denarius unus,... Tremissus est tertia pars solidi, et sunt denarii quatuor.* Vetus Charta in Actis Episcopor. Cenoman. pag. 226 : *Et ego Adelbertus sol. 21. et Tremisso sicut diximus.* [Chron. Farf. apud Murator. tom. 2. part. 2. col. 404 : *Vineam de Tremissis* IV. *emit pretio bovis unius. Tremissus* pro eo qui valet *Tremisse* legitur in *Friscinga. Tremissa pars*, pro tertia, ni fallor, apud Lobinell. tom. 2. Hist. Britan. col. 66.]

¶ Tramisia. Liber niger Scaccarii pag. 56 : *Octo solidos dabunt ultra Tramisiam.*

Trimisium. Anastasius Bibl. in Silvestro : *Domum quæ præstat solidos 58. et Trimisium.* Idem in Exilio S. Martini : *Nec semel de regione ista usque ad unum Trimisium, frumentum potui comparare.*

* **TREMODIUM**, Infundibulum, Gall. *Tremie; Trammeur*, in Lit. ann. 1354. tom. 4. Ordinat. reg. Franc. pag. 298. art. 27. *Le fust granier* appellatur in Recognit. feud. MS. pro castro *de Buri* ann. 1366. Charta episc. Laudun. in Chartul. S. Joan. Laudun. ch. 54 : *Si vero quis de aliorsum veniens ingranavisset, solum id quod in Tremodio erat, molere sinebant.* Vide *Tremuia*.

* **TREMODIUS**, Mensura frumentaria, modius. Charta ann. 1312. apud Ludewig. tom. 9. Reliq. MSS. pag. 586 : *Annis singulis de qualibet rota decem Tremodios frumenti molendini, cum modio Lubecensis civitatis mensurandos expedite nostræ familiæ præsentabunt.* Occurrit rursum infra.

¶ **TREMŒA**, Idem quod *Tremellum*, Gall. *Tremie*, Infundibulum. Charta ann. 1217. apud Lobinell. tom. 2. Hist. Britan. col. 197 : *Sine moustura post bladum quod erit in Tremœa.* Vide *Tremuia* et *Treumia*.

* **TREMORIZE**, Piscis species. Tract. MS. de Pisc. cap. 47. ex Cod. reg. 6838. C : *Torpedinem Ligures a tremore Tremorize appellant.*

* **TREMPA**, Vinum aqua mixtum, dilutum in usus domesticorum, *Trempe*, apud Cotgravium. Stat. Massil. MSS. ex musæo meo fol. III. r° : *Item quod nec in dicta civitate Massiliæ, nec in ejus districtu, aliqua persona privata vel extranea, si modo faciat vel fieri faciat vinum lyæ vel Trempam, quæ fiat cum aqua, etc.*

* *Trempoire* vero dicitur, Pondus pistrinarium, vulgo *Trempure*, in Lit. remiss. ann. 1459. ex Reg. 189. Chartoph. reg. ch. 356 : *Icellui musnier se frappa au front contre la Trempoire du moulin.*

¶ **TREMSATICA** Satio. Vide *Tremesium*.

¶ **TREMUIA**, Tremula, Idem quod *Tremœa*. Charta ann. 1238. tom. 2. Hist. Eccl. Meld. pag. 140 : *Ad prædictum molendinum ad Tremuiam molentem sine contradictione locum molendi habebunt.* Charta ann. 1268. ex Chartul. Vallis B. Mariæ diœc. Paris. : *Ita tamen quod nos et hæredes mei debemus molere in perpetuum prope bladum quod invenienus in Tremuia dicti molendini.* Charta ann. 1448. ex Chartul. Corb. : *Quant lesdits habitants avoient mis leurs blé au corbellon pour le mettre en la Tremuye et à molture, etc.* Charta ann. 1194. apud Marten. tom. 1. Anecd. col. 658 : *Post bladum quod invenerint in Tremula inceptum molere.* Vide *Tremellum*, *Tremuta*, et *Treumia*.

TREMULARE, *Dubitare*, in Glossis Arab. Lat. [*Trepidare, timere*, in aliis Glossis MSS. a Vossio laudatis lib. 4. de Vitiis serm. cap. 28. Flodoardus lib. 3. cap. 3 : *Nimio frigore horribiliter cum fletu ac stridore dentium tremulantes.* Acta S. Moduennæ, tom. 2. Julii pag. 309 : *Timore concussa, et omnibus Tremulatis membris, etc.*]

¶ **TREMULUS**, Populus tremula, Gall. *Tremble. Ad Tremulum et ad charmum*, in Charta ann. 1213. e Tabulario Crisenonis.

* Occurrit præterea in Lit. ann. 1329. tom. 5. Ordinat. reg. Franc. pag. 718. art. 34. Vide supra *Tremblius*.

TREMUM, Pars brachii inter cubitum et pugnum. Lex Longob. lib. 1. tit. 6. § 6. [** Roth. 387.] : *Si homini libero brachium... subtus cubitum, hoc est, Tremum,.... ruperit.* Ubi Edictum Rotharis Regis tit. 121. § 6. habet, *quod est Threno.* [MS. unus *Treno*; alter *Reno*, ut est apud Murator. tom. 1. part. 2. pag. 48. col. 1.]

¶ **TREMUS**, Species monetæ. Vocabul. Lat. Sarrac. ad calcem Itinerarii Bern. *de Breydenbach* pag. 250 : *Ducatus, Duca*[illegible]*, Denarius, Denar. Medinus, Medin. Tremus, Terem.* Forte leg. *Tarenus*. Vide supra.

¶ **TREMUTA**, Infundibulum molendini, Gall. *Tremie*. Vetus Charta apud Kennettum Antiquit. Ambrosd. ad ann. 1164. pag. 120 : *Concesserunt mihi Fratres unam libertatem ad suum molendinum, scilicet molendi segetem pro multura reddenda pro segete, quæ est in Tremuta.* Vide *Tremellum*, *Tremuia* et *Treumia*.

* **TRENARE**, Trahere, Gall. *Trainer*. Arest. parlam. Paris. ann. 1399. inter Probat. ult. Hist. Trenorch. pag. 257 : *Dictum Boumelle per suos servitores usque ad portam*

dicta villæ Trenorchii Trenari fecerat. Vide supra *Trainare.*

TRENCA. Gratianus Lucius in Cambrensi everso pag. 306 : *Accuratiorem Hiberniæ divisionem priscus quidam scriptor Fintanus, Orfear dictus, carmine complexus est, e quo quæ huc facientia desumpserim, hic subjicio. Hiberniam universam in Trinchechead, quod voce Latina Trenca, nescio unde hausta Osullevanus exprimit, dispescuit. Trencam autem* 30. *pagis constare Fintanus ait, additque singulos pagos pascua* 4. *boum armentis sic dissitis, ut se mutuo non pertingant, abunde suppeditare. Ultoniam vero* 35. *Trencas : Mediam* 18. *Connaciam* 30. *etc. complecti affirmat.*

* **TRENCARE**, Cædere, scindere, Gall. *Trencher, couper.* Charta ann. 1328. in Reg. 65. Chartoph. reg. ch. 261 : *Item idem Raimundus...... scindit sive Trencavit..... omnes arbores domesticas et silvestres, quæ erant domini nostri regis.*

TRENCATÆ, Ventris tormina. Gervasius Tilliberiensis in Otiis Imper. MSS : *Tortiones ventris, quas vulgo Trencatas nominant.* Galli etiamnum *Tranchées* dicunt, quod præ dolore contorsionum veluti rumpantur intestina, et discindantur; *trancher* enim scindere, secare dicimus : quod ea tormina sulcos et *Trencatas* in ventre efficiant.

* Alias *Tranchoisons.* Lit. remiss. ann. 1472. in Reg. 195. Chartoph. reg. ch 705 : *Icelle defunte se plaignit fort de Tranchoisons et autres froydures.* Glossar. Provinc. Lat. ex Cod. reg. 7657 : *Trencada, Prov. tortio.*

* **TRENCATOR**, Arbiter, qui rem aliquam definit; sic *Trencher* dicimus, pro Statuere, definire. Charta ann. 1267. in Reg. 4. Armor. gener. pag. III : *Tandem dicti arbitri cum tercio Trencatore, auditis utriusque partis rationibus,........ dictum suum seu arbitrium in scriptis pronunciaverunt. Trenquador*, eadem notione, in Sent. ann. 1447. ex Cod. reg. 8387. 4. fol. 115. r° : *Item nous voulons, ordonnons et decretons que ou cas que lesdiz quatre hommes ne se peussent acorder de tout, ou de partie de les choses qui sont en debat, seront ordonnés Trenquadors ; lesquels Trenquadors ordonneront de tout ce que lesdiz quatre hommes ne se pourront acorder dedens deux mois après.* Ejusdem originis est adverbium vetus Gallicum *Trainchiémant* vel *Trenchément* et *Trenchiement*, pro *Décisivement, absolument, sans retour*, Definite, plane, omnino. Testam. Hugon. V. ducis Burg. ann. 1314. inter Probat. tom. 2. Hist. Burg. pag. 155. col. 1 : *Volons que nostres hoirs ou nostre hoir soient controint Trainchiémant à tenir, à accomplir..... toutes les chosses dessus dites.* Pactum inter comit. Fland. et scabin. Gand. in Reg. 2. Olim parlam. Paris. fol. 9. v° : *La ù li troi des chiunc s'assentiroient preciséement Trenchiément et en chertain, che seroit tenu.* Stat. ann. 1341. tom. 5. Ordinat. reg. Franc. pag. 548. art. 12 : *Se nulz, ne nullè dudit mestier baille coustes à vendre à personne dudit mestier, s'il ne les vent Trenchéement sans reprendre etc.*

TRENCATUM, Vallum, fossa, ex Gallico *Trenchée.* Monasticum Anglic. tom. 2. pag. 211 : *Locum suum in marisco de Dunston, ubi batha sua sita est, cum Trencato suo et aliis fossatis suis.* [*Trenque*, pro *Trenchée*, ni fallor, in Charta ann. 1434. ex Chartul. 23. Corb. : *Par lequel fossé ou Trenques l'eauë dudit fossé alloit oudit gardin, etc.*]

* Stat. ann. 1409. inter Probat. tom. 3. Hist. Nem. pag. 199. col. 2 : *Dicta aqua proveniens ex dicto fonte fluit, vadit et recedit per dictum fossatum seu vallatum, et per Trencatum dicti fossati seu vallati noviter facti, etc. Trankis, Trenchiz* et *Trenquis*, nostratibus, eodem intellectu. Charta Galt. *d'Estrommel* ann. 1308. in Reg. 72. Chartoph. reg. ch. 309 : *Puis avoir, toutesfois qu'il me plaira, yaue qui venra dudit filet par un Trankis* (infra *Tranquis*) *de le largeur d'un piet tant seulement.* Sent. arbitr. in Reg. 53. ch. 53 : *Nous volons que lesdiz Trenquis ou ouvretures ou fosses que il tiegnent si clos et si estrainne par quoy poyssons n'i peust venir, ni aler.* Monstrel. vol. 3. fol. 44. r° : *Les Gantois avoient malement fortifié* (ce village) *de Trenchiz et boullevers etc.*

¶ **TRENCHEATOR**, TRENCHIATOR, Scissor, scindendi obsonii magister, Gall. *Ecuyer trenchant. Johannes de Courteville Scutefer, Tranchiator Marescallus hospitiorum ejusdem Archiducis*, in Tractatu ann. 1497. apud Rymer. tom. 12. pag. 655. col. 1. Exstant tom. 15. pag. 327. Litteræ ann. 1553. *pro capitali Trenchiatore Regis*, in quibus *Trenchiator* et *Trencheator* legitur.

* Ejusdem originis est vox Gallica *Tranchoouir*, Orbiculus mensorius, in quo dapes scinduntur. Lit. remiss. ann. 1393. in Reg. 145. Chartoph. reg. ch. 428. bis : *Rogier Percepot, sommellier de nos napes, ... en venant querre la nef et les Tranchouoirs d'argent que l'en met à table devant nous, etc. Trancheur*, in Ch. ann. 1543. Hinc Orbiculus lusorius, vulgo *Palet*, appellatur *Transchouer*, in Lit. remiss. ann. 1455. ex Reg. 191. ch. 123 : *Plusieurs marchans et autres gens de Luçon commancerent à jouer pour le vin aux Transchouers pour les mettre et getter au plus près d'une merche qui estoit sur une table.* Aliæ ann. 1467. in Reg. 194. ch. 253 : *Lesquels compaignons se prindrent à jouer au jeu du Transcheur. Lesquelz compaignons se mirent à jouer pour le vin à ung jeu, appellé le jeu du Tranchoer*, in aliis ann. 1443. ex Reg. 184. ch. 604.

1. **TRENCHEIA**, Idem quod *Trencatum*, tom. 3. Monast. Angl. pag. 3. [Charta Henrici II. Reg. Angl. ex Archivo Beccensi : *De operationibus castellorum et pontium et vivariorum et fossatorum et Trencheiarum.*] Vide *Trancheia* et *Trenkeia.*

* 2. **TRENCHEIA**, Jus scindendi lignum mortuum seu aridum in silvis. Vide supra *Trancheia* 2.

* **TRENCHIA**, Instrumentum ferreum, quo terra proscinditur, ligo, Gall. *Beche*, alias *Trenche. Tres Trenchias*, in Chartul. archiep. Bitur. fol. 165. v°. Lit. remiss. ann. 1473. in Reg. 195. Chartoph. reg. ch. 971 : *Icellui Anthoine portant une Trenche ou beche de fer en sa main etc. Truble* appellatur, haud scio ann mendose, in aliis Lit. ann. 1453. ex Reg. 185. ch. 291 : *Icellui le Broddeur leva le Truble ou palle, duquel il faisait le fossé, et en ferit le suppliant.* Hinc qui ligone muros suffodit, vulgo *Sappeur, Trencheor* dicitur apud Villebard. paragr. 42 : *Et lor si mistrent lors Trancheors à une tour, et cil commencierent à trenchier le mur.* Vide supra *Trancheia* 1. Ligni fragmentum *Trenche* sonat, in Arest. parlam. Paris. ann. 1394. ex Cod. reg. 5190. fol. 110. r° : *Pluseurs Trenches faites sur ycelles appoiées etc.* Unde *Trenches* legendum puto pro *Trouches*, in Lit. ann. 1376. tom. 6. Ordinat. reg. Franc. pag. 230. art. 28. *Trenchoir de pain*, pro *Trenche, morceau*, Panis frustum, offa, in Lit. remiss. ann. 1388. ex Reg. 132. ch. 236 : *Lesquelz apporterent par maniere de derrision une plume de coq entichée sur un Trenchoir de pain.*

¶ **TRENCHIS**, Vox vernacula, Cæsio, a Gallico *Trencher*, Cædere, scindere. Charta ann. 1307. e Chartulario S. Johannis Angeriac. pag. 231 : *Tenentur defendere... eamdem petiam nemoris... ab omni pasturagio, durante scissione prædicta seu le Trenchis secundum consuetudinem dictæ Forestæ.*

¶ **TRENCOLUS**, Ital. *Treccolo*, Qui res emit viliori pretio, ut carius vendat. Chron. Parm. ad ann. 1294. apud Murator. tom. 9. col. 827 : *Elevati fuerunt clamores et percussiones lapidum, bancorum et tabularum a pueris et Trencolis, et ab aliis hominibus stantibus in platea, etc.*

¶ **TRENKEIA**, Fossa, Gall. *Trenchée.* Charta Johannis Comitis Pontivi ann. 1184. pro Communia Abbatis-villæ : *Concessi etiam iisdem Burgensibus banlivam quietam et liberam habendam usque ad arborem de Maliort, usque ad Trenkeiam de monte Calberti, usque ad Trenkeiam novorum molendinorum, usque ad quatuor quercus.* Vide supra *Trancheia, Trencheia*, et *Trencatum.*

TRENO. Vide *Tremum.*

¶ **TRENTA**, Triginta, Gall. *Trente.* Formula vetus apud Murator. tom. 1. part. 2. pag. 72. col. 2 : *Et quid ego quod meus pater et quod iste per Trenta annos possessam.*

TRENTALE. Charta ann. 1152. Clementis Decan. Eccl. Paris. in Magno Pastorali, lib. 3. ch. 32 : *Si vero aliquis Capellano vel Parochiali Sacerdoti nummos, vinum, annonam, vel etiam illud quod vulgo Trentale appellat, reliquerit, commune habeatur.* Id est pecuniam, quæ pro *Trentenario* adimplendo Sacerdoti exsolvitur. [Et quidem *Trentel*, pro Officio 30. Missarum dixerunt nostri. Testam. ann. 1448. ex Chartul. 21. Corb. fol. 277 : *Item je voel et ordonne ung Trentel de Messes estre dictes et celebrées pour l'ame de my le plus brief que faire se porra.*] [** *Trentuale*, in Charta Langobard. ann. 988. apud de Blasio Series Princ. Salern. Probat. pag. 124. num. 64 : *Et faciamus pro vestre salutis hanime septima et Trentuale, etc.* Vide *Trentena*, 2. et *Tricenarium.*]

* **TRENTANEA**, Grex tricenarius ovium, caprarum, etc. Testam. Beatr. ducis. Burg. ann. 1228. ex Cod. reg. 9484. 2. fol 112. r° : *Volo quod ecclesiæ sanctimonialium de las Ayes, ubi elegi sepulturam, detur condamina de Moiolan, in qua ipsæ habebant*

medietatem, oum decem Trentaneis ovium communium, et cum decem equabus. Trantis, eadem notione in Chartul. S. Vinc. Ceноman. : *Comme aussi avoue droit de deux parts de dixmes en trois Trantis de la paroisse de Place.*

* **TRENTANERIUM**, Eodem significatu. Testam. Guill. de Pratocomit. in Reg. 3. Armor. gener. part. 2. pag. iv : *Item lego dominæ Julianæ moniali Boniloci nepti meæ dimidium Trentanerium ovium tenendum per ipsam, quandiu ipsa vixerit.* Vide *Trentenarium.*

1. **TRENTENA**, Vectigalis species. Charta Joan. Militis Dom. de Andesello ann. 1229. ex Tabular. Abbat. Barbellensis : *Quod eo tempore quo tenebam et percipiebam apud Meledum.... quendam reditum, qui dicitur Trentena, super naves per archeium de ponte Meleduni ligna deferentes a Monachis de Barbeel, etc.*

* 2. **TRENTENA**, Triginta Missæ pro defuncto celebratæ. Charta ann. 1319. in Chartul. S. Maglor. ch. 58 : *Quando celebrabitur in dicta ecclesia, pro defunctis ibidem sepultis, missa, anniversarium, annualia, Trentenæ, totum emolumentum...... erit commune. Trentenarium missarum* in Testam. Colæ *de Castillon* ann. 1461. 2. Aug. Vide *Trentale* et *Tricenarium.*

¶ **TRENTENARIUM**, Trentenarius, vulgo *Trentenier,* Grex tricenarius ovium, caprarum, etc. Charta ann. 1293. tom. 2. Hist. Dalph. pag. 72. col. 1 : *Item, quod monasterium S. Crucis prædictum non possit tenere in montaneis ipsius, nisi septem Trentenaria ovium cum lacte et vaccmo, arietibus et agnis, quantum necesse fuerit secundum numerum ovium prædictum, ita quod ad totum numerum undecim Trentenariorum non transcendunt.* Charta ann. circ. 1062. ex Tabul. S. Victoris Massil. : *Perdonarunt Rostagnus et fratres ejus quatuor Trentenarios ovium.* Sententia arbitralis ann. 1303 : *Uno quintali caseorum pro quolibet Trentenario animalium, etc. Trentenarium averis lanuti,* in Transactione ann. 1490. ex Schedis Præs. *de Mazaugues.* Hinc emendanda Statuta Vercell. lib. 3. fol. 56. v° : *Item si petatur scriptum ducendi oves, capras, moltonos, seu alias pecudes extra districtum Vercellarum, non possit Notarius accipere pro scripto ultra den.* XII. *pro quolibet Trentonario.* Leg. *Trentenarium.* Vide alia notione in *Tricenarium.*

* **TRENTENUM**, ut *Trentena,* 2. Libert. Vienn. ann. 1361. tom. 7. Ordinat. reg. Franc. pag. 434. art. 50 : *Triginta denarios monetæ usualis pro Trenteno, etc.*

TRENTUALE. Vide *Trentale.*

¶ **TRENUIS.** Vide in *Threus.*

* **TRENUM**, f. pro *Terrenum,* Agger terreus, omissa abbreviationis nota, Gall. *Rempart.* Reg. feud. Aquit. in Cam. Comput. Paris. sign. JJ. rub. fol. 33. r° : *Item habet quod habitatores Lingonii tenentur claudere ipsam villam palo, Treno et barreriis congrue.* Vide *Terrale* 2

* **TRENUS**, pro *Threnus,* Lamentabilis, queribundus. Comœd. sine nomine act. 3. sc. 5. ex Cod. reg. 8163 : *Nunc opus est consumato consilio se illusum illudere turpter satagentem, Trenis dolere faciamus angustiis.* Vide supra *Threnosus.*

¶ **TREOGA**, pro *Trenga.* Vide in *Treva.*

TREPALIUM. Concilium Autisiod. cap. 33 : *Non licet Presbytero, nec Diacono, ad Trepalium, ubi rei torquentur, stare.* Concilium Matiscon. II. cap. 19 : *Definientes, ut ad locum examinationis reorum nullus Clericorum accedat; neque intersit atrio sauciolo, ubi pro reatus sui qualitate quispiam interficiendus est. Trepeil* videtur appellare vetus Poeta Gallicus MS. *du chevalier au Barisel :*

> Vous m'avez mis en mal Trepeil,
> Pour chel diable de baroil.

Le Roman *de Rou* MS :

> Toute iert Bretaigne en grant Trepeil.

In Gloss. Lat. Gall. *Trepallus,* πρίαπος bis legitur. Est autem *Priapus* machina bellica ; sed apud Scriptores longe recentioris ævi ; verum *Trepallus,* pro *Triphallus,* hic legi observat Salmasius.

¶ **TREPANUM**, a Græco τρύπανον, Terebra, qua utuntur Chirurgi ad cranium caute perforandum, apud Vossium de Vitiis serm. pag. 628.

¶ **TREPARE**, verbum Ital. Jocari, saltare, tripudiare, Gall. *Danser.* Charta Tolosana ann. 1192 : *Ipsum pratum et gravaria erant publica... causa spaciandi et Trepandi.* Le Roman *de Robert le Diable* MS :

> L'Emperere est eumy la sale
> U il ne Trepe, ne ne bale.

Vide *Tripare.*

* Alias *Treper* et *Trepper.* Vitæ SS. MSS. ex Cod. 28. S. Vict. Paris. fol. 137. v°. col. 1. ubi de Nativit. S. Joan. B. : *Sainz Jehanz senti le fil de Dieu venir à soy, et par grand joie il commença à Treper ou ventre sa mere. Exultavit infans in utero ejus,* apud S. Luc. cap. 1. v. 41. Guignevil. in Peregr. hum. gener. MS. ubi de Juventute :

> Je espringue et si carole,
> Je Treppe et queur et dause et bale,
> Eu alaut à le witefale.

¶ **TREPASSUS**, Idem quod *Transitus,* Pensitatio quæ exsolvitur a transeuntibus per terras alicujus domini. Litteræ ann. 1343. inter Ordinat. Reg. Franc. tom. 5. pag. 318 : *Inforsant les diz Religieux* (*de la Luzerne*) *et leurs tenans de payer coustumes, Trespas, panages et plusieurs choses, etc* Vide Consuet. Pictav. art. 99.

* Nostri *Trespas.* Charta ann. 1295. in Lib. rub. Cam. Comput. Paris fol. 242. v°. col. 2 : *Item pour le Trespus de Geolet pour quatre livres, dix sols.* Occurrit præterea in Lit. ann. 1381. tom 6. Ordinat. reg. Franc. pag. 639. Aliud sonat hæc eadem vox in Comput. Rob. de Seris ex Reg. 5. Chartoph. reg. fol. 7. r° : *Une çainture d'argent sur cuir blanc, ferrée au lonc à rondeaux esmaillez et à cuers et lettres, boucle, mordant, Trespus, reons touz dorez.* Ubi significari videtur Fibulæ claviculus, vulgo *Ardillon.*

* *Trespassé* vero dicitur de tempore jam diu præterito, in Charta ann. 1268. apud Lobinel. tom. 2. Hist. Brit. col. 408. Hinc *Trespessaules* nuncupantur bona hujus vitæ caduca et instabilia, in Serm. S. Bern. tom. 17. Comment. Acad. Inscript. pag. 181 : *Lic haitif fil d'Adam.... quierent icil les choses défaillans et Trespessaules. Trescoper,* pro *Passer devant,* Antecedere, nunc nude *Couper,* in Lit. remiss. ann. 1443. ex Reg. 176. ch. 299 : *Jehan de Menreville tira ses chevaulx pour faire passer son char et Trescoper les autres.*

¶ **TREPATÆ** Vestes, Quasi *Terebratæ,* perforatæ, in Constitut. Jacobi I. Reg. Aragon. ann. 1234. Marcæ Hispan. col. 1430. Vide *Frepatæ vestes.*

TREPEDIA, Scabellum tripes. Vide *Tripetia.*

¶ **TREPEDICA.** Vide *Tripedica.*

* **TREPELLIUS.** Vide infra *Trespellius.*

TREPELLUM. Auctor Mamotrecti ad 4. Regum cap. 9. vers. 17 : *Globum, i. Trepellum. Globus est rotundus acervus, aut volumen, aut augmentum.* [** Vox Italica, Globus, manipulus, multitudo hominum. Vide Barbarin. Docum. d' Amore voce *Treppello* et Raynouard. Glossar. Roman. tom. 5. col. 432. voce *Tropel, Trepell etc.* infra *Troppus.*]

¶ **TREPERARIUS.** Vide *Traperius* in *Trapus.*

TREPGET. Vide *Trebuchetum.*

TREPIDARE, Idem quod *Torneare,* Hastiludio se exercere, vel decertare; a *trepidare,* quod de equis dicitur, qui citato gradu incedunt, Gallis *Galoper;* unde *trepidarii* equi, de quibus mox. Concilium Albiense cap. 15 : *Trepidare quoque, quod vulgariter biordare dicitur, cum scuto et lancea aliquis Clericus publice non attentet.*

Trepidarii Equi. Vegetius lib. 1. de arte veterin. cap. 56 : *Quod nihilominus inventum constat a Parthis, quibus consuetudo est equorum gressus ad delicias dominorum hac arte mollire. Non enim circulis atque ponderibus prægravant, ut soluti ambulare condiscant; sed ipsos equos, quos vulgo Trepidarios, militari vocabulo Tottonarios vocant, ita edomant ad lenitatem et quædam blandimenta vecturæ, ut asturconibus similes videantur.* Ubi legendum forte *Trottonarios* vel *Trotarios.* Leo Imp. in Tacticis cap. 7 : Μετὰ τῶν σκουτερίων ἐπελαύνειν εὔτακτος τριπόδῳ μόνῳ, ἤγουν κινήματι συμμέτρῳ τῷ λεγομένῳ κάλπα, καὶ μὴ βιαίως τρέχειν. Ubi a voce Κάλπα, quæ eadem notione occurrit præterea apud Pelagonium lib. 1. Hippiatr. cap. 24. orta vox nostra *le Calop,* seu *le Galop,* uti pronuntiamus. Vide *Trotare* et *Tripedare,* et Salmasium ad Historiam Augustam pag. 244. 245. [Le Roman *de la guerre de Troyes* MS :

> La terre croille sor les piés
> De la fierté dou Trepeis
> Que font les destriers Arabis.]

¶ **TREPIDICA.** Vide *Tripedica.*

¶ **TRERONES**, *Pavidæ columbæ,* in Amalthea.

¶ **TRES**, vox Gallica, Pone. *Pratum situm Tres la Comba,* in Charta ann. 1424. e Schedis D. *Aubret.*

* *Dès, depuis* præterea significat. Lit. remiss. ann. 1420. in Reg. 171. Chartoph. reg. ch. 260 : *Comme le suppliant ait esté nourry Très s'enfance avec feu nostre amé et féal chevalier Amé de Landres, etc.* Id est, ab infantia. *Tresci-que* pro *Jusque,* Usque, apud Villehard. paragr. 28 : *Et chevaucherent Tresci-que à Pavie en Lombardie. Tresque,* infra paragr. 32.

* **TRESANTIÆ**, Pars claustri, in qua lectioni vacabatur, forte a mensis seu scabellis tripedibus sic dictæ. Pactum inter episc. et arcihidiac. Paris. circa initium XII. sæc. tom. 2. Hist. Paris. pag. 31 : *Concessum ut neque scholares extranei in domibus claustri ulterius hospitarentur, neque in isth parte claustri, quæ vulgo Tresantiæ nominantur, deinceps legerent.* Vide *Trisantia.*

¶ **TRESBELLIO.** Vide *Trespellius.*

¶ **TRESCENSUS.** Vide *Trecensus.*

* **TRESCIA**, Crines intexti, implicati, Gall. *Tresse.* Charta ann. 1313. in Reg. 49. Chartoph. reg. ch. 49 : *Post multa verba contentiosa, enormia et contumeliosa, quæ idem clericus..... eidem dixerat mulieri, ipsam per capillos et Trecias accipiens et..... extrahens, prostravisset ad terram, etc.* Hinc *Treque*, Rugatus pileolus, apud Math. de Couciaco in Hist. Caroli VII. pag. 672 : *Ayant sur la teste une Trecque à la guise de Sarasin de Grenade, etc.* Vide infra *Tricatrica.*

* *Tresque* vero, cujusdam monetæ Flandrensis nomen, in Lit. remiss. ann. 1392. ex Reg. 143. ch. 281 : *Une piece de monnoye, appelée Tresque, de huit deniers.* Aliæ ann. 1401. in Reg. 156. ch. 330 : *En laquelle bourse avoit trois solz, quatre deniers Parisis en blanche monnoie, avec une Tresque de la monnoie de Flandres.*

* **TRESCURTIS**, Prædium rusticum, idem quod *Cortis* 1. Charta ann. 1362. in Reg. 93. Chartoph. reg. ch. 241 : *Item una Trescurtis Bernardi Martini, sita extra castrum ad portale inferius, ad censum unius ponheriæ ordei.* Vide supra *Transcurtis.*

¶ **TRESCUUM.** Charta ann. 1475. apud Calmet. in Probat. Hist. Lothar. tom. 3. col. 279 : *Redditibus, censibus, servitiis, venationibus, piscationibus, cusquis, bustis, bandinis, forescapiis, Trescuis et juribus, etc.* Lego *Tresenis.* Vide *Tresenum* et *Trezenum.*

* **TRESDECIMUM**, Pretii venditionis pars decima tertia, idem quod *Trezenum.* Charta Phil. Pulc. ann. 1310. in Reg. 47. Chartoph. reg. ch. 12 : *Una cum simplici justitia, releveis et Tresdecimis.* Vide supra *Tredecimum.*

TRESELLUS, Dolii vinarii species. Tabularium Fossatense : *Valenton, ubi habet dicta Abbatia unum Tresellum boni vini in vindemiis super quibusdam vineis.* Usatica Vicecomitatus Aquarum Rotomagi MSS. ubi de præstationibus pro vino : *De tonneaulx qui sont sur le bout 5. sols, pour chacun doublier 3. sol. 6. den. pour le Tresel 4. sols, pour le tonnel de la Rochelle, etc.* Infra : *S'il en a ou batel, ou en la nef 19. tonneaux, et il y a doublier, Treseaux, ou charetée qui facent moeson, le tonnel ne doit pas être prins, més la moeson de 19. tonneaulx, etc.*

* Reg. S. Justi ex Cam. Comput. Paris. fol. 192. r° : *Tresellum vini, quatuor solidos; si coustumarius, xvj. denarios.* Vide infra *Tresellus.*

☞ *Tresel* præterea dictum nostatis fasciculus telarum, pannorum, etc. ut colligitur ex Chartular. 21. Corb. fol. 85. v° : *C'est assavoir ly Tresiax de toiles, de dras, de camelos, de sarges, etc.*

¶ **TRESENUM**, Decima tertia pars pretii venditionis domino persolvenda. Testamentum Anglici Episc. Alban. Card. ann. 1388. apud Stephanotium tom. 10. Frag. MSS. pag. 335 : *Lego pro ipsa capellania fundanda omnes census, servitia, deveria... laudimia, Tresena, avantagia et prælationes, et quæcumque usatica, etc.* Vide *Trezenum.*

* **TRESFONSARIUS**, Qui terræ fundum possidet, Gall. *Tréfoncier.* Arest. ann. 1282. in Reg. 2. *Olim* parlam. Paris. fol. 62. r° : *Tresfonsarii Resti utentur in domanio suo, sine livreia forestariorum.* Vide *Tresfundus.*

¶ **TRESGONELLUS**, Qui tres habet vestes *gonellas* olim dictas. Sic cognominatus est *Triscannus Episcopus*, apud Lobinell. tom. 2. Histor. Britan. col. 251.

TRESIDIA. Charta Walteri *de Gant*, Comitis apud Edw. Bysseum in Notis ad Uptonum pag. 86 : *Cum suis pertinentiis sibi congruentibus, boscis, subboscis, aquis, stagnis, gurgitibus, piscariis, vastis, moris, mariscis, turbariis, Tresidiis, petariis, gardinis, etc.*

* **TRESORARIUS**, a Gall. *Trésorier*, pro Thesaurarius, in Lib. pitent. S. Germ. Prat.

TRESPELLIUS, vel *Trespellio*, [sive *Tresbellio*, ut legit Eccardus in Pacto Legis Salicæ tit. 3. § 9.] Trium villarum, quasi *Tresvillio*, *trivillanus*; *bell* enim Germanis est villa. [Id negat Eccardus; unde *Tresbellio* deducit a *Tres*, et *Bulle* : quo nomine, inquit, taurum indigitamus; hac enim ratione *trium* sc. villarum *taurus* accurate exprimitur.] Alii scribunt *belle* dici campanulam, unde *belhuys* campanarium dicitur, *tresbellio*, *dryschel.* Ita *tresbellio*, erit *de trois clochers.* Lex Salica tit. 3. § 7 : *Si quis taurum gregem regentem furaverit, qui de tribus villis communes vaccas tenuerit, hoc est Trespellius, 700. den... culpab. judicetur.* Quibus verbis, ut quidam putant, non tam taurus, quem *Bannalem* dicimus, intelligi debet, quam is de quo Consuetudo Britannica art. 420 : *En trois villages peut avoir un taureau, qui ne peut estre empesché d'aller à jeu : et pour icelui quelque part qu'il soit trouvé, ne doit estre payé amende, desdommage, ou assise.* Ex lege igitur Salica docemur, jam olim taurum admissarium communem fuisse tribus *villis* seu pagis. [* Vide Grimm. Antiq. Jur. Germ. pag. 592. et Graff. Thesaur. Ling. Franc. col. 332. tom. 6. voce *Spilôn.*]

* *Trepellius*, in Cod. Estensi apud Murator. tom. 2. Antiq. Ital. med. ævi col. 287. ubi Glossa : *id est, qui bene trepat.* Porro Germanis, ut notat vir eruditus, *Treppe* idem sonat, quod Italis *Salita, montata;* quod tauro admissario recte convenit.

* **TRESPES**, Tripes, Ital. *Treppiede;* ad lectum pertinet in Act. notar. Senens. ad ann. 1284. ex Cod. reg. 4725. fol. 25. r° : *Unum par linteaminum et Trespides de lecto, et unum scrineum magnum.*

* *Trespou* vero, Ornatus species videtur, in Lit. remiss. ann. 1395. ex Reg. 147. Chartoph. reg. ch. 288 : *Deux patrons à faire bourse de soye, un Trespou de feulle d'or, et un trezel de soye vermeille.*

TRESSALITUS. Usatici Barcinonenses MSS. cap. 67 : *Si quis Judæo, vel Saraceno baptizatis retraxerit illorum legem, vel appellaverit eos Tressalits, vel Renegats, etc.* [Vide *Tornadiz. Tresalé* de eo dicitur quod ex vetustate periit, Gall. *Qui est passé*, in Præcepto Johannis Reg. Franc. ann. 1353. tom. 2. Ordinat. pag. 533. ubi de Apothecariis : *Et quand ils l'auront confite, ils écriront dessus le mois qu'elle fut faite, si que quand elle sera Tresalée, l'en la jettera.* Aliud sonat vox *Tressault*, in Consuet. Britan. art. 258. 551. Vide Gloss. Jur. Gall.]

* *Tressaillir*, pro *Sauter par dessus, passer*, Omisso medio transire, prætermittere, in Lib. Pedag. Paris. ex Cam. Comput. fol. 5. r° : *Le jour de la feste de S. Vincent a li prévost de Paris et li peagiers à S. Germain des prez ung muy de vin, si redoivent essaier le vin du convent tout avant, et puis après de deux tonneaulx sans Tressaillir.*

* **TRESSATORIUM**, Crinium intertextorum muliebris ornatus. Charta ann. 1357. ex Tabul. Massil. : *Attentis importunitatibus dominarum hujus civitatis Massiliæ diu gravantium civitatem importabilibus sumptibus, in arnesiis pomposis, Deo et honestati displicibilibus, ut pote in coronis, Tressatoriis et aliis ornamentis perlarum, auri et argenti, in caputiis perlis, auro vel argento ornatis.* Vide *Tressorium* in *Trica.*

¶ **TRESSENQUUS** Arro. Vide in *Arro.*

¶ **TRESSENSUS**, pro *Trescensus.* Vide *Trecensus.*

* **TRESSEPARE**, f. Perforare, vel perfringere. Libert. Montisfer. ann. 1291. in Reg. 181. Chartoph. reg. ch. 154 : *Item quotiescumque acciderit, quod aliquis inventus fuerit de nocte seu die..... incendium ponendo, rapiendo, Tressepando, aut aliud crimen seu maleficium committendo, etc.*

¶ **TRESSETUS**, Fulmentum focarium, Gall. *Chenet.* Inventar. ann. 1476. ex Tabul. Flamar. : *Item plus in camino ignis ejusdem aulæ duos canes sive Tresseti ferri ponderis viginti librarum ferri ad communem extimationem.*

* **TRESSIS.** Vide supra *Tremissis.*

TRESSORIUM, Gall. *Tressoir.* Vide in *Trica.*

TRESTELLUS, [Tretellus,] Fulcrum mensarium, tripedis species, Gallis, *Tresteau.* Fleta lib. 2. cap. 16. § 1 : *Mensas et Trestella providere et reparare.* Apud Will. Thorn ann. 1309 : *In tabulis, Trestellis, dressoriis faciendis, etc.* [*Aula munita tabulis, sedibus, banchis et Trestellis*, in Ordinatione ann. 1340. tom. 2. Hist. Dalphin. pag. 396. col. 1. *Item, procuret tabulas et Tretellos*, ibid. pag. 395. col. 1. Inventar. S. Capellæ Paris. ann. 1376. ex Bibl. Reg. : *Duæ tabulæ sive mensæ cum quatuor Tretellis super quas cerei et luminare fiunt et ordinantur.*]

* *Tréteau* fortassis mendose, pro *Terceau*, vulgo *Tiercelet*, Tertiarius falco, in Assis. Hieros. cap. 310. apud Thaumasser. : *Pour l'estoir ou faucon formé, cent besans, et pour le Tréteau, cinquante besens.*

* *Trestourner*, pro Versare, Gall. *Faire tourner*, in Lit. remiss. ann. 1389. ex Reg. 138. Chartoph. reg. ch. 35 : *Montet piqua son cheval et passa par derriere Guyenot, que le cheval hurta et Trestourna, tellement que à bien po qu'il ne cheut.*

TRESTORNATUS, Deflexus, *Destourné.* *Trestornatæ aquæ et obstructæ*, apud Bracton. lib. 3. tit. de Act. cap. 12. § 6. et in Fleta lib. 2. cap. 52. § 18. *Euves Tresturnées*, apud Brittonum pag. 32. v. 71. v. Le Roman *de Garin* :

La veissiés Trestourner et guenchir.

[Le Roman *d'Athis* MS :

Moult le fist bien, moult y jousta,
Moult y guenchi, moult Trestourna...
Et approuchier et prés tenir,
Et Trestourner, et d'culx partir.

Le Roman *de Vacce* MS :

Qui chastel out bien le ferma,
Qui avoir out s'il Trestourna.]

☞ *Trestour*, pro Dolus, fraus, Gall. *Détour, finesse*, in Bestiario MS :

Mais'il i a oisiaus pluisours
Qui les guiches et les Trestours
Don goupil aperchoivent bien.

¶ **TRESTURA.** Vide *Transitura* in *Transitorium*.

¶ **TRESUM.** Charta ann. 1252. e Tabulario S. Nicasii Rem. : *Inter vineam Pouleti freparii ex una parte, et quoddam Tresum ex altera.* Leg. forte *Trelium*. Vide in *Trela*.

¶ **TRETELLUS**, Gall. *Tréteau*. Vide *Trestellus*.

¶ **TRETEUS.** Vide *Typica febris* in *Typus*.

¶ **TRETHING**, pro *Tething*, Decania. Locus exstat in *Lech*. Vide *Tethinga*.

¶ **TRETIA**, Volumen funium. Acta S. Rainerii tom. 3. Junii pag. 456 : *Jactaverunt anchoram in mare ad retinendam navem.... nec extrahere eam valuerunt, imo in trahendo Tretiam, cum qua ligata erat, ruperunt.* Vide *Trica*.

¶ 1. **TREU**, Ædicula sacra. Vide *Treb*.

* 2. **TREU**, vox Gallica, Cribrum pollinarium, vulgo *Bluteau*, a forma cylindracea sic nuncupatum. Lit. remiss. ann. 1398. in Reg. 153. Chartoph. reg. 298 : *Guillaume le Foulon failli avant,..... et eust abatu à terre le suppliant, se n'eust esté un Treu à buleter la farine, à quoy il estait appuyé.* Hinc etiam *Treulle*, pro *Treuil*, Sucula, in aliis Lit. ann. 1389. ex Reg. 135. ch. 187 : *Icellui Enguerran prist la menevelle ou manche de Treulle d'un puis, etc.*

TREVA, TREUGA, etc. Ugutio : *Treuca*, vel *Treuga*, *scriptio regalis vel securitas : unde Treugare, sedare, pacificare, Treugam facere, et Treugarius, qui Treugas inter aliquos facit.* Gloss. Lat. Gall. : *Treuga, Treves, seurté. Treugarius, qui fait treves. Treugare, faire treuves, appaiser*, [*assurer*, in Sangerman.] A. Gellio lib. 1. cap. 25. induciæ dicuntur *Pactitia armorum cessatio.* Baldo in leg. 1. D. de Pactis : *Treuga, securitas præstita rebus et personis, discordia nondum finita. Pax vero est finis discordiæ, vel plena discordiarum sedatio.* Philippus de Bellomanerio in Consuet. Bellovacensi MS. cap. 60 : *Treve est une cose, qui donne seurté de le guerre, el tans que elle dure.* Vetus Consuetudo Normanniæ MS. part. 2. cap. 10 : *L'en doit savoir que Treve, si come l'en la prent en laie court, est un asseqgurement qui est fait par la Joie baillie du cors, que celui qui la donne ne fera mesuy mal, ne ne fera fere, ne par lui, ne par autre à celui à qui il la donne.* Leges Alfonsinæ part. 7. tit. 12. lege 1 : *Tregua es un asseguramento, que se dan los fijos dalgo entre si unos a otros, despues que son desafiados, que non se fugan mal en los cuerpos, ni en los averes, en quanto la tregua durare, etc.* Adde part. 7. tit. 12. Vox porro *Treva*, vel *Treuga*, a Saxon. treow, vel Germanico *Trew*, aut *Truewe*, fides, pax, fidelis, verus, vulgo deducitur. Will. Tyrius lib. 1. cap. 15 : *Pax quæ verbo vulgari Treuga dicitur.* Guill. Neubrigensis lib. 5. cap. 3 : *Induciæ quas Treugas vocant.* Fulbertus Epist. 93 : *Quin Episcopo tuo Treugam des.* Occurrit in Lege Longob. [in Bulla Benedicti VII. PP. ann. 977. Marcæ Hispan. col. 1006.] apud Willelmum Armoricum, Joan. Sarisberiensem Ep. 159. et alios passim.

TREVA, ex Gallico *Treve*, apud Hugonem Flaviniac. ann. 1041. Gregorium VII. PP. lib. 5. Epist. 16. [in Charta æræ 1050. Marcæ Hispan. col. 1011. in alia ann. 1187. apud Sponium tom. 2. Hist. Genev. pag. 48. etc.]

* Lit. remiss. ann. 1406. in Reg. 161. Chartoph. reg. ch. 39 : *Comme Jehan Sirebon eust requis avoir Tréves de Guillaume Dumesnil, selon la coustume du païs, par devant le vicomte d'Orbec;.... lesquelles Tréves ledit Dumesnil eust données et fiancées audit Sirebon; et après ce ledit vicomte eust donné et assigné jour aux parties certain après ensuiant de comparoir par devant le bailli d'Evreux ou son lieutenant à son siége d'Orbec pour renfoncier lesdits Tréves, etc.* *Travers*, pro *Tréves*, in Lit. ann. 1371. tom. 5. Ordinat. reg. Franc. pag. 719.

TREVIA. Guillelmus Pictavensis in Gestis Guillelmi Nothi Reg. Angl. pag. 193 : *Sanctissime in Normannia observabatur Sacramentum pacis, quam Treviam vocant.* Fulcherius Carnot. lib. 1. Hist. Hierosol. cap. 1 : *Jurisjurandi firmitudine pacem, quam dicunt Treviam, invicem tenendam constituerunt.* [Adde Johannem Carnot. Epist. 90. Sugerium Epist. ad Gaufridum Com. Andegav. Chartam ann. 1144. in Probat. tom. 2. novæ Histor. Occitan. col. 505. etc.]

TRIUVA, in Legibus Luithprandi Regis Longob. tit. 27. [** 42. (5, 13.)] Τρίβα, apud Pachymerem lib. 13. cap. 34.

TREUVIA, apud Albericum in Chron. MS. ann. 1095. Philippus *Mouskes* in Hist. Francor. MS :

Quar il n'ot triuwe ne respit.

TREGUA, ex Italico *Triegua*, vel Hispanico *Tregua*. Acta Alexandri III. PP. apud Baron. ann. 1177 : *Et Treguam Lombardorum... bona fide servabit.* Habetur ibi non semel. Rodericus Tolet. lib. 3. de Reb. Hisp. cap. 24 : *Interposito fœdere Treguarum.* Mox ; *De datis Treguis doluerunt.* Ita lib. 7. cap. 30. 34. in Historia Cortusiorum passim, et in Consuetudinibus Teneræmundanis art. 90. apud Lindanum pag. 94. [et Muratorium tom. 6. col. 172. tom. 11. col. 59. 60. tom. 12. col. 348. 359. 367. 480. 615. 1158. Adde Statuta Montis-regalis pag. 174. Antiquitates Hortæ pag. 475. 486. Append. etc.]

¶ TREUGUA, in Annal. Genuens. ad ann. 1237. apud Murator. tom. 6. col. 477. Rolandinum lib. 1. cap. 12. tom. 8. ejusd. Murator. col. 180. in Regiminibus Paduæ ibid. col. 432.

¶ TREWGA, in Epistola ann. 1276. apud Hansizium tom. 1. Germaniæ sacræ pag. 417.

¶ TRAUGA, in Litteris ann. 1309. apud *de Lauriere* tom. 2. Ordinat. Reg. Franc. pag. 159.

¶ TREOGA, in Aresto Parlam. ann. 1331. ex Archivo Bonæ-vallis.

¶ TREUVA, in Charta Alberici Archiepisc. Bituric. apud Baluz. tom. 2. Hist. Arvern. pag. 59.

¶ TREUGUA, Charta seu Instrumentum in quo conditiones *treuguæ* descriptæ sunt. Charta Honorii III. PP. ex Chartul. Campan. fol. 23. v° : *Procuratore vero Comitissæ prædictæ relaxari hujusmodi sententias juxta formam in Treuguis expressam et in litteris alterius partis contentam cum instantia postulante, etc.*

* TREUGA ADRATA. Vide supra *Adrare*.

Treugæ dabantur, vel in curia Principis, vel in curia domini superioris seu vassalli Principis, altero ex iis, qui in bello erat, petente, ita tamen ut eas domino auferre non liceret, ut est in Consuetudine Andegav. art. 78. 82. 83. 152. et Cenoman. art. 49. 89. 93. 94. 167. Domini quippe superioris officium erat in bellis vassallorum partes suas interponere, *treugamque* iis indicere, renuentes mulctare. Consuetudines Teneræmundæ artic. 15. apud Lindanum : *Si vero Scabini ab aliquo Treugas petierint, pro quacunque discordia fuerit, et ille responderit, quod propinquiorem habeat parentem, ille debet ducere Scabinos ad propinquiorem parentem, et ab illo Treugas requirere Scabini. Et si ille negaverit, et dare Treugas noluerit, 20. libras persolvet. Et si de cætero ab ipsis Treugas petierint, et ille iterum dare negaverit, toties 20. librarum reus erit. Si vero propinquior parens inventus non fuerit, ille, quem primo Scabini tenuerint, Treugas debet dare, donec Scabinus propinquiorem monstraverit parentem, et eodem Scabinis ostenso, debet quittus morari. Si autem Treugas dare renuerit, 20. libras dabit, sicut superius dictum est.* Secus erat de *Assecuramento*, quod dominus indicere non poterat, nisi altera partium id petente. Vide Dissert. 29. ad Joinvillam.

IN TREVIIS POSITUS, dicitur, cui induciæ concessæ sunt, vel qui per inducias datas securus esse debet. Baldricus Noviom. lib. 3. cap. 39. [** *Le Glay* 34.] : *Eum.... in Treviis positum etiam die Dominica interfecit.* Sic enim legendum, non *tribuis*.

** TREUGAS SUMERE. Robert. de Monte ann. 1167 : *Treugæ sumptæ et juratæ sunt inter reges. Treviæ Captæ*, apud eund. ann. 1159.

TREUGÆ REDDI dicuntur, cum expletæ sunt. Rigordus ann. 1195 : *Sequenti mense Novembri, termino transacto, redditæ sunt Treugæ, et guerra inter duos Reges iterum incepta.* [** Adde Robert. de Monte ad ann. 1152. Pertz. Script. tom. 5. pag. 501. lin. 48.]

TREUGARUM INFRACTIO, *Triuvæ tultæ et ruptæ*, in legibus Luithprandi Regis Longobard. tit. 27. [** 42. (5, 13.)] *Treves enfraintes*, in Consuetud. Norman. art. 45. 46. 47. Andegavensi art. 386. et Cenomanensi art. 396. *Treves trencades*, in libello Catalanico MS. de Batallia facienda, ubi dicitur actionem de Treugarum infractione intra annum finiri. Gualterus Tervan. in Vita Caroli Comitis Flandr. cap. 15 : *Accidit autem, ut quidam miles nobilis adversus alium nobilem in curia comitis de Treugarum infractione placitaret, etc.* Statutum Friderici II. Imper. ann. 1234. apud Albericum in Chron. MS : *Statuimus, quod si quis Treugas datas violaverit, si cum ipso in cujus manu Treugæ fuerant compromissæ, et cum duobus aliis synodalibus hominibus Treugas violatas esse convincere potuerit, et testari, violator manum perdat.* De ejusmodi treugarum violatione agit præterea Lex Longob. lib. 1. tit. 9. § 28. lib. 2. tit. 24. [** Pippin. 11. Liutpr. 42. (5,13.)] ut et Consuetudo Andegavensis art. 78. 152. Vetus Consuetudo Normanniæ cap. 76. etc. Adde, quæ notavimus in Dissertat. 29. ad Joinvillam pag. 340.

TREVA, TREUGA, seu TREVIA DEI. Id nominis primum auditum in Gallia, ubi cum *bella* flagrarent domestica, seu ea, quæ vulgo *consuetudinaria* appellata docuimus ad Joinvillam dissert. 29. et unicuique injurias sibi illatas armis ulciscendi facultas esset, in Aquitania, in Arelatensi et Lugdunensi Provinciis, atque adeo in Burgundia, cæterisque Franciæ partibus, per universos Episcopatus indictum est, qualiter certis in locis a Præsulibus Magnatibusque totius patriæ de reformanda pace et sacræ fidei institutione celebrarentur Concilia : quod avide exceptum est ab omnibus majoribus ac infimis, quos terrebant clades præteriti temporis. In his porro Conciliis illud potissimum statutum fuit, ut inviolabilis pax servaretur : ut scilicet viri utriusque conditionis, cujuscumque antea fuissent rei obnoxii, absque formidine procederent armis vacui. Quod, inquam, adeo lubentes omnes sunt amplexi, ut palmis ad Deum extensis, *Pax, pax, pax*, unanimiter clamarent, ut esset videlicet signum perpetui pacti de hoc, quod spoponderant inter se et Deum. In hac tamen ratione, ut evoluto quinquennio confirmandæ pacis gratia idipsum ab universis in orbe fieret mirum in modum. Hæc ferme Glaber lib. 4. cap. 5. qui hæc ad ann. 1034 refert, quo scilicet celebrata sunt Concilia Bituricis, Bellovaci, et Lemovicis, in quibus *pax* universis indicta, *ita ut nemo seditionem ageret, nullus per viam* (al. *vim*) *raperet, nullus, ut solebat, quasi propter justas querelas pugnam inire constitueret, etc.*

☞ Eamdem rem sic narrat Sigebertus ad ann. 1032. [** ex Baldrico lib. 3. cap. 52.] : *Istiusmodi decretum a Franciæ Episcopis datum est servari subjectis sibi populis. Unus eorum* (cujus nomen ignoratur) *dicit cælitus sibi delatas esse literas, quæ pacem monerent renovandam in terra, quam rem mandavit cæteris. Et hæc tradenda dedit populis, ut arma quisque non ferret, direpta non repeteret, sui sanguinis, vel cujuslibet proximi, ultor minime existens, percussoribus cogeretur indulgere. Jejunium in pane et aqua sexta feria servarent, et in sabbato a carne et liquamine abstinerent; soloque hoc contenti jejunio, in omnium peccatorum remissionem nullam sibi scirent adjiciendam pænitentiam, et hoc servare sacramento firmarent : quod qui nollet christianitate privaretur, et exeuntem de sæculo nullus visitaret, nec sepulturæ traderet.*

Neque tamen ab omnibus id æque probatum Episcopis : Gerardus quippe Episcopus Cameracensis, ut habet Baldricus lib. 3. cap. 27. et ex eo Sigebertus, *hoc non tam impossibile quam incongruum videri respondebat, si quod regalis juris est, sibi vendicari præsumerent. Hoc etiam modo sanctæ Ecclesiæ statum confundi, quæ geminis personis, Regali videlicet ac Sacerdotali administrari præcipitur. Huic enim orare, illi vero pugnare præcipitur. Igitur Regum esse, seditiones virtute compescere, bella sedare, pacis commercia dilatare : Episcoporum vero, Reges, ut viriliter pro salute patriæ pugnent, monere, ut vincant orare : hoc ergo decretum periculosum esse omnibus, omnes videlicet aut jurare, aut anathemati subjacere, omnes enim peccato communi involvi, si commento hujusmodi uterentur.* Cessit nihilominus Gerardus Episcoporum et aliorum adhortationibus, invitus : ita tamen ut quod ante reclamabat, postea eventus probaverit, cum paucissimi perjurii crimen evaserint. Quas Gerardi querelas pluribus rursum refert idem Baldricus eodem lib. cap. 52. [** Ed. *le Glay* cap. 22. et 47.]

Atque hæc quidem de pace ab omnibus servanda generatim sancita : at anno 1041. *contigit, inspirante divina gratia*, inquit idem Glaber lib. 5. cap. 1. *primitus in partibus Aquitanicis, deinde paulatim per universum Galliarum territorium firmari pactum propter timorem Dei pariter et amorem, taliter ut nemo mortalium a feriæ quartæ vespere, usque ad secundam feriam incipiente luce, ausu temerario præsumeret quippiam alicui hominum per vim auferre, neque ultionis vindictam a quocunque inimico exigere, nec etiam a fidejussore vadimonium sumere. Quod si ab aliquo fieri contigisset contra hoc decretum publicum, aut de vita componeret, aut a Christianorum consortio expulsus patria pelleretur. Hoc insuper placuit universis, veluti vulgo dicitur, ut Treuga domini vocaretur.*

Treugam istam *Domini* omnes licet per Galliam amplexati essent, hanc tamen recipere abnuit Neustria, ut testatur ibidem Glaber, flagrantibus tum Regem inter Angliæ Henricum, et Odonis Campaniensis filios dissidiis ac bellis : quod etiam attigit Hugo Flaviniacensis : *Anno ipso* (1041.) *Treva Dei primum statuta est, et firmata, et pax ipsa Treva Dei appellata : quæ non solum humanis præsidiis, sed et divinis confirmata est terroribus. Quam cum noluisset recipere gens Neustriæ, viro Dei Richardo prædicante, et ut eam susciperent, quia voluntas Domini erat, et a Deo, non ab homine decretum hoc processerat, ammonente, divino judicio cœpit in eos desævire ignis, qui eos torquebat, et eo anno fere totus orbis penuriam passus est pro raritate vini et tritici.* Paucis interjectis : *Superest adhuc domnus Eduensis Episcopus, vir vitæ longævitate grandævus, qui et referre solitus est, quia cum a S. Odilone et cæteris ipsa pax divinis revelationibus instituta, Treva Dei appellata, et ab Austrasiis suscepta fuisset, et voluntas omnium in hoc esset una, et ubique servaretur, negotium hoc strenuitati hujus Patris nostri Gratia Dei ab omnibus impositum est, ut ejus studio et industria pax eadem in Neustria servaretur, eo quod certi essent de eo, quod tanta esset ejus erga omnes, et omnium erga eum gratia, ut quicquid servandum doceret, servaretur a cunctis; quidquid vitandum monstraret, id cuncti vitarent. Quamobrem sategit Pater venerabilis, ut tantum bonum gratanter ab omnibus susciperetur : sed perversa quorundam voluntas, et mens indomita quasi inauditum hoc respuit, quasi qui nollent instituta paterna violare, et nova atque inaudita suscipere. Unde et subsequuta est divina ultio, ignis scilicet in rebelles et contumaces desæviens a Domino, quo torquebantur, qui viro Dei resistere, et mandata ejus contemnere non verebantur.* Pacem hanc videlicet Normannici Proceres recipere abnuebant, quod belli indicendi jus, atque adeo regiam quodammodo, quam a primis Monarchiæ Franciæ incunabulis, et ab ipsis Danicis, a quibus processerant, gentibus, prærogativam hauserant, si non omnino abrogaret, saltem enervaret. Treugam hanc pariter sub Leone IX. Pontifice excepisse Proceres Alsatienses testatur Diploma descriptum a Glareano lib 3. Rerum German. pag. 101. [** Vide Haltaus. Glossar. German. col. 740. voce *Gottesfried*.]

Hanc excepit tamen postmodum Neustria ipsa, maxime postquam Angliæ regnum, in quo obtinebat, adeptus est Willelmus Nothus. Quippe S. Edwardus, Anglorum Rex, qui regnare cœpit anno 1042. quo scilicet est instituta, in legibus suis, ab ipso Willelmo confirmatis, cap. 3. in hunc modum, *Pacem Dei* ab omnibus observandam statuit : *Ab adventu Domini usque ad octabis Epiphaniæ pax Dei et sanctæ Ecclesiæ per omne regnum. Similiter a Septuagesima usque ad octabis Paschæ. Item ab Ascensione Domini usque ad octabis Pentecostes. Item omnibus diebus quatuor Temporum. Item omnibus Sabbatis ab hora nona, et tota die sequenti usque ad diem Lunæ. Item vigiliis sanctæ Mariæ, S. Michaëlis, sancti Joannis Baptistæ, Apostolorum omnium, et Sanctorum, quorum solennitates a Sacerdotibus dominicis annuntiantur diebus, et omnium Sanctorum in Kl. Novemb. semper ab hora nona vigiliarum, et subsequente solennitate. Item in parochiis, in quibus dedicationis dies observatur. Item in parochiis Ecclesiarum, ubi propria festivitas Sancti celebratur. Et si quis devote ad celebrationem Sancti adveniat, pacem habeat eundo, et subsistendo, et redeundo, etc.* Quod quidem Edwardi et Willelmi Regum Angliæ statutum de *Pace Dei* servanda firmatum est postea in Concilio apud Illebonam ann. 1080. sub Willelmo II. apud Ordericum Vitalem lib. 5. pag. 552 : *Pax Dei, quæ vulgo Trevia dicitur, sicut ipse princeps Willelmus eum in initio constituerat, firmiter teneatur, etc.* Huic autem Synodo subjungitur Synodale decretum de eadem Trevia, in nupera Conciliorum editione. Ex quibus dubium oritur, an Edwardus ipse hanc sanxerit, an vero Nothus in Edwardi leges, a se emendatas, retulerit.

Utcumque sit, vel hinc patet, non eosdem statutos *Treugæ Dei* deinceps fuisse dies. Nam primitus obtinuit illa a *feria quarta vespere, usque ad secundam feriam incipiente luce*, ut habet Glaber; lege vero Edwardi seu Willelmi, *omnibus diebus Sabbati usque ad diem Lunæ*: præterea aliis temporibus et festis ibidem designatis indicitur, atque in iis, in die dedicationis Ecclesiarum, quod Leo IX. PP. obtineri statuit in dedicatione ecclesiæ S. Stephani Bisuntinæ a se facta 5. Non. Octob. ann. 1050. uti habet vetus scheda apud Chiffletium in Trenorchio pag. 557: *Statuit item, ut vigilia et dies dedicationis in Treuga Dei in perpetuum haberetur, et omnes illi, qui ad eandem dedicationem vel ad nundinas ibidem institutas convenirent, et omnis substantia eorum ubique quousque domum reversi essent. Vacces* au Roman de Rou MS:

Quant li Clergié et li cors saint,
Et li Barons, dont i out maint,
A Caem furent assemblé
Au jour qui lour out commandé
[Sour les cors sainz lour fist jurer
Paix à tenir et à garder,
Dés Mercredy soleil couchant,
Tresqu'à Lundi soleil levant,
Trieves l'appellent, ce m'est vis,
Qui n'est celée en nul païs,
Qui autri batroit entretant
Ou mal eust apparessant,
Et qui riens de l'autrui prendroit,
Escumiegé estre devroit,
Et de noef livres en merchi
Vers l'Evesque, cen establi.
Et jura li Dus hautement,
Et tuit li Barons ensement,
C'en jurerent que paix tendroient,
Et celle Trieves garderoient,
Pour la paix tout temps remembrer,
Qui tout temps devoit més durer.

Atque ut temporum ordinem sequamur, Raimundus Berengarii et Almodis uxor Comites Barcinonenses in Usaticis Barcinonensibus MSS. editis anno 1066. *Pacem et Treugam Domini* in suis dominiis observari præceperunt, cap. 86. et 97: *Denique supradicti Principes, apud Barcinonem commorantes, in ecclesia sanctæ Crucis sanctæque Martyris Eulaliæ una cum consilio et auxilio Episcoporum suorum, assensione etiam et acclamatione illorum terræ Magnatum, cæterorumque Christianorum confirmaverunt pacem et Treugam Domini, et statuerunt illam tenere in illorum patria omni tempore: et si ullo modo fracta fuerit, sit redirecta et emendata, ita quemadmodum scriptum habebatur illo tempore, in unaquaque sede, vel in unoquoque Episcopatu.*

* Qualis fuerit in regno Aragoniæ, docet Constit. MS. Petri I. reg.: *Treugam etenim firmaverunt fortiter prædicti episcopi, videlicet ut omni tempore teneretur ab omnibus Christianis ab occasu solis quartæ feriæ Mercoris die, usque ad ortum solis secundæ feriæ et hunc diem. Item continuatim teneatur prima die Adventus Domini, usque ad octavas Epiphaniæ Domini, quando festivitas S. Ylarii agitur. Item similiter continuatim teneatur a die Lunæ, quæ antecedit caput jejunii, usque ad diem Lunæ, qui est primus post diem Dominicam octavarum Pentecostes. Item vigiliæ et festivitates Inventionis Dominicæ crucis, et in tribus vigiliis totidemque festivitatibus B. M. vigiliæ et festivitates omnium Apostolorum, vigilia S. Laurentii, festivitates insuper, cum eorum vigiliis, posuerunt in hac religionis observatione, scilicet S. Felicis Gerundæ et S. Johannis Baptistæ et S. Genesii ac S. Archangelis Michaelis, S. Martini confessoris. Item et vigilia et festum omnium Santorum, similiter et Quatuor Tempora posuerunt in tali observantia. Prædictos autem dies, qui sunt in Treuga Domini, confirmaverunt prædicti episcopi, cum omnibus præcedentibus et subsequentibus noctis* (sic) *videlicet, ab occasu solis, quando ipsa Treuga Domini ingreditur, usque ad ortum solis diei ipsius qua egreditur. Si quis autem intra hanc Treugam prædictam Domini aliquod malum alicui fecerit, in duplum ei componat, et postea per judicium aquæ frigidæ Treugam Domini in sede S. Petri emendet. Si quis autem intra hanc Treugam voluntarie homines occiderit, ex consensu omnium Christianorum diffinitum est, ut ab omnibus diebus vitæ suæ exilio damnetur, et si fecerit hoc sine aliquo casu. Si autem cum casu hoc fecerit, egrediatur tamen a terra, usque ad terminum, quem episcopus et canonici existimaverint esse imponendum. Si quis vero intra hanc Treugam se miserit en agayt, vel ipsum agayt stabilierit pro morte alicujus hominis, vel post apprehensionem alicujus castelli, et tamen si hoc agere non potuerit, similiter emendet ad judicium episcopi et canonicorum ejus, ipsam Treugam Domini si certi facere, si fecisset quod agere ceptavit. Item prohibuerunt ne intrantibus continuatis Treugis, videlicet tempore Adventus Domini seu Quadragesimæ nullum castrum vel munitionem hædificare præsumat, nisi xv. diebus ante prædictas continuatas Treugas hoc inchoaverit. De prædicta autem pace vel descripta Treugæ querela ad episcopum vel ad ejus canonicos, seu fatigacio omni tempore fiat, sicut superius scriptum est in pace de ecclesiis: et ipsi in quibus episcopi vel canonici prædictæ sedis se fatigaverint de redirectione præfatæ pacis et Treugæ Domini, sive fidejussores vel hostatici pro pace et Treuga Domini malam fidem portantes episcopo vel canonicis ejusdem sedis, cum protectoribus et adjuvantibus se, quamdiu contenderint, sicut infractores pacis et Treugæ Domini et ipsi et res eorum non habeantur in pace et Treuga Domini.*

Edwardi vel Willelmi Regum Legibus consentanea quodammodo statuit Henricus Episcopus Leodiensis ann. 1071. 6. Kal. April. *Nam cum nimiæ fierent strages hominum*, verba sunt magni Chronici Belgici, *et incendia multa, et prædæ et rapinæ, eo usque ut idcirco multi ad inopiam devenirent, Henricus Episcopus dolens, consilio Alberti Comitis Namurcensis, de consensu omnium Primatum, Baronum, qui Ducatus, Marchias, Comitatus, feuda judicialia tenent in Leodiensi Diœcesi ab Imperio descendentia, pacem cum prædicto composuit, omnibus pauperibus et divitibus, nobilibus et ignobilibus in dicto Episcopatu profuturam.* Cujusmodi autem illa fuerit, sic enucleatius prosequitur Ægidius Monachus Aureævallis cap. 12: *Horum omnium petitione, consilio et voluntate decretum est, ut a primo die Adventus Domini usque ad exactum diem Epiphaniæ, et ab intrante Septuagesima usque ad octavas Pentecostes infra Episcopatum Leodiensem nemo arma ferat, nisi forte inde exiens ad alia loca, aut aliunde domum revertens. Incendia, prædas, assultus, nemo faciat, nemo fuste aut gladio, aut aliquo armorum genere, usque ad collisionem membrorum aut internecionem in quempiam deseviat: quod si hoc fecerit homo liber, hæreditatem perdat, beneficio privetur, ab Episcopatu pellatur: servus autem amittat omne quod habet, et dexteram perdat. Quod si culpati fuerint contra pactionem hanc, liber juret cum duodecim; qui vero liber non est, judicio se purget, si tamen signa fuerint manifesta, alioqui cum septem se immunem esse probet. Incipiet autem observatio hujus pacis sexta feria, statim illucescente aurora, et durabit usque ad exordium diei, qui vocatur dies Lunæ, et observabitur per omnes festivitates, quæ proprie in hoc Episcopatu celebres habentur, et similiter per omnes illas, quas ubique universalis celebrat ecclesia, et maxime in festivitate S. Lamberti, et in dedicatione, et duobus diebus ante, et duobus post in utraque festivitate, propter adventum et reditum cæteraque impedimenta. Denique etiam in jejuniis quatuor Temporum, et in vigiliis prædictarum festivitatum eadem lex et pactio tenebitur, excepto quod in illis arma licebit ferre, ea tamen conditione, ne alicui noceatur. Hanc pactionem si quis violaverit, noverit se excommunicationi subjacere.*

Enimvero quod singuli Metropolitani vel Episcopi in suis diœcesibus subinde sanciverant, tum primum firmatum ab Urbano II. PP. in Concilio Claromontano anno 1095. can. 10. apud Ordericum Vitalem lib. 9. pag. 721: *Sancta Synodus statuit, ut Trevia Dei firmiter custodiretur a Dominica die ante caput jejunii, usque ad secundam feriam oriente sole post octabas Pentecostes, et a quarta feria ante Adventum Domini occidente sole, usque ad octabas Epiphaniæ; et per omnes hebdomadas anni a quarta feria occidente sole usque ad secundam feriam oriente sole, et in omnibus festis S. Mariæ, et vigiliis eorum, et in omnibus festis Apostolorum et vigiliis eorum, ut nullus homo alium adsaliat, aut vulneret, aut occidat, nullus nummum vel prædam capiat. Statuit etiam, ut omnes Ecclesiæ et atria earum, et Monachi et Clerici, et sanctimoniales et feminæ, et peregrini et mercatores et famuli eorum, et boves, et equi arantes, et homines carrucas ducentes, et herceatores, et equi, de quibus herceant, et homines ad carrucas fugientes, et omnes terræ Sanctorum, et pecuniæ Clericorum, perpetua sint in pace: ut in nulla die aliquis audeat assalire, vel capere, vel prædari, vel aliquo modo impedire. Statuit etiam, ut omnes homines a 12. annis et supra jurent hanc constitutionem Treviæ Dei, sicut hic determinata est, ex integro se servaturos tali juramento: Hoc audiatis vos, etc.* Adde Fulcherium Carnot. lib. 1. Hist. Hieros. cap. 1. Will. Tyrium lib. 1. cap. 15. Alberic. in Chron. MS. ann. 1095. etc.

Cujusmodi vero fuerint ista Episcopalia de pace Statuta, accipe ex Tabulario Celsiniacensis Monasterii in Arvernis, cujus apographum legimus sat male descriptum: *In nomine divinæ, summæ et individuæ Trinitatis, Wido Dei gratia Aniciensis*

Præsul, supernæ pietatis misericordiam expectantibus Salutem et Pacem. Notum esse volumus omnibus Dei fidelibus, quoniam videntes maleficia, quæ in populo quotidie accrescunt, congregavimus quosque Episcopos, Domnum P. Vivariensem, Wigonem Valentinensem, Bergonem Arvernensem, Raimundum Tolosensem, Deusdet Rutenensem, Fredelonem Elnensem, et Domnum Fulcrannum Ludenensem, et Wigonem Glandensem, et alios quamplures Episcopos, et quosque principes et nobiles, quorum numerus non est inventus. Et quia scimus, quia sine pace nemo videbit Dominum, ammonemus, propter nomen Domini, (et) ut sint filii pacis, ut in istis Episcopatibus, quos isti Episcopi regunt, neque in istis Comitatibus, de ista hora, et in antea Ecclesiam homo non frangat, extra Ecclesiam, quam in firmamento Castelliæ se sciente, nisi Episcopi præter eorum censum, consensum, prædam in istis comitatibus, neque in istis Episcopatibus homo non faciat de equis, pullis, de bovibus, de vaccis, et asinis et asinabus, et de fascibus, quos ipsi portant, neque de ovibus et de capris, neque de porcis, neque ea occidat, nisi per conductum suum, et suorum intime positorum, accipiat victum, sic ut ad suam domum nihil portet, et ad castellum bastire aut obsidere, nisi unusquisque de sua terra, aut de suo alode, et de suo beneficio, de sua commanda, Clerici non portent sæcularia arma. Monachis injuriam nullus homo aliquando faciat, neque his, qui cum eo perrexerint, qui arma non portaverint, nisi Episcopi aut Archidiaconi præter eorum consensum, villanum aut villanam præter redemptionem non nisi per suum forisfactum, et nisi eundem villanum, qui alterius terram araverit, et laboraverit, quæ est in contentione, nisi unusquisque de sua terra, aut de suo beneficio terras Ecclesiasticas Episcopales, Canonicales, Monachales nullus præsumere audeat, neque aliqua mala consuetudine dishonorare, nisi de manu Episcopi, aut fratrum voluntate per precariam acquisierit de ista hora et inantea. Negotiatores etiam nullus apprehendere, aut rebus suis spoliare præsumat, se sciente, interdicimus etiam, ut nullus laïcorum se immittat de sepulturis Ecclesiæ et offerendis: et nullus Presbyterorum pretium de baptisterio accipiat, quia donum Spiritus S. est. Si vero aliquis raptor fuerit, aut maledictus, qui hanc institutionem infregerit, et tenere noluerit, sit ipse excommunicatus, et anathematizatus, et a liminibus sanctæ matris Ecclesiæ segregatus, usquequo ad satisfactionem veniat: quod si non fecerit, Presbyter ei missam non cantet, divinum ei officium non faciat, et, si mortuus fuerit, Presbyter eum non sepeliat, neque ad ecclesiam sit sepultus, communionem ei non donet, se sciente, et, si aliquis Presbyter hoc infregerit, se sciente, ab ordine deponatur, dicimus et ammonemus, ut in isto tempore, scilicet mediante Octobri mense, ad istum Dei placitum cum bono animo et bona voluntate veniatis in Dei nomine, ut in remissionem peccatorum vestrorum consequi valeatis, procurante D. N. J. C. qui cum P. et S. S. vivit et regnat. Confirmat hoc Archiepiscopus Dagobertus Bituricensis sedis, et Dom. Theobaldus Viennensis Archipræsul. Vixere porro hic nominati Episcopi sub anno 993. unde liquet ante annum 1034. peractas hasce de pace servanda Constitutiones.

Exinde decretum Concilii Narbonensis ann. 1054. cap. 2. 3. 4. 5. etc. et Claromontani Concilii, de *Trevia Dei* in diœcesibus publicatum: quod colligitur potissimum ex Epist. 44. Ivonis Carnotensis Episcopi, qui eidem Concilio interfuerat, ex Concilio Narbonensi et Helenensi, ann. 1027. et 1065. Trojano ann. 1093. cap. 12. Rotomagensi ann. 1096. cap. 1. et Synodo Northusunensi ann. 1105. de qua Conradus Abbas Uspergensis: firmatum deinde in Concilio Remensi ann. 1119. in Statuto Calixti PP. II. Remensi ann. 1136. cap. 11. Romano ann. 1136. sub Innocentio II. PP. can. 12. Lateran. III. ann. 1179. can. 21. Monspeliensi ann. 1195. etc. Ab Episcopis et Principibus in suis diœcesibus et dominiis deinceps publicatum, quod præ cæteris testatur Charta Guillelmi Auscitani Archiepiscopi et Apostolicæ sedis Legati, qui anno 1103. *juxta statuta generalis Concilii nuper statuti, Pacem et Treugam Dei in provincia sua indixit.* Unde conficit Marca in Hist. Benebarnensi lib. 5. cap. 14. num. 12. idem Statutum perinde confirmatum in Concilio Lateranensi sub Paschali II. firmatum etiam a Nunone Sancii Domino Rossilionis ann. 1217. et Jacobo Rege Aragonum ann. 1228. in Chartis, quæ habentur tom. 8. Spicilegii Acheriani pag. 368. et 383. In posteriori ita describuntur dies *Treugarii: Præterea constituendum esse et firmiter observandum censuimus sub eadem pace et Treuga dies Dominicos, et festivitates omnium Apostolorum, et etiam Adventum Domini usque ad octabas Epiphaniæ, et Kadragesimam usque ad octabas Paschæ, diem Ascensionis Domini, nec non festum Pentecostes cum octabis suis, et tres festivitates S. Mariæ, et festivitatem S. Joannis Baptistæ, et S. Michaëlis, et omnium Sanctorum, et festivitates S. Eulaliæ, et S. Felicis Gerundensis, et S. Martini.* Mox additur, pacem istam *jurari debere a militibus, civibus, et hominibus villarum a* 14. *annis et supra;* ubi Concilium Claromontanum habet, *a* 12. *annis.* Unde planum fit, verum esse, quod ait Ivo Carnotensis Epist. 90: *Treviam Dei non fuisse communi lege sancitam; pro communi tamen utilitate hominum ex placito et pacto civitatis ac patriæ, Episcoporum et Ecclesiarum auctoritate firmatam. Unde,* subdit ille, *judicia violatæ pacis modificari oportet secundum pacta et diffinitiones, quas unaquæque Ecclesia consensu parochianorum instituit, et per scripturam vel testimonium bonorum hominum memoriæ commendavit.*

Jam vero quod Ivo ait de *Pacis seu Treviæ Dei violatoribus*, exigit, ut cujusmodi horum pœna fuerit, paucis attingamus. Quod olim Gerardus Episc. Camerac. tam obstinato animo *Treviæ* institutioni obstiterit, causa illa præsertim fuit, quod cum omnes eidem sacramento interposito adstringi juberentur, decretum hoc periculosum esse omnibus judicaret: omnes enim communi peccato involvendos, si commento hujusmodi uterentur, quod sanè probavit eventus: *Vix enim*, ut ait Baldricus lib. 3. cap. 27. *paucissimi crimen perjurii evaserunt.* Id præterea attigere cæteri Scriptores, atque inprimis Glaber: *Plerique*, inquit, *vesani audaci temeritate præscriptum pactum non timuere transgredi, in quibus protinus aut divina vindex ira seu humanus gladius ultor extitit.* Hugo Flaviniacensis ann. 1098: *Hic Flaviniacum veniens, honeste a nobis susceptus est, et in eadem nocte dominicæ diei cum ei honeste servissent, in Trevia Dei bannos et scarritiones mercati homines ejus fregerunt et tulerunt, etc.* Et Conradus Usperg. ann. 1116: *Neque pax Dei, cæteraque sacramentis firmata pacta custodiuntur, sed uniuscujusque conditionis et ætatis, præter solos ecclesiasticæ possessionis homines, quibus jam pene nihil præter miseram restat animam, cæteri, inquam, hoc tempore beluino furore bacchantur.* Adde Chartam Jacobi I. Regis Aragon. in Curia Oscensi ann. 1247. quæ habetur in Foris Aragon. lib. 9. pag. 182.

Pœna vero violatæ Pacis Dei primitus fuit vitæ compositio, aut excommunicatio, ut est apud Glabrum. Concilium Claromontense *fractionis pacis reum, prout judicatum fuerit, puniendum* statuit can. 1. Synodus Illebonensis ann. 1080. cap. 1. et 26. et Synodus Romana anno 1179. et aliæ ejusmodi reos excommunicandos statuunt, ut perinde Rainoldus Archiepisc. Remensis in Epistola scripta circa ann. 1095. quæ habetur tom. 5. Spicil. Acher. pag. 559. [Nicolaus II. PP. *Treguæ Domini infractores anathemate feriri*, decernit apud Baluz. tom. 7. Miscell. pag. 67.] Adde Ivonem Carnot. Epist. 90. Concilia Rotomagensia pag. 145. 185. [et Tolosanum ann. 1228. tom. 2. Spicil. jam laudati pag. 628. et 627.] Ad *Treugæ Dei* fractionem pertinent præterea hæc ex Charta Richardi Archiep. Bituric. ann. 1065. ex Tabul. S. Dionysii de Capella Ch. 20: *Si alicui res sua furata fuerit, vel ablata in Treuga Dei, et forisfactor in nundinis inventus fuerit, et forisfactor sit salvus, qui in nundinis inventus fuit: si autem res vendita fuerit, et emptor legitime probaverit, se nescire illum esse latronem, de quo emerat, nec illam rem fuisse ablatam in Treuga Dei, habebit rem suam, et reddet emptori tantum, quantum dedit.* Præterea sequentia ex Concilio MS. apud Illebonam, quando Philippus Rex Franciæ subjugavit Normanniam: *Item diximus de Treuga, quod si aliquis vulneraverit alium, unde debet perdere membrum vel vitam, placitum remanebit in Curia D. Regis, si consequens vult persequi causam, et Ecclesia habebit emendum suam usque ad 9. libras. Si accusatus fuerit convictus, dominus Rex habebit residuum. Treuga vero durat a die Mercurii sero usque ad diem Lunæ mane.* Vide Marcam ad Can. 1. Concilii Claromontensis.

☞ Sed hæ *Treviæ* quamtumlibet firmatæ variis in Conciliis, cum male servarentur, non impedierunt, quin identidem civilia bella et intestinæ prædationes pluribus in provinciis grassarentur. Adeo invaluerant in Occitania præsertim et Aquitania circa annum 1182. ut iis malis novum adhibere remedium conati sint sodales *confratriæ Dei*, eo quo diximus modo

83.

in *Agnus Dei*. Qua vero ratione subsequentibus sæculis odia privata compescuerint Reges nostri, dictum est in *Quarentena* 4. Vide etiam *de Lauriere* in Præfatione ad tom. 1. Ordinat. Reg. Franc. num. 153. et seqq.

TREVIA, Immunitas, seu pax data, quamdiu nundinæ durant. Vetus Charta apud Puricellum in Ambrosiana Basilica pag. 519 : *Quo etiam die ad frequentationem hujus solennitatis statutum est annuale mercatum, et omnibus venientibus ad hanc solennitatem, vel causa orationis, vel causa mercandi, et redeuntibus stabilita est ab omni civitate firma et inviolabilis Trevia octo ante festum, et octo dies post festum, etc.* Vide *Pax Regis*.

* **TREVANUS**, f. Fecialis nuntius. Chron. Sublac. apud Murator, tom. 4. Antiq. Ital. med. ævi col. 1050 : *Apostolicus autem hæc multum ægre ferens, tum quia per treugam factum erat, tum quia abbatem diligebat, misit Trevanum suum, Cetulum nomine, qui supradicto Bertrahimo ex Apostolica auctoritate præciperet, ut sine mora castrum S. Benedicto redderet.* Vide *Treugarius*.

* **TREVARIUM**, f. Acquisitum. Præcept. Theoder. III. ann. 676. tom. 4. Collect. Histor. Franc. pag. 657 : *Cognoscat.... quod res nominatas,.... cum colonica, Trevario, et quicquid supradictus Adalricus de quolibet adtracto ibidem tenuit, etc.*

TREUDIS. Lex Aleman. tit. 99. § 2 : *Et si cervus ille*, (furto subreptus aut occisus) *Treudis non habet, medium sol. componat.* § 3 : *Si Treudis habet, et cum ipso nihil sagittatum est, solvat sol. unum.* § 7. 8 : *Si cerva indomita fuerit occisa, tremisso solvat : si Treudem habuit, medium solidum.* Ita cervus, qui *Treudem* habet, majoris compositionis et pretii censetur. Quod vero *Treudis* hic dicitur, *Triuta* appellatur in Lege Ripuar. tit. 42. § 2 : *Si quis cervum domitum, vel cum Triutis occiderit, aut furatus fuerit, etc.* Ubi *triutas* hinnulos quidam interpretantur, [pullos cervinos Eccardus, quem consule in hanc legem.] [** Vide Graff. Thes. Ling. Franc. tom. 5. col. 524.]

TREUGANUS. Vide *Treugarius*.

¶ **TREUGARE**, *Treugas* seu inducias facere, Gall. *Faire treve*. Elmham. in Vita Henrici V. Regis Angl. cap. 50 : *Nobilitas regia quibuscumque mediis allecta cum præfato Duce Treugare, fœdus inivit.* Vide *Treva*.

¶ INTREUGARE, Eodem intellectu. Charta ann. 1239. e Bibl. Reg. : *Finita guerra vel Intreugata debetis mihi restituere vel meis ipsum castrum in eodem statu, quo accepistis.*

* Alias *Atréver* et *Atriéver*. Froissart. vol. 2. cap. 150 : *Quand les chevaliers et escuyers du royaume de France..... virent que les royaumes d'Escosse et d'Angletere s'estoient Atrévez ensemble, etc.* Lit. remiss. ann. 1359. in Reg. 87. Chartoph. reg. ch. 233 : *Enguerran fist prendre Florimont de Brimeu chevalier... pour avoir triéves et asseurement dudit chevalier et de ses amis ; lequel chevalier Atriéva et asseura ledit Enguerran.* Aliæ ann. 1365. in Reg. 98. ch. 290 : *Duquel Ancel le suppliant fu approchiez de Atriéver ou asseurer, et finablement tant fu mené que Triéves ou asseurement il donna.*

* **TREUGARIUS**, *Treugæ* procurator et arbiter. Charta ann. 1177. apud Murator. tom. 4. Antiq. Ital. med. ævi col. 284 : *Si contigerit quod aliqua prædictarum civitatum vel locorum vel personarum, quæ sunt ex parte societatis offenderit aliquam civitatem, locum vel personam, quæ sunt ex parte imperatoris, et non fuerit emendatum per Treugarios, qui ad hoc electi sunt, imperator vel alii, qui sunt ex parte sua, non propterea frangant treugam, sed civitates societatis et alii de societate ponant ea sub banno juxta arbitrium Treugariorum.* [** *Treuganos* et *Treuganorum*, apud Pertz., Leg. tom. 2. pag. 156. *Treugani* pro *Treugrani* vel *Treugrani* restituit Savinius Hist. Jur. Rom. med. temp. tom. 3. cap. 19. § 49. not. d. apud Pillium Summa in Tres lib. Cod. de irenarchis (10, 75.) : *Officium irenarchæ consistit in sedandis rixis atque discordiis.... in latronibus et aliis malefactoribus comprehendendis et similibus... forsan tales sunt homines, qui apud nos justitiæ consules vel Treugani hodie nuncupantur.*] Vide in *Treva* et *Trevanus*.

¶ **TREVIA**, Induciæ, Gall. *Treve*. Vide *Treva*.

* **TREVIANUS**, Societate vel fœdere conjunctus, ut videtur, Gall. *Associé*. Stat. MSS. eccl. Corisopit. ann. circ. 1540 : *Ordinamus quod nullus de futuro ad sacros ordines promovendus, recipiatur aut admittatur ad titulum alicujus nobilis, qaamvis potens fuerit, aut aliquorum parrochianorum, seu communitatum aut Trevianorum.*

¶ **TREVISINI** SOLIDI *de flore*. Vide *Floreni*.

* Perperam pro *Prebisini*. Vide supra in *Floreni*.

TREUMIA. Charta Fundationis Collegii Canonicorum in Ecclesia Parochiali Escoiarum diœcesis Rotomag. ab Ingerranno de Marigniaco, mense Jan. 1310. ex 47. Regesto Tabularii Regii n. 64 : *Do etiam et concedo tam ipsis quam aliis personis Collegii liberum molere pro eisdem et familia sua tota in molendino meo de Becco, ita quod immediate post bladum existens in Treumia, quod vulgariter dicitur Ingranatum, eorum bladum moletur, et id facere absque damgerio vel exactione qualibet teneatur in futurum molendinarius molendini, etc.* Vide *Tremellum*, [*Tremœa*, *Tremuia*, et *Tremuta*.]

TREUS, Libertus fidelis. Vide *Threus*.

¶ **TREUSA**, Tributi species dominis feudalibus exsoluta, sic dicta, ni fallor, a veteri Gallico *Treu*, *Treus*, vel *Trehus*, Tributum, illud maxime quod portorii nomine de mercibus, vel sale ab una in alteram regionem transvectis persolvitur. Libertates Bellomontis e MS. Coislin. : *Absolventes prædictos homines ab omni... exactione, extorsione, gallina, Treusa, etc.* Butelerius in Summa lib. 2. pag. 865 : *Item est à sçavoir qu'au pays où le Treu du sel a lieu, nul ne doit acheter sel fors au grenier du seigneur.* Vide Glossarium Juris Gall. v. *Treu* et infra *Truagium* et *Trutanizare* in *Trutanus*.

¶ **TREUVA**, TREUVIA. Vide in *Treva*.

* **TREWILLUM**, Torcular, idem quod *Trolium*. Epit. in eccl. Vienn. apud Charvet. hist. ejusd. pag. 771 : *xxx. libras quæ positæ fuerunt in emptione Trewilli Ascherici apud costas d'Arey, anno incarnati Verbi mil ccxxiiij.*

* **TREYRA**, Modus agri seu vineæ. Charta admort. ann. 1415. in. Reg. 168. Chartoph. reg. ch. 328 : *Item pro decem Treyris vineæ,..... mediam Pictavinam.* Nisi legendum sit *Treyla*. Vide supra *Trelhia*.

¶ **TREZA**, Crines intexti. Vide in *Trica*.

* **TREZEBIA**, Crinium intertextorum muliebris ornatus. Stat. ann. 1342. inter Monum. eccl. Aquilej. cap. 90. col. 903 : *Item quod nulla mulierum vel dominarum.... audeat portare in ornamento capitis perlas, velos aureos et argenteos, nec alia ornamenta, excepta Trezebia vel curdella valoris unius marchæ, et non ultra.* Vide supra *Trescia* et *Tressatorium*.

* **TREZELLUS**, Dolii vinarii species. Arest. ann. 1414. 12. Maii in vol. 11. arestor. parlam. Paris. : *Pro quolibet tonnello quinque solidos, pro Trezello quatuor solidos, etc.* Vide supra *Tresellus*.

¶ **TREZENA.** Litteræ Humberti II. Dalph. ann. 1345. tom. 2. Hist. Dalph. pag. 519. col. 1 : *Summa dictarum personarum in numero, inclusa Domina*, xxx. *Extimantes esse necessaria pro dicta domina matre nostra cum personis prædictis et Trezena quolibet anno, videlicet de frumento cccc. sest. etc.* Adnotat Cl. Editor nostris vulgo dici *Trezain* id, quod a venditore supra justum numerum datur emtori, qui res emit per numerum duodecim, seu *quarteronum* vendi solitas ; atque, per analogiam ad hunc usum *Trezena* hic dici de personis, quas D. Dalphina secum habere poterat ultra numerum 30. personarum sibi de more assignatarum. Quid si *Trezena* eo loci sit, pro *Terdena*, triginta, Gall. *Trentaine*. Nihil certe absurdi sequeretur.

¶ **TREZENARE.** Vide mox in *Trezenum*.

TREZENUM, Pretii venditionis pars decima tertia, quæ domino exsolvitur pro *laudimio*, seu vendendi facultate vassallo vel tenenti indulta : nostris, *le Treziesme denier* : nude *Treiziéme*, in Consuet. Norman. art. 114. 171. 174. [*Trezain* Provincialibus : qua de re consulendi Bonus in Observat. ad Statuta et Consuetud. Provinciæ cap. 16. pag. 24. et *Mourgues* in Statut. pag. 153.] Charta Provincialis ann. 1236. in Regesto Tolosano Cameræ Comput. Parisiens. : *Dantes prædictis Dominis Cadarossæ et eorum hæredibus et successoribus licentiam et plenariam potestatem, quod ipsi inter se nobis irrequisitis et inconsultis sine Trezeno, accepto* (leg. *accapto*), *et laudimio possint vendere, permutare, etc.* Donatio facta Templariis Tolonensibus a Gaufrido et Rostagno de Aguto : *Reddito tamen Trezeno vel seignoria, quam habent ibi Domni.* Charta Michaëlis Archiepiscopi Arelatensis ann. 1214. qua Castrum de Belliquadro cedit Simoni Comiti Montisfortis, in 30. Regesto Archivi Regii Ch. 59 : *Pedagia sive in aqua, sive in terra, lesdas, quintale, cordum, furnos, sextairale, jurisdictionem, justitias, firmantias, Trezenos, medios trezenos, laudimia, monetam, etc.* Adde Conc. Avenion. ann. 1279. cap. 1. et ann. 1326. cap. 11. [Instrum. Gall. Christ. novæ edit. tom. 3. col. 217. 248.

Statuta Massil. lib. 2. cap. 1. § 37. cap. 29. § 3. lib. 3. cap. 30. § 12. cap. 5. § 3. 5. cap. 36. Hist. Dalphin. tom. 1. pag. 98. col. 2. tom. 2. pag. 74. col. 1. pag. 110 col. 1. *Trezenum in omni casu alienationis*, in Homagio ann. 1371. e Schedis Præs. de *de Mazaugues*. Occurrit passim in Chartis MSS. in quibus aliquando scriptum legitur *Tresenum*.]

¶ **Trezenum**, Quævis decima tertia pars e qualibet re percepta. Transactio ann. 1212. ex Histor. Montis-Majoris MS : *Testes probaverunt monasterium habuisse pacifice ab omnibus ibi piscantibus... de avibus craneis Trezenum pro pulmento, et de venatione capita aprorum*, etc. Transactio ann. 1223. e Schedis Pr. *de Mazaugues : Licitum erat dictis hominibus in dicta sylva piscari et aucupari, dato domino sylvæ Trezeno avium et piscium*. Vetus Recognitio MS : *Item quartam partem Trizeni pecunie, quam et quod percipit.... Item etiam quartam partem Treseni seu Tresene partis pecunie, quam accipit in quolibet navigio*.

Trezenare, dicitur, qui habet jus exigendi *Trezenum*. Charta Tarasconensis de venditione cujusdam *feudi Franci, sub majori dominio, alta et bassa jurisdictione, baneria, et jure laudandi et Trezenandi magnifici et egregii viri Ludovici le Maingre, dicti Bossicault, Domini loci Burbonis et condomini Insularum de Massaguuta*. [Charta clientelaris dominii de Tritis ann. 1533 : *Item census et servitia, tam pecuniaria quam bladi, cum jure laudandi, Trezenandi, jureque prælationis retinendi, etc.*]

Tredecima recensetur etiam inter *auxilia*, imposita sub Joanne Rege pro bellicis necessitatibus, in Charta Caroli V. 16. Nov. 1380. quæ habetur in Regesto Andegavensi Cameræ Comput. Paris. fol. 49 : *Par ces presentes quittons et remettons et annullons, et mettons du tout au neant tous aydes et subsides quelconques, qui pour le fait desdites guerres ont esté imposées, cueillis et levez depuis nostre predecesseur le Roy Philippe que Dieu absoille jusques aujourd'hui, soient fouages, impositions, gabelles, Treiziémes, quatriémes, et autres quelconques ils soient, et comment qu'ils soient dis ou nommez, etc.*

¶ **TRI**, Francis vet. Tres. Vide *Chunna*.

* **TRIA**, Columbarii species, nostris alias *Trie*. Charta ann. 1347. in Reg. 79. Chartoph. reg. ch. 13 : *Comme Robert Videt nostre bourgeois de Carenten... tiegne une voulée ou-Trie de coulons par dessus une estable*.

¶ **TRIACHA**, in Statutis Astæ, ubi de *intratis* portarum, et Statutis Montis-regalis pag. 288. pro Italico *Triaca*, Gall. *Theriaque*, Theriaca, confectio nota. Vide *Triaculum*.

¶ **TRIACONTAS**, Tricenarius numerus, Tertulliano de Præscript. cap. 49. a Græc. τριάκοντα, triginta.

TRIACONTASIMUS, ex Gr. Τριακοντάσημος, Pannus, qui triginta *clavis* exornatur. Græci enim σῆμα et σημεῖον, Clavum auri et purpuræ, qui vestibus adsui solet, vocant, ut observatum a Salmasio, et aliis. Petrus Diac. lib. 4. Hist. Casin. cap. 17 : *Misit.... pallium Triacontasimum pro altari nostræ Ecclesiæ*. Et cap. 46. al. 48 : *Pallium Triacontasimum B. Benedicto direxit*. Epistola Alexii Comneni Imp. in Regesto ejusdem Petri n. 148 : *Missa sunt vobis causa memoriæ ab Imperio meo libræ 8. solidorum Michalatorum, et pallium Triacontasimum super altare vestræ Ecclesiæ*. Alia editio habet *Triacontas*.

* **TRIACULUM**, a veteri Gallico *Triacle*, pro *Theriaque*, Theriaca; unde *Triacleur*, et *Triaclier*, ejusdem propola. Lit. remiss. ann. 1376. in Reg. 110. Chartoph. reg. ch. 300 : *Fuit tamen materia, in dicta piscide existens, illico in judicio per expertos in talibus examinata et exprobata; et repertum quod hoc erat bonum et finum Triaculum, absque macula pravitatis;... confitens etiam ipse Dorenlot quod dictam piscidim et materiam quæ in ea erat, emerat tanquam bonum Triaculum a magistro Martino Triaclii* (sic) *venditore*. Aliæ ann. 1381. in Reg. 119. ch. 44 : *Jehan Merlin cirrurgien de rompture et de taille,.... s'estant accompagniez d'un Triaclier, nommé Adam le Lievre, pour aler par païs pour leur pain gaigner de leurs sciences ou mestiers, etc*. Rursum aliæ ann. 1394. in Reg. 147. ch. 87 : *Comme le suppliant eust esté acheter une petite bouteille de Triacle d'un, qui estoit appellé maistre Martin le Triacleur, etc*. Vide supra *Thiriaca*.

¶ **TRIACUMINIS Cultellus**, Cui tria sunt acumina, seu latera secantia. Vide in *Cultellus* et *Trialemellum*.

¶ **TRIADES**, Trinitas, a Græco Τριάς, άδος. Fortunatus in Carmine ad Martinum Episc. Galliciæ :

Lumen apostolicum cum spargeret una Triades.

TRIAEN. Lex Salica tit. 40. § 13 : *Triaen componat, quod est tertia pars solidi, id est 12. denarii, et tertia pars unius denarii*. Editio Tilii habet *Triente uno componat, quod est tertia pars solidi, id est denarii, et tertia pars denarii*. Ubi deest vox *duodecim*, quæ habetur in Heroldina tit. 41. § 15. et Pithœana. Supra tit. 37. § 4 : 40 *den. qui faciunt solid. 1. et Trianti uno, quod est tertia pars solidi, culpabilis judicetur*. Edit. aliæ habent, *Triente*. Vide Wendelinum.

TRIALEMELLUM. Albericus in Chron. MS. ann. 1214. [** pag. 481. ed. Leibn.] : *Ante oculos ipsius Regis occiditur Stephanus de Longo campo, in capite percussus longo, gracili, Trialemello, quem Falsarium nominant*. Id est, pugione, vel cultro longiori, triplicem *lamellam*, seu laminam ferream habente : nam *alemelle*, et *alumelle*, cultri laminam etiamnum dicimus. Philippus *Mouskes* in Hist. Franc. MS. in Philippo Aug. :

Un coutiel ot moult rice à pointe,
D'acier iert l'Alemielle jointe.

[Le Roman d'*Athis* MS :

Selon le corps lez la mamelle
Lui a conduite l'Alemelle.

Vide *Triacuminis cultellus* et *Falsarius*, 1.]

TRIALLUM. Vide *Triare*.

¶ **TRIALOGUS**, Mutuum inter tres colloquium. Hoc titulo donavit J. Wiclefus præcipuum e suis, quæ Latine scripsit, operibus : in quo *Veritatem, Prudentiam* et *Mendacium* inducit una sermocinantes.

TRIANFACTA. S. Cyprianus Epist. 21 : *Pro se dona numeravit, ne sacrificaret; sed tantum ascendisse videtur usque ad Trianfacta, et inde descendisse*. Ubi Pamelius locum fuisse opinatur, ubi sacrificabatur. Alii volunt locum esse, qui Romæ *Tria fata* dicebatur, de quo Procopius lib. 1. de Bello Goth. cap. 25. Anastasius pag. 116. etc. Vide Rosweidum ad Paulini Epistolam 38. [et Baluzii notas ad hunc locum.]

¶ **TRIANGULARE**, *Facere aliquid triangulum, vel triangulare*, in Gemma gemmarum. [** Hæc ex Vossio de Vit. Ser. lib. 4. cap. 28. Gemma habet *Triangulare est triangulos facere*.] Nicolaus de Jamsilla de gestis Friderici II. Imp. apud Murator. tom. 8. col. 565 : *Facta sunt de ingenio Marchionis Bertholdi quædam lignea instrumenta Triangulata sic artificiose composita, quod de loco ad locum leviter ducebantur*.

¶ **TRIANNUM**, Triennium, Gall. *Triennal*. Inquisitio ann. 1268 : *Ipse stetit... per tres annos pro pastore, et dixit quod vidit quolibet anno dictorum Triannorum*, etc.

¶ **TRIANTUS**, f. pro *Striatus*. Vide *Castriatus*.

* **TRIARCHES**, Sic vocantur tres filii Ludovici Pii, qui regnum Francorum in tres partes diviserunt, ut notat D. *Bouquet* ad Mirac. S. Maxim. tom. 7. Collect. Histor. Franc. pag. 372 : *Ludovico piissimo augusto, ut credimus, regna cœlestia petente, imperium Francorum armis diu quæsitum, atque a Carolo ejus patre multipliciter propagatum, a nobili illius corporis compage multis nationibus concta trifariam dividitur, Triarchesque filii constituti, id regendum sortiuntur*.

* **TRIARCHUS**, *Navigans, præpositus in exercitu*, in vet. Glossar. ex Cod. reg. 7641. Aliud ex Cod. 7613 : *Trias, præpositus navigantium* (secunda manu, *navigans*) *in exercitu*.

¶ 1. **TRIARE**, Ex multis eligere, Gall. *Trier*, Provincialibus *Triar*. Inquisitio ann. 1268 : *Et ipse venit ad dictos oves,.... et elegit sive Triavit oves pastorum*. Infra : *Triaverunt per sacramentum dicti pastores avere eorum*. Litteræ ann. 1237. apud Rymer. tom. 4. pag. 803 : *Ad eligendum et Triandum mille homines Wallenses ad lanceas, etc*. Aliæ ann. 1338. tom. 5. pag. 7 : *Centum homines Wallenses... de melioribus, validioribus et fortioribus... eligatis, Trietis et arraietis, vel eligi, Triari et arraiari faciatis*. Vide *Assidere*. 3.

* Charta ann. 1342. in Reg. 72. chartoph. reg. ch. 341 : *Offero vobis restituere et Triare fustam, quæ vestra fuit, juxta pacta prædicta, aliter protestor de dampno,..... si dicta fusta deterioraretur*. Hinc

☞ *Triaige*, Separatio, selectio : quo nescio an spectet vox *Triaige* in Chartul. Latiniac. fol. 267. v° : *Sauf et reservé certain dixmage que l'Abbé de S. Mor des fossez et les hoirs Tiersault preignent certain Triaige oudit terrouer d'Ongnes*. Ubi fortassis legendum est *Terrage* vel *Tierçage*.

* *Triege* vero, Territorium sonat, in Chartul. Gemmet. tom. 1. pag. 53 : *Nous prenons toutes les grosses et menues dixmes du Triege, appellé la rue des Aiguillons;... et au Triege enclos dedans la rue du Sauve prenons comme dessus et toutes les dixmes des vins*.

2. **TRIARE**, vox Fori Anglici, *Causam agere, rem probare, actione experiri, examen litis subire*, denotans a Saxon. tri-

wian, uti vult Somnerus, *i. probationibus innocentiam suam ostendere, vel fidem suam injuste in dubium vocatam probare, seque dignum, cui fides adhibeatur.* Spelmannus : *Triatio, Triatores, Anglis Trynours, vocabula forensia quibus nulla, quod sciam, Latine respondeant satis apposite. Est autem Triatio, exactissima litis contestatæ coram Judice per duodecimvirale sacramentum exagitatio, quod et Triare dicitur : et ipsi Sacramentales inde Triatores, eorumque sacramento res comprobata, Triata appellatur.* Fleta lib. 4. cap. 10. § 4 : *Si parentes producantur, qui quærentem suum sub potestate domini constitutum probaverint, Triantur per hoc tam causa status, quam assisa, et talis liberabitur domino suo, ut villanus suus.* Adde § 5. [et Chronicon Wethamstedii pag. 425.] Will. Thorn ann. 1335 : *Qui vero Salomon, hujus sæculi prudens fabricavit sibi stateram, Abbati et Conventui postea dolosam et abominabilem,... et cum illa Triavit 20. sol. in denariis antiquis ponderis maximi, cum quibus æqua lance recipiebat denarios quorumcunque.* Hæc verba non plane percipio, nec video, quomodo vocis notioni a Somnero et ab aliis allatæ conveniant. [** Vide *Triare*, 3.] Littleton. sect. 193 : *Ceo sera Trié en le countie lou le plaintif avoit conceivé son action, et nenny en le county lou le manor est, etc.* Infra : *Si ascun villeine voylloit suer ascun maner de action à son use demesne en ascun countie, où il est fort à Trier envers son Seigniur, etc.* Jo. Britto de Legib. Angl. cap. 29 : *A quel jour le Visconte face Trier 12. des plus sages et plus leals, et plus souffisans de tout le hundred, et ceux faire jurer, etc.* Hinc forte vox Gallica *Trier*, pro seligere, eligere.

Triallum, Ipsa *triandi* actio. Willelm. Stanfordius lib. 2. de Placitis Coronæ cap. 49 : *Le Triel est per verdit de 12. hommes; le confession est per la partie mesme, quand il ceo confesse devant le Coroner, ou devant les Justices.* Triplex autem *Triallum* recenset idem Stanfordius : *Trial par bataille*, lib. 3. cap. 1. 13. 14. cum quis se a crimine defendit per duellum : *Trial par les Pers du Royaume*, eodem cap. 1. cum quis reus nobilis a Paribus suis judicatur : et *Trial par le pays*, cap. 2. et seqq. Vide *Patria*. In quo vero differat *Triallum* ab *indictamento*, vide eumdem Stanford. lib. 2. cap. 26. pag. 90.

* 3. **TRIARE**, f. Aurum vel argentum ab aliis metallis, quæ in monetis permisceri solent, separare, idem quod supra *Rechassare*. Charta pacis Petri cardin. sub Jacobo I. reg. Aragon. : *Item statuimus quod si quis monetam Barchinonensem falcaverit, vel Triaverit, vel ad fundendum alicubi portaverit,... tamquam monetæ falsarius puniatur.*

* **TRIARIUS.** *Qui tertio loco constituitur, portitor signorum*, in vet. Glossar. ex Cod. reg. 7613. [** *Super tres constitutus*, addit Joh. de Janua.]

¶ 1. **TRIAS**, SS. Trinitas, a Gr. τριάς, Ternio. Sigebertus Levita in Vita Theodorici Episc. Metensis, apud Leibnit. tom. 1. Scriptor. Brunsvic. pag. 294 :

Adsis una Trias, animæ trinæ monas.

* 2. **TRIAS.** Vide supra in *Triarchus*.

* **TRIATEL**, Vox vulgaris, nomen fortasse cujusdam prædii rustici. Charta ann. 1126. ex Chartul. S. Eparch. : *Dono S. Eparcho illud ædificium, quod vulgo appellatur Triatel, in parrochia de Narciaco...... Iterum cum isto dono de Triatel illum censum, quem pater noster Hugo præpositus habebat in ista valle.*

¶ **TRIATIO**, Triator. Vide *Triare* 2.

¶ **TRIATRUS**, *Tertius dies*, in Amalthea. [** *Tertius dies post Idus*, apud Festum Pauli.]

TRIAVERDINI, cum Brebantionibus et Ruptariis junguntur in Concilio Lateranensi III. ann. 1079. can. 2. 27 : *De Brebantionibus et Arragonensibus et Navarris, Basculis et Coterellis, Triaverdinis, qui tantam in Christianos immanitatem exercent, etc.* Vide an non legendum sit *Trialemellinis*, qui scilicet *Trialemellis sicis*, de quibus supra, utebantur.

* **TRIBA**, pro Turba. Charta ann. 1260. inter Probat. tom. 3. Hist. Occit. col. 543 : *Dictus episcopus Albiensis, cum magnis et multis Tribis militum et peditum armatorum, cum vexillis et tubis, etc.* Pluries ibi. *Une grant Trouble de gens*, apud Bellomaner. MS. ex museo meo pag. 97. v°. col. 2.

TRIBATTERE. Lex Salica tit. 40. § 9 : *Si quis jumenta aliena Tribatterit, et evaserint, etc.* § 14 : *Caballos aut jumenta aliena Tribatterit, aut debilitaverit, etc.* Spelmannus *tribattere* ait, esse sine sanguinis effusione verberare, vel cædere, Anglis *Dribeat*, a Saxon. drife. Angl. *Dry*, i. *aridus*, et beate, *percutio*. [Melius forte Vossius lib. 4. de Vitiis serm. cap. 2. *Tribattere* interpretatur ter sive sæpius *battere* seu percutere.] Vide *Trabattere*.

TRIBIANA, Vitis species, de qua Petrus de Crescentiis lib. 4. cap. 4.

¶ **TRIBILIUM**, a Gr. τρύβλιον, Catinus, paropsis, vas in quo cibi proponuntur. Agnellus in Vita Georgii Episc. Ravenn. apud Murator. tom. 2. pag. 185. col. 2 : *Judith vero Caroli mater dedit eisdem sacerdotibus Tribilium* (vel Tribilion) *argenteum modicum unum, asserens se non plus habere, dicens : Tollite hunc ferculum, refocillate penuriam vestram.*

¶ **TRIBILLUM.** Vide supra *Tibrillum*.

* **TRIBLA**, Instrumentum piscatorium, Gall. *Truble*, alias *Treubleur*. Charta ann. 1243. ex Tabul. priorat. S. Mart. de Lavard. : *Homines de Lavardino piscabuntur ibidem, prout piscantur in aliis aquis nostris de Lavardino, videlicet cum Triblis seu banastis, etc.* Lit. remiss. ann. 1409. in Reg. 164. Chartoph. reg. ch. 57 : *Ilz trouverent un petit Treubleur, duquel ilz prindrent des enguilles oudit chalan.* Vide *Trubla*.

TRIBLAGIUM, Species tributi vel præstationis, in Tabulario S. Vandregisili, [scilicet in Charta ann. 1214. tom. 2. pag. 1718 : *Ego Hugo Mandeguerre dedi... monachis ibidem Deo servientibus... totum tenementum.... apud Avesnes, cum omnibus pertinentiis, tam in servitiis quam in redditibus, releviis, auxiliis... fenagiis, Triblagiis, et omnibus aliis, quæ ad manum meam... debent devenire.* Servitium intelligo quo vassalli debent terere frumentum dominorum suorum; nisi forte legendum censeas *Criblagium*. Vide *Tribulagium*.]

* Servitium, quo vassalli tenentur poma conterere, ut ex iis succus exprimatur, a verbo *Triblare*, terere, contundere. Reg. S. Justi ex Cam. Comput. Paris. fol. 208. r° : *Item omnes homines feodi debent fenagium, Triblagium, etc.* Ibid. fol. 194. r° : *Item homines feodi, qui debent claudere jardinum, colligere poma et Triblare, portare fimum ad campos et spargere.* Et fol. 207. r° : *Item sunt ibi tresdecim homines, qui debent colligere poma et Triblare.* Arest. Scacar. apud Rotomag. ann. 1296. ex Cod. reg. 4651 : *Si avaient letre que l'ael audit Raoul les avait quitiés de service de cheval et de pommes piler, etc.* Hinc *Atribler*, pro *Accabler, écraser*, obterere, opprimere. Chron. S. Dion. tom. 3. Collect. Histor. Franc. pag. 257 : *En celle meisme année li olz le roi Childebert se combati contre les Auvergnaz, qui reveler se voloient; si les Attriblerent, si que il les menerent aussi comme à souvraine desconfiture.*

TRIBLATTON, Trini coloris pallium, vel in blatta aut cocco ter tinctum. Petrus Damian. lib. 4. Epist. 7 : *Mihi pallium reverenter obtulit, quod Triblathon juxta sui generis speciem nuncupatur. Trium quippe colorum est, et blathon pallium dicitur, unde Triblathon pallium vocatur, quod trium cernitur esse colorum.* Leo Ost. lib. 3. cap. 20 : *Viginti pannos sericos, quos Triblattos vocant, coëmit.* Infra : *De Triblattis vero omnibus pluviales fieri jussit.*

TRIBOK, Triboichus. Vide *Trebuchetum*.

¶ **TRIBOLLETUS** Panis. Vide in *Panis*.

¶ **TRIBON**, Græc. τρίβων, Pallium tritum, sordidum. Vide *Tribunarium*. Ausonius Epigr. 53. 1 :

Pera, polenta, Tribon, baculus, scyphus, areta [supellex.

¶ **TRIBONA**, Idem quod *Tribuna*, si non est ita legendum, Ambo, pulpitum Ecclesiæ. Chron. Siciliæ apud Marten. tom. 3. Anecd. col. 10 : *Consecrata fuit Ecclesia S. Spiritus de Panormo, videl. ann. Dom.* MCLXXX. *ut scriptum est in Tribona magna Ecclesiæ ipsius.*

¶ **TRIBUCCUS.** Vide supra *Trebuchetum*.

¶ **TRIBUCES**, Ocrea lanea. Vide *Tubrucus*.

¶ **TRIBUCH**, Machinæ genus. Vide *Trebuchetum*.

¶ **TRIBUCHARE** Monetam. Vide *Trabuchare*.

¶ **TRIBUCHETUM**, Tribuculus. Vide *Trebuchetum*.

¶ **TRIBUERE**, Præstare. Cod. Theod. lib. 13. tit. 3. leg. 10 : *Medicis et magistris urbis Romæ sciant omnes immunitatem esse concessam; ita ut etiam uxores eorum ab omni inquietudine Tribuantur immunes.*

¶ Sibi Tribuere, Sibi vindicare, in eodem Codice lib. 9. tit. 42. de Præscript. leg. 14.

1. **TRIBULA**, Charta Mariæ Reginæ ann. 1293. pro fundatione domus Dei Tornodor. : *Item redditum illum in quo piscatores ad Tribulam et ad junchias nobis singulis annis tenentur pro piscando in riparia Tornodorensi.* Machina forte piscatoria, in modum *tribuli* bellici, de quo mox.

☞ Idem haud dubie est quod infra *Trubla*, nostris *Truble* vel *Trouble*, ut rursum colligitur ex Chartâ ann. 1279. ex Tabular. Sangerm. : *Inter eos est accordatum quod dicti homines de cætero piscare poterunt in ripparia dictæ villæ ad pannerium, Tribulam, lineam, nassas, etc.*

* 2. **TRIBULA**, *Herche*, in Glossar. Lat. Gall. ex Cod. reg. 7679. Aliud ex Cod. 7692 : *Tribula, esmotouer, vel herse, vel pele.*

* 3. **TRIBULA**, *Genus vehiculi spinarum; machina qua teruntur frumenta*, Glossar. vet. ex Cod. reg. 7613. [** Vide Forcellin. in *Tribula* et *Tribulus.*]

¶ **TRIBULAGIUM**, Tributi species. Litteræ Henrici VIII. Regis Angl. ann. 1537. apud Rymer. tom. 14. pag. 581 : *Concedimus eisdem Johanni Greynfeld (servienti ad arma) Tribulagium nostrum, sive consuetudinem vocatam le Tribulage infra hundreda nostra de Penwyth et Kerr. Et infra stannariam nostram de Penwyth et Kerr. prædictis in comitatu nostro Cornubiæ provenientem, de omnibus et singulis hominibus operantibus cum eorum tribulis infra dictam stannariam et limites ejusdem, videlicet de quolibet tribulo duos denarios. Tribulam* vel *Tribulum* Latini dicebant vehiculi genus, quo frumentum in area terebatur. Vide *Triblagium.*

** **TRIBULAMEN**, Tritura. Ruodl. fr. 3. vers. 390 :

> Has jubet obduci rex glutine valde tenaci
> Polline commixto multo Tribulamine....
> Ut non abradi nec aqua queat hoc aboleri.

Confer Plin. Hist. Nat. lib. 13. cap. 12. al. 26.

TRIBULANTES, pro *Tribulati*, Vexati, Energumeni, Dæmoniaci, qui χειμαζόμενοι in Conciliis, [πασχικοί, in Vita S. Eupraxiæ n. 26. et 28.] dicuntur. Epistola 8. inter Francicas tom. 1. Hist. Franc. : *Ubi Tribulantes, id est dæmonia habentes, in aëra suspensi torquentur.* [** Vita S. Anskarii cap. 19 : *Intelligite quod vanum sit a dæmonibus auxilium petere, qui non possunt Tribulantibus subvenire.*] Vide Glossar. med Græcit. in Πασχικός.

¶ 1. **TRIBULARE** proprie Tribulis tundere, comminuere, ut Catoni de Re R. cap. 23. metaphorice vero Affligere, vexare, in Bibliis sacris passim ut et apud Scriptores ecclesiasticos : quod improbat Vossius lib. 1. de Vitiis serm. cap. 34.

* Hinc nostris *Tribouler*, eodem intellectu. Lit. remiss. ann. 1379. in Reg. 115. Chartoph. reg. ch. 169 : *Regnault de Villiers renommé d'estre usurier, et de grever, Tribouler et dommager le menu pueple, etc.* Unde *Tribouleur* et *Tribulerres*, qui ita agit. Lit. remiss. ann. 1382. in Reg. 122. ch. 177 : *Icellui Conte, qui estait homme très-rioteux, emputeur de gens et Tribouleur, eust fait adjourner à ce jour le suppliant, etc.* Mirac. MSS. B. M. V. lib. 1 :

> Se vous fuissies uns Triboulerres,
> Uns useriers, uns amasserres, etc.

Inde etiam substantivum *Tribol* et *Tribou*, Afflictio, animi dolor, in Comment. ad Psal. ex Glossar. ad calcem Joinvil. edit. reg.: *Dex delivre Israel... de toz leur Tribous.* Ubi Psal. 24. v. 22 : *Libera Deus Israel ex omnibus tribulationibus suis.* Et Psal. 80. v. 8 : *In tribulatione invocasti me, et liberavi te.* Quæ sic Gallice redduntur ibid. : *En ton Tribol m'apelas, et je te delivrei.*

¶ 2. **TRIBULARE**, Turbare, turbulentum facere, Gall. *Troubler*. Statuta Massil. lib. 2. cap. 41. *de operatoriis Blancariorum : Ne perturbent, vel misceant, vel Tribulent suas calquerias vel torcularia, quando eas vel ea curabunt .... Imo aquam pausatam et claram, quanto plus poterunt inde ejiciant, ne cum aqua prædicta fimus seu lutum in dictis calqueriis seu torcularibus contentum ad portum possit decurrere.*

Tribulatio, in Glossis antiquis MSS. *Contritio*, *amaritudo*, [ærumna, calamitas, afflictio, in Scripturis sacris et apud Scriptores ecclesiasticos sæpissime.]

* *Tribouler*, pro multa agere, maximam dare operam; quod in malam partem accipitur, in Lit. remiss. ann. 1410. ex Reg. 164. Chartoph. reg. ch. 248 : *Icellui deffunct Triboula et fist tant par son malice, qu'il fist excommenier le suppliant. Tribuler* vero, Turbate agere, movere sonat, in aliis ann. 1402. ex Reg. 157. ch. 305 : *Ainsi comme le suppliant Tribulait et démenait ses mains parmi ledit coffre, etc.* Hinc *Troubleur*, Perturbator, in Lit. Caroli VI. ann. 1413. ex Memor. H. Cam. Comput. Paris. fol. 18. v° : *Toutes lesquelles choses ont esté faites à l'instigation, impression, violence, importunité et pourchas d'aucuns séditieux, Troubleurs de paix, malveillans, etc.* Eo etiam pertinere videtur vox *Tribert*, in Lit. remiss. ann. 1414. ex Reg. 167. ch. 331 : *Icellui prestre appella l'exposant Tribert et malotru,..... à quoy icellui exposant eust respondu qu'il n'estait Tribert ne malotru : mais estoit homme paisible.* Nisi tamen dissolutum et libidinosum hominem significet, quo sensu vox *Trubert* intelligenda videtur, in aliis Lit. ann. 1359. ex Reg. 90. ch. 180 : *Quant icellui Jehan ot oy que icellui Vincent l'ot appellé Trubert, etc.* Aliæ ann. 1399. in Reg. 154. ch. 727 : *Lequel Colart respondy qu'il n'estait pas paillart ne Trubert. Trubart*, in aliis ann. 1377. ex Reg. 111. ch. 197. Unde *Tribouil*, pro *Trouble*, *tumulte*, Rixa, contentio, tumultus, perturbatio. Joinvil. in S. Ludov. edit. reg. pag. 141 : *Il ot à un parlement, qui fu à Paris, grant Tribouil de moy et de l'evesque Pierre de Flandres.* Lit. remiss. ann. 1390. in Reg. 139. ch. 41 : *Tandis qu'ilz se débataient en ce conflict et Tribouil, icellui suppliant soy sentant ainsi feru, etc.* Et *Tribou*, Commotio, succussus, vulgo *Agitation*, *secousse*, in aliis ann. 1448. ex Reg. 179. ch. 204 : *Icellui Bertran fut mis en une charrete à beufs, pour estre porté au cizurgien ou medecin;... mais avant qu'ilz peussent estre là, pour le Tribou de la charrete, etc.*

TRIBULOSUS, Tribulis plenus, senticosus, asperrimus, apud Sidonium lib. 1. Epist. 7. lib. 4. Ep. 3.

* **TRIBULUM**, Pistillum, instrumentum quo *triblatur* seu teritur, Gall. *Pilon*. Glossar. Gall. Lat. ex Cod. reg. 521 : *Tribulum, pestel.* Vide supra *Triblagium.*

TRIBULUS, Tribuculus, Machina bellica, eadem, ni fallor, quæ *Trebuchetum*, de quo supra. Jac. de Vitriaco lib. 3. Hist. Orient. pag. 1133 : *Nos vero considerantes turrim capi non posse petrariarum vel Tribulorum ictibus, etc.* Infra pag. 1143. *Tribuculos* vocat : *Inventi sunt in Damiata Tribuculi 4. cum petrariis et mangonellis pluribus, etc.* Matth. Paris ann. 1099 : *Petrarias, Tribunculos, et arietes cum scrophis ad murum suffodiendum construxerunt.* Infra : *Alii vero infra machinas et castella constituti cum petrariis et Tribunculis molares maximos, et lapides damnosos ad mœnia dirigentes, etc.* Supra ann. 1097. habet *trubuculos : Petrarias, Trubuculos et mangonellos.* Auctor incertus post Theophanem in Leone Armenio pag. 434 : Πρὸς δὲ τούτοις παρασκευάζει διαφόρων ἑλεπόλεων ὄργανά τε καὶ μηχανήματα, καὶ μαγγανικὰ παμμεγέθη, τριβόλους τε καὶ τετραβόλους, καὶ χελώνας, etc. Ubi lego πετραβόλους. Aliud enim hoc loco τρίβολον est a murice, seu a *Tribulo* Romanorum, eo scilicet *propugnaculo*, uti habet Vegetius lib. 3. cap. 24. *quatuor palis confixo, quod quomodo abjeceris, tribus radiis stat, et erecto quarto infestum est :* uti vocem τρίβολος usurpat Leo in Tactic. cap. 11. § 28. 46. cap. 14. § 45. cap. 19. § 56. de quo etiam Salvianus lib. 6 : *Sicut enim exercitus pugnaturi ea loca, per quæ venturas hostium turmas sciunt, aut foveis intercludere, aut sudibus præfigere, aut Tribulis infestare dicuntur, scilicet ut si non in omnia ea quispiam incidat, nullus tamen penitus evadat, etc.* De ejusmodi tribulis videndus Budæus in Annot. ad Pandect. [et Car. de Aquino in Lex. Milit.]

TRIBUNA, Ambo, pulpitum Ecclesiæ, quod *Tribunal* quidam e Patribus vocant. Vulgo nos *Tribune*. Alii *Tribunam* interpretantur opus rotundum et testudinatum. Ugutio : *Absida est Græcum, et interpretatur lucida, i. latus ædificii, vel Trebuna, etc.* Epitaphium Wifredi Comitis Barcinonensis apud *Fra Diago* lib. 2. Hist. Comitum Barcinon. cap. 15. et Anton. de *Yepez* tom. 4. Chron. Ord. S. Benedicti pag. 362 : *Sub hac Tribuna jacet corpus quondam Vuifredi Comitis, etc.* ann. 914. [Acta S Bertrandi, tom. 2. Junii pag. 802 : *Apud Tribunam majoris aræ et penes monumentum, in quo præfati corpus Præsidis in pace quiescit, etc.* Jac. de Varagine Chron. Januense apud Murator. tom. 9. col. 36 : *Cum vero in Tribuna imago pulcherrima deberet destrui taliter sunt ingeniati, quod illam trofinam* (*cidjunnam* in Cod. Ambros.) *salvam et integram cum illa imagine per brachia xxv. traxerunt, et eam in fundamento, ubi modo est, stabiliter collocarunt.* Concil. Lugdun. ann. 1527 : *Evangelium alta voce in Tribuna et capella crucis more solito.... dixit et evangelizavit. Tribuna*, Cruscanis Academicis dicitur, *la parte principale di edifici sacri, o di altre fabbriche insigni;* Macris vero fratribus *Tribuna* dicitur Hemicyclus muralis, qui in fine Presbyterii solet terminari, quasi Tribunal, quia ibi Tribunal sive pontificalis cathedra collocabatur, ut in Templo S. Ceciliæ Transtiberinæ regionis ex lapide adhuc exstat, etc.]

1. **TRIBUNAL**, inquit Amalarius, lib. de Divin. Offic. cap. 18. vocat Cyprianus gradum, super quem ascendit Diaconus ad legendum, scribens ad clerum et ple-

bem de Celerino Confessore, lib. 4. Epist. 5 : *Hunc ad nos venientem... quid aliud quam super pulpitum id est super Tribunal Ecclesiæ oportebat imponi, ut loci altioris celsitate subnixus, et plebi universæ pro honoris sui claritate conspicuus legat præcepta et Evangelium Domini.*

2. **TRIBUNAL**, Gr. Βῆμα, in Vitis Patrum, [Locus in templo ubi Sacerdotes consistunt, laicis interdictus, nostris *Sanctuaire.* Ordo Rom. apud Mabillon. tom. 2. Musei Ital. pag. 56 : *In hoc honorabili ministerio debet Pontifex venire in Tribunal Ecclesiæ et inclinare caput contra altare.* Vita S. Dionysii Mediol. n. 14. tom. 6. Maii pag. 46 : *Et cœperunt se Ariani intra Ecclesiam cum Catholicis miscere, ita ut Episcopi illorum Tribunal conscenderent.* Neque aliter accipienda hæc vox videtur in Translat. S. Hunegundis sæc. 5. Bened. pag. 224. tametsi de capitulo Monachorum intelligit Mabillonius : *Feruntur beata pignora in cryptam sanctæ et individuæ Trinitatis in honore dedicatam, retro ejusdem ipsius monasterii Tribunal fabricatam atque contiguam.* Ibid. pag. 226 : *Sacras reliquias..... in sacro peribolo retro altare sanctæ virginis Hunegundis intra pyramidem, quod nos oraculum dicimus, digno cum obsequio componunt.*]

3. **TRIBUNAL**. *Tribunalia* inter ministeria sacra videntur reponi in Testamento S. Aredii : *Item coopertorium lineum valentem solid. 4. pallas corporales 4. minores 5. et Tribunalia valentia solidos 12. et alia cotidiana valentia sol. 6. et alia cotidiana, quæ sunt ante altare valentia sol. 5. et multa alia pretiosa ornamenta.* Infra : *Simul et de Sisciaco oratorio Tribunalia duo valentia solid. 4. vela ad ostia 3. valentia solidos 6. turres, calices, pallos, etc.*

☞ Mabillonius lib. 1. de Liturgia Gall. cap. 7. n. 7. suspicatur intelligenda esse sedilia ministrorum, aut pulpita mobilia, seu quamvis aliam suppellectilem mobilem ad ornatum altaris; quod hic mobilia dumtaxat ornamenta recenseantur. Vide *Sedes Majestatis* in *Sedes* 2.

¶ 4. **TRIBUNAL**, Agger. Josephus de Excidio Judaico : *Aliud in eo suggestum et tanquam Tribunal exstructum est e lapidibus magnis apte junctis, et in eo turris imposita sexaginta cubitorum.*

TRIBUNAL *novemdecim accubituum.* De eo multa nos in Constantinopoli Christiana. [Vide *Accubitor.*]

¶ TRIBUNALIA SIDEREA, Cœlestes Beatorum sedes, in Actis SS. Saturnini et aliorum. Martyrum Africanorum, tom. 2. Miscell. Baluz. pag. 66.

* 5. **TRIBUNAL**, Hemicyclus testudinatus, ut videtur, in Translat. SS. XII. Fratrum mart. tom. 1. Sept. pag. 143. col. 2 : *In honorem sanctæ et individuæ Trinitatis* (ecclesiam) *Tribunalibus adornaverat tribus, sub magno altari, ad hoc ipsum in medio Tribunali parato, bissena pretiosissima corpora honorifice collocavit.* Vide *Tribuna.*

* **TRIBUNALIA**, *Genus est feræ in mari.* Glossar. vet. ex Cod. reg. 7613.

TRIBUNARIUM, Vestis sordida, a voce Græca τρίβων, seu τριβώνιον, quæ proprie erat vestis seu indumentum Philosophorum, ut est apud Moschopulum et alios : unde τριβώνιον μεταμφιάσασθαι, apud Eunapium in Ædesio pag. 54. pro *Philosophum agere.* Interpres Hist. Apolonii Tyrii pag. 10 : *Apollonius, exuens se Tribunarium, ingreditur lavacrum.* Lexic. Gr. MS. Reg. cod. 2062 : Τριβώνιον, ἔνδυμα φιλοσόφου, ἔχον σημεῖα, ὡς γράμματα. Aliud, cod. 930 : Τρίβονα, στολισμόν, τριβούνιον, ἱμάτιον παλαιόν. Τριβώνιον etiam Monachis tribuit Psellus de Operatione dæmonum pag. 133. quod alii *pallium* vocant. Vide *Pallium* 1.

¶ **TRIBUNATUS**. Vide in *Tribunus.*

¶ **TRIBUNCULUS**. Vide *Trebuchetum* et *Tributus.*

¶ **TRIBUNITIARIUS**. Vide in *Tribunus.*

TRIBUNUS, Vox Latinis Scriptoribus nota.

TRIBUNI FABRICARUM, Qui fabricis armorum præerant, de quibus Ammianus lib. 14. 15.

TRIBUNUS MARITIMORUM, de quibus est formula Senatoris 24. lib. 12. His cura potissimum incumbebat in oris maritimis navigia præparandi pro re publica, atque adeo etiam in fluviis, quorum oras continebant. Præterea salinas curabant.

TRIBUNI ET NOTARII *simul*, quibus utebantur Principes ad mandata perferenda. De iis multa habent Jacobus Gothofredus ad. Leg. un Cod. Th. de Mandatis Princip. et Henricus Valesius ad lib. 17. Ammiani pag. 140. quos non exscribo. Iidem

TRIBUNI NOTARIORUM dicti, apud Marcellinum Comitem et Zozimum lib. 5. atque ii fuere proprie Notarii Principis, quorum summa erat dignitas. Vide Conc. Chalcedon. act. 1. Collat. Carthag. I. can. 3. S. Augustinum Ep. 159. 160. Ambrosium Ep. 32. Senatorem lib. 1. Ep. 4. lib. 6. Ep. 2. etc.

TRIBUNUS ORDINIS PRIMI, apud Lactantium lib. de Mortibus Persecutor. n. 18.

TRIBUNUS VOLUPTATUM, in lege 13. Cod. Th. de Scenicis, apud Senatorem lib. 5. Ep. 25. lib. 6. Ep. 19. lib. 7. Ep. 10. Julium Firmicum lib. 3. Math. cap. 7. qui *Voluptatis* urbicæ, seu ludorum curam gerebat. Vide Passionem S. Savini num. 1. Idem, qui τριβοῦνος τῆς θυμέλης, in Actis S. Maximi Confess. num. 12.

Erant præterea complures aliæ dignitates hac *Tribuni* appellatione, de quibus in utroque Codice, apud Ammianum, in Notitia Imperii, in Veterib. Incript. apud Gruterum in Indice cap. 5. etc.

☞ Hebræis quoque noti fuerunt *Tribuni*, de quibus passim mentio est in Scripturis sacris. Horum institutio refertur Exod. cap. 18. Mille viris præerant, jusque dicebant populo.

TRIBUNI vero dignitas quæ fuerit in Francia sub primis Regibus, non omnino constat : tametsi militibus præfuisse satis innuit Walafridus Strabo de Reb. Eccl. cap. 31 : *Sicut Tribuni militibus præerant, ita Abbates Monachis athletis spiritalibus præesse noscuntur.* [Si tamen hic intelligendi non sint *Tribuni* Romanorum, ut interpretatur P. *Daniel* lib. 1. Milit. Franc. cap. 2.] Comitibus postponuntur *Tribuni* in Lege Wisigoth. lib. 11. tit. 1. § 2. Gradum vero fuisse ad Comitis dignitatem indicat Fortunatus lib. 7. Poëm. 16 :

Theodoricus ovans ornavit honore Tribuni.
Surgendi auspicium jam fuit inde tuum.

Theudebertus enim Comitivæ præmia cessit,
Auxit et obsequiis cingula digna tuis.

Vir tribuniciæ potestatis, apud Gregorium Turon. lib. 10. cap. 21. Penes Tribunos fuisse castrorum et carcerum custodiam observare est ex eodem Fortunato in Vita S. Germani Episc. Paris. cap. 62. 68. et in Vita S. Radegundis cap. 38. Tribunorum meminit etiam idem Gregor. Turon. lib. 7. cap. 23. Desiderius Episcop. Cadurcensis Epist. 16. et Monachus Sangall. lib. 2. de Carolo M. cap. 41. sub quo, et successoribus, *Tribuni*, Comitum Vicarii fuisse videntur. [** Vide Vitam S. Galli apud Pertz. Script. tom. 2. pag. 12. lin. 1. et pag. 18. lin. 43.] Hinc *Tribuni seu Vicarii*, in Concilio Moguntino cap. 50. et in Lege Longob. lib. 2. tit. 47. § 5. [** Ludov. P. 56.] Sed in Charta ann. 1077. ex Tabulario Corbeiensi apud Duchesnium in Hist. Guinensi pag. 318. Gualterus Comes Ambianensis dicitur invasisse Vicecomitatum et omnem *Tribunitiariam Corbeiæ potestatem. Tribunum illustrem* quemdam vocat Ordericus Vitalis lib. 6. pag. 606. Vide eumdem pag. 674. [et mox *Tribunatus.*] Tributa præterea videtur exegisse : nam

TRIBUNUS dicitur, qui *tributa* recipit, apud Ebrardum in Græcismo cap. 9 :

Qui solet accipere sub Rege tributa, Tribunus.

Infra :

Quique tributa legit, ille Tribunus erit.

Cap. 19 :

Præbeo præbendas, tribunoque tributa Tribuno.

Gloss. Lat. Gall. : *Tribunus, Tribunes, qui a sous lui 30. hommes, ou qui reçoit truage.*

TRIBUNI apud Wisigothos, post Comites erant, ex Lege Wisigoth. lib. 11. tit. 1. § 2. ut supra attigimus.

* TRIBUNUS, Qui populo jus dicebat. Charta Ottonis comit. Ravenberg. ann. 1166. inter Probat. tom. 2. Annal. Præmonst. col. 699 : *Tribunos et jurisperitos in marchia conversantes secretius advocavi, qui unanimiter in idipsum consentiebant.*

TRIBUNUS. Scribit Joannes Lucius lib. 2. Hist. Dalmat. cap. 16. Magistratum, quo Belgradensis in Croatia civitas olim regebatur, *Tribuni* appellationem habuisse, qui ut plurimum *Trun*, vel *Trum*, per abbreviationem scriptus reperitur.

¶ TRIBUNUS, Syndicus, seu Procurator civitatis. Synodus Oriolana ann. 1600. tom. 4. Conc. Hispan. pag. 725. col. 1 : *Absque consensu et approbatione Episcopi, justitiæ, juratorum, magistri rationum, Tribuni sive Syndici, et advocatorum civitatis Oriolanæ.*

* TRIBUNUS SACRI CUBICULI *et magnus camerarius Franciæ* appellatur Claudius, princeps Lotharingiæ, in Procurat. reg. Angl. ann. 1625. apud *Bassompierre* tom. 1. Ambass. pag. 55. Vide infra *Triscamerarius.*

¶ TRIBUNATUS, TRIBUTIANA POTESTAS, Præfectura. Charta ann. 1078. ex Chartul. 23. Corb. : *Quia acturi sumus de Tribunatu Corbeiæ, primum de libertate loci pariter libuit intimare... Omnem Tributianam potestatem invasit.* Vide paulo ante ubi laudatur Charta ex eodem Tabular. quæ meminit *Tribunitiariæ potestatis Corbeiæ.*

TRIBUS. Regula S. Pachomii cap. 16 :

Vocatur autem una Tribus, habens tres vel quatuor domos, pro numero et frequentia monasterii, quas nos Familias vel Populos unius gentis possumus appellare. Adde cap. 15.

Tribus, Pagus, villa. Felix Monachus Girwensis in Vita S. Guthlaci n. 8. apud Mabillonium : *Cum ad salutaris lavacri sacratas undulas propinquasset, ex appellatione illius Tribus, quam dicunt Guthlacingas, proprietatis vocabulum velut ex cœlesti consilio Guthlacus percepit*, etc. [Vide *Tribunatus* in *Tribunus*.]

¶ Tribus, Regio, tractus, Gall. *Canton*. Charta Gradloni Regis Britonum apud Lobinell. tom. 2. Hist. Britan. col. 17 : *Volo illi dare... Tribum Carnam* XIII. *villas... Tribum Petran* XXX. *villas in dicumbitione æterna; Tribum Clecher* III. *villas.* Tabularium Landevenec. : *Comes Cuenus dedit S. Winguüaloeo Tribum quamdam, cujus divisio est usque ad fluvium Elorn*, etc.

¶ Tribus. Ecclesia succursalis, vernacule *Treue*. Tabular. Kemperleg. : *Addidit... ad procurationem fratrum augendam duas Tribus, quæ sunt in plebe Banadluc, quorum nomina sunt hæc, Treutballac et Treuguennon.* Vide *Treb*.

TRIBUTALES, Coloni liberi, obnoxiæ licet conditionis, ut qui ad tributa et serviles operas tenerentur. Donationes factæ Eccl. Salisburgensi cap. 1 : *Dedit... idem Theodo Dux, de Romanis Tributales homines* 80. *cum coloniis suis in diversis locis.* Cap. 3 : *Tradidit... villam cum Tributalibus suis.* Ibid. : *Traditique Tributales Romanos ad eumdem locum in diversis locis colonos centum sedecim.* Eod. cap. : *Cum omnibus appenditiis suis et mansis* 60. *inter servos et Tributales. Tributales manentes*, cap. 5. [Vetus donatio apud Meichelbec. tom. 1. Hist. Frising. pag. 52 : *Dono casas, curtes, mancipias, servos, liberos, Tributales, etc.* Et infra : *Hæc sunt nomina famulorum servientium seu liberorum Tributalium*, etc.]

Tributarii, Eadem notione. Gloss. Lat. Græc. : Ὑπόφορος, ὑποτελής, *Tributarius.* Salvianus lib. 5. de Gubernat. Dei : *Tributarii omnino pauperes non putantur, nisi cum his tributi cumulus imponitur.* Testamentum S. Aredii : *Addimus etiam mancipia, quæ Colonaria appellantur, et nobis Tributaria esse perhibentur.* Gregorius Turon. l. de Gloria Confessor. cap. 103 : *Testisque est ipse populus hodieque, qui cum sanitatem recipiunt, statim se Tributarios loco illi faciunt, ac recurrente circulo anni, pro redditæ sanitatis gratia, tributa dissolvunt. Tributarius Romanus*, in Lege Salica tit. 43. § 8. et in Recapitulat. ejusdem Legis § 14. dicitur vetus Galliæ incola, respectu Francorum, qui ab omni tributo immunes erant, contra quam alii, ut docet Gregorius Turon. lib. 7. Hist. cap. 15. Charta ann. 744. tom. 2. Monastici Angl. pag. 844 : *Hæc vero vocabulorum signa tomi stylo indita sunt, ne forte litium vel contentio, seu jurgium, jam erepserit inter Tributarios vestros, nostrosque colonos*, etc. Vide tom. 3. pag. 115. 116. Theodorus Campedonensis, de S. Magno cap. 25 : *Inquisivit... quomodo in vicina loca potuisset Tributarios invenire de eodem pago, qui vectigalia annuatim redditibus regiis inferre debebant.* Traimundus Clarevallensis Epist. 2 : *In tantum, quod aliqui ex vobis primæ institutionis obliti penitus, vel ignari, contra ordinis vestri gloriam et decorem, villas, molendina, ecclesias, et altaria possident, fidelitates et hominia suscipiunt, rusticos et Tributarios tenent.* Adde Stephan. Eddium in Vita S. Wilfridi cap. 8. Egbertum de Ecclesiastica institutione pag. 92. Walafridum Strabum de Miraculis S. Galli cap. 11. etc. Observat Cujacius ad tit. Cod. de Agricolis, censitis et colonis, lib. 11. ascriptitios *tributarios* esse, id est, capitis censum sive capitationem præstare : colonos vero non esse tributarios, licet reditus certos et pensiones domino terræ præstent in pecunia, vel in speciebus, pro solo.

Tributaria Terra, unde tributum ad partem regiam, vel ad Ecclesiam, exigi solet, in Lege Longob. lib. 3. tit. 8. § 2. [** Ludov. P. 31.] in Capit. Caroli M. lib. 4. cap. 37. et in Capitul. 4. ann. 819. cap. 2.

** Tributaria Casa, in Leg. Longob. Roth. cap. 257. et Luitpr. 59. (6, 6.)

Tributarium, Modus agri a *tributariis* seu colonis possessus et cultus, *Colonia*. Charta Offæ Regis Anglor. in Evidentiis Ecclesiæ Cantuariensis ann. 990 : *Dedi enim illi* 90. *Tributaria terræ bipartita in duobus locis*, 60. *in loco, qui dicitur, etc.*

¶ Tributare, Italis, Tributum exigere. Chron. Placent. Joh. Demussis ad ann. 1376. apud Murator. tom. 16. col. 527 : *Erant in dicto Episcopatu plusquam* L. *cives, qui tenebant bannitos et faciebant Tributare districtuales, et etiam cives et forenses, qui transibant per dictum Episcopatum.* Statuta criminalia Riperiæ cap. 116 : *Si quis Tributaverit aliquem, et qui tributum acceperit, in havere puniatur.*

TRIBUTATIO, Exactio. Historia Cortusiorum lib. 8. cap. 2 : *Decapitatur Pregadius de Caradesio Judex, et socius Potestatis, propter Tributationes, quas commiserat in officio.*

¶ **TRIBUTIANUS.** Vide in *Tribunus*.

* **TRIBUUM**, Tributum, vectigal. Charta ann. 1317. in Lib. rub. Cam. Comput. Paris. fol. 534. r° : *Item concessit* (Philippus rex) *Ezmelo de Albatis Judæo et ejus hæredibus, quod solvendo quolibet anno centum libras Turonensium vel Sanchetorum, sint quitti ab omni petta, tallia seu Tribuo.*

TRICA, Tricia, etc. Crines intexti, implicati, a Gr. θρίξ, ut quidam volunt, vel ex Latino *Tricæ*, quæ Nonio sunt *impedimenta et implicationes*, uti rursum infra docemus. Nostri *Treces*, Itali *Treccie* dicunt. Σειραί, Naumachio Poetæ (uti observatum a Villiomaro, seu Josepho Scaligero ad Titium) et 70. Interpretibus. Ubi enim S. Ambrosius Epist. 24. ad Vigilium nude *crinem* habet : *Si dissoluti essent crines septem capitis sui, et quasi in cubitum intexti, discederet ab eo virtus sua*, iidem τὰς ἑπτὰ σειρὰς τῆς κεφαλῆς, etc. dixerunt. Ita Festus *senis tantum crinibus* ornari licuisse Vestalibus scribit, id est *treciis*.

¶ Tricia Asini, f. Clitella e *crinibus* seu pilis farta. Charta ann. circ. 1080. e Tabul. S. Albini Andegav. : *De bulzono, de balteo, de Tricia asini, de talibus et his similibus minutis rebus, si furatæ fuerint, furto non deputari præcipimus.*

Trica, Tricare. Joannes de Janua : *Trico, as, a Trica capillorum dicitur, i. decipere, vel impedire, vel demorari... Item Tricare, i. Tricas capillorum facere, et est verbum pertinens ad mulieres, quæ Tricant crines suos, quos in tres partes divisos subtiliter complicant et involvunt : et hujusmodi involutio Trica dicitur, quasi capiens, id est tres partes crinium : et inde detrico, as, unde Eccles.* 32 : *Et hora surgendi non te Trices, i. non sis piger, vel non facias moram in componendo capillos, sicut mulieres faciunt : vel non sis mollis et effeminatus, quando debes strenue operari, etc.* [Gl. Lat. Gall. Sangerman. : *Tricare, Trecer, ou devoyer, ou empescher*.] Matthæus Westmonaster. ann. 1057 : *Tunc Godiva Comitissa Deo dilecta die quadam, ut prædictum est, una equum ascendens crines capitis et Tricas dissolvens, corpus suum totum præter crura candidissima inde velavit, etc.*

¶ Triccia. Sermo S. Humilitatis Abbatissæ in Actis SS. Maii tom. 7. pag. 835 : *Tricciæ suæ sunt annulatæ.*

Treca. Vincentius Belvac. lib. 30. Speculi Hist. cap. 71. de Tartaris : *Raduntur a parte posteriori, et longos habent capillos ac Trecas retro juxta aures.* Eadem habet Sanutus lib. 3. part. 12. cap. 9.

¶ Treccia. Acta S. Franciscæ Rom. tom. 2. Martii pag. 152 * : *Ipsa Dei famula sibi mutilari fecit Trecciam.*

¶ Trecces *de cepis*, Ceparum implexarum fasciculi, in Tabulario Portus Regii.

¶ Trecia. Joh. Demussis Chron. Placent. ad ann. 1314. tom. 16. Muratorii col. 485 : *Et tunc pluribus mulieribus incisi fuerunt digiti et Treciæ per certos crudeles de Placentia, causa accipiendi annulos de digitis et in Trezoriis de Treciis ipsarum mulierum.* Adde Acta SS. Maii tom. 7. pag. 154.

¶ Treza. Memoriale Potestatum Regiens. ad ann. 1219. apud Murator. tom. 8. col. 1103 : *Soldanus... arripuit ferrum, quo cinctus erat, sibi barbam et Trezas et caudam et comam sui equi truncavit.*

Tressorium. Fleta lib. 2. cap. 5. § 4. de Meretricibus : *Si tertio inventæ fuerint hospicii secutrices, considerabitur quod amputentur eis Tressoria, et quod tondentur.*

☞ Alias *Tressorium*, Gallis vulgo *Tressoir*, non sunt ipsi crines intertexti, sed vel instrumentum plectendis et intertexendis crinibus, vel crinium intertextorum muliebris ornatus. Le Roman *de la Rose* MS :

> En sa main tint un mirouoir,
> Si out d'un riche Trechouoir
> Son chef trechié moult richement.

Computus ann. 1239. e Bibl. Reg. : *Pro una ceintura argenti et duobus Trecouers.* Litteræ Johannæ Reginæ Navarræ ann. 1349. apud Lobinell. tom. 3. Hist. Paris. pag. 223. col. 1 : *Item, nos Tressons d'orfaverie, qui sont de rubis d'alixandre, d'esmeraudes et de perles.*

TRICALIUM, Trivium, *triplex callis*, aut via. Tabularium Casauriense ann. 968. [apud Murator. tom. 2. part. 2. col. 958 : *Et sine Tricalio de Caserese, et Tricalio de Menetiano.* Col. 959 :] *Et sunt infra fines sine Tricalio de Galisiano, et sine via, quæ* *pergit, etc.* Ubi vocabulo *tricalio* suprascriptum legitur minusculis litteris, sed antiquis, *i. trivio.* Idem videtur quod *Trifinium*, de quo Isidorus Orig. 15. lib. cap. 14 : *dictum eo quod trium possessionum fines adstringit*, vel forte *attingit.* Vide *Callis.*

¶ **TRICAMERATUS**, Constans triplici camera. Vide locum in *Bicameratus.*

¶ **TRICAPITINUS**, Triceps, tria habens capita. Gloss. Lat. Græc. *Tricapitinus*, Τριφυής, τρικέφαλος, ibidem.

¶ TRICAPITUS, Idem, tom. 1. SS. Julii pag. 439.

TRICARE, TRIGARE. Lex Salica edit. Heroldi tit. 38. § 4 : *Si quis alienum servum battiderit, et ei insuper 40. noctes Trigaverit opera sua, etc.* Edit. Pith. : *Ut in 40. noctibus operare non potuerit.* Ubi *Trigare*, pro *Tricare* habetur : est quippe *Tricare*, morari, differe, cessare : quomodo *Triga*, dicunt Occitani. Regula Magistri cap. 19 : *Si ad sextum horam refectionem Tricatam hebdomadarii offenderint*, i. non expeditam, aut paratam. Nam *Tricæ*, inquit Nonius, *sunt impedimenta et implicationes :* unde *intricare*, impedire, morari. Lex Alaman. tit. 97 : *Si carrucam involat, aut rumpit rotas in priori parte, ut die illa opera Tricetur.* Epistola Eadburgis Virgin. ad S. Bonifac. Mogunt. Episc. : *Malui mori, si sic Deo auspici, cui arcana non latent, placuisset, vel tarda mors non Tricaverit.* Reinerus Mon. de Mirac. S. Gisleni cap. 5 : *Dixitque ei : Non te Trices adire Malbodium, dicturus Prælatæ, etc.* [Miracula S. Bertini lib. 2. cap. 8 : *Vigilandum potius..: quam segnitia Tricandum. Senio morboque Tricatus*, in Vita V. Eigilis Abb. Fuldens. sæc. 4. Benedict. part. 1. pag. 239. Fridegodus in Vita S. Wilfridi Episc. eod. sæc. part. 2. pag. 724 :

> Quid Tricor dictis? dabitur nunc his quoque finis
> Credo quidem scriptis, etc.

Vide *Trica.*]

TRICARE, Implicare, innectere. Vita S. Deicoli Abbat. Lutrens. n. 34 : *Quo facto, sacramento jusjurandi super tanti Patris sepulchrum se unanimiter Tricaverunt, quatenus eorum nullus se subtraheret, quin in proximo seculo abrenuntiaret.* [Le Roman d'*Athis* MS :

> Ne pucelle n'a nul mestier,
> Qu'on la doive d'amour Treschier,
> Ne lui dire faulse parole.]

Alia notione, sed haud omnino certa usurpat Ethelwlfus de Abbatib. Lindisfarnensib. cap. 10.

* *Tressir* pro Texere, vulgo *Faire un tissu*, in Lit. Phil VI. ann. 1334. ex Reg. 69. Chartoph. reg. ch. 1.

¶ TRICARE, Conqueri. Will. Malmesbur. in Ethelwoldo Wintoniensi Episcopo : *Cum monachi miraculorum frequentia defessi essent, et sese inopes somni Tricarent, etc.*

DETRICARE, Idem quod *Tricare*, Morari, vel remorari. Pactum Childeberti et Chlotarii Regum § 5. post Legem Salicam : *Quod si placitum sunnis non Detricaverit.* Id est, si causa aliqua vel excusatio judicium non remorata fuit. Magnum Recordum Leodiense pag. 59 : *Et que en ce il n'i ait nul Detriance ne excusance : et s'il advenoit que aucun de ceaux, qui venent pardevant les Eschevins fussent Detriez ou prolongiez outre le terme convenu, etc.*

TRICHA, *Deceptio*, Johanni de Janua.

TRICHARIA, Gallis *Tricherie*, Deceptio. Ita autem appellabant Massilienses [aliique] ludos aleæ. Statuta MSS. Massiliensis urbis lib. 5 : *Ordinamus, quod nemo deinceps in Massilia possit vel audeat tenere domum Trichariæ, in qua publice lusores alearum, sive deciorum, vel taxillorum, sive Trichatores alii indifferenter ad ludendum conveniunt, hoc excepto, quod quilibet possit ludere ad scacos, et ad tabulas, et ad regmentam.* [Melius in editis cap. 10. *reginetam.* Adde cap. 9. *de Trichatoribus.* Statuta Arelat. MSS. art. 51 : *Tricharia non fiat, nec teneatur Arelate de nocte.* Statuta Eccles. Biterr. ann. 1342. apud Marten. tom. 4. Anecd. col. 651 : *Excommunicamus omnes.... qui Tricharias publice tenent, ubi nomen Christi et B. M. et SS. O. blasphematur.*]

¶ TRICHERIA, Eadem notione. Charta Communis Balneoli ann. 1208 : *Si qua vilis persona, ut sunt tabernam frequentantes et Tricheriam, vel publicæ meretrices, etc.* Alia ann. 1300 : *Nullus postquam nox fuerit audeat ludere in tabernis ad taxillos, *nec in aliis locis suspectis, nec in quibus teneatur Tricheria.* Vide *Tricharia* suo loco.

TRICATOR, Idem qui *Trichator.* Id porro cognominis inditum Theobaldo Carnotensi Comiti. Hugo Flaviniacensis pag. 185 : *Odo filius Odonis, filii Tethaldi Carnotensis, cujus cognomen fuit Tricator.* Deceptores, et fraudium architectos etiamnum *Tricheurs* dicimus : qui res *impediunt*, vel *implicant*, ut est in loco citato Nonii.

* Hinc *Tricheur*, pro *Chicaneur*, Versutus ac fraudulentus litigator. Lit. remiss. ann. 1410. in Reg. 164. Chartoph. reg. ch. 223 : *Le suppliant dist à Bertran Ogier, Tu n'est que un Tricheur et un plaideur. Trikéeur* vero, Deceptor, in Consil. Petri de Font. pag. 106. art. 1. *Tricherres*, apud Bellomaner. MS. pag. 80. v°. col. 1. Unde *Tricherressement*, Dolose, fraudulenter, apud eumd. pag. 80. r°. col. 2. et in Pœnis Aurel. ad calcem Assis. Hierosol. pag. 467. *Trichot* vero, unde *Trichotoier*, vox contumeliæ, gravis injuriæ loco habetur apud Bigerrones. Lit. remiss. ann. 1414. in Reg. 168. ch. 362 : *Lequel Audet dist à icellui Arnault ces paroles : Comment me veulx-tu faire arrester, Trichot que tu es, ne me va pas Trichotoiant, en l'appellant Trichot, qui est la plus grant injure et blasme que l'en puisse dire en icelui pays de Bigorre.*

TRICATORES, Florentinis dicti Inquisitores a judicibus delegati, ut Auctor est Petrus de Vineis lib. 5. Epist. 89.

* **TRICATRICA**, Idem quod Academicis Cruscanis *Trecciera, Ornamento per le trecce*, in Stat. Eugub. ubi de ornamentis capitum muliebrium, apud Cl. V. Garamp. in notis ad Leg. B. Chiaræ pag. 62. Vide supra *Trescia* et *Tressatorium.*

¶ **TRICENARIA** LEX. Vide in *Lex.*

TRICENARIUM, TRICENARIUS, Officium 30. Missarum, quod totidem diebus peragitur pro defunctis : vel obventiones quæ obveniunt Sacerdotibus ratione ejusdem officii. Martyrol. Corb. MS. de Societate Eccl. S. Medardi Suession. et S. Bertini cum Corbeiensi : *Et si brevis de defuncto eorum ad nos venerit, vel noster ad eos, statim percussa tabula.... agetur officium pro eo, deinde Tricenarius cum septenario, et ab unoquoque Sacerdote Missa pro eis dicetur.* Lanfrancus in Decretis pro Ord. S. Benedicti cap. 5. de Cantore : *Cura brevium, qui foras mitti solent pro defunctis fratribus, et cura numerandi Tricenaria et septenaria ad eum pertinet.* Historia de Fratrib. conscriptis, ann. 800. apud Goldastum : *Instituerunt, ut quandocunque frater aliquis obierit, et loco, vel senioribus annuntiatum fuerit, eo die Presbyteri 3. Missas et cæteri fratres pro eo psalterium ac celebrationem Vigiliæ decantent, communisque oblatio ab omnibus fiat. Item in die septimo 30. psalmos : Tricesimo autem Presbyteri omnes pro eo unam Missam, et cæteri 50. Psalmos impleant, etc.* Monasticum Anglic. tom. 1. pag. 150 : *Pro fratribus vero defunctis hoc utrimque servabitur. Anniversarium in Martyrologio scribetur : cibus 30. diebus pro fratribus dabitur. Pro pastoribus autem locorum integro anno 30. officia plenaria in Conventu cantabuntur : singuli fratrum 30. Missas, vel decem psalteria persolvent. Tricennarius Missarum*, in Metropoli Remensi lib. 3. pag. 354. [Bernardus in Ord. Cluniac. part. 1. cap. 24 : *Si autem duo aut plures insimul sepulti fuerint, Tricenarius quoque Missarum et Psalmorum et septenarius pluraliter pro ambobus celebrabitur.* Conventio ann. 1200. apud *Fleureau* Hist. Bles. pag. 521 : *Omnes Tricenarii, annualia, septenaria in communem ambobus, Prioris scilicet et Sacerdotis venient partitionem.* Litteræ Radulphi Prioris de Caritate ad Canonicos S. Martini Turon. ann. 1171. tom. 1. Anecd. Marten. col. 557 : *Præterea statuimus, ut omni anno post Dominicam primam Quadragesimæ feria secunda.... anniversarium vestrum fiat, pro defunctis videlicet Canonicis in communi conventu solemniter, et ipso die incipiat Tricenarium, quod annuatim persolvetur, sicuti solemus facere pro fratribus nostris, scilicet Missas faciendo et pauperes reficiendo.* Regula S. Stephani Grandimont. cap. 5 : *Tricenarium, septenarium, annuale vel quodlibet pretium pro Missa nominatim vobis oblatum nullatenus accipiatis.* Adde Radulfum Mon. in Vita Petri Ven. Abb. Cluniac. apud eumd. Marten. tom. 6. Ampl. Collect. col. 1198. etc.]

¶ TRECENARIUM. Charta ann. 1385. e Chartulario S. Joh. Angeliac. pag. 458 : *Istæ pauperum procurationes vel Trecenaria debent fieri in auditorio diebus superius annotatis.*

TRENTENARIUM. Gaufridus Vosiensis in Chronico 1. part. cap. 55 : *Instituit, ut ubicunque obiret Monachus S. Martialis, fieret pro eo Trentenarium Lemovicæ per duas Missas.* Infra : *Fiebat plenarie Trentenarium Lemovicæ, etc.* [Rursum occurrit in Charta Capituli S. Martini Turon. ann. 1171. tom. 1. Anecd. Marten. col. 556. et alibi. *Trentain* Galli dicunt eadem notione, olim *Trentier*, ut refert Borellus.]

¶ TRIGENARIUM. Charta ann. 1243. ex Archivis S. Victoris Massil. : *Post vestrum obitum Trigenarium faciemus.* Chartul. S. Sulpitii Bituric. fol. 22 : *Concedit omne ferum presbiterale, hoc est offerendam.... confessiones, vigilias, Trigenaria, decimas, etc.* Tabular. S. Florentii : VI. *Non. Maii incipiemus Trigenarium pro fratribus S. Melanii Redon.* Pluries occurrit ibi, ut et tom. 4. Concil. Hispan. pag. 10. et 32.

¶ TRIGESIMALE. Charta ann. 1200. tom. 1. Ampliss. Collect. Marten. col. 1097 : *Celebrabunt anniversarium ejus cum classico.... et facient annuatim unum Trigesimale pro eo.*

¶ TRIGESIMALIS. Concordia inter Canonicos S. Juliani et Monachos S. Vincentii Cenoman. ann. circiter 1100. eod. tom. col. 580 : *Promisimus quoque illis pro defuncto illorum abbate unum Trigesimalem, et pro singulis defunctis monachis* VII. *Missas, et* VII. *vigilias nos esse facturos.*

TRIGINTALE. Monasticum Anglic. tom. 2. pag. 414 : *Et domus faciat celebrare Trigintale pro anima ejus et pro animabus omnium benefactorum, etc.* Occurrit præterea in Provinciali Cantuar. lib. 3. tit. 23. apud Will. Thorn. in Chr. cap. 25. § 1. etc.

¶ TRIGINTALIUM. Notitia ann. 1097. apud Marten. tom. 1. Ampl. Collect. col. 566 : *Nos autem pro anima ipsius Julianæ, in primo obitus sui anno, quinque Trigintalia fecimus, et unusquisque nostrorum sacerdotum septem missas.*

¶ TRIGINTANARIUM. Testament. ann. 1517. ex Schedis D. *Aubret* : *Vult unum Trigintanarium Missarum fieri absque interruptione, et in qualibet Missa offerri panem, vinum et candelam, ut moris est, et illo Trigintanario finito aliud fiat.*

TRIGINTARIUS. Concilium Narbon. ann. 1054. cap. 14 : *Monemus, ut nullus Laicorum in opus suum retineat primitias, neque oblationes, neque Trigintarios, qui recte debentur a Clericis recipi pro fidelium defunctorum orationibus; sed Clericis, qui eisdem Ecclesiis præsunt, utendos relinquat.*

TRICENNALE, Eadem notione, in Provinciali Cantuar. lib. 2. tit. 6. lib. 5. tit. 2. in Synodo Londinensi ann. 1391. apud Willelmum Thorn. in Chr. cap. 20. § 5. cap. 21. § 10. in Statutis Ordinis *de Sempringham* pag. 780. [in veteri Charta apud Lobinell. tom. 2. Hist. Britan. col. 225.] Atque ita legendum in Synodo Exoniensi ann. 1287. cap. 21. pro *Triennale* : *Statuimus insuper, quod parochiales Presbyteri annalia vel Triennalia non recipiant, per quæ parochiales Ecclesiæ careant officiis debitis et quotidianis.* Charta Adalaidis Comitissæ Bellimontis et dominæ de Gornaio : *Postquam supradicta Comitissa de hoc mundo migraverit, et certi fuerint Monachi de morte ejus, in crastino Tricennale incipient, et sic singulis annis redeunte tempore anniversarii ejus Tricennale facient.*

¶ TRICESIMALE. Societas Abbatiarum Sangerm. Paris. et Fiscamn. ann. 1116. in Probat. Histor. Sangerm. pag. XXXV : *Ideoque decrevimus, ut pro fratribus nostris semel per annum Tricesimale faciatis, dando pro eis per* XXX. *dies panem et vinum, et quidquid illud est.*

¶ TRIDECENNALE. Charta ann. 1245. e Tabulario S Martini Pontisar. : *Odoni capellano* V. *sol. Paris. pro uno Tridecennali.*

TRITENNALE scribitur in Monastico Anglicano tom. 1. pag. 149. nisi legendum sit *Tricennale*, ut *Tricennarium*, pro

TRITENNARIUM, apud Ælredum Rievallensem in Vita S. Edw. Confess. lib. 2. cap. 2 : *Adhuc de more Tritennarium pro Rege celebrabatur officium.*

TRICESIMA DIES *defuncti. Septimus, vel etiam Tricesimus, vel annualis dies depositionis defuncti*, in lib. 3. Sacramentor. Eccl. Rom. cap. 105. Hincmarus Remensis in Capitul. ad Presbyteros cap. 14. ex Nannetensi Concilio : *Ut nullus Presbyterorum ad anniversariam diem, vel Tricesimam tertiam, vel septimam alicujus Defuncti, aut quacunque convocatione ad collectam Presbyteri convenerint, se inebriare præsumat, etc.* Charta Petri Archiep. Viennensis ann. 1125. in Tabul. ejusdem Ecclesiæ : *De obitu Canonicorum nostrorum et Archiepiscoporum... præcipimus, ut Tricesimus Canonicis, et annuale obsequium Archiepiscopis persolvatur.* Ita apud Gregorium lib. 3. Decretal. tit. 26. cap. 20. lib. 5. tit. 40. cap. 29. Reinerum contra Valdenses cap. 5. extremo, etc. Vide Capitula Theodori Cantuar. cap. 19. 37. 90. edit. Acherianæ, ejusdem Pœnitentiale cap. 5. Capitula Herardi Turonens. cap. 58. Abælardum Epist. 24. etc.

¶ TRIGESIMUM, vel TRIGESIMUS nude. Statuta Cadubrii fol. LIIII. v° : *Decernimus, quod vos plebani, archidiaconi, Vicarii et aliarum Ecclesiarum rectores, pro salutari pœnitentia* IV. *sol..... pro oleo sancto sol.* XX. *p. pro sepultura totidem, pro septuagesimo sol.* XII. *pro Trigesimo* XII. *habere et percipere debeatis.*

☞ Insigne est hac de re Statutum Capituli S. Martini Turon. editum tom. 1. Anecdot. Marten. col. 62 : *An. Dom.* DCCCCXXII. *Kal Iunii hortatu et suasione atque servitio cujusdam fidelis fratris gregis inclyti Confessoris Christi B. Martini, Adam sacerdotis et granicarii.... statuerunt ejusdem gregis generaliter fratres... ut ex illo tempore... quandocumque aliquis fratrum ex eodem cœnobio obiisset, cantarent pro eo quotidie per* XXX. *dies post Horæ primæ expletum Capitulum, super altare dominicum propriam Missam, ad quam offerrent fratres generaliter, tam majores quam et minores, in Eucharistiam Christi, ut mos est, panem et vinum, et nihilominus jejunarent pro ipsius remissione peccaminum, aliorumque defunctorum fratrum, per eosdem* XXX. *duo vel tres fratres in pane et aqua usque ad vesperam, et si eadem die vinum biberent, idipsum redimerent, ipsiusque redemptionem pauperibus erogarent. Impetravit.... iisdem præfatus frater, uti pro infirmante, vel infirmato fratre et ad exitum properante essent duo vel tres fratres.... qui pro delictis deficientis fratris ante gloriosi B. Martini sepulchrum ad* VII. *Horas canonicas, ad unamquamque, usque ad expletum mortui fratris Tricesimum præscriptum diem, quotidie septies genua flecterent, suasque culpas ipsius vice ad Dominum proclamarent.*

Tricenarium autem a B. Gregorio M. PP. institutum ferunt, ex iis, quæ tradit lib. 4. Dialog. cap. 55. Vide, quæ de eo habent Alcuinus de Divin. Offic. cap. de Exequiis mortuor. Amalarius lib. 3. de Ecclesiast. Offic. cap. 44. Durandus lib. 7. Ration. cap. 35. n. 8. Haeftenus lib. 8. Disq. Monast. Tract. 1. disq. 4. etc. Quomodo vero tricenaria a Monachis exsolverentur, vide in Antiquis Statutis Cartusiensib. 1. part cap. 48. § 1.

Sed et ejusmodi tertios, septimos, trigesimos, et anniversarios defunctorum dies apud Melchitas, Maronitas, Cophtitas, et Jacobitas obtinere, docent Prooemialia Conciliorum, laudata ab Abrahamo Echellensi ad lib. Ebed-Jesu, cap. 60 : *Facito tertia die commemorationem pro iis, qui obdormierunt, in Psalmis et precibus, quia Christus mortuus est, et resurrexit a mortuis. Fiat quoque* (commemoratio) *pro illis nona die in memoriam vivorum, et defunctorum. Facito etiam pro iis Trigesimum* (diem), *juxta antiquæ legis ritum, quoniam filii Israel luxerunt super Mose* 30. *diebus. Item fiat pro illis anniversarium, et erogetur de illorum bonis eleemosyna pauperibus, etc.* Videatur Petrus Comestor in Hist. Scholast. cap. 114. Genes. Cumeanus Abbas de mensura pœnitentiarum cap. 14.

¶ **TRICENNALIS**, Tricenarius. Charta ann. 1131. tom. 8. Spicil. Acher. pag. 174 : *Cumque fratres loci illius possessionem illam Tricennali tempore aut eo amplius quiete habuissent, etc.* Hoc est per annos triginta. De *tricennali* possessione, seu præscriptione consule præceptum Caroli M. pro Hispanis et vide supra *Lex tricenaria.*

¶ **TRICEOLUS**. *Tabernarii, spiocarii et Triceoli*, in Statutis Pisaur. inter Acta SS. tom. 3. Junii pag. 936. Forte ab Italico *Treccone*, esculentorum propola, caupo, Gall. *Aubergiste*. Alio significatu accipiunt Bollahdistæ, quos consule.

¶ **TRICESIMA**, Thesaurus Regis Angliæ, ut patet ex Præcepto Henrici III. ann. 1238. dato *Fratri Hugoni de Storton et Ricardo Renger et sociis suis, custodibus Tricesimæ suæ in Turri London.* apud Rymer. tom. 1. pag. 380. ubi legitur : *Præcipimus vobis quod de denariis, quos habetis in custodia vestra de eadem Tricesima, sine dilatione faciatis habere Imperatori CP. vel Flemento Militi suo. præsentium latori, 500. libras, de dono nostro.* Porro notum est ex superius dictis in voce *Templarii* Thesaurum regium apud Anglos Templariis commissum fuisse : qua vero ex causa ita appelletur doceant nos Angli.

¶ **TRICESIMALE**. Vide *Tricenarium.*

TRICESIMALIS CONSUETUDO, seu *Tricesimæ*, Præstatio tricesimæ redituum, quam Episcopi suffraganei solvere quotannis tenebantur Ecclesiæ Ravennati. Anastasius in Nicolao I. pag. 213. ubi Ravennatem Archiepiscopum ita alloquitur idem Pontifex : *Præcipimus etiam, ut ipsos Episcopos illam malam consuetudinem, quæ a quibusdam Tricesimalis dicitur, nullo modo Ravennati exhibere, aut exercere compellas Ecclesiæ, nec illum morem, qui contra Episcop. privilegium sit, ab eis exigere quomodo tentes.*

TRICESIMUS, et *Annalis nuptiarum dies*, olim cultus a Christianis in Ecclesia per Missæ sacrificium, in cujus Canone addebatur pecularis oratio, quam describit liber 3. Sacramentor. Eccles. Roman. cap. 52. etc Menardus in libro Sacrament. ex Codice Remensi pag. 286 : *Hanc igitur*

oblationem, Domine, famulorum tuorum, quam tibi offerunt ob diem Tricesimum conjunctionis suæ, vel annalem, quo die eos jugali vinculo sociare dignatus es, placatus suscipias, deprecamur, etc.

* **TRICESSIS.** Vide supra *Tremissis.*

TRICHA, TRICHARIA, etc Vide *Tricare.*

* **TRICHARIA**, Aleatorium, Charta ann. 1337. in reg. 74. Chartoph. reg. ch. 125 : *Consules et universitas loci de Portello nobis significaverant quod multa frequenter perpetrabantur omicidia, deprædationes, et alia enormia crimina et delicta in Tricharia, quæ est extra villam prædictam,..... ubi nisi duo vel tria existunt hospitia.* Vide in *Tricare.*

¶ **TRICHILA**, Stragulæ vestis prætenuis genus. Vide Rhodig. lib. 18. cap. 11.

¶ **TRICHORACHATUS**, Cristatus. Hist. Miscella lib. 22. apud Murator. tom. 1. part. 1. pag. 155. col. 1 : *Dicebantur sane* (Longobardi) *ex genere illo descendere Cristati, quod interpretatur Trichorachati, pilos enim habebant natos in spina veluti porci.*

TRICHORUS, TRICORUM, etc. Ædificium appellabant, tribus concamerationibus constans. Τρίχωρον quippe Græcis proprie dicitur, quod tribus *loculis*, distinctum ac divisum est. Inde *Trichora apsis*, apud Paulinum, seu τρίχωρος ἀψὶς est, quæ τριοσὰ ἐνδιὰ κύκλων habet, uti loquitur Paulus Silentiarius in Descriptione ædis Sophianæ, vel ut idem Paulinus, *Trinos recessus ; Triformem* dixit Fortunatus lib. 3. Poëmat. 5 :

> Vertice sublimi patet solæ forma Triformis,
> Nomine Apostolico significata Deo.

Atque ita videtur hanc vocem interpretari Papias, dum ait, *Tricora* esse *tres absidas, sive cameras.* Qua notione apud Spartianum in Pescennio *Trichorum* usurpari constat, et in veteri Inscriptione Christiana apud Ughellum in Episcopis Tolentinis, et Ferrarium : *Septima Severina C. E. marito dulcissimo ac sibi sarcofagum et Panteum cum Tricoro disposuit et perfecit.*

At quod idem Lexicographus subdit, *Tricorium* esse *locum juxta ignem* et *rupem altam*, fateor, me non plane assequi. Scio quidem, *Tricorium*, pro *Refectorio* Monachorum, seu Triclinio, ubi Monachi reficiuntur, et cibos capiunt, interdum usurpari. Ita Glossar. Ælfrici : *Tricorum, vel Triclinium* gercord-hus, i. domus refectionis. Qua sane notione vocem hanc usurpat Ordericus Vitalis lib. 3 : *Mathildis Regina pretiosam infulam dedit, et cappam, ad Dei servitium, et centum libras Rodomensium ad agendum Tricorium.* Et lib. 6 : *Eisque datis sumptibus lapideum Tricorium, ubi una reficerent, construi fecit.* Ex quibus evidens est, *Trichorum* vel *Tricorum*, aut *Tricorium* esse cubiculum aliquod, vel cameram, quæ ἀριστηρίου vicem, seu *pransorii*, aut cœnaculi præbuerit : illudque esse, quod *triclinium* Latini appellabant, quia forte cameræ istæ, quæ tot convivantes admittebant, spatiosiores erant, et in tres partes, seu totidem concamerationes, bino columnarum ordine divisæ. [Chartarium Farfense in Descriptione palatii, quam laudat Mabillon. tom. 2. Annal. Benedict. pag. 410 ; *Trichorum, id est domus conviviis deputata, in qua sunt tres ordines mensarum; et dictum est Trichorum a tribus choris, id est tribus ordinibus comessantium*] Joannes de Janua : *Tricorium, domus trina sessione conviviantium ordinata. Solebant enim antiqui in clinis comedere, et tres lectos, vel tres ordines lectorum disponere : in unoquoque comedebant dominus et domina : in secundo familia : in tertio hospites, et talis domus dicebatur Triclinium.* Vide Casaubon. ad Spartianum, Descriptionem nostram ædis Sophianæ num. 50. [et Notam CL. in Epistolas S. Paulini edit. 1685.]

* Hinc *Trichart* nuncupatus carcer capituli Tullensis, ut discimus ex Stat. MSS. ann. 1497. ejusd. eccl. fol. 97. r° : *Prisio seu carcer capituli,.... quæ nominatur Trichart, quia continet tres carceres, unam in fundo, aliam in medio et tertiam in superiori.* Haud scio an in veteri Inscriptione hic laudata melius apud Mabill. in Museo Ital. pag. 224. legatur *Sacrophagum*, quam *Sarcofagum* apud Ughellum. [** Vide Furlan. apud Forcell. in *Trichorus.*]

TRICIA, Crines intertexti. Vide *Trica.*

¶ **TRICIDIUM**. Vide *Labilicidium.*

TRICINA. Evagrius in vers. Vitæ S. Antonii, ab Athanasio scriptæ n. 70 : *Traxit quidam sportellæ, quam texebat, Tricinam, sive funiculum.* Græca sunt, σειρὰν τοῦ ἔργου. Est autem Græcis σειρὰ, quod nostri *Trece* dicunt, seu crinium intextorum series, uti monitum in voce *Trica.* Unde pro *Tricinam*, forte quis legat *Triciam. Tricina tunica*, pro *trichina*, quæ fuit Monachorum, in Vita S. Pelagiæ meretricis cap. 12. de qua vide Notas nostras ad Cinnamum pag. 456. 457. Vide Glossar. mediæ Græcitatis in Τρίχινον.

¶ **TRICINARE**, *Tricare*, in Amalthea ex Salmasio.

¶ **TRICINARII** EQUI, Qui gressibus intricatis, crebra genuum inflexione, gradum minutim fractum expediunt. Occurrunt apud Vegetium. Vide Hofmanni Lexicon et Salmasium ad Capitolinum in Maximinis cap. 3.

* Nostris *Traquenard.* Vox ficta a Salmasio, quam, ipso vade, apud Vegetium legi crediderunt Laurentius et Hofmannus. Hæc post D. *Falconet.*

TRICINCTUM, Trinus fossarum vel murorum ambitus, *castrum triplici fossato, totidemque mœniis vestitum*, Matthæo Paris. pag. 134. Willelm. Britto lib. 1. Philipp. :

> .... Puer impiger i
> Tempore Tricinctum castri, qui continet in se
> Jugera multa soli, siguis obcinxit et armis.

TRICINIUM, quasi triplex cantus. Symmach. lib. 1. Epist. 41 : *Tricinium semivolucrum puellarum*, id est, Syrenum. Vide ibi Juretum.

TRICLINIUM, *Tres ordines sedium*, in Glossis Biblicis MSS. Vide *Trichorus.*

TRICLINUS. Regula Magistri. cap. 18 : *De calceamentis vero oportet fratres caligas habere ferratas, Triclinas non ad luxum, sed ad usum.* Legendum forte *trichinas*, ex Gr. τριχινός, cilicinus, ex pilis.

TRICO. Gloss. Lat. Gr. : *Trico*, ἀγρεῖος ἔκλυθος, λαγγών, [*Tricones*, δυσέριδες.] Gloss. Gr. Lat. : Λαγγών, *Reses, Trico.* Capitolinus in Vero : *Ut vagaretur nocte per tabernas ac lupanaria, obtecto capite cucullione vulgari viatorio, et commisceretur cum Triconibus, et committeret rixas, dissimulans, quis esset, etc.* [Nonius : *Tricones, morosi et ad reddendum duri.* Adducit locum Lucilii. Italis etiamnum *Tricone* dicitur morosus, qui est obducto vultu, nostris *Rechigné, difficile, tracassier.*]

TRICOCINARE, *Scribrare*, seu cribrare, in Glossario Iatrico Reg. cod. 1486.

¶ **TRICODATUM**, TRICOTADUM, τρίτομον, Trifariam, seu in tres tomos divisum, in Glossis Lat. Gr. et Gr. Lat. *Tricodato*, tres habens caudas, Italis appellatur.

¶ **TRICODONUM**, Modulatus campanarum sonitus, Gall. *Carillon.* Bulla Innocentii VIII. PP. ann. 1484 : *Cum duplicibus campanis ad longum tractum et debitum intervallum pulsentur,* (*Horarum officia*,) *tintinnabulum seu Tricodonum bene ordinatum melodiosum cum debita mensura faciendo.* Vide *Trasellum* 2. et *Trinion.*

TRICOLUS, Ludi vel aleæ species, ex Græco forte τρίκωλος, a tribus membris, [vel potius ab Italico *Tricolone*, eodem significatu,] apud Sarisber. lib. 1. Policrat. cap. 5 : *Hinc Tessera Calculus, Tabula, Urio, vel Dardana pugna, Tricolus, Senio, Monarchus, etc.*

* *Tricote*, Clavæ lusoriæ species, in Lit. remiss. ann. 1457. ex Reg. 189. Chartoph. reg. ch. 138 : *Lequel Sauvestre print une Tricote ou billart,... et en donna au suppliant sur le front.*

¶ **TRICORIUM**, Instrumentum coquinarium tricorne, ut videtur. Regest. Episcopat. Nivern. ann. 1287 : *Duo tripodes. Quatuor Tricoria. Quadraginta tres culcitræ.* Vide alia notione in *Trichorus.*

TRICORUM. Vide *Trichorus.*

* **TRICTARE**, Terere. Vide *Calotrictatorium.*

¶ **TRICTURA**, pro *Drictura*, ni fallor, Jus quod quis habet in re aliqua. Testamentum ann. 1173. tom. 1. Anecd. Marten. col. 575 : *Donavit et reliquit eidem Berengario nepoti suo... medietatem totius honoris vel Tricturæ, quam ipse habebat in prioratu vel honore S. Pauli.* Alia notione legitur in *Transitura.*

TRICULA, Παρατιλτρία, in Gloss. Græc. Lat. Ibidem : Παρατίλλω, *depilo, vellico.*

* **TRICULUS**, Esculentorum propola, Ital. *Treccone*, Gall. *Aubergiste.* Stat. synod. eccl. Carcass. ann. 1297. ex Cod. reg. 1613 : *Propter humanam necessitatem et cotidianum vescendi usum pistricibus panes et carnificibus carnes, merceriis sive Triculis res comestibiles vendendi ipsis diebus festivis licentiam non negamus.* Hinc Gallicum *Trigalle*, pro Taberna seu locus, ubi comessationibus, potationibusve vacatur. Lit. remiss. ann. 1401. in Reg. 156. Chartoph. reg. ch. 300 : *Une ville ou port, nommé Fateville, sur Seine, ouquel lieu avait une taverne ou Trigalle, etc.* Vide *Triccolus.*

TRICURIUM, *Triplex cura*, in Glossis MSS.

¶ **TRIDECENNALE**. Vide in *Tricenarium.*

* **TRIDENA**, Trium mensium spatium. Comput. ann. 1450. ex Tabul. S. Vulfr. Abbavil. : *Pro revestiariis dominorum canonicorum et cappellanorum majoris altaris, in*

prima Tridena incœpta xxviij. Septembris anno Domini 1449. *et finienti xxvij. die Decembris ejusdem anni,.... cij. sol.*

TRIDENARIUS Numerus, pro *Tricenarius*, in Regula Ordinis *de Sempringham*, pag. 77.

¶ **TRIDIE**, *Par trois jours*, in Glossis Lat. Gall. Sangerman. MSS. ex Johanne de Janua.

¶ **TRIDIGITALIS**, Trium digitorum. Vide supra *Thumelum*.

TRIDINGA. Vide *Trithinga*.

¶ **TRIDINIUM**, pro *Triclinium*. Vide *Bicellum*.

TRIDUANA, Tridui jejunium. S. Hieron. Epist. 10. ad Furiam : *Parcus cibus et venter esuriens Triduanis jejuniis præfertur.* Epist. 15. ad Marcellam : *Cumque per omnem annum jugi jejunio pasceretur; biduo Triduoque sic permanens, tum vero in quadragesima navigii sui vela tendebat, omnes pene hebdomadas vultu lætante conjungens.* Epist. 22. ad Eustochium : *Nihil prodest biduo Triduoque transmisso vacuum portare ventrem, si pariter obruatur, si compensetur saturitate jejunium.* Quibus verbis *biduanas* et *triduanas* Christianorum innuit, de quibus egimus in *Biduana*.

* Notit. de exordiis monast. S. Trinit. in Apenn. ex Tabul. Vall. Umbr. : *Deinde fecimus Triduanam, ut Deus ostenderet nobis quid vellet de nobis facere, et ostendit nobis judicium suum.*

** **TRIDYMUS**, Trigeminus, a Gr. Τρίδυμος. Anastas. Mirac. SS. Cyri et Joh. sect. 44. apud Maium Spicil. Roman. tom. 3. pag. 481 : *Onus illud Tridymum.*

¶ **TRIEN**, *Tertia pars solidi*, in Lege Salica tit. 40. § 13. edit. Baluzii. Notus est Triens Romanus.

TRIENNALE. Vide *Tricenarium*.

TRIENNALIS. Monasticum Anglic. tom 1. pag. 149 : *Qui ad superiorem mensam ut Custos ordinis sederit, duplum* (panem percipiet.) *Qui Missam majorem celebraverit, duos, lector vero et servitores unum admixtum, Eleemosynarius autem sex de decima, et tres ad mandatum et duos ad Triennales currentes.* [An pro *Tricennales* ?]

¶ **TRIENNALITAS**, Administratio per triennium, *Triennalité*. Charta ann. 1517. tom. 2. Hist. Eccl. Meld. pag. 273 : *Experimento hactenus probatum sit inter cætera, nil tam officere quam prœsidentum in monasteriis reformatis perpetuitatem, Triennalitatemque mirum in modum profuisse et prodesse.*

* **TRIENNUM**, pro Triennium. Epist. Bern. scholast. ad Fulb. episc. Carnot. tom. 10. Collect. Histor. Franc. pag. 493 : *Interea causa exstitit, qua ad urbem Andegavensem..... transmigrarem, ubi fere per Triennum per inanes nugas, ut verum confitear, tempus studii conterens, etc.*

* **TRIENS**, Furca trisulca. Consuet. Dombens. MSS. ann. 1325. art. 25 : *Nullus homo dictorum nobilium non potest nec debet pignorare alium hominem de bobus ligatis nec de ligone, neque de Triente, etc.*

¶ **TRIERIS**, pro *Triremis* a Gr. Τριήρης. Rostagnus Mon. de Translatione. S. Clementis Martyris : *Miserunt quandam Trierem obviam eis, ut exploraret quænam gens esset. Onustæ mercimoniis Trieres*, in Actis S. Athanasii Episc. tom. 4. Julii pag. 78. Etiam usi sunt Th. Walsingh. loco in *Carrica* relato, vulgatus Interpres Bibliorum non semel. Glossæ Lat. Gal. Sangerm. : *Trieris, grans nefz.* Adde Joan. de Janua. Vide *Trigeris*.

TRIERIUM. Monachus Sangall. lib. 2. de Carolo M. cap. 19 : *In Trierio rusticano sedentem eum invenimus, et tridente areolam olerum novellantem, etc.* Forte *atrio*. [Idem videtur quod *Tripetia* dicitur Severo Sulpitio in Vita S. Martini. Vide infra in hac voce.]

¶ **TRIFACIARE** Missas *contra canonicas sanctiones* vetat Concil. Paris. ann. 1212. art. 10. tom. 7. Ampliss. Collect. Marten. col. 98. hoc est, Missas tres diversi argumenti usque ad Offertorium incœptas sub uno Canone concludere. Vide *Missæ bifaciatæ* in *Missa* 4.

* **TRIFERON**. Alex. Iatrosoph. MS. lib. 1. Passion. cap. 95 : *Collirium mitigativum Triferon ad eos, qui nullam mordicationem sufferre possunt.* Ubi Glossæ : *Delicatum.*

¶ **TRIFFOLETUM**, f. Trifolium, Gall. *Treffle*. Inventar. Eccl. Anic. ann. 1444 : *Item pannus aureus in campo seminatus cum magnis compas.... cum quadam pluma de paon circumdata Triffoletis.*

TRIFILUM. Gloss. Gr Lat. MS. : Τρίλινον, κόσμος τις γυναικός, *Trifilum gemmarum.* Editum habet *gemmarium*, nostris *un collier de trois rangs de perles*. S. Hieron. in Vita Pauli Eremitæ : *Qui domos marmoribus vestiunt, qui uno filo villarum insuunt prædia.* Anastasius in Greg. III. pag. 165 : *Item murenam Trifilem auream, quæ habet gemmas albas numero* 73. In Regesto 1. de Artificib. Paris. occurrunt *Triffiliers de fer, d'archal*, fol. 110. *Trifilium* confectores. [* Ubi lego fol. 109. v° : *Treffiliers de fer*, et fol. 110. r° : *Treffilier d'archal;* qua voce significatur Artifex, qui annulos catenarum innectit, et præsertim qui contexit loricarum maculas, ut in Stat. an. 1416. ex Reg. 169. Chartoph. reg. ch. 432 : *Item nul n'aura que une forge et un Tressillier* (sic) *sur paine de cent solz d'amende.... Item nul dudit mestrier* (de aymeterie) *ne pourra riens donner d'avantage ne prester à ses Triffiliers* (sic), *sinon douze deniers jusques à tant qu'il soit venu à son service.* Vide *Trilices loricæ*.] Regestum Castri Lidi in Andibus fol. 54 : *Li Sire de Priullé a son usage au fié au Forestier,.... et à une fosse a dous cognées, et a un porteor il Trefiliers, et de ce li Sire de Pruillé doit un haubert au Seignor de la forest, totes les faiz que le Sire muë.*

TRIFINIUM, Ager, qui tres fines spectat. [Isid. lib. 15. cap. 14 : *Trifinium dictum eo quod trium possessionum fines astringit.*] Lexicon Cambro-Britannicum, *Terfyn*, terminus, limes. Innocentius Agrimensor : *Ipsum terminum et ipsum locum directura Trifinium facit. Circa Musileum in pedes* 70. *amplius ped. minus invenies. Trifinium subter rivum significat.* Aggenus : *Locos frequenter in Trifinio et quadrifinio invenimus, sicut in suburbanis, et circa publica itinera constitutum esse perspicimus.* Vide Salmasium ad Inscriptionem Herodis pag. 59.

Trifinitium. Testamentum S. Cæsarii Arelatensis : *Et pascua in campo lapideo vel si qua sunt alia, vel campum in Trifinitio super viam munitam, vel reliqua alia quæcunque sunt.* Vide an *Trifinitium* nomen sit loci.

¶ **TRIFOCALIUM**, Genus sedilis. Vide *Istomid*.

* **TRIFLORILIUM**, in Codice MS. Celestin. Ambian. sign. 104 : *Oratio devotissima, quæ Tristorilium vocatur, ad Beatam Virginem.*

TRIFOLIUM, Calceamenti genus, in Disputat. Archelai Episcopi Mesopotamiæ cum Manete pag. 200.

TRIFORIUM, Τρίθυρον, Macario, Homil. 27. pag. 384. Porticus, seu potius Porticuli in modum claustri species, quæ totum ædis sacræ ædificium ambit, eo fine ducta, ut transitum præbeat locum circuire vel lustrare volentibus, in ipso ædis muro, supra inferiorem columnarum et arcuum ordinem : ex cujus Triforii superiori parte emergunt majores ædis fenestræ, in ipsum fornicem elatæ. *Triforium* autem dicitur, quod ejusmodi strictioris ambulationis aperturæ intra ipsam ædem, duabus columnulis distinctæ, *trinas fores*, seu aperturas, quodammodo præferant. Id maxime inspicere est in majori et Cathedrali æde sacra Deiparæ Ambianensi, atque adeo in prospectu interiori ædis Cathedralis B. Mariæ Lincolniensis in Monastico Anglic. tom. 3. pag. 257. ut de cæteris sileam. Gervasius Dorobernensis in Descriptione Ecclesiæ Cantuariensis : *Hic murus chorum circuiens in circinatione illa pilariorum in capite Ecclesiæ in unum conveniebat. Supra quem murum via erat, quæ Triforium appellatur, et fenestræ superiores, in quibus appositis clavibus et fornice facta, a turre majore usque ad pilarios prædictos, id est usque ad Crucem, Triforium inferius multis intexuit columnis marmoreis.* Mox : *Supra hos decem* (pilarios) *arcus et fornices posuit. Peractis autem utrisque Triforiis, et superioribus fenestris, cum machinas ad fornicem magnam volvendam præparasset, etc.* Rursum : *Ibi cœlum ligneum egregia pictura decoratum, hic fornix ex lapide et tofo levi decenter composita est. Ibi Triforium unum, hic duo in choro, et in ala Ecclesiæ tertium.* Rursum : *Super pilarios vero inferius Triforium et superius, cum fenestris et fornice majori.*

Triforium, Limbus, vel ornamentum ad oram rei alicujus adtextum, in *Triforii*, de quo supra, speciem et formam. Inventarium Ecclesiæ S. Pauli Londinensis, in Monastico Anglic. pag. 309 : *Morsus Willelmi de Ely argenteus, cresta ejus argentea cum Triphorio exterius aureo et lapillis insitis, etc.* Infra : *Et* 15. *noduli cum Triphorio, etc.* Ibid. : *Cresta ejusdem argentea exterius deaurata, cum exteriori Triphorio aurato, etc.* Hinc *Triforiatus*, ibidem : *Morsus Alardi Decani Triforiatus de auro puro, cum Kamahutis, et aliis lapidibus multis, etc.* Passim ibid. Pag. 326 : *Item unus pannus, cujus campus purpureus, cum* 14. *listis in longitudine panni, ad modum Triforiæ contextis, cum multis leonibus intertextis, etc.*

* Unde *Trifoire* vel *Triphoire* appellatur Ars gemmas pala includendi, vulgo l'*Art*

de mettre en œuvre, in Chron. S. Dion. tom. 3. Collect. Histor. Franc. pag. 183 : *Il estoient de fin or esmeré et aourné de très-riches pierres précieuses d'uevre Triphoire.* Alias *de oevre Trifoire.* Ubi Aimoin. lib. 2. cap. 8. ibid. pag. 49. habet : *Opere inclusorio.* Vide *Inclusor.*

** **TRIFORMITER,** Trifariam. Argum. vetus in Matth. apud Maium Scriptor. Vet. tom. 9. pag. 161 : *Quaternario denario numero Triformiter posito.* Tatuinus Grammat. MS. cap. de verbo : *Præteritum tempus in declinationibus Triformiter dividitur, plus quam perfectum, perfectum, imperfectum.* Adde Sedul. Scot. Explan. Evang. Script. Vet. tom. 9. pag. 164. Hæc Maius in Glossario novo.

¶ **TRIFUNDUS,** Terræ fundus. Vide *Treffundus.*

TRIFURCULO. Vide *Furcula.*

1. **TRIGA,** Currus a tribus equis tractus, ut *biga*, a duobus. Gloss. Gr. Lat.: Τρίιππον, *Triga.* Papias : *Triga, currus est, quem pagani aiunt currere in inferis, eo quod per 3. ætates homines ad se rapiat, i. infantiam, juventutem, et senectutem ;* [ex Isidoro lib. 17. Orig. cap. 36. Joh. de Janua : *Triga, Currus Plutonis, quia rapit homines de tribus ætatibus.*] Stephanus Tornac. Epist. 228 : *Bigam autem seu birotum mittere noluimus, etc. Nam quod de Triga tibi jocando diximus, scias, quod sicut Trigam abominamur in vehiculo, ita etiam abhorremus in opere et verbo.* Ubi observandæ voces *in opere :* videtur enim alludere ad *Trigas,* seu *tricas*, id est vacationem ab opere : vel moras aut impedimenta ; nam *trigare* dixisse Scriptores ævi medii, supra docuimus.

☞ Eadem vox *Trigæ* pro moris aut impedimentis accipitur in Diplomate ann. 1339. apud Ludewig. tom. 5. Reliq. MSS. pag. 346 : *Promittentes etiam, quod si dominus noster Rex, vel sui hæredes, super prædicta civitate et terra Lubin, per Ducem Joannem Stinaviæ.... aliquas Trigas, impetitiones seu quæstiones sustinere quolibet modo contingeret, etc.*

* 2. **TRIGA,** Trigla, Piscis genus, Ital. *Triglia*, Hispan. *Trigla* et *Trilla.* Tract. MS. de Pisc. cap. 106. ex Cod. reg. 6838. C : *Mullus, Græce τρίγλη, a Romanis Trigla, a Massiliensibus Triga, etc.*

¶ **TRIGAMIA,** Τριγαμία, Tertium matrimonium. Constitut. Apost. lib. 3. cap. 2 : *Monogamia quidem naturæ atque legi consentanea est. Digamia vero post promissionem illegitima ; non ob conjunctionem, verum propter mendacium. Trigamia intemperantiæ indicium ; quæ autem Trigamiæ additur, aperta fornicatio est et indubia incontinentia.* Concessam fuisse *Trigamiam* iis, qui quadragesimum ingressi fuerant annum, et liberis ex prioribus conjugiis caruerant, ex Nicephoro Chartophylace probat Suicerus in Thesauro ; secus vero iis qui ex prioribus matrimoniis liberos habuerant.

TRIGARE, Morari, differre. Vide *Tricare.*

¶ **TRIGARIUM,** Τόπος ὅπου ἵπποι γυμνάζονται, in Glossis Lat. Gr. Locus ubi equi exercentur. Scaliger in lib. 4. Prop. vult *Striga ;* sed et *trigis* exercitium equorum esse potest, ut observat Martinius. Vide *Triga.*

¶ **TRIGENARIUM.** Vide *Tricenarium.*

¶ **TRIGENARIUS,** *Tricesimus*, Johanni de Janua ; *Trentismes*, in Glossis Lat. Gall. Sangerman. MSS.

TRIGERIS, pro *Trieris,* τριήρης, *triremis.* Hariulfus de Miraculis S. Richardi cap. 3 : *Fuit quædam Trigeris magna et fortis, quæ plena hominibus armatis, cursu veloci tendebat properare in Hierusalem, etc.* Mox : *Erant autem in ipsa maxima navi, etc.* [Libellus de Sanguine Christi Augiæ asservato, apud Mabillon. tom. 3. Annal. Benedict. pag. 700. col. 1 : *Acceptis enim vero donis legati mirificis, Trigerim gratulabundi conscendentes, et... prosperrimo navigantes remigio, etc.* Vide *Trieris.*]

TRIGESIMA, Pars trigesima, vel quantitas, rei petitæ in judicio, quæ a damnatis *Bajulo* seu Judici exsolvebatur. Quod locum habebat in causis omnibus tam mobilium, quam immobilium, præterquam in quæstionibus de commodato, mutuo, et debito, in quibus *Tertiaria* dabatur. Vide Constitut. Siculas lib. 1. tit. 69. 70. 71.

* **TRIGERE,** Deradere, exsculpere. Stat. synod. eccl. Corisopit. MSS : *Si sanguis Christi fundatur vel cadat super terram, lignum vel lapidem, radendus vel Trigendus est locus iste, et pulvis in sacrario reponendus.* Vide mox *Trigma.*

¶ **TRIGESIMALE,** Trigesimalis, Trigesimum. Vide *Tricenarium.*

¶ **TRIGIES,** *Triginta vicibus*, Joan. de Janua. Varro dixit *Trigesies, Tricies* Tullius et alii.

* **TRIGILA,** Trichila, pergula, Gall. *Treille.* Necrol. vetust. eccl. Carnot. : *vij. Id. Febr. Obiit Aimericus frater Gelduini, et reliquit canonicis S. Mariæ.... vineam cum Trigila super ripam Auduræ.* Vide in *Trela* et infra *Trilhata vinea.*

TRIGILDUM, Tripla compositio, *Twigield*, in Legibus Juticis lib. 2. cap. 97. 99. etc. Ex voce *geldum*, quam vide, compositio, mulcta. Lex Burgund. tit. 63. § 1 : *Qui messem in granariis furatus fuerit, si ingenuus est, Trigildum solvat.* Vide *Triniumgeldum.*

TRIGINGE. Vide *Trithinga.*

* **TRIGINTA.** Charta Gaufr. de Meduana episc. Andegav. ann. 1097 : *Querela erat inter canonicos* (S. Mauritii) *de parvo numero canonicorum vel monachorum, et quod numerus iste odibilis erat et refutandus, et in nulla ecclesia erat præter istam, et quod etiam laici per hunc numerum neque emere vel vendere aliquid audeant, quoniam sanctissimum Domini corpus Triginta, ut legitur, argenteis a Juda traditore venditum fuit, etc.* Mirandum certe argumentum, ut expungatur numerus *Triginta.*

TRIGINTALE, Trigentanarium, Trigentarium, etc. Vide *Tricenarium.*

* **TRIGLA,** Piscis. Vide supra *Triga* 2.

* **TRIGMA,** *Excoriatio*, in Gloss. ad Alex. Iatrosoph. MS. lib. 2. Passion. cap. 100 : *Facit autem et ad spasmata et Trigmata et ventositates et mulierum passiones.*

¶ **TRIGODÆMONES,** *Poetæ, qui fæcibus faciem collinere consueti, in viis curribus insidentes, ne cognoscibiles fierent, poemata concinebant, cavillis probrisque lacessentes, qui præterirent*, in Vocabulario Sussannæi. [** Τρυγῳδός.]

¶ **TRIGONUS,** Τρίγωνος, Quævis figura triangularis Vitruvio ; quid vero sit Bernardo Monacho, satis ipse docet part. 1. Ord. Cluniac. cap. 47. *de supellectilibus coquinæ : Duo Trigoni, uterque de tribus lignis factus, licet imparibus angulis sint facti, qui in modum ostiorum huc et illuc versari possint ; in his pendent catenæ, quibus caldariæ suspenduntur, quæ implentur aqua prope aqueductum, et postmodum suspensæ deducuntur absque magno labore usque super ignem.*

* **TRIGUM,** Triticum, Hispan. *Trigo.* Charta fundat. abbat. Aquilar. ann. 832. inter Probat. tom. 1. Annal. Præmonst. col. 105 : *Pro unos quisque suos dominus pariet duos* (modios) *de Trigo ; et pro ovibus et capris et porcis, quoad melior inter eos invenerit, occidatur.* Vide infra *Trisicum.*

* *Trigo* vero, pro *Trico*, Fustis, in Lit. remiss. ann. 1460. ex Reg. 192. Chartoph. reg. ch. 65 : *Ung gros baston ou Trigot de plain poing.* Vide infra in *Triquetum.*

¶ **TRIHER,** Τρίβολος, in Glossis Lat. Gr. Aliæ Gr. Lat. Τρίβολος, *Tribula, Triher.* MSS. *Taher.* Forte *Traha* vel *Trahea*, inquit Jungermanus ad Longi Pœmenica pag. 231. et 232.

TRIHORIUM, Spatium trium horarum, apud Auson. Eidyll. 3. de Capitone :

Nec duraturus post bina Trihoria mensis.

Utitur et Eidyllio 24.

¶ **TRILA,** Trilea. Vide *Trela.*

¶ **TRILEX,** Τρίμιτος, in Glossis Lat. Gr. Et infra : *Triplex,* τρίμιτος, etc. Vide *Trilices.*

* **TRILHATA** Vinea, Trilhatum, Vinea trichilis suffulta. Charta ann. 1402. ex Tabul. Moissiac. : *Abbas Exiensis tradat..... unam pipam vini communis... de vineis Trilhatis.... Abbas divisim monachis tradere* (habeat) *unam pipam vini, et pro singulis annis aliis subsequentibus xj. barillos, et hoc de fructibus excrescentibus in Trilhatis.* Vide supra *Trelhia.*

* **TRILHIA,** Concameratio, cancellatio, Gall. *Treillage.* Lit remiss. ann. 1371. in Reg. 102. Chartoph. reg. ch. 266 : *Dicta mulier...... credens saltare in quoddam viridarium, de subtus gradarium existens, supra quandam Trilhiam dicti viridarii cecidit.* Vide in *Trela.*

TRILIA. Vide *Trela.*

TRILICES Loricæ, notæ apud Virgilium 5. et 7. Æneid. et alios. Sed et Dudo de Morib. et Act. Norman. lib. 2 : *Alii ferro auroque Trilices loricas, thoracas scilicet faciunt.* Infra : *Trilicique lorica indutus.* Will. Britto lib. 3. Philippid. :

. . . . . thoraca Trilicem
Disilit.

Glossarium Latinum MS. Reg. *Trilice, triplice.* Le Roman *de Guillaume au Courtnez* MS :

Vestent haubers, et les broignes Trelices.

Le Roman *d'Auberi* MS :

Voit par la salle ces haubers Treilleis.

Ibidem :

U est un haubert, qui estoit Treilleis.

Le Roman *de Garin* MS :

En son dos vest une bruigne Treslice.

Atque hinc patet, unde deducta vox nostra,

Treillis, pro fenestra cancellata. Vide Isidorum lib. 19. cap. 22. Turnebum lib. 29. Advers. cap. 25. [et supra *Trilex*.]

*TRILIS, f. Currus a tribus equis tractus. Glossæ Cæsar. Heisterbac. in Reg. Prum. tom. 1. Hist. Trevir. Joan. Nic. ab *Hontheim pag.* 672. col. 1 : *Humfridus ad carradas duas et Triles tres.* Vide *Triga* 1

TRILLA, TRILLIA, etc. Vide *Trelia.*

*TRILLIA, Cancelli, clathri, Gall. *Grille*. Comput. ann. 1412. ex Tabul. S. Petri Insul. : *Item pro pictura quatuor Trilliarum ferri circa pheretrum, una cum baculis suis sive lanchiis, xvij. sol.* Vide alia notione in *Trela*.

* TRILLIATUS, Transenna, Gall. *Jalousies*. Instr. ann. 1438. inter Probat. tom. 3. Hist. Nem. pag. 261. col. 1 : *Et etiam ligna, quæ pro tempore futuro orirentur, proderunt pro aptando Trilliatos domus consulatus.* Vide supra *Trelea*.

¶ TRILORIS VESTIS, apud Vopiscum in Aureliano cap. 46. Quæ triplici *loro*, i. instita, limbo seu fascia erat prætenta et ornata. Vide Hofmannum in Lexico et Salmasium ad Vopiscum.

¶ TRILUMINARE, *Candelabrum trium luminum*, apud Laurentium in Amalthea.

¶ TRIMA. Chartularium Matiscon. fol. 167. ubi de *carricariis* debitis summatim habetur : *Omnes simul Trimas duas carricarias.* An legendum *triginta?* Vide *Trinna.*

¶ TRIMEGISTUS, *Ter maximus*, Johanni de Janua : *Tres grand ou trois manieres*, in Glossis Lat. Gall. Sangerman. Aliis melius *Trismegistus*, a Gr. τρισμέγιστος, quod est cognomen Mercurii ob incomparabilem, quam ei Gentiles tribuebant, scientiam. Vide Lactantium lib. 1. cap. 6. et 9.

¶ TRIMENSALE, TRIMENSE. Vide *Tremesium.*

¶ TRIMENSIS, *Trium mensium*, *aliter Trimestris*, Joh. de Janua; *De trois moys*, in Gloss. Lat. Gall. Sangerman.

* TRIMENSTRUUM, Trimense triticum, nostris *Tremois*. Bulla Alex. III. PP. ann. 1163. in Chartul. Monast. in Argona fol. 4. v° : *Sub annuo censu duorum sextariorum frumenti et dimidium et totidem Trimenstrui.* Charta Boson. episc. Catalaun. ex eod. Chartul : *Pro annuo censu trium minarum frumenti et trium Trimenstrui.* Vide *Tremesium.*

* *Trimesse* vero, Pellium genus, in Lit. remiss. ann. 1391. ex Reg. 140. Chartoph. reg. ch. 238 : *Deux milliers de belle-euvre, trois milliers de Trimesse.*

¶ TRIMESIUM. Vide supra in *Tremesium.*

TRIMILCHI, Maius mensis apud Anglo-Saxones, sic dictus, quod tribus vicibus in eo per diem pecora mulgebantur. Talis enim erat quondam ubertas Britanniæ, vel Germaniæ, e qua in Britanniam natio intravit Anglorum. Beda de Ratione temp. cap. 19.

TRIMISIUM, Tertia pars assis. Vide *Tremissis.*

¶ TRIMITAT, *Post urna*, in Glossis Isid. Grævius delet *post urna*, voces nullius rei; et scribit, ut apud Papiam : *Trepidat, tremiscit, horret.*

¶ TRIMITUM, Pannus ternis liciis textus, trillix, Gr. τρίμιτος. Vide *Dimitum.*

** TRIMIXTUM TRITICUM, Idem forte quod *Tremesium*. Dynamidia lib. 1. cap. 6. apud Maium Auctor. Classic. tom. 7. pag. 406 : *Triticum Trimixtum levius furfuribus, magis tamen egeritur atque saginat et humectat.*

TRIMMA. Anastasius in S. Silvestro : *Cameram basilicæ ex auro Trimme in longum.* Ubi Bullingerus *Trimmam* esse ait, *aurum in tenuissimas bracteas tritum*, ex Gr. τρίμμα, nostris, *Or battu.*

☞ Sed non una est hujus loci lectio. Unus optimæ notæ codex a Muratorio laudatus præfert, *ex auro Trimita in longum.* Duo alii, *ex auro Crinitam in longum.* Romualdus II. Archiep. Salern. in Chron. apud eumd. Murator. tom. 7. col. 81 : *Ex auro Trinitam in longum.* Ut variæ sint lectiones, retinendum tamen esse putem *ex auro Trimme* vel *Trimmæ*, quod hanc vocem paulo post rursum usurpet Anastasius in eod. Silvestro : *Fecit autem et cameram basilicæ ex Trimma auri fulgentem.* Verum quidem est etiam hic codices cum edito non omnes consentire, atque in tribus MSS. a Muratorio citatis legi, *cameram basilicæ extremam ex auro fulgentem;* sed ex duobus locis simul collatis conjicio veram esse editorum lectionem, atque Anastasium, seu Vitæ Silvestri scriptorem, quisquis ille sit, ex Græco τρίμμα neutrius gen. finxisse Latinum *Trimma* feminini, ut alii dixerunt *schemiam* a τὸ σχῆμα, et *sacomam* a τὸ σάκωμα. Vide Vossium lib. 3. de Vitiis serm. cap. 53.

¶ TRIMNIUNGELDUM. Vide *Triniumgeldum.*

* TRIMODIA, Infundibulum, Gall. *Tremie*. Charta ann. 1197. in Chartul. prior. Lehun. ch. 20 : *Johannes miles de Hapelincurte habet in molendinis de Lehons apud Pontem degranum, cujuscumque sit frumentum, post illud quod inveniet in Trimodia.* Vide *Trimucium*, et *Trinodium.*

¶ TRIMODUS, Triplex. Wibertus in Vita S. Leonis IX. PP. cap. 9 : *Trimodam (venalitatem) compererat dictis B. Gregorii, scilicet a manu, ab obsequio, a favore.* [** Remig. ad Mart. Cap. lib. 4. apud Maium in Glossar. novo : *Trimodum enim genus est, primum generalissimum etc.*]

¶ TRIMORMA, TRIMORMUS, Τρίμορφος, in Glossis Lat. Gr. Melius in MSS. : *Trinorma, Triformis.*

* TRIMUCIUM ut *Trimodia*. Chartul. S. Nigasii Mellet. : *Quotiens annona antedictæ ecclesiæ ad molendinos occurrerit, remota omni consuetudine, post illum bladum, qui in Trimucio est, semper molere debet.* Vide supra *Tremodium.*

¶ TRINA, Piscis genus. Ang. Rumplerus Histor. Formbac. lib. 1. apud Pezium tom. 1. Anecdot. part. 3. col. 433 : *At timallos, salmones, Trinas, murenas, accipenseres et alios delicatiores Athesi dimittimus.*

** TRINA ILLATIO, Idem quod *Illatio tertiæ*, apud Cassiodor. lib. 11. ep. 7. et lib. 12. ep. 2. Vide *Tertia*, 3. et Savin. Histor. Jur. Roman. med. temp. tom. 1. cap. 5. § 103.

¶ TRINCHETUS, Rectus anterior malus, Ital. *Trinchetto*, Gall. *Trinquet*. Bern. *de Breydenbach* Itiner. Jerosol. pag. 243 : *Neque enim applicuimus civitatem* (Ragusium,) *propter festum tamen et reverentiam Dominice Nativitatis cum Trincheto duntaxat navigavimus.*

** TRINE, Trifariam, tribus modis. Virgil. Gramm. pag. 22 : *Hoc pronomen Trine videri declinandum.*

TRINIATIM. Edgarus Rex in Legibus Monasterii Hydensis cap. 4. de Adamo : *Qui prole ad numerum patrata, superbientium Angelorum universa comitante prosapia, sine loto gustato ligni vetiti fructu, æthereos æternæ beatitudinis suggestus Triniatim cum Domino regnans conscendere Macrobius confidebat.* Alia Charta ejusdem Regis iisdem Legibus subdita : *Annuente altithroni Moderatoris imperio totius Albionis Triniatim potus regimine, etc.*

¶ TRINICUM SACRAMENTUM. Vide in *Juramentum.*

¶ TRINION, Modulatus et numerosus æris campani sonitus, nostris *Carillon.* Sententia Officialis Matiscon. ann. 1495 : *In diebus sollemnibus debent pulsari cymbalæ seu campanæ ad modum et instar du Trinion, secundum vulgarem et communem usum loquendi.... Non debent pulsari campanæ ad modum et instar du Trinion sine congedio et licentia Prioris.* Vide *Trasellum* 2. et *Tricodonum.*

* TRINISSIMUS, Maxime trinus. In catalogo operum B. Raymundi tom. 5. Jun. pag. 705. col. 1. recensetur : *Liber de Trinitate Trinissima.*

TRINITAS SANCTA adoranda publice tradita Catechumenis per 40. dies. S. Hieronymus Epist. 61. ad Pammachium cap. 5 : *Consuetudo apud nos istiusmodi est, ut iis, qui baptizandi sunt, per quadraginta dies publice tradamus sanctam et adorandam Trinitatem.* Id est, ut per 40. dies in mysteriis fidei instruerentur. Vide Cyrillum Hierosol. et alios.

¶ TRINITAS, Imago SS. Trinitatis. Andreas Floriac. Mon. in Vita MS. S. Gauzlini Bituric. Archiepisc. lib. 1 : *Fecit et argenteam miræ magnitudinis coronam, aureis circulis interstructam ante ipsum præcelsæ Trinitatis præsentiam.*

TRINIUMGELDUM, Compositio delicti majoris ac atrocioris, per ter novem *gelda*, seu mulctas : a Saxon. tri-nigon-geld, id est *ter nona solutio :* proinde diversa a *trigildo*, seu triplici compositione, vel mulcta. Lex. Bajwar. tit. 2. art. 13. § 1 : *Si quis infra curtem Ducis aliquid involaverit, quia domus Ducis domus publica est, Triniumgeldum componat, hoc est, ter novem donet liber homo : servus vero niungeldo sol vat, aut manus perdat.* [Rursum occurrit tit. 1. art. 3. § 3. utrobique Baluzius legit *Trimniungeldo*, et *Terniungeldum* tit. 8. artic. 2. § 2.] *Triplum novigeldum* dicitur in Lege Burgund. tit. 76. § 2.

¶ TRINKASTUBEN, Taberna, a Germanico *Trincken*, Bibere, potare, et *Stuba*, Hypocaustum. *In stupis virorum, quæ dicuntur Trinkastuben*, in Statutis Eccles. Argent. ann. 1435. tom. 4. Anecdot. Marten. col. 550.

¶ TRINNA, Τριετία, in Glossis Lat. Gr. *Triennium*. In Glossario Sangerman. MS. legitur *Trima.*

¶ TRINNUS, pro *Trimus*, τριετής, in

iisdem Glossis. In Supplemento Antiquarii habetur *Trinuaus*.

¶ **TRINODA** Necessitas, Triplex servitium, scilicet Expeditio militaris, Pontis et Arcis extructio, cui obnoxia erant apud Saxones omnia prædia, etiam *allodialia*, quæ alioquin ab omnibus præstationibus erant libera. Vide Hickesium Dissert. pag. 60. et Kennetti Glossarium ad calcem Antiq. Ambrosden.

¶ **TRINODIUM**, Infundibulum moleudini, Gall. *Tremie*. Charta Hugonis Episc. Autiss. ann. 1141. pro Monasterio Crisenopis : *Molita primum annona sua, quæ fuerit in Trinodiis*. Vereor ne mendum sit in hac voce. Vide *Tremellum*, *Tremœa*, *Trimodia*, et *Tremuia*.

TRINOFORENSE Judicium, in Jure Hungarico, Rigida citatio per nundinas ter facta. Sambucus.

¶ **TRINQUETUM**, Scrupulorum ludus, Gallice *Trictrac*, vel, ut alii scribunt *Triquetrac*. Statuta Eccl. Lingon. ann. 1404 : *Prohibemus clericis. . ne omnino ludant ad taxillos, ad aleas, ad Trinquetum, quod aliter nominatur ad punctum scacurii, neque ad cartas*. Vide *Trinquetum*.

* Neque alius forte est ludus, qui nostris *Tringlet* et *Triaquet* nuncupabatur, inter aleatorios annumeratus. Lit. remiss. ann. 1385. in Reg. 127. Chartoph. reg. ch. 66 : *Icellui Michau, dist à Jehan de la Noë, qu'il alast jouer au Tringlet douze deniers, que il lui bailla, pour savoir s'il les pourroient multiplier. Les suppliant et Guillo Forget jouerent au Tringlet*, in aliis ann. 1396. ex Reg. 151. ch. 43. *Tringuel*, in aliis ann. 1408. ex Reg. 162. ch. 302 : *Soubz ombre de ce que le suppliant joue aucunesfoiz au jeu de dez, aux tables, aux merelles et au Tringuel*. Aliæ ann. 1409. in Reg. 164. ch. 76 : *Lesqulz compaignons jouerent tous ensemble à un jeu, appellé le Trinquet*. Stat. pro civit. Trecensi ann. 1452. ex Cod. reg. 9827. 4. 4. fol. 105. v° : *Item que l'en deffend à tous les hosteliers et taverniers.... que ils ne souffrent en leurs hostelz..... jouer aux jeux des dez, des cartes, d'un Trinquet, ... ne à autres jeux de fortune. Trimblet*, eadem notione, in Litt. remiss. ann. 1402. ex Reg. 157. ch. 298 : *Comme ladite Lorette eust adiré ou perdu un petit blanc de cinq deniers Tournois, dont elle se jouait au Trimblet en la chambre de sondit maistre, etc. Tunglet*, pro *Tringlet*, in aliis Lit. ann. 1399. ex reg. 154. ch. 300. Vide infra *Triquetum*.

** **TRINSARE**, Trinsire. In Carmine Philom. pro *Trissat hirundo*, alii legunt *Trinsat*, quod de ursis se ad numerum moventibus dicitur in Rundlieb fragm. 3. vers. 96 :

Erecti calcant pedetemptim murmure Trinsant.

Confer *Drensare*. Aldhelm. de re Gramm. apud Maium Class. Auct. tom. 5. pag. 569 : *Anseres Trinsiunt*.

** **TRINSECUM**, Intrinsecus. Charta Longob. ann. 860. apud de Blasio Series Princip. Salern. Append. pag. 162. num. 95 : *Morgincapu, id est quarta pars ex omnibus rebus substantie mee, hoc sunt de case, Trinsecum case, curtis, territorie, etc.*

¶ **TRINUA**, Ψύλλα, in Glossis Lat. Græc. Ψύλλα, *Trinua, pulex, pulix*, in Græc. Lat.

TRINUNDINÆ, *Trium dierum mercatum*. Papias.

* **TRINUNITAS**, unica voce, pro Trina unitas, dicitur de SS. Trinitate. Benzo episc. Albens. in Henr. III. imper. apud Ludewig. tom. 9. Reliq. MSS. pag. 278 : *Ad ecclesiam B. Petri pergit omnis populus, referens Trinunitati gloriam, qui per Apostolos suos pro libertate imperii pugnantibus concessit victoriam*.

¶ **TRIOBULARIS** Miles, Minimi pretii, *Trioboli* Plauto, nostris vulgo *de trois deniers*, in Annalibus Novesiens. apud Marten. tom. 4. Collect. Ampliss. col. 525.

¶ **TRIODIUM**, Τριῴδιον, Liber ecclesiasticus, in quo officium in Ecclesiis Græcorum recitari solitum a Septuagesima, qua sua incipiunt jejunia, ad Sabbatum S. continetur. Sic dicitur, quod, cum canones et hymni in solemnitates D. N. J. C. B. Virginis et aliorum SS. novem habeant strophas, ᾠδὰς nuncupatas, canones libro hoc comprehensi ternas ᾠδὰς ut plurimum, non excedant. Hinc Dominica Septuagesimæ interdum nude dicitur etiam Τριῴδιον. Vide Allatium Dissert. 1. de Libris Eccl. Græc. Cangium in Glossario med. Græcit. et Suicerum in Thesauro.

¶ **TRIONES**, in Charta Thossiaci ann. 1404. vox est vernacula, qua significant arbores certa ratione decacuminatas, quibus agri, prata, præsertimque silvæ disterminantur in pago Dombensi.

TRIPA, Interanea, intestina, Gall. *Tripe*. Joh. de Janua : *Omasus, i. Tripa, vel ventriculus, qui continet alia viscera*. Pseudo-Ovidius lib. 1. de Vetula :

. . . . tunc mos violenter adire
Ut vel se reddat Tripæ canibus lacerandum, etc.

[Ordinatio Humberti II. tom. 2. Hist. Dalphin. pag. 511. col. 2 : *Item, quod serviatur nobis.... de uno intromeysio de Tripis bonis, bene paratis, coctis in aqua, et in bona quantitate, etc.*]

TRIPARE. Pactus Legis Salicæ tit. 27. § 5 : *Si quis in messe aliena in furtum metere præsumpserit, aut repascere inventus fuerit, etc.* Ubi Heroldus ad marginem ex alio cod. : *Si quis messem alienam Triparerit, aut mederit, etc.* Lex vero Salica cap. 29. § 6 : *Si quis messem alienam per furtum metere aut Reffare præsumpserit, etc.* Ita *tripare* et *reffare*, pro *depascere* usurpantur, cum scilicet animalia in messem alienam immittuntur. Vide Wendelinum.

☞ Suspicatur Eccardus *tripare* corruptum esse ex *repare*, quod pro *reffare* legitur in MS. Guelferbytano; *reffare* vero vel *repare* intelligenda esse de vulsione vel decerptione, a Saxonico repem, vellere. Vide *Reffare*.

☞ Olim nostri dicebant *Triper, Treper*, et *Tripeter*, pro Saltare, a Latino, ut videtur, Tripudiare, *Trepigner*, vel f. barbaro *Tripedare*, de quo infra. Le Roman *de la Rose* MS :

S'il en patience travaillent,
Qu'il balent et Tripent et saillent.

Et alibi :

Quant de ma biauté me souvient,
Qui ces valés faisait Triper,
Tous les faisoie defriper.

Et paulo post :

Et tous après moi les feisse
Par vive rage Tripeter.

Le Roman *de Vacces* MS :

Mout le voissiez demener,
Treper et saillir et chanter.

Vide *Trepare* et *Triscare*.

TRIPARIUM, Supellectilis genus, forte *Tripus*, Anglis *a Trewet*, quasi *Threeseet*, Gall. *Trepié*, seu *trepier*. Tabularium Prioratus Lewensis in Angl. pag. 24 : *Unam arcam, unum greil, 1. patellam, et 1. Triparium, et 3. barillos, et 10. discos, etc.*

* *Trenet*, in Lit remis. ann. 1471. ex Reg. 195. Chartoph. reg. ch. 621 : *Icellui Gremont print par la gorge icelle femme, ... disant qu'il lui couperoit la gorge, et mettroit le Trenet ou trepier sur le feu et l'asserroit dessus, s'elle ne leur bailloit son argent.*

¶ **TRIPARIUS**, f. Extaris propola, Gall. *Trippier*. Statuta Eccl. Leod. ann. 1287. apud Marten. tom. 4. Anecdot. col. 853 : *Item prohibemus, ne clerici exerceant... officium cambitoris, carnificis, tabernarii... nec sint histriones, joculatores, ballivi, forestarii sæculares, goliardi, theloneartii, unguentarii, Triparii, molendinarii*. Possent etiam intelligi Saltatores a veteri Gallico *Triper*, Saltare. Vide *Tripa*, *Tripare* et *Triperius*.

* *Triepié*, *Personatus* seu dignitatis appellatio in ecclesia Abrincensi, ignota mihi vocis origine : nisi præcentor hic designetur, a sede sua tripede sic dictus. Charta ann. 1452. in Reg. 188. Chartoph. reg. ch. 54 : *Maistre Jehan Basset tenant et possidant de présent le personnaige de Triepié (dans l'église cathédralle d'Avranches) etc.*

¶ **TRIPASSALUM**, Τριπάσσαλον, Tres habens clavos, juxta vim vocis : quam *Trifurcatam perticam*, vel *Palum tricipitem*, aut simile aliquod tormenti genus Syris proprium interpretatur Vossius, in Vita S. Ephræm Syri tom. 1. Februarii pag. 57 : *Postridie autem judice pro tribunali sedente, constituerunt coram illo Tripassalum, et quæcumque alia tormentorum genera.*

TRIPEDARE, Τριποδίζειν, in Glossis Gr. Lat. de equis, qui incessu moderato vadunt. Vide Salmasium ad Hist. August. pag. 244. [et *Tripare*.]

¶ **TRIPEDIA**. Vide mox in *Tripetia*.

TRIPEDICA. Gregorius M. lib. 2. Dialog. cap. 30 : *Dum ad B. Joannis oratorium pergeret, antiquus hostis in mulomedici specie obviam factus est, cornu et Tripedicam ferens.* Ubi Zacharias PP. Τριπέδικλον. Quidam codd. *Trepedicam*, [alii *Trepidicam*] præferunt. Vide conjecturas Haefteni ad hanc vocem pag. 152.

☞ *Tripedicam* hic aiunt esse triplicem pedicam seu laqueum, quo tres equorum pedes impediuntur; τριπέδικλον vero *Marrubium* est apud Interpol. Dioscor. cap. 525. Marrubium secum ferre potuit *mulomedicus*; nihil tamen definio. Verum ut ut est de notione vocis *tripedicæ* loco citato, alibi idem sonat quod *Tripetia*, Sella tripes. Vita S. Ramuoldi Abb. tom. 3. Junii pag. 416 : *Velut servulus vilissimus in humili Tripedica coram eo sedit*. [** Arnold. de S. Emeramno lib. 2. cap. 33.] Charta Narrioti domini de Tuciaco ann. 1110. qua dimittit Abbati Floriac. *omnes malas consuetudines... vaccam de karro, Tripedicam, putellam et cacabum.* Gloss. Lat. Theodisc. apud Pezium tom. 1. Anecd. part. 1. col. 383 : *Tripedicam, Chuhbmun.*

¶ **TRIPERIA**, Locus ubi venduntur *tripæ* seu intestina, Gall. *Triperie.* Litteræ Caroli V. Regis Fr. ann. 1366. tom. 4. Ordinat. pag. 676. art. 7 : *Inspectores et regardatores marcelli* (macelli), *Triperie, piscarie, murorum, fustarum, etc.* Vide *Tripa.*

¶ **TRIPERIUS**, *Triparum* propola, Gall. *Tripier*, in Catalogo MS. Sodalium B. M. Deauratæ.

¶ **TRIPES**. *De suo Tripede pignorare*, in Charta ann. 1380. relata in voce *Ribaldi*, pag. 767. col. 1.

* Id juris pertinebat ad Regem ribaldorum in scorta publica ; sed et eadem pœna mulctabatur uxor, quæ manus in maritum suum injiciebat, ut discimus ex Advoam. loci *du Breuil* ann. 1398. apud Thaumass. inter not. ad Consuet. Bellovac. ad calcem Assis. Hierosol. pag. 407 : *Item in et super qualibet uxore maritum suum verberante, unum Tripodem.*

TRIPETIA, TRIPEDIA, etc. Glossæ MSS. Salmasii : *Trepodia, Tripedia, id est scabellum, quod tres pedes habet, vel mensa in sacris Apollinis, vel numus consecratus.* Glossæ Lat. MSS. Reg. Cod. 1013 : *Trepedia, mensa.* [Gloss. Lat. Gall. Sangerm. : *Tripos, tretel, ou table, ou instrument qui a trois piés.*] Severus Sulpitius Dial. 2. de Vita S. Martini : *Sedebat autem S. Martinus in sellula rusticana, ut est in usibus servulorum, quas nos rustici Galli Tripetias, vos Scholastici, aut certe tu, qui de Græcia venis, Tripodas nuncupatis.* Wolphardus Presbyter libr. 1. Vitæ S. Walburgis Virg. n. 13 : *Cum ecce Tripediæ, quibus sua usus est in vita, divinitus e manibus.... projectæ sunt.* Supra *scabella* appellavit, [intelligitque fulcra tres pedes habentia, quibus contracti homines reptant potius quam ambulant. Janssonius in Auctario Glossarum Isid. *Tripoda, Tripedia, scabillum habens tres pedes.* Vita S. Guidonis Abbat. sæc. 6. Benedict. part. 1. pag. 513 : *Custos Ecclesiæ ascenderat Tripodam, ut lampades... aptaret, etc.*] Vide Isaacum Pontanum in Glossario Prisco-Gallico pag. 271. [Usus Sangerman. in Probat. Hist. ejusd. Monasterii pag. CXLVI. et supra *Scamellum.*]

** **TRIPHONUS**, Tribus mensuris constans. Virgil. Gramm. pag. 110 : *Sunt qui dicunt Triphonos aut quadriphonos versus.*

¶ **TRIPHORIUM.** Vide *Triforium.*

TRIPHUNT. Vide in *Canis.*

TRIPICTUS, *Tripliciter conscriptus*, in Glossis MSS. ad Prudentium.

* **TRIPIDARE**, TRIPIDIARE, Tripudiare, saltare, a *Tripidium*, Tripudium, Gall. *Danse.* Lit remiss. ann. 1378. in Reg. 113. Chartoph. reg. ch. 236 : *Cum Petrus Hardici et quidam alii per villam Aquarum mortuarum, quodam die Dominico spatiando Tripidantes, Coletam..... surgere fecerunt pro Tripidando,..... ipsam Coletam aliquantulum contradicentem...... extra Tripidium posuerunt.* Comput. ann. 1393. inter Probat. tom. 3. Hist. Nem. pag. 124. col. 2 : *Fecerunt* (joculatores) *festum in processione, et post per villam faciendo Tripidiare gentes.* Vide in *Tripare* et mox *Tripodiare.*

** **TRIPLABILIS.** *Triplabile* pro *Tripicabile*, habet Aldhelm. de re gramm. apud Maium Auctor. Classic. tom. 5. pag. 571. ex Sedulio. Locus est in *Simplare.*

¶ **TRIPLARE**, *In triplum augere*, Joh. de Janua.

¶ **TRIPLARIS**, Ternus, Macrobio in Somnium Scipionis lib. 1. cap. 6. 19. lib. 2. cap. 1.

¶ **TRIPLACIUS**, Ternus, Martiano Capellæ l. 9.

¶ **TRIPLICABILIS**, Qui *triplari* potest. Vide *Simplare.*

* **TRIPLICARE** PLANETAM, Illam ter in se replicare. Vide supra *Duplicare.*

¶ **TRIPLICATIO**, Tertia defensio, refutatio. Inventar. Chartar. Reg. ann. 1482. fol. 213 : *Duo quaterni... in quibus continentur petitiones et requestæ gentium Regis Angliæ et responsiones et rationes gentium dom. Regis Franciæ cum pluribus replicationibus et Triplicationibus hinc inde factis.*

* Hinc *Tripliquier*, Tertio respondere, in Lit. procurat. ann. 1309. ex Chartul. Arremar. ch. 52 : *Donnons pooir.... de repliquier, dupliquier, Tripliquier, etc.*

** **TRIPLICITAS.** Versus in Natal. Christi apud Maium in Inscript. Christ. Script. Veter. tom. 5. pag. 22 :

Spiritus huic genitorque suus sine fine cohærent,
Triplicitas simplex, simplicitasque triplex.

* **TRIPLO** DECANTARE, Modus cantandi. Vide supra in *Quadruplo.*

¶ **TRIPODA**, TRIPODIA. Vide *Tripetia.*

¶ **TRIPODARE**, Gradus baculo veluti tertio pede firmare. Chron. Watin. apud Marten. tom. 3. Anecd. col. 821 : *Si quando autem ad modicum remissa* (paralysis) *passione ad ecclesiam aut alicubi eundum erat, baculo sustollente, vivum cadaver segniter ac fatigabiliter Tripodabat, etc.* Et col. 825 : *Suscipe ergo grabbato decumbentem, et resigna nobis non, ut solet, miserabiliter Tripodantem, etc.* Vide *Tripetia.*

* **TRIPODIARE**, ut supra *Tripidare.* Lit. remiss. ann. 1376. in Reg. 109. Chartoph. reg. ch. 404 : *Ipso, qui tunc apud Lugdunum moram trahebat, Tripodiante post prandium cum certis aliis juvenibus filiis, etc.*

1. **TRIPODIUM.** Leges Henrici I. cap. 64 : *In quibus vero causis triplicem ladum haberet, ferat judicium Tripodii, i. 60. solid.* Quæ verba Spelmannus in voce *Lada*, intelligenda censet de triplici *ordalio*, scilicet de ferro pensante 60. solidos, id est, tres libras. Vide, quæ observamus in v. *Lada.* Sed puto, *Tripodium* esse mensuram trium pedum, ex Gr. τριπέδιον, infra quam brachium in cacabum immittere tenebantur, qui aquæ ferventis judicium subibant, si triplicis *ladæ* delictum esset. Vide *Ferrum candens.*

* 2. **TRIPODIUM**, de quo plura apud Marten. de Ant. Eccl. Rit. tom. 1. pp. 568. et 569. idem omnino videtur, quod nuncupatur Gallorum vulgari sermone *Legile*, in quo Epistola et Evangelium cantantur ; licet Bonannius Eccl. Hierarch. cap. 72. pag. 299. Faldistorium significare vult. Ita Georg. Rhodig lib. 1. de Liturg. Rom. Pontif. cap. 8. num. 4. Hinc *Tripodium* appellatur Pannus, quo *legile* operitur, teste D. *Le Beuf* in schedis suis.

TRIPONDIS. S. Zeno Veron. Episc. Serm. 6. ad Neophytos : *Singulos ponderate, invenietis nullum habere minus. Tripondes sunt homines numismati sacri una libra signati, qui mensæ deserviunt.* Vide Filesacum lib. 1. Selector. pag. 241.

* **TRIPONTIUM**, Pagi Arelatensis nomen, a tribus, ut videtur, pontibus. Charta ann. 1055. in magno Chartul. S. Vict. Massil. fol. 41 : *Donamus Deo et S. Victori...... de alode nostro duas pecias de terris Arelate in Tripontio.*

TRIPORTICUS, Atrium, vel area constans tribus porticibus : cujusmodi fuere ante ædes sacras. Papias : *Atrium, magna domus, dictum, quod ei addantur tres porticus.* Anastasius in S. Hilaro PP : *Fecit... Nympheum et Triporticum ante oratorium S. Crucis, ubi sunt columnæ miræ magnitudinis, quæ dicuntur Hecatonpenta.* Sidonius lib. 2. Epist. 10 :

Huic est porticus applicata triplex, etc.

Paulinus Epist. 12 :

Alma domus triplici patet ingredientibus arcu.

Infra :

Ter geminis geminæ patuerunt arcubus aulæ.

[Joh. Diaconus de Eccl. Lateran. apud Mabillon. tom. 2. Musei Ital. pag. 572 : *Nympheum et Triporticum ante oratorium S. Crucis.*] Vide Descriptionem nostram ædis Sophianæ n. 20.

* Inde fortean *Tripot*, pro *Halle*, porticus nundinaria, in Confirm. privil. Cadom. ann. 1466. ex Reg. 202. Chartoph. reg. ch. 51 : *Item peuent lesdiz bourgois...... mettre jurez et gardes....... au Tripot ou hale à blé, etc.*

¶ **TRIPS**, *Vermiculus lignis innascens materiasque vitians*, in Vocabulario Sussannæi.

¶ 1. **TRIPTES**, Τρίπτης, Frictor, unctor, cubicularius, apud Martianum Capellam lib. 2.

* 2. **TRIPTES**, *Dæmones illusores, dicti a Tripto verbo, i. deludo, vel quia triplicem habeant potestatem in corpore, umbris, spiritibus.* Glossar. vetus ex Cod. Reg. 7613. Vide *Triptire.*

TRIPTIRE, vel TRIPTIRI, In tres partes dispertiri, *Partir en trois*, in Glossis Lat. Gall.

** TRIPTITUS. Aldhelm. de re gramm. Class. Auct. Maii tom. 5. pag. 517 : *Triptitumque syllabarum differentiam.* F. pro *tripertitus.*

¶ **TRIPTOTUS**, *Nomen habens tres casus, a tris et ptotos, casus, ut Jesus, Jesum, Jesu*, Johanni de Janua ; *qui a trois cases dessamblans*, in Glossis Lat. Gall. Sangerman. MSS. Isid. lib. 1. cap. 6 : *Quod tantum in tribus (casibus variatur,) ut Templum.* Adde Martian. Capellam lib. 3.

¶ **TRIPUDIALIS**, Lætus, jucundus. *Fonte Baptismatis Tripudiali solemnitate renatus*, in Litteris ann. 1237. apud Rymer. tom. 1. pag. 374. col. 1.

* **TRIPUDIUM**, Gaudium, lætitia. Charta Loth. reg. ann. 984. tom. 9. Collect. Histor. Franc. pag. 655 : *Est enim egregium de-*

cus, eritque Christo favente in sæculorum progenies ipsius monasterii celsitudo semper in Tripudio, etc.

¶ **TRIPUS**, i, pro *Tripus, odis*, si non est mendum. Fulgentius lib. 1. Mythol : *His Tripum quoque Apollinis adjiciunt.* Vide Vossium de Vitiis serm. pag. 87.

* Bened. abbas Petroburg. de Gest. Hen. II. tom. 2. pag. 612. ad ann. 1190 : *Rex Angliæ exigebat a Tancredo rege Siciliæ..... mensam auream de longitudine duodecim pedum et de latitudine pedis et dimidii,..... et duos Tripodes aureos sub mensa aurea.* Ubi scabella interpretatur Hearnius : malim ego intelligere vasa, in quibus ignis ponebatur sub mensa, quæ tribus pedibus constabant.

¶ **TRIQUADRA**, *Tripartitum*, apud Vossium lib. 3. de Vitiis sermonis cap. 53.

* **TRIQUADRUS**, In tres partes divisus. Homil. de S. Helena tom. 3. Aug. p. 590. col. 2 : *Jure enim illi Triquadrum orbem obnoxium asserimus.* Ermold. Nigell. tom. 6. Collect. Histor. Franc. pag. 32 :

Hic per Triquadrum regnabat (proh dolor) orbem,
Et genus humanum in sua regna dabat.

¶ **TRIQUETUM**, Scrupulorum ludus, Gall. *Trictrac.* Statuta Eccl. Audomar. ex Archivo ejusdem : *Item statuimus etiam expresse, ne aliquis canonicorum.... causa lucri ad taxillos, Triquetum seu scaquerium cum denario ludere præsumat.* Vide *Trinquetum.*

* *Triquet*, eadem notione, ni fallor, in Lit. remiss. ann. 1384. ex Reg. 125. Chartoph. reg. ch. 38 : *Icellui exposant jouoit au Triquet à Regnault Recher, etc.* Vide supra *Trinquetum.*

* *Trique* vero pro Statio navium, si tamen non est nomen loci, occurrit in Privil. Hareflori ann. 1398. ex Reg. 153. ch. 243 : *Octroyons que doresnavant aucuns marchans estrangiers ou habitans de la ditte ville, ou autres personnes quelconques, ne leurs marchandises estans en laditte ville et ès lieux de la Trique et de la fosse de l'Eure où se repose le navile venant au havre de laditte de Harfleur, ne puissent ou doient estre pris, arrestez. Triquotonet* autem Palmulæ vel cylindri species videtur, in Lit. remiss. ann. 1456. ex reg. 189. ch. 122 : *Le suppliant print le petit Triquotonet duquel il faisoit sa fouasse, etc.* Vide supra *Trigum.*

¶ **TRISAGIUM**, Hymnus sic dictus a ter repetita voce ἅγιος, nempe Ἅγιος ὁ Θεός, Ἅγιος ἴσχυρος, Ἅγιος ἀθάνατος, ἐλέησον ἡμᾶς, Hymnus sacer apud Græcos frequentissimus. Vide Glossarium mædiæ Græcit. et Suicerum in Thesauro, v. Τρισάγιον.

TRISANTIA. Bernardus Mon. in Consuetud. Cluniac. MSS. cap. 28. [31. part. 1. in editis :] *Qui autem rasi fuerunt, finita psalmodia debent in illam Trisantiam ire, in qua locutio solet esse, et libros accipere, ungulasque, si fuerit opus, incidere.* Cap. 70. [74. n. XII. ed. :] *Omnes, qui remanent de completorio, finita collatione, egressi de Capitulo, ad sinistram partem introitus, debent in Trisantia* [ed. *Trisantiis*] *remanere, donec toto conventu egresso, etc.* Cap. 77. [ed. 17. part. 2 :] *Qui ex una parte Trisantiæ sedent, unum versum, qui autem ex altera, alium dicunt.* Cap. 78. [ed. 75 :] *Donec infantibus ingressis Capitulum cæterisque extra Capitulum in Trisantiis stando ordinatis, Prior veniat.* Ibid. : *Pueri in Capitulo, et alii sic veniunt in Trisantiis stantes. Trisantiæ* igitur Capitulo proximæ fuerunt, [quæ idem fuisse videntur atque latera seu alæ claustri, forte sic dictæ a tribus, quibus constabat claustrum porticibus. Vide Marq. Herrgottum in Indice Onomast. ad calcem vet. Disciplinæ Monast. et in notis ad locos citatos, in quibus aliquando *Trisantiam* interpretatur puerorum aut monachorum turmam, sic forte dictam a Gallico *Trezain*, Tredecim, quod essent duodecim monachi, quibus decimus tertius præerat decanus. Malim ubique claustri alas intelligere.] [* Vide supra *Tresantiæ.*]

TRISCABINA CHARTA, inscribitur formula 88. ex Lindenbrogianis : in textu vero, *nunc igitur complacuit nobis, atque convenit, ut talem chartulam Triscabinam seu ingenuitatis ipsi servo nostro nomine illo fieri et firmari rogaremus, etc.*

TRISCAMERARIUS, Dignitas Palatina, Camerarii dignitate inferior. Chartam Friderici I. Imp. ann. 1162. apud Diagum lib. 2. de Comitib. Barcinon. cap. 174. subscribunt præ cæteris Principibus, *Rodulfus Dapifer, Harmannus Camerarius, Bertolfus Triscamerarius, etc.* Alia Friderici II. Imp. ann. 1244. apud Goldastum tom. 2. Constitut. Imp. pag. 6. et Joan. Noppium in Chron. Aquisgran. lib. 3. n. 1 : *Willelmus Advocatus Aquensis, Henricus frater ejus Triscamerarius noster, et fideles nostri, etc.* Scribunt Sammarthani, Jacobum Serenum Archiepiscopum Ebredunensem, adiisse anno 1276. Rodulfum Imp. et ab eo impetrasse confirmationem privilegiorum Ecclesiæ suæ, *et dignitate Triscamerarii perpetui Cameræ Imperialis adauctum.* [Quod fusius descriptum videre potes in Bulla hujus Imperatoris edita tom. 2. Hist. Dalphin. pag. 13. et 14.] [* Præter Jacobum Serenum eadem dignitate, sæculo elapso, insignitus legitur *Michæl Dei gratia archiepiscopus Ebredunensis et princeps ac Triscamerarius imperialis*, in Charta ann. 1385. ex Tabul. S. Vict. Massil.] [** Vide Haltaus. Glossar. col. 1800. voce *Trese-kæmmerer*, et Graff. Thesaur. Ling. Franc. tom. 5. col. 544. voce *Treso, Triso.*]

TRISCARE, Mamotrectus ad lib. Esther cap. 8: *Tripudiare quasi cum tribus pedibus saltare, vel chorizare, sive Triscare.* [*Tresche*, Saltatio, tripudium. Le Roman *de la Rose* MS :

Il vit, ce dit, sor l'herbe fresche
Deduit qui demenoit la Tresche,
Et ses gens o lui karolans
Sur les floreites bien olans.

Ibidem :

Oiseaux privez, bestes domesches,
Karoles et dances et Tresches.

Vide *Trepare* et *Tripare.*]

* Hispan. *Triscar*, Ital. *Trescare*, Tripudiare, choreas agere, a *Tresca*, tripudium; unde nostratibus *Trescher* et *Tresche*, eadem acceptione. Lit. remiss. ann. 1388. in Reg. 132. Chartoph. reg. ch. 231 : *Icellui Michaut ala vers la feste où s'esbatoient, dansoient et Treschoient les jeunes gens; et incontinent que icellui Michaut y apperçut et vit ledit Erart dansant et menant une Tresche, etc.* Aliæ. ann. 1394. in Reg. 147. ch. 127 : *Un compaignon qui voult mener une dance, que l'en dit Tresche etc.* Aliæ ann. 1400. in Reg. 155. ch. 380 : *Quand la feste au rondel fu finée, on commença à danser à la Tresche. Treque*, eadem notione, in Lit. remiss. ann. 1381. ex Reg. 160. ch. 21 : *A saint Amand en Peule ès noces Jehan Gamet, certain débat se prist et esmeu........ pour cause de ce que lesdites parties menoient chascun une Treque ou dance.*

¶ **TRISCELES.** Vide mox in *Trisiles.*

¶ **TRISCHISMA**, Tertium vel triplex schisma. Vide locum in *Quartischisma.*

TRISCURRIUM, Papiæ *Multiplex scurrilitas.* Guibertus lib. 1. de Vita sua cap. 11 : *Quam miserabiliter extunc ad nostra sæcula pudor et honestas paulatim in virginea professione ruit, et res et species custodiæ matronalis extabuit, ut in omni earum habitudine sola possint notari Triscurria, ubi nil nisi jocularia sonant, et oculorum nutus et lingua.* Idem in Præfat. ad Hist. Hierosolymit. : *In id quod pie affectaveram fortasse a cuntis videndus, incessi, cachinnos ac Triscurria prætergrediens aliquorum, etc.* [Legitur apud Juvenalem Sat. 8. nisi cum Scaligero legatur *Transcurria* a *currendo.* Vide Vossium in Etymol. v. *Scurra*, et Hofmannum in *Triscurria.*]

* **TRISELLUM.** Vide supra *Trasellum.*

¶ **TRISESINA.** Vide mox *Trissesiva.*

* **TRISIARCHIS** *est Capillus in vesica, qui fit ex nervorum frigore, vel humoris infusione.* Glossar. vetus ex Cod. reg. 7613. [** *Trichiasis*, in cod. reg. 7644.]

* **TRISICUM**, Annonæ species, nisi sit pro *Triticum.* Charta ann. 1106. apud Murator. tom. 2. Antiq. Ital. med. ævi col. 353 : *De Trisico, mileo et panico, atque legumine in area modium sextum etc.* Vide supra *Trigum.*

TRISILES. Papias, ex Isidoro lib. 20. cap. 4 : *Trisiles, Græce tripodes. Trisilis, a tribus liciis.* Isidorus habet *Trissiles.* Gloss. Anglo-Sax. Ælfrici : *Trisilis* : drifotad fæd. Ubi Somnerus emendat *Trisceles*, ex Gr. τρισκελής. Sax. Dri, *tres*, fot, *pedem* significat. [Vide Salmasium ad Lampridium in Commodo cap. 10. et Hofmanni Lexicon in *Trisciles.*]

¶ **TRISIPPIUM**, *Rotula seu nota impressa malis equorum emeritorum*, in Amalthea.

* **TRISLICIUM**, Colcita ex tela crassiori, dicta vulgo *Treillis.* Inventar. ann. 1320. ex Tabul. S. Vict. Massil. : *Item unum coopertorium de pellibus dorseri cuniculorum. Item unum bonum Trislicium, etc.* Vide supra *Translicium.*

TRISOMUM, Sepulcrum trium corporum capax. In Cœmeterio Cyriacæ, via Tyberina, Romæ :

SE. BIBA. EMET. DOMINA.
LOCUM. A. SUCCESSUM.
TRISOMUM. UBI. POSITI.

Vide *Bisomum* et Glossar. med. Græcitat. in Τρίσωμον.

¶ **TRISORIUM**, f. pro *Drisorium*, mutato *d* in *t*, ut sæpe fit, Abacus, ubi vasa reponuntur ad ministerium mensæ, ut supra *Dressorium.* Vide ibi. Magnum Chron. Belgic. pag. 402. edit. Pistor. : *Principes in-*

traverunt refectorium S. Maximini, quod sic erat ornatum : primo Trisorium decem scabellorum per modum graduum, etc. Vide mox *Trissadorium.*

¶ **TRISPEDIUM**, Vas tribus pedibus constans. Inventarium ann. 1347. tom. 2. Hist. Dalphin. pag. 556. col. 1 : *Item, unum alium gobeletum argenteum..... cum uno Trispedio argenteo, etc.*

¶ **TRISSADORIUM**, ut supra *Trisorium.* Ordo Rom. apud Mabillon. tom. 2. Musei Ital. pag. 487 : *Sedet autem ipse Papa in una mensa eminenti solus, diversis et magnis aureis vasis et argenteis super mensam positis, vel in Trissadorio seu teloneo sitis propter mensam, a latere sinistro Papæ.*

¶ **TRISSARE**, De sono hirundinis dicitur Auctori Philomelæ v. 26. *Trissat hirundo vaga.*

TRISSESIVA, apud Papiam MS. *Crassitudo.* Editus habet *Trisesina.*

¶ **TRISSONUM**, Pilum, Gall. *Pilon.* Charta ann. 1329. ex Archivo S. Victoris Massil. : *Item, unum morterium cum suo Trissono.*

* Provincialibus vulgo *Trissoun*, quibus *Trissar* terere sonat.

TRISTA, Tristra. Cokus part. 4. Inst. pag. 306 : *De tristis, ancientes written traistis, and is derived of traist, i. trust, and signifieth, Ubi alii homines manentes in eadem foresta tempore quo Dominus chaceaverit, in eadem venire debent, et confisi sunt, Anglice, are trusted, ad tenendum leporarios certis locis assignatos pro feris ibidem expectandis et capiendis.* Ethelredus Rievallensis Abbas in Geneal. Regum Angl. cap. ult. : *Rex cum cæteris superior constitisset, secundum legem venandi, quam vulgus Tristam vocat, singulis proceribus cum suis canibus singula loca delegat, etc.* Inquisitiones de forefacturis diversis super foresta Dom. Regis art. 13. in Additamentis ad Matth. Paris. : *Inquiratur... si aliqua antiqua Tristra D. Regis, villa, vel domo, levatis, vel clauso impediatur : per quæ deductus Domini Regis impediatur.*

Præterea Cowello dicitur immunitas ab illa servitute forestæ incolis imposita, qua quisque obligatur canem venaticum alere, et paratum in manu sua tenere, dominoque suo præsentare, quandocunque illi placuerit in foresta sua venari. Charta Edw. III. Regis Ang. tom. 2. Monast. Anglic. pag. 827 : *Et sint quieti de... Henedpeny, et bucstall, et Tristris.* Vide Steph. Skinnerum in Etymologico Anglico [et Th. *Blount* in Nomolexico.]

* Inquisit. forest. *de Lyons* in Reg. 34. bis Chartoph. reg. part. 2. fol. 118. r° col. 1 : *Robertus de Pissiaco habet leporem, vulpem,...... et Tristre inter boscum et forestam. Terstre* pro *Tristre*, in Cod. reg. 4653. A. fol. 79.

¶ **TRISTABILIS**, Tristis, molestus. *Tristabilis eventus*, in Litteris ann. 1341. apud Rymer. tom. 5. pag. 227. *Tristabilis tumultus*, in Vita B. Coletæ tom. 1. Martii pag. 573.

¶ **TRISTAMEN**, Tristitia, animi dolor, in Actis S. Urbici, tom. 1. Aprilis pag. 252.

TRISTARE, Tristem facere, contristare, Gall. *Attrister.* Onomasticon : *Tristo*, λυπῶ. Will. Britto lib. 10. Philipp. :

Indigno Tristavit funere campos.

Et lib. 11 :

Et tristi Tristassent funere mundum.

[Joh. de Janua : *Tristare, tristem facere, turbare; Tristari, dolere, tristem esse.* Gl. Lat. Gall. Sangerman. : *Tristare, Courecier : Tristari, Soy courecier.* Libellus Episcoporum Ital. contra Elipandum : *Per animam caro esurit, sitit, Tristatur. Tristati sunt et conterriti*, Rolandino Patav. lib. 5. cap. 10. *Acerbo mœrore Tristati*, Elmhamo in Vita Henrici V. Regis Angl. cap. 3. *Tristantes gaudentibus* opponuntur in Chronico Whethamstedii pag. 364. Verum *Tristari*, pro Tristem esse usus etiam Seneca lib. 2. de Ira cap. 7. et de Provid. cap. 2.]

* **TRISTARI**, Ægre ferre, Gall. *Etre fâché.* Charta Roberti reg. ann. 1007. tom. 10. Collect. Histor. Franc. pag. 589 : *Retulit se Tristari admodum, non esse in pago Turonico cœnobium, ubi sactimoniales feminæ Christo possent suæ devotionis impendere officium, sicut in plerisque habebant partibus terræ.*

TRISTATÆ. Hieronymus in cap. 23. Ezechielis : *Tristatæ apud Græcos nomen est secundi gradus post regiam dignitatem, quos nos Magistratus utriusque militiæ et Præfectos annonarii tituli vocamus.* Exod. 14 : Καί ἔλαβεν ἑξακόσια ἅρματα, καὶ Τριστάτας ἐπὶ πάντων. *Et accepit sexcentos currus electos, et Duces super omnes.* Et 4. Regum 7 : Καὶ ἀπεκρίθη ὁ Τριστάτης, *et respondens unus de Ducibus.* [Theodorus Studita in S. Platonem n. 17. Copronymum τῆς εἰκονομαχικῆς αἱρέσεως Τριστάτην vocat. Vide Glossar. med. Græc. col. 1611. d.] Fridegodus in Vita S. Wilfridi cap. 15 :

Convenere Duces, nec non basilica pubes,
Tristatæ, Comites, vulgi promiscua strages.

Et cap. 47 :

Non Reges, non Tristatas, Regumve clientes.

* **TRISTATIO**, Tristitia, mœror. Sermo de B. Petro Acol. tom. 6. Sept. pag 654. col. 2 : *Quidam plebanus ecclesiæ S. Basilii.... jussit fieri... quandam profundam foveam, in qua ipse fecit sepulcrum beati Petri sepelire, non sine grandi Tristatione totius contratæ. Tristeur*, pro *Tristesse, chagrin, mélancolie*, Ægritudo, mœstitia, in Lit. remiss. ann. 1383. ex Reg. 145. Chartoph. reg. ch. 153 : *Par le courroux et Tristeur qu'il avoit au cuer, tempté de l'ennemi, le suppliant frapa d'un petit coustel trenchepain ledit Huguet par le bras, etc.* Vide *Tristificatio et Tristis.*

TRISTEGA, Tristegum, Ædificium constans tribus tabulatis, (quæ καταστρώματα vocat Cantacuzenus lib. 1. Histor. cap. 36.) contignationibus, vel *cœnaculis*, ut habet Hieronymus in Ezechielis cap. 41. Jo. de Janua et Will. Britto in Vocab. et Auctor Mamotrecti : *Tristegum dicitur locus tricameratus.* Papias *Tristega, tricamerata, a trino tegmine, vel tribus tectis.* Gloss. Lat. Gall. : *Tristegum, Maison à trois ordres de sièges.* [Aliud Sangerman. : *Tristegum, Maison ou lieux à trois chambres.*] Vetus Interpres Juvenalis Sat. 3 : *Tabulata, superiora tecta et Tristega.* Τρίστεγον, [in Actibus Apost. 20. 9. et] in Vita S. Eupraxiæ Virg. cap. 42. [Τρίστεγος οἶκος, apud Theophanem ann. 39. Theodosii Jun.] Hieronymus in cap. 41. Ezechiel. Τρίστεγα, *tertia cœnacula* interpretatur. Ita *Tristega*, proprie est cubiculum superius, tametsi sæpe pro quovis usurpetur. Abdias Babylon. lib. 3. Hist. Apostol. pag. 26 : *Sanctus quoque Apostolus descendens de Tristega, prædicabat eis verbum Domini.* Infra : *Et adhibentes scalas, volebant ascendere in Tristegam, ut eos interficerent.* Gregorius Turon. lib. 8. cap. 42 : *Dum epularetur cum diversis in Tristega, subito effracto pulpito domus, vix semivivus evasit.* Matthæus Paris ann. 1247 : *Habebat namque in ipsa navi, sicut de arca Noë legitur, diverticula, et Tristegas, cameras, et conclavia, etc.* Idem in Historia minori MS : *Clam concepit ab Stephano, qui eam duxerat ad Comitem Andegaviæ maritandam in nave, scilicet in quodam Tristego navis ipsis pro thalamo præparato.* [Gen. 6. 16 : *Fenestram in arca facies, et... cœnacula et Tristega facies in ea.* Alcimus Avitus :

Tristegaque hic facies, simul et cœnacula in illis]

Tristega, Officina mercatorum. Charta Guarini Episcopi Ambian. ann. 1145. in Chartul. Ecclesiæ Ambian. : *Si autem cellarium, vel Tristega ad merces negotiatorum reponendas construere voluerint.*

Tristega, Latrina. Vide *Privata.*

Tristega, Machina bellica, turris, tribus constans tabulatis. Sugerius de Consecr. Eccl. S. Dionys. pag. 353 : *Ad Tristegas et propugnacula facienda.* Epistola Balduini Imp. CP. apud Arnoldum Lubecensem lib. 7. cap. 20 : *Turribus autem supereriguntur ligneæ turres altissimæ stationum sex, etc.*

Bristega, perperam pro *Tristega*, non uno loco apud Will. Brittonem in Philippide lib. 4. pag. 138 :

.... Nec minus alte
Per loca Bristegæ, castellaque lignea surgunt.

Idem lib. 7. pag. 174 :

Haud secus absumit Bristegas, valla, domosque.

Ubi frustra Gaspar Barthius vocem a Germanico arcessit. Vide *Belfredus.*

Tristegum, Machina lignea in campanariis, in quibus pendent campanæ, vulgo *Beffroy.* Liber Miraculor. S. Bertini cap. 3. apud Mabillonium : *Sed et turrile ipsius* (Ecclesiæ) *licet noviter esset superpositum, quia antiquo more erat factum, deposuerunt, et aliud miræ magnitudinis mirabilisque fabricæ studuerunt ædificare, cujus longitudo consistentis in terra æquabat altitudinem culminis Ecclesiæ, cui superponendum erat. Nec mirum, Tristegum enim, ut vulgariter loquamur, trium tripodum ordinibus factum fuerat, excepta summa claxendice.* Vide *Belfredus.* Sugerius de Administr. sua : *Lapideas turres, et ligneas Tristegas concussit.*

Tristegum occurrit alia, sed incerta mihi notione, apud Knyghton. lib. 1. de Eventib. Angl. cap. 2 : *Et post prandium cum intraret cameram, vidit unum Tristegum cum imagine ad similitudinem unius sagittarii, tenentis arcum cum sagitta.* [Tabulatum interpretor.]

Tristegon, nescio qua perinde notione usurpet Petrus Subdiaconus Neapolit. Ecclesiæ de Miracul. S. Agnelli Abbatis :

Tristegon uberius, decurrat sancta profundo
Agnelli sancti miracula sancta canendo.

¶ **TRISTELLUM**, Idem quod *Trestellum*,

Tripedis species, Gall. *Tresteau. Unum lectrum, duo desques et tria paria Tristellorum*, in Litteris ann. 1405. apud Rymer. tom. 8. pag. 384.

¶ **TRISTIFICATIO**, Tristitia. Vita S. Columbæ Abb. tom. 2. Junii pag. 233 : *Hæc talis mihi mœsta retardatio hodiernæ Tristificationis non immerito causa fuit.*

TRISTIMONIUM, Tristitia, ut *ægrimonium*, in Fragmento Petronii de Cœna Trimalcionis pag. 51.

TRISTIS, Severus. Vulcatius de Cassio : *Hæc Epistola ejus indicat, quam severus et quam Tristis futurus fuerit Imperator.* Capitolinus in Maximo : *Fuit cibi avidus, vini parcissimus, ad rem veneream nimis rarus, domi forisque semper severus, ita ut et Tristis cognomen acciperet.* Idem in Pio, ex editione Mediolanensi : *Homo Tristis et integer*, i. severus. Italis *Tristo*, est improbus, scelestus. Vide Ferrarium.

* **TRISTITER**, Dolenter, triste, Gall. *avec douleur.* Lit. remiss. ann. 1359. in Reg. 90. Chartoph. reg. ch. 318 : *Ex parte Petri le Brun nobis fuit expositum Tristiter lamentando etc.*

TRISTITUDO, Tristitia, Apuleio in Apologia.

TRISTRA, Idem ac *Trista*, quod vide.

¶ **TRISTURA**. Vide *Transitura* in *Transitorium*.

¶ **TRISTUS**, Improbus, pravus, Ital. *Tristo.* Vita B. Columbæ Reatinæ, tom. 5. Maii pag. 367 * : *Trista, Trista, semper vis protervire.*

** **TRISYLLABATUS**, Trisyllabus, tribus constans syllabis, apud Virgil. Gramm. pag. 67.

¶ **TRISYRTICUM**, quod tripliciter possumus interpretari, sive quod trifariam sumitur, seu *trahi* potest, a τρίς, ter, et σύρειν, trahere. Vide Vossium lib. 4. de Vitiis serm. cap. 53.

¶ **TRITA**, Pulmentum ex rebus tritis. Statuta S. Claudii pag. 81 : *Die Nativitatis Domini.... debet pittantiarius ministrare.... generalia Tritarum.* Supra in voce *Carno*, *Trita* male editum pro *Trista.*

TRITÆ. *Tritarum societas*, seu *Tritorum*, vel *Trituratorum*, Germanis *der flegeler*, id est *Flagellatorum*, sic dicta quædam militaris turma, seu societas, forte quod armorum vice *flagella rustica* deferret, vel quod *blada* seu triticeas messes passim *detereret* : nam alii fuere a *Flagellatoribus*, de quibus supra egimus. Historia Landgraviorum Thuringiæ cap. 155 : *Eodem an.* (1411.) *incepit societas Tritarum, id est, der flegelern, quorum capitaneus fuit ille, etc.* Cap. 157 : *Ex illa liga Tritarum, videlicet der flegellern, etc.*

¶ **TRITARE**, *Frequenter terere*, Joh. de Janua.

* Vox Italica, dissecare, comminuere, in pulverem redigere, Acad. Crusc. Fragm. hist. Fulgin. apud Murator. tom. 4. Antiq. Ital. med. ævi col. 146. ad ann. 1321 : *Duravit tempus pluviosum per mensem et ultra, ita quod multæ segetes in metis remanserunt ad Tritandum in mense Septembris.*

* **TRITAVUS**, Haud scio an vulgari notione accipi debeat, in Homag. Amalr. vicecomit. Narbon. ann. 1337. ex Bibl. reg. cot. 2 : *Dominum Aymericum patrem et prædecessorem nostrum et Tritavum nostrum, etc.* Judicent genealogiarum periti.

TRITENNALE, *Tritennariam.* Vide *Tricenarium.*

¶ **TRITEUS**. Vide *Typica febris* in *Typus.*

¶ **TRITHEITÆ**, Τριθεῖται, Hæretici sic dicti, quod tres in SS. Trinitate substantias et naturas per omnia similes esse dicebant, quamvis tres Deos dicere omnino refugerent. De his Biblioth. Photii cod. 24. pag. 16. Tritheïtarum ducem Joh. Philoponum, Philosophum Alexandrinum, tempore Phocæ Imp. fuisse scribit Nicephorus Callisti lib. 18. cap. 46. et 48. Vide Leontium de Sectis, act. 5. pag. 476.

TRITHINGA, Saxonice þrihing, apud Anglos, dicitur tertia pars Comitatus, seu provinciæ, continens tria vel quatuor Hundreda, seu centurias, cui, qui præerat, *Trihingerefas* dicebatur, ad quem deferebantur causæ, quæ definiri non poterant in Wapentachiis, seu Hundredis. Quod autem in *Trithingis* definiri non poterat, ferebatur in *Scyrum.* Ita Leges Edwardi Confess. c. 34. [** 31.] et ex iis Fleta lib. 2. cap. 61. § 23. [** Vide *Leda*, 2. Alia plane est teoðing vel *decania*, Decem hominum societas, de qua agitur in voce *Friborga.* Ad hanc pertinent quæ sequuntur.] Hanc autem partitionem Ælfredo Regi adscribunt Scriptores Angli. Annales Wintoniensis Ecclesiæ de Elvredo Rege : *Iste instituit Hundredos et Tithingas ad latrones investigandos.* Id ipsum tradunt Ingulfus pag. 870. et Matthæus Westmonasteriensis ann. 892. qui hoc loco *tithingas* pariter habet : *Centurias, quas Hundredos, et decimas, quas Tithingas appellant, instituit, etc.*

Tethinga, in Charta Joannis Regis Angliæ ann. 1215. pro Libertatibus Angliæ ann. 1215 : *Fiat autem visus de franco plegio, sic ut pax nostra teneatur, et quod Tethinga integra sit, sicut esse consuevit, etc. Trithingarum* mentio est præterea in Statuto Mertonensi cap. 10. et in Fleta lib. 1. cap. 20. § 48. 49. 107. Quem vero *Trihingerefas* vocant Leges Edwardi, alii *Tethingum*, vel *Tethingman* nuncupant. Hodie, inquit Watsius, res cum Lege antiqua prorsus evanuit, nomine tantum (*Tethingman*) remanente, et in Constabulario parochiano alicubi residente.

Trithinga, sumitur etiam crebro in veteribus Chartis Anglicis, pro *quietum esse de sectis curiæ Trithingarum*, apud Ingulfum pag. 875. et in Monastico Angl. tom. 1. pag. 372. 387. 390. hoc est, obligatione eundi ad placita *Trithingarum.* Adde idem Monasticum tom. 1. pag. 310. tom. 2. pag. 812. 827. ubi nude habetur *quietum esse de Trithingis.*

¶ **TRITICERUM** Bladum, Triticum, in Tabulario Calensi pag. 175.

¶ **TRITILE**, *Quod teri potest*, in Glossis Isid. et de Janua; *Combrissables*, in Gl. Lat. Gall. Sangerm.

¶ **TRITIO**, *Actio terendi, contritio*, Johanni de Janua; *Combrisemens*, in Glossis Lat. Gall. Sangerm.

TRITISCIUM Molendinum, pro *Triticeum*, in Charta Waltheri *de Gant* Comitis, apud Edw. Bisseum in Notis ad Uptonum pag. 86.

¶ **TRITOC**, Triginta. Vide in *Chunna.*

* **TRITOLITÆ**, *Hæretici dicti quod sicut tres personas, ita quoque tres astruunt Deos esse.* Glossar. vetus ex Cod. reg. 7613. Vide *Tritheitæ.* [** Isidor. Orig. lib. 8. cap. 5. sect. 68.]

¶ **TRITONUS**, Sonus inconcinnus, Gall. *Triton.* Guido Abb. Ord. Cisterc. MS. de Arte Musica : *B. rotundum inventum est propter auferentiam asperitatis Tritoni.*

¶ **TRITOR**, Τορευτής, in Glossis Lat. Gr. et Gr. Lat. Melius in MS. Sangerman. πορευτής, Viator, qui terit iter.

TRITORIUM, apud Ælfricum ferscel. [*Tritorium*, θριξάς, in Glossis Lat. Gr. et Gr. Lat. Regestum vetus a Pittone laudatum in Annalibus Eccl. Aq. pag. 164 : *Quædam magna ædificia.... cum pradellis, viridariis, Tritoriis, claustris, etc.* Locum intelligo ubi frumentum, vel racemos terebant.]

* Pistillum, instrumentum quo teritur, Gall. *Pilon.* Lit. remiss. ann. 1357. in Reg. 89. Chartoph. reg. ch. 36 : *Ipsum servientem de quodam Tritorio seu pestello percutere nisus fuit.* Vide supra *Triture.*

¶ **TRITTERI**, Milites. Vide *Ritteri.*

¶ **TRITULARE**, pro *Triturare*, in Bulla Gregorii IX. PP. apud Cencium inter Census Eccl. Rom.

* Stat. Avellæ ann. 1496. cap. 43. ex Cod. reg. 4624 : *Debeant ostendere dictum earum amasum bladi campariæ dictis sindicis et consulibus, antequam illud Tritulent vel Tritulari faciant.*

¶ **TRITURA**, Clava, ni fallor, a terendo sic dicta. Diarium belli Hussitici apud Ludewig. tom. 6. Reliq MSS. pag. 168 : *Multitudinem armatorum fugabant, Trituris bene feratis, optimis armis armatos invadentes, et usque ad mortem sæpe prosternendo, etc.*

¶ **TRITURARE**, Excutere frumenti grana terendo, apud *Madox* Formul. Anglic. pag. 359. et in Charta ann. 1252. tom. 2. Hist. Eccl. Meld. pag. 158. Metaphorice Sidonius lib. 7. Ep. 6. dixit *Triturari variis passionum flagellis.*

* **TRITURATIO**, Obligatio, qua subditus tenetur nuces suas ad oleum conficiendum terere ad torcular domini, simul et præstatio quæ illi debetur. Charta ann. 1268. in Chartul. S. Maglor. ch. 138 : *Cum..... orta esset materia quæstionis super duobus noeriis,...... super eo videlicet quod..... volebant eradicare vel eradicari facere dicta duo noeria, et super eo quod dicti religiosi proponebant dictos dominum et ejus filium hoc non posse facere nec debere, quia Trituratio dictorum noeriorum, tempore ad hoc apto, et medietatem fructuum ex eis provenientium annuatim ad ipsos religiosos, ut dicitur, pertinebat.*

TRITURATORES. Necrologium Ecclesiæ Carnotensis : *Acquisivit etiam apud Menuesin generaliter quicquid Major habebat in granica Capituli, scilicet duos Trituratores, vechiat, pesait, lentilat, favat, præter unam minam avenæ, quam habet propter submonitionem saccorum.* Alibi, 2. Id. Mart. : *Pro cujus anniversario habemus quatuor Trituratores in granchia de Clauso villari.* Rursum : *Acquisivit huic Ecclesiæ quicquid Major de Nongento fisci habebat in granica de Gaesvilla, videlicet unum Tritu-*

turatorem, *et stramina*, *et foragia*, *et paleas*, *et pilonem*, *et veciacum*, *et pesat*, *et favat*, *et duos Trituratores*, *quos Major de Joy habebat in granica de Joy*. [Chartularium S. Vincentii Cenoman. fol. 7 : *Litigantibus coram nobis.... super tertia parte decimæ parochiæ de Lovigne cum uno Trituratore.* Usus est hac voce Columella pro eo, qui frumenti grana flagellis excutit : quæ notio locis allatis potest accommodari.]

¶ **TRITUS**, Τρίτος, Tertius. S. Bern. de cantu seu correctione Antiphonarii n. 3 : *Quatuor enim sunt diversitates seu maneriæ cantuum... Hæ apud Græcos vocantur Protus, Deuterus, Tritus et Tetradus.* Iisdem vocibus ad varios musicæ modos significandos utitur Aurelianus Mon. Reom. in Epist. ann. 851. apud Marten. tom. 1. Ampliss. Collect. col. 123. Statuta Canonic. Regular. apud R. Duellium lib. 1. Miscell. pag. 104 :

Horam post Tritam tunc Tertia perficiatur.

* **TRIVALLUS**, Fasciculus, ut videtur. Jura advoc. eccl. Aquilej. ann. 1202. inter Monum. ejusd. cap. 66. col. 648 : *Cum erat* (advocatus) *in Aquilegia*, *riparius dabat ei sal ad cibum suum*,...... *et per singulos annos centum Trivallos cæparum.* Vide *Treces de cepis* in *Trica*.

¶ **TRIVARIA** Philosophia. Vide *Trivium.*

TRIVARIUS. Acta Martyrii SS. Maximiani et Isaaci : *Venerant ergo ad carcerem militum cunei et Trivarii fustibus onerati*, *etc.* Ubi forte leg. *Triarii.*

** **TRIVENTER**, Valde edax, gulosus. Reinard. Vulp. lib. 3. vers. 742 :

Ante alios omnes Gripo Triventer adest.

¶ **TRIVERBERO**, Καρτερικὸς ἐν πληγαῖς, in Glossis Lat. Græc. Qui fortiter verbera sustinet.

* **TRIVIALE** Volumen, In tres partes divisum, cujusmodi est Liber de Cultu vineæ domini : unde Joan. *Chappuis* qui illum edendum curavit ann. 1514. ita scribit :

Quodlibet extollas, ut vis, Triviale volumen,
Nil isto melius, utiliusve scies.
Codice tam sancto prætextam quisque sacerdos
Oblongam mutet, si caret ære brevi.

¶ **TRIVIALIS**. Vide mox in *Trivium.*

* **TRIVIALITER**, *Vulgariter. Triviatim*, *vulgo*, *passim.* Glossar. vetus ex Cod. reg. 7613.

¶ **TRIVISIO**, In tres partes divisio. Acta prævia ad Concil. Pisanum ann. 1409. tom. 7. Ampliss. Collect. Marten. col. 1007 : *Manifestum est ibi non esse utramque obedientiam*, *sed unam quæ ex duabus facta est*, *et ab illis divisa non unionem*, *sed Trivisionem facit.*

TRIVIUM, Grammatica, Rhetorica, et Dialectica; ut quatuor aliæ liberales artes, *Quadrivium*, nempe, Astrologia, Geometria, Arithmetica, et Musica. Ugutio : *Nota*, *quod Grammatica*, *Rhetorica*, *et Dialectica dicuntur Trivium*, *quadam similitudine*, *quasi triplex via ad eloquentiam.* Balbus in Catholico, et Joannes de Janua : *Grammatica*, *Dialectica*, *et Rhetorica dicuntur Trivium*, *quadam similitudine quasi triplex via ad idem*, *id est ad eloquentiam. Arithmetica vero*, *Musica*, *Geometria*, *et Astronomia dicuntur Quadrivium*, *quasi quatuor viæ ad idem*, *id est ad sapientiam tendentes. Unde et Triviales dicuntur*, *qui docent*, *vel qui student in Trivio*, *sicut Quadriviales*, *qui in Quadrivio.* Perperam igitur Valla per *Trivium*, solam Grammaticam intelligi, sicque nuncupatam, quod in triviis et compitis doceatur, scripsit. Prologus in Vitam S. Maximini Martyris MS : *Sed inter omnes illi judicati sunt*, *summam sapientiæ attigisse*, *qui Trivium illud terere conati sunt*, *in quo requiritur divinarum humanarumque peritia rerum ; quod constat in Physica*, *Ethica*, *et Logica*, *etc.* Braulio Cæsaraugust. in S. Isidori Vita : *In Trivii eruditione conspicuus*, *in quadrivii investigatione perfectus.* Adde ejusdem Isidori Vitam aliam a Luca Tudensi, ut quidam volunt, conscriptam n. 5. 8. Conradus de Fabaria de Casib. S. Galli cap. 5 : *Qui in Trivio Grammaticæ*, *Logicæ*, *Rhetoricæ*, *et Philosophiæ mediocriter eruditus*, *etc.* Rigordus ann. 1209 : *Cum itaque in eadem nobilissima civitate non modo de Trivio et quadrivio*, *verum etiam de quæstionibus Juris Civilis et Canonici... plena et perfecta inveniretur doctrina*, *etc.* Hugo Metellus de Eucharistia : *Gerlando scientia Trivii quadriviique onerato et honorato*, *Hugo Metellus*, *etc.* Matth. Paris ann. 1252 : *Vir quidem in Trivio et quadrivio excellentissimus.* Et mox : *Omnem Trivii et quadrivii noverat difficultatem.* Wibertus in Leone IX. PP : *Nempe ut primum competit rudibus*, *decurso artium Trivio*, *non solum claruerunt prosa et metro.* Laurentius Veronensis lib. 1. de Bello Balearico :

Ordine Levita, Trivii ratione peritus.

Vita Lietberti Episc. Camerac. cap. 3 : *Ducitur sitibundo pectore currens ad fontem Philosophiæ*, *et saporis Tripertiti septem rivos ebibens*, *modo studet Logicæ*, *nunc insudat Physicæ*, *sic intendens vacat Ethicæ. Trivaria*, seu potius *Triviaria Philosophia*, in Epistola Christiani ad Honorium Solitarium, seu Augustodunensem, de Imagine mundi. Vide Petrum Damian. lib. 6. Ep. 3. Lib. de Disciplina Scholarium cap. 2. 6. Chronicon Augustan. 2. part. cap. 2. etc. et supra in *Quadrivium.*

¶ **TRIUMPHALIS.** Vide *Carticellæ triumphales.*

¶ **TRIUMPHALITER**, Triumphando, in Epistolis Frederici II. Imp. apud Marten. tom. 2. Ampliss. Collect. col. 1150. et apud Rymer. tom. 1. pag. 394. *Triumphaliter regnare*, i. gloriose, in Chartis ann. 1456. et 1490. e Schedis Pr. *de Mazaugues. Triumphaliter antiphonam explicare*, vel *canere*, Guidoni lib. 1. Discipl. Farf. cap. 18. 23. et 41. dicitur, cum antiphona quæ ad *Magnificat* cantari solet ter repetebatur, ut mox dicetur in *Triumphare.*

* Glab. Rodulph. Hist. lib. 1. cap. 1 : *Quorum videlicet* (regum Francorum) *ditioni Triumphaliter per plures annos applicatum est totum imperii culmen.*

1. **TRIUMPHARE**, Vincere, hostem superare, apud Ottonem de S. Blasio cap. 7. Albertus Argentin. pag. 138 : *Triumphaverant enim Veneti cum domino Mediolanensi*, *ita quod potentes fuerunt.* Adde pag. 157. Sic *Triumphare*, est causam vincere, in Jure Hungarico, ut auctor est Sambucus. [Gloss. Lat. Græc. : *Triumphare*, πομπεύω, παραδειγματίζω, τριαμβεύω, ἐπινίκια ἄγω. Lactantius lib. 6. cap. 23 : *Triumphabit terram.* Et lib. 7. cap. 24 : *Gentes non extinguentur omnino*, *sed quædam relinquentur in victoriam Dei*, *ut Triumphentur a justis*, *ac subjugentur perpetuæ servituti.* Tullius aliique dixerunt *de* vel *ex aliquo triumphare.*]

¶ Triumphare Antiphonam dicebant Scriptores Liturgici, cum Antiphona ad *Benedictus*, vel *Magnificat* decantari solita ter repetebatur, 1°. ante *Gloria Patri*, 2°. ante *Sicut erat*, 3°. integro versu finito. Vide Martenium de antiq. Eccl. Disciplina in divinis Officiis pag. 28. et *Triumphaliter.*

* Ordinar. S. Martial. Lemovic. ex Cod. reg. 1138. fol. 31. v° ubi de Sabbato S. : *Inchoat cantor* Magnificat, *quo completo et antiphona Triumphata*, *dicitur Oratio.*

¶ Triumphare Introitum, Simili notione. Capitulum gen. S. Victoris Massil. ann. 1312 : *Statuimus*, *quod diebus Dominicis et Festis*, *in quibus Missæ Introitus Triumphatur*, *ipse Introitus non reiteretur post versum*, *sed alta voce incipiatur* Gloria Patri.

¶ Triumphare Kyrie Eleyson, Gaufrido Vosiensi in Chronico cap. 59. dicitur, cum inter *Kyrie* et *Eleyson* verba quædam inserebant, eo quo jam dictum est modo in *Farsa* 2. ibi vide.

¶ Triumphatio, Triumphatus, seu ipsa triumphi palma. Exstat apud Mabillon. de Liturg. Gallic. pag. 458. Epistola S. Augustini inscripta *Domino vere sancto*, *palmæ triumphatione decorato et pontificali officio coronato*, *Bibiano ortodoxo*, Santonicæ civitatis antistiti.

¶ Triumphator, Qui triumphum agit, apud Apuleium in Apologia et lib. de Mundo, S. Cyprianum Epist. 34. cap. 2. Interpretem Bibliorum et alios recentiores.

¶ Triumphatorius, Pertinens ad triumphum. *Verbum Triumphatorium et insultatorium*, Tertulliano lib. 5. adversus Marcionem cap. 10.

* 2. **TRIUMPHARE**, Illudere. Vita B. Henr. Baucen. tom. 2. Jun. pag. 372. col. 2 : *Cum diutius in oratione permaneret*, *supradictis existentibus sub dicto porticuli*, *videntibus et ridentibus seu Triumphantibus de ipso*, *cum crederent ipsum fore totum aquam ex dicta pluvia respersum et madefactum*, *etc.*

* **TRIUMPHOSUS**, Triumpho seu celebratione dignus. Gabr. Barelet. serm. in Epiphan. : *Quam digna sit laude et commendanda et honoranda et Triumphosa apud oculos mortales hodierna solemnitas clare ostenditur.* Nostris *Tropheureux*, idem qui superbus, arrogans. Lit. remiss. ann. 1432. in Reg. 174. Chartoph. reg. ch. 185 : *Icellui Goussart*, *qui estoit un Tropheureux homs et plain de haultaines et injurieuses paroles*, *etc.*

¶ 1. **TRIUMPHUS**, Ludi genus chartispictis, Gall. *La Triomphe.* Memoratur in Statutis Pistoriensibus.

* *Triumple*, in Lit. remiss. ann. 1482. ex Reg. 206. Chartoph. reg. ch. 828 : *Lesquelz se esbatirent à jouer aux quartes au jeu du Triumple.*

* 2. **TRIUMPHUS**, privilegium, immu-

nitas. Charta ann. 1362. in Reg. 93. Chartoph. reg. ch. 241 : *Narbonensis ecclesia antiquissima, Triumphorumque titulis insignita etc.*

* 3. **TRIUMPHUS**, Lætitia, gaudium; quo sensu Itali dicunt *Triumfare*, Gaudere, festum agere, Gall. *Faire des réjouissances*. Gabr. Barel. serm. de Choreis : *Qui* (pater prodigi) *fecit in adventu filii fieri magnos Triumphos.*

TRIUNDALES, *Pelagi vortices*, apud S. Columbanum, Epist. 4.

TRIUTA, Pullus cervinus. Vide *Treudis.*

¶ **TRIUVA**, Securitas, *Treve*. Vide *Treva.*

TRIVULGI. Sanutus lib. 2. part. 4. cap. 8 : *Nono eget dictum navigium ollulis calce plenis, et etiam multis vasis molli sapone plenis, inter quas ollulas atque vasa sint aliqua instrumenta ferrea, quæ Trivulgi vulgariter appellantur, et etiam alia paramenta ad accendendum ignem, et etiam sagittandum loco et tempore opportuno, etc.* Videntur esse *tribuli*, Italis *Trivoli*, Gallis *Chaussetrapes.*

TRIZA. Fridericus II. Imp. lib. 1. de Venat. cap. 23. de bistardis, quæ habentur in desertis : *Habent pennas elevatas in medio capitis per longum usque ad dorsum, ad modum Trinium seu Trizarum.* Qua postrema voce expressit nostram *Tresse*. Vide *Trica.*

¶ **TRIZOLICUS**, Trizolinus, Trizolus, (sic varie scribitur) inter accipitres recensetur adjungiturque *falconis*, *austuribus* et *sparaveriis*, in Statutis Cadubrii lib. 3. cap. 82. et 83.

¶ **TROA**, Species ligni seu trunci ad instar mensæ, Gall. *Billot*. Statuta Vercell. fol. 94. recto : *Quod ipse mensure debeant esse firmate cum cathenis ad Troam sive lignum super quo mensurabitur ipsum vinum, ita quod abinde removeri non possint ullo modo.* Eodem fol. v° : *Quas (mensuras) teneatur habere et tenere ad cathenas firmatas in Troa vel disco.*

* **TROAS**, *Prov.* *Trossus, caulis*, in Glossar. Provinc. Lat. ex Cod. reg. 7657.

* **TROBA**, *Prov.* *Figmentum*, in eod. Glossar. Hinc *Troubadours* appellati Poetæ Provinciales.

¶ **TROBATICUM**. Vide in *Trabaticum.*

* **TROCA**, Pannificis nostratibus *Trogue*, Catella, vulgo *Chaine*. Stat. pro arte parat. pannor. Carcass. renovata ann. 1466. in Reg. 201. Chartoph. reg. ch. 121 : *Item quod quælibet Troca, quæ fiet seu ordiretur in dicta villa Carcassonæ setezena, aut alterius majoris numeri, erit longitudinis...... decem et septem cannarum; et si reperiatur minoris longitudinis esse aliqua Torca, illa confiscabitur...... Item quod nullus parator...... possit...... texere aliquem pannum ex filatura tincta, seu qui fuerit tinctus in Troca seu lana filata.*

* **TROCARE**, Permutare, Gall. *Troquers* alias *Trocher*. Charta ann. 1257. ex Tabul. S. Florent. Salmur. : *Si vero contingat meos homines equos vel aliud hujusmodi vendere vel Trocare in feode prioris, etc.* Lit. remiss. ann. 1434. in Reg. 175. ch. 296 : *Laquelle vache le suppliant Trocha ou eschanga à un beuf, et ot un salut d'or de retour.* Aliæ ann. 1453. in Reg. 184. ch. 317 : *Lezquelz compaignons parlerent de Trocher ou changer leur bonnez l'un à l'autre, par laquelle Torche* (leg. Troche) *ou eschange etc.*

¶ **TROCCA**, Species vestis superioris Ecclesiæ prælatis in usu, pro *Roccus*, ni fallor. Vide in hac voce. Protocollum de reformatione tom. 1. Concil. Constant. col. 644 : *Sub habitu clericali intelligatur quoad Prælatos, quod portent rochetum et cappam, vel Troccam, vel mantellum, et quoad regulares, quod portent habitum suæ religioni convenientem.* Ubi fortassis scriptum fuit *Hroccum.*

¶ **TROCCUS**, Calo, Gall. *Goujat*. Chron. Halberstad. ad ann. 1199 : *Tam inordinate autem soluta fuit hæc expeditio et confuse, quod nec Troccis, id est calonibus, portiones dederant, etc.*

TROCELLUS, Fasciculus, Gall. *Trousseau*. Charta Conventionum inter Carolum I. Comitem Provinciæ et Arelatenses ann. 1251. art. 22 : *Rapinas factas tam in Trocellis, quam in rebus aliis in stratis publicis terræ vel aquæ, etc.* [Charta ann. 1257. ex Archivis Episc. Massil. : *Episcopus possit... recipere naulum vel passagium specialiter de Trocellis.* Alia ann. 1307. ex Archivo Civit. Massil. : *Pretextu arresti trium Trocellorum pannorum.* Alia ann. 1320. ex eod. Archivo : *Draperii Massil. venientes... cum pluribus Trocellis pannorum, etc.* Adde Statuta Edwardi I. Regis Angl. apud Rymer. tom. 2. pag. 262.] Vide *Trossellus* in *Trossa.*

* 1. **TROCHA**, Florum vel gemmarum fasciculus, nostris alias *Troche* et *Troiche*. Testam. Guill. de Meleduno archiep. Senon. ann. 1376. in Reg. 108. Chartoph. reg. ch. 338 : *Item in pede dicti calicis sunt tres grossi saffiri quadrati Orientales, et sunt in pata dicti calicis novem Trochæ, et in qualibet Trocha tres pellæ Orientales et unus baleius in medio cujuslibet Trochæ.... Item unam aliam peciam dictæ crucis...... et sunt in dicta pecia sex Trochæ pellarum, videlicet quælibet Trocha de octo pellis. Duas Trochas cristalli*, in Invent. ann. 1218. inter Probat. tom. 1. Hist. Nem. pag. 66. col. 1. Aliud ann. 1393. inter Probat. tom. 3. Hist. Burg. pag. 170. col. 1 : *Cinq Troiches de perles, chascune de trois, et au milieu de chascune Troiche a un diamant.* Lit. remiss. ann. 1409. in Reg. 164. ch. 71 : *Une branche ou Troche de marjolaine, qui estoit moult belle, et estoit bien de deux piez de largeur pardessus.* *Troche* vero, Turmam, catervam sonat, apud Guill. Guiart. ad ann. 1187 :

> Li rois Henris est tout devant,
> L'escu au col, basse la chiere,
> Et son fils Richart va derrière;
> François n'entrent mie en leur Troche,
> Car le jour faut, la nuit approche.

Idem ad ann. 1207 :

> Li rois et des geus bele Troche.

Trose, eadem notione, in Poem. Garini :

> La veisiez tante Trose guerpir.

Quod male ad *Trossam*, fasciculum, refertur in *Trossa*, 2. Hinc etiam emendanda Mirac. MSS. B. M. V. lib. 1. ubi *Torche*, pro *Troche* :

> Cis prestres ot une grant torche
> De fox vilains en sa paroche.

* *Touse* idem significare videtur, in Poem. Rob. Diaboli MS :

> La Touse de petit jouvent
> Va à la fenestre souvent,
> Pour déporter et pour déduire.

Vide mox *Trocus.*

* 2. **TROCHA**, Piscis fluviaticus, Gall. *Truite*. Acta MSS. Inquisit. Carcass. ann. 1308. fol. 66. v° : *Pransi fuimus simul de Trochis recentibus, quas ipsi portaverant de Ax.* Vide *Trocta* 1.

¶ **TROCHETUS**, Trutina publica, ut videtur. Regest. Episcopat. Nivern. ann. 1287 : *Item illi qui emunt lanas et agniculos et ponderant ad Trochetum, debent in festo prædicto duos denarios quilibet.* Vide *Trona* et *Turnus* 3.

¶ **TROCHLEA**, Supplicii genus apud Veteres, in Martyrum cruciatibus adhibitum. Proprie rota est, ut habet Baronius ad diem 7. Septembris, et post eum Baluzius tom. 2. Miscell. pag. 496. rotam continens volubilem, per quam funis tractorius immissus ligatum brachiis revinctum reum sursum trahit, vel remissus deorsum relaxat. Hic cruciatus memoratur in Passione S. Pontii n. 19. apud eumdem Baluz. tom. citato pag. 137. *Trochleæ tormentum*, pag. 326. Vide Altaserram ad lib. 6. Greg. Tur. cap. 49. et Gallonium de Martyrum cruciatu.

* Glossar. Lat. Gall. ex Cod. reg. 7679 : *Trochlea, bindas.* Aliud ex Cod. 4120 : *Trocla, est rota textoris.*

TROCHUS. Acta S. Quirini Mart. lib. 1. n. 5 : *Erat huic in aula Pipini filius tenerrimus, qui cum coætaneum sibi principem natum dicti Regis ludo scachorum sæpius superaret, exorta in lusu rixa, Trocho per tempora a Regis filio fuit trajectus.* Forte *Rocho*, ex Gallico *Roc* in scaccis.

☞ Notus fuit Latinis *Trochus*, vel pro *turbine, qui flagello percutitur et in vertiginem rotatur*, vel pro *rota, quam currendo pueri virga regunt*, ut habet vetus Scholiastes Horatii. Prima notio potest accommodari loco laudato; cum enim cuspidatus sit turbo, fieri potest ut quis alterius tempora *trocho* seu turbine trajiciat. Scio veterem Horatii Scholiasten a viris doctis, Salmasio ad Martialem lib. 14. Epigr. 168. Vossio lib. 1. de Vitiis serm. cap. 26. reprehendi, quod *Trochum* cum *Turbine* perperam confuderit; id tamen ab aliis postea Scriptoribus rursum factum est; unde nihil mirum si et in Actis S. Quirini pro *turbine*, *Trochus* usurpetur. Ut ut est haud male excogitata videtur Cangii conjectura : de eo quippe quod ad manum præsto erat sermo sit.

* Trocieyra, Pars instructus equini, f. Postilena, Gall. *Croupiere*. Comput. ann. 1334. inter Probat. tom. 2. Hist. Nem. pag. 89. col. 1 : *Item pro tribus Trocieyris, quas habuit a Rocello cellario* (sellario) *solvi eidem, emptis pro dicto magistro Raymundo* (*qui assendit Parisius pro facto nundinarum*) *tres solidos Turonenses.*

* **TROCISCUS**, Trochiscus, pastillus. Alex. Iatrosoph. MS. lib. 1. Passion. cap. 23 : *Teres diligenter sicut collyrium, et facies Trociscos.*

¶ **TROCINUS**, *Sectæ genus arduum*, in

Glossis Isidori. Pithœus in Excerptis habet *Trofinus*.

TROCIUM, Modus agri apud Majoricenses. Charta Majoricensis ann. 1316 : *Vendimus D. Sancio Regi Majoric. unum Trocium terræ, in quo sunt et esse debent 20. quarteriatæ terræ.* Alia : *Vendimus quoddam Trocium terræ tam laboratum quam eremum.*

* **TROCLEA**, pro *Trochlea*. Vide supra in hac voce.

1. **TROCTA**, Piscis fluviaticus notissimus, nostris *Truite*, vel, ut alii efferunt, *Troite*, Italis *Truta*. Ceremoniale Ambrosianum apud Puricell. in Monument. Basilicæ Ambrosianæ pag. 98 : *Et ibi Pontifex tribuit Abbati magnum ramum palmarum, et honorabilem Troctam.* De trocta vide etiam Vinetum in Ausonii Idyllia pag. 250. [et infra *Troita*.]

☞ Aliud est genus *Troctæ*, de quo S. Ambr. lib. 3. Hex. cap. 3 : *Alii ova generant, ut ii quos Troctas vocant, et aquis fovenda committunt.* Hinc emendandus est Papias, qui scribit : *Tructa piscis est varius, qui alvo generat, et aquis committit fovendo.* Æliano τρώκτης est Amia, piscis marinus. Vide *Trutta*, Martinium in *Trocta*, et Hofmannum in *Trutta*.

* 2. **TROCTA**. Glossæ Cæsar. Heisterbac. in Reg. Prum. tom. 1. Hist. Trevir. Joan. Nic. ab *Hontheim* pag. 679. col. 2 : *Quid sit Troctas et porcellos ignoramus : scio tamen bene, quod Troctæ non sunt pisces.* An non sus femina? Vide mox *Troga*.

¶ **TROCTINGI**. Vide infra *Trotingi*.

¶ **TROCTUS**, Citatus equi gradus, Gall. *Trot*, Ital. *Trotto*. Dom. de Gravina Chron. apud Murator. tom. 12. col. 710 : *Rex primus fuit eques, et totus exercitus post eumdem, et continuato cursu et passu celeri, etc.* Leg. forte *Trotto*.

* **TROCUS**, pro *Trochus*, turbo. Glossar. Lat. Gall. ex Cod. reg. 7692. *Trocus, Toupin, vel Troupe.* Vide supra in *Trocha* 1. et *Trochus*.

* **TROEF**, vox vulgaris, Jus quoddam dominicum, forte in res casu repertas, seu thesaurum inventum; nisi idem sit quod mox *Troof*. Charta baill. castell. Moritan. ann. 1385. in Reg. 144. Chartoph. reg. ch. 303 : *Willaumes de Forest, dit Malprivet, disoit avoir...... en sa terre et seigneurie de Forest...... le Troef, le cose espave et les biens et remanans demourez et remez par mort et trespassement de bastart et de bastardes. Truef*, eodem sensu, inter Redit. comit. Hannon. ann. 1265. ex Cam. Comput. Insul. : *Si a li quens à Jemappes le Truef et le estraijer. Tréveure*, Repertum, in Assis. Hieros. cap. 310 : *Si donra por la Tréveure d'estoir ou de faucon deux besans.* Ibid. cap. 311 : *Troveure. Trouveures ou choses adirées*, in Lit. ann. 1358. tom. 3. Ordinat. reg. Franc. pag. 412. Dicitur de apum examinibus, quæ in silvis reperiuntur, in Libert. villæ *de Poilly* ann. 1341. ex Reg. 74. ch. 68 : *Se il avenoit que lesdits habitans....... trouvussent une mouchete ou plusieurs ou finage de Poilly,..... les trouveurs auront la moitié de ladite Trouveure pour leur part. Trouvaige*, eadem notione, in Consuet. *de Caumont* in pago Atrebat. ann. 1229. ex Reg. 198. ch. 441 : *Les Trouvaiges de mes terres sont miens, ainsi comme elles seuent, si comme de vaisseaux dees. Espaves et Trouvemens de mer*, Jus in res ad littus ejectas, in Charta ann. 1353. ex Reg. 82. ch. 256.

¶ **TROF**, TROOF, Raptus, rapina, Belgis *Roof*. Charta Caroli Com. Flandr. ann. 1112 : *Comitatus vero totius terræ S. Silvini ad abbatem pertinet, scil. ban, latro, Trof.* Consuetudines Furnenses MSS : *Dominus Comes... retinet sibi rapinam mortui, id est Troof.*

TROFA. Tabularium Casauriense : *Recepi a te in cambio terram tuam in viario, cum una Trofa de fica super se habente.* [Ædificium quoddam, domus, ut videtur.]

¶ **TROFFA** FORNI, pro *Trossa*, nisi me fallo, Falciculus, Gall. *Trousse*. Vide locum in *Buhors*.

¶ **TROFIMA**, TROFINA. Chronicon Parm. ad ann. 1278. apud Murator. tom. 6. col. 791 : *Fecerunt depingi figuram ejus ad Trofinam Ecclesiæ S. Petri... ad quam figuram magna miracula dicta sunt fieri ad curandum infirmos. Trofima legitur* in *Tribuna*, idemque esse omnino videtur. Vide ibi.

¶ **TROGA**, Sus femina, Gall. *Truie*. Tabular. Vosiense fol. 33 : *Adferat.... 1. popadam et explectum et suem.* Mox habetur *explectum et Trogam.* Passim occurrit ibi. Consuetudines Brageriaci art. 93 : *Boves, vaccas, oves, porcos, sues sive Trogas, mutones, etc.* Vide *Troia* 1.

* Hinc *Troige*, Stabulum porcorum, in Lit. remiss. ann. 1375. ex Reg. 107. Chartoph. reg. ch. 283 : *Jehannette de la Sale avoit son Troige et certaines aisances assises près du mur, contre lequel ledit Guiot orinoit.*

¶ **TROGALA**, Τρωχιλέα, (τροχαλία) χάλις, in Glossis Lat. Græc. *Tolleno*.

TROGALIUM, *Cicer frictum*, Ægyptiis, apud Cassianum Collat. 8. cap. 1.

* **TROGLIUS**, Aqualiculus, Ital. *Trogolo* et *Truogolo*. Stat. Saluc. collat. 5. cap. 144 : *Teneantur prædicti vacuare de affaituria ruscatium, et calcinatium, et Troglios affaitare in bedeli prædicto.* Vide *Troglum*.

¶ **TROGLUM**, Rivus, canalis vel aquæductus. Statuta Montis regalis pag. 274 : *Statutum est, quod quilibet habens rotam seu tenens in flumine Elleris, vel aliorum fluminum.... debeat continue tenere et habere in principio canali seu Trogli unum rastellum, qui rastellus habeat graviglonos unum prope alium per unum semisse, sub pœna sol.* xx. Vide *Trolum*.

TROGULUS, *Cuculla, vestis monachalis*, Papiæ. Vita S. Egwini Episc. Wigorn. n. 16 : *A primævo juventutis flore semper usus fuit cilicio... ad carnem nudam indutus erat Trogulo, ipsam debilitatem et infirmitatem carnis suæ corporali maceratione et jejunio devincens.* Vita S. Mauri Abb. cap. 1 : *Sub Monachali tunica semper asperrimo a scapulis usque ad renes induebatur Trogulo.* Vita S. Genulfi l. 1. n. 10 : *Asperrimo ex pilis reinduebatur Trogulo.* Lib. 2. n. 2 : *Sed asperrimo cilicii Trogulo nuditatem corporeæ fragilitatis velarent.* [Ex his facile colligitur *Trogulum* genus cilicii fuisse, atque adeo a cuculla maxime distinctum.]

* Glossar. Lat. Gall. ex Cod. reg. 7692. *Trogulus, Froc vel chaperon à moigne.*

* **TROILLATORIUM**, ut mox *Troillium* 1. Locus est infra in *Truellium*.

1. **TROIA**, Machina bellica, Gallis *Truie*, seu *Troye*, uti suem vocat Consuetudo Solensis tit. 15. art. 8. tit. 16. art. 5. ita dicta, quod humum, ut sus, subvertat. Turpinus cap. 9 : *Septimo mense aptatis juxta murum petrariis, et mangonellis, et Troiis.* Quo loco Meursius perperam *stotis* reponit; est enim *Troia*, nostrum *Truie*. Chronicon Bertr. Guesclini :

. . . . . C'étalt pour convoier
Un engin con nommait Truie en cest heritier.

Froissart. 2. vol. cap. 2 : *Ils envoyerent querir à la Riolle un grant engin, qu'on appelle Truie, lequel engin étoit de telle ordonnance, que il jettoit pierre de faix : et se pouvoient bien cent hommes d'armes ordonner dedans, et en approchant assaillir la ville.* Meminit præterea ejusmodi machinæ cap. 102. ejusd. vol. Sed vix crediderim ex genere *balistarum* fuisse, uti vult Froissartes, cum probabilius sit, inventam ad suffodiendos muros, eamdemque esse, quæ ab aliis Scriptoribus, vocabulo Latino, *Sus* appellatur. Vide in hac voce. *Troiam* autem veteribus Latinis pro sue accipi docet Pomponius Sabinus ad 1. Æneid. *Armaque fixit Troia : Troia*, inquit, *nomine in Latio scrofa appellatur, etc.* Sed et in Regesto Castri Lidi in Andibus fol. 47. occurrit : *Venatur etiam in longo alneto per singulos annos* 5. *cervos, totidemque cervas*, 5. *porcos, totidemque Troias.* [Chartul. S. Vincentii Cenoman. f. 169 : *Accepit a monachis S. Vincentii pro concessione ipsa quandam Troiam.* Statuta Montis-regalis pag. 207 : *Item statutum est, quod aliqua persona non possit nec debeat tenere, nutrire facere, in domibus plateæ dictæ civitatis, aliquas bestias porcinas, videlicet ultra tres porcos masculos, seu tres Troias castratas.* Rursum occurrit pag. 267. et alibi non semel. Itali *Troja* dicunt ead. notione. Vide *Bestemiæ*.]

¶ 2. **TROIA**, Idem quod *Treva*, si non est ita legendum, Gall. *Treve*, Induciæ. Chron. Episcoporum Merseburg. apud Ludewig. tom. 4. Reliq. MSS. pag. 410 : *Tandem factis Troiis et placitis servatis.... tali pacto adjecto, etc.*

¶ **TROIÆ** PONDUS, apud Anglos dicitur quod 12. uncias in libra numerat. Spelmannus.

* 1. **TROILLIUM**, Molendinum, quo olivæ aliave grana ad oleum conficiendum premuntur. Pact. inter Joan. dalph. et Petr. Barral. ann. 1315 : *Concedentes.... omnibus habitantibus,..... quod in ripperiis et rippagiis fluentibus per villam et vallem de Alavardo possint facere, construere, seu fieri et construi facere molendinum vel molendina, batorium vel batoria, gauchatorium vel gauchatoria, Troillium vel Troillia in proprietatibus suis pro libito voluntatis.* Recognit. feud. MS. ann. 1343 : *Item unum gauchorium, unum batistorium et unum Troyllium, cum suis domibus, fundis, rippagiis, etc.* Vide supra in *Torculare* et infra *Trollietum* et *Truellium*.

* 2. **TROILLIUM**, Campanæ instructus; a Gallico *Treuil*, sucula. Sent. arbitr. ann. 1282. ad calcem Necrol. eccl. Paris. MS : *Item de campanis ecclesiæ Paris. ordinamus pro bono pacis, quod episcopus Paris.*

suis sumtibus et expensis ministret cordas, Troillia, ferraturam...... et alia munimenta et necessaria ad usum liberum et expeditum officium pulsandi; materiam tamen novam, excepta materia Troilliorum, quam episcopus tenebitur quærere, fabrica Paris. ecclesiæ ministrabit.

* **TROINCHEA**, pro *Trenchea*, Vallum, fossa, Gall. *Trenchée*. Charta Joan. domicelli dom. de Confleuto ann. 1298. in Chartul. eccl. Lingon. fol. 53. r° : *Idem dongio ab anteriori parte de muris, turribus et de Troincheis clauditur circumquaque.* Vide supra *Trencatum*.

¶ **TROITA**, Idem quod *Trocta*, Piscis notus, Gall. *Truite*, quibusdam *Troite*. Statuta Cisterciens. ann. 1199 : *Prohibetur ne quis de ordine nostro Troitas comparet in lacu Lausannæ, etc.*

¶ **TROITARE**. Gloss. Lat. Græc. : *Troito*, χειρίζω, ψηλαφῶ. Legendum *Tracto*, ut emendat Vulcanius.

* **TROLHALTORIUS**, Ad *trolium* seu torcular pertinens. Lit. ann. 1375. in Reg. 108. Chartoph. reg. ch. 68: *Retulerunt...... se invenisse bona et res mobiles quæ secuntur,...... unam tinam...... Trolhaltoriam etc.*

TROLIARE. Tabularium S. Theofredi in Velavis : *Dedit in eadem villa Marniaco, vineam cum Troliare.* Idem quod sequens

TROLIUM, Torcular, Lemovicensibus, *Treüil*. [Vide *Trullum* 1.] Tabular. Brivatense fol. 95 : *Et juxta Trolium de Valeira.* Tabular. Dalonense fol. 27 : *Factum est hoc apud Exidolium in domo Trolii Dolon.* Tabul. Celsinianense : *Hoc est mansio una cum curte, et horto, et Trolium et viridarium.* Tabularium Conchense Ruthenis cap. 106 : *Cum vineas, cum vernas, cum pratos, cum mansione, cum hortos, cum Trolio, cum terras cultas et incultas, etc.* Ita in Chartis 117. 139. 156. 237. 252. 355. etc. In Ch. vero 198. pro *Trolio*, habetur *Brolio* : *Cum vineas, cum Brolio, cum terras, cum pratos, etc.* Infra : *Et sunt ipsi Brolii vel ipsas terras in pago Ruthenico, etc.* Ita etiam in Ch. 199 : *Cum vineas, et campis, et pratis, et Broliis, etc.* Adde pag. 261.

☞ Nihil est, nisi me fallo, cur iis locis *Brolium* pro *Trolium* scriptum putes : illud quippe, ut pluribus suo ordine dictum est a Viro doctissimo, silvam significat eamque maxime quæ muris circumsepitur : quæ notio locis allatis minime repugnat.

* Nostris *Troil*, *Treuil* et *Trueil*. Provincialibus *Truolh*, ex Glossar. Provinc. Lat. Cod. reg. 7657. Charta ann. 1320. in Reg. 60. Chartoph. reg. ch. 22 : *Pro arbergamento, et Trolio, una cum cuppis....... et aliis utensilibus rebusque ad trolium pertinentibus.* Quæ vernacule sic redduntur ibid. ch. 30 : *Du Troil, cubes...... Et autres pertenances à garnison de Troil.* Lit. remiss. ann. 1393. in Reg. 145. ch. 146 : *Le suppliant chevauchant sur un cheval....... auprès du Troil ou herbergement du seigneur d'Aigrefeuille etc.* Aliæ ann. 1384. in Reg. 125. ch. 211 : *Guillaume et Jehan freres apporterent leur vendenge au pressouer ou Treuil de Michelet Tyart bourgois de S. Gengoul. Treuil ou pressouer*, in aliis ann. 1465. ex Reg. 694. ch. 75. *Truel ou pressouer*, in aliis ann. 1453. ex Reg. 185. ch. 305. Hinc *Truiller*, uvas premere, *Truillaige*, jus torcularium, et *Treullour*, torcularis custos. Vide in *Trullare*.

¶ **TROLL**. *Arcus balisti ad Troll*, in Litteris ann. 1328. apud Rymer. tom. 4. pag. 367. col. 1. Sed legendum videtur *ad torn.* Saltem eadem notio est. Vide *Tornus* 1. et *Balista*.

¶ **TROLLERIUS**, Olearius a *trolio* sic dictus. Processus ann. 1339. tom. 1. Hist. Dalphin. pag. 128. col. 2 : *Et a singulis Trolleriis singulis annis recipere unum lampadu olei.*

* **TROLLIETUM**, Idem quod supra *Troillium* 1. Charta ann 1390 : *Item ductum et decursum aquæ seu bialeriam molendinorum, Trollieti et battitorii et aliarum aysiarum ipsius Johannis etc.* Alia ann. 1507 : *Decursum aquæ bialeriæ molendinorum, Troillieti, batitorii et aliarum eysiarum ipsius recognoscentis etc.* Vide infra *Truellium*.

¶ **TROLUM**, Cloaca, canaliculus, per quem effluant aquæ pluviales. Statuta Mutinæ rubr. 20 : *Quælibet persona civitatis habere Trolum teneatur tempore pluviarum, et de canaletis expellere putredinem debeat.* Vox f. ejusdem originis, cujus est Gallica *Trou*, Foramen. Vide *Troglum*.

* Vel *Trolus*, Aqualiculus. Vide supra *Troglius*.

¶ **TROMALIUM**, Retis species. Vide *Tramallum*.

¶ **TROMBA**, Ital. [* et Provincial.] Tuba, buccina, Gall. *Trompette*. Utitur Joh. Demussis in Chronico Placent. ad ann. 1259. apud Murator. tom. 16. col. 470. [** Vide Graff. Thesaur. Ling. Franc. voce *Trumba*, tom. 5. col. 532.]

¶ TROMBARE, Verbum Ital. Buccinare, tuba canere, Gall. *Trompetter*. Chron. Parm. ad annum 1295. apud Murator. tom. 9. col. 829 : *Mediolanenses cum suis venerunt Laudium.... Trombando et clamando, etc.*

¶ TROMBATOR, Buccinator, Tubicen, Ital. *Trombatore*, Gall. *Trompette*. Computus ann. 1349. tom. 2. Hist. Dalphin. pag. 585. col. 1 : *Item, solvit et deliberavit pro* XXX. *hominibus in armis.... et* II. *Trombatoribus....* XI. *lib.* Rursum occurit in Statutis Astæ collat. 3. cap. 49.

* Provincialibus *Trombador*, *buccinator*, ex Glossar. Prov. Lat. Cod. reg. 7657.

¶ TROMBETA, Buccina, vel Buccinator, Ital. *Trombetta* et nostris *Trompette* utraque notione. Statuta Montis-regalis pag. 21 : *Teneatur... cridari facere per Trombetam in civitate et aliis locis consuetis.* Vide *Trompeta*.

* TROMBETTA, Tubicen, buccinator. *Quidam Trombetta tubam sonavit*, in Hist. belli Forojul. apud Murator. tom. 3. Antiq. Ital. med. ævi col. 1201.

¶ TROMPATOR, Idem qui *Trombator*. Cod. MS. Consuetud. Tolos. etc. fol. 33 : *Trompatores hujus villæ Tholosanæ tubicinati fuerunt, etc.*

* **TROMBUS**, *Sanguis vel globus*, in vet. Glossar. ex Cod. reg. 7613.

* **TROMPA**, vox Hispanica, tuba, cornu, buccina, Gall. *Trompette*, alias *Trompe*. Comput. ann. 1380. inter Probat. tom. 3. Hist. Nem pag. 32. col. 2 : *Solvi Petro Saterii et suo socio, qui cum Trompis associaverant dictam prosescionem, pro vino quatuor blancas, j. grossum, j. blancam.* Occurrit rursum in alio ann. 1393. ibid. pag. 124. col. 1. Lit. remiss. ann. 1397. in Reg. 152. Chartoph. reg. ch. 262 : *Le suppliant prist dans le pennier dudit mercier une Trompe qu'il donna à Jehannot Garinot, et quatre autres Trompes de deux Tournois la piece, qu'il depeça.* Instrumentum esse videtur, quod *Guimbarde* dicimus.

* **TROMPARE**, *Trompa* seu tuba canere, buccinare, Gall. *Trompetter*, alias *Tromper*. Stat. comitat. Venaiss. ann. 1443. cap. 79. ex Cod. reg. 4660. A : *Trompetur et postea præconizetur quod talis est, et nominetur, qui bonis cessit.* Le Roman *d'Alexandre* MS. part. 2 :

La fist le paon hautement atachier,
Et à les lever fist à la feste reforcier,
Tromper et orguener et après vieler.

* Hinc *Trompeur*, Buccinator, in Invent. jocal. Eduardi I. reg. Angl. ann. 1297 : *Item un pot a voir d'argent à ymaginettes, s'a dessus le couvercle deux Trompeurs.* Pro tubarum artifice, in Stat. artif. Paris. lib. 1. fol. 278. r° : *Ordonnance des forcetiers et Trompeurs de la ville de Paris.*

* TROMPATIO, Promulgatio quæ *trompa* fit, in iisd. Stat : *Trompatio fiat, præsente illo qui bonis cessit, in locis publicis.*

* **TROMPATOR**, Irrisor, Gall. *Moqueur, railleur*; a verbo *se Tromper*, quod nostri dixerunt, pro *se moquer*, Irridere, ludificari. Lit. remiss. ann. 1356. in Reg. 84. Chartoph. reg. ch. 552 : *Idem Johannes erat Trompator, injuriator et verberator iniquus, ac comestor gentium.* Aliæ ann. 1388. in Reg. 135. ch. 135 : *Lors icellui Robert en disant : Tu te Trompes de moy, je n'y bevray mais hui de ton vin.* Aliæ ann. 1390. in Reg. 138. ch. 265 : *Icellui suppliant veant que ladite femme se Trompoit et moquoit de lui, etc. Icellui Perrot dist au suppliant : Tu te Trompes de moy ; à quoy le suppliant respondi : Je ne me Trompes point de toy*, in aliis Lit. ann. 1432. ex Reg. 175. ch. 220.

¶ **TROMPERIA**, Fraus, dolus, Gall. *Tromperie*, in Arresto Parlamenti ann. 1394. apud Menesterium Hist. Lugdun. pag. 78. col. 2. in Instrumento ann. 1407. apud Marten. tom. 2. Anecd. col. 1356. Utitur etiam Vincentius Cigaltius in Tractatu de Bello Italico.

¶ **TROMPETA**, Tubicen, Gall. *Trompette*. Computus ann. 1334. tom. 2. Hist. Dalphin. pag. 245. col. 1 : *Trompetæ misso dicta die in Provinciam...* IV. *flor. auri.* Vide *Trombeta* in *Tromba*.

* **TROMPHERIUM**, Aquæ receptaculum, vel Aquæductus. Terrear. Bellijoc. ann. 1529. fol. 386. r° et 411. v° : *Pro et super quodam Trompherio conficiendo in curtibus ..... ad capiendam aquam seu de aqua fontis dictorum confitentium, appellatam Perret, pro ipsam aquam reddendo infra dictum Trompherium ad facilius serviendum dictis de Sancto Jacobo.*

* **TROMPILLATOR**, Tubicen, buccinator, præco, nostris *Trompille*, eodem sensu, et pro ipsa tuba. Comput. ann. 1362. inter Probat. tom. 2. Hist. Nem. pag. 260. col. 1 : *Clavarius, Trompillator*,

Bertrandus Godeti..... iverunt per suburbia Ieri proclamando, ut unusquisque intraret villam cum suis victualibus infra triduum. Lit. remiss. ann. 1411. in Reg. 166. Chartoph. reg. ch. 110. bis : *Colin Fouquet Trompille d'Evreux ala à Caen, et porta sa Trompille.*

TRONA, Statera publica, seu *trutina*, apud Scotos et Anglos, unde forte corrupta vox, uti censet Somnerus, qui eamdem putat cum ea, quam Angli *Troyweight* vocant. Statuta Davidis II. Regis Scotiæ cap. 39 : *Ordinatum sit, quod sit Trona ad lanas ponderandas in burgis regiis, per singulos portus regni,.... et sit in quolibet loco Tronarius, qui percipiat de Rege unum denarium de sacco.* Iter Camerarii Scotici cap. 1 : *Custumarii Tronæ.* Cap. 30 : *Et faciat, quod examinentur pondere Tronarum.* Adde Fletam lib. 2. cap. 12. § 15.

Tronatores, Qui ad *tronam* lanas appendunt. Idem Iter Camerar. cap. 15 : *Tronatores calumniabuntur, quod non custodiunt officium suum in tentando* (al. *Tronando*) *lanas; sed quibusdam personis lanas tentant, etc.*

Tronagium, Vectigal, quod pro *trona* pensitatur, in Fleta lib. 4. cap. 1. § 16. Monastic. Anglic. tom. 1. pag. 976 : *Sint quieti de omnimodo pavagio,... cariagio, picagio, terragio, Tronagio, pontagio, etc.* Vide Seldenum de Titul. Honorar. edit. 1. part. 2. pag. 199. et Steph. Skinnerum in Etymologico Anglico. [Privilegium Leduini Abbat. S. Vedasti Atrebat. ann. 1036. e Chartulario ejusd. Abbatiæ : *Majus pensum lanæ, fileti, uncti, casei Anglici* III. *den. pro thelon. et* I. *den. pro Tronagio... pensum casei Flamingi* II. *den. pro theloneo et pro Tronagio* I. *obol.*] Vide *Pesagium.*

☞ Ex iis emendo Litteras ann. 1353. apud Rymer. tom. 5. pag. 762. col. 2 : *Cum eadem lanæ, coria, pelles et plumbum debite Trovata et cokettata... fuerint.* Leg. *Tronata*, i. ad *tronam* appensa. Sic et in aliis ann. 1356. ibid. pag. 875. col. 1 : *Licentiam dedimus præfato Thomæ, quod ipse dictos centum saccos lanæ usque dictam villam Berewici ducere, et eos ibidem per Trovum* (leg. *Tronam*) *pro lanis ponderandis in portu villæ Novi castri deputatum* (*deputatam*) *in præsentia collectorum custumarum nostrarum in dicto portu Novi castri, per Trovatorem* (leg. *Tronatorem*) *nostrum in eodem portu Novi castri ponderare, etc.*

* Nostris *Troneau* et *Tronel*, Stateræ species, verticillum, harpax, vulgo *Peson.* Lit. remiss. ann. 1386. in Reg. 130. Chartoph. reg. ch. 78 : *Lequel exposant prist un Troneau, appellé plumes au pays* (Meun-sur-Loire) *duquel il pesoit à la main son chanvre, ses cordes et denrées, etc. Un crochet ou Troneau à quoy on poise fil*, in aliis ann. 1401. ex Reg. 156. ch. 257. Aliæ ann. 1408. in Reg. 163. ch. 76 : *Cum Guillelmus Voleius...... caseos suos in platea loci de Laurano venderet et cum pondere romanæ, Gallice Tronneau, ponderaret, etc.* Denique aliæ ann. 1393. in Reg. 145. ch. 231 : *Jehan des Champs d'un Tronel, dont l'en poise laine, rua audit Jourdain pour le cuidier ferir.* Vide supra *Thronum.*

* **TRONARE**, Concamerare; unde *Tronatura*, Concameratio, fornix. Codex reg. 7887. fol. 3. v° : *Hæc sunt ornamenta quæ A. de Brucia subprior dedit Deo et beato Martiali..... Claustrum infirmariæ fecit Tronare, et tam Tronaturam quam parietes pingere.*

TRONARII. Charta Caroli M ann. 795. apud Ughellum in Episcopis Aretinis, inscribitur *omnibus Episcopis, Abbatibus, Ducibus, comitibus, Guastaldis, seu reliquis Tronariis, et cunctis fidelibus, etc.* [Suspecta vox, quam frustra quæsieris in aliis ejusdem Caroli Diplomatibus. Hujus loco non semel occurrit *Centenariis.* An ita restituendum est? an legendum *Officiariis?*]

* Jure suspecta vox; cum Charta ipsa, unde eruitur, commenti signa patentia præferat, ut notat Muratorius tom. 1. Antiq. Ital. med. ævi col. 123.

* **TRONCHA**, Tronchia, Truncus, stirps, Gall. *Tronc d'arbre.* Comput. ann. 1402. ex Tabul. S. Petri Insul. : *Pro duabus Tronchis pro dicto aisselin, xxxvj. sol.* Ibidem : *Pro tribus Tronchis d'orme ad faciendum aisselin etc.* Id est, tabulas, Gall. *Planches.* Pactum inter Humbert. dalph. episc. Gratianopol. ann. 1343. in Reg. 134. Chartoph. reg. ch. 34 : *Usque ad rivum de Barbello in pede cujusdam tronci seu Tronchiæ cujusdam arboris, nunc vocatæ Nux sancti Petri.*

* **TRONCHETUS**, Sedile ligneum, ut videtur, in Charta ann. 1303. ex Chartul. parvo episc. Paris. fol. 165 : *Ratione unius auventi duorum Tronchetorum et unius fenestræ, etc. Un Tronchet de bois*, in Lit. remiss. ann. 1415. ex Reg. 168. Chartoph. reg. ch. 332. Vide *Truncus* 7.

* **TRONCHIA.** Vide supra *Troncha.*

* **TRONCHONUS**, Globus, Gall. *Bille.* Stat. crimin. nova Cumanæ cap. 80. ex Cod. reg. 4622. fol. 84. r° : *Nullus homo nec puer, habens a decem annis supra, ludat nec ludere debeat...... in plateis publicis..... ad Tronchonum, nec ad boletam.*

¶ **TRONCIRE.** In frusta diffringere, Gall. *Tronçonner.* Fori Alcaçonenses : *Et qui feriret de lancea aut de spada polaciada, peite* 10. *sol. et si Tronciret ad altera parte, peite* 20. *sol. ad quereloso.* Le Roman *de Cleomades* MS :

> Maint escu pierché et troé,
> I orent, quant furent ajousté,...
> Et mainte lanche Tronchonnée.

Tronchonneur, pro jurgator, vel censor austerus, in Bestiario MS :

> Chi mondes est si desloiaus,
> Et si traitres et si faus,
> Si cuvert et de male part,
> Si tronchonneus, et si gueruart, etc.

* *Tronsonner*, in Poem. *du Chevalier Delibéré* MS :

> Ma lance si fut Tronsonnée
> Par force de moy deffendre.

Destroncener, eodem sensu, in Lit. remiss. ann. 1399. ex Reg. 154. Chartoph. reg. ch. 443 : *Icellui Guillaume decoppa et Destroncena par grant despit à Jehan de Cyrot arçonneur, la corde de son arçon. Tronçonner*, pro Obtruncare, vulgo *Couper le col*, in Chron. S. Dion. tom. 3. Collect. Histor. Franc. pag. 265 : *Jasoit ce que si anemi Tronçonnassent ses gens comme berbis.* Ubi Aimoin. lib. 3. cap. 67. ibid. pag. 115 : *Quamvis exercitus ejus more pecorum obtruncaretur. Trensonner* vero et *Troncer*, pro Truncare, amputare, cædere, Hisp. *Troncar* et Ital. *Troncare.* Lit. remiss. ann. 1394. in Reg. 146. ch. 256 : *Icellui Guillot senty le poulce de Jehan son frere, qui le cuidoit par ce estrangler, le prist à ses dens, en tele maniere l'estraigny, que à pou qu'il ne lui Trensonna.* Aliæ ann. 1468. in Reg. 195. ch. 160 : *Icellui Perrenet se print à copper et Troncer lesdiz ormes.*

* **TRONÇONNUS**, Fragmen, Gall. *Tronçon*, Ital. *Troncone.* Lit. remiss. ann. 1352. in Reg. 81. Chartoph. reg. ch. 494 : *Sumpta ab eo quadam doua dolii seu Tronçonno unius latæ, etc.* Huc fortasse pertinet vox *Troinsaille*, in aliis Lit. ann. 1450. ex Reg. 185. ch. 34 : *Icellui Terrin embastonné d'une Troinsaille etc.* Vide mox *Tronso.*

* **TRONCUDUS**, Hispan. *Troncado*, Truncatus, discerptus. Leg. Lusitan. sub Alph. reg. tom. 1. Probat. hist. geneal. domus reg. Portugal. pag. 11 : *Homo qui fecerit roxum cum ferro molado, vel sine illo, vel dederit cum lapide, vel ligno Troncudo, faciat illum alvazir componere damnum.*

¶ **TRONCUS**, Arcula stipis recipiendæ in ædibus sacris, Gall. *Tronc.* Obituarium MS. Eccl. Morin. : *Die Dominica ad processionem ponuntur in Tronco per Canonicos in regressu processionis* 16. *denarii.* Vide infra *Truncus* 3.

* *Tronquet*, in Lit. remiss. ann. 1431. ex Reg. 174. Chartoph. reg. ch. 73 : *Le suppliant dist à icellui Drouet qu'il avoit emblé et emporté l'argent du Tronquet de l'église de Neufbourg.*

¶ **TRONOLIARE** Campanas, in antiquo Consuetudinario Monasterii S. Marcellini Cantagilensis, Æra campana numerose modulateque pulsare, Gall. *Carillonner.* Vide *Trinion.*

* *Tron*, Hispanis, Sonitus, boatus, fragor; unde Provincialibus *Tron*, *tonitruum*, ex Glossar. Provinc. Lat. Cod. reg. 7657.

* **TRONSO**, a Gallico *Tronçon*, Frustum, fragmentum. Charta ann. 1407. in Reg. 161. Chartoph. reg. ch. 311 : *Cum tribus peciis seu Tronsonibus piscis.* Vide supra *Tronçonnus.*

¶ **TRONUS**, Ligustrum Germanicum, Gall. *Troëne*, Species arbusculæ. Charta Sangerm. ann. 1221 : *Dicti homines in prædicto nemore capient... Tronum, retortam, etc.*

* *Tronne*, Arboris species vel Dumus videtur, in Lit. remiss. ann. 1374. ex Reg. 105. Chartoph. reg. ch. 372 : *Jehan Denoiers son haigneux et malveillans, accompaignié d'un appellé Rogier Quesnot, garnis d'espée et d'autres diverses armes, estoient de lez son chemin à l'ouraille d'un boys et un val, appellé le vauchiel Simonnin, en droit une Tronne.* Nisi idem sit quod vox *Troyne*, quæ Viridarium sepimento clausum sonat, ni fallor, in aliis Lit. ann. 1472. ex Reg. 195. ch. 702 : *A l'occasion de ce que Guillaume Reignet...... prenoit des paulx et cloison en une Troyne ou proprieté appartenant au suppliant et aux siens, etc.*

¶ **TROOF**, Rapina, raptus. Vide *Trof.*

TROPARIUM, Troparius, Tropenius, etc. Vide *Tropus.*

* Glossar. Lat. Gall. ex Cod. reg. 7679 : *Troparius, a Tropus, quia Troparii ornatos habent sermones, Gall. Sequencier.* Lib. nig. eccl. S. Vulfr. Abbavil. fol. 29. v° : *Unum collectarium, unum Troparium;...... un Tropier.* Vide in *Tropus*, 1.

* **TROPELLUS,** Grex, pecudum caterva, Gall. *Troupeau.* Charta Phil. VI. ann. 1328. in Reg 65. Chartoph. reg. ch. 217 : *Ipsi pro quolibet grosso animali quatuor denarios Turon. et pro quolibet Tropello minutorum animalium duos solidos Turon. solvere tenebuntur.* Charta ann. 1341. in Reg. 72. ch. 368 : *Nisi tota custodia animalium sive Tropellus infra dicta talia scienter vel aliter fraudulenter immitteretur vel custodiretur, ad aliquam pœnam minime teneantur.* Occurrit præterea in Stat. Taurin. ann. 1360. cap. 72. ex Cod. reg. 4622. A. Vide *Tropus.*

** **TROPHICUS,** Triumphalis. Atton. Polypt. apud Maium Vet. Script. tom. 6. pag. 53 : *Helenæ filium Constantinum Trophicis strenuum armis pancratiari christicolis.*

¶ **TROPHIUM.** Agnellus in Vita S. Ursicini Episcopi Ravenn. apud Murator. tom. 2. pag. 101. col. 1 : *Ædificatum est monasterium S. Petri, quod vocatur Orphanum Trophium.* Legendum unica voce *Orphanotrophium*, locus ubi nutriuntur orphani. Vide *Orphanotrophium.*

* **TROPHONARIUM,** Idem quod supra *Troparium.* Ordinar. MS. S. Petri Aureæval. : *Quæ responsoria et quæ antiphonæ debeant dici* (in processione diebus Dominicis) *non est opus ut de ipsis mentionem faciamus, quia in parvis Trophonariis satis invenitur signatum.* Nisi sit pro *Antiphonarium.* Vide in *Tropus*, 1.

* **TROPIA**, *Imago, signum.* Glossar. vet. ex Cod. reg. 7613.

TROPPUS, Grex, Gall. *Troupeau.* Lex Alamann. tit. 72. § 1 : *Si enim in Troppo de jumentis illam ductricem aliquis involaverit, etc.* § seq. *gregem* vocat : *Alia autem jumenta de grege, quæ lactantia sunt, etc.* Charta 15. inter Alamannicas Goldasti : *Trado ad Monasterium S. Galli quidquid in die exitus mei de hac luce in pecuniali causa non datum, et non usitatum, id est caballis domalibus, cum cætero Troppo, caballis cunctis, auro, argentoque, etc.* [** Confer Graff. Thesaur. Ling. Franc. tom. 5. col. 252. voce *Drupo*, et col. 488. voce *Troppus.*]

1. **TROPUS**, est quidam versiculus, qui præcipuis festivitatibus cantatur immediate ante Introitum, quasi quoddam præambulum et continuatio ipsius Introitus, ut verbi gratia, in festo Nativitatis, ante Introitum illum *Puer natus est, etc.* præcedit tropus iste : *Ecce adest, de quo prophetæ cecinerunt, dicentes : Puer natus est, etc.* Continet autem tria *Tropus*, videlicet *Antiphonam, Versum*, et *Gloriam.* Ita Durandus lib. 4. Ration. cap. 5. n. 6. qui hæc subdit lib. 6. cap. 114. n. 3 : *Hi autem versus Tropi vocantur, quasi laudes ad antiphonas convertibiles : Τρόπος enim Græce, conversio dicitur Latine.* Concilium Lemovicense ann. 1031. sess. 1 : *Inter laudes autem, quæ τρόποι Græco nomine dicuntur, a conversione vulgaris modulationis, dum versus sanctæ Trinitatis a cantoribus exclamaretur, etc.* Infra : *Angelico interea hymno cum Tropis, id est, festivis laudibus, ornatissime expleto, etc.* [** Ademar. Hist. lib. 3. cap. 56 : *Canonici S. Stephani cum monachis S. Marcialis alternatim Tropos ac laudes cecinerunt.*] Jam vero an Ecclesiæ Græcanicæ τροπάρια aliquid commune habeant cum Tropis Latinorum, vide quæ de iis commentati sunt Leo Allatius in Dissertat. 1. de Libris Eccles. Gr. pag. 62. 63. 64. Goarus ad Euchologium pag. 32. 434. 435, et Meursius in Glossar. [Adde Glossar. mediæ Græcit. col. 1617. a. 72. c. 507. a. 606. a. 610. d.] Regula SS. Pauli et Stephani Abbatum cap. 14 : *Ne, quæ cantanda sunt in modum prosæ, ea quasi in lectionem mutemus; aut quæ ita scripta sunt in ordine lectionum utamur, in Tropis et cantilenæ arte nostra præsumptione vertamus.* Eckehardus Minimus de Vita B. Notkeri Balbuli cap. 16 : *Et non solum ea, quæ beatus vir Notkerus dictaverat, verum etiam ea, quæ socii et fratres ejus in eodem monasterio S. Galli composuerant, omnia canonizavit, videlicet hymnos, sequentias, Tropos, litanias, etc.* [Adde Joh. Abrinc. de Offic. Eccl. pag. 70. 139. et 145. edit. 1679. Chr. Trudon. tom. 7. Spicil. Acher. pag. 446. etc.]

Tropi lugubres, apud Rupertum lib. 5. de Divin. Offic. cap. 27 : *Qui extinctis luminaribus in ipsis Tenebris, præcinentibus cantatoribus, et choro respondente, flebili modulatione decantantur, incipientibus a Kyrie eleison.*

Troponarius, *Liber continens τρόπους, id est, cantus, qui cum Introitu Missæ dicuntur, præsertim a Monachis..... Quidam etiam hunc librum Prosarum, a prosis appellant.* Ita Beletus cap. 59. et ex eo Durandus lib. 9. Ration. cap. 1. num. 26.

Troparium, Eadem notione, in Vitis Abbatum S. Albani : *Missalibus, Tropariis, Collectariis, etc.* [Inventarium S. Martini Pontisar. ann. 1241 : *Duo hymnarii grossati, octo Troparia, duo omiliarii.* Adde Gesta Episc. Cenoman. tom. 3. Analect. Mabillonii pag. 391. Catalogum Eccl. Syrac. apud R. Pirrum Siciliæ sacræ pag. 137.]

Tropharius, pro *Troparium*, Liber continens *tropos.* Ordericus Vitalis lib. 3. pag. 485 : *Plures dulcisonos cantus in Trophario et Antiphonario edidit.* Adde Synod. Exon. ann. 1287. cap. 12. Vide *Troparius.*

Troperium, in lib. 3. Provincialis Ecclesiæ Cantuariens. cap. 27. Lindwoodus, *librum sequentiarum* interpretatur, ut et Watsius. Necrologium Ecclesiæ Parisiensis 10. Kal. Aug : *Dedit nobis Missale, Lectionarium, Antiphonarium, Gradale, Psalterium cum hymnis, duos Troperios, duos Versarios, etc.* Adde Id. Aug. Ita etiam in Synodo Wigorniensi ann. 1240. cap. 1. et in Monast. Angl. tom. 3. pag. 323.

* 2. **TROPUS**, f. Malus. Acta S. Prisci tom. 1. Sept. pag. 214. col. 1 : *In qua* (nave) *nec aliqua pars solaminis inveniatur, abjectis Tropis et antennis, omni solatio viduata clavorum, etc.*

* Nostri *Trop*, ut et Itali *Troppo*, dixerunt, pro *Beaucoup, fort, extrêmement*, Admodum, valde, multum. Chron. S. Dion. tom. 3. Collect. Histor. Franc. pag. 183 : *Soixante calices d'or Trop riche et Trop précieux.* Ubi Aimoin. lib. 2. cap. 8. ibid. pag. 49 : *Pretiosissimi calices.* Hinc *Trop plus*, Multo plus, in Lit. remiss. ann. 1389. ex Reg. 138. Chartoph. reg. ch. 47 : *Icellui compaignon dist que en sa tasse avoit Trop plus que l'en ne lui avoit restitué.* Aliæ ann. 1405. in Reg. 160. ch. 102 : *Pour ce qu'il estoit un grant bateur de gens, Trop plus fort et jeune que le suppliant.*

* **TROQUERE**, pro Torquere. Lit. remiss. ann. 1351. in Reg. 81. Chartoph. reg. ch. 97 : *Ipsum per caputium cepit, illum Troquendo circa collum et de eo ejus faciem velando.*

¶ **TROSCELLUS**, Fasciculus. Vide in *Trossa* 3.

¶ **TROSISCUS,** pro *Trochiscus*, τροχίσκος, Medicamenti genus in orbiculos et pastillos fictum, Gall. *Trochisque.* Statuta Avenion. lib. 1. rubr. 21. art. 11 : *In syruppis, cum servis (conservis) electuariis, oppiatis, pillulis, Trosiscis, pulveribus, etc.*

1. **TROSSA**, Troussa, Tributum, nescio quod. Gesta Abbatum S. Germani Autisiod. cap. 15 : *Medietatem villæ de S. Gregorio a Joanne de Barris comparavit, gistum, costumas, Trossas, denarios, remanentiam hominum, etc.* Charta ann. 1304. in Tabulario Autisiodor. fol. 427 : *Super hoc, quod dicti homines dicebant, posse ibidem sub nomine burgesiæ se transferre in posterum, et tallias dictorum Decani et Capituli, festagia, coustumas, et Troussas, et alias redeventias prædiales et reales propter hoc evitare.* [*Trossæ poccorum*, vel forte *porcorum*, aliis præstationibus adduntur, in Charta Guillelmi Abb. Floriac. ann. 1296. Codex MS. reddituum Episcopatus Autissiod. Charbuiaci : *Troussæ ad festum B. M. Magdal. 1. s. Troussæ de Wssello* XXII. *s.* Touciaci : *Troussæ et torchæ circa* XX. *s.*] Consuetudo loci *de Troy* in Biturigib. art. 4. apud Thomasserium : *Ladite Seigneurie a droit de prendre par chascun an le jour et feste de S. Barnabé sur chascun des habitans de Troy ayant bestes à laine, un agneau, pourveu qu'ils ayent 3. agnaux, lequel droit s'appelle la Trousse.* Ejusdem fere nomenclaturæ ac originis videtur esse id genus prastationis, de quo ita Charta ann. 1553. pro Prædio et Baronia *de Linieres*, in eodem pago : *Item ledit Seigneur a en ladite terre et Baronie de Linieres, et lui compete et appartient un autre droit appellé l'Estrousse et Malestrousse, qui est tel, qu'un chascun homme ou femme serf et de serve condition audit Seigneur, ou autres manans et demeurans au terroire de Biscoutau, qui ont recueilli foin en l'année en leur prez ou autres heritages, doivent audit Seigneur par chascun an à chacune feste de Noël, 15. den. tournois rendus, conduits comme dessus; et tous les habitans demeurans au terroir de Beaupuis, et chascun d'eux, qui ont bœufs, 12. deniers tournois; et ceux qui n'ont bœufs, et chascun d'eux doivent pour ledit droit de l'Estrousse et Malestrousse 6. deniers tournois à ladite feste de Noël, rendus, conduits comme dessus.* Vide veteres Consuetud. Bituricenses apud Thomasserium pag. 332.

* Charta Milonis *de Marchais* ann. 1210. in Reg. 66. Chartoph. reg. ch. 122 : *Agnum*

in die Maii, et curtes ad Natale, et la Trosse et vetturas omnimodas et corveias... quittum clamavimus. Ubi servitium videtur, quo subditi fenum in fasciculos tenentur colligare. *Trouvée de fourche* appellatur ejusmodi opera, in Charla ann. 1331. ex eod. Reg. ch. 570 : *Item chascuns bourgois ou bourgoise......, paieroit en fenisons...... une journée, que on dit Trouvée de fourche ou de retel.* Sed legendum forte est *Courvée*, pro *Corvée*.

¶ 2. **TROSSA**, Polyspastos, Nautis nostris *Trosse* et *Trisse*. Occurrit semel et iterum in Informationibus Civitatis Massil. de passagio transmarino, e Codice MS. Saugerman. [** Vide Jal. Antiq. Naval. tom. 2. pag. 399.]

* Parum accurate, ut me monuit D. *Falconet; Trosse* quippe, et non *Trisse*, aliter *Chappellet*, est Orbicularium lignorum congeries, Isidoro *Maleoli*. Polyspastos autem multis trochleis constat. Lit. remiss. ann. 1407. in Reg. 161. Chartoph. reg. ch. 345 : *Le suppliant s'en ala parler à un charpentier, qui lui promist de venir tailler ses Trousses.*

3, **TROSSA**, Fasciculus, Gallis *Trousse, Trousseau*. Charta Willelmi Comitis Nivern. in Tabulario Augustodun. Ecclesiæ : *Si quis amodo in potestate hospitatus fuerit, pro 12. nummis, et garba, et fœni Trossa annutim salvus erit.* [Alia ann. 1165 : *Trossam fœni habet dominus Bucardus in hominibus S. Germani, aut in prato aut in domo; si in domo fœnum non invenerit, Trossam paleæ accipiet.*] M. Pastorale Eccl. Paris. lib. 16. ch. 29 : *Excepta Trossa una straminis de unaquaque domo.* Charta Joannis Comitis Forensis ann. 1292 : *Remittimus charreium, et quandam Trossam fens* (sic vel *feirs*) *in quibus nobis tenebatur tum ratione tenementi sui, etc.* Tabular. Maurigniacense ch. 69 : *Tres Trossas straminis annui reditus.* [*Pratum in quo fit una Trossa fœni*, in Indiculo censuali ann. 1391. In pago Bellijoci *Trossa fœni* continet 300. libras, estque tertia pars *quadrigatæ*, quæ 900. vel 1000. libras complectitur; in Forensi provincia *Trossa fœni* æquivalet tribus *quintalibus*. Ordinatio ann. 1340. tom 2. Hist. Dalphin. pag. 392. col. 2 : *Habeant duos bonos equos et portet eorum quilibet malam Trossam cum lecto nostro et aliis opportunis.* *Trossæ tractum*, Pharetra, corytus, in Monstris prope Chassagniam factis ann. 1511. nostris etiam *Trousse, carquois*. Litteræ Johannis Ducis Britan. ann. 1425. apud Lobinell. tom. 2. Histor. Britan. col. 999 : *Ceux qui sauront tirer de l'arc, qu'ils aient l'arc, Trousse, cappeline, coustille, etc.*]

¶ Troussa, Trousa, Eadem notione. Chartarium Maurigniac. : *De tribus modiis vini, sex glanis alliorum et tribus Troussis straminis annui redditus nobis venditis, etc.* Tabularium Portus Regii : *Guill. de Chaponval debet v. sext. hybernagii et v. avenæ et 1. Trousam straminis.* Le Roman *de Garin* :

La veissiez toute Trose guerpir.

¶ Trossus. Charta Bellijocensis ann. 1382 : *Sub servitio duorum Trossorum feni.*

¶ Troussia, in Libertatibus de Ponte Ursonis, inter Ordinat. Reg. Franc. tom. 4. pag. 641.

Trossula, dimin. a *Trossa*. Vide in *Redorsare*, [et in *Implagium* 2.] [* Vide *Trossis*.]

Trossellus, Idem quod *Trossula*, *Troussel* et *Trousseau*, in Consuet. Comitatus Burgund. art. 87. Britanniæ art. 463. Trecensi art. 143. Meledunensi art. 277. Senonensi art. 268. Autisiodor. art. 253. et Catalaunensi art. 104. in quibus tamen locis [ut et in Testamento ann. 1457. apud Lobinell. tom. 5. Histor. Britan. col. 1478.] vox hæc sumitur pro ea supellectile, quæ in augmentum dotis novæ nuptæ a parentibus datur. [*Trousselet* dicitur in Computo ann. 1459. eod. tom. 2. Histor. Britan. col. 1258.] Charta Odonis Ducis Burgundiæ ann. 1199 : *Notum.... me dedisse.... unum denarium in unoquoque Trossello transeunte sive per Vergeium, sive per Vooget, ad emendum cereum luminarium, etc.* Hominia Nobilium Bressens. ann. 1272. apud Guichenonum : *Et quidquid tenet in pedagio de Loysa, videlicet in unoquocunque Trossello unum obulum Parisiensem.* [Diploma Frederici II. Imp. ann. 1238. tom. 1. Hist. Dalph. pag. 88 : *De quolibet Trossello vel soma transeunte plenam habeat potestatem accipiendi* XII. *den. Vienn. Trosselli et fardelli*, in Statutis MSS. Montispessul. ann. 1204. Adde Consuetud. Lugdun. ann. 1206. apud Menester. in Probat. Hist. ejusdem Civit. pag. 96. col. 2. *Trossellus* et *Troussellus*, in Litteris ann. 1291. tom. 4. Ordinat. Reg. Franc. pag. 23. n. 39.]

* Eodem quoque nomine interdum appellata sponsi supellex. Lit. remiss. ann. 1407. in Reg. 161. Chartoph. reg. ch. 342 : *Pour estre auxquelles noces et y corner, icellui de Bailleul eust esté loué; et pour ce qu'il ne vint pas assez à heure pour aler querir les Trouceaux des fiancés, ainsi qu'il est acoustumé ou pais* (Evreux), *les affiés d'icelles noces ou leurs amis prierent audit Jehan... qu'il alast corner pour querir lesdiz Trouceaux des fiancés. Troussouere* vero, Zona, cingulum, quo vestes succinguntur, in Lit. remiss. ann. 1469. ex Reg. 197. ch. 72 : *Une Troussouere d'argent sur ung tissu gris.* Aliæ ann. 1474. in Reg. 195. ch. 1026 : *Deux tissus, deux Troussoueres;.... les deux Troussoueres, l'une ferrée d'argent et l'autre ferrée de boucles d'or ou au moins dorées.*

¶ Troscellus, in Concessione ann. 1241. tom. 1. Hist. Dalphin. pag. 189 : *Unum denarium in quolibet Troscello transeunte.*

¶ Trosellus, in Epistola Eugenii II. PP. tom. 3. Spicil. Acher. pag. 482. in Charta ann. 1301. e Regesto *Olim*, in Chronico Astensi apud Murator. tom. 61. col. 160. in Statutis Montis-regalis pag. 317. etc.

¶ Troussellus, in Libertatibus Pontis-Ursonis, tom. 4. Ordinat. Reg. Fr. pag. 641. n. 42. in Codice MS. redditum Episcopatus Autissiod. *Troussellus* et *Troussallus*, in Charta ann. 1357. tom. 4. earumd. Ordinat. pag. 208.

¶ Trussellus. Charta ann. 1173. apud Baluz. tom. 2. Hist. Arvern. pag. 68 : *Concessimus Anicensi ecclesiæ.... ut nomine pedagii* XIII. *denarii Podiensis monetæ de unoquoque Trussello... infra civitatem Anicii accipiantur.* Alia ann. 1219. ibid. pag. 86 : *De qualibet grossa bestia, quæ portabit Trussellum vel mercaturam, levabuntur* XV. *Claromontenses.*

Trossellarius, Qui *trossellum*, seu fasciculum defert. Libertates MSS. Villæfranchæ concessæ ab Archembaldo D. Borbonensi ann. 1217 : *Quisque Trossellarius semel in anno 4. denarios.*

Trussare, seu *Trossare*, Convasare, suppellectilem in sarcinas, seu *Trossellos* cogere, vulgo *Trousser bagage*. Knyghtonus ann. 1347 : *Sed franci nocte ante diem Jovis Trussaverunt quæcunque sua, quæ cariare voluerunt, et retraxerunt se loco suo, etc.* Le Roman *de Garin* MS. :

Troser somiers, les charetes garnir.

Alibi :

D'or et d'argent fist charger quatre murs,
Et autretant de bons pailles bofus,
Cent palefrois et cent murs à feutrer,
Quatre somiers d'or et d'argent Trousser.

[Le Roman *de la guerre de Troyes* MS :

Les Troiens ont encontrez
De prissions et d'avoir Trossez.

Et alibi :

Ses chiers avoirs fist enmaler,
Ses draps, ses robes fist Entorser.]

Itinerarium MS. Comitis Pontivi : *Et fai vostre maisnie lever, et Trouser, et aler leur voie, et tu remains, et Torseras nostre lit.* Speculum Historiale MS. Joannis Abbat. Laudunensis, scriptum ann. 1488. lib. 11. cap. 54 : *Lors fist Monsieur Rober d'Artois desloger son ost, et Trousser ses tentes.*

¶ Trossarius. Idem, ut puto, quod *Trossellus*, fasciculus. *Troussoire*, in Pedagio Bapalmarum ex Chartul. Corb. 21. fol. 359. v° : *De la Troussoire de toille* XII. *den. ob.* Vide locum in *Perfinelli*.

¶ **TROSSATUS**, Divisus, intercisus, interruptus. Statuta Arelat. MSS : *In omnibus robinis de Camargiis, per quas transeunt viæ publicæ, quæ sunt Trossatæ per dictas robinas, illi quorum sunt dictæ robinæ, teneantur facere pontes.*

* **TROSSERIA**, ut *Trossa* 3. Fasciculus, supellex quælibet in fascem collecta. Capit. pacis ad calcem Stat. MSS. Massil. ex museo meo fol. 104. r°. col. 2 : *Concessit dictus dominus comes...... franquesiam...... de omnibus bonetis seu Trosseriis, seu de pedagio, quod solvebatur seu consuetum erat solvi, occasione bonetarum seu Trosseriarum ipsi vel dominæ comitissæ seu alii eorum nomine; ita quod ratione bonetarum seu Trosseriarum seu eorum, quæ in bonetis seu Trosseriis portabuntur nec* (nil) *solvere teneantur.* Charta ann. 1354. in Reg. Cam. Comput. Paris. sign. *Vienne* fol. 56. v° : *Sint de cetero liberi et immunes..... a bastis, cellis et malis seu Trosseriis.*

* **TROSSIS**, Vasis genus; unde diminut. *Trossollus*, eodem sensu. Invent. MS. ann. 1356 : *Item tres Trosses baucallorum, etc.* Charta ann. 1248. in Chartul. Guill. abb. S. Germ. Prat. fol. 113. v°. col. 1 : *Item licebit nobis et ecclesiæ nostræ habere bannum singulis annis in dicta villa de Antogniaco de duabus tonis, quæ ibi sunt, vel aliis tantumdem tenentibus, cum duobus Trossollis pro implagio.* Ubi male editum *Trossulis* in *Implagium* 2.

¶ **TROSSO** Cerei, Fragmen seu pars cerei, ni fallor, forte sic dicta a Gallico *Trouçon*, Fragmen. Tractatus Nazarii Thesaurarii cum Capitulo Autissiod. ann. 1398: *Item tenetur singulis diebus ministrare unum parvum Trossonem Cerei per longum Matutinarum super gradus in medio ardentem, in quo quilibet qui vult lumen recipit, vocatum Reggipant.* Proprie vero Gallica vox *Tronçon* de lancearum assulis accipitur, pro qua *Trons* usurpat le Roman *d'Athis* MS :

La lance au Duc en Trons vola.

* Idem quod mox *Trossus*. In loco autem ibi laudato, pro *Reggipant*, legitur *Regippant* inter Probat. Hist. Autiss. pag. 131. col. 2.

* **TROSSUS**, Thyrsus. Glossar. Provinc. Lat. ex Cod. reg. 7657 : *Trossus, id est, Caulis.*

¶ **TROTANUS**, Idem qui *Trutanus*, Erro, hariolus, mendax. Otto Frising. in Prologo de Gestis Friderici I. Imp. apud Murator. tom. 6. col. 637 : *Sed quisquis fuit ille propheta seu Trotanus, qui hoc promulgavit, videat si in futuro adhuc aliqua expeditione implendum expectetur.* Vide *Trutani.*

TROTARE, Trottare. Ugutio : *Succusso, frequenter succutio, et succussare, dicitur Trotare, et Succussatura dicitur Trotatura, et Succussator, Trotator equus dicitur, unde illud : Gradarius equus mollis incessus, sine succussatura innitens. Equi Trotatores*, apud eumdem Ugutionem. Vincentius Belvac. lib. 32. cap. 21 : *Itaque iter arripuimus,.... et equitando, quantum equi Trotare poterant,... omni die properabamus.* Cap. 25. sub finem : *Mutatisque frequentius equis, nullatenus parcebatur eis, sed equitabamus velociter ac sine intermissione, quantum poterant equi Trotare.* Vide *Tottonarius.* Petrus de Crescentiis lib. 9. de Agricult. cap. 6 : *Equitator faciat ipsum* (equum) *per agros aratos summo mane Trotare, etc.* [*Trottare* legitur apud Murator. tom. 12. col. 809. Ludewig. tom. 8. Reliq. MSS. pag. 67. *Trottans*, pro Equus, apud Martenium tom. 6. Amplissimæ Collect. col. 3.]

Salmasius ad Hist. Aug. vocem a *Tolutare* deducit : *Tolutare*, inquit, *Tlotare, et inde nostrum, Troter.* Nam tolutim incedere equus etiam dicebatur, qui *trepidabat.* Hinc *tolutarii* et *tolutares equi*, qui et *trepidarii;* [a *torquere* vero, quod *trotator* equus sessorem torqueat, Carolo de Aquino in Lexico Milit. quod, si lubet, consule.] Sed longe potius videtur vox orta a pedum equorum ita ambulantium sonitu.

* Glossar. Provinc. Lat. ex Cod. reg. 7657 : *Trotar, Prov. succussare. Trotiar, succussarius. Trossel, succussatura, involicium.* Hinc *Trotier* appellatur equus, qui tolutim graditur. Lit. remiss. ann. 1369. in Reg. 100. Chartoph. reg. ch. 287 : *Un bon et bel coursier et deux gros roncins Trotiers.* Unde *Troturer*, Citato gradu ambulare, in aliis ann. 1410. ex Reg. 164. ch. 376 : *Le suppliant entré dedens la chambre, ... commença à Troturer ou aler par icelle chambre.*

Trotarii dicebantur adulteri, qui per urbem nudi traducebantur. Ea enim fuit apud Francos nostros recepta in adulteros et adulteras pœna; quemadmodum olim apud Pisidas, ut auctor est Nicolaus Damascenus apud Stobæum serm. 42. pag. 292. [** Adde Tacit. German. cap. 25.] Charta Aymonis de Sabaudia D. Baugiaci pro villa de Sagiaco, ann. 1266. apud Perardum : *Pro adulterio 6. sol. tam in adultero, quam in adultera nobis... retinemus, aut Trotabuntur nudi per villam, si dictam pœnam pecuniariam voluerint evitare.* Consuetudo Valentiæ in Aginnensi provincia ab Edwardo I. Rege Angliæ indulta, quæ habetur in Regesto Constabulariæ Burdegal. fol. 142 : *Adulter et adultera, si in adulterio reperiuntur, et clamor factus fuerit, vel videbitur per homines fide dignos, vel in judicio ostensum fuerit, in 100. sol. quilibet pro justitia puniatur, vel nudi Currant villam, et sit optio eorumdem.* Libertates Salvæterræ in Ruthenis ann. 1284. et Novæ Bastidæ in Occitania ann. 1298 : *Si quis in adulterio deprehensus fuerit, Currat per villam, ut in aliis villis nostris fieri consuevit, aut solvat nobis 300. solidos, et quod voluerit, habeat optionem eligendi.* Libertates Aquarum-Mortuarum : *Adulter sine fustigatione Currat nudus.* Fori Morlanenses cap. 26 : *Si aliquis vel aliqua cum alterius uxore vel marito captus vel capta fuerit, totam villam Currant uterque nudus.* Similia habentur in Charta Libertatum Bellævillæ ann. 1233. in Consuet. Saligniaci et Riomagi in Arvernia ann. 1270. Libertates Villæ Martelli in Lemovicibus ann. 1219 : *Quicunque habitator villæ Martelli cum aliqua uxorata in eadem villa captus esset, et probatus adulter, Trahetur per genitalia nudus, et adultera nuda.* Charta Ildefonsi Regis Aragonum ann. 1187. pro libertatibus villæ Amiliani, (*Milhau*) in Regesto Lud. Hutini Reg. Franc. fol. 7 : *Item constituimus, ut captus vel capta in adulterio non Currant de nocte, sed de die, et ne redimatur crimen illius pecunia, et ne pro reatu mariti uxor non rea damnum sequatur, nec pro uxore sua maritus non reus aliquod damnum incurrat.* His addenda sunt, quæ narrant Otho Frisingens. lib. 2. de Gestis Friderici I. et Joinvilla noster pag. 95. Vide præterea Lurbeum in Chronico Burdegalensi ann. 1317. Marcam in Hist. Benehatn. lib. 4. cap. 17. n. 8. [Franchisias Bauciaci apud Guichenonum in Probat. Hist. Bressiæ pag. 63. Libertates Moirenci ann. 1164. tom. 1. Hist. Dalphin. pag. 16. col. 1. Inquisitionem Vienn. ann. 1276. ibidem pag. 25. col. 1. ubi videre est *trotationi* aliquando adjuncta fuisse verbera. Adde Libertates S. Georgii de Esperanchia ann. 1291. ibid. pag. 28. et 29. ubi statuitur, ut *unus sine alio Trotari non debeat*, i. adultera simul cum adultero *trotari* debebant.]

* Libert. Petræ-assis. ann. 1341. in Reg. 74. Chartoph. reg. ch. 647 : *Item quod si aliquæ personæ in adulterio deprehendantur, currant per villam, aut ambo solvant sex libras Turonenses, et habeant deprehensi electionem de prædictis; sic tamen quod non teneantur solvere nec currere, nisi nudus cum nuda vel vestitus cum vestita, brachis seu femoralibus baissiatis seu depositis.*

Trotarius, Troterius, Cursor, vel pedissequus. Petr. II. Rex Aragon. in Charta MS. confirmationis Libertatum Cataloniæ : *Mittantur nuncii per vicarios et alios officiales nostros pro citationibus faciendis, qui nominentur Correus,* (curritores, cursores) *vel Trotarii, et credatur eis pro sola oblatione citationis.* Charta civium Biterrens. in Regesto Carcassonensi fol. 17 : *Facit se vocari G. de Lodeva, quia fuit Troterius sive garcifer D. G. de Lodeva quondam.* [Capitulum gener. MS. S. Victoris Massiliens. ann. 1218 : *Prohibemus ne scutarii vel Trotarii eorum* (*Visitatorum*) *deferant vestes frepatas.* Rursum ibi : *Quilibet uno equo et Trotario sit contentus.* Concessiones Episcopi Telon. Canonicis ejusd. Eccl. ann. 1223 : *Canonici qui tenebunt equitaturas, possint tenere Trotarium et scutiferum, qui comedant in canonico.*] Adde 30. Regestum Archivi Regii Ch. 57. Le Roman *d'Aubery* MS :

Ou son garson, ou son serjant Trotier.

Le Roman *de Girard de Vienne :*

N'y a ribaut, ne fol garçon Trotier,
Qui ne demaint avaine à un somer.

Statuta Gallica MSS. Ordinis S. Joannis Hierosol. : *Et quant il chevauchoit, il avoit 4. chevaucheures avec soi, et un frere sergent, et 2. chevaulx, un tricoplier, un escripvain, un Trotier ou deux quand il vouloit, etc.* [Vide *Tripare.*]

* *Trote-à-pié*, in Mirac. B. M. V. MSS. lib. 2 :

Qui parleront plus bel c'uns pages,
C'uns Trote-à-pié, ne c'uns corlieus.

Trottonare, pro *Trotare*. Andreas Aulæ regiæ Capellanus in Amatoriis : *Præterea turpes nimis et indecentes decenter equitabant caballos, scilicet macilentos valde, et graviter Trottonantes, et neque fræna habentes, etc.*

TROTINGI, *Joculatores*, Papiæ. Lex Longob. lib. 1. tit. 16. §8. [** Aistulph. 6.]: *Dum quidam ad suscipiendam sponsam cujusdam sponsi cum paranymphis aut Trotingis ambularent, perversi homines aquam sordidam et stercoratam super ipsam jactassent, etc.* Editio Heroldi pag. 257. aut *Trutingi ambularent.* [Codex Estens. : *cum paranympha et Thoringis*, teste Muratorio tom. 1. part. 2. pag. 91. col. 1. ubi per *Trotingos* lubentius intelligeret Comites sponsæ sive paranymphos, quam joculatores. Ejusdem opinionis est Vossius lib. 2. de Vitiis serm. cap. 18. Vide *Druchte* et *Trutanus.*] [* Vide supra *Trossellus.* [** Graff. Thesaur. Ling. Franc. tom. 5. col. 519 voce *Truhtinc.*]

¶ **TROTTA** apud Italos, Piscis notus, Gall. *Truite.* Acta S. Francisci de Paula tom. 1. Aprilis pag. 145 : *Non potuerunt capere anguillam, sed ceperunt Trottam.* Vide *Trocta.*

TROTTARE, Trottonare. Vide *Trotare.*

¶ **TROVA**, Trovator, etc. Vide *Trona.*

¶ **TROUCADA**, Morbus equinus. Miracula MSS. Urbani V. PP : *Quidam mulus suus casu fortuito cadit in terra semimortuus, credens quod malum fuisset de vivis sive Troucadis, quod vulgariter Goutes appellatur.*

TROUSSA, Gall. *Trousse.* Vide *Trossa* 1. et 3.

¶ TROWENTUS, Aremoricis *Trowent*, Moletrina, cujus molæ ventorum vi versantur, Gall. *Moulin à vent.* Necrologium Abbatiæ *de Daoulas* diœc. Kimperl. : *Habemus medietatem in duobus Trowentis cum pertinentiis suis apud Lanhurmel in parochia Hansvec.* Pluries occurrit ibi.

¶ TROXES, vox Hispanica. Vide *Pomera* 2.

¶ TROYA, Sus femina, Gall. *Truie*, Ital. *Troja.* Legitur in Statutis Astæ collat. 7. cap. 1. et collat. 11. cap. 64. *Troya saubage*, i. silvestris, in Consuet. Benebarn. Vide *Truia.*

* TROYLLIUM, Molendinum. Vide supra *Troillium* 1.

* TRUA, Instrumentum, quo lanam seu pilos pannorum extrahi prohibetur, in Stat. pro arte parat. pannor. Carcass. renovat. ann. 1466. ex Reg. 201. Chartoph. reg. ch. 121 : *Item quod nullus poterit nec debebit cardare aliquem pannum...... cum Trua, sub pœna confiscationis panni.* Latinis *Trua* dicitur vas, quo aqua e coquina in lavatrinam fundi solet; quæ notio huc non pertinet.

* TRUAGIUM, Vectigal, tributum, *teloneum;* quæ vox a nostratibus varie effertur. Arest. ann. 1401. 14. Jan. in vol. 9. arestor. parlam. Paris. : *Neque cuiquam licet vectigal aut Truagium seu pedagium inducere.* Glossar. Gall. Lat. ex Cod. reg. 7684 : *Truage que l'en paye aux mariniers, teloneum.* Charta Margar. comit. Fland. ann. 1271. in Reg. 38. Chartoph. reg. ch. 84 : *Li église de Foisni est quitte de wienaige, de Treuuige et de toutes autres exactions en nostre tiere de Flandres.* Lit. remiss. ann. 1376. in Reg. 109. ch. 189 : *Jehan Potier qui menoit ou faisoit mener par-dessus le pont de Sée certaines denrées, pour lesquelles il estoit tenu de paier certain Treuaige ou reddevance, à cause du passaige d'icellui pont.* Vitæ SS. MSS. ex Cod. 28. S. Vict. Paris. ubi de S. Math. fol. 246. r°. col. 1 : *Saint Mathe laissa les raisons de la paie des Treusaiges non parfaite, etc.* Charta ann. 1331. in Reg. 72. ch. 28 : *Chascun tonneau de vin, qui sera chargiez audit port, paieront deux soulz de petits Tournois..... pour tout Treutage et pour toute costume de vin... A recevoir ledit treu et costume sera establi un homme etc.* Sed et *Truage* dicitur id, quod a recens advenientibus, potationis causa, exigitur, in Lit. remiss. ann. 1409. ex Reg. 164. ch. 29 : *Lesquelx jeunes compaignons dirent que icelle femme, qui estoit venue d'estrange pays si près d'eulx, paieroit son Truage, ainsi que jeunes gens ont acoustumé de faire. Truiette*, Præstationis annuæ species, inter Redit. comit. Campan. ex Cod. reg. 8312. 5. fol. 90. r° : *Item le sires a..... en la ville de Fenges une rente, appellée la Truiette.* Quæ omnia a voce *Treu*, pro tributo, originem habent. *Trehu*, apud Joinvil. in S. Ludov. edit. Cang. pag. 86. *Subside ou Trehuz*, in Ch. ann. 1270. ex Tabul. S. Mich. in Eremo. *Trahu*, eadem notione, in Consolat. Boetii MS. lib. 1 :

Chanpaigne avoit lonc temps heu,
Par un prevost qui gouvernoit,
Malctote et grant Trahu,
Qui le Peuple grevé avoit.

Hinc *Sergent de la commune True*, Tributorum seu *talliarum* collector et exactor, in Charta Rudolfi ducis Lothar. ann. 1345. ex Chartul. Romaric. : *De toutes bestes et aultres meubles pris ou parrochage de Brueires et ès appendances de la prevostei de celui lieu de nostre commandement par les sergens de la commune True de Lothorainne, et par les nostres..... Elles n'entendent point quiteir telle action qu'elles puent et doient avoir contre les signours et gouverneours de ladite commune True et contre nous.*

* *Trehu* præterea sumitur pro quavis præstatione domino exsolvenda. Consuet. Castell. ad Sequanam ex Cod. reg. 9898. 2 : *Mondit seigneur de Lengres a ung droit et Trehu, appellé tierces de blefs en plusieurs terres estant ou finaige dudit Chastillon, qui est tel, que de tous les blefs et grains, qui croissent en icelles terres, y prent de unze gerbes une gerbe,..... Item..... a ung droit et Trehu, qui est tel..... que quiconque..... laboure à charue, doit chacun an à mondit seigneur de Lengres trois courvées de la charue.... Item que mondit seigneur de Lengres avec mondit seigneur de Bourgoingne a droit de prendr°....., de toutes personnes foraines, qui viennent demeurer audit Chastillon ung Trehu, qui s'appelle franc marchief et estellaige... Item que audit Martigny sont plusieurs mex et maisons qui doivent chacun an ung Trehu, appellé messaiges, etc.* Lit. remiss. ann. 1481. in Reg. 207. Chartoph. reg. ch. 369 : *Morice de Curel fermier de certain Treheu, qu'on lieve sur les blez et farines, etc.* Vide in *Trutanus.*

¶ TRUANNUS, Mendicus, *Truand.* Vide *Trutanus.*

¶ TRUBIA, Rete piscatorium. Charta ann. 1424. in Statutis Perusiæ pag. 31 : *Eis licitum sit.... piscari.... ad rettæ*, (retia) *navissam, Trubiam, etc.* Vide mox *Trubla.*

TRUBLA. Compotus Præposituræ Parisiensis ann. 1333 : *De Præpositura Montislerici, de hallagio,.... de Trubla d.* 100. *de pondere et costuma bestiarum, etc.* Nostris *Truble* est instrumentum piscatorium, cujus mentio est in aquarum et silvarum constitutionibus apud Mallavillæum cap. 90. Charta Philippi Ebroicensis ann. 1320. pro incolis Mellenti in Tabulario Prioratus S. Nicasii fol. 72 : *Lesdiz habitans pourront pescher en nos rus de Meulent et des Muriaux à la Truble et au panier tant seulement.* Vide *Trullia.*

¶ TRUBLATOR, Qui *Trubla* piscatur. Charta Floriac. ann. 1250 : *Item debet habere unum anserem de quolibet novo Trublatore.* Frequentes sunt qui *Trubla* piscantur in Ligeri : iis *Trubla* dicitur circulus ferreus cum retiolo perticæ annexus, capiendis piscibus in piscinis et ripis accommodatus. *Troubleau*, in Consuet. Aurelian. art. 169.

* TRUBLIA, idem quo *Trubla*, Instrumentum piscatorium. Lit. remiss. ann. 1387. in Reg. 131. Chartoph. reg. ch. 39 : *Et inde altero ipsorum accedente quæsitum quamdam Trubliam fili,..... de dicta piscatura sive serva cum dicta Trublia quaterviginti pecias piscium...... furtive ceperunt.* Vide supra *Trebula.*

TRUBLIUM, *Parapsis*, Papiæ; perperam *trubuum*, in MS. ex Gr. τρύβλιον, quod idem sonat.

TRUBUCULUS, Machina bellica. Vide *Tribulus.*

TRUCA, Cista, locellus, German. *Truhe*, Gallis *Luseau.* Eberhardus Altahensis ann. 1296. de Henrico Ratisp. Episcopo : *Sepulchrum similiter sibi longe ad .. fabricavit et prævidit juxta altare B. Virginis in majori veteri Ecclesia Ratisponensi : similiter Trucam etiam, in qua sepeliri debuit, cum vestibus funeralibus ibidem impositis, in memoriam continuam mortis suæ per eosdem annos habuit locatum a latere lecti sui.* [** Vide Graff. Thesaur. Ling. Franc. tom. 5. col. 511. voce *Truh.*] Scribit Petrus Resenius in Notis ad Jus aulicum Canuti II. Regis Daniæ pag. 629. Danis *Trug*, et *Tru*, alveolum, vas concavum, vel lintrem significare; ut Islandis, *Trog* et *Trua*, lintrem.

¶ TRUCANUS, pro *Trutanus* : quod videsis.

* TRUCHA, Piscis fluviaticus notissimus, Gall. *Truite*, Hisp. *Trucha.* Charta ann. 1303. ex Tabul. D. Veneiæ : *Quod nulla persona castri ipsius..... sit ausa...... piscari turtures sive Truchas in aqua Nartubiæ...... Et ne turtures sive Truchas destrui et dissipari valeant tempore quo gravant etc.* Vide *Trocta* et mox *Truta.*

* TRUCHETUS, f. Vallum, fossa, aquæ receptaculum. Charta Joan. dalph. ann. 1316. in Reg. 87. Chartoph. reg. ch. 84 : *Sicut labitur rivus Raimberz usque ad Truchetum de Mollis, et a dicto Trucheto, sicut protenditur via publica a dicto Trucheto versus fontem Geneveysii.* Vide supra *Trompherium.*

* TRUCIDUM, *Boudin*, in Glossar. Lat. Gall. ex Cod. reg. 7692. Vide *Tucetum.*

¶ TRUCILARE. Vide mox in *Truculare.*

TRUCINA, Temeritas, insultatio, pertinacia. Decreta Calomani Reg. Hung. lib. 1 : *Si quis ad conventum Episcoporum et Comitum venire neglexerit,... Trucinam compenset.*

TRUCINARE. Rigordus in Philippo Aug. ann. 1185. de Joculatoribus : *Et cæteras ineptias Trucinantibus buccis in medium eructare non erubescunt.* Vide *Trutanus.*

* Inflare, tumefacere, ut videtur; unde Gallicum *Trouser*, eodem intellectu. Bestiar. MS :

Volentiers fait Trouser ses joes
Li goupils en toutes saisons
De gelines et de capons.

TRUCLUDE, *Alea*, in Glossis Arabico-Latinis.

¶ TRUCTA, Piscis notus, aliis *Trutta*, Gall. *Truite.* Vide *Crassomtus*, *Dursus*, *Trocta*, et consule Gesneri expositionem de *Truttis.*

¶ TRUCTE, Paranymphus. Vide *Druchte.*

¶ TRUCULARE, *Trucidare*, Johanni de Janua; *Tormentar*, in Glossis Lat. Gall. Sangerman. Auctori Philomelæ v. 17. *Truculare* vel *Trutilare* est Turdorum voce clamare : pro quo in *Baulare* legitur *Trucilare.*

* TRUDA, Trudes, idem quod *Trudio.* Glossar. Lat. Gall. ex Cod. reg. 7692 : *Truda, trorte.*

TRUDANUS, TRUDENNIS. Vide *Trutanus.*

* **TRUDERE**, *Bouder*, in eod. Glossar. f. pro *Bouter*.

TRUDIO. Gregor. Turon. de Vitis Patr. cap. 4 : *Senuit autem sacerdos Dei, et in tantum ætate provectus est, ut sputum oris in terram projicere non valeret, sed adhibito labiis Trudione, in eam salivas oris exponeret.* Videtur diminutivum *Trudis*, qui Isidoro lib. 18. cap. 6. in Gloss. Arabico-Lat. et Joanni de Janua, dicitur *Contus et fustis ferratus, quo naves truduntur.* [Vide *Truca*, *Trulio* et *Trullio*.]

TRUEGA, Sus, ex Gallico *Truie*. Charta ann. 1342 : *Item 25. inter porcos et Truegas.*

* **TRUEIA**, Sus femina, Gall. *Truie*. Stat. Avenion. ann. 1243. cap. 106. ex Cod. reg. 4659 : *Pro porco vel Trueia...... quatuor denarios.* Vide *Truega*.

1. **TRUELLA**, Trulla, *Ferrum latum, quo parietes liniuntur*, Papiæ, ex Gall. *Truelle*, Charta ann. 1163. apud Brolium in Hist. Parisiensi lib. 2. [et Lobinell. tom. 3. pag. 64 :] *Dominus autem Papa reliquias inter altare posuit, et accepto instrumento, quod vulgo Truella dicitur, eusdem cæmento intro-sigillavit.* Vox forte formata a Latinorum *Trua*, de qua voce Varro lib. 4. de L. L. cap. 25. et Nonius cap. 1. num. 68. [Vide *Sagoma*.]

* 2. **TRUELLA**, a Gallico *Truau*, Sesquimodium continens in quibusdam locis, mensura annonaria. Charta Phil. abb. de Cultura ann. 1224 : *Reddet dictus abbas.... quatuor sextarios avenæ de forragio ad legalem mensuram minoti adæquati, ad Truellam cumulatam et semel pulsatam.* Vide *Trugga*.

* **TRUELLIUM**, ut supra *Troillium* 1. Molendinum, quo olivæ aliave grana ad oleum conficiendum premuntur. Charta Henr. regent. Dalph. ann. 1322. in Reg. 101. Chartoph. reg. ch. 105 : *Concedentes eidem Soffredo quod ipse ac hæredes et successores ipsius soli et in solidum possint molendina, batistoria, gauchatoria, Truellia, seu alia aisiamenta similia, quæ aqua mediante operantur, in dicto loco et ejus mandamento..... construere...... Quod dicti Soffredus, hæredes ac successores ipsius..... possint compellere omnes habitantes in dicto castro et ejus mandamento molere, bannire, gauchire et Trulliare ad molendina, baucho-ria, Troillatoria prædicta.*

¶ **TRUERE**. Vita S. Cæsarii Arelat. Episc. lib. 1. n. 26 : *At ille publica voce, elevatis oculis et manibus in cœlum, dixit : Domine Jesu Christe, ne in loco ultra apri accessum habeant. Et eadem hora usque in præsentem diem nunquam ibi Truerunt, etc.* Quidam habent *nutrierunt; sed truerunt* præfert Mabillonius, cui *truere* idem videtur ac *destruere*, quod apris optime convenit. Malim a Gallico veteri *Truir*, pro *Trouver*, invenire, vocem deducere : ita ut sensus sit, *ex eadem hora usque in præsentem diem numquam ibi inventi sunt.*

* Fortassis male scriptum vel lectum *Truerunt*, pro *Fuerunt*. [** vel *Ruerunt*.]

TRUFA, Truffa, Trupha, Fraus, nequitia, jocus. Guill. Britto in Vocab. : *Nuga dicitur Trufa, unde Nugor, aris, nugas* [f. *Trufas*] *facere.* Gloss. Lat. Gall. : *Nuga, Truffe.* Jo. Brompton. in Ricardo I : *Minæ sunt, et quasi Truffæ, quas loqueris.* Cæsarius lib. 2. Mirac. cap. 25 : *Ille cogitans qualiter liberaret puellam, hujusmodi Trupham invenit.* [*Trusam* male editum apud Ludewig. tom. 2. Reliq. MSS pag. 108.] Alberic. in Chron. MS. ann. 1239 : *Heu me, inquit, quamdiu durabit Truffa ista.* Raymundus in Summula :

> Sed quis sortilegas compescet ab hac mulieres,
> Sectas et Trufas harum qui scribere vellet.

Vide Will. Thorn. pag. 2064. Vitam B. Angelæ de Fulginio cap. 6. Indicem error. Valdensium § 15. Synodum Coloniensem ann. 1280. can. 4. Michaëlem Scotum lib. 4. Mensæ Philosophicæ cap. 43. [Gesta Archiep. Trevir. apud Marten. tom. 4. Ampliss. Collect. col. 277. Synodum Avenion. ann. 1340. apud eumd. tom. 4. Anecd. col. 564. Trecorensem ann. 1435. ibid. col. 1140. Chronicon Petri Azarii apud Murator. tom. 16. col. 331.] etc. W. *Guiart* :

> Et ne cuit pas emplir mes pages
> De Trufes, ne de fanfelues,
> Dont les histoires sont veloes.

[Le Roman *de la Rose* MS :

> Certes je tendroie à grant Trufle,
> Qui diroit que tu fusses hom.

Neque alio sensu *Trulle* apud Philippum *Mouskes* in Henrico I :

> Et l'Abbé qui sot mult de Trulle,
> S'en ala droit en Pulle.

Huc etiam, ni fallor, revocandum est *Trut*, quod pro fallacia, dolo vel fraude usurpat Poeta vetus in Historia Johannis IV. Ducis Britan. apud Lobinell. tom. 2. Hist. Britan. col. 730 :

> François prenoint trop divers noms
> Pour faire paour aux Bretons;
> Mais ils savoient plus de vieil Trut
> Que veille truie qui est en rut.

Alias *Tracth* veteribus Aremoricis idem est quod nostris *Flaterie*, Blanditiæ, teste Lobnello.] Vide Christinam Pisanam 1. part. *du Tresor de la Cité des Dames* cap. 4. 24. H. Stephanus *Trufer* a Græco τρύφειν, subsannare, deducit : Ferrarius a *tropha*, alii a Germanico, etc.

☞ Ex iis emendo Litteras ann. 1342. apud Rymer tom. 5. pag. 305 : *Et quamvis per diversos tractatus, per Trussas et ambages, nos diu protraxit sine fructu etc.* Lego *Truffas*.

* *Truffe* inter ornatus muliebres recensetur in Diario regni Caroli VII. pag. 511. ad ann. 1429 : *Les hommes ardoient tables et tabliers,..... et les femmes les atours de leurs testes, come bourreaux, Truffe, etc.* Haud scio an huc spectet vox *Truiflet*, in Lit. remiss. ann. 1385. ex Reg. 127. Chartoph. reg. ch. 41 : *En laquelle boursette ladite femme avoit pris..... un Truiflet, qui estoit à clochettes de plon.*

Trufare, Truffare, vel Truffari, Illudere, fallere, apud eumdem Cæsarium, lib. 5. cap. 29. et in Vita B. Angelæ de Fulginio cap. 23. Mamotrectus ad 28. Isaiæ : *Illudere, i. Trufari et deridere.* [Rursum occurrit in Actis SS. tom. 2. Aprilis pag. 825. tom. 4. Maii pag. 538. tom. 1. Junii pag. 791. tom. 2. pag. 733. apud Marten, tom. 2. Anecd. col. 1454. tom. 7. Ampliss. Collect. col. 833. Robertum Avesbur. in Hist. Eduardi III. Regis Angl. pag. 209. 241. Murator. tom. 12. col. 950. tom. 16. col. 394. tom. 19. col. 388. etc.] Le Roman *du Chevalier au Barisel* :

> Mais que gi vois pour aus Trufer.

* *Truffler*, pro *s'Amuser, se divertir*, Nugari, jocari, apud Christ. Pisan. in Carolo V. part. 1. cap. 16 : *Avec ses serviteurs par bonne familiarité se Truffloit de paroles joyeuses et honnestes.* Unde additur *Se Truiffler en raille ou moquerie*, in Lit. remiss. ann. 1453. ex Reg. 184. Chartoph. reg. ch. ch. 317. cum in malam partem accipitur.

* Aliud sonat vox Gallica *Trufflet*, ictum nempe in faciem, ni fallor, in Lit. remiss. ann. 1397. ex Reg. 152. Chartoph. reg. ch. 184 : *Icellui Riviere respondit qu'il esconvenoit que le suppliant eust un Trufflet, qui est à dire un cop.*

Trufator, apud eumdem Cæsarium, et in Cont. Nangii ann. 1351. *Trufandie* Occitanis. [*Baratator et Trufator*, in Memoriali Potestatum Regiens. ad ann. 1284. apud Murator. tom. 8. col. 1163. *Abusores sive Truffatores*, in Synodo Trecor. ann. 1435. apud Marten. tom. 4. Anecd. col. 1140. et Lobinell. tom. 2. Hist. Britann. col. 1609. *Truffatores et terrarum exploratores*, in Synodo Salisburg. ann. 1456. apud Hansizium tom. 2. German. sacræ pag. 505.] Matth. Silvaticus : *Ambagum*, id est *Trufarium, vel vagum.* Will. *Guiart* :

> Si vraiment come en ce livre
> Ne veuil les Trufeeurs ensuivre
> Qui pour estre delitables,
> Out leurs Romans emplis de fables.

¶ Trufatorius, Dolosus, fraudulentus. Processus ann. 1306. in Probat. Libertatum Gallic. cap. 39. n. 20 : *Archidiaconus.... comparuit, proponendo multas exceptiones Trufatorias, etc.*

* Truffatorius, Jocosus, facetus. Lit. remiss. ann. 1385. in Reg. 127. Chartoph. reg. ch. 16 : *Verba Truffatoria seu jocosa et ociosa ad tempus eludendum inter se proferendo, etc.* Vide supra *Trufare*.

¶ Truffaticus, Eadem notione. Charta ann. 1377. e Bibl. Regia : *Incepimus eis dicere, quod ista erat oblatio temptativa et videbatur Truffatica.*

¶ Trufaticè, Jocose. Vita S. Contardi, tom. 2. Aprilis. pag. 449 : *Arbitratus aliquos insolentes et juvenes in campanilis vertice fore, qui sonitum hunc Trufatice causarent.*

¶ **TRUFABUFA** et Trufebufa. Sic in Ecclesia Lugdunensi nuncupatur Solemnis nominatio, quæ publice 23. Decembris fit, eorum qui in officiis divinis festivitatis Natalitii Christi deservire debent, voce, ut videtur, composita ex *Bifarii* et *Trifarii*, uti appellantur ii, qui ad bifaria vel trifaria officia designantur. Ordinar. MS. Offic. divin. Eccl. Lugdun. : *Item panitarius debet facere candelas Trufebufe.* Huc spectat Monachus Sangall. lib. 1. de Carolo M. cap. 5 : *Fuit autem consuetudo ut magister Scholarum designaret pridie singulis quod responsorium cantare deberent in nocte Nativitatis Christi.*

¶ **TRUGGA**, Mensura frumentaria, de qua hæc habet Th. *Blount* in Nomolexic. e Codice MS : *Tres Trugge frumenti vel avenæ* *faciunt* 2. *bushels*. Anglis *Trugg* proprie alveus est atque ferculum humerale, quo utuntur cæmentarii, Saxon. *Trog*.

¶ **TRUIA**, Sus, Gall. *Truie*. *Duas Truias et octo porcellos*, in Archivo S. Victoris Massil. Vide *Troya*.

* **TRUIGA**, Sus femina, Gall. *Truie*. Consuet. Carcass. in Reg. L. Chartoph. reg. ch. 3 : *Nec quis vendat.... carnem de Truiga pro carne porci*. Vide *Truia*.

* **TRUITA**, a Gallico *Truite*, Piscis fluviatilis notus. Charta ann. 1220. inter Instr. tom. 12. Gall. Christ. col. 389 : *Moriente comite Gebennensi, successor ejus hominium faciet et fidelitatem jurabit domino Tarentasiensi archiepiscopo, et nomine recognitionis duas magnas Truitas* (dabit). Vide infra *Truta*.

* **TRULA**, TRULLA, Instrumentum piscatorium, vulgo *Truble*. Charta ann. 1267. in Chartul. Buxer. part. 12. ch. 11 : *Ego Guido dominus de Choun...... confiteor religiosos Buxeriæ habere in dictis aquis usuagium plenum piscariæ seu piscationis...... ad Trulam, si necesse fuerit et voluerint*. Alia Boson. episc. Catalaun. ex Chartul. Monast. in Argona fol. 9. r° : *Concessit... piscationem cum Trulla in aqua sua pro infirmis*. Vide *Trubla* et *Trullia*.

¶ **TRULIO**. Scriptura ann. 780. tom. 3. Concil. Hispan. pag. 90 : *Damus.... tres vasos Salomoniegos, et* XII. *culiares argenteos, et* I. *argenteum Trulionem*. Vide *Truca* et *Trullio*.

1. **TRULLA**, Joanni de Janua, *Bombus vel sibilus ani, quia trudendo emittitur*. Florentinis, *Trullare*, est pedere, sonitum ventris emittere. [Vide *Trullus*.]

* Glossar. Gall. Lat. ex Cod. reg. 7684 *Trulla, vesse ou pet*. Occurrit etiam in Glossar. Prov. Lat. ex Cod. 7657. Ital. *Trullo*.

* 2. **TRULLA**, Astutia, dolus, fraus. Mirac. S. Gundech. tom. 1. Aug. pag. 185. col. 1 : *O qualem Trullam adinveniunt Eichstettenses clerici pro pecunia obtinenda! Trulle*, nostratibus, eadem acceptione, ut videre est in *Trufa*.

¶ **TRULLARE**, Uvas prælo premere, Gall. *Pressurer*, alias *Truiller*. Transactio inter Abbates et Monachos Crassenses ann. 1351. e libro viridi fol. 53 : *Quod Ortolanus prædictus recipiat... fimum totum stabulorum omnium*... et *totam vindemiam Trullatam tempore vindemiarum*. Litteræ ann. 1354. tom. 4. Ordinat. Reg. Franc. pag. 296. n. 15 : *Lidit habitant ne moorront, cuirront, Truilleront à autres molins, fours et Treuls, que aux nostres; se n'estait par le deffaut desdiz molins, des meuniers; desdiz fours, des fourniers; desdiz Treuls, des Treullours : et se autrement le faisaient, cils qui autrement le ferait, paierait cinq sols d'amende avec le proffit, c'est assavoir la mousture, le fournaige et Truillaige*. Vide *Trolium* et *Trullum* 1.

¶ **TRULLARIA**, Ζωμάρυσον, in Gl. Lat. Gr. Vide Casaub. ad Theophr. Charact. pag. 221.

TRULLIA, Instrumentum piscatorium. Charta Otton. Comitis Burgund. ann. 1281. apud Perardum : *Eis concedimus et donamus perpetuo piscariam liberam in ripariis de Lupa et de Clogia alte et basse pro voluntate sua, ad vernale, ad Trulliam, et ad alia omnia genera ingeniorum, absque nave et sagena, et magno rete*. Sed videtur legendum *Trubliam*. Vide *Trubla*.

* **TRULLIARE**, *Truellio* premere. Vide supra *Truellium*.

TRULLIO, Olla vel trulleum, apud Octavium Horatianum lib. 4. Rer. medicarum pag. 94. [Vide *Trulio* et *Inferturia*, ubi legitur *Trullo*.]

1. **TRULLUM**, Torcular, *Pressoir*. Charta Hugonis Ducis Burgundiæ ann. 1253. apud Perardum pag. 476 : *Bannum Trullorum, furnorum, vinorum, nemorum, vindemiarum, etc*. Infra : *Et in furno de* 12. *panibus grossis et parvis, et de placentis, et de pitanciis, unam præstare* (tenentur) *et in Trullis pro pressura suarum uvarum de singulis modiis vini sextarium dimidium..... reddere debent*. [Vide *Trolium* et *Trullare*.]

¶ 2. **TRULLUM**, Vas vinarium. Frodoardus lib. 14. Carm. cap. 18. de S. Columbano :

> Et quondam liquor emissus famulante cliente,
> Nec tamen effusus pervadens claustra coronæ
> Spargit humum, quin insueto petit agmine cœlum,
> Tollitur in vacuum, duplicatque cacumine Trullum.

Vide alia notione mox in *Trullus*.

TRULLUS, Ædificium rotundum, σφαιροειδές, concameratum in formam ovi, unde ὠωτὸν etiam quibusdam appellatum : quo quidem nomine dicta præ cæteris ædes in Palatio Constantinopolitano, in quo habita Synodus, quæ inde *Trullana*, vel in *Trullo* dicitur, uti pluribus a nobis observatum in Descriptione ædis Sophianæ n. 32. ubi etiam id nominis Byzantinos Scriptores tribuere potissimum docuimus excelso et sublimi hæmisphærio, quod toti ejusdem ædis structuræ incumbit, τροῦλλαν et τροῦλλον promiscue appellantes. Anastasius in Sergio PP : *Trullum vero ejusdem Ecclesiæ fusis chartis plumbeis cooperuit atque munivit*. A forma concamerationis rotundæ, *Trullum*, *Ciborium*, interpretatur Papias; nam ea fuit Ciboriorum, uti alibi docuimus. Vide Glossar. med. Græcit. col. 1618. et in voce Ὠατός, col. 1787.

TRULLUM, vel TRULLUS, Quævis ædes, a forma scilicet tecti in rotundam concamerationem confecti. Gesta Innocenti III. PP. pag. 146 : *Pene omnes capi fecerunt, et in Trullo Joannis de Stacio violenter inclusi*. Infra *Domus Joannis de Stacio* dicitur.

* **TRULUS**, Machinæ bellicæ jaculatoriæ species, vel Jaculum. Stat. Mutin. ann. 1306. apud Murator. tom. 2. Antiq. Ital. med. ævi col. 484 : *Eligantur unus dominus et unus notarius pro qualibet porta, qui faciat parari trabuchos, sive manganos, balistas grossas, sagittamenta, Trulos, et alia necessaria*.

* **TRUMA**, Plaga, contusio, Gall. *Meurtrissure*. Lit. remiss. ann. 1376. in Reg. 110. Chartoph. reg. ch. 159 : *Johannes de la Treille..... venit quadam die Jovis... ad dictum Michaelem clamando alta voce, Michael amice, ecce ventrem meum, qualiter et quomodo Johannes del Bume vulneravit, et michi fecit Trumas, quæ apparent in ventre meo*.

¶ **TRUMÆ**, Παρωτίδες, in Gl. Lat. Gr. Strumæ.

¶ **TRUMBA**, Buccina, Ital. *Tromba*. Godefridi Viterb. Pantheon tom. 7. Muratorii col. 420 :

> Venit et imperii gestivit in urbe coronam,
> Organa cum cithara, fistula, Trumba sonant

Vide *Tromba* et *Trumpa*.

¶ TRUMBA, Fistula seu pars cava tormenti bellici, in qua lapis ejiciendus ponitur. Chronicon Tarvisin. apud Murator. tom. 19. col. 754 : *Est enim bombarda instrumentum ferreum fortissimum cum Trumba anteriore lata, in qua lapis rotundus ad formam Trumbæ imponitur, habens cannonem a parte posteriori secum conjungentem, longum bis tanto quanto Trumba, sed exiliorem, in quo imponitur pulvis niger artificiatus cum salmitrio et sulphure, etc*.

¶ **TRUMBARE**, *Trumba* canere, buccinare, Ital. *Trombare*, Gall. *Trompetter*. Chron. Parm. ad ann. 1282. apud Murator. tom. 9. col. 800 : *Equitaverunt... et iverunt prope Cremonam... et ibi diu steterunt et Trumbaverunt, et nemo exivit ad eos*.

¶ **TRUMBATOR**, Qui canit *trumba*, Ital. *Trombatore*, Gall. *Trompette*. Legitur in Computo ann. 1333. tom. 2. Hist. Dalphin. pag 279.

* **TRUMELATOR**, a veteri Gallico *Trumeleur*, f. Scortator, libidinosus, a voce *Trumel*, femur. Vide mox *Trumulieres*. Lit. remiss ann. 1357. in Reg. 89. Chartoph. reg. ch. 34 : *Prædictus Fromage dixit et reprobavit præfato des Poulies, quod ipse non erat nisi quidam assidator scotorum et etiam Trumelator, publicusque lusor tallorum*. Quæ Gallice sic habentur in Reg. 90. ch. 119 : *Lequel Fromage reprocha et dist audit des Poulies que il n'estoit que un asseeur d'escoz, Trumeleur publique et joueur de dez*.

¶ **TRUMEN**, Τρύχος τριχινόσεν, in Glossis Lat. Græc. Vulcanius suspicatur emendandum, τρύφος ταρίχινον. Martinius mallet, *Turben*, τροχός, τροχοέν τι. Hunc consule.

TRUMMETA, Tuba, *Trompette*. Thwroczius in Ludov. Rege Hungar. cap. 22 : *Cui Tribunus cum Romanis potioribus per quatuor milliaria Gallicana, vestibus seu pannis purpureis ad hoc specialiter sub uniformitate aptatis, solenniter in Trummetis, et diversi generis musicorum apparatibus, circa centum personas de una vestitura bene induti obviam venientes, etc*. [Vossius lib. 2. de Vitiis serm. cap. 18. legit in recto *Trummetum*, a Germanico *Trumme*, vel *Trummen*, Belgis *Trommel*.]

TRUMPA, Buccinæ species, *Trompe*, *Trompette*, Italis *Tromba* et *Trombetta*. Gloss. Theotisc. Lipsii : *Drumbon*, *tuba*. Alibi : *Triumbon*, *tubæ*. Lexicon Cambro-Britannic. *Trwmpls*, *tuba*. Vitæ Abbatum S. Albani : *Tuba, quam vulgus Trumpam vocat*. [Vossius lib. 2. de Vitiis serm. cap. 18. vocem hanc deducit a veteri Germanico *Trompe*; unde, inquit, et Gallicum *Trompe* et Ital. *Tromba*, et Hispan. *Trompa* : Belgæ usitatius *Trompet* : Angli et *Trump* et *Trompet* dicunt.]

¶ **TRUMPETTIS**. Litteræ ann. 1482. apud Rymer. tom. 12. pag. 160 : *Assignavimus... marinarios, magistros navium, soldarios... alios artifices pro hujusmodi navibus necessarios quoscunque, et homines vocatos Trompettis*. Non alios puto quam

Tubicines, Angl. *Trumpetters*, nostris *Trompettes*.

* Qui ignem, dictum *Trompe*, in naves hostium projicit, nostris etiam *Trompette*. Lit. remiss. ann. 1405. in Reg. 160. Chartoph. reg. ch. 131 : *Un appellé Gabriel le Pescheur Trompette de ladite barge, etc.*

¶ **TRUMULIERES.** Locus est in *Armatura*. Vide *Trilices Loricæ*.

* *Trumelieres*, apud Joan. *de Meun*, Ocreæ seu femorum armatura, vulgo *Cuissarts*. *Trumiau*, pro *Jambe*, Crus, tom. 2. Fabul. pag. 226 :

Cela a escorcié ses Trumiaux,
Qui sont gros devers les talons.

Trumel, Vervecis femur vulgo *Gigot*, in Lit. remiss. ann. 1423. ex Reg. 172. Chartoph. reg. ch. 414 : *Un Trumel de mouton, qui avoit esté mengié par les compaignons*. Le Roman *de Garin :*

Un pauvre gars tot le Trumiax rostis.

Ibidem :

Quatre ribauz toz les Trumiax rostis.

** **TRUNCAGIUM.** Commissiones ann. 5. Edward. II. reg. Angl. Northumbr. rot. 11. in Abbreviat. Rotul. tom. 1. pag. 186 : *Rex commisit Henrico de Percy custodiam castri regis de Baumburgh cum Truncagio regis ibidem et redditu in villa de Warnemuth habendum quamdiu regi placuerit, reddendo inde per annum* 110. *libr.* Ibidem pag. 193. ann. 6. ejusd. Linc. Dors. rot. 3 : *Rex concessit Isabellæ de Bello Monte dominæ de Vescy... in recompensacionem pro castro de Bamburgh cum Truncagio regis ibidem et redditu, etc.* Ita etiam pag. 220. 224. etc. Pag. vero 156. ann. 1. ejusd. regis scribitur *custodiam castri regis de Bamburgh cum Tronagio regis ibidem et redditu etc.* Et pag. 145. ann. 33. Edward. I. *cum turn. regis.*

TRUNCARIUS, Papiæ, *Devorator*.

¶ **TRUNCATA.** Charta Willelmi Ducis Aquitan. ann. 1087. apud Beslium pag. 404 : *Dederam in civitate de levagio salis duas partes. Dono etiam eis Truncatas a stagno usque ad fluvium Clennis.* Vide *Truncus salis* post *Truncus*. 7.

¶ **TRUNCATIO**, Obtruncatio, amputatio. *Truncatio digitorum*, in Cod. Theod. lib. 7. tit. 13. leg. 5. *Truncatio capitis*, in Chronico Dom. de Gravina apud Murator. tom. 12. col. 583.

TRUNCATUM, pro *Trunco*, apud Adamnanum lib. 1. de Locis SS. cap. 11.

* **TRUNCATURA**, Mutilatio, amputatio. Lit. remiss. ann. 1334. in Reg. 69. Chartoph. reg. ch. 236 : *Item probare intendit dictus Alquerius...... quod* (Petrus) *in fine suo et post finem corpus suum seu cadaver erat et fuit et apparuit omnibus qui viderunt, palpaverunt et tenuerunt absque aliquo vulnere et absque aliquo ictu, Truncatura, vel macatura, vel lesura.* Vide *Truncatio*.

¶ **TRUNCATUS**, Amputatus, vox haud prorsus ignota. *Truncatas caligas in modum pœnitentis habere* dicuntur Canonici Regularis, in Epistola Odonis ejusd. Ord. tom. 2. Spicil. Acher. pag. 535.

¶ **TRUNCHETUS.** Pœnitentiæ genus apud Monachos. Vide *Truncus* 7. Statuta Sangerman. in Probat. Hist. ejusd. Abbatiæ pag. CLXXI : *Item si aliquis fuerit in sententia Truncheti, non debet radi, donec fuerit absolutus.*

¶ 1. **TRUNCHUS**, Decretus, statutus, definitus, ut *Trancher* dicimus pro præcise decernere. Statuta Vercell. fol. 74 : *Prædicta omnia et singula sint Truncha, præcisa et jurata, et inviolabiliter serventur, etc.*

* Vide supra *Trencator*.

* 2. **TRUNCHUS**, Arcula in ecclesiis ad recipiendas fidelium eleemosynas, Gall. *Tronc*. Charta ann. 1286. in Suppl. ad Miræum pag. 142. col. 1 : *Retinentes nobis.... medietatem oblationum,..... quæ fient in denariis,...... sive projiciantur vel ponantur in Truncho infra ecclesiam civicam, vel extra.* Vide *Truncus* 3.

* **TRUNCIA**, Cæsio, putatio; dicitur de ramis arborum truncatis. Inquisit. forestæ Britolii in Reg. 34. bis Chartoph. reg. part. 2. fol. 137. v°. col. 2 : *Unam quadrigam* (habent) *ad fagotos de residuis asinorum ; et post primam Trunciam, residuus, quicumque secet arborem.*

1. **TRUNCUS**, *aut Lapis cavus, ubi aqua, unde sacra lavantur, effunditur*, in ædibus sacris, apud Gillebertum Lunicensem Episcopum de usu Ecclesiastico.

2. **TRUNCUS**, Vas apum, in *truncis* arborum. Vetus Charta apud Augustinum *du Pas* in Stemmat. Armoric. pag. 823. [et Lobinell. tom. 2. Hist. Brit. col. 173 :] *De panagio et de herbagio, atque de omnibus vasis apum, quæ vasa Truncos vocant vel Eroisa.*

* Charta Petri episc. Tull. ann. 1179. inter Probat. tom. 1. Annal. Præmonstr. col. 553 : *Dedit etiam prædictus Odo prædictis fratribus Truncos mustarum* (leg. muscarum) *de nemoribus in banno de Baigneval, ubicumque inventi fuerint.*

3. **TRUNCUS**, Arcella, cujusmodi in Ecclesiis nostris prostant ad recipiendas fidelium eleemosynas, sic dicta, quod trunci arboris speciem referat; vel quod eæ arcellæ ex truncis arborum cavatis fieri solerent. Radulfus de Diceto ann. 1166 : *Collectam Jerosolymitanorum usibus destinandam Truncus in singulis Ecclesiis adacta sera conclusit.* Gervasius Episc. Sagiensis Epist. 3 : *Pecunia Truncorum, qui fuerunt in singulis Ecclesiis instituti.* Innocentius III. PP. in Epist. quæ habetur in Gestis ejusdem Pontificis pag. 74 : *Ad hæc in singulis Ecclesiis Truncum concavum poni præcipimus.... ut et in eo fidelis quilibet, juxta quod Dominus eorum mentibus inspiraverit, suas eleemosynas firmitate statuta deponere in remissionem eorum peccaminum moneantur.* Occurrit præterea in Charta Henrici II. Regis Angl. apud Gervasium Dorobern. ann. 1166. in Synodo Exon. ann. 1287. can. 12. Cicestr. ann. 1292. can. 5. [in Anecdotis Marten. tom. 4. col. 376. 640. 1300. in Charta ann. 1178. apud Lobinell. tom. 2. Hist. Britan. col. 348. in alia ann. 1291. tom. 10. Spicil. Acher. pag. 277. in alia ann. 1313. tom. 2. Hist. Eccl. Meld. pag. 201. in Statutis S. Capellæ Paris. apud eumd. Lobinell. tom. 3. Hist. Paris. pag. 157. in Concilio Hispal. ann. 1512. tom. 5. Concil. Hispan. pag. 9. Vide *Truncus* et] Joseph. lib. 9. Antiq. Judaic. cap. 8. etc.

4. **TRUNCUS.** Adalardus lib. 2. Statutor. Corbeiensium cap. 1 : *Et unusquisque habeat ad hortum excolendum, sive ad alias necessitates explendas, fussorios* 6. (fossoria) *bessos* 2. *secures* 2. *dolatorium, taratra* 2.. *falcilia* 2. *falcem* 1. *Truncos* 2. *cultrum* 1. *serram* 1. *etc.* [** Genus ferramenti quod truncat, Guerardo. Idem forte quod *Fractorium* apud Notker Psalm. 73. verso 6 : *Mit partum unde mit Sticchele brachen sie sia, In dolabro et fractorio dejecerunt ea.* Ubi Vulgata *in securi et ascia dejecerunt eam.* Vide Schmeller. Glossar. Bavar. tom. 3. pag. 609.]

5. **TRUNCUS**, Stipes, ad quem alligantur rei. Andreas Suenonis lib. 7. Legum Scanicar. cap. 1 : *Ac sic capto, nec licet ei Trunco pedes infigere, nec manus vinculis colligare.* Charta Rudolphi Imp. ann. 1277. in Metropoli Salisburg. tom. 1. pag. 390. et 394 : *Furcas seu patibula, Truncos, et alia tormenta, quibus reorum crimina puniuntur, publice erigenda, concesso ipsis etiam quod Bannum vulgariter appellatur.* Vide *Cippus, Lignum*. [** Haltaus. Glossar. German. voce *Stock*, col. 1747.]

¶ 6. **TRUNCUS**, Truncati seu mutilati membri extremitas, Gall. *Moignon*. Passio S. Savini Episc. tom. 2. Miscell. Baluz. pag. 52 : *Tunc Savinus Episc.* [cui manus abscissæ fuerant] *posuit Truncos suos super oculos cæci, etc.*

¶ 7. **TRUNCUS**, Sedile ligneum et humile. Guido lib. 2. Discipl. Farf. cap. 16 : *Nullus bibat in refectorio sedens in sedilium suppedaneis aut puerorum Truncis.* Vide *Trunchetus*.

TRUNCUS SALIS. Charta Alexandri PP. III. in Tabulario S. Nicasii Mellentensis fol. 10 : *In theloneo aquæ* 10. *libras, et decimum Truncorum salis, etc.* Alia Philippi Regis Franc. ann. 1195. fol. 14 : *Totam decimam de reditu salis Truncorum per aquam transeuntium, etc.* [Vide *Truncata* et *Tuminus*.]

¶ **TRUNGULUS**, Κολοβός, ἐγκώλεός, in Glossis Lat. Græc. Mutilus. Adde Græc. Lat.

¶ **TRUNINA.** Acta consecrationis Ecclesiæ Parthenonis de Epeia diœc. Veron. : *Urbanus* (III. PP.) *consecravit et confirmavit propriis manibus altare S. Mariæ, quod est intus subtus Truninam.* Ubi legendum videtur *Tribunam*. Vide in hac voce.

¶ **TRUNUS**, Thronus. Charta ann. 1480. apud Lobinell. tom. 2. Hist. Britan. col. 1617 : *Et confestim ipse Dom. Episcopus,* (Corisopit.) *equum suum ascendens.... versus dictam ejus civitatem ad introitum suum gressus suos direxit; et ipso applicato in Truno juxta lapidem consuetum sessionis ac delationis suarum subtus arborem quercus in eodem Truno infra dictum burgum de loco Mariæ, dominis Archidiacono, Thesaurario, Canonicis... processionaliter cum cruce eidem R. in Christo Patri... obviam accedentibus, etc.*

TRUPHA, Fraus, nequitia, jocus. Vide *Trufa*.

¶ **TRUSA**, pro *Trufa*. Vide in hac voce.

** **TRUSALE**, Pugio. Chart. ann. 1329. in Lappenb. Origin. Hanseat. Probat. pag. 322 : *Item si aliquis sociorum sociis omnibus consedentibus introierit in societatem cum Trusali, vel armis aliis, etc.* Vide ibi

Glossarium in hac voce et mox *Trusorium*.

¶ **TRUSIO**, Trudendiactio, ejectio. Vita S. Leodegarii apud Duchesnium tom. 1. pag. 601 : *Cumque alter pro perpetrato scelere datus fuisset in exsilii Trusionem.*

TRUSORIUM, Instrumentum ferreum, quo aliquid truditur. Ericus Upsaliensis lib. 3. Hist. Suecor. ann. 1287 : *Intraverunt cum parva lucerna 7. viri armati, quorum unus Regis caput cum manu supposita, grosso Trusorio perforavit.* Vide *Trusale*.

¶ **TRUSSA**, pro *Truffa*. Vide in *Trufa*.

TRUSSARE, Trussellus. Vide *Trossa*.

TRUSTIS, Fides, fiducia, ex Germ. *Trost*, vel *Trust*, aut Teutonico *Troost*, quod idem sonat, præterea solamen, solatium, levamen, etc. Marculfus lib. 1. form. 18 : *In manu nostra Trustem et fidelitatem visus est conjurasse*, id est, fidelitatem sacramento firmasse. Capitulare ann. 779. cap. 14. et Lex Longob. lib. 3. tit. 4. § 2. [** Carol. M. 11.] : *De Truste facienda, ut nemo præsumat ad nos venienti mansionem vetare, et quæ necessaria sunt, sicut vicino suo ei vendat.* Ubi Boherius : *Expone de Truste facienda, i. regali servitio faciendo.* Glossæ aliæ *Caballicatam*, hoc loco *Trustem* interpretantur, sed perperam : est enim *Trustem facere*, fidem, seu, ut posteriores locuti sunt, *hominium* Regi præstare. Lex Salica tit. 43. § 4 *Si quis eum occiderit, qui in Truste dominica, est, etc.* Ita tit. 44. § 2. et in Recapitul. ejusdem Leg. § 31. Lex Rip. tit. 11. § 1 : *Si quis eum interfecerit, qui in Truste Regis est, etc. Homo ex Truste regali*, in eadem Lege Sal. tit. 66. § 2. Quibus locis *In truste dominica*, *In truste Regis*, vel *Ex truste regali* esse dicuntur qui Regi ipsi *fidem* jurarunt quod Procerum præsertim fuit, quos inde *Antrustiones* vocarunt, *Fideles* ii postmodum dicti. Vetus Codex MS. Pacti Salici ex Bibl. Regia, pro eo, quod habetur in edito : *Si quis eum occiderit, qui in Truste Dominica est, etc.* hæc præfert : *Si quis Antrustionem Dominicum occisserit, Malb. Malcha, 24. denariis, qui faciunt solidos* 600. *culpabilis judicetur.* Id præterea omnino declarat Marculfus formula laudata, cujus titulus est, *De Regis Antrustione* [vel *Amtrustione*, ut est apud Lindenbrogium form. 47 :] *Rectum est, ut qui nobis fidem pollicentur inlæsam, nostro tueantur auxilio. Et quia ille fidelis, Deo propitio, noster, veniens ibi, in palatio nostro, una cum arimania sua in manu nostra Trustem et fidelitatem nobis visus est conjurasse, præterea per præsens præceptum decernimus ac jubemus, ut deinceps memoratus ille in numero Antrustionum computetur. Et si quis fortasse eum interficere præsumpserit, noverit se wirgildo suo sol.* 600. *esse culpabilem * judicetur.* Ubi *Antrustio*, seu *Fidelis* fidem Regis profitetur, et vicissim Rex tuitionem ac patrocinium ob juratam fidelitatem *Antrustioni* pollicetur. Fiebat autem ejusmodi *Trustis*, seu fidelitatis sacramentum, a fidelibus, *more Francico, in manus Regis in vassaticum manibus commendatis*, Sacramento interdum ad sanctas Reliquias præstito ut est apud Continuatorem Aimoini lib. 4. cap. 64. Quam quidem fidelitatem *Hominium* postmodum appellarunt. Vide *Commendatus*, *Fidelitas*, *Hominium*, *Vassaticus*, *etc.* Fuisse autem *Antrustionum* summam dignitatem ex eadem Lege Salica tit. 32. § 20. edit. Heroldi, colligitur, ubi, *si quis Salecus Salecum castraverit,* 600. *solidis culpabilis judicatur; si quis vero Antrustionem castraverit,* 1800. *solidis culpabilis * judicetur.* Et tit. 74. ejusdem edit. hominis ingenui *Chreodiba* luitur solidis 600. Antrustionis 1800. id est triplo. Unde cum viri Salici et ingenui inter nobiles haberentur, consequens est, *Antrustiones* viros fuisse in aula Regis primarios. Adde tit. 76. ejusdem edit. ubi locis citatis *Antrussio* editum habetur.

Trustis pro eo, qui *in Truste Regia* est. Ita videntur vocem hanc usurpare Capitula Caroli C. apud Carisiacum ann. 877. cap. 20 : *Nullus homines nostros sive alios deprædari audeat,... quod si aliquis præsumpserit, in triplo componat, sicut ille, qui in Truste dominico committit.* Ubi observanda triplex compositio in eo, qui *trustem* occiderit, seu qui *in truste Regis est*, quod et habent Leges Salicæ et Ripuariæ, ut et Marculfus locis laudatis.

Trustis, non omnino eadem notione, occurrit in Decretione Chlotarii Regis post Legem Salicam, apud Bignonium pag. 182 : *De fiscalibus, ut contra dominum censuimus, pro tenore pacis jubemus, ut in Truste electi Centenarii ponantur, pro quorum fide atque sollicitudine pax prædicta servetur. Et quia propitiante Domino inter nos germanitatis charitas indisrupto vinculo custodiatur, Centenarii inter communes provincias licentiam habeant latrones persequi, vel vestigia assignata minare, et in Truste, qua defecerit, sicut dictum est, causa remaneat. Ita ut continuo capitale ei qui perdiderit, reformare festinet, et latronem perquirat; quem si in Truste perinvenerit, medietatem sibi vindicet, vel delaturam.* Supra § 3. de latrone : *Qui si in Truste invenitur, medietatem compositionis Trustis adquirat, et capitale exigata latrone.* Ubi *trustis* non est, qui in *truste* regia est, sed provincia ipsa suo quæque Principi subdita, et *fide* obstricta. Ejusmodi igitur verborum sensus est, ni fallor, in hac Childeberti Decretione, quæ pars est pacti ejusdem Regis cum Chlotario Rege, ut verba ipsa satis ostendunt, et recte observatum a Bignonio. Injungitur ergo Centenariis, ut in qualibet *truste*, i. in utriusque Regis provinciis *fide* sibi obstrictis, eligantur *Centenarii*, qui latrones persequantur, ita ut si *defecerint*, *i.* si eos comprehenderint in *truste*, seu in provincia alterius Regis, in ea latronis causa peragatur, ipsaque *trustis*, seu dominium Regis ipsius, ubi captus fuit, medietatem compositionis habeat, ut perinde *trustis alia*, e qua profecti sunt Centenarii, alteram.

☞ Posteriorem locum *de latrone* paulo aliter ex MS. refert Eccardus pag. 138. *Trustemque* ibi interpretatur eum, qui jussu Regis excubat et vigiliis fungitur. Sed Schilterus in Glossario Teuton. V. *Drost*, *Trustem* Decretionis Chlotarii, eodem quo Cangius, sensu explicat per *fines provinciæ scilicet sive territorium* fide Regi obstrictum. [** Vide Grimm. Antiq. Jur. Germ. pag. 269. 275. et 943.]

* **TRUSULA**, Trusulla, Strigilis. Glossar. Lat. Gall. ex Cod. reg. 7679 : *Trusulla, estrilles.* Aliud ann. 1352. ex Cod. 4120 : *Trusula, instrumentum clientium.* (sic)

¶ **TRUSULUS**, ὁ ἐν μικρῷ παχύς, in Glossis Lat. Græc. pro *Turusulus* vel *Torosulus*. Th. Marsil. ad Persium pag. 33. Italis *Trusulo*, Nanus, nostris *Nain*.

¶ **TRUTA**, *Quidam piscis, quia vim habet trudendi, vel quia semper moretur obstrusa*, Johanni de Janua, *Truite, un poisson*, in Glossis Lat. Gall. Sangerm. Occurrit in Statutis Montis-regalis pag. 280. et apud Mabillon. in Onomastico ad calcem sæculi 5. SS. Benedict. ex miraculis S. Rudesindi Episc. p. 540. ubi tamen habetur *Turta* pro *Truta*. Vide *Trocta* et *Trutta*.

* Dialog. creatur. dial. 46 : *Interea Truta, piscis est quidam semper motus ad trudendum, etc. Troute*, in Lit. ann. 1403. tom. 8. Ordinat. reg. Franc. pag. 614. Vide supra *Trucha* et *Truita*.

* **TRUTANNARE**, Decipere, illudere. In Cod. MS. Bibl. Univ. Argent. f. 4. legitur :

Nullum Trutannes, sic præcipit esse Johannes.

Cui voci superscriptum est, id est, *Decipias*. Hinc

* Truttannum, Ludificatio, simulatio. Lit. remiss. ann. 1350. in Reg. 80. Chartoph. reg. ch. 150 : *Dictus Guillelmus dicebat quod dictus Johannes faciebat Truttannum, et quod non erat mortuus.* Galli diceremus, *Faisoit semblant. Truenderie* vero, pro Fallacia, mendacium, in aliis Lit. ann. 1409. ex Reg. 164. ch. 112 : *Adonc icellui Jameton dist audit Coyrier ce ne sont que Truenderies que tu me dis.* Vide in *Trutanus*.

TRUTANUS, Trudanus, etc. *Trutani*, dicuntur Errones, plani, mendici, Normannis etiamnum et cæteris Gallis, *Truans*. Gloss. Lat. Gall. : *Truttania, Truandise ; Trutanicus, Truant ; Trutanus, idem ; Trutanisare, Truander.* Hac appellatione donantur vulgo ignavi illi, qui per provincias passim vagantur, et mendaciis ac strophis suis omnibus illudunt, dum alios se fingunt, quam revera sint; unde passim vox hæc usurpatur pro mendaciorum confictoribus. Ugutio : *Trutanus, planus, levis.* Gaufridus Vosiensis cap. 68 : *De urbe pellitur quasi Trudanus, qui super Christi discipulum pridie Missam celebraverat ut Pontifex Magnus.* Ebrardus Bethuniens. contra Valdenses cap. 25 : *Novum genus Trutanorum, qui locorum varietates aliter videre non poterant, nisi se fingerent esse Christos.* Cæsarius lib. 1. Mirac. cap. 3 : *Asserebat..... quemdam Clericum actu Trutanum, quales per diversas vagari solent provincias, venisse ad Claram vallem.* Lib. 8. cap. 59 : *Sæpe ab hujusmodi Trutanis illusus estis.* Lambertus Ardensis pag. 175. 176 : *Istum autem Balduinum, qui apud ipsos nuper emerserat, Trutanum esse, et populi seductorem, et pseudoconversum non ambigere.* Infra : *Et ipsum vere Trutanum fuisse audivimus.* Boncompagnus de Arte Dictaminis lib. 2. MS : *Velut scurra totam Italiam regiravit cum cantatoribus, et tanquam eximius Trutanorum se fingit esse medicum doctrinatum, ut fornicandi et adulterandi opportunitatem valeat invenire.* Poëta MS. infimi ævi in Biblioth. Thuana :

Dat Trutanus in ir, paterem tenet, et sedet ad Pyr,
Regem Cappadocum computat esse cocum.

Occurrit præterea apud Ægidium de Roya ann. 1419. in Vita Caroli Abbat. Villariensis n. 18. in Chronico Andrensi pag. 555. [in Gestis Gaufredi Lodun. Episc. tom. 3. Analect. Mabillon. pag. 386. in Tractatu de expugnatione CP. tom. 5. Ampliss. Collect. Marten. col. 787. in Concilio Trevir. ann. 1227. tom. 7. ejusdem Collect. col. 117. *Truttanus*, in Lugdun. ann. 1274. ibid. col. 196.] et apud Albertum Stadensem ann. 1224. apud quem bis perperam editum *Trucanus*, pro *Trutanus*. Nos etiamnum id generis erronum et mendicorum *Truans* appellamus. Le Roman *de Garin* :

Entre les poures fu li Truans assis.

[Historia Johannis IV. Ducis Britanniæ apud Lobinellum tom. 2. Hist. Britan. col. 709 :

Lors mit ses gens tous en arroy;
Bien sembloit avoir cueur de Roy,
Non pas de garz ne de Truant,
Mais d'homme plein de hardement.]

Truhanes Hispani vocant. Vide Leges Alfonsinas part. 7. tit. 13. Leg. 1.

¶ Truannus. Processus de Vita S. Yvonis tom. 4. Maii pag. 545 : *Et ex hoc dictus juvenis dicebat verba opprobriosa D. Yvoni, vocando ipsum coquinum sive Truannum.*

Trudennes, Eadem notione, usurpat Guibertus lib. 7. Hist. Hieros. cap. 20 : *Thafur autem apud gentiles dicuntur, quos nos, ut nimis literaliter loquar, Trudennes vocamus, qui ex eo sic appellantur, quia trudunt, id est leviter transigunt quaquaversum peragrantes agros.*

Trutania, in Gloss. Gall. *Truendie*. Le Roman *d'Auberi* MS :

Et dist Lambers, bien savez le mestiers,
De Truandise, n'avez soin de laissier.

Guillelmus *Guiart* ad annum 1302 :

Entour dis mil largement
D'autres gens que de Truandailles.

[Bible *des Noëls* :

Vous n'estes rien que Truandaille,
Vous ne logerez point ceant.]

¶ Trutanius. Ordinatio Humberti II. Dalphini ann. 1340. tom. 2. Hist. Dalphin. pag. 406. col. 1 : *Præcipimus, ut semper pauperes magis indigentes, et minime Trutanii et baraterii, ad ipsam eleemosynam admittantur.*

Trutanicus. Jo. de Janua : *Trutania, Trutanulus, Trutanicus*. Gloss. Lat. Gall. : *Trutanicus, Truant*. Silvester Giraldus in Descript. Cambriæ cap. 3 : *Tam remotissima generis enarratio multis Trutanica potius quam historica videtur*. Charta ann. 1346. in Tabular. Episcopatus Ambian. fol. 179 : *Hæc verba vel similia proferentes : Exite, exite, per sanguinem Dei, Trutannica familia, vos moriemini in hac domo.* [Vita S. Columbæ Reatinæ, tom. 5. Maii pag. 328 * : *Cum tamen affines consanguinei mugitiis Trutannicisque verbis, una cum procacibus minis, eam sæpius retunderent, etc.*]

Trutanizare, *vitam et mores trutanorum gerere*, Joanni de Janua : mendicare, *Truander*, Gallis. Le Roman *du Chevalier au Barizel* MS :

Or li convint par forche aprendre
A Truander s'il veut mangier.

Le Pelerinage *de l'ame* :

Cheste main emprunte souvent
Pour Truhander le gentil gent.

Infra :

Et bien la scevent engauter,
Quant il en veulent Truander.

Le Songe-creux :

Ou a porter à son col la bezasse,
Pour Truander faisant poure grimace.

Vocis etymon quidam a Theotisco *Thurthic*, Egenus, accersunt, ut est in Gloss. Theot. Lipsii; alii a Cambro-Britannico, *Truan*, miser, ærumnosus, ut est apud Boxhornium. Guibertus loco citato a *Trudo*; a quo idem etymon accepisse videtur Joannes de Janua : *Trutanus, a trudo, trudis, eo quod verbis suis trudat ad hoc quod decipiat; facit enim credi, quod verum non est.* Neque etiam placet Caroli Bovilli etymon, qui *truant*, a *trua*, vase ita appellato deducit, quo scilicet aqua e coquina in lavatrinam fundi solet. Hi autem, inquit, quos *Truans* vulgus vocat, amatores sunt culinæ, et liguritores catinarum ac vasorum. Neque porro aliorum etiam magis arridet, qui a *trufa*, fraus, arcessunt. Vide *Trotingi*. Sed longe probabilius videtur a Gallico *treu* vocem confictam, id est, tributum, ex quo efficta vox *treuans*, qua indigitabantur Tributorum collectores et exactores, qui ostiatim a tributariis, seu tributo obnoxiis, tributa exigere solebant, ac præsertim ejusmodi census, qui inde *Cens truans* dicuntur in Consuetudine Soesmensi art. 3. et *Cens à queste*, in Blesensi art. 113. qui a domino requiri et peti debent. Ita *quæstores* a *quærendo*, dictos ait Varro lib. 4. de Lingua Lat. *quod conquirerent publicas pecunias*; ut et Pomponius leg. 2. § 22. D. de Orig. Juris. Charta Henrici Imp. ann. 1107. apud Chappeauvillum : *Item in domibus ad claustrales sedes pertinentibus forensis potestas jus nullum spoliandi, aut ostium obserandi, vel vigiles, vel ostiatim denarios exigendi habebit, etc.* Qui porro quærunt, inveniunt. Hinc illud Matthæi 7. Αἰτεῖτε, καὶ δοθήσεται ὑμῖν. Proinde vocis *Treuver*, seu, ut hodie efferimus *Trouver*, ut Itali *Trovare*, etymon petendum ab ejusmodi tributorum Collectoribus, qui dicebantur *avoir treuvé*, cum tributum, seu *le treu* exegissent, quam vocem postmodum pro *invenire* usurpavimus. Le Roman *de Merlin* MS : *Et chevauche tant k'en la forest se met, et Trueve les esclos, si point tant après le Chevalier, etc.* Sic alii passim. De voce vero *Treu*, pro tributo, ita præ cæteris Guill. Guiartus in Hist. Francorum MS. ubi de Francis nostris :

Cil du Royaume par nature,
Resont hardis outre mesure,
Et de droite ancienneté :
Car selonc la certaineté
De l'Histoire, qui point ne ment,
Par leur outrageux hardement,
Dont jadis furent esmeu,
S'aquiterent-il du Treu,
Que li Romain entr'aus levoient,
Et que l'Empeniere devoient,
Oncques puis n'en furent pelés,
Parquoi ils sont Francs appelés
De raisonnable accoutumance,
C'est a dire sans redevance.

[Le Bestiaire MS :

Li Apostres nous ammoneste
Que servage et Treu rendon
A chel à qui nous le devon.]

Occurrit vox ista passim. Hinc *Treuage*. Idem Guiartus ad annum 1270 :

Et rendrait toutes les années
Comment qu'il i eust domage
Au roy Charles son Truage,
Duquel il dut estre rentiers,
Ainsi comme son devanciers.

Le Roman *de Garin* :

Et de Gironde tretost le Treuage.

[Le Roman d'*Athis* MS :

Dieux or pourray de dueil mourir,
S'estrange homme convient tenir
Ce que mien est par heritage,
Car l'aultres y clamaient Treuage, etc.

Le Bestiaire MS :

Quand il li a ce Treuage
Rendu, comme chou qui sien est, etc.

Treuage et *Treulages*, in Litt. Johannis Reg. Franc. ann. 1360. tom. 5. Ordinat. pag. 494 : *Les aides et subsides ordonnez et à ordonner pour le fait de notre délivrance et les Treuages devant dis. Item. Ne paieront aucuns paages, travers, chauciées ou Treulages.* Judicium ann. 1395. apud Lobinell. tom. 2. Hist. Britan. col. 775 : *Neantmoins de son autorité il avoit levé ezdits ports et havres certeins Truages, nommez traites, entrées et yssues, dont il avait grand finance.* Inquisitio ann. 1461. ex Chartul. Monast. Baugesii : *Ladite piece de bois.... n'est subjecte à segreaige, pesson, herbaige, ne aultre quelconque Truaige et lestet. Trueve*, in Chartul. Latiniac. fol. 246. v° : *Autre menues Trueves*, LXX. *lib. Le Treu de sel*, apud Butillerium in Summa rurali lib. 2. tit. 40.]

Neque mirum, si Oct. Ferrarius vir doctissimus vocis *Trouare* etymon ignorare se profitetur, cum a vetere idiomate vocabulorum plerumque origines sint petendæ.

* Hinc *Trutin*, pro Mendax, calumniator, in Lit. remiss. ann. 1410. ex Reg. 164. Chartoph. reg. ch. 356 : *Lequel Hardelet dist au suppliant qu'il avoit menti comme mauvais Trutain, filz de putain, Navarrois. Truand*, idem qui Malus, improbus, nequam; sic *Truand garçon* usurpatur, in aliis Lit. ann. 1388. ex Reg. 137. ch. 6. Quoad vocis etymon spectat, probabilior censenda mihi videtur illa originatio, quæ variis hujusce vocis acceptionibus facilius potest aptari; quod in voce *Treu* reperire est. Reprobanda ergo quæ deducenda a duabus linguis, Etrusca nimirum *Tru*, aruspex, et Hispana *And*, circumire, proponitur in Mercur. Franc. mens. Dec. ann. 1760. pag. 120.

¶ **TRUTILARE**, Turdorum est. Vide *Truculare*.

¶ **TRUTINA** Monastica, Regula, norma. *Vitam sub monastica castigare Trutina*, in Epistola Henrici Clerici apud Mabillon. tom. 5. Annal. Benedict. pag. 322. ad ann. 1093.

¶ **TRUTINARE**, Trutina examinare,

ponderare. Gloss. Lat. Gr. : *Trutino*, σαθμίζω. Joh. de Janua : *Trutinare*, *librare*. Nic. Specialis lib. 4. de Rebus Siculis cap. 1 : *Gloriosus judex, qui desuper Trutinat lites hominum in statera. Trutinans animo*, in Glossario Barthii ex Guiberti Hist. Palæst. *Trutinans in questum*, in Hist. Mediani Monasterii pag. 266. Notkerus Balbulus de Interpr. Scripturæ cap. 6. apud Pezium tom. 1. Anecd. part. 1. col. 8 : *Ex hoc ergo Trutinari debes et examinari*. Sidonius lib. 7. Epist. 9 : *Statu satis superque Trutinato*. Conventiones Saonæ ann. 1526. pag. 28 : *Omnibus sic expositis et maturo examine Truttinatis*. Sensu verbi deponentis usus est Persius Sat. 3. v. 82 :

Atque exporrecto Trutinantur verba labello.

¶ **TRUTINGUS**. Vide in *Trotingi*.

¶ **TRUTTA**, Piscis fluviatilis notus, Gall. *Truite*. Passim occurrit. Vide *Truta* et *Trocta*.

¶ **TRUTANUS**, Erro, *Truant*. Vide *Trutanus*.

* **TRUTTANNUM**. Vide supra in *Trutannare*.

¶ **TRUTTINARE**. Vide *Trutinare*.

* **TRUTTURERIUS**, Errante oculo lectum est in Stat. ann. 1378. ex Reg. 115. Chartoph. reg. ch. 203. et editum tom. 6. Ordinat. reg. Franc. pag. 395. pro *Tincturerius*, infector, Gall. *Teinturier*.

¶ **TRUTZELMANNUS**, TRUTZSCELMANNUS, Bernardo *de Breydenbach* Itin. Jerosol. pag. 37. et 195. Interpres, nostris *Trucheman*. De vocis etymo consule Menagium et Dictionarium universale Trevoltianum.

¶ **TRUYA**, Porca, sus, Gall. *Truye*. Regest. Episcopat. Nivern. ann. 1287 : *Bos venditus in foro debet* 11. *den... Truya ob. Capra ob.* Vide *Truia*.

¶ **TRUYNA**. Chron. Estense ad ann. 1341. apud Murator. tom. 15. col. 404 : *His diebus completa fuit Truyna Episcopatus S. Georgii de Ferraria et laborerium Historiæ S. Petri*. An *Struina*, ædificium, domus, ab Ital. *Struire*, construere?

TRYGEED. Leges Scaniæ Andreæ Suenonis lib. 5. cap. 4 : *Statim exhibitam emendationis tertiam, exhiberi debet pariter et tertia juratoriæ cautionis, quam lingua propria Trygeed appellat, in qua tantum quatuor nominati de consanguineis interfecti jurant de iis, qui satisfecerunt, vindictam de cætero cessaturam*. Ex *tryg*, et *eed*, id est, tertium juramentum.

¶ **TRYGSIERN**. Vide in *Sfiersiern*.

TRYTULA, Piscis, qui aliis *Tructa*, vulgo *Truite*. Alanus de Insulis in Planctu naturæ : *Trytula sinus marinos ingrediens in æquore baptisata, Salmonis nomine censebatur*. Vide *Trutta*.

¶ **TRZEDNIKO**, Justitiarius, magistratus, apud Bohemos. Vide locum in *Czudarus*.

TRZNE, Mensura regalis, in Charta ann. 1258. in Bohemia sacra. pag. 61.

¶ **TUABOLA**, TUALEA, TUALIA, etc Mappa, mappula. Vide in *Toacula*.

* **TUAGNA**, *Tuaingne* vernacule apud Andegavos, Vitis silvestris species, f. labrusca. Lit. remiss. ann. 1415. in Reg. 168. Chartoph. reg. ch. 327 : *Lesquelz Pelletier et Prieur prindrent icellui pillart et lui mistrent chacun un Tuaingne au col : lequel Tuaingne est une maniere de vigne montant contramont les arbres et porte petiz raisins ; et le pendirent desdiz Tuaingnes*.

¶ **TUAZA**, Mensura sex pedum, Gall. *Toise*. Charta ann. 1356. tom. 2. Hist. Eccl. Meld. pag. 232 : *Per spatium duarum Tuazarum quadratarum terræ dicti fratres facient.... cæmeterium*. Vide *Teisia*.

1. **TUBA**, Morbus equinus, *subtus caput garecti in magno posteriori nervo aliquam putrefactionem faciens per ipsam longitudinem nervi, etc.* Petrus de Crescentiis lib. 9. de Agricult. cap. 37. At ejus Interpres Gallicus vetus habet, *la couruë, ou la courbe*.

* 2. **TUBA**, Præco, qui tuba aliquid promulgat. Stat. comitat. Venaiss. ann. 1443. cap. 72. ex Cod. reg. 4660 A : *Tubam concedet curia temporalis, curia spirituali requirente*. Quod sine notatu prætermittendum non est.

¶ **TUBÆ** IGNEÆ, Organum ad usum pugnæ navalis inventum et ad pilarum emissionem instructum, quod post Bosium lib. 27. in obsidione Melitensi fusius describit Carolus de Aquino in Lexico militari : quod, si opus est, consule.

* **TUBALITER**, Instar tubæ. Acta S. Domin. tom. 1. Aug. pag. 598. col. 2 : *Manus longas* (Dominicus) *habebat et pulcras : vocem magnam et pulcram, et Tubaliter resonantem*.

TUBARE, tubam inflare, tuba canere. Vita S. Pardulfi n. 19 : *Illam tubam, quam... ad significandum prælium Tubari consuevi., etc.* Concilium Ravennense ann. 1317. cap. 18 : *Tubis præcedentibus et Tubantibus*. [Gloss Lat. Gr. : *Tubo*, σαλπίζω. Rursum occurrit in Statutis criminalibus Saonæ cap. 26. et inter varios Germaniæ populos *Tubantes* numerat Isidorus lib. 9. Orig. cap. 2.]

¶ **TUBARIUS**, Qui tubas facit, lib. 50. Dig. tit. 6. leg. 6. pro quo tamen Turnebus *Tribularius* mallet lib. 9. Advers. cap. 16. licet *Tubarii* vocem pro tubarum opifice non improbet.

¶ **TUBATOR**, Ital. *Tubatore*, Qui tuba canit, in Chronico Parm. ad ann. 1287. apud Murator. tom. 9. col. 811. in Chronico Estensi ad ann. 1348. apud eumdem Murator. tom. 5. col. 451. in Statutis Placentiæ fol. 4. Vercellarum fol. 2. v° in Diplomate ann. 1415. apud Ill. Fontaninum ad calcem Antiq. Hortæ pag. 457. Vide *Nacara*.

** **TUBBA**, Vas, dolium. Chart. Comit. Flandr. ann. 1252. apud Lappenb. Origin. Hanseat. pag. 60 : *Tubba de slip* (i. e. ærugo ferri) *duos denarios*. Anglis *a tub*.

¶ **TUBECTA**, Tuba, Gall. *Trompete*. Chronic. D. de Gravina apud Murator. tom. 12. col. 60 : *Pulsantes nostra buccina seu Tubecta, nos ipsi applicuimus, etc.*

* **TUBEL**, *Arabice, Squama seu batitura cujuscumque metalli, quæ cadit ab incude, quando malleatur*. Glossar. MS. medic. Simon. Januens. ex Cod. reg. 6959.

¶ **TUBERNIUM**, *Contubernium*, apud Laurentium in Amalthea ex Aldhelmo.

¶ **TUBEROSUS**, *Tuberibus plenus, inflatus, superbus*, Joh. de Janua; *Enflez ou orgueilleux*, in Glossis Lat. Gall. Sangerman. Non semel occurrit nativa notione pro tuberibus pleno; metaphorice pro inflato seu superbo, apud Guibertum lib. 3. de Vita sua cap. 4 : *Multiplices Regi paciscitur munerum copias, spes et promissa divitiarum Tuberosus amplectitur, etc.*

¶ **TUBEX**, pro *Tumex*. Vide in hac voce.

* **TUBIANEI** *dicebantur Judæi illi, qui ex alienigenis convocati in auxilium inde venerant, et dicebantur Tibianei* (sic) *quia tubis conducti*. Anonymus in Glossis MSS. Biblicis ex Bibl. reg. Vide Diction. Trevolt. v. *Tubianéen*.

* **TUBICENA**, Qui tuba canit. Testam. Caroli comit. Provinc. ann. 1481. 10. Dec. : *Item legavit dominus noster rex suis Tubicenis, sive Trompettes, summas sequentes etc.* Vide *Tubicinator* in *Tubicinare*.

¶ **TUBICINARE**, Tuba canere. Gloss. Lat. Græc. : *Tubicino*, Σαλπίζω. *Tubicinare ad cornu vel ad sonum cornu*, in Requisitione incerti anni tom. 2. Hist. Dalphin. pag. 128. Vide *Cornuare*.

TUBICINARE ALIQUEM, Per præconem citare : Gall. *Citer quelqu'un à son de trompe. Tubicinium*, [*Tubicinatio*,] ipsa citatio, non semel in Consuetudinibus Tolosæ.

¶ TUBICINATOR. Qui tuba canit, in Charta ann. 1326. tom. 1. Hist. Dalphin. pag. 57. in Consuet. Tolos. et alibi. Vide *Salpista*.

¶ TUBITA, Eadem notione. *Tubita et præco publicus*, in Charta ann. 1459. e Regesto *Columba* Cameræ Computorum Provinciæ.

* **TUBICINIUM**, Proclamatio, quæ tubæ sonitu fit. Charta ann. 1330. in Reg. 66. Chartoph. reg. ch. 576 : *Quod pro venditionibus seu Tubiciniis factis per præconem de Granata, non recipiatur nisi quantum recipere consueverunt consules de Gymonte*. Vide in *Tubicinare*.

TUBLIUM, Mensuræ frumentariæ species, apud Italos. Gesta Innocentii III. PP. pag. 149 : *Cum famis invaluisset inedia, ita ut Tublium frumenti a* 20. *usque ad* 30. *solidos venderetur*. [Muratorius edidit *Rublum*, tom. 3. p. 567. col. 1. Vide *Rubus* 2.]

TUBRUCUS, TYBRUCUS, etc. Lanea ocrea, ocreis aut calceis coriaceis superimponi solita, quam vulgo *Gamache* appellamus. Isidorus lib. 19. cap. 22. et ex eo Papias : *Tubrucos vocatos dicunt, quod tibias, braccasque tegant. Tubraci quod a braccis ad tibias usque veniant*. Gloss. Ælfrici Saxonicum : *Tubroces, vel bracce*, strapulas. Paulus Warnefridus lib. 4. de Gestis Longob. cap. 33 : *Calcei vero eis erant usque ad summum pollicem pene aperti, postea vero cœperunt osis uti, super quas equitantes Tybrugos birreos mittebant*. [*Tubragos* edidere Martinius et Macri *fratres*. Vide Vossium lib. 2. de Vitiis sermonis cap. 18.]

TIBRACA, Eadem notione. Beda in Vita S. Cuthberti Episc. n. 31 : *In tantum a cultu sui corporis animum substulerat, ut semel calceatus Tibracis, quas pelliceas habere solebat, sic menses perduraret integros*.

¶ TRIBUCES, pro *Tubruces*. Statutum Cœnobii Gellon. ann. 150. apud Stephanot. tom. 8. Fragm. MSS. pag. 175 : *Duo paria femoralium, et duo paria Tribucum*, *et duo paria calsonum et totidem caligarum.*

¶ Tribucus, pro *Tubrucus*. Visitatio Monasterii Castrensis ann. 1261. ex Archivo S. Victoris Massil. : *Duo quoque paria staminearum et femoralium, Tribucorum et sotularium, etc.*

¶ **TUBULARIUS.** Ammianus lib. 28. cap. 1 : *Obscurissime natus est patre Tubulario*, id est, Tubulorum seu tuborum opifice, si vera lectio est; quibusdam enim legendum videtur *Tabulario*.

TUBULI, Tibialia, quæ Græci recentiores τουβία vocant. Auctor Queroli : *Æstum vestitis genibus, brumam nudis cruribus, in soccis hyeme, cancros in Tubulis age.* Idem : *Occurrat non venientibus, utaturque in æstu Tubulis angustis et novis.*

TUCARIUM, Καλύβη, in Glossario Lat. Gr. MS. S. Germani Paris. At in Gloss. Gr. Lat. Henrici Steph. Καλύβη, *Casa, Tugurium, pergula.*

* **TUCCETUM**, pro *Tucetum*, Delicatus cibus. Vita S. Caii episc. Mediol. tom. 7. Sept. pag. 396. col. 1 : *Ambrosio redolentibus favore Tuccetis etc.* Consule ibi notam doctorum Editorum. Vide *Tucetum*.

***TUCEPTUM**, idem quod *Tucetum*. Vide in hac voce. Consuet. MSS. monast. S. Crucis Burdeg. ante ann. 1305 : *Abbas cum familiaribus suis recipit solum de coquina conventus sex scutellas Tuceptorum, quando cellerarius dat.*

¶ **TUCETARIUS**, Qui facit tuceta. Johan. de. Janua. *Qui fait viande de char dehachée*, in Glossar. Lat Gall. Sangerman.

¶ **TUCETOSUS**, *Optimus, fertilis.* Papias. Ex seq. *Tucetum*. [** *Tucerosus*, in vet. Gloss. ad Juven. sat. 7. vers. 175. apud Maium in Glossar. novo.]

TUCETUM, Ζωμὸς παχύς, in Gloss. Lat. Gr. [Jus crassum, quo bubula caro conditur. Scholiastes Persii : *Tucetum, bubula condita apud Gallos Cisalpinos condimentis crassis oblita et macerata, et ideo toto anno durans.* Hinc emendandæ Isidori Glossæ, ubi : *Tucetum, bula condita apud Gallos Albinos.* Fulgentio *Tuceta dicuntur escæ regiæ; salciciæ vulgo*, ut addit Papias. Laudes Berengarii lib. 4. vers. 160. apud Murator. tom. 2. pag. 411 :

Ac decet ut Regem, variant Tuceta ministri.

Joh. de Janua : *Tucetum, Cibus qui fit ex carnium contusione, sicut salcicia est, Viande de char déhachée, si comme saucice*, in Gloss. Lat. Gall. Sangerman. Menotus Serm. fol. LXXVII : *De iliis et visceribus* (*porci*) *fiunt bona Tuceta.* Vide Lexicon Martinii.]

TUCHINATUS, Rebellio. Charta Caroli VI. Regis Franc. 11. Sept. ann. 1383. pro Carcassonensibus : *Correctionem et punitionem omnium criminum commissorum et perpetratorum per medium Tuchinatus, inobedientiæ vel rebellionis.* Ita legendum apud Beslium in Caroli VI. tabulis, pro *Turcinatus* satis declarant [Condonatio ejusd. Caroli iisd. rebellibus indulta eod. ann. 8. Martii apud Marten. tom. 1. Anecd. col. 1590 : *Capitaneorum, Tuchinorum* (Tuchinorum) *et aliorum rebellium ordinationes, armationes, etc.* ac] Placitum ann. 1387. 21. Jan. in quo hæc habentur : *La ville de Nismes est bonne vile et la plus noble de la Seneschaucée de Beaucaire; les habitans ont toujours esté bons sujets, vrais, et obeissans au Roy, et ils ne furent oncques Tuchins, mais ont toûjours eu les fleurs de lys sur les portes de la ville, etc.* Occurrit ibi non semel. Joan. *De la Gogue* in Hist. MS. Principum Dolensium in Biturigibus : *Et icelui saint Mor accompagnié de Touchins, que l'en appelle aujourd'hui brigans, etc.* Vide mox

* **TUCHINUS**, Prædo, grassator; unde ad rebelles translata vox, nostris *Touchin* et *Tuchin* : a voce Gallica *Touche*, silva, quod in silvis laterent ejusmodi prædones. Vide supra *Touchia*. Iidem proinde qui alibi *Feuillards* vel *Godins* appellantur. Vide supra in *Foilliata* et *Gualdus*. Lit. remiss. ann. 1364. in Reg. 98. Chartoph. reg. ch. 138 : *Illi de comitiva Seguini de Badefol suspenderant ad unam arborem, ante dictam villam de Brivata, quemdam hominem, quem dicebant esse Tuchinum, qui eis dixerat quod in veteri Brivata morabantur Tuchini.* Aliæ ann. 1389. in Reg. 137. ch. 67 : *Dudum durante secta pessima Tuchinorum rebelli in partibus Occitanis, etc.* Aliæ ann. 1277. in Reg. 112. ch. 177 : *Une compaignie de robeurs et pilleurs, lesquelx se appelloient communaument, entre les bonnes gens dudit pays, Touchis; lesquelx Touchis ès bois et dehors guettoient, desroboient, destruyoient et murdrissoient les bonnes gens, etc. Brigant et Touchin de bois*, in aliis ejusd. ann. ex Reg. 111. ch. 63. Aliæ ann. 1389. in Reg. 137. ch. 107 : *Provensal l'appella Touchin, jasoit que oncques ne l'eust esté, ne de leur secte........ Benat considerant que autant valoit dire Touchin, comme rebelle et traitre, etc. Ou temps de la rebellion, qui fu ou pays de Languedoc, environ* 1380. *aucuns Tuchins issus de la ville de Mende*, in aliis Lit. ann. 1390. ex Reg. 138. ch. 277. Aliud significare videtur vox *Touchien*, quæ injuriæ vim habet, in Lit. remiss. ann. 1417. ex Reg. 170. ch. 85 : *Laquelle femme dist teles paroles ou semblables à son mari : Orde, vil, villain, Touchien, etc.* Id est, *Totus canis.* Hinc

* Tuchinare, Rebellare, *Tuchinum* gerere se, nostris *Touchiner*; unde *Touchinage* et *Tuchinerie*, Rebellio, seditio. Lit. Joan. ducis Bitur. ann. 1386. inter Probat. tom. 3. Hist. Nem. pag. 89. col. 2 : *Cum tempore adventus nostri ad partes Occitanas, tamquam domini mei locumtenens, quo rebelliones et Tuchinatus contra dictum dominum meum et nos fiebant,...... quidam vulgariter vocatus Tuchon, qui tunc pro parte Tuchinorum senescalliæ Bellicadri unus de capitaneis existebat, contra gentes in servitio dicti domini mei in illis partibus tunc existentes, guerram publicam nisus fuerit facere,....... cum aliis sequacibus suis,...... Tuchinando et more hostili contra dictas gentes...... irruerunt.* Lit. remiss. ann. 1393. in Reg. 145. Chartoph. reg. ch. 429. bis : *Comme au temps du Touchinage aucuns de noz gens et officiers du baillage de Vivarois eussent envoié le suppliant devers les Touchins;....... en dissimulant que le suppliant vouloit estre desdiz Touchins et Touchiner avec eulx.* Aliæ ann. 1385. in Reg. 126. ch. 227 : *Les grans rebellions, desobeissances, Tuchineries, crimes de leze majesté et autres malefices, que les universitez, gens et habitans des villes de Thoulouse, Carcassonne, Narbonne, Nymes, ont commis etc. Comme ou pays de Languedoc et duchié de Guyenne....... plusieurs rebellions, désobéissances et Touchineries eussent esté faites*, in aliis ann. 1392. ex Reg. 144. ch. 430. Vide supra *Tochinare* et *Tuchinatus*.

¶ **TUCIA**, vox Italica, Cadmia fossilis, Gall. *Tuthie*, in Statutis Astæ, ubi de intratis portarum.

¶ **TUCLERA**. *Sub Tuclera mittere*, in Fundatione Monasterii Vallis-Clusæ ann. 979. apud Marten. tom. 1. Ampl. Collect. col. 331. Forte pro *sub tutela* : adeo lacerum est istud Instrumentum, ut nihil certi ex eo colligere liceat.

* **TUCUFA**, perperam pro *Cucufa*, Tegmen capitis, in Stat. ann. 1310. tom. 1. Hist. Trevir. Joan. Nic. ab *Hontheim* pag. 82. col. 2 : *Mitras seu Tucufas etc.* Vide *Cuphia*.

TUCUS, *Quem Spani Cuculum vocant, a voce propria nominatus.* Ita Isidorus lib. 12. cap. 7. et Glossarium Arabico-Lat. [Gloss. Lat. Gall. Sangerm. : *Tucus, un oisel, Cocul.*]

* Vir cujus uxor mœchatur, forte pro *Cucus* vel *Cugus*. Vide in hac voce.

¶ **TUDATUS**. Joh. de Janua : *Tudes vel Tudatus, malleus; unde Tudatos appellamus illos, qui habent capita grossata ad modum mallei grossi.* Gloss. Lat. Gall. Sangerman. : *Tudatus, Grosse teste, testart.*

* Hinc *Tacon* et *Tecon* nostris, Ludus tudicularis, vel globulus ipsaque tudicula, qua ille propellitur, Gall. *Mail.* Lit. remiss. ann. 1461. in Reg. 198. Chartoph. reg. ch. 317 : *Ainsi que le suppliant et plusieurs autres se esbatoient à ung jeu, appellé du Tacon, etc.* Aliæ ann. 1446. in Reg. 178. ch. 16 : *Le suppliant jouoit.... au jeu, appellé le jeu du Tecon,..... lequel suppliant print le mail et le Tecon pour commancer de jouer, et failli....... à passer par dedans les passes.* Aliæ ann. 1447. in Reg. 179. ch. 30 : *Le suppliant jouoit avecques Pierre le Sort au jeu de Tecon, autrement dit bole.* *Toquon* et *Touquon*, eodem sensu. Lit. remiss. ann. 1455. in Reg. 187. ch. 147 : *Lesquelx compaignons se admonesterent l'un l'autre de jouer au jeu, appellé le Touquon;....... lequel Gaillart qui tenoit en sa main ung petit maillet de bois, dequoy il frappoit la bille etc.* Aliæ ann. 1463. in Reg. 199. ch. 311 : *En jouant les ungs à ung jeu, que on appelle au Toquon,.... Guillaume de Caumont....... voult frapper Bernart Estobier d'un Toquon sur la teste.* *Thencon* vero, Malleus vel clavæ species, in aliis ann. 1474. ex Reg. 195. ch. 1312 : *Le suppliant va prendre ung Thencon,........ abatit l'uys et entra dedans.*

¶ **TUDECULUS**, Species aviculæ. Vide *Tudus*.

* **TUDELA**, f. Arx, castrum, nisi sit nomen loci, aliter *Tutela*, urbs Navarræ. Reg. feud. Aquit. in Cam. Comput. Paris. sign. JJ. rub. fol. 4. r° : *Petrus de Burdegala domicellus juratus dixit et recognovit se tenere in feudum a domino rege Angliæ et*

duce *Aquitaniæ Tudelam cum placea, quæ est ante eam, et cum omnibus feodatariis suis, qui circa prædictam Tudelam morantur.* Le Roman *de Robert le Diable* MS :

Il n'a homme dusqu'à Tudielle,
S'il avoit espousé la bielle,
Qui ne s'en deust moult liés faire.

¶ **TUDIATORES**, χαλκοτύποι, in Glossis Lat. Gr. Qui æs tundunt. Martinius mavult *Tuditatores*, a *Tudes*, *tuditis*.

¶ **TUDITES**, Tudetes, Cognomen Caroli Martelli, a *Tudes*, malleus. Vide *Martus*.

¶ **TUDUS**, Species aviculæ, *Rubecula*. Gloss. Lat. Gr. : *Tudos*, *Tudeculus*, ἐρίθακος. Vide Martinium.

¶ **TUELLA**, Triticum præstantius. Charta ann. 1467. ex Archivo S. Victoris Massil. : *Monachi conqueruntur.... quod cellerarius non ministraret ipsis bonum panem de farina Tuellæ sive annonæ.* Alia notione occurrit in *Toacula*.

* Idem quod supra *Tozella*. Vide ibi.

1. **TUELLUS**, Radix ungulæ equi, Italis *Tuello*, apud Petrum de Crescentiis lib. 9. cap. 50. 54. 55. etc. ubi vetus ejus interpres Gallicus *Tuyau* vertit, ex Lat. *Tubulus*.

* 2. **TUELLUS**, Canalis, tubus, camini alveus, Gall. *Tuyau*, alias *Tuel*. Charta ann. 1301. in Chartul. Guill. abb. S. Germ. Prat. fol. 122. v° : *Itaque amodo non poterimus diminuere seu impedire Tuellos vel conductus, sic quod ipse fons et cursus ejusdem etc.* Alia ann. 1253. in Chartul. S. Austreg. Bitur. fol. 47. r° : *Decanus et capitulum ecclesiæ Austregesili Graciacensis accensaverunt Stephano quamdam domum, sitam in burgo Graciacensi, et tenebitur prædictus Stephanus facere caminos cum Tuello.* Proces. Egid. *de Rays* ann. 1440. in Bibl. reg. fol. 151. v° : *Misit idem Franciscus eidem reo quamdam rem ad modum unguenti in quodam Tuello sive canali argenteo.* Lit. remiss. ann. 1397. in Reg. 152. Chartoph. reg. ch. 249 : *Ainsi que icelle Jehanne reculoit, par cas d'aventure et fortune bouta son pié dedens le Tuel de la cheminée de la cuisine dudit hostel,..... et parmi icellui Tuel passa ladite Jehanne et chey jusques en bas en l'atre d'icelle cheminée.* Pro seræ tubo legitur in aliis Lit. ann. 1420. ex Reg. 171. ch. 275 : *Ouquel patron de cire n'y avoit que l'espraínte et enseigne du Tuel de la serrure...... En maniere d'une clef à Tuel.* Vide *Tuppa*.

** **TUERE**. Virgil. Grammat. pag. 13 : *Est autem hoc verbum Tuo, tuis, tuit; et est sensus, clare aspicio. At si de tutella dixeris, tueor, tueris.*

¶ 1. **TUERI**, Defendi, protegi, passiva notione. Index veterum Canonum, tom. 3. Concil. Hispan. pag. 19. col. 2 : *Ut monasteria virginum a monachis Tueantur.* Adde Capitul. lib. 1. cap. 96. Concil. II. Hispal. can. 11. et Epistolam Cleri Moguntini ad Ludovicum Pium a Baluzio laudatam tom. 2. Capitul. col. 1152.

* 2. **TUERI**, Administrare, regere. Charta ann. 1264. inter Probat. tom. 1. Annal. Præmonst. col. 354 : *Cum adhuc hæreditario jure et successive post dilectum fratrem nostrum Florentium terram Hollandiæ et Zelandiæ Tueremur, et ecclesiastica beneficia vacantia, ad nostram in eadem terra spectarent donationem sive præsentationem, etc.* Vide infra *Tutor* 2.

* **TUERIA**, Fenestræ species in muris castrorum, qua in hostes tela aliaque id genus emittebantur, Gall. *Meurtriere*. Reg. 34. bis Chartoph. reg. part. 1. fol. 96. r°. col. 1 : *Tornella habebit....... portam colariam ante et Tueriam.*

TUERNAY. Leges Burgorum cap. 34 : *Si uxor alicujus fuerit calumniata de aliquo, in placitis Burgorum utitur Tuernay.* Et cap. 28 : *Si quis fuerit implacitatus coram Justitiario domini Regis, vel alio Ballivo, si Dominus ejus vel Ballivus venerit, et allegaverit pro ipso in debita hora, potest recuperare curiam Domini sui. Et si per negligentiam suam responderit et dixerit Tuentinay, de omnibus sibi oppositis plane respondebit, et sic amittit curiam Domini sui.* Ubi Skenæus de Verbor. signif. ex quo supradicta desumsimus, scribit, in quibusdam libris legi *Twentinay*, sed quid hoc sit, valde ambigere, et hic aliorum avide exspectare judicium. Conjicit tamen esse antiquum verbum forense, quo reus utens intelligitur approbasse judicem, adeo ut eum postea declinare non possit.

TUFA, Genus vexilli apud Romanos, ex confertis plumarum globis. Vegetius lib. 3. cap. 5 : *Muta signa sunt, aquilæ, dracones, vexilla, flammulæ, Tufæ, pinnæ.* Beda lib. 2. Hist. Angl. cap. 16. et ex eo Henricus Huntindon. lib. 2. pag. 316 : *Ubique autem ante Regem* (Edwinum) *vexilla gestabantur, nec non per plateas illud genus vexilli, quod Romani Tufam* (al. *Tuffam*) *vocant, Angli Tuf appellant, ante eum ubilibet ferri solebat.* Byzantini etiam Scriptores τοῦφαν appellarunt apicem, qui galeæ imminet, ut Zonaras in Basilio, et Leo Grammaticus in Theophilo Imp. cum de Justiniani statua in Augustæo verba faciunt. Ita nostri vocem hanc usurparunt. Charta vernacula sub Ricardo II. Rege Angliæ, descripta ab Edw. Bysseo : ... *Que Jeo Gervais de Clifton Chevalier aye donnée, grantée, et par ceste ma præsente charte confirmée à mon bien aymé Richard de Bevercotes, un heaume, c'est assavoir une Tuffe de plume, la moitié, c'est-à-dire par amont de plume noire, et l'autre moitié, c'est-à-dire par aval de plume blanche, à avoir et tenir ladite heaume, etc.* Vide a nobis observata ad Joinvillam Dissert. 24. pag. 292. [Glossar. mediæ Græcit. v. Τοῦφα col. 1592. d. et Lexicon Milit. Caroli de Aquino.]

* Nostris *Toffel* alias, pro *Touffe*, Congeries herbarum, aliarumve rerum. Lit. remiss. ann. 1420. in Reg. 171. Chartoph. reg. ch. 197 : *Le suppliant s'approucha desdiz enfans pour les ortier, et en prist un qu'il getta en un Toffel d'ortyes.*

¶ **TUFELLUS**. Vide mox in *Tufus*.

¶ 1. **TUFFA**. Acta B. Michelinæ tom. 3. Junii pag. 929 : *Michelina ad hæc verba respondit : Omnia ista videntur Tuffæ et canciæ.* Puto legendum *Truffæ*; saltem eadem notio est. Vide *Trufa*.

¶ 2. **TUFFA**. Acta S. Francisci de Paula, tom. 1. Aprilis pag. 129 : *Accipias parum herbæ... vocatæ Tuffa.* An legendum *Treffa*, *Trifolium*, Gall. *Trefle* ?

* **TUFFOSUS**, Tophicius, tophinus, Gall. *de Tuf*. Tract. MS. de Re milit. et mach. bellic. cap. 97 : *Rubertus habebat recursum ad fossatores, qui fodant* (sic) *dictam montaniam aut montem, si ipsa est cretosa, sive Tuffosa aut petrillosa, quæ fodi possit.* Hinc nostris *Tuffier*, Lapicidina tophina, Gall. *Carriere de tuf*. Lit. remiss. ann. 1407. in Reg. 162. Chartoph. reg. ch. 113 : *Le suppliant a fait ouvrir ès mettes de sa ditte ferme un Tuffier ou carriere de pierres de tuf, et d'icellui Tuffier a pris environ xij. ou xvj. charretées.* Vide *Tufus*.

TUFUS, pro *Tophus*. Glossæ Lat. Gr. : *Tofi*, πῶροι λίθοι. Est autem *Tophus* lapis friabilis, minimum ponderis in structuris habens, de quo Vitruvius lib. 2. cap. 6. 7. et alii; nostris *Tuf*. Papias : *Tofus, lapis cavernosus et mollis.* Ejusdem Vitruvii Abbreviator cap. 4 : *Primo ut arena aspera paretur, et cæmentum de silice, vel lapide Tuficio, etc.* Joan. de Janua : *Tofus, a todere dicitur, lapis asper et cavernosus, quia ambulantes super se todere facit.* Anastasius in S. Hadriano PP. pag. 115 : *Plusquam 12. millia Tufos in litore alvei fluminis in fundamentis ponens a solo usque ad summum tectum miræ magnitudinis porticum reparavit.* Infra : *Maximum monumentum de Tiburtino Tufo.... demolitus est. Sarcofagus de Tufello*, in Gestis Guillelmi Majoris Episc. Andegav. cap. 5 : [*Sarcofagum Tuveum, arca Tuvea*, in Annalibus Genuens. apud Murator. tom. 6. col. 361.]

Tofus. Gloss. Græc. Lat. : Ἀσβεστώδης, *Tofus*. Matth. Silvaticus : *Tofus, lapis est levis, spongiosus, satis abstersivus.* [*Tofus arenosus atque jejunus*, Palladio 1. 5.] *Lapis Tofosus*, in Chronico Fontanell. cap. 13. pag. 238. et 240.

Tophus. Glossæ Gr. Lat. : Πῶρος ὁ λίθος, *Tofus*, *Tofum*. Joan. Archid. Barensis in Translat. S. Sabini Episc. Canusini n. 4 : *Hujusmodi etiam scriptura inventa est in tabula una marmorea, quæ ibidem tunc reperta est, simul et in uno Topho.* Charta ann. 1227. in Hist. Monast. S. Nicolai Andeg. pag. 97 : *Quidquid vero remanet a sinistra parte taneriæ a Topho eundo versus portale, etc.* [Utuntur etiam Virgilius lib. 2. Georg. Ovidius lib. 3. Metam. Columella lib. 3. cap. 11. et alii.] *Tophici lapides*, apud Capitolinum in Maximinis. *Tofinei termini*, apud Agrimensores.

TUGELLARIA. Vide *Tectum*.

¶ **TUGURIUM**, Calamus quo sanguis Christi hauriebatur e calice, Gallice *Tuyau*, *chalumeau*. Usus Sangerman. in Probat. Hist. ejusd. Abbatiæ pag. CXLIX. col. 1 : *Quando diaconus communicaverit, ipse accipiet calicem, et feret supra altare matutinale, et conventus ibit illuc potum cum Tugurio argenteo secundum quod ipsi communicaverint.* Vide *Fistula* 1. et *Tegorium*.

¶ **TUGURIUNCULUM**, Tuguriolum, in Vita B. Lidwinæ Virg. tom. 2. Aprilis pag. 134.

¶ **TUIFADUS**. Vide supra in *Thiuphadus*.

* **TUIFICARE**, Tueri, confirmare, sta-

bilire. Chartul. Miciac. : *Quantum pertinet ad Tuificandam etiam munificentiæ meæ largitatem, do quoque illis alodum meum, qui est juxta Maternam silvam.*

* **TUILHERIUS**, a Gallico *Tuilier*, Tegularum artifex, in Inventar. ann. 1476. ex Tabul. Flamar. Vide supra *Teulis.*

¶ **TUISARE**, *Vocare aliquem* Tu *per despectum*, Laurentius in Amalthea, Gallis *Tutoyer.*

* Quod injuriæ loco habebatur, maxime ab iis qui matrimonio juncti erant, ut discimus ex Lit. remiss. ann. 1394. in Reg. 147. Chartoph. reg. ch. 69 : *Et après ce Jehan Maras charron eust dit à Phelipot de Bretis escuier très-arrogamment, me tutoies-tu, j'ai une preude-femme espousée.* Aliæ ann. 1422. in Reg. 172. ch. 213 : *Le suppliant dist à icellui commandeur qu'il ne faisoit pas son honneur de le Tutoyer, attendu qu'il estoit marié.* Pro *Tutoier*, nostris alias *Atuiser* et *Atutéer.* Lit. remiss. ann. 1452. in Reg. 181. ch. 194 : *Icellui Dauvergne parlant rigoureusement et fierement au suppliant, le Atutea et le desmenti.* Aliæ ann. 1467. in Reg. 195. ch. 116 : *Icellui maistre Baude dist au suppliant, en le Atuisant, que non feroit.* Vide supra *Tibissare.*

* **TUISSIMUS**, Totus tuus. Eckius scribens Carolostadio se dicit *Tuissimum* : quam vocem reddit illi Carolostadius epist. 19. in Collect. G. Olearii edit. ann. 1698. Sic Annibal Caro finxit vocem *Vostrissimo.* Hæc post D. *Falconet.*

¶ **TUITIALIS**, Tutus, ut puto. Schisma Avenion. ad ann. 1378. apud Marten. tom. 7. Ampl. Collect. col. 429 : *Urbanus VI. PP. captus fuit a Carolo Rege Siciliæ et in carcerem Tuitialem positus.*

1. **TUITIO**, Immunitas, tutela, defensio, quam Rex fidelibus suis, vel Ecclesiis indulget, quæ et *Mundeburdium* dicitur. Vide *Mundiburdus.*

¶ 2. **TUITIO**, Administratio rerum et bonorum pupilli, Gall. *Tutele.* Chartul. Episc. Paris. ad ann. 1269. fol. 122 : *Ysabella de Bourgaignemont.... fecit homagium ligium dom. Episcopo Stephano... ratione liberorum suorum quos habet in Tuitione sua sive en baill. Tuition, Tution*, Practicis nostris. Charta ann. 1485. ex Chartul. Latiniac. fol. 251 : *Raulin Sebert en nom et comme tuteur, et curateur de Jehan Gillet... suffisamment fondé par lettres de Tution et curation, etc* Infra : *Tuition. Tution*, in Consuet. Medunt. art. 184.

* *Tuicion, garde et deffense*, in Instr. ann. 1370. apud Lobinel. tom. 2. Hist. Brit. col. 538. Legitur præterea in Lit. ann. 1371. tom. 5. Ordinat. reg. Franc. pag. 444. et alibi.

¶ **TUITISCI**. Vide supra *Theotisci.*

* **TULCO**, Munimenti genus. Tract. MS. de Re milit. et mach. bellic. fol. 1 : *Castella sive oppida....... de istis sint fulcita.... puteis, Tulconibus, turribus ambulatoriis.* Vide *Tuldum.*

TULDUM vocarunt nuperi, in militia, quod Latini vasa, impedimenta, Græci ἀποσκευήν. Lexicon Gr. MS. Reg. Cod. 2062.: Ἀποσκευή, τὸ λεγόμενον παρ' ἡμῖν τοῦλδον, τὰ σαγμάρια. Vox sane nuperis Tacticis Græcis familiaris, qui hanc a nostris hauserunt, tametsi apud Scriptores Latinos inferioris ævi haud reperiatur, quod sciam, sed in vernaculis nostratibus crebrius, *Toudis* et *Tauldis*, vel *Taudis*, qui has voces vulgo usurpant pro incomposita rerum quarumpiam congerie, vel impedimentis, quæ nullo ordine in castris jacent; ut Monstrelletus 1. vol. cap. 238. 2. vol. pag. 38. 58. Gruellus in Hist. Arthuri Ducis Brit. pag. 92. 94. Philippus Ravestanus in Tacticis, et alii. Octavianus Sangelianus in Viridario honoris :

> Sur eschauffaulx, fenestres et Tauldis.

Vide Notas nostras ad Nicephorum Bryennium lib. 4. num. 6. [et Glossar. mediæ Græcitatis in Τοῦλδον.]

* Hinc *Taudisser*, dicitur de munitione festinanter et incomposite facta, in Lit. remiss. ann. 1479. ex Reg. 205. Chartoph. reg. ch. 369 : *Le suppliant ne voulut souffrir que l'on print de ses tonneaulx pour fortiffier et Taudisser les murailles de ladite ville de Pouence.*

¶ **TULERE**, pro *Tollere*, Auferre. Acta S. Vitaliani Episc. tom. 4. Julii pag. 169 : *Vestimenta cum calceamentis, quibus sanctus vir indui solebat Tulentes, etc.*

* **TULERIA**, Tegularum officina; unde *Tulerius*, earumdem artifex. Lit. remiss. ann. 1352. in Reg. 81. Chartoph. reg. ch. 361 : *Dum dictus Colardus Tulerius nuper quodam sero de quadam Tuleria, in qua operatus fuerat, veniret, etc.* Vide supra *Teulis.*

* *Tulieu* vero inter supellectilem domesticam recensetur, in Convent. inter abbat. S. Richar. et incolas ejusd. villæ ann. 1318. ex Reg. 61. ch. 453 : *Li maires et eskevins se douloient que nostre viscouens avoit prins un sant, une lampe, un Tulieu et un coutel, etc.* an Pistillum? Vide supra *Tritorium.*

¶ **TULES**, Παρίσθμια, in Glossis Lat. Græc. An a τύλος, callus? Vide Martinium et infra *Tusillæ.*

TULI, Papiæ, *Aquarum projectus.* Forte *Tubi.*

¶ **TULIBOSUS**. Rolandinus Patav. lib. 11. cap. 7. apud Murator. tom. 8. col. 330 : *Elevato tumultu clypei contra clypeos crepuerunt, fragor strepuit lancearum, ensium tinnitus insonuit, et clavis nodosis et ferreis ferientibus ad galeas Tulibosas, igneæ resultarunt scintillæ.* Melius, ut videtur, *calibosas* legitur in MS. Estensi.

TULICATUS, *Carptus, i. acceptus*, in Glossis MSS. [Gloss. Isid. : *Tuligatum, Carpitum.* An *Tilptalium*? de quo supra.]

¶ **TULIPA**, Pileus seu amiculum capitis Turcis in usu, et inde Flos notus, nostris *Tulippe*, quod inversus hujus pilei speciem referat. Hunc florem describunt *Pomey* et alii recentiores. Vide Vossium de Vitiis serm. Hofmannum et Menagium.

¶ **TULIPANTUS**, Pileus Turcicus, Gall. *Turban*, in Miraculis S. Georgii Mart. tom. 3. Apr. pag. 153.

TULIT ANNOS, pro Vixit. Vetus Inscriptio apud Gruterum pag. 881. I. D. M. NICE CONJUGI. BENEMERENTI. FECIT. TULIT. ANNOS. QUOD. POTUIT. Alia 947. 9. CUM. QUA. VIXIT. ANNIS. XXXXII. TULIT. ANNOS. LII.

¶ **TULLIA**, *Media vel regia*, in Glossis Isid. Martinius corrigit : *Trulla, media aula regia.* Vide *Trullus.*

¶ **TULTA**, TULTUS. Vide *Tolta* et *Toltus.*

¶ **TULUTANUS**, Βαδιστής, in Glossis Lat. Gr. Leg. *Tulutarius*, pro *Tolutarius*, Gradarius.

* **TUMACULUM**, TUMACULARIUS, pro *Tomaculum* et *Tomacularius*, *Venter porci*, inter notas Tironis ex Cod. reg. 170. Vide *Toma.*

1. **TUMBA**, TUMBUS, sepulcrum, ex Gr. τύμβος, quod cadaveri terra ingesta *tumulum* faciat. Gloss. Lat. Gr. : *Tumuli*, βουνοί, λόφοι, τύμβοι, σωροὶ γῆς. Ita emendat Salmasius ad Hist. August. pag. 439. Ebrardus Betun. in Græcismo cap. 12 :

> A tumulo tumulum; a moneo, monumentum, etc.
> Hoc nomen Tumba comprehendit omnia dicta.

Prudentius in Passione S. Hippolyti :

> Sunt et muta tamen tacitas claudentia Tumbas
> Marmora, quæ solum significant numerum.

S. Hieronym. in cap. 39. Ezechielis : *Et in Tumba sepulturæ illius retrudantur.* S. Althelmus de laude Virgin. :

> Clausæ per campos et Tumbæ sponte patescunt.

Alcuinus Poëm. 9 :

> Omnia de priscis exurgent corpora Tumbis.

Rathbertus de Casibus S. Galli cap. 9 : *Tumbaque argento et auro sibi parata honorifice in eam sancti viri exuviæ sunt perlatæ.* Hist. Apparitionis S. Michaëlis in Monte Tumba cap. 1 : *Hic igitur locus Tumba vocatur ab incolis, ideo quod in morem tumuli, quasi ab arenis emergens in altum, etc.* [Vide Valesium in Notitia Gall. pag. 338. col. 1. et Mabill. tom. 2. Annal. Bened. pag. 19.] *Antrum tumbale* sepulchrum Christi vocat auctor Panegyrici Berengarii Imp. Utuntur præterea Beda lib. 3. Hist. cap. 12. Poeta Saxonic. in Annalibus Caroli M. ann. 800. Auxilius de Ordinat. Formosi lib. 2. cap. 4. extr. Adrevaldus lib. 1. de Miracul. S. Benedicti cap. 26. Aimoinus lib. 2. de Translatione S. Vincentii cap. 3. Anastasius in Vit. PP. pag. 131. Harigerus in Vita S. Landoaldi n. 8. Eckehardus de Vita Notkeri Balbuli cap. 35. Ermanricus in Prologo ad Vitam S. Soli, Alcuinus Poem. 164. Walafridus Strabus de Vita S. Galli cap. 25. Hepidannus de Miracul. S. Wiboradæ cap. 1. 7. Epitaphium Alcuini apud Browerum in Annal. Fuldensib. pag. 41. Petrus Abbas Cellensis lib. 6. Epist. 12. Versus relati a Serario in Mogunua pag. 722. Historia Invent. corporis S. Mastidiæ pag. 52. Thiotfridus in Florib. lib. 1. cap. 6. Synodus Atrebat. ann. 1125. tom. 13. Spicileg. pag. 49. etc. *Opertorium* vocat Sidonius lib. 3. Epist. 13. ubi Savaro, vide in hac voce. [Le Roman *de Robert le Diable* MS :

> De saint Robiert enquist la vie,
> Si en a la Tombe ravie,
> L'oissemente qu'il y trova
> Plus d'avoir rouver n'en porta.

Le Roman *de la guerre de Troyes* MS :

> Tiel sepulture et tiel Tombel,
> Ne tant precieus, ne si bel, etc.]

TUMBULA, Parvula *tumba.* S. Althelmus de laude Virginitatis cap. 30 :

Saxea quadratis quos condit Tumbula fossis.

Vetus Epitaphium apud Gualter. in Tabular. Sicul. pag. 33 :

Virginis exemplo majorem Tumbula templo
Claudit, Gualterii dum fovet ossa pii.

Tomba. Pactus Legis Salicæ tit. 58. § 5 : *Si quis Tombam super mortuum hominem expoliaverit, etc.* Codd. alii, *Tomolam*; Lex vero Salica tit. 57. § 2. *Tumulum* habet.

☞ Exteriorem sepulcri partem, sive coopercùlum hic intelligit Eccardus, quod olim sepulcra pretiose quandoque exornarentur. Jornandes de rebus Geticis : *Noctuque secreto cadaver est terra reconditum, cujus coopercula primum auro, secundo argento, tertio ferri rigore communiunt.*

Proprie autem *tumbam* hodie dicimus sepulcrum lapideum. Chronicon S. Benigni Divion. pag. 438 : *Sepulchrum vero sancti et gloriosi Martyris ita est constructum; est Tumba ex quadris ædificata lapidibus, quæ* 8. *cubitos in longum, quinque autem tenet in latum, etc.* [Chron. Senon. ad ann. 1215 : *Sepultusque est in ecclesia S. Apri in Tumba elevata lapidea satis decenter sculpta. Lapides tumbales* in Statutis Eccl. Trecor. ann. 1455. apud Marten. tom. 4. Anecd. col. 1155. et 1156.]

* Sed et pro sacrarum Reliquiarum capsa apud *La Mure* Hist. Lugdun pag. 285 : *Anniversarium Agnetis de Curresia, quæ jacet subtus Tumbam B. Albrici.* Hinc nostris *Tombe*, eodem sensu. Stat. ann. 1355. tom. 3. Ordinat. reg. Franc. pag. 11. art. 2 : *Si celuy eprouvé, est tel qu'il doive estre orfevre,...... il le sera; mais il n'ouvrera, ne fera ouvrer jamais d'autre métal que de bon or et de bon argent, si ce n'est en joyaux d'église, comme Tombes, chasses, croix, etc.* Unde *Tombier*, earum artifex, in alia Stat. ann. 1350. tom. 2. earumd. Ordinat. pag. 379. art. 245.

Tumbus, Eadem notione. Inscriptio Christiana apud Gruterum 1170. 4 :

Exornans rutilum pretioso marmore Tumbum,
In quo poscentes mira superna vident.

Epitaph. S. Cumiani, Episcopi Hiberni, Bobii in Italia :

Pretioso lapide Tumbum decoravit devotus.

Tymba, in alia inscriptione, apud eumdem, 1173. 6. Vide *Tymbus*. Cæterum a *tomba*, vox nata nostris *Tomber*, pro *Jacere*, vel *cadere*; qui enim *tombatus* est, seu in *tomba* jacet, is prostratus est.

* **Tumba**, Tumulus honorarius. Charta ann. 1457. apud Ludewig. tom. 11. Reliq. MSS. pag. 521 : *In prænarratis autem vigiliis et missis custodes præfatæ ecclesiæ pulsabunt solempniter ac Tumbam unam ministrabunt panno copertam funerali, circa quam præmemorati quatuor altaristæ ordinabunt ac ponent quatuor candelas ardentes, prout in diebus funerum seu exequiarum fieri est consuetum.*

¶ **Tumbatus**, Sepultus. Obitus S. Hathmodæ vers. 255. apud Pezium tom. 1. Anecd. part. 3. pag. 515.

Membra Aaron Vatis mons Or Tumbata retentat.

Rursus habetur in Epitaphio ann. 1371. apud Georg. Christianum tom. 1. Rer. Mogunt. pag. 680.

2. **TUMBA**, Area. Otto Morena in Histor. Rerum Laudensium pag. 73 : *Tandem privatim per fossatum, et per aliquam Tumbam egredientes, et post terga ipsius Placentini irruentes, etc.* Petrus Crescentius lib. 1. de Agricult. cap. 6 : *Curiæ sive Tumbæ faciendæ in rure occasione habitationis domini et rusticorum.... quadruplex est consideratio, etc.* Lib. 11. cap. 6 : *Domus et Tumbæ, seu areæ, et curiæ magnitudo fieri debet in rure secundum domini facultatem, etc.* Mox : *In Tumbarum munitionibus fructiferæ arbores non plantentur.* Ubi versio Gallica jussu Caroli V. Regis Fr. exarata, semper *Combe* præfert.

☞ Agrum fossa seu terra in tumuli modum elevata munitum *Combe* alicubi vocant.

* 3. **Tumba**, Villa, casa; *Tomba*, Acad. Crusc. eadem acceptione. Charta ann. 1198. apud Murator. tom. 2. Antiq. Ital. med. ævi col. 87 : *De policinis vero, Tumbis Suventinensium, xamplis, fluminibus navigalibus, et de aliis, quæ ad publicaria spectant, etc.*

* **TUMBALUM**, *pro Tubel, Stephanus scripsit*, in Glossar. med. MS. Simon. Januens. ex Cod. reg. 6959. Vide supra *Tubel*.

* **TUMBARELLUS**, Plaustrum. Vide supra *Tombarellus*.

¶ **TUMBATOR**, Tubicen, Gall. *Trompette*. Computus ann. 1333. tom. 2. Hist. Dalphin. pag. 281 : *Item, duobus Tumbatoribus de Sabaudia*, 11. *flor.* Vide *Trumbator* et *Tumbetta*.

¶ **TUMBATUS**, Sepultus. Vide *Tumba* 1.

¶ **TUMBELLUM**. Catalogus reliquiarum et ornamentorum Ecclesiæ S. Quintini ann. 1300. apud Hemeræum in Augusta Viromand. pag. 264 : *Casula dom. Regis cum dalmatico et Tumbello. Casula alba cum dalmatico et Tumbello ejusdem coloris. Casula rubea cum dal. et Tumb. ejusd. color. Casula virgulata de auro cum dal. et Tumb. ejusd. color. Casula domini Bartholomæi de Roya cum dal. et Tumb. deauratis.* Idem omnino videtur quod *Tunicella*, adeo ut *casula* vestis sit presbyteri, *dalmaticum* diaconi, *tumbellum* subdiaconi; sed f. leg. *tunicellum*.

¶ **TUMBERELLUM**. Vide mox in *Tumbrellum*.

¶ **TUMBETTA**, Tuba et Tubicen, Gall. *Trompette*. Computus ann. 1333. tom. 2. Hist. Dalphin. pag. 279 : *Pro equo thesaurarii, taren.* xv. *Pro equo Tumbettæ, taren.* xvii. Ibid. pag. 281 : *Tumbettæ Ducis Duratii pro emptione unius roncini,* xvii. *flor.* Ordinatio Humberti II. ibid. pag. 313 : *Quando pulsabitur campana vel Tumbetta seu tuba, etc.* Vide *Trumba*.

TUMBRELLUM, Gall. *Tombereau*, Instrumentum fuisse volunt inventum ad castigandas mulieres rixosas, quo in aquam dejiciuntur, immerguntur, et inde madidæ et potæ extrahuntur. Cowellus ait esse plaustrum, in quo fornicationis aut adulterii rei contumeliæ causa per civitatem aut burgum circumferuntur. A Gallico *Tomber*, quod est cadere, volvi, volutari, deducta vox. Ejusmodi vero supplicii infligendi jus, quemadmodum *furca* et *pilorium*, altam seu superiorem justitiam spectabat. *Pœna Tymboralis* dicitur apud Bractonum lib. 3. Tract. 1. cap. 6. § 1. et Tract. 2. cap. 3. § 6. *Pœna Tumberelli*, in Fleta lib. 2. cap. 1. § 8. cap. 12. § 19. Leges Burgor. Scoticorum cap. 21 : *Si aliquis vel aliqua sit in forisfacto de pane vel cervisia..... pistor ponatur super collistrigium, quod dicitur Pillorie, brasiatrix super Tumbrellum, quod dicitur Castigatorium.* Charta Edwardi I. Reg. Angl. apud Prynneum in Libertat. Angl. tom. 3. pag. 465 : *In tertio transgressu habeant judicium de pillorio vel Tumberello.* Fleta lib. 2. cap. 12. § 29 : *Si pillorium, Tumborale, vel castigatorium de novo levari fecerit.* Henricus V. Rex Angliæ in Charta Fundat. Sheenensis Cœnobii in agro Surregiensi : *In hujusmodi terris, dominiis ac feodis habere possunt pillorium atque Tumbrellum pro punitione malefactorum.* Willelm. Thorn. : *Similiter clamat habere furcas, pilorium, Tumbrellum, etc.* Joan. Britton. in Legib. Angl. pag. 24 : *Et aussi soit de touts ceux que juise de Tomberel ou perte de membre averont suffert par jugement.* Pag. 30 : *Ou juise de pillori ou de Tomberel, ou de aver, vreck de mer, etc.* Adde pag. 31. v. 76. et 135. [et Nomolex. Angl. Th. *Blount* in hac voce.] Hinc nostris, *Faire le Tomberel*, in faciem cadere de aliquo superiori loco. Joan. de Condato MS :

Cor enmi le plus lait chei,
Et fist un si lait Tumberiel,
Qu'il se rompi le hasterel.

Sed et *tombereau* nostri etiamnum vocant birotum plaustrum quoddam, quod cum deoneratur, omnino resupinum sternitur. Chronicon Flandriæ cap. 8 : *Henri de Maltrait fut mené par les quarefours de Paris en un venel ou Tombereau, et aprés rendu à l'Evesque, et illec mourut en la chambre que l'on dit Oubliette.*

* Alias *Tumerel* et *Tumereau*. Lit. remiss. ann. 1346. in Reg. 75. Chartoph. reg. ch. 532 : *Icellui Philippon estant en la compaignie d'un sien charreton,....... qui menoit un Tumerel à un sien cheval; liquelz Tumeriaus versa etc.* Aliæ ann. 1419. in Reg. 171. ch. 15 : *D'iceulx eschaslessons icellui Colesson fist un trousseau lié de corde pour gieter sur son Tumereau, et mener à l'ostel de son maistre.*

Tumberellum præterea appellata nescio quæ machinæ bellicæ species. Philippus *Mouskes* in Ludovico VIII :

Qu'il orent assez mangoniaus,
Et trebukes et Tumeriaus.

Infra :

Sour quatre rues fit engiens,
Et de cloies et de merriens,
Et pons torneis, et castiaus,
Et Tumeriaus, et trebukes.

Tumberellum, [f. Typus quo nummi percutiuntur et signantur.] Fleta lib. 1. cap. 22. § 12 : *Ut de pondere cujuslibet denarii sciatur legitimum pondus, concessum est, quod liceblt cuilibet pecuniam recipere, et liberare particulatim per pondus* 5. *solidorum ad hoc provisum, et quod fuerit inferius per Tumberellum per custodem cambii Regis signatum.* Vide Skenæum de Verbor. significat. voce *Timbrellum*.

¶ **TUMBULA**, Parva *Tumba*. Vide *Tumba* 1.

TUMBURGT, *Major Advocatus*, in Privilegiis Ratisbonensibus ann. 1230. [** An *Tumbvogt*?]

¶ **TUMBUS**, Sepulcrum, *Tombe*. Vide *Tumba* 1.

¶ **TUMENTUM**, *a Tumere, quia in filo vel tela tumeat, nec subtilitatem habeat, unde Tumentuosus, tumento plenus*, Joh. de Janua, male pro *Tomentum*, ut videtur. Gloss. Lat. Gall. Sangerman. *Tumentum, Enflement*, Tumor.

* **TUMERELLUS**, Mensuræ seu dolii species. Charta Odardi de Alneto armig. ann. 1254. in Chartul. Thenol. ex Cod. reg. 5649. fol. 53. v° : *Concessimus ecclesiæ Tenoliensi medietatem quatuor modiorum vinagiorum et quinque sextariorum et dimidii Tumerelli et medietatem censuum.*

¶ **TUMEX**, Σμώδιξ, αἱματώδης τόπος, in Glossis Lat. Gr. et Græc. Lat. Livor, vibex. Perperam in Supplemento Antiquarii *Tubex*. Pro τόπος Martinius vellet τύπος.

¶ **TUMIDARE**, Inflare, tumefacere. Acta SS. Valeriani et Soc. Mart. tom. 2. Aprilis pag. 206 : *Vita est quam humores Tumidant, ardores exsiccant.* Gloss. Gr. Lat. : Οἰδαίνω, *Tumesco, Turgesco, Tumido.*

¶ **TUMINUS**, Species mensuræ Siculis et Neapolitanis. Charta ann. 1504. pro Carmelitis Neapol. in Bullario Carmel. pag. 624 : *Eleemosinaliter dare providerint Tuminos salis duodecim singulis annis pro usu fratrum et Deo famulantium in eodem monasterio, etc.* Occurrit pluries. Vide *Truncus salis* post *Truncus* 7. *Tumminus*, et *Tumulus*.

TUMIX, Τύμπανον, in Gloss. Gr. Lat. MS. et edito.

¶ **TUMMINUS**, Idem quod *Tuminus*. Constitut. Frederici Regis Siciliæ cap. 20 : *Considerantes itaque quanta nostri Siculi sustinuerint incommoda propter diversitatem Tumminorum, ad quorum mensuram victualium constitit commercium, etc.* Pluries occurrit ibi. Rursum cap. 42 : *Statuimus, quod Barones et Domini terrarum recipiant.... eorum terragia, non ad grossum Tumminum Baronis vel Domini, sed ad generalem et justam mensuram.*

* **TUMNA**, Campanæ clava ferrea, Gall. *Battant*. Charta ann. 1402. ex Tabul. Moissiac. inter schedas Mabill. : *Item super querela reparationis campanarum quoad Tumnam ipsis campanis et cymbalis necessariam, dictus dominus abbas Exiensis obtulit fore promptum pro nunc dictam Tumnam fieri facere, et quod dictus sacrista ipsam habeat poni facere in dictis cymbalis et campanis.*

¶ **TUMO**, Temo, Gall. *Timon*. Guido de Vigevano de modo expugnandi T. S. cap. 12 : *Et aliæ duæ rotæ cum Tumone remaneant extra domum.*

* **TUMOR** Boccii, Morbi genus. Mirac. S. Th. Aquinat. tom. 1. Mart. pag. 684. col. 1 : *Jacobus Marcellucius de Piperno, patiens in gutture Tumorem Boccii, etc.*

¶ **TUMORATUS**, Tumens, tumidus. Processus de ven. Maria de Malliaco, tom. 3. Martii pag. 751 : *Habebat unam maxillam infirmam et Tumoratam.*

TUMPLEBANUS, in Metropoli Salisburgensi tom. 3. pag. 30. qui pag. 4. *Major plebanus*. [** Vide *Tuomum*.]

¶ **TUMPLETURA**, f. Ars exstruendarum munitionum, a Saxonico *Tun*, Sepes, septum, sepimentum, et Latino-barbaro *Pleitura*, seu *Pleidura*, locus septus. Epitaphium ann. 1585. in Ecclesia *de Fouquequourt* diœcesis Ambianens.: *Florentius Morandus filius Mathæi, pietatis studiosus, æquitate florens, agriculturæ, geometriæ, Tumpleturæ artibus peritus, claris probisque viris virtute laude comparandus, placida morte solutus, etc.*

* Mendum est, pro *tum pictura*; quod etiam vidit D. *Graverol de Flogrhevar* in Disquisit. ad legem *Papia Poppæa* edita tom. 2. Jan. ann. 1765. Diar. Trevolt. pag. 335.

¶ **TUMULARIUS**. *Tumularia sepultura, Tumba*, Sepulcrum. Andr. Floriac. Monac. in Vita MS. S. Gauzlini Bituric. Archiepisc. lib. 1 : *Olosericam pallam S. Benedicto dereliquit moriens, in quo loco Tumulariam est adepta sepulturam.* Vide *Tumba* 1. et *Tumullulus*.

* Vita MS. S. Martial. Lemov. : *In quo* (oratorio) *ad Occidentem Tumulariam sibi statuit sepulturam.*

* **TUMULATIO** S. Benedicti, Quæ hodie *Illatio* appellatur; cum scilicet corpus S. Benedicti ab Aurelia reductum, in ædem S. Mariæ restauratam solemniter illatum est; quod festum celebratur 4. Dec. Cerem. MS. S. Mariæ Crass. : *Fidelium tuorum quæsumus, Domine, vota serenus intende et interventu beati confessoris tui Benedicti, cujus Tumulationis celebramus diem, a cunctis nos reatibus absolutos, festis interesse concede perpetuis. Per Dominum etc.*

¶ **TUMULATOR**. In Necrologio Eccles. Carnut. ad diem v. Idus Julii : *Sigo levita.... ammirandi præsulis Fulberti... dicitur Tumulator liberalis*, quippe qui celebrandis ejus exsequiis, ornandoque tumulo opes et operam contulerit, ut habet Mabillonius tom. 4. Annal. Benedict. pag. 80.

¶ **TUMULLULUS**, *Parvus tumulus*, Johan. de Janua : *Petit sepulcre ou petit Tombliau*, in Gloss. Lat. Gall. Sangerm. Vide *Tumularius*.

* **TUMULTARE**, Tumultuari. Charta ann. 1379. inter Probat. tom. 3. Hist. Nem. pag. 24. col. 1 : *Dictus dominus dux publice proponi fecit... contra populum supradictum, quod pluries et frequenter, indebite et enormiter se congregaverant Tumultando et seditiones committendo, etc.* A Latino *Tumultus*, nostri *Tesmoute* dixerunt. Occurrit in Chron. S. Dion. tom. 3. Collect. Histor. Franc. pag. 282. et 284. *Temoute*, in Gest. Ludov. Pii ibid. tom. 6. pag. 148. Le Roman *de Robert le Diable* MS :

> Par fu si tres grant la Temoute,
> Que l'emperere les escoute.

* **TUMULTUARE**, Tumultuose clamare. Lit. remiss. ann. 1386. in Reg. 129. Chartoph. reg. ch. 41 : *Cum ipse Johannes.... audivisset Tumultuare, quod in planalio dicti loci Guiniaci Deodatus Vassalli, ejus consobrinus germanus, a quibusdam interficiebatur, etc.*

* **TUMULTUARII** Milites, f. Recens collecti. Hist. Franc. Sfort. ad ann. 1428. apud Murator. tom. 21. Script. Ital. col. 214 : *Tumultuarii item milites, qui ad spectaculum venerant, eo concurrunt. Verum et pauci et inermes.*

¶ **TUMULUS**, Mensura frumentaria, Siculis et Melitensibus, *Tomolo*. Miracula B. Joachimi Abbat. tom. 7. Maii pag. 124 : *In loco quodam arboribus undique septo, cujusdam vineæ Mauri genitoris sui, in agro Cælicensi positæ capacitatis in semine Tumulorum trium cum dimidio.* Vide *Tuminus* et *Malbergium*.

* Charta Joan. regin. Sicil. tom. 5. 2. Hist. Cassin. pag. 594. col. 1 : *Mandamus quatenus eisdem monachis,.... pro eorum victu.... de grano Tumulos mille quingentos assignare debeatis.*

¶ **TUNC**. *Ad Tunc*, Tum, tunc, Gall. *Alors*, apud Thomam *Madox* Formul. Anglic. pag. 273. *Ex nunc pro ut ex tunc, et ex tunc pro ut ex nunc*, formula in Litteris Caroli V. Reg. Franc. ann. 1369. tom. 5. Ordinat. pag. 269. et alibi, qua aliquid firmo ac statuto consilio factum esse significatur.

* **TUNC** Temporis, Dicitur de iis, qui Chartis testes aderant iisque subscribebant; qui usus obtinuit xi. sæculo et sequentibus. Charta ann. 1093. tom. 5. Annal. Bened. pag. 309. num. 55 : *Ego Hugo episcopus Tunc temporis et cancellarius scripsi et subscripsi.* Consule novum Tract. diplom. tom. 4. pag. 573.

¶ **TUNCHINIUM**, Decania vel cœtus judicialis cui præerat *Tunginus*, si vera lectio est. Pactus Legis Salicæ tit. 63 : *Si quis de parentilla tollere se voluerit, in mallum aut in Tunchinium admallare debet, etc.* Aliter Lex Salica tit. 63. § 1. ut videre est mox in *Tunginus*.

¶ **TUNGEREAFA**, Tungerefa, *Præpositus curiæ urbanæ*, Hickesio Dissert. Epist. pag. 57. a Saxonico tun, villa, prædium, vicus, et gerefa : de quo supra. Vide *Tungravio*.

TUNGINUS, *Judex, qui post Comitem est*, in veteri Glossario : *Tungi*, seu villæ Præfectus, Judex; a tun, Saxon. villa, vicus, prædium, territorium; quod malim, quam quod vult Wendelinus, a Teutonico *Tong*, i. lingua, deductum vocabulum, quod *Tunginus* lingua sit centenarii. Alii a tegn, Saxonico, *Minister*, de qua voce egimus in *Thaynus*, profectum volunt. Lex Salica tit. 46. § 1 : *Tunginus aut Centenarius mallum indicent, etc.* Tit. 48 : *Debent testes jurati dicere, quod ibi fuissent in mallo, ubi Tunginus et Centenarius indixerunt.* Tit. 69. § 1 : *Si quis de parentilla tollere se voluerit, in mallo ante Tunginum aut Centenarium ambulet, etc.* [** Vide Grimm. Antiq. Jur. Germ. pag. 534. et supra *Centenarius*.]

☞ Eccardus in notis ad Pactum Legis Salicæ tit. 47. § 1. asserit nomen *Tingini, Tungini*, vel *Tunzini*, formatum esse ex *Tincman*, et proprie significare *Decanum*, quod invenerit in Glossario MS. Florentino *Centenarium, hunno, Decanum* vero *Tincman* vocari. Origo vocis, inquit, *Tehun*, vel *Tia*, quæ pro *Decem* leguntur in Pacto Legis Salicæ tit. 2. § 5. et 8. hinc *Tehing, Ting, Tinginus, Tincman* verbotenus est Decanus. Aliunde arcessit Vossius lib. 2. de Vitiis serm. cap. 18. ubi etiam ha-

Tonginus. Vide *Decanus* et *Tunchi-*

TUNGRAVIO, Tungravius, Tungre-vius, *Tungi* Præpositus, id est, villæ; nam *Tun*, ut mox diximus, Saxonibus est villa, ficus, prædium, territorium : et geref, Præfectus, Præpositus; quasi tun-geref. Leges Ethelredi Regis Angl. apud Wenetyngum editæ cap. 24 : *Si Portireva, vel Tungravio, vel alius Præpositus compellat aliquem, quod theloneum supertenuerit, etc. Tungravius*, in ejusdem Ethelredi Legibus apud Habam cap. 2. *Tungrevii*, in Legib. Henr. I. cap. 7 : *Intersint autem* (generalibus placitis) *Præpositi, Barones, Vavasores, Tungrevii, et cæteri terrarum domini diligenter intendentes, etc.*

1. **TUNICA**, Vestis Sacerdotalis, quam duplicem induunt Episcopi subter casulam, ut est apud Amalarium lib. 2. de Eccl. Offic. cap. 22. Rupertum lib. 1. de Divin. Offic. cap. 23. Durandum lib. 3. Ration. cap. 10. etc. Eadem *Tunica poderis* dicitur apud Innocentium III. lib. 1. Mysterior. Missæ cap. 10. 55.

Tunica cum Tintinnabulis. Missa vetus ex codice Ratoldi Abbatis Corbeiensis : *Super hæc itaque ministretur ei* (Episcopo) *Tunica gyris in tintinnabulis mirifice referta, etc.* [Vide *Tintinnabulum.*]

Tunica, est etiam Clericorum vestis propria, apud Honorium August. lib. 1. cap. 233.

Tunica Plumbea. Lex Bajwar. tit. 1. cap. 11. § 1 : *Si quis Episcopum, quem constituit Rex, vel populus sibi elegit Pontificem, occiderit, solvat eum Regi vel plebi, aut parentibus secundum hoc edictum. Fiat Tunica plumbea secundum statum ejus, et quod ipsa pensaverit, auri tantum donet, qui eum occidit, etc.*

Tunica Christi, de qua Gregorius Turon. lib. 1. Miracul. cap. 8. Chron. Fredegarii cap. 11. Aimoinus lib. 3. cap. 78. Matth. Paris ann. 1156. etc.

Tunica B. Mariæ, quæ in Carnotensi Ecclesia religiose asservatur et colitur. De hac agit Dudo de Morib. Normann. lib. 2. pag. 80.

Tunica Monachorum, in Regula S. Benedicti, quæ et *Caputiata* fuisse dicitur apud Lanfrancum in Statut. cap. 18. Vide Haeftenum lib. 5. Disquisit. Monast. tract. 3. disq. 7.

Tunica Agilis. Joan. Mon. in Vita S. Odonis Abbat. lib. 2. cap. 8 : *Cumque ejus membra tabescere cernerem, fieri ei agilem Tunicam jussi, quæ ejus posset tueri et calefacere penetralia.* Ita editio Mabillonii; at Duchesniana habet *agiliter*.

¶ Tunica Femoralis, Quæ ad femoralia descendebat. Canones Hibern. apud Marten. tom. 4. Anecd. col. 5*: *Quicumque clericus ab hostiario usque ad sacerdotem sine Tunica femorali visus fuerit, quæ turpitudinem ventris non tegat et nuditatem, etc.*

2. **TUNICA**, Sagum militare, quod armaturæ ferreæ, vel thoraci superinduebatur, *Cotte d'armes*. Ita fere semper Scriptores nostri hac appellatione donant, varie vocabulo elato. Chronicon Flandriæ cap. 51. de Henrico Luxemburgico Imper. : *Et avoit vestu un Tournicle d'or à aigle noir, etc.* Vetus Poeta MS :

Armez fut d'un haubert clavez de double maille,
Un Tournicle dessus aussi come d'eschaille.

Chronicon Bertrandi Guesclini :

Là n'y avoit Seigneur de haute renommée,
Qui sa Tunicle n'eust en son dos endossée.

Inventarium bonorum mobilium Ludovici Regis Franc. ann. 1316 : *Deux houces, et deux Tunicles, des armes de France, et le chapeau de meismes. Item deux Tunicles et un gamboison de bordures des armes de France. Item deux Tunicles bastuës des armes de France.* Computum Stephani *de la Fontaine* Argentarii Regis incipiens a 4. Febr. ann. 1351. cap. *de Harnois : Pour 2. aunes de velluyau jaune pour faire une Tunicle.* Et infra : *Pour 2. aunes 3. quarts de veluyau ynde à faire la garnison d'un chamfrain, et l'escarteleure de la Tunicle 16. escus, etc. 2. onces 15. estellins de perles à pourfiller les fleurs de lys de la Tunicle.* Rursum : *Pour 6. pieces de camocas blans à faire 2. harnois de cheval; c'est assavier colliere, crupiere, banniere, panonceaux, et Tunicle.* Rursum : *Pour 2. onces et demye d'or trait pour faire l'armoirie des Tunicles.* Statuta MSS. *des Armoiers et coustepointiers de Paris : Tout homme, qui fera Tornicles quelles quelles soient, que elles soient armoiées de surtal, et que le surtal soit aussi bon comme le champ et que il soit curelie de poins, et pourfilez de chiefs, et cousus de soye bien nettement, et s'il y a cotton, que il y en ait autrendroit du cendal, ou cas que elle ne seroit drappée, et que elle seroient de poins enfermez et brochiez, si l'en a loisir de la poindre.*

¶ Tunica ad Armare, Eadem notione. Comput. ann. 1202. apud D. *Brussel* tom. 2. de Usu feud. pag. CCI : *Pro 11. Tunicis de Esteinfort ad armare*, XXXIIII. *sol.... Pro* VI. *cendalis ad capam,... etc. pro 1. Tunica ad armare,... et pro duabus Tunicis cendalis viridis ad armare*, VIII. *l.*

* Testam. Rich. de Bisunt. archiep. Rem. ann. 1389. inter Instr. tom. 10. Gall. Christ. col. 70 : *Item dedit et legavit magistro Johanni Vetulæ, olim ballivo suo Remensi, suam Tunicam, Gallice Cote à armer, ferratam argento.*

* Tunica Audax, Sagi vel tunicæ species, viris perinde et feminis familiaris, idem quod *Cotardia*. Guagia et robæ familiæ Rob. comit. Clarim. ann. 1295. apud Ludewig. tom. 12. Reliq. MSS. pag. 13. col. 2 : *Pro xiij. alnis marbreti pro quatuor Tunicis audacibus pro quatuor pagiis, lxiij. sol. vj. den.* Lit. remiss. ann. 1357. in Reg. 89. Chartoph. reg. ch. 55 : *Quidam nuncius, dicens se esse ad dominum Montismorenciaci,...... quandam suam Tunicam audacem novam cum capucio, quod etiam novum habebat,... eidem supplicanti amoverunt.* Testam. Odon. Morini curionis de Jonqueretis diœc. Ebroic. ann. 1381. ex Bibl. reg. : *Item (do) domino Gauffrido le Grain unum mantellum et unam Tunicam audacem.*

* Tunica Hardiata, Hardita, Eodem intellectu. Vide supra in *Hardiata* et *Hardita tunica.*

¶ Tunicla. Chronic. Brioc. ad ann. 1394. apud Lobinell. tom. 2. Hist. Britan. col. 864 : *Aderant autem in illo exercitu... II. millia et D. milites et armigeri arma sua in suis Tuniclis super se defferentes, etc.*

¶ Tunicatim, Ad instar tunicæ. Pseudo-Ovidius de Vetula :

Inque novem cœlos extrinseca dividitur pars,
Quorum forma quasi Tunicatim continet se.

Tunicella, Vestis Subdiaconorum propria, quæ et *subtile*. Vide Durandum lib. 3. Ration. cap. 11. num 3.

☞ Pro *tunica* pontificali occurrit in Synodo Valentina ann. 1590. tom. 3. Concil. Hispan. pag. 469 : *In officio Missæ celebrans semper utitur planeta super album; si autem sit Episcopus et solenniter celebrat, super dalmaticam et Tunicellam.* De usu *Tunicellæ* plura videsis apud Macros fratres in Hierolexico.

Tunicella Monachorum. Vide Haeftenum lib. 5. Disquisit. Monast. tract. 3. cap. 7. extremo.

¶ Tunicella Sanctimonialium, in Vita B. Coletæ, tom. 1. Sanctorum Martii pag. 552.

** Tunicale. Charta ann. 1121. apud Guden. Cod. Dipl. tom. 1. pag. 50 : *Infesto S. Mariæ.... duo Tunicalia, quæ inter fratres circumeant, quorum utrumque valeat 3. solidos.*

* 3. **TUNICA** Furni, Ambitus ejusdem, ni fallor. Glossæ Cæsar. Heisterbac. in Reg. Prum. tom. 1. Hist. Trevir. Joan. Nic. ab *Hontheim* pag. 669. col. 1 : *Curia de Denesbure et Hermansbanide adducent palos,.... et perticas Gerten ad Tunicam furni sepiendam.* Vide *Tuninum.*

* **TUNICELLUS**, dimin. a Tunica, tunicella. Acta B. Joan. Firm. tom. 2. Aug. pag. 461. col. 1 : *Nihil aliud ad usum habere voluit, nisi solam tunicam habitualem, chordam et femoralia,... excepto quod circa finem (vitæ) habuit parvum Tunicellum, quem infra habitum portabat.*

¶ **TUNICIUM**, Tunetum, Tunetanum regnum, *Tunis*, in Inventar. Chartar. Reg. ann. 1482 fol. 100 : *Littera Regis Tunicii de treuga inita inter Franciæ et Siciliæ Reges et ipsum.*

¶ **TUNINA**, Thunnus salsus, Ital. *Tonnina.* Annales Genuens. ad ann. 1285. apud Murator. tom. 6. col. 590 : *Invenit in mari Tolariæ navem unam Venetorum onustam caseo et Tunina.* Vide *Tonnina* et *Tunnaria.*

* Stat. Mont. reg. pag. 318 : *Item pro qualibet barrile Tuninæ, solvat octo denarios.*

TUNINUM. [** vel Tuninus, Tunimus.] Lex Bajwar. tit. 1. cap. 14. § 5 : *Ad casas dominicas, stabulare, fenile, granicam, vel Tuninum recuperandum, pedituras rationabiles accipiant.* Editio Tiliana habet *stabilire*, et *recuperando*; Heroldina, *stabulum.* Quidam putant, *tuninum* hoc loco esse ædificium *tunnis* recondendis idoneum. Vossius vero vocem formatam putat ex Germanico *tuyn*, quod universim locum septum sonat, ac particulatim hortum.

☞ Huic interpretationi favet Codex Irminonis Abb. Sangerm. fol. 65. v°. Brev. 13. sect. 1 : *Claudunt de Tunini perticam unam in curte dominica.* Et fol. 70. ibid. sect. 64 : *Autlemarus servus.... facit caropera, claudit in curte dominica de Tunino parietem unum, etc.* [** Breve 11. sect. 2 : *Claudunt in curte dominica de*

Tunino perticas 4. *in prato perticas* 4. *de sepe.* Fiscor. describend. Formul. apud Pertz. Leg. tom. 1. pag. 179 : *Curtem Tunimo circumdatam, desuperque spinis munitam, cum porta lignea. Habet desuper solarium. Curticulam similiter Tunimo interclusam.* His locis *Tuninus* vel *Tunimus* videtur sepimentum structile, quo circumdatur chors; ita ut *sepes in prato* sit sepis vivæ naturale sepimentum. Glossa antiq. apud Graff. Thesaur. Ling. Fr. tom. 5. col. 678 : *Tunino, Hovazûn.* Pro chorte vero ipsa in qua altiles aves custodiuntur, usurpatur apud Adalhard. Statut. Corb. lib. 2. cap. 13 : *Aucas autem et pulli, quæ in Tunninis dominicis nutriti fuerint, semper decimus portario detur.* Vide Guerardi Glossar. ad Polypt. Irminon. et supra *Tunica Furni*]

¶ **TUNLEIUM**, Tributum. Vide in *Telon*

TUNNA, Tonna, Vas aquæ, vini, cerevisiæ, et alterius liquoris capax, Gallis, Germ. Belg. *Tonne.* Gloss. Anglo-Sax. Ælfrici : *Cupa*, tunne. [** Vide Graff. Thes. Ling. Franc. tom. 5. col. 431.] Lexicon Cambro Britannicum, *Tunnel,* dolium. Alcuinus Poëm 221 :

> Et Nemias Græco infundat sua pocula Baccho,
> Qui secum Tunnam semper portare suescit.

Quibus verbis innuit Pincernam regium S. Audoënus in Vita S. Eligii lib. 2. cap. 38 : *Cumque vasa sua sigillatim sollicite consideraret, reperit fortuitu Tunnam, ubi pauxillum habuerat antea, usque ad os tunc vino exundante repletam.* Vita S. Philiberti cap. 18 : *Rogans eum cellarium ingredi, et vas vinarium, quod Tunna dicitur benedicere.* Epistola 73. inter Francicas, quæ habentur tom. 1. Historiæ Francor. : *Superexcrevit quidem et superabunvit benedictio largitatis vestræ adeo ut dum nos unam falerni amphoram deposcimus, vos eminentia vasa, et, ut usitatius dicam, Tunnas decem elegantissimi falerni tanti habuistis dirigere.* [** Vide Lappenb. Orig. Hanseat. Probat. pag. 62. not. 9.]

* Glossæ Cæsar. Heisterbac. in Reg. Prum. tom. 1. Hist. Trevir. Joan. Nic. ab *Hontheim* pag. 671. col. 1 : *Solvit Tunnam unam. Tunnæ, de quibus hic mentio fit, non puto esse Tunnas, per quas deducitur vinum; quædam autem vasa magis ad vindemiam valde necessaria, quæ appellantur Buden.* Vide supra *Thona* 1.

* *Tune* vero, Pars quædam aratri, in Lit. remiss. ann. 1386. ex Reg. 129. Chartoph. reg. ch. 183 : *Desquelles charues l'exposant arracha, print et emporta les ceps, la jauge, deux chevilles de fer et la Tune.*

Tonna. Vita S. Tillonis Mon. n. 19 : *Erat etiam... in cellario fratrum positum vas, quod vulgo Tonna vocatur, habens modicum falerni.* Vita S. Sori Eremitæ n. 4 : *Tres illas apothecas, quas rustici Tonnas vocant.* Heribertus Monachus de Hæreticis Petragoricensibus : *Simbi ferreis catenis vel compedibus vincti missi fuerint in Tonnam vinariam, etc.* Vita MS. S. Agerici Episcopi : *Quia præter vas medium, quod Tonna vulgariter dicitur, nihil habemus.* [Charta ann. 804. apud Lobinell. tom. 2. Hist. Britan. col. 81 : *Nunciatum est .. quoddam vas miræ magnitudinis vini meri plenum esse inventum, quod vulgo Tonna nuncupatur.*] Adde Aimoin. lib. 2. Miraculor. SS. Georgii et Aurelii cap. 21. Vitam S. Herlindis n. 13. Ordericum Vital lib. 13. pag. 898. Sugerium de Admin. sua cap. 16. Historiam S. Martini de Campis pag. 441. etc.

¶ Tona, in Miraculis S. Angilberti Abbat. sæc. 4. Benedict. part. 1. pag. 134 in veteri Charta apud Lobinell. tom. 2. Hist. Britan. col. 238. et alibi non semel.

¶ Tonnaus, Eodem significatu. Charta ann. 855. in Append. Marcæ Hisp. col. 788 : *Et vinum qui exinde exibit quinales* ccc. *et sunt Tonnai* viii. *et de annona modii* xxx.

Tunnare, ex Gall. *Entonner*, in *tunnam* seu dolium infundere, doliis vina aut simile quid indere. Iter Camerarii Scotici cap. 6. de Gustatoribus cerevisiæ : *Quod non sunt parati ad gustandum, quotiescunque brassiatrix Tunnaverit.* Cap. 10 : *Quod non faciunt gustari cerevisiam, seu Tunnari, antequam illam vendant.*

Tonnellus, Parva *tonna*, apud Petrum Cellensem lib. 9. Epist. 5. [*Tonellus*, in Privilegio Leduini Abb. ann. 1036. e Chartulario S. Vedasti Atrebat. in Computis ann. 1202. apud D. *Brussel* tom. 1. de Feudorum usu pag. 515. et tom. 2. pag. cxli. et alibi sæpe. *Tonnel*, in Charta ann. 1448. et *Tonnelet,* in alia ann. 1295. ex Tabul. Corb.]

* *Un Tonnellet de huit loz ou environ*, in Lit. remiss. ann. 1408. ex Reg. 163. Chartoph. reg. ch. 208. *Toullon* et *Toulon*, eadem notione. Lit. remiss. ann. 1425 in Reg. 173. ch. 375 : *Ouquel celier les supplíantes trouverent ung grant Toulon, ouquel avoit de la terre et cinq cent vingt pieces d'or. Ung Toullon d'ulle tenant huit pintes*, in aliis ann. 1452. ex Reg. 181. ch. 166.

Tonnella, apud Bandoviniam in Vita S. Radegundis cap. 10. et Guibertum lib. 3. de Vita sua cap. 8. [*Tonellæ in nave Ecclesiæ cereorum multitudine circumornatæ*, in Gestis Gaufredi de Loduno Epist. apud Mabillon. tom. 3. Analect. pag. 378. V. *Redda.*]

Tunnella, apud Thwroczium in Hist. Hungar. anno 1335.

Tonnagium, in Statuto 2. Westmonasteriensi cap. 29. Vectigal ex vino et mercibus quibusdam, tam evectis quam advectis, juxta *tonnarum* pondera impositum. Spelmannus. [Recensio redditnum Castell. Petræfontis ann. 1300. e Bibl. Regia : *Tonnage de vin que lan lieve ou terrouoir de S. Jacque, de S. Supplis et de Pierrefons, pour chascun tonel* ii. *den. ob.* Vide Th. *Blount* in Nomolexico.]

¶ Tonelarius *Tonarum* artifex, vietor, Gall. *Tonnelier.* Conventio ann. 1202. apud Lobinell. tom. 5. Hist. Paris. pag. 600. col. 1 : *Unus clausarius vinearum, unus Tonelarius, etc.* [** *Tunelarius* in Chartul. S. Petri Carnot. num. 185. pag. 397. ed. Guerard.]

¶ Tonnellaria, Doliaria officina, Gall. *Tonnelerie*, in Charta ann. 1306. apud. eumdem Lobinell. tom. 3. pag. 131.

TUNNARIA, Tunnina, Tonnaria, Vivarium, seu piscaria tynnorum. Charta Caroli I. Regis Siciliæ ann. 1277. apud Ughellum tom. 7. pag. 807 : *In Tunnaria vero Palermi annis singulis* 50. *barilia de mansée de Zurra, et totidem de alia Tunnina deferenda per mare expensis nostris, etc.* Tunnariæ Panormitanæ mentio fit etiam in Charta Friderici II. Imp. ann. 1211. apud Rocchum Pirrum tom. 1. pag. 144 : *Confirmamus vobis... decimam omnium piscium Tunnariarum nostrarum Panormi, etc.* Vide eumdem pag. 314. 402. 418. tom. 2. pag. 25. Bullarium Casinense tom. 2. pag. 191. [Chronicon Siciliæ apud Marten. tom. 3. Anecd. col. 82. et 95. et Constitutiones Frederici Regis Siciliæ cap 32.] Charta Caroli Regis Sicil. ann. 1275. apud eumdem Ughellum tom. 1. pag. 337 : *Et certa quantitate Tonninæ de Tonnaria curiæ Siciliæ, etc.* Charta Willelmi Regis Siciliæ ann. 1176. apud Rocchum Pirrum in Arch. Montis Regal. : *Tonnariam quoque, quæ est in insula, quæ dicitur Fimi.... libere habendam concedimus, ut omni tempore liceat eidem Monasterio ad utilitatem suam officium piscationis Tunnorum.... exercere.* Alia ann. 1289 : *Asserens dictam Ecclesiam nullam habere Tonnariam in dicta maritima, nisi Tonum tantum unum, impedit constructionem Tonnariæ in præjudicium Ecclesiæ memoratæ, etc.*

¶ Tynnina, Eodem intellectu. Notitia Eccl. Cephalædit. apud Rocchum Pirrum in Sicil. sacr. pag. 485 : *Anno Salvatoris* 1347. *N. abbas ejusdem B. M. de Pedali Ordinis S. Benedicti a Rege Friderico III. obtinuit pro suo monasterio quasdam butticellas Tynninæ singulis annis.*

Tunnaria Piscatio, in leg. venditor. D. Commun. præd. De Thynnorum piscatione circa Bosphorum agit Oppianus lib. 3. et 4. Halieut. Adde Plinium lib. 9. cap. 15.

¶ Tunnina, Thunnus salsus, Ital. *Tonnina.* Chronicon Richardi de S. Germano apud Murator. tom. 7. col. 1030 : *Pro porco gr.* 3. *pro ariete gr.* 2. *pro agno gr.* 2. *de Tunninis et sardellis servabitur forma.* Vide *Tunina* et *Tonnina.*

¶ Tunninum, *Locus tunnis reponendis destinatus*, in Amalthea e Cod. Leg. antiq. Vide *Tuninum.*

* **TUNSILLÆ**, *Malæ*, in Glossis ad Alex. Iatrosoph. MS. lib. 1. Passion. cap. 136 : *Furfurum et caricarum zoniam dabis ad gargarizandum, et maxime quibus Tunsillæ habent ab initio flegmonem.*

¶ **TUNSIM**, *Minutim, concisim vel percussim*, Jo. de Janua ; *Menuement*, in Glossis Lat. Gall. Sangerm.

* **TUNUS**, pro Thunnus, pluries in Lit. Renati reg. comit. Provinc. ann. 1477. Vide *Tunnaria.*

¶ **TUNZINUS**, Decanus, Judex. Vide *Tunginus.*

¶ **TUO**, ἀτενίζω, in Gloss. Lat. Gr. Aliæ Græc. Lat. : Ἀτενίζω, *Contemplor, Tuo, Contueor, Intueor.* Unde *Tuere*, pro *Tueri*, videre, dictum colligitur. Vide *Tuere.*

TUOMUM, ex Ital. *Domo*, ædes in Tholi formam ædificata, in Vita S. Udalrici Episcopi Augustensis num. 24. edit. Mabillonii. [** Pertz. Script. tom. 4. pag. 393.] [Malim a Germanico *Thuom*, *Thum*, vel *Dom*, Dominicum templum, Basilica, Ecclesia cathedralis, deducere. Vide *Ecclesia*, pag. 5. col. 1. et *Domus*, pag. 922. col. 1.] [** Grimm. Gramm. German. tom. 3. pag. 427.]

¶ **TUPHA**, Genus vexilli. Vide *Tufa.*

¶ 1. **TUPINA**, Species exercitii militaris ludicri, Gallis olim *Tupineis*. Litteræ Edwardi III. Regis Angl. ann. 1329. apud Rymer. tom. 4. pag. 386 : *Ex parte nostra inhiberi faciat.... torneamenta, burdeicias, Tupinas aut justas facere, aventuras quærere, etc.* Præceptum Philippi Pulchri ann. 1312. tom. 1. Ordinat. Reg. Franc. pag. 509 : *Nous eussions fait defendre generalement par tout notre royaume toutes manieres d'armes et de tournoiemens, et que nuls, sur quanques il se poient meffaire envers nous, n'allast à tournoiemens en nostre royaume, ne hors, ne feist, ne alast à joustes, Tupineiz, ou fist autres fais, ou portemens d'armes, etc.* Le Roman *de la Rose* MS :

Ne veistes tel chapleis,
Là out si fort Tupyneis
Conques en nul tornoiement.

Vide P. Honoratum de S. Maria lib. 1. Dissertat. Histor. et Critic. in Equitum Ordines pag. 191. [** Cangium post Joinvill. Disert. 6. in fine.]

* 2. **TUPINA**, Olla terrea, vas terreum, Gall. *Pot de terre*, alias *Tupin* et *Tuppin*; unde *Tuppinier*, eorum artifex vel mercator, et *Tupinarium*, ejusmodi vasorum congeries. Charta fundat. priorat. S. Viviani Vasat. ann. 1081. ex Tabul. S. Florent. Salmur. : *In unoquoque foro, unam junctam salis, et de uno Tupinario indeterminato unam Tupinam et unum pigarium.* Charta ann. 1318. in Chartul. S. Mart. Augustodun. : *De ceulx qui vendent ès dittes foires chairs cuites en chaudieres, iv. deniers; et de ceulx (qui vendent) chairs cuites en Tupins, ij. deniers. Pot ou Tuppin de terre*, in Leg. Claudii de Guysia inter Comment. Cond. ult. edit. tom. 6. part. 2. pag. 46. col. 2. Charta ann. 1328. inter Probat. ult. Hist. Trenorch. pag. 243 : *Le Samedi après l'Ascension, toutes les ventes des Tuppiniers et de soliers de dehors qui deschargent à Tornus chacun an, etc.* Vocis etymon a Latino *Tophus* accersendam censet *Duchat* in notis ad Rabelais. lib. 1. cap. 4. ubi Gallicum illud proverbium laudat :

De bonne vie bonne foy,
De bonne terre bon Tupin.

* **TUPINUS**, Tupinerius, Ejusdem, ut videtur, originis et significationis. Stat. Avellæ ann. 1496. cap. 172. ex Cod. reg. 4624 : *Quod aliqui pegoloti, seu Tupinerii, et alii quivis non debeant... ire hostiatim per locum Avillianæ.... ad vendendum mercerias, Tupinos, speciarias, vel alias res.*

¶ **TUPPA** Catenæ, Sera, in Vita S. Raynerii, tom. 3. Junii pag. 448 : ab Italico *Toppa*, Academicis Cruscanis, *Strumento di piastra di ferro con ingegni; per li quali si volge la chiave, fatto per serrare.*

* **TUPUS**, pro *Tripus*, Mensa fulcro tripede suffulta, ut suspicantur docti Editores ad Acta B. Amadei tom. 2. Aug. pag. 585. col. 2 : *Ecce quod ipse pater Amadæus, dum ad ejus cellam accederet et invenisset in refectorio Tupodem præparatum cum pane et aqua, ad cellam ipsius consocii sui ivit valde admiratus de tali præparatione, et cum eum socium suum interrogasset, quisnam in refectorio præparasset panem et aquam super Tupodem.... et consurgens a dormitorio suo ad refectorium ivit cum eodem patre, et invenerunt unum panem finum et album, et craterem unum aquæ recentis super Tupode.*

* **TURABULA**, Baculus collo porcorum appensus, ne prata subvertant, in Consuet. Solensi tit. 15. art. 13.

TURABULUM, pro *Thuribulum*, in veteri orbis Descriptione cap. 18. Vide *Batillum* et *Thuribulum*.

¶ **TURACHIUM**, Epistomium, dolii obturamentum Ital. *Turacciolo*. Vita S. Bernardini Sen. n. 54. tom. 5. Maii pag. 276.* : *Turachium seu spinam vegetis abstraxit et maxima pars vini defluxit.*

¶ **TURADIA**, pro *Curadia*. Vide *Curatura*.

1. **TURBA**, Niger cespes, qui e terra palustri et bituminosa eruitur, et vicem carbonis præbet, nostris, *Tourbe*, Teutonibus *Torf*, vel *Turf*, aut *Turve*. Lambertus Ardensis pag. 257 : *Quendam similiter mariscum, ut aiunt, proprium perfodi fecit, et in Turbas dissecari.* Charta Eustachii *de Campanies*, seu *de Hames* ann. 1210. in Tabular. S. Bertini : *Decem millia glebarum, quæ Turbæ vocantur.... fodere valeat ad focum suum.* Chronicon Andrense pag. 453 : *Pro eo, quod uxor ejus focum glebarum vel Turbarum exorsum habeat.* Provinciale Cantuariensis Eccles. lib 3. tit. 16 : *Decimæ... Turbarum in locis, quibus fabricantur et fodiuntur.* [Adde Chartam ann. 1191. diœc. Audomar. inter Instrum. Gall. Christ. novæ edit. tom. 3. col. 123. aliam ann. 1232. apud Myræum tom. 1. pag. 420. Formul. Anglic. Th. *Madox* pag. 27. etc.]

¶ Turfa. Charta ann. 1246. apud Miræum tom. 2. pag. 1323. col. 1 : *Morum dedit dictus Comes dictæ ecclesiæ de Thosan ad Turfas fodiendas.*

Turva, pro *Turba*, scribitur apud Rogerum Hovedenum pag. 784. ex Anglico *Turf*, vel *Torf* : *Qui autem forisfecerit in foresta Regis de viridi sive per culpaturam, sive per esbranchiaturam, sive per foditionem Turvarum, sive per escoriationem moræ, etc.* Differt autem *turba*, a *blestia*, ait Spelmannus, quod *turba* e terræ corpore effoditur, *blestia* ab ejus superficie abraditur; utraque in ignis alimentum a rusticis plurimis et a nobilibus ipsis in palustribus regionibus adhibita. *Blestiam*, nostris *Bleche* appellari subdit. Vide Plinium lib. 16. cap. 1. Leges Burgorum Scoticorum cap. 38. § 2. Buzelinum Galloflandr. pag. 313. Notitiam Ecclesiarum Belgii cap. 203. [Miræum tom. 2. pag. 867. 873. 1321.] et quæ de *Turbis* ex professo scripsere Martinus Schoockius, Professor Groninganus, Carolus Patinus, et aliquot alii.

¶ Turvus. Charta ann. 1101. apud Miræum tom. 1. pag. 168. col. 2 : *Præter jus ad dicum, necnon et unum sach ad Turvos et ad silvam.*

¶ Turbo, Eadem notione. Johan. Iperii Chron. S. Bertini apud Marten. tom. 3. Anecd. col. 757 : *Officium fuit granatarii omnia monasterii ædificia sustentare.... panem, cervisiam, ligna, Turbones.... providere, etc.* Chartæ Corbeienses ann. 1190. et 1201 : *Ecclesiæ Corbeiensi medietatem omnium, quæ ex nemore de Wouthust et wastinis adjacentibus vel Turbonibus provenerint, recognosco.* Charta ann. 1345. in Instrum. Gall. Christ. novæ edit. tom. 3. col. 123 : *Item in lignis combustibilibus 18. lib. item in Turbonibus 20. sol.* [** Chart. ann. 1152. apud Lappenb. Orig. Hanseat. Probat. pag. 64 : *Scuta cum Turbonibus 1. den. sed si alias merces intus habuerit 2. den.*]

Turbariæ, Loci ejusmodi cespitibus fodiendis idonei, quomodo describuntur apud Willelmum Armoricum lib. 2. Philipp. ubi de Flandria :

Arida gleba foco siccis incisa mariscis.

In Charta Hugonis Gandensis Castellani ann. 1228. apud Lindanum in Teneræmunda : *Concessimus etiam eis, ut habeant 20. bonaria palustris fundi ad opus ignis.* Et in libro de Proprietatibus rerum lib. 15. de Flandria : *In plurimis est bituminosa, ex qua foditur materia, apta ad ignium nutrimenta.* Vide Scaligeriana 1. edit. pag. 349. Monasticum Anglic. tom. 1. pag. 284 : *Pascuis, et molendinis, et Turbariis, et stagnis, etc.* Adde pag. 637. Idem Monast. tom. 2. pag. 173 : *In Turbaria tantum turbæ, quantum convenit eis, etc.* Pag. 220 : *Quandam Turbariam, habentem in latitudine 20. perticas, et in latitudine, quantum ipsa mora extenditur. Turbarie*, apud Brittonem pag. 135. v°. Adde Statutum 2. Westmonast. cap. 23. Fletam lib. 1. cap. 12. § 21. lib. 2. cap. 41. § 2. Concilium Maghfeldense ann. 1330. Gul. Prynneum in Libertat. Angl. tom. 3. pag. 463. Edw. Bisseum ad Nicolaum Uptonum pag. 86. [Matth. Paris ad ann. 1213. et in Addit. 2. Formul. Angl. Thomæ *Madox* pag. 183. Litteras ann. 1399. apud Rymer. tom. 8. pag. 95. alias ann. 1408. ibid. pag. 561. Chartam ann. 1360. apud Lobinell. tom. 2. Hist. Brit. col. 503. etc. *Tourberie*, in Invent. Chartar. Reg. ann. 1482. f. 207. ex Charta ann. 1209. Rursum occurrit in Charta ann. 1348. ex Chartul. 21. Corb.] De *Turbariis* Anglicis ita Cambdenus in Lancastrensi agro : *Ubique solo tolerabili, nisi uliginosis quibusdam et minus salubribus locis, Mosses vocant, qui tamen hæc sua incommoda, commodis suis resarciunt uberioribus; abrasa enim superficie, unctuosos cespites, Turffes dicunt, ad ignis fomitem... suppeditant.* Præallatis addere placet, quod de hujusmodi Turbariis habet Chronicon Montis Sereni ann. 1181 : *Civitas autem in palude ædificata erat triplici vallo, et muro forti munita. Palus autem circa civitatem porrecta, non patens, sed sub cespite latens erat, et cespes ipse non solidus, sed vestigiis cedens, quasi immersionem desuper ambulantibus minabatur. Super hunc machinæ multæ diversi generis multo labore et sumtibus magnis ad capiendam civitatem constituebantur. Interim vero hi, qui obsessi fuerant, stultum judicantes nihil per se agere, quoniam hujusmodi materies flammæ admodum capax est, cespitem ex ea parte, qua extremo civitatis vallo jungebatur, obsessoribus ignorantibus incenderunt. Ignis autem subterraneo meatu serpens cito dilatatus est, qui cum ad locum machinarum venisset, cespes subter igne exesus, molem superpositam ferre non valens, repente subsidit, totaque illa structura cadendo secuta, copiosum igni pabulum ministravit.*

¶ Turbera, Idem, ut puto, quod *Turbaria*. Formul. Angl. Thomæ *Madox* pag. 275 : *Concessi.... pasturam de Middelmora* cum *Turbera quantum ad nos pertinet, et terram nostram, etc.*

¶ Turbagium, Jus *turbas* fodiendi. Charta Philippi Pulchri Regis Franc. ann. 1308. ex Chartul. 23. Corb. : *Super dictis Turbagiis et pasturagiis dictorum mariscorum partes prædictæ alias fuerant ad dictum bullivum remissæ.* Alia ejusdem Reg. ann. 1310. ibid. : *Omnia jura ad ipsam communiam et singulares personas... spectantia in dominio, proprietate, possessione, saisina, mariscis, Turbagiis, clausuris murorum, portis, befredo, carceribus, etc.* Vide *Turbatio.*

* Turbagium, Actio fodiendi *turbas.* Charta Will. comit. Pontiv. ann. 1203. in Lib. nig. priorat. S. Petri Abbavil. fol. 212. v° : *Concessi... ad extrahendum turbas; ita quod singulis annis de nummis inde receptis quadraginta solidos sterlingorum, quamdiu in prædicto marisco Turbagium fiet,.... recipiam.*

¶ Turbare, *Turbas* fodere, Gall. *Tourber.* Charta Philippi Pulchri Regis Franc. ann. 1308. ex Chartul. 23. Corb. : *Major et Jurati villæ Corbeyæ dicentes se indebite et de novo per Abbatem et Conventum Corbeyæ impeditos in saisina Turbandi quædam maresia quæ ipsi dudum emerunt, etc.* Charta ann. 1321. ibid. : *Lesdits marés, porront et poent lesdits Religieux Tourber et effondrer toutefois que il leur plaira. Tourbier* dicitur qui *turbas* fodit, in Charta ann. 1372. ex Chartul. 21. Corb. fol. 266.

2. **TURBA**, Practicis nostris vulgo *Turbe*, vel *Enqueste par turbe*, Inquisitio a judice delegata super usu et more recepto in aliqua provincia : *Ordinatio de inquisitione consuetudinum facienda. Inquiretur de consuetudine in hunc modum : Vocabuntur plures sapientes, carentes suspicione. Ipsis vocatis proponetur eis consuetudo, et dabitur eis in scriptis; qua proposita, jurabunt quod ipsi dicent, et fideliter referent illud, quod sciunt, et credunt, per os unius ex ipsis, et viderunt usitari super illa consuetudine. Quo juramento præstito, trahent se ad partem, et deliberabunt, et referent deliberationem illam, et dicent inter quas viderunt illam consuetudinem, et in quo casu, et quo loco, et si fuit judicatum, et de circumstantiis, et omnia redigent in scriptis. Et mittantur ad curiam clausa, sub sigillis inquisitorum, et reddent omnes causam dicti sui, etiam in Turba.* Habetur etiam in veteri Consuetudine Bituricensi, edita a Thomasserio, articulus : *Coment Coustume se doit prouver,* ubi eadem ferme statuuntur. Ejusmodi *Turbas* amovit Rex Ludovicus XIV. edicto suo anno 1667. art. 13.

¶ 3. **TURBA**, Hæreticorum conventus. Cod. Theod. lib. 16. tit. 5. leg. 3 : *Ubicumque Manichæorum conventus vel Turba hujusmodi reperitur, etc.* Rursum occurrit leg. 6.

* 4. **TURBA**, vox forensis, practicis nostris *Trouble*, Actio juridica, qua quis in possessione sua *turbatur* et impeditur. Charta ann. 1319. in Reg. 59. Chartoph. reg. ch. 320 : *Idcirco supplicant abbas Villæ-longæ et syndicus nomine sui monasterii dictum impedimentum et Turbam tolli et amoveri.*

¶ **TURBAGIUM**. Vide in *Turba* 1.

TURBAMEN, Turba, motus, apud Willelmum Neubrigensem lib. 4. cap. 8.

¶ **TURBANTIA**, ut *Turbamen.* Chron. Danduli apud Murator. tom. 12. col. 213 : *Si autem, quod absit, omnes habitatores Istriæ vobiscum aliquam Turbantiam vel molestiam habuerint, etc.*

TURBARE, Omnem animi sensum cædendo auferre. Lex Bajw. tit. 5. § 6 : *Si eum plagaverit, ut cervella appareant,... et si eum tantum ceciderit, et Turbaverit, usque dum eum semivivum relinquat, etc.* [Vide alia notione in *Turba* 1.]

Turbare Oculum, Excutere, pro *Exturbare.* Charta Alfonsi VI. Imperat. Hispaniar. ann. 1086. apud Anton. *de Yepez* tom. 6 : *Qui oculum Turbaverit, aut dentem excusserit, aut membrum secaverit, seu damnaverit, 60. solidos dabit Abbati.*

¶ **TURBARIA**. Videsis in *Turba* 1.

¶ **TURBARIUS**. Vide mox in *Turbiculi.*

* **TURBATIA**, Confusio, perturbatio, Gall. *Trouble.* Stat. Univers. Aurel. ex Cod. reg. 4223. A. fol. 67. v° : *Sunt nonnulli... qui alios studentes diffidant vel bellum sibi, ac si essent principes, barones vel milites, indicendo;... ex quibus dissentiones, debata, scandala, Turbatiæ totius Universitatis et pericula quam plurima.... obvenerunt. Turbil*, eodem intellectu, in Vitis SS. MSS. ex Cod. 28. S. Vict. Paris. fol. 30. v°. col. 2 : *La foy Catholique sera trestornée en grant Turbil.* Hinc *Tourbel*, pro *Meslée*, Conflictus, acies, in Roem. Alex. MS. part. 2 :

Alons en ce Tourbel, qui là est estourmis,
Ceus de Phezon i voi de combatre aatis.

* **TURBATICUS**, Agitatus, turbulentus, quieto oppositus. Acta S. Sebaldi tom. 3. Aug. pag. 772. col. 1 : *Vitam Turbaticam* (et) *activam benigne perfecit in oppido; sed vita quieta et contemplativa fungebatur in silva.*

* **TURBATIO**, Jus *turbas* fodiendi. Charta ann. 1294. in Chartul. S. Gauger. Camerac. fol. 8 : *Super Turbationibus... in mariscis, aquis et piscariis villæ de Ham in Cameracesio.* Vide in *Turba* 1.

TURBEDINES, pro *Turbines*, apud Ruricium Lemovicensem Episcop. lib. 2. Epist. 51 : *Propter vitæ istius Turbedines ac procellas.*

¶ **TURBELA**, Turba, molestia. Capitularia Caroli C. tit. 17 : *Quatenus moderata rerum distributio... non alia constitutione moveatur, quæ eorum animos aliqua Turbela in divino servitio tepescere cogat.*

Turbela, Seditio. Ammianus lib. 14 : *Populari quondam Turbela discerpti.*

¶ **TURBELIX**, Δίχηλος, ὀρνέου εἶδος, in Glossis Lat. Gr. Aliæ Gr. Lat. : Δίχηλος, ὀρνέου εἶδος, *Turbalia, disulcus, bisulcus, bifidus.* Martinius emendat *Turdelix*, κιχήλα, parvus turdus.

TURBELLA, Procella, quæ aerem *turbat.* S. Augustinus lib. 1. de Civit. Dei : *Omnem motum cordis, et salum, omnesque Turbellas fluitare asserit.* Baldricus Dolensis in Vita Roberti de Arbrisello : *Cum me et multo mundi fluctivagi inquietet Turbella.* Alii codd. habent *procella.*

¶ **TURBERA**. Vide supra in *Turba* 1.

¶ **TURBICARE**. Vide mox in *Turbidare.*

TURBICULI, Turbarii, vulgo *Kerni*, dicti apud Hibernos milites levis armaturæ, qui jaculis amentatis, machæris, et cultris, sive sicis, *Skeynes* vocatis, dimicabant; de quibus Henricus Marleburgensis, et ex eo Jacobus Waræus in Antiquitatib. Hibernicis cap. 12. sect. 1.

¶ **TURBIDARE**, *Perturbare, iram concitare*, in Gemma. Sidonius lib. 1. Epist. 2 : *Animæ serenitatem secularium versutiarum flatibus Turbidare.* Mart. Capella lib. 1 : *Commutationum nubilo Turbidari.* In Glossario MS. quod laudat Vossius lib. 4. de Vitiis serm. cap. 28. habetur : *Turbicare, Turbationem facere.* Vide *Turbulentare.*

¶ **TURBIFICARI**, Raucum fieri, Gall. *S'enrouer.* Medicina Salernitana edit. 1622. pag. 111 :

Si vinum rubrum nimium quandoque bibatur,
Venter stipatur, vox limpida Turbificatur.

¶ **TURBINARE**, Ἐπιτροχίζω, in Glossis Lat. Græc. *Turbinatus*, in formam turbinis acutus, apud Plinium et alios. *Turbinatus capillus*, Calamistratus, cincinnatus, Gall. *Frisé, bouclé*, in Synodo Oriolana ann. 1600. tom. 4. Concil. Hispan. pag. 719.

** **TURBINOSUS**, Turbatus. Virgil. Gramm. pag. 117 : *In Turbinosa cordis profunditate.*

¶ **TURBINUS**, Turbo, Gall. *Toupie.* Glossæ Græco-Latinæ : Στρόμβος, *Turbo, Turbinus.*

¶ **TURBITUDO**, Turbo. Vita S. Amandi, tom. 1. Junii pag. 631 : *Sic Turbitudine involvuntur incendii, ut interfectis plurimis, semiusti aliqui vel saucii tollerentur.*

¶ **TURBO**, Gleba, Gall. *Tourbe.* Vide *Turba* 1.

TURBONES, *Minæ, terrores, clamores.* Papias.

TURBULENTARE. Utitur S. Zeno Veronensis serm. de Patientia. [Vide *Turbidare.*]

¶ **TURBULOSUS**, Conturbatus. Vita S. Elizabethæ Schonaug. tom. 3. Junii pag. 615 : *Quia necesse est consolari animam Turbulosam.*

* **TURBUS**, Turbo, Gall. *Toupie.* Glossar. Provinc. Lat. ex Cod. reg. 7657 : *Tornet, Prov. trochus, Turbus.* Vide *Turbinus.*

TURCARE, Quempiam ad Mahumetanam superstitionem traducere, *Turcum* facere. Raimundus de Agiles pag. 148 : *Turcæ per annos 14. Antiochiam obtinuerant, atque Armenios juvenes pro penuria domesticorum Turcaverant, et uxores eis dederant.* Infra : *Quidam de Turcatis, qui erat in civitate, per Boimundum principibus mandavit nostris, etc.* Idem pag. 171 : *Si qui per Dei gratiam contempsissent, cogebantur tradere pulchros parvulos suos ad circumcidendum vel Turcandum, etc.* [Adde Gesta Tancredi apud Marten. tom. 3. Anecd. col 170.]

TURCASIA, Pharetra. Mauritius Episcop. Catanensis in Hist. Translat. corporis S. Agathæ V. et M. num. 4 : *Artus reliquos, ne quovis indicio possent detegi, in duabus pharetris, quas vulgo Turcasias nominant, attulerunt.* Et num. 13 : *Reliquias de Turcasiis reverenter extraxit.* [Ita etiam apud Bollandistas tom. 1. Febr. pag. 638.] Quibus locis Pirrus *Tharcassios* et *Tarcasios* habet; et recte, si vocem Græcanicam ævi inferioris spectemus; nam ταρκάσιον hac notione occurrit apud Cananum pag. 19. et alios a Meursio laudatos. Itali etiam *Turcasso* dicunt, qua voce utuntur Jo. Villaneus lib. 8. cap. 35. et Matthæus Villaneus lib. 6. cap. 54. Nos vero *Carquois* dicimus. Vide Oct. Ferrarium in *Carcasso.*

¶ **TURCELLUS**, pro *Turtellus*. Vide in *Torta* 1.

¶ **TURCHEMANNUS**, Interpres, Gall. *Trucheman*. Vide *Dragumanus*. Aliud est in *Turcomannus.*

¶ **TURCHESIUS**, Lapis pretiosus, Gall. *Turquoisé*, Turcica gemma. Occurrit in venditione *jocalium* facta ann. 1347. tom. 2. Hist. Dalphin. pag. 568. Vide *Turchina* et *Turkesius.*

TURCHIFARUS, Monetæ aureæ Turcicæ species. Conventiones Michaëlis Palæologi Imper. et Genuensium ann. 1261. a nobis editæ post Historiam Gallo-Byzantinam : *Yperperos aureos et Turchifaros liceat eis extrahere ad eorum voluntatem et deferre.*

¶ **TURCHIMANNUS**, Interpres, Gall. *Trucheman*. Hist. Sicula apud Murator. tom. 8. col. 779 : *Corrado quidem Turchimannus Soldani, dixit : Quare tuis conculcas pedibus Domini crucem ?* Vide *Dragumanus.*

¶ **TURCHINA**, Academicis Cruscanis : *Pietra preziosa, cosi detta dal suo colore, che anche si chiama azzurro.* Lapis pretiosus, nostris *Turquoise* : quem cum veterum calaïde multi confundunt. Acta S. Franciscæ Rom. tom. 2. Martii pag. 112 * : *Decimus vero lapis erat similis Turchinæ.* Vide Philib. *Monet* in suo Gallicæ ac Lat. linguæ Inventario, Menagium in Etymol. Gall. et *Turkesius.*

¶ **TURCHINUS**, Cæruleus, Ital. *Turchino*, Gall. *Turquin*. Translatio SS. Prosperi et Venerii, tom. 5. Junii pag. 70 : *Duobus velis sericeis coloris Turchini. Turchinus* dicitur a Turcis, quod iis admodum placeat color cæruleus.

* **TURCHISCA**, Turcica gemma, Gall. *Turquoise*. Invent. MS. thes. Sedis Apost. ann. 1295 : *Item unam saleriam de cristallo, ... cum quibusdam granatellis, perlis et Turchiscis.* Vide *Turchina.*

¶ **TURCHOMANNUS**. Vide in *Turcomanus.*

¶ **TURCHONIANUS**, pro *Turchomanus*, mendose, ni fallor. Epistola Odonis Episc. Tuscul. ann. 1249. ad Innocentium IV. PP. tom. 7. Spicil. Acher. pag. 215 : *Turchoniani paulo ante cum nimia multitudine Antiochiam aggressi fuerant.*

¶ **TURCIMANUS**, Interpres, peregrini sermonis explicator, Gall. *Trucheman*. Richardi de S. Germano Chron. apud Murator. tom. 7. col. 987 : *Per Turcimanum suum, id est interpretem, dat eis responsum.* Vide *Dragumanus.*

¶ **TURCISCHA**, Vestis species Turcorum propria. Candidus Decembrius in Vita Philippi Vicecomit. Mediolan. apud Murator. tom. 20. col. 1007 : *Postremo deposito omni ornatu, cum jam gravior esse cœpisset, nihil amplius, quam cubicularibus indutus est tunicis, quas forma strictiores, et ad pedes usque demissas, Turcischas appellant.* Vide *Turquesium.*

¶ **TURCOISIUS**, a Gall. *Turquoise*, Lapis pretiosus. Inventar. S. Capellæ Paris. ann. 1376. ex Bibl. Reg. : *Item, duo morsus alii argenti deaurati.... muniti de perreria, videlicet..... de saphiris et de Turcoisiis.* Vide *Turchina.*

TURCOMANNUS, inquit Scaliger lib. 3. Canonum Isagogic. aut *Turcmen*, proprie est νομαδικός, qui stabile stabulum, ut Plautus loquitur, non habet, cujusmodi est natio, unde isti Turcomanni sumebantur, Circassis finitima. *Turchemanni*, apud Sanutum lib. 3. part. 12. cap. 1 : *Hi*, inquit, *inter Saracenos præ cunctis despectiores, nec castra, nec civitates habent, nec lucris inhiant, solis animalibus contenti, tentoriis de filtro utuntur.* [Radulfus de Gestis Friderici I. Imp. apud Murator. tom. 6. col. 1194 : *Post hæc invenerunt Turcomannos de Berza; sunt enim agrestes Turchi, qui nullo detinentur imperio, et nulla loca possident, sed morantur in agris.* Eadem fere habet Sicardus Episc. Cremon. in Chronico apud eumdem Murator. tom. 7. col. 609. Perperam *Turcuianni* legitur in Chronico T. S. Radulphi Coggeshal. Abb. apud Marten. tom. 5. Ampliss. Collect. col. 560. ut satis patet ex col. 548. ubi iidem populi memorantur atque dicuntur *Turcomanni.*] Vide S. Hieron. de Vita Malchi, Will. Tyr. lib. 1. cap. 7. Jacobum de Vitriaco in Hist. Hieros. cap. 11. et Notas nostras ad Cinnam. pag. 466.

* Guill. Tyrii contin. Hist. apud Marten. tom. 5. Ampl. Collect. col. 732 : *Cil Turquemans sont une gent sauvage, qui n'ont ne ville ne chastiaus, ains sont les jors herbergiés en tentes qu'il ont de feutres, et ont bestes à grant foison, etc. Turs*, pro *Turcs*, in Assis. Hierosol. cap. 64.

TURCOPULI, *Milites levis armaturæ*, ut auctor est W. Tyrius lib. 1. cap. 7. lib. 19. cap. 24. lib. 22. cap. 27. *Turcopuli equites*, in Additamentis ad Matth. Paris pag. 119. Sic porro dicti, inquit Ramundus de Agiles, *qui vel nutriti apud Turcos, vel de matre Christiana, patre Turco procreantur.* Albertus Aq. lib. 5. cap. 3 : *Turcopoli gens impia et dicta Christiana nomine, non opere, qui ex Turco patre et Græca matre procreati, etc.* Nempe quasi Turcorum filii; ea enim vis est dictionis ποῦλος apud Græcos recentiores. Τουρκόπουλα neutro genere effert Nicephorus Gregoras lib. 7. pag. 159. edit. Genev.

Turcopli, apud Rogerum Hovedenum pag 660. ex Gallico *Turcoples. Le voyage d'Outremer du Comte de Pontieu* MS. : *Après le mangier, arcier et Turcoples vindrent au Soudan.* Adde Villharduin. n. 168. His Alexium Imperatorem, aliosque Principes in bellis usos observant Scriptores Byzantini. Ordericus Vital. lib. 10. pag. 791 : *Turcopolisque, qui Geticæ locutionis et ritus patriæ, viarumque gnari erant, præeuntibus iter inierunt.* Guibert. lib. 3. Hist. Hierosol. cap. 8 : *Ii, qui vocantur Turcopoli, quos non alios quam familiares ejus* (Alexii Imp.) *Militias intelligimus, etc.* Vide Odoricum Rainaldum in Annalib. Ecclesiast. ann. 1229. n. 3.

Turcopularius, Qui *Turcopolis* conductitiis præfectus erat, quo nomine erat dignitas in Aula Regum Cypri, de qua mentio fit in Assisiis Hierosol. MSS. et apud Stephan. Lusinian. in Hist. Cypr. ut et apud Hospitalarios Equites. Statuta Ordinis Hospital. S. Joan. Hierosol. tit. 19. § 7 : *Turcopolerius, Bajulivus Conventualis venerandæ linguæ Angliæ, dicitur a Turcopolis, qui ut in historiis bellorum a Christianis in Syria gestorum habetur, equites erant levis armaturæ.* De ejus officio vide tit. 10. § 25. 26.

¶ Turcoplarius *de Rhodes, Prior Hospitalis S. Johannis Jerusalem in terra nostra Hiberniæ*, in Litteris ann. 1408. apud Rymer. tom. 8. pag. 525. *Turcupler de Rodes*, in aliis an. 1443. tom. 11. pag. 45.

¶ **TURCUIANNUS**, Vide in *Turcomanus.*

¶ **TURCUS** Magnus, Bernardo *de Breydenbach* Itin. Jerosol. pag. 212. Imperator Turcarum, ut apud Gallos *le grand Turc. Turchus* unde pluries dicitur in Epistola Calixti III. PP. ann. 1456. ad Carolum VII. Regem Franc. e Bibl. Regia.

*¶ **TURDUS**, Piscis species. Tract. MS. de Pisc. cap. 74. ex Cod. reg. 6838. C : *Merula, quam peritiores piscatores merle vocant, nonnulli Tourd, non distinguentes Turdum a merula.* Et cap. 75 : *Turdum nostrates, Provinciales, Itali, Hispani turdo, Galli Vieille vocant.*

1. **TURELLA**. Ugutio MS. : *Toles, itis, sunt membrorum tumores circa uvam stantes; has vulgo per diminutiones tunicas, vel Turellas vocant. Hæc in faucibus solent turgescere.* Jo. de Janua habet. *Tusillas.*

¶ 2. **TURELLA**, Parvus agger inter agros ductus, per quem inceditur. Privilegium Henrici domini de Soliaco ann. 1301. apud Thomasserium in Biturig. pag. 123 : *Si quis accusatus fuerit de pasturalli, Turella, vel platea arata, etc.* Vide *Torallum.*

* Vulgo *Toral; Turaut*, eadem notione, in Lit. remiss. ann. 1373. ex Reg. 104. Chartoph. reg. ch. 351 : *Laquelle fille dist que elle vouloit veoir traire lesdis arbalestriers, et derriere lesdis murs se monta sur un Turaut et se leva sur ses piez pour mieux veoir ledit trait, etc.* Idem quoque sonat vox *Turgeault*, in aliis Lit. ann 1471. ex Reg. 194. ch. 344 : *Les beufz reculllerent sur ung petit Turgeault, et en reculllant verserent et tumberent ladite charrette.* Unde *Turée*, pro *Turcie*, agger, in Lit. remiss. ann. 1478. ex Reg. 205. ch. 63 : *Ilz s'en alloient le long de la Turée de la riviere de Loire.* Hinc etiam *Turet* Blesis nuncupatur, Scopus, quod terræ aggestæ infigi soleat. Lit. remiss. ann. 1416. in Reg. 169. ch. 452 : *Lesquelz compaignons avoient empriss que la partie, qui frapperoit premierement de sa bille contre une verge de bois fichée en terre, que l'en appelle ou païs* (Blésois) *le Turet, gaigneroit le jeu.* Vide *Toro.*

¶ 3. **TURELLA**, Turricula, Gall. *Tourelle*. Charta Edwardi I. Regis Angl. : *Fundata per muros et Turellas villæ Burdegal.* Et mox : *In muris et Turellis prædictis.* Charta ann. 1254. apud Marten. tom. 1. Ampliss. Collect. col. 1318 : *Concessi... locum... qui portenditur in burgum a rure conjuncto dictæ portæ usque ad proximam Turellam exclusive, et extenditur in latum versus plateam, etc.* Haud scio an hinc repetenda sit vocis *Tarelure* origo, qua significari videtur arcis porta quæ *Turellis* seu turriculis defendi solet. Chron. Bertrandi Guesclini :

Et puis la Turelure fut en l'eure fermée.

¶ **TURELLUS**, Idem quod *Turella* 3. Litteræ ann. 1327. apud Rymer. tom. 4. pag. 297 : *Muros, fossata et Turellos ac munitiones ejusdem civitatis.* Rursum occurit ibidem, ut et in Litteris ann. 1378. tom. 7. pag. 185.

* Legitur præterea in Lit. ann. 1416. tom. 10. Ordinat. reg. Franc. pag. 399. et 403. Ita nostris *Turel*, pro *Tourelle*. Lit. remiss. ann. 1383. in Reg. 122. Chartoph. reg. ch. 342 : *Icellui de la Barre bouta l'exposant d'un haut Turel aval en la quarriere dessoubz ledit Turel.* Vide infra *Turrella*.

¶ **TURELUPINI**. Vide infra *Turlupini*.

¶ **TURFA**, Cespes, vulgo *Tourbe*. Vide *Turba* 1.

TURGEOLUM. *Vas interius grossum et turgidum*, apud Johannem de Janua. [Lego *Turgiolum* in editione ann. 1514. ut et in Glossis Lat. Gall. Sangerman. ubi redditur *un vaissel gros dedans.*]

¶ **TURGIA**, Sus, ut puto, Gall. *Truie*, Ital. *Troja*. Statuta Montis-regalis pag. 306 : *Item pro qualibet Turgia sol. den. octo. Item pro qualibet bestia vaccina sol. den. octo.*

¶ **TURGIDARE**, Tumefacere. Miracula S. Gibriani pag. 647 : *Cancer... infectione sua ipsam coxam in modum columnæ Turgidavit.*

¶ **TURGIOLUM**, Vide in *Turgeolum*.

TURGNI, Species columbarum, a colore sic dicti, inquit Petrus de Crescentiis lib. 9. cap. 88. ubi vetus ejus interpres Gallicus *bruns* vertit; sed forte legendum *Turchini*. [Vide *Turchinus*.]

¶ **TURGO**, Acipenser, Tursio, Gall. *Esturgeon*. Vide locum in *Atacheia*.

¶ **TURGOR**, *Tumor, Turgiditas*, Joanni de Janua; *Enflure*, in Glossis Lat. Gall. Sangerman. Flodoardus lib. 1. Hist. Rem. cap. 20 : *Mirabili Turgore distentus intumuit, et exspirans crepuit medius.* Utitur etiam Mart. Capella lib. 2. et 5. pag. 35. et 187. A *turgere turgor*, ut a *tumere tumor* effecerunt.

¶ **TURIBULARIUS**, Turibulum. Vide in *Thuribularius* et *Thuribulum*.

TURIDUBUS. Miracula S. Eutropii n. 12. de quibusdam captivis : *Timens autem de evasione eorum, misit quosdam de Turidubis suis, et jussit, ut de Ecclesia S. Eutropii vi vel amore inde compedes ferreos fortissimos apportarent.* Locus luxatus; ubi legendum forte *Turribus*, milites scilicet, qui turres servabant.

TURIO, Arboris vel arbusti teneritas, apud Columellam lib. 11. cap. 48 : *Lauri Turiones in hoc usu mittito, ut olivas deprimant.* Apicius lib 8. cap. 1 : *Elixatur in aqua marina, cum Turionibus lauri et metho.* Occurrit apud Gariopontum lib. 1. cap. 17. lib 2. cap 3. lib. 3. cap. 19. 30. 52. et alibi non semel. Nos vulgo dicimus *Bourjon*, forte pro *Tourjon*.

* Glossar. medic. MS. Sim. Januens. ex Cod. reg. 6959 : *Turiones dicunt teneritates summitatum arborum vel arbustorum, ut vitium.*

* **TURIUS**, pro *Sturius*, Sturio, Gall. *Eurgeon*. Charta ann. 1059. (1036. in Reg. 66. Chartoph. reg. ch. 869.) inter Instr. tom. 11. Gall. Christ. col. 14 : *Quod si homines abbatis piscem, qui vocatur Turium, capiunt, totus erit S. Michaelis; crassus piscis, si captus fuerit, ala una et medietas caudæ erit monachis. Sturjon* ex eadem Charta edidit Cangius in *Craspiscis*. Vide *Turgo*.

¶ **TURIZELLUS**, Turricula, ni fallor. Chron. Parm. ad ann. 1307. apud Murator. tom. 9. col. 866 : *Duo Turizelli primo facti et levati fuerunt super baptismo Ecclesiæ majoris cum colonellis et cum pannis deauratis.*

TURKESIUS, Lapis pretiosus, vulgo *Turquoise*. Monasticum Anglic. tom. 5. pag. 314 : *Et in circuitu inseruntur lapides Turkesii, etc.* De etymo, vide Scaligerum Exercitat. 395. in Cardanum n. 10. 15. et Philandr. ad Vitruvium lib. 7. cap. 2. Adde Bartholomæum Anglic. lib. 15. de Proprietatib. rerum cap. 97. cui *Turchogis* dicitur. [Vide *Turchesius*.]

TURLUPINI, [vel ut legit Hofmannus, *Turelupini*,] Hæretici Valdensium sectarii, in Gallia sub Carolo V. Rege Franciæ ann. 1372. de quibus Bernardus Lutzenburgius et Prateolus de Hæretic. sic dicti, inquit Vignerius ann. 1159. quod ea tantum habitarent loca, quæ lupis exposita erant. Computum Nicolai *Mauregart* Burgensis Parisiensis de Auxiliis Præpositure Paris. ann. 1374 : *A Frere Jacques de More de l'Ordre des Freres Prescheurs Inquisiteur des Bougres de la Province de France, pour don à lui fait par le Roy par ses Lettres du 2. Fevrier 1373. pour et en recompensation de plusieurs paines, missions, et despens qu'il a eus, souffers, et soustenus, en faisant poursuitte contre les Turlupins et Turlupines, qui trouvez et pris ont esté en ladite Province, et par sa diligence pugnis de leurs mesprentures et erreurs, pour ce 50. francs, valent 10. livres Parisis.* [Chron. vernaculum ab ann. 1214. ad ann. 1412 :

L'an MCCCLXXII. je vous dis tout pour voir,
Furent les Turelupins condamnez à ardoir,
Pour ce qu'ils desvoient le peuple à decepvoir
Par feaultes heresies, l'Evesque en soult levoir.]

Vide Menagium in Originationibus Francicis [et Dissertat. *de Beausobre* de Adamitis part. 2.]

1. **TURMA**, Turmarii. Lex 3. Cod. Theod. de Privileg. eorum, qui in sacro Palatio militant (6,35.) : *Quibus omnibus condonamus, ne Exactorum vel Turmariorum, quos Capitularios vocant, curam subeant, vel obsequium Temonariorum, vel Protolypiæ.* Ubi *Turmarii* inter vilia officia numerantur; erant quippe ii, qui *Turmas* Tyronum exigebant. Nam cum provinciales tenerentur ad Tyrones præbendos, ut est in lege 7. Cod. Theodosii de Tyronibus, pro quibus interdum eorum æstimatio præstabatur, quæ 36. solidorum erat ex d. l. qui has æstimationes recipiebant, *Temonarii* dicebantur; ut *Turmarii*, qui pretium *Turmarum*, hoc est, plurium Tyronum unde conflaretur Decuria aut Centuria, vel cohors. Ita enim vox *Turma* usurpatur in lege 8. d. tit. de Tyronib. (7,13.) : *Inter optimas lectissimorum militum Turmas, neminem e numero servorum dandum esse decernimus, etc.*

2. **TURMA**, Regio. S. Augustinus de Cura pro mortuis cap. 12 : *Homo quidam de Turma, Curina nomine, municipii Tulliensis, quod Hipponi proximum est, curialis pauper, vix illius loci Duumvir altius et simpliciter rusticanus, etc.* Eustathius ad Iliad. ω : Καὶ τόποι Λυβικοὶ, νόμοι ἐγχωρίως λέγονται, καθ' ἅ τις ἂν εἴποι ῥεγεῶνες, ἢ τοῦρμαι, ἢ μᾶλλον ἐνορίαι. Τοῦρμαν dixit hac notione Constantius de Administr. Imperio. Vide Notas nostras ad Alexiadem pag. 273. et Glossar. med. Græcit. col. 1590.

Turmarcha, Turmæ seu regionis Præfectus; constabat autem Turma 30. militibus. *Theophylactus Turmarchus*, apud Johannem VIII. PP. Epist. 240. Fragmentum Hist. Longob. editum a Camillo Peregrino pag. 146 : *His diebus Theodorus Turmaca Benevento præerat.* Legendum ibi indubie *Turmarcha*, ex Græco Barbaro τουρμάρχης. Ita etiam emendandum apud Ughellum tom. 1. pag. 995 : *Stratigotis, Judicibus, Vicecomitibus, Turmarchis, Plateariis, etc.* pro *Curmarchis*. Constantinus Porphyrog. lib. 1. de Themat. pag. 11 : Οἱ δὲ λεγόμενοι Τουρμάρχαι, εἰς ὑπουργίαν τῶν στρατηγῶν ἐτάχθησαν. Σημαίνει δὲ τὸ τοιοῦτον ἀξίωμα, τὸν ἔχοντα ὑφ' ἑαυτὸν στρατιώτας τοξοφόρους πεντακοσίους, καὶ πελτάστας διακοσίους, καὶ δεξιολάβους ἑκατόν. Ita Τουρμάρχης, apud Leonem Imp. in Tacticis cap. 4. §. 8. in versione Lat. (nam in Gr. habetur μεράρχης. Idem porro μέρος Leoni, quod τοῦρμα, eodem cap §. 43. 44.) et §. 65. De *Turmis* militaribus agunt passim veteres Inscriptiones. Consule Indicem Scaligeri cap. 6. Vide præterea Glossaria Rigaltii, Meursii, et Fabroti ad Cedrenum.

3. **TURMA**. In Capitul. Caroli M. lib. 7. cap. 163. [** 231.] jubentur *omnes Presbyteri parochiæ ad civitatem per Turmas, et per hebdomadas, ab Episcopo sibi constitutas, convenire discendi gratia, ut aliqua pars in parochiis remaneat, ne populi et Ecclesiæ Dei absque officio sint, etc.* Et cap. 360. [** 460.] jubentur pariter Primates Provinciarum, *ut de universis Episcopis, vel duas vel tres Turmas faciant, ac de singulis Turmis vicissim quotquot electi fuerint, ad diem Concilii occurrant.* Titulus vero hujus capitis hisce verbis concipitur : *Ut non alii Metropolitani Primates appellentur, nisi illi, qui primas sedes tenent; quia alii non possunt facere tres Turmas de Episcopis, quam illi, qui primas sedes tenent, qui tres Turmas facere debent, sicut in hac sententia jubetur.* Vide Vitam Aldrici Episcopi Cenoman. pag. 84. supra *Psallentius*, et Chartam Chlodovei Jun. Reg. apud Mabillon. de Re Diplomat. pag. 466. Vide *Norma*.

* **TURMELLA**, Turmula, *dimin.* a *Turma*, *compenha*, *Prov.* Glossar. Provinc. Lat. ex Cod. reg. 7657. Charta Wilgfridi episc. Virdun. inter Probat. tom. 2. Annal. Præmonst. col. 320 : *Sub regula sancti Benedicti monachorum Turmulam.... coadunare pro tempore et posse conati sumus.*

¶ **TURMELLUS**, Coxa bovis, Gall. *Trumeau*. Regest. Episcopat. Nivern. ann. 1287 : *Quando Episcopus Nivernensis est præsens, ipse percipit de quolibet animali unum Turmellum pro tribus denariis.*

TURMINOSUS, Torminosus. Gloss. Sax.

Ælfrici. : *Turminosus*, fortogen, i. contractus.

* **TURMUS**, *Vermis in carne.* Glossar. vet. ex Cod. reg. 7613. Tarmes.

1. **TURNA**, Quanti pluris res sit compensatio, in permutationibus vel bonorum divisionibus : *Tourne*, in Consuetudine Montargensi cap. 1. art. 51. 61. cap. 2. art. 24. 30. 48. cap. 16. art. 9. Aurelianensi. c. 1. art. 61. 83. 111. 130. 284. 298. Blesensi art. 120. et Dunensi art. 38. Libertates Burgi in Bressia ann. 1397. apud Guichenon. : *Quod si interveniant in dictis permutationibus Turnæ pro pluris valentia, vel alias, quod pro pretio dictarum Turnarum nobis debeantur laudes et vendæ, etc.* Vide *Turnus* 1.

* Vide supra *Torna* 2.

2. **TURNA**, Modus agri. *Fodere in campis unam Turnam fossati*, in Statutis Patavinis. Vide *Tornatura*.

* Chron. Patav. ad ann. 1292. apud Murator. tom. 4. Antiq. Ital. med. ævi col. 1152 : *Et sunt* (terræ illæ) *longitudinis unius milliarii et latitudinis unius Turnæ et xl. perticarum.*

* 3. **TURNA**, Idem quod supra *Torna* 3. Vide in hac voce.

¶ **TURNARE**, Vertere, Gall. *Tourner*. Ad calcem veteris Collectionis Canonum MSS. e Bibl. DD. *Chauvelin* Custodis Sigillorum Reg. legitur : *O beatissime, lava manus tuas, et sic librum apprehende, leniter folia Turna, etc.* Lex Bajwar. tit. 5. §. 5 : *Si eum tantum cæderit et Turnaverit usque dum eum semivivum relinquat, etc.* Vereor ne hic legendum sit *tranaverit*, id est, traxerit, ut nos Gallice dicimus *Trainer*, trahere, raptare. Vide *Trahere* 1. [** Alii legunt *Turbaverit*. Vide *Turbare*. *Turnare* occurrit apud Ekkehard. in Chron. apud Pertz. Script. tom. 6. pag. 64. lin. 10. pag. 69. lin. 38. pag. 72. lin. 23. et alibi sæpe. Vide *Tornare*.].

* **TURNARIUS**, Particeps, qui prædium vel feudum cum aliis possidet. Chron. Salisburg. ad ann. 1375. apud Schwart. in Hist. fin. princip. Rugiæ col. 424 : *Johannes Rosses emit a Turnario milite pro promptis pecuniis per industriam acquisitis certa prædia,.... quæ dedit conventui.* Vide supra *Tornerius* 2.

¶ **TURNEARE**, Turneimentum. Vide supra in *Torneamentum*.

¶ **TURNELLA**, *Turricula*, a Gall. *Tournelle*, eadem notione. Computus ann. 1202. apud D. *Brussel* tom. 2. de Feudorum usu pag. CLXX : *Pro duabus Turnellis retegendis, VIII. l.* Vide *Tornella*.

* **TURNICLIA**, Sagum militare, quod armaturæ ferreæ, vel thoraci superinduebatur, a veteri Gallico *Tornicle* et *Tournicle*, pro *Tunique*. Vide *Tunica* 2. Lit. ann. 1269. in Reg. 11. Chartoph. reg. fol. 81. v° : *Mandamus vobis quatinus duo paria Turnicliarum et duo paria cuissetorum, duas testerias ad equos et duas coriatas... apportari faciatis vobiscum.* Quarum literarum inscriptio sic concipitur : *Litteræ clausæ missæ magistro Th. de Novilla super negotio Turnicler* (sic) *cuissetorum et coriatarum.* Vide supra *Tornicium*.

TURNINI. Richardus de S. Germano in Chronico ann. 1221 : *Per totum regnum pondera et mensuræ mutantur, ponuntur rotuli et Turnini.* [Et ann. 1222 : *Pro jure mensurarum victualii tam in sauma quam in Turninis servabitur forma antiqua.* Unde *Turnini* ad mensuras spectare colligitur.]

¶ 1. **TURNUS**, Vices, seu ordo quo quisque vice sua aliquid peragit, Gall. *Tour, rang*. Charta ann. 1405. pro Cantoria S. Capellæ Paris. apud Lobinell. tom. 3. Hist. Paris. pag. 138. col. 1 : *Capellani Canonicorum ad suæ Turnum hebdomadæ ad totum teneantur servitium.* Statuta ejusdem S. Capellæ ibid. pag. 156. col. 2 : *Completo uno Turno incipit alius.* Adde pag. 499. col. 1. Chartam ann. 1480. apud Miræum tom. 2. pag. 1343. col. 1. Constitut. Eccl. Valent. tom. 4. Concil. Hispan. pag. 182. Bullam ann. 1602. tom. 3. Hist. Lotharingiæ inter Instr. col. 446. etc.

* Nostris vulgo *A son tour*, alias *sa fois*, vice sua. Lit. remiss. ann. 1406. in Reg. 161. Chartoph. reg. ch. 182 : *Quant icellui varlet fu bien lasse d'avoir getté des pierres et n'en povoit plus, il dist au suppliant.... qu'il getast auzdiz oiseaux des pierres sa fois.* *Ung tour de taille*, dicitur de unica [silvæ cæsione, in Reg. 13. Corb. sign. *Habacuc* ad ann. 1511. fol. 120 : *Pour les copper* (les bois) *ung Tour de taille, tant qu'ilz seront une foiz tous coppez.* Hinc *A tour de papier*, pro vulgari *A tour de rolle*, in Lit. remiss. ann. 1449. ex Reg. 180. ch. 72.

Turnus, vel *Turnum Vicecomitis*, ad verbum significat vicem Vicecomitis, id est, duo tempora in anno, quibus ille *letam* universi Comitatus tenet. Est igitur *Turnum Vicecomitis*, Curia recordi in omnibus rebus, quæ pertinent ad *Turnum*; et est *leta* Regni per totum Comitatum, cujus Vicecomes judex est. Quicumque proinde *letam* habet, eadem gaudet prærogativa in procinctu suo, qua Vicecomes in *Turno*. Ita Rastallus. Joan. Britton. in Legib. Angl. cap. 29 : *Et sount ascuns articles touchaunts nostre Corone et nostre peas enfreint pledables par Viscontes autrefois que à jours de countes, et aillours que par là où les plées del Visconte sount tenus, lesquels plées sount appelez Tours de Visconte, que deux foits par an les doit tenir parmi chescun Hondred de son Conté.* Fleta lib. 1. cap. 20. § 106 : *Vicecomites non debent facere Turnum suum, nisi bis in anno;* [*videlicet et semel post Pascha, et iterum post festum S. Michaëlis*, ut est in Charta Henrici Regis Angl. ann. 1155. apud D. *Brussel* tom. 2. de Feudorum usu pag. VI.] Adde. lib. 2. cap. 52. § 2. et Statutum 2. Westmon. cap. 15. Ad ejusmodi *Turnos* omnes tenentes convenire tenentur, præterquam Archiepiscopi, Episcopi, Abbates, Priores, Comites, Barones, ac viri religiosi, præterea mulieres, nisi eorum præsentia ob aliquam causam specialiter exigatur. Qui vero diversa tenementa habebant in diversis hundredis, ad eos tantummodo Turnos venire tenentur in ballivis, ubi sunt conversantes. Ita Statutum Marlebridgense sub Henrico III. cap. 10. Scribit Joannes Stiernhookus lib. 1. de Jure Sueonum vetusto cap. 2. initio, judicia antiquitus *Hwarp* dicta fuisse, Adamo Bremensi (cap. 229.) teste, quæ vox hodie circuitum, revolutionem, seu vicissitudinem significat, sive, inquit, quod judicia ad revolutiones solares lunaresve haberentur, quod et Tacito in Germania observatum, sive quod in unum conveniens multitudo, Judici circumfusa, conglomeraretur, sive denique, quod per vices facto circuitu singuli territorii Patresfamilias ad judicia convenire tenerentur, prout id in antiquo et novello jure præceptum exstat.

Turnus, Pro ea præstatione, quæ Vicecomiti datur, *Turnum* tenenti, pro exemtione et immunitate eundi ad *Turnum*. Wil. Thorn : *Sed nihilominus solvit quoddam certum ad Turnum Vicecomitis cum aliis de hundredo, etc.* Idem alibi : *Erat istud breve directum Rogero de Reinham Vicecomiti Cantiæ per Galfridum Barown pro tenentibus Abbatiæ non veniendis ad Turnum Vicecomitis, nisi per unum hominem, qui deferat Turnum.* Mox ex Charta Edw. II. Regis Angl. ann. 1330 : *Et per petitionem suam coram ipso patre nostro Consilio suo exhibitam, suggerentium, quod Borghesaldrus et quatuor homines de qualibet borga eorumdem maneriorum, tempore quo ipsi ad Turnos Vicecomitis in eodem Comitatu ad ea, quæ ad visum franci plegii contingunt, præsentandum venerunt, et quendam reditum, qui Turnus Vicecomitis nuncupatur, secum detulerunt.* Monasticum Angl. tom. 1. pag. 502 : *In perpetuum quietæ sint de sectis Comitatuum et hundredorum nostrorum, de visu franci plegii et Lawedayorum, de Turno et auxilio Vicecomitum, et omnium aliorum ballivorum et ministrorum nostrorum.* Adde pag. 669. Vide *Auxilium Vicecomitis*.

Turnus Bursæ, alias *Retractus per bursam*. Libertates Bergeraci in Vasconia [art. 39 :] *Quicumque vendiderit aliquam rem immobilem, et quis de parentela infra quartum gradum venditoris voluerit eam habere per Turnum bursæ, etc.* Infra [art. 41 :] *Rem venditam Tornare poterit infra annum et mensem, etc.* Rursum ibid [art. 44 et 45.] *Tornarius* dicitur, qui *retrahit* rem venditam [atque etiam *Tornator* art. 46.] Vide Consuetud. Andegav. art. 370. 371. Cenoman. art. 380. 381. Blesensem art. 200. [Lemovic. art. 41. etc.]

¶ Tornaria, Idem quod *Turnus bursæ*. Consuetudines Ausciorum MSS. ann. 1301. art. 60 : *Ratione Tornariæ prædicti proximiores prædictis primoribus emptoribus restituant et reddant, quasvis tornatas habebunt et tenebunt.*

¶ 2. **TURNUS**, Census pecuniarius. Epistola Ruperti Rom. Regis ad Ducem Lotharingiæ apud Marten. tom. 4. Ampliss. Collect. col. 121. et 122 : *Cum tu petieris, ut nos tibi nostram arcem Kirchel, præterea nostros Turnos seu census pecuniarios Bodobrigenses, sive in Boppartim, pro quinque milibus florenorum perscribere velimus.* Pluries occurrit ibi. Haud scio an huc revocari possit Transactio inter Abbatem et Monachos Crassenses ann. 1351. e libro viridi fol. 53 : *Quolibet anno in festo Assumptionis B. M.* XL. *sextaria frumenti boni et pulchri cum suis Turnis* [solventur.]

* *Tournage*, Præstationis annuæ species, in Pacto inter capit. Turon. et Humb. *Reboule* milit. ann. 1333. in Reg. 66. Char-

toph. reg. ch. 1437 : *Item leur baille et delaisse une rente et une ayde, appellée Tournage, que ledit chevalier a acoustumé à avoir en leur terre, et avoir, prendre et lever desdiz doyen et chapitre.* *Tournoerie*, eadem, ut videtur, notione, in Charta Phil. Pulc. ann. 1308. ex Lib. rub. Cam. Comput. Paris. fol. 340. v°. col. 1 : *Et pour la Tournoerie pour trente et sept livres Tournois de rente par an.*

¶ 3. **TURNUS**, Verticulum, Gall. *Tourniquet*, si bene interpretatur Lobinellus in Glossario ad calcem Hist. Britann. Vide locum in *Pontus* 2.

* Stat. ann. 1357. inter Probat. tom. 2. Hist. Nem. pag. 194. col. 1 : *Fiat desuper portale unus Turnus ad levandum et bayssandum dictam novam trappam cum corda canapis opportuna.* Hinc nostri *Touroul* appellarunt, Lignum versatile, quod pessuli vicem præstat. Lit. remiss. ann. 1408. in Reg. 162. Chartoph. reg. ch. 262 : *Icelle jeune fille oy gens qui hocquetoient à l'uis du jardin,... lors ala regarder que c'estoit, et apperceu que ledit huis estoit presque ouvert, et pour ce le ferma au Touroul. La suppliante ouvry la trappe.... fermée au Touroul*, in aliis ann. 1409. ex Reg. 163. ch 264. bis.

* 4. **TURNUS**, Versatile timpanum, seu locus ubi illud existit, apud moniales, vulgo *Tour*; unde *Thoreria*, monialis *turno* præposita, Gall. *Tourriere*. Regula Fontis-Ebr. cap. 22 : *Neque liceat in Turno loqui vel audire, nisi petere vel respondere; et solis illis, quibus intra et extra onus Turnorum commissum est.* Ibid. cap. 28 : *Thoreria cellam debet habere juxta Turnum, ut pulsantes præsentem inveniant, a qua responsum quam citius accipiant.* Vide supra *Tornus* 6.

* 5. **TURNUS**, Idem fortassis quod supra *Tornus* 7. Consuet. Perpin. MSS. cap. 32 : *Item si quis vendiderit oleum cum mensura militiæ Templi in die Jovis, debet dare pro Turnis unam cossam, quorum duodecim faciunt medium cartonum, cum quo oleum mensuratur.*

¶ Turnus Balisterius. Vide *Tornus* 1.

¶ **TURO**, Collis rotundus. Vide *Toro.*

TURONENSES, Monetæ Francicæ Turonibus cusæ, vulgo *Tournois.* Charta Jocobi Reg. Aragon. ann. 1309 : *Confitemur nos debere... Jacobo Regi Majoric.... patruo nostro 160. millia Turonensium argenteorum S. Ludovici bonæ memoriæ Regis Franciæ de lege undecim denariorum et oboli, quorum Turonensium 57. minus tertia parte unius ponderant unam marcham ad pensum Montispessulani.* Passim. [Vide in *Moneta.*]

TURONIUM, Turonus. Vide *Toro.*

* **TURONUS**, Moneta Francica, Gall. *Tournois. Unum grossum seu Turonum argenti solidorum duorum*, in Stat. comitat. Venaiss. sub Clem. PP. VII. cap. 55. ex Cod. reg. 4660. A. Vide supra *Tornensis.*

¶ **TURPARE**, Mutilare. Statuta Suavii Abb. S. Severi in Capite Vasconiæ circa ann. 1100. apud Marten. tom. 1. Anecd. col. 280 : *Si quis de villa altero de suis membris majoribus se privaverit*, CL. *solidos Abbati persolvat, et cum eo de Turpato membro et de Turpatione aliorum membrorum in arbitrio sit judicantium.*

¶ **TURPATOR**, Qui turbat. Vide *Turpefacere.*

TURPEDO, *quam multi pustulam dicunt, alii morbillum, alii lepram, et alii passionem tantum infra corpus.* Ita Gariopontus lib. 5. Passion. cap. 6. qui addit, hanc ægritudinem ita appellari, *eo quod in facie turpitudinem demonstrat.* [*Turpedines*, pro *Turpitudines*, sordes, dixit Nicolaus de Jamsilla in Gestis Friderici II. Imp. apud Murator. tom. 8. col. 495.] Vide *Turpido.*

TURPEFACERE. Gloss. Gr. Lat.: Αἰσχροποιῶ, *Turpefacio*; αἰσχορποιός, *Turpificator, Turpator.* Edictum Rotharis Regis Longob. tit. 72. § 2. [** 190.]: *Sponso autem... in duplum componatur ab illo, qui ei desponsatam suam Turpefecit.*

¶ **TURPERE**, *Esse vel fieri turpem*, Joanni de Janua; *Enlaidir*, in Glossis Lat. Gall. Sangerman.

TURPIDO, Turpitudo, apud Tertullianum de Corona Mil. cap. 14. Occurrit etiam in Charta ann. circiter 997. apud Felibianum Hist. San-Dionys. pag. LXXXI. Vide *Turpedo.*

¶ **TURPILIANUM**, Infamia. *In Turpilianum cadere*, Infamiam subire, apud Columberium in Theatro honoris pag. 208.

* Senatus consultum *Turpillianum* hic indigitatur, quo decretum erat illos calumniatorum pœnam atque proinde infamiam incurrere, qui ab intentata criminis accusatione desistebant; de quo tit. 16. lib. 48. Digest. et tit. 45. lib. 9. Cod. et alibi.

TURPILOQUIUM, Αἰσχρολογία, in Gloss. Gr. Lat. Αἰσχρορρημοσύνη, Theodorito serm. 9. Græc. affect. *Laide parolè*, in Gloss. Lat. Gall. S. Ferreolus in Regula cap. 25 : *Turpiloquium amore pudicitiæ sit monacho turpe proferre, etc.* Lambertus Ardensis pag. 78 : *Nec tamen amaricato gutture in nepotem linguam exasperat, nec eum in Turpiloquio, aut turpibus invehitur objectis, etc.* Infra : *Non in iram concitatus est aut Turpiloquium, etc.* [Utitur etiam Tertullianus de Pudicitia, cap. 17.]

¶ Turpiloquus, Qui turpia loquitur. Statuta Canonicorum Regul. tom. 1. Miscell. Duellii pag. 97 :

Vaniloquos, ac Turpiloquos fuge, sperneque, vita.

TURPILUCRIS, Αἰσχροκερδὴς, in Gloss. Græc. Lat. [Joh. de Janua habet *Turpilucrum*; unde *Turpilucrus, turpiter lucrum faciens.* Gloss. Lat. Gall. Sangerman.: *Turpilucrum, lait gain.*]

TURPIO, Qui turpia loquitur, *un vilain*; vox Latinis Scriptoribus haud ignota. Marius Mercator lib. Subnotat. cap. 4. § 3 : *Quis scenicus Turpio, quis durio, vel sannio professe licentia turpitudinis publice istu projeret?*

¶ **TURPITER**, de adulterio proprie dicitur in Codice Theod. lib. 2. tit. 1. leg. 3.

TURPITUDO, Locus *turpis*, obscœnus, cloaca. Thwroczius in Salomone Rege Hungar. cap. 36 : *Corpus Saraceni rapuerunt, et in Turpitudinem projecerunt.*

Turpitudo Mulieris, Pudenda, in Legibus Luithprandi Regis Longob. tit. 106. § 1. [** 135. (6,82.)] Capitula Theodori Cantuar. cap. 29: *Si quis obtrectaverit puellæ aut mulieris pectus, vel Turpitudinem earum, etc.* Occurrit non semel hac notione in Libris sacris. Vide Concilium Calchutense ann. 787. can. 10.

¶ **TURQUEMEN**, Peregrini sermonis interpres, Gall. *Trucheman.* Jac. de Vitriaco apud Marten. tom. 3. Anecd. col. 271 : *Tertia die per Turquemen, id est interpretem : respondit nunciis, etc.* Vide *Turchimannus* et *Dragumanus*, ubi habetur *Turquigentem* pro *Turquemen*, ex alia editione.

¶ **TURQUESIUM**, Species vestis. Statuta Massil. lib. 2. cap. 39 : *Item de gardacors, vel de Turquesio, vel garnachia, vel sobrecot froirato, etc.* Vide *Turcischa.*

* **TURQUIA**, a Gallico *Turquie*, Turcia. Annal. Vict. MSS. ad ann. 1242 : *Hoc tempore Tartari vastaverunt multas terras, quas a viginti annis invaserant per unum ex principibus suis scilicet Indiam, Georgiam, Armeniamque majorem et Turquiam.* Vide supra *Turcomannus.*

TURQUIGENS. Videsis in *Turquemen.*

* **TURRAGIUM**, Turris seu carceris custodia. Charta ann. 1356. ex Cod. reg. 8387. 4. fol. 36. r° : *Officium Turragii et portagii castri regii Burdegalensis.*

¶ **TURRALES** Domus. Vide in *Domus.*

¶ **TURRARIUS**, Turris custos. Vide *Turris.*

¶ **TURRELLA**, Turricula, in Reparationibus factis in Senescallia Carcasson. ann. 1435. MSS. Vide *Turella.*

* *Tourecle*, in Charta ann. 1316. ex Tabul. S. Petri Carnot. : *Qu'il n'avoit droit en aucunes édifices faites sur les murs de la clousture dou chastel, c'est asavoir une Tourecle hebergée sur iceus murs et autres édifices. Tourele*, in alia ann. 1322. ibid. Vide supra *Turellus.*

¶ **TURRESINUS**, Idem quod *Turrella*, Turricula, Gall. *Tourelle*, vel specula, Gall. *Guerite*, quod eodem fere redit, speculæ enim sunt turriculæ. Jac. de Layto Annales Estenses ad ann. 1404. apud Murator. tom. 18. col. 995 : *Mœnia cum scalis ascenderant, et custodes repulerant, duosque Turresinos ceperant.* Vide *Turrisinum.*

* **TURRESTINA**, Turrunda, Assatura, Gall. *Roti.* Glossar. Provinc. Lat. ex Cod. reg. 7657 : *Raustida, Prov. Turrestina, Turrunda. Raustir, Prov. torrere, assare.*

¶ **TURRETA**, Turricula. Vide *Glatia.*

¶ **TURRIBILE**, Thuribulum, Ital. *Turibile* et *Turibulo*, Gall. *Encensoir. Turribile argenti pro altari*, in Charta ann. 1402. apud Rymer. tom. 8. pag. 277.

¶ Turribulum, eadem notione. Chartul. S. Vincentii Cenoman. fol. 95: *Donum super altare cum uxore sua per coclear de Turribulo posuit.* Adde Kennettum in Glossario ad calcem Antiquit. Ambrosd. et vide *Thuribulum.*

¶ **TURRICELLA**, Turricula, in Chronico Jac. Malvecii apud Murator. tom. 4. col. 968.

¶ **TURRICELLUS** ut infra *Turile.* Annales Mutin. apud Murator. tom. 11. col. 57 : *Dicto anno (1217.) fulmen percussit Turricellum Ecclesiæ majoris Mutinæ.*

TURRICULUS, pro *Turricula.* Glossar. Græc. Lat.: Πυργισκάριον, *Turricula, armarium*, πυργισκος, *idem.* Testamentum S. Remigii apud Flodoardum lib. 1. cap. 18 : *Jubeo Turriculum et imaginatum calicem* *fabricari.* De ejusmodi turriculorum usu in Ecclesiis egimus in Descriptione ædis Sophianæ. [Vide *Turris.*]

* Hinc *Tourt*, si mendum non est pro *Tronc*, Arcula in ecclesiis ad recipiendas fidelium eleemosynas, in Lit. remiss. ann. 1359. ex Reg. 90. Chartoph. reg. ch. 152 : *Lesquelz Jehan et Guillot s'estans mis à refuge en l'église de la ville de Gif,........ eussent rompu et ouvert la Tourt à aumosnes d'icelle et y eussent pris environ trente solz Parisis, etc.*

* **TURRIGER.** *Turrigera specie*, Turris instar, apud Glabr. Rodulph. tom. 10. Collect. Histor. Franc. pag. 22.

TURRILE, Campanarii pyramis, Gall : *la fleche du clocher.* Liber 2. Miracul. S. Bertini cap. 3 : *Sed et Turrile ipsius* (Ecclesiæ) *licet noviter esset superpositum, quia antiquo more erat factum, deposuerunt, et aliud miræ magnitudinis, mirabilisque fabricæ studuerunt ædificare, cujus longitudo consistentis in terra æquabat altitudinem culminis Ecclesiæ, cui superponendum erat.*

¶ **TURRIONUS**, Turris major, Italis *Torrione.* Petrius Azarius apud Murator. tom. 16. col. 436 : *Pontem cum Turriono ascenderunt et ipsum fulciverunt balistariis et aliis habilibus ad defendendam portam.*

TURRIS, Campanarium. Miracula S. Columbani cap. 2 : *Ecclesiam... ex lapidibus struxit, Turremque super eam ædificavit, et lampadas fecit in ea pendere.* Vita S. Anstrudis Abb. Laudun. cap. 14 : *Viderunt de Turriculo Ecclesiæ globum igneum exire usque ad cœlum.* Utuntur etiam Silvester Girald. in Topogr. Hibern. Dist. 2. cap. 9. et 37. Liber. 1. Miraculor. S. Dionysii cap. 15. et allii passim.

¶ Turris, Arx, castrum. Will. Gemet. lib. 8. cap. 22 : *Henricus Rex Turrim Warterwilla funditus fecit everti.* Robertus Montanus ad Chronicon Sigeberti : *Mortuo Valerano Turris Turen venit in manu Regis.* Alia exempla suppetunt apud Will. Britonem in Philipp. Idiotismum fuisse Scriptorum sæculi Longobardici observat Carolus de Aquino in Lexico militari. Charta ann. 1272. ex Chartul. Episcopat. Carnot. : *Girardus de Loigniaco... recognosco quod ego Turrim meam de Loigniaco... tenere debeo ad unam fidem et homagium ligium a rev. patre dom. Carnot. Episcopo.*

Turris, Carcer. *Ad Turrim condemnari*, mitior pœna est quam ad carcerem, leviorumque delictorum erat, in Statut. Ordin. Hospitalor. S. Joan. Hieros. tit. 18. § 39. 53.

Turrarius, Turris vel carceris custos, *Tourrier*, ou *Geolier*, in Stylo Leodiensi cap. 12. art. 10. et cap. 18.

* Obit. Ms. eccl. Camerac. fol. 31. r° : *Obiit Egidius de Camba Turrarius capituli, quadraginta solid. Turon. tripartite.* Lit. remiss. ann. 1372. in Reg. 103. Chartoph. reg. ch. 92 : *Icellui Gillequin avec aucuns de ses amis charnelx ala veoir ledit Hennequin ès dites prisons et parlerent à lui en la presence et audience du cepier ou Tourrier sans rien meffaire. Thourier de nostre chastel et tour de Laon*, in aliis ann. 7376. ex Reg. 109. ch. 223. *Tourier*, in Lit. ann. 1383. tom. 7. Ordinat. reg. Franc. pag. 22 art. 3.

Toragium, Idem quod *Geolagium*, quod carcerario exsolvitur. Aresta Pentecost. ann. 1290. in Regesto B. Parlamenti Paris. fol. 86. verso : *Cum plures Burgenses Remensis Archiepiscopi missi fuissent Laudunum, ut tenerent ibi prisionem pro defectu solutionis expensarum factarum in Coronatione D. Regis, Toragerius Laudunensis nisus fuit habere Toragium ab eisdem, licet in prisione clausa non fuerint, nec prisionem in villa tenuerint, dictum fuit per arestum, quod hi prisonarii solvere Toragium non tenentur. Veruntamen si aliquis magnus homo accusatus de crimine vel de aliquo enormi facto haberet gratiam, quod per securitatem vel alios posset ire per villam, et non teneretur in prisione firmata, nihilominus Toragium solvere teneretur.* Adde Regestum 1. fol. 103. verso sub ann. 1260. [Mémoriale Cameræ Comput. Paris. ann. 1362 : *Officium Toragii seu befredi de Lauduno... positum fuit ad domania dicti Regis, et fuit dictum et ordinatum tunc, quod dicta officia extunc levarentur et explectarentur de cætero ad utilitatem Regis.*] Gravamina Nobilium Campaniæ quæ habentur in Regesto Magnorum Dierum Trecensium, ann. 1297 : *Item quant on prent les hommes aux Gentils hommes, et on les mainne ès Chastellenies dont ils sont, on les fait mettre en Tour et en vilainc prison, jaçoit qu'ils ne soient pris pour nul vilain fait, ce qui ne fut onques fait du temps des Heritiers, ains leur faisoit on tenir prison dedans les villes, et sans paier Tourage.* Computum terræ Campaniæ ann 1348 : *Du Tourage de la Tour de Troies amoisonné à Jean de Reneval pour 2. ans, etc.* Computum Dom. Hesdini ann. 1475 : *Du Tourage et chepage de Hesdin, etc.* Passim alibi.

Turres Ministeriis sacris accensentur in Testamento S. Aredii, apud Mabillonium tom. 2. Analector. : *Quod unusquisque locus sanctus constitutus ibi habeat Ministerium declaratum,... id est Turres 4. coopertoriolos olosericos 3. calices argenteos 4. etc.* Occurrunt rursum infra. Vide *Turriculus.*

☞ Vasa, in quibus Christi corpus adservabatur, in turrium exiguarum figuram efformata fuisse, testis est inter alios Gregorius Turon lib. 1. de Gloria Mart. cap. 86 : *Acceptaque Turre, diaconus, in qua mysterium Dominici corporis habebatur, ferre cœpit ad ostium ; ingressusque templum, ut eam altari superponeret, etc.* Expositio antiquæ Liturgiæ Gallic. apud Marten. tom. 5. Anecd. col. 95 : *Corpus vero Domini ideo defertur in turribus, quia monumentum Domini in similitudinem turris fuit scissum in petra.*

* **TURRIS** Ambulatoria, Machinæ bellicæ species. Tract. MS. de Re milit. et mach. bellic. cap. 62 : *Turris ambulatoria cum ponte levatorio, tracto a naspo sive varrochio, super sex rotellas ædificata, etc.*

¶ **TURRISINUM**, Turrisinus, ut *Turresinus.* Chron. Parm. apud Murator. tom. 9. col. 774 : *Ipse suis expensis fecit fieri murum, qui est ad pontem Galeriæ.... cum Turrisino, quod est ibi prope dictam portam.* Et col. 830 : *Factus fuit murus Communis de S. Maria nova versus flumen Parmæ, et in capite de subtus unus Turrisinus.* Vide *Turrionus.*

* **TURRISTA**, Turris defensor, in Tract. MS. de re milit. et mach. bell. cap. 92 : *Turris cum molendino, quod volvitur ab asino, est utilissimum in altitudine turris ; quia Turristæ de molenda sunt fulciti.*

** **TURRIX.** Attonis Polypt. pag. 54 : *Turrix cuspidis.*

* **TURRUNDA.** Vide supra *Turrestina.*

* **TURSIE** *dicit Avicenna, quod est Ammoniacum.* Glossar. medic. MS. Sim. Januens. ex Cod. reg. 6959.

¶ **TURSUS.** Gloss. Gr. Lat. : Καυλός, *Caulus, Tursus.*

¶ **TURTA**, Turtellus. Vide in *Torta* 1.

TURTEGETES, Tugurium, ædicula. Vita B. Coletæ num. 49 : *Oratoria sic constructa fuerant, quod vix se poterat in eis erigere seu elevare, magisque videbantur Turtegetes vel tuguria altilium, vel anserum, quam habitationes rationabilium personarum.* Ubi quidam Codd. habent *Curtegetes*, f. ex Gall. *Tourjette*, Turricula.

¶ **TURTIBULI**, *alias Tibuli sive Tiguli, dicuntur foramina, per quæ exit fumus caminorum ; et iidem dicuntur fenestræ, quibus calor balnei evaporat.* Ita vetus Vocabularium juris utriusque pro *Tubuli*, Gall. *Tuyaux.* [** Dig. lib. 8. tit. 2. fr. 13. (12.)]

¶ 1. **TURTUR.** Pactus Legis Salicæ tit. 7. art. 9 : *Si quis Turturem de trappa furaverit, etc.* Ubi Eccardus : Turtures tensis retibus non capiuntur ; unde hic Turturem cum Turdo confundi clarum est.

* 2. **TURTUR**, Piscis fluviaticus, Gall. *Truite.* Locus est supra in *Trucha.*

* **TURTURA**, An pro *Tortura ?* certe supplicii genus videtur. Decreta Placent. ad calcem statut. fol. 108. r° : *Quas pœnas si non solverint infra decem dies, dent ei quinque squassus, sive bottæ curli vel Turturæ.* Vide mox

* **TURTURELA** inter machinas propugnationi utiles recensetur, in Stat. Ferrar. ann. 1279. apud Murator. tom. 2. Antiq. Ital. med. ævi col. 508 : *Potestas teneatur mittere ad prædicta loca unum bonum notarium,.... qui scribat statum cujuslibet loci, scribendo.... manganos et Turturelas et catenas et victualia, quæ ibi erunt pro communi Ferrariæ.* Eadem quæ *Tortirella.* Vide in hac voce.

¶ **TURTURELLA**, Turtur, Ital. *Tortorella*, Gall. *Tourterelle*, in Annalibus Mediolanensibus ad ann. 1389 apud Muratorium tom. 16. col. 807.

* Alias *Turtre.* Comput. Rob. de Seris incipiens ann. 1332. in Reg. 5. Chartoph. reg. fol. 3. v° : *Ou milieu de la pate du chaperon a une cage pour oiseaux, faite au vif, et dedenz ladite cage a une Turtre d'argent esmaillié.* Vide supra *Tordera.*

TURTURI. Ugutio, in *Turtur* : *Turturi dicuntur pastores, qui fistulis canunt.* Ita etiam Joh. de Janua.

TURTURILLA, *Locus, ubi panis ponitur*, Ugutioni. An *Turundilla ?* [Glossæ Isidori : *Turturilla, ita dictus locus, in quo corruptelæ fiebant, quod ibi turturi opera daretur, id est, panem.* Pro *panem* alii substituunt *peni*, alii *ganeæ.* Falluntur qui *Turturilla* de loco dici notant, si credimus Grævio. Non dubitat ipse, *Turturillos*, vel *Turturillas* dictos esse cinædos, molles, impudicos, qui a militia arcebantur, et in urbe securi erant. Convitium hoc, inquit, a turture derivatum est; accipiter enim fertur captæ turturi parcere, et pretium salutis accipere, ut tradit Porphyrius lib. 4. Vide Vossium lib. 3. de Vitiis sermonis cap. 53. et Martinium in Lexico.]

¶ **TURVA**, Turvus, *Tourbe*. Vide *Turba* 1.

TURUCA, Papiæ *Vestis Regia.*

* **TUSCA**, Tuscha, ut supra *Touchia*, Nemus, silvula, nostris *Touche*. Chartul. S. Joan. Angeriac. fol. 68. v° : *Also Robellus dedit Deo sanctoque Johanni octavam partem alodii,.. et est super Tuscas de Pariniaco, unum quoque molendinum ad Tuscas.* Unde diminut. *Tuscula* ibid. fol. 95. r° : *Donavit domum, hortum, fraxineiam, prata, vineas cum Tuscula, etc.* Charta ann. 1404. in Reg. feud. comitat. Pictav. ex Cam. Comput. Paris. fol. 63. r° : *Item et manerium de Bello-fonte cum sua clausura, garena, Tuschis, vineis, pratis, etc.* Alia ann. 1405. ibid. fol. 66. r° : *Item unum herbergamentum,.... insimul cum Tuscis et terris;.... quæ quidem apertinentiæ teneutur ex una parte Tuscæ de Fayola, una fovea in medio posita.* Vide *Tuscha.*

¶ **TUSCHA**, Lucus, arbores ad ornatum consitæ, Gall. *Touche.* Charta Adelæ Comitissæ Blesensis ann. 1104. e Tabulario Dunensi : *Est autem ipsa determinatio talis.... per landas et per plaxitium de brueria, et inde per Tuscham de nucaria.* Chartul. S. Vincentii Cenoman. fol. 29 : *Dederunt etiam quamdam Tuscham juxta molendinum, et terram ex utraque parte Tuschæ sitam, unum sextarium seminis suscipientem.* Vide *Tusca, Toscha* et *Tosca.*

* *Touquet* nostris alias, pro *Coin*, Angulus. Lit. remiss. ann. 1376. in Reg. 110. Chartoph. reg. ch. 88 : *S'en issi le feu Mirouwant...... pour s'en aler en sa maison, et comme il vint au coing ou Touquet de la maison Jaque Compere derriere l'église S. Leu à Amiens, etc.* Charta ann. 1393. in Reg. 145. ch. 500 : *Une maison séant en la ville de Douay, en la rue de Bellain, faisant Touquet à la rue que on dit de Luisiaux. Toucquet ou coing de la rue de la boulenguerie,* in Reg. 13. Corb. sign. *Habacuc* ad ann. 1511. fol. 77.

* **TUSCARIUS**, Tuscus, Gall. *Toscan.* Charta ann. 1366. in Reg. 97. Chartoph. reg. ch. 615 : *Falco Chacii, civis Placentiæ, capitaneus universitatis Tuscariorum et Lombardorum mercatorum, etc.*

* **TUSCHINUS**, ut supra *Tuchinus.* Lit. remiss. ann. 1383. in Reg. 123. Chartoph. reg. ch. 182 : *Petrus Petri qui erat Tuschinus, homo pessimus, malæ vitæ et conversationis inhonestæ,........ armatus quodam disploide, etc.*

* **TUSCULA**, diminut. a *Tusca.* Vide supra in hac voce.

¶ **TUSCULANUM**, Prædium quodvis amœnum. Chrystophorus Mullerus apud R. Duellium tom. 1. Miscell. pag. 279 : *Cum enim in præsulari nostro Tusculano, pro excitando salientis aquæ fonte, profundius fodere necesse fuisset, etc.*

¶ **TUSCUS**, Rudis, Hisp. *Tosco.* Vita B. Columbæ Reatinæ, tom. 5. Maii. pag. 325. *Zonulas illas in disciplinam Tuscam commutavit.*

TUSILLÆ. Isidorus lib. 11. cap. 1 : *Toles Gallica lingua dicitur, quas vulgo per diminutionem Tusillas vocant, qua in faucibus turgescere solent.* Vide Joannem de Janua in *Toles.* [Festus : *Toles, tumor in faucibus, quæ per diminutionem Tonsillæ dicuntur.* Glossæ Græc. Lat. : Παρίσθμια, *Tonsillæ, Tolia, Tolæ, Tussillæ, Tules.*]

¶ **TUSONDA**, Celtis, Mille. Vide *Chunna.*

¶ **TUSPOLLEM**, *Manna vel genus pigmenti*, in Glossis Isid. Gloss. Lat. Græc. : *Tuspollina*, μάννα. Aliæ Gr. Lat. addunt, *Turspollen.* Legendum *Thuris pollen* ex illo Scholiastæ Juvenalis : *Thus minutum*, quod est thuris pollen, *manna vocant.*

* **TUSSITARE**, Frequenter tussire. Richalmi abb. lib. Revelat. cap. 4. apud Pez. tom. 1. Anecd. part. 2. col. 389 : *Videte quomodo jam fatigant me tussi inter loquendum, cum tamen signem me. N. Cum ita Tussitatis, secretum nostrum proditur.* Hinc *Entoussé*, Tussi affectus, in Hist. Caroli VI. ad ann. 1414. pag. 274: *Es mois de Février et de Mars se leva un vent merveilleux, puant et tout plein de froidures. Pour occasion duquel plusieurs gens.....furent tellement enreumez et Entoussez que merveilles.* Vide *Tussitus.*

¶ **TUSSITUS**, *Toussement*, in Glossis Lat. Gall. Sangerm. MSS. ex Johanne de Janua.

* **TUSSOLS**, Exactionis species. Constit. MS. Jacobi II. reg. Aragon. ann. 1291 : *Item quod clerici et milites non teneantur solvere in Illerda, vel in aliis locis, leudam, pedagia vel Tussols de reditibus eorum propriis.*

* **TUSTAQUA**, Tectum porcorum. Charta ann. 1328. in Reg. 65. Chartoph. reg. ch. 261 : *Tenuit eam in domo ipsius uxoris incarceratam, ligatam in quadam Tustaqua sive gualhiniera, in tantumque ipsam verberavit,..... quod ipsam interfecit.*

¶ **TUSTARE**, Pulsare, Occitanis *Tusta.* Vetus Ceremoniale MS. B. M. Deauratæ : *Dum priori videtur, quod sit hora Tustandi, etc.* Infra : *Mittit aliquem ad Tustandum cum massa.* Charta ann. 1200. e Schedis D. *le Fournier* : *Tustando ad portam cameræ et dicendo aperi.*

* *Tuster*, in Lit. remiss. ann. 1448. ex Reg. 179. Chartoph. reg. ch. 187 : *Icellui Baratier Tusta ou hurta à la porte, etc.*

* **TUSTAYNUM**, perperam pro *Fustaynum*, Vestis ex panno, Italis *Fustagno* dicto, confecta. Testam. ann. 1274. tom. 2. Hist. Cassin. pag. 502. col. 2 : *Item relinquo Roffrido servienti meo unciam auri unam, cappam meam Tustaynum, bracas et camisiam.* Vide supra *Fustaneum.*

* **TUSTINNA**, Idem videtur quod *Tolta* 1. Exactio, quæ per vim fit, quod contra jus tollitur, quodvis tributum. Privil. Univers. Glasguens. concessa per Will. episc. ann. 1453. ex Chartul. ejusd. eccl. Cod. reg. 5540. fol. 103. v° : *Concedimus liberam facultatem emendi et res proprias vendendi.... ubique per regalem nostram et alias terras, portus.... absque exactionibus Tustinnarum et licentia a quocumque petenda.*

¶ **TUSTORIUM**, Species porticus, ut conjecto. Locum vide in *Baletum.*

TUTACULUM, Tutamen, apud Prudentium.

* **TUTALANA**, Pannus e lana tantum confectus. Stat. Ferrar. ann. 1279. lib. 2. rubr. 345. apud Murator. tom. 2. Antiq. Ital. med. ævi col. 424 : *De vestito bixelli, id est mezalanæ Tutalanæ, stanfortis et cujuslibet alii panni, sine tribus cuciturls, tres solidos Ferrarenses.* Reg. Mutin. ad ann. 1306. ibid. col. 897 : *Soma pannorum de Mediolano et Como et Florentia et Tutalanis de Bononia, etc.*

¶ **TUTALIS** Cura, pro Tutelaris cura, seu tutela, in Libertatibus S. Palladii MSS.

TUTAMENTUM. Glossæ Isonis Magistri : *Tutamen, firmamentum, protectio.* Vide *Tensamentum.*

TUTARE, ex Gallico *Tuer*, Occidere. *Tutare candelam, aut cereum*, extinguere, Galli dicunt : *Tuer la chandelle.* Ordo Romanus : *Lumen autem Ecclesiæ apud Romanos ab initio cantus nocturni inchoatur extingui; hoc tamen ordine, ut ab introitu ipsius Ecclesiæ incipiat paulatim Tutari.* Mox : *Ubi audierit primam Antiphonam, tenens cannam in manu sua, Tutat lampadem unam; in fine vero Psalmi ipsius Tutat aliam sinistræ partis.* Hac notione utitur etiam Alcuinus de Divinis Offic. pag. 247. et Regula Magistri cap. 19. et 29. Itali *Attutare* et *Stutare*, Restinguere dicunt. Jo. Villan. lib. 12. cap. 20 : *Attutarsi la furia dello sfrenato popolo.* Porro nostrum *tuer*, pro *occidere*, a θύειν, mactare, deducit H. Stephanus.

¶ 1. **TUTATIO.** Diploma ann. 1356. apud Ludewig. tom. 5. Reliq. MSS. pag. 516 : *Certa bona et possessiones.... debeant assignari ad existimationem et Tutationem, etc.* Sed *taxationem* legendum puto; hæc enim respondent verbis subsequentibus, *æstimatores et taxatores bonorum talium.*

* 2. **TUTATIO**, Tutamen, protectio. Charta Hug. et Rob. reb. ann. 994. tom. 10. Collect. Histor. Franc. pag. 562 : *Cujus abbatiæ Tutationem sub manu regum aut forte ducum ejus regni constituimus, etc.*

* **TUTELA**, Idem forte quod *Tufus.* Vide in hac voce; nisi sit nomen loci. Pactum inter eccl. Rom. et episc. Tricastr. ex Cod. reg. 5956. A. fol. 74. v° : *Item sibi retinuit nativum saxum, quod communi vocabulo Tutela vocatur, ubi est ecclesia S. Justæ.*

* **TUTELARIUS**, Qui sub tutela et protectione alicujus est. Chron. vet. ad ann. 1293. apud Ludewig. tom. 9. Reliq. MSS. pag. 180 : *Expeditio Burgeri regis Sueciæ facta est in Kareliam et Karoli* (l. Kristi) *fidem susceperunt, et facti sunt Tutelarii domino regi Tueciæ.* Sed legendum opinor *Tributarii.*

TUTELATOR, *Protector*, in Glossis MSS. S. Germani Paris. Cod. 524. [Martianus Capella lib. 2 : *Tutelator fidelissimusque germanus.*]

¶ **TUTELATUS**, In tutelam datus. *Genus agri Tutelatum*, Aggeno de Limit. agr. pag. 58. [** *Tutelare, Defendere*, apud Joann. de Janua.]

¶ **TUTELIORIS**, perperam pro *Tutela-*

lis. Charta ann. 1195. apud Cencium i ter Census Eccles. Rom. : *Et ego specialiter Petrus pro me et dictis impuberibus, quorum tutor sum Tuteliori officio vobis.... quæ dicta sunt omnia observare... promittimus.*

¶ **TUTELLA**, a Gall. *Tutelle*, Administratio bonorum pupilli, ex Charta ann. 1472. in Inventar. Chartar. Reg. ann. 1482. fol. 314.

* Nostris alias *Tuterie*, *Tutirie* et *Tutrie*. Charta ann. 1301. in Lib. rub. Cam. Comput. Paris. fol. 142. r°. col. 2 : *Madame Aliz de Partenay, dame de Surgeres, tutreisse desdiz héritiers par nom de Tutrie, etc.* Alia ann. 1322. in Reg. 61. Chartoph. reg. ch. 457 : *A esté trouvé que il seroit grant profit ausdiz mineurs se nous leur voulons donner aage, par quoy que il fussent hors de Tustirie, etc. Tuterie*, apud Belloman. MS. cap. 16. Guill. Guiart :

Puis orent li baron envie
De ce que de la Tuterie
Du regne iert Blanche la royne
La mere le roi en saisine.

Tuterresse, pro *Tutrice*, in Lit. remiss. ann. 1373. ex Reg. 105. ch. 210.

* Hinc *Tutelle* nostratibus nuncupata, Domus, ubi scholares nutriuntur et instituuntur, vulgo *Pension*. Lit. remiss. ann. 1478. in Reg. 205. ch. 58 : *Lesquelx escoliers estans en une chambre en la Tutelle maistre Jehan Perot audit Orléans ;..... pour ce que on avoit dancé en ladite Tutelle, ainsi qu'il est acoustumé chacun an au jour S. Martin, etc. Jean Code tenant Tutele en l'Université d'Orléans*, in Ch. ann. 1513. ex Bibl. *de Du Verdier* pag. 715. Unde *Tuteur d'enfans*, in Lit. ann. 1448. ex Reg. 179. ch. 367.

TUTELLI, inter Ministeria sacra. Chronicon Centulense Hariulfi lib. 3. cap. 3 : *Scyphus argenteus major ; minores argentei 4. ex aurichalco 1. Tutelli argentei 4. urcei argentei cum aquamanillibus 2. etc.* Ubi forte legendum *cutelli*, seu *cultelli*. Idem lib. 2. cap. 10 : *Atramentarium optimum argenteum auro paratum 1. cultellus auro et margaritis paratus 1. etc.*

* **TUTELLUM**, pro Tutela, tutamen. Codex MS. olim S. Martial. Lemov. nunc Bibl. reg. 5600. fol. 101 : *Qualis est homo Christianus, qui pro Domino muras et tineas veneratur, quibus se per Tutellum cubelli aut arculi non subducantur aut panis aut pannus.*

¶ **TUTELUS**. Lactantius de mortibus persecutorum n. 36 : *In primis indulgentiam Christianis communi Tutelo datam tolit.* (Maximinus Imp. Legendum est *communi titulo*, hoc est, communi utriusque Imperatoris consensu.)

¶ **TUTIA**, Cadmia. Statuta datiaria Riperiæ cap. 12 : *De quolibet plaustro sive vexoto Tutiæ pro introitu vel exitu, et sic pro rata, solidi sex. De quolibet modio melius soldi* IV. Usus est Diodorus Euchyon Polychemiæ lib. 1. cap. 2. qua notione τουτία dixere Græci rocentiores. *Tuthie* etiam vocamus Cadmiam fossilem ab Arabico *Tuthia*. Vide Salmasium ad Solinum, Vossium de Vitiis serm. lib. 2. cap. 18. et Glossarium mediæ Græcit. in Τουτία.

* Italis, *Tuzia*. Vide *Tucia*.

¶ **TUTILA**, Septum, ἕρκος, in Gloss. Gr. Lat.

¶ **TUTILLA**, pro Tutela, ni fallor. Renovatio testamenti per Carolum M. apud Murator. tom. 2. par. 2. col. 752 : *Domnos patruus meus Semforianus.... diebus vitæ suæ Tutillam meam in suam habuit recepta potestata.* Hoc est, si bene conjecto, Tutor meus fuit.

* **TUTIO** Devota, Signum crucis, quo Christiani se tuentur. B. de Amoribus in Speculo sacerdot. MS :

Multis namque modis Dominus veniale remittit,...
Præcipue deica facit hoc oratio sacra,
Tutio devota reverenter pectore facta.

1. **TUTOR**, Advocatus prædii Ecclesiæ. Charta Henrici Regis Franc. ann. 1043. ex Tabul. Fossat. fol. 151 : *Quam utique villam præfatus Miles sub velamine tuitionis, velut iniquissimus prædo, atterebat... Abbas ipse manibus duorum clientum coram omnibus sacramento probavit, quod Tutor villæ jam dictæ in ea jure non debet capere, nisi unum avenæ sextarium de arpennis, in quibus hospites hospitantur ; cæteri vero arpenni a domibus remoti nihil aliud reddunt Tutori, nisi minam avenæ, etc.*

¶ Tutor, Fidejussor, approbator, confirmator. Charta ann. 1216. e Chartulario Domus Dei Pontisar. : *Ego autem Radulfus de Constantio Miles, filius prædictæ Mabiliæ, dominus feodi a quo tenementa movent, sum Tutor hujus quitationis, et ad petitionem matris meæ prædictæ.... sigillo meo præsentem cartam consignavi.*

¶ Tutor *vel Curator ad litem* litigantibus minoris ætatis hæredibus conceditur in Edicto Philippi Franc. Regis ann. 1330. idque contra Legem Romanam, quæ personis tantum, non causis tutores dabat. Vide *de Lauriere* tom. 2. Ordinat. Reg. Franc. pag. 64.

* 2. **TUTOR**, Tutrix, Qui vel quæ administrat, regit ; titulus comitum Hollandiæ. Charta ann. 1257. inter Probat. tom. 1. Annal. Præmonst. col. 353 : *Nos Florentius Tutor Hollandiæ notum facimus, etc.* Alia ann. 1261. sororis et hæredis ejusd. Florentii ibid. col. 354 : *Aleydis quondam uxor domini Joannis de Avennis, Tutrix Hollandiæ et Zelandiæ, etc.* Vide supra *Tueri* 2. Obiter monebo legendum forteau esse *Escuiers*, loco *Tuiers*, in Lit. Phil. VI. ann. 1329. tom. 2. Ordinat. reg. Franc. pag. 41 : *Commandons à tous ducs, comtes, barons, Tuiers, seneschals, baillifs, etc.*

TUTTA, Exactio, tributum. Vide *Tolta*.

* **TUTUBA**, Tubicen, buccinator. Comput. ann. 1504. inter Probat. tom. 4. Hist. Nem. pag. 80. col. 1 : *Item solverunt Johanni Mortan, Tutubæ sive trompetæ Nemausi, pro suis laboribus sonando trompetam etc.*

* **TUTULA**, pro Tutela, defensio. Charta Phil. Pulc. ann. 1301. in Lib. rub. Cam. Comput. Paris. fol. 128. v°. col. 2 : *Poterunt dicti religiosi* (S. Ebrulfi) *habere unum forestarium seu servientem, sagittas et arcum in dictis boscis.... et circa, portantem ob eorum custodiam et Tutulam.*

** **TUTULUS**. Attonis Polyptych. pag. 53 : *Tutulos destruens.* Ubi glossa : *Tutulos dicebant sacerdotes brevium templorum.* Vide *Tulatus* apud Forcellin.

TUTUPIA, Capitis tegumentum Clericis proprium, cujusmodi hodie *les bonnets quarrez*. Statuta Synodalia Nicolai Episc. Andegav. ann. 1265 : *Clerici sive conjugati sive non conjugati, cum in Ecclesiis parochialibus, in quibus commorantur, ad Missam, vel ad Vesperas, veniunt, cum Tutupiis congruentem deferentes tonsuram incedant, psalmodiantes, legentes, et cantantes ibidem cum Presbyteris,.... tamen coram Episcopo, Archidiacono, Archipresbytero, vel Decano suis appareant cum Tutupiis, et amotis caputiis se præsentent.* [Acherius tom. 11. Spicil. pag. 208. legit *Tutuptiis*, suspicaturque forte legendum esse *tutulis*, Erat autem *tutulus*, capitis ornamentum seu vitta purpurea, qua crines ad verticem convolvebant Flamines, ut est apud Varronem et Festum.]

* **TUTUS**, Securus, tranquillus. Mirac. S. Raym. Palmar. tom. 6. Jul. pag. 658. col. 1 : *Unde quia credebatur eum habere lapidem, quidam dicebant eum exponere manibus medicorum, ut ab infirmitate liberaretur ; quod et avia ejus prohibuit, hæsitans prius de sanctitate beati Raymondi. Quocirca dixit, se de infirmitate pueri esse Tutam.*

¶ **TUVEUS**, ex *Tufo*. Vide in *Tufus*.

* **TUXIDURA**, Vectigalis species, *teloneum*. Charta ann. 954. apud Murator. tom. 2. Antiq. Ital. med. ævi col. 131 : *Item omne teloneum, quod dicitur Tuxidura de navibus, flumen Adice veclo percurrentibus, etc.*

¶ **TUYSUS**, f. Vellus, Gall. *Toison*. Vide *Clack*.

TWEIFHINDUS. Vide *Hindeni homines*.

¶ **TWELFHÆNDMAN**. Vide *Liberalis homo*.

¶ **TWENTINAY**. Vide in *Tuernay*.

¶ **TWIGILD**, Dupla solutio, vel duplex pecunia, a Saxonico twy, Duo, et *gild*, sive geld, solutio, pecunia. Ita Spelmannus.

TWYGAVEL. Vetus Charta Cantuariensis Ecclesiæ apud Somnerum in Tractatu de *Gavelkynd* pag. 28 : *Idem respondet de* 814. *et dimid. ped. clausur. hayag. fac. circa manerium, ex consuetudine, unde de Twygavel* 200.

¶ **TWYHINDUS**, Twyhyndeman, Is qui in æstimatione capitis 200. sol. censetur, a Saxon. twy, duo, et hynd, vel hund, centum. Idem Spelmannus. Vide *Hindeni homines*.

¶ **TYBARIUM**, pro *Typarium*. Vide in hac voce.

¶ **TYBARUD**, Genus pugnæ ludicræ, ut puto. Vetus Charta a Mabillonio laudata tom. 4. Annal. Benedict. pag. 23 : *Ita ut nemo illorum* (hominum burgi S. Martini Exoldun.) *pergat ad pugnam, quæ alio nomine vulgariter vocatur Tybarud, neque botagium vini alicui reddat.* Vide *Quintanat* 3.

¶ **TYBRUCUS**, Ocrea lanea. Vide *Tubrucus*.

¶ **TYBRUS**, Vide *Typrus*.

¶ **TYBURIUM**, f. pro *Ciborium*, vel *Tegorium*. Vide in his vocibus. Memoriale potestatum Regiens. ad ann. 1269. apud Murator. tom. 8. col. 1128 : *Tyburium* *ecclesiæ mojoris fuit levatum*, *videlicet illud quod est supra plateam.*

¶ **TYGANUM**, Sartago, Græc. τήγανον, in Actis Sanctorum Maii tom. 7. pag. 7.

¶ **TYGURIUM.** Vide in *Tegorium.*

TYHTLAN, vox Saxon. Accusatio. Leges Ethelredi Regis cap. 2 : *Nec componat aliquis pro ulla Tyhtlan, si non intersit testimonium Præpositi Regis.* Hinc emendare licet Leges Kanuti Regis Angl. cap. 56. apud Bromptonum : *Si quis amicis destitutus, vel alienigena, ad tantum laborem venerit, ut plegium non habeat, in prima Thilac, id est accusatione, ponatur in carcanno, et ibi sustineat donc ad Dei judicium eat.* Legendum enim *Tyhtlan.*

* **TYLIA**, pro Tilia, Gall. *Tilleul*, in Chartul. Norman. ex Cod. reg. 4653. A. fol. 88 : *Monachi de Lyra habent.... tres Tylias ad scutellas, etc.*

* **TYMALLUM**, f. *Placitum*, domini feudalis judicium, ad quod vassalli convenire tenebantur. Charta Petri Attrebat. episc. ann. 1201. ex Tabul. abbat. de Laude : *Illic etiam declaratum est alodia de Coidnes, præ cæteris alodiis, tantæ libertatis esse, ut nullum debeant in Tymallo responsalem.* Vide *Mallum.*

¶ **TYMBA**, Sepulcrum. Vide in *Tumba* 1.

* **TYMBORALIS** Poena. Vide *Tumbrellum.*

TYMBRIS. Senator lib. 5. Epist. 1 : *Cum piceis Tymbribus, et pueros gentili candore lucentes, et spathas nobis etiam arma desecantes, vestra Fraternitas destinavit.* Ita prima editio Senatoris, et aliæ posteriores, tametsi menda non pauca in hisce paucis verbis liceat subodorari. Nam quid vox *piceis*, si a *tymbribus* distinguatur, quid *pueros*, cum armis, quæ in munus mittuntur? Certe *pyceas tymbres* hic interpretor *tympana ærea* coloris *picei.* Nostri quippe *tymbres*, inde vocarunt, quæ Latini *tympana.* Gloss. Lat. Gall. : *Tympanum, Tymbre. Tympanistria, Menestrier de tymbre. Tympanizo, chanter ou timbrer. Tintinnabulum, tymbre.* Poeta Anonymus vernaculus MS. de expugnatis Hierosolymis per Titum :

> Mult parfont bele noise en l'ost li Oliflant,
> Li cor et les buisines, et li Timbre sonant.

Alius Poeta MS :

> La oïssiez tabours et Timbres retentir.

Galterus Metensis in Mappamundi MS. cap. 58 :

> Une fontaine est clere et coie,
> Quand dessus a riens qui s'esjoie
> Et ou Timbre ou vielle sonne,
> Ou autre instrument qui resonne,
> Si s'eslieve ainsi con de joie,
> Et s'espant paraval la voie.

Inde postmodum galeas ipsas *Tymbres* etiam appellarunt, seu quod *tympanorum* speciem referrent. Guillel. de Guignavilla in Peregrinatione animæ :

> Où sont bannieres desploiées,
> Où sont hyaumes et bachines,
> Timbres et vestus velués,
> A or batu et à argent.

Seu quod, galeæ pulsatæ sonum tympanorum ederent. Guntherus lib. 4. Ligurini :

> Non jam missilibus telis, ferroque volanti,
> Sed gladiis pugnare libet : Tinnire sonoros
> Ictus audires galeas.

Et lib. 7 :

> ... Tinnire cavas mucronis ab ictu
> Audires galeas.

Inde igitur nostri etiamnum *tymbres* vocant galeas, quæ armorum insignibus imponuntur. *Tenir littres en ses armes et tymbres*, in Consuetud. Turonens. art. 60.

Sed nescio, an aliud sonet hæc vox in Computo Stephani *de la Fontaine* Argentarii Regii ann. 1351. cap. cui lemma est : *Parties delivrées en ce terme à cause de l'obseque de M. Gieffroy de Varennes Chambellan du Roy etc. pour faire tunicles, houçes, arconnieres, 2. Timbres de crestes des armes dudit Chevalier à mettre sur les heaumes.* Vide *Timbrum.*

TYMBUS, Τύμβος, Sepulcrum, *Tumba.* Vetus Epitaphium apud Ughellum in Episcopis Bobiensib. :

> At pater egregie potens intercessor es iste
> Pro gloriosissimo Luitprando Rege qui suum
> Precioso lapide Tymbum decoravit devotus.

Vide *Tumba* 1.

¶ **TYMIAMATERIUM.** Vide *Thymiamaterium.*

* **TYMIARIA**, mendose pro *Tymiama.* Vide in hac voce. Pontif. MS. eccl. Elnens. ubi de benedictione campanæ : *Consequenter ponitur in thuribulo ignis et Tymiaria, thus et mirra, si haberi possunt.*

* **TYMONAGIUM**, Idem quod *Timonagium*, Tributum seu præstatio pro currus temone. Charta Ingelr. dom. de Couciaco ann. 1267 : *Nec non* (habuerimus) *tertiam partem tailliæ boulengariorum Cameracensium, quæ fit bis in anno, et Tymonagium et sextam partem domorum seu locorum foris factorum, censuum et caponum domorum foris factorum.* Vide supra *Timonachum.*

¶ **TYMONUS**, Gubernaculum. Vide *Temo* 1.

¶ **TYMPA**, Cauda caputii acuminata. Buschius de Reform. Monast. lib. 2. cap. 23 : *Patrem quendam magnum statura, in longa nigra toga usque ad talos protensa incedentem, caputio nigro magno cum lirripipio seu Tympa caput tegentem, habuimus adversarium contradicentem.* In Saxonia inferiore *Tympa* proprie dicitur Extremitas rei crassioris, in fine contractioris, seu in acumen desinentis : quod belle congruit caputio. Vide *Liripipium.*

TYMPANARIA. Concilium Grateleanum ann. 928 : *Et si villanus excrevisset, ut haberet plenarie quinque hidas terræ propriæ, Bookstum, et coquinam, Tympanariam, et januam, et sedem, et sundernotam in aula Regis, deinceps erit Taini lege dignus.* [** Idem quod sequens, Anglosax. Bell-hus.]

TYMPANARIUM, Campanarium. Vetus Ordo Canonicorum, quem S. Protadii librum vocant, in die Palmarum, apud Chiffletium in Dissertat. de Conversione Constantini M. cap. 5 : *Et cum venerint ad Portam Martis, quæ nunc dicitur Nigra, stent super murum Tympanarii pueri cantantes, Gloria, laus, et honor, etc.*

¶ **TYMPANELLUM**, Tympanum, Gallice *Tambour.* Chron. D. Gravinæ apud Murator. tom. 12. col. 617 : *Tympanellum pulsans, clamabant nobis dicentes : Properate ad montem.* Vide *Tympanum* 1.

¶ **TYMPANILE**, Idem quod *Tympanarium. In cimiteriio comitum ante Tympanile intra ecclesiam*, in Actis SS. Junii tom. 1. pag. 707.

¶ **TYMPANIOLUM**, Parvum *tympanum. Tympaniola, tibia, psalteria*, Arnobio lib. 6. sub finem.

TYMPANISTRIA, Campanæ, *Tymbres.* Codex MS. Monasterii Novi Pictaviensis : 10. *die Febr. celebratur obitus pro filio nobilis Comitis Pictavorum,.... pro quo sonantur omnia Tympanistria, duo classes de sero, et unus de mane ante Missam, etc.*

¶ **TYMPANIZARE.** Vita S. Geraldi Abb. tom. 1. Aprilis pag. 428 : *Totum intumuerat corpus ejus, cutisque facta livida, per omnes corporis partes ad tactum quemlibet Tympanizans, vehementissime tendebatur.* Cl. Editor reddit, *Tendi instar tympani;* malim, Instar tympani resonare. [** Vide Gloss. med. Græc. voce Τυμπανίται, c. 1621.]

* Nostri *Tympaniser* dixerunt, pro *Timbrer*, signo notare, imprimere; unde pro Typis edere, Gall. *Imprimer*, occurrit in Lit. remiss. ann. 1469. ex Reg. 195. Chartoph. reg. ch. 66 : *Le suppliant dist à icellui menuisier qu'il faisait faire lesdiz moles pour Tympaniser livres.* Hinc nihil emendandum videtur in Charta Frider. II. laudata v. *Tympanum* 4. ubi legendum *Typarium* opinatus est Cangius; quæ vox rursum legitur in Charta ejusd. imper. ann. 1226. ex Tabul. eccl. Camerac. ut et in Ch. ann. 1234. inter Probat. tom. 6. Hist. Occit. col. 369. et in alia ann. 1233. ibid. col. 375.

** Opuscul. vet. MSS. ad 1. Reg. 21, 13 : *Et immutavit os suum et inpingebat in ostia portæ. Alia editio habet : Et affectabat et Tympanizabat in ostia civitatis.* Maius in Glossario novo.

1. **TYMPANUM**, Isidoro lib. 2. Orig. cap. 2. *est pellis, vel corium, ligno ex una parte extensum.* S. Augustinus in Psal. 67 : *Tympana fiunt corio siccato et extento.* Gesta Ludovici VII. Regis cap. 8 : *Clamabant, et ululabant et latrabant sicut canes. Tympanis et nacariis, et aliis similibus instrumentis horribiliter resonabant.* Monachus Florent. de Expugn. Accon. :

> Si ferire Tympana, tubasque sonare
> Videres, et vocibus Turcos reboare, etc.

Vide quæ notamus ad Joinvillam pag. 61. ubi tympana, quæ *Tamburla* nostri vocant, Turcorum propria fuisse docuimus.

2. **TYMPANUM**, Papiæ, *dicitur medium; pars media symphoniæ in similitudinem cribri.* Item,

Tympana, *Tecta vehiculorum.*

¶ 3. **TYMPANUM**, Campana, quæ non clava, sed malleo percutitur, qua monachi ad refectorium vocantur, Gall. *Timbre.* Consuet. S. Germani a Pratis inter Probat. Hist. ejusdem Abbat. pag. 134 : *Postea sonabitur Tympanum, et ibit conventus ad potum.* Vide *Tymbris.*

4. **TYMPANUM.** Charta Friderici II. ann. 1237. Lambecium lib. 2. Comment. de Biblioth. Cæsar. pag. 81 : *Præsens privilegium fieri fecimus, et bulla aurea Tympano majestatis nostræ impressa jussimus insi-*

gniri. Leg. videtur *Typario.* Vide ibi. [* Vide *Tympanizare.*]

¶ **TYMPENI**, Tributi genus. Vide *Tinpeni.*

* **TYMPORA** Mitræ, Ejus partes laterales, Garampio in not. ad Invent. ann. 1314. in Disquis. de sigil. Garfagn. pag. 86 : *Una* (mitra) *solempnis cum xvj. zaphiris grossis in cruce ante et retro, iij. zàphyris in Tymporibus.... xxxiv. balatiis in cruce ante et retro, et xv. in Tymporibus.* [** Pro Tempus. Ekkehard. IV. Casus S. Galli cap. 16 : *Pugno illum in Tympus validissime percussit.*]

¶ **TYNA**, Vas grande, etc. Vide *Tina* 2.

¶ **TYNDIACA.** Sallas Malaspinæ de Rebus Sicul. apud Baluz. tom. 6. Miscell. pag. 319 : *Dum iidem conspiratores vellent eum quibusdam verbis excusationis in peccatis excusandæ perungere et Tyndiaca palliationis frustra propinatum abolere venenum, non passus est eos præloqui, surgens ait, etc.* An *Tyriaca?* Vide ibi.

* **TYNERARIUS**, Vasorum ligneorum, quæ *Tynæ* vocantur, artifex. Reg. forest. de Broton. ex Cod. reg. 4653 : *Talis est usus forestæ Brotonniæ, quod omnes illi, qui reddunt pro consuetudine forestæ avenas et garbas et ova et tortellos et gallinas, possunt et debent capere..... residuum gloerii et lignifabri et caronnii et Tynerarii.* Vide *Tyna* 2.

* **TYNNEN**, Teutonica vox, cujus vis explicatur in Mirac. S. Auct. tom. 4. Aug. pag. 53. col. 2 : *Quidam potentissimus regum obsidens olim civitatem Brunswicensem, cum quadam nocte..... intueretur ejusdem civitatis mœnia, vidit clara speculatione in singulis propugnaculis, quæ Teutonice Tynnen vocantur, singulos angelos stantes.*

¶ **TYNNINA.** Vide supra *Tunnaria.*

¶ **TYPACIUM**, ut *Typarium.* Vide ibi.

TYPARIUM, Sigillum, cui Principis τύπος, seu imago insculpta est. [Charta ann. 1124. apud Mabill. tom. 5. Annal. Bened. pag. 668. col. 2 : *Hoc sigillum scribere jussimus per manum Michaëlis nostri notarii, ac plumbea bulla nostri soliti Typarii bullari.* Ubi male editum *Typacii.* Charta Roberti Comit. Palatini ann. 1171 : *Hoc recordationis præceptum per manus Nicolai nostri curialis notarii scribi, nostrique Typarii impressione insigniri præcepimus.*] Charta Willelmi Regis Siciliæ ann. 1177. apud Bromptonum : *Præsens privilegium... bulla aurea nostro Typario impressa, roboratum nostro sigillo jussimus decorari.* Perperam *Sipario* præferunt Chartæ aliæ Siculæ in Bullario Casinensi tom. 2. pag. 203. Petrus de Vineis lib. 2. Epist. 41 : *Cum in castrorum nostrorum combustione camera nostra cum aureæ bullæ Typario, et regni nostri sigillo perdita et amissa fuerit.* Bulla Aurea Caroli IV. Imp. de electione Imperatoris cap. 27. § 2 : *Duo vel unus sigilla et Typaria Imperiala sive regalia a Cancellario Curiæ recipient.* Occurrit ibi pluries. Joan. Hocsemius in Adolfo a Marka Episc. Leodiensi cap. 30 : *Ostensum fuit in Capitulo coram Magistris sigillum plumbeum sive stanneum, ejusdem Typarii cum magno sigillo argenteo Episcopi, etc.* [Adde Corpus diplom. tom. 1. pag. 83. Murator. tom. 7. col. 1021. Miræum tom. 2. pag. 1246. col. 2. Ludewig. tom. 4. Reliq. MSS. pag. 257. etc.]

¶ Tybarium, pro *Typarium*, in Charta Caroli IV. Imp. ann. 1336. inter Ordinat. Reg. Franc. tom. 5. pag. 227 : *Sub bulla aurea Tybario Imperialis nostre Majestatis impressa, etc.*

* Typharium Sigillum, Cui principis τύπος seu imago insculpta est. Charta Caroli reg. Sicil. ann. 1276. in Reg. S. Ludov. ex Chartoph. reg. fol. 96. r° : *Præsens exemplar..... celsitudinis nostræ sigillo Typhario regiæ majestatis impresso jussimus communiri.*

* **TYPHLOCOMIUM**, Domus, in qua cæci aluntur, a Græco τυφλοκομεῖον. Mirac. S. Anast. Persæ tom. 2. Jan. pag. 439. col. 2 : *Mulier quædam, Photi nomine, ministra effecta sacri Typhlocomii, sive cæcorum domicilii, etc.*

1. **TYPHUS**, Superbia, mentis elatio, ex Gr. Τύφος. Isidorus, et ex eo Papias : *Typhus, herba, quæ se ab aqua inflat; unde etiam ambitiosorum et sibi placentium tumor, Typhus dicitur.* Arnobius : *Mentis elatio, et Typhus qui appellatur a Græcis.* Glossæ Gr. MSS. Regiæ : Τύφος, ἡ ἀλαζόνεια, ἡ ἀναψις καρδίας. Hesychius : Τύφος, ὕπαρσις, ἀλαζόνεια, κενοδοξία. S. Ambrosius in Epist. ad Romulum : *Sic Moyses Typhum illum dissipavit Ægyptium, etc.* Commodianus Instr. 30 :

...... nimium te tollis in altum,
Et Typhum ducis, nec respicis pauperes ultro.

Althelmus de Octo vitiis princip. cap. 8 :

Dum mentis Typhus ventoso pectore turget.

Et alio loco :

Qui tumido nescit mentis turgescere Typho.

Utuntur passim Scriptores alii, Martianus Capella lib. 5. extremo, S. Augustinus Epist. 48. 49. 57. 64. lib. 3. Confess. cap. 3. et alibi non semel, S. Benedictus in Reg. cap. 31. Gregorius M. lib. 6. Epist. 26. lib. 7. Ind. 2. Epist. 54. Concil. Forojuliense ann. 791. Leges Monachorum Heydensium cap. 3. Vita Ludovici Pii Imper. ann. 819. Anselmus Leod. cap. 107. etc.

Tyfus, Eadem notione. Vide *Typus* 3.

2. **TYPHUS**, pro Febris. Vide *Typus* 1.

TYPI, Imperatorum Constitutiones, decreta, θεῖοι τύποι. Anastasius in Leone II. PP. de Ravennatibus : *Sed et Typum autocephaliæ, quem sibi elicuerant, ad amputanda scandala Sedis Apostolicæ restituerunt.*

Typi, præsertim dicta Edicta Principum de fide. Lexic. Græc. MS. Reg. Cod. 2062 : Τύπον, ὅρον, κανόνα. Anastasius in Martino PP. de Paulo CP. Patriarcha : *Insuper studuit ad operimentum proprii erroris quorundam subreptioni, ut et clementissimo Principi suaderet Typum exponere, qui catholicum dogma destrueret. In quo Typo omnes voces SS. Patrum cum nefandissimorum hæreticorum dictionibus enervavit, etc.* Adde ejusdem Nicolai Epistolam ad Amandum Episcopum Trajectensem. Cedrenus ann. 2. Zenon. : Τοῦτον ὁ Βασιλίσκος ἔτι ὢν μετὰ τύπων εἰς Ἀλεξάνδρειαν κατὰ τῆς συνόδου ἐξέπεμψεν. Theophanes ann. 17. Constantini Pogonati : Τῆς ἕκτης συνόδου κεφαλαιώδεις τύποι. Vide Baron. ann. 648. n. 1. Gloss. med. Græcit. in Τύποι, et supra in voce *Forma* 9.

TYPICARE, Figurare, exprimere. [Epist. Johannis de Varennis apud Marten. tom. 7. Ampliss. Collect. col. 569 : *Columba lætabunda, quæ ad arcam Domini ramum ferens olivæ, virentibus foliis pacem nuntiavit patriarchæ summo Noe, caput ecclesiæ Typicanti.* Acta S. Cassiani apud Illnstr. Fontaninum in Antiquit. Hortæ pag. 359 :

Alter erat Paulus Typicans oracula rebus.]

Will. Brito lib. 12. Philipp. de Virga Aaronis :

Fronduit, et subito produxit amygdala, flore
Virginis intactæ Typicans nova gaudia partus.

¶ Typice, Figurate, apud Vulgat. Interpr. 1. Cor. 10. 11. et in Epist. Hadriani PP. inter Concil. Hisp. tom. 3. pag. 94.

¶ Typicosus, Figurativus, per imaginem expressus, ex vet. Cod. Emmeram. apud Pezium tom. 1. Anecdot. Præfat. pag. xxxix :

Hic aperit Typicosa novæ signacea legis
Quam statuit sub carne novi præsentia Regis.

¶ Typicus, Eadem notione, apud Tertull. de Patient. cap. 6. S. Hieronym. Epist. 9. aliosque Scriptores ecclesiasticos.

** Typifer, Figurativus. Arnoldus de S. Emmer. lib. 2. cap. 41 : *In hac ergo tam Typifera basilica, etc;* in qua scilicet ut cap. 40. narratur S. Trinitas, quatuor Evangelia etc. numero columnarum, altarium etc. exprimebantur *typice.*

** Typicare, Formare. Virgil. Gramm. pag. 147 : *Ex prædicto participio Typicata sunt.* Et mox : *Typicale nomen.*

TYPICUM, Liber Græcorum Ecclesiasticus, Latinis *Ordinale* vel *Ordinarium* Vide Glossar. med. Græcit. col. 1622. voce Τυπικόν.

TYPRUS, Vasculi species. Jonas in Vita S. Columbani cap. 16 : *Vas, quod Typrum nuncupant, in celerarium deportavit, et ante vas, in quo erat cervisia, deposuit, extractoque epistomii vertibulo, in illud cervisiam excepit.* Infra : *Cernit autem ultra Typrum usque adeo excessisse cervisiam, ut duplo altior Typrus videretur, etc.* Theodorus Campedonensis de S. Magno cap. 3. ubi de eodem miraculo, *Typum* pluries præfert. [*Tybrum* edidit Mabillonius sæc. 2. Benedict. pag. 16. ubi monet Anonymum scribere *Gillonem* : quod Lagenam, vas vinarium supra sumus interpretati. Vide *Gillo.*]

1. **TYPUS**, Febris accessio, vel febris ipsa. Galenus lib. : Περὶ τρόπων. Τύπος ἐςὶ τάξις ἐπιτάσεως, καὶ ἀνέσεως. Papias : *Febres quotidianæ Typum patiuntur, i. accessionis formam.* Idem : *Typi, sunt frigidæ febres, quæ abusive Typhi dicuntur, ab herba, quæ in aqua nascitur, ex accessionum et recessionum revolutione.* Gloss. Ælfrici : *Typus*, Lengten-ads, i. febris *accessus.* [** adl, Morbus vernus.] Glossæ MSS. ad Alexandrum Iatrosoph. : *Typus, i. figura in typica, i. figurative, quia cum intus patiuntur typicam febrem, extra frigore nimio perurgentur.* Apuleius lib. de Virtutib. herbar. cap. 102 : *Ad frigora et omnes febrium Typos.* Aimoinus lib. 1. de Miracul. SS. Georgii et Aurelii n. 2 : *Typo*

febrium per tres menses ægre laborans. Typum frigoreticum incurrere, apud Gregor. Turon. de Gloria Confess. cap. 15. Fortunatus in Vita S. Germani Paris. cap. 20 : *Typum dupliciter incurrens febris et frigoris. Typus tertianæ, quartanæ, quotidianæ*, apud Serenum Sammonicum de Medecina cap. 50. 51. 52. *Typus quotidianæ, tertianæ, vel quartanæ febris*, in Vita S. Leobini Episcopi Carnot. n. 17. *Quotidianus febrium Typus*, in Vita S. Severi Episcopi Ravennat. n. 15. *Typus tertianus*, apud Ruffinum de Vitis Patrum lib. 2. cap. 1. *Typus frigoris*, in Vita MS. S. Severini Abb. *Quartanus Typus*, apud Gregor. Turon. de Gloria Confess. cap. 15. 21. 24. 82. 89. lib. 2. de Miracul. S. Martini cap. 22. 32. 50. de Vitis Patrum cap. 6. Fortunatum in Vita S. Germani Paris. cap. 44. in libro Miraculorum S. Wandregesili cap. 6. in Miracul. S. Eusebiæ Abbatissæ Hamatic. n. 17. in Vita MS. S. Magnobodi Episc. Andegav. cap. 14. apud Radulphum in Vita S. Richardi Episc. Cicestrens. n. 85. etc. *Typus tertianus*, apud S. Audoenum in Vita S. Eligii lib. 2. cap. 68. Victorem III. PP. lib. 3. Dialog. pag. 75. Alexandrum Iatrosophist. lib. 3. Passion. Ermentarium lib. 2. de S. Philiberto cap. 83. Odonem Cluniac. de Miracul. S. Mauri cap. 17. etc.

Typica Febris. Glossæ antiquæ MSS : *Typica febris est, quam quidam periodicam vocant*. Papiæ, *vel Triteus, vel Tetreus, vel Tphemerius, vel penteus, vel epteus, vel hebdom*. Joan. de Janua, *febris periodica*.

Typici, *Qui patiuntur typicam febrem*, in Gl. MSS.

Typhus, pro *Typus* dictum observat loco citato Papias. Aimoinus lib. 4. de Miracul. S. Benedicti cap. 23 : *Cœperunt omnia illius membra, more eorum qui quartano laborant Typho, tremere, etc.* Cap. 25 : *Quicunque febricitantium, sive quotidianis, seu tertianis, vel quartanis detentus fuerit Typhis, etc.* Gislebertus lib. 2. de Miraculis S. Romani cap. 11 : *Quartano validissimo vexabatur Typho*. Cap. 16 : *Laborioso febrium æstuans Typho*. [Oratio de S. Sigismundo apud Meichelbec. tom. 1. Histor. Frising. pag. 357 : *Inclina, Domine, pias aures tuas ad desideria supplicantium, et quod devoto corde poscimus, benignius admitte, et huic famulo tuo qui Typhi cottidiani, biduani, tertiani, quatriduanique, aut qualibet reliquarum febrium vexatione fatigatur, etc.*]

2. **TYPUS**, Lagena. Vide *Typrus*.

3. **TYPUS**, Idem quod *Typhus*, superbia. Glossæ antiquæ MSS. : *Supercilio, Tipo, fastidio*. Sergius II. PP. in Epist. ad Episcopos Transalpinos : *Sed nos... confidimus, quod nullo Typo sæcularis audaciæ vestra succumbit auctoritas*. Charta Formosi PP. ann. 891. in Spicileg. Acher. tom. 12. pag. 150 : *Aliquo Typo aut fastu superbiæ, etc.* Alia Athelstani Regis Angl. in Monastico Anglic. tom. 3. pag. 129 : *Si... aliquis Typo supercilii turgens, etc.* Will. Neubrigensis lib. 1. cap. 2 : *Homo turgidus Typo immanissimæ superbiæ. Jactantiæ Typo elatus*, apud Alcuinum Epist. 9. *Typo superbiæ turgidus*, in Vita S. Fructuosi n. 1. Regino ann. 886 : *Vanæ gloriæ Typus*. Continuator Hist. Abbatum Lobiensium pag. 614 : *Dantur igitur Apostolicæ auctoritatis mandata, ut electum* (Abbatem) *dominus Leodiensis, ad quem hoc spectabat, investiret, et investitum dominus Cameracensis absque Typo consecraret*. Id est, absque ulla pompa, vel solemnitate. Guibertus lib. Quo ordine sermo fieri debeat, pag. 2 : *Ex Typo nimio dedignantur*.

* **TYRA**. Ad Tyram, Recta, Gall. *Tout droit*, alias *à Tire* vel *de Tire*. Charta Blanchæ comit. Trec. ann. 1217. in Chartul. Campan. ex Cam. Comput. Paris. : *Vendidimus duas forestellas nostras, sitas desuper Columbarium, unumquodque arpentum in pretio sexaginta solidorum, ad arpentum de Columbario.... Ita tamen quod omnia arpenta illa capientur continue et ad Tyram*. Lit. remiss. ann. 1453. in Reg. 184. Chartoph. reg. ch. 270 : *Quant le suppliant vit icelle femme, il vint à elle de Tire meu et couroucié, etc.* Guill. Guiart. in S. Ludov. pag. 134. col. 2 :

> Vont s'en li François vers Champaingne,
> Bannieres levées à Tire.

¶ **TYRAMNIZARE**. Vide in *Tyrannus*.

¶ **TYRANNA**, et Tyrannis, Mulier quæ tyrannidem exercet, apud Trebell. Pollion. et Salmas. in Not. pag. 322. Vide *Tyrannus*.

* **TYRANNIA**, Improbitas, nequitia, perversitas. Lit. remiss. ann. 1374. in Reg. 105. Chartoph. reg. ch. 601 : *Dominus de Morebeque in sua Tirannia et malo proposito perseverans, etc.*

* **TYRANNIDE**, Atrociter, inhumane, Gall. *Cruellement*. Lit. remiss. ann. 1380. in Reg. 117. Chartoph. reg. ch. 63 : *Cum quodam baculo adeo Tirannide dictum Johannem percusserat et vulneraverat, quod satis cito expiraverat.*

* **TYRANNIDES**, pro Tyrannis, grassatio, Gall. *Brigandage*. Mirac. S. Bertini tom. 7. Collect. Histor. Franc. pag. 381 : *Temporibus divæ memoriæ Caroli filii Ludovici, prius regis, postea imperatoris, cum sæva Tyrannides paganorum emergeret, famosa flumina Sequanæ ac Ligeris advolans, et per totam grassando Neustriam, etc.*

¶ **TYRANNIS**, adject. Tyrannicus. Præcept. Lud. Pii pro Monast. Arulensi inter Conc. Hisp. tom. 3. pag. 128 : *Nullus episcopus aut comes... ibi aliquam dominationem aut Tyrannidem potestatem exerceant, etc.*

¶ **TYRANNISARE**, Tyrannissa. Vide *Tyrannus*.

TYRANNITAS, pro *Tyrannis*; nostris *Tyrannie*. Occurrit apud Fredegarium in Chronico pag. 777. [et in Chron. Domin. de Gravina apud Murator. tom. 12. col. 597.]

TYRANNOPOLITANUS, apud Sidonium lib. 5. Epist. 8 : *Nam tua scripta, nostrorum vitiis proficientibus Tyrannopolitanorum locupletabuntur*. [*Tyrannopolitarum* edidit Sirmondus, quem consule.]

TYRANNUS, non modo Rex pessimus atque improbus; sed etiam Rex quivis dictus. Isidorus lib. 9. Orig. cap. 3. sect. 19. : *Tyranni Græce dicuntur, iidem Latine et Reges; nam apud veteres inter Regem et Tyrannum nulla discretio erat*. Et Virgilius lib. 7. Æneid. :

> Pars mihi pacis erit dextram tetigisse Tyranni.

Ubi Donatus. Monachus Sangallensis lib. 1. de Carolo M. cap. 12 : *Comedente autem Carolo, ministrabant Duces et Tyranni, vel Reges diversarum gentium*. Adelbertus Heidenbemensis pag. 330 : *Quidam præpotens Tyrannus juxta cellam Heidenhemensem in prædio suo habitationem habuerat*. Ubi Gretzerus editor ad marginem posuit, *Dynasta*. Vide Nicolaum Fullerum lib. 4. Miscell. sacr. cap. 10. [et Addit. 2. ad Capitul. cap. 24.]

¶ Tyrannus, Dominus feudi, apud Lobinell. tom. 2. Hist. Britan. col. 23 : *Regnantibus Karolo, Lothario, Hlodovico, et Nominoe possidente Britaniam, Susanno episcopo, Wrbilio Tiranno, etc.* Tabul. Rothon. : *Liosic abbas monasterii Rothon. interpellavit Alfritum Tyrannum et vere Tyrannum, de Monasteriolo seu Ducocan in plebe Clegerac, quod dedit Rothworet presbyter*. Ibidem : *Couruntgen episcopo, Hoiarnwocon, Jarnithin, tres Tyranni*.

* Idem atque *Baro* : dicitur de quibusvis nobilibus. Conc. apud Rofiacum celebratum ann. 1257. cap. 1. ex Cod. reg. 1590 : *Cum milites et Thiranni et fere omnes layci..... clericis opido infesti, et peccatis exigentibus, fere per omnes regiones milites et barones, rustici et burgenses constitutiones,... machinationes alias varias et diversas.... facere præsumpserint et præsumant, etc.*

¶ Tyrannissa, Domina feudi, apud eumd. Lobinell. ibidem col. 69. ex Charta ann. 1372 : *Et commendavit Salomon Aourken Tyrannissæ manifestare hoc illius plebis hominibus, quia ipsa Aourken uxor Jarnithin Mactiern ex plebe Russiac tunc sub potestate Salomonis* (Regis Britanniæ) *in ipsa plebe Catoc vice legati habebatur.*

¶ Tyrannizare, *Tyrannidem exercere*. Gemma. Chron. Angl. Th. *Otterbourne* pag. 188 : *Unum certe scitur, quod ab illo tempore cœpit Rex Tyrannizare, etc.* Epist. Joh. Galeatii ann. 1490. apud Marten. tom. 1. Ampl. Collect. col. 1612 : *Qui florentem illam civitatem* (Florentiam) *sub libertatis specie Tyrannisant*. Occurrit præterea in Chron. S. Isidori inter Conc. Hisp. tom. 2. pag. 186. et Baluz. tom. 5. Miscell. pag. 86.

¶ Tyramnizare, Tyrannum agere, regnare. Chronic. Modoet. apud Murator. tom. 12. col. 1079 : *Cum adhuc Berengarius in aliquibus terris Lombardiæ Tyramnizaret, ab Ottone capitur, et in Bavariam in exilium mittitur.*

¶ **TYRATUS**, Extentus. Vide *Tirare* 3.

¶ **TYRENUS**, an pro Thyrrenus? Histor. Episc. Rom. apud Stephanot. tom. 7. Fragm. Hist. MSS : *Silvester constituit sacrificium altaris nec in serico, nec panno tincto, sed lineo Tyreno celebrari, sicut corpus Domini in syndone munda sepultum est.*

TYRIACA, Tyriacum Antidotum, pro *Theriacum*, quod vulgo *Theriaque* dicimus. Stephanus Episc. Tornacensis Epist. 129 : *Mitto vobis ampullam, Tyriaca probatissima plenam*. Ita etiam Ælfricus pag. 57. Fulcherius Carnotensis lib. 3. Hist. Hierosol.

cap. 59 : *Antidotum Tyriacum de corpore serpentis confici dicitur.*
* Vide supra *Thiriaca*.

TYRIUM, Purpura Tyria, vel pannus purpureus. Anastasius in Leone III : *Vestes duas, ex quibus unam album holosericam,... ornatam in circuitu de chrysoclavo, aliam de Tyrio habentem in medio tabulam de chrysoclavo, etc.* In Gregorio IV : *Vela alba serica 4. unum habens undique Tyrium, et in medio crucem et gammadias de chrysoclavo.* Passim alibi.

TYRO. Papias : *Tyrones dicuntur fortes pueri, qui ad militiam deliguntur, atque habiles existunt.* [** Isidor. Origin. lib. 9. cap. 3. sect. 37.]

Tyrones in Palatio appellat auctor Vitæ S. Pelagii Nobiles aulicos, qui Principis ministerio inserviebant, qui *Militares Regis pueri, et regalibus annonis nutriti* dicuntur S. Eulogio in Memor. SS. lib. 2. cap. 3. Dudo de Morib. et Actis Norman. pag. 98 : *Confestim Willelmus quendam Tetgerum Tyronem, domus suæ principem misit ad Heinricum Transrhenanum Regem, etc.* Idem pag. 103 : *Quem Hugo Dux, non reverenter, ut solitus erat, suscepit; sed in parilitate suorum Tyronum tenuit.* [** Ruodlieb. fragm. 3. vers. 402 :

Compare tam fido tam miti tamque benigno,
Tali Tyrone regem seseque carere.

Adde fragm. 13. vers. 27.]

Tyrocinare, Tyrocinium exercere. S. Gerardus Abbas Sylvæ majoris in Vita S. Adelardi Abbatis Corbeiensis n. 4 : *Tyrocinabatur in Palatio* (Karoli) *puer bonæ indolis.* Historia Translat. S. Guthlaci n. 19 : *Militabat, et in expeditionibus ad tempus Tyrocinabatur.* [Otto Frising. in Friderico I. Imper. apud Murator. tom. 6. col. 661 : *Ad seria tandem Tyrocinandi accingitur negotia.*]

¶ Tironicare, *Militare.* Gloss. Isid. ubi Excerpta habent, *Tyronizare*, forte pro *Tyronissare.*

Tyro, Qui in arenam descendit, vel duello pugnat, *Campio.* Arnoldus Lubec. lib. 2. cap. 15. de Drogone, duellum initurо cum quodam Helia : *Dominus meus exibit ad vos cum Tyrone suo, completurus quod dixit.*

Tyro, Miles, qui *Militiæ* cingulo recens decoratus est, et necdum in bellis vel torneamentis tyrocinium suum exercuit. [Gloss. Lat. Gall. Sangerm. : *Tyro, nouviau chevalier.* Elmham. in Vita Henrici V. Reg. Angl. cap. 59. pag. 154 : *Tyro quidam, nuper per Regem in festo S. Georgii, apud Cadomum celebrato, secundum solempnes balneorum observantias, creatus in militem, etc.*] Joan. Monachus Majoris Monast. de Gaufredo Duce Normanniæ, *Milite* creato : *Taliter ergo armatus Tyro noster, Militiæ postmodum flos futurus, etc.* Simeon Dunelmensis ann. 1150. de Henrico ejusdem Gaufredi filio recens Milite facto : *Et Rex David, et Tyro Henricus Dux Normanniæ, etc.* Ita vocem *Tyro* usurpat non semel Matthæus Paris pag. 371. 445. etc.

¶ Tyrunculus, Eodem intellectu. Balderic. in Chron. Camerac. cap. 93 : *Post cujus* (Ottonis) *excessum Otto filius suus gloriosissimus, licet primævo flore Tyrunculus etc.* Vide *Neoptolemus.*

¶ Tyro, nude pro Vassallus, Miles, apud eumdem Balderic. cap. 83 : *Walterus Castellanus Tyro inhumanissimus ;* idem *Castri vassallus* dicitur cap. 92.

Tyrocinium, *Militia, Chevalerie.* [Gloss. Lat. Gall. Sangerm. : *Tirocinium, nouvelle chevalerie, ou office de nouviau chevalier.* Vita S. Arnulfi sæc. 6. Bened. part. 2. pag. 536 : *Quidam miles Aldemborgensis indigena, nomine Willelmus, statura et agnomine longus, habuerat filium jam adultum Tyrocinio mancipatum, etc.* Epist. Manfredi Reg. Sicil. apud Baluz. tom. 1. Miscell. pag. 486 : *Eundem.... in fontis cujusdam balneo sub novæ militiæ solennitate lavarunt, et per duos milites ab inde transeuntes, ut Tyrocinii decus celebrius ageretur, procuravere balneatum eundem militiæ cingulo decorari sub veste rubea.*] Joannes Monachus Majoris Monasterii lib. 1. Hist. Gaufredi Ducis Norman. de ejusdem Militia : *Illucescente die altera, balneorum usus, uti Tyrocinii suscipiendi consuetudo expostulat, paratus est.* Infra : *Dies illa Tyrocinii honoris et gaudio dicata, etc.* Gaufredus Vosiensis in Chron. part. 1. cap. 58 : *Regem Scotorum Henricus* (Rex Anglorum) *apud urbem Petragoricam in prato Episcopali Militiæ cingulo redimivit, qui novus Miles 30. heroum liberos recentis Tyroninii consocios faciens, prosecutus est Regem.* Petrus de Vineis lib. 3. Epist. 20 : *Quia tamen Militiæ cingulum, quod reverenda sancivit antiquitas, nondum Serenitas nostra acceperat, die præsentis mensis Augusti, cum solennitate Tyrocinii, latus nostrum eligimus decorandum.*

Tyrocinium, Torneamentum, ludi equestres, in quibus novi Milites armorum suorum tyrocinia exercebant. [Litteræ Philippi Aug. Reg. Franc. ann. 1221. tom. 5. Ordinat. pag. 143 : *Pro Tirocinitis, torneamentis, expedicionibus, et aliis usibus eorumdem, etc.*] Willelmus de Nangiaco in Vita Philippi III. Regis Francor. ann. 1279 : *Princeps Salernæ Carolus Regis Siciliæ illustrissimi filius, veniens in Franciam cum magno honore a Rege et Baronibus est receptus, ac pro ejus amore et reverentia dedit licentiam Philippus Rex in ludis Tyrociniorum Milites exercendi.* Infra : *Ipse vero Rex per Tyrocinia, commonendo Milites ad probitatem, discurrens, etc.* Joan. de Beka in Ottone III. Episcopo Trajectensi : *Eodem anno Florentius Comes imperterritus multa Tyrocinia per diversas provincias frequentavit, de quibus præconium laudis acquisivit.* Infra ait, eum, qui Militarem ordinem suscepturus erat, jurasse, *Tyrocinia non nisi causa Militaris exercitii se frequentaturum.* Sic Matthæus Paris pag. 372. 493. 495.

¶ Tirocinium, Stipendium. Vita S. Arialdi tom. 5. Jun. pag. 292 : *Cujus locum quidam clericus, nomine Lanfrancus protinus rapuit, refutato pro eo Tirocinio non modico, quod annuatim sumebat de pontificali domo.*

Tyronia, pro *Tyrocinium*, Exercitatio militaris. Arnobius Junior in Psal. 106 : *Sicut Tyronia corpus exercet, ita animam divina præcepta instituunt.*

Tyronatus, in leg. 21. Cod. Th. de Tyronibus (7,13.), pro eo tempore, quo tyrones militiam exercent.

¶ **TYROPATINA**, Patina casearia, apud Apicium lib. 7. cap. 11.

TYROS. Glossæ MSS. ad Concil. Afric. cap. 57 : *Tyrorum, latronum. Tyros, Rusticus.* Vide *Syri.*

TYSANA, Ptisana, nostris *Tisane*, [Ital. *Tisana*, in Gloss. Gasp. Barthii apud Ludewig. tom. 3. Reliq. MSS. pag. 444. ex Guiberti Histor. Palæst.] Acta S. Martinæ Virg. n. 38 : *Erat autem leo immanissimus,* (cui devoranda objecta est S. Martina) *qui comedebat 40. libras carnis quotidie, et in potu ejus decimatas 8. Tysanæ.* Vide *Tisana.*

¶ **TYTERES**, vox Hispanica, Ludicra sigilla, Gall. *Marionnetes.* Synodus Oriolana ann. 1600. inter Conc. Hisp. tom. 4. pag. 719 : *Gestorum item Christi et integerrimæ Virginis et Sanctorum repræsentationes, imagunculis fictilibus, mobili quadam agitatione compositis, quas Tyteres vulgari sermone appellamus, etc.*

TYTHLAN, vox Saxonica, Accusatio, in Ethelredi Regis institutionibus cap. 2 : *Nec componat aliquis pro ulla Tythlan, etc.*
* *Tyhtlan* ex iisdem Legibus vide in hac voce.

¶ **TYUPHADUS.** Vide supra *Thiuphadus.*

TZANGÆ, Calcei, seu potius Cothurni, qui crura et pedes tegebant. Glossæ Basil. : Τζάγγα, τὸ ὑπόδημα. Τζάγγια, in Chronico Alexandrino pag. 768. et apud Theophanem, et Codinum de Offic. Lex 2. Cod. Theod. de habitu, quo uti oportet, etc. (14,10.) : *Usum Tzangarum atque braccarum intra urbem venerabilem nemini liceat usurpare.* Concilium Aurelianense I. cap. 20 : *Monacho uti orario in Monasterio, vel Tzangas habere non liceat.* Canones editi a Jacobo Petito pag. 218. hic habent *Ciangas.* Capit Caroli M. lib. 7. cap. 314 : *Ut Clerici pumpis, aut Tzangis, vel armis non utantur.* [** Bal. 398. *pompis aut sagis.*] [Vide Gloss. med. Græcit. v. Τζάγγαι, col. 1155.]

Tzancæ, Zanchæ, in leg. 3. d. tit. Cod. Th. Epistola Galieni apud Pollionem in Claudio : *Zanchas de nostris Parthicis paria tria.* [Vita S. Maximiani apud Murator. tom. 2. pag. 105 : *Similiter accersivit sutores calceamentorum, præcepit illis, ut magnas Zanchas ex hircorum pellibus operarent.*]

¶ Zanca, Eodem significatu. Index vett. can. inter Conc. Hisp. tom. 3. pag. 19 : *Monachi orarium vel Zancas in usu non habeant.* Cencius in Ord. Rom. apud Mabill. Musæi Ital. tom. 2. pag. 170 : *Indutus manto precioso, et calceatus Zanca una aurea, id est una caliga, altera rubea, etc.*

Zangæ. Vetus interpres Horatii ad Sat. 6. lib. 1. vers. 27 : *Nam ut quisque insanus nigris medium impediit crus Pellibus. Nigris pellibus,* inquit, *Zangis.* Glossæ Isidori : *Zanga pellis.* Glossæ MSS : *Zanga, ossa,* i. ocrea. Vide *Osa. Tzangæ* autem ad medium crus usque pertingebant, unde *Ocreas* vocant Scriptores Latini. Hist. Miscella : *Et rubris enim ocreis agnoscebatur.* Ubi Theophanes pag. 263 : ἐκ τῶν ἀληθινῶν γὰρ τζαγγίων ἐγνωρίζετο. Will. Tyrius lib. 15. cap.

23. de Manuele Comneno : *Ocreis, ut mos est in illo imperio, insignitus purpureis, ab universis legionibus certatim Augustus est appellatus. Caligæ* dicuntur Luithprando lib. 3. cap. 9. et Alberico, ubi de Balduino Imperatore CP : *Caligis rubeis secundum morem indutus. Cothurni*, Corippo lib. 2. *Hueses*, seu *ossæ*, Willbarduino num. 116.

Tzangas porro purpureas, proprias fuisse Imperatorum Constantinopolitanorum, docent passim Scriptores Byzantini; nam ut ait Corippus de Laud. Just. lib. 2. vers. 111 :

Augustis solis hoc cultu competit oti.

Ita Basilius in Parænesi cap. 63. Theophylactus Bulgar. de Institut. Regia cap. 27. et alii, quos laudat Meursius.

Sed et Lazis Regibus τζάγγια ῥουσαῖα περσικῷ σχήματι adscribit Chronicon Alexandrinum pag. 768. κοκκοβαφὲς πέδιλον, vel πέδιλα ἐρυθρὰ, Scilitzes; et Bulgaricis Principibus, Nicetas in Isaacio lib. 1. num. 5. Gothicis Regibus, Gregorius M. lib. 2. Dialog. cap. 14. Imperatoribus Occidentalibus, Panegyricus Berengarii Imp. lib. 4. vers. 167 :

Cum Princeps nitidus Tyrio procedit in ostro,
Tegmina vestitus crurum rutilante metallo,
Quale decus terræ soliti gestare magistri.

Aliis promiscue, Albertus Aquensis lib. 9. cap. 8 : *Caput vero Gerbodonis, et ejus crura pretioso ostro calceata et induta amputantes, defensoribus urbis ostenderunt.* Vide *Calcar.*

De vocis etymo censet Salmasius, cujus sententiam amplecti videtur Jacobus Gothofredus, ab ἄγχω, quod est *constringo*, et ἄγχη, vinculum, quo quid constringitur, deductam, unde factum ζάγγη, pro διάγχη, ut *Zabolus*, pro *Diabolus*, *zeta*, pro *diæta*, et similia apud Latinos. Verum τζ apud Græcos recentiores pro διὰ usurpatum vix reperire est; imo semper ab iis præpositum litteræ *s* inflexione Italica, quod monent Eustathius ad Dionysii Perieg. pag. 100. edit. Henric. Stephani, satque probant verba allata a Meursio incipientia a τζ. Proinde nescio, an non potius a Gallico *Sangle*, id est *Cingulum*, deduci debeat, tametsi conjecturam hanc omnino pro probabili, nedum pro vera nolim præstare. Vide Cujacium lib. 21. Observ. cap. 28. Leunclavium in Pand. Turc. n. 199. Fabrotum in Notis ad Anastasii Historiam Eccl. pag 95. Meursium in Gloss. Jacob. Gothofredum ad d. tit. Cod. Theodos. etc.

¶ **TZAUSIUS**, Dignitatis nomen apud Græcos recentiores, idem qui *Chiausius*, vel *Chiaussus* hodie Turcis dicitur. Vide Glossar. mediæ Græcitatis v. Τζαούσιοι.

¶ **TZECCHA.** Vim vocis docet Bern. *de Breydenbach* in Itin. Jerosol. pag. 15 : *Quilibet peregrinus ipsi patrono pro hujusmodi omnibus per eum, ut præfertur, faciendis vel exponendis quadraginta duos ducatos de Tzeccha dictos, id est noviter monetatos dare teneatur.* Quam lectionem nolim præstare : insolita enim abbreviationis nota hæc vox annotatur. [** Vide *Nuovo di zecca*, apud Acad. Crusc. in voce *Zecca.*]

¶ **TZICURIS**, Securis, ut videtur, apud Leonem in Tacticis cap. 7. Vide Gl. med. Græcit. voce Τζικούριον.

¶ **TZUSTRIA**, Monomachia ludicra, hastiludium singulare, idem quod *Justa* 1. Vide in hac voce, et Gloss. med. Græcit. voce Τζούστρα.

¶ **TZWYDIK**, Lini manipulus. Charta ann. 1285. apud Ludewig. tom. 1. Reliq. MSS. pag. 141 : *Plebanus in Dobir habebit de unoquoque manso totidem pullos et totidem manipulos lini, qui vulgariter Tzwydik dicuntur.*

V LITTERA numeralis, quæ 5. designat. Unde versus :

V. vero quinque dabit tibi, si recte numerabis.

Seu, ut habet Ugutio :

V. quoque pessundans, non plus quam quinque redundans.

Eidem litteræ si recta linea superaddatur, 5. millia significat.

V. inquit Notkerus Balbulus, Opusc. *Quid singulæ literæ significent, in superscriptione Cantilenæ* : *Licet amissa in sua, veluti valde Vau Græca, vel Hebræa, velificat.* Vide *A.*

¶ V pro B, et vicissim B pro V, in frequenti usu apud Hispanos aliosque : *Octaba* passim pro octava ; *Guvernare, deveas, haveat, livertas*, in Charta Fundat. Monast. S. Michaelis in Apuniano ann. 728. apud Marten. tom. 1. Ampliss. Collect. col. 25. et 26. Vide infra *Vanleuga, Vanneria*, etc.

* Et apud Italos, ut videre est apud Murator. tom. 1. Antiq. Ital. med. ævi col. 188. 197. 198. 199. 1014. tom. 5. col. 371. et in Access. ad Hist. Cassin. part. 1. pag. 86. col. 1.

V. Litteram ut F, Germanos efferre, observat Ægidius Schudus in Descriptione Rhætiæ cap. 36. exemplisque aliquot probat Stephanus Baluzius in Notis ad Agobardi librum de Judaicis superstitionibus, adeo ut *Valradus*, *Vulda*, et similia promiscue scribantur, pro *Fulradus*, et *Fulda*. [Hinc in Epitaphio ann. 1007. legitur *Folfo*, pro Volvo, et *Fifo*, pro Vivo : ita perinde F mutatur in V, ut monet Morales in Eulogii Vitam pag. 193. Vide supra *F.*]

¶ V pro O scriptum frequenter ab antiquis librariis monet idem Baluzius in Notis ad Capitul. col. 999. quod ex corrupta enunciatione factum esse existimo.

☞ V vel Y efformatum in monogrammatis Regum Francorum quid significet, vide in *Monogramma*, pag. 536. col. 1.

* **VA**, Præpositio, quæ idem sonat atque A, ab. Charta ann. 1048. apud Lamium in Delic. erudit. inter not. ad Hodœpor. Charit. part. 3. pag. 1033 : *Fines autem et terminos loci illius cum suis adjacentiis ita decernimus, sicut jam olim concessimus. Va ab Oriente parte a Nespolo.... Va meridie vero ab ipsa collina...... Da Occidente a vado.... Ad Aquilonem vero da rixa de palestro revertitur usque ad Nespulum.* [** Pro Vadit.]

¶ **VAANAGIUM**, Fructus ex agro culto, idem quod *Gagnagium*. Vide in hac voce. Chartular. S. Vandreg. tom. 1. pag. 395 : *Vendidi... pro* XLVIII. *sol. Turon. duas minas Vaanagii redditus, quale videlicet Vaanagium terra subnotata annuatim afferet. Vasagium* ibidem occurrit. *Waagnaige*, eodem sensu, in Statutis pro pistoribus Atrebat. ann. 1355. inter Ordinat. Reg. Franc. tom. 5. pag. 510. § 12 : *Puet li maires du mestier.... commander as fourniers qu'il entamechent leurs journaiges, pour voir dedans s'ils sont de loyal Waagnaige.* Semel et iterum occurrit ibidem. Vide *Gagnagium* et *Wannagium.*

* *Waagnaige*, eadem notione, in Stat. ann. 1355. tom. 5. Ordinat. reg. Franc. pag. 510. art. 12. *Waingnaige*, Ager culturæ aptus, in Lit. Joan. dom. *de Commerci* ann. 1336 : *Qui aurait Waingnaige pour chevaulx et pour bœuf, il payroit à l'advenant.* Unde *Waingnié* dicitur, Ager cultus, in charta Guid. comit. Fland. ann. 1290. ex Reg. 48. Chartoph. reg. ch. 200. *Waagnerie*, pro ipsa cultura, in Charta ann. 1317. ex Lib. nig. 2. S. Vulfr. Abbavil. fol. 68. r° : *Et se..... faisions despens par le defaute de se Waagnerie, il seroit*

tenus à rendre et à restorer. Vide *Gagnagium* et *Wangnale*.

* **VAARIA**, Districtus, territorium. Charta ann. 1114. ex Tabul. episc. Carnot. : *Confirmamus etiam eis* (monachis Tironensibus) *annuale modium avenæ, in festo S. Joannis Evangelistæ, eis per majorem de Garzeia super Vaaria* (al. *Vaagia*) *et territorio nomine de Vastina,....... exsolvendum*. Vide *Viaria* in *Viarius*.

¶ **VAASARIUS**, f. Vasorum custos. Vide *Vasarium* et *Vasarius*. Comput. ann. 1202. apud D. *Brussel* tom. 2. de Usu feud. pag. CLXXXII : *Pro debitis Vaasariorum quærendis*, LX. *s*.

¶ **VAASSORES**, ut infra *Vavassores*, ex eodem Computo pag. CLXXXI : *Et pro Vaassoribus*, XI. *l*. III. *sol*. *Vasseurs*, in Consuet. Paris. art 51. Carnot. art. 17. 48. Blesensi art. 12.

* **VAASSORIA**, Prædium, quod sub annua pensitatione tenetur. Charta Phil. Pulc. ann. 1305. in Lib. rub. Cam. Comput. Paris. fol. 280. r°. col. 2 : *In ripariis, portubus, veariis, Vaassoriis, molendinis, piscariis, etc*. Vide *Vavassoria* in *Vavassores*.

¶ **VABALLUM**. Vide infra *Varballum*.

¶ **VABRA**, *Callidus, artificiosus. Vabrum, varium, multiforme*. Gloss. Isidori. Forte leg. *Vabrus*, pro *Fabrus*, *f* in *v* mutato, quod sæpe fit : nisi cum Grævio malis ex Papia *Vafer*.

* **VACALIA**, Vaccarum grex. Charta pro monast. S. Steph. de Fontaneto in Reg. 106. Chartoph. reg. ch. 271 : *Et si aliquo tempore Vacalias aut ovilia seu porcarias ibidem agogare faceret, donavit decimas omnium profectuum illorum*. Vide *Vaccæ*.

¶ **VACANS**. Vide infra *Vacantes*.

* **VACANS**, Jus caduci in beneficiis ecclesiasticis, quando vacant, idem quod *Deportus*. Pactum inter episc. Tarb. et abbat. Casæ Dei ann. 1327. ex Reg. capit. Bitur. : *Item voluerunt quod Tarbiensis episcopus.... dum rector vel rectores dictarum ecclesiarum mori contigerit, habeat pro Vaccante primi anni cujuslibet rectoris post eorum..... medietatem omnium fructuum, redituum et proventuum, et quod alia medietas sit dicti D. abbatis. Vacquant*, eadem acceptione, in Lit. ann. 1403. tom. 8. Ordinat. reg. Franc. pag. 623 : *Et par especial veulent exiger les services ou Vacquans des prelatures, dignitez et autres benefices qui ont vacqué*. In ordine vero militum S. Joan. Jerosol. *Vaccans* nuncupantur, Redditus qui a prima Maii post mortem ultimi possessoris, usque ad primam Maii anni sequentis obveniunt Lit. ann. 1401. ibid. pag. 479 : *Les mortuaires et Vaccans des prieurés, chatelainies et commenderies dudit Hospital appartiennent au commun tresor du convent de Rodes*. Vide *Mortuarium* 2. et *Vacantia*, 2.

VACANTANEUS, Improvisus, incautus. Isid. Pac. in Chron. æra 782 : *Sed Maraon unus ex Arabas Palatium adiens, periturum, et propria bella in diversa distractum, Vacantaneum per tyrannidem fenociter appetens bellum*.

VACANTES, dicuntur Supernumerarii Magistratus, qui Codicillos magistratuum, annonas præterea et salaria dignitatis obtinebant a Principe, licet nullam functionem agerent. Ita *vacantes Tribunos* non semel habet Ammianus, ubi consulendus Henricus Valesius pag. 68. ut et Casaubonus ad Lampridium, et Jacobus Gothofredus ad leg. ult. Cod. Th. de Agentib. in reb. (6,27.)

VACANS ECCLESIA, Σχολάζουσα ἐκκλησία dicitur, quoties viduata est, vel titulus a nullo possidetur. Episcopus vero, vel Clericus σχολάζων nuncupatur, qui ab hostibus, paganis, vel hæreticis sede vel titulo pulsus est. [Vita S. Virgilii sæc. 3. Bened. part. 2. pag. 313 : *Unum Vacantem Episcopum nomine Liuti ibidem advocavit, qui ipsam discordiæ ecclesiam consecravit*.] Vide Glossar. med. Græcit. col. 1510.

VACANTES TERRÆ, Desertæ, incultæ, in leg. 3. Cod. Th. de Veteranis (7,20.), quæ in leg. 8. eod. tit. *Vagantes*, quomodo nostri eadem notione *Terres vaines et vagues*, [in plerisque Consuetud. municipalibus. *Vains lieux*, in Litteris Roberti Ducis Burgundiæ ann. 1282. inter Ordinat. Reg. Franc. tom. 4. pag. 381. *Hostel wide et Vacque*, ubi nullus habitat, in Charta ann. 1455. ex Chartul. Latiniac.] Vide *Vagantes*.

VACANS MULIER, Vidua, Marciano JC. [*Vacans* nostri, pro *Absens*, absentes, dixerunt Tabular. Sangerm. ann. 1467 : *Les abbé et prieur dudit S. Germain estoient Vacans*.]

1. **VACANTIA**, *Otium*, σχολή, in Gloss. Gr. Lat.

¶ 2. **VACANTIA**, Reditus unius anni cujuscumque beneficii *vacantis*, idem quod *Annata* 1. Vide in hac voce. Instrum. ann. 1415. apud Marten. tom. 2 Anecd. col. 1549 : *Jordanus Morini magister in Theologia... dixit... quod tollantur dictæ Vacantiæ*. Centies ibidem occurrit. Adde *le Brasseur* Hist. Ebroic. pag. 277. et Calmet. inter Probat. Histor. Lothar. tom. 3. col. 413. Vide *Vacata*.

¶ 3. **VACANTIA**, Jus succedendi deficiente hærede, atque bona quacumque ratione vacantia sibi accipiendi, Practicis nostris *Desherance. Droit d'escheance*, in vet. Consuet. Norman. cap. 25. Vide *Escaeta*. Fragm. Chronic. apud eumdem Marten. tom. 5. Ampl. Collect. col. 1151 : *Cum nobilitiis, hostagitiis, hominibus, censibus, terris et reditibus, pedagiis, præfecturis, Vacantiis, et albinis, etc*.

* Hinc *Vacans* appellantur, Bona quævis, quorum dominus ignoratur, quæ ad dominum feudi pertinent. Notæ ex vet. Reg. commissariorum ann. 1378. ex Cod. reg. 5991. A : *Biens Vocans, sont biens d'aventure, comme ung cheval eschappé, que l'en ne sceit à qui il est; une bourse trouvée en ung chemin, ung homme incongneu trouvé mort ou murdri en ung chemin. Et telles choses et semblables appartiennent au hault justicier, et les doit garder en forme ou valeur ung an et rendre à celui qui y vouldroit clamer et monstrer droit*.

VACANTIA IMPERIALIS. Acta S. Theodori Ducis Mart. num. 2 : *Tunc nuntiatum est ei de quodam doctore Dei viro, nomine Theodoro, qui factus erat Judicator Imperialis Vacantiæ*. Ubi Metaphrastes, *Defensorem Regium* habet.

* 4. **VACANTIA**, Locus vacuus. Charta ann. 1386. apud Pez. tom. 6. Anecd. part. 3. pag. 76. col. 2 : *Et semper una Vacantia ante fores et domos eorum, pro via publica ipsis maneat libera et nullo modo occupata*. Vide infra *Vacuamentum*.

VACANTIVUS, Otiator, ἀνεργής, qui *vacat*. Suidas : Βακαντίβος, σχολαστής, μὴ παραμένων τῷ πράγματι αὐτοῦ. Ita vocem hanc usurpat Synesius Epist. 67. ad Theop. ubi de Episcopis, qui vagi et errabundi sedes suas deserebant, otio indulgentes. Lampridius in Severo : *Jurejurando deinde constrixit, ne quem adscriptum, id est Vacantivum haberet, ne annonis Rempublicam gravaret*. Ubi Casaubonus legit, *ne quem adscriptitium, id est, vacantem haberet*. Vide *Vacantes* et *Vacivus*.

¶ **VACANTO**. Vide *Vaccato*.

¶ **VACARETIUS**, Ad *vaccas* spectans. Charta ann. 1054. inter Instrum. tom. 6. Gall. Christ. novæ edit. col. 177 : *Et de ipso Jounco usque in via Vacaretia, quæ discurrit Cortasellas*.

¶ **VACARIA**, ut infra *Vaccaria*. Index MS. Benefic. Eccl. Constant. fol. 26 : *Rector percipit omnes grossas decimas et minutas, excepta Vacaria de bosco, de qua prior B. M. Magdalenæ Rothomag. percipit duas garbas. Rector percipit tertiam partem dictæ Vacariæ*.

¶ **VACARIUS**, Qui pelles vaccinas, sive bubulas depsit ac præparat, vel iis utitur. Codex censualis Episc. Autissiod. : *Pelliparii istius villæ qui sunt quitti de ventis, cordubanarii, Vacarii, savetarii istius villæ debent quilibet unum obolum*. Vide *Sutor vaccæ*, et *Vacinarius*.

¶ **VACATA**, ut supra *Vacantia* 2. Acta S. Francisci de Paula tom. 1. Apr. pag. 150 : *Qui quidem Rex respondit... quod pro Vacatis ejusdem episcopatus sibi donabat summam decem millium scutorum auri*.

1. **VACATIO**. Tabularium Prioratus de Domina in Delphinatu fol. 71 : *In hoc alodo accipient Monachi de Domina* 9. *denarios et unum dimidium de servitio. Reddent autem prædic i monachi* 7. *denarios de Vacatione*. [Forte idem est atque præstatio, *Altarium redemptio* dicta, quæ vacante personatu exsolvi debebat. Vide in *Altare* 1. *Persona*.]

* 2. **VACATIO**. Bulla Calixti PP. II. ann. 1121. inter Probat. ult. Hist. Trenorch. pag. 150 : *Decernimus ergo ut nulli omnino hominum liceat vestrum cœnobium temere perturbare, aut ejus possessiones auferre, vel ablatas retinere, minuere, aut temerariis Vacationibus fatigare*. Sed legendum videtur, ut in aliis Chartis, *Vexationibus*.

¶ VACATIO, Gall. *Vacance*, Cessatio. Index MS. Benefic. Eccles. Constant. fol. 41 : *Rector alterius portionis dicti loci quam sibi difforciavit Rex, asserens jus præsentandi ad ipsam portionem sibi debere pertinere pro quadam Vacatione unica*. Gloss. Lat. Græc. : *Vacatio*, εὐσχολία.

VACATIUM. Vide *Vaccagium*.

VACATURA, Beneficium Ecclesiasticum nondum vacans, sed *vacaturum*, ad quod Summus Pontifex, vel Prælati ipsi seu Episcopi Clericum aliquem promovebant; quæ quidem *provisionis* species interdicta variis Conciliis, ac præsertim Tridentino sess. 24. cap. 19. Joan. Brompton. de Ludovico VII. Rege Franciæ : *Dum autem Clericus quidam privilegium Papale ei attu-*

lisset, quod in omni Cathedrali Ecclesia regni sui primam Vacaturam haberet, cum fructibus medio tempore provenientibus, ille statim litteras combussit, dicens, se malle tales litteras comburere, quam animam suam in inferno torqueri. Jacobus Stephanescus lib. 3. de Vita S. Cælestini V. PP. cap. 11. de ejus ineptis promotionibus :

O quam multiplices indocta potentia formas
Edidit! indulgens, donans, faciensque recessit,
Atque Vacaturas concedens, atque vacantes,
Assumens precibus nonnullum ad culmina sedum
Pontificum, variosque gradus, absente senatu, etc.

Vide Historiam S. Mariæ Suession. pag. 443. et Historiam Academiæ Parisiensi tom. 3. pag. 582.

VACCÆ, olim in aliquot regionibus ac provinciis, præcipuæ fuerunt hominum facultates, adeo ut et mulctæ judiciorum in vaccis exsolverentur, ut colligitur ex Leg. Malcolmi II. Reg. Scot. cap. 8. Statut. Will. Reg. Scot. cap. 5. 6. Leg. Forestar. Scot. cap. 3. ex Reg. Majest. lib. 3. cap. 19. ex Quoniam Attachiam. cap. 72. 73. etc. Statutis Alexandri II. Regis Scotiæ cap. 1. 15. etc. atque eæ denique vice pecuniæ in commerciis darentur. Tabulæ Fundationis Monasterii S. Severini in Vasconia : *Qua de causa eum locum ab illis cum omnibus ad se pertinentibus, dando illis trecentos solidos duodenarios argenti quadraginta quinque Vaccas, cum multis rebus aliis.* Scribit Jacob. Waræus in Antiquit. Hibern. cap. 12. ex veteri Poeta Gallico sub Ricardo II. equum generosissimum emtum vaccis 400. Huc spectant ista Columellæ in Præfat. lib. 6 : *In rusticatione vel antiquissima est ratio pascendi, eademque quæstuosissima ; propter quod nomina quoque et pecuniæ et peculii tracta videntur a pecore ; quoniam id solum veteres possederunt, et adhuc apud quasdam gentes unum hoc usurpatur divitiarum genus, etc.* Vide Reginonem ann. 874. Monasticum Anglic. tom. 3. pag. 205. Marcam in Hist. Beneharn. lib. 1. cap. 12. n. 10. 11. lib. 3. cap. 8. n. 1. cap. 11. n. 5. in Probat. Adde præterea, quæ habent A. Gellius lib. 11. cap. 1. Plinius lib. 18. cap. 3. lib. 33. cap. 3. Tacitus de Moribus German. etc.

Vacca Mulsa, *id est lactans*, in Lege Bajwar. cap. 2. § 6.

Vacca Jugo Domita, *Vacca junctoria*, Quæ ad aratrum jungitur, in Leg. Longob. lib. 2. tit. 21. § 6. 7. [** Roth. 254. 256.] [*Vacca domita*, nude in Lege Salica tit. 3. cap. 5.]

¶ Vacca de Karro, Quæ ad *carrum* jungitur, in Charta ann. 1110. ex Tabul. Floriac.

Vacca Alba. Joannes de Deo in Pœnitentiario lib. 5. cap. 10. de Pœnitentia Archidiaconi : *Secundo quia volunt habere pecuniam, vel Vaccam albam pro investituris Ecclesiarum vel beneficiorum, etc.* Quia rara. [* f. Pellis vaccina certa ratione præparata, quæ altariis nostratibus *Vache blanche* nuncupatur.]

* Vacca Farssita, Farta. Vide supra *Farssitus.*

** Vacca Inferendalis. Vide in *Inferenda.*

** Vacca Perpetua. Vide in *Perpetuus.*

¶ Vacca Varia, Quæ variis coloribus distinguitur. Vide *Varius* 1. Inventar. MS. ann. 1366 : *Univit et annexavit Romanæ Ecclesiæ castrum novum Canallicensis diocesis, quod a dicto abbate* (S. Guillelmi de desertis) *in feudum tenebatur cum suis juribus, hominibus, territoriis, ac pertinenciis universis sub annuo censu unius Vaccæ variæ sive calhæ.*

☞ Eodem nomine nuncupatur distributio quædam incertæ originis in Ecclesia Autissiodorensi usitata, quæ in eo posita est ut 32. priores Canonici mensuram frumenti, quæ *Bichetus* dicitur, percipiant, quibus singulis aliisque decem subsequentibus Canonicis sexdecim vini mensuras, quas *Pintes* nominamus, suppeditat Abbas S. Germani Autissiodorensis : aliis Canonicis totidem a Capitulo suo accipientibus. Hujus distributionis mentio est in Statutis Ecclesiæ Autiss. ann. 461. *De hora qua lucratur Vacca varia :* cujus media pars assidua sex mensium mansione obtineri ibidem dicitur; altera pars ab eo qui die festo S. Aniani Missæ solemni interest. Hæc præstatio primum, ut videtur, in vacca varia exsoluta, unde vocis origo, exinde in pecuniam commutata est, ut colligitur ex Tabul. ejusd. Autiss. Eccl. ad ann. 1369 : *Ab abbate S. Germani Autiss. pro Vacca varia de termino S. Andreæ, pro toto* xv. *sol.* Rursum ad ann. 1387 : *Ab Abbate monasterii S. Germani Autiss. pro Vacca varia de termino S. Joannis, pro toto* xv. *sol.*

* Vacca Mascula, Bos. Charta Phil. IV. ann. 1310. in Reg. 53. Chartoph. reg. ch. 250 : *Priorissæ et conventui sororum ordinis Prædicatorum de Pissiaco.... concedimus.... usagium pro viginti Vaccis, tam masculis quam femellis, in foresta nostra Layæ.*

* Est et ludi genus, qui *ad Vaccas* vel *ad Vacculam* nuncupabatur, cujus mentio est in Lit. remiss. ann. 1456. ex Reg. 183. ch. 96 : *Le suppliant et Satin se prindrent à jouer aux Vaches pour le vin seullement.* Aliæ ann. 1457. in Reg. 189. ch. 159 : *Lesquelz se prindrent à jouer aux Vaches, au plus de blanches ou de noires.* Aliæ ann. 1395. in Reg. 148. ch. 40 : *Jehan le Noir et aucuns des compaignons jouerent ensemble pour l'argent à un jeu appellé le jeu de la Vachette.*

¶ Vacca, μελετητικὸς αὐλός, in Gloss. Lat. Græc. ubi infra *Vasca* legitur. Vide Cujacium

* **VACCA** Danica, Hafnia, vulgo *Copenhague*, appellatur in Chron. Danic. ad ann. 1430. apud Ludewig. tom. 9. Reliq. MSS. pag. 127 : *Emiserunt* (Hanseatici) *ex urbibus grandem classem ducentarum et sexaginta navium,...... et duxerunt in insulas Oresund Daniæ prædatum et ut mactarent Vaccam Danicam.... Dani eos viriliter oppugnaverunt,...... perfeceruntque ut....... fugam inirent, cum magno detrimento et dedecore Daniam et ejus Vaccam relinquentes intactam.*

* **VACCA** Ferri, Instrumentum quoddam coquinarium. Invent. ann. 1218. inter Probat. tom. 1. Hist. Nem. pag. 67. col. 1 : *Item inveni duodecim grillonos et Vaccas ferri et quasdam ferrias.*

VACCAGIUM, Tributum ex vaccis. Tabularium S. Trinit. Vindocinensis : *In curte S. Dionysii.... perdonat Comes Vaccagium totum.* Sanmarthani in Abbat. O. SS. Andegav. ediderunt *vacatium.* In Charta Henrici III. Regis Angliæ pro Monasterio S. Salvatoris in Hibernia in Monastico Anglic. tom. 2. pag. 1032. mentio fit *vaccarum solutionis, quæ dari solent pro Capitulis Utlagorum* [Vide *Vaccaticum.*]

¶ **VACCARE**, pro Vacare, in Consuet. MSS. Monast. Fontanell. : *Ut per hoc liberius Vaccet Deo.*

VACCARIA, Ager, vel prædium vaccarum numero alendo idoneum. Charta Joan. Regis Angl. tom. 3. Monast. Anglic. pag. pag. 35 : *Concessimus etiam eis, quod habeant ibidem Vaccariam* 40. *vaccarum, cum pastura earum in foresta illa, et cum secta earumdem ad duos annos ; ita quod in fine singulorum duorum annorum amoveatur de foresta nostra secta earumdem* 40. *vaccarum de duobus annis.* Monasticum Anglican. tom. 2. pag. 165 : *Et de bosco meo, sive arborum succisione, sufficientem materiam ad faciendas domos, et faldas duarum Vaccariarum, quot opus habuerint, et virgas sufficientes ad domos faciendas in eisdem Vaccariis, quantum necesse fuerit.*

* Glossar. Provinc. Lat. ex Cod. reg. 7657 : *Vaccaria, prov. polia, armentum.*

Vaccaritia, Eadem notione. Lex Alamann. tit. 75 : *Si quis in Vaccaritia legitima ubi sunt* 12. *vaccæ vel amplius, taurum ex ea involaverit vel occiderit, etc.* Charta Caroli C. ann. 37. pro Monasterio S. Bertini Audomarens. in Tabul. ejusdem Ecclesiæ : *Ad portam autem, ante fores Ecclesiæ Vaccaritiam cum hortulo. Vaccaritiæ dominicales*, in Charta ejusdem Caroli C. apud Malbrancum lib. 6. de Morinis cap. 29. Occurrit præterea in Capitulari de Villis cap. 23. [in Vita Aldrici Episc. Cenoman. apud Baluz. tom. 3. Miscell. pag. 31. et apud Mabill. tom. 3. Analect. pag. 266.]

¶ Wacaritia, in Codice censuali MS. Irminonis Abb. Sangerman : *Sed pro ipsa Wacaritia quod prævidet, non solvit denarios, sed facit curvadas.*

Vaccharia, in Monastico Anglicano tom. 1. pag. 74.

¶ Wacheria, in Charta Hugonis Episc. Dunelmensis tom. 3. ejusd. Monastici pag. 92.

Vacceria. Charta Philippi Regis Franc. ann. 1066. et Roberti Comitis Flandriæ ann. 1080. apud Miræum in Cod. Donat. piar. cap. 57. 58 : *In eodem territorio apud Alfringhem* 7. *mansa terræ continentia* 100. *vaccas.* Et infra : *Apud Ferlingehem dimidiam Vacceriam* 16. *Vaccarum.*

Vacheria, in Fleta lib. 2. cap. 41. § 13 : *Inquiratur si aliqua Vacheria, porcharia, vel alia domus, vel clausum aliquod construatur infra metaforestæ, et per quem et quando, et quantum per æstimationem pastura Regis favorata fuerit aut deteriorata per animalia, quæ exeunt a domibus illis.* [Constitut. MSS. Cluniac. : *Nullus Monachus infra bannos exemptionis nostræ comedat aut bibat, aut de die ac nocte jaceat,... videlicet in grangia helemosinarii, Vacheria teleria.*] Vide *Vallesheria.*

Vachivia, Idem videtur quod *Vaccaria*, in eodem Monastico Anglican. tom. 3. pag. 15 : *Item dedit eis unam quarrucatam terræ,... et unam Vachiviam de* 40. *vaccis cum secta earum per tres annos, et pasturam ad*

500. *aves cum secta eurum per* 3. *annos, etc.* Mox : *Et quod liceat fratribus loca eligere cum Vachiviam mutare voluerit per totam forestam, et fœna colligere in foresta, ad pasturam ovium et vaccarum.*

¶ **VACCARIUM**, Stabulum vaccarum, Gall. *Vacherie.* Vita S. Kierani Episc. tom. 1. Mart. pag. 396 : *De hujus Sancti Vaccario vaccam abstulit.*

VACCARIUS, Qui *Vaccarum* curam habet in prædiis rusticis : Gall. *Vacher.* Hujus officium describitur in Fleta lib. 2. cap. 2. [Testam. S. Irminæ Abbat. ann. 698. apud Marten. tom. 1. Ampl. Collect. col. 9 : *Omnia ista cum adjacentiis eorum, una cum pastoribus, Vaccariis, porcariis, brevicariis cum gregibus eorum, etc.* Vide *Vacherius.*] [** Occurrit in Polypt. Sithiens. sect. 22. post Irminonem pag. 404. et 405.]

Vaccarios præterea quidam sectarii ac factiosi sese appellarunt sub ann. 1320. de quibus ita Chronic. MS. Monspeliense vernaculum : *Item aquel an meteis se mogron autra manieira de gens que se appellavon Vaquiers, e volian passar et aussiau e cassanou los mesels.*

¶ **VACCATICUM**, Tributum ex vaccis, seu præstatio pensitata ob jus immittendi vaccas in pascua. Charta Alani Comit. Britann. apud Lobinell. tom. 2. Hist. Britan. col. 236 : *Ut nec Comes... nec alia prorsus aliqua persona præter ipsum habere visa sit ullam dominationem in hominibus ipsius parrochiæ distringendis, nec annonaticum, nec friscingaticum, nec fumaticum, nec Vaccaticum, nec ullam redhibitionem, nec vel ipsum bannum.* Alia ann. 1138. ibid. col. 292 : *Item in Bethia duos arpennos prati et pasturam seu Vaccaticum quamdiu ibidem aliqua bestia fuerit.* Vide *Vaccagium* et *Vachagium.*

* *Vacherie*, eodem sensu, in Charta admod. majoriæ Castell. ann. 1380. ex Reg. 116. Chartoph. reg. ch. 243 : *Tout le droit des commendises,..... Vacherie, pasturages des bestes à laine, etc.*

VACCATO, Fragment. Petronii : *Scilicet jam strigæ puerum involuerant, et supposuerant stramentitium Vaccatonem.*

☞ Fascis, manipulus, cento volucrum corpore alio vacuus, interprete Reinesio, qui *Vacantonem* legit. Vide præterea notas Joh. Schefferi in hunc locum.

¶ **VACCATURA**, ut supra *Vacatura*, apud Cigaltium de bello Italico : *Sicut Papa non committit symoniam in curia Romana accipiendo Vaccaturas, etc.*

* **VACCATUS**. Annal. Victor. MSS. ad ann. 1235 : *Hoc anno Paleologus, Græciæ dictus Vaccatus, vir potens et famosus, cum multo exercitu invasit terram imperii Constantinopolitani.*

* **VACCEIA**, pro Vasconia, in Vita S. Rictrud. tom. 1. Febr. pag. 300. col. 2 :

Ergo supra satis tandem cum pervia Francis
Hæc eadem fieret Wasconia, quæ vocitata
Vacceia est alio cognomine, etc.

Vide notam ad hunc locum.

¶ **VACCENTIUM**, Annonæ species. Vide *Jarba.*

¶ **VACCERIA**, Vaccharia. Vide *Vaccaria.*

¶ **VACCHELLA**, Vacca junior, vaccula, Ital. *Vaccarella.* Chron. Parmense apud Murator. tom. 9. col. 834 : *Et sic addiscunt Vacchellæ arare.* Ibidem col. 844 : *Ut Vacchellæ arare addiscent.* Proverbium est apud Italos tritum, quod durioribus assuescere sonat.

¶ 1. **VACCHETA**. Statuta datiaria Riperiæ fol. 14 : *Item quod libris et Vacchetis dictorum emptorum, et cuilibet eorum, et cujuslibet eorum officialibus, stetur et stari debeat.* Academicis Cruscanis : *Vacchetta, Libro così detto per iscriverci giornalmente.* Diarium, Gall. *Journal.* Vide *Vacheta*, 2.

* 2. **VACCHETA**, Vacca junior, vaccula. Acta S. Jacobi Mevanat. tom. 4. Aug. pag. 730. col. 1 : *Hanc* (pecuniam) *duabus cum Vacchetis faciliter usque ad ecclesiam fratrum Prædicatorum portari fecit.* Vide *Vacchella.*

¶ **VACCINIA**, Δαμάλιον, in Gloss. Lat. Gr. MSS. habent, *Vaccina.* Vide *Vacchella.*

* Nostris *Vachin*, Corium vaccinum. Lit. remiss. ann. 1459. in Reg. 188. Chartoph. reg. ch. 159 : *Le suppliant fut à la place Maubert chez ung cordouennier,...... et print deux courdouans, ung Vachin, etc. Les vachins à faire empaignes et houseaux*, in Stat. ann. 1372. tom. 6. Ordinat. reg. Franc. pag. 120. art. 6. Pedag. Divion. MS : *Li Vaichins entiers paiera un denier.*

* **VACCIPOTENS** Præsul, Regionis pascuæ episcopus. Dicitur de Albrico episcopo Ultrajectensi, in Carm. quod Alcuini esse opinatur D. *Le Beuf* tom. 2. Dissert. pag. 423 :

Si meus Albricus veniens occurrat in amoe,
Vaccipotens præsul, properans tu dicito : Salve.

¶ **VACELLUS**, Modus agri, ut videtur : nisi sit pro Valliculus. Tabul. S. Quintini in Insula fol. 75 : *In aresna de Correel* 2. *sestaria; in alio Vacello citra* 1. *modium; in Vacello juxta campum Alberici, etc.* Vide *Vallo* 1. *Vancellus*, et *Vauchellus.*

¶ **VACEMUM**. Charta ann. 1293. tom. 2. Hist. Dalphin. pag. 72 : *Item quod Monasterium sanctæ Crucis prædictum non possit tenere in montaneis ipsius, nisi septem trentenaria ovium cum lacte et Vacemo, arietibus et agnis, quantum necesse fuerit, etc.* Vide *Vascinum* in *Bassaria.*

¶ **VACHAGIUM**, ut supra *Vaccaticum.* Vide in hac voce. Tabular. S. Martini Vertavensis : *Notum sit omnibus homines de castellania Palatii de jure B. Martini Vertavensis terragium, et decimam, et Vachagium, et pasnagium Monachis, antequam vineæ in eadem terra fierent, reddidisse.*

¶ **VACHARIA**, Stabulum vaccarum, Gall. *Vacherie.* Sententia arbitralis inter Aymarum de Pictavia Comit. Valent. et Jacobum Abbat. Monast. de Lioncellis ann. 1303. ex Schedis D. *Brunet* : *Animalia ressariæ venientia in montanea supradicta transire debeant per iter novum factum prope Vachariam Monasterii supradicti.* Vide *Vaccarium.*

¶ **VACHERIA**. Vide in *Vaccaria.*

* **VACHERINUS**, Caseus ex lacte vaccino. Stat. Avellæ ann. 1496. cap. 126. ex Cod. reg. 4624 : *Emere non liceat.... caseos, seracios, Vacherinos, etc.*

¶ **VACHERIUS**, ut supra *Vaccarius.* Charta Caroli Comit. Provinciæ ann. 1274. ex Cod. MS. D. *Brunet* fol. 69. v° : *Vacheriis singulis decem bestias bovinas* (dent pascendas.) Vide *Vacquerius.*

* **VACHERMI**, Hac voce concluduntur articuli confessionis aut negationis cujusdam clerici, de homicidio insimulati a promotore curiæ Cabilonensis, in Charta ann. 1390. ex Reg. 139. Chartoph. reg. ch. 1 : *Respondet et negat articulum Vachermi..... Anno et die quibus supra. Ita est sic Vachermi.* Vide infra *Wacharmen.*

1. **VACHETA**, Navis species. Andreas Dandulus in Chron. MS. ann. 1257 : *Vinginti novem galeas*, 10. *Vachetas, et* 9. *naves festinanter præparari fecerunt.* [Bartholomæus Scriba in Annal. Genuens. ad ann. 1241. apud Murator. tom. 6. col. 490 : *Inimici autem hoc videntes, relictis anchoris, scalis et Vachetis, continuo mari et terra de loco Nauli fugerunt.* Jac. Aurias in iisdem Annal. ad ann. 1283. ibid. col. 583 : *Duo antiani civitatis Pisanæ qui ibant in una Vachetta armata cum hominibus* XVIII, *etc.* Jac. de Varagine in Chron. Januensi apud eumd. tom. 9. col. 50 : *Super quamdam Vachetam conscendens aufugit, et exercitum dereliquit.* Navis humilior et velocior esse videtur, a Latino-barbaro, *Vasellum*, *Vacillum*, quod ex Gallico *Vaisseau*, navis, efformatum existimo. Vide in *Vas.*]

☞ Haud scio an idem sit quod *Vans* dicitur, apud Marten. tom. 1. Anecd. ubi de capta CP. ann. 1453. col. 1820 : *L'armée du Turc estant tant au port que dehors de seize à dix huit gallées; soixante, ou soixante dix galliotes, de dix huit à vingt Vans, de seize à vingt barques petites, comme pour porter chevaulx et fustes.* Vide *Wachellus.*

* 2. **VACHETA**, Vachetta, vox Italica, Codex membraneus, diarium. Stat. Valis-Ser. rubr. 33. ex Cod. reg. 4619 : *Notarius præfati domini vicarii teneatur..... describere in una Vacheta dietim quoslibet dies feriatos, etc.* Stat. Mantuæ lib. 1. cap. 32. ex Cod. reg. 4620 : *Teneantur..... dicti notarii statim porrecta accusa seu denuncia, seu processu formato, nomen accusati, denunciati.... scribere in Vachetta seu libriculo judicis maleficiorum.* Vide *Vaccheta.*

VACHIVIA. Vide *Vaccaria.*

VACIA. Ignotus Casinensis in Hist. Longob. cap. 10 : *De B. Benedicti cœnobio abstulit... Vacias duas, pensantes libras* 30. *et fundatos duplices* 7. Idem forte quod *Vauca.* Vide *Bauca* 1.

¶ **VACIÆ**, pro Uvæ, in Gloss. Isid. v. *Trictilia.* Vide supra in hac voce.

* **VACILIUM**, vel Vacile, pro *Bacile*, Vasis genus, pelvis, pollubrum, Gall. *Bassin.* Vide in *Bacca* 2. Chron. Sublac. apud Murator. tom. 4. Antiq. Ital. med. ævi col. 1053 : *Quinque calices, tria thuribula, duo Vacilia, duas cassellas, septem candelabra, etc.*

¶ **VACILLUM**, Πυραμή, in Gloss. Lat. Gr. ubi MSS. habent, *Vatillum.* Alia notione, vide in *Vas.*

¶ **VACINARIUS**, ut supra *Vacarius*, in Bulla Pii IV. PP. tom. 1. Bullarii pag. 119. 121 : *Quemadmodum artes Vacinariorum, seu coriariorum, nec non artificum, chordas musicales ex animalium fibris facientium,* *malum reddentes odorem, ad fluminis ripam separatæ reperiuntur.*

VACIVUS, Otiosus. Regula Magistri cap. 18 : *Et si alii fratres sequestrantur in alio laboris opere, tales sequestrentur, qui Dei plus possint præsentiam timere, præoccupato in coquina Præposito, cum negligentiore remanente Vacivo Præposito; ut et vicibus honorem impleant emendandi, et vicibus humilitatem exerceant serviendi.* Alias Plauto, et aliis, *Vacivus*] est *vacuus.* In Glossis vero Lat. Gr. *Vacivus*, exponitur εὔκαιρος, i. opportunus, *tempestivus.* Vide *Vacantivus.*

¶ Vaciva Bestia, Ex vacca nata, Italis *Vaccino.* Statut. Montis Regal. fol. 306 : *Item pro qualibet bestia Vaciva sol. den. octo.*

VACO. Charta Occitanica ann. 1298. in Regesto Philippi Pulchri Regis ann. 1299. n. 13. ex Tabulario Regio : *Item stagiam dictæ domus contiguam, Vaconem seu insulam, quæ est juxta domum prædictam, quater viginti et quindecim jornalia terrarum cultarum, tam intra insulam de Baria, quam in parochiis de Vassaria et de Castellione.* [Terra inculta, ut videtur.]

¶ **VACQUERIUS**, Vaquerius, Vaccarum custos, *Vacher.* Vide *Vacherius.* Inquisitio ann. 1268. ex Schedis Præsid. *de Mazaugues : Et vidit adaquantes bestias in dicto stagno Vaquerios Portii Durandi.* Ibidem : *Postea stetit per annum unum cum Domino templi pro Vaquerio.* Rursum : *Quod equarii et Vacquerii Arelatis custodiebant equas et vaccas.*

VACTROPERITI, Philosophi, sic dicti quod baculum et peram deferrent. Vide *Bactroperatæ.*

¶ **VACTUALIA**. Vide *Victualia* 2.

* **VACUAMENTUM**, Locus vacuus ædificiis et incultus. Charta ann. 1054. apud. Murator. tom. 2. Antiq. Ital. med. ævi col. 645 : *Concedo et largior seu confirmo vobis res juris predicti monasterii nostri : id est Vacuamentum integrum, extendentem in longitudinem suam pedes, plus minus, supra platea sexsaginta et quattuor, et in lato ab uno capite pedes quadraginta et quattuor, et ab alio capite similiter pedes, plus minus, similiter triginta et quattuor, cum egresso et regresso suo,... quæ est posita in hac civitate Ravenna...... prope basilica S. Laurentii.* Alia ann. 1141. ibid. tom. 5. col. 227 : *Capella mea in eo sita, seu etiam cum toto et integro cimiterio, et Vacuamento circa jam dictam S. Georgii martyris Christi ecclesiam posita. Voi*, pro *Vuide*, ut videtur, vacuus, in Lit. ann. 1315. tom. 1. Ordinat. reg. Franc. pag. 600. Vide supra *Vacuntia* 4.

¶ **VACUARE**. Vide infra in *Vacuus.*

VACUARIUM, in Notis Tyronis pag. 198. [** Kopp. pag. 399 : *Vacuuneum.*

¶ **VACUASIO**, Charta qua quis declarat se nullum jus habere in res controversas legitimamque esse adversarii possessionem agnoscit. Placitum ann. 852. inter Probat. tom. 1. novæ Hist. Occitan. col. 100 : *Cum nos vidissemus suum recognitione et Vacuasione, etc.* Alibi *Exvacuatio* dicitur. Vide *Exvacuare.*

¶ **VACUATURIA**. Vide infra in *Vacuus.*

¶ **VACUE**, Inaniter, Gr. κενῶς, apud vet. Interpr. S. Irenæi lib. 1. cap. 13. num. 3.

VACUEFACERE, Vacuare, κενοῦν. Utitur Macrobius Saturn. lib. 1. cap. 2. lib. 7. cap. 12.

* **VACUI**, vernacule *Vages*, inter civiles Magistratus recensentur in Arest. ann. 1279. ex Reg. *Olim* parlam. Paris. fol. 46 : *Cum scabini, Vacui et consiliarii Gandenses...... comitem Flandrensem coram nobis super defectu juri fecissent adjornari...... Per nostram curiam fuit declaratum dictos scabinos, Vacuos et consiliarios male appellasse.* Ibid. fol. 54 : *Cum scabini, consiliarii et Vacui Gandenses supplicassent, etc.* Pactum inter comit. Fland. et scabinos Gandav. in Reg. 2. *Olim* fol. 9. r° : *Nous Guis cuens de Flandres et marchis de Namur, et nous echevin, conseilleur et Vage de la ville de Gand etc.* Infra *Vaghe.* Ii videntur esse, ad quos potissimum cognitio mensurarum pertinebat; a Teutonico *Waeghe*, vel Germanico *Wag* vel *Weghe*, libra, trutina, statera. Vide *Waga.* [** Warnkœnig. Histor. Flandr. tom. 2. pag. 56.]

¶ **VACULUM**. Conc. Avenion. ann. 1457. apud Marten. tom. 4. Anecd. col. 385 : *Item, quia Judæi carnes seratas juxta eorum Vaculum, et per macellarios christianos vendunt, etc.* f. Oraculum, eorum legem significans.

VACUUS, Irritus, inanis. Charta Chlotarii Regis in Conciliis Sirmondi : *Quæ* (licentia) *si quolibet ordine impetrata fuerit, vel obtenta, a judicibus repudiata habeatur et Vacua.* Collectio Canon. Martini Bracarensis cap. 33 : *Ordinatio ejus Vacua deputetur.* Testamentum Hadoindi Episcopi Cenoman. : *Et si aliquis exinde Epistolam quasi a nobis factam protulerit, Vacua et inanis permaneat.* Marculfus lib. 2. form. 17 : *In reliquo vero qualescunque a quocunque Epistolæ de nostro nomine, manu nostra firmatæ ostensæ fuerint,... Vacuæ permaneant.* Formulæ secundum Legem Roman. form. 1 : *Et si fuerit ulla qualibet persona quæ præter istum alterum instrumentum exinde præsentaverit, aut anterius aut posterius, quod nos nec fecimus nec facere rogavimus, nullum sortiatur effectum, nisi Vacuum et inane permaneat.* Leges Luithprandi Regis Longob. tit. 17. § 4. [** 22. (4,4.)] : *Et si aliter fecerit, sit ipsa venditio Vacua.* Sic Latinis etiam priscis. *Vacui fasces*, apud Calpurnium Eclog. 1. vers. 69. cassi, ac nullius potestatis, cujusmodi sunt Consulis codicillaris :

> Jam nec adumbrati faciem mercatus honoris
> Nec Vacuos tacitus fasces, et inane tribunal
> Accipiet consul.

Observationes vacuæ, inanes, apud Apuleium lib. 9. *Vacuus labor, etc.* [Nostris, *Laisser vague*, re aliqua non uti. Litteræ Caroli V. Reg. Franc. ann. 1370. tom. 5. Ordinat. pag. 333 : *Qui ne sauraient ne ne pourroient faire ne soustenir le fait de la dicte Commune, et ja l'ont laissié Vague.*]

* Unde *Widisve*, Res inanis, in Mirac. MSS. B. M. V. lib :

> Vostre amie, ne vostre fame
> Me ferai ja jor que je vive :
> De grant noient, de grant Widisve,
> Et tempre et tart vous debatez
> Et trop fer froit certes batez.

¶ Vacuus, Incultus. Chronicon S. Trudonis apud Acher. tom. 7. Spicil. pag. 724 : *Dux Lovaniensis... majora* (mala) *adhuc minabatur, neque bona ecclesiæ solvenda ab invasione, nisi prius fossatum atrii quod contra eum elevaverant repleretur... Igitur repleta atrii fossa et pacata Ducis ira recepit ecclesia nostra sua bona Vacua, et post multos annos inutilia.* Vide *Vacantes.*

Vacuæ Terræ. Vetus Consuetudo Normaniæ cap. 8 : *Toutes terres cultivées sont en deffens, de quoy bestes peuvent legierement tollir les fruits. Vuides terres sont en deffens depuis la my Mays jusques à la sainte Croix en Septembre. En autre temps elles sont communes, se elles ne sont closes ou defendues d'ancienneté, si comme de haies ou telles choses.* Glossar. Græc. Lat. : Σχολάζουσα, *Vacua.* Alibi : Ψιλὴ χώρα, ἡ σχολάζουσα, *Vacua.* Ψιλὸς τόπος, *Vacuus.* [Vide *Vacantes.*]

Vacuare, Inane, irritum, et *vacuum* efficere. Gloss. Gr. Lat. MS. : Ἀκύρωσις, *abrogatio, evacuatio, irritum.* Perperam in edito, *arrogatio.* Facundus Hermianensis lib. 2. cap. 1 : *Nam si legibus vestris bene atque utiliter censuistis, ut quæcunque vestra rescripta, contra ipsas, quas promulgastis, leges, in quibus vobis deservitur, et quas vobis infringere licet, per subreptionem fuerint elicita, Vacuentur, etc.* Regestum Joannis XXII. PP. in Secret. ann. 18. fol. 208 : *Nec non dissolvendi, Vacuandi, aanullandi ac irritandi quasvis colligationes .... facultatem concedimus.* [Charta ann. 1338. apud Ludewig. tom. 5. Reliq. MSS. pag. 548 : *Cassantes nihilominus easdem literas et annulantes, et eas omnibus juribus Vacuamus.*] *Viribus vacuari*, irritum haberi, in leg. 8. Cod. Th. de Suariis. (14,4.) Vide Constit. Gener. Chlot. Regis cap. 9.

Evacuare, Idem quod *Vacuare*, Vacuum et inane reddere. Lupus Ferrar. Epist. 71 : *Sed postea ad persuasionem eorum, qui cum Dei offensione non timent ditescere, Evacuata duplici eleemosyna, votum secularium de memorata cella implere coacti estis.* Baldricus Noviom. lib. 3. cap. 3 : *Non solum Evacuavit promissum, etc.* Joannes Sarisber. lib. 1. Policrat. cap. 2 : *Parricidii siquidem species est, impugnare jura naturæ, et sacrilegii instar, parentis leges Evacuare, et matri omnium honorem debitum non referre.* Apud Littletonem sect. 64 : *Cest eschange est Voide, por ceo que les estates ne sont mie égales.*

Utuntur præterea his vocibus lex 3. Cod. Th. de Immunit. nemini conced. (11, 12.) S. Ambrosius in Apolog. David et in Lucam, S. Augustinus de Cura pro mortuis, Concil. Regense cap. 3. Vide Chart. ann. 876. in Baluz. Append. ad Capitul. num. 104.

Evacuatoria, Apocha, qua creditor, amissa cautione, profitetur, sibi solutam fuisse pecuniam; cautione enim reddita, apocha non datur, cum redditio chirographi ad solutionem probandam sufficiat. Id indicant Formulæ, quibus pro lemmate est : *Evacuatoria*, apud Marculfum lib. 2. form. 25. et Formulæ veter. apud Bignon. pag. 253. et 372. 1. edit. *Vacuaturia* inscribitur in Formul. Andegav. 17. et 18. Formula autem *Evacuatoriæ* habetur in leg. 47. D. de Pactis (2,14.) : *Si quod instru-*

mentum apud me remansit, vanum et pro cancellato habebitur. Evacuata obligatio, sublata dicitur in leg. 4. fin. C. de Solut. (8, 43.) S. Augustinus de Cura pro mortuis: *Ubi esset recautum, quo illa cautio Vacuata fuerit, indicavit.*

EVACUARIUM. Idem quod *Evacuatoria*. Marculfus lib. 2. form. 27: *Et quomodo solidos vestros reddere potuere, meam cautionem absque ullo Evacuario intercedente recipiamus.* Vide *Vacuarium*.

VADA, Itinera, vectigalia etiam fluviorum, in Jure Hungarico. Sambucus. [Regest. *Olim* ann. 1290. fol. 92: *Cum nos concessimus majoribus et juratis et communitati villæ Corbeiensis ut ipsi levarent super mercaturis bladorum et avenarum et aliorum quorumcumque granorum, necnon super mercaturis de Vade de qualibet libra istarum mercaturarum tantummodo duos denarios Parisienses.*] [** *De Vaide*, in edit. Beugnot. tom. 2. pag. 320. Vide *Waida* in *Guaisdium*.]

¶ **VADABILIS**, Vadosus, Gall. *Guéable*. Epist. S. Ludovici de liberatione sua: *Quia fluvius Thaneos non erat Vadabilis propter profunditatem aquarum et riparum altitudinem, etc.*

VADACULUM, Tolosæ, *le Vadacle*, [vulgo *Bazacle*; f. diminut. a Vadum, Gall. *Gué*. Vide *La Faille* in Addit. ad Annal. Tolos. tom. 1. pag. 19. et infra *Vadellum*.] Will. de Podio Laurentii cap. 17. de Tolosanis: *Ex improviso....... versus pontes Garumnæ vexilla dirigunt transeuntes, et vadantes subtus Vadaculum, ad exercitum apud Vaurum properarunt.* Adde cap. 30.

* **VADÆ**, Excubiæ, vigiliæ, Gall. *Guet*. Charta ann. 1348. ex Tabul. S. Vict. Massil.: *Communitas S. Leontii* (Ruthen. diœc.) *et pagesii ejusdem tenentur facere excubias seu Vadas, eorum propriis sumptibus et expensis.* Ubi vernacule legitur: *Item tendre ayssi de gens à lor despens per far spias per evitar inconveniens de gens d'armes.* Vide *Wactæ*.

¶ **VADARE**, Vado transire, Gall. *Passer à gué*. Gloss. Lat. Gall. Sangerm.: *Vadare, Guéer, ou passer gué.* [* Glossar. Provinc. Lat. ex Cod. reg. 7657: *Guasar, Prov. vadare, ire per vadum.*] Chronicon Permense apud Murator. tom 9. col. 776: *Flumen Taronis propter pluvias crevit, ita quod nullo modo poterat Vadari.* Alia notione, vide in *Vadium*.

¶ **VADATIO**, ut *Vadium*. Vide in hac voce.

¶ **VADDIO**, *Vadius*, fidejussor, in Charta Chlodovæi III. Reg. ann. 692. inter Instr. Hist. Sandion. Felib. pag. 12.

¶ **VADE IN PACE**, Carcer monachorum, sic dictus quod qui in eum conjiciebantur, ibi ad mortem usque perseverabant. Hujusce inhumanitatis, ut docet Petrus Venerabilis lib. 2. Mirac. cap. 9. auctor fuit Matthæus Prior S. Martini de Campis. Hist. chronolog. Parlament. Occitan. laudata inter Notas Baluzii ad Capitul. col. 1088: *Vicarius generalis Stephani Archiepiscopi Tolosani ex mandato dicti Archiepiscopi conquestus est de horribili rigore quem monachi exercebant adversus monachos graviter peccantes, eos conjiciendo in carcerem perpetuum, tenebrosum et obscurum, quem Vade in pace vocitant, qui nihil aliud habebant pro victu quam panem et aquam, omni consortio sodalium illis adempto.*

¶ **VADELINCUS**, Inter vestes recensetur in Charta ann. 855. Append. ad Marcam Hispan. col. 788: *Cupertorio siricio I. et vellats XI. at quadincos XI. et Vadelincos VIII.*

¶ **VADELLUM**, an diminut. a Vadum, Gall. *Gué?* Charta ann. 1188. apud Calmet. tom. 2. Hist. Lothar. inter Probat. col. 402: *Cum domo lapidea ad Vadellum, et XII. nummos pro vinea Himaris nepotis sui annuatim solvendos.* Vide *Vadaculum*.

VADERE. *Qui mentiendo vadunt*, in Capitul. 1. ann. 810. cap. 1. lib. 3. Capitul. cap. 59. et in Addit. 2. Lud. cap. 14. Phrasis Gallica, *qui vont mentant.*

¶ **VADIACO**, VADIAMENTUM. Vide in *Vadium*.

* **VADIAMENTUM**, Pignoris ex judicis sententia captio. Comput. ann. 1380. inter Probat. tom. 3. Hist. Nem. pag. 28. col. 1: *Solvi Bertrando Meruli, servienti,...... pro quibusdam Vadiamentis per ipsum, ad instantiam dictorum dominorum consulum, factis, etc.* Vide alia notione in *Vadium*.

¶ **VADIANI**, Augustino iidem qui aliis *Audiani*, Anthropomorphitæ, Hæretici qui Christum purum hominem asserebant. De iis passim mentio occurrit.

¶ **VADIARE**, VADIATOR. Vide in *Vadium*.

* **VADIARE**, Sponsionem facere, pignore certare, Gall. *Gager, parier*. Stero in Chron. ad ann. 1251. de Freder. II. imper.: *Veneno extinctus sepultus est,.... tam occulte, quod multi per annos quadraginta Vadiabant eum vivere.*

* **VADIARIUS**, Testis, fidejussor. Charta ann. 921. in Chartul. eccl. Vienn. fol. 56. v°. col. 2: *Ego Ado presbiter rogatus donatione ista fieri et firmare rogavi, et propter meam infirmitatem roborare non potui....... Ego Rainteus presbiter Vadiarius.*

* **VADIGO**, Piscis genus. Vide supra *Glaucus*.

¶ **VADILE**, Instrumentum quo utuntur agricolæ. Statuta castri Redaldi lib. 1. fol. 17: *Ordinamus quod nulla bestia aratoria, plaustra, aratra vel versoria, ligones, vomera, secures, Vadilia, et alia utensilia ad laborandum terras vel vineas et prata possint vel debeant robari, deprædari vel pignorari, etc.* Leg. forte *Radilia*.

¶ **VADIMONIARE**, VADIMONIUM. Vide *Vadium*.

* **VADIMONIUM** SANGUINOLENTUM. Stabilim. Phil. Aug. pro Judæis tom. 1. Ordinat. reg. Franc. pag. 44. art. 5: *Nihil præstabunt Judæi super alicujusmodi vasa, vel ornamenta ecclesiastica, nec super Vadimonia sanguinolenta vel recenter madefacta.* Melius in altero pro iisdem Stabil. ann. 1218. ibid. pag. 36. art. 4: *Item nullus Judæus accipiet in vadium ornamentum ecclesiæ aut Vestimentum sanguinolentum aut madidum, etc.*

* **VADISCAPIUM**, Aquagium, aquæductus. Charta Adalber. episc. Laudun. ex Chartul. S. Vinc. Laudun. ch. 13: *Est autem terra ipsa pervio contermina ducenti ad transsitum aquæ, ab Oriente idem habens pervium, a sinistro latere Vadiscapium, a dextro latere et ab Occasu terram de prædicta S. Hilarii abbatia.* Vide *Waterscapum*.

* **VADITUR**, pro Itur, Gall. *On va*. Charta ann. 1318. in Reg. 56. Chartoph. reg. ch. 250: *Per quorum alterum* (bivium) *Vaditur ad quadrigam de Choisiaco in forestam Cuysiæ, et per alterum Vaditur ad quadrigam Compendii versus portum Hugonis. Va-lui-dire*, Modus conviciandi convicium reticendo, in Lit. remiss. ann. 1476. et Reg. 206. ch. 1048: *Laquelle femme dist à son mary que icellui Barre estait ung larron et ung Va-lui-dire.*

VADIUM, WADIUM, GUADIUS, GUADIA, etc. Vadimonium, pignus, fidejussio. Ebrardus in Græcismo cap. 19:

> Vado viam, Vado quadrupedem, Vadio, Vadium [do:
> Pro consorte Vador: sonat hoc quod sum fide-[jussor.

Chronicon Laurishamense: *Ornatum quoque Ecclesiasticum, quem Vintherus ambitu simoniæ expilaverat, et in Vadio exposuerat, plurima ex parte recuperavit.* Alibi: *Tres libros auro et argento, gemmisque pretiosis exornatos, crucemque auream in Vadio exponenda concessit.* [Charta Petri Leucorum Episc. ann. 1179: *Garsierus miles dedit fundum alodii sui in Vadio et sine Vadio.*] Glanvilla lib. 10. cap. 6. et Regiam Majestatem lib. 3. cap. 2: *Creditur quandoque ex mutuo res aliqua sub Vadii positione, quod cum fit, quandoque res mobiles, ut catalla ponuntur in Vadium. Quandoque res immobiles, ut terræ et tenementa, et redditus, sive in denariis, sive in aliis rebus existentes.*

* Quam vocem ab Anglo-Sax. *Bad*, pignus; unde *Badian*, pignus dare, accersendam esse docet Wachterus in Glossar. Germ. v. *Wette*, quem consule, ut et Benson. in Vocabul. Anglo-Saxon.

WADIUM. Tabularium Prioratus de Domina in Delphinatu fol. 80: *Facio autem hoc donum pro salute mea, et pro Wadio, quem ad finem daturus sum, ut quacunque morte præoccupatus fuero, deinceps de hac vita sine Wadio et confessione non exeam.* Id est, non facta eleemosyna. [Charta apud Lobinell. tom. 2. Hist. Britan. col. 73: *Quæsivit Wetenan solidos a Monachis Rotonensibus in Wadio pro duabus Salinis habentibus XI. capitellos.*]

¶ WAGIUM, in Tabul. S. Sergii Andegav.: *Haimelinus Boitellus dedit duos arpennos prati in Wagium pro XXIV. solidis et VIII. denariis, quos pro ipso emendavit Daibutus Abbas. Wage*, in Charta ann. 1302. ex Chartul. 21. Corb. fol. 101.

* *Wagiere*, pro *Hypotheque*, in Charta ann. 1255. ex Chartul. Monast. fol. 1: *Et ce cist eritage estoit amconbreis de Wagiere ou de sans* (cens) *ou d'autre chose, etc.*

¶ VADIUM, Res ipsa in pignus data. Charta Ludovici Comit. Bles. ann. 1197: *Qui Vadium clerici vel militis, vel alicujus servientis mei habebit, non tenebit illud ultra viginti dies nisi sponte sua, et tunc sine causa vendere poterit. Vadium plegii* dicitur alibi. Vide in *Plegius*.

¶ GAGIUM, Eodem intellectu, in Charta Ludovici VII. Reg. Franc. ann. 1174. apud Marten. tom. 1. Anecd. col. 576: *Ne alicui Judæo in eadem villa die ac nocte*, *nisi per legitimum testimonium, Gagium aliquod, sive equum, sive bestiam aliam liceat recipere.*

¶ Vadimonium, Eadem notione, in Literis Ludovici. VII. Reg. Franc. ann. 1145. tom. 1. Ordinat. pag. 10.

Wadius, Fidejussor, sponsor, vas. Capitula ad Legem Salicam cap. 1. § 8 : *Liber, qui se loco Wadii in alterius potestatem commiserit, etc.* Lex Alaman. tit. 3 : *Roget sibi eum reddere, et donet legitimum Wadium, ut illam culpam illi servo concessam habeat.* Ita in Lege Bajwar. tit. 1. cap. 6. § 3. tit. 10. § 3. etc. Ubi quandoque idem videtur quod *Vadium*. Capitula Caroli M. lib. 3. cap. 29 : *Liber, qui se loco Wadii in alterius potestate commiserit.* Cap. 65 : *Semetipsum in Wadio pro servo dare studeat.* Annales Francor. ann. 777 : *Saxones reddiderunt per Wadium, et spoponderunt se esse Christianos, etc.* Odo Cluniac. lib. 1. de Vita S. Geraldi cap. 24 : *Scilicet quod debitum Wadii nequaquam debitori relaxare solitus erat, omnino falsum est, etc.*

Wadia, Fidejussor. Lex Longob. lib. 2. tit. 21. § 9 : *Si quis alii Wadiam et fidejussorem de sacramento dederit, etc.* Adde § 10. 12. 14. 15. etc. tit. 30. 33. 34. 50. 55. lib. 3. tit. 3. § 10. [** Roth. 365. 255. Luitpr. 15. 36. 37. (3, 1. 5, 7. 8.) Carol. M. 72. 108. Roth. 225. Lothar. I. 75. Roth. 366. Ludov. II. 1. Charta ann. 765. apud Brunett. Cod. Dipl. Tusc. tom. 1. pag. 590. post subscriptiones testium et notarii : *Dedit wadia Gunterid Bonulo de solid. quattuor et fidiussore posuet, etc.*]

Guadius, Guadium. Herardus Turonensis Archiep. in Capitul. cap. 42 : *Non constringantur per Guadios vel sacramenta.* Vetus Notitia apud Beslium pag. 224 : *Unde judicatum est a domno Comite, et ab omnibus suis circumstantibus, quod prædictus Launus eumdem alodem secundum legem et judicium per Guadium suum eidem Isarno reddidisset, quare eum inquietaverat, cum lege et fide facta.* Charta Heccardi Comitis Augustodunensis in Tabulario Prioratus Persiaci in Burgundia apud Perardum : *Ut sicut par instrumenta Kartarum vobis tradidi, et per Quadium et andalugum, seu per istos breves commemoratum habeo.* In alia apud eumdem habetur, *seu per Guadium et andelagum.* Proinde emendanda formula 183. apud Lindenbrog. *per meos Wadros aut andelangos* : legendum enim *Wadios.*

¶ Ponere per Vadium, Idem quod *Vadium dare* infra. Charta ann. 1298. apud Kennet. in Antiq. Ambrosd. pag. 334 : *Præcipimus tibi sicut alias præcepimus quod ponas per Vadium et salvos plegios... quod sint coram justitiariis nostris.*

Vadium Dare juri standi, vel *rectum* faciendi, quod *Vadium recti* vocant Leges Henrici. I Regis Angl. cap. 52. *Per judicium recti vadimonium dare*, ibidem. Charta Alamannica 90. apud Goldastum : *Post hoc testimonium dedit Odathartus Wadium Folchroho Misso, ut esset paratus in præsentia Domini Imperatoris in placito generali justitiam faciendi.* [*Dare Wadia de placito*, in Notitia ann. 972. apud Murator. delle Antic. Estensi pag. 150.] Tabularium Vindocinense fol. 117 : *Comes Burchardus puer honorem Vindocinensem obtinens, ætatis puer, senili maturitate, ipse faciens emendationem, Vadimonium rectitudinis tradidit*, ann. 1077.

Dare Vadium *in misericordia pecuniæ suæ*, hoc est, ni fallor, ita ut in arbitrio sit domini *Vadium* reddere. Charta Henrici I. Regis Angliæ apud Ricardum Hagustaldensem : *Et si quis baronum meorum forisfecerit, non dabit Vadium in misericordia pecuniæ suæ, sicut faciebat tempore patris mei vel fratris; sed secundum forisfacti modum ita emendabit, etc.*

¶ Wadium, Guadium dicitur de eo quod rei alicujus signum ac symbolum est : hinc festuca[1] quam in signum atque pignus translatæ possessionis tradebat emptori venditor, *Wadium* appellatur. Charta Salomonis Ducis Britonum ann. 860. apud Marten. tom. 1. Ampl. Collect. col. 14 : *De omnibus quæ ad memoratum monasterium* (Prumiense) *pertinent, quæ sub nostra scilicet erant potestate, per Wadium nostrum eum revestivimus.* Ubi procurator, qui alterius vices gerit, intelligi potest : at prior notio certa videtur ex Placito ann. 971. inter Probat. tom. 2. novæ Hist. Occit. col. 123 : *Et multo plures alii communi voto decreverunt judicantes, ut tali ratione que ibi proclamavit per Guadium suum, id est per festucam de vite ipsas res superscriptas in manu Ameii Episcopi reddidisset, et guirpitionem effecisset, etc.*

¶ Vadatio, Pignus, fidejussio. Charta inter Instr. tom. 2. Gall. Christ. novæ edit. col. 270 : *Aliud etiam fecit donum ut quiquid monachi possent adquirere de feudis ad se pertinentibus emtione, sive donatione, vel oblatione, seu Vadatione, esset liberum et immune.* Nescio an idem sit

¶ Vadiaco, in Charta ann. 1248. apud Ludewig. tom. 8. Reliq. MSS. pag. 270 : *Cæterum admittimus ut Vadiaco civium in Witstock sint quatuor solidi, Vadiaco autem hospitum ibidem sub pœna sit octo solidorum.* Vide mox *Vadiatura*, p. 721. col. 3.

¶ Vadiamentum, ut *Vadium*, Pignus, in Leg. Norman. apud. eumd. tom. 7. pag. 278 : *Recordationem curie super hoc postulare poterunt et habere per eos qui duelli Vadiamento affuerunt.*

¶ Vadimonium, Eodem significatu. Chartular. S. Vincentii Cenoman. fol. 177 : *Et suum Vadimonium dare voluit se vidisse et audisse quod prædictus Herbertus jam dictam terram annuit.* Ibid. fol. 192 : *Otho Mathua tradidit in Vadimonium terram quandam quæ est apud Mortarios Geminos.* Chartul. S. Vandreg. tom. 2. pag. 1369 : *Clamabat etiam de jure hospitari apud Abbatiam S. Vandregisilli quot vicibus vellet in anno et quietari Vadimonia sua, quæ pro expensis suis in villa mitterentur.* Charta ann. 1181. ex Tabul. S. Urbani : *Si fundus terræ Monachis aut Sacerdoti datus fuerit, Monachorum erit, ni Vadimonium fuerit, de quo Sacerdos tertiam partem habebit.* Adde Thomasser. in Biturig. pag. 195.

¶ Vademonium, in Tabul. Pontisar. : *His itaque ecclesiæ datis et superaltare, ut dictum est, Vademoniis ab omnibus datoribus positis.*

¶ Vadimoniare, Pignori ponere, Gall. *Engager.* Chartul. Eccl. Apt. fol. 71. v° : *Tali autem tenore ne Vadimoniare, vel vendere, vel aliquo modo alienare absque consilio canonicorum eum honorem possis.* Charta Henrici IV Imper. ann. 1113. apud. Marten. tom. 1. Ampl. Collect. col. 632 : *Ea videlicet conditione ut nec præfatus Abbas, nec aliquis successorum..... quicquam de eisdem bonis alicui beneficiare, sive Vadimoniare præsumat. In Vadimonium conferre*, in Hist. Mediani Monast. p. 258. *In Vadimonium mittere*, apud Stephanot. in Antiq. Aurel. MSS. pag. 478.

Vadium Mortuum, est Hypotheca creditori sic oppignerata, ut fructus, quos durante tempore oppignerationis producit, omnes fiant creditoris, idque sine computo inde debitori faciendo. Ita Cowellus lib. 2. Instit. tit. 4. § 1. Regiam Majestat. lib. 3. cap. 2. § 5 : *Item invadiatur res quandoque in mortuo vadio, quandoque non; dicitur autem Mortuum Vadium illud, cujus fructus, vel redditus percepti interim, in nullo se acquietent.* Quæ quidem *vadii mortui* species pro usuraria semper habita est. Ibidem lib. 3. cap. 5. et Glanvilla lib. 10. cap. 8 : *Cum vero res immobilis ponitur in vadium, ita quod inde facta fuerit seisina ipsi creditori, et ad terminum, aut ita convenit inter creditorem et debitorem, quod exitus et redditus interim se acquietent, aut sic quod in nullo se acquietent. Prima conventio justa est, et tenet, secunda injusta est et inhonesta, quæ dicitur Mortuum Vadium, sed per curiam domini Regis non prohibetur fieri, et tamen reputat eam pro specie usuræ. Unde si quis in tali vadio decesserit, et post mortem ejus hoc fuerit probatum, de rebus ejus non aliter disponetur, quam de rebus usurarii.* Vetus Consuetudo Normanniæ MS. 1. part. 2. sect. cap. 8 : *L'autre maniere d'usure si est en mortgage. Mortgage est dit, quant cil, qui tient la chose en gage, en a les fruits et et les issus, et ne contrevient en la déte. Si comme aucun baille à un autre sa terre en gage pour 20. livres, quant cil, qui tient la chose reçoit les issues par dessus son chatel, tout est tenu à usure.* Alibi : *Mortgage est qui de rien ne sera aquitté, si comme quant aucune terre est baillée en gage pour cent sols, par tel convenant, que quant cil, qui l'engage, la voudra avoir, il rendra les cent sols. L'en appelle vif gage, qui se aquitte des issues; si comme quant l'en baille en gage une terre pour cent sols jusques à trois ans, qui doit être rendue toute quitte en fin de terme; ou quant terme est baillié jusque à tant que les deniers, qui sont prestez, soient traiz des issues de la terre.* Exstat in libro Anglico *Justice of peace* pag. 148. *Forma de morgagio feoffando per debitorem.*

¶ Gagium Mortuum, Eodem intellectu, in Tabul. Eccl. Dolensis : *Propter hoc volunt quod dictum Capitulum habeat in pignus et Gagium mortuum omne jus quod dicti conjuges habent in decimis bladorum in territorio de la Blachonaie usque ad* VII. *annos. Et est expressum formaliter quod fructus a Capitulo percipiendi non computabuntur in sortem, et quod dicti conjuges dictas decimas redimere non poterunt durantibus* VII. *annis invito Capitulo. Elapsis* VII. *annis dicti conjuges eas redimere poterunt, quandocumque plene simul solvent* XXX.

libras. Et quamdiu a prædicta solutione cessabunt, dictum Capitulum dictas decimas in Gagium mortuum possidebit, fructibus earum in sortem non computandis.

Appellationis rationem eam esse putat Littleton sect. 132. quod ejusmodi *vadium* pereat et *moriatur* debitori, si condicta die summam pecuniæ, pro qua prædium impignoratum est, non exsolvatur; contra creditori perinde pereat, si exsolvatur. Unde *vivum vadium* dici ait Edw. Cokus, *quod nunquam moritur ex aliqua parte, quod ex suis proventibus acquiratur.* Multa habet hoc loco Littleton, et sectionibus seqq. de *mortuo vadio.*

Mortuum Vadium Practici etiam nostrates vocant feudum, seu prædium, quod a parentibus datur liberis in maritagium, vel per testamentum, quo, ut et reditibus, ii fruantur, donec constituto tempore redimatur. Aresta Parlam. in oct. Nativ. B. M. ann. 1259. fol. 95 : *Balduinus D. Bellævallis dedit in maritagium filiæ suæ* 800. *libras, et pro ipsa pecunia tradidit ipsi centum libratas terræ de feodo Regis in Mortuum Gagium, etc.* Petrus *de Fontaines* in Consilio : *Més se deniers furent donné en mariage, et la terre baillie à mort Wage por les deniers après le mort à la fille, qui n'a point d'oir de son corps, demorra la terre por la moitié del nombre au mari, ou à son oir, etc.* Hujusmodi *mortui vadii* mentio est præterea in aliquot Consuetudinibus municipalibus, Insulensi nempe art. 27. et aliis locis, et Artesiensi tit. 39. apud Butilerium in Summa rurali, etc.

Gagium-Plegium. In Consuetud. Normanniæ art. 28. 108. 189. et seqq. et 366. *Gageplege.* [Le Roman *d'Athis* MS.:

> Nous les scaurons bien maintenir
> A cognoistre preu ou dommaige,
> Nous passerons Plaigier Gaige.

Vide Basnag. in art. 185. Consuet. Norman.]

Vadium Plicare. Le Roman *de Garin* MS:

> Devant le Roi sont li Gages ploié,
> Des deux Barons qui ne sont gueres chier.

* Pignori ponere. Chartr Bern. *de Balescamp* milit. ann. 1238. in Chartul. Montis S. Mart. part. 1. ch. 100 : *Obligavi me et meos hæredes, meo Vadio plicato, secundum morem patriæ, in manibus scabinorum supradictorum, ad omnia prædicta in singulis articulis firmiter observanda.*

Vadium ad Remanens. Concilium apud Clarendonam ann. 1163. cap. 4 : *Excommunicato non debent dare Vadium ad remanens, nec præstare juramentum; sed tantum vadium et plegium standi judicio Ecclesiæ, ut absolvantur.* Ita apud Bromptonum, ubi Matth. Paris habet *ad remanentiam.*

Vadia, Stipendia, nostris *Gages.* Bromptonus in Ricardo I : *Et dedit unicuique eorum,* (Militum) *Vadia sua et liberationem ab illo die usque ad proximum Pascha sequens.* [Comput. ann. 1202. apud D. Brussel de Usu feud. tom. 2. pag. CXCIII : *Hugo piscator pro suis Vadiis,* XL. *sol.... Luparius pro suis Vadiis duorum mensium,* LVI. *sol.* Conventio inter Carolum Provinc. Comit. et Arelat. ann. 1251 : *Quandocumque ibunt cum domino Comite habebunt ab eo stipendium sive Vadia.* Charta Johannis Reg. Franc. ann. 1351. apud Marten. tom. 1. Ampl. Collect. col. 1467 : *Cum* 400. *hominibus armorum et* 800. *servientibus retinuerimus ad nostra Vadia consueta, etc.* Occurrit præterea tom. 3. Ordinat. Reg. Franc. pag. 483. tom. 2. Hist. Dalphin. pag. 74. apud Lobinell. tom. 2. Hist. Britann. col. 677. et Menester. Hist. Lugdun. pag. 136.]

¶ Gadia, Eodem significatu. Litteræ ann. 1314. tom. 2. Hist. Dalph. pag. 152 : *Concedentes dicto procuratori nostro plenam et liberam potestatem, ac speciale mandatum et generale dicta Gadia seu stipendia quantacumque et qualiacumque sint, petendi et recipiendi a quibuscumque thesaurariis, etc.*

¶ Gagia, Eadem notione. Leges Palat. Jacobi II. Reg. Majoric. inter Acta SS. tom. 3. Jun. pag. LXXXII : *Si absentes a curia sua Gagia sive quitationes reciperent, etc.* Litteræ Roberti Reg. Siciliæ ann. 1314. tom. 2. Hist. Dalph. pag. 151 : *Infrascripta Gagia statuimus..... Prædicta vero Gagia solvi et fieri mandabimus successive per terminos oportunos.*

¶ Vadium, Merces, honorarium quod ex officio competit. Statutum Caroli VII. Reg. Franc. apud Marcellum Hist. Paris. pag. 476 : *Absque tamen aliquorum a nobis propterea perceptione Vadiorum locum inter eos assignare teneantur.*

Guadia. Ugutio, et Joan. de Janua : *Guadia, debita constitutio.* Notitia Judicati in Tabulario Casauriensi : *Ipse Majo per inquisitionem, et per idoneos homines Guadiam dedit ad probandum.* Chronicon Farfense pag. 653 : *Tunc ab omnibus decretum est, ut idem Pando Guadium cum suis ad partem Palatii daret, et componeret juxta edicti paginam de ipso Judicatu incenso.* Infra : *Et Guadiam de compositione juxta legem dare fecerunt.*

Vadiare, Guadiare, *guadium constituere, vel guadia firmare,* Ugutioni. Gloss. Lat. Gall. *Guadiare, Gager, fermer.* Leges Alvredi Regis West-Sax. cap. 1 : *Si quis autem Vadiet, quod fieri justum sit, et transgrediatur, etc.* [Statuta Humberti Bellijoci apud Acher. tom. 9. Spicil. pag. 184 : *Si quis portaverit pannum intra operatorium ad faciendum indumentum, non debet Vadiari ab eo in operatorio, nisi ab illo cujus pannus erat, si non fuerit pagatus.*] Chronicon Farfense pag. 666 : *Si autem aliqua querimonia adversus hujus monasterii rectores insurrexerit de jam dictis rebus,.... nostræque acclamaverint clementiæ præsentiam, Comes noster et Missi nostri discurrentes, seu Ministri Reipublicæ, faciant ambas partes in nostram audientiam Guadiare.* Vetus Notitia apud Beslium in Episc. Pictavensibus : *Postea vero Presbyteri Guadiaverunt, quod injuste ita sane fecerant, et illorum extitit fidejussor Launo Abbas.* Alia Notitia Judicati apud Gallandum de Franco alodio pag. 296 : *Guadiavit ergo Heudo Comiti per judicamentum curiæ ejus forisfactum invasionis et injustitiæ suæ; et cum deinde judices, quid in guadio contineretur, Heudo interrogaret, responderunt judices : Quantum Comiti placeret.* Concilium Insulanum ann. 1234. can. 9 : *Quicumque auctoritate vel temeritate propria Ecclesias, vel Ecclesiasticas præbendas pignoraverit, vel Guadiaverit, etc.*

Gathgiare, Guagiare. Tabularium monasterii Deiparæ Sanctonensis fol. 23 : *Nobis baculo in cartula pendente Gathgiavit.* Charta Mauritii *d'Arablay,* in Tabulario Vindocinensi fol. 201 : *Et recognovit, quod in præfato burgo, et taliata nihil habebat, et quod injuste calumniatus fuerat, et inde Guagiavit rectum cum cornu cappæ suæ Domino Roberto Abbati.* Stero in Chron. ann. 1251. de Frederico II. Imp.: *Veneno extinctus sepultus est... tam occulte, quod multi per annos* 40. *Vadiabant eum vivere.* [* Vide suo loco.]

Wadiare in Prætorio et *Wadium suum in judicio comprobare,* in Statut. Archiep. Bremens. ann. 1246. Vide Leg. Longob. lib. 3. tit. 1. § 43. [** Lothar. I. 43.] Capitula Ludovici Pii ann. 826. edita a Labbeo in Conciliorum editione cap. 6 : *Si forte quispiam aliquem mallaverit, et ille, qui mallatus fuerit, dixerit eum servum suum esse,... jubemus ut præsentialiter inter se Wadient, ut ad primum, vel secundum, vel tertium placitum causam ipsam definiat.*

Invadiare, Pignori ponere, *Engager,* Quasi rem *in vado ponere,* id est, tuto, accepto pignore, alicui dare. Notum proverbium apud Terentium et Plautum : *Res in vado est,* unde forte nata vox *vadium* et *Invadiare.* Leges Edwardi Reg. Angl. cap. 35. de armis : *Non debent illa Invadiare, nec extra regnum vendere, etc.* Burkhardus de Casib. S. Galli cap. 11 : *Calicem aureum... Invadiavit, etc.* Occurrit passim. [*Enwagement,* pro *Engagement,* in Charta ann. 1311. ex Chartul. 21. Corb. fol. 295. v°.]

¶ Ingagiare. Eodem intellectu. Charta ann. 1096. ex Tabul. S. Albini Andegav. : *Pactionem etiam talem cum prædictis monachis fecerunt ut de terra vel possessione jam dictæ curtis quæ sibi remanebat nihil unquam venderent aut Ingagiarent, nisi ipsis monachis : casati etiam sui, si de ipsa terra vel possessione aliquid vendere vel Ingagiare voluerint, hoc prius offerent illis duobus fratribus superius nominatis.*

Vadium in duello, seu monomachia, appellabant rem quamvis, quæ vice pignoris ab eo, qui provocabat, in medium projiciebatur coram judice; quo quidem facto verum se dicere, vel ab objecto crimine non modo se innocuum esse, sed id etiam duello adversus quemlibet probaturum profitebatur. Tum enim accusator, aut quivis alius, pignus a terra tollebat, eoque ipso duellum amplectebatur. Skenæus ad Regiam Majestat. lib. 3. cap. 23 : *Vadiatur duellum, cum actor, sive appellans, querelam suam proponit, eamque duello per se vel per suum campionem se probaturum offert. Et reus sive appellatus affirmat contrarium esse verum, et se vel suum campionem in sui suæque causæ defensionem ad duellandum affert. Hinc inde dantur Vadia; ab actore vadium disrationandi; a reo vadium defendendi, quod in hoc regno fit, cum duelliones hinc inde chirothecas offerunt.* Vetus Charta : *Sed quia ipse erat debilis corpore,... quidam nepos ejus nomine Guitcelinus dedit Vadimonium duelli judicio curiæ pro eo, et venerunt in campum ad faciendum duellum, etc.* [Litteræ Philippi Reg. Franc. ann. 1186. tom. 4. Ordinat. Reg. pag. 75 : *Et si homines de Boscum. Vadia duelli te-*

mere dederint, et præpositi assensu, antequam tribuantur obsides, concordaverint, duos solidos et sex denarios persolvat utrique (uterque;) *et si obsides dati fuerint, septem solidos et sex denarios persolvat uterque.*] Philippus de Bellomanerio cap. 61 : *De tos cas de crieme on pot apeler ou venir à Gages, si li accuseres en veut fere accusation, selont ce que apiax se doit fere; car il convient, que cix, qui est apelés, se deffende.* Qui porro vadium tollebat, dicebatur illud *operire*. Harduinus *de la Jaille* in Tractatu MS. *du champ de bataille : Et si aucun des parties se partoit après jugement assis, Gaige jetté et couvert, sans la licence ou bonne seureté, icelui partant doit estre tenu et prononcé pour convaincu.* Vide *Duellum* 3.

* Unde *Oultrer gaiges* dicebatur, cum datis et receptis vadiis, peragebatur duellum. Libert. villæ *de Tannay* ann. 1352. tom. 6. Ordinat. reg. Franc. pag. 60. art. 8 : *Jasoit ce qu'il se soient combatu, et il se puissent accorder entr'eulx, il s'en pourront yssir et départir en payant cent sols Tournois d'amende ès dessus nommez ou à l'un d'eulx, sanz autre punicion, et enporteront leurs armeures quittes et délivrées en l'un cas et en l'autre; et se li Gaiges est oultrez, l'amende sera sur le vaincu, selon la coustume du païs.* Vide in *Duellum* 3.

VADIARE BELLUM, seu *duellum*. Bromptonus : *Alii vero dixerunt, quod Comes nec Baro, nec aliquis Regi subditus bellum contra Regem in appellatione sua de lege potest Vadiare; sed in toto ponere se in misericordia sua, et emendas sibi offerre competentes.* [Tabul. B. M. de Bono nuntio Rotomag. : *Et vidit duellum inter duos homines Vadiari in curia dictorum Religiosorum super mehaingnio.*]

JUDICIUM FERRI VEL AQUÆ VADIARE, in Legibus Adelstani Regis cap. 30. id est, purgationem criminis sibi impositi per hæcce *judicia* offerre.

LEGEM VADIARE. Vide *Lex*.

¶ VADIARE MULIEREM, Eam sibi in sponsam pignore asserere. Statuta Cadubrii lib. 2. cap. 98 : *Mandamus quod si quis sine voluntate patris mulieris eam Vadiaverit, vel desponsaverit, vel juraverit... in 50. lib. P. condemnetur.*

¶ GAJARE, Aliquem pecunia corrumpere. Inquisitio ann. 1268. ex Schedis Præsid. *de Mazaugues : Quia juvit ibi ad Gajandum homines de Arelate et aliunde pro segnoria domini Barralis.*

VADIARE DE SERVITIO dicebantur vassalli, cum notum faciebant domino sese ab ejus homagio recessuros, nisi eorum *Pari* jus seu rectum faceret. Ita passim in Assisiis Hierosolym. MSS. cap. 205. 206. 207. ubi formula vadiandi servitium sic describitur : *Nous tous ensemble, et chascun par soi vous Gajons* (vel *Gageons*) *dou service, que nous vous devons, tant que vous aiez rendu à nostre Per son fié, ou ne dites raison pourquoi vous ne le devez faire.* Cap. 207. al. 287 : *Et tous les homes dou Roy requistrent au Roy que il s'en soffrist de ce, que il avoit enci lor Per congée, et que se il s'en soffroit, et menoit Messtre Raoul par esgart de sa Court, que ils li Guageroient tous ensemble, et chascun pour soi, dou service que ils devoient, tant que il eust fait leur requeste.* Et cap. 24 : *Sont les cas ausquels on peut Gager de service le Seigneur, ou le conjurer de sa foi.* Vide capp. seqq.

DISWADIARE, Rem oppigneratam redimere, *Desgager*. [Charta Ludovici VII. Reg. Franc. ann. 1169. apud Marten. tom. 6. Ampl. Collect. col. 239 : *Tali tenore stat wadium, quod non Diswadiabunt illud nisi ad suum retinere, et quod de manu sua decimam non ejiciant.*] Chronologia Augustinensis Cantorberiensis : *Carta de terra, quam Abbas Hugo Diswadiavit de Wiberto de Thaneto.* Charta Richardi de Porcomortuo in Hist. Abbat. S. Cathar. Rotom. : *Quousque pecunia nostra, de qua omnes illas res debent Diswadiari, ab uxore ejus et filio nobis reddatur.*

* DEVADIARE, Rem oppigneratam redimere, practicis nostris *Dégager*, alias *Débailler*. Charta ann. 1195. inter Instr. tom. 11. Gall. Christ. col. 141 : *Heldebertus factus monachus in ecclesia S. Taurini, partem hereditatis suæ donavit ecclesiæ, reliquam partem invadiavit ipse, et frater suus Devadiavit.* Lit. remiss. ann. 1457. in Reg. 187. Chartoph. reg. ch. 75 : *Si tu ne delivres aujourdui le cousteau, que tu me baillas Dimanche en gaige de quatre deniers, tu ne le Débailleras jamais.*

DISVADIARE, Pignori capere, vel pignus auferre et retinere. Charta Reginaldi de Bosco in Hist. Abb. S. Audoeni Rotomag. pag. 436 : *Neque nos possumus vel debemus in prædicta foresta aliquem Disvadiare propter aliquot forisfactum, nec capere propter aliquam manuum operationem, quam in ea faciat.* [Charta ann. 1054. ex Tabul. S. Victoris Massil. : *Et si ita non fecerint, licentiam dederunt Bertranno Monaco ut Disvadient eos infra treugam et foras treugam.*] Hac notione *Desgager*, usurpant Consuetudines S. Aniani art. 5. Stampensis art. 154. Montargensis cap. 4. art. 12. 13. cap. 18. art. 6. Camerac. tit. de Actionib. artic. 4. 5. *Desengager*, in Consuet. S. Severi tit. 14. art. 2.

DIVADIARE, Eadem notione, Pignori capere, in pignus retinere. Leges Henrici I. Regis Angl. cap. 23 : *Si quis blodwitam... et hujusmodi forisfaciat, et inde veniat sine Divadiatione, vel calumnia, placitum domini sui est.* Cap. 41 : *Si quis autem, ubi forisfecerit, retentus vel Divadiatus sit, plene componat.* Cap. 57 : *Si inter eos homines disceptetur in curiis super accusationibus, alternatim sibi rectum faciant in causis suis nisi quis retentus, vel Divadiatus sit, vel plegiatus pro culpa sua, etc.* Cap. 80 : *Aut Divadietur aut retineatur ibi malefactor.* Adde cap. 41. et 94.

* *Deswaigier*, eodem sensu, in Charta ex Tabul. Camerac. *Desgager* idem perinde sonat, in Lit. remiss. ann. 1378. ex Reg. 113. Chartoph. reg. ch. 282 : *Lequel sergent print l'un après l'autre* (les exposans) *aus corps et aus draps moult felonnessment, pour les vouloir despoiller et Desgager.*

VADIARE, GAGIARE, GUAGIARE, Eodem etiam significatu, Pignus a debitore invito auferre, præsertim ex sententia judicis. Charta Durandi Episcopi Cabilonensis, [inter Instr. tom. 4. Gall. Christ. novæ edit. col. 247 :] *Ita tamen quod non possunt Vadiare in claustro; sed quando ille, qui forefecit, recedit a claustro, tunc possunt emendam levare, secundum quod forefecit.* [Charta ann. 1199. apud D. *Brussel* tom. 2. de Usu feudor. pag. 683 : *Pro forisfacto quod Vicecomes faciat, vel pro debito quod ipse debeat, non potest aliquis eum in Vicecomitatu Vadiare.* Litteræ Guidonis Nivern. Comit. ann. 1231. inter Ordinat. Reg. Franc. tom. 3. pag. 118 : *Præpositus noster Nivernensis tenebitur censam levare secundum transcriptum quod ei tradiderint dicti quatuor burgenses, et eciam Guagiare, si opus fuerit, sed propter hoc nullam habebit emendam.*] Consuetudines MSS. Solemniaci in Arvernis : *Creditor, qui habebit domum apud Solignac, poterit ibidem debitorem suum autoritate propria Gagiare ratione debiti ibidem contracti.* Concilium Avenionense ann. 1279. cap. 1 : *Occupare, detinere, pignorare, seu Gadiare, etc.* Charta ann. 1292. apud Perardum pag. 564 : *Quod præpositus Tornodori... non potest, vel non poterit Gagiare, vel facere gagiari, nec justitiam exercere in villa S. Michaelis prædicta, etc.* Libertates oppidi Montis-Regalis in Sebusianis ann. 1287 : *Si Miles, vel quilibet extraneus debeat debitum alicui Burgensi Montis-Regalis, Præpositus, vel alius de familia domini debet ire cum creditore, vel sine creditore, sine aliqua contradictione, et sine dono et mercede ad Gagiandum debitorem, et eum gagiare.* Assisiæ Hierosol. cap. 113. de Sponsoribus : *Si ledit pleige dit que il n'a de quoi il lui puisse faire que pleiges, l'autre li doit dire, Fournissés en l'assise, et il la doit fournir ensi, que il doit jurer sur sains, que il, ne autre pour lui n'a dou sien à couvert, ne à descouvert dequoi il puisse faire que pleige, que la robe de son vestir, et dras de son lit; et se pleige fit ledit serment, il fournit l'assise, que l'autre ne peut, ne ne doit Gager par l'assise la robe de son vestir, ne de son lit, si convient il que il seuffre tant, que il trove aucune chose dou sien, que il puisse Guager, etc.* [Litteræ Caroli V. Reg. Franc. ann. 1371. tom. 5. Ordinat. pag. 385 : *Que doresnavant vous ou aucuns de vous, ne Gagez ou contraignés, ou souffrés estre Gagés ou contraints, comme que ce soit, en corps ou en biens, etc.*] Ita vocem *Gager* usurpant Consuetudines aliquot municipales, Senonensis art. 129. Burbonensis art. 134. Baïonensis tit. 8. art. 11. tit. 26. art. 13. Melodunensis art. 327. 328. Calvimontensis artic. 96. Victriacensis art. 120. Bituric. tit. 10. artic. 5. Altisiodor. art. 171. etc. *Dégager*, eadem notione, Consuetudines S. Aniani art. 5. Gellensis art. 2. Feritatis Imbaldi art. 7. Tremblajensis art. 7. et aliquot aliæ.

Pignerationem duplicem statuunt Jurisconsulti, unam scilicet quæ fit invito debitore, quam *pignus coactivum* vocant; alteram, quam debitor ipse sponte præstat, *pignus conventionale* appellatam. Prior pigneratio fit ut plurimum judicis auctoritate, qua creditor domum debitoris ingreditur, inque rem ipsius, in debiti sibi statuta die exsolvendi securitatem, involat et manus injicit, ni debitor die præterita debitum exsolvat, distrahendam et subhastandam. Idque ἐνεχυράζειν dicunt Græci, pignora capere invito debitore, ad discrimen ἐνεχυριάζειν quod est pignus dare et radere. ἐνεχυράζειν τὴν οἰκίαν, apud Demosthenem contra Everg. domum debitoris vi, eoque invito, ingredi, et pignora auferre, quod vetatur in Deuteron. cap. 24. v. 10. 11 : *Cum repetes a proximo tuo rem aliquam, quam debet tibi, non ingredieris domum ejus, ut pignus auferas; sed stabis foris, et ille tibi proferet pignus quod habuerit.* Ubi versio 70. Interpret. οὐκ εἰσελεύσῃ εἰς τὴν οἰκίαν αὐτοῦ ἐνεχυράσαι τὸ ἐνέχυρον αὐτοῦ. Ejusmodi vero pigneratio coacta, Pragmaticis Gallis

Gageria dicitur, quæ fit ex vi contractus obligatorii, vel sententiæ, aut aresti contra debitorem lati, cujus res mobiles in Regia manu ponuntur, et sequestrantur. [Charta ann. 1151. tom. 1. Macer. Insulæ Barbaræ pag. 84 : *Stephanus de Villars pedesticum de Rocca-taillia... misit Girino seneschalcho et Lugdunensi Ecclesiæ in Gageriam, pro decem millibus solid. Lugdun. monetæ.*] Charta Joan. Briennensis ann. 1200. in Tabul. Campaniæ Thuano pag. 270 : *Et octingentas libras, quas posui in Gageria, quam a fratre meo accepi.* Alia Gaufredi D. Joinvillæ Senescalli Campan. ann. 1190. pag. 71 : *Si absque ipsius licentia de prædictis terris amodo dividerent, vel in vadium sumerent, emptionem suam et Gageriam amittent.* Institutiones Capituli Gener. Cisterciens. dist. 11. cap. 3 : *Gageriæ autem ulterius non accipiantur, exceptis feodis nostris, secundum quod a jure est concessum, etc.* Eadem habent ferme Statuta antiqua Cartusiens. 2. part. cap. 32. § 29. Libertates Oppidi Jasseronis in Sebusianis ann. 1283 : *Item concedimus, ut nullus teneatur accipere pignus, vel Gageriam, a nobis, vel ab aliquo alio, nisi plus tertio valuerit, quam illud, pro quo offertur, etc.* Ita usurpant veteres Chartæ apud Roverium in Reomao pag. 232. 233. 236. 240. quæ potissimum sunt de prædiis in Gageriam datis. [Iis adde Hist. Dalphin. tom. 2. pag. 192. Marten. tom. 1. Anecd. col. 868. et Gall. Christ. tom. 4. inter Instrum. col. 597.]

¶ **Gatgeria, Guatgeria**, in Chartul. S. Petri de Domina fol. 63 : *Octavam partem decimariæ de Thedesio accepit D. Hugo prior in Guatgeria de Petro Bruno pro 100. sol. Valencianis. De hac Gatgeria fuit fidejussor dom. Aynardus, etc.*

¶ **Vadium**, Eadem notione. Charta Stephani Noviom. Episc. ann. 1214. apud D. Brussel tom. 1. de Usu feud. pag. 311 : *Nos pro quibusdam Vadiis Meldensis Ecclesiæ quæ præpositus Comitissæ detinebat, villam invenimus suppositam interdicto.*

¶ **Gadium**, pro *Vadium*, Pignus. Tabul. S. Victoris Massil. : *Dodonus misit pro Gadio unam secharam prati quæ est sub ponteillari de Mota.* Ibidem : *Martino non permiserunt suum Gadium dare sicut decet.* Chartul. majus ejusdem Monast. pag. 102. v° : *Ego Rostagnus et uxor mea Constantiana donamus Gadium nostrum ex omnibus laboribus nostris et ex omnibus acquisitionibus nostris.*

¶ **Vagium**, Eodem intellectu. Charta Ludovici Reg. Franc. ann. 1153. apud D. Brussel tom. 1. de Usu feud. pag. 275 : *Quia in Vagio S. Mammetis facta est, et ad eum nihil pertinet, etc.* Charta ann. 1174. apud Rymer. tom. 1. pag. 38 : *Pro amore filii sui ad pacem revertantur, si Vagium et plegium dederint standi in judicio de hiis, quæ ante gwerram forisfecerunt.* Chartul. S. Vandreg. tom. 2. pag. 1636 : *In villa autem Alpici vel omni terrario, si sanguis effusus fuerit, vel facta seditio, vel Vagium belli datum, meum est judicare.*

Vadare, Fidejubere pro alio, vel in vadem se dare. Glossæ Isid. : *Vadatur, promittit, pollicetur, fide dicit.* Flodoard. lib. 4. Hist. Remens. cap. 19 : *Pro quo facinore Vadatus in hac Synodo, centum libris argenti pacatur cum præfato Stephano Episcopo, etc.* Adde Baldricum Noviom. lib. 1. cap. 65. lib. 2. cap. 1.

Revadiare, Rewadiare, Reguadiare, Eadem qua prius notione, *Vadium dare* pro re quavis. Chartæ Parensales form. 6 : *Sic ei in præsenti fuit judicatum, ut ipsum servitium sancti illius, unde negligens aderat, ipsi Advocato sancti illius Rewadiare deberet, quod ita et fecit, et seipsum ad servitium sancti illius ibi se in præsenti recredidit.* Vetus Charta apud Beslium pag. 176 : *Sic ad præsente ipsa falsitione per ipsa Charta Rewadiaverunt, et in servitium S. Juniani de parte genitore eorum Allifredo se cognoverunt, et ad pedes ipsius Ramnulfo se prostradiderunt, et wadios de omnibus ei dederunt, per quid ipsa falsitione præsentaverunt, vel per quid illo servitio contenderunt.* Placitum Caroli C. ann. 22. in Tabul. S. Dionysii : *Visi fuimus judicasse, ut memoratus Major nomine Autreneus inantea adietisset, et unusquisque de sæpedictis servis ipsum servitium inferiorem, unde de legibus probatus habet, mallasset vel repetisset, et ipsum servitium emendassent, et Revadiassent, sicut et fecerunt.* Baldricus lib. 1. Chron. Camerac. cap. 118 : *Eo siquidem pacto ut Walterus pro admissis 20. libras argenteorum Revadiaret.* Continuator Historiæ Episcoporum Virdunensium n. 4 : *Deinde summam pecuniæ ad diem denominatum Domno Episcopo Revadiavit.* Vetus Notitia apud Perardum pag. 149 : *Tunc judicatum est a supradictis Scabineis, ut de ipsis casnis quod mortificavit, legem faceret et Rewadiaret, seu supradictum terram legaliter redderet, quod et fecit.* Chonicon Farfensis Monasterii : *Tunc supradicti Missi et judices eos Regwadiare fecerunt, fidejussores utriusque secundum legem ponentes. Heribannum rewadiare*, in Capitul. 1. ann. 812. cap. 2. 9. Capitul. Caroli M. lib. 4. cap. 70 : *Ut vassi nostri... qui anno præsente in hoste non fuerunt, heribannum Rewadient, etc.* Appendix 2. ejusd. lib. cap. 8 : *Ut omnia, quæ wadiari debent, juxta quod in Lege continetur, pleniter secundum ipsam legem Rewadiata fiant. Bannum rewadiare*, lib. 5. cap. 43. [** 98.] et in Addit. 4. Lud. Imp. cap. 72. [95.] in Capitul. 1. ann. 812. cap. 3. 5. in Edicto Pistensi cap. 21. in Capitul. Caroli C. tit. 40. cap. 1. apud Hincmarum Laudunensem pag. 610. 612. etc. *Bannum wadiare*, in Lege Longob. lib. 3. tit. 1. § 43. [** Loth. I. 43.] Adde lib. 2. tit. 21. § 29. [** Car. M. 126.] ex Addit. 2. Capitul. lib. 4. cap. 8. *Debitum rewadiare*, in Edicto Pist. cap. 22. *Debitum wadiare*, in Lege Longob. lib. 1. tit. 2. § 11. [** Lud. P. 42.] *Rewadiare xenium*, apud Flodoardum lib. 3. Histor. Rem. pag. mihi 560. [In Gloss. Lindenbrog. *Rewadiare* est relaxare : unde hoc verbum adhibebant cum pignus liberabatur, solvebatur, ut monet Eccardus in Notis ad Leg. Sal. pag. 173. Id tamen raro factum fuisse ex locis a Cangio laudatis colligitur.]

¶ **Vadium**, Pœna, mulcta pecuniaria. Charta Balduini Comit. Flandr. ann. 1116. apud Miræum tom. 2. pag. 1154. col. 1 : *Vadium etiam, si pro qualibet forisfactura acceperit ab aliquo, non alibi quam infra curtim S. Amandi commendabit.*

** **Vadiatura, Vadiatio**, Pari significatu. Charta ann. 1271. apud Rudloff. Cod. Diplom. Megalop. Fasc. 1. pag. 65. num. 24 : *Quod Vadiatura 5. solidorum integraliter nostra erit.* Privileg. Mundense ann. 1246. apud Haltaus. Glossar. Germ. col. 918 : *Major Vadiatio quæ fit judici unum est talentum.* Vide eundem Haltaus. col. 2089. voce *Wette*, supra *Vadiaco*.

Gagium, Eadem notione. Charta ann. 1256. in Regesto Comitum Inculismensium : *Remittendo et franchisando nobis et dictæ villæ garenam suam quam habebat in vinoblio et territorio dictæ villæ, et Gagia sive pœnam, quæ occasione dictæ garenæ a venantibus in eadem consueverat percipere et habere.* Consuetudo Castri Bellaci in Charta Hugonis Marchiæ Comitis in eodem Regesto : *Si quis bannum Comitis infregerit, debet reddere de Gagio solidos 60.* Charta ann. 1289. in Hist. Beneharn. pag. 311 : *Census nostri sunt assignati et statuti ad Mortgagia et pœnæ similiter.* Alia Radulfi Issoldunensis ann. 1235 : *Si vero ex prædicto pascuario non fideliter soluto Gagium contingeret evenire, totum Gagium meum erit.* Charta Philippi Regis Franc. ann. 1310. pro Libertatibus Bastidæ in Petragoricis, ex Regesto 47. Tabularii Regii n. 38 : *Et nisi prædictæ obliæ nobis solutæ fuerint prædicto termino, 5. sol. nobis solventur pro Gagio, et obliæ supradictæ.*

¶ **Gaigium**, Simili sensu, in Litteris Caroli V. Reg. Franc. ann. 1370. tom. 5. Ordinat. pag. 345 : *Quod si temporibus futuris.... universitatem et habitatores, super quibuscumque causis et litibus contingeret poni in deffectu, vel ipsos debere clamores et Gaigia aliqua* LX. *solidorum, vel majores emendas solvere, etc.*

¶ **Gatgium**, Eodem intellectu. Consuet. Brageriac. art. 76 : *Item nullus sit ausus extra villam dicti loci et districtus ejusdem dolia tonellorum vacuorum transferre, neque mayramen, neque vimos, neque codram; et si faciat contrarium in sexaginta solidos pro Gatgio condemnetur.*

¶ **Gadium, Guadium**, Pari significatu. Diploma Caroli M. inter Instrum. tom. 2. Gall. Christ. novæ edit. col. 179 : *Ita ut nullus ecclesiasticus infra claustrum manens, aut alicui ecclesiastico serviens, Gadium, nec telonarium, nec aliquam justitiam per vim exsolveret.* Charta ann. 1058. inter Probat. tom. 2. novæ Hist. Occit. col. 230 : *Non requirant in isto loco jam nominato ullum censum, non Guadium, non receptum, nec ullum forsfactum non faciat.*

¶ **Guagiamentum**, Eadem notione. Charta Humberti Dalphini ann. 1343. pro Libertatibus villæ de Pineto ex Schedis V. Cl. *Lancelot* : *Item quod in dicta villa Pineti pro Guagiamento dentur 2. den. etc.*

Gagiare, Mulctam solvere. [Charta ann. 1102. ex Tabul. S. Albini Andegav. : *Omne quod S. Albino pro supradicta calumnia abstulerat, Gagiavit, et in ejus* (abbatis) *conspectu omnem calumpniam quam de Artesiaco faciebat, dimisit.* Regest. *Olim* ad annum 1304. fol. 68 : *Cum dicti Religiosi dicerent se esse in saisina recipiendi et levandi ab his qui vendunt ibidem merces seu denariatas in stallis seu fenestris quinque denarios quolibet anno, et Gagiandi deficientes in solutione prædictorum, etc.*] *Emendam gagiare*, in Statuto S. Ludovici ann. 1259. *Gager l'amende*, in Consuetudine San-Paulana art. 32.

¶ Gatgiare, Eodem intellectu. Charta Caroli Reg. ann. 1367. ex Tabul. Archiep. Auxitan. : *Coram nobis aut nostro locatenente Gatgiaturos et emendaturos, etc.*

Disgagiare, nostris *Desgager*, Mulctam impositam exsolvere, in Consuet. Villænovæ *d'Arjençon* in Pict. ann. 1233.

Gajare, Solvere. *Gajabit* 5. *solidos, etc.* passim in Tabul S. Albini Andegav. [*Gager* nostris, eadem notione. Charta ann. 1290. tom. 1. Chartul. S. Vandreg. pag. 913 : *Fu Emeline la chanteresse en amende por garant relachié vers hommes religieux et honnestes Mr. l'Abbé et le Convent de S. Vandrille de la coustume que eus li demandoent : et Gaga ladite Emeline as devant dit Religieux coustume de toute marchandise et les arrierages du tans passé.*] *Gager et paier le rachapt*, in Consuetud. Lotharingiæ tit. 17. art. 1. 3. Turon. art. 144. Lodunensi cap. 11. art. 6. cap. 14. art. 3. Andegav. art. 115. 266. Cenoman. art. 126. 284. etc. Hinc

¶ Gagiata, Solutio, non semel in laudato S. Albini Tabulario.

Gadium, pro Testamento. Testamentum Guillel. de Tortosa filii Guillelmi D. Montispessulani ann. 1157. Oct. : *Sic ultimum elogium meum compono, etc. Gadium sive testamentum meum nuncupative facio, etc.*

¶ Guadium, Eodem sensu, Chartular. Aptense fol. 34 : *Si in itinere quod agere dispono ad Jerusalem defunctus fuero, dabo per Guadium ipsum vasculum plenum vino puro ad prædictum opus.* [** Vide S. Rosa de Viterbo Eluc. voce *Gadea*, Raynouard. Glossar. Rom. tom. 3. pag. 440. voc. *Gaje, Gadi, Gazi.*]

Gadiare, in Gloss. MS. Reg. Cod. 1701 : *Res suas ante mortem disponere.*

Gadiator, Executor testamentarius, qui res testatoris in *vadium* habet, ut de iis disponat. Testamentum Raimundi Comitis Tolosani ann. 1249. apud Catellum pag. 374 : *Residuum vero de decem millibus marchis supradictis quod restat, distribuendum volumus arbitrio Commissariorum nostrorum infrascriptorum, qui Gadiatores, seu spondarii vulgariter appellantur ad pias causas, sicut saluti animæ nostræ magis expedire videbunt.* Infra : *Commissarii autem, Gadiatores, seu spondarii nostri isti sunt, etc.* Testamentum Rostagni de Podio alto ann. 1261 : *Item volo, quod Rostagnus filius meus restituat et solvat de bonis meis omnia forefacta mea, arbitrio et cognitione Gadiatorum meorum, etc. Gadiatores seu Executores testamenti*, in Concilio Avenionensi ann. 1270. cap. 2.

¶ Guadiator, Eadem notione, in Testam. Beatricis de Alboreya Vicecom. Narbon. ann. 1367. apud Marten. tom. 1. Anecd. col. 1521. 1524. et in Testam. Guillelmi Vicecom. Narbon. ann. 1397. ibid. col. 1632.

¶ Vadiator, Eodem intellectu. Charta Amblardi Lugdun. Episc. ann. 978. inter Instr. tom. 4. Gall. Christ. novæ edit. col. 5 : *Itaque jurejurando præcepi Vadiatoribus meis pro Deo, pro omnibus sanctis,... ut chartam meæ eleemosynariæ integram et expressam facerent supradictis monachis.... Ideoque nos Vadiatores, etc.*

Gagiarius, Eadem notione. Synodus Cenomanensis sub Mauritio Episcopo MS. cap. 118 : *Presbyteri inhibeant infirmis, ne plures quam tres Gagiarios instituant, et hoc etiam publicent in Ecclesia, et in ordinatione testamenti.* Et cap. 120 : *Incipiant Gagiarii exequi voluntatem defuncti, etc.* Testamentum Guidonis Dom. Lavalli ann. 1265. apud Duchesnium in Hist. Monmorenciaca pag. 386 : *J'ai establis.... mes Gaigiers et mes executors à fere et accomplir mon testamenz, si comme il est contenu cy-emprés.*

¶ Guagiarius, Pari significatu. Charta ann. 1228. ex Chartul. S. Johannis in Valle : *Petebant Guagiarii a dicto Thoma omnia mobilia dicti defuncti Gaufridi et quod idem Thomas satisfaceret tanquam hæres legitimus super* x. *lib. annui redditus, quas præceperat idem Gaufridus in suo testamento pauperibus erogari... Tandem dicti Guagiarii, etc.*

¶ Gadiator, Tutor, forte is qui testamento constituitur, Gall. *Tuteur.* Statuta Montispessul. MSS. ann. 1204 : *Puella quæ numquam habuit virum non possit nubere sine consilio parentum suorum vel cognatorum, vel Gadiatorum, et ille qui eam duceret sine consilio jam dictorum, incidat in manus domini persona ejus et tota sua superbia.*

Gadiarius, Fidejussor. Charta Longobardica ann. 973. apud Ughellum in Archiep. Benevent. : *Qualiter.... guadium mihi dederunt Simeon Clericus, et Nardus Clericus, et mediatores posuerunt Gadiarios de jam dicta civitate, etc.*

Contragagiamentum, vulgo *Contregage.* Charta Philippi Regis Franc. data Parisiis 12. Junii anno 1309. in Regesto Tabularii Regii, qua bella privata inhibentur : *Item ne quis sine nostri licentia in regno nostro cœtum, cohortem, vel aliquam congregationem faciat armatorum; ne quis Contragagiamentum acceptet, vel pacem nostram regni nostri quolibet modo infringat. Et cum aliqui corruptelas pro Consuetudinibus in iis casibus soleant allegare, tales damnatas Consuetudines tollimus, et penitus reprobamus, etc.* [Vide *Contragagiamentum* suo ordine, et supra *Plegius.*]

¶ 2. Vadium, pro Vadum, Gall. *Gué*, quomodo *Vadum*, pro *Vadium*, Pignus, aliquando occurrit. Regest. feud. Campaniæ fol. 82. v° : *Comes Campaniæ potest conducere mercatorem suum usque ad la Beurowe, et usque ad Vadium de Sablonieres, quod est longius.* Pactum inter Jacobum Aragon. Reg. et Berengarium Magalon. Episc. ann. 1272 : *Exinde descendit per rectam viam usque ad Vadium Juvenale, et ex ipso Vadio Juvenali per rectam viam, etc.* Chartul. S. Vandreg. tom. 2. pag. 2036 : *Præterea terram quamdam quam prædictus Hugo in Vadum miserat pro decem solidis, etc.*

1. **VADUM.** Charta ann. 1268. ex Tabulario urbis Ambianensis : *Nobis concesserunt pro utilitate domus nostræ facienda, ut nos Vadum, quod subtus clausum nostrum, per quod vaccæ civium Ambian. a pascuis, etc.* Ubi Charta Gallica vertit, *Wez.* Alia ann. 1344. ex Tabulario S. Quintini in insula fol. 35. etc : *Et avoir Wez et puisoirs esdites yauës.* [Privilegium Garsiæ I. Reg. inter Conc. Hisp. tom. 3. pag. 170 : *His quoque terminis circumdatur ab Oriente, strata de Vado Regis in Pistorica usque ad Vado de Perales.* Alia notione, nempe pro *Vadium*, vide in hac voce.]

¶ Wadum, Eadem notione. Præceptum Widonis Imp. ann. 892. apud Murator. tom. 2. pag. 416. IX : *Insuper concedimus in præfato monasterio pro mercede animæ nostræ Wadum unum in Pado ad piscandum.* Charta ann. 1040. ex Tabul. S. Victoris Massil. : *Dono Wadum meum omnipotenti Deo et S. Victori, etc.*

* 2. **VADUM** Molere, Purgamentum ex re quavis molita seu obtrita. Stat. Taurin. ann. 1360. cap. 94. ex Cod. reg. 4622. A : *Item quod nulla persona ponat leamen,...... vel aliquid aliud sordium projiciat in mercatum vel in vias publicas solatas,..... vel* (possit) *cranare rapiam, seu feciam, vel Vadum molere in ipsa civitate, sub pœna denariorum xij.*

¶ **VÆ**, substantive usurpatur in Statutis Canonic. Regul. apud R. Duellium tom. 1. Miscell. pag. 98 :

> Claustrales sibi nil teneant sine velle scituve
> Prælati, vitare si velint perpetuum Væ.

[** *Væ namque in divinis litteris pro æterno luctu scribitur*, Bertholdi Annal. ad ann. 1077. apud Pertz. Scriptor. tom. 5. pag. 302. Vide *Vævenire.*]

¶ **VÆCORDIA.** Vide infra *Vecordia.*

¶ **VÆNALICIARIUS**, σωματέμπορος, in Gloss. Lat. Gr. pro Venalicius. Vide Salmas. ad Plin. pag. 273.

* **VÆNALIS**, f. Publicus. Vide supra *Balneum vænale.*

¶ **VÆNARE**, Venundare, vendere. Statuta Canon. Regul. apud R. Duellium tom. 1. Miscell. pag. 96 :

> Nullus prælatus quid distrahet, aut alienet,
> Ad longum tempusve locet cui, cui neque Vænet.

¶ **VAERIA**, Idem quod *Viaria*, Gall. *Voirie.* Legendum fortean *Voeria.* Vide in *Viarius.* Charta ann. 1269. ex Tabul. S. Albini Andegav. : *Fulco de Forallo minor miles... vendidit et concessit... omnes fructus quos habere poterat.... in bannis, pressoriis, pressoragiis, meseria, bonagiis, jaleagiis, mensuris, mensuragiis, et Vaeria sive Vaeriis, dominiis, etc.* Vide *Vaieria.*

* **VÆVENIRE**, Malum evenire, vulgo *Arriver malheur.* Lit. remiss. ann. 1366. in Reg. 97. Chartoph. reg. ch. 77 : *Volendo dicere dicto locumtenenti seu aliis curialibus regiis, quod Væveniret eis de corpore.*

* **VAFA**, *Guespe. Vafer, Bourdon.* Glossar. Lat. Gall. ex Cod. reg. 7692.

* *Vafolart* vero Dalphinatibus dicitur,

Pugionis species. Lit. remiss. ann. 1407. in Reg. 162. Chartoph. reg. ch. 162 : *Pierre Giraudier qui portoit un grant couteau, nommé ou païs* (Dauphiné) *Vafolart, à sa saincture etc.*

¶ **VAFRAMENTUM**, Astutia, calliditas. Gloss. Lat. Gr. : *Vaframentum*, κερδοσύνη. Bernardus Thesaur. de Acquisit. T. S. apud Murator. tom. 7. col. 773 : *Hoc itaque Vaframento mirabili obtento civitatis dominio, nuntios suos Saladinus exercitui destinavit.*

¶ **VAFRITAS**, Eadem notione, Astutia. Chronic. Tarvis. apud eumd. Murator. tom. 19. col. 763 : *Dubitantes ab illorum manibus evadere non posse, Vafritate hac usi sunt, etc.*

VAGA. Vide *Vanga.*

* **VAGABUNDITER**, Vagando, errando. Lit. remiss. ann. 1411. in Reg. 165. Chartoph. reg. ch. 211 : *Vagabunditer per mundum eundo etc.* A vagari, nostrates *Vacabonder* formarunt. Lit. remiss. ann. 1479. in Reg. 205. ch. 446 : *Le suppliant trouva sa femme Vacabondant, et qui s'en alloit mener vie dissolue. Vaaris*, idem qui Erro vel extraneus, alienigena, in aliis Lit. ann. 1401. ex Reg. 156. ch. 156 : *Et après pour estre gary se mist ès mains d'un homme Vaaris et vagabonde par païs, non expert ne approuvé en fait de medecine, ne de cyrurgie.* Vide *Vagabundus.*

¶ **VAGABUNDUS**, Erro, Gall. *Vagabond. Vagabundus*, ἀνειμένος, in Gloss. Lat. Græc. Vocabul. utriusque Juris : *Vagabundus, est qui non habet domicilium, sed hodie hic, et cras alibi.* Apparatus bellicus Caroli VIII. Reg. in Ital. apud Marten. Itin. Litter. pag. 380 : *Qui omnes fuerunt vel malefici, vel latrones, vel Vagabundi, et tales quos mendicos validos appellamus.* Adde *Blount* in Nomolex. Anglic. et Rymer. tom. 14. pag. 430. *Gens vagants*, in Charta ann. 1435. apud Lobinell. tom. 2. Hist. Britan. col. 1042. Vide *Vagus.*

¶ **Vagabundia**, Vagatio. Statuta Collegii Narbon. ann. 1379. apud Lobinell. tom. 5. Hist. Paris. pag. 668. col. 2 : *Si quis autem propter delatores armorum vel nocturnas Vagabundias... in carcerem trusus fuerit, etc.*

** **Vagabunditas**, Simili notione. Adolfi Archiep. Reformat. Canon. in Pfaffenswabenheim ann. 1468. apud Guden. Cod. Diplom. tom. 4. pag. 407 : *Fratres illius non Vagabunditati seu lasciviis insistant, sed juxta professionis suæ vota, in castimoniæ sanctitate deo devotum exhibeant famulatum.*

¶ **VAGALICANA** Extensiva, Genus scripturæ. Vide in *Scriptura.*

VAGANTES, pro Vacantes. Concilium Wormaciense ann. 868. cap. 62 : *De Episcopis et de Presbyteris Vagantibus, qui parochias non habent, etc. Vagantes terræ*, pro *vacantes*, desertæ, incultæ, etc. Vide in *Vacantes.*

* **VAGARI**, *Gauler. Vagus, Gaule. Vagatio, Gaulerie.* Glossar. Lat. Gall. ex Cod. reg. 7692. Hinc *Vagautus.*

¶ **VAGATIO**, Libera super fluvium discurrendi potestas absque ulla præstatione exsolvenda. Charta Sigeberti Reg. ann. 651. apud Marten. tom. 2. Ampl. Collect. col. 8 : *Et portum illum qui dicitur Sellis, immoque et Vagatio super fluvium Ligeris, etc. Vagationes silvaticæ cum canibus*, in lib. 5. Capitul. cap. 2. Vide Baluzii notas ad Agobardum pag. 82. et Petrum Blesensem Epist. 56. et 61.

* **VAGAUTUS**, Fustis species. Stat. crimin. nova Cumanæ cap. 24. ex Cod. reg. 4622. fol. 69. r°. : *Si aliquis puer..... fecerit bellum cum alio in civitate Cumana, vel infra confinia, de lottis, lapidibus, vel Vagautis et baculis,..... solvat pro banno.... soldos decem.*

¶ **VAGERASSIN**, σποράδην, in Gloss. Lat. Græc. Sed leg. *Vage, sparsim.*

* **VAGERIA**, Aquagium, aquæductus, ut videtur, idem quod supra *Vadiscapium.* Charta ann. 1201. inter Probat. tom. 2. Annal. Præmonst. col. 177 : *Concessi absque omni retentione...... Vageriam meam de molendino, et partem prati adjacentis.*

* **VAGETRA**, *Dyacre*, in Glossar. Lat. Gall. ex Cod. reg. 7692.

¶ **VAGEZARE**, ab Ital. *Vagheggiare*, Oculis verbisque alicui blandiri. Chron. Mutin. apud Murator. tom. 11. col. 117 : *Quidam presbyter S. Faustini ecclesiæ burgi Bajoariæ rector in tantum ardebat quemdam nomine Albertinum Guitonum incolam dicti burgi ætatis 70. annorum et plurium, quod die noctuque sine ejus præsentia permanere non poterat, Vagezando eumdem, ut moris est adamantis feminas Vagezare.*

VAGIARE, Pecus, (vagum seu oberrans) ob damna abigere. *Vagiator*, qui detinet abacta pecora, in Jure Hungarico.

** **VAGILLARE**. *Onagri Vagillant*, Aldhelm. de re gramm. apud Maium Classic. Auct. tom. 5. pag. 570. *Mugilare* legitur in *Baulare.*

¶ **VAGINA** Habitationis, Domus, habitatio. Gesta Norman. apud Duchesn. pag. 32 : *Verum post annum unum, quo Vaginam suæ habitationis egressus fuerat, et omnem oram maritimam incendiis et rapinis contaminaverat.*

¶ Vagina Nativi Incolatus, Patria, nativum solum apud Andream Floriac. lib. 1. Miracul. S. Benedicti ex Cod. MS. Vaticano.

¶ **VAGINARE**, *Vaginas parare*, in Gemma. Gloss. Lat. Gall. Sangerman. : *Vaginare, Faire gayne. Vaginarius, Gaynier.*

* **VAGINARIUS**, Vaginarum artifex. Charta ann. 1227. in Chartul. AD. S. Germ. Prat. : *Præpositus et scabini confratriæ mercatorum Parisiensium, Guillelmus Vaginarius, etc.* Vide *Vaginare.*

VAGINATUS, e Vagina eductus, nempe ensis. Gall. *Desgaigné.* Gloss. Lat. MS. Reg. Cod. 1013 : *Vagina, theca gladii. Vaginatus, exagitatus.* [Ita etiam apud Isidorum et Papiam. Primam nihilominus periisse syllabam primumque scriptum fuisse *Evaginatus, ex vagina extractus*, putat Grævius : nisi fortasse legendum sit *Vagulatus, exagitatus ;* ex XII. Tabul. Legibus. Vide Festum in *Vagalatio.* Ut ut est *Vaginatus*, sensu opposito pro vagina insertus, occurrit in Statutis Eccl. Avenion. apud Marten. tom. 4. Anecd. col. 582 : *Nullus prædictorum de cætero audeat portare gladium super vestem superiorem Vaginatum argenti, etc.*]

* Hinc nostris *Evaginer*, e vagina educere, Gall. *Tirer du fourreau.* Lit. remiss. ann. 1464. in Reg. 199. Chartoph. reg. ch. 362 : *Le suppliant mist la main à son couteau et le Evagina.*

VAGINELLA, *Faba siliqua*, Matthæo Silvatico.

VAGIPALARE. Leges Henrici I. Regis Angl. cap. 83 : *Si quis in hostem suum incidat, vel Vagipalantem, vel alium, qui juste requisitus rectum per omnia denegaverit. Vagans* dicitur cap. 58. et 82.

* **VAGIRE**, *leporum*, in Glossar. Provinc. Lat. ex Cod. reg. 7657. Occurit in Carmine de Philomela ad calcem Cod. reg. 6816.

* **VAGISARE**, Vagizare, Italis. *Vagheggiare*, Intente aspicere, contemplari. Gabr. Barel. serm. in fer. 3. hebdom. sanctæ ubi de modo audiendi Missam : *Quidam Vagisant hinc inde etc.* Alius in festo S. Steph. : *Crimen non contrahitur, nisi volontas nocendi intercedat. Exemplum de oculo, qui Vagizat; et manu, quæ occidit.* Hinc forte Gallicum *Vaguette*, qua voce Modus amasiam inspiciendi significari videtur, apud Christ. Pisan. in Carolo V. part. 1. cap. 29 : *Et ainsi cestuy sage roi deffendoit que livres deshonnestes ne fussent leus ne portez à la cour de la royne, ne de ses enfans, et soubz peine de perdre sa grace, ne fust si hardi qui osast à son filz le daulphin ramentevoir matière luxurieuse. Dont une fois fut rapporté au roy, que un chevalier de sa cour, jeune et jolis pour le temps, avoit le daulphin instruit à amours et Vaguette; le roy pour celle cause le chaça.* Vide *Vagezare.*

VAGITARE, Vagari, discurrere. Isidorus Pacens. Episc. in Chronico æra 739 : *Per Hispaniam e Palatio Vagitavit.*

¶ **VAGITARI**. Gloss. Isid. : *Vagitatur, violenter stet.* Grævius emendat, *Vagitat, a vagio, vagito.*

¶ **VAGITUS**, pro *Vagatus*, Discursus, vagatio. Litteræ Edwardi II. Regis Angl. ann. 1319. apud Rymer. tom. 3. pag. 789 : *Fragilitatis humanæ compago tantis discurrit Vagitibus et varietatibus temporum quatitur, etc.* Vide *Vagositas.*

¶ **VAGIUM**, ut *Vadium.* Vide in hac voce.

* **VAGIUS**, *Qui va sans piés*, in Glossar. Lat. Gall. ex Cod. reg. 7692.

¶ **VAGIVUS**, Desertus, incultus. Charta ann. 1115. apud Murator. delle Antic. Estensi pag. 318 : *Offero in eadem ecclesia, hoc est, petiam unam de terra, partim aratoria, et partim Vagiva, et in parte cum silva super se habet, etc.* Vide *Vacantes* et *Vacuus.*

¶ **VAGNA**, Lagena, vas vinarium. Gloss. Lat. Gr. : *Vagna, vogæ, cuppa*, βοῦττος. Vide *Galo.*

¶ **VAGOSITAS**, Discursus, vagatio, huc illuc itio. Arnonis Scutum Canon. apud R. Duellium tom. 1. Miscell. pag. 30 : *Adolescentes quoque cum de schola puerorum et de sub virga in conventum seniorum et capitularem disciplinam assumuntur non suæ voluntatis arbitrio, non otio et Vagositati permittentur.* Vide *Vagitus.*

* **VAGULA**, *Genisce. Vagulus, Véel*, in Glossario ex Cod. reg. 7692.

¶ **VAGULATUS**. Vide supra *Vaginatus.*

¶ **VAGULUS**, Vagans. Gualvaneus Flamma apud Murator. tom. 12. col. 1023 :

..... Vagulosque per arva
Ad prædam doctos equites dat Crema Quirites.

VAGURRIRE, *Per otium vocare*, seu vagari, in Gloss. Arabico-Lat. [Gloss. Isid. : *Vagurrit, per otium vagatur.*]

1. **VAGUS**, Servus fugitivus, nequam, Sambuco. Decreta Colomani Regis Hungariæ lib. 1 : *Si Rex aliquem Vagum servum alicui donaverit, etc.* Mox : *Quicumque absque licentia Regis Vagum tenuerit, etc.... Cum quis Vagum apprehensum tenuerit, a domino ejus primo exigatur.* In Lege Wisigoth. lib. 2. tit. 4. § 9. servi fugitivi *a dominorum jure inlicite evagari* dicuntur. *In fuga vagare*, in Lege Longob. lib. 1. tit. 25. § 22. [** Roth. 278.] *Vagans homo*, in Legibus Henrici I. Regis Angl. cap. 82. Vide Traditiones Fuldenses lib. 2. tradit. 38. Codicem Theod. tit. *Si Vagum petatur mancipium*, (10, 12.) ibi Jacobum Gothofredum, [et supra *Vagabundus.*]

☞ Alia notione *Vague* occurrit in Statuto Philippi VI. Reg. Franc. ann. 1349. tom. 2. Ordinat. pag. 313 : *Lesdits gardes, ou l'un d'eux seront à la foire dès la veille des trois jours, et y demeureront l'un d'eux jusques les plaidoiries soient faites, et deuëment delivrées et finies. Et quand il se partira ou vague de la foire, leur Lieutenant demeurera, jusques lesdits gardes, ou l'un d'eux y sera retourné pour le paiment.* Eadem leguntur in alio Statuto ejusdem Regis ann. 1344. ibid. pag. 305. Ubi *Vague de la foire*, Nundinarum exitus significari videtur. Vide *Vacantes* et *Vacuus.*

* 2. **VAGUS.** Vide supra in *Vagari.*

* **VAIARIUS**, Qui pelles, quas *Vares* vocabant, parat vel vendit, Ital. *Vaiaio.* Stat. ant. Florent. lib. 5. cap. 19. ex Cod. reg. 4621 : *Septem majores artes, videlicet..... ars Vaiariorum et pellipariorum, etc.* Vide *Vares.*

¶ **VAICELLA**, ut *Vaissela.* Vide in hac voce.

¶ **VAIERIA**, ut supra *Vaeria*, Jurisdictio *Viarii*, vulgo *Viaria*, Gall. *Voirie.* Terrarium Montisfortis fol. 68. apud D. *Brussel* tom. 2. de Usu feud. pag. 738 : *Hylarius de Fromevilla. Tenet de domino Comite gardam terræ suæ et domum suam, et Vaieriam de Autolio; et est homo ligius.* Vide *Viarius.*

* *Vaierie*, eadem notione, in Recognit. feud. MS. ann. 1356 : *La Vaierie, sauve les trois grant cas, c'est assavoir, rapt, encis et meurtre.*

¶ **VAIERUS.** Statuta datiaria Riperiæ cap. 12. fol. 5. v° : *De quolibet pense Vaierorum laboratorum, soldi decem.* Vide *Vares.*

¶ **VAILDA**, an idem quod *Waisda?* Vide in *Guaisdium.* Polyptychus Fiscam. ann. 1235 : *Quando rusticus facit Vaildam in terra vilanagii,.... reddit de qualibet acra unum sexterium.* Rursum : *Et si Vailda facta fuerit in terra vavassoriæ, reddit tertium decimum denarium de valore Vaildæ.*

* *Vaude*, et *Voide*, eodem sensu, in Stat. ann. 1378. tom. 6. Ordinat. reg. Franc. pag. 365.

¶ **VAILLENTIA**, Valor, pretium, Gall. *Valeur. Ad Vaillentiam sexaginta librarum*, in Charta ann. 1232. apud Stephanot. tom. 3. Antiquit. Bened. Pictav. MSS. pag. 798. Vide *Valentia* 2.

* **VAINA**, Mensuræ annonariæ species. Charta Renaudi abb. S. Eugendi ann. 1187. in Chartul. Campan. fol. 162. v°. : *Quicumque apud predictam villam mansurus venerit, domui de Sarmasia, videlicet domino eorum unam Vainam avenæ annuatim persolvet.*

¶ **VAIRUS.** Vide infra in *Vares.*

* **VAISCHA**, VAYCHIA, VAISHA, Arboris minutioris species. Charta ann. 1332. in Reg. 66. Chartoph. reg. ch. 1098 : *Usum in tota foresta habere consueverunt, videlicet in sunalhis mortuis ad terram prostratis,...... et faciendi alia necessaria ad opus lignandi, portandi, vehendi seu tirandi ligna et fustes prædictas de tota foresta prædicta, videlicet de Vaychiis et aliis arboribus viridibus, exceptis...... arboribus fructiferis, etc.* In Charta sequenti legitur *Vayschis;* altera habet *Vaischis.* Charta ann. 1341. in Reg. 72. ch. 360 : *Prædictam concessionem dictarum quadraginta sextariatarum terræ, cum quibusdam Vayshis et aliis minutis arboribus modici valoris...... vobis facimus....... Et quod prædictas Vayshas et alias arbores minutas, infra dictas terras existentes, possitis in totum vel in parte evellere.* Quibus ultimis verbis Dumus, Gall. *Buisson*, significari videtur.

¶ **VAISELLUM**, Vas quodvis. Chartul. S. Petri de Domina fol. 86. v° : *Istud prior retinuit per conventionem, si unam arcam et unum Vaisellum in eadem domo vellemus mittere, omnibus temporibus sine servicio nobis liceret habere.*

* **VAISSA**, Vacca. Charta ann. 1368. in Reg. 102. Chartoph. reg. ch. 57 : *Item de vendendis ad macellum, habebunt prædicti consules* (Astefortis) *de bove vel Vaissa sex denarios.*

* **VAISSALAMENTA**, Vasa, supellex. Arest. ann. 1330. 20. Apr. in Reg. *Olim* parlam. Paris. : *Harnesium et Vaissalamentam argenteam dicti abbatis* (S. Richarii) *quæ super quadam quadriga in sacis et coffinellis..... asportari faciebat, ceperunt.* Vide *Vaissela.*

¶ **VAISSELA**, VAISSELLA, Vasa, supellex, a Gall. *Vaisselle.* Testam. Petri de Crozo Card. Archiep. Arelat. ann. 1388 : *Item volumus et ordinamus statim post obitum nostrum Vaissella nostra quæ erit, per executores nostros vendatur, pro debitis nostris persolvendis.* Statuta Capituli Ebredun. ann. 1295. inter Instrum. tom. 3. Gall. Christ. novæ edit. col. 184 : *Fuit propositum in capitulo ipso per dom. Ebredunum Martini de injuria quam fecerant prædicatores de Sistarico super cappellis, multis libris Vincentii Belvacensis et aliis libris, diversis calicibus, Vaissella argentea, et anulis pretiosis, etc.* Statutum Caroli V. Reg. Franc. ann. 1367. tom. 5. Ordinat. pag. 7 : *In Vaissella vero ac gallandis et aliis grossis operibus argenti, etc.* Vide *Vassella* et *Vessella.*

¶ VAICELLA, Eadem notione. Testam. Olivarii *de Pennart* Archiep. Aquens. ann. 1481. inter Instrum. tom. 1. Gall. Christ. novæ edit. pag. 70. col. 2 : *Pro eadem fundatione lego primo centum marchas argenti, quæ sunt in Vaicella mea argenti, exceptis sex magnis meis taceis cum pede.*

¶ VAIXELLA, Pari significatu, in Charta ann. 1420. ex Tabular. Angeriac. : *Et sui successores valeant de Vaixella stagnea et aliis utensilibus conventui prædicto providere.... Et sui successores Vaixellam stagneam quamcumque, quæ de successione vel spoliis religiosorum nostri prædicti monasterii decedentium obvenerit, possint et valeant libere percipere.*

¶ VAISSELLAMENTUM, Eodem intellectu. Testam. Adalasiæ ann. 1293. tom. 1. Histor. Dalph. pag. 197. col. 2 : *Item volo quod.... omnia victualia mea et omnia Vaissellamenta mea argentea, et omnia jocalia mea argentea et aurea... vendat, et pretium omnium eorum piis locis et personis distribuat.* Charta ann. 1301. ex Tabul. S. Urbani : *Concedimus quod totum Vaissellamentum nostrum tam in ciphis argenteis, murreis, scutellis, platellis, coclearibus, quam in aliis quibuscumque vasis argenteis, etc.* Mandatum Philippi Pulchri Reg. Franc. ann. 1311. tom. 1. Ordinat. pag. 481 : *Nulli liceat usque ad annum aurea vel argentea vasa, seu Vaissellamenta fabricare vel fabricari facere.* Statutum Philippi VI. ann. 1348. tom. 2. earumd. Ordinat. pag. 292 : *Que nulz orfevres ne soient si hardys de faire Vaissellement d'argent, fors d'un marc et au dessoubs, si ce ne sont calices, ou vaisseaux à Sanctuaires pour Dieu servir.* Aliud Johannis Reg. ann. 1358. ibid. tom. 3. pag. 255 : *Que nul billon, Vaissellemente, joyaux d'or et d'argent, etc. Vaisselmente*, in altero tom. 5. pag. 301. Charta ann. 1302. ex Chartul. 21. Corb. fol. 101 : *Et aura elle toute nos Vaissellemenche d'or et d'argent, si comme pos grans et petits, etc.* Testam. Caroli Comit. Valesii ann. 1320 : *Item, je laisse à Loys mon fils toute ma Vaisselemente d'argent, etc.* Le Roman *de Cleomades* MS :

Mainte riche Vaisselemente
Trouverent bielle et noble et gente,
Pos, hanas, et platiaulx d'argent.

Vide in *Vessella.*

¶ VAIXALLAMENTA, Eodem sensu. Testament. Guischardi de Bellijoco ann. 1331. ex Tabular. Villæ-Franchæ : *Lego uxori meæ medietatem omnium garnimentorum, utensilium et superlectilium, et totius Vaixallamentæ meæ de argento.*

¶ VAISSILOMENTUM, perperam pro *Vaissellamentum*, in Testam. Odonis de Rossilione ann. 1298. apud Marten. tom. 1. Anecdot. col. 1306 : *Exceptis tamen.... Vaissilomentis meis argenteis omnibus, etc.*

* **VAISSELLUS**, Occit. *Vaisselier*, nostris *Egoutoir*, Tabulæ ligneæ species, cui supellex stillanda imponitur. Leudæ min. Carcass. MSS : *Item de archis, Vaissellis et lectis fusteis, de quolibet unum denarium.*

* *Vaisselet* vero, Mensuræ species, in Lit. remiss. ann. 1477. ex Reg. 206. Chartoph. reg. ch. 986 : *Une mesure, appellée ung Vaisselet, dont les dix huit font le sextier, mesure de Chaalons* (sur Marne). Vide supra *Vaina.*

VAIVODA, VOYVODA, Dalmatis, Croatis, et Hungaris, est exercitus ductor; hodie vero promiscue pro quolibet exercitus vel ordinum ductore accipitur, ut apud Italos Capitaneus, ut Auctor est Jo. Lucius lib. 6. de Reg. Dalmat. cap. 1. Joannes Leunclavius in Pandecte Turcico n. 71 : *Vaivodæ* *nomen generaliter significat Præfectum militum, quem Capitaneum vulgo vocant. Sed apud Hungaros, ut olim, sic etiam hodie, duæ sunt appellationes administrationum maximarum; una Bani, altera Vaivodæ. Vaivoda vero Præses dicitur, loco Regis administrationem habens in aliqua provincia, puta Transsilvania, Valachia majori, Valachia minori, etc. Vaivodas* Bulgaris tribuit Theophanes ann. 24. et 33. Constantini Copronymi, et ex eo Hist. Miscella lib. 22. cap. 56. pag. 700. siquidem βοϊλάδαι iidem sint cum iis, quos βοεβόδους vocant Constantinus Porphyrog. de Administr. Imperio cap. 38. Βοηβόδας Ducas. cap. 19. Vide Johannem Seldenum in Titulis honorariis part. 2. cap. 2. n. 3. 2. n. 3. Glossar. med. Græcit. in Βοεβόδος, col. 207.

☞ *Vaïvoda* vel *Voivoda* vox Illyricorum est, ut vult Carolus de Aquino ad vocem *Bani*, notans ductorem pugnæ, composita a nomine *Voj* vel *Boj*, pugna, et verbo *Vodit*, ducere. Vide *Voiavada*.

* **VAJUS**, Pannus aureus. Codex Ambros. Bibl. apud Murator. tom. 5. Antiq. Ital. med. ævi col. 302 : *Postea venit* (archiepiscopus) *extra ecclesiam, ubi sunt columnæ, ubi erat unus equus coopertus de Vajo, id est, panno aureo.* Pro pelle Pontica, vide in *Vares*.

* **VAIVUS**. Res Vaiva, Res derelicta et quæ a nemine repetitur ut sua, idem quod *Wayf*. Consuet. Norman. part. 1. cap. 19. Cod. reg. 4651 : *De rebus Gaivis. De rebus autem Vaivis notandum est, quod dux eas habere debet per dominium suum....... Vaiva, sunt res vel animalia, quæ nullius proprietati attributa, sine possessoris reclamatione sunt inventa.* Ubi male editum *Vania* apud Ludewig. tom. 6. Reliq. MSS. pag. 189. Vide supra *Gaivus*.

¶ **VAIXALLAMENTA**, Vaixella. Vide *Vaissela*.

¶ 1. **VAL**, Color cineritius, in Gloss. Teuton. Schilteri ex Procop. lib. 1.

* 2. **VAL**, Vallum, Jus domini in bona hominum *manus mortuæ* sine prole defunctorum, Germanis etiam nunc *Todtfall*. Charta Frider. I. imper. ann. 1153. inter Probat. Hist. S. Emmer. Ratisbon. pag. 146 : *Stabilimus etiam ei* (monasterio) *ut morticinia, quæ Val dicuntur, de hominibus sæpe dicti monasterii, ubicumque defuncti fuerint, monasterio salva sint et custodita, nec in eis alicujus loci libertate injuriam patiatur. Idem erit observandum in perceptione medietatis totius substantiæ mobilium et immobilium, quæ monasterio sæpe recitato debetur, quando moriens caret suæ conditionis prole.* Charta ann. 1211. tom. 2. Geneal. diplom aug. gentis Habsburg. pag. 215 : *Omnes homines proprie ad me pertinentes, qui in ipsa valle de hac vita migraverint, cum jure, quod vulgo dicitur Val, abbati et fratribus...... decrevi donare.* Alia ann. 1212. ibid. : *Valla sua....... seu mortuaria.* Vide supra *Morticinium* 2. [** Haltaus. Glossar. German. col. 420. voce *Fall*.]

* Vall, ejusdem originis, Quod ex decedentium legatis, ecclesiis obvenit. Necrol. MS. abbat. Altorf. in Alsatia, ord. S. Bened. : *Obiit Anna de Tutelheim vij. Id. Nov. quæ dedit unum pallium in einen Vall.* Rursum : *Obierunt Greda et Gertrudis, quæ dederunt dominis, ut dicitur, ein Vall.* Quod *Mortuarium* nuncupatur ibidem : *Obiit Ellina de Tutelheim, quæ dedit tunicam pro Mortuario.* Vide *Mortalagium* et *Mortuarium* 1.

* **VALABILIS**, Justus, legitimus, Gall. *Valable. Absque causa Valabili*, in Charta Ludov. Bavari imper. apud Oefelium tom. 1. Script. rer. Boicar. pag. 774.

¶ **VALANIA**, ab Ital. ut videtur, *Balane*, Gallice *sorte de Chataignes*, Balanus. Statuta datiaria Riperiæ cap. 12. fol. 5 : *De qualibet soma Valaniæ de pensibus viginti pro introitu vel exitu soldi sex.*

* **VALARE**, Firmare. Vide infra in *Vallare* 4.

¶ **VALARGIUM**, Annonæ species. Inventar. ann. 1476. ex Tabul. Flamar. : *Item plus duas carterias speutonis et Valargii.* Vide *Balargus*.

* **VALATOR**, perperam pro *Valitor*, Coadjutor. Vide in *Valere*. Formul. MS. Instr. fol. 16. v° : *Quoscumque alios fautores consiliatores et Valatores ipsum* (Joannem) *et alios quoscumque contradictores et rebelles...... excommunicatos publice nuncietis.*

¶ **VALATUM**, Fossa. Vide *Vallatum*.

¶ **VALBIRE**, et Valbucire, pro Balbire et Balbutire, in Gl. Lat. Gr. : *Valbio, Valbucio*, Ψελλίζω.

VALCATORIUM, Molendinum. Charta Ludovici II. Imper. ann. 875. apud Ughellum tom. 6. Ital. Sacr. pag. 1309 : *Cum possessionibus et juribus,... aquarum decursionibus, piscationibus, Valcatoriis, rupibus, silvis, etc.* Alia ann. 962. apud eumdem tom. 1. part. 2. pag. 49 : *Exhibens etiam... liberam licentiam construendi molendina et Valcatoria ubicumque voluerint per totum Comitatum suum.* Ex his emendandum videtur Chronicon Pisanum, editum ab eodem Ughello, sub ann. 1158 : *Omnia balatoria juxta Arnum destructa sunt.* Legendum enim *Balcatoria*.

☞ *Valcatorii* nomine molendinum significari ex allatis haud certo colligitur : imo a molendino distinguendum esse suadere videtur Charta ann. 962. jam laudata; quod D. *Brussel* monuit in Tract. de Usu feud. tom. 1. pag. 43. unde cum ipso aut aggerem esse facile crediderim, aut *exclusam*, locum scilicet ubi concluduntur aquæ, aut denique lignum quo aquæ continentur interpretabor. Vide infra *Varcatura*.

¶ **VALCELLA**, f. diminut. a *Vaccaria*. Vide in hac voce. Tabularium Aquicinense fol. 46 : *Dederunt nobis Valcellam Dodonis quam tenebant ab ecclesia de Hunoncurt.*

* **VALCENI**, inter Valdensium sectarios annumerantur, in Constit. Freder. contra hæreticos ex Cod. reg. 10197. 2. 2. fol. 16. r°.

¶ **VALCHERIA**, f. Idem quod supra *Valcatorium*. Regest. Campaniæ ann. 1256. fol. 26. apud D. *Brussel* tom. 1. de Usu feud. pag. 43 : *Dominus Johannes de Floriaco. Est homo ligius domini Campaniæ.... de omni justitia usque ad pilerum ultra Valcheriam Secanæ.*

VALDENSES, Dicti quidam Hæretici, a primo eorum autore *Petro Valdo*, cive Lugdunensi prædivite, qui sub peculiari paupertatis professione hæreses complures docuit, sub ann. 1160. unde ejus sectarores dicti etiam *Pauperes de Lugduno*, aliisque subinde nominibus appellati, quæ peculiari commentario complexus est Gretzerus ad Scriptores contra eamdem hæresim ab eo edito ann. 1613. Monachus Vallis Sarnaii in Histor. Albigensium cap. 2 : *Erant præterea alii hæretici, qui Valdenses dicebantur, a quodam, Valdio nomine, Lugdunensi, etc.* [*Valdenses* nuncupantur ab Alphonso de Castro lib. 4. contra hær. inter Conc. Hisp. tom. 3. pag. 680. et in Statutis Astens. fol. 2.] De eorum erroribus, vide præter eumdem Monachum Vallis Sarnaii, Rainerum, Pilichdorffium, Lucam Tudensem, Ebrardum Bethuniensem, Bernardum Abbatem Fontis Calidi, Ermengardum, editos a Gretzero, Guidonem Elnensem Episcopum in Summa de Hæresibus; ex recentioribus Claudium Seissellum adversus Valdenses edit. ann. 1520. Joan. Chassaneum in Histor. Albigens. edit. ann. 1595. Balthazarum Lydium in Valdensibus edit. ann. 1616. Joannem Paulum Perrinum in Histor. Valdensium edita ann. 1618. Columbum lib. 4. de Gest. Episcopor. Valentinensium n. 9. denique quæ habentur inter Rerum Bohemicar. Scriptores. [Iis adde Lexicon Hæres. Stockmanni. Eorum hæresis

¶ Valdesia dicta, apud Limbroch. Hist. Inquisit. Tolos. pag. 230 : *Abjuravit et renegavit omnem heresim et specialiter omnem Valdestam, et promisit se nunquam redire ad eam.* Et pag. 232 : *Detinebantur in muro ... pro dicto crimine Valdesiæ.*] *Vauderie* vocat Joh. Molinetus fol. 112. v° :

J'ay veu grant Vauderie
En Arras pulluler,
Gens plein de rederie
Par jugement brusler.

* Hii cum quibuslibet libidinibus addicti putabantur, *Vaudoix* appellatus, qui cum bellua rem habuerat. Lit. remiss. ann. 1458. in Reg. 187. Chartoph. reg. ch. 246 : *Icellui Rousselot publia à plusieurs personnes que le suppliant estoit Vaudoix, et qu'il avoit esté à une vache.* Aliæ ann. 1479. in Reg. 205. ch. 437 : *Icellui Loys estoit tenu et réputé user de sorcerie ou Vauldoyerie.* Ubi *Vauldoyerie*, idem sonat atque Veneficium, incantamentum. Sic et apud Monstreletum vol. 3. fol. 83. v°. *Vaudoisie* nuncupantur nocturni illi conventus, quos vulgo *Sabbats* nominamus.

¶ **VALDESTOLUM**, Sella plicatilis. Locus est in *Cliothedrum*. Vide *Faldistorium*.

* **VALE** Ultimum, præstatio, quæ a subditis domino fit, cum ab ejus dominio recedunt. Charta redit. priorat. S. Vinc. de *Naintré* in diœc. Pictav. ex Tabul. S. Germ. Prat : *Le prieur prend la moitié de sept solz Tournois, que doivent lesdiz mariez, quant ils s'en vont demourer hors ladite paroisse de Naintré, pour leur Ultimum Vale.* Eadem nomenclatura donabatur apud Argentinenses Præstatio pecuniaria, quæ ultra portionem canonicam plebanis pensitabatur ab hæredibus eorum, qui extra parochiam suam elegerant sepulturam. Vide Schilter. ad Chron. Kœnigsh. pag. 1123.

¶ **VALECTOR**. Vide in *Valere*.

¶ **VALECTUS**. Vide infra in *Valeti*.

VALEDICERE, Valedictus, cui *Vale* dicitur, *Dire adieu*. S. Gerardus Abb. Sylvæ Major. in Vita S. Adalardi cap. 5 : *Quibus cum ipse Valediceret, et ipse Valedictus ab eis recederet, etc.*

Valefacere, Eadem notione, in Synodico adversus tragœdiam Irenæi cap. 41. Idalius Barcinon. in Epist. ad Julian. Tolet. : *Suggestionibus meis Valefactionem alternans sanctitudinis vestræ, etc.* Vita S. Roberti Abbatis Molismensis n. 8 : *In quorum humilitate et paupertate non mediocriter ædificatus Episcopus et compunctus, Valefecit et recessit.* Vita S. Theodardi Archiepisc. Narbon. apud Catellum pag. 767 : *Commendans eos Domino, et Valefaciens eis, Romam redire sollicite satagebat.*

** Valedicere, Abdicare se jure suo, eo decedere. Charta ann. 1316. apud Haltaus. voce *Verziehen*, col. 1917 : *Omni actioni et impetitioni, quam habuit et habere se asseruit contra ecclesiam renuntiavit coram nobis, et omni modo Valedixit.* Occurrit passim.

¶ **VALEDO**, Valor, pretium, *Valeur*. Charta Manassis Episc. Aurel. ann. 1163. ex Chartul. Miciacensi : *Verumtamen ad augmentanda memoratæ ecclesiæ gravamina, L. librarum Valedinem violenter rapuerat.* Vide *Valentia* 2.

¶ **VALEFACTIO**, Salutatio. Vide in *Valedicere*.

¶ **VALEIA**, Vallis, Gall. *Vallée*. Tabul. Majoris Monast. : *Amaricus cognomine Crespinus, dedit nobis decimam omnium rerum quæ habebat apud Bessiacum, redecimam totius parochiæ quæ sua erat, et tria arpenna prati, ex quibus duo sita sunt in Valeia, etc.* Vide infra *Valleya*.

VALENBRUNUS, Panni species. Vide *Galabrunus*.

* **VALENCHENÆ**, Valentianæ Hannoniæ urbs, vulgo *Valenciennes* alias *Valenchiennes*. Lit. remiss. ann. 1376. in Reg. 108. Chartoph. reg. ch. 299 : *Cum... Florimundum Joye, quem dictus exponens tantum suis expensis prosecutus fuit, quod ipsum Valenchenis reperit, etc.* Hinc *Valenchenois*, nomen mensuræ agrariæ, in agro Valentianarum usitatæ, inditum, in Charta Valteri abb. S. Humberti Maricol. ann. 1304. ex Cod. reg. 10196. 2. 2. fol. 75. r° : *Item as prés au fief deux mencaudées et un Valenchenois, que Baudes de l'ostellerie tient.*

* **VALENDRANUM**, pro *Balendranum*, vulgo *Balandras*, Pallii seu tunicæ species. Charta ann. 1360 : *Vitalis de Suslorda, accusatus de blasphematione B. Mariæ Virginis, fuit condemnatus ad currendum villam Tolosæ cum Valendrano depicto, cum ymachinis diaboli depictis.* Vide *Balandrana*.

1. **VALENS**, Valor, pretium. Tabularium Bellilocense in Lemovicib. n. 175 : *Et accepi a vobis pretium, juxta quod inter nos bene complacuit, vel aptificatum fuit, hoc est, tam in Valente, quam in argento solidos mille.* [Charta apud *Madox* in Formul. Anglic. pag. 253 : *Quod si præfatam terram eis warentizare non poterimus, mutuum ad Valens in aisiamento fratrum, eis dabimus.* Charta ann. 1042. ex Tabul. S. Victoris Massil. : *Si vero non potero, Valentem illam dabo in alio loco.* Alia ann. 1410. ex Schedis Præs. *de Mezaugues* : *Totam illam magis Valentem donavimus.* Caffari Annal. Genuens. apud Murator. tom. 6. col. 288 : *Erat scilicet Valens librarum miliaria decem et septem.*]

2. **VALENS**, Magnanimus, fortis, Gall. *Vaillant*. Wippo de Vita Chunradi Salici ann. 1028 : *Et quidam bene Valens vir Cunradus.... cum aliis interfectus est.* [Informat. pro passagio transmarino ex Cod. MS. Sangerm. : *Et illæ galeæ habeant unum capitaneum Valentem hominem et boni consilii, etc.* Vide *Valorosus*.]

* Unde *Vaillart* in derisum accipi videtur, nisi sit pro *Vieillard*, in Lit. remiss. ann. 1415. ex Reg. 168. Chartoph. reg. ch. 305 : *Lequel Regnault dit au suppliant qu'il estoit un sanglant Vaillart ès yeux escardoilliez.*

¶ Valens, Gravis, magnæ auctoritatis. Concil. Pisanum ann. 1409. apud Acher. tom. 6. Spicil. pag. 300 : *Secundum multorum Valentium Doctorum consilia.* Chron. Trivetti apud eumdem tom. 8. pag. 625 : *Honestas et Valentes personas assumpsit.*

* 3. **VALENS**, Monetæ species, Gall. *Vaillant* et *Vaillent*. Lit. remiss. ann. 1364. in Reg. 96. Chartoph. reg. ch. 149 : *Convenerunt inter se de ludendo causa spatii ad taxillos, et in hujusmodi ludo ponendo quilibet duos Valentes, per modum tamen hunc, quod ille ipsorum, quem contingeret duos Valentes alterius lucrari, eos traderet pro habenda una pinta de clareto.* Aliæ ann. 1358. in Reg. 90. ch. 70 : *In crumena alterius mulieris unum denarium argenteum, vocatum Vaillant, invenerunt.* Aliæ ann. 1363. in Reg. 92. ch. 310 : *Une penne d'escureux, qui avoit esté vendue deux flourins de Flourence et un Vaillent.* Aliæ ann. 1378. in Reg. 114. ch. 224 : *Jean Poitrau changeur, demourant à Blois, achata pluseurs monnoies de dehors nostre royaume et autres que de nostre coing, tant d'or comme d'argent;.... les autres d'argent, estoient nommées Vaillans et vatarans.* Denique aliæ ann. 1385. in Reg. 128. ch. 119 : *Icellui Bonnelle donna à icellui Sauve un denier blanc, appellé Vaillant.* Occurrit præterea in Stat. ann. 1358. tom. 3. Ordinat. reg. Franc. pag. 222. art. 2. Inter monetas nigras seu æreas episcopi Cameracensis *Vallant* recensetur, in Charta ann. 1347. ex Tabul. ejusd. eccl. : *Item fera* (ledit monnoyeur) *pour nous et en nostre nom deniers noirs, que on appellera Vallans;..... et courra ichelle monnoie pour deux deniers Tournois la pieche.*

* **VALENSA**, Juvamen, auxilium. Charta ann. 1231. tom. 1. Probat. Hist. geneal. domus reg. Portugal. pag. 27 : *Denique promittimus bona fide et sine enganno vobis dare et facere juvamen, auxilium, Valensam, et defensionem, et retentionem prædicti regni.* Vide in *Valentia* 2. et mox *Valere*.

* **VALENTER**, Commode, fructuose. Necrolog. MS. Fr. Minorum Claromont. in Arvern. : *x. Febr. Obiit bonæ memoriæ Joannes de Murolio cardinalis, qui multum utiliter et Valenter honoravit istum conventum.* Vide infra *Valiacio*.

1. **VALENTIA**, *Virtus*; ῥώμη, δύναμις, in Gloss. Gr. Lat. Alibi : Σθένος, *Valentia, robur*. Gloss. Lat. MS. : *Valentia, fortitudo, firmitas, robur.* Vox Latinis Scriptoribus nota. Macrobius Comment. lib. 2. cap. 14 : *Ut medicus, ut exercitator corporum, sanitatem vel Valentiam, quam ille ægris, hic luctatoribus præstat.* Harigerus Abbas in Vita S. Landoaldi n. 6 : *Mox ut illuc destinavit, Valentia totius corporis statim reintegrari meruit.* [Ratherii Veron. Episc. Serm. 1. de Quadrag. apud Acher. tom. 2. Spicil. pag. 295 : *Quale vero caput habet anima tua, quas manus, quos pedes, quæ alia membra? monstra mihi saltem si vales colorem ejus; si non vales, ego ejus tibi demonstro Valentiam.*] Utitur etiam Gregorius VII. lib. 1. Epist. 46. [** Berthold. Annal. ad ann. 1077. apud Pertz. Scriptor. tom. 5. pag. 302 : *Eggibertum non parvæ Valentiæ et virtutis comitem, qui sibi rebellaverat.... hostiliter impetebat.* Charta ann. 1231. apud Guden. Cod. Diplom. tom. 3. pag. 1102 : *Abbas et conventus ejusdem monasterii facere debent de propriis expensis murum circa cimiterium parochiæ memoratæ; qui videlicet murus in 4. annis debet perfici et consummari, ita quod ejus Valentia possit muro cimiterii in Vlagestat per omnia comparari.*] Charta ann. 1239. in Regesto Comitum Tolosæ Cameræ Comput. Paris. fol. 120 : *Quod fideles vobis et successoribus vestris Valentiam faciemus in placitis, et in guerris contra omnes homines, cum a vobis vel vestris fuerimus requisiti, etc.* Ubi *Valentiam facere*, est omnem vim adhibere, *Faire son pouvoir*.

☞ Rectius dixisset eo loci *Valentiam facere* idem esse quod infra *Valere*, juvare, auxilio esse. Hæc quippe formula est qua vassalli dominis suis in clientelari professione auxilia consueta jurabant : quod ex sequentibus manifestum fit. Charta ann. 1197. in Append. ad Marcam Hisp. col. 1387 : *Promitto vobis et ecclesiæ Arulensi fidelitatem, et Valentiam, et adjutorium per bonam fidem de membris vestris et honore vestro et de avere.* Paulo ante legitur : *Quod erimus vobis adjutores boni et fideles defensores contra omnes homines et feminas.* Charta ann. 1212. apud Acher. tom. 10. Spicil. pag. 180 : *Præstabimus etiam vobis et successoribus vestris Valentiam et auxilium contra omnes personas.* Charta ann. 1257. ex Schedis Præs. *de Mazaugues* : *Quod teneantur... facere de his quæ eis tradentur fidelitatem et homagium, cavalcatas, et Valentiam de placito et de guerra.* Quod alibi *sequi et juvare dominum de placito* dicitur. Charta ann. 1283. tom. 2. Hist. Dalph. pag. 27. col. 1 : *Quod daret seu eis faceret auxilium, juvamen seu Valentiam in necessitatibus quæ eis occurrent.* Homagium ann. 1332. ex Schedis D. *de Remerville* : *Promisit dicta domina tutrix... in perpetuum se præstituram Valentiam, consilium et auxilium.* Adde Spicileg. Acher tom. 8. pag. 225.

* Charta ann. 1234. ex Cod. reg. 4659 : *Liceat dicto Geracido Amico facere guerram seu Valentiam de terra dicti feudi vel dictorum feudorum, per se vel per amicos suos; ...... dum tamen non faciat guerram seu Valentiam contra civitatem Avinionis.* Vide supra *Valensa* et mox *Valere*.

2. **VALENTIA**, Valor, pretium, *Valance*,

in Consuet. Aquensi tit. 9. art. 40. [Charta Innocentii II. PP. ex Chartular. Episc. Paris. fol. 35 : *Ipse* (Abbas) *parrochianorum punivit excessus in Valentia ferculorum.*] Acta Innocentii III. PP. pag. 11 : *Daret ei Valentiam auri viginti millium unciarum.* Rogerus Hovedenus pag. 783 : *De excaëtis dom. Regis et earum Valentiis, et quis eas habeat, etc.* [Sententia ann. circ. 1080. ex Bibl. Colbert : *Usque ad diem quo pliverunt drictam in manu Vicecomitissæ ad ipsam Valentiam qua valebat in ipso die quo ipsum castellum accepit.* Charta ann. 1235. ex Schedis Præs. *de Mazangues* : *Et nunquam in aliquo contravenire ratione majoris Valentiæ.*] Occurrit etiam apud Will. Malmesburg. in Vita S. Aldhelmi cap. 10. [Calmet. tom. 1. Histor. Lothar. inter Probat. col. 248. et alibi. Vide *Vaillentia.*]

* *Vaillance*, eadem acceptione, in Charta Henr. comit. Grandisprati ann. 1247. ex Chartul. Campan. Cam. Comput. Paris. fol. 251. v° col. 2 : *Et cil devantdiz blez doit estre paiez à la Vaillance de minage.* Alia ann. 1269. inter Probat. tom. 2. Hist. Burg. pag. 32. col. 2 : *Que lidit Jahans hait six cens et sexante et dis livrées de terre à Viennois avec la Vaillance de ladite terre de par sa mere; laquelle Vaillance doit estre contée esdites six cens et sexante et dis livrées. Valler*, pro *Valoir*, in Charta ann. 1438. apud Lobinell. tom. 2. Hist. Brit. col. 1060.

¶ **VALENTINENSIS** Moneta. Vide in *Moneta Baronum.*

¶ **VALENTINI** seu Valentiniani, Hæretici a Valentino quodam Ægyptio sic dicti, fabulis ex Judæorum pariter et Platonicorum doctrina confectis celebres : adversarios celebriores habuerunt S. Irenæum, S. Justinum Mart. Tertullianum aliosque. Horum deliramenta videre licet apud laudatos Patres.

¶ **VALENTIUS**, Magis. Charta ann. 1069. ex Tabul. S. Victoris Massil. : *Offerens illis ad hoc in vicissitudine Grimaldum castrum in Fraxeneto situm, asserens illud Valentius Monasterio profuturum.*

VALERE, Juvare, auxilio esse. Hominium factum a Raymundo Principe Arausionensi Episcopo Tricastinensi ann. 1274 : *Et si dictus nobilis Raimundus de Bauxio, vel ejus successores... nollent, vel non possent dictum Episcopum seu suos successores juvare, seu eis Valere de placito, seu de guerra.* Tabularium Barcinonense apud Marcam lib. 6. Histor. Beneharn. cap. 8. num. 3 : *Promitto, nec non convenio vobis et vestris successoribus per me et per meos successores, quo vobis Valeam et adjuvem vos, et vestros successores cum mea terra, et meis militibus et hominibus bona fide et sine enganno contra omnes homines, etc.* Le Roman *d'Artus* MS :

> Tuit cil qui de ta terre sont,
> Qui de toi fieus et terres ont,
> Te deivent aider et Valer,
> Si feront-il en leur poër.

Raimundus Montanerius in Chron. Aragon. cap. 79 : *Que nos som obligats al Rey d'Arago cunyat nostre ab sacrament de Valer et ajudar li contra totes les persones del mon, etc.* [Vide *Valentia* 1.]

* *Valere*, eodem intellectu, dicunt Itali et Hispani *Valer.* Charta ann. 1251. ex Cod. reg. 4659 : *Licebit omnibus civibus Avinionis cuilibet amico suo Valere de guerra, nisi sit contra dominos supradictos vel alterum eorumdem.* Vide supra *Valentia* 1.

Valitor, qui Froissarti vulgo *Aidant*, Coadjutor. *Valedor*, in Consuetud. Catalaniæ MSS. et tom. 13. Spicilegii Acheriani pag. 315. Charta Raymundi Comit. Tolosani ann. 1242 : *Et terram nostram supponimus, et nostros pariter Valitores, quos illos tantum intelligimus, qui de guerra ista nos emparaverint, et guerram nobiscum antea non habebant. Hæreticos autem et condemnatos de hæresi, nunquam nostros reputamus, vel reputabimus Valitores.* Ubi Catellus perperam, *Vassaus*, reddidit. Alia ejusdem Raymundi ann. 1233 : *Vos et omnes vestros contra ipsos et omnes suos Valitores, seu coadjutores,... adjuvabimus.* Charta Philippi Pulchri ann. 1299. in Regesto Constabulariæ Burdeg. fol. 234 : *Confœderatos, alligatos, et Valitores.* Alia apud Marcam lib. 6. Histor. Beneharn. cap. 5. n. 6 : *Et ego Ildefonsus Rex jam dictus recipio vos Guillelmum de Montecatano, et filios vestros in mea emparanza atque adjuda, et ero vobis Valitor et adjutor de Biarnensi Vicecomitatu.* Joannes XXII. PP. tom. 2. Epist. 1559 : *Contra... complices, adjutores, Valitores, sequaces, et fautores eorum, etc.* Occurrit passim in Chartis. Le Roman de *Garin Voaillor* eadem notione dixit :

> N'a en la route, ne ribaut ne garçon,
> Més chevaliers, et fieus de Vavassors,
> Bliaut de paille ont tot li Voaillor.

¶ Valector, Eadem notione. Litteræ Edwardi I. Reg. Angl. ann. 1295. apud Rymer. tom. 2. pag. 690 : *D. H. Comiti Baren. fideli vestro, ac utriusque nostrum speciali et præcipuo Valectori transmittebamus, etc.*

¶ **VALERIANI**, Nummi ab Imperatore Valeriano cusi, de quibus Trebellius Pollio in Claudio cap. 17.

¶ **VALERIUM**. Vide infra in *Volarium.*

** **VALESCENTIA**, Sanitas. Epist. Conrad. Archiep. Mogunt. ann. 1431. apud Guden. Cod. Diplom. tom. 4. pag. 186 : *Ne plaga hujusmodi in longum torpente, propensioris fraudis livore accrescat, sed provisionis debitæ resarcita munimine, pristinæ Valescentiæ juvamine integretur.*

¶ **VALESIA**, ut *Valisia.* Vide in hac voce.

¶ **VALESIANI** et Valesii, Hæretici conjugium atque liberorum procreationem abhorrentes : unde seipsos aliosque etiam invitos castrabant, asserentes solos exsectos salvari posse. Horum parens fuit quidam Valens Arabs quem alii circa annum Christi 198. alii 240. vixisse tradunt. Vide Epiphanium Hær. 58.

¶ **VALESTRIA** Vida infra *Vallestria.*

* **VALETE**, Vox, qua utimur, cum ab amico discedimus. Acta S. Sebaldi tom. 3. Aug. pag. 770. col. 1 : *Hac doctrina sponsæ virgini pro Valete dicta, ei imperavit silentium, et more beati Alexii, a virgine recessit.* Vide *Valedicere.*

VALETI, Valecti, appellati vulgo magnatum filii, qui necdum *militare* cingulum erant consecuti. Nam ut *Vassalli* iidem, qui postmodum *Milites*, quod in hac voce docemus; ita vassallorum filii *Vasseleti* dicti, ut et *Domicelli*, respectu parentum, qui *Domini* nude compellabantur, unde postmodum formata vox *Vasletus*, deinde *Valetus*, uti recte observatum a Pithœo in Consuetud. Trecens. Quod præterea firmant Scriptores aliquot a nobis laudati in Notis ad Vilharduinum pag. 274. apud quos *Vasletus* scribitur, uti etiam in Charta anni 1204. post Ordericum Vitalem edita pag. 1058 : *De militibus et Vasletis de terra Comitis Roberti, etc.* In alia apud Spelmannum in hac voce : *Thomas filius dicti Radulphi* (Militis) *Vasletus in custodia Regis, qui similiter morabatur in servitio Regis cum fratribus suis.* Le Roman *d'Amile et d'Amy* MS :

> Passa avant li gentis prous Vaslés.

Nobilium autem seu militum, atque adeo Procerum ac Principum filios, qui nondum militarem ordinem erant adepti, generatim *Valetos* appellatos in Notis ad Willharduinum docuimus, qui Imperatoris Constantinopolitani filium hac nomenclatura donat. Sed et ita non semel magnatum filios indigitant Poetæ nostrates. Le Roman *de Rou* MS. de Guillelmo Notho Duce Normanniæ :

> Guillaume fut Vallet petit
> A Falese posé et norrit, etc.

Rursum :

> O Guillaume fist Gui norrier
> Dez que il fut Vallez petiz.

Alibi :

> Et me fist avoir en ostage
> Deus Vallez de noble lignage.
> L'un fils, l'autre ert nevou Goudouine,
> Encor les ai en ma sesine.

Alio loco :

> N'ert mie Chevalier, encor ert Valleton.

Alibi :

> Hue Chapet si fis l'ara asseurée,
> Vallet ert, ne porquant si fu l'ewre bastée.

Idem de Henrico II. Rege Angliæ :

> Cinquante-trois ans plus sa terre justisa
> Emprés la mort son pere qui Vallet le laissa.

Alibi :

> Trois Vallez out de son Seignor,
> Robert clamerent le graingnor.

Le Roman *d'Alixandre* MS. de Filio Regis :

> Li Vales entent la promesse,
> Que lendemain aprés la Messe
> Le veut son pere adober.

Le Roman *de la prise de Hierusalem* MS. de Vespasiani Imper. filio :

> Sire, dist li Vallez, nel mettez en sejor,
> Faites vos os semondre, etc.

Le Roman *de Guillaume au Court nez* MS. :

> Mes por cel Deu que je dois aourer,
> Fet son Guillaume sans nul arrestement;
> O le Valet chevauchent belement.

[Le Roman *de Guillaume au Faucon* MS. :

> Jadis estoit un damoiseax,
> Qui moult estoit cointes et beax,
> Li Vallez ot à nom Guillaumes :
> Chercher peust on vingt realmes
> Ains con peust trover si gent;
> Et s'estoit moult de haute gent :
> Il n'estoit mie Chevaliers,

Vallez estoit, VII ans entiers
Avoit un chastelain servi.]

De Militum seu procerum filiis ita perinde alii. [Charta ann. 1266. ex Tabular. Buzeii : *Geraudus Chaboz Valletus dominus Radesiarum. Nobilis quondam domina Eustachia mater mea domina Radesiarum, cum assensu dom. Gerardi Chaboz patris mei, etc.* Alia ann. 1291. ex Tabul. Eccl. Dolensis : *Guillelmus de Rupeforti Vicecomes de Donges miles, et Theobaldus de Rupeforti ejusdem Vicecomitis filius, Valletus.*] Vide Testamentum Ælfredi Regis.

Eadem perinde nomenclatura donantur magnatum filii ab Anglicis Scriptoribus. Capitula Placitorum Coronæ Regis Angl. apud Rogerum Hovedenum pag. 783 : *De dominabus, et de Valectis et puellis quæ sunt vel esse debent in donatione Domini Regis, et de valentiis terrarum suarum, et si quis eorum vel earum sit maritatus, et inquiratur cui, per quem, et a quo tempore.* Bracton. lib. 3. Tract. de Corona cap. 1. § 3 : *De Valectis et puellis qui sunt et esse debent in custodia Domini Regis.* Infra : *De Vicecomitibus et Ballivis, qui ceperunt redemptionem de Valetis integrum feodum militis tenentibus.* Adde Fletam lib. 1. cap. 20. § 19. 94. Ubi *Valecti* sunt militum filii.

¶ Valetus dictus qui sine liberis erat. Exordium Monast. S. Martini Tornac. inter Instrum. tom. 3. Gall. Christ. novæ edit. col. 66 : *Ipse est Moninus, quem eo quod sine liberis esset, Valet cognominabant.*

* Et qui sine muliere. Libert. villæ *de Tannay* ann. 1352. tom. 6. Ordinat. reg. Franc. pag. 60. art. 9 : *Li Vallet, pucelles et femmes qui n'auront esté mariées, etc.*

¶ Valletus Legum, Qui in eo gradu est, ut videtur, ut ad Doctoratum aspirare possit. Charta ann. 1292. apud Lobinell. tom. 2. Hist. Britan. col. 336 : *Raginardus de Monasterio legum Valletus.*

Universim vero sic pariter appellati, quos *Scutiferos* dicimus. [Homagia Castrinovi apud D. *Brussel* tom. 1. de Usu feud. pag. 122 : *Jocelinus Pictavini Valetus. Fecit homagium ligium sine achaptamento.* Charta ann. 1299. apud Stephanot. tom. 3. Antiquit. Bened. Pictav. MSS. pag. 916 : *Monsour Helyes de la Vergne Chevalier et Heliot Chenin Vallet pour soy et pour Gauvin son frere seigneurs de Lucac.* Alia ann. 1293. ibid. pag. 945 : *Ge Jofreis de Lezignen Valet segnor de Chastelachart, etc.* Rursum alia ann. 1294. ibid. pag. 968 : *Peres Daneis de saint Sauvor et Aunis Valet et Johane sa femme, etc.* Adde Rymer. tom. 2. pag. 109. 995. et 1021. et Statuta MSS. Caroli I. Reg. Siciliæ cap. 173.] Constitut. Siculæ lib. 3. tit. 33. § 4 : *Ut dignitatum gradus et hominum qualitates, injuriis apertius distinguantur, statuimus burgensem seu rusticum, qui militem verberaverit, nisi probabitur, quod se defendendo hoc fecerit, manus detruncatione puniri; eadem pœna Valetto imminente, qui militem nobilioris gradus verberaverit.* Sanutus lib. 3. part. 10. cap. 8 : *Ad cautelam autem Dominus Armeniæ ducentos equestres in nemora occultat, locuturus Principi duobus cum sociis, relicto seorsim cum cornu Valeto, etc. Valettos* autem sese appellitasse ipsos Scutiferos, declarant complures Chartæ descriptæ a Duchesnio in Historia Plessiaca.

Quod vero *Valetti* militibus ipsis in occasionibus bellicis ministrarent, eorumque arma ac scuta deferrent, unde *Armigeri et Scutiferi* passim appellantur, horum nomenclatura data deinceps honoratioribus famulis, quomodo etiam usurpatur a nostris. [Litteræ Philippi Pulchri Reg. Franc. ann. 1295. tom. 1. Ordinat. pag. 326 : *Bichio et Moncheto Guidy fratribus delectis Valletis et receptoribus nostris, etc.* Comput. ann. 1425. apud Kennett. in Antiquit. Ambrosd. pag. 576 : *Et in blodeo panno pro armigeris et Valectis Prioris de Johanne Bandye, etc.* Testam. Rotherami Eborac. Episc. ann. 1498. in Lib. nig. Scaccarii pag. 679 : *Sic quod generosi Valecti et garciones de camera habeant de propriis equis meis, secundum limitacionem executorum meorum.*] Asserus de Ælfredi rebus gestis pag. 24 : *Et volo, quod armigeri mei cum Valectis, et omnes, qui cum ipsis in servitio meo existunt, ista distribuant modo supradicto.* Ubi alii sunt ab Armigeris. Thomas Walsinghamus pag. 229 : *Jussus autem exhibere captivum, cunctis admirantibus ministrum suum obtulit, qui ei astiterat, et more Valecti servierat, etc. Valettus Cameræ* Imperatoris, apud Petrum de Vineis lib. 5. Epist. 56. *Valettus Regis*, apud Ughellum tom. 9. pag. 364. In Testamento Caroli Pulchri Regis Franc. ann. 1324. fit mentio *des Valez trenchans, Valez entiers, des valez servans de vin, des valez servans de l'escuelle, des valez de porte, de valez de forge;* in Testamento Ludovici Hutini Regis ann. 1316. *des valez servans de sale, des valez de nostre chambre.* Sed hæc nota.

* Et qui officia honoratiora exercebant. Hinc ballivus Remensis, *Varlez du Roy* inscribitur, in Lit. remiss. ann. 1362. ex Reg. 98. Chartoph. reg. ch. 51 : *Jehans Dartois Varlez du roy nostre seigneur et bailli de Reims, salut etc.* Ita et Vicarius Nemausensis, in Charta ann. 1308. inter Probat. tom. 1. Hist. Nem. pag. 182. col. 1 : *Galvanni Boni-et-belli, Veyletti domini regis Franciæ, vicarii Nemausi, etc.* Vide *Valleteria.*]

¶ Valetus Mercatorum, Institor. Gall. *Facteur.* Litteræ Philippi Pulchri Regis Franc. ann. 1309. tom. 2. Ordinat. pag. 160 : *Si quis Valetorum suorum in dicta villa vel alibi matrimonialiter copularetur, et aliquas de denariatis aut mercaturis ipsorum mercatorum recelaret, aut alias alienaret, justitia loci in quo mercaturæ prædictæ reperirentur, tenebitur eas ponere in manu salva alicujus probi viri loci illius ubi reperirentur. Dicti mercatores et sui Valeti per nos, et gentes nostras a vi et violentia indebitis contra omnes et erga omnes custodientur.*

¶ Valetus, Tiro, operarius mercenarius, Gall. *Apprenti, Compagnon.* Statuta Caroli V. Reg. Franc. pro Tonsoribus ann. 1371. tom. 5. Ordinat. pag. 441. art. 9 : *Que aucun barbier ne doit oster ou soustraire à un autre barbier son aprentis ou Varlet, etc.* Litteræ ejusd. Reg. ann. 1372. ibid. pag. 528 : *Les Varlés du mestier de tixerandrie.* Infra : *Les Varlés tixerans, etc.*

Vayletus, Armiger. Constitutiones Petri Ruthenensis Episcopi Legati Apost. pro Ecclesiis Cypriis ann. 1313. cap. 8 : *Nec coronam lineam, ut Miles laicus, seu Vayletus clericus deferat.* De Valetis consule Seldenum de Titulis Honorariis 2. part. cap. 5. § 47.

Valectus, Non omnino eadem notione apud Anglos. Fortescutus de laudibus Legum Angliæ cap. 29 : *Quod in ea villula tam parva reperiri non poterit, in qua non est miles, armiger, vel paterfamilias, qualis ibidem Franclain vulgariter nuncupatur, magnis ditatus possessionibus, nec non libere tenentes alii, et Valecti plurimi suis patrimoniis sufficientes, ad faciendum juratam in forma prædicta; sunt namque Valecti diversi in regione illa, qui plusquam sexcenta scuta per annum expendere possunt, quo juratæ superius descriptæ sæpissime in regione illa fiunt, præsertim in ingentibus causis, de militibus, armigeris, et aliis, quorum possessiones excedunt duo millia scutorum per annum.*

¶ Valletus, Vallectus, Famulus, Gall. *Valet*, hodierna notione. Charta Philippi Pulchri Reg. Franc. ann. 1302. apud Menester. Hist. Lugdum. pag. 87 : *Oportet eum, vel eam habere proprium Valletum seu famulum aut ancillam, qui serviant personis prædictis.* Charta apud *Madox* Formul. Anglic. pag. 385 : *Cum uno Vallecto per me nominato ad serviendum eisdem Monialibus.* Processus de Vita S. Yvonis tom. 4. Maii pag. 567 : *Et idem miles palafredum suum cum Valleto præmitteret, etc. Valetus pedes*, in Testam. Amedei Delph. ann. 1355. apud Baluz. tom. 2. Hist. Arvern. pag. 323.

¶ Vayletus, Eodem sensu, in Testam. Roberti III. Comit. Claromont. ann. 1302. apud Baluz. tom. 2. Hist. Arvern. pag. 307 : *Legamus cuilibet de Vayletis, sommeleriis,.... sexaginta solidos Turonenses semel solvendos. Vaylletus*, in Miraculis MSS. Urbani V. PP. ex Tabul. S. Victoris Massil.

* Valletus Cameræ. Lit. Phil. Pulc. ann. 1297. in Lib. rub. Cam. Comput. Paris. fol. 447. r° col. 1 : *Notum facimus quod nos obtentu grati servicii, quod Johannes Victoris de S. Germano in Laya, tailliator noster et Valletus cameræ nostræ, nobis impendit, etc.* [** *Vallettis meis cameræ meæ*, in Testam. Johan. Duc. Burgund. ann. 1360. in Histor. Burgund. tom. 2. Probat. pag. 258. num. 299.]

* Valletus Currus *domicellarum Perrotus de Nuilliaco*, in aliis Lit. ejusd. Reg. ann. 1304. ex eod. Lib. fol. 472. r° col. 1. Cujus officium indicatur in aliis ibid. col. 2 : *Johannetus de Pissyaco, qui tenebat manum ad currum Johannæ consortis nostræ.*

* Valletus Elemosinariæ *Ingerannus*, in Charta ann. 1317. ex eod. Lib. rub. fol. 535. r°. Alia ann. 1379. in Reg. 115. Chartoph. reg. ch. 131 : *Bertaut Duchemin, Valet de nostre aumosne, etc.*

* Valletus Garderobæ. *Johannæ consortis nostræ Robinus Fabri*, in Lit. Phil. Pulc. ann. 1304. ex eod. Lib. rub. fol. 475. r°. col. 2.

* Valletus Honoris. Charta Phil VI. ann. 1347. in Reg. 68. Chartoph. reg. ch.

335 : *Pour le bon tesmoignage et rapport, qui de la personne de nostre amé Vallet de honneur Baudoin Eude nous a esté fait,...... ycellui Baudouin anoblissons.*

* **Valletus Maparum** *nostrarum dilectus Arnouletus*, in Charta Phil. Pulc. ann. 1310. ch. 58. ex Cod. reg. 9607. 3.

* **Valletus Palefredorum** *Johannæ consortis nostræ Guillotus Hardi de Lymay*, in Lit. ejusd. reg. ann. 1304. ex Lib. rub. Cam. Comput. Paris. fol. 473. r°. col. 1. Lit. remiss. ann. 1400. in Reg. 155. Chartoph. reg. ch. 97 : *Loys de Blet, Varlet des grans chevaulx de nostre oncle le duc de Berry, etc.*

* **Varletus Pedester Regis**. Memor. H. Cam. Comput. Paris. ad ann. 1415. fol. 57 v° : *Alphonsus Ruys, nuper Varletus pedester regis, retentus ejus serviens armorum de numero et ordine aliorum.*

* *Varlet*, Falcis manubrium appellatur, in Lit. remiss. ann. 1460. ex Reg. 189. Chartoph. reg. ch. 440 : *Icellui Jaquemart print le baston de sa faulx, appellé le Varlet.*

VALETRO, in Glossario Lat. MS. Reg. et apud Papiam, *Glutto*. Jo. de Janua : *Valetro, i. gluto, quia valet multum in lecacitate.* [Gloss. Lat. Sangerman. : *Valetro, Lecheur, Glouton.*]

* Glossar. Provinc. Lat. ex Cod. reg. 7657 : *Valetro, vorax, vorator.*

¶ **VALETTUS**, Valetus. Vide in *Valeti.*

VALETUDINARIUM, Quod alias in monasteriis *Infirmaria* dicitur. Gloss. Lat. Gr.: *Valetudinarium*, ὑγιαςήριον, διαιτητήριον. Ugutio : *Valetudinarium, domus, in qua morantur infirmi.* Vox Senecæ, Columellæ, et aliis nota. Vitæ S. Austrebertæ Virgin. cap. 3. de Moniali : *In stragulo..... ad Valetudinarium deportaverunt.* In Miraculis ejusdem. n. 1. *Cellula infirmarum* dicitur.

1. **VALETUDO**, Valitudo, Facultas, potestas. Vita S. Isidori Hispalensis Episc. num. 18 : *Qui quanto honore et reverentia a Romano Antistite et Cardinalibus fuerit receptus, non est nostræ disserere Valetudinis.* Vita S. Guthlaci num. 27 : *Omnem Valitudinem maligni spiritus ab eo depulit.* Vide Anon. in Mirac. S. Ursmari per Flandr. num. 4.

¶ Valetudo, Valitudo, Robur, virtus, auctoritas. Lambertus Ardensis apud Ludewig. tom. 8. Reliq. MSS. pagin. 603 : *Ne forte superveniret* (Ghisnensis comes) *et eos in Valetudine et manu fortium ab opere removeret.* Charta ann. 1406. apud Lobinel. tom. 2. Hist. Britan. col. 890 : *Prout de premissis et aliis conventis lacius patet in publicis documentis manibus cujuslibet nostrum subscriptis ad majorem Valitudinem premissorum.*

* 2. **VALETUDO**, Valitudo, Valor, pretium, Gall. *Valeur.* Charta ann. 1175. inter Probat. tom. 3. Hist. Occit. col. 137 : *Et est sciendum quod si supradicta moneta deteriorata fuerit de Valetudine, quæ nunc est, etc.* Chartul. Celsinian. ch. 630 : *Si perditum fuerit, alium* (mulum) *aut aliam* (mulam) *aut equum ejusdem Valitudinis..... reddant.* Vide supra *Valentia* 2.

¶ **VALEXIUS**, Hippopera, Gall. *Valise.* Conventiones civitatis Saonæ ann. 1526 : *Item pro qualibet salmata..... dobletorum ac Valexiorum, cerarum, piperum, etc.* Vide *Valisia.*

¶ **VALGIA**, Valgiare. Vide *Valgium.*

¶ **VALGIS**, *Foras versis, tumentibus.* Gloss. Isid. Male, uti monet Grævius; *Valgi* sunt qui crura habent inferius versa, quibus opponuntur vari. Vide Salmas. in Plinium pag. 603. edit. Traject.

VALGIUM, in Gloss. Latin. Græc. ςρεβλόν. Gloss. Græc. Lat. : Στρεβλὸν ἐπὶ ξύλου, *curvum, uncum.* Hugo Parisiensis de Instit. Novitiorum : *Sunt præterea mille larvæ, mille subsannationes, et corrugationes narium, mille Valgia et contorsiones labiorum, quæ pulchritudinem faciei et decorem disciplinæ deformant.*

¶ Valgia, *pro Retorsione labiorum quam facimus quando deridemus aliquem*, in Gloss. Biblicis MSS. Anonymi ex Bibl. Reg.

* Glossar. Lat. Gall. ex Cod. reg. 7692 : *Valgia, moė.*

¶ Valgiare, Valgire, *Labia habere extrorsum prominentia*, ex Gemma apud Vossium de Vitiis serm. lib. 4. cap. 29. [** Gemma : *Labia retorquere*, Germ. *den muff in gespotte mit dem mund schlahen.*]

¶ **VALGUSTUS**, *Fustis uncus*, Calep. male lectum apud Isidorum lib. 14. cap. 9. pro *Valli, fustes sunt quibus vallum munitur.* Vide *Valgium.*

* **VALIACIO**, Utilitas, commodum. Extant in Chartul. Bitur. fol. 33. r°. Literæ Gregor. IX. PP. ann. 4. pontif. ejusd. quibus declarat archiepiscopum Bituricensem non teneri satisfacere creditoribus suis, nisi probent debitum esse conversum in *Valiacione* ecclesiæ. Vide *Valenter.*

¶ **VALIDARE**, Validum reddere, Gall. *Valider.* Arestum Parlamenti ann. 1394. apud Menester. Hist. Lugdun. pag. 79. col. 2 : *Litteram supradictam anni septimi, ut præfertur, revocatam aliqualiter, non Validabat, erat enim subreptitie impetrata.* Statuta Pallavic. lib. 1. cap. 40. fol. 50 : *Neque juramentum per ipsos minores super dictis contractibus vel distractibus factum vel appositum, habeat Validare ipsos contractus, quantum est in præjudicium ipsorum minorum.*

¶ Validare, Munire, Gall. *Fortifier.* Ripalta in Annal. Placent. apud Murator. tom. 20. col. 872 : *Et ita munitis per prius castellis et cittadella, Validatis portis omnibus civitatis, magno cum apparatu et pompa abiit* (Facinus.)

* **VALIDE**, Valde, multum. Consuet. monast. S. Crucis Burdeg. MSS. ante ann. 1305 : *Item hortolanus...... debet tenere hortum conventus Valide garnitum..... de cunctis herbis et legumentis.*

¶ **VALIDITAS**, Valor, pretium, Gall. *Valeur.* Testam. S. Gennadii Episcopi Asturic. inter Conc. Hisp. tom. 3. pag. 173 : *Pomares, horta, molina, ex integro Validitatibus præstitis,... ab integritate sint propria monasterii S. Petri.* Vide *Valentia* 2. et *Valutare.*

* **VALIDUS**, Legitimus, admittendus. Stat. Ord. S. Joan. Hierosol. ann. 1584. tom. 2. Cod. Ital. diplom. col. 1850 : *Sancimus ut de cætero nulla melioramenta pro Validis approbentur, nisi etc.*

¶ **VALIMENTUM**, ut *Validitas*, ab Italico *Valimento*, eodem sensu. Chronicon Parmense ad ann. 1281. apud Murator. tom. 9. col. 795 : *Fuit ordinatum quod quilibet habens Valimentum ccc. librarum, mutuaret communi* xx. *solidos imperiales.* Statuta Genuens. lib. 1. cap. 23. fol. 30 : *Et insuper illam personam, quæ dictam possessionem acceperit, condemnare debeat in decimam partem Valimenti rerum acceptarum.* Statuta Vercell. lib. 2. fol. 37 : *Item statutum est quod aliquis creditor, undecumque sit, non possit petere vel exigere prætextu interesse vel alio aliquo modo vel causa, cujuscumque conditionis sit debitum Valimentum seu melioramentum monetæ ab aliquo districtus Vercellarum.* Statuta crimin. Saonæ cap. 43. fol. 99 : *Et ultra illum condemnare* (teneatur Magistratus) *in tanta quantitate pecuniæ quantum erit Valimentum rei, de qua possessionem invaserit, vel occupaverit, facta æstimatione post accusationem juxta probationes legitimas fiendas a prædicto accusatore, cujus condemnationis, seu Valimenti, tertia sit injuriam patientis, etc.* [* Consuet. Perpin. MSS. cap. 24 : *Si creditor conqueritur de eo, quod dictum pignus minus valet; dabit reus debitor de illo minus Valimento justitiam, si succumbit.* Vide supra *Valetudo* 2.]

¶ **VALIS**, Planus, Gall. *Plat.* [* Melius forte Cavus, Gall. *Creux.*] Guido de Vigevano, de modo expugnandi T. S. : *Fiat bota una cum tergiis et orlis, ut dictum est supra. Sed ista bota sit totaliter rotunda, et sit longa brachiis duobus et alta brachio, et in medio ab una parte habeat purum Valis, ut homo possit supra sedere.*

¶ **VALISIA**, Hippopera, Ital. *Valigia*, Gall. *Valise.* Epist. Gregorii XII. PP. ann. 1407. apud Marten. tom. 7. Ampl. Collect. col. 738 : *Salvis Valisiis, navigiis, rebus, et bonis omnibus, etc.* Statuta datiaria Ripariæ cap. 17. fol. 15 : *Permittendo sese et eorum mercantias, vel res, fardellos, Valisias, salmas,... temptare, perquirere, dissolvere, etc.* Vide *Vallegias.*

¶ Valixia, Eodem significatu. Chron. Estense apud Murator. tom. 15. col. 400 : *Juxta cameram erat quidem stallus pro Valixiis et aliis necessariis cum quadam robalta, in qua mittebant ligna et alia victualia.* Joh. Demussis Chron. Placent. apud eumdem tom. 16. col. 518 : *Et hunc vidente stipendiarii et sacomani dicti dom. Comitis Virtutum quod Anglici erant sconficti, posuerunt se ad derobandum equos et Valixias Anglorum.*

¶ Valesia, Pari intellectu. Litteræ Richardi II. Reg. Angl. ann. 1298. apud Rymer. tom. 8. pag. 51 : *Cum 50. equis vel paucioribus, et Valesiis, ac aliis rebus et hernesiis suis quibuscumque, etc.* Occurrit rursum pag. 161.

¶ Valisarius, Qui *valisias* portat, vel eas curat. Acta SS. tom. 4. Maii pag. 468. de Coronatione Bonifacii VIII : *Primo incedunt Valisarii Cardinalium suo ordine.... Tonsor et sartor Papæ cum Valisiis rubeis, in quibus sint vestes, quæ pertinent ad SS. Dominum nostrum.* Adde Ceremon. Rom. lib. 1. § 12. cap. 2.

¶ **VALITARE**, Valere. *Valitant, valent*, in Gloss. Isidori.

VALITOR. Vide *Valere.*

* **VALITUDINARIA**, Locus in monasteriis, ubi infirmi curantur. Glossar. Lat. Gall. ex Cod. reg. 7692 : *Valitudinaria, enfermerie*. Vide *Valetudinarium*.

¶ 1. **VALITUDO**. Vide *Valetudo*.

* 2. **VALITUDO**, Valor, pretium. Vide supra *Valetudo* 2.

* 3. **VALITUDO**, Animi firmitas, strenuitas. Lit. Caroli. VI. ann. 1401. in Memor. H. Cam. Comput. Paris. fol. 16. v° : *Notum facimus, quod nos confidentes ad plenum de magnitudine, audacia, Valitudine, magnanimitate patrui nostri* (Joannis ducis Bituricensis) *etc.*

* 4. **VALITUDO**, Vis, violentia. Annal. Victor. MSS. ad ann. 1270 : *Circa mediam noctem post Dominicam, iterum orta est tempestas gravior quam prima, pro venti cujusdam Valitudine, etc.*

* 5. **VALITUDO**, Infirmitas, morbus. Epist. Fulb. Carnot. ann. circ. 1022. tom. 10. Collect. Histor. Franc. pag. 471 : *Magna autem eo anno lues in populos fuit. Valitudines vero variæ, melinæ, cum pustulis et vesicis, etc.* Vide supra *Valitudinaria*.

* **VALL**, Vallum. Vide supra in *Val* 2.

¶ **VALLADA**. Johan. de Bazano in Chron. Mutin. apud Murator. tom. 15. col. 596 : *Pedites dictorum dominorum Vicariorum communis Mutinæ iverunt in districtum Bononiæ,..... disrobantes ibi bestias, Valladas, et vestes, et res alias in maxima quantitate.*

* Res quævis in fascem collecta, sarcinarum fascis. Vide *Balla* 2.

¶ **VALLADERIUS**, Fossor, cui fossatorum cura incumbit, qui fossis fodiendis vel reparandis invigilat, sic dictus a *Vallatum*. Vide in hac voce, Charta ann. 1471. ex Schedis Præs. *de Mazaugnes* : *Injunxit modernis æstimatoribus... quatenus.... vocatis prius partibus quæ tanguntur,... Valladeriis, magistris expertis, et aliis necessario evocandis, etc.*

VALLAGIA. Vita S. Geraldi Abbatis Grandis-silvæ num. 4 : *A mento denique usque ad verticem, non ferri, sed quo gravior erat, infirmitatis ligatus Vallagia, nusquam caput, nisi cum totius corporis circumferre valebat machina.* Ubi *Vallagiam* sepimentum quidam interpretantur.

¶ **VALLAMEN**, ut *Valatum* infra. Gualvaneus Flamma apud Murator. tom. 12. col. 1019 :

Regis vexilla fugient, times Vallamina Brixæ.

¶ **VALLAMENTA**, Conditiones, quibus pactio aliqua *vallatur*, unde vocis origo. Charta ann. 1270. apud Menester. Hist. Lugdun. pag. 6 : *Mandantes et præcipientes ex præsentatione compromissoria partibus ante dictis sub pœnis et Vallamentis contentis in litteris compromissi, quatenus, etc.*

* **VALLANIA**, f. Castanea, nucis species, balanus. Charta ann. 1228. apud Murator. tom. 2. Antiq. Ital. med. ævi col. 32 : *Quicumque emit Vallaniam, sive foglam, aut semen lini, solvat quatuor imperiales de modio.* Vide *Valania*.

¶ 1. **VALLARE**, Obsidere. Charta Casimiri Reg. Polon. ann. 1335. apud Ludewig. tom. 5. Reliq. MSS. pag. 508 : *Ipsorum castra, fortalitia et possessiones Vallare et expugnare tenebitur.*

¶ Vallare Castrum, Militibus ad defendendum munire. Hist. Glabri Rodulphi apud Duchesn. tom. 4. pag. 19 : *Vallaverat enim illud* (castrum) *Landrici Comitis exercitus, nec non ejusdem loci familiares viri, hostium siquidem metuentes sacri gregis diremptionem.*

¶ 2. **VALLARE**, Vallatio, Saltare, Saltatio. Vide supra in *Balare*.

¶ 3. **VALLARE**, pro *Vannare*, Ventilare, Gall. *Vanner*. Statuta Vercell. lib. 3. fol. 73 : *Si receperit molinarius sive conductor ad macinandum quartaronos sex rasos frumenti cumunalis et bene cribiati sive Vallati, etc.*

* 4. **VALLARE**, Firmare, stabilire. Charta ann. 1392 : *Item fuit in pactum expressum, deductum et conventum inter partes ipsas et ex pacto solemni et valida stipulatione Vallatum, quod etc.* Alia ann. 1427 : *Ex pacto inter dictas partes habito et Valato etc.*

¶ **VALLATA**, ut mox *Vallatum*. Charta ann. 1343. tom. 2. Hist. Dalph. pag. 470. col. 1 : *Idem dom. Dalphinus ædificabit fortalitium, seu fortalitia hujusmodi, muros, Vallatas seu terralios faciet.*

VALLATORIUM, Projectum. Charta ann. 1178. apud Ughellum tom. 7. pag. 410 : *Et plenarie gradus fabricæ habeatis, et cum ipse Vallatorium suum de ante se, etc.* [Charta ann. 1266. ex Tabul. S. Victoris Massil. : *Actum Pisis ex parte Kinthicæ in claustro ecclesiæ sancti sepulcri super Vallatorio ipsius claustri, præsentibus, etc.*]

* **VALLETERIA**, *Valleti* conditio. Arest. ann. 1296. in Reg. *Olim* parlam. Paris. : *Majore Rothomagensi et civibus dicentibus dictos valletos, concives suos, non obstante nostra Valleteria, teneri ad contributiones pro feodis et misiis dictæ villæ. Valeterie* vero, *Valetorum*, hoc est, juvenum loci alicujus, societatem sonat, in Lit. remiss. ann. 1402. ex Reg. 157. Chartoph. reg. ch. 14 : *Au soir après souper, que il estait heure de requerir et demander à l'espousé desdites nopces certain droit de pain, de vin et de char, que les Varlez de ladite parroisse* (de Noyers lez Lorris en Gastinois) *qui sont de la Valeterie de ladite parroisse, ont accoustumé de demander, avoir et prendre sur chacun marié en ycelle le soir du jour des nopces.* Vide in *Valeti*.

VALLATUM, Vallatus, Fossatum, vel locus vallo septus. [Charta ann. 1193. inter Instr. tom. 1. Gall. Christ. novæ edit. pag. 79. col. 1 : *Et tangit muros civitatis et Vallatum.* Pactum inter Jacobum Aragon. Reg. et Berengarium Magalon Episc. ann. 1272 : *Usque ad viam quæ est juxta dogam Vallati Montis pessulani.* Tabul. S. Victoris Massil. : *Ut quilibet habeat vel in futurum habebit plateas sive luegas juxta dogas Vallatorum murorum dictæ civitatis.* Charta ann. 1070. inter Instr. Gall. Christ. tom. 6. col. 352 : *Refutas..... duas tertias partes de feudis quas tenuit Petrus Liecas de S. Petro extra Vallatos Montis-pessulani?* Statuta Arelat MSS. art. 40 : *Addentes quod Vallati qui in directum vadunt seu portendunt in Rodanum, etc.*] Tabularium Brivatense ch. 448 : *Cum Ecclesiis in eodem Vallato, seu vico dicatis.* Eximinus Salanova Justitia Aragonum, de militum privilegiis : *Ad constructionem, refactionem, sustentationem et reparationem portarum villæ, Vallatuum sive valvartium, et murorum tenentur.* Adde Observant. Regni Aragon. lib. 6. eodem tit. § 1. et tit. de Munitionib. Charta Rutenensis ann. 1307. ex Regesto 2. Philippi Pulchri Regis Franc. Chartophylacii Regii num. 4 : *Et ex parte inferiori cum domibus Stephani Cantaire, et cum Vallato dicti loci.* Alia ann. 1309. ibid. n. 75 : *Item 16. branchiatas Vallati seu fossati dicti castri, in quo sunt tres domus ædificatæ.* Alia num. 85 : *Vallata, fossata, muros, fortalicia, etc.* Historia MS. bellorum Albigensium in Bibl. Regia pag. 51 : *Mais ainsin que son estats arribats alsdits Valats,* (supra, *les fossats*) *et en commensat de donnar l'assaut, etc.*

¶ Valatum, Eadem notione, Provincialibus etiam hodie *Valat*. Charta ann. 1490. ex Schedis Præs. *de Mazaugues* : *Sequendo riale sive Valatum, etc.* Statuta Avenion lib. 1. rubr. 48. art. 5. pag. 135 : *Item quia deterioratio viarum, ut plurimum contingit culpa eorum, qui permittunt aquas suarum fossarum, seu, ut vulgo dicitur, Valatorum, per dictas vias destuere, etc.* Vide *Vallum*.

¶ **VALLECTUS**. Vide supra in *Valeti*.

VALLEGIAS. Ælfricus in Gloss. ubi de Vestimentis : *Vallegias*, vynegar. Italis *Valigia*, nostris, *Valise*, est Bulga, hippopera. [Vide *Valisia*.]

VALLEMACIA, Saltatio. Vide *Balare*.

¶ **VALLENSES**, Nummi sic dicti a valle Joachimica. Vide Schlegel. in Dissertat. de Nummis antiquis Gothanis, etc. pag. 19.

VALLESHERIA, Parentela interfecti, i. unus ex parte patris, et alius ex parte matris, apud Wallenses Anglicos : vox formata, ut *Inglisheria*, de qua nos alibi. Statutum Walliæ ann. Edw. 12. cap. 4 : *Quod proximæ 4. villatæ propinquiores loco, ubi casus homicidii, vel infortunium contigerit, veniant ad proximum Comitatum, una cum inventore, et Vallesheria, i. parentela hominis interfecti, et ibidem præsentent factum feloniæ, et casum infortunii, etc.* Sed aliud sonare videtur

Walecheria, in Charta Anglica apud Spelmannum : *Dicunt, quod est ibi Walecheria, quæ reddit de annuo redditu 3. lib. 12. den. ad festum S. Michaëlis. Item in tota Walecheria sunt 4. homines, et quilibet eorum debet invenire unum hominem per 3. dies in qualibet septimana a festo S. Michaëlis usque ad festum B. Petri ad vincula.* Significat, inquit Spelmannus, *Wallica pars*, ut videtur. Ego vero *Walecheriam* idem sonare existimo, quod *Vacheria*, prædium certo vaccarum numero alendo idoneum. Vide *Vaccaria*.

VALLESTRIA, Valles. Papias MS : *Valestria, agrorum, sicut Campestria.* Edit. habet *vallestria*. Fulcherius Carnot. lib. 3. Hist. Hierosol. cap. 48 : *Circa gurgitem Italiæ multotiens naves assuefiunt periclitari, et undique flabra commoveri, quæ de montanis per Valestria præcipitanter per anfractus subterraneos rite assuescunt interqueri, etc.* Utitur S. Ambrosius [lib. de Fuga sæculi cap. 5. num. 31.]

¶ **VALLETUS**. Vide supra in *Valeti*.

¶ **VALLEYA**, Vallis, Gall. *Vallée*. Charta Fulconis Episc. Andegav. ann. 1337.

in Tabul. S. Albini Andegav. : *In terris de novo ad agriculturam redactis et aliis sitis in illa parte Valleyæ quæ baillivia S. Remigii vulgariter nuncupatur.* Vide *Valeia.*

* **VALLITELLUM**, f. pro *Vallicellum*, Valliculus, Ital. *Valloncello.* Charta ann. 1051. apud Murator. tom. 1. Antiq. Ital. med. ævi col. 217 : *A parte Meridiei est finis, sicut aliquantum Vallitellum discernit, et passus centum.... Ab ista parte Septentrionis, sicut aliquantum vallone discernit, etc.* Vide *Vallo* 1.

* **VALLIUM**, pro *Ballium*, Jus quoddam dominicum, idem quod supra *Ballum* 3. Charta Joan. ducis Brit. ann. 1239. ex Bibl. S. Germ. Prat. : *De Valliis autem et rachatis, concessit idem comes, quod terræ ipsius Radulphi et hæredum suorum quittæ sint et immunes.*

1. **VALLO**, Vallis, *Vallone* Italis, nostris *Valon.* [Charta ann. circ. 1063. ex Schedis Præs. *Mazaugues* : *Usque ad flumen aquæ et usque ad Vallonem, qui vocatur de Lantrico.* Infra : *Dedimus etiam Vallonem ipsam, per quam cucurrit fons de Guirarda.*] Occurrit in Chartis Italicis apud Ughellum tom. 7. Italiæ sacræ pagin. 105. 126. tom. 8. pag. 140. 361. et apud Rocchum Pirrum tom. 1. Notit. Sicul. pag. 311.

¶ **VALLONUS**, Eodem intellectu. Charta Gaufridi de Signa dom. *de Neaulles* diœc. Tolon. ann. 1285 : *Et quandam aliam terram quæ est in Vallono Ferrani etc. De Vallono qui dicitur Bojarol*, in Charta ann. 1258. ex Tabul. S. Victoris Massil.

VALLONCELLUS, Valliculus, in Charta Roberti Comitis Montis Scabiosi ann. 1068. et apud eumdem Ughellum tom. 7. pag. 196. Adde pag. 361. Le Roman *de Garin* MS :

> Gironville est fermée en un Vaucel,
> Sur une roche qui fu del tans Abel.

¶ 2. **VALLO**, Vallus, stipes, palus, Ital. *Vallo*, eadem notione. Acta S. Procopii tom. 2. Julii pag. 144 : *Qui mox quasi Vallone percussus aut Bellonæ oestro, sine dilatione locum mutavit.* Statuta Montis Regal. fol. 313 : *Item pro quolibet Vallo sol. den. octo.* In Glossis antiquis MSS. *Vallo, palos vinearum.*

* Nostris alias *Vaule.* Lit. remiss. ann. 1402. in Reg. 157. Chartoph. reg. ch. 258 : *L'exposant happe ou embrace une Vaule ou fourche, etc.* Vide supra *Vagari.*

¶ **VALLONCELLUS**, VALLONUS. Vide in *Vallo* 1.

¶ 1. **VALLUM**, VALLUS, ut *Vallatum*, fossa, in Gasp. Barthii Gloss. apud Ludewig. tom. 3. Reliq. MSS. pag. 242. ex Raimundi Agilæi Hist. Palæst.: *Vallum quod a monte descendens, etc.* Charta ann. 1348. apud eumdem tom. 5. pag. 567 : *Et ultra hæc omnia castra, fortalitia, dominia, bona, vallos et villas cum suis attinentiis, etc.* Charta ann. 1047. inter Instr. tom. 2. Gall. Christ. novæ edit. col. 480 : *Item de sylva nostra,... quæcumque fuerint necessaria ad domos scilicet adificandas vel restaurandas ad cuppas, ad dolia, ad Vallum, ad naves, etc.* Vide *Vallo* 2.

* 2. **VALLUM**. Vide supra in *Val* 2.

* **VALLUS**, *Corbicula, qua fluit mustum, vel palus vinearum, sive qui genibus junctis ambulat, vel vanus.* Glossar. vetus ex Cod. reg. 7613. Vide *Vallo* 2. Aliud sign. 7641 : *Valus, qui pedibus junctis ambulat,* Valgus.

¶ **VALNA**, Perperam fortassis pro *Valisa*, hippopera. Litteræ Henrici V. Reg. Ang. ann 1413. apud Rymer. tom. 9. pag. 48 : *Cum equis, harnesiis, Valnis, manticis, bouges, robis, etc.* Vide *Valisia.*

¶ **VALNEARE**, Vasconum pronuntiatione pro Balneare. Inventar. ann. 1476. ex Tabul. Flamar. : *Item plus unam cubam pro Valneando mulieres.*

¶ **VALNUS**, Φάλαγξ, Καράδρα, in Gloss. Lat. Gr. Sed legendum *Vallis*, Φάραγξ, ex Gloss. Gr. Lat. Καράδρα, *fossa, vallis.*

VALO, Sarcina, fasciculus, Gall. *Ballot.* Formul. MSS. ex Cod. reg. 7657. fol. 29. v° : *Ipsam raubam, librariam et jocalia et arnesia supradicta..... infra certos coffros et Valones sive trocellos diversos.... projecit.*

¶ 1. **VALOR**, *Strenuitas, virtus bellica*, in Gasp. Barthii Gloss. ex Hist. Palæst. Fulcherii Carnot. apud Ludewig. tom. 3. Reliq. MSS. pag. 309. Vide *Valorosus*, 1.

* 2. **VALOR**, Quidquid emolumenti ex re aliqua percipitur. Consuet. Dombens. Mss. ann. 1325. art. 6 : *Quilibet nobilis...... possit et debeat saisire et saisiri facere per se, vel per alium ejus nomine, terram, fundos, fructus, Valores, exitus et proventus super hominem seu homines tailliabiles alterius.* Vide mox *Valorium.*

* 3. **VALOR**, Valetudo, facultas. Charta Adami *de Wallaincort*, ann. 1184. in Chartul. Montis S. Mart. ch. 33 : *Ponent...... sacerdotem, qui pro me...... Missam celebrabit cotidie.... Secundum Valorem corporis sui, ut contingit in minutione vel ægritudine.*

* **VALORIA**, Valor, pretium. Charta ann. 1483 : *Et pro majori Valoria dictæ cavalcatæ etc.* Vide supra *Valetudo* 2.

* **VALORIUM**, Reditus, emolumentum. Charta ann. 1092. tom. 1. Probat. Hist. Brit. col. 480 : *Pro cujus*, (conjugis) *anima condonavit Eudonus vicecomes Valoria sui honoris, faventibus omnibus filiis ejus, Goscelino primogenito cum cæteris fratribus.* Vide supra *Valor* 2.

¶ 1. **VALOROSUS**, Fortis, strenuus, Gall. *Valeureux.* Chron. Domin. de Gravina apud Murator. tom. 12. col. 702 : *Sed Rex idem animo regio Valorosus, ignem gerens in manibus, tutela clypei processit ad portam primam castri ejusdem, positurus ignem in illa custodientium ad terrorem.* Vide *Valens* 2. et *Valuus* 2.

* 2. **VALOROSUS**, Magni pretii. Chron. Bergom. ad ann. 1395. apud Murator. tom. 16. Script. Ital. col. 890 : *Qui miles posuit in capite ipsius domini comitis Virtutum unum biretum valde Valorosum, creando ipsum ducham cum dicto bireto; et hoc fuit super quodam tribunale, constructo super platea domini S. Ambrosii Mediolani cum magnis festivitatibus.*

¶ **VALOS**, Panni genus. Inventar. ann. 1476. ex Tabul. Flamar. : *Item plus duas displeydes sive giponas ciriti* (cirici) *nigri vocati Valos.* Vide *Balosius.*

* **VALOZIUS**, Vadensium comitum moneta, eadem quæ *Crespiacensis.* Vide in *Moneta Baronum.* Comput. ann. 1326. ex Cod. reg. 9434. fol. 4. v°. : *cxxxij. lib. Burdegal. valent, facta deductione de Burdegal. ad Turon. parvos, computando uno Valozio pro tribus denariis cum obolo Burdegal. debilium iiij^{xx}. xiiij. lib. v. sol. x. den. Turon.* Stat. ann. 1329. Inter Probat. tom. 2. Hist. Nem. pag. 66. col. 1 : *Item quod omnis persona, quæ vendit caseos recentes, det duos ex ipsis qui nunc fiunt, pro uno Valoys, et quod eos non minuant.*

* **VALSATURA**, Sepimentum ex cratibus, quo locus *vallatur.* Comput. ann. 1486. ex Tabul. S. Petri Insul. : *Pro aliis duabus dietis, quibus vacavit ad reponendum cloyas ante capellam parochiæ, et pro reparatione loci in hangardio scalarum, ad ponenda ligna hourdagii, Valsaturæ sive celaturæ, x. sol.*

* **VALUA**, Reditus, emolumentum, Gall. alias *Value.* Charta ann. 1235. in Reg. 31. Chartoph. reg. fol. 93. r°. col. 2 : *Silva Drua cum secretaria et tota Valua sua etc.* Vide supra *Valorium* et *Valutare* in Glossar.

VALVARTE, Propugnaculum, Hispanis *Balvarte*, nostris *Boulevart*, ex Germanico *Burg-wart*, quod burgum servat, tuetur. Salanova Justitia Aragonum in Observantiis, de Infantionibus : *Tamen ad constructionem, refactionem, sustentationem, et reparationem portarum villæ, vallatuum, sive Valvartium, et murorum tenentur.*

VALVASOR, VALVASORIA, VALVASINUS. Vide *Vavasores.*

* **VALVASSERIA**, Vide infra in *Vavassoria.*

¶ **VALUCA**, Arena aurosa. Vide *Balluca.*

VALVE. Arnoldus Lubecensis lib. 6. cap. 5 : *Nec defuit ibi* (apud Bohemos *illud perditissimum hominum genus, qui Valve dicuntur, crudelitates suas et nequitias exercentes, de quibus loqui non est ædificatio, sed miseria.* Et lib 7. cap. 14. de Philippo Imp. : *Contrahens secum auxilia pessimorum, qui dicuntur Valve, cum innumera virtute balistarum, etc.*

¶ **VALUM**, Index redituum Monast. S. Petri Corbeiensis : *Summarii qui minas et Vala hujusmodi advehunt, debent focatam.* Vide *Vallo* 2.

* **VALUS**. Vide supra *Vallus.*

¶ **VALUTARE**, vox Italica, Æstimare, Gall. *Evaluer.* Charta ann. 1546. apud Rymer. tom. 15. pag. 101 : *Solvere promisit.... in pecunia Valutata juxta Statutum Cæsareæ Majestatis. Value*, pro valor, pretium, in Charta ann. 1332. ex Tabul. S. Martini Pontisar. : *Jusques à la Value et quantité de soixante solz Parisis.* Vide *Valentia* 2.

1. **VALUUS**, *Aquæ ductus, per quem decurrit, vel janua, vel modici muri ante portam.* Papias. De priori significatu nihil succurrit, alter *valvam* seu fores videtur spectare; tertius *Valvartum*, seu nostrum *Boulevart*; de qua voce supra.

¶ 2. **VALUUS**, Fortis, strenuus. Diarium belli Hussit. apud Ludewig. tom. 6. Reliq. MSS. pag. 147 : *Communitas tamen Pragensis vi Valua juxta domum Ducis Saxoniæ expugnata, non tamen sine suorum damno, civitatem parvæ partis ingreditur, etc.* Vide *Valorosus.*

¶ 3. **VALUUS**, Villosus, Gall. *Velu.* Locus est in *Bigera.* Vide ibi.

¶ **VAMBAL**, Bambalio. Vide *Bambalo.*

¶ **VAMMUM**. Conc. Lillebonæ ann. 1080.

apud Marten. tom. 4. Anecd. col. 118 : *Nulli licuit inimicum quærendo, vel Vammum capiendo, vexillum vel loricam portare, vel cornu sonare... Nulli liceat in Normannia haufare facere, vel incendium, vel raptum mulieris, vel Vammum capere, quin fieret inde clamor apud eum, qui clamorem inde habere debuit.* An Clarigatio? Vide *Repræsaliæ.*

* Perperam pro *Nammum* vel *Nammium*, Pignus. Vide in hac voce.

* *Vamon* vero, Morbi genus, idem, ut videtur, quod Gallicum *Goitre*, in Lit. remiss. ann. 1398. ex Reg. 153. Chartoph. reg. ch. 293 : *Jehan Coton estoit entachez d'une enfermeté ou maladie, appelée Vamon, laquelle lui faisait ou accumulait une grant boche ou col.*

VAMPA, Flamma, ex Italico vocabulo, Danti et Petrarchæ familiari. Inscriptio in Conventu Minorum Bononiæ in Italia, apud Wadding. ann. 1340. num. 15 :

Nam accensa lampas fundit necessario Vampas.

1. **VANA**. Tabularium Prioratus de Paredo in Ducatu Burgundiæ fol 8 : *Accepitque unum equum, et* 30. *solid. et unam Vanam, et unum barahu.* Fol. 24 : *Et pro hoc acceperunt* 5. *solid. et unam Vanam.* [Stragulum acu punctum, ut videtur, Gall. *Courtepointe*, Provincialibus *Vano.* Vide *Vanna* 1.]

¶ 2. **VANA**. Bractea versatilis, Gall. *Girouette*, ab Angl. *Vane*, eadem notione; quod a Saxon. fana deduci potest. Comput. ann. 1425. apud Kennet. Antiquit. Ambrosd. pag. 575 : *Cum* 11. *ventilogiis, videlicet Vanys de tyn emptis de fabro de Cherlton ponendis super utrumque finem prædicti dormitorii, v. sol.* 11. *den.*

¶ **VANACIARE**, Delirare, desipere, vana dicere, Ital. *Vaneggiare*, Gall. *Rêver.* Acta S. Gerardi tom. 1. Jun. pag. 772 : *Cum crederent quod Vanaciaret, nec quod tam longe ire posset, etc.* Vide *Vaniare* et *Vanizare.*

VANÆPASTURÆ Jus dicitur, quod tenentibus vel mansionariis alicujus tenementi, vel villæ seu prædii competit, animalia sua immittendi, pascendi causa, in loca publica, prata, agros, silvas, et alia, quæ clausa non sunt, certis anni temporibus; cum scilicet fœnum a pratis, messes ab agris ablatæ sunt; vel in silvis, cum non *vetitæ* sunt ac *defensæ*. Consuetudo Nivernensis tit. 3. art. 5 : *Vaine pasture doit estre entendue, en chemins, prez, en prairie, despouilles, terres, bois, et autres heritages non clos, ne fermez, excepté toutefois où et quand lesdits heritages sont de deffense par la Coustume.* Charta Simonis Ducis Lotharingiæ ann. 1076. apud Hieron. Vignerium : *Vanam quoque pasturam quibuslibet animalibus eorum, per terram meam transeuntibus, et cætera usualia necessaria, etc.* De *vana pastura* agunt passim Consuetudines nostræ municipales locis a Raguello indicatis. [Vide *Pastura* 1.]

¶ **VANAGLORIARI**, vox Italica, Jactare se, ostentare. *Se Vanagloriando quod prope portum Januæ venirent, etc.* in Annal. Genuens. Jacobi Auriæ apud Murator. tom. 6. col. 586. Vide *Vanitare.* Hinc

VANAGLORIOSUS, Vir *vanam gloriam* aucupans, ex Italico *Vanaglorioso.* Gloss. Lat. Græc. : Κενόδοξος, *vanægloriæ.* Utitur Michaël Scotus de Physionomia cap. 71. 76. 85. 100. 101.

¶ 1. **VANARE**, vox fori, Vanum reddere, Gall. *Annuler*, ut videtur. Charta ann. 1351 : *Plenam potestatem ad.... sententias quascumque interlocutorias et definitivas postulandum, Vanandum et audiendum.*

* *Vanare judicium* dicitur, cum lite contestata, partes ante judicum sententiam inter se conveniunt. Instr. ann. 1217. inter Probat. tom. 1. Hist. Nem. pag. 55. col. 1 : *Utraque pars Vanavit judicium et renunciavit omni allegationi de facto et productioni testium.* Quo etiam sensu intelligendus videtur locus supra laudatus.

¶ 2. **VANARE**, pro Vannare, vanno purgare, *Vanner.* Statutum Humberti II. ann. 1340. tom. 2. Hist. Dalph. pag. 394 : *Ipse Marescallus personnaliter interesse debeat, ut avena Vanetur.* Libertates Portis-Ursonis inter Ordinat. Reg. Franc. tom. 4. pag. 640 : *Molendinarius Vanat tringinta boessellos, pro una placenta.* Chartul. S. Vandreg. tom. 1. pag. 764 : *Ratione cujusdam servitii, quod in granario suo Vanando blada sua facere debebam.*

¶ **VANASSORES**, mendose pro *Vavassores* apud Miræum tom. 1. pag. 191. col. 1. 2. pag. 192. col. 2. pag. 391. col. 1. et pag. 392. col. 2.

* **VANATA**, Tempus, quo frumenta aliave grana vanno purgantur. Charta ann. 1248. in Chartul. S. Corn. Compend. fol. 160. v° col. 1 : *Et percipient...... bladum et avenam in prædicta grangia annis singulis ad duas Vanatas, quas ipsi maluerint. Vanée*, pro *Bote de paille*, fascis stramineus, in Comput. ann. 1369. ex Tabul. S. Petri Insul. : *Item pour six Vanées de paille, iij. solz.* Vide *Vaneia*, *Vannatio* et infra *Ventilatio.*

¶ **VANATURA**, Purgamenta, quæ ex tritico ventilato remanent, Picardis nostris *Hottons.* Vide *Hauto.* Charta ann. 1258. ex Chartul. S. Vandreg. tom. 2. pag. 1721 : *Ego et hæredes mei habemus stramina et Vanaturas, exceptis tantummodo Vanaturis frumenti ordeum forense valentibus.* Vide *Vaneia.*

¶ **VANCELLUS**, pro *Valloncellus*, Valliculus, ni fallor. Vide in *Vallo* 1. Charta Raimundi Comit. Barcinon. ann. 1016. in Append. ad Marcam Hispan. col. 997 : *Et pervadit usque in ipsos Vancellos de Romaniano; et inde vertit usque ad mare.* Vide *Vauchellus.*

* **VANCQUA**, a vulgari *Wangue*, Pervencia, Gall. *Pervenche.* Comput. ann. 1496. ex Tabul. S. Petri. Insul. : *Item custodi ecclesiæ pro ramis et Vancqua, pro decoratione chori in die dedicationis ecclesiæ, pro duobus annis, xx. sol.*

¶ **VANDAGIA**. Vide *Wandangiæ.*

¶ **VANDALIENSES**, Militum genus apud Anglos. Charta ann. 1362. apud Rymer. tom. 6. pag. 370 : *Si contingat dom. Regem Castellæ et Legionis, Alfonsum filium suum, aut ipsorum hæredes, hominibus ad arma, castellanis, sagittariis, guictibus, Vandaliensibus, aut aliis indigere, etc.*

* **VANDEL**, Mulctæ pecuniariæ nomen, apud Polonos. Stat. ann. 1505. inter Leg. Polon. tom. 1. pag. 313 : *Si Judæus judici suo in pœna pecuniaria, quæ Vandel dicitur, reus inventus fuerit, etc.*

¶ **VANDILAGO**. Vide in *Andelangus.*

VANDOSITAS. Vide *Bandositas.*

¶ **VANEIA**, Ipsa purgatio granorum, quæ vanno fit. Charta ann. 1222. ex Tabul. Corbeiensi : *Concesserunt quattuor modios frumenti de territorio de Tanes in grangia sua ejusdem loci annuatim hæreditarie capiendos ad mensuram ejusdem villæ fuste ad fustem mensuratos, ad quamcumque Vaneiam voluerimus infra festum S. Remigii; et si una Vaneia non sufficeret, nos defectum capiemus ad primam Vaneiam subsequentem.* Vide *Vanatura* et *Vannatio.*

¶ **VANELLA**, Agger, ut videtur, Gall. *Chaussée.* Charta ann. 1297. ex Tabul. Angeriac. : *Quarum domorum una sita est in Vanella quæ est extra arbergamentum quod fuit Arnaldi Gobeti, per quam quidem Vanellam itur de minagio dictæ villæ versus arbergamentum aux Torsiez.* Leg. forte Venella, via strictior. Vide *Venella* 1.

* Idem certe quod *Venella* 1. Viculus, angiportus, via strictior. Libert. civit. Caturc. ann. 1344. in Reg. 68. Chartoph. reg. ch. 312 : *Item creant.... dicti consules.... curatores seu gardiatores operum et ædificiorum, parietum, Vanellarum, aygueriarum, stilicidiorum, etc.* Quæ rursum leguntur in Reg. 80. ch. 487.

VANELLUS, Avis species, *Vanneau*, de qua Fridericus II. Imp. lib. de Venatione cap. 2. 11.

* **VANERE**, *Deficere, evanescere, Deffalhir*, *Prov.* Glossar. Provinc. Lat. ex Cod. reg. 7657. Vide *Vanare*, 1.

* **VANEZA**. Charta ann. 1130. apud Murator. tom. 3. Antiq. Ital. med. ævi col. 171 : *Campum unum, Vanezas quatuor juxta Cavazocho, etc.* Vide *Vanæpasturæ.*

VANGA, Sarcula. Ugutio et Jo. de Janua : *Vanga, genus fossorii, quia vagando fodit.* Glossæ MSS. : *Vanga, pala cum ferro.* Lexic. Lat. Gall. : *Vanga*, *Besche.* Italis *Vanga*, idem sonat quod *Bipalium.* Olla patella :

Sarcula, metra, ligo, traha, tribula, Vanga, securis.

[Ad calcem Codicis MS. not. 780. ex Bibl. Sangerm. legitur hoc distichum :

E manibus duris non me trahat incola ruris,
Quorum sunt juris traha, tribula, Vanga, securis.

Elmham. in Vita Henrici V. Reg. Angl. cap. 97. pag. 278 : *Ligonum insopitæ curæ, torquentes telluris viscera Vangarumque numerabile vulgus, mordaci terræ ruptura indulgens vigiliis, etc.*] Leges Burgorum Scoticorum cap. 125 § 1 : *Scamnum, scabellum,... Vangam, securim.* Gregorius M. lib. 3. Dial. cap. 14 : *In horto monasterii fecit jactari ferramenta, quæ usitato nos nomine Vangas vocamus.* Et mox : *Facto autem mane... hortum ingressus, quot Vangas jactari præceperat, tot in eo laborantes operarios invenit,... qui inculta illius horti spatia, quæ inculta fuerant, coluerunt.* A Gregorio eadem habent Acta S. Felicis apud Bolland. 14. Januar. § 1. Vide Petrum Crescentium lib. 1. de Agricult. cap. 6.

Vanga interdum pro nescio quo armorum genere accipitur. Gloss. Ælfrici : *Vanga, spada.* Vocabular. Anglo-Lat. ann. 1440 : *Spade, Vanga, fossorium.* Pro eo nempe gladio, quod instar fossorii erat;

vel quod rustici ejusmodi fossoriis pro armis uti solerent. Gervasius Dorobernensis ann. 1198 : *Unde factum est, ut rustici impetiti, Vangis et fossoriis assueti, armis militaribus gloriarentur inviti.* Ejusmodi porro *Vangas*, nostri *Vouges*, videntur appellasse. Le Roman *de Garin* MS :

> Hauce un Vouuge que entre ses mains tint,
> Le bras senestre li a copé parmi.

Froissartes 2. vol. cap. 9 : *Si estoient bien 700. lances, et 2000. d'autres gens, que nous appellons maintenant gros Vallets, à Vouges, dagues, et bastons d'armes.* [*Voulges*, in Charta ann. 1430. apud Lobinell. tom. 2. Hist. Britan. col. 1019 : *Jehan le Senechal conestable de Fougeres, et qui a la garde des portes de ladite ville à raison de son office*, VI. *h. à Voulges au Dellegnet. Vouge* Nicotius interpretatur Venabulum lato ferro.] Vide *Panga*. Qui porro in bellis ea arma deferebant, *Voulgiers* vocantur in Chronico scandaloso, uti vocant, Ludovici XI. Regis Franc. pag. 58. et 70. [*Vougiers*, in Recensione ann. 1477. apud eumdem Lobinell. ibid. col. 1379 : *Eonnet du Bout* II. *Vougiers, un coustilleur. Jehan de Quelen homme d'armes*, II. *Vougiers*, I. *coustilleur, etc.*] Idem porro videtur

VAGA, apud Anglos. Liber Anglicus inscriptus *Justice of peace* f. 77. v : *Scilicet gladiis, baculis, Vagis, falcastris, arcubus, et sagittis, etc.* [Vide *Vougelus*.]

VANGAMENTUM, Vindicta, vindicatio, ultio; ex Gallico *Vangement*, vel ut hodie obtinet, *Vengeance*. Charta Fundationis Capituli S. Martini Artonensis in Arvernia ann. 1048. apud Phil. Labbeum tom. 2. Biblioth. pag. 754 : *Sed si tale forisfactum mihi aut aliis illi Canonici, vel illorum Clerici, seu homines eorum fecerint, et rectum facere noluerint, infra* 14. *dies Vangamentum non capiam, et in his* 14. *diebus admonebo illos duos vel tres per me, aut per unum Missum in Capitulo illorum duas vices, ut rectum faciant.*

¶ 1. **VANGARE**, pro *Vagari*, ut videtur. Memoriale Potestat. Regiens. ad ann. 1250. apud Murator. tom. 8. col. 1117 : *Et Regini iverunt ad Novem et combusserunt terram, et Vangaverunt undique, et ceperunt multos homines et jumenta.*

¶ 2. **VANGARE**, Terram *Vanga* seu ligone versare, vox Italica, Gall. *Bêcher*. Chron. Bergom. apud eumdem Murator. tom. 16. col. 875 : *Vangabat in campo Monacharum S. Bernardi, etc.* Hinc

¶ **VANGATA**, Ipsa actio terram ligone versandi. Statuta Mutin. Rubr. 135. fol. 24. v° : *Statutum est quod Pontesellus, qui vadit per braidam dom. Rainerii de Nonantula, per tres Vangatas ab hominibus de Nonantula cavari debeat.*

VANI, Pennæ species in avibus, Italis *Vanni*, de qua sic Fridericus II. lib. 1. de Arte venandi cap. 50 : *Numerus itaque pennarum in unaquaque ala est* 26. *quatuor magis propinquæ corpori, quæ dicuntur Corales, et postea* 12. *quæ dicuntur Vani, firmiores et duriores coralibus, et alterius coloris et figuræ. Demum versus extremitatem alæ aliæ sunt* 10. *quæ forinsecæ dici possunt; hæ sunt firmiores, duriores, et longiores illis, quæ dicuntur Vani; ultima harum decem dicitur Saxellus, etc.* Adde cap. 46. 51. Vide Oct. Ferrarium in *Vanni*.

¶ **VANIARE**, Vagari, vana dicere. Vide supra *Vanaciare*. Acta S. Franciscæ Rom. tom. 2. Mart. pag. 125 * : *Repausa ergo tuam mentem, ne vadas Vaniando, fige te in amore benigno.* Vide *Vanizare*.

VANIASTUTUS, Ματαιόφρων, in versione Confessionis Nicephori Patriarchæ Constantinopolitani, apud Baron. ann. 811. 51.

* **VANIGLORIUS**, Vir *vanam gloriam* aucupans. Vita S. Walth. tom. 1. Aug. pag. 259. col. 2 : *Vaniglorium datorem derident.* Vide *Vanagloriosus*.

VANILOQUIUM, Ματαιολογία, *Frustratio* : ματαιολόγος, *Vaniloquus*, in Gloss. Græc. Lat. Leo III. PP. Ep. 1 : *Omnes rationem reddituri sunt Domino de Vaniloquiis.* Occurrit in 1. et 2. ad Timotheum, ut *Vaniloquus*, in 1. ad Titum, in Capitul. Aquisgran. ann. 789. cap. 69. in Capitul. 1. Caroli M. incerti ann. cap. 36. etc. [** Pro Fictio, commentum occurrit in Thangmari Vita Bernwardi apud Pertz. Scriptor. tom. 4. pag. 779 : *Bernwardus Ep. divina inspiratione doctus non ejus Vaniloquio attendens, obligationis suæ anathema illi retexit.*] [*Vaniloquens*, in Oberti Cancell. Annal. Genuens. apud Murator. tom. 6. col. 302 : *Istos videtis Vaniloquentes, et de uno ad aliud sine mora transeunt.*]

¶ **VANIRE**, VANNUERE, Vannare, Gall. *Vanner*. Gloss. Lat. Gr. : *Vanio*, Βράσσω. *Vannuo*, λειχνίζω.

VANITARE, VANIZARE. Jo. de Janua : *Vanitare, vanitatem dicere, vel vanitando laudare.* Unde nostris *Vanter, se vanter*. S. Augustinus lib. de Quantit. animæ cap. 33 : *Vanitas est fallacia, Vanitantes autem vel falsi, vel fallentes, vel utrique intelliguntur.* S. Bernardus de Morib. Episc. cap. 2 : *Et nos Vanitando peritis, et nos spoliando perimitis.* [Gozechini Epist. apud Mabill. tom. 4. Analect. pag. 366 : *Ergo arguis in me levitatem Vanitantis animi, qui velut hac illac fluitans vacare desideret, et gloriolari, pro eo quod Leogium nostrum tantopere laudaverim.* Gloss. Lat. Gall. Sangerm. : *Vanitare, dire vanité, vanter, ou en vanteur loer.*]

VANIZARE dixit Ivo Carnotensis Epist. 66 : *De vestra benevolentia plus justo præsumentes, Vanizando dicunt, quod juxta petitionem Turonensis Archiepiscopi, eum consecrabitis, etc.* Vide Ægid. Menagium et Oct. Ferrarium in *Vantare*.

VANITAS. Gloss. Græc. Lat. : Φαντασία, *vana visio, imago, Vanitas, visus.* Glossæ antiquæ MSS. : *Filacteria, Vanitas.* Qua postrema notione vocem hanc usurpat Gaudentius Brixiensis Tract. 4 : *Veneficia, præcantationes, suballigaturæ, Vanitates, auguria, sortes, etc. Vanitatem*, pro mendacio, usurpasse Ciceronem, Tacitum, et alios, observatum ab Octavio Ferrario in Orig. Linguæ Ital. in *Bugia*.

* *Wain*, pro Phantasma, in Mirac. MSS. B. M.V. lib. 1. :

> Li deables ki tost brocha,
> A l'encontre si rest veuns,
> Com uns gransWains noirs et velus.

Vide *Umbræ*.

VANITIES, pro *Vanitas*, apud Ammianum lib. 21. pag. 180.

¶ VANITAS, Lassitudo, virium defectio, Gall. *Abatement*. Consuet. Fontanell. MSS : *Nobis autem conceditur post matutinas redire ad lectum, ne somnum quem corpori fragili subtraheremus, resumere per diem lassitudine et Vanitate compelleremur.* Nostri *Etre vain* eodem intellectu dicunt. Le Roman *de Robert le Diable* MS :

> Mais sa biele fille la bloie
> Ne fait de nul deduit samblant :
> Ains a le cuer Vain et dolant.

* Hinc *Vain*, pro Languidus, in Lit. remiss. ann. 1384. ex Reg. 125. Chartoph. reg. ch. 9 : *Laquelle Perenelle, qui estoit laisse et Vaine, tant pour ce qu'elle n'avoit mengié de tout le jour, comme pour ce qu'elle estoit malade.*

¶ **VANIUS**, Vagus. Leges Norman. cap. 19. apud Ludewig. tom. 7. Reliq. MSS. pag. 190 : *Si quis bovem, vel asinum, vel aliquam rem suam adiraverit, quæ ab aliquo Vania fuerit inventa, si detentor eam suam esse asserit, etc.*

* Mendose pro *Vaivus*. Vide supra in hac voce.

¶ **VANIZARE**, ut supra *Vanaciare*. Bonincontrus in Chron. Modoet. apud Murator. tom. 12. col. 1172 : *Cum crederent quod Vanizaret, nec quod tam longe esse posset, etc.* Vide alia notione in *Vanitare*.

VANLEHEN. Vide *Fahnelen* et *Feudum vexilli*.

¶ **VANLEUGA**, pro *Banleuga*, Gall. *Banlieuë*, Modus agri, cujus finibus loci alicujus immunitas vel jurisdictio terminatur. Vide *Bannum leugæ* in *Bannum* 3. Charta ann. 1350. ex Tabul. B. M. de Bono-nuntio Aurelian. : *De Consuetudine ecclesiæ nostræ Carnotensis communiter observatæ in villa Vanleuga Carnotensi.*

¶ 1. **VANNA**, Straguli species, vulgo *Vanne* dicta. Leges Palat. Jacobi II. Reg. Majoric. inter Acta SS. tom. 3. Jun. pag. LVII : *Habeantur et teneantur in promptu Vannæ, linteamina, coopertoria, et aliæ decentes vestes, ultra illas quæ pro lectis nostris sunt ordinatæ.* Ita etiam legendum in Statutis MSS. Capitulorum S. Victoris ann. 1216. et 1294. ubi *Vanoa* legit D. *le Fournier* : *Item vestiti stamineis, braccis et caligis et cincti, sicut consuetum est, dormiatis, linteamina, Vannas et coopertoria non tenentes, nisi necessitatis causa.* Capitul. ann. 1294 : *Calcaria, lectus, matalacia, Vannas, flansadas, lapides pretiosi, etc.* Semel et iterum *Vanoa* occurrit in Inventario ann. 1379. ex Schedis Cl. V. *Lancelot*, ubi perinde emendo *Vanna*. Vide *Vana* 1. [* Vide *Vanoa*.]

* Hinc *Vanner*, pro *Berner*, Aliquem e stragulo in altum jactare, in Lit. remiss. ann. 1377. ex Reg. 112. Chartoph. reg. ch. 106 : *Pour laquelle chose ledit Jehan Pastor exposant par esbatement avec plusieurs autres de la ville* (de la Terrasse) *pristrent icellui Lambertet, en disant : Vous devez estre Vannez ou baculez; car vous avez routé la fueille du til; et est la coustume telle, que ceulx qui prennent riens du til, doivent estre Vannez.* Vide infra *Vanoa*.

¶ 2. **VANNA**, ut infra *Venna*, ni fallor. Regest. Episcopat. Nivern. ann. 1287 : *Item quilibet qui vendit archas Vannæ scilicet situlos, tinas, criles, bussellos, debet in festo S. Cirici* II. *den.*

* Charta Childeb. I. ann. 558 tom. 4. Collect. Histor. Franc. pag. 622 : *Cum in-*

sulis quæ ad ipsum fiscum adjacent, cum piscatoria, quæ appellatur Vanna.

¶ **VANNATIO**, Purgatio frumenti aliorumve granorum, ut supra *Vaneia*. Chron. Bonæ Spei pag. 293 : *Illi de Bona Spe aliam triturationem, seu Vannationem expectare tenebuntur.*

* *Vannage*, nostris, eadem notione. Pactum inter castell. et monach. de Britolio : *De chacun mui nous payerons ou fairons payer deux boitiaus de ble au boitiau du moulin, et pour les Vannages du blé, de un muis nous payerons quatre boitiaus de blé.*

¶ **VANNELLUS**. Vide infra *Vannus*.

¶ 1. **VANNERIA**, pro *Banneria*, Vexillum. Tabular. Æduense : *Et nihilominus dicti commissarii Vanneriam seu vexillum dicti actoris in dictis temporibus elevari et deferri per dictam villam Lugdunensem, ac si dictus actor Archiepiscopus foret Lugdunensis, fecerant.* Vide in *Bandum* 1. et *Vannulum*.

¶ 2. **VANNERIA**, a Gall. *Vannerie*, Locus ubi vanni et alia quæ ex vimine fiunt, conficiuntur. Charta ann. 1273. apud Lobinell. tom. 3. Hist. Paris. pag. 25. col. 1 : *Item terram quæ est in Vanneria,.... cum cuneo dictæ Vanneriæ, usque ad domum Johannis le Flament.*

¶ **VANNIUM**, pro *Bannium*, vel *Bannum*, Gall. *Ban*, Proclamatio. Conc. Salmant. ann. 1335. inter Hispan. tom. 3. pag. 589 : *Vannia autem in jure contenta fieri volumus isto modo : quod contrahentes vel veniant ad ecclesiam, vel ecclesiam* (sic) *foris ipsius, videlicet in Missa, aut debita hora Missæ ibidem populo congregato, prædicta Vannia, ut est juris, per presbyterum publicentur.* Ubi de solemni futurarum nuptiarum proclamatione agi nemo non videt. Adde *Bannum* 1.

¶ **VANNIUS**, f. ab Hisp. *Vaño*, vel *Baño*, Balneum : nisi sit nomen loci. Charta inter Conc. Hispan. tom. 3. pag. 168 : *Et conclude per illum flumen usque intrat Lor in Sylæ, et item ad aquiaria et per Vannios.*

¶ **VANNUERE**. Vide supra *Vanire*.

¶ **VANNULUM**, Vexillum minus, ut supra *Vanneria* 1. Charta ann. 1328. apud Ludewig. tom. 2. Reliq. MSS. pag. 275 : *Conferentes eidem ac infeodantes et investientes.... per sceptrum regale, sub Vannulis et vexillis, ut est moris.*

¶ **VANNULUS**, diminut. a Vannus. Gloss. Lat. Gr. : *Vannulus*, θρίναξ, λικνάριον.

¶ 1. **VANNUM**, Pars navis. Contractus initus inter S. Ludovicum Reg. Franc. et Venetos ann. 1268 : *Et habet duos paradisos, et unum Vannum et supervannum coopertum et duos pontes.*

¶ 2. **VANNUM**, pro *Bannum*. Charta Goscelini Archiepisc. Burdigal. inter Instr. tom. 2. Gall. Christ. novæ edit. col. 323 : *Itaque illius et quorumdam religiosorum virorum consulta supradictum locum consecrando justitiæ Dei et nostræ Vannum imposuimus.*

VANNUS, **Vannellus**, Mensurarum species, in *Vanni*, seu *ventilabri* speciem forte confecta. Ermentarius Monachus lib. 2. de Vita S. Filiberti cap. 14 : *Advecta est deinde in vase, quod Vannus vulgo dicitur, quædam fæmina duplici damnata incommodo, etc.* Libertates MSS. Villæ S. Desiderii in Campania ann. 1228 : *Vannellus carbonis minuti vendetur* 5. *solidis tantum, et continet in se duodecim Vannos per mensurationem Scabinorum.*

* *Van*, eodem sensu, in Lit. remiss. ann. 1388. ex Reg. 133. Chartoph. reg. ch. 105 : *Jehannin de Mecon........ estoit tenuz et obligiez en la somme de quarente deux Vans de charbon.* *Banne* vulgo. Vide *Benna* 5.

¶ **VANOA**, pro *Vanna*. Vide in hac voce.

* **Vanoa**, Stragulum acupictum gossipio fartum. Charta ann. 1331. in Reg. 66. Chartoph. reg. ch. 924 : *Item quod dictus Jacobus per sui officii* (viguerii) *potentiam, quandam Vanoam et ob causa* (sic) *valoris octo librarum et ultra cujusdam presbiteri, quæ ad inquantum vendebantur, etc. Item tres Vanoas tales quas,* in Invent. ann. 1361. ex Tabul. D. Veneiæ. Nihil ergo temere mutandum in locis laudatis v. *Vanna* 1. ubi *Vanoa* legitur.

* **VANONA**, Eadem notione. Charta ann. 1327. in Reg. 65. Chartoph. reg. ch. 55 : *Ivit ad domum dicti servientis, et deinde fecit abstrahi circa primum sompnum tassas argenti, chalonos, coxinos, Vanonas et plures alias res.*

¶ **VANTA**, ut *Venda*. Vide *Venda* 1. et 3.

¶ **VANTALLUM**, ut infra *Ventalum*. Charta ann. 1209. ex Tabular. S. Nicasii Remens. : *Debemus habere et retinere imposterum Vantalla essaverie vivarii nostri.*

¶ 1. **VANTARE**, Vane ostentare. Glossæ MSS. apud Vossium lib. 4. de Vitiis serm. cap. 29 : *Jactare dicitur pro Vantare.* Quod a vento, vel potius a venditare efformatum docet ibidem Vossius.

* 2. **VANTARE**, Facti alicujus auctorem se publice fateri, nostris *se Vanter*, eodem intellectu; unde *Vantance*, eadem acceptione. Conc. Marciac. ann. 1329 : *Attendentes superius nominatos..... se ipsos Vantasse et publice detexisse se fore culpabiles homicidii, etc.* Lit. remiss. ann. 1406. in Reg. 161. Chartoph. reg. ch. 73 : *Icellui Raoul persevervit en sa fole et mensongeuse Vantance, et tellement l'avoit escandelifié, que la chose estoit comme toute commune.*

* At vero *Vanter son plesge*, Sponsorem suum liberare a fidejussione, significare mihi videtur, [** auctorem laudare,] in Charta Ludov. comit. Clarimont. ann. 1197. ex Reg. ejusd. comitat. : *Chacun porra Vanter seu plesge, si comme il doit. Je Vanterai me plesge, si comme je suel, se il n'ara donné plesge de plevine amendée.*

VANTARIUS. Charta sub Edw. II. Reg. Angliæ, apud Spelmannum : *Richardus Rockesley miles tenebat terras Seatoniæ per serjantiam esse Vantarium Regis* (*in*) *Gascoign, donec perusus fuit pari sotularium pretii* 4. *den.* id est, dum trivisset par calceorum 4. den. Ubi idem Spelmannus : *Vantarius, præcursor; ut vantarius Regis est asseclu Regis, qui cæteros suos asseclus prægreditur, the kings fore footman.* Vim vocis fateor me non assequi; nisi *Vantarius* ponatur pro *Ventarius*, qui tributa Regia in Vasconia recipiebat, ita ut *serjantiæ* species fuerit. Vide *Ventarius*, in *Venda*.

* **VANTAYA**, f. Jus in arbores vento-rum violentia eversas. Reg. feud. Norm. ex Cod. reg. 4653. A. fol. 189 : *Tenet quartam partem nemorum, excepto griagio et Vantaya.* Reg. S. Justi ex Cam. Comput. Paris. fol. 170. r°. col. 2 : *Dominus Galterus de Flavacourt... tenet a domino Johanne de Monchevrel quartam partem nemorum, excepto griagio et Vantay.* Vide *Venteicium*.

¶ **VANTBRAS**. Charta Henrici V. Reg. Angl. tom. 4. Hist. Harcur. pag. 1440 : *Reddendo nobis et eisdem heredibus nostris unam cerotecam de plate pro dextra manu et unum Vantbras pro dextro brachio.* Ubi excidisse existimo literam A, ita ut legendum sit *Avantbras*. Vide *Antebrachia*.

¶ 1. **VANTUS**. Vide in *Wantus*.

* 2. **VANTUS**, perperam pro *Vancus*, et ex mutatione *b* in *v* pro *Bancus*, Scamnum, sedile. Charta ann. 1329. in Reg. 66. Chartoph. reg. ch. 90 : *In dicta platea communi, præsentibus dictis consulibus,..... cum quadam guisarma supra quemdam Vantum seu sotum decapitavit dictum Geraldum.*

* **VANUM** Pasturagium, idem quod *Vanapastura*. Locus est supra in *Pasturagium*.

VAPORARE, pro *Calefacere*, non semel dixit S. Ambrosius lib. 4. Hexaëmer. cap. 5. at cap. 3. pro *exurere* usurpavit. Auctor antiquus Vitæ S. Lupicini Abbatis Jurensis n. 5 : *Ut dum alii quotidie flabris scandali jam per elationem Vaporatum accendunt, etc.* Gloss. Medic. MS. Reg. cod. 1486 : *Vaporatio, calefactio.*

¶ **VAPORATORIUM**, Vaporarium, hypocaustum. Chron. Andr. Danduli apud Murator. tom. 12. col. 524 : *His diebus fuit maxima tempestas Venetiis,.... ut.... multa Vaporatoria, multæ domus, multæ turres corruerint aut corruptæ fuerint.*

VAPORUS, Vaporiferus, apud Prudentium.

¶ **VAPULARI**, pro Vapulare. Acta SS. Savini et Cypriani tom. 3. Jul. pag. 194 : *Suspendantur, exungulentur et Vapulentur a capite usque ad talos.* Translat. S. Athanasii apud Murator. tom. 2. part. 2. col. 1067 : *Qui mox exterritus evigilans, excitavit socios suos : Vapulati sumus, dilectissimi, inquit.*

* **VAPULATOR**, Qui flagello spicas excutit, Gall. *Batteur en grange*. Charta ann. 1180. in Chartul. S. Corn. Compend. fol. 127. r°. col. 1 : *Ecclesia ponet in grangia Mesvillaris Vapulatores, quantos voluerit.*

* **VAQUA**, Vacca, ita *Vaque*, pro *Vache*, in Charta ann. 1448. ex Chartul. 23. Corb. Stat. sabat. Carcass. ann. 1402. tom. 8. Ordinat. reg. Franc. pag. 560. art. 7 : *Non sit ausus ponere seu immiscere de duobus coriis, quasi dicamus corium mutonis immiscere cum corio Vaquæ seu de cordoa, etc.* Glossar. Provinc. Lat. ex Cod. reg. 7657 : *Vaquiar, Prov. Vaquarius. Vaguaria, Prov. vaquaria.*

¶ **VAQUALIS**. Tabularium Camalar. diœc. Anic. : *Mansus Rasapota à la Liger reddit pro carcio* XII. *den. et sex Vaquales.* f. Moneta minutior vacca insignita, ut Benehamensis.

¶ **VAQUERIUS**. Vide supra *Vacquerius*.

1. **VARA**, Species aucupii fluvialis. Charta Occitanica ann. 1311. ex 47. Regesto Tabularii Regii num. 130 : *Item ordinavit, quod quicunque de cœtero capient aves in aliquo dictorum stagnorum cum qua-*

dam arte vocata Vara, drechuram sive pulmentum consuetum domino, in cujus aquis aves prædictæ capientur, solvere teneantur, dato quod alibi cum avibus sic applicassent; et quod de cætero nullus erit ausus aves aliquas capere cum quadam arte vocata empl umailhe, sive capusiera, sive cum quibusdam aliis artibus antiquis, arte tamen prædicta Vara duntaxat excepta. Vide *Varus.*

¶ 2. **VARA**, Semita, Gall. *Sentier.* Statuta Avenion. edit. ann. 1612. rubr. 54. de via præstanda, art. 1 : *Sequatur Varam propinquiorem viæ publicæ.* Ibidem : *Si de vineis agatur, quæ parvis semitis (vulgo dictis Vares) circumdantur, etc.*

¶ 3. **VARA**, ut infra *Warda*, Custodia. Charta Rudolfi Episc. Halberstad. ann. 1147. apud Ludewig. tom. 1. Reliq. MSS. pag. 6 : *De singulis mansis duo maltra frumenti et unum anserem advocatus singulis annis recipiat hac conditione ut in legitimis placitis suis homines sub observatione quadam, vulgo dicta Vara, astare et respondere non cogat.* Vide Gloss. Schilteri in *Wara.* [** Haltaus. Glossar. col. 437. voce *Far* et Oberlin. col. 1691. voce *Var.*]

¶ 4. **VARA**, **WARA**, Bonitas, valor : quod de monetis dicitur earumque sinceritatis examine, in Charta Ludovici Ducis Brandenburg. apud Ludewig. tom. 7. Reliq. MSS. pag. 5 : *Si vero denariorum dictorum monetariorum Varam decreverimus adhibere, hoc nusquam licebit fieri, nisi in eorum fabrica, vel in capsorum assere eorumdem.... Nullus etiam dictis nostris monetariis Varam inferre præsumat, sine nostro consensu.* Charta ann. 1364. apud eumdem tom. 1 pag. 364 : *Vendidimus pro viginti et septem marcis Waræ Querurdensis in nostræ ecclesiæ profectum utiliter redactis quatuor mansos. War*, verus, in Gloss. Teuton. Schilteri.

VARANGI. Vide *Warengangi* et *Vargi.*

¶ **VARANNA**, Facultas venandi cuniculos aut lepores, idem quod *Warenna.* Charta ann. 1153. apud D. *Brussel* tom. 1. de Usu feud. pag. 273 : *Varannas quæro, et alia multa qui contra me exercent in ipso castro ipsi et ministri ejus. Varenna* editum inter Instr. tom. 4. Gall. Christ. novæ edit. col. 173.

VARANTIA. Vide *Garantia* 1.

¶ **VARANTIZARE.** Vide in *Warantus.*

1. **VARARE**, vel **VARIARE**, dicitur flumen, quod *divaricatur*, seu in duos alveos finditur, apud Gromaticos pag. 295. Mago et Vegoia Agrimensores : *Sunt et alii pontes in vicinalibus et privatis viis, quorum alvei Varantur.*

* Goesius in Ind. ad Rei agrar. Script. antiq. legit *Vallantur*, contra Salmas. a quo in Lex. Vitruvii : *Varare flumen*, male, Trajicere. Hæc ex animadv. D. *Falconet.* Vide apud eumd. Goes. quid sit *Varatio* et mox *Variare* 1.

2. ¶ **VARARE**, vox Italica, Navem mari committere, Gall. *Lancer un vaisseau.* Bartholomæi Scribæ Annal. Genuens. apud Murator. tom. 6. col. 495 : *Statim Varatæ fuerunt galeæ* x. *denuo factæ.* Rursum col. 503 : *Omnes galeas Varari fecit* (Potestas) *et eas necessariis omnibus ordinari.* Statuta Massil. lib. 1. cap. 46 : *Constituimus ut commune Massiliæ habeat vasos magnos et parvos ad naves, et ad alia ligna Varanda, eosque teneat bene aptatos, et paratos* (ad) *Varandum, expensis communis, et quicumque navem aut aliud quodcunque lignum Varare volent a modo, illud Varent cum dictis vasis duntaxat, etc.*

* Acad. Crusc. *Deducere navim e navalibus.* In Stat. vero Massil. hic laudatis, Carinare, navem reficere sonat, ut et in Lit. Salad. apud Lamium in Delic. erudit. inter not. ad Hist. Sicul. Bonincont. part. 1. pag. 198 : *Imposuerunt nobis preces, ut naves eorum traherent ad terram; et nos inquirimus duanam quam deberent, et duana testificabat, ut unaquaque nave deberent dare s. ij. ad tenendas naves et s. ij. Varandas et s. iiij. per timones. Varar* vero, Provincialibus, *Tutubare, labare*, ex Glossar. Provinc. Lat. Cod. reg. 7657.

VARBALLUM. Jura et Consuetudines Normanniæ cap. 17. de *Verisco*, seu jure naufragii : *Ex eo Dux habet.... omnem piscem ad Varballum, qui ad terram pervenerit.* Ubi editio Gallica : *Et tout poisson, qui par lui vendra à terre, ou qui aura esté prins à terre.* [*Vaballum* editum apud Ludewig. tom. 7. Reliq. MSS. pag. 188.]

* *Vaballum*, ut apud Ludewigum, qui ibi monet inde Germanicum *Walfisch*, legitur in Cod. reg. 4651. ubi nihil reperitur in Gallico, quod huic voci respondeat.

* **VARCA**, pro *Barca*, Navicula. Lit. Salad. apud Lamium in Delic. erud. inter not. ad Hist. Sicul. Bonincont. part. 1. pag. 197 : *Et non debent apprehendere aliquid, nec guardianus de duana, nec curatores, nec illi qui cum Varca servavit.*

VARCATURA. Charta Guillelmi filii Rogerii Ducis Apuliæ ann. 1142. apud Ughellum tom. 8. pag. 417 : *Et dictum molendinum cum parte Varcaturæ suæ, et cum integro sedio,... et cum lignaminibus eidem molendino sufficientibus ad aptandam Varcaturam solum pro paluta ejusdem molendini, etc.* Ubi *varcatura* idem valet, quod *virgatura* : (nostri *vergne* dicunt :) virgæ scilicet et ligna, quibus fluviorum aut stagnorum ripæ continentur : nisi sumi debeat pro aggere ipso seu *transitu* ad molendinum : Italis enim, maxime poëtis, *varcare* est transire, ut *varca*, et *varco*, iter, transitus. [Vide *Valcatorium.*]

¶ **VARCHETTA**, ut supra *Vacheta*; nisi sit pro *Barchetta.* Vide in *Barca.* Chron. Andr. Danduli apud Murator. tom. 12. col. 366 : xxxix. *galeas, decem Varchetas, et* iv. *naves festinanter præparari faciunt.*

VARCINATICUM. Charta Ludovici Pii lib. 2. Chronici S. Vincentii de Vulturno pag. 682. [** Murat. tom. 1. part. 2. pag. 369 col. 2. B.] : *De quibus una est donatio quam Lupus Dux ad prædictum sanctum locum fecit de Varcinatico, id est animalia, quæ exigebantur ad mensam Principis Ducatus Spoletani.* Idem Chronicon pag. 685. [** Murat. pag. 373. 2. B.] : *Obtulit quoque præceptum,... et de clausura in Marsis, et de Vuarcinatico, id est, animalia, quæ exigebantur ad mensam Ducis Spoletini.* Idem videtur, quod *Barganaticum* in Charta Caroli M. Vide in hac voce et *Warciniscum.*

¶ **VARDECLOQUE**, a *Warda*, custos; et *Cloque*, campana. Statuta scoteriæ in Tabular. Audomar. : *Veniat quolibet sero infra sonum campanæ quæ pulsatur in ecclesia nominata Vardecloque.*

¶ **VARDONUS**, Pars calcei, f. ab Italico *Guardone.* Statuta Saluciar. collat. 5. cap. 146 : *Statutum est quod quilibet caligarius, seu fieri faciens subtulares ad vendendum in Saluciis, teneatur et debeat facere seu ponere eisdem subtularibus soleas de schina corii grossi, et in eis ponere Vardonos de schina corii grossi, et hoc intelligatur in subtularibus grossis : in subtularibus vero subtilibus debeat ponere soleas de corio breato, cum Vardonis corii breati.*

¶ **VARE**, ut infra *Varus.* Vide *Vervicune.*

VAREA, Tributi species. Statuta Venetorum lib. 6. cap. 68 : *Quod vertitur.... in damnum patronorum et aliarum mercationum, propter dacia, nabula, et Vareas.* Ibidem : *Vaream non dari, nisi de rebus, quæ in quaterno Scribani descriptæ sunt : nisi ii libri aut furto ablati, aut in mare projecti sint : præterea de armis ac harnesiis.* Agitur etiam de *Varea* pluribus cap. 73. 74.

¶ **VARECH.** Vide in *Wreckum.*

¶ **VARECTUM.** Vide *Warectum.*

¶ **VARENDA**, **VARENDATIO**, **VARENDATOR.** Vide *Warantus.*

VARENNA. Vide *Warenna.*

¶ **VARENS**, **VARENTARE.** Vide *Warantus.*

VARES, seu *Varios* vocant, *murium Ponticorum* speciem quamdam *qui ventre tantum albi sunt, dorso fusciusculo*, ut ait Julius Scaliger in Aristotel. ubi de *Muribus Ponticis.* Hos *Vares* vocat Josephus Barbarus in Itinerario ad Tanaim pag. 456 : *Sibelinos, Armelinos, Dossos, Vares, vulpes, et id genus animalium alia illi afferentes. Veergares*, seu *Vairs gris*, appellasse videtur Benjaminus Tudelensis in Itinerario, uti a nobis observatum in Dissertat. 1. ad Joinvillam. Hinc *pelles Variæ*, et *vestes Variæ*, apud Scriptores. Arnulfus Lexoviensis : *Procedit interim inter cilicia pauperum fratrum et sordes, cartularii filius sericis adornatus et Variis.* S. Bernardus de vita et morib. Relig. cap. 10 : *An non posset dormiri, nisi supra Varium stratum, aut sub peregrino coopertorio?* Will. Brito lib. 9. Philippid. :

Et quas huc mittit Varias Hungaria pelles.

Cæsarius Heisterbach. lib. 6. cap. 5 : *Vestimenta ejus satis despecta erant, et humillima, non grisea, non Varia, sed ovina.* Synodus Monspessulana ann. 1258. cap. 3 : *Et qui tonsuram dimiserint, aut in habitu non vixerint clericali, vestes Varias deferendo, vel alias Clericos non decentes.* Rogerus Hovedenus pag. 642 : *Et quod nullus post proximum Pascha utatur Vario, vel grisio, vel sabellina, vel escarleta.* Albertus Stadensis, et Historia Archiepiscopor. Bremensium ann. 1183 : *Et sufficienter Archiepiscopum excusavit, videlicet quod Varium non ferret, nec cum suis vestibus alicui erogatis, mantellum Cleri aut Militis induisset, etc.* Concilium Saltzburgense ann. 1386. cap. 6 : *Hinc est, quod firmiter inhibemus, ne Clerici in publico utantur Vario, vel illud deferre præsumant, nisi in dignitatibus fuerint, vel Canonici Ecclesiarum Cathedralium, vel in gradu magisterii scientiæ fuerint constituti*. [Computus ann. 1202. apud D. *Brussel* tom. 2. de Usu feud. pag. CLXXXIII : *Et pro furura Varii minuti ad capam de camelino, ad S. Andream*, c. s. *Pro furura minuti Varii ad supertunicale quod habuit tunc*, LXX. s. Statutum Humberti II. ann. 1340. tom. 2. Hist. Dalph. pag. 406. col. 2 : *Item, pro folraturis raubarum Nativitatis erunt necessarii* DCCCC. *Varii, et pro illis Paschatis*, DCX. *Varii, pro illis O. SS.* DCX. *Varii*. *Pelles variæ*, in Tabular. S. Vincentii Cenomanens.] Vetera Statuta peagii Parisiensis : *Pelleterie de toute bonne robe Vaire, dont la peour est Esclavonasse. Vari Sclavoniæ*, apud Rollandinum in Chronico lib. 2. cap. 14. Adde lib. 1. cap. 13. [** Vide Murator. Antiq. Ital. tom. 2. col. 411. et 413. Lappenb. Orig. Hanseat. Probat. pag. 58. not. 5. ad chart. ann. 1252. ubi *Telma Varii operis*. Chron. Salernitan. cap. 28 : *Varium indumentum*.]

* Dialog. creatur. dial. 110 : *Varius est bestia parva paulo amplior quam mustella. A re nomen habet, in ventre enim candidus, in dorso habet colorem cinereum, ita elegantem, ut mireris bestiam sua creatione spectabilem; de genere piroli est, in arboribus habitat et fetus facit.... Varius licet sit parvus, propter nobilitatem pellis, animal excellentissimum est*.

¶ VAIRUM, VAIRUS, Eodem intellectu. Johan. Demuss. in Chron. Placent. tom. 16. Murator. col. 580 : *Aliquæ dominæ utuntur mantellis... fodratis de zendallo vel Vairis*. Tabular. SS. Trinit. Cadom. : *Omne verecum quod exciderit apud Oistrehan, aurum vel Vairum, vel mantellum sine atachia*, etc. Convent. civit. Saonæ ann. 1526 : *Pro aliqua quantitate pellium affaitarum, Vairorum, dolsorum, etc. De grisio seu Vairo*, in Tabul. Maclov. ann. 1415. Statuta Scabinorum Maceriarum ad Mosam : *Le cent de Vairs doit* IIII. *den*.

¶ VAJUS, Ital. *Vaio*, Eadem notione. Joh. de Bazano in Chron. Mutin. apud Murator. tom. 15. col. 605 : *Erant vestiti de scarleto fulcito de pellibus Vajorum*. Concil. Tarracon. ann. 1591. inter Hispan. tom. 4. pag. 615 : *Nullus audeat in vestibus seu caputiis forraturam portare de Vais albis vel de grisis*.

¶ VARUS. Chron. Parmense apud Murator. tom. 9. col. 820 : *Commune eidem fecit et donavit unam robam Varam pretio* x. *lib. imperialium*. Memoriale Potest. Regiens. ibid. col. 1154 : *Indutum erat corpus ejus de bono drappo de scarleto cum pulchra pelle Vara, et cum una capellina Vara de scarleto cum pulchro pallio*. Vide *Varus*, 2. suo loco.

¶ VAYRUS, in Constitut. Frederici Reg. Sicil. cap. 88 : *Possint portare Vayros in caputio vel birretta*. Adde cap. 89. et 105. Statuta Astens. collat. 11. cap. 109. fol. 36. v°. et Marten. tom. 3. Anecdot. col. 89.

¶ VEYRUS. Computus ab ann. 1333. ad ann. 1336. tom. 2. Hist. Dalph. pag. 273 : *Cuidam pellipario per manus Francisci sartoris pro pennis de Veyro robarum domini et Comitissæ consortis domini, etc.* Infra : *Pro Vayro pro dom. Comitissa, etc.*

¶ VARESCDUM. Vide in *Wreckum*.

¶ VARETA. Joh. Demussis Chron. Placentinum apud Murator. tom. 16. col. 579 : *Quælibet domina communiter habet tot annulos et Varetas auri cum lapidibus pretiosis, etc.* Nescio an sit pro Italico *Baretta*, vel *Garetta*.

¶ VARGAIGNE, vox Gallica pro *Bargaigne*, ut monuit Vir eruditissimus *Falconet*, Pactum, fœdus, tractatio, Italis *Bargagno*, Anglis *Bargain*, stipulatio, contractus : unde Scriptoribus medii ævi *Barcaniare*, *Barganniare*. Vide supra in his vocibus. Statuta pro pistoribus Atrebat. ann. 1355. inter Ordinat. Reg. Franc. tom. 5. pag. 512. art. 24 : *Quiconque crelera Vargaigne en la chité* (*cité*) *il doit venir pardevant le Majeur d'Arras et les Esquevins et Jurez sur sains, qui le celera* (*crelera*) *loyaulment*.

VARGI, Latrunculi indigenæ, Arvenis. Sidonius quippe lib. 6. Epist. 4. ait, *Vargorum nomine indigenas latrunculos nuncupare* Arvernos suos; neque alii videntur ab iis, qui

WARGI dicuntur in Lege Salica et Ripuaria, hoc est, *expulsi de pago*, banniti, qui latrocinio vivebant. Lex Salica tit. 57. § 5 : *Si quis corpus jam sepultum effoderit, aut exspoliaverit, Wargus sit, hoc est, expulsus de eodem pago, usque dum cum parentibus defuncti convenerit*. Ubi Glossæ interlineares Codicis Thuani habent *dejectus*. Eadem, quæ Salica, habent Lex Ripuaria tit. 85. § 2. et ex utraque, Leges Henrici I. Regis Angl. cap. 83 : *Et si quis corpus in terra, vel noffo, vel petra... exspoliare præsumpserit, Wargus habeatur*. Boxhornius a Punico *Farkin*, seu Hebræo *Perek*, vel *Pherek*, rapina, vocem deducit. Camdenus in Britannia ait, se invenisse in Glossario Ecclesiæ Landavensis *Verjad* Britannice latrones appellatos, hincque *Vargos* dictos putat. Wendelinus a Latino *vagus*, littera R. interposita. Multa de hac voce commentatur Savaro ad laudatum locum Sidonii, cujus vestigium agnosco agud Innocentium III. PP. lib. 13. Epist. 95. et in Bullario Casinensi tom. 2. pag. 242 : *Cæterum cum Vargum Vadareni ad monasterium pertinere testes utriusque partis ostendant, etc.* Ubi *vargus* videtur esse Italicum *varco*, vel *varca*, iter, transitus, unde *varcare*, transire : quas voces quidam a *varca*, pro *barca* deducunt. Est enim Italis proprie *varcare* fluvium vel montem pertransire. Potest etiam a *vargis* vox deduci, qui pro vagis sumuntur.

* Gothis *Vargur*, idem est ac Latro; hinc *Vargur i veum*, Latro in sacris, sacrilegus. Consule Verel. Ind. Ling. Goth. [** Vide Grimm. Antiq. Jur. Germ. pag. 396. 733. Mythol. pag. 558. 707. Graff. Thesaur. Ling. Franc. tom. 1. col. 979. voce *Warg*.]

WARGANEUS, Extraneus, alienigena, cujusmodi sunt *Vargi* extorres, et banniti, et a patria sua facti exules. Charta Udoni, Episc. Tullensis ann. 1069. apud Hier. Vignerium in Alsaticis pag. 128 : *Alienigenæ, id est, Warganei, qui manserint in banno, dabunt Comiti* 4. *denarios, etc.* Ab eodem denique fonte, non insulse opinor

WARINGOS, Anglo-Danos, de quibus fuse egimus ad Villharduinum n. 89. qui ex Anglia a Normannis expulsi, Byzantinorum Impp. obsequio sese manciparunt, arcessit Spelmannus, qui ita appellatos putat a Saxonico, seu veteri Germanico, ac proinde Gallico v a r i a n, quod est *imprecari, execrari* unde *Waringe*, Angli maledictionem et anathematizationem, vocant, ita ut *Varingi*, perinde ac *Vargi* exules fuerint et *banniti* seu ut verbo utar Orderici Vitalis lib. 4. *extorres* : eosque Normanni, voce Anglica tunc recepta, et probrosa, *Vargos* et *Varingos* appellarint. Licet porro *Varingi*, quos Byzantini Scriptores βαράγγους vocant, iisdem non semel, ut et Willelmo Malmesburiensi lib. 2. de Gestis Anglor. cap. 13. *Angli* dicantur, Anglo-Danos fuisse constat, tum ex ipso Wilharduino, cui *Anglois-Danois*, tum ex Saxone Grammatico lib. 12. sub ann. 1098. cui *Danicæ vocis homines* dicuntur, satis perspicuum est. Tametsi alii Κέλτους, seu *Celtas*, appellent Scriptorum plerique, ac præsertim Pachymeres lib. 7. cap. 35. extremo, et quos laudavimus ad Villharduinum et ad Annam Comnenam, quia scilicet ita etiam Germanos indigitabant. Vide *Warengangi*, et Glossar. med. Græcit. voce Βάραγγοι, col. 175. et Append. col. 35.

☞ Eamdem originationem nomenclaturæ maris Balthici, quod Russis *Mare Waregicum* dicitur, tribuit Eccardus in Lege Salica pag. 243. quod scilicet piratæ celebriores, *Wargi* nuncupati, ab ea regione prodierint.

¶ VARGUUS, βλαισός, in Gloss. Lat. Gr. Vulcanius emendat *Valgus* : nisi sit pro balbus, Italis quippe *Varguo*, blæsum sonat.

¶ VARIA, pro *Baria*, Argenti massa, Gall. *Lingot, barre d'argent*. Epitome Chron. Casin. apud Murator. tom. 2. pag. 366. col. 1 : *Item secunda vice* CCCLXV. *libras argenti, et tredecim mille aureos, et duas Varias argenteas ponderis librarum* XXX. *etc.*

** VARIAMEN, Varietas. Ruodlieb fragm. 8. vers. 36 :

.... modo dextra
Tangendo chordas dulces reddit nimis odas,
Multum distincte faciens Variamina quæque.

* VARIABILIS, Sibi non constans, qui varia loquitur aut respondet. Charta ann. 1380. inter Probat. tom. 3. Hist. Nem. pag. 40. col. 2 : *Quem nuntium, ex eo quod Variabilem in multis reperiit et mendacem, incarcerari fecit, volens ab eodem reperire veritatem super occisione prædicta*.]

* 1. VARIARE, dicitur aqua per varios alveos decurrens. Stat. ann. 1409. inter Probat. tom. 3. Hist. Nem. pag. 199. col. 2 : *Per quod* (fossatum) *aqua dicti fontis fluit, Variat et vadit, et quæ aqua dicti fontis antea solebat venire ad molendinum*. ..... *Dicta aqua proveniens ex dicto fonte fluit, vadit et recedit per dictum fossatum seu vallatum, et per trencatum dicti fossati seu vallati noviter facti*. Vide supra *Varare* 1.

* 2. VARIARE, Mutare, Gall. *Changer*. Charta ann. 1394. tom. 2. Hist. Trevir. Joan. Nic. ab *Hontheim* pag. 297. col. 2 : *Dicti religiosi dictum monachum sacerdotem poterunt pro suæ libitu voluntatis Variare*.

Unde *Varier quelqu'un*, Illum a sententia dimovere. Mirac. MSS. B. M. V. lib. 2 :

> Se tu de chou point me Varies, etc.

Varier autem Contradicere sonat, ni fallor, in Lit. remiss. ann. 1387. ex Reg. 131. Chartoph. reg. ch. 100 : *Laquelle femme contre le propoz et intention dudit exposant Varia tant, qu'il fu meu de vouloir frapper sa femme d'un petit baston qu'il avoit.*

¶ **VARIARE FORUM**, Jurisdictonem pro libitu mutare. Alphonsi Reg. Aragon. Epist. ann. 1429. inter Concil. Hispan. tom. 3. pag 660 : *Ita quod de commissis vel committendis per eos excessibus, forum Variando ad votum, a nemine punitione debita valeant cœrceri.* Vide *Varare* 1.

* **VARIASCERE**, Dicitur de uvis, quæ cum maturescunt colorem mutant seu variant. Alex. Iatrosoph. MS. lib. 2. Passion. cap. 117 : *Cum Augusto mense incipit maturare vel Variascere uva etc.* Vide mox *Varius* 3. et infra *Vayrare*.

VARIATOR, Ποικιλτής, in Glossar. Græco-Latin. : Ποικίλλω, *Vario.*

¶ **VARICA**, Struma. Vide *Gangula.*

¶ **VARICARE**, Transgredi. Gloss. Lat. Gr. : *Varicat*, ὑπερβαίνει. *Varicat, divertit, ambulat,* in Gl. Isid.

¶ **VARICATIO**, διςαγμός, in Gloss. Lat. Gr. Græc. Lat. : Διςαγμός, *hesitacio, Varicatio, dubium.* Melius in Cod. Reg. *Variatio.*

¶ **VARICOSUS**, *id est Curvus. Varix est vena quæ facit hominem curvum,* in Gloss. MSS. S. Andreæ Avenion.

VARICUS, Morbi species. Stephanus de Translat. S. Maurini Abbat. num. 10 : *Puero cuidam morbus, quem dicunt Varicum, densa visum caligine obnubit, et oculorum munus extinxit.* Videtur legendum *Variolam.* Vide in hac voce.

¶ **VARIEGARE**, Variare, ornatus varietate distinguere. Utuntur Ausonius et Apuleius non semel.

¶ 1. **VARIETAS**, Dissensio, Gall. *Différent.* Oberti Cancellarii Annal. Genuens. apud Murator. tom. 6. col. 309 : *Nam inter nos Varietates, quæ ortæ fuerunt per universum Archiepiscopatum nostrum, hi consules in civitate ita caute et sapienter omnia tractaverunt, etc.*

¶ 2. **VARIETAS**, Astutia, calliditas. S. Irenæi vetus Interpres lib. 4. cap. 41. n. 3 : *Dixit sic progeniem viperarum, secundum similitudinem horum animalium in Varietate ambulantes et lædentes reliquos.*

3. **VARIETAS**, Invalitudo, *Indisposition.* Lex Ripuarior. tit. 83. § 2. de impotionato : *Si autem mortuus non fuerit, et Varietatem seu debilitatem probabilem ex hoc in corpore habuerit, etc.* Vide *Inæqualitas*

* 4. **VARIETAS**. Vide mox in *Varius* 3.

VARINGAGA. Vide *Guaringaga.*

* **VARINGUS**, Exterus, alienigena. Acta S. Olavi reg. tom. 7. Jul. pag. 116. col. 1 : *Varingus quidam in Ruscia servum emerat, bonæ indolis juvenem, sed mutum, etc.* Vide in *Vargi.*

1. **VARIOLA**, [Boa, Medicis, Gall. *Petite Verolle.*] Glossæ MSS. ad Alexandrum Iatrosophistam : *Species turpedinis, quam vulgus Variolas dicit.* Constantinus African. lib. 2. Pantechn. cap. 14 : *Variolæ sunt multæ pustulæ in toto corpore, aut ex majori parte dispersæ, aut in uno membro, in aliis non. Antiqui vocant has ignis carbones : Siculi Filias ignis.* Marius Aventic. : *Hoc anno morbus validus cum profluvio ventris et Variola Galliam Italiamque valde afflixit.* Vide Miracula S. Ludgeri Episcopi Mimigard. n. 21. 25. al. 29. 33. lib. 2. Miracul. S. Bertini cap. 13. [Bern. Thesaurarium apud Murator. tom. 7. col. 767.] et Salmasium de Anno climacterico pag. 726. *Variolas* Græci ἐκθύματα et ἐξανθήματα vocant.

¶ **VARIOLUS**, Eadem notione. Miracula B. Jacobi Philippi tom. 6. Maii pag. 171 : *Joanna.... ob Variolum lumen amiserat oculorum.*

¶ **VAYROLA**, Eodem intellectu. Miracula S. Yvonis tom. 4. Maii pag. 572 : *Macula nata fuit in oculo puellæ post assumtam infirmitatem quæ vocatur Vayrola.* Vide *Picota.*

¶ **VAYRORA**, Pari significatu. Acta S. Francæ tom. 3. April. pag 384 : *Cæcitas occasione Vayrorarum exorta per S. Francam est curata.*

¶ **VARIOLOSUS**, Punctis *variolarum* deformis. Appendix ad Agnelli Pontific. apud Murator. tom. 2. pag. 214. col. 1 : *Statura pusillus, oculos habens parvos, magnum os, et magnos dentes habens, Variolosus in facie, etc.*

** 2. **VARIOLA**, Glastum. Charta Flandr. ann. 1262. apud Lappenb. Orig. Hanseat. pag. 80. Probat. : *Currus Variolæ 7. den. qui affert.... qui emit Variolam de cupa obolum.* Ubi textus Fland. ibid. pag. 84. *die waghen weeds.* Confer *Waydia.*

VARISCAPIUM. Vide *Waterscapum.*

1. **VARIUS**, Equi color. Ugutio : *Equus varius, qui habet vias colorum.* Claudius Corte Italus lib. 1. *del Cavalerizzo* cap. 16 : *Del color vario et misto : i pelami varii et misti sono quelli, che sono composti dei quatro colori suddetti, et io gli chiamo misti et vari, per cio che hanno i peli talmente misti, et posti insieme et colorati, che impossibil quasi sarebbe, over difficil molto, il bianco dal nero, o dal rosso super con l'occhio dividere, o discernere, o dire.* Palladius de Agricultura in Martio cap. 13. de equis, et eorum coloribus : *Sequentis meriti, Varius cum pulchritudine, nigro, vel albineo, vel badio mistus.* Gesta Consulum Andegav. cap 8. n. 7 : *Ipse et quidam suus Miles equitans Varium equum.* Occurrit etiam in Testamento Ermengaudi Comitis Urgelli apud *Diago* lib. 2. de Comitib. Barcinon. cap. 73. Le Roman *de Gaydon* MS. de equo vario :

> Ferrans li rand Vairon qu'il ot pardu.

Infra :

> Et Amanfrois sor Vairon d'Aquilée.

Rursum :

> Estouls de Langres sist ou Vair de Cataigne,
> Et Bernard sist sor le Vair d'Allemaingne.

Ibidem :

> Le bon cheval, qui ot la crope Vaire.

Le Roman *de Vaces* MS :

> Et gaingner destriers blons, et Vairs, et ferrans.]

Cheval vairon, in Testamento Balduini Comitis Guinensis ann. 1244. apud Duchesnium.

Tribuitur etiam aliis animalibus. *Oves variæ, arietes varii, et maculosi,* quibus opponuntur *unicolores*, Genes. cap. 30. ubi Gr. πρόβατον, φαιόν, Scholiastes vero ποικίλον, περκόν. Veteres Glossæ : *Varia,* ποικίλη πάρδαλις. Fragmenta Petronii : *Rusticus varium porcum perdiderat.* Eadem Gesta Coss. Andeg. cap. 12. n. 1 : *Quidam nobilis dictus Vacca varia.* Cosmas Pragensis pag. 5 : *Ibi Dux vester duobus Variis bubus arat : unus bos præcinctus est albedine, et albo capite : alter a fronte post tergum albus, et pedes posteriores habens albos.* Vide *Farius, Ferrandus, Vaccæ, Vares.*

¶ 2. **VARIUS**, Leprosus. Fortunatus in Vita S. Germani Episc. Paris. tom. 6. maii pag. 778 : *Cui... facto de ipsis maleficiis Vario, et si mors vitam non abstulit, tamen signum mortis infixit.*

* 3. **VARIUS**, Eodem sensu quo supra *Variascere.* Stat. Taurin. ann. 1360. cap. 164. ex Cod. reg. 4622. A. : *Nulla persona.... apportet seu apportari faciat de vineis... aliquam uvam acerbi seu agresti ; Variam vel maturam, aut aliam uvam in agresto, Varietate seu maturitate existentem, etc. Vairé,* pro *Emaillé*, Distinctus, vermiculatus. Invent. ann. 1424. apud Lobinell. tom. 2. Hist. Brit. col. 921 : *Deux bacins d'argent Vairez, etc. Une aiguiere Vairée,* in Lit. remiss. ann. 1426. ex Reg. 173. Chartoph. reg. ch. 474. *Verié*, eodem sensu, in Instr. ann. 1341. ex Reg. B. Cam. Comput. Paris. fol. 161. r° : *Item les orfevres paieront, pour chascun marc d'argent blanc et Verié, j. den. et pour vesselles dorées et esmaillées, etc.*

¶ **VARIX**. Vide supra *Varicosus.*

¶ **VARIXATUS**, Varius. *Pennæ acutæ Varixatæ,* in Chron. Mutin. apud Murator. tom. 15. col. 606.

¶ **VARLARE**, f. pro *Vallare*, rem fide interposita asserere. Vide *Vallamenta.* Literæ procuratoriæ ann. 1348. ex Chartulario 21. Corbeiens. fol. 193. v° : *Dantes dictis procuratoribus nostris... potestatem... testes ex parte adversa prædictos reprobandi ac suos testes salvandi, compromittendi, compromissum sub pena et fide Varlandi ac compromissum..., prorogandi.* Aliæ Litteræ procuratoriæ de eadem re ibidem fol. 192. v° concessæ a Maria Blesensi Ducissa Lothar. : *Donnons auctorité... de veir jurer tesmoings, de bailler reproeuces et salvations, de faire tous essoines,... de pascefier et compromettre par foy et par paine, de ralonger ledit compromis.*

* **VARLETUS**. Vide supra in *Valeti.*

* **VARLOGNIA**. f. Piscaria, septum ad intercipiendum pisces. Charta Will. Norman ducis ann. 1042. in Reg. 153. Chartoph. reg. ch. 542 : *Donavi decimam eidem ecclesiæ* (Cirisiaci) *in pasnagiis, in placitis, in vaccariis, in porcariis, in venationibus, in Varloguiis, etc. Valais,* Instrumentum piscatorium, in Stat. ann. 1388. tom. 7. Ordinat. reg. Franc. pag. 779. art. 47. et in altero ann. 1402. tom. 8. pag. 535. art. 72. *Vallois*, in Stat. ann. 1326. tom. 1. earumd. Ordinat. pag. 792. art. 4. et pag. 794. in notis.

* **VARLOYS**. Vide supra *Barloys.*

¶ **VARMIGRISUM**, Muris Pontici pellis. Leges Norman. apud. Ludewig. tom. 7. Reliq. MSS. pag. 187 : *Lapides pretiosos, insuper escallatam, Varmigrisum et pelles sebellinas, etc.* Vide *Vares*.

* **VARNACCHIA**, Togæ seu vestis talaris species, Ital. *Guarnaccia*, ubi videsis Octav. Ferrar. in Origin. Ital. Stat. synod. eccl. Sabin. xiv. sæc. rubr. 27 : *Statuimus et inviolabiliter observari mandamus quod quilibet sacerdos sive prælatus diocesis Sabinensis cum... Varnacchiis... communis et honestæ longitudinis... incedant* Vide *Garnachia* 1. et *Varnazonus*.

¶ **VARNAZONUS**, Vestis genus. Statuta Placentiæ lib. 6. fol. 80 v° : *Item de aliquo Varnazono drapi integri, etc.* Infra *Guarnazonus* dicitur. Vide in hac voce et *Guarnellum*.

1. **VARO**, et Viro, pro *Baro*. Tabularium Aquense apud Marcam : *Consilio et voluntate sui Varonis Olivarii, qui ejusdem Castelli et Burgi possessor erat et dominus.* Observat idem Marca lib. 6. Hist. Beneharn. cap. 24. n. 6. Sancium Guillielmi Comitem Vasconiæ in Charta fundationis S. Petri Generensis vassallos suos *Virones* appellare, ut insinuet hanc vocem a *Vir* deducendam. Vide *Baro*.

2. **VARO**, *pro stulto*. Papias.

* 3. **VARO**, Qui est virilis ætatis, Hisp. *Varon*. Leg. Portug. sub Alph. reg. tom. 1. Probat. Hist. geneal. domus reg. Portug. pag. 10 : *Si habuerit* (rex) *filios Varones, vivant et habeant regnum, ita ut non sit necesse facere illos de novo reges.*

* **VAROCHIUM**, Varrochium, Carchesii versatilis species, idem quod supra *Naspum*. Tract. MS. de Re milit. et mach. bellic. cap. 57 : *Currus iste cum arbore et Varochio levante scalas, est apprime utilis ad ponendum dictas scalas muro oppidi suorum inimicorum.* Ibid. cap. 62 : *Turris ambulatoria, cum ponte levatorio tracto a naspo sive Varrochio, super sex rotellas ædificata, etc.* Rursum cap. 79 : *Varrochium hoc est utilissimum levandi omne magnum pondus cum duobus sudibus, et homines esse debent quatuor ad volgendum Varrochium causa trahendi altius campanam. Verochium* ibid. cap. 22. *Waroqueau*, Repaguli seu vectis species, in Lit. remiss. ann. 1393. ex Reg. 145. Chartoph. reg. ch. 466 : *Chascun d'eulx tenant en sa main un baston ou Waroqueau.* Aliæ ann. 1474. in Reg. 195. ch. 1269 : *Sur icelle charrete le suppliant print ung grand baston, appellé Waroquiau.*

¶ **VAROLUS**, Animal quoddam, cujus mentio est in Vita S. Bernardi tom. 2. Operum ejusdem col. 1088. edit. ann. 1690 : *Transiens autem per quamdam villam, audivit ab incolis loci illius, duas feras immanissimas, quæ vulgo Varoli, in nemore proximo desævire.* A variis fortasse maculis sic dictum existimo. [* Lupi genus, *Waroul*, in Mirac. MSS. B. M. V. lib. 1 :

De culuevre nous font anguile,
Aignel de Waroul et de leu.]

[** Vide Grimm. Mythol. Germ. pag. 621.]

¶ **VARONIA**, pro *Baronia*. Vide *Rici*.

¶ **VARONUS**, Italis *Varone*, Piscis genus, Gobius, Gall. *Goujon*. Statuta Placent. lib. 6. fol. 79. v° : *Item pisces minutos, botulos, Varonos, etc.*

¶ **VARRENTARE**, Varrentatio, V. *Warantus*.

* **VARRI**, *Prov. Promptuarium*, in Glossar. Prov. Lat. ex Cod. reg. 7657.

VARRIUM. Vide *Barium*.

¶ **VARTIVUS**, στρεβλός, in Gloss. Lat. Gr. Leg. *Vatinius* ex Vulcanio. Gloss. Græc. Lat. : Στρεβλός, ὁ μὴ ὀρθὸς ἄνθρωπος, *Versutus, perversus, Vartivus*.

¶ **VARVASSURI**. Vide in *Vavassores*.

1. **VARUS**, *Septum ad capiendas bestias, ubi retia ponuntur, vel pallium varium.* Papias. Vide *Vara* 2. et *Vervicune*.

* 2. **VARUS**, Pellis muris Pontici. Charta Phil. Pulc. ann. 1301. in Lib. rub. Cam. Comput. Paris. fol. 195. r°. col. 1 : *Cum Maelinus miles constabularius Flandrensis, assereret se habere jure suo hæreditario.... duo paria robarum de lana Flandrensi et tres forraturas de grosso Varo, etc.* Vide supra *Vares*.

* 3. **VARUS**, Morbi ocularii species, macula. Locus est supra in *Pedata*.

1. **VAS**, Sepulchrum subterraneum cameratum, Sarcophagus ex lapide vel marmore, quomodo Arverni et Lemovices etiamnum *vases* dicunt. Lex Salica tit. 17. § 3 : *Si quis mortuum hominem aut in petra, quæ Vasa ex usu sarcophagi dicuntur, super alium miserit, etc.* Vetus Inscriptio : P. Elius Valerianus Hoc Vas Disomum Sibi Et Felicitati Posuit, Et Tribunal Ex Permissu Pontif. Perfecit. Gregorius Turon. lib. 1. Miracul. cap. 89 : *Factum est autem, ut impletis diebus in basilica B. Vincentii sepeliretur, in qua ipse sibi vivens Vas deposuerat.* Idem de Gloria Confessor. cap. 35. de Tumulo cujusdam puellæ : *Quo facto, ut Vas illud clausit opertorio, etc.* Josephus Sacerdos in Hist. Translat. SS. Ragnoberti et Zenonis cap. 3 : *Gaudio magno repleti collegerunt præfati venerabiles Sacerdotes ossa Ragnoberti Pontificis, elevantesque de sepulchro,... novo in Vase posuerunt.* Sed hoc loco videtur esse *feretrum*. Historia Cœnobii Viconiensis cap. 15 : *Vas quoddam, Feretrum vulgo vocatur, ipso consentiente et cooperante ædificaverunt auro ac argento, ac pretiosis lapidibus decoratum : cujus rei causa ne tanto Vase vacuo remanente frustra laborasse dicerentur, ubicumque potuerunt ab Ecclesiis tam vicinis quam longinquis Sanctorum corpora perquirentes, magnam ex his copiam aggregaverunt.* Vide Raimundum Montanerium in Chronico Aragon. cap. 153. Ita etiam usurpat Alcuinus Poem. 164.

Vascellum, Eadem notione. Vetus Inscriptio 1108. 6. Depositus. P. xii. in Vascello et Massa, etc.

Vasa autem videntur appellasse majores lapides. Sampirus Astoricensis Episcopus in Hist. Hispan : *Tunc ecclesiam in Compostella,... quam construxerat Rex Aldefonsus magnus ex lapidibus ex luto opere parvam, Rex iste præcipitavit, et ex calce quadratisque lapidibus, marmoreisque columnis, sive Vasis, construxit eam valde pulcherrimam.*

¶ Vas, pro qualibet re; quo sensu non semel occurrit in Scripturis sacris. Missale Franc. apud Mabill. Liturg. Gall. pag. 315 : *Fiant omnia ista protectione tua tuta atque defensa, potens Domine, Vasa.*

Vas, Corpus. Julius Africanus lib. 3. Histor. Apost. : *Quid mihi et tibi Quirine proconsul, ut mitteres me ad hominem, qui non modo extrudere ab hoc Vase, verum etiam suis me virtutibus incendere potest?* Utitur præterea lib. 7. pag. 94.

¶ Vasa Christi, Sanctimoniales. Eigil in Vita S. Sturmii sæc. 3. Bened. part. 2. pag. 269 : *Quemadmodum a viris satis fidelibus, immo Vasis Christi, illius viri principia et conversationem... agnovi.* Hinc Donatus Vesontionensis Episc. regulam ab se concinnatam inscribit Sanctimonialibus Jussanensis Cœnobii, quas *Vasa Christi pretiosissima* vocat.

Vasa Infirmiora, Sequior sexus, feminæ. S. Pachomius in Regula : *Si sæculares homines, aut debiles, aut Vasa infirmiora, id est, mulierculæ, venerint ad ostium, etc.* Utitur rursum infra. [Addit. 2. ad Capitul. cap. 23 : *In castitate uxores suas diligere, eisque ut pote Vasi infirmiori honorem debitum debeant impendere.* Mulierem *vas* appellat Paulus Apostolus 1. Thess. cap. 4. 4.]

* Ibi non mulier, sed corpus humanum generatim significatur; bene vero apud S. Petrum Epist. 1. cap. 3. 7. ubi mulier *Infirmius vasculum* dicitur.

Vas, Vasa, Arma. Willelmus Brito in Vocabul. : *Vasa belli dicuntur arma, unde versus :*

Dic belli Vasa, quæ bellum postulat arma.

Liber Regum cap. 14. ubi editio præfert, *alios armiger ejus interficiebat eos.* 70 Interpretes habent : *Et portans Vasa ejus, procedebat post eum.* Collatio Legis Mosaicæ tit. 1 : *Si immiserit super eum aliquod Vas ex insidiis.* Apud Frontinum lib. 4. Stratag. cap. 1. cultrum inter *vasa* reponitur. Hinc *Vasa conclamare, convasare*, in re militari. Vita S. Deodati Abbatis n. 5 : *Quo tempore Clodoveus regimine sacer Francorum, jubet Vasis bellorum instrui gentem Francorum, etc.* Rodericus Toletanus lib. 8. de Rebus Hisp. cap. 2 : *Hic itaque Pontifex cum multitudine citerioris Galliæ, Vasis belligeris, signis et armis honesta, urbem ingressus est Toletanam, etc.* [Miracula S. Angilberti sæc. 4. Bened. part. 1. pag. 134 : *Ambianensis pagi fundum quemdam vocabulo Ranivillam raptores cum Vasis armorum assalientes, etc.*]

* Hinc *Vase*, pro *Epée*, gladius, ensis, in Lit. remiss. ann. 1398. ex Reg. 153. Chartoph. reg. ch. 381 : *Le suppliant tira sa vase et lui dit ces paroles : Ne me meffay, où je crieray haro sur toy; et lui donna du plat de sa vase sur l'espaule.*

Vasa, Campanæ. Walafridus Strabo de Rebus Eccles. cap. 4 : *Vasorum autem usum primo apud Italos affirmant inventum. Unde et a Campania, quæ est Italiæ provincia, eadem Vasa majora quidem Campanæ dicuntur; minora vero, quæ et a sono Tintinnabula vocantur, Nolas appellant a Nola, civitate Campaniæ, ubi eadem Vasa primo sunt commentata.* Vita S. Materniani Episcopi Remensis n. 5 : *Cucurrerunt ad signa templi metallica; et cum cœpissent cuncta clangere Vasa Christi laudem reboantia, etc.*

Ethelwolfus de Abbatibus Lindisfarnensibus cap. 14 :

Ænea Vasa cavis crepitant queis pendula sistris :

Vas, Navis, Gallis *Vaisseau*. Ordericus Vitalis lib. 12. pag. 868 : *Hoc feudum, Domine Rex, a te requiro, et Vas, quod candida navis appellatur, merito ad regalem famulatum optime instructam habeo. Cui Rex ait : Gratum hebeo, quod petis : mihi quidem aptam navim elegi, quam non mutabo, etc.* Statuta Alexandri II. Regis Scotiæ cap. 25 : *Si aliqua navis, vel fercosta, vel aliud Vas appulsum fuerit, etc.* Synodicon Nicosiense cap. 15 : *Qui in Saracenorum publicis navibus, aut aliis Vasis regimen aut curam gubernationis exercent.* Gregorius M. lib. 3. Dialog. cap. 36 : *Nam cum in eorum morte ventorum nimietatibus elevati fluctus sævirent, vela in undis projecta, totumque Vas navis quassatum nimiis fluctibus ab omni fuerat sua compage dissolutum. Vasa galearum*, in Historia Cortusiorum lib. 19. cap. 7. [Vita S. Gurthierni in Tabul. Kemperleg. : *Aspicite mare quotidie, et veniet ad vos Vas in quod intrabitis : qui navigantes, etc.* Memoriale Potestat. Regiens. apud Murator. tom. 8. col. 1161 : *Multas naves et galeas et Vasa marina fabricaverunt* (Pisani) *in flumine Arni.* Conventiones civit. Saonæ ann. 1526. fol. 9 : *Quod homines Saonæ facere teneantur exercitum et cavalcatam per mare et per terram, et in Vasibus maritimis armandis ire.*] Ita σκεῦος interdum usurpant Græci Scriptores recentiores. Vide Glossar. mediæ Græcit. in hac voce. [** Jal. Antiq. Naval. tom. 2. pag. 138.]

Vasellum, ex Gallico *Vaisseau*. S. Ludovicus in Epist. de Captione sua : *Vasellis navalibus ut plurimum incendio dissipatis, etc.* Vincentius Belvac. lib. 32. cap. 97 : *Rex cum Legato.... erat in quodam Vasello, etc.* Utuntur præterea [Jacobus Rex Siciliæ in Constitut. cap. 31.] Petrus de Vineis lib. 2. Epist. 36. Sanutus lib. 3. part. 9. cap. 8. et alii. Vocem porro a nostris hauserunt Græci recentiores. Index Iliados Græco-Barbaræ : Λέβητας, τὰ βατζέλια, καὶ καράβια. *Veixells*, in Chronico Petri Regis Aragon. edito a Mich. Carbonello lib. 1. cap. 12.

¶ Vassellum, Eodem intellectu. Charta Frederici Reg. Siciliæ apud Murator. tom. 10. col. 881 : *Impedimentis ventorum obstantibus dictum extolium nostrum Vassellis hostium nullatenus poterat adhærere.* [** Adde Epistol. Frider. II. Imper. ann. 1229. apud Pertz. tom. 2. Leg. pag. 261. sqq.] Charta ann. 1429. ex Tabul. Piscat. Massil. : *Piscatores possunt vendere pisces in Vassellis eorum* Vide *Tarida* et *Vassalagium*.

Vacillum, Eadem notione. Charta Friderici I. Imperat. ann. 1190. apud Will. Hedam in Episcopis Trajectensibus : *Regiæ nobilitatis tuæ prudentiam commonendo rogamus, quatenus idoneos Serenitatis tuæ Legatos Januam, Venetias, Anconam, Pisam, et alia loca pro galearum atque Vacillorum transmittentes præsidio, etc.*

2. Vas, Alveare apum. Vulsinus Episcopus in Vita S. Juniani : *Homo, qui nocte ad furandum venerat, turpiter ligatus in horto nostro jacet, arripuerat enim quoddam Vas melle plenum, etc.* Historia Rotonensis Monasterii MS. lib. 1. cap. 5 : *Quidam vir rusticus... videns Vasa mellis, quæ quatuor tantum erant in horto, etc.* Domesdei in Monastico Anglic. tom 3. pag. 306 : 14. *Averii*, 12. *runcini*, 116. *oves*, 24. *porci*, 24. *capræ*, *et Vasa apium, semper valuit* 10. *lib.* Vide Formulas Exorcismorum cap. 11. apud Baluzium tom. 2. Capitul. et Aimoin. lib. 2. Miracul. SS. Georgii et Aurelii cap. 10.

Vascellum, Eadem notione. Pactus Legis Salicæ tit. 9. § 2 : *Si quis unam apem, hoc est, uno Vascello furaverit de sub tecto, etc.* Ubi Lex Salica habet tit. 9. § 1 : *Si quis unum Vas apium de intro clave aut sub tecto furaverit, etc. Vasculum* hac notione in Lege Bajwar. tit. 21. non semel.

3. Vasa Decimæ. Charta Adelviæ dominæ Guisiæ ann. 1198. in Tabular. Eccl. S. Nicolai de Clarofonte Ord. Præmonstrat. : *Ego Adelvia domina Guisiæ notum facio,... quod cum villa de Buronfossa construeretur, Gerardus Clericus de Cella, cui de* 9. *Vasis decimæ territorii ejusdem loci* 5. *competebant, nobili viro marito meo, in eadem decima de* 9. *Vasis tria possidebamus, pro bono pacis communis profectus, de illis* 5. *Vasis unum concessit in perpetuum possidendum, etc.* Merges, *Garba.*

☞ Hanc interpretationem iterum firmare licet ex Chron. Bonæ-Spei pag. 315 : *Anno* 1344. *cessimus quoque Henrico Poreals jus terragii duorum bonariorum,.... et trium terræ mensurarum versus Souvré, sub censu quinque Vasorum bladi.*

* Charta ann. 1198. in Chartul. Clarifont. ch. 73 : *De novem vasis... ex æquo divisum est ut ipse Gerardus in eadem decima quatuor vasa et nos quatuor sortiremur; residuum vero Vas, id est nonum, Galterus de Buries jure hæreditario possidebat.* Unde diminut. *Vassellum*, eadem notione. Chartul. Thenol. ex Cod. reg. 5649. fol. 65. v° : *Item ad decimam de Burnelles nos habemus dimidium Vassellum, quod tenet a nobis Gerardus,.... de quo debet reddere quolibet anno sex galetos bladi et totidem avenæ.... Item ad dictam decimam debemus habere quolibet anno unum modium bladi super Vas capellani Demorensis.* Chartul. S. Vinc. Laudun. ch. 97 : *Duo Vasa, quæ habebat in decima de Mairi, pro supradicti prati recompensatione, in perpetuum concessit.* Vide infra *Vaxellum.*

¶ Vasculum, Eadem notione, in Charta ann. 1133. apud Miræum tom. 1. pag. 98. col. 1 : *Terram in eadem parochia solventem annuatim* XIX. *sextaria brasii, cum decem Vasculis hordei, etc.*

* 4. **VAS**. Dominium, possessio. Charta Nic. episc. Camerac. ann. 1161. in Chartul. Mont. S. Mart. part. 3. ch. 5 : *Quibusdam dat* (Drogo Taxo) *feodum de Vase suo : quibusdam assignatæ sunt possessiones feodales.*

* 5. **VAS**, Locus tectus, ubi grana frumentaria reconduntur, Gall. *Grange*. Charta Elienor. comit. Viromand. ann. 1198. in Chartul. Mont. S. Mart. ch. 7. part. 1 : *Segetes collectas fratres, ubi voluerint, reponent, et quando voluerint excutient : partem vero canonicorum, quartam scilicet, excussam apud Montem S. Martini suis vecturis deductam, bona fide servabunt usque ad festum S. Johannis Baptistæ, et non amplius, et hoc in Vase tegulato. Vassure*, eodem intellectu, in Lit. remiss. ann. 1427. ex Reg. 174. Chartoph. reg. ch. 51 : *Il avoit un petit maquet de foing dessoubz une Vassure d'icelle église, ou le suppliant getta un tison de feu.*

* 6. **VAS** de Symbolo, Ciborium, sacra pyxis, in qua asservatur Corpus Christi. Vide supra *Symbolum* 2.

* 7. **VAS**, Supellex castrensis. Annal. Bonincont. ad ann. 1390. apud Murator. tom. 21. Script. Ital. col. 56 : *Ubi hostes in hos adventare intellexerunt, confestim Vasa colligentes, se se deserta obsidione in agro Mutinensi receperunt.* Vide in *Vas*, 1.

* Per Vasa Vinum Vendere, Singulatim vendere, distrahere, Gall. *Vendre en détail, à pot.* Charta ann. 1319. apud Pez. tom. 6. Anecd. part. 3. pag. 6. col. 2 : *Jus propinandi quindecim karratas vini in civitate Anasii et vendendi per Vasa vinum, quod ultra dictum numerum adduxerint in dictam civitatem, confirmavimus et innovavimus.*

VASA, æ. Observantiæ ad Foros Aragonenses, apud Michaelem *del Molino* in Repertorio pag. 75. v° : *Item pronuntiando declaramus, quod.... possint abebrare illas bestias, quibus excolunt in Vasis dictorum hominum de la Fraxneda,.... et ipsi terras tenentes teneantur juvare dictos homines de la Fraxneda in scombra dicta Vasarum.* Vide [*Vasilium* et] *Vasso.*

¶ **VASALLAGICUS**, Vasallagium, Vasallus. Vide in *Vassus* 2.

¶ **VASANUS**, ἀκράχολος in Gloss. Lat. Græc. edit. in MSS. : *Vesanus* et *Vesania.*

* **VASARE**, In *vasa* seu dolia infundere, Gall. *Entonner*. Stat. ann. 1310. tom. 2. Hist. Trevir. Joan. Nic. ab *Hontheim* pag. 80. col. 2 : *Vina colligenda ipsis ecclesiis a prope situata, vix possint colligi torqueri et Vasari.*

* Aliud sonat Gallicum *Vasser*, Dirigere scilicet, Gall. *Régler, aligner*, in Lit. rémiss. ann. 1469. ex Reg. 195. Chartoph. reg. ch. 282 : *Icellui Paliart avoit mis sus les terres deux estoucquetz, comme il lui sembloit que ilz se devoient rigler et Vasser, et qu'il s'en rapportoit à tous les laboureurs.*

VASARIUM, Σκευοθήκη, in Gloss. Gr. Lat. κυλίκιον, in Lat. Gr. Hispanis *Vasar*. Alias hujus vocis apud Latinos notiones vide apud Turnebum in Adversar. Casaubonum ad Suetonium, Jacobum Gothofredum ad leg. 13. Cod. Th. de Censitoribus, etc. (13, 11.)

Vasaria Terra, ex figuli argilla, ut est apud Gariopontum lib. 5. Passion. cap. 5.

¶ **VASARIUS**. Is qui vasariis sive vasibus præest. Liber niger Scaccarii pag. 347 : *Vasarius in domo comedet, et* III. *ob. homini suo, et sumarium cum libatione* (l. liberatione) *sua.* Vide *Vaasarius.*

¶ **VASATICUM**, Quod pro navibus vel apibus exsolvitur. Vide supra *Vas*, navis, et *Vas*, alveare apum. Chron. Farfense apud Murator. tom. 2. part. 2. col. 543 : *De aliis vero partes* II. *et nec angarias, nec xenia, nec glandaticum, nec Vasaticum*, nisi *Vasaticum* operas a Vassallis debitas significet : earum quippe eo loci non semel mentio occurrit. Vide alia notione in *Vassus* 2.

¶ **VASATUM**, Supellex. Annal. Novesienses apud Marten. tom. 4. Anecdot. col. 591 : *Publice voce præconis per plateas publicabatur... unicuique liberum esse civitatem relinquere, discedere; suaque assumere secum... Signo dato, multi cum Vasatis suis fugerunt.*

VASCANDA, *Genus vasis*, Papiæ. [Leg. videtur *Vascauda*.] Vide *Bascauda*.

VASCELLUM. Vide *Vas*.

¶ **VASCINUM**, Grex ovium. Vide *Rassaria*.

VASCIO, Vasculum, Gallis *Vaisseau*. Octavius Horatian. lib. 4. Rer. medicar. pag. 100 : *Ursi natura stomachi dolorem curat, si Vascione circa stomachum suspensa collo portetur, ito ut nec aqua contingat, etc.*

¶ **VASCONES**, Societas Vasconum, cui, ut videtur, attributa erat mensæ publicæ administratio. Litteræ Philippi Pulchri Franc. ann. 1306. ex Regest. 62. Chartophyl. Reg. Ch. 64. fol. 37 : *Guillelmo de Nozeriis servienti nostro armorum arcariam quas Vascones tenere solebant cum omnibus juribus et pertinentiis suis, prout per dictos Vascones seu gentes nostras alias explectari solent concedimus in hereditatem perpetuam tenendam a prædicto Guillelmo et heredibus suis ex recta linea descendentibus faciendo servitium consuetum.*

¶ **VASCONIZARE**, Vasconum more saltare. Aimericus de Peyrato Abbas Moisiacensis in Vita Caroli M. ex cod. MS. 1343. Bibl. Regiæ :

Quidam cabreta Vasconizabant,
Levis pedibus persaltantes.

¶ 1. **VASCULUM**, Alveare apum : item, Merges. Vide hac duplici notione in *Vas*.

* 2. **VASCULUM**, Navicula. Charta Guihen. de Anciniso tom. 1. Probat. Hist. Brit. col. 437 : *Remisi itaque eis, tam de navi quam de aliis omnibus navalibus Vasculis, res proprias S. Martini per Ligerim deportantibus, theloneum, quod in castello meo solebam accipere.* Vide *Vassellum* in *Vas* 1.

VASCUS, *Vanus, nugatorius*, in Glossis antiquis MSS. et apud Joannem de Janua.

¶ **VASELLA**, Vasellamentum. Vide in *Vassella*.

VASELLUM, Navis. Vide *Vas*.

* **VASELLUS**, Subditus. Anonymus de Miseriis curator. : *Sic quidem plebanus a proprio domino suo repellitur, et a cunctis Vasellis odio habetur.* Vide in *Vassus* 2.

* **VASI**, Hæretici Valdensium sectarii, in Constit. Frider. imper. contra Hæret. ex Cod. reg. 10197. 2. 2. fol. 19. r°.

¶ **VASILEUS**, pro *Basileus*. Vide in hac voce.

¶ **VASILIUM**, Stabulum, Equile, vel quid aliud simile, ut videtur. [* Vel Horreum. Vide supra *Vas* 5.] Charta ann. 1242. ex Tabular. Cartusiæ Montisrivi : *Et libertatem concessit cortes faciendi et Vasilia et ceteros usus necessarios ad opus animalium.* Vide *Vasa*.

VASLETUS. Vide *Valeti*.

¶ **VASNAGIUM**. Vide *Vaanagium*.

¶ **VASO**, Cespes, Gall. *Gazon*. Locus est in *Investitura*, pag. 886. col. 2. Vide *Wazo*.

* **VASPALE**, Purgamentum frumenti post trituram. Charta ann. 1194. inter Instr. tom. 12. Gall. Christ. col. 281 : *Idem quoque Stephanus* (dedit) *duas partes decimæ apud Aurigniacum et custodiam et tractum grangiæ et baltum* (leg. *balcum*) *et volugranum et Vaspale et paleas et stramen.* Vide supra *Gaspalium*.

* **VASPENNEGHE**, Vaspenninge, ex *Vas*, dolium, et *Penning*, denarius. Gloss. Cæs. Heisterbac. in Reg. Prum. tom. 1. Hist. Trevir. Joan. Nic. ab *Hontheim* pag. 671. col. 2 : *Pro quibus* (tunnis) *solvit quodlibet feodum annuatim in vindemia octo denarios Colonienses, qui denarii vocantur Vaspenninge.* Ibid. pag. 685. col. 1 : *Pro tunna solvit octo denarios, qui appellantur Vaspenneghe.* Vide *Penningus* et *Vassellum* 1.

¶ **VASSA**, Instrumentum piscandi. Tabul. S. Quintini in Insula pag. 79 : *Ad ingenia quæ sequuntur vidilicet à bois et boutoirs ad communes Vassas à foitre,... piscari poterunt.* Sed legendum omnino *Nassas*. Vide *Vervilium*.

¶ **VASSALA**, Gall. *Vassalle*, ex Charta ann. 1399. in Inventario Chartarum Reg. ann. 1482. fol. 313. v°. Vide in *Wassus*. 2.

¶ **VASSALITIUM**, Vassallagium, Vassallagius. Vide *Vassus* 2.

* **VASSALLAGIUM**, Vassallum, Navis, Gall. *Vaisseau*. Vide *Vas* 1. et supra *Vasculum*. Stat. MSS. Caroli reg. Sicil. : *Magistri portulani... teneantur exprimere... nomen et cognomen Vassallagii, in quo honerata sunt et ipsius Vassalli patroni.* Infra pluries *Vassellum*. Vide alia notione in *Vassus* 2.

¶ **VASSALLAMENTUM**. Vide mox *Vassella*.

¶ **VASSALLATICUM**, Vassallatus, etc. Vide *Vassus* 2.

* **VASSALLUS**, Vassaticum. Vide infra in *Vassus* 2.

* **VASSAULUS**, *Vassallus*, qui ratione feudi alicui domino fidei sacramento addictus est. Charta ann. 1300. in Chartul. eccl. Lingon. ex Cod. reg. 5188. fol. 44. v° : *Promittens idem dominus Valtherus.... ex nunc esse dicto domino episcopo et suis successoribus fidelem hominem seu Vassaulum.* Vide in *Vassus* 2.

¶ **VASSELLA**, Vasa, vasarium, supellex, Gall. *Vaisselle*. Ordinat. Humberti II. ann. 1340. tom. 2. Hist. Dalph. pag. 393. col. 1 : *Portent necessaria ipsorum officiorum et Vassella coquinæ.* Processus de B. Petro Luxemburg. tom. 1. Jul. pag. 608 : *Et honorabiliorem gobeletum totius Vassellæ meæ.* Vide *Vaissela*.

¶ Vasella, Vasellamentum, Eadem notione. Invent. Chartar. Reg. ann. 1482. fol. 76. v° : *Littera Mariæ Reginæ Siciliæ et Hierusalem Ducissæ Andegaviæ continens qualiter ipsa confessa fuit quod magna Vasella Regis fuit mutuo data marito suo pro conquestibus Siciliæ.* Ad marginem : *Vasa argentea et aurea.* Joh. Demussis in Chron. Placent. apud Murator. tom. 16. col. 583 : *Utuntur.... aliis pulchris arnixiis et Vasellis et Vasellamentis.*

¶ Vaxella, Vaxilla, Pari significatu. Testam. Guillelmi Vicecom. Narbon. ann. 1397. apud Marten. tom. 1. Anecd. col. 1632 : *Legamus capellæ S. Andreæ ecclesiæ de Crassa, pro quadam quantitate Vaxellæ argenti ,.... sexaginta francos auri, de quibus... dictam Vaxellam emi volumus.* Mirac. MSS. Urbani V. PP. ex Tabul. S. Victoris Massil. : *Fuit commissum quoddam furtum de Vaxella argenti dom. abbatis Montismajoris.* Testam. Guillelmi Martelcti Episc. Bethleemit. ann. 1402. ex Bullar. Fontanell. fol. 121 : *Ordino quod domus mea, in qua inhabito Parisius, cum omnibus meis municionibus tam libris quam aliis et Vaxilla mea argentea vendantur, etc.*

¶ Vaycella, Vayssella, Eodem intellectu. Charta ann. 1339. ex Tabular. S. Victoris Massil. : *Fiant duo inventaria,... qualia et quanta blada, vina, et cetera victualia, moneta, Vaycella aurea, argentea, etc.* Adde Baluz. tom. 2. Hist. Arvern. pag. 539. Litteræ Humberti II. ann. 1340. tom. 2. Hist. Dalph. pag. 415. col. 2 : *Sive esset billionus in monetis, Vayssellis, jocalibus, vel aliis quibuscumque auri vel argenti speciebus.*

¶ Vassallamentum, Vassellamentum, ut *Vassella*. Charta Hugonis Abbat. S. Benigni Divion. ann. 1299. ex Tabul. ejusd. loci : *Mobilia quæ habemus et habere possumus, scilicet in denariis, Vassellamentis argenteis, etc.* Comput. ann. 1239. ex Bibl. Reg. : *Pro Vassallamento in hospitio juvenis Reginæ* c. *sol. Tur.* Alter Comput. ann. 1255. apud D. *Brussel* tom. 1. de Usu feud. pag. 470 : *Pro calice aureo, candelabris, bacin. et aliis ad capellam et alia Vassallamenta argenti* VIII^c XLV. *lib.* XVIII. *denarios.*

¶ Vayssellamenta, Eodem sensu. Testam. ann. 1328. tom 2. Hist. Dalphin. pag. 227. col. 1 : *Et quod dom. hæres suus aliquid non capiat ullo modo, quousque dicta fuerint adimpleta, excepta Vayssellamenta sua quam ex nunc sibi legavit.*

¶ 1. **VASSELLUM**, Vassellus, Vas, dolium, vasculum. Statuta Montis Regal. fol. 297 : *Qui vendiderit vinum ad munitum... debeat postquam vendiderit totum Vassellum vini, quod vendere inceperit, hoc est vinum dicti Vasselli, dare et solvere dicto emptori dictæ gabellæ, etc.* Statuta Placent. lib. 6. fol. 83 : *Item provisum est quod calderarii et alii facientes lebetes seu aliquos Vassellos de ramo, etc.*

¶ Vaxellum, Pari significatu. Charta ann. 1040. ex Tabul. S. Victoris Massil. : *Dono x. dextros vineæ in villa Cathedra cum Vaxello, reservato michi usufructu.*

¶ Vaysellum, Eadem notione. Charta ann. 1392. ex Tabul. S. Victoris Massil. : *Unum Vaysellum vini rubei tenentem novem metretas, sive meillarolas et duo scundalia.*

* 2. **VASSELLUM**, Merges. Vide supra *Vas* 3.

* 3. **VASSELLUM**, Navis, Vide supra *Vassallagium*.

* **VASSELLUS**, Idem quod *Boissellus*. Leudæ major. Carcass. MSS : *Item pro Vassello, j. den. Turon.* Ubi versio Gallica ann. 1544 : *Pour un boisseau, etc.* Vide *Vassallum* 1.

* **VASSERIUM**, Navis, Gall. *Vaisseau*. Lit. Rob. reg. ann. 1328 : *Fideles nostri patroni quatuor galearum per mare Sardiniæ discurrentes, invenerunt in portu, vocato de Torres, quoddam Vasserium cum*

quantitate hordei et quibusdam aliis mercimoniis. Vide *Vas* 1.

* **VASSI**, *Fidejussores*, in Gloss. vett.

* **VASSILIUM**, Vasarium, supellex. Charta fundat. abbat. Aquilar. ann. 832. inter Probat. tom. 1. Annal. Præmonst. col. 104 : *Tres cultares argenteas et Vassilia multa ex lignis facta, etc.* Vide *Vassella*.

¶ **VASSINUM**, Grex ovium. Vide *Bassaria*.

VASSIS. Chronicon S. Vincentii de Vulturno pag. 678. de Petro Diacono Casinensi : *Quem Arichis suscipiens eum honorifice retinuit, a quo palatium infra Beneventum, et aliud in Salerno constructum, Vassibus decorari fecit.* Forte leg. *versibus*, nisi *vassibus* scribatur pro *basibus*. Vide *Vas*, et *Vassus* 2.

VASSO, Cujusdam Gallici numinis templum. Gregorius Turon. lib. 9. Hist. cap. 32. [** lib. 1. cap. 30.] : *Veniens vero Arvernos, delubrum illud, quod Gallica lingua Vasso Galatæ vocant, etc.* Marti dicatum fuisse opinatur Joannes Savaro in Orig. Claromont. Alii *Vasso*, templum et ædem sacram denotare aiunt, non Deum aliquem a paganis cultum : quippe juxta Claromontem locus, ubi olim fuit ædes S. Artemii, adhuc *le Vas saint Artem* appellatur, hoc est, templum S. Artemii : ut apud Delphinates in pago S. Gisleni (*S. Gilin*) locus, ubi ædes S. Marcellini fuit, postmodum destructa, et ad quem pro impetranda pluvia fiunt processiones Ecclesiasticæ, *le champ du Vas* dicitur, ut auctor est Claudius Expillius. Vide *Vasa*.

* **VASSOR**, ut supra *Vassaulus*, nostris etiam *Vasseur*, pro *Vassal*. Charta pro capit. Carnot. ann. 1375. in Reg. 107. Chartoph. reg. ch. 299 : *Unum Vassorem seu vassallum tenentem in feodum a domino dictorum molendinorum, etc.* Alia ann. 1393. ex Chartul. episc. Carnot. : *Si sont les Vasseurs appartenants à ladite chastellenie de Loigny, c'est assavoir.... la dame de la Lande comme garde de ses enfans.*

1. **VASSUS**, pro *Vas*. *Vassi de auro et de argento*, in Testamento Ranimiri Regis Aragoniæ æræ 1099. apud Martinezium.

* Charta fundat. abbat. Aquilar. ann. 832. inter Probat. tom. 1. Annal. Præmonst. col. 104 : *Duos Vassos argenteos et tres culiares argenteas.* Vide supra *Vassilium*.

2. **VASSUS**, et VASSALLUS, iidemne fuerint, video controverti ; quæ quidem inter eruditos controversia, ut facilius dirimatur, discutienda sunt quæ de utrisque habent Scriptores, et Tabulæ veteres.

VASSOS primitus fuisse, quos *familiares* ætas posterior appellavit seu domesticos, et qui ex Regia, aut alicujus Principis, familia erant, videtur indicare Lex Alamannorum tit. 79. § 3 : *Si alicujus Seniscalcus, qui servus est, et dominus ejus 12. Vassos infra domum habet, occisus fuerit, etc.* Marculfus lib. 2. form. 17. quæ est testamenti duarum personarum : *Quicquid exinde facere elegeris, aut pro animæ remedio in pauperes dispensare, aut ad Vassos nostros, vel benemeritis nostris absque repetitione hæredum meorum, quod tua decreverit voluntas, faciendi liberam habeas potestatem.* Ubi *Vassi* non alii sunt a famulis. Concilium Cabilonense II. can. 63 : *Nullus Vassus Abbatissæ, nec minister aliquis, nec clericus, nec laicus claustra ancillarum Dei ingrediatur.* Præterea Capitula Caroli M. et Capitul. ann. 823. cap. 24. ac priora quidem lib. 2. cap. 24 : *Vassi quoque et Vassalli nostri nobis famulantes, volumus, ut condignum apud omnes habeant honorem, sicut a genitore nostro et nobis sæpe admonitum est.* Agitur hoc loco de *Vassis Regiis et Dominicis*. Et lib. 3. cap. 73 : *De Vassis Dominicis, qui adhuc intra casam serviunt, et tamen beneficia habere noscuntur, statutum est, ut quicunque ex eis cum domno Imperatore domi remanserit, vassallos suos casatos secum non retineat, sed cum Comite, cujus pagenses sunt, ire permittat.* Denique lib. 4. cap. 4 : *De Vassis nostris, qui ad marcham nostram constituti sunt custodiendam, aut in longinquis regionibus sua habent beneficia, vel res proprias, vel etiam nobis assidue in palatio nostro serviunt, etc.* Erant igitur *vassi* iidem, qui famuli, quod præterea videtur indicare vocis origo apud Boxhornium in Lexico Gwallico, seu Cambro-Britannico, et Auctorem Catholici Armorici : *Gwas*, vel *Goas*, *servus, famulus. Antiquis significabat juvenem, adolescentem virum.* [Quæ originatio Eccardo potior videtur. Hickesius in Grammat. Theot. pag. 99. hanc vocem accersit a Gothico *Fads*, quod in compositione significat rei vel negotii procurationem, et respondet Anglo-Sax. vadian, ordinare, dispensare, disponere : unde ministri et famuli Principum propter commissam sibi bonorum seu officiorum curam dicti sunt *Fadsi*, dein *Fassi* et *Vassi*. Vassallus autem, addit ille, est quasi *Fads-scalcus*, rerum dominicalium minister.] Gryphiander de Weichbildis Saxonic. cap. 49. a Saxon. *Vassen*, ligare, deducit : quia, inquit, per investituram vassallus solemni stipulatione ita alligatur domino, ut illius fiat homo. At Goldastus *Vassum* a *vade* dictum contendit, *qui vadimonium pro beneficio accepto auctori suo dedit.* Denique Turnebus lib. 21. Advers. cap. 15. *Vasallos* appellatos existimavit, quasi *Vasarios*, tanquam clientes, qui in nobilium *Vasario*, seu supellectile, fuerint. Ita in vocum originationibus ludunt viri eruditi. Iso Magister in Glossis : *Cliens, minor vassus, serviens.*

Vassi vero e familia Imperatoris aut Regis, *Vassi Regales*, in Capitul. Pipini Regis Italiæ ann. 793. cap. 36. et in Capitul. 4. Caroli M. incerti anni cap. 9. vulgo vero *Vassi dominici* appellantur, id est, *proprii* Imperatoris aut Principis, et qui ex ejus familia erant. Apud Eginhart. Epist. 27. filius cujusdam Comitis, *Vassus Dominicus* dicitur. Tabularium Conchensis Abbatiæ in Ruthenis ch. 481. sub Ludov. Pio Imp. : *Mansellos illos, qui sunt in illa valle de ratione S. Mariæ Laudunense, quæ Bertrandus Dominicus Vassus pro regia potestate, vel gubernatore sanctæ Mariæ in beneficio habebat, etc. Comites et Vassi domestici*, in Concilio Ticinensi ann. 855. ubi iidem sunt, qui *Dominici*. Horum ordo magnus fuit, ut qui post Episcopos, Abbates, et Comites statim nominentur in Capit. Caroli C. ann. 877. cap. 1. in Capitul. apud Tusiacum ann. 865. et in veteri Placito, quod describitur in Vita Aldrici Episcopi Cenoman. num. 47. ubi Ragenarius et Fulco Comites Palatii, *Vassi dominici* pariter inscribuntur, etc. Sed et *Misso Dominico*, et *Vasso* Regio facta injuria pari pœna puniebatur, ut est in lege Longob. lib. 1. tit. 13. § 3. [** Carol. M. 29.]

Ita tamen ex familia Regia erant, ut fide et sacramento Principi obstricti essent. Unde in Capitul. Caroli C. tit. 23. cap. 4. junguntur *drudis*, id est, *fidelibus* : *Sine solatio et comitatu drudorum atque vassorum nuda et desolata exibit.* Deinde quicumque Regi eodem fidelitatis sacramento obstringerentur, *Vassi* omnes appellati, ut qui hocce pacto ex ejus familia esse censerentur. Annales Franc. ann. 788 : *Ibique veniens Tassilo ex jussione Domini Regis, sicut et cæteri ejus Vassi, etc.* Annales S. Nazarii de eodem Tassilone ann 787 : *Illucque veniens Dessilo, Dux Bejweriorum ad eum, et reddit ei cum baculo ipsam patriam,.... et effectus est Vassus ejus.* Annales Franc. Moissiac. ann. 795 : *Ipsi adhuc pleniter non venerunt, eo quod Vassum Domini Regis Cahehin Abotritarum occiderant.* Atque ex eo, quod dominorum servitio astricti essent, dictos volunt a *Vassen* Germanico, obligare, vincere : ita Fridericus Bandius ad Consuetudines feudales Gelriæ pag. 6.

Vassi isti *Dominici* extra ordinem interdum mittebantur a Principe in provincias, ut Comitibus adessent in justitia administranda, et cum eo jus dicerent, aliaque reipublicæ negotia exsequerentur, quod docent Lex Longob. lib. 2. tit. 52. § 2. [** Car. M. 18.] Capit Caroli M. lib. 5. cap. 133. [** 204.] Synodus Carisiaca cap. 2. Capit. Caroli C. tit. 32. cap. 12. etc. Tabularium Casauriense ch. 237 : *Ego Heribaldus Comes in vice Comitis Palatii ad singulas hominum justitias deliberandas, residentibus mecum Lacinaldo et Erifredo et Cariprando Bassis Domini Imperatoris, Adelberto, Joanne, Maculfo judicibus, etc.* [Notitia ann. 843. in Append. ad Marcam Hispan. col. 779 : *Cum in Dei nomine resideret vir inluster Adalaricus Comes una cum viro sanctissimo Gondemaro sedis Gerundensis Episcopo, Wadamiro, Carpioni et Leuchiriaco Vassos dominicos, necnon Assemundo et Hermanni Vicedominos, seu et judices qui jussi sunt dirimere causas, etc.*] Exstant alia *Judicatorum* exempla coram Comitibus et Vassis, in laudata Vita Aldrici Episcopi Cenom. pag. 130. et in Chronico Laurishamensi pag. 59. et apud Catellum lib. 5. Rerum Occitan. pag. 742. et Sammarthanos in Archiepisc. Narbonensib. num. 5. Neque, opinor, alii sunt *Vassi Comitum* a *Vassis Dominicis*, cum ita appellentur, quod iis a Rege ut collegæ darentur in jure dicundo, in lege Longob. lib. 2. tit. 42. § 1. lib 3. tit. 12. § 1. [** Car. M. 49. 121.] et in Capitul. Caroli M. lib. 3. cap. 51. ubi revera jus dixisse satis docent ; quod tamen nolim omnino præstare, ex lib. 4. Capitul. Caroli M. cap. 70. [* Nihil hic dubitandum esse asserit, atque prorsus distinctos fuisse vult Muratorius tom. 1. Antiq. Ital. med. ævi col. 558. Sed invalido, ut mihi videtur, ex argumento.] Proinde *vassi*

Dominici respectu Comitum, erant sicut Capellani minores respectu Episcoporum et Abbatum. Walafridus Strabo lib. de Rebus eccles. cap. 31 : *Capellani minores ita sunt, sicut hi, quos Vassos dominicos Gallica consuetudine nominamus.*

Sed et hi interdum *ad Marcham custodiendam* mittebantur, ut est in Capitulis Caroli M. lib. 4. cap. 4. Vita Ludovici Pii ann. 778. et Continuator Aimoini lib. 5. cap. 1 : *Ordinavit per totam Aquitaniam Comites, Abbatesque, nec non alios plurimos, quos Vassos vulgo vocant, ex gente Francorum; quorum prudentiæ et fortitudini nulla calliditate et nulla vi obviare fuerit tutum, eisque commisit curam regni, prout utile judicavit, finium tutamen, villarumque regiarum ruralem provisionem.* Quæ quidem verba postrema videntur potissimum spectare *vassos dominicos*, qui interdum *villicorum* vices agebant. Lambertus Ardensis : *Ab antiquo Comitis Walteri tempore, quendam Villicum, vel Præpositum, quem antiquiora tempora Vassum suum appellant, in terra Ghisnensi habebant, qui de omnibus decimis et possessiunculis, quas in eadem terra possidebant, eis ut villicus sufficienter respondebat.* Adde Capit. Caroli M. lib. 4. cap. 70. Legem Longob. lib. 3. tit. 4. § 5. [** Pip. 16.] etc.

Cum igitur vel ad sua *ministeria* pergebant, vel cum in iis consistebant, quemadmodum *Missi* Dominici et Comites, *conjectum* accipiebant, ut est in iisdem Capitul. lib. 4. cap. 69. et in lege Longob. lib. 3. tit. 1. § 38. tit. 4. § 5. [** Lud. P. 54. Pip. 16.] Quin etiam Comitibus eorumque jurisdictioni suberant, adeo ut si *justitiam non fecissent*, in eos Comites animadverterent, ex lege Longobard. lib. 2. tit. 52. § 2. tit. 54. § 1. [** Carol. M. 18. Loth. I. 15.] Quod et de *vassallis Dominicis* perinde habent Capitularia Karlomanni Regis tit. 2. cap. 11.

Vassis Dominicis dabantur etiam a Principe *Beneficia* in Provinciis. Capitulare ann. 779. cap. 10. et in Addit. 4. Capitul. cap. 120. [** in leg. Longob. lib. 2. tit. 39. § 3. Carol. M. 9.] : *Similiter et Vassi nostri, si hoc non adimpleverint, beneficium et honorem perdant.* Capitula Caroli M. lib. 4. cap. 4 : *De Vassis nostris, qui ad marcham nostram constituti sunt custodiendam, aut in longinquis regionibus sua habent beneficia, vel res proprias, etc.* Vide Eginhartum Ep. 26. 27. Odo Cluniacensis lib. 1. de Vita S. Geraldi cap. 17 : *Neque patiebatur, ut quilibet senior beneficia a suo Vasso pro qualibet animi commotione posset auferre, etc.* Quo loco *vassus* idem sonat quod *vassallus*; qui scilicet ratione feudi domino est obnoxius. Idem cap. 32 : *Nam reipublicæ statu jam nimis turbato, regales Vassos insolentia Marchionum subjugaverat.* Et lib. 4. cap. 7 : *Cum vassus quidam nomine Aldradus, etc.* Tabularium Vindocinense fol. 54 : *Guido de Blasone Dominicus vassus accedens ad Dominum Ordericum Abbatem, etc.* Idem Tabular. ch. 98 : *Comparavit igitur Agnes inclita Comitissa legitima emptione a Lancelino Dominico Vasso de Castro Balgentiaco Ecclesiam S. Beti, cum tota integritate sua, quæ sita est juxta murum Vindocini, etc.* [Charta Ludovici Pii ann. 815. inter Probat. tom. 1. Hist. Lothar. col. 297 : *Noverit utilitas fidelium nostrorum, Comitum videlicet et Vassorum nostrorum, vel quisquis beneficia ex ratione monasterii S. Michaelis habere videtur, etc.*]

Denique *Vassorum* et *Vassallorum Dominicorum* ea erat prærogativa, ut si criminis aut alterius delicti incusarentur, non ipsi, sed *meliores illorum homines juramentum persolverent*, ut est in Capitulis Karlomanni Regis tit. 2. cap. 4. et 11. ubi hæc habentur : *Honorem enim talem nostris Vassis Dominicis concedimus, ut ipsi non sicut reliqui manu propria sacramentum jurent; sed melior homo illorum et credibilior agere non differat.* Neque alius est *honor condignus*, quem vassis haberi volunt Capitula Caroli M. lib. 2. cap. 24. Porro qui *vassi dominici* appellantur in Capitulis Karlomanni d. tit. 2. cap. 4. iidem *Vassi* et *Vassalli dominici* promiscue dicuntur d. cap. 11. adeo ut *Vassalli Dominici* non alii ac diversi fuerint.

Vassorum deinde et *Vassallorum*, ut *Capitaneorum*, seu *Capitaneorum*, sub postremis Imperatoribus Alemannicis inductus fuit ordo honorarius, qui etiam ad posteros transmittebatur, nulli licet addictus loco, aut gubernationi. Chartam Conradi Regis Burgundiæ anni 944. descripsit Guichenonus ex Tabulario Cluniacensi, exaratam coram Episcopis et Comitibus in ea nominatis, *Vassis dominicis majoribus et minoribus.* Aliam Willelmi Comitis Provinciæ ex eodem Tabulario laudat Antonius Rufius, quæ perinde exarata dicitur coram *Vassis dominicis tam Romanis, quam Salicis.* Petrus Damiani lib. 1. Epist. 9. pag. 21 : *Narravit mihi Humbertus, quia Vassus quidam, dum iter ageret, accidit, ut juxta molendinum equo insidens pertransiret, etc.* Lib. 6. Epist. 9 : *Frater meus talis Vassi unicam filiam sibimet in matrimonio copulavit, etc.* Decretum Mainardi et Joannis Cardinalium pro ecclesia Mediolanensi, apud Baronium ann. 1067. num. 11 : *Clericus autem vel laicus pro ordinis ac dignitatis suæ qualitate, hac potestate tali mulctetur damno, ut siquidem de ordine Capitaneorum fuerit, viginti denariorum libras, Vassorum autem decem; negotiatorum quinque... componat.* Sed et *Vassos* et *Vassallos* creatos ab Imperatoribus, interdum etiam ipsosmet Augustos aliis nobilibus eosdem creandi jus impertiisse legimus. Exstat bulla Caroli IV. Imperat. ann. 1355. qua *Milano de Beccharia*, civi Papiensi, Notarios et Tabelliones creandi, et illegitimos natalibus restituendi facultatem impertitur, in qua sequentia adduntur : *Et quod possitis, tu et filii tui... quoscunque sponte volentes Vassallos facere, ad vassallatus onus inducere auctoritate prædicta, illustribus Principibus, Ducibus, Comitibus, Baronibus duntaxat exceptis.*

¶ Vassatus, Eadem notione, in Charta Alphonsi Reg. Lusitan. æræ 1142. ex Tabul. Claravall : *De consensu Vassatorum meorum..., me ipsum, regnum meum... sub B. Mariæ de Clara-valle tutelam... constituo.*

☞ Inter Nobiles secundi ordinis habitos fuisse colligi posse videtur ex Charta ann. 1040. in Tabul. S. Victoris Massil. : *Factum est placitum in quo congregati sunt utriusque loci primates et Vasses, plebeique ac urbani diversi ordinis, diversæque ætatis utriusque sexus, quorum nomina exprimi duximus... Attanulphus Vasses urbis Arelatensis, etc.* Idem innuit Charta ann. 1239. apud Lobinell. tom. 2. Hist. Britan. col. 392 : *Noveritis quod nos ad precationem Episcoporum, Abbatum, Baronum, et Vassallorum Britanniæ, etc.* Vide *Vavassores.*

Bassus etiam pro *Vassus*, dixit Charta laudata ex Tabulario Casauriensi, ut et Capitulare I. Caroli M. ann. 802. cap. 39. Diploma Ludovici Imp. : *Si Comes aut Bassi nostri remanserint.*

* Vox diversis notionibus usurpata : Familiaris seu domesticus ex familia regia aut alicujus principis; vel qui alicui ratione tutelæ et protectionis, aut feudi sacramento adstrictus est; qua ultima notione, *Vasse* occurrit in Lit. ann. 1367. tom. 5. Ordin. reg. Franc. pag. 10 : *Eussions ordené que le ressort de la conté de Bloys et des Vasses et subgés doudit conté, etc.* Ut autem ex mutatione *v* in *b*, *Bassus* pro *Vassus*, dixerunt Scriptores medii ævi, ita nostri *Basse* usurparunt pro Famula, ancilla. Lit. remiss. ann. 1450. in Reg. 185. Chartoph. reg. ch. 39 : *Le Prestre et sa Basse ou chamberiere, qui parloient d'icelle suppliant, comme il lui sembloit, pour ce que icelle Basse ou chamberiere dudit prestre dist entendiblement, Veez la cy venir.*

¶ Vasaticum, Clientum et feudalium agmen, familia. Vita S. Bernwardi apud Leibnit. tom. 1. Script. Brunsvic. pag. 455 : *Jubent universos Theotiscos Episcopos circa Natale Domini ad illorum præsentiam festinare, non solum ad synodum, sed cum omni suo Vasatico ita constructos, ut ad bellum quocunque Imperator præcipiat, possent procedere... Hos conscivit Sophia, cunctos videlicet, quos de Vasatico Archiepiscopi, vel familia illius convocare poterat.*

Vassaticum, Fides, quam præstat *Vassus* Domino, vel Principi : proinde idem quod *Hominium.* Annales Franc. ann. 757 : *Ibique Tassilo venit Dux Bajoariorum, in Vassatico se commendans per manus, etc.* Ubi Ado Viennensis : *Seque illi in Vassallum commisit.* Iidem Annales ann. 788 : *At ille videns se undique constrictum, venit per semetipsum, tradens se manibus Regis in Vassatico, renovans sacramenta.* Charta Caroli Calvi pro Barcinonensibus, apud *Diago* lib. 2. cap. 4. et tom. 2. Hist. Francor. : *Noverint præterea iidem Hispani sibi licentiam a nobis esse concessam, ut se in Vassaticum Comitis nostri, sicut alii Franci homines, commendent; et si aliquod beneficium quisquam eorum ab eo, cui se commendavit, fuerit consecutus, sciat se de illo tale obsequium Seniori suo debere exhibere, quale nostrates homines de simili beneficio Senioribus suis exhibere solent.*

* Clientelam potius intellige, saltem in locis hic laudatis, a potentiori domino vel principe concessam illi, qui ipsius tutelæ sese commendaverat, ob quam fidelitatem suam ei juramento obligabat; unde *Vassus* appellabatur, nullo licet sibi collato beneficio aut feudo. Consule Muratorium tom. 1. Antiq. Ital. med. ævi col. 548. Vide supra *Commendatus.*

Vassaticum præterea appellabant præclarum in præliis, vel occasionibus aliis bellicis facinus, vel animi magnitudinem: forte quod *vassi* et *vassalli* essent viri militares, et iidem, qui postmodum *milites* nude appellati sunt. Hincmarus Remensis in Opusculo 55. Capitulorum cap 52: *De hoc quoque vitio superbiæ descendit, quod multi te apud plurimos dicunt de fortitudine et agilitate tui corporis gloriari, et de præliis, atque ut nostratium lingua dicitur de Vassaticis frequenter ac libenter sermonem habere, etc.* Ubi sane malim *vassaliticis*, tametsi vox *vassaticis* tolerari possit, a *vassus*. Sed ut priorem præferam, facit recepta deinceps vox *vasselage* hac eadem notione apud Scriptores vernaculos inferioris ævi. Le Roman *de Garin* MS:

> Tel Vasselage certes pris ge petit.

Le Roman *de Roncevaux* MS:

> Par Vasselage soluie i estre vos drus.

Le Roman *d'Artus* MS:

> De force ne de Vasselage,
> N'ot son per en tot le bornage.

Le Roman *de Florimont* MS:

> Li Rois avoit riche corage,
> Et pensa un fier Vasselage.

Le Roman *d'Alixandres* MS:

> Or m'en iron sor lui veoir son Vasselage.

Guill. *Guiart* anno 1267:

> Mesire Erart de Valeri,
> Un haut baron courtois et sage,
> Et plain de grant Vasselage,
> Que son cors et ses faiz looient,
> Tuit cil qui parler en ouient.

Le Roman *de Vacce*:

> Que Richart ert moult prous, et de grant Vasselage.

Chron. MS. Bertrandi *du Guesclin*:

> Si ay trouvé en lui d'honneur si largement,
> Et tant de Vasselage et de fier hardement.

Robertus *de Bourron* in Hist. Merlini MS: *Nostre Sire nous a fait moult grant honnour, quant vous si haut homme, comme li Rois est, avés pris par vostre Vasselage.* Chronicon Franc. MS. ex Bibl. Memmiana in Carolo V: *Onc convoiteux ne fit beau Vasselage.* Adde Chronicon Flandriæ cap 18. 30. et Buzelinum in Gallo-Flandria lib. 3. cap. 6. pag. 482.

Ut porro *Vasselage*, pro animi magnitudine usurparunt nostri, ita et *vassaus*, viros fortes appellabant. Philippus *Mouskes*:

> Aprés li resorst en Banniere
> Une guerre orgilleuse et fiere,
> Le Sire iert Dus, s'ot non Rasaus,
> Qui moult estoit preus et Vasaus.

Le Roman *de Guillaume au Court-nez* MS:

> Dux né de Baviere, qui fu pros et Vassaus.

Guillelmus *Guiart* ann. 1304:

> Espaignols qui ces trois nez guient,
> Ou moult a de bardis Vassaus.

Le Roman *de Garin*:

> Maint bon Vassal i firent trebucher.

Alibi:

> Meillor Vassal de lui ne sache mie.

Vetus Poëta MS:

> Biaus fu et lons et drois, bien ensemble Vassal.

Le Lusidaire MS:

> Quant Jacob vint li Senescaus.
> Qui moult estoit preus et vassaus.

Le Roman *de Roncevaux* MS:

> Othes fu preus, et bons vassaus vaillans.

Chron. Flandriæ cap. 15. Matthæum de Montemorenciaco *gentil Vassal* appellat.

☞ Hinc *Vassaument*, pro fortiter, ut virum fortem decet, in Hist. Johannis IV. apud Lobinell. tom. 2. Hist. Britan. col. 729:

> Comme s'il voulait de sa grace
> Laisser riguer et toute aspresse
> Contre ceux qui moult loyaument
> L'avoient servi bien Vassaument.

Vassalli, si Marcam audimus lib. 1. Hist. Beneharn. cap. 28. num. 10. sunt *vassorum vassalli*, seu *vassis* ratione clientelæ obnoxii. Id non omnino verum esse patet ex iis, quæ supra attigimus, nobisque fusius probandum incumbit. Constat sane utramque vocem ejusdem originis, si non omnino notionis.

* Vassallus, idem qui *Vassus*. Consuet. Catalon. MSS. cap. 43: *Vassallus debet vitam domini præferre vitæ suæ propriæ, quia si dominus debet facere duellum, puta quia aliquis vult probare per duellum contra dominum ipsum, quod commiserit crimen lesæ majestatis, vel aliud: certe prædictus dominus potest præcipere homini sive vassallo suo, ut pro ipso subeat duellum.*

Vassos diximus fuisse domesticos et familiares Principis aut alterius cujusvis, quod etiam de *Vassallis* dici posse evincunt Scriptores, præsertim Hincmarus de Ordine Palatii cap. 28. describens *ministeria*, et familiam Principis: *Tertius ordo item erat tam majorum, quam minorum, in pueris vel Vassallis, etc.* Ubi *pueri* sunt ii, quos *famulos* dicimus. Monachus Sangallensis lib. 1. de Carolo M. cap. 20. *Scarionem*, seu ostiarium Aulæ regiæ, *vassalum* Imperatoris appellat. Cap. 22. de quodam Episcopo: *Hic habuit unum Vassallum non ignobilem civium suorum, valde strenuum et industrium; cui tamen ille, ne dicam beneficium aliquod, sed ut nullum quidem aliquando blandum sermonem impendit.* Ita denique lib. 2. cap. 15. ubi de quodam puerulo, ab Imperatore in familiam suam adscito. Capitula Caroli M. lib. 2. cap. 24: *Vassi quoque et Vassalli nostri nobis famulantes, etc.* Edictum Pistense Caroli M. cap. 14. ex iisdem parentis Capitulis: *Vassalli nostri nobis et nostræ conjugi famulantes, etc.* Concilium Ravennense ann. 904. cap. 10: *Ut plebes Ecclesiæ nullatenus aut Comitibus, aut Episcoporum Vassallis aut ullis laicis beneficia tradantur.* Denique Adalardus in Statutis Corbeiensibus lib. 1. cap. 6. totam familiam monasticam in sex ordines distribuit: 1. *Famulorum vel matriculariorum, qui semper æqualiter habendi sunt:* 2. *Fratrum:* 3. *Vassallorum:* 4. *Hospitum:* 5. *Pulsantium*, *vel Scholarium*: 6. *Singulorum hæc illucque Præbendariorum.* Meminit etiam *casæ Vassallorum* cap. 1. (qui inde *Vassali casati*, i. casæ addicti, dicuntur lib. 3. Capitul. Caroli M. cap. 73.) et *panis vassalorum* cap. 2. et 4. De ejusmodi vassallis agit Charta Aldrici Episcopi Cenoman. in ejus Vita pag. 85: *Et alia* (pars) *detur Vassallis et capellanis, sive servientibus, qui domino nobisque in nostra mansiuncula militare videntur.*

Ut *Vassi* Comitibus erant assessores in judiciis publicis, ita et *Vassalli*. Charta Alamannica 95. Goldasti: *Jussum est Waningo Comiti Ruadperto Vassalo Regis inquisitonem de hac re fieri, etc.* Adde chart. 18. Vetus notitia sub Karolo Rege anno 14. apud Beslium pag. 224: *Notitia qualiter vel quibus præsentibus, ibique veniens Hisarnus die Veneris 3. Kal. Apriliarum infra urbem Pictavam, ante Domnum Ebolum præveniente gratia Dei Comitem, et ibidem assistentibus Vassallis, interpellabat quemdam Diaconum, etc.* Conventus Ticinensis ann. 850. cap. 1: *Ideo volumus, ut Comites nostri, eorum sculdasii, adjunctis secum Vassallis Episcoporum,...... studiosissime perquirant, etc.*

Porro qui *vassi*, vel *vassi dominici* dicuntur, nullo discrimine *Vassalli* vel *Vassalli dominici* appellantur, et cum *Comitibus* junguntur, nulla interdum vassorum facta mentione, in lege Longob. lib. 3. tit. 4. § 5. [** Pip. 16.] in Capitul. Caroli M. ann. 807. cap. 3. 6. lib. 4. cap. 32. lib. 5. cap. 147. [** 278.] et lib. 2. cap. 24. *Vassi et Vassalli nostri, etc.* quasi iidem fuerint. Præterea in Capitulis Caroli C. tit. 6. cap. 20. tit. 31. part. 2. cap. 2. et tit. 42. In Vita Ludovici Pii ann. 834: *Itemque Sanila Comes, nec non Madalelmus Vassallus dominicus capite plexi sunt.*

Ut *vassis*, ita et *vassallis* beneficia a Principe concedebantur. Capitulare Compendiense ann. 757. cap. 6: *Homo Francus accepit beneficium de seniore suo, et duxit secum suum Vassallum, et postea fuit ibi mortuus ipse senior, et dimisit ibi ipsum Vassallum et post hoc accepit alius homo ipsum beneficium, etc.* Monachus Sangallensis lib. 1. de Carolo M. cap. 14: *Cum illo fisco, vel curte illa, in Abbatiola, vel Ecclesia, tam bonum meliorem Vassallum, quam ille Comes est, vel Episcopus, fidelem mihi acquiro et facio.* Concilium Compendiense ann. 757. cap. 6: *Homo accepit beneficium de seniore suo, et duxit* (senior) *secum suum Vassallum, etc.* Charta Ludovici Imp. in notis ad Biblioth Cluniacensem pag. 113. *Id est, villam ac beneficium illud, cujus vocabulum est Dodiniaca curtis, habentem mansos 12. quam hactenus Vassallus noster, nomine Hisimbertus, nostra largitione habuisse dignoscitur, etc.* Capitula Caroli C. tit. 6. cap. 20: *Videtur nobis utile et necessarium, ut fideles et strenuos Missos ex utroque ordine per singulos Comitatus regni vestri mittatis, qui omnia diligenter imbrevient, quæ tempore avi ac patris vestri, vel in regio specialiter servitio, vel in Vassallorum dominicorum fuerunt, etc.* Ubi nulla fit mentio vassorum. Charta Caroli C. Regis apud Loisellum in Bellovaco pag. 242: *Villam quamdam... quam Vassallus noster quidam nomine Sigefridus tunc in beneficium retinebat.* In Annalibus Francorum Bertinianis ann. 870. *Villæ vassallorum* dicuntur, et opponuntur *villis dominicatis.* Constitutio Ludovici II. Imp. pro expeditione Beneventana cap. 5. apud Camillum Peregrinum: *Quod si comes aut bassi nostri aliqua infirmitate remanserint,... aut Abbates vel Abbatissæ si plenissime homines suos non di-*

rexerint, ipsi suos honores perdant, et eorum Vassalli et proprium et beneficium perdant. Adde Chartam Ludovici Pii de divisione Imperii ann. 814. editam a Baluzio, cap. 9. Præceptum Barnoini Archiepiscopi Viennensis ann. 881 : *Quæ namque res prænominati Cœnobioli quondam fratribus deservierant, sed jam ab eo abstractæ, et beneficium erant Vassallorum effectæ.* Denique Nicolaus I. PP. Epist. 20. ad Carolum Calvum Regem de Balduino Flandrensium Comitum stipite : *Balduinus Vassallus vester, etc.*

Vassalli præterea Chartas dominorum suorum subscribebant, adjecta hac ipsa *vassalli* dignitate. Binas descripsit Hemereus Alberti Comitis Viromandensis; prior ann. 954. ita clauditur : *S. Adalberti Comitis,... Geraldi, Hildradi, Anseri Vassallorum.* Altera ann. 959 : *S. Guntranni Vasalli, Anselmi Vasalli, Ottadi Vasalli.* Ubi ita appellantur, qui postmodum *Milites* dicti sunt : quo quidem etiam vocabulo *vassallos* seu *feudatorios* indigitari in Chartis suo loco docuimus.

¶ Vassallus, pro *Feudatarius*, Subditus, in Vita Walæ Abb. Corbeiensis sæc. 4. Bened. part. 1. pag. 512 : *Mementote etiam quod mei Vassalli estis, mihique cum juramento fidem firmastis.* Charta ann. 1189. apud Lobinell. tom. 2. Hist. Britan. col. 167 : *Non teneatur Prior Pontis Castri pro aliquo negotio, sicut Vassallus, in curia mea vel successorum meorum respondere.*

¶ Vassallus, Miles. Mirac. S. Maioli tom. 2. Maii pag. 697 : *Quidam Vassallus pauper rebus, superbia tumidus, eumdem deregrinum obviat et assaillit.* La vie *de Jesus-Christ* MS :

> La pucelle prist à crier,
> Vassal, laissiés la beste mue,
> Nel navrez pas en la char nue.

Vide supra in *Vassaticum*

Vassallus Indominicatus. Charta Caroli C. Regis Fr. ann. 3. ex Tabulario S. Cyrici Nivernens. : *Sed et concedimus ibidem auctoritate Regia omnes res ejusdem Ecclesiæ, quæ quondam fuerunt ab ea abstractæ, et quas modo nostri Indominicati Vassalli tenent, ut quia ipsi nobiscum dimicaverunt fideliter, in vita sua tantum, consensu ejusdem supradicti Episcopi eas teneant.*

Vassallus Simplex. Vide *Signum* 6.

¶ Vassallagius, ut *Vassallus.* Charta ann. 1238. apud Cencium inter Rom. Eccl. Census : *Alia omnia capitula observabo et faciam quæ ad fidelitatem et vassallagium spectant, et quæ Vassallagius seu fidelis debet facere et tenetur.*

Vassallaticum etiam dixere veteres, ut *vassaticum*, pro fidei sacramento quod *vassalli* Domino vel Principi præstabant. Capitulare Pipini Regis Italiæ cap. 5 : *Stetit nobis de illos homines, qui hic intra Italia eorum seniores dimittunt, ut nullus eos recipere debeat in Vassallatico, sine comiato senioris sui, etc.* Adde cap. 36. Epistola Episcoporum ad Ludovicum Reg. ann. 858. cap. 15 : *Et nos Episcopi Domino consecrati, non sumus hujusmodi homines, ut sicut homines sæculares, in Vassalatico debeamus nos cuilibet commendare, aut jurationis sacramentum, quod nos Evangelica et Apostolica atque Canonica autoritas vetat, debeamus quoque modo facere, etc.* Ubi *vassalaticum* non aliud sonat quam *vassaticum*, [ut et in Annal. Genuens. Jacobi Auriæ apud Murator. tom 6. col. 578 : *Fecitque vassallum dicti communis, spreto Vassallatico per quem communi Januæ tenebatur.*] Quæ quidem vox usurpata legitur posterioribus seculis pro *hominio* : quod etiam *vassalagium* appellatur in Charta ann. 1274 : *Pro quibus omnibus... tenemur vobis homagium facere, et Vassallaticum, et fidelitatem jurare.* Speculator lib. 4. part. 3. de Feud. art. 2. § 5. ait, quod in Italia et alibi vocatur *vassalagium*, in Francia *homagium* appellari. Quod etiam observat Jacobinus de S. Georgio in tractatu de Homagiis §. 5. Petrus de Vineis lib 6. Epist. 9 : *Absolventes eos ab omni fidelitate Vassallagii, seu homagii juramento.* Charta Heliæ Talairandi Vicecomitis Leomaniæ et Dauvilarii, qua hominium præstat Abbati Moissacensi, ann. 1291 : *Fe homenatge et fe Vassals et Cavaliers al dich senhor.* Quo loco tres hæ voces idem sonant. *Vassallus* enim, uti observatum, et *Miles*, idem sunt. Charta alia : *Sciendum est, quoniam Ari Hodz Vescoms de Lomancha a fait homenatge, et ses faits Cavaliers et Hom al Senhor da Montpezat Abad de Moyssac, el predich Vescoms mandet et autreget al Senhor predich Abad, que vos Cavaliers e fiels e loials li si a en tots locs, et que lui e le mostier de Moyssac, el covent du quel meiss. Mostier, e totas las cosas garde e deffenda de mal e de domnage a bona fe par tots locs, etc.* ann. 1238. In Consuetudine Bituricensi tit. 1. art. 4. et 9. *vassellage* usurpatur pro dominio, quod habet dominus in tenementum vassalli, seu pro *feodalitate.* Vide Statuta Mediolanensia 1. part. cap. 267. Georgium Pilonum in Historia Bellunensi pag. 106.

¶ Vassallagium, Vassalli conditio. Charta ann. 1314. tom. 2. Hist. Dalph. pag. 149. col. 1 : *Dominus Dalphinus per subjectionem Vassallagii jam dicto dom. Regi* (Siciliæ) *stringitur connexe, etc.*

¶ Vassallagium, Vassalli feudum : item Fidei et obsequii professio quæ a Vassallo domino præstatur. Charta ann. 1283. tom. 2. Hist. ejusd. pag. 26. col. 1 : *Cum feudis, allodiis, Vassallagiis et ejus pertinentiis universis, etc.* Occurrit rursum in alia ann. 1294. ibid. pag. 74. col. 1. Diploma Caroli IV. Imper. ann. 1376. apud Marten. tom. 2. Ampl. Collect. col. 137 : *Tum in feodis, feodalibus, Vasallagiis, quam aliis quibuscunque debitis obsequiis et servitutibus, etc.* Bulla Martini IV. PP. apud Rymer. tom. 2. pag. 257 : *Ego Dei gratia Rex Aragoniæ et Comes Barchinoniæ, plenum et ligium Vassalagium et homagium faciens Ecclesiæ Romanæ pro regno Aragoniæ, etc.* Adde Ludewig. tom. 5. Reliq. MSS. pag. 453. Constitut. Petri Reg. Siciliæ cap. 1. etc.

¶ Vassallatitium, Eodem significatu. Litteræ Johannis Reg. Fr. ann. 1354. apud Marten. tom. 1. Ampl. Collect. col. 1470 : *Cum .. homagiis, feudis, Vassallatitiis, emphiteoticariis, et aliis quibuscumque honoribus ad dictum comitatum de Gauro... pertinentibus.*

¶ Vassallatus, Pari intellectu. Charta ann. 1338. apud Ludewig. tom. 5. Reliq. MSS. pag. 448 : *De omnibus debitis et pecuniarum quantitatibus, in quibus ipse dom. Rex nobis et heredibus nostris, ratione homagii et Vassallatus sibi de terris nostris per nos facti.* Alia ann. 1345. ibid. pag. 612 : *Cum omnibus suis honoribus, dominiis, Vasallatibus et aliis pertinentiis suis universis in feudum suscepimus.*

¶ Vasselamentum, Præstatio pecuniaria a vassallo exsolvenda. Comput. ann. 1202. apud D. *Brussel* tom. 2. de Usu feud. pag. clxxv : *De præposito Loriaci. De vavasoribus*, lxxii. *lib.... Et pro Vasselamento Romaudi* xxxv. *lib.*

Vassallitium, semel atque iterum in Charta Alfonsi Regis Portugalliæ ann. 1142. apud Brandaonem lib. 10. Monarch. Lusitan. cap. 12. pro servitio, quod debet Vassallus domino, usurpatur.

Vassallitius, pro *Vassallus.* Chronicon Magdeburgense MS. ex Bibl. S. Germani. Paris. ann. 952 : *Ubi præscriptus cum filio suo Adalberto Regiæ se per omnia in Vassallicium dedidit dominationi, simul et Reginæ iram supplici venia placavit.* Ita etiam Regino.

Vassallulus, Minoris dignitatis vassallus. Matth. Paris ann. 1244 : *Et quis Christianorum ignorat, Principem Walliæ Regis Angliæ esse Vassallulum?*

Vasseleria. Charta ann. 1238. in Regesto Tolosano cameræ Computor. Parisiensis f. 97 : *Videlicet Baronias, et Vasselerias, etc.* Nescio an *Vasseleria* idem sit quod *Bacalaria*, indeque vox hæc postrema deducatur, ut *vasselaria*, feudum fuerit *vassalli* inferioris.

¶ Vasalles, pro *Vassalli*, in Charta Henrici Ducis Slesiæ ann. 1337. apud Ludewig. tom. 6. Reliq. MSS. pag. 12.

¶ Vassalagicus, Ad *Vassallum* pertinens. Charta Ruperti Comit. Palat. ann. 1356. apud eumd. tom. 5. pag. 576 : *Percepimus in jure vel onere Vasallagico seu feudali.*

¶ Vassallor, et Vasalor, Famulus. Dispositio rei famil. Cluniac. apud Baluz. tom. 5. Miscell. pag. 449 : *Sed de præbendariis supradictis hoc est adiciendum, quod ante tempus nostrum panis eis qualis inferiori familiæ dari solet dabatur, hoc est, de Vassallor.* Vide *Panis servientalis.*

Desvassallare. Michaël *del Molino* in Repertorio pag. 326 : *Si aliquis accusaretur de aliquo crimine, ex eo quod Desvassallavit aliquem vassallum a loco alterius, etc.* Infra : *Vassallum si aliquis extraxerit, aut juvaverit ad extrahendum a loco alterius causa deshabitandi eum, et ducendi talem vassallum ad locum suum, aut alterius domini, talis extrahens et adjuvans incurrunt ex hoc in pœnam mortis corporalis, etc.*

Bassallus, pro *Vassallus*, in Constitut. Ludovici II. Imp. pro exercitu, edita a Camillo Peregrino, cap. 4. 5.

¶ 3. **VASSUS**, pro *Bassus*, Minor. Inventar. ann. 1476. ex Tabul. Flamar.: *Totum prædictum locum Montisastruci cum omnimoda jurisdictione alta et Vassa.*

¶ **VASTADUM.** Charta Caroli Reg. ann. 1391. apud Menester. Hist. Lugdun. pag. 132 : *Et consuevit dictus baillivus... cognoscere in ipsa sede nostra Lugdunensi de omnibus casibus Salvarum gardiarum nostra-*

rum,... *delationes armorum, Vastadorum,ab intestato decedentium*, etc. Vide *Vastum* 1.

* Mendose pro *Vastardus*. Vide in hac voce et supra in *Bastardus*.

¶ **VASTALÆ**. Papias : *Institæ, parvæ linteolæ, vel Vastalæ, unde mortuorum pollices ligantur*. Legendum ut in MS. Bituric. *Nastalæ*. Vide in hac voce.

* **VASTANTER**, Prorsus, omnino. Capitul. Caroli C. tom. 7. Collect. Histor. Franc. pag. 641 : *Et ipse frater meus Hludovicus ad hoc rediit in partem regni mei, ut mihi meum nepotem subriperet, et homines meos mihi subtraheret, ac fideles meos Vastanterimprimeret* (opprimeret). [** Convent. apud Saponarias ann. 859. cap. 7. Forte pro *Vastando interprenderet*.]

* **VASTARARIUS**. Instr. ann. 1220. apud Murator. tom. 5. Antiq. Ital. med. ævi col. 805 : *In Purificatione sanctæ Mariæ decem libras ceræ pro candelis et quatuor denarios pro juncis Vastarariis*. An pro juncis, qui per ecclesiam sparguntur?

¶ **VASTARDUS**, pro *Bastardus*, Nothus. Inventar. ann. 1476. ex Tabul. Flamar. : *Quæ* (decima) *olim fuit cujusdam vocati Joh. de Lasgo ynspuri sive Vastardi de Lasgo*.

¶ 1. **VASTARE**, in Pactu Leg. Salicæ tit. 19. cap. 19. edit. Heroldi, pro Jactare, ni fallor, ut habent aliæ editiones. Vide alia notione in *Vastum* 2.

* 2. **VASTARE**, Verberibus conficere Lex Salica tit. 10. § 1. tom. 4. Collect. Histor. Franc. pag. 130 : *Si quis animal aut caballum, vel quodlibet pecus in messe sua invenerit, penitus eum Vastare non debet*. Ubi *lædere* habent alia exemplaria.

¶ **VASTATOR**. Vide in *Vastum* 1.

* **VASTATORES**, Milites seu apparitores in domum vel castrum missi, ut ibi alienis sumtibus vivant, Gall. *Garnison*. Lit. remiss. ann. 1380. in Reg. 134. Chartoph. reg. ch. 2 : *Castrum de Albaripa in manu nostra gubernator Dalphinatus posuit seu poni fecit, Vastatores seu comestores in eo statuendo*. Vide aliis notionibus in *Vastum* 1.

¶ 1. **VASTELLUM**, Umbraculum, ut videtur, apud Matthæum Paris in Vitis Abb. S. Albani pag. 92. Vide *Dagus*.

¶ 2. **VASTELLUM**, Vastellus, Placentæ species. Vide infra in *Wastellus*.

¶ **VASTI**, Titulus Ducum Amalphitanorum; quem a Græco corrupto σεβαςοί, venerandi, post Jul. Cæsar. Capacium Hist. Neapolit. lib. 1. cap. 13. deducit Brencmannus, in Dissertat. de Republ. Amalph. pag. 19. Aliam originationem assignare videtur doctissimus Cangius in voce *Vesti*.

¶ **VASTIDIUM**, pro Fastidium, ut videtur. Guido in Prologo ad Discipl. Farfensem : *Cum per universam Italiam Christi præcepta annularentur, et velut in Vastidio versarentur, etc.*

¶ **VASTIMENTUM**, pro *Bastimentum*, Ædificium. Vide in hac voce. Inventar. ann. 1476. ex Tabul. Flamar. : *Cum suis tenementis, ædificiisque et Vastimentis, etc.* Vide *Vestimentum*, 3.

¶ **VASTINA**, Vastinium, Vastinum, Vastitas, Vastities. Vide in *Vastum* 1.

*** VASTIRE**, pro *Bastire*, Ædificare. Charta ann. 1470. ex Tabul. Flamar. : *Tota illa platea vacua hospitii, non Vastita*, Vide *Vastimentum*.

** **VASTITIUS**. Opusc. vet. MS. ad III. Reg. : *In argillosa terra. Alia editio in Vastitia terra*. Maius in Glossar. novo.

VASTRAPES, in Glossis Philoxeni, φιμινδλια. Occurrit hæc vox apud Rufinum in versione Josephi lib. 3. Antiq. Judaic. cap. 11. ubi Josephus habet ἀναξυρίδας. [Vide Vossium lib. 2. de Vitiis serm. cap. 19.]

1. **VASTUM**, Gastum, Guastum, Wastum, Wastinæ, etc. voces ejusdem notionis et originis.

Vastum, Destructionem significat. Magna Charta : *Custos terræ hujusmodi hæredis, qui infra ætatem fuerit, non capiat de terra hæredis non nisi rationabiles exitus, hæc sine destructione et Vasto hominum, vel rerum*. [** Vide Placit. ann. 11. Joh. reg. Angl. Buck. rot. 4. et ann. 25. Henr. III. Essex. rot. 30. in Abbr. Placit. pag. 64. et 114.] [Charta apud *Madox* in Formul. Anglic. pag. 204 : *Nec aliquis eorum molestetur seu gravetur racione alicujus Vasti in dicto manerio,... nisi dampnum ejusdem Vasti excedat valorem 40. lib. et nisi in casu ubi hujusmodi Vastum factum fuerit post mortem prædicti Ricardi Berners*. Nostri *Dégât* eadem notione dicunt.]

* *Wast*, eodem sensu, in Charta ann. 1290. ex Lib. rub. Cam. Comput. Paris. fol. 196. v°. col. 2 : *En récompensation des griés et des dommages de muebles, de chateus, d'arsins et de Wast de forteresses et de plusieurs maisons, etc.*

Vastum maxime dicitur de agris, qui non excoluntur. Paulinus Nolanus epist. 30. ad Aprum : *Qualem agri tui speciem a villico tuo fieri postulas, talem Deo Domino tuo redde culturam, et intellige, quicquid in agro tuo displiceat, aut placeat, idem in anima tua placere Christo, aut displicere. Si Vasta peccatis quasi dumis sordeat, neque Propheticis aut Apostolicis nubibus compluatur, in aridam solitudinem gratia deserente damnabitur*. Testamentum Fulradi Abbatis S. Dionysii : *Tertiam cellam infra Vasto Vosgo* (Vosegi) *ædificavi, ubi sanctus Coconatus requiescit*. Tabularium Vindocinense ch. 237 : *Osanna filia Gaufridi de Fay dedit duos arpennos prati censu quietos et liberos : et alios duos de quadam manufirma sua, quæ est ad Morias. Quæ dum priscis coleretur temporibus, 12. den. census solvebat, modo vero quia Vasta est, nil census reddit, sed est allodium*. Tabularium Ecclesiæ S. Stephani Lemovicensis ann. 1081 : *Fecit Gosbertus Archidiac. totam terram de Monte S. Joannis esse Vastam*.

¶ Vastum ea de causa dicitur Terra pascendis animalibus destinata. Charta apud *Madox* in Formul. Anglic. pag. 286 : *Noveritis me...... confirmasse eisdem... communem pasturam pro sexdecim animalibus bovinis et equinis, et pro centum animalibus ovinis pascendis in magno Vasto sive magna pastura vocata Sparowefeld pertinente manerio meo de Codyngton*. Charta ann. 1308. apud Kennett. in Antiquit. Ambrosd. pag. 171 : *Inquisitio fiat utrum... debeat participare de Vasto manerii de Bruhull ratione communæ ejusdem manerii in qua communa nihil habet, ut dicunt*. [** Vide Placit. ann. 6. Rich. I. Ebor. rot. 1. in Abbr. Placit. pag. 2.]

Vastum Facere, Littletoni sect. 67. *Faire Wast*, Destruere, depopulari. Inquesta de forisfacturis Forestar. Angl. : *Inquiratur etiam, qui fecerint, vel facere consueverint Vastum vel destructionem de viridi vel de venatione*. Monasticum Anglic. tom. 1. pag. 192 : *Ita scilicet quod de Wasto quod facient quadrigæ, quæ ibunt in boscum de Walloy et Widelai, neque de Wasto aliarum quadrigarum, quæ ibunt in alios prædictos boscos non ponantur in merci, nec scribantur in Wasto*. Pag. 518 : *Cum toto nemore suo, salvis aisiamentis suis, et hominum suorum de Hida, sine Vasto et venditione*. Tom. 2. pag. 204 : *Et de foresta sua omnia necessaria sua sine Vasto ad ædificandum, et ad aratra sua, etc.* Charta Henrici III. Regis Angl. apud Prynneum in Libert. Angl. tom. 3. pag. 974 : *De bosco Vasto extra villam de N. quod... tenent ad feodi firmam, etc.* Rogerus Hovedenus pag. 784 : *Item Rex defendit, quod nullus donet vel vendat aliquid ad destructionem bosci sui, vel Wastam, quæ sit infra forestam Regis : sed concedit bene, quod capiant de boscis suis, quod necesse iis fuerit sine Wasto, et hoc per visum forestarii sui, etc. Wastum facere in boscis*, in Charta Johannis Regis Angliæ pro forestis ann. 1215. Albertinus Mussatus lib. 7. de gest. Henrici VII. rubr. 1 : *Quorum plerique suspectioribus urgentibus causis ad Turrianorum loca discurrentes, quæ Vasta appellant, etc.* Computum Domanii Stapularum in Comitatu Bononiensi ann. 1475 : *Recepte des Wastis en la forest de Hardelo*. Et fol. 41 : *Recepte des Wastis en la forest de Boulogne, de pennaiges de vaches et veaux allans en ladite forest, pour 5. sols la vache, et 2. sols 6. deniers le veau*. Vide Johann. Bekam in Hungero Episcop. Leod. Differt autem *vastum* ab *exilio*. Fleta lib. 1. cap. 12. § 20 : *Vastum et destructio fere æquipollent, et convertibiliter se habent in domibus, boscis, et gardinis. Sed exilium dici poterit, cum servi manumittantur, et a tenementis injuriose ejiciantur*. Adde lib. 1. cap. 12. § 1. 6. Bractonum lib. 4. pag. 316. 317. et Edw. Cokum ad Littletonem sect. 67. [** *Vastum* et *exilium* promiscue usurpantur in Placit. ann. 8. Joh. reg. Angl. Bedf. rot. 9. in Abbrev. Placit. pag. 54.]

Vastum, seu *Wastum*, vel *Wasta*, in silvis, dicitur præterea illud, quod *planum* est, seu absque arboribus. [Charta Edwardi I. Reg. Angl. apud Kennett. in Antiquit. Ambrosd. pag. 350 : *Sciatis quod de Vastis nostris in foresta nostra de Bernwode in comitatu Buck. dedimus, etc.* Charta ann. 1363. ibid. pag. 497 : *Et si boscus domini abeat in Vastum, tum acquietabunt dominum pro dictis housbote et haybote*.] Tabularium Absiensis monasterii : *Concedo fratribus de Absie totum planum, vel, ut vulgo dicitur, totum Guastum, quod modo est, vel in posterum erit in bosco meo, etc.* Atque ita voces *Wasta*, et *Wastum* accipiendæ in Monastico Anglicano tom. 1. pag. 529. tom. 2. pag. 204.

¶ Wastina, Eodem significatu. Tabular. Corbeiense ann. 1190. et 1201 : *Ecclesiæ Corbeiensi medietatem omnium quæ ex nemore de Wouthust et Wastinis adjacentibus vel turbonibus provenerint recognosco*. Infra *terra nemore vacua* dicitur. Charta Johannæ

Comit. Flandr. ann. 1234. inter Instr. tom. 5. Gall. Christ. novæ edit. col. 331 : *Locus in quo idem monasterium situm est cum Wastinis adjacentibus collatis in eleemosynam, sive comparatis.* Hinc

¶ Devastare Boscum, pro Silvam cædere, excidere, nostri *Dégrader une forest* dicunt. Charta ann. 1363. apud Kennett. in Antiquit. Ambrosd. pag. 498 : *Item dicunt quod Priorissa de Littlemore Devastavit boscum suum de Shottore contra assisam forestæ.*

Vastum, præterea, apud JC. Anglos, jungitur cum anno et die, et dicitur *Annus, Dies et Vastum.* Quæ quidem verba jus designant, quod Rex habet in domibus et prædiis felonum minoris, ut aiunt, proditionis, (*Felons de petite trahison*) quæ ab alio Domino, quam ab ipso Rege tenentur in feudum, vel jure dominii. *Cum enim in potestate Regis sit*, inquit Bracton, *prosternendi ædificia, extirpandi gardina, et arandi prata felonum, et quoniam hujusmodi vergebant in grave damnum dominorum, pro communi utilitate provisum fuit, ut hujusmodi dura et gravia desisterent, et Dominus Rex pro his haberet commodum totius terræ illius unum annum et diem, et sic omnia cum integritate reverterent in manus capitalium dominorum.* Proindeque id juris habebat Rex pro *vasto,* quod facere poterat in prædiis felonum. Vide Stanfordium in Placit. Coronæ lib. 3. cap. 30. et supra in *Condemnare.*

Quietum esse de Vasto Nemorum, in Monastico Anglico tom. 1. pag. 922.

Vastum denique, seu *Breve de Vasto*, iisdem JC. Anglis, dicitur *breve*, quod conceditur contra eos, qui ad vitam suam aut ad vitam alterius, vel in donum, aut per *curialitatem,* vel per *vardam* possessiones aliquas possident, et in iis *vastum* fecerunt. Vide Rastallum, [et mox *Actio Vasti.*]

¶ Actio Vasti, Qua aliquis ob *vastum* factum in jus vocatur. Charta apud *Madox* in Formul. Anglic. pag. 204 : *Nec aliquis eorum molestetur vel gravetur per actionem Vasti pro aliquo Vasto in prædicto manerio cum suis pertinentiis... faciendo... Statuto, per quod ordinatum est quod in brevi de Vasto homo recuperabit versus tenentem per legem Angliæ, vel alio modo ad terminum vitæ, vel ad terminum annorum,.... non obstante.*

¶ Vastinium, Ager arenosus, sterilis, incultus : hinc in Episcopatu Constantiensi Monasterium dictum de *Vastinio candido*, alias de *Blanca landa.* Vide Valesium in Notitia Gall. pag. 630. et 631.

¶ Vastinum, Eodem intellectu. Charta fundat. Monast. Montisplani ann. 863 : *Dono... et castrum ipsum de Monteplano cum toto monte et ecclesia ibi dicata S. Laurentio cum omni jure, mancipiis, Vastinis, molendinis, censu, silvis, aquagiis altis et bassis.*

Vastitas, Idem quod *Vastum*, [Planities.] apud Bractonum lib. 4. Tract. 1. cap. 41. et in Fleta lib. 4. cap. 25. § 1. Gloss. Lat. MS. Reg. : *Vastitas, solitudo, vel eremus.* Gloss. Gr. Lat. : Πόρθησις, *excidium, Vastitas, vastatio.* [Charta Caroli C. Reg. Franc. ann. circ. 850. in Append. ad Marcam Hisp. col. 784 : *Cum omnibus aprisionibus quas ex eremi Vastitate traxerunt, etc.* Charta ann. 1125. apud Miræum tom. 1. pag. 377. col. 1 : *Concessimus quoque duo mansa terræ in illa Vastitate de Espousth.*]

¶ Vastities, Pari significatu, in Charta ann. 1207. Hist. Codiciac. pag. 166 : *Concedo præterea Vastitiem, quæ tenet ad Plessicium d'Anisy.*

Vastatores, Milites, qui agros depopulantur, nostris, ex Italico, *Gastadours.* Occurrit vox hæc apud Rolandin. in Chron. lib. 4. cap. 13. lib. 5. cap. 10. 17. lib. 10. cap. 5. [et in Charta ann. 1383. apud Guesnaium in Annal. Massil. pag. 437. Vide in *Talare.*]

☞ Italis *Vastatores* nuncupantur Militum genus, fossores, munitores castrenses, Gall. *Pionniers.* Cruscani : *Guastatore, nella milizia si piglia per colui, che seguita l'esercito, a fine d'accomodar le strade, far fortificazioni, e simili.* Annal. Placent. ad ann. 1483. apud Murator. tom. 20. col. 971 : *Circumcirca Placentiam milites armatæ militiæ 1200. castra posuerunt, ultra alios levis armaturæ stipendiarios, Vastatores, scorpionistas et pilularios.*

¶ Wastatores ex Chron. jam laudato lib. 5. cap. 10. editum apud Murator. tom. 8. col. 280.

Gastum et Guastum, pro *Vastum*, non semel etiam occurrit Glossar. Lat. Gall. : *Vastus, Vain, Gast. Terræ in Gastu, quæ non excoluntur,* in Regesto Philippi Augusti Reg. Herouvalliano fol. 143. *Guasta, damna, et incendia,* apud Petrum de Vineis lib. 5. epist. 112. Tabularium S. Vincentii in Bosco Carnot. ann. 1225 : *Si terra circumjacens pro communi guerra Gasta remanserit vel inculta.* Tabular. Absiense fol. 127 : *Et terras omnes, in quibus vineæ sunt, et omnes alias, sive Gastas, sive excultas. Gastum facere*, in Charta ann. 1215. apud Corium in Hist. Mediolanensi part. 2. pag. 157. et in Historia Cortusiorum lib. 1. cap. 8. [Chron. Astense apud Murator. tom. 11. col. 245 : *Præterea sciendum est quod in campis Montis Bersarii, dum essent in Guastis, Astenses ceperunt Gualetum.* Occurrit præterea apud eumdem tom. 12. col. 558. et 639. Adde Statuta crimin. Saonæ cap. 34. fol. 70.] *Faire ravage et gast, dissipation, etc.* in Consuetudine Turon. art. 169. Robertus Bourronus in Merlino MS : *Et ensi mettoit à gast et à destruction trestout le Royaume de Logres. Simple gast d'heritages*, in Consuetud. Burbonensi art. 524. Assisiæ Hierosolymitanæ MSS cap. 267 : *Cur se il i à leus Gastes outre, qui soit dou Seignor, l'en la doit sauver au Seignor.* Le Roman *de Roncevaux* MS :

Tout abat mort en un Gaste sentier.

[Le Roman *d'Athis* MS :

Qui les autres ont hui veus,
Et dits leur Gaz grans et menus,
Des bons ont parlé voulentiers,
Et de ceulx aux escus entiers.]

Sergent gastier, in Consuetud. Arvernensi cap. 31. art. 69. minister, qui in messibus, aut in agris, vel silvis invigilat, ne *vastum*, aut damnum fiat. Veneti *guasti* appellant circumjectam oppidis planitiem.

Gastina, apud Innocentium III. PP. lib. 15. epist. 179. *Gastine*, in Consuetud. Arvernensi. *Wastina*, in Conventione inter Ducem Brabantiæ et Capitulum S. Waltrudis Montensis ann. 1209. apud Miræum in Diplomat. Belgic. pag. 160 : *Omnesque Vastinæ, quæ Terræ silvestres dicuntur.* Alia ann. 1247. ibid. pag. 173 : *In omni terra, quæ vulgariter Wastina dicitur.* [*Waestyna*, pluries in Charta ann. 1246. apud eumdem tom. 2. pag. 1323. col. 1.] Adde pag. 50. Probationes Historiæ Guinensis pag. 70. 209. 466. 514. Charta Roberti Comitis Flandriæ anno 1089. ex Tabulario Monasterii S. Quintini in insula fol. 51. v° : *Omnem decimationem novæ terræ, quæ vulgo Wastina vocatur.*

¶ Guastare, Corrumpere, vitiare, Gall. *Gâter.* Johan. Demussis in Chron. Placent. ad ann. 1276. apud Murator. tom. 16. col. 480 : *Deus tantum pluit super terram in Italia, quod quasi omnes segetes de Plano Guastatæ sunt et perditæ.*

¶ Guastare, Agrum, domum *vastare*, depopulari. Statuta Astens. collat. 13. cap. 23. fol. 41. v°. : *Si aliquis civis Ast. habuit terras et possessiones seu domos extra posse Ast. quas dubitet vel suspicet quod aliquis civis Astensis eas comburent vel Guastent, vel in eis incendium, vel Guastum seu damnum inferant, etc.*

Hinc *Agastiner*, pro *vastare* agrum, domum, silvam. Eædem Assisiæ Hierosol. cap. 257 : *Et qués apartenances il semble, que il y peust et deust avoir en ce en la teneure, que les leus habités ont orendroit raisonnablement Agastiné, et murailles abatues, que par semblant deussent avoir, quant les leus estoient habités. Agastis*, in Consuetudine Inculismensi art. 24. damnum in forestis.

¶ 2. **VASTUM**, pro *Bastum, Bast,* Clitellæ, sagma. Hinc *Vastare, Vastum* imponere. Inventar. ann. 1476. ex Tabular. Flamar. : *Item plus unum alium equum sive rousinum pili bayhard Vastatum cum suo Vasto apresiatum ad valorem sive summam quatuor scutorum auri.* Vide *Bastum* 1.

¶ **VASVASSORES**, Vasvessores. Vide *Vavassores.*

¶ **VASUM**, Vasus, Vas. Expositio antiquæ Liturg. Gall. apud Marten. tom. 5. Anecd. col. 95 : *Sanguis vero Christi ideo specialiter offertur in calice, quia in tale Vasum consecratum fuit mysterium Eucharistiæ. Vasum, Vasus,* σκεῦος, in Gloss. Lat. Gr. Utitur Plautus. Vide *Salomon.*

¶ 1. **VASUS**, pro *Vassus. Una et cum Leopardo et Adulberto Vasos domenicos*, in Placito ann. 867. inter Probat. tom. 1. novæ Hist. Occitan. col. 118. Vide *Vassus* 2.

* 2. **VASUS**, Ponticulus, Gall. *Ponton.* Charta ann. 1038. ex Tabul. S. Vict. Massil. : *Alio loco donamus terram, ubi est Vasus de petra.* Stat. Massil. lib. 1. cap. 46 : *De Vasis navium a communi habendis. Constituimus ut commune Massiliæ habeat Vasos magnos et parvos ad naves et ad alia ligna varanda.*

¶ **VASUUS**, pro *Vassus*, ni fallor, domesticus, familiaris. Charta ann. 1033. apud Miræum tom. 1. pag. 351. col. 2 : *Si forte contigerit, ut humilitas ac mansuetudo monachorum a Vasuis aut ab extraneis pro-*

aliquo negotio non possit justitiam exigere, etc. Vide *Vassus* 2.

¶ **VATALHA**, ut supra *Batalia* 1. Pugna, prælium, in Inventario ann. 1476. ex Tabul. Flamar.

* **VATARON**, Monetæ Flandrensis speoies, pretii xij. denariorum. Lit. remiss. ann. 1369. in Reg. 100. Chartoph. reg. ch. 260 : *Débat se mut entre eulx pour cause d'un denier de douze deniers, appellé un Vataron*. Aliæ ann. 1377. in Reg. 110 ch. 329 : *Deniers blans, appellez Vatarons de Flandres*. Occurrit. præterea in Lit. ann. 1373. tom. 5. Ordinat. reg. Franc. pag. 644.

VATES, Episcopus. Tumulus Joannis II. PP. apud Baron. ann. 535 :

Hic tumulus Vatis conservat membra Joannis,
Ordine Pontificum qui fertur jure secundus.

S. Ildefonsus :

Crux hæc alma gerit geminorum corpora fratrum
Leandri, Isidori, pariterque ex ordine Vatum.

Rabanus Abb. Fuld. apud Browerum in Antiquit. Fuldensibus :

Hac Baptista potens sacra venerabitur ara,
Hac Vatum turba, atque Patrum colitur.

[Ermoldi Nigelli Carmen apud Murator. tom. 2. part. 2. col. 30. lib. 1. vers. 591 :

Denique Rex Vatem prostrato corpore adorat,
Paulinus Regem suscipit ecce pium.]

Amalarius Episcop. in Epistola ad Hieremiam Archiep. Senonensem : *Charissimo patri et accuratissimo Rhetori Iheremiæ Vati in nostra Jerusalem, Amalarius. Ætherius Arelatensis Vates*, apud Joannem Diacon. in Vita S. Gregorii M. lib. 2. cap. 35. Utuntur præterea Fortunatus lib. 5. Poem. 4. Paulus Emeritensis Diacon. lib. de Gestis Episcop. Emeritensium in S. Fidele num. 5. Theodoricus in Vita S. Celsi Episcopi Trevirensis n. 17. Candidus Mon. in Vita Eigilis Abb. Fuld. cap. 14. Christianæ Inscriptiones apud Gruterum 1070. 4. 1167. 9. 1169.

* **VATH**, Interjectio, pro *Vah*, sæpius occurrit in Comœdia sine nomine ex Cod. reg. 8163.

¶ **VATIA**, *Diversis plantis*. Gloss. Isid. Vide *Valgis*. Alio sensu vide in *Bauca*, 1. et *Batia*.

¶ **VATICARE**, perperam pro *Vadiare*, Pignori ponere. Diploma Henrici III. Imper. apud Marten. tom. 1. Ampl. Collect. col. 433 : *Quidquid autem illis placitis quisque reus Vaticaverit, arbitrio abbatis et suorum præpositorum et villicorum secundum culpam et posse uniuscujusque hominis cedat, et duæ partes abbati, tertia advocato cedat. Et si aliquis forte culpam furti vel seditionis inciderit, et abbas ob rebellionem temeritatis advocatum accerserit, ex eodem Vadio abbati duæ partes, advocato tertia proveniat.*

¶ **VATICINARE**, pro Vaticinari, prædicere, in Epistola Isidori Jun. ad Laudefredum inter Conc. Hisp. tom. 2. pag. 554.

¶ **VATICINARI**, *Conjectura rem perpendere*, in Gl. Gasp. Barthii ex Roberti Monachi Hist. Palæst. apud Ludewig. tom. 3. Reliq. MSS. pag. 100.

* **VATICINISSA**, Mulier, quæ vaticinatur. Anonymi Chron. Leob. ad ann. 1156. apud Pez. tom. 1. Script. Austr. col. 787 : *Tempore Papæ Eugenii II. claruit in Theutonia Hiltigardis monialis, formosa prophetissa, vel fantastica Vaticinissa,..... hujus prophetia a multis non curatur.*

¶ **VATICINIUM**, *Mendacium*, in Barth. Glossar. ex Baldrici Hist. Palæst. apud Ludew. tom. 3. Reliq. MSS. pag. 190.

VATILLUS, Idem quod *Batillus*, de qua voce multa commentatur Casaubonus ad Pollionem. Julius Africanus lib. 9. Hist. Apost. : *Erant autem virgines cum lyris cantantes, alii cum tibiis, alii cum Vatillis, et thuribulis*

Vatilla vero, Papiæ, est *pala, qua aqua projicitur e navi*. Vide *Batulus*.

* **VATIMANA**, *Vasa rustica et maxima, a Vatimo Beneventano voracissimo*. Glossar. vet. ex Cod. reg. 7613.

VATIOLA, Vasculum. Vide *Batiola*.

** **VATIVOMUS**. De pistrice Jonam evomente. Joh. Erigena carm. 9. vers. 6 :

Implens Vativomi prognostica symbola ceti.

Maius in Glossar. novo.

VATRAPETES, apud Armenios appellari monachos scribit Brocardus edit. Venetæ ann. 1519. part. 2. cap. 2. vox efficta ex *Bactroperatæ*. Vide in hac voce.

VAVASSORES, Valvassores, Vasvassores, Vavassoria, Valvasini, voces ejusdem originis.

Vavassores, vel Valvassores, generatim sunt vassalli feudales. Apud Gerardum Nigrum lib. 1. de Feudis tit. 1. alii sunt *Majores*, alii *Minores : Majores* sunt, qui *Regis*, vel *Regni Valvassores* appellantur, iidemque *Capitanei*, qui a Ducibus, Marchionibus, et Comitibus : *Minores* vero, qui a majoribus valvassoribus feuda accipiunt. De posterioribus intelligendus Otto Frisingensis lib. 2. de Gest. Friderici I. Imp. cap. 12. ubi de Longobardis : *Cumque tres inter eos ordines, i. Capitaneorum, Valvassorum, plebis, esse noscantur, etc.* Quos vero Capitaneos vocant, nostri Barones appellant. Ita *Vavassorum* duos ordines constituit Conradus Imp. [** cap. 1.] in Lege Longob. lib. 3. tit. 8. § 4. *Majorum* scilicet, et *Minorum*. Sub *Majorum* appellatione complectitur, quos *Barones* alii vocant : sub *Minorum* vero, quos vulgo *Vavassores* dicunt, ut Leges Henrici I. Regis Angliæ *Thaynos minores*, respectu *Thaynorum* Majorum, qui Baronibus æquiparantur : quod quidem potissimum colligitur ex *relevio minorum Vavassorum*, de quo ita Conradus : *Si vero* (minor vavassor) *filios non habuerit, et aviaticum ex masculo filio reliquerit, pari modo beneficium habeat, servato usu majorum Valvassorum in dandis equis et armis suis senioribus*. Ejusmodi autem relevium obtinuit *in mediocribus Thaynis*. Leges Henrici I. Regis Angl. cap. 14. ubi de releviis : *Et mediocris Thayni equus cum apparatu suo et arma ejus*. Ubi Leges vernaculæ Willelmi Nothi cap. 24. quem *mediocrem Thaynum* Leges Henrici, *vavassorem* vocant : *De releif à vavassour à son lige Signeur, deite estre quites per le chival son peire, tel qu'il avoit à jour de sa mort, et per son habert, et par son haume, etc.* Atque *minores* ii *Vavassores* sunt, qui in Legibus ejusdem Henrici I. cap. 7. *Baronibus* postponuntur : *Barones, Vavasores, Tungrevii, etc.* quippe cap. 26. et 27. *liberas terras tenere, et curiam habere* dicuntur, ac *placita, quæ ad wytam et weram pertinent, super suos homines, etc.* Et in Charta Nobilium Pictavensium ann. 1269. apud Gallandum de Franco-alodio pag. 68 : *C'est à savoir, que quant cil mourra, qui du Comte de Poitiers, ou des Barons, ou des Vavassours tiendra en fié, que nostre Sires li Coens, ou cil, de qui cil tendra, porra tenir le fié en sa main par an et par jour, etc.*

Ac ut de *majoribus Valvassoribus* primum agamus, hos intellexisse videtur Bracton. lib. 1. cap. 8. § 2 : *In temporalibus sunt Imperatores, Reges, et Principes, in iis, quæ pertinent ad regnum, et sub eis Duces, Comites, Barones, Magnates, sive Vavasores; et Milites, et etiam Liberi et Villani, et diversæ potestates sub Rege constitutæ.* Et § 4 : *Sunt et alii, qui dicuntur Vavassores, viri magnæ dignitatis. Vavasor enim nihil melius dici poterit, quam vas sortitum ad valetudinem.* Charta Friderici Imp. ann. 1249. apud Guichenonum in Hist. Sabaudiæ pag. 92 : *Marchionibus, Comitibus, Vavassoribus, Nobilibus, Potestatibus, etc.* Charta Henrici II. Reg. Angl. ann. 1166 : *Comites, Barones, Vavasores, Milites, cives, burgenses, rustici, etc.* Radulfus de Diceto ann. 1040 : *Quindecim sacramenta juravit Theobaldus propria manu consuli Gaufrido, et 20. Barones Castellenses cum eo, et 40. Milites Vavassores eisdem verbis, quibus ipse.* Andreas Aulæ Regiæ Capellanus in Amatoriis : *Quamvis probitas possit nobilitare plebeium, et tamen ordinem mutare non potest, ut plebeius Procer efficiatur, sive Valvasor, nisi per principis ei forte potentiam tribuatur.* [Rolandinus Patav. in Chronico apud Murator. tom. 8. col. 345 : *Sed multam habebat fiduciam quod Vavasores et proceres et quidam magnates.... spem ei dederant.*] Ita pro majoris dignitatis Optimatibus *Vavasores*, seu, ut ibi semper effertur, *vasvassores*, usurpantur in Usaticis Barcinonensibus MSS. a Raimundo Berengarii Comite Barcinonensi et Adelmodi ejus uxore editis; et in Constitutionibus Catalaniæ. Iidem Usatici : *Ut qui interfecerit Vicecomitem vel vulneraverit, sive desonoraverit in aliquo, emendet eum sicut duos Comitores, et Comitorem sicut duos Vasvasores, et de Vasvassore, qui quinque milites habet, per mortem ejus, emendentur* 60. *unciæ auri cocti, et per plagam* 30. *et si plures habuerit milites, crescat compositio sicut numerus militum. Militem vero qui interfecerit, donet in compositione* 12. *uncias auri : qui vero vulneraverit, tam pro una plaga, quam pro multis emendet ei uncias* 6. Consuetudines Cataloniæ inter Dominos et Vassallos MSS. cap. 39 : *Barones, ut sunt Comites, Vicecomites, Vasvassores, et consimiles, et etiam alii milites simplices, qui sunt Vassalli Principis hujus terræ*. Ubi opponuntur *Vavasores* simplicibus *militibus : Milites* enim majores, quos *Banneretos* vocant, Baronum prærogativa gaudent. Proinde ii sunt, quos pariter *Militibus* opponunt Statuta S. Ludovici Regis Franciæ loco mox laudando. Contra, *milites simplices* intelliguntur in Charta Anselmi Comitis S. Pauli ann. 1186. in Histor. Bethuniensi pag. 52 : *Omnibus, qui eandem decimam te-*

nebant Vavasoribus, sive militibus concedentibus, etc. et in Charta Libertatum Baugiaci in Sebusianis ann. 1250 : *Si aliquis de hominibus Militum, et Vavassorum dictæ villæ Baugiaci ad ipsam villam libertate donatam causa morandi et remanendi ibi venerit; etc.* Mox : *Si homines militum terræ Baugiaci, qui non sunt Vavassores, seu feudatarii dictæ villæ Baugiaci, etc.* Charta Odonis Abb. S. Dionysii ann. 1154 : *Magnam portionem terrarum hominum nostrorum, qui Vavassores dicuntur, et hospites quamplures ad suum dominium traxit, etc.* Quinque porro *Vavassores* æquantur *Militi*, seu habenti *feudum hauberticum*. Regestum Philippi Aug. fol. 158 : *Et propter hoc debet tenere unum militem, vel 5. Vavassores, quando submonetur.* Feoda Normanniæ post Ordericum Vitalem pag. 1041 : *Apud Breteuil in eadem ballia duas partes unius militis, una Vavassoria minus.* Sic feudum hauberticum constabat quinque Vavassoriis.

Vavassores igitur *Minores* erant ii, qui majoribus suberant ratione tenementi : unde recte San-Julianus lib. 1. Hist. Burgund. cap. 26. dixit *Vavassores*, esse *vassallos vassallorum*. Consuetudo Marchensis art. 315 : *Si aucun Baron, Chastelain, ou haut Justicier avoit moulin, et son Valvasseur n'en eut point, tous les hommes du Valvasseur demeurans en la banlieue dudit moulin, iront moudre au dit moulin du Baron, jusques à ce que le Valvasseur ait moulin.* Generatim vero dicebantur, qui feuda minora tenebant, quæ inferiori tantum justitia, seu jurisdictione gaudebant, quod exerte docent Statuta S. Ludovici a nobis edita lib. 1. cap. 31 : *Nus Vavassor ne puet faire forbann, ne ne puet à home faire forjurer sa Chastelerie, sans l'assentement du Baron, en qui Chastellerie il sera : et se il le fesait, il en perdroit sa justice; car la justice si n'est mie au Vavasor.* Alio loco, ex MS. Ambianensi : *Nule court de Vavasseur ne porte recort : mais on peut bien requerre le court des Chevaliers, qui sont au jugement requerre souffisant recort, par les Chevaliers, ne mie par les Vavasseurs, mès on ne se met mie en recort ki ne veut, mesmement en Cour de Vavasseur, que che apartient à grant justiche.* Et infra : *Ne nus Vavasseur n'a le murdre, le rat, ne l'ancis, ne le traison, ne le tresor trouvé, ne la force à oster etc. Car Vavasseur n'a que simple justice.* De Vavassoribus agunt eadem Statuta lib. 1. cap. 39. 40. 41. 42. 45. 46. Atque ex his percipimus, cur *Vavassor*, Petro Fontano in Consilio a nobis edito cap. 21. *inferior*, seu *minor dominus* dicatur : *Et se bas sire comme Vavasseur, etc.* Quamobrem vulgo Vavassores inferioris ordinis ac dignitatis viris adscribi solent. Robertus Bourronus in Hist. Merlini MS : *Je suis un Chevalier nés de cest païs, et estrais de Vavassours, et de basse gent.* Sed et ii cum prædiis venibant, quemadmodum *hospites*, aliique adscriptitii, ut hodieque etiamnum vassalli, seu hominia ipsa. Charta Caroli Comitis Flandriæ in Chronico Andrensi pag. 422 : *Concedimus terras, videlicet comitatus,* (vide in hac voce) *decimas, silvas, aquas, molendina, prædia, hospites, Vavassores, servos, ancillas, etc.* Charta Joan. Comitis Pontivi ann. 1138 : *Quidquid habemus apud Onicourt, cum omni dominatione temporali, et Vavassorum : Vavassorum de Flouron, decimam de Favieres,... decimam de Haineville præter unum Vavassorem, etc.* [Charta Philippi Reg. Franc. ann. 1208. apud Marten. tom. 1. Ampl. Collect. col. 1078 : *Et præter hæc contulerunt eidem Niveloni duos Vavasatores quos habebant apud Lyons, scilicet Bernardum Torel et Radulphum Bricart.*] Immo præstationibus videntur fuisse obnoxii. Tabularium Abbat. S. Joannis Ambian. fol. 408 : *Item a ladite Eglise droit de prendre en tous les fiefs du castel, et des Vasseurs estans en toute la paroisse d'Outrebois, etc.* Ita etiam *Vasseurs* appellantur in Charta ann. 1147. apud Loisellum in Bellovaco pag. 274 et in vett. Consuetudinibus municipalibus Parisiensi art. 51. Perticensi cap. 16. art. 5. 6. Carnotensi art. 17. 48. et Blesensi art. 12. ubi iidem sunt, qui vassalli. Cum servientibus junguntur in Charta Communiæ S. Quintini ann. 1195 : *Si Vavassor aut serviens Burgensi catallum debeat, etc.* Cum *gregariis militibus*, apud Wipponem de Vita Chunradi Salici Imp. pag. 440 : *Conjuraverant enim omnes Valvasores Italiæ et gregarii milites contra dominos suos, et omnes minores contra majores, etc.* De ejusmodi Vavassoribus intelligendus videntur Will. Tyrius lib. 22. cap. 22. et Sanutus lib. 3. part. 11. cap. 11. extremo : *Ad hanc formam reduxere negotium, ut datis obsidibus 20. Valvassoribus, etc.* ut et Otto Frisingensis lib. 1. de Gest. Frederici I. cap. 3. de Guiscardo : *Robertus iste ex mediocri stirpe in Normannia, ex eorum ordine, quos Vavassores vulgo illi dicere solent,... editus.*

Sed nondum plane mihi prespectum fateor, cur *Veteranorum* nomenclatura *Vavassores* donet Lambertus Ardensis pag. 31. cap. 36 : *Factum est autem, ut liber quidam Veteranus, sive Vavassorius, nomine Wilelmus de Bocherdis, Vavassorissam quandam de Fielnis similiter liberam, nomine Havidem, duceret in uxorem.* Idem pag. 103. cap. 40 : *Magnanimus quidam Veteranus, sive Vavassorius, qui ab Ardensibus in parte originem traxit, et qui tunc temporis Fielnensibus præerat, et qui principabatur, etc.* Et pag. 171 : *Et multis Ecclesiasticis personis, et Laicalibus Ardensis oppidi Paribus et Veteranis, etc.* Ubi *vavassoribus* istis *Fielnensibus*, opponit *Nobiles de Tingry*, quorum prædium, Principatus dignitate hodie illustre, in eamd. Fiennensem familiam postmodum transiit : adeo ut *Nobiles* a *vavassoribus* videatur distinxisse. [** Vide Kilianum in *Ouderlingh* et *Oudermannen*, Haltaus. in *Altsassen*.]

☞ *Vavassores* aperte a *Nobilibus* distinguntur in Charta ann. 1187. apud Spon. tom. 2. Hist. Genev. pag. 47 : *Omnes tam Nobiles, quam Vavassores, etc.* Statutum Humberti II. ann. 1349. tom. 2. Hist. Dalph. pag. 586 : *Prelati,... Barones, et Bannereti, Proceres, Nobiles, Valvassores et Franchi, etc.*

☞ Sed et inter Vavassores minores aliquid exstitisse discriminis variaque pro vario gradu ipsis concessa fuisse privilegia colligitur ex Charta Ludovici VI. Reg. Franc. ann. 1126. in Tabul. S. Richarii : *Vavassores nostros qui cum armis feodum suum deserviunt, a prædictis consuetudinibus, a tallione videlicet, a fossis, ab excubiis, assensu burgensium privavimus.*

¶ Vavassor, pro *Vavassoris* feudum. Charta ann. 1272. ex Chartul. B. M. de Josaphat : *Ego (Baldoinus de Maignonvilla) vendidi Abbati et Conventui de Josaphat... unum Vavassorem seu feodum unius vavassoris tenentis aliam medietatem dicti molendini.*

Vavassores interdum appellati generatim vassalli omnes, præsertim apud Poetas nostrates. Le Roman *de Garin* :

Les Vavassors fet del païs venir,
La feauté en prant li Dus Garin.

Le Roman *de Girard de Vienne* MS :

Karlon li Rois ni fist pluis demorer,
A Conseil a la Duchoise apelée,
Dame, fait-il, il n'i a mester celée,
Se il vos plaist, et il bien vos agrée,
Je vos prendrai à moller esposée.
La dame l'ot, tote en fu trespassée,
Sire, fait elle, or m'avez vos gabée,
Ne doit nul Rois, c'est vérité provée,
La Vavassoire prendre de sa contrée,
Fille de Roi vos doit estres donnée,
Ou autre Dame de mult grant renommée.

Le Roman *de la prise de Jerusalem par Titus* MS :

Li prince, et li Demaine, et li bon Vavaseur.

Le Roman *de Vacces* MS :

Moult y ont pris Barons et Vavassours asses.

Vide Consuetud. villæ *de Linieres* in Biturigibus art. 1. 5. etc. apud Thomasserium

¶ Wavassores, in Charta ann. 1200. tom. 1. Macer. Insulæ Barb. pag. 129 : *Nos frater Guido abbas Insulæ Barbaræ accedens ad Vismeias vocatis Vavassoribus dictæ villæ et eisdem consentientibus de claudenda villa nostra Vismiaci convenimus cum eisdem Vavassoribus.*

Vavassoria definitur *minus feudum*, a Bractono lib. 2. cap. 39. n. 6. ad discrimen Baroniarum, *quæ caput habent.* Pro *Medietaria* sumitur in Tabulario S. Martini Sagiensi albo fol. 135. in Charta ann. 1202. cujus titulus concipitur de *Metearia.* In Chartis vero Conchensis Monasterii promiscue pro *tenemento* usurpatur. *Feudum unius Vavassoris*, in Monastico Anglicano tom. 2. p. 970. *Verra unius Vavassoris*, apud Ordericum Vitalem lib. 5. pag. 583. Charta Radulfi Abbatis Fiscamnensis in Tabulario Fiscamn. fol. 30 : *Concessimus Hugoni de Paluel Presbytero Vavassoriam unam quam Lambertus Presbyter de Paluel tenuit,... reddendo... 5. solidos communis monetæ pro servitio, cum omnibus aliis reditibus et servitiis, quæ Vavassoria debet.* [Polyptychus ejusd. Monast. ann. 1235 : *Radulfus Bruman tenet unam Vavassoriam de quindecim acris terræ.*] Monast. Anglic. tom. 2. pag. 977 : *Exceptis duabus Vavassoriis, etc.* Arestum ann. 1273 : *Omnes vero aliæ terræ, ubicumque sint sitæ, sive sint Baroniæ, sive Castellaniæ, sive Vavasoriæ, inter dictas sorores æqualiter dividantur.*

* Charta. ann. 1265. ex Chartul. S. Petri. Carnot. : *Philippus de Cluviler armiger confessus fuit se vendidisse abbati et conven-*

tui S. Petri Carnotensis pro xlv. libris.... omnem majoriam de Cluviler, et quidquid juris habebat et dominii ratione Vavassoriæ, seu vassellagii.

Vavaseria, in Monastico Anglic. tom. 1. pag. 775.

Wavasaria, in eod. Monast. tom. 2. pag. 193. et in Chartis aliis apud Seldenum de Titulis honorariis pag. 626. 2. edit.

Vavassoriarum aliæ sunt villanæ, seu tenementis villanis accensentur; aliæ sunt liberæ seu francæ. Vavassoriarum prioris generis meminit vetus Consuetudo Normanniæ cap. 26. posterioris cap. 34. ubi duplicem feudatorum ordinem statuit, quorum primus eorum est, quos Dominos capitales vocat; alter eorum, qui istis subsunt, de quibus hæc habet : Les fiefs de pardessous sont, qui descendent des fiefs chevels, et sont submis à eux, si comme les Vavassouries, qui sont tenuës par sommage et par service de cheval, et les autres fiefs, qui sont tenuës par acres du chef Seigneur. Ubi vetus Interpres : Et par ce mot Vavassouries, sont entenduës les masures et les ainesses villainement tenuës, et sont communement appellés Vavassouries, et Vassaux, et les autres sont appellez Vavasseurs.

* Quæ et Serviles appellantur, in Consuet. Norman. part. 1. cap. 33. ex Cod. reg. 4651. Vide mox

* Valvasseria, Eadem notione. Charta ann. 1351. in Reg. 81. Chartoph. reg. ch. 912 : Feodum de Trousseboure non erat nec fuerat feodum nobile, sed quædam Valvasseria non nobilis.

Vavassoria Franca, seu libera, est, quam tenent ii, qui tenent libera tenementa, de quibus supra : habent autem Vavassores, qui liberas terras tenent, placita, quæ ad wytam vel weram pertinent super suos homines et in suo, et super aliorum homines, si in forisfaciendo retenti vel gravati fuerint, ut est in Legibus Henrici I. Regis Angliæ cap. 27. in quibus etiam Curiæ Vavassoris mentio fit cap. 26. Charta S. Ludovici Regis in 30. Regesto Archivi Regii Ch. 394 : Decano et Capitulo (Lexoviensi) concessimus, ut in terra nostra possint acquirere in iis, quæ non tenentur per membrum loricæ, per francas Vavassorias, aut francas serjantias, vel etiam de Ducatu Normanniæ, etc. In 1. Regesto homagiorum Cameræ Comput. Paris Richardus de Wideville agnoscit tenere se a Rege terram de Dangu in Normannia in Vicecomitatu Gisorciensi, par une franche Vavassorie, 6. Jan. 1431. Vide Feoda Normanniæ post Ordericum Vital. pag. 1047.

* Lit. Blanchæ ducissæ Aurel. ann. 1379. in Reg. 121. Chartoph. reg. ch. 125 : Ottroions de grace especial, que Richart Condren et ses héritiers tiengnent de nous.... ladite terre ou fieu de saint Planchois par foy et par homage, en franche Vavassourie, à simple gaige, court et usaige,.... avecques toutes les autres droitures, faisances et redevances. Vavasserie; Præstatio ratione vavassoriæ solvenda, in Charta Petri de Chambliaco ann. 1307. ex Reg. 44. ch. 87 : Item les rentes que l'en appelle Vavasseries, qui ont accoustumé estre payées à la saint Jehan et à Noel.

¶ Vavassatores, ut Vavassores. Charta ann. 1244. ex Camera Chartophyl. Atrebat.: Item feodum de Vy in quo sunt duo Vavassatores.

¶ Vasvessores, Eadem notione, in Testam. Jacobi Reg. Aragon. apud Acher. tom. 9. Spicileg. pag 199 : Et cum Comitibus, Vicecomitibus, Comdoriis, Vasvessoribus et aliis Militibus.

¶ Vasvassuri, Charta Rodulfii Reg. ann. 1030. ex Tabul. S. Victoris Massil. : Cunctis Rempublicam ministrantibus, ducibus, viscomitibus, scavinos, judices et vicarios seu Vasvassuris, etc. Sic lego pro Varvassuris.

¶ Vavasseri, in Charta Mauritii de Bellavilla D. Ganaschiæ ann. 1265 : Vavasserii dabunt comedere omnibus biennariis suis, etc.

¶ Vevasores, in Confirmat. Chartæ Communiæ Abbavill. ann. 1350. tom. 4. Ordinat. Reg. Franc. pag. 57 : Statutum est etiam quod nullum Vevasorem vel liberam, feodum in terra mea habentem, Burgenses de Abbatis-villa in suam communiam recipere poterunt.

¶ Walvassores, apud Arnulphum in Gestis Mediolan. tom. 3. Leibnit. Scriptor. Brunsvic. pag. 733 : Unde factum est, ut quidam urbis milites, vulgo Walvassores nominati illius insidiarentur opibus, adversus ipsum assidue conspirantes.

Valvasini, Minimi valvasores, quo nomine, inquit Zazius in Tract. de Feud. part. 5. § 28. intelliguntur privatæ personæ, pagani et cives, qui in plebe paulo nominatiores sunt. Lib. 2. de Feudis tit. 10 : Is Capitaneus appellatur, qui proprie Valvassor major appellabatur; qui vero a Capitaneis antiquitus beneficium tenent, Valvasores sunt. Qui autem a valvasoribus feudum, quod a Capitaneis tenent, similiter acceperint, Valvasini, id est, minores valvasores appellantur, qui antiquo quidem usu consuetudinem feudi nullam habebant. Valvasore enim sine filio mortuo, feudum, quod valvasori minori dederat, ad Capitaneum revertebatur. Sed hodie eodem jure utuntur in Curia Mediolanensi, quo et valvasores. Vide ibi Cujacium, et cæteros interpretes.

¶ Vavassoratus, Vassalli servitium. Charta ann. 1189. apud Lobinell. tom. 2. Hist. Britan. col. 167 : Ego in recompensatione damnorum quæ illis (Monachis Majoris Monasterii) intuleram, et ob salutem animæ meæ, quitavi eis in perpetuum Vavassoratum quem ab eis exigebam, ut videlicet prior Pontis castri pro aliquo negotio, in curia mea vel successorum meorum non tenentur de cætero respondere.

Jam vero unde vavassorum vox orta, etsi non omnino constet, vix tamen probatam iri Bractonis allatam supra sententiam putem; ut et Zazii, et aliorum, qui sic dictos volunt, quod ad valvas dominorum starent, ad eorum jussa parati. Certe longe videtur probabilius a vassis etymon deducendum; ut vavassores iidem fuerint, qui vassi dominici, qui non unius erant ordinis, cum alii majoris essent, inferioris alii; quod sane ipsum satis nomen et munus indicant.

VAUCA, Vasis species. Vide Bauca 1.

¶ VAUCHELLUS, Valliculus, ni fallor, Charta ann. 1341. ex Bullar. Fontanell. fol. 62 : Fructus decimales crescentes in omnibus et singulis terris existentibus circumquaque dictam ecclesiam,... et in quodam Vauchello dicti Johannis Bascii, etc. Vide Vacellus et Vancellus.

* Vaucelle, eadem acceptione, in Poem. Alex. MS. part. 1 :

Perdicas et Lyoine soudent d'unes Vaucelles.

* VAULARDIA, nostris Vaulardie, f. Locus publicus, ubi merces venum exponuntur, Gall. Halle. Charta ann. 1326. in Reg. 72. Chartoph. reg. ch. 43 : Item gros cens receuz à Chasteau Renart la veille de la saint Denis pour cause de Vaulardie, quarante et cincq sols, qui se quintoient..... La granche qui est devant Vaulardie. Nisi idem sit quod Volarium, Hortus, viridarium.

* VAULSURA, Fornix, concameratio, f. pro Voltura. Vide in Volutio. Vaulte etiam pro Voute, in Reg. 13. Corb. sign. Habacuc ad ann. 1516. fol. 295. v°. Comput. ann. 1492. ex Tabul. S. Petri Insul. : Item custodi clerico aquæ benedictæ et duobus aliis qui pluribus vicibus mundaverunt chorum, quando dealbabantur Vausuræ dicti chori, de gratia speciali xx. sol. Codex MS. ejusd. eccl.: Anno 1484. Vaulsura, vel melius testudo campanilis cecidit. Hinc Vautis, pro vouté, concameratus, in Vitis SS. MSS. ex Cod. 28. S. Vict. Paris.

¶ VAURA, Ager sterilis, incultus. Charta ann. 1208. apud Marten. tom. 1. Anecd. col. 809 : Et terras quas habebant in Vaura, et etiam terras quæ fuerunt Bocharii de Maroel in prædicta Vaura, etc. Vide Vastum, et infra Veura.

¶ VAUTRARIUS. Vide infra Veltrarius.

* Nostris Vautreur et Vautrieur, a verbo Vautrier vel Viautrer, Venari aprum, leporem, etc. Lit. remiss. ann. 1387. in Reg. 131. Chartoph. reg. ch. 92 : En la forest dudit Magni, qui est garenne, avoit gens Vautreux, qui rauboient la garenne..... Lesdiz Vautreux et robeurs etc. Aliæ ann. 1390. in Reg. 139. ch. 128 : Disant icellui nostre sergent que il voulsissent aler avec lui celle nuit en ladite forest pour savoir s'il y trouveraient aucuns Vautrieurs;.... et environ un quart de nuit eussent trouvé Vautriant par icelle forest les dessus nommez. Lequel Beuvillon estoit renommé de chacier et Viautrer de nuit aux sangliers, in aliis Lit. ejusd. ann. ibid. ch. 109. Vide supra Canis veltris in Canis 2.

¶ VAXA, pro Vacca, in Inventario ann. 1476. ex Tabul. Flamar.

* VAXALLUM, Vasarium, supellex. Stat. synod. Reatina MSS : Concessiones, distractiones Vaxallorum,... revocamus et annullamus. Vide Vassella.

* VAXARE, perperam pro Varare, vox Italica, Hispanis quoque Varar, Navim in mare inducere, impellere, Gall. Lancer à l'eau. Libert. Barcin. MSS. ann. 1283 : Postquam lignum vel barcha aut navis fuerit in mari, vel parata ad Vaxandum, etc. Vide supra Varare 2.

* Vaucrer vero, Errare, vagari sonat, apud Froissart. vol. 1. cap. 130 : Si Vaucroient sur les champs et s'embattoient souvent à petite ordonnance sur les Anglois. Idem vol. 2. cap. 76 : Et n'eut pas le roy conseil des barons qui là estoient, qu'il prit

terre', mais commancerent à Vaucrer la barge amont et aval sur la riviere.

* **VAXEA**, *Calciamenta sunt mulierum.* Glossar. vet. ex Cod. reg. 7613. Vide *Baxeæ.*

¶ **VAXELLA**, VAYCELLA. Vide in *Vassella.*

* **VAXELLUM**, Mensuræ annonariæ species. Charta ann. 1286. ex Chartul. S. Gengulfi Tull. : *Duodecim denariorum Tullensium et unum resale avenæ,..... et unum Vaxellum avenæ.* Vide supra in *Vas* 3. Alia notione occurrit in *Vassellum.*

* **VAYCHIA**, Arboris species. Vide supra *Vaischa.*

¶ **VAYLETUS**, VAYLLETUS. Vide in *Valeti.*

* **VAYLH**, *Prov. Ovile, caula*, in Glossar. Provinc. Lat. ex Cod. reg. 7657.

* **VAYNUM**. Vide infra *Vayvum.*

* **VAYRARE**, Variare, Ital. *Vaiolare*, dicitur de uvis, quæ cum maturescunt colorem mutant seu variant, Gall. *Tourner.* Stat. Avellæ ann. 1496. cap. 191. ex Cod. reg. 4624 : *Si aliquis canis vel catula inventus vel inventa fuerit in alienis vineis, altenis vel plantatis vinearum, postquam uvæ cœperint Vayrare et maturari, etc.* Vide supra *Variascere.*

¶ **VAYROLA**, VAYRORA. Vide *Variola.*

¶ 1. **VAYRUS**. Vide supra in *Vares.*

* 2. **VAYRUS**, Varius, versicolor. Reg. feud. Aquit. in Cam. Comput. Paris. sign. JJ. rub. fol. 16. v° : *Galhardus de Bladin.... et Willelmus de Bladin... debent... unam vaccam Vayram, etc.* Vide *Varius* 1.

* **VAYSCHA**, VAYSHA, Arboris species. Vide supra *Vaischa.*

¶ **VAYSELLUM**, ut *Vassellum.* Vide ibi.

* **VAYSSALE**, VAYSSELUM, Navis, Gall. *Vaisseau.* Charta Rich. comit. Pictav. ann. 1398. inter schedas Mabill. : *Concedo quod dicti monachi vel homines eorumdem monachorum habeant Vayssalia piscatoria, propria sive portionaria, quantacumque voluerint vel potuerint habere in portu Olonæ; de quibus Vayssolis* (sic) *propriis seu portionariis dicti monachi habeant et percipiant totam costumam piscium.* Vide *Vas* 1.

¶ **VAYSSELLA**, VAYSSELLAMENTA. Vide *Vassella.*

* **VAYTÆ**, Excubiæ, vigiliæ. Stat. Taurin. ann. 1360. cap. 205. ex Cod. reg. 4622. A : *Intelligatur inter cives et districtuales civitatis Taurini, qui solvunt taleas et faciunt Vaytas.* Vide *Wactæ.*

* **VAYVUM**, vel potius *Vaynum*, nostris alias *Vayn*, Autumnus seu anni tempestas, in qua demetuntur in agris fruges. Charta ann. 1336. in Chartul. eccl. Lingon. fol. 103. r° : *Quilibet habitator dictæ villæ habens aratrum seu carucam, debet domino villæ ter in quolibet anno corvatam de bestiis suis trahentibus, videlicet semel in sombro, semel in Vayvo et semel in tremisio.* Vide supra *Gagnagium* 1.

¶ **VAYVUS**. *Vayva res.* Vide in *Wayf.*

¶ **VAZI**. Testam. ann. 1154. inter Probat. tom. 2. novæ Hist. Occitan. col. 550 : *Hæc est carta testamenti quod Raymundus Trencavellus in captionem Raymundi Comitis Tolosani, et testamentum, et Vazi est tale. Vadium* et *Gadium* pro Testamentum, dixerunt Scriptores medii ævi.

¶ **UBACUM**. Tabul. S. Victoris Massil. : *Item aliam quandam terram sitam in Ubaco de Bleona.* Septentrionem hic designari nobis auctor est D. *le Fournier.*

¶ **UBAGUM**. Charta ann. 1035. ex eodem Tabul. : *Ego Adalgarda dono Ubagum totum de terra Magastris.* Leg. forte *Usagium.*

¶ **UBALBALIA**, χολάδες, τὰ ἔντερα, in Gloss. Lat. Græc. *Vubalia*, in MSS. Sangerm. Gloss. Gr. Lat. : Ἔντερα, *Intestina.*

¶ **UBALDINI** *sunt homines certi et signanter Clerici vel Canonici terræ vel ecclesiæ alicujus... Dicitur quod collegium Ubaldinorum non potest constituere syndicum.* Vocabul. Juris utriusque.

UBANTUS. Vide *Wantus.*

¶ **UBARTILLUS**, Mensuræ species. Charta ann. 1177. tom. 2. Monument. sacræ Antiq. pag. 544 : *In festivitate S. Remigii similiter de singulis domibus nummum, et unum panem, et manipulum avenæ. In Domini natale ad festivitatem S. Stephani unum nummum, et panem, et Ubartillum avenæ de villa.*

¶ **UBERARE**, Fecundum esse, vel Ubera præbere, Gall. *Alaiter.* Vita S. Bernardi Menthon. tom. 2. Jun. pag. 1078 : *Gravidæ parturient, steriles Uberabunt.* Vide *Ubretare.*

¶ **UBERE**, Abunde. Gloss. Lat. Gr. : *Ubere*, ἀφθονον, τὸ πολύ. MSS. Sangerm. *Ubertim.*

¶ **UBERTARE**, *Abundare, uberem ac fecundum esse, ubertim habere.* Gemma, apud Vossium lib. 4. de Vitiis serm. cap. 29.

UBERTUOSUS, *abundans.* Joan. de Janua. [Hinc *Ubertuosus, plantureux*, in Gloss. Lat. Gall. Sangerman.]

¶ **UBERVANCH**, Præstationis species apud Germanos. Litteræ Friderici Ducis Austriæ ann. 1243. apud Ludewig. tom. 4. Reliq. MSS. pag. 226 : *Quaslibet obventiones, scilicet losunge, Ubervanch, granlos, etc.* [** Vide Haltaus. Glossar. German. col. 1813. voce *Uberfang.*]

* **UBETA**, Vasis genus, f. pro *Cuveta*, Gall. *Cuve.* Lit. remiss. ann. 1370. in Reg. 100. Chartoph. reg. ch. 771 : *Guillelmus Amorosii asserebat quendam* (sic) *Ubetam sive payrollum, qui erat ibidem* (*ubi lanæ consueverunt Carcassonæ lavari*) *fuisse manualiter perforatum.*

¶ **UBI** FECIT, Formula loquendi, de qua plura in voce *Facere* 1. Vide ibi.

UBIA. Charta Raimundi Comitis S. Ægidii ann. 1164. in Bibliotheca Sebusian. cent. 2. cap. 50 : *Et in leda de mercato medietas erit mea et medietas illorum, excepta leda lumborum et linguarum, et excepta leda Ubiarum, et omnium fructuum, quæ ad sextarium non vadunt, quæ propria est Monachorum, etc.* Forte *obliarum.* Vide in *Oblata.*

☞ Præponenda videtur lectio ejusdem Chartæ MS. inter Schedas V. Cl. *Lancelot* et editæ inter Instr. tom. 6. Gall. Christ. novæ edit. col. 300. ubi legitur, *Excepta leuda Urnarum.* Est autem *Urna* eo loci mensura liquidorum, vini, cerevisiæ, etc. in Vide hac voce num. 2.

¶ **UBICADA**, f. Modus agri. Charta Leotaldi Comit. Matiscon. ann. 942. ex Chartular. Matiscon. fol. 166 : *Concedimus... ad casam S. Vincentii res quasdam sitas in pago Lugdunensi in villa Montisgudini præter silvam quam reservamus, et de ipsa silva damus Ubicadam unam.*

* **UBIDEM**, pro Ibidem. Inquisit. ann. 1210. inter Probat. tom. 1. Hist. Nem. pag. 48. col. 2 : *W. de Campels juratus dixit, quod transacta epdomada P. de Areolis venit ad domum suam, afferens loricam quam Ubidem dimisit.*

* **UBILIA**, idem quod *Oblia*, Panum tenuissimorum præstatio, quæ postea in pecuniæ summam evasit. Chartul. S. Marcelli Cabilon. : *Dederunt.... placitum generale hominum suorum et censum, qui a vulgo Ubiliæ vocantur.* Vide in *Oblata.*

UBIVIS, pro *Ubicunque*, occurrit in Vita S. Anselmi Episcopi Lucensis pag. 100.

UBLADA, UBLIA. Vide *Oblata.*

* **UBLICARE**, pro Obligare. Charta ann. 1034. apud Murator. tom. 1. Antiq. Ital. med. ævi col. 590 : *De prædicto castro et curte, quæ nominatur Monte Renzuli, Ublicavit adversum prædictum Bonifacium,... et Bonefacius marchio similiter promisit facere Bonifacio Enrici filio.*

* **UBRERA**, Pars navis nescio quæ. Contract. navig. reg. Franc. cum Massil. ann. 1268. in Reg. Cam. Comput. Paris. sign. *Noster* fol. 287. r° : *Mensura illius navis talis est, quod sit xiiij. palmorum in starreria et octo palmorum et dimidium in cooperta equorum, et Ubrera in cooperta inferiori a xxx. palmis usque ad xxxj. palmos.*

* **UBRI**, *Prov. Ebrius, temulentus. Ubrietat, ebrietas, temulentia.* Glossar. Provinc. Lat. ex Cod. reg. 7657. Ab Italico *Ubriaco*, ebrius, et *Ubriachezza*, ebrietas.

* **UBRIACZ**. Glossar. vet. ex Cod. reg. 4120 : *Crocea, cuna infantium, dicitur Ubriacz.*

UCCUS, Clamor inconditus, Gallicis Scriptoribus medii ævi, *Hus*, unde Galli *Hucher*, Picardi *Huquer* dicunt, pro aliquem majori voce vocare, appellare. Formulæ vett. secundum Leg. Roman. cap. 30 : *Ille judex veniens in loco illo, sub die illo, una cum bonis hominibus ad locum accessionis, ubi aliquis homo nomine ille quondam interfectus jacebat, requirens pro qua re interfectus fuisset; sed venientes homines ibi commanentes, qui in initio litis ibidem fuerunt, vel, qui ad ipsos Uccos cucurrerunt, qualiter jam dictus homo ibidem interfectus fuit, taliter testimonium præbuerunt,. etc.* Vide *Huesium.*

* Ubi Codex regius habet *Huccos*, teste D. *Bouquet* tom. 4. Collect. Histor. Franc. pag. 532. in notis.

1. **UCHA**, Præstationis species. Charta Willelmi Ducis Aquitan. ex Tabulario S. Cypriani Pictav. : *Dono et concedo.... omnes consuetudines meas, quæ erant in obedientia nomine Exoletia, videlicet præposituram et bannum, et Ucham, et expallum, et biannum, et friscingam, et pullos, et anseres, et annonam, etc.* Vide *Olca.*

☞ Haud scio an melius *Ucham* intelligas Proclamationem vini venalis, aut jus percipiendi tributum ex hac proclamatione solvendum. Vide supra *Hucagium.*

* Vide supra *Hucha*, 2.

¶ 2. **UCHA**, Arca, vel cistæ species, Picardis aliisque *Huche*. Vide *Hucha*. Consuetud. MSS. Tolos. fol. 41 : *Libros prædictos in locis assisiarum vel bajuliarum prædictarum dimittant in certis Uchis et ipsos alibi transferre non præsumant.* Statutum Philippi Pulchri ann. 1334. apud Menester. Hist. Lugdun. pag. 93 : *Avez fait seeller les chambres et les Uches de plusieurs desdits citoyens.*

* **UCHIA**, Arca, Gall. *Huche*, *coffre*, *armoire*. Charta ann. 1342. in Reg. 72. Chartoph. reg. ch. 341 : *Fuit repertus in quadam Uchia unus rotulus pergameneus, scriptus in tribus peciis pergameni consutis, etc.* Vide *Ucha* 2.

UCTARE. Charta MS. exarata Papiæ anno 1179 : *Et non debent Uctare aliquem prædictorum locorum garnitum vel scaritum.* Occurrit rursum infra.

¶ **UDARE**, Udum facere. Gloss. Lat. Gr. Sangerman. : *Udo, humecto, deluo, madeo, pluo*, Βρέχω. Utitur Macrobius lib. 7. Saturn. cap. 12.

* **UDITAS**, *Moetete*, in Glossar. Lat. Gall. ex Cod. reg. 7692. Humor, vulgo *Moiteur, humidité.*

UDO, Calceamentum laneum, vel ex pilis hircinis, Martiali lib. 14. Epigr. 140. dicitur, quod aliis *Odo*. Donatio Constantini M. in lectionibus variis ad Anastasium Biblioth. pag. 255. edit. Reg : *Et ut amplissime Pontificale decus præfulgeat, decernimus et hoc, ut Clerici S. R. Ecclesiæ mappulis et linteaminibus, id est, candidissimo colore decoratis equos equitent; et sicut noster Senatus calceamentis utitur cum Udonibus, id est, candido linteamine illustrentur, et ita cœlestia sicut terrena ad laudem Dei decorentur.* Ubi Græca σανδάλια λευκὰ διὰ ὀθονίων. Vide Salmasium ad Lampridium pag. 221. [et Gloss. med. Græcit. Constitut. Mellic. ann. 1625. in Chron. ejusdem Monast. pag. 785 : *De interioribus vestibus, item de mappulis, sudariis, Udonibus et ejusmodi, Prælato relinquitur, et unicuique pro necessitate sufficienter, honeste et rationabiliter juxta regulam provideat.*]

Eamdem vocem usurpant Scriptores recentioris ævi, pro equi stragulo coactili. Glossæ Gr. Lat. : Ἐμπίλιον, *Udo*. Bulla Paschalis II. PP. ann. 1217. apud Ughell. in Papiens. Episcop. : *Tam tibi quam tuis successoribus concedimus in processione palmarum, et feriæ secundæ post Pascha equum album equitare Udone coopertum, etc.*

UDWORNYCK, Udwornici, unius sessionis nobiles : Aulici, et eis quiddam obligati, inquit Sambucus. S. Stephanus Rex Hungariæ lib. 2. Decret. cap. 55 : *Si quis illorum, qui vulgo Udwornych vocantur, furtum commiserit, lege liberorum dijudicetur. Udwornyck*, dicuntur in Decretis S. Ladislai Regis Hungariæ lib. 3. cap. 5. *Villæ liberæ ac etiam Udwornicales villæ*, in Decretis Ludovici Regis Hungar. cap. 5. quæ ad *Udwornicos* spectant.

¶ **VEADOR**, Hispan. *Veedor*, Oeconomus. Acta B. Ferdinandi Infantis Lusitan. tom. 1. Junii pag. 563 : *Allatas bullas Veadores susceperunt cum omni devotione.*

¶ **VEAGES**, Iter, Gall. *Voyage*. Testam. ann. 1430. apud Calmet. inter Probat. tom. 3. Hist. Lothar. col. 640 : *Item volumus et ordinamus fieri pro nobis unum Veagitem, seu unam peregrinationem ad S. Michaelem de Monte.*

* Nisi lectum sit *Veagitem*, pro *Veagium*; quod satis probabile est.

¶ **VEAGIUM**, ut *Veages*. Litteræ Edwardi III. Reg. Angl. ann. 1325. apud Rymer. tom. 4. pag. 133 : *Ac jam, ad instantiam nonnullorum dictorum Magnatum et Procerum asserentium se propter brevitatem temporis, non posse ita sufficienter, sicut deceret,.... pro tali Veagio parari.* Regest. Eccl. Andegav. ad ann. 1444. in Vita Math. Menagii pag. 124 : *Qui pro suo Veagio habuerat mandata.* Occurrit rursum infra. Vide *Viagium*.

* **VEARIA**, Præstatio quæ ratione *viariæ* penditur. Vide in *Viarius*. Charta Phil. Pulc. ann. 1305. in Lib. rub. Cam. Comput. Paris fol. 280. r°. col. 2 : *In ripariis, portubus, Veariis, vaassoriis, molendinis, etc.*

* **VEBARE**, Hædorum vox; perperam pro *Vehare*. Vide supra *Baulare*.

¶ **VEBER**, Fiber, castor, Hispan. *Befre*, Gall. *Biévre*. Conc. Dertus. ann. 1429. inter Hisp. tom. 3. pag. 663 : *Neque folleratus deferat* (Clericus) *pellium de marthis, de fagnes, de Vebres.*

¶ Vebrinus, Fibrinus. Gloss. Isid. : *Castorinum, vebrinum. Bebrinus* aliis. *Bebrinæ pelles*, Scholiastæ Juvenal. Sat. 11. 106 Vide *Castorinatus*.

¶ **VEBTA**, Vestis species. Charta ann. 855. in Append. ad Marcam Hisp. col. 788 : *Ob inde et de vestimenta frisis, cum vistitos et Vebtas* 11. *et capas* v. *etc.* Vide *Vecha*.

¶ **VECASSUA**, πέταυρον, in Gl. Lat. Gr. MSS. Reg.

¶ **VECHA**, pro *Becha*, Rostrum, pars vestimenti quæ in *beccum* seu acumen desinit, vel species vestitus. Vide *Beca* et *Becha*. Litteræ patentes Caroli V. Reg. Franc. ann. 1367. de forma vestium pro Montispessulanis : *Item quod nulla ipsarum* (mulierum) *audeat portare in suis capuciis, vel Vechis, aut alias in vestibus suis aliquod genus rubanorum aureorum vel argenteorum.... Item quod nulla ipsarum audeat portare aliquam fraputuram in suis capuciis, Vechis, vel caragiis capuciorum, etc.*

* **VECHARIA**, pro *Becharia*, ni fallor, Macellum, laniena, Gall. *Boucherie*. Vide *Beccharia*. Charta ann. 1180. in Chartul. eccl. Lingon. fol. 141. r°. : *Ego Milo, comes Barri, notum facio, quod venerabilis dominus Man. Lingon. episcopus michi nepoti suo dedit ccxx. libras, quas titulo pignoris habebat super Vechariam de Pultheriis.*

¶ **VECHIA**, Vecia, Vicia, Gallice *Vesce*. Charta ann. 1199. ex Chartul. Pontisar. : *Petrus de Beoleio miles in Vulcassino dedit ecclesiæ S. Martini Pontisarensis tertium partem forraginis avenæ et Veciæ apud Beoleium.* Alia ann. 1262. ibid : *Stramina et fourragia garbarum bladi, avenæ, ordei, fabarum, pisorum et Vechiarum.* Charta ann. 1244. ex Tabul. Compend. : *Recognoverunt se vendidisse.... totum granum et paleam, totam Vechiam, totam lenticulam, etc.* Charta ann. 1255. in Chartular. S. Bartholomæi Betun. fol. 60 : *Capitulum minus juste spoliavit decimis antedictis videlicet, lini, canabis, et viridium Vechiarum. Reposueruut decimas bladi, avenæ, ordei, pisorum, fabarum, Vechiæ et aliorum granorum*, in Charta ann. 1303. ex Tabul. Corbeiensi. Occurrit præterea in Chartulario S. Vandreg. tom. 2. pag. 1521. Vide *Fabarium* et *Pesait*.

¶ **VECHTINA**. Charta ann. 1125. apud Miræum tom. 2. pag. 817. col. 2 : *Rusticis et colonis ecclesiæ sive pauperes essent, sive divites, jus illud quod sach appellatur in sylva de Bukenholt concessit, Vechtinam autem de porcis hominum suorum ecclesia habebit.* An quod pro pascendis porcis exsolvitur? [** Idem forte quod *Vedema* in Usib. Suestrens. in Gelria ann. 1260. apud Grimm. Antiq. Jur. German. pag. 522 : *Item dicunt quod melior porcus qui provenit de pastu porcorum, scilicet Vedema, est scabinorum.* Vox pertinere videtur ad *Vet*, Pinguis. Kilianus : *Vet-mast*, Sagina.]

¶ **VECIA**. Vide supra *Vechia*.

VECIACUM, præstatio ex *vecia*. Locus est in *Mestivarius*. Vide *Mestiva*.

* **VECINESCUM**, Civilia onera hac voce significari opinor, in Stat. Taurin. ann. 1360. cap. 205. ex Cod. reg. 4622. A : *Intelligatur inter cives et districtuales civitatis Taurini, qui solvunt taleas et faciunt vaytas et Vecinescum ad modum civium.* Vide in *Vicinus*.

¶ **VECORDIA**, Præcordia, Gall. *Entrailles*. Sebast. Perusinus in Vita S. Columbæ Reatinæ tom. 5. Maii pag. 378* : *Cujus* (aquæ) *frigiditate Vecordia plurimum reddebantur allisa. Væcordia*, ibid. pag. 367* : *In tantumque Væcordia nostra concusserat, etc.* Hinc

¶ Vecordialis, apud S. Bernardum in Epist. 441 : *Sæpe vero ut placerem hominibus, sive mihi, non Deo, mea erat præcordialis, et, ut verius dicam, Vecordialis intentio.* Vide *Vefaba*.

VECORIN, Papiæ, *Viam antestare*. Vox Longobardica. Lex Longob. lib. 1. tit. 36. § 4. [** Roth. 376.] : *Si servus Regis oberos, aut Vecorin, seu merworphin, aut quamlibet talem culpam, vel minorem fecerit, etc.* [Verba sunt injuriosa ex aliis Glossis.] [** Confer Roth. 26. sqq.]

* **VECTA**, Tributum pro mercibus quæ vehuntur exsolutum. Charta Theoder. episc. Metens. ann. 1381. ex Cod. reg. 9861. 2. 2. fol. 99. r° : *Silvis, aquis, pascuis, stura, Vecta, ungelta, exactione, redditibus sive censibus, etc.* Quæ rursum occurrunt in alia ejusd. episc. Charta ibid. fol. 100. r°.

¶ **VECTABULUM**, Vehiculum, vel quo aliquid vehitur. Gellius lib. 20. cap. 1 : *Jumentum quoque non id solum significat quod nunc dicitur; sed Vectabulum etiam, quod adjunctis pecoribus trahebatur, veteres nostri jumentum a jungendo dixerunt.*

* **VECTAGIUM**, Servitium, quo vecturas suppeditare quis tenetur, vel Pecunia ejusdem servitii loco præstita. Charta Galt. episc. Laudun. ann. 1164. inter Probat. tom. 1. Annal. Præmonst. col. 75 : *Cœpit idem Guillelmus....... quasdam consuetudines violenter exigere;...... scilicet ut..... Vectagium vini, si forte vectura ad aquam ipsam deponeretur, exsolverent.* Vide in *Vectura*.

* **VECTANS.** Stat. comitat. Venaiss. sub Clem. PP. VII. cap. 3. ex Cod. reg. 4660. A : *Effrænata cupiditas.... suis juribus et finibus non contenta, nec falcem suam Vectans in messem ponere alienam etc.* Sed legendum ibi *Verens*.

* **VECTARE**, Vecte seu pessulo fores occludere. Glossar. Gall. Lat. ex Cod. reg. 7684 : *Vectare*, *Quoreillier, fermer de quoreil de huys, de quoy l'en le ferme.* Vide supra *Corale* 1. et *Vecticularius*.

¶ **VECTARIUS**, Ad vehendum idoneus, portatilis. Miracula S. Benedicti tom. 3. Mart. pag. 313 : *Levatum sanctissimum corpus atque in loculo Vectario depositum etc.*

** **VECTATA** Coria, in chart. Thelon. Thoralt. ann. 1262. ubi in textu Flandr. *eist leder ghevettet.* Kilianus : *Vetten het leder*, Macerare corium, arvina pingui linere, vulgo tanare, frunire.

* **VECTATORIUM**, *Civiere ou autre instrument à porter aulcune chose*, in Glossar. Gall. Lat. ex Cod. reg. 7684. Vide *Vectorium*.

* **VECTATORIUS**, Gestatorius. *Cathedra vectatoria*, in Chron. Ademari Caban. tom. 10. Collect. Histor. Franc. pag. 147. *Vectatorius* etiam legitur in loco laudato v. *Vectarius* ex tom. 7. ejusd. Collect. pag. 361.

* **VECTICARE**, Vehere, Gall. *Voiturer*. Epist. Peringeri abb. Tegerns. ann. circ. 1003. apud Pez. tom. 6. Anecd. part. 1. col. 143 : *Habet nobis denique nostram navim ablatam, qua debuimus fratribus nostris Vecticare vinum et legumina, aliaque necessaria.* *Vieutrer*, eadem notione, in Charta ann. 1408 : *Et quant dudit port ilz* (les vins) *sont Vieutrez et transportez, mis et herbegiez en maisons ou celliers etc.* Unde *Vieustrage* et *Vieutraige*, Tributum, quod pro mercibus vehendis exsolvitur. Reg. Cam. Comput. Paris. sign. *Bel.* fol. 121. v° : *Item le Vieustrage, carrage et rouge de Jausy, etc.* Charta ann. 1311. in Chartul. Regalis-loci part. 1. ch. 30 : *Forages, rouges, Vieutraige, tonnelieu, etc.* Hinc *Viautre*, tributi hujus collector, in Mirac. MSS. B. M. V. lib. 1 :

Mais tuit dampné seront li autre,
Li mal waignon, li felon Viautre.

Vide infra *Vineragium*.

VECTICULARIUS, *Qui vectes vendit. Dicitur etiam rapinosus, sicut dicimus aliquem vitam Vecticulariam agere, qui furto et rapinis intendit.* Johan. de Janua. [Gloss. Lat Gall. Sangerman : *Vecticularius, qui fait verroulz.*]

¶ **VECTIGALERII**, ut mox *Vectigaliarii*, in Charta ann. 1330. tom. 2. Hist. Dalphin. pag. 229. col. 2. et 231. col. 1.

VECTIGALIA, Vecturæ, Gall. *Voitures*. Concilium Bituricense ann. 1031. cap. 15 : *Ut in die Dominica Vectigalia non fiant, quod carregium vel sagmegium dicitur.* [Regula Conversor. Cisterc. cap. 10. *De fratribus bubulcis*, apud Marten. tom. 4. Anecd. col. 1650 : *Tempore messionis et secationis euntes et redeuntes ad Vectigalia sua bini et bini loquantur ad invicem.* Ubi vehicula intelliguntur.]

* Charta Frider. I. imper. ann. 1179. apud Ludewig. tom. 10. Reliq. MSS. pag. 150 : *Semel in anno ab eis Vectigalia exposcet a meridie unius diei usque ad meridiem alterius diei.*

* *Vitigal* vero nostris, eodem sensu, quo Latinum *Vectigal*. Lit. remiss. ann. 1455. in Reg. 191. Chartoph. reg. ch. 199 : *A cause des terres et seigneuries de Caumont et de Tonnix, le seigneur de Caumont a droit de peage, et d'ancienneté a droit et a acoustumé de lever, recevoir et percevoir le Vitigal en la riviere de Garonne en Agenés.*

VECTIGALIARII, Qui vectigalia colligunt, apud Jul. Firmicum lib. 3. cap. 13 : *Erunt enim aut Publicani, aut Vectigaliarii, aut Curiosi.* [Vide *Vectigalerii*]

¶ **VECTIGALIUM**, Τελώνιον. Gloss. Lat. Gr. ubi Sangerm. habent *Vectigal*.

¶ **VECTIGINAL**, pro Vectigal. Charta Conventionis inter Ludovicum Reg. Siciliæ et Arelat. ann. 1385. ex Cod MS. D. Brunet fol. 40. v° : *Sint liberi et immunes ab omnibus pedagiis, Vectiginalibus et quibusvis impositionibus, etc.* Ubi leg. forte

¶ Vectigual, ut in Litteris Philippi VI. ann. 1340. tom. 3. Ordinat. Reg. Franc. pag. 234 : *A solutione cujuscumque leude, Vectigualis et pedagii ad nos spectantis in toto regno nostro etiam in ducatu Aquitaniæ, sint quieti, liberi et immunes : quodque occasione dicte leude, pedagii seu Vectigualis, ab eisdem nichil exigi possit.* Vide *Vestigual*.

VECTIS, Veretrum. Lex Angliorum tit. 5. § 7 : *Si libero* (testiculos evulserit) *centum sol. componat, vel juret ut superius; si Vectem, similiter.* Lex Longob. lib. 1. tit. 7. § 18. [** Carol. M. 82.] habet hoc loco : *si virgam absciderit, etc.* Vide *Hasta* 3. et *Virga* 2.

VECTORIUM, *Instrumentum, quo aliquid portatur*, Ugutioni, Feretrum, in Vita S. Urbani Episcopi Lingonensis num. 8. de Feretro S. Urbani : *Quocunque gressum converto, semper subsequitur me istud fulgens Vectorium.*

¶ **VECTUAGIUM**, Vectura, Gallice *Transport*. Charta Petri Abbat. Caroliloci ann. 1263. ex Tabul. Compend. : *Cum mota fuisset discordia.... super Vectuagio seu conductu decimæ eorumdem de terris nostris;... de quibus terris decimam cum campiparte dicebant nos debere sibi vecturis nostris propriis... in domum eorumdem ducere.*

¶ **VECTUALIA**. Vide *Victualia* 2.

¶ **VECTUARIUS**, Qui vecturas facit, Gall. *Votturier*. Litteræ Johannis Reg. Franc. ann. 1353. tom. 3. Ordinat. pag. 445 : *De die in diem nittuntur capere, arrestare dictos mercatores, Vectuarios ac eorum equos, harnesia, pisces et alecia ipsorum mercatorum et Vectuariorum sibi applicanda, etc.*

¶ Vectuerius, Eodem significatu. Litteræ Caroli V. reg. Franc, ann. 1367. tom. 5. earumdem Ordinat. pag. 103 : *Similis gabella et per modum similem levetur et exigatur in exitibus nostri Dalphinatus prædicti, a Vectueriis seu sal portantibus per eamdem.* Paulo ante legitur, *Veturerii salis, etc.* Vide infra *Victerius*.

VECTURA, in Gloss. Lat. Gr. φόρετρον, ναῦλον. Alibi : Ναῦλον, *navis vectura, naulum.* [MSS. Sangerm. : *Vectura*, φόρετον, μισθὸς τοῦ ζώου.] Nempe merces, quæ pro vectione datur naviculario. Joanni de Janua : *Naulum, pretium, quod datur pro portatura.* [Gloss. Lat. Gall. Sangerm. : *Vectura, porture, voiture, ou le pris que l'en baille pour porter.*] Plautus Mostell. :

Treis minas pro istis duobus præter Vecturam dedi.

¶ Vectura, *Omne jumentum, nempe equus, camelus, mulus, asinus, bos*, in Gloss. Gasp. Barthii ex Bartholphi Hist. Palæst. apud Ludewig. tom. 3. Reliq. MSS. pag. 512. [** Bongars. pag. 578. lin. 29.] Vide *Vehiculus*, et *Vehitura*.

* Simul et Emolumentum, quod ex jumentis percipitur. Libert. Laudosi ann. 1392. tom. 8. Ordinat. reg. Franc. pag. 199 : *Per quamlibet mulierem viduam vel aliam viventem ex sua Vectura, unam cuppam bladi.*

¶ Vectura, Servitium quo vecturas suppeditare quis tenetur. Charta ann. 1360. apud Ludew. Reliq. MSS. tom. 6. pag. 404 : *Ab omni exactione, collecta, contributione, talliis, precariis, Vecturis, steuris et aliis quibuscumque gravaminibus deserviant libertate.* Vide *Vehitura*.

Vecturas Corpore Suo Factitare, pro Βαστάζειν, dixit Gellius lib. 5. cap. 3.

VECTURALIS, Mulio, ex Italico *Vetturale, colui che guida bestia da soma.* Processus de Vita S. Thomæ Aquin. n. 9 : *Contigit inde transire Vecturalem cum sardis.* [Chron. Parmense ad ann. 1284. apud Murator. tom. 9. col. 805 : *Quum commune Parmæ faceret conduci certam quantitatem salis de versus Bononiæ Parmam, et conductores et Vecturales non venirent per stratam rectam propter guerram Mutinensium.*]

¶ Vecturalis, adject. Vectorius. Statuta Pallavic. lib. 1. cap. 18. fol. 21 : *Et idem habeat locum in bobulcis Vecturalibus et nautis forensibus, de suis vecturis et mercedibus.*

¶ **VECTURARE**, Vecturam facere : *Vecturizatura*, Vectura, Gall. *Voiture, transport.* Statuta Castri Redaldi lib. 1. fol. 21 : *Nullus mezadrus vel terzarinus habeat boves vel vaccas communes cum domino suo, vel quæ sint domini tantum debeat carrezare vel Vecturare cum dictis bestiis, nec in terris alicujus laborare, nisi in terris domini sui absque licentia domini sui, et si contrafecerint, dominus petere possit, et habere redditum, quem habuit de dicta alia terra vel æstimationem pretii araturæ vel Vecturizaturæ, etc.*

¶ **VEDA**. Libertates villæ de Salvitate ann. 1369. inter Ordinat. Reg. Franc. tom. 5. pag. 386 : *Quod pro fortificatione et aliis necessitatibus dicti loci, faciendis et supportandis, eis concedetur Vedam sive bannum ...., super victualibus vendendis in dicto loco.* Legendum videtur *Vetum*. Vide infra *Vetum vini*.

* **VEDAGIUM**, f. Tributum pro mercibus quæ vehuntur exsolutum, nisi sit pro *Vendagium*. Charta ann. 1114. ex Tabul. episc. Carnot. : *Concessit...... quod ipsi* (monachi Tironenses) *et sui conversi, donati, servitores et ceteri...... homines..... a Vedagiis, transitibus, panagiis, quadriga-*

giis....... in perpetuum liberi sint et immunes.

VEDALARII, a *Vedar*, Hisp. Vetare, Qui *vetatis* invigilant. Observantiæ Regni Argon. lib. 7. tit. de Pascuis, § 5 : *Si Vedalarii viderint oves in vetato, et antequam eas capiant extraxerint inde, non possunt aliquam decollare extra vetatum.*

* **VEDALE**, pro *Bedale*, Rivi alveus, quo aqua ad molendinum decurrit. Form. MSS. ex Cod. reg. 7657. fol. 29. v° : *Dum fuerunt versus molendinum de Crota...... in itinere juxta Vedale seu vallatum profundum, per quod aqua dicti molendini solita est derivari aut labari, etc.* Vide *Bedum*.

* Gallicum vero *Vedoil*, Falcis species, qua in oppugnando vel deffendendo utebantur, in Lit. remiss. ann. 1450. ex Reg. 184. Chartoph. reg. ch. 39 : *Icellui Perrin Richart prinst ung grant Vedoil enmanché en ung grant baston etc.* Ex mutatione *b* in *v*, pro *Bedoil*. Vide supra *Badillus*.

VEDEMA. Vide *Vechtina*.

¶ **VEDITUR**, pro Videtur, in Charta Childeberti apud Doublet. pag. 688. et alibi.

¶ **VEDOGIUM**. Charta ann. circ. 1000. ex Chartular. Matiscon. fol. 116 : *Item* (in) *rata de bosco Volgerio* (damus) *unum Vedogium et ad unum destralem et ad* 12. *porcos saginandum.* Nescio an legendum sit *Vectagium*. Vide supra *Vectuagium*.

VEDOTIUM. Vetus Charta exarata ann. 23. Caroli C. apud Catellum in Comitibus Tolosanis pag. 69 : *Villam, cujus vocabulum est Vaber, cum omni integritate et Vedotio, similiter biarcio, etc.* [Nomen forte loci alicujus proprium.]

¶ **VEERGARES**. Vide in *Vares*.

¶ **VEERSCHAT**. Vide supra *Ghescot*.

¶ **VEFABA**, *Parva faba*. Gloss. Isid. Ubi advertere est particulam *Ve* interdum minuere; quæ etiam aliquando in malam partem accipitur ut supra *Vecordialis*.

* **VEFRONDIS**, Dicitur de incrementis silvæ cæduæ. Glossar. Lat. Gall. ann. 1352. ex Cod. reg. 4120 : *Vefrondis, Croue* (crue) *amandée.*

¶ **VEGADA**. Charta ann. circ. 1124. inter Probat. tom. 2. novæ Hist. Occitan. col. 426 : *Et hæc suprascripta adjutoria fecerimus tibi per quantas Vegadas tu nos commonueris per te, vel per tuum missum.* Hoc est, quoties nos commonueris, Gall. *Toutes les fois que etc.* ab Hispanico *Vegada*, eadem notione.

VEGÆ, Hispanis Valles, plantitie commodæ, apud Rodericum Toletan. lib. 1. de Rep. Hisp. cap. 5.

¶ **VEGARIA**, VEGARIUM, Idem quod *Vicaria*, Districtus *vicarii*. Tabular. Rothon : *Salomon dat S. Salvatori montem Alahart cum massis et vigilariis. Factum in Vegaria Panzego super Samanum.* Ibidem : *Alocellus situs in pago Namnetico Vegario Lusebiacense juxta fluvium Caher.* Vide *Vicarius* et *Vigerius*.

¶ **VEGARIS**, VIGARIA, ut *Vegaria*. Testam. Rogerii Comit. Carcasson. ann. circ. 1010. inter Instrum. tom. 6. Gall. Christ. novæ edit. col. 20 : *Et ipso castello, quæ dicitur Saixago cum ipsa castellania, et cum ipsas Vegaris, quæ ad ipsum castellum pertinent.* Infra : *Et ipsa Vigaria de Savartense, post obitum Adelais, remaneat ad Bernardo filio meo.* Hinc

¶ **VEGARIUS**, ut *Vigerius*, *Vicarius*, in Charta Pipini Majoris-domus, inter Notas Bignonii ad vett. Formul. cap. 7.

* **VEGERE**. Charta vetus inter Monum. eccl. Aquilej. cap. 39. col. 338 : *Centum amphoras vino ab ipso monasterio puellarum Vegant.* Id est forte *Veniant*, interprete Bern. Mar. de Rubeis.

VEGES, Vas vinarium, modius, dolium : Italis *Veggia*. Vita S. Joannis Episcopi Tragur. : *De tanta paucitate uvarum tres majores jam replevimus Vegetes.* Vita S. Andreæ de Galeranis : *Ivit ad Vegetem, et facto signo Crucis hausit abunde, Vegete repleta divinitus.* Bondelmontius in Descript. CP : *Vinea pro qualibet in ea trium vel quatuor Vegetum vini crescit.* Domnizo lib. 1. de Vita Mathildis. cap. 13 :

Imperat argenti Vegetem subito fabricari.

Bulla Alexandri PP. ann 1179. apud Ughellum tom. 8 : *Sexaginta saumas puri vini per annum, cum Vegetibus, in quibus possit reponi.* Vide eumdem tom. 6. pag. 646. Epistola Siculorum ad Martinum IV. PP. ex Chron. MS. Agrigentinæ Eccl. : *Nec est sub silentio contegenda nefanda malignitas pincernarum, qui sub prætextu unius Vegetis de falerno,... omnes cives et cauponarios affligebant, vinum universarum cauponarum videlicet Vegetes sigillantes sub certa pœna, etc.* [Hinc emendanda Concilia Hisp. tom. 4. pag. 161 : *Teneantur* (præpositi) *præparare et habere cellaria, Vegeces et alia necessaria ad recondendos fructus præpositurarum.* Leg. *Vegetes*.] Vide Ottonem Morenam pag. 49. Petrum Mariam Campum in Regesto 2. part. Hist. Placentinæ pag. 361. 364. 373. Petrum Crescentium de Agricult. lib. 5. extremo, [Murator. tom. 8. col. 1083. tom. 9. col. 772. Acta SS. tom. 2. April. pag. 463. Acherium tom. 3. Spicil. pag. 502. Marten. tom. 3. Anecd. col. 36. tom. 6. Ampl. Collect. col. 1317.] præterea Menagium et Ferrarium in *Vegghia*.

¶ VEGIES, ut *Veges*, non semel in Statutis Placent. lib. 6. fol. 81. v°.

VEGGIOLA, Doliolum, apud eumdem Campum in Regesto tom. 3. pag. 264. *Veziola vini*, apud eumdem lib. 15. pag. 76.

¶ VEGIOLLA, VEGIOLUS, Pari significatu. Statuta Placent. lib. 6. fol. 66. v° : *Vegiolla vini in qua venditur et ducitur calzina sit capax* XVI. *stariorum ad minus, et qui contrafecerint, puniantur in* XX. *sol. Plac. et ipsa Vegiolla in platea communis comburatur. Vegiolus*, ibidem fol. 82.

¶ VEZOLA, VEZOLUS, Simili acceptione. Johan. Demussis in Chron. Placent. ad ann. 1185. apud Murator. tom. 16. col. 456 : *Eodem anno fuit maxima abundantia vini, ita quod dabatur Vezola vini de Fuxusta pro denariis* XVIII. Castellus in Chron. Bergom. ibid. col. 900 : *Dum Tridaterra de la Corna habitator de valle Breni haberet certam rixam occasione cujusdam Vezoli cum Petro Thaddæi, etc.*

¶ VEGESTIUNCULA, Eodem intellectu. Acta S. Davanzati tom. 2. Jul. pag. 527 : *Tamen semel quamdam Vegestiunculam imbuit vino, etc.*

VEGETICULUS, Eadem notione, in Chronico Anconitano apud Julianum Saracenum in Hist. Marcæ Anconit. pag. 139. [Mag. Boncompagnus de Obsid. Anconæ apud Murator. tom. 6. col. 931 : *Unde tunc quidam Vegeticulum resina et pice plenum, cum strue lignorum projecit.*]

¶ VEGITICULUS, Eodem sensu. Statuta datiaria Riperiæ cap. 12. fol. 5 : *De quolibet plaustro Vegiticulorum et doliorum, pro introitu soldi quinque,... et intelligatur plaustrum de decem Vegiticulis, et plaustrum de doliis triginta.*

☞ Alia notione *Veges* legitur in Memoriali Potestat. Regiens. apud Murator. tom. 8. col. 1136 : *Muratum fuit palatium dictum communis Regii usque ad summitatem... et facta fuit Veges murata de Foliano.* Vide *Vezia*. Nec magis mihi constat quo significatu occurrit in Chron. Parmensi apud Murator. tom. 9. col. 763 : *Et quum prope eos venissent cum duobus carrociis, summo diluculo de castris recesserunt, et Vegetes et multa alia dimiserunt.* Nisi *Veges* sit pro vehes, plaustrum.

VEGETAMEN, Vegatatio, motus. Occurrit apud Prudentium.

VEGETARE, Fovere, alere. Concilium Turon. III. cap. 36 : *Ut unusquisque... ad se pertinentes inopes alere ac Vegetare studeat.* Lex Wisigoth. lib. 11. tit. 3. § 4 : *Si quis transmarinus negotiator mercenarium de sedibus nostris pro Vegetando commercio suo susceperit, etc.* Vide leg. 1. C. de Custod. reor. (9,4.)

VEGETATIO. Breviarium Aquensis Ecclesiæ in Provincia : *B. Maria Magdalena Maximino sociata tunc iter usque ad mare direxerunt, ascendentes navem prospero cursu pervenerunt Massiliam, ibique Vegetationem navis relinquentes, Domino anuente, Aquensem aggressi sunt Comitatum.* [Forte Subsidium, adminiculum.]

¶ **VEGETATOR**, Qui vegetum reddit. S. Orientii Versus de Trinitate apud Marten. Collect. vett. Script. part. 1. pag. 31 :

Principium ac finis, Vegetator et intus et extra.

¶ **VEGETICULUS**. Vide in *Veges*.

VEGETUM. Lex Bajwar. tit. 21. cap. 6 : *Si vero de minutis silvis de Wic, vel quæcunque Kanejo Vegetum reciderit, cum solido et simili componat.* Editio Heroldi : *Vel quacunque Kaneovictum reciderit.* Et cap. seq. : *Si amplior fuerit numerus Vegetorum, non cogatur componere nisi restituere cum simil et sacramento.* Edit. Heroldi, et Baluz. : *Si amplius fuerit numerus Vegitarum, etc.*

¶ **VEGGIOLA**, VEGIES, VEGIOLLA, VEGIOLUS, VEGITICULUS. Vide in *Veges*.

VEGIUS, VEGIATURA. Lex Burgund. tit. 16. de Inquirendis animalibus, § 3 : *Si vero Vegius extiterit, et Vegiaturas* (Herold. *vigaturas vias*) *acceperit, et is, cui indicat invenire non potuerit, furtum, quod se perdere mentiebatur, dissolvat in simplum.* Edit. Heroldi : *Furtum, quod prodere mentitur, in simplo solvat.* Additament. 1. tit. 8 : *Quicunque mancipium, caballum, perdiderit, donet Vegio pro mancipio solidos* 5. *pro* *equa sol.* 2. *etc.* Ubi quidam *Vegios*, hariolos, vates, ac divinos fuisse aiunt, quos Saxones v i g i l e r e, Germani *Wiclers* vocant; unde v i g l i a n, bariolari. Furto enim subreptis mancipiis vel animalibus, hos consulebant, ut, ubinam essent, edocerentur, cujus indicinæ pretium *vegiaturam* vocabant. Alii a veg, vel væg Saxonico, quod *viam* sonat, deducunt, ut *vegii* fuerint, qui pecudum vestigia indicabant.

VEGLONES, Veglionus. Charta Ariberti Archiepiscopi Mediolanensis, apud Puricellum in Monumentis Ambrosianæ Basilicæ pag. 369 : *Ad subdiaconos de ipso ordine dent solidos* 12. *ad Notarios sol.* 5. *ad Presbyteros Decumanorum ordine libras* 4. *et dimid. ad lectores sol.* 5. *ad custodes sol.* 4. *ad Veglones den.* 40. *ad scriptanes majores et minores, quod sunt breves quinque.* Occurrunt eadem verba infra pag. 470. et 482. Charta ann. 1100. apud Ughellum in Archiepisc. Mediolanensib. pag. 171 : *Finito autem officio, religiose et honorifice suscipiant majores tres solidos ex obedientiæ munere,* 12. *denarios accipiant cum Veglionibus custodes, duos item denarios habeat, qui crucem bajulaverit auream, etc.* Idem Puricellius pag. 97. ait, ita etiamnum appellari Mediolani utriusque sexus senes, (unde vocis etymon, a *Veglioni* Ital.) indumenta suimet status et officii propria gestantes, qui quidem processibus Ecclesiasticis cum cruce interesse solent. *Senes* nude dicuntur in Charta alia pag. 428.

¶ Vegloni, et Veglonæ, Eodem intellectu. Ordo coronat. Henrici Imp. apud Murator. tom. 2. Anecd. pag. 328 : *Modus processionis talis est. Primo incedunt Vegloni et Veglonæ decenter ornati et ornatæ.*

* **VEGOIGNIENSIS** Pagus, Gall. *Vegoignois*, in comitatu Blesensi, memoratur in Lit. remiss. ann. 1379. ex Reg. 114. Chartoph. reg. ch. 324 : *La parroisse S. Lubin en Vegoignois etc. Vergoingnois*, in iisd. Lit. ex Reg. 115. ch. 24.

VEGRI, Agri inculti, qui nostris *Varecti*, seu *Guerez*. Vide *Warectum*. Statuta Patavina Rubr. 36 : *Beccarii possint tenere et pascere in Vegris, intelligendo, quod illæ terræ sint Vegræ, quæ non sint laboratæ, et quæ non fuerint cultæ per tres annos proxime elapsos, cum aratro.*

* **VEGUDA**, an *Banni* seu prohibitionis cujuslibet denunciatio? an Submonitio ad excubias, ab Italico *Vegghia*, vigiliæ, excubiæ? Libert. Montisfer. ann. 1291. in Reg. 181. Chartoph. reg. ch. 154 : *Item pro quolibet adjornamento, gatgiamento, Veguda infra villam,....... habeat serviens, qui fecerit, duos denarios tantum.* Interrogat. Templar. ann. 1310. inter Probat. tom. 1. Hist. Nem. pag. 188. col. 2 : *Item dixit quod si ipse de dicto ordine exiret, nisi per portam domus dicti ordinis, vel a Veguda, vel non a Veguda, et abstrahens inde aliquid, vel non extrahens caperetur et poneretur in perpetuum carcerem.* Ubi *Veguda*, idem videtur quod Gallicum *Poste*, statio, locus in quo vigil constituitur. Vide *Vehenda*.

* **VEHANIUM**, f. Quod pro frumento vehendo ad molendinum, vel pro farina ab eo reportanda solvitur. Charta ann. 1506 : *Vendidit...... medium Vehanium molendini bladarii, situm in molendinis Badacley.*

¶ **VEHARE** dicuntur hœdi. Vide *Baulare*, et infra *Vehyare*.

* Perperam *Vebare* supra in *Baulare*. Vide *Vehyare*.

¶ **VEHATIO**, Vectura, in Cod. Theod. lib. 14. tit. 6. de Calcis coctor. leg. 3. Vide *Sartatectum*.

¶ **VEHEITURA**. Vide infra *Vehitura*.

VEHEMENTESCERE, Ingravescere. Cælius Aurelianus lib. 1. Chron. cap. 2 : *Vehementescit autem hæc passio in hyeme, etc.*

¶ **VEHEMENTIA**, *Stupor*, ἄγημα, in Gl. Lat. Gr.

¶ **VEHEMOTH**, pro *Beemoth*, Diabolus. Vide in hac voce. Nigelli Ermoldi Carmen pro Ludov. Imp. apud Murator. tom. 2. part. 2. pag. 13. Prolog. vers. 15 :

> Talia cum facerent, quos vana peritia lusit,
> Horridus et teter depressit corda Vehemoth.

¶ **VEHENDA**, f. Specula, Gall. *Vedette*. Charta ann. 1351. ex Tabular. Massil. : *Quod custodes teneri faciant in locis solitis nocte et die, et in quolibet dictorum duos qui ad Vehendas nocte et die faciant excubias.*

¶ **VEHENUM**, Octava pars, Gall. *Huitiéme*, a vulgari *Vech*, pro *Huit*, octo. Charta Massiliensis ann. 1522 : *Solvere tenentur Vehenum sive octavam partem omnium averium et animalium.*

¶ **VEHERIUM**, Vehiculum. Inventarium MS. ann. 1366 : *Item quod dominus Papa dum filium suum habuerit, mittet sibi Veheria* xv. *cum equitibus* IIII. c.

¶ **VEHERIUS**, Idem qui *Vicarius*, vel *Vigerius*. Vide in his vocibus. Dalphinatibus *Veherius* maxime dictus, quod *Vehier*, pro *Viguier*, vulgatius usurpant. Charta ann. 1494. tom. 1. Histor. Dalphin. pag. 143. col. 2 : *Veherius Geriæ sextam partem, Veherius Portæ Trioniæ duodecimam partem, Veherius Cleriaci duodecimam partem* (percipere consuevit.)

¶ Veheria, Districtus, officium, munus *Veherii*, vulgo *Veherie*. Extractum computi ann. 1318. ibid. col. 1 : *Computavit Giletus Coperii de hiis omnibus quæ habuit et recepit, solvit et deliberavit, ratione Veheriæ prædictæ.* Charta jam laudata ann. 1494. ibid. col. 2 : *Deinde per partem Dalphinalem fuerunt acquisitæ duæ Veheriæ; scilicet, Veheria Geriæ, Veheria Portæ Trioniæ. Droit de Veherie ou boutage*, in Consuetud. Baroniæ Castri-novi in Biturigibus tit. 2. art. 4.

¶ Veyeria, Eadem notione. Charta ann. 1359. ibid. pag. 145. col. 2 : *Recognovit ... se tenere.... ab Episcopo* (Gratianopolit.)... *Vicariam seu Veyeriam, quæ appellatur Vicaria seu Veyeria Portæ Trioniæ.* Alia ann. 1293. ibid. : *Item Veyeriam civitatis Gratianopolitanæ, prout pertinet ad ipsum.* Rursum alia ann. 1344. pag. 146. col. 1 : *Et primo Veyeriam quam habet apud Gratianopolim idem dom. Guillelmus, quæ Veyeria vulgariter appellatur Veyeria Cleriaci, una cum domo forti ipsius Veyeriæ.* Vide caput 8. Orationis 5. in laudata Hist. Dalph. tom. 1. pag. 113.

¶ Vejaria, Pari intellectu. Chartul. Gratianopolit. fol. 41 : *Et cum omnibus rebus minutis quæ de lezda exeunt, et partem tertiam de Vejaria et medietas de manso Stephani, etc.*

¶ **VEHIA**, Vehes, onus vehiculi, Gall. *Charretée*. Litteræ Henrici VIII. Reg. Angl. ann. 1541. apud Rymer. tom. 14. pag. 720 : *In magno horreo spatium sufficiens ad reponendum et recipiendum octoginta Vehias fœni et straminis.* Vide *Vehiculata*.

¶ **VEHICULA**, pro *Vetula*. Vide infra in *Vetula*.

¶ **VEHICULARIS**, Ad *vehiculum* pertinens. *Patrimonii sunt munera rei Vehicularis, item navicularis, decemprimatus*, in Digest. lib. ult. tit. 4. leg. 1.

¶ **VEHICULARIUS**, Structor *vehiculorum*. Capitol. in Maxim. et Balb. : *Unus e plebe, ut nonnulli dicunt, faber ferrarius, ut alii rhedarius Vehicularius.* Adjective usurpatur a Spartiano in Severo.

¶ **VEHICULATA**, Vehes, onus vehiculi, Gall. *Charretee*. Charta Ludovici Crassi Reg. Franc. ann. 1134. ex Tabul. Monast. Montis-Martyrum : *In silva quoque nostra quæ Vulcenia vocatur cotidie Veiculum* (in autographo *Vehiculatam*) *unum mortuorum lignorum eis concedimus.* Vide *Vehia*.

* *Vehiculatura* ex eadem Charta editum inter Instr. tom. 7. Gall. Christ. col. 55.

¶ **VEHICULATIO**, Suppeditatio cum animalium tum vehiculorum in publicos usus, inter onera publica recensetur : hanc Italiæ remisit Nerva, unde percussus nummus exstat apud Spanhem. de Numism. antiq. Dissert. 13. cap. 5. cujus inscriptio est : *Vehiculatione Italiæ remissa.* Vide Spanhem. loco laudato, Jac. Gothofredum in Cod. Theod. de Cursu publ. Casaubon. et Salmas. ad August.

* **VEHICULUM**, Equuleus, Gall. *Chevalet*. Dialog. creatur. dial. 107 : *Lupus cum azello simul sarrabat....., Lupus autem præ dolore se retorsit et juravit ut Vehiculum præcipitaret.* Vide *Vehiculus*.

VEHICULUS, Vehiculum, Equus, a vehendo dictus; nostris *Voiture*. Historia Translat. S. Faustæ Virg. n. 7 : *Nam Vehiculus, qui eum ferre debuerat, cum illis, qui primitus vadum transierant, fortuitu vacuus, neminem in dorso suo ferens transmeaverat.* Jonas in Vita S. Attalæ Abbat. Bobiens. n. 8 : *Vehicula quiete fovet, libros ligaminibus firmat.* Vita S. Lupi Episc. Cabilon. n. 10 : *Contigit, quendam pauperem advenire asini Vehiculo.* Fortunatus in Vita S. Germani Paris. Episc. cap. 22 : *Cum equum necessarium ad sellam beati viri donasset Vehiculum.* Infra : *Sequenti die sollarem de stabulo.... retraxit emptor mortuum Vehiculum.* Occurrit apud eumdem Fortunatum in Vita S. Albini Episc. Andeg. Leonem Ost. lib. 3. cap. 23. etc. Ita ὄχημα, pro equo, usurpavit Nicetas in Joanne Comn. ex Cod. barbaro Gr. Ildefonsus Toletan. de Scriptoribus Ecclesiast. cap. 4 : *Cum* 70. *monachis... navali Vehiculo in Hispaniam commigravit.*

Vehiculum, Facultas ducendi currum per silvam, pro qua nescio quid pensitabatur domino silvæ. Charta fundationis Abbatiæ S. Trinitatis Exaquensis, apud Sammarthanos : *Et rectam decimationem, infra parcum et extra illius forestæ, de pasnagiis, et de Vehiculo et de venatione, et de omni-*

bus lucris, quæ ibi facta sunt, aut facienda erunt.

¶ **VEHIGELORUM**, *Genus fluvialium navium apud Gallos.* Gloss. Isid. Excerpta habent, *Veligebum* : Vulcanius emendat *Veligerum.* Neutrum Grævio arridet, qui ibi aliud latere putat.

VEHIGUAI. Ebrardus Betuniensis in Græcismo cap. 24. de Interjectione :

Hocque scias nulla voce indiget expositiva,
Sed quidam dicunt Vehiguai velut expositive
Cum non exponant, linguaque fruantur eadem.

Ubi Metulinus ait *vehiguai* esse interjectiones blasphemantis in lingua Hispana.

¶ **VEHITARE**, Vebere, Gall. *Voiturer*, Acta Murensis Monast. apud Eccardum de Orig. Habsburgo-Austr. col. 221 : *In Autumno Vehitant cum plaustris vinum de Alsatia sive Brisgoja.*

VEHITURA, Vectura, *Voiture.* Tabularium S. Remigii Remensis : *Facit Vehituram in leugas* 30. *aut se redimit den.* 4. Occurrit ibi pluries. [Charta ann. 1190. in Tabul. S. Medardi : *Item singulæ potestates per singulos annos unam Vehituram ei* (advocato) *procurabunt; et hujusmodi Vehituras in ullos alios usus habere poterit quam pro vino adducendo.*]

¶ **VEHEITURA**, Pari intellectu. Charta ann. 1302. ex Tabul. Massil. : *Ne fraus committatur per inimicos reginales tergiversaliter et dissimulative super Veheitura salis.*

¶ **VEHITURA**, Omne jumentum ad vehendum aptum. Charta ann. 1221 : *De managio autem bladorum ita compositum est quod equi hominum, vel Vehtturæ eorum cum quibus excolunt terras suas, cum propriis præpositi de Domno Martino simul ducent blada apud Meduntam.* Vide *Vectura.*

VEHTAT. Vide *Heimsuchung.*

VEHYARE dicuntur capræ. Ebrardus Betun. in Græcismo cap. 19. ubi animalium omnium voces sic recenset :

Drensat olor, clingit anser, crocitat quoque corvus,
Ac pardus fellit, vultur pulpat, leo rugit,
Ac onager mugilat, bos mugit, rana coaxat,
Vociferans barrit elephas, grillusque minurrit,
Blatterat ac vespertilio, strictinnit hirundo,
Balat ovis, Vehyat capra, sed gallina gracillat,
Frendit aper, vulpes quoque grannit, rudit asellus,
Hinnit equus, grunnit porcus, pipilat quoque nisus,
Sed catulus latrat, hinc murilegulusque catillat,
Est hominumque loqui, quod dicto prævalet omni.

[Vide *Baulare.*]

¶ **VEJARIA**, ut *Vicaria.* Vide *Veherius.*

¶ **VEICULA.** Vide *Vehiculata.*

¶ **VEIELUS**, Vetus, ni fallor, Gall. *Viel.* Charta ann. 1042. ex Tabul. S. Victoris Massil. : *Donamus unam braciariam quæ dicitur Ventia, et fuit de dominica Darna Veiela.*

* **VEJENTANUM** VINUM, *pessimum est, a loco.* Glossar. vet. ex Cod. reg. 7613.

¶ **VEILLUS**, ut *Veielus.* Jos. Moret. in Antiquit. Navarr. pag. 516 : *Regnante Rex Garsias in Navarra et in Castella, Veilla.* Vide *Velius.*

¶ **VEIRERIA**, Vitriaria fornax, officina, Gall. *Verrerie*, passim in Charta Maurini Abb. Vallis-Sanctæ diœc. Apt. ann. 1509. ex Schedis Pr. *de Mazaugues.* Nostris *Veirré*, ni fallor, pro vitreus, apud Lobinell. tom. 2. Hist. Britan. col. 921 : *Cagettes Veirrées pour mettre oiselets de Chipre.* Vide *Veyria.*

* Minus recte *Veiré*, Vitreus exponitur; idem quippe sonat quod Vermiculatus, Gall. *Emaillé.* Vide supra *Varius* 3.

¶ **VEISATURA**, pro *Versatura.* Vide *Tremisium.*

¶ **VEISSEGUE**, Exitus, Massiliensibus. Charta ann. 1308. ex Tabul. S. Victoris Massil : *Habere debent suum exitum sive Veissegue, ad caminum publicum.* Vide *Huisserium* et *Veysseria.*

* **VEITURA**, Vectura, Gall. *Voiture.* Charta Nic. abb. S. Joan. Laudun. ann. 1196. ex Tabul. ejusd. eccl. : *Tot modios vini, quot nobis ad cellarium nostrum propriis Veituris apud Laudunum reddent.* Vide *Vehitura.*

¶ **VEKEN**, vox Teutonica. Charta ann. 1291. apud Miræum tom. 2. pag. 874. col. 1 : *Quod præmissa bona fossatis seu aliis quibuscumque munitionibus firmare seu circumdare poterunt, et aditibus sive introitibus viarum obstacula nuncupata Theutonice Veken apponere, contradictione qualibet non obstante.* In alia ann. 1298. ibid. pag. 876. col. 2 : *Inchoant enim bona prædicta ad quoddam obstaculum, vulgariter dictum Veken.* [** Kilian. Repagulum, crates lignea, clathrus.]

1. **VEL**, sæpe pro conjunctiva, *et*, usurpatur apud Scriptores ævi medii. Fortunatus in Vita S. Germani Paris. cap. 35 : *Debilitatem manuum, Vel pedum incurrit.* [Tabul. Rothon. : *Regnantibus Hlotario et Carolo, Vel Hlodowico, et Numinoe Duce Britanniæ, Vel Susanno Episcopo in Venedia.*] Id jam observatum a Jacobo Gothofredo in Gloss. ad Cod. Theodos. J. Chiffletio in Anastasi Childerici cap. 7. et Marca lib. 4. de Concord. Sacerd. et Imper. cap. 5. lib. 6. cap. 24.

* 2. **VEL**, *Hæc dictio alternativa quandoque ponitur pro Id est.* Glossar. jurid. Anonymi ex Cod. reg. 4611.

* **VELA**, vox Italica, Velum. Lit. Salad. pro Pisanis apud Lam. in Delic. erudit. inter not. ad Hist. Sicul. Boninconl. part. 1. pag. 197 : *Quando veniunt in tempore collandi, non debent retinere nec Velas, nec timones, etc. Vele*, eadem acceptione, in Lit. remiss. ann. 1464. ex Reg. 199. Chartoph. reg. 515 : *Le suppliant.... s'estoit associé.... de Olivier Retif..... pour..... conduire en nostre pays de Normandie toilles, canevas ou Velez.*

¶ **VELA**, f. pro Tela. Vide *Socinus.*

VELABER, *Venditor minutarum rerum*, Papiæ. Ugutio addit, *comestibilium in tali loco, vel quia eas velat.* [Gloss. Lat. Gall. Sangerman. : *Velaber, Regretier, vendeur de menues denrées manjables.*]

¶ **VELAMEN** *Religionis in se suscipere*, pro Monachicam vitam inter Sanctimoniales profiteri, in Leg. Liutprandi [** 30. (5, 1.)] tor. tom. 1. part. 2. pag. 58. *Velamen S. Dei Genitricis* dicitur velum Sanctimonialium, apud Mabill. tom. 3. Annal. pag. 186.

* Notandum omnino est, in lege Liutprandi hic laudata de velamine agi, quod initio probationis assumitur; quo semel suscepto, nubere virgini prohibetur : cujus legis hæc sunt verba : *Quia considerare debet omnis Christianus, quod si quiscumque secularis homo parentem nostram secularem sponsat, cum solo anulo subarrhat et suam facit; et si postea aliam duxerit, culpabilis invenitur solid. D. Quanto magis debet causa Dei et sanctæ Mariæ amplior esse, ut quæ ipsum Velamen vel habitum suscipiunt in se, in eodem debeant permanere.*

* Haud scio an inde apud nostros obtinuerit usus, ut virgo, quæ in teneriori ætate, puta octo annis nata, quod non raro fortean factum est, velum susceperat, nulla licet solemni benedictione accepta, nec voto emisso, postea nuptui tradebatur, ipsius proles, nisi literis regiis ad successionem parentum obtinendam redderetur habilis, ea, ut nothi, privabatur. Cujus moris exemplum suppeditant Literæ legitim. ann. 1317. quas supra descriptas legere est in *Legitimare.*

* Velo religionis privabantur ad tempus moniales, quæ contra castitatis votum peccaverant. Reg. visitat. Odon. archiep. Rotomag. ex Cod. reg. 1245. fol. 130. v° : *Visitavimus prioratum monialium S. Albini.... Velum autulimus* (abstulimus) *Aelidi de Rothomago et Eustachiæ de Estrepigniaco ad tempus, propter earum fornicationem.* Stat. Præmonst. MSS. dist. 4. cap. 11 : *Quæcumque autem sororum in lapsu carnis fuerit deprehensa, ad aliud claustrum sororum, quam citius fieri poterit, in pœna gravioris culpæ mittatur. Hoc adjecto, quod Velo careat, nec revertatur ad domum propriam, sine speciali licentia capituli generalis. Quod si secundo commiserit, puniatur pœna prædicta. Hoc adjecto, quod circa quinquennium circa eam nulla fiat dispensatio revertendi, et cum reversa fuerit, usque ad quinque annos Velo careat.* Vide in *Velum.*

¶ 1. **VELARE**, Virginem in Monacham veli impositione suscipere. Charta apud *Madox* Formul. Anglic. pag. 386 : *Remisi... totum jus... quod... habere potui in præsentatione seu nominatione talium duarum mulierum per prædictos Abbatissam et conventum admittendarum vel Velandarum..... et concedo quod prædicti Abbatissa et conventus et successores sui ad prædictam admissionem, Velacionem,... ad præsentationem seu nominationem meam vel hæredum meorum de cætero non teneantur.* Occurrit præterea in Conc. Hisp. tom. 3. pag. 19. apud Murator. tom. 1. part. 2. pag. 132. et alibi passim.

¶ 2. **VELARE**, Velificari, Gall. *Faire voile.* Litteræ Edwardi III. ann. 1337. apud Rymer. tom. 4. pag. 742 : *Insidiantes fidelibus nostris supra mare, nonnullas naves regni nostri, tam Velantes supra mare, quam ancoratas in littore invaserunt.* [** *Navem illam Velantem versus prædictam villam S. Johannis*, in chart. ejusd. regis ann. 1346. apud Lappenberg. Orig. Hanseat. Probat. pag. 385.]

** VELARE MENSAM, Tegere eam linteo, in Ruodlieb, fragm. 5. vers. 111.

VELARIUM, Ugutioni, *Velum et dicitur etiam sic locus velo obumbratus, unde sic dicebatur locus in theatro, quo recipiebantur pueri post ludos, quia velum ante deportabant, ut esset secretior.* Vox Juvenali nota. Οὐελάριον, in Inscriptione Antipolitana 173. 10. Willelmus Tyrius lib. 20. cap. 25 : *Dependebant ante Consistorium Velaria pretiosæ* *materiæ, etc.* Ita etiam ejusmodi *vela*, ante Principum consistoria vocat Achmes cap. 262 : Ἐὰν ἴδῃ ὁ βασιλεὺς ὅτι τὰ βηλάρια αὐτοῦ διεῤῥάγησαν, εὑρήσει θλίψιν εἰς τὴν αὔγουσταν, καὶ εἰς τὰς γυναῖκας αὐτῆς. Alypius Antiochenus in Descriptione orbis cap. 58. § 1 : *Ligna, æramentum, ferrum, picem, nec non vero linteamen pro Velaria et funium usu.* Id est, supellectile, vel re velaria.

VELARIUS, Velorum confector, in veteri Inscriptione 599. 10.

* Inter milites recensetur in vet. Inscript. apud Joan. Vignol. pag. 293 : D. M. VALERIUS..... NAT. ALEXANDRIN. EX VELAR. DUPLICAR. MIL. etc.

¶ **VELATI** MILITES, f. pro Velites, apud Festum præter quem nemo alius horum meminit.

¶ **VELATIO**, Benedictio nuptialis, quia scilicet pallio velari solent matrimonio jungendi. Conc. Liman. ann. 1582. inter Hisp. tom. 4. pag. 266 : *Item si quis eorum ante auroram diei vel extra ecclesiam, in qua sponsi parochiales sunt, dederit benedictiones nuptiales, quas Velationes vocant, absque licentia id faciendi, etc.* Pro solemni castitatis professione occurrit supra in *Velare* 1.

¶ **VELATOR.** Chron. Balduini diaconi tom. 2. Monument. sacræ Antiquit. pag. 207 : *Nec tamen mirum, erat si quidem fervor religionis, columpna ordinis, Velator castitatis, etc.* Ubi in margine f. *Zelator.*

* **VELAYANUM.** Vide infra *Velleyanum.*

¶ **VELE.** Charta Piligrini Colon. Archiep. ann. 1028. apud Marten. tom. 1. Ampl. Collect. col. 394 : *Cum vero silvam illam quæ præ magnitudine sui Vele nuncupatur, etc.* Occurrit rursum col. 396.

VELENSIS, *Tunica, quæ affertur ex Insulis, dicta, quod velis sit apta*, Papiæ. In edito habetur, *sit nota.* [* Adde ex Cod. reg. *vel nepta.* Vide *Nepticula.*] [** Isidor. Orig. lib. 19. cap. 22. sect. 21 : *Velenensis tunica est, quæ affertur ex insulis.*]

¶ **VELERIUM**, Gall. *Voilier*, Malus dicitur, quod vela ad illum alligantur. Charta ann. 1309. tom. 1. Hist. Dalphin. pag. 98. col. 2 : *Item unus malus sive Velerium solum, vel munitum antennis, debet viginti solidos.*

* **VELIFICARE**, Nave piscatoria uti; unde *Velificatio*, illius usus. Charta ann. 1292. apud Schwart. in Hist. fin. principat. Rug. pag. 223 : *Habebunt etiam liberam Velificationem cum suis mercibus, simul et piscationem per dictum stagnum et penam infra et supra, a rota molendini...... Eandem libertatem piscandi, Velificandi in aquis Treble et Follensa possidebunt terminos infra nostros.*

* **VELIGARE**, Velificari, navigare. Chron. Danic. ad ann. 1287. apud Ludewig. tom. 9. Reliq. MSS. pag. 36 : *Multis interfectis de Norwegien Veligantes Stubekiobing combusserunt...... Ad Suineburgh Veligantes eam incendebant ad modicum.*

¶ **VELIGERIUM.** Vide *Vehigelorum.*

¶ **VELIMENTUM**, Velamentum, Gall. *Voile.* Laudes Papiæ apud Murator. tom. 11. col. 27 : *Mulieres.... Velimenta sua tam longa deferunt, ut vix possint earum pedum extremitates, nedum caligarum qualitas, apparere.*

* **VELIS**, ut supra *Vela*, Velum Leudæ major. Carcass. MSS : *Item pro capite Velis de cerico, j. den. Turon.* Ubi versio Gallica ann. 1544 : *Item pour chacune teste de Vels soye, etc.*

¶ **VELIUS**, Vetus, Gall. *Viel.* Charta vetus apud Mabill. sæc. 5. Bened. pag. 85 : *Et in Velio Salveniaco similiter, etc.* Vide *Veillus.*

* *Vellier*, eadem notione, in Lit. remiss. ann. 1459. ex Reg. 188. Chartoph. reg. ch. 139 : *Le suppliant vit iceulx Dutay, Colet et Savin couchez en ung umbre et passa pardevant eulx, et en passant les appella Velliers.* Nisi insidiatores intelligas, a verbo *Veiller, épier, guetter;* quod ad illorum, de quibus agitur, situm satis apte convenit.

VELKONES. Ephemerides Mon. S. Galli 16. Kal. Decemb. : *Eodem die dantur carnes, pisces,..... ad unum ferculum dantur cuilibet domino duo Velkones.*

¶ **VELLA**, pro *Velum.* Guido de Vigevano de Modo expugnandi T. S. : *Cum navis fuerit completa, operator provideat ponere Vella, ubi sibi videbitur pro meliori, taliter quod pertica Vellæ non tangat cornam capitis navis.* Vide *Vellus.*

¶ **VELLATA**, f. *Villosa.* Vide in hac voce. Charta ann. 855. in Append. ad Marcam Hispan. col. 788 : *Cupertorio Siricio* 1. *et Vellatas* XL. *et quadincos* XI. *etc.*

¶ **VELLATIO**, *Titillatio*, γαργαλισμός, in Gloss. Lat. Gr. MSS. Sangerm. *Vellicatio* legendum putat Cujacius.

VELLEUS, adject. a *Vellus.* Asconius in 2. Verrin. : *Crumenæ Velleæ et scorteæ.*

¶ **VELLEYANUM**, nude pro Senatusconsultum, quod M. Silano et Velleio Tutore Coss. factum est : hac lege uxori conceditur jus et privilegium in bona viri sui, præ omnibus creditoribus. Consule lib. 16. Digest. tit. 1. Statuta Massil. lib. 2. cap. 16. num. 14 : *Omnia vero quæ superius continentur, sicut in maribus, sic in fœminis volumus observari, adeo quod nec tueri se possint contra instrumentum beneficio Velleyani.* Statuta Pallavic. cap. 12. fol. 14 : *Tunc ipsa mater cæteris præferatur, dummodo renuntiet secundis nuptiis et Veleyano.* Instrum. ann. 1408. inter Instr. tom. 1. Gall. Christ. novæ edit. pag 127 col. 1 : *Pro quo Alziaria Arthelane ejus uxor cavit in forma renuntiando Velleyano, etc.* Charta ann. 1291. ex Tabul. Domus Dei Pontisar. : *Renonçans à tous privileges,... et especialement ladite Agnes à l'Epitre du Senat Velleyen et Diviadien.* Alia ann. 1292. ibid. : *A l'Epitre Vellexen* (sic) *et Diviadrien acertenée pour la faveur des fames.* Rursus in alia ann. 1293. ibid. : *Au benefice Bellsyan et Diviadryan, etc.*

* Seu potius *Velleianum*, pessime prorsus hic definitur : eo quippe Senatus-consulto cautum est, ne feminæ pro aliis fidejubeant, quod si fecerint, sponsione sua liberantur; unde inscribi solet, *Senatus-consultum de intercessionibus feminarum.* L. 1. ff ad Sc. Velleian. : *Velleiano senatus-consulto plenissime comprehensum est, ne pro ullo feminæ intercederent.* Id est, alterius obligationem in se transferrent, ut exponit Gothofredus. Vide tit. 29. lib. 4. Cod. et Lexic. juridic. Calvini.

* VELAYANUM, Eadem notione. Charta permut. ann. 1539 : *Expresse renunciavit veneficio Velayani senatus-consulti, juri ypothecario et legi Juliæ de fundo dotali, etc.*

¶ **VELLIBAT**, pro Volebat, in Charta Clotharii III. ann. circ. 658. apud Felibian. Hist. Sandionys. pag. VII.

¶ **VELLONUS**, VELLUETUM. Vide *Villosa.*

* **VELLUDELLUM**, VELLUELLUM, Pannus sericus villosus, Gall. *Velours. Dras Valeueirs*, in Lib. rub. fol. parvo domus publ. Abbavil. ad ann. 1253. fol. 36. v°. Lit. remiss. ann. 1351. in Reg. 80. Chartoph. reg. ch. 427 : *Duo rubia, tres pecias Velludelli cepit.* Invent. S. Capel. Paris. ex Reg. I. ch. 7 : *Item una pecia de Velluello rubeo.* Hinc *Vestusvelué*, Ejusmodi panno vestitus, apud Guignevil. in Peregr. hum. gen. MS :

> De tous etours et chevauchiés
> Ou sont banieres desploiiés,
> Ou sont hiaumes et bachinés,
> Timbres et Vestusvelués,
> A or batu et à argent.

Vide in *Villosa.*

¶ **VELLUS**, pro Velum. Joh. Demussis Chronicon Placent. apud Murator. tom. 16. col. 580 : *Portant Vellos de seta vel de bambaxio pulchros et subtiles et albos.* Vide *Frontale* et *Vella.*

* **VELLUS** MONACHILE, Vestis monachica, quia villosa. *Monachili vellere fungi*, Professionem monasticam exercere, apud Willel. Gemetic. in Hist. Norman. tom. 10. Collect. Histor. Franc. pag. 189.

¶ **VELLUVIUM.** Vide *Villosa.*

¶ **VELO**, Velum majus. Acta. S. Raynerii tom. 3. Jun. pag. 460 : *Tunc de vento contrario turbati extenderunt Velonem.* Informat. MSS. pro passagio transmar. ex Cod. Sangerm. : *Cum tribus Velonibus arboris de prora, videlicet duobus tessayrolis et uno Velono, et Velonum modicum vult habere* XXXV. *goas d'antenal.*

¶ **VELOCITARE**, Celerare, properare, Gall. *Hâter.* Hist. Cortusior. lib. 2. apud Murator. tom. 12. col. 809 : *Tamen simul ordinaverant Velocitare iter suum ad passum S. Nicolai.*

¶ **VELONUM**, Velum. Vide *Velo.*

VELOTHYRUM, Velum, et aulæum, quod foribus prætenditur, quo diducto interior cubiculi pars patescit. Vox conflata ex Lat. *velum*, et Gr. θύρα, *porta.* Guillelmus Bibliothecarius in Stephano VI. PP. pag. 237 : *Fecit etiam in eadem basilica egregii Doctoris gentium Belothera quatuor, ex quibus unum auro textum.* Infra : *Contulit in eadem basilica Apostolorum cortinam lineam unam, Velothera serica tria in circuitu altaris.* Vide Descriptionem nostram ædis Sophianæ num. 72.

¶ **VELOTUM.** Vide in *Villosa.*

¶ **VELTRAGA**, VELTRAHA, VELTRAHUS, VELTRIS, Canis sagax. Vide supra in *Canis.*

¶ **VELTRARIUS**, VAUTRARIUS, Veltricibus canibus præfectus. Liber niger Scaccarii pag. 356 : *Veltrarii unusquisque* III. *den. in die, et* II. *den. hominibus suis.* Recorda ex Th. *Blount* de Tenuris antiq. ibid. laudata : *Richardus Rockesley miles, tenebat terras Seatoniæ in Com. Kantiæ per Serjentiam, esse Vautrarium Regis in Gasconia* *donec perusus fuit pari solutarum pretii* IIII. *den.* Vide *Ventrerius* et *Veotrarius.*

¶ **VELVELLUM**, Velvetum. Vide *Villosa.*

VELUM, quo Principum, vel judicum consessus ac cubiculorum vestibula occludebantur, quod duplex fuisse ait Alamannus, ad Procop. pag. 103. I. edit. Primum nempe in primis ipsis et exterioribus cubiculis, quod *Consistorium* vocabatur, a consistente multitudine, et Principis audientiam præstolante: secundum vero ad interius cubiculum. Id firmat Anastasius Bibl. in S. Silverio PP: *Tunc fecit beatum Silverium Papam venire ad se in Palatium Principis, et ad primum et secundum Velum retinuit omnem clerum.* De velis Judicum Acta S. Euplii Mart. apud Baron. ann. 303. num. 146: *Cum esset extra Velum Secretarii Euplius Diaconus etc.* Acta SS. Claudii et Asterii Mart. apud eumdem Baron. ann. 285. num. 8: *Lysias introgressus, obduxit Velum, et post exiens ex tabella recitavit sententiam. Levato velo,* causas submersarum navium cognosci præcipit lex 6. Cod. Th. de Naufragiis. (13, 9.) Contra in facinorosorum judiciis ἐφέλκονται τὰ παραπετάσματα, ut est in Epist. 79. S. Basilii. *Non sit venale judicis Velum*, in leg. 1. al. 7. Cod. Th. de Offic. Rect. Prov. (1, 7.) Hinc Κριταὶ τοῦ βήλου dicti apud Byzantios judices quidam, de quibus alibi agimus. Collatio Carthaginensis II. cap. 1: *Pro Velo sunt utriusque partis Episcopi, si jubet Sublimitas tua, intromittentur.* Sexta Synodus act. 9: Εἰςήκεσαν πρὸ βήλου Πέτρος ἐπίσκοπος Νικομηδείας, Σολομὼν ἐπίσκοπος Κλανέου. Synodus Romana sub Zacharia sess. 2: *Deneardus religiosissimus Presbyter adest pro Velo, quid præcipitis? dictum est, ingrediatur.* In tertia sessione habetur, *præsto foribus*, ubi de eodem Deneardo. Auctor Queroli: *Isti sunt, qui in fanis et sacellis observant Vela.* De Principum velis, Lampridius in Severo: *Cum amicis tam familiariter vixit, ut... salutaretur quasi unus de Senatoribus patente Velo, admissionalibus remotis.* Lucifer Calaritan. lib. Moriendum esse pro Dei Filio: *In tuo Palatio intra Velum stans tulisti responsum a me ad conservandam salutem.*

Vela, dicta ædium sacrarum aulæa, quibus *velantur* parietes ipsi, vel etiam ipsi postes. Will. Brito in Vocabul.:

Velum cortina, velum tectura vocatur,
Templi etiam velo fore dicitur ejus origo.

Paulinus Carm. 18:

Aurea nunc niveis ornantur limina Velis.

Anastasius in Leone III.: *Fecit Vela alba holoserica majora tria, quæ pendent ante regias in introitu.* Ita non semel alibi. Ejusmodi etiam velorum meminit S. Hieronymus Epist. 3. Epist. 60. cap. 5. Gregorius M. lib. 9. Epist. 14. lib. 8. Epist. 15. lib. 9. Epist. 38. etc. ut cæteros sileam, quos laudat Rosweidus ad eumdem Paulinum.

Velum, inquit Durandus lib. 2. Ration. cap. 1. n. 45. aliud est *Conversionis*, aliud *Consecrationis*, aliud *Professionis*, aliud *Ordinationis*, aliud *Prælationis.*

Velum Conversionis accipit illa, quæ de seculari vita ad Religionem transiens, illud assumit. De ejusmodi velis virginum Deo dicatarum agunt S. Augustinus Epist. 179. Concil. Cæsar-August. XII. cap. 8. Agathense cap. 19. Gelasius I. Ep. 9. Honorius August. lib. 1. cap. 192. Capitul. Aquisgran. ann. 789. cap. 45. Cellotius lib. 6. de Hierarch. cap. 11. et alii.

Velum Consecrationis a solis Episcopis solis virginibus, et solum in festivis et dominicis diebus datur. *Flammeum virginale*, S. Hieronymo in Ep. 8. ad Demetriadem. Vide Addit. 2. Ludov. Pii cap. 12. 14. Sacramentar. Gregorii M. (pag. 174. 175. et ibi Menardum, et Baronium ann. 57. num. 84. et seqq.

Velum Professionis suscipitur a virgine, cum continentiam profitetur. Datur vero illud cum benedictione solenni et cum litania. Vide S. Hieronymum Epist. 48. cap. 3. Concil. Turon. III. cap. 28. Addit. 2. Ludovici Pii. cap. 12. etc.

Velum Ordinationis, quod olim Diaconissæ dabatur, seu *viduæ*: *Diaconissas* enim et *viduas* easdem esse suis locis docemus; de quarum velo multa habent Concilia, Africanum cap. 89. Triburiense cap. 25. Turonense III. cap. 27. Wormaciense cap. 21. Capit. Caroli M. lib. 1. cap. 102. lib. 7. cap. 257. Additio 2. Ludovici Pii cap. 11. 14. 15. etc.

Velum Prælationis, Quod Abbatissis imponitur.

Velum Monachorum, Quo velabantur cum benedicebantur. Capitula Theodori Cantuar. Episc. cap. 2: *In Monachorum ordinationibus Abbas debet Missam agere, et tres orationes complere super caput ejus, et septem dies velat caput suum cuculla sua, et septimo die Abbas tollat velamen de capite monachorum; sicut in Baptismo Presbyter septimo die velamen infantium abstollit, ita et Abbas debet monacho, quia secundum batisma est, juxta judicium Patrum, et omnia peccata dimittuntur, sicut in Baptismo.* Additio 1. Ludovici Pii ad Capit. Caroli M. cap. 35: *Ut monachus professione facta, tribus diebus cuculla coopertum habeat caput.*

Velum in Ecclesia triplex suspenditur, primum, quod sacra operit, alterum, quod sacrarium a clero dividit, tertium, quod clerum a populo secernit. Ita Durandus lib. 1. Ration. cap. 3. num 35. De postremo velo, Sacramentarium Gregorii M. pag. 156: *Deinde pergant ad altare, ubi condendæ sunt*, (reliquiæ) *et extenso Velo inter eos et populum, etc.* Charta Ordonii Regis æræ 960. apud Anton. *de Yepez* in Chron. Ordinis S. Benedicti tom. 3: *Vestimenta altaris, frontales, pallas, Velos principales qui inter vestibulum et altare dependent, etc.* Alia Urracæ Ferdinandi Regis filiæ, æræ 1137. apud eumdem tom. 4. pag. 450: *Offero quoque unum Velum ante altare ponendum aureo et argenteo frixo* (phrygio) *mirifice textum, adjicio alterum Velum ante altare apponendum, etc.* Vide Glossar. med. Græcit in Καταπετάσματα, col. 611.

Velum Quadragesimale, Quo scilicet altaris conspectus aufertur, dum sacra Liturgia peragitur tempore Quadragesimæ. [Hist. Episc. Autiss. cap. 66. circa ann. 1300. legitur Petrum de Mornaio Episc. Autiss. dedisse *Ecclesiæ suæ speciosissimum Velum Quadragesimale.*] Provinciale Cantuariense lib. 3. tit. 17: *Pixidem pro corpore Christi, honestum Velum Quadragesimale, vexilla pro rogationibus, etc.* Synodus Exoniensis ann. 1287. cap. 12: *Item ad quodlibet altare, cum contigerit Missam inibi celebrari, sint superpellicea duo, et unum rochetum; Velum Quadragesimale, velum nuptiale, palla mortuorum, frontellum ad quodlibet altare, etc.* Adde Synodum Wigorniensem ann. 1240. cap. 1. Statuta Walteri Archiep. Eborac. ann. 1250. Concil. Mertonense ann. 1300. Concil. Eboracense ann. 1252. Statuta Joannis Archiepisc. Cantuar. ann. 1281. Monast. Anglic. tom. 3. pag. 176. etc. [** Alibi *Velum jejunii.* Vide Haltaus. Glossar. German. col. 981. voce *Hunger-tuch.*]

* Obituar. eccl. Lingon. ex Cod. reg. 5191. fol. 172. v°: *Frater Dominicus abbas Morismundi dedit ecclesiæ cortinam longam et latam, diversis operibus contextam, quæ Quadragesimali tempore tenditur inter altare et chorum.*

Extra velum, mulierum confessiones, et in propatulo audiri vetantur in Concilio Sarisberiensi ann. 1217. cap. 25. et in Statutis Provincialib. S. Edmundi Archiep. Cantuar. ann. 1235. cap. 17. In Provinciali Cantuariensi lib. 5. tit. 16. *quantum ad visum, non quantum ad auditum.* Contra S. Hugo Episcopus Gratianopolitanus apud Guigonem in ejus Vita num. 14: *Mulierum confessiones non minus caute, quam benigne suscipiebat; non enim in angulis, aut obscuris, aut secretis locis, eas audire solitus erat, sed potius, ubi a pluribus conspici posset, et aurem quidem satis familiariter applicabat, oculorum autem in alteram partem vertebat aspectum, auditum solum propter insidias diaboli, hujusmodi negotiis asserens applicandum.*

* *Velum* meretricibus publicis deferre prohibetur, in Stat. Avenion. ann. 1243. cap. 116. et Cod. reg. 4659: *Statuimus quod publicæ meretrices et rufianæ.... Vela deferre non audeant.*

Velum Circi. Vide *Mappa* 1.

¶ Velum Facere, a Gall. *Faire voile*, Vela dare. Epist. Petri de Condeto apud Acher. tom. 2. Spicil. pag. 551: *Postquam dom. Rex Velum fecit, post multas maris amarissimas passiones, etc.* Adde Concil. Hisp. tom. 3. pag. 638. et Valesium Notit. Gall. pag. 217. col. 2.

* Gallicum vero *Voille*, quid significet non percipio, in Lit. remiss. ann. 1459. ex Reg. 188. Chartoph. reg. ch. 51: *Le suppliant s'est transporté ou Voille du chasteau de Saumur en l'ostel d'Emery, etc.*

VELVONES, Vectigalis genus apud Siculos. Vocabulum exstat in Charta Rogerii Regis Siciliæ pro Messanensibus apud Bonfilium Constantinum in Hist. Sicula pag. 188.

¶ **VELUSUS**, Velutum, Velluvium. Vide infra *Villosa.*

* **VELYMEN.** Annal. monast. Bebenhus. ad ann. 1281. apud Ludewig. tom. 10. Reliq. MSS. pag. 418: *Item donaverunt nobis duo jugera vinearum, unam libram Velyminum vini ex duobus jugeribus vinearum.* [** Forte *vel yminam* pro *Heminam.*]

* **VEMENTIA**, pro *Vehementia*, Jus per vim debitum exigendi. Charta ann. 1218.

ex Tabul. S. Mich. in eremo : *Possint* (dicti religiosi) *in omnibus eorum* (debitorum) *terris, feodis, tenenciis omnes modos captionum et Vementiarum exercere.*

1. **VENA**, Mensura liquidorum. Andreas Dandulus in Chronico MS. ann. 1202 : *Cum annuali censu* 50. *Venarum vini, etc.* [F. *Urnarum.*]

2. **VENA**, Platea, via. Fori Leirenæ : *Incipiens a mari ab occidentali parte, et a parte meridiana per Venam de Alcobatia, etc.* Vide *Venella.*

3. **VENA**, Metalli fodina. Charta Hispanica apud Colmenarezium in Segovia cap. 15. §. 6 : *Et illi, qui in eadem aldea morantes erant, in quocunque loco Venam ferri potuerunt invenire, secure illam capiant, etc.*

¶ 4. **VENA**, pro *Venna.* Vide in hac voce. Charta ann. 1108. inter Instr. tom. 2. Gall. Christ. novæ edit. col. 277 : *Concedentes etiam pascua porcorum ingenue, et vaccas.... De Venis quoque piscatoriis cum factæ fuerint ingenue. Faire les Venes*, in Tabulario S. Dionysii ann. 1284.

* 5. **VENA**, Series, ordo. Protocol. vetus ex Cod. reg. 4184. fol. 30. v° : *In bona possessione, rsagio et saisina capiendi..... boscum viridem fractum et eradicatum per ventum vel aliter, exceptis septem arboribus de una Vena eradicatis per ventum.*

* 6. **VENA**, Alveus, canalis. Charta Ludov. reg. Germ. ann. circ. 853. inter Probat. Hist. S. Emmer. Ratisbon. : *A locis videlicet, ubi ipsa* (flumina) *in Danubium fluunt, usque ad loca, ubi de Venis in amnes derivantur.*

* VENÆ DIMINUTIO, Venæ incisio, Gall. *Saignée.* Stat. Eimbec. apud Ludewig. tom. 10. Reliq. MSS. pag. 111 : *Dicimus ut canonicus in diminutione Venæ existens, etc.* Vide *Minuere.*

* VENÆ MATRIS, Gall. *Veines de la mere*, an Umbilicales? Lit. remiss. ann. 1467. in in Reg. 200. Chartoph. reg. ch. 64 : *Le suppliant parla à ung barbier,... et lui demanda si vouloit seigner une sacouhade des Vaines de la mere;...... ledit barbier saigna icelle Katherine es quatre parties de son corps, c'est assavoir en chacun pié et en chacun bras....... des Veines de la mere.*

¶ VENA ORGANALIS, Aspera arteria, ni fallor, Gall. *Trachée artere*, apud Lobinell. tom. 2. Hist. Britan. col. 565 : *Armiger percussus fuit tractu cujusdam balistæ, adeo quod sagitta seu carellus vocatus Enguegne Gallice intravit guttur ipsius quasi per longitudinem dimidii pedis et perforavit Venam organalem colli ejusdem.*

* Vide supra *Organalis.*

* **VENABULA**, Canes venatici. Charta Hugon. reg. ann. 990. inter Instr. tom. 8. Gall. Christ. col. 489 : *Leodie quoque silvæ venationem, sicut antecessores ejus visi sunt habuisse, eidem sanctæ matri ecclesiæ habere concedo, ejusque Venabula per eam sine dilatione currere cunctis diebus auctoriso.* Vide *Venabulator.*

VENABULATOR, nude, in Gloss. Arabico-Lat. qui venabulo utitur, venator. [** Schol. MS. ad Statii Achil. lib. 1. vers. 165 : *Venator, quasi Venabulator, a venatione scilicet qua bestias perimit.* Maius in Gloss. novo.]

* **VENALICIUM**, *Quicquid vendi potest*, in vet. Glossar. ex Cod. reg. 7613.

1. **VENALIS**, Spiculum venatorium, venabulum. Vita S. Samsonis Episc. Dolens. lib. 1. cap. 16. in Actis SS. Ord. S. Bened. : *Vidit Theomacham..... Venalem in manu tenentem, ac silvas veloci cursu volucritantem.* Adde cap. 27. At cap. 29. *Trisulca lancea* dicitur.

¶ VENALIS. *Forum venale*, in quo res venales exponuntur. Consuet. Pamiens. ann. 1212. apud Marten. tom. 1. Anecd. col. 831 : *Item, in Dominicis diebus nullum fiat forum Venale de cetero, etc.*

* 2, **VENALIS**, Venationi idoneus. Charta ann. 1464. inter Probat. Hist. Autissiodor. pag. 172. col. 1 : *Deferendo supra pugnum suum accipitrem sive avem Venalem.* Dicitur præterea de animali, quod quis venari potest, in Charta Nic. Andegav. episc. ann. 1289. ex Chartul. priorat. de Guilcio fol. 59. r° : *Poterunt dictus prior et ejus successores et eorum servientes venari ad cuniculos et lepores et alia Venalia parva, cum voluerint.* Vide *Venaria* et mox *Venatilis.*

* VENALE PASNAGIUM. Vide supra *Pasnagium* 1.

¶ 1. **VENALITAS**, Venditio, nundinatio, a Gall. *Venalité.* Bulla Martini I. PP. inter Libert. Monast. S. Amandi : *Et qui electus fuerit* (abbas) *sine dolo vel Venalitate aliqua ordinetur.* Charta Henrici I. Fr. Reg. ann. 1052. apud Stephanot. in Antiquit. Bened. MSS. Claromont. pag. 345 : *Absque omni Venalitate et munere instituatur.*

* 2. **VENALITAS**, Mercatura, negotiatio, Gall. *Commerce.* Vita S. Guidon. tom. 4. Sept. pag. 42. col. 2 : *Multis ambagibus tandem ad id perventum, ut Venalitatem et mercaturam suaderet.* Vide *Venalitiaria.*

¶ **VENALITIARIA**, Mercatura. *Venalitiariam exercere*, apud Ulpian. Digest. lib. 32. tit. 1. leg. 73.

¶ **VENALITIARIUS**, Σωματέμπορος in Gloss. Lat. Gr. Occurrit non semel in Digest. de Verbor. significat. leg. 207. et lib. 14. tit. 4. leg. 1. etc.

VENAPES, Læna. Vide *Galnabis.*

¶ **VENARI**, pro Piscari. Charta Roberti Comitis Arvern. ann. 1284. apud Baluz. tom. 2. Hist. Arvern. pag. 134 : *Volentes quod molendinum eorumdem abbatis ædificatum,... et exclusa dicti molendini, et vortices contiguæ dicto molendino remaneant salva eisdem abbati et conventui,.... retento etiam nobis et nostris omni usu Venandi in dictis voracibus.* (Legendum vorticibus.)

VENARIA, Animalia, quæ in silvis venatu capiuntur, ex Gallico *Venerie.* Leges Kanuti Regis cap. 108. et Leges Edwardi Confess. cap. 35 : *Et omnis sit venatione sua dignus in nemore, in campo, in dominio suo, et abstineat ab omnibus Venariis Regis, ubicunque pacem eis habere voluerit super plenam witam et forisfacturam.*

¶ VENARIÆ AVES, Venaticæ. Conc. Aptense ann. 1365. apud Marten. tom. 4. Anecdot. col. 333 : *Item etiam ordinavimus auctoritate hujusmodi concilii, ne nostrum aliquis histriones seu mimos habeat, nec canes, seu aves Venarias habeat ullo modo.*

1. **VENATICUM**, inter tributa recensetur, in Charta Lotharii Imper. ann. 840. apud Chiffletium in Trenorchio pag. 265.

* 2. **VENATICUM**, perperam pro *Vinaticum*, Vini penus, suppeditatio. Charta Caroli C. ann. 870. tom. 8. Collect. Histor. Franc. pag. 629 : *Constituimus ut omni anno de nostro dominico dentur ad Venaticum S. Medardi vini modia cxx.* Vide *Vinaticum* 1.

* **VENATILIS**, Dicitur de fera, quæ venatu capitur, ut supra *Venalis* 2. Charta ann. 1353. in Reg. 81. Chartoph. reg. ch. 589 : *Apri, cervi et alia animalia Venatilia dictæ forestæ nostræ.* Vide in *Venatio* 1.

1. **VENATIO**, Jus venandi. Charta Friderici I. Imp. ann. 1175. apud Guichenonum in Episcopis Bellicensib. : *Ripaticum, aquaticum, pascua, piscationes, Venationes, silvas, etc.* Vide Justellum in Historia Turenensi pag. 103. [et infra *Venatura.*]

VENATIO, Ferina, feræ ipsæ, quæ inter venandum capiuntur aut interficiuntur : Gallis *Venaison.* Charta Ottonis Comitis Viromandensis, apud Hemeræum in Augusta Viromand. ann. 1025 : *Eo tenore, ut bannum et latronem, corveias, carrucarias, silvæ hajas ad capiendam Venationem ulterius non persolvant, nisi unum denarium, et unum panem, et unum sextarium avenæ.* Matthæus Paris ann. 1135 : *Sicut Rex Henricus fecerat, qui singulis annis eos implacitaverat, si vel Venationem cepissent in silvis propriis, etc.* Charta Joan. Regis Angl. pro Forestis ann. 1215 : *Nullus de cætero amittat vitam, vel membra pro Venatione nostra; sed si aliquis captus fuerit et convictus de captione Venationis, graviter redimatur, si habeat, unde redimi possit.* Vitæ Abbat. S. Albani : *Obvium habuit quendam ministrum Domini Abbatis,... ferentem Venationem, quam pro xenio idem serviens... afferebat.* Ita apud Bromptonum pag. 803. 1024. Vita S. Fructuosi Archiepisc. Bracarensis n. 4 : *Cum eum vidisset super unum rupis gradum in oratione prostratum, existimans in rupe esse Venationem, tetendit arcum, etc.* Garioponitus lib. 5. Passion. cap. 12 : *Ex volatilibus, attagenes, anates, perdices, ficedulas, et omnes Venationes, lepores, capreas, et alia agrestia omnia.* [Adde Legem Salicam tit. 35. § 1. et Chartam ann. 1231. apud Miræum tom. 1. pag. 750. col. 2.] Le Roman *de Vacces* MS :

Mout aura grant planté de char et de poisson,
De sangliers, de cers, et autre venoison.

[Vetus Poëta MS. e Bibl. Coislin. nunc Sangerm. :

Sire alez chacer en mon parc
O chiens, o reseau et o arc :
Alez chacer à Venoison
Que à grant planté en avon.

Le Roman *d'Athis* MS :

N'est maniere de Venoison
Dont il n'y ait à grant foison.]

* 2. **VENATIO**, Auctio, Gall. *Enchere, encan.* Charta ann. 1319. in Reg. 59. Chartoph. reg. ch. 343 : *Quod quicumque bona et jura immobilia,...... emere vellent,... prout vellent, dicerent et offerrent coram illis, qui ad recipiendum dicas seu oblationes hujusmodi....... fuerant deputati..... Ad di-*

ctorum bonorum venditionem, Venationem et concessionem etc. Rursum occurrit hæc vox in Ch. seq.

VENATIONES, Exactiones. Charta Caroli III. Imper. apud Cælestinum et Ughellum in Episcop. Bergomensib. : *Et quia ipse Præsul.... nostræ innotuit mansuetudini, quod quædam Venationes publicæ ex injusta et contra omnes leges inventa consuetudine in quibusdam Comitatibus vel ministeriis publicis a nostris exactoribus annuatim exquirantur, etc.* Mox : *Jubemus, ut nullus sub regno nostro constitutus,.... in quibuscunque comitatibus vel ministeriis publicis ullas hujuscemodi exactiones, aut alias quaslibet annuales donationes exigere... audeat, etc.* Eadem habentur in Charta Ludovici Imper. ann. 901. ibidem. Vide *Arbustaritiæ.*

* Præstationes annuæ seu munera ex feris venatu captis, unde nomen, oblata. Formul. literarum pro mittendo exenio venationis in Cod. reg. 4189. fol. 12. r° : *Vos requirimus...... districtius injungentes, quatenus Venationis exenium (ut moris est) sic devote sicque honorifice in proximo futuro festo Nativitatis Dominicæ nobis pro Romana ecclesia faciatis,...... ita quod quinque diebus ante festum Nativitatis prædictæ dictum exenium vestro nomine coram nostra præsentia præsentetur.* Infra : *Ensenia Venationis in festivitatibus Nativitatis et Resurrectionis Domini.*

1. **VENATORES**, quatuor principales olim fuere in Palatio Regum Francicorum, ut est apud Hincmarum de Ordine Palatii cap. 16. et 24. [Capitul. de villis Caroli M. cap. 47 : *Ut Venatores nostri, et falconarii, vel reliqui ministeriales, qui nobis in palatio assidue deserviunt, etc.* Epist. ejusd. Caroli ad Pipinum Reg. Ital. tom. 1. Capitul. col. 461 : *Pervenit ad aures nostras quod aliqui Duces et eorum juniores, Castaldii, Vicarii, Centenarii, seu reliqui ministeriales, Falconarii, Venatores, etc.*] *Maître Veneur de nostre venerie, qui de son droit doit estre maître de nos forestes*, in Statuto Caroli V. Regis Fr. ann. 1375. Vide Chartam Henrici Imper. ann. 1014. apud Ughellum tom. 4. pag. 1008.

Venator, Minister publicus, qui scilicet Dominicæ venationi præest, cuique eo ipso procurationes a subditis exigere licebat. Charta Rainardi, Senonensis Comitis ann. 1164. ex Tabular. S. Germani Paris. : *Nullus Judex publicus vel Venator, seu ministerialis noster, ad freda aut tributa exigenda, vel homines in ea commanentes distringendos, aut mansiones vel paratus faciendas, vel teloneos tollendos, aut rotaticum vel pedaticum, seu stratum vel pastum Venatorum et canum accipiendum, aut barruum, aut raptum vel incendium, seu aliquam retributionem in eum ingredi audeat.*

* 2. **VENATORES**, Feræ ipsæ, quæ inter venandum capiuntur aut interficiuntur. Charta ann. 1313. in Reg. 52. Chartoph. reg. ch. 207 : *Tradiderunt....... pro franco allodio honorem in parahone,...... absque omni retenemento, præter astois et scapulas Venatorum.* Vide in *Venatio* 1.

* **VENATORIA**, Venatus, Gall. *Venerie*, officium in aula regia. Memor. D. Cam. Comput. Paris. fol. 160. r° : *Philippus de Courtguilleray, magister venator Venatoriæ domini regis institutus in dicto officio per litteras ipsius dom. regis.* Vide infra *Veneria.*

VENATORIUM, *Ferratorium, vel ferramentum, vel locus venandi*, Ugutioni. Papias : *Venatorium dicimus ferramentum, venaticum vero canem.*

Venatorium Exercitium. Eginhardi Annales ann. 819 : *Venatorio quoque exercitio more solenni ibidem* (in Arduenna) *exacto,.... revertitur.* Vide Vitam Ludovici Pii ann. 831. et quæ adnotamus in v. *Foreste.*

¶ **VENATURA**, Jus venandi. Charta Roberti Abbatis S. Joannis Laudun. ann. 1230 : *Custodiam autem dicti bosculi et forifacta ad ipsam custodiam pertinentia, cum Venatura ejusdem bosculi dictus Thomas vel heredes ipsius extra partem habebunt.* Vide *Venatio.*

¶ **VENATUS**, Venosus, venis distinctus, Gall. *Veineux.* Acta S. Leonis I. PP. tom. 2. April. pag. 21 : *Corpus S. Leonis conditum erat in capsa lignea quæ continebatur inter nobilem et pulcram tumbam... expolitis et Venatis marmoribus albis insigniter excultam.* Acta S. Cassii tom. 5. Jun. pag. 490 : *Et ita perventis ad urnam lapideam, Venatam colore albo et rubeo, intus altare novum firmatum.*

1. **VENDA**, Venta, Vendita, Venditura, etc. Teloneum, quod præstatur pro quibusvis mercibus, quæ in foris ac nundinis venduntur.

Venda. Tabularium Angeriacense fol. 62 : *Illic etiam guerpivit querimoniam, quam faciebat de Venda S. Johannis. Nam prius dicebat debere sibi reddi Vendam ab omnibus, quicunque et undecunque venissent ad mercatum, sive ad nundinas, etc.* Tabularium Burguliense : *Pro incendio, pro teloneo, id est, Venda, etc.* Charta ann. 1092. apud Beslium pag. 496 : *Terram ante ipsam Ecclesiam positam ad burgum faciendum, in quo nec Vendam, nec pedagium, nec aliquam consuetudinem retinemus; sed ita libere et absolute donamus, ut si habitatores ipsius pagi ad castrum res suas vendere perrexerint, Venditio tantum consuetudinaria ab eis accipiatur, et nulla vis alia, vel injuria, vel tolta inferatur.* Regestum Castri Lidi in Andibus fol. 24 : *De burgo monachorum die mercatus Comitis, vel die feriæ, omnis Venda vel consuetudo hominum monachorum erit Comitis.* Consuetudo municipalis Bellaici in Pictonibus in Regesto Inculism. : *Comes habet Bellaici Vendas et pedagium, et qui retinuerit, de gagio debet 4. sol. sed miles non debet pedagium, neque Vendas.* [Tabul. S. Albini Andegav. : *Addo etiam decimas... Vendarum mearum et censuum et furnilis mei dominici. Vendæ forenses*, apud Baluz. tom. 12. Miscell. pag. 201. Iis adde Acher. tom. 6. Spicil. pag. 458. Instrum. tom. 2. Gall. Christ. novæ edit. col. 88. 285. 334. 344. 444. 468. Marten. tom. 1. Anecd. col. 646. 647. 649. Lobinell. tom. 2. Hist. Britan. col. 260. etc.]

Venta. Charta Isenberti Pictavensis Episcopi ann. 1060. apud Chiffletium in Hist. Trenorchiensi pag. 320 : *Ventas etiam, quas Teloneum dicunt, de diversis quibuslibet rebus, singulis dominicis diebus; a primo signo, quo vespertina diei Sabbat pulsatur hora, usque ad finem sequentis dominici diei, et eo modo per singulas B. Petri festivitates, et ante festivitatem B. Johannis Baptistæ, die, quæ Mercurii nuncupatur, supradictis monachis liberaliter valde contradidit.* Alia Guidonis Dom. Virgiaci ann. 1169 : *Simul etiam hoc concessimus, ut nunquam in terra mea alicubi ab ipsis fratribus Cisterciensibus Venta, vel pedagium, aut aliqua consuetudo, quæ a sæcularibus solent accipi, requirantur.* [S. Bernardus in Epist. 426. tom. 1. col. 377. edit. ann. 1690 : *Statutum est de mercatoribus qui vendunt in domibus suis quod a quindecim in quindecim dies, vel a mense in mensem, teloneario Episcopi Ventas reddent, si quæsitæ ab eis fuerint.* Charta Fundat. Monast. de Aceio : *Gerardus de Strabona dedit Deo et B. Mariæ Accei vendere, emere in foro Strabonæ sine Venta.* Teloneum Episcop. Autissiod. : *De Venta alutarii. Duodena alutarii venditi debet* IIII. *denarios.*] Vide Histor. Virgiacensem pag. 78. Statuta S. Ludovici lib. 1. cap. 58. [Ordinat. Reg. Franc. tom. 4. pag. 387. Instrum. tom. 4. Gall. Christ. novæ edit. col. 186. 198. 650. etc.]

¶ Ventæ Redditus, Eodem intellectu, in Charta Communiæ Claromontis ann. 1248. inter Ordinat. Reg. Franc. tom. 5. pag. 601 : *Si quis redditum Ventæ absportavit, nec sicut jus, persolverit, dix solz tenebitur persolvere pro emenda.*

¶ Vanta, in Charta ann. 1299. ex Tabular. S. Benigni Divion : *Item super eo quod petebat nobis idem conventus quatuor libras Viennenses annui redditus pro pitancia facienda quolibet anno in festo Conceptionis B. M. V. percipiendas in Vantis nostris de Divione... Nos de consilio bonorum virorum concordavimus nos unanimiter in hunc modum quod dictæ quatuor libræ quolibet anno super dictis Vantis nostris persolventur.*

Vendita. Formulæ veteres incerti Auctoris cap. 45 : *Nullus quilibet de judiciaria potestate vestra, nec Missus noster nulla telonea, nec nullas Venditas, nec rodaticum, nec foraticum, nec pontaticum, et, sicut dixi, nullus quælibet telonea, nec Venditas ejus in nullo exactare præsumatis.*

Venditura. Charta Alani Episc. Autisiodorensis apud Sammarthanos : *Si bestia, vel aliquid ibi venditur, Vendituræ sunt Episcopi a duodecim nummis.*

Venditio. Tabularium S. Crucis Talemoudensis fol. 3 : *Si homo S. Crucis vendiderit bovem, vel vaccam, aut aliquam aliam pecuniam in toto honore meo, non reddat Venditionem, nisi S. Cruci, et ejus Abbati. Si in publico mercato vendiderit, tantummodo ibi Venditionem reddit.* [Charta Mathildis Comit. Nivern. ann. 1244. inter Instr. tom. 4. Gall. Christ. novæ edit. col. 103 : *Liberæ sint et immunes ab omni pedagio, leidis, Venditionibus, emtionibus, et ab omnibus exactionibus quibuscumque.*]

Ventarius, Vendarius, Qui *ventas* recipit. Charta ann. 1227. apud Perardum in Burgundicis pag. 531 : *Si aliquis pedagium, vel ventas extra villam Sinemuri absque consensu pedagiarii, vel Ventarii, por-*

taverit, 60. *solidis emendabit.* Alia Aimerici Vicecomitis Castri Airaldi ann. 1109. ex Tabular. S. Dion. de Valetta : *Ut neque ego, neque successores mei, neque præpositus, neque Vendarius, neque telonearius, neque portarius, sive aliquis ministrorum nostrorum imponant eis bellum, sive igniti ferri judicium, aut aquæ, sine legitimo testimonio.*

☞ Eadem, ut videtur, notione vox *Ventier* occurrit in Litteris ann. 1348. inter Ordinat. Reg. Franc. tom. 3. pag. 250. et *Vendier*, in Charta Geraldi Abbat. Angeriac. ann. 1385. ex Chartul. ejusd. Monast. : *In festo O. SS. debet prior de Muronio carnes unius bovis, prior de Neyriaco carnes unius bovis,.... li Vendiers dimidium bovem, prior de Carboneriis dimidium porcum.*

2. **VENDA**, VENDITIO, Quod præstatur domino feudali pro distractionis seu venditionis prædii facultate. Consuetudines Bellaici in Pictonibus ex Regesto Inculismensi : *Debet reddere de nummis illis Vendas domino feudi; sed mutagium debet esse burgensium.* Tabularium Vindocinense Thuanum Ch. 20 : *Ipsius terræ Vendas sex solidos et 8. denarios Archembuldus Præpositus recepit.* Charta Fulconis Comitis Andegavensis ex Tabulario Bellilocensi : *Quicunque autem infra prædictum alodum aliquid vendiderit, cujuscunque ordinis aut dignitatis sit, Vendas vel costumas persolvet secundum consuetudinem loci.* [Charta Edwardi I. Reg. Angl. ann. 1289. apud Rymer. tom. 2. pag. 425 : *Ita quod quilibet prædictorum.... ad solvendum pro rata sporlani in mutatione domini, ex utraque parte, et etiam Vendas seu acceptamenta, si contingat vendi aliquam medietatem de rebus prædictis.... teneatur.*] Libertates Oppidi Fezensagueti ann. 1294 : *Non debent habere seu recipere Vendas pro laudimio venditionis.* Libertates Vicecomitatus Leomaniæ : *Que tot gentiu posca vendre et alienar de sos bens, ou à lui plaira, sens pagar Vendas, ni acaptes, ni nul autre degat, etc.* Libertates Villæ de Perusa ann. 1260. apud Thomasserium lib. 1. de Consuetud. localib. Bituric. cap. 66 : *Qui sa meson vendera, dera de 20. sol. 12. den. de Vendes, etc. Ventes*, in Consuetudinibus municipalibus passim. Vide *Laudes* in *Laudare* 4. et *Muta* 2.

VENDITIO, Eadem notione. Tabularium Majoris Monasterii Ch. 32 : *Et quia emptio sua erat, poterat eum dare, cui volebat, sine ulla contradictione. Sed quia census molini ipsius Nihardi erat, justum erat, ut inde Venditiones haberet, quas et in eodem placito recepit.* Charta Theobaldi Episc. Ambian. ann. 1175. in Tabular. Eccl. Ambian. : *Si de possessore ad alium possessorem possessio transierit, dabunt de Venditione de singulis solidis unum denarium.* Tabularium Vindocinense Ch. 63 : *Pro Venditionis auctoramento auri unciam unam accepit.* [Litteræ Philippi Aug. Reg. Fr. ann. 1186. tom. 4. Ordinat. pag. 15 : *Eorum quilibet res suas, si vendere voluerit, vendat; et redditis Vendicionibus suis, etc.*] Charta Philippi V. Regis Fr. ann. 1310. pro Libertatibus Oppidi Bastidæ in Petragoricis, ex 47. Regesto Tabularii Regii n. 38 : *Item de quolibet solo de quinque cannis vel ulnatis lato amplitudine, et 12. in longitudine, habebimus ex denariis, obliarum tantum et secundum magis et minus in festo omnium Sanctorum, et totidem de accaptamento in mutatione Domini; et si vendatur, habebimus ab emptore Venditiones, scilicet duodecimam partem pretii, quo vendetur.*

☞ Ex his aliisque colligitur vocibus *venda* et *venditio* idem sæpius significari, tametsi aliquando distingui videntur, ut in Charta Hervei Trecensis Episcopi ann. 1211. ex Chartul. Campan. fol. 170 : *Dedit etiam ei octo libratas census... cum laudibus et ventis et Venditionibus et cum justitia pertinente ad censum.* Ubi haud scio an idem sit quod *Venterolles* in Chartul. Latiniac. fol. 242 : *Quiconques vent terres, heritaige ou possession en la terre S. Pere, conté et seigneurie de Laigny, il doibt pour chacune livre vingt deniers Tournois et l'acheteur autant pour lots et ventes; et si le vendeur a argent franc, sont deubz en oultre Venterolles.* Charta ann. 1520. ibid. fol. 247. v° : *Ceste prinze faicte tant moiennant douze deniers Tournois de menu cens portant loz, ventes, Venterolles, saizines et amendes quant le cas y escherra.* Hæc confer cum Glossario Juris Gallici v. *Venterolles.*

VENDIDA. Pactum inter Raimundum Guillelmi Episcopum Nemausensem, et fratrem ejus Bernardum-Guillelmi ex una parte, et Guillelmum D. Montispessulani ex altera ann. 1103. 9. Kl. Febr. : *Ab hac die in antea non erit factus furnus in toto Montepessulano, nec in domo, nec in terra, in qua dominus Montispessulani habet censum, vel Vendidam sine consilio Domini Montispessulani.* [*Vendedam* edidit D. *Brussel* tom. 2. de Usu feud. pag. 728. Charta ann. 1113. inter Probat. tom. 2. novæ Hist. Occitan. col. 388 : *In quo* (furno) *habebat Bernardus Vendidas suas, si venderetur, et concilium, si impignoraretur.* Charta ann. 1253. ex Tabul. S. Andr. Avenion. : *Volunt præterea quod dictum monasterium seu ecclesia dicti loci habeat in tota dicta villa seu ejus territorio Vendidas, laudimia omnium rerum venalium seu quarumcumque possessionum.*]

¶ VENDITA, Eodem intellectu, in Charta ann. 1182. ex Chartul. Vallis B. M. diœc. Paris. : *Guido de Meri* (*habuit*) IV. *lib. pro suis Venditis.*

¶ VENTA, Pari significatu. Charta ann. 1250. ex Tabul. S. Clodoaldi : *Ipse et successores ejus tenebant imperpetuum prædictas vineas ad opus capellaniæ prædictæ et nunc in manu mortua,... ita tamen quod quilibet successorum suorum... solvet nomine Ventarum seu revestituræ dictis Decano et Capitulo* XVI. *solidos Paris.* Ibidem : *Salvis tamen dictis Decano et Capitulo Ventis, si res prædictas vendi contingat et laudationibus... quæ competit eis ratione censivæ secundum consuetudinem Franciæ.* Charta ann. 1252. ex Tabul. S. Nicasii Rem. : *Item habebit investituras et Ventas ratione fundi.* Charta ann. 1041. ex Tabul. Trenorchiensi : *Ipse dominus* (Abbas) *percipiet banna, Ventas et laudimia.* Adde Hist. Paris. Lobinelli tom. 5. pag. 698. col. 2.

3. **VENDA**, in re forestaria. Charta Henrici Dom. de Soliaco et Aanoris Comitissæ Drocarum ann. 1240 : *Item sciendum est, quod Venda, quam fecit Comitissa uxor nostra, mater dicti Joannis Odoni Fletart de nemoribus de Sorel remanet nobis; et Venda, quam ipsa Comitissa facit de hajes de Beu, et Venda, quam fecit Dionysio de Bosco Regis; et sociis suis remanet nobis similiter libere et quiete. Levata tamen venda de Sorel et de Beu, et Venda facta dicto Dionysio et sociis suis, omnia illa nemora, quæ pertinent ad Castellaniam de Drocis, nobis et dicto Johanni communia remanebunt... Poterimus etiam vendere partem dictorum nemorum nos et dictam Comitissam contingentem, loco et tempore, quando nobis viderimus expedire, et dictus Johannes debet laudare Vendam factam a nobis, nec contra ipsum veniet ullo modo.*

☞ Ubi *Venda* est Venditio seu cæsura cæduæ silvæ, Gall. *Vente*, vel *Coupe de bois*, ut *Venta* in sequentibus. Charta ann. 1230. ex Chartular. Campan. fol. 360 : *Nec nos dimittemus propter hoc Ventam nostram in nemore quod fuit defuncti Hugonis de Cornillon; sed durabit dicta Vanta nostra ab instanti festo S. Remigii in duodecim annos completos; nec nos poterimus aliam Ventam facere in grueria dicti Comitis, vel in nemore magno sito intra fossata terminalia abbatiæ nostræ infra decem annos dictæ Ventæ dom. Comitis supradicti, nisi infra illos decem annos contigerit dictum Theobaldum Comitem amovisse illam quartam nemoris.* Charta Auberti Abbatis Castricii ann. 1239. ibid. fol. 342. col. 2 : *Habebimus plana pascua in dictis nemoribus dom. Regis Navarræ, excepto panagio et Venta nemoris quæ, quando scinditur, durat per quinque annos ad usus terræ suæ.* Testam. Philippi Comit. Bolon. ann. circ. 1235. apud Marten. tom. 1. Anecdot. col. 988 : *Et vendantur per successores meos tali modo quod non uxor mea nec heredes mei possint aliquid vendere in prædictis nemoribus, donec dicti executores perceperint integre in Ventis factis de dictis nemoribus summam supradictam.* Charta S. Lud. Reg. Fr. ann. 1249. ibid. col. 1043 : *Præterea dedi et concessi in puram eleemosynam pro abbatia prædicta fundanda duo millia librarum Turonensium, quas assigno super Ventas omnium nemorum meorum de S. Aniano, et de tota castellania, volens et præcipiens quod prædicta nemora ponantur in Ventam, etc.* Charta ann. 1390. ex Tabul. Sangerm. : *Deinde ibunt super locis contentiosis ad dictam Ventam faciendam.* Hinc Ventiers dicuntur Saltuarii emtores. Charta ann. 1577. tom. 2. Chartul. Cemetis. pag. 50 : *A la charge dudit bois bien et deument user, vuider et nettoyer à telles et semblables charges et sujections que les marchands Ventiers de ladite forest ont accoustumé user leurs Ventes.* Vide *Vendere.*

¶ VENDITIO, Eadem notione. Charta ann. 1255. ex Tabul. B. M. de Josaphat : *Concessimus totum jus quod habebamus in tertia parte Venditionum nemoris de bosco S. Martini in territorio de Fresneio Comitis.*

* Unde *Venditor*, qui silvam cædit, in Charta S. Ludov. ann. 1246. ex Tabul. S. Albini Andegav. : *Cum gentes nostræ forestam Valleiæ in illa parte, quæ ballivia S. Remigii dicitur, vendiderint, et abbas et*

monachi S. Albini Andegavensis ad præsentiam nostram accesserint super hoc conquerentes et asserentes, quod in illa parte forestæ usagium suum habent; nos Vendam cessare et Venditores exinde jussimus amoveri.

* 4. **VENDA**, Charta clientelaris professionis, a domino feudi, *Vendis* acceptis, approbata, in qua feudi limites et conditiones declarantur, vel ejusdem Chartæ ad causæ probationem exhibitio. Arest. parlam. ann. 1331. in Reg. 69. Chartoph. reg. ch. 96 : *Dicebat dictus miles possessionem certorum jurium et deveriorum certorum locorum rivagii maris, de quibus locis Venda facta fuerat.... Dicto milite petente dictas altas voariam et justitiam dicti burgi villæ d'Esnaude, prout inde mostra seu Venda facta fuerat.* Vide *Venda* 2.

* 5. **VENDA**, Quidquid pecunia emitur, Cibaria, quæ venduntur. Leg. Alph. III. reg. ann. 1251. tom. 1. Probat. Hist. geneal. domus reg. Portugal. pag. 53 : *Item quicumque ambulaverit et venerit ad aliquem locum, ubi ei noluerint dare Vendam, vocet duos homines bonos, qui apprecientur illud, quod voluerit comparare pro ad comedendum, etc.*

VENDAGIÆ. Vide *Wandangiæ*.

¶ 1. **VENDAGIUM**, Venditio, Gall. *Vente*. Charta Theobaldi Comitis Campaniæ ann. 1229 : *Et quia hoc movebat de meo feodo, ego illud Vendagium ad preces dicti Milonis volui et laudavi.* Charta Nicolai Episc. Noviom. ex Tabular. Compend. : *Vendidit dom. Odoni de Yveri militi 11. bovaria terræ... ea conditione quod... ab instanti tempore Vendagii facti, etc... Eodem statu in quo dicta terra vendita erat ante Vendagium factum ponere... Tam pro venditionibus dicti Vendagii non solutis.* Memoriale D. Cameræ Comput. Paris. fol. 57. v° : *Officium Vendagii alecium et piscium. Vendagium vini*, in Charta Communiæ Claromontis ann. 1248. tom. 5. Ordinat. Reg. Fr. pag. 600. Charta ann. 1272. ex Chartul. Campan. f. 260. v° : *Et cist Vandages fu fez por lou pris de* IX^{xx}. *livres quites. Et ce Vandage ladite Heluiz et lidiz Jehans ces filz ont otroié et creanté par devant nous*, in Charta ann. 1258. ibidem fol. 373. v°. *Vendaige*, eadem notione, ut videtur, in Statutis Scabin. Maceriar. ad Mosam : *Et supposé ores que en une seule lettres sous ung seul scel soient contenus un Vendaige, la reprinse dessus, et le revendaige, etc.*

*Nostris alias *Vendage*. Charta ann. 1292. ex Tabul. S. Joan. Laudun. : *Ceste convenance et cest Vendage nous avons fait etc.* Pluries occurrit in Ch. ann. 1339. ex eod. Tabul. *Vendaige*, in alia ann. 1293. ex Tabul. eccl. Camerac. *Vendagne*, eodem sensu, in Lit. ann. 1368. tom. 5. Ordinat. reg. Franc. pag. 135. art. 36.

¶ 2. **VENDAGIUM**, Idem quod supra *Venda* 2. Vide in hac voce. Charta ann. 1222. ex Tabular. Bethun. fol. 25. v° : *Pro hoc autem Vendagio excambium habeo apud Hersin quantum ad homagium meum pertinet.* Alia ann. 1226. ibid. fol. 40 : *Relevia, terrarum Vendagia, placita, etc.* Et fol. 41 : *LX. sol. pro relevio, LX. de Vendagio.* Tabul. Montis S. Eligii ann. 1284 : *Dicta vero ecclesia Montis S. Eligii a solutione redditus annui unius denarii et trium solidorum pro relevio seu Vendagio ratione mencaldatæ terræ.* Rursum : *Balduinus et Gilota se obligaverunt ad observationem Vendagii cujusdam prati a nobis empti..... Concedunt Vendagium mansi Petri le Veske.*

¶ 3. **VENDAGIUM**, Vindemiarum tempus, Autumnus. Litteræ Ricardi II. Reg. Angl. ann. 1386. apud Rymer. tom. 7. pag. 542 : *Quia inimici nostri se parant et ordinant supra mare, cum maximo navigio et potentia armatorum, celerrime proficisci, ad mala quæ poterant, navigio regni nostri versus Burdegaliam, contra proxima Vendagia transituro, inferendum, sicut sumus pro certo informati.... Qui naves illas ad partes Vasconiæ, contra Vendagia prædicta mittere vel ducere intendunt.* Litteræ Henrici V. ann. 1413. apud eumdem tom. 9. pag. 47 : *Quia diversi inimici nostri supra mare, cum diversis navibus... saltem pro præsenti Vendagio transituris, etc.* Vide *Vindagia*.

¶ **VENDARIUS**, *Vendarum* exactor. Vide *Venda* 1.

¶ **VENDEDA**, ut *Venda* 2. Vide in hac voce.

¶ **VENDENIÆ**, ita scriptum pro Vindemiæ, in Necrolog. Monast. S. Petri de Casis, a vulgari *Vendenies*, eadem notione : *Donavit unam paucam vini singulis Dominicis a festo Paschæ usque ad Vendenias.* Vide *Vendiniæ*.

* Nostris alias, pro *Vendange*, *Venange* et *Venenge* ; unde *Venangier* et *Venengier*, pro *Vendanger*, Vindemiare, dixerunt. Consuet. Bitur. ex Reg. Cam. Comput. Paris. fol. 117. r° : *Quiconques loe son cheval à vin ou Venange mener à Bourges, il doit des Venanges à la S. Martin de chacun cheval, deux deniers Par. pour toute l'année.* Charta ann. 1331. in Chartul. Arremar. ch. 32 : *Porront lidiz sires et sa femme Venangier en leurs dites vignes, toutesfois que il leur plaira, sanz tenir ban.* Libert. villæ *de Tannay* ann. 1352. tom. 6. Ordinat. reg. Franc. pag. 61. art. 11 : *Pourront Venengier toutesfoiz qu'il leur plaira, et mettent la Venenge là où il leur plaira.* *Venoinge* et *Venoingier*, eadem acceptione, in Libert. villæ *de Aanois* ann. 1304. ex Reg. 59. Chartoph. reg. ch. 346 : *Li autres qui ont et auront vignes, pourront Veneigier ou faire Veneingier leur vignes, charroier la Venoinge, faire leur vins, si comme il voudront, pourront Venoingier.* *Venoyge*, in Codic. Hugon. V. ducis ann. 1315. inter Probat. tom. 2. Hist. Burg. pag. 156. col. 2 : *Quittons...... quarante muix de vin...... à panre..... ou temps de Venoyge an nostre cloux de Chenoves.*

¶ **VENDERE**, in re forestaria est Cædere, Gallice *Exploiter*. Vide *Venda* 3. Charta Roberti Rotomag. Archiep. ann. 1217. tom. 6. Spicil. Acher. pag. 471 : *Item concessimus ob amorem D. Regis quod quamdiu Vendi faciet grossum et magnum nemus Novicastri et Luciaci, cum minuto sub eo existente, censarii nostri de Aliermont non ibunt ad Vendendum nemus apud Novum-castrum.* Charta ann. 1229. ex Chartul. Campan. fol. 398. v°. col. 2 : *Salvo quod illo nemore nullus potest Vendere vel essartare, nisi de mea voluntate et de Venda quæ fiet in illo nemore de licentia mea pro essartare; vel sine essartare et de illo nemore quod Vendetur ad essartandum et de omnibus Vendis antedictis, ego reddam Comiti Carnotensi terciam partem bona fide sine malo ingenio.*

¶ **Vendere**, Locare, Gall. *Affermer*. Litteræ Caroli V. Reg. Fr. ann. 1366. tom. 4. Ordinat. pag. 678 : *Quod dicti Consules possint et valeant Vendere pondus farine et bladi, et quod nemo ponderare habeat, nisi in domo communi.. Quodque possint quascumque alias imposiciones inter ipsos facere, imponere et ordinare, pro subvencionibus regiis persolvendis,.... et eas Vendi facere, prout eis melius videbitur, absque nostro prejudicio.*

¶ **Vendere Sub Corona**, apud Eddium in Vita S. Wilfridi sæc. 4. Bened. part. 1. pag. 695 : *Cogitans... sodales suos omnes spoliatos aut in servitutem redigere, aut Vendere sub corona, seu rebellentes occidere.* Præfat. ad Chartul. Aganonis ex Tabul. S. Petri Carnot. : *In captivitate ductos sub irrevocabili corona Vendebat.* Ubi respicit ad ritum servos vænum exponendi, qui tunc ramum gestabant in capite. Vide in *Servus*.

* **Vendere ad Noctes**, quid sit, docent Lit. remiss. ann. 1354. in Reg. 82. Chartoph. reg. ch. 267 : *Certas res seu pignora dictus exponens Vendiderat ad noctes, sic videlicet, quod si ipsa pignora idem conquerens non redimeret infra certum tempus, juxta consuetudinem loci, ipsa amplius rehabere non posset.*

* *Vandre* vero vel *Vander*, pro *Bander*, Extendere, Gall. *Tendre, allonger*, sonat in aliis Lit. ann. 1476. ex Reg. 195. ch. 1647 : *L'un d'eulx estandi ou Vandi sa jambe senestre etc.*

¶ **VENDESIA**, Piscis genus, Gall. *Vendoise*. Regest. *Olim* ann. 1273. fol. 195. v° : *Pro ea (sergenteria) tenebatur Regi reddere omnes Vendesias quas ibi capiebat.*

¶ **VENDETA**, Forum aut locus ubi merces venduntur. Miracula B. Simonis de Lipnica tom. 4. Jul. pag. 563 : *Matre jam nominata ipsius pueri eundo ad Vendetam cum rebus venalibus, quibus victum suum quærebat.*

* **VENDIBILIS** Pastura. Vide supra *Pastura vendibilis*.

¶ **VENDICIA**, Venditio, Gall. *Vente*. Charta ann. 1243. ex Tabul. S. Cornelii Compend. : *Juramento firmans quod ad hanc Vendiciam spontanea, non coacta, benignum præbebat assensum. Vandue*, in Charta ann. 1239. ex Chartul. Campan. fol. 291. v°. col. 2 : *Et a fiancé an nos mains que an ceste Vandue desor an avant que par li ne par autre ne reclamera nule rien.* Litteræ Theobaldi Comit. Barrensis ann. 1269. ex Tabular. S. Stephani Autiss. : *Nous Thiebaux Cuens de Bar.... loons et creantons la Vendue et le marchié que Pierre de Vaux a fait au Chapitre d'Auxerre de 50. arpens de bois.*

* **VENDICION**, *Prov. Paraseve sanctorum est.* Glossar. Provinc. Lat. ex Cod. reg. 7657.

¶ **VENDICIUM**, Defensio, vindicatio. Gloss. Lat. Græc. : *Vendicium*, ἐκδίκησις. *Vindicium*, in Sangerm. Vide in hac voce.

VENDICOSI, Ultores, Italis *Vindicarosi*. Chronicon Fossæ novæ : *Ann.* 1186. *Ind.* 3.

surrexit quædam secta in Regno Siciliæ, de vanis hominibus, qui faciebant se nominare Vendicosos, et mala omnia, quæ facere poterant, non in die, sed in nocte faciebant. Ad ultimum Adinulfus de Ponte Corvo, qui fuerat Magister et Princeps hujus sectæ, sententia Regali judicatus, suspensus est, et multi alii ferro ardenti signati sunt. Horum etiam meminit Chronicon Anonymi Casinensis ann. 1185. apud Carracciolum.

VENDIDA, ut *Venda* 2. Vide in hac voce.

¶ **VENDIER**. Vide in *Venda* 1.

¶ **VENDIMONIARE**, pro *Vadimoniare*, Pignori ponere. Charta ann. 1113. ex Chartul. Aptensi : *Ne possint eum castrum dare, vel vendere, vel Vendimoniare cuiquam sine absolutione illorum.*

¶ **VENDINIÆ**, pro Vindemiæ. Tabular. Camalar. : *Unusquisque debet in meissos quartam et convivium, et in Vendinias* III. *eminas.* Vide *Vendeniæ.*

¶ **VENDITA**, VENDITIO, VENDITURA. Vide supra in *Venda* 1. 2. et 3.

* **VENDITIO**, *Permutatio*, in Glossar. Provinc. Lat. ex Cod. reg. 7657.

¶ **VENDOMEISIS**. Polyptychus Fiscamn. ann. 1235 : *De feodo Hude tenet Beatizia Laurence in masura tres virgultas ad campartum, et reddit* 18. *denarios et duas Vendomeises ad festum B. Michaelis.* Vide an idem sit quod *Vendesia.*

¶ **VENDRERIA**, Præstationis genus : vim et originem nominis docet Charta ann. 1497. ex Schedis Præs. *de Mazaugues : Dominus de Monte-Meyano dicebat se esse et prædecessores suos fuisse in possessione pacifica, seu quasi, exigendi singulis annis a norrigueriis averis minuti dicti castri de Monte-Meyano pro singulo grege servitium perpetuum* 4. *caseorum vocatum las Vendrieros pro* 4. *diebus Veneris mensis Maii.* Infra : *Testis productus..... dicit vidisse exsolvi dictas Vendrerias dicto domino, scilicet* 4. *caseorum pro quolibet grege, et esse in possessione illud jus accipiendi singulis annis.*

¶ **VENE**. Charta Godebaldi Ultraject. Episc. ann. circ. 1122. in Batav. Sacr. pag. 138 : *Eundem paludem cum terra adjacente, videlicet Vene cum proprietate, cum censu, decimis majoribus et minoribus, libere et legitime eidem ecclesiæ tradimus.* Belgis *Ven* vel *Venne* est locus palustris et bituminosus, vel pascuus. Vide *Venna.*

* **VENECUPIUM**, Idem videtur quod Aucupium. Stat. monast. Beccens. MSS. ex Bibl. S. Germ. Prat. : *Venecupia, venationes et alia ludicra non exerceant* (monachi).

VENEDONES, *Arbusta.* Glossæ MSS.

¶ **VENEDRIA**. Charta ann. 1204. ex Tabul. Maimac. : *Helias de Podio domicellus... recognovit se vendidisse.... unam Venedriam, videlicet tertiam partem eminæ siliginis et unam quartam avenæ.* An a *Venda*, Præstatio pro facultate in nundinis vendendi?

* **VENELA**, Semita, via strictior, Gall. *Sentier.* Libert. Navarieriæ ann. 1324. in Reg. 62. Chartoph. reg. ch. 266 : *In dicta calle usque ad Venelam cubitus terræ, ad quatuor denarios de censu.* Vide mox *Venella* 1.

* **VENELANUS**, Panni species. Vetus scheda Thuana : *Calcias venelanas paria* 1. *Venel*, eodem, ni fallor, intellectu, in Stat. pannif. art. 8. ex Lib. rub. fol. magno domus publ. Abbavil. : *Que nul qui vende Venel, quelconques que il soit, ne fille laine, etc.*

¶ **VENELANUS**. Vide *Calcia* 1. et *Venelenus.*

1. **VENELLA**, et VENULA, Viculus, angiportus, via strictior, Gallis *Venelle*, quod *venæ*, ut *ruga* rugæ in corpore speciem referat; alii a *venire* deducunt. Fundatio Monasterii Norvicensis in Monastico Anglicano tom. 1. pag. 408 : *Quæ quidem terra S. Michaëlis incipit ad caput cujusdam Venellæ, quæ quondam jacuit inter cemeterium .... et mansum Fratrum Minorum.* [Chron. Johannis Whethamstedii pag. 497 : *Compulsi erant retrorsum recedere, fugereque cum dedecore ad finem Occidentalem villæ, ubi per Venellam, quæ ducit ab ipso fine versus Boream, etc.* Hinc proverbium Gallicum : *Enfiler la venelle.*] Occurrit iterum pag. 593. et tom. 3. pag. 154. in Chron. Will. Thorn. ann. 1273. et 1367. in Itinere Camerarii Scotici cap. 39. § 7. et apud Gul. Prynneum in Libertatib. Eccl. Anglic. tom. 3. pag. 909.

Venulam dixit Hugo Falcandus : *Plerosque militum per congrua loca disponit : de hinc eam, qua transiturus erat, occulte præmunit insidiis, ac sicubi forte per Venulas, (ut vulgo dicitur) in vias alias lateraliter effluebat, easdem militibus suis proinde distribuit observandas.*

* Lit. remiss. ann. 1412. in Reg. 167. Chartoph. reg. ch. 71 : *Le suppliant se tourna en une Venelle entre deux maisons. André Guillemineau passa par la ruelle ou Venelle de la maison*, in aliis ann. 1454. ex Reg. 187. ch. 211. Hinc pro spatio lectum inter et parietem legitur, in Lit. remiss. ann. 1451. ex Reg. 181. ch. 63 : *La suppliant mist son enfant tout mort en la Venelle de son lit.* Unde fortassis emendandæ Literæ aliæ ann. 1459. in Reg. 189. ch. 372 : *En laquelle* (chambre) *estoient deux hommes couchiez, qui par crainte se laisserent cheoir en la Veuille ou ruelle du lit.*

¶ 2. **VENELLA**, diminut. a *Venna.* Vide in hac voce. Charta Sigeberti Reg. ann. circ. 648. apud Marten. tom. 2. Ampl. Collect. col. 6 : *Et* (concessit) *in directum item tres alias leuvas, nec non et aliam Venellam in fluvio nuncupante Alisna, ubi illa petra pro quadrata est.*

VENEL. Usatici MSS. urbis Ambianensis tit. *De clameur de venel : S'il avient cose cuns hom se claint d'un autre de deniers, qui die qui li doie de sen Venel, cil qui la dete claime, puet prouver par sen sairement dusques à 5. s. 1. den. mains, sans che que l'autre partie puise faire une cose encontre ki vaille, pour tant que le dete eust esté accreue, etc.* [Adde Consuet. vet. Monsterol. art. 38. Bolon. art. 144. et Desurenæ art. 6. ubi leg. *Venel*, monente Raguello.]

* **VENENAIGIUM**, Fructus ex agro culto, idem quod supra *Gagnagium* 1. Charta Alayd. ducissæ ann. 1234. inter Probat. tom. 2. Hist. Burg. pag. 11. col. 2 : *Abbas et conventus S. Benigni tenentur mihi..... reddere et adducere apud Lentenay ducentas et viginti minas bladi, quadraginta frumenti de meliori, quod erit in grangia de Pruneto, tam de suo Venenaigio quam de redditibus dictæ villæ ; et si forte frumentum Venenaigii sui vel reddituum dictæ villæ non sufficeret, etc.* Vide supra *Vaanagium.*

VENENARE, Veneno inficere : Gall. *Envenimer.* Occurrit apud Notgerum Leod. Episc. in Præfat. ad Vitam S. Landoaldi. [Le Roman *de Rou* MS :

Alexandre fu Roiz puissanz,...
Mais cil conquist, poi li valut,
Envenimez fu, si morut.

Ibidem :

Pois fus ocis ò Nice par Envenimoison,
Un gars l'Envenima par conseil d'un felon.]

* *Envelimer*, eodem sensu, in Lit. remiss. ann. 1400. ex Reg. 155. Chartoph. reg. ch. 433 : *Survint un appostume ou bosse audit Geffroy, laquelle il fit fendre et flamer à un barbier, qui se Envelima telement, qu'il n'en pot estre gueri. Envelimé* vero, pro Exacerbatus, in aliis Lit. ann. 1468. ex Reg. 195. ch. 153 : *Philippot le Clerc ressembloit fort emflamé et Envelimé contre icelui Foucault. Enventmeure*, Veneficium, vulgo *Empoisonnement*, in Consil. Petri de Font. pag. 133. art. 21.

VENENARIUS, Veneficus, vel artifex aut venditor veneni : Maleficus, φαρμακεύς, in Gloss. Lat. Gr. Papias et Joh. de Janua : *Venenaria, mulier, quæ facit venenum.* Synodus Ticinensis ann. 850. cap. 25 : *Quædam etiam ita Venenariæ sunt, ut quosdam peremisse multo populi rumore deferantur.* Ita Appendix Codicis Theodos. Constit. 8. Venenarios cum Magis confundit : *Non aliquos in astra peccantes, non Venenarios, aut magos, etc.* Utuntur Suetonius, Optatus, Tertullianus, Hieronymus, Collatio Legis Mosaïcæ cap. 15. Jul. Firmicus lib. 6. cap. 19. Vetus Interpres Juvenal. Sat. 3. v. 44. Fragmentum Petronii pag. 17. etc.

¶ **VENENIFLUUS**, Qui infundit venenum. Vita S. Gothlaci tom. 2. April. pag. 41 : *Venenifluam desperationis sagittam totis viribus jaculavit.*

¶ **VENERABILIS**, Decens, consentaneus. Testam. Guillelmi dom. Montispessul. ann. 1202. ex Schedis Peiresc. apud Præs. *de Mazaugues : Filiæ meæ Mariæ... donet has* CC. *marchas argenti, et ornamenta nuptialia honorabiliora, scilicet* IV. *vestimenta mutatoria, cum* IV. *Venerabilibus sectis ornatis.*

¶ VENERABILITER, Decenter, ea ratione ut venerentur. Charta ann. circ. 1030. ex Tabul. S. Victoris Massil. : *Cedimus prædicto nostro Redemptori ejusque almæ genitricis memoriæ quæ sacrata consistit in eadem ecclesia qua creduntur cubare Venerabiliter beatissimorum prædictorum artus Victoris et comitum ejus.*

¶ VENERABILIS LEX, Christiana Religio, in Cod. Th. leg. 7. (6,4.) de Judæis et leg. 7. de Prætor. (16,8.)

¶ VENERABILIS ORDO, Senatus, ibid. leg. 7. de Decur. et silent. lib. 6. tit 23.

¶ VENERABILIS SUBSTANTIA, Res privata Principis, ibid. lib. 16. tit. 5. de Hæret. leg. 54.

¶ VENERABILIS VITA, Monastica professio ; unde *Venerabilis*, pro Monachus, nude non semel occurrit. Audoënus in Vita S. Eligii lib. 1. cap. 10 : *Buchinus ex gentili* conversus, postea Venerabilis, id est Monachus, exstitit. Ado Viennensis Episc. de Wilicario ejusd. Sedis Episcopo : Relicto Episcopatu in monasterium SS. Martyrum Agaunensium ingressus, vitam Venerabilem duxit. Hinc S. P. Benedictus Vir vitæ venerabilis a Gregorio M. prædicatur. Vide Annal. Bened. tom. 3. pag. 604.

* VENERABILIS, Titulus honorarius, quo Theobaldus Campaniæ comes donatur a Joanne comite Cabilonensi, in Charta ann. 1230. ex Chartul. Campan. Cam. Comput. Paris. fol. 212. r°. col. 1. Eo etiam interdum appellantur consules municipales. Vide Discretus et Venerabilitas.

1. VENERABILITAS, Titulus honorarius Episcoporum, qui Venerabiles vulgo compellantur, in Collat. 1. Carthag. cap. 40. 62. apud S. Augustinum Epist. 76. 88. 139. in Epistola Vitalis et Constantii ad Capreolum Episcopum Carthag. edita a Sirmondo, apud Nicolaum I. PP. Epist. 28. 44. etc.

☞ Regibus Francorum concessus est aliquando idem titulus : hinc Philippus I. in Charta ann. 1094. apud Mabill. Diplom. pag. 589. Venerandus nuncupatur : Signum Philippi Venerandi Regis. Necrolog. Argentol. pridie Idus Julii : Anniversarium Venerabilis Philippi Francorum Regis. Vide Mabill. Diplom. lib. 2. cap. 6. n. 8. et infra Venerantia. [** Remig. ad Marc. Capellam apud Maium in Gloss. novo : Auctoritas heic Venerabilitas est alicujus personæ, quæ jure recipiatur.]

* 2. VENERABILITAS, Veneratio, reverentia. Charta Hugon. Capeti ann. 987. tom. 10. Collect. Histor. Franc. pag. 549 : Postularunt ut pro Dei omnipotentis amore et præmemorati martyris Venerabilitate nostrique regii status honore, etc.

¶ VENERABILITER. Vide in Venerabilis.

* VENERABILLIMUS, Venerandus admodum, in Charta ejusd. reg. ibid. pag. 550. Unde Venerabillime, perquam reverenter, in Vita S. Emmer. tom. 6. Sept. pag. 496. col. 1.

¶ VENERACIA, f. pro Vineritia, Vinea, vindemia. Vide in hac voce. Charta Hellini Archiep. Trevirensis ann. 1152. apud Marten. tom. 7. Ampl. Collect. col. 73 : Apud Girbespath medietatem Veneraciarum et questus in placitis et avenam recuperavimus.

¶ VENERALIS, Venereus, libidinosus. Epist. Johannis de Varennis apud eumdem ibid. col. 574 : Ubi enim sunt filii ecclesiæ, qui a Deo pro ea misericordiam poposcant? ... opera potius scelerata in ea commitentes, Veneralia carnaliaque nimis planctu digna atque luctu.

* VENERALITAS, ut Venerabilitas. Acta S. Morandi tom. 1. Jun. pag. 352. col. 2 : Claudos tres sospitati condonavit sancti Veneralitas. Occurrit rursum infra.

VENERANDOSUS, pro Venerandus, in Charta Caroli C. ex Tabular. S. Cyrici Nivern. n. 2.

VENERANTIA, pro Veneratio, Abbatum titulus honorarius. Aimoinus de Vita S. Abbonis Floriac. cap. 17 : Meque qui hæc scribo Aimoinum, cum Guillelmo suæ Venerantiæ, juxta Abbatum morem, tum bajulo. (Vide Mabillonium sæc. 6. Bened. part. 1. pag. 52. et Annal. Bened. tom. 4. pag. 171.

¶ VENERARIUM, Calvarius mons, ob statuam Veneris in eo collocatam sic ab Ambrosio appellatus in Psal. 47 : Dominus secundum cœli tractum in Venerario passus est.

VENERATIO, Titulus honorarius Episcoporum et aliorum, apud S. Augustinum Epist. 78. 80. 91. 95. 104. 157. Nicolaum I. PP. Epist. 28. Ruricium lib. 2. Epist. 14. 49. etc. [Vide supra Venerabilitas.]

¶ VENEREUS, Veneri deditus. Chron. Angl. Th. Otterbourne pag. 183 : Obiit etiam (ann. 1394.) Ducissa Eborum, soror Ducissæ Lancastriæ uterina, domina carnalis et delicata mundialis, ut fertur et Venerea. Vide mox.

* VENERIA, a Gallico Venerie, Venatus, officium in aula regia. Memor. G. Cam. Comput. Paris. fol. 140. v°. ad ann. 1410 : Dominus Guillelmus de Gamachiis miles, cambellanus domini regis, ordinatus et stabilitus magister venator et gubernator Veneriæ regis, loco Roberti de Franconvilla. Vide supra Venatoria.

* VENERINUS DIES, Dies Veneris. Lit. admort. ann. 1474. in Reg. 206. Chartoph. reg. ch. 460 : Singulis septimanis perpetuis temporibus, diebus Dominicis, Mercurinis et Venerinis, etc.

¶ VENERIPETA, Luxuriosus. Gloss. Isid.

VENERIS. Leges forestarum Kanuti Regis cap. 1. de forestarum custodibus : Sint ... quatuor... qui curam et onus tum viridis tum Veneris suscipiant. Ita cap. 4. 11. 30. Et cap. 28 : Aper vero quanquam forestæ sit, nullatenus tamen animal Veneris haberi est assuetus. Ubi Interpres Normannus Veneris vocem usurpat pro venatione, ut recte observat Spelmannus, qui, si bene conjicio, non bene legit in suo MS. ubi forte Veneriæ habetur, nam Venerie dicimus venationem; unde in Regum nostrorum Palatiis sunt Officiales, quos de la Venerie dicimus. [* Vide supra Veneria.] [** Vide Viride, 1. ubi non semel Venatio et viride, Gall. vert et veneson, Angloss. forte wild and weald vel wudu.]

VENEROSUS, Ἀφροδισιαςής, in Gloss. Gr. Lat.

¶ VENERUS, perperam pro Venetus. Vide ibi.

¶ VENESO, Ferina caro, Gall. Venaison. Acta SS. tom. 1. April. pag. 181 : Omnia genera animalium ferocium et Venesonum ei nocebant. Vide Venatio.

VENETIANI, Monetæ Venetorum, in Vita Balduini Lutzemburg. Archiepisc. Trevirens. lib. 2. cap. 10. [Venetiales grossi, in Chron. Rolandini Patav. apud Murator. tom. 8. col. 277.]

* De origine et antiquitate monetæ Venetianæ consule dissertationem Hier. Zanetti editam Venet. ann. 1750.

* VENETUM, Gall. Venet, Retis species. Lit. remiss. ann. 1423. in Reg. 172. Chartoph. reg. ch. 254 : Le suppliant ala en la mer pour tendre un filé, nommé Venet, pour prendre les poissons.

1. VENETURA. Regestum Castri Lidi f. 32 : Ipse debet molendinare post illum, qui ad molendinum molendinat; et post, debet molendinare Veneturas suas. Forte pro Vanituras, id est, quod ex vano ventilatis superest.

* 2. VENETURA, Perperam, ni fallor, pro Unctura, adeps, pinguedo, Gall. Graisse. Inquisit. Tolos. acta ad ann. 1238. inter Probat. tom. 3. Hist. Occit. col. 386 : Et promisit quod....... neque comederet carnes ulterius, neque ova, neque caseum, neque aliquam Veneturam, nisi de oleo et piscibus. Vide infra Unitura.

¶ VENETUS COLOR, Cæruleus, Ital. Veneto, Gall. Bleu de Venise. Vita S. Chunegundis sæc. 6. Bened. part. 1. pag. 454 : Obtulit et ipse beato Benedicto eodem die planetam optimam Veneti coloris. Ita etiam legendum est in Chron. Romualdi II. ad ann. 814. ubi de Carolo Imper. apud Murator. tom. 7. col. 155 : Vestitu patrio, id est Francico utebatur, ad corpus camisia linea et fœminalibus-lineis, tunica vero quæ limbo serico utebatur; tibialiis quoque cum fasciolis, crura et pedes calceamentis constringebat, amphibalo Veneto amictus et gladio semper accinctus. Ubi perperam editum est Venero. [** Einhard. Vit. K. M. cap. 23. Confer Juven. Stat. 3. vers. 170.]

* VENGENCIA, Idem videtur quod Saisina, obsignatio. Charta Phil. Pulc. ann. 1306. in Reg. 38. Chartoph. reg. ch. 176 : Missionem seu positionem præconis vinorum, prisiasque et Vengencias cum emendis, quæ exinde provenire possent, etc.

* VENGHUS, Ager viminibus vel arboribus consitus. Stat. Taurin. ann. 1360. cap. 144. ex Cod. reg. 4622. A : Qui inciderit vel messuerit fascem alienam gorreti vel Venghi, seu alienum Venghum excalverit, solvat pro quolibet et qualibet vice sol. 3.

* VENGUETA, Perperam pro Lengueta. Vide supra in hac voce.

¶ 1. VENIA, Sacrosancta Eucharistia, in Gloss. Gasp. Barthii ex Raimundi Agilæi Hist. Palæst. apud Ludewig. tom. 3. Reliq. MSS. pag. 252. [** ed. Bongars. pag. 151 : Sacerdos volens habere deum mortis suæ testem, ingressus ecclesiam B. Mariæ Virginis, habita confessione et sumpta Venia, etc.]

* 2. VENIA, Idem quod vulgo Indulgentia, Remissio aut relaxatio pœnæ seu pœnitentiæ pro peccatis, vel debitæ, vel impositæ; præsertim illa indulgentia, quæ ad ecclesiam aliquam certo die concurrentibus conceditur a summo pontifice, vel ab episcopis. Vide supra Pardonantia. Fragm. Hist. Fulginat. ad ann. 1292. apud Murator. tom. 4. Antiq. Ital. med. ævi col. 141 : Sanctus Johannes de Casalina venit Fulginium ad Veniam beati Feliciani. Vide ibi notam. [** Simili sensu in Inscript. ann. 1055. apud Schannat. Histor. Episc. Wormat. pag. 63. tom. 1 : Dedicata est ista capella... in honorem... S. Stephani Prothomartyris, Clementis papæ, Marcelli papæ et aliorum plurimorum martyrum et sanctorum, ad quorum Veniam Arnoldus præsul ante limen januæ istius templi coram clero et populo tradidit 6. mansos. Ad eorum indulgentiam obtinendam. Alia ann. 1034. ibid. pag. 67 : Azzechoni episcopo et Benzoni qui fecit Veniam rogate.]

* VENIA DIGNA, Idem quod Bona venia. Acta S. Jan. tom. 6. Sept. pag. 881. col. 2 : Qualiter amplitudo corporis ejus secundum staturam æquiorem, ad quam metiri et comparari potuit, Venia digna, quinque

pedum et sex digitorum prolixa fuisset, etc.

¶ **VENIABILIS**, Culpa levis, Venia dignus. Sidonius lib. 9. Epist. 15 : *Sed tamen scribis tum quod erraverim Veniabile fore.* Charta ann. 909. apud Stephanot. tom. 4. Fragm. Hist. MSS. pag. 31 : *Nisi sponte sua Veniabilem hujus factionis protulerit emendationem.* Occurrit alibi.

¶ VENIALIS, Eadem notione, apud Ludewig. tom. 6. Reliq. MSS. pag. 199. et alibi.

** VENIALIA PROMISSA, Promissio veniæ, relaxationis pœnæ vel pœnitentiæ. Annal. Sax. ann. 1038. apud Pertz. Script. tom. 6. pag. 681 : *Mediolanus episcopus, adhuc in incœpta permanens transgressione, quia nec minis terreri, nec Venialibus promissis, quæ ei compassionis gratia tam a domno apostolico, quam a ceteris episcopis offerebantur, ad pœnitendi satisfactionem potuit adduci, etc.*

* Unde nostris *Veniaument*. Lit. remiss. ann. 1383. in Reg. 122. Chartoph. reg. ch. 286 : *L'exposant deist icelles paroles fors Veniaument et simplement, sanz penser à aucun malice.*

1. **VENIÆ**, inclinationes, vel genuflexiones religiosorum, quæ Græcis μετάνοιαι, quod ut plurimum in *pœnitentiam* injungi solerent. Petrus Venerabil. in Statutis Cluniacensib. cap. 4 : *Sed et illa* (genuflexio) *quæ fieri solet ab iis, qui portanti Eucharistiam quolibet in loco occurrunt; atque illis metanœis, quæ quotidiano usu in Capitulo fiunt, et vulgo Veniæ nominantur, etc.* Pœnitentiale MS. Thuanum : *Qui in Ecclæsia centies genua flexerit, id est si centies Veniam petierit, etc.* Pœnitentiale S. Columbani : *Si perdiderit... longa Venia in Ecclesia, dum 12. Psalmos ad Duodecimam canunt, prostratus nullum membrum movens pœniteat.* Alibi : *Fabulas otiosas proferens, ... Venia tantum mulctetur.* Regula S. Donati cap. 26 : *Si ex negligentia vel oblivione, seu transgressione securitatis, tam in liquidis quam in aridis amplius solito perdiderit, longa Venia in Ecclesia dum 12. Psalmos ad Duodecimam canunt, prostrata nullum membrum movens pœniteat.* Thomas Walsinghamus in Ricardo II. pag. 196 : *Rege interim prostrato in longa Venia, etc.* Chron. Laurisham. :

Per Venias centum verrunt barbis pavimentum.

Liber 4. Insinuat. divinæ pietatis S. Gertrudis cap. 2 : *Cum vero finitis Psalmis conventus de Veniis surgeret, etc. Veniam petere*, lib. 5. cap. 22. [** Ecbasis vers. 770 :

Jam prope psalterium finivi carmine sacrum
Incumbens Veniis, ne forsan victimareris.
Psalmos explebo sssiui quos usque memento.
Psalmo finito curvabar poplite fixo.]

[Ordinar. S. Laudi Rotomag. ad calcem Joh. Abrinc. de Off. Eccl. pag. 724 : *Genuflexiones quas Venias appellamus hoc tempore postponuntur, exceptis illis quas accipiunt qui in choro in cantu vel psalmodia fallunt.* Necrolog. Domus Portarum apud Stephanot. tom. 7. Fragm. Histor. MSS. pag. 143 : *In suo obitu persolvemus ei duo psalteria unum cum Veniis, alterum sine Veniis.* Vita S. Bibiani Sancton. Episc. apud Marten. tom. 6. Ampl. Collect. col. 766 : *Dum... gloriosus præsul lassata Veniis membra quieti accommodaret, etc. Veniam accipiant super natam*, in Consuet. Fontanell. MSS. *Veniam facere*, in Chron. Mellic. pag. 334 : *Similiter servitores excedentes, Venias faciant.*] *Venias sumere, capere, suscipere; veniam sumere super terram; venias sanctimonialium discutere*, in Statutis Ordinis S. Gilberti pag. 760. 761. 764. in Statutis Cartusiens. Guigonis cap. 13. § 4. in Antiq. Statut. ejusd. Ord. 1. part. cap. 13. § 35. 39. 44. cap. 18. §. 7. cap. 26. § 3. cap. 36. § 19. 24. 26. et alibi. Vitæ Abb. S. Albani de forma receptionis Abbatis S. Albani de longinquis partibus venientis : *Et hoc fiet,.... cum itur in Ecclesiam, acceptis ante ipsum parvis Veniis, gaudenter et reverenter.* Udalricus lib. 2. Consuet. Clun. cap. 1 : *Instruendi sunt* (novitii) *quemadmodum faciant petitionem suam, primum, ut sciant Veniam petere more nostro.* Idem lib. 1. cap. 1 : *Cum venerint in chorum, complicantur formæ, sicut est consuetudo in his diebus, in quibus Venia non est petenda.* Cæsarius Heisterbach. lib. 3. cap. 33 : *Dominam nostram Dei genitricem Mariam centies, cum totidem Veniis, Angelico versiculo salutabis.* Cap. 35 : *Quoties illi speciales orationes sive Venias secretius offerre potuit, pro maximis deliciis reputavit.* Cap. 46 : *Summo honore eamdem imaginem veneratur, salutationes, orationes, multasque Venias coram illa faciens.* Cap. 50 : *Singulis diebus in honore ejus 50. Ave Maria, cum totidem Veniis dicere consuevi.* Vide præterea cap. 38. 49. et lib. 8. cap. 96. lib. 9. cap. 42. 49. 51. Vitam S. Samsonis Episc. Dolensis lib. 1. cap. 13. Vitam S. Arberti n. 4. Miracula S. Ludgeri Episc. Mimigard. num. 49. [Vitam S. Udalrici sæc. 5. Bened. pag. 427. Vitam B. Simonis Comit. sæc. 6. part. 2. pag. 379. Vitam S. Anselmi Episc. Lucens. ibid. pag. 480. Bernardi Mon. Ordin. Cluniac. part. 1. cap. 48. etc.]

Usurpatur etiam pro salutatione, [quæ apud Monachos cum inclinatione vel genuflexione fieri solebat.] Vita S. Vitalis Siculi num. 4 : *Postquam ad invicem recognoscunt, mutuamque sibi Veniam venerenter impendunt.* Num. 8 : *Præmisso salutationis elogio, consueta capitis inclinatione et genu flexo mutuam sibi venerentiam impenderunt.* Vide *Metanœa*.

VENIAM MANU PETERE *tantum*, i. e. manu ori admota, in Statut. Ord. Præmonstrat. dist. 1. cap. 5. et in Ordinario ejusdem Ordinis.

VENIALITER, Facta corporis inclinatione. Vita S. Wolfgangi Episcopi Ratispon. cap. 14 : *Cumque in præsentiam Cæsaris esset delatus, ante pedes ejus Venialiter prostratus, se dixit indignum, etc.*

¶ VENIAM ÆTATIS CONCEDERE, Emancipare, litteras dare quibus alicui bona sua administrare conceditur, quas nuncupamus *Lettres de bénéfice d'âge.* Charta Ottonis IV. Imper. ann. 1212. apud Murator. delle Antic. Estensi pag. 396 : *Postulavit ut Veniam etatis sibi concedere dignaremur... Eidem Bonifacio Marchioni Veniam etatis ex certa celsitudinis nostræ scientia, imperiali auctoritate concedimus, ut ipse tanquam major libere possit agere, causari, petere etc.*

* Charta ann. 1354. in Reg. 82. Chartoph. reg. ch. 532 : *Eidem* (Johanni) *duci Lotharingiæ de speciali gratia, de certa scientia et de plenitudine regiæ potestatis Veniam ætatis concedimus, ipsumque habilitamus habilemque facimus et reddimus ad universale regimen terræ suæ ac bonorum suorum mobilium et immobilium quorumcumque præsentium et futurorum.* Vide in *Veniæ* 1.

¶ 2. **VENIÆ**, perperam pro *Neniæ*, in Gloss. Lat. Gr. : *Veniæ*, ὕμνοι ἐπὶ τῶν νεκρῶν. Sangerm. vero habent, *Næniæ*.

¶ **VENIALIS**. Vide *Veniabilis*.

¶ **VENIALITER**, Absque culpa. Ratherii Veron. Epist. apud Acher. tom. 2. Spicil. pag. 250 : *Lupi illi gregem non quærebant invadere, sed pastorem, persequutusque in una civitate, fugere Venialiter potui in aliam.* Conc. Toletan. VI. inter Hispan. tom. 2. pag. 516 : *Quod si quisquam jam talia iniqua deliberatione cum quocumque est meditatus, hoc sibi noverit esse sacerdotali moderatione concessum, ut Venialiter possit hoc sine mora principis auribus publicare.* Vide alia notione in *Veniæ* 1.

** **VENIARE**, Venias, genuflexiones facere Ruodlieb. fragm. 6. vers. 103 :

Ante diem surgit, seuis ad tumulum Veniavit,
Donec sudavit, donec plus stare nequivit.
Tunc ruit in faciem dum fontem flens ibi facit.

¶ **VENILIA**, Accessus æstus marini. Vita S. Columbæ tom. 2. Jun. pag. 222 : *Uter quem salacia sustulit unda, ad suum locum post tuum egressum reportabit Venilia.* Consule Grævii Dissertat. hac de re edit. Ultraject. ann. 1716. Vide *Venitia*.

¶ **VENIPETA**, Qui *Venias*, seu inclinationes, vel genuflexiones iterat. Vita S. Ramuoldi sæc. 6. Bened. part. 1. pag. 14. [** Arnoldus de S. Emmeram. lib. 2. cap. 18.] : *Quadam nocte discurrens inter altaria, ut ante solebat, frequens Venipeta, labori sacro vigilanter insistebat.* [** Qui veniam i. e. indulgentiam petit.]

¶ **VENIRE**, Activa significatione, Vendere. Drogo in Translat. S. Lewinæ tom. 5. Jul. pag. 618 : *Verum quosdam socios compatriotas reperiunt, qui similis mercis causa huc venerant, et quædam quæ secum detulerunt, Veneunt; quædam quæ secum vehant, mercantur.*

* VENIRE AQUA, Phrasis Italica. Chron. Patav. ad ann. 1201. apud Murator. tom. 4. Antiq. Ital. med. ævi col. 1124 : *Eo tempore facta fuit Venire aqua a Montesilice propter navigium veniendo Paduam.* Id est, Adducta est aqua.

* VENIRE DE BASSO, Gall. *Venir de bas*, Ex illegitimo concubitu ortum habere. Charta ann. 1402 in Reg. Joan. ducis Bitur. ex Cam. Comput. Paris. fol. 37. r° : *De la partie de Phelippe de Nohant, femme de Jehan du Jat,..... nous a esté exposé..... que comme elle feust Venue de bas et ne feust née en loyal mariage,..... et que de present elle a plusieurs enffans,...... il nous pleust iceulx enffans femeaulx et de sexe femenin habiliter,...... et à iceulx faire pareille grace que nous avons* (fais) *à elle.* Vide supra *Bastardus*.

* VENIRE AD CAUSAM, Lite ac judicio contendere. Charta ann. 1206. in Chartul. eccl. Lingon. fol. 12. r° : *Si discordia oriatur inter me et episcopum de negotiis Castellionis, quæ Veniat ad causam, etc.*

¶ Venire Contra, Phrasis Gallica, *Venir contre*, Intercedere, Gall. *S'Opposer.* Statuta castri Origini ex Schedis D. *le Fournier : Renunciantes omni juri scripto et non scripto, civili et canonico promulgato, vel promulgando ad Veniendum contra.*

* Venire Intus, Intervenire. Vide supra *Intus venire.*

* Venire ad Manus, Manus conserere, pugnam inire, Gall. *Venir aux mains.* Steph. de Infestura MS. ubi de Innoc. VIII : *Maximus tumultus factus fuit in dicto conclavio, ita quod unusquisque credebat eos Venturos ad manus.*

* Venire in Obitum, Morti proximum esse. Charta ann. 1107. ex Chartul. de Domina in Dalphin. fol. 12 : *Dominus Willelmus filius eorum, cum Venisset in obitum, monachus factus reddidit mansum.*

¶ Venire In Querelas, Conqueri, in Cod. Theod. lib. 10. tit. 8. de Bonis vacant. leg. 3.

* Venire ad Terram, Gall. *Venir à terre*, Nasci. Charta ann. 1260. in Reg. 31. Chartoph. reg. fol. 102. v°. col. 2 : *Je Mahius, sire de Biauvoir, fas savoir à tous chiaus ki ces letres verront, que je tiegn et ai tenu puis que je Ving à terre, et mi anchisseur etc.*

¶ **VENISIA**, Venisis, Venetiæ, Gall. *Venise. Sciatis quod, cum nuper quinque galeæ de villa Venisi, etc.* in Litteris Edwardi II. ann. 1323. apud Rymer. tom. 3. pag. 1011. Inventar. S. Capellæ Paris. ann. 1376 : *Una pulcherrima crux cooperta auro de opere Venisiæ. De l'euvre de Venise*, in alio Inventar. Gallico.

VENITARE, Liber Ecclesiasticus, in quo descriptus Psalmus cum notis musicis, *Venite, exultemus Domino, etc.* quo Matutini incipiuntur. Synodus Exoniensis ann. 1287. cap. 12 : *Psalteria, Ordinale, Venitare, Hymnare, Collectare, etc.*

Venitarium, in Monastico Anglic. tom. 3. pag. 332.

¶ **VENITIA**, *Maris exæstuatio, quæ ad littus venit.* Gloss. Isid. Male pro *Venilia.* Vide in hac voce.

¶ **VENIVOLENTIA**, pro Benevolentia, in Bulla Nicolai I. PP. ann. 863. apud Doublet. Hist. Sandion. pag. 456.

1. **VENNA**, Vinna, Benna, Septum ad intercipiendos pisces. Brouverus lib. 5. Annal. Trevir. pag. 847. 1. edit. Belgæ vero *ven*, et *venne*, ac *veen*, quandoque locum quemvis pascuum vocant, sæpius palustrem et bituminosum, unde ad struendum ignem niger cespes, quem *Turbam* nuncupant, eruitur. [** Vide Graff. Thesaur. Ling. Franc. tom. 3. col. 522. voce *Fenna*, et col. 126. voce *Benna.*] Charta Childeberti Regis Franc. pro Ecclesia S. Germani Pratensis : *Cum piscatoria, quæ appellatur Venna, cum piscatoriis omnibus, quæ sunt in alveo Sequanæ.* Diploma Sigeberti Regis Austras. editum ab Henschenio 1. Febr. § 3. num. 17 : *De nostra silva Uriacensi, cum ipsa Venna Dominica, quæ dicitur Arnulfi.* Aliud Childerici Regis eod. § num. 21 : *Aviaco, ubi Gara lacus Vennam habuit.* Capitulare 2. ann. 813. cap. 19 : *Vivaria cum piscibus, Vennas, molina, stirpes, etc.* Charta Ludovici Pii edita a Mabillonio : *Quandam piscariam... in villa, quæ vocatur Rioilus in fluvio videlicet Sequanæ fieri jussit.* Mox : *Sed eadem monasteria omni tempore pro sua portione restaurationi Vennæ atque emendationi adminiculum præstent.* Rursum : *Nec fiant opera huic Vennæ nocitura.* [** Charta Arnulfi R. ann. 888. apud Günther. Cod. Dipl. Rheno-Mosell. num. 5. tom. 1. pag. 49 : *Vennam in marcha Windiga sitam, cum silva quam Cone rivulus alluit, ad instaurandam eandem Vennam.*] Charta Ottonis M. Imp. ann. 953. apud Zyllesium : *In piscatione et Venna quadam in Ruvera fluvio constructa.* Charta Ricardi II. Ducis Norm. pro monasterio Fiscamnensi ann. 1027 : *In fluvio Sequanæ piscatoriam, quæ dicitur Venna S. Leutfridi, et in eodem fluvio tractus piscatorios.* [Charta ann. 1188. apud R. P. *Benoit* Hist. Tull. pag. xciv : *Conferimus... decimam salmonum sive retibus sive Venna capiantur.*] Vide Doubletum pag. 795. Hinc nomen loco ad Sequanam prope Riogilum (*Ruel*) *Carolivenna.* Helgaudus in Roberto R. : *Venientes ad portum Sequanæ, qui dicitur Carolivenna, hoc est, piscatoria, quæ erat difficultate transmeabilis, etc.* Aimoinus lib. 1. de Miracul. S. Germani Episcopi Parisiensis cap. 1 : *Ad locum, qui vocatur Carolivenna.* Hodie *Chalevanne* dicitur. In Statuto Caroli VI. ann. 1415. art. 1. vetantur fieri in fluvio Sequanæ, *Vennes, gords, pieux, moulins, pescheries, etc.*

* Glossæ Cæs. Heisterbac. in Reg. Prum. tom. 1. Hist. Trevir. Joan. Nic. ab *Hontheim* pag. 675. col. 2 : *Venna est instrumentum sumtuosum et satis utile, unde pisces capiuntur, quod appellamus Veer sive steyle.* Hinc *Venaige*, Jus ad *Vennam* seu aquarii canalis valvulam piscandi, in Lib. cens. castell. Arciac. ad Albam fol. 2. v° : *Le Venaige des vennes des molins dudit Arcyes est tel, que nulz ne puet mettre peniers, ne filez au dessoubz du venaige des molins, fors que le seigneur ou celui à cui le sire ou ses gens le baillent à ferme, à peine de soixante solz d'amende.* A *Venna*, *Vennelier* appellatur pars aratri, qua illud attollitur vel dimittitur, in Lit. remiss. ann. 1377. ex Reg. 111. Chartoph. reg. ch. 35.

Vinna, Eadem notione. [Præceptum Ludovici Reg. ann. 871. apud Marten. tom. 1. Ampl. Collect. col. 194 : *Quam etiam piscationem et Vinnam domnus Pippinus Rex cum terminis supra fluvium Rheni consistentibus de præscripta villa Naucravia concessit ad monasterium Prumiæ per suæ auctoritatis præceptum, et idcirco deprecatus est clementiam nostram... ut nostræ auctoritatis præceptum super eamdem piscationem et Vinnam facere juberemus.*] Chronicon Laurisham. pag. 61 : *Tantis munificentiæ suæ beneficiis adjecit clementiæ clementissimus Rex piscationis concessionem in Rheno flumine,... ut Abbas et fratres licentiam haberent ad Vinnam faciendam, et piscandum, pro opportunitate Ecclesiæ, et stipendio ipsorum fratrum.*

Benna, apud Leonem Ost. lib. 1. cap. 47 : *Ab ipso latere finis ipsa Benna, ab altero latere 7. viæ, ab altero alia Benna, quæ se simul conjungunt.* Charta ann. 1120. apud Ughellum in Episcopis Teatinis : *A capite est ipsa mangane, et descendit ad Bennam, et sicut decurrit, ascendit usque ad silvam, etc.* Infra : *Et descendit ad Bennam campi, etc.* Nisi his locis *benna* idem sit quod *Bonna.*

¶ Venna, Sepimentum quodvis apud Dombenses præsertim, quibus etiam hodie *Vennes* sepes dicuntur. Charta Cassaniæ ann. 1397 : *Tenet domum et vercheriam suam clausam Vennarum.* Occurrit præterea in Charta feudorum nobilium Castillionis Dombarum ann. 1463. Sed et ea notione usurpari videtur in Regest. Prumiensi tom. 1. Etymol. Leibnitii pag. 446 : *Quibus Venna paratur, vel etiam fortes sepes.* Vide *Vanna* 2.

* 2. **VENNA**, a Gallico *Vanne*, vel *Venne*, Amniculus, qui in antiquis tabulis, teste Valesio, *Venena* et *Veneta* nuncupatur. Charta Henr. comit. Trec. ann. 1172. in Chartul. Pontiniac. ch. 72 : *Concessi quod infra fines illos, quos claudit Lamboye fluvius, sicut in Vennam fluvium defluit, et Venna versus Senonis currit, etc.*

* **VENNELLA**, Tegulæ species, nostris *Vennel* vel *Venneau.* Comput. ann. 1441. ex Tabul. S. Vulfr. Abbavil. fol. 24. v° : *Item pro duabus festissuris, xvj. den. Item pro xiij. Vennellis, iiij. sol. Arrestriers et Venneaulx pour dix solz le cent*, in Reg. 13. Corb. sign. *Habacuc* ad ann. 1514. fol. 219.

¶ **VENNUS**, ut *Venna.* Tabul. S. Victoris Massil. : *Donamus terram quam habemus ad molendinum quem vocant Bernardum usque ad alium molendinum Cautivennum, Vennum vendimus S. Zachariæ.*

* **VENOR**, Perperam fortassis pro *Tenor*, nostris *Taille.* Testam. Caroli Andegav. ultimi comit. Prov. ann. 1481. 10. Dec. ex schedis D. *Chaix* advoc. Aquens. : *Item ordinavit dominus rex testator constitui et manuteneri in eadem ecclesia Nostræ Dominæ Castri-Ayraudi duos vicarios, qui vicarii sint Venores.* Vide *Tenor* 4.

1. **VENTA**, quæ et Superventa, Augurium, quod captabatur ex venientibus aut supervenientibus hominibus vel avibus, quas *Augurales alites* vocat Martianus Capella lib. 1. pag. 11. aut aliis animalibus. Nonnus in Sylloge Histor. pag. 151 : Ὀρνεοσκοπικὸν δέ ἐςιν, ὅταν πετομένου, τοῦ δὲ ἢ τοῦ δὲ ὄρνιθος, ἢ ἔμπροσθεν, ἢ ὀπίσω, ἢ δεξιά, ἢ ἀριςερά, εἴπομεν, ὅτι τὸ δὲ σημαίνει. λέγεται δὲ ἐξευρηκέναι πρῶτος Τηλέγονος. Sidonius in Panegyrico Majoriani :

> Si Liciæ sortes sapiunt, si nostra volatu
> Fata loquuntur aves, etc.

Ammianus lib. 21. cap. 1 : *Auguria et auspicia non volucrum arbitrio futura nescientium colliguntur (nec enim hoc vel insipiens quispiam dicet); sed volatus avium dirigit Deus, ut rostrum sonans, aut prætervolans pinna, turbido meatu vel leni futura demonstret. Amat enim benignitas numinis, seu quod merentur homines, seu quod tangitur eorum affectione, his quoque artibus prodere, quæ impendent.* Zeno Veronensis in serm. de Jona : *Qui per varios avium volatus conjecturis inanibus statum plumeæ salutis inquirit.* Et ut S. Maximus Taurinensis homil. in Circumcisione Domini, *qui auspicia etiam vanissimi colligere se dicunt, ac statum vitæ suæ inanibus indiciis æstimantes, per incerta avium ferarumque signa, futura rimantur.* Ὀρνεοσκόπος. Michaël Scotus de

Physionomia cap. 56 : *Auguria sunt in Canonibus Ecclesiæ : Venta tamen dicimus, quod quidam accipiunt pro obviatione hominis, vel alterius animalis, vel pro auditu vocis.* Mox hæc addit : *Auguriorum quædam post, quædam dextre, quædam sinistre; et cum diversa sint in sua disputatione,* (f. dispositione) *quodlibet illorum proprie nominatur, et proprio nomine cognoscitur interpretandum. Unde dicimus, quod auguria sunt numero* 12. *ad instar* 12. *signorum cœli, et sunt hæc : Fernova, Fervetus, Confert, Emponentb, Scimasarnova, Scimasarvetus, et bene fiunt in dextro latere. In sinistro vero latere sunt Confernova, Confervetus, Vivian, Barian, Scassarnova, Scassarvetus.* Ibidem : *Unde sciendum est, quod auguriorum quædam significant bonum eventum, ut Confert, et Emponentb : quædam malum eventum, ut Viarum et Harenari : et quædam medium inter utrumque, ut Fert, et Confert.* Horum auguriorum species singulatim enucleantur suis locis. Pœnitentiale MS. Thuanum : *Credidisti, quod quidam credere solent : dum enim iter aliquod faciunt, si cornicula ex eorum sinistra in dextram illis cantaverit, inde se sperant prosperum iter habere; et dum anxii fuerint hospitii, si tunc avis illa, quæ Muriceps vocatur, eo quod capiat mures, et modo Pascata nominata est, viam, per quam vadunt, ante se transvolaverit, illi scilicet augurio, et* forte *divinis* vel *dæmoni magis se committunt, quam Deo, etc.* Vide Petrum Blesensem Epist. 65. et supra, *Superventa*, et *Avis S. Martini.* De veterum per avium volatus divinationibus, [egere Nilus Monachus lib. 2. Epist. 151. et alii quos laudant] Brissonius lib. de Formul. pag. 134. et Cæsar Bulengerus lib. 3. de Auspiciis cap. 2. [*Venta*, alia notione, Vide in *Venda* 1. 2. et 3.]

¶ Venta, perperam pro *Veuta*, in vet. Stilo Parlamenti cap. 11. et in Edicto Philippi VI. ann. 1344. tom. 2. Ordinat. Reg. Franc. pag. 218. Vide *Veuta.*

* 2. **VENTA**, Locus, ubi merces venum exponuntur, seu tributum quod percipitur ex rebus ibi venditis, nostris etiam, eadem notione, *Vente.* Obituar. eccl. Lingon. ex Cod. reg. 5191. fol. 37. v° : *Johannes de S. Sequano dedit ecclesiæ Lingonensi sexaginta solidos Turon....... in Venta seu aula Montissalionis,........ exigendos a ventario seu firmario Ventæ dicti loci.* Lit. remiss. ann. 1405. id Reg. 160. Chartoph. reg. ch. 68 : *Denisot Chevrecon, soy disant fermier de la Vente ou estalage de saint Disier, etc.* Pro rei venalis pretio, in aliis Lit. ann. 1410. ex Reg. 164. ch. 220 : *Le suppliant demande à un pescheur ou maronnel combien il faisait une Vente de poisson qu'il avait; lequel pescheur ou maronnel lui eust fait un certain pris d'argent, etc.* Vide in *Venda* 1.

VENTACULUM, Flabellum, Muscarium, cujus usus in sacris Liturgiis, Gall. *Eventail.* Hariulfus lib. 3. cap. 2 : *Ciborium auro argentoque paratum unum, candelabra auro argentoque parata sex, Ventaculum deauratum unum, fuscellum deauratum unum, etc.* Petrus IV. Rex Aragon. in Chron. lib. 2. cap. 11. de solenni Regii convivii apparatu : *Blasco d'Alago quens tallas dels coltels davant, En Philippe de Castres quens servis de Ventall, etc.* Vide *Flabellum.*

Id etiam nominis datum a nostris galeæ parti, qua ventus hauritur, seu respiratur. Le Roman *de Roncevaux* MS :

L'escu au col, la Ventaille fermée

Infra :

Elmes lacier, et Ventailles fermer.

Philippus *Mouskes* MS. in Carolo M. :

La Ventaille li ont ostée,
Si li ont la teste copée.

Alibi :

Hiaumes et Ventailles lacies,
Et les enseignes desploies.

Guillelmus *Guiart* MS. ann. 1214 :

Sus hyaumes bruns, et sus haubers,
S'entrelancent estos et tailles,
Sus bacinez, et sus Ventailles.

Le Roman *de Garin* MS :

Sor la Ventaille li fu le hiaume asis.

Rursum :

Cent mile furent à Ventailles fermées.

Alio loco :

Trois mile sont les Ventailles laciées.

Idem :

En li deslace le vert hyaume bruni,
Et la Ventaille de l'auberc c'ot vesti.

* **VENTALIA**, Clathrus, cancelli. Cerem. vet. MS. eccl. Carnot. ad diem Cinerum : *Exeunte episcopo cum clero per Ventaliam, quæ claudit chorum, etc.*

VENTALIUM, Ventallum, Idem quod *Exclusa*, [Aquarii canalis valvula,] Gallis *Ventail.* Charta ann. 1073. ex Tabular. Montis S. Quintini in insula fol. 14 : *Quantum ad elevationem Ventallorum raheriæ exclusæ de Rovecourt, quæ Ventalla antiquitus vocabatur.* [Alia ann. 1237. ex eodem Tabul. fol. 157 : *Aquas illas exire permittent et effluere Ventaliis elevatis.* Infra : *Quod si contigerit dictas aquas supercrescere subito et in tanta quantitate superabundare quod dictæ raheriæ omnibus sublevatis Ventaliis non sufficiant ad egerendum dictas aquas. Ventales Busæ*, in Chron. B. M. Bonæ Spei pag. 213. Chartul. M. S. Vedasti : *Les Ventailles des moulins de S. Vaast et les autres circonvoisins... doivent avoir* 28. *pouces d'estraiere de hauteur. Passage ou Ventaille pour passer le navire*, in Charta ann. 1450 ex Chartul. 23. Corb.] Tabular. Episcopat. Ambian. fol. 95 : *De Ventallo, de Grapino, quod petebat Dom. Episcopus reparari, etc.*

¶ Ventelia, Eadem notione. Regest. *Olim* ann. 1310. fol. 119. v° : *Gentes dicti Guillelmi per supra muros ascendentes intraverunt et ibidem tresdecim Ventelias aquæ prædictæ cum impetu defluxerunt et maximam copiam eorum piscium secum duxerunt.*

¶ **VENTAMUS**, Antenna, ut videtur, Gall. *Vergue.* Statuta Cadubrii fol. 51. v° : *Item ordinamus quod quilibet homo et persona qui in districtu Cadubrii lignum aliquod inciderit, vel incidi fecerit causa faciendi Ventamos vel arbores, etc.* Eorumdem Correct. fol. 51. v° : *Et pro qualibet antena vel Ventamo, etc.*

VENTARE. Fleta lib. 2. cap. 87. § 2. de Officio *Caseatricis* : *Ipsius etiam interest Ventare, vannare, vel ballare, ignem tegere, et hujusmodi minuta opera facere.*

☞ *Venter* Poëtæ nostrates dixerunt pro *Jetter au vent*, in ventum spargere. Le Roman *de Vacce* MS :

Ne sai qu'il fist la nuit au Conte Erneuf entendre,
Que li Roiz d'Allemaigne le devoit la nuit prendre,
Et livrer à Richart et as Normanz à pendre,
Ou arder en feu, et puis Venter en cendre.

¶ **VENTARIA**, Jus habendi *ventalium* seu *exclusam*, vel Præstatio quæ pro ejusmodi facultate penditur. Charta ann. 1202. apud Chiffletium in Trenorchio pag. 455 : *Inprimis enim nobis acquisierunt usagios villæ Trenorchiensis, videlicet saunariam, furnos, bichonagium, Ventariam, molendina, etc.* Vide *Ventalium.*

1. **VENTARIUS**, [* Qui *ventas* seu tributa ex rebus in foro venditis colligit. Charta ann. 1206. ex Chartul. eccl. Lingon. fol. 12. v° : *Alienigena quisque, si in villa manere venerit et velit forum* (*liberum*) *requirere, antea.... præposito sextarium vini, et majori sextarium, et duobus villæ Ventariis, pro rei laudatione et concessione, duos denarios tenetur exhibere.* Alia ann. 1257. ibid. fol. 65. v° : *Renerus miles, dominus de Maresco, recognovit quod tenebat a R. P. G. Dei gratia Lingon. episc. in feodum vij. lib. Lingon. annui redditus, quas percipiebat singulis annis in nundinis B. Mammetis a Ventario Lingon. quicumque pro tempore esset Ventarius Lingonensis.*] Vide in *Venda* 1.

* 2. **VENTARIUS**, Idem atque *Forestarius*, silvæ custos, nostris *Vantier.* Chartul. eccl. Lingon. fol. 143. r° : *Ventarius debet ire Chalandreyum ad colligendos redditus suos ibidem proxima Dominica post festum S. Johannis, vel in octava illius, pro sua voluntate, interrogatus prius ab illis, vel ab aliquo illorum, qui faciunt corticem, quando ipse velit ire, et tunc procuretur ab eisdem hominibus in uno prandio .... Præterea homines de Chalandreyo non exercent opus corticis, sine licentia Ventarii; et illi qui volunt hoc opus exercere, propter hoc serviunt ei.* Libert. villæ *de Grancey* ann. 1348. tom. 9. Ordinat. reg. Franc. pag. 160. art. 3 : *Nous leur devons livrer bois pour toutes les nécessitez qui y* (aux halles) *fauront, en noz bois et forez, ... ilz seraient bailliez et delivrez par notre Vantier.* Vide supra *Venda* 3.

VENTATA. Charta ann. 1225. in Tabul. Ecclesiæ Carnotensis num. 257 : *Et in granchia nostra quolibet anno per manum nostram, vel mandato nostri, octo modios bladi ad mensuram Aurelianensem, videlicet quatuor modios avenæ, tres modios siliginis, et unum modium frumenti ad tres Ventatas,* id est, *ter vannatum.*

¶ **VENTEICIUM**, Arbores ventorum violentia eversæ, eradicatæ, Gall. *Abbatis d'arbres par le vent.* Comput. ann. 1202. apud D. *Brussel.* de Usu feud. tom. 2. pag. CXCVII : *De Venteicio et bosco cheu in G'sia, xx. l.*

* **VENTELHA**, Pars portæ, valva. Stat. sabbat. Carcass. ann. 1402. tom. 8. Ordinat. reg. Franc. pag. 561. art. 10 : *Quod nullus dicti ministerii sabbateriæ... in die Dominico...... teneat nec tenere audeat portas*

sui operatorii sive botigiæ sabbateriæ omnino apertas ; unam tamen portam sive Ventelham portæ, videlicet majorem (leg. minorem) *sui operatorii sive botigiæ, quilibet poterit in talibus tenere apertam libere et impune, alio hostio sive porta, scilicet majori, clausa remanente.*

¶ **VENTELIA**, ut *Ventalium*. Vide ibi.

* **VENTELLA**, Pars lecti, quam *Pente* appellamus. Lit. remiss. ann. 1358. in Reg. 86. Chartoph. reg. ch. 335 : *Duas curtinas cum Ventellis unius lectis furtive cepit.*

* **VENTELLUM**, Aquarii canalis valvula, *exclusa*. Charta ann. 1315. in Reg. 52. Chartoph. reg. ch. 122 : *Pro refectione Ventellorum et constructione cujusdam pilarii dictum molendinum sustinentis etc. Ventaile*, eadem notione, in Lit. remiss. ann. 1403. ex Reg. 158. ch. 225 : *Lesquelz compaignons alerent à un Ventaile dudit vivier, et là l'un d'eulx rompi la fermeté dudit Ventaile, haucerent icellui Ventaile, etc.* Vide *Ventalium*.

* **VENTENUM**, Exactionis species, in Charta Caroli IV. reg. Rom. ann. 1365. tom. 8. Ordinat. reg. Franc. pag. 604. pro *Vintenum*. Vide in hac voce.

¶ **VENTER**, Fetus, fructus ventris, nostris *Ventrée*. Testam. ann. 1293. apud Baluz. tom. 2. Hist. Arvern. pag. 705 : *Item Ventrem meum hæredem instituo in quadraginta libris Turon.... et hoc si masculus fuerit : si autem femina fuerit, instituo eam hæredem in mille libris.* Mirac. B. Ægidii tom. 3. April. pag. 244 : *Nolens.... mulierem illam perdere Ventrem et innocentem ducere ad obscura, etc.* Statuta crimin. Saonæ cap. 24. fol. 47 : *Et si et quandocumque contingat de cetero sclavam alicujus civis vel habitatoris Saonæ ab aliquo gravidam fieri, sit in electione domini vel dominæ sclavæ, ipsam sclavam cum fœtu seu Ventre dare et tradere impregnanti.* [* Occurrit præterea in Charta ann. 1313. inter Probat. tom. 2. Hist. Nem. pag. 10. col. 1. *Ventre*, pro *Matrice*, in Versione Genes. cap. 20. v. 18. ex Bibl. reg. : *Dieu out clos tous les Ventres de la maisoun Abimelech por Sarra la femme Abraham.* Ubi sacer textus habet, *Vulvam*. Hinc *Franc ventre* nuncupatur, Mulier liberæ conditionis, in Charta ann. 1349. ex Reg. 84. Chartoph. reg. ch. 500 : *Jasoit que le ditSymon ait esté nez et procreez en loial mariage et qu'il soit franche personne et de franc Ventre, hors de toute servitude.* Unde etiam *Ventriere*, appellata Obstetrix, vulgo *Sagefemme*. Lit. remiss. ann. 1408. ex Reg. 162. ch. 223 : *Comme icelle Perrette se feust mise et appliquée à estre Ventriere et recevoir enfans naissans,....... et par longtemps a esté Ventriere jurée de nostre ville de Paris, etc.* Occurrit præterea apud Bellomanerium MS.] *Ventrée* cibos, quibus venter refertus est, vocat le Roman *de Robert le Diable* MS :

> Est si saoulz li loiemiers,
> Que puis qu'il fu loiens premiers,
> N'ot il mais si bonne Ventrée.

* **VENTRES**, Intestina, hominum et animalium viscera; unde nostris *Ventrailles*. Charta ann. 1334. ex Tabul. D. Veneiæ : *Item quòd nulla persona faciat laicivam in fonte dicti castri, nec ibi lavet lanam, Ventres ac aliquam orduram, in et sub pœna pro qualibet vice et persona quinque solidorum.* Testam. Odon. IV. ducis ann. 1346. inter Probat tom. 2. Hist. Burg. pag. 221. col. 1 : *Nous ordonnons que nos Ventrailles soient mises devant le grand hautel de nostre chapelle de Dijon.* Lit. remiss. ann. 1380. in Reg. 117. Chartoph. reg. ch. 114 : *Le suppliant tua lesdiz moutons et escorcha, et en vendi les peaulx, les Ventrailles et les corées.*

¶ **VENTRES**, Pelles murium Ponticorum, qui ventre tantum albi sunt. Litteræ Henrici V. Reg. Angl. ann. 1416. apud Rymer. tom. 9. pag. 335 : *Duas furruras, utraque de trecentis Ventribus menever.... Unam furruram de ducentis Ventribus menever.* Vide *Vares*.

VENTERIUM. Charta ann. 1178. apud Ughellum tom. 7. pag. 410 : *Et plenarie gradus fabricæ habeatis, et cum ipsum valtatorium suum de ante se,.... quam et cum ipsum Venterium desuper ad fabricandum vobis illos in altum quantum volueritis, etc* Ubi idem Ughellus, *Venterium, ædis superius ædificium* esse ait, a ventis dictum.

VENTIGIATUS. Regula Magistri cap. 23 : *Statim secundum numerum mensæ prioris in uno galletæ vase mensuratæ potiones, ab eis calida misceatur, et Ventigiata a calice potione, petita benedictione, adsaporet, qui miscuit, si æquali est temperie mixtum, et sic in prima mensa omnibus eroget.* Id est, mota, et ventilata.

** **VENTILABILIS**, Qui ventilari, agitari potest. Virgil. Gramm. pag. 57 : *Famosa et Ventilabilis quæstio oritur.* Vide *Ventilare*.

1. **VENTILABRUM** inter vasa et ministeria Ecclesiastica reponitur a Baldrico in Chron. Camerac. lib. 3. cap. 49 : *Multa ornamenta adhibuit, auream tabulam ampliavit, utrisque lateribus argenteas subrogans, cruces aureas cum Ventilabris æque aureis renovavit.* [Occurrit præterea inter vasa et ornamenta Ecclesiæ Spirensis apud Schannat. in Vindem. Litter. pag. 10 : *Cruces 4. cum hastilibus suis,... Ventilabrum deauratum cum hastili suo.* Ubi Ecclesiæ vexillum, Gall. *Banniere*, intelligo.]

2. **VENTILABRUM**, Muscarium, Flabellum. Continuator Historiæ Episcopor. Virdun. : *Hic S. Mariæ duas cappas optimas, et duo Ventilabra, aliaque honorifica ornamenta cum magna devotione contulit.* Tabularium Ecclesiæ Ambianensis : *Petrus de Augo Canonicus* (Galfredi Episcopi Ambian. nepos, vixit ille ann. 1258.) *dedit Ecclesiæ Ambianensi.... Ventilabrum factum de serico et auro ad repellendum muscas et immunda. Insuper una est casula de bombace, duo pelves de opere Lemovicensi, et pecten ad usum Presbyteri.* Vide *Muscarium*.

* 3. **VENTILABRUM**, Follis. Glossar. Lat. Gall. ann. 1352. ex Cod. reg. 4120 : *Ventilabrum, souflet.*

¶ **VENTILAMEN**, Purgamentum ex frumento ventilato. Formulæ vett. ad calcem leg. Salicæ edit. Eccardi pag. 244 : *Tolle de XII. censariis singulas ovas, et de illis quotidie sal et Ventilamina et commixtum migma, ut tunc bonæ sint.*

¶ **VENTILAMENTUM**, λικμητήριον, in Gloss. Lat. Gr. Aliæ Gr. Lat. : Λικμητήριον, *Ventilamentum, ventilabrum*. Vide *Ventilatorium*.

VENTILARE, Movere aliquid ad ventum captandum, apud Apicium lib. 1. cap. 7. *Eventer*, nostris.

VENTILARE, Inquietare. Charta Henrici Imp. ann. 1082. apud Ughellum tom. 1. part. 1. pag. 743 : *Nemo vero eorum per placita Ventilare, vel inquietare præsumat.* Legendum forte *ventitare*.

¶ **VENTILARE CAUSAM**, Eam agitare, de ea disputare, disserere. Judicium ann. 1027. in Append. ad Marcam Hispan col. 1042 : *Cumque diu hæc causa fuisset Ventilata coram jam dictis omnibus, etc.* Occurrit etiam in Statutis Cadubrii lib. 2. cap. 14. et alibi. *Ventiller*, eadem notione, nostri dixerunt. Litteræ Caroli V. Reg. Franc. ann. 1367. tom. 5. Ordinat. pag. 25 : *Et toutes leurs causes mues et à mouvoir soient Ventillées et determinées ou temps avenir et en touz cas, en nostre chambre de Parlement.*

VENTILARE CORNIBUS. Liber 1. Machabæorum cap. 7 : *Et exierunt de omnibus castellis Judææ in circuitu, et Ventilabant eos cornibus, et convertebantur iterum ad eos, et ceciderunt omnes gladio, et non est relictus ex eis, nec unus.* Erchempertus in Hist. Langob. : *Atque cuneum eorum scindens, gladiis Ventilavit.* Infra : *Positoque præsidio pugnatorum in camisia, vicissim eos cornibus Ventilabat.* Vide Lud. de la Cerda in Advers. cap. 80. § 16.

VENTILARE, Vox recepta in re magica, de qua multa Jac. Gothofr. ad leg. 5. Cod. Th. de Malefic. et de Mathematic. (9,16.)

VENTILARE. Supplex Libellus Monachorum Fuldensium Carolo M. oblatus § 15 : *Nec mercimonia aliqua ab aliquibus ibi Ventilentur.*

* *Ventiller*, alia notione usurpatur, scilicet dicitur de rumore in vulgus sparso, in Lit. remiss. ann. 1460. ex Reg. 190. Chartoph. reg. ch. 59 : *Il avait esté Ventillé par le pays, que la suppliant estoit cause du feu de l'ostel du pere de son mary.*

* **VENTILATIO**, Tempus, quo grana *ventilantur*, Charta ann. 1174. in magno Chartul. nig. Corb. fol. 130. r° : *Omundus major de Columellis.....guerpivit nobis...... duos vini sextarios, quos hactenus exegerat in singulis Ventilationibus.* Vide supra *Vanata*.

VENTILATORIUM, Papiæ, *Ventilabrum, a ventilandis paleis.* [Vide *Ventilamentum*.]

¶ **VENTILATRIX**, Mulier quæ frumentum *ventilat*. Comput. ann. 1425. apud Kennett. Antiquit. Ambrosd. pag. 576 : *Et in Ventilatricibus conductis in grosso ad ventilanda omnimoda grana triturata, etc.* Vide *Ventrix*.

* **VENTILE**, Idem quod supra *Ventellum*. Charta Caroli V. reg. Franc. ann. 1379 : *Quod religiosi* (S. Amandi in Pabula) *essent....... in possessione et saisina habendi et in solidum, in cursu rivuli prædicti, quoddam torculare ad oleum et unum Ventile sive exclusorium aquæ, in eorum alta justitia et dominio existentia et situata, dictumque Ventile erigendi, descendendi et claudendi, prout eis licebat, pro aqua fluenda vel retinenda, dum eis placebat et casus emergebant.*

* **VENTILE** MOLENDINUM, Gall. *Moulin à vent*, quod vento versatur. Charta ann. 1490. apud Pez. tom. 6. Anecd. part. 3. pag. 429. col. 1 : *Præterea in antiqua Gora quatuor integros agrorum mansos,...... cum quatuor suis propriis colonis, atque duo Ventilia molendina*, etc. Vide in *Molendinum*.

VENTILOGIUM, vox ibrida, quasi *ratio*, vel index *venti*, ἀνεμογνώμων, pinnula versatilis, quæ in ædium culminibus poni solet, quæ ventum stantem designat. Gloss. Lat. Gall. MS. ex Biblioth. Thuana : *Ventilogium, Le coichet, qui est sur le mostier.* Gallus perinde versatilis, qui in acumine campanilis Ecclesiarum eminet. Radulphus in Vita S. Richardi Cicestrensis Episcopi num. 60 : *Sicut præeminet Ventilogium toti fabricæ, quod quidem quanto altius erigitur, tanto plus tempestatibus irruentibus etiam fronte opponitur*, etc. [Comput. ann. 1425. apud Kennett. Antiquit. Ambrosd. pag. 575 : *Cum duobus Ventilogiis, videlicet vanys de Tyn emptis de fabro de Cherlton ponendis super utrumque finem prædicti dormitorii* v. *sol.* 11. *den.*] Huc pertinent ista Anonymi de Arte architectonica cap. 2. ex Vitruvio lib. 1. cap. 6. de Eratosthene : *Athenis turrem marmoream octogonam instituit, in qua imagines ventorum sculptas contra suos cujusque flatus ordinavit : supraque ipsam turrim metam marmoream posuit, et Tritonem æneum collocavit, et ita est modulatus, ut cum ventus aliquis aspirasset, quodam momento in gyrum ageretur, et supra caput ejus resisteret, et dextra manu virgam tenens, ipsum esse flantem monstraret.* Hanc turrim adhuc exstare aiunt, eadem octogona figura, in cujus singulis angulis inscripta leguntur ventorum nomina, hodieque appellari *turrim Andronici Cyrrhestæ*. Vide Respons. J. Sponii ad Guilletum pag. 293. Porro similem Tritonem æreum, ventorum indicem, Romæ fuisse ad templum Androgei Cyrenensis idem Scriptor ait. *Girouettes* nostri dicunt, Itali *Girelli*, quod *gyrando* volvantur. Exstat inter opera Petri de Alliaco Episcopi Camerac. et Cardinalis, liber inscriptus, *Ventilogium de Concordantia Astronomicæ concordiæ cum Theologia et Historica narratione.*

Sane *Ventilogii* nomenclatura longe potiori ratione tribui potest tetragonæ illi tabulæ nuper inventæ, quæ ædium fastigiis affigitur, in qua circulus describitur, in sedecim, vel triginta duas lineas divisus, quibus totidem adscripta ventorum nomina ; illum vero, qui tum spirat, seu, ut vulgo loquimur, *regnat*, ostendit index versatilis, quomodo sunt horologiorum, quem regit pinna perinde versatilis supra ædis culmen.

VENTINULA. Ordericus Vitalis lib. 4. ex Vita S. Guthlaci pag. 538 : *Festucam in Ventinula posuit, et sic avibus nidum in sua cella designavit.* Ita in Vita ejusdem Guthlaci a Felice Gyrwensi conscripta num. 15.

* Ad quem locum tom. 2. Apr. pag. 45. col. 2. docti Editores : Videtur nidi fundamentum esse, prope fenestram poni solitum, et sic *Ventana* apud Hispanos fenestram significat. Consule Diction. Acad. Hispan. in hac voce.

¶ **VENTIO**, Venditio : item, Quod præstatur domino feudali pro distructionis seu venditionis prædii facultate. Vide *Venda* 2. Tabul. S. Sergii Andegav. : *Factæ sunt hæ Ventiones anno ab Incarnatione Domini* 1074. *etc.* Tabul. S. Vincentii Cenoman. fol. 21 : *Capturam quoque dimidiam istius vineæ ac Ventiones dimidias, etc.* Occurrit rursum ibidem fol. 43.

* *Vençon*, eadem acceptione, in Charta ann. 1285. ex Chartul. Pontiniac. : *Guiz de Merligni...... ai vendu...... en non de Vençon à l'abbé et au couvent de Pontigni etc.*

* **VENTITIO**, Teloneum, quod præstatur pro quibusvis mercibus, quæ in foris ac nundinis venduntur, idem quod *Venda* 1. Charta Hugon. comit. Campan. pro eccl. Derv. ann. 1114. in Reg. 142. Chartoph. reg. ch. 134 : *Concessi eisdem fratribus et eorum famulis de præbenda ecclesiæ viventibus, in omni terra mea ad mercatum vel ad nundinas emere atque vendere sine Ventitione.* Vide supra *Venta* 2. et mox *Ventura*.

¶ **VENTOLIUM**, Locus ubi *ventilatur* frumentum. [* Vel Tempus, quo *ventilatur*. Vide supra *Ventilatio*.] Charta Ludovici Junioris Reg. Franc. ann. 1142. ex Chartul. Maurigniac. : *Concesserunt duos modios et dimidium boni mistolii de decima et campiparte granchiæ suæ de Bellovidere ad mensuram Stampensem percipiendos in Ventolio prædictæ granchiæ infra festum Omnium Sanctorum.* Vide *Ventilatrix*.

1. **VENTOSA**, Cucurbita medica ad eliciendum sanguinem, vulgo *Ventouse*. [Gloss. Lat. Gall. Sangerm. : *Ventosa, Ventouse, un vaissel à ventoser.*] Ugutio : *Ginia, vel gina, vas vitreum, vel cucurbita, quæ Ventosa dicitur.* Papias : *Ventosa, quæ et guna : hæc et cucurbita dicitur Latine.* Gloss. MSS. ad Alexandrum Iatrosoph. : *Ceber, i. cufa, quæ dicitur Ventosa.* Gregorius Turonensis lib. 7. Hist. cap. 31 : *Presbyterum quoque unum... elisum super scamnum pugnis ac diversis ictibus verberavit, ut pene animam reddere videtur, et fecisset forsitan, si ei medicorum Ventosæ non subvenissent.* Consule Constantinum Afric. lib. de Chirurgia cap. 9. et 10. Albucasim part. 2. Chirurg. cap. 98. et seqq. etc. Vide supra in *Guna*.

* Alias *Ventoise*. Lit. remiss. ann. 1425. in Reg. 173. Chartoph. reg. ch. 244 : *La suppliante...... adenta un pot de terre sur les chandelles estans sur le ventre d'icelle malade, qui fut fait par forme de Ventoise, pour aidier à relever la marris d'icele malade.*

* 2 **VENTOSA**, Propugnaculi species; an quod cucurbitæ formam referat, vel quod spiracula habeat, *Ventouses* etiam nuncupata? Tract. MS. de Re milit. et mach. bellic. cap. 54 : *Possunt dictæ perticæ altius levari et inferius declinari, causa portas sive propugnacula, aut bertescas sive Ventosas comburendi.*

¶ **VENTOSITAS**, Ventus, flatus. Processus de B. Petro Luxemburg. tom. 1. Jul. pag. 573 : *Sensit ex aure exire quemdam ventum sive Ventositatem.* Chron. Mellic. pag. 438 : *Et deductis equis per litus nos duas naviculas ascendimus, nulla Ventositate extante.* Pro Jactantia occurrit apud S. August. lib. 4. de Doctr. Christ. cap. 6. et S. Fulgent. lib. 2. Mytholog. cap. 17. *Ventositas*, *Ventosites*, in Gloss. Lat. Gall. Sangerm.

¶ **VENTOSARE**, *Ventosa*, seu cucurbita medica adhibita sanguinem elicere. Constant. Afer de Elephant. : *Ventosandus est scapula.* Idem lib. 2. cap. 15 : *A parte naris effluentis Ventosetur.*

VENTOSUS, VENTOSIA. Ugutio : *Lascivus, qui vulgariter dicitur Ventosus, vel petulcus, unde lascivia, Ventosia.* [Gloss. Lat. Gall. Sangerm. : *Ventosus, venteur, venteus, plain de vent, jaugleur.*]

VENTRALE, VENTRALIS. Gloss. Gr. Lat.: Περίζωμα, *cinctum, lumbare, Ventrale.* Gloss. Lat. MS. Reg. Cod. 1013 : *Ventrale, fascia.* [*Ventrale, Ventrail ou ceingle*, in Gloss. Latin. Gall. Sangerm.] Ugutio : *Ventrale, fascia vel ligatura ventris, vel vinculum circa ventrem, vel zona, sive lumbare.* Papias : *Ventrale, fascia : dictum, quod solum ventrem operiat. Villosa ventralia*, apud Plinium lib. 8. cap. 48. Marcellus Empiric. : *Uncta oleo lanula involutum in Ventrali gestes.* Ubi accipitur pro sacculo, seu crumena, sub ventrem appensa. [*Ventralis*, κοιλιόδεσμος, φοῦνδα, in Gloss. Lat. Gr. Vide Salmas. ad Hist. Aug. pag. 753. Gloss. Meursii, et supra *Funda* 1.]

¶ **VENTRERIA**, Armorum species, qua venter defenditur. Comput. ann. 1202. apud D. *Brussel* tom. 2. de Usu feud. pag. CLX : *Pro* VI. *Ventreriis ferri*, XXX. *sol.*

** **VENTRERIUS**, Idem qui supra *Veltrerius*, Veltricibus canibus præfectus. Rotul. 11. ann. 44. Edward. I. reg. Angl. in Abbr. Rotul. tom. 1. pag. 150 : *Bertrandus de Croyel defunctus tenuit manerium de Setene in comitatu Kanciæ, per serjantiam inveniendi nobis, quando contingit ire in Vasconiam, unum hominem vocatum Ventrer ad ducendos tres leporarios nostros, quousque idem Ventrerius perusus fuit uno pari socularium, precio* 4. *den. ad custum nostrum, etc.*

** VEOTRARIUS, Idem. Placit. ann. 38. Henric. III. in Abbrev. Placit. pag. 135 : *Pars serjanciæ... pro qua debuit esse Veotrarius domini regis etc.*

¶ **VENTRICOLA**, Ventri et gulæ deditus. Chron. Trudon. apud Acher. tom. 7. Spicil. pag. 409 : *Quidam tamen ex oppido nostro impurissimi nebulones Ventricolæ, apud quos data crustula hispidi panis cujusvis dignitatis nomen facile mercari, eademque subtracta patibulo reus posses adjudicari.* *Ventrailler* nostris pro *se vautrer*, Borello interprete, ou volutare. Le Roman. du Rou MS :

Sovent s'endort, sovent s'ezveille,
Sovens s'estent, sovent Ventraille.

* Melius forte *Se coucher sur le ventre*, in ventrem accumbere, quod *Jesir à ventrillon* dicitur, in Poem. Alex. MS. part. 1 :

Il me fist hui jesir par lui à Ventrillon
A la terre estendu come pour oroison.

VENTRICULOSI, Qui Græcis κοιλιακοί. Vide Cælium Aurelian. lib. 3. Acut. cap. 17.

¶ **VENTRILOQUI**, *Præcantatores.* Gloss. Isid.

VENTRINA, *Bestia, quæ fert onus circa ventrem.* Joann. de Janua.

VENTRITICUM MOLENDINUM. Vide *Molendinum ad ventum.*

VENTRIX, Ventilatrix frumenti, *celle qui vanne les grains,* in Fleta lib. 2. cap. 82. § 2. [Vide *Ventilatrix.*]

VENTROSUS, προγάστωρ, προκοίλιος, in Gloss. Gr. Lat. et Lat. Gr.

* **VENTURA,** Idem quod supra *Ventitio.* Charta Henr. episc. Trec. : *Concessit immunitatem ab omni exactione thelonei, vel Ventuarum et omnium secularium consuetudinum*

¶ 1. **VENTUS,** f. pro Venditus, apud Camillum Pereg. Hist. Langobard. tom. 2. Murator. pag. 257. col. 2.

¶ 2. **VENTUS ERAT,** pro Venerat, ut infra *Venutus.* Acta S. Cassiani apud Illustr. Fontanin. in Antiquit. Hortæ pag. 347 :

Alter enim Cassianus cum Cæsare Ventus
Ex Asia, æquivocum sacravit honore patronum.

¶ 3. **VENTUS,** Auster. Charta ann. 1455 : *Ex Vento juxta vineam Claudii Miron et terram Antonii de Moles; ex Borea juxta terras, etc.* Charta ann. 1523 : *Confrontat ab oriente cum domo ipsius de Veras, et a Bisa cum pratis nobilis Nohe de Rupesalva, et a Vento cum terris dicti Ludovici de Veras, et a solis occasu cum terris, etc.* Cui opponitur

¶ **VENTUS GRÆCUS,** Aquilonis. Tabul. Massiliens. : *Sed quod spectent Ventum Græcum vel tramontanam, etc.*

* **VENTUS PELAGARIS,** Auster. Vide *Pelagaris.*

4. **VENTUS,** Anima, extremus halitus. Abbo lib. 2. de Bell. Paris. vers. 523 :

. . . . Ventum de pectore jecit.

* **VENTUS TEMPORALIS,** Honoris aura, Gall. *Vaine gloire.* Mirac. S. Raym. tom. 6. Jul. pag. 661. col. 1 : *Eum* (quem a cæcitate liberaverat) *in secretiori parte domus posuit, donec eum privatim conduxit extra civitatem, timore Ventus temporalis.*

¶ **VENUARIUS,** Venditor, pro *Vendarius,* ut videtur. Charta Ludovici II. Imper. ann. 861. tom. 2. Bullarii Casin. pag. 29. col. 2 : *Notum sit quia nos concessimus Amalbergæ nobili abbatissæ Brixiæ, ut quocumque iste Venuarius cum mercimoniis negotiando perrexerit, secure pergat.*

¶ **VENULA,** dimit. a Vena, apud Tertull. Scorp. cap. 1 : *Venenata intrinsecus Venula subtilis, etc.* Occurrit rursum infra cap. 5. Alia notione, vide in *Venella* 1.

VENUNDIPIRUS, *Qui vendit pira.* Joan. de Janua. [*Qui vent poires,* in Gloss. Lat. Gall.]

VENURA, Adventus, ex Gallico *Venure,* ut Picardi efferunt, alias *Venue.* Monasticum Anglicanum tom. 1. pag. 556 : *Et tenentur de venerabili patre Dunelmensi Episcopo, in puram et perpetuam eleemosynam, et pro una Venura ad Curiam ipsius Episcopi ad festum S. Michaelis per annum.* Forte *Venuta.* [Vide infra.]

¶ **VENUS,** Cyprium æs, apud Chimiæ peritos. Chron. Mellic. ad ann. 1465. pag. 476. col. 2 : *Crux super conum locata quinque fere cubitorum extat, Venere est vestita, sicut et ... propugnaculorum quatuor ad ... tecti.*

¶ **VENUSTARE,** Ornare, decorare, comere. Acta S. Franciscæ Rom. tom. 2. Mart. pag. 168* : *Vidit animas illarum feminarum quæ in vita sua se Venustabant.* Occurrit in Gloss. Gasp. Barthii ex Baldrici Hist. Palæst. apud Ludewig. tom. 3. Reliq. MSS. pag. 206. Ita etiam legendum pro *Venustrare* in Litteris Johannis Reg. Franc. ann. 1361. tom. 4. Ordinat. pag. 393 : *Rite tamen censuit* (*Regalis magnificentia*) *illos copiosioribus gratiis et honoribus ac franchisiis et libertatibus debitis Venustrare quos novit.... regii culminis.... zelatores.*

¶ **VENUTA,** Adventus, Gall. *Venue.* Comput. Vienn. in Delphin. ann. 1318 : *Item in expensis et Venutis domini et gentium suarum, 102. lib. 14. sol. 3. den.* Ibidem : *In expensis et Venutis domini, dominæ Dalphinæ, domini Henrici et gentium suarum, 48. lib. 11. sol. 10. den. Vienn.* Litteræ ann. 1372. inter Ordinat. Reg. Franc. tom. 5. pag. 565 : *Savoir faisons que en notre Venue ès parties de Xaintonge, etc.* Vide *Venura.*

* *Venue,* alia notione, nimirum pro Reditus, emolumentum, vulgo *Revenu, profit.* Charta ann. 1303. in Lib. rub. Cam. Comput. Paris. fol. 237. v°. col. 2 : *Lesqueles cent livres Parisis de rente... messire Jehan de Chistelle et madame Marguerite sa fame...... ont transportez...... au déen et au chapistre de l'église N. D. de Paris...... sus la prevosté de Courbeil et sus les rentes et les Venues d'icelle prévosté.*

VENUTUS ERAT, pro *Venerat,* ex Gall. *Estoit venu.* Vetus Notitia apud Perardum in Burgundicis pag. 33 : *Ad ipsum placitum Venutus erat.* [Vide *Ventus* 2.]

¶ **VEPRA,** *Callidus, testificator, diversipellis.* Gloss. Isid. Leg. *Vafer,* vel *Versatilis,* ex Grævio.

¶ **VEPROSA,** *Vepres,* in Gloss. Gasp. Barthii, ex Baldrici Hist. Palæst. apud Ludewig. tom. 3. Reliq. MSS. pag. 206.

¶ 1. **VERA,** pro Veru, virga, Gall. *Broche, verge. Veratus, vera* obfirmatus. Guido de Vigevano de Modo expugnandi T. S. cap. 2. ex Cod. Colbert. 5080 : *Trunchus a duobus capitibus sit Veratus de ferro et ab una Vera ad alteram per longitudinem trunchi, ponantur quatuor Vere ferri per longum latæ uno grosso digito et grossæ una grossa cuspia cutelli, et fortiter inclavelentur cum truncho vel firmetur trunchus sive Veris per longum de cordis, ita ut trunchus sit fortis et levis.* Ibidem : *In capite unius calosi sit una Vera lata quatuor digitis cum tribus ramponibus... Et in alio caloso sit una alia Vera cum tribus canalibus ubi intrent tres illi ramponi.*

¶ 2. **VERA,** Bellum, pro *Verra, Guerra.* Vide in hac voce. Inventar. MSS. ann. 1366 : *Nisi dicta civitas* (Bononiensis) *tunc esset obcesa vel contra eam actualiter guerra et Vera forsitan moveretur.* Vide *Verra.*

¶ **VERACITER,** Vere. Epist. Conc. Francoford. inter Hispan. tom. 3. pag. 105 : *Nec negamus et nos Christo hæc tria Veraciter inesse, divinitatem scilicet, animam et corpus.* Charta ann. 1368. ex Schedis Præs. *de Mazangues* : *Justam causam... exprimat Veraciter et non mendaciciter.* Occurrit apud *Madox* Formul. Anglic. pag. 70. S. Ambros. Epist. 30. Cassiodor. et alios.

* **VERACTARE,** *Reonner ou garetier. Veractus, a, um, champ reonné. Veractum, i, vel Veractus, us, garect.* Glossar. Lat. Gall. ex Cod. reg. 521. Vide *Warectum.*

VERAGIUM, Macula, a *varius,* de qua voce supra. Fleta lib. 8. cap. 4. § 4. de Officio Marescalli : *Ejus est... de omni præda bestiarum totum habere Veragium videlicet omnes bestias maculatas, vel diversi coloris existentes, etiam pro minima stella.* Charta ann. 1300. in Regesto Philippi Pulchri Reg. Franc. ann. 1299. n. 36. ex Chartophylacio Regio : *Concedimus, quod ipse et sui hæredes, et causam ab eo habentes, et habituri in prædicta foresta Veragium, quod ibidem habere consuevit, tres fagos ad Natale, usagium ad ardendum et ædificandum sufficienter ad opus domus ipsius militis, etc.*

* Alia notione intelligenda videtur hæc vox in Charta Phil. Pulc. hic laudata, quæ rursum legitur in Lib. rub. Cam. Comput. Paris. fol. 120. r°. col. 2. ubi *Veragium* interpretor Jus *veras* seu virgas capiendi in silva, quod ad tres fagos determinatur. Vide *Vera* 1.

¶ **VERAGUS,** Verax, testis fide dignus. Præceptum Carolomanni Reg. ann. 770. apud Marten. tom. 1. Ampl. Coll. col. 33 : *Dum de hac causa sic ante nos fuit ratio deducta, et suam vel suis Gamaladionis tam per Veragos homines, quamque per confirmationis* (confirmationes) *Regum cognovimus, etc.*

* **VERANTER,** Vere, Gall. *Avec vérité.* Acta Liter. Struvii tom. 2. fascic. 3. pag. 225 : *Anno 1413...... ubi tantus luctus et clamor pauperum auditus est, quorum possessiones in igne periere, quod effari, ut Veranter dicam, vix valeat.* Sed forte leg. *Veraciter.* Vide in hac voce.

¶ **VERARE,** Verum dicere, repræsentare. Gloss. Lat. Gr. : *Vero,* ἀληθεύω. Ennius apud Gellium lib. 18. cap. 2 :

Satin' vates Verant ætate in agunda.

¶ **VERATONUS,** Sagitta, pili genus. Processus de B. Petro Luxemburg. tom. 1. Jul. pag. 590 : *Et cum tenebat balistam de torno vel de lena, exposuit unum Veratonum per caput ipsius loquentis, ita fortem quod transivit galeam sive bacinetum ferri.* Leg. *Veretonus.* Vide in hac voce.

* **VERATRUM,** *Elleborus, quædam herba, Gall. Chiphoene.* Glossar. Lat. Gall. ex Cod. reg. 521. Aliud Sim. Januens. ex Cod. reg. 6959 : *Veratrum est Eleborus, Macro cap. de Ostrutio.*

¶ 1. **VERATUS,** Ratus, confirmatus, Gall. *Vérifié, approuvé.* Epist. Harwichi viri illustris apud Marten. tom. 1. Ampl. Collect. col. 58 : *Et quicquid exinde egeris, feceris, gesseris, Veratum enim mandatum ad me te habiturum esse cognoscas.* [** F. *gesserisve, ratum.*] Vide alia notione in *Vera* 1.

* 2. **VERATUS,** Teli brevis et spissioris genus. Charta ann. 1335. ex Cod. reg. 5956. A. fol. 1. v° : *Cadrellos dictos Veratos de jauna iiij^m. lanceas ccl. dartos v^c.* Vide *Veretonus.*

* 3. **VERATUS,** *Champ à tenir ver,* in Glossar. Lat. Gall. ex Cod. reg. 7692.

* **VERAX**, nude, pro Testis; cujus nimirum præcipua dos est veritatem dicere. Charta ann. 833. apud Murator. tom. 5. Antiq. Ital. med. ævi col. 927 : *Tunc nos suprascripti missi fecimus venire Veraces, quos ipse Petrus episcopus nobis denominavit..... Interrogassemus de ipsa vestitura, et illi scirent, nobis certum dicerent veritatem.* Vide infra *Veritas* 1.

¶ **VERBAGO**, Herba sanando dentium dolori salubris. Vita S. Walfridi sæc. 3. Bened. part. 2. pag. 200 : *Adhelmo, qui nimium dolorem dentium suorum patebatur ..... pater apparens dixit : Herbam quam primitus foris sepulcrum meum repereris eam carpe et bibe; et sanus efficieris. Ipse evigilans, extra exiens, herbam invenit, quæ Verbago appellatur, quæ a multis Septemnervia vocatur : eamque colligens et in mortariolo terens, vino mixto bibit, qui statim ut eam accepit, ab eo dolor recessit, et molaris in suo permansit loco.*

¶ **VERBALITER**. Conc. Tarracon. ann. 1591. inter Hisp. tom. 4. pag. 517 : *Si clericus* (blasphemator).... *pœna pecunaria vel corporali pro prima vice puniatur, pro secunda carceribus mancipetur, pro tertia Verbaliter degradetur et ad triremes mittatur.* Id est, per verba hac in re adhiberi solita.

* Expresse. Inquisit. ann. 1449. ex Tabul. D. Veneciæ : *Interrogatus quibus verbis utebatur dominus testator prædictus in testando; respondit, quod verbis testamenti prædicti, Verbaliter tamen loquebatur in romancio seu lingua layca.* Alius testis *respondit, quod verbis in dicto testamento descriptis in lingua laica seu romancia per eum prolatis.*

¶ Verbaliter, Verbo, ore, Gall. *Verbalement*, in Litteris. ann. 1369. inter Ordinat. Reg. Franc. tom. 5. pag. 312.

* Alias *Verbaument*. Lit. remiss. ann. 1395. in Reg. 148. Chartop. reg. ch. 307 : *Icellui Vidal avoit ledit chastel d'Ambres Verbaument tant seulement rendu, et l'avoit aussi Verbaument receu de nostre seneschal de Carcassonne.*

* **VERBATIM**, Gall. *Mot à mot*, prout verba sonant et ferunt. Stat. ann. 1476. inter Probat. tom. 3. Hist. Nem. pag. 333. col. 2 : *Item quod dicti consules et consiliarii tenebuntur omnia præ et infra scripta Verbatim tenere, servare et adimplere, sine infractione et detractione aliquali, prout superius scribuntur et specificantur.*

¶ **VERBECARIUS**, Pastor berbicum. Vide supra in *Berbix* 1.

¶ **VERBELLA**, Πρόβατον, ἀρνίον, in Gloss. Lat. Gr. Addunt Gr. Lat *Ovis, verbix.*

¶ **VERBENNA**, *Terra proscissa aratro, id est vomere. Actum.* Gloss. Lat. Gr. Vulcanius emendat *Veru actum.* Vide *Warectum.*

VERBERACULUM, *Flagellum.* Joan. de Janua. [*Flael*, in Gloss. Lat. Gall. Sangerm.]

¶ **VERBERAMENTUM**. Vide in *Verberatio.*

VERBERARE Contra Ventum, dicebatur is, qui in campum, monomachia a judice indicta dimicaturus, descendebat, adversario non veniente; tum enim gladium tanquam pugnaturus vibrabat, victorque a judice pronuntiabatur. Speculum Saxonicum lib. 1. art. 63. § 7 : *Actor in circulum prior veniat, et si reus venire protraxerit, judex eum debet tribus vicibus per præconem de domo, in qua præparatur, adhibitis duobus bannitis, evocare; quod si in tertia vocatione non venerit, actor surgendo se debet duello præsentare, et Verberando contra ventum, eum superabit in querela contra eum proposita, ac judex eum tanquam duello esset superatus, condemnabit.* Ubi alii codd. habent, *et bis percutiat seu feriat contra ventum, et tertio figat in terram, et sup.* [** Germ. *Unde sla twene slege unde enen steke weder den wint.*]

¶ **VERBERATIO**, Verberamentum, Verberator, Regimina Paduæ ann. 1260. apud Murator. tom. 8. col. 460 : *Incœpit hoc anno factum Verberationis in Paduano in villa S. Martini.* Memoriale Potestat. Regiens. ibid. col. 1121 : *Quem statum inchoatum dicunt in illa Verberatione, quæ facta est* MCCLX. *Ind.* III. *quando qui verberabant se, clamabunt Dei voces, et non homines.... Et eo anno venerunt Verberatores per universum orbem; et omnes homines tam parvi quam magni se ad invicem verberabant.* Jacobus de Varagine in Chron. Januensi apud eumd. tom. 9. col. 49 : *Anno Domini* MCCLXI. *per totam fere Italiam facta fuit generalis Verberatio; nam magni et parvi, nobiles et ignobiles, depositis vestibus nudi a cingulo supra, civitates, villas et castella sic processionaliter se verberantes ibant Virginem gloriosam et ceteros Sanctos cantilenis angelicis implorantes.... Ista tanta devotio a quibusdam pauperibus et simplicibus in Tuscia fuit inventa et per totam Italiam diffusa, et tam a parvis quam a magnis, tam a nobilibus quam ignobilibus observata. Ibant bini et bini per civitatem se verberantes, præcedentibus religiosis et clericis cum crucibus et vexillis. Multi quoque qui homicidia commiserant, cum gladiis denudatis ad hostes ibant, et in eorum manibus gladios nudos ponebant, ut de ipsis vindictam acciperent, sicut vellent. Sed illi gladios in terram projiciebant, flentibus et lacrymantibus cunctis, qui hoc videbant, propter devotionem et cordis exultationem. Alii quoque verberabant se cum eis corrigiis ad hoc factis, aliqui cum spinis, aliqui cum manicis ferreis; et quod fuit mirabile, quamvis Verberatio in media hyeme fieret, et homines nudi a cingulo supra, a mane usque ad horam tertiam pergerent, non est tamen inventum, quod aliquis fuerit frigore afflictus. Sed prima die alacriter se verberabant, secunda die alacrius et facilius se verberabant.* Ricobaldi Ferrar. Histor. ibid. col. 134 : *Eo anno 1260. inaudita novitas fuit per omnes Italiæ partes. Nam omnes prima hyeme nudi longo agmine bini euntes tecto corpore infra umbilicum per urbes, vicos et villas villicolæ incedebant, se flagellis et loris cædentes et psallentes Dei laudes et B. Mariæ, clamitantes, Pax, Pax. Eo infinitæ discordiæ et hostilitates pacatæ sunt; mulieres in turmis hoc noctibus faciebant; sacrilegus habebatur quicumque id non ageret; sed post Januarium paulatim defecit ea novitas, quæ appellata est Verberamentum.* Vide *Flagellatores.*

¶ **VERBERATURA**, Percussio. Statuta Humberti Bellijoci domini ann. 1233. apud Acher. tom. 9. Spicil. pag. 184 : *De Verberatura cum sanguine si clamor factus fuerit, dominus sexaginta solidos habere debet.... De Verberatura sine sanguine, etc.*

VERBERO, Verberosus, Vide *Flagellativus.*

¶ **VERBETICINA**, Προβάτειον, in Gloss. Lat. Gr. Leg. *Vervecina.*

¶ **VERBICARIUS**, Berbicum pastor, Gall. *Berger.* Vide in *Berbix* 1.

VERBIGENA, Prudentio hymno 3. ante cibum, pro ipso *Verbo*, seu Deo Filio. Vide Notas Anton. Nebrissensis. Perperam Iso *Verbo genitum* exposuit. Mamotrectus ad. 4. Reg. cap. 25. ex Græcismo :

> Communis generis sunt quæ componis ab illis,
> Excipe Verbigena, quod Christo convenit uni.

* Pro Verbi genitore, in Contract. matrim. ann. 1470. in Reg. 3. Armor. gener. part. 2. pag. xlj : *In Dei altissimi Verbigenæ honore, Amen. etc.*

VERBIGERARE, [Fabulari, verba conterere.] Onomastic. vetus : *Verbigero*, λογοποιῶ. Apuleius in Apolog. : *Nimis multa oratio est, si velim memorare, quæ ego contra responderim, quamdiu et quoties inter nos Verbigeratum sit.*

¶ **VERBI GRATIA**. Exstat in Bibliotheca Claræ vallensi, teste Martenio in Itin. litter. pag. 102. Liber qui ita inscribitur : *Liber qui dicitur Verbigratia editus a domno Henrico quondam Abbate Montis S. Mariæ, postea Episcopo Trojano.*

VERBILOQUIUM, Sermo apud Fulgentium lib. 1. Mythol. Ἐτυμολογία, in Gloss. Lat. Gr. MSS. S. Germani Paris.

VERBISATOR dictus S. Paulus Apostolus in Vita S. Udalrici Episcopi August. cap. 3. Græcis σπερμολόγος. Vide Glossar. med. Græcit. in hac voce.

VERBISIMILIA, Papiæ, *Nomina, et verba sunt futuri temporis imperativi modi, et nomina, ut Contemplator, Amator.*

¶ **VERBITARE**, pro *Verberitare*, sæpe verberare, in Gloss. MSS. apud Vossium lib. 4. de Vitiis serm. cap. 29.

¶ **VERBIX**, pro Berbix, ovis. Passim.

¶ **VERBO**, Ambo, pulpitum; unde ad populum verba habentur. Cantatorium MS. S. Huberti fol. 27 : *Ecce superveniens Otbertus cum tumultu... moræ impatiens arrepta stola sacerdotali Verbonem ascendit, et sine ulla contractione abbatem absentem et eos qui secum exierant nominatim excommunicavit.*

VERBOCINIUM, Colloquium, *Entretien*, ex *verbocinari.* Felix Gyrwensis Monachus in Vita S. Guthlaci n. 29 : *Cum quidam Abbas, ut adsolebat, ad Verbocinium præfati viri devenire proposuisset, etc.* Adde cap. 30. 31.

VERBOSARE, Verbosatio, Verbositare, Verbositas. Vide mox in *Verbosus.*

VERBOSUS. Gloss. Isid. : *Verbosus, nugator, pessimus.* Ugutio : *Garrulus dicitur, qui Verbosus vulgo appellatur accedente lætitia, nec volens tacere, nec valens.* S. August. in Psal. 76 : *Garruli enim proprie dicuntur, qui a vulgo Verbosi appellantur.*

Verbosare. Idem Ugutio, et Joan. de Janua : *Verbosare, multum loqui.* Idem

Ugutio : *Garrire, verbosare.* Gloss. antiquæ MSS. : *Garrit, jocatur, Verbosatur aut perstrepit. Garrulitas, verbositas.* Mirac. S. Fursei n. 21 : *Cessa verbosare, Leutsinda.* Hincmarus Remensis in Ep. ad Adrian. PP. in Concil. Duziac. I : *Revertentes autem... ebrii, cœperunt Verbosare inter se, sicut ebrii facere solent, et illorum Verbosatio eousque processit, ut de ipsa sua nepte improperaret Presbytero, etc.* Passio SS. Didymi et Theodoræ num. 4 : *Judex dixit : Sustineo te verbosantem, etc.* Interpres VII. Synodi act. 6. φληναφεῖν, *verbosare* vertit. Pirminius in Exerpt. : *Nullus in ipsa Ecclesia, vel ubi lectio divina recitatur, Verbosare præsumat.* [Occurrit præterea in lib. 6. Capitul. cap. 195. et apud Marten. tom. 9. Ampl. Collect. col. 197.]

* *Werbler*, Sermocinari, a *Verble*, sermo, in Mirac. MSS. B. M. V. lib. 1 :

Qui puet dooner, moult seit de Werbles......
Si bel Werble, si bel chante, etc.

Werbloier, ibidem, pro Recitare, alta voce dicere.

Verbosari S. Augustinus serm. 215. de Tempore : *In Ecclesia stantes, nolite Verbosari; sed lectiones divinas patienter audite.* Serm. 251 : *In Ecclesia garriunt, ita Verbosantur, ut lectiones divinas nec ipsæ audiant.* Idem lib. 3. contra Julian. n. 46. *Inaniter verbosaris.*

Verbositas, πολυλογία, in Gloss. Gr. Lat. Bachiarius de Recipiendis lapsis : *Ne offendat te nostra Verbositas.* Acta S. Tarachi Martyris : *Maximus Præses dixit : Relinque Verbositatem istam, accede, sacrifica:* [S. Bonifacii Mogunt. Sermo 5. apud Marten. tom. 8. Ampl. Collect. col. 197 : *Ibi* (in ecclesia) *orate et fabulas otiosas et Verbositatem diligenter cavete.*]

Verbositare, Verba effutire, verbo tenus eloqui. Hieronymus Mon. Camaldul. in Vita S. Romualdi num. 74 : *Nullius enim meriti est ore divina officia Verbositare, et misera mente per phantasias.... vagando circuire.* [S. Bonifacii Sermo 15. ibid. col. 218 : *Ad ecclesiam convenite, ibi orantes et non Verbositantes.*]

¶ Verbosulus, diminut. a *Verbosus.* S. Bernardus de Consid. lib. 4. tom. 1. col. 439. edit. 1690 : *Verbosulum adolescentem et studentem eloquentiæ, cum sapentiæ sit inanis, non aliud quam justitiæ hostem reputes.*

¶ **VERBOTENUS**, *Verbigratia.* Gloss. Isid.

VERBUM. Ebradus Betuniensis in Græcismo :

Hoc nomen Verbum designat quatuor ista :
Est deceptio, pars, Filius Dei, atque loquela.

Verbum, Securitas, tuitio. *In verbo Regis esse*, hoc est, in ejus tutela, in Lege Salica tit. 14. § 5. et in Lege Ripuar. tit. 35. § 3. Theophanes in Zenone : λόγον ἤτησε λαβεῖν, id est, *securitatem.* Idem in Leone Isauro : δός μοι λόγον μηδέν με ἀδικῆσαι, etc. Historia Miscella lib. 18. pag. 581. edit. Canisii : *Sophronius namque Hierosolymitanus summus Sacerdos Verbum accepit ad totius Palæstinæ securitatem.* Infra ann. 29. Heraclii : *Edesseni autem aperientes* (urbem) *acceperunt Verbum una cum regione, Magistroque militum, etc.* Quibus locis Theophanes habet λόγον. *Extra sermonem Regis esse*, in eadem Lege Salica tit. 59. dicitur, quem Rex amplius non tutatur. *Sermo tuitionis*, apud Marculfum. *Verbum immunitatis*, apud Anastasium in Gregorio II. PP. pag. 67. *Verbum impunitatis*, apud Aimoinum lib. 1. Hist. Franc. cap. 17. et eumdem Anastasium in VIII. Synodo act. 4. 7. Λόγος ἀπαθείας, apud Leonem Grammaticum in Theophilo pag. 452. Cedrenum pag. 476. Annam Comnenam in Alexiade pag. 158. 249. 292. etc.

¶ Verbum Commune, Sermo vulgaris, in Libello inquisitionis quem Reginoni præfixit Baluzius

¶ Verbum Crucis, Expeditio sacra, Gall. *Croisade.* Bulla Innocentii VI. ann. 1361. ex Schedis V. Cl. *Lancelot* : *Coram nobis et dictis fratribus nostris et prælatorum ac nobilium multitudine copiosa proponi fecimus publice Verbum Crucis.*

Verbum Regium, In *verbo regio* dicere, vel jurare, *Jurer en parole de Roy*, vulgaris formula de Regum pollicitis, quorum *verba* violari ab ipsis non debent. Ludovicus VII. Epist. 57. ex iis, quæ habentur tom. 4. Hist. Franc. : *In pleno Concilio et coram omnibus, in Verbo regio diximus, quod pacem hanc infrangibiliter teneremus.* Fortunatus lib. 6. Poem. 4. de Chariberto Rege :

Antea mons migrat, quam tua verba cadant.

Chromatius Episcop. Aquileiens. Conc. 1 : *Ideo Dominus inter juramentum et loquelam nostram nullam vult esse distantiam; quia sicut in juramento nullam convenit esse perfidiam, ita quoque in Verbis nostris nullum debet esse mendacium.* Exstat in Archivo Regio, Scrinio *Anglia*, num. 18. Charta ann. 1372. qua Rex Angliæ Joanni de Novavilla, Senescallo Hospicii sui, paciscendi potestatem cum Duce Britanniæ concedit, *et de promettre en l'ame dudit Roy en bonne foy d'armes et gentilesse, et de Parolles de Roy, ce qui sera avisé par luy, etc.* Quod Regibus maxime convenire debet. *Jurer en parole de fils de Roy*, apud Monstrelletum 1. vol. cap. 153. *En parole de Prince* cap. 207. Vide Judicia Withredi Regis Cantuarior. cap. 17.

¶ In Verbo Sacerdotis, Formula juramenti Sacerdotum : *En paroles de Prevoire*, in Stabilim. S. Ludovici lib. 1. cap. 71. Charta ann. 1472. ex Tabul. B. M. de Bono nuntio Rotomag. : *Juravit (Curatus) coram nobis in Verbo Sacerdotis ad sancta Dei Evangelia, etc.* Alia ann. 1477. ex eod. Tabul. : *Juraverunt coram nobis in Verbo Sacerdotum, etc.* Vide in *Juramentum.*

In Verbo et Veritate Jurare, dicuntur Monachi in Capitulari Pipini Regis cap. 36. *In verbo veritatis*, Episcopi, apud Prynneum in Libertat. Angl. tom. 3. pag. 52. de qua formula quædam attigi in v. *Juramentum*, quibus hæc addo ex Charta ann. 1266. apud Fredericum Sandium in Consuetudines feudales Gelriæ pag. 433 : *Quod si Comes Gelriensis in Verbo veritatis dixerit, quod prædictum telonium non sit injustum, etc.* Infra : *Comes Clivensis in Verbo veritatis dicet, quod justum sit telonium, etc.* Ex quibus patet, non Sacerdotibus modo Sacramenti formulam propriam fuisse, sed et laicis, maxime Principibus.

Verbum Directum Habere, Gall. *Avoir droit de faire quelque chose.* Gregorius Turon. lib. 3. Hist. cap. 7 : *Nunc autem Hermenefredus, quod mihi pollicitus est, fefellit, et omnino hæc adimplere dissimulat; ecce Verbum directum habemus, eamus cum Dei adjutorio contra eos.* Lib. 4. cap. 24 : *Desistite quæso, desistite ab hac intentione, Verbum enim directum non habemus.* [Vide *Directum* 1.]

Verbum, Præceptum, mandatum. Capitulare Metense ann. 756. cap. 4 : *Qui res Ecclesiasticas per Verbum domini Regis tenent, etc.* Capitulare ann. 807. cap. 3 : *Et præcipiat de Verbo nostro, ut etc.* Epistola Synodica Concilii Duziacensis I. ad Hadrianum PP. part. 5 : *Annonam, vinum, et generis diversi ac sexus pecuniam, sine misso vel literis, aut Verbo Regis, in sua parochia et missatico, illi per violentiam abstulit.* Id est *sans ordre du Roy.* Charta Ottonis III. Imp. ann. 997. apud Stangefolium lib. 2. Annal. Circuli Westphalici pag. 204 : *In his 4. forestis cervum vel cervam venandi nullus habeat licentiam, nisi Verbo et consensu Abbatissæ.* Adde Capitul. Caroli M. pro partib. Saxoniæ cap. 34. et Hist. Bellunensem Georgii Piloni pag. 106. v.

* *Verbode*, in Charta composit. inter comit. Fland. et scabin. Gand. ex Reg. 2. *Olim* parlam. Paris. fol. 10. v° : *Item se nous cuens devantdis, u nos baillus et li plus grande partie des eschevins devantdis fesissens estatus, ke on appelle Verbode, à durer à terme chertain, il doivent durer lor terme tout hors.* [** Kilianus : *Verbod*, Interdictum, prohibitio, inhibitio.]

¶ Verbum Portare, Alloqui, sermocinari. S. Bernardus Epist. 129 : *Portabamus Verbum pacis : cumque invenissemus filios pacis, requievit super eos pax nostra.*

¶ **VERCARIA**, Locus vervecibus alendis idoneus, alius tamen ab ovili; prædii species etiam cum certa agri portione. Exemplis in v. *Berbix* jam allatis addo Chartam ann. 825. inter Instr. tom. 4. Gall. Christ. novæ edit. col. 265 : *Ipsam villam cum capella, casa dominicata et reliquis mansis,.... vineis, Vercariis, campis, pratis, sylvis, etc.* Vide *Vircaria.*

* **VERCE.** Libert. villæ Brager. ann. 1334. in Reg. 70. Chartoph. reg. ch. 330 : *Si quis furatus fuerit domino suo...... decem solidos, curret villam et ponetur in ipsillorio. Secundum furtum, Verce dicitur, cum diversis temporibus committuntur.*

* **VERCECA**, *Ampulla, quasi ampla bulla. Verceca, fiala, a filo quo solet ferri.* Glossar. Provinc. Lat. ex Cod. reg. 7657.

¶ **VERCEILLUM**, Modus agri, ut videtur, forte herbosus. Inquisitio ann. 1268. ex Schedis Præs. *de Mazaugues* : *Et a dicto dente per vallem majorem foras usque ad Vercellum de Nagueissa juxta montadam per caminum, etc.* Pluries ibi. Huc forte spectat le Roman *de Garin* MS :

Fromondin fiert el Ver de Valfondée,
Qui plustost l'ot qu'esprevier avolée.

Ibidem :

Et Fromond broche de Ver de Valfondée.

Vide *Verdonuna* et *Versana.*

VERCHERIA, Allobrogibus, Dos, fundus in dotem feminis concessus : Arverni superiores eadem notione *Valcheire*, inferiores *Chancere* dicunt. Charta Amalrici Comitis Montisfor. in Tabul. Ebredun. Eccl. ann. 1222. apud Guichenon. in Bibl. Sebus. cent. 1. cap. 31 : *Ego feci fidelitatem V. Bernardo Ebredun. Archiepiscopo de omnibus illis, quæ habeo in Ebredunensi civitate.. ratione Vercheriæ uxoris meæ, filiæ Comitis Dalfini.* [Eamdem Chartam refert *Bouche* tom. 2. Hist. Provinc. pag. 181. ubi monet nomine *Vercheriæ* Provincialibus significari dotem mulieris. Unde colligitur hanc vocem eodem sensu acceptam fuisse in pluribus provinciis.] [* *Verchiere,* eodem intellectu, in Charta acquisit. comitat. Valent. et Diens. ann. 1404. ex Cod. reg. 6008. fol. 203. v° : *Item ledit Roy dauphin prend de present la charge de payer à l'ancienne comtesse de Valentinois, et à quoy ledit comte peut estre tenu à elle ou à aultre, à cause de la Verchiere ou dot, dont la dicte comtesse ou aultre pourroit faire poursuite ou demande contre ledit comte. Berchiere*, eadem notione, supra in *Bercheria.* Hinc *Vercayrar, Prov. Dotare*, in Glossar. Provinc. Lat. ex Cod. reg. 7657. Vide infra *Verqueria* 2.] Sæpe usurpatur pro quovis modo agri : [eoque præsertim qui alendis *vervecibus* idoneus est.] Charta ann. 1202 : *Vendiderunt... unum caponem in manso Curresii in parochia Perissei posito, et Vercheriam, quæ tendit a furno usque ad marescum, etc.... et 2. Vercherias, et 1. pratum, quæ sunt, etc.* Charta libertatum villæ S. Germani in Foresio ann. 1229 : *Volumus, quod, qui habent vineas, hortos, vel Vercherias infra terminos inferius expressos, etc.* [Terrag. Bellijoc. : *Super quadam una Vercheria continente semen dimidiæ cupatæ vel circa, sita in dicta parochia loco dicto en la Verchiere Baudier.* Occurrit præterea in Actis capitul. Eccl. Lugdun. ann. 1345. fol. 126. v°. in Maceriis Insulæ Barbaræ tom. 1. pag. 110. et alibi. Vide *Vercheria* in *Berbix* 1.]

* Lugdunensibus, Dumbensibus aliisque vicinis Viridarium seu agrum domui adjacentem sonat, vulgo *Verchiere.* Charta admort. ann. 1412. in Reg. 166. Chartoph. reg. ch. 272 : *Item Jehanne femme de Jehan Furcheron tient une autre terre ou Verchiere contigue à ladite terre.*

* **VERCHERIUM**, Eadem notione. Libert. villæ Ayriaci ann. 1328. tom. 7. Ordinat. reg. Franc. pag. 317. art. 65 : *Volumus et præcipimus quod dicti burgenses et habitatores dictæ villæ possint et sibi liceat claudere clausa et clausa tenere prata sua et Vercheria.*

¶ **VERCOLENUM**, pro *Vertolenum.* Vide ibi.

* *Vercolle* nostris alias, nunc *Bricolle*, Funis est ad collum vel super humeros positus, quo aliquid trahitur vel sustinetur. Lit. remiss. ann. 1460. in Reg. 192. Chartoph. reg. ch. 53 : *Icellui varlet se ferma une corde au col en maniere d'une Vercolle pour soustenir le limond dudit demy char. Pendant qu'ils tiroient et halloient à la Vercolle*, in Hist. Caroli VIII. ad ann. 1495. pag. 157. *Warcolet*, Colli ornamentum, in Lit. remiss. ann. 1420. ex Reg. 171. ch. 222 : *Quatre aneaux d'argent, deux Warcolez et une piece de cuevrechief crespé.* Vide supra *Epigium.*

* **VERDATIA**, *in Practica Bertrandi cap. de Ægritudinibus, Aurium dicitur taxus barbascus.* Glossar. medic. Simon. Januens. ex Cod. reg. 6959.

¶ **VERDEARIUS**, Viridarium, pomarium, Gall. *Verger.* Testam. Gersindæ Comit. Ruthen. apud Marten tom. 1. Anecd. col 128 : *Illum alodem meum Buzingis, quem adquisivi de Ademaro cum caput manso, et vineas, et Verdearios, et terras, etc.* Vide *Verdegarius* et *Viridiarium.*

¶ **VERDEDENE.** Charta ann. 1183. apud Murator. delle Antic. Estensi pag. 371 : *Persolvet predictam pecuniam cum proficuo, aut Verdedene, aut cum servicio illato et cum expensis omnibus.* Vocem corruptam esse suspicor : forte scriptum fuit in authentico, *Varda den.* ut significaretur fenus debitum ob denarios non redditos. Vide *Warda.*

¶ **VERDEGARIUS**, Viridarium, ut supra *Verdearius.* Charta ann. 2. Lotharii apud Stephanot. tom. 1. Antiquit. Bened. Vascon. MSS. pag. 427 : *Quantum denique in ejusdem terminis et pertinentiis visus sum adhabere, tenere et possidere, id est kasas, kasales, ortos, ortales, Verdegarios, arbores, etc.* Alia apud eumd. tom. 3. Antiquit. Pictav. MSS. pag 229 : *Ipse mansus cum casis, ædificiis seu cum bosco et Verdegario.* Rursum ibid. pag. 367. et alia Charta : *Cun curte et orto, et Verdegariis, etc.* Charta ann. 961. in Append. Marcæ Hisp. col. 877 : *Et ipse campus qui finitur in ipso cimiterio S. Saturnini, et terras et vineas, cum illorum Verdegariis.* Vide *Viridiarium.*

¶ **VERDERIA**, Terra humilis ad littus maris viridi herba fertilis. Charta ann. 1181. apud Lobinell. tom. 2. Hist. Britan. col. 132 : *Jurati dixerunt quod.... omnes Verderiæ quas mare dimittit, sunt de dominio Archiepiscopi.* Occurrit rursum ibid. col. 134.

* **VERDESCA**, VERDESQUA, Specula. Glossar. Provinc. Lat. ex Cod. reg. 7657. *Verdesca, Prov. specula.* Inquisit. super destructione bastidæ Sabran. ann. 1363. ex Cod. reg. 5956. A. fol. 78. v° : *Destruxerunt videlicet gascham et Verdescas ipsius turris.* Ibid. fol. 80. r° : *Ipsam bastidam dimisit bene paratam de Verdesquis, artilharia et aliis necessariis ad deffensionem bastidæ ejusdem.* Hinc emendandum Instr. ann. 1381. inter Probat. tom. 3. Hist. Nem. pag. 46. col. 1 : *Ordinavit quod fiat superius, videlicet desuper murum ipsius hospicii tangentem dictum portale, una Verdesta, longa de longitudine unius cannæ cum dimidia etc.* Ubi leg. *Verdesca.*

¶ **VERDETUM** inter species aromoticas recensetur in Convent. Saonæ ann. 1526.

¶ **VERDICTUM**, ut *Veredictum.* Vide ibi.

VERDIGA, Species vitis, de qua Petrus de Crescentiis lib. 4. cap. 4.

¶ **VERDIGARIUS**, ut supra *Verdegarius.* Charta Stephani Episc. Claromont. apud Baluz. tom. 2. Hist. Arvern. pag. 34 : *Cum mansis, campis, pratis, vineis, Verdigariis, etc. Verdugarius*, in Judicio ann. circ. 873. inter Instrum. tom. 6. Gall. Christ. novæ edit. col. 8 : *Per legem et justitia plus devet esse ipsas kasas, curtes, Verdugarius, ortus, etc.* Vide *Veredegarius* et *Viridiarium.*

¶ **VERDONA**, pro *Ferdo* seu *Ferto.* Vide in hac voce. Quarta pars marcæ. Charta ann. 1253. apud Ludewig. tom. 7. Reliq. MSS. pag. 497 : *Item quod homines nostri supra deputatam et annuam pensionem advocatie, videlicet maldratam tritici et Verdonam Halberstadensis argenti, exactione indebita non graventur.*

¶ **VERDONUM**, f. Pratum. Charta ann. 1258. ex Tabul. S. Victoris Massil. : *De meridie de dicto Verdono descendit usque ad ysolum in Verdono.* Vide supra *Verceillum.*

¶ **VERDUGARIUS.** Vide *Verdigarius.*

¶ **VEREBIARE**, Mutilare. Gloss, Lat. Gr. : *Verebio*, κολοβῶ. Ubi Cod. Reg. *Brebio :* Sangerm. *Urebio.* At in Gloss. Græc Lat. κολοβῶ, *Verebio, mutilo.* Κολοβοῖ, *truncat.*

* **VERECUM**, Quidquid ex naufragiis ad littus appellit, nostris quoque *Verec.* Scacar. S. Mich. apud Cadom. ann. 1234. in Reg. S. Justi Cam. Comput. Paris. fol. 24. v°. col. 2 : *Accordatum est, quod Verecum custodietur in manu domini regis per annum et diem.* Charta ann. 1341. in Reg. 72. Chartoph. reg. ch. 224 : *Le chevalier disoit et affermoit que toutes les choses venantes et arivantes à Verec à la coste et à l'estande de la mer en la parroisse d'Anderville en la hague lui appartenoient ;... et ledit procureur disoit et affermoit que au duc nostre sire appartenoient lesdiz Verez en certaines mettes en ladite parroisse.* Ita quoque legendum pro *Veret*, in Stat. ann. 1374. tom. 6. Ordinat. reg. Franc. pag. 47. Vide *Wrekum.*

* **VERECUNDANTER**, Inverecunde, absque ullo pudore. Vita S. Joan. episc. tom. 3. Aug. pag. 511. col. 1 : *Præsul mœstus de tanto crimine tam Verecundanter facto presbyteri, illum a sacerdotio suspendit.*

¶ **VERECUNDARI**, *Timore percelli*, in Gloss. Gasp. Barthii apud Ludewig. tom. 3. Reliq. MSS. pag. 355. ex Hist. Palæst. Fulcherii Carnot. : *Nostri tanquam ad certamen bellicum Verecundari simulantes, astute nec fugere disposuerunt, nec pugnare cum eis disposuerunt.*

1. **VERECUNDIA**, Pudendum facinus, turpe, indignum ; quomodo Galli *Vergogne* usurpant. Constitutiones Catalaniæ inter dominos et vassallos MSS. cap. 51 : *Si Miles, qui emit castrum, est ita honoratus homo, ex quo Castalanus possit esse suus homo, sine Verecundia et reprehensione, seu blasma.*

* 2. **VERECUNDIA**, Injuria, contumelia. Vita S. Goberti tom. 4. Aug. pag. 379. col. 2 : *Quadam autem die vir Dei pius Gobertus, divina sibi gratia cooperante, sic fuit inspiratus, ut Verecundiam, quæ in sancta terra Jerusalem ab infidis contra Dominum opponitur, vellet vindicare.* Hinc nostris *Vereconder* et *Vergonder*, Contumelia et probro afficere. Lit. remiss. ann. 1457. in Reg. 185. Chartoph. reg. ch. 339 : *Lesquelx habitans prindrent icelle femme*

pour Vereconder et ahontir icellui prestre. Aliæ ann. 1377. in Reg. 111. ch. 306 : *En entencion de villener et Vergonder la femme dudit Perrinet. Lequel Jehan avoit ainsi induite, amenée et soubzlevée ycelle Mahaut, et Vergondée à tousjours*, in aliis ann. 1400. ex Reg. 155. ch. 112. Vide *Verecundium.*

* **VERECUNDIOSUS**, Pudendus, turpis, Hisp. *Vergoñoso.* Constit. MSS. Petri III. reg. Aragon. ann. 1359 : *Statuimus quod... in instrumento procuratoris aliquis non teneatur sigillatim exprimere impedimentum quod haberet, si tamen ipsum impedimentum Verecundiosum, aut periculosum vel dampnosum constituenti ipsum procuratorium; et quod sic constituens procuratorium, super hoc scilicet quod sibi esset Verecundiosum vel dampnosum, etc. Vergonner* vero, Verecundari sonat, in Lit. remiss. ann. 1479. ex Reg. 206. Chartoph. reg. ch. 431 : *Aucuns d'iceulx jeunes gens se Vergonnoient de jouer l'esbatement, pour ce qu'il se failloit descouvrir jusques au ventre et montrer ses pauvretez.* Hinc *Verecundens* et *Vergondeux*, verecundans, pudens. Lit. remiss. ann. 1387. in Reg. 131. ch. 173 : *Jehan Jaquemart prisonnier, Verecundens de ce et doubtant rigueur de justice etc.* Aliæ ann. 1409. in Reg. 163. ch. 285 : *Desquelles choses le suppliant eust esté moult triste, honteux et Vergondeux.* Glossar. Prov. Lat. ex Cod. reg. 7657 : *Vergonhar, Prov. pudere. Vergonhos, pudens.*

VERECUNDIUM, Injuria, contumelia. Vetus Charta Anglica apud Somnerum in Tractatu *de Gavelkynd* pag. 174 : *Ea conventione, ut ipse Calvellus et hæredes sui singulis annis dent Cellarario 52. sol. pro omni re, præter 3. forisfacturas, id est, murdrum et furtum, si ipse Calvellus vel hæredes sui fecerint, et præter, si Verecundium ipse vel haredes sui fecerint Monachis Ecclesiæ vel servientibus eorum.*

☞ *Vergonder* nostris pro aliquem probro afficere. La Vie *de Jesus-Christ* MS :

Ensi ert li mons racatés,
Et li Diables Vergondés.

¶ **VEREDA**, Umbraculum foliis aut arborum ramis concinnatum in quibusdam locis *Chariot* nuncupatum. Charta ann. 1344. ex Schedis Cl. V. *Lancelot* : *Item quod nulla persona cujuscumque conditionis existat, sit ausa facere.... ramadas sive Veredas per carrerias nisi habeant in altitudine duas cannas.* Vide alia notione in *Veredi.*

¶ **VEREDALIS** Charta, Authentica, vera et genuina. Charta Wernheri Episcopi Argent. ann. 1005. apud *La Guille* inter Instr. Histor. Alsatiæ pag. 24 : *Quorum omnium jura, et debita, et quantitates, sicunt nos invenimus, in Veredali carta describi jussimus.* Vide *Veredictum.*

¶ **VEREDARIUS.** Vide in *Veredi.*

¶ **VEREDEGARIUS**, ut supra *Verdegarius.* Charta Adalindæ apud Baluz. tom. 2. Histor. Arvern. pag. 14 : *Hortos, hortales, Veredegarios, arbores pomiferas, vineas, etc.* Alia Acfredi Comit. apud Mabill. tom. 3. Annal. pag. 696 : *Domos coopertas, casales, curtes, ortos, ortales, Veredegarios, etc.* Vide *Verdigarius* et *Viridiarum.*

VEREDI, Equi publico cursui destinati. Gloss. Lat. Gr. : *Veredus*, πῶλος. Glossæ MSS. Reg. : Βερέδον, τὸ κοδύτουρον. Papias : *Veredos antiqui dixerunt, quod veherent, i. ducerent redas, vel quod vias publicas currant, per quas redas ire solitum erat*, Gloss. Sax. Ælfrici : *Veredus* : c r æ t e h o r s, i. *Rhedæ equus.* Ebrardus in Græcismo cap. 9 :

Est Veredus equus, vectans rhedam quasi currum.

Joan. de Garlandia in Synonymis :

Rhedæ vectores nos dicimus esse Veredos.

Alibi :

De veho, de rheda, dictum reor esse Veredum.

Victor lib. 2. Hist. de Persecut. Vandalor. : *Dirigit præceptum, quod etiam universæ Africæ Veredis currentibus destinavit.* Gesta Constantini M. : *Qui ut Severum per Italiam transiens vitaret, summa festinatione post se truncatis Veredis, Alpes transgressus, ad patrem Constantium venit apud Bononiam, etc.* Charta Ludovici Pii Imp. pro Hispanis apud *Diago* : *Et Missis nostris aut filii nostri, quos pro rerum opportunitate illas in partes miserimus, aut Legatis, qui de partibus Hispaniæ ad nos transmissi fuerint, paratas faciant, et ad subvectiones eorum Veredos donent.* Vita S. Theophanis Confess. n. 14 : Πάντες μὲν οὖν ἤγοντο ἵπποις, ἡμιόνοις, ἀνδραπόδοις, καὶ βερέδοις ὑπηρετούμενοι. Occurrit passim in utroque Cod. tit. de Cursu publico, et al. et in vett. Formulis. Vide *Paraveredi.*

Vereda, Via, per quam *veredi* vadunt. Vetus Notitia Hispanica æræ 829. apud Anton. *de Yepez* in Chronico Ordin. S. Benedicti tom. 4 : *Et descendit, ubi intrat arrogio, quæ dicent Rubisco in Syle, et conclude per illum arrogium di Rubiscum, et pergit per illa, quæ exiit in Donati ad illas Veredas de Mamonela, et pergit per illa Vereda antiqua usque vadit ad terram Tremu, etc.* Charta Ordonii II. Regis æræ 947. apud eumdem : *Et inde per radicem Litoriæ, deinde in Almanti, inde per Petraforta, et inde per medium montium, quæ vocitant Meta, deinde per illa Vereda majore, quod discurret de Astorica ad Castrum Litoriæ, etc.* Alia Bermundi II. Regis æræ 1035. apud eumdem tom. [5 : *Quæ jacent contra parte de Minea, sub illa Vereda, quæ descendit ad ambas mistas.*

Veredarii, dicti, qui veredis publicis utebantur, et responsa vel mandata Principum deferebant, εἰς τὰς βασιλικὰς ἀποκρίσεις ἀεὶ στελλόμενοι, οὓς δὴ Βερεδαρίους καλοῦσι, ut est apud Procopium lib. 1. Vandal. cap. 16. qua notione *Veredarios* habent leg. 17. et 50. Cod. Th. de Cursu publico (8,5.), Senator lib. 2. Epist. 31. lib. 4. Epist. 47. Julius Firmicus lib. 3. Matth. etc. Papias : *Veredarius, a vehendo dicitur, qui festinanter equitando currit, habetque pennas in capite, ut intelligatur festinatio itineris.* Gloss. Lat. MS. Reg. cod. 1013 : *Veredarii dicuntur a vehendo, qui festinanter in equis currunt, non descendunt de equo, antequam liberant responsa sua : habent in capite pinnas, ut inde intelligatur festinatio itineris : datur semper iis equus paratus, nec manducant, nisi super equo, antequam perfecerunt.* Paulo aliter laudat hunc locum Jacobus Gothofredus ad leg. 1. Cod. Th. de Curiosis (6,29.). Capitul. Caroli C. tit. 7. de Monachis : *Quos etiam nec Episcopus, nec Abbas, vel quilibet alius eos Veredariorum more in missaticis instanter transmittat.* Veterem Chartam ex Tabulario S. Martini de Campis apud Duchesnium in Hist. Monmorenciaca pag. 33. subscribunt *Ludovicus filius Regis* (postmodum Rex Franc. VI.) *Gervasius Dapifer, Frogerius Catalaunensis, Willelmus Garlandensis, Fredericus Camerarius, Balduinus Veredarius.* Forte is Magistratus, quem hodie *Le grand Maître des Postes* dicimus. [** Ekkehard. IV. de Casib. S. Galli apud Pertz. tom. 2. Script. pag. 87 : *Innotuit res Chuonrado in Frantia tunc posito; nam Veredarii et episcopo capto et recepto dies et noctes celeres ibant.*]

¶ **VEREDICTIO**, Probitas, veritatis amor. Charta ann. 1374. apud Rymer. tom. 7. pag. 44 : *Domini Ducis et ejus Concilii veri Canzellarii, et bonæ et honestæ famæ, vitæ, et Veredictionis.*

1. **VEREDICTUM**, Testimonium 12. juratorum in *jurata*, aut *assisa*, in qua vera se dixisse affirmant : *Verdict* JC. Anglis. [** Vera se dicturos. Vide Formulam Juramenti apud Bracton. lib. 4. Tract. de assis. nov. disseys. cap. 19. § 3 : *Hoc auditis justitiarii, quod Veritatem dicam de assisa ista, etc.*] Gloss. Gr. Lat. : Ἀληθεύω, *verum dico.* Utuntur passim Anglici Scriptores, Statuta Davidis II. Regis Scotiæ cap. 20. § 2. Thomas Walsinghamus pag. 276. Littleton. sect. 366. Bracton. lib. 4. tract. 1. cap. 19. § 4. Fleta lib. 4. cap. 9. Fortescutus de Laude Legum Angl. cap. 26. Monasticum Anglic. tom. 1. pag. 481. tom. 2. pag. 32. 221. Regiam Majestatem, etc. Vide *Jurata* 2. [** Placit. ann. 14. Edward. I. Kanc. rot. 10. in Abbrev. Placit. pag. 279 : *In hoc Veredicto 10. de juratis dicunt unum et 11. dicunt aliud contrarium. Sed judicium redditum in hæc verba. Et quia dicto majoris partis juri standum est, consideratum est etc.* Confer Glanvill. lib. 2. cap. 17.]

¶ Verdictum, Eadem notione, apud *Madox* in Formul. Angl. pag. 370 : *Sciatis nos reddidisse Willelmo de Homez advocationem capellæ de Elleton, quæ ad eum pertinere dinoscitur secundum Verdictum legalium hominum viciniæ.*

* 2. **VEREDICTUM**, Scripta testificatio, Gall. *Certificat.* Libert. Domnimed. ann. 1246. tom. 7. Ordinat. reg. Franc. pag. 691. art. 11 : *Si milites vel aliquis alius debeat debitum burgensi, burgensis debet monere baillivum per majorem, quod eat secum ad capiendum nammia pro suo debito vel catallo; quod si baillivus recusaverit ire infra triduum, juratus ibit, si voluerit et poterit, pro catallis suis et nammiis capiendis, extra villam, sine emenda, per Veredictum majoris.*

¶ **VEREDIS**, pro *Veredus*, in Charta Caroli Calvi Reg. Franc. ann. 844. inter Instrum. tom. 6. Gall. Christ. novæ edit. col. 75 : *Nec freda, aut tributa, vel paratas, aut Veredes seu mansiones accipere,... audeat.* Leg. forte *Veredos.*

VERENNES, *a Vehere, i. portare, nominare, instrumenta rusticorum sunt.* Papias. [Isid. lib. 20. Orig. cap. 14 : *Verennes a vehere, id est exportare nominatæ.*]

* **VERENTER**, Reverenter. Candidus in vita Ægilis tom. 1. Jun. pag. 491. col. 1 :

Cherubin quoque, Seraphin pariterque Verenter
Jure tibi soli incessanti voce reclamant.

* **VERERE**, *Trahere ad rete, quod Vericulum dicitur.* Glossar. vet. ex Cod. reg. 7613.

¶ **VERESC.** Vide in *Wreckum.*

¶ **VERESCENS**, *Veritus*, in Gloss. Gasp. Barthii apud Ludewig. tom. 3. Reliq. MSS. pag. 517. ex Bartolphi Hist. Palæst.

* **VERETIA**, Laminæ vitreæ, quæ fenestris objiciuntur, f. pro *Verreriæ*. Vide in hac voce. Comput. ann. 1480. ex Tabul. S. Petri Insul. : *Renero Roussel pro duabus dietis, quibus vacavit in capellania S. Michaelis juxta aulam ad Veretia deponenda, x. sol.* Vide mox *Veretrum.*

¶ **VERETONUS**, Verettonus, Ital. *Veretto, Verettone*, Gall. *Vireton*, diminut. a *Veru*, Sagitta, Jaculum. Vide in hac voce. Chronicon Petri Azarii apud Murator. tom. 16. col. 308 : *Uno Veretono in fronte exstitit vulneratus, et taliter quod ab equo subito cecidit interfectus.* Joh. Stella in Annal. Genuens. tom. 17. col. 1282 : *Jaculis Veretonorum a longe bellantes, etc.* Chron. Tarvis. tom. 19. col. 768 : *Vita donatus est beneficio unius piroli argentei deaurati, in quem Veretonus unus balista emissus repercussit, ita ut intra viscera nequivit adire.* Jac. de Layto Annal. Estens. tom. 18. col. 1022 : *Dum ferociter et impavide inter missilia balistarum laboraret ictu unius Veretoni saucius et trajectus fuit in brachio dextero,.... et penetravit missile inter utrumque os brachium totum.*

* Teli genus, illud præcipue, quod per balistam emittebatur ; a *Veru* dictum videtur : non enim placet etymon a P. Daniele propositum lib. 6. cap. 4. de milit. Franc. *Vareton*, in Charta ann. 1337. ex Reg. Cam. Comput. Paris. sign. *Croix* fol. 187. v° : *Et doit livrer et mettre en chascune galée vj^m. Varetons, iij^c. lances, v^c. dars, etc.*

¶ Veretto, Eodem intellectu, in Chron. Estensi apud eumdem Murator. tom. 11. col. 270 : *Qui Gabriel eo die captus fuit et interfectus uno Verettone a gentibus præfati domini Marchionis.*

¶ Verrettonus, Eadem notione. Joh. Cermenas in Hist. Mediol. tom. 9. ejusdem Muratorii col. 1290 : *Verum Januensis subito Verrettonus volat oculos transiens caput ejus, quo vulnere cum securi de muro rejectus est.* Andr. Billii Hist. tom. 19. col. 29 : *Rejecta ob oculos galeæ specula, mox sagittæ (quam vulgo Verretonum nominamus) verreculo per eum locum ictus cecidit.*

¶ Viratonus, Eodem intellectu, Nostris etiam *Viraton*, in Chron. Petri IV. Reg. Aragon. lib. 6. cap. 4. Charta ann. 1377. ex Tabul. S. Victoris Massil. : *Dedit.... balistas, Viratonos, pavesia, etc.* Miracula MSS. Urbani V. PP. ex eodem Tabular. : *Luserat cum nonnullis aliis ad balistam, unus cum Viratono seu Viram* (leg. *Virou*, ut efferunt Occitani) *percussit ipsum in coxia, quod transivit ultra ambabus partibus.* Ibidem : *Fuit percussus de quodam Viratono in facie super oculum, ita quod totum ferrum erat in capite longitudinis quasi medii pedis.* Mirac. B. Ludovici Alamandi Arelat. Archiep. apud Stephanot. tom. 10. Fragm. Histor. MSS. pag. 301 : *Simili jactu magni Viratoni super faveriam dictæ cassidis percussus, etc.*

¶ Viretonus, Pari significatu, in Charta ann. 1345. tom. 2. Hist. Dalph. pag. 501. col. 1. xx. : *caissiæ Viretonorum, in quarum qualibet ad minus sint* D. *Viretoni. Vireton garni de ses fers*, in Charta ann. 1461. apud Lobinellum tom. 2. Histor. Britan. col. 1263.

* **VERETRUM**, f. pro *Veretrinum* vel *Victrinum*, Fenestra. Comput. ann. 1481. ex Tabul. S. Petri Insul. : *Magistro Widocque lathomo, pro reparatione magni Veretri vestibuli, cum suis adjutoribus et materialibus,.... xvij. lib. xij. sol.* Vide supra *Veretia.*

VERFREDUS, *Beffroy*. Vide *Belfredus.*

* **VERGA**, Veru, ni fallor ; inter utensilia coquinaria annumeratur, ad calcem Stat. synod. eccl. Castr. ann. 1358. ex Cod. reg. 1592. A. fol. 76. r° : *Item j. trebes ferreum, j. mortier, j. Verga, etc.*

* **VERGADELLE**, Piscis genus. Vide supra *Labeo.*

¶ **VERGAIUM**, Jus mensuræ, ad quam exiguntur dolia vinaria, quod *virga* fit sic dictum, ut videtur. Memoriale D. Cameræ Comput. Paris. fol. 57. v° : *Officium barragii et Vergaii vinorum.* Haud scio an huc spectet vox *Vergage* ex Litteris Caroli V. Reg. Franc. ann. 1367. tom. 5. Ordinat. pag. 67 : *Ilz ne paient travers, passages, pontenages, tonlieux, chaucés, barrages, Vergages, ou autres exactions.*

* Male lectum *Vergaii* in laudato Memoriali, ubi diserte habetur *Vergagii* ; a Gallico *Vergage*, eadem notione. Charta Phil. VI. ann. 1339. in Reg. ejusd. reg. ex Cam. Comput. fol. 163. r° : *Nos dittes gens.... ont assigné.... au roi de Boeme... à Vailly... le Vergage, le courretage des vins.... A Filayns le chargage, le barrage... et le Vergage, etc.* Hinc *Vergier*, Virga metiri, et *Vergeur*, qui ex officio id præstat. Charta ann. 1320. in Reg. 59. Chartoph. reg. ch. 426 : *Que il ne peussent mettre les Vergeurs pour les vins Vergier, et que il ne peussent mettre les vardes pour varder les biens.* Lit. remiss. ann. 1476. ex Reg. 195. ch. 1558 : *Le maire et les eschevins de ceste ville* (de Dampierre) *ont Vergié le vin ; je en payerai ce qui sera trouvé par eulx.* Vide infra *Vergiare.*

¶ **VERGANTINUS**, Naviculæ species, vulgo *Brigantin*, Ital. *Brigantino*. Vide *Brigentinus.* Itiner. Adriani VI. PP. apud Baluz. tom. 3. Miscell. pag. 376 : *Sanctissimus pater cum sua insigni et præclara familia triremes ascendit ; quæ licet numero octo cum scapha vulgo Vergantin appellata, principem ecclesiæ festive receperunt.* Ibidem pag. 387 : *Utcunque tamen fuerit cum Vergantinus et alia navigia puppim illam oppressam circumstarent, etc.* Rursum pag. 397 : *Et cum tota jam classis juxta oppidum esset aggregata, magnificentissimi Cardinales in uno monoremo Vergantino, ut ita dixerim, ad maximi antistitis pedum oscula delati sunt.*

* **VERGATUM**, Gall. *Vergat*, Instrumentum piscatorium. Charta ann. 1397. in Reg. 155. Chartoph. reg. ch. 117 : *Piscantes cum pluribus et diversis rethibus, filatis, thesuris, etiam cum batudis et Vergatz, per ordinationes regias prohibitis. Verjat*, in Charta ann. 1403. ex Reg. 207. ch. 138 : *Petiz Verjaulx.... et claveaulx pour pescher et prandre anguilles et tout poisson.*

¶ **VERGATUS**, Variis coloribus distinctus, Ital. *Vergato*. Vide infra *Virgatus.* Chron. Parmense ad ann. 1291. apud Muratore. tom. 9. col. 821 : *Quidam asinus, Vergatus dictus, mirifice factus, et variis coloribus naturaliter pilosus et decoratus transivit per Parmam, qui mittebatur domino Regi Franciæ a domino Rege Tartarorum.*

¶ **VERGENTA.** Litteræ Richardi II. Reg. Angl. ann. 1380. apud Rymer. tom. 7. pag. 233 : *Unam Vergentam zinziberis facti cum aqua limonis.*

¶ **VERGERIUM**, a Gall. *Verger*, Viridarium, Ital. *Vergiero*. Charta ann. 1455 : *Quædam domus cum curia, curtili, columberio, raterio, Vergerio, etc.* Vide *Viridiarium.*

* **VERGETA**, Modus seu mensura agri. Charta ann. 1284. ex Bibl. reg. : *Guillelmus de Vinea* (debet) *duos solidos, sitos super unam Vergetam terræ plantatam vinea.* Vide mox *Vergia.*

¶ **VERGHA**, pro Virga, ni fallor, in Statutis Montis Regalis pag. 269. Ital. *Verghe.* Vide *Virga* 8.

* **VERGHEFNESSE**, vox Belgica, Venia, culpæ remissio. Locus est infra in *Voetval.*

* **VERGIA**, Modus seu mensura agri, ut supra *Vergeta*. Charta ann. 1360. in Reg. 89. Chartoph. reg. ch. 550 : *Quæ domus ultra unam virgam seu Vergiam terræ vel circa in fundum.... non excedit. Vergiée*, eodem sensu, in Ch. Phil. Pulc. ann. 1298. ex Lib. rub. Cam. Comput. Paris. : *Deus cenz vint et huit acres et trois Vergiées de bois.* Vide *Virga* 6.

* **VERGIARE**, ad *Virgam* dolia exigere, Gall. *Jauger*, alias *Vergier*. Vide supra in *Vergaium*. Arest. ann. 1328. 10. Dec. in Reg. *Olim* parlam. Paris. : *Qui pro fructibus in campus existentibus custodiendis et vinis Vergiandis eliguntur.*

* **VERGIATA**, Eadem notione qua supra *Vergia*. Charta ann. 1354. in Reg. 82. Chartoph. reg. ch. 302 : *Concedimus ut dictas septem Vergiatas terræ vel circa, cum ædificiis ibidem existentibus, teneant.*

* **VERGNA**, Locus alnis, nostratibus alias *Vergnes* dictis, consitus. Charta Gaufr. episc. Ambian. ann. 1236 : *Per arbitralem sententiam pronuntiamus haustoria, plaketa, Vergnas, pontes debere fieri de licentia decani et capituli Ambianensis in rivis Ambianensibus, a ravina usque ad Goudran.* Occurrit præterea in Charta Phil. III. reg. Franc. ann. 1283.

* **VERGO**, Piscis genus. Vide supra *Coracinus.*

VERGOBRETUS, Summus Magistratus apud Æduos, ut auctor est Cæsar lib. 1. de Bello Gallico : *Divitiacus et Lasco summo Magistratui præerant, Vergobretum appellant Ædui, qui creatur annuus, et vitæ necisque habet potestatem.* Glossæ Isidori : *Virgobretus, nomen Magistratus. Virgobretus*, habent etiam notæ Tyronis pag. 60. Etiamnum hodie *Vierg* dicitur supremus Magistratus Augustoduni. De vocis etymo vide Goropium Bekanum in Gallicis lib. 1.

et 3. Hotomannum ad Cæsaris lib. 1. et lib. 7. n. 6. Isaacium Pontanum in Glossario prisco-Gallico, Bochartum de Colon. Phœnic. pag. 79. etc. [Iis adde Schilterum in Gloss. Teuton. v. *Fergen.*]

* Vide Mercur. Franc. mensis Mart. ann. 1737. pag. 502.

* **VERGOLAY**, Vox vernacula. Lit. remiss. ann. 1360. in Reg. 89. Chartoph. reg. ch. 679 : *Cum ipso Johannes Ernichin de Doullens, Petrus de Attrabato et Johannes, dictus Noefmolin, eundo nuper insimul ad quoddam festum, nuncupatum le Vergolay, etc.* Forte quod verno tempore celebraretur, sic appellatum. Vide supra *Maium.*

* **VERGUETA**, Candela seu cereus ad modum *virgulæ*, unde nomen. Consuet. monast. S. Crucis Burdegal. MSS. ante ann. 1305 : *Rastellum ejusdem altaris debet compleri de candelis, nuncupatis Verguetas.... Exceptis duabus Verguetis ceræ, quas recipit solus sacrista.*

¶ **VERGUETUM**, Viridarium minus, Gall. *Petit verger.* Tabular. Gemetic. tom. 1. pag. 295 : *Ecclesiam S. Andreæ cum Vergueto et quatuor hospiciis.* Vide *Vergerium.*

* *Verguhe*, eadem notione, in Lit. remiss. ann. 1479. ex Reg. 205. Chartoph. reg. ch. 279 : *Pour la conservation des fruiz de laquelle terre ou Verguhe, les supplians fermerent et clouyrent icelle terre ou Verguhe de plaix.*

* **VERIA**, f. pro *Molneria*, Reditus, qui ex molendinis percipitur. Charta ann. 1229. ex Cod. reg. 4659 : *Postquam vero molendina fuerint molentia et paratoria parantia, expensas in eis necessarias nos et vos communiter faciemus. Vos tamen pro Veria levabitis et habebitis de communi sextam partem emolumenti molendinorum et paratoriorum prædictorum, et ratione illius molneriæ vos semper tenebitis molendinarios ad opus molendinorum et paratoriorum.*

* Quid vero significet vox Gallica *Verie*, haud scio, in Ordinat. hospit. reg. ann. 1285. ex Reg. Cam. Comput. Paris. sign. *Noster* fol. 53. r° : *Cuisine.... Si aura Ysambert un sextier de vin au soir pour la Verie de la cuisine.* An legendum *la Laverie*, culinæ purgatio?

¶ 1. **VERIALE**, f. Locus herbis abundans. Chronic. Farfense apud Murator. tom. 2. part. 2. col. 511 : *Et concesserunt in hoc monasterio, sicut antea concesserant in ecclesia S. Adriani, terram sementariciam cum Verialibus et padulectis et cryptis in fundo Persiceta.*

* *Veriel*, eadem acceptione, in Lit. ann. 1409. tom. 9. Ordinat. reg. Franc. pag. 480 : *Les prévost et maieurs* (de la ville de Bethune ont) *le gouvernement du Veriel et des marez d'icelle.*

* 2. **VERIALE**, Apertura, fenestra, spiraculum cancellis obductum, nostris alias *Verial.* Charta ann. 1254. in Reg. S. Ludov. ex Chartoph. reg. fol. 93. r° : *Mandamus quod in omnibus parietibus seu domibus circa totam tenentiam fratrum minorum factis seu faciendis numquam fiat hostium, vel fenestra, vel Veriale, nec latrinæ, etc.* Lit. remiss. ann. 1460. in Reg. 192. ch. 62 : *Le suppliant se print à rompre ung Verial estant oudit hostel, en frappant fort contre ledit Verial d'un querelent... Le suppliant s'en entra dedans la cave... par ledit Verial, et y print certaine quantité de fromages.* Vide infra *Vitriale.*

¶ **VERICHARIA**, ut supra *Vercheria*, Modus agri. Vide in hac voce. Charta apud Menester. Histor. Lugdun. pag. 35. col. 2 : *Cum ecclesiis, domibus, ædificiis, curtiferis, Vericharis, hortis, vineis, terris, silvis, pratis, etc.*

¶ **VERICULA**, Conspicilla, Gall. *Lunettes.* Miracula MSS. Urbani V. PP. ex Tabular. S. Victoris Massil. : *Poterat videre legendo nisi cum Vericulis.*

* **VERICUM**, Veru, Gall. *Broche.* Inventar. ann. 1218. inter Probat. tom. 1. Hist. Nem. pag. 67. col. 2 : *Quasdam molles, tria Verica, unam astellam, etc.* Vide *Verutum.*

VERIDICENTIA. Æsopus MS. in Vita Alexandri : *Quisque te consuluerit, Veridicentiæ tuæ non refragatur.*

* **VERIDICI**, Judices adlecti ad causam decidendam, interprete Ludewigo, ad Leg. Dan. tom. 12. Reliq. MSS. pag. 166. nisi Testes intelligere malis. Vide supra *Verax. Item non debet aliquis ad placitum generale Veridicos citare, nisi executor causæ, vel aliquis alius ex parte sua ad hoc in placito constitutus, vel aliquis qui Veredicorum hesteleie exsolvere sufficit.* Judices civiles, *Voires-jurés* nuncupantur, in Recognit. feud. MS. ann. 1685 : *Doit avoir en ladite ville de Thun un mayeur et cinq juges, appellés Voires-jurés, qui connoissent de toutes choses et causes civiles.* Vide in *Juratus.*

¶ **VERIDISSIMUS**, pro *Veridicissimus*, a Veridicus. Fundatio Prioratus S. Petri de Salve ann. 1029. apud Marten. tom. 1. Anecdot. col. 150 : *Rogamus ut hoc testamentum, quod scriptum et firmatum est a nobis, atque roboratum ab assertoribus Veridissimis, firmiter a vobis retineretur.*

¶ **VERIFICARE**, Gall. *Verifier*, Probare. Charta ann. 1343. tom. 2. Hist. Dalph. pag. 481. col. 2 : *Et eos jurare fecerit tenere et inviolabiliter observare ipsas donationes, infeudationes, et conventiones, atque Verificaverit prædicta omnia.* Charta ann. 1495. ex Tabul. B. M. de Bono-nuntio Rotomag. : *Impedimentis nostris circa obtentum rescriptorum Apostolicorum per eosdem Religiosos Verificatis.* Occurrit etiam in Chron. Andreæ Danduli apud Murator. tom. 12. col. 459.

VERILOQUIUM, ἀκριβολογία, in Gloss. Gr. Lat. ἐτυμολογία, in Lat. Gr. Vide Quintilianum lib. 1. cap. 10.

¶ **VERILUCIUS**, Piscis genus. Limborch. Hist. Inquisit. Tolos. pag. 69 : *Item portavit.... medium Verilucium coctum pro quodam hæretico.*

* **VERINGATUM**. Formulæ MSS. ex Cod. reg. 7657. fol. 40. v° : *Dictam talem cum uno posatorio fuste et inde cum uno Veringato ipsam talem diversis ictibus percussit et vulneravit.* Vide infra *Vernare* 3.

VERINUPTUM. Tabularium Monast. Molismensis : *Inter H. Presbyterum de Marcenai et Ecclesiam Molismensem.... Verinuptum illud, quod solet dari proferculo nuptiarum, sive sit redemptum, sive non redemptum, et nummus, si offeratur, in visitatione infirmi, quando recipit viaticum, et nummus similiter, si offeratur in susceptione baptismi : hæc tria solum erunt solius Sacerdotis. Act. an.* 1135. Vide *Ferculum* [et *Missus* 1.]

¶ **VERINUS**, Cochlea, Gall. *Vis*, Picardis *Verrin.* Inventar. ann. 1419. ex Tabul. Eccles. Noviom. : *Caput B. Godebertæ deargentatum et deauratum quadam corona coronatum, in qua deest quidam Verinus.*

¶ **VERIOLÆ**, Ψελεῖαι in Gloss. Lat. Gr. Leg. *Viriolæ*, ψέλια, ex Gloss. Græc. Lat. ubi habetur : Ψέλιον, *Viriola, armilla.*

¶ **VERIORA**, Σιζάνιον, in iisdem Gloss. Lat. Græc. *Viriola*, in Sangerm. Aliæ Gr. Lat. : Σιζάνιον, *Veriora, lolium.*

¶ **VERISCUM**, ut *Wreckum.* Vide in hac voce.

¶ **VERISIMILIS**. *A verisimili*, Probabiliter. Chron. Angl. Th. *Otterbourne* pag. 8 : *E quibus* (Regibus) *a Verisimili plures vi et armis quam sanguine successerunt.*

¶ **VERISMATA**, perperam pro *Karismata*, in Statutis Eccl. Valentin. inter Conc. Hisp. tom. 3. pag. 511. ubi referuntur versus de jejunio Quatuor Temporum, quos restituere licet ex iis qui in voce *Quatuor Tempora* laudantur.

1. **VERITAS**, Depositio testis : *veredictum* JC. Anglis, *Verité*, in Consuetud. Insularum tit. 1. art. 19. 20. Libertates urbis S. Desiderii in Campania ann. 1228 : *Quicunque plegios dederit, vel quicunque hæreditatem sive feodum habuerit, licet ad placitum venire noluerit, Veritatem suam sicut præsens habere debet.* Infra : *Si Scabini a domino, sive ministro domini submoniti falsum sub aliqua re judicium fecerint, Veritate Scabinorum de Ypra dominus eos convincere poterit, etc.* Rursum : *Si quis viam communem arando, seu alio aliquo modo destruxerit, et super hoc veritate Scabinorum convincatur, etc.* [Charta Philippi Aug. Reg. Franc. ann. 1194 : *Quacumque hora nos voluerimus de bannitis nostris, et de aliis rebus omnibus Veritatem habebimus, si Scabini eam dicere sciunt. Banniti in Flandria per Veritatem vel per Scabinos Flandriæ, etc.* Litteræ ejusd. Reg. ann. 1207. tom. 5. Ordinat. pag. 161 : *Pascua, herbagia, aque communes, ejusdem sunt amplitudinis, cujus bona Veritas patrie, tempore Comitis Flandrensis et nostro, hactenus eas fuisse dixerit per juramentum.*]

¶ Veritas, Inquisitio judiciaria, Gall. *Enquête* : item, Consessus proborum hominum ad excipiendas quorumlibet querelas. Consuet. Furnenses ex Tabul. Audomar. : *Qui in alterius aqua captus fuerit piscando, emendabit Comiti tres libras, et debet adduci ad justitiam, et retia et omnia instrumenta ejus erunt illius qui eum cepit, et inde debet fieri Veritas in communi Veritate de his qui capti non fuerint. Qui viam ecclesiæ.... foderit vel artaverit, et super hoc convictus fuerit per Veritatem, emendabit Comiti tres libras.* Ibidem : *Tres Veritates generales.... debent in quolibet anno fieri de omnibus forefactis trium librarum. Præterea quolibet anno fiet Veritas libera, si Comes vult habere, de omnibus forefactis.* Statuta ann. 1359. inter Ordinat. Reg. Franc. tom. 4. pag. 211 : *Et si voulons que de toutes les amandes et forfaitures dudit mestier (de Tisserands en draps) par nos Echevins de Commines, en soient faites et oyes trois Veritez chacun an.*

* Idem quod *Assisa.* Hac triplici notione non semel occurrit vox Gallica *Verité.* Libert. Calesii ann. 1304. in Reg. 69. Chartoph. reg. ch. 365 : *Une france Verité doit estre en l'an de toutes choses fourcellées : cascune Verités qui sera prise par eschevins, doit jurer devant le bailli et devant eschevins sans sourpresure.* Lit. remiss. ann. 1366. in Reg. 97. ch. 321 : *Comme en la ville d'Alleux li sires... une fois l'an, ou plus, peut faire une franque Verité, jurée et aprise par clain suz ses subgets... souspechonnez d'aucun mauvais cas et vices.* Aliæ ann. 1383. in Reg. 124. ch. 143 : *Et en ademplissant ledit jugiet, fu ladite Verité criée souffisamment en l'église de Herlies,.... presens hommes de fiefs de ladite salle; et fu li jours et lieux noncez que on tenroit ladite Verité.* Adde Lit. ejusd. ann. tom. 7. Ordinat. reg. Franc. pag. 22. art. 7. et alias ann. 1483. in Hist. Caroli VIII. pag. 395. Hinc *Coye-verité* appellabant, judicium, nulla prævia inquisitione nec audita partis defensione, prolatum. Charta Phil. Pulc. ann. 1296. in Reg. 2. *Olim* parlam. Paris. fol. 12. r° : *Quod in criminibus, ubi majus versatur periculum, absque citationis edicto, nec partis defensione audita, indifferenter processum intolerabilem, Coye-verité vulgaliter nuncupatum, recipit et admittit. Voire,* pro *Verité,* in Vita J. C. MS :

Cil Cleophas, selonc l'estoire,
Fu freres Joseph, c'est la Voire.

2. **VERITAS**, [Jus, privilegium : præcipue dicitur de Bonis propriis. Sententia arbitralis inter Aquens. Archiepisc. Capitulumque et Monachos S. Cæsarii ann. 1221. ex Schedis Præs. *de Mazaugues* : *Stipulantis servare Veritatem diocesis in tota causa.*] Concilium Coyacense Hispanicum ann. 1050. can. 9 : *Præcipimus, ut triennium non includat Ecclesiasticas Veritates : sed unaquæque Ecclesia, sicut Canones præcipiunt, et sicut Lex Gothica mandat, omni tempore suas Veritates recuperet et possideat.* Can. 13 : *Mandamus, ut omnes majores et minores Veritatem et justitiam Regis non contemnant; sed sicut in diebus Adelfonsi Regis fideles et recti persistant, et talem Veritatem faciant Regi, qualem illis fecerunt in diebus suis, Castellani autem in Castello talem Veritatem faciant Regi, qualem fecerunt Sancio Duci, Rex vero talem Veritatem faciat eis, qualem fecit præfatus Comes Sancius.*

¶ Veritates, non agnoscit prisca Latinitas; occurrit tamen apud Tertull. de Resurrect. carnis cap. 20. et Ludewig. tom. 6. Reliq. MSS. pag. 184.

¶ **VERITUS**, Verecundus. Vita S. Eustasii tom. 3. Mart. pag. 786 : *Quam cum vidisset, sciscitatus est, utrum juvenilibus animis ad cultum divini timoris aspiraret. Quæ affata, ut tenera et Verita ætas, ait se paratam esse sacris præconiis obtemperare.*

¶ **VERIUM**, Idem quod infra *Vieria* 2. Vide in hac voce. Charta ann. 1227. ex Tabul. Corbeiensi : *Quicumque habuerint molendina et Veria in dictis pasturagiis ad stagna facienda de cespite poterunt accipere.*

* **VERIUS**, pro *Varius*, Pellis muris Pontici. Bened. abb. Petroburg. de Gest. Henr. II. reg. Angl. tom. 2. pag. 498. ad ann. 1188 : *Quod nullus post proximum Pascha utatur Verio, vel grisio, vel sabelina, vel escarleta.* Vide in *Vares* et supra *Varus* 2.

¶ **VERJUTUM**, a Gall. *Verjus*, Omphax et Omphacium. Statuta Collegii Narbon. ann. 1379. apud Lobinell. tom. 5. Hist. Paris. pag. 670. col. 2 : *Item nullus..... agrestam seu Verjutum domus pro privata necessitate capiat.... Et agresta seu Verjutum convertantur ad profectum domus, cujus sumptibus vineæ coluntur.* Occurrit rursum in Statutis Collegii Sagiensis ann. 1427. ibid. pag. 695. col. 1.

* **VERLASCIUS**, Inquisit. ann. 1371. in Access. ad Hist. Cassin. part. 1. pag. 433. col. 2 : *Item ferragnale unum cum arangiis et cum ædificio Verlasciorum juxta mœnia terræ.*

¶ **VERMELATUS**, Vermelius. Vide *Vermiculus.*

¶ **VERMELHUM**, Vermellata. Vide mox *Vermellum.*

¶ **VERMELLUM**, Vermelluum, Grani species, Coccum, vulgo *Vermillon*, vel *Graine d'écarlate. Grana Vermelli*, pluries in Charta ann. 1268. ex Schedis Præs. *de Mazaugues.* Alia ann. 1379. ex iisdem Schedis : *Item habet jura granæ Vermelhi, pro quo jure solvitur pro qualibet libra unus denarius, et ipsi homines portant vendere ubi volunt.* Vide infra *Vermiculus.*

¶ Vermellata, Tempestas qua *Vermellum* colligitur, in laudata Charta ann. 1268 : *Item dixit quod præconisatio fit quolibet anno per Arelatem ex parte curiæ tempore Vermellatæ, quod colligentes granam in dicto Cravo vendant eam.*

¶ **VERMELLUS**. Vide in *Vermiculus.*

* **VERMELLUS**, Obex, pessulus, Gall. *Verrou.* Comput. ann. 1446. ex Tabul. S. Petri Insul. : *Pro emtione trium magnorum ostiorum,....... pro quibus cum cardinibus et Vermellis, pro fienda quadam porta,....... lxx. sol.*

VERMEN, pro Vermis, usurpatur in Vita B. Margaretæ de Cortona n. 89. [*Verme*, Italis : *Vermine*, eadem, ni fallor, notione, in Bestiario MS :

Chil qui ne manguent poisson
Habitent en la deserrine,
Et ne manguent fors Vermine.]

¶ **VERMESCERE**, Vermibus consumi. Ratherius Episc. Veron. lib. 1. Præloq. apud Marten. tom. 9. Ampl. Collect. col. 796 : *Unde enim fit ut eadem corpora citius Vermescant ætate, quam hyeme, citius in calidioribus quam in frigidioribus locis, etc.*

¶ **VERMEUM**, *Vermiculum.* Tabulæ matrimoniales ann. 1468 : *Habuisse et recepisse in pretio duorum clamidum,... unius chopæ parvi Vermei dictæ Aurora, etc.* Id est, rosei coloris. Vide *Vermiculus.*

¶ **VERMICATUS**, Vermiculatus. Vide infra *Vermiculus.*

VERMICULANS Pulsus. Vide *Formicans.*

VERMICULUS, Vermiculum, Vermiculatus. *Vermiculum*, in Gloss. MSS. *Lana rubra.* Papias : *Vermiculum, rubrum, sive coccineum. Est enim Vermiculus ex silvestribus frondibus, in quo lana tingitur, quæ Vermiculum appellatur.* Mox : *Vermiculum, tinctura similitudine vermis.* Alibi : *Rufa, rubra, vermicula.* Gloss. Græc. Lat. MSS. : Κόκκος, τὸ βάμμα, *Vermicla, hoc coccum.* Editæ habent, *Vermincula*, et τὸ abest. Alibi : *Rufa, rubra, vermicula.* Gervasius Tilleberiensis MS. de Otiis Imperial. Decis. 3. cap. 57 : *In Regno Arelat. et confinio maritimo est arbor, cujus sarcina pretium habet 12. nummorum Mergoriensium : ejus fructus in flore pretium facit 50. librarum, ejus cortex ad onus vestis pretium habet 5. solidorum. Vermiculus hic est, quo tinguntur pretiosissimi Regum panni, sive serici, ut examiti, sive lanei, ut scarlata. Et est mirandum, quod nulla vestis linea colorem Vermiculatum recipit, sed sola vestis, quæ ex vivo, animanteque, vel quovis animato decerpitur. Vermiculus autem ex arbore ad modum ilicis et quantitatem dumi pungitiva folia habente prodit ad pedem, nodulum faciens mollem ad modum ciceris, aquosum, et cum exterius colorem habeat nebulæ, et roris coagulati, interius rubet, et cum ungue magistraliter decerptus, nec tenui rupta pellicula humor inclusus effluat, postquam exsiccatur, corio includitur : cum enim tempus solstitii æstivi advenerit, ex se ipso Vermiculos generat, et nisi coriis subtiliter consutis includerentur, omnes fugerent, aut in nihilum evanescerent. Hinc est, quod Vermiculus nominatur, propter dissolutionem, quam in vermes facile facit ex natura roris Madialis*, (Maii) *a quo generatur : unde et illo tantum mense colligitur, arbor autem Vermiculum generans vulgo Analis nuncupatur.* Vide Joan. Ruellium lib. 2. de Nat. stirp. cap. 136. Capitulare de Villis cap. 43 : *Ad genitia nostra.... dare faciant, id est linum, lanam, waisda, Vermicula, warentia, pectines, etc.* [Regest. Prumiense apud Leibnit. tom. 1. Etymol. pag. 467 : *Solvit unusquisque pro Vermiculo denarios sex.*] Tabularium S. Remigii Remensis : *Donat denar. 8. de Vermiculo, unc. 2. pull. 8. pastas 2. ova 50.* Occurrit pluries.

¶ Vermilium, Eadem notione. Charta ann. 1073. ex Tabul. S. Victoris Massil. : *Donamus monachis... villam vel ecclesiam, sive mercatum, sive de pane, seu de Vermilio, vel de qualibet re hedificare aliquid voluerint.* Charta ann. 1156. inter Probat. tom. 2. novæ Hist. Occit. col. 559 : *Solvo etiam et guirpisco votum quem feceram de Vermilio, ut deinceps non fiat.*

Vermiculatus, Coccineus, Gallis *Vermeil.* Aimoinus lib. 3. Hist. Franc. cap. 91 : *Tunc si placebit, ego et tu Vermiculatis adoperti vestibus inter conferta congrediamur agmina.* Ubi Fredegarius in Chron. cap. 25 : *Induamur uterque ego et tu vestibus Vermiolis, etc.* Expressit Gallicum *Vermeil.* Monachus Sangall. lib. 1. de Carolo M. cap. 36 : *Erat antiquorum ornatus, vel paratura Francorum, calceamenta forinsecus aurata, corrigiis tricubitalibus insignita, fasciæ crurales Vermiculæ, et subtus eas tibialia vel coxalia linea, quamvis ex eodem colore, tamen opere pretiosissimo variata.* Lib. 2. cap. 14 : *Palliaque Fresonica alba, cana, Vermiculata, vel saphyrina.* Tabularium Vindocinense Thuanum cap. 74 : *Caligas etiam habuit Vermiculas annuendæ causa ipsius donationis.* Ch. 84 : *Dedimus Ivoni unum chamfrenum, et Roberto unas caligas Vermiculas.* Ch. 124 : *Aldradus caligas etiam habuit Vermiculas.* Will. Malmesbur. lib. 4. pag. 139 : *Vexilloque Boamundi, quod Vermiculatum erat, ventis in fastigio turris exposito, etc.*

¶ VERMELATUS, Eadem notione, in Comput. ann. 1244. ex Biblioth. Reg. : *Pro quatuor alnis uno quarterio escallate Vermelate pro novo milite*, LXXVI. *s.*

¶ VERMELIUS, VERMILIUS, Eodem significatu. Charta Rudesindi Episc. inter Conc. Hispan. tom. 3. pag. 181 : *Alias casulas* XIII..... *octava curdena merayce, nona Vermelia ex Ageg.* Statuta Vercell. lib. 4. fol. 83 : *Teneantur fornasarii prædicti de qualibet fornasata lapidum facere... unum de blanchis, et alium de ferriolis, et alium de Vermeliis.* Barthol. Scribæ Annal. Genuens. apud Murator. tom. 6. col. 495 : *Naves* III. *magnæ depictæ colore albo, cum crucibus Vermiliis per totum.* Chron. Mutin. tom. 15. col. 604 : *Apparuit quædam crux rubea vel Vermilia in castro dicto Spello in valle Spoletana.* Chron. Bergom. tom. 16. col. 895 : *Carra* XII. *moscatelli, et vini Vermilii. Vermail*, in Charta ann. 1235. tom. 2. Hist. Eccl. Meld. pag. 135 : *Toutes voyes enfin ledit Pierre de Quincy Chevalier a donné et octroié pour substantation du Chappelain qui celebrera en ladite Chapelle deux muys de vin blans et deux de Vermail. Vin vermeil*, in Charta ann. 1384.

¶ VERMELLUS, Pari intellectu. Testam. Beatricis de Alboreya ann. 1367. apud Marten. tom. 1. Anecd. col. 1523 : *Item, legamus ecclesiæ B. M. de Crassa unum pannum aureum moresc Vermellum foratum de tela livida.* Ibidem col. 1525 : *Item plus, alium copertorium panni de cirico Vermello.*

VERMICULATUS, Latinis quasi *vermiculis* variatus vel distinctus. Will. Brito in Vocab. et Joan. de Janua : *Vermiculatus, distinctus et variatus : tractum est a vermiculis, qui rodentes ligna aratiunculas ibi faciunt varias et distinctas, et quasi in modum vineæ conducuntur.* Glossæ Gr. Lat. σκωληκίασις, *Vermiculatum.* Σκωληκόδρωτον, *Vermiculatum.* S. Bonifacius Mogunt. Epist. ad Cuthbertum : *Illa ornamenta vestium... latissimis clavis, vermium imaginibus clavata, adventum Anti-Christi ab illo transmissa præcurrunt.* Gillebertus Episcop. Londinensis in Cantica Canticor. cap. 1. n. 10 : *Vermiculatas, id est, more vermium decoratas.*

VERMICATUS. Statuta Ord. Præmonstrat. dist. 4. cap. 10 : *Sellis quoque Vermicatis, frænis, pectoralibus, calcaribus superfluitatem habentibus, non utentur.*

VERMILEUS, Rubeus, purpureus, ex Italico *Vermiglio*, et Gall. *Vermeil.* Chronicon Pisanum ann. 1119. [apud Murator. tom. 6. col. 169 :] *Et nota, quod Papa, quando Pisani iverunt Majoricam, suis omnibus Pisanis dedit vexillum Vermileum.* Vide *Vermiculus.*

* Glossar. Provinc. Lat. ex Cod. reg. 6757 : *Vermelh, Prov. roseus, ruber. Vermelhesa, Prov. rubor, rubedo.*

* VIRMILIUS, Coccineus. Contract. matrim. ann. 1290 : *Constituimus vobis in dotem et ratione dotis octo milia solidorum Turon. nigrorum, et ipsam* (Ceseliam) *indutam de mantello de perceto Virmilio, cum pellibus de vayrs.*

* *Vermillage* vero aut *Vermullage* dici videtur, Præstatio, pro facultate porcos in silvam immittendi, ut terram fodiendo, vermium instar, unde nomen, cespites eruant. Libert. pro incolis Pontis S. Petri ann. 1366. in Reg. 97. Chartoph. reg. ch. 305 : *Si ont pasturage en ladite forest* (de Loncbouel) *et ès mettes d'icelle pour leurs bestes, pannage et Vermullage pour leurs pors, quant pannage y a, parpaiant pour chascun porc un denier pour ledit pannage et pour chascun maile pour ledit Vermulage ...... Chascun d'eulx ont acoutumé prendre et avoir....... le boy vert en gesant..... Pour chascun porc pour le Vermillage avoir en ladite forest une maille aus sergenz d'icelle.* Vide *Verrere* 2.

¶ VERMILIUM, VERMILIUS. Vide in *Vermiculus.*

¶ VERMINATUM, σκωληκίασις, in Gloss. Lat. Gr. edit. melius in Sangerm. *Vermiculatum.*

¶ VERMINCULA. Vide in *Vermiculus.*

¶ VERMIS-CANIS, Scrofularum fortassis species aliqua, vel Herpes, qui Teutonice *Haeyr-worm*, id est pilorum vermis dicitur. Ita Bollandistæ ad Vitam S. Parisii tom. 2. Jun. pag. 485 : *Venetus item alius nobilissimus vir cum uxore, infirmitate illa quæ vulgo Vermis-canis dicitur, circum guttura corrodebatur, etc.*

* Hinc injuriæ loco habetur denominatio illa, in Stat. Vallis-Ser. rubr. 22. ex Cod. reg. 4619. fol. 83. v° : *Si aliqua persona dixerit alicui verba injuriosa, vel nominaverit turpe verbum, quod appellatur Vermis-canis, etc.*

¶ VERMUS-CANIS, Eadem notione. Statuta Pallavic. lib. 2. cap. 14. fol. 86 : *Statutum est et ordinatum est, quod si quis dixerit alicui, nascatur tibi Vermus-canis, etc.* Italis *Verme* est Scabiei species, Gall. *Farcin.*

* VERMIS MARINUS, Piscis genus. Vide supra *Plota.*

VERN. Glossæ MSS. ad Alexandrum Iatrosophistam lib. 1. Passion.: *Ros Syriacus est flos arboris, quæ dicitur Alnus, vulgo Vern, de cortice cujus fit nigra tinctura.* [Armoricis eadem notione *Gwern*, vel cum articulo *ar Vern.* Vide *Vernagium.*]

VERNA, Modus agri; [nisi sit Locus alnis consitus, a superiori voce *Vern* sic dictus. Vide *Vernagium* et *Vernetum.*] Tabular. Abbat. Dalonensis in Lemovicib. fol. 3 : *Totum ex integro quod habebamus, vel requirere poteramus in Verna de Dalones.* Et fol. 7 : *In Verna, quæ est de manso de Vernoil.* Rursum fol. 19 : *Damus etiam eis la Verna de stagno usque ad terram illam, etc.* [Vide *Vernia.*]

VERNACELLUS, *Qui suscitat per dies festos.* Gloss. Isidori. Ubi legendum *lusitat.* Ex *vernaculus.* [La Cerda vero scribit : *Qui lustrat per dies vernos.*]

¶ VERNACHIA, VERNACIA, Vini species : *Vernacium*, Petro de Crescentiis lib. 4. cap. 4. cujus Interpreti *Vin de Garnache* dicitur. Academicis della Crusca : *Vernaccia, spezie di vino bianco.* Skinnerus in Etymolog. Anglic. : *Vernaga, genus vini dulcioris et gratissimi, credo sic dictum quasi Veronaccia, ab agro Veronensi in quo optimum ex hoc genere vinum crescit.* Literæ ann. 1345. tom. 2. Hist. Dalph. pag. 519. col. 1 : *De Vernachia* II. *somat. val.* XXVII. *flor. De muscadello* IIII. *som. val.* XIII. *flor.* Statuta Vercell. lib. 4. fol. 95. v° : *Item statutum est quod nullus in civitate vel districtu Vercellarum audeat vel presumat vendere vel vendi facere vinum Vernacie, malvaxie, decreti, vel alterius generis vini, etc. Vernacia*, in Convent. civitatis Saonæ ann. 1526. *Vernacinum vinum*, apud Murator. tom. 12. col. 1038. ex Gualvaneo Flamma. Vide *Garnachia* 2.

VERNACULA TERRA, Proprietas, alodis. Charta Alamannica 36. Goldasti : *Quapropter Vernaculum juris mei terram eam in loco nuncupanti, quod dicitur Peteinvillare, quantum mihi Deus donavit, et parentes mei in hereditate dimiserunt, trado Allidulfum, cum omnia mea, cum agris, cum pratis, etc.* Ch. 38 : *Propterea Vernacula terra juris mei in loco nuncupantur, quod dicitur Dada, cum servis et ancillis hæc nomina eorum, Gondaharancum, etc.* Denique ch. 41 : *Propterea Vernacula terra juris mei in loco, qui dicitur Openuvillare, tradimus S. Galloni 20. juchos,... de colonis meis Erfoinum, etc.*

** VERNACULATIM, Vernaculo sermone. Virgil. Gramm. pag. 16 : *Dativus casus Vernaculatim verbum neutrale demonstrat.*

VERNACULUM, Quidquid domi nascitur, *domestici fructus, res, quæ alicui nata est, et quam non emit.* Ita hanc vocem interpretatur Anianus in leg. 3. Cod. Th. de lustrali collatione, ubi Jacob. Gothofredus.

¶ 1. VERNAGIUM, Alnetum, locus alnis consitus, apud Dombenses et Lugdunenses, quibus alnus, Gall. *Aune, Verne* dicitur. Terrag. Humberti *de Villars* domini *du Châtelard* ann. 1391 : *Tenet quatuor bicheratas Vernagii.* Vide *Vern*, et *Vernetum.*

* 2. VERNAGIUM, *Illud quod fit vel seminatur tempore veris.* Glossar. vet. ex Cod. reg. 521.

¶ VERNALE, Instrumentum piscatorium, retis species. Charta Otton. Comit. Burgund. ann. 1281. apud Perardum : *Eis concedimus et donamus perpetuo piscariam liberam in ripariis de Lupa et de Clogia alte et basse pro voluntate sua; ad Vernale,... et ad alia omnia genera ingeniorum.* f. pro *Verale.* Vide *Vertebolum* et *Vervilium.*

* *Vernot*, in Lit. remiss. ann. 1407. ex Reg. 162. Chartoph. reg. ch. 162 : *Pierre Giraudier et autres..... levoient et rompoient ses fillets, ou Vernos nommez au païs, et prenoient le poisson estant dedens iceulx.*

* VERNALIA, f. pro *Venalitiaria*, Mercatura, negotiatio. Stat. Taurin. ann. 1360. cap. 71. ex Cod. reg. 4622. A : *Judex sive rector teneatur fidentiam* (dare) *omnibus venientibus in mercandiam vel in Vernaliam.* Vide supra *Venalitas* 2.

¶ VERNALIS, Vernaculus, servus. Charta ann. 1288. ex Tabul. Archiep. Auxit. : *Accepit dominus abbas a prædictis hominibus centum solidos, et sex Vernales ad construendum molendium.* Vide *Vernulitas.*

* An non potius *Alnus*, quibusdam in

provinciis *Verne?* Vide supra *Vergna* et *Vernagium* 1.

¶ 1. **VERNARE**, Florere. Acta S. Cassiani apud Illustr. Fontanin. in Antiquit. Hortæ pag. 347 :

Prosapia Vernas gestorum, et simplicitate refulges.

Occurrit rursum pag. 356. et apud Marten. Itin. Litter. pag. 46.

¶ 2. **VERNARE**, Cancre, ut ex verborum serie colligitur, in Actis S. Petri Cælestini PP. tom. 4. Maii pag. 423 : *Et ecce turba magna angelorum circa se erat ita aperte ut videretur ei quod vigilasset, et in ore cujusque illorum erant rosæ rubeæ, et cum illis rosis Vernabant delectabiliter nimis; ita quod postquam excitatus fuisset a somno, cantum illum audierit per tantum spatium quo posset dici Pater noster.* Vide *Vernicare.*

* 3. **VERNARE**, Munire, instruere; *Verné*, ea notione, legitur apud Joan. *de Saintré* cap. 40. pag. mihi 266. Stat. senesc. Bellicad. ann. 1320. inter Probat. tom. 4. Hist. Occit. col. 162 : *Item quicumque portaverit lanceas, gaverlotos, tela, ballistas, clavatas, guisarmas, secures, baculos ferratos, Vernatos, aut alias affaytatos, et hujusmodi arma mortifera, etc.* Vide supra *Veringatum.*

* **VERNAZOLA**, Vini species, idem quod *Vernachia.* Vide in hac voce. Acta S. Amad. tom. 2. Aug. pag. 585. col. 2 : *Ita quod ipse pater Amadæus alio quasi vino non uteretur in Missæ sacrificio, nisi de quodam vino Vernazolæ...... Ex quo* (vase) *Vernazola ipsa hausta erat, ita quod in nocte sequenti tota ipsa Vernazola........ expansa tota inventa est in et per canepam.*

¶ **VERNARIA.** Vide infra *Vernia.*

VERNARIUM, Vernum tempus. Gerardus Marchetus Episc. Castrensis Epist. 112 : *Steti Parisiis per menses aliquot, ubi resumpsi lectiones magistrales usque ad Vernarium.*

* **VERNEDA**, Alnetum, locus *vernis* seu alnis consitus. Lit. remiss. ann. 1414. in Reg. 169. Chartoph. reg. ch. 19 : *Dum supplicans transiret per quamdam Vernedam inter dictos locum et villam existentem, etc.* Vide *Vernetum* et *Vernia.*

¶ **VERNEDUM**, ut *Vernetum.* Vide ibi.

VERNEMETIS, Gallica lingua veteri, *fanum ingens*, inquit Fortunatus lib. 1. Poem. 9.

* **VERNENSIS**, Monetæ species videtur. Inquisit. ann. 1288. in Access. ad Hist. Cassin. part. 1. pag. 388. col. 1 : *Quilibet macellarius pro qualibet vacca seu pro quolibet bove, quem occidunt in boczaria,...... reddunt cellarario Cassinensi Vernenses sex, et pro quolibet porco, Vernenses quatuor.*

¶ **VERNERIA**, ut *Vernia.* Vide in hac voce.

VERNETUM, VERNEDUM, pro *Vinetum.* Tabularium Monasterii S. Andreæ Viennens. : *Ego Sierannus vendo Lunam campum cum Vernetum salicetum in se tenente juris mei, qui est in Castolatis etc.* Alia habet *in campis, et salicetis, et Vinetis, juris nostri, etc.* Alibi : *Unum curtillum ante januas positum, et tres diuturnas de terra, et Vernetum in dextra, et in sinistra parte positum ad ædificationem domorum habitantium in servitio prædictæ Ecclesiæ.* Acta Capitularia Eccles. Lugdun. ann. 1347. fol. 126. v : *Item super quodam Verneto, etc.* Charta alia Ermengardis Comitissæ Ceritan. ann. 893. in Append. ad Capitul. Baluziana n. 127 : *Verdegariis, Vernedis, boschis, silvis, garricis, etc.* Chron. Petri IV. Reg. Aragon. lib. 3. cap. 20 : *Hon a una gran Vernada e pedral devant lo castell, etc.* Et cap. 21 : *Et faent mal deu dejus la vila de Perpinya en les vinies, e en un loch, que es nomenat Vernet.* Ita Cod. MS. ubi editus habet *Vernat.*

☞ Ex his omnibus nihil colligitur unde certo probetur *Vernetum* vinetum significare : cum vero ad vocem *Vern* propius accedit, qua alnum designari supra monuimus, idem esse atque *Vernagium* vix dubito; quod ex sequentibus rursum facile efficitur. Terrag. Bellijoc. : *Super quodam Verneto continente sex bichonatas seminis vel circa.* Ibidem : *Juxta brossiam seu Vernetum Anthonii de Crey.* Testam. Stephani II. Arvern. Episc. inter Instr. tom. 2. Gall. Christ. novæ edit. col. 73 : *Cum pratis, cum vineis, cum campis, cum silvis, cum farinariis, cum furnis, cum Vernedis, cum aquis, etc.* Ubi *Verneda* a *vineis* distinguuntur.

* Charta ann. 1295 : *Item tres fessoriatas prati cum Verneto, sitas in yllas retro molendinos suos.* Vide mox *Verniacum.*

* **VERNHA**, ut supra *Verneda.* Charta ann. 1343. in Reg. 67. Chartoph. reg. ch. 70 : *Item dixit et asseruit dictus nobilis dom. Guillelmus...... habere in dicta terra de Maravalle..... nemora, stangna, ortos, viridaria, arbores, silvas, brugerias, Vernhas, etc.* Vide *Vernia* et mox *Verniacum.*

VERNIA, VERNIARIA, VERNARIA, [Idem videtur quod *Vernetum*, Alnetum. Charta fundat. S. Hippolyti Verniensis in pago Ruthen. ann. 943. apud Marten. tom. 1. Anecd. col. 75 : *Villa mea quæ dicitur illa Vernia.* Infra : *Ad monasterium construendum in illa Vernia.*] Tabularium Conchense in Ruthenis ch. 103 : *Et illo prato de Roseto cum ipsas albaretas, cum ipsas Vernias similiter dimittimus, etc.* Ch. 106 : *Hoc est alodus noster de Fermo calmo, cum vineas, cum Vernas, cum pratos, cum mansione, etc.* Ch. 109 : *Unus campus cum Vernias, cum terras cultas et incultas, etc.* Ch. 110 : *Unus pratus cum Verniarias, cum albaredas, etc.* Ch. 115 : *Tradidimus, hoc est Vernaria nostra in loco, quæ vocatur, etc.... Et habet ipsa Vernaria et ipsa terra in se fines de uno latus, etc.* Ch. 116 : *Et de subtus terra cum Vernaria, etc.* Ch. 455 : *Et in parochia de Campolviado donamus alium mansum in illa Vernia, hoc totum damus ad alodem.* Adde ch. 117. 148. 163. 187. 266. 270. 306. 338. etc. Charta fundationis Capellæ S. Valpurgis Compendiensis : *Dedimus in dotem tres mansos in Verneria, quam Hadegerus in beneficii jure de nostro tenebat dono, etc.* [Vide *Verna.*]

* **VERNIACUM**, ut supra *Vernetum*, nostris alias *Verney* et *Vernois.* Chartul. S. Joan. Angeriac. fol. 178. r° : *Concessi Deo et sancto Joanni et S. Mariæ de Ternant mariscum et Verniacum, quæ sunt sub molendino de Ternant.* Inquisit. ann. 1361. in Reg. 93. Chartoph. reg. ch. 69 : *Item un Vernoy assis de costé les viez Bonot...... Item un autre Vernoy ensemble d'une sagerie, qui est assise oudit Vernoy.* Lit. remiss. ann. 1419. in Reg. 171. ch. 50 : *Icellui Rassonneau fu trouvé en un Vernois, où il estoit cheu dessus sa jument.* Charta admort. ann. 1412. in Reg. 166. ch. 272 : *Item un petit Verney assis au terrouer de Manopon.* Vide *Vernia* et mox *Vernus.*

** **VERNICARE.** Aldhelm. de Gramm. pag. 569. apud Maium Auct. Classic. tom. 5 : *Aves minnuriunt, vel vernant, vel Vernicant.* Vide *Vernare*, 2. et *Vibrissare.*

¶ **VERNICIUM**, Liquata juniperi lacryma, Gall. *Vernis.* Vita B. Lidwinæ tom. 2. April. pag. 300 : *Sed quasi oleo vel Vernicio linita fuisset, tanto splendore et recenti albedine radiabat, ut etc.*

* Stat. Avenion. ann. 1243. cap. 80. ex Cod. reg. 4659 : *Sindici vero statuant locum idoneum extra civitatem, remotum a viis publicis, ubi Vernicium et cepum liquefiat.* *Vernir* dicitur de mulieribus, quæ purpurissum adhibent, in Mirac. MSS. B. M. V. lib. 2 :

Qui se Vernissent, qui se paignent,
Qui se fardillent et qui s'ongnent.

* **VERNICUS**, Vernaculus, familiaris, domesticus. Status eccl. Constant. inter Instr. tom. 11. Gall. Christ. col. 220 : *Si quis canonicorum moriebatur, non expectabat longo tempore, sed consilio reliquorum de ministris ecclesiæ servientibus restaurabat, cum...... judicaret.... multo justius et utilius esse servitoribus meritum reddere, quam Vernicis, vel gratiis, vel amore, vel prece, vel timore concedere.* Vide *Vernulitas.*

¶ **VERNIFICUS**, Vernus, Gall. *Printanier.* Vita MS. S. Wenwaloei fol. 119. v° : *Floribus Vernificis redoleverat, etc.* Vide *Vernarium.*

* **VERNONUS**, an Venalis; quod de proba merce dicitur. Charta ann. 1340. in Reg. 73. Chartoph. reg. ch. 282 : *Item fuit repertum quod dominus noster rex habet in dicto loco* (de Cadola) *et ejus pertinentiis quatuor quartones olei Vernoni censuales.* Vide supra *Vernalia.*

VERNULITAS, [Famulatus. Vita S. Dunstani tom. 4. Maii pag. 358 : *Quando debitas suæ Vernulitatis horas, ceterasque Missarum celebrationes Christo Domino solvere consuisset.*] HRoswitha Monialis in Panegyr. Ottonis M. Imp. vers. 174 :

Ex quibus Henrico quædam pars mente benigna
Devovit Regis fratri jus Vernulitatis,
Pars Everhardo Comiti studium famulandi.

Papias : *Verna, servus in domo natus* : *vernula, servus domi genitus vel nutritus.* Vide *Vernalis.*

1. **VERNUM**, Ver, Vernum tempus. Regula S. Fructuosi cap. 6 : *Verno vel æstate dicta Prima, commoneantur Decani a Præposito suo, quale opus debeant exercere.* Regula Magistri cap. 32 : *In Verni vel æstatis tempore, etc.* [** *Vernus*, in Anselm. Contin. Sigeb. ad ann. 1126. apud Pertz. Script. tom. 6. pag. 580 : *Hiems acerrima, Vernus etiam periculosus.*]

¶ 2. **VERNUM**, Vas coquinarium. Literæ Henrici IV Reg. Angl. an. 1405. apud Rymer. tom. 8. pag. 384 : *Quinque patellas, tres cacabas æreas, quatuor pelves,...*

quatuor Verna ferrea, etc. Inventar. ann. 1476. ex Tabul. Flamar. : *Item plus sex Verna sive asta ferri.* Utrobique legendum existimo *Verua.*

* **VERNUS**, Alnus, nostris alias *Verne.* Charta ann. 1377. in Reg. 112. Chartoph. reg. ch. 212 : *Item circa triginta minetas terræ et plus, in quibus sunt brossiæ, durni, Verni et plures alii arbores in ruina existentes.* Vide supra *Verneda* et *Verniacum.* Alia notione vide in *Vernum*, 1.

* **VEROCHIUM**, pro *Varochium.* Vide supra in hac voce.

* **VEROLA**, pro *Virola*, Vietoria fibula. Inventar. MS. thes. Sedis Apost. ann. 1295 : *Item unum cultellum acutum cum manubrio albo et Verola de auro nigellato.*

* **VEROLAGIUM**, Gall. *Verolage.* Jus feudale, quo dominus tenentes suos ad suum molendinum frumenta sua molenda deferre potest cogere, *Droit de Verolle*, teste Constant. in art. 99. Consuet. Pictav. pag. 112. Reg. feud. comitat. Pictav. in Cam. Comput. Paris. Ch. ann. 1410. fol. 37. v° : *Je Jehan de Craon, sire de la Suze.... advouhe à tenir..... à foy et hommaige lige... mon herbergement de Charrace, avecques toutes ses appartenances et appendances,..... pescheries, deffens, galloys, estangs, Verolages, hommes, hommaiges, justice, etc.*

* **VERONENSIS**, Moneta Veronæ. Comput. decimæ in Italia collectæ ann. 1278. pro subsidio T. S. ex Cod. reg. 5376. fol. 242. v° : *Libræ vij°. ij. et sol. ix. Veronensium parvorum,....... computato mihi per collectores quolibet Frisacensi pro xiiij. Veronensibus parvis.* Formul. MS. Instr. fol. 68. v° : *Quoniam...... nomine pensionis.... unum Veronensem monasterio sancti .... singulis annis solvere tenebatur...... Solvit ipsi domino abbati solidos lx. pro l. Veronensibus in solutionem et satisfactionem pensionis, pro quinquaginta annis debendæ ex domo emphiteotica.*

VERONES. Aurelius Victor in Commodo : *Immiti prorsus feroque ingenio, adeo quidem ut gladiatores specie depugnandi crebro trucidaret : cum ipse ferrum objectum Veronibus plumbeis uteretur.* Ubi legendum videtur *ad ferrum, etc.* Adeo ut *verones* fuerint species pectoralis, in quo ictus exciperet. Vide conjecturas virorum doctorum apud Schottum. [** Vide Forcell. in *Vero.*] [Huc etiam spectat Brito Armoric. Philipp. lib. 10 de Obsidione Nannetica :

Audacesque viri quos illa Britannia gignit
Obdere vel leviter extrema repagula curant,
Ejus in occursum potius in Verone reteeto
Egressi pugnam committere gnaviter audent.

Vitiosum carmen hic advertere est cum Spelmanno, nisi Enniano more *S* forte elidatur.]

VERONICA, Romanis appellatur tabella, in qua Christi Domini, pergentis ad Crucis supplicium, divino miraculo expressa effigies efformatur, quæ asservatur et colitur Romæ in Ecclesia S. Petri. Voce, ut quidam volunt, formata ex *Vera Icon.* Clemens IV. tom. 2. Epist. 484. ann. 1268 : *Quid enim superest, nisi ut ipsa Veronica cum Apostolorum capitibus transportetur, et urbs tota spoliata thesauro, confusionis induta diploide, habeat in æternum quod lugeat.* Nicolaus IV. PP. ann. 1290 : *In ea namque basilica sui pretiosissimi vultus imaginem, quam Veronicam fidelium vox communis appellat, in singularis amoris insigne tribuit venerari, etc.* Sed et alios Pontifices Clementem VI. VII. VIII. Gregorium XIII. etc. hanc tabellam, seu potius sudarium eo nomine appellasse auctor est ex Jacobo Grimaldo Bzovius in Annal. Eccl. ann. 1216. num. 16. Adde Jacobum Card. de Anno Jubilæo cap. 1. Matth. Paris et Matth. Westmonaster. ann. 1216. eumdem Matth. Paris ann. 1249. pag. 514. Bromptonum pag. 121. Henricum Rebdorffensem ann. 1350. prætera Bernardum Guidonem de Sanctis Lemovicensib. pag. 629. De S. Veronica integras disputationes instituerunt præter Baronium ann. 34. num. 138. vir singularis eruditionis Godefrid. Henschenius 4. Febr. Franciscus Quaremius lib. 4. Elucidar. Terræ Sanctæ. peregr. 6. cap. 14. § 4. et seq. et Bzovius ann. 1216. num. 15. et seqq.

* *Venice* appellatur in Lit. Caroli VI. ann. 1381. ex Reg. 121. Chartoph. reg. ch. 117 : *Plusieurs habitans de nostre ville de Paris, hommes et femmes, c'est assavoir marchanz et marchandes de toyles ès hales de Paris...... meuz de dévotion ont entencion et propos de créer, faire et ordonner une confrarie à l'onneur de Dieu et de la benoite Vierge Marie et en especial de sainte Venice vierge.... en l'église parochial de S. Eustace de Paris, en la chapelle...... de S. Michiel l'Arcange, etc.* Plura erudite de *Veronica* disserit Mabillonius in Museo Ital. pag. 88. et 89.

¶ Veronica, Imago tabellam prædictam repræsentans. Comput. ab ann. 1333. ad ann. 1336. tom. 2. Hist. Dalph. pag. 275 : *Pro tribus Veronicis magnis et sex parvis, taren. 1. gran. x.*

Veronicam appellatum Ciborium antiquæ basilicæ Vaticanæ videtur scribere Nicolaus Alemannus in Dissert. de Lateranensibus parietinis pag. 40.

* **VERONOMENTUM.** Anonymi Leobiens. Chron. ad ann. 1305. apud Pez. tom. 1. Script. Austr. col. 886 : *Albertus asserens hoc regnum* (Ungariæ) *ad imperium devolutum, instantissime repetebat, et orta sunt inter eos* (Albertum et regem Bohemiæ) *gravissima Veronomenta.* Ita præfert Codex MS. ut monet doctus Editor. An pro *Werrinimenta*, bella? Vide supra *Guerra.*

VEROSUS, *Plenus veritate* : *Verositas, veritas.* Ugutio. [Mart. Cappela lib. 4 : *Argumentum Verosæ assertionis.*] [** Remigius ad hunc locum apud Maium in Glossar. novo : *Verosæ assertionis acrimoniæque, id est firmæ ac veridicæ; vel, quod est melius, Verosæ, id est acutæ, ab eo quod est veru.* Kopp. § 332. habet *Virosæ.*]

¶ **VEROUIKE**, vox Anglica. Testam. Joh. *de Nevill* ann. 1386. apud *Madox* Formul. Anglic. pag. 428 : *Item domino Archiepiscopo Eborum fratri meo, 1. vestimentum rubeum de velvet cum le Verouike in granis rosarum desuper brondata.*

VERPIRE, Possessionem rei alicujus dimittere. Charta ann. 1145. apud Calmet. tom. 2. Hist. Lothar. inter Probat. col. 324 : *Pratum unum quod habebant apud Vesusc-villam nostram nobis dederunt et fine tenus Verpierunt.* *Verpir*, apud Butiller. in Summa rurali. Hinc

¶ **VERPITIO**, Rei possessæ dimissio, in Charta inter Instr. tom. 2. Gall. Christ. novæ edit. col. 121 : *Vestituras etiam de omnibus terris... perdonavit, reddidit, et Verpitionem fecit.* Vide *Guerpire.*

¶ **VERPUS**, δρίλος, καὶ ὁ μέσος δάκτυλος, in Gloss. Lat. Gr. Vide Salmas. ad Hist. Aug. pag. 129.

* Glossar. vet. ex Cod. reg. 7613 : *Verpus dicitur impudicus digitus, quo Judæi feruntur Sabbato anum purgare : unde Judæi, Verpi dicuntur.* Aliud Lat. Gall. ex Cod. 7692 : *Verpus, grève, vel metre doy.*

¶ 1. **VERQUERIA**, Locus alendis *verbicibus* idoneus. Vide in *Berbix* 1.

* 2. **VERQUERIA**, ut supra *Vercheria* 1. Glossar. Provinc. Lat. ex Cod. reg. 7657 : *Verquiara, Prov. dos, dotalitium.* Charta ann. 1522. in Reg. 3. Armor. gener. part. 2. pag. xxxv : *Ex resta dotis et Verqueriæ dictæ Aldetæ Valeta matris suæ etc.*

* 3. **VERQUERIA**, Septum ex *verguis* seu virgis, unde nomen, ad intercipiendos pisces. Charta Jac. reg. Majoric. ann. 1299. ex Bibl. reg. cot. 15 : *Damus licentiam venerabili abbatissæ monasterii de Vinovolo et eidem monasterio,..... quod possint et eis liceat auctoritate nostra facere paixeriam sive Verqueriam in rivo de Gadirono.*

¶ **VERRA**, Bellum, pro *Werra.* Chartul. SS. Trinitat. Cadom. fol. 45. v° : *Ista villa habebat undredum, sed in tempore Verræ difforciatum fuit.* Vide *Guerra* et *Vera* 2.

¶ **VERRACHIUM**, Nauticum instrumentum. Acta S. Raynerii tom. 3. Jun. pag. 464 : *Et tunc non potuerunt retrahere anchoram nisi cum Verrachio, quando ibi cessavit tempestas.*

* Idem quod supra *Varochium.* Vide in hac voce.

* **VERRÆ**, Verrulæ, Scopæ, quod iis verritur, sic dictæ. Tract. MS. de Re milit. et mach. bellic. cap. 15 : *Deficientibus saccis et funibus, recurratur ad scopas et fiant Verræ, vulgari sermone dicuntur granatæ, et in eis figantur* (figantur) *perticæ, et postea accendantur Verrulæ, et obcurratur ad rupturam muri contra rumpentes præfatum murum.*

¶ **VERRECULUM**, diminut. a *Veru*, Sagittæ acumen, Gall. *Pointe.* Andr. Billii Hist. apud Murator. tom. 19. col. 29 : *Rejecta ob oculos galeæ specula, mox sagittæ* (*quam vulgo verretonum nominamus*) *Verreculo per eum locum ictus cecidit.*

¶ 1. **VERRERE**, Mittere. Gloss. Gr. Lat. : Ἀπάγω, abduco, *Verro, deduco, perduco.* Vita S. Eigilis sæc. 4. Bened. part. 1. pag. 248 :

Hæc ubi dicta essent, Verrat fraterna potestas
Fratres ac socios proprio de corpore lectos,
Qui cum patre simul noviter seniore recepto
Regis ad eximii super hoc decreta recurrant.

2. **VERRERE**, Verrificare, Terram versare, quod faciunt porci, et *verres.* Statuta Willelmi Regis Scotiæ cap. 24 : *Si porci Verrant pratum alienum, dominus illorum tenetur omnes Verrificationes implere frumento.*

¶ **VERRERIA**, Vitri officina, Gall. *Ver-*

rerie. Charta ann. 1338. tom. 2. Hist. Dalph. pag. 363. col. 1 : *Pactis infra scriptis, videlicet, quod infra dictum nemus, dictus Guionetus faciat domum fortem et ibidem debeat habitare et Verreriam ibidem facere, tenere et operari facere in ea perpetuo opus vitrorum sive vitrei.* Vide *Vitreria.*

¶ **VERRERIÆ**, Laminæ vitreæ quæ fenestris objiciuntur, Gall. *Vitres*, olim *Verrieres.* Charta S. Ludovici ann. 1245. pro fundat. S. Cappellæ apud Lobinell. tom. 3. Hist. Paris. pag. 121. col. 2 : *De ipsis obventionibus et oblationibus Verrerias ejusdem cappellæ refici et reparari volumus quotiens opus fuerit. Voirieres*, ibid. pag. 702. *Voiries*, in Charta ann. 1483. ibid. tom. 3. pag. 141. col. 1. Alia Ludovici XI. ann. 1464. ibid. tom. 5. pag. 709. col. 1 : *A soustenir et entretenir les Verreries de ladite sainte Chapelle. Verrieres*, in Litteris Caroli V. Reg. Franc. ann. 1370. tom. 5. Ordinat. pag. 367. Bullar. MS. Fontanell. fol. 119 : *Totum cancellum tam in Verreriis, muris et massoneria, et coopertura, quam alio quovis modo.* La Vie *de Jesus Christ* MS :

> Tout autressi con vous vrés
> Que li solaus est escaufés,
> Con il trepasse la Veriere
> Là ou ele est li plus entiere.

Vide *Verrinæ* et *Vitrinus.*

¶ **VERRERIUS**, Qui vitra operatur et vendit, Gall. *Verrier.* Charta ann. 1309. tom. 1. Hist. Dalph. pag. 97. col. 2 : *Item a quolibet Verrerio exponente vitros suos ad vendendum, levatur unus vitrus, vel unus denarius, quod Verrerius maluerit.* Occurrit rursum ibid. tom. 2. pag. 363. col. 1.

* Quod opus, jamdiu est, a nobilibus exercebatur. Lit. remiss. ann. 1416. in Reg. 169. Chartoph. reg. ch. 139 : *Jehan Fouquaut le jeune escuyer, faiseur de verres, ... demourant en la parroisse d'Oison, etc.*

VERRES, Porci masculi, quos Franci *Verrats* dicimus. Epistola Bartholomæi Monachi Fusniacensis, qui Episcopus Laudunensis fuerat, ad Conventum Remensem ann. 1158 : *Veruntamen nihil eis contuli, quod ad redditus pertinent Episcopi, præter porcos, quos vulgo Verres vocant, quos mensæ Episcopali Personæ solvebant Ecclesiæ.*

¶ **VERRETONUS**, Verrettonus. Vide *Veretonus.*

¶ **VERRIA**, f. Locus ubi verres nutriuntur, vel idem quod *Vernia*, quomodo etiam fortassis legendum est. Recognit. antiq. ex Regesto *Probus* fol. 59 : *Petrus Veters tenet de Comite casale domus suæ et Verriam, et debet inde* III. *sol. censuales.*

¶ **VERRICULATOR.** Papias MS. Bituric.: *Delictus, Verriculator.* [** Cod. reg. 7609 : *Verruculatus.*]

¶ **VERRIFICATIO.** Vide *Verrere.*

¶ **VERRINÆ**, ut supra *Verreriæ.* Comput. ann. 1202, apud. D. *Brussel.* tom. 2. de usu feud. pag. CCII. col. 2 : *Evrardus capellanus, pro Verrinis capellæ,* LV. *sol.*

¶ **VERRINUM**, Terebellæ species, ut videtur, Gall. *Vrille*; nisi sit Sagitta, jaculum, *Verrina* quippe Italis ea notione nuncupatur. Ogerii Panis Annal. Genuens. apud Murator. tom. 6. col. 402 : *Quidam latro venit Januam... et taliter se misit nocte in crates Dominicæ crucis, custodibus S. Laurentii ignorantibus, quod capsam in qua erant repositæ cruces cum Verrinis perforavit et ipsas cruces de civitate portavit.* Vide *Verrubius.*

* *Voirrine* appellatur Gemma ex vitro factitia, in Stat. ann. 1355. tom. 3. Ordinat. reg. Franc. pag. 12. art. 8. *Voure*, eadem notione, nisi mendum sit pro *Voirre*, in Lit. remiss. ann. 1390. ex Reg. 138. Chartoph. reg. ch. 175 : *Un petit annel d'argent à une pierre de Voure.*

¶ **VERROLUS**, a Gall. *Verrouil*, Pessulus. Reparat. factæ in Senescallia Carcassonæ ann. 1435 : *Eidem* (Bernardo Serario) *pro duobus ansonibus et duobus Verrolis, qui positi fuerunt in uno hostio dicte domus thesaurariæ.* Charta ann. 1334. apud Baluz. tom. 2. Hist. Arvern. pag. 188 : *Quod dictus Johannes fuerat furatus vectes, sive Verroilhs, padenas et gofetos.*

* *Verroul* etiam appellarunt nostri, Armorum seu venabuli genus. Lit. remiss. ann. 1459. in Reg. 188. Chartoph. reg. ch. 197 : *Pierre Brunet print ung grand Verroul ou vouge sur son col, etc.* Aliud prorsus sonat vox *Verroilh*, in Charta ann. 1467. ex Tabul. S. Maurini inter schedas Mabill.: *Rector seu vicarius prædictus...... percipiat .... omnes offertas et oblationes, vulgariter dictas lo Verroilh, ex integro ecclesiæ de Ferrussaco.* Vide *Vanga.*

* **VERRONIWAIDA.** Mirac. S. Emmer. tom. 6. Sept. pag. 496. col. 2 : *Illuc solus iter carpebat in loco, qui dicitur Verroniwaida, quod sermo Latinus exprimit : Longinqua pascua, etc. Verromwaida* edidit Canisius. [** Vide Graff. Thes. Ling. Franc. tom. 3. col. 656. voce *Fer*, etc.]

¶ **VERRUBIUS.** Papias : *Marra, terebrum, id est Verrubius.* Vide *Veru.*

* **VERRULÆ.** Vide supra *Verræ.*

¶ **VERRUS**, pro Verres, porcus masculus, in Leg. Salica apud Eccardum pag. 145 : *Si quis Verrum furaverit, etc.* Tabul. SS. Trinitat. Cadom. fol. 26. v° : *Scrofæ* XXIV. *Verri sex, etc.* Charta Caroli Regentis ann. 1358. ex Bibl. Reg. : *Item viginti solidos annui redditus in quibus domino Regi tenetur quolibet anno in festo Paschæ abbas de insula pro uno Verro.*

¶ **VERSADURA**, Eluvies, effluvium, Provincialibus. Regest. *Columba* ex Schedis Præs. *de Mazaugues* : *Possunt recipere Versaduras et escolilhas resclausæ vel bedalis.*

* **VERSAGIUM**, Idem quod *Usagium*, jus utendi foresta seu *versandi*, hoc est evertendi seu incidendi arbores ad ignem seu ædificium necessarias. Vide *Versare* 1. Charta ann. 1404. in Reg. feud. comitat. Pictav. ex Cam. Comput. Paris. fol. 63. v° : *Advoho.... maxime inter alia Versagium meum in nemoribus de Gastinain ad necessitatem meam seu opus manerii mei prædicti de Bellofonte et de Ses.*

VERSALITER. Thwroczius sub ann. 1342 : *Hujus mundi decus et gloria... semper variando Versaliter atque caduce se protendens in nihilum tanquam aqua decurrens incedit.* [Id est, Inconstanter. Vide Vossium lib. 4. de Vitiis serm. cap. 36.]

¶ 1. **VERSANA**, Arvernis *Versée*, Terra proscissa, ager de novo ad cultum redactus : aliis *Versane* est Terra in colle sita : denique *Versane* vocant nonnulli terram Aquiloni adversam. Tabular. Camalar. diœc. Anic. : *Donaverunt B. Roberto quandam vineam sitam subtus hortos et unam Versanam in Cumbas.* Charta apud Stephanot. Antiquit. Lemovic. part. 1. pag. 704 : *Dedit etiam Versana de gran ;.... in alio loco pratum del Martineze. Versenne*, apud Xantones. Vide *Verseria.*

* 2. **VERSANA**, Tempus, quo agri proscinduntur, nostris *Varxenne* et *Verseret*, vel *Verserot.* Charta Joan. milit. *de Foilluel* dom. *de Ramicort* ann. 1242. in Chartul. Mont. S. Mart. part. 1. ch. 115 : *Remisi dictæ ecclesiæ tres corveias in una carruca, in Versana, in Martio, in cooperana : in Versana et cooperana cum duobus equis tantum, in Martio cum quatuor.* Charta ann. 1406. in Chartul. priorat. Belleval. : *Item chascune charrue.... paierat chacun an trois journées à la crowée de la charrue; c'est assavoir à la Varxenne, à waiien et à traimois.* Charta ann. 1326. in Reg. 73. Chartoph. reg. ch. 340 : *Trois croées de charrue ;...... c'est assavoir à trois saisons, l'une en Mars, l'autre en Verseret et l'autre en wayn.* Libert. Perrus. ann. 1347. tom. 7. Ordinat. reg. Franc. pag. 32. art. 3 : *Nuef courvées de charrue d'icelles bestes; c'est asavoir trois en Vayn, trois en tremois et trois au Verserot.* Hinc emendandæ Libert. *de Bourlemont* ann. 1357. tom. 6. earumd. Ordinat. pag. 630. art. 2. ubi *Vorrerot* legitur pro *Verserot.* Neque fortassis mendo caret Terrearium ejusdem loci ann. 1571. ibidem inter notas laudato, in quo huic voci substituitur *Vergier.* Vide infra *Versarius.*

* Versana, Ager proscissus et nondum satus. Charta Roger. episc. Laudun. in Chartul. Thenol. ex Cod. reg. 5649. fol. 40. v° : *Cum terra circumjacens fuerit in Versana, poterunt ibi fratres, si voluerint, carriare.* Alia ann. 1343. ex Chartul. S. Vinc. Laudun. : *Li religieus ont accordé que nous porrons charier et rachariér par les terres de Malewarde, toutesfois qu'elles seront vuides, excepté le temps qu'elles seront tiertiées pour la Versainne ou arées pour le mars.*

* 3. **VERSANA**, Mensuræ species, nostris etiam *Versane.* Charta ann. 1238. in Hist. MS. S. Andr. Avenion fol. 53. v° : *Cum controversia verteretur...... super limitatione manicæ et stagni de Rupeforti et territorii dicti monasterii,....:. electus arbiter dixit ad monasterium pertinere quidquid a parte monasterii usque ad terminum positum in manica per duas Versanas.* Lit. remiss. ann. 1411. in Reg. 165. Chartoph. reg. ch. 158 : *L'hostel d'icellui Colin, où il faisait sa demourance, est distant de l'hostel où il vendoit du vin, d'une Versane ou environ.* Aliæ ann. 1472. in Reg. 197. ch. 248 : *L'ostel de Jehan Templier distant de l'ostel d'Estienne Martineau cinq ou six Verssanes.*

¶ 1. **VERSARE**, Gall. *Verser*, Evertere. Vita S. Bonæ tom. 7. Maii pag. 163 : *Quædam devota femina urceolum olei... ante ejus altare portavit : quem cum clericus...*

inconsiderate pedibus impulisset, *pluribus videntibus est urceolus ipse Versatus ad terram.*

* Subvertere, de quadriga dicitur, in Inquisit. ann. 1257. ex Reg. *Olim* parlam. Paris. fol. 93 : *Dominus rex præcepit quod ...... quædam mala consuetudo, quæ est in quibusdam partibus Viromandiæ amoveatur, qua quis quadrigam suam, quando versatur, non audet levare, nisi de assensu domini, cujus est fundus ipsius terræ; et si aliter levet, solvet sexaginta solidos ipsi domino.* Hinc

* VERSATA LIGNA, Quæ ventorum vi eversa sunt. Charta ann. 1308. in Reg. 44. Chartoph. reg. ch. 146 : *Donamus........ liberum usagium ad omnia ligna, videlicet arescentia seu sicca,.... Versata et voluta, etc.*

¶ 2. **VERSARE**, pro Versari, in Charta S. Rudesindi inter Conc. Hispan. tom. 3. pag. 180 : *Denique reminiscens ea in quibus ab ineunte ætate Versavi.*

* *Verser*, pro *Employer*, impendere, in Lit. ann. 1404. tom. 9. Ordinat. reg. Franc. pag. 10 : *Par la faulte et coulpe des maistres et gouverneurs, qui Versent mal et ailleurs que là où ilz doivent, les revenues et prouffis d'icelles maladeries.*

VERSARI vinum dicitur, quod corrumpitur, Petro de Crescentiis lib. 4. cap. 38 : *Qualiter possit provideri, ne vinum Versetur.* Ubi Gallicus Interpres vetus : *Comme on peut remedier à ce, que le vin ne se tourne, ne corrompe.* [** Ital. *Volgersi*, Vide *Versio.*]

* **VERSARI** INRATIONABILITER, Cum animalibus misceri. Pœnit. vet. MS. ex cap. 15. Conc. Ancyr. : *De his qui inrationabiliter Versati sunt sive Versantur. Quotquot ante xx. annum tale crimen commiserunt, xv. annis exactis pœnitentiæ, communionem mereantur orationum. Deinde quinquennio in hac communione perdurantes, tunc demum oblationis sacramenta contingant...... Eos qui inrationabiliter vixerunt et lepra injusti criminis alios polluerunt, præcepit sancta synodus inter eos orare qui spiritu periclitantur immundo.*

¶ **VERSARIUS**, Gall. *Verseau*, Aquarius, undecimum zodiaci signum. Charta Communiæ Clarimontis ann. 1248. inter Ordinat. Reg. Franc. tom. 5. pag. 600. art. 12 : *Retinemus autem nobis in dicta villa... novam* (novem) *corvadas de omnibus animalibus ad aratrum trahentibus; duas in Martio persolvendas, et duas in Versario, et duas in Automno.* Hac loquendi formula consignatur anni tempestas, qua sol Versarium subit, mensem scilicet Januarium. Vide alia notione in *Versus.*

* Nequaquam; idem quippe *Versarius* hic, quod supra *Versana* 2.

¶ **VERSATILIS** GLADIUS de quo Gen. 3. versu ult. exponitur in Glossis Biblicis MSS. Anonymi ex Bibl. Reg. : *Utrobique secans vel aptus ad versandum et tollendum cum Deus vellet.* Consule Interpretes.

VERSATIM, Vice versa. Constitutio Chlotarii Regis ann. 560. cap. 6 : *Si judex aliquem contra legem injuste damnaverit, in nostri absentia ab Episcopis castigetur; ut quod perpere judicavit, Versatim melius discussione habita emendare procuret.*

* **VERSATUS**. Vide supra in *Versare* 1.

* **VERSCEPE**, vox Belgica, Navis onerariæ species. Charta ann. 1336. ex Cam. Comput. Insul. : *Toutes nos autres droitures et les leurs heritables, de pescheries, de nefs, que on appielle Verscepe.* [** *Vere*, Trajectus.]

¶ **VERSCHAT**. Vide supra in *Ghescot.*

VERSCHINGA. Notitia ann. 1159. in Tabulario Monasterii S. Bertini : *Dabit Waltero de Ekas.... pro banuverc 4. sol.... infra Kl. Maii, et Kal. Augusti 2. sol. pro expeditione, in festo S. Michëlis 2. pro Verschingis, in festo O. SS. 5. sol. pro tessement, etc.* Videtur idem quod *Friscinga.* Vide in hac voce.

¶ **VERSERIA**, Aratio, actio terram versandi. Charta Roberti Laudun. Episc. ann. 1210. ex Tabul. S. Remigii. Rem : *Postquam homines de Corbiniaco versaverunt terras illas,... reddent hominibus Prioris impensas de Verseria.* Vide *Versana.*

¶ **VERSETUS**, Versiculus, Gall. *Verset*, non semel in vet. S. Juliani Brivat. Rituali MS. Vide *Versus.*

¶ **VERSIBILIS**, Mutabilis. Victorinus apud Mabillon. tom. 4. Analect. pag. 164 : *Versibiles enim qualitates et juxta hoc μὴ ὄντα.*

VERSIBILITAS, Mutabilitas, inconstantia. Utitur Eulogius Cordub. lib. 2. cap. 15. et in Epist. ad Alvarum, qua illi Memoriale Sanctorum mittit. [Joan. Sarisber. Policrat. lib. 2. cap. 22 : *Quia nec ex mutabilitate rerum, nec ex temporis fuga, aut Versibilitate potest aliquid absconditum esse ab oculis ejus.*]

¶ **VERSICANORUS**, Poeta, ut mox *Versidicus*. Chron. Novalic. lib. 2. cap. 7. apud Murator. tom. 2. part. 2. col. 704 : *Famosissimus enim valde ubique fuisse refertur athleta ac fortis viribus, sicut de eo quidam sapiens Versicanorus scripsit, etc.*

* **VERSICULARIUS**, Qui versus in officio divino cantare debet. Stat. MSS. S. Vict. Paris. part. 2. cap. 6 : *In matutinis, quando fit de feria aut est festum simplex, Versicularius versus ad altare e sede sua invitatorium inchoat et* Venite *cantat...... In festis semiduplicibus vel dupplicibus vel ejus generis, et in feriis octavarum Paschæ et Penthecostes, Versicularii duo ad gradùs sanctuarii...... Versiculorius, cum dicitur,* Laudate Dominum de cœlis, *librum claudat et reponat in armario. Quando responsorii versiculum cantat, stet versus altare, et post versum inclinet et sedeat.* Vide mox *Versilare.*

VERSIDICUS, Poeta. *Versificus*, apud Fab. Victorinum in 1. Rhetoric. Ciceronis. [** Occurrit apud Virgil. Grammat. pag. 67. et alibi.]

VERSIFICARE, Psalmos antiphonatim canere. Ordinarius Ecclesiæ Rotomagensis MS. in 4. feria majoris hebdomadæ : *Quo* (*igne*) *benedicto, redeant ad chorum Versificando : Dominus illuminatio mea, etc.*

* Vel potius alternatim et submissa voce recitare. Idem Ordinar. in die Parasceves : *Finita nona ad ignem benedicendum pergant Versificando sub silentio* Miserere mei Deus, *sicut in v. feria.* Infra in Sabbato sancto ubi de benedictione ignis : *Cantando submissa voce* Miserere mei.

¶ **VERSIFICI** PSALMI. Vide *Psalmi plebei* in *Psalmus.*

* **VERSILARE**, Psalmos alternatim canere, nostris alias *Verseller*. Reg. visitat. Odon. archiep. Rotomag. ex Cod. reg. 1245. fol. 80. r° : *Vicarii nolunt recipere capam ad mandatum decani, nec cantare responsoria : injunximus hoc emendari. Nimis cito Versilant : injunximus hoc emendari.* Mirac. Mss. B. M. V. lib. 1 :

Maint clerc, maint moine, maint provoire,
Car au marchié ou à la foire
Samblent bien que fuir s'en doient,
Quant il Versellent ou saumoient.

¶ **VERSILIS**, Qui vertitur, qui redit. Hymnus vet. de S. Germano Autiss. : *Sublime festum seculis, indicit annus Versilis, etc.* Occurrit apud Mart. Capellam lib. 4. pro eo qui facilis est ad vertendum.[** Vide Forcell.]

VERSIM, Adverso vultu, vel Alternis vicibus. Pontificale antiquissimum : *Scola vero forinsecus cum Episcopo stans totum psalmum cum antiphona Versim decantet.*

** **VERSIO**. Andreæ Bergom. Chron. cap. 16. apud Pertz. Script. tom. 3. pag. 237 : *Vinum quomodo vindemiatum et intra vascula misso, statim turbulentus, qui dicitur Versio, fuit.* Vide Pet. Crescent. supra in *Versari.*

VERSIPELLO. Gloss. Gr. Lat. : *Versipello*, χαμαιλέων. In Lat. Gr. : *Versipellio*, χαμαιλέων καὶ λυκάνθρωπος.

* **VERSOR**, Gall. *Balayeur*, in Novitio, qui Apuleio *Converritor.*

¶ 1. **VERSORIUM**, Instrumentum rustícum quo terra *versatur.* Statuta Castri Redaldi lib. 1. fol. 17: *Statuimus et ordinamus quod nulla bestia aratoria, plaustra, aratra vel Versoria, ligones... possint vel debeant robari, deprædari vel pignorari, etc.*

¶ 2. **VERSORIUM**, *a verso, id est, Scopæ.* Goclenii Lexicon Philosophicum.

VERSULARIA. Vide locum in *Calcatorium.*

¶ **VERSUM**, ἄχρις, in Gloss. Lat. Gr. in MSS. additur, *usque.*

1. **VERSUS** APERTIONIS, in Regula Magistri cap. 44. Psalm. *Domine, labia mea aperies, etc.* Amalarius lib. 3. de Eccl. Offic. cap. 9 : *In nocturnali officio dicimus primo, Domine, labia mea aperies, etc. Deinde sequitur Gloria.*

VERSUS CLUSOR, qui dici solet in clausula Officii Ecclesiastici, qualis hodie : *Benedicamus Domino*, in eadem Regula Magistri cap. 37.

¶ VERSUS, nude dicitur Gratiarum actio post mensam, in Vita S. Odonis sæc. 5. Bened. pag. 193 : *Finis lectionis eum revocaverat ab excessu.... Versu dicto pro negligentia satisfacturus abbati, etc.*

VERSUM PERDERE dicebantur Monachi, cum ad Refectorium tardius venerant, primusque aut secundus vel tertius orationis versus jam dictus esset, in libro Usuum Ordinis Cisterciensis cap. 109. 116. in Institutionibus Rainardi Abbatis Cisterciensis cap. 64. in Instit. Capituli General. ejusdem Ordinis, distinct. 6. cap. 6. dist. 14. cap. 13. quo casu pœnitentiæ seu *veniæ* obnoxius erat. De *versu refectionis*, agit idem liber Usuum Cisterc. cap. 121.

VERSARIUS, Liber Ecclesiasticus, continens *Versus*, qui canuntur in Ecclesia. Necrologium Ecclesiæ Parisiensis 10. Kal. Aug. : *Dedit nobis.... psalterium cum hymnis, duos troperios duos versarios, etc.*

¶ VERSUS. Constitut. 2. Justitiani de confirm. Digest. : *In centum quinquaginta pene millia Versuum totum opus consummantes et in septem partes eos digessimus.* Ubi *versus* membra orationis integra sive periodos Duarenus intelligit: alii cum Contio lineas interpretantur.

¶ VERSUS. Prologus Defensoris Mon. in lib. Scintillar. apud Mabill. tom. 2. Anal. pag. 704. col. 2 : *Sicut naviganti portus, ita et mihi Versus fuit optabilis.* Operis conclusio indicatur, nisi me fallo : usus, quippe erat opera versu aliquo concludere.

¶ 2. **VERSUS**, pro Adversus. Chron. S. Petri Vivi apud Acher. tom. 2. pag. 753 : *Invenerunt eum* (Regem Franciæ) *variis militiæ bellis implicitum, scilicet Versus Regem Anglorum, etc.*

* Hinc *à l'Environ*, pro *Envers, à l'égard*, erga, in Lit. remiss. ann. 1446. ex Reg. 178. Chartoph. reg. ch. 108 : *Tant par temptacion de l'ennemy et de jeunesse, que aussi pour le hardement, foles et simples manieres que avoit et tenoit à l'Environ d'icellui suppliant une jeune fille,.... il la cogneut charnelement.*

¶ **VERSUTUS**, *Perversus*, διεστραμμένος, in Gloss. Gr. Lat. ubi Lat. Gr. MSS. habent *Perversor.*

* **VERTA**, vox Italica, Retiaculum. Mirac. B. Laur. erem. tom. 3. Aug. pag. 307. col. 2 : *Corvus ablatum ex Vertis panem reportavit.*

¶ **VERTAGUS**, Canis species. Vide supra in *Canis veltris.*

¶ **VERTARPES**, Morbi genus. Epist. ann. 1221. de Mirac. S. Hugonis Abbat. apud Marten. tom. 1. Anecd. col. 888 : *Lætitia mulier jurata dixit, quod cum morbo qui dicitur Vertarpes miserabiliter laboraret, ad tactum manus domni Hugonis abbatis Bonarumvallium, apud Viennam per Dei gratiam est sanata.* Vide *Vermis canis.*

VERTEBOLUM, VERTUOLUM. Pactus legis Salicæ tit. 27. § 14 : *Si quis statuam, aut tremagolum, vel Vertebolum de flumine furaverit, etc* Lex Salica tit 29. § 32. habet *Vertuolum*, [in edit. Baluzii *Vertivolum.*] Ubi interpretes genus retis esse aiunt, quod Normanni nostri *Verrueil*, Latini *Verriculum* vocant : alii instrumentum, quod volvendo *vertitur*, ad hauriendum aliquid. Vide *Vertibulum*, [et *Vervilium.*]

* **VERTEBRUM**, *Gall. Vertay, id quod pendet in fuso mulierum.* Glossar. Lat. Gall. ann. 1348. ex Cod. reg. 4120. *Verteil de fuseau*, apud Cotgrav. Vide mox *Verteolus. Vertail* vero ad artificium doliariorum pertinet. Stat. ann. 1468. ex Reg. 197. Chartoph. reg. ch. 7 : *Item lesdiz tonneliers ne pourront enfoncer queues nuefves sans Vertail, jusques à ce qu'elles seront veues et visitées par les maistres esgards.* Unde *Vertoquer*, in Lit. remiss. ann. 1387. ex Reg. 132. ch. 5 : *Ainsi que Jehan le Normant feust près d'une queue, que appareilloit et Vertoquoit Gillet tonnelier, etc.* In Ch. seq. ubi de ead. re : *Ordenoit et mettoit à point pour chargier etc.*

* **VERTELLA**, Belgis *Viertel* et *Virtel*, Quarta pars jugeris, in Matth. not. Syllog. Epistol. pag. 515. Sed et iisdem certam liquidorum mensuram sonat.

¶ **VERTELLUM**, vel VERTELLUS, f. Anfractus, Gall. *Détour.* Inquisitio ann. 1268. ex Schedis Præs. *de Mazangues : Et a S. Gabrielle usque ad Vertellum de Magnella,... et a dicto Vertello de Magnella protendebatur etc.* Leg. forte *Verceillum.* Vide in hac voce.

* **VERTEMOULA**, Vox vulgaris apud Normannos, vel *Vertemoulte*, ut legitur in Glossar. jur. Gall. et apud Cotgrav. qui *Droict de vert* exponit : at Terrianus in cap. 8. lib. 5. Comment. jur. Norman. Jus esse definit, quod domino debetur a subdito vel tenente, cum in horreum extra feudi limites positum grana frumentaria recondit. Lit. remiss. ann. 1482. in Reg. 209. Chartoph. reg. ch. 223 : *Le suppliant dist que l'héritaige lui estoit subgect en rente, ou en Vertemoula.*

VERTENARIUM. Charta Thomæ Regis Manniæ ann. 1055. in Monast. Anglic. tom. 1. pag. 718 : *Cum piscariis, braciniis, consuetudinibus, ancoragiis et Vertenariis.*

* **VERTEOLUS**, Globus, qui ad extremitatem fusi superadditur, ut facilius vertatur. Mirac. S. Domin. tom. 1. Aug. pag. 648. col. 1 : *Cum secunda feria in mane infra octavam beati Dominici coram matre* (parvulus) *luderet cum quodam Verteolo ligneo, quod est pondus fusi nentium mulierum, juxta satis grossæ nucis quantitatem, illum cum fuso in gutture infixit; extractoque fuso, Verteolus in gutture infixus remansit.* Vide supra *Vertebrum.*

¶ 1. **VERTERE**, Mutare. Domesdei tit. *Wirecestre : Quando moneia Vertebatur, quisque monetarius dabat* 20. *solidos ad Londinum, pro cuneis monetæ accipiendis. Vertir et tourner en autre obeissance*, in Litteris ann. 1272. tom. 5. Ordinat. pag. 565.

* Hinc VERTENTI FORTUNÆ, in Inscript. Lingon. tom. 9. Comment. Acad. Inscript.

¶ VERTENTES CAUSÆ, Quæ reapse coram judicibus agitantur. Libertat. villæ de Podio Mirolii ann. 1369. inter Ordinat. Reg. Franc. tom. 5. pag. 313 : *Concedimus tenore presentium, de gratia speciali, quod... causas coram dictis bajulo, consulibus aut quatuor probis, aut aliqua curia eorumdem, inceptas et Vertentes, ad se advocare nequeant.*

* 2. **VERTERE**, Versus aliquem locum gressus dirigere, accedere; quo sensu *Tourner* usurpamus. Charta Th. abb. S. Germ. Prat. ann. 1250. in Reg. 30. Chartoph. reg. ch. 590 : *Salvo etiam hoc et retento nobis et ecclesiæ nostræ, quod omnes mulieres prædictæ villæ in die purificationis suæ post puerperium, et primo die, quo accedent ad parrochialem ecclesiam post sponsalia, ad ecclesiam nostram imperpetuum tenentur Vertere ratione matricis ecclesiæ, et oblationes ibidem facere, prout hactenus extitit.* Chartul. Thenol. ex Cod. reg. 5649. fol. 83. v° : *Animalia carrucarum poterunt super idem nemus Vertere sine forisfacto, cum fuerit oportunum.*

¶ **VERTEVELLA**. Vide mox *Vertibella.*

VERTIBELLA, *Forfex medicinalis.* Ita Glossæ MSS. ad hunc locum Alexandri Iatrosophistæ lib. 1. Passionum : *Ex mulsa lavari bonum est, quando molesti humores in aure surrexerunt, et exit sæpius quod incidit, et Iatrolabon i. Vertibella facile trahitur.*

VERTEVELLA. Ebrardus Betun. in Græcismo cap. 12 :

> Est vectis ferrum longum pariterque rotundum,
> Ostia quo firmo, dictum sit a Vebo verbo :
> At Vertevellas quædam foramina dicas,
> Quod vertuntur in his vectes quocunque ferantur.

Gesta Consulum Andegav. cap. 3. n. 26 : *Fecit præterea aliam absidam.... cum ostio fusili, quod gunfis et Vertevellis, et quatuor clavibus firmabatur.*

☞ Hæc excerpta ex Heberno in Mirac. S. Martini apud Baluz. tom. 7. Miscell. pag. 169. paulo aliter leguntur: *Gumphiis, et Virtevellis, et quatuor clavibus firmabatur.*

VERTICULA, *cardines*, Papiæ. *Verticulum et verticillum*, σπόνδυλον, et σφόνδυλος, in Gloss. Gr. Lat.

* Glossar. Gall. Lat. ex Cod. reg. 7684 : *Vertevelle, cardo.* Lit. remiss. ann. 1398. in Reg. 153. Chartoph. reg. ch. 242 : *Le suppliant.... vint à l'uis de la chambre dudit Boucher, lequel il trouva fermé; et lors prist un grant gaston, dont il rompi les Vertevelles de l'uis.*

* **VERTEX**, *Haterel, coupel*, in Glossar. Lat. Gall. ex Cod. reg. 7692. Hinc *Vercaupe*, Pars capitis superior, quæ ab Anatomicis Gallice *Vertex* appellatur. Lit. remiss. ann. 1396. in Reg. 149. Chartoph. reg. ch. 322 : *Icelle Isabelet avoit esté malade de ce qu'on lui avoit fendu et osté de la teste le Vercaupe.*

* **VERTHEERINGHE**, Officium municipale apud Mechlinienses. Charta commun. Mechlin. ann. 1308. ex Cod. reg. 10197. 2. 2 fol. 82. r° : *Item officia, quæ zamencoep, Vertheeringhe et haminge Teutonice nominantur, etc. Vorghieringhe* editum ex ead. Charta apud Marten. tom. 1. Ampl. Collect. col. 1423.

¶ **VERTIBILIS**, Mutabilis, animo inconstans. Guibertus in Vita sua lib. 1. cap. 2 : *Quamvis momentanea pulcritudo sit sanguinum instabilitate Vertibilis.* Breviarium Hist. Pisanæ apud Murator. tom. 6. col. 185 : *Recte quidem Versilienses dicti sunt quasi Vertibiles ; omnia enim vertunt et pervertunt.*

¶ VERTIBILIS EQUUS, Cursor, stadiodromus equus, apud eumd. Murator. tom. 2. pag. 429. col. 2. Vide *Campitor.*

¶ **VERTIBILITAS** LINGUÆ, Mobilitas, Gall. *Volubilité.* Epistola Johannis de Monsterolio apud Marten. tom. 2. Ampl. Collect. col. 1420 : *Non adeo feroces sumus, ut quæ sit in disputando libertas ignoremus, aut linguæ Vertibilitati non noverimus indulgere.*

* **VERTIBILITAS** LIBERI ARBITRII, Facultas pro arbitrio ad id quod magis placet sese vertendi, apud Barelet. serm. in feria 3. hebd. 2. Quadrag.

VERTIBULUM, Idem quod *Vertebra*, vel est *instrumentum, cum quo carbones* vertuntur in fornace. Ugutio.' Gloss. Lat. Gall. : *Vertibulum, Rouable de fornaise.* Stephanus Episcopus Redonensis in Vita S. Guillelmi Firmati n. 16 : *Tunc subito latrunculus veste nudatus propria, sinistra tunicam, et dextra tenens Vertibulum, ad pedes Firmati provolvitur.* Supra *baculum* appellavit : *Extractam, qua induebatur, tunicam baculo superposuit.* [Pro vertebrarum compage occurrit in Mirac. S. Apri apud Marten. tom. 3. Anecd. col. 1033 : *Nam et Vertibulorum compages immensum dedere crepitum in restaurando suis locis.*]

* Glossar. Lat. Gall. ex Cod. reg. 7692 : *Vertibulum, trefeu.* Alia notione, vide supra in *Pidelium.*

VERTICALE. Glossæ divinæ Hist. MSS.: *Cytharim,* [Cidarim] i. *thyara, Verticale.*

¶ **VERTICILLUM.** Vide in *Vertibella.*

¶ **VERTICINARI.** Gloss. Gr. Lat. σκοτοῦμαι : *Verticinor, tenebresco.* Vide *Vertiginare.*

¶ **VERTICULA,** Verticulum. Vide in *Vertibella.*

* **VERTIFACERE**, unica voce, Versare, Gall. *Faire tourner.* Terrear. Bellijoc. ann. 1529. fol. 645. v° : *Unam exculsam* (sic) *pro capiendo aquam.... ad et super rotas dicti molendini et aliorum ingeniorum prædictorum pro ipsis Vertifaciendo.*

* **VERTIFOLIUM**, Pluteus, ut videtur : aperta est nomenclaturæ ratio. Lit. remiss. ann. 1364. in Reg. 96. Chartoph. reg. ch. 427 : *Eam* (domum) *more hostili intrans ad quoddam Vertifolium, in aula ipsius domus existens, de quadam clava seu massonya, quam deferebat, tam impetuose...... percussit, quod ipsum Vertifolium ruperit.*

¶ **VERTIGALIS**, et Vertiginalis Balea, Quæ in orbem *vertitur* et movetur. Vide *Balea.*

¶ **VERTIGILENSIS**, Trecorensis, Gall. *de Treguier* : Trecorium quondam *Vorganium* est appellatum. Charta Theobaldi Comitis Blesens. ann. 1186. apud Marten. tom. 1. Anecd. col. 627 : *Cum in basilicam S. Launomari convenissemus Vertigilensis Episcopus et ego Aalyps Comitissa, etc.*

¶ **VERTIGINALIS.** Vide *Vertigalis.*

VERTIGINARE, Circumvertere, apud Tertullianum de Pallio cap. 3. [Vide *Verticinari.*]

¶ **VERTIGINOSUS**, Vertigine laborans, apud Plinium lib. 23. cap. 2. Occurrit præterea apud Leibnit. tom. 2. Script. Brunsvic. pag. 317. et alios.

* **VERTILE**, Trochlea, quia facile vertit. Glossar. Lat. Gall. ex Cod. reg. 7692 : *Vertile, poulie.* Vide supra *Tornus* 4.

* **VERTILOGIUM**, Numella versatilis, Gall. *Pilori.* Arest. parlam. ann. 1420. in lib. 1. Stat. artif. Paris. fol. 21. v° : *Quibus* (ordinationibus) *inter alia inhibebatur ex parte nostra et sub pœna Vertilogii sive pillorii, aut subeundi aliam pœnam, etc.*

* **VERTITUS**, Versus, obversus, Gall. *Tourné*, alias *Vertis.* Lit. remiss. ann. 1386. in Reg. 134. Chartoph. reg. ch. 52 : *Dum ipse exponens intrabat dictum hospitium, habens dorsum Vertitum ad dictum Chabertum, etc.* Guill. Guiart. ad ann. 1270 :

En pleurs est leur dédnit Vertis.

¶ **VERTIVOLUM.** Vide *Vertebolum.*

* **VERTO**, Quarta pars libræ; male de libra exponitur in *Ferto.* Vide ibi. Necrol. MS. S. Aurel. Argent. ad vj. kal. Nov. : *Sacristæ duos denarios et unum Vertonem ceræ, de quo debent parari duæ candelæ.* Vide infra *Vierlingus.*

¶ **VERTOLENUM**, Instrumentum piscatorium, Provincialibus *Vertoulen*, quod *Nasse* exponitur in Dictionario Provinciali. Inquisitio ann. 1268. ex Schedis Præs. *de Mazaugues* : *Requisitus cui de Arelate deffenderunt prædictum stagnum, dixit quod Joanni Arquimbaudo quem pignoraverunt de retibus suis et Vertolenis. Requisitus quod retia abstulerunt ei, dixit quod quatuor sagittas retium et tres duodenas Vercolenorum.* Vide *Vertebolum.*

* Charta ann. 1303. ex Tabul. D. Veneciæ : *Possint et valeant.... libere et impune piscare in aqua Nartubiæ.... quocumque tempore cum Vertolenis, etc.*

¶ **VERTON.** Vide in *Ferto.*

¶ **VERTONICA**, κεστός, in Gloss. Lat. Gr. Salmasius, cui accedit Rigaltius ad Onosandrum emendat, *ven. tunica*, id est *Veneris tunica* : nisi, inquit idem Rigaltius, legendum sit *Vettonica*, κεστός, de qua herba ac voce egit Antonius Musa. Hæc in Castigat. Gloss.

VERTRACUS, Vertraha, Canis species. Vide *Canis Veltris.*

VERTUOLUM. Vide in *Vertebolum.*

¶ **VERTUOSUS**, Virtute præditus. Oratio habita ann. 1471. apud Acher. tom. 9. Spicil. pag. 329 : *Et si hominum Vertuosior in conspectu Christi Vicarii, Ecclesiæ Principis, tantique cœtus venerabilium ac reverend. Patrum affari pertimescat.* Vide *Virtuosus.*

VERU, Stipes instar subulæ præacutus. Vetus Inscriptio pag. 61 : Hæc Area Intra Hanc Definitionem Cipporum Clausa Verubus. Charta Chrodegangi Episcopi Metensis, apud Meurissium pag. 169 : *Cum palis molendinariis et Verubus, etc.* Est etiam

Veru, Armorum species. Apud Smaragdum in Grammatica MS. *Veru*, in Glossa superlineari, exponitur *sagitta.* Will. Brito lib. 11. Philippid. pag. 232 :

Mox hastas bastata manus configit in illum,
Quorum cuspis erat longa, et subulæ instar acuta,
Et nonnulla velut Verubus dentata recurvis,
Cuspidis in medio uncos emittit acutos.

Infra :

Hic Verubus, cultris alter subularibus, arctas
Scrutatur thorace vias.

Ubi idem videtur *veru*, quod βεροῦτα, in Gloss. Gr. Lat. : Βερoῦτα, εἶδος ἀκοντίου, *Canamentum*, ubi forte leg. *cum amento.* Βηρύτται, ῥιπτάρια dicuntur Leoni et Mauricio in Tacticis, locis a Rigaltio indicatis in Gloss. Jo. de Janua : *Verutus, quoddam genus pili.* Papias : *Veruti, gens, ubi ferrum est solidum et productum, dicti, quod verubus pugnent.* [Gloss. Lat. Gall. Sangerm. : *Verutatus, armez de hastes.*] Ammianus lib. 19 : *Retectisque gladiis et Verutis. Verettoni*, Italis. [Vide *Veretonus.*] Joan. Villaneus lib. 12. cap. 66 : *Cominciarono a saettare con loro Verettoni.* Ita eod. libro cap. 19. 20. *Viratons*, in Chronico Petri IV. Regis Arag. lib. 6. cap. 4. *Viretons*, Scriptoribus nostratibus, quibus et *Broches* dicuntur. Guill. *Guiart* ann. 1213 :

Si con François vont ordenant
Leur bataille en un tenant,
Garnis d'espées et de Broches.

Chron. Bertrandi Guesclini :

De leurs Broches de fer se vont entracoulant.

Infra :

De sa broche de fer li a trois coups donnez.

Raimundus Montanerius in Chron. Regum Aragon. cap. 221 : *Et ab una brotxa que tenia, dona li be 13. colps.*

Brochiis instructa fuisse scuta militaria docent Assisiæ Hierosol. MSS. cap. 95. ubi de Armis Militis, qui duello decertat : *Et en l'escu doit avoir deus broches de fer tout emmi l'escu, et l'autre au pié de soute, et doivent estre de tel grosse come il vodront, et de tel longour jusque à un pié, et neent plus, et entour l'escu tant de broches com ils vodront, agués, ou rasours. Et le cheval doit estre couvert de couverture de fer, et avoir une testiere de fer, et emmi la testiere une broche de fer, telle comme celle de l'escu.*

VERUDATUS, Veru transverso obfirmatus, clausus, Gallis, *Verouillé.* S. Augustinus Quæst. 23. super libr. Judic. : *Proinde aut alia clavis allata est, aut tale clausuræ genus fuit, quod sine clavi posset claudi, nec sine clave aperiri. Nam sunt quædam talia, sicut ea, quæ Verudata dicuntur.* Malim *Verutata*, [vel *Veruclata*, ut ex MSS. restitutum est in ult. edit. Vide *Verutatus* et *Vera* 1.]

¶ **VERVECARIUS** Pastor, *Vervecum* seu ovium custos. Charta S. Irminæ ann. circ. 698. apud Miræum tom. 1. pag. 243. col. 2 : *Itemque dono... pastores vaccarios, porcarios, Vervecarios, cum gregibus suis.* Vide in *Berbix* 1.

* **VERVELLA**, f. pro *Vertevella;* nam apud ferrarios fabros *Vertevelle* appellatur Pessuli annulus. Comput. ann. 1450. ex Tabul. S. Vulfr. Abbavil. : *Item dicto Petro pro quadam pentura Flamenga, cum una Vervella ad quamdam fenestram cameræ domus,...... xviij. den.*

¶ **VERUHIA**, Salicetum, ut videtur, Gall. *Saussaie.* Charta Comitatus Marchiæ ann. 1406 : *Cum omnibus et singulis ipsius mansi.... nemoribus, arboribus, Veruchiis, contortiis, etc.* Terrarium Apchonii ann. 1511 : *Plus unam sauliam, sive Veruhe simul contiguis, etc.*

* Charta ann. 1377. in Reg. 112. Chartoph. reg. ch. 130 : *Item quamdam Veruhiam, sitam in territorio d'Estruel* (prope Brivam dictum *la Gallarde*). Nisi legendum sit *Vernhia*, atque de alneto intelligatur. Vide supra *Vernha.* At vero scrupulum mihi injicit vox Gallica *Veruque*, quæ sive de alno, sive de salice exponatur, *Veruhia* dici potuisse insinuat. Lit. remiss. ann. 1467. in Reg. 200. ch. 183 : *Ung petit baston de Veruque, de quoy le suppliant touchoit son bestail, etc.*

¶ **VERVICARIUS**, ut *Vervecarius*, in Chron. Novalic. apud Murator. tom. 2. part. 2. col. 744. Vide *Berbix* 1.

¶ **VERVICUNE**, Retis species, idem quod *Vervilium.* Charta ann. 1119. ex Tabul. Partiniac. apud Stephanot. tom. 2.

Antiq. Pictav. MSS. pag. 499 : *Donavimus etiam et concessimus prædictis monachis piscationem aquæ Thoerii... vare et pirveric atque Vervicune.* Vide *Vertebolum*.

VERVILIUM, Retis species, instrumentum piscatorium, [Gall. *Verveux*.] Charta ann. 1073. ex Tabular. Monaster. S. Quintini in Insula fol. 13. v : *In possessione vel quasi amovendi et deponendi Vervilia ad alas, et alia magna ingenia a dicto ponte Frasceno* [*Terrasceno*,] *etc.* Infra : *Cum Vervilis ad alas, etc.* Rursum : *Ad communes nassas à foisne* [*foire*], *ad Vervilia rotunda, et ad saccum tantummodo piscari* [*poterunt*. Occurrit præterea pag. 15. et 16. ubi ejusmodi rete sic describitur : *Quod dicta Vervilia quibus piscari*] *licet et licebit, non habeant in corpore ultra* 50. *maculas ad maculam Regis, et* 60. *maculas in collo : maculas autem colli Vervilii minores facere poterunt insulani, quam sit mensura Regis, dum tamen dictum collum Vervilii ultra* 16. *vias macularum non contineat.* Charta ann. 1315. ibid. fol. 18. v° : *Ont fait prendre et emporter aucuns Vreviex et engiens plusieurs à poissons ès yaux des Religieux d'Isle.* [Alia ann. 1428. ex Chartul. Latiniac. fol. 208. v : *Sans ce que nul y puisse ne doye aller tendre, ne pescher, soit à cage ou Verveux, ne à quelque autre angin que ce soit.* Vide *Vertebolum*.]

☞ Aliud est quod *Vervelle* vocat Stephanus *de la Fontaine* Argentarius Regius in Computo ann. 1350 : *Pour* 13. *Vervelles d'argent dorées et esmaillées des armes de France pour les faucons du Roy.* Annulus est ad pedem accipitris alligandus, cui insculptum est scutum gentilitium ejus cujus est accipiter. Vide *Bacinetum*.

* *Verzeul*, eodem sensu, in Lit. remiss. ann. 1391. ex Reg. 141. Chartoph. reg. ch. 103 : *Les supplians trouverent dedens ladite riviere un engin, appelle Verzeul, pour prendre poisson.*

VERVISA, Panni genus, alias *Plankets* dictum, anno 1. Ricardi III. Reg. cap. 8. Cowell. et Spelm.

¶ **VERUIT**, Veritus est. Offic. Mozarab. de S. Pelagio tom. 5. Jun. pag. 216 : *Pro quo nec mori timuit, nec decollari Veruit.*

¶ **VERULA**, diminut. a Veru, Cochlea minor, Gall. *Vis.* Inventar. S. Capellæ Paris. ann. 1376. ex Bibl. Reg. : *Item caput sancti Symeonis,... quod caput habet unam coquciam desuper firmatam cum una Verula esmailliata.* Aliud Gallicum ejusd. S. Capellæ : *Item le chief S. Symeon,... et a une coquece d'argent sur la teste fermant à une Viz esmaillée.* Vide *Vicella*.

¶ **VERUM**, pro Æquum. Acta purgat. Cæciliani apud Baluz. tom. 2. Miscell. pag. 96 : *Non est Verum ut pater castiget filium contra veritatem, etc.* Vide Baluzii notas ibid. pag. 487.

¶ **VERUNDUM**, Rete. Vide *Sagena* 1.

¶ **VERUTATUS**, *Veru circumactus*, in Glossario Gasp. Barthii apud Ludewig. tom. 3. Reliq. MSS. pag. 200. ex Baldrici Hist. Palæst. Vide *Verudatus*.

¶ **VERUTIUS**, Mus Ponticus. Conc. Senon. ann. 1480. apud Acher. tom. 5. Spicil. pag. 626 : *Neque foderaturas statui suo non congruentes et maxime minutos Verutios.*

¶ **VERUTUM**, Veru, Gall. *Broche.* Inventar. ann. 1379. ex Schedis Cl. V. *Lancelot : Item duo Veruta ferrea cum pedibus.*

* **VERZARIA**, Viridarium, Ital. *Verziere.* Charta ann. 752. apud Murator. tom. 5. Antiq. Ital. med. ævi col. 1011 : *Cum terra et vineas, silvis, Verzaria, olivis, pumis, arboribus, etc.*

¶ **VESANIOR**, pro Ignobilior, Gr. ἀσημότερος, apud vet. S. Irenæi Interpr. lib. 1. cap. 5. num 4.

* Nostris *Vesarde*, pro *Frayeur, épouvante*, Pavor, terror. Lit. remiss. ann. 1477. in Reg. 206. Chartoph. reg. ch. 1132 : *Je vous ferai la plus belle Vesarde que vous eustes onques, depuis que nasquistes.*

* **VESCARAGO**, Aquifolium. Glossar. Lat. Gall. ex Cod. reg. 7692 : *Vescarago, Hous.*

¶ **VESCARIUM**. Vita Calixti II. PP. apud Murator. tom. 3. pag. 420. col. 2 : *Ædificavit duas cameras contiguas, cum tuto Vescario, quod sub eis fieri fecerat.* f. *Vestiarium*.

* f. Locus, ubi vescenda servantur, *Garde-manger*, qui in locis inferioribus collocari solet, maxime in Italia. Vide *Vesculentus*.

¶ **VESCES**, ὀλιγόσιτος, in Gloss. Lat. Gr. Leg. *Vescus*, ut in Gloss. Gr. Lat. Vide *Vesculentus*.

¶ **VESCHERIA**. Ottoboni Annal. Genuens. ad ann. 1181. apud Murator. tom. 6. col. 356 : *Gualterius de Moach admiratus Guilielmi Regis Siciliæ cum maximo stolo de galeis et Vescheriis plurimis cum militibus venit in portum Januæ.* Ubi Codex alter habet, *Uscheriis*, ut observat Muratorius : at legendum existimo *Usseriis*, quo significantur naves, quibus equi transvehuntur. Vide *Huisserium*.

* **VESCIA**, a Gallico *Vesce*, Vicia. Charta ann. 1325. in Reg. 64. Chartoph. reg. ch. 364 : *Item pro Vesciis pertinentibus ad dictam domum causa decimarum, extimarunt pro anno quolibet sexaginta solidos Paris.*

¶ **VESCILIÆ**, χαῖται φρυγός, in Gloss. Lat. Gr. Vulcanius ex Charisio emendat : *Quisquiliæ*, χαῖται φρυγάνων.

¶ **VESCOMTESSA**, Gall. *Vicomtesse*, Vicecomitissa, in Charta ann. 1212. ex Tabul. S. Martialis Lemovic.

VESCULENTUS, *Deliciis et escis plenus, vel vescis; Vesculentia, deliciarum vel vescorum copia.* Ugutio. Catholicon parvum : *Vesculentia, Abondance de viandes.* [Gloss. Lat. Gall. Sangerm. : *Vesculentia, Habundance de delices en viandes. Vescus, manjables ou delicieux à mangier.*] Jo. de Janua : *Vescus, comestibilis, vel ad vescendum habilis, vel vescibilis. Vel vescus, deliciosus : unde vesculus, etc.* Vide Festum, etc.

* **VESCUS**, *Non appetens cibi*, in vet. Glossar. ex Cod. reg. 7641. Sensu opposito, vide in *Vesculentus*.

¶ **VESDUM**, Glastum, ut videtur, idem quod *Guaisdium.* Tabul. S. Audoëni Rotomag. inter Probat. Hist. Ebroic. pag. 9 : *Universas decimas lini, canabi, tertiam partem Vesdi, lanæ, agnorum, omniumque minutarum decimarum obventiones universas.* Vide infra *Wesdia*.

* **VESIBOL**, *Prov. Runco, falcastrum.* Glossar. Provinc. Lat. ex Cod. reg. 7657. Vide supra *Besogium*.

* **VESICULA**, *ubi avis colligit comestionem, scilicet Ganaych*, in eodem Glossario.

* **VESILLUS**, an Exiguus? Charta Phil. V. pro monast. Pissiaci ann. 1317. in Reg. 61. Chartoph. reg. ch. 92 : *Item super jardinum Vesillum per annum octo solidos, decem denarios.*

¶ **VESMETUM**, pro *Vesinetum*, vel *Visnetum*. Vide in *Vicinus*. Leg. Norman. apud Ludewig. tom. 7. Reliq. MSS. pag. 248 : *Si vero pars adversa hanc dilationem esse factam fraudulenter noverit, inquisicio fieri debet de puerperio per homines de Vesmeto, et partus ad visionem multis demonstrari. Vesineté*, in Bestiario MS. ubi de Panthera :

Dont ist une tant bonne odour
De sa bouce, pour verité,
Qu'en toute la Vesineté
N'a nule beste qui se tiegne
Qui maintenant à li ne viegne.

* Glossar. Provinc. Lat. ex Cod. reg. 7657 : *Vesmansa, Prov. vicinitas, confinium.*

VESO, Felis seu cati species, nostris vulgo *Putois.* Petrus Venerabil. in Statutis Ord. Cluniac. cap. 17 : *Ad coopertoria facienda solummodo, sicut hoc magis placuerit, Putosiorum : et juxta aliorum linguam, Vesonum pellibus utantur.*

¶ **VESONA**, Suessio, *Soissons*, dicitur Paschasio Radberto in Inscriptione libri de Partu B. M. V. quem *venerabili matronæ Christi, una cum Christi virginibus Vesona monastice degentibus* nuncupavit. Quod vocabulum non errore amanuensis scriptum esse probat Mabillonius sæc. 4. Bened. part. 1. pag. 131. cum ex Codicibus MSS. tum ex tribus locis Expositionis psalmi 44. ejusdem Radberti in quibus reperitur; maxime vero quod Ptolemæus *Vesones* et Strabo *Vesiones* appellant Suessionenses. Consule Mabillonium loco laudato.

VESPA. Gregor. Turon. de Vitis Patr. cap. 10 : *Examen mirabilium atque sævarum muscarum, quas vulgo Vespas vocant, reperit.* Atqui vox Latinis cognita : Plinio præsertim lib. 11. cap. 21. a quo describitur, sed videtur expressisse vocem vulgarem *Wespe*, uti Germani efferunt, nos *Guespe*. [Gloss. Lat. Gall. Sangerm. : *Vespa, une mousche qui naist de charoigne d'asnes.* Arelatensibus, teste Præs. *de Mazaugues*, *Vespices* et *Vespiaires* nuncupantur, qui spinas, dumos aliaque ejusmodi evellunt, vocis origine mihi incomperta.]

VESPETUM, Locus, ubi vespæ abundant. Joan. de Janua.

* **VESPARIUM**, *Un essien* (essaim) *de guepes.* Glossar. Lat. Gall. ex Cod. reg. 7692. Vide infra *Vespetum*.

¶ **VESPER** PRIOR, Pervigilium. Carmen apud Mabill. tom. 4. Annal. Bened. pag. 287. laudatum, ubi de Notkeri obitu :

Vespere natalis Petri petit astra priore.

VESPERÆ, Una ex *horis* Ecclesiasticis, quæ sub vesperam dicitur, quam eamdem esse cum *Lucernario* volunt viri docti. Ugutio : *Hæ vesperæ, significat id temporis, in quo pulsatur illud officium : hi vesperi, ipsum officium. Vesperi siquidem cantantur; sed vespere pulsantur. Quidam tamen non* *distinguunt inter vesperas et vesperos, quantum ad officium.* [Cæremon. MS. B. M. Deauratæ Tolos. : *Alia erunt de omnibus sanctis usque ad Vesperos.* Infra : *Et post Vesperos fit commemoratio de octava S. Martini.*] S. Hilarius Massiliensis in Vita S. Honorati Arelat. : *Hac igitur adhortatione completa, jubet congregationem mœstam sacrificium Vespertinæ laudationis offerre, et cibum consuetudinaria refectione perficere.* De *Vesperis*, seu officio Ecclesiastico ita appellato, vide Durandum lib. 5. cap. 9. ex recentioribus vero Garsiam Loaysam in Notis ad Concil. Tolet. I. can. 9. et in Emeritense can. 2. Marcellum Francolinum de Horis Canonic. cap. 12. 17. Gazæum ad Cassian. lib. 3. cap. 3. Hugonem Menardum ad Concordiam Regul. ad cap. 24. § 2. Haëftenum lib. 7. Disqu. Monastic. tr. 7. disq. 4. etc. Card. Bona de Psalmodia cap. 10. etc.

* Consuet. Norman. part. 2. cap. 31. ex Cod. reg. 4671 : *Alia autem est (visionum assignatio) ad Nonam, et in hac expectandum est usque ad Vesperas, i. usque ad medium temporis inter Nonam et solis occasum. Alia autem est ad Vesperas, et in hac expectandum est usque ad occasum solis.* Guill. Ventura in Chron. Ast. cap. 11. apud Murator. tom. 11. Script. Ital. col. 164 : *Cum ministri et milites dicti* (Caroli) *regis inhoneste et insolenter viverent, tractatu Johannis de Procida, qui per tres menses duravit, die Lunæ inter festum Resurrectionis Domini ad horam Vesperarum, cum pulsarentur campanæ, Galli omnes, qui in Sicilia erant, trucidati sunt, tam mares quam feminæ, pueri et senes; quin etiam et mulieribus prægnantibus ventres aperti sunt et occisi infantes : idque fuit anno Domini 1282. Inde advenit proverbium, Vesperi Siciliani.* Rem narrat scriptor coævus, cujus proinde magni facienda auctoritas.

* Vespere Basso, Sub Vesperam, Gall. *Sur le soir.* Charta ann. 1391 : *Guillelmus de S. Egidio et Guillelmus Fabriani ambassiatores electi a Consilio generali ad eundum Aquis ad dominam nostram reginam, cum applicuissent die Sabbati 22. mensis Julii basso Vespere, etc. Vespre*, eadem notione, in Lit. remiss. ann. 1389. ex Reg. 138. Chartoph. reg. ch. 151 : *Robert et Donas s'estant trouvez à un Vespre, ils s'entrebattirent.*

* Hinc *Vesprée* et *Avesprement* nuncupatur, Serotinus conventus, ubi vel lanificio aliive operi vacabant aut indulgebant genio, vulgo *Veillée.* Lit. remiss. ann. 1378. in Reg. 112. ch. 238 : *Icellui Jehan estoit à une Vesprée en la maison Adam Tercot en la ville de Beaubec.* Aliæ ann. 1380. in Reg. 118. ch. 9 : *Advint que ycellui Alart d'Auxeville et un autre en sa compaignie trouverent ledit Caillot à un Avesprement en la ville de Rouen, et le battirent de couteaux.* Guignevilla in Peregr. hum. gen. MS :

Mais avant que plus vous en die,
Afin que il ne vous anuie,
Je vous donrai une Vesprée,
Et chi ferai une pausée.

Vespertinales, Horæ scilicet. Concilium Aquisgran. II. cap. 2. can. 9 : *Vespertinales quoque in vigilia Paschæ melius celebrandæ sunt propter lætitiam Resurrectionis Domini, quam dimittendæ.* [*Vespertinalis Synaxis*, in Ordine Romano, apud Mabill. Liturg. Gall. pag. 109.]

¶ **VESPERALIS.** Charta ann. 1157. apud Thomasser. in Biturig. pag. 700 : *Promitto enim per fidem meam, quod contra promissa vel aliquod promissorum per me Vesperalium non veniam in futurum.* Manifestus error, pro *vel per alium.*

¶ **VESPERATUS**, Ad vesperam perductus. Acta SS. tom. 7. Maii pag. 398 : *Confestim pluviæ apertis nubibus de cœlo descendentes, ingruunt sæpe, Vesperato festo. Die jam Vesperato,* apud Solin. cap. 16. *Vesperare, Avesprir,* in Gloss. Lat. Gall. Sangerm. *Vesperare*, ἑσπερίζειν, in Gloss. Lat. Græc.

* Lit. remiss. ann. 1379. in Reg. 116. Chartoph. reg. ch. 113 : *Icellui Jannot se departi d'eulx pour aler querir et cerchier deux buefs,... et demoura tant qu'il Avespra.* Unde *Estre Avespry*, Nocte opprimi, in aliis Lit. ann. 1399. ex Reg. 154. ch. 247 : *Après que le suppliant fu Avespry, prist une hache.... pour soy partir.* A veteri Gallico *Advesprement* et *Avesprant*, pro Vesper. Lit. remiss. ann. 1396. in Reg. 150. ch. 105 : *Un certain jour environ l'Advesprement d'icellui, etc.* Aliæ ann. 1379 in Reg. 115. ch. 136 : *Ainsi que les exposants estoient ou chemin en trepassant par la ville de Goille-fontaines, vers l'Avesprant, etc.*

¶ **VESPERI.** Vide in *Vesperæ.*

VESPERIA, Ultimus, uti vocant, actus in Universitatibus ad consequendam *Doctoris* dignitatem, seu *Disputatio*, quæ a Baccalario fit pridie quam *Birreto* doctorali donetur, in qua disputant tres Doctores cum eodem Baccalario. Nicolaus Trivettus in Chron. ann. 1282 : *Post disputationem, quæ Vesperiæ appellantur.* Statuta Facultatis Theologicæ in Academia Viennensi in Austria tit. 16 : *Post hæc Vesperiæ Licentiati secundum modum Parisiis consuetum, quem hic recipimus, sic fiant : quod per aliquot dies, ante scilicet decem vel circa, Licentiatus Vesperiandus in cappa venit una cum bedellis per domos omnium Magistrorum, et Baccalariorum formatorum, portandum eis titulum quæstionum quatuor, quarum duæ disputandæ sunt in Vesperiis, et duæ in aula, etc.* [Statuta Academiæ Paris. apud Acher. tom. 6. Spicil. pag. 382 : *Item quando unus bachalarius in Theologia habet Vesperias suas, etc.* Consuet. ejusdem per Robert. Goulet fol. 8 : *Theologi itaque licentiati secundum licentie ordinem post celebratas in suis scholis Vesperias, quilibet seorsum doctoratus dignitatem rotundumque magisterii birretum in aula domini Parisiensis Episcopi ... suscipit.*]

¶ **VESPERIANDUS.** Vide in *Vesperia.*

¶ **VESPERTILIO**, *Serotinus.* Gloss. Isid. *Vespertilio*, νυκτερίς, in Gloss. Lat. Gr.

¶ **VESPERTINALES.** Vide in *Vesperæ.*

VESPERUGO, Vesper, tenebræ vespertinæ. [Gloss. Lat. Gr. : *Vesperugo*, ἕσπερος.] Vita S. Hugonis Episcopi Heduensis apud Mabill. sæc. 5. Bened. pag. 99 : *Continua illa brumalis aeria coagulatio... ita diversas in partes dispersa liquefiebat, ut nec vestigium alicujus obnubilati Vesperuginis appareret.*

¶ **VESPETUM.** Vide in *Vespa.*

* Italis, *Vespaio.* Glossar. Lat. Gall. ex Cod. reg. 7692 : *Vespetum, Guepiere.* Vide in *Vespa.*

¶ **VESPILIO**, Grassator nocturnus, in Mirac. S. Cuneræ tom. 2. Jun. pag. 564 : *Fuit captivatus a raptoribus, maleficis, Vespilionibus et captivus ab eisdem ductus in quamdam silvam.* Pro militum specie occurrit in Chron. Astensi apud Murator. tom. 11. col. 264 : *Quidam Regis Vespiliones, sive soldati, de Ast exeuntes iverunt ad Sassellum, et villam intrantes bonis omnibus spoliaverunt.*

¶ Vispilio, Eadem notione, apud Rigordum tom. 5. Duchesn. pag. 51 : *Romipetas faciebat* (Otto Imperator) *a suis Vispilionibus, quos in castris posuerat, spoliari.* Ibidem pag. 56 : *Transibant Vispiliones per Ligerim fluvium.* Unde pro *Vispillorum* legendum censeo *Vispilionum* in Chron. Angl. Th. *Otterbourne* pag. 178 : *Eodem anno* (1389.) *missus est cum armata manu dom. Mowbray comes Nottingham mariscallus, ut Scotorum irruptionibus se opponeret. Sed quia non erat par tantis exercitibus nihil egit, quippe qui non ultra 500. lanceas secum duxit contra tot milia Vispillorum.* Vocis origo aperitur infra in *Vispilio* suo ordine.

* **VESPRALARE**, Sub vesperam comedere, merendam sumere, Gall. *Gouter.* Acta MSS. Inquisit. Carcass. ann. 1308. fol. 36. r° : *Aportavit eis fructus, et invitaverunt eum et dederunt ei ad Vespralandum, dantes sibi de pane suo.*

* **VESSA**, *Prov. Vicia*, in Glossar. Provinc. Lat. ex Cod. reg. 7657. Occurrit in Charta ann. 1356. inter. Probat. tom. 2. Hist. Nem. pag. 176. col. 2. Vide supra *Vescia.*

* **VESSADA**, f. Naviculæ, vel instrumenti piscatorii species. Charta Will. episc. Norwic. ann. 1287. ex Cod. reg. 8387. 4. fol. 59. r° : *Reperimus usurpata seu surprisa,.... videlicet.... Vessadam pertinentem ad nassam vicecomitis.* Vide in *Nassa.*

VESSEIL. Joannes in Archithrenio lib. 2. cap. 10 : *De potu superfluo :*

Ergo vagante cypho distincto gutture Vesseil
Ingeminant Vesseil, labor est plus perdere vini
Quam sitis, etc.

Ubi ad marginem scriptum *Wersell*; forte ex alio exemplari, quæ quidem ferri potest lectio, qua Gallicum *Versez* exprimitur, i. *funde merum.* Alias *Vesseil*, vas sonat, quasi dicatur, *vas* seu scyphum affer, ut bibam. Idem Scriptor lib. 7. cap. 1 :

..... Nec sentit hydropicus unde ꝭ
Congestos calices, nisi fosso vase, bibendi
Continuetur iter, etc.

* Wachter. Glossar. Germ. voce *Heil* pag. 686. *Wes heil*, Salvus esto; formula veterum, tam salutandi quam propinandi, cui respondet alter : *Drinck heil*, bibe salutem tuam. Glossar. Provinc. Lat. ex Cod. reg. 7657 : *Vessar, Prov. Redundare.*

¶ **VESSELLA**, Vasa, vasarium, supellex. Charta ann. 1342. inter Probat. Hist. Sangerm. pag. 174. col. 1 : *Primo omnes oblationes factæ in auro, in moneta aut in Vessella de auro, aut in massa aut in jocali-*

bus, etc. Occurrit rursum infra. Vide *Vassella.*

¶ Vessellamentum, Eadem notione. Litteræ Edwardi III. Reg. Angl. ann. 1338. apud Rymer. tom. 5. pag. 60 : *Diversa Vessellamenta,.... unum calicem argenti, unum calicem auri,.... quæ quidem Vessellamenta et alia jocalia, etc.* Occurrit præterea in Litteris Ricardi II. ann. 1398. apud eumdem tom. 8. pag. 63. Charta ann. 1296. ex Chartul. 23. Corb. : *Se aucuns bailloit en garde deniers, joiaux, Vessellement, etc. Que nulle Vessellemente d'argent blanche, etc.* in Statuto Philippi VI. Reg. Franc. ann. 1332. tom. 2. Ordinationum pag. 86. Vide in *Vaissela.*

¶ Vessellum, Pari intellectu, in Litteris Henrici IV. Reg. Angl. ann. 1411. ibid. pag. 709 : *Præstita et recepta denariorum, jocalium, et Vessellorum quorumcumque, etc.* Vide *Vexelamentum.*

¶ **VESSIDA**. Computus ab ann. 1333. ad ann. 1336. tom. 2. Hist. Dalph. pag. 275 : *Pro uno baculo de ebore et Vessidis parvis sex, taren.* III. *gran.* XVI. Forte pro *Boscida*, globulus, Gall. *Boulette*, ut paulo ante legitur.

¶ **VESSILLUM**, pro Vexillum, in eodem Comput. pag. 276 : *Pro vagina lanceæ Domini ad apportandum Vessillum ante Dominum et pro uno laqueo de seta pro ipso Vessillo, taren.* I. *gran.* XIV.

* Ab Italico *Vessillo*, eadem notione.

VESTARARIUS, Idem qui *Vestiarius*; qui vestium vel thesauri curam habet. Apud Anastasium pag. 99. Pandulus *vestiarius*, Desiderii Longob. Reg. in aliis codd. *Vestararius* nuncupatur. *Vestararius* summi Pontificis apud eumdem in S. Hadriano pag. 114. et in Leone III. pag. 121. ubi alii codd. habent *vestiarius*. [*Sergius presbyter et Vestararius* ejusdem Hadriani PP. apud Baluz. tom. 7. Miscell. pag. 122.] *Vestararius Ravennæ*, apud Guill. Bibliothecar. pag. 214. *Cæsarius filius Pipini potentissimi Vestararii*, in Epistola 7. Joannis VIII. PP. ex iis, quas edidit Sirmondus. [*Ravennæ Vestararius*, cui ejusdem civitatis claves commissæ erant, memoratur in fragmento Epistolæ ejusdem Papæ apud Baluz. tom. 5. Miscell. pag. 489.] *Georgius Vestararius*, in Actis Conc. Pontigon. ann. 878. cap. 8. Exstat apud Perardum Epistola Abbatis S. Benigni inscripta *Illustri sacri Palatii Vestarario, primo Senatori, nec non unico Romanorum Duci.* Occurrunt *Vestararii* Ecclesiastici, seu qui *vestiarii* Ecclesiarum curam habebant, apud Ughellum tom. 7. Italiæ sacræ pag. 610. tom. 8. pag. 209. 210. Adde præterea Chronicon S. Sophiæ Benevent. pag. 625. 638. 641. Petrum Diacon. lib. 4. Chron. Casin. cap. 108. 120. et Angelum a Nuce ad eumdem Scriptorem cap. 68. [** Annal. Cavens. ad ann. 1146. et 1232 : *Obiit... abbas...; Vestararius loco ejus successit.*] Vide *Vestiarius.*

¶ Vestariarius, pro *Vestararius*, apud Anastas. Biblioth. in Stephano IV. PP. tom. 3. Murator. pag. 190. col. 2.

** Vesterarius, Vesterarissa. Inscript. Christ. apud Maium Scriptor. vet. tom. 5. pag. 215. num. 2 : *In hoc tumulo dormiunt Sergia et Bonifacius germani filii Theophilacti Vesterarii et Theodoræ Vesterarissæ, etc.*

* **VESTARIUS**, Idem atque *Vestararius*, qui vestium vel thesauri curam habet. Instruct. Pisan. legat. ad Alex. imper. CP. ann. 1199. tom. 3. Cod. Ital. diplom. col. 1492 : *Præterea studeant legati, quod omnia pro Pisana civitate data, sint libera, nec aliquo modo supponantur vel subjaceant eparco et Vestario.* [** Chronic. Salern. cap. 180 : *Vestarius prædicti principis* (Landulfi).]

* Vestarius, Officium monachicum, idem qui *Vestiarius*. Charta ann. 1273. ex Tabul. Cassin. : *Casinensi Vestario solvere tenebantur de quolibet vino, sive vino vinearum, sive vitium, quæ arboribus substentantur, etc. De aliis vero victualiis et olivis solvant eidem Vestario integraliter decimam spiritualem.* Vide mox *Vestiaria.*

* **VESTATI**, Idem quod *Vesti*, Dignitas Palatina apud imperatores Byzantinos. Chron. Barense ad ann. 1042. apud Murator. tom. 1. Antiq. Ital. med. ævi col. 36 : *Sed ipse Argyro susceptis imperialibus literis fœderatis, patriciatus an catepanus, vel Vestati honoribus, jussit argumenta incendi.* [** Apud Pertz. Script. tom. 5. pag. 56. *cathepanatus*, ita ut *Vestatus* sit dignitas *Vesti.*]

¶ **VESTERARIA**, Quæ vestium vel thesauri curam habet. Agnelli Pontif. apud Murator. tom. 2. pag. 124 : *Vir autem in illis diebus in ipso erat Regis palatio fortis nomine Helmegis, qui Vesterariæ Reginæ concubitu fruebatur; quem Regina accersitum hortabatur ut Regem extingueret... Quo excogitato consilio vocavit Vesterariam suam, et ait ad eam, etc.* Pluries ibi. Vide *Vestiaritæ*, et *Vestiarius.*

VESTERARIUS, Vesterarissa. Vide in *Vestararius.*

VESTI, ex Gr. Βέςης, Dignitas Palatina apud Imperatores Byzantinos. Lupus Protospata in Chron. ann. 1051 : *Descendit Argyrus Magister, Vesti, et Dux Italiæ.* Charta vetus apud Ughellum tom. 7. Ital. sacræ pag. 393 : *Nos Joannes Domini gratia Dux, et Imperialis Patritius, Antyphatus, Vesti.* Iis præerant Βεςάρχαι, quorum dignitas illustris fuit. Horum meminit Joannes Euchaitarum Episcopus pag. 30. Bryennius lib. 1. n. 14 Scylitzes, Zonaras, et alii locis indicatis in Notis ad eumdem Bryennium. Vide Glossar. med. Græcit. col. 194. [Vide *Vasti.*]

¶ 1. **VESTIA**, Hispanis pro Bestia. Vide supra in *Barrium.*

¶ 2. **VESTIA**, Ἑςία, In Gloss. Lat. Gr. Leg. *Vesta.*

¶ **VESTIÆ**, *Balbæ.* Gloss. Isid. Emendant viri docti, *Vestes, barbæ;* ex Virgilii Interpretibus ad Æneid. 8 :

Aurea cæsaries illis, atque aurea vestis.

Ubi Servius : *Aurea vestis, hoc est barba, unde contra investes dicuntur imberbes.* Vide *Vesticeps.*

¶ **VESTIARIA**. Vide *Vestiarium* et *Vestiarius.*

VESTIARITÆ, Nobiles aulici, qui circa *Vestiarium* Principis versabantur. Lexicon MS. Reg. cod. 2062 : Χεσβαίτης, ὁ Βεςιαρίτης. Willel. Tyrius lib. 20. cap. 26 : *Sed et suis nihilominus non longe ab eodem Palatio honesta simul et commoda fecit hospitia præparari : ubi etiam sicut prius, impensas non solum necessarias et voluptuarias supereffluentes Vestiaritæ, et hi, quibus id officii deputatum erat, magnifice et superabundanter non cessabant ministrare.* Vide quæ de *Vestiaritis* annotamus ad Alexiadem pag. 285. [et Gloss. med. Græcit. in v. Βέςης.]

VESTIARIUM, *Erogatio vestium*, in Gloss. Lat. MS. Reg. cod. 1013. in Glossis Isidori, *Erogatorium.*

Vestiarium, Locus, in quo asservantur vestes : Ἱματοφυλάκιον, in Gloss. Gr. Lat. Lexic. Gr. MS. Reg. cod. 2062 : Βεςιάριον, παρὰ Ρωμαίοις τόπος ἔνθα ἡ ἀναγκαῖα ἀπόκειται ἐσθής. Kero Monac. : *Vestiario, wathuse*, i. domus vestium. [Gloss. Lat. Gall. Sangerm. : *Vestiarium, Vestiaire.*] Vide Pancirolum ad Notitiam Imperii Oriental. cap. 81.

Vestiarium, Locus, ubi non modo vestes asservantur, sed etiam cimelia, atque adeo thesaurus et pecuniæ. Hesychius : Βεςιάριον, τόπος ἐν ᾧ τὰ χρήματα τίθενται καὶ τὰ ἱμάτια τοῦ κοινοῦ. Bulla Joannis III. PP. apud Baronium ann. 559. n. 5 : *Insuper ex sacro nostro Vestiario hæc donaria contulimus : videlicet crucem unam auream pensantem libras sex, calicem unum aureum pensantem libras duas, duos argenteos pensantes libras quatuor, vestes quoque sericas cum gemmis albis, et auro contextas quatuor, etc.* Gregorius M. lib. 2. Ind. 11. Epist. 35 : *Admone, ut Vestiarium omne Episcopi sui sciant deferendum, et quantum præviderint secum argentum adducant, etc.* Joan. Diacon. lib. 1. Vitæ ejusdem Gregorii M. cap. 10 : *Cui liberalissimus pater, accersito Vestiario, alia sex numismata dari præcipiens, cognovit in Vestiario nihil numismatum, unde posset consolari naufragum, remansisse.* Apud Anastasium Leo III. PP. *in Vestiario Patriarchii* dicitur a parva ætate fuisse *nutritus et educatus.* Guillelmus Biblioth. in Stephano VI : *Deinde cum venerabilibus Episcopis et Augustali Legato, per omnia sacri Palatii perrexit Vestiaria, quæ in tantum devastata reperit, ut de sacratis vasis, quibus mensas tenere festis diebus Pontifices consueverant, paucissima invenirentur, de reliquis vero opibus nihil omnino.* Eginhardus in Vita Caroli Mag. sub finem : *Quicquid in camera atque Vestiario ejus fuisset inventum, etc.* Will. Tyrius lib. 2. cap. 15 : *Ex Imperialibus Vestiariis oblata sunt prædicto viro munera in auro, vestibus, vasis, et pretiosis lapidibus tam pretio quam dignitate incomparabilia.* Adde lib. 18. cap. 18. lib. 20. cap. 12. Charta Boemundi II. Principis Antioch. apud Ughellum tom. 9. pag. 174 : *Primum quidem indignationem nostram se incursurum, deinde vero 50. libras auri Vestiario et cameræ nostræ..... noverit se soluturum.* Adde Chronicon Casinense lib. 1. cap. 28. lib. 4. cap. 61. Anastasium in Vitis PP. pag. 47. etc.

Vestiarium, Vestis ipsa, vel vestis genus. Concilium Budense ann. 1279. cap. 61 : *Omnes in eodem Monasterio vel regulari Canonica, et sub eadem professione morantes indifferenter uno et eodem Vestiario induantur.*

* *Vestiaire* vernacule, eodem intellectu,

in Lit. ann. 1407. tom. 9. Ordinat. reg. Franc. pag. 238.

¶ Vestiarium, Certa pecuniæ alteriusve rei pensio quæ ad vestes emendas erogabatur, Quicquid ad vestes pertinet. Charta ann. 1136. apud Marten. tom. 2. Ampl. Collect. col. 96 : *Duæ portiones decimationis ad Vestiarium fratrum nostrorum pertinebunt.* Tabul. Bituric. : *Præterea concedimus in Vestiaria et calcearia fratrum monachorum, sicut fuerat olim, omnes feras annuales mercati.* Charta de Aquariatu de Talmundo ann. 1366 : *Et non tenebitur dictus Aquarius ministrare dicto abbati, nec præposito, nec tribus officiariis sæpe dictis Vestiarium aliquod.* Statuta Monast. S. Claudii pag. 77 : *Et 1°. tenetur idem camerarius ministrare Vestiarium ad triginta sex Religiosos;... videlicet librare pannum, aut cuilibet Religiosorum prædictorum summam duorum florenorum monetæ in loco S. Eugendi.* Capitul. gener. MSS. S. Victoris Massil. : *Si tallius, procurationes, sive etiam census et Vestiaria seu familiarium prioratus vel officii, logeria et salaria de tempore suo idem inventus fuerit non solvisse.* Vide *Vestitura.*

1. Vestiaria, pro *Vestiarium*, Locus in Monasterio, ubi reponuntur vestes Monachorum, apud Ingulfum pag. 866 : *Askerus Prior in Vestiaria, dominus Lethwinus Supprior in refectorio... detruncati sunt.*

VESTIARIUS, A vestibus, qui vestes curat. Papias : *Vestiarius, qui vestibus præest.* [Gloss. Lat. Gall. Sangerm. : *Vestiarius, vesteur, c'est celui qui vest.*] *A veste*, in veteribus Inscriptionibus. Alia : L. Agrio Vestiario Tenuiario Imp. Cæs. Antonini Pii. [*Vestiarius Tenuarius*, i. e. tenuissimorum pannorum artifex, in Inscript. sepulcrali apud D. *de Montfaucon* tom. 9. Antiq. expl. pag. 92.] Vide Paulum Warnefridum de Gestis Longob. lib. 5. cap. 2. Ethelwlfus de Abbatib. Lindisfarnens. cap. 19 :

.... Et fratrum præfecit vestibus illum.

2. Vestiaria, apud eumdem Warnefridum lib. 2. cap. 28. *Vestiaria ancilla*, quæ vestiarii domestici curam habet, in Lege Alaman. tit. 80. § 1. In Monasteriis feminarum *Vestiaria* dicitur, *quæ totum, quod ad curam indumentorum spectat, providet, etc.* apud Abælardum pag. 157.

Vestiarius, Dignitas in Ecclesia Cathedrali Magalonensi, instituta a Rainerio Episc. ann. 1247. cujus curæ incumbebat : *Induere omnes Canonicos et Conversos, exceptis Prioribus, qui tenentur dare Vestiario singulis annis pro singulis Canonicis, quos induere consueverunt, 40. solidos, etc.* Vide Gariellum.

☞ Obtinuit eadem dignitas in Ecclesia Nemausensi, ut colligitur ex Charta ann. 1203. Chartophylacii regii : *Ego Raimundus Dei gratia Dux Narbon.... concedo et laudo tibi Hugoni et Laudumano Vestiario Ecclesiæ Nemausensis, etc.*

¶ Vestiarius etiam apud Monachos dicebatur qui *vestiarii* monachici curam habebat, Gall. *Vêturier.* Charta ann. 1358 : *Item quod grabotum omnium et singulorum bladorum inter ipsos curatum et Vestiarium, et eorum successores dividatur prout blada inter eos sunt dividi consueta, videlicet quod de graboto frumenti et siliginis dictus Vestiarius et sui percipiat et percipere debeat duas partes, et dictus curatus et sui tertiam partem. De aliis vero bladis dictus curatus medietatem et Vestiarius Athanacensis monasterii aliam medietatem.*

Vestiarius, cui non *Vestiarii* dumtaxat, sed et *Thesauri* et *Cimeliorum*, cura committitur. Ita non alius est Pandulus *Vestiarius* Desiderii Longobard. Regis apud Anastasium Biblioth. in S. Hadriano pag. 99. *Vestiarii* summorum Pontificum non semel occurrunt, apud eumdem pag. 114. 121. quorum munus indicat Joan. Diaconus lib. 1. Vitæ S. Gregorii M. cap. 10 : *Accersito Vestiario, alia sex numismata dari præcipiens, etc.* Infra : *Rursum Vestiarium suum si forte vas quodlibet aut vestimentum haberet, interrogans, etc. Vestiarius* inter quatuor, qui summum Pontificem equitantem comitantur, recensetur in ordine Romano. Vide *Vestararius.*

* 3. Vestiaria, Officium *vestiarii* apud monachos, in Bulla secularisat. eccl. Magalon. ann. 1536. inter Instr. tom. 6. Gall. Christ. col. 390 et 393. Vide aliis notionibus in *Vestiarium* et supra.

¶ 1. **VESTIBULUM**, Vestiarium, *sacristia.* Vita S. Wilhelmi tom. 1. April. pag. 626 : *Oratione completa Vestibulum ingreditur, et ad Missam celebrandam sacris vestibus induitur.*

¶ 2. **VESTIBULUM.** Odo in Carm. de varia Ernesti fortuna apud Marten. tom. 3. Anecd. col. 358. ubi de prophano sacrificio :

statimque ex more Sacerdos
Vestibulum pateramque gerens et thuris acerram
Egreditur, sanctumque infert altaribus ignem.

Leg. videtur *Thuribulum.*

¶ **VESTICEPS**, Pubertatis annos ingressus, vel etiam emensus. Vita S. Hugonis Mon. apud Mabill. sæc. 5. Bened. pag. 94. et tom. 2. April. pag. 764 : *Non post multum quippe temporis spatium effectus Vesticeps, ad Leviticum promotus est gradum.* Occurrit apud Tertull. lib. de Anima cap. 56. Festus : *Vesticeps puer, qui jam vestitus est pubertate : e contra investis, qui necdum pubertate vestitus est.* Vide *Vestiæ.*

¶ **VESTIFICINA**, Ars vestes conficiendi, vel ipsa confectio. Tertull. de Pallio cap. 3 : *Tantam igitur paraturam materiarum ingenia quoque Vestificinæ prosecuta, etc.*

¶ Vestificium, Eadem notione, in Gloss. Lat. Gr. ἱματοποιία, *Vestificium.*

VESTIFICUS, Vestifica, Vestium artifex, in vett. Inscript. 578. 6. 7.

¶ **VESTIGABILIS** Canis. Vide in *Canis.*

¶ **VESTIGARE** dicitur dominus, cui jus competit persequendi suos homines, cum eo inconsulto ad alium dominum transierunt. Compositio inter Mathildem Teneræmundæ dominam et Joannam Flandr. Comit. ann. 1221. apud Miræum tom. 1. pag. 741. col. 1 : *Talis est conventio.... quod neutra potest Vestigare et sequi servos, neque albinos;... de uno dominio in alterum; sed et in feudis potest Vestigare et sequi, et eorum homines sequentur, ubicumque solebant.* Vide in *Secta* 4.

VESTIGARIUM. Vita Aldrici Episcopi Cenoman. apud Baluz. tom. 3. Miscell. pag. 33 : *Postquam invenit traditiones et precarias, sive privilegia, et strumenta multarum Chartarum in Vestigario sive armario, etc.* Ubi legend. videtur *Vestiario.* Vide in hac voce.

¶ **VESTIGIUM**, Pes, Gall. *Pied.* Vita S. Leonis PP. IX. apud Mabill. sæc. 6. Bened. part. 2. pag. 64 : *Nec pro ullo sæculari impedimento quemquam diem omittebat, quin omni mane ipse per se pauperum turbæ deserviret, ac dominico exemplo, eorum Vestigia abluendo victum sufficientem tribueret. Ferarum vestigiis latera persecare*, i. e. unguibus, in Cod. Theod. lib. 9. tit. 12. leg. 1.

¶ Vestigium Minare, Vestigare, vestigium sequi, in Decretione Chlotarii II. Regis cap. 16. Vide *Huesium.*

¶ Vestigia Veritatis dicuntur *argumenta, testes, scripturarum conlatio*, in Cod. Theod. lib. 9. tit. 19. leg. 2.

¶ **VESTIGUAL**, pro Vectigal, in Charta Gervasii Milit. ex Tabul. Cenoman. : *Tradidi.... quietas ab omni consuetudine exactionis, vel vicariæ, seu ceterorum Vestigualium.* Vide in *Vectiginal.*

VESTIMEN, Vestimentum. Utitur Felix Gyrwensis in Vita S. Guthlaci n. 16.

¶ **VESTIMENTI-CLAVIA**, Vestiarium, Bollandistis, ex Testam. Bertichramni tom. 1. Junii pag. 722. Melius apud Mabill. tom. 3. Analect. pag. 131 : *Vestimentum damea*, i. e. *Damascena.* Vide *Paricla.*

¶ 1. **VESTIMENTUM.** *In Vestimento jurare*, in Leg. Frision. tit. 3. § 4. Vide in *Juramentum.*

¶ 2. **VESTIMENTUM**, Missio in possessionem. Vide infra in *Vestire* 1.

¶ 3. **VESTIMENTUM.** Charta Johannis Reg. Franc. ann. 1361. ex Regest. 90. Chartophyl. Reg. ch. 608 : *Et quicumque haberet domos, hospitia seu Vestimenta prope muros et fortalicium.... ubi inimici se possent includere, etc.* Legendum *Vastimentum*, vel *Bastimentum.* Vide in his vocibus.

¶ 4. **VESTIMENTUM**, Aulæum. Vide *Vestis.*

¶ **VESTINA**, Titulus ecclesiæ, in qua feria secunda post Dominicam 2. Quadragesimæ statio erat, ut legitur in Capitulari Evangeliorum, quod Codici Luxoviensi Evangelia complectenti subjicitur; ubi rectius *in Vestina* habetur quam in Kalendario Frontonis *inter Vestina.*

¶ **VESTIO.** Vide mox in *Vestire* 1.

VESTIPLICA, *femina, quæ vestes plicat.* Papias, et Glossæ Arabico-Lat. [*Femme qui ploie vestemens*, in Gloss. Lat. Gall. Sangerm. Occurrit apud Quintil. Declamat. 363. *Vestiplicus*, qui viris idem officium præstat, apud Reines. Inscript. 9. 64. et 11. 90. unde apud Nonium legendum est fortassis *Vestiplici* pro *Vestispici*, et *Vestiplicæ* pro *Vestispicæ*, apud Plaut. Trinum. Act. sc. 1. uti præfert Codex MS. Camerarii, auctore Grævio ad Gloss. Isid. in hac voce.]

1. **VESTIRE**, Possessionem conferre rei alicujus, *Investire. Vestir*, in Consuetud. Laudunensi art. 227. *Vestir et ensaisiner*, in Sedanensi art. 259. 260. 262. [Notitia ann. 993. apud Marten. tom. 1. Ampl. Collect. col. 350 : *Abbas nimium credulus promissionibus vicecomitis et suorum, ap-*

prehendens viregam suam dixit : In tali conventione, ut locuti estis, audiente me, Vestio vos; et ita Vestivit eum, etc. Occurrit passim.]

Vestitus, Qui de re aliqua investitus est, qui rem possidet. *Vestu et mis en possession*, in Consuetudine Laudunensi art. 226. Calniacensi art. 32. 33. et aliis. Charta Caroli C. Regis apud Beslium pag. 229 : *Unde Cœnobium S. Dionysii Vestitum fuerat a bonis Deum timentibus hominibus.* Alia Riculfi Episcopi Forojuliensis apud Rufium et Sammarthanos : *Illi vero timorem Domini præ oculis habentes, tale ei consilium dederunt, ut præter hæreditatem, quam Ecclesia prædicta ibidem antiquitus habuit, si propter hoc, quod ipse Episcopus post expulsionem paganorum* (Fraxinetensium) *primus Vestire cœpit ipsam civitatem, unam medietatem de omnibus, quæ in circuitu ejusdem civitatis adjacent, redderet vel donaret.* Odo Cluniacensis de Reversione S. Martini cap. 7 : *Nolo Ecclesiam meam tanto defraudari thesauro, quia Episcopus factus eo Vestitam inveni.* Charta Caroli M. in Chronico Laurishamensi pag. 59 : *Dum diceret, quod suus pater de ipso Monasterio Vestitum dimisisset, etc.* [Præcept. Ludovici Pii ann. 3. ex Tabular. S. Mevenni : *Dominus et genitor noster Karolus constituit ut ipse Helogar episcopus et abbas S. Mevenni, omnes res undecumque eo tempore prædictæ ecclesiæ juste et rationabiliter per diversa loca Vestitæ erant, tenerent, etc.*] Vide Chartam Alamann. Goldasti 42. Roverium in Reomao pag. 173. etc.

Manum Alicujus Vestire, Tradere, investire : *Manus vestita* ejus, cui traditio facta est. Lex Bajwar. tit. 17. § 3 : *Mei antecessores tenuerunt* (territorium) *et mihi in alodium reliquerunt, et Vestita est illius manus, cui tradidi.* Charta Alamann. Goldasti 58 : *Post meum discessum ipsas res ad Monasterium S. Galloni admelioratas revertant, absque ulla contradictione vel minuatione, manu Vestita, partibus meis... possideant.*

Vestitura, inquit Vadianus, hoc ipsum est, quod *Investitura*, hoc est, in possessionem missio, aut possessionis securitas et confirmatio, quam et *beneficium* illa secula, et *feudum*, quod fere a Francis natum et inductum est, vocarunt. Et lib. 3. pag. 88. *Vestituram* intelligi ait, *jus possessionis concedendum, quod Episcopi Abbatesve a Principe accepissent, nisi videri queat Vestituram dici, quæ lehen dicitur.* Capitula Caroli M. lib. 4. cap. 19 : *Et eorum eis rerum suarum traditionem faciat, et fidejussores Vestituræ donet ei, qui illam traditionem accipit, ut Vestituram faciat.* [Ubi in Cod. Reg. in Nota marginali legitur : *Hic notari potest quod ex sola traditione quæ fit per investituram, non transfertur dominium. Si enim transfertur, cum hac per investituram traditio facta fuisset, eoque factus dominus, qua occasione ab heredibus vexari poterat.*] [** De *Vestitura* et *Traditione* videndus Beseler Pact. Hered. tom. 1. pag. 21. ad cap. 6. Capit. ann. 819. unde lib. 4. cap. 19.] Tradit. Fuld. lib. 1. tr. 157 : *Reginwald et Otwin fecerunt Vestituram in præsentia Hesses, et ego Wigger accepi.* Infra : *Horum omnium Vestituram cum stipulatione subnixa perfecit.* Flodoardus lib. 1. Hist. Remensis cap. 20 : *Eique in præsentia fidelium suorum, legali de more, Vestituram ex ea* (villa,) *et Chartam fecit.* Tabular. Monasterii de Luco, apud Marcam lib. 3. Hist. Beneharn. cap. 3. n. 8 : *Qui quidem Rex de hac patria Vestituram dedit avo Vicecomitis, qui erat de ejus progenie, dedit Deo et S. Vincentio partem suam super altare.* [*Missos ei dedit qui ei inde plenam Vestituram facerent*, in vet. placito apud Baluz. tom. 3. Miscell. pag. 125. Charta ann. 871. apud Murator. tom. 9. part. 2. col. 933 : *Ad vestram partem corporalem facio Vestituram ad vestram proprietatem habendum. Qui* (locus) *populari judicio in regiam rectamque venit Vestituram*, ex Charta Ottonis Imp. apud Mabill. sæc. 5. Bened. pag. 243.] [** Annal. Hildesh. ad ann. 1039. apud Pertz. Scriptor. tom. 5. pag. 43 : *Senior noster Thietmarus episcopus post obitum prædictæ domnæ Sophiæ decimas super Gandeshem circumjacentesque villulas, quas ipsa a nostris senioribus in beneficium habuit, in suam Vestituram recipi jussit.* Quod *Vestitura indominicata* dicitur in Vita S. Gerardi cap. 21. ibid. tom. 6. pag. 503 : *Concessit duci Beatrici... tenere abbatias Medii-monasterii et S. Deodati, retinens in Vestitura indominicata monasteria et* 10. *mansos, etc.*] Adde Chronicon Mauriniacense pag. 371. Maxime vero

In Vestitura rei alicujus esse dicitur, qui hanc possidet. Præceptum Caroli M. pro Hispanis, editum a Steph. Baluzio : *Et dixerunt, quod aliqui pagenses... eos exinde expellant contra justitiam, et tollant nostram Vestituram, quam per* 30. *annos et amplius Vestiti fuimus, etc.* Capitula ejusdem Caroli M. lib. 4. cap. 34 : *Si quis proprium nostrum, quod in Vestitura genitoris nostri fuit, alicui querenti sine nostra jussione reddiderit, etc.* Adde cap. 45. et Appendicem 3. ejusdem libri cap. 7. Capitul. 2. Ludov. Pii ann. 819. cap. 6. 8. Concilium Suessionense ann. 853. part. 2. cap. 3. Compendiense ann. 868. cap. 3. Capit. Caroli C. tit. 39. cap. 8. Bullarium Cluniacense pag. 4 etc. [Notitia vetus apud Baluz. tom. 3. Miscell. pag. 118 : *Insuper testantur quod.... mater Cenomanicæ civitatis ecclesia Vestituram legitimam habuisset de prædicto monasterio, et adhuc triginta anni non sunt transacti quod ex eo legitimam Vestituram habuit.*] Chronicon Andrense : *Hujus Ecclesiæ Monachi per annum et diem in ejusdem terræ Vestitura sunt.* Charta Alamannica Goldasti 20 : *Statuimus inter nos, ut venerabili Abbati et fratribus prædicti Monasterii decimam in subnotatis locis, sicut illius temporis in illorum erat Vestitura, concederemus.* Infra : *Cujus decima tunc in mea Vestitura erat.* Ita in Charta 95. 97. in Chronico Besuensi pag. 504. etc. Discrimen tamen inter *vestituram* et *possessionem* videtur posuisse Joannes IV. PP. in Epistola ad Isaac Syracusanum Episc. edita ab Holstenio : *Majus enim fuit possessionem dare, quam sit Vestituram concedere.* [In eo duntaxat differunt quod hæc nudam traditionem, illa vero securam stabilemque possessionem significet.]

* Charta ann. 928. tom. 1. Hist. Trevir. Joan. Nic. ab *Hontheim* pag. 272. col. 1 : *Gulisam in pago supradicto et comitatu Everhardi de rebus sancti Servatii..... pro Vestitura et firmitate. Veste* et *Vesture*, in Chartul. Thenol. ex Cod. reg. 5649. fol. 64. r° : *Ouquel terroir nous avons le xiij. denier pour les Vestes, et xxij. deniers et obole de chascune Vesture.* Ubi per *Vestes*, *laudimia* intelligo; et per *Vesture*, quod pro missione in possessionem seu *investitura* domino solvitur. Charta ann. 1311. in Chartul. abbat. Regalis-loci part. 1. ch. 30 : *Lesquelx religieus disoient et maintenoient que en tous les lieus où il avoient cens fonsiers,... il avoient Vest, devest, ventes, justice dou fons, etc. Vest* autem rei venditæ emptori cessionem significare videtur, in Charta ann. 1293. ex Chartul. S. Corn. Compend. fol. 201. v°. col. 2 : *Quand il avenra que aucunes personnes marchanderont ensamble oudit liu, et il venront au Vest ou au desvest doudit marchié ou de l'escanges, etc.*

¶ Vestitus, Beneficium, feudum, quo ab alio quis *investitur*, et opponitur acquisito. Charta ann. circ. 1095. ex Tabul. S. Victoris Massil. : *Nos pariter donamus aliquid de hereditate nostra quæ nobis per comparationem, vel per Vestitum advenit.*

¶ Vestitio, Eadem, ut videtur, notione. Charta ann. 1004. apud Mabill. tom. 4. Annal. Bened. pag. 176 : *Facio hanc donationem.... de ipsa villa, quam vocant Campanias, de ipsa scilicet medietate mea, quam ego propter Vestitionis causam ibi habeo, vel habere debeo cum integritate et absque ulla diminutione* Nisi tamen *propter vestitionis causam* intelligas ratione culturæ.

Vestura. In aliquot Consuetudinibus municipalibus idem valet, quod *Vestitura*, aut *investitura*, ut in Laudunensi art. 226. et aliquot aliis. Joannes Abbas Laudunensis in Speculo Historiali MS. lib. 11. cap. 17 : *Lequel les mist en Vesture de la Comté d'Artois, etc.* Chronicon Flandriæ cap. 8 : *Pource qu'Alienor sa mere exhortoit le Roi son Baron à mettre Jean son aisné fils en Vesture de ce qu'elle tenoit du Royaume de France.* Sed præsertim hæc vox in rebus tantum censui obnoxiis usurpatur, in Consuetud. Vitriacensi art. 18. Sedanensi art. 208. 261. Remensi art. 140. 142. Noviodunensi art. 34. Calniacensi art. 53. in Magno Recordo Leodiensi pag. 60. etc.

Vestimentum, Idem quod *Vestitura*, Missio in possessionem, vel ipsa possessio. Bractonus lib. 4. Tract. 1. cap. 1 : *Possessionem nudam*, quam *Intrusionem* vocat, ait eam esse, quæ *non vallatur aliquo Vestimento*, legitima vestitura.

Vestitio, Investitura. Charta S. Bonifacii de finibus Fuldensis Monasterii, apud Browerum lib. 1. Antiq. Fuld. cap. 4 : *Ideo placuit nobis, ut eundem locum, qualiter certis terminis consistit, annotemus, et idoneis testibus, qui in prædicti Principis traditione et Vestitione ipsius loci affuerunt, subterfirmemus.* [Charta ann. 838. apud Eccardum in Hist. Misnens. col. 253 : *Signum Freibrathti et Otocari, qui hanc Vestitionem fecerant. Vestue*, in Charta Garnerii Abbat. Corb. ann. 1307. ex Chartul. 21. ejusd. loci fol. 87. v° : *Nous pria et requist ledis Jhans que ledis seigneur Regnault en vausissons saisir et luy mettre en Vestue et et recepvoir à homme, lequel nous en saisismes et Vestimes et l'en receumes en nostre foy et en nostre hommages.*]

¶ Vestitudo, Eodem significatu. Tradit. Emmeram. cap. 45. apud Pezium tom. 1. Anecd. part. 3. col. 330 : *Einhardus et Erhardus Vestitudinem fecerunt Adalwino Episcopo de his omnibus quorum hic commemoravimus.* Sed leg. forte *Rectitudinem.* Vide in hac voce.

¶ Vestitor, Qui alterum *vestit*, seu in possessionem mittit. Tradit. Emmeram. cap. 4. ibid. col. 204 : *Testium quoque nomina sunt hæc; Patho, Ogo,.... Lantpertus autem frater ejusdem Egilolfi et Adalhun vassus episcopi fidejussores et Vestitores extiterunt.*

Vestitura, Census, qui quotannis exsolvitur in signum concessæ *vestituræ*, seu possessionis, [re tamen ipsa etiam nondum obtenta, ut ex dicendis manifestum fiet.] Charta Caroli C. ann. 855. in Spicilegio Acheriano tom. 12. pag. 117 : *Eo videlicet modo et tenore, ut Lambertus fidelis noster diebus vitæ suæ jamdictam Ecclesiam S. Stephani propter Vestituram singulis annis nonam et decimam ex ea persolvens, ipsam jure beneficiario et usufructuario interim teneat, etc.* Eadem verba habentur in Charta ejusdem Caroli ann. 3. in Tabulario Eccles. S. Cyrici Nivernensis. Vetus Charta in Tabulario Ecclesiæ Viennensis fol. 16 : *Tali itaque tenore, quatenus dum vivo, ex eisdem rebus usum fructuarium obtineam, et omni anno prædictæ Ecclesiæ modium unum vini in Vestitura persolvam.* Alia ann. 912. fol. 18 : *Ea tamen ratione, ut dum advixero, usufructuario ipsas res obtineam, et annuatim festivitate S. Mauricii in Vestitura inter panem unum modium persolvam; et si Ado frater meus superstes mihi fuerit, ipsos res dum advixerit sub eadem Vestitura obtineat.* Alia Bernuini Viennensis Episcopi ann. 887. ibid. pag. 147 : *Quæ deserta sunt restaurando, et quæ destituta reædificando, et quæ non sunt vestita revestiendo, et ipsa die solemnitatis S. Mauricii solo.... persolvant ad luminaria et Vestituram Ecclesiæ ejusdem S. Mauricii.* Testamentum Bernonis Abbatis Cluniacensis : *Eo tenore, ut per singulos annos census 12. denariorum pro Vestitura reddatur.* [Charta ann. 997. ex Chartul. Aptens. Eccl. fol. 54 : *Tenor istius præstariæ iste est, ut Samuelus et uxor sua sive hæres illorum pro illis rebus ad S. Mariam et S. Castorem, sive ad Episcopum et ad clericos ejusdem ecclesiæ inter censum et Vestitura omnique anno ad mense Madio persolvat moltonem unum.* Vetus Charta apud Mabill. sæc. 4. Bened. part. 2. pag. 271 : *Pro Vestitura vero annis singulis in festivitate beatissimorum Maccabæorum Kalendis Augusti pastum unum fratribus canonicis in Viennensi Cœnobio positis, faciatis.* Chartular. S. Petri de Neronis-villa fol. 9. v° : *Hæc omnia donavit Albericus monachis ad possidendum jure perpetuo, ita quod monachi haberent ea in eadem potestate et dominio quo Albericus tenuerat ea, excepto hoc quod Adelaidis, uxor ipsius Alberici, in cujus dote hæc omnia erant, teneret ea quandiu huic seculo adviveret et ea tenere vellet, tali pacto quod interim dum Adelaidis viveret et ea teneret, monachi haberent pro Vestitura in unaque septimana unam eminam annonæ de supradicto molendino et de pratis unam carrucatam feni, et in aqua piscari facerent quotiescumque vellent; et post decessum Adelaidis haberent monachi hæc omnia supradicta absolute ad possidendum in perpetuum.*] Tabularium Prioratus de Paredo fol. 34 : *Tali Conventu ut in vita sua teneat,* (mansum) *et sextarium frumenti omni anno in Vestitura persolvat.* Id est, cum ager fructus fert.

¶ Vestio, Eodem intellectu. Vetus Notitia in Tabul. Abb. Belliloci in Lemovic.: *In unaquaque villa cedimus unum mansum, et in unoquoque manso de tota vicaria sua damus eis 4. denarios, et 1. gallinam, et tertiam partem de omnibus placitis, et de Vestionibus similiter.*

Vestitio, Eadem notione, in Tabulario Conchensis Abbatiæ in Ruthenis, et in Tabul. Prioratus de Domina in Delphinatu crebrius occurrit.

¶ Vestura, Pari significatu. Charta ann. 1273. ex Chartul. Campan. fol. 449. col. 2 : *Omne illud quod dictus Huetus poterat haberi in Vesturis, ventis etc.*

¶ Vestitura Testamenti, Census, qui quotannis exsolvitur in signum concessæ *vestituræ* earum rerum, quæ post mortem testatoris in possessionem donantur. Tabul. Latiniac. : *Pro Vestitura vero hujus testamenti quotannis tres modii vini in nomine sanctæ Trinitatis exhibeo ad elemosinam.*

Advestire, Idem quod *Vestire*, *Investire*.

Advestitura, in Consuet. Castellaniæ Insulensis art. 46. Namurcensi art. 48. 70. 75. *Advest*, missio in possessionem. Chronicon Flandriæ cap. 59 : *Sauf ce que le Comte de Flandres devoit venir vers le Roy à Paris, et mettre le devant dit Loüis en l'Advesture de la Comté de Flandres.* Cap. 68 : *Là monstra Messire Robert d'Artois unes lettres sellées du seel du Conte Robert d'Artois, contenans, que quand le mariage du Conte Philippes d'Artois.... fut faict, le Comte les meit en Advesture de la Comté d'Artois.*

Disvestire, Possessione rei alicujus aliquem exuere : *Devestir*, in Consuetud. Calniacensi art. 30. Charta Henrici IV. Imp. ann. 1114. in Orig. Murensis Monasterii pag. 23 : *Ut nulla deinceps persona parva sive magna supradictum Monasterium de aliquo beneficio suo inquietare, molestare, Disvestire alterius audeat.* Judicatum ann. 1073. apud Fr. Mariam in Mathilde Comitissa : *Ut nullus quilibet homo... sine legali judicio Disvestire præsumat.* Adde Ughellum tom 1. pag. 252. [*Se sont dessaisis et devestus*, in Charta ann. 1332. ex Tabul. S. Martini Pontisar.] Actus ipse Divestionis *Devest ou dessaisine* dicitur in Consuetud. Remensi art. 163. *Vest et devest*, in Laudunensi art. 54. 132. Vide Gallandum de Alodio pag. 90.

Fiebat autem *Disvestitio*, projecto pilo vestimenti, quasi qui se *disvestiebat* de re aliqua, vestes revera deponeret. Hincmarus Laudunensis in Epistola ad Remensem, tom. 2. operum Hincmari Remensis Archiepiscopi pag. 341 : *Potestis.... interrogare, cur ea, quæ nunc repetit, nullo cogente, nullo suadente, per pilum vestimenti sui a se terra tenus ejectum, non tantum dereliquit, quantum abominando despexit, adjiciens multo sibi melius, ac esse sine his, quæ ei dederam.* Charta Godefridi Ducis Brabantiæ ann. 1174. apud Miræum in Diplomat. Belg. cap. 65 : *Quadraginta ergo solidos, quos de horreo supradictæ villæ annuatim tollendos existimabam,... projecto a me pilo pallii mei, juxta morem nobilium werpivi.*

¶ Devestitum Feudum, Derelictum, ut videtur. Charta ann. circ. 970. ex majori Chartulario S. Victoris Massil. fol. 135 : *Unam medietatem tibi damus de feudum possessionis Devestitum et de heremo et in antea de quantum vestitum erat unam medietatem habeas.*

¶ Revestimentum, Iterata missio in possessionem. Charta ann. 1242. ex Chartul. Mauriginiac. : *Pro laudationibus, venditionibus aut Revestimentis ab ipso emptore, vel a dictis abbate et conventu aut priore de Stampis veteribus, nichil penitus exigendo.* Alia ann. 1247. ibid.: *In ipsius Petri manu sæpedicti Ansellus et ejus uxor de dicto censu se deseisierunt et de ipso ad ipsorum petitionem idem Petrus Revestivit abbatem.*] Vide *Revestire*.

¶ 2. **VESTIRE**, Colere, agrum excolere. Notitia ann. 993. apud Marten. tom. 1. Ampliss. Collect. col. 349 : *Igitur cum... terra Tolonensis cœpisset Vestiri, et a cultoribus coli.... His ita gestis, venerunt Theodericus et Noe fratres ad Adalardum abbatem, rogantes eum verbis blandis ut concederet eis Cathedram Vestire ad medium vestem, quod et factum est. Abbas vero missis bobus cepit terram quæ est ante ecclesiam S. Damiani ambienter excolere, et huc illuc rumpere terram ad faciendas condaminas. Noë vero et Theodericus dixerunt ad alterutrum : Isti monachi semper habebunt totam terram raptam* (ruptam) *et nos qui dicimur Vestitores, quandoque erimus illusi nihil habentes, etc. Domine abba, colligite me in medietatem terræ, et vestite me in tali conventione... Domine abba, isti vestri Vestitores exhibuerunt vobis umquam mel vel ceram? Bonaldus debet ipsam terram Vestire et edificare*, in Charta ann. circ. 970. ex majori Chartul. S. Victoris Massil. fol. 135. Hinc

Vestitus Ager dicitur, cui fructus insunt, et *abso* opponitur, seu inculto. Paulinus in Panegyrico pag. 523 :

Cernite nulla suis emergere semina campis,
Ne prius intereant labe soluta putri.
Nuda seris, Vestita legis, jacis arida grana,
Atque eadem fructu multiplicata metis.

Colonia vestita, in Concilio Valentino III. ann. 853. cap. 9. Charta Conradi Regis ann. 967. apud Joan. Columbum lib. 2. de Episc. Sistaric. n. 3 : *Omnia in omnibus cultis, et incultis, Vestitis et desertis, quæsitis et quærendis, etc.* Alia ejusdem anni in Tabulario Abb. Belliloci in Lemovicib. n. 68 : *Hoc est villam nostram, quæ vocatur Candidas, videlicet cum mansis Vestitis, advestiendis, campis, pratis, etc. Unum curtile vestitum*, in Charta Balduini Comit. Flandr. ann. 1063. in Diplomat. Belgic. Alia ann. 1298. in Hist. Guinensi pag. 128 :

Terram scilicet quandam, nemore Vestitam, in loco, qui dicitur, etc. [Charta ann. 1180. apud Stephanot. tom. 1. Antiquit. Bened. Lemovic. MS. pag. 116 : *Medietas terræ tam desertæ quam Vestitæ pro 20. solidis Barbarinorum. Vinea vestita*, in Chartul. Matiscon. fol. 57. *Heritage couvert, Heritage descouvert*, in Litteris ann. 1324. inter Ordinat. Reg. Franc. tom. 5. pag. 380.] *Mensura vestita*, in Tabulario S. Flori in Arvernis : *4. sextaria et eminæ bladi ad mensuram Vestitam S. Flori.* Vide *Absus*, et *Mansus*.

¶ Vestus, Eodem intellectu. Charta Elizabetæ Comit. ann. 1224. ex Tabul. Abbat. de Balaneiis, nunc *de Valois* diœc. Ambian. : *Duos modios bladi et unum advenæ* (avenæ) *ad plenam mensuram, quod pro quartario Argoriæ tam in terris quam in aquis et maristis, excepto Vesto, eidem Allelmo dicta ecclesia annuatim persolvebat.*

¶ Vestitio, Mansio, domus cum agri culti portione. Charta ann. 1153. inter Probat. tom. 2. novæ Hist. Occitan. col. 548 : *Debent in hoc honore ipsi fratres hospitalis quinque Vestitiones cum hominibus ad minus ponere. Si autem ibi plus ponere voluerint, eis licebit usque ad* XII. *quæ Vestitiones unaquæque habebit hortum suum unius sextariatæ sine quarto et decima : ultra* XII. *quantascumque voluerint, dum tamen hortum non habeant.... Præterea si aliquibus fortuitis casibus Vestitiones supradictæ destructæ vel derelictæ fuerint, debent eas reædificare et reformare arbitrio abbatis S. Guillelmi.... Quamdiu autem mansus sine Vestitione fuerit, habebunt in eodem manso jus pascendi, etc.*

Vestura, Fructus quilibet agro hærentes : *Advesture*, in Consuetud. Namurcensi art. 23. Cameracensi tit. 12. art. 22. 23. Sanpaulana art. 20. Valentianensi art. 118. Insulensi, et aliquot aliis. Leges Inæ Regis cap. 69 : *Qui habet 20. hidas, debet comittere* 12. *hidas Vesturæ terræ, quando velit abire.* Fleta lib. 2. cap. 4 : *Inquiratur etiam, quantum Vestura singulorum boscorum, et reflectorum prædicto modo assartatorum valuerit, antequam assarta illa facta fuerint, etc.* Adde cap. 71. § 5. Monasticum Anglic. tom. 1. pag. 723 : *Et per omnes forestas, landas, et Vesturas meas, pasturam plenariam omnium animalium suorum, etc.* Pag. 841 : *Exceptis pratis et bladis, ubi post ablatam Vesturam libere pascentur.* Tom. 2. pag. 834. *Ita tamen, quod homines nostri communicabunt in omnibus prædictis terris, postquam prædicti Fratres Vesturas asportaverint, cum animalibus suis, etc.* [Charta apud *Madox* Formul Angl. pag. 134 : *De prædictis vero pratis, pascuis et pasturis... prædictus Abbas percipiet et habebit totum proficuum et totam Vesturam.*] [** Placit. ann. 31. Edward. I. reg. Angl. in Abbrev. Placit. pag. 250. Ebor. rot. 53 : *Quia per juratos testatum est, quod dictus abbas et antecessores prædictorum non dederunt solum, sed Vesturam, quæ Vestura non est liberum tenementum, immo quoddam proficuum exiens de prato prædicto, ideo, etc.*]

* *Vesture*, eadem acceptione, in Lit. remiss. ann. 1444. ex Reg. 176. Chartoph. reg. ch. 332 : *Le suppliant aperceut sur l'oriere ou rive d'un champ, entre la Vesture d'icellui et ung fossé, icellui Colart et sa femme etc.*

¶ Vestis, Eodem significatu : hinc *ad medium Vestem vestire, dare*, est pro medietate fructuum agrum colere. *Dederunt ei ad medium Vestium*, ex Tabul. S. Victoris Massil. regnante Rodulpho Reg. Alam. Vide supra *Vestire* 2.

Hæreticus Vestitus, Convictus. Vide *Hæretici*.

Obligatio Vestita, Quæ *nudæ* opponitur apud Brittonem de Legib. Angl. cap. 28. initio, quæ scilicet vestitur vel re, vel verbo, vel scripto, vel mutuo consensu, vel denique firma junctionis, etc.

Pactum Vestitum, seu quod habet *vestimentum*, opponitur *pacto nudo*, ex quo scilicet non nascitur actio. Contrahitur autem *obligatio ex sex vestimentis, quæ omnia dicuntur Vestimenta pactionum et donationum*, quæ recenset Fleta. lib. 2. cap. 56 § 3. et seqq.

¶ 3. **VESTIRE**, Aulæis ornare. Vide in *Vestis*.

* 4. **VESTIRE** Se in Dorso et in Lecto, Rem vestiariam et supellectilem lectualem sibi suppeditare. Chartul. Celsinian. ch. 658 : *Memetipsum pro monacho tradidi, tali equidem pacto, ut ego memetipsum in dorso et in lecto Vestiam, excepto quod stamineas et femoralias supradictus prior mihi dabit.* Ibid. ch. 688 : *Præparato ipse sibi vestimento et lectulo.*

1. **VESTIS**, Aulæum, et maxime sic appellantur ea quæ sacrarum ædium parietibus appenduntur : vel panni sacri, et qui altari, aut circa altare, aptantur. Gregorius II. PP. in Epist. 2. ad Leonem Isaurum : *Cum sanctas Ecclesias fimbriatis Vestibus convestitas et variegatas invenisses, eas ornatu privasti atque vastasti.* Anastasius in Benedicto III. PP. pag. 205 : *Apostolorum Principi populique janitori obtulit miræ pulchritudinis Vestem unam aureo textam opere, decoreque fulgentem, almificam annuntiationis habentem Historiam, et Hypapanti, qualiter ipse unigenitus Dei filius templum ingressus doctorum in medio residebat.* Vide pag. 128. 129. et alibi passim. Guilelmus Biblioth. in Stephano VI : *Plurimæ sacratissimorum altarium aureæ Vestes, cum reliquis pretiosis ornamentis non defuerunt.* Ibidem : *Vestem sericam super altare unum.* Frodoardus de Summis Pontific. :

Veste Petri gemmis auroque gravi induit aram.

Sugerius de Consecrat. Eccles. S. Dion. : *Cum ipsius parietibus et columnis et arcubus auro tectas Vestes margaritarum varietatibus multipliciter exornatas suspendi fecisset.* Adde Joannem VIII. PP. Epist. 84.

Vestimentum, Eadem notione. Testamentum Widradi Abbatis Flaviniac. ann. 1. Theodorici Regis : *Vel reliquas fabricaturas, seu ministeria Ecclesiæ vel strumenta chartarum, libros vel Vestimenta Ecclesiæ, vel omne præsidium quod vivens possidere videor, etc. Vasa et vestimenta Ecclesiæ*, apud Herardum Turonensem in Capitulis cap. 20. Ἔνδυμα, in Vita S. Nili junioris pag. 123 : Ἄφες με ἀμφιάσαι τὸ θυσιαστήριον ἐνδύμασι πολυτίμοις. Ἱεραὶ ἐνδύται in Epistola Synodica Joan. Damasceni ad Theophilum Imp. pag. 141. et in septima Synodo act. 7. apud B. Dorotheum in Præfat. Doctr. [et Anonymum in Romano Lacapeno num. 44.] Vide Honorium Augustod. lib. 1. cap. 167. 171. et Descriptionem nostram ædis Sophianæ.

* *Vestement*, eodem sensu, in Lit. ann. 1402. tom. 8. Ordinat. reg. Franc. pag. 514.

Vestire, [Aulæis ornare.] Liber Sacramentorum Gregorii M. pag. 156. edit. Menardi : *Post hæc Vestiatur altare, cum Antiphona : In velamento alarum tuarum, etc.*

* *Vestir*, eodem sensu, in Compendio hist. Gall. tom. 10. Collect. Histor. Franc. pag. 279 : *Icist Robers roi de France Vesti le cors de monseignor saint Savyniens d'or et d'argent.*

De Vestibus *et familia alicujus*, apud Continuatorem Chronici Nangiac. ann. 1314. Vide *Roba*.

* Vestis Alata, Vestium ornatus instar alarum. Stat. synod. Tornac. ann. 1481. pag. 99 : *Inhibemus... presbyteris, beneficiatis ac officiatis et religiosis nostræ diœcesis, ne Vestes nimium breves, aut in spatulis alatas...... portare præsumant.* Vide *Capæ alatæ*.

¶ Vestis Apostolica, Scapulare monasticum. Vide supra *Scapulare*.

Vestis Bellica, *id est, lorica*, in Lege Anglior. tit. 6. § 5.

¶ Vestis Cordata, Certa ratione torta. Conc. Terracon. ann. 1282. apud Marten. tom. 1. Ampl. Collect. col. 279 : *Statuimus quod clerici omnes provinciæ Terraconensis, sive sint in sacris, sive in minoribus Ordinibus constituti, non portent nec induant camisias, tunicas, vel alias Vestes cordatas.* Vide *Cordatæ Tunicæ* et *Cordellatus*.

¶ Vestes Feritæ, f. Ex pellibus ferarum. *Donaverunt Vestes feritas quas habebant*, in Chron. Mutin. Johan. de Bazano apud Murator. tom. 15. col. 608.

¶ Vestes Innocentiæ, Quibus baptisati induuntur. Statuta Eccl. Nannet. apud Marten. tom. 4. Anecd. col. 954 : *Item, cum in quibusdam parrochiis albæ Vestes innocentiæ baptismalis, sacro chrismate delinitæ, non sine periculo sortilegii, aut avaritiæ vitio a parvulorum matribus, soleant retineri, etc.*

¶ Vestis Inordinata, Vetita, quæ non decet, in Statutis Eccl. Aurel. apud eumd. Marten. tom. 7. Ampl. Collect. col. 1283 : *Ne habeant* (Sacerdotes) *cappas alatas et Vestes inordinatas, maxime houcias, etc.*

* Vestis Lingia. Vide supra *Lingius*.

* Vestis Nuptialis, *Superpellicium*, Vestis linea, manicata. Charta ann. 1238. ex Chartul. S. Petri Insul. sign. *Decanus* fol. 115. v° : *Ordinamus, ut quemadmodum præpositus Brugensis in ecclesia Insulensi,.... in qua ecclesia ipse debebit semper sicut canonicus cum Veste nuptiali ire temporibus institutis, quociensumque ad ecclesiam ipsum accedet.* Occurrit rursum in Ch. ejusd. ann. in Suppl. ad Miræum pag. 102. col. 1. Stat. ann. 1247. in Lib. nig. 2. S. Vulfr. Abbavil. fol. 25. r° : *Jurabunt* (capellani) *quod a Prima pulsata usque ad meridiem, et a Nona pulsata usque ad completorium, ecclesiam nostram, nisi in Veste nuptiali, non intrabunt.* Stat. synod. Tornac. ann. 1366. pag. 24 : *Capellani ecclesiarum ha-*

bentes capellanias in ecclesiis curatis, non incedant, dum divina celebrant, nisi in Habitu nuptiali, scilicet cum superpellicio.

* Vestis Pectoralis, Qua pectus præsertim tegitur. Lit. remiss. ann. 1354. in Reg. 82. Chartoph. reg. ch. 301 : *Quidam ex ipsis dictum baillivum per Vestes pectorales maliciose ceperunt, pulsando et hurlando eumdem viliter ac turpiter huc et illuc.*

Vestis Sanctæ Mariæ, Velum Sanctimonialium, vel virginum Deo sacratarum, in Lege Longob. lib. 2. tit. 37. § 1. 2. [** Liutpr. 30. (5,1.) 75. (6,22.)] Adde editionem Heroldi pag. 218. Concilium Calchutense ann. 787. cap. 16 : *Virginem namque quæ se Deo voverit, et ad instar sanctæ Mariæ Vestem induerit, Sponsam Christi vocitare non dubitamus.*

¶ Vestes Partitæ. Vide *Partitæ.*

¶ Vestes Perfectionis, perperam pro *Præfectionis*, vel *Præfecturæ*, Ornamenta Præfecti Urbis. Cæremon. Rom. MS. fol. 35 : *Ordo servandus in benedictione et investitura novi almæ Urbis Præfecti a Sixto IV. institutus. Inprimis præparentur hora competenti Vestes perfectionis, videlicet cum cella* (l. tunicella) *sericea ornata fimbrit* (l. fimbriis) *auratis et mantum et auro* (l. aureo) *limbo circumtextum.* Hæc ex edito emendantur.

* Vestis Plena, Ex panno unius coloris, Lit. remiss. ejusd. ann. ex eod. Reg. ch. 333: *Quamdam tunicam plena Veste, minime radiatam aut partitam.... induerat.*

¶ Vestis Rubra, βάδδι, in Gloss. Lat. Gr.

* Vestis Scissa, Certa ratione et curiose incisa. Stat. eccl. S. Laur. Rom. : *Prælati ecclesiarum manicas ad cubitum pendentes et longas cum magna et sumtuosa superfluitate, Vestes etiam scissas retro et in lateribus, cum foderaturis ultra oram excedentibus etiam in fissuris deferunt.*

¶ Vestes Scholasticorum talares cum caputiis, ex Conc. Lugdun. ann. 1449. apud Marten. tom. 4. Anecd. col. 380.

¶ Ad Medium Vestem Vestire, i. e. ad medietatem fructuum colere. Locus est in *Vestire* 2. Vide *Complantare*, et *Medium*.

** 2. **VESTIS**, Pro Bestia, ut videtur. Erchempert. Histor. Longob. cap 51. et Chronic. Salern. cap. 129. apud Pertz. tom. 5. Scriptor. pag. 257. et 538 : *Ita ut terra desolata cultoribus, vestibus et vepribus repleta fatiscat.*

* **VESTITALIS**, An pro Versatilis? Libert. Brianc. ann. 1343. tom. 8. Ordinat. reg. Franc. pag. 210 : *Quoniam quæ geruntur in tempore, noverca perimit oblivio, fortuna Vestitalis et inopinata, vel vestutas* (vetustas) *etc.*

¶ **VESTITIO**, Actio vestiendi. Jac. Delayto in Annal. Estens. ad ann. 1395. apud Murator. tom. 18. col. 920 : *Hæc equidem simulata Vestitio acta erat in camera quadam secreta, in quam Azzo antequam vestes traderet perituro transiverat.* Aliis notionibus, vide in *Vestire* 1. et 2.

* *Vestison*, in Charta ann. 1311. ex Reg. 48. Chartoph. reg. ch. 53 : *Laquelle dame Contesse puet et doit prendre devestisons et faire Vestisons de toutes les choses, censives et rupturieres, vendues et alienées souz la seignorie de ce que ele tient.* Vide in *Vestire* 1.

VESTITOR, Idem qui a *Veste est*, Vestiarius. *Vestitores divinorum simulachrorum*, apud Julium Firmicum lib. 3. cap. 11. *Deorum vestitores*, cap. 14. qui Deorum statuas vestibus exornabant. Inscriptio Romæ in Exquiliis : *D. Phedimo Vestitori M. Aug. Phæder. fratri piissimo.* Alia in Roma Subterran. lib. 3. cap. 3 : *Hic positus est benemeritus El.... Vestitor Imperatoris, qui vix... depositus* D. VIIII. *Kal. Septembr... Domini Honorii Aug.* VI. coss. Apud Lampridium in Severo : *Fullones, et Vestitores, et pictores, et pincernæ, etc.* Theophanes, προκένσου δὲ γενομένου ἐν τῷ Ἑδδόμῳ ἀπώλεσαν οἱ βεστήτορες τὸ στέμμα τοῦ Βασιλέως. Quo loco Cedrenus habet βεστιαρίτας. Notus est apud Græculos inferioris ævi Cosmas, cognomento Βεστήτωρ, cujus orationes seu Homiliæ quædam recensentur apud Allatium in Diatriba de Simonib. pag. 94. 95. 100. et alios. [Aliis notionibus, vide in *Vestire* 1. et 2.]

¶ 1. **VESTITUDO**. Guillelmus Armoric. de Gestis Philippi Aug. apud Duchesn. tom. 5. pag. 91 : *Eodem anno* (1218.) *in vigilia Assumptionis quidam latro Anglicus natione cum aliquod diebus in superioribus Vestitudinibus Parisiensis Ecclesiæ latuisset, etc.* Rectius *Testudinibus* in Chron. Alberici ad eumd. annum, ubi eadem habentur.

¶ 2. **VESTITUDO**, Missio in possessionem, *investitura*. Vide in *Vestire* 1.

¶ 1. **VESTITURA**, Quidquid ad vestimenta pertinet. Charta Henrici IV. Imper. ann. 1113. apud Marten. tom. 1. Ampl. Collect. col. 632 : *Ad Vestituram aliosque usus fratrum absque omni semper inquietudine permaneant. Ad opus camerarii ad Vestituram fratrum*, in Hist. MS. Monast. Beccens. pag. 363. Chartul. S. Vandreg. tom. 1. pag. 1167 : *Hunc vero redditum camerario ecclesiæ propter meam Vestituram assignavi.* Occurrit aliis notionibus in *Vestire* 1. Vide in *Vestiarium* et *Vestura* 1.

* *Vesture*, eadem notione, in Charta ann. 1265. ex Chartul. S. Joan. Laudun. : *Les gens des viles deseur dites doivent convertir par leur sairement chescun an parmenaulement en Vesteures et en chauceures cinquantes et quatre sols de Parisis, de la somme d'argent que il recevront des vint livrées de Parisis deseure nommées.*

* 2. **VESTITURA** Placitorum, An idem quod *Servitium placiti*, quo vassalli placitis dominicis interesse debebant; vel Obligatio suppeditandi quidquid tenendis iisdem placitis necessarium erat? Charta Nic. abb. ann. 1196. ex Tabul. S. Joan. Laudun. : *Communes corveias, quas nobis debebant, et etiam Vestituras placitorum generalium...... relaxamus.*

* **VESTITURIA**, Census, qui quotannis exsolvitur in signum concessæ *vestituræ* seu possessionis ad tempus. Charta Alber. comit. ann. 971. inter Probat. ult. Hist. Trenorch. pag. 116 : *Eo tenore, ut dummodo vivo, usum et fructum exinde habeam. Et in festivitate S. Mariæ iiij. Nonas Februarii duodecim denarios in Vestituria persolvam ; post meum vero decessum, ad ipsum locum cum omni integritate veniant. In Vestitura* ex alia ejusd. Alber. ibid. pag. 117. Vide in *Vestire*. 1.

¶ **VESTITUS**, 2æ declinat. Vestis, in Actis Episc. Cenoman. pag. 93 : *Censivimus vobis.... Vestitos duos, et capas duas episcopales, etc.* Vide in *Vestire* 1. et 2.

* Italis, *Vestito*. Stat. Mantuæ lib. 2. cap. 21. ex Cod. reg. 4620 : *Quo facto demum induatur camisia, Vestito et zona, et vestitus dimittatur in pace.*

* **VESTIZO**, Mensuræ species. Charta ann. 1215. ex Cod. reg. 4659 : *De sarcina bestiæ sal deferentis, Vestizonem unum.*

** **VESTRATIM**. Probi Ars minor apud Maium Classic. Auctor. tom. 5. pag. 279. Endlich. num. 720 : *Ex his pronominibus sexdecim tantum Varro adverbia ejusmodi secundum sonorum rationem fieri demonstravit.... nostratim, et significat more nostro; vester, Vestratim, et significat more vestro.* Habet etiam Virgil. Grammat. pag. 33.

¶ **VESTROILT** et Vestrol, Cognomen Roberti I. Sabolii Domini, ex *Vest, Vester*, castrum, et *Holt* idiomatis Burgundici, ut videtur Schiltero in Gloss. Teuton. v. *Fest* : ita ut idem sit qui πυργόφιλος. Regest. feudorum Castri Lidi : *Vir quoque ejusdem Hersendis Robertus Vestroilt, et Lisiardus eorum filius.* Tabul. S. Albini : *Venienti domno Roberto Burgundo et filio ejus Roberto Vestrol.* Infra : *Hanc recognitionem domni Roberti senioris... viderunt et audiverunt Robertus Vestrol, filius ejus, etc.* Apud Menag. Sabol. pag. 151.

¶ **VESTUARIUM**, ut supra *Vestiarium*. Vide in hac voce. Epitome Constit. Eccl. Valent. inter Conc. Hisp. tom. 4. pag. 163 : *Præpositi debent solvere Vestuarium prima die Madii et portionem canonicam prima quaque die sui mensis.*

1. **VESTURA**, Quidquid ad vestimenta pertinet. Statuta Leprosariæ S. Juliani in Anglia : *Item in festo S. Joannis* (habent) 4. *solidos pro Vestura.* [Charta Leduini Abb. S. Vedasti ann. 1036. ex Chartul. ejusd. Monast. V. pag. 243 : *Quod si ad equitatum suum vel ad carrucam suam palefridum emerit,... inde theloneum non dabit. Similiter de Vestura sua et de victu suo.* Testam. Joh. *Renawd* ann. 1322. apud *Madox* Formul. Angl. pag. 430 : *Item lego ad expensas meas funerales in cervisia et Vestura pauperum, etc.* Occurrit præterea apud Rymer. tom. 8. pag. 51. Kennet. in Antiquit. Ambrosd. pag. 620. etc. La Vie *de Jesus Christ* MS :

Failli vous onques fornesture,
Ne besoingnable Vesteure.

Le Roman *de Vacce* MS :

As mendis Vesteures et à mangier donna.

Vide *Vestitura.*]

2. **VESTURA**, Possessio. Vide *Vestire* 1. et 2.

¶ **VESTUS**, Ager cultus. Vide *Vestire* 2.

¶ **VESUNTIONENSIS** Moneta. Vide in *Moneta Baronum*.

¶ **VETA**, A Latino *Vitta*, Provincialibus *Veto*, nostris *Ruban*. Charta ann. 1270. ex Schedis Præs. *de Mazaugues* : *In præsenti instrumento infra scripto pendent duæ bullæ in quadam Veta de filo, in quarum una est imago Episcopi.* Alia ann. 1299. ex Tabul. S. Victoris Massil. : *In quodam instrumento* *sigillato sigillo... pendenti in Veta de serico regali.* Pro Vitta qua vestium extremitas munitur in Statutis Massil. lib. 2. cap. 39. § 2 : *Item, de mantello sendati cum frezio, vel cum Veta, vel profilo* xx. *den. et sine frezio, Veta et profilo* xvi. *den.* Pluries ibi. Vide *Neca* et *Reta* 1.

* Glossar. Provinc. Lat. ex Cod. reg. 7657 : *Veta, Prov. vitta.* Pro fimbria, qua vestium extremitas ornatur, in Charta ann. 1382. ex Tabul. Major. monast. : *Duas tunictas pro subdiacono ejusdem panni, munitas pannis aureis dissimilis coloris, et Vetis seu aurifresiis Romanis.*

VETARE, Negare, [vel potius Affirmare, contendere falsum esse quod objicitur.] Lex Longob. lib. 1. tit. 4. [** Liutpr. 71. (6,18.)] : *Et si ipse, de quo dicitur, quod ista mala consiliatus fuerit, Vetare voluerit, quod consilium non dedisset, etc.* Leg. Liutprandi Regis tit. 16. § 7. [** 21. (4,3.)] : *Et si Dominus Vetaverit, quod per ipsius consilium factum non fuisset, purificet se ad legem Dei.* [*Veer*, eadem notione, in Charta ann. 1296. ex Chartul. 23. Corb. : *Ils en prendront congié as devantdits Religieux, lequel congié ne porra estre Veez.* Vide mox *Vetatum*.]

* Chron. S. Dion. tom. 5. Collect. Histor. Franc. pag. 242 : *Constantins li empereres de Constantinoble, qui moult avoit grant mautalent vers le roi Challemaine, pour ce que il li avoit sa fille Vée.* Eginhardus ibid. pag. 209 : *Propter negatam sibi regis filiam iratus.*

VETATUM, seu Vetitum, Locus, ager, pratum, vel silva ubi pascua seu animalia immittere, vel aliud quidpiam facere, quod iis noceat, non licet. Fori seu Consuetudines Jaccæ in Aragonia : *Ganata cum descenderint, nullus audeat furari, vel rapere, vel pignorare ulla occasione, et non jaceant in Vetatis Militum.* Charta Sanctii Ramirezii Regis Aragonum apud Martinezium in Hist. Pinnatensi lib. 3. cap. 27 : *Ipsi vero habeant Vetatos suos in omnibus decaniis suis, et in omni loco, ubi ipsi habuerint aliquid facere, ut nullus sit ausus pascere vel intrare absque eorum licentia, neque ego : quod si fecerint, accipiant carnale.* Alia Garsiæ Regis Navarræ apud Sandovallium in Episcopis Pampilonensib. pag. 70 : *Et de illa arca de Verosain, usque ad Pelagum rotundum de Anoz, sit defensum et Vetatum tam aquarum quam terræ, etc.* Observantiæ Regni Aragon. lib. 7. tit. de Pascuis, § 9 : *Si habeo hæreditatem in aliquo loco, in quo non habitem, non possum illam hæreditatem Vetare, sic quod non possint ibi depascere ganata illorum habitantium ibi, nec possum illa pignorare, etc.* [Charta ann. 1502. ex Schedis Præs. *de Mazaugues* : *Cum... pratis, pascuis, devensis, Vetatis, etc.*] *Bois vetez, dits vulgairement Bedats*, vetitæ silvæ seu defensæ, in Consuetudine Aquensi cap. 1. art. 12. 18. 20. *Viæ vetatæ*, in Charta Ricardi Regis Angliæ apud Sammarthanos in Archiepiscopis Turon. uti supra observatum in voce *Defensa* 3.

¶ **VETATUS**, Idem videtur quod *Virgatus.* Inventar. ann. 1476. ex Tabul. Flamar. : *Item plus unum alium lectum parvum muntum.... unius scamni sive bancal lanæ virgati sive Vetati et unius sargæ lanæ rubei coloris.*

¶ **VETERAMENTARIA**, Vestes detritæ, aliaque ejusmodi. Leg. municipales Mechliniens. tit. 19. art. 16 : *Tutoribus et curatoribus nihil licitum est ex bonis mobilibus pupillorum eorumve quorum curam gerunt, vendere, sine auctoritate pupillarium magistrorum, eaque ipsa venditio celebrabitur publice per coactores Veteramentariorum a civitate designatos.*

VETERANA. Gariopontus lib. 5. Passion. cap. 6. quatuor species turpedinis statuit; primam, quæ dicitur *Stora*; secundam, quæ dicitur *Pustula*; tertiam, *Morbillum*, quæ *Veterana* nominatur; et quartam, quam *Lenticulam* vocant.

¶ **VETERANI.** Vide supra in *Vavassores.*

¶ **VETERARE**, Corroborari, confirmari ex diuturnitate. Bonincontrus in Chron. Modoet. apud Murator. tom. 12. col. 1101 : *In Cremona Veteraverat Guelforum potentia, Gibellinis inde longo tempore expulsis.* Vide *Veteratio.*

¶ Veterare, Vetustatem induere. *In accessionum et decessionum vicibus ubi Veteraverunt*, apud Celsum lib. 3. cap. 13. de febribus. Gloss. Lat. Gr. : *Vetero*, παλαιόω.

¶ **VETERARIUS**, Veteramentarius, in Gloss. Lat. Gr. *Veterarius*, παλαιοράφος.

¶ **VETERATIO**, Consuetudo. Mirac. S. Walarici tom. 1. April. pag. 28 :

> Spargebat proprios hiemis Veteratio canos,
> Manabant nares, lacrymis pluvialibus orbes :
> Hic mos est hiemi : fuit illud mense Novembri.

* **VETERATOR**, Diabolus, qui Scriptoribus ecclesiasticis passim *Malignus* et *Malus* dicitur. Chartul. magn. S. Vict. Massil. fol. 42 : *Qui vicerat immundissimum Veteratorem etc.*

VETERES, Senes, vetuli, in aliquot veteribus Inscript. apud Meursium in Exercitat. Crit. part. 1. c. 3 : *Arcobrigenses juvenes et Veteres statuam in foro posuere, etc.*

¶ **VETERINARIA**, Ars curandi veterina, Græc. κτηνιατρική. Vetus Interpres S. Irenæi lib. 2. cap. 32 : *Ab his autem omnem speciem rusticationis, et Veterinariæ, et pastoralis..... ediscere possunt.* De ea scripsit Vegetius. *Veterinaria medicina*, apud Columell. lib. 7. cap. 3.

¶ **VETERIVALLUS.** Vide supra *Sutribullum.*

¶ **VETERNARE**, Abolere, antiquare. Disput. Benedicti Levitæ adv. Felicianos, apud Baluz. tom. 5. Miscell. pag. 32 : *Et e contra Feliciani infandi adoptivum eum* (Christum) *Veternare contendunt.*

¶ **VETERNOSITAS**, Pigritia, torpor. Fulgent. Mythol. lib. 3. cap. 4. extr. : *Omnis coloratæ juventutis igniculus torpidæ Veternositatis algescit senio.*

¶ 1. **VETERNOSUS**, Veterator, versutus. Vitæ Patrum Emerit. inter Conc. Hisp. tom. 2. pag. 647 : *In omnium corde florebat perfecta charitas,.... ita nimirum ut devicto antiquissimo hoste ac superato Veternoso dracone, nemo mœrore consternatus,..... callidi anguis virulentis stimulis quateretur.*

¶ 2. **VETERNOSUS**, Vetustus, apud S. Bernardum tom. 1. Operum ejusd. col. 661. edit. 1690 : *Veternosas omnes (neque enim paucæ inveniebantur) abolebat superstitiones.*

¶ 1. **VETERNUM**, Vetustas. Vita S. Gerardi Episc. Tull. apud Marten. tom. 3. Anecd. col. 1063 : *Instinctu piæ devotionis locum S. Mansueti vir Domini sancto amore excolebat, cujus etiam cœnobium labili Veterno deciduum renovare satagebat.*

* 2. **VETERNUM**, *Jaunice, maladie. Veternus, qui a la jaunice.* Glossar. Lat Gall. ex Cod. reg. 7692.

* **VETHARE**, pro Vetare, in Act. consecrat eccl. S. Vict. Massil. ann. 1040 : *Vethamus et excommunicamus, etc.* Vide *Vetum.*

* **VETICULUS**, Vitulorum et juvencarum custos. Stat. Universit. Tolos. ann. 1329. ex Cod. reg. 4222. fol. 73. v° : *Dando eis jocalia, quæ potius sunt pro pastoribus et Veticulis, quam pro bonis hominibus vel magistris.* Vide infra *Vetulus.*

* **VETIGATIO**, Morbi genus. Vide supra in *Ranfus.*

¶ **VETOCHETUM.** Bulla Innocentii VIII. PP. ann. 1484. in Contin. Magni Bullar. Rom. pag. 287. col. 1 : *Pulsetur* (Officium Primæ) *hora octava cum duabus modis* (leg. *modicis* suppl. campanis) *certis Vetochetis intermediis secundum quod est consuetum, etc.* Emendo *Retochetus*, et pulsus campanæ iteratos intelligo, Gall. *Tintemens.*

* **VETOLIA**, pro *Betolia*, Betula, Gall. *Bouleau.* Charta ann. 1212. in Chartul. archiep. Bitur. fol. 172. r° : *Qui habitabunt domum de Oblatissa, accipient in nemore quidquid eis necessarium fuerit ad domum ipsam, et de nemore mortuo poterunt accipere truncum principalem, exceptis Vetoliis, quas tamen capient ad liganda dolia.*

* **VETRALLA.** Petrus de Vineis lib. 2. epist. 58. edit. ann. 1609 : *Vestram non lateat majestatem, quod Theutonici et Latini stipendiarii vestri, quod* (quos) *ad fronteriam urbis posueram in Vetralla,....... stipendia sua non habentes,...... ad partis adversæ transfugium, quibus eadem - pars duplicata persolvit stipendia, confugerunt.* Vide *Bretachiæ.*

¶ **VETRARE**, pro *Veterare*, contracte scriptum, in Gloss. Lat. Gr. : *Vetro*, παλαιῶ. Melius in MSS. Sangerm. *Vetero.*

* **VETRARIA**, perperam pro *Ventraria*, Ventris armatura, inter Munit. castr. ex Reg. 34. bis Chartoph. reg. fol. 93. r°. Vide *Ventreria.*

VETRENERE. Monachus Sangallensis lib. 1. de Carolo M. cap. 21 : *Cum quidam juvenis cognatus Regis optime in quadam festivitate caneret Alleluia, dixit Imperator ad eundem Episcopum : Bene cantavit modo ille noster Clericus. Qui juxta stultitiam suam jlocaliter illa verba suscipiens, et illum Imperatoris cognatum esse nesciens, respondit : sic omnes perriparii possunt bubus agricolantibus Vetrenere.* Vox asterisco notata, ut incertæ notionis, et mendi suspecta. [Forte more vetuli canere, hoc est cantu languido.] [** Confer *Vernare*, 2.]

* **VETTIS**, Vettus, Vectis. Comput. ann. 1362. inter Probat. tom. 2. Hist. Nem. pag 260. col. 1 : *Qui fecerunt foramina in quibus ingaynantur Vetti portalium S. Anthonii et Carmelitarum...... Pro duabus baguis necessariis ad Vettem guicheti dictæ portæ.*

VETULA. S. Audoënus lib. 2. Vitæ S. Eligii cap. 15 : *Nullus in Kl. Januarii ne-*

funda et ridiculosa, Vetulas, aut cervulos, aut jotticos faciat. Pœnitentialis Theodori apud Spelmannum tom. 1. Concilior. Angliæ tit. 33 : *De idololatria et sacrilegio, et, qui Angelos colunt, et maleficos, ariolos, veneficos, et sortilegos, divinos, et vota reddentes, nisi ad Ecclesiam Dei : et in Calendas Januarias, in cervulo et Vitula vadit, et Mathematicos, et emissores tempestatum.* Pirminius in Excerptis ex libris Canonic. : *Cervulas et Vehiculas in quadragesima, vel aliud tempus nolite ambulare.* leg. *vetulas,* aut *veticulas.* Adde Cumeanum Abbat. de mensura pœnitent. cap. 7. et alios locos, laudatos in v. *Cervula,* in quibus *Vetula,* prisco more, pro *Vitula,* i. juvenca, scriptum contendit Sirmondus : cujus sententiæ accedit etiam Hugo Menardus : quod nescio an verum omnino, cum etiamnum apud nos pueri in bacchanalibus larvatos consequantur inclamantes, *il a fait la vieille,* id est; *vetulam egit,* seu larvatus vetulæ in morem processit. Testantur præterea Maximus Taurinensis, et Faustinus Episcopus, in sermonibus dictis in Kalendis Januarii, hoc die paganos habitus muliebres assumsisse, et feminarum specie se deformasse : quod vetat Canon. 62. Synodi Trullanæ, ubi agit de Kalendis et aliis paganorum festis, quæ Christianis interdicuntur : Ὀρίζοντες μηδένα ἄνδρα γυναικείαν στολὴν ἐνδύσασθαι. Abulfeda in Epochis a Joanne Gravio editis pagin. 102. ait, apud Græcos, sextum et vicesimum *Shabat,* (mensis Februarii) esse *principium dierum vetulæ,* eosque esse septem. [** Theodor. Liber Pœnitent. edit. Thorp. cap. 27. § 19 : *Si quis in kalendas Januarii in cervulo aut vetula vadit, id est in ferarum habitu se communicant, et vestiuntur pellibus pecudum, et assumunt capita bestiarum; qui vero taliter in ferinas species se transformant, 3. annos pœniteant.* Inscriptio capitis.... *et in kalendas Januarii in cervulo et in vitula vadit.* Confer locum Faustini laudatum in *Cervula.* Pro Sirmondi sententia stat etiam Baluz. ad Regin. lib. 1. cap. 213.]

* **VETULUS**, ut supra *Veticulus.* Charta ann. 1025. ex Cod. reg. 9612. X : *Dono..... alodium meum proprium, videlicet mansionem de Corileto, cum Vetulo meo Bernuino, et ejusdem uxore sua Vetula mea.*

¶ **VETULONES** et VETULONISSÆ, ut supra *Veglones,* apud Mabillon. in Itin. Ital. pag. 15.

VETULUS DE MONTANIS. Vide *Senex de Montanis.*

¶ **VETUM**, Vetitum, interdictum; a *Vetare,* prohibere, interdicere, nostris *Veer.* Litteræ Caroli V. Reg. Franc. ann. 1370. tom. 5. Ordinat. pag. 330 : *Possint... facere prohibitionem et Vetum apponere... et quod ipsi Consules dictam prohibitionem et Vetum ad tempus possint suspendere et removere, etc.* Ejusdem est originis vox *Vedar* quæ Provincialibus interdicere et excommunicare sonat. Satyra Bertrandi *d'Allamanon* in Archiep. Arelat. :

Car bom Vedat
Vedar non mi porra.

Hoc est, Excommunicatus me excomunicare non poterit. *Vedar, devedar, defendre,* in Diction. MS. *Nostradamus.*

* Nostris *Vée* et *Vehe.* Constit. MSS. Jac. II. reg. Aragon. ann. 1321 : *Statuimus quod inhibitio seu Vet, quod ibi positum est in victualibus non extrahendis usque ad messes, intelligatur quod duret usque ad primam diem mensis Junii.* Charta ann. 1343. ex Chartul. S. Vinc. Laudun. : *Mainteniens estre en saisine de faire les Vées et les desvées par nostre justice.* Libert. villæ *d'Aigueperse* ann. 1374. in Reg. 198. Chartoph. reg. ch. 360 : *Item que lesdiz consoulz puissent....... mettre et oster...... les Vehes ou criées, etc.*

* VETUS, Eadem notione. Charta ann. 1337. in Reg. 101. Chartoph. reg. ch. 103 : *Quod dictus dominus dalphinus nec ejus hæredes seu successores in dictis castris, vel eorum mandamentis interdicta, vel prohibitiones aliquas, sive Vetos facere non possint.*

¶ VETUM VINI, pro Certo dierum spatio, quibus *vetitum* est vinum vendere, idem quod alibi *Bannum vini.* Vide in *Bannum* 1. Judicium ann. 1131. inter Probat. tom. 2. novæ Hist. Occit. col. 460 : *Vetum vini, ita ut per totum Augustum mensem vinum non vendatur ab aliquo in tota villa Biterrensi, nec aliunde emptum ibi aportetur, nisi ab Episcopo.* Vide *Devetum* et supra *Vetatum.*

* *Vete* autem Armorum genus est, in Stat. pro Bono publico art. 6. in Lib. rub. fol. magn. domus publicæ Abbavil. : *Item des coutiaux, des Vetes, des faucons et de toutes aultres armeures deffendues, que nulz soit si hardis qui les porte.*

¶ **VETURERIUS**. Vide in *Vectuarius.*

¶ **VETUS** DE MUSSA. Vide in *Senex.*

¶ **VETUSTARE**, Vetustescere, Columellæ, Gall. *Vieillir.* Charta de Aquariatu de Talmundo ann. 1366 : *Et quando dictæ botæ fuerint Vetustatæ seu diruptæ, tunc dictus Aquarius tradet dictis religiosis antepedes.*

* Nostri alias *Enviesir* dixerunt de re, quæ usu detrita est : unde *Enviesissure,* ipsa detritio, vulgo *Usure.* Charta ann. 1235. ex Chartul. S. Petri Insul. sign. *Decanus* fol. 129. v° : *Les maisons doit li censier maintenir, fors que d'Enviesir, et se gros mairien i mettoit, rendre li doit on à l'issir.* Charta Rob. abb. Marchien. ann. 1312. in Reg. 48. Chartoph. reg. ch. 106 : *Et se en aucun temps, tant comme il le* (manoir) *tenront, gros marien y falloit par Enviesissure, livrer leur devons.*

* **VETUSTITAS**. pro Vetustas; Senectus, ætas provecta. Vita S. Macnisci tom. 1. Sept. pag. 665. col. 1 : *Mulierem quamdam, quindecim antea annis partu præ Vetustitate privatam, virtute orationis parere filium fecit. Vieilleur,* pro *Vetusté,* in Charta ann. 1366. inter Probat. tom. 3. Hist. Burg. pag. 16. col. 1 : *Quand lesdites fourches ou gibets sont cheues et démolies par Vieilleur ou autrement, etc. Viols,* pro *Vieil,* senex, in Vita J. C. MS :

Joseph commencent à gaber
Qui à la Virge estoit venus,
Pour chou qu'il ert Viols et chenus.

* **VEVAGIUM**, Jus quod viduæ, præter dotalitium, competit, practicis nostris *Droit de veuve.* Arest. ann. 1367. 7. Mart. in vol. 5. arestor. parlam. Paris. : *Ipsa domina in eadem curia nostra bonis mobilibus omnibus et singulis ubicumque existentibus ac debitis universis dicti quondam mariti sui...... omnino renunciavit,....... retenuta seu protestatione per eandem facta de retinendo et petendo ... dotem seu dotalitium sibi promissum,.... ac etiam suum Vevagium.*

¶ **VETYSA**, ut *Vechia,* nisi etiam ita legendum est. Vide in hac voce. Charta ann. 1236. ex Tabul. S. Quintini in Insula pag. 301 : *Quasdam garbas pysorum, Vetysarum, bladi et aliorum leguminum, etc.*

¶ **VEVASORES**, ut *Vavassores.* Vide ibi.

* **VEUGLARIA**, Gall. *Veuglaire,* inter machinas bellicas jaculatorias recensetur, in Lit. ann. 1432. ex Reg. 174. Chartoph. reg. ch. 235 : *Canons, bombarders, Veulgaires, poudre, trait et autre artillerie, etc.* Aliæ 1434. ibid. ch. 313 : *Canons, Veuglaires, coulevrines, etc. Veuglaire* præterea legitur in Hist. Caroli VII. pag. 10. 122. et apud Monstrel. vol. 1. cap. 78. *Vuglaire,* in Lit. remiss. ann. 1455. ex Reg. 187. ch. 93.

¶ **VEURA**. Charta ann. 1133. inter Instr. tom. 2. Gall. Christ. novæ edit. col. 60 : *Do itaque illi totam terram Carigniaci planam atque arabilem, quæ est a fonte qui Torchanessa dicitur, usque ad fontem justi in longum latumque porrecta, solam Veuram mihi retinens, quæ inter utrumque fontem media statione succrevit. Partem tamen ejusdem Veuræ quæ ad austrum respicit a parvula semita, quæ in transversum ducitur, una cum pratulo quod eidem adjacet et adhæret, prædicto heremitæ condono.* Legendum fortasse *Vaura.* Vide in hac voce.

* Malim ego *Veura,* quam *Vaura;* rursum quippe legitur in Charta ann. 1120. inter Instr. tom. 12. Gall. Christ. col. 26 : *Ex una parte dividit filus vallis Veuræ joculatoris, ex alia parte dividit grossum nemus, ex vero alia parte Veura runsata et rivus qui ab inde venit, sicut est usque ad Veuram joculatoris.* Ubi *Veura runsata* ager dumetis consitus significatur firmaturque explicatio proposita in *Vaura.*

¶ **VEUTA**, a Gall. *Veue,* inspectio rei de qua litigatur. Practicis nostris *Veue* et *Monstrée :* quod Statuto ann. 1667. tit. 9. art. 5. antiquatum est. Præceptum Philippi VI. Reg. Franc. ann. 1347. tom. 2. Ordinat. pag. 267 : *Ut partes ipsas super locum contentiosum, si casus sit talis quod sit opus inspectione seu Veuta, convocaret, seu adjornaret.* Vide ibi *De Lauriere. Venta,* perperam pro *Veuta,* in Edicto ejusd. Reg. ann. 1344. ibid. pag. 218. et in vet. Stilo Parlamenti cap. 11. Statutum Johannis Reg. ann. 1363. tom. 3. earumd. Ordinat. pag. 652 : *In eodem parlamento, si fieri possit, certa dies concedatur ad Veutam faciendam, et Veuta facta ad garandum adducendum; quem garandum, si quem habere voluerit, per executorem ad Veutam faciendam deputandum, adjornari facere tenebitur.* Vide *Ostensio,* et infra *Visus.*

* Arest. parlam. Paris. ann. 1473. in Lib. pitent. S. Germ. Prat. fol. 215. r° : *Pro parte vero dictorum defensorum plura in contrarium facta et rationes propositæ, extitissent ad finem seu fines, quod diceretur et declararetur præfatum actorem certamque Veutam per eum in rebus contentiosis factam*

inadmissibiles fore, ac quod super dicta Veuta iidem defensores procedere minime tenebantur....... In loco in quo dictus actor Veutam seu ostensionem fecerat etc. Bellomaner. MS. cap. 35 : *En Normendie a tele coustume en aucuns liex, que Veues d'iretages ne se pueent faire entre laies personnes, se il n'i a quatre chevaliers à faire la Veue.*

¶ **VEXA**, Vexatio, apud Bern. *de Breydenbach* in Itin. Hierosol. pag. 225 : *Igitur redempti a Vexa per datas pecunias, etc.*

* **VEXALLUS**, pro *Vassallus*, feudatarius. Charta Geraldi abb. ann. 1334. inter Probat. ult. Hist. Trenorch. pag. 246 : *Item debet habere idem marescallus... vestes nobilium feodalium Vexallorum nostrorum, sive sint viri, sive sint mulieres.* Vide in *Vassus* 2.

VEXATICUS, Papiæ, *Inergumenus, qui a Dæmonio arguatur.* MS. habet *Vexatus. Vexaticius*, apud Braulionem in Vita S. Æmiliani cap. 28. edit. Bivarii.

¶ 1. **VEXATIO**, Erogatio, profusio. Cod. Theod. lib. 12. tit. 1. leg. 27 : *Dignitatis infulas fœda familiaris rei Vexatione mercantur.*

** 2. **VEXATIO**, Vectura. Chart. ann. 1150. apud Guden. Cod. Diplom. tom. 1. pag. 203 : *Ad subministrationem ignis ad Vexationem unius plaustri continuam ex nostro tradidimus nemore.* Ubi forte legendum *Advexationem*. Comput. sec. XIV. apud Haltaus. in Glossar. German. col. 539. voce *Frou-furen : Servitia et Vexationes ad currus imperatoris, etc.*

¶ **VEXATIVUS**, Acutus, acer. Conc. Avenion. ann. 1209. apud Acher. tom. 2. Spicil. pag. 610 : *Vulnera quæ levia fomenta non sentiunt, mordicativis, seu Vexativis remediis curari oportet.* Cælius Aurel. Acut. lib. 2. cap. 29 : *Utitur etiam cum his potionibus Vexativis, absinthio infuso et thymo decoctis... Quæ omnia... sunt acria, et propterea tumori contraria.*

¶ **VEXELAMENTUM**, Vasa, vasarium, supellex. Excerpta et Instr. visitat. Simonis Archiep. Bituric. ann. 1284. apud Mabill. tom. 2. Analect. pag. 621 : *Ceterique officiales domini cum summariis ad argentum et Vexelamentum argenteum benigniter cum hilaritate vultus ibi fuissent recepti, etc.* Vide *Vessella*.

¶ **VEXELLUM**, Vas vinarium, ni fallor, in majori Chartul. S. Victoris Massil. fol. 101 : *Dodo et uxor sua dederunt S. Victori inter alia unum torcular et unum Vexellum.* Tabul. ejusd. Abbat. : *In villa Tarasco de duabus Vexellis tertiam partem.* Vide supra *Vassellum* et *Vesseil*.

¶ **VEXENDA.** Statuta Montis Regal. pag. 307 : *Item statutum est quod bestiæ cavallinæ portantes Vexendas in dictis alpibus, non teneantur solvere dictum alpagium, nec aliqua alia bestia, quæ non staret in dictis alpibus juxta per tres dies.* f. *Vehenda*, onus, sarcina.

¶ **VEXILLAIA**, *Impetus fortis carrorum.* Gloss. Isid. Leg. *castrorum* ex emendatione Grævii. Vulcanius edidit *Vexilla*.

¶ **VEXILLARIA**, Officium, munus, dignitas *Vexillarii*. Bulla Bonifacii VIII. PP. inter Conc. Hisp. tom. 3. pag. 536 : *Quibus casibus ad exsequendum hujusmodi Vexillariæ, capitaniæ et admiratiæ officium modo prædicto dictus Rex Aragonum se astringet.* Vide mox *Vexillarius*.

VEXILLARIUS, Vexillifer, in vet. Inscript. apud J. Spon. tom. 3. Itiner. pag. 79. Gruter. 753. 4. et apud S. Cyprianum Epist. 30. sub finem. In Charta ann. 1309. Jacobus Rex Aragon. *S. Romanæ Ecclesiæ Vexillarius, Ammiratus ac Capitaneus generalis* inscribitur. [Idem legere est in Charta ann. 1299. ex Tabul. S. Victoris Massil. et in Epist. Frederici Reg. in Chron. Sicil. apud Marten. tom. 3. Anecd. col. 83. Nicolaus Specialis de Reb. Sicul. apud Murator. tom. 10. col. 970 : *Pandit ergo Vexillarius signa Regis, castra movent, etc.*] Necrologium S. Stephani Autisiodor. : *Pridie Nonas April. obiit Leotericus Vicecomes, hujus Ecclesiæ Vexillarius.* Vide *Vexillator, Vexillum, Vicedominus.*

Vexillarius, Miles *Banneretus*. Vide in hac voce.

VEXILLATIONES, de equitibus proprie dicebantur ut *legiones* de peditibus, quia per turmas et vexilla divisi equites, quomodo nostri etiamnum dicunt *une Cornette de Cavalerie*, pro turma equitum. Vegetius lib. 2. cap. 1 : *Equitum alæ dicuntur, quæ nunc Vexillationes vocantur, ab eo, quod velis, hoc est, flammulis utuntur.* Adde Cedrenum pag. 169. Ejusmodi autem *Vexillationum* passim mentio in Notitia Imperii, et in Cod. Th. leg. un. de Bonis milit. (5,4.) leg. 22. 23. Cod. de Erogat. militaris annonæ (7,4.). [De *Vexillationibus* et *Vexillariis* præ cæteris consulendus Schelius ad Hyginum de castrametatione.]

VEXILLATOR, Vexillifer. In Monastico Anglic. tom. 1. pag. 372 : *Gilbertus Tison, Domini Regis Angliæ summus Vexillator* inscribitur in ejusdem Diplomate. Philippus Mazerius in Vita S. Petri Thomasii cap. 4 : *Misit Dominus Apostolicus vexillum sanctæ Crucis et Ecclesiæ eidem Regi* (Ungariæ) *tanquam Vexillatori inclyto, etc.* [Vide *Vexillarius* et in *Vexillum*.]

¶ **VEXILLIFERATA.** Vide mox *Vexilliferi.*

VEXILLIFERI Hæreditarii. Ordericus Vitalis lib. 3. ann. 1066. pag. 493 : *Radulfus de Conchis, Rogerii Teonitis filius, Normannorum signifer.* Charta Ludovici Imp. ann. 1328. pro Castruccio Duce Lucæ, apud Freherum tom. 1. Rerum Germanic. parte 2. pag. 31 : *Te pro te et successoribus tuis, et a te per lineam masculinam natis et nascituris in perpetuum ipsius Ducatus Ducem et Vexilliferum nostrum, et sacri Romani Imperii ubilibet,... promovemus.* Id porro munus, *Vexilliferata* infra dicitur.

Vexilliferi Milites. Vide *Bannereti*.

¶ Vexilliferi Regii dicti ii, quibus *Auriflammam* deferendam committebant Reges Francorum, apud Scriptores nostros passim. Vide Gallandum de Vexillis Franc. pag. 43.

¶ Vexilliferi, Supremi apud Florentinos, Bononienses, Lucenses et alios Magistratus, sub quibus armatus coiret populus. Poggius in Orat. funebri Leonardi Aretini, apud Baluz. tom. 2. Miscell. pag. 256 : *Functus est etiam summis magistratibus civitatis. Nam bis ex Decemviris summo civium favore factus fuit, Vexillumque societatis tribus gessit, ac ex Prioribus unus creatus est. Ad id quoque (quod præcipuum est in civitate) Vexillum pervenisset, nisi mors vivendi finem attulisset.* Idem lib. 1. Hist. Florent. apud Murator. tom. 20. col. 197 : *Capitaneum sibi populus, et duodecim seniores ac Vexilliferos viginti, quorum consilio Respublica administraretur, instituunt.... Decennio post Vexillifer justitiæ, trigesimoque deinde anno duodecim viri, qui Boni appellantur electi, et numerus viginti Vexilliferorum ad sedecim redactus.* Jac. De Layto Annal. Estenses apud eumd. Murator. tom. 18. col. 971. ad ann. 1402 : *Et factis comitiis solitis electi fuerunt Antiani et Vexillifer justitiæ atque alii officiales more suo, per quos esset Respublica* (Bononiensis) *administranda.* Litteræ Maximiliani I. Rom. Imper. pro Republica Lucensi apud Ludewig. tom. 4. Reliq. MSS. pag. 320 : *Et in singulis locis dicti tercitorii Antianos, Vexilliferum, justitiæ Consiliarios et alios quoscumque magistratus ordinarios, etc.*

* Hist. Sicula Bonincont. part. 3. apud Lamium in Delic. erudit. ad ann. 1285. pag. 55 : *Quo tempore Florentini sex cives in magistratu bimestri creavere, quos priores artis adpellavere, et non multo post, quasi consulis loco unus electus est, quem justitiæ Vexilliferum dixere.*

¶ Vexilliferi, Exercitus Duces, ni fallor, in Chron. Jac. Malvecii apud Murator. tom. 14. col. 883 : *Igitur Brixiani se ad belli certamina præparantes, militum acies quatuor instituunt. Vexilliferos habuere, quorum hæc sunt nomina : Jacobus de Confaloneriis, Pontecelaus de Meyrano, Manuel de Contesio, alterius nomen non retinemus... Erant quippe hi quatuor generosi Milites; statuuntque popularium quatuor acies, et unaquæque uno Vexillifero ducebatur.*

VEXILLUM, Signum Crucis : *Crux enim est vexillum Christi, et signum triumphi sui,* inquit Durandus lib. 1. Ration. cap. 6. n. 26. Innocentius III. in Epist. ad Archiepiscopum Trinovitanum, in Gestis ejusdem PP. pag. 61. *Crucem, Vexillum scilicet Dominicæ passionis* appellat. Hinc in Hymno : *Vexilla Regis prodeunt, etc.* Paulinus lib. 2. de Vita S. Martini :

> Protinus antetulit sanctum et venerabile signum,
> Et crucis objectu propere venientibus obstat,
> Gressus et instabiles Vexilli pondere sistit.

Infra :

> . . . . Tum rursus eodem
> Vexillo, atque ipso libertas reddita signo.

Lib. 4 :

> Magna Crucis sanctæ melius, signumque salutis.

Lib. 5.

> Vexillum complexa Crucis, signumque salutis.

Prudentius in Hymn. :

> Dic triumphalem Crucem,
> Pange Vexillum, notatis quod refulget frontibus.

Victor Vitensis lib. 1 : *Inter alios ventum est tunc ad Armogastem nostrum, cujus cum diu ac sæpius tibias torquendo tumentibus confringerent cordis, et frontem, in qua Christus Vexillum suæ fixerat Crucis, rugatam magisque aratam descendentes atque mugientes ostenderent nervi, etc.* Lib. 2 : *Simulque Vexillo Crucis consignantes oculos ejus*. Gregor. Turon. lib. 10. Hist. cap. 29 : *Manus singulis cum Vexillo Crucis imponens, sanitati reddebat.* Adde eumdem de Vitis Patrum cap. 11. S. Eulogius in Apologet. : *Continuo Vexillo Crucis frontem præmuniens.* Paulus Diaconus Emeritensis in S. Masona Episcopo Emerit. cap. 9 : *Statimque in nomine Domini, edito Vexillo Crucis sanctissimæ, Sacerdos ascendit equum ferocem, etc.* Adde S. Hieron. Epist. 25. in Isaiam cap. 49. in Hierem. cap. 32. in Galat. cap. 4. in Vita S. Antonii, et alibi non semel, Paulum Diac. Casin. lib. de Mirac. S. Benedicti Casini patratis n. 33. Vitam S. Arnulfi Episc. Metensis cap. 10. 20. Vitam S. Eremberti Episc. Tolosani cap. 5. Fortunatum in Vita S. Paterni Episc. cap. 5. Vitam S. Aniani Episc. Aurel. Vitam S. Leutfredi cap. 19. Ethelwlfum in Abbatib. Lindisfarnens. cap. 20. etc.

¶ Vexilla Christi, nuncupantur Instrumenta passionis ejusdem, in Charta Johannis Reg. Franc. ann. 1360. pro S. Capella Paris. ex Bibl. Reg : *Nos autem præmissorum consideratione et attenta devotione quam nostri prædecessores ad ecclesiam seu capellam prædictam ac sacratissima Christi Vexilla quæ in ea sunt, efficaciter habuerunt.*

¶ Vexillum, *Lavarum*, pro *Labarum*, ex vet. Gloss. apud Turneb. Advers. lib. 28. cap. 6.

Vexilli Bellici benedictio, habetur in Ordine Romano sub finem, quæ etiamnum usurpatur. Coactis enim cohortibus vel centuriis, ea ab Episcopo benedicuntur, quod etiam apud Byzantinos factitatum docet Leo Imp. in Tacticis cap. 19. § 22 : Καὶ πρῶτον μὲν πρὸ τοῦ ἀποκινῆσαι, ἁγιασθήτωσαν ἅπαντα τὰ φλάμουλα τῶν δρομόνων ἑκάστου διὰ θείας τῶν ἱερέων ἱερουργίας, καὶ εὐχῆς ἐκτενοῦς πρὸς τὸν τῶν ὅλων θεὸν ὑπὲρ εὐοδώσεως τοῦ στρατοῦ κατὰ τῶν πολεμίων. Quorum verborum sensum non cepit interpres. [Ita rursum cap. 13. § 1.] Adde Ceremoniale Romanum lib. 1. sect. 7.

Vexilli Lingulæ, apud Ordericum Vitalem lib. 9. pag. 754. Vide *Flammula*.

Vexillum Regale, Regis Franciæ scilicet præcipuum, ex serico cæruleo, liliisque interstinctum, quod vulgo *la Bannière de France* appellamus. Will. Brito lib. 10. Philipp. de Prælio Bovinensi :

...... Nec Montinianum
Galonem taceam, qui monte immobilis ut mons,
Vexillum Regale die portavit in illo.

Alibi :

Ante tamen Regem signum Regale ferebat
Montiniacensis vir fortis corpore Galo.

Rigordus de eodem prælio : *Signum regale Vexillum scilicet floribus lilii distinctum ferebat Galo de Montiniaco.* Guillelmus *Guiart* de eodem Galone :

Gales de Montigni porta,
Ou la Chronique faus m'enseigne,
De fin azur luisant l'enseigne
A fleurs de lis d'or aournée,
Prés du Roi fut celle journée,
A l'endroit du riche estendart.

Atque hinc error eruitur Philippi *de Mouskes*, Auctoris Chronici Senoniensis cap. 15. Tillii, et aliorum, qui Galonem de Montiniaco *Auriflammam* in prælio Bovinensi detulisse scripsere. [* Ut efficitur ex Annal. Victor. MSS. ad ann. 1214 : *Tunc communiarum legiones de tota Picardia, Viromandia et Francia cum vexillo S. Dyonisii venerunt ad locum, ubi Vexillum Regis viderunt, quod ferebat illa die Galo de Montigniaco, et penetrantes cuneos se posuerunt ante regem.*] Idem Guiartus, quo loco describit prælium initum inter Carolum Siciliæ Regem et Manfredum :

Mès quant les banieres avisent,
Ou les fleurs de lis d'or reluisent, etc.

Et infra :

Tuit vont vers l'enseigne Roial,
Ou les fleurs de lis d'or esgardent;
Le Roi et li sien, qui le gardent,
Qui sont tres hardi fereur, etc.

Idem Scriptor ann. 1191. de Obsidione Acrensi :

Gens d'armes les portes approchent,
En espoir que leur fin s'i fiere,
Pres de l'nne est ja la baniere
D'azur, fut sus cendal parfaite,
Et à fleurs de lys d'or pourtraite,
Hardis est celui qui la porte,
Car il va sans qu'il se resorte,
L'escu au col, la teste encline, etc.

Rursum ann. 1205 :

Puis porte en la mestre tour
A la fenestre derreniere,
Au roi de France la baniere,
A fleurs de lys d'or bien apertes.

[* Insignia regia ponendi in vexillis suis aliquando episcopis concessa facultas. Id privilegium episcopo Vivariensi tribuit Philippus Pulcher. Charta ann. 1307. ex Reg. 122. Chartoph. reg. ch. 294 : *Portare debebit episcopus arma nostra regia et eis uti in Vexillis et sigillis.*]

¶ Vexillum Pandere, Signum subeundæ pugnæ. Vide supra in *Russatus*.

Vexilla Submittere, in signum deditionis. Pacatus in Panegyrico : *Aliquanto melius manus illa consuluit, quæ submissis precabunda Vexillis petiit veniam necessitatis.*

Vexilli Erectio in altioribus urbium vel castrorum turribus, supremi dominii symbolum fuit. Tudebodus lib. 3. pag. 802 : *Comes S. Ægidii, qui in montanea ante castellum astabat, jussit ei portare Vexillum. Ille autem accepit illud cum gaudio, et misit illud in majorem turrim.* Adde pag. 808. 812. Ordericus Vitalis lib. 10. pag. 773 .. : *Protinus illi, custodibus egressis, cunctas urbis munitiones nacti sunt, et in principali turre Vexillum Regis cum ingenti trophæo levaverunt.* Will. Tyrius lib. 13. cap. 13 : *In signum ergo victoriæ super eam turrim, quæ portæ civitatis imminet, positum est Domini Regis Vexillum : super autem eam, quæ dicitur Viridis, domini Ducis Venetiæ; super eam autem, quæ dicitur turris Tanariæ, Domini Comitis Tripolitani, cum multa gloria sunt collocata Vexilla.* Idem Will. Tyrius lib. 14. cap. ult : *Sic itaque fœdere completo, pace plenius restituta, Vexillo Imperiali super principalem præsidii arcem collocato, donis ingentibus cumulatus, cum suis Princeps* (Antiochenus) *in civitatem est regressus.* Albertus Argentin. ann. 1349 : *Carolus Rex hoc audito statim Banerium suum, quod dicitur Sturmfan, super turrim Ecclesiæ Spirensis constituit.* Charta Signis uxoris Centulli Comitis Astaracensis in Regesto Comitum Tolosæ Cameræ Comput. Paris. fol. 109 : *Et ibi super turrim Castri novi, et super turres et portalia aliorum suprascriptorum locorum, ratione et jure majoris dominii fecit ascendere Vexillum, seu banneriam dicti Domini Comitis Tolosani, et ex parte ipsius ter præconizari et clamare alta voce signum dicti domini* scilicet Tolosani. Tabularium Ecclesiæ Uzeciensis ann. 1223. fol. 20 : *Cognoverunt Episcopi quod Castrum de Montalen tenent ab eo et ab Ecclesia Uticensi, et est verum, et Episcopus debet illud recuperare, et Vexillum suum levare in mutatione Episcopi et domini de Salve.* Ibidem ann. 1209. fol. 56. 57 : *Petrus Bremundi mandato et voluntate D. Comitis reddidit causa recognitionis Petro de Yllanicis Vexillifero et Procuratori D. R. Episcopi, et per eum D. Episcopo et Ecclesiæ Uticensi Castrum,... ubi idem Petrus de Yllanicis levavit vexillum S. Theodorici, scilicet Leonem rubeum, et fecit clamare signum S. Theodorici pro Episcopo Uticensi.* [Charta jurium Comit. Biterr. in civitate Albiensi ann. 1252 : *Item quando idem dominus Rex fecit transitum per terram Albiensem, tunc cives Albienses præstiterunt eidem sponte juramentum fidelitatis tanquam domino, Vexillum ipsius fuit appositum supra ecclesiam cathedralem et fuit præconisatum pro ipso in eadem civitate.*] Tradit Auctor Chronici Alexandrini, cum Jovianus Nisibim Persis concessisset, Junium, Persarum Satrapam urbem ingressum, mandato Regis Persarum εἰς ἕνα τῶν πύργων σημεῖον περσικὸν erexisse. Constantinus Porphyrogenit. lib. de Administrando Imperio cap. 46. ait, Constantem Patricium, capto Adranutzio, vexillum Imperatorium in mœnibus erexisse, ἵνα γνῶσι πάντες τοῦ Βασιλέως εἶναι ἀπὸ τῆς σήμερον ἡμέρας τὸ τοιοῦτον κάστρον. Ejusmodi porro vexilli erectio et elevatio non modo supremi dominii; sed et *reddibilitatis* Castri Symbolum fuit, quo scilicet vassallus profitebatur, se redditurum Castrum suum domino *irato et pacato*, et quotiescumque vellet. Chartam ann. 1433. descripsit Dionysius Salvaingus lib. de Usu Feudor. cap. 8. in qua hæc verba sæpius repetuntur : *Quandam Banneriam armis Delfini depictam in Donjono castri affixam, tenendam ibidem et remanendam nomine Delfinali spatio trium dierum naturalium, in signum reddibilitatis, dominiique directi, et superioritatis, etc.* Adde Gesta Dominor. Ambasiæ cap. 5. num. 1. et quæ a nobis sunt observata in Dissertatione 12. ad Joinvillam pag. 219. 220. [Vide *Pannus* 5.]

* Ut vexilli erectio in altioribus urbium vel castrorum turribus, supremi dominii symbolum fuit, ita illius ad portas murosque civitatum appensio, signum fuit rebellionis incolarum. Lit. Phil. V. ann. 1319. in Reg. 55. Chartoph. reg. fol. 72. r° : *Jamque* (Flamingi) *Vexilla sua ad portas et muros villarum in signum rebellionis apertæ suæque contumacionis nequitiæ posuerunt.*

Vexillum Duello Affixum. Metropolis Salisburgens. tom. 3. pag. 501 : *Abrenuntiavit omni querelæ, quam fecerat super patrimonium Comitis Sigbotonis,... et hoc factum est Stoyle sub Vexillo Ducis Austriæ duello affixo. Hujus rei testes sunt, etc. insuper omnes, qui aderant, sub Vexillo Ducis.*

Vexilla Ecclesiarum, Quæ in publicis stationibus seu processionibus cum Cruce et funalibus ac cereis efferuntur : iisque peractis in ipsis ædibus sacris appendi vel erigi solent. Honorius Augustod. lib. 1. cap. 72 : *Cum ante nos Crux et Vexilla geruntur, quasi duo exercitus sequuntur, dum hinc inde ordinatim cantantes gradiuntur.* Durandus lib. 6. Ration. cap. 102. n. 8 : *Portantur etiam Vexilla ad repræsentandum victoriam Resurrectionis et Ascensionis Christi, qui cum magna præda cœlos ascendit.* Infra : *Quod vero Cruces et Vexilla portantur, a Constantino sumpsit initium : qui cum in somnis Crucis signum vidisset, eique dictum fuisset : Vinces in hoc signo, jussit Crucem in Vexillis bellicis insigniri, etc.* Gregorius Turon. lib. 5. Hist. cap. 4 : *Cum psallentes de Ecclesia egressi, ad sanctam Basilicam properarent; hic post Crucem præcedentibus signis, equo superpositus ferebatur.* Nisi hoc loco *signa*, id est, *campanulæ*, intelliguntur, quod puto.

* Ordinar. MS. eccl. Senon. : *Attendendum est etiam, quod a Pascha usque ad octavam Penthecostes, non est deferenda crux sine Vexillo ad processionem, nisi ad officium mortuorum.*

Ea vero *Ecclesiarum vexilla* in præliis et bellis præferri solebant, cum Ecclesiæ ipsæ, vel earum rectores ac Prælati, vassallos suos in prælium educere vellent, aut ad hoc tenerentur. Anonymus in Vita S. Joannis Archiep. Eboracensis : *S. Joannis Beverlacensis Vexillum assumptum ab Athelstano, (Rege Angl.) quo tempore debellavit Scotos.* Ricardus Prior Hagustaldensis, de Bello Standardico : *Tunc Crucem suam, et S. Petri Vexillum, ac suos homines tradidit eis, (Turstinus Archiep.)* Sed et *Parochiani*, iis in casibus, præeuntibus Ecclesiarum suarum vexillis ad bella procedebant. Ethelredus Abbas Rievall. de eodem Bello Standardico, ann. 1138 : *Turstinus Archiepiscopus per totam diœcesim suam edictum Episcopale proposuit, ut de singulis parochiis, Presbyteris cum Cruce et Vexillis, reliquiisque Sanctorum præeuntibus, omnes, qui possint ad bella procedere, ad proceres properassent, Ecclesiam Christi contra barbaros defensuri.* Ordericus Vitalis lib. 8. pag. 705 : *Igitur Quadragesimali tempore Rex Franciæ et Dux Normanniæ Brehervallum obsederunt, ibique fere duobus mensibus laboraverunt. Illuc Presbyteri cum Parochianis suis Vexilla tulerunt et Abbates cum hominibus suis convenerunt.*

Asservabantur porro ejusmodi Ecclesiastica vexilla in ipsa Ecclesia, ubi, et qui ea delaturi erant in præliis, benedictione consecrata, recitatis ad id ab Episcopo aut Sacerdote precatiunculis, accipiebant, finitoque prælio ad eumdem locum, unde sumta erant, reportabant. Ægidius Monach. Aureæ vallis cap. 101 : *Proxima ergo tertia feria... dictus Raso in medio majoris Ecclesiæ, ut est moris, armatur, et Vexillum accipiens cum civitatis populo urbem egreditur.* Et infra : *Regrediens itaque primo mane vigiliæ Ascensionis Domini, Vexillum reportavit recollocans in S. Altari S. Trinitatis, unde illud sumpserat.* Radulfus de Rivo cap. 7 : *Lambertus de Upex miles strenuus sacrum B. Lamberti Vexillum, in medio Ecclesiæ Leodiensis cum benedictione, e manu Episcopi, more prisco, accepit.* Id ipsum de vexillo S. Dionysii factitatum pluribus a nobis observatum in Dissertat. 18. ad Joinvillam. Super altare posita observat præterea Durandus lib. 1. Ration. cap. 3. n. 32 : *Vexilla etiam super altare eriguntur, ut triumphus Christi jugiter in Ecclesia memoretur, per quem et nos de inimico triumphare speramus.* Ditmarus lib. 6. pag. 65. scribit *Luizicos*, seu Lusatios Slavos vexilla sua in fano Radagastensi asservasse, eaque *nisi ad expeditionis necessaria*, nullatenus mota. Vide alia a nobis observata in voce *Advocati*.

Vexillum S. Dionysii. Vide *Auriflamma*.

Vexillum S. Martini, Illud fuit, quod Monasterii S. Martini Turonensis proprium erat, et a Comitibus Andegavensibus, tanquam loci istius Advocatis, in bellis Monachorum et Canonicorum deferri solebat. Ex quo enim Ingelgerius Comes Defensor Ecclesiæ S. Martini a Monachis et Canonicis constitutus est, quod exerte traditur in Historia Andegavensium Consulum, et in Chronico S. Martini, Andegavenses Comites, ut *Advocati*, ejusdem Monasterii Signiferi fuere. *Advocatorum* enim peculiare id munus fuit, ut supra docuimus. Atque hi quidem non in Monasterii duntaxat, sed et in privatis bellis, illud efferebant. Rituale S. Martini Turon. : *De Comite Andegaviæ, ipse habet Vexillum S. Martini, quoties vadit in bello; præterquam contra Regem Franciæ, quod homines Castrinovi sequuntur, domino de Pruliaco illud ferente.* Charta Philippi Aug. ann. 1181. pro confirmat. privileg. a Ludov. VII. parente incolis Castri novi concessorum, in Tabul. Regio, scrinio *Tours* 2. Charta 2 : *Comes etiam non potest, nec debet homines de Castronovo ducere in expeditionem sive equitationem contra aliquem, nisi forte causa, aut nomine belli, ita ut tamen, quod Vexillum B. Martini præcedat, contra vero Regem Franciæ nullo modo potest eos ducere.* Glaber Rodulfus lib. 5. cap. 2. refert, eo in bello, quod inter Goffridum Martellum Andegavens. et Theobaldum Blesensem, Comites, pro Turonensis urbis Dominatu gestum est, Goffridum expetivisse auxilium B. Martini, *indeque accepto Vexillo, imposuisse illud proprie hastæ, cum exercitu equitum peditumque multorum obviam perrexisse adversum se dimicaturis.* Id ipsum enarrans auctor Chronici S. Martini : *Comes Andegavensis Vexillum B. Martini, in illo bello, sicut consuetudo est, habebat.* Occurrit præterea mentio vexilli S. Martini in Tabulis Gaufridi II. Com. Andeg. ann. 1066 : *Concessit Comes, ut si exercitum suum contra inimicos suos ire contingeret, homines in prædicta villa* (Burnomo sita, in pago Pictavo) *existentes, Præpositus Lausdunensis non moneat, aut aliqua occasione eis vim inferat; ut non alius quilibet nostrorum super homines illos potestatem exerceat; sed ammonitione Monachorum illic existentium, cum serviente scilicet S. Mauri illius patriæ, et Vexillo S. Martini in exercitum pergant.* Errare porro constat Tillium, Gallandum, et aliquot alios, qui *Capam S. Martini* cum *Vexillo S. Martini* confundunt. Nam *Capa S. Martini*, non ut vexillum, in acie et præliis delata a Regibus; sed ut Sancti miræ apud nostros autoritatis λείψανον.

Vexillum *beatissimi Martyris Mauricii, et Thebææ Legionis Principis, quo Carolus Magnus Rex in bello Hispanico quamlibet infestos et confertos inimicorum cuneos disrumpere, et in fugam solitus erat cogere,* cum aliis compluribus exeniis ac donis ad Edelstanum Regem Angliæ misisse Hugonem Capetum narrant Ingulfus pag. 878. et Will. Malmesburiensis lib. 2. de Gest. Angl. cap. 6.

Vexillum S. Petri, χρυσῆ τοῦ ἁγίου Πέτρου σημαία, apud Annam Comnenam lib. 10. Alex. *Cruce et clavibus* insignitum, ut est in Epistola Innocentii III. PP. ad Joannitium Bulgarorum Regem in Gestis ejusdem Pontificis pag. 59. *Vexillum S. Crucis et Ecclesiæ* Romanæ, apud Philippum Mazerium in Vita S. Petri Thomasii cap. 4. Illud Pontifex Romanus ad Principes Christianos mittere solet, qui in Paganos expeditionem suscipiunt, vel contra Schismaticos aut Hæreticos, seu, ut ait idem Innocentius loco citato, *contra illos, qui honorant labiis Crufixum, cor autem eorum longiquum ab ipso*, Græcos Schismaticos innuens. Ceremoniale Romanum lib. 1. sect. 7 : *Pontifex consuevit Vexilla Ecclesiæ et armorum suorum benedicere, et Capitaneo seu Vexillifero sanctæ Romanæ Ecclesiæ dare in fine Missæ, etc.* Ita Victor III. idem vexillum S. Petri Roberto Guiscardo in Græcos Schismaticos bellum moventi deferendum tradidit, apud Guillel. Apuliens. lib. 4. de Gest. Normann. Urbanus II. Hugoni M. Viromanduorum Comiti in prima expeditione sacra, ut habent passim Scriptores rerum Hierosolymitanarum, locis a nobis indicatis in Notis ad Alexiadem; Alexander II. PP. Willelmo Notho Duci Normanniæ in bello contra Haraldum apud Ingulfum pag. 900. et Ordericum Vitalem lib. 3. ann. 1066. pag. 493. Innocentius III. Joanni Bulgarorum Regi in eosdem Græcos, et Leoni Armeniæ Regi in Saracenos bellum parantibus, ut est in Actis ejusdem Pontificis pag. 59. 122. Innocentius IV PP. Regi Ungariæ expeditionem in Turcos apparanti sub ann. 1355. apud Philippum Mazerium in Vita Petri Thomasii cap. 4. Alia passim proferunt exempla Scriptores. Adde Gregorium VII. PP. lib. 5. Epist. 12. et Fridegodum in S. Wilfrido cap. 28. Vide præterea Nicolaum Alemann. in Dissert. de Lateranensibus parietinis cap. 14. et 15.

¶ Vexillum Cilicinum in solemni pœnitentium reconciliatione adhibitum, ex Missali Eccles. Sarisber. apud Marten. de Antiqua Eccles. Discipl. in divinis Offic. pag. 238 : *Feria 5. in cœna Domini in primis fiat reconciliatio pœnitentium hoc modo; Nona cantata, pergat excellentior sacerdos ad ostium ecclesiæ occidentale, indutus vestibus sacerdotalibus, in cappa serica rubra, cum duobus diaconis albis cum amictibus indutis, absque subdiacono, et sine cruce per medium chori, præcedente Vexillo cilicino.*

* Sua quoque habuere vexilla piæ artificum sodalitates. Lit. ann. 1343. in Reg. 74. Chartoph. reg. ch. 60 : *Chascun mestier* (de la ville de Moustier-viller a) *propre Banniere à leur dite confrarie, pour icelle porter aus corps des trepassez de ladite confrarie, touttefoiz que le cas s'euffre, en signifience que le corps trepassé est de ladite confrarie.*

VEXILLA MORTUA, Panni nigri, qui mortuorum ædibus appendi solent. Regiam Majestatem lib. 1. c. 19. § 7 : *Si vero dixerit* (Sacerdos) *quod pro mortuario rem illam accepit, hoc debet probare cum testimonio proborum hominum de parochia, qui viderunt Vexilla mortua ante corpus defuncti illius.*

VEXILLA HASTARUM. Albertus Aquensis lib. 4. cap. 6 : *Vexilla in hastis eorum nodis aureis et fimbriis argenteis montes in circuitu nimio lucis decore coruscare faciunt.* Vide *Flammula.*

VEXILLUM, Clamor militaris. Ita porro appellatus, quod vexillifer primus in præliis aliisque occasionibus bellicis clamorem militarem efferret, quem cæteri milites subsequebantur. Nangius in Chronico ann. 1253 : *Castrum cum illis, nescio cujus Vexillum ante intonans, ingressus est.* Chronicon Bertrandi Guesclini :

Chacun crie s'ensegne sans estre recreans.

Vide *Signum* pro clamore militari, et *Insigne* 1.

¶ VEXILLUM, pro *Vexillarius, vexillifer.* Charta ann. 1326. tom. 1. Hist. Dalph. pag. 57. col. 1 : *Quod ipsi homines de cætero in cavalgatis ejusdem dom. Dalphini, quotiescumque per ipsum mandatæ fuerint, et ubique teneantur et debeant mittere quinquaginta bonos clientes bene munitos, inter quos sit Vexillum et tuba et unus gubernator eorum propriis sumptibus et expensis; hoc excepto, quod dictus dom. Dalphinus teneatur gubernatorem, si eques fuerit, dictorum quinquaginta clientum, Vexillatorem, tubicinatorem in dictis cavalgatis librare.*

* Charta ann. 1193. ex Tabul. Tutel : *Præsentibus Vexillo S. Exuperii et Hugone de Chaufor.*

¶ VEXILLUM FEUDALE. Vide in *Feudum.*

VEXILLUM, Nota, quomodo *Enseigne* vulgo dicimus. [*Vexillum, testimonium, signum*, in Gl. Gasp. Barthii ex Baldrici Histor. Palæst. apud Ludewig. tom. 3. pag. 146.] Andreas Aulæ Regiæ Capellanus in Amatoriis : *Amans quidem a coamante licenter hoc accipere potest, scilicet ornata capillorum ligamina, auri argentique coronam, pectoris fibulam, speculum et cingulum, marsupium, laterisque cordulam, lavamenta, vascula, repositoria, Vexilla causa memoriæ, etc.* id est, quæ amantis et dantis memoriam servandi dent occasionem.

¶ VEYERIA, ut *Vicaria.* Vide *Veherius.*

VEYLEIGA, [Idem fortassis quod *Vetatum.* Vide in hac voce.] Charta Galeranni Comitis Mellenti in Tabulario S. Ægidii Pontis Audomari : *In nemoribus habebit pasnagium, et in Veyleiga husbotam et heilotam jussu Forestarii.* Forte legendum *heibotam.* Vide *Haga.*

* VEYLETTUS, idem quod *Varlettus.* Vide supra in *Valeti.*

* VEYRERIUS, VEYRERIA, Qui vel quæ vasa vitrea vendit, Gall. *Verrier.* Comput. ann. 1334. inter Probat. tom. 2. Hist. Nem. pag. 88. col. 1 : *Pro xv. amforis, inter fractas et amissas,.... solvi Veyreriæ vij. solidos.* Alter ann. 1362. ibid. pag. 261. col. 1 : *Solvit Guilhermino Veyrerio..... pro una lampade vitri etc.*

¶ VEYRIÆ, Fenestræ vitreæ. Testam. Bertrandi de Turre ann. 1285. apud Baluz. tom. 2. Hist. Arvern. pag. 532 : *Legavit dictæ ecclesiæ de Chastres viginti libras semel pro reparandis las Veyrias et pro emendis et excessibus dictæ ecclesiæ ab antecessoribus suis.... illatis.* Vide *Veireria.* Hinc *Veyrialis.*

* VEYRIALE, Fenestra vitrea. Charta ann. 1341. in Reg. 73. Chartoph. reg. ch. 306 : *Prædictum hospitium cum suis introhitibus et Veyralibus, fenestris, lucernis, tecto et fundamento, a cælo usque in abyssum... dedit et concessit.* Vide *Veyriæ.*

¶ VEYRIALIS, Vitreus. Mirac. MSS. Urbani V. PP. ex Tabul. S. Victoris Massil. : *Vas vitreum sive Veyriale sic appellatum, etc.*

* VEYRIOLA, Herbæ genus, forte Medica, Gall. *Luserne.* Stat. synod. eccl. Carcass. ann. 1399. ex Cod. reg. 1613 : *Ordinamus quod de herba, appellata Veyriola, ubicumque seminata extiterit, creverit, recollecta fuerit in nostro episcopatu, tociens quociens renascetur et colligetur et a solo separabitur,..... solvatur decima et primicia, videlicet octava pars.*

¶ VEYROLA, Variolorum morbus. Processus de Vita S. Yvonis tom. 4. Maii pag. 572 : *Macula nata fuit in oculo dictæ puellæ post assumptam infirmitatem quæ vocatur Veyrola.* Vide *Variola.*

¶ VEYRUS. Vide supra in *Vares.*

¶ VEYSSELLATA, Supellex quævis. Charta ann. 1309. tom. 1. Hist. Dalph. pag. 98. col. 1 : *Item de qualibet Veyssellata vini exposita venditioni in villa prædicta, levantur quatuor denarii; videlicet, unus denarius pro cridagio, et tres denarii pro mensuris.* Vide *Vaissela.*

* Minus recte; idem quippe quod *Vassellum*, vas vinarium, dolium.

¶ VEYSSERIA. *Quodam Veysserie medio*, in Recogn. Burgi S. Andeoli ex Schedis Cl. V. *Lancelot.* Vide *Huisserium* et *Veissegue.*

¶ VEZENDA. Statuta Massil. lib. 4. cap. 17. § 2 : *Tertia pars ipsorum marinariorum ad minus stet et jaceat qualibet nocte in eadem nave extra buccam portus Massiliæ, et medietas apud insulas Massiliæ, ita tamen quod domini vel ductores illarum navium teneantur providere illis marinariis in cibo et potu quamdiu jacuerint, et moram fecerint pro sua Vezenda in illis navibus, tam extra buccam portus quam ad insulas Massiliæ.* Et § 3 : *Scriptores dictarum navium speciali sacramento teneantur accusare et manifestare.... illos marinarios.... qui Vezendam sibi injunctam non fecerint, ut superius est expressum.* Ubi de iis sermo est qui per noctem in nave excubare debent : unde *Vezenda* idem sonat fortassis quod Excubiæ, statio. [** Forte *Vices* quæ per orbem eunt, ordine ita servato ut partes suas suscipiciat alius post alium.]

VEZETUS, in Statutis Mediolanensibus 2. part. cap. 450. Nugæ muliebres, ex Ital. *Vezzi.*

¶ VEZIA, Tubus per quem aqua currit, Gallice *Tuïau*, ab Ital. ut videtur, *Veggia*, vas. Vide *Veges.* Statuta Mutin. cap. 3. fol. 51. v° : *Declaramus quod ubi contigerit Veziam canalis Clari, quæ est ad portam Bajoariæ in foveis civitatis reparari seu denuo refici debere, et hoc idem observetur in Vezia Modenellæ.*

¶ VEZOLA, diminut. ut videtur a *Vezia*, in iisdem Statutis fol. 28. v° : *Statutum est.... quod sdugarium antiquum... debeat cavari hoc modo.... habeat caput in fovea fratrum de S. Catharina et ibi in fundo Circæ communis fiant quædam Vezolæ de lapidibus sive de ligno.* Vide *Viazzola.*

¶ VEZIOLA, Doliolum. Vide in *Veges.*

¶ VEZIRUS, Dux exercitus apud Turcas, *Visir.* Hist. pacificat. inter Rodolphum II. Imperat. et Turcarum Imper. apud Ludewig. tom. 6. Reliq. MSS. pag. 304 : *Arbitri duce et commissarii Vezirus supremus, quartus honore ordine ab Imperatore Turcarum Amurates, etc.*

¶ VEZOLA, VEZOLUS. Vide *Veges* et *Vezia.*

¶ VEZOTUM Vehiculi genus : nisi sit Onus, sarcina. Statuta datiaria Riperiæ cap. 12. fol. 4. v° : *De quolibet plaustro sive Vezoto tutiæ, pro introitu, vel exitu, et sic pro rata, solidi sex.*

¶ VEZZOLUS, Artemisia, Gallice *Armoise.* Vita S. Francæ Abb. tom. 3. April. pag. 385 : *Coquebatur quippe Vezzolus qui et Artemisia proprie dicitur, vel illius semen in vino quod bibebat tunc omni rejecta substantia.*

UFFER, pro *Wisser.* Vide *Huisserium.*

¶ UFFESERIUS, Vas culinarium, ni fallor. Charta ann. 1329. ex Tabular. S. Victoris Massil. : *Item, unum colletanum, duos Uffeserios, etc.*

* Leg. *Offertorius*, Liber continens *offertoria* missarum.

UFFINGI, dicti Reges Orientalium Anglorum, ab Uffa Rege, qui vixit ann. 578. Matth. Westmonast.

¶ UGLATA, ut *Oglata.* Vide ibi.

¶ UGONENCI DENARII. Vide *Hugonenses* in *Moneta Baronum.*

* UHAT, Interjectio, pro *Vath* vel *Vah*, occurrit non semel in Comœdia sine nomine ex Cod. reg. 8163.

1. VIA, nude, Iter, nostris *Voie.* [*Vée*, in Charta ann. 1297. tom. 1. Chartul. S. Vandreg. pag. 137 : *Une Vée soffisante que Guillaume Bouleuc et ses heritiers étoient tenus trouver par son lieu là où il li seroit mains damajant à moy et à Maheut ma fame,.... et à ceux qui de par nous entendroient à aller et à venir toutefois au dit pré. Vie*, apud Lobinell. tom. 2. Hist. Britan. col. 1490 : *Depuis une Vie qui amoegne jusqu'à la Tour neufve.*] [* *Vie*, in Charta admort. ann. 1412. ex Reg. 166. Chartoph. reg. ch. 272 : *Un petit ort, qui souloit estre chauchiere,....... une petite Vie entremi...... La Vie publique, etc.*] Consuetudo Claromontensis art. 226. et seq. quinque

species viarum constituit, Semitam, quam *Sente*, appellat, latam 4. pedes, Carreriam, (*Carriere*) latam 8. pedes : Viam, *voye*, latam 16. ped. *Cheminum* latum 32. ped. et Viam regiam, *Chemin Royal*, latam ped. 64. Consuetudo Bononiensis art. 156. et seq. varias viarum species recenset, ac primum Regiam, vulgo *Chemin Royal, et grand chemin*, quæ habere debet in latitudine 60. pedes : Viam Vicecomitalem, *Chemin Viscontier*, latam 30. Viam Castellaneam, *Chemin Chastellain*, latam 20. Viam foraneam, *Chemain forain*, latam 15. Semitam, *sente*, latam 5. etc. Vide Consuetudines Andegav. art. 60. et Cenoman. art. 69. [** Vide Grimm. Antiq. Jur. German. pag. 104.]

VIA ÆQUALIS. Lex Bajwar. tit. 9. § 13 : *Si quis viam publicam, ubi Dux egreditur, vel Viam æqualem alicujus clauserit contra Legem, etc.* Ubi Capitula Caroli M. lib. 5. cap. 201. [** 353.] : *Si quis viam publicam aut lithostratum, vel Viam communem alicui clauserit contra legem, etc.* Ita *æqualis*, est *communis.*

¶ VIA ALTA, GENERALIS, Eadem quæ *Publica*, *Regia* infra. Inquesta ann. 1255. apud Kennett. in Antiq. Ambrosd. pag. 250 : *Item alta Via et generalis inter Brehull et Pidinton maneria dom. Regis omnino esset astopata.*

VIAM ANTESTARE. Vide *Antestare* et *Obstare.*

¶ VIA AURELIA, Sub Aurelio Imperatore exstructa, memoratur in Charta ann. 27. Conradi Reg. ex Tabul. S. Victoris Massil.

* VIA BICALLIS, Bifida. Vide supra *Bicallis.*

¶ VIAM CARNIS INGREDI, Mori; modus loquendi Scriptoribus Sacris et Ecclesiasticis familiaris. Barthol. Scribæ Annal. Genuens. ad ann. 1225. apud Murator. tom. 6. col. 440 : *Dominus Brancaleo Potestas miles formosus et sapiens in castro Gavii (proh dolor) Viam carnis ingressus est universæ.*

* VIA CAREALIS, CARRABILIS, Qua carrum vehi potest. Vide supra *Carealis* et *Carrabilis.*

VIA CARRARIA, Qua carrum vehi potest. Ceremoniale Ambrosianum Mediolanense : *Dextrat et ducit eum per frænum per mediam Viam carrariam usque ad Ecclesiam S. Ambrosii.* Vide *Carreria* 1.

* VIA CARRARICCIA, Eadem notione, in Charta ann. 935. apud Murator. tom. 3. Antiq. Ital. med. ævi col. 1053. Vide *Via carraria.*

¶ VIA COMMUNIS, Publica. Charta Odonis Abb. S. Dionysii ann. 1244. ex Bibl. Reg. : *De quibus hominibus et hostisiis eorum habebit idem Johannes justiciam et Viam communem cum dicto Reginaldo communiter.*

VIA, vel SEMITA CONVICINALIS, vel *pastoralis*, in Lege Bajwar. tit. 9. cap. 14 : *De Via convicinali vel pastorali, qui eam alicui contra legem clauserit.* § 15 : *Semita convicinalis. Via vicinalis*, apud Siculum Flaccum, Aggenum, Ulpianum L. 2. § *Viarum*, D. Ne quid in locis publ. etc. (lib. 43. tit. 8. fr. 2. § 22.) Adde Capitul. Pipini Regis ann. 744. cap. 38. [*Vicinale iter*, in Charta ann. 1052. inter Instrum. tom. 3. Gall. Christ. novæ edit. col. 198 : *Vadit per verticem ripæ dictæ Issolæ itinere Vicinali in medio, etc.*] *Chemin voisinal*, via 8. ped. lata, in Consuet. Turon. art. 59. et Bayonensi tit. 19. art. 1 : *Chemin de traverse*, nostris. *Vias vicinales* inter *publicas vias* ponit idem Ulpianus, ita tamen ut a Militaribus differant, *quæ exitum habent ad mare, aut in urbem, aut in flumina publica, aut ad aliam viam Militarem;* cum *Vicinales, aut exitum habeant in vias Militares, aut sine ullo exitu intermoriantur*, in L. 3. D. de Locis et itiner. publ. (43,7.) Glossæ Basilic. : Βιχαναλία, ὁδὸς ἡ εἰς κώμην ἄγουσα. Ubi legendum βιχιναλία, nisi malimus βία καναλία, ut emendabamus in voce *Canalis*. Tabularium Ecclesiæ Viennensis fol. 26 : *In fronte terra Kandors, in superiori namque fronte Via vicinabile, et habet in uno latere perticas agripedales 74. pedes 10. etc.*

* VIA CURSABILIS, Eodem intellectu. Vide supra *Cursabilis.*

¶ VIAS QUATUOR DARE solitum in manumissionibus : potissimum quippe libertatis effectus est potestas eundi quo volumus. Leges Rotharis apud Murator. tom. 1. part. 2. pag. 34. col. 1 : *Item qui fulfreal fecerit, et quatuor Vias ei non dederit, etc.* Vide in *Manumissio.*

VIA DEI, Expeditio vel peregrinatio Hierosolymitana : *Via Hierosolymitana*, apud Fulconem tom. 4. Hist. Fr. Guibertus lib. 2. Hist. Hierosol. : *Terminato itaque Concilio, quod Claromonti habitum, circa B. Martini octavas, Novembri mense consederat, magnus per universas Franciæ partes rumor emanat, de proponenda Via Dei, (sic enim antonomastice vocabatur) contiguos sibi ac familiares quoque solicitat.* Chronicon Mauriniacense pag. 372 : *Cum Hierosolymis ire disponeret, in Capitulo nostro de Gummarvilla donum fecit, ut si in Via Dei, quod accidit, moreretur, etc.*

VIÆ FERRATÆ, Itinera a Romanis in provinciis exstructa et confecta, ita a posteris appellata propter eorum duritiem, vel quod ex silicibus subnigris compacta, ferri colorem referant, ut ait Bergerius lib. 1. de Itinerib. Roman. cap. 25. n. 2. Ugutio : *Agger dicitur media stratæ eminentia, ex alternatis lapidibus strata, ab aggere et alternatione lapidum dicta, quam historici Viam militarem et Ferratam dicunt. Cheminum ferratum*, in Charta ann. 1227. in Tabulario Ecclesiæ Meldensis fol. 32 : *A monte Dolio, usque ad Cheminum ferratum, quod vadit de Meldis ad Pontmorte.* Ita Poëtæ nostrates passim. Le Roman d'Auberi MS :

> A l'hostel va tout le ferré Chemin.

Le Roman *de Parise la Duchesse :*

> Puis acoillent lor erre tot le Chemin ferré.

Robertus de Condato, MS :

> J'entrai en un Chemin ferrés.

Le Roman *de Girard de Vienne* MS :

> Si s'en tornerent le grant Chemin ferré.

Le Roman *de Gaydon* MS :

> Vers Augiers vont tout le Chemin ferré.

Le Roman *de Garin* MS. :

> Il regarda tot le ferré Chemin,
> Et vit la route parmi les prés venir.

Chronicon Bertrandi Guesclini MS :

> Et Dam Ferrant s'en va le Chemin grant ferré.

Alibi :

> A la voie se mist par les Chemins ferrez.

Robertus *de Bourron* in Merlino MS : *Et chevauchent tout le Chemin ferré, tant que li jours lour faut.* Scitum autem ejusmodi itinera, *Chemins de Brunehaut*, a nostris etiamnum appellari, de qua nomenclatura multa multi commentantur, ut observat loco citato Bergerius, ut et Wendelinus in Natali solo Legum Salicarum cap. 7. qui novam opinionem de ea promit. Ait enim, Bavaci in Nerviis [etiamnum, exstare columnam Milliarem, a qua viæ Militares octo in omnem quaqua versum Galliam ac Germaniam; quarum prima et longissima Coloniam Agrippinam tendit, hodieque vocatur *La haute chaussée*, et *quoniam medio ferme itinere inter Bagacum et Tongros vicum stringit Brunaltum, nomen inde retinuit*, La Chaussée de Brunaut, *quod ipsum aliis quoque viis factum est commune.* Vide præterea Ægidium Bucherium in Belgico Romano lib. 1. cap. 12. [** Guerard. Prolegom. Chartul. S. Petri Carnot. § 8.]

* VIA FORANEA, Nostris *Rue foraine*, Quæ devia est et non frequentata. Vide supra *Foraneus* 4.

VIARUM PUBLICARUM FRACTURA. Vide Michaëlem *del Molino* in Repertorio Fororum Aragon. pag. 161. col. 4.

VIA S. JACOBI. Ugutio : *Galaxias, lacteus circulus, quod vulgo dicitur, Via S. Jacobi.*

VIA JULII CÆSARIS. Radevicus lib. 3. de Gestis Friderici cap. 25 : *Per Viam Julii Cæsaris, quæ modo Mons Jovis vocatur, etc.* Vide Simlerum de Alpibus.

VIA LACINA. Vide *Lacina.*

¶ VIA LEVATA, Agger, nostris *Levée.* Ogerii Panis Annal. Genuens. ad ann. 1211. apud Murator. tom. 6. col. 402 : *Et ut strata securior iret, fecit fieri Potestas Viam levatam a Gavi usque cremiam Montis-cucelli.* Vide *Levata* 3.

* Chartul. eccl. Lingon. ex Cod. reg. 5189. fol. 22. r° : *Domus fortis apud Marat, sita super stanno inter duas magnas Vias levatas.*

* VIA LIEVA, Eadem acceptione. Vide supra *Lievus.*

VIA MILITARIS, *Quæ Publica dici poterit, et ducit ad mare et ad portus, et quandoque ad mercata*, inquit Bracton. lib. 4. tract. 1. cap. 16. § 7. Fleta lib. 4. cap. 6. § 3. Vide JC.

¶ VIA MOLARUM, f. Pensitatio pro frumenti molitura, Gall. *Mouture*, *droit de moulage.* Vide *Molta* 2. Charta ann. 1185. apud Cencium inter Census Eccl. Rom. : *Confirmamus omnes res et possessiones, videlicet domos,... molendinum et Viam molarum, cum arboribus fructiferis et infructiferis.*

* VIA MOLENDINENSIS, Quæ ad molendinum ducit. Vide supra *Molendinensis.*

VIA MUNITA, lapidibus, nempe : nostris *Chaussée.* Testamentum S. Cæsarii Arelatensis : *Campum in Trisinitio super Viam munitam.* [Vide *Via Publica.*]

VIAM OBSTARE, *contradicere.* Vide *Obstare.*

* VIA ORIGINALIS, Quæ ab antiquo seu

origine existit. Charta ann. 1225. inter Instr. tom. 12. Gall. Christ. col. 67 : *Concedo eis ut ibi faciant fossatum, quantum ad me pertinet, salvis originalibus Viis.*

Via Pastoralis *vel convicinalis*, in Lege Bajwar. tit. 9. cap. 14. et in Capit. Caroli M. lib. 5. cap. 202. [** 354.]

Via Peageau. Charta ann. 1190. apud Chopinum lib. 3. de Sacra Polit. tit. 7. § 5 : *Latrones in terra Archiepiscopi* (Turonensis) *capti apud Caynonem.... sunt Archiepiscopi, nisi capti fuerint in Via Peageau.* In Consuetudine Andegavensi art. 60. et Cenomanensi art. 69 : *Le grand Chemin Peageau doit contenir 14. pieds de large pour le moins.* Vocis notionem produnt Leges Henrici I. Regis Angl. cap. 80 : *Unaquæque Civitas tot magistras Vias, quot magistras portas habet ad teloneum et consuetudines insignitas.* [Hinc idem videtur quod]

¶ Via Pedagiaria, In qua *pedagium* exigitur. Vide in *Pedagium. Chemin pauigeré*, in Charta Roberti de Veteriponte ann. 1330. ex Chartul. S. Jo. in Valle : *Nous confessons que touz les chemins et frous des villes du Breuil, de Fleur-fontaines, du Coudreau appartiennent audit prieur et prieuré o toute justice, sauf à nous retenu et reservé les chemins qui sont nomez les Chemins reaus, voierez et Paaigerez.*

¶ Via Ad Pedes, Qua pedes vadit, Gall. *Chemin de pied.* Inquesta ann. 1496. in tractu Dombarum : *Via ad pedes seu talon est communis et publica omnibus per eam meare et transire volentibus.*

* Via Plenaria, Nostris *Chemin plénier*, Publica, militaris. Guill. Guiart. *la Branche aux royaux lignages :*

Parmi les grans chemins Pléniers
Rissi pour aler en cele erre
Le comte de Blois de sa terre.

Via Publica, Regia, Militaris, in Lege Burgund. tit. 27. § 3. Lex Bajwar. tit. 9. § 13 : *Si quis Viam publicam, ubi Dux egreditur, vel viam æqualem alicujus clauserit contra Legem, etc.* Occurrit etiam apud JC. Siculus Flaccus : *Sunt Viæ publicæ regales, quæ publice muniuntur, et auctorum nomina obtinent.* Charta Adalberonis I. Episcopi Metensis apud Mauricium pag. 308 : *In publica Via, quæ dicitur Regia.*

Viæ Publicæ Transitus, seu cognitio vel justitia de delictis, quæ in viis publicis perpetrantur, apud Hugonem Flaviniac. in Chronico pag. 132. Vide *Bannum viæ Regiæ.*

Via Quadrigalis, Per quam *quadrigæ* vadunt, in Tabulario Leprosariæ Pontis Audomari. Vide *Carreria.*

Via Regia, Regalis. Leges Henrici I. Reg. Angl. cap. 80. de Via Regia : *Tanta vero debet esse, ut inibi duo carri sibi possint obviari, et bubulci de longo stumbli sui possint assimulare, et 16. milites equitare possint armati de latere, et Via regia dicitur, quæ semper aperta est, quam nemo conclaudere potest, cum minis suis, quæ ducit in civitatem vel burgum, vel portum Regium.* Will. Brito lib. 5. Philippid. pag. 153 :

Nos Via regalis Gisortum ducat oportet.

De ejus latitudine, vide Statuta Davidis II. Regis Scotiæ cap. 26. n. 4. Bractonum lib. 4. tract. 1. cap. 16. § 7. Fletam lib. 1. cap. 24. § 8. Consuetudines Claromont. art. 130. Ambian. art. 185. Bononiensem art. 157. Turon. art. 59. 84. Lodunensem cap. 5. art. 1. Normann. art. 623. Solensem tit. 36. art. 2. Santaudomarens. art. 17. Placitum apud Pinendenum inter Lanfrancum Archiepiscopum et Odonem Bajocensem Episcopum, apud Seldenum ad Eadmerum pag. 199 : *Demonstratum fuit, quod Rex Anglorum nullas Consuetudines habet in omnibus terris Cantuariensis Ecclesiæ, nisi solummodo tres..... Una, si quis homo Archiepiscopi effodit illam Regalem Viam, quæ vadit de civitate in civitatem. Altera, si quis arborem incidit juxta Regalem Viam, et eam super ipsam viam dejecerit, etc.* Adde pag. 200. [** Vide Haltaus. Gloss. Germ. voce *Kœnigsstrasse*, col. 1115.]

Via Sanctorum, Peregrinatio Hierosolymitana : *Sanctum iter*, apud Guillelmum de Baldenzel in Hodœporico ad Terram Sanctam pag. 120. Charta Communiæ Noviomensis ann. 1181 : *Qui in Via Sanctorum fuerint, viduæ, et quæ filios non habent adultos et arma ferentes, et puellæ sine Advocato, nullas debent consuetudines.* Summula Raimundi Ordin. Prædicat. :

Si raptor fueris, aut usurarius, aut fur,
His, si consilium dederis, vel opem, scio quod non
Te Via Sanctorum, nec Crux, nec Passio Christi
Absolvat, quia sint hæc omnia reddita, reddi
Si poterint.

Vide *Via Dei.*

* Via Semitata, Semitis trajecta. Charta ann. 1257. in Chartul. eccl. Lingon. ex Cod. reg. 5188. fol. 233. v° : *Unum jornale in fovea Diaboli et in Via semitata de dicto Prailleio.*

* Via Sepulchri, Expeditio vel peregrinatio Hierosolymitana. Charta Juelli dom. de Meduana ex Tabul. Major. monast. : *Eo tempore quo rex Francorum et rex Anglorum ob succursum terræ Jerosolymitanæ cruces acceperunt, ego quoque cœlesti pulsatus desiderio, Viam sepulchri aggredi deliberavi.*

Via Spiritus Sancti. Vide *Inspiratio.*

Via Triumphalis, Quæ ducit ad civitatem, in Charta Fulconis Comit. Andeg. ann. 1033. pro Monast. S. Nicolai Andegav.

¶ Via Viaria, Trita, Gall. *Chemin passant.* Charta ann. 1213. apud Stephanot. in Antiq. Aurel. Bened. MSS. pag. 286 : *Qui (hospites) manent apud pratella, sicut Via viaria et metæ dividunt et demonstrant. Chemin voieré*, in Charta ann. 1330. Vide locum supra in *Via Pedagiaria.*

* Via Vicinalis, Quæ est in vicis vel in vicos ducit, ut interpretantur docti Editores ad Acta S. Alex. tom. 6. Sept. pag. 232. col. 2 : *Ego vero simul cum quibus eram, pauperum more secus Viam vicinalem sedentes, exspectabamus in loco, quo mihi præcepit angelus Domini.* Alia notione, vide in *Via convicinalis.*

¶ Via Ultramarina, ut supra *Via Sanctorum*, Gall. *Voyage d'outremer.* Inventar. Chartar. ann. 1482. sub Ludovico XI. fol. 13. v° : *Littera consensus dom. Ludovici Regis præstiti per eum super redemptione Viæ ultramarinæ quam per juramentum tenebatur facere Ingerranus de Coussiaco ratione delicti et forefacti per eum commissi et per dictum Regem translati et transmutati in dictam Viam ultramarinam..... anno* 1261.

* *Voie d'Oultremeire*, in Charta ann. 1424. tom. 2. Hist. Leod. pag. 446. Sed et quælibet peregrinatio a nostris *Voie* nuncupata. *Voie de Rochemadou*, in Ch. ann. 1355. ibid. pag. 422. Lit. remiss. ann. 1368. in Reg. 100. Chartoph. reg. ch. 535 : *Lequel Michault fu condampné par la loy de Tournay en une amende de lx. livres et à faire une Voie à S. Jaques en Galice.*

Viarum et *itinerum* exstructiones ac reparationes inter publica onera recensentur, a quibus nemo, cujuscumque dignitatis esset, immunis erat, ut est in tit. de Itinere muniendo in Cod. Th. et in leg. 4. Cod. de Privileg. domus augustæ. ὁδοῦ κατάςασις dicitur Leoni Imp. in Tacticis cap. 20. § 71. *Purgatio seu stramentum, vel impletio cœnosorum itinerum*, Monacho Sangallensi lib. 1. de Carolo M. cap. 32. quo spectant, quæ habet Cogitosus, in S. Brigida pagin. 637 : *Cum Regis illius patriæ per plebes et provincias, quæ sub ejus erant ditione, præceptum invalesceret, ut de omnibus ejus regionibus et provinciis convenirent populi omnes, atque ædificarent viam latam et firmam ramis arborum, petris in fundamento positis, et munitionibus quibusdam firmissimis in gronna profunda et pene intransmeabili, et in locis humentibus, atque in paludibus, in quibus grandis currebat fluvius; quæ constructa quadrigas et equites, et currus, et plaustrorum rotas, et impetum populorum, atque incursum undique hostium sustentare posset. Convenientibus autem undique populis per cognationes et familias, diviserunt Viam illam, quam ædificare debuerant in partes proprias, ut unaquæque cognatio et familia suam sibi creditam construxisset partem, etc.* Vide *Pons.*

¶ 2. Via, Modus, ratio, Gall. *Voye, moyen.* Charta ann. 1395. apud Acher. tom. 6. Spicil. pag. 131 : *Habita inter nos deliberatione provida et matura super omnibus Viis et modis, quibus schisma... posset.... facilius sedari et extirpari, et ipsa Ecclesia ad unionem reduci, Via cessionis utriusque partis,... præ cæteris quibuscumque Viis elegimus et eligimus tanquam breviorem.* Occurrit præterea apud Rymer. tom. 8. pag. 353. 381. et alibi : sed et Latio etiam eo significatu vox nota et usurpata est.

* 3. Via. Charta Phil. Aug. pro comite Bellimont. ann. 1216. in Reg. 34. bis Chartoph. reg. part. 2. fol. 59. v°. col. 2 : *Mercatores reddent quatuor solidos tantum, et ita erunt quiti de navigio illo, nisi quod reddent pro gubernaculo de qualibet Via unum denarium.* Id est, pro qualibet vice. *Duabus Viabus*, pro Vicibus, in Vita MS. S. Amabilis.

* Viam et Rectum Facere, Juri stare. Charta Alienor. ducissæ Aquit. ann. 1199. in Reg. A. Chartoph. reg. ch. 33 : *Si fortitudinem aliquis hominum monachorum fecerit præposito nostro, non cogat eum præpositus noster in curia Viam et rectum facere.*

¶ Via Cultionis Divinæ, Clericatus, in Cod. Theod. lib. 12. tit. 1. leg. 49.

¶ Via Executiva, Pignorum ablatio, pigneratio, Gall. *Exécution.* Statuta Avenion. lib. 1. rubr. 31. art. 2. pag. 105 : *Item conductor operarum, si non solverit die conventionis de solvendo factæ, vel intra diem sequentem, post præstitas operas, Via executiva quoad bona solvere cogatur.*

¶ Via Regardi. Charta ann. 1430. apud Rymer. tom. 10. pag. 454 : *Pro labore et expensis dictorum Ricardi et Ricardi, centum marcas per Viam regardi.* Alia ann. 1432. ibid. pag. 514 : *Ambassiator domini nostri Papæ, nuper per ipsum domino nostro Regi certis de causis missus, habeat de dono Regis, per Viam regardi* L. *Marcas.* Id est, beneficii seu mercedis titulo. Occurrit rursum pag. 522. et 526. Vide *Regardum* 1.

¶ Via Regia, Titulus libri, cujus mentio est in Indice librorum ad calcem antiquissimi Pontificalis.

* **VIACH**, *Prov. Veretrum, ramex, penis.* Glossar. Provinc. Lat. ex Cod. reg. 7657.

* **VIACULUM**, diminut. a Via, semita. Lit. remiss. ann. 1356. in Reg. 84. Chartoph. reg. ch. 714 : *Eas vaccas ducentes per unum Viaculum seu semitam ad campos. Viaul*, eadem notione, in aliis ann. 1416. ex Reg. 169. ch. 102 : *Le suppliant passant par un certain Viaul ou pasturage, ouquel estoit son varlet et gens gardans et repaissans ses chevaulx, etc.*

¶ **VIACULUS**, ὁδῶν ἐπιμελητής, in Gloss. Lat. Gr. Leg. *Viocurus.* Vide in hac voce.

* **VIACUM**, Locus vacuus, ut videtur, ædificandis domibus idoneus. Status eccl. Constant. inter Instr. tom. 11. Gall. Christ. col. 219 : *Cum autem non haberet in civitate sive in suburbio tantum possessionis ecclesiæ, ubi maneret episcopus, vel proprius equus ejus posset stabulari,....... multa Grimoldi Viaca...... trecentis libris comparavit et acquietavit.*

¶ **VIADUCTUS**, Idem quod in aliis Chartis *Exitus, Ingressus* dicitur, Reditus annui aliaque terrarum commoda quæ exeunt et proveniunt ex aliqua re, fructus prædii. Charta ann. 1043. apud Marten. tom. 1. Ampl. Collect. col. 407 : *Cum Viaductibus, vel reductibus, quæ ipsa spelunca Dei adquisivit in comitatibus omnibus, et cum omnibus terminibus suis, etc.* Vide *Exitus* 1.

¶ **VIAFORA**, Clamor publicus. Vide *Biafora.*

* **VIAGERIA**, Jurisdictio seu justitia *viarii*; interdum quod ratione *viariæ* præstatur a tenentibus, Gall. *Voirie*, in Transact. inter abbat. S. Albini et abbatis. Fontis-Ebraldi ann. 1229. Vide in *Viarius.*

¶ **VIAGERIUS**, Usufructuarius. *Viager*, in Consuetudinibus Insulensi art. 187. Montensi cap. 21. 28. 25. Camerac. tit. 9. art. 6. tit. 12. art. 24. etc. *Viager ou Viageresse*, in Statut. Lossens. art. 19. Arestum Parlamenti ann. 1450. apud Baluz. tom. 2. Hist. Arvern. pag. 400 : *Jurando quod bene et rationabiliter dictis terris et dominiis utetur,... et circa hæc omnia faciet quæ bonus paterfamilias Viagerius facere debet.*

¶ Viagerius Redditus, Annua pensio quæ morte exstinguitur, *Rente ou pension viagere*, passim in Consuetud. municipal. Arestum Parlamenti ann. 1499. apud eumd. Baluz. ibid. pag. 465 : *Cum quo... idem defensor ad mille ducentas libras Paris. annui et Viagerii redditus pro dicta redemptione appunctaverat.* Vide *Viagium* 2. *Viarium* et *Vitalitium.*

1. **VIAGIUM**, Iter, Gall. *Voiage*. Historia fundationis Hospitalis S. Leonardi Eboracensis : *Deinde ad Eboracum declinans, in Ecclesia B. Petri ibidem diu et devote precibus insistens, se et Viagium Deo et B. Mariæ... humiliter commendabat.* [Testam. Bernardi Comit. Armaniaci ann. 1302. apud Marten. tom. 1. Ampl. Collect. col. 1409 : *Item, legamus militibus, scutiferis,... clericis solmentariis et quartonibus hospitii nostri, qui in isto Viagio nobiscum sunt, etc.* Ordinat. Humberti II. ann. 1340. tom. 2. Hist. Dalph. pag. 396. col. 1 : *Quando extra hospitium pro nostris negotiis (messagerius) transmittetur, habeat pro expensis personæ suæ die qualibet qua vacaverit in Viagio faciendo per eum unum grossum.* Charta ann. 1473. ex Schedis Præs. *de Mazaugues : Ultra sumptum et Viagia quæ contingeret facere.* Occurrit præterea apud eumd. Marten. tom. 2. Anecd. col. 1540. et tom. 3. col. 29. Lobinell. tom. 2. Hist. Britan. col. 855. Menester. in Hist. Lugdun. pag. 78. col. 2. Elmham in Vita Henrici V. Reg. Angl. cap. 23. pag. 51. in Statutis Massil. lib. 3. cap. 5. 16. 17. 18. et alibi. *Veage*, in Inquisitione ann. 1378. ex Tabul. Cartusiæ B. M. de parco.]

¶ Viagium, Itineris terminus. Tabul. S. Victoris Massil. : *Videns dominus Admiratus non posse navigare versus Viagium suum, etc.*

¶ Viagium, Expeditio. Elmham. in Vita Henrici V. Reg. Angl. cap. 29. pag. 69 : *Rex cum exercitu et captivis per medium campi, quo commissum erat prœlium, tanquam viam suo Viagio apciorem, rediens, etc.* Infra pag. 79 : *Ducem Bedfordiæ hujus Viagii capitaneum constituit et præfectum.*

¶ Viagium, Itineris pretium, præstatio pro facultate iter faciendi. Charta ann. 1368. ex Tabul. S. Victoris Massil. : *Item quælibet galea solvat pro Viagio quinque renos. Item quælibet barchia de pallela aut de tymono bayonesto pro quolibet Viagio* 3. *grossos.* Vide *Viaticum.*

¶ Viagium, Peregrinatio, et maxime Hierosolymitana. Chron. Corn. *Zantfliet* apud Marten. tom. 5. Ampl. Collect. col. 211 : *Et ne juxta legem patriæ oporteret maximam partem superstitum diversa Viagia, secundum exigentiam culparum exsolvere, qui forsitan in itineribus morerentur,... decreverunt concorditer unam erigi capellam, etc.* Occurrit rursum col. 476. Procuratio Edwardi I. Reg. Angl. ann. 1289. apud Rymer. tom. 2. pag. 420 : *Librarum Turonensium nobis dudum mutuatarum in Viagio et pro Viagio nostro ad Terram sanctam.* Menoti Serm. fol. 147. v° : *Tu promisisti Viagium tuum : maritus tuus non vult quod adimpleas : tu non obligaris.* Vide *Via Sanctorum.*

* *Veage de la Croix*, Expeditio Hierosolymitana, in Test. Petri comit. Alenc. ann. 1282. pag. 182 : *Donnons planier pouoir à nos executeurs, s'il avenoit par aventure que nous ne peussions mie aler en Veage de la Croix, etc.* Vide infra *Voiagium.*

¶ Viagium Septem Sanctorum. Inquisitio MS. pro Canonisat. S. Yvonis : *Nobilis vir D. Alanus de Keraxraiz miles et domina Theophania de Pestivien ejus uxor, cum vellent transfretare,.. ad faciendum Viagium septem Sanctorum, etc.*

* An ad septem pueros martyres in Sicilia, de quibus tom. 3. Mart. part. 611. et tom. 1. Apr. pag. 809?

¶ Viagium, Processio. Obituar. MS. Eccl. Morin fol. 30 : *Item in conductu processionali feretri B. Mariæ et in ejus regressu quilibet habituatus de gremio ecclesiæ Morinensis et omnes alii supra in articulo præcedenti declarati, cum aliis servitoribus in Viagio dicti feretri ordinatis per capitulum, quilibet percipit tertiam partem quatuor denariorum.*

¶ 2. **VIAGIUM**, Vita, cursus hujus vitæ, *Viage* passim in Consuetud. municipal. Charta ann. 1440. ex Chartul. 21. Corb. fol. 248. v° : *De terme en terme durant les Viages desdits et le dernier vivant tout tenant. Durant les vies*, in Charta ann. 1443. de eadem re ibidem. Vide *Viatores* 2. Hinc

¶ Viagium, Annua pensio ad vitam, *Usufruit, Pension viagere, Viage*, nude, in laudatis Consuetud. Statutum Caroli V. Reg. Franc. ann. 1370. tom. 5. Ordinat. pag. 363. art. 8 : *Res appreciabitur per sacramentum proborum virorum et fidelium, ad precium quod res poterit valere in vendendo ipsam, una vice; et secundum illud precium, et non pro minore precio, exigatis financiam una vice; videlicet, summam dicti precii; considerata tamen in dicto precio reservacione dicti Viagii.* Charta ann. 1346. ex Chartul. 21. Corb. fol. 305. v° : *Soufs les Viages de Hue de Baumiller et Marque sa sœur qui premierement l'heritage dessusdit accaterent à leurs vies audit messire Nicole Hunaut; lesquels Viages dessusdits.... Monsieur de Corbie accata asdits Marque et Hue pour le somme et pris de* XXIX. *livres Parisis de la monnoye courrant.* Vide *Viagerius* et *Viarium.*

* Nostris *Viage.* Charta ann. 1340. in Reg. 72. Chartoph. reg. ch. 217 : *Cinc deniers à Colles du Ponciel pour une Viage sur leurs més.* Alia ann. 1387. in Reg. Joan. ducis Bitur. ex Cam. Comput. Paris. fol. 153. v° : *Après ladite demission mons. le duc de Berry entrera et sera receuz en foy et hommage, possession et saisine de l'usufruit et Viage d'icelles terres, pour joir et user des fruiz, proufiz et émolumens d'icelle sa vie durant, tout aussi plainement en toutes noblesses et prérogatives, comme s'il estoit plain seigneur et proprietaire desdites terres, nonobstant que par la coustume Viagiere et fruttuaire n'en deust pas si plainement user.* Ubi *Viage* intelligi potest de annuo prædii reditu, quo sensu accipitur in Sent. ann. 1445 : *Nous adjugeons auxdits demandeurs le moitié en treffons et proprieté de le maison et hiretaige où ledit Jehan demouroit au jour dudit homicide,... avec son Viage et tout ledit hiretaige pour le vendre et adenerer selon lesdites clauses de le loy.*

¶ **VIALBORA**, Anonymus in Annal. Mediolan. apud Murator. tom. 16. col. 812 : *Bacile unum deauratum cum floronis et Vialboris in orlis et aliis operagiis.* Et col. 813 : *Bussula una argenti laborata ad Vialboras cum pomello uno et uno radio.* Vide *Viarbora.*

* **VIALE**, Tributum, quod a transeuntibus per vias exigitur. Charta ann. 1507. inter Probat. tom. 2. Annal. Præmonst. col. 221 : *Omnia quæ ad necessitatem et usum domus Dei et conventus per terras nostras adferentur aut vehentur, erunt libera a telonio et Viali.*

¶ **VIAMEN**, Jus commeandi. Vita B. Caroli Comit. Flandr. tom. 1. Mart. pag. 192 : *Pacem et Viamen latoribus Sanctorum offerendo, etc.*

¶ **VIANDA**, Cibaria, iter facienti necessaria ad victum, Gall. *Viande*, Ital. *Viandare* est Iter facere. Statuta Massil. lib. 1. cap. 67. § 1 : *Bladum... nullatenus extrahatur vel exportetur de civitate Massiliæ, per mare vel per terram ab aliquo extraneo vel privato, nisi hoc faceret pro Vianda sua vel marinariorum suorum.* Ibid. lib. 4. cap. 24. § 2 : *Ordinamus etiam quod nullus dominus vel rector navis seu ductor habeat ad Viandam suam ultra quatuor peregrinos, nisi gratis et pro miseria vellet eum transvehere, omni mercede cessante, nec habeat aliquam societatem cum cargatoribus in cargaria seu Vianda peregrinorum, nec expleto viagio, domini navium aliquid accipiant vel auferant de eo quod superaverit de Vianda.* Occurrit rursum cap. 26. et 27. Oberti Cancellarii Annal. Genuens. ad ann. 1164. apud Murator. tom. 6. col. 298 : *Et quum Vianda incipiebat deficere, rogaverunt Regem ut victum deferre faceret, ut possent levius et commodius expectare integri debiti solutionem.* Adde col. 309. 400. 410. Vide *Placa* 1. et infra *Vivanda*.

* Glossar. Provinc. Lat. ex Cod. reg. 7657 : *Vianda, Prov. cibus, esca, victus, viaticum.* Ita et nostri *Viande*, pro qualibet re homini alendo idonea usurparunt. Lit. ann. 1387. tom. 7. Ordinat. reg. Franc. pag. 191 : *Dure chose seroit et est de faire contraindre gens de diverses bonnes villes et notables user et vivre de pareilles Viandes, et par especial de pain, qui est le principal et la plus noble Viande pour sustentacion de corps humain.* Vide supra *Festum S. Petri epularum*.

* **VIANENSES**, Nummi Viennenses. Stat. Taurin. ann. 1360. cap. 246. ex Cod. reg. 4622. A : *Solvendo tres denarios Astenses pro duobus Vianensibus.*

* Aliud vero sonat vox Gallica *Vianoie*, Vellus scilicet, in Lit. remiss. ann. 1388. ex Reg. 135. Chartoph. reg. ch. 110 : *Lequel exposant prinst seze Vianoies ou toisons de laine, douze escueles d'estain, etc.*

¶ **VIANS**, Vivens, Ital. *Vivente*. Charta ann. 1164. inter Probat. tom. 2. novæ Hist. Occitan. col. 603 : *Notum sit quod ego Raymundus comes S. Egidii cognosco et confiteor villam S. Saturnini allodium et proprietatem esse B. Petri Cluniacensis : sed propter amicitiam quam monachi erga me habebant, et ut per meam defensionem villa ipsa in commercio Viancium magis augeri possit, statuimus, etc.*

* **VIANUM**, pro *Bianum*, Servitium, quod a subditis exigitur, Gall. *Corvée*. Sent. Henr. dom. de Causanciis senesc. Vascon. ann. 1263 : *Item super eo quod occasione Viani, idem nobilis homines prædictæ terræ contra antiquum statutum et consuetum indebite molestaret, plus ab eis debito exigendo, etc.* Infra : *Bianum*. Vide *Biennum*.

* **VIARAGIUM**, Idem videtur quod supra *Viageria*. Charta ann. 1352. in Reg. 82. Chartoph. reg. charta 424 : *Item Petrus Andreæ pro Viaragio de Ornone, sex gallinas.* Vide supra *Vaieria*.

VIARAM, Una e 12. speciebus Auguriorum, de quibus in verbo *Venta*, quæ sic describitur a Michaele Scoto de Physionomia cap. 56 : *Viaram est augurium, quando homo vel avis suo itinere vel volatu ante te transit, veniens a dextra parte tui, et tendens in sinistram evanescit. Istud est tibi bonum signum super negotio.*

¶ **VIARBORA** inter mulierum jocalia recenseutur in Statutis Genuens. lib. 2. cap. 17. fol. 48. v° : *Intelligantur esse in bonis et de bonis viri vestes, zonæ, corrigiæ, cordellæ, Viarbora et alia localia* (leg. jocalia) *et quæcumque bona habuisset a dicto viro suo, vel a patre, vel ab alio pro eo.* Vide *Vialbora*.

1. **VIARE**, *Iter facere, ambulare*, Papiæ. Onomasticum vetus : *Vio*, ὁδεύω. Glossar. Gr. Lat. : Παραςρίφω, *Rebio*. MS. *Revio*. S. Ambrosius lib. 5. Hexaem. cap. 10 : *Quis tribuit dispositionem Viandi.* Adde cap. 16. Fortunatus lib. 9. Poem. 7 :

Si minus possum pedibus Viare,
Ducor amore.

Flodoardus lib. 14. Carm. 18 :

. . . . Jumenta viandi
Destinat officio.

Utuntur præterea Solinus cap. 40. 42. Apuleius lib. 10. et in Florid. Ammianus lib. 15. 20. Sidon. lib. 4. Epist. 3. 6. Saxo Grammatic. lib. 8. Alanus in Anti-Claudiano lib. 1. cap. 8. 9. etc. [Albert. Mussatus in Chron. apud Murator. tom. 10. col. 726 : *Plerumque pro spoliis rapiendis Viantes trucidabant.* Notum fuit Quintiliano qui illud inter infelicius ficta reponit lib. 8. cap. 6.]

* *Voyer* vero Mulgere, vulgo *Traire*, significat, in Lit. remiss. ann. 1474. ex Reg. 195. Chartoph. reg. ch. 1289 : *Laquelle fille respondit au suppliant qu'elle alloit Voyer ses vaches.*

2. **VIARE**, in Charta ann. 1148. inter Probat. Hist. Autiss. pag. 15. col. 1. edidit D. *Le Beuf*, ex cujus schedis editum *Wiare* infra. Vide in hac voce.

* **VIARESUS**, Italis *Viareccio*, Qui in itinere portari potest. *Altare Viaresum*, idem quod *Portatile*. Charta ann. 1214. apud Murator. tom. 5. Antiq. Ital. med. ævi col. 519 : *Et dicit, quod dictæ ecclesiæ dedit altare Viaresum, pallium, toalias et antiphonarium unum de die et alium de nocte, etc.* Ubi male *Altare* et *Viaresum* virgula separantur.

¶ 1. **VIARIA**. Vide mox in *Viarius*.

* 2. **VIARIA**. Vide mox in *Viarius* 2.

¶ **VIARIUM**, Annua pensio ad vitam, ut videtur. *Viaire*, in Consuet. Calmont. art. 33. Placitum ann. 874. apud Murator. tom. 2. part. 2. col. 945 : *Et ipsi Liuteri et ipsi Garefuso renuntiavimus, ut de omni ipsa supradicta re Candoli de Suriano et Romani, et de Germanis suis de paterno et de ipso cambio de Viario sibi quiescerent.* Vide *Viagerius* et *Vitalitium*.

* Nostri *Viaire* et *Viere*, pro *Visage*, Vultus, dixerunt. Lit. remiss. ann. 1368. in Reg. 99. Chartoph. reg. ch. 520 : *Les assailli, navra et plaia en plusieurs lieux de leurs Viaires, corps et membres.* Aliæ ann. 1381. in Reg. 120. ch. 96 : *Laquelle femme eust esté bleciée ou visage à sanc, et elle meue de courroux pour le deshonneur de son Viaire, etc.* Aliæ ann. 1401. in Reg. 156. ch. 204 : *Icellui Toustain regarda par plusieurs fois ledit Maillot, et lui fu advis qu'il ressembloit bien de Viaire à icellui Caron son cousin.* Le Roman *de Garin* :

Rigaud chevauche o le Viere fier.

Rursum :

Et Gert Garnier el Viere devant.

* An inde *Wiart* nuncupatur, Velamen, quo vultus operitur, quod et *Wite* dicitur, forte a *Witta*, in Mirac. MSS. B. M. V. lib. 2 :

S'image muche sous Wiart.......
L'image à la dame de gloire
Adonc remuce sous sa Wite.

1. **VIARIUS**, Dominus feudalis, cui competit *inferior* vel *media justitia* : nostris, *Seigneur voier*. Duplex enim est Justitia *Viarii*, alia, quam *Basse voirie* vocat Consuetudo Turonensis tit. 1. art. 1. *Simple voirie*, Andegavensis art. 1. Cenomanensis art. 3. et Blesensis art. 27. cæteræ Consuetudines *Basse justice*. Alia, quam *Grande voirie* appellat eadem Turonensis Consuetudo art. 39. *Grosse voirie*, vel certe *la Justice du gros Voier*, Blesensis art. 21. 22. 23. 24. 26. ubi utriusque jura recensentur, quibus alias explicandis non licet immorari. Describam tantum, quæ de *viaria* generatim habent Statuta S. Ludovici Reg. Franc. lib. 1. cap. 38 : *de Justice de Vavasor. Tous Gentishomes, qui ont voierie en leur terre pendent larron de quelque larrecin, que il ait fet en leur terre.* Et infra : *Car eus tiennent leurs batailles devant euls de toutes choses fors de grans meffés, que nous vous avons nommez par devant, et ils ont leurs mesures en leurs terres, et les prennent, et les metent és cors des Chastiaus, et les baillent à leur homes, et puis se eus trevent seur leur homes fausse mesure, li drois en est leur, et en puent lever soissante sos d'amende, etc.* [Quæ fuerint *Viarii* Parisiensis jura, videsis ex Regesto Johannis *Sarrazin* apud D. *Brussel* tom. 2. de Usu feud. pag. 741. et seqq. ubi fusius explicantur. Charta Ludovici Jun. ann. 1160. ibid. tom. 1. pag. 536 : *Neque pro Præposito, sive Viario, neque pro alio se justitiabunt, nisi pro corpore Regis.*] Pactum inter Philippum Regem Franc. et Ricardum Regem Angliæ mense Febr. ann. 1254. pro justitia seu Jurisdictione utriusque in urbe Turonensi, ex Regesto Andegavensi fol. 43 : *Viarii autem Comitis infra ambitum claustri nullam habent jurisdictionem.* Et infra : *Viarii Comitis in nullo affidamento justitiam habent.* Usatica oppidi Chableiæ, in Tabulario Campaniæ Thuaneo fol. 287 : *Dominus Noerii est Viarius Chableie, et non potest ponere apud Chableiam Viarium, qui non juret, quod fidelis erit Præposito B. Martini, quod vitam et honorem, et membra ejus pro posse suo servabit.*

Ejusmodi *Viarios* vulgo dictos putant plerique, quod eorum jurisdictio potissimum sit in *viis* tenementorum suorum; idque eruunt ex aliquot Consuetudinibus municipalibus, præcipue ex Ambianensi art. 184. in quo dicuntur Domini omnes feudales, quibus major et media justitia competunt, esse *Seigneurs Voiers ès frocs, flegards, chemins, et voiries estans au devant de leurs tenemens ou heritages, soit par eau, ou par terre.* Certe quidquid sit de *Viariorum* justitia in *viis* tenementorum suorum, hanc constat non in eo præsertim constitisse; sed in aliis quampluribus juribus, quæ passim recensent Consuetudines municipales, ubi de inferiori justitia agunt. Quin potius *Viarios* dictos existimo, quasi *Vicarios*, eosdemque esse cum *Vicariis*, quos Lex Longobard. lib. 2. tit. 52. § 7. [** Carol. M. 69.] de minoribus causis cognovisse docet, quique per *pagos constituti erant*, ut ait Walafridus Strabo. Unde ejusmodi *Vicarii* non alii sunt ab iis, quos ætas posterior *Majores*, et *Villicos villarum* appellavit. [Compositio inter Odonem Episc. Paris. et Johannem Abbat. S. Genovefæ ann. 1202. ex Chartul. Episc. Paris. fol. 38 : *Nullus prædictorum viginti sex* (servientium) *Viarius poterit esse vel major burgi, ita ut prædicta gaudeat libertate.*] Nisi quis malit *Viarios* dictos ex Gallico *Voiers*, seu *Vouiers*, id est, Advocatos, cum *Viaria* et *Advocatio* idem esse dicantur in Chartis aliquot mox laudandis. Neque aliter vox *Voier* accipienda apud Guill. *Guiart* in Hist. Francor. MS. ann. 1207 :

> Simon de Monfort i demeure,
> Come Seneschaus ou Voiers,
> Et bien XII^c. soudoiers.

* Circa varias hujusce vocis acceptiones diversaque *Viariorum* munia et jura, consule D. *Bouquet* tom. 1. Jur. publ. Franc. pag. 154. et seqq. Cave tamen ne ipsius conjecturis nimium fidas.

Subviarius, Vicarius *Viarii*. Chartam Henrici Regis Franciæ ann. 1057. in 8. tomo Spicilegii Acheriani pag. 156. subscribunt præ aliis *Herveus Viarius*, et *Herbertus Subviarius.* Vide tom. 3. pag. 156.

Viaria, Jurisdictio seu Justitia *Viarii*, Practicis nostris *Voirie;* interdum quod ratione viariæ præstatur a tenentibus. *Vekerie*, in Consuetud. locali Castellinovi in Biturigib. art. 4 Chronicon Mauriniacense lib. 1. pag. 360 : *Mea est, aiebat iste, Viaria.* Pag. 365 : *Censum plus minus 50. solidorum, et dimidietatem Viariæ huic Ecclesiæ dederunt.* Charta Roberti Regis Franc. ann. 2. ex Tabulario S. Maglorii Paris. : *Cum omnibus appenditiis et consuetudinibus, id est, bannum et Viariam, et omnes terras ad Marnacum pertinentes.* Alia Gilberti Episcopi Parisiensis ann. 1117 : *Censum, nemus, justitiam, dominium, Viariam, et omnes feodos, et omnes dominicaturas tam in nemoribus, quam in terris, etc.* Alia Ludovici Regis Franc. ann. 1124 : *Cum bosco et plano, et molendino, et pratis, et Viaria et justitia, et cum omnibus ad eandem villam pertinentibus.* [Litteræ Philippi III. Reg. Franc. ann. 1272. apud Lobinell. tom. 3. Hist. Paris. pag. 293 : *Habebunt etiam dicti Religiosi* (S. Germani) *in omnibus locis et vicis Viariam et justitiam Viariæ, et quicquid pertinet ad Viariam, et falsas mensuras,... et in saliis domorum, quæ fient in vicis sitis infra metas superius nominatas.*]

¶ Viaria, Districtus *Viarii*. Charta ann. 1273. apud eumd. Lobinell. ibid. pag. 28. col. 1 : *Si vero contingat quod Major S. Mederici, vel ipsius serviens, vel servientes jurati aliquem capiant in terra S. Mederici,... et captus se recutiat in Viaria vel extra Viariam :.... et ob hanc causam.... melleia oriatur, sive in dicta Viaria, sive extra Viariam in terra S. Mederici, etc.*

¶ Viaria, Idem quod *Præpositura*, in Charta S. Ludovici Reg. Franc. ann. 1230. ex Tabul. Abb. de Pietate Dei, vulgo *l'Espau : Insuper addidimus* L. *libras Turon. annui redditus percipiendas in nostro redditu de Cenomanis in Viaria sive Præpositura singulis annis.*

Viariam, cum *Vicecomitia*, seu Vicecomitis jurisdictione confundit Ordericus Vitalis lib. 5. pag. 596 : *Concesserunt sancto Ebrulfo Vicecomitiam, id est, Viariam, quantum habebant in villariis vastatis.* Tabularium Henrici Comitis Trecensis ann. 1159. in eod. Tabular. S. Martini : *Jus Vicecomitatus, seu Viariæ, quam in villa S. Gemmæ se habere dicebat, etc. Vicecomitatus et Wigaria*, in Charta Henrici Imper. ann. 932. Rursum

Viaria, Idem est quod *Advocatio*, in Charta Stephani Episc. Paris. ex Tabul. S. Martini de Campis : *Cujusdam vineæ in territorio S. Clodoaldi sitæ Advocationem, quæ vulgo Viaria dicitur, Monachis S. Martini de Campis concedo.* Alia Gaufredi Episcopi Meldensis ann. 1208. ex eodem Tabul. : *Quitavi eis in integrum quidquid habebam vel tenebam in villa de Choisiaco, et in tota ejus potestate, tam in Viaria et advocatione, et omnibus aliis rebus et domaniis, etc.* Alia Guillelmi *de Monstiers* militis, ejusdem anni, ibid. : *Tam in Viaria, quam in advocatione.* In quibus locis vox *viaria* videtur exprimere Gallicam *vouerie*, pro *Advouerie, advocatura*, quomodo *Voulrie* usurpatur in Consuetudine Vitriacensi art. 70. 100. 141. 143. pro potestate parentum in liberos. Vide *Advocatio.*

¶ Vouuearia, Eadem notione, in Charta Hugonis dom. de Monte-corneto ann. 1245. ex Tabul. S. Nicasii Remens. : *Quittavimus etiam advocationem sive Vouueariam.* Occurrit rursum in alia ejusdem anni ibidem. *Voulrie* in clientelari professione ann. 1581. dicitur præstatio quæ advocato pensitatur propter tutelam.

Viatura, Idem quod *Viaria*. Charta Philippi Regis Franc. ann. 1091. pro Compendiensi Ecclesia : *Advocationem et Viaturam de Longelio usque ad medium fluminis Isaræ, Viaturam de Saceio, Viaturam de terra illa, quam habet prædicta Ecclesia in Gellis, etc.* Charta Ludovici VI. Regis Fr. ann. 1118. ex Tabulario Fossatensi fol. 14 : *Precatus est etiam, ut præfatæ Ecclesiæ tertiam partem ejusdem Viaturæ, quam Vicecomes Meledunensis de feodo nostro in eisdem mansuris et terra habet.... concederemus.* Charta Ludovici Regis Franc. ann. 1122. apud Chopinum lib. 3. de Sacra Polit. tit. 2. § 12 : *Terram B. Mellonis intra vel extra Castrum Pontisaræ sitam exoneramus ab omnibus taillitis et exactionibus; in qua tamen retinemus Viaturam, equitatum, et expeditionem. Ita quod quoad Viaturam, si qua in ea forisfacta facta fuerint ab hominibus B. Mellonis, Præpositus noster eum submoneat tantum, et reddat Canonicis, etc.* Sugerius lib. de Admin. sua cap. 4 : *A filio ejus Ludovico Viaturam ejusdem villæ, et omnes redditus ejus, præter vinum et avenam.... obtinuimus.* Et cap. 21 : *Villa, quæ dicitur Marogilum, occasione cujusdam Viaturæ, quam Ansoldus de Cornello fere usque ad ipsas villæ domus possidebat, gravissime infestabatur.* Charta Geraldi *de Valengoiart*, in Tabulario S. Victoris Parisiens. ch. 21 : *Sciendum est, quod ego de assensu Theobaldi primogeniti mei dedi in eleemosynam prædictæ Ecclesiæ totam Viaturam in longum et latum de viis, quæ sunt circa eorum porprisiam, et quantum terræ durat, quam vendiderunt in magno chemino versus domum Leprosorum.* Charta ann. 1247.... *Quod Viatura et omnimoda justitia est Abbatis et Ecclesiæ B. Dionysii in toto chemino, etc.* Vide Doubletum pag. 857.

¶ Voeria, Eodem significatu. Regest. Campaniæ ann. 1256. apud D. *Brussel* de Usu feud. tom. 2. pag. 1042 : *Johannes de Tooquin, Ligius, de fortericia de Tooquin, de Voeris et conductu mercati de Rosoi. Hugo de Charni filius dom. Adæ, Ligius, de Voeria, et justitia et medietate S. Fiacrii.* Occurrit pluries in Litteris Caroli Johannis Reg. primogeniti ann. 1357. ibid. pag. 753.

¶ Voueria, Eodem sensu. Charta ann. 1236. ex Tabul. S. Aviti Aurel. : *Et etiam petiam nemoris siti juxta Voueriam.*

¶ Viatio, Eadem notione. Tabul. Beccense ann. 1080 : *Galo de Flavacourt dedit Ecclesiæ quod habebat apud Laiencort, scilicet altare et atrium et quadrantem ejusdem villæ et duas partes vicecomitatus et Viationis.*

Viatoria, [Pari intellectu. Charta ann. circ. 1133. tom. 2. Hist. Eccl. Meld. pag. 25 : *Comes Theobaudus clamavit quietum quidquid capiebat in tota terra Berceii et Ortolii, sive per justitiam sive per Viatoriam.*] Charta Vicedominorum Gerborensium ann. 1160. apud Louvetum : *Et super Viatoriam totius terræ Monachorum quantumlibet acquirere poterunt intra unam leucam circa Ursimontem.* [Charta ann. 1211. ex Chartul. S. Johannis in Valle : *Hæredes Viatoriam quam dictus Focaudus habebat in terra S. Johannis de Valleia apud Hauvillam de cætero in suam non reclamabunt.*] Occurrit præterea in Charta Philippi Regis Franciæ ann 1180.

Viator, Idem qui *Viarius*. Rogeri Episcopi Bellovacensis Epitaphium in Ecclesia Bellovacensi :

> Hic rexit Cathedram, non pressit, Pontificalem.
> Ornamenta domus, status et possessio Cleri,
> Libertas patriæ pulso Comitatus dominatu,
> Atque Viatorum demisso gaudia censu, etc.

Charta Communiæ Nivernensis et Altisiodor. ann. 1194 : *Statutum est et concessum, quod Iterius de Tociaco Vicecomes Autisiodorensis, et Viator Altisiodorensis, supradictis burgensibus omne jus, quod habebant in omnibus forisfactis..... quittavit, etc.* Infra, *Viarius* dicitur. Charta ann. 1160. apud Louvetum in Bellovaco : *Concessi eidem Ecclesiæ in eleemosyna perpetua medietatem Viatoris* (*f. viatoriæ*) *Ursimontis et Goslenicurte... insuper et Viatoriam totius terræ Monachorum, etc.* [Poggius lib. 2. Hist. Florent. apud Murator. tom. 20. col. 228 : *Moris est Romanorum Pontificum, cum in quempiam ob commissum facinus animadvertere volunt, ut eum per Viatorem, ad criminis defensionem vocent.*] [** Vide Glossar. med. Græcit. col. 1237. voce Προσλευδιμαῖοι, et Forcell. in *Viator.*]

* 2. **VIARIUS**, Carceris custos, cujus officium *Viaria* appellabatur. Charta Ludov. X. ann. 1314. in Reg. 50. Chartoph. reg. ch. 118 : *Nuper defuncto Viario seu geolario geolæ Silvanetensis, qui jure hæreditario Viariam seu geolam loci ejusdem tenebat, officium Viariæ seu geolæ hujusmodi cuidam alii concessimus. Voyer* vero, qui prædii culturæ invigilat, in Lit. remiss. ann. 1407. ex Reg. 162. ch. 95 : *Au lieu de Choues ou mandement d'Auberive* (en Dauphiné) *icellui chevalier avoit pluseurs biens, et y tenoit un Voyer, qui faisoit illec les labourages.*

¶ **VIASOS**. Conc. Tarracon. ann. 1591. inter Hisp. tom. 4. pag. 510 : *Nullus beneficiatus seu clericus... portet lanceam aut scutum, vel ballistam cum sagittis; nec ad sonum de Viasos seu rixam, quæ aliquando in civitatibus, villis seu castellis seu locis fieri contingunt, exeant cum armaturis prædictis.* Leg. *Via fors.* Vide in *Biafora* et *Sonus* 2.

VIATICA Littera, quæ ab Abbate peregre exeunti Monacho datur, apud Ingulfum pag. 860.

¶ **VIATICARE**, *Viatico* instruere. Acta S. Censurii tom. 2. Jun. pag. 278 : *Huic si legitimam, ut mos est, solutionem perexiguæ segetis indulgeas, tanquam opipare Viaticatus, cum gratiarum actione remeabit.* Gloss. Lat. Gr. : *Viaticor*, ἐφοδιάζεσθαι.

¶ **VIATICARIUS**, Viator, ductor. Chron. Domin. de Gravina apud Murator. tom. 12. col. 607 : *Viderunt per Maffeum Caczollam de Juvenatio habitatorem Gravinæ familiarem dictæ dominæ Viaticarios sero præterito introductos, robbam et bona dictæ dominæ onerare in stalla dictæ dominæ in platea vicina quidem longe parum a domibus dominæ supradictæ.*

¶ **VIATICI** Libri, f. Rituales, in quibus de *Viatico* administrando sermo est; vel Breviaria viatorum utilitati accommoda. Diarium belli Hussit. apud Ludewig. tom. 6. Reliq. MSS. pag. 191 : *Item omnes libri missales, aut cantuales, similiter et Viatici et libri hymnorum, et omnis ornatus seu vestes missales,.... hæc omnia sunt destruenda vel comburenda.*

1. **VIATICUM**, Via, iter publicum. Charta Othonis Comitis Viromand. ann. 1035 : *Districtionem terræ exterioris silvæ ac prati villæ Humolariensi pertinentium, cum Viatici publici banno, etc.*

Viaticum, Tributum ab itinerantibus præstitum, in Charta Lotharii Reg. Fr. apud Marlotum in Metrop. Remensi lib. 4. cap. 24 : *Ab omni exactione et teloneo et Viatico liberæ... permaneant.* Alia Ildefonsi Regis Aragonum ann. 1184. apud Saxium in Pontificio Arelatensi : *Vel aliquod prorsus Viaticum ab eis exigetur.* [Radevicus de Gestis Friderici I. Imper. apud Murator. tom. 6. col. 776 : *A fodro et Viatico et ab omnimoda exactione se ibidem per omnem eorum ditionem continebunt.* Vide *Viagium* 1.]

Viaticum, Iter, itineratio, *Voyage*. Fortunat. lib. 6. Poëm. 4 :

> Deducit dulcem per amara Viatica natam.

Charta Jacobi Regis Aragon. ann. 1299 : *Pro Viatico, quod fecimus in Sicilia.* Occurrit in aliis apud Joan. Dametum in Hist. Regni Balearici pag. 203.

¶ Viaticum, Pecunia, *viaticum* seu iter facienti necessaria, vel quæ in mercedem *viatici* conceditur. Bulla Leonis X. PP. apud Illustr. Fontaninum in Antiq. Hortæ pag. 492 : *Ne aliquid ultra quindecim ducatos : quos alias ex antiqua consuetudine pro hujusmodi visitatione pro expensis seu Viatico suo solvere consuevistis, ad solvendum pro dictis expensis seu Viatico astringi de cetero possetis. Pecunia viatica* dicitur in Chron. Farfensi apud Murator. tom. 2. part. 2. col. 624 : *Sed quoniam Viaticam pecuniam, utpote regulariter inopes, monachi minime habebamus. Viatique*, eadem notione frequenter usurpant Monachi. Conc. Constant. tom. 1. col. 683 : *Una et eadem vice et per eundem nuncium ad eundem locum unum, de una tantum sicut de alia, æquale Viaticum seu bravium, et sic pecunias ultra debitum multas extorquent.* Statuta Mutin. rubr. 284. fol. 80 : *Si nuntius iverit extra civitatem ad capiendum aliquem, habeat... pro quolibet milliario unum imperialem pro suo Viatico... Teneantur nuntii pignora quæ acceperint pro suis Viaticis dimittere in villa.*

Viaticum, Sacra Eucharistia, quæ ægris ac morituris datur. S. Thomas part. 3. quæst. 73. art. 4 : *Hoc Sacramentum est præfigurativum fruitionis Dei, quæ erit in patria; et secundum hoc dicitur Viaticum, quia hic præbet nobis viam illuc perveniendi.* Paschasius de Corpore et Sanguine Domini cap. 9. al. 19 : *Hoc mysterium nonnunquam Viaticum appellatur, quia, si quis illo fruitur in via, pervenit ad vitam, quam jam in se habet.* Capitul. Caroli M. lib. 7. cap. 101. [138] : *De his, qui recedunt de corpore, pœnitentia accepta, placuit sine reconciliatoria manus impositione eis communicare, quod morientis sufficit consolationi, secundum definitiones Patrum, qui hujuscemodi communionem congruenter Viaticum nominaverunt.* Joan. Abrinc. Episc. de Off. Eccl. : *Corpus Domini tripliciter dividat, quarum partium unam Sacerdos Calici immittens, Pax Domini, alta voce dicendo, protinus subdat secrete : Fiat commixtio corporis et sanguinis Domini nobis accipientibus in vitam æternam. Alia se, Diaconum, Subdiaconumque communicet, tertiam Viaticum, si opus fuerit in patena usque ad finem Missæ reservet; tertiam, quæ remanet in altari, vocat sancta Ecclesia Viaticum morientis, etc.* Illud porro τὸ δεσποτικὸν ἐφόδιον dicitur in Concilio Nicæno cap. 13. *Viaticum nostri itineris*, apud Gaudentium Brixiensem tract. 2. *Viaticum munus*, in Epistola 1. Siricii PP. cap. 5. et in Epist. 1. et 7. Hincmari ex Labeanis. *Viaticum Eucharistiæ*, in Capitul. Caroli M. lib. 5. cap. 54. [** 118.] : *Sacra Communio in Viatico*, in Lege Longob. lib. 1. tit. 30. § 15. [** Ludov. II. 3.] *Viaticum, id est, viæ custodia*, in Canonibus Hibernicis lib. 2. cap. 16. *Typica salutiferi viatici stips*, apud Dudonem lib. 3. de Actis Norman. pag. 157. *Sacramentum progredientium, quod ideo Viaticum seu Eucharistia appellatur*, in Synodo Exoniensi ann. 1287. can. 1. Vide præterea Innocentium I. PP. Epist. 3. cap. 2. Gelasium capitulo 20. Gregor. M. lib. 7. Epist. 62. Concil. Arausic. I. can. 3. Vasion. sub Leone I. PP. can. 2. Carthag. IV. can. 77. Gerundense sub Hormisda can. 9. Arelat. II. can. 28. Agath. can. 15. Epaon. can. 36. Aurel. III. can 6. Matisc. I. can. 12. Lugdunense can. 3. Remense can. 9. Sarisberiense ann. 1217. can. 34. Gregor. III. Epist. 1. cap. 7. Amalar. lib. 3. de Eccl. Offic. cap. 35. Gropperum de Eucharistia pag. 434. 435. Gretserum in Muricibus Christianis pag. 67. 70. Henricum Valesium ad Eusebium lib. 6. cap. 44. etc.

Eucharistiam porro infirmis dari in viatici modum dicimus, cum non jejuno datur, quod *ad succurrendum* vocant Statuta antiqua Cartusiensis Ordin. 2. part. cap. 8. § 22 : *Providendum est, ut infirmus communionem sacram jejunus accipiat; eam namque post cibum dari non licet, nisi forte ad succurrendum.*

☞ *Viaticum* dicta etiam Communio sanorum qui eam jejuni accipiebant. Gerardus in Vita S. Udalrici cap. 3. num. 11 : *Cum Viaticum ab eo accepturi accederent, digitum ori superposuit, ut de visione tacerent.* Rursum cap. 4. num. 20 : *Quo benedicto, et populo sacro Viatico recreato, vesperaque expleta, ad sacrarium venit chrisma et oleum clericis dispensandum.* Denique cap. 12. num. 42 : *Ministerio sacro peracto, Viatico sacro omnes recreavit.* Statuta Canonic. Regul. apud R. Duellium tom. 1. Miscell. pag. 100. ubi caput 74. inscribitur, *de Viatico recipiendo :*

> In summis festis Communio sacra ministris
> Debet partiri, etc.

¶ Viaticum, Subsidium, auxilium quodvis. S. Irenæi vetus Interpres lib. 1. cap. 31. num. 4 : *Viatica quoque dabimus ad eversionem ipsorum, occurrentes omnibus sententiis secundum narrationis ordinem.*

¶ Viaticus, *In via necessarius, vel delatus, vel in via sustentatus*, in Gloss. Biblicis MSS. Anonymi ex Ugutione.

* 2. **VIATICUM**, Aditus, Gall. *Entrée.* Formulæ MSS. ex Cod. reg. 7657. fol. 42. r° : *Per cujus* (domus) *lansissam seu supernum solarium, idem talis dictæ tali scienter dedit Viaticum et accessum.*

* 3. **VIATICUM**, Cibus, esca. Comput. ann. 1362. inter Probat. tom. 2. Hist. Nem. pag. 244. col. 1 : *Item pro salario bedelli S. Petri martyris, qui paravit Viatica in dicta die, tres grossos.*

* 4. **VIATICUM**, *Quod homo facit in una die*, in Glossar. Provinc. Lat. ex Cod. reg. 7657.

* 5. **VIATICUM**, Merces, præmium. Parid. de Grassis Cerem. capellar. papal. MS : *Et in fine pro sui ministerii mercede, quod Viaticum appellant, ex vetusto ritu donatur* (diaconus cardinalis) *crumenula, cum quadraginta solidis.*

* 1. **VIATICUS**, Idem qui *Viarius*. 1. Charta ann. 1195. in Chartul. S. Dion. Vergiac. fol. 14. r° : *Viaticus de Edua et præpositus de Dijom etc.*

* 2. **VIATICUS**, *Vagus, errat*, Prov. Glossar. Provinc. Lat. ex Cod. reg. 7657.

¶ **VIATIM**, *Per vias*, in Gloss. Gasp. Barthii apud Ludewig. tom. 3. Reliq. MSS. pag. 526. ex Lisiardi Hist. Palæst.

¶ **VIATIO**, Iter. Acta S. Urbici tom. 1. April. pag. 252 : *Expedita Viatione ad Iciodorum pervenit monasterium*. Alia notione, vide in *Viarius*.

1. **VIATOR**, Parvus cyathus, vel cochlear, quo utebantur viatores, seu qui in viam se dabant, unde nomen. Hesychius : Βιάτωρ, κυάθιον μικρὸν ἤγουν κοχλιάριον.

2. **VIATOR**, Idem quod *Viarius*. Vide in hac voce.

1. **VIATORES**, Fratres conversi in monasteriis, ita dicti, quod pro negotiis monasteriorum a præfectis missi crebrius viæ se committerent. Cæsarius lib. 8. Mirac. cap. 87 : *Homo quidam religiosus de ordine Viatorum, cum apud quandam matronam hospitaretur, conquestus est illi, etc.* Idem lib. 6. cap. 20 : *Tales sunt multi ex his Barbatis, qui in habitu et tonsura religionis terras circumeunt, et plurimos decipiunt.... Et licet quidam ex hujusmodi Viatoribus, viri sint sancti et sine felle, propter malos tamen despiciuntur.* Vide lib. 8. cap. 96. lib. 10. cap. 36.

2. **VIATORES**, Qui in hujus vitæ cursu versantur. Marsilius Patavinus in Defensore pacis part. 2. cap. 12 : *Sic igitur singulariter nobis ostenso, Christum et ipsius Apostolos Viatores, statum paupertatis et humilitatis docuisse, atque servasse, etc.* [Vide *Viagium* 2.]

¶ **VIATORIA**, ut *Viaria*. Vide *Viarius*.

VIATRIX, ut *Viator*. Martianus Capella lib. 6. initio : *Crepidas peragrandæ telluris causa, easdemque permenso orbe contritas, Viatrix infatigata gestabat.*

VIATURA. Vide in *Viarius*.

* **VIAZOLA**, Canalis, per quem aqua vehitur seu decurrit. Charta ann. 1226. apud Murator. tom. 4. Antiq. Ital. med. ævi col. 216 : *Et eundo versus mane usque ad Viazolam de podio Bellii, et inde eundo recto fine per viam et campos usque ad locum, ubi fuit molendinum de Bellio.* Vide *Vezta* et *Viazzola*.

¶ **VIAZZOLA**, ut supra *Vezola*. Vide in *Vezia*. Statuta Mutin. rubr. 326. fol. 65 : *Quod massarius S. Geminiani accipere possit et extrahere medietatem aquæ, quæ extrahitur de canali sitolæ, et inter hortum Monacarum S. Eufemiæ in capite Viazzolæ, quæ est inter hortum prædictarum Monacarum.*

¶ **VIBRAMEN**, Coruscatio. Gislebertus in Mirac. S. Romani Mon. tom. 5. Maii pag. 163 : *Qui sanctos suos potenter mirificans, vario non cessat decorare miraculorum Vibramine.*

¶ **VIBRELLA**, Tormentum bellicum, Gall. *Canon*, a verbo Lat. *Vibrare*, Gall. *Lancer, jetter avec force*. Litteræ Margaritæ Reg. Angl. ann. 1554. apud Rymer. tom. 15. pag. 360 : *Vi et armis, videlicet gladiis,... tormentis sive Vibrellis, vulgariter vocatis Canons, etc.* Hinc

¶ VIBRELLARIUS et VIBRELLATOR, Tormentorum librator, Gall. *Canonier*. Litteræ Henrici VII. Reg. Angl. ann. 1490. apud eumd. Rymer. tom. 12. pag. 463 : *Cum nos quandam expeditionem contra Gallos instruere decrevimus, volentes proinde de certo numero navium ac Vibrellariorum et balistariorum, etc. Usque ad numerum quingentarum navium et infra, et Vibrellarios et balistarios usque ad numerum trescentorum, etc.* Aliæ Edwardi VI. ann. 1547. ibid. tom. 15. pag. 161 : *Navium magistros, nautas, naucleros, Vibrellatores sive bombardiatores, et marinarios, etc.* Adde pagg. 198. et 694.

¶ **VIBRIANUM**, Axilla, Gall. *Aisselle*. Acta S. Gerardi tom. 1. Jun. pag. 770 : *Ei sub Vibriano sinistri brachii apostema ad modum ovi grossi natum est.*

¶ **VIBRINUS**. Regula S. Cæsariæ tom. 1. Jan. pag. 734 : *Moneo specialius... vestimenta lucida vel nigra, vel cum purpura, vel Vibrina nunquam in usu habeantur, nisi tantum laia et lactena.* Ubi Vossius de Vitiis serm. lib. 3. cap. 55. rescribendum existimat *Fibrina*, vestemque interpretatur factam ex pilis fibri, quibus nihil mollius. Vide *Viverita*.

¶ **VIBRISSARE**, μινυρίζειν, in Gloss. Lat. Gr. Festus : *Vibrissare est vocem in cantando crispare.*

¶ **VIBRUCÆ**, τρίχες ῥινός, in iisdem Glossis, pro *Vibrissæ, pili in naribus hominum, dicti, quod his evulsis caput vibratur. Vibrisse* Italis eadem notione.

** **VICACITER**, Pervicaciter. Vita Johannis Gorziensis cap. 18 : *Orationes etc... memoriæ Vicaciter, ut nemo superius, commendavit.*

VICÆN, Idem quod *Boda*, i. habitatio, domus. Saxonibus Vicæn est pagus, vicus, unde *Vicenga*, incolæ, habitatores. Charta Waldemari Regis Daniæ ann. 1326. apud Isaac. Pontanum lib. 7. Hist. Danic. : *Item omnia, quæ sub pondere vendi solent, possunt in ipsorum bodis sive Vicæn vendere et alienare cum statera Coloniensi, et pondere debito trutinare. Item vinum, quod personaliter apportarint, possunt in suis Vicæn, ad clepsidras vendere et alienare.*

* **VICALUS**. Charta ann. 1405. in Reg. feud. comitat. Pictav. fol. 87. v°. ex Cam. Comput. Paris. : *Johannes Rabaudi valletus...... me habere et tenere confiteor..... decimam et terragium bladorum, vini, porcellorum, agnorum, lanorum, Vicalorum et cæterorum quorumcumque.* An pro *Vitulorum?*

* **VICANA JUSTITIA**, Pagi jurisdictio. Charta Ludov. VI. ann. 1124. in Reg. 108. Chartoph. reg. ch. 272 : *Vicanam quoque et omnimodam justitiam...... a fluvio Secanæ, videlicet a molendino, quod vulge appellatur Baiart,.. .... contulimus.*

1. **VICANALE**. Statuta Mediolanensia 2. part. cap. 490 : *Aliquæ Communantiæ, Vicanalia vel pascua, etc.* [Laurentio in Amalth. Quæ ad aliquem pagum in universum spectant.]

* 2. **VICANALE**, Exactionis species. Charta Ottonis III. imper. ann. 1210 : *De nostra benignitate concessimus alienationes sive invasiones factas ab aliquo suorum parentum, contra formam feudi, de castris sive castellis,... alpibus, pascuis, Vicanalibus, fodris, bannis, etc.*

* **VICARIA**, VICARIALIS. Vide mox in *Vicarius*.

¶ **VICARIA**, VICARIATA, VICARIATIO, etc. Vide mox in *Vicarius*.

* **VICARIARE**, Permutare, ni fallor. Charta ann. 1099. tom. 1. Hist. Cassin. pag. 413. col. 1 : *Si prædicto xenodochio ordinatus, vel aliquis de pertinentiis ejus; ubicumque permanserit, emere aut Vicariare cum hominibus nostris voluerit, sit eis licentia invicem emendi et Vicariandi sine contradictione.*

¶ **VICARICATIO**, pro VICARIATIO. Vide in *Vicarius*.

VICARIUS, generatim dicitur ille, qui alterius vices gerit, obit. Cledonius Romanus in Arte : *Sæpe quæsitum est, utrum Vicarius dici debeat is, cui Magnificentissimi Præfecti vices suas in speciali causa mandaverunt; nam Vicarius dicitur is, qui ordine codicillorum vices agit Amplissimæ Præfecturæ. Ille vero, cui vices mandantur propter absentiam Præfectorum, non Vicarius, sed Vices agens; non Præfecturæ, sed Præfectorum dicitur tantum.* Senator lib. 6. form. 15. de Vicario urbis Romæ : *Vices agentium mos est, sic judicum voluntatibus obedire, ut suas non habeant dignitates. Splendent mutuato lumine, nituntur viribus alienis, et quædam imago in illis videtur esse veritatis, qui proprii non habent jura fulgoris. Tu autem Vicarius diceris, et tua privilegia non relinquis; quando propria est Jurisdictio, quæ datur a Principe.* [Excerpta ex Lege Longobard. cap. 24 : *Ut omnes Episcopi, Abbates et Comites, excepta infirmitate, vel nostra jussione, nullam habeant excusationem quin ad placita Missorum nostrorum veniant, aut talem Vicarium mittant qui in omnibus causis pro illis rationem reddere possit.*]

VICARIUS, Sequioribus sæculis, dictus est, qui vice Comitis, aut alterius judicis partes exequitur in pagis, vel minoribus oppidis : Gallis *Viguier*. Walafr. Strabo lib. de Reb. Eccl. cap. ult. : *Centenarii, qui et Centenariones, et Vicarii, qui per pagos constituti sunt.* Præceptio Gunthranni Regis in Concilio Matisconensi ann. 585. de Comitibus : *Non Vicarios aut quoscunque de latere suo per regionem sibi commissam instituere vel destinare præsumant, qui quod absit, malis operibus consentiendo venalitatem exerceant.* Concil. Cabillon. II. ann. 813. can. 21. de Comitibus : *Sed et ministros, quos Vicarios et Centenarios vocant, justos habere debent, etc.* Gregorius Turon. lib. 10. cap. 5 : *Interrogare præcepit, cujus auxilio Cuppa ereptus fuerat, ut ab iis non comprehenderetur, qui sequebantur? Responderunt : Hoc Animodi Vicarii dolo, qui pagum illum judiciaria regebat potestate, factum fuisse.* Monachus Sangallensis lib. 1. de Carolo M. cap. 32 : *Fuit consuetudo in illis temporibus, ut ubicunque aliquod opus ex Imperiali præcepto faciendum esset,... ea Comites per Vicarios et officiales suos exsequerentur.* Hincmarus Remensis Opusc. 15. cap. 15 : *Comites et Vicarii, vel etiam Decani plurima placita constituant, etc.*

Ejusmodi vero *Vicariorum* Comitum jurisdictio erat tantum in levioribus, non vero in majoris momenti, aut criminalibus causis, cum eæ ad Comitem spectarent. Unde ortam licet opinari non modo *inferiorem*, vel *mediam*, quam vocamus *justitiam*, vulgo *vicariam* appellatam; sed et vocis *Viaria* nomenclaturam, utisupra monuimus. Capit. 1. ann. 810. cap. 2. et Append. 2. cap. 28 : *Ut ante Vicarium et Centenarium de proprietate aut libertate judicium non terminetur, aut adquiratur, nisi semper in præsentia Missorum Imperialium, aut in præsentia Comitum.* Lex Longob. lib. 2. tit. 52. § 7. [** Carol. M. 69.] : *Ut ante Vicarios nulla criminalis actio definiatur, nisi tantum leviores causæ, quæ facile possunt judicari, et nullus in eorum judicio in servitio hominem conquirat; sed per fidejussorem mittatur usque ad præsentiam Comitis.* Proinde ii videntur Comitum Missi, de quibus Walafrid. Strabo lib. de Reb. Eccl. cap. ult. : *Comites quidam Missos suos præponunt popularibus, qui minores causas determinent, ipsis majora reservent.* Adde Capit. 2. ann. 810. cap. 15. Atque ii, si Missi dominici in provincias mitterentur, cum Comitibus eorum publicis conventibus interesse necesse habebant, ut est in lib. 2. Capitul. cap. 28. [De iis inquisitionem faciebant Comites, ex Capitul. Lotharii tit. 3. § 3 : *Volumus ut Comites nostri licentiam habeant inquisitionem facere de Vicariis et Centenariis.*] Horum etiam erat tributa colligere et exigere in suis districtibus ex Addit. 4. Ludovici Pii cap. 116. quod *Villicorum*, seu *Majorum Villarum* curæ etiam potissimum incubuit; adeo ut hos ab istiusmodi *Comitum Vicariis* originem sumsisse par sit existimare. *Vicariorum* vero Comitum occurrit passim mentio in Lege Wisigoth. lib. 2. tit. 1. § 23. lib. 3. tit. 6. § 1. lib. 4. tit. 5. § 6. lib. 8. tit. 1. § 5. lib. 9. tit. 2. § 8. lib. 12. tit. 1. § 2. in Capitul. ad Legem Salicam tit. 1. cap. 21. tit. 2. cap. 5. in Lege Longob. lib. 1. tit. 25. § 80. lib. 2. tit. 47. § 1. [** Lud. P. 47. Carol. M. 22.] in Capitul. Caroli M. lib. 2. cap. 28. 32. lib. 3. cap. 11. lib. 4. cap. 44. 63. 64. in Capitul. Caroli C. tit. 31. cap. 28. in Concil. Arelat. ann. 813. can. 23. apud Adrevaldum lib. 1. de Mirac. S. Bened. cap. 24. Marculfum, Beslium pag. 247. etc.

☞ Ad *Vicarios* pertinebat non modo tributa colligere, ut paulo ante observatum est, sed etiam *banna et justitias levare, et recipere clamores qui pertinent ad Comitem*, ex Inquisit. pro juribus Dalph. tom. 1. Hist. Dalph. pag. 143. col. 1. Neque vero omnium Vicariorum eadem fuit conditio : de causis quippe cum civilibus, tum criminalibus, atque de iis quæ ad superiorem justitiam spectant, maxime Vicarii Regii, aliquando cognoverunt et judicaverunt. Epist. Geraldi Archiep. Burdigal. inter Instr. tom. 2. Gall. Christ. novæ edit. col. 292 : *Ipse tamen dominus Rex, sicut creditmus, dedit postea Vicarias suas paucis quibusdam militibus suis, qui sanguinis justitiam vice ipsius exercent in toto vel in parte, et in aliquibus locis quæ sunt domini Regis.* Litteræ Philippi VI. Reg. Franc. ann. 1340. tom. 3. Ordinat. pag. 169 : *Cum ordinatum fuerit quod in dicta villa Biterris essent unus Vicarius et unus judex pro nobis et nostro nomine instituti, qui in dicta villa Biterris de omnibus casibus tam civilibus quam criminalibus, et aliis quibuscumque ad nos pertinentibus in dicta villa et Vicaria tunc constituta emergentibus, soli et in solidum primam cognitionem haberent, omnesque subditi dicte Vicarie, sive persone Ecclesiasticæ, sive Nobiles, seu alie cujuscumque status seu conditionis, casu primi ressorti ad nos pertinentis, coram dictis Vicario et judice ad senescallum nostrum Carcassone appellarent; quo casu debebat dictus Senescallus in villa Biterris et non alibi, cognoscere de premisso.* Varia itaque exstitere Vicariorum officia pro diversis temporibus, locis, aut etiam pro dignitate eorum, quorum erant Vicarii. Vide in *Vigerius*.

☞ *Vicarias* sæculo undecimo ineunte jam sub clientelari professione concessas, ea etiam conditione, ut feminæ eas possiderent, probat D. *Brussel* tom. 2. de Usu feudor. pag. 718. ex Charta Roberti Reg. Franc. ann. 1027. qua Harsendæ Garini viduæ *Vicaria* de Antoniaco hæreditatis nomine asseritur : *Ad ultimum vero nos et uxor nostra Regina Constantia uxorem Garini, Harsendam nomine, ad cujus hæreditatis beneficium tantummodo camporum Vicariæ respiciebant, ante nostram præsentiam convocavimus.* Id vero apud Occitanos in primis obtinuit, ut ex Charta infeodationis Vicariæ Montispessulani ann. 1103. ibid. pag. 726. colligitur. Charta ann. 1162. inter Probat. tom. 2. novæ Hist. Occitan. col. 590 : *Ego Guillelmus de Petramala... confiteor tibi Ugoni priori Salvensi quod Vicariam de portis et quidquid habeo in tota villa, teneo a S. Petro de Salve, et a te Ugone priore... ad feudum, et debeo illud servire vobis.* Exstant etiam apud Delphinates, sed recentiora, ejusmodi infeodationum exempla. Inquisitio pro juribus Dalphin. tom. 1. Hist. Dalph. pag. 143. col. 1 : *Archinjaux est homo ligius Comitis, et tenet de eo Vicariam.* Charta ann. 1267. ibid. pag. 144. col. 2 : *Nos Guigo Dalphinus Viennæ et Albonis Comes.... retinemus ad feudum d. Jacobum de Boczosello de Vicaria Gratianopolis, et de omnibus quæ habet infra muros civitatis ejusdem et de aliis, si quæ de nobis tenet in feudum; de qua Vicaria et aliis, si qua tenet a nobis, debet et tenetur nobis facere homagium ligium et fidelitatem.* Hæc rursum memorantur in Charta ann. 1311. ibid. col. 1.

¶ Vicarius Majoris, Qui sub Majore cæteris villæ incolis præest, in Capitul. Caroli M. de Villis cap. 10.

Subvicarius, Qui *Vicarii*, eo absente, vices agit. [*Qui placitat placita pro Vicario*, in Convent. ann. 1251. inter Carolum I. Prov. Comit. et Arelat. *Yppovicarius*, in Charta ann. 25. Caroli Reg. apud Stephanot. tom. 3. Antiquit. Pictav. Bened. MSS. pag. 326.] *Ypovicarius*, in vet. Charta apud Beslium pag. 222. Petrus I. Rex Aragon. in Constitut. edita apud Barcinonam ann. 1228 : *Dignum est, et firma observantia teneatur, quod Vicarius non audeat sibi Subvicarium ponere per villas, vel parochias suæ Vicariæ, nisi ubi ab antiquo habere forsitan consuevit. Subvicarii*, in veterum Diplomatum subscriptionibus occurrunt non semel, apud Beslium in Comitibus Pictavensibus pag. 223. et in Episcopis Pictav. pag. 38. 48. [*Subvicarius Massiliæ*, in Statutis ejusd. civit. lib. 1. cap. 2.] [** Vide Savin. Histor. Jur. Roman. med. temp. tom. 2. § 49. not. f.]

Vicarii porro alii fuere a Vicecomitibus. In Tabulario Persiensi exstat Notitia Judicati sub Theoderico Comite Augustodunensi, quod subscribitur a *Bligario Vicecomite*, et a *Girbaudo Vicario*.

☞ Quod minus accurate dictum est, si ubique et semper id obtinuisse contendas; præter quam enim quod in Codice Reg. ad cap. 27. Excerptor. ex Lege Longobard. ubi memorantur *Vicarii*, in margine legitur, *id est, Vicecomites, vel Vicedomini;* certum est terram Toarcensem, quæ Rigordo in Gestis Philippi Aug. *Vicecomitatus Toarcii* dicitur, a Giraldo de Turtiniaco *Vicariam Toarcensem* appellari.

Vicaria, Districtus Vicarii, locus, in quo justitiam suam exercet. Charta Agii Episcopi Aurelian. ann. 854 : *In eodem pago, in Vicaria Orcellensi, etc.* [** Chart. Carol. C. ann. 855. apud Baluz. Capitul. tom. 2. col. 1464 : *Dedit... in pago Parisiaco, in vicaria Buciaxinse, in villa Dubro, cortile unum etc.*] Rodericus Toletan. lib. 4. de Reb. Hispan. cap. ult. : *Post quod etiam cepit Anagarum, quod olim Ticium vocabatur, et Vicariam, quæ ex eo nomen dicitur habuisse, quod Gothorum tempore sedes judicii habebatur.* Albertinus Mussatus lib. 2. rubr. 4 : *Per coloniarum incolas, quas Vicarias appellant.* Vide Biblioth. Cluniacensem pag. 266.

☞ *Vicaria* eo significatu certis continebatur limitibus; ut enim provinciæ in pagos, monente Valesio in Præfat. ad Notit. Gall. pag. xi. sic pagi in *vicarias* dividebantur, quæ ex multis villis seu vicis constabant. Hinc pago *vicaria*, et *vicariæ* villa subjicitur in Tabul. S. Eparchii Inculism. ubi passim occurrit : *In pago Egolismensi, in Vicaria N. in villa N.* Rursum : *In pago Petricorico, in centena Berciacinse, in villa N.* Ex quibus haud male colligit idem Valesius *Vicariam et Centenam* unam eamdem que rem esse. Vide *Centena* 2. [** Polypt. Irminon. Br. 12. sect. 24 : *Donationem quam fecit Winiudis in pago Oximense in centena Carbonense, in loco qui dicitur Curtis Dodleni, etc.* Sect. 25 : *Donationem quam fecit Hadoardus in eodem pago et in eadem Vicaria, in villa qui dicitur Curtis Saxone.*] Charta ann. 764. sæc. 3. Bened. part. 2. pag. 195 : *Et est præscripta Ecclesia in eadem patria Arvernica, in Vicaria Rundanense.* Alia ann. 823. æc. 4. part. 2. pag. 157 : *Tradimus villam seu curtem nostram... quæ est in pago Lemovicino, in Vicaria Asnacense.* Occurrit rursum pag. 158. et 161. Tabul. Montis S. Michaëlis : *Ego Guihenoccus dedi monasterio S. Michaëlis quatuor villas, quarum tres sitæ sunt in Vicaria nuncupata Miniac. quarta vero in Vicaria Mochon.* Ubi *Vicaria* generatim pro terræ tractu usurpatur, ut

¶ Vicarium, in Tabul. Landevenec. : *Budic Comes tradidit S. Wingualoeo de sua propria hæreditate quatuor villas, silva Carrec, duas in Vicario Encter, Caer Bullanc, in Vicario Damett, Caer Wenheli.* Ibidem : *Tradidit... de sua propria hæredi-*

tate, id est tria Vicaria, Voeduc, Luhan, Ruduc S. Wingualoeo.

Vicaria, Jurisdictio Vicarii, [ejusdem officium, munus.] Charta Innocentii II. PP. apud Doubletum pag. 486 : *Vicariam quoque ac omnimodam justitiam, ac plenariam libertatem juxta villam S. Dionysii, etc.* Alia Ludovici VI. Regis ann. 1120. ex Tabulario Sandionysiano : *In eadem Curia perennem indulgemus libertatem, Vicariam omnimodam in Curia ipsa, et Curiæ domibus conferimus, etc.* [Adde Chartam infeodationis Vicariæ Montispessulani ann. 1103. apud D. *Brussel* de Usu feud. tom. 2. pag. 726. et Chartam ann. 1151. inter Probat. tom. 2. novæ Hist. Occitan. col. 537.]

¶ Vicariatus, Eadem notione. Charta ann. 1219. inter Macerias Insulæ Barb. tom. 2. pag. 529 : *Recognoverant siquidem dicti Levratenses quod vicariam de Dalgoiri cum pertinentiis ad Vicariatum tenebant a dom. de Riviria, et hominium ligium inde debent. Pertinentia ad Vicariam sunt illa, etc.* Synodus Pergam. ann. 1311. apud Murator. tom. 9. col. 547 : *Sancimus quod aliquis clericus, sive ecclesiastica persona absque diœcesani sui licentia officium publicum vel officialitatem alicujus secularis rectoris seu communitatis seu universitatis burgi, castri, loci, aut parochiæ.... exercere vel suscipere de cætero non præsumat, scilicet consulatus, tabellionatus, gastaldiæ, Vicariatus, vicedominatus, etc.*

Vicaricia Potestas. Charta Gaufredi Comitis Andegavor. pro Monasterio S. Albini : *Concessimus quoque eis, ut nulla in eorum terra Vicaritia dominetur potestas, nisi de homicidio, aut furto, vel incendio, etc.* Idem quod

¶ Vicaria, Justitia, seu jus cognoscendi et judicandi de criminibus. Charta fundationis Monast. B. Johannis de Mota, apud Mabill. tom. 3. Analect. pag. 302 * : *Quidquid ad eumdem locum pertinet, vel pertinere videbitur, videlicet decimam, Vicariam furti, raptus et sanguinis, omnesque insuper omnimodis totius loci reditus et consuetudines.*

¶ Vicaria, Legitima *Vicarii* portio, quod ipsi ex officio competit. Charta ann. 1103. apud D. *Brussel* de Usu feud. tom. 2. pag. 726 : *Sed si de militibus Montispessulani, vel de uxoribus illorum, ego Willelmus dominus Montispessullani averum habuero propter placita Montispessulani, habeas inde Vicariam tuam. De qua (justitia) Vicarius habebit suam Vicariam*, in Charta ejusdem anni inter Probat. tom. 2. novæ Hist. Occit. col 361.

Vicaria, Exactio, quam Vicarius faciebat intra Vicariæ suæ limites. Tabular. S. Eparchii Inculism. fol. 22. ex Testamento Humberti Guerillæ ann. 1107 : *Concedo... totam illam pravam consuetudinem seu injustitiam vel inquietudinem, quam in terra S. Eparchii, quæ vulgo Vicaria appellatur, violenter et injuste per occasionem Vigeriæ capiebam.* Tabularium Celsinianense : *Et ista omnia sine mala consuetudine, et sine ulla Vicaria.* Tabularium Vindocinense ch. 55 : *Habebat vineæ agripennum unum, allodialiter immunem, hoc est, ab omni censu et Vicariæ redhibitione liberum.* Tabularium Abb. Belliloci in Lemovic. : *Si aliquis contra hunc titulum aliquam calumniam inferre tentaverit, aut ullus Vicarius Vicariam requisiverit, vel ullam dominationem.* Tabularium Abbat. Conchensis in Ruthenis ch. 49 : *Dono et cedo et perpetuum derelinquo Vicariam et malos usus et consuetudines, et cætera omnia, quæ juste vel injuste habeo, etc.* Charta Henrici Regis Franciæ ann. 1048. ex Tabulario Ecclesiæ Carnotensis num. 29 : *Et hoc mihi aliquantisper cogitanti ad memoriam rediit Canonicorum Carnotensis Ecclesiæ, quam sæpius inculcaverant, petitio, per quam a diversis exhibitionibus et exactione illa, quæ vulgari nomine Vicaria vocatur, illum fiscum, cui Unigradus vocabulum est, liberum et quietum deinceps concederem, etc.* Charta Philippi Regis Francor. apud Doubletum pag. 856 : *Ad ultimum vero regalis sublimitas, tantam incolis Capellæ libertatem concessit, ut nullus in ea bannum, vel theloneum, aut Vicariam aliquam nisi S. Dionysio persolvisset, etc.* Alia Anselli Episcopi Belvacensis ann. 1099 : *Dedit B. Petro in suburbio Belvacensi 12. hospites cum omni justitia, excepta Vicaria, foragio, et teloneo, etc.* [Tabul. Majoris Monast. : *Quæ omnia libera ab omni consuetudine exactionis, vel Vicariæ, seu cæterorum vectigalium facio.* Charta alia ibid. : *De hospitibus quoque qui in terram monachorum hospitati fuerint, concessit et dedit eisdem monachis omnem Vicariam et omnes consuetudines.* Vicariorum cupiditas notatur in Capitul. Ludovici Pii ann. 829. cap. 5.] Adde Spicilegium Acherianum tom. 13. pag. 292. [Mabill. sæc. 6. Bened. part. 2. pag. 389. et Lobinell. tom. 2. Hist. Britan. col. 190.]

Vicarietas. Eadem notione. Tabularium Vindocinense fol. 48 : *Emit liberam a lege Vicarietatis.* Fol. 51 : *Liber ab omni redditione Vicarietatis, vel alterius lege, excepta decima.*

¶ Vicariata, ut *Vicaria*, Jurisdictio, officium *Vicarii*. Notitia ann. circ. 1068. apud Marten. tom. 1. Ampl. Collect. col. 473 : *Post mortem autem ipsius domni Gervasii Archiepiscopi, confirmavit et corroboravit omnino Gervasius ipsius nepos donum hoc, id est Vicariatam prædictæ terræ de Sarciaco, et quicquid ad Vicariatam pertinet et venationem totius bosci S. Vincentii.*

Vicariatio, Functio *Vicarii*, seu ejus, qui alterius *vices* agit. [Epist. Agapeti PP. ann. 951. in Append. ad Marcam Hisp. col. 867 : *Si quis autem, quod non credimus, in aliquibus frangere tentaverit, sciat se, nisi resipuerit, auctoritate Dei et S. Petri Apostoli atque nostra, qui ejus fungimur Vicariatione, anathematis vinculis indissolubiliter innodandum.* Eadem leguntur ibid. col. 868. et apud Marten. tom. 1. Ampl. Collect. col. 325.] Flodoardus lib. 4. Hist. Remensis cap. 1 : *Qui si veniendi facultas defuerit, suos cum eo dirigant legatos, qui eorum Vicaricatione perfuncti, disceptandi et deliberandi libertatem possideant.* Legendum *Vicariatione*, uti habetur in Charta Gauffredi Comitis Andriensis ann. 1175. apud Ughellum tom. 7. pag. 1091. 1092 : *Si aliquis tentaverit facere furnum, vel etiam portare panem in suo territorio, incidat in dictam pœnam, et medietas dictæ pœnæ sit Curiæ regalis, et alia medietas sit Ecclesiæ; et si ego, qui sum dominus, vel hæredes et successores mei tentaverint, incidant in dictam pœnam, quam Vicariationem concessit mihi dominus Rex per litteras sigillatas magno sigillo, etc.* Infra : *Pro qua concessione et Vicariatione fateor me accepisse a dicto Mario Episcopo Ecclesiam majorem, quæ est prope Castrum dictæ civitatis; et dictus Marius obtinuit licentiam de dicta Vicariatione et concessione dictæ Ecclesiæ, etc.* Sic autem concipitur Chartæ initium : *Nos Gauffredus, etc. vicariam cum Mario venerabili Episcopo Montis Viridis, furnum, quod habes in civitate, etc.* Ita *Vicaria* et *Vicariatio*, idem sonant.

* Hinc nostris *Vicariat*, Scriptum, quo quis alicujus procurator constituitur. Lit. remiss. ann. 1480. in Reg. 206. Chartoph. reg. ch. 478 : *Le Vicariat, contenant la puissance bailliée par l'arcevesque de Tours à maistre Jehan de Plains son official, et au moyen duquel a esté par ledit de Plains, comme vicaire, fait collation d'icelle cure.*

* Vicarii, ecclesiis pastore viduatis constituti interdum vicini episcopi a summo pontifice. Charta ann. 1107. in Chartul. Cluniac. ch. 137 : *Ego Wido Viennensium archiepiscopus et Apostolica auctoritate Bisumptiuæ sedis Vicarius confirmo.*

¶ Vicarii Christi nuncupantur Episcopi in Epist. Synodi ad Teudonis-villam inter Capitul. Caroli Calvi tit. 2.

Vicarii S. Petri, *et Apostolorum*, vel *Apostolicæ Sedis*, passim dicti summi Pontifices, quod loco Petri Christi vicem gerant in terris, inquit Baronius ann. 740. n. 5. apud Gelasium PP. Epist. ad Anastasium Augustum, Symmachum in Apologetico ad eumdem Imperat. in Romana Synodo ann. 800. in Præfat. ad Concilium Meldense ann. 845. et can. 80. etc. Vide, quæ annotavit Baluzius ad Epist. 84. Lupi Ferrariensis.

Vicarius Sedis Apostolicæ, qui alias *Legatus Sedis Apostolicæ* dicitur, cui nempe vices suas in Ecclesiis aut Provinciis designatis summus Pontifex committit. Hujus dignitatis formula exstat in variis Epistolis Gregorii M. Joannis VIII. PP. præterea in Sergii II. PP. Epistola, qua Drogoni Episcopo Metensi Caroli M. filio vices suas impertitur, tom. 3. Concil. Sirmondi pag. 9 : *Sed quia nos cunctarum sollicitudo angit Ecclesiarum, ubi ipsi esse non possumus, more præcedentium nostrorum moderationis nostræ Vicarios damus.* Vide Gregor. VII. lib. 6. Epist. 21. et alibi, Annales Francor. Bertin. ann. 884. et quæ Marca commentatur in Dissertat. de Primatibus num. 49.

Vicarius summi Pontificis *in Spiritualibus* Romæ, cujus munus quale sit, accipe ex Bulla Benedicti XII. PP. ann. 1341 : *Te* (Episcopum Assisinatem) *in urbe supradicta, ejusque suburbiis et districtu Vicarium nostrum in Spiritualibus usque ad nostrum beneplacitum tenore præsentium constituimus, ac etiam deputamus, visitandi Ecclesias, Monasteria, et loca Ecclesiastica, sæcularia et regularia, quorumcunque ordinum, non exempta nec privilegiata, et tam Ecclesiarum, Monasteriorum, et locorum ipsorum, quam alias personas Ecclesiasticas, urbis, suburbiorum, et districtus prædictorum cujuscumque status, ordinis, vel conditionis existant, nec non reformandi, quæ in eis reformationis ministerio noveris indigere, earum et cujuslibet excessus et crimina corrigendi, et puniendi, aliaque faciendi et exercendi auctoritate nostra, quæ ad hujusmodi Vicariatus officium pertinere noscuntur.* Vide Gregor. IX. lib. 1. tit. 28. cap. 5.

¶ Vicariatus, Ejusmodi Vicarii dignitas, officium. Charta ann. 1409. apud Ludewig. tom. 5. Reliq. MSS. pag. 57 : *Nostram ordinationem et amicabilem compositionem sigillo Vicariatus nostri in Spiritualibus... fecimus... communiri.*

¶ Vicarii S. Donati, Ita passim sese inscribunt Aretini Episcopi, ut ad Instrumentum ann. 1027. observat Mabillonius sæc. 6. Bened. part. 1. pag. 277 : *Theodaldus S. Donati Vicarius, etc.*

¶ Vicarii Episcoporum nuncupati *Chorepiscopi.* Vide supra in hac voce. Memorantur Episcoporum Vicarii in Capitul. Ludovici Pii ann. 816. cap. 28. et in Addit. 2. cap. 19.

¶ Vicarius Generalis Abbatis Casinensis, Cui scilicet Abbas suas vices committit, in Supplemento Vir. Illust. Casin. Placidi Diac. apud Murator. tom. 6. col. 77.

Vicarii, dicti *Beneficiati* quidam in Ecclesiis Cathedralibus, qui Majoribus Missis decantandis, et officiis Ecclesiasticis peragendis potissimum addicti erant, in eoque *vices* Canonicorum peragebant, unde *Canonici Vicarii* etiamnum appellantur. *Canonici, Vicarii, seu simplices choriales*, in Concilio Coloniensi ann. 1310. cap. 7. in Senonensi ann. 1320. cap. 4. et Parisiensi ann. 1324. cap. 4. Necrologium Ecclesiæ Ambianensis : 4. *Kal. Mart. ob. Enguerrani de Croy Canonici. Iste ordinavit in Ecclesia nostra perpetuis temporibus redditus ad decem Vicarios annuatim instituendos, videlicet duos Capellanos, duos Diaconos, duos Subdiaconos, quatuor Presbyteros. De Capellanis autem unus celebrabit Missam de B. Virgine, alius pro Defunctis, et utrique eorum ministrabit in Missa unus Diaconus, et unus Subdiaconus de prædictis, etc.* Vide Gobelinum Personam in Cosmodrom. pag. 241. Statuta Ecclesiæ Leichefeldensis in Monastico Anglic. tom. 3. pag. 243. Chronicon Archiepiscop. Upsaliensium pag. 216. et Metropolim Salisburgensem tom. 1. pag. 264.

* Unde *præbenda* illis attributa, *Vicarialis* nuncupabatur. Lit. admort. ann. 1382. in Reg. 121. Chartoph. reg. ch. 110 : *Cum defunctus magister Radulphus de Ailliaco, tunc canonicus Ambianensis,... ordinaverit unam præbendam perpetuam, sacerdotalem et Vicarialem in dicta ecclesia Ambianensi fundare etc.*

¶ Vicarii Chorales, Eadem notione, in Testam. Rotherami Eborac. Episc. ann. 1498. ex Lib. nig. Scaccarii pag. 678 : *Volo etiam quod Vicarii Chorales ecclesiæ Eboracensis prædictæ habeant c. lib.*

Vicaria, Ejusmodi Vicarii dignitas seu Beneficium, apud Stephanum Tornac. Epist. 193.

¶ Vicariatus, Eodem intellectu. Obituar. MS. Eccl. Morin. fol. 8 : *Prima die cujuslibet mensis Vicarii ecclesiæ Morinensis tenentur ire in capitulum, et ibi resignare suos Vicariatus per traditionem unius festucæ.*

¶ Vicaria, Sacellum reditibus annuis instructum a presbytero deserviendum, Gall. *Chapelle*, vel *Chapellenie.* Charta Guillelmi II. Episc. Ultraject. ann. 1301. in Batav. sacra pag. 173. col. 2 : *Supersunt et litteræ expiatoriæ hujus cædis, quo nomine mater Hannonis Comitis Hollandiæ fundavit Vicariam unam alteramque largiter dotatam.* Testam. Bertrandi de Turre ann. 1328. apud Baluz. tom. 2. Histor. Arvern. pag. 709 : *Volo et ordino quod in capella de Olergio... fiat quædam Vicaria quæ semper conferatur per hæredem meum dominum Olergii, quotienscumque ipsam Vicariam vacare contingerit, cuidam presbytero vicario pro divinis ibidem celebrandis pro animæ meæ et parentum.... salute.* Testam. Amedei Dalphini ann. 1355. ibid. pag. 323 : *Item instituo aliam Vicariam in hospitio meo de Melhau de quinque sextariis frumenti et de quinquaginta solidis Turon. in capella dicti hospitii mei de Melhau, et de bonis meis dicti loci de Melhau solvendis et reddendis illi qui dictæ Vicariæ deserviet; ita quod illi seu ille qui in dicta capella deservient ter in septimana Missas celebrare in eadem capella teneantur.* Occurrit rursum ibid. pag. 317. Le Roman *de S. Leocade* MS :

Cil sert à riche Vicairie,
Qui sert à la Vierge Marie ;
Provende el ciel icil deservent,
Qui jor et nuit de cuer la servent.

* Lit. remiss. ann. 1389. in Reg. 138. Chartoph. reg. ch. 154 : *Pour l'ame d'icellui prestre, Loys Baille doit fonder de sa rente une Vicairie ou chapelle.*

Vicarii in Ecclesiis dicuntur, qui vices agunt Parochi, de quibus est titulus apud Gregor. IX. et in Sexto. Thomas Walsinghamus pag. 275 : *Docuit nempe plebem, decimas non esse dandas Curato, nisi is, qui daturus esset, foret ditior quam Vicarius, qui acciperet, sive Rector.* Vide Concilium Arelatense ann. 1260. cap. 5. Sic porro appellabantur, Anglis præsertim, *Vicarii perpetui*, qui in Ecclesiis constituuntur, quæ Monasteriis aut Collegiis Canonicorum *appropriatæ* sunt, id est, quæ ad Monasteria aut Collegia Canonicorum pertinent. [*Prestre fermier ou Vicaire de l'eglise parrochial dudit Croissy*, in Charta ann. 1456. ex Chartul. Latiniac. f. 177. v°.] Compositio facta inter Hugonem Episcopum Lincolniensem et Guill. Abbatem S. Albani ann. 1209 : *Et super appropriatione omnium Ecclesiarum, in quibus jura Pontificalia non habent Abbates S. Albani; et assignatione Vicariarum in eisdem, nec non et custodiis earundem Ecclesiarum et Vicariarum, cum eas vacare contigerit.* Charta Henrici Archiep. Senonensis ann. 17. Ludov. Reg. ex Tabul. S. Germani Pratensis : *Quæ duo altaria prædecessores ejus abbates, sub titulo et respectu Vicariorum a nostris prædecessoribus tenuerunt, remotis et condonatis Vicariorum personis, prædictæ Ecclesiæ B. Germani sub censuali tenore possidenda in perpetuum concederemus, etc.* [Charta ann. 8. Henrici V. Reg. Angl. apud *Blount* in Nomolex. : *Ego Joannes Webbe perpetuus Vicarius ecclesiæ parochialis de Bromyord dedi domino David Hay perpetuo Vicario ecclesiæ parochialis de Anenebury duas acras terræ.*] Vide *Appropriare.*

¶ Vicaria, Ejusmodi Vicariorum dignitas seu beneficium. Statuta Eccl. Nemaus. apud Marten. tom. 4. Anecd. col. 1065 : *Præcipimus districte ne aliquis rectoriam seu Vicariam alicujus ecclesiæ præsumat ab aliquo recipere, nisi prius nobis fuerit præsentatus, et a nobis illius ecclesiæ curam receperit animarum.* Charta ann. 1201. ex Tabul. B. M. de Bonountio Rotomag. : *Ad communem omnium notitiam volumus pervenire nos intuitu Dei dedisse... ecclesiam S. Mariæ de Bervilla super Secanam integre cum omnibus pertinentiis suis in perpetuum, salvo jure pontificali, possidendam et in usus pios convertendam, salva Vicaria decem librarum usualis monetæ a nobis et successoribus nostris Vicario conferenda. Vicaria parrochialis*, in Charta ann. 1309. tom. 1. Chartul. S. Vandreg. pag. 931. Charta ann. 1377. apud Kennett. in Antiquit. Ambrosd. pag. 511 : *Vicaria in capella de Hedingdon... consistit in omnibus obventionibus altaris, cum minutis decimis totius parochiæ, exceptis decimis agnorum et decimis casei de curia domini provenientibus.... Et valet Vicaria quinque marcas et amplius, tota autem ecclesia xx. marcas.* Occurrit rursum ibidem pag. 193. 483. 505. et 543. apud Lobinell. tom. 3. Hist. Paris. pag. 603. et in Hist. Mediani Monast. pag. 376. 377. et alibi.

¶ Vicaria Primæ Missæ, Reditus assignatus pro prima Missa. Charta ann. 1380. apud Ludewig. tom. 1. Reliq. MSS. pag. 401 : *Nicolaus Episcopus Misnensis Vicariam primæ Missæ in Ecclesia parochiali de Kirchhain, vestro monasterio univit.*

* Vicaria, Stipendium *vicario* ecclesiam deservienti assignatum. Charta Gualt. archiep. Rotomag. ann. 1200. inter Instr. tom. 11. Gall. Christ. col. 31 : *Dedimus autem et confirmavimus dictis canonicis omnes prædictas ecclesias,..... salvis honestis Vicariis sacerdotum, in prædictis ecclesiis ministrantium.*

* Vicaria, Idem videtur quod *Præbenda*, cibi scilicet ac potus diurna portio *vicario* concessa. Charta ann. 1486. inter Probat. tom. 2. Annal. Præmonst. col. 364 : *Campanarius pro salario suo habebit quolibet anno viginti octo Vicarias, etc.*

* Vicaria Cymiterii, Jus sepeliendi in cœmeterio. Charta Guill. *de Loischel* ex Chartul. S. Dion. de Nogento : *Dono...... presbyterium S. Martini Loischeli,... id est, offerendas, sepulturas, primitias, Vicariam et theloneum cymiterii.* Nisi reditum *vicariæ* intelligas.

* Vicaria Thelonensis, Jus exigendi *teloneum.* Charta fundat. S. Launom. Bles. ann. 924. inter Instr. tom. 8. Gall. Christ. col. 412 : *Do et concedo.... S. Launomaro et monachis ejus..... omnes consuetudines ipsius* (pagi), *terras et aquas, videlicet totam Vicariam thelonensem, rotaticum, bannum, feoda, etc.*

Vicariorum Redemptiones. Vide *Altarium Redemptiones*, in *Altare*.

Vicarii Imperii dicti sunt, quos Imperatores et Reges Romani, cum ipsi per se negotiis regni et Imperii sufficere non possent, ex aulæ suæ proceribus constituebant, qui vice illorum cognitioni causarum præessent; et horum quidem munus, cum persona, quæ eidem præficiebatur, exspirabat. Ejusmodi fuerunt, quos in Germaniæ Principatibus delegare solebant Imperatores, qui sub dignitate *Comitis Palatii*, vices Imperatorias agebant, et in iis supremo jure causas dijudicabant. Neque omnino diversi ab iis, qui vulgo

Vicarii Generales Imperii nuncupantur, quibus scilicet Imperator, in certis districtibus, *Vicariam* Imperatoriæ potestatis et dignitatis committit, seu ad vitam, seu etiam in liberos masculos translata eadem dignitate. Quæ quidem *Vicaria* maxime dari consueverat in Italia et Gallia, quo rarius accedebant Imperatores. [Charta Ottonis I. Imper. ann. 962. apud Murator. tom. 20. col. 626 : *Creamus dictum Valterium Vicarium Imperialem et primum Marchionem Mantuæ.*] Charta Friderici Imp. ann. 1248. apud Guichenonum : *Thomas de Sabaudia Comes, sacri Imperii a Papia superius Generalis Vicarius.* Alia ejusdem Imper. ann. 1249. apud eumdem : *Ipsum* (Thomam) *nostrum et sacri Imperii generalem Legatum in partibus ipsis duximus statuendum.* [Inventar. Chartar. Reg. ann. 1482. fol. 281. v° : *Rotulus in papiro non signatus continens quamdam informationem factam contra præsumentes defuncto Imperatore Vicariatus Imperii nomen sibi attribuere, maxime in partibus Mediolanensibus. De anno* 1308.] *Guillelmus Comes de Monteforti pro Seren. D. Ludovico D. G. Roman. Rege in Mediolano et ejus Comitatu specialis, et in tota Lombardia Vicarius Generalis*, in Charta ann. 1327. in qua fit mentio Bertholdi Comitis de Marstetcn, dicti Nysfen, *olim Regis Henrici in partibus Italiæ Vicarii Generalis.* Matthæus Vicecomes D. gratia.... *Serenissimi D. Henrici Romanorum Regis et sacri Imperii in civitate et districtu Mediolani Vicarius Generalis* ann. 1312. [*Joannes Galeatius Vicecomes Mediolani, Imperialis Vicarius generalis*, in Chron. Andr. Danduli apud Murator. tom. 12. col. 478.] Rupertus Imp. Brunorium *de la Scala*, et filios masculos legitimos, *Vicarios generales* constituit in civitatibus Veronæ et Vincentiæ et eorum territoriis, constitutione ann. 1434. quæ descripta legitur apud Goldastum tom. 1. pag. 395 De Vicariatu Imperii in Regno Arelatensi Carolo V. Regi Franciæ, tum Delphino, a Carolo IV. Imp. concesso, egerunt Anton. Dominici in Assertore Gallico pag. 234. 235. et alii. Adde Bodinum lib. 1. de Republ. cap. 9. pag. 137. Formula vero dandi *Vicarium* Imperii, habetur apud Petrum de Vineis lib. 3. Epist. 79. lib. 5. Epist. 1. et apud Goldastum tom. 1. Constitut. Imper. pag. 395. 396.

Vicarii præterea *Imperii* appellati, quos Imperator, extra provinciam discedens, veluti in Italiam proficiscens, in Reipublicæ administratione sibi substituebat. Ita Otto M. in Italiam proficiscens *Vicarium* ordinavit, sibique substituit absenti Hermannum Brunswicensem : Fridericus I. filios suos Regem Henricum, et Philippum Sueviæ Ducem : Otto IV. *quo tempore profectus est Romam coronari in Imperatorem, Imperium supra Mosellam fratri suo Henrico Palatino regendum* dimisit, ut est apud Cæsarium Heisterbach. lib. 1. Henricus VII. filium Johannem Bohemiæ Regem, et Berchtoldum Hennembergicum, primum ejus familiæ Principem : Sigismundus Cæsar, Guillelmum Bavariæ Ducem; Ludovicus Bavarus Cæsar consensu Imperii Principum Ottonem Austriæ Ducem Vicarium Imperii constituit Paduæ et Tarvisii; et ab eodem Ludovico Cæsare Edwardus Angliæ Rex Generalis Vicarius per Germaniam deputatus est, apud Froissart. 1. vol. cap. 35. [* Codex reg. 10197. 2. 2. fol. 110. r° : *Anno Domini* 1338. *Ludovicus IV. Romanorum imperator..... apud Confluenciam supra Rhenum tenuit consistorium imperiale, in quo..... de consilio Electorum, principum et procerum suorum, Eduwardum III. regem Angliæ personaliter ibi præsentem, Vicarium imperii sollempniter constituit.*] Idem Rex ab eodem Cæsare Ludovico et Ordinibus Imperii per Galliam et regnum Arelatense constitutus est, teste Goldasto tom. 3. pag. 411. Rupertus Imp. Romam proficiscens coronam suscepturus, Ludovicum Palatinum Comitem Rheni filium, in absentia sua, in Germania, Gallia, et regno Arelatensi Vicarium constituit, ut est apud eumdem Goldastum tom. 1. pag. 381. Quæ quidem Ruperti Constitutio docet præterea, *de Jure Comitatus Rheni fuisse, et esse, quod cum Romanus Imperator vel Rex ultra montes in Italiam ingressus fuerit, in ipsius absentia Vicariatum Imperii in Germania, Gallia, et regno Arelatensi, ad Comitem Palatinum Rheni pertinuisse et pertinere.* De quo quidem Comitis Palatini jure, ut et de Vicariatu Imperii, qui ad eum, et Ducem Saxoniæ, durante interregno, pertinet, docte disputat Wicfordius in tractatu Gallico de Electione Imperatoris cap. 12. cui adjungendus Christophorus Gewoldus in Tract. de Septemviratu Imperii cap. 11. [Vide supra *Electores.*]

* *Vicarios* autem Imperii in Italia, *vicariatus* honore et jurisdictione, morte imperatoris qui illos constituerat, privari, atque ad Romanum pontificem continuo pertinere illius exercitium, statuere nititur Joannes PP. XXII. in Constit. ex ejusd. Reg. fol. 102. r° : *In nostram et fratrum nostrorum deductum est, fama divulgante, notitiam, quod licet de jure sit liquidum et ab olim fuerit inconcusse servatum quod, vacante imperio, sicut et nunc per obitum quondam Henrici Romanorum imperatoris vacasse dinoscitur, cum in illo ad secularem judicem nequeat haberi recursus, ad summum Pontificem, cui in persona beati Petri terreni simul et cœlestis imperii jura Deus ipse commisit, imperii prædicti jurisdictio, regimen et dispositio devolvuntur, et ea, tempore durante ipsius vacatione imperii, per se vel alium seu alios exercuisse noscitur in imperio memorato. Nonnulli tamen in Italiæ partibus, potestatis et dignitatis fastigium illicite ambientes, in nostrum et sanctæ Romanæ ecclesiæ matris, quantum in eis est, præjudicium evidens ac diminutionem honoris et juris, vicariatus seu alterius cujuscumque nomen officii, quod ipso imperatore vivente, ex ipsius commissione gerebant in certis terris, territoriis, sive locis, post decessum ipsius, absque nostra vel Apostolicæ sedis petita vel obtenta licentia, retinere sibi, et nonnulli etiam de novo assumere quod non gesserant, aut gestum antea, posteaquam dimissum, resumere temerariis ausibus præsumpserunt..... Præsentium auctoritate monemus, sub excommunicationis pœna, omnes et singulos, cujuscumque status, præeminentiæ, dignitatis aut conditionis existant,.... quatenus de cætero a denominatione hujusmodi seu nominis assumptione, resumptione ac retentione prædictis, necnon usu, potestate et exercitio supradictis prorsus abstineant et omnino desistant.*

* Vicarii Romæ appellati Præfecti urbis. Bonincont. in Hist. Sicul. part. 3. apud Lamium in Delic. erudit. pag. 300 : *Ea tempestate duo Urbis præfecti, quos Vicarios adpellabant, rempublicam administrabant, iique a senatu Romano creabantur, et annuum magistratum cum potestate summa habebant.*

¶ Vicarii, Fidejussores, apud Leonem et Anthemium in leg. omnes. 33. § in hac. C. de Episc. et Cleric. ex Pancirolo lib. 1. Thesaur. var. lect. cap. 77. [** Cod. lib. 1. tit. 3. const. 33. § 3. *Vicariæ fidejussiones.*]

Vicarius, Campio, pugil, qui pro alio monomachiam seu duelli, vel quodlibet aliud vulgare judicium, exsequitur et experitur. Hincmarus Remensis de divortio Hlotarii, interrog. 1 : *Quæ ipsa denegans, probationis autore, testibusque deficientibus, judicio Laicorum nobilium, et consultu Episcoporum, atque ipsius Regis consensu, Vicarius ejusdem fœminæ ad judicium aquæ ferventis exiit, et postquam incoctus fuerat ipse repertus, etc.* Infra, interrogat. 6 : *Vicarius ipsius in judicium exiens incoctus evasit.* Atto Vercellensis Episc. de Pressuris Ecclesiast. : *Ad pugnam producere* (*heu*) *nostros compellimur Vicarios, ut vel istorum cæde victi, vel illorum quasi absoluti esse videamur, etc.* Notitia ann. 961. in Tabular. Abb. Belliloci in Lemovicib. : *Judicavit prædictus Raymundus et alii Venerabiles et assistentes, et ut ipsi duo prætaxati viri Vicarios sibi duos eligerent ad certamen expeditos, quo Dominus manifestare dignetur veritatem hujus rei, quod ita factum; nam secunda diei hora et certantibus usque ad solis occasum, etc.*

Vicarii Servi, Qui vices domini agunt in villis ac prædiis; *villici ministeriales*, in Chronico Reicherspergensi. [Gloss. Lat. Græc. : *Vicarius*, δοῦλος οἰκέτου : in Cod. Reg. additur *Gallo*, seu galo. Tabul. S. Albini Andegav. : *Ego Zacharias filius Frotmundi Vicarii de Credone* : idem qui *Villicus Credonensis*, in alia Charta ejusdem Tabul. dicitur. Donatio ann. 1103. inter Probat. tom. 2. novæ Hist. Occitan. col. 364 : *Cum omnibus fevalibus et Vicariis utriusque sexus, etc.* Charta apud Ughellum tom. 1. Ital. sacræ col. 1429. edit. ann. 1717 : *Statuimus ut universæ Andreæ quondam prædecessoris sui donationes, præstationes, precariorum seu libellorum, atque Vicariorum conscriptiones.... irritæ sint.*] De iis exstat vetus Notitia in Tabulario Abb. Belliloci in Lemovicib. : *In istis vero curtibus servos Vicarios debemus imponere, ut fideliter exigant servitia dominis suis, omnes servos istos eligimus ex Lemovicino de Curto Camayraco. Inprimis in Curte de Favars elegimus judicem servum, nomine Johannem. In Curte vero de Agiraco imponimus judicem servum, nomine Imonem,... per omnes curtes sive villas imponimus judices servos, in tali convenientia, ut nullus ex illis, neque de posteris eorum efficiatur miles, neque ullus portet excutum, neque spadam, neque ulla arma, nisi tantum lanceam, et unum esperonem, non habeant vestem scissam antea et retro, sed tantum clausæ fiant, vectigalia non exigant; quamdiu fideles permanserint, si infideles reperti fuerint, perdant totum, et ad servitutem revertant. In unaquaque villa cedimus unum mansum, et in unoquoque manso de tota Vicaria sua damus eis 4. denarios, et unam gallinam, et tertiam partem de omnibus placitis, et de vestionibus similiter; propter hoc jurent fidelitatem super altare B. Petri in præsentia Abbatis, et Monachis; qui obedientiales fuerint illis diebus. Si ullus ex illis obierit, honor ejus S. Petro remaneat, et seniores sui honorabiliter sepeliant. Si filios legitimos habuerint, major honorem totum teneat, post suum decessum secundus honorem teneat, et sic usque ad ultimum. Et si ullus ex illis abierit, centum solidos successor, qui post eum voluerit, ad Monachos det, et fidelitatem faciat, et sic in venturis generationibus.* Vide *Servi Vicarii* et *Villicus.*

¶ Vicarius Vici, Major, apud Aimoinum lib. 2. Mirac. S. Bened. cap. 3. n. 5.

* Vicarius, Inferior justitiæ minister ab aliquo constitutus. Charta ann. 1307. tom. 7. Ordinat. reg. Franc. pag. 239. art. 4 : *Quod servientes in terra ecclesiæ explectabili, quam dicti decanus et capitulum habent, sive alii Vicarii ejusdem ecclesiæ etc.*

Vicarius denique dicitur is, qui vice monasteriorum, aut virorum Religiosorum, vel Ecclesiarum, dominorum, domino feudali offertur, qui de prædiis ab iis acquisitis, neque *amortizatis*, respondent, tam de forefacturis, quam de releviis : *Vicaire*, in Consuet. Aurelian. art. 42. 118. et seqq. et Blesensi art. 44. 45. qui vulgo apud nostros dicitur, *homme vivant, mourant, et confiscant.* Tabular. Vindocinense Thuan. ch. 128 : *His ita peractis Odo Rufus, in cujus terra vineæ supradictæ consistunt, dicens eas emptas a nobis venditiones, inde 15. solidos requisivit : quos sibi paciscentibus nobis negavit se pro his vineas nobis nisi sub Vicario auctorizare, quo scilicet superstite quietas eas haberemus; defuncto autem, aut ab Odone, aut ab hærede suo relevaremus.* Tabularium Majoris Monasterii : *Mentitus est Monachus illum nostræ terræ illius fuisse Vicarium, et ideo justum esse ut relevaretur, quandoquidem esset defunctus.* Vide in voce *Relevamentum* 2.

Vicarianus. In Novella Justiniani 26.

¶ **VICATIM**, Alternatim. Diarium obsidionis Varadin. ann. 1589. apud Ludewig. tom. 6. Reliq. MSS. pag. 333 : *Semperque pro lasso vulneratoque milite, validos recentesque Vicatim substituendo, etc.* [** Aldhelm. de re Grammat. pag. 522. apud Maium Classic. Auct. tom. 5 : *Prædictis litterarum characteribus Vicatim et alternatim positis.*]

¶ **VICCIA**, ἀφάκη, Gloss. Lat. Græc. Aliæ : Ἀφάκη, *tendicula, Viccia.*

VICCINGI, appellati Dani Rerum Anglicarum Scriptoribus, ait Cambdenus, quod piraticam exercerent : *Biccingar* enim Saxonica lingua, teste Alfrido, piratam denotat. *Viccingos* autem vocat, quos Dani hodie *Bitinger.* Vide Olaum Wormium ad Monumentum Tirstadense. [Vide infra *Withingi.*]

¶ **VICEADMIRATUS**, Propræfectus maris, Gall. *Vice-Amiral.* Marchisii Scribæ Annal. Genuens. ad ann. 1221. apud Murator. tom. 6. col. 424 : *Quum recessus ipsius comitis ad Potestatis notitiam pervenisset, condunata gente sua, et facta dispositione ipsorum, qui exercitui tam maris quam terræ præesse debebant, Lanfranco Guilelmi de Mari Viceadmirato ad lignorum custodiam constituto præcepit, etc.*

¶ **VICEADVOCATI**. Vide in *Advocati.*

¶ **VICEAGENS** Romanæ Ecclesiæ Petrus presbyter subscribit Concilio sub Nicolao I. PP. Romæ celebrato, apud Murator. tom. 2. pag. 205. col. 2.

¶ **VICEBAILLIVUS**, *Vibaillif*, in Edicto Caroli IX. Reg. Franc. ann. 1566. voce etiam hodie apud Delphinates usurpata. *Coram præfatis dominis Vicejudice et Vicebaillivo*, ex Regest. laudato, tom. 1. Hist. Dalph. pag. 303. Vide *Suballius.*

¶ **VICECAMERARIUS** Papæ memoratur in Ordine Romano Venetiis excuso ann. ann. 1561. ubi de Ordine processionis.

¶ **VICECANCELLARIUS**, Idem aliquando qui *Notarius.* Vide Mabill. Diplom. pag. 126. Et quidem sæpius Notariorum munus obiere Vicecancellarii : unde *Subcancellarii* etiam nuncupati. De Vicecancellario Ecclesiæ Romanæ, vide supra in *Bibliothecarius.*

¶ **VICECAPITANEUS**, Ducis tenens locum, Ital. *Vicecapo.* Mirac. B. Simonis de Lipnica tom. 4. Jul. pag. 543 : *Item nobilis domina Hedwigis, consors generosi domini Joannis vocati Sznaclek pro tunc Vicecapitanei castri Cracoviensis.* Litteræ Ducis Venet. ann. 1382. apud Rymer. tom. 7. pag. 354 : *Transmittamus duas nostras galeas, quarum sunt patroni nobiles viri Hermolaus Lambard Vicecapitaneus ipsarum, etc.*

VICECOMES, Vicarius Comitis, qui vices Comitis exsequitur; [*Vicontier*, in Charta ann. 1516. ex Chartul. 23. Corb.] *Sub Comite agens*, in Charta Ottonis Imp. ann. 984. apud Barth. Fizen. in Hist. Leodiensi pag. 269. Cujus dignitatis meminit Gregorius M. lib. 7. Ind. 1. Epist. 20. Edictum Pistense cap. 14 : *Habeat in Silvanectis civitate unusquisque Comes.... Vicecomitem suum cum duobus aliis hominibus, etc.* Capitula Carlomanni tit. 2. cap. 9 : *Comes præcipiat suo Vicecomiti, suisque Centenariis, etc.* Adde Legem Longobard. lib. 2. tit. 30. § 2. [** Carol. M. 72.] [Charta Philippi Comit. Ebroic. ann. 1320. ex Tabular. Episc. Paris. : *Guillaume Goullaffre nostre Bailli d'Evreus, qui pour le temps estoit Viconte dudict lieu.*] Ut Comites non civitati dumtaxat, sed et toti pago civitati adjacenti præfecti erant, ita et Vicecomitum munus et jurisdictio in totum pagum porrigebatur. Faustus in Vita S. Mauri Abb. : *Prædictus denique vir Florus, cum in omni regno Theodeberti Regis summam obtineret potestatem, ac Vice comitis in Andegavensi eo tempore fungeretur pago, etc.* Agobardus de Insolentia Judæorum pag. 61 : *Dederunt mihi indiculum ex nomine vestro, et alterum ei, qui pagum Lugdunensem Vice comitis regit. Vicecomes pagi*, apud Hincmarum Opusc. 29.

Ab ipsismet* Comitibus deligebantur. Fragmentum Historiæ Aquitanicæ, de Vulgrino Comite Inculismensi : *Miseratque in Martiliacum Robertum legis doctum, et cum eo amicum suum fidelissimum nomine Ranulfum, feceratque eum Vicecomitem suum.* Infra : *Willelmus autem Sector ferri honorem eorum restituit Odolrico fratri eorum, qui minor natu erat, fuitque ei suus Vicecomes.*

Denique ut *Comites*, ita et *Vicecomites* in absentia Comitum, judiciis publicis præerant. Vetus Notitia Viennensis Ecclesiæ C. ann. 863 : *Veniens Witfredus Ecclesiæ S. Mauricii Advocatus publice in Viennam civitatem in præsentia D. Ardoini ejusdem Ecclesiæ venerabilis Archiepiscopi, et Erluini* [*Erlulfi*] *Vicecomitis Missi illustris Bosonis Comitis, vel judicum, qui ibi aderant, etc.* Tabularium Persiense ch. 19 : *Ibique veniens Fredelus in Augustiduno civitate, in mallo publico, ante Blitgario Vicecomite, et plures Scabineis, qui ibidem erant, placitum suum legibus attendidit, etc.* Chronicon Besuense pag. 505 : *Notitia, qualiter ante Bettonem Episcopum et Balactarium Vicecomitem, et ad vicem Hildegarni Comitis, seu Scabinorum, qui ibidem aderant, veniens Advocatus Monasterii S. Petri, etc.* Vide Rollandinum in Summa Notariæ 1. part. cap. 7. rubr. ult. ubi habetur formula creandi Vicecomitem.

¶ Vicecomes, Idem qui *Vicedominus* Episcoporum : neque enim alia ratione, ut videtur, *Hugo Decanus et Vicecomes*, quem subsequuntur alii Canonici, subscribit post Archiepiscopum Chartam Archembaldi Archiep. Turon. ann. 993. ex Tabul. Majoris Monasterii. Vide in *Vicedominus.*

Vicecomites Provinciarum, apud Anglos, sunt Regis Officiales ad Comitatus gubernationem quotannis constituti. Interdum judicis loco funguntur, ad causas scilicet minores, quæ illorum jurisdictioni subsunt, interdum etiam Ministrorum et mandatariorum Regis officium exsequuntur. Ita Cowellus. Liber Niger Scaccarii : *Vicecomes dicitur, quod vicem Comitis supplet in placitis illis, quibus Comes ex suæ dignitatis ratione participat cum Rege.* Matth. Paris ann. 1076. de Walthero Episcopo Dunelmensi : *Et Vicecomitis agens vices, laicali se foro immiscuit.* Horum institutum Alvredo Regi Angliæ adscribunt Scriptores Anglici. Ingulfus de eodem Alvredo : *Præfectos vero Provinciarum, qui antea Vicedomini, in duo officia divisit, i. in judices, quos Justitiarios vocamus, et in Vicecomites, qui adhuc nomen retinent. Horum cura et industria tanta pax in brevi per totam terram effloruit, ut si viator quantamcunque summam pecuniæ in campis et publicis compitis vespere dimisisset, mane vel post mensem rediens, integram et intactam indu-*

bic inveniret. Quemadmodum vero ii eligi a Rege soleant, docet hisce verbis Fortescutus lib. de Laud. Leg. Angliæ cap. 24 : *In quolibet Comitatu est officiarius quidam unus, Regis Vicecomes appellatus, qui inter cætera sui officii ministeria, omnium mandata et judicia curiarum Regis in Comitatu suo exequenda, exequitur, cujus officium annale est, quo ei post annum in eodem ministrare non licet, nec duobus tum sequentibus annis ad idem officium reassumetur. Officiarius iste sic eligitur. Quolibet anno in crastino Animarum conveniunt in Scacario Regis omnes Consiliarii ejus, tam domini spirituales et temporales, quam alii omnes Justitiarii, omnes Barones de Scacario, Clericus rotulorum, et quidam alii officiarii, ubi ii omnes communi assensu nominant de quolibet Comitatu tres Milites, vel Armigeros quos inter cæteros ejusdem Comitatus ipsi opinantur melioris esse dispositionis et famæ, et ad officium Vicecomitis Comitatus illius, melius dispositos : ex quibus Rex unum tantum eligit, quem per literas suas patentes constituit Vicecomitem Comitatus, de quo eligitur pro anno tunc sequente : sed ipse antequam literas illas recipiat, jurabit super sancta Dei Evangelia, inter articulos alios, quod bene et fideliter et indifferenter exercebit et faciet officium suum toto anno illo, neque aliquid recipiet colore aut causa officii sui, ab aliquo alio quam Rege.* De ejusmodi Vicecomitum jurisdictione, vide Regiam Majest. lib. 1. cap. 1. Statuta Roberti III. Regis Scotiæ cap. 23. 24. 25. 26. et Bracton. lib. 3. tr. 2. cap. 35.

Subvicecomes, apud Anglos JC. est Officialis, aut Deputatus Vicecomitis. Cowel. [In Formul. Angl. *Madox* pag. 59. Charta iis testibus subscribitur *Roberto de Curtenay tunc Vicecomite Devoniæ, Willelmo de Nimet tunc Subvicecomite per eumdem, etc.* Literæ Henrici V. Reg. Angl. ann. 1415. apud Rymer. tom. 9. pag. 253 : *Per personalem supervisum tuum, aut Subvicecomitis tui ejusdem Comitatus, etc.*] Vide Spelman. in *Vicecomes.*

Vicecomites in Normannia nostra appellantur Iudices, qui in minoribus oppidis jus dicunt, de quibus intelligendus Ordericus Vital. lib. 8 : *Hic Orbecci Vicecomes et Causidicus fuerat,... in negotiis et placitis ad libitum judicabat, et pro acceptione munerum judicia pervertebat.* De horum jurisdictione et officio ita vetus Consuetudo Normanniæ MS. 1. part. sect. 1. cap. 9 : *L'office del Vicomte adecertes, si est qu'il tiengne les plez, et que il face tenir en droit point les anciennes voies, et les sentes, et les chemins, et que il face ramener en leur anchien cours les eues, qui sont remuée contre droit, et que il enquere diligeaument et en segré des malfaiteurs, des traitres et des trahisons, des multres et des multriers, des ardeours, des arderesses, d'arsons, des pucelles prises par force, et de tous autres crimes, et ceux, que il trouvera coupables, fere premierement scrutine, ou enqueste secréement, sus ceu par le serment de loyaux homes, que il ne soient pas soupechoneus, il les doit fere tenir en prison, tant que il attendent et aient la commune enqueste, ou tant que il soient délivrez par la loy del païs, et si doit accomplir tous les autres offices de droit.* Eorum præterea munus erat tributa et vectigalia fiscalia exigere, et de iis ratiocinia exhibere. Ordericus Vitalis lib. 11. pag. 805 : *Præfatus autem Consul de Mellento, per partem Yvonis, qui Municeps erat, et Vicecomes, et firmarius Regis, callide intravit.* Et lib. 12. pag. 841 : *Cur inique in dominum suum operatus fuerit, cur ad curiam ejus ter accersitus non venerit, cur de regiis redditibus ad Vicecomitatum Argentonii et Oximorum Falesiæque pertinentibus, ut Regis Vicecomes et officialis, rationem non reddiderit, et de aliis reatibus rationabiliter impetitus est.* Id etiam muneris fuisse Ballivorum supra ostendimus.

¶ Vicecomites Scacariorum, Eadem notione. Litteræ Philippi Pulchri Reg. Franc. ann. 1290. tom. 1. Ordinat. pag. 319 : *Quod judices foranei, qui vocantur Vicecomites Scacariorum, amoveantur, nec deinceps ponantur ibidem.*

Vicecomes, interdum idem qui *Castellanus.* Lambertus Ardensis pag. 88 : *Flandrensis honoris Comes et Princeps Theodoricus, inconsulto Gandavensi, imo jam Ghisnensi Comite Arnoldo, Gandavensis burgi Castellariam Curtracensi Vicecomiti Rogero ad tempus concessit et commisit habendam.* Quem enim Vicecomitem nominat Rogerus, Castellanus fuit Curtracensis. Ita *Vicecomitissam Yprensem* vocat pag. 200. quæ *Castellana* dici debuit : nam *Castellani* pariter appellati Yprenses domini. Vicecomitibus præterea Castellorum custodiam incubuisse docet Willelmus Gemeticensis lib. 8. cap. 15 : *Robertus Comes Mellenti turrim illam custodiens, Vicecomitis officio in prædicto officio fungebatur : egit itaque calliditate solita, ut idem Castellum Willelmo de Britolio redderetur.* [Vide D. *Brussel* de Usu feud. lib. 3. cap. 1. et 2.]

Vicecomitum ejusmodi interdum quidam erant infeudati, id est, *Vicecomitatus* jure feudali obtinebant, ut indicant Statuta Davidis II. Regis Scotiæ cap. 30 § 3. quorum jurisdictio, *media Justitia* dicitur practicis nostris, *la Justice Vicontiere,* in Consuetudine Ambianensi art. 191. 246. Pontivensi art. 82. 84. 104. Monstroliensi art. 6. 7. 25. 26. 27. 29. Insulensi tit. 1. Hesdinensi passim, S. Richarii art. 2. Atrebatensi art. 5. etc. Eadem et

Vicecomitatus appellatur, et cum *Viaria*, et *Advocatione* confunditur. Charta Galteri Tirelli ann. 1186. in M. Pastorali Eccl. Paris. lib. 3. ch. 2 : *Cum..... teneret a me in feodo medietatem totius Vicecomitatus seu viariæ, etc.* Charta Theodorici Episcopi Ambianensis ann. 1171. ex Tabulario ejusdem Ecclesiæ fol. 53 : *Cum tandem absolutionem postularent, nec in auro vel argento ad manum habentes, unde ablata restituerent, Vicecomitatum et Advocationem de Berberiis... Ambianensi Ecclesiæ pro obtinenda absolutione sua in eleemosynam donaverunt.* Charta Odonis Episcopi Belvacensis ann. 1140 : *Concesserunt præfatæ Ecclesiæ... quicquid habent in villa et in terra Teoleti, videlicet Advocaturam et Vicecomitatum, et quicquid habebant ibi aliud.* [Charta ann. 1210. qua Galterius *de Wasnou* vendit Blanchæ Comitissæ Campaniæ Vicecomitatum *de Cuis*, apud D. *Brussel* tom. 2. de Usu feud. pag. 692 : *Illud tamen michi retinui, quod si aliquis in eadem villa de me tenet feodum, dummodo non sit de Vicecomitatu vel de advocatia, michi liberum remanebit.*] Vide *Vicecomitura.*

Vicecomitia, Eadem notione. Ordericus Vitalis lib. 5. tit. 696 : *Concesserunt S. Ebrulfo Vicecomitiam, id est, viariam, quantum habebat in villariis vastatis.* Vide *Viare, Vicarius, Advocati.*

¶ Vicecomitatus, Exactio quam Vicecomes faciebat intra Vicecomitatus limites. Charta ann. 1226. ex Tabul. S. Urbani : *Ego Hugo miles de Froncilla... acquitavi ecclesiæ S. Urbani Papæ et Martyris quoddam geixtum et Vicecomitatum, et quidquid juris ego et prædecessores mei in villa de Blehecuria habebamus. Vicontage* dicitur in Chartul. Gemmetic. tom. 1. pag. 40 : *Et pour ce prend le Roy notre dit sire ou ses ayans cause cinquante sols chacun an de Vicontage sur nos hommes.* Neque alia notione occurrit

¶ Vicecomitalis Pars, in Charta Engolism. inter Probat. tom. 2. Gall. Christ. novæ edit. col. 444 : *Willelmus Comes beatissimo Petro... tribuit ante festivitatem S. Johannis Baptistæ septem diebus et dimidium duas partes de venda, sicut olim tertiam partem, id est Vicecomitalem ipsa sedes habere videbatur.*

* Vicecomitatus, Jus vicecomiti debitum. Charta Milonis *de Marchais* ann. 1210. in Reg. 66. Chartoph. reg. ch. 122 : *Garbagium nostrum et Vicecomitatum nostrum et omnes eschies, sicut erant in blado et in denariis,..... quittum clamavimus. Viconté,* eodem sensu, in Lit. ann. 1359. tom. 3. Ordinat. reg. Franc. pag. 364. Vide infra *Vicontagium.*

Vicecomes, Nomen dignitatis, inductum posterioribus seculis, maxime in Anglia, ubi creari cœpere. Aiunt enim Scriptores seu Heraldi Anglici, Joannem *Robersart,* S. Salvatoris oppidi seu Castri in Neustria Præfectum, *Vicecomitem de Robersart* creatum ab Henrico V. Descripsit Thomas *Milles* lib. de Nobilitate politica et civili pag. 63. Litteras Henrici VI. pro erectione *Vicecomitatus de Bellomonte*, pro Ludovico de Bellomonte Milite Ordinis Garteriani. Alii complures subinde a Regibus Anglicis creati Vicecomites, quorum seriem et stemmata exhibent Radulphus *Brooke,* Vincentius *Rougecroix,* Yorkus aliique Feciales Anglici. Exstat etiam apud Ruffium in Comitibus Provinciæ pag. 147. Charta ann. 1225. qua Willelmus Comes Forcalquerii R. de Cadaneto *in perpetuum Vicecomitem facit per eum et successores suos, et Castrum ejus de Cadaneto in Vicecomitatum erigit, cum prærogativis, gratiis et honoribus, quibus cæteri sui Vicecomites eriguntur, etc.* Spuriane sit an legitima, non disquiro. [Vide D. *Brussel* de Usu feud. tom. 2. pag. 693. 694. et 695.]

¶ Viscomes, ut *Vicecomes*, in Charta ann. 1366 : *Ego Perrotus Vichart valletus... confiteor... me tenere in feodo et ad homagium liggium a nobili et potente Guidone de Calviniaco Viscomite de Brucia sex jornalia prati et novem quarteria vineæ. Visqueux,* in Litt. ann. 1291. inter Ordinat. Reg. Franc. tom. 3. pag. 295. art. 9.

¶ Vicecomitissa, Vicecomitis uxor, vel

quæ Vicecomitatum possidet. Charta apud Spelman. : *Rex concessit ecclesiam de Thorncomba abbati de Forda sicut Adelicia Vicecomitissa illud manerium ei dedit.* Occurrit etiam in Tabul. B. M. de Bono-nuntio Rotomag.

* **VICECOMITURA,** Idem quod *Viaria;* quo sensu etiam accipitur *Vicecomitatus*. Vide in *Vicecomes*. Charta ann. 1115. in Chartul. S. Corn. Compend. fol. 76. v°. col. 2 : *Dicti fratres tanquam per hæreditarium prosequentes, Vicecomituram villulæ et totius territorii ipsius...... occupaverunt.* Semel et iterum rursus occurrit.

VICECONJUX, Concubina, in aliquot Inscriptionibus, ut monet Cujacius in Paratit. ad tit. Digest. *de Concubinis*, et ad Nov. 18. Unde recte Julianus Antecessor dixit *concubinum imitari legitimam uxorem.*

VICECONSUL, Vicecomes. Leges Edwardi Confess. cap. 12 : *Qui modo vocantur Vicecomites, tunc temporis Viceconsules vocabantur : ille vero dicebatur Viceconsul, qui Consule absente ipsius vices supplebat in jure et in foro.* Profert Oyhenartus in Notitia Vasconiæ pag. 249. Chartas duas *Lope Execonis*, et *Semeronis Garcis Viceconsulum de Bygur*, vel *de Beygur*, ann. 1119. et 1168. Vide *Consul* 2.

¶ **VICECUSTOS.** Inter subscriptos testes Chartæ ann. 1304. tom. 2. Hist. Dalph. pag. 121. occurrit *Frater V. Baratt. Vicecustos Avenionensis.* Officium apud Franciscanos. Vide *Custodia* 2.

¶ **VICEDAMUS,** a Gall. *Vidame*, pro *Vicedominus. Dominus Vicedamus de Chartres*, in Charta ann. 1550. apud Rymer. tom. 15. pag. 214. *Vidamé*, pro hospitio Vicedomini, in Charta Guillelmi Vicedomini Carnot. ann. 1404. ex Pancarta Episc. Carnot. : *Le Vidamé de Chartres mon hostel assis au chevet Nostre Dame de Chartres, avec la tour Nouvellon.*

¶ **VICEDAPIFER,** qui *Dapiferi* vices supplet. Occurrit apud Scriptores Hist. T. S. si fides Gallando de Vexillis Francicis pag. 28.

¶ **VICEDECANUS,** Subdecanus, Gall. *Sous-doyen. Universis et singulis presentes literas inspecturis Johannes Weidecnepel, Vicedecanus totumque Capitulum Ecclesiæ Lubicensis, etc.* in Charta ann. 1437. apud Ludewig. tom. 5. Reliq. MSS. pag. 336.

¶ **VICEDEFENSOR,** Qui ab Ecclesiarum defensore prædiorum tutelas in se recipiebat. Charta Friderici Ducis Austriæ ann. 1243. apud eumd. Ludewig. tom. 4. pag. 226 : *Sed quia ecclesiæ utilitas exigit, ut propter occupationum nostrarum frequentias, alicui vices nostras in defensione ecclesiæ committamus... Quia vero prætextu talium commissionum hujusmodi Vicedefensores frequenter aviditate temeraria in jura se solent ingerere advocatorum, firmiter interponimus observantiam, ut, si quando a tali Vicedefensore Præpositus se senserit gravari, liceat ei ipsum coram nobis nostrisque successoribus recusare et alium sibi magis idoneum postulare.* Vide in *Advocati.*

¶ **VICEDOGNATUS,** ut *Vicedominatus*, *Vicedomini* munus, dignitas, officium. Charta ann. 1353. tom. 1. Hist. Dalph. pag. 147. col. 1 : *Item officium suum vehe-riæ seu Vicedognatus Domenæ, una cum juribus et utilitatibus suis.* Alia ann. 1308. ibid. tom. 2. pag. 142 : *Item quod dictus D. Hugo et successores ipsius nullum in perpetuum impedimentum apponant per se vel per alium quominus dictus D. Comes Sabaudiæ et successores ipsius castrum insulæ Gebennensis, Vicedognatum Gebennensem, et omnia quæ idem D. Comes habet, etc.*

¶ Vicedomnatus, Vicedompnatus, Eadem notione, in Charta ann. 1290. apud Spon. tom. 2. Hist. Genev. pag. 60 : *Item nos Episcopus.... concedimus dicto domino Comiti in feudum dictum Vicedompnatum tenendum et regendum toto tempore vite nostre, etc.* Inquesta ann. circ. 1217. ibid. pag. 409 : *Item dicit quod cum episcopus Humbertus haberet in vadimonio Vicedomnatum Gebennensem pro sexaginta libris Turon. Vidomnat* vulgo apud Genevenses, a *Vidomne*, uti efferunt, pro *Vidame.*

¶ **VICEDOMINA,** *Vicedomini* uxor, apud Pillet. inter Probat. Histor. Gerbor. pag. 339. *Madame Jehanne de la Chartre Vidamesse de Chartres*, in Charta ann. 1410. ex Chartul. 21. Corb. Vide in *Vicedominus.*

¶ **VICEDOMINALIS,** Ad *Vicedominum* pertinens, Agnellus in S. Felice apud Murator. tom. 2. pag. 159. col. 1 : *Iste* (Felix) *monasterium B. Bartholomæi, ubi ego Deo favente Abbas, præfuit, et Vicedominalia gubernacula suscepta luculentissimus tenuit.*

¶ **VICEDOMINARIUS,** Eodem significatu. *Vicedominarium placitum*, quod ab Ecclesiæ Vicedomino tenetur. Vide infra in *Vicedominus.*

¶ **VICEDOMINATUS.** Vide mox in *Vicedominus.*

* **VICEDOMINICO,** pro *Vicedominus;* dicitur de judice qui vice domini ejusque nomine jus dicit. Charta Judoci march. Moraviæ ann. 1380. apud Pez. tom. 6. Anecd. part. 3. pag. 68. col. 1 : *Committentes camerario supremo Czudario, notario et aliis Vicedominiconibus Czudæ Olomucensis præsentibus seriose, quatenus præfatas villas supradictis priori et conventui intabulent et auctoritate suorum officiorum intabulari disponant, dum primum celebrabitur colloquium dominorum.*

* **VICEDOMINIUM,** *Vicedomini* dignitas et munus. Glossar. Gall. Lat. ex Cod. reg. 7684 : *Vicedominium, Vidameté.* Vide in *Vicedominus.*

VICEDOMINUS, Qui vices aut locum domini obtinet, ἀντικύριος, in versione Gr. Concilii Lateranensis IV. can. 45. Ulpianus leg. 157. D. de Regul. jur. : *Si vel dominis, vel qui vice dominorum sunt, veluti tutoribus et curatoribus obtemperaverint. Vicedominus loci*, in Actis S. Eutychetis 15. April. Regula Magistri cap. 11 : *Sicut in hominis domo, ut securus sit de omnibus præparandis, dominus rei ordinat Majores familiæ, quos vice domini minores timeant, id est, Vicedominum, Villicum, Saltuarium et Majorem domus, etc.* Quibus locis *Vicedominus, Villicus*, et *Major domus* iidem videntur. Et certe Gregorius M. lib. 9. Epist. 66. titulum *Majoris domus* tribuit Vicedomino Ecclesiæ : observatque Browerus lib. 8. et 12. Annal. Trevir. pag. 474. 669. 671. 1. edit. *Vicedominum* seu Advocatum Trevirensem, *Majorem domus* interdum vocitari a Scriptoribus.

Est igitur *Vicedominus* idem qui *Vicarius*, seu locum tenens. Chronicon Erford. ann. 1015 : *Episcopus ad nutum Imperatoris, Ludovicum in totam Thuringiam misit, et ibi Vicedominum, id est, Vicarium per totam Thuringiam fecit.* Charta Goscelini Archiepisc. Burdegalensis in Tabulario Burguliensis Monasterii : *Simon frater meus Partiniacensis castri mei Vicedominus.* Apud Gregor. M. lib. 9. Epist. 37 : *Petrus vir clarissimus Vicedominus gloriosæ filiæ nostræ Rusticianæ Patriciæ, etc.* Adde Alexandrum Abbatem Celesinum lib. 3. cap. ult.

Apud Adamum Bremensem cap. 184. et Albertum Stadensem ann. 1068. *Vicedominatum* dicitur possidere is, qui post Principem in regno *rerum summam* obtinet. Quo sensu Willelmus Malmesburiensis scribit, Odonem Bajocensem Episcopum et Cantiæ Comitem, *totius Angliæ Vicedominum* sub Rege Wilelmo Notho fuisse. Et auctor Historiæ Trevirensis tom. 12. Spicilegii Acheriani pag. 242. Brunonem Archiepiscopum Trevirensem defuncto Henrico IV. Imp. *communi consilio Principum Curiæ Regiæ Vicedominum effectum esse* sub Henrico V. Juniore.

Vicedominus *Bergensis pagi*, in Morinis, idem videtur qui *Castellanus*, apud Drogonem Monachum in libro Miraculor. S. Winoci cap. 5. Nam Bergum paruit Castellanis, non Vicecomitibus.

Vicedominus, dictus quondam Massiliensis Judex, qui sub Patricio Provinciæ jus dicebat, a quo ad eumdem Patricium provocabatur. Ita Guesnaius in Annal. Massil. ann. 768. ex veteri Notitia Carolo M. imperante confecta, quæ integra exstat apud Sammarthanos in Episcopis Massiliensibus, apud quos habetur alia exarata sub Lothario Imp. ibid. num. 17. in qua ejusdem *Vicedomini* Massiliensis occurrit mentio.

Vicedominus, in Anglia, idem qui *Vicecomes*, ut observat Seldenus lib. de Titul. honor. 2. part. cap. 5. § 20. Atque ita accipitur in Legib. Henrici I. cap. 7. unde Ingulfus dixit, in Anglia *Vicedominos* dictos Præfectos provinciarum. [Charta Alfredi Reg. apud Pillet. Hist. Gerbor. pag. 306 : *Præfectos vero provinciarum, qui antea Vicedomini, in duo officia divisit.*] Vide Senatorem lib. 5. Epist. 14. [et supra in *Vicecomes.*]

☞ Ejusdem conditionis videtur Pilleto Dominus *d'Esneval* qui *Vicedominum Normanniæ* sese inscribere solet. Hunc consule loco jam laudato.

Vicedomini Ecclesiarum, aut *Episcoporum*, iidem qui Theophani et Scriptoribus Græcis οἰκονόμοι, apud Paulum Diaconum in Historia Miscella lib. 23. et 24. pag. 733. 762. editionis Canisii, Anastasium in Historia Ecclesiastica pag. 160. Paulum Diaconum Neapolitanum in Vita S. Theophili Pœnitentis cap. 1. etc. Honorius Augustodunensis lib. 1. cap. 182 : *Vicedominus, qui vicem Episcopi agit.* Capitul. 1. ann. 802. cap. 13 : *Ut Episcopi, Abbates, atque Abbatissæ Advocatos atque Vicedominos, Centenariosque legem scientes pacificosque et mansuetos habeant, etc.* Adde Capit. 2.

ejusdem anni cap. 21. Concilium Remense ann. 813. can. 24 : *Ut Præpositi et Vicedomini secundum regulas vel Canones constituantur.* Flodoardus lib. 2. Hist. Rem. cap. 13 : *Contigit... dum ad S. Cyricum oratum venisset in Culmisciacum, locutum eum cum Oeconomo Remensis Ecclesiæ, qui aderat, etc.* Mox : *Interea mulier quædam anserem attulit Vicedomino, etc.* Ubi *Vicedominus* idem est, qui supra *Oeconomus* : ut et in Historia Episcoporum Autisiodor. cap. 24 : *Constituit, ut Abbates Presbyteri cum Clero ad suprascriptum officium peragendum convenientes ex dominico cellario ab Oeconomo Ecclesiæ stipendium sufficiens accipiant : si autem tardi occurrerint, aut negligentes apparuerint, 40. dies a vino abstineant. Vicedominus autem aut Cellarius, si quod jure ministrare debent, in aliquo subtraxerint, retrusi in monasterium per annum dimidium pane et aqua contenti debitam pænitentiam persolvant.* Neque opinor de alia dignitate intelligendus Gregor. M. PP. lib. 5. Epist. 55. dum ait, Protasium *Vicedomini curam* gessisse in Ecclesia Arelatensi, antequam ad Episcopatum Aquensem proveheretur. Apud Innocentium III. lib. 2. Epist. pag. 448. fit mentio *Hugonis Vicedomini Majoris Ecclesiæ Placentinæ.* In Charta Petri Episcopi Salernitani sub ann. 880. apud Ughellum, *Lupenandus Presbyter et Vicedominus Episcopi* dicitur, in qua et memoratur *Rodelgaldus Castaldeus et Advocator Episcopi.* Unde alium fuisse *Advocatum*, alium *Vicedominum* colligitur. In Gestis Pontificum Cenomanensium legimus : *Herlemundum Episcopum Thimierum Abbatem S. Vincentii, Archidiaconum suum Vicedominum per totam diœcesim esse constituisse.* Aliorum Vicedominorum ejusdem Ecclesiæ Cenomannicæ mentio passim occurrit in Actis Episcopor. Cenoman. pag. 212. 225. 234. et 235. In Diplomate Wernheri Argentinensis Episcopi anno 1005. apud Guillimannum cap. 7. subscribit *Herbo Canonicus Vicedominus. Gerardi Vicedomini* Argentinensis meminit Arnoldus Lubec. lib. 7. cap. 10. *Macconis* cujusdam *Vicedomini* Hermanni Archiepiscopi Hamaburgensis, Adam Bremensis cap. 102. Apud Lambertum Schafnaburg. ann. 1065. *Hermannus Vicedominus Moguntinus*, ejusdem Ecclesiæ Pontifex fit. Anonymus in Histor. Pontificum Eboracensium :

> Presbyter egregius successit jure Johanni
> Wilfridus, heres patri dignissimus almo,
> Qui prius Euboricæ fuerat Vicedomnus, et Abbas :
> Postea sed magno meritorum culmine fretus,
> Pontificis summi condignus sumpsit honorem.

Monachus S. Mariani Antisiodor. ann. 1096 : *Senonensi Ecclesiæ post Richerium præfuit Dainbertus ipsius Ecclesiæ Vicedominus.* Vide Sigebertum ann. 537. Joan. Mauritium Gudenum in Hist. Erfurtensi lib. 1. n. 13. et Ughellum tom. 4. pag. 656.

Habuit etiam *Vicedominos* suos Ecclesia Romana, qui a Pontifice Romano ex ordine Cleri, et aliquando ex Episcopali constituebantur, viri prudentes, et rerum gerendarum peritia insignes, quibus Episcopii vel Palatii Lateranensis cura et administratio committebatur, in gubernanda domo, hospitibus suscipiendis, et domesticorum causis cognoscendis. Anastasius Bibl. in Vigilio PP : *Retransmisit Romam Ampliatum Presbyterum et Vicedominum suum et Valentinum Episcopum sanctæ Rufinæ ad custodiendum Lateranum, et gubernandum Clerum.* Idem in Constantino PP : *Joannes Patricius... veniens Romam jugulavit Saulum Diaconum et Vicedominum.* Rursum in Vita S. Zachariæ PP. meminit *Benedicti Episcopi et Vicedomini*, scilicet Ecclesiæ Romanæ. Is Pontificem equitantem comitari solebat una cum Vestiario, Nomenclatore, atque Sacellario, ut est in Ordine Romano. Interdum summi Pontifices *Vicedominos*, seu Vicarios suos, constituebant, qui vice sua Episcopos in Ecclesiis ordinarent, ut est apud Gregorium M. lib. 1. Epist. 11. Porro Vicedomini Ecclesiæ Romanæ ædes Romæ in Palatio Lateranensi erat, eaque

VICEDOMINIUM dicebatur, in qua scilicet munere suo fungebatur. Anastasius Bibl. in Stephano IV : *Quem.... in Lateranense Patriarchium introduxerunt, et ascendentes cum eo in Vicedominio,... compulerunt eum, ut orationem Clericatus eidem Constantino tribueret.*

Vicedominos etiam ex ordine Cleri habuere Abbates, qui interdum iidem, qui *Advocati.* Non semel ii occurrunt apud Scriptores, præsertim apud Eginhardum Epist. 12. 14. 23. 37. 52. Exstat Testamentum Leodebodi Abbatis Monasterii S. Aniani tom. 4. Hist. Franc. quod inter cæteros subscribit *Higecius Diaconus et Vicedominus.* In Tabulis Bartholomæi Episc. Laudunensis ann. 1125. fit mentio *Vicedomini Abbatis S. Dionysii in Francia*, apud Gallandum de Franco alod. pag. 74. ut in libro 2. Vitæ et Miraculor. S. Austregisili pag. 358 : *Vadomari Vicedomini* Cœnobii ejusdem *S. Austregisili : qui pro causa utilitatis Monasterii disposuit ad urbem Pictavorum ambulare.* Capitul. 1. Caroli M. ann. 802. cap. 13. supra laudatum.

VICEDOMINI ABBATISSARUM memorantur etiam in Capit. Caroli M. lib. 2. cap. 38. Atque hæc *Vicedominorum* Ecclesiasticorum dignitas

VICEDOMINATUS appellatur apud Gregorium IX. Extra de Simonia cap. 38 : *Quicunque Vicedominatum, vel aliam Ecclesiasticarum rerum administrationem per pecuniam obtinere voluerint, tam ementes quam vendentes cum Simone percelluntur, etc.* Utitur etiam Adamus Bremensis cap. 148.

Vicedominos ad hoc constitutos constat, ut essent, qui rerum temporalium, ad Ecclesias pertinentium, curam gererent, quamdiu Episcopi, quorum vices agebant, et a quibus erant instituti, rebus spiritualibus et divino officio vacabant : *Quia Episcopi, et universi Sacerdotes*, inquit Lex Long. lib. 2. tit. 47. § 9. [** Lothr. I. 96.] *ad solam Dei, et bonorum operum actionem constituuntur.* Eam esse præcipuam Vicedominorum institutionis causam, ut et Advocatorum, disertius insinuat Charta Ludovici VI. Regis Franciæ ann. 1125. ex Tabulario Ecclesiæ Laudunensis, his verbis : *Notum igitur esse volumus... quod cum in Episcopio Laudunensi Vicedominatus et Præpositura, quæ ministeria a principio piæ dispensationis providentia ad hoc fuerant instituta, ne quies Episcopalis ab oratione et prædicationis studio secularium causarum turbarum tumultibus exturbaretur, crescente sensuum pravitate in exterminium terræ, et oppressionem pauperum Ecclesiæ redacta fuissent, etc.* Adamus Bremensis cap. 182 : *Et tunc quidem Vicedominus noster, quasi fidelis dispensator et prudens, ad custodiendas pauperum eleemosynas deputabatur.* Hincmarus Remensis Opusculo 27. al. 29. rerum secularium seu externarum Vicedomino, ut Ecclesiasticarum Præposito Ecclesiæ incubuisse munus indicat, ad Regem Carolum C. : *Et postea, sicut audivi, per Cancellarium Palatii vestri mandastis Vicedomino et Præposito istius Ecclesiæ cum non modica interminatione, ut providerent quatenus ullum obsequium ab Ecclesiæ ipsius* (Remensis) *hominibus, nullumque subsidium de facultatibus Ecclesiasticis per Clericum vel Laicum ipse Episcopus posset habere : et Vicedominus Laicos cum carris et operariis, et Præpositus Clericos habentes beneficia huc secum adducerent.* Idem apud Flodoard. lib. 3. pag. 560 : *Carcer quoque firmiter a Vicedomino restauretur, et custodes, si necesse fuerit, adhibeantur.*

Vicedominos eligebant ipsi Episcopi, qui ipsorum res strenue tutarentur, et vassallorum seu clientum Ecclesiæ suæ causas judicio dirimerent. Gregorius Mag. lib. 9. Epist. 66 : *Volumus autem ut memoratus frater noster Paschasius et Vicedominum sibi ordinet, et Majorem domus; quatenus possit vel hospitibus supervenientibus, vel causis, quæ eveniunt, idoneus et paratus existere. Si vero et negligentem eum prospicis, et ea, quæ diximus, implere differentem : omnis Clerus ejus adhiberi debet, ut communi consilio ipsi eligant quorum personæ ad ea, quæ prædiximus, valeant ordinari.* Lex Longobard. lib. 2. tit. 47. *de Advocatis et Vicedominis*, [** Carol. M. 22.] præcipit, *ut tales eligantur, qui sciant et velint justitiæ causam discernere.* Et § 3. [** Pipin. 27.] : *Omnibus Episcopis, Abbatibus, cunctoque Clero* præcipit *Vicedominos, Præpositos, Advocatos, sive defensores bonos habere, non crudeles, nec cupidos, non perjuros, non falsitatem amantes; sed Deum timentes, et in omnibus justitiam facientes, vel diligentes.* (Eadem habentur in Concil. Mogunt. cap. 50.) Et § 9. [** Lothar. I. 96.] Episcopi et Sacerdotes præcipiuntur, *habere Advocatum non mala fama suspicatum, sed bonæ opinionis et laudabilis artis inventum.* In iis vero eligendis Comes adesse debebat, § 7. [** Lothar. I. 10.] qui si *pravi* essent, amovebantur, ut est in Capitulo 2. ad Legem Salicam § 5. Vetat tamen eadem Lex Longobardorum, ne Episcopi, aut Abbates, Comites, aut Comitum Centenarios in Advocatos sibi asserant, § 4. [** Ludov. P. 46.] Quæ quidem Advocatos aut Vicedominos assumendi prærogativa solis competebat Episcopis aut Sacerdotibus; cum Laïcis, præter Comitem in Ecclesiasticis causis habere non liceret, d. tit. § 10. [** Otto II. 8.]

☞ In *Vicedominis* eligendis aderat Comes, quia cum eo judices sedere consueverant, ut discimus ex Notitia judicati ann. 843. in Append. ad Marcam Hisp.

col. 779 : *Cum in Dei nomine resideret vir inluster Adalaricus Comes una cum sanctissimo Gondemaro sedis Gerundensis Episcopo,... nec non Assemundo et Hemani Vicedominos, seu et judices qui jussi sunt dirimere causas... Tunc nos supradicti vassi dominici, Vicedomini, vel judices interrogavimus Seluvane.*

Singulis denique Episcopis et Abbatibus aut Abbatissis duos habere Advocatos licitum fuit, quorum *alter causam procuraret, alius sacramentum deduceret*, ut est in eadem Lege Longobardorum lib. 2. tit. 47. §8. [** Lothar. I. 18.] Nam nec Episcopi, nec quivis e Clero, in quacumque controversia, sive criminali, sive civili, jusjurandum qualibet ratione subire compelli poterant; sed *Advocatis suis propriis idoneis* hoc officium delegabant. Ita in § 11. [** Henr. II. 1.] Ex quibus quidem locis *Advocatos* et *Vicedominos* ex Laico ordine ea tempestate desumtos apparet : quod sane deinceps obtinuisse palam est, maxime ex quo Prælati ac Episcopi ratione *Regalium* suorum, vel bellis, castris, seu præliis Regiis interesse, vel bona sua bello proprio tutari compulsi sunt. Tum enim, quod arma ipsi gerere, vel prælia inire, Canonibus Ecclesiæ vetarentur, viros nobiles in sui tutelam adscripserunt, qui eorum vice vassallos Ecclesiæ in aciem educerent, præliis interessent, præterea justitiam iis administrarent : quos ut in sui tuitionem validius illigarent, bonorum Ecclesiasticorum partem aliquam eis in beneficium ultro concedebant, ut reliquorum essent patroni ac defensores, si ab hostibus suis impeterentur. Ea enim feudorum lex est, ut vassallus dominum tueri ac juvare in bellis suis teneatur. Id præ ceteris testatur Helgaldus Floriacensis in Vita Roberti Regis Franc. pag. 68 : *Crescens quippe ætate, et vir factus virtute, totam terram sanctæ Crucis, quam Fulco Episcopus* (Aurelianensis) *pro sui adjutorio Hugoni potentissimo Belvacensi dederat, hic vir Dei, qui laude et verbo omnipotenti complacebat Deo, mœsto factus animo, per secula celebrando salutiferæ Crucis loco suo reddidit dono.* Gregorius VII. PP. lib. 7. Epist. 9 : *Clamor Abbatis Aureliacensis Cœnobii.... auribus nostris insonuit, videlicet super quibusdam personis, qui injuste detinent beneficia prædicti Monasterii prædecessoribus suis sub fidelitate et dominio pro defensione Ecclesiæ sibi et suis antecessoribus olim concessa.* Quo etiam referenda, quæ habet liber, cui titulus : *Carnotensis Ecclesiæ principium : Fuerunt sane priscis illis temporibus alii atque alii Carnutum Pontifices, qui cum Episcopatu Comitatum assecuti, rebus bellicis pariter et civilibus gloriose prudenterque præfuerunt. Proinde omnia ab uno gerebantur : sed unus Hardoinus ab Episcopatu Comitatum distraxit, Episcopus ab se abdicavit, quem in Odonem consanguineum suum bellicarum rerum peritissimum, data illi bonorum tolerabili portione, transtulit, paulo post vero ex parte oneri * vi ferebatur non repente. Item Francorum Regibus intercedentibus, convenit ut de bonis ad principatum intra et extra Carnutum spectantibus, intactis aliquot arcibus æquas partes, æquo jure, Episcopus Comesque sibi haberent. Mox autem ut Episcopus et novus Comes sibi constitutos creavere; hic Vicecomitem ille Vicedominum, et rursus Vicecomes varios dominos, totidem Vicedominus sibi substituere, ipsisque quædam sua jura decreta sunt, quibus etiam latrones judicare fas esset.* Prædictis addenda præterea Charta Henrici Regis Franciæ ann. 1058. ex Tabulario S. Mauri Fossatensis : *Ut enim a nostris majoribus comperimus, jam dictus comes Burchardus* (Corboliensis) *nihil aliud ab avo nostro jamdicto Hugone, de ipso loco* (Monasterio Fossatensi) *habuit, neque tenuit, nisi ut providentiam atque defensionem adversus hostes et inimicos sanctæ Dei Ecclesiæ, atque pervasores prædiorum ipsius loci haberent, atque ipsum locum sublimare, atque ditare terrarum suarum beneficiis atque possessionibus liceret.* Chartam integram descripsit Gallandus de Franco alodio pag. 285.

Hinc passim legimus Vicedominos, atque adeo Advocatos, pro ejusmodi beneficiis jure feudali obnoxios esse Episcopis, et ab iis feuda sua in qualibet mutatione excipere, seu *relevare*. Ita Vicedominus Ambianensis seu Pinconiensis, ratione clientelæ obnoxius est Episcopo Ambianensi : et Fulco Vicedominus Cameracensis inter *Casatos* Gerardi Episcopi subscribit apud Lindanum in Teneræmunda ann. 1089. pag. 217. Gregorius VII. PP. lib. 7. Epist. 19 : *Super quibusdam personis, qui injuste detinent beneficia prædicti Monasterii prædecessoribus suis sub fidelitate et hominio pro defensione Ecclesiæ sibi et suis antecessoribus olim concessa.* Apud Gallandum lib. de Franco alodio pag. 335. hæc habentur : *Au denombrement du Vidamé de Châlons rendu à l'Evesque l'an* 1581. *toutes les fois, que le Vidame ou Vidamesse reprend dudit reverend Pere, il le doit resaisir par le bail de son anel, lequel anel est et demeure audit Vidame ou Vidamesse, toutes les fois qu'il y a nouvel Evesque.* Hæc passim obvia.

Idem fuit Vicedominorum in bonis Ecclesiæ tutandis munus, quod Advocatorum exstitisse supra observavimus : scilicet ut si ablata essent, aut per vim erepta, ea coram judicibus publicis repeterent, et rursum Ecclesiæ assererent. Flodoardus lib. 2. Hist. Rem. cap. 19. de Ebone Archiepiscopo : *Mancipia vel colonos quosdam Ecclesiæ desertores tam per se ipsum, quam per Radulphum Vicedominum et Ecclesiæ Advocatum apud judices publicos legibus evindicatos et obtentos Ecclesiastico juri restituit.* Exstant in hanc sententiam Notitiæ judicatorum veteres aliquot apud Perardum in Tabulis Burgundicis pag. 152. 153.

Ut Vicedomini causas Ecclesiæ, tamquam Advocati et Patroni, coram Principe, aut quovis alio, examinabant et tuebantur, sic eorum munus erat ejusdem Ecclesiæ vassallis jura impertiri, et eorum lites judicio dirimere. Veteres Tabulæ apud Ferreol. Locrium in Chron. Belg. ann. 583. de Vedulpho Episcopo Atrebatensi : *Duos suo titulo semper habuit Archidiaconos, et Vicedominum, qui absente Episcopo causas Atrebantensis Episcopatus animadvertebat.* Alia hujus rei prostant exempla apud Henricum Mon. de Mirac. S. Germani cap. 52. Eginhardum Epist. 18. in Capitul. Caroli M. lib. 5. cap. 120. [** 191.] apud Guibertum de Laudibus B. Mariæ cap. 10. etc. Quod quidem Vicedominorum munus in judiciis obeundis, *Placitum Vicedominarium* appellatur in Diplomate Berengarii Episcopi Virdunensis, quod exstat apud Hugonem Flaviniacensem in Chron. ann. 951. pag. 132.

Cætera denique munia, quæ ab Episcopis injungebantur, obibant Vicedomini, tamquam eorum clientes et famuli : quod constat ex Eginhardo Epist. 23. Adrevaldo de Mirac. S. Benedicti cap. 6. Aigrado Monacho in Vita S. Ansberti Archiepisc. Rotom. n. 29. Adamo Brem. cap. 182. etc. Quo spectant verba Caroli C. Reg. Franc. in Epist. ad Hadrian. PP. apud Baron. ann. 871. n. 100 : *Quia Reges Francorum ex Regio genere nati, non Episcoporum Vicedomini, sed terræ domini hactenus fuimus computati.*

Curabant præterea Vicedomini, ut morientibus Episcopis res ab iis relictæ in tuto essent, neque domus eorum expilarentur. Pravus quippe mos invaluerat superioribus sæculis, ut statim atque decesserant, domus eorum invaderentur, resque ab iis quondam possessæ diriperentur. Quod non solum post Episcoporum, sed ipsorum etiam summorum Pontificum obitum fieri solitum docent Acta Synodi Romanæ sub Joanne IX. ann. 904. cap. 12. ubi talis abusus prohibetur, his verbis : *Quia scelestissima etiam consuetudo inolevit, ut obeunte S. R. E. Sedis Pontifice, ipsum Patriarchium depredari soleat : et non solum in ipso sancto Patriarchio, sed etiam per totam civitatem et suburbana ejus talis bacchatur præsumptio : nec non quia et id inultum hactenus neglectum est, adeo ut omnia Episcopia eadem patiantur, uniuscujusque Ecclesiæ obeunte Pontifice, quod ne ulterius præsumatur, omnimodis interdicimus, etc.*

Ejusmodi autem ædium et bonorum Episcopalium direptiones et vastationes ab ipsis fere Ecclesiæ Christianæ primordiis obtinuisse ex eo colligere est, quod in prioribus Conciliis, et ab ipsis summis Pontificibus identidem prohibitas legamus, in Concilio nempe Chalcedonensi can. 22. Antiocheno, Trullano can. 35. Tarraconensi sub Hormisda PP. can. 12. Ilerdensi sub Johanne II. PP. can. 16. Valentino Hispan. ann. 524. can. 2. Pontigonensi ann. 876. can. 14. Troslejano ann. 909. can. 14. Romano ann. 996. Romano ann. 1059. can. 2. Claromontano ann. 1095. can. 30. Nemausensi ann. 1096. can. 7. Pictavensi ann. 1109. can. 15. Tolosano ann. 1119. cap. 4. Remensi ann. 1131. cap. 3. Lateranensi ann. 1139. can. 5. Budensi ann. 1279. can. 49. in Constitut. Ludovici Pii ann. 824. cap. 2. apud Holstenium in Collect. Romana, etc.

Hujus præterea moris pravissimi mentionem agunt Epistola Leonis IX. PP. ad Auxitanos apud Baronium ann. 1051. n. 3. Vita ejusdem Leonis tom. 8. Ughelli pag. 127. et apud Henschenium et Papebroch. tom. 10. pag. 667. Gregorius Turon. lib. 6. cap. 11. Baldricus lib. 1. Chron. Camerac. cap. 14. 111. Atto Vercellensis lib. de Pressuris Ecclesiasticis part. 3.

initio, Epist. Urbani PP. II. ann. 1091. ad Hugonem Gratianopolitanum Episcopum in Tabulario ejusdem Ecclesiæ fol. 79. Joannis Sarisberiensis Epist. 57. Chartæ Innocentii et Paschalis PP. pro Ecclesia Carnotensi in Tabulario ejusdem Ecclesiæ n. 1. 13. 32. 67. et aliæ apud Doubletum in Hist. Monasterii S. Dionysii pag. 852. Catellum in Historia Occitan. pag. 786. in Magno Pastorali Parisiensis Ecclesiæ lib. 19. ch. 87. et in Probationibus libertatum Ecclesiæ Gallicanæ cap. 16. n. 1. 4. Vide Marcam de Concordia Sacerdotii pag. 346. 347. 2. edit. et quæ in id argumentum congessit Ludovicus Thomassinus in lib. de Disciplina Ecclesiastica circa dignitates Ecclesiasticas parte 2. lib. 4. cap. 25. 26.

Verum sensim cessavit ea labes, Principibus ipsis, qui id sibi juris in Episcoporum decedentium bona arrogaverant, Ecclesiis id ultro cedentibus. Necrologium Ecclesiæ Parisiensis 6. Idus Januar. : *Eodem die obiit Theobaldus Parisiensis Episcopus,... Fecit et aliud solenni dignum memoria : cum enim de consuetudine prava, usitata tamen, Rex Episcopo sedem relinquente, domos Episcopi rebus in eis inventis spoliaret, talliam etiam in terra Episcopi pro sua voluntate faceret, nacta opportunitate, cum pius Rex Ludovicus Hierosolymam proficisceretur, idem Episcopus precibus fusis, et data pecunia impetravit ab eo, ut de cætero Rex in domibus Episcopi nihil omnino capiat in ferro, vel ligno, vel aliquibus utensilibus domuum, vel ornamentis : in terra etiam Episcopi tallia sexcentas* [*sexaginta*] *libras excedere non possit.* [Charta Ludovici VII. qua ejusmodi juri cedit exstat in Chartul. Episc. Paris. fol. 20. ubi sic legitur : *Notum igitur facimus quia nos, quibus ex antiquo prædecessorum nostrorum tenore quasi jure fisci omnia quæ mortuo Parisiensi Episcopo in domibus ejus inveniebantur, absportare licebat, volentes ecclesiæ Dei et Episcopis Dei servicio mancipatis debitam reverentiam exhibere et eos donis majoribus ampliare, inhonestas consuetudines reformare, moti precibus et supplicatione karissimi nostri Theobaldi Paris. Episcopi viri religiosi, quicquid suppellectilis de materia lignea vel ferrea deinceps inventum fuerit in domibus Episcopi Paris. post mortem ipsorum in quibuscumque locis et villis domus illæ forte sitæ sint, intactum et integrum succedentibus Episcopis in perpetuum possidendum libere et quiete manumittimus et confirmamus assensu et consilio dominæ Alienordis Reginæ collateralis nostræ.*] In parvo Pastorali ejusdem Ecclesiæ describitur Charta Philippi Regis ann. 1190. qua ejusdem Ludovici parentis Chartam confirmat, ex Theobaldi Episcopi precibus : *Quicquid supellectilis et materia ferrea inventum esset in domibus Episcoporum Parisiensium post mortem ipsorum in quibuscunque locis et villis domus illæ sitæ essent, intactum et integrum succedentibus Episcopis in perpetuum possidendum libere et quiete manumisit, etc.* [Rursum memoratur hæc Ludovici cessio in Bulla Innocentii III. PP. ann. 1199. ex Chartul. Episc. Paris. fol. 45. v° : *Auctoritate quoque Apostolica interdicimus ut suppellectilem decedentis Episcopi Paris. nullus omnino diripiat; sed ad opus ecclesiæ et successoris sui illibata permaneat, sicut a supradicto Ludovico illustri quondam Francorum Rege concessum est et scripto suo firmatum.*] Exstat similis Charta Henrici cogn. Stephani Comitis Blesensis et Carnotensis in Tabulario Ecclesiæ Carnotensis n. 67. et in Regesto 7. Archivi Regii, qua pravam illam consuetudinem eidem Ecclesiæ dimittit : quam descripsit Jacob. Petitus post Pœnitentiale Theodori pag. 449. 550. Describitur etiam Ludovici VII. Charta Cabilone exarata ann. 1166. in 7. Regesto Tabularii Regii, in qua Girardus Comes Viannensis *cognovit in plena curia, quod vacante sede per mortem Episcopi Matisconensis, nihil omnino habere in domibus Episcopalibus, neque in terris ad Episcopum pertinentibus, nec in rebus mobilibus, professus est, et terras Ecclesiæ prorsus esse liberas, etc.* Describitur præterea in Regesto VII. num. 2. ejusdem Ludovici Charta alia ann. 1147 : *Quando viam Hierosolymitanæ expeditionis intravit*, exarata in Castris apud Virdun. qua Bartholomæo Episcopo Catalaunensi concessit, *ne post decessum Catalaunensis Episcopi, sicut antiquæ consuetudinis tenor huc usque habuerat, in domibus Episcopalibus quicquam ligneum aut ferreum, sive per se, sive per ministeriales suos de cætero caperet : animalia quoque Episcopi, et cætera omnia, quæcunque ad supellectilem domorum Episcopalium pertinere dignoscuntur, sub eadem immunitate conclusit, præter annonam, vinum, aurum, et argentum, quæ omnia juxta vetustam consuetudinem in manu sua et potestate regia retinuit.* Quæ quidem extrema verba potissimum observanda. Adde eumdem pag. 451. tom. 13. Spicil. Acher. pag. 296. 297. Colmenarezium in Segovia cap. 18. § 1. Baluzium lib. 2. Miscellan. pag. 225. Ægidium Gelenium in Engilberto pag. 26. 202. etc. Hunc denique pravum morem diripiendi bona Episcoporum post eorum mortem, qui apud Græcos pariter invaluerat, coercuere novellis suis Constitutionibus, quæ in Jure Græcorum describuntur pag. 147. 154. 177. Impp. Joannes Comnenus, Manuel Comnenus, et Joannes Ducas.

Id porro juris in conservandis et tuendis defuncti Episcopi bonis habuisse Vicedominum Ambianensem docet sequens Charta, quam ex Tabulariis Corbeiensi et Pinconiensi eruimus : *Excellentissimo Domino suo Philippo D. G. illustri Francorum Regi R. ejusdem permissione Amb. Ecclesiæ Minister humilis, Sal. et cum honore debito devotum obsequium. Ad instantiam et preces dilecti et fidelis nostri Vicedomini Ambianensis, quod videmus, hoc testamur. Vidimus siquidem tempore bonæ memoriæ patris vestri, quod vacante sede Ambianensi post decessum felicis recordationis Theodorici Episcopi, Gerardus tunc Vicedominus servavit domos et redditus Episcopi. Et ad testimonium Ecclesiæ nostræ, quæ jus Vicedomini testificata est, serviens quidam, qui illuc introire volebat ex parte patris vestri, voluntate ejusdem patris vestri recessit : et Vicedominus in possessione pacifica remansit, tam custodiæ domus, quam reddituum Episcopi : cum etiam ex significatione sui nominis habeat Vicedominus, quod vices Domini debebat agere, bona Episcopi conservando, sed non disputando, si esset in hoc vestræ serenitatis assensus, posset uti jure suo, ut videlicet domos et redditus bona fide custodiret, et non dissiparet.*

☞ Omnibus vero Vicedominis id juris assertum fuisse nolim præstare : præter quam enim quod ex allata Charta de eo aliquando controversum esse colligitur, constat Vicedominum Meldensem in bona defuncti Episcopi nihil habuisse; sed ad Comitem Campaniæ spectasse ut iis conservandis invigilaret. Vide D. *Brussel* de Usu feud. lib. 2. cap. 21. et lib. 3. cap. 5. num. 6. Ast sedulo est observandum quod ubi Episcopus testamento disposuerat de iis etiam rebus quas, aliis remissis, exceperant Reges, nec Vicedominus nec alius quivis eas invadere poterat. Charta Ludovici VII. ann. 1147. jam laudata, apud Martem. tom. 1. Ampl. Collect. col. 803 : *Quod si de his præfatæ sedis* (Catalaunensis) *Episcopus ante obitum suum sub legitimo testamento disposuerit, illius contradicere dispositioni nec possumus, nec debemus.* Quod firmare iterum licet Litteris Philippi Aug. ann. 1222. ex Chartul. Campaniæ in Camera Comput. fol. 13.

Olim, juxta Canonum Statuta, Episcopo decedente, Archiepiscopus, cui suberat vacans Ecclesia, *Visitatorem* delegabat, qui bona ipsius Ecclesiæ, et Episcopi adversus invadentes tutaretur, cui Carolus Calvus Comitem adjungi voluit, in Capitul. tit. 43. § 8. Adde Constitut. Sicul. lib. 3. tit. 38. Vide *Visitator.*

Vicedominorum præterea officium erat Episcoporum exercitus conducere in hostem, si bellum pro bonis Ecclesiæ conservandis suscipi ab iis necesse foret. Nam olim et *Clerici lite non contenti, arma corripiebant, vibrantia telis tela conferebant, et non verbo, sed ferro contra sui ordinis regulam dimicabant*, ut ait Petrus Damianus lib. 1. Epist. 15. quod rursum improbat lib. 4. Epist. 9. his verbis, ubi de Ecclesiarum rectoribus : *Plerique mox ut eis vis infertur injuriæ, ad indicenda protinus bella prosiliunt, armatorum cuneos instruunt, sicque hostes suos acrius forte quam læsi fuerant, ulciscuntur. Quod mihi plane videtur absurdum, ut ipsi Domini Sacerdotes attentent, quod turbis vulgaribus prohibetur : et quod verbis impugnant, operibus asserant. Quid enim magis Christianæ religioni contrarium, quam redhibitio læsionum?* Tradit Ingulfus ann. 870. Osgotum, *Vicedominum Lincolniensem*, veteranum et validissimum bellatorem, cum cuneo Lincolniensi num. 500. bellum cum Paganis commisisse, et victoriam insignem adeptum esse, occisis tribus Regibus cum ingenti multitudine. Idem tradit Chronicon Petroburgense in Monast. Anglic. tom. 1. pag. 68. Alia in hanc rem exempla prodit Historia Australis ann. 1295.

Denique si Episcopus ratione Regalium suorum a Principe submoneretur ad exercitum, Vicedominus Ecclesiæ vassallos conducebat, eaque obibat munera, quæ Episcopus, cujus vices eo casu tenebat, pro sua dignitate implere non poterat. Id provisum et cautum videtur in Capitulari

Caroli C. tit. 3. § 8. firmaturque ex iis, quæ habet Hincmarus Remensis Arch. Opusc. 29. initio.

Sed sæpe accidit, ut, qui res Ecclesiæ et Episcoporum tueri debebant, eas invaderent, sibique et posteris assererent. Unde non semel prostat hæc querela contra Advocatos et Vicedominos, cujusmodi est illa in laudata Charta Ludovici VII. Regis Franc. Quo etiam spectant, quæ in hanc sententiam habet Adamus Bremensis cap. 183 : *Cumque rapinarum quæstio in omnes caderet Episcopo subjectos, non transivit etiam negotiatores, qui ex omni parte terrarum Bremam solitis frequentabant mercibus, eos omnes execranda Vicedominorum exactio coegit sæpe abire nudos.* Adde cap. 182. et Concilium Lateranense IV. can. 45. Quæ porro hic de Vicedominis adnotantur, communia censeri debent cum iis, quæ de Advocatis supra observavimus, ut qui, maxime a quo ex ordine Laico eligi cœpere, nomine tantum differant, cum Episcopi non semper *Vicedominos*, sed sæpe Advocatos habuerint.

Quæ vero *Vicedominorum* appellatione Tutores ac Advocatos habuerint Ecclesiæ, hic obiter annotabimus. Eæ vero sunt : *Ambianensis*, apud Guibertum, Willelmum Tyrium, et alios passim. *Lincolniensis*, apud Ingulfum pag. 859. 861. 864. *Belvacensis*, apud Loisellum in Histor. Belvacensi cap. 5. num. 2. 3. [et Pilletum Hist. Gerbor. passim.] *Parmensis*, in Additamentis ad Matth. Paris pag. 107. *Carnotensis*, apud Fulbertum Epistol. 130. *Rotomagensis*, apud Aigradum Mon. in Vita S. Ansherti Archiepiscopi Rotomag. num. 27. *Tarvanensis*, apud Bovonem de Inventione reliquiarum S. Bertini cap. 3. *Ravennensis*, in Charta ann. 1031. apud Rubeum in Histor. Ravennat. lib. 5. pag. 280. *Silvanectensis*, apud Sammarthanos in Gallia Christ. in Episcop. Silvanect. num. 40. ann. 1090. *Remensis*, apud Joan. Sarisberiensem Epist. 214. Duchesnium in Hist. Castilionea lib. 2. cap. 1. et seqq. *Cenomanensis*, apud Faustum in Vita S. Mauri Abbat. num. 16. 34. 37. Adrevald. de Miracul. S. Benedicti cap. 6. etc. *Lucensis*, apud Ughellum tom. 7. Ital. sacr. pag. 1296. *Cameracensis*, apud Lindanum in Teneræmunda pag. 217. [et Carpentarium in Hist. Camerac. part. 1. pag. 252.] *Laudunensis*, apud Guibertum de Laude B. Mariæ cap. 10. Duchesnium in Histor. Monmorenc. Probat. pag. 52. *Gebennensis*, apud Guichenonum in Episcopis Bellicensibus pag. 45. [et Spon. Hist. Genev. tom. 1. pag. 39. 53. 201. etc.] *Cumarum*, in Italia, in Charta Henrici Regis Normann. ann. 1311. in Regesto Papiensi Cameræ Comput. Paris. fol. 184. [*Senonensis*, ex lib. 1. feud. Campaniæ fol. 44. *Catalaunensis*, ibid. et apud Pillet. Hist. Gerbor. pag. 290. *Meldensis*, ibid. pag. 305. et ex laudato feud. lib. fol. 26. Vide Pilletum ad calcem Hist. Gerbor.]

* Vocabul. jur. canon. Mart. MS : *In quolibet episcopatu debet esse Vicedominus, qui et hospitibus et causis supervenientibus, loco episcopi, possit satisfacere.* Hinc in alio Anonymi ex Cod. 4611 : *Laicus non potest esse Vicedominus, sed potest esse auditor ecclesiæ.* Quod de ecclesia Romana intelligendum est, in qua Vicedomini ex ordine cleri et aliquando ex episcopali constituebantur; secus vero in aliis ecclesiis, ut invicte probat Cangius. *Vicedomini* munus idem fuisse atque *Advocati* negat Muratorius tom. 5. Antiq. Ital. med. ævi col. 310. in nota ad Placitum ann. 902. ex quo tamen id officii præstitisse mihi apertum est, si *advocati* nomine patronum causæ intelligas. En placiti verba col. 309 : *Ibique nostris præsentiis veniens Viventius archipresbyter et Vicedominus, qui causam da pars ipsius ecclesiæ episcopatui agebat, et ex alia parte Ghispertus presbiter.... altercationem inter se abentes. Dicendum ipse Viventius archipresbiter : Volo justitiam abere ab isto Ghisperto presbitero etc. Vicedominos* suos habuit etiam ecclesia Sabinensis, et aliquando ex ordine episcopali, ut patet ex pervetustis ejusdem ecclesiæ Constitutionibus editis ann. 1737. in quibus memoratur *Nicolaus de Zabareslis, episcopus Hortanus, Vicedominus Sabinensis.*

* In ecclesia Cameracensi *Vicedominatus* officium ad capitulum ejusdem ecclesiæ pertinebat, cujus jura explicantur in Charta Nicolai episc. ann. 1252. ex Tabul. hujus eccl. : *Cum dilecti filii præpositus, decanus et capitulum Cameracense, vacante sede, administrationem habentes spiritualium et exercitium ecclesiasticæ jurisdictionis et emolumentum ejusdem perCameracensem civitatem et diocesim, cum administratione temporalium in bonis episcopalibus universis participarent et sua facerent ratione Vicedominatus, quem ipsi habent per totam castellaniam Cameracensem et in villa de Thinio, cum suis pertinentiis, omnia mobilia spectantia ad episcopum tempore mortis suæ, necnon et omnes proventus episcopatus provenientes infra terminos antedictos, vacante sede Cameracensi, et etiam donec electus pro tempore sua regalia recepisset et de hoc fidem fecisset capitulo memorato, et super modo utendi Vicedominatu prædicto inter nos et prædictos præpositum, decanum et capitulum quæstio mota esset, etc.*

¶ Vicem-dominus, in Charta Agiradi, Episc. Carnot. ann. 696. apud Felibian. in Hist. S. Dionysii pag. 16 : *Ut nullus de successoribus nostris, nec archidiaconus Vicem-domini, nec Missi clerici vel laici discurrentis... tenere vel dominare videntur.*

Vicedominatus, in Ecclesia Cabilonensi, dicta quædam *officia*, quæ conferebantur ab Episcopo Cabilonensi Canonicis ejusdem Ecclesiæ in *terrariis* Capituli Cabilonensis, (ita prædia quædam Ecclesiæ vocabant, quorum possessores *Terrarii* dicti,) qui quidem *Vicedominatus* iidem sunt, quos *Præpositatus* vocant in aliis Ecclesiis Cathedralibus, Gall. *Prevostez.* De iis vide Sanjulianum in Cabilone pag. 468. Probationes Historiæ Cabilonensis tom. 2. pag. 143. [Gall. Christ. novæ edit. tom. 4. inter Instr. col. 252.]

** Subvicedominus, German. *Untervitztum*, apud Guden. Codic. Diplom. tom. 1. pag. 964. et 968. in Catalog. Vicedominorum Moguntin.

¶ **VICEDOMNATUS**, Vicedompnatus. Vide supra *Vicedognatus.*

¶ **VICEDONNUS**, ut *Vicedominus.* Charta ann. 1293. apud Spon. Hist. Genev. tom. 2. pag. 70 : *Certum est quod ecclesia Gebennensis domina est et princeps unica et in solidum totius civitatis, et suburbii et castri Jasule Gebennensis non habens in dominatu ejusdem civitatis aliquem participem vel consortem, sed habens et exercens per se aut per Vicedonnos et officiales et alios ministros et judices suos in ea et pertinenciis ejus omne merum et mixtum imperium, etc.*

¶ **VICE-DUX**, Qui Ducis vices agit apud Venetos, Ital. *Vice-Dúca*, Gall. *Vice-Duc*, vel *Vicedoge.* Translat. SS. Pauli et Barbari tom. 7. Maii pag. 772 : *Tum vero suis ex locis assurgens serenissima dominatio cœpit procedere sub hac serie : Commendatores, Capitanei,... Cancellarii ducales, Vice-dux, Oratores, Magistratus et excellentissimus Senatus.*

¶ **VICEGERENS**, Judex Ecclesiasticus, qui Officialis vices agit, Gall. *Vice-gérent.* Charta Ludovici II. Reg. Sicil. ex Cod. MS. D. *Brunet* fol. 116 : *Requisitus per ordinarium seu vicarium,... aut locum tenentem vel Vicegerentem.* Instrum. ann. 1358. inter Ordinat. Reg. Franc. tom. 3. pag. 292 : *Nos vero Officialis Vicesque gerens præfatus in testimonium præmissorum præsens Instrumentum fecimus nostræ curiæ sigilli appensione muniri.*

¶ Vicegerentia, *Vicegerentis* officium. Charta ann. 1601. in Hist. Mediani Monast. pag. 408 : *Pro cujus quidem Vicegerentiæ exercitio dictus Vicegerens... percipiat duas tertias partes omnium proventuum.*

¶ **VICE-IMPERATOR**, Qui vices agit Imperatoris, ex vet. Inscript. apud Murator. tom. 3. pag. 371. col. 2.

VICEJUDEX, in Lege Longob. lib. 2. tit. 30. § 2. [** Carol. M. 72.] qui vices judicis agit. [Vide *Vicebaillivus.*]

¶ **VICELLA**, Cochlea minor, *Petite vis.* Inventar. S. Capellæ Paris. ann. 1363. ex Bibl. Reg. : *Item caput S. Blasii repositum in quodam vase argenteo facto ad instar capitis unius Episcopi, in quo vase... defficiunt... una ala, una Vicella ad firmandum mitram dicti capitis.* Aliud ann. 1376. ubi de eodem capite : *Una verula ad firmandum dictam mitram.* Inventar. aliud ejusd. anni : *Duæ parvæ ymagines, scilicet B. Mariæ et S. Johannis Evangelistæ, tenentes duos parvos libros in manibus, in quibus sunt reliquiæ certæ et volvuntur cum Vicellis. Et tournent à vis*, in Inventario Gallico. Vide *Verula*, et *Vis* 2.

* **VICELLULA**, Vicellulus, diminut. a *Vicus*, Gall. *Petite rue.* Lib. nig. 2. eccl. S. Vulfr. Abbavil. fol. 43. r°. Magister *Hugo Meschons vitj. solidos de quodam prato..... retro domos in Vicellula Huberti..... Masura vacua in Vicellula Punctæ.* Vide *Viculus.*

* **VICENARIUS**, Monetæ species. Charta ann. 1335. tom. 4. Sept. pag. 729. col. 1 : *In Ellenpogen unum prædium, quod Guldeinerius colit, pendet quinque libras et sex Vicenarios pro canone.*

¶ **VICENDA.** Charta Gregorii IX. PP. apud Ughell. tom. 1. Ital. sacræ edit. ann. 1717. col. 1123 : *Concedimus... quandam petiam vineæ in pertinentiis vallis de Colera sitam, et quandam Vicendam in pertinentiis S. Stephani sitam. Vicenda* Italis dicitur locus qui alterius nomine occupatur. Unde

Vicenda de prædio, vel de re qualibet sub pretio conducta intelligi potest.

* **VICENESCALLUS**, pro *Vicesenescallus*, Qui vices senescalli agit. Charta ann. circ. 1450. in Reg. 3. Armor. gener. part. 3. pag. xxxviij : *Coram vobis egregio et venerabili viro domino Vicenescallo comitatuum Valentinensis, etc.*

VICENNA. Charta ann. 962. pro Monasterio S. Bartholomæi de Carpineto : *Cedimus ipsi Monasterio Vicennam nostram, quæ dicitur Sanguinetum, per mensuram modiorum centum, exhibentes etiam fratribus... liberam licentiam construendi molendina, etc.* Idem forte quod *venna*.

** **VICENTER**, Vicissim. *Si sancti Vicenter eadem patrent miracula*, Anast. in Mirac. S. Cyri sect. 50. apud Maium tom. 3. Spicil. Rom. pag. 318. ubi in græco S. Sophronii ἀλλήλοις.

* **VICENTIUS**, f. pro *Vicinus*, Loci incola. Charta ann. 1030. tom. 10. Collect. Histor. Franc. pag. 624 : *S. Gauffredi episcopi Cabilonensis inibi donantis S. Ypolito, audientibus et concedentibus omnibus sancti Vicentiis.*

¶ **VICEPLEBANUS**, *Plebani* seu Curionis vicarius. Statuta Eccl. Argentin. ann. 1435. apud Marten. tom. 3. Anecd. col. 532 : *Pro communi bono et cultu divino augmentando, statuimus ut promissarii seu præbendarii parochialium ecclesiarum suis plebanis seu Viceplebanis reverentiam exhibeant.* Occurrit apud R. Duellium tom. 2. Miscell. pag. 325. Vide *Plebes*.

¶ **VICEPRÆCEPTOR**, Qui *præceptoris* seu procuratoris vices agit, in Statutis Equitum Teuton. apud R. Duellium ibid. pag. 60 : *Vicepræceptor debet omnibus officiis necessaria ministrare et servitores acquirere juxta consilium fratrum qui sunt in officinis.* Vide *Præceptor*.

VICEPRINCEPS, Qui vices agit Principis, et qui Principatui alicui præficitur a Principe, apud Ughell. tom. 6. pag. 328. tom. 7. pag. 1288. Chronicon Casinense lib. 3. cap. 38. (al. 40.) : *Quidam Joannes... Vicecomes Jordani primi Principis.* Lib. 4. cap. 13 : *Cidrus Vicecomes Richardi Principis.*

¶ **VICEPROTONOTARIUS**, Idem qui *Vicecancellarius*, qui summi Cancellarii vices agit. Charta Friderici Reg. Sicil. ann. 1212. apud *La Guille* Hist. Alsat. inter Instr. pag. 32. col. 2 : *Datum in nobili civitate Basiliensi per manus Viceprotonotarii, VI. Kal. Octobris.* Alia ann. 1344. apud Ludewig. tom. 5. Reliq. MSS. pag. 472 : *Datum... per Sergium,... Viceprotonotarium regni Siciliæ.* Vide in *Notarii*.

¶ **VICEPURKGRAVIUS**, Burgi Vicecomes, in Charta Caroli Imper. apud Steyerer. in Comment. ad Hist. Alberti II. col. 325. Vide *Purgkravius*.

¶ **VICERECTOR**, ut *Viceplebanus*, *Rectoris* vicarius. Charta Guntheri Archiep. Magdeburg. ann. 1409. apud Ludewig. tom. 5. Reliq. MSS. pag. 55 : *Super præsentatione, institutione et obedientia Vicerectoris seu substituti per prepositum in ecclesia parrochiali S. Mauritii.* Occurrit ibidem non semel.

¶ **VICEREX**, Prorex, qui Regis nomine agit, Gall. *Viceroy*, in Chron. Astensi ad ann. 1435. apud Murator. tom. 11. col. 273.

* **VICERIA**, pro *Vicaria*, ut opinor. Vide in *Vicarius*. Obit. MS. S. Joan. Carnot. : *iiij. Id. Jan. Obiit Mathildis uxor Roberti de Franvilla, pro cujus anima ipse Robertus huic ecclesiæ suam partem Viceriæ, quam habebat in Osainvilla, scilicet quartam partem, dedit.*

¶ **VICEROSISSIMUS**, Dilectissimus, intime, ut viscera amantissimus. Charta ann. 1284. tom. 2. Hist. Dalph. pag. 118 : *Ego Randona Montis-Albani domina,.... dono et trado tibi Vicerosissimo filio meo Ronsolino domino Lunelli filio quondam nobilis viri Gaucelini quondam Lunelli domini primi mariti mei.*

¶ 1. **VICES**, pro Naves, in Charta Joannæ Reginæ Castellæ ann. 1257. tom. 4. Hist. Harcur. pag. 1654.

* 2. **VICES**, dicitur de animalibus, quæ matrem sequuntur. Charta Beatr. comit. Bigorrit. pro monast. de Scala Dei ann. 1160. in Reg. 148. Chartoph. reg. ch. 51 : *Donavi pastum de æstivis..... centum vaccis cum Vicibus suis.* Vide supra *Sequela* 7.

* *Vices* Gallice, pro *Fonction, employ, charge*, a Lat. *Vices*, in Vitis SS. MSS. ex Cod. 28. S. Vict. Paris. fol. 35. r°. col. 1. ubi de S. Vinc. : *Li evesques commist ses Vices à S. Vincenz; car il avoit la lengue plus empechié.*

¶ **VICESIMA**. Vide infra *Vintenum*.

VICESIUM. Vide *Huesium*.

VICESSOR, Qui vices alterius agit. Lex Bajwar. tit. 17. cap. 2. Venditor dicit : *Ecce wadium tibi do, quod tuam terram alteri non do, legem faciendo. Tunc ille alter suscipiat wadium, et donet illum Vicessoribus istius ad legem faciendam.* Ita etiam editio Heroldi.

¶ **VICEVICARIUS**, Qui *Vicarii* vices agit, in Regim. Paduæ ad ann. 1328. apud Murator. tom. 8. col. 439. Vide in *Vicarius*.

¶ **VICHIELLA**, Aromatum species, in Convent. civitatis Saonæ ann. 1526.

* **VICIATIUM**, Viciæ tritura, vel quod ex vicia triturata remanet. Charta ann. 1187. ex Chartul. A. eccl. Camerac. ch. 100 : *In residuo straminis et in Viciatio, si canonici suam ibi fecerint triturari viciam, quod utrumque suum* (majoris) *totum erit, quicquid de utroque, post usus dominorum, absque venditione, supererit.*

VICIBUS, Per vices, aliquando, quandoque. Fortunatus Pictav. in Vita S. Paterni Episcopi Abrincat. cap. 9 : *Imperans... ut cellulas, quas ipse construxerat, in carro Vicibus visitaret.* Et lib. 1. Poem. 15 :

Aula Dei et pastor, Vicibus sibi præmia reddunt.

Lib. 7. Poëm. 7 :

Sed Vicibus mundum sol, modo nubila complent.

Adde Gesta Acacii, Regulam Magistri cap. 18. 21. 23. 24. 40. Nicolaum I. PP. Epist. 27. Leonem III. PP. Epist. 1. Veterem Schedam de Aratore Subdiacono tom. 1. Bibl. Labbei pag. 668. Passionem S. Bercharii pag. 68. apud Camusatum, etc.

* **VICICOLA**, Incola vici. Append. ad Mirac. S. Bert. tom. 2. Sept. pag. 628. col. 2 : *Hic quia una et timeri ac placere desiderabat, nimium nimiumque Vicicolas labore usque impense acto premebat.*

¶ **VICINABILIS**. Vide *Semitarius*, *Terra vicinabilis*, et *Via convicinalis* in *Via* 1.

¶ **VICINAGIUM**. Vide in *Vicinus*.

¶ **VICINALIS**. Vide *Via convicinalis* in *Via* 1.

¶ **VICINANTIA**. Vide in *Vicinus*.

¶ **VICINARE**, VICINARI, Vicinum esse, appropinquare, Gall. *Avoisiner*. Anonymus de gestis Manfredi et Conradi Reg. apud Murator. tom. 8. col. 585 : *Sed antequam civitatis mœnibus ejus se Vicinaret exercitus, etc.* Nic. de Jamsilla de gestis Friderici II. Imper. ibid. col. 541 : *Superiores Apuliæ partes, quæ magis parti adversæ Vicinabantur repetere decrevit.* Vita S. Eugenii tom. 3. Jul. pag. 506 : *Fuit iste in quadam civitate proxima eremo, quæ Tripolitanæ provinciæ Vicinatur.* Occurrit præterea apud Sidon. lib. 2. Epist. 11. lib. 6. Epist. 9. lib. 7. Epist. 2. Cæl. Aurel. lib. 2. Acut. cap. 6. 27. in Conc. Hisp. tom. 3. pag. 554. S. Bernardum tom. 1. col. 379. in Bullario Carmelit. part. 1. pag. 94. etc.

¶ VICINARE, *Vicini boni more agere.* Gemma apud Vossium lib. 4. de Vitiis serm. cap. 29.

* Charta ann. 1389. apud Lamium in Delic. erudit. inter not. ad Hodœper. Charit. part. 2. pag. 473 : *Et ut dicta communia inter se pacifice et quiete vivant, et inter se fraterno more ad invicem Vicinent, etc.*

¶ **VICINATICUM**, VICINATUS, etc. Vide *Vicinus*.

VICINUS. Frontinus : *Cultorum agrorum silvæ absunt in montibus, ultra quartum aut quintum forte Vicinum.* Alibi : *Ager, qui a fundo suo tertio vel quarto Vicino situs est.* Nempe *agro*. [Charta Conradi Imper. ann. 1033. pro Monaster. S. Apri Tullensis : *Silini curtem cum ecclesia, et Grimaldi Vicinum cum appendiciis suis, etc.* Hinc]

¶ VICINITUS, Circum, quaquaversum, in Cod. Theod. leg. 4. tit. de Oper. publ. (15,1.) : *Omnes intra centum pedes Vicinitus, quantum ad horrea pertinet, arceantur.* Ubi nonnulli minus recte, ni fallor, emendant *Vicinitates*.

¶ VICINUS, *Affinis*, ἀγχιτέρμων, in Gloss. Lat. Gr. Reg.

VICINUS, Loci incola, civis, Italis et Hispanis *Vicino* et *Vezino*. [Lex Salica tit. 47. § 4 : *Si autem quis migraverit in villam alienam, et ei aliquid infra duodecim menses secundum legem contestatum non fuerit, securus ibidem consistat sicut et alii Vicini.* Itiner. Adriani VI. PP. apud Baluz. tom. 3. Miscell. pag. 451 : *Die Mercurii in aurora egressi concessimus Viterbiam civitatem, quam, ut reor, mille Vicini colunt.* Occurrit ibid. pag. 462.] Observantiæ Regni Aragon. lib. 2. tit. de Foro competenti § 10 : *Si agatur contra aliquem Militem, qui sit Vicinus civitatis vel alterius loci, etc.* Passim in Foris Aragon. *Vicinos* etiam pro Burgensibus usurpat Charta Anselmi Archiep. Mediolanensis ann. 1099. apud Puccinellum in Zodiaco Mediolanensi in Vita S. Simpliciani pag. 71. ut et ipsa Statuta Mediol. non uno loco. *Voisins de la ville*, in aliquot Consuetudinibus Galliæ municipalibus, Baionensi tit. 5. art. 43. 44. 45.

tit. 22. art. 2. tit. 26. art. 12. et tit. 30. et S. Severi locali tit. 9. ubi Vicini dicuntur fieri tribus modis : Primo quidem cum quis filius vel filia ex urbe ortum ducit : Rursum cum extraneus vel extranea in ipsamet urbe nuptias contrahit, et in ea domicilium figit : Tertio denique cum extraneus vel extranea ad jus civitatis admittitur ab Urbis Majore, certa persoluta pecuniæ quantitate, etc. In Consuetudine vero eadem S. Severi ibid. fœmina extranea nupta *vicino* sequitur conditionem mariti : sed si eo extincto alteri *vicino* rursum nubat, amplius non est *vicina*. Ita si homo *non vicinus*, in conjugem *vicinam* accipiat, neque is nec liberi *vicinagii* jure gaudent. Sic varia interdum ac diversa fuit ejusce in oppidis juris ratio. Vide præterea Capitulare Saxonum ann. 797. cap. 3. et Præceptum 1. Lud. Pii pro Hispanis cap. 2.

¶ VICINANTES, Incolæ. Capitul. 5. Caroli M. ann. 806. cap. 7 : *In aliquibus locis ipsi Vicinantes multa mala patiuntur.* Hinc

VICINITAS, Jus civitatis, *Burgesia*, dicitur in Foris Oscæ ann. 1247. fol. 26 : *Vidua omnem Vicinitatem faciat, excepto exercitu*, i. civium onera omnia subeat. Charta Adelfonsi Regis Hispaniæ æræ 1164. apud Antonium *de Yepez* tom. 4. pag. 458 : *Undecunque venerint illi homines, qui ibi populati fuerint, sint in potestate et subjectione Abbatis sancti Dominici et Prioris S. Martini, et nulli alio domino serviant, neque ab aliquo hominum opprimantur, nec faciant Vicinitatem in alio loco; sed permaneant in servitio et libertate vestra, secundum consuetudinem prædictorum in perpetuum.* Vide Michaelem Molinum in Repertorio pag. 332.

¶ VICINITAS, *Burgesiæ* concessio, in *vicinum* seu civem admissio. Correct. Statut. Cadubrii cap. 70 : *Volumus et jubemus quod aliqua regula et commune Cadubrii non audeat.... aliquem forensem in vicinum seu regulerium acceptare, nisi prius apparuerit dictum talem sic requirentem in vicinum assumi, per consilium fuisse admissum,... et quod omnis Vicinitas quæ ab aliqua regula Cadubrii facta fuisset contra ordinem præsentis Statuti, ipso jure sit nulla.*

VICINANTIA, Burgesia, Italis *Vicinanza*. [Statuta Mutin. rubr. 23. fol. 4. : *Si quæ universitas, Vicinantia, aut singularis persona, aut locus religiosus, etc.*] Occurrit præterea in Hist. Cortusiorum lib. 1. cap. 18. et alibi.

* *Vicinorum* seu incolarum congregatio, societas. Charta ann. 1167. apud Murator. tom. 4. Antiq. Ital. med. ævi col. 39 : *Absolvimus homines de Lemonte et de Civenna, ut non teneantur esse de Vicinantia hominum de Bellasio.* Vide in *Vicinus*.

VICINAGIUM. Charta Communiæ Peronensis ann. 1207. de Milite, qui debitum Burgensi non solvit : *Major debet super hoc militem convenire, ut Burgensi debitum reddat, aut communionem villæ, creditionem et Vicinagium interdicat, etc.* Infra : *Si miles hominem feodatum in Communiam habuerit, ipse homo in hospitio suo eum recipere poterit; sed nec creditionem, nec Vicinagium ei faciet.* Eadem habet Charta Communiæ Tornacensis art. 17. quæ quidem nescio an his locis capienda sint de libertate, privilegio, vel jure civitatis, quo invicem gaudent *Communiæ* alicujus jurati seu cives, [ut supra *Vicinitas* : sed et de iis officiis quæ sibi invicem exhibent vicini hæc possunt intelligi; quod vidit Vir eruditus *Secousse* in nota ad hunc locum tom. 5. Ordinat. Reg. Franc. pag. 161. ubi monet eo spectare art. 5. ejusdem Chartæ : *Si quis extraneus qui de Communia non fuerit, cum homine de Communia mesleiam fecerit infra banleugam, Vicini sui de Communia, illum juvare debent.*]

¶ VICINANTIA, Urbis seu burgi regio. Statuta Vercell. lib. 1. fol. 15. v° : *Statutum est quod Potestas tenentur infra duos menses ab introitu sui regiminis compellere consules cujuslibet Vicinantiæ facere aptare vias in sua vicinia de terra glarea et calcestro, ita quod quilibet vicinus in facie domus in qua habitaverit aptare teneatur eo modo quod possit per vias commode commeare et itinerare.*

¶ VICINEA, Eodem significatu, ut videtur. Charta Cremonensis MS. ann. 1244 : *Voce præconia convocatis credenderiis, consulibus Vicinearum et paraticorum, et convocatis judicibus, etc.*

VICINETUM, VISNETUM, VICINITAS, Anglis Practicis, est Jus, forma, vel modus dirimendi controversias civiles vel criminales, in rebus dubiis neque omnino certis, per assisam vicinorum de villis, vel civium, aut Burgensium, iis scilicet advocatis, ex quorum *veredictis* seu depositionibus judex pronunciat : cujusmodi fere sunt, quos *Tesmoins voisinaux*, vocant Consuetudines Turonensis art. 159. et Lodunensis cap. 15. art. 4. Vox ducta ex Normannico *vesiné*, vel *voisiné* : *Visnet*, in vet. Consuet. Norman. cap. 33. nos *Voisinage* dicimus viciniam. Regiam Majestatem lib. 2. cap. 11. § 11 : *Si vero contradicatur status libertatis eorumdem productorum, vel de eorum statu dubitetur, ad Vicinetum erit de patria recurrendum : ita quod per Vicineti veredictum sciatur, utrum illi liberi homines sint, an non : et secundum hæc judicabitur.* Cap. 43 : *Si vero dubium fuerit de hæredis ætate, procul dubio domini ipsius tam hæredem, quam hæreditatem in custodia habebunt, donec ætas rationabiliter probetur per legales homines de Vicineto, et per eorum juramenta. Assisa de Vicineto*, ibidem lib. 1. cap. 1. § 8. Adde lib. 2. cap. 74. § 7. [** Glanvill. lib. 2. cap. 3. § 6. cap. 6. § 4. lib. 5. cap. 4. lib. 7. cap. 9. § 7.] *Proportatio patriæ vel Vicineti*, i. declaratio, in Quoniam attachiamenta cap. 68. *Postulare vicinetum*, cap. 73. *Per fidele Vicinetum transire*, in Statutis Alexandri II. Regis Scotiæ cap. 2. § 2. *Legales homines de Visneto seu de villa*, apud Gervasium Dorobernensem pag. 1387. et Will. Thorn. ann. 1269. [Charta ann. 1314. apud Kennett. Antiq. Ambrosd. pag. 367 : *Per sacramentum proborum et legalium hominum de Vicineto de Chesterton.*]

VICINITAS, Eadem notione, in Quoniam attachiam. cap. 82. Neque aliud videtur

VICINATICUM, in Usaticis Regni Majoric. MSS : *Ponat partem suam in omni communi vicinali seu Vicinatico civitatis Majoric.* Est enim *vicinaticum*, juratorum seu *vicinorum* civitatis conventus, *Communia* ipsa.

¶ VICINENTIUM, Eodem intellectu, in Statutis Vercell. lib. 1. fol. 21. v° : *Et facta extimatione si fuerit probatum damnum, fiat talea secundum solidum et libram Vicinentiis et nobilibus et castellanis extimatis in ipsis Vicinentiis usque ad quantitatem extimi.*

VICINIUM, Vicinitas. Capitulare Pipini Regis Italiæ cap. 36 : *Aut si in illo Vicinio habitare voluerint, etc.* Ordericus Vital. lib. 8. pag. 707 : *In tantum crevit ejus insania, ut pene omnes Ecclesiasticæ possessiones in Vicinio ejus depopularentur insolentia.* [Statuta Collegii de Dainvilla ann. 1380. apud Lobinell. tom. 5. Hist. Paris. pag. 511. col. 1 : *Expellatur ab eadem domo nostra, sine scandalo et rumore in Vicinio, sicut melius poterit fieri.*]

¶ VICINATUS, Eadem notione. Diarium belli Hussit. apud Ludewig. tom. 6. Reliq. MSS. pag. 165 : *Multitudinem non modicam..... de Vicinatu congregavit.*

¶ VICINITUDO, Pari significatu. Litteræ Edwardi I. Reg. Angl. ann. 1307. apud Rymer. tom. 2. pag. 1044 : *Volunt sub Vicinitudinis optentu mutuo se juvare.*

* Gall. *Voisinage*, alias, *Voisiné* et *Voisinité*. Lit. remiss. ann. 1369. in Reg. 100. Chartoph. reg. ch. 332 : *Comme icellui Guyot, pour affinité de Voisiné, eust traite son espée avec lesdiz freres contre ledit barbier.* Aliæ ann. 1408. in Reg. 163. ch. 288 : *Comme Denis de Montran, qui estoit voisin du suppliant, l'eust prié qu'il voulsist aler avecques lui à Evreux,...... il pour raison dudit Voisiné etc.* Occurrit rursus in aliis ann. 1478. ex Reg. 206. ch. 11. Lit. ann. 1415. in Reg. 168. ch. 315 : *Le suppliant pour l'amour de Voisinité presta un escu à icellui Rabarc. Visnage* etiam dixerunt, pro *Voisinage*. Lit. remiss. ann. 1389. in Reg. 135. ch. 166 : *Lequel exposant dist audit Biguet que volentiers, par bonne amour et Visnage, il buroit avecq li. Vesineté*, eadem notione, in Bestiar. MS :

De trestont le pais entour,
Dont ist une tant bonne odour
De sa bouce, pour vérité,
Qu'en toute la Vesineté, etc.

* VICINIUM SECRETI dicitur de re propemodum secreta et cum paucis tantum amicis communicata. Epist. Constant. presbyt. ad S. Censur. tom. 7. Jul. pag. 201. col. 1 : *Cum obedientia mea ad beatitudinis vestræ notitiam pervenisset, ut iterato in temeritatem prorumperem, præcepistis; jubendo ut paginula, quæ adhuc intra secreti Vicinia tenebatur, longius, me auctore, procederet.*

* VICINATUS, Civitatis vel burgi districtus et jurisdictio. Charta Phil. VI. ann. 1340. in Reg. 73. Chartoph. reg. ch. 190 : *Concedimus quod castra de Retro singula et de Coisseto, cum eorum pertinentiis, in et de bailliviagio et Vicinatu immediatis dictæ civitatis Condomii remaneant.*

* VICINIA, Vicus, civitas. Mirac. S. Rolandi tom. 5. Sept. pag. 121. col. 1 : *Primo domina Franceschina, Viciniæ S. Mariæ de Gonçaga, etc. Visné*, eodem sensu, in Lit. remiss. ann. 1482. ex Reg. 206. Chartoph. reg. ch. 814 : *Auquel bergier le suppliant avoit baillé icelle beste pour garder avec celle du Visné, où il estoit demourant.* Vide in *Vicinus*.

* VICINITAS, Commodum quod ex vicinia percipi potest. Charta ann. 1168.

in Chartul. Clarifont. ch. 31 : *Insuper etiam laudaverunt omnes terræ suæ aisentias, Vicinitatem et pasturas et nemora sua, tam ad comburendum, quam ad sepes faciendum.* Vide in *Vicinus.*

¶ **VICIOLUM**, dimin. a Vitium. Gloss. Lat. Gr. : *Viciolum*, ἐλαττωμάτιον.

VICISSERE, Per vices agere, Gallis, *Se relaier.* Vita S. Samsonis Episcopi Dolensis lib. 1. cap. 16. in Actis SS. Ord. S. Bened. : *Frater autem ejusdem Presbyteri, Vicissentibus se per ordinem cæteris Monachis, hujus monasterii pistor effectus est.* Vide *Vicibus.*

¶ Vicissitudinarius, *Qui fait foiéez d'autrui*, in Gloss. Lat. Gall. Sangerm. Vide *Focata* et mox suo loco.

Vicissatim, *Subinde, vicissim*, in Gloss. antiq. MSS.

¶ **VICISSITUDINARIUS**, Reciprocus, alternus. Charta ann. 1238. apud Ludewig. tom. 5. Reliq. MSS. pag. 58 : *Vicissitudinaria obsecundatione alterutrum obligemur in evum.* Litteræ Caroli Principis Salernit. ann. 1289. apud Rymer. tom. 2. pag. 443 : *Ut ad pacis intentum, Vicissitudinariis hinc inde tractatibus... venire laudabiliter valeamus.* Adde Marten. tom. 1. Ampl. Collect. col. 1587. Vide *Vicissere.*

¶ **VICISSITUDO** Æterna, Præmium vitæ æternæ, in Epist. Johannis V. PP. apud Mabill. tom. 2. Annal. Bened. pag. 756 : *Et quod pia devotione pro intuitu æternæ vitæ Vicissitudinis cupit, etc.*

¶ **VICIUM**, *Minus*, ἧττον. Gloss. Lat. Gr. in Cod. Sangerm. habetur *Parum.*

¶ **VICOMERCATUM**, Nomen loci proprium ex Italico *Vico* et *Mercato*, Vicus ubi *mercatum* seu emporium fit. Bonincontrus in Chronico Modoet. apud Murator. tom. 12. col. 1134 : *Raynerolus de Pirovano dictæ contratæ nobilis, custos castri, mandavit ad Vicomercatum Marco, ut sine dilatione ei mitteret auxilium, sine quo mala erat ei defensio.*

VICONIUM, *et Cistifer, nomina metallorum.* Papias.

* **VICONTAGIUM**, Jus vicecomiti debitum, nostris etiam alias *Vicontaige.* Charta Phil. V. ann. 1317. in Reg. 56. Chartoph. reg. ch. 234 : *Dimisit centum libratas terræ...... percipiendas...... super bladis, avenis, ordeis et gallinis, quæ nobis ratione seu occasione usagiorum forestæ nostræ de Goufart, ac etiam ratione seu occasione Vicontagiorum ab usagiariis ejusdem forestæ .... nobis annuatim debentur.* Charta ann. 1359. in Reg. 87. ch. 339 : *Lesquelles avennages, barnaiges, Vicontaige et gelines furent lors prisées par le bailli de Caen.* Vide in *Vicecomes* et supra *Vicecomitatus.*

¶ **VICORIUM**, Vicus minor, mansionum vel ædium collectio a majori vico dependens. Charta ann. circ. 1180 : *Ego Robertus Marmion perfeci ei* (Matthæo de S. Germano) *XV. acras terræ et præterea donavi ei viginti acras terræ de proprio dominio meo in Vicorio de sancto Germano et de Fontaneto.* Occurrit rursum in alia Charta ejusdem ætatis. Vide *Viculus.*

¶ **VICORNIUM**, Vicornum, Vas quoddam duabus ansis instructum. Inventar. ann. 1476. ex Tabul. Flamar. : *Item plus tria Vicornia sive seumals armorum clausa cum eorum clavibus vacua.* Ibidem : *Item plus duo Vicornia sive semals avietis.* Rursum : *Item plus unum Vicornum sive semal armorum sive guerræ vacuum et cum clave clausum.* Vide *Semalis.*

¶ **VICTARE**, *Victitare, vivere*, in Gemma.

¶ **VICTARIUS.** Comput. ann. 1202. apud D. *Brussel* tom. 2. de Usu feud. pag. CLX. col. 2 : *Et XXIIII. bacones, qui fuerunt perditi per Victarios et exercitum.* f. Præbitor annonarius, Gall. *Vivandier*; nisi idem sit qui *Victerius.*

* **VICTATORIUM**, pro *Invitatorium*; sic appellatur psalmus *Venite exultemus*, qui ad officium matutinum cantatur. Reg. capit. eccl. Ludgun. ex Cam. Comput. Paris. ad ann. 1338. fol. 36. r°. col. 1 : *Item ordinaverunt quod canonici diaconi faciant Victatoria.* Ibid. ad ann. 1341. fol. 70. v°. col. 2 : *Ordinaverunt quod statutum factum super Victatoriis et responsis teneatur, cum adjectione et moderatione quam facient dom. præcentor et magister.* Rursum fol. 73. r°. col. 2 : *Item uni de incorporatis, qui cantabit Victatorium ad matutinas, xij. denarios.* Vide *Vitatorium.*

¶ **VICTERIUS**, Vector, vectarius, Gall. *Voiturier.* Charta ann. 1378. ex Regest. *Columbi* fol. LXII. v°. : *Anthonius Albi de Cayratio in Briansono diocesis Ebredunensis Victerius promisit et convenit.... quod ipse Anthonius portabit seu portari faciet cum mulis triginta et octo balas.* Vide *Vectuarius* et *Victuralis.*

¶ **VICTICOLA**, pro Viticola, Gall. *Vigneron*, in Statutis Avenion. lib. 3. rubr. 6. art. 13. pag. 344.

¶ 1. **VICTIMA**, Idem quod *Friscinga.* Vide in hac voce. Acta S. Meinwerci tom. 1. Jun. pag. 523. et apud Leibnit. tom. 1. Script. Brunsvic. pag. 530 : *Concessit... I. poledrum ac V. Victimas; id est fristingas.* (*l. friscingas* vel *friskingas.*)[** Chart. Mazelini Præpos. Wormat. sec. XI. apud Schannat. Hist. Episc. Wormat. tom. 1. pag. 122 : *Unam Victimam porcinam, quæ sit præcio quindecim denariorum.*]

* 2. **VICTIMA.** Epist. Pering. abb. Tegerns. ann. circ. 1003. apud Pez. tom. 6. Anecd. part. 1. col. 141 : *Sed de illis tacemus, aliisque rebus supra modum et irrationabiliter hinc inde distractis in denariis, in vestibus, in bubus et ovibus, multoque grano cum multigenis Victimis.* Alia ibid. col. 143 : *Plura etiam retia habet nobis tulta, Victimasque et granum, quod nostri debuerunt seminare in agrum.* Instrumenta rustica videntur designari.

¶ **VICTIMARE**, Immolare, mactare. Gloss. Lat. Gr. : *Victimo*, θύω : addunt Sangerman. *immolo.* Gloss. : Isid. *Victimo, immolo. Victimare, Sacrefier*, in Gloss. Lat. Gall. Sangerm. Eccli. cap. 34. 24 : *Qui offert sacrificium ex substantia pauperum, quasi qui Victimat filium in conspectu patris sui.* Martyrium Thebæor. tom. 1. Hist. Lothar. col. 6 : *Mauricius vero apud Agaunum oppidum cum suis sociis pro Christo Victimatus occubuit.* Utitur Apuleius lib. 7. Metamorph. semel et iterum.

VICTOR Ignium, dicitur S. Laurentius, in Historia Institutionis Archiepiscopatus Magdeburgensis, edita a Gabr. Cossartio cum Conciliis sub anno 967. [Vide *Victor.*]

¶ **VICTORABILIS**, *Vincere consuetus*, in Gloss. Gasp. Barthii apud Ludewig. tom. 3. Reliq. MSS. pag. 381. ex Gauterio de Bellis Antiochenis.

VICTORALIS, ἐπινίκιος, in Gloss. Gr. Lat. MS. editum habet *Victorialis*, quomodo Capitolinus in Galieno *Victoriales dies* dixit. [*Victoriales litteræ*, Epistolæ victoriæ nunciæ, in Lexic. Phil. Goclenii. *Victoriales triumphi*, Ammiano lib. 22. cap. 4.]

VICTORIARE, Victoriam adipisci, referre, apud S. Eulogium in Epist. ad Alvarum, et Sebastianum Salmanticensem Episcopum in Hist. Hispan. pag. 45.

* *Victorier*, eadem notione, apud Froissart. vol. cap. 3. 27 : *La couronne de laurier au chef, ainsi comme anciennement souloient les rois faire, quand ils Victorioient ou deconfisoient un roi en bataille.*

** Virgil. Grammat. pag. 48 : *Nam cum dicis Victorio, nescio quomodo ad meditationem pertineat, quocumque sensu intellegatur; sive ut nos dicimus, quandoque vincam, sive ut quidam, volo vincere.*

¶ Victoriatus, νικηφόρος, in Gloss. Lat. Græc.

¶ Victorifer. Eadem notione. *Lacrymas fundens ante Victoriferos clavos manibus D. N. J. C. affixos*, in Hist. Liutprandi cap. 11. apud Murator. tom. 2. pag. 456. col. 2.

¶ Victoriose, Manu victrici, apud Petrum de Vineis lib. 1. Epist. 15.

¶ Victoriosus, Victor. Anonymus de Gestis Manfredi et Conradi Reg. apud Murator. tom. 8. col. 585 : *Ad cujus itaque domandam proterviam, et per hæc restituenda læsis jura sua Rex Victoriosus accingitur.* Charta Milonis Abb. S. Remigii Rem. ex Chartul. Campan. fol. 245. col. 2 : *Actum anno dominicæ incarnationis M.CC. VI. regnante glorioso et Victorioso Francorum Rege Philippo.* Eodem perinde titulo illustris fuit Carolus VII. Francorum Rex. *Victoriosissimus*, apud Sidon. lib. 3. Epist. 3. in vet. Inscript. Gruter. 179. 2. S. August. de Civ. Dei lib. 5. cap. 25. et in Charta Renati Reg. ann. 1456.

* *Victorisiossimi*, appellantur Henricus I. et Ludovicus VI. reges Francorum. Charta ann. 1060. inter Probat. ult. Hist. Trenorch. pag. 130 : *Actum publice Lausduni........regnante Henrico Victoriosissimo Francorum rege anno XXX.* Alia ann. 1132. inter Probat. tom. 1. Annal. Præmonst. col. 502 : *In nomine sanctæ et individuæ Trinitatis. Ludovicus Dei gratia Victoriosissimus rex Francorum.* Eodem titulo donatur Alphonsus rex utriusque Siciliæ, in Charta ann. 1443 ex Tabul. Cassin.

¶ Victorius, Pari intellectu. Sallas Malaspinæ de Rebus Sicul. apud Baluz. tom. 6. Miscell. pag. 273 : *Quod si strenuos et fideles habuisset compugiles, vel majorem nostræ gentis partem Victorius subegisset, etc.*

* *Victorien*, eodem sensu, in Lit. remiss. ann. 1463. ex Reg. 199. Chartoph. reg. ch. 79 : *Icellui Loys pour cuider demourer Victorien, a trouvé maniere de soy faire guiseler, etc. Victoire*, pro *Réjouissance, fête*, Lætitia publica, festum, in aliis Lit. ann. 1388. ex Reg. 132. ch. 275 : *L'exposant regardoit à jouer à la folesuye le jour d'une Victoire, etc.*

VICTORINUS, Monetæ species a Friderico II. Imp. in Italia, dum Ferrariam obsideret, cusa, cum castra instar urbis vallis ac fossa hac mente munisset, ut direpta et eversa civitate in eo ipsomet loco, ubi stativa habuerat, *Victoriam* urbem condere, uti narrat Joan. Candidus lib. 5.

¶ **VICTORIOSE**, Victoriosus, Victorius. Vide supra in *Victoriare*.

¶ **VICTRINÆ**, Fenestræ vitreæ: Chron. Beccense pag. 27 : *Quam cappellam B. Mariæ Magdalenæ Victrinis sumtuosis clausit.* Vide *Veyrtæ* et *Vitrinæ*.

* Comput. ann. 1493. ex Tabul. S. Petri Insul. : *Mathæo Bernard vitrario, pro carellis novis et reparatione veteris Victrinæ, quæ servierat in capella S. Catharinæ, etc. Pro toto vitro ambarum Victrinarum, ijc. xxxvij. lib.* in alio ann. 1511. ex eod. Tabul.

1. **VICTUALIA**, Commeatus, victui necessaria, Gallis *Victuailles*, Italis *Vittuaglie*. Glossæ Dosithei : *Alimonia, victuaglia.* Occurrit apud S. Ambrosium lib. 5. Hexaëmer. Petr. Blesen. Epist. 69. cap. 21. Fulbert. Epist. 38. Petrum Chrysolog. serm. 63. et 155. Flodoardum lib. 2. Hist. Rem. cap. 11. Arnulph. Epist. 4. in Capitul. 2. ann. 812. cap. 8. et lib. 3. cap. 74. in Hist. Miscella ann. 6. Justiniani M. in Hist. Cortusiorum passim, etc. Vide Notas Felicis Osii ad Hist. Ottonis Morenæ pag. 57.

Victualium, in Synodo Metensi ann. 753. cap. 4. [Chron. Richardi de S. Germano apud Murator. tom. 7. col. 1030 : *Pro jure mensurarum Victualii tam in sauma quam in turninis servabitur forma antiqua, etc.*]

Victualis Necessitas, in Lege Alaman. tit. 2. § 1 : *Ministerium victuale*, apud Apuleium de Dogmate Platonis.

¶ 2. **VICTUALIA**, *singulare non habet*, γυμνασίαι τῶν μονομάχων. Gloss. Lat. Gr. ubi codex Reg. habet *Vectualia*, Sangermanensis legit *Vactualia*, quod vero proximum est; legendum enim *Battualia*. Vide *Battuere*.

* **VICTUALIARE**, Commeatu urbem vel castrum munire, Gall. *Avitailler*. Memor. C. Cam. Comput. Paris. fol. 191. v° : *ij. die Decembris* 1357. *fuit dies assignata Petro Peneillon, servienti regis anno* 1355. *commisso ad faciendum certas garnisiones granorum pro villa et castro Boloniæ Victualiandis.* Vide *Victualia* 1. et *Vitellatio*.

¶ **VICTUALIO**, Ipsa *victualium* distributio, vel eorum usus. Charta ann. 1492. apud Rymer. tom. 12. pag. 476 : *In eodem obsequio circa provisionem victualium et Victualionem exercitus armatæque Regis in partibus prædictis moraturus, etc.* Infra minus bene editum : *Circa provisionem victualium et Victulationem, etc, etc.*

¶ **VICTUARIA**, ut *Victualia* 1. Parisius de Cereta in Chron. Veron. ad ann. 1243. apud Muratur. tom. 8. col. 634 : *Et ab alio capite dicti pontis erat Entius Rex filius ipsius Imperatoris cum Parmensibus extrinsecis, defendentes et evitantes quod Victuaria non intrarent in Parma.*

¶ **VICTULATIO**. Vide *Victualio*.

¶ **VICTURALIS**, Vector, Gall. *Voiturier*. Statuta Vercell. lib. 4. fol. 71. v° : *Item Victurales tempore vindemiarum portent super fiolis butallorum tractarolios qui vinum colligant.* Vide *Victerius*.

* **VICTURIA**, ut *Victuaria*, victui necessaria. Notit. ann. 851. ex Chartul. Lemov. : *Totum quæsivit jam dictus advocatus Guntramno ad opus matriculariorum S. Stephani altaris pertinentium, excepto Victurias et ortolinse.* Vide *Victualia* 1.

¶ 1. **VICTUS**, Pensio annua, qua victui necessaria comparantur. Charta fundat. Collegii de Cardineto ann. 1302. apud Lobinell. tom. 5. Hist. Paris. pag. 609. col. 2 : *Item ad quatuor Victus pro quatuor artistis, et ad duos Victus pro duobus theologis, me et bona mea presentia et futura obligo. Vivre naturel* dici videtur portio quæ natu minori ad victum tribuitur in bonis paternis sive maternis. Charta ann. 1419. ex Chartul. 21. Corb. fol. 246. v° : *A la charge de tel portion de quint et Vivre naturel qui par raison et la costume des lieux poet appartenir audit Estevenot fils maisné et heritier dudit feu Jaque.* Alia ann. 1442. ibid. fol. 243 : *Généralement de tout ce que à cause dudit quint, Vivre naturel et autrement de toutes coses il eust poeult faire demande, action ou poursieute dudit Jaque le Petit son frère.* Vide *Viagium* 2. *Vita* et *Vitalium*.

¶ 2. **VICTUS**, *Paralyticus, debilis*, παραλυτικός, in Gloss. Lat. Gr. MSS. Sangerm. et Edit. Gr. Lat.

* **VICTUS** Mortui, Portio cibaria, quæ pro canonico vel monacho defuncto pauperibus primum solebat distribui. Charta ann. 1100. inter Instr. tom. 12. Gall. Christ. col. 336 : *In anniversariis diebus canonicorum,..... Victum mortui..... prædictæ ecclesiæ servitoribus donamus.* Infra : *Præbenda mortui.* Vide in hac voce.

¶ **VICUCIA**, μώλωψ, in Gloss. Lat. Gr. Aliæ Gr. Lat. : Μώλωψ, *Vicucia, vibex.*

¶ **VICULUS**. dimin. a *Vicus*, ut supra *Vicorium*. Charta Henrici III. Imper. ann 1044. apud Eccardum Hist. Landgrav. Thuring. col. 315 : *Nec non saltum innovans ad campestria Viculos per se statuit, atque ex his omnibus... prædium unum colligitur.* Pro semita, Gall. *Sentier*, occurrit in Chartul. S. Vandreges. tom. 1. pag. 623. ubi de manerio quod *aboutat ad Viculum in uno bouto. Viculus, ruele*, in Gloss. Lat. Gall. Sangerm.

* *Wiquet*, eadem notione, ut videtur, in Lit. remiss. ann. 1394. ex Reg. 147. Chartoph. reg. ch. 64 : *L'exposant requist à icelle femme que elle s'en alast dehors le Wiquet merdeux de la ditte ville de Monstereul, et que aux champs il parleroit à lui secrétement.*

VICUS. *Vici*, Papiæ, *Castella et pagi sunt, qui nulla dignitate civitatis honorantur; sed vulgari hominum cœtu incoluntur, et pro parvitate sui civitatibus attribuuntur.* Infra : *Vicus, castrum sine munitione murorum.* [** Ex Isid. Orig. lib. 15. cap. 2.] [Scriptoribus ante annos 1200. idem quod *villa*, ut observat Valesius Notit. Gall. pag. 283.]

Vicus Canonicus, Qui ad Canonicos pertinet, in Actis Episc. Cenoman. apud Mabill. tom. 3. Analect. pag. 259. *Vicus publicus et Canonicus*, ibid.

Vicus Episcopalis, ibid. pag. 305.

Vicus Publicus, Qui fisci est, qui non est in beneficium datus. Capitulare 6. ann. 806. cap. 21. et Append. 1. Capitul. cap. 62 : *Ut festivitates præclaræ non nisi in civitatibus aut Vicis plublicis teneantur.* Concilium Ravennense ann. 904. cap. 11. de Comitibus : *In plublicis Vicis domos constituant, in quibus placitum teneant, et secundum antiquam consuetudinem hospitentur.* Quo nomine appellantur *Compendium*, apud Bedam lib. 3. Hist. cap. 28. et *Leodium* in Annalib. Francor. Loisellianis et Metensib. ann. 769. Aigradus Monachus in Vita S. Ansberti Archiep. Rotomagensis n. 25 : *Census autem, qui de Vicis publicis Canonico ordine ad partem Pontificis persolvi consueverant, gratuita benignitate in restaurationibus Ecclesiarum benignissime Presbyteris indulsit earumdem Dei ædium.* Tabularium Persiense cap. 30. apud Perardum : *Cum resideret Dominus Ado Præsul apud Matisconum in propria Synodo, venerunt ante præsentiam ipsius duo Monachi Leotaldus videlicet et Girboldus, viva voce proclamantes, quod non deberent Episcopalem receptionem facere apud sanctum Marcellinum, quæ Cappella est, non Vicus publicus : exenia vero et servitium se dare debere aliis in locis dixerunt, etc.* Vide Vitam Aldrici Episc. Cenoman. pag. 30. 31. Acta Episcoporum ejusdem urbis pag. 242. 243.

¶ **VIDA**. Charta ann. 1311. apud Baluz. tom. 2. Hist. Arvern. pag. 141 : *Donatarius et ejus hæredes... sint astricti annis singulis in festo Corporis Christi... facere unam eleemosynam generalem, in qua detur cuilibet pauperi ad ipsam venienti usque ad valorem trium denariorum Turonensium, Vida de pane ad valorem duorum denariorum, et de carnibus ad valorem unius denarii.* Mendum typographicum pro *Videlicet*.

¶ **VIDACERIUS**, Locus editus, ut videtur, unde conspectus patet, a verbo *Videre*. Charta ann. 1344. ex Schedis Cl. V. *Lancelot* : *Item quod nulla persona cujuscumque conditionis existat, sit ausa facere Vidacerios infra villam Balneolis.*

* **VIDATIO**, Locus, unde ligna cæsa evacuantur, Gall. *Vuidange*, silva cædua. Charta Manas. Aurel. episc. ann. 1167. inter Instr. tom. 8. Gall. Christ. col. 517 : *Concedimus et fratribus loci illius usuale suum in nemoribus nostris,..... ligna ad faciendum ignem, ad domos ædificandas, ad clausuras faciendas, ad vineas sustinendas et ad usus cæteros sibi necessarios, excepta Vidatione seu venditione.* Vide *Venda* 3. et mox *Videngea*.

* **VIDATUS**, f. pro *Vineatus*, eadem saltem notione, Ager vineis consitus. Charta ann. 869. apud Murator. tom. 1. Antiq. Ital. med. ævi col. 721 : *Ad meas detenui manus, quod est inter terrola aratoria seo et Vidata, quamque et pratica per singulas petiolas, etc.*

* **VIDECACUS**, Rusticulæ majoris species, Gall. *Beccasse*. Charta Rob. milit. ann. 1255. inter schedas Mabill. : *Concedo quod dicti abbas et conventus* (S. Audoeni) *percipiant..... decimas..... gallinarum, avenarum, ovorum, Videcacorum, etc. Vuidecoc*, in Lit. remiss. ann. 1380. ex Reg. 118. Chartoph. reg. ch. 33 : *Comme Jehan Chierel..... et Colin son frere..... feussent alez à heure de vespre tendre aus oisiaux, appellez Vuidecox, autrement bequaces, etc.*

Reg. S. Justi ex Cam. Comput. Paris. fol. 791. v° : *Item quolibet rete ad Widecos, iiij. denarios.* Vide *Videcocqs.*

VIDECOQS, vel Widecoqs, [Gall. *Bécasse;* male pro *Wit-coc,* ut vult *Belon* lib. 5. de Avibus cap. 26. ab Anglico *Wood-cok, Beccasse,* proprie gallum silvestrem significat. Statutum Johannis Reg. Franc. ann. 1350. tom. 2. Ordinat. pag. 364 : *Lesdits jurez toutes les semaines, trois ou quatre fois, verront et visiteront par ouvroüers et hostels desdits poulailliers, tous les connils, lievrés, perdrix, Videcoqs, et autres bestes et oiseaux sauvages.*] Computum Domanii Stapularum in Comitatu Bononiensi ann. 1475 : *Recepte pour vollées de Videcoqs, chacune volée à 20. den. sauf les volées du maretz de Condette, dont on ne paye fors 13. den. pour chascune volée.* In Computo de *Desure,* ejusd. anni, fol. 49. verso : *Recepte de Widecoqs deus à Neufchastel, deus au jour de S. Remy. De Pierre de Wierre pour un pastich, etc. doit au dit terme 6. Widecoqs, qui à raison de 4. den. pieces valent, etc.*

* **VIDENGEA**, a Gallico *Vuidange,* Evacuatio, in Tract. Joan. de Monsterolio, in quo continentur occasiones seu colores, quibus rex quondam Eduardus Angliæ prætendebat habere jus ad coronam Franciæ, ex Cod. reg. laudato tom. 17. Comment. Acad. Inscript. pag. 339.

¶ 1. **VIDENTES**, Testes oculati, ut infra *Visores* 1. Vide in hac voce. Charta ann. 1116. ex Tabul. S. Victoris Massil. : *Facta est diffinitio ista... in præsentia... Comitis Burchinonensis,... Videntibus Pontio Priore Massiliæ et Raymundo de Barre, etc.* Alia ann. circ. 1132. inter Probat. tom. 2. novæ Hist. Occitan. col. 466 : *Videntes istius conventionis vel diffinitionis sunt Raimundus de Balcio, Raimundus de Barjago, etc.* Cui formulæ respondet ea quæ sequitur in *Videntia.*

** 2. **VIDENTES**, Prophetæ, apud Liutpr. Antapod. lib. 4. cap. 6.

VIDENTIA, Charta Bernaldi Guillelmi D. de Monbasone, qua dictum Castrum Guillelmo D. Montispessuli concedit : *Hoc donum fuit pactum et laudatum cum hac charta 7. Id. Aug. anno Dominicæ Incarn. 1113. in Videntia et præsentia Pontii de Monthlur, etc.* [Charta ann. 1120. inter Instr. tom. 6. Gall. Christ. novæ edit. col. 276 : *Hanc solutionem... facimus... in præsentia et Videntia et audientia et testimonio canonicorum Lutevensium, etc.* Occurrit præterea tom. 2. novæ Hist. Occitan. inter Probat. col. 470. et 511. Vide *Videntes.*]

VIDERE, Salutare, nostris, *Voir quelqu'un.* Ammianus Marcellinus lib. 14. *Contempto Cæsare, quem Videri decuerat.* Vide Henricum Valesium ad hunc locum.

¶ Videre Se, Apparere. Acta B. Tomassi tom. 3. Mart. pag. 601 : *Quæ ut recommendavit se B. Tomasso, continuo ipsum fusi frustum Vidit se, et exivit ex eadem parte aliunde.*

¶ Videre. Instrum. ann. 1368. ex Schedis Præs. *de Mazaugues : Visis et diligenter examinatis ac correctis secundum Videre nostrum, etc.* Id est, prout nobis visum est. Vide in *Visus.*

* Videre, Sollicite observare, ab aliquo nunquam dimovere oculos, Gall. *Garder à vue.* Scacar. S. Mich. ann. 1217. in Reg. S. Justi ex Cam. Comput. Paris. fol. 19. v°. col. 1 : *Judicatum est quod relicta comitis Alenconii, quæ gravida est, debet Videri, et quod dominus rex faciat eam custodiri per idoneas personas.*

* Videre in Aliquo, Perscrutari. Reg. visitat. Odon. archiep. Rotomag. ex Cod. reg. 1245. fol. 125. r° : *Visitavimus abbatiam de Cæsaris-burgo;...... canonici habent scrinia : abbas vel prior non Vident in eis. Injunximus priori ut Videat in ipsis, sive abbas.*

¶ **VIDERI**, Esse, in Cod. Theod. lib. 12. tit. 6. leg. 18. Passim occurrit in veteribus Chartis apud Mabill. Diplom. pag. 465. 466. 469. etc. Hæc monuisse sufficiat.

☞ Hinc fortean nostris *Voir* dicitur de eo quod revera est, quod certe existit. Chron. Johannis IV. Ducis Britan. apud Lobinell. tom. 2. Hist. Britan. col. 697 :

Prisonnier fut Charles pour voir
Et le Sire de Beaumanoir.

Instr. ann. 1437. ibid. col. 1046 : *Item un cinquiesme signé : Pierre Guiho, Voir est.*

¶ **VIDIMARE**, Apographum ad exemplar exigere, Gall. *Vidimer.* Litteræ *Vidimus* ann. 1559. ex Schedis Præs. *de Mazaugues : Illud transcribi et Vidimari, et illius Vidimus seu transcriptum cum Instrumento prædicto originali debite collationari... petiit.* Infra : *Transcribi, Vidimari et exemplari.* Aliæ ann. 1564. ex Tabul. Eccl. Massil. : *Dictas litteras transcribi, transumi et Vidimari... requisivit.* Hist. Epist. Patav. Georgii II. et Friderici I. apud R. Duellium tom. 2. Miscell. pag. 312 : *Nosque debita cum instantia rogavit quatenus easdem litteras diligenter conspicere et examinare, Vidimareque transsumtum et exemplar... dignaremur.*

¶ Vidimatio, Recognitio scripturæ. Translat. S. Norberti tom. 1. Jun. pag. 913 : *Præsentes sub sigillo vicariatus et amplissimi domini Vicarii generalis Vidimatione, per secretarium expediri fecimus.* Vide in *Visus.*

Vidimus, pro Apographo a Notario vel Secretario descripto; de qua voce vide Reinhartum Robigium lib. 10. Robigal. cap. 16. *Vidimus de lettre,* in Consuetudine Nivernensi tit. 4. art. 16. 35. tit. 5. art. 6. 14. [Ordinat. Humberti II. ann. 1340. tom. 2. Hist. Dalph. pag. 398 : *Item quod de ipsis privilegiis et cautelis Registrum in forma publica fieri faciat, ad hoc ut originalia semper in tuto remaneant, et Registrum seu Vidimus possit cum fuerit expediens produci, et etiam presentari.* Testam. Philippi Boni ann. 1441 apud Mi ræum tom. 2. pag. 1262. col. 2 : *Volumus denique ut Litteris publicationis aut earum apographis, vulgo Vidimus dictis, quæ post decessum nostrum inde describentur, etc. Concedit... Vidimus unum aut plura fieri vim originalis in se habentia,* apud Marten. tom. 6. Ampl. Colect. col. 611.] Interdum pro *Vidimus,* habetur vox *Inspeximus,* ut in Chron. W. Thorn. pag. 2123. Veterum *Vidimus* ea fuit formula ex Tabulario Brivatensi fol. 1 : *In nomine Dom. Ego Ludovicus Dei gratia Rex Francor. et Dux Aquitanor. Hoc est, præceptum Karoli gloriosissimi Regis ad munificentiam B. Juliani, datum sub tempore venerabilis Frotharii Archiepiscopi : Si petitionibus, etc.* Ita in Charta alia ann. 1279. fol. 2.

☞ Variæ tantisper pro variis sæculis obtinuerunt formulæ, ut docet Mabillonius Diplom. lib. 1. cap. 7. Antiquior est ea in qua prioris instrumenti duntaxat fiebat mentio et confirmatio : recentior vero quæ illud integrum exhibebat, quod sub Carolo M. inductum fuisse probat ejusdem Imperatoris Diploma pro Novaliciensis Instrumenti renovatione : *Non enim, inquit, ex consuetudine anteriorum Regum hoc facere decrevimus : sed solummodo propter necessitatem et mercedis augmentum transcribere præcipimus.* Consule Mabillonium loco laudato.

Vidisse, Eadem notione. Arestum Paris. 6. Febr. 1321 : *Exhibentis copias seu Vidisse quorundam arestorum, etc.*

¶ **VIDRIGILTH**. Vide in *Wera.*

VIDUÆ, apud Scriptores Ecclesiasticos dicuntur, quæ servandæ *viduitatis professionem,* (quam *secundum castimoniæ gradum* vocat Hieronymus Epist. 26.) *coram Episcopo in Secretario emittebant, imposita ab eo veste viduali,* ut est in Concilio Arausicano I. can. 27. Toletanum IV. can. 56 : *Duo sunt genera viduarum, seculares et sanctimoniales : Seculares viduæ sunt, quæ ad hoc disponentes nubere, laicalem habitum non deposuerunt. Sanctimoniales sunt, quæ mutato habitu seculari, sub religioso cultu in conspectu Sacerdotis vel Ecclesiæ apparuerunt.* Honorius Augustod. lib. 1. cap. 241 : *Viduarum prima Dina filia Jacob extitit ante legem, a qua usus vidualis cæpit. Hanc sub lege Judith et aliæ imitatæ sunt : sub gratia vero Anna et aliæ plurimæ secutæ sunt, quæ secundas nuptias contempserunt. Harum quoque habitus est mundo despectus.* Ejusmodi mulieres *sanctæ professionis viduas* vocat Salvianus lib. 3. ad Ecclesiam Catholicam. *Viduas continentiam professas,* in præfat. ad eosdem libros. *Quæ instant orationibus die ac nocte,* lib. 2. ab eorum veste viduali, *pullatas viduas,* Vincentius Lirinensis in Commonitorio 1. Denique *Professæ, Consecratæ, Benedictæ,* in Conciliis aliquot Gallicanis appellantur, locis a nobis indicatis in Notis ad Alexiadem pag. 418. ubi easdem esse cum priscis *Diaconissis,* fuse satis probavimus. Ecclesiasticis stipendiis victitabant. S. Hieronymus in cap. 3. Esaiæ : *Nec Ecclesiasticis vidua sustentatur alimentis, nisi quæ sexaginta annorum est, et maturitatem habet morum pariter et ætatis.* [Index vett. Canonum tom. 3. Conc. Hisp. pag. 20 : *De Viduis adolescentulis et infirmis victu Ecclesiæ sustentandis.* Vocis etymon sic tradit Rhabanus lib. 1. Comput. cap. 33. *Vidua, quasi valde idua, id est valde divisa. Aut vidua, id est a viro divisa.*] Harum ordo τό τῶν χηρῶν τάγμα, dicitur Palladio in Vita S. Chrysostomi pag. 47. edit. Emerici Bigotii : τὸ χηρικόν, apud Clementem lib. 3. Constit. Apostol. cap. 3. Oecumenium ad 1. Timoth. 1. v. 19. et in Clementinis Homil. 11. cap. ult. *Viduatus,* apud Tertullian. de velandis Virg. cap. 9. quod jam antea observatum a viro doctissimo Joan. Bapt. Cotelerio in eruditissimis Commentariis ad veterum Patrum scripta. Multa præterea possent hic de viduis, earum habitu, et consecratione, congeri, cum ex Conciliis, tum ex Regum Capitularibus, quæ fere attigimus in Notis ad Alexiadem et in Glossar. med. Græcit. voce Χήρα, col. 1751. Addere tantum placet quædam recentioris paulo ævi de Viduarum castitatis professione, quæ edidit Willelm. Dugdalus in Antiquitat. Warvicensis Provinciæ pag. 654: *Joannes.... Cov. et Lich, Episc. dilecto fratri nostro NN. salutem et fraternam in Dn. charitatem. Per partem honestæ mulieris Margeriæ Midlemore, relictæ Ricordi Midlemore nostræ diœcesis, nobis est humiliter supplicatum, quod cum ipsa propter ipsius animæ salutem uberiorem, ac viduitatis ordinem strictiorem, ad Dei honorem devotius et celebrius servandum, votum continentiæ emittere, ac continentiam expresse et solenniter fovere, nec non in signum viduitatis suæ hujusmodi perpetuo, Deo servando velum sive peplum cum habitu hujusmodi viduis continentiam perpetuam expresse et solenniter profitentibus debitam et consuetam, seu ab eis communiter usitatam sibi sumere, et ad vitam ea uti in castitate, ut asserit, devote intendat, ipsam ad hujusmodi suum propositum admittere dignaremur; Nosque hujusmodi supplicationem piam atque devotam ac Deo placabilem reputantes, aliasque multiplicibus occupati, quo minus hujusmodi intentum præfatæ Margeriæ ad debitum valeamus perducere effectum; ad recipiendum igitur expresse et solenniter continentiæ votum, et castitatis promissum dictæ Margeriæ, ac in signum cujusmodi continentiæ et castitatis promisso perpetuo servando, eandem Margeriam velandam seu peplandam, habitumque viduitatis hujusmodi viduis, ut præfertur, ad castitatis professionem dari et uti consuetum, cum unico annulo assignandum, cæteraque omnia et singula faciendum, exercendum et expediendum, quæ in negotio hujusmodi de jure vel consuetudine necessaria seu opportuna fore dignoscantur, vobis committimus potestatem per præsentes. Sigillo nostro signatum, etc.* Id porro actum sub Henrico VIII. Rege Angl. ann. 22.

Formulam vero Professionis accipe ex eod. Dugdalo pag. 319: *Nono die mensis Augusti an. Domini 1360. apud Warwyk, dictus venerabilis Pater altam Missam in Pontificalibus in Ecclesia collegiata B. Mariæ Warwici antedicta celebrans votum castitatis Philippæ nuper uxoris Domini Guidonis de Warwic admisit et acceptavit: et dicta Philippa votum castitatis emisit sub his verbis: En le nom de la seint Trinité, Pier, et Fitz, et seint Espirit, jeo Philippe, que fu la feme Sire Guy de Warwic, face purement, et dez queor, et volonter entierement avow à Dieu et seint Eglise, et à la benure Virgin Marie, et à tout la bele compeigne celestine, et à vous Reverend Piere en Dieu Sire Reynaud par la grace Dieu Evesque de Wyncestre, que jeo amenerai ma vie en chastitée desore en avant, et chaste sera de mon corps, et tout le temps de ma vie.* Vide *Velum.*

Vidua Regis, JC. Anglis et Cowello est illa, quæ dotem legitimam e terris et tenementis viri sui, qui in capite de corona Regis tenebat, Regis auxilio sibi subveniri petit.

* Glossar. Provinc. Lat. ex Cod. reg. 7657: *Veusa, Prov. Vidua, quasi viri dua, i. a viro divisa.*

¶ **VIDUALIS**, Vidua. Testam. Guillelmi Vicecom. Narbon. ann. 1397. apud Marten. tom. 1. Anecd. col. 1630: *Statura, sive imago lapidea similis corpori dictæ dominæ matris nostræ, et ad modum unius dominæ Vidualis.* Vide in *Viduæ.*

¶ **VIDUARE**, Orbare, privare. Capitul. lib. 5. cap. 370: *Illud tamen vobis et omnibus scire cupimus quod non propterea hæc petimus ut... eorum ecclesias Viduare cupiamus, etc.*

¶ Viduare, Evacuare, Gall. *Vuider, déloger.* Ch. ann. circ. 1407. apud Lobinell. tom. 2. Hist. Britan. col. 885: *Qui quidem Comes... insulam comburi et devastari et ab omnibus domesticis suis Viduari fecit.*

* **VIDUARI**, Viduam esse. Testam. ann. 1480. inter Probat. tom. 3. Hist. Nem. pag. 308. col. 1: *Item legavit Egidiæ Radulphæ, ejus sorori, casu quo Viduaretur, et non posset convenire et morari cum heredibus sui mariti, etc.*

¶ **VIDUATUS**. Vide in *Viduæ.*

¶ **VIDUBIUM**. Vide *Viduina* et *Viduvium.*

VIDUINA, vel Vidunia, Bivira, *quæ duos viros habuit*, Papiæ. Savaro ad Sidonii lib. 6. Epist. 8. legit in Gl. Isid. MSS. *Vidubium, qui duos maritos amisit.* [Quod est ineptum Grammaticorum commentum.] [** Schol. ad Juven. sat. 3. vers. 311. apud Maium in Glossar. novo: *Marræ vulgo Vidubia dicuntur.*]

* **VIDUITALIS**, Ad viduam pertinens. Testam. Nicolai de Pratocomit. ann. 1474. in Reg. 3. Armor. gener. part. 2. pag. xlj: *Item lego et relinquo nobili Jametæ Forneriæ uxori meæ, videlicet victum et vestitum cum hærede meo, et non alias, tantum quantum vitam Viduitalem tenebit.*

1\. **VIDUITAS**. Epistola Alexandri III. PP. 161. ad Ludovicum VII. Regem Franc. tom. 4. Hist. Franc.: *Regiæ Serenitatis industriam postulamus, quatinus consilium et Viduitatem tuam charissimo in Christo filio nostro Willelmo illustri Siciliæ Regi litteris tuis prudenter aperias, eum attentius admonens, etc.* [Prudentiam, providentiam, Gall. *Prévoiance*, interpretor.]

2\. **VIDUITAS**, Vox fori Normannici, Gall. *Veuveté*, de qua sic Jura et Consuetudines Normann. cap. 121: *Consuetudo est in Normania, ex antiquitate approbata, quod si quis uxorem habuerit, ex qua hæredem aliquem procreaverit, quem natum vivum fuisse constiterit, sive decesserit, totum feodum, quod maritus possidebat ex parte uxoris suæ, tempore, quo decesserit, ipsi marito, quamdiu ab aliis cesserit nuptiis, remanebit. Post decessum autem ejus, vel post contractum cum alia matrimonium, hæredibus mulieris, ex cujus decessu feodum per Viduitatem tenebat, ipsum redibit feodum successionis ratione.* Vide in *Curialis* 4.

Id etiam in Aragonia obtinet: ita tamen, *ut teneatur de bonis viduitatis alimentare non solum filios eorum communes; sed etiam privignos sive entenados: si quidem ii aliunde bona non habeant, unde se possint alimentare*, ut ait Michaël Molinus. Jacobus I. Rex. Aragon. in Foris Oscæ ann. 1247. fol. 33: *Defuncto viro, uxor vidua, licet ab eo filios habuerit, omnia, quæ simul habuerant, possidebit, ea tamen vidua existente, et licet non accipiat virum, si manifeste tenuerit fornicatorem vel adulterum, amittat Viduitatem et dotes, ac si duxisset virum.* Multa de jure Viduitatis habent etiam Fori Aragonenses lib. 5. tit. de Jure viduitatis, et Liber 5. Observantiarum tit. de Jure dotium, et lib. 8. tit. de homicidio, § 20. et Consultatoria post easdem Observantias pag. 43. Videatur præterea idem Molinus in Repertorio Fororum Aragon. in voce *Viduitas.* [Le Roman *de Vacce* MS:

Mainte fame bonnie et mainte en Veuveté,
Et maint enfant petit et bers envelepé.]

* Alias *Vefvé* et *Vesvet.* Lit. remiss. ann. 1399. in Reg. 154. Chartoph. reg. ch. 384: *Comme Berthomée Nynone.... depuis son Vefvé eust conceu un fils, etc.* Consuet. Camerac. MSS: *Homs ne feme, qui sont en Vesvet, ne pueent vendre leur hiretaige, ne donner, ne amenrir, s'il ont enfans de leur char, qui soit d'espousé. Vefveté*, in Stat. ann. 1402. tom. 8. Ordinat. reg. Franc. pag. 505. art. 7. *Veveté*, in Lib. rub. fol. parvo domus publ. Abbavil. ad ann. 1309. fol. 103. v°. Pro jure viduitatis occurrit ibid. fol. 105. v°: *Se aucune femme demande à avoir ses Vevetés, etc. Veufveté*, in Stat. ann. 1390. tom. 7. earumd. Ordinat. pag. 358. art. 10. *Voivée*, in Ch. ann. 1302. tom. 1. Chartul. S. Vandreg. pag. 490. A voce *Voive*, vidua, in Hist. contin. Guill. Tyrii apud Marten. tom. 5. Ampl. Collect. col. 643: *En ce tans fu le roi de Hongrie mort, et la roine demora Voive sans hoir. Vesvaige* et *Vesve*, eo quo apud Normannos accipitur sensu, pro jure scilicet usufructuario mariti in bona uxoris defunctæ, cum ex ea vivum filium habuerit, in Lit. remiss. ann. 1374. ex Reg. 105. ch. 273: *Pour ce que nostre cousin le conte* (de Tonnerre), *son pere*(Louis de Chalon) *qui par la coustume de Normendie a, à cause de Vesvaige, l'usuffruit d'icelle terre, chastel et chastellenie* (du Bec de Mortemer); *ledit Loys a promis récompenser ledit conte de sondit Vesvé ou usuffruit sur ses terres de saint Agnen, etc.*

1\. **VIDULA**. Ordericus Vitalis lib. 9. pag. 728: *Qui acceptis securibus et Vidulis, aliisque multimodis ferramentis ad carecta et fructeta stirpanda, etc.* [Emendat G. Barthius in Gloss. apud Ludewig. tom. 3. Reliq. MS. *Guviis* vel *Gumbalis.* Vide *Guvia.*]

2\. **VIDULA**, Instrumentum musicum. Vide *Vitula.*

¶ **VIDUMARII**, f. pro *Vituriarii*, in Cod. Theod. lib. 14. tit. 7. leg. 2. ex Gothofredi notis ad hunc locum.

¶ **VIDUNIA**. Vide *Viduina.*

* **VIDUTUS**, Vetus, antiquus, ut videtur. Charta Soldani pro Pisan. ann. 1174. apud Lam. in Delic. erudit. inter not. ad Hist. Sicul. Ronincont. part. 1. pag. 199: *Aliquando ut merces eorum minuisse de pretio, ista faciunt; post habent guardata et Viduta, et sic faciunt ista biscosse.*

VIDUVIUM, Viduitas. *Diuturni Viduvii vulnus*, apud Sidonium lib. 6. Epist. 2. Glossæ veteres: *Vidubium*, πρόςτιμον χηρίας.

VIELLA, Viellator. Vide *Vitula.*

* **VIELLARE**, Instrumentum musicum, quod *Viellam* appellabant, pulsare. Glos-

sar. Lat. Gall. ex Cod. reg. 7692 : *Viellare, Vieller.* Vide *Vitula.*

* *Vielle* vero feni acervum, vulgo *Meule de foin*, sonat, in Lit. remiss. ann. 1474. ex Reg. 195. Chartoph. reg. ch. 1300 : *En icelle prée au pié d'une Vielle de foing, ledit escuier se coucha.* Infra : *Vieille.*

¶ **VIENAGIUM**, Præstatio quæ domino exsolvitur pro securo transitu. Vide in *Guida.* Charta ann. 1193. apud Miræum tom. 1. pag. 397 : *Omnia ad prænominatam ecclesiam, vel ad usus fratrum in ea commorantium pertinentia, qualicumque modo, sive terra sivi navigio per terram nostram transeant, absque teloneo et Vienagio et omni exactione, libere transire permittantur.*

VIENATICUM. Vide *Guidaticum.*

¶ **VIENATIUM**, Vienator, ut *Vienagium* : et qui jus illud exigit. Vide in *Guida.*

* **VIENDA**, *Flectenda et modulanda carmina*, in vet. Glossar. ex Cod. reg. 7613.

¶ **VIENNENSIS** Moneta. Vide in *Moneta Baronum.*

* **VIERDENCELLA**, Quadrans, mensuræ species. Charta ann. 1279. tom. 3. Geneal. diplom. aug. gentis Hasburg. pag. 489 : *Reditus unius Vierdencellæ speltæ et trium quartalium avenæ.* Vide *Vierlingus.*

¶ **VIERE.** Instrumentum ann. 1282. inter Ordinat. Reg. Franc. tom. 3. pag. 260 : *Poterunt illi carnifices habere servientes, ad ipsas carnes scoriandas, scaturizandas, Viendas, et prout decet, preparandas, et non ad eas scindendas.* Ita hunc locum distinguendum censeo : adeo ut *Viere* purgare, exenterare, Gall. *Vuider*, significet.

¶ 1. **VIERIA**, ut *Viaria*, ni fallor, Jurisdicto *Viarii.* Charta ann. circ. 1080. tom. 2. Histor. Eccl. Meld. pag. 10 : *Eblo de Roceiaco castro habebat quamdam consuetudinem in terra Morissarti, quæ Vieria vulgo dicitur.* Tabul. S. Martini Pontisar. : *Odo Comes de Corboilo concessit Deo et S. Germano Pontisariensi Vieriam quam habebat in terra Morissarti.* Vide *Viarius.*

2. **VIERIA.** Charta Henrici Regis Franc. ann. 1060. pro Monast. S. Martini de Campis : *Cum omnibus redditibus atque redhibitionibus terræ, silvæ, vinearum, atque pratorum : de redditibus quidem pastionis, Vieriæ, silvæ, atque leigii, omnem decimam.*

☞ Quid sit *Vieria* altera hac notione aperte docet Charta Nicolai Episc. Camerac. ann. 1139. inter Instr. tom. 4. Gall. Christ. novæ edit. col. 295 : *Addidit etiam idem Gerardus piscatorias tendiculas quatuor, quas vulgo Vieria nominamus.* Ubi haud obscurum est *Vieria* significari locum in fluvio palorum serie coarctatum piscium capiendorum gratia, idem proinde esse quod nostris *Gord* dicitur. Vide *Gordus.* Neque aliud sonat

Vierus, in Charta ann. 1197. ex Tabulario Lebunensi ch. 20 : *Sanctus vero Petrus habet Vierum super molendinum, et intra illud Vierum et molendinum non potest habere prænominatus Johannes Vierum, aut ingenium dormiens..... Sed D. Johannes piscari potest ibi cum tramello et sacco. Et sciendum, quod Vierus B. Petri tantum habere debet consuetæ clausuræ et assuetæ pasturæ supra molendinum, quantum Vierus debet habere in riveta de antiqua consuetudine.*

☞ Ejusdem esse intellectus *Vierum* atque *Vieriam* rursum probare facile est. Charta ann. 1260. ex Tabul. Corbeiensi : *Recognoverunt se vendidisse Johanni de Fontanis ad vitam ipsius Johannis pro decem et septem libris Parisiensibus... quidquid habebant in molendino et Viero de Bouzencourt.* Quæ venacule sic efferuntur in Charta Johannis Abbat. Corb. ejusd. anni in eod. Tabul. : *Fremin nos maires et nos hom de Bouzencourt est venus devant nous et a reconut qu'il a vendu par loial vente à Jehan de Fontaines notre neveu par toute la vie chelui Jehan tous les pourfis qu'il avait et pooit avoir au moelin de Bouzencourt et en sen Vier, les quez coses il tient de nous.* Charta ann. 1261. ex Chartul. 24. ejusd. Monast. : *Johannes dictus paganus de Cherisi et domicella Margarita ejus uxor recognoverunt coram nobis se vendidisse:... quoddam Vierium suum situm inter Cherisiacum et Salliacum aquosum.* Alia ibid. ann. 1331 : *Confessi fuerunt... se vendidisse... dimidiam piscaturam... a loco qui dicitur le Vier du Cherisier usque ad culceiam de Sailliaco aquoso.* Eadem vernacule ibidem leguntur : *Il avait et pooit piesquier devant ceste vente, si comme il dist, de tous harnas en la reviere de Somme, depuis le Vier du Cherisier jusques à le cauchié de Sailly Liaurech.* Chartul. S. Quintini in insula pag. 96 : *Item quant à l'article de Viers de cloies ou de verges... en leur vivier par dessous le pont Terrissien, disons et ordonnons que la premiere aisle des Viers faits de cloies ou de verges dessous le dit pont aura 100. pieds et le trou tenant à la lé dite en avallant aura 7. pieds et les deux aisles de montée chacune aura 50. pieds, et li trou d'iceli montée aura 8. pieds et li trou de l'avallée ensuivant aura 7. pieds, et li darraine aisle des Viers ou cloies dessusdites aura 100. pieds.* Vide *Verium.* Interdum *Vierus* idem significat quod supra *Bedum* et *Bierum.* Vide in his vocibus.

* **VIERLINGUS**, Quarta pars libræ, Germ. *ein Vierling.* Necrolog. MS. S. Aurel. Argentin. ad xiv. Cal. Apr. : *Et unum Vierlingum ceræ ad conficiendum duas candelas.* Vide infra *Virlingus.*

¶ 1. **VIERRUM**, in Codicibus censualibus Dombarum et Calomontis, interprete D. *Aubret*, est Ager incultus et sterilis. Charta Bellijoc. ann. 1460 : *Item possidet quoddam Vierrum quod fuit alias confinatum a Margarita Claret.*

* 2. **VIERRUM**, f. pro *Vitreum.* Vide in hac voce. Charta Eduardi reg. Angl. pro castro Bellimont. in agro Petragor. ex Reg. 198. Chartoph. reg. ch. 266 : *De onere Vierrorum, videlicet de onere hominis, unum denarium aut unum lactrum, valens unum denarium.*

¶ **VIERSCARA**, Belgis *Vierschare*, Tribunal, ubi de rebus cum civilibus, tum criminalibus suprema sententia judicatur : a *Schare*, Belgis turma, collectio, Saxon. Scaru, idem. Consuetud. Furnenses ex Tabul. Audomar : *Quicumque fur cum pronuntia captus fuerit debet in Vierscara adduci et ibi debet audiri allegationes.* Ibidem : *Quicumque in Vierscara bannita tumultum vel clamorem fecerit, emendadit 2. sol. Quicumque in Vierscara uni coratori contradixerit, cuilibet coratori ibidem præsenti emandabit 18. sol.* Rursum : *Quicumque clamorem suum facerit super aliquem in Vierscara et ipse firmaverit se habiturum auxilium coratorum, et defecerit, emendabit Comiti 3. libras.* Vide *Vircharnia.* [** Grimm. Antiq. Jur. Germ. pag. 811. Haltaus. Gloss. Germ. col. 1650. voce *Schrannen*; et col. 92. voc. *die vier Bænke.*]

* Lit. Caroli VIII. reg. Franc. ann. 1483. inter Observat. ad Hist. ejusd. reg. pag. 395 : *Mais en tant que touche les cas criminels, bannissemens et relégations, dont lesdits de Bruges cognoissent en la forme que l'on dit les Franches vérités, et d'estre mandez d'estre à la Vierschare, etc.* Vide infra *Virscara.*

¶ **VIERUS.** Vide *Vieria* 2.

* **VIETA**, diminut. a Via, semita. Charta ann. 1319. in Reg. 59. Chartoph. reg. ch. 318 : *De dicto rivo, sicut quædam Vieta ascendit versus locum de garrigia, usque ad iter publicum.*

¶ **VIETATIO**, Vetitum, interdictum. Charta Bonæ Principissæ Sabaudiæ ann. 1404. in Statut. Perus. fol. 31 : *Non obstantibus pœnis, inhibitionibus, Vietationibus factis seu fiendis quibuscumque.* Vide *Vetum.*

* Hinc *Viese* dicitur de re vetita, in Lit. remiss. ann. 1457. ex Reg. 189. Chartoph. reg. ch. 192 : *Icellui bergier respondi.... qu'il entreroit lui et ses bestes en icelles estuelles,.... puisqu'elles estoient Vieses.*

¶ **VIETOR**, ὑσιοπλόκος, in Gloss. Lat. Gr. editis : unde emendandum est *Victor* et *Vitor* in MSS.

* **VIETUM**, *i. Incurvum, flexum; unde Vietos vocaverunt ligna rotarum, quæ cantu ambiuntur.* Glossar. vetus ex Cod. reg. 7613.

* **VIEZERIA**, Vestiarii mangonii forum, Gall. *Fripperie.* Charta locat. præposit. Ambian. ann. 1292. in Reg. 70. Chartoph. reg. ch. 252 : *Omne jus nobis competens ...... in theloneo bladi et aliorum granorum, Viezeriæ, esteriæ, etc.* *Vief-ware*, eodem sensu, in Charta Margar. comit. ann. 1274. ex Chartul. 1. Fland. Cam. Comput. Insul. ch. 266 : *Nous avons donné à loyal cense..... no tonliu dou blei, del escoherie, de le Vies-ware lingers et langes.* Unde *Vieswarier*, Interpolator, vulgo *Frippier*, inter Redit. comitat. Namurc. ann. 1265. ex Reg. sign. *Papier velu* ejusd. Cam. fol. 6. v° : *Si a li cuens l'estalage de le hale des dras, des toiles, des corbisiers, des Vieswariers, etc.* *Viesier*, eadem acceptione, in Lib. nig. priorat. S. Petri Abbavil. fol. 22. v°. *Viese* dicitur de re detrita, in Lit. remiss. ann. 1375. ex Reg. 107. ch. 238 : *Deux bourses de soye Vieses.*

¶ **VIGA**, Vigua, Tigni species. Reparat. facta in senescallia Carcass. ann. 1435. ex Schedis Cl. V. *Lancelot* : *Pro ponendo in dicto molendino plures fustes et Vigas... Pro una Viga quæ erat nova, longitudinis quatuor cannarum.... Carpentario pro quatuor diebus, quibus vaccavit tam pro ponendo dictas Vigas et fustes in dicto molendino... Pro ponendo in domo... unam Vigam et plures cabirones.* Ibidem : *Pro duabus Viguis reve Narbonne, qualibet longitudine sex can-*

narum cum dimidia... Pro duabus Viguis reve de Narbonna continente qualibet septem cannas ex longitudine pro faciendo ab ipsis postes Carcassone... VII. *l.* XV. *s.*

* Pro *Biga*, nostris etiam *Bigue*, eadem notione, ex mutatione *b* in *v*. Vide *Biga* 2.

¶ **VIGAIA.** Charta ann. 1293. ex Chartul. S. Vandreg. tom. 1. pag. 805 : *Accepi... unum ortum situm intra ortum meum ex uno latere et suam Vigaiam ex altero.* Haud satis asserta est lectio, ut vocis notionem aperiam.

* **VIGANEUM**, Permutatio, idem quod *Deganeum*; vox etiamnum familiaris apud notarios Lucenses ea acceptione, ut monet Muratorius tom. 1. Antiq. Ital. med. ævi col. 136. ad Chartam ann. 754 : *De partis Curtis regia de ipso Viganeum in ecclesia sancti Martini data fuera, etc.* Ubi promiscue *Cambium* vel *Commutatio* occurrunt. ut et in alia Charta ann. 782. ibid. tom. 6. col. 237 : *Manifestum est mihi Allo in Christi nomine dux, quia convinet mihi una vobiscum Teudo presbyter rectorem ecclesiæ S. Silvestri,.... ut inter nos Viganeum facere deberemus.* Pluries ibi legitur. Vide supra *Deganare*.

¶ **VIGARIA.** Vide in *Vigerius*.

¶ **VIGATURA.** Vide supra *Vegius*.

¶ **VIGENNIUM**, Vicennium. *Ante decennium et Vigennium*, in Actis S. Wernheri tom. 2. April. pag. 724.

¶ **VIGERALIS**, VIGERARIUS. Vide in *Vigerius*.

¶ **VIGERE**, Adolescere, roborari, invalescere, Gr. ἀκμάζειν. Vetus Interpres S. Irenæi lib. 5. cap. 35 : *Et sicut vere resurgit, sic et vere præmeditabitur incorruptelam, et augebitur, et Vigebit in regni temporibus, ut fiat capax gloriæ Patris.*

¶ **VIGERIA**, VIGERIATA. Vide in *Vigerius*.

VIGERIUS, Vicarius, ex Gallico *Viguier*. *Vigarius Comitis*, in Chartis Parensalibus form. 6. et 7. Charta Ludovici VI. Regis Franc. ann. 1114 : *Ita ut in toto foro nec in claustro.... in prædictis solennitatibus Dapifer noster, vel Præpositus, vel Vigerius, vel Thelonearius aliquid auferre.... præsumat.* Chronicon MS. Bertrandi Guesclini :

Je vous fay mon Viguier, le miieu lieu teorez.

[Occurrit præterea apud Thomasser. in Biturig. pag. 227. *De Lauriere* tom. 1. Ordinat. Reg. Franc. pag. 10. Menester. Hist. Lugdun. pag. 84. *Fleureau* Hist. Blesens. pag. 112. in Gall. Christ. tom. 4. col. 149. etc. Vide *Viarius* et *Vicarius*.]

¶ VIGUERIUS, Eodem significatu. Litteræ ann. 1356. inter Ordinat. Reg. Franc. tom. 3. pag. 112 : *Ut nos de cetero justiciam faceremus, et fieri et servare mandaremus per senescallos, Viguerios, prepositos et alios quoscumque officiales, etc.* Libertat. villæ Figiaci ann. 1369. ibid. pag. 264 : *Viguerius et judex ipsius ville Figiaci, qui soli judices nostram curiam regalem in dicta villa habent exercere et eciam gubernare, etc.* Charta ann. 1274. tom. 1. Hist. Dalph. pag. 126 : *Item.... quod dictus Archiepiscopus, Viguerius, correarius seu judex non occupent, etc.* Occurrit rursum ibid. pag. 140. Arestum Parlamenti Tolos. ann. 1498 : *Si prisonerios et præventos in causa criminali coram præfatis officiariis... ad ipsos Viguerium et judicem Albiæ appellare contingat.* Statuta Avenion. rubr. 2. art. 1. pag. 3 : *Institutus Viguerius jurabit in concilio civitatis, de dicta civitate et ejus territorio extirpare pravitatem hæreticam, etc.*

* Alias *Vier* et *Vierg*. Lit. Roberti ducis Burg. ann. 1294. inter Probat. tom. 1. Hist. Nem. pag. 135. col. 1 : *Il est bon que vous mandez les chastelains, les prévoz et les Viers de vostre seneschaucie etc.* Pactum inter Phil. ducem et episc. August. ann. 1366. inter Probat. tom. 3. Hist. Burg. pag. 17. col. 1 : *Item comme Oudot de Ramilly, lors Vierg d'Ostun pour mons. le duc, eust gaigié, etc.*

VIGERII, Viarum Domini, *Seigneurs Voiers*. *Vigerii feodales*, in Libertatibus *de Boisdecené* in Pictonibus ann. 1265. Vide in *Mestiva*.

VIGERIA, Justitia et jurisdictio Vicarii. Charta Gaufredi Comitis Andegav. et Agnetis uxoris pro fundatione Abbat. B. Mariæ Santonensis ann. 1047. in Reg. 114. Tabul. Regii ch. 239. [et inter Instr. tom. 2. Gall. Christ. novæ edit. col. 481 :] *Consuetudinem illam etiam, quæ Vigeria dicitur, scilicet de homicidio, de furto, rapto, et incendio Deo et B. Mariæ.... sinimus.* Alia Joannis Regis Angliæ ibid. : *Sed domos, curtes, possessiones suas, homines et mansionarios earumdem, Vigeriam, altam et bassam justitiam de furto, de raptu, etc.* Charta Bernardi Episcopi Santonensis ann. 1151 : *Et contra vero Ecclesia ista instantius cum omni reluctamine hæc omnia negabat, asserens, quod nec consuetudines istas, nec Vigeriam, nec exactionem aliquam in hominibus suis habebat, etc.* [Charta ann. 1208. ex Tabular. B. M. de Nantolio diœc. Inculism. : *Vigeria parva seu magna, seu cognitio, cohertio et punitio cujuscumque cohertionis realis, et personalis, seu mixtæ, et omne emolumentum jurisdictionis prædictæ, etc.*] Charta Mauricii de Bellavilla Dom. Ganaschiæ, Sept. 1265. pro Libertatibus *de Boisdecené* : *Sed sciendum est, qualis sit Vigeria : illa talis est, raptum, furtum, murtricia, et traditiones, et omne malefactum de caminis feodalibus, la meslée caminorum feodalium, in qua sanguis non apparuerit, etc.*

¶ VIGERIATA, Jurisdictio, districtus *Vigerii*. Charta Ludovici VIII. Reg. Franc. ann. 1224. tom. 1. Ordinat. pag. 49 : *In septena, et unaquaque Vigeriata unus tantum Vigerius habeatur.*

¶ VIGARIA, Eadem notione. Charta ann. 883. inter Probat. tom. 1. novæ Hist. Occitan. col. 138 : *Curte mea... quæ est in pago Rutenico, in Vigariis cui vocabulum sunt Cambarense et Bruscense.* Notitia ann. 957. ex Tabul. Gellon. : *Una de vinea modiata.... in Vigaria Agonensi. Vigaria Albiensis*, in Testam. Johannis Episc. Albiens. ann. 1473. apud Marten. tom. 1. Anecd. col. 1843.

¶ VIGUERIA, Justitia, jurisdictio, officium *Viguerii*. Charta ann. 1362. tom. 1. Hist. Dalph. pag. 146 : *Jaquemetus Archinjaudi filius... nobis fecit homagium de Vigueria et officio toto Vigueriæ castri et mandamenti de Peyrino cum pertinentiis ejusdem.*

¶ VIGUERIA, Exactio quam *Viguerius* faciebat intra *vigueriæ* seu limites. Homagium Guidonis Vicecom. Lemovic. præstitum Abbati S. Martialis ann. 1245. apud Stephanotium tom. 2. Fragm. Histor. MSS. : *Nos et præpositus, et viguerii, et præpositi nostri in quadam parte burgi de Monmalier ingerendo nos et levando ibidem et in aliis locis accusagia et Vigueriam et quædam alia quæ ad abbatem et conventum jure dominii pertinebant.* Charta ann. 1262. ex Chartular. S. Benigni Divion. : *Idem Bertrandus pro illis quadraginta solidis... quittavit in perpetuum decimam et Vigueriam suam in finagio de Giron.*

* VIGURIA, Præstatio, quæ *vigerio* solvitur. Charta ann. 1342. in Reg. 75. Chartoph. reg. ch. 337 : *Petebat idem Durandus sibi reddi et dimitti ab eisdem religiosis* (Mauziaci) *quasdam Vigerias et decimas bladi, junctas seu commixtas quodammodo supradictis parceriis.*

¶ VIGUERIATUS, ut *Vigeria*, Justitia, jurisdictio *Viguerii*. Bulla Nicolai V. PP. ann. 1447. apud Sebast. Fanton. tom. 1. Hist. Avenion. pag. 31 : *Decernimus ut sicut hactenus fuit curia Vigueriatus auditoris causarum cameræ Apostolicæ in civitate prædicta firmiter conservetur.*

¶ VIGERIA, Uxor *Vigerii*. Obituar. Eccl. Autiss. MS. ad diem 18. Mart. : *Eodem die obitus Nazariæ Vigeriæ Autissiodorensis.*

¶ VIGERALIS, VIGERARIUS, Justitiæ *Vigerii* obnoxius. Charta Philippi Episcopi Pictav. ann. 1232. apud Stephanot. tom. 3. Antiquit. Bened. Pictav. MSS. pag. 844 : *Fuit taliter diffinitum quod mobilia murtrariorum convictorum hominum abbatis Vigeralium, prior de Mairec vel mandatum abbatis de cætero saisibit, et divisione facta eorumdem mobilium per priorem vel per mandatum abbatis media pars electa a Vigerio per manum prioris eidem tradetur.* Charta ann. 1314. ex Chartul. S. Johannis Angeriac. pag. 168 : *Una cum omnibus censibus, reditibus, hominibus Vigerariis, jurisdictione, juribus et deveriis omnibus.*

¶ **VIGESIMARE**, Solidum pro libra exigere, Gall. *Lever le sol pour livre.* Locus est in *Superponere* 1.

¶ **VIGETUS**, Vigens. Fridegodus in Vita S. Wilfridi sæc. 3. Bened. part. 1. pag. 176 :

Mox proceres inter rumusculus exiit aulæ,
Scilicet adventasse virum virtute Vigetum.

¶ **VIGIA**, pro Jugia. Vide *Cisa*.

¶ **VIGILANTER**, Prudenter, sapienter. Chron. Fontanell. apud Acher. tom. 3. Spicil. Acher. pag. 256 : *Cum... humiliter illi suggererent, ut quid inde agere deberent, decerneret, Vigilanter hoc decrevit, etc.*

VIGILANTIA, pro *Vigiliis*, seu *Matutinis*, Horis Canonicis ita dictis. Charta Willæ Comitissæ Bonifacii Marchionis filiæ sub anno 995. apud Ughellum tom. 3. Italiæ sacræ pag. 48 : *Sic esse instituo, ut omni tempore diu noctuque orationes seu Missarum solennia, ac nocturna Vigilantia in ipsa Domini Ecclesia monasterii facere seu canere debeant, secundum regulam S. Benedicti, etc.* Alia Ottonis III. Imper. ibid. pag. 51 : *In Psalmis, hymnis, seu Missis, et orationibus, et nocturnis Vigilantiis, etc.*

¶ **VIGILARE**, Excubias agere, Custodire. Conc. Legion. ann. 1012. inter Hisp. tom. 3. pag. 192 : *Et in tempore belli et guerræ veniant ad Legionem Vigilare illos muros civitatis.* Vide in *Vigiliæ.*

* Charta ann. 1376. tom. 7. Ordinat. reg. Franc. pag. 68. art. 2 : *Quod teneantur et debeant excubiare, defendere, custodire et Vigilare murum et fortalicium dicti castri.* Vide in *Vigiliæ.*

¶ VIGILARE SE, Cavere sibi, Gall. *Prendre garde à soi*, in eod. Conc. can. 24. pag. 191 : *Si quis homicidium fecerit,... et usque ad novem dies captus non fuerit, veniat securus ad domum suam et Vigilet se de suis inimicis.*

¶ VIGILARE ÆGROTUM, Assidere totam noctem ægroto sollicitando, Gall. *Veiller un malade.* Menoti Serm. fol. 176 : *Videns domina quod quotidie infirmitas augebatur, nec medici dabant ei bonum responsum, misit ad conventum nostrum, ut mitterentur duo fratres ad Vigilandum eum* (maritum suum) *de nocte.*

¶ **VIGILARI.** Appendix ad Antiphon. Rom. a Thomasio edit. ann. 1686. pag. 440 : *Et quoniam hæc sancta Dei et B. Petri basilica est fundamentum et caput omnium ecclesiarum... quadam prærogativa in ea tantum Vigilantur pallia.* Ubi ad eum respicit usum de quo Auctor Ceremonialis Romani lib. 1. sect. 10 : *Sic confecta pallia per subdiaconos portant ad basilicam Principis Apostolorum, et per Canonicos basilicæ ponuntur super corpora Petri et Pauli Apostolorum sub altari majori : ubi factis ex more Vigiliis illa per noctem dimittunt, deinde restituunt subdiaconis, qui in loco honesto ea conservant.* Vide *Pallium* 3.

¶ **VIGILARII**, Iidem, ni fallor, qui *Vigiles* mox. Vide in hac voce. Tabul. Rothon. : *Salomon dat S. Salvatori montem Alahart cum massis et Vigilariis.*

* **VIGILATIO**, Obligatio *vigilias* seu excubias agendi. Libert. Montisfalc. ann. 1369. in Reg. 149. Chartoph. reg. ch. 296 : *Habitatores omnes et singuli loci de Montefalcone.... ab omnibus juridictione, tailliagiis, guetis et Vigilationibus et a quibuscumque aliis servitutibus.... exempti sint.* Vide in *Vigiliæ.*

VIGILATOR, Idem quod *Gaita.* Charta ann. 1293. apud Gul. Prynneum in Libertatib. Eccles. Angl. tom. 3. pag. 568 : *Quod quidem videns quidam Robertus le Wayte Vigilator ipsius Episcopi, coronavit post socios suos, et alios de familia Episcopi.*

* *Villeur*, eodem sensu, in Instr. ann. 1355. ex Tabul. Duac.

VIGILATORES, Exploratores : βιγλάτορες, recentioribus Græcis, de qua voce egimus in Glossar. mediæ Græcit. Vetus Charta apud Brandaonem lib. 10. Monarch. Lusitan. cap. 1 : *Bene audisti paullo antea per tres Vigilatores, quod sunt infiniti Comites, et multo plures pedanes.*

¶ **VIGILAX**, Vigilans, industrius. Sidonius Epist. 11. lib. 5 : *In paginis ejus Vigilax lector inveniet veriora nomina Camœnarum.* Adde Epist. 12. lib. 8.

VIGILES, Tenentes, qui excubias debent. Charta Gaufredi Vicecomitis Bituricensis ann. 1012. pro Monasterio S. Ambrosii Bituric. : *Relinquo quoque omnes consuetudines, videlicet villicationem, stabulationem, et ita liberum reddo eundem burgum, etc.... a molendino quoque, qui vocatur Mirabello, reddo Vigiles homines ibi manentes, usque ad eundem burgum, ex utraque parte aquæ, ad Monasterium vel burgum custodiendum, cum eisdem, quæ in eodem burgo morantur.* Charta Henrici Regis Romanor. ann. 1107. apud Chapeavillum tom. 2. Hist. Leodiensis pag. 54 : *Item in domibus ad claustrales sedes pertinentibus, forensis potestas jus nullum spoliandi, aut ostium obserandi, vel Vigiles, vel ostiatim denarios exigendi habebit, etc.* Tabularium S. Genovefæ Paris. ann. 1211 : *Custos vero turris et portarius, et asinarius, et Vigil, qui de nocte turrim vigilabat, etc.* Charta Stephani Comitis Sacri-Cæsaris ann. 1178 : *Obolos, quos Vigiles capiebant.* Vetus Charta in Additamentis ad Matth. Paris pag. 150 : *Quod Vigiliæ fiant per singulas villas, sicut fieri consueverunt, et per viros probos et validos.* Vide *Wactæ.*

VIGILGALLUS. Vide *Vigiliarii.*

VIGILIÆ, Nocturnæ preces, quibus veteres olim Christiani vacabant, nunc abolitæ, et in solis fere monasteriis et aliquot Ecclesiis Cathedralibus usurpatæ. Libellus precum Marcellini et Faustini pag. 66 : *Sed quia pro conditione rerum quolibet tempore vel clam salutis nostræ sacramenta facienda sunt, idem sanctus Presbyter Macarius dat Vigilias in quadam domo convocare fraternitatem, ut vel noctu divinis lectionibus fidem plebs sancta roboraret.* Cassian. de Instit. Cœnob. lib. 3. cap. 8 : *Vigilias, quæ singulis hebdomadibus a vespera illucescente, Sabbato celebrantur, idcirco seniores hyemali tempore, quo noctes sunt longiores, usque ad quartum gallorum cantum per monasteria moderantur, ut post excubias totius noctis, reliquis duabus ferme horis reficientes corpora sua nequaquam per totum diei spatium somni torpore marcescant.* Vigent tamen etiamnum Vigiliæ Natalis Domini apud omnes Christianos. Greg. Turon. de Vitis PP. cap. 8 : *Ad Vigilias Dominici Natalis advenit, monuitque Presbyterum, dicens : Vigilemus unanimiter ad Ecclesiam Dei, etc.* Et lib. 3. Hist. cap. 17 : *Cum Dominici Natalis nox alma populis effulsisset, idem Pontifex priusquam ad Vigilias descenderet, jussit, etc.* De Vigiliis Christianorum, vide Concil. Matisconense II. cap. 1. Isidorum lib. 2. de Eccl. offic. cap. 22. Honorium Augustod. lib. 3. cap. 6. Durand. de Ritibus Eccl. lib. 2. cap. 4. Covarruviam Var. resol. lib. 4. cap. 19. § 10. Mundelhemium Antiq. Mon. Ep. 69. Card. Bona de Divina Psalmod. cap. 4. etc. Glossar. med. Græcit. voce Ἀγρυπνίαι, col. 20.

VIGILIÆ, Ipsum Officium nocturnum, quod in vigiliis nocturnis olim decantabatur. Durand. lib. 5. Ration. cap. 3. n. 6 : *In tempore æstivali celebrat Ecclesia nocturnum officium in tempore primæ nocturnæ, licet quandoque tempestivius, (quod quidem Vigilias sub antiquo nomine vocat) et specialiter in festivitatibus Beatorum Joannis Baptistæ, Petri et Pauli, etc.* Infra : *Romani etiam adhuc in præcipuis festivitatibus totius anni, in sero dicunt* 3. *Psalmos, et* 3. *Lectiones, quos Vigilias vocant, et in Nocturnis idem repetunt.* [Epist. Gualonis Presbyteri Paris. apud Baluz. tom. 5. Miscell. pag. 361 : *In nocte autem nativitatis Domini sine Domine labia mea aperies, et sine Deus in adjutorium meum intende, et sine invitatorio ab antiphona et psalmo incipientes, novem lectiones faciunt, quas Vigiliam vocant. Vigiliarum cantica celebravit,* in Chron. Novalic. apud Murator. tom. 2. part. 2. col. 743.]

VIGILIÆ, Officium, quod pro Defunctis canitur, quomodo etiamnum appellatur. Concilium apud Saponarias anno 859. can. 13 : *Pro eo, qui decesserit, in sedibus septenæ Missæ, totidemque Vigiliæ Domino persolvantur, etc.* Hugo Flaviniacensis in Chron. pag. 172 : *Quanto vero affectu et studio memoriam defunctorum eorundem, id est, officium, quod Vigilias dicimus, et Missæ celebrationem agi instituerit, noverunt, qui hoc facere consueverunt.* Udalricus lib. 1. Consuetud. Cluniac. cap. 3 : *Servitoribus autem expectatis ; usque dum et ipsi surrexerint a mensa, agitur officium, vel quod a nostratibus Vigilia vulgo appellatur, quod aliquando cum tanti defuncti non haberentur, fieri solebat cum tantum lectionibus tribus et responsoriis, nisi alicujus fratris anniversario superveniente.* Vide Durandum lib. 2. de Ritib. Eccl. cap. 24. n. 14. [Charta fraternitatis inter Monachos S. Martini de Campis et Moniales Faremonast. ann. 1241 : *Quandocumque aliqua de monialibus Faremonasterii mori contigerit, obitu dictæ monialis nunciato vel cognito apud S. Martinum, tabula pulsabitur, et officium seu Vigilia statim fiet, in crastina Missa celebrabitur in conventu pro defuncta.*]

¶ VIGILIÆ, inter obventiones Curionum recensentur in Tabular. Gellonensi : *Bernardus et uxor ejus Willelma ecclesiam S. Hilarii et S. Mariæ,.... cum decimis, et primitiis, et offerentiis, Vigiliis et cimeteriis... concedunt.*

VIGILIA. Joan. de Janua : *Vigilia dicitur dies profestus, scilicet dies primus ante festum, quia tunc in sero vigiliæ vacamus.* Alcuinus de Offic. divin. : *Ad quod signandum*, (temporalem Sanctorum angustiam) *præcedentibus eadem natalitia diebus, quas vulgo Vigilias eorum appellamus, solito parcius vescentes, eadem solennia debitis jejuniorum obsequiis, et maceratione carnis devote prævenimus, ut per pridianam purificati abstinentiam, dignius celebremus sequentis festi lætitiam.* Honorius Augustod. lib. 3. cap. 6 : *More antiquo duo nocturnalia officia in præcipuis festivitatibus agebantur; unum in initio noctis a Pontifice cum suis Capellanis absque Venite ; aliud in media nocte in Clero, sicut adhuc, solenniter celebrabatur, et populus, qui ad festum confluxerat, tota nocte in laudibus vigilare solebat. Postquam vero illusores bonum in malum permutaverunt, et turpibus cantilenis ac saltationibus, potationibus et fornicationibus operam dederunt, Vigiliæ interdictæ, et dies jejunii dedicati sunt, et vigiliarum nomen retinuerunt.* Similia habent Belethus cap. 137. et Durandus lib. 6. cap. 7. n. 8. Gregor. Turon. lib. 10. cap. 31. n. 6. de S. Perpetuo Episc. Turon. : *Hic instituit jejunia Vigiliasque, qualiter per circulum anni observarentur, quod hodieque apud nos tenetur scriptum, etc.* Vide Glossar. med. Græcit. col. 1112. voce Παραμονή. In Græcanica ecclesia nonnisi in festis Christo et Deiparæ sacris fiunt. Vide ibid. voce Παννυχίδες, col. 1093.

* Vigilia, Festum solemne in signum lætitiæ publicæ, Gall. *Fête*. Comput. ann. 1494. inter Probat. tom. 4. Hist. Nem. pag. 64. col. 1 : *Item fecerunt aliam Vigiliam, ob honorem dictæ nativitatis domini dalphini, dicti domini officiarii regii et domini consules, cum omnibus consiliariis villæ, advocatis, notariis, et aliis notabilibus civibus dictæ villæ.* Paulo ante : *Convenerunt ut fieret in crastinum solempnitas propter jocundam nativitatem dicti domini dalphini. Veille*, non dissimili sensu, in Lit. remiss. ann. 1384. ex Reg. 125. Chartoph. reg. ch. 159 : *La vegille de la feste de la Magdelene derrenierement passée, le suppliant estant en la ville de Saint Crist, où l'en a acoustumé faire Veilles de sainte Juille entre aucuns varlez, qui dançoient et faisoient lesdittes Veilles, etc.*

* Vigilia Vigiliæ, Dies qui *vigiliam* præcedit, in Menckenii Script. tom. 1. pag. 643. *Vigilia Vigiliæ Nativitatis Christi*, apud Leibnit. tom. 3. Rer. Brunsvic. pag. 227. et 252. *Prævigiliam* aliquando dici observat Haltausius in Calendar. med. ævi Germ. pag. 17.

Vigiliam Facere, [Officio vigiliæ adesse.] Charta Pontii Archiepisc. Arelatensis ann. 1000. tom. 6. Spicilegii Acheriani pag. 427 : *Quod si est talis, qui per indictam sibi pœnitentiam non introeat Ecclesiam,... hic talis ad jam dictam Ecclesiam si venerit, in die videlicet dedicationis ejus, aut semel in anno cum sua vigilia, et adjutorium dederit ad opera Ecclesiæ S. Mariæ, quæ modo noviter construitur in prælibato monte,... sit absolutus ab ipso die, quo suam Vigiliam fecerit de tertia parte majorum peccatorum, unde pœnitentiam habet acceptam, etc.* Infra : *Ipsis autem oratoribus, qui cum sua Vigilia venerint ad Ecclesiam S. Crucis, etc.*

Vigiliæ, quas *in honore Domni Martini observabant*, prohibentur in Concilio Autisiodor. can. 5. quod per superstitionem et ad sortilegia eæ fieri solerent.

Vigiliæ, quæ in eodem Concilio [** *Pervigiliæ* utroque loco.] can. 3. fieri prohibentur, intelligendæ sunt non eædumtaxat, quæ in privatis domibus fieri consueverant, ut observat Baronius ann. 599. n. 53. 54. sed eæ etiam, quæ in ipsis ædibus sacris; sed cum choreis, et pagano ritu : *Non licet compensos in domibus propriis, nec Vigilias in festivitatibus Sanctorum facere.* Vetus formula, post Pœnit. Theodori pag. 350 : *Si in solennitatibus abstinuerit se ab uxore sua,.... si ivit ad choreas, et maxime in Ecclesia et devote, sicut quidam, qui faciunt Vigilias in festis in quibusdam partibus, et faciunt ludos inhonestos.* Sed et, ut supra observatum, *Vigiliæ in honore Domni Martini* celebrari, ut superstitiosæ vetantur in eodem Concilio Autisiodorensi can. 5. ut et in *Vigiliis circa corpora mortuorum*, vetantur *choreæ, et cantilenæ, seculares ludi, et alii turpes et fatui*, in Synodo Wigorniensi ann. 1240. cap. 5. ubi additur : *Nec ad dictas Vigilias aliqui veniant, nisi causa devotionis etc.* Adde Concil. apud Pontem Audomari ann. 1279. cap. 10.

Vigilias Facere dicebantur Tyrones, qui Militarem ordinem erant consecuturi; pridie enim in Ecclesiam secedebant, ibique pernoctabant, orationibus dantes operam. Matthæus Westmonast. ann. 1306 : *Ipsa quoque nocte in templo prædicti tyrones, quotquot poterat capere locus ille, suas Vigilias faciebant. Sed Princeps Walliæ præcepto Regis patris sui, cum præcelsis tyronibus fecit Vigilias suas in Ecclesia Westmonasteriensi.* Vetus Ceremoniale Creationis Militum de Balneo : *Et en ceste guise demorera l'Escuier en la Chapelle, tant qu'il soit jours, tousjours en oroisons et prieres, requerant le puissant Seigneur, et sa benoite mere, que de leur digne grace leur donne pouvoir et confort à prendre cette haute dignité temporelle en l'onneur et louange de leur, de sainte Eglise, et de l'Ordre de Chevalerie. Et quant on verra le point du jour, on querra le Prestre pour le confesser, etc.* Vide *Miles*, pag. 398. col. 2.

¶ Vigilia, Obligatio excubias faciendi. Charta ann. 1131. inter Probat. tom. 2. novæ Hist. Occitan. col. 459 : *Conquerebatur prædictus Episcopus .. de lectis mortuorum, et de Vigilia ecclesiæ S. Mariæ Magdalenæ, et quod nolunt eum sequi in expeditione homines eorum et sui.*

Vigiliæ Murorum, a quibus nemo excusatur. Greg. M. lib. 7. Ind. 1. Epist. 20. *Quia vero comperimus, multos se a murorum Vigiliis excusare, sit fraternitas vestra sollicita, ut nullum neque per nostrum vel Ecclesiæ nomen, aut quolibet alio modo defendi a Vigiliis patiatur; sed omnes generaliter compellantur, etc.*

Vigilias Cum Clava Notificare. Charta Chrodegangi Episcopi Metensis ann. 765. apud Meurissium : *Debent omni nocte vigilare, et Vigilias cum clava invicem notificare.* Id est is, qui *vigilias* facit, debet clavæ percussione subinde se vigilare indicare, quod etiamnum faciunt *vigiles* in *Berfredis* seu turribus, urbium sub regni confinia.

* Aliud sonat *Veille*, Nervum scilicet bovinum, vulgo *Nerf de bœuf*, in aliis Lit. ann. 1387. ex Reg. 134. ch. 55 : *Quia dicta Guigona prius adulterium commisisse confessa fuerat, ipsam idem judex per ejus sententiam definitivam tondi, et tonsam cum Veilles bouum mattando carnem verberari, absque effusione sanguinis,.... pronuntiavit. Vit de beuf* nuncupatur, in Lit. remiss. ann. 1474. ex Reg. 195. ch. 1268 : *Le suppliant batit sa femme de verges et aussi d'un fouet, nommé Vit de beuf.*

* *Veille* præterea, pro *Vrille*, Terebella, inter instrumenta doliariorum recensetur, in Lit. remiss. ann. 1416. ex Reg. 169. ch. 391. Unde diminutivum *Veillette*, in aliis ann. 1377. ex Reg. 111. ch. 101 : *Jehan des Broces avoit presté à un appellé Jehan Postel un foret ou Veillette, etc. Villette à forer et percier les queues de vin*, in Lit. ann. 1376. ex Reg. 110. ch. 147. *Viille*, eodem sensu, in Lit. ann. 1396. ex Reg. 150. ch. 211 : *A l'aide d'un sisel de fer et d'une Viille de tonnelier, etc. Visle*, in Lit. ann. 1381. ex Reg. 119. ch. 124 : *Comme... l'uis de la chambre du seigneur de Marcoussis eust eté percié en deux lieux, au droit du perle, d'une Visle à percier vin, etc. Guinbelet* nuncupatur, in aliis ann. 1412. ex Reg. 166. ch. 418 : *Un Guinbelet ou foret à percer vins. Vellevuesée*, in aliis ann. 1411. ex Reg. 165. ch. 417 : *Quatre tarieres, une Vellevuesée, une doloere, etc.*

VIGILIARII, Monachi, qui in monasteriis alios evigilant ad Matutinos, quibus *sollicitudo excitandi incumbit*, qui *septimanam excitationis exercent*, Regula Magistri cap. 31. Regula S. Fructuosi cap. 3 : *Ita ante mediam surgentes noctem, duodenos per choros recitent Psalmos, secundum consuetudinem; prius tamen quam surgant cæteri, a Vigiliariis Fratribus Præpositus excitetur, ut cum benedictione sua et signum moveatur, et cunctorum lectula ab eo, priusquam consurgant, strenue visitentur.*

☞ *A Vigilucis* edidit Menardus in Concordia Regul. pag. 418. Sed legendum suspicatur *a Vigiluciis* ex Gloss. Lat. Gr. ubi minus bene legitur *Vigilicius*, ἄγρυπνος, pro *Vigilucius*. Ut ut est iidem etiam

Vigilgalli vocati, ut observat eadem Regula Magistri d. cap. ex singulari *Vigilgallus*; a galli gallinacei vigilantia : *Magna enim merces apud Dominum est excitantium ad divinum opus, quos pro fama Regula Vigilgallos nominavit.* [Ubi emendo : *quos profana regula*, id est sæcularis, *Vigilgallos nominavit.*]

¶ **VIGILICIUS**. Vide in *Vigiliarii*.

¶ **VIGILIS**, Lucerna vitrea, Massiliensibus *Veillole*, in Inventario ann. 1342. ex Tabular. S. Victoris Massiliensis.

¶ **VIGILIUM**, ἀγρυπνία. Gloss. Lat. Græc. in Sangerman. *Pervigilium*.

VIGILIUS, Γρηγόριος, in veteribus Glossis pag. 359.

¶ **VIGINTI-QUATUOR**, Magistratus apud Hildensemenses, qui de rebus gravioribus statuunt. Telomonius de Bello cum civit. Brunsvic. apud Leibnit. tom. 2. Script. Brunsvic. pag. 96 : *Tandem autem dicunt, sibi non ex usu fore, ut in his magnis rebus sibi expositis atque arduis, civitates certiores reddere possint, nisi prius harum rerum ad eos, quos Viginti-quatuor appellant, imo quoque ad totius civitatis suæ communitatem relationem faciant.*

* **VIGNALIS**, Ager vineis consitus, Gall. *Vigne*, alias *Vignau*. Codex reg. 4189. fol. 20. r° : *Item unum Vignalem positum supra S. Felicem.* Lit. remiss. ann. 1474. in Reg. 195. Chartoph. reg. ch. 1195 : *Les supplians osterent du chemin icellui compaignon et le mirent en ung Vignau.*

¶ **VIGNEA**, pro Vinea, in Litteris ann. 1248. inter Ordinat. Reg. Franc. tom. 5. pag. 601. art. 18. Hinc

¶ **VIGNETÆ**, Viticulæ, ornamenta in modum vitium, Gall. *Vignettes*. Inventar. S. Capellæ Paris. ann. 1376. ex Bibl. Reg. : *Item, duo alii morsus argenti deaurati et hachiati ad Vignetas.* Βοθρύδια, Græcis recentioribus eadem notione. Vide *Vineatus*.

* **VIGNOBLUM**, a Gallico *Vignoble*, Vinetum, alias *Vignoy*. Charta ann. 1320. ex Tabul. Busser. : *Renaudus legavit conventui de Busseriis unam summam super vineam suam de Nota in Vignoblo Herissonii pro anniversario suo.* Lit. remiss. ann. 1408. in Reg. 163. Chartoph. reg. ch. 1 : *Quarante quarreaux de vigne assis ou Vignoy d'Argenteuil.* Vide infra *Vinolium*.

¶ **VIGNOLA**, pro *Vignicola*, Viticola, *Vigneron*, apud Cigaltium de Bello Ital. : *Caritas me instigat ad laborem vineæ, quia Vignola grossus.*

* **VIGOR**, Consuetudo, usus. Libert. Dalph. ann. 1349. in Reg. Cam. Comput. Paris. sign. *Vienne* fol. 10. v° : *Antiquis duntaxat gabellis, pedagiis antiquis et bonis usibus et Vigoribus permansuris.* [Charta Caroli Reg. Hungar. ann. 1338. apud Ludewig. tom. 5. Reliq. MSS. pag. 488 : *Salvis et suis juribus et Vigoribus quoad omnes et singulos suos articulos, etc.*]

¶ **VIGORARE**, Corroborare, confirmare, vigorem præstare. Charta Henrici III. Regis ann. 1040. apud Marten. tom. 2. Ampl. Collect. col. 60 : *Bannique nostri impositione, ne deinceps quisquam hæc audeat infringere, Vigoramus.* Bulla Leonis IX. PP. apud Mabill. tom. 4. Annal. Bened. pag. 735. col. 1 : *Eadem quoque firmitate Vigoramus acta et instituta Regum Clodovei, Dagoberti, Childerici, Theoderici, qui eadem præceptis suis confirmaverunt.* Arnaudus in Rosario MS. lib. 2. cap. 7 : *Deinde Vigora ignem paulatim donec habeas totum aerem igne mixtum.*

¶ VIGORARI, Vires acquirere. Rolandini Patav. Chron. apud Murator. tom. 8. col. 322 : *Quantum homines in mœrore tabescunt, tantum in lætitia Vigorantur.* Adde Marten. tom. 8. Ampliss. Collect. col. 447.

VIGORATUS, Vigore præditus, *Vigoureux*. Dudo lib. 3. de Act. Norman. pag. 128 : *Cernens eum Vigoratum et præcellentem in omnibus factis, etc.*

¶ VIGORATUS, Excitatus, accensus. Charta Balduini Comit. ann. 1084. inter Instr. tom. 3. Gall. Christ. novæ edit. col. 22 : *Dei inspiratione compunctus et matris prædictæ confortatione Vigoratus, tunc consensit, etc.*

¶ VIGOROSE, Acriter, strenue, Gall. *Vigoureusement.* Hist. Cortus. lib. 2. apud Murator. tom. 12. col. 801 : *Cum forte quadraginta equitibus qui eum Vigorose sunt sequuti, pertransivit pedites prædictos, etc. Ut fidelitatem domini sui Vigorosius resumant et conservent*, in Charta ann. 1244. apud Rymer. tom. 1. pag. 271.

¶ **VIGRA**. Charta ann. 1097. apud Murator. delle Antic. Estensi pag. 82 : *Has autem suprascriptas massaritias cum omnibus earum pertinentiis, cum casis,.... terris, Vigris, aratoriis, vineis, campis, etc.* Vide infra *Vilaria.*

* Vel potius adject. *Vigrus*, Incultus, ut videtur. Charta ann. 952. apud Murator. tom. 2. Antiq. Ital. med. ævi col. 133 : *Idem in integrum omnibus casis et rebus illius juris et proprietatis nostræ,.... qui positi sunt ipsis casis et rebus,... tam terris casalivis et terris cum vineis et terris aratoreis seu Vigris, vineis, campis, pratis, pascuis, etc.*

¶ **VIGRINARE**, VIGRINULA. Vide *Virginare* et *Virginula.*

¶ **VIGUA**. Vide supra *Viga.*

¶ **VIGUERIA**, VIGUERIATUS, VIGUERIUS. Vide in *Vigerius.*

¶ **VIGUS**, pro Vicus, in Charta Childeberti III. Reg. Fr. ann. 710. apud Felibian. Hist. Sandion. pag. 18. et in Bulla Agapeti PP. ann. 954. inter Probat. tom. 2. novæ Hist. Occitan. col. 96.

VILAGER. Tabularium Prioratus *de Lewes* in Anglia fol. 16 : *Et flagellabit præbendam Prioris per unum diem cum corredio domini, et habebit 2. panes ad vesperam cum companagio, exceptis illis, qui non dant Vilager.* Ibid. fol. 14 : *Quicumque in villa de Hecham habuerit bovem et vaccam, dabit, 1. den. ad Inventionem S. Crucis, et pro vitulo unius anni obol. Et qui plures habuerit, tot denarios de Vilager.* Et paulo post : *Osemundus de Stane pro suo Vilager cum suo censu, etc.* [** Idem videtur quod *Villenagium*, Servitium *Villani.*]

* **VILAGIUM**, Pannus laneus, ut videtur, villosus. Pactum ann. 1406. inter abb. et convent. S. Vict. Massil. ex Lib. Statut. ejusd. ubi de vestibus : *Unicuique de Vilagiis secundum gradum suum.* Vide *Vilanus.* Alia notione exponitur in *Villagium.* Haud scio an melius.

¶ **VILANAGIUM**, VILANATICUM, VILANIA. Vide infra in *Villenagium.*

* **VILANITER**, Injuriose, contumeliose. Instr. ann. 1401. inter Probat. tom. 3. Hist. Nem. pag. 158. col. 1 : *Quandoque gentes verberando, aut alias verbo Vilaniter injuriando, etc.* Vide *Villania.*

¶ **VILANUS**, f. pro *Villosus.* Vide *Villosa.* Statuta Eccl. Ambian. apud Marten. tom. 7. Ampl. Collect. col. 1226 : *Juppones quoque, houppelandas, Vilanos, et alia vestimentorum diversorum genera... non portent* (Clerici.) Vide alia notione in *Villani, Villanicus*, et *Villenagium.*

¶ **VILARIA**, Villula, viculus, ni fallor, idem quod *Villare.* Testam. Guillelmi D. Montispessulani ann. 1146. apud Acher. tom. 9. Spicil. pag. 142 : *Dimitto ei castrum de Monteferrario cum omnibus suis pertinentiis,... orratas, caminos, boscos et pascua, aquas et Vilarias, etc.*

¶ VILARIUM, Eadem, ut videtur, notione. Charta ann. circ. 1132. inter Probat. tom. 2. novæ Hist. Occitan. col. 465 : *Guillelmus de Montepessulo similiter reddat puellæ et viro suo omnem honorem Melgoriensis Comitatus, qui infra prædictos honores supra caminum versus Montemferrarium est, excepto Vilario vetulæ Melgoriensis comitissæ, si viva fuerit.* [* Charta ann. 990. inter Instr. tom. 6. Gall. Christ. col. 482 : *Quæ sunt fundatæ in comitatu Rossilionensi, et in Vilarium, quem vocant Fontanas.*] Neque aliud forte sonat

¶ VILARUS, in Charta Odaccaris Episc. Lemovic. ann. 833. inter Instrum. tom. 2. Gall. Christ. novæ edit. col. 165 : *Ipsum jam dictum mansum vobis cedo.... cum ecclesia in honore S. Sebastiani martyris, Vilaris, pratis, pascuis, silvis, etc.* Vide *Villagium.*

VILARNIPINNIUM. Vide in *Usis.*

¶ **VILATGIUM**. Vide infra *Villagium.*

¶ **VILATUS**. Expositio antiquæ Liturg. Gall. apud Marten. tom. 5. Anecd. col. 98 : *Membra parvoli sabana, id est candido ac Vilati linteo exterguntur, ne corium ei lædatur.* Leg. *Villoso.* Vide *Villosa.*

¶ **VILEFACERE**, *Parvifacere, Villi habere*, in Gemma.

¶ **VILEINAGIUM**, VILENAGIUM. Vide infra *Villenagium.*

* **VILENIARE**, Vulnerare, grave vulnus infligere, nostris *Villener*, eodem sensu ; unde *Villanie*, vulnus grave. Arest. parlam. Paris. ann. 1306. in Reg. *Olim : Dominus de Poix... procuraverat plures de hominibus dictæ communæ Vileniari et mutilari.* Lit. remiss. ann. 1389. in Reg. 137. Chartoph. reg. ch. 10 : *Jean Richier courut sur ledit Lancelot, lequel doubtant qu'il ne le tuast ou Villenast, feri ledit Richier d'un coustel.* Aliæ ejusd. ann. ibid. col. 45 : *Il lui jetta une pierre à la teste et lui fist une grande plaie et Villanie.* Quæ vox eadem notione intelligenda in *Villania.* Unde *Envillenir*, eodem sensu, in Lit. ann. 1407. ex Reg. 162. ch. 185 : *Ilz le ruerent dessoubz eux au plat de la terre, pour le cuider Envillenir de son corps.*

¶ **VILERE**, Vilipendi. Elogium Milonis Monac. apud Mabill. tom. 5. Annal. Bened. pag. 670. col. 2 :

Provehitur census, Vilet sine nomine sensus.

Vilo, adnihilo, ἐντελίζω, in Gloss. Lat. Gr. *Vilio*, in Sangerm. MSS.

¶ **VILESCERE**, Contemnere, vili habere. Sermo S. Humilit. inter Acta SS. tom. 7. Maii pag. 834 : *Quia qui Vilescunt eas* (virtutes) *omnia perdunt.* Pro in contemtum adduci, occurrit in Litteris Caroli Johannis Reg. primogeniti ann. 1359. tom. 3. Ordinat. pag. 395 : *Nolens quod humana creatura quam sue similitudini conformarat, ruditate Vilesceret, etc.*

¶ **VILHETA**, pro *Bilheta*, Schedula, libellus, syngraphum. Inventar. ann. 1476. ex Tabul. Flamar. : *Item plus unum aliud debitum de summa viginti sex scutorum auri... mediante apoca sive Vilheta per eumdem nobilem Stephanum manu sua propria subsignata.* Vide *Billa* 1.

¶ **VILIABUNDUS**. Papias MS. Bituric. : *Amorreus interpretatur amarus ; unde Amorrei. filius fuit Canaham. vel Viliabundus interpretatur.* [** In cod. reg. 7609 : *Amorreus interpretatur amarus vel Viliabundus, dictus ab Emor patre Sichem, qui fuit filius Chanaan, unde Amorrei dicuntur.* In cod. reg. 7644. ex Origene : *Amorreus interpretatur Viliabundus et amarus et amaritudo.*] In indice vocum hebraicarum ad calcem Bibliorum : *Amorrhæi, amari, rebelles.* Nihil præterea succurrit.

¶ **VILIARI**, pro *Biliari*, irasci. Gloss. Lat. Gr. : *Vilior*, χολῶ. *Bilior*, in MSS. Sangerm. Vide *Vilere.*

¶ **VILICUS**. Vide infra *Villicus.*

¶ **VILIFICARE**, Vilem reddere, submittere. Auctor Imitat. Christi lib. 3. cap. 8 : *Si autem me Vilificavero, et ad nihilum redegero, etc.*

¶ **VILIPENDIUM**, Contemtus. Statuta Ecclesiæ Avenion. ann. 1341. apud Marten. tom. 4. Anecd. col. 567 : *Item ut excommunicationis sententia quæ habetur in hac diœcesi, ut plurimum, Vilipendio,... de cetero amplius timeatur.* Charta Caroli VI. Reg. Franc. apud Menester. Hist. Lugdun. pag. 123 : *Ad sedem Matisconensem evocavit... in nostrum,.... et ipsius curiæ nostræ Vilipendium et contemptum, etc.* Occurrit præterea in Conc. Hisp. tom. 3. pag. 663. in Actis SS. tom. 1. Mart. pag. 589. apud

Ludewig. tom. 6. Reliq. MSS. pag. 61. et Rymer. tom. 8. pag. 577.

¶ VILIPENSIO, Eodem significatu. Guibertus in Vita sua lib. 3. cap. 7 : *Ipsos etiam tantis addici constiterat Vilipensionibus clericos, etc.*

* *Viltance*, in Hist. contin. Guill. Tyrii apud Marten. tom. 5. Ampl. Collect. col. 699 : *En la Viltance des pelerins Templiers etc. Vieutanche*, eodem sensu, in Mirac. MSS. B. M. V. lib. 1 :

En despit de tous Crestiens,
Et en Vieutanche de lor loy,
Grans merveilles ferai de toy.

Viuté vero, pro *Vilté*, dicitur de re vili, in Chron. S. Dion. tom. 8. Collect. Histor. Franc. pag. 343 : *Et li offrirent par charité du pain d'orge et de l'iaue : et li dux ne la vot prendre, ainz en ot desdaing pour la Viuté du pain.* Hinc *Voutoier* et *Vuitoier*, Contemnere, in iisd. Chron. ibid. tom. 3. pag. 183 : *La commença à Voutoier : ne pas l'aimoit, ne honouroit comme roine.* Ibid. pag. 277 : *Disoit que li enfés estoit encore trop jones, et que il le convenoit Vuitoier et tenir souz piez.*

¶ VILITAS, Ignavia, Gall. *Lacheté.* Lanfranci Pignoli Annal. Genuens. ad ann. 1266. apud Murator. tom. 6. col. 538 : *Quum sanius consilium foret intrare mare et se parare ad bellum : admiratus tamen stupefactus et Vilitate præditus mutavit consilium, etc.*

¶ VILITER, Cum dedecore et contumelia. Diarium belli Hussit. apud Ludewig. tom. 6. Reliq. MSS. pag. 196 : *Reliquias Sanctorum de monstrantiis et altaribus sumentes Viliter ad angulos projiciebant.*

VILLA, Civitas, Gallis *Ville*. Ita usurpasse videtur Rutilius Numatianus in Itiner. dum oppida a civitatibus distinguit, et ortas civitates ex oppidis indicat :

Nunc Villæ ingentes, oppida parva prius.

[** Ubi *villa* sensu latino usurpatum pro *vicus*, Gall. *Village*. Loquitur Rutil. (locus est lib. 1. vers. 223.) de Pyrgis et Alsio, olim oppidis Etruriæ, nunc excisis.] Lambertus Schafnaburg. ann. 1073. de urbe Hartesburg. [** De Goslaria. Apud Pertz. tom. 5. Script. pag. 205. Conf. pag. 179. lin. 14.] : *Et quia Villam viris fortibus, vallis et seris undique munitam incursare haud satis tutum putabatur, etc.* [Juramentum Universit. Paris. ann. 1251. tom. 7. Spicil. Acher. pag. 226 : *Promiserunt quod juramenta... a magistris et scholaribus facerent renovari et jurari quod servarent pacem Villæ bona fide pro posse suo. Villa nostra Parisius*, in Litteris Caroli VI. Reg. Franc. ann. 1386. apud Lobinell. tom. 3. Hist. Paris. pag. 225. Occurrit rursum ibid. pag. 171. col. 1. 173. col. 2. et 175. col. 1. Adde eumd. Lobinell. tom. 2. Hist. Britan. in Gloss. et Murator. tom. 12. col. 662.] Will. Brito lib. 2. Philipp. :

Hinc obstat Comiti, ne vires transferat ultra,
Tam bona ne pereat sub eodem Villa furore.

Et Nicolaus de Braia in Ludovico VIII. de Rupella :

Ingreditur Villam, victori supplicat hostis.

De Avinione :

Quos villæ statuit custodes Rex Ludovicus.

Villas hodie, non quomodo Latini prædia rustica ; sed complurium in agris mansionum vel ædium collectionem appellamus. Jo. de Janua : *Villa, dicitur a vallis, quasi vallata, eo quod vallata sit solum vallatione vallorum, et non munitione murorum. Inde Villanus.* Glossæ Basil. Αἱ δὲ οἰκοδομαὶ ἐν μὲν τῇ πόλει οἰκίαι λέγονται, ἐν δὲ τοῖς χωρίοις, Βίλαι. Vita S. Gregorii primi Episc. Aniciensis : *In quodam vico,... quem situm juxta fluvium Bornæ vulgaris lingua Villam nuncupavit, eo quod polleret quondam frequentia pagensium, ac pluribus tuguriis.* [Charta ann. 1264. inter Instr. tom. 2. Gall. Christ. novæ edit. col. 436 : *Arbitrabuntur fore necessarium ad construendam et faciendam bastidam seu Villam, et ad plateas et carreyrias dictæ bastidæ seu Villæ capacem convenienter prædicti abbas et conventus se devestiverunt.*]

* Charta ann. 1308. in Reg. 40. Chartoph. reg. ch. 57 : *In Villa seu manso de Sauvac, continente quindecim focos paleos seu palea coopertos.*

Liber inscriptus *Cartaria*, scriptus tempore Ricardi II. Regis Angl. *villas* dividit in *murales* et *rurales* : ac *rurales* quidem ait, *continere campum, pratum et boscum.* Sic passim in Chartis, terra arabilis, prata, pascua, bosci, dicuntur jacere *in villa de, etc.* Jo. Fortescutus de Laude Legum Angliæ cap. 24 : *Hundreda dividuntur per villas, sub quarum appellatione continentur et burgi atque civitates. Villarum etenim metæ, non muris, ædificiis, aut stratis terminantur ; sed agrorum ambitibus, territoriis magnis, hamiletis quibusdam, et multis aliis, sicut aquarum, boscorum, et vastorum terminis, quæ jam non expedit nominibus designare, quia vix in Anglia est locus aliquis, qui non infra villarum ambitus contineatur, licet privilegiati loci quidam infra villas de iisdem villis pars esse non censentur.* Bracton. lib. 4. tract. 1. cap. 31. § 1 : *Sciendum, quod de jure gentium agris sunt termini positi, ædificia sunt collata sive vicinata, et ex qua collatione fiunt civitates et villæ, et ex pluribus ædificiis collatis et vicinatis, et non ex uno ædificio constructo, ut si quis in agro unicum faciat ædificium, non erit ibi villa ; sed cum ex processu temporis cœperint coadunari et vicinari plura ædificia, incipit esse Villa, etc.* Et lib. 5. tract. 5. cap. 28. § 1 : *Villa est ex pluribus mansionibus vicinata, et collata ex pluribus vicinis.* Quo loco pro *collata*, Fleta lib. 6. cap. 51. § 2. habet *Villata*. Vide *Villeta*.

* VILLA ARRESTI, in qua mercatoribus foraneis licet bona personasve debitorum suorum *arrestare* seu manum apponere. Vide supra in *Arrestum* 1.

VILLÆ CAPITANEÆ, Majores, in Capitulari de Villis cap. 19.

* VILLA ad CLOCHERIUM, Parœcia, Gall. *Parroisse*. Catal. MS. episc. Carnot. ann. circ. 400 : *Pro parte capituli, extra partem episcopi et comitis, sunt in diocesi Carnotensi septuaginta duæ Villæ ad clocherium, videlicet quod in qualibet villa est ecclesia parrochialis.*

VILLÆ DOMINICALES, *Dominicatæ*, et *Indominicatæ*, proprie Regum vel dominorum. *Villæ dominicatæ*, quibus opponuntur *Villæ vassallorum*, in Annalib. Francor. Bertinianis ann. 870. Edictum Pistense cap. 5. 8 : *Villæ nostræ indominicatæ, etc.* Charta Divisionis Imperii Ludovici Pii, edita a Steph. Baluzio, cap. 2 : *Et insuper duas Villas dominicales ad suum servitium, etc.* Poëta Saxonicus in Carolo M. ann. 785 :

.... Properarunt protinus ambo
Ad Regem, jam tum fuerat qui forte reversus
Ad Villam propriam, quæ dicitur Attiniacus.

Ubi *propriam*, idem valet, quod *Dominicam*. Vide *Dominicum* 3.

VILLÆ FISCALES, Quæ ad fiscum pertinent, apud Gregorium Turon. lib. 6. cap. 32. [Marculfum lib. 2. form. 52.] Flodoardum lib. 1. Hist. Remensis cap. 20. etc. [** *Villæ regalis fisci*, apud Lambert. Schafnaburg. ann. 1070. Pertz. Scriptor. tom. 5. pag. 178. lin. 26.]

¶ VILLÆ FORENSES, Rurales, quæ a civitatibus distinguuntur. Charta Rudolphi I. Imper. ann. 1277. apud Ludewig. tom. 4. Reliq. MSS. pag. 261 : *Ad hæc statuimus autoritate qua fungimur, confirmantes... homines ipsorum proprietatis vel in prædiis eorum modo quolibet positos, qui ad civitates vel Villas forenses, quæ erectæ per omnem ipsam terram fuerint et libertati dediti, etc.*

¶ VILLA FRANCA, Libera, immunis a certis præstationibus et oneribus. Charta Guillelmi de Bellovidere ann. 1256. tom. 1. Hist. Dalph. edit. Paris. pag. 67 : *Volentes facere Villam francam pro nobis nostrisque successoribus... concedimus plenariam libertatem quam habent et habere debent habitantes alias Villas francas,... scilicet quod infra metas inferius declaratas capi vel detineri personæ, vel bona ipsorum a D. de Bellovidere vel quavis alia persona non possint, nisi tale eos crimen commisisse constiterit propter quod... videlicet furtum, homicidium, adulterium, falsa mensura, etc.*

¶ VILLA INGENUA, Eadem notione, in Conc. Legion. inter Hisp. tom. 3. pag. 190 : *Junior vero qui transierit de una mandatione in aliam et emerit hæreditatem, possideat eam integram ; et si noluerit in ea habitare, mutet se in Villam ingenuam.*

VILLA LEGIS, Quæ legibus suis regitur, et judices suos habet, Majores et Scabinos : *Ville de Loy*, in Consuetud. Boloniensi art. 13. 99. [*Ville de commune*, cui opponitur *Ville baptice* vel *bateiche*. Bellomaner. cap. 4 : *Entendons nous pour Villes bateiches hors de communes, car les Villes de communes ont leurs Maires et leurs Jurez.*] Aresta Candelosæ ann. 1262. f. 125 : *Determinatum, quod homines Crispiaci in Laudunesio possunt arrestari in villa D. Ingeranni de Cociaco, quæ dicitur Fara, et est Villa legis, pro debitis ipsorum, per justitiam ipsius Ingeranni, etc.* Ibidem fol. 14 : *Non est probatum, quod Burgenses D. Regis non possunt arrestari in Villa regente se per legem.* In alio Arresto 20. Aug. ann. 1411. *Tenremondia*, seu Teneræmunda in Flandriæ Comitatu, dicitur *notabilis Villa legis, habens campanam, sigillum, burgesiam, et banleucam, etc.* In Hist. Betuniensi pag. 116. Vide Raguellum in v. *Loi*.

* Quomodo etiam legendum, pro *Ville*

de lay, in Stat. ann. 1399. tom. 8. Ordinat. reg. Franc. pag. 358. art. 7.

VILLÆ MERCATORIÆ, MARCHANDIÆ, Quæ habent jus nundinarum, in Fleta lib. 1. cap. 24. § 8. lib. 2. cap. 50. § 30.

¶ VILLA PACIS, Cujus civibus non licet bellum indicere vel facere, aut illatas sibi injurias ulcisci. Ejusmodi est civitas Parisiensis, ut patet ex Charta ann. 1344. laudata in Gloss. Jur. Gall. voce *Ville*.

VILLÆ PUBLICÆ, Quæ ad Fiscum regium pertinent. Eutropius lib. 10 : *Nicomediæ in Villa publica obiit.* Anonymus de Gestis Constantini M. : *Et in Villa publica Appiæ viæ... custodiri fecit.* Alibi, mortuum ait Constantinum M. *in suburbano Constantinopolitano, Villa publica, juxta Nicomediam.* Fredegarius : *Omnes Francos, sicut mos Francorum est, Bernaco Villa publica ad se venire præcepit.* Idem ann. 761 : *Melciacum Villam publicam incendio cremaverunt.* Et ann. 766 : *Totam regionem illam vastans, Villas publicas, quæ ditionis Vuaifarii erant, totas igne cremare præcepit. Sparnacus, prædium publicum*, in Passione S. Berchari apud Camusatum pag. 69. Adde Jonam in Vita S. Columbani cap. 19. Annales Francor. Metenses ann. 692. 714. 754. Chronicon Hildesheimense ann. 741. etc. Vide *Vicus publicus.*

VILLÆ REGIÆ, Dominicæ, quæ Regum erant propriæ. *Palatia, Curtes Regiæ, Fisci* et *vici Regis*, interdum nude *Villæ* appellatæ in Francorum Annalibus. *Villæ Regiæ atque proprietates*, in Annalibus Francor. Bertinianis anno 858. Theganus de Ludovico Pio Imp. cap. 19 : *In tantum largus, ut antea nec in antiquis libris, nec in modernis temporibus auditum est, ut Villas Regias, quæ erant sui, et avi et tritavi, fidelibus suis tradidit eas possessiones sempiternas, et præcepta construxit, et annuli sui impressione cum subscriptione manu propria roboravit.* Unde colligitur, villas istas fuisse ex propriis Regum patrimoniis, quando quidem Ludovici tritavorum fuere. Iidem Annales Bertiniani ann. 867 : *Vicario scilicet Salomonis Comitatum Constantini cum omnibus fiscis et Villis Regiis et Abbatiis in eodem Comitatu consistentibus... confirmat.* Charta Henrici II. Imp. ann. 1023. apud Nicol. Zyllesium sic clauditur : *Actum in Triburia, Regia villa, Palatio publico, etc.* Eadem *Villæ Regiæ* nomenclatura donantur *Weimodus*, apud Miræum in Cod. Donat. piar. pag. 28. *Carisiacum*, in Vita Lud. Pii ann. 834. *Cassinogilus*, apud Ademarum in Vita Ludov. Pii initio, etc. Alias in Anglia proferunt Asserus de Gestis Ælfredi ann. 863. 871. 878. 885. Matth. Westmonast. ann. 870. Simeon Dunelm. ann. 887.

* VILLA VIELHA, vulgo *Ville-vieille*. Charta ann. 1539 : *Item quamdam aliam terram,.... sitam in eodem territorio, loco vulgariter appellato à la Villa-vielha.* Rursus : *Item aliam terram.... in eodem territorio de Villa-laura, loco dicto à la Villa-vielha.*

¶ VILLA URBANA, Quæ prope urbem est exstructa. Chartul. majus S. Victoris Massil. pag. 103 : *Et est ipse alodis beneficium in comitatu Aptensis civitatis, ex parte in territorio et quædam latifundia Villæ urbanæ... Sunt namque alibi terræ, sicut prædiximus, in territorio Villæ urbanæ, aratro et tritico aptæ.*

* VILLAM PERDERE, E civitati ejici, ejusque privilegiis privari. Charta ann. 1338. in Reg. 74. Chartoph. reg. ch. 657 : *Quicunques est présens, aidans ou confortans à occire homme ou femme dedens la ville et banlieue* (de Tournay) *et li occiz murt sans parler, ne accuser le malfaiteur, tous les présens sont encoulpé du fait et Perdent la ville à tousjourmais.* Unde *Rendre la ville*, pro In civitatem et jura civium restituere, apud Math. de Couciaco in Hist. Caroli VII. pag. 682.

VILLAGIUM, Villa, vicus, ex Gallico *Village*. [Charta ann. 1235. apud Lobinell. tom. 2. Hist. Britan. col. 385 : *Bernardus filius Tangui juratus dixit, quod vidit quod avus ipsius et pater et avunculus saisiti fuerunt de terris illis et Villagiis, tanquam de hæreditate sua.* Charta ann. 1336. tom. 2. Hist. Dalph. pag. 318. col. 1 : *Transtulit ad vitam ipsius dom. Dalphinæ subscripta castra sua cum hominibus, fortaliciis, Villagiis, mandamentis, etc.* Adrian. de Veteri-busco de Reb. Leod. apud Marten. tom. 4. Ampl. Collect. col. 1271 : *Et ubicumque veniebat, fiebat magna solemnitas, et ex omnibus Villagiis occurrerunt ad eum videndum.* Occurrit præterea in Actis SS. tom. 2. April. pag. 348. Gall. Christ. novæ edit. tom. 3. col. 734. apud eumd. Marten. tom. 3. Anecd. col. 1446. Menotum serm. fol. 164. 176.] Nicolaum Uptonum lib. 4. de Militari officio pag. 135. Perardum in Burgundis pag. 313. et in Chartis variis.

¶ VILAGIUM, in Statuto ann. 1446. ex Tabul. S. Victor. Massil. : *Super differentia pannorum alborum Olandorum anno quolibet in festo S. Michaëlis monachis conventualibus ministrandorum, videlicet unicuique de Vilagiis secundum gradus suos.* Ubi ii videntur indicari Monachi qui in prædiis rusticis habitabant, ut iis excolendis invigilarent. Vide *Vilagium* suo loco.

¶ VILLATGIUM, Eadem notione, Arvernis, in Charta ann. 1445. apud Baluz. tom. 2. Hist. Arvern. pag. 734.

¶ VILLAGIUM, VILAGIUM, Mansus, prædium rusticum. Charta Comit. Marchiæ ann. 1406 : *Ad assensam perpetuam tradiderunt... quemdam mansum suum, sive Villagium vulgariter nuncupatum lo Chuo-au-brun situm et situatum in parochia S. Aredii le Boust... cum omnibus et singulis ipsius mansi sive Villagii et tengude supradicte introitibus, exitibus, etc.* Obituar. MS. S. Gerardi Lemovic. fol. 20 : *Martialis de la Lande nobis legavit decem libras pro decem solidis levandis et percipiendis in et super totam suam partem Vilagii sui.* Ibid. fol. 22 : *Ex qua quidem summa fuerunt empti quinque solidi in quadam terra situata in parochia S. Gentiani prope Vilagium de la Chatre.*

* Charta ann. 1308. in Reg. 44. Chartoph. reg. ch. 140 : *Nos considerantes grata servitia, quæ magister Petrus Barriere, dilectus clericus noster, nobis exhibuit,.... eidem locum seu Villagium villæ Rasent,... cum domibus, terris, pratis... damus et concedimus.* Pariag. inter reg. et abbat. Elnon. in Ruthen. ann. 1313. ex Reg. 61. ch. 21 : *Quia locus sive Vilagium de sancto Paulo contiguus est terræ dicti monasterii, etc.* Lit. admort. ann. 1443. in Reg. 184. ch. 600 : *Dictus testator dimisit ecclesiæ S. Stephani de Gimello quoddam Villagium, nuncupatum de Laleu, situm in parrochia de Champagniaco diœcesis Lemovicensis.* Testam. Joan. Chati ann. 1482. in Reg. 3. Armor. gener. part. 1 : *Item do.... tria septeria siliginis mensuræ S. Aredii rendualia... quæ assigno .... supra mansum seu Villagium de la Chieze.*

* VILLAGIUM, *Villæ* districtus, territorium. Chartul. Floriac. fol. 105. r° : *Poterit unusquisque existens in villa Castellione, confinio seu finagio et Villagio ejusdem parochiæ pressoriare ubicumque voluerit.*

¶ **VILLALINUS**, f. *Villanus*, rusticus, rudis. Vita S. Menelei tom. 5. Jul. pag. 316 : *Sicut in superioribus noster Villalinus calamus descripsit.*

* **VILLAMENTUM**, Eodem intellectu. Lit. remiss. ann. 1340. in Reg. 74. Chartoph. reg. ch. 175 : *Cum Nobilis de Burnino miles diceretur culpabilis de morte Petri Arnaldi, dicti Bastol, murtro per eundem in Villamentis Paraserii, ut dicitur interfecti.* Vide *Villicatus* in *Villicus.*

¶ 1. **VILLANAGIUM**, ut *Vinagium*. 2. quomodo etiam forte legendum est. Obituar. MS. Bellijoc. ann. circ. 400. vel 500 : *Berardus Bordon decanus Bellijoci dedit medietatem Villanagii vinearum del Sauncy. Dedit pro melioramento anniversarii patris sui Villanagium Pontii Vela.*

¶ 2. **VILLANAGIUM**, ut *Villenagium*. Vide ibi.

VILLANI dicti sunt a *villa*, eo quod in villis commorentur, qui et *Rustici*, a ruribus, quæ excolunt et *Pagenses*, etc. apud Vitalem Episcopum Oscensem. Constitut. Neapolit. lib. 2. tit. 32 : *Villanus, qui in villis et casis habitat, etc.* Brito in Synonymis :

Rusticus, agricola, rudus, et Villanus, agrestis,
Runco, ruricula, rurestris, villicus assint.

Ebrardus Betuniensis in Græcismo :

Quando mulcetur Villanus, pejor habetur,
Pungas Villanum, polluet ille manum :
Ungentem pungit, pungentem rusticus ungit.

Notum apud nos proverbium. [* Dialog. creatur. dial. 51. ubi de fabula agni et lupi : *Tunc clamavit lupus : An loqueris, furcifer, id est Villane ? ac irruit in eum et devoravit.*] Capitul. Karlomanni tit. 2. cap. 14 : *Volumus, ut Presbyteri et Ministri Comitis Villanis præcipiant, ne collectam faciant, quam Geldam vocant, contra illos, qui aliquid rapuerunt.* [Sententia Navarri Episc. Conseran. ann. 1208. apud Marten. tom. 7. Ampl. Collect. col. 93 : *Possessiones etiam rusticorum et Villanorum S. Severi emptionis titulo et pignoris sibi vendicant violenter.* Adde Litteras Philippi Aug. Reg. Franc. ann. 1186. tom. 4. Ordinat. pag. 75. Chron. Domin. de Gravina apud Murator. tom. 12. col. 645. et Chron. Modoet. ibid. col. 1134.]

* Glossar. Provinc. Lat. ex Cod. reg. 7657 : *Vilan, Prov. paganus, rusticus, agellarius. Vilania, Prov. rusticitas, rusticatio.*

VILLANI propriè apud Scriptores ævi inferioris dicuntur, qui *villæ* seu glebæ adscripti sunt, et vilis ac servilis habentur conditionis, et ut servi in commercio erant, et cum villis ac prædiis venibant. Charta Willelmi II. Regis Angliæ apud Ordericum Vital. lib. 6. pag. 602 : *Dedit et 16. rusticos ad ipsas decimas custodiendas, atque 9. Ecclesias. Dedit enim 3. Villanos, etc.* Ubi *Rustici* et *Villani* iidem sunt. Eodem lib. : *Ipse quoque terram et Villanos, et omnes consuetudines de ipsis Villanis in vico Silvatico concessit.* [Charta ann. 1233. apud Kennett. Antiquit. Ambrosd. pag. 212 : *Concessi.... sex virgatas terræ de villenagio cum Villanis et eorum sectis et servitiis.* Eadem occurrunt infra pag. 216. 272. 288. et 310.] Charta Alfonsi Regis Castellæ æræ 1240. apud Marcam in Hist. Beneharn. cap. 14. n. 6 : *Dono igitur vobis quindecim Villanos, quos habeo in Angonne et in Sa, cum omnibus juribus, quibus mihi tenebantur jure hæreditario, ut in perpetuum habendos, et irrevocabiliter possidendos.* Britton. in Legib. Angl. pag. 78 : *Nul ne poit estre vilein, fors que de auncienne nativité, ou par reconnoissance, ne nul ne peut estre plus vilein de autre. Car un que est serfe, il est ausi serfe comme nul autre; car sount touts de autele condition. Vilain,* in Consuetud. Marchensi art. 153. Le Roman *de Vacces ou de Rou* MS :

Et porce qu'il tollut as Villains lor labor,
Les semences et les biens, et tout lor autre ator, etc.

Occurit passim vox *Villani* ea notione in Chartis Normanno-Siculis apud Rocchum Pirrum. Hunc vide tom. 2. pag. 387, 388. etc. et Fulconem Benev. pag. 341. etc.

* Horum occisio apud Hannones triginta Turonensibus redimebatur. Lib. rub. Cam. Comput. Paris. fol. 581. v° : *Vous sçavez que la coustume de Haynaut est, que qui tue un Villain, puisque il est chevalier ou filz de chevalier dessouz xxvj. ans, il est quictes pour xxvij. blancs, ce sont xxx. Tournois. Et avecques ce, se nobles ou non, forfait le corps en Haynaut, il ne pert ne héritage, ne chastel, et a ses noblesces.* Longe humanius habentur a Wenceslao imperatore in Edicto ann. 1398. ex Tabul. eccl. Camerac. : *Comme ... aucun soy disant nobles.... ayent use de envayr bonnes gens paisibles des dictes cité et conté* (de Cambresis), *iceulx ochir, navrer et de leurs bien persécuter et dépouiller, disant qu'il leur loist contre tels, que il appellent, de leur volenté téméraire, Villains : Nous deffendons à tous et singuliers, de quelconque estat ou condition qu'il soient, fermement et estroitement que il ne procedent contre aucuns des dictes cité et conté, en offendant en corps ou en biens, sans deffiances précédentes, lesquelles deffiances ils doivent notefier competamment, et en icelles deffiances mettre cause raisonnable ad ce mouvans : car quiconques fera le contraire ou mandera estre fait, nous le déclarerons encourre paine capital et confiscation de tous biens.*

Differunt tamen *Villani* a servis. Petrus de Fontanio in Consilio a nobis edito cap. 21 : *Et sache bien, ke selonc Diex ke tu n'as mie pleniere poesté seur ton vilain. Dont se tu prens du sien fors les droites redevances ki te doit, tu les prens contre Dieu et seur le peril de t'ame et come robierres. Et ce kon dit, toutes les coses ke vilains a, sont son Seigneur, c'est voirs à garder. Car s'il estoient son Seigneur propre, il n'avoit nule difference entre serf et vilain, mais par notre usage n'a entre toi et ton vilain Juge fors Dieu, tant com il est tes coukans et tes levans, s'il n'a autre loi vers toi fors le commune.* Adde Brittonum de Legib. Angl. cap. 31. initio.

☞ *Villani* iis opponuntur qui tenent per feudum, in Charta tom. 1. Hist. Dalph. pag. 94. col. 2 : *Omnes autem homines Villani de toto Oysentio, præter quosdam,.... sunt taillabiles dom. Comiti.... Item omnes tenentes in Oysentio per feudum, si placitum non sit determinatum, debent placitum ad misericordiam, ad mutationem tenementarii, et omnes tenentes per Villenagium, si placitum non est determinatum, debent placitum ad duplicem censum, et ad mutationem tenementarii.* A Militibus distinguuntur, in Charta ann. 1026. apud Lobinell. tom. 2. Hist. Britan. col. 161 : *Omnia jura et dominia quæ.... tam super Militibus quam super Villanis jure hereditario habebam, etc.* Chron. Farf. apud Murator. tom. 2. part. 2. col. 631 : *Suaserunt ei ut armatam manum equitum nostrorum seu Villanorum ad nos compescendos et conterrendos in hoc monasterio faceret venire.*

** VILLANUS, Villicus, villæ œconomus. Anastas. Mirac. S. Cyri sect. 43. pag. 470. tom. 3. Spicilegii Romani : *Possessionis Villanus Taurinus erat.*

VILLANI SOCMANNI, Qui tenent tenementa sua *in socagio.*

VILLANI ADVENTITII, Qui ea tenent per certa servitia et expressa ex conventione, etc. apud Bractonum lib. 2. cap. 8. §. 2.

Villanorum rursum alii sunt aspicientes ad manerium, vel tenementum aliquod, qui scilicet ad ea spectant, et quibus adscripti sunt, ita ut cum iis veneant. *Aspicere* enim *Manerium*, et soli villani dicuntur; res vero aliæ ab iis dependere. Alii denique nuncupantur

VILLANI IN GROSSO, seu *Villains en gros*, Qui nullas terras habent, ratione quarum certo tenemento adscribantur, vel qui in curia recordi se pro villanis agnoscunt. Vide Littletonem sect. 181. et seqq.

¶ VILLANI PLENARII, Qui *Villenagium purum* debent. Vide infra *Villenagium*. Chartul. SS. Trinit. Cadom. fol. 20. v° : *In Oistrehan habemus 29. Vilanos plenarios, etc.*

Villani uxor, non *Villana;* sed *Nativa* appellatur, solique viro *Villani* appellatio congruit. Idem Littleton. sect. 286.

☞ Id moris non ubique obtinuisse docent Statuta Widonis Aniciensis Episc. inter Instr. tom. 2. Gall. Christ. novæ edit. col. 226 : *Villanum aut Villanam propter redemptionem non nisi per suum sorsfactum* (forsfactum) *et in eundem villanum qui alterius terram araverit, etc.*

VILLANI COLLATERII, et *de Parada*, apud Hispanos, de quibus ita Vitalis Episcopus Oscensis : *Villani Collaterii tam crudeli erant subditi servituti, ut etiam inter filios dominorum suorum ducerentur gladio dividendi, qui quondam, temporum conditione cogente pestifera eorumdem, contra dominos suos insurgentes, tandem composuerunt cum eis communiter, et ultranea voluntate certa tributa et conditiones supra se et suis filiis assignantes. Qui post compositionem hujusmodi Villani de Parada taliter nuncupati, hoc cum suis dominis inter cætera pepigerunt, ut quotiescunque domini eorum fidejussione indigeant, hujusmodi solvere sint compulsi; nec si dominus, pro quo fidejussit, indemnitati ejus voluerit providere, nunquam postea pro ipso domino fidejussione casu aliquo teneantur.* Eximius Petri Salanova Justitia Aragonum, et Martinus Didacus *Daux* Justitia Aragon. lib. 6. Observant. tit. de Privileg. Militum § 7 : *Item sunt quidam, qui dicuntur Villani de Parada, id est, de conventione; scilicet illi, qui nihil habent, nisi de bonis Infancionum, et in domibus Infancionum populati sunt cum conventione, ut semper ibi sint. Et tales non peytant in aliquo cum hominibus signi Regis, nec pro ganatis, neque aquis, ut quidam dixerunt.* Ubi Salanova videtur indicare *Villanos* ejusmodi *de Parada* nuncupatos, quod ita cum dominis de specie servitutis convenerint. Atqui *Parada* apud Hispanos, non est *conventio*, sed hospitium, vel potius præbitio hospitii, quomodo *Parata* usurpatur Scriptoribus ævi inferioris, uti suo loco docuimus. Proinde longe probabilius videtur, ita appellatos, quod *paratas* dominis suis præberent, hoc est hospitia, præstationes, et *procurationes.* Quod sane satis docet idem Vitalis Episcopus : *Quæ deveria sunt reliquiæ illius pestilentis et miserabilis conditionis Villanorum de Parada; quæ in usu per dissuetudinem habentur.* Ea autem *deveria*, de quibus loquitur, quæque *Ricis hominibus* præstabantur, sunt quædam *personalia tributa, ut est panis et pullus; et quædam alia, quæ secundum diversas consuetudines præstantur a singulis domibus annuatim.* In Foris Oscæ ann. 1247. fol. 21 : *Villanus de parada tenetur fidejubere pro suo domino, quotiescumque necesse fuerit ipso domino, etc.* Vide Michaëlem *del Molino* in Repertorio in voce *Villanus.*

* VILLANA ECCLESIA, Ruralis. Vide supra in *Ecclesia.*

* VILLANUS Locus illi opponitur, qui jure gaudet immunitatis, quique idcirco *Francus* appellatur. Liber rub. fol. parvo domus publ. Abbavil. ad ann. 1268. fol. 29. r° : *Il fu atiré, par l'assentement de viés eskevins et de nouviaus, que li boulengiers ki sera trouvés manans au jour de le saint Remi en Vilain lieu, il paiera l'amende, tele comme on le doit au visconte, et chil ki sera manans à le saint Remi en franc lieu, n'en paiera riens.*

* VILLANUS, Piscis genus. Tract. MS. de Pisc. ex Cod. reg. 6838. C. cap. 11 : *Capito, a Gallis Munier, quod circa moletrinas plurimus sit; ab aliis Villain, id est turpis ac fœdus, a victus ratione, quia stercore, cœno, sordibus delectetur ac vivat.*

* *Villain* præterea nostri appellarunt Candelabrum quoddam ligneum. Lit. remiss. ann. 1378. in Reg. 113. Chartoph. reg. ch. 299 : *Laquelle Margueron print en sa main un chandellier de bois, appellé un Villain.*

VILLANIA, Probrosa actio, qualem *villani* et viri ignobiles facere solent, ex

Gallico *Villenie*, Italico *Villania*. Auctor Destructorii vitiorum cap. 105 : *Vulgariter dicitur, Villanus ille est, qui facit Villaniam, non qui in villa nascitur.* Le Songecreux :

Ceus sont Villains qui Villanie font.

Item Injuria, probrum, convicium, contumelia. Aresta ann. 1284. in Regesto Parlam. B. fol. 69 : *Occasione cujusdam injuriæ seu Villaniæ dicto Girardo irrogatæ*, etc. *Villaniæ seu improperia*, in Charta ann. 1338. apud Petrum Mariam Campum in Regesto 3. part. Hist. Placent. pag. 290. [Jacobi Auriæ Annal. Genuens. apud Muratot. tom. 6. col. 578 : *Dixerunt se multa opprobria et Villanias a Januensibus recepisse.*] Vetus Consuetudo Normanniæ cap. 86 : *En simple ledange, se cil qui l'a dit, en est attaint, il le doit amander à la Justice, et à celui qu'il ledanga, et doit dire simplement que la Villanie, que il lui dist par folcie, n'est pas en lui.* Statutum Philippi Pulchri Regis Franc. ann. 1302 pro Castelleto garisiensi in Regesto 12. Chartophyl. Regii ch. 12 : *Et autel sera fait as Villanies dites entre petites personnes et batteures legeres, et en petites querelles.* Vide in *Villenagium*.

☞ *Vilonie*, Eadem notione, in Charta Auberti Abb. Castricii ann. 1247. ex Chartul. Campan. fol. 343. col. 2. v° : *La femme qui dira Vilonie à autre, si come de putage, paiera v. s. ou elle portera la pierre toute nue an sa chemise à la procession, et cele la poindra après au la nage d'un aguillon, et cele disoit autre Vilonnie qui atourt a honte de cors, elle paieroit III. s. et li hons ausinc.* Ubi conviciatoris pœnam observare est. Notanda perinde est Sententia Ballivi Valesii ann. 1320. qua damnatur Isabella *de Lergny pour avoir appellé Renaut Copperel puant et coqu, à faire trois processions nuds pieds, en pur corps, déceinte, désaffublée et dire devant tous quand les processions rentreraient au moustier, que les laides paroles qu'elle avait dit dudit Renaut et sa femme, elle avait menti, et qu'elle ne scavait rien en ladite Teneuse qu'elle ne fust prude femme et de bonne vie.* La Vie *de Jesus-Christ* MS :

Ne pour chou ne lairies mie
Ne me feissies Vilounie.

Vilaner et *Villener*, Conviciis insectari. Litteræ Caroli V. Reg. Franc. ann. 1370. pro restitutione Communiæ Tornac. tom. 5. Ordinat. pag. 378. § 28 : *Et s'aucuns, sur la paix de la ville criée par Sergent, comme dit est, Villenoit ou ferait personne aucune*, etc. La Vie *de Jesus Christ* MS :

Ensi l'ont toute nuit gabé,
Et escopi et Vilané.

¶ **VILLANICUS**, VILLANUS, ad *Villanum* spectans, *Villani* more. *Villanica servitus, Villana consuetudo*, Idem quod infra *Villenagium*. Vide in hac voce. Tabul. Rothon. : *Quidam eques accepit ab abbate Perenesio locum Tetguitel in servitutem Villanicam, reddendo quidquid villani reddere consueverunt.* Placit. ann. 34. Henrici III. Reg. Angl. apud Th. *Blount* in Nomolex. Anglic. : *Willelmus Maynard qui tenuit terras in Heurst, cognoscit se esse Villanum abbatis de Abbendon et tenere de eo in Villenagio et per Villanas consuetudines, videlicet per servitium 18. den. per annum et dandi maritagium et marchetum pro filia et sorore sua ad voluntatem ipsius abbatis et faciendo omnes Villanas consuetudines.* Vide in *Villenagium*.

¶ VILANUM FEODUM, Censui certisve præstationibus obnoxium. Charta ann. 1223. in Chartul. S. Vandreg. tom. 1. pag. 1162 : *Duæ partes omnium decimarum bladi, et omnium minutarum decimarum terrarum et pomorum totius feodi Johannis de Bosco et totius Vilani et liberi feodi Johannis Coisbel.... eisdem in perpetuum remanent.*

¶ **VILLANITER**, *Villani* more. Idem Chartul. tom. 1. pag. 171 : *Garnerius autem dimidiam acram francæ terræ secundum consuetudinem villanæ terræ suæ Villaniter tenebit.* Id est, *sub onere præstationis, census et operarum*. Vide in *Villenagium*.

¶ **VILLAR**, ut mox *Villare*. Conc. Hisp. tom. 3. pag. 168 : *Usque ad cacumen montium, quæ vocitant Villar Solanu. Omnes habitantes.... per Villar Masarefe*, ibid. pag. 195.

VILLARE, VILLARIS, Villula, vel viculus decem aut 12. domorum, seu familiarum, in Scaligerianis : *Hameau.* Charta Cyliniæ filiæ Deodati uxoris Bajonis Viri inlustris ann. 7. Childerici Regis, ex Tabul. Flaviniacensi : *Terras scilicet Villares, cum ipsa casa indominicata, cum omnibus ædificiis, etc.* Testamentum Bertichramni Episcopi Cenoman. : *Cum villare, cui nomen Pinciniaco, etc.* Stephanus Monachus in Vita S. Rudisindi Episc. Dumiensis n. 5 : *Hoc Villare fuit hæreditas avorum suorum, situmque erat in amœna valle.* Charta Caroli C. ex Archivo Gerundensis Ecclesiæ : *Et in pago Bisuldunensi villam, quæ nominatur Baschara cum suis Villaribus, etc.* Aliæ ejusdem Caroli ann. 869 : *Villulam, quæ vocatur Prunetas, cum suo Villare Domnolina.* Flodoardus lib. 2. Hist. Remens. cap. 2 : *Childebertus etiam Rex Villarem quemdam situm in Vosgo prope fluvium Satoam, tam ipsi quam Ecclesiæ suæ possidendum, instrumentis adhuc manentibus invenitur tradidisse.* Et cap. 5. n. 27 : *Ac portionem suam de Villari quodam cum mancipiis, vineis, pratis, cæterisque adjacentibus, etc.* Vetus Charta ann. 679. ex Tabulario S. Benigni, apud Perardum : *Curtiferis, Villaribus, campis, etc.* Alia ann. 890. apud eumdem : *Donatumque in perpetuum esse volo,... id est, Villarem integrum cum casas indominicatus, etc.* Adde Chartam 62. inter Alamannicas Goldasti et alias apud Baldricum in Chronico Camerac. lib. 1. cap. 52. Doubletum in Hist. Sandionys. pag. 813. Catellum lib. 5. Rerum Occitan. pag. 747. 777. [Hist. Occitan. novam tom. 2. col. 562. Marcam Hisp. col. 772. Acta SS. tom. 6. Maii. pag. 820.] Baluzium in Notis ad Concilia Narbon. pag. 70. 75. 76. et in Appendice ad Capitul. num. 60. 62. 64. 75. 78. 96. 119. 144. [** Confer Graff. Thesaur. Ling. Franc. tom. 1. col. 844. voce *Wilari*.]

VILLARICELLUS, diminut. a *Villaris*, Villula, in Charta ann. 878. ibid. n. 110.

¶ VILLARUNCULA, Eadem notione. *Cum villulis vel Vilaruncalis earum*, in Actis consecrat. Eccl. Urgell. in Append. ad Marcam Hisp. col. 762.

¶ VILLARIA, ut *Villare*, in Computo ann. 1202. apud D. *Brussel* tom. 2. de Usu feud. pag. CLXXVII : *Villariæ S. Pauli*, c. s.

¶ VILLARITUM, Eodem intellectu. Charta ann. 875. inter Probat. tom. 1. novæ Hist. Occitan. col. 127 : *In alio loco mansos duos, qui dicitur Frominio ad illam Villaritum mansos duos.*

VILLARIUM, non semel in Foris Aragonum. [Charta ann. 1152 inter Probat. tom. 2. novæ Hist. Occitan. col. 527 : *Donamus.... omne jus nostrum quod habemus... in Villario S. Johannis de Villa-longa.* Antiquit. Bened. Pictav. MSS. apud Stephanot. tom. 3. pag. 686 : *Donavit insuper prædictus Stephanus partem suam de pratis et Villarium Lemovicinum.* Statuta Montis Regal. fol. 6 : *Teneatur dictus dominus vicarius tre, si opus fuerit per totum jurisdictionem dictæ civitasit et per ejus Villaria.*]

* Nostris *Villois* et *Vilois*. Charta Rob. ducis Barrens. ann. 1388. in Reg. 136. Chartoph. reg. ch. 157 : *Toutes les villes et Villois appartenans et appendens de présent en ladite ville de Dun et à la chastellerie et prévosté d'icelle.* Chron. S. Dion. tom. 8. Collect. Histor. Franc. pag. 335 : *Et vindrent jusques aus portes de la cité de Rains; ce que il troverent dehors les murs roberent, et aucuns Vilois d'entor mistrent tout à feu et à flamme.* Ubi Annal. Bertin. ad ann. 882. ibid. pag. 37. habent, *Villulas*.

¶ **VILLARIUS**, Villicus : nisi legendum sit *Villanus*. Charta ann. 1141. inter Instr. tom. 2. Gall. Christ. novæ edit. col. 200 : *Ego ipse Amelius dono eisdem fratribus quidquid, poterunt acquirere de fevalibus meis, et servientibus, et Villariis ubique, et in omnibus locis.* Vide *Villani*.

VILLATA, VILLETA, Adunatio plurium mansionum, seu villa major. Fleta lib. 6. cap. 51 : *Inter Mansionem, et Villam, et Manerium est differentia; quia Mensio esse poterit constructa ex una domo vel pluribus, et sic dicitur habitatio una et sola, cum nulli sit vicina. Si autem alii mansioni fuerit vicinata, ideo propter hoc erit Villa. Villa vero ex pluribus mansionibus est vicinata, et Villeta ex pluribus vicinis; Manerium autem fieri potest ex pluribus villis, vel ex una; plures enim villæ esse possunt in corpore unius manerii, sicut et una, etc.* Ingulfus pag. 860 : *Quod si extra prædictos 20. pedes in ripis exterioribus aquarum vestrarum, aut extra Villata, quæ communia vobiscum vendicant in occidentalibus mariscis vestris, etc.* Gervasius Dorobersensis ann. 1169 : *Et Missis servientibus suis per omnes Villatas Angliæ faciant jurare omnes illos, qui ad Comitatus non fuerunt, quod hæc mandata cum cæteris tenebunt.* Idem Scriptor ann. 1170 : *Inquiratur de Vicecomitibus et Ballivis eorum, quid vel quantum acceperint de singulis hominibus, etc.* Monasticum Angl. tom. 1. pag. 583 : *Extra vero hos terminos, hoc sive altarum Villatarum facere potuimus, etc.* Mox : *Sic enim Turkillus per Regem Cnud constituit, ut nulla Villata in alterius marisco foderet vel falcaret sine licentia.* Officium Coronatoris : *Statim accedere debet* (Coronator) *et statim mandare 4. Villatas vicinas, vel 5. vel. 6. quod sint coram ipsis in tali loco.* Infra : *Appretiare faciant terras, blada et* *catalla, sicut statim vendi possint, et statim liberentur toti Villatæ, ad respondendum de prædictis coram Justitiariis.* Fleta lib. 1. cap. 18. §. 11 : *Si aliquid receperit de Villatis, in quibus fieri fecit adjurationes.* Adde cap. 24. §. 7. [Charta ann. 1102. inter Probat. tom. 2. novæ Hist. Occitan. col. 357 : *Ego prædictus Bertrandus Archiepiscopus et nos prædicti canonici Narbonensis sedis damus, laudamus et concedimus Deo et monasterio S. Pontii (Thomeriarium).... monasterium S. Aniani prædictum cum ipsa Villata cum omnibus juribus suis et servitiis et pertinentiis.* Chron. Joh. Whethamstedii pag. 383 : *Ac etiam quod omnes honores, castra, dominia, villæ, Villatæ, maneria, terræ, etc. In omnibus burgis et Villatis nostris*, in Charta ann. 1288. apud Kennett. Antiquit. Ambrosd. pag. 311.] Vide *Villa.*

¶ **VILLATICA**, Communitas, homines unius villæ. Miracula S. Etheldredæ tom. 4. Junii pag. 574 : *Juraverunt Richardus sacerdos et tota Villatica Stephani, etc.*

VILLATICUS, Rusticus, in Legibus Presbyterorum Northumbrensium cap. 51.

¶ **VILLATURIA**, *Territoria.* Gloss. Isid.

1. **VILLATUS**, *us*, Fori Oscæ sub Jacobo I, Rege Arag. ann. 1247 : *Ad constructionem et reparationem villæ Villatuum, et murorum.* Sed videtur legendum *Vallatuum.* Vide Foros Aragon. fol. 145. et supra in hac voce.

* 2. **VILLATUS**, *Villæ* incola, rusticus. Charta Henrici VI. reg. Angl. ex Cod. reg. 8387. 4. fol. 108. v° : *Concessimus.... potestatem..... jura quæcumque rustica vel urbana, homagia... a quibuscumque ligeis nostris, feudatoribus, affevatis, emfiteotis, censuariis et tenenciariis, ecclesiasticis seu secularibus, nobilibus, burgensibus, Villatis et quæstalibus.... recipiendi.* Lit. Ludov. reg. Sicil. ex Tabul. Massil. : *Inclitum principem comitem Gebennensem, consanguineum nostrum carissimum, cum copioso Villatorum cœtu campos intraturum jam pridem transmisimus.*

VILLENAGIUM, Conditio villani. Glanvilla lib. 5. cap. 1 : *Placitum est quandoque inter aliquos, quando quis trahit alium a libertate in Villenagium; vel quando aliquis, in Villenagio positus, petit libertatem. Cum quis autem petit alium in Villenagio positum tanquam nativum suum, habebit breve de nativis Vicecomiti directum, etc.* Cap. 5 : *Pluribus autem modis potest in libertatem aliquis in Villenagio positus deduci, etc.* Adde Regiam Majestatem lib. 2. cap. 11. 12.

* *Villenage*, in Charta domini et abbatis Britolii : *Et si li dis religieux mettoient les mazures qui sont franques, en Villenage, etc.*

Villenagium, præterea definitur *Villanum servitium*, id est, illud, quod *Villani præstant.* [Hinc *tenere in Villenagium* est tenere sub onere *villani servitii* quod mox exponitur. Charta ann. 1253. ex Tabul. Sangerm. : *Item Henricus fide præstita in manu nostra corporali quod dictam domum ipse et ejus heredes et illi qui causam habebunt, ab ipso in Villenagium tenebunt. Quam terram tenebat a Monachis in Vilenagio*, in Charta ann. 1232. ex Tabul. B. M. de Bononuntio Aurelian.] [** *Facere Vilenagium*, in Placit. 9. Johan. reg. Angl. Norf. rot. 9. in Abbrev. Placit. pag. 57 : *Willelmus dicit quod non potest contradicere, quin cartæ factæ fuissent, (quod libere tenet et tenere debet Radulfus), sed dicit quod ipse Radulfus, numquam usus est cartis, quia semper fecit Vilenagium et consuetudines, ita quod ipse Willelmus vendidit quandam sororem suam* (Radulfi) *pro 4. sol. et inde producit sectam, etc.*]

Villenagium, Circuitus manerii vel feudi, cui villani adscribuntur. [Chartul. SS. Trinitat. Cadom. fol. 61 : *Si dederit filiam suam extra Vilanagium dabit 3. sol. Abbatissæ.*] Statuta S. Ludovici : *Si tes vilains achete un Fief, qui tient de toi franchement, et il lieve et couche en ton Vilenage.*

Villenagium denique est Tenementum *villani*, vel quod *villano* concessum est ad excolendum, sub onere præstationis, census, et operarum; ita ut qui ejusmodi tenementum possidet, hisce servitutibus obnoxius sit, sive *villanus* sive *liber.* Nam liberi possunt etiam tenere villenagia, nec *ei, qui liber est, Villenagium vel servitium quidquam detrahit libertatis*, ait Bracton. lib. 1. cap. 6. § 1. cap. 8. § 1. Littleton. sect. 172. Britton. pag. 165. et alii. [** Placit. ann. 29. Edward. I. reg. Angl. Ebor. rot. 30. in Abbrev. Placit. pag. 243 : *Compertum est quod prædictus Martinus, avus prædicti Johannis, adventicius fuit et sic liberæ conditionis quoad prædictum Willelmum, et eciam prædicti Robertus et Johannes, qui ipsum succiderunt de sanguine, licet servam terram tenuerunt; nec ejusmodi terra ipsos sic liberos de sanguine existentes villanos facere potest, etc.*] [* Quod adeo certum est, ut rex Navarræ domum Parisiis ea conditione obtinuerit. Charta ann. 1263. in Reg. parvo S. Germ. Prat. fol. 29. r° : *H. Dei gratia rex Navarræ, etc. Notum facimus quod quandam domum, sitam Parisius..... in fundo et dominio religiosorum virorum abbatis et conventus S. Germani de pratis, quam a magistro Symone de Verzellis clerico emimus, cum ipsius domus pertinentiis et appenditiis, volumus quod, tam nos quam successores nostri, in eadem domo et pertinentiis ipsius teneamus non in manu mortua, sed ad usus et consuetudines et onera, cum aliis domibus seu virgultis aut locis ibidem a nobis seu nostro nomine emptis.* Charta vero sic inscribitur : *Hæc littera est quod rex Navarræ tenet in Vilenagium domum suam.*] [** Vide mox : *Villenagium* a manu mortua, etc.] [Bellomanèr. cap. 14 : *Nous appellons Villenage, heritage qui est tenu de Seigneur à cens, ou à rentes, ou à champart; car de chelle qui est tenu en fief, l'on ne doit rendre nule redevance.*] Fleta lib. 5. cap. 5. § 18 : *Villenagium est, quod traditur villanis ad excolendum, et terra precarie dimissa, quæ tempestive, et pro voluntate domini poterit revocari.* Bracton. lib. 1. cap. 11. § 1. ait servos, sive nativos appellari, *qui tenent Villenagia, et per villana servitia et incerta, qui.... villanos faciunt consuetudines, et quidquid eis præceptum fuerit.* Charta Edw. III. Regis Angl. : *Cum wardis, releviis, et escaetis, nativis et coterellis suis et eorum catallis et sequelis et tenementis, quæ quondam quidam nativi et coterelli de ipso tenuerunt in Villenagio.* Charta Philippi Aug. Regis Franc. ann. 1185. in Hist. Vastinensi pag. 707 : *Omnes feodi servientium cadent et venient ad censum in Villenagium ea ratione, quod qui domum in feodo habuerat, eam ab Ecclesia Ferrerarium tenebit ad censum 5. solid. donec aliam in terra habeat, unde 5. sol. reddat. Si autem in terra Ecclesiæ domum jam habet, vel deinceps habuerit, quæ non sit in feodo, de ea 5. solidos reddet, sicut et alii. Domum vero suam de feodo, cum alio feodo suo, ad censum 12. denar. in Villenagio tenebit.* Tabularium Campaniæ ann. 1279 : *Quos nos tenemus in Villenagium, id est, ad censum quidquid habemus ad Triamb. sicut alii, etc.* Charta Abbatis Grassensis in Occitania in Regesto Carcassonensi fol. 34 : *Abbas vero et Conventus, qui supra sumus nominati, habebimus in castris et villis propriis nostris Villenagia et burgencias, quæ propter hæresim et faidimentum cadent in commissum, si a nobis teneantur quicunque dicta Villenagia, seu Burgencias, vel partem ex eis tenuerint. Si sit Miles, Burgensis, vel alius, habebimus mobilia, quæ erunt in villenagio et burgis nostris et castris, et villis propriis nostris, si propter hæresim vel faidimentum ceciderint in commissum.* Charta Abbatis Fiscamnensis in Tab. Fisc. fol. 37 : *Concessit Roberto.... dimidium Villenagium apud Escrutevillam tenendum de Ecclesia Fiscanensi, faciendo omne jus vel servitium, quod debetur de dimidio villenagio.* M. Pastorale Eccl. Parisiensis lib. 1. cap. 15. ann. 1263 : *Quam domum ipse Presbyter promisit bona fide, quod ipse tenebit in Villenagium, et ipse solvet ratione dictæ domus tallium, costumas, redhibitiones et alia onera.* Adde lib. 5. ch. 25. 26. 27. 30. 31. 32. ubi de *villenagiis* agitur. Tabularium Fossatense fol. 34. Monasticum Anglic. tom. 1. pag. 148. 493. 554. tom. 2. pag. 138. 139. Historiam Academiæ Parisiensis tom. 3. pag. 498. etc.

¶ Vilanagium, Villanagium, Eadem notione. Inquisitio ann. 1181. apud Lobinell. tom. 2. Hist. Britan. col. 135 : *Terræ quas tenet Alanus Brientii et Vilanagia sunt de dominico Archiepiscopi.* Polyptychus Fiscamn. ann. 1235 : *Robertus Viton tenet unum Villanagium, et reddit... servitia omnia.* Ibidem : *Philippus filius Ricardi tenet duas partes unius Vilanagii.*

¶ Vileinagium, Pari intellectu. Charta Petri Meld. Episc. ann. 1239. ex Chartul. Campan. fol. 168. v°. col. 1 : *Notum facimus quod magister H. de Lusarchiis Archidiaconus Meld. in nostra præsentia constitutus recognovit se tenere in Vileinagium, scilicet ad censum, quidquid habet apud Triam Bardoli.*

Villenagiorum aliud *purum*, aliud *privilegiatum. Villenagium purum* est, quod sic tenetur, quod ille, qui tenet in villenagio, sive liber, sive servus, faciet de villenagio, quidquid ei præceptum fuerit, nec scire debeat sero, quid facere debeat in crastino, et semper tenebitur ad incerta. Talliari autem potest ad voluntatem domini ad plus vel minus, etc.

Villenagium Privilegiatum est illud, quod tenetur a Rege, idque dicitur *socagium villanum.* Eorum autem privilegium est, quod a gleba amoveri non debent, quamdiu velint, et possint facere servitium debitum, et hujusmodi Sockmanni dicuntur *Glebæ adscriptitii*. Villana autem faciunt servitia, sed determinata. Nec compelli possunt contra voluntatem suam ad tenenda hujusmodi tenementa, et ideo dicuntur Liberi. Dare autem non possunt tenementa sua, nec ex causa donationis ad alios transferre, non magis quam Villani puri, et unde, si transferri debeant, restituunt ea domino, vel ballivo, et si ipsi ea tradunt aliis in villenagium tenenda. Ita Bracton. lib. 4. tract. 1. cap. 38. § 1. Vide eumdem lib. 1. cap. 6. § 1. cap. 8. § 2. lib. 2. cap. 6. § 2. Plura de *Villenagiis* habentur apud Littletonem sect. 172. et sequentibus, Brittonem cap. 66. et in Consuetudine Marchensi art. 147. et seqq.

☞ *Villenagium* a manu mortua distinguitur in Charta ann. 1219. ex Tabul. Sangerm. : *Recognoscimus quod nos dictam domum et ejus pertinentias ex sufferentia et speciali gratia dicti abbatis non in manu mortua, sed in Vilenagium, sicut antecessores, habemus.* Et quidem ea ætate usus invaluit ut viri Ecclesiastici et Nobiles terras ab aliis tenerent in *villenagium*. Charta ann. 1229. ex Tabul. S. Clodoaldi : *Odo presbyter vicarius S. Victoris in ecclesia S. Clodoaldi recognovit se tenere in Villenagium dimidium arpentum vineæ sitæ, ut asserit, in censiva Canonicorum S. Clodoaldi ad septem pictavinas censuales.* Arrestum Magn. Dier. Campaniæ ann. 1286. apud D. *Brussel* tom. 1. de Usu feud. pag. 155 : *Pronuntiatum fuit, quod si in feodum teneatur, hominem de dicta terra habebit; si autem in Villenagio, tenentem obtinebit.* Sed *Villenagium* iis aliisque similibus in locis idem sonat quod *Feudo-firma*. Vide in *Feudum*, et supra : *Villenagium*, Tenementum.

☞ Neque aliam ob causam, ut opinor, *Villenagium* opponitur proprio seu dominio, in Charta ann. 1205. apud *Madox* in Formul. Anglic. pag. 26 : *Si vero collatæ fuerint eis post tempus memoratum aliquæ terræ in manerio de Hembiria, sive de dominio, sive de Villanagio Episcopi, de omnibus illis terris integre decimas garbarum ecclesiæ de Hembiria persolvent.* Et in Charta ann. 1291. tom. 2. Hist. Dalph. pag. 43. col. 2 : *Absque eo quod dictus dom. Archiepiscopus et capitulum* (Viennensis Ecclesiæ) *jura sua tam in feudis, jurisdictione quam proprietate et territoriis, seu Villenagio et jure spirituali, etc.* Vide mox *Vilnagium*.

¶ Vilnagium, ut *Villenagium*. Charta ann. 1193. apud Kennett. in Antiquit. Ambrosd. pag. 151 : *Dedimus totam terram nostram de Votesdun et de Westcote cum omnibus pertinentiis suis, scilicet dominium nostrum cum Vilnagio.*

Vilania et Villania, Idem quod *Villenagium*. Tabularium S. Amantii Inculismensis : *Accepit Guillelmus Gastolius de Abbate Joscelino Vilaniam deu Vilar de la Croz Bochart, cum hominio.* Tabular. Dalonensis Abbatiæ fol. 148 : *Damus in perpetuam eleemosynam Vilaniam supradicti loci.* Observantiæ Regni Aragon. lib. 6. de Munitionib. : *De consuetudine licet Infantionibus regni sic proprium recipere, et non dare pro aliqua Villania, et per consequens exactionibus regalibus cum peteriis non teneantur contribuere, etc.* [Charta ann. 1152. inter. Probat. tom. 2. novæ Hist. Occitan. col. 541 : *Militias meas neque Vilanias quas castello prænominato habeo vobis non authorizo.* Tabul. Piperac. : *Jordanus de la Rocha dedit G. abbati Villaniam clausati post turrem.* Charta ann. 1290. ex Chartul. S. Vandreg. tom. 1. pag. 185 : *Je Robert du Tybout.... de la volenté Aelis ma mere en tems de sa veuveté ai donné... trois acres de terre et une vergine à campart et à Vileine que j'avois.*]

* Villenagium, Census ipse, qui nomine *villenagii* debetur. Lit. remiss. ann. 1383. in Reg. 123. Chartoph. reg. ch. 181 : *Icellui Roussel ot paroles à icellui Domas de achater le Vilenage d'une sienne terre, dont ledit Chaucial fit le marchié.*

¶ Villania, Servitium, maxime cui prædium alioqui liberum, obnoxium est. Charta ann. 1128. ex Tabul. S. Eparchii : *Dedit ipse Hugo Abbas Heliæ Ramnulfi et Gerardo Ramnulfi nepotibus meis ut habeant Villaniam istius allodii ab Abbate S. Eparchii, ita ut reddant omnibus annis in cena Domini ad mandatum pauperum oblias, 11. solidos de terra et de bosce.*

¶ Villenatio, Eodem intellectu. Charta apud *Madox* Formul. Anglic. pag. 419 : *Cum toto claimo servitutis et Villenationis quod ego vel hæredes mei in eis habuimus.... Ita tamen quod nec ego Aundrina, nec hæredes mei.... aliquid clamii servitutis vel Villenationis in memoratis Agnete et Symone... de cætero vindicare nec exigere poterimus.*

Vilanaticum, *Per vilanaticum tenere*, in Judicato Consulum Placentinorum ann. 1153. apud Petrum Mariam Campum in Hist. Eccl. Placentin.

¶ **VILLICALIS**, Villicanus, Villicare, Villicaria, Villicatio, Villicatura, Villicatus, etc. Vide in *Villicus*.

VILLICUS. Gloss. Lat. MS. Reg.: *Villicus, Actor, Exactor villæ pensionum, Insularius.* Papias ex Isidoro lib. 9. cap. 4 : *Villicus, Dispensator vel Gubernator. Proprie villæ est Gubernator, unde a villa nomen habet.* [*Villicus, Gouverneur de ville*, in Gloss. Lat. Gall. Sangerm.] Gloss. S. Benedicti cap. de Agric. : *Villicus*, οἰκονόμος. Gloss. Gr. Lat.: Οἰκονόμος ἐπὶ τῆς κώμης, *Villicus*. S. Hieronymus Ep. 151. Quæst. 6 : *Villicus proprie villæ gubernator est, unde et a villa Villicus nomen accepit* : οἰκονόμος *autem tam pecuniæ quam frugum et omnium, quæ dominus possidet, dispensator est; unde et* οἰκονομικὸς, *Xenophontis pulcherrimus liber est, qui non gubernationem villæ, sed dispensationem universæ domus, Tullio interprete, significat.* Riculfus Suessionensis Episcopus ann. 889. cap. 15 : *Villici, id est, provisores villarum.* [*Vilicus Aquæ Claudiæ*, in vet. Inscript. apud Reines. pag. 565. quem consule.] Passim Scriptores Latini veteres, et ex recentioribus Rudolfus Presbyter in Vita Rabani Mauri, Wil. Malmesbur. lib. 1. de Gest. Anglor. cap. 2. præterea Lex Wisigothor. lib. 6. tit. 1. § 1. lib. 9. tit. 1. § 8. 9. lib. 11. tit. 1. § 2. Capitula Caroli Magni lib. 6. cap. 120. [** 122.] etc.

Sed posterioribus seculis pro eo accipitur, qui vulgo *Major* villæ dicitur, seu is sit ad tempus, ut sunt *Majores* Scabini in civitatibus; sive id muneris habeant in prædiis rusticis ratione feudi. Charta Abbatis de Christa in Tabular. Campan. Bibl. Regiæ fol. 365 : *Institutio autem et destitutio Villici, id est, majoris et omnium servientium villæ... erit in dispositione præfati dom. Regis.* Lambertus Ardensis : *Ab antiquo Comitis Walteri tempore, quemdam Villicum, vel Præpositum, quem antiquiora tempora Vassum suum appellant, in terra Ghisnensi habebant, qui de omnibus decimis et possessiunculis, quas in eadem terra possidebant, eis, ut Villicus, sufficienter respondebat, etc.* Charta Adalberonis Episcopi Metensis ann. 1065 : *Cæterum testati sunt Abbatis vel Villici mei esse arbitrii, ut legitime et libere quicquid libuerit, sine Advocato possent placitare de terris, de domibus, etc.* Joannes de Beka ann. 1322 : *Ex parte sua Ballivum sive Villicum deputavit.* Idem in Hereberto Episcopo : *Nam antea Pontifices, aut per seipsos, aut per villicos eadem dominia judicaverunt. Villicus et Scabini Leodienses*, apud Joannem Hocsemium cap. 10. *Villicus et Scabini de Vilvordia*, in Charta ann. 1232. apud Miræum in Donat. Belgic. lib. 1. cap. 99. [Charta ann. 1140. apud eumd. tom. 1. pag. 688. col. 1 : *Nullus Villicus, qui vulgariter Major vocatur etc.* Adde pag. 197. 227. et Litteras ann. 1248. tom. 5. Ordinat. Reg. Franc. pag. 600. etc.] Atque hac notione passim accipitur, in Orig. Murensis Monasterii pag. 36. in Chronico S. Trudonis lib. 5. pag. 395. apud Ægidium Monach. Aureæ vallis cap. 26. Innocentium III. lib. 33. Epist. 55. et in Chartis variis apud Meurissium in Hist. Episcopor. Metensium pag. 437. 473. Hieron. Vignerium in Stemmate Alsatico pag. 110. 112. 118. 121. 122. Petrum Chifletium in Beatrice Cabilon. pag. 134. 156. 159. 171. Chapeavillum in Hist. Leodiensi tom. 2. pag. 54. 305. Miræum in Cod. Donat. piar. pag. 310. Duchesnium in Historia Luxemburgensi pagin. 28. etc. [** Vide Haltaus. Glossar. German. voce *Schuldheiss*, col. 1657. et *Schuldheiss-amt*, col. seq.]

☞ *Villici* conditio apud Ecclesiasticos eadem fuisse videtur quæ *Præpositi* apud Laicos. Charta ann. 1206. apud D. *Brussel* tom. 1. de Usu feud. pag. 433 : *Licet Præposito justitiam exercere in homines Ducis, sine Villico; et Villico similiter in homines Episcopi, sine Præposito.*

¶ Villicanus, ut *Villicus*, in Sententia Navarri Episc. Conser. ann. 1208. apud Marten. tom. 7. Ampl. Collect. col. 96 : *De terris rusticorum et Villicanorum, quos sine consensu abbatis in pignus accipiunt, vel emunt, decernimus quod de cætero non fiat.*

Villici Ministeriales. Charta Conradi Imp. ann. 1145 : *Villicos ministeriales et Scabinos ponere vel deponere poterit Præpositus Marsnensis sine Advocato. De reditibus S. Remigii per Villicum et Scabinos placitabit Præpositus sine Advocato.*

¶ Subvillicus, Qui sub Majore, seu *Villico* cæteris villæ incolis præest, apud Stephanot. tom. 5. Fragm. MSS.

¶ Villica, *Uxor villici, vel quæ tale officium exercet.* Joh. de Janua.

Villicales Curtes, quæ subsunt *Villicis*. Charta Eberhardi Bambergensis Episcopi, in Chronico Reichersperg. ann. 1154 :

Tres videlicet curtes Villicales cum adjacentibus molendinis, etc. [et in Metropoli Salisburgensi tom. 1. pag. 373.]

¶ VILLICANÆ CURTES, Eadem notione, in eadem Metropoli tom. 3. pag. 494.

VILLICARE. Glossæ Lat. MSS. Regiæ : *Villicat, villam agit, vel colligit*. [*Villicare, Gouverner ville*, in Gloss. Lat. Gall. Sangerm. *Villicari, coli*, in Gloss. Gasp. Barthii apud Ludewig. tom. 3. Reliq. MSS. pag. 343. ex Hist. Palæst. Fulcherii Carnot.] Epist. Nicephori Patriarchæ CP. apud Baron. ann. 811. n. 81 : *Ego autem non eorum, qui possunt Villicare et regere hæc, sed dispositione et regimine indigentium particeps sum, etc.*

¶ VILLICATUS, Districtus *villæ*. Charta Johannis Abbat. Corbeiensis ex Tabul. ejusd. Monast. : *Pro quadam terra.... quam ei dederat Comes Flandriæ Philippus in Parrochia et Villicatu Usciæ, quam terram cum nemore dicebamus nostri juris esse.* Vide mox *Villicatio*.

¶ VILLICATURA, Munus *Villici*. Lambertus Ardensis : *Ghisnensis Comes factus Sifridus, Villicaturam sive Præposituram villico et suis reliquit hæredibus, a quibus denuo Ardensibus usque in hodiernum diem Villicatura sive Præpositura successit dominis.* [Diploma Lotharii Imper. ann. 1136. apud Marten. tom. 2. Ampl. Collect. col. 97 : *Præsenti privilegio inviolabiliter sancimus, ne jure hereditario villici vel judices fiant, sed utrumque ministerium, id est, Villicaturæ et juweriæ, in potestate abbatis et gratia consistat.*]

¶ VILLICATUS, Eodem significatu, officium et munus *Villici*, seu Majoris villæ. Charta Roberti Abbat. Corbeiens. ex Tabul. ejusd. Monast. : *Nosque Villicatum ei in feodum concessimus, apposita determinatione infra scripta. Igitur de Villicatu concessimus ei unam masuram cum curtillo, et duo rupticia, porro duos sextarios vini de venditionibus, de banis duos sextarios, de mortua mann duos sextarios, duos denarios de donatione terræ, qui dicuntur de wantibus.*

¶ VILLICATIO, Eadem notione. Charta ann. 1140. apud Miræum tom. 1. pag. 688 : *Quod ministeriales sui curtium suarum ministeria, id est judiciarias potestates et Villicationes per feudum et hereditario jure vellent obtinere.* Occurrit rursum ibid. pag. 742. col. 1.

VILLICATIO, Prædium rusticum, cujus administratio *Villico* committebatur. Charta Conradi II. Imp. apud Browerum lib. 3. Antiquit. Fuldens. cap. 17 : *Cui primum in mandatis dedimus, ut omnes Villicationes a Laicis reciperet, et per Præpositos suos, viros honestos et religiosos officia dispensando disponeret.* Alia Marcwardi Abbatis Fuld. ibidem cap. 18 : *Nec mirum, nam Laici habebant inter se divisas Villicationes, et, quod volebant, retinebant. Hac inquam occasione maxima distractio primum facta est huic Ecclesiæ. Nam quicunque Laicorum aliquanto tempore habebat inter manus Villicationem hujus Abbatiæ, optimos exinde sibi excepit mansos, eosque pro beneficiali jure in suos hæreditavit filios, ita ut aliqua Villicatio plures amitteret hubas, quam retineret; et Villicatio, quæ debebat servire in monasterio ad 14. dies, vix 7. serviret fratribus, et quæ 7. vix tres dies, vel prorsus nihil serviret fratribus.* Infra : *Villicationes meas Laicis interdixi, quas statim cum fratribus meis et quibusdam rusticis, sicut mihi ratum et consultum videbatur, disposui.* Alia Conradi Imp. ann. 1114. apud Miræum lib. 2. Donat. Belgic. cap. 4 : *Adjicimus quoque, ut sicut ex sententia Principum coram nobis judicatum est, nullus Villicationem in possessionibus ad eundem locum pertinentibus hereditario jure teneat vel repetat; sed Abbas, qui pro tempore fuerit, idoneum et fidelem Villicum de familia monasterii constituat.* Vide Traditiones Fuldenses lib. 3. tradit. 40.

¶ VILLICATIO, ut infra *Villicaria*, idem quod *Viaria* seu *Vicaria*, vulgo *Voirie*. Charta apud Lobinell. tom. 2. Hist. Britan. col. 199 : *Per omnes enim novem circumjacentes parrochias, hoc est quantumcumque extenditur Lupicini Villicatio, quæ etiam vulgari vocabulo Viatura dicitur.* Tabul. S. Vincentii Cenoman. : *Concessit... terram de Paleis quam dedit Robertus filius Frogerii cum Villicatione et cum decima.*

* Homag. præstitum Aymer. vicecom. Narbon. ann. 1273. inter Probat. tom. 4. Hist. Occit. col. 59 : *Tu Guillelmus Raymundi de Burgo.... a nobis tenes hodie Villicationem sive vicariam dominationis vicecomitalis burgi Narbonæ.... Tenetis pro ipsa vicaria usaticum anguillarum, etc.* Vide in *Villicus*.

¶ VILLICATIO, Parochiæ districtus. Charta ann. 1203. ex Tabul. Latiniac. : *Notum facimus quod cum abbas et monachi S. Petri Latigniacensis haberent medietatem in quodam operatorio sito in Villicatione S. Petri et quod adhærebat Ecclesiæ S. Furcei, etc.*

VILLICATIONES, Præstationes, quæ fiunt Villicis a Tenentibus. Charta Gaufredi Vicecomitis Bituricensis ann. 1012. pro monasterio S. Ambrosii Bituricensi : *Relinquo quoque omnes consuetudines, videlicet Villicationem, stabulationem, et ita liberum reddo eundem burgum*, etc. Notitia ann. 1190. ex Tabulario Eccl. S. Laudi Andegav. fol 79 : *Cum... molendinis, piscationibus, sanguine, Villicatione, etc.* Tabularium S. Martini de Campis : *Dedit S. Martino de Campis... Villicationem et capturam, et omnem consuetudinem justam et injustam, quam habebant in terra de Tullo, etc.* [Tabul. S. Vincentii Cenoman. fol. 103 : *Tenetur idem Hugo et ejus hæres successive omnes tallias prædicti arpenni dominis feodi omnino reddere, et monachi debent de cetero unum denarium de Villicatione tantummodo reddere annuatim.*]

¶ VILLICATUS, Pari intellectu. Testam. Roberti Vicedom. Carnot. ex Tabul. B. M. de Josophat : *Leprosis de Belloloco in meis Villicatibus Carnoti* xx. *sol. annuatim constitutos ad faciendam eis pitanciam.*

VILLICARIA, Idem quod *Viaria*, seu *Vicaria*, vulgo *Voirie*. Regestum Castri Lidi : *Ad Texuam habet Comes Villicariam, sanguinem, raptum, furtum, incendium.* Occurrit ibi non semel. Charta ann. 1227. in eodem Regesto fol. 13 : *Et hæc teneat de me cum omni Villicaria et cum justitia ad servitium equorum et armorum ad meas expensas, nec pro rebus prædictis aliud mihi teneatur impendere. Ego autem ipsius augmentum facere cupiens, ipsi pro servitio suo honore scilicet et amore, augmentavi et concessi eidem Fulquero et suis hæredibus in homagium prædictam totam Senescaliam et Villicariam de Mota Achart, etc.* Charta Fulconis Regis Hierosol. et Comitis Andegav. pro Canonicis S. Laudi : *Quia.... Gaufridus Comes pater meus eisdem Canonicis dederat terram de Butta Meduanæ, cum aquis et Villicaria, et omnibus consuetudinibus terræ, etc.* [Charta ann. 1265. ex Tabul. S. Albini Andegav. : *Concedimus monachis S. Albini... omnem Villicariam et omnem jurisdictionem et districtum quos habebamus in parochia de cella Guirchiensi.*] Vide *Major, Viarius, Vicarius.*

¶ VILLICARIA, Exactio quam Villicus faciebat intra limites *Villicariæ* suæ. Chartul. Vincentii Cenoman. fol. 51 : *Itaque villa de Soudai remansit monachis cum præfatis duobus mansionariis quita et libera.... ab omni exactione, scilicet senatoribus, Villicaria et omni gravamine, in perpetuum possidenda.* Ibidem : *Ipse autem Galterus Villicariam habet in mansionariis extra cimiterium.* Charta ann. 1269. ex Tabul. S. Albini Andegav. : *Vendidit et concessit.... omnes fructus quos habere poterat... in pressoragiis, meseria.... vaeria sive vaeriis, dominiis, et Villicariis universis.*

¶ VILLICOLÆ, Habitatores *villarum*, rustici. Hist. Episc. Rom. MS. apud Stephanot. tom. 7. Fragm. pag. 204 : *Per urbes, vicos et villas Villicolæ incedebant se flagellis et loris cædentes, etc.*

* **VILLONIA**, Probrum, convicium contumelia, nostris alias *Vilonie*. Vide in *Villania*. Lit. remiss. ann. 1357. in Reg. 89. Chartoph. reg. ch. 36 : *Dictus Johannes..... tot injurias, diffamationes et Villonias verbis et aliter dicto commissario fecit et intulit, etc.* Hinc *Envillener* pro *Deshonorer*, Probo afficere, in aliis Lit. ann. 1391. ex Reg. 141. ch. 145 : *Icellui Perceval s'estoit mis en peine de Envillener la femme dudit Bouher.*

VILLOSA, VILLOSUS, VILLUSUS, Pannus τριχωτός, Gallis *Velu*, vox Latinis nota. Glossæ Lat. Gr. : *Villosum*, μαλλωτόν. [Gloss. Lat. Gall. Sangerm. : *Villosus*, *plain de floches ou de peaulz*.].

Hinc nostri *Velous* appellarunt pannos laneos, vel potius sericos villosos, licet alii, ut Goldastus ad S. Valerianum Cimelenensem pag. 105. a *Vellus* deducat. Matth. Paris in Vitis Abbatum S. Albani : *Quemdam pannum villosum, qui Gallis Villuse dicitur,.... ipsum asserens esse S. Amphibali Caracallam.* Regula Templariorum cap. 70 : *In omni tempore tegmine lineo, id est, Veluso, frui bene licebit.* Necrologium Ecclesiæ Parisiensis 17. Kl. Julii : *Dedit... duas cappas de cangio viridi, unum pannum sericum, qui vocatur Veluel, et unum manutergium sericum.* Concilium Senonense ann. 1320. can. 4. et ann. 1346. can. 2 : *A parte exteriori almutias de cendeto seu de Velveto deferre.* [*Vestimentum rubeum de Velvet*, in Testam. Joh. *de Nevill* ann. 1386. apud *Madox* Formul. Anglic. pag. 428. Inventar. S. Capellæ Paris. ann. 1363. ex Bibl. Reg. : *Item una toaillia parata de Velveto yado ad flores lilii aureos.* Inventar. Gallicum : *Item une touaille parée de Velluyau ynde à fleurs de lis d'or.* Aliud ann. 1376 : *Tunica de Velvello ad aves auri.*] Vide Monasticum Anglic. tom. 3. pag. 176. Vulgo *Veloux* appellamus, quam vocem a Græco βῆρος deducit Cujacius ad leg. 4. de Vestib. holoveris tit. 9. lib. 11. *Serica enim*, inquit, *dixere βήρους, ut nunc Galli Verours.* Sed aliud est vocis etymon.

¶ VELLUETUM, Eadem notione, in Computo Grasivod. ann. 1332 : *Item pro expensis duarum peciarum de Vellueto tractarum dom. Dalphinæ apud Avenionem*, 39. *sol.* 7. *den.*

¶ VELLUTUM, in Actis S. Antonini tom. 7. Maii pag. 682 : *Operimento coloris rubei, vulgo dicto Velluto rosso. Quoddam bravium Velluti rubei*, in Chron. Estensi apud Murator. tom. 15. col. 512.

¶ VELUTUM. Testam. ann. 1433. ex Tabul. Eccl. Massil. : *Paramenta altaris de panno auri et de Veluto rubeo circumcirca cum armis nostris.* Inventar. Eccl. Aniciens. ann. 1444 : *Item quoddam repositorium corporalium de Veluto nigro.* Occurrit præterea in Hist. Dalphin. tom. 2. pag. 276. et apud Acher. tom. 5. Spicil. pag. 626.

¶ VELUTUS, in Serm. de Vita et obitu Fregosii Abbatis S. Benigni Divion. ann. 1540. ex Tabul. ejusd. Monast. : *Ad nos misit munus egregium trium pannorum sericeorum quos Velutos vocamus, triplicis coloris.*

¶ VELLUVIUM, in Charta ann. 1308. apud Lobinell. tom. 2. Hist. Britan. col. 25 : *Pro capitalibus sericis aut byssynis Velluvio intextis.*

¶ VELOTUM. *Abstineant a... caligis Veloto ubicumque circumdatis*, in Conc. Lugdun. ann. 1449. apud Marten. tom. 4. Anecd. col. 380. *Unam casulam de Veloto*, in Necrolog. Eccl. Paris. MS.

¶ VELLONUS, ut *Villosus*, apud Mabill. sæc. 3. Bened. part. 1. pag. 102.

Sic porro vocabant tersoria, sive lintea villosa ad tergendos pedes vel manus. Bonifacius Moguntin. Episcop. Ep. 3 : *Transmitto.... Villosam ad tergendos pedes Dilectionis vestræ.* Zacharias PP. Epist. 1. ad eumdem Bonifac. Episc. : *Interea munuscula parva vobis direximus,.... id est, Villosam unam, et argenti et auri tantillum.* Alia ejusdem Bonifacii, quæ est 8 : *Villosam ad tergendos pedes... servorum Dei.* Occurrit præterea Epist. 74. et 95. Chronicon Fontanellense : *Lintea ad manus tergendas villosa.* Traditiones Fuldenses lib. 2. trad. 38 : *Lectaria, sive Villosi, sive manutergia, sive camselli, sive cujuscunque sint vestimenta linea vel lanea.*

¶ **VILLULA**, ἐποίκιον, in Gloss. Lat. Gr. *Villula, petite ville, villette*, in Gloss. Lat. Gall. Sangerm. Charta ann. 1180. apud Baluz. tom. 7. Miscell. pag. 293 : *Quicumque sunt Aurelianis et in suburbiis vici et Villulis ejus infra quintam leugam existentibus, etc.*

* **VILLULA** PRÆDIOSA, Prædium rusticum. Bulla Eugen. PP. III. ann. 1152. inter Probat. tom. 2. Annal. Præmonst. col. 446 : *Alia quæcumque bona, sive concambiis, sive qualicumque alio pretio conquisita in Villulis prædiosis.* Vide *Villula.*

VILLUM, τὸ οἰνάριον, *Petit vin*, vox a Terentio usurpata. Petrus Cluniacens. lib. 2. de Miracul. cap. 28. de Cartusiensibus : *Inde est, quod pane furfureo semper utuntur, vino adeo adaquato, ut merito magis Villum, quam vinum dicatur.* Utitur semel alibi.

* **VILLUS**, *Qui dependet et longus est.* Glossar. vet. ex Cod. reg. 7613.

¶ **VILMIUS**, pro Ulmeus, apud Bern. Pezium in Præfat. ad tom. 1. Anecd. pag. XVIII : *Exemplar fuit scriptum Campidonæ pro liberaria super cortice Vilmio caduco in multis passibus vetustate prænimia.*

¶ **VILNAGIUM**, ut *Villenagium.* Vide ibi.

* **VILTBAN**, Jus foresti, interprete Joan. Nic. ab *Hontheim* tom. 1. Hist. Trevir. pag. 670. col. 2. Vide *Wildbann.*

¶ **VILTRATUS**, pro *Filtratus*, ex filtro seu grossiori et villoso panno. Chron. Mellicense pag. 360 : *Qui voluerit acum cum filo, duas caligas, duos calceos parvos in æstate, duos etiam magnos Viltratos in hyeme saccos, etc. Viltrum* enim pro *Filtrum* aliquot Scriptores usurpasse supra monuimus in v. *Feltrum.*

VIMARIUM, [Procella, tempestas.] Regestum Castri Lidi in Andibus f. 52. v.: *Et poeut prendre la bruiere sans fauchier en lou ou il a bois. Et poeut prendre les arbres arrachiez et brisiez sans Vimaire; et se Vimaire i avient, il n'i ont riens. Vimaires est quant l'en puet voir cinq arbres chaeiz tout d'une veuë.*

* Calamitas, casus quivis adversus. *Vimarium glaciei*, in Transact. inter abb. S. Albini et abbatis. Fontis-Ebr. ann. 1229. ubi et *Vimarium guerræ.*

* **VIMBRERIA**, si bene scriptum aut lectum, Jurisdictio quædam videtur; forte etiam pro *Vinagiaria*, jus *vinagium* seu *pedagium* percipiendi. Vide mox *Vinagiarius.* Arest. parlam. Paris. ann. 1323. in Reg. 61. Chartoph. reg. ch. 305 : *Ejusdem præpositus Vimbreriæ Burdegalensis pro dicto duce* (Aquitaniæ) *uxorem et familiam dicti Gombaudi a possessione prædictorum ejecit.*

¶ **VIMENA**, Vimen, ut videtur, *Vimine*, Italis. Statuta Vercell. lib. 5. fol. 127 : *Item quod quilibet portonarius vel custos portarum civitatis et locorum teneatur jurare et bonam securitatem prestare communi quod non permitteret portari in civitate, vel loco, vel etiam alio, quod sciat, carracias, rebias, Vimenas, plantas, etc.* Vide *Vimus.*

¶ **VIMICILLUM**, Crates, Gall. *Claye*, quia ex viminibus confecta. Mauritius *Chennay* Cartusianus in Hist. Mart. sub Henrico VIII. Reg. Angl. cap. 10 : *Educti de carcere, statim dejecti erant super Vimicillum, vulgariter a Hurdle dictum, et resupini huic alligati fuerunt toto corpore extenso in longum.*

¶ **VIMPLA**, Velum muliebre. Vide *Guimpa.*

VIMPUM. Charta Philippi Regis Franc. ann. 1304. ex 12. Regesto Chartophylacii Regii n. 195 : *Plumbum, stamen, seu quodcunque metallum, cineres, Vimpum, seu gravellam vinorum, et quascunque merces seu mercaturas alias, etc.* Videtur esse *vappa* Latinorum.

☞ Vox est contracte scripta pro *Viniperum*, ut legitur in eadem Charta edita tom. 1. Ordinat. Reg. Franc. pag. 423. ubi habetur : *Quodcumque metallum, cineres, viniperum, seu gravellam vinorum, etc.* Haud dubie pro *Juniperus*, Gall. *Genévrier*, cujus usus frequens apud Medicos.

* Lectoris vitium fuit, non scriptoris : *Winiperum* quippe exhibet Registrum 12. in Charta laudata.

¶ **VIMUS**, Vimen, Italis *Vime*, Occitanis *Vims* vel *Bims.* Consuet. Brager. art. 76 : *Item nullus sit ausus extra villam dicti loci et districtus ejusdem dolia tonellorum vacuorum transferre, neque mayramen, neque Vimos, neque codram.* Ceremoniale vetus B. M. Deauratæ Tolos. : *Monachi surgent ad mandatum prioris et recipient scobas sive Vimes, et ferient super excommunicatum nudum. Vimois* nostri eadem notione dixerunt. Vide *Vismeria.*

¶ **VINABLIUM.** Vide infra *Vinoblium.*

¶ **VINACEA**, VINACENUM. Vide mox *Vinacia.*

¶ **VINACHERIÆ**, ut *Vinageriæ* infra. Testam. Johannis *Gasqui* Episc. Massil. ann. 1344. ex Tabul. Eccl. Massil. : *Item lego... duas Vinacherias meas argenteas.* Vide *Vinagium* 1.

¶ **VINACIA**, στέμφυλα, in Gloss. Lat. Gr. Papias : *Vinacea, quæ remanent in uvis, quando premuntur a vino.* Statuta Vercell. lib. 7. fol. 150. v° : *Item statutum est quod si quis homo, vel aliquis de familia sua aliquas scopaturas vel letamen, Vinacias,.... in viis projecerit, etc.* Statuta Montis Regal. fol. 208 : *Et si aliquis projiceret, vel projici faceret, terram, fimum seu Vinaciam in aliquam viam, etc.* Statuta Astens. cap. 79. fol. 33 : *Statutum est et ordinatum quod ille qui intus civitate Ast. projecerit Vinaciam in via publica, etc.* Vide *Vinatium.*

¶ VINACIUM, Eadem notione. Gloss. Lat. Gr. : *Vinacium*, στέμφυλον. Glossæ Biblicæ MSS. Anonymi ex Ugutione : *Vinacium et Vinarium idem significant : sed posterius vinum quod et Vinacenum dicitur et est quasi fex totius vini et projicitur extra.* Statuta Eccl. Meld. apud Marten. tom. 4. Anecd. col. 901 : *Prohibeant sacerdotes.... maxime tempore vindemiarum, ... ne aliquis Christianus Vinacium vindemiarum quas Judæi calcant, retineant in aliquo modo.*

* Glossar. Gall. Lat. ex Cod. reg. 7684 : *Vinacium, marc que l'en gette quant le vin est fait.* Vide infra *Vinatium.*

¶ **VINACULUM**, Agellus vineis consitus Chartul. S. Vincentii Cenoman. fol. 68 : *Abbas et monachi S. Vincentii Cenomanensis fecerunt quoddam escambium cum Vitali Estallart de quodam Vinaculo sito apud Noenz... et pro eodem Vinaculo quod Galterus presbyter de S. Audoeno eisdem monachis in eleemosinam assignavit, habuerunt quoddam jornale terræ.* Vide *Vineatica.*

1. **VINADA**, Gall. *Vinade*, in Consuetudine Marchensi, dicitur obligatio, qua qui possidet prædium villanum, seu servile, tenetur semel in anno, vinum domini cum duobus boum jugis et carro in ejus domum deducere, nisi malit dominus quindecim solidos sibi pro hisce operis præstari, art. 138. 139. 140. etc. 192. 430. et in

Arvernensi cap. 25. art. 21. [Vide *Vinagium* 3. et *Vinata* 2.]

¶ 2. **VINADA**, ut *Vinagium* 2. Vide in hac voce. Charta ann. 1201. inter Instr. tom. 2. Gall. Christ. novæ edit. col. 323 : *Unum sextarium frumenti, et unam saumam vini ad Missas cantandas in Faezia pro redemtione animæ meæ totiusque generis mei, de frumentada et de Vinada, quæ censualiter in terra et podio Johannis sine contradictione nuncio domus de Faezia omnibus annis præcipio reddendam.* Tabul. S. Petri de Cella-froini in pago Engolism. 12. circ. sæc. : *Dedit Deo et S. Petro et servitoribus ejus quosdam redditus qui dicuntur Vinade, quos famuli ejus accipiebant de terra S. Petri.* Vide *Vinata* 1.

¶ 3. **VINADA**. Inventar. ann. 1476. ex Tabul. Flamar. : *Item plus unam barriquam poculo sive Vinada plenam.* Vinum acidum aquæ mixtum pro vili plebecula, Gall. *Piquette.*

VINAGERIÆ, Ampullæ vinariæ, in quibus vinum reponitur ad sacrificium, *Burettes*, Hispanis *Vinagera*, unde nostris *vinaigrier*, ampulla aceto reponendo idonea. Kalendarium Ecclesiæ Lemovicensis 9. Kl. April. apud Labbeum tom. 2. Biblioth. pag. 760 : *Qui decoravit sanctam Lemovicensem Ecclesiam de 4. capellis munitis* (f. minutis) *novis, cum paramentis altaris, duobus calicibus, uno argenteo aurato cum armis suis, et alio ex auro, cum duabus Vinageriis, etc.* [Vide *Vinacheriæ* et *Vinateriæ*.]

¶ **VINAGIALIS**, *Vinagio* obnoxius, in Charta Suession. ann. 1267 : *Ex altera* (parte) *Vinagialis eidem ecclesiæ, vel totum vinagium, etc.*

¶ Vinagialis Cultura, Ager vineis consitus. Chartul. S. Joh. Laudun. ann. 1217 : *Pronuntiaverunt quod tota decima de culturis censualibus est ecclesiæ nostræ, tota decima de culturis Vinagialibus est ecclesiæ S. Johannis.*

* **VINAGIARIUS**, Qui *vinagium* seu *pedagium* exigit. Arest. ann. 1348. 10. Jul. in vol. 2. arestor. parlam. Paris. : *Robertus, dictus le Grand, pedagiarius seu Vinagiarius de Maisiaco super Auxonam,... ratione pedagii seu vinagii non soluti, etc.* Vide mox *Vinagium* 5.

1. **VINAGIUM**, Idem quod *Vinageriæ*. Acta Episcopor. Cenoman. tom. 3. Analect. Mabill. pag. 310 : *Et per ipsum S. Juliano cum maxima balsami quantitate, et cum quinque palliis pretiosis, et Vinagiis argenteis et deauratis, et acerra argentea, cujus materia artificium superabat, destinavit.* [Vide *Vinearium*-1.]

2. **VINAGIUM**, Præstatio certæ vini mensuræ pro vineis, quæ vulgo domino feudi exsolvitur vice census, ut est in Consuetudine Claromontensi art. 121 : *Les droits de vinages deuz pour et au lieu de censives sur vignes, se doivent paier à bord de cuves, et ne peut tirer le detenteur son vin, sans avoir premierement paié ledit Vinage, etc.* Ejusdem *Vinagii* meminit præterea Consuetudo Remensis art. 161. et Silvanectensis art. 263. Charta Gaufredi Comitis Andegavor. pro Abbatia S. Sergii : *Dono ergo... Vinagium ex quatuor arpennis vinearum dominicarum.* Alia ejusdem Comitis in Hist. monasterii S. Nicolai Andegav. pag. 10 : *Perdonavi quoque Vinagium omnium vinearum suarum, quamdiu ipsi vel Condonati eorum ipsas coluerint, etc.* Charta Gaufridi Andegavorum Comitis ann. 1135. ex Archivo Regio : *Notum sit omnibus,... quod Gaufridus Andegaviæ Comes, Fulconis venerabilis Hierosolymitanorum Regis filius, concessit omnibus hominibus Andegaviæ, quod debitores Vinagii sui, unoquoque arpento suæ terræ, unde ipse Vinagium habere debebat et solebat, per singulos annos proxima die post festum S. Michaelis pro Vinagiis suis census ei reddant. Quod si illa die non reddiderint, proxima die sequenti et censum, et consuetam Vinagii legem persolvent. Ac si nec censum nec legem reddere voluerint, Comes de vinea sive de terra suum velle faciet.* Alia ejusdem Gaufredi Comitis Andegav. ann. 1136. pag. 71 : *Vinagium omnium vinearum suarum, et foragium omnium terrarum suarum eidem Ecclesiæ concedo.* Alia ann. 1162. in Hist. Castilonea pag. 26 : *Septem modios vini de Vinagio meo de Motana ad mensuram Castellionis, et illud vinum jure perpetuo possidendum concedo.* Alia anno 1209. ibid. pag. 36 : *Et sex modios vini in Vinagiis ejusdem villæ.* Charta Guillelmi Episcopi Laudunensis in 31. Regesto Tabularii Regii : *Vinagia villarum Lavalli et Novienti, videlicet 80. modios, et 4. sextaria, et dimidium vini annui reditus.* [Charta ann. 1216. ex Tabul. S. Medardi Suession. : *Recognoverunt se vendidisse ecclesiæ B. Medardi Suessionensis decem et septem sextarios Vinagii, scilicet undecim ollas et dimidium vini super vineam, etc.*] Charta Beatricis Abbatissæ B. Mariæ Suession. ann. 1232. pro Communia Aisiaci : *Sciendum est etiam, quod si forte contingat, quod homines prædicti velint solvere Vinagium suum in vindemiis, et nos ea capere voluerimus, ipsi debent ea afferre in curiam nostram apud Aisiacum, nec tenemur ea recipere ante medium Martium, nisi voluerimus. Neque possumus homines compellere ad ea solvenda ante medium Martium. Et qui die medii Martii in solutione Vinagii defecerit, emendaret nobis per 7. sol. et dimid. monetæ patriæ, et nihilominus reddere teneretur Vinagium, et nos vinagii forum apponemus, secundum quod consuevimus. Et sciendum, quod omnia Vinagia debent esse ab albo vino, sano, legali, et pagabili.* Libertates concessæ a Galchero Comite Regitestensi ann. 1255. villis de *Raucourt et Heraucourt : Contuli adhuc eisdem et concessi, quod quicunque in dictis villis sub ista libertate et assisia manserit, vel venerit, quod ibi remaneat, et qui voluerit, libere recedat, et de omnibus, quæ reliquerit, ubicunque gaudeat absolute, ita tamen, quod duos solidos dictos assisiæ solvet, et adhuc solvet Vinagium, sicut aliquis extraneus, salvo intercursu, si aliquis sit, etc.* Eadem habentur in Charta Libertatum Maceriarum concess. ab Hugone Comite Regitestensi ann. 1233. Vide Alexandrum III. Epist. 32. apud Sirmondum, Sammarthanos in Archiep. Turonensib. pag. 771. 772. in Episc. Andegav. pag. 125. Monast. Anglic. tom. 2. pag. 980. etc.

* *Vinagia seu census vinearum*, in Charta Phil. Pulcr. ann. 1306. ex Lib. rub. Cam. Comput. Paris. fol. 285. r°. col. 1. et in Chartul. Regalis loci ch. 12.

* Vinaigium, Eadem notione, in Charta ann. 1281. ex Chartul. S. Vincent. Laudun.

Vinagines. Charta Berlaii de Monsterello ex Tabulario Monast. Fontis Evraldi fol. 189 : *Scilicet vineas, prata, nemus, census, Vinagines, vel quasdam alias res, etc.* Ita edidit Michael Cosnierus ad Vitam B. Roberti de Arbresello pag. 178. sed vereor, ne legendum sit *vinagia*. Regestum Ludovici Regis Siciliæ et Ducis Andegav. fol. 55 : *Les Vinaiges desdits lieux, qui se paient en moustoisons.* Tabularium magnum Corbeiensis monasterii : *Tout li roage et li forage de ledite ville sont sien* (à l'Abbé) *et li Vinages, chest à savoir de tous les vins, qui sont amené en ledite ville et vendu.* [Charta ann. 1383. apud D. *Brussel* tom. 2. de Usu feud. pag. 758 : *Item les cens et Vinages de Chaudefossé, etc.* Terrarium Insulæ Adami : *Au lieu de Parmain il y a deux grands pressoirs à vin, banniers, dont a le droit de Vinage à raison de quatre seaux du vin y pressuré.*]

¶ 3. **VINAGIUM**, Idem quod supra *Vinada* 1. Charta Ansoldi Abbat. Compend. ex Tabul. ejusd. loci : *Quisque equus harum trium villarum ad submonitionem advocati debet Vinagium; et debent ire in Belvacensi territorio citra Isaram, ita quod illi qui duxerint carrum vacui redibunt, et alii vinum adducent.*

¶ 4. **VINAGIUM**, Vox ibrida, ni fallor, ex vinum et ἅγιον, Vinum benedictum, sacrum orationibus et Reliquiarum alicujus Sancti tactu, apud Tortarium in Mirac. S. Benedicti cap. 21. et 43. Mirac. S. Petri Mart. tom. 3. April. pag. 719 : *Petebant ut ampulla cristallina, in qua dictæ erant Reliquiæ, perfunderetur vino; et bibentes multi ab infirmitatibus suis curati sunt... Venit quædam mulier petens sibi dictum Vinagium fieri.* Mirac. B. Edmundi Cantuar. apud Marten. tom. 3. Anecd. col. 1893 : *Mulier ab inflammatione nimia sanatur sumto Vinagio... Lijart de Castellione super Sequanam cæca illuminatur, oculis ad portam monasterii Vinagio lotis.* Exstat in Ritualibus antiquis *Benedictio vinagii.* Vide *Vinaticum* 3.

* Consuet. MSS. S. Crucis Burdeg. ante ann. 1305 : *Item debet* (sacrista) *semper esse paratus ad faciendum sanctum Vinagium cum Reliquiis S. Mummoli.* Infra : *Quando sacrista vel ejus vicarius benedicet vinum vel aquam cum reliquiis, etc.*

* 5. **VINAGIUM**, Pro qualibet præstatione. Assignatio dotalitii Joan. Regin. Franc. ann. 1319. in Reg. 60. Chartoph. reg. ch. 69 : *Item pro Vinagio forestæ de Vernone, quinquaginta solidos.* Charta ann. 1310. in Lib. rub. Cam. Comput. Paris. fol. 324. v°. col. 2 : *Pour les Vinaiges des chevaus d'ilecques, dont chacunz resseanz qui a cheval, doit à la S. Martin d'iver quinze deniers.* Charta ann. 1343. ex Chartul. S. Vinc. Laudun. : *Seront tenu de envoier un vallet au lieu dou droit Winage, pour dire à nos Winigeurs qu'il passent ou rapassent par lesdiz faux travers ou passages.* Vide *Vinagium* in *Guida.*

* 6. **VINAGIUM**, Pro eo quod præter pretium corollarii vice in emptionibus conceditur, aut in domanii locationibus a ministris regiis exigitur, mercedis loco. Lit. ann. 1388. tom. 7. Ordinat. reg. Franc. pag. 766- art. 10 : *Qu'aucuns esleus et commis ne pourront avoir ne prendre sur fermier quelconque, ne autres, douze deniers pour livre pour Vinage.* Lit. remiss. ann. 1383. in Reg. 123. Chartoph. reg. ch. 181 : *Icellui Chaucial fit le marchié,:... et ce fait ledit Roussel envoia querir un pichier de vin pour le Vinage; lequel ilz beurent tous ensemble.* Aliæ ann. 1479. in Reg. 205. ch. 235 : *Le suppliant dist à icellui Glaude qu'il estoit content lui laisser lesdiz pourceaulx pour quarente solz, parmi ce qu'il paieroit pinte de vin pour le Vinaige.* Vide supra *Stilus* 2.

¶ **VINAGO**, Avis species. Gloss. Lat. Gr. *Vinago*, ἡ οἰνάς. Vide alia notione in *Vinagium* 2.

* **VINAGRERIUM**, a Gallico *Vinaigrier*, Acetabulum. Invent. ann. 1218. inter Probat. tom. 1. Hist. Nem. pag. 67. col. 2 : *Inveni etiam in solario primo...... canistrum et Vinagrerium, novem scutellas, etc.* Glossar. Provinc. Lat. ex Cod. reg. 7657 : *Vinaygriara Prov. acetabulum.*

* **VINAGUERIUS**, Vinarius. Invent. ann. 1320. ex Tabul. S. Vict. Massil. : *Item duosrdollaires, quorum unus est asaquerius, alter Vinagerius.*

¶ **VINAJERIÆ**, ut *Vinageriæ*, in Inventar. ann. 1329. ex Tabul. S. Victoris Massil. nisi legendum sit *Vinateriæ*. Vide in hac voce.

1. **VINALE**. Tabular. Dalonensis Abbat. fol. 104 : *Concedimus in perpetuam eleemosynam Vinalia mansi Pollenc.* Infra : *Et quod requirere poteramus in prædictis Vinalibus.* Idem videtur *Vinale*, quod *Vinagium* 2.

* 2. **VINALE**, Vinhale, Vineaticum semen, Columellæ, Gall. *Jeune vigne.* Charta ann. 1308. in Reg. 42. Chartoph. reg. ch. 6 : *Item emit ab Hugone Bec nobili xij. denariis Ruth. censualibus, quos sibi debebat pro quodam Vinali seu ortis de Rienvielh.* Alia ann. 1311. in Reg. 48. ch. 39 : *Sub hac venditione comprehendi specialiter volumus...... vineam cum Vinhali et campo contiguis.*

¶ **VINALIA**, πιθοιγία, in Gloss. Lat. Gr.

VINARIA, in Gloss. Gr. : Lat. Οἰνών, ὁ τόπος. Οἰνοφόρος γῆ, *vinifera terra.* [Ὑπάμπελος γῆ, in jure Græco-Rom. pag. 152. *Cella ubi vinum reponitur*, in Gloss. Biblicis MSS. Anonymi.]

Vinarium, Eadem notione, in Charta Balduini Comitis Gisnensis, quæ habetur in Chron. Andrensi pag. 459 : *Præter terram, quæ contigua est Vinario Monachorum.* [** Fragment. Polypt. S. Remigii post Irminon. pag. 294 : *In Tasiaco habet mansum dominicatum cum cæteris ædificiis, hortum cum arboretis, Vinario etc.* Charta Emmerici Ep. Wormat. ann. 1315. apud Guden. Cod. Diplom. tom. 1. pag. 132 : *Tradimus ortum et Vinarium nostrum cum pomœrio, etc.*][Charta ann. 1252. ex Chartul. Campan. fol. 295. v°. col. 1 : *Tenet in feodo ab illustri domino Theobaldo Dei gratia Rege Navarræ,... calceiam et patellam Vinarii sui de Lecheriis et quod dictæ calceia et patella dicti Vinarii sunt de justitia dom. Regis supradicti.* Charta Caroli Regentis ann. 1358. ex Bibl. Reg. : *Item sexdecim libras redditus quas quolibet anno percipit dominus Rex super Vinariis de Rogny. Cum.... aquis, stagnis, Vinariis, vtis, etc.* in Litteris Henrici IV. Reg. Angl. apud Rymer. tom. 8. pag. 95. ubi legendum videtur *Vivariis.*]

* Charta Hugon. dom. Brecarum ann. 1168. inter Instr. tom. 12. Gall. Christ. col. 272 : *Quantum sedes abbatiæ et Vinarii continet in eleemosynam concessi et donavi.... Qui* (rivulus) *juxta pratum Rainaldi situs est subtus Vinarium.* Charta Theob. reg. Navar. ann. 1269. ex Bibl. reg. : *Adjunxit cuidam Vinario, quod habet apud Ulcheium duos septuarios bladi hyemalis..... Vendiderunt priori dicti loci quoddam Vinarium, situm versus grangiam.*

¶ **VINARIENSES** Nummi, Moneta urbis Vinariæ, vulgo *Weimar*, cujus mentio occurrit in Charta ann. 1293. apud Schlegelium in Dissertat. de Nummis antiquis etc. pag. 196. ubi varios ejusdem monetæ typos exhibet. Hunc consule.

¶ 1. **VINARIUM**, Idem quod *Vinagium*, 2. Charta ann. 1219. ex Chartul. Prioratus Lehunii : *Cum Vinarium quod prior et conventus Lehuni habebant inter Curchy et Foucheles omnino desicatum fuisset,.... Concesserunt mihi tertiam partem terræ in qua erat Vinarium, et ipsi duas alias partes de me tenebunt per censum xii. den. singulis annis.* Occurrit etiam in Necrolog. Abb. Heder. Vide alia notione in *Vinaria.* [** Hic ut eo loco legendum videtur *Vivarium.*]

¶ 2. **VINARIUM**, Vas vinarium, poculum. Necrolog. Eccl. Paris. MS. ad calcem : *Servienti de vino dantur duæ candelæ ad servandum et trahendum Vinaria.*

VINARIUS, Vinosus, qui multum vini bibit, οἰνοπότης, ὁ πολὺ πίνων, in Gloss. Gr. Lat. Usurpant Lex 4. § 1. et lex 25. § 6. D. de Ædilit. Edict. (21, 1.)

¶ Vinarius, Torcular. Gloss. Lat. Gr. *Vinarius*, ὑπολήνιον. In MSS. Sangerm. *Lacus vinarius.*

Vinarius, Qui vina vendit, institor vinarius : οἰνοπώλης, in iisdem Glossis Gr. Lat. Victor Schotti in Galieno : *Inter hæc ipse popinas ganeasque obiens, lenonum ac Vinariorum amicitiis hærebat, etc.* Senator lib. 10. Epist. 28 : *Et ideo arcarios, prorogatores tritici, vini et casei, macellarios, Vinarios, Capitularios horreariorum et tabernariorum, etc.* Mentio est apud Lampridium, ut *Corporis vinariorum Lugdunensium*, in vet. Inscript. 400. 7. [*Prince des Viniers*, qui institoribus vinariis præest, in Statuto pro iisdem ann. 1373. tom. 5. Ordinat. Reg. Franc. pag. 614 : *Aïant lesdis seignifians ordenné, et accoustumé de tres lonc et ancien temps, à faire eslire et renouveller de commun assentement et par l'accord de chascun d'eulx, chascun an, un chief auquel il ont recour, conseil et advis sur les fais dessus diz, lequel ont dist et appellé le Prince des Viniers.*]

Vinarius, Officium Monasticum, cui vini cura incumbit. Tabularium Cisoniense ann. 1266 : *Conventus quoque Vinarium sibi eligat, et vinis præponat, ut fieri solet, per diversum in officio suo duraturum, etc.* Historia ejusdem Monasterii pag. 528 : *Potest autem dictus Abbas officiales suos et obedientiarios, excepto Vinario Conventus, instituere et destituere pro suæ libito voluntatis. Frater Vinarius* dicitur apud Joan. Monachum Bertinianum in Vita S. Bernardi Pœnitentis num. 18. *Custos vini*, apud Bernardum Monach. in Consuetud. Cluniac. MSS. cap. 9. ubi de ejus officio hæc habet : *Custos vini est, qui vinum recipit et custodit, vindemia consummata, sicut granatarius de annona, etc.* Adde Udalricum in iisd. Consuet. lib. 3. cap. 19. [Vide *Vineator* et *Vinitarius.*]

1. **VINATA**, [Idem quod *Vinada* 2. et *Vinagium* 2. Tabul. Aurel. : *Petrus de Charlut dedit mansum unum de villa quæ dicitur al Poi Deo et S. Johanni quidquid habebat, scilicet la Vinata, xii. denarios in ortis, etc.* Tabul. Vosiense : *Mansus de la Boaria Vinata vi. den.*] Charta Vulgrini Comitis Engolismensis ann. 1147 : *Ego vero habebam in ipsa curte Vinatam, ita quod de singulis domibus, in quibus inveniebatur, singulis annis sommam vini habebam, exceptis domibus cimeterii, de quibus inter me et Canonicos querela habebatur.* Tabular. S. Eparchii fol. 95 : *Et in his vineis habebat Comes Willelmus Taglofet Vinatam, quam dedit B. Eparchio, etc.* [Vide *Vinataria.*]

¶ 2. **VINATA**, ut *Vinada* 1. Charta Comitat. Marchiæ ann. 1406 : *Tenebuntur reddere et solvere annuatim et anno quolibet præfatis conjugibus assensatoribus et suis successoribus unam Vinatam sive boatam cum quadam quadrigua et cum duobus bobus, et in casu in quo prædicti conjuges non vellent dictam Vinatam, etc.*

¶ 3. **VINATA**, Vinea, vinetum, Gallice *Vignoble.* Consuet. Brageriac. art. 75 : *Item, nullus sit ausus vina sua deferre apud Brageriacum nec in districtu ejusdem, nisi ea duntaxat quæ crescunt in vineis quæ sunt et nominantur de Vinata dicti loci Brageriaci.* Vide infra *Vineta.*

¶ **VINATARIA**, ut *Vinata* 1. Litteræ Humberti Dalph. ann. 1348. inter Ordinat. Reg. Fr. tom. 3. pag. 275 : *Ecclesia de Romanis sola et in solidum habuit, habere consuevit et habet in singulis cellariis seu penoribus sitis infra villam de Romanis, a tenentibus cellaria, unum quartale vini semel in anno, quod Vinataria appellatur.*

1. **VINATARIUS**, Institor vinarius, *Marchand de vin, Vinotier.* Charta Ildefonsi Comitis Tolosæ ann. 1141. apud Catellum : *Vinatarii ipsius villæ, qui foris ibunt emere vinum, et in hanc villam revendere portabunt, etc.* [Conc. Legion. ann. 1012. can. 39. inter Hisp. tom. 3. pag. 192 : *Qui Vinatarius non fuerit perforum, vendat vinum suum in domo sua sicut voluerit, per veram mensuram.*] Vide *Vinator*, et *Vinetarius.*

* 2. **VINATARIUS**, Qui vinum domini in ejus domum vehere tenetur; quod servitium *Vinadam* appellabant. Charta Guid. vicecom. de Combornio ann. 1284. in Reg. 61. Chartoph. reg. ch. 424 : *Item volumus et concedimus quod Vinatarii de Traymhaco nobis et successoribus nostris non teneantur ad comportum faciendum, nisi pro proprio vino nostro apportando.* Vide *Vinada* 1. et *Vinata* 2.

¶ **VINATERIÆ**, Ampullæ vinariæ, in

quibus vinum reponitur ad sacrificium, Gall. *Burettes*. Inventar. ann. 1342. ex Tabular. S. Victoris Massil. : *Item duas Vinaterias de stagno. Duas Vinaterias argenteas, vel duas canetas*, in alio Inventario ex eodem Tabulario. Vide *Vinageriæ* et *Vinajeriæ*.

¶ VINATGERIÆ, Eadem notione. Inventar. Eccl. S. Martial. Lemovic. : *Item duæ Vinatgeriæ de argenteo.*

* VINATERIUS, Vineis consitus, in Charta ann. 1460. ex Tabul. S. Vict. Massil. Vide *Vineatus*.

¶ VINATICIUM, ut *Vinagium* 2. Charta ann. 1218. in Chartul. S. Joh. Laudun. Ch. 77 : *Recognovit... se contulisse in elemosinam præfatæ ecclesiæ sex modios Vinaticiorum albi vini.* Occurrit iterum ibidem. Vide *Vinaticum* 2.

¶ 1. VINATICUM, Vini penus, suppeditatio, præbitio, Gall. *Provision, fourniture de vin.* Charta Caroli C. apud Mabill. tom. 3. Annal. Bened. pag. 665 *Quapropter statuimus... ut ad ecclesiæ luminaria concinnanda et Vinaticum ac oblationes, istas res habeant concessas atque indultas.* Alia ejusd. Imp. ann. 877. apud Miræum tom. 1. pag. 138. col. 2 : *Ad Vinaticum similiter de indominicato, de vino modia* XII.

¶ 2. VINATICUM, Eadem notione qua *Vinagium* 2. Charta ann. 1150. ex Chartul. Charmensi qua Goslenus Episcopus Suessionensis concedit Ecclesiæ de Charmo *duos modios Vinatici apud Ciriacum.* Alia Nivelonis itidem Suession. Episc. ann. 1192. ex Tabul. S. Crispini in Cavea : *Guido de Gani.dedit eis.... unum modium Vinatici in vinea ecclesiæ S. Crispini apud Biaumont.* Rursum alia ejusd. Nivelonis ann. 1183. ibid. : *Unum modium vini et dimidium.... in Vinaticis.... apud Billi annis singulis recipiendum.* Vide *Vinaticium*.

¶ 3. VINATICUM, ut *Vinagium* 4. in Mirac. S. Richarii tom. 2. Annal. Bened. pag. 473.

VINATIO, Gall. *Vinée*, Certa vini quantitas, quam in torculari suo percipit dominus feudi ex vindemiis tenentium et hominum suorum. Pactum inter Comitissam Campan. et Episc. Meldensem ann. 1218. in Tabul. Campan. Bibl. Thuan. f. 276 : *Comitissa Campaniæ habet justitiam in prædicto clauso salva Vinatione Episcopi, et eo salvo, quod nullus audet removere vindemiam, donec Episcopus habuerit Vinationem suam.* [Vide *Vinata* 1.]

¶ VINATIUM, ut supra *Vinacia*. Constitut. Frederici Reg. Sicil. cap. 116 : *Item quod procurent immunditias terrarum, maragmatum et Vinatium deferri et ejici extra civitatem prædictam.*

* Glossar. Lat. Gall. ex Cod. reg. 7692 : *Vinatium, la pel du resin.* Vide supra *Vinacium*.

VINATOR, Vini venditor. Jacob. I. Rex Aragon. in Foris Oscæ ann. 1247. fol. 30 : *Vinatores, tabernarii, qui emunt vinum per villas et castella, et ducunt eum per civitates, etc.* Vide *Vinatarius*.

* VINATUM, ut supra *Vinagium* 2. Charta Hugon. comit. Trec. ann. 1114. ex Tabul. Dervens. : *Pater meus.... Vinatum vinearum, quas tunc ibi habebant vel habituri essent, eidem dono addidit. Vinote* eodem sensu, in Ch. ann. 1270. ex Tabul. S. Mich. in Eremo : *Octroyons perpétuellement esdis religieux et à leurs successeurs que de leurs vignes..... ne soient tenuz à nous payer receit ou Vinote.*

VINCANUALAGIÆ, *Labiorum obtorsiones*, in Glossis MSS.

VINCELUNA. Indiculus superstitionum et paganiarum, in Concilio Liptin. ann. 743 : *De lunæ defectione, quod dicunt Vinceluna.* Disjungendæ voces videntur, *Vince Luna*, quia forte, dum Luna deficeret, superstitiosi clamarent : *Vince Luna*, id est, non patere te a Sole superari : idque ex veterum superstitione, qui Lunæ deficienti ac *laboranti* tuendæ tinnitum dabant, ut auctor est Plutarchus in Æmilio, et Tacitus lib. 1. Annal. Seneca lib. 7. Natural. quæst. cap. 1. etc. quod pridem docuere Criticorum filii. S. Eligius, apud Audoënum in ejus Vita lib. 2. cap. 15 : *Nullus si quando Luna obscuratur, vociferare præsumat, etc.* S. Maximus Taurin. Homil. de defectu Lunæ : *Nam cum ante dies plerosque de vestræ avaritiæ cupiditate pulsaverim, ipsa die circa vesperam, tanta vociferatio populi extitit, ut irreligiositas ejus penetraret ad cælum. Quod cum requirerem, quid sibi clamor hic velit, dixerunt mihi, quod laboranti Lunæ vestra vociferatio subveniret, et defectum ejus suis clamoribus adjuvaret.* Huc spectant etiam ista Gregorii III. PP. in Pœnitent. cap. 23. et Bedæ lib. de Remed. peccator. cap. 21 : *Vel quando Luna obscuratur, vel clamoribus suis, vel maleficiis sacrilego usu se defensare posse confidunt.* [** Theodor. Pœnitent. ed. Thorpe cap. 27. § 25 : *Qui student exercere quando luna obscuratur, ut clamoribus suis vel sacrificiis sacrilego usu eam defendere confidunt, etc.* Adde Burchard. lib. 19. cap. 5. pag. 269. v°. edit. Paris.] Tunc enim Lunam a Sole impeti credebant. Narrat præterea Delrius in Notis ad Senecæ Hippolytum, Indos etiamnum existimare, tum Lunam usque ad sanguinis effusionem flagellari. Vide Oct. Ferrar. in orig. Ital. v. *Glubiana*. [** Grimm. Mythol. German. pag. 401. An pro *Vinceluna* legendum *Vinstrina*, vel quid simile?]

* VINCENNARIUS, Qui curionis vices agit, seu vicarius perpetuus. Charta Albr. archid. Metens. ann. 1300. ex Reg. 3. feud. episc. ejusd. eccl. fol. 153. in Bibl. reg. : *Cum vicarii et Vincenarii, qui ad vitam suam debent in suis ecclesiis deservire, nobis sint præsentandi, etc.* Vide *Viceplebanus*.

* VINCENTISSIMUS, ut supra *Victoriosissimus*. Joan. ab Insula de Gest. memorab. Franc. apud Lam. tom. 3. Delic. erudit. pag. 26 : *Vincentissimus noster comes* (Montis-fortis) *Angliæ regem...... propulit et devicit.* Vide supra *Victoriosus*.

* VINCENUM, VINCHENUS, pro *Vintenum* et *Vinthenus*. Libert. castri de Cutsiaco ann. 1333. in Reg. 69. Chartoph. reg. ch. 54 : *Quod consules et consiliarii dicti loci.... possint, ... si de dictæ universitatis seu majoris partis ejusdem processerit voluntate, Vincenum seu Vinchenos vel alias quotas...... levare facere.* Vide in *Vintenum*.

¶ VINCENA, pro *Vintenum*. Vide in hac voce.

¶ VINCERE, Convincere. Conc. incerti loci apud Marten. tom. 4. Anecd. col. 156 : *Diffamati fama publica vel verisimilibus indiciis super crimine aliquo, de quo Vinci non possunt, moneantur semel, secundo et tertio, ut confiteantur et satisfaciant.*

¶ VINCHATA, Mensuræ species videtur. Charta Joffredi Comit. Engolism. ex Tabul. S. Eparchii : *Relinquo ad basilicam S. Eparchii.... de tali tributo quod de Ponte Bossellis, quod parentes mei habuerunt, hoc est, de asinarios qui portant salem de Vinchatas, de homines qui portant ad collum palmatas.*

* VINCHINA CASEI, Corbis viminea, ut videtur, in qua caseus ponitur, apud Bern. Rubeum in Monum. eccl. Aquilej. cap. 74. col. 747. Italis, *Vincheto*, ager viminibus consitus.

¶ VINCIALES. Excerpta Cæsarii Heisterbach. apud Leibnit. tom. 2. Script. Brunsvic. pag. 523 : *Tempore discordiæ inter Ottonem et Philippum, in oratorium S. Goari confessoris... firmissimum, tum propter situm loci, tum propter Vinciales se, suaque transtulerunt.* Ubi legendum videtur *Provinciales*. Vide *Provincialis*.

* VINCLE, Vasis genus. Invent. ann. 1419. ex Tabul. monast. Montisol. inter schedas Mabill. : *Unum Vincle cristalis, in quo portatur Corpus Christi.*

* VINCONEUS, Monetæ species. Charta ann. 1481. in Pomer. diplom. pag. 186 : *Quatuor marchis Vinconeum tantum moderni valoris a prædicto monasterio..... realiter sibi solvendum reservamus.* Vide *Vintenus*.

¶ VINCTUM, f. Idem quod Proprium, *alodis*. Vide supra *Subvincta*.

1. VINCTURA. Galbertus in Vita Caroli Comitis Fland. n. 177. prælium describens : *Ibique dejectus est Comes Fridericus, et contra illum vinctus Riquartus ex Woldman in priore Vinctura; plures quippe et infinitæ fiebant in invicem Vincturæ; tandem gladiis contendebant.* Sed legendum videtur *juncturæ*, id est, commissiones in præliis.

¶ VINCTURA. Tabul. Ambian. : *De unoquoque equo quem habet homo in Vinctura persolvit* XII. *garbas et dimidiam : ille vero qui equum non habuerit* 10. Forte *Vectura*.

* 2. VINCTURA, si tamen non est vox factitia, Vinctorum custodia, nostris alias *Vintrie*; cujus officii, nomine feudi concessi, jura explicantur tom. 1. Hist. Vales. pag. 250. et tom. 2. pag. 365. idem quod *Geolagium* et *Turragium*. Vide in his vocibus.

VINCULARE, *Ligare*, Joanni de Janua; in vincula conjicere. *Vinculatus, ligatus*, apud Papiam, carceri mancipatus; occurrit apud Martianum Capellam lib. 1. Gregorium M. lib. 3. Epist. 31. Thuribium Episcopum Asturicensem de Libris apocryphis, Venericum Vercellensem de Unitate Ecclesiæ conserv. pag. 34. in Lege Wisigoth. lib. 9. tit. 1. § 2. in Historia Cortusiorum non semel, apud Alanum de Planctu naturæ pag. 288. et alios.

¶ VINCULARI, Obligari, astingi. Charta apud Lobinell. tom. 2. Hist. Britan. col. 1554 : *Item, ex juramento generatur obligatio principaliter Deo; sed Deus non vult aliquem Vinculari ad iniquitatem : ergo dictum juramentum nullomodo est servandum.*

In Vinculo Componere. Vide *Componere*, 2.

Vinculata Bona, Practicis Hispânis dicuntur, quæ hypothecæ vel substitutioni subjacent, apud Michaëlem *del Molino* in Repertorio Foror. Aragon. Vide Foros Aragon. lib. 6. tit. *de Rebus vinculatis*, et Observantias Regni Aragon. lib. 5. eodem titulo.

Vinculatorium, δεσμωτήριον, Carcer, in Vita S. Eutropii cap. 12 : *Cum ego et comprehensi beatissimi viri in Vinculatorium duceremur, etc.*

¶ Vinculativa Custodia, Eodem intellectu. Gesta Trevir. Episc. apud Marten. tom. 4. Ampl. Collect. col. 395 : *Quæ Rex audiens, nuntios secum misit, qui eum cancellarium cum litteris ceperunt, et Vinculativæ custodiæ addixerunt.*

* **VINCULATIO**, Vinculum, catena. Vita S. Solen. tom. 7. Sept. pag. 70. col. 1 : *Tarsius jam triennio carcere situs et vincula ferrea collum, manus et plantas ita adstrictus...... exclamavit voce magna dicens : O pie Solennis, ... erue me de hac Vinculatione.*

¶ **VINDAGIA**, Vindemiæ, *Vendanges*. Litteræ Richardi III. Reg. Angl. ann. 1483. apud Rymer. tom. 12. pag. 208 : *Concessimus eidem Thomæ unum dolium vel duas pipas vini Vasconiæ... juxta quod Vindagia se habent.* Vide *Vendagium* 3.

¶ **VINDEMERE**, Vindemiare, *Vendanger*. Notitia vetus ex 2. Chartul. Campaniæ apud D. *Brussel* tom. 2. de Usu feud. pag. 737 : *Dominus Noerii nullam justitiam habet in banno vini vendendi, nec in banno vindemiarum Vindemendarum.*

¶ **VINDEMIA**, Racemi, vindemiarum collectio, *Vendanges* eadem notione usurpamus. Charta ann. 1261. ex Chartul. S. Vandreg. tom. 2. pag. 1391 : *Et ego dictus Joannes aut hæredes mei tenemur bonam Vindemiam afferre ad pressorium dictorum Religiosorum de Gallon, et in dicto pressorio Vindemiabimus præfatum vinum ad custus meos.* Occurrit præterea in Litteris Johannis Reg. Franc. ann. 1351. tom. 4. Ordinat. pag. 88.

¶ **VINDEMIALIS** Pullus, Qui vindemiarum tempestate solvitur. Polyptychus Fiscamn. : *Solvit pullos 3. cum ovis 15. et alios pullos Vindemiales cum ovis.*

¶ 1. **VINDEMIARE**, Vindemiam premere. Locus est in *Vindemia*.

* 2. **VINDEMIARE**, Fructus quoslibet colligere. Charta ann. 1151. apud Murator. tom. 5. Antiq. Ital. med. ævi col. 318 : *Quod ipse Landolfus easdem terras earumdem ecclesiarum et beneficia eorumdem presbyterorum iterum invasit, et per suos ministros Vindemiari fecit...... Quod jam dictus Landolfus cum primis negare vellet, tandem confessus est ministros suos arbusta suo præcepto Vindemiasse.*

VINDEMIARII, Vindemiatores, *Vendangeurs*. Occurrit in Vita S. Joan. Episc. Tragur.

¶ **VINDEMIATIO**, Vindemia, Actio colligendi racemos. Charta Conrardi Abbat. Præmonst. ann. 1222 : *Et ad augmentum hujusmodi coactionis Vindemiationem hujusmodi vineæ impediret.*

¶ **VINDEMIATOR**. Non raro occurrit illa servitus qua aliquis tenetur homines, qui fœnum, vindemiam, aliaque colligant, domino subministrare. Tabul. S. Albini Andegav. ann. 1098 : *Concessit.... quasdam ineptas consuetudines quas in domo illa habebat, Vindemiatorem scilicet, fenatorem, hospitalitatem, etc.*

* *Vendengeor*, eadem acceptione, in Chartul. archiep. Bitur. fol. 126. v° : *Habebunt abbas et conventus unum servientem de ligiis hominibus abbatiæ qualemcumque voluerint, liberum et absolutum ab omni consuetudine et exactione, videlicet ab omni tallia seu touta de charroy, de feneor, de Vendengeor, etc. Vendengeresse*, pro *Vendangeuse*, in Lit. remiss. ann. 1397. ex Reg. 152. Chartoph. reg. ch. 195 : *Entre les autres vendengeurs et Vendengeresses et hotteurs, y estoit une baisselette qui s'esbat volentiers, etc.*

¶ **VINDEMNIA**, pro Vindemia, in Instrum. anu. 1366. inter Ordinat. Reg. Fr. tom. 5. pag. 228.

VINDENATES, [Termini species, cujus usus in finiendis agris.] Vide *Arca* 1.

¶ **VINDERE**, Vendere, in proprium concedere. Charta ann. 845. in Append. ad Marcam Hisp. col. 781 : *Sic placuit mihi et placet et propria mea hoc elegit bona voluntas ut tibi filio meo Berane Vindere deberem, sicuti et Vindo, in suburbio Elenense, in pago Russulionense. Vindo tibi in ibidem loco villas duas, etc.*

VINDICABILE, *Passibile*, Papias.

* **VINDICARE**, Usum habere. Mirac. S, Germ. Autiss. tom. 7. Jul. pag. 263. col. 2 : *Tanquam æneus* (Nonninus) *diriguit; ita ut nullum membrum posset ullatenus Vindicare aut vocem emittere.*

¶ **VINDICATIO**, Redemtio prædii, Gall. *Retrait*. Charta ann. 1288. apud Ludewig. tom. 5. Reliq. MSS. pag. 429 : *Renunciantes ex nunc pro nobis et quibuslibet nostris successoribus omni dominio omnique Vindicationi, seu juri quod nobis ipsis, vel nostris successoribus aut hæredibus competeret in iisdem, aut competere cuipiam videretur.*

* Rectius, ni fallor, Jus quodlibet in rem aliquam, quo quis illam venditam vel dimissam reclamare et sibi vendicare potest. *Vengement*, eodem sensu, in Stabilim. S. Ludov. cap. 41. tom. 1. Ordinat. reg. Franc. pag. 289.

¶ **VINDICATRIX**, Ultrix, *Vengeresse*. Charta ann. 1256. apud Rymer. tom. 1. pag. 591 : *Placeat igitur vestræ Excellentiæ talem medelam apponere ad castigationem dicti ballivi, quod non oporteat nos, ad ejus transgressiones, manum apponere Vindicatricem.*

VINDICES, Exactores, exactioni tributorum præpositi; qui ea a provincialibus exigebant, et singulis civitatibus eo nomine præfecti erant. De his agunt Novellæ Justiniani 38. 124. 125. 128. Chronicon Alexand. pag. 785. Evagrius lib. 3. cap. 42. Eclog. Basilic. 58. Cyrillus Scythopolitanus apud Alamannum ad Procopii Arcana pag. 100. 1. editionis, etc.

VINDICIUM, Vindicta. Gl. Gr. Lat. MS. : Ἐκδίκησις, *Defensio, Vindicium, vindicta;* in edito *Vendicium*. Ἔκδικος, *Defensor, vindictor*. Eulogius lib. 1. Memorial. Sanctor. : *Stimulator zelo ultionis cohors iniqua gentilium, celerisque animadversionis emergit Vindicium in obtrectatores sectæ suæ.* Utitur etiam lib. 2. cap. 1. [Vita S. Perfecti tom. 2. April. pag. 586 : *Nam celerem ad Vindicium sui militis ultionem effundens, etc.*]

VINDICTA, *In vindictam dari*. Decretio Chlotarii II. Regis cap. 10 : *Si servus ante admonitum dominum defuerit, capitale dominus restituat, et de servo faciat cessionem, et cum inventus fuerit, detur in Vindictam.* Id est, judici tradatur, ut pœnam de eo condignam exigat.

¶ Vindicta Sanguinis, Alta ut vocant, seu suprema justitia. Charta ann. 1226. apud Ludewig. tom. 1. Reliq. MSS. pag. 37 : *Cum Vindicta sanguinis et sententia capitali, et cum omni libertate et utilitate, sicut eas pater noster in sua habuit potestate.*

¶ Vindicta, Mulcta, ut videtur. Annal. Genuens. Oberti Cancell. apud Murator. tom. 6. col. 340 : *Nam præfati consules rempublicam satis honeste tractantes, fecerunt collectam infra urbem nostram denariorum* VIII. *per libram, exceptis denariis* (sic) *plebium, Vindictarum et navium.* Iidem Annal. Ottoboni ibid. col. 364 : *Quum in civitate consules communis assignassent ac concessissent potestatem Vindictarum exercendarum, etc.*

¶ **VINDICTOR**, *Defensor*, ἔκδικος, in Gloss. Lat. Græc. *Vindex*, in MSS. Vide *Vindicium*.

¶ **VINDIGATUS**, pro Vindicatus. Locus est in *Elitigare*. Vide in hac voce.

¶ **VINDIGESTÆ**, τὰ ἐν ἀμφισβητήσει πράγματα, in Gloss. Lat. Gr. Leg. *Vindiciæ* Vide Festum.

¶ **VINDINIA**, pro Vindemia, in Tabul. Camalar. : *Mansus Riguldenchus debet octo sextarios annonæ, et civatæ* III. *eminas et recetum, et in Vindinias pro carreio* XII. *den.*

¶ **VINDOCINENSIS** Moneta. Vide in *Moneta Baronum* suo ordine.

VINDRAGIUM. Tabularium Vindocinense ch. 204 : *Concessit etiam Dom. Harduinus, ut post obitum Presbyteri Vindragium deveniret in manus Monachorum, et ad votum suum quemcunque vellet, haberet Presbyterum.* Et Charta 210 : *Presbyteratum, quod vulgo dicitur Vindragium.* Vide in *Vineragium*.

☞ *Junioragium* probabili omnino conjectura emendat Vir doctissimus in voce *Junior*, ubi post Vassorium putat esse quamlibet Ecclesiam, seu potius Ecclesiæ curam, quæ a personatu dependet. Correctioni simul et interpretationi lubens assentirer, nisi alibi, nec semel, hæc vox occurreret diversa notione. In Chartulario Dunensi *Vindragium* definitur *feudum presbyterale*. Charta 23 : *Fevum presbyteralem quod Vindragium vocant.... ut Vindragium illud et capellaniam simul ecclesiæ de Montiniaco nobis auctorizaret.* Strictiori sensu usurpatur in Tabul. S. Vincentii Cenoman. : *Presbiterium totum habebunt supradicti Monachi mortuo præsente presbitero nomine Gaufredo, quo mortuo possidebunt monachi Vindragium.* Ibidem : *Dedit... quidquid in ecclesia de Attiniaco videbatur habere, videlicet totum altare et omnia primitiva, ac sepulturam, decimasque omnium leguminum, nec non Vindragium ecclesiæ.* Charta ann. 1070. ex eod. Tabul. apud

Marten. tom. 1. Ampl. Collect. col. 481 : *Concedo Vindragium videlicet ecclesiæ, panem, et candelam, et sepulturam, et omnes primitias.* Unde *Vindragii* nomine, quod casu obvenit significari videtur, Gall. *Casuel.*

¶ 1. **VINEA,** Villa, hortus, notione Romanis usitatissima. Charta ann. 1176. inter Instr. tom. 6. Gall. Christ. novæ edit. col. 46 : *Hæc charta fuit laudata et firmata in quadam Vinea juxta Perpinianum.*

¶ VINEA QUARTONERIA, Ex qua *Quarto* percipitur. Vide *Quarto* 7.

¶ VINEA *quæ ad quintum racemum*, hoc est, ad quintam partem excolitur, in Charta ann. 1309. tom. 1. Hist. Dalph. pag. 97. col. 2.

¶ VINEA SALIS, pro Vena, Gall. *Veine.* Charta ann. 1065. inter Probat. Hist. Tullens. pag. 75 : *Apud Medianum-vicum Vineam unam salis, cum sesso.* Neque enim raro reperiuntur salis fodinæ in diœcesi Tullensi.

¶ 2. **VINEA,** Machina tectoria, compacta ex lignis trabibusque in modum cratis contextis; lateribus etiam vimine crudisque coriis obfirmatis, ne jactis desuper saxis telisque perfringatur. *Vinea* dicitur, quia ad vineæ vitiferæ similitudinem et texturam accedunt. Hujus constructionem usumque describit Vegetius lib. 4. cap. 15. Vide Carolum de Aquino in Gloss. milit.

* 3. **VINEA,** Præstatio certæ vini mensuræ pro vineis, vel ex ipsis vineis decima. Arest. parlam. Tolos. ann. 1287. inter Probat. tom. 4. Hist. Occit. col. 85 : *Item de petitione eorumdem* (consulum) *petentium, ... quod non possint perturbari capiendo Vineam in camino ex qua fuerint ponderatæ, sed quod deymerii percipiant decimam in vineis dictorum hominum.* Vide supra *Vinagium* 2. et *Vinatum.*

* VINEA PRÆGNANS, Machinæ bellicæ species. Tract. MS. de Re milit. et mach. bellic. cap. 24 : *Vinea est machina habens in se aliam parvam machinam, per quam transit super pontem ejus....... Vinea prægnans per seipsam indicatur.* Vide *Vinea* 2.

VINEALE, BINIALE, Ager vineis consitus, vel plantandis idoneus. Charta ann. 1158. in Tabulario Casauriensi : *Deinde cannabinam meam cum Biniale eidem cannabinæ adjacent.* Alibi *Vineale* habetur. Alia ann. 1163 : *Unam petiam de vinea.... et unam canapinam, et unum Viniale in loco, qui dicitur.... cum arboribus suis.* Charta Odonis Episc. Carnotensis ann. 975 : *Dedit ad eundem locum terram Vinealem 20. solidorum, quæ est proxima civitati Carnotinæ.* [Charta ann. 1233. apud Cencium inter Census Eccl. Rom. : *In domibus, casalinis, ortis, canapinis,.... vineis, Vinealibus, arboribus fructiferis, et infructiferis, etc.* Vide *Vinearium* 2.]

VINEARE CAMPUM, Vineis conserere, in Pacto ann. 1246. inter Thomam Comitem Sabaudiæ et Abbat. Pinarolensem : *Habeat et planum campum, quem similiter Vineare possit.*

* *Viner*, vitem colere, propagare, in Lit. remiss. ann. 1469. ex Reg. 197. Chartoph. reg. ch. 88 : *Laquelle vigne j'ai podée, fossée, Vinée, et gouvernée.* Vinum vendere seu tabernam tenere sonat, in Charta ann. 1325. ex Reg. 62. ch. 401 : *Lequel prévost, juré et gouverneur avoient ordené, establi et défendu...... que nul ne Vinast ne vendesist vin en cité de Tournay, fors que la ville tant seulement, et avoient défendu à toute man ere de gent que il ne Vinassent ne vendissent vin.*

¶ 1. **VINEARIUM,** Ampulla vinaria, Gall *Burette.* Tabul. Monast. S. Theofredi in Velaunis : *Vinearia stagnea, id est ampullæ, vinum et aquam continentia, etc.* Vide *Vinagium* 1.

¶ 2. **VINEARIUM,** Ager vineis consitus, idem quod *Vineale.* Charta Willelmi Comit. ann. 806. inter Probat. novæ Hist. Occitan. tom. 1. col. 34 : *In Monte-nigro mansos quinque, cum toto Vineario, quem vocant Oliveto.* Vide *Vinarium* in *Vinaria.*

VINEARIUS, Qui *vineas* servat. Magn. Pastorale Eccl. Paris. ch. 21. ann. 1259 : *Messarii autem et Vinearii in dicta villa ponentur.* [Charta Philippi IV. Reg. Franc. ann. 1293. apud Thomasser. in Biturig. pag. 65 : *Prohibemus etiam, ne deinceps Vinearii ponantur in vineis, sed gardæ reddentur die, quam statuerint hii quibus debentur.*]

* Nostris *Vignier.* Libert. villæ *de Chagny* ann. 1282. tom. 4. Ordinat. reg. Franc. pag. 380. art. 1 : *Les Vigniers et les missiers pour garder les vignes et les blefz etc.* Lit. remiss. ann. 1402. in Reg. 157. Chartoph. reg. ch. 263 : *On a accoustumé, quant aucuns robent les roisins ès vignes, pour appeller les Vigniers de crier aux chenilles. Messiers et Vingniers*, in Charta ann. 1311. ex Chartul. Regalis-loci ch. 30. *Vingneur*, in Libert. villæ *de Tanay* ann. 1362. tom. 6. earumd. Ordinat. pag. 61. art. 13. Vide infra *Vinyogalarii.*

¶ VINEARIUS, Qui vineam colit. Tabul. Casaur. sub Carolo et Pipino Regibus : *Constat me... vendidisse tibi Aderisi sculdasio cartularios et Vinearios in loco qui dicitur in Vico.*

VINEATICA, vel VINEATICA TERRA, Ager vineis consitus. Tabularium Casauriense : *Omnes ipsas res genitoris nostri inter cultam et incultam, et silvam modiorum centum, et terra, quæ est Vineatica solidorum 20. per tremissos vites palorum centum.* Alibi : *Et sunt ipsæ res... inter terram cultam et incultam, et vineæ et Vineaticæ et silvæ per singulas petias exunatæ insimul faciunt modiorum quatuor centum.* Vide *Vineale* et *Vineatus.*

VINEATOR, Ugutio : *Vinitor, qui vineam custodit, quasi Vineator*, etc. Vide *Vinitor*, et *Vinearius.* Chronicon Beccense ann. 1247 : *In eodem capitulo elegerunt unanimi consensu D. Robertum de Clarobecco, tunc Vineatorem Becci in Francia,.... in Abbatem.* Videtur ibi mendum subesse. An *Visitatorem?*

☞ Officium fuit apud Monachos, cui scillicet vinearum vel vini cura demandata erat, ut discimus ex Charta ann. 1248. in Hist. MS. Monast. Beccensis pag. 615 : *Si quid vero damni dictus Joannes, vel ejus servientes intulerint occasione viæ quam sibi liberam per masuram præfatam voluit reservari eundi causa ad vineas suas, vult et concedit ut ad arbitrium Vineatoris eorumdem Religiosorum qui pro tempore fuerit, debeat emendari.* Vide *Vinarius* et *Vinitarius.*

¶ **VINEATUS,** VINEATA TERRA, Ager vineis consitus. Chron. Farf. apud Murator. tom. 2. part. 2. col. 444 : *Dedit in hoc monasterio unam petiam terræ Vineatam. Unam petiam terræ arativæ et Vineatæ*, in Charta ann. 1328. inter Probat. familiæ *de Gondi* pag. 87. Statuta crimin. Saonæ cap. 42. fol. 94 : *Nec quisquam possit, nec præsumat in aliquo horto, jardino, viridario, campo, aut aliqua alia terra Vineata incidere, etc.* Vide *Vineale* et *Vineatica.*

¶ VINEATUS, Ad modum vineæ acupictus. Visitatio Thesaur. S. Pauli Londin. ann. 1295 : *Casula Alardi decani de nigro sameto, dorsali et pectorali optimi aurifrigei Vineati.* Vide *Vignetæ.*

¶ **VINECUM,** Idem quod *Vinagium* 2. Charta ann. 1131. inter Probat. tom. 2. novæ Hist. Occitan. col. 460 : *Censum de Vineco et de calcheriis, et mortuorum lectos,... habeat.* Vide *Vinetum.*

* **VINEMIA,** Vindemia. Charta ann. 1221. tom. 1. Hist. Cassin. pag. 317. col. 1 : *Et in tempore messis et Vinemiæ duos dies et cordiscum.*

* **VINENA,** Vinea, ager vineis arboribusque consitus. Bulla Greg. IX. PP. ann. 1230. apud Murator. tom. 2. Antiq. Ital. med. ævi col. 35 : *Item curia pro qualibet mansa debet accipere de Vinenis unam cistram inter uvas et alios fructus.*

¶ **VINEOLA,** diminut. a Vinea, in Testam. Bertichramni Episc. Cenoman. apud Mabill. tom. 3. Analect. pag. 112. *Viniola*, ibid. pag. 121. et in Charta Ludovici Pii ann. 836. apud Marten. tom. 1. Ampl. Collect. col. 96.

¶ **VINERA,** Vinea. Charta libertatum S. Palladii ex Cod. MS. Coislin. : *Nullo vero tempore aliquis equitando veniat in Vinera, nec etiam pedes postquam Vineræ fuerint fossæ.*

VINERAGIUM, Tributum pro vino, quod in urbem adducitur : [nisi idem sit quod *Vinagium* 2. In Terrario Insulæ Adami, teste *de Lauriere* in Gloss. Jur. Gall. dicitur *Vieutrage et Traisnage*, quod intelligitur de ea præstatione quæ domino fit ob vini dolium emtum, quod traha ducitur.] Charta Philippi Regis Franc. ann. 1308. ex 2. Regesto ejusdem Regis n. 9. in Tabulario Regio : *Item Vineragium, cavagium et rotagium quæ habebamus apud Jauzi, etc. Vientrage* dicitur in Consuetudine Silvanectensi art. 125 : *Item peut prendre forage, rouage, Vientrage, des vins et autres breuvages vendus, etc.* Ubi forte legendum *Vinerage.*

☞ Nihil immutandum est, si tamen asserta est lectio Chartularii S. Cornelii Compend. ubi occurrit *Vintragium* ex Charta Petri Abb. ejusd. Monast. : *Concessimus prædicto Petro clerico nostro jus integrum quod habebamus.... in dicta domo, videlicet roagia, foragia, Vintragia, salvis et retentis nobis et Ecclesiæ nostræ omnibus justitiis altis et bassis.* Hinc emendanda alia Charta ex eodem Tabulario : *In quacumque ripa a bucca Isaræ usque ad Ecclesiam de Gellis, dolium vini si ejectum fuerit ab aqua obolum debet, et denarium de Witragio, si a terra fuerit ejectum.* Ubi legendum videtur, *Vintragio.*

* Pro *Vineragium*, in Ch. Phil. Pulc. ex Reg. 2. Chartoph. reg. hic laudata, *Vin-*

tragium legitur in ead. Charta ex Lib. rub. Cam. Comput. Paris. fol. 349. r°. col. 2. quomodo etiam legendum est in Chartul. Compend. ubi nihil quoque mutandum opinor in voce *Witragium*. Unde pro *Vientrage* emendandum censeo *Vieutrage*, ut colligitur ex locis laudatis supra in *Vecticare*.

VINERATICA, Eadem notione, si bene auguror, in veteri Charta Italica apud Ughellum tom. 5. pag. 1538 : *Vinum pro Vineratica decimatæ octo*. Perperam enim editum *vivaritia*. Sed malim leg. *Vineatica*. Vide in hac voce.

VINERICIA. Charta Caroli M. in Actis Episc. Cenoman. pag. 266 : *De Vinericiis quoque et perdonato, de pastionibus et pascuariis, etc.* Perperam edit. *Vivericiis*, in Vita Aldrici Episc. Cenoman. pag. 31. [et *Umericia* ibid. pag. 144. tom. 3. Miscell. Baluz. Ubi *Vinericia* idem esse videtur quod *Vineale, Vineatica*. In sequentibus vero Vindemiam ipsam, id est, vindemiarum tempestatem seu collectionem significat.] [** Guerardo in Glossar. Irminon. : *Servitus devehendi vindemiam collectam vinumque recens factum, tum tributum pro illa præstatione redimenda*] [Codex censualis Irminonis Abbat. fol. 40. v° : *Facit Vinericiam cum duobus animalibus*. Fol. 41 : *Facit curvadas sicut ceteri et Vinericiam cum uno bove*. Fol. 61 : *Faciunt dua carra ad Vinericiam et ad magiscam dua carra*. Denique fol. 62. v° : *Solvunt de capite suo sol.* III. *et denar.* III. *faciunt angariam ad Vinericiam*.] Polyptychus S. Remigii Remensis : *Facit ad pratum dies 3.... facit Vineritiam et carrum, aut donat den.* 6. Alibi : *Et solvunt... ad substratum et materiamen car.* 10. *de Vineritia aut car.* 5. *aut solid.* 10. Polyptychus Floriacensis : *Solvit unus quisque* (mansus) *de hostileso, id est, pro bove solidos* 2. *et porcos* 2. *aut solid.* 4. *multones* 2. *aut sol.* 2. *solvit inter Vinericium et pascionem de vino mod.* 6. *etc.*

¶ **VINERITIA**, Idem videtur quod *Vineragium*, nisi forum intelligas in quo venditur. Regest. Episcopat. Nivern. ann. 1287 : *Episcopus habet terciam partem bladeriæ et Vineritiæ*.

¶ **VINETA**, Vinea. Tabul. S. Victoris Massil. : *Cujusdam condaminæ cupiditate seducti ob uberrimam Vinetarum habundantiam, etc.* Vide *Vinata* 3.

¶ **VINETARIUS**, Institor vinarius. Charta ann. 1226. apud Thomasser. in Biturig. pag. 83 : *Mercatores, panetarii, Vinetarii, carnifices et alii quicumque negotiatores, etc. Mercator vinetarius*, in Litteris Henrici V. ann. 1420. apud Rymer. tom. 9. pag. 808. [** Breve ann. 14. Edward. II. Reg. Angl. in Abbrev. Rotul. tom. 1. pag. 253 : *Quia datum est nobis intelligi, quod Vinetarii ejusdem civitatis* (Londin.) *et eorum tabernarii vina ad retalliam... vendentes, vina debilia et corrupta cum aliis vinis miscent, etc.*] Vide *Vinatarius*.

¶ **VINETUM**, ut *Vinagium* 2. Tabular. S. Petri de Cella-froini in pago Engolism. : *Dedit Deo et S. Petro Apostolo de Cella froino unum mansum,.... et dimidium Vinetum de vineis, et mansum, et vineas*. Vide *Vinecum*.

* **VINGAREUM**, Idem forte quod Italis *Vincheto*, Ager viminibus consitus, a *Vinciglio*, vimen. Charta ann. 1011. apud Lam. in Delic. erudit. inter not. ad Hodœpor. Charit. part. 1. pag. XXX : *Cum....... terris, vineis, olivetis, quiercetis, castanietis, silvis, Vingareis, pratis, etc.* Vide infra *Vinterium*.

* **VINGNERIUS**, Qui vineas colit, Gall. *Vigneron*. Charta admort. ann. 1407. in Reg. 162. Chartoph. reg. ch. 84. bis : *Item vineæ ad quantitatem quadraginta dierum unius Vingnerii*.

¶ **VINGORDUS**. Charta Innocenti II. PP. ann. 1140. in Hist. Mediani Monast. pag. 287 : *Apud Rabaldi vilare tres Vingordos. Apud Castinove cortem cum vineis*.

* Idem forte quod supra *Vingareum*.

¶ **VINGTEMIUM**, ut *Vintenum*. Vide in hac voce.

* **VINGTENUM**, ut *Vintenum*. Vide in hac voce. Charta ann. 1304. inter Probat. tom. 2. Hist. Nem. pag. 52. col. 1 : *Distribuit aliis tribus dominis tres solidos, qui appellantur tria Vingtena, ex viginti portionibus computando, alios vero septem solidos, qui appellantur septem Vingtena, rex sibi retinet*.

* **VINGUENNA**. Arest. ann. 1339. 23. Jan. in vol. 3. arestor. parlam. Paris. : *Episcopi* (Lemovicenses) *possidebant navigia et arrivagia dictæ civitatis, quæ Vinguenne vocatur, cum emolumentis et proventibus eorumdem*.

* **VINHALE**. Vide supra *Vinale* 2.

¶ **VINHAURIUS**, Vini haustor, bibax. S. August. lib. 16. contra Faustum cap. 31. edit. Latinii : *Ecce homo vorax et Vinhaurius*.

¶ **VINIALE**, ut *Vineale*. Vide in hac voce.

¶ **VINICAMBIA**, Præstatio quæ in permutationibus domino debetur. Tabul. S. Victoris Massil. : *Donamus et concedimus omnem Vinicambiam et venditionem de turri quæ dicitur Amalcheri. Et habent Monachi Cambia de vino*, in majori Chartul. ejusdem Monast. pag. 108.

* **VINICOPIA**, *Winkouff*, in Vocabul. Germ. MS. Twingeri.[** Vide Haltaus. Glossar. Germ. voce *Wein-kauf*, col. 2058.]

¶ **VINIDIMIA**, pro Vindemia, in Tabul. Castridunensi f. 12. v°. Locus est in *Vinum pede pressum*.

VINIDRIA, Datio vineæ ad medium vinum. Tabular. Celsinianense : *Et si est ipsa vinea,... in tali ratione, et quamdiu Domino donante vixero, ad Vinidriam teneam, et annis singulis medietatem de vino per unumquemque annum ad Monachos in vestituram persolvam*. Similia verba occurrunt in aliis Chartis.

¶ **VINIFICARE**, Vinum producere. Inscriptio apud Cuffetum Hist. Cabilon. pag. 769 : *Nunc vites nostræ Vinificabunt lætius, arva luxuriabunt uberius, etc.*

VINIFORUM, Βαυκίς, in Glossario Lat. Gr. MS. S. Germ. Paris. Vas vinarium. [Leg. *Viniferum*.] Vide *Bauca*.

** **VINIGATUS**, Vinosus, vini saporem habens. Addit. ad Vit. S. Henrici apud Pertz. Script. tom. 4. pag. 818 : *Virginis filius... aquæ liquorem in Vinigatissimum converterat saporem*.

¶ **VINIGOLIUM**. Charta ann. 1093. inter Probat. tom. 2. novæ Hist. Occit. col. 332 : *Istos vero mansos et homines prænominatos ego Bertrandus retineo in vita mea cum omnibus quæ modo habent et tenent, et cum Vinigoliis, et decimis, et primitiis, et quartis, etc.* Idem videtur quod *Vinagium* 2.

* **VINIMETUM**, *Ouserie, le lieu où croissent les ousiers*, in Glossar. Gall. Lat. ex Cod. reg. 7684. pro *Viminetum*.

¶ **VINIOLA**, ut *Vineola*. Vide in hac voce.

VINIPA. Liber Anniversariorum Basilicæ Vaticanæ apud Johannem Rubeum in Vita Bonifacii VIII. pag. 345 : *Item tria superpellicia de Vinipa et cortina*. Puto legendum *vimpa*, pannus scilicet lineus ex quo conficiebantur *vimpæ*, seu pepla mulierum. Vide *Guimpa*.

¶ **VINIPERUM**, Βαυκίς. Gloss. Lat. Gr. MSS. Perperam pro *Viniferum*, ut et in cod. Reg. ubi *Juniperum* legitur. Vide *Viniforum*.

¶ **VINIPERUS**, pro Juniperus. Vide *Vimpum*.

¶ **VINITARIUS**, Officium Monasticum, cui vini cura demandata erat. Iperius in Chron. S. Bertini apud Marten. tom. 3. Anecd. col. 757 : *Quartum officium fuit Vinitarii, qui providebat de vinis, fœnis, lectisterniis et omnia necessaria hospitum*. Vide *Vineator*.

¶ VINITARIUS, Institor vinarius. Charta ann. 1493. apud *Madox* in Formul. Anglic. pag. 438 : *Ego Johannes Porter civis et Vinitarius civitatis London. ac liber homo ejusdem civitatis, etc.* Vide *Vinarius* et *Vineator*.

VINITOR, ἀμπελουργός, in Gloss. S. Benedicti : *Qui vineam custodit, vel qui calcat uvas, vel qui custodit vinum*. Ita Ugutio, Gallis *Vigneron*. Vox Latinis Scriptoribus nota. [Occurrit in Leg. Salica tit. 11. § 5. Testam. S. Irminæ ann. 698. apud Marten. tom. 1. Ampl. Collect. col. 10 : *Similiter dono ad jam dicta loca sanctorum vineæ pedeturam unam in monte Viennensi cum Vinitore nostro Alithfrido cum omni peculiari suo*.] Gregorius Turon. lib. 5. cap. 49 : *Cracina Pictavensis insula vocatur, in qua a fiscalis Vinitoris servo, Leocadio nomine, nascitur*. Tabular. S. Remigii Remensis : *Vineæ* 19. *cum totidem Vinitoribus, ubi possunt colligi de Vino mod.* 177. Charta Chrodegangi Episc. Metensis ann. 763 : *Similiter donamus in pago Magnise in villa Pomaria sortes cum Vinitore, vel illam vineam, quam ipse Vinitor facit, etc.* Vita S. Joan. Episc. Tragur. Romæ edita : *Grando superveniens vineas contudit adeo, quod Vinitores non uvas, sed racemos rarissimos domum referrent*. Charta Philippi Reg. Fr. in M. Pastorali Eccl. Parisiensis lib. 19. ch. 79 : *Noverint.... apud nos fecisse querimoniam de Vinitoribus vinum de potestate Spedonæ villæ per aquam deferentibus, qui rotaticum, quod alii Vinitores vinum per terram deferentes reddebant, ad plenum reddere recusabant*.

VINNA. Vide *Venna*.

¶ **VINNETUM**, pro *Vicinetum*, vel *Visnetum*, *Assisa* vicinorum. Vide in *Vicinus*. Charta apud *Madox* Formul. Angl. pag. 305 : *Si vero jam dictus Willelmus de Corfiun vel hæredes sui arbitrio legalium hominum de Vinneto, aliquo prædictorum modorum infideliter se gesserint, etc.*

¶ **VINNOLATA** Vox, *est levis et mollis, atque flexibilis. Et Vinnolata dicta a vinno, hoc est cincinno, molliter flexo.* Ita Isidorus lib. 3. Orig. cap. 19. § 13. [** Vide Forcell. in *Vinnolus*. Ademar. Chron. lib. 2. cap. 8 : *Omnes Franciæ cantores didicerunt notam romanam quam nunc vocant franciscam, excepto quod tremulas vel Vinnolas, sive collisibiles vel secabiles voces in cantu non poterant perfecte exprimere.*]

VINOBLIUM, Vinea, Ager vitibus consitus, ex Gallico *Vignoble*, in Charta ann. 1256. Regesti Inculismensis Cameræ Comput. Paris. pag. 34 : *Garenam suam, quam habebat in Vinoblio et territorio dictæ villæ Karoffensis, etc.* [*In Vinoblio de Romanis vel territorio abbatiæ*, in Charta Humberti II. Dalphini inter Ordinat. Reg. Franc. tom. 3. pag. 280. *Vignou*, in Charta ann. 1312. ex Chartul. S. Martini Pontisar. fol. 30. v°.]

¶ **VINOBRE**, Eodem intellectu. Charta ann. 1053. apud Marten. tom. 1. Anecd. col. 177 : *In parochia Mauriago ipsa medietate de ipso Vinobre, qui vocatur Caizago.*

* **VINOLIUM**, Vinetum, Gall. *Vignoble*. Charta ann. 1363. in Reg. 93. Chartoph. reg. ch. 281 : *Viginti duas operatas vineæ ...... in territorio seu Vinolio Belnæ situatas.* Vide *Vinoblium*.

* **VINOPETIO**, pro *Verpitio*, Abdicatio, rei alicujus dimissio, ipsa abdicationis charta. Chron. S. Benigni Divion. ad ann. 1007. tom. 2. Spicil. ult. edit. pag. 388. col. 2 : *Tradidit super altare S. Benigni ipsam Vinopetionem, ut neque ipsa deinceps, neque ullus militum ejus de illo beneficio quidquid retineret, nisi tempore vitæ suæ. Post obitum vero uniuscujusque, quod tenebant, rediret ad jus S. Benigni.*

¶ **VINOSITAS**, dicitur de nitore lapidis pretiosi, eadem notione qua Galli *Eau* usurpant. Locus est in *Orphanus* 2.

* **VINOTARIUS**, Institor vinarius, in Stat. eccl. Tornac. ann. 1366. pag. 50. art. 7. Vide *Vinitarius*.

* **VINTENARIUS**, Qui *Vinteno* colligendo præpositus est. Charta ann. 1356. inter Probat. tom. 2. Hist. Nem. pag. 176. col. 2 : *Ad unam receptam levandorum per dictos consules, seu Vintenarios per ipsos deputandos, etc.*

¶ **VINTENERII.** *Consilium Vinteneriorum*, quod ex viginti Consiliariis compositum esset, sic appellatur. Regest. Massil. : *Anno Domini 1302. congregato honorabili consilio civitatis Massiliæ... primum fuerunt lectæ in consilio pro parte consilii Vinteneriorum castri Arearum, etc.*

¶ **VINTENIUM**, ut *Vintenum*, apud Guidonem Papæ locis laudatis infra in *Vintenum*.

VINTENUM, Vicesima, quæ Domino feudi competit, cujus jure percipit vicesimam fructuum in terris vassallorum, aut subditorum, eoque ipso tenetur castrorum et burgorum muros reficere suis sumtibus ad hostium incursus propulsandos. De hoc jure agunt Guido Papæ q. 7. et 372. et Dion. Salvaingus Boissius in Tract. de Jurib. domin. et usu feudor. cap. 46. 47. 48. Concilium Avenionense ann. 1279. can. 1 : *Census, tascas, trezena, laudimia, Vintena, feuda, lesdas, pedagia, etc.* [Charta ann. 890. in Append. ad Marcam Hisp. col. 824 : *Et dabimus primitiam ad Vintena et duas partes decimarum.* Libertates Bellivisus ann. 1256. tom. 1. Hist. Dalph. pag. 59. col. 1 : *Dominus clausuram debet facere et reficere pro vicesima fructuum quam levabit.* Charta ann. 1334. ibid. pag. 200. col. 2 : *Vintenum suum quod ipse dom. Dalphinus percipit et ejus prædecessores percipere consueverunt super fluvium et in fluvio Rhodani apud Quiriacum.* Testam. Guillelmi de Bellovidere ann. 1277. ibid. tom. 2. pag. 17. col. 2 : *Item nolo quod Vintenum de cætero levetur ab hominibus qui sunt vel essent in mandamento castri de Bello videre, salvo Vinteno hominum ipsius castri, quod mihi dederunt ipsi homines pro franchimento ipsius castri, nisi forte pro clausura ipsius castri, vel alia justa causa et necessaria de voluntate ipsorum hominum dictum Vintenum levaretur. Vintenum seu vicesima pars totius laboris et leguminis dicti loci* (de Relaneta) in Charta ann. 1296. Donatio ann. 1263. ex Schedis Præs. *de Mazaugues : Item damus... vobis libertatem et immunitatem, ut de cætero non teneamini, nec debeatis dare Vintenum de aliquibus possessionibus quas nunc possidetis. Jus Vinteni de lignis et vasis omnibus navigantibus, quæ in dicta civitate vel ejus portu emuntur vel venduntur per extraneos*, in Charta domanii urbis Tolonii ann. 1332. Ita etiam legendum in Charta Caroli IV. Imper. ann. 1366. inter Ordinat. Reg. Franc. tom. 5. pag. 225. ubi editum est *Vinteriis*.] Vide *Maragium*.

¶ **Vincena**, pro *Vintenum*, in Litteris ann. 1321. ex Chartophylacio Reg. Regest. 87. Ch. 84 : *In possessionem... censuum, usagiorum, serviciorum, feudorum, tailliarum, etc.*

¶ **Vingtemium**, Eodem significatu, a Gall. *Vingtiéme*. Charta ann. 1296. inter Instr. tom. 4. Gall. Christ. novæ edit. col. 34 : *Pedagium et Vingtemium Quiriaci* 360. *libras, pro quibus pedagio et Vingtemio addidit ille princeps Delphinus* 8. *alias Moniales.*

¶ **Vintenum, Vintenus**, Ita nuncupantur muri urbium vel castrorum, a *Vinteno* seu vicesima fructuum parte, quæ iis exstruendis vel reficiendis exigebatur, Delphinatibus *Vingtain*. Charta ann. 1347. tom. 1. Hist. Dalph. pag. 67. col. 1 : *Item invenerunt mœnia seu Vintenum dictæ villæ in pluribus locis dirupta,... quare fuit præceptum et injunctum Castellano ut dicta mœnia, seu Vintenum refici faciat de communi dictæ villæ.* Computus ann. 1324. ibid. pag. 132. col. 1 : *Galopinus reddit parcellas, et per juramentum, videlicet pro merlando Vinteno burgi dictæ villæ.* Charta ann. 1343. ibid. tom. 2. pag. 468. col. 2 : *Item, et ex eo quia idem dom. Dalphinus vult... noviter construere mœnia seu Vintenos cum terralitis pro meliori et tuitiori custodia ipsius civitatis.* Charta ann. 1336 : *Item quod si processu temporis sint Vinteni faciendi, vel reficiendi seu reparandi in castro Yserandi, etc. Confrontatur cum Vinteno præsentis burgi S. Andeoli*, in Recognit. ejusd. loci ex Schedis V. Cl. *Lancelot*.

¶ **Vintenum**, Viginti, vicenarius numerus, Gall. *Vintaine*. Charta ann. 1324. apud Rymer. tom. 4. pag. 78 : *Ita quod omnes armis sufficientibus muniti, videlicet equites in constabulariis, et pedites in centenis et Vintenis arraiati prompti sint et parati, etc.* Litteræ Edwardi III. ann. 1369. apud eumd. tom. 6. pag. 614 : *Armis competentibus muniri, et in millenis, centenis, et Vintenis poni, etc.* Statuta Genuens. lib. 1. cap. 14. fol. 23 : *Vintenum etiam eumdem tutor vel curator (ut dictum est) cogatur solvere de bonis suis propriis. Vintenum seu viginti saumatarum racemorum*, in Charta Massil. ann. 1322. *Vintisme*, in Charta Auberti Abb. Castricii ann. 1247. ex Chartul. Campan. fol. 343.

¶ **VINTENUS**, Moneta Dalphinalis pretii viginti denariorum. Extractum computi ann. 1339. tom. 1. Hist. Dalph. pag. 95. col. 2 : *Deinde computavit dictus Siardellus operari et cudi fecisse in Avisano de Vintenis et dozenis albis sub liga, pondere et remediis supradictis.* Alio significatu, vide in *Vintenum*.

¶ **VINTERIUM**, pro *Vintenum*. Vide in hac voce.

* **VINTERIUM**, Vimen, Occit. *Vint*, Gall. *Osier*. Leudæ minor. Carcass. MSS : *Item de viginti Vinteriis, unum Vinterium.* Vide supra *Vingareum*.

* **VINTINA**, Exactio ad vicesimum denarium. Stat. antiq. Florent. lib. 5. cap. 95. ex Cod. reg. 4621 : *Non possint* (magnates) *esse vel intervenire in aliquo officio, vel in aliqua universitate ad ponendum denarios Vintinarum, etc.* Vide *Vintenum*.

* **VINTRAGIUM.** Vide supra in *Vineragium*.

¶ **VINUM**, nude pro eo quod præter pretium corollarii vice in emtionibus conceditur; *Vin du marché* passim in Consuetud. municipal. Tabul. S. Vandreges.: *Vendidi... unam petiam terræ... pro* LXXV. *solidis Turon. et* V. *solidis in Vino... tenendam, etc.* *Droit de Vins et ventes*, in Consuetud. Silvanect. art. 215. Claromont. art. 13. Aurelian. art. 107. est id quod domino exsolvitur ab emtore prædii censualis.

☞ Vinum etiam ab iis qui inter cives adscribebantur Majori et Scabinis civitatis præstari solitum erat. Id ex pluribus Communiarum Chartis discimus, ac præsertim ex Litteris ann. 1248. inter Ordinat. Reg. Franc. tom. 5. pag. 601. art. 21 : *Sy vero aliqui alieni in dicta libertate apud Clarimontem morare* (sic) *venerint, bene licebit villico et scabinis eos retinere, tali modo quod in introitu, cinq solz Pruivinenses persolvent villico pro nobis, et sextarium vini pro ipso et scabinis; et eciam omnes alios redditus secundum processum temporis, sicut alii liberi.*

* **Vinum**, Certa vini mensura. Charta ann. 1188. inter Instr. tom. 12. Gall. Christ. col. 276 : *In Apparitione habet sacerdos in parochiali missa octo denarios et octo panes et octo Vina.*

¶ **Vinum-Acetum**, Acetum, Gall. *Vinaigre*. Leg. Palat. Jacobi II. Reg. Majoric. inter Acta SS. tom. 3. Jun. pag. XXI : *In dicto reservatorio rerum infra scriptarum copia inveniatur, videlicet,... caseorum, piscium salsorum, Vini-aceti, etc.*

* **Vinum Adviamum** *fit per admixtionem aquæ cum vino novo, et simul coquitur.* Glossar. medic. Simon. Januens. ex Cod.

reg. 6959. Leg. forte *Adynamum*, infirmi saporis, idem quod *Vinum expensabile*.

¶ VINUM AGASATUM, Eadem notione. Inventar. ann. 1476. ex Tabul. Flamar.: *Item plus tres pipas ex Vino agasato sive poculo plenas.* Ibidem: *Item unam pipam ex poculo sive Vino agasato plenam. Aigrevin*, in Charta ann. 1391. ex Chartul. 23. Corb.: *Une queue de Aigrevin, etc.*

* VINUM AMINEUM, in vet. Glossar. ex Cod. reg. 7613.

* VINUM AQUATICUM, Aqua mixtum, in Mirac. B. Margar. Favent. tom. 5. Aug. pag. 853. col. 1.

* VINUM BASTARDUM, Idem videtur quod mixtum. Charta ann. 1320. in Reg. 60. Chartoph. reg. ch. 30: *Quater centum libras Turonenses et quatuor pipas Vini bastardi. Vin bastart*, in Ordinat. ann. 1415. ex Reg. 170. ch. 1. Vide supra in *Bastardus*.

¶ VINUM BETATUM. Charta Henrici dom. de Soliaco ann. 1031: *Vinum fecidum vel Betatum non poterit vendere.* Legendum videtur *Botatum*, quod vas vinarium redolet, *Qui sent le fust.* Vide in *Butta* 3.

* Stat. ann. 1411. in Reg. 166. Chartoph. reg. ch. 201: *Item que aucun dudit mestier* (de Buffetier) *ne mette en besougne lye puante, ne Vin bouté ou puant.*

¶ VINUM DE BOCHA, Gall. *Vin de la bouche*, Quod mensæ Principis apponi solet. Ordinat. Humberti II. tom. 2. Hist. Dalph. pag. 314. col. 1: *Habeantur tria genera vinorum, Vinum videlicet de bocha pro persona nostra.* Vide *Bocha*.

* VINUM BUFFETI. Stat. tabernar. in Lib. rub. fol. magno domus publ. Abbavil. art. 9: *Que nulz buffetiers soit si hardis qu'il vende Vin de buffet à taverniers aulcuns.*

¶ VINUM BULLITUM *cum ruta*, apud Limborch. Inquisit. Tolos. Hist. pag. 3: *Vidit prædictos tres hæreticos simul et portavit pro altero illorum Vinum album bullitum cum ruta.*

* VINUM CARENUM, in vet. Glossar. ex Cod. reg. 7613. Vinum decoctum. Vide *Carenum*.

¶ VINUM CIPRICUM, *Clarificatum*, apud Duchesn. Hist. Comit. Guisnens. inter Probat. pag. 119.

¶ VINUM CLARETUM, *quod est turbativum cito capitis*, in Menoti Serm. pag. 156. v°. Gall. *Vin clairet*, rubellum. Ita etiam nuncupatum aliquando vinum conditum, ut in Continuat. Chron. Joh. Iperii apud Marten. tom. 6. Ampliss. Collect. col. 620: *Conventus quatuor pota Vini confecti, quod Clareweant, a custode ecclesiæ de gratia accipit.* Hisp. *Clarea*, Germ. *Claret.* Vide *Vinum Expensabile*.

¶ VINUM CLERICI, *Vin du Clerc*, in Edicto Caroli VIII. ann. 1493. art. 107. Quod a litigantibus tabularii forensis Clericis ultro conceditur.

VINUM COCTUM, Capitulare de Villis cap. 34: *Vinum, acetum, moratum, Vinum coctum, garum, sinapi, etc.* Adde cap. 62. [Joh. Demussis in Chron. Placent. apud Murator. tom. 16. col. 582: *Et post prædicta dant pisces lucios assatos cum salsa de aceto vel sinapi cum Vino cocto et speciebus.* Gall. *Vin cuit*, ut vinum arvisium, *Malvoisie*.]

* VINUM COLLATUM, pro *Colatum*, Defecatum, purum. Testam. Guill. milit. de castro Barco tom. 3. Cod. Ital. diplom. col. 1941: *Item relinquo ecclesiæ S. Columbani ...... unum vineale,..... pro quo solvit mihi annuatim tres uvas* (f. urnas) *Vini collati.* Vide *Collatum* 1.

¶ VINUM COMITIS, Idem quod *Vinagium* 2. Vide in hac voce. Charta ann. 1278. in Chartul. Latiniac.: *Promittimus bona fide reddere et solvere... octo solidos Turonenses... tam pro censu quam pro Vinagio, quod dicitur Vinum Comitis.* Alia ann. circ. 1513. ibid.: *Hoc etiam statutum est quod ille qui collegerit per villam nummos quos debent burgenses de Vino Comitis, etc. Le revenu du Vin le Conte vault par an environ huyt livres Tournois*, in Charta ann. 1516. ibid. fol. 244. v°.

¶ VINUM CONFECTUM. Vide *Vinum claretum*.

* VINUM CONVENTUS *vocati Bibende, facti in vindemia*, in Libert. villæ de Romanis ann. 1348. tom. 3. Ordinat. reg. Franc. pag. 275. art. 10. Dalphinatibus *Couvin*, idem quod *Vinum expensabile*. Vide supra *Bibende*.

* VINUM CRETICUM *fit ex vinis in vite passatis, postea expressis, et est dulce, et vocatur triptos et protopas.* Glossar. medic. Simon. Januens. ex Cod. reg. 6959.

* VINUM CRISUM *est coloris aurei*, in eodem Glossar.

* VINUM CUBITUS, *Vin de couchier*, in Ordinat. hosp. reg. ann. 1317. ex Reg. Cam. Comput. Paris. sign. *Croix* fol. 75. r°. Vide mox in *Vinum maritagii*.

* VINUM DECANI, Quod decano a canonicis recens institutis debetur. Obituar. Rotomag. MS: *Sequuntur jura, quæ canonici tenentur solvere in eorum adventu....... Pro vino decani duos gallonos vini, vel decem solidos.*

¶ VINUM DECRETI, in Statutis Vercell. Locus est in *Malvaxia*.

** VINUM DUCILLATUM, Vinum dolio promendum. Gemma Gemmarum: *Ducillus, ein zapf. Ducillare, zepffen.* Testament. ann. 1361. apud Guden. Cod. Dipl. tom. 2. pag. 348: *Sex carratas vini in vino Franco et Hunnico in 13. vasis majoribus et minoribus; vino pro ipsa familia Ducillato, quod in vulgari dicitur gezepht, et vino ipsis pauperibus deputato, duntaxat excepto.*

* VINUM EBLIFFAGUM *cum salvia.* Glossar. medic. Simon. Januens. ex Cod. reg. 6959.

* VINUM ENANTINUM, *Quod fit per admixtionem enantia floris labruscæ*, in eod. Glossar.

* VINUM DE EXPENSA, Aqua mixtum in usus domesticorum. Charta ann. 1257. in Chartul. Buxer. part. 8. ch. 20: *Abbas et conventus Buxeriæ asserebant, quod quadam pecia vineæ........ debebat ipsis quoddam modium vini puri...... Bonus Amicus Lambert e contrario dicebat, quod illud modium vini debebat esse mixtum aqua, videlicet de expensa.* Vide *Vinum expensabile*.

¶ VINUM EXPENSABILE, Quotidiani potus in usus domesticorum, *Vin de dépense*, nostris vulgo *Boite*, vel *Bouvande*. Liber Niger Scaccarri pag. 341: *Unum Sextarium de vino claro, et unum sextarium de Vino expensabili.*

** VINUM FRANCUM. Vide *Vinum Hunicum*.

* VINUM FRUMENTATICUM, Quod ex præstatione seu censu debetur. Vide supra *Frumentaticus*.

* VINUM GAZEUM, in vet. Glossar. ex Cod. reg. 7613.

* VINUM HOSTIS, Gall. *Vin d'ost.* Præstatio, quam tenentes ac vassalli domino exsolvebant in belli sumptus. Libert. Matiscon. ann. 1346. tom. 2. Ordinat. reg. Franc. pag. 349. art. 12: *Tout homs qui ...... tient feu et lieu* (à Mascon) *et veult paier Vin d'ost au roy, ... en paiant la valeur du demi sextier de vin, etc.* Vide in *Hostis* 2.

** VINUM HUNICUM, Vinum vilius, cui opponitur *Vinum francum*, generosius. Notit. vet. apud Guden. Cod. Diplom. tom. 2. pag. 764: *In festo S. Martini debetur ei unum quartale de cellario Archiepiscopi Vini Franci, et in Cena Domini tantundem de cellario Prepositi, in festo O. Sanctorum tantumdem; aliis vero temporibus anni, videlicet Nativitatis Dni etc... singula quartalia a preposito Hunnici vini habebit.* Transactio Capitul. Mogunt. inter et Pingens. ann. 1267. ibid. tom. 3. pag. 1134: *Campanario ecclesiæ Pinguensis, quod contra auram venientem compulset, de communi torculari nostro dimidium amam Vini Franci et tantumdem Hunici dabimus in autumpno.* Chart. ann. 1310. ibid. pag. 59: *Quod ipsos decanum et capitulum 40. carratis Vini Hunici censualis... singulis annis census nomine ipsorum ecclesiæ provenientes spoliarunt.* Confer chart. ann. 1339. in Gunther. Cod. Diplom. Rheno-Mosell. tom. 3. pag. 407. *Frentz-und Huntz-win*, dicitur Germanice in alia charta apud eumdem Gunther. tom. 4. pag. 127. ann. 1408. Chart. Vendit. ann. 1314. apud Guden. Cod. Diplom. tom. 2. pag. 1010: *Pro annua et perpetua pensione sex amarum vini Franci nostri crementi melioris, etc.* Chart. Richolfi Abbat. Ebersperg. ann. 1272. ibid. tom. 3. pag. 1145: *Nos illo anno Pinguensi ecclesiæ ad solucionem duorum vasorum Franci vini, vel 16. marcarum, quod eorum pocius elegerint pœnæ nomine teneamur.* Alia vide apud Bodmann. Antiq. Rhingav. pag. 204. et 401. qui vinum *Hunicum* et *Francum* dictum vult Ungaricum et Gallicum. Lacombleto Archiv. Rheni infer. tom. 1. pag. 234. vinum Hunicum est quod Huni vel centenarii colligebant per centenas rusticas. Adde Scherz. Glossar. German. voce *Huinsch*, Plebeius, vilis, col. 712. et chartam ann. 1290. apud Bodmann. pag. 205. ubi *Vinum nobile* idem videtur, quod alibi *vinum francum*.

* VINUM JACTATUM, in vet. Glossar. ex Cod. reg. 7613. forte legendum *Jaccatum*. Vide *Vinum Jaquesium*.

¶ VINUM JAQUESIUM, *Vin de Jaca*, in Instr. ann. 1527. ex Tabul. Archiep. Auxit.

¶ VINUM INACIDUM, pro *Mucidum*, ut emendat Cl. Editor in Charta Humberti Dalphini ann. 1348. inter Ordinat. Reg. Fr. tom. 3. pag. 283: *Ita tamen quod dictum Capitulum vinum vendere debeat non corruptum, non acetosum nec Inacidum :* nisi idem sit quod *Subacidum.*

* Vinum Infertum, ibid. idem quod *Vinum sacrificale.* Vide *Infertum.*

* Vinum Investituræ, Jus quod domino capitali pro missione in possessionem penditur. Charta Phil. V. ann. 1319. in Reg. 59. Chartoph. reg. ch. 279 : *Item tallias, census, coustumas, Vina investiturarum, etc.* Vide in *Investitura.*

Vinum Italicum, i. *forte.* Ita Glossæ MSS. ad Alexandrum Iatrosoph. Vide Cælium Aurelian. lib. 4. Chronion cap. 3.

* Vinum Latinum, in Necrolog. Diessensi apud Oefelium tom. 2. Script. rer. Boicar. pag. 678. col. 2 : *Dabuntur duo fercula ad consuetam prœbendam, albus panis et potus Latini vini.* An idem quod *Italicum*, id est, forte? [** Vinum Italicum aut Tyroliense Westenriedero in Glossar. German. col. 316. voce *Latini* ; Vinum Gallicum Bodmanno in Antiq. Rhingav. pag. 205.]

* Vinum Liberum. Stat. MSS. eccl. Tull. ann. 1497. fol. 54. r° : *Præpositi pro suis stipendiis percipiunt in qualibet dimissione seu arrendatione villicaturarum...... decem octo grossos, dictos Vina libera, pro tribus annis.*

* Vinum de Lieppe, *d'Ozaie*, recensentur inter vina extranea. in Ordinat. ann. 1415. ex Reg. 170. Chartoph. reg. ch. 1.

* Vinum Lyæ *vel Trempa*, Ex aqua cum amurca. Vide supra *Trempa.*

Vinum Lymphatum, Aqua mixtum, dilutum, in Constitut. Siculis lib. 3. [Elmham. in Vita Henrici V. Reg. Angl. cap. 90. pag. 251 : *Edicit proclamacione publica, ut nullus Anglicus Vinum non limphatum potare præsumat.*]

* Vinum Maritagii, Præstatio, quæ ab artifice matrimonium contrahente ejusdem artificii sociis pensitatur. Stat. ann. 1404. tom. 9. Ordinat. reg. Franc. pag. 46. art. 6 : *Chascun maistre dudit mestier* (de tanneur) *sera tenu payer pour Vin de mariaige, vingt solz Tournois. Vin-donner* etiam appellabant nostrates id, quod sponsus die nuptiarum sociis suis ad bibendum et comedendum ex usu præstare tenebatur. Lit. remiss. ann. 1357. in Reg. 87. Chartoph. reg. ch. 27 : *Guillelmus, Johannes ac ipsorum complices post cœnam et recessum dictarum nuptiarum redeundo de quodam spatiamento, le Vin-donner Gallice nominato, in dictis partibus* (Normanniæ) *fieri consueto, et quod spatiamentum supra maritum sumitur, etc.* Aliæ ann. 1378. in Reg. 113. ch. 229 : *Comme l'exposant et plusieurs autres furent alez en la paroisse de Hotot de S. Sulpiz au Vin-donner des nôces de Jehan le Francois pour eulx esbatre etc.* Occurrit præterea in aliis ann. 1381. ex Reg. 120. ch. 210. *Vin de Couchier* dicitur, in Lit. remiss. ann. 1428. ex Reg. 174. ch. 222. Vide supra *Cochetus* 3. *Bannum* 5. et *Nuptiaticum.*

* Vinum Medietarium, Quod inter dominum et colonum partitur. Charta ann. 1326. in Reg. 65. Chartoph. reg. ch. 278 : *Acquisiverunt tertiam partem unius asignatæ Vini dicti de moitié.* Vide *Medietarius.*

* Vinum Mellicratum, in vet. Glossar. ex Cod. reg. 7613. Vide *Mellicratum.*

* Vinum de Mercato, Gall. *Vin du marché*, Quod in emptionibus præter rei venditæ pretium, in potatione absumitur. Stat. Cadubr. lib. 2. cap. 18 : *Datis arris, vel bibito Vino de mercato, vel data spulmata, etc.*

* Vinum Momellum, in vet. Glossar. ex Cod. reg. 7613.

¶ Vinum Mundum, Merum. Chron. Farf. apud Murator. tom. 2. part. 2. col. 473 : *Item pro solidis* VIII. *in Carboniano ad censum reddendum Vini mundi decimatas quinque.*

* Vinum Muscidum, Mustale, Mustum. Vide supra *Muscidus* et *Mustalis.*

* Vinum Myrtinum, *in quo coquitur summitates myrti cum bacis suis.* Glossar. vet. ex Cod. reg. 7613.

* Vinum Navigabile, Quod per mare transvehi possit. Charta ann. 1147. apud Murator. tom. 2. Antiq. Ital. med. ævi col. 88 : *Per singulos annos duas amforas Vini navigabilis et unum pastum omni anno præstare debere........ præcipimus.*

Vinum Nuptiarum, in oblationibus gratuitis, quæ Curionibus fiunt, recensetur in Charta Guillelmi Episcopi Ambian. ann. 1281. in Tabul. Episcopi Ambian. fol. 27. v.

* Vinum Oximellum, in vet. Glossar. ex Cod. reg. 7613.

* Vinum Palmeum, *Quod cum dactilis.* Glossar. medic. Simon. Januens. ex Cod. reg. 6959.

* Vinum Partitum, *Quod habet dulcorem admixtum*, in eod. Glossar.

* Vinum Passum, in vet. Glossar. ex Cod. reg. 7613.

¶ Vinum Pede Pressum, Quod pede tantum calcatur, medium inter vinum sponte defluens, et illud quod torculari expressum est ; unde *vinum de pressoragio* dicitur. Charta Ludovici Comit. Blesens. in Chartul. Castridun. fol. 12. v° : *Duos modios Vini pede pressi in cellario meo Castriduni annuatim in vinidimiis capiendos* (concedo.) Charta ann. 1217. ex Tabul. S. Petri Carnot : *Persolvent.... justam decimam de vineis suis, unam medietatem de pede presso et alteram medietatem de pressoragio.* Chartul. Campan. ann. 1190. fol. 525 : *Dedit* 50. *modios Vini de prima gutta pede pressa.*

¶ Vinum Pigmentatum, apud Duchesnium in Hist. Comit. Guisnens. inter Probat. pag. 119. Vide *Pigmentum* 1.

¶ Vinum Piraceum, *Vin poirau*, in Charta ann. 1391. ex Chartul. 23. Corb. : x. *sols Paris. pour l'aquit de une queue de Vin poirau.* Vide *Piratium.*

* Vinum Pitimium, *Quod resinam pitimiam habet.* Glossar. medic. Simon. Januens. ex Cod. reg. 6959.

** Vinum Ponticum. Chart. Sifrid. Archiep. Magunt. ann. 1074. apud Guden. Cod. Diplom. tom. 1. pag. 382 : *Omnes simul solverent nobis et successoribus nostris annuatim de mansis et jugeribus, uti prædictum est, sub nomine decimæ,* 40. *carratas Vini Pontici.* Bodmann. Antiq. Rhingav. pag. 398. vertit *Lauterwein.*

* Vinum Præsentatarum, Quod alicui in urbem advenienti honoris causa præsentatur, vulgo *Vin de présent.* Comput. ann. 1431. ex Tabul. S. Vulfr. Abbavil. fol. 10. v° : *Item viij. die Martii pro media parte quatuor quennarum Vini præsentatarum ambassiatoribus Universitatis Paris. qui ibant ad Concilium Basiliense, quolibet toto valoris ij. sol. sunt viij. sol.*

* Vinum Primæ Aquæ. Consuet. MSS. S. Crucis Burdeg. ante ann. 1305 : *Item hortolanus recipit a cellerario duas pipas Vini primæ æquæ de cubiis torcularis....... Item duo furnerii recipiunt cum lagena unam et dimidiam pipam primæ aquæ et unum dimidiam vini puri a dicto cellerario.*

* Vinum Promellum, in vet. Glossar. ex Cod. reg. 7613. An *Pomellum*, potio ex pomis extracta? Vide *Vinum piraceum.*

Vinum Protropum, Cælio Aureliano lib. 2. Chron. cap. 7. est vinum sponte defluens, antequam uva calcetur ; mustum.

¶ Vinum de Pura Gutta, Eadem notione, Gall. *De mere-goutte.* Vide in *Gutta* 7.

¶ Vinum Quadragesimæ, Cujus usus in Quadragesima. Necrolog. Eccl. Paris. Id. Maii : *Dedit nobis tria arpenta vinearum ad Vinum Quadragesimæ. Vinum Quadragesimale*, ibidem.

* Vinum Regalium, Ex vineis, quæ mortuo episcopo ad regem redeunt, collectum. Charta Phil. archiep. Bitur. ann. 1238. in Reg. 31. Chartoph. reg. ch. 1 : *Recepimus de Radulpho de Gandeluz baillivo Bituricensi centum et tres libras et duos solidos Paris. pro Vino de regalio Bituricensi et Exoldunensi.* Chartæ inscriptio : *De pecunia reddita pro Vino regalium.* Vide in *Regalia* 2.

* Vinum Regis, Præstationis species ex vineis, quæ primum regi solvebatur. Charta ann. 1298. in Chartul. S. Maglor. Paris. ch. 100 : *Item unum dolium vini annuatim de taxamento, quod habemus apud Arcolium, quod nuncupatur Vinum regis.* Vide in *Tensare.*

* Vinum Rodomellum, in vet. Glossar. ex Cod. reg. 7613. Vide *Rodomellum.*

* Vinum Rosaceum, *Quod cum rosis fit.* Glossar. medic. Simon. Januens. ex Cod. reg. 6959. Vide *Rosatum.*

¶ Vinum Rosatum. Vide supra *Rosatum.*

Vinum Sacrificale, quod Missæ sacrificio potissimum addictum est, in Metropoli Salisburgensi tom. 3. pag. 48 : *Præterea Vinum sacrificale, quod custodes monasterii retroactis temporibus procuraverunt, de communi nostro cellario volumus recipi, etc.* [** Germ. *Opferwein.*]

* Vinum Sancti Johannis, f. Ignitum, fervidum vel ex aliquo ejus nominis territorio collectum. Lit. remiss. ann. 1344. in Reg. 106. Chartoph. reg. ch. 326 : *Pour ce que icellui Bernes but Vin de Saint-Jehan ou menga oultrageusement,...... fievre le prist.* Stat. tabernar. in Lib. rub. fol. magno domus publ. Abbavil. art. 4 : *Que nulz merche vin Franchois aveuc Vin de S. Jehan, etc.*

* Vinum Sancti Stephani. Charta Phil. V. ann. 1318. in Reg Caroli Pulc. ex Cam. Comput. Paris. fol. 2. r° : *Ut quinque novi canonici per dictum dominum et genitorem nostrum et per nos in capella prædicta creati novissime et fundati, antiquis canonicis in perceptione omnium et singulorum ipsorum*

proventuum, redituum, anniversariorum, acquestuum, in oblationibusque indulgentiarum et de Vino S. Stephani. Illud forte quod in festo S. Stephani seu diaconorum distribuebatur. Vide in *Kalendæ.*

* VINUM SAQUATUM, in vet. Glossar. ex Cod. reg. 7613. Consuet. Castel. ad Sequanam ex Cod. 9868. 2 : *Vin de sac ne tient point de ban; mais se vend sans licence.* Vide *Saccatum.*

* VINUM SINIKUM, *Quod ex sin, i. lentisco, et similiter terbenthinum.* Glossar. medic. Simon. Januens. ex Cod. reg. 6959.

¶ VINUM STALLI. Vide in *Stallum* 2.

* VINUM STILITICUM, *Quod fit cum squilla*, in eodem Glossario.

¶ VINUM-SUPERLATIVUM, Generosum, optimum, Gall. *Excellent.* Vide supra *Superlativus.*

¶ VINUM DE TENELLO, Familiarium seu domesticorum, qui in *Tenello* comedunt. Vide *Tenellus* 2. *Portent... 12. mensuras vini puri de Tenello... Vinum pro Tenello*, etc. in Ordinat. Humberti II. Dalphini tom. 2. Hist. Dalph. pag. 314. col. 1.

* VINUM TERRESTRE, Quod in territorio nascitur, Gall. *Vin du pays.* Charta ann. 1305. apud Ludewig. tom. 12. Reliq. MSS. pag. 231 : *Quod singulis sabbatis per anni cursum, prædictis fratribus... media stopa Vini terrestris seu communis dabitur et ordinabitur.* [** German. *Landwein.*]

* VINUM TINCTUM. Charta Phil. V. ann. 1320. in Reg. 61. Chartoph. reg. ch. 439 : *Duo dolia Vinorum tinctorum, quæ solum ad dandum colorem suis aliis vinis sunt necessaria.* Lit. remiss. ann. 1397. in Reg. 152. ch. 64 : *L'exposant prist trois los de Vin de tainte du pris de huit solz ou environ.*

VINUM TOLTICIUM, Quod domino in censum præstatur. Tabularium Ecclesiæ Gratianopolitanæ sub Hugone Episcopo fol. 23 : *Dono Domino Deo et Ecclesiæ Gratianopolitanæ et Hugoni Episcopo 4. sextarios de Vino tolticio, quos in vinea Episcopi, quam emit de Petro Aldiarde, per unum quemque annum solitus eram accipere.*

¶ VINUM TORNATUM, Vapidum, Gall. *Vin tourné.* Vide supra in *Tornare.*

VINUM TORTIVUM. Cælius Aurelian. lib. 2. Acut. c. ult. : *Cum vino ultimæ expressionis, hydatodem Græci vocant, nos abusive Tortivum* [* Adde ex D. *Falconet* : Cælius Aurelian. lib. 3. Acut. cap. 21. ubi legitur, ὑδατώδη, non *hydatodem.*]

* VINUM VALERINUM, *Italicum*, in Glossar. medic. Simon. Januens. ex Cod. reg. 6959.

¶ VINUM VERMILIUM. Vide in *Vermiculus.*

¶ VINUM VERNACIE. Vide *Vernachia.*

* VINUM VINAGII, Quod pro censu vinearum exsolvitur, in Charta ann. 1320. ex Chartul. Regalis-loci part. 1. ch. 83. Vide supra *Vinagium* 2.

* VINUM VINEARUM, Ex vineis humilibus factum. Charta ann. 1273. ex Tabul. Cassin. : *Et de vino, de quo similiter, terraticum Casinensi vestario solvere tenebantur de quolibet vino, sive Vino vinearum, sive vitium, quæ arboribus substentantur.*

¶ VINUM VINOSUM, Bonæ notæ, Gall. *Vineux*, in Medic. Salernit. edit. ann. 1622. pag. 142.

VINUM VIRIDE, Acerbum, ex viridi uva expressum, quomodo *vin verd* dicimus. Utitur Nangius in Chronico ann. 1258. De vinis variis vide Onomastic. Brunsfeldii.

¶ **VINUS**, pro Vinum, in Judicio ann. 873. inter Probat. tom. 1. novæ Hist. Occitan. col. 125.

VINYOGALARII, Vinearum custodes. Martinus Didacus *Daux* Justitia Aragon. lib. 3. Observantiar. tit. Si quadrupes, §. 3 : *Vinyogalarii, et messegari tenentur emendare damnum in vineis et messibus, si salarium recipiunt a domino pro messegueria, vel Vinyoguelaria.*

* *Vinyogolls*, in Charta Petri III. Reg. Aragon. ann. 1346 : *Licet nuper..... providerimus, quod custodes terrarum seu Vinyogolls dictæ civitatis, haberent tenere et assecurare cum fidejussoribus etc. Intellecto..... custodes et Vinyogolls esse talis status et conditionis, quod non invenirent, qui pro eis fidejuberent, etc.* Vide supra *Vinearius.*

¶ **VIOCURUS**, *et statim cestifer*, in Gloss. Isidori et Arabico-Lat. Ultima resecat Grævius utpote ad rem nihil pertinentia : est enim *Viocurus*, viæ curator. Unde etiam emendandæ Gloss. Lat. Gr. ubi *Viaculus* legitur, ut et Gloss. Græc. Lat. quæ habent ἀζύνομος, *iecorus* : nam Græcis ἀζύνομος Ædiles nuncupantur quibus viarum provincia demandata erat. [** Notæ Tyron. habent etiam *Viocurus* sequente voce *Cestifer.* Vide Furlan. apud Forcellin. in *Cestifer.*]

¶ 1. **VIOLA**, Angustior callis, semita. *Voyette*, in Chartul. S. Joh. Laudun. ann. 1438. Charta ann. 1228. tom. 1. Hist. Dalph. pag. 142 : *Et inde sicut tendit via publica usque ante domum Davidis Bonois quæ est extra muros, et inde sicut descendit quædam Viola usque ad illum locum aquæ, quæ dicitur Partitorium.* Vide *Violus.*

2. **VIOLA**, ut *Vitula.* Vide in hac voce.

* **VIOLABILITER**, pro violenter, vehementer. Mirac. S. Vicinii tom. 6. Aug. pag. 192. col. 2 : *Ammirans igitur, stupens, hæsitans, ne ab insequentibus caperetur, Violabiliter formidabat.*

1. **VIOLARIUM**, Census Hispanis; *Violaria*, apud Joannem Dametum in Hist. Regni Balearici pag. 87. Curia generalis celebrata in villa Montissoni ann. 1289. sub Alphonso Rege Arag. MS. cap. *Quod donationes factæ Officialibus Regis per monasterium vel alias personas sunt revocatæ : Illud idem ordinamus super Violariis iis assignatis existentibus officialibus.* Curia secunda generalis celebrata Barcinone a Jacobo II. Rege Aragon. ann. 1299. MS. : *Item quod aliquod officium prædictorum officiorum non donemus amodo in perpetuum, vel ad Violarium, vel ad certum tempus.* Curia ann. 1333. celebrata ab Alfonso Rege in villa Montisalbi : *Item quod officiales ad Violarium tenentur assecurare de triennio in triennium.* Capitis sequentis titulus sic concipitur : *Quod fiat inquisitio contra officiales, qui habent officium ad inperpetuum, vel ad tempus.* In ipso textu, *ad inperpetuum, vel ad Violarium.* Curia celebrata in villa Montissoni ann. 1363 : *Istam taxationem censualium, mortuorum, et Violariorum in Instrumentis, quæ fiunt de sententiis tam judicialibus quam arbitralibus, etc.* Observantiæ Regni Aragon. lib. 5. tit. de Jure dotium, § 10 : *Si aliquid datum fuerit ad Violarium viro et uxori ad tempus, altero conjugum mortuo, superstes non debet in illo Violario, in quantum tangit partem mortui viduitatem tenere, sed transit ad hæredes mortui, etc.* Vide Repertorium Michaëlis *del Molino* in v. *Violarium.* Alias

2. **VIOLARIUM**, Latinis dicitur Hortus, seu locus, violis consitus. Sedulius lib. 1. Paschalis operis cap. 20 : *Dum... lilia nimio decore mollissima rubus asper exurat, aut per Violaria florentis campi purpurea, carduus et spinosis armatus aculeis Paliurus exurat.* Fortunat. lib. 4. de Vita S. Martini :

Ungue recido rosas, et per Violaria curro.

Occurrit apud Juvencum, et alios. [Vide *Vivariolus.*]

* Nostratibus *Violier* nuncupatur, Opus quoddam cæmentarium. Lit. remiss. ann. 1372. in Reg. 104. Chartoph. reg. ch. 108 : *Pour ce que Perrette la Chapeliere de ladite ville de Laigny n'avoit pas volu* (payer le suppliant maçon) *de certains Violiers, qu'il lui avoit fait ou jardin d'icelle Perrete, etc.*

VIOLATUS, pro *Violaceus*, nostris *Violet.* Charta ann. 1197. apud Ughellum tom. 7. pag. 1275 : *Cappa de xamito Violato.* [Adde Notitiam Eccl. Diniens. pag. 150. Vide *Violetus.*]

VIOLENS, pro *Violentus*, usurpavit Saxo Grammaticus lib. 5 : *Violensque amplexuum usus extabat.* [Eadem notione utitur Horatius lib. 1. Epist. 10. v. 37.]

¶ **VIOLENTARE**, Vi cogere, Gall. *Violenter.* Vita S. Petri Cælestini tom. 4. Maii pag. 493 : *Papalem dignitatem magis Violentatus, quam voluntarius acceptavit.* Buschius de Reformat. Monast. apud Leibnit. tom. 2. Scrip. Brunsvic. pag. 850 : *Ne postea Violentatos se fuisse conquererentur.* Occurrit præterea tom. 1. et 3. April. pag. 734. et 918. Adde Conc. Toletan. ann. 1323 inter Hisp. tom. 3. pag. 570.

* **VIOLENTIA**, pro Violatio, profanatio, nostris alias *Violeté.* Charta ann. 1365. ex Cod. reg. 5187. fol. 39. v° : *Vobis confiteri volentium confessiones audiendi,.... etiam in et de casibus dicto domino Lugdunensi reservatis, exceptis tamen........ Violentia cimiteriorum et ecclesiarum, ... potestatem et licentiam impartimur.* Consil. Petri de Font. pag. 133. art. 21 : *Ceus qui ont fait Violetés de sainte église apertes, etc.*

¶ 1. **VIOLETA**, Viola. Inventar. Eccl. Noviom. ann. 1419 : *Item duo alii panni aurei coloris Violetæ, cum magnis roellis.*

¶ 2. **VIOLETA**, Minister, ut videtur, in Ecclesia Aniciensi. Charta ann. 1312. ejusd. Eccl. : *Thesaurario ecclesiæ* VIII. *lib..... Turibulario* c. *sol. pro Violeta* x. *sol. pro marrelario* c. *sol.*

* 3. **VIOLETA**, Carceris publici nomen apud Nemausum. Comput. ann. 1362. inter Probat. tom. 2. Hist. Nem. pag. 316. col. 2 : *Pro elemosina facienda...... incarceratis, tam in Violeta quam in episcopatu, ij. grossos.* Vide *Violetta.*

¶ **VIOLETTA**, Locus in quo judicia exercent *Scabini* Leodienses, domus publica Ædilium. Adrianus de Veteribusco Rer.

Leod. apud Marten. tom. 4. Ampl. Collect. col. 1286 : *Et magister Ægidius ductus super Violettam in foro, ubi faciebat tunc palatium, quia esset causa sanguinis, quæ in palatio Episcopi non deberet tractari; etc.* Infra col. 1295 : *Statim duxerunt in Violetta captivum.* Pluries ibi.

¶ **VIOLETUM**, VIOLETUS. Vide *Violus*,

¶ **VIOLETUS**, pro *Violaceus*. Inventar. ann. 1433. ex Tabul. Eccl. Massil. : *Item unam hopelandam nostram sive tunicam brevem de Violeto obscuro, etc.* Vide *Violatus*.

¶ **VIOLUS**, Angustior callis, semita, quasi minor via, vulgo *Viol, Sentier*. Inquisit. ann. 1268. ex Schedis Præs. *de Mazaugues* : *Protenditur recta linea per Violum quo itur a dicto rompeali usque ad caminum quo itur, etc.* Infra : *Protenditur recta linea per caminum S. Petri usque Violum quo itur ad vallem sauneriam.* Charta ann. 1278. ex Tabul. Massil. : *Ita quod dictus claperius remanens a parte orientis et dictus Violus in medio dicti claperii, etc.* Alia ann. 1447. ex eodem Tabul. : *Donavit ortum suum confrontantem cum bario civitatis et cum Violo quo itur super mœnia. Violo in medio*, in Necrolog. Eccl. Regiens. Charta Maurini Abb. Vallis-sanctæ diœc. Apt. ann. 1509 : *Reservato quodam Violo sive draya pro passagio.* Inventar. Recognit. num. 18. cap. 41. de Vouta fol. 336 : *Confrontat cum Violo tendente de S. Albano ad mansum, etc.* Vide *Viola* 1.

¶ VIOLETUM, VIOLETUS, diminut. a *Violus*, Eodem intellectu. Consuetud. Dombenses MSS. ann. 1325 : *Si ita esset quod aliquod iter publicum seu Violet iret seu tenderet per terram alterius nobilis, etc.* Terrarium Castellion. Domb. ann. 1463 : *Violetum tendens de Lurciaco ad portum Bellevillæ ex Occidente.* Terrarium Bellijoc. : *Juxta Violetum tendens ab ecclesia sancti Mamerti ad mansum de la Cortablize.* Pluries ibi. Inquisit. ann. 1496. in tractu Dombarum : *Guillermus Viverii deponit se noscere metodum seu senterium de quo agitur, qui metodus seu Violetus, et via ad pedes,... est communis et publica.*

¶ **VIONAGIUM**, Præstatio quæ Domino exsolvitur pro securo transitu, vel mercium exportatione per terram illius. Charta Raynaldi Archiep. Rem. ann. 1134. tom. 2. Monum. sacræ Antiq. pag. 14 : *Vionagium, aut theloneum, aut mensuram in rebus propriis emendis, aut vendendis exigere, imponere præsumat.* Occurit rursum in Charta ann. 1139. ibid. pag. 18. Charta Radulphi I. ann 1196. inter Instr. Hist. Codiciac. pag. 146 : *Concedo in eleemosynam in perpetuum ecclesiæ B. Vincentii.... centum solidos communis monetæ annuatim..... ad Vionagium meum de Fara recipiendos.* Vide in *Guida*.

* **VIOTTOLA**, vox Italica, Augustior callis, semita. Charta ann. 1297. apud Lam. in Delic. erudit. inter not. ad Hodœpor. Charit. part. 1. pag. 115 : *Et est quædam Viottola, qua itur ad molendinum plebis de Caiano.* Vide *Violus*.

¶ **VIPA**, VIPPA, Gall. *Rotie*, *soupe au vin*. Hermolaus Barbar. lib. 5. cap. 65. Corollarii in Dioscoridem : *Erat veteribus jentaculum buccea ex vino, quod genus Barbari a vino et pane Vippam vocant.* Buschius de Reformat. Monast. lib. 3. cap. 31. apud Leibnit. tom. 2. Script. Brunsvic. pag. 934 : *Ad cellarium suum eum secum sumsit, ubi Vipam bonam de vino factam eum comedere et bibere fecit.*

* Manuale sacerdot. diœc. Ambian. edit. ann. 1554. ubi de Ritu matrim. fol. 17 : *Pane et vino benedictis, faciat sacerdos tres Vippas : unam pro seipso, secunda datur sponso et sponsæ partim, tertia datur circumstantibus. Post presbyter bibit et dat sponso et sponsus sponsæ, similiter circumstantibus. Quo facto aspergit aquam benedictam super thalamum et super sponsum et sponsam.*

VIPIDA. Pactus Legis Salicæ tit. 44. § 3 : *Si quis hominem in puteum, aut in Vipida jactaverit, et vivus ex inde exiverit, etc.* Ubi Lex Salica tit. 43. §. 10. habet *in pelagus*. Idem Pactus §. 13 : *Simili modo, qui hominem in pelagus impinxerit, et exinde evaserit.* Unde liquet *Vipidam* hoc loco sonare *pelagus*, seu aquæ gurgitem, uti hanc vocem usurpari docuimus; qui Taxandris *wimpel*, vortex; sicut, inquit Wendelinus, nomina indita duobus fluminibus circa Liram in Brabantia, *Wimpe*, et *Wimpede*, quod sint vorticosa et periculosissima. [Ex quibus colligit Eccardus *Vipila* legendum esse; non *Vipida*.] Vide *Wapeldrinc*.

1. **VIRA**, Uxor. Formula 37. ex Baluzianis : *Dum omnipotens Deus concessit jugale consortium, et tale permissum dedit et in omnibus, ut unusquisque cum Vira sua nubat juxta consuetudinem anteriorum Christianorum, etc.*

¶ 2. **VIRA**, ut *Viratonus*, Teli species. Vide in hac voce.

* A Gallico *Vire*, eadem notione. Lit. remiss. ann. 1380. in Reg. 118. Chartoph. reg. ch. 331 : *Partie d'iceulx arbalestiers eussent traict de l'un bersail à l'autre et feussent alez après le traict de leurs Vires ès parties du bersail ou traict avoient...... Ainsi que ledit Eslie eust desnoqué son arbaleste, sa Vire encontra ledit de la Chapelle, etc. Vireton*, in aliis ejusd. ann. ibid. ch. 170. Aliæ ann. 1396. in Reg. 151. ch. 12 : *La Vire ou boujon, dont icellui du Quesnoy jouoit et que paravant il avoit entezé, etc.* An inde *Virailles* nuncupatum locum, in Lit. remiss. ann. 1402. ex Reg. 157. ch. 270 : *Une piece de cuir, appellée Virailles.* An a Gallico *Virer*, abigere? Vide mox in *Virare* 3.

* 3. **VIRA**, f. pro *Bira*, Fossa. Vide supra *Bivia*. Lit. admort. ann. 1375. in Reg. 109. Chartoph. reg. ch. 401 : *Item in quadam petia campi..... confrontante cum honore hæredum Guerandi Janesii, ... vallato sive Vira in medio.*

¶ **VIRAGIUM**, ut *Homagium* ab homo, ita *Viragium* a vir, pro Clientelaris professio, Gall. *Hommage*, *Hominium*. Vide in hac voce. Charta ann. 1235. apud Lobinell. tom. 2. Hist. Britan. col. 383 : *Dicunt etiam quod Comes non peterat levare Viragium ab hominibus Baronum... Nec vidit quod aliquis Comitum ante istum caperet Viragium... De Viragio dixit quod aliquis Comes nunquam ipsum cepit.*

VIRAGO. Ælfricus in Gloss. Saxon. *Virago*, ceorlstrang fæmne; id est, *mascula, fortis virgo.* [Gloss. Lat. Gall. Sangerm. : *Virago, Fort femme.*] Julius Firmicus lib. 3. cap. 6 : *Eunuchos faciet mulieresque Viragines, et quæ se nunquam virili coitu conjungant, vel si se aliquando viro conjunxerint, nunquam concepturas, vel partum edituras.* Octavius Horatianus lib. 4. Rer. medicar. pag. 110 : *Sic denique si prior feminini cursus in vasculis concedat, masculi ex eo nascuntur superveniente similis semine. Si vero antecesserit virile semen, et in vasculis ceciderit, prius superveniente femineo semine, feminæ nascuntur. Hinc est rationi consentaneum, quod ex virili semine puellæ nascantur : ex femineo semine pueri nascantur. Si itaque utrorumque semen permixtum, obviando sibi in vasculorum cavitatem ceciderit, hos Viragines appellamus.* Ingulfus de filiabus Ethelstani Regis Angliæ pag. 878 : *Vadunt ad littora cum Cancellario quatuor Viragines, quæ castitatis honore Dianam vincebant, et corporali pulchritudine etiam Helenam superabant.* [Vide *Viverna*.]

1. **VIRARE.** Lex Alamannor. cap. 84 : *Et ponat signum ubi iste voluerit, et ubi ille alius voluerit terminum, et Virent ipsam contentionem.* Ita aliquot codd. præferre monet Baluzius, ubi aliæ *girent* habent. Alius vero pro *contentionem*, præfert *terram*. Ita *girare*, vel *virare contentionem*, est agrum, de quo lis est inspicere cum judicibus. *Virer*, porro nostris idem sonat quod *girare*. Vide *Visus*.

* Unde nostris *Vironner*, eodem sensu. Lit. remiss. ann. 1465. in Reg. 194. Chartoph. reg. ch. 75 : *Icellui Maillon tousjours couroit et suivoit de près le suppliant.... et Vironnerent tout entour d'une maison.* Ejusdem originis vox *Virolet*, pro *Girouette*, in Glossar. Provinc. Lat. ex Cod. reg. 7657 : *Virolet, Prov. Giraculum.*

¶ 2. **VIRARE**, Vertere deorsum sursum, nostris *Virer*. Statuta Eccl. Massil. ann. 1472 : *Marrelarii non teneant campanas erectas, nec illas Virent sub pœna denariorum IV.*

* 3. **VIRARE** SE, Serpere; dicitur de morbo, in Mirac. B. Ant. Ripol. tom. 6. Aug. pag. 540. col. 1 : *Valde fortiter postea ipsa inflatura se Viravit in fronte, et postea retro caput super capitio.* Nostris vero alias *Virer*, idem videtur quod Abigere, nunc *Chasser*. Lit. remiss. ann. 1400. in Reg. 155. Chartoph. reg. ch. 171 : *Icellui Estienne gardant ses bestes menues et grosses aumailles et avecques Leonarde.... ala Virer ses bestes.* Aliæ ann. 1452. in Reg. 181. ch. 128 : *Jehan Brosse dist à la femme du suppliant.... qu'il iroit bien Virer icelles vaches de son pré.*

¶ **VIRATIUS**, *Magnarum virium*. Nonius.

¶ **VIRATONUS**, Teli species. Vide *Veretonus*.

¶ 1. **VIRATUS**, Viri officium. Sidonius lib. 7. Epist. 9 : *Bono Viratu æmulis suis magis prodesse cupiens, quam placere.*

2. **VIRATUS**, *Virilis, fortis, vel viro honoratus* [vel *ornatus*.] *Unde Johannes Chrysostomus, mulier virata non facile decipitur.* Ita Ugutio. Ecclesiastic. cap. 28. 16 : *Lingua tertia mulieres Viratas ejecit, etc.* Edit. Gr. γυναῖκας ἀνδρείας. Ubi Mamotrectus : *Viratas, id est, viriles, vel Viratas de fide*

thori, vel Viratas, viro hærentes semper. [*Viratus, fors, fermes, seurs*, in Gloss. Lat. Gall. Sangerm.]

¶ **VIRBIUS**, *Bis vir existens, a Bis et Vir : seu qui binas habuit vel habet uxores : vel etiam qui bis fecit facta viro digna : vel qui resuscitatus est, ut Lazarus et Hippolytus.* Joh. de Janua Unde Gloss. Lat. Gall. Sangerm. : *Virbius, deux fois hommes.* Vita S. Bibiani Sancton. Episc. apud Marten. tom. 6. Ampl. Collect. col. 769 : *Sicque in vitalem statum adprime restitutus, pedestri calle domum rediit Virbius qui ad humandi ultimum obsequium ecclesiæ fuerat inlatus.*

¶ **VIRCARIA**, ut supra *Vercaria.* Charta ann. 1195. apud Stephanot. tom. 1. Antiquit. Bened. Occitan. MSS. pag. 437 : *Concedit.... quatuor molendinos,.... cum Vircariis, aquis, aquilibus, etc.* Charta ann. 9. Conradi Reg. apud eumd. tom. 7. Fragm. Histor. MSS. pag. 357 : *Curtilum indominicatum cum Vircaria, et vinea, et quidquid ad ipsum curtilum adspicit.* Alia ibidem pag. 360 : *Dedit S. Martino Saviniensi sanctoque Juliano de Sal unam Vircariam cum mansione et horto suo indominicato.* Charta Widonis Vicecomit. Arverniæ apud Baluz. tom. 2. Hist. Arvern. pag. 40 : *Silvis, aquis, aquarumque decursibus, viridariis, Vircariis, molendinis, pascuis, etc.*

¶ **VIRCHARNIA**, pro *Vierscara.* Vide in hac voce. Charta apud Miræum tom. 1. pag. 681. col. 1 : *Comparuimus Brugis in Vircharnia coram domino Guidone Comite Flandriæ super dicta controversia.... Actum in Vircharnia Brugensi anno Domini* 1261.

¶ **UIRDEGARIUM**, Viridarium, Gall. *Verger.* Instr. tom. 2. Gall. Christ. novæ edit. col. 328 : *Anno Domini* 936. *Ind.* 10. *ego Tetolo... dicavi hanc ecclesiam, et dicamus cum dote,... masnilis, curtiferis, Virdegariis, vineis, etc.* Tabul. S. Petri de Cellafroini in pago Engolismensi : *Cedo ego et frater meus et uxor mea mansum unum qui vocatur Hunorsus cum aquis, pratis, vineis, Virdegariis, etc.* Occurrit non semel. Vide *Viridiarium.*

¶ **VIRDUNENSIS** Moneta. Vide in *Moneta Baronum.*

¶ **VIRECTUM**, *Locus viridium, locus viriditate plenus. Nisi communis usus obsisteret, dicerem quod Virectum deberet scribi sine c, sicut olivetum, miretum et alnetum.* Ita Glossæ Biblicæ MSS. Anonymi ex Bibl. Reg. Vide *Viridarium.*

VIREDO. Willel. Brito lib. 10. Philipp. :

> Tot latera ambiti livere Viredine ferri.

* **VIREDUS**, *Custos viridarii.* Glossar. Lat. Gall. ex Cod. reg. 521. *Qui servat virgultum;* in altero ann. 1352. ex Cod. 4120.

¶ **VIREGA**, pro *Virga*, Baculus Abbatis. Notitia ann. 993. apud Marten. tom. 1. Ampl. Collect. col. 350 : *Apprehendens Viregam suam dixit : In tali conventione, ut locuti estis, audiente me, vestio vos.*

* **VIRELI**, Ludi inhonesti genus. Reg. visitat. Odon. archiep. Rotomag. ex Cod. reg. 1245. fol. 442 : *Clerici vicarii ac etiam capellani* (S. Ildeverti de Gornaio) *in festivitatibus quibusdam, præcipue in festo S. Nicholai, dissolute et scurriliter se habebant, ducendo choreas per vicos et faciendo le Vireli.*

VIRENTIA, Virens herba, ramalia virentia, quibus in publicis festis sternuntur plateæ. Vita S. Leodegarii cap. 8. apud Duchesnium tom. 1. Hist. Francor.: *Lætatur Ecclesia de præsentia pastoris rediviva, plateæ exornantur Virentiis, aptant Diaconi cereos, etc.*

¶ **VIRETONUS**, Pili species. Vide *Veretonus.*

1. **VIRGA**, Lingua Gallica, purpuram sonat, inquit Servius ad illud Virgilii lib. 8. Æneid. *Virgatis lucent sagulis.* Id est, *purpureis.*

2. **VIRGA**, Veretrum. Lex Longobard. lib. 1. tit. 7. § 18. [** Carol. M. 82.] : *Si Virgam absciderit, etc.* Vide *Hasta* 3. et *Vectis.*

3. **VIRGA**, Baculus Episcopalis, vel Abbatis. Petrus Diac. lib. 4. Chr. Casin. cap. 78. de Episcopis : *Dicentes, nihil aliud superesse, nisi ut sublatis Virgis et annulis, deservirent Monachis.* Cap. 27 : *Virgam et annulum ei juxta morem antiquum confirmans.* [Notitia vetus apud Baluz. tom. 6. Miscell. pag. 437 : *Episcopatum reliquit, et anulum Virgamque reddidit.* Sermo habitus in Conc. Lemovic. ann. 994. apud eumd. Baluz. Hist. Tutelens. col. 387 : *Virga tua* (S. Martialem alloquitur) *quæ in urbe sedis meæ pro pretioso hactenus custodiebatur thesauro, etc.* Adde Spicil. Acher. tom. 8. pag. 172.] *Abbatiam per Virgam concedere*, in Charta ann. 1120. tom. 1. Spicilegii Acheriani pag. 172. [Vide *Uncus* 2.]

¶ Virga Præcentoralis, Baculus Præcentoris. Andreas Floriac. in Vita MS. S. Gauzlini Bituric. Archiep. lib. 1 : *Fecit et præcentoralem Virgam argenteo scemate nitentem.*

Virga Alba, Pacis symbolum. Britton. in Legib. Angl. cap. 53 : *Si comme par simple desseisine faite de jour sauns force et armes, oue une blaunche Verge en signe de peas.*

** Virga Coleria. Vita S. Galli apud Pertz. Script. tom. 2. pag. 7 : *Consuetam vir dei orationem quærens corruit in vepre pedem offendens... et cum surrexisset ab oratione fecit de Virga Coleria crucem.* Editor interpretatur *Colurnam.*

Virgæ Consecratæ. Gregorius Turon. lib. 7. cap. 32. et ex eo Aimoinus lib. 3. Hist. Fr. cap. 68 : *Post hæc misit iterum Gundobaldus duos Legatos ad Regem cum Virgis consecratis, juxta ritum Francorum, ut scilicet non contingerentur, sed exposita legatione cum responso reverterentur.* Valerius Flaccus lib. 4 :

> Ille virum ut contra venientem, umbrataque vidit
> Tempora Parrhasio patris de more galero,
> Paciferaque manu nequicquam insignia Virgæ.

* Virga Decorticata, *Verge pelée*, meretricibus tribuitur, in Mirac. MSS. B. M. V. lib. 2 :

> Tele ribaude et avolée,
> Ki porté a verge pelée
> Plus de sept ans par le pais.

¶ Virgæ Disciplinatoriæ, in Vita S. Galterii sæc. 6. Bened. part. 2. pag. 821 : *Liceat mihi peccantis lege, id est nudis pedibus, totoque corpore circa renes tantum præcincto, manibus meis Virgas disciplinatorias ferenti, in capitulum venire, et coram Deo, et vobis fratribus meis veniam de offensionibus meis petere, et a vobis omnibus Virgarum correctionem, dignam videlicet factis meis recompensationem, recipere.* Vide *Disciplina.*

Virgam Ferream *per medium linguæ portare*, Pœna blasphemantium apud Catalanos. Curia generalis Catalaniæ in villa Montissoni ann. 1363. MS. : *Qui verba nefandissima Deum omnipotentem, ac B. Mariam Virginem et ejus virginitatem tangentia, Sanctos et Sanctas Dei, protulerit, si ex proposito dixerit, sine spe aliqua veniæ moriatur. Si in ludo, rixa, vel cum ira, vel casu protulerit, portando per medium linguæ unam Virgam ferream, fustigetur.*

Virgæ Minutæ. Vide *Flagellatio* 1.

Virga Regalis. Vide *Baculus* 2.

¶ 4. **VIRGA**, Annulus, nostris *Verge*, eadem notione. Testam. Beatricis de Alboreya Vicecomit. Narbon. ann. 1367. apud Marten. tom. 2. Anecd. col. 1527 : *Item unum anulum cum parva Virga.* Tabulæ matrimoniales ann. 1468 : *In pretio duorum clamidum unius Virgæ auri, etc.*

5. **VIRGA**, vel Virgata Regia, Districtus Senescalli Hospitii Regis Angliæ, cui in signum jurisdictionis commissa est *Virga* coram Rege deferenda, ut olim *Curopalatæ*, qui idem fere muneris obibat apud Impp. Byzantinos : is enim *aurea virga decoratus inter obsequia numerosa ante pedes regios primus incedebat*, ut auctor est Senator lib. 7. Form. 5. Quæ quidem Curopalatæ virga χρυσοῦς ῥάβδος ἀεὶ προκέλευθος ἀνάκτων, dicitur Paulo Silentiario in Descript. S. Sophiæ part. 2. v. 126. Vide Glossar. med. Græcit. Διχανίκιον, *Virga.* Fleta lib. 2. cap. 2. § 2 : *Senescalli Hospitii Regis interest de omnibus actionibus contra pacem Regis infra metas Hospitii continentes duodecim leucas in circuitu Regis ubicumque fuerit in Anglia, quod quidem spatium dicitur Virgata regia.* Cap. 2. § 2 : *Dicitur Virga, quæ sequitur Regem ubicunque fuerit in Anglia, spatium continens* 12. *leucarum.* Adde lib. 2. cap. 61. § 7. 8. [Litteræ Edwardi III. Reg. Angl. ann. 1346. apud Rymer. tom. 5. pag. 523 : *Et nos plurimum affectantes quod feloniæ et transgressiones infra Virgam hospitii prædicti custodis (videlicet per duodecim leucas in circuitu ejusdem hospitii) perpetratæ, ac si ipsæ infra Virgam hospitii nostri, si nos præsentes essemus, factæ fuissent, audiantur et terminentur, etc.*] De hac *Virgata* agunt etiam Leges Malcolmi II. Regis Scotiæ cap. 6. § 3 : *Omnes transgressiones sub Virga Marescalli D. Regis (videlicet infra* 12. *leucas) debent determinari in Curia Regis coram prædictis Marescallo et Constabulario. La verge*, nude, in articulis super chartas editis ann. 28. Edw. I. cap. 3. et apud Brittonum pag. 1. 8. 9. 69. 75. 76. etc. Apud Francos, *Curia Regia* decem leucarum quaquaversum esse intelligitur, a loco, ubi Princeps ipse moratur : uti Edicto Francisci I. mens. Jun. ann. 1544. statuitur, quod a Miramontio describitur in Præposito Hospitii pag. 239. Vide Isidorum Pelusiot. lib. 3. Epist. 176.

¶ **Virga Erecta**, Gall. *Verge droite*, in Consuet. Leod. cap. 15 art. 10. de jurisdictione prætoris intelligitur.

Virga, quam præferunt *Servientes* coram Justitiariis, in Statuto Westmonast. 2. cap. 46. 48. Vide *Virgarius* et *Virgatores*.

* Pro districtu seu officio servientis, aut feudi ejusdem reditu interdum usurpatur. Scacar. S. Mich. apud Cadom. ann. 1241. in Reg. S. Justi ex Cam. Comput. Paris. fol. 26. r°. col. 1 : *Judicatum est quod uxor cujusdam defuncti debet habere dotem de omnibus, de quibus maritus ejus erat in die et hora, quando uxorem recepit suam in sponsam, saisitus per hæreditagium videlicet de feodo loricæ et de serjenteria et de Virga et de omni feodo, quod tenetur per hæreditatem.* Declarat. Joan. de Sacro cæsare milit. ann 1318. in Reg. 112. Chartoph. reg. ch. 6 : *Item la Verge de ladite prévosté de la justice haulte et basse..... sont prisiés xxv. livres par an à pris de terre.*

* *Virga* servientis projecta intra muros domus, cujus apertio illi detrectabatur, in signum peracti officii seu manus appositæ. Lit. remiss. ann. 1390. in Reg. 138. Chartoph. reg. ch. 255 : *Le prévost de Dourlens accompagné de plusieurs sergens alla en la ville de Fieffes devant la maison dudit Chambellan,..., estant en dehors devant ladite porte il fit lire sa commission à Jeanne femme dudit Chambellan et fit les commandemens contenus en icelle commission...... Jeanne en fut refusante et defendi que riens ne fust ouvert...... Par signe de desobéissance le prévost getta par dessus la porte en ladite bassecourt une Verge de l'un des sergens qui estoient avec lui, et s'en parti.*

6. **Virga Terræ**, Modus, seu mensura agri, gyrd-land, *virga terræ*, Anglo-Saxonibus. Donationes factæ Eccl. Salisburgensi cap. 13 : *Dedit de proprio in salinis suis, in harena Virgas* vi. *quæ Virga habebat pedes* xxvi. *et dimidium, hoc est, in orientali parte ipsius harenæ.* Liber Ramesiensis ch. 297 : *Dedit* 3. *Virgas de terra in Indingewrth, et unam Virgam in Slepe.* Occurrit apud Ingulfum pag. 909. Ordericum Vital. lib. 5. pag. 602. in eodem Monastico Anglic. tom. 1. pag. 280. 313. tom. 2. pag. 8. 91. etc. [Tabul. S. Bertini : *Sepiunt Virgas* 5. *et in monasterio inter omnes Virgas* 4. Occurrit ibi non semel. Charta ann. 1174. apud Miræum tom. 1. pag. 191. col. 1 : *Centum quoque mensuras maresci ad Virgam Comitis Flandriæ.* Adde tom. 2. pag. 832. 1328. et 1329. Charta Roberti Comitis Moretonii ann. 1453. apud Stephanot. tom. 13. Fragm. Hist MSS. pag. 123 : *Et unicuique burgensi dabunt monachi terræ unam Virgam ad inhabitandum, qui ibi sunt vel hospitandi sunt. Verge de terre, Vergine, Virgine, Vergue,* in Chartul. S. Vandreg. tom. 1. pag. 185. ex Charta ann. 1290 : *Trois acres de terre et une Vergine à campart et à vileine. Trois Virgines de terre quatre pergues moins,* in Charta ann. 1293. ibid. pag. 177. Alia ejusd. anni pag. 214 : *Pour unze livres et deux sols Tournois,.... v. Verges de terre. Une pieche de terre contenant chint Vergues de terre et sept pergues,* in Charta ann. 1305. ibid. pag. 184.] Nomenclaturæ rationem forte attigere Acta Murensis Monasterii pag. 45 : *Quantum enim hæreditatis unusquisque possidet, tantum dat et census : et quantum census dat, et arat, et secat fœnum, et metit seritque ; et pullos dat et lini resticulas. Cum autem debent arare, cum Virga metitur eis, qua et mansi solent metiri. Et ipsa Virga signata est secundum uniuscujusque rationem, et ubicunque signum occurrerit, ibi parvum lignum figitur in terra, et ipsi tamen in prima scissura et seminatione arant.*

* Pro pannorum quoque mensura occurrit, in Lit. remiss. ann. 1411. ex Reg. 165. Chartoph. reg. ch. 230 : *Dix Vergues ou aulnes de drap bureau.*

¶ **Virga Ferrea**, Quæ aliarum mensurarum est exemplar. Chartular. Prior. Leominstr. apud Th. *Blount* in Nomolex. Anglic. : *Dedi unam placeam terræ meæ,... cujus latitudo in fronte continet in se* xvi. *Virgas ferreas præter unum quarterium, et totidem a retro.* Vide *Ulna* 2.

¶ **Virga Publica**, Eodem intellectu. Chronic. Farf. apud Murator. tom. 2. part. 2. col. 593 : *Item Romadus Comes concessit in hoc monasterio ecclesiam S. Silvestri in territorio de Perito, cum modiis centum de terra ad Virgam publicam circa eam.*

Virgata Terræ, Idem quod *Virga terræ*, tantum agri, quantum *virga* continet. Leges Inæ cap. 69 : *Si quis Virgatam terræ a domino mercede conductam araverit, etc.* Chronicon Monasterii de Bello : 8. *virgæ unam hidam faciunt : wistæ vero* 4. *Virgatis constat.* Infra : *Dividitur leuga per wistas, quæ aliis in locis Virgatæ dicuntur.* Ita fere Monasticum Anglicanum tom. 1. pag. 313. Vetus Codex : *Virgata terræ continet* 24. *acras, et* 4. *virgatæ constituunt unam hidam, etc.* Alius Codex : 10. *acræ terræ faciunt secundum antiquam consuetudinem unam ferdellam, et* 4. *ferdellæ faciunt Virgatam, etc.* Sic quantitas varia est pro locorum varietate. Vide Dugdalum in Antiquit. Warwicens. pag. 665.

* Reg. Cam. Comput. Paris. sign. *Noster* fol. 340. r° : *Quadraginta perticæ faciunt Virgatam; quatuor Virgatæ faciunt acram ... Quadraginta perticæ terræ faciunt Virgatam ; duæ Virgatæ faciunt arpentum.*

¶ **Virgata Operaria**, Quæ operibus obnoxia est. Chartul. SS. Trinit. Cadom. fol. 57 : *Ricardus de Colecis tenet* 1. *Virgatam operariam pro* 5. *sol. et facit consuetudines sicut Adam.* Fol. 59 : *Unaquaque Virgata operaria de Hantonia debet operari unaquaque hebdomada et per totam hebdomadam.*

¶ **Virgada**, ut *Virgata. Salomon dedit unam Virgadam,* in Tabul. Roton. Charta apud Lobinell. tom. 2. Hist. Britan. col. 74 : *Tradidit.... partem Virgadæ unius cum manente supra.*

¶ **Virgata**, Prædium rusticum, vel terra indefinitæ mensuræ. Tabul. Roton. : *Nobilis vir Rethuobri veniens ante ecclesiam Vernensem donavit Virgatas suæ hæreditatis, quarum hæc sunt nomina : Hoetlmonoc, Ran Turnoc, et Ran Riwocon.*

Virgata Decima hæreditatis, quæ fisco Regis debetur, cum de hæreditate inter hæredes controversia est, et ad eam componendam Rex Missum suum transmittit, in Capitul. 2. ann. 813. cap. 7.

¶ 7. **Virga Ponderis**, proprie est Verticillum librarium, Gall. *Verge de peson,* quo utuntur ad merces ponderandas : unde usurpatur pro Præstatione quæ pro ponderibus publicis exsolvitur, dum res et merces ponderantur, Nostris *Droit de pozage.* Vide in *Pondus.* Litteræ Humberti II. Dalph. ann. 1348. inter Ordinat. Reg. Franc. tom. 3. pag. 277 : *Et etiam Virga ponderis quam tenet nunc ab ipsa Ecclesia censualem dom. Catherina de Podio.* Charta ann. 1377. ex Camera Comput. Provinc. : *Una cum juribus Virgæ ponderis, et tractæ bladi, et leydarum.*

8. **Virga**, Speculum Saxonicum lib. 3. art. 45. § 14 : *Duæ Virgæ et una forpex emenda illorum est, qui furando aut spoliando juri derogant sua.* [** § 9. Germ. *Twene besmen.*]

¶ **Vergha**, pro *Virga*, in Statutis Montis Regalis fol. 219 : *Ponendo quatuor Verghas azali, etc.*

¶ **Virgada**, Modus agri. Vide *Virga* 6.

* **Virgaretum**, Virgetum. Charta ann. 1048. apud Lam. in Delic. erudit. inter not. ad Hodœpor. Charit. part. 3. pag. 1034 : *Cum campis, paschuis, silvis, arboribus pomiferis, fructiferis, castanietis, Virgaretis, cultis et incultis, etc.* Vide *Virgareum.*

Virgareum, **Virgastrum**, Virgetum. Vetus Charta exarata circa ann. 993. apud Ughellum in Archiepiscop. Florentinis tom. 3. pag. 47 : *Terris et vineis, silvis, Virgastris, pratis, pascuis, etc.* In alia vero pag. 52. *Silvis, olivetis, Virgareis, pratis, etc.* habetur, ut et in Charta Grimoaldi Pisani Episcopi ibid. pag. 404.

¶ **Virgarium**, ut *Virgareum.* Tabul. S. Albini Andegav. : *Donamus,.. unum Virgarium cum custodia sua et una domo supra ripam Sarte.*

Virgarius, *Lictor,* ῥαβδοῦχος, in Gloss. Gr. Lat. Exstat in Foris Aragon. lib. 1. pag. 36. titulus *de Virgariis Curiæ Justitiæ Aragonum,* ubi *Vergueros* dicuntur. [Vide *Virgibajulus.*]

¶ **Virgarius**, Gall. *Bedeau,* Apparitor. Ceremoniale MS. B. M. Deauratæ Tolos. : *Sacerdos vero aliis diebus Dominicis indutus pluviali una cum Virgario defferente virgam, etc.* Charta ann. 1370. tom. 2. Hist. Eccl. Meld. pag. 236 : *Parvis capellanis, Virgariis, matriculariis clericis, qui interfuerunt dictæ processioni.* Adde Concil. Hisp. tom. 4. pag. 468. et Calmet. Hist. Lotharing. tom. 3. col. 468. Vide infra *Virgifer.*

¶ **Virgarius**, apud Camaldulenses is esse videtur qui facultates monasterii administrat, vel qui agrorum culturæ invigilat. Epist. 35. Ambrosii Camaldul. apud Marten. tom. 3. Ampl. Collect. col. 429 : *Dices ex nobis fratri Johanni Virgario, ingrate illum nimis agere, qui pecuniam mutuo acceptam restituere non curaverit nobis, quam debemus creditori.* Epist. 36. ibid. col. 430 : *Virgarius noster opus habet Petro de Moggiona toto mense isto, bubulco nostro illo loquor.*

¶ **Virgastrum**. Vide *Virgareum.*

¶ **Virgata**, ut infra *Virgatus,* Pannus virgis quibusdam distinctus, *Etofe rayée.* Comput. ab ann. 1333. ad ann. 1336. tom. 2. Hist. Dalph. pag. 283 : *Item, pro infoderatura unius garnatiæ et caputii pro dom.*

Andrea Dalphino de Virgata quam dominus portavit de Francia, VI. *lib.* VI. *sol. Vien.* Alia notione vide in *Virga* 6.

VIRGATORES, Qui Anglis *Servientes ad arma*, qui *virgas* argenteas deauratas deferunt ante Regem, ut est apud Watsium. Matth. Paris ann. 1249 : *Quidam vero de ipsa civitate tunc præsentes, dum regii Virgatores populum ibidem propter rei novitatem congregatum et compressum retroire cogerent, etc.* Fleta lib. 2. cap. 1. § 15 : *Sunt quædam injuriæ, quæ restitutionem in triplo inducunt damnorum, sicut... de Virgatoribus injustum feodum capientibus.* Cap. 38 : *In eadem curia* (*Regis*) *sunt Virgatores, populum gravantes, gravia feoda petentes.* Vide *Servientes ad arma.* Vox *virgatores* occurrit apud Plautum in Asinaria pro iis, qui *virgis* cædunt. [Vide infra *Virgibajulus.*]

VIRGATUS, Italis, *Vergato, panno, o vestimento divisato di piu colori*, Pannus virgis quibusdam in longum vel in latum varia serie et colore porrectis distinctus, uti *Virgata* Gallorum *sagula*, apud Virgilium lib. 8. interpretatur Turnebus lib. 2. Advers. cap. 4. Glossæ Gr. Lat.: Ῥαβδωτός, *virgeus.* Statuta Innocentii IV. PP. pro reformatione Nigri ordinis : *Non adolescentes, non nobiles, non consanguineos, nec indutos vestibus Virgatis, aut argenteis nodulis ornatis, vel partitis, vel viridibus, aut rubeis, etc.* [Statuta Eccl. Gerund. ann. 1274. apud Marten. tom. 8. Ampl. Collect. col. 1469 : *Pannis rubeis, vel cendatis, seu viridibus, aut Virgatis tunicis, etc. Vestes Virgatas continue publice portantes*, in Concilio Bituricensi ann. 1280. apud eumdem tom. 4. Anecdot. col. 192. *Vestes partitæ vel Virgatæ*, in Statutis Ecclesiæ Argentoratensis ann. 1435. ibidem col. 539.] Concilium Palentinum ann. 1388. cap. 3 : *Vestem superiorem non Virgatam, aut bipartitam, etc. Vestito di vergato*, apud Scriptores Italos, laudatos a Pergamino. [Vide in *Pannus* 2. *Vetatus*, *Virga* 1. et *Virgata.*]

¶ **VIRGEIA**, Modus vel mensura agri, ut supra *Virga* 6. Chartul. S. Vincentii Cenoman. fol. 34 : *Robertus de Larcamps* (*dedit*) *unam Virgeiam terræ.* Occurrit rursum fol. 94.

* **VIRGELLA**, Italis *Vergella*, Virgula; instrumentum musicum videtur, f. fistula, in Actis B. Christ. tom. 4. Jun. pag. 410. col. 2 : *Fungatur officio consolatoris plebanus Joannes, ubi locus fuerit arripiens Virgellam suam, et disponat se toto corpore et corde, sicut decet amicos Dei, et dulcis melodiæ cantus de caritate Dei incipiat personare.*

¶ **VIRGENDEMIA**, ῥαβδολογία, in Gloss. Lat. Gr. Nonio ex Varrone, *Virgindemia*, virgarum apparatus, demtio, vel decerptio.

¶ **VIRGERIUM**, Gall. *Verger*, Viridarium. Chartul. majus S. Victoris Massil. fol. 58 : *Ego Bermundus clericus dono dimidium Virgerii ad S. Victorem.* Ibidem : *Ego Jaufredus Carbonellus dono totum partem hæreditatis meæ de uno Virgerio simul cum mansuario.*

¶ **VIRGEUS** SERPENS, Virga Moysis in serpentem conversa, apud Glabrum Rodulphum.

¶ **VIRGIBAJULUS**, Idem qui *Virgator*, officium in aula Regum Angliæ. Vide *Virgatores.* Charta Edwardi V. Reg. Angl. ann. 1483. apud Rymer. tom. 12. pag. 183 : *Concessimus eisdem... officium Virgibajuli, alias dictum Virgarii ad portandum virgam coram nobis et hæredibus nostris ad festum S. Georgii infra castrum nostrum de Wyndsore annuatim.* Vide mox *Virgifer.*

¶ **VIRGIFER**, Qui fert virgam, apparitor, in Charta ann. 1107. apud Lobinell. tom. 2. Hist. Britan. col. 266. Vide *Virgarius.*

¶ VIRGIFER vocatur in recentiori Ceremoniali Ecclesiæ B. M. Deauratæ Tolosanæ qui in processionibus baculum cantoris defert, idem qui *Propheta* in veteri Ceremoniali nuncupatur. Vide *Propheta*, et supra *Virga* 3.

¶ **VIRGILDUM.** Vide in *Wera.*

¶ **VIRGINAL.** Vita S. Gerardi sæc. 5. Bened. pag. 270 : *Qui* (Deus) *sicut expertum legimus Virginal beatæ martyris Agathæ, universa curans restaurat solo sermone, etc.* Ubi de restituta mamma S. Agathæ sermo est : alibi *Virginal* idem sonat quod virginitas. Gloss. Isidori : *Virginal, membra virginis in quo habitat.* Martinius emendat, *Virginal, membrana virginis, in qua habitat*, scilicet virginitas seu hymen. *Virginal, la partie où est faite la conception*, in Gloss. Lat. Sangerman. Glossæ Isonis Magistri, *Virginal, locus in quo deviginantur virgines, Virginalia*, παρθένια, in Gl. Lat. Gr. παρθένεια, in MSS.

* Glossar. vet. ex Cod. reg. 521 : *Virginal, illa pellicula, quæ rumpitur, dum virgo defloratur.*

¶ VIRGINAL, f. Liber officium B. M. Virginis continens. Testam. ann. 1415. apud Rymer. tom. 9. pag. 276 : *Et unum parvum librum vocatum Virginal, coopertum in blodio panno de auro de Cipre.*

VIRGINARE, Παρθενεύειν, in Gloss. Gr. Lat. MS. perperam in edito : Παρθενεύω, *Virgino.* Ugutio : *Virginare, fricare, et facere, quæ possunt fieri salva virginitate.* [Vide *Virginula.*]

¶ VIRGINARE, *Caste, more virginum vivere*, in Gemma. Tertull. de Virg. veland. c. 12 : *Virginari volunt sola capitis nuditate.*

¶ VIRGINARE, Rem cum virgine habere. Lambertus Ardensis apud Ludewig. tom. 8. Reliq. MSS. pag. 563 : *Postea vero idem Balduinus pater meus cum quadam alia eminentis, immo supereminentis formæ, generosæ nobilitatis juvencula... nomine Natalia Virginabat, et ex ea genuit Simonem.*

* **VIRGINATA**, Virgetum; nisi mendum sit pro *Virgata*. Charta Hugon. de Gornaco pro fundat. Belloz. ann. 1198. inter Pro bat. tom. 1. Annal. Præmonst. col. 231 : *Dedi culturam de Rustachon et unam Virginatam juxta, et aliam ad viam Romeisen, et virgatas tres ad spinam de Merval.* Vide supra *Virgaretum.*

* **VIRGINIA**, de femina conjugata, apud Murator. tom. 3. Collect. Inscript. pag. 1393. 3 : PRINCIPIUS SE VIVO SIBI ET ASTEMIÆ VIRGINIÆ SUÆ DOMUM PERPETUAM FECIT. *Virginius*, pro Maritus, ibid. pag. 1479. 13. *Virgine* nostris pro *Vierge*, Virgo. *L'an de grace mil et trois cenz le samedi après la Purification Nostre Dame Virgine*, in Lib. rub. Cam. Comput. Paris. fol. 150. v°. col. 1. *Virge, Virgene*, et *Virgine*, eadem acceptione, in Vita J. C. MS. metrice scripta. Vide *Virgo.*

¶ **VIRGINIFICARI**, παρθενεύεσθαι, Virginem fieri. Vetus Interpres Origenis, Comment. tract. 32. in Matth : *Virgines sunt Virginificatæ per verbum Dei, qui credere volunt, aut crediderunt.*

¶ **VIRGINISSIMUS**, Castissimus, in Serm. S. Humilitatis de S. Joanne Evang. tom. 7. Maii pag. 833 : *Inter chorum virginum tu virgo Virginissimus, etc.*

VIRGINULA, Παρθενισκάριον, in Gloss. Græc. Lat. ubi edit. *Vigrinula*, ut in voce παρθενεύω, *vigrino* : sed in Cod. MS. est *virgino*, uti monuimus.

VIRGO, de femina conjugata. Encomium Emmæ Reginæ pag. 172. de eadem Emma Ricardi I. Ducis Normanniæ filia, Ethelredi Regis Angliæ vidua, a Cnutone Danorum in Anglia Rege in uxorem expetita : *Placuit ergo Regi verbum Virginis, et jusjurando facto Virgini placuit voluntas Regis. Et sic, Deo gratias, Domina Emma mulierum nobilissima fit conjux Regis fortissimi Cnutonis.* Henricus Rosla in Herlingsberga :

> . . . . . . Inter quas Virgo coronam
> Regalem capite dimisit, seque profudit
> Regnantis pedibus : quod non tulit ipsa; sed alto
> Exsiliens solio, nam mater erat sua, blando
> Sustinet afflatu, etc.

[Baldricus Noviom. in Chron. lib. 3. cap. 8. Waldetrudem Abbatissam Castriloci *Virginem* appellat, quæ nondum Monialis plures liberos tulerat. Vide Isidorum Pelusiotam lib. 3. Epist. 176. et Bollandi Observationes prævias ad Vitam S. Hermenildæ tom. 2. Febr. pag. 691. *Virgo vidua*, apud Tertull. lib. de Virgin. Veland. cap. 9.]

* VIRGO, de sancto dicitur, in Vita S. Steph. Grandimont. tom. 2. Febr pag. 206. col. 2.

¶ VIRGO, Persona scaccorum, quæ et *Regina* appellatur. Vide in *Scacci* 1.

¶ **VIRGOBRETUS.** Vide *Vergobretus.*

¶ 1. **VIRGULA**, Modus vel mensura agri. Polyptychus Fiscamn. ann. 1235 : *Tenet unum masagium cum una Virgula terræ.* Vide *Virga* 6.

* 2. **VIRGULA**, Notula, qua utuntur ad supplendas omissiones in textu, vulgo *Renvoi.* Pactum inter Guigonet. *de Jarente* dom. de Montecl. et universit. ejusd. loci ann. 1392 : *Et quia facta diligenti collatione cum nota et correcto et additis in fine, quæ omissa fuerunt usque ad Virgulam*, Petrus Chaboti, *quod bene cum nota concordat, igitur hic manu propria etc.* Huc spectat Ordinat. Franc. I. ann. 1535. cap. 19. art. 8 : *Et esdits registres n'y doit estre rien laissé en blanc : ains doivent estre escrits tout d'un contexte, sans mettre apostille à la marge ou interligne; et si par inadvertance quelques mots avoient esté omis, ils doivent estre rejettés à la fin de l'instrument avec marque de renvoy.*

* 3. **VIRGULA**, Viridarium, pomarium. Vide infra in *Ungula.*

** VIRGULA FUMI, Fumus qui erigitur. Ecbas. vers. 574 :

> Liguifer a nemore comportet robora silvæ,
> Torrida ligna vehat, ne fumi Virgula surgat,
> Quo corrumpantur dorsalia, etc.

Ex illo Cant. Cant. cap. 3. vers. 6 : *Ascen-*

dit per desertum sicut Virgula fumi ex aromatibus myrrhæ. Vide Graff. Thes. Ling. Franc. tom. 4. col. 257. voce *Rouhgerta.*

¶ **VIRGULATUS**, ut supra *Virgatus*, Pannus *virgulis* quibusdam in longum vel in latum varia serie et colore porrectis distinctus, Gall. *Etofe rayée.* Statuta Eccl. Leod. ann. 1287. apud Marten. tom. 4. Anecd. col. 850 : *Clerici pannis rubeis, viridibus, et Virgulatis indecentis mensuræ non utantur sine causa.* Synodus Pergam. ann. 1311. apud Murator. tom. 9. col. 547 : *Vestes Virgulatas seu de catabriato, de medietate, vel listatas... minime deferentes.* Adde tom. 1. Rer. Mogunt. pag. 94. Inventar. S. Capellæ Paris. ann. 1363. ex Bibl. Reg. : *Item una alia toallia parata ad losenginas de armis Franciæ Virgulata de perlulis ad fimbrias.* Inventarium Gallicum : *Item une autre touaille parée à losenges des armes de France raiée de perles rouges.*

* *Vergelé*, eodem sensu, in Invent. jocal. Eduardi I. reg. Angl. ann. 1297 : *Item une* (coupe) *d'or grenetée dedens, fachonée à maniere d'un hanap de voirre Vergelei.*

VIRGULTA, Modus agri. Monasticum Anglic. tom. 1. pag. 760 : *Dedit prædictæ Ecclesiæ... unam Virgultam terræ in manerio de Cumptone, etc.* Forte pro *Virgata*. Vide in hac voce. [Occurrit rursum in Polyptycho Fiscamn. ann. 1235 : *De feodo Hude tenet Beatizia Laurence in masura tres Virgultas ad campartum, et reddit 18. denarios.* Et in Chartul. S. Vandregesili tom. 1. pag. 140. Sed si quid mutandum est, malim legere *Virgulam.* Vide in hac voce.]

* Idem quod *Virgata* : quæ voces promiscue usurpantur in Instrumentis. Bulla Lucii II. PP. ann. 1144. qua confirmatur Charta fundat. Ardenæ ann. 1138. inter Instr. tom. 11. Gall. Christ. col. 79 : *Duas acras terræ et tres Virgultas in Varenda lunga.* Ubi *Virgatas* habet Charta fundat. ibid. col. 78. Pluries *Virgulta* occurrit in Reg. 52. Chartoph. reg.

¶ **VIRGULTUM**, Viridarium, pomarium, *Verger.* Charta ann. 1178. inter Probat. Hist. Ebroic. Comitat. pag. 3 : *Præterea domum Marcellini cum Virgulto.... concedimus.* Charta Eccles. Arausion. ann. 1239 : *Factum fuit hoc apud Auraicen in stari dom. Episcopi in Virgulto juxta chorum S. Petri.* Occurrit etiam in Litteris ann. 1248. inter Ordinat. Reg. Franc. tom. 5. pag. 601. art. 18. Charta ann. 1256. ex Tabul. S. Mellani Pontisar. : *Drocomolendinarius de Drincuria et Eustachia ejus uxor dederunt in contraplegium quoddam herbergamentum cum Virgulto dicto herbergamento tenenti.* Chartul. S. Vincentii Cenoman. fol. 121 : *Concessi Deo et abbatiæ S. Vincentii Cenomanensis Virgultum quod habebam apud Aceium le Boigne, cum domo in eodem Virgulto sita, et cum omnibus ad Virgultum pertinentibus.* Hist. Harcur. tom. 4. pag. 1516 : *Scilicet* 60. *acras terræ in parochia S. Audomari, et Virgulta circa ecclesiam fossatim vallata.* Atque ita legendum est in Indice MS. benef. Eccl. Constant. fol. 44. v°. pro *Virgutum* : *Rector ejusdem ecclesiæ.... habet manerium cum Virguto et unam virgatam terræ.* Vide *Viridiarium* 1.

¶ **VIRGUNCULOSUS**, Virgultorum ferax, in Charta Caroli Simplicis Reg. Fr. ann. 909. apud Mabill. tom. 3. Annal. Bened. pag. 696. col. 2. et inter Probat. tom. 2. novæ Hist. Occitan. col. 52.

* Nostris *Vergeron*, diminut. a *Verge*, virgula. Lit. remiss. ann. 1389. in Reg. 135. Chartoph. reg. ch. 237 : *Pierre Danois .... prinst deux Vergerons de saulx et l'en bati* (l'enfant) *à nu par les fesses etc.*

¶ **VIRGUTUM**, pro *Virgultum*. Vide in hac voce.

¶ 1. **VIRIA**, *Viriola, Brachiales.* Gloss. Isid. Excerpta melius, *Brachiale.* Utuntur Tertull. de Pallio cap. 4. S. Ambrosius lib. de Abraham cap. 3. et Plinius lib. 33. cap. 3.

¶ 2. **VIRIA**, f. Pratum virens. Charta Guillelmi de Agnivilla ann. 1227. ex Tabul. Corbeiensi : *Reddo sex denarios quos debet mihi Johannes Fokiers de avena quam tenet de supra vallem Moberti et quatuor denarios de quadam pecia terræ quam Robertus de Fractamola tenet inter Viriam et boscum de Harencourt.* Vide *Virideria.*

¶ **VIRIBILITER**, Viriliter. Epist. Hadriani IV. PP. inter Conc. Hisp. tom. 3. pag. 364 : *Cum ipse Comes.... rabiem scilicet Sarracenorum.... reprimere intendat et Viribiliter impugnare, etc.*

¶ **VIRIDARE**, Virere, florere. Gloss. Græco-Lat. : Ἀνθῶ, *Virido, floreo, floresco, vireo, polleo, vigeo.*

* *Verdoïer*, alia prorsus notione, scilicet pro Tentare, explorare, ad certamen provocare, in Hist. Caroli VI. pag. 30 : *Toutefois aucuns dient que un chevalier, nommé messire Robert de Beaumanoir, fut ordonné à tout cinq cens lances pour les Verdoïer et escarmoucher, pour voir leur estat et gouvernement.* Rursum pag. 228 : *Entre les autres y avoit un homme d'armes, nommé Saillant,... qui ne failloit point seul au matin et après disner..... à venir Verdoyer entour de Paris; et faisoit scavoir s'il y avoit personne qui voulust rompre une lance, etc.*

* **VIRIDARIA**, Officium *viridarii*, custodia forestæ, nostris *Verderie.* Charta ann. 1316. in Reg. 54. Chartoph. reg. fol. 4. v° : *Dominus rex concessit Roberto, dicto le Breton custodiam castri de Mortaing et Viridariæ forestæ de Landa putrida.* Reg. A. 2. Cam. Comput. Paris. ad ann. 1321. fol. 41. r° : *A Pierre du Chaesne verdier de Trinchebray est renouvellé l'office de la Verderie dudit lieu.* Pro ipsa *viridarii* jurisdictione, cum scilicet de forisfacturis forestarum coram ipsarum præfecto refert et judicat. Lit. remiss. ann. 1402. in Reg. 156. ch. 434 : *Jehan de Vendosme escuier, maistre et enquesteur de nos eaues et forests ès parties de Normandie ..... tenant les jours de la Verderie de la forest de saint Stuer, etc.* Vide *Viridarius* in *Viride* 1.

* 1. **VIRIDARIUM**, Ager, in quo ad viridis tantummodo pabuli saginam, ordeum vel granum quodvis invicem mixtum seritur. Charta ann. 1139. in Append. ad tom. 6. Annal. Bened. pag. 667. col. 2 : *In ferragine quoque, quæ Viridarium dicitur, illam habeant tascham, quam emerunt a laicis, et vos terræ culturam.* Vide *Ferrago.*

¶ 2. **VIRIDARIUM**. Vide *Viridiarium* 1.

¶ **VIRIDARIUS**. Vide in *Viride* 1.

1. **VIRIDE**, inquit Watsius, in Legibus Forestarum, intelligitur quidquid frondes fert, aut folia viridia, unde pascantur, aut ubi tegantur cervi et damæ. Vide Skeneum de Verbor. significat. voce *Verd.* Capitula placitorum Coronæ Regis apud Hovedenum pag. 784 : *Item præcipit, quod in quolibet Comitatu, in quo venationem habet, ponantur* 12. *Milites ad custodiendam venationem suam, et Viride, in forestis suis.* Infra : *Qui autem forisfecerit in foresta Regis de Viridi, sive per culpaturam, sive per esbrancaturam, sive per foditionem turvarum, etc.* Inquisitio de forisfacturis forestarum : *Inquiratur etiam, qui fecerint vel facere consueverint vastum vel destructionem de Viridi, vel de venacione in foresta, etc.* [Charta ann. 1091. apud Kennett. in Antiquit. Ambrosden. pag. 73 : *Exceptis indictamentis de Viridi et venatione, quæ domino Regi omnino reservabantur.* Adde Gualterum Hemingford. de Gestis Edwardi III. pag. 319. et Chron. Whethamstedii pag. 373.] Statutum Edwardi III. ann. 1. cap. 9 : *Des trespasses faits en nos forestes de Vert et de veneson.* Vide Gul. Prynneum in Libertat. Anglic. tom. 3. pag. 1142. supra *Veneris.*

Viride et Siccum. Tabularium S. Crucis Talemundensis fol. 3 : *Adauxi etiam... Monachis... de silva Orbisterii de Viridi, et de sicco, ad omnia necessaria officiorum, ædificium, videlicet ad Ecclesiam, ad claustra facienda, atque recuperanda cum deciderint, etc.*

Viridarius, Officialis in forestis, qui forestario subest, Gallis *Verdier*, Anglis *Verder.* [*Verdiers, maistres et enquesteurs des eaux et forestz*, in Charta Ludovici XI. Reg. Fr. ann. 1477. ex Bibl. Reg.] Is autem *viridis*, seu silvæ cæduæ curam habet, et et jurisdictionem in forisfacturis forestarum usque ad mulctam 60. solid. Huic subsunt *servientes*, et *custodes* forestarum, *les Sergeants et Gardes de bois.* Cognoscit etiam de mulctis consuetudinariis, et ab ejus judiciis appellatur ad Magistrum Aquarum et forestarum. *Viridarii* vero fere semper cum *Forestariis* junguntur, ut qui cum iis Forestas curent, in Charta Joan. Reg. Angl. de Libertat. Forestæ, in Legibus Forestarum Scoticar. cap. 11. § 5. apud Rogerum Hovedenum pag. 784. 785. [*Madox* in Formul. Anglic. pag. 313.] in Monastico Anglic. tom. 1. pag. 402. 849. 863. in Additament. ad Matth. Paris pag. 130. etc. [Vide *Werder.*]

* Hinc *Verdage*, pro Custodia animalium *viride* pascentium, et emolumentum quod inde provenit. Confirm. Libert. urbis Cadom. ann. 1466. in Reg. 202. Chartoph. reg. ch. 51 : *Item peuent lesdiz bourgeois.... donner l'office..... de Verdage ès bois des bestes omailles.*

2. **VIRIDE**, vel Viridis, Pellis *varia*, de qua in *Varius.* Bractonus lib. 3. tract. de Corona cap. 26. § 1 : *Abstulit ei.... unam robam de Viridi talis pretii, etc.* Ita *Viridis pannus*, pro *varius*, seu *pellis varia*, in Rotulo ann. 1267. ex Camera Comput. Paris. : *Pro scallatis, tiretana Persa, et panno Viridi ad coopertoria, etc.*

¶ Viridum, Eadem notione. Comput. ann. 1324. tom. 1. Hist. Dalph. pag. 133. col. 1 : *Pro septem ulnis de Virido, computata qualibet ulna* XXXII. *sol. valent* XI. *lib.* IIII. *sol.*

Viridis, etiam color olim in pretio habitus. Statuta Innocentii IV. PP. pro reformatione Nigri ordinis : *Non adolescentes, non nobiles, non consanguineos, nec indutos vestibus virgatis, vel partitis, vel Viridibus, aut rubeis, etc.* Ricordanus Malaspinus cap. 149. de Manfredo : *E sempre vestiva drappi verdi.* [Charta ann. 1309. apud Lobinell. tom. 2. Hist. Britan. col. 1639 : *Et aura escu de faust et de cuers et de Vers garni souffesamment.* Statutum pro Pannificis *de Commercy* ex Cod. MS. ejusdem loci pag. 18 : *Ceux dudit metiers qui feront pers, brunette, Verdz et manbres, etc.*] Adde Conc. Avenionense ann. 1209. can. 18. Monspeliense ann. 1214. cap. 3. Lateranense IV. can. 16. Synodum Wigorn. ann. 1240. can. 21. Constitutiones Nicosienses cap. 8. Synodum Exoniensem ann. 1282. can. 17. [Vide supra *Virgulatus.*]

¶ **VIRIDERIA**, f. ut *Viria* 2. vel *Viride* 1. Vide in his vocibus. Tabular. Veterisvillæ : *Dedi abbatiæ Veteris-villæ in Virideria, in terra quæ dicitur Rabies, quatuor acras terræ ab omni axactione liberas.*

* **VIRIDERIUS**, Viridis. Inventar. MS. thes. Sedis Apost. ann. 1295 : *Item unam cupam de cristallo,..... in pede tria esmaltula Virideria, rotunda.*

* **VIRIDEUS**, Eadem notione. Comput. ann. 1492. inter Probat. tom. 4. Hist. Nem. pag. 56. col. 2 : *Pro una canna panni Viridei seu viridis, etc.*

* **VIRIDIACUM**, Virens herba, ramalia virentia, quibus in publicis festis sternebantur plateæ. Comput. ann. 1357. ex Tabul. S. Vulfr. Abbavil. fol. 5. v° : *Misia franci festi....... Pro Viridiaco, v. sol. x. den.* Vide *Virentia.*

1. **VIRIDIARIUM**, Viridigarium, pro *Viridarium*, qua voce usus Suetonius. Glossæ antiquæ MSS : *Paradisum, Viridiarium.* Jo. de Janua : *Viridarium, locus ubi sunt viridia.* Gloss. Gr. Lat. Ἀνθὼν, *viridarium. Verger* nostris : Italis, *Verzario* : [*Verjan*, Poetis Provincialibus :] *Bergée*, in Foris Beneharn. tit. 1. art. 20. Gloss. Gr. Lat. MSS. : Ἀνθεών, *Viridiarium.* Editum habet *Viridarium.* Aliud Gloss. MS. ἀνθών, *Viridarium.* Leo Ost. lib. 2. cap. 26 : *Viridiarium etiam, quod est ad Pontem Casulini. Viridarium* etiam aliquoties legi in Pandectis Florentinis observat Cujacius ad Ulpian. tit. 6. unde inquit, et *Viridarium* alii deduxere, *Viridarium* habent plerique. [Tabul. S. Victoris Massil. : *Viridiarium prope ipsas mansiones est postea factum.*] Vita B. Heldradi Abbat. Novaliciensis num. 2 : *Composuit pulcherrimum ibidem Viridarium, ex quo cuncti venientes habere possunt edulium.* Charta ann. 1246 : *Laudamus vobis D. Henrico Sistaricensi Episcopo totum Viridarium, sive hortum sanctæ Sistaricensis Ecclesiæ.* Chron. S. Trudonis lib. 10 : *Sunt et atria et porticus ante has utrasque cameras, et Viridarium spatiosum et delectabile hospitibus cum pluribus lignis diversos fructus ferentibus.* Vide Hildebertum Cenoman. in Vita S. Hugonis Abbat. Cluniac. Albertum Aqu. lib. 3. cap. 15. etc.

Viridigarium, Eadem notione. Formulæ veteres Lindenbrogii n. 79 : *Cum... vineis arpennorum quatuor, Viridigariis, silvis, pratis, etc.* Ubi perperam putavit vir doctus esse adjectivum silvæ, cum distingui verba debeant. [Charta ann. 869. in Append. ad Marcam Hisp. col. 792 : *Cum domibus, ædificiis, curtiferis, Viridigariis, hortis, vineis, etc.* Adde Tabular. Bituric. et Stephanot. tom. 3. Antiquit. Bened. Pictav. MSS. pag. 344.] Tabularium S. Cypriani Pictavens. : *Cum terris, mansionibus, curtiferis, ortilis, Viridigariis, vineis, pratis, etc.* Occurrit præterea in Charta Fulconis Comit. Andeg. ann. 1033. et aliis non semel.

¶ Virigarium, Pari intellectu. Charta ann. 1000. in Append. ad Marcam. Hisp. col. 956 : *Iterum cedo jure ac ditioni supradictarum ecclesiarum... Virigario consito lateribus eorum sicut habere debent per nota illorum ciminteria.*

2. **VIRIDIARIUM**, Cœmeterium Monasterii pro Monachis, [seu atrium quod cingunt claustri porticus in Monasteriis, vulgo *le Preau.*] Tabularium Prioratus de Domina in Delphinatu : *Eo tenore ut eos in sua reciperent societate, et si ad exitum vitæ ad tantam egestatem devenerint, ut, quod tribuant, non habuerint, pro hoc dono in Viridiario eos sepeliant.* Alibi : *Et ut Monachi sepeliri nos dimittant in Viridario suo.* Vide *Pratum.*

☞ Antiquior est hujus vocis ad cœmeterium significandum accommodatio. Romanis quippe ita nuncupabatur quæcumque subdialis sepultura, ut observat Raphael Fabretti in Inscript. antiq. pag. 225. quæ *Viridiarium* a monumento, tanquam locum apertum ab operto distinguunt.

* **VIRIDIGARIUS**, Idem videtur quod supra *Viridarium.* Chartul. S. Ursini Bitur. ch. 2 : *Ego in Dei nomine Giraldus de Vevera do sancto pastori Ursino pro sepultura mea meam partem bene exquisitam de Calmos, id est terram arabilem, boscum, prata, Viridigarios, vel quidquid mihi ibidem ex mea parte evenerat.* Vide in *Viridiarium* 1.

¶ **VIRIDISNETUM**, f. Omphacium, Gall. *Verjus.* Lobinellus in Glossar. ad Hist. Paris. tom. 3. v. *Pointorminum* : *Unam caudam vini albi pretio* LX. *solid. unum pointorminum de Viridisneto pretio* VII. *sol.*

* Haud dubie; sed legendum est *de Viridi succo*, pro *de Viridisneto.* Vide mox.

* **VIRIDIS-SUCCUS**, Succus ex viridi seu immatura uva, Gall. *Verjus.* Arest. ann. 1351. 30. April. in vol. 2. arestor. parlam. Paris. : *Item dictus dominus acceperat Viridem-succum, quem plures habitatores dictæ villæ habebant in suis vineis.*

¶ **VIRIDITAS**, Color rutilus, qualis est auri. Vita S. Lietberti apud Acher. tom. 9. Spicil. pag. 678 : *Cujus dorsi posteriora in Viriditate auri.* Verba sunt Psalmi 67. v. 14 : *Et posteriora dorsi ejus in pallore auri.* Ubi Græcus habet, ἐν χλωρότητι χρυσίου.

¶ **VIRIDITENTORIANI**, qui et *de Viridi-tentorio*, Factiosi apud Leodienses sub annum 1466. primum a colubrissis *Colubrissarii* appellati, dehinc a viridi vexillo seu tentorio, quo utebantur, dicti *Viriditentoriani.* Adrianus de Veteri-busco de Reb. Leod. apud Marten. tom. 4. Ampl. Collect. col. 1288 : *Colubrissarii dominabantur, nec permittebantur duo boni cives loqui pariter, quin vellent scire de quibus esset sermo. Et si aliquis contradixisset ipsis, de mane invenit domum combustam vel horreum incensum. Igitur in hebdomada sacra ante Pascha, domus absentium cœperunt spoliari, et illi de Viridi-tentorio discurrebant per totum Comitatum Lossensem, spoliando et incendendo domos eorum qui partem faciebant cum electo.* Ibidem col. 1306 : *Tunc temporis cœperunt illi de Viridi tentorio iterum spoliare domos absentium.* Rursum col. 1309 : *Illi de Viriditentorio associaverant se super forum in Hasselt.*

VIRIDIUM, *Locus viriditate plenus.* Joann. de Janua. [*Verdeur, lieu plein de verdeur*, in Gloss. Lat. Gall. Sangerm.]

¶ **VIRIDUM**, ut *Viride* 2. Vide in hac voce.

* **VIRIDUS**, pro Viridis. Charta ann. 1334. ex Tabul. D. Venciæ : *Item quod nulla persona privata vel extranea scindat aliquam arborem Viridam nec sequam in deffensis.*

¶ **VIRIGARIUM**. Vide in *Viridiarium* 1.

¶ **VIRILIS**, ἴσον, κατὰ ἀναλογίαν, in Gloss. Lat. Gr. Vulcanius emendat *Viritim.*

¶ Virilia Arma, Cingulum militare quandoque dicitur Scriptoribus ævi Longobardici; quod traditio militaris cinguli et cooptatio in ordinem militarem vere virum faceret. Rigordus de Arturo : *Philippus in eodem loco Arturum militem fecit, tradens ei Britanniæ Comitatum, qui jure hæreditario eum contingebat. Ante autem hanc armorum traditionem non licebat tis uti, unde Arma dicuntur Virilia, velut virum facientia.* Henricus Huntindon. de Stephano Rege : *Henrico nepoti suo David Rex Scotorum Virilia tradidit arma. Eustachius vero filius Regis Stephani, nam et ipse eodem anno Virilia sumpserat arma, irruit in terras procerum.* Vide in *Arma* 1. et in *Miles.*

* **VIRILISSIME**, Perquam viriliter. Reg. Cam. Comput. Paris. alias Bitur. ad ann. 1426. fol. 99. v° : *Attendentes egregiosissima, arduissima et memorandissima, quæ prudentissime nobis impendit obsequia...... Gilbertus Metern, nunc dominus dicti loci de Fayeta, marescallus Franciæ, tam in antiquos nostros hostes Anglicos et eorum sequaces,.... quos honorabilissime, probissime et Virilissime...... debellavit, etc.*

* **VIRILISSIMUS**, Præstantissimus, perquam egregius. Epist. Alexii imper. ann. 1097. apud Murator. tom. 5. Antiq. Ital. med. ævi col. 389 : *Et ab omnibus, qui de ipsis partibus veniunt, nobilibus ac Virilissimis comitibus atque ducibus, etc.*

1. **VIRILITER**, Pro virili parte, κατὰ μέρος, ἐν μέρει, uti efferunt JC. Andreas Suenonis Archiep. Lundensis lib. 2. Legum Scaniæ cap. 1 : *Deficientibus primi gradus liberis, admittuntur neptes et nepotes, non Viriliter, sed in stirpes, etc.* Lib. 3. cap. 6 : *Inter novercam et ipsos pro Virilibus portionibus dividatur.*

* 2. **VIRILITER**, Vi adhibita. Stat. ann.

1419. tom. 11. Ordinat. reg. Franc. pag. 34. art. 15 : *Compellantur* (Judæi) *etiam Viriliter ad habendum et tenendum eorum cancellum in villis in quibus morantur, etc.*

¶ **VIRIOLA.** Vide supra *Viria* 1.

VIRIOSUS, *Virosus.* Gloss. Gr. Lat. MS. : Ἀνδρεῖος, *Fortis, virilis, Viriosus.* Quæ vox postrema deest in edito. [*Viriosi, viribus subnixi*, in Glossar. Sangerm. num. 501. Gloss. Isid. : *Viriosus, austerus.* Papias : *Virosa pectora, fortia, a viro.*] Jo. de Janua : *Virosus, a vires dicitur, viribus plenus.* [Vide *Virosus.*]

VIRIPOTENTES, Feminæ nubiles, quibus nubere licuit, dicuntur in Synodo Romana ann. 826. can. 29 : *Feminæ vero, quæ habitum religiosum aut velamen obtentu religiositatis susceperunt, cum essent Viripotentes, deinceps viro sociari non permittantur; sed eligentes Monasteria regulariter vivant, aut in domibus susceptum habitum caste observent.* [Hinc emendandæ Glossæ Isidori : *Virops, quæ jam opus habeat viro.* Leg. *Viripos* : quod jam viderat Grævius.]

¶ **VIRISCUM**, ut infra *Wreckum.* Leges Norman. apud Ludewig. tom. 7. Reliq. MSS. pag. 186 : *In cujuscumque terra Viriscum fuerit applicatum, dominus feodi, cum ad ejus notitiam pervenerit, illud in littore, vel juxta, prout commodius viderit faciendum, salvo debet facere custodiri.*

VIRISSARE, *Viriliter agere, vel viriliter superare.* Jo. de Janua. [*Faire vertueusement, ou savoir*, in Gloss. Lat. Gall. Sangerm.]

¶ **VIRITA**, Nupta, viro conjuncta. Guibertus in Vita sua lib. 1. cap. 13 : *Quid virgo ineunte sub ævo, quid Virita, quid vidua studio jam possibiliore peregerit, cogitaverit, dixerit, etc.* Ubi de matre sua loquitur.

¶ **VIRITANUS**, *Viritim distributus*, apud Festum.

VIRITEUM, *Genus potionis*, Papiæ, apud Ægyptios scilicet vel Alexandrinos, cujus meminit Gregorius M. lib. 6. Epist. 37. apud quem *Juritheum* editum, (locum vide in *Cognidium*) illud forte, de quo S. Hieronymus de Vita Clericorum, cum *palmarum fructus exprimuntur in liquorem, coctisque frugibus aqua pinguior coloratur.*

* **VIRLANUS**, vulgo *Virlan*, Nummus argenteus ducum Burgundiæ ad usum Flandriæ. Monstrel. vol. 2. ad ann. 1432. fol. 88. r° : *Si fut faicte nouvelle monnoye d'or, nommée riddes, lesquels valloient xxiiij. sols en blanche monnoye, nommée Virelans.* Hist. Caroli VII. ad ann. 1435. pag. 86 : *Excepté la monnoye du duc de Bourgongne, c'est à scavoir Virlains, pour douze deniers la piece.* Lit. remiss. ann. 1449. in Reg. 184. Chartoph. reg. ch. 29 : *Le suppliant devoit paier douze solz Parisis, à compter ung Virlen pour douze deniers Parisis.* Aliæ ann. 1458. in Reg. 189. ch. 258 : *Plusieurs pieces de monnoie, tant Virlans, comme blans de Lorraine. Virllans*, in aliis ann. 1449. ex Reg. 176. ch. 690.

¶ **VIRLENDINUM.** Charta ann. 1054. inter Instr. tom. 6. Gall. Christ. novæ edit. col. 177 : *De ipsis patuentiis, et de ipsis boscis, et Virlendinis, et palude, et cum ipsis expletiis, etc.* Leg. forte *Molendinis.* Vide *Virideria.*

VIRLINGOSUS, Loquax. Andreas Aulæ Regiæ Capellanus in Amatoriis : *De mulieribus Virlingosis. Est etiam omnis femina Virlingosa, quia nulla est quæ novit suam compescere linguam, etc.* Vox forte formata ex Psalmo 139 : *Vir linguosus non dirigetur, etc.*

* Glossar. vet. ex Cod. reg. 521 : *Virlingosus, burdator.*

* **VIRLINGUS**, Quarta pars sextarii. Sent. curiæ Argentor. ann. 1514 : *Quinque sextariis et uno Virlingo siliginis.* Vide supra *Vierlingus.*

* **VIRMILIUS**, Coccineus. Vide supra in *Vermiculus.*

¶ **VIRNA.** Chron. Wormat. apud Ludewig. tom. 2. Reliq. MSS. pag. 174 : *Alter quidam* (Judæus) *cum haberet sartorem et sibi fila pretiosa non confideret in cistula conclusa, ita tamen ut necessaria inde sumeret, qui Judæi intelligens simplicitatem, tamdiu glomum filorum per Virnam volvit cistulæ, quousque vix aliquid remaneret.* Leg. forte *rimam.*

¶ **VIRNELLUS**, Modus agri. Chron. Andrense tom. 9. Spicil. Acher. pag. 372 : *Dedi... sex Virnellos terræ quas tenebat Fulboldus, et boscum quem dedit nobis Eunna Vicecomitissa.* An *Jornellos?* Vide *Jornale.*

VIRO, Baro, tanquam a *vir* deducatur vocabulum ipsum *Baro.* Occurrit in Charta Sancii Willelmi Vasconiæ Comitis pro fundatione Monasterii S. Petri Generensis apud Marcam in Hist. Benearn. V. *Varo.*

¶ **VIROLA**, a Gall. *Virole*, Victorius anulus, victoria fibula. Arrestum Parlamenti ann. 1302. ex Regesto *Olim* fol. 106 : *Garnitores pomellorum, bandarum, capellorum, Virolarum, etc.* Litteræ Humberti II. ann. 1347. tom. 2. Hist. Dalph. pag. 567. col. 1 : *Maciæ marescallorum erunt operatæ argento, et servientum cum tribus Virolis argenti.* Le Roman *de Garin* :

Hueses tirées et esperons chauciez
Et à son col le cor d'ivoire chier
De cinq Viroles de fin or fu liez,
La guige en est d'un vert paille entaillié.

* Arest. parlam. Paris. ann. 1368. in lib. 1. Stat. artif. ex Cam. Comput. fol. 306. r° : *Dicti manubriatores præfati mercerii manubria et Virolas per alios prædictos facta, etc. Vireulle*, in Lit. remiss. ann. 1410. ex Reg. 165. Chartoph. reg. ch. 70. *Viroeule*, in Chartul. Corb. sign. *Ezechiel* ad ann. 1415. fol. 25. v°. Hinc *Envirolé*, victoria fibula instructus, in aliis Lit. ann. 1406. ex Reg. 161. ch. 148 : *Une paire de cousteaux.... Envirolez d'argent.*

¶ **VIROMANDENSIS** Moneta. Vide in *Moneta Baronum.*

¶ **VIROPS.** Vide *Viripotentes.*

1. **VIROSUS**, Potens, fortis, ἀνδρεῖος. Fridegodus in Vita S. Vuilfridi cap. 50 :

Suscepti vacuas Ædwilf Virosus habenas.

Alias *virosus* φίλανδρον sonat. [Vide *Viriosus.*]

¶ 2. **VIROSUS**, a Virus, Venenatus, Gall. *Empoisonné.* Præfatio ad Chartul. cui titulus *Aganus* in Tabul. S. Petri Carnot. : *Propter invidentium Virosa verborum jacula.*

* **VIRPIENS**, Qui alteri tenetur ad evictionem, Gall. *Garant.* Charta ann. 1162. inter Instr. tom. 6. Gall. Christ. col. 439 : *Si autem homo aut femina aliquid rerum prædictarum vobis amparaverit, vel successoribus vestris, erimus vobis et illis, sine vestro illorumque inganno, Virpientes.* Id est, efficiemus ut res usurpata dimittatur; quo sensu, *Virpire* dicebant. Vide *Guerpire* et *Virpiscere.*

¶ **VIRPISCERE**, Possessionem rei alicujus dimittere, deserere. Placitum ann. 1119. inter Probat. tom. 2. novæ Hist. Occitan. col. 411 : *Dono, solvo, Virpisco omnipotenti Deo, et altari S. Salvatoris Gellonensis cœnobii, etc.* Vide *Guerpire.*

* **VIRRETUM**, pro *Birretum*, Capitis tegumentum. Cerem. Rom. MS. ubi de funere cardinalium fol. 25. v° : *Habebunt tamen singuli* (familiares) *nigrum Virretum spensis defuncti.*

VIRSCARA. Consuetudines Arkenses ann. 1231. in Tabulario S. Bertini : *Qui Virscaram bannitam pugnando, vel pugnare volendo, temere perturbaverit, tres libras emendabit.* [Leg. *Vierscara.* Vide in hac voce, et infra *Viscarna.*]

* Nihil corrigendum esse in hac voce, probat Charta ann. 1286. ex Chartul. Namurc. in Cam. Comput. Insul. fol 42. v° : *Esqueils Virscare et eskevinage devantdis je avoie le tierch des amendes.*

* Virscarna, Eodem intellectu. Charta Phil. comit. Fland. pro libert. castel. Brug. ex cad. Cam. : *Statutum est Sabbato post Epiphaniam præcones convenire ad Virscarnam, et ibi edictum accipere, die Dominica in ecclesiis denuntiare, etc.* Vide infra *Viscarnia.*

¶ **VIRSIONENSIS** Moneta. Vide in *Moneta Baronum.*

¶ **VIRTEVELLA**, ut *Vertevella.* Vide *Vertibella.*

¶ **VIRTICA** Marina, σκάλαμη, in Gloss. Lat. Gr. Vulcanius emendat, *Urtica marina*, σκαλάφη.

¶ **VIRTUOSE**, *Honeste, fortiter*, ex Gloss. MSS. apud Vossium lib. 4. de Vitiis serm. cap. 36. Vide *Virtuosus.*

¶ **VIRTUOSITAS**, Virtus, honestas. Caffari Annal. Genuens. ad ann. 1162. apud Murator. tom. 6. col. 281 : *Archicancellarius vero pietate commotus, capellanum suum dominum Ricardum, virum quidem omni Virtuositate præclarum, Januam misit.*

¶ **VIRTUOSUS**, Virtute præditus, probis moribus, Gall. *Vertueux*, apud Ludewig. tom. 5. Reliq. MSS. pag. 320. Vide *Vertuosus.*

¶ Virtuosus, Honestus, laudabilis. Charta Caroli V. Reg. Franc. ann. 1372. tom. 5. Ordinat. pag. 582. lin. ult. : *Nos attenta Virtuosa et commendabili fidelitatis constancia, qua dicti Consules et habitatores dicte civitatis S. Flori, etc.* Vide *Virtuose.* Occurrit alia notione in *Virtus* 1.

¶ Virtuosissimus, Epithetum Ludovici XI. Franc. Reg. in Charta ann. 1479. ex Tabul. Cartusiæ de Bassa-villa : *Datum In dict.* XI. *regnante Ludovico Virtuosissimo Francorum Rege.*

1. **VIRTUS**, Vis, violentia. Iso Magister in Glossis : *Vigor, virtus.* Alibi : *Vim, virtutem.* Pactus Legis Salicæ tit. 35. § 5 : *Si quis ligatum per superbiam aut per... Virtutem a Gravione tulerit,.... vitam suam redimat.* Ubi Lex Salica tit. 34. § 5 : *Si*

quis hominem noxium ligatum per Vim tulerit Grafioni. Eadem Lex Salica tit. 14. § 15 : *Si quis cum ingenua puella per Virtutem mœchatus fuerit.* Lex Alamann. tit. 5. § 2 : *Si vero per Virtutem hoc raptor de Ecclesia abstulerit, etc.* § 5 : *Nam si per Virtutem servus hoc fecerit, etc.* Edictum Chlotarii II. Regis in Synodo Parisiensi V. de puellis Deo sacratis : *Quicumque aut per virtutem, aut per quemlibet ordinem ipsas detrahere, aut sibi in conjugium præsumpserit sociare, etc.* Annales Francorum ann. 758 : *Pipinus Rex in Saxoniam ibat, et firmitates Saxonum per Virtutem introivit, etc.* [Charta Pontii Archiep. Arelat. ann. 1000. apud Acher. tom. 6. Spicil. pag. 430 : *Et quando ipse Abba de corpore exierit, qui in loco ejus ordinandus est, judicio Congregationis eligatur et electione, non per nobilitatem generis vel parentum, nec per Virtutem, nec per pecuniam, etc.*] Adde Capitul. 3. ann. 810. cap. 3. Legem Longob. lib 1. tit. 17. § 4. Edictum Rotharis Regis Longobard. tit. 101. § 17. [** 269.] Leges Luitprandi tit. 26. § 6. tit. 105. § 1. tit. 110. § 1. [** 40. (5, 11.) 134. 141. (6, 81. 88.)] etc.

** Virtus, Possessio, prædium. Vide *Podere*, 1. Petri Damiani Vita S. Romuldi cap. 39 : *Romualdus locum cum suis discipulis deserens, non longe a castro prædii in Virtute Rainerii, qui postmodum Tusciæ marchio factus est, habitavit.*

Virtuosus, Qui viribus pollet, in Vita S. Theodardi Archiep. Narbon. : *Ut colaphizaretur.... duntaxat uno ictu Virtuosi hominis.* [Roland. Patav. in Chron. Tarvis. apud Murator. tom. 8. col. 234 : *Incusatus fuit quidam prudentissimus nomine Zungus, campio Virtuosus et pugil, etc.* Elmham. in Vita Henrici V. Reg. Angl. cap. 6. pag. 12 : *Membra ejus non multum musculosa carne tumencia, multa tamen fortitudine mirabiliter Virtuosa.*]

* *Virtueux*, eadem acceptione, in Lit. remiss. ann. 1400. ex Reg. 155. Chartoph. reg. ch. 27 : *Doubtant la fureur et ire d'icellui seu son frere, qui estoit plus jeune, fort et Vertueux que lui.* Aliæ ann. 1448. in Reg. 176. ch. 664 : *Icellui Lucio qui estoit homme rigoreux, grant et Vertueux de corps, etc.*

¶ Virtutum Viri, Strenui, viri magno fortique animo, Gall. *Valeureux*. Chron. Angl. Th. *Otterbourne* pag. 227 : *Interim Rex, commendatis filiis suis majori London et civibus, et in turri London positis, cum Virtutum viris persequi statuit dominos supradictos.*

2. **VIRTUS**, Miraculum. Matthæus 14 : *Ipse surrexit a mortuis, et ideo Virtutes operantur in eo.* Marc. 6 : *Et non poterat ibi Virtutem ullam facere, nisi paucos infirmos, impositis manibus, curavit.* Hist. S. Apollinaris Mart. : *Faciens multas Virtutes in nomine Jesu Christi.* Marcellini et Faustini Libellus precum pag. 73 : *Per quem et divinas Virtutes operatus est non solum in Sardinia, sed in ipsis quoque quatuor exilits : usque adeo ut eum adversarii magnum dicerent, cum Apostolicas per eum Virtutes fieri negare non possent.* Pag. 74 : *Et in nomine Christi sit Virtutes operatus.* S. Hieronymus Epist. 84 : *Viri Apostolicorum signorum atque Virtutum.* Einhardus de Miraculis SS. Martyrum Marcellini et Petri lib. 4. cap. 8 : *Nihil, inquit, modo apud aulicos tam celebre est, quam signa et Virtutes, quæ fiunt in domo Einhardi per quosdam Sanctos, quorum reliquias in oratorio domus suæ habere dicitur.* Adde cap. 9. Leo Ost. lib. 2. cap. 78 : *Multis post mortem Virtutibus claruit.* Testamentum Bertichramni Episc. Cenoman. : *Quia et Virtutes ibi ostensæ sunt.* Acta Episcopor. Cenoman. pag. 179 : *Quæ hactenus Ecclesia manet, atque in ea Dei virtute meritisque S. Dei genitricis Mariæ multæ Virtutes divinitus fiunt.* Adde pag. 180.

¶ 3. **VIRTUS**, *Copia, vis hostilis*, in Gloss. Gasp. Barthii apud Ludewig. tom. 3. Reliq. MSS. pag. 19. ex Hist. Palæst. : *Maxima vero Virtus illorum veniebat retro.* Tudebodus lib. 4. cap. 18. de Bello Hierosol. : *Postquam venit maxima Virtus illorum, quæ erat rètro, acriter invasit nostros.* Occurrit passim apud Scriptores sacros. Psal. 135 : *Et excussit Pharaonem et Virtutem ejus in mari rubro.* Et alibi.

1. **VIRTUTES**, Angeli, ex secundo Angelicæ hierarchiæ gradu, quorum est ea procurare omnia, quæ ad religionem spectant in communi, *per quos signa et miracula fiunt in mundo*, inquit Rabanus lib. 1. de Univ. cap. 5. et ex eo Papias. *Inest etiam in eo nomine quædam fortitudo, dans efficaciam inferioribus spiritibus ad exequenda divina ministeria*, ait S. Thomas 1. part. q. 108. Isidorus lib. 7. Orig. cap. 5 : *Virtutes, Angelica quædam ministeria perhibentur, per quæ signa et miracula in mundo fiunt, propter quod et Virtutes dicuntur.* S. Hieronymus Epist. 17 : *Denique etiam Josephum... asserere illo tempore, quo crucifixus est Dominus, ex adytis templi Virtutum cœlestium erupisse voces dicentium, etc.*

2. **VIRTUTES**, pro Reliquiis Sanctorum. Formula 174. apud Lindenbrogium : *Et aliud de ista causa in nullo non redebeo, nisi in justo et idoneo sacramento per hunc locum et Deum altissimum, et Virtutes Sancti illius.* Tabularium Carrofense, apud Beslium pag. 156 : *Quo dedicato, cœpit conqueri Imperator cum Domino Apostolico et Duce Rogerio de Virtutibus Sanctorum, etc.* Occurrit rursum infra. Charta Hispanica æræ 905. apud Martinezium in Hist. Pinnatensi lib. 1. cap. 21 : *Ecclesia.... ubi sunt reconditæ Virtutes præfati Apostoli, et B. Andreæ fratris ejus, etc.* [Eckehardus Junior de Casib. S. Galli cap. 5 : *Sancti Magni Virtutem quam manibus gerebat, hanc esse adstantibus prædicans asseruit.* Charta ann. 1338. tom. 2. Hist. Dalph. pag. 360 : *Ipsius dom. Dalphini responsione habita accedentibus DD. Canonicis, Capellanis et Clericis dictæ ecclesiæ cum cruce, Virtutibus et paramentis solemniter modo processionis, etc.*]

¶ 3. **VIRTUTES**, Jura, privilegia. Charta Ludovici Reg. filii Bozonis pro Episcopo Gratianopolit. ann. 894. apud Baluz. tom. 2. Miscell. pag. 156. et *Chorier* tom. 2. Status polit. Dalph. pag. 19 : *Sancimus ut ipse Ysahac ejusque successores nullo contradicente in prædicta ecclesia cum omni ejusdem loci clero teneant, possideant omnes Virtutes quas mater ecclesia perpetim videtur habere in omnibus ecclesiasticis ordinibus, chrisma videlicet in Domini cœna benedicendo, pœnitentiam peccatoribus dando, etc.*

¶ **VIRTUTIFER**, Potens, efficax. Mirac. S. Galterii sæc. 6. Bened. part. 2. pag. 824 : *Hic de Dei misericordia, et famuli sui Virtutifera confisus potentia advenit, etc.*

VIRTUTIGENA, Cui est ingenita virtus. Glaber Rodulfus in Vita S. Guill. Abb. Divion. in Præfat. : *Ideo communem fidelium Virtutigenum observamus charitatem, etc.*

¶ **VIRVICARIUS** Servus. Vide in *Berbix* 1.

VIRULE, *Venenum*, Papiæ, ex voce *virus*.

¶ **VIRUS**, ἰτρύς, in Gloss. Lat. Gr. *Vitis*, ἴτυς, in MSS. Sangerm.

* **VIRZETA**, Virgetum, ut videtur. Chartul. S. Joan. Angeriac. fol. 142. v° : *Et habet* (salina) *laterationes de tribus partibus, terram sancti Nazarii, hoc est una Virzeta et quantum ad ipsam Virzetam pertinet.* Vide supra *Virgaretum*.

¶ 1. **VIS**, Manuopera, manuum opera. Charta ann. 1338 : *Tandem tenentur ad construendam domum pastoris satis commodam, sicut et ad Vim, ut aiunt, et vecturam materialium, pro ædificanda vel reparanda ecclesia et domo pastorali, mediante refrigerio moderato.*

¶ 2. **VIS**, Cochlea, Gall. *Vis d'un pressoir.* Inventar. ann. 1476. ex Tabul. Flamar. : *Item plus in eodem stabulo unum torcular vini.... cum uno anulo et una cavilhia ferri, existentibus in uno foramine unius Vicis dicti torcularis pro torculando vindemiam tempore vindemiarum.* Hinc emendanda Acta S. Angeli tom. 2. Maii pag. 62 : *Arcasque prædictas prædicti argentarii clavis et Vitibus ferreis fortiter simul affixerunt et cooperierunt.* Ubi legendum est *Vicibus*, ut *Vicis* pro *Vitis*, in Miraculis S. Antonii de Padua tom. 2. Jun. pag. 738 : *Cujus lingua erat modicum prominens extra guttur et brevissima, ad modum Vitis torcularis retorta, sic quod videbatur intuenti bianda et rugeta.* Ejusdem originis est

¶ Vis, pro Turris, cujus scalæ in modum cochleæ spiratim sunt circumductæ, Gall. *Escalier à vis.* Chron. S. Petri Vivi apud Acher. tom. 2. Spicil. pag. 758 : *Per claustrum ecclesiam introivit, et in Vitem* (l. Vicem) *quæ ad defendendum in eadem ecclesia est, ascendit, et ostium post se clausit.* Inventar. supra laudatum : *Et in quadam camera quæ est in superioritate prædicti castri prope Vicem per quam ascenditur et descenditur in eodem castro.* Vide *Vicella*.

* Nostris quoque *Viz*. Joinvil. in S. Ludov. edit. reg. pag. 127 : *Il tenoient leur parlement en une Viz, qui descendoit de l'une chambre en l'autre.* Lit. remiss. ann. 1404. in Reg. 159. Chartoph. reg. ch. 201 : *Lequel Johan de Billy monta en une Viz etc.* Aliæ ann. 1417. in Reg. 170. ch. 105 : *Une Viz par laquelle l'en monte en la chambre. Vifz*, in aliis ann. 1451. ex Reg. 184. ch. 114 : *Le suppliant monta par la Vifz en la salle du chastel de Senecey, jusques à l'uys de la chambre de la dame ; après ce descendit par laditte Vifz.*

¶ Vis Laica, in Charta Edwardi I. Reg. Angl. ann. 1298. apud Kennet. in Antiquit. Ambrosd. pag. 335 : *Præcepimus quod* omnem *Vim laicam quæ se tenet in ecclesia de Bukenhull, quo minus idem Episcopus officium suum spirituale ibidem exercere possit, sine delatione amoveres ab eadem..... prædicti Johannes, Gilbertus, Johannes, etc. qui se Vi laica in eadem ecclesia tenuerunt in adventu tuo ibidem se alibi transtulerunt, et confestim post discessum tuum ab ea, aggregatis sibi aliis malefactoribus se in eam Vi armata iterato intruserunt.* [** Placit. ann. 25. Henric. III. reg. Angl. Sutht. rot. 27. in dors. in Abbrev. Placit. pag. 113 : *Præceptum fuit vicecomiti quod amoveri faceret Laicam Vim, per quam homines prioris de Mertonia obsessi sunt in capella de Roppel, ita quod liberum habeant ingressum et egressum.... Præterea præceptum fuit eidem vicecomiti quod attachiaret per salvos plegios magistrum Albericum, officialem archidiaconi Wyntoniensis de esse coram Dno Rege etc. ad respondendum quare contulit prædictam capellam et in ea personam instituit contra clamorem dni Regis.... Vicecomes mandavit quod non fuit inventa Laica Vis et quod magister Albericus non habuit laicum feodum nec voluit invenire plegios. Et quia testatum fuit quod clerici obsederunt homines dicti prioris in prædicta capella, præceptum fuit vicecomiti quod amoveri faciat omnem vim tam clericorum, quam laicorum, per quam, etc.*]

Vis Magna, et Parva, seu *Ad magnam vim et parvam* : Formula, quæ crebo reperitur in Chartis, quæ agunt *de feudis* vel *Castellis reddibilibus*, id est, quæ vassalli reddere domino superiori tenebantur, seu is vellet ea ingredi cum mediocri comitatu, *ad parvam vim* : seu cum majori comitatu, *ad magnam vim*, [ut colligitur ex Inventar. Chartar. Reg. ann. 1482. fol. 116 : *Promittit (dom. de Vitriaco) dominum Regem in suis castris recipere in magna et parva comitiva. De anno* 1230.] Ea notione has voces intelligi debere pluribus docuimus in Dissertat. 30. ad Joinvillam pag. 352. 353. [Vide *Feudum Reddibile*, in *Feudum*, et *Reddere*.]

* Quod rursum probat Charta Ludov. comit. Valentin. ann. 1375. in Reg. 108 : Chartoph. reg. ch. 204 : *Dictus dominus Eynerius et ejus successores in prædictis infeudatis et donatis teneantur recolligere in dictis castris et eorum utroque, omni tempore guerrarum et pacis, nos et nostros hæredes et successores et gentes nostras, iratos et pagatos, cum armis et sine armis, in magna quantitate et parva.* Vide supra in *Fortia* 2.

¶ 3. **VIS**, Procurator, actor, qui alterius auctoritate et nomine agit. Charta Guillelmi Aurel. Episc. ann. 1253. ex lib. albo Episc. Carnot. : *Noveritis quod cum Præpositus Carnotensis seu Vis nobilis dominæ M. Comitissæ Carnotensis res Johannis Collirubei et Petri dicti Sequart cepisset et captas detineret, etc.* Eadem leguntur in Charta prædictæ Comitissæ ejusdem anni ibid. : *Cum præpositus noster Carnotensis seu Vis nostra, etc.* Infra *Mandatum* dicitur. Vide in hac voce num. 3. *Force*, eodem sensu, occurrit in Composit. inter Carolum Carnot. Comit. et Capitul. Carnot. ann. 1306 : *Se le Prevost ou la Force le Conte prennent ou seisissent hoste de chapistre, ou les biens de l'oste, etc.* Infra : *Se la cause de la prise, ou de la sesine depent dou fet dou baillif ou dou prevost, etc.*

¶ 4. **VIS**, Sollicitudo, cura. Testam. Johannis Fabri Carnot. Episc. ann. 1390 : *De quibuscumque aliis scripturis modicam Vim facio, quod sancta rusticitas omnia palam habet.*

¶ 1. **VISA**, Vox jurisdictionis ecclesiasticæ, vulgo *Visa*, a formula in his litteris approbationis usitata ducta origine. Expositio compend. benefic. fol. 47 : *Possessionem præcedere debet Ordinarii collatio, aut signatura Papæ cum Ordinarii approbatione quæ Visa dicitur.*

* 2. **VISA**, Inspectio. Charta Caroli IV. ann. 1326. in Reg. donor. ejusd. ex Cam. Comput. Paris. fol. 17. r° : *Cujusmodi informationem nobis ab ipso missam ballivo inspici et videri fecimus, per quam Visam reperimus quod etc.* Vide *Visus*.

* **VISAGIUM** Falsum, Larva, Gall. *Masque*, alias *Faux* vel *Fol visage*. Arest. ann. 1330. 20. April. in Reg. *Olim* parlam. Paris. : *Falsum Visagium occasione cujusdam chareverii, quod tunc in dicta villa (S. Richarii) fiebat, deferentem invenerant, graviter vulneraverunt.* Lit. remiss. ann. 1354. in Reg. 82. Chartoph. reg. ch. 168 : *Mutoninis et arietinis induti pellibus, cum aliis falsis Visagiis, etc.* Aliæ ann. 1367. in Reg. 97. ch. 558 : *Icellui Clays avoit esté à sa maison armez à fol Visage le jour du nouvel an. Visaige* nuncupatur, Pars capitii, qua vultus includitur, in Lit. remiss. ann. 1394. ex Reg. 147. ch. 134 : *Le suppliant trouva ledit Cousin, lequel il print par le Visaige de son chapperon, et en le hauchant asez courtoisement, etc. Faire visage*, pro hodierno *Faire face*, Convertere vultum in aliquem, dixerunt nostri. Lit. remiss. ann. 1390. in Reg. 138. ch. 207 : *Lesquels compaignons sacherent leurs espées en lui faisant Visage pour resister à sa mauvaise voulenté.* Hist. Caroli VII. ad ann. 1429. pag. 512 : *La Pucelle leur fit Visage et marcha contre les Anglois. Visance*, pro *Apparence*, species, apud Phil. *Mouskes* :

Par la Visance et par semblant.

Vide supra *Masca*.

¶ **VISAMUM**. Vide supra *Bisamum*.

VISANTIUS, Visanteus. Vide *Byzantius*.

* **VISARE**, a Gallice *Viser*, Collineare, dirigere. Lit. remiss. ann. 1355. in Reg. 84. Chartoph. reg. ch. 43 : *Qui Johannes quemdam quarrellum tunc accepit, et illum posuit in nuce dictæ balistæ Visando versus quemdam acervum fimi, pro trahendo dictum carrellum ibidem; et antequam potuisset cepisse suam visionem, nux dictæ balistæ se laxavit, etc.*

¶ **VISATUS**. Charta ann. 1131. apud Calmet. inter Probat. Hist. Lothar. tom. 2. col. 292 : *Ecclesia beati Joannis, quæ est in insula Leodii, anniversarium teloneum de foro Visati, per regiam traditionem.* Nomen loci proprium.

* **VISCAL**, Census species. Charta Phil. comit. Fland. pro libert. castel. Brug. ex Cam. Comput. Insul. : *De censu Viscal, cujus quilibet nummus requiritur cum duodecim denariis in secundo die post solutionem, etc. Cens viscal*, in Charta ann. 1323. ex ead. Cam.

* **VISCANISSA**. Bulla Callixti II. PP. ann. 1120. in Suppl. ad Miræum pag. 33. col. 1 : *Quadraginta mensuras terræ ex Viscanissa ex berquaria Girardi ad præbendam unius fratris........ Item in Viscanissa ad restaurandam ecclesiam prædictam unam berquariam.*

¶ **VISCARE**, *Visco implicare, capere, corripere*, in Gemma. *Viscatus* occurrit apud Ovidium Art. amator. lib. 1. v. 391. et Plinium lib. 9. Epist. 30. Vide *Viscarius.*

* Glossar. Gall. Lat. ex Cod. reg. 7684 : *Viscare, Engluyer, prandre o gluyz.*

* **VISCARIA**, ut mox *Viscarnia*. Charta ann. 1265. in Chartul. S. Petri Insul. sign. *Decanus* fol. 139. r° : *Ballivus Furnensis fecit dictos Willelmum et Cluis in Viscaria Furnensi ad judicium evocari.*

¶ **VISCARIUM**, Viscus. Epist. Lamberti Abbat. S. Rufi apud Marten. tom. 1. Anecd. col. 332 : *Ego judico, si cum viris feminæ habitant, Viscarium non deerit Diaboli.*

* Stat. hospit. S. Gertrudis ann. 1255. in Suppl. ad Miræum pag. 610. col. 2 : *Nunquam solus cum sola sedeat, ne capiendis malignus insidiator Viscarium intendat.* Hinc emendanda statuta hospit. Sylvæduc. ann. 1277. ibid. pag. 134. col. 1. ubi legitur *Viscerium.*

VISCARIUS, Qui visco aves captat, ἰξευτής, *aucupator, auceps*, in Gloss. Gr. Lat. Ibid. ἰξεύω, *visco aucupor*, ἰξός, *viscum, et viscus.*

¶ **VISCARNA**, ut supra *Vierscara* : quomodo etiam legendum videtur. Charta Caroli Comit. Flandr. ann. 1125. ex Tabul. S. Bertini : *Dicente eodem Theinardo quia de placitis, quæ ad scultedum pertinent, non deberet placitari ad Viscarnam Abbatis, neque per Scabinos inde judicari.* Vide *Virscara.*

* **VISCARNIA**, ut *Vierscara*, Tribunal apud Flandros, ubi de rebus cum civilibus tum criminalibus suprema sententia judicatur, ejusque districtus. Charta Ferrandi et Joan. comit. Fland. ann. 1234. in Suppl. ad Miræum pag. 96. col. 1 : *Omnes illi de octo Viscarniis, manentes infra officium Brugense, qui ad scabinagium pertinent, etc.* Vide supra *Virscara.*

¶ **VISCELLUS**, Vivarium. Vide *Giscellus.*

* **VISCERABILIS**, Intimus. Epist. synod. ann. 877. inter Capit. Caroli C. : *Viscerabili affectu sequimur, et celebri laude prosequimur, etc.*

¶ 1. **VISCERABILITER**, Ex animo. Chron. Trudon. ad ann. 999. apud Acher. tom. 7. Spicil. pag. 348 : *Adelardus.... familiam ecclesiæ nostræ Viscerabiliter dicitur dilexisse.* Litteræ Edwardi II. Reg. Angl. ann. 1307. apud Rymer. tom. 3. pag. 12 : *Ob specialem affectionem quam ad præfatum genitorem nostrum et suos Viscerabiliter habuistis.* Vita S. Wolbodonis tom. 2. April. pag. 862 : *Spondens Viscerabiliter quod si spatium sibi daretur, cuncta quæ abstulerat ex integro restitueret.* Vide *Viscerosus.*

¶ Visceraliter, In intimis visceribus. Charta Imberti Episc. Paris. apud Marten.

tom. 1. Ampl. Collect. col. 417 : *Quando divini cultus studio Visceraliter percellimur, etc.* Occurrit prætereà in Litteris Caroli V. Reg. Franc. ann. 1372. tom. 5. Ordinat. pag. 561. Vide Vossium lib. 4. de Vitiis serm. cap. 36.

¶ VISCERATIM, Eadem notione. Testam. Caroli Ducis Andegav. Reg. Sicil. ann. 1481. inter Probat. Comment. *de Comines* tom. 3. pag. 245 : *Pro amore quem ipse dominus Rex noster testator habet et Visceratim gerit erga ipsum* (dom. Dalphinum.)

* 2. **VISCERABILITER**, Cum miseratione. Translat. SS. Georg. etc. tom. 7. Collect. Histor. Franc. pag. 355 : *Cum vi-cum* (fratrem) *capere posset* (Carolus) *ei locum abeundi Viscerabiliter indulsit.*

* **VISCERALIS**, Intestinus, in Epist. Hincm. Rem. ibid. pag. 547 : *Nunc autem qualiter regnum istud,.... ut ita dicamus, Viscerali commotione........ sit perturbatum.*

¶ **VISCERARI**, Intimis visceribus seu Præcordiis commoveri. Charta Widegerni Episc. Argent. apud *La Guille* Hist. Alsat. inter Instr. pag. 9 : *Unde nos congratulantes hujus viri sanctæ devotioni et illorum glorioso proposito, Viscerati caritate et pietate, commoti devotione promptissima,... ut ad ipsum monasterium...privilegium conscribere vel confirmare deberemus.*

VISCERATIO, διανομὴ κρέως, in Gloss. Gr. Lat.

* **VISCERIUM**, pro *Viscarium.* Vide supra in hac voce.

¶ **VISCERIUS.** Chartam ann. 1193. apud Cencium inter Census Eccl. Rom. subscribunt *Petrus de Cencio dom. Papæ Viscerius testis : Paulus Malagromensis dom. Papæ Viscerius : Petrus Roberti similiter Viscerius testis.* Infra in alia Charta legitur, *Viscerius.* An pro *Usserius?* Vide in hac voce.

* 1. **VISCEROSE**, Ex animo, toto corde. Charta Ludov. reg. Sicil. ann. 1382. in Reg. Joan. ducis Bitur. ex Cam. Comput. Paris. fol. 26. r° : *Viscerose cupientes in eodem regno nostro nobiscum alteram ipsorum liliorum plantulam propagare, etc.* Vide *Viscerabiliter* 1.

* 2. **VISCEROSE**, In intimis visceribus. Lit. remiss. ann. 1353. in Reg. 81. Chartoph. reg. ch. 896 : *Ex maternali amore in tantum fuit Viscerose commotus, etc.* Vide *Visceraliter.*

¶ **VISCEROSUS**, Intimus, sincerus, in Litteris ann. 1394. apud Acher. tom. 6. Spicil. pag. 102.

¶ VISCEROSIUS, Ex animo. Charta ann. 1418. apud Lobinell. tom. 3. Hist. Paris. pag. 477. col. 1 : *Ipsosque in sacræ religionis nostræ observantia laudabili Viscerosius confovere... cupientes, etc.*

VISCIDE, *Fortiter*, in Gloss. MSS. ad Alexandrum Iatrosoph.

VISCIDUS, *Viscosus.* Gariopontus lib. 1. cap. 6 : *Hæ causæ nascuntur de sanguine Viscido,* id est, *amaro.* 1. edit. habet *inscido.* [Papias : *Musteum, medium, viride, Viscidum. Viscidum acetum,* apud Theod. Priscianum lib. 1. cap. 2. Compar. *Viscidiores cibi*, apud eumd. de Diæt. cap. 18.]

VISCOCUS. Fragmentum Petronii pag. 15 : *Solebat sic cenare quomodo Rex apros gausapatos, opera pistoria, Viscocos, pistores.* [Vocem dividit Schefferus locumque sic restituit : *Opera pistoria, avis, cocos.* Ubi *avis* pro *aves* more haud infrequenti. Ipsum consule in Notis ad hunc locum.]

¶ **VISCOSITAS**, Viscus, gluten, Gall. *Viscosité.* Arnaldus in Rosario MS. lib. 2. cap. 3 : *Propter contritionem et assationem ad ignem dividuntur partes ligatæ a Viscositate quæ est in corporibus.*

¶ **VISCOSUS**, *Visco* S. Fiacrii, vulgo *le fic de S. Fiacre*, laborans. Est autem cancri genus, carnosis partibus adhærere solitus, primo calli instar durescit : dein callus in pus conversus, proximas partes sensim depascitur. Vita S. Fiacrii sæc. 2. Bened. pag. 600 : *Septem peregrini de S. Dionysio venientes, cum non longe essent a monasterio S. Fiacrii, dixerunt quatuor ex illis : Eamus ad S. Fiacrium. Reliqui vero tres dixerunt : nos Viscosi non sumus, non habemus necesse ire ad eum, ipse non habet peregrinos nisi Viscosos.... Ite Viscosi ad medicum Viscosorum.* Vide *Unctuosus.*

VISENETUM. Vide *Vicinus.*

¶ **VISER**, Hippegus. Vide *Huisserium.*

¶ **VISERIA**, a Gall. *Visiere*, Specula, locus unde visus patet, *Echauguette.* Charta ann. 1370 : *Pro faciendo et ædificando unum murum cum duobus Viseriis super barrum vetus.* Vide *Visorium.* Hinc

¶ VISERIA, Cassidis conspicillum, vulgo *Visiere.* Comput. ann. 1336. tom. 2. Hist. Dalph. pag. 326. col. 1 : *Item duos bacignetos cum Viseriis, II. sol. VI. den. gr.* Mirac. B. Ludovici Archiep. Arelat. apud Stephanot. tom. 10. Fragm. Hist. pag. 310 : *Fuit percussus quadam sagitta magnæ balistæ quæ infra Viseriam cassidis intravit.* Chron. Petri Azarii apud Murator. tom. 16. col. 308 : *Volens videre castramenta partis Gibellinæ et qualiter procedebant, levata Viseria barbutæ, etc.* Occurrit prætereà in Annal. Estens. apud eumd. tom. 18. col. 991. et in Chron. Tarvisino tom. 19. col. 787. *Heaume à vissere* (leg. *à visiere*) in Testam. Odonis de Rossilione ann. 1298. apud Marten. tom. 1. Anecd. col. 1306. Vide in *Visus.*

* *Vidaille*, in Lit. remiss. ann. 1455. ex Reg. 187. Chartoph. reg. ch. 255 : *Le suppliant haussa son baston,...... et d'icellui donna audit Valete ung cop sur l'uisse ou Vidaille.*

¶ **VISERIUS.** Vide supra *Viscerius.*

* **VISIA**, Aspectus, Gall. *Vue.* Inquisit. forestæ Britolii in Reg. 34. bis Chartoph. reg. part. 2. fol. 129. v°. col. 2 : *Oves suæ possunt ire in boscos, quantum durat Visia plani. Visio* legitur in Cod. reg. 4653. A. fol. 89.

¶ **VISIBILITAS**, Forma, sensus, apud Tertull. lib. de Carne Christi cap. 12 : *Visibilitas per carnem.*

¶ VISIBILITER, Aperte, in Charta ann. 1379. apud Ludewig. tom. 6. Reliq. MSS. pag. 504. Utuntur prætereà S. August. de Gen. ad litt. cap. 6. et S. Paulinus Epist. 20. ad Delphinum.

* **VISIFICUS** SPIRITUS, Ad videndi sensum pertinens. Alex. Iatrosoph. MS. lib. 1. Passion. cap. 94 : *Adhuc autem et senioribus ætate defectum Visifici spiritus reparant et renovationem faciunt visui.* Vide infra *Visivus.*

¶ **VISILLIS.** Testam. Guidonis Comit. Nivern. ann. 1239. tom. 1. Macer. Insulæ Barbaræ pag. 152 : *Et quod in parte quam habeo in decima sancti Pauli juxta Visillis, ponatur et assignetur dictum anniversarium.* Mendum esse facile deprehenditur; at non ita in promptu est emendatio.

¶ **VISINANCIA**, Vicinia, Gall. *Voisinage*, Ital. *Vicinanza.* Memoriale Potest. Regiens. ad ann. 1260. apud Murator. tom. 8. col. 1122 : *Et die altera omnes Regini fecerunt confalones cujuslibet Visinanciæ; et fecerunt processiones circa civitatem, etc.*

¶ **VISINIA**, pro Byssina, in Charta Rudesindi Episc. Dumiensis æræ 1016. apud Ant. *de Yepez* in Chron. Ord. S. Benedicti tom. 5. et inter Conc. Hisp. tom. 3. pag. 184 : *Indumenta Sacerdotum et levitarum... auro texta, Visinia, purpurea et linea.*

¶ **VISINOCHA** FEBRIS, pro *Synocha.* Vide *Febris* et *Synochus.*

* 1. **VISIO**, Prospectus in domum vel tenementum vicini. Arest. parlam. Paris. ann. 1275. in Reg. 2. *Olim* fol. 28. v° : *Licet major et pares Medontenses a tempore, a quo non exstat memoria, in villa Medontensi exercuerint justitias quæ sequuntur, videlicet...... Visiones impeditas, stillationes, domorum clausuras, etc.* Vide *Vista* 1.

* 2. **VISIO**, Intentio in scopum, Gall. *Visée.* Locus est supra in *Visare.* Aliis notionibus, vide in *Visus.*

** **VISIONABILIS** *Dualitas virtutum*, apud Anastas. in Homilia Cyrilli de SS. Cyro et Joh. Maius in Glossario novo.

¶ **VISIONES**, Theoremata, Ant. Augustino, Gr. Θεωρίαι. Justinianus in 2. Præfat. Digest. : *Et in partibus in quibus perfectissimæ Visiones expositæ veterum fuerant, quod particulatim in eas fuerat sparsum, hoc dividere ac separare, penitus erat inutile.* Vide Panciro). lib. 1. Thesauri variarum lect. cap. 77. et Lexicon Calvini.

* **VISITANTIA**, Præstatio, quæ curioni fiebat aut a peregrinantibus, aut propter *visitationem* infirmorum. Tabul. S. Flori : *Stephanus Amricus dedit...... ecclesiam de Lasternes et omnia quæ ad ipsam pertinent, hoc est decimam, primitias, Visitantias, baptisterium, etc.* Vide in *Visitatio* 1.

* **VISITARE**, Frequentare. Stat. ann. 1534: ex Tabul. S. Petri Insul. : *Præterea nullæ erunt vacantiæ, sed continuo Visitabunt usque ad vigiliam Nativitatis Dominicæ, denuo Visitaturi easdem scholas, festis finitis.* Vide alia notione in *Visitatio* 1. et 2.

¶ **VISITARIUS**, ut infra *Visitator* Monachorum. Charta ann. 1315. apud Lobinell. tom. 3. Hist. Paris. pag. 322. col. 2 : *Una cum... fratre Iacobo capellano dicti Visitarii, etc.* Infra legitur *Visitatoris.*

1. **VISITATIO**, Pensitationis species : ita appellata, quod tenentes Dominos suos identidem *visitare* tenerentur cum xeniis aut muneribus, quod postmodum in præstationem necessariam abiit, et in Gallia nostra *Salutatici* nomine innotuit. Orig. Murensis Monasterii pag. 39 : *Villicus autem debet dare, sicut omnes villici nostri debent, piscem magnum pretio 5. solidorum ante Natale Domini, quod vocatur Visitatio.* Pag. 40 : *Rustici autem, qui habent scopasse, serviunt diem in ebdomada, et qui dimidiam in secunda, vel censum dant, et Visitant*

villicum semel in anno. Id est, jus *visitationis* præstant. Pag. 47 : *Villici, qui sub se habent homines servientes, ex diurnalibus, quorum Visitationem accipiunt, debent dare pisces singuli quinque siclorum, alii autem non ; sed secundum uniuscujusque constitutionem : nam ille, qui multos habet Visitatores, et quoque nullos, possunt coæquari.* Vetus Charta ibidem pag. 65 : *Persolventem annuatim in censum sextum decimum dimidium modium avenæ, et siliginis aridi, et in festivitate S. Thomæ 4. solidos ad Visitationem.* [** Tabular. Abbat. Melloc. in Diario Diplom. tom. 2. pag. 122 : *In Natale Domini, aut Visitacionem, aut sex denarios.* Ibid. pag. 123 : *In Natale Domini in Visitacione sua duos solidos et 40. panes et 20. modia avenæ reddunt.*]

¶ Visitatio Imperatoris, Præstatio, quam a vassallis et tenentibus exigebant Domini, cum ab Imperatore ad curiam evocabantur auxilium in bello per se, vel per milites suos præbituri. *Auxilium pro eundo ad Imperatorem* alibi dicitur. Vide *Auxilium*, pag. 514. col. 2. Litteræ anni 1239. Hist. Dalph. pag. 64 : *Est de jure imperii, ut principibus ecclesiasticis venientibus ad curiam de speciali mandato et pro servitiis imperii, ab eis qui tenent regalia ecclesiæ suæ in subventione congrua debeat provideri.* Charta ejusd. anni ibid. : *Præcipiendo quatinus pensata liberalitate, quam solummodo pro nobis exibuit, in hoc facto ipsi Archiepiscopo in centum libris Viennensibus pro cavalcata D. Imperatoris ad requiitionem ejus ei totaliter satisfacere procedatis, ne iram D. Imperatoris et nostram et pœnam appositam incurrere valeatis.* Quæ præstatio nomine *Visitationis* significatur in Charta ann. 1292. ibid. pag. 63. col. 2 : *Nos ex certa scientia et plena deliberatione, primo a petitione subventionis seu juvaminis per clericos et cives civitatis nostræ Diensis, ratione Visitationis Imperatoris ut Regis Alamanniæ, pro utilitate nostræ Diensis ecclesiæ, ut taliter nobis debitæ et debiti auctoritate cujusdam privilegii et privilegiorum ecclesiæ nostræ Diensi ab Imperiali culmine concessorum desistimus.*

¶ Visitatio, Peregrinatio, ut videtur, seu emolumentum quod ex fidelium peregrinationibus sacerdoti obvenit. Charta Odonis Episc. Paris. ann. 1205. ex Chartul. ejusd. Episc. fol. 53 : *Licebit autem priori et monachis in loco prædicto, si voluerint, ædificare capellam,... salvo in omnibus parrochiali jure presbitero S. Petri de Gonessa, scilicet quod idem presbiter habebit Visitationes, confessiones, sepulturas, etc.* Tabul. Episcopat. Ambian. ann. 1281 : *Habebit curatus gratuita quæ sequuntur : videlicet oblationes confessionum, Visitationes, vina nuptiarum, etc.* Nisi sit præstatio quæ pro visitatione infirmorum exsolvebatur.

* 2. **VISITATIO**, Solemnis sacramentorum infirmis administratio. Stat. Einbec. apud Ludewig. tom. 10. Reliq. MSS. pag. 112. cap. 30 : *De Visitationibus canonicorum. Sciant universi sententia capituli concorditer diffinitum, quod in Visitationibus canonicorum cum Eucharistia vel Extrema unctione, omnes existentes de gremio ecclesiæ et præsentes vocari debent, et Visitationi interesse. Visitatus tamen venientibus pro tunc nihil dare debet in præsenti, nisi solum campanario et scholaribus, si qui portaverint cereas.* Neque aliter videtur intelligendus Glaber Rodulph. tom. 10. Collect. Histor. Franc. pag. 22 : *Convocatis ceteris fratribus, secundum morem ei Visitationem fecerunt. Tertia namque die peracta, incipiente nocte migravit a corpore.*

VISITATOR, Episcopus, qui in locum alterius Episcopi demortui, vel propter crimen a communione suspensi, aut remoti, a Metropolitano, vel Summo Pontifice, mittebatur, ad obeunda in ea diœcesi Episcopalia numera, donec alius Episcopus ordinaretur, cujus electioni intererat. Vide Gregorium M. lib. 2. Ind. 10. Epist. 19. 20. 21. 27. lib. 3. Epist. 11. lib. 4. Epist. 13. 14. 20. 21. lib. 5. Epist. 21. lib. 6. Epist. 16. lib. 7. Ind. 2. Epist. 25. 26. 91. lib. 11. Epist. 16. Formulas antiquas Promotionum Episcopalium editas a Sirmondo ad calcem tom. 2. Concilior. Galliæ, et tom. 8. Conciliorum Labbeanæ editionis, Form. 1. 2. 3. et seqq. Aliam descripsit Baronius Johannis II. PP. ann. 534. n. 49. exaratam, pro *Visitatore* dando Ecclesiæ, cujus Episcopus ob crimen remotus fuerat. Aliam vide ejusdem Pontificis ad Cæsarium Arelat. Agapeti I. Epist. 7. ad eundem Cæsarium. Vide præterea Leonis Archiepisc. Senonensis Epistolam ad Childebertum Regem tom. 1. Concil. Galliæ, Concilium Regiense can. 6. in Actis Episcop. Cenoman. pag. 305. Diurnum Romanum cap. 7. Anastasium in S. Hormisda PP. Synodum apud Vermeriam ann. 853. cap. 1. Capitul. Caroli C. tit. 43. cap. 8. Conc. Roman. ann. 1079. can. 6. Joannem VIII. PP. Epist. 308. etc.

Ejusmodi *Visitatorum* officium accurate perstringit vetus Formula electionis Episcopi in Spicilegio Acheriano tom. 8. pag. 154 : *Prisca modernaque Ecclesiarum moderamina theoloquelariis sanxere canonibus, quo arripientibus viam universæ terræ quarumlibet sedium Præsulibus, per viciniorem Episcopum, aut alium Episcopum, cui Archipræsul injunxerit, extincti fratris tumulatorem, orbatæque sedis Visitatorem atque consolatorem, sine cujus conscientia sacri prohibent Canones confiteri aut confici de subrogatione Episcopi, perficiatur Ecclesiasticarum inventarium rerum. Tunc vero prioribus viduatæ sedes, dispositis Oeconomis commendetur. Postmodum autem Cleri plebisque ordinis desideriorum consensus requiratur, quinimo amotis simoniacis saeculis, postpositisque omnium cupiditatum argumentis, universa fideliter notitiæ Archiepiscopali significentur, quo disponente, cuncta in talibus expedit cum Suffraganeorum consilio, sub divina censura disponi negotiis, atque ordinari. Igitur Metropolitano dominica vocatione rebus humanis vitaque perfuncto, hæc eadem fideliter exigenda sunt omnia a Visitatore atque tumulatore, et omnium diœcesanorum, si fieri potest, cognitioni significanda prudentialiter, quo urbes, quas gentilium temporibus habebant idolicolæ Flamines, nunc gubernent Christicolæ Præsules. Cum ergo pastorem contigerit subrogandum, post advocationem et clamationem Cleri petitionemque viduatæ plebis, ne urbs Præsulem minime optatum non spernat, nec odium habeat, fiatque minus religiosa quam convenit, cui non licuit habere quem voluit : quoniam difficile est, quod bono peragantur exitu, quæ malo sunt inchoata principio, expedit orbatæ sedi cum Episcoporum electione, Cleri ac populi ipsius Ecclesiæ acclamatione Episcopum ordinari atque inthronisari. Quapropter, etc.* Historia Trevirensis : *Zacharias PP. B. Bonifacium doctrina et operatione clarum, Treverensi et Remensi Ecclesiæ Visitatorem, et spiritualium negotiorum provisorem constituit, cum Milo Tyrannus res utrorumque teneret.*

Visitatores in Monasteriis, qui in Capitulis Provincialibus deligebantur, qui Monasteria visitarent, in Monachos, atque adeo in ipsos Abbates inquirerent, horum delicta emendarent, mulctas pro ipsis delictis et pœnas monasticas irrogarent, etc. Cæsarius lib. 1. de Miracul. cap. 1 : *Visitatio est disciplinæ conservatio : duo enim primitivi Patres instituerunt ad vitiorum correctionem, et caritatis conservationem, videlicet generale Capitulum, et singulis annis Visitationes domorum.* Chronicon Montis-Sereni pag. 195 : *Gotfridus Monachus, quoniam in ordine Cisterciensi usitata res est visitatio, modum ejus talem esse asseruit, ut singuli fratrum jurati dicerent veritatem de omnibus, quæ vel a Præposito, vel ab aliis in Ecclesia sua fieri certum esset.* Sed cum ejusmodi Visitatores, sub prætextu et obtentu visitationis, Monasteria gravibus expensis premerent, seu longiori mora, vel sumtuosis, quas sibi administrari curabant, epulis, vel denique numeroso comitatu, interdum et ab iis pecunias extorquerent, cautum deinceps Constitutionibus Gregorii IX. Nicolai IV. Benedicti XII. et aliis, quæ habentur post Chronicon Casinense edit. Brolii, ne Monasteriis et locis visitatis onerosi et graves existerent. Quo spectat querela Burkardi de Casib. S. Galli cap. 16 : *Videant dona largissima quæ donavit in Curia, ne forte fratres sui opprobrio subjacerent Visitatorum, qui multa perturbaverunt Monasteria, ne longe petamus exemplum, sicut fecerunt in Augia, quos totonderunt, et jurare ad suum coegerunt mandatum.* Et cap. 21 : *Visitatores etiam per diversas missos Ecclesias, cum multos perturbassent tam Abbates quam Monachos, imo etiam plebanos et Clericos minoris ordinis, cohibuit, ne ad monasterium venientes suos perturbarent fratres, non hoc sine summi Pontificis obtinuit permissione, audivit enim qualiter in nobili Ecclesia Augiensi processerant, et quemadmodum fratres ipsius perturbaverant Monasterii.* Vide Decretal. Gregorii IX. lib. 3. tit. 35. cap. 8.

* **VISITATORIUS**, Ad *visitatorem* pertinens. Synod. apud Vermer. ann. 853. tom. 7. Collect. Histor. Franc. pag. 611 : *Ecclesiæ Nivernensi ea, quibus indigeret, Visitatorio officio impenderet et ordinaret.* Vide *Visitator.*

* **VISIVUS**, Ital. *Visivo*, Ad facultatem videndi pertinens. Vita S. Rosæ tom. 2. Sept. pag. 437. col. 2 : *Erat quædam virgo nomine Delicata, quæ ab ipsa sua nativitate caruerat virtute Visiva.* Vide supra *Visificus.*

¶ **VISMERIA**, Viminetum, virgetum, locus viminibus consitus, Gall. *Ozeraie*, Lemovicibus *Vismiere*. Obituar. S. Geraldi

Lemovic. fol. 33 : *Quem censum nobis assignavit in et super quibusdam vinea, Vismeria, et orto seu leza ejusdem Guillelmi.* Charta ann. 1519 : *Petrus Aureys.... confitetur se tenere quamdam lezam continentem unum jornale hominis situm in territorio deu Minudet inter terram Joannis Quiffort et Vismeriam magistri Johannis Lamyt.* Charta ann. 1537 : *Francoise de Poyel... declare qu'elle est dame fonciere et directe de certaine Vismiere et leze contenant environ deux journeaux, assise au clau Laurier territoire de Limoges confrontant à la Vismiere de maistre Laurent du Puy, etc.* Alia ann. 1545 : *Jehan le Picard horlogeur de Limoges reconnoist tenir et exploiter certaine Vismiere et leze assise au territoire de ladite ville confrontée avec la leze et Vismiere de heoirs feu maistre Laurens du Puy.* Vide *Vimus.*

¶ **VISNETUM.** Vide supra in *Vicinus.*

¶ **VISOLA.** Statuta Monast. S. Claudii ann. 1448. pag. 74 : *Recipere debet quinque Visolas ultra suam præbendam.* Ibidem pag. 82 : *Tenetur idem pittantiarius ministrare... in die Jovis sancta cuilibet ex prædictis Religiosis tres Visolas.* Legendum *Rosola*, Placentæ species, a colore rubicundo sic nuncupata. Vide ibi.

¶ **VISON**, Bison, genus bovis silvestris. Acta S. Ferreoli tom. 3. Jun. pag. 11 : *Silvester adhuc cum locus esset, Vison ibi fera reperta est.* [** Ekkeh. Chron. Univ. ad ann. 1104. apud Pertz. Script. tom. 6. pag. 225 : *Illius nimirum famosi Aerbonis posteri, quem in venatu a Visonta Bestia confossum, vulgares adhuc cantilenæ resonant.* Vide Graff. Thesaur. Ling. Franc. tom. 1. col. 1078. voce *Wisunt.*]

1. **VISORES**, Testes, qui rem actam viderunt, eique interfuerunt. Formulæ vett. secundum Legem Roman. cap. 30 : *Sed postea taliter in jam dicto loco ipsi illi judicatum fuit, ut in noctes 40. apud homines 36. manu sua 37. in Ecclesia illa, in loco nuncupante illo conjurare debeat, apud homines Visores et cognitores, eo quod ille quondam malo ordine super eum venisset, etc.* Cap. 31 : *Similiter testes sibi similes Visores et cognitores, etc.* Vetus Notitia apud Perardum pag. 60 : *Affirmantes, se habere plurimos et veraces atque Visores testes, qui hoc ita verum esse scirent, etc.* Tabularium Regulæ ad Garumnam : *Visores et testes hujus negotii fuerunt, etc.* Charta Lapurdensis apud Marcam lib. 4. Hist. Beneharn. cap. 9. § 8 : *Testes et Visores hi sunt, etc.* Tabularium S. Petri Generensis apud eumdem lib. 5. cap. 25. § 8 : *Hujus donationis sunt Visores, etc.* Blanca in præfatione ad Commentarios rerum Aragonensium : *Alterum quidem pro eorum robore et firmitate, quod sit de solennitatibus substantialibus contractuum, ut testes illorum stipulationi præsentes intersint, atque hos testes, Visores et Auditores appellabant, et ita appellati passim inveniuntur.* Charta Alfonsi Regis Aragon. æræ 1153. apud eumdem pag. 641 : *Sunt testes Visores et auditores de hoc donativum suprascriptum, etc.* In alia pag. 794 : *Testes sunt et Visores hujus rei, etc.* [Charta ann. 1088. ex Tabul. Ausc. : *Visores hujus negotii fuerunt Pontius Episcopus Bigorræ, etc. Visores et testes sunt W. Arnaldi de Jugun, et filius ejus Arnaldus*, in Chartul. Auxit. Charta ann. 1117. ex Tabul. S. Tiberii : *Visores et testes hujus defensionis sunt, etc.*] Hinc formula sat frequens diplomatibus adscripta : *Hæc autem Viderunt et audierunt, etc.* [Vide *Videntes.*]

¶ VISORII TESTES, Eodem significatu. Vita S. Leonis IX. PP. tom. 2. April. pag. 662. et apud Murator. tom. 3. pag. 296. col. 1 : *Cujus rei testes Visorii, a minimo usque ad maximum cuncti illius urbis dicuntur extitisse.*

2. **VISORES**, Qui forestis inspiciendis, ne vasta fierent, præfecti erant a Rege. Matthæus Paris ann. 1135 : *Quod nefandi genus placiti adeo fuerat execrabile, quod si Visores alicujus silvam, quem esse pecuniosum sciebant, a longe conspicerent, statim vastum in ea prohiberent, sive esset, sive non, ut eum sine merito redimere potuissent.* [*Viser* nostris pro Inspicere, explorare, observare. Le Roman *de Vacce* MS :

> Ses forestiers a fait Viser
> Ou il porroit grant cerf trouver.

Chron. ab ann. 1341. apud Lobinell. tom. 2. Hist. Britan. col. 721 :

> Les Francois les firent Viser,
> Afin qu'ils peussent s'aviser
> De les combattre en cette place.

Visitacion, pro Inspectio, in Litteris Caroli V. Reg. Franc. ann. 1372. tom. 5. Ordinat. pag. 527 : *Nous aions entendu que plusieurs nos subgez s'efforcent de entreprendre la Visitacion et cognoissance de aucuns desdiz mestiers, vivres et marchandises, etc.*] Vide *Vista* 4.

* *Veours*, eadem significatione, in Charta ann. 1314. ex Reg. 65. 2. Chartoph. reg. ch. 72 : *Le verdier dou lieu, les Veours des forais, les serjans de la forest fiejez et autres etc. Voir jurez d'eauwe*, in Ch. ann. 1355. tom. 2. Hist. Leod. pag. 421.

VISORES, Qui ad tenementa inspicienda delecti sunt. Vide *Visus.*

** VISORES INFIRMITATIS. Vide *Reseantisa* et *Essonium Mali Lecti* in *Sunnis.* Placit. ann. 9. Joh. reg. Angl. Cumberl. rot. 8. in dors. in Abbrev. Placit. pag. 58 : *Adam de Tindal optulit se versus Aliciam uxorem Roberti de Courtenay, quæ se essoniavit de malo lecti.... et ipsa non venit, nec Visores Infirmitatis illius, quia vicecomes significavit, quod ipse non fecit eam videri... Consideratum est quod vicecomes faciat eam videri per 4. milites de comitatu suo, etc.* Adde Placit. incert. temp. ejusd. reg. Northumb. rot. 1. in dorso ibid. pag. 69. et Glanvillam lib. 1. cap. 18. sqq.

* **VISORIA**, Cassidis conspicilium, Gall. *Visiere.* Garnis. inventæ in castro Carcass. ann. 1294 : *Quatuor capelli ferri cum Visoria.* Vide supra *Viseria.*

¶ **VISORIUM**, Locus unde visus patet. Senator lib. 5. Epist. 42 : *Amphitheatrum quasi in unum juncta duo Visoria.* Vide *Viseria.*

* **VISPIA**, Domus episcopalis. Charta ann. 1194. inter Probat. tom. 1. Hist. Nem. pag. 41. col. 1 : *Actum est hoc in urbe Nemausi in Vispia, etc.*

¶ **VISPILIATOR**, τυμβωρύχος, in Gloss. Lat. Græc. Aliæ Græco-Lat. : Τυμβωρύχος, *Sepulcri violator, Vispiliator.*

VISPILIO, Tersorium, Gall. *Gouspillon* : quæ quidem vox Gallica formata a *Goupillon*, vulpecula, seu cauda vulpeculæ, quod ejusmodi tersoria plerumque ex caudis vulpecularum fierent. Fleta lib. 2. cap. 76. § 9 : *Prodest etiam boves de die bis tergere cum Vispilione, eo quod affectius se lambebunt.* [Vide *Vespilio.*]

* Nostris *Vipillon*, pro *Goupillon*, Aspersorium. Lit. remiss. ann. 1416. in Reg. 169. Chartoph. reg. ch. 143 : *Le suppliant par maniere d'esbatement, vestu d'un surpeliz ou roquet de toile, prinst un pot d'arain en quoy il avoit de l'eaue et un Vipillon, dont il enrosoit en alant par le chemin les gens qu'il trouvoit.*

¶ **VISPILLUS.** Vide supra in *Vespilio.*

* **VISPOLIATOR**, Grassator; ex *vis* et *spoliator*, Charta Phil. VI. ann. 1345. in Reg. 124. Chartoph. reg. ch. 257 : *Latrones, homicidæ et Vispoliatores inibi et circumvicinis locis habitantes, etc.* Vide *Vespilio.*

* **VISQUIAMUS**, *Queuele*, in Glossar. Lat. Gall. ex Cod. reg. 7692.

¶ **VISSIUM**, Βδέσμα, in Gloss. Lat. Gr. Flatus ventris. MSS. Reg. *Vissium, bissium;* Sangerm. *Visio* : et mox : Βδέω, *viso*; ubi Reg. *bisso, pedo.*

1. **VISTA**, Prospectus in domum vel tenementum vicini : *Veue sur quelqu'un.* [*Droit de veues*, in Consuet. Bituric. tit. 11. art. 2. 13.] Libertates concessæ Barcinonensibus a Petro Rege Aragon. ann. 1283. MSS : *Nemo potest habere Vistam in alterum, nisi primo aspiciat super tenedonem suam.*

* Occurrit præterea in Instr. ann. 1388. tom. 8. Ordinat. reg. Franc. pag. 284. art. 6. Neque alio sensu hæc vox accipienda videtur infra num. 2. hoc est, in conspectu monasterii, Gall. *En vue du monastere.* Vide supra *Visio* 1.

¶ VISTA, Locus unde visus patet, Provincialibus *la Visto.* Inquisitio ann. 1268. ex Schedis Præs. *de Mazaugues : Et a Bergal usque ad Vistam qua videtur totum Cravam.* Vide *Visura.*

¶ 2. **VISTA**, in Charta ann. 1295. ex Schedis Præs. *de Mazaugues : Non possit.... aliquid novi facere, aliquod fortalitium vel tenere vel habere, nec castellum in Vista monasterii.* Id est, ni fallor, intra monasterii districtum, territorium. [* Vide *Vista*, 1.]

¶ 3. **VISTA**, Colloquium, congressus, Gall. *Entrevue.* Litteræ Philippi III. Reg. Francor. apud Rymer. tom. 2. pag. 152 : *Speciales nuncios destinavit cum potestate plenaria tractandi de faciendo Vista seu colloquio de nobis et eodem Rege super pace perpetua.* Infra : *Extitit conventum quod pro Vista seu colloquio hujusmodi celebrando, nos apud Montem-Marcianum, idem autem Rex apud Baionam personaliter erimus.* Litteræ Edwardi Reg. Angl. ann. 1286. ibid. pag. 330 : *Terminum Vistæ, inter nos et vos ad invicem faciendæ exposuimus eisdem secreto.* Occurrit præterea pag. 369. 457. etc. Inventar. Chartar. Reg. ann. 1482. fol. 309 : *Litteræ procuratoriæ Regis Castellæ super Vista et congregatione Regis Francorum et ipsius super concordiis inter eos confirmandis. De anno 1288.*

¶ 4. **VISTA**, Inspectio, visitatio, Hispanis *Visita*, Gall. *Visite*. Conc. Terracon. ann. 1329. apud Marten. tom. 4. Anecd. col. 285 : *Ne fiant Vistæ in monasteriis. Item, præcipimus et mandamus omnibus judicibus et advocatis litteratis, ne conveniant vel intersint alicui Vistæ, quæ fit vel fiat in monasteriis vel grangiis religiosorum*. Vide *Visores* 2.

5. **VISTA**, Alia notione. Charta pro Vicario Bituricensi, ex Tabulario S. Sulpicii Bituric : *Similiter de molendinis* (habebit) *unum molendinum, de Vistis unam Vistam, similiter ex liberis et scamnis de sacerio unum paronarium*. Quæ quidem mendo non carent.

☞ Vasis genus significari existimo, ut et apud Limborch. Sentent. Inquisit. Tolos. pag. 67 : *Item quadam vice portavit... unum panem et unam Vistam vini ad domum Raymundi sartoris*. Et pag. 161 : *In domo prædictæ Aymengardis in Rapistangno vidit duos hæreticos, unum qui vocabatur Petrus, cui misit unam Vistam de vino*. Ubi legendum censeo *Justa*, ut videre est in hac voce; tametsi *Viste* pro urna seu vase sepulcrali legitur in Poemate *de la guerre de Troyes* MS :

Le cors fist mettre en une biere,
Molt richement à grant honor,
Si con firent si ancessor,
Le feu ont à lui ardoir,
Et si poez de li savoir
Qe la poudre fu bien gardée,
Bien fu cherie et honorée.
En une Viste de fin or,
Qe avoit Prians en son tresor,
Precieuse d'estrange guise,
L'ont dedenz scelée et mise.

Vide *Urna* 2.

* Locum ex Tabul. S. Sulpicii sic emendo ex accuratiori lectione : *De Vistis, unam Vistam; similiter ex tiberis et scamnis de Saacerio, unum pozonarium*. Hinc corrigendæ Literæ ann. 1397. inter Probat. tom. 3. Hist. Burg. pag 187. col. 2 : *Une Niste d'or toute plaine à vingt un caras, pezant onze mars et demi*. Ubi leg. *Viste*.

* 6. **VISTA**, Nota, signum, quod facile videri potest. Stat. pro pannif. ann. 1317. in Reg. A. Cam. Comput. Paris. fol. 197. v° : *Ut omnes et singuli panni,.... per quem facti fuerint evidentius cognoscantur,....... videlicet in Carcassona et ejus suburbiis et toto Carcassesio, in primo capite cujuslibet panni fiet una radicula seu Vista de cotonno albissimo latitudinis ad minus trium digitorum communium*.

¶ **VISTELLA**, apud Bern. *de Breydenbach* in Itin. Hierosol. pag. 218. ubi de Moyse aquis exposito, pro *Fiscella*, ut legitur Exod. cap. 2. 3.

¶ **VISTRIGILIUM**, σφραγιδοφύλαξ, in Gloss. Lat. Gr. Leg. *Custos sigilli*, ut jam emendavit Vulcanius.

¶ **VISUALITER**, Manifeste, *Visiblement*. Chron. Comodoliac. apud Stephanot. tom. 2. Fragm. Hist. MSS : *Idem vero serpens obediens præceptis S. Juniani Visualiter evolans et per Pictaviam transiens et nemini ex tunc nocens, arripuit et subintravit gurgites maris Oceani*.

VISUMARIUS, vox Gallica vetus, qua *trifolium* denotatur, ut auctor est Marcellus Empiricus cap. 3. extremo.

¶ **VISURA**, Prospectus. Notæ obituum in Martyrol. Eccl. Cathedr. Aquens. : *Ipso die obiit Johannes Boerii qui reliquit anniversariis istius ecclesiæ unam eminam annonæ censualem ad Visuram Massiliæ*. Locus pulcherrimo prospectu, qui vulgo *La visto de Marseillo* dicitur. Vide *Vista* 1.

¶ VISURA, Inspectio. Acta Joannis de Organia tom. 1. April. pag. 803 : *Facta fuit Visura et inspectio ocularis cujusdam arcæ ligneæ*. Vide *Inspectura*.

VISUS, Oculus. Lex Alemann. tit. 61. § 3. 4 : *Si enim Visus tactus fuerit in oculo, ita ut quasi vitrum remaneat, etc. Si autem ipse Visus foras exierit et milus, etc.* Ubi per *oculum*, orbem oculorum intelligit. [** Vide Leg. Ribuar. tit. 5. § 3.]

¶ VISUS, Cassidis conspicillum, ut videtur, Gall. *Visiere*. Fulcherius Carnot. in Hist. Palæst. in Gloss. Gasp Barthii apud Ludewig. tom. 3. Reliq. MSS. pag. 337 : *Ut in Visibus eorum et peltis, etc.* Vide *Viseria*. [**Bongars. pag. 415. lin. 50. Vultus forte, ut sequens.]

¶ VISUS, Vultus, Ital. *Viso*, Gall. *Visage*, olim *Vis*. Mirac. S. Humil. tom. 4. Maii pag. 405 : *Habebat autem Visum valde tumefactum ac inflatum, ita quod oculis humanis nimis horribilis apparebat*. Vide *Viseria*.

* VISUS, ut supra *Vista* 1. Charta ann. 1358. in Reg. 86. Chartoph. reg. ch. 598 : *Una cum ipsius domus omnibus et singulis juribus, pertinentiis et appenditiis, Visibus et agotis, etc.*

VISUS, Inspectio. Rogerus Hovedenus pag. 784 : *Sed concedit bene quod capiant de boscis suis quod necesse iis fuerit sine wasto, et hoc per Visum forestarii sui, et viridariorum suorum*. Monasticum Anglic. tom. 1. pag. 507 : *Et similiter de toto anno de bosco ipsius Roberti usque ad Creyton scisso per Visum forestariorum nostrorum*. In Charta ann. 1300. Regesti Philippi Pulchri Reg. Fr. ann. 1299. ex Tabulario Regio num. 36 : *Usagium ad ardendum et ædificandum sufficienter ad opus domus ipsius Militis de Iuez per Ostensionem a viridario dictæ faciendam, etc.* Vide *Ostensio* et *Visores* 2.

* Lit. remiss. ann. 1409. in Reg. 163. Chartoph. reg. ch. 408 : *Les parties furent appointées en faiz contraires et en enqueste et Veue termée sur eulx*.

¶ VISUS, Officium inspectoris ejusque emolumenta. Inquesta ann. 1289. apud Kennett. in Antiquit. Ambrosd. pag. 314 : *Certus Visus valet per annum* 11. *sol. et reddit domino Regi pro prædicta hida et certo Visu* x. *sol.*

¶ VISUS, Judicium, arbitrium. Charta ann. 1249. ibid. pag. 241 : *Rex illas* XVI. *libras et dimidiam marcæ ad quas homines... in Pydinton... nuper talliati fuerant, assignavit ponendas per Visum Hugonis Gargate custodis prædictorum maneriorum in prædictis maneriis instaurandum*. Litteræ Caroli V. Reg. Franc. pro restauratione Communiæ Tornac. ann. 1370. tom. 5. Ordinat. pag. 376. art. 8 : *Lesquelles* (*ordonnances touchans loy et justice*) *demourront et seront mises en la Veue de Prevoz et des Jurez*. Occurrit rursum pag. 377. art. 20.

VISUS, VISIO, Inspectio rei, de qua litigatur, *Veue*, in veteri Consuet. Normanniæ art. 66. Cameracensi, Bononiensi, etc. ut et in veteri Consuetudine Bituricensi edita a Thomasserio cap. 12. *View*, Rastallo et JC. Anglis. *Monstrée de terre*, in Consuetudine Turonensi, Lodunensi, Cenomanensi, Britanniæ, etc. Bracton. lib. 4. tr. 1. cap. 16. § 4 : *Necesse est, quod fiat Visus de tenemento a juratoribus ut certa res deduci possit in judicium, et quod juratores verum et certum facere possint sacramentum, et quod perinde possit justitiarius justum proferre judicium*. [Litteræ procuratoriæ ann. 1348. ex Chartul. 21. Corb. fol. 193. v° : *Dantes dictis procuratoribus nostris.... potestatem... Ostensionem et bonsnagia faciendi. De requerre veuez ou hestencions de lieux, etc.*, in aliis Litteris de eadem re ibid. fol. 192. v°. Charta ann. 1394. ibid. fol. 81 : *Faire et veoir faire veues et ostensions de lieux, etc.*] Quomodo autem *visus* fiat, et de quibus rebus, aperit ibi pluribus idem Bracton. et lib. 5. tract. 3. cap. 8. ut et Fleta lib. 2. cap. 54. § 2. lib. 4. cap. 6. ubi modus *videndi* præscribitur : præterea Stabilimenta S. Ludovici lib. 1. cap. 46. 56. lib. 2. cap. 10. Philippus *de Beaumanoir* cap. 9. Assisiæ Hierosol. cap. 27. 222. Statuta secunda Roberti I. Regis Scotiæ cap. 37. 38. Glanvilla lib. 2. cap. 1. [** Placit. ann. 6. Ricard. reg. Angl. Lincoln. rot. 4. Norfolc. rot. 3. in Abbrev. Placit. pag. 3. Wiltes. rot. 3. ibid. pag. 6.] Statutum 2. Westmonaster. cap. 53. Vetus Consuetudo Normanniæ cap. 66. 85. etc.

VISIO, Eadem notione, in Regiam Majestatem lib. 1. cap. 9. § 3. [Judicium Scaccarii S. Michaelis ann. 1225. apud D. *Brussel* tom. 2. de Usu feud. pag. 964 : *Judicatum est quod duellum vadiatum nullum sit, ex quo nullus miles fuit ad Visionem*. Aliud ann. 1236. ibid. : *Præceptum est quod Visio potest fieri sine militibus in omni placito, de quo bellum non possit exire*. Chartul. S. Vandreg. tom. 2. pag. 1904 : *Ex parte dom. Regis vobis significamus quatinus presbiteros propinquos et loci vicinos fide dignos et non suspectos per aliquem decanum vestrum.... citari faciatis ad Visiones et ad assisias*.]

¶ VISIO, Recognitio scripturæ, ut supra *Vidimatio*. Vide in *Vidimare*. Charta ann. 1294. apud Lobinell. tom. 2. Hist. Britan. col. 21 : *Datum hujus Visionis factæ a nobis Roberto Macloviensi Episcopo, etc.*

VISORES, Qui ad *visum* tenementi delecti sunt, apud Bractonum lib. 5. tract. de Essoniis cap. 14. et in Fleta lib. 4. cap. 6. § 1. *Veeurs*, in Scacario Normannico ann. 1497. Vide *Ostensio* et *Visores*, suo loco.

VISUS FRANCI PLEGII. Vide *Plegius*.

* **VISZELLARIUM**, f. Viminetum, virgetum. Charta ann. 1139. inter Probat. tom. 1. Annal. Præmonst. col. 64 : *Ab hinc revertendo per Viszellarium, ascendendo montem in dextris, etc.* Vide supra *Virzeta*.

VITA. VITA COMMUNIS, quam Monachi profitentur, qui *in communi* vivunt, ac simul degunt, et, ut ait Cassianus coll. 18. cap. 5. *ex communione consortii, Cœnobitæ, cellæque ac diversoria eorum Cœnobia, vocantur*. S. Augustinus lib. 1. de Morib. Eccl. cap. 31 : *Quis non illos miretur et prædicet, qui contemptis atque desertis mundi hujus illecebris, in communem Vitam, castissimam sanctissimamque congregati, simul ætatem agunt, viventes in orationibus, in lectionibus, etc.* Cæsarius Arelat. serm. 17 :

Vovit aliquis... ire ad communem Vitam in societate sanctorum, etc. Infra : *Hic quibus placet, relicta omni spe seculari, et omni actione terrena voveant, se conferendo in societatem sanctorum, et in communem illam Vitam, Vitam, ubi non dicitur aliquid proprium ; sed sunt omnia communia, et est illis anima una, et cor unum in Deum.* Adelbertus Abbas Heidenheimensis pag. 333 : *Qui cum non invenirent certas rationes, quibus communis Vita in singularem proprietatem et secularem voluptatem esset transmutata, etc.* Hanc etiam Laici interdum profitebantur, qui etsi habitu nec Clerici nec Monachi, nequaquam tamen iis dispares eorumque instar sæculo abrenuntiantes, sub Clericorum et Monachorum regulariter viventium, atque adeo Sacerdotum obedientia, devotissime vivebant, et eis serviebant : de quibus egit Baronius ann. 1091. num. 4. 5. 6. Vide præterea Turrianum pro Epistol. Pontificum lib. 5. cap. 5. Bertholdum ann. 1091. Vitam S. Altmanni Episcopi Pataviensis pag. 42. Vitam S. Anselmi Episc. Lucensis, Gerhohum Reichersperg. cap. 16. etc.

¶ VITA VULGARIS, scilicet Laicorum, in lib. 1. Capitul. cap. 452.

VITA. Stephanus Episcopus Tornacensis Epist. 1. de Regula Grandimontensium : *Libellus eorum, qui Constitutiones continet, non Regula appellatur ab eis, sed Vita. Inde est, quod sicut a regula, quam observant Canonici nostri, dicuntur Regulares : sic etiam ipsis necesse est a Vita, quam profitentur, dicantur Clerici seu Laici Vitales.*

¶ VITÆ LIBER, Martyrologium. Vide in *Liber.*

¶ VITA, pro Vitta, in Gloss. Gr. Lat. λῶμα, *filum, Vita.* Leg. forte λῶρον, *filum, vitta.*

¶ VITA, Pensio annua ad vitam, vel ususfructus, ut infra *Vitalitium.* Charta ann. 1232. ex Chartul. 21. Corb. fol. 322 : *Quem mansum tenet modo et possidet domina Hessa de Bousencourt, salva tamen Vita prædictæ Hessæ.* Vide *Viagium* 2. et *Victus* 1.

* VITA MENSALIS, Cibus, victus. Charta ann. 1467. ex Tabul. S. Maurini inter schedas Mabill. : *Ordinamus ulterius, quod si dictus rector sive vicarius perpetuus Vitam mensalem in dicta abbatia et refectorio ejusdem sumere noluerit, prænominatus abbas solvat eidem rectori sive vicario perpetuo.... quatuor quarterios bladi frumenti.* *Fille de vie*, nude appellatur, quæ libidini inservit, in Stat. urbis Trecens. ann. 1396. ex Cod. reg. 9827. 4. 4. fol. 43. r° : *Item que toutes filles de Vie..... facent leurs bouticles ès lieux à ce ordonnez d'ancienneté.*

¶ VITE. Testam. Johannis Fabri Carnot. Episc. ann. 1390 : *Eos* (executores) *rogo intime quod papirus quas Vite soleo appellare, eidem domino Petro Solier, et non alteri tradant, quod meæ fatuitates vulgarentur amplius, quod non expedit homini qui statum habuit in vita.* Forte, Gesta, annales.

¶ **VITALIA**, Corporis partes, unde vita potissimum pendet. Nicolaus Specialis de Reb. Sicul. apud Murator. tom. 10. col. 943. et in Marca Hisp. col. 620 : *Quam* (bipennem) *cum idem Guillelmus requireret, Rogerius telum educens ex vulnere, illudque cominus in hostem vibrans, ejus Vitalia ferro trajecit. Vitalia, intestina, quia in vita, i. anima continentur*, in Glossis Biblicis MSS Anonymi. [** Pro intestinis passim occurrit apud scriptores medii ævi.]

¶ VITALIA, Victui utilia aut necessaria. Formulæ vett. apud Bignon. cap. 13 : *Aurum, argentum, drapalia, arma, vinum, annonam, vel Vitalia sua per suas claves commendasset ad custodiendum, etc.*

* Nostris *Vitailles.* Stat. ann. 1304. tom. 1. Ordinat. reg. Franc. pag. 426. art. 7 : *Et est à entendre que quiconques voudra, puisse droite voye, sans fraude, amener et faire amener à Paris, pour l'aisement de la ville, toute maniere de grains et de Vitailles.* Lit. remiss. ann. 1391. in Reg. 140. Chartoph. reg. ch. 303 : *Il ot certaines sommes d'argent, Vitailles et autres choses des habitans dudit lieu.* Hinc *Vitalier*, pro Cibaria, annonam colligere, vel vivere, in aliis Lit. ann. 1362. ex Reg. 93. ch. 154 : *Lequel suppliant aidoit les ennemis à Vitalier seur le plat pais, par lequel il couroient.* Vide *Victualia* 1. et *Vitellatio.*

¶ **VITALIS.** Vide in *Vita* et *Vitalitium.*

¶ **VITALITAS**, Vita in abstracto intellecta, ut loquuntur Philosophi, in Libro Victorini apud Mabill. tom. 4. Analect. pag. 161.

¶ **VITALITIUM**, Quod ad viduæ mulieris vitam victumque assignatur, idem quod *Dotalitium*, apud Spelman. ex Alb. Crant. Daniæ lib. 7. cap. 35. *Droit de Vivelotte* vel *Vivenotte*, in Consuet. Insulensi tit. 1. art. 58. Vide Glossar. Jur. Gallici.

¶ VITALIS REDDITUS, Eadem notione, in Charta ann. 1504. apud Rymer. tom. 13. pag. 95 : *Dedimus et concessimus eidem carissimæ conjugi nostræ in Vitali reddito et in donationem propter nuptias, etc.* Occurrit rursus semel et iterum.

¶ VITALITIUM, Annua pensio quæ morte exstinguitur, Gall. *Pension viagere.* Bodonis Chronicon Gandeshem. apud Leibnit. tom. 2. Script. Brunsvic. pag. 337 : *De Calcheyra abbatissæ quondam ex vinearum reditibus quotannis duo vasa vini curru ferrato deferebantur..... Illud vinum cum attinentiis multo tempore jure Vitalitio venditum, quasi jam perditum esset, haud sperabatur cito reverti. Verum hujus dominæ novissimis pene diebus ultima in Vitalitio empto domina futuri cautior, super innovanda emptione, dominæ huic abbatissæ scripsit... Vitalitium jam jamque defecturum et finem accepturum recuperavit.* Berntenius in Chron. Marienrod. ibid. pag 444 : *Bona ad usuram obligata laboribus et industria redemit, aut arte ad Vitalitia perduxit.* Vide *Viarium*, et supra in *Vita.*

¶ VITALITIUS REDITUS, Eodem intellectu. Charta ann. 1382. apud Miræum tom. 2. pag. 1249. col. 1 : *Item quod hujusmodi reditus Vitalitios pro capitali summa,... volumus ut isti reditus Vitalitii penitus remissi sint, et maneant ; nam isti boni homines illis Vitalitiis reditibus diutius sunt gravisi quam valebat eorum pecunia, propter quam ipsis reditus is Vitalitius erat attributus.* Vide *Viagerius.*

VITARI dicuntur excommunicati, quorum consortium et conversatio fidelibus interdicitur. Charta ann. 1334. ex Tabul. Episcopat. Ambian. fol. 165 : *Super eo, quod nos Episcopus conquerebamur, quod Thesaurarius noster tanquam excommunicatus Vitatus fuerat, per dictos Decanum et Capitulum, etc.* Infra : *Pronuntiabunt infra 8. dies, utrum sit Vitandus, vel ad Ecclesiam admittendus, etc.*

VITAS PATRUM, indeclinabile, Liber Ecclesiasticus, continens Vitas SS. Patrum, qui Græcis Πατερικόν et πατρικόν appellatur. Vide Rosweidum ad Vitas Patrum in Prolegom. Liber Ordinis S. Victoris Paris. MS. cap. 19 : *Quales sunt Bibliothecæ, et majores Expositores, et Passionarii, et Vitas Patrum, et Omeliarii.* [Necrolog. Heder. XV. Kl. Febr. : *Odelina Deo sacrata quæ fecit scribere librum Vitas Patrum.*] Occurrit etiam in Vita S. Ayberti n. 24. et in veteri Charta tom. 12. Spicil. Acher. Greg. Turon. in Præf. ad Vitas Patrum : *Et quæritur a quibusdam, utrum vita Sanctorum, an vitæ dicere debeamus. Aulus Gellius autem, et complures alii Philosophorum vitas dicere voluerunt : num Plinius auctor in tertio Artis Grammaticæ libro ait : Vitas antiqui cujuscumque nostrum dixerunt ; sed Grammatici pluralem non putant habere vitam, unde manifestum est, melius dici Vitam Patrum, quam vitas : quia cum sit diversitas meritorum virtutumque, una tamen omnes vita cor pie alit in mundo.* Vide Serenum Sammonicum in Prologo. Gennadius de Script. Ecclesiast. ait, Evagrium librum scripsisse, *qui attitulatur Vita Patrum* ; ut Petronium *scripsisse putari Vitas Patrum Ægypti Monachorum.* Fulbertus Carnot. Ep. 79 : *Mitto tibi Cyprianum, Porphyrium, et Vitas Patrum cum psalterio, etc. Vita Patrum*, dixit auctor vitæ Burchardi Episc. Wormaciensis.

VITAS-FRATRUM, Unica etiam voce opus suum inscripsit Gerardus Frachetus Lemovicensis Dominicanus, qui vixit circa ann. 1263. in quo Sanctorum aut virorum illustrium ordinis sui vitas et elogia descripsit. Vide Rosweidum in Prolegomenis ad Vitas Patrum cap. 1.

¶ **VITATORIUM**, VYTATORIUM, Invitatorium, psalmus invitatorius. Ordinar. MS. S. Petri Aureævallis : *Dicant* Alleluia, Alleluia, Alleluia : *et postea* Venite *suo cantu consueto. Finito Vitatorio inclinent se omnes, etc.* Occurrit etiam in vet. Cæremoniali MS. B. M. Deauratæ Tolos. forte pro *Vocatorium* Vide in hac voce. [* Vide supra *Victatorium.*]

* **VITATUS.** Charta ann. 874. apud Murator. tom. 1. Antiq. Ital. med. ævi col. 833 : *Offerimus ibi terram, quæ appellatur de Pandula ad ipsas quercias, capientem seminationem modiorum quatuor, et est ibi arbustum Vitatum,... et aliam terram quæ fuit de Domininu quæ est arbustum Vitatum, modii unius.* An pro *Viratum ?* ut per *Arbustum viratum* intelligas Viretum. [** Vide *Vetatum* et *Bitatus.*]

¶ **VITAXA**, Persica vox, Equitum magister, apud Ammianum lib. 23 : *Sunt autem in omni Perside hæ regiones maximæ, quas Vitaxæ, id est equitum magistri, curant.*

* **VITELLA**, Surculus, ni fallor. Libert. castri Theodor. ann. 1301. in Reg. 38. Chartoph. reg. ch. 77 : *Item volumus et concedimus quod præpositi nostri dictæ*

villæ..... non capiant.... Vitellas racemorum in vineis. Diminut. a *Vitis.*

VITELLARIUS, Qui vendit *victualia*, ex Gallico *Victualier*, quo nomine censentur pistores et braciatores, in Statuto, quod *de pistoribus, braciatoribus et aliis Vitellariis* inscribitur.

¶ **VITELLATIO**, Commeatus, victui necessaria, Gall. *Victuailles. Vitaille*, in Charta ann. 1379. apud Lobinell. tom. 2. Hist. Britan. col. 601. Litteræ Henrici V. Reg. ann. 1415. apud Rymer. tom. 9. pag. 251 : *Et volentes proinde, pro Vitellatione dominorum et aliorum in comitiva nostra, versus partes prædictas profecturorum, in hac parte providere, tibi præcipimus firmiter injungentes quod statim, visis præsentibus, boves, boviculos et vaccas, usque ad numerum centum bestiarum, etc.* Infra : *Pro Vitellatione et sustentatione dominorum, etc. Vitaillours*, in Charta ann. 1411. apud eumd. Lobinell. ibid. col. 897. *Vitaille*, eodem significatu, Poetis nostratibus. Le Roman *de Rou* MS :

> Pristrent robe, pristrent Vitaille, etc.

Le Roman *de la Rose* MS :

> Et por issir hors de dangier,
> Qu'il n'aura mestier de mengier
> Onques de petite Vitaille,
> S'en passera comment qu'il aille.

La Vie *de Jesus Christ* MS. :

> Chel jour li fali sa Vitaille :
> Mais n'en fist mie grant bataille.

Vetueiller, victualia præbere, in Charta ann. 1379. apud Lobinell. tom. 2. Hist. Britan. col. 601 : *Le duc, sez heires et touz sez subgiz et obeisanz de luy et de sez ditz heires serront tenuz à receiver et Vetueiller amiablement par mer et par terre ledit Roy.* Vide *Victualia* 1. et *Victuaria.*

¶ **VITELLATUS**, Necessariis ad victum instructus, Gall. *Avitaillé.* Litteræ Henrici IV. Reg. Angl. ann. 1402. apud Rymer. tom. 8. col. 283 : *Ac pro eo quod quam plures naves villæ Novi-castri super Tynam bene Vitellatæ, et super mare armatæ, etc.*

* **VITELLUM**, pro Vitellus, Gall. *Jaune d'œuf*, apud Alex. Iatrosoph. MS. lib. 1. Passion. cap. 32 : *Succos ptysanæ dabis et Vitella ovorum et malvas juscellatas.*

¶ **VITICUS**, *Actor, exactor villæ pensionum, insularius.* Gloss. Isid. Excerpta melius habent : *Villicus.* Vide in hac voce.

¶ **VITILIGARE**, *Vituperare*, ex vett. Gloss. apud Turneb. Adversar. lib. 28.

¶ **VITINEUS**, Columnæ Vitineæ. f. Tortiles, Gall. *Colonne torse*, in modum *Vitis* elaboratæ. Vide in hac voce. Anastasius in S. Silvestro apud Murator. tom. 3. pag. 107. col. 1 : *Sic inclusit* (Constantinus) *corpus beati Petri Apostoli, et recondidit, et ornavit supra ex columnis porphyreticis, et alias columnas Vitineas quas de Græcia perduxit.* Eadem habentur in Chron. Romualdi II. Archiepisc. Salernit. apud eumd. Murator. tom. 7. col. 81. Vide *Vitium.*

¶ **VITIS**, Cochlea. Vide *Vis* 2.

VITIUM. Anastasius Biblioth. in S. Zacharia PP. pag. 78 : *Hic in Lateranensi Patriarchio... a novo fecit triclinium, quod diversis marmoribus, et Vitio, metallis, atque musivo, et pictura ornavit.* Ubi Codex Mazarin. habet *vitri metallis* : Thuanus, *Vitro.* Nihil tamen temere mutandum puto in edito : ita enim fortean *vitium*, vel potius unica voce *vitio-metallum* appellavit Anastasius tessellatum opus, in quo expressæ *vites*, quasi *vites ex metallis* : quod etiam opus inde *Vignettes*, quasi *vineolas* seu *viticulas* appellamus. Conjecturam hanc fulcit Paulus Silentiarius noster in Descript. ædis Sophianæ parte 2. v. 235. quo loco tessellatum opus et musivum ejusdem ædis depingit :

> . . . . μετ' εὐκεράους δὲ κελεύθους,
> Κλήμασι χρυσοκόμοισι περίδρομος ἄμπελος ἕρπει,
> Δεσμὸν ἑλιξοπόρην σκολιοῖς πλέξασα κορύμβοις
> Ἠρέμα δὲ προνένευκεν, ὅσον καὶ γείτονα πέτρην
> Βαιὸν ἐπισκιάειν ἑλικώδεϊ πλέγματι χαίτης
> Αἰθούσης.

Post præclaros istos meatus, palmitibus auricomis innixa circumserpit vitis, tortuosum nectens obliquis corymbis vinculum : sensim vero propendet, donec vicinum lapidem volubili fulgentium frondium textu tantisper obumbret. Vide Gloss. med. Græcit. voce Βεθρύδια, col. 208.

* **VITIUM** S. Blasii, Gulæ vitium, Gall. *Gourmandise.* Gabr. Barel. serm. Dom. in Pass. : *Quod movet gulosum ad gulam? certe gula, Vitium sancti Blasii.* Vide supra in *Morbus.*

¶ **VITIUS**, pro Vitium, in Decretione Childeberti Reg. ann. 595. cap. 4. Testam. ann. 878. in Append. ad Marcam Hispan. col. 803 : *Et nec fiet Vitius aut stirpatio monasterii. Vice* Poetis nostratibus pro Convicium, maledictum, Gallice *Injure.* Le Roman *de Rou* MS :

> Assez distrent di Rois Vices et maudichons.

¶ **VITLINA**, μόσχιον, in Gloss. Lat. Gr. Vulcanius emendat, *Vitulina*, μόσχειον κρέας.

¶ **VITOR.** Vide supra *Vietor.*

¶ **VITRA**, Fenestra vitrea. Chronic. Bern. Yteri Mon. S. Martialis ad ann. 1214. apud Stephanot. tom. 1. Fragm. Hist. MSS : *Media nocte quæ præcedit vigiliam S. Andreæ, vehementia venti cecidit lapis summus de clocario S. Martini Lemovicensis, et media Vitra quæ est super arcam operis.* Vide *Vitreæ.*

* **VITRAGO** *ab Oribasio, cap. de Effusione urinæ, vocatur paritaria, quæ vitriola dicitur, herba vitri.* Glossar. medic. Simon. Januens. ex Cod. reg. 6959.

¶ **VITRALE**, ut *Vitra.* Statuta Eccl. Trecor. ann. 1455. apud Marten. tom. 4. Anecd. col. 1155 : *Sepulcra et Vitralia confracta, et alia delicta in eisdem ecclesiis.... commissa. Vitrales fenestræ*, ibidem col. 1156. Vide *Vitreæ.*

* **VITRALLUM.** a Gallico *Vitrail*, Fenestra major vitrea. Charta ann. 1408. in Reg. feud. comitat. Pictav. ex Cam. Comput. Paris. fol. 255. v° : *Johannes Salebrache domicellus...... confiteor habere.... altam, mediam et bassam justitiam et jurisdictionem dicti loci de Victriaco, prout tendit et dividit de et per mediam vitram seu per medium Vitrallum ecclesiæ parrochialis de Vitriaco.* Vide *Vitra.*

¶ **VITRARE**, Vitro instruere, vitreis laminis occludere, Gall. *Vitrer.* Eadem Statuta ibidem col. 1156 : *Qui fenestras ecclesiarum et capellarum dictarum nostrarum civitatis et diœcesis aliquando devotione, aliquando ambitione et superbia Vitrare, et vitris hujusmodi arma et signa depingi faciunt, prætenduntque per appositionem et picturam armorum et signorum hujusmodi vitra memorata, immo et sepulcrorum loca, et ecclesiarum, et capellarum hujusmodi partes sibi aliquas appropriare, ac eas et ea jure hereditario possidere.*

* *Verisier*, eadem significatione, apud Matth. de Couciaco in Carolo VII. pag. 667 : *Le premier entremets fut mis au bout d'icelle table, *qui representoit une église croisée, Verisiée, etc.*

VITRARIUM, ὑαλούργιον : *Vitrarius*, ὑαλουργός, in Gloss. Gr. Lat. Ruricius Episc. Lemovicensis lib. 1. Epist. 12 : *Vitrarium, sicut jussistis, me destinasse significo, cujus opus nitore, non fragilitate oportet imitetur, ut dilectio, etc.*

VITREÆ, Fenestræ vitreæ, nostris *Vitres, Verrieres.* [Vide *Vitrinæ.*] [* Glossar. Gall. Lat. ex Cod. reg. 7684 : *Vitrea, Voirriere comme d'église.*] S. Audoënus in Vita S. Eligii lib. 2. cap. 45 : *Apparuit subito in pariete circa Vitream maximam, veluti arcus in rotundo, etc.* Gregorius Turon. lib. 6. cap. 10 : *Ascendentes per eum, effracta Vitrea ingressi sunt.* Lib. 7. cap. 29 : *Effractis cellulæ Vitreis, hastas per parietis fenestras injiciunt.* Lib. 1. Mirac. cap. 59 : *Si aliud, inquit, invenire non possum, vel has ipsas, quas cerno Vitreas auferam, etc.* Fortunatus lib. 2. Poëm. 11. de Ecclesia Parisiaca :

> Prima capit radios Vitreis oculata fenestris,
> Artificisque manu clausit in arce diem.

[** S. Aldhelm. de laudib. Bugge vers. 67 :

> Hæc domus interius resplendet luce serena,
> Quam sol per Vitreas illustrat forte fenestras,
> Limpida quadrato diffundens lumina templo.]

Admirandarum vitrearum operarii, apud Sugerium lib. de Adm. sua cap. 29. [Necrol. Eccl. Paris. XIII. Kl. Jan. : *Obiit Barbedaurus decanus et sacerdos, qui.... fecit fieri Vitream quindecim libris comparatam.*] Occurrit præterea in Chronico Mauriniacensi lib. 1. et 2. pag. 360. 363. 371. in Historia Episcopor. Autissiodor. cap. 45. 49. in Actis Episcoporum Cenoman. pag. 305. 379. in Nomastico Cisterciensi pag. 271. 275. etc. Anastasius in Leone IV. PP. pag. 191. *vitrearum* meminit, sed alia, ut opinor, notione : *Idem fecit prædictus Præsul in Ecclesia B. Clementis Martyris atque Pontificis, regnum quod pendet super altare majus, ex auro purissimo, sculptile, sine gemmis, habens in medio crucem de auro, cum gemmis fixis in eadem Cruce, Vitreas quinque, et quæ pendent item Vitreas numero quatuor pensantes libr. quinquaginta.* [Vitra non ad prospiciendum duntaxat, sed et ad ornamenta parietum erant. Vide Plinium lib. 35. cap. 1. et Salmas. in Vopiscum pag. 442. et 443.] In lemmate ænigmatis de Speculari apud Symphosium, legi in Codd. MSS. *vitrium* monet Salmasius :

> Perspicior penitus, nec luminis arceo visus.

In aliis habetur *vitrium specular*; quæ verba disparanda putat. Ὑέλιον Philopono in 2. post. Anal. Τὰ ὑέλια, ἃ διὰ τῆς γυψεμπλαστικῆς τέχνης ἐπιτίθενται ταῖς οἰκείαις χάριν τοῦ φωτίζεσθαι ταύτας. Lexicon Herbarium, Σπέκλον, τὸ τοῦ φεγγίτου ὑέλιον. Vitrearum fenestrarum meminit Hieronymus, quæ vitro in tennes laminas fuso obductæ erant. Beda lib. 1. de Wiremuthensi monast. cap. 5 : *Misit legatarios in Galliam, qui Vitri factores, artifices videlicet Britanniis eatenus incognitos, ad cancellandos ecclesiæ porticuumque et cœnaculorum ejus fenestras abducerent.* Thomas *Stubbs* in Actis Pontificum Eboracensium sub ann. 726. de Wigfrido Episcopo Wigorniensi : *Artifices lapidearum et Vitrearum fenestrarum primus omnium* (in) *Angliam ascivit.* Leo Ost. lib. 3. cap. 27. (al. 29.) et cap. 32. (al. 34.) : *Fenestras... plumbo simul ac Vitro compactis tabulis, ferroque connexis inclusit.* Vetus inscriptio in musivo absidis Ecclesiæ S. Mariæ Capuanæ :

Condidit hanc aulam Landulfus, et Oto beavit
Mœnia, res, morem : Vitreum dedit Ugo decorem.

[* De musivo opere, quod ex vitreis tessellis compactum fuisse certum est, recte hæc intelligit Muratorius tom. 2. Antiq. Ital. med. ævi col. 363. quem consule.]

VITREALE, Durando lib. 1. Ration. cap. 3. n. 5.

¶ **VITREARIUS**, Charta Caroli C. Reg. ann. 863. apud Marten. tom. 1. Ampl. Collect. col. 168 : *Et in Diptiaco mansum unum cum Vitreario Baldrico. Et in Barisiaco mansum dimidium cum ipso Vitreario Ragenulfo, cum uxoribus et infantibus eorum, etc.* Leg. fortassis *Vinearius*, qui vineas custodit vel colit.

* Legendum fortasse *Villicarius*. Vide in *Villicus*.

¶ **VITREATOR**, Qui circa vitrum operatur, Gall. *Vitrier*, in Necrologio S. Aviti Aurelian. Vide infra *Vitriarius*.

¶ VITRIATOR, Eadem notione. Charta Ricardi II. Reg. Angl. ann. 1386. apud Rymer. tom. 7. pag. 527 : *Cum quædam capella... reparanda existat, ac de vitro et Vitriatoribus, pro reparatione fenestrarum et aliorum locorum ejusdem capellæ multipliciter indigeat, etc.*

¶ **VITRERIA**, Vitri officina, Gall. *Verrerie.* Inventar. Chartar. Reg. ann. 1482. fol. 93 : *Transtulerunt dicto dom. Regi unam domum sitam Parisii in vico Vitreriæ. De anno* 1364. In margine : *Vicus de la verrerie.* Vide *Verreria.*

¶ **VITREUM**, Vitrum. Statuta datiaria Riperiæ cap. 12. fol. 4. v° : *De qualibet cargatura moiolorum et Vitreorum pro introitu vel exitu, etc.*

¶ **VITRIÆ**, ut supra *Vitreæ*, in Charta ann. 1347. ex Tabul. S. Victoris Massil. : *Incipiat reparare Vitrias dictæ ecclesiæ.*

* **VITRIALE**, Apertura, fenestra vitrea. Charta Henr. episc. Claromont. ann. 1392. in Reg. 153. Chartoph. reg. ch. 144 : *Item nituntur dicti habitantes* (de Laudozo) *penetrare murum fortalicii faciendo fenestras, hostia et Vitrialia in dicto muro.* Vide supra *Veriale* 2.

¶ **VITRIARIUS**, Vitrorum artifex, in Cod. Th. leg. 2. de Excusat. artif. (13,4.) Occurrit in Opusculo Gualvanei Flamma apud Murator. tom. 12. col. 1011. Vide *Vitreator.*

¶ **VITRIATIO**, Vitrorum collectio, idem quod *Vitreæ.* Chron. Joh. Whethamstedii pag. 530 : *Et circa nudam facturam domus istius expendisse fertur, deducta Vitriacione... ultra summam* 150. *lib.* Vide infra *Vitrinæ.*

¶ **VITRIATOR**, ut *Vitreator.* Vide in hac voce.

* **VITRICARE**, Vitrici more agere. Petrus de Vineis lib. 1. epist. 32. edit. ann. 1609 : *Dum sublato de medio quondam G. summo Pontifice, qui velut paternæ dilectionis ignarus, in filium Vitricans, tanti discriminis origo fuit et causa.*

¶ **VITRICUS.** Charta apud Ludewig. tom. 1. Reliq. MSS. pag. 261 : *Macellum de quo jam dictum sepum datur in presenti ad ecclesiam civitatis predicte* (Hain) *dinoscitur devolutum, unde Vitricus ecclesiæ pro tali sepo respondebit.* Legendum videtur *Villicus.*

* Nihil hic emendandum est, ut colligitur ex Epist. anonymi de Miseriis curatorum : *Quicquid ergo in supra nominatis Ecclesiæ acciderit, Vitrici est colligere, sed solius plebani est dispensare.* Ubi Quæstor ecclesiæ significari videtur. [** Statut. Synod. Magdeb. ann. 1266 : *Layci parochialium ecclesiarum provisores seu Vitrici, qui altirmanni vulgari vocabulo nuncupantur.* Vide Haltaus. Glossar. German. voce *Altermænner*, col. 19. Germanice dicitur *Kirchenstiefvater* in Carpzov. Chron. Zittan. apud Frisch. Lexic. Germ. Lat. tom. 2. pag. 334. col. 3.]

¶ **VITRINÆ**, ut supra *Vitreæ.* Statuta Collegii S. Bernardi ann. 1493. apud Lobinell. tom. 3. Histor. Paris. pag. 176. col. 2 : *Similiter ne aliqui in eorum discessu a collegio.... removeant ostia, seu seras, vel fenestras aut Vitrinas camerarum suarum.* Charta ann. 1499. ibid. tom. 5. pag. 720. col. 1 : *In Vitrinis, pavimentis camerarum et structuris ligneis, etc. Ex quibus* (*francis*) *formula magnæ Vitrinæ fuit facta*, in Necrolog. Fratrum Minorum Silvanect. Vide *Specular.*

¶ **VITRINUS**, Vitreus. Inventar. S. Capellæ Paris. ann. 1376. ex Bibl. Reg. : *Caput B. Clementis, in quodam base argenti deaurati,.... ornatum lapidibus Vitrinis.... Deficiunt super duo cornua mitræ duo lapides de vitro perforati.* Inventar. Gallicum : *Le chief S. Climent en 1. vaissel,.... aorné de pierre de Voirre.... Et y faut dessus les cornes de la mitre deux pierres de verres perciez.* Vide *Verreriæ.*

¶ **VITRIOLI**, Ampullæ vitreæ. Anonymus in Annal. Mediolan. tom. 16. col. 812 : *Vitrioli duo deaurati pro altare, unus cum uno corallo, et alter cum uno botono.* Vide Bernh. *de Breydenbach* in Itin. Jerosol. pag. 212.

¶ **VITRISCUS**, Avis species. Vide *Bitriscus.*

VITRUM, pro Scypho vitreo, Gall. *Verre.* Luitprandus in Legatione : *Soli mensæ assident nudæ, paximatium sibi apponentes, balneaque* (genus potionis) *tunc Vitro permodico non bibentes, sed sorbillantes.* Candidus Monachus Fuldensis in Vita Eigilis Abbatis Fuldensis :

Instant ferre dapes : alii namque inclita Vitro
Ordine composito miscebant pocula Bacchi.

Ordinatio Hospitii S. Ludovici Reg. ann. 1261 : *Tam pro scyphis, quam pro Vitris quærendis.* [Ceremoniale MS. B. M. Deauratæ Tolos. : *Unus portat unum pulcrum Vitrum plenum vini pro illo qui facit cenam.* Ibid. : *Interim Vitrisque preparatis a refectorario, etc.*]

* Et amphora. Comput. ann. 1362. inter Probat. tom. 2. Hist. Nem. pag. 244. col. 1 : *Item pro loquerio Vitri, scutellarum, etc.* Alius ann. 1380. ibid. tom. 3. pag. 27. col. 1 : *Item pro Vitro duarum amphorarum etc. Voeire*, in Ordinat. hospit. reg. ann. 1317. ex Reg. Cam. Comput. Paris. sign. *Croix* fol. 76. v° : *Item il y aura un madrinier, qui servira des hanaps et des Voeires. Voirre,* in Lit. ann. 1407. tom. 9. Ordinat. reg. Franc. pag. 708. art. 1.

¶ **VITRUS**, pro Vitrum. Vide in *Verrerius.*

¶ **VITTARE**, Vitta redimire. Pipinus in Chron. lib. 2. cap. 49. apud Murator. tom. 9. col. 669 : *Matronæ vittis latis tempora et genas cum mento Vittabant.*

¶ **VITTATORIUS**, Vittatus. Hartmannus in Vita S. Wiboradæ tom. 1. Maii pag. 284 : *Deinde subtus theristrum Vittatoriam verticis compositionem detrahens et revellens, sinu interiore recondit.*

* **VITTEA.** Præfat. in Lib. ant. lingua Saxonica scriptum tom. 6. Collect. Histor Franc. pag. 256 : *Juxta morem vero illius poematis, omne opus per Vitteas distinxit, quas nos lectiones vel sententias possumus appellare.*

** **VITTONICA**, Betonica. Fiscor. Describ. Formulæ apud Pertz. Leg. tom. 1. pag. 179. lin. 22. *Vetonica, Vectonica, Betonica,* habent codices in Hortul. Walafrid. Strab. vers. 338.

VITULA, VIDULA, VIELLA, Instrumentum musicum, nostris *Vielle*, et *Violon* dictum. Ugutio et Joan. de Janua : *Vitula, quoddam instrumentum musicum, unde Vitulari, cum vitula cantare.* Galfridus de Vino Salvo, qui floruit sub Ricardo I. Rege Angliæ, in Poëtria MS. seu de Coloribus Rhetoricis :

Cymbala præclara, concors symphonia, dulcis
Fistula, somniferæ cytharæ, Vitulæque jocosæ.

VIDULA, Eadem notione, apud Constantinum Africanum lib. 1. de Morbor. curat. cap. 16 : *Ante infirmum dulcis sonitus fiat de musicorum generibus, sicut campanula, Vidula, rota, et similibus.* Occurrit præterea in lib. MS. Miraculorum Rupis amator. part. 1. cap. 34.

VIELLA, Ejusdem notionis. Egidius Parisiensis MS. lib. 1. Karolini :

..... Et decantata per orbem
Gesta solent meliùs nostras mulcere Viellis.

Nicolaus de Braia in Ludovico VIII :

Occurrunt mimi dulci resonante Viella,
Instrumenta sonant, non sistrum defuit illic, etc.

[Odo in Carm. de Varia Ernesti Ducis Bavariæ fortuna, apud Marten. tom. 3. Anecd. col. 315 :

..... sistris respondent cymbala, dulces
Organa concordant voces, lyricisque Viellæ
Contendunt odis, etc.]

VIELA, in Statut. Ordin. Præmonstrat. dist. 4. cap. 10. Le Roman *de Girard de Vienne* MS :

Por le Palais vont grant joie menant,
Li uns Viole, li uns conte Romans.

Le Roman *de Philippe de Macedoine* MS :

D'arpe, de Vielle aprist.

Le Roman *du Renard* MS :

Harpes i sonnent et Vielles,
Qui font les melodies belles.

Colinus Musetus MS :

J'alai à li praelet,
O tot la Vielle et l'archet,
Si li ai chanté le muset.

Menestriers de Vielle, in Chronico Flandriæ cap. 9.

Viola, Vox ejusdem originis et notionis, instrumentum musicum, quod vulgo nostri *Viole* dicunt. Sanutus lib. 2. part. 4. cap. 21 : *Alia genera dulcia musicorum, ut sunt Violæ, cytharæ, et roctæ.* [Statuta crimin. Saonæ cap. 26. fol. 53 : *Pulsando cum lira, Viola, leuto, seu alio quovis instrumento, etc.*]

* Gervas. Tilber. in Otiis imper. III. Decis. 92. ubi de Giraldo de Cabronis : *Violam trahebat, dominæ choream ducebant et equus ejus incomparabilibus circumflexionibus saltabat. Violer*, pro lyram pulsare, in Consolat. MS. Boetii lib. 3. ubi de Orpheo :

Et si doucement Viola,
Qu'il fist au doulz son de sa corde
Encliner à misericorde
Celles qui tormentent les armes.....
Orpheus prist si doucement
A demener son instrument,
Que pour son très doulz Violer,
La roë cessa reoler.

Fiola, pro *Viola*. Sueno in Histor. Danica cap. 3 : *Quos ingenti tripudio cœtus comitatur histrionum in Fiolis, citharis, et tympanis modulantes.*

¶ Viellator, Qui ejusmodi instrumentum pulsat, Gall. *Vielleur*. Vita S. Amalbergæ tom. 3. Julii pag. 105 : *Organistæ, buccinistæ, tympanistæ, Viellatores et citharistæ, etc. Vieloor*, apud Lobinellum in Gloss. ad calcem tom. 2. Hist. Britan.

VITULAMEN. Liber Sapientiæ cap. 4. v. 3 : *Multigena autem impiorum multitudo, non erit utilis, et spuria Vitulamina non dabunt radices altas.* Ubi edit. Gr. : Καὶ ἐκ νόθων μοσχευμάτων οὐκ δώσει ῥίζαν εἰς βάθος. Quo loco vox μοσχεύματα interpretem fefellit. Nam licet μόσχος vitulum apud Græcos significet, hic alia notione sumitur, pro stolone scilicet seu suriculo, [ut in Gestis Episcop. Leod. apud Marten. tom. 4. Ampl. Collect. col. 875 : *Necesse est ergo spirituali cultro succidere spuria Vitulamina. Vitulamen planta illa infructuosa quæ nascitur a radice vitis*, in Gloss. Biblicis MSS. Anonymi] Vide S. Hieronymum.

* Glossar. Lat. Gall. ex Cod. reg. 7692 : *Vitulamina, Bourjons.* [** Vide Forcellin.]

VITULARE, Vitulum edere, Gallis *Vesler*. Fleta lib. 2. cap. 76. § 10 : *Cum vitulus taurinus Vituletur, primo mense non ablactetur.*

¶ Vitulari, *Esjoir par voix*, in Gloss. Lat. Gall. Sangerm. Vide in *Vitula*.

* **VITULARIUM**, Stabulum vitulorum, seu locus, ubi propter aeris intemperiem collocantur vituli. Charta ann. 1341. in Reg. 72. Chartoph. reg. ch. 250 : *Item quod habent.... usum recipiendi, scindendi... arbores... de dictis nemoribus.... ad faciendum brandus, falhas, cabanas, ovilia, Vitularia et cortilia, etc.* Vide *Vitularius*.

VITULARIUS, Qui vitulorum curam habet. Gloss. Ælfrici : *Vitularius*, cealf a-hus. Ad verbum, *Domus vitulorum.*

VITULI. Willelmus Gemetic. lib. 2. Hist. Novellæ extremo : *Sed flexerunt ejus impetum precibus multis Vituli, qui arctissimarum necessitudinum parentes, quos apud Hamtunam habebant, ærumnis cæterorum involvi timerent. Genus hominum nauticorum est, quos Vitulos vocant.* Vide sequens.

* **VITULIANI**, Hominum nauticorum genus. Chron. Danic. incerti auctoris ad ann. 1390. apud Ludewig. tom. 9. Reliq. MSS. pag. 116 : *Venit subito multitudo magna Gregariorum et Vitulianorum, et mare intrant : sed sine discrimine obvios quosque in mari deprædabant.* Vide *Vituli*.

VITULINIUM, Pellis *vitulina*, ad scriptionem idonea et parata, Gall. *Velin*. Testamentum Petri *de Dene* Canonici Eboracensis ann. 1321 : *In primis decreta mea in Vitulinio in corio ligata.*

* **VITULUS**. Vituli Labiorum, Preces. Charta Phil. Pulc. ann. 1310. in Reg. 45. Chartoph. reg. ch. 159 : *Ut salutem nostram zelantes* (dicti monachi) *pro nobis apud Dominum suorum offerant Vitulos labiorum.*

¶ **VITUMEN**, ἄσφαλτος, in Gloss. Lat. Gr. et Gr. Lat. pro *Bitumen*.

¶ **VITUPERABILITAS**, Vituperatio. Guibertus in Vita sua lib. 3. cap. 7 : *Quod ad maximum sui detrimentum et Vituperabilitatem, et multorum perniciem redundabat.*

¶ **VITUPERATE**, Probrose, in Actis S. Ægidii, tom. 3. April. pag. 234. Vide *Vituperosus*.

¶ **VITUPERATIO**, Vitium, defectus. Testam. Jacobi Reg. Aragon. ann. 1262. tom. 9. Spicileg. Acher. pag. 198. ubi de Instrumento *non vitiato, nec cancellato,... et in sui figura absque suspicione et Vituperatione aliqua apparente, etc.*

VITUPERONES, Vituperatores, apud Gellium lib. 19. cap. 7. [Gloss. Lat. Gr. : *Vituperones*, ψέκται.]

VITUPEROSUS, Vituperio dignus, vox Italica, in Hist. Cortusior. lib. 8. cap. 13. *Vituperose*, turpiter, lib. 7. cap. 15. *Vituperosamente*, Italis. [Vide *Vituperate*.]

* *Vituperable*, Injuriosus, contumeliosus, in Lit. remiss. ann. 1370. ex Reg. 102. Chartoph. reg. ch. 49 : *Pour aucunes paroles Vituperables et detrahens à l'onneur dudit Andrieu, etc. Vituperi* lampadem vocant Mimatenses.

VITUS, Flexura, *Viere* Gallis. Gloss. Lat. Græc. κανθὸς τρόχου. [In editis perperam *Vrus*, pro *Vitus*.] Occurrit apud Marium Victorinum. Vide Scaligerum Epist. 333. [** et Probum apud Maium Auct. Class. tom. 5. pag. 235.]

VITUTIARII, in leg. 2. Cod. Th. de Collegiatis (14.7.), qui fuerint, pluribus ibi disquirit Jacobus Gothofredus, quem consule, si lubet.

¶ **VITZIA**, apud Stephanot. tom. 2. Antiq. Bened. Lemovic. MSS. pag. 291. et 363. pro *Jutzia*. Vide in hac voce.

¶ 1. **VIVA**. Tabul. S. Mariæ de Nagera apud Jos. Moret. in Antiquit. Navarræ pag. 559 : *In Aucense vero Vivam, quæ vocatur Aggeges integre cum omnibus quæ ad eam pertinent.* Leg. forte *Villam* : certe *Vivam* Hispanice *Lugar* vertit Moretus, quod villam, vicum sonat.

¶ 2. **VIVA**, Cibaria. Hist. Monast. Gemmet. MS. pag. 74 : *Subtus genuinas ædes, alteras condendis Vivis, alteras cibis apparandis.* Vide *Vivanda*.

* *Vinis* legendum opinor.

¶ **VIVACITAS**, Diuturnitas. Charta Roberti Abbatis Maurigniac. ann. 1218. ex Chartul. ejusdem Monast. : *Quoniam ea quæ geruntur litterarum Vivacitati committere consueverunt antiqui, etc.*

¶ **VIVÆ**, ut infra *Vivolæ*, Equorum morbus, Gall. *Avives*. Mirac. MSS. Urbani V. PP : *Quidam mulus suus casu fortuito cecidit in terra semimortuus, credens quod malum fuisset de Vivis, sive troucadis, quod vulgariter goutes appellatur.*

¶ **VIVALIS**. Chron. Balduini Diaconi inter sacræ Antiquit. Monum. tom. 2. pag. 61 : *Quod sustinetur si de anno emergenti intelligatur, quamquam de secundo anno, quod de anno Vivali verum est, qui a Kalendis Januarii computatur.* Legendum est *Usualis*, id est, communis. Vide in voce *Annus*.

VIVANDA, Vivenda, Italis, proprie cibus omnis præter panem. Capitulare 5. Caroli M. ann. 803. cap. 2. edit. Baluzii : *Excepto Vivanda et fodro, quod iter agentibus necessaria sunt, etc.* Charta ann. 1242. apud Ughellum in Archiep. Benevent. : *Et quæ personæ consueverunt percipere et habere Vivandam ab Ecclesia Beneventana, etc.* Anonymus de excidio S. Joannis de Taronça : *Et recordatus est fratrum, qui erant in illis locis, et ivit cum bonis hominibus videre locum de sua Vivenda : et cum invenisset eos pauperes, et viventes in tuguribus, etc.* Gosuinus de expugnat. Alcaçar :

Aura datur, mare sulcatur quampluribus alnis,
Portugal ratibus terra Vivenda patet.

[Vide *Vianda* et *Vivendus*.]

¶ **VIVARIOLUS**, Hortus. Vitæ Patrum Emerit. inter Conc. Hispan. tom. 2. pag. 640 : *Tu mecum profecturus eris, ut tibi ostendam Vivariolum meum quem habeo,... apprehendensque manum meam, eduxit me in hortum amœnissimum, etc.* Vide *Violarium* 2.

* **VIVARIUM**, Quod ad vitam victumque necessarium est. Charta Gualt. archiep. Rotomag. ann. 1190. inter Probat. tom. 1. Annal. Præmonst. col. 234 : *Confirmavimus dictis canonicis omnes prædictas ecclesias, cum omnibus pertinentiis, salvis honestis Vivariis sacerdotum, in prædictis ecclesiis ministrantium.* Vide supra *Vita mensalis*.

¶ **VIVARIUS**, pro Vivarium, Gall. *Vivier*, in Capitul. Caroli M. de Villis cap. 21. et in Charta ann. 1220. tom 2. Chartul. S. Vandreg. pag. 1835.

* *Vivret*, eadem significatione, ut videtur, in Charta ann. 1340. ex Reg. 72. Chartoph. reg. ch. 217 : *Deux deniers maaille à Jehan le Geromme pour son Vivret, deux solz pour le goulot de son Vivret.*

¶ **VIVEN.** Charta Richardi Reg. Angl. tom. 4. Hist. Harcur. pag. 1280 : *Et duos hospites in eadem villa liberos et quietos ab omni consuetudine, et Viven mille anguillarum apud Brionnam ad Purificationem S. Mariæ.* Mendum subesse suspicor.

¶ **VIVENDA**, Mensuræ genus videtur. Charta Bliahardi Archidiaconi Rem. ann. 1287. ex Tabul. S. Nicasii Rem. : *Duas partes quindecim cartellorum avenæ,... et duas partes duarum Vivendarum,..... et duas partes dimidiæ Vivendæ.* Vide *Vivanda.*

¶ **VIVENDUS**, Vividus, vivus. Epist. Martini V. PP. ann. 1420. apud Ludewig. tom. 5. Reliq. MSS. pag. 420 : *Cum ipse pro Vivenda ecclesia Dei multa pie devoteque feceris, etc. Vivenda terra, id est, fertilis.* Locus est in *Vivanda.*

* Nostris alias *Estre en Vive,* pro vulgari, *Estre sur le qui vive,* Anxium, inquietum esse. Gesta Brit. apud Marten. tom. 3. Anecd. col. 1487 :

Quar trop long-temps les Alemans
M'ont fait toujours en Vive estre.

¶ **VIVENTIA**, ut *Vivanda :* unde Gallicum *Viande,* et *Vivandier :* a *Viventiarii,* teste uno Valesio in Vales. pag. 7. aliquando est usurpatum.

VIVERATICA. Vide *Vineragium.*

¶ **VIVERE**, Vim habere, alicujus esse virtutis *Quæ ergo ante non motæ sunt actiones, triginta annorum jugi silentio, ex quo competere jure cœperunt, Vivendi ulterius non habeant facultatem,* in Cod. Theod. leg. un. de action. certo temp. finiend. lib. 4. tit. 14.

VIVERE *de suo.* Lex Longob. lib. 2. tit. 52. § 2. [** Carol. M. 18.] : *Si Comes in suo ministerio justitiam non fecerit, tunc Missus noster de hac causa sonare faciat, usque dum justitiæ ibidem factæ fuerint. Et si vassus noster justitiam non fecerit, tunc Comes et Missus noster in ipsa causa sedeant, et de suo Vivant, quousque justitiam faciat.* Capit. Caroli M. lib. 5. cap. 133. [** 204.] paulo aliter hæc habent : ubi *de suo vivant,* id est, nihil eis ex publico præbeatur, nec conjectum habeant.

¶ **VIVERICIA**, pro *Vineritia.* Vide ibi.

VIVERITA. Concilium Monspeliense ann. 1214. can. 27 : *Canonicus Regularis capa nigra et clausa, non Viverita, et consuta pellibus, cum equitat... utatur.* Forte *Viverina,* a *viverra,* Gallis, *Furet :* vel *Beverina,* i. castorea. Glossæ Græc. Latin. : Γαλῆ ἀγρία, *Viverra.* Unde *Viverrarium,* γαλεάγρα, in iisdem Glossis. [Vide *Vibrinus.*]

* *Vivre,* pro Vipera, in Vit. SS. MSS. ex Cod. 28. S. Vict. Paris. fol. 147. v°. col. 2. ubi de S. Paulo : *En la isle Mitelene une Vivre le prist par la main : mais ele ne li fist point de mal. Voivre,* apud Joinvil. in S. Ludov. edit. reg. pag. 47.

¶ **VIVERIUM**, Vivarium, locus piscibus servandis aptus, Gall. *Vivier.* Charta regnante Theodorico Rege apud Mabill. tom. 1. Annal. pag. 686. col. 1 : *Curtes nostras indominicatas cum ecclesiis aut solariis, et Viveriis, et fructuario, piscatoriis, etc. Piscatio, quæ facta fuerit in Viveriis,* in Charta Gellonensi ann. 1098. Adde Baluz. tom. 2. Hist. Arvern. pag. 436. ex Charta ann. 1362. Vide *Vivierium.*

¶ **VIVERIUS**, Vivarium cuniculorum, leporumve, Gall. *Garenne.* Charta ann. 1316. ex Schedis Præs. *de Mazaugues : Item convenerunt... quod quicumque acceperit cuniculum, vel venatus fuerit, vel clapos clauserit seu Viverios, teneatur, etc.*

* *Viverou,* inter Redit. comitat. Namurc. ann. 1289. ex Reg. Cam. Comput. Insul. sign. *Le papier aux aysselles* fol. 14. r° : *Encor doit Pierars li Ermites par an un muis d'espautre pour trois piechetes des Viverous ou bos de Fleruis, et s'il ne le paioit, le comte porroit mettre main aus Viverous.* Nisi idem sit quod *Vivier.* Vide supra *Vivarius.*

¶ **VIVERNA**, γενναία, in Gloss. Lat. Gr. Aliæ : Γενναία, *Viverna, Virago.* Vide in hac voce.

¶ **VIVERRA**, VIVERRARIUM. Vide *Viverita.*

¶ **VIVESCERE**, Plinio, Viviscere, vivere. S. Paulinus Epist. 24 : *Cedendo vincere et moriendo Vivescere.* Epist. 44 : *Aures vitales..... germina nostra Vivescant.*

* **VIVIA.** Vide mox in *Vivius.*

¶ **VIVIALE**, Vivarium. Charta ann. 901. in Append ad Marcam Hisp. col. 837 : *Et de ipso Viviale ipsi homines de Artedone et de Tregale donare faciant per singulos annos ipsam decimam vel tascham.*

¶ **VIVIBILIS**, Βιωτός *Vita,* Βιωτός. *Virtus corporis,* Βιωτός. *Vita donatus,* Βιόδωρος. Gloss. Lat. Gr. Reg.

¶ **VIVICOMBURIUM**, Crematio vivorum, supplicium ignis. Tertull. de Anima cap. 1 : *De patibulo et Vivicomburio, etc.* Rursum cap. 33 : *Scelerum merces patibula, Vivicomburia, etc.*

* **VIVIDA**, *Via inclinata.* Glossar. vet. ex Cod. reg. 7613.

¶ **VIVIERIUM**, a Gall. *Vivier,* Vivarium. Charta ann. 1231. ex Tabul. S. Martini Pontisar. : *Hugo de Castellione Comes S. Pauli de consensu Mariæ uxoris concessit ecclesiæ S. Martini Pontisarensis et presbytero de Moressart quinque quarterios nemoris sitos juxta villam de Moressart et Vivierium suum.* Vide *Viverium.*

* Hinc eadem nomenclatura donatur Vas servandis piscibus aptum, in Lit. remiss. ann. 1398. ex Reg. 154. Chartoph. reg. ch. 15 : *En laquelle nasselle avoit un vaissel, nommé Vivier, dedans lequel Vivier avoit certaine quantité de menue peschalle.*

¶ **VIVIFICA**, *Vimex, libor,* μώλωψ, in Gloss. Lat. Gr. MSS. Sangerm. Codex Reg. *Juncus, vimen, bibex.*

¶ **VIVIFICARE**, Vitam dare, Gall. *Vivifier,* apud Scriptores Ecclesiasticos passim.

¶ VIVIFICATOR, VIVIFICATRIX, Qui vel quæ vitam dat, in Conc. Bracar. III. et in Indice vett. Can. inter Conc. Hisp. tom. 2. pag. 675. et tom. 3. pag. 44.

¶ VIVIFICUS, Eadem notione, Græc. ζωοποιός, Ciceroni, vim habens vitalem. Occurrit in Necrolog. Parthenonis S. M. Suession. et alibi.

¶ **VIVITURUS**, pro Victurus, in Charta ann. 1079. inter Instr. tom. 6. Gall. Christ. novæ edit. col. 349 : *Et ad clericis omnibus communiæ illic viventibus vel Vivituris naves ad portum maris pertinentes, etc.*

* **VIVIUS.** AQUA VIVIA, Fluvius vel Vivarium. Charta fundat. abbat. Exaq. ann. 1056. inter Instr. tom. 11. Gall. Christ. col. 225 : *In silvis, et pratis, et aquis, et piscationibus, et duas dimidias piscarias in aqua Vivia juxta Hulmum. Vivia,* nude, in Ch. Henr. I. reg. Angl. pro eod. monast. ann. 1126. ibid. col. 234 : *Duas dimidias piscarias in Vivia, quæ est juxta Hulmum.*

VIVOLÆ, Equorum morbus, de quo Jordanus Rufus Calaber MS. lib. 2. de Medicaminibus equorum ad Fridericum II. Imp. [Vide *Vivæ.*]

¶ **VIVOLARIUS.** Bulla Alexandri III. PP. ann. 1163. in Append. ad Marcam Hisp. col. 1337 : *Donationes quas Arnulfus Episcopus, Almaricus clericus... in ecclesiam vestram contulerunt, cum Vivolariis quæ tenuerunt per S. Felicem, decimas et primitias vallis Aradi, etc.* Leg. videtur *Violariis.* Vide supra *Violarium* 1. Hinc

¶ VIVOLARIA CHARTA, Censualis, in qua possessiones et census exhibentur. Charta ann. 963. inter Probat. tom. 2. novæ Hist. Occitan. col. 115 : *Si Archiepiscopus hujus loci, aut aliquis per ejus fortitudinem rumpere tentaverit ipsam cartam Vivolariam quam nobis fecit Aymericus Archipræsul, hæc hæreditas suprascripta mihi Johanni revertatur.* Vide in *Census.*

* **VIUTRAGIUM**, Tributum pro vino, quod in urbem adducitur. Vide supra in *Vineragium.*

¶ **VIVULA**, ζῶσα. Gloss. Lat. Gr. In MSS. Sangerm. *Vuivula.*

* **VIVUM**, Vita. Lit. official. Belvac. ann. 1498. pro abbat. Bretol. : *Carrucaturam liberam habebunt de Vivo nostro.* Phrasis Gallica. *De notre vivant.*

¶ 1. **VIVUS.** *Viva voce audire,* id est, proprio ore, Gall. *De vive voix.* Oberti Cancell. Annal. Genuens. apud Murator. tom. 6. col. 328 : *Equidem prætaxati Consules ut relatione et maxime Viva cursoris voce audierunt, Pisanos cum quibusdam galeis pro nostris offendendis in Provinciam ituros, etc.* Vide in *Sermo* 2.

* 2. **VIVUS**, Recens; dicitur de carne porcina, quæ non est aspersa sale. Consuet. MSS. S. Crucis Burdeg. ante ann. 1305 : *Infirmarius habet dare semel in anno... abbati et suis servitoribus tres libras sallatas porci, et tres palmas Vivas, et quosdam astes unius porci integri.*

¶ **VIZA**, VIZIA, Inspectio. Dicitur potissimum de silva, cujus pars cædenda assignatur, diligenti prius inspectione facta. Statuta Cadubrii lib. 2. cap. 68 : *Non liceat alicui communi, vel hominibus alicujus villæ districtus Cadubrii aliquas possessiones, vel pasculum, vel publicum, vel Vizam ejusdem villæ in totum, vel in partem vendere, vel obligare, etc.* Correctiones eorumd. Statut. cap. 110 : *De nemoribus Vizatis. Volumus ac jubemus quod nulla regula, vel commune Cadubrii possit nec valeat sibi facere, et terminare aliquam Vizam sine expressa licentia consilii.... neque aliquis notarius conficere possit aliquod instrumentum Vizæ alicujus, nisi deliberatum, et terminatum fuerit per consilium...*

Præterea quod nullus homo... audeat... incidere vel incidi facere in aliquibus nemoribus Vizatis aliquod lignum, vel ligna, nisi pro pontibus, domibus, vel stratis aut clausuris, etc. Ibidem cap. 26. inscribitur: *Quod nullus vendat lignamina facta in Viziis.* Vide in *Visus.*

¶ **VIZACH**, Vasis species, inter ministeria sacra recensetur, in Charta Rudesindi Episc. Dumiens. æræ 930. inter Conc. Hisp. tom. 3. pag. 181 : *Orabecela, Vizach, szutas de mensa tandem* xx.

¶ **VIZATUS**, Vizia. Vide in *Viza.*

* **1. ULA**, *Albula*, in Gloss. ad Alex. Iatrosoph. MS. lib. 1. Passion. cap 97 : *Collirium theodosion magnum ad dolores et passiones antiquas et veteres, Ulas enim et thylos detergit.*

* **2. ULA**. Charta Andr. reg. Hungar. ann. 1214. inter Probat. tom. 2. Annal. Præmonst. col. 19 : *Cujus prædii primæ metæ incipiunt a kalenda Vidze,..... circumeuntque per mediam paludem prope arbores, quæ vulgo Ule vocantur.* Forte Salices.

¶ **ULADARIUS**. Vide infra *Wladarius.*

** **ULCA**, Annal. Roman. ad ann. 1118. apud Pertz. Scriptor. tom. 5. pag. 479 : *Postquam vero* (Gregorius PP.) *in eorum venit potestate, expoliaverunt eum vestimentis suis, et induerunt eum duas versas ovinas ulcas, et posuerunt eum super camilum, qui ferebat caldarie pontificis Calixty*, etc. Vellus, ut videtur.

ULCEA, *Locus pascuæ, ab uligo dicitur.* Jo. de Janua. *Lieu de pasture,* in Catholico parvo.]

* **ULCERARIUM**, *Marrubium.* Glossar. vet. ex Cod. reg. 7613.

* **ULCEUS**, pro Urceus : haud infrequens enim mutatio literæ *r* in *l* et vicissim. Charta Rob. de Couciaco dom. *de Pinon* ann. 1213. in Reg. 74. Chartoph. reg. ch. 116 : *De torculari talis est consuetudo, quod undecimum Ulceum persolvere tenebuntur.* Vide mox *Ultare.*

ULCUS, Navis oneraria, Belgis *Hulca.* Anglis *Hulcke*, et Gr. ὁλκάς, ut quidam volunt. Leges Ethelredi Regis editæ apud Venetingum cap. 23 : *Si major,* (navis) *et habet siglas, 1. den. si adveniat ceol, vel Ulcus, et ibi jaceat, 4. den. ad theloneum dentur.* [Vide *Hulka.*]

¶ **ULIXICE**, Ulyssis more, astute, subtiliter. Vita Paschalis II. PP. apud Murator. tom. 3. pag. 356. col. 1 : *Oppidum, quod Stephanus occupabat, clavibus Ulixice expressis in ceram, et ad earum exemplar de ferro confectis, noctu dispositis insidiis caute aggrediuntur.*

¶ **ULLOMINUS**, Ullomodo. Charta fundat. S. Salvat. Tull. inter Probat. Hist. Tull. pag. 81 : *Neque subjectioni alicujus congregationis cœtum fratrum ibi adunatorum Ullominus subdatur.*

* **ULMATELLUS**, diminut. ab Ulmus. Charta ann. 1257. in Reg. S. Ludov. ex Chartoph. reg. fol. 55. v° : *De dicta meta usque ad Ulmatellos et usque ad lausam de Dompnova.*

¶ **ULMETA**, Locus ulmis consitus, ulmarium, Gall. *Ormoie.* Chartul. majus S. Victoris Massil. fol. 26 : *Dedimus unam semodiatam vineæ quæ est in Ulmeta.*

¶ Ulmicio, Eadem notione; in Charta Hilduini ann. 832. apud Felibian. inter Probat. Hist. Sandion. pag. 51 : *Ad Ulmicionem perticas quinque, etc.*

* **ULMEYA**, Locus ulmis consitus, ulmarium, Gall. *Ormaie.* Charta ann. 1295. in Reg. 3. feud. episc. Metens. ex Bibl. reg. fol. 213. v° : *Pacifice possidebat quandam peciam, tam Ulmeyæ quam orti, situatam apud Cristolium.* Vide *Ulmeta.*

** **ULMINEA** Arbor, Ulmus, in Bened. Crisp. Poem. med. apud Maium Auct. Class. tom. 5. pag. 401.

1. **ULNA**, Servio, *proprie est spatium, in quantum utraque extenditur manus, licet Suetonius unum cubitum tantum esse velit.* Assisa Davidis Regis Scotiæ de Ponderibus et mensuris § 7 : *Ulna debet habere in se triginta septem pollices mensuratos cum pollicibus trium hominum, scilicet ex magno, mediocri, et parvo, et secundum mediocrem pollicem debet stare. Aut secundum longitudinem trium granorum hordei sine cauda debet mensurari ad radices unguis pollicis.* Adde Statuta Roberti III. Regis Scotiæ cap. 22. § 10. [Vide *Alna.*]

Ulnare, Ulna metiri, Gall. *Auner*, apud Bractonum lib. 2. cap. 37. § 2. et in Fleta lib. 1. [Consuet. Lemovic. art. 16 : *Item, quia dicti Consules nomine suo et dictæ communitatis habent in domo sua communi pondera et mensuras frumenti, vini, salis et olei, ulnas et cubitos, ad quorum exempla mensuratur, ponderatur, Ulnatur et cubitatur in dicto castro.*]

¶ Ulnagium, Telarum, pannorumve ad ulnæ rationem dimensio, item Præstatio quæ ob id domino exsolvitur, Gall. *Aunage.* Litteræ Edwardi III. Reg. Angl. ann. 1338. apud Rymer. tom. 5. pag. 74 : *Nec sub colore Ulnagii, seu forisfacturæ, dictorum pannorum aliquid exigant.... Ab Ulnagio de pannis illis infra regnum nostrum faciendo sint quieti.* Charta ann. 1398. ex Tabul. B. M. de Bono-nuntio Rotomag. : *Solvere recusando pedagium, Ulnagium, impositionem, custumam, etc.*

* Libert. Cadomi ann. 1426. in Reg. 173. Chartoph. reg. ch. 569 : *Item prædicti burgenses poterunt conferre...... officium Ulnagii pannorum et telarum.* Vide in *Ulna* 1.

¶ Ulnator, Qui ulna metitur, Gall. *Auneur*, in laudatis Edwardi Litteris ibid. : *Concessimus eisdem quod Ulnatores pannorum cismarinorum per nos quibuscumque portubus vel aliis locis regni nostri, assignati, etc.* Aliæ ejusd. anni pag. 79 : *Quod panni... per Ulnatores nostros... absque ulteriori dilatione ulnentur et signentur.*

¶ Ulnatim, Minutatim, ulna metiendo. Charta ann. 1337. apud Ludewig. tom. 6. Reliq. MSS. pag. 41 : *Pannos et stamina non falsificata, cujuscumque valoris et coloris fuerint, licite possint vendere et incidere per ulnas, Ulnatim vel integre.*

2. **ULNA**, Modus agri apud Anglos, cujus mensura exacta ad *ulnam ferream* Johannis Regis Angliæ. Monasticum Anglic. tom. 2. pag. 383 : *Totam terram illam,... quæ continet in fronte secus vicum Regium occidentalem in latitudine 44. Ulnas de Ulnis ferreis Joannis Regis Angliæ : et in capite orientali versus campum, qui vocatur... 127. Ulnas de eisdem Ulnis.* Et pag. 460. in Charta Alienoræ Reginæ : *Quamdam partem terræ,... quæ continet 14. Ulnas, et tria quarteria unius ulnæ ferren Domini Regis, etc. Aune de terre,* in Stabilim. S. Ludov. lib. 1. cap. 153. et in Consuetud. Baionensi tit. 5. art. 28. [Vide *Virga ferrea*, in *Virga* 6.]

Ulnata Terræ. Charta R. Abbatis Caroffensis ann. 1308. ex 2. Regesto Philippi Pulchri Regis Fr. n. 11. in Tabular. Regio : *Item de quolibet solo de 4. canis vel Ulnatis lato amplitudine, et 12. in longitudine, habuimus 6. den. Petragoric. oblitarum, etc.* [*Ulnaris* editum tom. 3. Ordinat. Reg. Fr. pag. 205. Sed *Ulnatis* legendum esse monet Cl. Editor.]

* **3. ULNA**, Inguen, Gall. *Aine.* Comment. Jac. Picinini comit. apud Murator. tom. 20. Script. Ital. col. 75 : *Hic Tibertus dux bombi fulmine in Ulna sauciatur.*

¶ **ULOZE**, Majoris navigii genus. Charta ann. 1276. apud Ludewig. tom. 1. Reliq. MSS. pag. 115 : *Quacumque hora indiguerimus, majori nave, quæ vulgo Uloze nuncupatur, transvehere nos tenebitur sine mora.* [** Caudicaria navis, Germ. *Flosz.*]

ULPICUM, *Oleo simile.* Glossar. Longobard. S. Germani Paris. ex antiquis Glossis.

* **ULTARE**, ut et Gallicum *Ulter*, ex mutatione *r* in *l*, pro *Urtare* et *Urter*, Fores pulsare, vulgo *Heurter.* Lit. remiss. ann. 1397. in Reg. 154. Chartoph. reg. ch. 344 : *Prædictus Johanneta et Mariota existentibus ante domum habitationis memorati Guillelmi Perreli, et Ultare ad hostium pro vino habendo volentibus, etc.* Aliæ ann. 1369. in Reg. 100. ch. 427 : *Lequel Mont-faucon encor plus corrociez,.... le bouta tellement qu'il li fist Ulter de la teste contre une paroiz; après lequel Ultement, etc.* Vide supra *Ulceus.*

* **ULTATUS**, *Dampnatus*, Glossar. vet. ex Cod. reg. 7613.

¶ **ULTELLA**, Lecythus. Acta S. Raynerii tom. 3. Jun. pag. 456 : *Et offerant ibi quisque donativum suum et brachium candelæ, atque Ultellam seu lecythum olei, et sanus erit.* Leg. forte *Ulicella*, ab Italico *Uliva*, olea. [* Legendum puto *Ulcella*, diminut. ab *Ulceus.* Vide supra in hac voce.]

ULTERPES, Choreæ species, ex Gallico forte *Outrepied.* Concilium Salisberiense ann. 1217. can. 76 : *Adhuc prohibemus, ne choreæ Ulterpes, et inhonesti ludi, qui ad lasciviam invitant, fiant in...* Forte in atrio, seu cœmeterio.

¶ **ULTIMARE**, Ad extrema vergere, in ultima parte esse. *Cum Ultimarent tempora patriæ, etc.* apud Tertull. lib. de Pallio cap. 1.

ULTIMATE, pro Ultimo. [Charta ann. 1415. ex Tabul. Sangerm. : *Recognosco me recepisse... summam* IV. *lib. et* X. *sol. Paris. pro termino pascali Ultimate præterito.* Sententia ann. 1497. inter dominos et habitatores Galliani : *Item amplius et Ultimate fuit actum et in pactum deductum, etc.*] Ericus Upsaliensis lib. 4. Hist. Sueciæ pag. 121 : *Regnum de obedientia Regis Burgeri et filii Ultimate et finaliter ereptum.* Utitur et pag. 123.

Ultimatim, Eadem notione, apud

Thwroczium in Hist. Hungar. pag. 5. 26.

¶ **ULTIMATUS.** Ultimus, extremus. *Veniendo contra... tenorem arresti Ultimati in præsentia domini nostri Regis, etc.* in Charta ann. 1399. apud Menester. Hist. Lugdun. pag. 124. *Fili, ego debeo esse finis tuus supremus et Ultimatus, etc.* apud Joh. Gerson. lib. 3. de Imit. Christi cap. 11. Hinc

¶ ULTIMATUM, pro Ultimum consilium, sæpissime occurrit in Cancellariis Germ. Consil.

ULTIMIOR. Constitutio Justiniani, Ut ii, qui in Africa sunt intra quinquenn. etc.: *Ultimiore requisitione penitus quiescente, etc.*

ULTIMISSIMUS, Omnium postremus, apud Baldricum Noviom. lib. 3. cap. 23. Form. 8. ex Baluzianis : *Ego ancilla vestra Ultimissima, servissima omnium ancillarum vestrarum, etc*

ULTIMITAS, Extremitas. Constantinus African. lib. 4. de Morbor. curat. cap. 3 : *Quæ frigiditas cum augmentata naturalem modum excedat, Ultimitatem appetendi necesse est faciat.* Adde lib. 1. Pantechm. cap. 5.

* **ULTIMUM** VALE. Vide supra *Vale ultimum.*

* **ULTIMUS** CARTERIUS, Gall. *Quartier de derriere.* Charta ann. 1357. tom. 4. Ordinat. reg. Franc. pag. 449 : *De quolibet cervo sive bicha medietatem unius carterii Ultimi, in qua pes teneat.*

ULTIMUS HÆRES. Vide *Hæredes.*

* **ULTISSIMUS**, Omnium postremus, in Chron. Camerac. tom. 10. Collect. Histor. Franc. pag. 200 : *In his verbis Ultissimis spiritum exhalavit.* Vide *Ultimissimus.*

* **ULTRA**, pro Contra; quo sensu *Outre* Galli dicimus. Lit. remiss. ann. 1397. in Reg. 154. Chartoph. reg. ch. 344 : *Prædicti Johannes Viardetus et Hugo...... dictam Johannetam rapuerunt.... Ultra velle dictæ Johannetæ,.... et semper Ultra velle suum duxerunt etc.*

¶ **ULTRABRENTANEÆ** PARTES, Quæ sunt ultra Brintam fluvium. Hist. Cortusior. lib. 2. apud Murator. tom. 12. col. 816 : *Villæ vero positæ circa Paduam, ne ex eis Paduani perciperent aliqua victualia, et omnes Ultrabrentaneæ partes, distantes a Castro, bonis omnibus fuerunt spoliatæ, etc.*

1\. **ULTRAGIUM**, Quod excedit summam aliquam. Tabularium Vindocinense charta 295 : *Ita, ut si quis censum consuete ac juste nobis non reddiderit, legaliter emendet nobis, retento mihi Ultragio aliarum omnium pristinarum consuetudinum meurum.* Regestum Peagii urbis Bapalmarum : *Pour chacun drap d'or, doit d'outrage 8. den.* Apud Christinam Pisanam lib. *du Tresor de la Cité des Dames* 1. part. cap. 18. et alibi passim, *Oultraige* usurpatur pro quovis excessu in re aliqua, *Excès.* Vide Joan. Britton. in Legib. Angl. pag. 31. v. [Vide *Ultris*, et *Undramentum.*]

OUTRÉE, *au dénombrement de la Seigneurie de Robert Espagne en Barrois : Le Seigneur aura le droit d'once pour l'Outrée de la grosse disme pour recompense du pourchas fait en icelle, lequel droit est de 9. gros, paiable par cellui qui a l'Outrée*, id est, *qui est adjudicataire.*

* Nostris *Outreplus*, Quod excedit. Charta Phil. V. ann. 1317. in Lib. rub. Cam. Comput. Paris. fol. 549. v° : *Retenant pour nous sus l'Outreplus, ce qui miex nous plaira.* Vide supra *Otradiosus.*

* 2. **ULTRAGIUM**, Præstationis species. Charta R. Camerac. episc. ex Chartul. S. Ghisl. : *Addiderunt quod de venditione lignorum, quæ super eam Haynæ ripam, quæ Roæ proxima est, deposita fuerunt, ecclesia hactenus, quoties ibi deposita sunt, jus suum accepisse dignoscitur, quod Ultragium nuncupatur.*

* 3. **ULTRAGIUM**, Immoderatio, imprudentia. Lit. remiss. ann. 1354. in Reg. 82. Chartoph. reg. ch. 329 : *Robinus Reginaldo mortem suam indulsit, dicendo publice quod ipse per factum suummet et Ultragium moriebatur.*

* 4. **ULTRAGIUM**, Convicium, injuria, Gall. *Outrage.* Charta ann. 1371. apud Murator. tom. 6. Antiq. Ital. med. ævi col. 738. inter not. : *Item supratictæ partes debeant vivere pacifice sine Ultragio aliquo.* Arest. ann. 1411. 12. Mart. in vol. 11. arestor. Parlam. Paris. : *Plurima gravamina, villanias, Ultragia et excessus perpetraverant.*

* **ULTRALIGIRIENSIS** ARCHIDIACONUS in ecclesiis Turon. et Andegav. Vide supra *Transligerensis.*

ULTRAMARINUS. Vide *Ultreia* et *Transmarinare.*

¶ **ULTRAMONTANUS**, Qui ultra montes, hoc est Alpes, degit, *Ultramontain.* Bulla Clementis IV. PP. ann. 1265. tom. 9. Spicil. Acher. pag. 241 : *Item, idem Comes veniet cum mille ad minus Ultramontanorum militum comitiva.*

¶ **ULTRAPADANA** REGIO, Quæ est ultra Padum. Chron. Petri Azarii apud Murator. tom. 16. col. 380 : *Petierunt propinquam regionem Ultrapadanam.*

* **ULTRARE**, Contumeliam facere, injuriis afficere. Charta ann. 1346. in Reg. 76. Chartoph. reg. ch. 323 : *Idem Stephanus clericus manus apposuit temere violentas in dictum Willelmum, ipsumque pluries Ultravit, tiravit et botavit animo irato.* Nisi sit pro *Ultavit.* Vide supra *Ultare* et *Ultragium* 4.

¶ **ULTRA-RHODONENSES**, Qui ultra Rhodanum habitant, Occitani comparate ad Massilienses. Charta ann. 1312. ex Tabular. S. Victoris Massil. : *Erat discordia in monasterio S. Victoris, et tota congregatio erat divisa in duas partes, et una adhærebat Ultra-Rhodonensibus, altera Provincialibus.*

¶ **ULTRAVADARE**, *Transvadare, trans vadum ire, vel trans vadum ducere.* Will. Brito in Vocabulario MS.

ULTREIA. Landulfus de S. Paulo in Hist. Mediolanensi cap. 2. ubi de expeditione Hierosolymitana Conradi Italiæ Regis sub ann. 1098 : *Rege igitur in regno deficiente supradictus Anselmus de Buis Mediolanensis Archiepiscopus, quasi monitus Apostolica auctoritate, jamdicto Presbytero nolente, studuit congregare de diversis gentibus exercitum, cum quo caperet Babylonicum regnum : et in hoc studio præmonuit prælectam juventutem Mediolanensem Cruces suscipere, et cantilenam de Ultreia, Ultreia cantare. Atque ad vocem hujus prudentis viri cujuslibet conditionis per civitates Longobardorum, villas et castella eorum, Cruces susceperunt, et eandem cantilenam de Ultreia, Ultreia cantaverunt.* Ubi Bernardinus Ferrarius lib. 6. de veterum acclamationibus et plausu cap. 7. existimat, hac cantilena sese invicem animasse Crucigeros ad expeditionem Hierosolymitanam, vocibus conflatis ex *ultra*, et *eia*, quasi forte *eia ultra* eamus, vel potius *ultramare :* nam expeditiones istæ vulgo *ultramarinæ* appellatæ. Sed parum certa videtur ejusmodi conjectura.

* **ULTRERIUS**, Transversus. Stat. Avenion. ann. 1243. cap. 129. ex Cod. reg. 4659 : *Statuimus quod de calopedibus sive soccis clavi pedum sint Ultrerii et integri etc.*

* **ULTRINUS**, pro Uterinus. Charta ann. 1382. ex Bibl. reg. : *Cum matrimonium dudum contractum, et inde consummatum fuisset inter dictum ducem* (Britanniæ) *et dominam Johannam sororem Ultrinam dicti regis* (Richardi) *etc.*

¶ **ULTRIS**, Auctus, Gall. *Augmenté.* Charta ann. 1303. ex Tabul. S. Vandreg. : *At postmodum fructus ejusdem ecclesiæ in tantum Ultres apparuerunt, quod ex ipsis duos rectores honeste et commode poterunt de cetero sustentari, nec est verisimile quod de cetero minuantur, etc.* Vide *Ultragium.*

* **ULTROJECTUS**, Postpositus. Formulæ MSS. ex Cod. reg. 7657. fol. 24. v° : *Ipsi delati.... Dei timore penitus Ultrojecto, etc.* Ibid. fol. 28. r° : *Dictus delatus sua præsumptiva audacia motus, hujus reverentia sæculi Ultrojecta, etc.*

ULTRONEITAS, Facultas faciendi, quod quis vult. Walbertus de patrocinio S. Rictrudis n. 41 : *Quoniam, ni fallor, Ultroneitati liberi arbitrii, primo concessæ parenti, non legitime resisto.* [Epist. Gunzonis ad Augienses fratres ann. 960. apud Marten. tom. 1. Ampl. Collect. col. 295 : *Ergo Ultroneitate arbitrii sibi concessa abutentes aut irrationabilibus animalibus comparantur, aut in nihilum rediguntur, quorum exitus unus est.*]

¶ **ULTRONIUS**, ἄσμενος. Gloss. Lat. Gr. *Ultroneus*, in MSS. Sangerm.

¶ **ULVETUM**, *Locus ubi crescunt ulvæ.* Gemma. Haud scio cur Vossius lib. 3. de Vitiis serm. cap. 56. rescribendum putet *Ulmetum*, et *ulmi :* nota quippe vox *Ulva* Virgilio et Ovidio pro herba palustri.

ULULAMEN, Ululatus, apud Prudentium. [Vita S. Romani Archiepisc. Rotomag. apud Marten. tom. 3. Anecd. col. 1663 :

> Protis ad hæc dictum rumpens a pectore luctum
> Altius ingemuit; planctus, Ululamina fudit.]

¶ **UMACIA**, pro *Vinacia.* Vide *Stemphiaci.*

UMBELLUM, Umbraculum ad arcendos solis ardores, pilei species, Byzantinis familiaris. Gloss. S. Benedicti cap. de Pellibus : *Umbellum*, σκιάδιον. Sic enim legendum arbitror pro *libellum*, σκιάδρον. Sciadia Byzantinorum procerum recenset Codinus de Offic. Aulæ CP. cap. 3. Πυραμίδα vocant Acropolita cap. 11. Καλύπτραν πυραμοειδῆ Nicetas in Andronico lib. 1. Imperatorium sciadium, cujus apex gemma grandiori insigniebatur, πῖλον non semel appellat Cantacuzenus lib. 3. caps 27. lib. 4. cap. 14. Quibus vero jus esset utendi sciadiis, docet Codex MS. Biblioth. Reg. sign. 2023 : Ἰςέον ὅτι τὰ χρυσοκόκκινα σκιάδια φόρουσιν οἱ ἀπὸ τοῦ Ὑπερσεβάστου μέχρι τοῦ μεγάλου Στρατοπεδάρχου, τὰ δὲ συρμάτηρα, οἱ ἀπὸ τοῦ μεγάλου Πριμμικηρίου μέχρι τοῦ Κουροπαλάτου, τὰ δὲ κλαπωτὰ, οἱ ἀπὸ τοῦ Πρωτοβεςιαρίτου μέχρι τέλους. τὰ δὲ σκαρανίκια φοροῦνται οἱ ἀπ' ἀρχῆς μέχρι τοῦ λογοθέτου τῶν ἀγελῶν· τὰ δὲ κόκκινα, οἱ ἀπὸ τοῦ λογοθέτου μέχρι τέλους. De ejusmodi sciadiis ita præterea Raimundus Montanerius in Chronico Catalanico Reg. Aragon. cap. 199. extremo : *E daquest Megaduch trames privilegi ab Bulla d'or be fermat per ell, e per sos fills, à frare Roger : e li trames la vergat de Megaducat, e la senyera, et lo capell, que tots los officis de Romania han capell triat, que altre no gosa portar semblant capell daquell.* Et cap. 212. de eodem Rogerio Cæsare creato : *Et l'Emperador porta capell vermell, e totes ses robes vermelles : e el Cesar porta capell blau, e totes ses robes blaues ab fres d'or estret.* UMBELLUM et UMBRACULUM dicitur, quod ex pellibus compactum est, quodque expandi aut contrahi solet ad arcendos pariter solis ardores, cujusmodi *sciadia* describuntur ab Aristophane in Avibus. Gloss. Gr. Lat : Σκιάδιον, *umbraculum*. Lexic. Gr. MS. Reg. cod. 2062 : Δεῤῥίδιον, σκιάδιον, δερμάτιον. Claudianus lib. 1. in Eutrop. :

> ..... Jam non Umbracula gestant
> Virginibus.

Idem in 4. Consul. Honorii :

> ......Neu defensura calorem
> Aurea summoveant rapidos Umbracula soles.

UMBRELLA. Chronicon MS. Andræ Danduli anno 1177 : *Ancontani vero duas Umbrellas præsentant, unam Papæ, Imperatori aliam, etc.* [Chron. Foroliv. apud Murator. tom. 19. col. 888 : *Ante corpus Christi præcedebant Umbrella, et sex equi albi.*]

UMBER, Canis venaticus e sagacibus ex Umbria Italiæ provincia. Glossar. Græc. Lat. MS. : Ὁ θηρευτὴς κύων, *Umber*. Gratius in Cynegetico, de canibus venaticis :

> At fugit adversos idem quos repperit hostes
> Umber, etc.

Meminit etiam infra, ut et Silius Italicus lib. 3. vers. 295 :

> .... Aut exigit Umber
> Nare sagax e calle feras.

Notgerus Episcopus Leod. in Vita S. Hadelini Confess. cap. 2 : *Cumque locelli iam dilatari cœpisset angustia, duo equites, cum duobus assuetis venatibus* (al. venatoribus) *Umbris forte fortuna ignari, cujus dignitatis esset vallicula, venientes, etc.* Sidonius in Panegyrico Aviti :

> Jam si forte suam latratibus improbus Umber
> Terruit, etc.

UMBLATA, in veteri Charta Italica apud Ughellum tom. 7. Ital. sacr. pag. 257. quem consule; si lubet. Apud Papiam lego : *Umbrata, coronata.*

¶ **UMBRA.** Vide mox in *Umbræ.*

* **UMBRA**, Territorium urbi adjacens. Pariag. inter reg. et episc. Anic. ann. 1307. tom. 6. Ordinat. reg. Franc. pag. 346. art. 17 : *Si infra dictam civitatem, vel sub Umbra ejusdem, nos aliquam juridictionem, vel quodcumque aliud acquirere contingat, in illis eum associare, cum recompensatione debita et congrua, teneamur.* Vide *Umbraculum.* [** Forte *suburbia* ex art. 1.]

¶ **UMBRACULUM.** Chartul. Bituric. fol. 30 : *Sacrosanctæ basilicæ S. Sulpicii Nivensis monasterii qui est sub Umbraculum Biturige civitatis constructus, etc.* Hoc est prope muros civitatis.

UMBRÆ, Phantasmata, vox Latinis Scriptoribus nota. [Nostris *Ombres*, eadem notione.] Papias : *Umbræ, animæ, simulacrum, imagines, somnii.* Valerius Flaccus 1. Argon. :

> Tartareos tum sacra Jovi, stygiisque ferebat,
> Si quid ab excitis melius pernosceret Umbris.

S. Augustinus lib. 10. Confess. cap. 5 : *Non curo nosse transitus siderum, nec anima mea unquam quærit responsa Umbrarum, omnia sacrilega detestor.* Vide eumdem lib. 7. de Civit. Dei c. ult. Durandus lib. 7. Ration. cap. 8. num. 4 : *Ipsi tamen ab animabus circa sepulchra obeuntibus, quas Umbras vocabant, vastari putabant.*

UMBRARII, Qui *umbrarum* seu spirituum responsa expetunt. Edictum Theoderici Reg. c. 108 : *Si quis pagano ritu sacrificare fuerit deprehensus, arioli etiam atque Umbrarii, si reperti fuerint, sub justa æstimatione convicti capite puniantur.* Prudentius lib. 1. contra Symmachum :

> Murmure nam magico tenues excire figuras,
> Atque sepulchrales scire incantare favillas,
> Vita itidem spoliare alios ars noxia novit.

UMBRATICI, Ipsæ umbræ, præstigia. Vetus Formula Pœnitentialis, edita a Jacobo Petito : *Item, si credit, quod Umbratici vadant, et comedant : propter quod dæmones ita homines decipient, quod se transfigurent in hominum figuras, et cætera multa, quæ observantur.*

** UMBRATICUS, Fictitius. Robert. de Monte Chron. ad ann. 1168. apud Pertz. Script. tom. 6. pag. 517 : *Rex Anglorum submonuerat Eudonem, Vicecomitem de Porrohoit, qui catinus Umbratico nomine comes vocabatur.*

¶ UMBRA, Species, simulatio, Gall. *Ombre, prétexte.* Chron. Trivetti apud Acher. tom. 8. Spicil. pag. 463 : *Cognoveruntque Legati.... innocentiam viri, atque sub Umbra illius a quibusdam attentatum id fuisse.* Charta ann. 1316. tom. 1. Chartul. S. Vandreg. pag. 34 : *Significatum est nobis forestam nostram de Tractu multipliciter devastatam sub Umbra livreiæ.*

UMBRA VIRI, Speculum Saxonicum lib. 3. art. 45. §. 12 : *Histrionibus, joculatoribus, et his, qui se in servitutem dederunt, emenda datur Umbra viri.* [** Vide Grimm. Antiq. Jur. Germ. pag. 677.] [Figura scilicet, imago : qua notione]

¶ UMBRA LEONIS dicitur in Testam. dom. *le Scrop* ann. 1415 apud Rymer. tom. 9 pag. 272 : *Volo quod... fiat tumba mea... habens imaginem mei super dictam tumbam, armatam in armis meis, cum Umbra leonis in le Bende prout vivens utor.*

¶ UMBRATILITER, Levi pictura, rudibus lineamentis. Sidonius lib. 2. Epist. 10 : *Quæ imaginarie tantum, et quodammodo Umbratiliter effingimus.*

* Nostris *Ombragé*, pro *Lent, paresseux*, Tardus, segnis, iners. Mirac. MSS. B. M. V. lib. 1 :

> Ombragiés iert et estais
> A Dieu servir et à bien faire :
> Mais à reuber et à mal faire
> Estoit vistes et remuans.

* *Umbrier* vero, pro Occultare, in Lit. remiss. ann. 1464. in Reg. 194. Chartoph. reg. ch. 247 : *En laquelle rue iceulx compaignons se Umbrierent contre une grange, où ilz aguetterent, etc.*

UMBRÆ, Tymalli, pisces Hibernis familiares, apud Silvestr. Girardum in Topogr. Hibern. dist 1. cap. 7. Vide Columellam lib. 8. cap. 16.

* Scribe *Thymalli* et vide *Thymallus.*

* **UMBRALE**, Velum, conopeum, Gall. *Rideau.* Necrol. MS. abbat. Altorf. in Alsat. : *Obierunt Nicolaus Kasch et uxor ejus iv. Cal. Nov. qui dederunt...... duo Umbralia.* Ita vir doctus D. Schœpflinus; haud scio tamen an de Umbella, Gall. *Dais* non sit intelligendum.

¶ **UMBRARIUS**, UMBRATICUS. Vide *Umbræ.*

* **UMBRATA.** Vide *Umblata.*

¶ **UMBRELLA**, ut *Umbellum.* Vide in hac voce.

* **UMBULUS**, in aliquot Chartis, auctore D. *Falconet*, vulgo *Ombre* vel *Umble*, Piscis qui reperitur in lacu Dalphinatus. Vide *Thymallus* et *Umbræ.*

¶ **UMECTA**, Loca paludosa, vel Palustribus vicina. Charta apud Meichelbeck. Hist. Frising. tom. 2. pag. 38 : *Pascuas, venationes, Umecta, seu et fructeta, omnia ad eadem pertinentia, etc.* Vide *Humectus.*

¶ UMEXA, Eadem notione, pro *Umecta*, ibid. pag. 86 : *Campis, pratis, pascuis,... Umexis, etc.*

¶ **UMERICIA**, pro *Vinericia.* Vide ibi.

¶ **UMERUS**, ὦμος. Gloss. Lat. Gr. *Humerus*, in MSS.

¶ **UMEXA.** Vide supra *Umecta.*

UMGA, pro *Bauga.* Vide in hac voce.

* **UMGULA**, pro *Ungula*, Pes animalis. Libert. Bellivis. ann. 1313. tom. 8. Ordinat. reg. Franc. pag. 162. art. 20 : *In venacionibus aprorum retinemus nobis caput et Umgulas.*

¶ **UMILARI.** Gloss. Latin. Gr. *Umilor* Προσπίπτω *Humilior*, in MSS. Sangerm. Προσπίπτω, *Interpello, Umilor, procido*, in Gloss. Gr. Lat.

* **UMILIA**, pro *Homilia*, Liber continens sanctorum homilias. Tabul. Cassin. : *Ponemus ibidem intro de ecclesia duos libros mixales, e unam Umiliam.* Vide in *Homiliæ.*

¶ **UMIMEGARICUS.** Liber censuum Eccl. Rom. : *Monasterium S. Stephani cum omnibus sibi pertinentibus præstat annue in auroque CVIII. Umimegaricos.* Notis numericis in errorem inductus est librarius. Emendo, *in auro CVIII. melgoricos* vel *melgorienses.*

UMLO. Vide *Humlo.*

¶ **UMMO**, ὀμφαλὸς ἀσπίδος. Gloss. Lat. Gr. Melius in MSS. Sangerm. *Umvo*, seu *Umbo.*

* **UMULUS**, pro *Humulus*, Gall. *Houblon.* Descript. censuum monast. S. Emmer. apud Pez. tom. 1. Anecd. part. 3. col. 68 : *Ipsi persolvunt...... duodecim ova et duos modios Umuli.* Vide *Humlo.*

* **UMUS**, pro *Helmus*, Cassis, Gall. *Heaume*. Charta ann. 1345. inter Probat. tom. 4. Hist. Occit. col. 201 : *Ramundus Arquerii, athilator Tolosæ dom. nostri Franciæ regis, recognosco habuisse..... pro iij. Umis de tachis, xiij. pavesiis, centum fundis, etc.* Vide *Helmus* 1.

¶ **UNÆ**. Chartul. S. Vandreg. tom. 1. pag. 115 : *Obtuli Deo et sancto Vandregesillo et monachis ibidem Deo servientibus quidquid clamabam jure hæreditario... scilicet duodecim panes,... Unas botas et unam summam avenæ.* Ceremoniale vetus MS. B. M. Deauratæ Tolos. : *Et quilibet istorum* (Monachorum) *debent portare unum amictum sintatum, et Unas manutergias in collo per modum stolæ.* Numerum duplicem hac voce significari non existimo.

* Reg. feud. Aquit. in Cam. Comput. Paris. sign. JJ. rub. fol. 6. v° : *Habeant et tenent prædicta cum Unis cirothecis sporlæ.* Id est, cum pari chirothecarum.

¶ **UNALIS**, Singularis. Canones Hibern. apud Acher. tom. 9. Spicil. pag. 27 : *Monachus Græce, Latine Unalis, sive quod solus in eremo vitam solitariam ducit; sive quod sine impedimento mundiali mundum habitet; sive quod in hac vita solus, etsi inter multos habitet, versetur.*

¶ **UNAMITANS**, pro Unanimis, in Testam. S. Gennadii Episc. Asturic. inter Conc. Hisp. tom. 3. pag. 173 : *Ab integritate sint propria monasterii S. Petri, et nihil communionis ibidem habeant. Sed præ cæteræ ecclesiæ quæ in supradicto eremo constructæ sunt, nisi forte Unamitans gratia aliquid pro misericordia concessum fuerit.*

¶ **UNAMMES**. Gloss. MSS. Bituric. : *Amazones, feminæ bellatrices..... adustis dexterioribus mammis Unammes dicuntur. Unimammæ*, ex Isidoro in Gloss. MSS. Sangerm. num. 501. *Unimamma, femme à une mamelle.* Gloss. Lat. Gall.

¶ **UNANIMARE**, Unius esse animi, unanimum esse. Ammianus lib. 31 : *Unanimanti ardore, summi et infimi, inter se congruentes.*

¶ **UNANIMITAS**, Animi necessitudo. Epist. Johannis X. PP. ann. 928. ad Aymericum Narbon. Archiep. inter Instr. tom. 6. Gall. Christ. novæ edit. col. 16 : *Litteras ab Unanimitate tua nostro directas apostolatui, apostolica patientia suscepimus.*

¶ **UNANIMITUS**, Una mente, uno animo, Gall. *Unanimement. Alexandro Unanimitus electo*, in Chron. Waldhusano tom. 1. Miscell. R. Duellii pag. 57. *Unanimiter* dixit Vopiscus in Tacito : utitur etiam Vulgatus Interpres Act. 11. 14.

¶ **UNARE**, Unum efficere, congregare. Tertull. adv. Praxeam cap. 27 : *Qui unum eumdemque contendunt Patrem et Filium, incipiunt dividere illos potius, quam Unare.*

UNATIM, Simul, una, in Charta Hispanica æræ 988. apud Anton. *de Yepez*, in Chronico Ord. S. Bened. tom. 5. pag. 435 : *Unatim mereamur triumphare in cœlis, etc.* [Vita S. Caretoci tom. 3. Maii pag. 586 : *Ipsi autem convenerunt Unatim.*] [** Ponit inter adverbia congregandi Tatuin. Gramm. MS. cap. de adverb. Maius in Glossar. novo.]

¶ **UNCA** Manu, *Stricta manu*, μυλλῇ. Gloss. Isid. Κυλλῇ rectius in Excerptis. Constantiensis : *Unca manu, curva manu, stricta. Uncat, curvat.* Vide *Uncatus.*

* **UNCALIS** Bombarda. Vide supra in *Bombarda.*

UNCARE, Ursorum clamor proprius. V. Salm. ad Hist. Aug. pag. 168. et *Urcare.*

* Carmen de Philomela ex Cod. reg. 6816:
Tum linces urcando fremunt, ursus ferus Uncat.

¶ **UNCATUS**, Instar unci factus. Sidonius lib. 4. Epist. 20 : *Lanceis Uncatis, securisbusque missibilibus dextræ refertæ.* Hinc *Syllogismi uncati*, apud eumdem lib. 9. Epist. 9. Vide *Unca.*

* **UNCEA** Denariorum, in Necrol. MS. S. Aurel. Argent. ad diem Epiph. Vide *Uncia* 1.

UNCEASESATH. Leges Inæ Regis. cap. 37. [** 35.] : *Quifurem occiderit, liceat ei probare jurejurando, quod eum fugientem pro fure occidit, et parentibus ipsius occisi juret Unceases ax, i. sacramentum sine electione vel nominatione.* Ubi *ath*, pro *ax*, emendat Somnerus, aitque perperam has voces Saxonicas redditas a Bromptono et Lambardo; sed potius legi debere, ut præfert codex Roffensis, Unceastes a þ, i. *cognati vero interfecti* (furis) *jusjurandum præstant* (cædem ejus) *se non vindicaturos.* Ceast enim Saxon. lis, jurgium, inimicitia; cui, un, adversativa particula præposita, contrarium significat.

1. **UNCIA**, *Uncia auri*, in mulctis pecuniariis. Lex Wisigoth. lib. 3. tit. 3. §. 3 : *Qui in raptu interfuisse cognoscitur, si liber est, sex auri Uncias reddat, etc.* Adde lib. 2. tit. 1. § 25. Lex Bajwar. tit. 1. cap. 2 : *In primis incurrat Dei judicium, et offensionem sanctæ Ecclesiæ, et judici terreno persolvat auri Uncias tres, etc.* Decretale precum quorumdam Episcoporum ann. 799 : *Et qui redimere ipsas biduanas voluerit, fortiores Comites Uncias tres, mediocres Unciam et dimidiam, minores solidum unum.* [Vide Pachymerem lib. 11. cap. 21. pag. 290.]

¶ Uncia, Monetæ genus, in usu apud Siculos aliosque. Computus ab ann. 1333. ad ann. 1336. tom. 2. Hist. Dalph. pag. 285 : *De quo toto præsenti computo collectæ sunt summariæ informationes quæ secuntur, videlicet, de pecunia recepta in Karolenis argenti et reducta ad Florenos de Florentia, computata qualibet Uncia pro quinque florenis, et quolibet floreno pro* VI. *tarenis, et quolibet tareno pro duobus Carolenis, et quolibet Caroleno pro decem granis, etc.* Litteræ Roberti Reg. Jerusal. et Siciliæ ann. 1314. ibid. pag. 151. col. 1 : *Infrascripta gagia statuimus; videlicet pro persona sua ad rationem de Uncia una per diem, cuilibet dictorum militum ad rationem de Unciis tribus ponderis generalis per mensem.* Occurrit rursum pag. 151. 238. et 239. Memoriale Potestat. Regiens. ad ann. 1218. de Obsidione Damiatæ, apud Murator. tom. 8. col 1091 : *Sed de pane recenti et vino, et de carne frescha caristiam magnam habebant, ita quod aries unus* X. *Unciis venditus fuit, et una gallina* XXX. *soldos, et unum ovum duos soldos.* Falco Benevent. in Chron. ad ann. 1132 : *Affirmabant quoque Uncias auri a Rege innumeras accepisse.* Charta ann. 1045. ex Tabul. S. Victoris Massil. : *Et accipiet ab eo Uncias* X. *auri boni de Ispania per* XV. *Uncias auri legitime pensatas.* Epist. Petri de Condeto apud Acher. tom. 2. Spicil. pag. 563 : *Promisit etiam dictus Rex Tunis se redditurum domino Regi Franciæ et Baronibus suis, pro expensis in viam factis ducentas et decem mille Uncias auri, quarum quælibet Uncia valet quinquaginta solidos Turonenses.* Charta ann. 1384. *libram* et *Unciam* promiscue accipit : alia ann. 1284. duas libras censuum in 24. uncias dividit. Utramque laudat Schilterus in Gloss. Teuton. v. *Unze.* Donatio Anshelmi Abb. Laurisham. apud Tolner. inter Instr. Hist. Palat. pag. 17 : *Bubo ex duobus mansis et prato,... et de una biunda* XXX. *denarios, et de molendino in Furden v. Uncias solvere debet.* [** Vide Guerard. Proleg. Polypt Irminon. pag. 192.]

2. **UNCIA**, Unciata Terræ, [Modus agri, f. duodecima pars jugeri,] in Charta Thomæ Regis Manniæ ann. 1055. in Monastico Anglic. tom. 1. pag. 718. *Unciæ agri*, in Tabulario Landavensi in eodem Monastico Anglic. tom. 3. pag. 190. 197. 200. 205. *Mansus trium Unciarum*, ibid. pag. 197. Adde Ughellum, tom. 1. Ital. Sacræ part. 1. pag. 144. [Chron. Farf. apud Murator. tom. 2. part. 2. col. 453 : *In fundo Turriano Uncias* III.... *In fundo Adriani Uncias* II.... *In fundo Sallani Unciam* I. *In fundo Pulliani Uncias* VI. Ibidem col. 539 : *Et pro libris* XI. *concessit in campo sancti Benedicti Unciam unam principalem, et medietatem de medietate ipsa, quæ nobis pertinet.* Placitum ann. 1105. apud *Le Blanc* in Dissertat. de Monetis pag. 57 : *Hujus etiam temporibus Leoninus Consul et Dux, monachus factus, tres Uncias massæ Aretinæ, quibus parentum fruebatur hæreditate, decimo quinto milliari ab urbe, via Ardeatina, beato Petro Apostolo perenniter concessit permanendas.*] [** Polypt. Irmin. Brev. 25. sect. 8 : *Habet Unciam* 1. *de terra arabili habentem bunuaria* 3. *et de prato aripennum unum, quæ de hereditate proximorum suorum ei in hereditate successit.* Adde Brev. 24. sect. 101. 102. 103. et vide Savin. Histor. Jur. Rom. med. temp tom. 2. cap. 14. § 74. et 79.]

* Charta Lothar. imper. ann. 854. tom. 8. Collect. Histor. Franc. pag. 393 : *Sed Romanæ igitur ecclesiæ duas Uncias terræ, pro Chartarum instrumentis, singulis annnis cognovimus tantum debere.* Oncelé, Mensura vinaria, eadem atque amphora, in Chron. S. Dion. tom. 3. ejusd. Collect. pag. 225 : *Entre les mauveses coustumes que il* (Chilperic) *avoit alevées, establi-il que tuit et gentill et vilain,, qui vignes avoient,.... rendroient chacun an une Oncelée de vin à la table le roy.* Ubi Aimoin. lib. 3. cap. 31. ibid. pag. 81 : *Amphoram vini regiæ inferebant mensæ.*

* Uncia, Pars duodecima rei cujuslibet. Testam. Franc. de Pratocomit. ann. 1374. in Reg. 3. Armor. gener. part. 2. pag. vxij : *Substituo.... fratrem meum in octo Unciis seu duabus partibus hæreditatis meæ, et in aliis quatuor Unciis seu tertia parte.... nepotes meos. Uncias molæ*, Molendini portio, apud Crescemb. lib. 2. cap. 7. Hist. S. Mariæ in Cosmed.

¶ 3. **UNCIA** Pollicis, Articulus pollicis. Processus de Vita S. Yvonis tom. 4. Maii pag. 575 : *Erat ille lapis ad quantitatem primæ Unciæ pollicis, et ad similitudinem ossis pruni. Uncia digiti*, in Inventario Eccl.

Anic. ann. 1444. Acta Episcop. Cenoman. apud Mabill. tom. 3. Analect. pag. 323 : *Ibi quoque thesaurus incomparabilis, thesaurus desiderabilis signatur, scilicet quædam Uncia ejusdem* (Demetrii) *Martyris, cum dente S. Johannis Baptistæ, et quidam capillus gloriosissimæ Dei Genitricis.*

UNCIALES Litteræ, seu characteres, [Uncia, id est pedis duodecima parte, constantes.] S. Hieronymus præfat. in Job : *Habeant, qui volunt veteres libros, vel in membranis purpureis, auro, argentoque descriptos, vel Uncialibus, ut vulgo aiunt, litteris, onera magis exarata, quam codices, etc.* [** Al. *Inicialibus*.] Vide Allatium in Antiq. Etrusc. Monum. [et Mabillonium in Diplom. lib. 1. cap. 11. num. 4. et supra in *Litteræ*.]

* **UNCIARE**, *Oncier, mesurer par onces*, in Glossar. Gall. Lat. ex Cod. reg. 7684.

¶ **UNCIATA** Terræ. Vide *Uncia* 2.

¶ **UNCIATUM**, *Mabinhcolo*, in vet. Gloss. Lat. et Franco-Theotisco apud H. Wanleium in Append. ad Catalog. Codd. MSS. Septentr.

¶ **UNCINA**. Chartul. S. Vedasti Atrebat. V. pag. 265 : *Si custos rebellis est cellerario, famuli Uncinas saisient, et vivent supra, usque dum satisfaciat.*

¶ **UNCINARE**, Hamare, unco prehendere. Gloss. Lat. Gr. : *Uncino*, ἀγκιςρεύω. Aliæ Græc. Lat. : Ἀγκιςρεύω, *Uncino, hamo, adhamo.*

¶ **UNCINATUS**. Vide mox in *Uncinus*.

UNCINUS, Uncus, cui inhærent catenulæ, Italis *Uncino*. Papias *Uncus, curvus, anchora, uncus, Uncinus, diminutivum.* Glossæ Gr. Lat. : Κόραξ σιδηροῦς θύρας, *Uncinus, repagulum.* Alibi : Μόχλου οὔγκινος, *repagulum.* Rursum : Ὄγκινος, *Uncinus, reticulus.* Anastasius in Gregorio IV. PP : *Signum Christi habet historiam in modum leonis incapillatam, cum diversis operibus purissimis aureis pendentibus in catenulis quatuor, et Uncino uno; Item gabutham saxiscam habet in modum leonis, cum diversis historiis serpentium, et in medio stantem pineam, et quatuor leunculis exauratam, qui pendent in catenulis tribus, et Uncino uno.* Idem in Leone IV : *Nec non et aliam coronam minorem ibidem obtulit, cum catenulis quatuor, et delphinis decem habentem lilium, et Uncinum pensant. lib. duas.* Martyrolog. 10. Janu. : *Equuleo et Uncinis ferreis jussus est suspendi.* Occurrit hæc vox non semel in Libris sacris.

Uncinatus, Uncis, seu eorum figura distinctus pannus. Donatio facta Eccl. Cornut. edita a Suaresio : *Vela loricata melinoporphyra Uncinata duo.*

* Hinc *Oucin* appellatus nostris, Baculus recurvus. Lit. remiss. ann. 1389. in Reg. 138. Chartoph. reg. ch. 6 : *Icellui Jehan vint garni d'un grant paul, appellé Oucin de charrette à bœufs, etc.*

* **UNCIRE**, *Crocher, pandre au crochet.* Glossar. Gall. Lat. ex Cod. reg. 7684.

¶ **UNCIUNCULUS**, Calceamenti recurvi species, ut videtur : nam, ait Continuator Nangii ann. 1365. extr. *alii* (sotulares) *in obliquum, ut Griffones habent retro et naturaliter pro unguibus gerunt, ipsi communiter deportabant.* Vita Meinwerci apud Leibnit. tom. 1. Script. Brunsvic. pag. 529. et tom. 1. Jun. pag. 523 : *Unum pauperem cum una camisia, una braca, uno cotte, una tunica, duabus caligis et Unciunculis et calceamentis et chirothecis, pileo et cingulo vestiret.*

¶ **UNCTARIA**, Unctarius, Qui vel quæ unctum vendit. Codex censualis Episc. Autissiod. ann. circ. 1290 : *De unctariis. Unctarii et Unctariæ debent in quolibet Sabbati unum obolum.* Infra : *De Unctariis istius villæ. Quisquis vendat Unctum diebus Sabbati ad estallum, quilibet debet obolatam.* Vide *Unctum*.

* Nostris alias *Ointier*. Reg. Cam. Comput. Paris. sign. *Pater* fol. 255. r° : *Marchans et vendeurs de suif, d'oint et de sain, soient Ointiers ou autres, paieront pour chascun cent de suif et de oint, l'un parmi l'autre, trois deniers.* Pedag. Divion. ex Cod. reg. 4653. fol. 26. v° : *Les Ointieres qui vendent à estaul, etc.*

¶ **UNCTIO**, Oleum sanctum. Inventar. S. Capellæ Paris. ann. 1376. ex Bibl. Reg. : *Item unum vas argenti ad ponendum sanctum crisma et alias sacras Unctiones.* In Inventario ann. 1363. post *crisma* additur, *oleum sanctum et oleum infirmorum.* Infra : *Item unum aliud vas argenti ad ponendum sacras Unctiones. Item un vaissel d'argent à mettre le cresme et les autres onctions,* in Inventario Gallico.

* Hinc loquendi formula vulgaris, *Estre mis en Unction*, pro Sacram seu extremam Unctionem suscipere, in Lit. remiss. ann. 1382. ex Reg. 120. Chartoph. reg. ch. 314. Aliæ ann. 1458. in Reg. 188. ch. 45: *Ilz firent confesser ladite chambriere et mettre en Unxion; et le jour ensuivant ala de vie à trespassement.*

* **UNCTOR**, ut supra *Unctarius*. Charta ann. 1407. in Reg. 161. Chartoph. reg. ch. 337 : *Arnaldus de Argileriis Unctor,.... Johannes del Lonc olierius, etc.*

** **UNCTOSUS**. Galen. lat. MSS. ad Glauc. II, 4. apud Maium in Glossar. novo : *Cave ne pingue aliquod aut Unctosum medicamen vulneri isti adhibeas... siccare enim se vult valde vulnus rheumaticum, non impinguari vel humidari.*

UNCTUM, Adeps, Gall. *Oint*. Capitulare de Villis cap 43 : *Carbones, saponem, Unctum, vascula, etc.* [Ubi oleum, quo utuntur lanam carminantes, significari opinor.] Adde cap. 62. Chronicon Fontanellense : *Porcos saginatos ad adipem et lardum, cum Unctis 60.* [Tabul. S. Albini Andegav. : *Tulit Willelmus viarius de Mosterolo* XXX. *et* III. *sol. et* XIII. *sextarios de frumento et latus de porco et Unctum unum. De bacone,* I. *ob. de Uncto,* I. *ob.* in Charta Leduini Abb. S. Vedasti ann. 1036. ex Chartul. V. ejusd. Monast. pag. 243. Codex censualis Episc. Autiss. ann. 1290 : *De his qui apportant Unctum in hac villa. Quicumque affert Unctum in hac villa ut vendat, solvit de tourtello* I. *ob.... Et si fuerit de porco suo et de sauvamento Comitis, nihil solvit. Venditores Uncti et sepi* (dant) *sex denarios,* in Cod. censuali Corbeiensi.] Marbodus lib. 4. de Virtutib. herbar. cap. 13 :

Uncto cum veteri fertur podagræ medicari.

Galbertus in Vita Caroli Comitis Flandr. num. 181 : *Ignem pice et Uncto veteri et cera levius ardentem machinæ injecerunt.* Ubi *unctum vetus* est nostrum, *Vieil oint.* Liber Ordinis S. Victoris Parisiensis MS. cap. 18 : *Quoties subtalares ungendi fuerint, fratrum tam Laicorum, quam Clericorum, Vestiarius* eos *ungi faciet : Unctum autem a Camerario accipiet.* Vide in *Cordebisus*.

* Lit. remiss. ann. 1397. in Reg. 152. Chartoph. reg. ch. 152 : *Icellui Collart prist et embla.... un Oint pesant sept livres et demie; et le vendi à Faluy six deniers et maille Tournois la livre. La moitié d'un Oint de porceau,* in aliis ann. 1454. ex Reg. 182. ch. 130. Ubi Adeps suillus in massam compactus intelligendus videtur. Unde *Oingnace* nostri dixerunt de homine spurcissimo, vulgo *Qui est bien cochon.* Lit. remiss. ann. 1408. in Reg. 162. ch. 278 : *Jehan Jacon commença à pissier...... devant l'uis de la taverne, veans les bourgois, auquel le suppliant dist qu'il estoit bien Oingnace de pissier devant les genz.*

¶ **UNCTUOSUS**, Unguine plenus, Gall. *Onctueux*. Leonardus in Speculo lapidum lib. 1. cap. 1 : *Per aqueum intelligit humidum, Unctuosum seu viscosum, etc.*

¶ **UNCTURA**, Adeps, idem quod *Unctum*. Capitul. Aquisgr. ann. 817. § 2 : *Saponem et Uncturam sufficienter, pinguedinem ad esum, etc.*

* *Ointure*, eodem sensu, in Stat. ann. 1327. tom. 1. Ordinat. reg. Franc. pag. 805. art. 19. Pro jure, quod ex *Uncto* percipitur, occurrit in Charta Phil. VI. ann. 1328. ex Reg. donor. ejusd. in Cam. Comput. Paris. fol. 29. v° : *Item l'Ointure, prisiée quarente sol par an.*

1. **UNCUS**, Modus agri apud Danos. Charta Valdemari Regis Danorum ann. 1240. apud Isaac. Pontanum lib. 6. extremo : *Licet alicui terram vel Uncos jure feudali concessisse dignoscimur, semper tamen solutionem decimæ decimarum excipimus.* Alia Erici Danorum Regis ann. 1249. lib. 7 : *Unde cum in consecratione ipsius promisimus providere Ecclesiæ Revaliensi de dote,... octoginta Uncos apud Revalium dotis nomine assignavimus.* Mox : *Insuper dotem concedimus ipsi Episcopo 40. Uncos in Vironia, in villa, quæ dicitur Salgalle, etc.* [V. *Uncia* 2.]

* Et apud Polonos. Charta ann. 1234. tom. 5. Cod. diplom. Polon. pag. 13. col. 1 : *Inbeneficiantes..... Jordanum ejusdem ecclesiæ plebanum in viginti quinque Uncis in Carovia, in castellatura Lodgiæ, in provincia Ugesse, quos Uncos, tam ei quam successoribus suis, secundum æstimationem Uncorum, qui fuerunt intra viginti annos, assignamus cum decimis.* Idem esse quod nostris *Mansus*, colligitur ex Charta ann. 1355. ibid pag. 64. col. 1 : *Reservatis sibi... hæreditatibus, sive Uncis vel mansis.* Vide supra *Laneus* 2. [** Annal. Corbeiens. ad ann. 1114. apud Pertz. Scriptor. tom. 3. pag. 8 : *Scyrcipenses Slavi ... intulerunt, civitati Corbeiæ... annuatim se debere aut vulpinam pellem, aut bis terdena nomismata Bardewicensis monete simillima vel propria, de uniuscujusque soli sui Unci cultura, quem nostrates aratrum vocitant.*]

2. **UNCUS** Pastoralis, Virga vel baculus Episcopalis recurvus. Thomas Archidiaconus Spalatensis in Hist. Salonitana cap. 16 : *Fecit etiam urceum magnum, et alium parvum, et ciminile manicatum, calcem et*

capsam, Uncum Pastoralem, et crucem, et alia quædam etc. Vide Cambuta, Ouncin in Uncinus, et Virga 3.

UNCUTH. Vide *Agenhine*, et *Gust.* Ubi addendum ex Joanne Britton. cap. 3 : *En droit de hostes, volons que chescun respoine pur son hoste que il avera herbergié, plus de deux nuits ensemble, issint que la premiere nuit soit les estraunge tenus Unkouth, l'autre nuit Geste, et la tierce nuit Hoghenhine.*

¶ **UNDACIO**, Inundatio, in Charta apud Lobinell. tom. 2. Hist. Britan. col. 882 : *Undacio aquarum crevit taliter in fluvio Ligeris propter nimiam pluviarum abundanciam, etc.*

* Nostris *Ondée* alias, idem quod *Douleur, tranchée,* Alvi torsio, doloris æstus, maxime in partu. Lit. remiss. ann. 1457. in Reg. 189. Chartoph. reg. ch. 165 : *Icelle Denisete ot deux fortes Ondées de mal, et tellement qu'elle ot enffent.*

¶ **UNDAIZARE**, UNDARE. Vide *Undeiare.*

UNDANTER, *Copiose, vel affluenter,* in Glossis MSS. S. Germani Paris. cod. 524. [Vide *Underare.*]

1. **UNDE**, pro De quo, Gallis, *D'où.* Jornandes de Rebus Geticis : *In Scania vero insula, Unde nobis sermo est.* Alibi : *Juxta Mæotidem paludem commanentes præfati, Unde loquimur.* Galli dicimus, *dont nous parlons.* Ordericus Vitalis lib. 9. pag. 723 : *Turonis aliud Concilium tenuit, et ea Unde apud Clarummontem tractaverat, confirmavit.* Idem lib. 10. pag. 797 : *In hoc negotio Unde contractamus, etc.* Usum etiam Pollionem hac loquendi formula observavit Salmasius pag. 338.

¶ UNDE, pro Cujus, Gall. *Dont.* Litteræ Edwardi II. Reg. Ang. ann. 1323. apud Rymer. tom. 3. pag. 985 : *Cum olim Jakeminus de Recto mercator de Janua, nobis dedisset intelligi, qualiter ipse cum quadam magna nave, quæ vulgariter Dromunda nuncupatur, Unde idem Jakeminus patronus et dominus erat.* Charta Ricardi II. Reg. Angl. ann. 1393. apud eumd. tom. 7. pag. 744 : *Concessimus... quod tres grossas naves guerrinas ;... videlicet navem Unde Johannes Wysebech est magister, navem Unde Jacobus Frobbyng est magister, et navem Unde Adam Outelowe est magister, etc.*

* 2. **UNDE**, Qua, Gall. *Par où.* Charta Frider. I. imper. ann. 1159. apud Lam. in Delic. erudit. inter not. ad Chron. imper. Leonis Urbevet. pag. 188 : *Quoniam.... nulla major est in mundo hoc merces, quam in locis egentibus construere fontes et hospitales, et maxime in Alpibus, Unde domestici Dei debent transire, etc.*

¶ **UNDECIMA**. Conventiones MSS. Archirinci Abb. Montis-Majoris cum incolis Correni de censibus : *Talis usus longævus in territorio Correnst habetur apud nos, ut decimam, et Undecimam, quæ Undecima apud nos tasca nuncupatur, dominis suis habitatores ejusdem loci reddant, quia rationibus consuetudinis cautum est et legalibus, ut decima Deo, Undecima domino de omnibus quæ possident, persolvantur.* Hæc apertiora etiam sunt in Charta ann. 1309. tom. 1. Hist. Dalph. pag. 86. col. 2 : *Levatur ipsa taschia in hunc modum ; videlicet de quolibet jornali fimato capitur Undecima gerba, in jornali non fimato decima gerba.* Vide *Undenus.*

UNDEIARE, UNDAIZARE, Infantem vel moribundum non omnibus adhibitis Baptismi ceremoniis baptizare, nostris *Ondoïer*, lustrali aqua perfundere. Epist. Petri Episcopi Claromontensis ad Mauricium Episcop. Parisiensem, quæ est 3. inter Epistolas Stephani Episcopi Tornac. : *Cum igitur puer natus esset, nec posset sacerdos ad baptizandum eum congrue reperiri, pater ejus immersit eum aqua, dicens : In nomine Patris, et Filii, et Spiritus sancti. Et hæc est pessima consuetudo in terra nostra, ut in talis necessitatis articulo dicant : In nomine Patris, et Filii, et Spiritus sancti, nec totam exprimant verborum formam, quæ debet exprimi in baptismo, quod Undeiare vocant.* Et Epist. 5 : *Hoc enim dicere solent, qui literas ignorantes parvulos Undaizant : In nomine Patris, etc.* In hisce Epistolis tractatur, an ejusmodi Baptismus valeat.

¶ UNDARE, Eodem significatu. Manuale sacerdotum ad usum Eccl. Autiss. ann. 1536. ubi de Baptismo : *Sacerdos debet interrogare mulieres si infans fuerit Undatus aut non ; et tunc si fuerit Undatus, sub conditione baptizet eum.*

* *Ondéer*, in Lit. remiss. ann. 1389. ex Reg. 138. Chartoph. reg. ch. 3. *Umdéer*, in aliis ann. 1449. ex Reg. 180. ch. 77 : *La suppliant enfanta d'un fils, lequel incontinent qu'il fut né, elle print et Umdea.*

¶ **UNDENUS**, Idem quod *Undecima.* Vide in hac voce. Statuta Eccl. Biterr. ann. 1375. apud Marten. tom. 4. Anecd. col. 663 : *Item, fuit prohibitum clericis et maxime in sacris ordinibus constitutis, quod non emant Undenos, retrodecimas, nec possessiones laicas.*

* *Undenum*, in Charta ann. 1332. ex Reg. 66. Chartoph. reg. ch. 947 : *Pro ipsis libertatibus et franquesiis offerendo...... Undenum seu Undena, vintenum seu vintena, et alia arrendamenta seu alios redditus.* Alia ann. 1374. in Reg. 119. ch. 1 : *Qui personetæ et corretarii retulerunt ipsis consulibus se nullum volentem emere Undenos, vintenos, vel retrodecimas reperisse.*

¶ **UNDEOLUS**, pro Urceolus, in Gemma.

¶ **UNDERARE**, Abundare, affluere. Epist. S. Hildegardis apud Marten. tom. 2. Ampl. Collect. col. 1016 : *Sed o tu qui generosus es in voluntate tua, attende quod multa flumina Underant in te, rixando in magno strepitu.* Vide *Undanter.*

UNDESCERE, In undas excrescere, tumere. Vita S. Endei Abb. Arianensis n. 15 : *Ita quod non Undescit mare in via, per quam transiit dolium ; sed serenitas semper ibi apparet.*

* **UNDESECUS**, Undequaque. Epist. synod. Conc. Suession. ad Nicol. I. PP. ann. 866. tom. 7. Collect. Histor. Franc. pag. 587 : *Qui isdem specialis filius vester diverso Undesecus Northmannorum aliorumve agitatur incommodo etc.*

¶ **UNDIFRAGUS**, Qui undas frangit. De Excidio Thuringiæ apud Leibnit. tom. 1. Script. Brunsvic. pag. 61 :

Prompta per Undifragas transisscm puppe procellas,
Flatibus Hybernis læta moverer aquis.

* **UNDINÆ**, pro Nundinæ, ex concursu literæ *n*, in Charta ann. 1332. Locus est supra in *Levagium.* Vide *Undines.*

¶ **UNDINES.** Charta Petri de Mintriaco ann. 1283. ex Tabul. Calensi : *Abbatissa dicti monasterii quæ pro tempore fuerit solvet et reddere tenebitur annuatim in Undinis Latigniacensibus conventui dicti monasterii 100. sol. Parisienses.* Leg. *nundinis*, altera *n*, ut sæpe fit, ob præcedentem omissa.

¶ **UNDISIA.** Continuat. Chron. S. Bertini apud Marten. tom. 6. Ampliss. Collect. col. 618 : *Hic* (Joannes) *receptus ecclesiam suam in tertia parte omnium bonorum diminutam reperit, et per venditiones ad vitam in 4030. libris Parisiensibus in pecuniis, et ad 988. raserias bladi, in puris Undisiis debitis, in 42. millibus Francorum auri obligatam invenit.* Vide an idem sit quod

¶ **UNDRAMENTUM**, Reliquum, quod excedit summam. Charta ann. 1230. apud Stephanot. tom. 3. Antiquit. Bened. Pictav. MSS. pag. 796 : *Concessum est etiam inter partes quod omnium Undramentorum residua habebit abbas dictus et sui.* Alia ann. 1232. ibid. pag. 822 : *Eodem modo de decimis, agnorum, vitulorum,.... et denariorum inde provenientium, et Undramentorum, si quæ pervenerint, et vendarum habebit serviens tertiam partem.* Rursum alia ann. 1230. ibid. pag. 832 : *Petebant quod dictus Prior debebat eis garire pratum de Pestilence tam de quatuor denariis census quos petebat capellanus de Pairec in medietatem prati supradicti quam de Undramento dicti census et dampnis quæ dictus capellanus intulerat eis in eodem prato pro censu supradicto .. Concesserunt se reddituros de cætero censum supradictum et ejus Undramenta.* Infra pag. 833 : *Et tunc debent adducere secum capellanum de Pairec et liberare Priorem absolutione census, et ejus Undramenti.* Vide *Ultragium.*

¶ **UNDREDUM**, UNDREDUS. Tabular. SS. Trinit. Cadom. fol. 45. v° : *Ista villa habebat Undredum,.... sed in tempore werræ difforciatum fuit.* Vide *Hundredus.*

UNDRES. Fleta lib. 1. cap. 9 : *Ante ætatem 21. annorum robusti vel habiles ad arma suscipienda pro patria defensione non reputantur, et ideo Undres dicuntur, et sub tutela dominorum interim remanebunt.*

UNEG-UVORFIN. In Edicto Rotharis Regis Longob. titulus 10. inscribitur *de Uneguvorfin, id est, corbitaria.* [** cap. 26. ubi Murat. *De Vegoveri arbitraria.* Glossar. in Cod. Cavens. : *Vechorin i. e. orbitaria.*] Mox sequitur : *Si quis mulieri liberæ aut puellæ in via se anteposuerit, aut aliquam injuriam intulerit, componat, etc.* Vide *Raporworfin*, et *Marahworfin.*

UNFRIDMANNUS, *Non habens pacem*, in Gloss. Saxon. sub Edw. III. exarato. Vox confecta ex negativa particula u n, et frid, pax, et man, homo. Vide *Frithmannus.*

UNGAREH. Vetus Glossarium, collectioni Dionysii Exigui subditum in Cod. Metensi, laudatum a Steph. Baluzio ad Capitularia tom. 2. col. 1574 : *Seditiosus, id est, qui risos* (rixas) *et dissensiones vel injurias, nec non, qui dicitur in rustica parabola Ungareh.* [** Vide Graff. Thesaur. Ling. Franc. tom. 2. col. 398.]

UNGEBENDRO. Leges Ethelredi Regis cap. 25. [** Instit. London. cap. 4.] : *Et diximus, homo, qui hamsocnam faciet intra*

portum sine licentia, et summam infracturam agat de placito Ungebendro, vel qui aliquem affligat in via regia, jaceat in ungilda akere. Hic hæret Somnerus, in Saxonicis alias perspicacissimus.

UNGEBODENDING, in Charta Udalrici Abbatis ann. 1071. in Chronico Laurisham. : *Et ut familiam ejusdem Curiæ ab omni gravedine et molestia immunem redderemus, a tribus principalibus mallis, quæ vulgo Ungebodending vocantur, quibus ad curiam Linterheusen annuatim manniebantur, utrorumque consensu, eam omnimodis absolvimus.* Ubi Freherus vocem hanc *Curiam non indictam* vertit : Vossius eamdem deducit a *bieden*, jubere; unde *geboden*, jussus, *onge-boden*, non jussus, a quo *onge-bodending*, conditio non obnoxii alienis jussis; ac proprie jussis alicujus malli, sive consessus judicum civilis, hominem citantis. [** Vide Grimm. Antiq. Jur. Germ. pag. 827. Haltaus. Glossar. col. 1931.]

UNGELD. Fœdus Ethelredi Regis cum Analano, etc. cap. 3 : *Si frithman, i. homo pacis fugiat vel repugnet, et se nolit judicare, si occidatur, jaceat Ungeld, i. insolutus.* Ex Saxon. g e l d, solutio et pecunia, et u n, particula privativa. Vide *Agild.*

Ungeltum, *seu tributum*, in aliquot Chartis Germanicis, apud Joan. Noppium in Hist. Aquisgran. lib. 3. n. 2. pag. 19. 20. [Charta Friderici I. Imper. ann. 1189 : *Liberi sint ab omni theloneo et Ungelt, exactione veniendi et redeundi.* Vide Petrum Lambecium in Orig. Hamburg. pag. 84. Charta Caroli IV. ann. 1357. inter Instrum. tom. 5. Gall. Christ. novæ edit. col. 526 : *Exemptæ ab omni steura, Ungelto, impositione et vexatione quacunque. Nullum telonium vel Ungeldt*, in Chronic. Wormat. ann. 1366. apud Ludewig. tom. 2. Reliq. MSS. pag. 146. *In jure quoque percipiendi telonia, pedagia, et id quod Ungelt vulgariter dicitur, et alias exactiones, etc.* in Charta Friderici Comit. Terretensis ann. 1225. apud Steyerer. in Comment. ad Hist. Alberti II.]

* Charta ann. 1308. tom. 2. Hist. Trevir. Joan. Nic. ab *Hontheim* pag. 36. col. 1 : *Scabini et communitas dictæ curiæ nostræ Trevirensis.... valeant.... onus vel tulliam, quod vulgariter dicitur Ungeld, imponere sibi ipsis. Ungelin*, inter Redit. assignatos a duce Austriæ ex Cod. reg. 9484. 2. fol. 694. v° : *Item de impositione vinorum venditorum, ibidem nuncupata Ungelin vulgariter, annis communibus xl. libris.* [** Vide Haltaus. Glossar. German. voce *Ungelt*, col. 1933.]

* Ungelta, Eadem notione, in Charta Theod. episc. Metens. ann. 1381. ex Cod. reg. 9861. 2. 2. fol. 99. r°.

* **UNGERE** Coria, Illa macerare, subigere. Charta S. Ludov. ann. 1229. in Chartul. Barbel. pag. 606 : *Poterunt etiam uti dictis molendinis ad recipiendum quoscumque de foris venientes ad molendum tannum, ad fullandum et parendum pannos, ad Ungendum coria, ad molendum ferramenta.*

* **UNGIANA**, Annonæ species. Sent. official. Lugdun. ann. 1373. ex Cod. reg. 5187. fol. 89. r° : *Solvere consueverunt...... decimam tantummodo de grossis bladis,.... scilicet de frumento, siligine, de ordeis, de Ungianis et de avenis.* An idem quod *Unigranum?* Vide *Gravanetum.*

** **UNGUENARIUS.** Ut Unguentarius ab Unguentum, ita Unguenarius ab Unguen. Gloss. MSS. ad Æn. lib. 1. v. 697 : *Amaracus regis fuit Unguenarius.* Maius in Glossar. novo.

¶ **UNGILD**, ut *Ungeld.* Vide *Ungebendro.*

¶ **UNGUENTARE**, *Ungere, unguento inungere*, in Gemma.

¶ **UNGUENTARIUS**, Qui *unguentum*, id est *Unctum*, adipem, vendit. Statuta Eccles. Leod. ann. 1287. apud Marten. tom. 4. Anecd. col. 853 : *Nec sint* (Clerici) *histriones, joculatores, ballivi, forestarii sæculares, goliardi, thelonearii, Unguentarii, triparii, etc.*

¶ **UNGUENTUM**, *Unctum*, adeps. Charta ann. 1418. ex Chartul. S. Aviti Aurelian. : *Item tenetur idem capicerius tradere et ministrare Unguentum pro omnibus campanis dictæ ecclesiæ.*

* Hinc nostris *Onniement*, pro *Onguent.* Lit. ann. 1372. tom. 5. Ordinat. reg. Franc. pag. 530 : *Emplastres, Onniement et autres médecines etc. Oignement* et *Ongement*, in Vita J. C. MS. ubi de Magdalena :

> Ele avoit moult chier Ongement,
> Une livre tout igaumeut,
> Forment ert chiers et précieus.....,
> En ses mains tenoit l'Oignement, etc.

¶ **UNGUEUMPARIS**, μυρεψός, in Gloss. Lat. Gr. Emendant viri docti, *Unguentarius* vel *Unguentiparus.*

¶ **UNGUICULARIUM**, ὀνυχιστήριον. Gloss. Lat. Gr. Culter aut quid simile quo ungues resecantur.

¶ **UNGUINA**, pro Inguina. Gesta Episcop. Cenoman. apud Mabill. tom. 3. Analect. pag. 313 : *Plantas ejus, clunes, Unguina, tenera manu demulcendo.*

¶ **UNGUINARIA**, *Institura, negotiatio pinguedinis*, in Gloss. Arabico-Lat.

* **UNGUIS.** Stat. Conc. Trevir. ann. 1238. tom. 1. Hist. Trevir. Joan. Nic. ab *Hontheim* pag. 722. col. 2 : *Cum comminationes, quæ fiunt per inspectionem Unguis aut gladii, vel alio quovis modo, penitus sint reprobatæ etc.*

UNGUIUM Scissura, Pœnæ levioris species apud Anglos, de qua Fleta lib. 1. cap. 26. § 4.

1. **UNGULA**, Ferramentum mucronatum, quo sulcatim corpora laniabantur et fodiebantur. Ugutio : *Ungula, genus tormenti, quia effodiat, ut fides inveniatur.* Papias : *Ungulæ, genus tormentorum, dictæ, quod effodiant, hæ et fidiculæ.* S. Cyprianus de Lapsis : *Jam lassum corpus nunc flagella scinderent, nunc contunderent fustes, nunc equuleus extenderet, nunc Ungula effoderet, nunc flamma torreret.* Idem de Laude Martyr. : *Non prædurantibus licet costis Ungula recurrat in vulnus.* Prudent. in Romano Mart. :

> Scindunt utrimque milites teterrimi,
> Mucrone hiulco pensilis latus viri,
> Sulcant per artus longa tractim vulnera,
> Obliqua rectis, recta transversis secant.

Lib. Peristeph. :

> Illa virgas et secures et bisulcas Ungulas
> Ultro fortis expetebat, etc.

Alibi non semel, in S. Vincentio, in S. Agnete, etc. Hieronymus Epist. 49 : *Cum lividas carnes Ungula cruenta pulsaret, et sulcatis lateribus dolor quæreret veritatem.* [Acta S. Secundiani tom. 1. Junii pag. 56 : *Jussit eos omnes singulatim in eculeo suspendi, et radi latera eorum Unguibus caprarum.* Quod in extremitate bisulca essent, atque adeo caprinam ungulam referrent, sic appellabantur.] Castinus Episcop. Tolet. Hymno in S. Christophorum :

> Sanctum jubet Christophorum pensum, rudibus Ungulis
> Denudatas ejus costas carnibus exciperent.

Strabus in Mammete :

> ...... Jubet altius ergo
> Sanctum suspendi, tormentisque acribus amens
> Pulsat utrumque latus, dum carpitur Unguibus uncis,
> Nullam dat Mammes vocem.

Adde Acta Proconsularia Mart. apud Baron. ann. 285. n. 5. Acta SS. Phileæ, Philoromi, etc. n. 3. Acta S. Saturnini n. 8. Passio S. Savini n. 7. Lactantius de Mortib. Persecutor. n. 16. etc. Occurrit passim in Vitis Sanctorum. *Lacerationes*, ungularum scilicet. *Eculeis atque lacerationibus subjacere*, in leg. 4. Cod. Theod. de Numerariis (8, 1.). *Lacerationes membrorum*, apud Senecam lib. 3. de Ira cap. 3. Vide Gallonium.

Ungulare, Exungulare, Ungulis subjicere, ungularum tormentum inferre. Vita S. Potiti Mart. ex MS. Neapol. cap. 6 : *Ferantur scilicet ferreæ ungulæ, et Unguletur.* Ejusdem Vita ex MS. Velseri cap. 4 : *Iterum jussit eum Exungulari.* Acta S. Eulaliæ Barcinon. num. 6 : *Jussit eculeum afferri, et suspendi eam, quamdiu Exungularetur.*

¶ 2. **UNGULA.** S. Irenæi vetus Interpres lib. 2. cap. 24. n. 3 : *Et incensum autem similiter de stacte, et Ungula et galbano, etc.* Ubi vulgatus Bibliorum Interpres Exod. 30. 34. a Gr. ὄνυχος, habet, *Onycha.* Vide supra in hac voce.

* 3. **UNGULA.** Instr. ann. 1308. tom. 5. Cod. diplom. Polon. pag. 30. col. 2 : *Totaliter arbores fructiferas, plantas, et alias Ungulas, pascua, prata, et alias segetes igne devastarunt.* Ubi legendum opinor *Virgulas* atque intelligendum viridaria, pomaria. Vide *Virgultum.*

¶ **UNIA**, μία, καὶ ἅμα, in Gloss. Lat. Gr. Leg. *Una.*

¶ **UNIAMENTUM**, Metallorum temperatio, vulgo *Alliage*, vox monetariorum. Statutum Ludovici VIII. ann. 1225. tom. 2. Ordinat. Reg. Franc. pag. 141 : *Sciendum est autem quod imprimis operarii tenentur venire coram magistris juraturi, quod in argento nullum ponent Uniamentum, nec pollnent denarium ullo modo.*

¶ **UNIANIMIS**, Unanimis. *Fratres carissimi, oratione Unianimes deprecemur*, in Liturg. Gall. Mabill. pag. 246. [** Occurrit Rom. XV, 6. et Philipp. II, 2. Maius in Glossar. novo.]

¶ **UNIBOS**, Uno bove vectus. Mirac. S. Vincentii Madelgarii tom. 3. Jul. pag. 681 : *Reparat vehiculum, et adjuncto bove uno quem habebat solum, iterum supponit suum miserabile monstrum. Ita Unibos ille, in corde et re semper habens S. Gudilæ memoriam, iter solivagus carpebat versus Brossellam.*

[** *Unibos* dicitur, qui in fabulis Germanicis vulgo *Bürle, Rusticulus*, apud Poetam anonymum in Grimmii et Schmeller. Poemat. Lat. sec. X. et XI. pag. 355.]

** **UNICASALIS.** Tatuin. Gramm. MSS. cap. de nomin. apud Maium in Glossar. novo : *Monoptoton*, *Unicasalis.*

¶ **UNICOLEUS**, Unitestis, μονόρχις, in Gloss. Gr. Lat. Qui unicum habet testiculum.

¶ **UNICOLORARE**, *Rem facere unicolorem.* Gemma.

¶ **UNICOMIS.** Charta ann. 1372. inter Probat. Annal. Tolos. tom. 1. pag. 98 : *Petierunt et retinuerunt quod cum anno isto post impositionem sex denariorum pro libra, et post promissionem unius Unicomis pro foco,... sub retentione tamen quod dicti quinque solidi eis restituerentur, vel deducerentur de dicto focagio unius Unicomis pro foco, nosque de prædictis sumus ad plenum certiorati quod dicti quinque solidi illis qui nondum solverunt dictum Unicomem, qui ad solutionem dicti Unicomis tenentur, deducantur et defalcentur, et illis qui solverunt Unicomem et quinque solidos Turonenses pro foco, dicti quinque solidi eisdem reddantur.* Leg. *Mutonis* et *Mutonem.* Vide in *Multo.*

UNICORDIA, *Concordia. Unicors, concors.* Joan. de Janua. [*Unicordia, concordance. Unicors, d'un courage. Unicorditer, accordamment, d'un cuer*, in Gloss. Lat. Gall. Sangerm.]

¶ **UNICORNUS**, μονοκέρως. Gloss. Lat. Gr. *Unicornuus*, in MSS. Sangerm.

¶ **UNICORPORIS**, Unicorporeus, Unius corporis. Guibertus de Pignor. SS. cap. 3. § 2. lib. 1 : *Et quid Deo pertinacius, quam illi qui Deo Unicorpores sunt? Unicorporeus*, apud Jul. Firmicum.

¶ **UNICUBA**, *Unius viri uxor.* Isid. Gloss. Epist. 3. S. Paciani inter Conc. Hisp. tom. 2. pag. 92 : *Vos exsulem formam novo colore pinxistis, vos thorum vestrum a conjugio separastis antiquo, vos a matris Unicubæ corpore recessistis, etc.* Vetus Poeta Christianus anonymus de Beliani baptismo v. 127 :

> Felix Apra, cui licuit terraque poloque
> Conjugis Unicubæ juge tenere bonum.

Unicuba, μονολεχής, in Gloss. Lat. Gr. quæ viduas noctes ducit sine viro. Gloss. Lat. Gall. Sangerm. : *Unicuba, femme d'un seul homme.* Vide *Univira.*

¶ **UNICULTOR**, Unius Dei cultor. Prudent. in S. Cypriano v. 90 :

> Edere jussus erat, quid viveret? Unicultor, inquit,
> Servo salutiferi mysteria consecrata Christi.

* **UNICULUS**, f. Capsula quæstuaria, cui una est apertura, quasi unus oculus. Stat. eccl. Tornac ann. 1366. pag. 36. art. 4 : *Item inhibemus decanis et presbyteris, ne Uniculos quæstuariorum aliquatenus admittant, nisi sigillo nostro, indulgentiarum causa, Uniculos viderint sigillatos, et non permittant aliquibus cum litteris indulgentiarum ostiatim eleemosynas quærere, nisi hoc eis per litteras nostras specialiter concedatur.*

* **UNICUS**, mendum videtur docto Editori pro *Nuncius*, cui sponte assentior. Libert. Gleolæ in Ruthen. vulgo *Guiole*, ann. 1350. tom. 2. Ordinat. reg. Franc. pag. 481. art. 22 : *Quod Unicus dicti consulatus possit et debeat deferre baculum depictum floribus* (floribus) *lilii, et arnesium suum, sicut servientibus in talibus deferri consuetum. Et quod dictus Unicus pro negotiis et causis supradictis ad dictum consulatum pertinentibus, possit et valeat imponere pœnam quinque solidorum Turonensium domino nostro regi applicandorum, ex parte dictorum consulum.* Idem qui *Nuncius* non semel nuncupatur ibid. pag. 479.

UNICUS Pomorum, *vas aucupis*, Papiæ. MS. habet *Pomporum.*

¶ **UNIFICARE**, *Unum facere*, Joh. de Janua : unde Gloss. Lat. Gall. Sangerm. : *Unificare, Unifier, faire un, unir.* S. Paulinus in Epist. ad Severum tom. 1. pag. 129. edit. ann. 1685 : *Et Unificantis gratiæ æternum fœdus agnovit.*

UNIFORMIS, μονοειδής, apud Jul. Firmic. lib. 1. Mathes. *Uniformitas*, apud Macrob. lib. 7. Saturn. cap. 5. *Uniformiter*, apud Diomed. lib. 1. Grammat. Victorinum in 1. Rhetor. Ciceron. etc.

¶ **UNIFORMISARE**, Uniformem reddere. Acta ad Conc. Basileense apud Marten. tom. 8. Ampliss. Collect. col. 205 : *Utraque faciens unum, nos quidem natura sejunctos, per gratiam Uniformisans, sibi ipsi copulavit.*

* **UNIFORMITER.** Stat. ordin. Cartus. ann. 1261. in Append. ad tom. 6. Annal. Bened. pag. 689. col. 1 : *Stola non cancellata, sed Uniformiter deportetur.* Id est, non cancellatim posita, sed pendens. Alia notione, vide in *Uniformis.*

UNIGAMUS, vox ibrida, *Qui uni tantum nupsit; unde unigamia*, pro monogamia. Jo. de Janua. [Unde Gloss. Lat. Gall. Sangerm. : *Unigamus, c'est qui n'a esté que une fois en mariage. Unigamia, estat de celui ou celle qui n'a esté ou est que une fois en mariage, unigamie.*]

¶ **UNIGENA**, Ejusdem gentis. Gesta Tancredi apud Marten. tom. 3. Anecd. col. 126 : *Huc accedebat quod casus idem Normanniæ comitem, Boamundumque Tancredumque seorsum a turba diverterat, quasi ut Unigenæ uno consilio unam patriæ suæ gloriam præerogarent.*

¶ Unigenea, *Quæ sunt ejusdem generis. Unigeneitas, homogeneia.* Goclenii Lexicon Philos.

UNIGRANUM, [Grani genus.] Vide *Granetum.*

* Vide supra *Viridarium* et *Ungiana.*

¶ **UNIMAMMÆ.** Vide supra *Unammes.*

** **UNINOMEN.** Ars D. Bonifacii apud Maium Class. Auct. tom. 7. pag. 476 : *Homonyma, hoc est Uninomina.*

¶ 1. **UNIO**, Fœdus, consociatio, Gall. *Ligue, Union.* Bulla Clementis VI. PP. ann. 1346. tom. 2. Histor. Dalph. pag. 535. col. 1 : *Vellet Insulam ipsam præfato Dalphino et aliis de Unione, usque ad triennium dumtaxat accommodare ob favorem fidei de gratia speciali, datis sibi tam per nos, quam per illos de Unione prædicta cautionibus idoneis, de restituendo sibi libere dictam Insulam.* Adde Ludewig. tom. 5. pag. 402. etc.

¶ Unio, Societas, fraternitas. *Jubet synodus ut intra sex menses omnium hujusmodi Unionum tituli et acta ad Ordinarium deferantur*, in Synodo Tolet. ann. 1565. inter Conc. Hisp. tom. 4. pag. 80.

¶ 2. **UNIO**, Unitas. Libellus Episcop. Italiæ contra Elipandum inter ead. Conc. tom. 3. pag. 99 : *Unionem namque in essentia confitemur; Trinitatem vero in personarum discretione prædicamus.* Vide *Unionitæ.*

¶ Unio, Vox fori Ecclesiastici in re beneficiaria, cum duorum beneficiorum fructus sub eodem titulo uni tribuuntur. Expositio compend. benefic. fol. 48 : *Ad Unionum securitatem confirmatio Papæ necessaria est.* Charta ann. 1293. tom. 2. Hist. Dalph. pag. 72. col. 2 : *Item, quod si aliquo tempore contingeret, quod absit, quod monachi seu monasterium Boscodoni ad aliam regionem se transferret absque licentia Archiepiscopi et Ebredunensis ecclesiæ speciali, quod Unio hujusmodi non teneat.*

¶ 3. **UNIO**, Cepe, Gallice *Oignon.* Charta vetus : *Habebunt totum theloneum ollerum, porrorum, alliorum et Unionum, omniumque herbarum quæ vendentur.* Vide *Onio.*

UNIOCULUS, Cocles, *Borgne*, μονόφθαλμος. Ditmarus lib. 4. initio : *Cum Comite Eckberto Unioculo. Unoculus* dixit Plautus in Curculione :

> De coelitum prosapia ted esse arbitror :
> Nam ii sunt Unoculi.

UNIONES. Ordericus Vitalis lib. 8. pag. 682 : *Instituit sibi fieri longos, et in summitate acutissimos subtolares, ut operiret pedes, et eorum celaret tubera, quæ vulgo vocantur Uniones.* Id est, non margaritæ, *perles;* sed cepæ, *oignons;* nam ab *unionibus*, cepis ita apud rusticos veteres dictis, ut testatur Columella lib. 12. cap. 10. nomen cepis capitatis mansit, ut vult Ruellius lib. 1. de Natura stirpium cap. 5. et lib. 2. cap. 84. Glossæ vet. de Oleribus : *Uniones*, κουκουβαι. Salmasius emendat μονόκοκκα.

UNIONITÆ, Hæretici, quos refellit Prudentius in Apotheosi, carmine inscripto, *contra Unionitas.* Ubi Iso Magister : *Id est, Sabellianos. Unionitæ sunt, qui dicebant unam substantiam et unam personam, Filium et Spiritum negabant, sed dicebant : Idem Deus, quando vult, Pater est; quando vult, Filius est; quando vult, et Spiritus sanctus. Ariani dicebant tres esse personas et tres substantias in Trinitate; Sabelliani e contra unum personam, et unam substantiam. Fides autem Catholica utriusque devians errorem, unam Deitatis substantiam et tres personas veraciter adfirmat. Nam Ariani bene tres personas, male tres substantias : Sabelliani bene unam substantiam, male unam personam dicebant.* [Vide *Unio* 2.]

UNIPECIUS, Integer, *d'une piece*, Gallis. Marcellus Empiricus cap. 15. pag. 108 : *Manipulum tenerum urticæ Unipeciæ in ollam rudem bisextialem cum aqua mittes.* Vide *Pecia.*

¶ **UNIRE**, Gall. *Unir*, Conjungere. Synodus Leonis III. PP. adv. Felicem, inter Conc. Hisp. tom. 3. pag. 115 : *Hi vero qui conversi fuerint, et nostræ societati se Unierint, etc.*

¶ **UNISONUS**, Ejusdem soni, Italis *Unisono*, Gall. *Unisson.* Coronatio Bonifacii VIII. PP. apud Murator. tom. 3. pag. 647. et tom. 4. Maii pag. 465 :

Concrepat inde chorus, duplicat sua vulnera pason :
Hic petit Unisonum, stabili firmatus in unco.

¶ **UNISSIMUS.** S. Bernardus de Considerat. lib. 5. cap. 7 : *Tam simplex Deus, quam unus est. Est autem unus, et quomodo aliud nihil. Si dici possit, Unissimus est.*

UNISUBSTANTIANI. Vide *Homousiani.*

UNITAS. Charta ann. 1203. MS : *Talis intervenit forma conventionis inter Henricum Ducem Lothar. et Ottonem Comitem Gelriæ... Omne jus, quod idem Comes se habere asserebat in Unitate totius Campaniæ,* (Campingne) *quæ Unitas vulgariter Evingo dicitur, ipsum Ducem habere permisit.*

¶ 1. **UNITATUS**, Unitus, conjunctus, Gall. *Uni.* Leges Palat. Jacobi II. Reg. Majoric. inter Acta SS. tom. 3. Jun. pag. LIX : *Candelas vero disponimus esse tales, quod XI. Unitatæ unius libræ ponderis videantur.*

¶ 2. **UNITATUS**, Planus, nudus, vacuus, *Uni.* Charta Gaufridi de Melleio ann. 1222. ex Tabul. S. Petri Carnot. : *Præterea idem Gaufridus de Cheslesmoines dedit prioratui in elemosinam perpetuam totam vineam suam tam plantatam quam Unitatam.* Hoc est, Agrum vineis p antandis idoneum, sed iis nondum consitum.

¶ **UNITENA**, male pro *Vintena*, in Statutis Genuens. lib. 4. cap. 76. fol. 129. v° : *Non (audeant) accipere pro molitura, nisi Unitenam partem dicti grani.*

UNITER. Fortunatus lib. 5. Poëm. 4 :

Unius estis oves, heu cur non Uniter itis.

Quasi *unum iter.* [Vide *Unitim.*]

* **UNITERUS.** Charta ann. 1036. tom. 1. Hist. Trevir. Joan. Nic. ab *Hontheim* pag. 368. col. 1 : *In primorum nostri militum ac sui præsentia, Sigobodonis, Arnolfi, Arnolfi comitum, nec non Odelberti Uniteri nostri, Hazonis Gozelonis sui militum.* Ubi Editor, id est, archiepiscopi et advocati *uniter* seu pariter militis seu vassalli. [** Nomen proprium esse videtur, forte *Winteri* legendum.]

¶ **UNITESTIS.** Vide supra *Unicoleus.*

¶ **UNITIM**, Una, simul, apud Camillum Peregrinum in Hist. Longobard. cap. 2. § 2. ubi Muratorius tom. 2. pag. 290. *Cunеatim* edidit. Vide *Uniter.*

¶ **UNITIO**, Conjunctio. Charta Mariæ Reginæ Provinciæ ann. 1390. ex Schedis Præs. *de Mazaugues : Sicut de Unitione, incorporatione et annexione constare vidimus* [** Occurrit apud Boeth. de Unit. et uno pag 965. et in Anast. laud. SS. Cyri et Joh. num. 11. apud Maium Spicil. nov. tom. 3]

UNITIVUM, ita ἑνωτικὸν Zenonis reddit non semel Liberatus Diacon. cap. 17. et seqq.

¶ **UNITUM**, Panni species, a simplici textura sic dicti. Charta ann. 1446. ex Tabul. S. Victoris Massil.: *Cellerarius tenetur in festo S. Michaelis singulis annis assignare pro vestiariis albis monachorum S. Victoris, scilicet.... de panno appellato Unitum de Sejan capellani.*

* **UNITURA**, perperam, ni fallor, pro *Unctura*, Adeps, pinguedo, Gall. *Graisse.* Acta Inquisit. Carcass. ad ann. 1244. inter Probat. tom. 3. Hist. Occit. col. 437 : *Promiserunt quod ulterius non comederent carnes, nec ova, nec caseum, nec aliquam Unituram, nisi de oleo et piscibus.* Vide supra *Venetura* 2. et *Unctura.*

¶ **UNIVERSALIS** dictus Gislebertus, de quo mentio est in Martyrol. S. Stephani Autiss.: *Pridie Idus Augusti obiit venerabilis memoriæ Magister Gislebertus veteris et novi Testamenti glosator eximius, qui Universalis merito est appellatus, hujus ecclesiæ Canonicus, postmodum vero Lundoviensis factus Episcopus.*

* **UNIVERSALITAS**, Jurisdictio universa. Glaber Rodulph. Hist. lib. 4. cap. 1 : *De Universalitate ecclesiæ a Constantinopolitanis injuste requisita. Circa annum igitur Domini 1024. Constantinopolitanus præsul cum suo principe Basilio, aliique nonnulli Græcorum consilium iniere, quatinus cum consensu Romani pontificis liceret ecclesiam Constantinopolitanam in suo orbe, sicuti Romana in universo, Universalem dici et haberi.*

¶ **UNIVERSALITER**, Universe. Lanfrancus Pignolus in Annal. Genuens. ad ann. 1266. apud Murator. tom. 6. col. 537 : *Universaliter sine prælio et labore aliquo ad ejus mandata devenerunt.* Inquisitio ann. 1268. ex Schedis Præs. *de Mazaugues : Vidit eos uti prædictis Universaliter per dictum territorium.* Charta ann. 1356. apud Ludewig. tom. 5. Reliq. MSS. pag. 577 : *Oppidum Plaven Universaliter cum omnibus et singulis suis juribus et pertinentiis supradictis ab ipso domino nostro Imperatore.... receperunt in feudum.*

¶ **UNIVERSITAS**, nude pro Incolarum urbis vel oppidi universitas, idem quod *Commune* 2. Statuta Arelat. MSS. art. 132 : *Prout inter bonæ memoriæ dominum Barralum quondam patrem nostrum et inter Consilium et Universitatem Arelatis hactenus existit incartatum.* Charta ann. 1271. tom. 2. Hist. Dalph. pag. 92. col. 2 : *D. Hugo Macea miles, et Jacobus Martis consules Universitatis hominum de Vapinco, et ipsa Universitas ibidem præsens, etc.* Charta ann. 1385. ex Cod. MS. D. *Brunet : Item, retinet dicta Universitas* (Arelat.) *patuum Castelleti Montismajoris et Auriculæ. Universitas dicti castri,* in Charta ann. 1438. ex Schedis Præs. *de Mazaugues.* Occurrit apud Rymer. tom. 3. pag. 911. in Conc. Hisp. tom. 3. pag. 510. Ordinat. Reg. Franc. tom. 4. pag. 403. et alibi passim.

* Nostris *Université*, eodem sensu. Lit. remiss. ann. 1385. in Reg. 126. Chartoph. reg. ch. 227 : *Et autres maléfices que les Universitez, gens et habitans des villes de Thoulouze, Carcassonne, Narbonne, Nymes ont commis.*

* **UNIVERSITAS**, Collegium canonicorum. Charta Werrici decani et capituli S. Quint. Viromand. ann., 1178. in Chartul. Montis S. Mart. part. 5. fol. 98. v°. col. 2 : *Conventiones quasdam celebratas inter ecclesiam Montis S. Martini et Adam de Wallaincort, ... idcirco scripto mandamus, quia ex parte ad nostram pertinet Universitatem rem gestam concedere, nostrique sigilli testimonio roborare.* Potest et de superiori dominio haud male intelligi, Gall. *Suzeraineté.*

¶ **UNIVERSUM**, ὁμοθυμαδόν, in Gloss. Lat. Gr. Vulcanius emendat *Universim.*

UNIVIRA, Quæ uni nupsit, apud Tertullian. lib. de Monogamia. [Vide *Unicuba.*]

¶ **UNIVIRATUS**, Status, conditio univirarum, apud eumdem lib. 1. extr. ad uxorem et lib. 2. initio.

** **UNIVOCUS**, Æquivocus. Boethius in Aristot. de interpret. ed. sec. pag. 337 : *Specialis homo et particularis Univoca sunt. Univoce,* adj. apud Bonif. Cons. in Maii Spicil. tom. 3. pag. 159. Vide *Univocatio* et *Univoce* in Furlan. Append. Lex. Forcell.

UNIXIS. Vetus Chartula plenariæ securitatis exarata sub Justiniano, [** lin. 21.] apud Brisson. lib. 6. formul. : *Conca aurea una, orceolo æneo uno, lucerna cum catenula Unixe ærea una, ferro fracto libras duodecim, etc.* Ubi legendum forte *unimixe*, hoc est, unius luminis. Vide *Bimixæ lucernæ.*

UNLAGE, ex Saxonico unlagha, lex iniqua, vel potius non lex, lagha enim lex, un, particula privativa. Leges Kanuti Regis cap. 34 : *Si quis deinceps Unlage, i. non legem erigat, vel injustum judicium judicet, etc.* Eadem habentur in Legibus Henrici I. cap. 34. Adde cap. 84.

UNLAUCH. Vide *Wrang.*

UNMUNDLING, Servorum species. Charta Ottonis Imp. : *Si vero aliquis ex libertate Unmundling, vel litus fieri, aut etiam colonus ad monasteria supradicta, cum consensu cohæredum non prohibeatur.* [** Vide Grimm. Antiq. Jur. Germ. pag. 311. et supra *Jammundling*, ubi eadem charta paullo aliter legitur.]

UNNITHING. Vide *Nidering.*

¶ **UNOSE**, Simul, ex Pacuvio, apud Nonium.

* **UNO SEMEL**, Aliquando, Gall. *Une fois.* Lit. remiss. ann. 1455. in Reg. 189. Chartoph. reg ch. 33 : *Et contigit Uno semel, quod.... duo filii domini de Roeda cum certis aliis nobilibus essent allogiati in certa domo etc.*

* **UNQUAM**, Quondam, Gall. *Autrefois.* Acta MSS. Inquisit. Carcass. ann. 1308. fol. 23. r° : *Dixit quod duobus annis fuit in illa credentia, et postea pœnituit,..... et petit misericordiam et veniam, quia Unquam credidit erroribus dictorum hæreticorum.*

¶ **UNSCHAMA.** Glossæ ad calcem Collect. Canonum Apost. x. circ. sæc. ex Bibl. DD. *Chauvelin* Sigillorum Reg. Custodis : *Inpudenter, Unschama malich.* [** Vide Graff. Thesaur. Ling. Franc. tom. 6. col. 494.]

UNTHPRUT. Lex Bajwar. tit. 21. § 10 : *Si autem dominus arboris vel vasculi* (mellis) *non interpellaverit, et sine illius conscientia ejectum domino restituerit, et ille, cujus vasculum fuerat, eum compellaverit, ut ex suo opere vel arbore res tulisset, et ad restituendum compellaverit, quod Unthprut vocant, etc.* Alii codd. habent *Unterprunt.* [** Vide Schmeller. Glossar. Bavar. tom. 2. pag. 345.]

UNUS, pro *Quidam ;* quomodo dicimus *Un.* Vetus Charta Hispanica apud Bivarium ad Chron. Maximi pag. 330 : *Et Unus discipulus proterva mente respondit.* Hispani dicerent, *un disciputo respondio.* Vita S. Wunebaldi cap. 30 : *Evenit, ut Unus homo vinctus duceretur.* Adde Hodœporicum S. Willelbaldi n. 14. 15. Vorstium de Latinitate falso suspecta, et Olaum

Borrichium lib. de Variis linguæ Latinæ ætatibus pag. 265.

UNWANT. Lex Bajwar. tit. 3. cap 2 : *Si quis alium de ripa, vel de ponte in aquam impinxerit, quod Bajwarii in Unwant dicunt, cum 12. solid. componat.* Cap. 4 : *Si alicui scalam injuste ejecerit,.... quod in Unwant dicunt, etc.* Adde cap. 6. tit. 9. cap. 4. § 1. in quibus locis edit. Heroldi habet *in unuvan.* [Conjunctis vocibus edidit Baluzius, *Inunwant.*] [** Vide Grimm. Antiq. Jur. German. pag. 631.]

¶ **UNWISTOM,** *Ignavia*, in Glossis x. circ. sæc. in *Unschama* laudatis. [** Vide Graff. Thesaur. Ling. Franc. tom. 1. col. 1073.]

¶ **UNX,** *Unguis*, ὄνυξ, in Gloss. Lat. Gr.

¶ **UNZIA,** Uncia, in Statutis Vercell. lib. 3. fol. 86. v°.

1. **VOA.** Concil. Dertusanum ann. 1429. cap. 1 : *Nullus audeat in vestibus, vel caputiis folleraturam portare de Vois vel Grisis.* Videtur legendum *de Variis.* Vide *Vares.*

¶ 2. **VOA,** f. Via, Gall. *Voye.* Chartul. S. Vincentii Cenoman. fol. 85 : *Litigantibus coram nobis monachis beati Vincentii... super quadam Voa et clauso defuncti Thomæ Esguerræ, sitis in parochia de Corgaigneio.* Guillelmus Guiartus :

Par terres seches, et par Voe
Sus le fleuve de la Dunoé.

VOARIA, Jus advocationis, *Avoüerie*, et *Voüerie.* Vetus Charta apud Marlotum in Chronico S. Nicasii Remensis cap. 10 : *In villa nostra, quæ Hundiliaca dicitur, Heribertus... advocationem, quæ vulgo Voaria dicitur, se habere... dicebat.* [Hist. S. Florentii Salmur. apud Marten. tom. 5. Ampl. Collect. col. 1127 : *Monachum inclamitando ad se evocans, ignorabat ejus nomen proprium, ut S. Florentii illi aliquod vexillum daretur, contra ejus et suos inimicos ad bellum ferre volens, ut vulgariter vocamus ad Voariam.*] Vide *Advocati, Viarius, Vicarius.*

¶ **VOBISARE,** Aliquem honoris gratia plurali numero alloqui. Epist. Mathiæ *Chlunitzan* ann. 1432. apud Marten. tom. 8. Ampl. Collect. col. 177 : *Nec moleste feras, frater carissime, quod more scripturarum utendo, tibi in singulari et non in plurali scribitur, nam et Christus magister omnium neminem umquam legitur Vobisasse, et parem modum scribendi erga me, dum opus exegerit, opto ubilibet observari.* Erasmus barbaros irridens dixit *Vossitare* et *Vobissitare.* Vide *Vosare.*

¶ 1. **VOCABULUM,** Villa, prædium. Charta ann. 1064. apud Ughellum tom. 1. Ital. sacræ edit. ann. 1717. col. 534 : *Vendo et trado vobis a die presentis quoque modo de terra posita in Vocabulo, quod nuncupatur Caratioli cum ejus fine et mensura.* Alia ann. 857. ibid. col. 753 : *Concedimus.... totam jam dictam civitatem,.... ac Vocabula circumquaque posita.* Placitum ann. 1105. apud *Le Blanc* in Dissert. de Monetis pag. 62 : *Non omnis Italia, sed quædam in ea loca sive Vocabula parti B. Petri Ecclesiæ patrimonio fuerunt largita.* Chron. Farfense apud Murator. tom. 2. part. 2. col. 535 : *Item Marco filius Ansefredi et Anna uxor ejus dederunt res suas territorii Sabinensis in Lejano super castellum de Cantalupo; et in alio Vocabulo, qui dicitur Mogianus.* Rursum col. 592 : *Gregorius filius Rodulphi concessit in hoc monasterio res territorii Sabinensis, ubi dicitur Antiquus... Rodulphus et Petrus filii Joannis concesserunt in prædicta ecclesia S. Angeli de Tancia res suas in eodem Vocabulo antiquo.* Occurrit præterea ibid. col. 538. 570. et 1003. Vide *Vocatio 1.*

* 2. **VOCABULUM.** Vita B. Vict. III. PP. tom. 5. Sept. pag. 419. col. 1 : *Sane in altari B. archangeli Michaelis reliquias condidit SS. Nicandri et Marciani, Johannis et Pauli, Viti, Mercurii et Caterinæ, et Vocabula sanctorum Apollinaris episcopi, Proti et Jacinthi.* Ubi nomina sanctorum scripto mandata in altari condita fuisse significari videtur, cum eorumdem reliquiæ, uti aliorum, non adessent.

VOCALIS, Qui voce scite canit : εὔφωνος, et φωνασκός, in Glossis Gr. Lat. *Qui a bonne voix.* [Gloss. Lat. Gall. Sangerm. *Vocalis, voieul, de voix.*] Vetus Interpres Juvenalis Sat. 6 : *Nam omnes pueri Vocales fibulas in naturis habent, ne coëant.* Alios vide apud Savaronem ad Sidonium lib. 1. Epist. 2. et lib. 8. Epist. 9. et Salmasium ad Hist. August. pag. 211. Ex recentioribus hos addo. Chronicon Trudonense lib. 8. de Pueris in Monasteriis : *Et si qui forte eorum Vocales essent, tropos, qui tunc temporis apud nos cantabantur, aut graduale sive alleluya cantarent.* Beletus de Divinis Offic. cap. 35 : *Paulus Historiographus, Diaconus Romanæ Curiæ, Monachus Casinensis, cum die quodam Paschalem cereum consecraret, fauces ejus raucæ factæ sunt, cum prius esset satis Vocalis.*

VOCALIS, Voce, nomine tenus, vel appellatione. Matthæus Westmonasteriensis anno 1277. de Principe Walliæ : *Vocalem Principem diligenter instructum ad partes easdem redire permisit, successores suos Principatus nomine sententialiter privans.* Idem ann. 1294 : *Post hæc Morganus de tribu Wallensium, et alter nomine Madocus, Vocalis Princeps eorum, etc.* Anno 1301 : *Sedit ergo in tristitia fidelium Ecclesia, deducta per Vocales tutores suos miserabiliter sub tributo.* Denique ann. 1304 : *Quique præcaventes in futurum, ut Rex Angliæ, non quasi Vocalis eorum, et regni Regis Franciæ Dominus quidquam constitueret, verum etiam ipsum tanquam advocatum, dominum, et realem possessorem omnibus castellis, civitatibus,... ipsum per dies 40. pacifice saisiarunt, etc.*

¶ **VOCALES,** Qui suffragii ferendi in capitulis jus habent, Gall. *Vocaux.* Constitut. Fratrum Prædicat. col. 80 : *Vocales, tam capitulorum generalium, quam provincialium, ab eisdem absque urgenti necessitate, non se alienent... Fratres Vocales ad capitula spectantes, mutuo associati ad illa procedant.* Vide *Vox* 3.

VOCALES, Philosophorum modernorum secta. Vide *Nominales.*

¶ **VOCALITAS,** *Clamor, clangor*, in Gloss. Gasp. Barthii apud Ludewig. tom. 3. Reliq. MSS. pag. 451. ex Guiberti Hist. Palæst. : *Tam terribilis Vocalitas ferebatur, ut pulsari strepitus cœlorum supremitas crederetur.* Guibertus de Pignor. SS. lib. 1. cap. 2. § 3 : *Humanum ruisse quippiam inibi* (in puteo) *ex voce percipiunt, quem dum multa Vocalitate civissent, fœminam advertunt.*

* **VOCALITER,** Voce, ore. Testam. Audoyni card. Ostiens. ann. 1363. in Cod. reg. 4223. fol. 139. v° : *Omne aliud testamentum vel codicillum per me hactenus in scriptis vel sine scriptis, aut Vocaliter seu verbaliter factum cassans.*

** **VOCALITER,** Nominatim. Privil. Ludov. Imper. ann. 1318. apud Guden. in Sylloge Diplom. pag. 489 : *Universis et singulis, a quibuscumque districtibus illic confluentibus aut venientibus... pax et tranquillitas sit libera et secura; his tantummodo exceptis, qui disposcentibus suis excessibus Vocaliter sunt proscripti.*

VOCAMEN, Idem quod Vocabulum, Nomen. Glossæ vett. apud Barthium : *Vocamen, appellatio, vocatio.* Erchempertus in Hist. Longob. cap. 47 : *In cujus Vocamine et chartæ exaratæ, et nummi figurati sunt.* Utitur et Solinus cap. 30. et alibi. [Epitaphium Gauzlini Archiep. Bituric. ad calcem Vitæ MS. ejusdem :

Vir celebris sapiens, Gauzline, qui dulce Vocamen,
Perpes cum sanctis eu requies tibi sit.

Vide *Vocitamen.*]

¶ **VOCAMENTUM,** Vocatio, citatio. Leges Norman. cap. 52. apud Ludewig. tom. 7. Reliq. MSS. pag. 253 : *Vocamentum autem garanti terminationem querelarum prorogat.*

* Ubi vetus Consuetudo Gallica ex Cod. reg. 4651. habet : *Du Vouchement de garant;* ita inscribitur caput 52. part. 1. quod incipit : *Vouchement de garant proloigne la fin des pletz.* A verbo *Vocher*, vocare in jus, citare; ut *Vogement*, eadem notione, a verbo *Vogier*, in Charta ann. 1355. tom. 2. Hist. Leod. pag. 420 : *Item se ungs homs fait aultruy Vogier qu'il lui doit,.... se cil qui seroit Vogié estoit fours de païs,.... devera ly Vogement demourer jusqu'à sa revenue en suspens. Vocero*, Hispan. eodem intellectu. Charta Adef. reg. Aragon. pro Tutel. ann. 1165. in Reg. 53. Chartoph. reg. ch. 295 : *Nullus adducat ibi aliquam potestatem, vel aliquem militem aut infancionem per banderica, vel per Vocero contra suum vicinum.* Vide *Vocare.*

* Aliud sonat vox Gallica *Voche* vel forte *Noche*, Mactram nempe, vulgo *Paitrin*, in Lit. remiss. ann. 1466. ex Reg. 194. Chartoph. reg. ch. 230 : *Le suppliant ala en son hostel, ouquel il trouva contre une mect ou Voche etc.*

¶ **VOCANS,** pro Vocatus, appellatus. Præceptum Ludovici Pii inter Conc. Hisp. tom. 3. pag. 139 : *Villam nuncupatam Olianus cum suis terminis, et villam Vocantem Cacavianus.*

¶ **VOCARE,** Agnoscere, profiteri, *Reconnoitre, declarer.* Charta ann. 1234. apud Cencium inter Census Eccl. Rom. : *Confessus est se recepisse ab eodem triginta libras denariorum senatus, de quibus se bene quietum Vocavit atque pacatum.* Alia ejusd. anni ibidem : *De quibus (denariis) me bene Voco quietum et pagatum. Vocher*, a Lat. *Vocare, appeller*, in Assisiis Hieros. cap. 27 : *Lui doura un an et jour de respit de ses guarens amener, se il les Voche outremer.* Cap. 67 : *Se il les a Vochés au Royaume ou il est, il* y a quinze jours de respit,... et qui les Voche deça mer hors dou Royaume, il en a 40. jours de respit. Vocher à garant, ibid. cap. 68. et 69. Voucher un record, in Consuet. Norman. lib. 2. cap. 4. Vouchement de garent, ibid. cap. 50. Voer, in Legibus Guillelmi Nothi cap. 43.

¶ **VOCARI.** Cod. Theod. leg. 7. de Oper. publ. (15,1.) : *Ad hujusmodi necessitatem Senatorum substantia non Vocetur;* id est, non astringatur, non impendatur.

¶ 1. **VOCATIO**, Res, possessio, in quam aliquis *vocem*, seu jus habet; vel districtus intra quem illa consistit. Placitum ann. 933. inter Probat. novæ Hist. Occitan. tom. 2. col. 69 : *Quod nullus comes, seu vicecomes, nec vicarius, nec centenarius, nec ullus homo in eorum* (monachorum) *Vocatione, in illorum monitate prændidisset nec boves, nec caballos, etc.* Vide *Vox* 4.

2. **VOCATIO**, Vox in asceticis frequens, [Gr. κλῆσις, Officium.] Cæsarius Arelat. serm. 17 : *Et ideo non solum frequenter, sed multis vicibus deprecor, ut unusquisque vestrum Vocationem suam consideret, et in quocumque statu vel gradu a Domino vocatus est, in eo permaneat, si non vult in æternum perire, nisi forte in melius proficiendo ad districtiorem vitam ascendere cupiat.*

Vocatio, in Litaniis, cum sancti alicujus nomen decantatur, in Concilio Clovesho-viensi ann. 747. cap. 17.

¶ Vocatio Dominici, E vita excessus Domino vocante, mors. Forma electionis Episcopi apud Acher. tom. 8. Spicil. pag. 154 : *Igitur metropolitano Dominica Vocatione rebus humanis vitaque perfuncto, etc. Sua Vocatione præscita*, in Vita MS. S. Martialis Lemovic.

* Nostri *Vocation* de signis et nutibus dixerunt. Lit. remiss. ann. 1409. in Reg. 164. Chartoph. reg. ch. 191 : *Guillaume Erambourt doubtant que le mary de sa fille ne s'aperceust de telles Vocations, etc.*

* **VOCATOR** Gentium dicitur S. Paulus Apostolus, in Charta Lietberti episc. Camerac. ann. 1076. ex Tabul. ejusd. eccl.

VOCATORIÆ Literæ, Evocatoriæ, citatoriæ. Alexander II. PP. 12 : *Age modo, debitum tenentes ordinem, et adversariis tuis Vocatorias literas dirigemus, et tibi tuæque Ecclesiæ justitiam exequi procul dubio pollicemur.* [Gloss. Lat. Gr. *Vocatorium*, κλητικόν. In MSS. Sangerm. *Citatorium.*]

Vocatoria Epistola, in Ordine Romano dicitur, qua is, qui absens in Episcopum alicujus Ecclesiæ a Clero et plebe electus est, ad hanc dignitatem capessendam evocatur, directa Epistola a Metropolitano ad Episcopum et Presbyteros, ex quorum diœcesi et parœcia est electus. Istiusmodi Epistolæ formula ibidem describitur, hisque verbis clauditur : *Ob quam rem hanc direximus admonitionem, quemadmodum optime placuit sanctæ Synodo, Episcopum sine Vocatoria suscipi non debere, ne obscuritas dubiæ ordinationis incurrat.* Vide Diurnum Rom. cap. 3. tit. 2.

VOCATORIUM, Psalmus invitatorius. Ordo Officii in domo S. Benedicti [apud Mabill. tom. 4. Analect. pag. 455 :] *Congregati omnes in oratorio versum non dicant, nec Vocatorium, nec Presbyter compleat, nec orationem dicat, etc.* [Vide *Vitatorium.*]

¶ 1. **VOCATUS**, Nomen, appellatio. Tertull. adv. Hermog. cap. 25 : *A cujus habitu quid divertit, pariter et a Vocatu ejus recedit, appellationis, sicut et conditionis proprietate.* Vide *Vocamen.*

¶ 2. **VOCATUS**, pro Advocatus, patronus, Teuton. *Vogt.* Charta Alaman. Goldasti 32 : *Recepit pretium venditor ab emtore, cum Vocato suo Honorato, et cum Majore suo Abraham.* Vide *Vogtetus.* [** *Liceat præfato venerabili episcopo suisque successoribus et suo Vocato res prædictæ ecclesiæ... quieto ordine possidere*, in chart. Arnolf. reg. ann. 889. apud Mœser. Histor. Osnab. Probat. num. 7. et 8. *Monasterii sanctimonialium in Herzenbroch Vocatus*, in chart. Otton. II. ann. 976. ibid. num. 16. noviss. edit.]

3. **VOCATUS** Episcopus. Formula loquendi sat frequens in designandis Episcopis electis, sed nondum consecratis. Verbi gratia in Synodo Belvacensi ann. 845. in Capitul. Caroli C. tit. 4. Hincmarus Remensis ita postremus Episcoporum vocatur, *Hincmarus Presbyter et Vocatus Archiepiscopus.* Vide Notas Baluzii ad hunc locum tom. 2. Capitular. pag. 1262. præterea tomum 2. Spicilegii Acheriani pag. 587. tom. 2. Hist. Franc. pag. 341. etc.

☞ Frequentissima tametsi occurrit hac notione allata formula; monet Mabillonius Diplom. cap. 20. § 3. lib. 2. non idcirco electum duntaxat esse dicendum quemque Episcopum, qui eo modo subscribit, quando sola modestiæ causa hac uti formula potuit; ut S. Bernardus qui in epistola 14. ad Honorium Papam nomen suum inscribit : *Frater Bernardus Vocatus Abbas.* Consule Mabillonium loco laudato.

¶ **VOCE**, Βῶκες, ἰχθύες. Glossæ Lat. Gr. editæ et MSS. Sangerm. At Regiæ habent : *voce, pisces sunt.* Infra : Βὼξ, *piscis habens magnum ventrem.* Cujacius legit, *Bogus.*

* **VOCEMISSARIUS**, inter officiales inferioris gradus recensetur, f. idem qui Nuncius, in Bulla Steph. IX. PP. ann. 1058. apud Murator. tom. 5. Antiq. Ital. med. ævi col. 976 : *Ita sane juvemus, ut nullus dux, sive marchio : comes, vicecomes, gastaldus, curialis, exactor, decanus, Vocemissarius, vel etiam ulla persona hominum audeat intercedere vel constringere hoc, quod a nobis constitutum et confirmatum est.* Vide *Vocimissarius.*

¶ **VOCGRIUM.** Vide infra in *Vogranum.*

¶ **VOCIBILITAS**, Objurgatio. *Ut nullus audeat confugientes ad ecclesiam, vel residentes inde vi abstrahere, aut quidcumque Vocibilitatis, vel damni, seu spolii residentibus in loco sancto inferre.* Can. difinivit quæst. 4. Ita Marci in Hierolexico. Sed legendum videtur *Nocibilitatis.* [** Quod legitur in Decret. part. 2. caus 17. qu. 4. c. 35.]

VOCIDUCTUS, Tubus, canalis cavus, seu fistula, per quam vox emittitur. Epistola 28, incerti ad Dardanum de diversis generibus musicorum, tom. 9. operum S. Hieronymi, de Tuba : *Tribus fistulis æreis in capite angusto inspiratur, in capite per quatuor Vociductus æreos, qui per æreum fundamentum quaternas voces producunt, etc.*

VOCIFERARE, Vocare in jus. Vetus Placitum, apud Franc. Mariam in Mathildi lib. 3. pag. 117 : *Unde plures vices eum Vociferare fecistis, ut ad vestrum placitum venisset, etc.* Eadem habentur verba in alio Placito ibidem. pag. 155. Ita apud Codinum de Orig. CP. : ἄπελθε ταχέως, φώνησον αὐτούς.

¶ **VOCIFERARIUS.** Vide *Vocipararius.*

VOCIFERATIO, Idem quod *Huesium*, quod vide. Leges Henrici I. Regis Angl. cap. 12 : *Qui furem plegiatum dimiserit, qui ei obviaverit, et gratis sine Vociferatione dimiserit, etc.*

VOCIMISSARIUS, *Præco*, in Glossematibus MSS. ad Prudentium, in cod. 561. Bibl. S. Germani Paris. qui vocem emittit. [** Vide *Vocemissarius.* Maius in Glossar. novo : Comment. MS. ad Mart. Cap. lib. 1 : *Præcones dicuntur Vocimissarii, qui adventum judicum prænuntiant.* Item Schol. MS. ad Juven. Sat. 1. vers. 44 : *Quos in schola Vocimissarios dicunt. Cum illac clamaverint omnium multitudo collaudat.* Item sat. 7. vers. 44. *Magnas comitum voces*, gloss. MS. *Vocimissarios.*]

VOCIPARARIUS, φωνασκητής, in Gloss. Gr. Lat. ex emendatione Salmasii; nam editus et MS. codex habent *Vociferarius.* Est autem *Vocipararius*, qui vocem *parat*, seu magister formandæ vocis, qui Græcis φωνασκός.

☞ Haud necessaria videtur emendatio : nam præter Glossas Lat. Græc. occurrit etiam in Ordinario S. Proladii Vesont. pag. 30. Collegerunt *cantatur studiose, qua finita eligantur duo Vociferarii qui cantent versum.*

¶ **VOCISSIMUS**, ἠχώ, in Gloss. Lat. Gr. Vulcanius emendat, *Vocis simius* : Meursius vero, *Vocis sonus.* Gloss. Græc. Lat. : Ἠχώ, *sonus, Vocissimus, resona, resultatio.*

¶ **VOCITAMEN**, Vocabulum, nomen, appellatio. Charta ann. 1018. inter Instr. tom. 4. Gall. Christ. novæ edit. col. 139 : *Quæ vitæ spiraculo plena Vocitamen de sui matheria figmenti dicitur esse sortita.* Vita S. Vincentii Madelgarii tom. 3. Jul. pag. 669 : *At mater regia Francorum stirpe venam ducens, et Onoguera Vocitamen habens, eidem viro illustrissimo jure connubiali erat inserviens.* Vide supra *Vocamen.*

¶ **VOCLUCA**, ἐλέφας, in Gloss. Lat. Gr. Legendum *Bos luca* pridem monuerunt Lipsius, Delrius, et alii.

¶ **VODANUS**, Deus a populis Septentrionalibus cultus. Vide in *Wodan.*

¶ **VODEGELDUM**, ut infra *Wodegeldum.* Vide *Gildum.*

VODER, Mensuræ Teutonicæ species. Theloneum Monasterii S. Bertini : *Ligna textoris, 2. den. Voder allium, 2. den.*

¶ **VODUM**, f. Fossa. Charta Alfonsi VII. Imper. Hisp. æræ 1115. apud Ant. *de Yepez* in Chron. Ordin. S. Benedicti tom. 6 : *Item intra istos terminos nullus intret pro casteleria, nec pro rogo, nec pro Vodo, nec pro maneria.* Leg. forte *Vadum.* Vide in hac voce.

¶ **VOERIA**, ut *Viaria.* Vide *Viarius.*

* **VOETVAL**, vox Belgica, Actio sese ad pedes alicujus prosternendi. Lit. remiss. ann. 1420. in Reg. 171. Chartoph. reg. ch. 242 : *Se fu à Warneston sur le halle*

implorée la mercy dudit fait, que on appelle en Flament de Voetval ghedaen.

* **VOGARE**, vox Italica, Remigare. Charta ann. 1340. tom. 4. Cod. Ital. diplom. col. 1935 : *Intelligantur galeæ et ligna armata, quæ ducunt ultra unum hominem pro banco ad Vogandum..... tempore pacis; tempore vero guerræ, intelligantur galeæ armatæ, quæ Vogabunt seu habebunt ultra Vogerios centum viginti.* Vide mox *Vogherii.*

¶ **VOGATIUM**, Præstatio ab iis qui super fluvium navigant exsolvenda; *Voguer*, navigare, Galli dicimus. Bulla Leonis IX. PP. apud Mabill. tom. 4. Annal. Bened. pag. 735. col. 2 : *Telonea quæ ad portum Vetraria sunt super fluvios Taunaco et Itta, et portum qui dicitur Sellis, et Vogatium super fluvium Ligerim ipsi adhuc viventi sancto Remaclo tradidit.*

¶ **VOGATUS**, pro Vocatus, in Judicio ann. 821. inter Probat. tom. 1. novæ Hist. Occitan. col. 56.

¶ **VOGELEN**. Charta ann. 1283. apud Miræum tom. 1. pag. 319. col. 2 : *Item recognoscimus venationem, piscationem et aucupium seu avium captionem, Teutonice Vogelen, ubique supra bona sua esse suas.*

VOGHERII, Nautæ, [remiges. Gall. *Vogueurs.* Bartholomæi Scribæ Annal. Genuens. ad ann. 1244. apud Murator. tom. 6. col. 509 : *Et continuo paratæ fuerunt in Janua galeæ omnes, et electi in ipsis supersalientes et Vogherii quicumque deberent ascendere in eis.*] Conventiones inter Michaëlem Palæologum Imp. et Genuenses ann. 1261. a nobis editæ : *Supersalientes uniuscujusque galeæ PP. 100. ... Panetarius uniuscujusque galeæ... Vogherii 108. uniuscujusque galeæ PP. 88. etc.* In Charta Gallica habetur *Vogueors.*

* *Vaugueurs*, in Lit. remiss. ann. 1373. ex Reg. 105. Chartoph. reg. ch. 69 : *Lequel suppliant fu retenu en nostre service pour la guerre de la mer, là où il nous a servi comme Vaugueur en l'une de noz galées, de laquelle Angelin Nige estoit patron. Vauchiere*, eadem acceptione, vel pro Remus, apud Monstrel. vol. 3. fol. 59. r° : *Quatrevingt galiotes de dix-huit à vingt Vauchieres.*

¶ **VOGRANUM**, Spicæ non omnino trituratæ, minoraque stramina quæ ventilatione a tritico separantur, idem, ut videtur, quod *Hauto* alibi, vel *Gaspaleum* dicitur. Charta ann. 1163. ex Tabul. Majoris Monast. : *Major noster S. Peregrini Guillelmus Chabart dicebat se habere in grangia nostra apud S. Peregrinum areæ scopationem, sedem moncelli segetum in grangia congregatarum, et Vogranum grangiæ cum tractu decimæ.* Vide *Volgrannum.*

¶ **VOGREIUM**, **VOGGRIUM**, Eodem intellectu. Chartul. S. Vincentii Cenoman. fol. 10 : *Proponebat... se debere habere de altari unum panem, tractum quoque decimæ annonæ,... et quandam vineam et plateam domus de quibus erat contentio, et totum Vogreium et duas partes paleæ.* Ibidem : *Similiter Simon habebit in palea tertiam, sacerdos aliam abbas tertiam. In Vocgrio nihil recipiet Simon.*

* *Virgrain*, eodem intellectu, in Lit. remiss. ann. 1401. ex Reg. 156. Chartoph. reg. ch. 267 : *Ouquel son pré Pierre Racine vit le filz d'un appellé Martin et le filz de feu Regnault, qui gardoient les bestes;..... auxquelz il dist qu'ilz avoient fait mengier son Virgrain, et que encores venoient-ilz faire mengier ses pastures.*

¶ **VOGTETUS**, Advocatus, a Germ. *Vogt.* Vide *Voietrecht.* Chron. S. Michaelis Hildesh. apud Leibnit. tom. 2. Script. Brunsvic. pag. 402 : *Constituit pro Vogteto Borchardum Schraderum juniorem.*

¶ **VOGTEUS**, Eadem notione. Vide in *Voietrecht.*

VOGTMAN, Cliens, qui se alicujus imperio, vel tutelæ subjecit, *Commendatus;* vox Germanica, ex *Vogt,* Præfectus, Patronus, Advocatus, et *mann*, homo. Fridericus II. Imp. in privilegiis Ratisbonensis urbis anno 1230 : *Quicunque residens in civitate impetitus fuerit, quod sit Vogtman alicujus; et ille civis existens collectus det nobis et Episcopo, tanquam alius civis, nulla postmodum Advocato servitia exhibebit per coactionem, etc.* [Charta ejusd. Imper. ann. 1219. apud Tolner. inter Instr. Hist. Palat. pag. 68 : *Item quicumque dominus aut creditor alicui Nuremburgensi accommodata reddere renuerit, mansionarius illius aut mercator, vel suus Vogtmann, erit pignus Norimbergensibus.*][** Advocatitius. Vide Haltaus. Glossar. German. voce *Vogtmann*, col. 1978.]

¶ **VOGUES** dictæ vulgo in provincia Viennensi festivitates oppidorum vel vicorum, quales sunt dedicationis ecclesiæ aut patroni, ad quas concursus fit ex vicinis parochiis, ut choreis et saltationibus indulgeant. Conc. Viennense ann. 1557. apud Marten. tom. 4. Anecd. col. 447 : *Et ut occurratur frequentibus delictis atque offendiculis, quæ hactenus in celebritatibus festorum oppidorum et pagorum hujus provinciæ perpetrata sunt; inhibuit hoc concilium ne deinceps in hujusmodi celebritatibus festorum, quas vulgo Vogues vocant, choreæ, saltationes, joculationes, ludi et cetera ejus farinæ ludicra fiant.*

* **VOIAGIUM**, Peregrinatio. Lit. remiss. ann. 1354. in Reg. 82. Chartoph. reg. ch. 652 : *Eidem Johanni pœnam corporalem hujusmodi in peregrinationem seu Voiagium Beatæ Mariæ de Bolonia, quam seu quod.... nudus pedes et sine robis lingiis facere tenebitur.* Vide supra *Viagium* 1.

* *Voiage*, pro Carrus vel Navis transiens, a nostratibus usurpatum. Lit. admort. ann. 1445. pro eccl. Vivar. in Reg. 177. ch. 151 : *Item trois avediers de sel, que souloit prendre Guillaume de la Roche sur chacun Voiage de sel passant par la riviere du Rosne. Voiagier*, pro *Messager*, Nuntius, in Lit. remiss. ann. 1415. ex Reg. 168. ch. 395 : *Le suppliant gagne voulentiers sa vie à estre messagier et Voiagier pour autrui.*

¶ **VOIAVADA**, in Litteris Andreæ Reg. Hungar. ann. 1222. apud Cencium inter Census Eccl. Rom. *Voiauvada*, in Charta Belæ itidem Reg. Hungar. ann. 1233. ibid. *Voiavoda*, in alia ejusd. Reg. ibid. Idem qui supra *Vaivoda.* Vide in hac voce.

* **VOICTURA**, a Gallico *Voiture*, Vectura, vectio. Obituar. eccl. Lingon. ex Cod. reg. 5191. fol. 235. r° : *Duos bichetos boni frumenti, quos tenetur reddere Lingonis sine Voictura.* Hinc *Voicturon*, Vector, qui vecturas facit, in Lit. remiss. ann. 1410. ex Reg. 164. Chartoph. reg. ch. 223 : *Ces Voicturons et charretiers..... gastent tout à mener paissant leurs chevaulx. Voituron*, in Statutis Maceriar. MSS. Vide *Voituarius.*

* *Voiture*, alia notione, pro Clava lusoria scilicet, vulgo *Billard*, in Lit. remiss. ann. 1357. ex Reg. 86. ch. 22 : *Gilaut Norbelin.... feri ledit tavernier d'une Voiture ou billart sur le bras etc.*

¶ **VOIERIA**, a Gall. *Voirie*, Jurisdictio seu justitia *Viarii.* Charta Philippi Pulchri ann. 1307. in Necrolog. Eccl. Paris. : *Ceteraque omnia dominia, justitiam altam et bassam, et Voieriam ac omnia alia deveria, quæ habet et habere debet ratione dictæ domus.* Vide in *Viarius.*

* *Voiere*, in Stabilim. S. Ludov. cap. 90. tom. 1. Ordinat. reg. Franc. pag. 180.

VOIETRECHT, *Rectum* seu jus *Advocatiæ*, ex Germ. *Voiet*, vel *Vogt*, Advocatus, et *Recht*, jus, *rectum.* Charta Ottonis Comitis Palat. et Ducis Bavariæ ann. 1255. in Metropoli Salisburgensi tom. 1. pag. 164 : *Statuentes, quod de prædicta curia nihil propter jus, quod Voietrecht dicitur, secundum antiquam consuetudinem a nobis vel a nostris successoribus exigatur.* Alia ann. 1224. ibidem pag. 237 : *Advocatiam, quæ Kesten-Vogtei dicta.* [** Vide Haltaus. Glossar. German. col. 1979. voce *Vogtrecht.*]

* **VOIGTDING**. Charta Herm. march. Brandeburg. ann. 1303. apud Ludewig. tom. 12. Reliq. MSS. pag. 378 : *Expedite tamen, quemdam judiciarium vel judicii casum, qui Voigtding vel eheding nominatur, ibidem habere volumus.* Germ. *Voigt* vel *Vogt*, Advocatus. Vide *Voietrecht.* [** Vide Haltaus. voce *Vogtding*, col. 1976.]

¶ **VOILLAGIUM**. Charta ann. 1123. apud Lobinell. tom. 2. Hist. Britan. col. 245 : *Quirmarhocus filius Ristanet donavit Deo et S. Nicolao dimidium portum de Cordimense et medietatem expletorum portus, scilicet Voillagium, pedagium, pontonagium.* Leg. f. *Moillagium*, a Gall. *Mouillage*, Præstatio pro statione navis exsolvenda : nisi a velum, Gall. *voile*, accersas, et ea sit præstatio pro nave quæ vela dat, pensitanda.

* **VOISDIUS**, nostris *Voisdie*, Panni species. Lit. remiss. ann. 1406. in Reg. 161. Chartoph. reg. ch. 127 : *Deux draps, un Voisdie et un burel; le Voisdie contenant vint verges et le burel onze verges.*

* **VOITFUETER**, Mensuræ annonariæ species. Charta ann. 1280. apud Pez. tom. 6. Anecd. part. 2. pag. 144. col. 2 : *Super quodam jure, quod nobis videbatur contingere ab antiquo, in villa Tetendorf, unde aliqualem mensuram avenæ, quod Voitfueter dicitur, habere debebamus.* Vide *Fodrum.*

¶ **VOITUARIUS**, Vector, qui vecturas facit. *Voiturier.* Charta ann. 1379. ex Chartul. 21. Corb. fol. 351. v° : *Erant in saisina et usu... ducendi et duci faciendi averia sua per chemina per qua volebant et per Voituarios per quos volebant sine emenda solvenda pedagiario Bappalmarum.* Occurrit rursum infra. *Voicturier par eaue*, in Charta ann. 1476. ex Chartul. Latiniac. fol. 245. v°. Vide *Victerius.*

VOIVODA. Vide *Vaivoda.*

¶ **VOLAGIUM**. Vide *Evolagium.*

1. **VOLAGIUS**. ex Gall. *Volage.* [*Appel-*

latio volagia, Practicis nostris *Appel volage*. Vide in *Appellatio*. Arrestum ann. 1301. ex Tabul. S. Johannis Laudun. : *Super eo quod dictus abbas mitebatur contra ipsos uti appellationibus Volagiis*.] Petr. de Cuigneriis tom. 13. Biblioth. Patrum pag. 79 : *Item plures habitatores terræ dictorum prælatorum vocant se ad invicem ad Curiam officialium, ex quadam appellatione Volagia.*

¶ 2. **VOLAGIUS.** *Sanguis volagius*, Vulnus leve, Gall. *Blessure legere*. Franchisiæ urbis Lugdun. ann. 1320. apud Menestr. Hist. Lugdun. pag. 95. col. 2 : *Pro sanguine Volagio tres solidi sex denarii fortium novorum, si fiat sanguis cum baculo, lapide, vel gladio absque mutilatione membrorum, sexaginta solidi fortium novorum.*

* Libert. villæ de Priseyo ann. 1243. tom. 3. Ordinat. reg. Franc. pag. 596. art. 2 : *De triplici sanguine, triplex consuetudo invenitur; quia de sanguine, qui vocatur Volages, debentur tantum tres solidi.* Libert. villæ Ayriaci ann. 1328. tom. 7. earumd. Ordinat. pag. 316. art. 58 : *Qui maliciose injuriandi causa, alteri sanguinem fecerit sine gladio, excepto sanguine Volagio, etc.* Libert. Matiscon. ann. 1346. in Reg. 77. Chartoph. reg. ch. 111 : *Qui fiert de pame, ou de poin, de verge, ou de le gros baston, et sanz yssoit Volages, le fereour ne doit que trois solz.* Vide supra *Sanguis* 2.

* *Volage*, Præteriens, advena, extraneus, in Lit. remiss. ann. 1377. ex Reg. 112. ch. 37 : *Trois compaignons Volages, et dont ladite Marguerite ne scet les noms, vinrent en ladite ville de Neuvis ou baillage de Troies, etc. Volant*, eodem intellectu, in Lit. ann. 1414. ex Reg. 167. ch. 483 : *Lequel Besson, qui estoit Breton et compaignon Volant, qui n'avoit femme, ne enfans, ne riens que son corps.* Pro Idiota, Gall. *Idiot, imbecille*, legitur in aliis Lit. ann. 1386. ex Reg. 130. ch. 112 : *Lequel Huart est homme ancien et homme lunatique et insensible, et par pluseurs foiz comme Volage et ydiot.*

* **VOLANA**, Gall. *Volaine, Volant, Voulant*, Falcis species, vulgo *Serpe*, idem quod supra *Goia* 1. Lit. remiss. ann. 1441. in Reg. 176. Chartoph. reg. ch. 399 : *Loys Bonneau ayant ung baston ferré, appellé Volant,.... frappa du bout du manche de sondit Volant etc. Volin*, in aliis ann. 1397. ex Reg. 152. ch. 309. Aliæ ann. 1451. in Reg. 185. ch. 265 : *Icellui Loys estoit embastonné d'un Voulant pour buissonner.* Aliæ ann. 1452. in Reg. 181. ch. 128 : *Jehan Brosse dist à la femme du suppliant qu'elle venist faire ce qu'il faisoit, qui estoit esguiser une serpe, appellée Volaine. Guillaume Dalmas tenant en sa main ung Voulain, autrement dit goyart*, in aliis Lit. ejusd. ann. ibid. ch. 226. *Vollain ou petite serpe*, in aliis ann. 1453. ex Reg. 182. ch. 75. *Vollant*, in aliis ann. 1476. ex Reg. 201. ch. 94. Denique Lit. ejusd. ann. in Reg. 204. ch. 29 : *Une sarpe emmanchée, appellée in commun languige Volant, etc.* Vide infra *Vougetus*.

¶ 1. **VOLARE**, Per vim auferre, furari, Gall. *Voler*. Vide supra *Involare*.

* 2. **VOLARE**, dicitur de Nave velocius navigante, in Annal. Placent ad ann. 1481. apud Murator. tom. 20. Script. Ital. col. 967 : *Naves dimissas quasi numero 75. violenter desuper Padum Volare facit. Faire Vouler le dragon*, pro Vexillum explicare, in Lit. remiss. ann. 1383. ex Reg. 123. Chartoph. reg. ch. 235.

¶ **VOLARIUM**, f. pro *Violarium*, 2. Hortus. Charta ann. 1208. ex Tabul. S. Melanii : *Johannes dictus le Channe civis Rhedonensis dedit prioratui S. Nicolai de Montfort plateam suam cum Volario sitam inter pratum S. Nicolai de Montfort et furnum ejusdem prioratus.* Alia ann. 1257. ibid. : *Clemens le Gallet cum assensu et voluntate Flegæ uxoris suæ dedit in excambio priori S. Nicolai de Montfort Volarium eorumdem Clementis et Flegæ situm in parochia S. Nicolai de Montfort in dominio ejusdem prioris prope cimiterium S. Nicolai de Montfort, in clauso in quo vinea prioratus S. Nicolai sedet.*

¶ VOLERIUM, Eodem significatu, in Charta ann. 1230. apud Marten. tom. 1. Anecd. col. 962 : *Concessimus insuper eidem Volerium pone pressorium.* Hinc emendanda Charta ann. 1231. ibid. col. 965 : *Manerium de Brion cum Valerio juxta pressorium.* Leg. *Volerio*.

VOLATA. Monasticum Anglicanum tom. 2. pag. 139 : *Et dimidiam hidam, quæ fuit Gaufrid, cum prato, quod ad easdem terras pertinet, et unam croftam et Volatam, quam Hemmingus Presbyter solebat habere, et pannagium de propriis porcis suis etc.* [Vide *Volarium*.]

* **VOLATICHA**, Farina subtilior, quæ ab aeris motu jactatur. Stat. Vallis-Ser. cap. 59. ex Cod. reg. 4619. fol. 116. r° : *Conductores..... ipsorum molendinorum..... non possint nec debeant tenere in ipsis molendinis.... assides, pannos, nec aliquas res pro capiendo Volaticham, nec farinam.*

¶ **VOLATICUS**, pro Volatilis. *Harpyiæ, virgines Volaticæ*. Gloss. Isidori.

VOLATILE, Proprie pro eo avium genere, quæ in cortibus rusticis nutriuntur. *Volature*, in Consuetudine Aquensi tit. 12. art. 9. *Volture*, in Aurelianensi art. 162. Conventus Aquisgranensis anno 817. cap. 8. et Addit. 1. Capitul. cap. 8 : *Ut Volatilia intus forisque, nisi pro infirmitate, nullo tempore comedant* (*Monachi.*) Adde cap. 9. Joannes Italus in Vita S. Odonis Abbat. Cluniac. lib. 3 : *Ibat autem circa pedes grex cornicum, quas nos Gallinas vocamus. Tunc quasi furens quoddam bacillum arripuit, et, quam ei placuit, percussit, ac furibundo ore dixit : Hæc erit hodie mihi piscis. Cæteri siquidem, qui circumstabant, cum quodam rubore cœperunt ei dicere, fortassis licet tibi carnem comedere, pater? At ille, Volatile, inquit, non est caro, Volatilia enim et pisces unam habent originem, etc.* Adde Constantinum Africanum lib. 1. de Morbor. cognit. cap. 10.

¶ **VOLATILIATICUM**, Præstatio ex *volatilibus*. Charta Ludovici VII. Reg. Franc. ann. 1173. inter Instr. tom. 6. Gall. Christ. novæ edit. col. 327 : *Donamus etiam tibi et tuis successoribus in ipso comitatu pulveraticum, pascuarium, piscaticum tam maris quam stagni et aquæ currentis, Volatiliaticum, in salinis, theloneis, etc.*

* Ita quoque legitur in Charta Caroli Calvi tom. 8. Collect. Histor. Franc. pag. 496. quæ mox laudatur, pro *Volitiaticum*, editum inter Probat. tom. 1. Hist. Occit. col. 95.

¶ VOLITIATICUM, Eodem significatu. Charta Caroli Calvi ann. 848. inter Probat. tom. 1. novæ Hist. Occitan. col. 95. pro ead. Eccl. Agathensi : *Piscaticum tam maris quam aquæ currentis, Volitiaticum salinaticum, etc.* Sed leg. videtur *Volatiliaticum*.

¶ **VOLATILIS** COLUMNA, f. Tortilis. Anastasius in Vitis PP. apud Murator. tom. 3. pag. 203. col. 2 : *Simulque et columnas Volatiles tam in ingressu corporis dextra, etc.* Vide *Vitineus*.

* **VOLATILIS** NUMMUS, Levioris, quam par est, ponderis, adeo ut flatu agitetur. Charta Cunradi archiep. Magdeburg. ann. 1226. apud Ludewig tom. 12. Reliq. MSS. pag. 318 : *Quid mirum, si cuduntur infra civitatem denarii, extra muros minime sint dativi, pro eo quod librati in statera, stateram cras et hodie non teneant uniformem, imo de die in diem cudi soleant leviores, pro parvissima vi flaminis usquequaque Volatiles.*

¶ 1. **VOLATUS**, Venatio cum accipitre, ut videtur. Charta ann. 1461. apud Lobinell. tom. 2. Hist. Britan. col. 1224 : *Inter prædictum Regem, Ducem et suos fuerunt plurima colloquia super venationibus, Volatibus, et aliis amenitatibus suis per aliqua tempora.*

* Tempus, quo rusticulæ gregatim accedunt, vesperam nempe, nostri designarunt per *Volée d'assée*. Lit. remiss. ann. 1454. in Reg. 191. Chartoph. reg. ch. 35 : *Entre Volée d'acée et jour couchié etc. C'estoit devers le soir à Volée d'assée*, in aliis ann. 1476. ex Reg. 201. ch. 74. *Volée*, Trutinæ libratio, in Lit. ann. 1376. tom. 6. Ordinat. reg. Franc. pag. 194. art. 5 : *Et n'aura de Volée du fort au feble* (denier) *que deux grains. Volée* præterea, pro *Aile*, Ala; quo nomine appellatur Vectis transversarius carchesii, in Lit. remiss. ann. 1450. ex Reg. 184. ch. 46 : *Le suppliant se appuya contre la Volée du windas estans sur le rivage d'icellui kay.*

¶ 2. **VOLATUS**, f. Locus in quo volatilia includuntur. Charta apud *Madox* Formulare Anglic. pag. 378 : *Dederunt nobis et successoribus nostris dicti abbas et monachi unam partem bosci qui vocatur Crattel, sicut per certas divisas separatur per viam inter boscum nostrum de Odybern et Volatum Ricardi le Hore.*

¶ 3. **VOLATUS** APUM, Jus in apum examinibus : idem quod *Abollagium*. Vide in hac voce. Charta Caroli Comit Flandr. ex Tabul. S. Bertini : *Volatus apum totius silvæ de Grenui conceditur abbati.*

* 4. **VOLATUS**, VOLATA LIGNA, Rami ab arbore, ventorum vi aut alia ratione avulsi, nostris *Volaiz*. Charta Phil. Pulc. ann. 1308. in Reg. 44. Chartoph. reg. ch. 146 : *Donamus.... liberum usagium ad omnia ligna, videlicet arescentia seu sicca, stantia et jacentia, necnon et viridia versata et Volata, jacentia seu caduca in boscis seu silvis, quæ vocantur defensa.* Alia Phil. V. ann. 1320. in Reg. 59. ch. 485 : *Donamus usagium in foresta nostra de Calvomonteto, in usagio dicto ad feminas, in nemore sicco, stante scilicet et jacente, viridique jacente ac*

dicto Volaiz et mortuo. Vide *Cabulus.*

¶ **VOLAX**, Volucris, velox. Petrus Damiani lib. 3. Epist. 8 : *Atque ut Volaces gressus acceleret, exoratur.*

* **VOLEAT**, pro Velit, in Capitul. Caroli Calvi ann. 856. cap. 14 : *Et si aliquis fuerit de vobis, qui Voleat dicere, quia non credit senioris nostri fidem, etc.*

* **VOLEMA**, an a *Volemo*, poma quævis significantur, Gall. *Fruits?* Lit. remiss. ann. 1416. in Reg. 169. Chartoph. reg. ch. 540 : *Bernardus de Castronovo et nonnulli alii in studio Tholosano studentes ad ludum lignibolini sive chucarum luderunt pro vino et Volema.*

VOLEMUM, *Gallica lingua, bonum et magnum dicitur,* inquit Papias, ex Isidoro lib. 17. Orig. cap. 6. Glossæ Lat. : Gr. *Volemi*, κολοκυντίδες, ἄπιοι. [* *Malum*, loco *magnum*, habet Glossar. vetus ex Cod. reg. 7613.] [** Apud Serv. ad Æn. lib. 3. vers. 233. *bona et grandia pira.*]

* VOLEMUS, *Raura. Versus :*

Planta Volemus erit pira dans, verboque Volemus.

Glossar. Lat. Gall. ex Cod. reg. 7692. [** Vide Forcell. in *Volema.*]

¶ **VOLENTES**, Qui non ex officio, sed sponte et voluntarie serviunt, Gall. *Volontaires.* Charta Ludovici Reg. Comit. Provinciæ ann. 1409. ex Schedis Præs. *de Mazaugues : Jus inquirendi, procedendi, ac puniendi officiales et servitores nostros, qui Volentes dicuntur, et sunt ad honores, et nostræ Majestati et Curiæ continuo actu non serviunt.* Vide *Voluntarii.*

VOLENTIA, Voluntas. Felix in Vita S. Guthlaci in prologo n. 1 : *Sciat nos hoc opusculum non tam Volentiæ, quam obedientiæ gratia incœpisse.*

* **VOLERIA**, an Advena, extraneus? Stat. Taurin. ann. 1360. cap. 81. ex Cod. reg. 4622. A : *Item quod nulla Voleria vel alia persona ponat busasum, stercora in via publica.* Vide supra in *Volagius* 2.

¶ **VOLERIUM**. Vide supra in *Volarium.*

* **VOLES**, f. Hortus. Vide *Volarium.* Placit. ann. 920. inter Probat. tom. 1. Hist. Nem. pag. 19. col. 1 : *De ipsos campos unde Geosaldus interpellavit jam dicto Ansemiro presbytero ante domno Ucberto episcopo, et de Voles minores usque in ipsa langana, et ad ponte majore, ipsas decimas, qui ibidem fuerunt de ipsa laboratione, etc.*

¶ **VOLETUS**, Velum minus. Inventar. Eccl. Noviom. ann. 1419 : *Item unus Voletus sericus ad rigas sericas diversorum colorum.* Leg. f. *Voiletus*, a Gallico *Voilet.*

* Hinc nostris *Volet* et *Voulet*, Capitis tegumentum. Matth. de Couciaco in Carolo VII. pag. 665 : *Et estoit son chef* (de cette dame) *paré de ses cheveux beaux et blonds, ayant par-dessus une tocque, affulée et couverte d'un Volet fort enrichy de pierreries.* Lit. remiss. ann. 1390. in Reg. 138. Chartoph. reg. ch. 254 : *Le suppliant prinst..... un Voulet de soye.* Aliæ ann. 1482. in Reg. 206. ch. 920 : *Le suppliant print par ung bout le Voulet ou cuevrechief que icelle Michielle avoit sur sa teste. Un quevrechief ou Volete*, in aliis ann. 1403. ex Reg. 158. ch. 90. *Volet* etiam appellarunt Jaculum quoddam. Lit. remiss. ann. 1476. in Reg. 195. ch. 1592 : *Le suppliant joua et tira d'un arc... une sayette ou Volet.* Aliæ ann. 1479. in Reg. 205. ch. 453 : *Le suppliant remonstra qu'il n'avoit point de fleches pour tirer; mais seulement avoit ung petit Volet.*

* **VOLGE**, Jus, quod domino capitali competit persequendi suos homines, cum eo inconsulto ad alium dominum transierunt. Charta ann. 1283. apud Ludewig. tom. 12. Reliq. MSS. pag. 377 : *Quod nullus in episcopali curia et sala, ac ipsarum attinentiis jus feudale, quod Volge vulgariter appellatur, debet vel potest habere.* Vide supra *Secta* 10.

¶ **VOLGERE**, vox Ital. Vertere, Gall. *Tourner.* Acta S. Franciscæ tom. 2. Mart. pag. 131 : *Vultum iste Archangelus a loquentibus in aliam partem Volgebat.*

* Tract. MS. de Re milit. et mach. bellic. cap. 79 : *Varrochium hoc est utilissimum levandi omne magnum pondus cum duobus sudibus, et homines esse debent quatuor ad Volgendum varrochium, causa trahendi altius campanam.* Hinc

¶ **VOLGOLUS**, Instrumentum versatile. Statuta Mutin. rubr. 294. fol. 58 : *Quod ad hauriendam aquam* (*de puteo*) *sit Volgolus habens catenam longam cum duabus situlis, una videlicet ab uno latere catenæ, et altera ab altero capite dictæ catenæ. Et quod ad ipsum Volgolum sint aspæ opportunæ ad hauriendam aquam.*

* **VOLGONIUM**, Instrumentum versatile. Lib. MS. Mirac. S. Thomæ Cantuar. ad calcem ejus vitæ a Joan. Sarisber. scripta : *Posita est itaque juxta lignum sarcinula pellium, lanæ, lintei, togæ cum ferramento, quod Volgonium vulgus appellat.* Vide *Volgolus.*

VOLGRANUM, [VOLGRENUM, ut supra *Vogranum.*] Tabularium S. Benigni apud Perardum pag. 138 : *Quietam clamaverunt querelam, quam habebant adversum nos de redecima decimæ, et Volgrano, et conreio, et de domo, quam habemus ibidem.* Vetus Charta apud Beslium pag. 400 : *Quidquid in horreo et in area habebant, garbas, atque Volgrenum, etc.*

¶ **VOLIPES**, Pernix, velox pedibus. Liutprandi Hist. lib. 2. cap. 28. apud Murator. tom. 2. pag. 438. col. 1 : *Rex nonnulla his similia dicere cœperat, quum Volipes nuncius Hungaros in Meresburgo... esse nunciabat.* Vita S. Gerardi sæc. 5. Bened. pag. 270 : *Non distulit humillima petitione per Volipedem legatum efflagitare, quatenus ad sui præsentiam usque dignaretur defatigare.*

¶ **VOLITIATICUM**. Vide *Volatiliaticum.*

¶ **VOLITUS**, pro *Bolidus* vel *Boletus*, Fungi genus, in Vita S. Pardulfi ex Cod. Lemovic. laudato a Mabill. sæc. 3. Bened. part. 1. pag. 576. Locus est in *Lemiga.*

VOLLEHEN. Vide *Fahnelen.*

* **VOLONES**, Milites voluntarii, in Onomast. ad tom. 2. Maii, ubi error est in numeris. Vide *Voluntarii.*

* **VOLONTATUS**, pro Voluntarius. Stat. MSS. eccl. Corisopit. : *Omnis Volontata seminis emissio, mortale peccatum est, nisi per matrimonium licitum excusetur.*

* **VOLSINA**, Vestis pellitæ species. Chartul. S. Joan. Angeriac. fol. 176. v° : *Habuerunt autem pro hac de charitate S. Johannis triginta solidos et uxor illius unam Volsinam de galebruno* (cum) *pellibus suis.*

¶ **VOLSSORS**. Statuta Massil. lib. 3. cap. 18 : *Statuimus quod in lapidibus vendendis in Massilia, et ejus territorio servetur hæc forma, scilicet quod Volssors habeant duos palmos, etc.* Subesse mendum videtur.

VOLSURA. Vide *Rufia.*

¶ 1. **VOLTA**, Fornix. Vide *Volutio.*

¶ 2. **VOLTA**, Terra locum aliquem circumcludens; *Vautar*, circumagere, *Vauto*, ambitum, dicunt Provinciales. Charta ann. 1110. in Chartul. Aptensi fol. 73 : *Damus la Volta dal molin en Vercennum ad vineam plantandam, tali tenore ut... in perpetuum tres partes habeant, et de omnibus arboribus in supradicta Volta plantatis quartam partem canonicis reddant.* Hinc *Voltæ* nuncupantur loca quædam aquis circumclusa. Charta S. Odilonis ann. 1025. sæc. 6. Bened. part. 1. pag. 635 : *Incepimus ædificare ecclesiam in quodam proprii juris monticulo, qui Volta vocatur, eo quod præterfluentibus aquis Hylaris fluminis, partibus ex tribus concluditur, et, ut ita dicam, quasi sinuatim involvitur.* Extant præterea *Volta de Ventadour*, in pago Vivariensi; *Volta* Podemniaca, in pago Valavio. Vide Valesium in Notit. Gall. pag. 621.

¶ VOLTA, Margo putei, quia in orbem est. Chron. Parmense ad ann. 1307. apud Murator. tom. 9. col. 866 : *Et in ipsa contrata fuit Parma* (flumen) *sic magna, quod fuit desuper Voltas puteorum contratæ, ita quod puteus implevit.*

¶ 3. **VOLTA**, Ornamenti genus, f. Circulus. Statuta Vercell. lib. 2. fol. 27. v° : *Appellatione jocalium intelligatur garlanda una quæ portatur omni die,.... et Volta una et coatie quæ portantur omni die.*

* 4. **VOLTA**, Italis, idem quod Vicis. Charta ann. 1199. apud Murator. tom. 4. Antiq. Ital. med. ævi col. 709 : *Qui concorditer laudaverunt ut assazatores Ferrariæ habeant pro assazatura salis pro unaquaque navi de sale, sive sit parva, sive sit magna, pro unaquaque Volta, septem imperiales, et non plus.*

* *Volte* vero, a Lat. vola, Alapam, vulgo *Souflet*, sonat, in Lit. remiss. ann. 1392. ex Reg. 143. Chartoph. reg. ch. 96 : *Arnault de la Forge malicieusement toucha de sa main sur la poitrine ledit barbier, et lui donna une Volte. Voulte d'œfs*, pro *Omelette*, Ovorum intrita, in aliis Lit. ann. 1388. ex Reg. 132. ch. 314 : *Ainsi que Jaquin Chifflot et l'exposant buvaient ensemble, et que ledit Jaquin s'estoit levez de son escot pour aler faire une Voulte d'œfs, etc.*

¶ **VOLTARE**, Concamerare. Vide in *Volutio.*

¶ **VOLTICIUS** Pons, Versatilis, Gall. *Pont tournant.* Petrus Azarius apud Murator. tom. 16. col. 435 : *Et tunc deliberati pontem Volticium ipsius terræ depresserunt e parte qua gens erat marchionis.* Vide in *Pons.*

VOLTO. Charta Italica ann. 1356. in Hist. Bononiensi lib. 1. pag. 25 : *Juxta viam publicam,.... juxta Voltonem antiquæ portæ civitatis, etc.* Idem forte quod *Volta* 1.

¶ **VOLTURA**, in Charta Cluniac. apud Ægidium *Bry* in Hist. Comit. Pertic. lib. 2. pag. 72 : *Volturam etiam molendini qui in ipso stagno situs est de annonis suis concedo eis.* Sed leg. videtur *Moltura.* Vide in *Molta*

2. *Voltura*, pro Fornix, vide in *Volutio*.

VOLTURIUM, γύψ, in Gloss. MSS. Sangermanensi, Vultur, nostris etiam *Votour*, seu *Vautour*.

VOLUBILIS. Vide *Monubilis*.

* **VOLUBILIS**, Involutus, implicatus, Gall. *Embarrassé*. Charta Joan. dom. Castrivil. ann. 1279. in Chartul. Cluniac. ch. 307 : *Nos prædictus Johannes dominus Castrivilani et Luziaci ad evitandum juris et consuetudinis Volubilis laqueos et advocatorum versutiam, etc.*

* **VOLUBRUM**, *Velle*, in Glossar. Lat. Gall. ex Cod. reg. 7692.

¶ **VOLUCLUM.** Vide *Volucrum*.

¶ **VOLUCRARE**, *Subigere*, in Gemma.

VOLUCRES DENARII, vulgo *Vlieghers*, in Legibus Opstalbomicis Frisiæ cap. 21. Kiliano, *Vliegher*, est drachma, nummus 4. stuferorum, aquilæ, sive angeli volantis effigie donatus.

VOLUCRITARE, Celeriter locum pertransire instar *volucris*. Occurit in Vita S. Samsonis Episc. Dolens. Vide locum in *Venalis*.

¶ **VOLUCROSUS**, Abundans volucribus, in Carmine de Laudibus Lutetiæ ad calcem Consuetudinum Universit. Paris. per Robertum *Goulet* edit. ann. 1517.

VOLUCRUM, Involucrum, quo peregre euntis sarcinæ ac vestes conduntur, ac involvuntur, Gallis *Male*, *portemanteau*. Glossarium S. Bened. : *Volucrum*, εἴλημα. Gregorius Turon. lib. 3. Hist. cap. 15 : *Unum etiam Volucrum cum vestimentis tollentes*. Lib. 4. cap. 26 : *Cumque hæc collectis rebus, factisque Volucris, a cœnobio pararet egredi*. Adde lib. 5. cap. 19. *In oblivionis Volucrum delabi*, in Vita B. Mariani Abb. Ratisp. n. 1.

¶ 1. **VOLVERE**, Expellere, ejicere, Gallice *Chasser*. Inquisitio ann. 1268. ex Schedis Præs. *de Mazaugues* : *Et custodiebant oves suas in dicto territorio alte et basse sine prohibitione alicujus, et non vidit quod aliquis Volveret eos, nec ejiceret de dicto territorio.* Infra : *Et non inveniebant qui Volveret eos, nec diceret eis : malefacitis quia huc venistis.* Rursum : *Nullus Volvebat eum, nec pignorabat eum.*

¶ **VOLVERE SE**, Vertere, Gall. *Se tourner*. Acta S. Franciscæ Rom. tom. 2. Mart. pag. 105 : *Quibus dictis Volvit se Regina cœli ad beatam Franciscam*. Vide *Volutus*.

¶ **VOLVERE CAUSAM FINITAM**, Eam renovare, in indice seu rotulo rursus inscribere; Galli diceremus : *Remettre au rôle*. Leges Rotharis [** Conclusio, post 390.] apud Murator. tom. 1. part. 2. pag. 48. col. 2 : *Et hoc addimus atque definimus, ut causæ, quæ finitæ sunt, non Volvantur. Quæ autem non sunt finitæ,.... aut quæ motæ fuerint, per hoc Edictum incidantur et finiantur.*

* 2. **VOLVERE**, Ambitu complecti, Gall. *Avoir de tour*. Pactum inter Reg. Franc. et Venet. ann. 1268. in Reg. Cam. Comput. Paris. sign. *Noster* fol. 286. v° : *Item una storia de feno, quæ Volvat pedes viij. et medium et sit alta cum testi pedes v. et medium.*

* 3. **VOLVERE**, Concamerare, Gall. *Vouter*. Reg. 34. bis Chartoph. reg. part. 1. fol. 96. r°. col. 2 : *Tota turris* (de Ribemont) *Volvenda, plonchanda et solennda et quernelanda et escuanda, et turriculam, quæ erat ante portam, oportet Volvere et desuper facere 1. estage, etc.* Vide *Voltare* in *Volutio*.

* **VOLUGRANUM**, Purgamentum frumenti post ventilationem. Charta ann. 1194. inter. Instr. tom. 12. Gall. Christ. col 281 : *Idem quoque Stephanus (dedit) duas partes decimæ apud Aurigniacum, et custodiam et tractum grangiæ et baltum* (leg. *balcum*) *et Volugranum et vaspale et paleas et stramen.* Vide *Vogranum*.

¶ **VOLUMEN**, Tholus. Vide in *Volutio*.

* Nostri *Volume*, a Latino Volumen, vulgo *Rouleau*, appellarunt Chartam in speciem rotulæ convolutam. Lit. remiss. ann. 1380. in Reg. 117. Chartoph. reg. ch. 172 : *L'exposant et aucuns ses complices entrerent de nuit en la maison du bedel de l'estude de Tholouse, et prindrent en icelle.... un Volume et unes viez concordanses de Théologie.* [** Pars Corpor. Jur. Justin. Vide Savin. Hist. Jur. Rom. med. temp. tom. 3. § 191. 192.] Falcis speciem significat hæc eadem vox, nisi, quod puto, mendum sit pro *Volaine*. Vide supra *Volana*. Lit. remiss. ann. 1466. in Reg. 202. ch. 82 : *Le suppliant tenant en sa main ung goyart, autrement appelé Volume, etc.*

¶ **VOLUMINOSUS**, Glomerosus, convolutus. Sidonius Carm. 9. 76 : *Angues corporibus Voluminosis alte squamea crura porrigentes, in vestigia fauce desinebant.*

VOLUNTARII, Qui ultro militant, et castra sequuntur, nec sacramento militari astricti sunt. Capitolinus in Marco : *Instante adhuc pestilentia, et deorum cultum diligentissime restituit; et servos quemadmodum bello Punico factum fuerat, ad militiam paravit, quos Voluntarios, exemplo Volonum appellavit.* Θεληματαρίων ejusmodi meminit Georgius Pachymeres lib. 2. cap. 14. [Vide *Volentes*.] et Glossar. med. Græcit. col. 487.]

1. **VOLUNTARIUS**, Propensus, qui ultro in rem aliquam incumbit. Vita S. Isidori Episcopi Hispalensis n. 20 : *Si quem in lege Domini Voluntarium reperisset, nimia venerabatur dilectione, et inter suos secretarios amicabiliter annotabat.* [Charta ann. 1523. apud Ludewig. tom. 5. Reliq. MSS. pag. 335 : *Ad ea Voluntarii sumus.*]

* Nostris alias *Voulenteux*, pro Benevolens. Lit. remiss. ann. 1464. in Reg. 199. Chartoph. reg. ch. 466 : *Afin que icelle Giraude...... fust plus enclinée et Voulenteuse envers le suppliant, etc.*

¶ 2. **VOLUNTARIUS**, Qui tributum voluntarie præstat. Vide *Tallia*.

¶ 3. **VOLUNTARIUS**, Pertinax, obstinatus, nostris *Volontaire*, eadem notione. Chron. Jo. Whethamstedii pag. 329 : *Abbas, nuncium istud audiens, et fratres in suis dictis Voluntarios pocius quam racionabiles esse intelligens, etc.*

* *Voulenteulx* et *Voulentiz* alias nostris, eadem significatione. Lit. remiss. ann. 1375. in Reg. 108. Chartoph. reg. ch. 48 : *Lequel Mahieu qui estai homs chaux et Voulentiz. etc.* Aliæ ann. 1477. in Reg. 205. ch. 482 : *Le suppliant estant en jeune aage et Voulenteulx, non cognoissant l'obeissance qu'il devoit à ses pere et mere etc. Voluntaire*, Navis species, apud Rabelais. tom. 4. pag. mihi 100.

VOLUNTARIE, Libenter, Gall. *Volontiers*, occurrit non semel in Capit. Caroli C. tit. 26. 28. 31. etc.

* **VOLUNTARIUM**, Voluntas, arbitrium. Pariag. inter reg. et abbatis. Elnon. in Ruthen. ann. 1313 ex Reg. 61. Chartoph. reg. ch. 21 : *Si dominus noster rex vel ejus senescallus ab hominibus dicti pariagii fidelitatis sacramentum exigeret;... quod dictum sacramentum quandocumque exigeretur seu præstaretur, præstare debeant abbatissæ eodem modo seu ejus Voluntario.* Hinc *Volontairement*, Ad arbitrium suum, vulgo *A sa volonté, à sa fantaisie*, in Lit. remiss. ann. 1464. ex Reg. 199. ch. 403 : *Que le suppliant avait gouverné Volontairement et s'estait enrichi des biens et revenus d'icelle ville* (de Hesdin dont il était maire.).

* 4. **VOLUNTARIUS**, Qui quovis modo jus habet in rem ex voluntate possessoris, practicis nostris *Ayant cause*. Charta Joan. comit. Arman. ann. 1357. in Reg. 159. Chartoph. reg. ch. 25 : *Concedimus Guillelmo Rolande militi quod ipse et hæredes et successores sui et Voluntarii, possint..... construere, habere et tenere molendina navalia et alia quæcumque in fluminibus Garonæ et Tarni.* Vide *Voluntarius*, 1. 2. 3. in *Voluntarii*.

*5. **VOLUNTARIUS**, Strenuus, animosus, Gall. *Qui a de la volonté, courageux, brave*, alias *Volontarieux*. Hist. belli Forojul. apud Murator. tom. 3. Antiq. Ital. med. ævi col. 1198 : *Nostri vero animum Voluntarium habentes, non attendentes ad eorum requisitionem, putabant eos illo die superasse.* Ibid. col. 1203 : *Si quid de nostro volueritis, et contingat vos ad nos venire, nos paratos vos velle recipere videbitis, non pavidos, sed Voluntarios.* Froissart. vol. 2. cap. 133 : *Quand l'evesque de Norduich, qui estoit jeune et Volontarieux, et qui se desirait armer.*

¶ 1. **VOLUNTAS**, Tributum spontaneum. Vide supra *Tallia*.

¶ **VOLUNTAS**, Id quod cuique rei convenit. Statuta S. Claudii ann. 1448. pag. 81 : *Ministrare debet idem pittanciarius... salsas croceas vel virides secundum naturam et Voluntatem carnium.*

* 2. **VOLUNTAS**, **ESSE SUÆ VOLUNTATIS**, Ad arbitrium suum agere. Lit. remiss. ann. 1356. in Reg. 84. Chartoph. reg. ch. 561 : *Ipsa Perrota, quæ erat fortis conditionis et status,.... et alias erat mulier suæ Voluntatis, etc.* Vide supra *Voluntarium*.

** **VOLUNTATIM**, *dictum est ex voluntate*, Virgil. Gramm. pag. 73.

* **VOLUNTATIO**, f. pro *Volutatio*, Districtus, qui certis limitibus circumscribitur; *Tournée*, non multum dissimili notione dicimus. Libert. Montisfalc. in comitatu Bigor. ann. 1369. tom. 8. Ordinat. reg. Franc. pag. 52. art. 4 : *Quod ex nunc imperpetuum consules dicti loci.... sint assistentes bajulo ipsius loci, in omnibus et singulis causis criminalibus in eodem loco et infra Voluntutiones præscrisptas, pendentibus et emergentibus quoquo modo.*

** **VOLUNTATIVUS**, Volens, non coactus, non invitus. Berthold. Annal. ad ann. 1077. apud Pertz. Scriptor. tom. 5. pag. 303 : *Quicquid enim illi oneris per obœdientiam imponebant, sine mora deo subdita Voluntativa satis supportabat.* Vide *Vo-*

luntarius, 1. Verborum forma *desiderativa* dicitur *voluntativa* apud Virgil. Grammat. pag. 48 : *Nam cum dicis victorio, nescio quomodo ad meditationem pertineat.... ergo non meditativam, licet id consuetudo nobis invexerit, sed promissivam ac Voluntativam dicere debemus.*

¶ **VOLVOLUS**, Instrumentum piscatorium, retis genus, idem quod *Vertebolum* et *Vervilium* supra. Vide in his vocibus. Charta Thossiacensis ann. 1404 : *Tenet quasdam rivas et aquas piscatorias seu pos Volvolorum ad capiendum pisces.* Alia ejusdem anni : *Guillelmus Regis tenet tria foramina seu pertuis ad ponendum Volvous existentia in dicto prato.*

¶ **VOLUPTARE**, Voluptatem afferre, voluptate donare. Brito Armor. lib. 11 :

> . . . . . . nunc mixta peremptis
> Vira coacervans, aliena tabe Voluptat.

VOLUPTIFICUS. Apuleius lib. 2. Florid.: *Jovis* (stella) *benifica, Veneris Voluptifica.* [Id est, voluptatem parit.]

¶ **VOLUPTUOSE**, Delicate, *Voluptueusement*. Rolandin. Patav. in Chron. Tarvisino, apud Murator. tom. 8. col. 310 : *Minabuntur quidam Voluptuose viventes civitatem Vicentiam insultare.*

¶ **VOLUPTUOSITAS**, Voluptas. Johan. de Cardalhaco Serm. in Circumcisione Domini : *Tanquam bestiales ratione non utentes et Voluptuositati servientes, etc.*

* Unde nostris *Voluptuosité*, pro *Volupté*. Lit. remiss. ann. 1474. in Reg. 195. Chartoph. reg. ch. 1289 : *Lequel suppliant pour la* (fille) *attraire à Voluptuosité,.... la toucha en plusieurs manieres.*

* **VOLUTABRUM**, Cylindrus, instrumentum quo adæquatur. Glossar. Lat. Gall. ex Cod. reg. 7692 : *Volutabrum, Policher.* Vide *Volutarium*.

VOLUTARE, Vasis species. Apitius lib. 2. cap. 3 : *Ubi jam commiscueris, uvam passam, careuum, vel passum desuper confractum, asperges, atque in Volutari inferes.* Lib. 5. cap. 2 : *Quum bene ferbuerint, obligabis, addes in Volutari oleum cum viridi lenticula.* Adde lib. 6. cap. 2. et lib. 8. cap. 7. ubi Humelbergius legendum putat *boletari*, quod est vas boletis serviens; unde illud Martialis lib. 14. Epigr. 101 :

> Cum mihi boleti dederint tam nobile nomen,
> Prototomis, pudet heu, servio coliculis.

¶ **VOLUTARIUM**, κύλινδρος. Gloss. Lat. Græc. in MSS. *Volutabrum*.

¶ **VOLUTATICUM**, Vectigal seu tributum quod pro damno, quod in viis publicis currus *volvendo* facere solent, exsolvitur domino prædii. Charta Pipini Reg ann. 759. apud Felibian. Histor. Sandion. inter Probat. pag. 28 : *Retinebat teloneo infra Parisiis ex navibus et pontis Volutaticos ac rotaticos, etc.* Vide *Vultaticum*.

VOLUTIO, Fornix, concameratio, Gall. *Voute*, quod sursum in fornicis speciem *volvatur*. Papias : *Concameratio, fornix, transvolutio.* Vita S. Eligii lib. 2. cap. 45 : *Visum est Episcopo,.... ut ædificata ultra altare Volutione, illic ei demum condignam facerent translationem.* Vita S. Desiderii Episcopi Cadurcensis cap. 11 : *Sepulturam quoque sibi in eodem monasterio sub dextri lateris Volutione præparari jussit.* Cap. 17 : *Qui monasterii septa, prærogativa quadam dignitate in... domorum amplitudine, et basilicarum admiranda altitudine, ac Volutionum ambienda pulchritudine, pene studio ac singulari fabrica sustulerit.* Gregorius Turon. lib. 1. de Mirac. S. Martini cap. 38 : *Crypta super eos miro opere fabricata est, quæ in arcuum modo Transvoluta firmissima stabilitate subsistit.* Idem lib. 10. Hist. cap. 31 : *Ante altare basilicæ fundamenta jecit, erectamque absidem uno opere constituit et Transvolvit. Ea vero transvoluta disruptoque pariete arcum ædificat.* Ermentarius Monach. in Vita S. Philiberti Abbat. cap. 28 : *Locus sepulturæ mirifice est Transvolutus, tribus perinde absidis circumcirca adjectis.* Chronicon Abbatiæ S. Trudonis lib. 6. initio : *Similiter et cryptam, quam Volutam tantum invenit, cæteris omnibus, quæ deerant, consummavit.* Gloss. Ællrici : *Volubilis*, sinvealt, i. rotundus. Gr. Lat. : Εὐκύλιςον, *Volubile*. Ναὸς εἰλημ.ατικός, Constantino Porph. de Administr. Imper. Vide Salmasium ad Solinum pag. 1219.

Transvolutio. Vita S. Saturnini Mart. : *Transvolutionem desuper tumulum multo latere diligenter extruxit, etc.* Vide *Concameratio*.

Volta, Fornix, Italis etiam *Volta*. *Superior Voltarum sublimitas*, apud Sugerium lib. de Administr. sua cap. 28. Adde cap. 31. Durandus lib. 1. Ratio. cap. 1. n. 19. *Exedra est absida, sive Volta.* [Charta Philippi Reg. Franc. ann. 1206. ex Tabul. Montis Mart. : *De qua Volta reddebat singulis annis unum bisantium.* Tabular. B. M. de Bono-nuntio Aurel. : *Ut tamen dictam capellam.... de coperturis, Voltis, muris, et aliis refectionibus habeatis sustinere.*] Liber niger Ecclesiæ Dublinensis apud Jacobum Waræum in Antiquit. Hibernicis : *Dedit S. Trinitati et Donato primo Episcopo Dublinensi locum ad ædificandum Ecclesiam S. Trinitatis, ubi fornices sive Voltæ sunt fundatæ, etc.* Thomas *Fiche* Canonicus Ecclesiæ Cathedralis S. Trinitatis Dublinensis de Fundat. ejusdem Ecclesiæ : *Quapropter S. Patricius celebravit Missam in uno fornice sive Volta, qui in hodiernum diem appellatur fornix, sive Volta S. Patricii.* Le Roman *d'Abladane* MS : *Et dit que li Messagiers y entreroit par Vaultes, qui estoient faites dessous terre de long temps, et par dessous ces Voltes cil d'Abladane pouvoient moult bien secourir, etc.* Vide Petrum Mariam Campum in Histor. Eccles. Placent. lib. 14. pag. 17. [Occurrit præterea apud Marten. tom. 3. Anecd. col. 1630. 1934. Bollandistas tom. 6. Maii pag. 49. Murator. tom. 6. col. 410. tom. 8. col. 1148. tom. 9. col. 803. tom. 12. col. 508. 1811. 1147. tom. 15. col. 499. in Statutis Astens. fol. 1. v°. etc.] Vide *Vosta*, suo loco.

* Hinc *Volu*, pro *Vouté*, concameratus. Le Roman *d'Alexandre* MS. part. 1 :

> ...... Lez un arbre fueillu.
> Là se tret Alexandre desous une arc Volu.

Ibid. de scuto in fornicis speciem *voluto* :

> Il lor trenche les elmes et les escus Voutis.

¶ Volta, pro Cella vinaria et carcere, quod in *voltæ* seu fornicis speciem exstrui solent. *Quædam cava seu Volta lapidea*, apud Fantonum Hist. Avenion. pag. 164. [* *Voulte*, in Chartul. Corb. sign. *Cæsar* fol. 11. v° : *Nulz taverniers ne portent ne facent porter remplage de Voulte à autre, ne de cellier à autre.*] *Volte*, carcer, au Roman *de Partonopex* MS :

> Et viennent à la Volte oscure,
> Ou li frans hom se demesure.

Infra :

> Sovent revont à la geole
> En quoi Partonopex s'afole.

¶ Voltura, Idem quod *Volta*, fornix. Hist. Monast. S. Laurentii Leod. apud Marten. tom. 4. Ampliss. Collect. col. 1139 : *Reconciliatus itaque abbati fecit pingi apostolos Petrum et Paulum et circa Volturam.*

Volumen, Tholus. Vetus Interpres Palladii Lausiacor. cap. 22 : *Trium sibi Voluminum cellulas fecit.* Ubi Palladius cap. 43. Τρεῖς θόλους.

Vota, Eadem notione. Charta ann. 1246. apud Columbum in Episcopis Sistaric. lib. 3. num. 21 : *Nec non casalia... item Votam S. Joannis contiguam Beato Thyrso cum pertinentiis omnibus.* [Comput. ann. 1202. apud D. *Brussel* tom. 2. de Usu feud. pag. ccii. col. 1 : *De Vota sub Castelleto*, xxx. *sol.* Charta ann. 1251. apud Stephanot. tom. 3. Antiquit. Bened. Pictav. pag. 873 : *Cum frater Johannes de Villa-Dei sacrista ecclesiæ nostræ acquisivisset et de proprio suo condidisset domum cum Vota,... tradidit Benedictæ mulieri,... excepta tamen Vota et interiori particula ejusdem domus quæ per parietem dividitur, quam etiam Votam et particulam dictæ domus sacrista Nobiliacensis in perpetuum possidebit.* Tabul. Sangerman. ann. 1267 : *Juxta domum dicti Guillelmi de marcantiis et Votam elemosinarii nostri.*]

¶ Vouta, Fornix. Comput. ann. 1270. apud Lobinell. tom. 2. Hist. Britan. col. 412 : *Item sunt in Vouta* xl. *ciphi albi sine pedibus.* Charta ann. 1370. ex Tabul. S. Victoris Massil. : *Solvimus magistro Johanni Joglari lapicidæ magistro operis turrium portalis Laureti pro Voutis et amplethiis secundæ turris dicti portalis faciendis, etc.* Chron. Beccensis Monast. MS : *Fecit prædictus dominus Gaufridus Voutam continuari et antiquæ conjungi.* Statuta Grandimont. apud Marten. tom. 4. Anecd. col. 1237 : *Voutæ quidem ecclesiarum sint tantum planæ, et simplicitati nostræ religionis congruæ.* La Vie *de Jesus Christ* MS :

> Jouste le mur en est venus
> Sous la Vaute d'un arc volu, etc.

Le Roman *de Robert le Diable* MS :

> D'alés le chien Rober se couche,
> Qui de lés une Vaute eut couche.

¶ Vosta, Eadem significatione, Gallice *Arcade*. Charta Petri Senon. Archiep. ann. 1213. ex Chartul. Maurigniac. : *Habebit capicerius altare competens intra ambitum magni chori ecclesiæ ubi celebrabit, donec navis ecclesiæ de una Vosta excreverit.*

¶ Voltare, Concamerare, Gall. *Vouter*. Chron. breve S. Dion. apud Acher. tom. 2. Spicil. pag. 813. et Felibian. Hist. Sandion. inter Instr. pag. 205 : *Turris ubi sunt cymbala a parte vestiarii non erat perfecta, nec Voltatus erat chorus.* Hist. fundat. Cælestin. Suession. apud Marten. tom. 6. Ampl. Collect. col. 608 : *Deinde sacristiam, capitulum et collationem contiguas de lapide Voltatas supra, etc.*

* **VOLUTUM**, perperam pro *Velutum*, Gall. *Velours*, in Comput. ann. 1508. ex Tabul. S. Petri Insul. Vide in *Villosa.*

¶ **VOLUTUS**, Subversus. Mirac. S. Walarici tom. 1. Aprilis pag. 28 :

A fundo templum qui dæmonis arte Volutum
Incipiens struxit.

* **VOLVUS** *est Pellis oculi*, in Glossar. Lat. Gall. ex Cod. reg. 7692.

* **VOMER** Anserinus, pro Calamus. Vita S. Idæ tom. 2. Sept. pag. 267. col. 1 : *Omnia autem velle disserere, quæ eo loci beatæ Ydæ opitulamine patrata audivimus, non nostræ opis est,..... aut anserino Vomere apte exarare, etc.*

* **VOMERE**, *Gomir. Vomitus, Gomissement*, in Glossar. Lat Gall. ex Cod. reg. 7692. Vox Picardis etiamnunc in usu. Haud scio vero quid significet *Etre vomi*, ubi de vulnere capiti, cum incisura inflicto, agitur. Lit. remiss. ann. 1347. in Reg. 77. Chartoph. reg. ch. 172 : *Gillet Hideuz feru la femme d'icellui Tristan d'un baston à la teste, si et en telle maniere, qu'elle en fu Vomie et quarrelée.*

1\. **VOMERES** Igniti, Purgationis per ferrum candens species, quos qui innocentiam suam jubebantur adstruere, calcare nudis pedibus tenebantur. *Ad novem Vomeres ignitos judicio Dei examinare*, in Capitul. ad Legem Salicam cap. 5. in Lege Angliorum et Werin. tit. 14. in Capit. 2. ann. 803. cap. 5. in Lege Longob. lib. 1. tit. 10. § 3. [** Carol. M. 105.] in Capitul. Caroli M. lib. 4. Append. 2. cap. 3. et in Legibus Henrici I. Regis Angl. cap. 89. Capitula Theodori Cantuar. cap. 36. et Concilium Moguntinum sub Rhabano cap. 24 : *Qui Presbyterum occidit, si liber est, cum 12. juret; si autem servus, per 12. Vomeres ferventes se expurget.* Annales Franc. Metenses et Regino ann. 887 : *Idque se approbare Dei omnipotentis judicio, si marito placeret, aut singulari certamine, aut ignitorum Vomerum examine fiducialiter affirmat.* Vita S. Cunigundis Imperatric. n. 2 : *Sed quia crudelis est, qui famam suam negligit, expurgationis gratia, ad Vomeres candentes illud sibi judicium elegit, quod propter duritiam hominum institutum esse cognoscitur.* Infra : *Hoc dicto, stupentibus et flentibus universis, qui aderant, Vomeres candentes nudo vestigio calcavit, et sine adustionis molestia secura pertransiit.* Similia habentur in Vita S. Henrici Imper. cap. 21. Helmodus lib. 1. cap. 24. et ex eo Anonymus in Chron. Sclavic. cap. 25 : *Et vetavit Comes, ne Sclavi de cætero jurarent in arboribus, fontibus, et lapidibus; sed offerrent criminibus pulsatos Sacerdoti, ferro ac Vomeribus examinandos.* Albertus Abbas Stadensis ann. 1192. et ex eo Cromerus in Metropoli lib. 7. cap. 14 : *Interfectores examinati judicio duodecim Vomerum, rotæ supplicio sunt affecti.* Annal. Winton. Eccl. : *Fœmina illa infamis pro se ipsa 4. pro Episcopo 5. scilicet 9. continuos passus super 9. ignitos Vomeres faciat nudatis pedibus; si titubaverit, si singulos Vomeres pleno pede non presserit, si quantulumcunque læsa fuerit, sententia proferatur in mœchum et fornicariam, etc. Ignitorum Vomerum examen*, apud Reginonem ann. 887. *Per ignitos Vomeres incedere*, in Actis Synodi Remensis in causa Arnulphi. Adde Gobelinum Personam in Cosmodromio ætate 6. cap. 52. Saxo Grammaticus lib. 13. de Haraldo : *Qui cum se Magno Hiberniæ populatore procreatum astrueret, affirmationi suæ fidem divini examinis argumento præstare jussus, super candentes laminas nudatis pedibus (nam id ob eo experimentum poscebatur) incessit, hisque nulla ex parte corruptioribus, complures Norwagensium liquido incolumitatis miraculo ad assertionis suæ credulitatem perduxit.* [Theodoricus Hist. Norwag. Reg. cap. 34 : *Sywardus... jussit eum calcare novem ignitos Vomeres contra ecclesiasticam censuram : sed, ut creditur, divinitus adjutus inustus apparuit.*] Andreas Sueconis Archiepisc. Lundensis lib. 5. Legum Scanicarum cap. 15 : *Sin autem prioris ferri candentis judicio convincatur exustus, in principali causa succubuisse pariter censeatur. At si reus obtinuerit, utrobique permittatur hæres adhuc octo viros eodem ordine singulos singulis vicibus accusare. Postremo si nullus eorum convictus fuerit, decimum eodem ordine accusatum, hoc modo ad calcandum Vomeres ardentes compellat, ut juret cum viris 12. quod nec lucri nec odii causa ei homicidii reatum imponant.* Alibi ait, triplex esse ferri judicium usu receptum, *unum, quod in duodecim ignitis Vomeribus calcandis consistit, etc.* Ut porro vomeres ejusmodi benedicerentur, vide apud Hugonem Mathoudum in Observat. ad Robertum Pullum pag. 375. [** Vide Grimm. Antiq. Jur. Germ. pag. 914.]

Pedale Examen præterea appellatur ejusmodi purgatio in laudatis Annalibus Wintoniensis Ecclesiæ, quod vomeres ignitos pleno pede premere deberet, qui ejusmodi judicio exponebatur : *Noveritis, quod plus de indulgentia quam de rigore procedit sententia, quæ non dicam decernit, sed sustinet Pedali examine crimen capitule purgari.* Vide *Ferrum candens.*

¶ 2\. **VOMERES**, Machinæ jaculatoriæ. Gesta Tancredi apud Marten. tom. 3. Anecdot. col. 176 : *Missilia jacula eminus, cominus Vomeres marmora demittunt.*

¶ **VOMERULUS**, Ferrum lanceæ obtusum. Vide supra *Soket.*

VOMITARIA, Macrobius Saturn. lib. 6 cap. 4 : *Virgilius, Mane salutantum totis vomit ædibus undam. Pulchre, Vomit undam, et antique; nam Ennius : Et Tiberis flumen vomit in mare salsum. Unde et tunc Vomitaria in spectaculis dicimus, unde homines glomeratim ingredientes, in sedilia se fundunt.*

☞ Hinc *Vomitaria* vel *Vomitoria* nuncupantur atria Ecclesiarum ritu Gothico exstructarum, ut observat *le Blanc* in Tract. architect. pag. 29. edit. 1733.

¶ **VOMITINA**, ἔμετος, in Gloss. Lat. Græc.

VOMITUS Sanctitatis. Vet. Pœnitentialis apud Morinum pag. 35 : *Qui vero inebriantur, contra præceptum Domini, si Vomitum sanctitatis habent, hoc est, Ebriositas, quando sensum mentis immutat, et lingua balbutit, et oculi turbantur, etc.* [** Legendum videtur *Votum sanctitatis.* Vide Theodor. Pœnitent. apud Thorp. Leg. Anglos. pag. 291. not. 3.]

* **VONT-E-VONT**, Voces vernaculæ adhibitæ ubi de inquisitione juridica sermo est. Charta ann. 1334. in Reg. 69. Chartoph. reg. ch. 9 : *Cum curia regia mandasset et comisisset discretis viris...... secundum dictarum partium articulos, sibi ab eisdem partibus tradendos, Vont-e-vont inquirerent cum diligentia veritatem, etc.* Id est forte, huc et illuc eundo. Vide supra *Pertalcare.*

¶ **VORA**. Liturg. Gallicana Mabill. pag. 264 : *Ut a delictis jejunantes absolvas, quos incontinentia Vorarum in pravitatis transgressione immersit.* Gulam significare videtur.

¶ **VORACES**, pro Vortices. Vide *Venari.*

* **VORAGIRE**, *Vorare, deglutire, Devorar, Prov.* Glossar. Provinc. Lat. ex Cod. reg. 7657.

¶ **VORAGO**. Inventar. Eccl. Aniciensis ann. 1444 : *Item duo tasselli argenti pro cappis ponderis* XII. *unciarum et dimidiæ, quorum unus est quadratus ad modum Voraginis, cum uno emaudo quadrato, etc.*

¶ **VORANGIA**, Vastitas. Epist. Caroli VIII. Reg. Fr. ann. 1494. apud Marten. Itiner. litter. pag. 381 : *Revolventes innumerabilia damna et incommoda, cædes et Vorangias, ac nobilium civitatum et fidelium populorum desolationes et devastationes, etc.*

VORANTA, Modus agri. Charta Anglica laudata a Spelmanno : *Retinuit ad opus suum de eadem terra in villa de Heiden unam Vorantam terræ, scilicet dimidiam virgatam, quæ fuit Gwarini Palmar, et dimid. virgatam de dominico ejusdem terræ.* Sed legendum *virgatam*, quod sequentia evincunt.

VORATRINA, Popina, ubi carnes vorantur. Tertull. Apologet. cap. 39 : *Non epulis, nec potaculis, nec ingratis Voratrinis dispensatur.*

* **VORENON**, Ruthenensibus Vaginæ species. Lit. remiss. ann. 1464. in Reg. 199. Chartoph. reg. ch. 534 : *Quem penardum in manica sua sine vagina, vocata Vorenon, detulerat.*

* **VORGHIERINGHE**. Vide supra *Vertheeringhe.*

* **VORLETA**, vulgo *Vorlete*, Pistillum. Lit. remiss. ann. 1377. in Reg. 112. Chartoph. reg. ch. 179 : *Laquelle Jaquemette (demeurant en Viennois) print une grant Vorlete, appellée en France pestail ou pillette, de laquelle elle bati ladite marastre.*

** **VORS**. Virgil. Grammat. pag. 77 : *Versus autem a quibusdam in nomine non recipitur principali, sed in participio; ibi autem vorsum scribunt, quia Vors ipsa pagina dicitur, Lucano dicente : Vortibus egebant multis.*

¶ **VORSEIS**, Viminalia. Charta Tossiac. ann. 1404 : *Tenet pratum cum suis foraminibus vocatis de la Gotta, et les Vorseis, et les triones ipsius prati existentibus circum circa.*

* **VORST**, Vorstere. Charta ann. 1103. apud Pez. tom. 6. Anecdot. part. 1. col. 285 : *Saltum autem, qui Vorst vulgo dicitur, cum omni usu, quem habet, venationibus,*

melle, pellibus, marconum, et saltuaribus, qui Vorstere dicuntur. [** Vide supra *Foresta*, et Graff. Thesaur. Ling. Franc. tom. 3. col. 698 voce *Forst*.]

¶ **VORSURA**, Cœtus, conventus. Charta ann. 1523. apud Ludewig. tom. 5. Reliq. MSS. pag. 313 : *Quas (marchas) nobis juxta sigillatas litteras multis annis debuit, in Vorsura atque conventu ad festum trium Regum Kile anno 23. adnumeraret.* [** Vulgo *Kieler Umschlag*, Nundinæ magnæ Kilonii in Holsatia, quotannis die Epiphaniæ. Frisch. Lex. Germ. Lat. pag. 191. col. 1. tom. 2.]

¶ **VORTACIUS**, Cognomen Arnaldi cujusdam Bernardi I. Petragoric. Comitis filii; quod lupum, ut vocant, antropophagum fortiter aggressus superaverat, sic appellatus. A *Vortigo, Morbus cum omnia circumagi videntur : scotoma, scotodinia, cum caligine multa oculi offunduntur, et caput gravatur cum ratione*, apud Laurentium in Amalthea.-Vide Beslium in Comit. Pictav. pag. 47.

* **VORTEX**, Viæ flexus, Gall. *Tournant.* Libert. villæ Castri-pontis in Alveru. ann. 1318. ex Reg. 66. Chartoph. reg. ch. 534 : *Inter Vorticem monacorum ex parte una, et Vorticem Guillelmi de Turiaco ex parte altera, usque ad quadruvium de la Rosilha.*

¶ **VORTING**. Chron. Episcop. Merseburg. apud Ludewig. tom. 4. Reliq. MSS. pag. 424 : *Item quod ipsi cives in perpetuum singulis annis et quater in anno, quando judicium sæculare, vulgariter Vorting, servari et celebrari contigerit, omnes claves turrium, valvarum et munitionum civitatis Merseburgensis episcopo et capitulo ibidem pro tempore existentibus, absque contradictione aliqua præsentabunt.* [** Vide Haltaus. voce *Vording*, col. 1989.]

¶ **VORWERC**, Vorwerkus, Villa, prædium, Germ. *Vorwercke.* Vita S. Meinwerci tom. 1. Junii pag. 523 : *Ut.... de episcopatu unum Vorwerc cum xx. litis et xII. aratris ei concederetur.* Charta fundat. Eccl. Raceburg. ann. 1158. apud Ludewig. tom. 6. Reliq. MSS. pag. 237 : *Ad hoc infra Albim sequentur Vorwercki, circulus scilicet Raceburg cum aliis comprovincialibus pertinentiis; unde cuilibet episcoporum libere decem Vorwerckos emancipavimus.* [** Vide Graff. Thesaur. Ling. Franc. rad. *Fåra*, tom. 3. col. 597.]

¶ **VORZEHENT**, Primitiæ. *Ad hæc decimas, vulgo Vorzehent, quas in nostris parochiis, videlicet.... in capella Holenburg dicti fratres ex pia Pontificum possident traditione, scripto præsenti et episcopali banno communimus*, in Introduct. Christoph. Mulleri ad Hist. Sand-Hippolit. tom. 1. Miscell. Duellii. pag. 371. [** Vide Frisch. Lex. Germ. Lat. tom. 2. pag. 467. col. 3. et Schmeller. Glossar. Bavar. tom. 4. pag. 241.]

¶ **VOS**. Litteræ Caroli VIII. Reg. Franc. ann. 1483. inter. Observat. Godefredi ad Vitam ejusd. Reg. pag. 385 : *Sic signatum supra plicam, Per Regem in suo Consilio, in quo Vos, Dominus Desquerdes, et plures alii erant. Par le Roi, en son Conseil ou quel Vous estiés, etc.* in Statuto Caroli V. Reg. Franc. ann. 1373. tom. 5. Ordinat. pag. 653. Formula in Litteris Regiis usitata qua Cancellarius denotatur. Huic simillima est ista, *Ad relationem vestram*, quæ passim occurrit in Litteris Regiis. Vide easdem Ordinat. tom. 5. pag. 581.

¶ **VOSAGUS**, Voscus, Solitudo. Charta Theodorici Calensis pro Monast. Morbac. apud Eccardum in Origin. Habsburgo-Austr. col. 113 : *Monasterium virorum in heremo vasta, quæ Vosagus appellatur, in pago Alsacinse.... conatus est constituere.* Testam. Folradi Abb. ann. 777. apud Felibian. inter Probat. Hist. Sandion. pag. 38 : *Tertiam cellam infra vasta Vosgo ædificari, ubi sanctus Cocovatus requiescit super fluvium Laima.* [** Mons *Vogesus, Vosegus, Vosagus* dictus. Vide Forcellin.]

¶ **VOSARE** *dicitur a Vos, sicut Tuare a tu : unde quidam :*

Unum Vosamus falso; vereque tuamus.

Joh. de Janua : unde Gloss. Lat. Gall. Sangerm. *Vosare, Vosoier.* Vide *Vobisare.*

* **VOSSURA**, Cella vinaria, Gall. *Cave.* Charta pro hospitali Pruvin. ann. 1373. in Reg. 105. Chartoph. reg. ch. 562 : *Item unius domus, Vossuræ et plateæ ultra pontem Cæcorum situatæ. Voulsure*, pro *Voute*, fornix, in Charta ann. 1386. ex Reg. 130. ch. 158 : *Icellui pourra ediffier depuis l'escourtement des Voulsures de l'arche en amont.* Vide supra *Volutio.*

¶ 1. **VOSTA**. Statuta Eccl. Andegav. ann. 1423. apud Marten. tom. 4. Anecd. col 525 : *Prohibemus sortilegia, sive invocationes, divinationes seu Vosta facere, etc.* Leg. *Vota.* Vide *Caracter* 2. et *Votum* 1.

* 2. **VOSTA**, Fornix, concameratio, Gall. *Voute.* Epitaph. Gatiani de Moncellis episc. Corisopit. qui obiit ann. 1415. tom. 2. novæ Hist. Brit. pag. xxvij :

Omnibus urbanus de Moncellis Gatianus...
Ipse chori Vostas fieri fecit magis altas.

Hinc carcer concameratus, *Voste*, dicitur in Lit. remiss. ann. 1382. in Reg. 121. Chartoph. reg. ch. 149 : *Icellui de Bethune estant en une Voste es dittes prisons, fist un treu ou plancher d'icelle Voste, qui n'est que de piastre, etc.* Vide *Vota* 2.

* Ejusdem originis videtur Gallicum *Voster*, pro *Tournoier*, Circumvolvi, in aliis Lit. ann. 1446. ex Reg. 178. ch. 83 : *Lesquelz compaignons alerent courir et Voster devant le suppliant et sa compaignie, pour les adviser et regarder quelz gens ilz estoient. Vouster*, Equum circumagere, in Lit. remiss. ann. 1447. ex Reg. 179. ch. 84 : *Quant Walerant de Chastillon fut monté sur ledit cheval, il le voult faire Vouster, et en le Voustant la laisse ou sangle dudit cheval rompy etc.* Nunc dicimus *Faires des voltes.*

¶ **VOSTUS**, pro *Bostus*, mutato *b* in *v*. Vide in hac voce. Charta Rob. de Curtiniaco apud Thomasser. in Biturig. pag. 427 : *Homines dictæ villæ habebunt usagium in Vost.*

¶ 1. **VOTA**, pro *Boata*, vel *Bohada*, Servitium quo vassallus seu tenens unum par boum domino præstare tenetur ad illius vinum conducendum. Vide in *Bovagium* et *Vinada* 1.

¶ 2. **VOTA**, Fornix. Vide in *Volutio.*

* Hinc pro Oratorium seu sacellum subterraneum, in Charta ann. 1319. ex Chartul. S Maglor. ch. 58 : *Si quis..... suam elegerit sepulturam..... in Votis seu crotis dictæ ecclesiæ* (S. Bartholomei) *etc.* Unde etiam nostris *Vote*, pro Cella vinaria, in Lit. remiss. ann. 1410. ex Rag. 165. Chartoph. reg. ch. 40 : *Lesquelz coffres furent mis et avalez en une Vote ou celier dudit hostel.* Haud scio an inde *Voutet*, pro Navicula vel arca, ubi pisces servantur. Lit. remiss. ann. 1402. in Reg. 157. ch. 188 : *Comme icellui Beaucorps ait accoustumé de pescher en ladite riviere de Loire et de y tenir poissons en un petit Voutet, etc.* Vide supra *Vosta* 2.

¶ **VOTALIS**, Votivus. Vita S. Bonæ tom. 7. Maii pag. 164 : *Et sub obligatione Votali promisit, etc.*

¶ **VOTANEUM**, Votum temere factum. Conc. Avenion. ann. 1326. can. 37 : *A quibus juramentis eos absolvimus ad cautelam, ut pro Votaneo, seu temerario sacramento, a suis confessoribus pænitentiam recipiant salutarem.*

¶ **VOTARE**, Vovere, spondere. Gloss. Lat. Gr. *Voto*, ὁμολογέω. [** Ekkehard. IV. Cas. S. Gall. cap. 2. Pertz. pag. 93 : *Filium uxor tua pariet, quem S. Gallo Votabis.* Jornand. de Regn. Success. cap. 89 : *Julianus apostata... Christianorum post victoriam sanguinem diis suis Votavit.*]

VOTAREA. Anastasius in Constantino PP. pag. 65 : *Philippicus hæreticus in Imperiali promotus est arce, cujus et sacram cum pravi dogmatis exaratione Constantinus suscepit, sed cum Apostolicæ Sedis consilio respuit. Hujusque rei causa zelo fidei accensus omnis cœtus Romanæ Urbis imaginem, quam Græci Votaream vocant, sex continentem sanctas ac universales Synodos, in Ecclesia B. Petri erexerunt.* Ad marg. scribitur *Pancaream;* ut et apud Baronium, qui locum exscripsit ann. 711. num. 11. [Muratorius tom. 3. pag. 153. monet alias legi, *Botaream.*] Hanc imaginem rursum erexisse Theodosium, Philippici et Anastasii successorem tradit idem Anastasius in Constantino PP. pag. 67 : *Protinus etiam, ut ingressus est memoratus Theodosius Regiam urbem, imaginem illam venerandam, in qua sanctæ erant sex Synodi depictæ, et a Philippico nec dicendo fuerat deposita, in pristino erexit loco, ita ut hujus fidei fervore omnis ab Ecclesia cessaret quæstio.*

¶ **VOTATIO**, Donum ex voto. Mirac B. Simonis de Lipnica tom. 4. Jul. pag. 548 : *Pollicetur... cor de argento nitido super sepulcrum ipsius... Cor etenim dominæ suæ post Votationem missam recreatur non modica ex parte.*

VOTIFICARE, *Votum libare.* Papias. [*Votificantibus, dona libantibus*, in Gloss. Isid. Passio S. Mercurii apud Marten. tom. 6. Ampl. Collect. col. 743 : *Præterea si cuicumque Deorum ad pugnam faventi præliaturi Votificabant, procul dubio victores effecti fortuitu templa statuebant ex voto, etc.*]

¶ **VOTISSIMUM**. Vide in *Votivus.*

¶ **VOTIVE**, Optabiliter. Litteræ ann. 1394. apud Acher. tom. 6. Spicil. pag. 104 : *Qui* (Deus) *vestras Reverentias sancti Spiritus gratia in præmissis confirmet, et dirigat in longitudine dierum feliciter et Votive.*

¶ Votive, Ex voto, sponte. Charta ann. 3. Rodulfi Reg. ex Tabul. Dolensi : *Dominus vero Froterius Episcopus eum* (Chartam) *tangens Votive firmavit. Votive, ex voto*, in Gemma.

¶ **VOTIVUM**, Votum, optatum. Litteræ Johannis Reg. Franc. ann. 1355. apud Ludewig. tom. 5. Reliq. MSS. pag. 456 : *Serenissimo principi Carolo, Dei gratia Romanorum Imperatori,... Johannes, eadem gratia Rex Franciæ, incrementa, semper successum Votivorum.*

VOTIVUS, Voto consecratus. [Gloss. Lat. Gall. Sangerm. : *Votivus, votist, astraint par veu.*] Glossæ Antiquæ MSS : *Votivum, immolativum.* Papias : *Votissimum, quod jam dedicatum est voto. Votivum, quod promissum est votis.* Lex Salica tit. 2. § 14 : *Si quis majalem sacrivum, qui dicitur Votivus, furaverit, etc.* Oratio super populum, in libro Sacramentorum S. Gregorii. M. : *Præsta, quæsumus, Domine, ut semper nos B. Laurentii lætificent Votiva Martyria, quæ semper esse non desinunt admiranda.* Ubi *votiva, devota, Deo oblata et consecrata*, interpretatur Menardus. Alias *votivus*, est voto expetitus, de qua voce multa commentatur Jacobus Gothofredus in Notis ad leg. 1. Cod. Th. de Feriis. (2,8.)

** Votivus, Voti religione obstrictus. Ekkeh. IV. Cas. S. Galli cap. 10. Pertz. pag. 127 : *Ego enim nuperrime Votivus quidem locum illum adiveram, etc.*

¶ Votivi Homines, in Codice censuali Irminonis Abb. Sangerm. fol. 18. v°. ii appellati videntur, qui in servitium alicujus sancti voto adscripti erant. [** Guerardo iidem qui *Oblati.*]

¶ **VOTODIO.** Charta ann. 632. apud Mabill. Diplom. lib. 6. ch. 4 : *Deinde per ipso fluvio usque rio quæ est Salmagnaria, et Votodio Lupiniano et per alio latus, etc.*

¶ **VOTORIE**, Ex voto. Th. Walsingham. in Edwardo III. pag. 169 : *Haymo, Episcopus Roffensis sponte et Votorie renunciavit episcopatui, resignans illum in manus domini Papæ.* Forte contracte scriptum fuit pro *Voluntarie.* Vide *Votive.*

¶ **VOTTA.** Instr. ann. 1399. apud Marten. tom. 7. Ampl. Collect. col. 634 : *Hunc affectum et zelum Dei, quem sub prædecessore meo, ut Vottam in tantum optabilem cunctis exponerem, non deposui post quam mihi onus principaliter incumbebat.*

* Pro Affectio, intentio, ut legitur in loco citato ibid. col. 635.

1. **VOTUM.** Concilium Namnetense can. 20 : *Omnibusque interdicatur, ut nullus Votum faciat, aut candelam, vel aliquod munus pro sanitate sua rogaturus alibi deferat, nisi ad Ecclesiam Domino Deo suo.* Excerpta Gregorii III. PP. cap. 16 : *Si quis Votum voverit præter Ecclesiam, vel qui divinationes faciunt in incantationibus suis,.... tres annos pœniteant.* Vide Cumeanum Abbatem de mensura pœnitent. pag. 37. cap. 7. De iis votis intelligendus Canon 62. Synodi Trullanæ : Τὰς οὕτω λεγομένας Καλάνδας, καὶ τὰ λεγόμενα Βοτά, καὶ τὰ λεγόμενα Βρουμάλια... ἐκ τῆς τῶν πιςῶν πολιτείας περιαιρεθῆναι βουλόμεθα. Quæ enim ad hunc Canonem effutit Balsamon, nihili sunt. Vide Glossar. med. Græcit. in Βοτά, col. 212. His consona sunt, quæ habet Capitulare Pipini Regis Italiæ cap. 32 : *De pravis illis hominibus, qui brumaticos colunt,* (sic legendum) *et de hominibus, qui subtus maida cerias incendunt, et Votos vovent, etc.* Designatur vero, ni fallor, his locis, *Votorum* nomine, dies festus Romanorum, tertio Nonas Januarii celebrari solitus, qui in Kalendario Bucheriano *Votorum nuncupatio* appellatur, interdictus prædictis Canonibus, quod Paganismum redoleret.

* Nequaquam *Votorum* nomine hic dies festos Romanorum intelligendos esse, sed Tabellas votivas, quas Deo, Sanctisque suspendere in usu fuit, censet Muratorius in Anecd. part. 1. pag. 194. quod præsertim probat ex Natali III. S. Paulini :

Alma dies magnis celebratur cœtibus, omnes
Vota dicant sacris rata postibus, etc.

Votum, Sacræ preces, εὐχή, apud S. Augustin. Epist. 59. ad Paulinum : *Porro, si usitatius, ut dixi, in Scripturis Votum appellatur* εὐχή, *excepto nomine orationis, ea proprie intelligenda est oratio, quam facimus ad Votum, id est,* πρὸς εὐχήν. *Voventur autem omnia, que offeruntur Deo, maxime sancti Altaris oblatio, quo sacramento prædicatur nostrum illud Votum maximum, quo nos vovimus in Christo esse mansuros utique in compage corporis Christi.* Canon Missæ : *Memento Domine famulorum famularumque tuarum,.... qui tibi offerunt hoc sacrificium laudis pro se suisque omnibus, pro redemptione animarum suarum, pro spe salutis et incolumitatis suæ, tibique reddunt Vota sua æterno Deo, vivo, et vero.*

2. **VOTUM**, Suffragium. Vetus Statutum Academiæ Parisiensis : *Novi Magistri, priusquam admittantur ad congregationem Facultatis, jurabunt in ea fideliter referre Vota Baccalariorum Formatorum de sufficientia vel insufficientia Baccalarii, qui sub eo de quæstione; Tentativa responderit.* Occurrit ibi pluries. [Vita Jacobi *Gelu* Archiep. Turon. apud Marten. tom. 3. Anecd. col. 1947 : *Et habebam quatuordecim contrariantes, verum super me Vota ceciderunt et meritum.* Adde Conc. Hispan. tom. 4. pag. 155.]

¶ Votum Decisivum, Suffragii ferendi jus. Epist. Card. Carafæ ad Card. Quirogam inter Conc. Hisp. tom. 4. pag. 222 : *Abbates minime habere Votum (quod vocant) decisivum; nisi si quod privilegium ab Apostolica sede impetratum, vel legitima consuetudo præscripta eis suffragetur.* Vide *Vox*, 3.

* Nostri *Se vouer* dixerunt, pro vulgari *S'en rapporter*, Alicujus opinioni vel judicio stare. Lit. remiss. ann. 1390. in Reg. 138. Chartoph. reg. ch. 252 : *Bacleros se Voua en eschevins de la leve, qui de toutes les coses dessusdites en savoient bien parler, parmi les bonnes informations qu'ils en avoient faites, et requist loy qu'il en recordassent ce qu'il en savoient.*

3. **VOTUM**, Nuptiæ. S. Ambrosius serm. 25 : *Solent autem homines, sicut mos est, in Votis suis, hoc est, nuptiis, præcipue saltare vel canere.* S. Augustinus lib. 11. de Genesi ad liter. cap. 41 : *Nisi forte sponsa erat a patre tradenda, et expectanda erat Votorum solennitas, et convivii celebritas.* Canones S. Patricii cap. 28 : *Eadem ratione observanda sunt prima Vota et prima conjugia, etc.* Fortunatus in Epist. ad Mumolenum lib. 10. Poëm. : *Ad cujus* (filiæ Mumoleni demortuæ) *forte Vota jam festinans familia fervebat, sedulo parentela excitabatur.* [Charta ann. 1262. vel 1264. apud Acher. tom 10. Spicil. pag. 192 : *Gubernabit communes filios usque dum pervenerint ad ætatem viginti annorum : dum tamen eadem domina ad secunda Vota non convolet.*] Fleta lib. 4. cap. 2. § 16 : *Sidonatarius ad alia Vota convolaverit.* Adde lib. 3. cap. 3. § 6. et Alexandrum III. PP. in Appendice ad Concilium Lateranense III. part. 5. cap. 1. Hinc *dies votorum*, pro die, quo nuptiæ peraguntur, in Lege Longob. lib. 2. tit. 4. § 3. tit. 14. § 21. in Legib. Luithprandi Regis tit. 74. § 2. [** Luitpr. 102. (6,49.) 3. (1,3.)] Vetus Charta ann. 1093. in Tabulario Casauriensi : *Ut alia die post noctem nuptialem, qui est dies Votorum nostrorum, etc.*

¶ 4. **VOTUM.** Exactio seu præstatio sub nomine *voti*, idem quod *Precaria* 2. et *Preces* 1. Testam. ann. 1156. inter Probat. tom. 2. novæ Hist. Occitan. col. 558 : *Solvo etiam et guirpisco Votum quem feceram de vermilio, ut deinceps non fiat.*

* Ita præsertim appellatæ fidelium in usus ecclesiæ vel ecclesiasticorum oblationes. Charta ann. 1265. in Chartul. Cluniac. : *Archidiaconus Bracarensis..... habet..... tertiam partem mortuariorum, de mobilibus tantum, et Vota a rusticis consueta.* Acta Tull. episc. apud Marten. tom. 3. Anecd. col. 1017 : *Adducitur* (Drogo miles) *vectus subsidio servulorum, ingressusque templum venerabile, imposito cervici vinculo, sancto se ex libero in servum dedicat, et Votum censuale die certo devovet. Voul*, pro *Vœu*, in Charta ann. 1420. apud Lobinel. tom. 2. Hist. Brit. col. 974. *Vœu* præterea appellarunt nostri, nisi mendum sit pro *Vout*, Imaginem ex cera compactam ad effigiem illius, quem ejusmodi imagine percussa, vulnerare aut etiam occidere volebant. Lit. remiss. ann. 1382. in Reg. 120. Chartoph. reg. ch. 170 : *Après ce avoit fait acheter ladite Sauverelle par ladite Arzent un quarteron de cire, duquel elles firent un Veu à la fourme d'un homme; lequel Veu ladite Arzent par le conseil de ladite Sauverelle avoit porté à l'ostel dudit capitaine et fu mis soubz son lit, où il demoura par l'espace de sept ou quinze jours; et après ce s'en estoit venue ladite Jehannette, femme dudit capitaine, à ladite Arzent en la présence de ladite Jehanne Sauverelle, et lui avoit dit... qu'elles lui devoient faire mourir ledit capitaine son mary, et il estait en meilleur point que paravant.* Vide supra *Imaginatio* 2. et infra *Vultivoli.*

☞ Votorum, quibus sese obligant Monachi, in simplicia et solemnia distinctio, primis Monachorum parentibus prorsus incognita, sæculo duodecimo ineunte antiquior non videtur. Gratianus dist. 27. allatis quibusdam in hanc rem canonibus addit : *Hic distinguendum est quod voventium alii sunt simpliciter voventes;... alii sunt quibus post votum benedictio accedit consecrationis.* Et quidem hactenus nihil interfuerat *utrum simpliciter a monacho vel abbate quis susciperet benedictionem : at multiplicatis Monachorum congregationibus professiones ab eis exactæ sunt et benedictiones super eos datæ,... ut monasticus ordo, quanto firmius in conspectu Dei et hominum et solemnius ligaretur, tanto robustius et devotius ab ipsis servaretur,* inquit Ivo Carnot. Epist. 41. De iis fusius Glossa in can. quod autem. 27. qu. 1. et Glossa in can. quod voventes, ibidem.

¶ Vota Substantialia, Principalia, potissima, quæ *Solemnia* vulgo dicuntur. Acta Capituli Paris. 1. Julii. ann. 1401 : *Hodie Martinus de Toulouse fecit tria Vota substantialia. Hodie sorores Agnes de Londres, Joanna de Rivo de domo* (Dei) *Parisiensi professæ sunt et fecerunt tria Vota substantialia.* Vide *Substantialis.*

☞ Simplicior quondam fuit formula solemnis monachismi professionis, ut discimus ex antiquissimo Pontificali, ubi legitur : *Promitto Deo ego ill. et Sanctis ejus in quorum honore hoc consecratum est oratorium, et tibi pater ill. conversionem morum meorum, et pro his rationem reddendum in die judicii. Qui vivit et regnat.*

¶ **VOTUS.** Inventar. ann. 1476. ex Tabul. Flamar. : *Item plus unum saccum Voti, in quo quidem sacco Voti erant aliqua instrumenta in forma publica redacta.*

* **VOVARICE**, an Cum obligatione præstandi ova, ab Italico *Uovo*, ovum; vel terram ligone versandi? Charta an. circ. 1070. tom. 1. Hist. Cassin. pag. 235. col. 2 : *Cum ortuis et vineis, Vovarice sive mannurice, cum omni illorum pertinentia.*

* **VOUCLA**, Angiportus, Gall. *Ruelle.* Charta ann. 1310. in Reg. 45. Chartoph. reg. ch. 160 : *Domum quamdam... apud Vernonem, sitam... juxta domum.... Johyelis Judæi ex parte una, et Vouclam seu ruellam, per quam itur ad Secanam ex altera,.... concedimus.*

* Ad telarum mercaturam spectare videtur vox Gallica *Vouderon*, in Lit. remiss. ann. 1464. ex Reg. 199. ch. 515 : *Le suppliant en démenant et exerçant le fait de marchandise de Vouderon ou pays de Bretaigne, s'estoit associé.... de Olivier Retif... pour conduire en nostre pays de Normandie toilles, canevas et velez.*

¶ **VOVENDÆ**, Missæ votivæ. Sebast. Perusinus in Vita B. Columbæ Reatinæ tom. 5. Maii pag. 378* : *In Vovendis frequentius superaddebat*, Credo in Deum, *et injungebat imagines cordis.*

¶ **VOUERIA**, Vouuearia. Vide in *Viarius.*

¶ **VOUGETUS**, Idem quod supra *Vanga*. Vide in hac voce. Recensio apud Chassagniam ann. 1511 : *Injunctum : una hasta sive unus Vouget, alias Voujo.*

* Falcis species, nostris *Vouge, Vougesse* et *Voulge*. Lit. remiss. ann. 1389. in Reg. 142. Chartoph. reg. ch. 215 : *Icellui Paillart meuz de chaleur prist un Vouge, dont l'en trenche les espines. Un Vouge de quoy on plesse les haies*, in aliis ann. 1440. ex Reg. 176. ch. 5. Aliæ ann. 1421. in Reg. 171. ch. 336 : *Un Voulge, qui est un instrument pour retrunchier buissons et faire cloisons de hayes. Une serpe emmanchée en ung baston pour coupper bois, qu'on appelle Voulge*, in aliis ann. 1479. ex Reg. 205. ch. 212. Aliæ ann. 1456. in Reg. 189. ch. 120 : *Le suppliant feri ung coup d'un goy, autrement appellé Vougesse, de quoy l'en arrache les buissons. Vuge*, eodem sensu, in Chartul. archiep. Bitur. fol. 165. v°. Vide supra *Volana.*

* *Vuorge* vero, Armorum genus ad modum falcis videtur, in Lit. remiss. ann. 1415. ex Reg. 168. ch. 327 : *Pour ce que ledit Pillart ne leur sembloit mie mort, le suppliant lui donna d'un Vuorge parmi le col; et assez tost après ledit cop ala de vie à trespassement.* Vide *Vanga.*

¶ **VOVITIO**, Votum. Mirac. S. Dionisii sæc. 3. Bened. part. 2. pag. 363 : *Martinum corporali intuitu carentem,... mulier, Adela nomine... Christi vovens allaturum martyribus, mox in ipso Vovitionis articulo pridie Idus Septembris videntem ablactavit filium.*

¶ **VOVIUGIN.** Vide infra *Wuiugin.*

* **VOUTUS**, a Gallico *Vouté*, Concameratus. Charta ann. 1209. ex Bibl. reg. cot. 19 : *Vendimus..... tertiam partem totius petræ, quæ est in illo portale Vouto ibimet.* Vide supra *Volutio.*

1. **VOX**, diversis notionibus accipitur : interdum enim pro clamore militari, *Cry d'armes.* Cæsarius lib. 7. de Mirac. c. 59 : *Nos hodie dextras vobis dedimus, nos signa vestra militaria ibi vidimus, nos Vocem vestram ibi audivimus.* De torneamento loquitur Will. Brito lib. 11. Philippid. :

.... Necdum Vox ulla sonabat.

* Pro Pars. Stat. ann. 1370. tom. 6. Ordinat. reg. Franc. pag. 394 : *Qui dictorum civitatis et burgi majores esse dicebantur, aut specialiter Vocem majorem habere in regimine reipublicæ, universitatis, civitatis et burgi prædictorum.* Pro Fama, nostrates *Voix* usurparunt. Stat. ann. 1373. tom. 5. earumd. Ordinat. pag. 649. art. 18 : *Et pour ce qu'il est Voix et commune renommée, que etc.*

2. **VOX**, Jus testimonii ferendi. Edictum Theoderici Regis Italiæ § 48 : *Quia hujusmodi personæ* (servi et liberti) *neque in civilibus neque in criminalibus causis contra patronos aut dominos, eorumque liberos, etiamsi pro eis dicant, Vocem possunt habere legitimam, etc.* Concilium Francoford. ann. 794. can. 36. al. 34 : *De criminosis, ut non habeant Vocem accusandi majores natu, aut Episcopos suos.* Definitio Concilii Duziacensis de Duda Monacha can. 2 : *Quapropter Vocem non habent, ut sacramento de hoc sacrilego adulterio se.... valeat expurgare.* Concilium Pontigonense ann. 876 : *Si post quatuor menses purgare se canonice non poterit, nulla ejus Vox penitus audiatur.* Lactantius lib. de mortibus Persecutor. num. 13. de Christianis : *Non de rebus ablatis agere possent, libertatem denique ac Vocem non haberent*, id est, jus testimonii ferendi.

Vocem non Habere, dicitur apud Bractonum lib. 3. tr. 2. cap. 34. § 3. et in Fleta lib. 1. cap. 34. § 9. cap. 30. § 21. Ille, qui inter infames habetur, eoque ipso ad testimonium dicendum non admittitur.

¶ Vocem Dare, Accusare, deferre, querelam deponere, Gall. *Former sa plainte.* Conc. Legion. ann. 1012. inter Hispan. tom. 3. pag. 192 : *Si quis vulneraverit aliquem, et vulneratus dederit Vocem Sayoni regis; ille qui plagam fecerit, persolvat Sayoni regis cannatellam vini, et componat se cum vulnerato.*

3. **VOX**, Jus suffragii ferendi in Capitulis, etc. Charta ann. 1246. apud Columbum in Episcop. Sistaric. : *Concedimus, quod in Capitulo nostro Vocem tanquam Canonicus habeatis.* [Charta fundat. S. Capellæ Vicennarum ann. 1379. apud Lobinell. tom. 3. Hist. Paris. pag. 192. col. 2 : *In quo* (capitulo) *thesaurarius primam, dictus vero cantor post eundem thesaurarium immediate et secundam vocem habeat... In quo duorum vicariorum Voces pro una Voce dumtaxat computabuntur.* Adde tom. 4. Gall. Christ. edit. col. 116. et Hist. Mediani monast. pag. 410.]

4. **VOX**, Jus, quod quis habet in rem aliquam. Lex Wisigoth. lib. 4. tit. 3. § 4 : *Quia vero quidam tutores aut persuasione aut indignatione circumveniunt eos, quos tueri gratissime debuerunt, et de rebus reddendæ rationis securitates accipiunt, vel certe diversarum obligationum scripturas ab illis exigendas insistunt; quo extinctis Vocibus eorum, quæ illis competunt nunquam inquirere, vel recipere permittantur.* [Testam. Guifredi Comit. Cerritan. ann. 1035. apud Acher. tom. 6. Spicil. pag. 432 : *Quantum ibi habeo vel habere debeo, sive per prisione, sive per parentorum, vel per qualicumque Voce, etc.* Charta ann. 1070. in Append. ad Marcam Hisp. col. 1153 : *Per hanc scripturam venditionis meæ vendo vobis omnes Voces et dretuticos, possessiones, etc. Per alodium, sive per aliam qualemcumque Vocem... Per nos vel per nostram Vocem, etc.* in Charta ann. 1126. inter Probat. tom. 2. novæ Hist. Occitan. col. 442] Berengarius Comes Barcinonensis in donatione civitatis Tarraconensis Romanæ Ecclesiæ, ann. 1090 : *Ea scilicet deliberatione, ut ego et mei posteri omnes... teneamus hoc totum per manum et Vocem S. Petri, ejusque Vicarii Romanæ Sedis Apostolici, per quinquennium persolventes ei 125. libr. purissimi argenti ad justum pensum.* Charta Alfonsi Regis Legionensis apud Anton. *de Yepez* in Chron. Ord. S. Benedicti tom. 3. pag. 227 : *Do et offero monasterio S. Vincentii Ovetensis, quod dicitur Capella Regum, totam Vocem et totum jus Capellaniæ, in ipsa plantatione, ubicumque extensa fuerit, etc.* Charta Sancii Regis Aragon. æræ 1131. apud eumdem tom. 7 : *Sicut unquam habui, vel tenui, seu habere potui per qualescunque Voces, etc.* Charta Ranimiri Regis Aragon. æræ 1173. apud Blancam in Comment. Rer. Aragon. pag. 647 : *Cum suis terminibus,... directaticis, eremis, et populatis, et montibus, et aquis, et palustris, et cum omni censu, quod pertinet ibi, vel pertinere debet ad meam regalem personam vel Vocem.* Alia apud Catellum lib. 4. Rerum Occitan. pag. 651. de quadam Inquisitione : *Aut si de ipsa insula terræmeritum exuunt ad potestatem Rainardi, aut permansit postea in Voce Vaidrani, etc.* Vide tom. 2. Capitul. Regum Franc. col. 1548.

Vox, Eadem, ni fallor, notione, in veteri Charta Rivipollensi æræ 888. apud *Yepez* in Chronico Ord. S. Benedicti tom. 4 : *Ipso alode cum fines et terminos suos, sicut in ipso judicio resonat, quem acquisivit per Vocem liberto suo, etc.*

Mala Vox, seu *Mala voce* possidere dicitur is, qui contra jus rem detinet. Charta Garsiæ Regis Navarræ, æræ 1185. apud Sandovallium in Episcopis Pampilon. qua concedit Episcopo Pampilonensi, *Synagogam Judæorum de Stella, liberam et integram, sine ulla Mala Voce, ad peragendum in ea Ecclesiasticum ministerium, etc.* Fori Oscæ ann. 1247. f. 5 : *Quicunque miserit Malam Vocem in hæreditatem, quam alius possidet, et forte infra unum annum et unum diem noluerit accipere directum de illo, qui tenet illam hæreditatem, etc.* Observantiæ Regni Aragon. lib. 6. tit. de Generalib. Privileg. § 21 : *Postea sine Mala Voce retinere potest emptor, etc.* Adde Foros Aragon. lib. 7. pag. 132. v. 133. etc. Michael *del Molino* in Repertorio Foror. Aragon. pag. 331 : *Viduitatis jure si possidet vidua aliquam rem, et imponitur sibi in ea Mala Vox, debet in judicio nominare hæredes viri sui mortui, et dabitur ei dilatio, ut denuntiet Malam Vocem dictis hæredibus sui viri, etc.* Adde pag. 81. 82. v.

¶ 5. **VOX**, Actio qua rem aliquam quis postulat, ceu in eam jus habens. Notitia judicati ann. 1036. in Append. ad Marcam Hispan. col. 1063 : *Quod si aliquis homo utriusque sexus hanc donationem seu consignationem disrumpere tentaverit, Vox ejus in nullo proficiat.* Eadem occurrunt apud Marten. tom. 1. Anecd. col. 156.

¶ 6. **VOX**, Fiscus, dominium. Charta Fernandi Hispan. Reg. æræ 1210. apud Cencium inter Census Eccl. Rom. : *Si quis igitur..... hoc meum spontaneum factum irrumpere præsumpserit,... pro temerario ausu parti regiæ et nostræ centum libras auri persolvat; et quod invaserit vobis vel Voci vestræ in contraduplum reddat.*

☞ Haud facile est divinare quid significet *Prendre la voix du Roy* in Litteris ann. 1372. inter Ordinat. Reg. Franc. tom. 5. pag. 565 : *En nostre presence ont prins la Voix du Roy nostredit Seigneur, et mis ses penons et bannieres ès forteresses des dictes villes.* Ubi de supremi dominii professione agitur : unde Cl. Editor suspicatur iis significari posse ab iis hominibus jus regium in eos agnitum fuisse : haud probabiliori fortasse conjectura existimem ego intelligendum esse proclamationes Regis nomine factas, quod signum erat supremi dominii non secus ac vexillorum erectio, ut videre licet supra in voce *Vexillum.*

Falsis Vocibus Cantare, [dicitur Musicis de voce acutam vocem ementiente, Gall. *Fausset.* Alii a *faucibus* vocis originem accersunt.] Institutiones Capituli Generalis Cisterciensis Ord. cap. 71 : *Viros docet virili voce cantare, et non more fœmineo, tinnulis, vel ut vulgo dicitur, falsis Vocibus histrionicam imitari lasciviam.*

* **VOYAGIUM**, Itineris sumptus, Gall. *Frais de voiage.* Memor. G. Cam. Comput. Paris. ad ann. 1409. fol. 131. v° : *Gullelmus Estrepintot, grenetarius Harefluctus, emendavit et fecit emendam regi, pro eo quod.... volebat capere super regem unum Voyagium de xxiiij. diebus... et in computo suo præcedenti.... ceperat unum aliud Voyagium de x. diebus,.... et in eodem tempore volebat capere duo Voyagia.* Vide supra *Voiagium.*

* **VOYERIUS**, a Gallico *Voyer*, idem qui *Viarius.* Memor. H. Cam. Comput. Paris. ad ann. 1418. fol. 108. v° : *Johannes de Monsterio institutus Voyerius et receptor Meduntæ.*

VOYSKINE, Slavis dicuntur Contributiones belli causa exigi solitæ, a *Voyska*, exercitus. Ita Joann. Lucius lib. 6. de Reg. Dalmat. cap. 1.

UPLANDA, Superior terra, Anglis, seu ut vulgo loquimur *terra firma*, respectu paludosæ; ex Saxonico et Anglico u p, supra, et l a n d, terra. Ingulfus pag. 853 : *Per aquam de Uplanda, id est, de superiori terra, scaphis deferri jussit.* Vide Gul. Prynneum in Libertatibus Eccl. Anglic. tom. 3. pag. 990.

Uplandensis, Anglis *Uplendish*, Rusticus, agrestis, silvestris, montanus. Leges Burgor. Scoticor. cap. 27 : *Si burgensis calumnietur per ruremanantem, seu Uplandensem de furto aliquo invento in domo sua.*

¶ **UPOTHECA**, Apocha, quomodo etiam forte legendum est, Gall. *Quittance.* Procuratio Reg. Majoric. apud Rymer. tom. 2. pag. 464 : *Dantes et concedentes dictis procuratoribus nostris, vel alteri eorum plenam et liberam potestatem agendi, petendi,... recipiendi et Upothecam de soluto faciendi.* Galli dicerent, *Donner quittance de payement.*

* **UPPATURA**, Cantilenæ vel Cantus species. Constit. Carmelit. MSS. part. 1. rubr. 3 : *Neque motetos, neque Uppaturam, vel aliquem cantum magis ad lasciviam, quam devotionem provocantem aliquis decantare habeat, sub pœna gravioris culpæ.*

* **UPSCLACH**, vox Belgica, Exactionis videtur species. Charta ann. 1336. ex Cam. Comput. Insul. : *Item li Upsclach d'Antwerps demoura en la maniere que il a demouré jusques à ore.*

UPUA. Formula 14. ex Baluzianis : *Volat Upua, et non arundo, etc.* Forte pro *Upupa.*

* **UQUA**, Bannum, proclamatio. Pactum inter comit. Armaniac. et jurat. Tarbæ ann. 1370. in Reg. 163. Chartoph. reg. ch. 217 : *Item fu autroiet et accordat que la meitat des émolumens de la Uqua o crida des bis de la dicha villa de Tarba etc.* Vide supra *Hucha* 2. Hinc

* **UQUEVINUS**, Præco, qui vinum venale proclamat. Charta ann. 1330. pro monast. Grandis-silvæ in Reg. 66. Chartoph. reg. ch. 576 : *Item quod plures præcones seu Uquevini in dicta villa per consueles instituantur, prout sufficiens et utile fuerit dictæ villæ.*

URA, αὖλαξ, in Glossis MSS. S. Germani Paris Edit. *Sulcus, Hecura.* Distinguendum *Hæc ura.*

¶ **URADEHT**. Vide *Walapaus.*

¶ **URANIUS**, Uranicus, Uranus, a Græco οὐρανός, οὐράνιος, Cælestis. *In honore agii stratiotis Urani*, in Hist. Translat. S. Hilarii Episc. Carcasson. ann. 970. inter Probat. tom. 2. Hist. Occitan. col. 120. [** Johann. Scoti carm. 12. apud Maium Classic. Auctor. tom. 5. pag. 450 :

> Ἀρχῶν Ἀρχαγγέλων τε chorus ἀγγέλων τε τελαυτῶν
> Mentibus Uraniis tertia τάξις inest.]

Guillelmus Gemmet. lib. 6. Hist. Norman. cap. 3 : *Decedente igitur duce Richardo a mundani principatus culmine et regna, ut credimus, Uranica scandente, etc.* Sequentia pro festo Purificat. B. M. ex Cod. Autiss. : *Post funera, Urania nos duc ad habitacula.* Missale vetus Eccl. Carnot. in festo S. Launomari : *Illius salutifera supplicatione Uranicæ patriæ civibus nos interesse concede.* Epitaphium in Comment litter. tom. 1. pag. 243 :

> Hic Janin gaude, qui vexisti sine fraude,
> Ordine, reque Minor, sacri consors, ut opinor,
> Corporis Uranici, caro cujus conditur ici.

Adde Acta S. Mansueti in Hist. Tull. pag. 190.

¶ Uranita, Eadem notione, Gr. οὐρανίδης. Mirac. S. Gibriani tom. 7. Maii pag. 620 : *Ut... irrigua superius peteret, et Uranitis civibus associaretur.*

* **URANOSCOPUS**. Tract. MS. de Piscibus cap. 100. ex Cod. reg. 6838. C : *Piscis, qui pulchro nomine veteribus dicitur Uranoscopus, a Massiliensibus pudendo, vocatur Tapecon, quod pessi instar conformatus esse videatur; et Raspecon, quod caput ob asperitatem ad scalpenda muliebria pudenda accommodari possit; ab Italis Boca in capo, a nostris Rat appellatur.* Vide *Uranius.*

URASDA, Slavis dicitur compositio pecuniaria pro homicidio, vel membrorum mutilatione. Vide Joan. Lucium lib. 6. de Regno Dalmat. cap. 1. et Statuta Ragusii lib. 6. cap. 76.

¶ **URATISLAVIENSIS** Moneta. De *Johanneis Uratislaviensibus* Godofredus Rhonius dissertationem edidit, Vratislaviæ ann. 1693.

URBACIO, *Circumductio*, περιχάραξις, in Gloss. Gr. Lat. [in MSS. Sangerm. : *Circumductio, urbatus, orbs.*]

¶ **URBALIS**, Urbanus. *Ecclesiæ urbales*, Majores, Cathedrales. Sermo 5. Abbonis apud Acher. tom. 9. Spicil. pag. 105 : *Auferunt namque perversa calliditate Urbalibus Ecclesiis, nec non Monasticis, res et villas, quibus debent Episcopi, Monachi et Canonici vivere. Diversis plane dolis et fraudibus prædicti invasores ecclesiæ destruunt præsidia Christianitatis, hoc est sedes Episcopales et Monasteria.*

¶ **URBANARI**, Rempublicam administrare in urbe degere. Gloss. Lat. Gr. : *Urbanor*, πολιτεύομαι.

¶ **URBANTUS**, perperam pro *Wantus.* Vide ibi.

URBARA. Acta Murensis monast. pag. 40 : *Exceptis agris et pratis et silvis, quæ ad nos ex toto quod dicunt Urbara, vel ad Clericum pertinent, etc.*

* Pro *Urbora* vel *Urbura.* Vide in his vocibus.

* **URBARIUM**, Prædium, ut videtur, urbi proximum. Charta ann. 1335. inter Acta SS. tom. 4. Sept. pag. 728. col. 2 : *Si autem id quatuor septimanis omiserint,... ego, mei hæredes vel successores plenam potestatem habeamus viginti libras pecuniæ in binis illorum Urbariis, in Mieders xiv. libras pecuniæ et in Clapfs sex libras ad aliam ecclesiam vel monasterium dandi.*

* **URBARIUS**, Exactionis, *Urbora* nuncupatæ, collector. Dipl. Caroli IV. imper. ann. 1356. apud Pez. tom. 6. Anecd. part. 3. pag. 37. col. 1 : *Assignamus octo marcas nostri regii pagamenti, de nostrarum Urboræ et monetæ Chutnensis proventibus, per Urbarios nostros Chutnenses, quoscunque pro tempore esse contigerit, dictis fratribus,*

sine intervallo quolibet, persolvendas singulis septimanis. Vide *Urbara*, *Urbor*, et *Urbura*.

¶ **URBATUS**, Sulco, qui fit in urbe condenda urvo aratri designatus. Hist. Lossens. Comit. part. 2. pag. 42 : *Pera et Hamonte exceptis : quia tunc, juxta Mantel. in Comp. Hist. Loss. cap. 9. fol. 44. nondum fuerant Urbata cinctaque mœnibus, aut donata oppidorum prærogativis.* Festus : *Urvat, circundat, ab eo sulco, qui fit in urbe condenda urvo aratri, quæ sit forma simillima uncini curvatione buris et dentis, cui præfigitur vomer.* Gloss. Lat. Gr. : *Urbata*, περιεσφραγισμένα. Vide Vossii Etymolog. in voce *Urbs*, et infra *Urvus*.

¶ **URBECULA**, Oppidulum. Dialogus ann. 1456. apud R. Duellium tom. 1. Miscell. pag. 236 : *Estne hæc Dianæ dicata Nympha extra mœnia Urbeculæ non procul a Sillanis quondam castris.* Gloss. Lat. Græc. : *Urbicula*, πολίχνιον.

¶ **URBICARIÆ** Regiones, Quæ a Præfecto urbis administrabantur, urbi proximæ. Acta SS. Luceiæ, Auceiæ, etc. tom. 5. Jun. pag. 12 : *Per omnem Italiam, tam etiam per omnes Urbicarias Africanasque regiones, etc.* Vide *Suburbicariæ*.

* **URBICLUS**, pro *Orbiculus*, in Inscriptione Christiana ann. 532. a pluribus allata, quem male Bollandus *mensam* interpretatur; Clypeus potius votivus est, ut docet Fontaninus in Dissert. inscripta *Discus argenteus etc.* pag. 51.

¶ **URBICUS**, Civis. Vita S. Joannis Abb. Parm. tom. 5. Maii pag. 183 : *Cum quidam Urbicus ultra flumen qui juxta murum civitatis fluit, transire voluisset, etc.* [** Vide Annal. Corb. ad ann. 1114. apud Pertz. Script. tom. 3. pag. 8. lin. 22.]

¶ Urbicus, Publicus. Charta Cornutiana ann. 471. apud Mabill. Diplom. lib. 6. Ch. 1 : *Quæ omnes species appensatas habent ad stateram Urbicam argenti pondo quinquaginta quatuor uncias.*

¶ Urbicus, Romanus, eadem ratione qua Roma κατ' ἐξοχὴν Urbs appellatur. S Paulinus Epist. ad Severum tom. 1. pag. 27 : *Sed plenius indicare potuerunt conservi nostri,.... quantum nobis gratiæ Dominicæ detrimentum faciat Urbici Papæ superba discretio. Urbici pistores*, in Cod. Theod. lib. 13. tit. 5. leg. 2.

¶ **URBOR**. Charta Conradi Episc. Ratisbon. ann. 1224. in Metropoli Salisburg. tom. 1. pag. 237. et apud Tolner. inter Probat. Hist. Palat. pag. 148 : *Excepimus illam (advocatiam) Duci recompensaturi per feudum, quod vacare ceperit ad æstimationem 20. librarum, quarum 10. sint absoluti redditus, quod vulgo sonat Urbor.* Charta Ottonis Ducis Meraniæ ann. 1231. ex Schedis Mabill. : *Cæterum quia privilegium ecclesiasticæ libertatis, immunitatem videlicet ecclesiæ violari, et in possessiones familiares quæ Urbor vulgo dicuntur, etc.* Gloss. Teuton. Schilteri : *Urber, orbore, reditus, ususfructus, Belgis orboir.* Vide *Uroma*. [** Vide Graff. Thesaur. Ling. Franc. tom. 3. col. 175. Schmeller. Glossar. Bavar. tom. 1. pag. 184. Haltaus. Glossar. German. col. 1997. sqq.]

* **URBORA**. Vide supra *Urbarius*.

URBS Aurea, Roma. Petrus Diaconus lib. 4. Chron. Casin. cap. 125. de Lothario Imp. : *Juxta auream Urbem pervenit. Auream Romam* dixit etiam Martialis lib. 9. Epigr. 60 :

In septis Mamurra diu, multumque vagatus
Hic ubi Roma suas Aurea vexat opes.

Juvencus lib. 1. initio :

Non orbis, non regna hominum, non Aurea Roma.

Et Prudentius in Apotheosi :

Et venerata Deum percenset Aurea Roma.

Catwelphus in Epistola ad Carolum M. Regem : *Auream et Imperialem Romam intrasti, et Italiarum regna cum omnibus pretiosis a Rege Regnorum suaviter accepisti, etc.* Carmen de Carolo Calvo Imp. v. 17 :

Aurea cum totum regnaret Roma per orbem
Consiliis, sublime caput solenniter astris
Extulit, ac tonitru sonuit per climata mundi.

Auctor Panegyrici Berengarii Imp. :

.... Valeat tuus Aurea Princeps
Roma diu, etc.

Adde Vitam S. Faronis cap. 124. Vitam S. Adalberti Episc. Pragensis n. 12. Alcuinum Poem. 178. etc. In sigillis præterea Imperatorum *Auream Romam* dici annotat Angelus a Nuce.

¶ Urbs Æterna et Æternabilis, itidem Roma appellatur, in leg. 3. Cod. Theod. de Collat. donat. (11,20.) et in leg. 11. eod. Cod. lib. 15. tit. 1. de Operib. publ. Vide Præfat. Baluzii in Reginonem.

¶ Urbs Lapidum, Carnutum sic appellabatur : rationem docet Agano in Præfat. ad Libr. Chartarum S. Petri Carnot. : *Erat* (urbs Carnotensis) *ex quadratis immanissimis lapidibus constructa, altisque turribus munita, et idcirco Urbs lapidum vocitata.*

☞ *Urbs* seu *Civitas*, ut Roma, sic Alexandria κατ' ἐξοχὴν est appellata, in Cod. Theod. leg. 15. tit. 12. lib. 12. de Legat. et leg. 9. tit. 1. lib. 15. de Operibus publ. Vide ibi Gothofredum.

☞ *Urbs* et *Oppidum* idem sonat Valesio in Præfat. ad Notitiam Galliarum pag. XIII. et seq. Vide *Oppidum*. *Urbs* pro *Civitas* dicta interdum sedes Archiepiscopi, præcipue in monetis, ut observat *Le Blanc* de Monet. pag. 155. vel 167. Vide *Castrum* et *Civitas*.

* Consule *Du Bos* tom. 2. Hist. critic. monarch. Franc. 2æ. edit. pag. 17.

URBURA, Jus regium in fodinis aureis, argenteis, etc. apud Hungaros. Decreta Ludovici Reg. Hungar. ann. 1351 cap. 13 : *Si possessiones ipsas minerosas Regia Majestas pro concambio habere nolit, ex tunc jus regale, seu Urburas juri regio pertinentes recipere suo nomine faciat.* Quale autem fuerit ejusmodi regium in fodinis jus, docet vetus Fragmentum *de Urburis* inscriptum : *Reges Hungariæ ab eorum montanistis receperunt Urburas, hoc est, de singulis mineris auri, argenti, et cupri habuerunt decimam partem.* Vide Thwrocz. in Sigismundi Rege Hungar. cap. 15. [et Bonfinii Decades Rer. Ungaric. edit. 1581. pag. 113.]

¶ **URCA**, Modus agri. Charta Alexandri IV. PP. ann. 1255. apud Ughellum tom. 1. Ital. sacræ col. 53. edit. 1717 : *Ecclesiam S. Mariæ de Falano in quatuor Urcam, et dimidiam, etc.* Sed legendum videtur *Uncia*. Vide in hac voce, num. 2.

¶ **URCARE**, Lyncum clamor. Vide *Baulare*. [* Vide supra *Uncare*.] [** *Ursi Urcant*, in Aldhelm. Grammat. apud Maium Classic. auct. tom. 5. pag. 570.]

URCEOLUS, Inter ministeria seu vasa sacra recensetur. Lanfrancus Cantuar. Epist. 13 : *Urceolus quid sit, liquido patet, est enim vas superius, unde lavandis manibus aqua infunditur.* Stephanus Eduensis lib. de Sacram. altaris cap. 4. ubi de Acolytorum ordinatione : *Accipiunt et Urceolum, in quo datur eis potestas infundendi aquam in calicem dominicum.* Testamentum Riculfi Episcopi Helenensis ann. 915 : *Conchas æreas 2. ad chrisma conficere, Urceolo uno cum aquamanile etc.* Charta ann. 1197. apud Ughell. tom. 7. pag. 1274 : *Duos Urceolos argenteos pro vino et aqua.*

Orceolus, in veteri Charta plenariæ securitatis, exarata sub Justiniano, apud Brissonium in Formul. pag. 647 : *Conca aurea una, Orceolo æreo uno, lucerna cum catenula, etc.* [Acta Episcop. Cenoman. apud Mabill. tom. 3. Analect. pag. 390 : *Duos Orceolos argenti cum pyxide argentea ad hostias reponendas.*]

¶ Urceolus, Situla, Gall. *Seau*. Falcandus in Hist. Sicul. apud Murator. tom. 7. col. 257 : *Ubi et rotæ volubilis obsequio descendentibus itemque ascendentibus Urceolis, puteos videas exhauriri, cisternasque adjacentes impleri, etc.*

* Glossar. Lat. Gall. ex Cod. reg. 7692 : *Urceolus, Ponsonnet.*

¶ **URCEUS**, Sepulcrum, feretrum, theca reliquiarum. Acta S. Domitiani tom. 1. Febr. pag. 702 : *Dum ossa illa sancta levarentur et Urceo novo imponerentur, etc.* Vide *Urna* 3.

URCHRICHIAD. Leges Hoeli Boni Regis Walliæ : *Urchrichiad, i. Edling, qui post Regem habet succedere, præ omnibus, qui sunt in Curia præter Regem et Reginam, honoratur. Iste erit filius ejus vel frater ejus. Locus ejus est in aula ultra ignem, in opposito Regis. Inter hæredem et columnam primo loco habet judex sedere.*

¶ **URCIUS**, pro Urceus, in Testam. Ermentrudis, apud Mabill. Liturg. Gall. pag. 463.

¶ **URDENANDUS**, ex antiquæ scripturæ vel pronuntiationis vitio, pro Ordinandus, apud Doublet. Hist. S. Dionys. pag. 689.

* **URDICIUS**, pro *Hurdicius*, Cratis lignea, qua obducebantur mœnia, ne ab arietibus vel missilibus lapidibus læderentur. Bened. abb. Petroburg. de Gest. Henr. II. reg. Angl. ad ann. 1190. tom. 2. edit. Hearn. pag. 627 : *Exierunt Saraceni a civitate Acræ circiter quatuor milia armati, et combusserunt quatuor Urdicios per ignem Græcum. Hurdicios*, infra pag. 653. Vide *Hurdicium*.

* **URDILIA**, Urdillia, f. pro *Utensilia*, vel *Usibilia*. Vide in hac voce. Eo saltem sensu accipi videtur, in Ordinat. Caroli dalph. ann. 1357. ex Reg. Cam. Comput. Paris. sign. *Vienne* fol. 18. v° : *Item concedimus dicto magistro, quod ipse Urdilia nostra monetarum nostrarum, ubicumque fuerint, capere possit, pro ipsis ad dictum locum S. Marcellini ad opus dictarum nostrarum monetarum cudendarum apportandis, quæ finito operagio dictarum moneta-*

rum, nobis seu gentibus nostris reddere teneatur. Alia ann. 1362. fol. 42. v° : *Item voluit et concessit dictus dominus locumtenens dicto magistro, quod Urdillia dictarum monetarum Dalphinalium, ubicumque fuerint, capere possit.*

* **UREDIUS.** Charta senesc. Ruthen. ann. 1313. in Reg. 50. Chartoph. reg. ch. 143 : *Item albergum unius militis et Uredii, quod dictus dominus noster rex percipit.*

* **UREDO,** *Nielle, qui chiet sur les blés,* in Glossar. Gall. Lat. ex Cod. reg. 7684.

* **URGEOLUS,** pro *Urceolus*, vas inter sacra recensitum, in Invent. eccl. S. Egid. ann. 1491. inter Probat. tom. 4. Hist. Nem. pag. 55. col. 1 : *Item sex Urgeolos.... desuper deauratos, etc.*

URGESCERE, pro sæpius urgere, usurpat Lucifer Calaritanus lib. 2. pro S. Athanasio pag. 124.

* **URGETA.** Inquisit. super destructione bastidæ Sabranorum ann. 1363. in Cod. reg. 5956. A. fol. 79. r° : *Supra quadrigam.... posuerunt unam Urgetam plenam melle albo.* Sic, sed legendum prorsus *Vegetem.* Vide *Veges.*

¶ **URGUERE,** Accusare, in Cod. Theod. tit. 1. lib. 9. de Accusat. leg. 9 : *Cum juxta formam juris antiqui, ei qui cœperit Urguere, aut vindicta proposita sit, si vera detulerit : aut supplicium, si fefellerit.*

¶ **Urguere,** pro Urgere, in Præcepto Ludovici Pii ann. 822. apud Baluz. tom. 2. Capitul. col. 1421. et alibi.

* **URGUO,** Lapidis species. Testam. Audoyni card. Ostiensis ann. 1363. in Cod. reg. 4223. fol. 136. r° : *Supra corpus meum ponatur unus lapis planus, vulgariter dictus de Urguone, in quo nulla penitus sit sculptura.*

* **URIDO,** *Ventus Boreas,* inter notas Tironis ex Cod. reg. 190.

URIGO, *Vertigo,* in Gloss. Arabico-Lat.

¶ **URINA,** Origo, a vet. Gall. *Orine,* eadem notione. Vide *Originarii.* Charta ann. 1287. ex Tabul. Calensi pag. 116 : *Ysabellis de Gleroy recognovit se esse feminam de corpore ecclesiæ S. Georgii Kalensis ex propria Urina ac etiam materna nacione.*

¶ **Urina Laxiva,** Cerevisia dicitur cuidam Versificatori apud Henricum Rebdoff. ann. 1347.

¶ **URINALE,** Urinalus, Matella, Gall. *Urinal. Urinale, Urinarium, matella,* in Gloss. MSS. apud Vossium lib. 3. de Vitiis serm. cap. 56. Transactio inter Abbatem et Monachos Crassenses ann. 1351 : *Infirmarius... debet habere pro monachis infirmis in dicto monasterio... ollas, mappas, manutergia, Urinals, cellas* (sellas) *et oleum.* Charta ann. 1338. tom. 2. Hist. Dalph. pag. 363 : *Duodecim duodenas amphorarum, sex duodecim duodenas Urinalorum, etc.*

* Glossar. Provinc. Lat. ex Cod. reg. 7657 : *Urinale, Urinarium, Orinalh, Prov.* Urinam nostri alias *Escloie* appellarunt. Lit. remiss. ann. 1377. in Reg. 110. Chartoph. reg. ch. 302 : *La femme d'icellui Geraumin.... entra en son hostel et y print un pot de terre garni d'Escloie et d'autre ordure, et icelle ordure getta à la teste dudit Molin, et le gasta très-deshonnestement. Date,* eodem significatu, sed incerta mihi origine, in aliis Lit. ann. 1476. ex Reg. 195. ch. 1592 : *Il fist mettre sur le lieu où il avoit esté frappé ung petit du Date d'un des autres jeunes enfans, qui estoient là présens, avec ung petit de mousse, pour cuider tappir et faire cesser le sang.*

¶ **URINARE,** a Gall. *Uriner,* Mingere. Miracula MSS. Urbani V. PP. ex Tabul. S. Victoris Massil. : *Roncinus erat per totum corpus valde inflatus nec feucabat, nec Urinabat.*

¶ **URIO,** Ludi genus. Vide *Senio.*

* **VRISACENSES,** Monetæ species. Comput. decimæ in Italia collectæ ann. 1278. pro subsidio T. S. ex Cod. reg. 5376. fol. 243. r° : *Marchas xlilj. et denarios xxxix. ad computum in Vrisacensibus, Labacensibus et aliis diversis monetis Carinthiæ.*

* **URITRA,** Virga, veretrum. Alex. Iatrosoph. MS. lib. 2. Passion. cap. 120 : *Qui autem in vesica aut in Uritra ulcera aut vulnus habent, injicias per Uritram, i. per virgam, cum lacte asinino, aut muliebri, aut cum sapa.*

¶ **VRIVOLSA,** Sclavonica vox. Ditmarus in Chron. Episcop. Merseburg. : *Qui vecordes in malum hoc irrisorie mutabant, Vrivolsa, quod nostra lingua dicitur, Alnus quæ stat in frutectis, etc.* [** lib. 2. cap. 23. ubi Pertz. *Ukrivolsa.*]

URLARE, Orulam, vel limbos inserere, Gall. *Orler.* Monasticum Anglic. tom. 3. pag. 317 : *Amictus de aurifrigio... Urlatur aurifrigio puro et stricto.*

* **URLUS,** Idem quod *Orlus,* a Gallico *Orle,* Ora, margo. Chartul. archiep. Bitur. fol. 129. v° : *Domina de Alneto et Rabellus filius ejus confessi sunt, cum..... Philippo D. G. archiepiscopo Bituricensi... amicabiliter convenisse in hunc modum, videlicet quod casale,... qui est in via versus carrobrias, juxta domum Bigot, usque ad ulmum qui est in Urlo dou plassers etc.* Vide *Orlum.*

1. **URNA,** pro *Orla,* seu *orula,* Limbus, Gall. *Orlet.* Leo Ost. lib. 1. cap. 57 : *Aliam planetam cum leonibus, Urnas de pallio longitudine passuum 4. latitudine palmorum trium, pannum de altare diarodinum, etc.* Lib. 3. cap. 11 : *Capitulum renovavit, illudque gypsea Urna in gyro, vitreisque fenestris ac pulchro variorum marmorum pavimento decorans tegulis cooperuit.* Cap. 20 : *Tunicam diapistin cum Urna amplissima a pedibus et manibus ac scapulis aurea.* Cap. 57 : *Coopertorium cum Urna purpurea.* Cap. 33. (al. 31 :) *E quibus* (iconis) *decem ex quadratis prædictus Frater apud Constantinopolim crasso argento sculpsit ac deauravit,... rotundas vero omnes argentea solum Urna 4. librarum circundans, cætera coloribus ac figuris depingi Græca peritia curavit.* Cap. 58. (al. 57 :) *Coopertorium altaris sericum cum Urna purpurea ornatum margaritis.*

2. **URNA,** Mensura liquidorum, vini, cerevisiæ, etc. [*Vini IV. carradæ et dimidia et duæ Urnæ,* in Charta Anshelmi Abb. Laurisham. apud Tolnerum inter Probat. Hist. Palat. pag. 16. Necrolog. ejusd. Abbatiæ apud Schannat. Vindem. litter. pag. 26 : *Hic constituit 10. Urnas vini in Urebach in anniversario ejus fratribus ad caritatem.* Charta ann. 1289. apud Ludewig. tom. 4. Reliq. MSS. pag. 117 : *Sex Urnas vini montani juris, et sexaginta denarios de quodam agro, etc.* Adde pag. 146. et 254. Hinc retinenda videtur hæc vox in Charta Raimundi Comit. S. Egidii ann. 1164. inter Instr. tom. 6. Gall. Christ. novæ edit. col. 300. atque adeo emendanda in voce *Ubia.*] Occurrit præterea in Metropoli Salisburgensi tom. 2. pag. 292. tom. 3. pag. 40. et alibi non semel.

* Hinc *Urna,* pro Tributo, quod ex mensuris percipitur, in Charta Bereng. I. Ital. reg. ann. 897. apud Murator. tom. 2. Antiq. Ital. med. ævi col. 97 : *Ut nulla magna parvaque persona deinceps audeat... teloneum ac redibitionem aliquam, seu Urnas atque mutas, vel ullas collectas ab eis, vel a prædicto monasterio pertemptare ullo ingenio exigere.*

* *Urlée* vero, Præstationis vel mensuræ annonariæ species videtur, in Reg. feud. comitat. Clarimont. ex Cam. Comput. Paris. fol. 87. r° : *Item au jour de Noel une Urlée, deux mines d'avoine, deux cappons, etc.* Nisi, quod satis arridet, Placentæ genus intelligas, quod in die Natalis domino a subditis vel prædiorum conductoribus offerri solitum erat. Vide *Panis natalitius* et *Torta* 1.

3. **URNA,** Theca, feretrum, in Vita Aldrici Episcopi Cenom. cap. 45. [Charta ann. circ. 894. apud Mabill. tom. 3. Annal. Bened. pag. 293. qua Geraldus Comes annuum censum 12. solidorum *ad Urnam beati Petri* persolvi præcipit. Andreas Floriac. lib. 4. Mirac. S. Bened. MSS : *Pridie quam viam ingrederetur universæ carnis, quo sepeliendus foret præmonuit, locumque secus exteriorem cryptæ sanctæ Crucis frontem indixit, indicendoque oravit. Porro id pollinctoribus negligentibus, atque alias Urnam accelerantibus, etc.* Vide *Vista* 5. et *Urceus.*]

¶ 4. **URNA,** Machina bellica, quam sic describit Hero de Mach. bellicis cap. 9 : *Fiunt itaque fictiles Urnæ laminis ferreis exteriori parte colligatæ, minutisque carbonibus implentur : ab extrinseca vero laminæ facie fundum versus forantur et aperiuntur usque unius digiti foramen, ferreumque tubulum inde suscipiunt, cui tubus alius follem habens adjungitur. Cum autem ignem carbones susceperint, dum sufflantur, similem flammæ perficiunt combustionem. Quippe quæ lapidem penetrat atque confringit, aceto vel urina, vel alio quopiam acrium superinfuso.*

URNATORES, *Qui urnis aquas ex altis puteis levant,* apud Julium Firmicum lib. 3. Matth. cap. 11. lib. 4. cap. 6 : *Aut enim ex altis puteis, quotidiano opere aquam levare cogentur, etc.* [Vide *Urceolus.*]

* **URNEA,** f. Aquæductus. Reg. 34. bis Chartoph. reg. part. 1. fol. 95. v°. col. 2 : *Et facient palicium fossati duodecim pedes altitudinis super terram et posternam, et debent housour extra, et facient unam Urneam de lapidibus.* Vide *Urna* 4.

¶ **UROMA.** Leges Mechlinienses tit. 10. art. 1 : *Hæres feodi intra proximas sex hebdomadas a morte defuncti investituram a Domino petere debet, eique dabit pro integro feodo, tredecim equites, singulos triginta stuferis æstimatos; et pro non integro Uromam, sive* ὀπώραν, *hoc est fructus unius ann. aut quanti in annum conducitur.* Vide *Urbori*

[** Kilianus : *Vrome van een iaer*, *Opora*, *fructus unius anni*.]

* **VRON-AME**, VROÑ-VUDER, voces Germanicæ. Glossæ Cæsarii Heisterbac. in Reg. Prum. tom. 1. Hist. Trevir. Joan. Nic. ab *Hontheim* pag. 673. col. 1 : *Quinque modii faciunt amam, quam appellamus Vron-ame, et sex amæ faciunt carratam, quam appellamus Vron-vuder*. [** Vide supra *Fronomen*. A *Frone*, Publicus, dominicus.]

* **VRONEN**, vox Germanica. Vide supra *Absare* 1. [** et Haltaus. Glossar. German. col. 531.]

¶ **UROR**, pro *Urus*. Vide in hac voce.

* **UROWENRADA**. Vide supra *Frauwenrada*.

URPHEDA, Germ. *Urfelit*, Juramentum, quod ex carcere dimissus præstat de non ulciscendo. Goldast. [Vide Vossium de Vitiis serm. lib. 2. cap. 19. et supra *Faida*.] [** Haltaus. Glossar. German. voce *Urfehde*, col. 2000.]

¶ **URSA** LIBRA, pro *Arsa*, apud Kennett. Antiquit. Ambrosd. pag. 165. Vide *Arsura*.

¶ **URSARIA**, Hispaniæ urbs, vulgo *Madrid*. Itiner. Adriani VI. PP. apud Baluz. tom. 3. Miscell. pag. 394 : *Sed dum Franciæ Rex captus detinebatur Ursariæ, quæ Madrid vulgo dicitur, etc.*

¶ **URSARITIUS** CANIS, Qui ursos prosequitur. Vide in *Canis*.

* *Oursiere*, Ursi latibulum, in Vitis Patrum MSS :

Tant a l'Oursiere avironnée
Qu'il a une sente trouvée,
C'une ourse i avoit donnée.

¶ **URSARIUS**, Vir e familia, domesticus, officialis palatinus : unde suspicari facile est legendum esse *Huscarla*. Vide in hac voce. Hist. MS. Monast. Beccens. pag. 52 : *Hostis antiquus ter insurrexit in me, et ter cecidit in semetipsum, et Ursarius Domini mei, id est Angelus bonus liberavit me.* Charta Balduini Comit. Hannon. ann. 1176. apud Marten. tom. 1. Ampl. Collect. col. 896 : *Præstita fide et Sacramento confirmavi, quod neque ego, neque Ursarii mei, neque venatores in aliqua domorum ecclesiæ per violentiam jacebimus.*

¶ URSARIUS, Cui ursos ad spectaculum instruendi cura commissa est. Lambertus in Hist. Comit. Ardens. apud Ludewig. tom. 8. Reliq. MSS. pag. 552 : *Compromisit de quolibet oppidi furno ad quolibet furniamentum ad procreandum ursum et pascendum, panem unum Ursario se daturum, et sic ludum ursi ad spectaculum singulis diebus festis ad placitum suum haberent et conspicerent.*

URSUS, Præstatio Regi Bohemiæ recens dicto fieri solita. Albertus Argentinensis in Chron. pag. 145 : *Collecta enim ibi imposita, quæ Ursus dicitur, et de novo Regi creato debita, apud Bohemos remansit.*

URSUM CIRCUMDUCERE. Hincmarus Remensis in Capitul. ad Presbyteros cap. 14 : *Nec plausus et risus inconditos, et fabulas inanes ibi referre aut cantare præsumat. Nec turpia joca cum urso, vel tornatricibus ante se facere permittat.* Synodus Trullana can. 61 : Τῷ αὐτῷ δὲ τούτῳ ἐπιτιμίῳ καθυποβάλλεσθαι δεῖ καὶ τοὺς ἄρκτους ἐπισυρομένους ἢ τοιαῦτα ζῶα, πρὸς παίγνιον καὶ βλάβην τῶν ἁπλουστέρων. Ubi observat Balsamon in ejusmodi ursorum capitibus et corporibus tincturas appendere solitos, dareque passim ex pilis eorum cum tincturis, tanquam phylacteria, ad depellendos morbos, atque adeo oculorum fascinos amoliendos. Vide *Minator* 2.

¶ URSORUM PASTUS, [inter onera quæ a vassallis suis domini exigebant, recensetur in Charta Dudonis Abbatis Dervensis ex Tabulario ejusd. Ecclesiæ.] Vide in *Pedatura*.

URTELLA, Idem quod *Ordalium*, judicium divinum, purgatio vulgaris; Germ. *Urdel*. Decretum Tassilonis de popularibus legibus cap. 9 : *Ut hi, qui Ducali manu liberi dimissi sunt, ad eadem cogantur judicia, quæ Bajourii Urtella dicunt.* Vide *Ordela*.

* **URTICATIO**. Vide supra *Ferulatio*.

¶ **URTIFER**, pro *Hortifer*, Hortus. Tabul. S. Sulpitii Bituric. : *Cum adpenditiis earum, Urtiferis et cultiferis, viridigariis, etc.*

URTIO. Vide *Alchaz*.

URTUM, *pars aratri, quæ plicatur*, Papiæ : in MSS. *Urnum*.

¶ **URUBHI**, Titulus est capitis 16. Leg. Rotharis Reg. ex Cod. Ambros. apud Murator. tom. 1. part. 2. pag. 19. col. 2 : *Si quis hominem mortuum in flumine, aut foris invenerit, exspoliaverit, et celaverit, componat parentibus mortui solidos* LXXX. *etc.* [** Vide *Rhairaub*.]

* Grassatio in itinere regio, a Germanico *Uz*, foris, et *Rauben*, furari, prædari.

¶ **URUCA**, λαχάνων Κάπη. Gloss. Lat. Gr. in MSS. Sangerm. *Urtica*.

URUS, vox Gallica vetus, Germanis hodie *eyn uhrochs*, ut docet Cluverius lib. 3. Germ. antiq. cap. 47. Gl. Gr. Lat. : Βούβαλος, *urus, bos silvestris*, [Gloss. Lat. Gr. : *Uror*, βοῦς γερμάνος. Leg. *Urus*, ut infra : *Urus, bos silve*, βούβαλος : in MSS. *silvester* : addunt Regiæ *Bufalus*.] Glossæ antiquæ MSS : *Uri, vituli agrestes, quos Bubalos vocant.* Macrobius lib. 6. Saturn. cap. 4 : *Nec non et Punicis Oscisque verbis usi sunt Veteres, quorum imitatione peregrina verba non respuit ut in illo, Silvestres uri assidue; Uri enim Gallica vox est, qua feri boves significantur.* Aimoinus lib. 1. Hist. Franc. cap. 1. ubi de Herciniæ sylvæ feris : *Tertium est genus earum, quæ Uri appellantur. Hi sunt magnitudine paulo infra elephantos, specie et colore et figura tauri. Magna vis eorum est, et magna velocitas; neque homini neque feræ, quam conspexerint, parcunt. Hos studiose captos foveis, interficiunt. Hoc se labore durant adolescentes, atque hoc genere venationis se exercent,.... amplitudo cornuum et figura et species multum a nostrorum boum cornibus differt. Hæc studiose conquisita ab labris argento circumducunt, atque amplissimis epulis pro poculis utuntur.* Postremis Aimoini verbis conveniunt, quæ scribit Fulco lib. 1. viæ Hierosol. :

Uris cornua sunt immensæ concavitatis,
Ex quibus ampla satis, et lævia pocula fiunt,
Vitibus et mensis et honora et commoda prosunt,
Seu docti artifices ea quadrificata rotundent,
Integra sive sinant, et fissa caloribus aptent.

Idipsum Cæsar lib. 7. et Plinius lib. 11. cap. 37. de urorum cornibus vice poculorum tradunt. Urorum vero venationis meminit Monachus Sangall. lib. 2. de Carolo M. cap. 11 : *Cum ecce quietis et otii impatientissimus Carolus ad venatum bisontium vel Urorum in nemus ire, et Persarum nuntios secum parat educere.*

* **URUS**. Vide supra *Modolagium*.

¶ **URVUS**, Aratri curvatura proprie : item, Sulcus aratro designatus, intra quem urbem ædificarent. Rolandin. Patav. in Chron. Tarvis. apud Murator. tom. 8. col. 249 : *Et quia scivit quod antiqui magnates respiciebant ascendens, cum volebant condere civitates; et faciebant ipsimet Urvum cum aratro, quo circumdabant civitates, unde dictæ sunt urbes, etc.* Vide *Urbatus*.

1. **USA**, Fluvius, ex Saxonico u s e. Fœdus Alfredi et Godrani cap. 1. de regni terminis : *Tunc in rectum ad Undefordum; tunc sursum in Usa, ad Wetelingstreet.* [** Nomen proprium fluvii, hodie *Ouse*.]

* 2. **USA**, Jus utendi aliqua re. Dicitur potissimum de nemorum usu. Charta ann. 1308. in Reg. 40. Chartoph. reg. ch. 137 : *Dicebant... se... habuisse Usam et explectam se alenhando de lignis nemorum totius mandamenti et districtus prædicti castri de Brusca.* Vide *Usagium*.

* **USAGGERIUS**, Officium apud Templarios. Interrogat. Templar. ann. 1310. inter Probat. tom. 1. Hist. Nem. pag. 204. col. 1 : *Frater Stephanus de Clumaco, serviens templi, Usaggerius conventus Montispessulani, etc.*

* **USAGIARE**, Ea, quæ ex usu vel consuetudine debentur, præstare. Charta Beatr. dom. Foucign. ann. 1295. in Chartul. Sabaudiæ fol. 37. v° : *Mandantes et præcipientes per has nostras patentes litteras hominibus et feudatariis nostris,.... ut dicto domino comiti de cætero respondeant et Usagient de prædictis. Quibus factis nos omnes et singulos homines et feudatarios prædictos solvimus et quittamus de homagiis et usagiis, in quibus nobis pro prædictis tenebantur.* Recognit. feudal. MS. ann. 1343 : *Item tres seystorias cum dimidia prati, sitas apud Valorseyri, de quibus Usagiant tenementarii eidem domino dalphino.* Vide in *Usagium*.

¶ 1. **USAGIARIUS**, Quo uti licet. Charta Libertat. oppidi S. Palladii ann. 1279. apud Thomasser. in Biturig. pag. 113 : *Solvent unum denarium de quolibet porco lactente quem habebunt in alio nemore communi et Usagiario. Usagié*, solitus; dicitur de eo quod in usu est, in Charta ann. 1280. ex Chartul. S. Johannis in Valle : *L'eure usagiée et accoustumée.*

* 2. **USAGIARIUS**, Qui in silva aliena *usagium* seu usum habet ad pascenda animalia, vel ad ligna cædenda. Charta Joan. de Cabilone episc. Lingon. ann. 1331. in Chartul. ejusd. eccl. fol. 272. v° : *Item octies viginti vel circa arpenta nemorum vestitorum sine platheis, quæ ascendunt ad sexaginta arpenta franca domino, sine Usagiariis.* Vide *Usuagiarius* in *Usagium*.

¶ **USAGIUM**, Usus, mos, Gall. *Us et coutume* : ita sæpissime appellantur Consuetudines municipales. Charta ann. 1284. apud Rymer. tom. 2. pag. 264 : *Regni antiquæ consuetudines approbatæ bonaque*

Usagia, quæ sacris canonibus non repugnant, illibata serventur. Libertates Bellævillæ ann. 1233. apud Acher. tom. 9. Spicil. pag. 182 : *Similiter in Usagio et franchesia Bellævillæ continetur, quod, etc.* Mandatum Philippi Pulchri Reg. Franc. ann. 1302. apud Menester. Hist. Lugdun. pag. 85 : *Servando et custodiendo diligenter Usagia locorum et consuetudines approbatas.* Charta ann. 1329. ex Tabul. Eduensi : *Renunciantes etiam in hoc facto prædicti venditores..... omnibus aliis juribus, et legibus, Usagiis, consuetudinibus, etc. Usagia locorum*, in Chartul. S. Vandreg. tom. 2. pag. 1854. Regest. Episcopat. Nivern. ann. 1287 : *Usagium de securibus et de potariis et de lupercis solent valere* xv. *lib.* Vide in *Usaticum.*

** Hinc *Se mettre à bon Usaige*, pro Agendi rationem emendare, in Lit. remiss. ann. 1426. ex Reg. 173. Chartoph. reg. ch. 545 : *Le suppliant depuis se mist à bon Usaige et achetoit du blé et le menoit vendre à Beauvais. Usuge*, pro *Usage*, Jus utendi silva aliena. Charta Margar. regin. Navar. ann. 1255. in Chartul. Campan. : *Et del Usuge en touz les bois de Derf, etc.*

¶ Usagium, Jus utendi aliqua re. Dicitur potissimum de nemorum usu, Gall. *Droit d'usage.* Charta ann. 1217. apud Lobinell. tom. 2. Hist. Britan. col. 197 : *Dedi eis... boscum mortuum in foresta de Jugne ad Usagium domus de Beriaco.* Alia ibid. col. 389 : *Dono iterum et concedo dictæ abbatiæ in perpetuum totum Usagium plenarium habendum et capiendum libere et expedite per totam forestam meam.* Chartul. S. Vincentii Cenoman. fol. 71 : *Monachi S. Vincentii Cenomanensis habent in foresta sua de Pait Usagium suum ad opus domus suæ S. Leonardi,.... ad calefagium suum et ad omnia ædificia sua construenda et reparanda. Sine ullo censu et sine ullo Usage*, in Charta ann. 1096. ex Tabul. S. Victoris Massil. Inquisitio ann. 1268. ex Schedis Præs. *de Mazaugues : Item dixit quod vidit quod Guillelmus Castellus vendidit Rostagno de Margaidis Usagium et pasquerium prædicti territorii vaccis suis.* Consuetud. Cluniac. MSS. ann. 1301. ex Tabul. B. M. Deauratæ : *Nullus abbas, nullusque prior aut Monachus... habeat canes ad venandum, his dumtaxat exceptis qui in aliquibus suis locis usum et Usagium habeant venandi. Habebunt Usagium suum ad piscandum*, in Litteris ann. 1248. inter Ordinat. Reg. Franc. tom. 5. pag. 601. art. 17. Adde Mabill. tom. 3. Analect. pag. 583. et Hist. Harcur. tom. 4. pag. 1359. Vide *Usuaria.* [** Haltaus. Glossar. German. voce *Echtwort*, col. 252.]

¶ Usaigium, Eodem significatu. Charta Odonis Ducis Burgund. ann. 1216. ex Tabul. S. Benigni Divion. : *Et quicumque in castro edificaverit, de edificio suo voluntatem suam facere poterit, salva censa nostra de nemore de Pasquez. Concedo eis Usaigium in perpetuum ad quidquid eis fuerit necessarium.*

¶ Usatgium, Arvernica enunciatione, in Charta ann. 1285. apud Baluz. tom. 2. Hist. Arvern. pag. 135 : *Cum cæteris universis aysits et Usatgiis, servitutibus, emolumentis, etc.* Occurrit rursum inter Instr. Gall. Christ. novæ edit. tom. 2. col. 145.

¶ Usuagium, Pari intellectu. Bulla Honorii III. PP. ann. 1223. apud Lobinell. tom. 3. Hist. Paris. pag. 80. col. 1 : *Cum pratis, vineis, terris, nemoribus, Usuagiis et pascuis in bosco et plano, etc.* Eadem leguntur in Bulla Gregorii IX. PP. ann. 1234. apud Miræum tom. 2. pag. 1223. col. 2. Charta ann. 1228. ex Tabul. S. Richarii : *Super nemore illo quod dicitur Fagetum S. Richarii, in quo dicti homines Usuagium clamabant.* Alia ann. 1235. inter Instr. tom. 4. Gall. Christ. novæ edit. col. 206 : *Cum abbas et conventus S. Benigni Divionensis dicerent se habere Usuagium in nemoribus, etc.* Litteræ S. Ludovici Regis Franc. ann. 1236. ex Tabul. Montis Mart. : *Inquiri fecimus diligenter quale jus et quale Usuagium abbatissa et capitulum Montis Martyrum debebant habere in nemore nostro de Roberto.* Occurrit præterea apud Ludewig. tom. 6. Reliq. MSS. pag. 447. Vide *Foagium* 2. et *Laeya.*

¶ Usuagiarius, Qui in usu est rem aliquam agendi, maxime qui in silvis alienis *usagium* seu usum habet ad pascenda animalia vel ad ligna cædenda. *Usagier de bois*, in Consuetud. Meld. art. 177. Ducatus Burgund. art. 123. Andegav. art. 182. Cenoman. art. 200. Blesensi art. 225. Sedan. art. 306. Charta Theobaldi Blesens. Comit. ann. 1215. ex Tabul. Calensi pag. 170 : *Et in eadem foresta chaufagium suum ad unum somarium ubi alii Usuagiarii capient.* Charta S. Ludovici Reg. Franc. ann. 1254. tom. 2. Hist. Eccl. Meld. pag. 161 : *Ut ipsæ in propria foresta nostra Resti* 50. *porcos... possint ponere et habere quiete et libere annuatim,... salvo aliis Usuagiariis jure suo.* Charta Ægidii Abbatis S. Martini Tornac. ann. 1309. ex Tabular. S. Richarii : *Nos habebimus omnia alia asiamenta in prædictis pasturagiis, sicut Usuagiarii alii in prædictis locis tantummodo.* Hinc emendanda Charta Joannis Abbat. Ursi-campi ann. 1303. ex eodem Tabul. ubi *Usugrarius* perperam legitur pro *Usuagiarius. Usager*, in Chartul. Latiniac. fol. 210. v° : *Item les maretz... esquelz les demourans ès villaiges de Trille-Bardou, etc. sont Usagers d'y pouvoir pescher à la main et à la caige et non autrement.* Vide in *Usuaria.*

¶ Usagium, Tributum, vectigal, vel etiam servitium, quod domino ex usu et consuetudine debetur. Charta ann. 1150. tom. 1. Macer. Insulæ Barbaræ pag. 82 : *Accepimus in feodum a domino Girino abbate, et ab ecclesia Insulæ Barbaræ quicquid juris vel Usagii habebamus... de pedesticum de Rochetaillia.* Charta Roberti Archiep. Lugdun. ann. 1231. apud Menester. Hist. ejusd. urbis pag. 99 : *E contrario dicti cives proponebant quod nec senescalcus, nec alius, brochum vini, vel aliquod Usagium habebat pro pretio vini augmentato.* Inquesta tom. 1. Hist. Dalph. pag. 20. col. 1 : *Tenet mistraliam loci de Venos,... et nescit cujus modi Usagium facere debeat domino Comiti, quod non fecit umquam aliquod.* Libertat. S. Georgii de Esperanchia ann. 1291. ibid. pag. 27. col. 1 : *Item burgenses... possunt vendere aut dare cuicumque voluerint res et bona sua, solvendo tamen jura et Usagia consueta.* Charta alia ibid. pag. 134. col. 1 : *Debet recolligere et levare census et omnia Usagia in mistralia, et fideliter reddere domino.* Litteræ ann. 1275. inter Ordinat. Reg. Fr. tom. 3. pag. 61 : *Quod consuetudines et Usagia que dicta Maria et vir suus ejus nomine, habent in castro seu villa prædictis et pertinentiis, in pedagiis, ledis ac Usagiis, leda panis et salis, etc.* Vide *Usancia* et *Usaticum.*

* **USAGIUS**, Vectigal, quod ex usu domino debetur. Charta Steph. abb. ann. 1202. inter Probat. ult. Hist. Trenorch. pag. 182 : *In primis nobis acquisierunt omnes Usagios villæ Trenorchiensis.* Vide in *Usagium.*

¶ **USAGO**, Usus, consuetudo, Gall. *Usage.* Charta apud Perardum in Burgund. pag. 350 : *Secundum consuetudines et Usaginem patris mei et prædecessorum nostrorum, etc. Usuge*, in Litteris ann. 1360. inter Ordinat. Reg. Franc. tom. 5. pag. 273 : *Par l'usuge et observance gardez de si lonc temps.* Vide *Usagium.*

¶ **USAIGIUM**, ut *Usagium.* Vide in hac voce.

¶ **USAMENTUM**. Vide in *Usare.*

¶ **USANCIA**, Usanzia, Præstatio quæ ex usu et consuetudine debetur. Charta ann. 1166. inter Probat. tom. 2. novæ Hist. Occitan. col. 608 : *Faciatis et construatis forciam vel forcias in Cambones; de tali tamen pacto ut in omnibus redditibus et Usanciis et justitiis, quæ ad dominum castri pertinent,... habeamus nos duas partes, etc.* Charta Friderici Imperat. ann. 1186. in Corp. Diplom. tom. 1. pag. 110. col. 1 : *Et ut ab hinc in antea in eis omnem jurisdictionem et consuetudines, bonasque Usanzias habeat.* Vide supra *Usagium.*

USARE, Frui, gaudere, Gallis *User, jouir.* Formulæ veteres auctoris incerti form. 27 : *Quod taliter fecistis, ut tempore vitæ meæ ipsas res habere et Usare, vel condirigere debeam.* Et form. 41 : *Ut ipsas res quamdiu advivo, sub usu beneficii vestri tenere et Usare debeam, et alicubi ipsas res alienandi pontificium non habeam.* Charta Alamannica 68. apud Goldastum : *Postea mea fuit petitio, et nostra et fratrum decrevit voluntas, ut ipsam rem valeas excolere, vel Usare, et nihil exinde minuare non debeas, nisi quidquid ibidem addere aut immeliorare vel attrahere potuimus.* [Charta Ludovici Junioris Reg. Franc. ann. 836. apud Hansizium tom. 1. Germ. sacræ pag 156 : *Ut dum Annecor Episcopus, atque Anno nepos ejus advixerint ipsas res tenere et Usare faciant.*] Occurrit præterea in Vita Aldrici Episcopi Cenoman. pag. 155. 162. 170. Vide *Usuare.*]

☞ *Usaire*, pro Usus, Utilitas, commodum, Gall. *Usage.* Tabular. Fossatense fol. 2 : *Les baniers de la terre de ladite Abbaie, c'est assavoir de Nogent et de la vallée de Susci achetent blé ou autre grain pour leur Usaire, ils ne doivent rien paier, mais que ce ne soit pour revendre; et aussi est il se il achetent aucun bestail pour leur Usaire, ils ne doivent riens paier. User*, eodem sensu in Charta Caroli Regentis ann. 1360. ex Chartul. 23. Corb. : *Et avec ce du tonlieu des choses et de mets que l'en accate pour son User.*

Usitare, [Uti, idem quod *Usare.* Form. 19. Lindenbrog. : *Nisi tantum, dum advixero,*

Usitare et meliorare faciam. Occurrit rursum in Form. 20. Vita Aldrici Episc. Cenoman. apud Baluz. tom. 3. Miscell. pag. 161 : *Nobis ad Usitandum tenere permisistis.* Guidonis Discipl. Farf. cap. 15 : *Si quis calidum potum vult Usitare ad charitatem collationis, poterit facere in loco suo.*] Homilia de decimis et jejunio edita a Steph. Baluzio post Capitularia : *Et precamini Dominum, ut cum sua gratia et misericordia concedat vobis in pace colligere alios fructus, et in suo sancto servitio Usitare, et, quod illi placet, inde facere.* Charta 15. inter Alamannicas Goldasti : *Scuta cum lanceis, vestibus, vel omnibus utensilibus, quas in die obitus mei non datas alicui, et non Usitatas reliquerim, trado ad jamdictum monasterium, etc.* i. ad utendum datas.

¶ Usare et Ussare de Foresta, In ea habere *Usagium.* Vide in hac voce. Inquesta Vicecomit. castri Ayraudi ex Bibl. Reg. : *Requisitus si capiebat in foresta de Moleria rem quam non debebat Usare, dicit quod non... Guillelmus Dore juratus et requisitus dicit quod vidit... vicecomitem Aymericum... Ussare in pace de foresta de Molere, etc.*

* *Usager,* Jure *usagii* uti. Charta ann. 1386. in Reg. 131. Chartoph. reg. ch. 121 : *Ainsi Usagoient ès pastures et à l'aglan pour leurs pourciaux et pour leurs autres bestes grosses et menues. Usaire,* Qui eo jure utitur aut uti potest. Charta admort. ann. 1414. in Reg. 168. ch. 66 : *Certains champars qui se doivent chacun an des Usaires des bois d'Orouer.... Pour droit de forestaige à cause de l'usaige qu'ilz ont en tous les bois d'usaige, etc.*

Usamentum. Charta Rudolfi Regis Burgundiæ in Tabular. Agaunensi apud Guichenon. in Probat. Hist. Sabaud. pag. 3 : *Cum omnibus appendiciis sive Usamentis.* Forte *Aisamentis.*

☞ Nihil immutandum videtur in hac voce, tametsi *Usamentum* idem sonat quod *Aisamentum,* cum alibi rursum legatur. Charta ann. 1155. apud Spon. tom. 2. Hist. Genev. inter Instrum. pag. 10 : *Et secundum quod ab eo tenuerant Usamentum facerent.* Vide *Usimentum.*

Usatus Pannus, Detritus, Gallis *Usé.* Occurrit in Legibus Edwardi Confess. cap. 38. [Vide *Usus* 4.]

¶ 1. **USARIA,** Hippegus. Vide *Huisserium.*

* 2. **USARIA,** Tributum, præstatio, quæ ex usu et consuetudine pensitatur. Charta ann. 1233. apud *Manni* de Sigill. antiq. tom. 1. pag. 98 : *Vendunt possessiones et res et omnia servitia, præstationes, dationes,... Usarias et jura, etc. Usure,* eadem acceptione, in Libert. loci *de Bourlemont* ann. 1357. tom. 6. Ordinat. reg. Franc. pag. 633. art. 23 : *Se lesdiz habitans ou aucun d'eulz devoient aucunes autres rentes, Usures ou droitures, etc.* Vide *Usaticum.*

* **USATGIUM.** Esse de Usatgio, *Usaticis* seu tributis obnoxium, vel alicui societati aut communi addictum esse. Libert. Montisfer. ann. 1291. in Reg. 181. Chartoph. reg. ch. 154 : *Item si ostensio fuerit facienda de re aliqua, de qua contendatur inter dominum et aliquem de Usatgio, ille de Usatgio qui petet rem ostendi, non dabit aliquid pro ostensione.* Vide *Consuetudinarius* in *Consuetudo* 4. *Usaticum* et *Usatus* 1.

¶ **USATGIUM,** ut *Usagium.* Vide in hac voce.

* **USATICALIS,** Ex usu et consuetudine debitus. Charta ann. 1378. in Reg. 113. Chartoph. reg. ch. 200 : *Ducenta sextaria ordei Usaticalia, annualia et censualia, etc.* Vide *Usaticus* 2.

USATICUM, Tributum, præstatio, [quæ ex usu et consuetudine pensitatur, vel ut quis jus *usagii* obtineat.] Charta Ildefonsi Comitis Tolosæ ann. 1141. apud Catellum : *Dono, et concedo, et solvo, quod quisque homo vel fœmina libere vendat vinum suum omni tempore, quo voluerit sine ullo Usatico, quod inde nunquam donet alicui homini vel fœminæ. Homines vero extranei, qui foris habitant in villis aut in castris, aut in aliis locis, habeant eundem Usaticum quod solent habere, etc.* [Charta Guillelmi IV. Comit. Forcalquerii ann. 1191. inter Instr. tom. 1. Gall. Christ. novæ edit. pag. 90. col. 1 : *Concessi etiam et donavi... omnia Usatica in terra mea, tam in leudis, quam in pedagio, et pascuis et aliis Usaticis meis, ubicumque habeam Usatica in terra illa.* Charta ann. 1250. ex Tabul. Montis-Majoris : *Animalia possint pascere sine præstatione pascuerii seu Usatici.* Statuta Arelat. MSS. art. 94 : *Quicunque recipiet pedagium antiquum vel novum Usaticum in riparia Rodani, etc.* Adde Litteras ann. 1369. inter Ordinat. Reg. Franc. tom. 5. pag. 284.] Hac notione usurpatam vocem in Antiquis Tabulis observare est ex Plantavitio in Chronologia Præsulum Lodovensium pag. 118. 135. 185. 234. 365. Philippus *Mouskes* MS. in Carolo Magno :

Et li commanda que tout cil,
Ne franc, ne sierf, ne bon, ne vil,
Ne clap, ne rous, ne blanc, ne noir,
Qui viennent à Aix manoir
De tous Usages fusent franc.

[Vide *Usagium* et *Usancia.*]

* Charta Phil. Pulc. ann. 1309. inter Probat. tom. 1. Hist. Nem. pag. 164. col. 1 : *Item Usaticum ceparum, seu redditum, quem percipit dominus rex in hortis dicti loci.* Vide supra *Usaria* 2.

¶ Usaticus, Eadem notione. Charta ann. 942. inter Probat. tom. 2. novæ Hist. Occitan. col. 85 : *Omnes Usaticos et tallias, et questas, et albergas, etc.* Charta Willelmi Comit. Bisuld. ann. 1055. in Append. ad Marcam Hisp. col. 1105 : *Trado.... omnes Usaticos et albergas et quidquid ullo modo recte aut injuste inerant mihi in dominicaturu quam dicunt Baschara.* Adde Chartam ann. 1131. in laudata Hist. Occitan. tom. 2. col. 460. aliam ann. 1145. col. 508. et Testam. Rogerii Vicecom. Biterr. ann. 1150. apud Marten. tom. 1. Anecd. col. 411.

Usatica et Usatici præterea crebro appellantur Consuetudines municipales. [Joseph. Moret. Antiquit. Navarræ pag. 507 : *Habeatis tales foros et tales Usaticos... quales habeant Barones de Estella.*]

¶ 1. **USATICUS,** Usatiqus, Ususfructus, jus re aliqua utendi per vitam, ut videtur. Statutum Caroli V. Reg. Franc. ann. 1370. tom. 5. Ordinat. pag. 364. § 10 : *Si tale legatum aut talis donatio fuerit facta super certo fundo, et quod legator sive dator obligaverit fundum vel Usatiqum, exigatis pro eisdem financiam, prout superius declaratur.* Rursum pag. 365. § 17 : *Pro redditibus vel possessionibus per innobiles acquisitis et acquirendis a nobilibus, in nostris feodis vel retrofeodis, per modum permutationis, vel ad accapitum, aut in emphiteosim et Usaticum, vel ad certam partem fructuum annualem, etc.* Vide infra *Usuare.*

¶ 2. **USATICUS,** Ex usu et consuetudine debitus. *Sextaria censualia seu Usatica,* in Charta ann. 1344. ex Tabul. Gellon. Vide alia notione in *Usaticum.*

¶ 1. **USATUS,** Societas certis *usaticis* addita. Chron. Domin. de Gravina apud Murator. tom. 12. col. 714 : *Sed perveniens Summam, invenit ipsam bene fossatam et siccatam, et infinitis armigeris custoditam, ubi erant præter cives terræ de Usatis Malandrenis viri septingenti et ultra.* Idem quod *Commune* 2.

¶ 2. **USATUS,** Idem quod *Usaticum.* Conventio inter Comit. Provinciæ et Matrem Bausenquorum ex Cod. MS. D. *Brunet : Isti sunt mali Usati quos dimittunt Stephania de Baucio et filii ejus.* Vide *Usagium.*

¶ 3. **USATUS,** Detritus. Vide in *Usare.*

¶ **USCERIUM,** Uscerius, Hippegus, navis qua equi transvehuntur. Italis *Usciero.* Vide *Huisserium.* Litteræ Edwardi III. Reg. Angl. ann. 1336. apud Rymer. tom. 4. pag. 710 : *Galeas et Usceria hominibus et armis apparata, et aliis necessariis sufficienter instructa.* Occurrit rursum pag. 728. Chron. Andr. Danduli apud Murator. tom. 12. col. 324 : *Ad transfretandos prædictos equos tot Uscerios dare debemus, quot fuerint necessarii.* Adde col. 430. et 445. Vide *Ussarius.* [** Jal. Antiq. Naval. tom. 1. pag. 444. sqq.]

¶ Uscherius, Eadem notione, in Annal. Genuens. Jacobi Auriæ ad ann. 1281. apud eumd. Murator. tom. 6. col. 575 : *Hoc etiam anno Carolus Rex Siciliæ fecit maximum apparatum galearum et Uscheriorum, et aliarum rerum necessariarum causa eundi contra Palæologum Imperatorem Græcorum.*

¶ Usicherius, Usigerius, Eodem intellectu. Ottoboni Scribæ Annal. Genuens. ad ann. 1192. ibid. col. 368 : *Ad acquirendum ei regnum Siciliæ sese magnifice accinxerunt, sic quod usque ad mensem Augusti cum Usigeriis, galeis, armis, et equitibus, et cæteris quæ ad exercitum pertinent de portu Januæ copiosissime exierunt. In quo stolio Pisani pro servitio Imperatoris cum XII. galeis et Usicheriis fuerunt.*

¶ Usiherus, Pari significatu, apud Aug. Justinian. Episc. Nebiens. in Annal. Genuens. ann. 1293.

¶ **USCLADA,** Pars silvæ combusta, idem quod *Arseia.* Vide in hac voce. Statuta MSS. inter Schedas D. *le Fournier : Quod aliqua persona non audeat facere Uscladas infra dictas defensiones. Usclat* Tolosatibus idem quod ustus, Gall. *Brulé.* Vide *Ustatus.*

¶ **USDUGARIUM,** in Addit. ad Statuta Mutin. cap. 27. fol. 49. pro *Sdugarium.* Vide in hac voce.

* **USERIUS,** Ostiarius, Gall. *Huissier,* pro *Usserius.* Vide in hac voce. Charta ann. 1195. apud Murator. tom. 1. Antiq.

Ital. med. ævi col. 146 : *Paulus Malagromus, domini Papæ Userius, testis.*

1. **USIA.** Joan. Monachus Bertinianus in Vita S. Bernardi Pœnitentis n. 8 : *Causa hujus doloris erat pediculus ovinus, quem Grammatici Usiam, quasi ab urendo vocant.* Loquitur de dolore aurium.

¶ 2. **USIA**, a Gr. οὐσία, Natura. Acta S. Cassiani Mart. apud Illustr. Fontanin. ad calcem Antiquit. Hortæ pag. 353 :

Has tres personas unam dissertat Usiam
Nomine distinctam, sed majestate jugatam.

¶ **USIATICUS**, Tributum, præstatio quæ ex usu et consuetudine debetur. Charta ann. 1184. inter Instr. tom. 4. Gall. Christ. novæ edit. col. 23 : *Concessimus.... pedagia et omnes Usiaticos tam in terra quam in aquis... Concesserunt... omnia sua nemora, aquas et pascua, et omnes Usiaticos per totam terram suam,... et in feudagiis suis perpetuam libertatem acquirendi sine aliqua fraude* (l. laude) *et consensu et sine aliquo Usiatico et dominio.* Vide *Usaticum.*

¶ **USIBILIA**, Supellex, utensilia. Charta ann. 855. in Append. ad Marcam Hisp. col. 788 : *De annona modii xxx. cum omnia Usibilia ligni et ferri quod necesse habet homo in omnibus, etc.*

¶ **USICHERIUS**, Usigerius, Usiherus, Hippegus. Vide in *Uscerium.*

¶ **USIMENTUM**, Facultas, quam quis habet utendi in alieno prædio rebus non suis, eadem notione qua *Aisamentum.* Fundatio Monast. de Alta-ripa apud Marten. tom. 6. Ampl. Collect. col. 312 : *Dedit.... quidquid habebat in Unens, in hominibus videlicet et in campis, pratis, silvis, nemoribus, aquis, lapidibus et Usimentis, insuper et Usimentum et pasturam per totam terram suam.* Vide supra *Usamentum* in *Usare.*

¶ **USINA**, Ustrina, vel Officina quævis ad aquas exstructa, vulgo *Usine.* Charta Henrici Comit. Campaniæ ann. 1149. in Tabul. S. Eugendi : *Concessi quod nullus in prædicti castri* (Firmitatis ad Albulam) *banno Usinas aliquas construat sine laude Prioris et assensu monachorum præter eas quæ constructæ sunt ibi.* Borello *Usine* dicitur res familiaris, domestica, parcimonia, Gall. *Ménage.* Hinc *Usinare.*

* *Wisine*, in Charta Margar. comitis. ann. 1274. ex Chartul. 1. Fland. ch. 263. in Cam. Comput. Insul. : *Se nos avons besoing de mairien à nos moulins et à nos autres Wisines de Valenchienes, etc.* Hinc etiam *Wisenx* et *Wisine* ad animal, cujus opera utuntur ad trahendum aut laborandum, translatum est. Libert. loci *de Vandeuvre* ann. 1271. in Reg. 72. Chartoph. reg. ch. 188 : *Chascune beste Wisine surannée paiera deux deniers chascun an; et se il avenoit qu'il eussent beste traiant ou bestes Wisines etc.* Charta ann. 1331. in Reg. 66. ch. 570 : *Pour cheval Wisenx ou qui fasse labour, etc.* Vide infra *Utensile* 2. et 3.

USINARE, [f. *Usimentum* habere.] Charta anni 1240. in Tabulario Campan. Bibl. Reg. f. 365 : *Nullatenus Usinabunt, nec excolent homines dictæ villæ contra voluntatem nostram,.... in quibuscumque vero locis homines dictæ villæ Usinabunt, nos prædicti fratres de Crista et pecora nostra, si vobis placuerit, omnimode Usinabimus, hoc excepto quod in nemoribus villæ deputatis boscum non accipiemus nisi tantummodo ad usum furni.* [Vide in *Usagium.*]

USIS. Epistola Basilii Macedonis Imp. ad Hadrian. II. PP. post VIII. Synodum : *Tansmisimus autem Sanctitati vestræ... et vellus prasinum vilarnipinnium pro casula facienda unum, Usin rubeum aërem habentem unum, Usin album unum, mulchumat unum, planetilia castanea duo.* Monstra verborum mihi plane incognita.

¶ **USITARE**, Frequentare. Charta Henrici IV. Regis Angl. ann. 1412. apud Rymer. tom. 8. pag. 722 : *Si vobis placeat, mercatores villæ de Leim partes de Berne in Norwegia Usitantes, quod cum iidem mercatores per mercatores societatis de Hansa, partes prædictas frequentantes, etc.* Et pag. 724 : *Tam pro omnibus sociis tuis, dictas partes Norwegiæ Usitantibus et in eis residentibus, quam pro seipsis regnum Angliæ Usitantibus et in eodem residentibus, quod omnes mercatores Anglici in dictis partibus Norwegiæ residentes et eas Usitantes, etc.* Vide alia notione in *Usare.*

¶ **USITATA**, Præstatio quæ ex usu et consuetudine exigitur. Charta Raymundi Guillelmi de Aguto D. Toloni ann. 1224 : *Mercatores vero teneantur dare antiquam lesdam et Usitatam, vel usaticum, vel ripagium antiquum.* Vide *Usancia*, et *Usitatio.*

¶ Usitata, ἀπὸ χρήσεως, in Gloss. Lat. Gr. MSS.

¶ **USITATIO**, Idem quod *Usitata*, in Charta ann. 1173. inter Instr. tom. 4. Gall. Christ. novæ edit. col. 585. qua Guido de Vergiaco concedit Deo et S. Mariæ Theoloci omnimodam *Usitationem in aquis, in agris, in silvis per omnem terram suam.* Vide infra *Usus* 2.

¶ Usitatio, Usus, Gall. *Usage, exercice.* Privilegia urbis Rupellæ concessa a Carolo V. Reg. Fr. ann. 1372. tom. 5. Ordinat. pag. 573 : *Ac præterea quoscumque eorum usus et longevos observancias, licet a triginta annis citra ab eorum Usitacione cessaverunt, volumus et declaramus in suo valore persistere.* [** Victorin. Comment. epist. ad Galat. apud Maium Scriptor. Vet. tom. 3. pag. 34 : *Longe semotum ab Usitatione.*]

* **USITATUS**, Detritus, Gall. *Usé.* Acta S. Vict. episc. tom. 5. Aug. pag. 145. col. 2 : *Ipse cœpit venire fossorium habens in manu, caput pulvere aspersum, et calceamenta in pedibus jam Usitata, ut decet operarium.* Vide *Usatus* in *Usare.*

* **USIVA**, perperam in Append. ad tom. 6. Annal. Bened. pag. 724. col. 1. pro *Usina.* Vide supra in hac voce.

USLACT. Privilegium *de Sempringham* in Anglia : *Sint quieti tam ipsi quam homines eorum.... de omnibus misericordiis et amerciamentis, et forisfacturis,... de murtro, et latrocinio, et conceylis, et Uslact, et hamsoka, grithbrich, blotwit, etc.* Alia in Monastico Anglicano tom. 2. pag. 827. ubi eadem habentur, præfert *utflat*, quæ forte *escapium* sonat ex Saxonico utfleon, *aufugere.* Vide *Utlep.*

* Nostris *Uslage*, pro Exlex, vel exul, ut videtur. Mirac. MSS. B. M. V. lib. 2 :

Li Uslage, li marounier,
Li desloial, li pautonnier
Entor li viennent tout ensamble.

Vide *Utlaga.*

¶ **USLATUS**, pro Ustulatus, in MS. vet. Corbeiensi, cui titulus, *de mensa Abbatis : Habet idem famulus de porco Uslato.... tres juncturas versus testum.* Vide *Usclada.*

USONES, Pisces familiares Danubio, Germanis *Hausen ; pisces insanæ magnitudinis*, Bonfinio. Vide Thwroczium in Andrea Rege Hungar. cap. 43. [* Vide *Husones.*]

¶ **USPINIO**, νεκροδότης, in Gloss. Lat. Gr. Vulcanius emendat, *Vespillo*, νεκροθάπτης. Vide *Usuppelliones.*

¶ **USSARE**, Uti. Vide in *Usare.*

¶ **USSARIUS**, Hippegus, navis qua equi transvehuntur : leg. f. *Usserius.* Vide in *Huisserium.* Anonymi Epist. de capta urbe CP. ann. circ. 1200. apud Marten. tom. 1. Anecd. col. 786 : *Præterea quidam Ussarius suus habebat magnellum erectum.* Vide supra *Uscerium.*

* *Usscher*, in Arest. ann. 1359. 23. Dec. in vol. 4. arestor. parlam. Paris. : *Cum Nicolaus Valenconius patronus cujusdam navis religiosorum S. Johannis Jerosolymitani, Usscher nuncupatæ.*

¶ **USSERA**, Officii nomen in Ecclesia Coloniensi ; f. Ostiarius, a Gallico *Huissier.* Consuetud. MSS. ejusdem Eccles. : *Cellerario vini* 1. *den. Quatuor Ussere* 1. *den. tantum. Quatuor Ussere unus panis.* Vide *Usserius.*

USSERIA, Usserius, Ussers, Hippegus. Vide *Huisserium.*

¶ **USSERIUS**, Ostiarius, a Gall. *Huissier.* Comput. ab ann. 1333. ad ann. 1336. tom. 2. Histor. Dalph. pag. 277 : *Item, libravit per manus Jacobi de Riveria Usseriis regiis pro tortiis quas debuerunt habere, quando dom. Andreas fuit baptizatus, taren.* v. *gran.* xvi. Ordinat. Humberti II. ann. 1336. ibid. pag. 308. col. 2 : *Item, Ordinamus fore in nostro hospitio deputatos, unum porterium, unum Usserium aulæ, etc.* Vide *Huisserius*, et mox *Ustearius.*

¶ Uxerius, Eadem notione. Leges Palat. Jacobi II. Reg. Majoric. inter Acta SS. tom. 3. Junii pag. xxxv : *Duo autem ipsorum in foribus nostrarum camerarum, post servientes armorum jaceant de nocte et Camerlengis et Uxeriis sint subjecti.*

* **USTAGIUM**, pro *Hostagium*, Census annuus, qui ratione *stagii* seu domicilii debetur. Redit. comitat. Namurc. ann. 1265. in Reg. Cam. Comput. Insul. sign. *Papier velu* fol. 22. v° : *Branchons. Si à li cuens deux fies l'an l'Ustage, c'on apiele borghezie, à le saint Jean et au Noel; se vaut par an quarente solz.*

¶ **USTEARIUS**, Ustiarius, pro Ostiarius clericus, Gall. *Portier.* Liturg. Gallic. Mabill. pag. 301 : *Benedictio Ustearii. Deum Patrem omnipotentem suppliciter deprecemur, ut hunc famulum suum benedicere dignetur, quem in officii Ustearii eligere dignatus est. Ustiarius*, in Missali Franc. pag. 398.

¶ **USTENSILIA**, pro Utensilia, Gallice *Ustensiles.* Necrolog. Lauresham. apud Schannat. in Vindem. litter. pag. 38 : *Faciemque templi dorsalibus, coronis,.... ceterisque Ustensilibus decoravit*

* *Utillemens*, in Lit. remiss. ann. 1381. ex Reg. 121. Chartoph. reg. ch. 83 : *Lesquelz gens d'armes...... prenoient chevaux, jumans et Utillemens d'ostel, etc.* Hinc *Exstenciller*, Supellectile domum instruere, vulgo *Meubler*. Lit. remiss. ann. 1467. in Reg. 198. ch. 457 : *Le suppliant avoit mis, frayé et despendu de grans et sumptueux deniers........ à Exstenciller icellui prieuré de linge, lits, vaisselle et autre mesnaige.* Reg. Corb. 13. sign. *Habacuc* ad ann. 1512. fol. 151 : *A esté accordé à dampt Robert Dubos..... qu'il puist faire faire à ses despens de toutes choses ung molin à vent,....... et icellui molin Exstenciller et acoustrer de toutes choses.* Vide supra *Hustilimentum*.

¶ **USTERNA**, pro Ustrina. Gloss. Gr. Lat. καῦσις νεκρῶν, *bustuarium, Usterna*. In MSS. Sangerman. *Ustrena*.

¶ **USTILACIO**, ἀπόκαυμα, in Gloss. Lat. Gr. Aliæ addunt *Torres*.

* **USTRANA**, *Rausier*. Glossar. Lat. Gall. ann. 1352. ex Cod. reg. 4120.

¶ **USTRENA**. Vide in *Usterna*.

* 1. **USTRINA**, *Nidor carius*, inter notas Tironis ex Cod. reg. 190.

* 2. **USTRINA**, *Ubi porci ustulantur*, in veteri Glossar. ex Cod. reg. 7641.

* 1. **USTURA**, Ardor, inflammatio. Alex. Iatrosoph. MS. lib. 3. Passion. cap. 5 : *Si* (indigestiones) *fiant de calida distemperantia, ructus habent fumosos cum quadam Ustura, quam Romani carbunculum vocant.* Nostris medicis, *Fer chaud*.

* 2. **USTURA** Lampadum, Flamma. Acta S. Alex. tom. 6. Sept. pag. 232. col. 2 : *Post hæc eum ungulari et Ustura lampadum jussit cruciari. Lampades* scilicet *ardentes circa latera ejus supponi* præcipiendo, ut legitur ibidem.

* **USTUS**, Ustio. Stat. Cadubr. lib. 3. cap. 46 : *Fabricatores falsæ monetæ et facientes falsam monetam fieri, et qui scienter falsam monetam expendiderint, flammarum Ustibus comburantur.*

* **USUAGERIUS**, Qui in silva aliena *usagium* seu usum habet ad pascenda animalia, vel ad ligna cædenda, nostris *Usagier*. Charta Phil. Pulc. ann. 1309. in Reg. 13. Chartoph. reg. ch. 95 : *Tres quadrigatas bosci viridis....... capiendas in boscis prædictis in monstrata sibi et aliis Usuageriis villarum vicinarum, per manum nostri forestarii facienda, eo modo quo alii Usuagerii capere consueverunt... concedimus.* Vide supra *Usagiarius* 2.

¶ **USUAGIARIUS**, Usuagium. Vide in *Usagium*.

¶ **USUALE**, Jus utendi, ut infra *Usuaria*. Charta ann. 1150. ex Chartulario Charmensi : *Hugo filius Adam de Cruce contradicebat Usualia nemorum suorum, quæ pater suus ecclesiæ Charmi antea dederat.* Vide *Usualitas*.

¶ **USUALIS**, Qui in usu est. [*Usuale argentum*, in Epist. Fulberti Carnot. apud Acher. tom. 2. Spicil. pag. 830.] *Usualis sermo*, apud Sidonium lib. 4. Epist. 11. ubi multa Savaro, quæ non exscribo. Vide *Moneta usualis*, in *Moneta*.

¶ **USUALITAS**, Idem quod *Usuale*. Vide in hac voce. Charta ann. 1261. in Hist. Mediani Monast. pag. 328 : *Contuli pro remedio animæ meæ... Usualitatem pascuorum in banno de Haçonville pro nutrimentis tam domus ipsorum, quam hominum de Barbonville.* Vide *Usagium* et *Usuaria*.

¶ **USUALITER** Tenere, ut *Usuare*. Formula 42. incerti Auctoris apud Baluz. tom. 2. Capitul. col. 458 : *Propterea has litteras in te adfirmavimus, ut dum advivis, Usualiter ipsam rem tenere et dominare debeas.* Adde Form. 35. Sirmond. 23. et 26. inter Lindenbrogiana.

* Usualiter Loqui, Lingua vulgari, seu quæ in usu est. Charta ann. 1222. ex Cod. reg. 10197. 2. 2. fol. 21. v° : *Insuper quicumque exactus est pro patrono causæ, ille exactus tenetur proponere verbum illius, qui ipsum exegit, et negare non potest, dummodo sciat loqui Usualiter.* Vide infra *Vulgaricus*.

¶ 1. **USUARE**, Frui, gaudere, ad usumfructum tenere. Formula 22. Lindenbrog. : *Propterea expetii a vobis, et vos petitionem meam non denegastis, ut ipsas res, quamdiu advivo, sub usu benificii vestri tenere et Usuare debeam.* Charta ann. 855. in Append. ad Marcam Hispan. col. 788 : *Ibidem serviat, et Usuare faciat dum vivit, etc.* Ibidem col. 789 : *Denique de ab hodierno die et tempore Usandi vel exfructuandi unus ab alio quod supervixerit fratrem suum habeat potestatem ex eo vivere.* Adde Mabill. Diplom. pag. 514. Vido *Usare* et *Usaticus* 1.

* 2. **USUARE**, In usu esse, solere. Inquisit. ann. 1262. in Reg. *Olim* parlam. Paris.: *Petrus dictus Kabat vendidit et Usuavit vendere tiliam et corticem tiliæ de dicto bosco.* Hinc

* Usuatus, pro Usitatus. Lex Wisigoth. lib. 12. tit. 8 : *Ne quis ergo ex his primævæ ritu traditionis et Usuati consuetudine moris, etc.* Unde nostris *Usé*, eodem sensu. Guill. Tyrii contin. Hist. apud Marten. tom. 5. Ampl. Collect. col. 707 : *Après firent par accort et par connoissance des prodomes establissemens et assises, que il voudrent que il fussent tenues et Usées u roiaume.* Charta ann. 1312. ex Tabul. episc. Carnot.: *Premier article faisant mention dou cri et dou ban que l'en ha Usé de faire.* Alia ann. 1338. in Reg. 74. Chartoph. reg. ch. 657 : *Les habitans de la ville de Tournay nous ont signifié que par la coutume d'icelle ville, Usée et gardée de si lonc temps, qu'il n'est mémoire du contraire, etc.* *Aüsé*, pro Assuetus, in Mirac. MSS. B. M. V. lib. 1 :

Mais le cuer ot si aduré
Et Aüsé en fol usage.
Onques pour chou son fol corage
N'amenda, ne ne vaut bien faire.

* *User*, pro Sumere, ubi de sacra Eucharistia agitur. Petrus *Desrey* in Chron. Caroli VIII. ad ann. 1506. fol. 109. v° : *Userent le Corps Nostre Seigneur le roy de France et le roy d'Arragon, pour conformer la paix.*

USUARIA, Usuarium, Ususfructus, seu potius jus utendi. [Bulla Innocentii II. PP. ann. 1142. apud Marten. tom. 3. Anecd. col. 1229 : *Confirmamus etiam vobis Usuariam per totam silvam quæ dicitur Ottu.*] Tabularium Prioratus Paredi fol. 61 : *Dedit etiam illis hominibus, qui terram tenuerint, vel ibidem manserint, Usuariam in silva, quæ vocatur Maosta, ad domum ædificandam, ad molendinum faciendum, etc.* Fol. 86 : *Nec non conquisivit de quodam homine Andrea in bosco Monalt Usuariam et consuetudinem, quam ipse meo de bosco habebat.* Rainardus Abbas Cisterciensis in Instit. Capituli General. Ord. Cisterc. cap. 44 : *Si quis Abbatum terram habuerit, vel Usuaria, vel inde conventionem habuerit, nullus Abbatum quærat eam, vel in ea Usuaria sine assensu illius Abbatis.* Adde Nomast. Cisterciense pag. 319. 346.

Usuarium, Eadem notione. Laurentius Leodiensis in Hist. Episcop. Virdunens. pag. 281 : *Fridericus quoque Comes Tullensis Usuarium Argunnæ sui nemoris, tam ad reædificandam, quam ad retinendam Ecclesiam contradidit.* Charta Manassis Episc. Meldensis ann. 1140 : *Totum nemus, quod appellatur Britel, et Usuarium suum in silvis præfati Walterii.... ad comburendum et ædificandum.* Alia Philippi Regis Franc. ann. 1190 : *In commutationem Usuarii, quod Monachi S. Martini habebant in nemore nostro de Vienna, eis dedimus, etc.* [Charta ann. 1093. apud Calmet. inter Probat. tom. 1. Hist. Lothar. col. 497 : *Dedit Usuarium sylvæ ad ædificia construenda, ad focum et ad omnes alios usus in perpetuum libere habendum.* Charta Theobaldi Comit. Campaniæ ann. 1227. in Chartul. Meld. : *Asserebat dictus Episcopus quod habebat Usuarium in nemore Medonti ad duas quadrigas ad vivum et mortuum nemus, ad ardendum et edificandum in omnibus domibus suis et ad vineas suas.* Occurrit præterea apud Miræum tom. 1. pag. 299. tom. 2. pag. 813. *La Guille* Hist. Alsat. pag. 29. inter Instr. Stephanot. tom. 4. Antiquit. Pictav. Bened. MSS. pag. 664. Marten. tom. 3. Anecd. col. 1224. 1225. Lobinell. tom. 3. Hist. Paris. pag. 86. col. 1. in Hist. Eccl. Meld. tom. 2. pag. 23. et Mediani Monast. pag. 272. *Usuaire*, in Charta E. Abbatissæ Paracliti ann. 1245. ex Chartul. Campan. fol. 393. col. 2.]

* *Usuaire*, nostratibus. Charta ann. 1245. in Chartul. Campan. ex Cam. Comput. Paris. : *Estoit saisiz li sires de Monreal de mettre les forestiers en Herival, où li moine et lour home devant dit avoient Usuaire.* Alia ann. 1285. inter Probat. domus de Castelleto pag. vj : *En tel maniere que ly homme.... devoient avoir lour Usuaire pour maisonner, etc.*

¶ Usuarius, *Qui alicujus rei usum habet.* Vocabul. utriusque juris. Charta Philippi Pulchri Reg. Fr. ann. 1309 : *Quod usagium, pasnagium, ac pasturam et logiam accipient in locis forestarum ipsorum aliis Usuariis deputatis vel in posterum deputandis.* Charta ann. 1242. inter Instr. tom. 2. Gall. Christ. novæ edit. col. 71 : *Dedimus etiam eidem abbatiæ sex viginti arpenta nemoris, insuper unam quadrigatam.... percipiendam in loco quo alii Usuarii suum capiant usuarium ad ardendum.* Expositio compendiosa benef. fol. 5 : *Hinc jurgium quo disceptatur an beneficiarii usum tantum, an usumfructum habeant. Qui eos Usuarios esse dicunt, utuntur Concilio Antiocheno, etc.* *Usuaria femina*, apud Solinum, cap. 25. et *Usuarius servus*, in leg. 14. D. in quibus usum habemus. Vide *Usuagiarius* in *Usagium*.

¶ Usuarius Fructus, Idem quod Ususfructus. Tabul. S. Vincentii Cenoman. fol. 176 : *De his duabus olchis retinuit sibi*

Usuarium fructum in vita sua, si vult. Vide *Usufructuarium.*

USUBANDILOS. Vetus Chartula plenariæ securitatis sub Justiniano scripta [** lin. 19.] apud Brisson. lib. 6. Form. pag. 647: *Hoc est cocleares numero septem, scotella una, sibula de bracile, et de Usubandilos, formulas duodecim, stragula polimita duo, etc.* Vide *Usis.*

USUCAPIO. Decreta Ladislai Regis Hungariæ l. 3. cap. 20 : *Usucapiones capiantur a festo S. Georgii usque ad festum S. Joannis Bapt. ut ducantur in civitatem, teneanturque ad festum S. Michaelis, ac præsententur assidue in mercatu, ut si quispiam suam reperit personam, redimat* 90. *denariis, equum* 12. *bovem* 5. *ex quibus duas partes Regi, tres Comiti tribuantur. Si vero usque ad festum S. Michaelis inventi non fuerint, dividantur prædicto modo, tamen nullo pacto vendantur, vel celentur, sed tantum labore eorum utantur. Quod si collector vendiderit, vel celaverit, triplum reddat, ipseque decem pensas persolvat; Comes vero si itidem fecisse probatur,* 55. *pensas persolvat. Simili modo jubemus, ut qui Usucapiones tenuerunt a tempore Regis Belæ usque ad festum S. Stephani, dimittantur.* Ubi *usucapiones* videntur appellari, servi fugitivi, animalia fugitiva, vagantia et errantia, quæ a *Collectore rerum fugitivarum, quem vulgariter Locerdech dicunt*, inventa ad civitatem Provinciæ reducuntur, ut singuli, quod suum est agnoscant, redimantque certo ac definito pretio. Vide supra cap. 13. Sambucus *usucapionem* ait esse pecus vagabundum. [Vide infra *Usurpatio.*]

* **USUFRUCTARE,** Uti, frui. Charta ann. 1272. apud Lam. in Delic. erudit. inter notas ad Hodœpor. Charit. part. 2. pag. 402 : *Habeant, teneant, Usufructent rigariam et portum, ripam, plageas et pendittias infra dictos confines; et quod liceat eis..... in dictorum locorum cohærentiis habere, facere, tenere, gaudere, Usufructare, etc.* Vide *Usufructuare.*

USUFRUCTUARE, Dare ad usumfructum; usufructuario et precario jure. Charta ann. 955. apud Ughellum in Episcopis Veronens. : *Totas res, quod supra legitur, sit in earum potestatem retinendi et ad Usufructuandi, non alicui alienandi, etc.*

¶ Usufructuare, Usufructuario jure re aliqua uti. Formula 20. inter Bignonianas : *Et ipsam rem dum advivo per vestrum beneficium tenere et Usufructuare faciam.* Charta ann. 1183. apud Murator. delle Antic. Estensi pag. 371 : *Deinde intret in possessionem pignoris, et habeat et teneat, et Usufructuet, etc.* Occurrit rursum infra. Bulla Pauli III. PP. ann. 1549. in Maceriis insulæ Barb. tom. 1. pag. 264 : *Tenent, habitant, percipiunt, et Usufructuant, teneant, habitent, percipiant et Usufructuent, etc. Usfruis*, pro *Usufruit*, in Charta ann. 1438. semel et iterum. Vide *Utifrui.*

* *Usfruit*, pro *Usufruit*, Ususfructus, in Charta ann. 1326. ex Lib. pitent. S. Germ. Prat. fol. 133. r°. *Retenuaudit Pierrot le Usfruit desdiz vingt solz Paris. le cours de sa vie, tant seulement,..... et que ledit couvent ne puisse riens réclamer oudit Usfruit.*

USUFRUCTUARIUM, pro Ususfructus, [apud Gregorium M. lib. 2. Epist. 9.] Vetus Charta [in Actis Episcop. Cenoman. pag. 187 : *Nobis temporibus vitæ nostræ beneficium ad Usufructuarium fecistis.* [Vide *Usuarius fructus* in *Usuaria.*]

¶ **USUGRARIUS.** Vide *Usgagiarius* in *Usagium.*

USUPELLIONES. Burchardus de Casibus S. Galli cap. 14. [** Conrad. de Fabaria, Pertz. pag. 179. lin. 31.] : *Scurræ, pelliparii, panifices, coriarii, textores, Usupelliones,* * *immotores* * *quasitatis adversus hunc clamabant in theatris, in stratis et viis, etc.* Sed legendum *vispelliones* observat Goldastus, de cujus vocis notione nihil dicam, cum Latina sit. [Vide supra *Uspinio.*]

* **USURANA,** Jus usufructuarium et precarium, f. pro *Usuraria.* Charta ann. 1240. in Chartul. Busser. : *Ebo de Verdier vendidit olchum suam abbatissæ et conventui de Busseriis, et dictus miles, quod hæc venditio vera et non simulata, sine fraude et absque Usurana, promittet, etc.*

USURARE, Usuras producere. Bracton. lib. 2. cap. 26. § 2 : *Debitum vero defuncti quod debetur Judæis non Usurabit, quamdiu hæres infra ætatem extiterit.* [*Usurer*, cum fenore reddere, *Rendre avec usure.* La Vie de *Jesus Christ* MS :

> Bien set Dame Diex Usurer,
> Nus ne deust sour lui prester.]

* Bened. abb. Petroburg. de Gest. Henr. II. reg. Angl. ad ann. 1188. tom. 2. edit. Hearn. pag. 498 : *Ita quod fructus, quos inde perceperit, in solutione debiti computentur; et debitum post susceptionem crucis, quamdiu debitor erit in peregrinatione, non Usuret.*

¶ Usurare, In fenore nummos ponere, dare fenori pecuniam, ex Gemma, apud Vossium lib. 4. de Vitiis serm. cap. 29.

* *Useleir*, eadem notione, in Glossar. Lat. Gall. ann. 1352. ex Cod. reg. 4120 : *Fenerari, Useleir.* Idem sonat *Mener à son hues*, in Serm. ad festum O. SS. ex Cod. MS. S. Vict. Paris : *Il fu uns prudom qui volt aler en un lointain pelerinage : quant il ot apareillé son oirre, si apela ses sergens et si lor livra de son avoir por mener marchandise à son Hues.* Ubi alludit ad hæc verba Lucæ cap. 19. v. 13 : *Negotiamini dum venio.*

USURARII, Fœneratores, qui ad usuram commodant. *Qui usuris inserviunt*, in Capitul. ann. 828. cap. 6. Quos olim magno fuisse numero auctor est Gaufredus Vosiensis 1. parte cap. 73 : *Fœneratores olim publici obnoxii Principibus erant, nunc tam crebro reperiuntur, ut aliqui usuras vocitent census, quasi redditus agrorum.* Qui autem ii proprie sint, docet Synodus Coloniensis ann. 1300. cap. 12 : *Manifestos autem Usurarios dicimus, de quibus per sententiam vel per confessionem in jure, aut evidentiam, quæ aliqua tergiversatione non potest celari, constiterit evidenter; et illos etiam, qui super usuris diffamati, intra tempus statuendum ab eo, qui super hoc habet potestatem, se non purgaverint, reputamus pro manifestis usurariis puniendos.* [Eadem totidem verbis leguntur in Statutis Eccles. Leod. ann. 1287. apud Marten. tom. 4. Anecd. col. 880. Concil. Trevirense ann. 1238. apud eumdem tom. 7. Ampl. Collect. col. 130 : *Usurarios censemus sub pignore mutuantes, et ultra sortem percepta in sortem minime computantes.*] Adde Concilium Ravennense ann. 1317. cap. 15. Hos Concilia, præsertim Lateranense ann. 1179. excommunicari ab Episcopis præcipiunt. Quod quidem factitatum testatur Matthæus Paris ann. 1219. pag. 250. Neque Ecclesia dumtaxat; sed et Laici Principes Statutis suis pestem hanc detestandam sæpius exagitarunt, ejusmodi fœneratorum bonis in fiscum redactis. Quippe, ut ait Cato de Re rustica, statim initio : *Majores nostri sic habuerunt, et ita in legibus posuerunt, furem dupli condemnari, fœneratorem quadrupli : ut quanto pejorem civem existimarint fœneratorem, quam furem, hinc liceat existimare.* Leges Edwardi Confess. cap. 37 : *Usurarios quoque defendit Rex Edwardus, ne remaneret aliquis in toto regno suo; et si quis inde convictus esset, quod fœnus exigeret, omni substantia propria careret, et postea pro exlege haberetur. Hoc autem asserebat ipse Rex se audisse in Curia Regis Francorum, dum ibidem moraretur, quod usura radix omnium vitiorum esset.* Charta Durandi Episcopi Cabilonensis ann. 1221. apud Sanjulianum pag. 405. Sammarthanos, et Petrum Chiffletium in Beatrice : *Si aliquis probetur esse fœnerator per testes idoneos, totum mobile ipsius erit Ducissæ*, (Burgundiæ,) *et Comitissæ*, (Cabilonensis,) *quod tunc habebit, et similiter quotiescunque alias probaretur fœnerator.* Regestum Castri Lidi in Andibus fol. 24 : *In omni terra de Castro Lidi cujuscunque terra sit, homines aubani sunt Comitis, et pecunia fœneratoris Comitis est.* Ita tamen ut non vivi ac superstites, sed mortui, seu post mortem punirentur. Regiam Majestatem lib. 2. cap. 54. § 1. 2 : *Usurarii omnes, sive testatus, sive intestatus decesserit, Domini Regis sunt. Vivus autem non solet aliquis de crimine usuræ appellari nec convinci.*

Licebat igitur *Usurariis* de bonis suis, dum adhuc erant in vivis, disponere. Statutum Ricardi I. Regis Angl. ann. 1190. pro Clero Normanniæ apud Matthæum Paris pag. 113 : *Quidquid Laici in vita sua donaverint, vel quocumque titulo à se alienaverint, et si Usurarii fuisse dicantur, post mortem non revocabitur. Quæ vero post mortem non alienata invenientur, si cognitum fuerit ipsos tempore mortis fuisse usurarios, confiscabuntur.* Ad hoc tamen ut *usurarius* haberetur, necesse erat probare infra annum ante mortem ad usuram commodasse. Stabilimentum inter Clericos et Barones Normanniæ ann. 1205 : *De rebus Usurarii, quod quamdiu Usurarius est in lecto ægritudinis, si distribuat res propria manu sua, stabile est. Post mortem vero usurarii omnes res suæ domini Regis erunt, si probatum fuerit, quod infra annum ante mortem commodaverit ad usuram.* Vetus consuetudo Normanniæ cap. 20 : *Nul ne doit estre tenu à usurier, qui an et jour a cessé de usures mener, après ses derraines usures.* Alias pœnituisse censebatur. Regiam Majestatem d. cap. § 6 : *Sciendum est tamen, quod si aliquis quocunque tempore Usurarius fuerit, et super hoc in patria sua publice defamatus; si tamen a delicto suo ante mortem destiterit, et pœnitentiam egerit, post mortem ejus ipse* vel res ejus lege usurarii non censebuntur. Oportet ergo constare, quod usurarius decesserit aliquis ad hoc, ut de eo tanquam de usurario, post mortem ipsius judicetur, et de rebus suis, tanquam de rebus usurarii disponatur. Solet autem inquiri et probari aliquem in tali crimine decessisse per triginta duos legales homines de vicineto, et per eorum sacramenta; quo probato in curia, omnes res mobiles, et omnia catalla, quæ fuerant ipsius usurarii mortui, ad opus Regis capiuntur, penes quemcunque inveniantur. Sed et hæredes ipsius hac de causa secundum jus regni Scotici, exhæredantur, et ad dominum feudi vel ad Regem plenarie revertuntur, ut est in laudato capite.

☞ Eo tamen privilegio, de bonis scilicet suis disponendi, non gaudebant usurarii, nisi prius usuris inducta restituere suo testamento curassent : alioqui eorum testamentis conficiendis interesse nemini licet, eaque irrita et nulla pronunciantur ; unde ecclesiastica sepultura privantur plurium Conciliorum Statutis. Statuta Eccl. Æduensis apud Marten. tom. 4. Anecd. col 480 : *Item, quanquam usurarii manifesti, de usuris quas receperunt satisfieri expressa quantitate vel distincte in ultima voluntate mandaverint, tamen eis ecclesiastica sepultura denegetur, donec de usuris suis fuerit prout facultates patiuntur eorum plenarie satisfactum, vel illis quibus est restitutio facienda, si præsto sint, aut aliis qui pro eis possunt acquirere, vel eis assentientibus loci ordinario, vel ejus vices gerenti, sive rectori ecclesiæ sufficienter cautum de restitutione facienda. Omnes enim religiosi qui usurarios manifestos tradunt ecclesiasticæ sepulturæ, pœnas incurrunt superius annotatas. Item, nullus interesse debet in manifestorum usurariorum testamentis. Item, nullus debet eos recipere ad confessionem, aut eos absolvere, nisi de usuris satisfecerint, vel de satisfaciendo pro suarum viribus facultatum præstant, ut præmittitur, idoneam cautionem. Testamenta autem manifestorum aliter non valeant, sed sunt irrita ipso jure.* Statuta Eccl. Cadurc. etc. ibid. col. 737 : *Sciendum est etiam quod usurarii manifesti non sunt admittendi ad ecclesiasticam sepulturam, nec ad confessionem, nec possunt facere testamentum, nec eorum oblationes sunt admittendæ, nisi prius satisfecerint de usuris illis quibus tenentur.* Adde Statuta Eccl. Const. ibid. col. 828. Leod. ann. 1287. col. 880. et Conc. Avenion. ann. 1457. col. 385.

Aliud porro erat de usurariorum Clericorum bonis, de quibus ita statuit Ricardus I. Rex Angliæ apud Matthæum Paris, et Radulphum de Diceto ann. 1190 : *Item de bonis clericorum, et si dicantur fuisse usurarii, vel quocumque mortis genere præventi, nihil pertinet ad secularem potestatem, sed Episcopali autoritate in opera pietatis distribuentur.*

☞ Id præterea erat Ecclesiæ legibus statutum ne quis usurariorum causis patrocinaretur. Conc. Paris. ann. 1212. apud Marten. tom. 7. Ampl. Collect. col. 102 : *Statuimus sub pœna excommunicationis, ne quis clericus nundinarius vel alius feneratori serviat, aut computationes usurarum aut venditiones usurarii ad terminum vel contractus ejus usurarios de nundinis ad nundinas scribat, et quod nullus advocatus causam usurarii vel hæresis defendat.* Sed et eorum mulieribus post partum ecclesiæ ingressus sacerdotumque benedictio denegabantur. Statuta Eccl. Suession. apud eumd. Marten. ibid. tom. 8. col. 1548 : *Nec uxor ejus* (usurarii) *cum de partu surrexerit, ad purificationem admittetur, et ita ei denegentur sacramenta ecclesiastica.*

Pœna igitur usurarii vivi ex prædictis, pertinuit ad Ecclesiam, cum et excommunicari, et coram judice ecclesiastico in Curia Christianitatis accusari et conveniri potuerit, pœna vero usurarii mortui pertinuit ad Regem, quod etiam docent Statuta Regum Angliæ Edw. III. ann. 15. cap. 5. apud Westmonast. ann. 11. cap. 8. Henrici VII. ann. 3. cap. 5. et 6. Henrici VIII. ann. 37. cap. 9. Edwardi VI. ann. 5. et 6. cap. 23. Sed et jure scripto, quo utimur, inquit Skenæus, usurarius in Curia Regis post mortem non damnatur, sed vivus variis pœnis punitur. Vide Gul. Prynneum in Libertatib. Eccl. Anglic. tom. 3. pag. 1209.

Usuræ autem nomine quid censeretur, ita definit S. Ludovicus Rex Franc. in Statuto ann. 1230. pro Judæis : *Usuras autem intelligimus, quidquid est ultra sortem.* Ita etiam Capitulare 5. ann. 806. cap. 12. lib. 3. Capit. cap. 119. Regiam Majestat. lib. 3. cap. 1. § 5. et Concilium Auscitanum ann. 1308. cap. 3. Auctor Græcismi MS :

Est usura suos quisquis tradit mihi nummos
Spe lucri, fœnus duplex Usura vocatur.

Consuetudines Montispessulani : *Fœnerarii, seu usurarii, qui denarios pro denariis accommodant, non recipiuntur in testimonio.* Charta Philippi Reg. Fr. ann. 1204. pro Falesiæ incolis ex Regesto 120. Archivi regii num. 30 : *Sciendum etiam, quod nos aliquem de Burgensibus apud Falesiam residentiam facientibus, non capiemus ad occasionem usuræ nisi denarium pro denario, vel æquivalentiam alicui accommodaverit.* Extat Statutum Philippi Franc. Reg. datum apud Montem Argi die Sabbati ante Festum Purific. B. M. ann. 1311. in quo usuram facere dicitur, *qui ultra unum denarium in septimana, 4. denarios in mense, vel. 4. solidos in anno pro libra* acceperit. [Statuta Synodi Senon. ann. 1269. in Chartul. Episc. Paris. fol. 109 : *Ex qualitate autem negotii et personæ creditoris contractus Usurarios reputamus, videlicet si creditor consueverit fenerare.*] Vide Assisias, seu Statuta Caroli I. Reg. Sicil. MSS. cap. 8. sub finem ubi de usuris Judæorum agitur. Charta Durandi Episcopi Cabilonensis supra laudata : *Doctores vero illum solum fœneratorem intelligunt, qui solidum vel libram per hebdomadam, vel mensem, vel annum pro denario, vel denariis ejusdem monetæ, vel alterius accommodat, ludo excepto, ita quod de retroactis, usque ad confectionem chartæ non potest aliquis super hoc conveniri; alio modo non intelligitur esse fœnerator, et debet probari de usura, etc.* [Durandus a S. Porciano in Comment. ad Magistrum Sententiarum lib. 3. dist. 37. qu. 2 : *Hoc autem fit in usura in qua aliquis ultra pecuniam mutuatam vel vinum, seu bladum, petit sibi duas recompensationes, unam quidem recompensationem æqualem, aliam vero quasi pretium usus, quod Usura dicitur.*] Adde Glanvillam lib. 10. cap. 8. extremo. Jura et Consuetudines Normanniæ cap. 20 : *Usurariorum autem catalla Duci Normanniæ consuetudine pristina dimittuntur, ut hujusmodi occasione ambitiosa usurarum malitia in posteris refrænetur. Tribus autem modis usura committitur, uno scilicet modo, cum ultra taxatum pretium alicujus rei pro concesso solutionis temporis spatio, mutuator se tradenti obligat aliquid redditurum... Secundus modus est, cum res unius speciei commodatur, pro re alterius speciei majoris pretii ad terminum persolvenda in eadem quantitate terminatum; ut ordeum præstare pro frumento, vel cervisiam pro vino. Tertius autem modus est de mortuo vadio, mortuum enim dicitur vadium, cum fructus rei invadiatæ, quos percipit commodator, eam quitant in nihilo fructus vel proventus.*

¶ Usura Realis et *Mentalis*, in Statutis Eccl. Constant. apud Marten. tom. 4. Anecd. col. 800 : *Usura realis est, quando mutuo dantur* XII. *denarii pro* XIII. *vel alias secundum magis et minus. Et mentalis est quando propter dilationem carius vendunt et vilius emunt.* Manuale Henrici Sistaric. Episc. ibid. col. 1085 : *Et nota quod usura non solum se extendit ad pecuniam mutuandam, sed ad quicquid ultra sortem accipitur, sive honoris, vel gagerii, vel comestione equorum, vel de illicitis venditionibus, et hujusmodi.*

Sed cum ejusmodi *usurarum* prætextu domini vassallos seu tenentes suos vexarent, eisque persæpe id criminis contra jus imponerent, ut eorum sibi assererent bona, fiscisque suis addicerent, quod de *intestatis* factitatum supra observavimus, interdum id privilegii *communitatibus* concedebant, ut ab hac perquisitione essent immunes. Charta Philippi Regis Franc. ann. 1220. ex Regesto Normannico sign. P. in Camera Comput. Paris. fol. 26 : *Concessimus Burgensibus nostris de Cadomo residentibus in villa Cadomi, quod nec eos, nec uxores, nec hæredes eorum capiemus ad occasionem de usura in morte eorum, nec hæredes nostri.* Charta pro Communia Vernolii : *Quod nec ab illis, nec ab eorum hæredibus, si fuerint apud Vernolium per annum et diem residentes, aliquid exigemus pro morte usurarii de eis, quæ spectant ad usuram, si tempore mortis suæ apud Vernolium fuerint residentes omnino illa exactione quitamus in perpetuum.* [Libertat. hominum S. Georgii de Esperanchia ann. 1291. tom. 1. Hist. Dalph. pag. 27. col. 2 : *Præterea volumus et dictis burgensibus nostris et habitatoribus dictæ villæ concedimus in perpetuum pro nobis et hæredibus seu successoribus nostris, quod in Usurariis manifestis vel non manifestis, sive decedant testati, sive non, qualiter et quocumque loco decedant, quod in bonis et rebus ipsorum nihil possumus vel debeamus ratione exercitii usurarum exigere vel habere, nec in vita, nec in morte, nec post mortem ipsorum; sed eorum res et bona deveniant ad hæredes et propinquiores ipsorum, dum tamen teneantur satis dare de clamoribus suis emendan-*

dis, et eos emendare; hoc salvo, quod si aliquis usurarius vel alter decederet, nec vellet emendare clamores suos, vel præcipere quod emendarentur, bona ipsius ad nos pertineant; nisi aliquis usurarius vel alter decederet morte subitanea; ita quod non posset sciri, utrum voluerit clamores suos emendare vel non, tunc bona ipsius ad hæredes ipsius ut supra pertineant.]

Usurarii Publici, Qui, ni fallor, ii sunt quos Gaufridus Vosiensis loco citato vocat *fœneratores publicos, obnoxios Principibus.* Charta Henrici Imp. ann. 1156. pro erectione Ducatus Austriæ, apud Miræum in Donat. Belgic. lib. 2. cap. 52 : *Et potest in terris suis omnibus tenere Judæos et Usurarios publicos, quos vulgus vocat Gennerteschin, sine imperii molestia et offensa.*

* Constitut. Jacobi I. reg. Aragon. ann. 1228 : *Statuimus quod Judæi terræ nostræ non recipiant pro Usuris, nisi viginti solidos pro centum in anno.* Alia ejusd. reg. ann. 1240 : *Statuimus.... ut nullus Judæus audeat amplius recipere pro Usuris, quam quatuor denarios in mense pro qualibet libra denariorum.* Res autem mobiles, quæ fuerant usurarii mortui, in fiscum redigebantur, ut patet ex Lit. remiss. ann. 1416. in Reg. 169. Chartoph. reg. ch. 379 : *Comme par la coustume de nostre païs de Normandie, les biens meubles de ceulx, qui sont entremis d'usaige de prest à usure, soient à nous confisquez et acquis, quant ilz vont de vie à trespas dedens l'an et le jour de l'intermission dudit prest, etc.*

¶ **USURARIUM**, Ususfructus, jus utendi, idem quod *Usuaria.* Vide in hac voce. Charta ann. 1124. apud Miræum tom. 1. pag. 276. col. 1 : *Walterus de Trudeneris... prædium... tradidit... ad altare B. Laurentii, ex integro tam in culturis et pratis, quam in nemore et censu et familia,... cum omnibus Usurariis et appenditiis suis, cum omni decima indominicatus proprii, nec non et tota justitia ejus prædii.* Alia ann. 1136. apud Calmet. inter Probat. tom. 2. Hist. Lothar. col. 395 : *Liberum hic etiam Usurarium banni in pratis, agris, aqua et nemoribus, tam apud Commarceium quam apud Morleium, sive pro domibus, sive pro utensilibus sibi parandis.* Vide mox *Usuria.*

* **USURATIVE**, Cum fenore, Gall. *Usurairement.* Formulæ MSS. ex Cod. reg. 7657. fol. 31. r° : *Nec verens quam grave sit apud Deum et gentes, pecunias et alias facultates suas Usurative augmentare.*

USURIA, Jus utendi, *Usagium.* Vetus Charta apud Perardum in Tabulis Burgundicis pag. 31 : *Et Usuriam silvæ, etc.* [Vide *Usurarium.*]

USUROLUM. Charta ann. 1207. apud Ughellum in Episcopis Veronensibus : *Solvendo... illud fodrum antiquum et Usurolum, quod solvebat prædicta universitas Imperatori cum ipse intrat Italiam, etc.* Forte *Usitatum.*

¶ **USURPARE**, Exorare, Gall. *Obtenir.* Acta SS. Perpetuæ et Felicitatis num. 3 : *Usurpavi ut mecum infans in carcere maneret.* Vide mox *Usurpatio.*

¶ **USURPATIO**, apud Paulum JC. in leg. 2. ff. de Usurpat. et usucapionibus, *est usucapionis interruptio. Oratores autem usurpationem frequentem usum vocant.* In leg. seq. *Usucapio* definitur *adjectio dominii per continuationem possessionis temporis lege definiti.* Huc spectat vox *Usurpare* apud Gellium lib. 3. cap. 2. Vide Calvini Lexic. jurid. et Argentreum in Consuet. Britan. art. 266.

* **USURPATITIUS**, Usurpatus. Indicul. de episc. Briton. deposit. tom. 7. Collect. Histor. Franc. pag. 289 : *Hos tres Usurpatitios episcopos constituit* (Nomenoius) *ceteris quatuor in antiquis urbibus derelictis.* Paulo ante *Pseudo-episcopos* appellat.

¶ **USURPATIVE**, Injuste, inique. Hugonis Metelli Epist. 42. tom. 2. Monument. sacræ Antiq. pag. 388 : *Panes sanctos quos non licet edere nisi solis prædicatoribus, Usurpative comedunt* (Cœnobitæ.)

* **USURPATIVUS** Rex, Qui Regis nomen et jura usurpat. Fragm. Hist. Britan. Armor. tom. 7. Collect. Hist. Franc. pag. 52 : *Perlecta autem hac epistola in auditu Salomonis Regis Usurpativi, etc.*

* **USURPATOR**, Invasor, injustus occupator, Gall. *Usurpateur.* Chron. Turon. tom. 10. Collect. Histor. Franc. pag. 281 : *Contra Hugonem itaque regem regni Usurpatorem insurgit* (Carolus).

¶ **USURULA**, τοκαρύδιον, in Gloss. Lat. Gr.

1. **USUS**, Musicæ species, quæ non per regulas, sed ex *usu* addiscitur, notis musicis in libris Ecclesiasticis singulis syllabis superpositis, abrogatis ac neglectis lineis et clavibus musicalibus; cujus quidem musicæ speciei exemplum descripsit Menardus in Notis ad librum Sacramentorum Gregorii M. Anonymus Interpres Hugonis Reutlingensis : *Post Incarnationem Christi plures Doctores S. Ecclesiæ, et specialiter S. Gregorius et Ambrosius, cantum musicalem, quo tam Latini, quam Alemanni, cum cæteris linguarum diversarum nationibus, utuntur in divino officio, in duo volumina librorum, videlicet in Antiphonarium et Graduale collegit, dictavit, et neumavit, seu notavit. Processu tamen temporis quidam Alemanni, et præcipue Canonici Ord. S. Benedicti, qui cantum musicalem non solum ex arte, verum etiam ex usu et consuetudine perfecte et cordetenus didicerant, ipsum, omissis clavibus et lineis, quæ in neuma et nota musicali requiruntur, simpliciter in libris eorum notare cæperunt, et sic decantaverunt deinde juniores, et suos discipulos sine arte, ex frequenti usu et ex magna consuetudine cantum informare, qui cantus sic per consuetudinem doctus ad diversa pervenit loca. Unde jam non Musica, sed Usus est denominatus. In quo tamen cantu discipuli deinde a doctoribus et doctores a discipulis multiformiter discrepare cæperunt, ex qua discrepantia et artis ignorantia Usus dictus est confusus. Quo usu confuso spreto, nunc fere omnes Alemanni hactenus miserabiliter per cantum seducti ad veram artem Musicæ revertuntur.*

☞ Huc spectat Chronicon Trudonense lib. 8. apud Acher. tom. 7. Spicil. pag. 441 : *Sed cum nesciret secundum usum claustri cantare* (*usus cantandi, nescimus unde hoc acciderit, nulli comprovincialium nostrorum convenit*) *erubesceret vehementissime, quasi stipem inutilem inter cantandum in choro stare,... graduale unum propria manu formavit, musiceque notavit syllabatim, ut ita dicam, totum usum prius a senioribus secundum antiqua eorum gradualia discutiens. Sed cum usus eorum per quamplurima loca propter vitiosam abusionem et corruptionem cantus, nullo modo ad certam regulam posset trahere, et secundum artem non posset notare, nisi quod regulari et verisona constaret ratione, ipse autem ab usu Ecclesiæ non facile vellet dissonare, miro, ut dixi, indicibilique labore in hoc tantum se frustra afflixit, quod ex toto usum mendacem regula vera tenere non potuit; sed in hoc profecit quod quidquid alicubi in monocordo cantari potuit de usu Ecclesiæ non prætermisit se præterire.*

¶ 2. **USUS**, Præstatio qua ex usu pensitatur, idem quod *Usitata* supra. Charta ann. 1030. ex Tabul. S. Victoris Massil. : *Ego Rostagnus Avenionensis Episcopus contra præceptum Dei malum Usum habebam,... scilicet accipiebant homines mei de vineis S. Promacii pro custodiis quæ vulgo gardias dicuntur contra morem quantum illis videbatur. Sed et de villanis qui habitant in ipsa villa Sancti consuetudines malas accipiebant, et vi auferebant quod poterant; unde ego considerans quia magnum peccatum esset hoc et contra Dei voluntatem, dimisi malum Usum.* Vide *Consuetudo* 4.

¶ 3. **USUS**, Jus utendi, ut supra *Usuria.* Inventar. Chartar. Reg. ann. 1482. fol. 204. v° : *Litteræ sub sigillo religiosorum abbatis et conventus S. Judoci in bosco mentionem facientes de excambio Usus sive usagii quod habebant in silva de Cressy.*

¶ 4. **USUS**, Detritus, Gall. *Usé.* Inventar. ann. 1476. ex Tabul. Flamar. : *Item plus duo linteamina Semiusa ejusdem telæ borgesiæ.* Vide *Usatus* in *Usare.*

* 5. **USUS**, adject. Qui ab antiquo tempore in usu est, cujus initium ignoratur. Charta ann. 1235. in Chartul. Cluniac. : *Jocerannus Grossus, Brancedunidominus,..... concedo quitationem, quam Stephanus dominus Calvimontis fecit monachis Cluniacensibus de Bernardo des Pomiers, quem ipse Stephanus quitavit ab omnibus, exceptis moribus Usis in villa de la Verrere.*

* **USUS-MERITUM**, Ususfructus, jus usufructuarium et precarium. Charta Ludov. reg. Germ. ann. 829. inter Probat. Hist. S. Emmer. Ratisbon. pag. 35 : *Qualiter Baturicus episcopus præstitisset eis ad Usum-meritum quasdam res, ex ratione monasterii sui S. Emmerami,.... nec non et alias ex ratione ejusdem monasterii eis ad Usum-meritum diebus vitæ eorum concessisset, etc. Liceat illis, sicut diximus, diebus vitæ eorum usufructuario ordine tenere et possidere.*

* **UTARE**, Uti. Lit. remiss. ann. 1358. in Reg. 86. Chartoph. reg. ch. 501 : *Qui Colardus in artificio marescalli et fabrili est expertus et subtilis,........ et in fortaliciis dictæ villæ de artificio suo Utabat utiliter.*

* **UTAREUS**, Utarinus, Utaris, Vetus, antiquus, seu id quo uti solitum est ab antiquo. Reg. feudor. Aquit. in Cam. Comput. Paris. sign. JJ. rub. fol. 33. v° : *Cum duabus mensuris Utaribus seu veteribus, una rasa frumenti et alia avenæ ad*

cumulum. Ibid. fol. 34. r° : *Et debent inde omnes insimul quatuor mensuras Utarinas seu veteres bladi, scilicet duas frumenti rasas et duas avenæ..... Bidonus de Gravel.... debet dicto domino regi Angliæ unam mensuram Utaream et rasam frumenti.*

* **UTCUMQUE**, pro Male, ni fallor, in Charta Ludov. VII. ann. 1112. ex Chartul. Compend. fol. 61. r°. col. 2 : *Unde ipse* (Ranardus) *multo tempore excommunicatus, Utcumque postmodum vitam finivit.*

¶ **UT DICITUR**, Formula quæ cautionis causa ad nauseam usque adhibetur in Instrumentis 11. 12. et 13. sæculi : omnium instar sit Charta Officialis Paris. ann. 1248. ex Tabul. Sangerm. : *Notum facimus quod in nostra præsentia constitutus Godefridus de Anthogniaco clericus, recognovit se vendidisse et in perpetuum quitavisse Abbati et Conventui S. Germani de pratis... arpentum et dimidium vineæ sitæ apud prata, Ut dicitur, in censiva eorumdem Abbatis et Conventus, Ut dicitur, ad* x. *denarios, Ut dicitur, capitalis census, et ad* VII. *sextarios vini annui redditus, Ut dicitur. Item arpentum et dimidium vineæ sitæ apud Treugas, Ut dicitur, ad* XII. *denarios censules, Ut dicitur. Item quoddam arpentum terræ sitæ apud Boufre, Ut dicitur, in censiva dictorum Abbatis et Conventus, Ut dicitur, ad* VIII. *denarios, Ut dicitur, censuales. Item dimidium arpentum vineæ sitæ in eadem censiva, Ut dicitur, ad* v. *denarios, Ut dicitur, censuales, et quamdam domum sitam juxta eandem vineam, Ut dicitur, in censiva Domus Dei Paris. Ut dicitur, ad* II. *denarios, Ut dicitur, censuales.*

* **UTDICUS**, a Belgico *Uytgedycke*, Agger contra inundationes maris, terra ex accessionibus maris aggregata. Charta Margar. comit. Fland. ann. 1269. in Suppl. ad Miræum pag. 602 : *Cum Johanna Flandriæ quondam et Hanoniæ comitissa contulisset ecclesiæ B. Mariæ de Camberone Cisterciensis ordinis totam terram de indico et Utdico in officio de Hulst; et occasione hujusmodi vocabuli Utdici, intelligere vellent abbas et conventus de Camberona omnes jactus maris;.... nobis e contra asserentibus, quod ratione dicti vocabuli Utdici, non debet intelligi nisi terra tempore factæ collationis habitata et dico omnino adhærens, quæ tantum commode inhabitari poterat vel adiri, etc.* Alia Joan. abb. de Camber. ejusd. ann. ibid. pag. 603. col. 2 : *Nullum jus de cætero reclamabimus in terris, maris, indicis, Utdicis et maris jactibus in officio de Hulst.* Charta Guid. comit. Fland. ann. 1285. ex Chartul. Namurc. in Cam. Comput. Insul. fol. 1. r° : *Nos Guido comes Flandriæ.... dilecto filio nostro Johanni de Namurco dedimus et concessimus... unum rejectum maris, qui dicitur vulgariter scor vel Utdich.* Alia ejusd. comit. ibid. fol. v° : *Avons donné à Ysabel nostre chiere compaigne..... tous les gées de mer, Utdis, comment ke on les puist ne doive apeler. Un scor c'on appielle Utdich*, in Ch. ann. 1281. ibid. fol. 7. v°.

¶ **UTELE**, UTELEIA, UTELIS, Mensura frumentaria : item, Ager, in quo tantum frumenti seminari potest, quantum capit hæc mensura. Vide in *Octalium.*

¶ **UTENSERIA**, Utensilia, supellex. Continuat. Joh. Iperii Chron. apud Marten. tom. 6. Ampl. Collect. col. 627 : *In quo* (testamento Willelmus Abbas) *omnia vasa argentea religiosorum suo tempore defunctorum conventui reliquit, omnia debita ex pecunia per ipsum ecclesiæ suæ in necessitate mutuo data dimisit, successori suo omnia coquinæ Utenseria argentea dedit.*

1. **UTENSILE**, Instrumentum, Gall. *Outil.* Petrus Damian. lib. 6. Ep. 7 : *Calcaria, scutica,... et si quæ alia equitandi sunt Utensilia.* [Mirac. S. Gibriani tom. 7. Maii pag. 643 : *Sed grave pondus ferri.... nisi Utensili ejusdem materiæ dissipari non potuit. Utisse* Tolosatibus idem quod *Outil, instrument.*]

* 2. **UTENSILE**, Ustrina, officina quævis, et ea præsertim quæ ad aquas exstructa est. Chron. Volemari apud Oefelium tom. 2. Script. rer. Boicar. pag. 532. col. 2 : *Rudolfus Romanorum rex... civitatem Wiennensem..... bello cingit et vastatis circumcirca pomeriis et aliis civitatis Utensilibus dilapidatis, etc.* Vide supra *Usina.*

* 3. **UTENSILE**, Vox generalis, quæ de animalibus, granis, aliisve rebus accipi videtur, in Charta ann. 975. tom. 1. Hist. Trevir. Joan. Nic. ab *Hontheim* pag. 318. col. 2 : *Legalis decimatio totius decimationis omnium Utensilium, ad eandem Referescheit curtem pertinentium, tam in porcis videlicet quam in aliis Utensilibus.* Vide supra *Usina.* [** Chart. Carol. M. ann. 798. in Schannat. Histor. Wormat. Probat. num. 1 : *Erembertus Wormatiensis ecclesiæ episcopus nostram excellentiam adiit, se reclamans ob contentionem quandam, quam rei publicæ judices et exactores fecerunt inter ecclesiam suam et inter regiam potestatem, de sylvis Otenwald et cæteris Utensilibus in pago Lobodunbergense, volentes omnem Usum prædicti pagi in dominicum fiscum redigere, propterea ante nos in manibus detulit præceptum Dagoberti reg. Franc. in quo continebatur, qualiter... tradidit... omnem sylvaticum in sylvis Otenwald cum omni Utensilitate in omni pago Lobedunbergense, etc.*]

¶ **UTENSILITAS**, Utilitas, usus. Tertull. de Cultu fem. lib. 1. cap. 4 : *Quod si de qualitate usus gloria est auro et argento, at quin magis ferro et æri, quorum ita disposita est Utensilitas, ut et proprias operas plures, et necessariores exbibeant rebus humanis... jam igitur æstimandum est unde obveniat tanta dignitas auro et argento, cum et consanguineis, quantum ad genus, et potioribus, quantum ad Utensilitatem materiis præferantur.*

¶ 1. **UTENSILIUM**, Utensile, ornatus. Andreas Floriac. in Vita MS. S. Gauzlini Archiep. Bituric. lib. 2 : *Ornantes faciem templi olosericis aulæis, et multi generis Utensiliis, etc.*

* 2. **UTENSILIUM**, Instrumentum, res quævis, qua quis utitur. Chartul. eccl. S. Dion. Exoldun. : *De quolibet equo portante Utensilium, quod vocatur baat, etc.*

* **UTENSIS**, vel UTENSUS, Utilitas, commodum, quicquid usui aptum est. Charta Henr. reg. ann. 1011. ex Diplomat. Tegur. apud Oefelium tom. 2. Script. rer. Boicar. pag. 80. col. 2 : *Hobas regales lx.... concedimus et de nostro jure in jus ac dominium eorum cum omnibus Utensibus, quæ ibi inveniri vel aptari possunt, prorsus transfundimus.* Vide *Utensilitas.*

* **UTERICIA**, Icterus, Gall. *Jaunisse.* Glossar. Lat. Gall. ann. 1352. Cod. reg. 4120 : *Utericia, Janisce.*

¶ **UTERINUS**, Gall. *Uterin* : *Fratres uterini* vulgo dicuntur qui diverso patre, sed eadem matre geniti sunt, in Cod. Theod. leg. 9. tit. 42. lib. 9. Chron. Angl. Th. *Otterbourne* pag. 183 : *Obiit etiam* (ann. 1394.) *Ducissa Eborum, soror Ducissæ Lancastriæ Uterina, etc.* Interdum *Uterini* etiam nuncupantur ex altero connubio procreati, ad discrimen duntaxat eorum qui eodem patre, sed diversa matre ex prioribus nuptiis nati sunt, ut in Charta ann. 1277. tom. 2. Hist. Dalph. pag. 17. col. 2 : *Drodonetus assignet Guidoni et Guillelmo fratribus suis Uterinis, cuilibet viginti libras Viennenses censuales ad vitam eorum tantum... Item dicto Aymareto filio meo ex secunda uxore, relinquo jure institutionis castrum de Pineto, etc. ita tamen quod Aymaretus assignet Guillelmeto et Alberto fratribus suis Uterinis, cuilibet viginti libras censuales Viennenses ad vitam, etc.*

¶ UTERINI appellantur Monachi ejusdem cœnobii alumni, apud Andream Floriac. in Præfat. ad lib. 1. Mirac. S. Benedicti ex cod. MS. Vaticano.

* Glossar. Gall. Lat. ex Cod. reg. 7684 : *Uterinus, d'un ventre.* Vide mox *Utrinus.*

¶ **UTFANC.** Charta Caroli Boni Comit. Flandr. ann. 1119. apud Miræum tom. 1. pag. 680. col. 1 : *Condonavi duas partes decimæ, id est duas garbas totius solitudinis seu deserti, quod Teutonice vocatur Utfanc vel Wostinia, in parochia de Ermingshem, etc.* Vide *Utfangi.*

UTFANGETHEF, Bractono lib. 3. tract. 2. cap. 35. dicitur *latro extraneus, veniens aliunde de terra aliena, et qui captus fuit in terra ipsius, qui tales habet libertates.* Ita etiam Fleta lib. 1. cap. 47. § 5. Proprie autem ita appellatur jus cognoscendi et judicandi de ejusmodi furibus, quod qui habet, dicitur habere *Utfangetef.* Vide eumdem Bracton. eod. lib. cap. 8. § 4. Charta Joannis Regis Angliæ ex Monastico Anglic. tom. 1. pag. 310 : *Concedimus etiam eis, quod ipsi Abbas et Prior et Monachi habeant libertatem curiæ suæ de omnibus tenementis suis cum soka et saka, et tholl, et theam, et infungentef, et Utfangentef. Utfangentef,* scribitur in tom. 2. pag. 827. Adde Brittonum in Legib. Angl. pag. 90. v. [** *Utfangenetheof.*]

UTFANGI, Novales terræ, videlicet noviter excultæ, quæ vulgo *Utfangi* dicuntur. Ita Charta Theodorici Dom. de Avenis, apud Miræum in Donat. Belgic. pag. 181. [Vide *Utfanc.*]

UTFLAT. Vide *Uslact.*

¶ **UTHAGIUM.** Vide supra in *Huesium.*

UTHBAN. Charta Henrici III. Regis Angliæ tom. 2. Monastici Anglicani pag. 1032 : *Et sint quieti.... de scutagio, et hidagio, et cavagio, et cornagio, et summagio, et Uthban, et schiris, et hundredis, etc.*

UTHESIUM. Vide in supra *Huesium.*

UTHLANDES. Charta Roberti Comitis Flandriæ in Tabulario S. Bertini : *Illi vero,* *qui in prædicta villa* (de Poperinghe) *ad banwerc constituti sunt, debent Comiti tantum Uthlandes, banwerc, et landwerc, et placitum inde erit Abbatis. Uut-lander*, Kiliano, est extraneus, alienigena.

* **UTHLEAW**, Mulcta proscriptis indicta, vel Jus proscribendi, Anglis *Out-law*, Proscribere. Charta Edoardi reg. Angl. ann. 1044. in Suppl. ad Miræum pag. 13. col. 2 : *Concedo eis etiam in omnibus terris suis prænominatis consuetudines hic Anglice scriptas, scilicet...... Uthleaw, etc.* Vide *Uthlandes* et infra *Utlaga*.

UTI, cum accusativo. Ferrandus Diac. in Brev. cap. 124 : *Ut lectores oraria non Utantur, etc.* Synodus Romana sub Zacharia PP. ann. 743. cap. 3 : *Ut Episcopus, Presbyter et Diaconus secularia indumenta non Utantur, nisi ut condecet, tunica sacerdotali.* Alypius seu auctor Descript. orbis cap. 1 : *Escam vero non Utuntur omnibus communem.* Vide Diomedem lib. 5. de Grammat.

¶ Uti, Solere, in usu esse. Litteræ Edwardi II. Reg. Angl. ann. 1317. apud Rymer. tom. 3. pag. 682 : *Secundum communem legem, quæ Utitur in partibus illis, se ad rationem poni et multipliciter inquietari per eosdem, etc.* Acta S. Franciscæ Rom. tom. 2. Mart. pag. 153 : *O mi Jesu Christe (id quod semper Utebatur in similibus oppressionibus dicere.) Sic Utebatur in illo loco*, in Vita MS. S. Gurthierni ex Tabul. Kemperleg.

* Constit. MSS. Jacobi II. reg. Aragon. ann. 1321 : *Ordinamus quod si aliquis fuerit bannitus per officialem nostrum, pro crimine quod commisit, et erit in loco prælati,... aut alterius, qui Utitur et usus fuit, sustinere bannitos nostros in suo, etc.*

UTICA, Cista. Vide *Hutica*.

¶ **UTIFRUI**, Usumfructum habere, usufructuario jure re aliqua uti. Charta Alberti Ducis Austriæ ann. 1298. apud Ludewig. tom. 5. Reliq. MSS. pag. 444 : *Castra, civitates, et oppida, et districtus in omnibus supradictis teneant, et Utifruantur eis, quousque per nos vel successores nostros Romanorum Reges vel Imperatores eisdem Regi Boemiæ ac heredibus ejus de prædictis quinquaginta millibus marcarum ejusdem ponderis et argenti fuerit integre satisfactum.* Alia Bolkonis Ducis Silesiæ ann. 1364. apud eumd. tom. 6. pag. 408 : *Ipsam villam... cum omni libertate et absque omni servitutis onere habendam, tenendam, possidendam, Utifruendam et in usus suos placide et quiete pro omnibus nostris successoribus convertendam... donamus.* Litteræ Ludovici XII. Reg. Franc. ann. 1502 : *Dicta bona dicto Petro de Rohan et suis hæredibus et successoribus concedimus ad habendum, tenendum, possidendum et Utifruendum, de ipsisque dandum, vendendum ad suæ libitum voluntatis.*

UTILIS, Probus, bonus, [strenuus, fortis :] *Utilitas*, Probitas, animi magnitudo. Constitutio Justiniani de Adjutorib. Quæstoris : *Si ille, qui deficiat non habuit filium jam Utilem, jam idoneum ad peragendum Adjutoris officium, etc.* Galli dicunt, *Capable d'exercer une charge.* Regula S. Benedicti cap. 7 : *Ut sollicitus sit circa cogitationes suas perversas, dicat semper Utilis frater in corde suo : Tunc ero immaculatus coram eo, si observavero me ab iniquitate mea.* Ubi interpres : *Utilis frater est, qui omnibus prodesse, et nulli desiderat obesse, qui nihil sapit, nisi quod Deo placere cognoscit, etc.* [*Humilis*, pro *Utilis*, rectius præferunt editiones ejusdem Regulæ recentiores.] Basina ad Regem Childericum, apud Gregorium Turon. lib. 2. Hist. cap. 12 : *Novi, inquit, Utilitatem tuam, quod sis valde strenuus, ideoque veni, ut habitem tecum. Nam noveris, si in transmarinis partibus aliquem cognovissem Utiliorem te, expetiissem utique cohabitationem ejus.* Vide Gesta Regum Francor. cap. 7. Hist. Fredegar. cap. 12. et Aimoinum lib. 1. cap. 8. Vetus Notitia apud Ughellum tom. 5. pag. 1538 : *Pecora utilia, pulli utiles,... porcus bonus, utilis.* Tabularium Conchense in Ruthenis : *Et si Utilis fuerit, faciet illum ordinare ad Presbyterum.* Adde lib. 1. Capitular. cap. 82. [** 76.] [Eadem notione χρήσιμος occurrit apud Græcos recentiores. Vide Gloss. med. Græcit. in hac voce.]

UTILITAS, Probitas, titulus honorarius, quomodo usurpatur a Gregorio Turonensi. Diploma Chilperici Regis apud Mabillonium : *Ideo cognoscat Magnitudo seu Utilitas vestra, etc.* Ita in Chartis Pipin. Regis apud Doubletum pag. 700. et Caroli M. pag. 707. Caroli C. apud Vassorium in Noviomo pagin. 682. et aliis passim.

Utilitates, Commodum, proficuum, *Profit* : item, Negotia. Gregorius M. lib. 2. Ind. 11. Ep. 24 : *Admonentes Charitatem tuam, ut ita efficaciter omnes Utilitates ejus* (Ecclesiæ) *exerceat, quatenus tui præsentia proprium se, absentem habere non sentiat Sacerdotem.* Epist. 26 : *Præterea te duximus adhortandum, ut ita cunctis Utilitatibus Ecclesiæ tuæ pure ac diligenter exhibeas, etc.* Epist. 37 : *Sed et Christiana, ut dicitur, mancipia comparavit, et suis ea obsequiis ac Utilitatibus deputavit.* Guill. Bibliothecarius in Stephano VI : *Numquam psalmodiis cessabat, nisi cum Utilitates populi ad se reclamantis perficere cupiebat, etc. Utilitatem Regis facere*, in Lege Longob. lib. 1. tit. 9. § 6. [** Roth. 377] Concilium Ticinense ann. 855 : *Quidam autem Episcopi et Rectores Monasteriorum res Ecclesiarum suarum subtractas, et aliis personis largitas queruntur, et ideo Ecclesiasticas Utilitates nequaquam se implere posse dicunt, etc.* [Andreas Floriac. Mon. in Vita MS. Gauzlini Archiepisc. Bituric. lib. 1. initio : *Vir pro certo in administrandis publicis Utilitatibus nulli priorum secundus.*]

Utilitas, Usus, χρεία. Cicero lib. 4. ad Herenn. : *Si idoneus esse potest ad eas Utilitates et aptus, quæ desiderantur ab equo.* Siculus Flaccus : *Ductus aquarum, qui Utilitatibus publicis servierint.* Synodus Romana ann. 826. cap. 13 : *Per sollicitudinem Episcoporum hæc quorum diœceseos existunt, ad easdem Utilitates, quibus constituta sunt, ordinentur, etc.* Vide Joannem VIII. PP. Epistol. 254. 263. 272. etc.

* **UTILITAS** Domus, Rerum domesticarum cura, Gall. *Ménage.* Alex. Iatrosoph. MS. lib. 2. Passion. cap. 11 : *Si infirmus...... circa Utilitatem domus sollicitudinem gerat, etc.*

* **UTILLIMUS**, pro Utilissimus. Prolog. in vitam S. Morandi tom. 1. Jun. pag. 349. col. 1 : *Sanctorum Patrum præcedentium dicta vel gesta litteris tradere, et succedentium memoriis commendare, Utillimum est.* Occurrit rursum in Actis S. Nennocæ ibid. pag. 411. col. 2.

¶ **UTINGA**, Villa, domorum collectio. Vita S. Treverii tom. 2. Jan. pag. 33 : *Duo pueruli nomine Radigniselus et Salsufur de pago Dombensi, ubi Briscia dicitur, juxta fluvium Araris, sive Sagonnæ, de villa, sive Utinga, quæ sex millibus a Prissianico vico distat, etc.* Vide *Hustingus*.

¶ **UTINUS**, Consuetus, solitus, quo utimur. Charta Erlebaldi, Abb. Stabul. ann. 1182. apud Marten. tom. 2. Ampl. Collect. col. 130 : *Pauperibus elemosynam de Utinis cibis annonæ, ad mensuram Stabulensis oppidi dari statui.*

¶ **UTIS**. Odo in Carmine de varia Ernesti Ducis Bavariæ fortuna, apud Marten. tom. 3. Anecd. col. 355 :

...... statimque hinc inde per omnem
Classem currentes, Utis abstracta marinis
Terga superveniunt, etc.

Legendum videtur *Uncis*, id est anchoris.

¶ **UTITARI**, *Sæpe uti*, in Gloss. MSS. apud Vossium lib. 4. de Vitiis serm. cap. 29.

UTLAGA, Exlex, extorris, proscriptus, relegatus; apud Littletonem sect. 197 : *Hors de la Loy, Utlage*, ex Saxonico utlaga, *extra legem*; ex ute, foris, et laga, lex. Leges Henrici I. Regis Angliæ cap. 10 : *Qui excommunicatum, vel Utlagam habet et tenet, etc.* Cap. 53 : *Si evaserit et aufugerit, pro Utlaga reputetur.* Adde cap. 13. etc.

Utlagus, in Regiam Majestatem lib. 1. cap. 18. § 3. *Utlagatus*, lib. 4. cap. 35. ut et apud Hovedenum pag. 654. 655. *Utlagi*, pag. 550. 774. Matth. Paris pag. 423. in Vitis Abbat. S. Albani pag. 99. etc. *Utlage*, in Legibus vernaculis Willelmi Nothi cap. 50. [De iis etiam, nisi hostes, piratas malis interpretari, intelligendum videtur le Roman *de Blanchandin* MS :

Quant il trespasseront les barges,
Se il encontrent les Uslaige,
Bien les porront illuec atendre,
Et le dromont vers ax deffendre.]

* *Wecteloix*, eodem sensu, in Lit. remiss. ann. 1458. ex Reg. 189. Chartoph. reg. ch. 256 : *Par lequel ban furent deslors-en-avant* (les dessus nommés) *tenus et réputez Wecteloix par la coustume de Flandres.*

Utlagare, Extra legem ponere, *exlegem* facere, proscribere. Cum enim quis reus ad judicium vocatus per quinque Comitatus seu assisias, non comparet, judex in eum sententiam suam pronunciat, qua eum *extra legem*, et extra protectionem Regis esse decernit, omniaque illius bona fisco addicit. Bracton. lib. 3. tr. 2. cap. 13. § 1 : *Si cum sit quarto vocatus non comparuerit... in primis forisfaciat patriam et regnum, et exul efficitur, et talem vocant Anglici Utlaughe, et alio nomine antiquitus solent nominari, scilicet Frendlesman : et sic videtur quod forisfacit amicos : et unde si quis talem post utlagariam et expulsionem scienter paverit, receptaverit, vel cum eo scienter communicaverit, aliquo modo, vel occultaverit, eadem pœna puniri debet, ita quod careat omnibus bonis suis et vita, nisi Rex ei parcat de gratia sua.* [Charta Johannis Reg. Angl. in Lib. nigro Scaccarii pag. 383 : *Et cum Utlagari deberet, secundum consuetudinem Angliæ, nos propter finem, quem prædicta Matildis nobiscum fecerat, mandavimus eidem Vicecomiti, quod hoc differret.*] *Utlagari* autem potest masculus 12. annos habens et ultra, non autem si infra, quia prius in Lege Decenæ non debet admitti. Fleta lib. 1. cap. 27. § 11. Vide eumdem Bractonum lib. 3. tr. 2. cap. 12. 14. ubi varias causas *Utlagationis* refert, et Rastallum. Utuntur præterea hac voce Leges Edwardi Confess. cap. 7. 39. Matth. Paris pag. 179. 222. etc. Vide *Caput lupinum*, et in *Wayf.* Confer *Inlagare.*

¶ Utlaghiare, Eadem notione, apud Radulfum *Coggeshale* tom. 5. Ampl. Collect. Marten. col. 871 : *Rex Eustachium de Vesci et Robertum filium Walterii in comitatibus tertio requisitos cum eorum fautoribus Utlaghiari fecit.*

¶ Utlegatus, Idem quod *Utlaga.* Litteræ Edwardi II. Reg. Angl. ann. 1304. apud Rymer. tom. 2. pag. 950 : *Per eosdem proceres... adjudicatis et a regno Scotiæ Utlegatis, etc.*

Utlagaria, Utlagatio, Proscriptio, quæ inter jura Regia recensetur in Legibus Henrici I. cap. 10. 13. 47. scilicet *trium annorum Utlagaria*, (sic enim legendum) pro *trium stannorum.* Leges Willelmi Nothi cap. 71 : *De omnibus Utlagariæ rebus Rex instituit, ut Anglicus se purget ad judicium.* Charta Richardi II. Regis Angliæ apud Thomam Walsinghamum pag. 254 : *Ac etiam perdonamus eisdem ligeis ac subditis nostris omnimodas felonias, proditiones, transgressiones, extorsiones per ipsos vel per aliquem illorum qualitercunque factas, sive perpetratas, ac etiam Utlegariam vel utlegarias, si qua vel quæ in ipsos, vel aliquem ipsorum, fuerit vel fuerint his occasionibus promulgata vel promulgatæ, etc.* Eadem pene habentur pag. 270. Hinc apud Anglos Forenses *Outlawry*, eadem notione.

¶ Utlagarium, Simili intellectu. Charta Henrici VI. Reg. Angl. ann. 1452. in Chron. Joh. Whethamstedii pag. 321 : *Ac eciam Utlagaria si quæ in ipsos abbatem et conventum hiis occasionibus, seu earum aliqua, fuerint promulgata, et firmam pacem nostram eis inde concedimus.*

Utlagium. Leges Kanuti Regis cap. 32 : *Et qui opus Utlagii fecerit, ejus revocatio sit in misericordia Regis*, i. qui crimen perpetravit, ex quo *utlagium* seu proscriptionem incurrerit.

Utlagatio. Tabularium Leprosariæ Pontis Audomari : *Interdictum vulgare Utlagatio nuncupatum.* Apud Prynneum in Libertatibus Angl. tom. 2. pag. 278 : *Interdictum, quod vulgariter Utlagatio nuncupatur.* Bracton. lib. 3. tract. 2. cap. 12. § 5 : *Procedendum erit ad Utlagationem sive ad Utlagariam.* Adde § 8. et Fletam lib. 1. cap. 28. ubi fuse de *Utlagariis.*

UTLEP, Evasio, seu *Escapium latronum*, Fletæ lib. 1. cap. 47. § 14. *Utleipa*, in Legibus Henrici I. Regis Angl. cap. 43. eadem notione, a Saxonico uthleapan, aufugere, evadere. Vide *Escapium.*

* **UTLIQUES**, *Dedens*, in Glossar. Lat. Gall. ex Cod. reg. 7692.

¶ **UTPUTE**, ἅτε δὴ, in Gloss. Lat. Gr. editis : in MSS. vero, *Utpote.*

UTRIARIUS, ἀσκόποιος, in Gloss. Gr. Lat. MS. Edit. *Coriarius* præfert.

UTRICISCUM, diminutivum ab *uter.* Gloss. Gr. Lat. MSS. Ἀσκίον, *utricium.* Ἀσκίδιον, *utricidium.* Editum habet *utriciscum.* [*Utruum*, pro *Utrium*, in Litteris Henrici IV. Reg. Angl. ann. 1411. apud Rymer. tom. 8. pag. 684 : *Cum quatuor duodenis paribus Utruum, etc.* Gloss. Lat. Gr. editæ : *Uter, utris, follis*, ἀσκός. MSS. habent, *Uter, utris, utreus, follis.*]

¶ **UTRICLARII**, Nautarum genus, ab utriculis, quæ forma navium erat, ita dicti, apud Sponium Miscell. Erudit. Antiq. pag. 61 : *Collegio Utriclariorum.* Et pag. 171 : *Inter Utriclarios Lugdunenses.* Vide ibi Sponium.

¶ **UTRICULARIUS**, ἀσκαύλης, in Gloss. Lat. Gr. Qui inflat ex utre fistulam. Utitur Sueton. in Nerone cap. 54.

¶ **UTRINARE.** Gloss. Græc. Lat. Βυθίζω, *Utrino, commergo, mergo.* In MSS. Sangerm. *Urino.*

* Ad hoc fortasse verbum pertinet vox Gallica *Ottron*, in Lit. Ludov. ducis Borbon. et comit. Clarimont. ann. 1360. ex Reg. 94. Chartoph. reg. ch. 36 : *Truant, merdous, bastar, Ottron pissé, etc.* Paulo ante *Ortron.*

* **UTRINUS**, pro *Uterinus.* Vide in hac voce. Sentent. ann 1411. apud Pez. tom. 6. Anecd. part. 3. pag. 129. col. 1 : *Proposuit eo modo, quomodo nobilis domina Anna vocata, avia sua, et nobilis domina mater Johannis, Petri et Nicolai filiorum Herke, de eadem sorores extitissent Utrinæ.*

* **UTSETEN.** Vide supra *Insetenys.*

¶ **UTTERARE**, a voce Anglica *Utter*, Proferre, distribuere. Litteræ Edwardi VI. Reg. Angl. ann. 1551. apud Rymer. tom. 15. pag. 292 : *Dictam falsam monetam sic factam, contrafactam et cuneatam, diversis ligeis nostris ignotis pro bona moneta felonice et proditorie exposuit et Utteravit, ad grave dispendium coronæ nostræ.*

¶ **UTTUM**, *infusura*, τρίμμα προσφαγίου, in Gloss. Lat. Gr. in MSS. Sangerm. *Vivitum*, in Regiis, *Bibitum.* Aliæ Græc. Lat. habent, *Moretum.* Vide *Moratum.*

UTWARA. Capitula de Weregildis post Concilium Grateleanum ann. 928 : *Et si Tainus ascendisset ut serviret Regi, et equitatus sui vice fungeretur in familia sua, si tunc habeat Tainum, qui ad Utwaram Regis quinque hidas haberet, et in Aula Regis domino suo serviret, etc.* Vide *Wara* 1.

VU, pro U longo, in aliquot Inscriptionibus interdum usurpari observat Scaliger in indice 19. ad Gruterum : v. gr : *Domvus*, τοῦ οἴκου, *Arbitrativi, etc.*

1. **VUA**, Vox exclamantis. Gesta Regum Francor. cap. 29 : *Ubi cum vexaretur, dicebat Vua, Vua, quid putatis qualis est ille Rex cœlestis, qui sic tam magnos Reges interficit.*

* Lemovices *à la Voul* inclamabant, cum injuriam patiebantur. Lit. remiss. ann. 1409. in Reg. 164. Chartoph. reg. ch. 112 : *Icellui Jameton qui se sentit frappé, commença à crier, comme l'en dit en langaige du pays* (Limousin) *à la Voul, monsieur le prévost, je suis mort.*

¶ 2. **VUA.** Charta ann. 885. apud Baldric. Noviom. lib. 1. cap. 52. et Miræum tom. 2. pag. 935. col. 2 : *Terras cultas et incultas, pervia, Vua, discapia, prata, etc.* Sed legendum unica voce *Wadriscapia.* Vide in *Waterscapum.*

¶ **VUADA**, f. Præfurnium, Gall. *Bouche de four.* Reparat. factæ in Senescallia Carcassonæ ann. 1435 : *Pro faciendo Vuadam et solum dicti furni de terra et lapidibus, etc.*

* **VUADICARIUS**, Vuadigarius, vel *Wadicarius*, Executor testamentarius, qui res testatoris in *vadium* habet, ut de iis dsponat. Chartul. eccl. Vienn. fol. 57. v° : *Boso et Andreas diaconi, Leuboini quondam sacerdotis Vuadigarii, recognoscentes promissum et voluntatem ejusdem Leuboini, etc.* Infra *Vuadicarii.* Vide *Gadiator* in *Vadium.*

* **VUADRUS**, idem quod *Waldus*, Nemus, silva. Vide *Gualdus.* Charta ann. 824. apud Pez. tom. 6. Anecd. part. 1. col. 58 : *Cum omnibus mancipiis, cum Vuadris, campis, terris arabilis, etc.* Alia ann. 828. ibid col. 65 : *Cum domibus, ædificiis, cum curtiferis, cum Vuadris, campis terris arabilis, tam cultis quam incultis, etc.*

VUASILUS. Capitula ad Legem Alamannor. cap. 4 : *Si* (coxa) *non fuerit transpuncta, et nervora tetigerit, ut ibi Vuasilus intrat, solvat sol.* 3. Et cap. 8 : *Si nervora tangit, et Vuasilus intrat, solvat sol.* 3. Ubi *Vuasilus* videtur esse Flandricum et Gallicum *Vuasse*, limus, lutum, cœnum, sanguis scilicet putridus, qui ex vulnere oritur. [Vide *Wassium.*]

* **VUEAUNA**, Fluvii nomen, in Charta ann. 1368. ex Tabul. S. Vict. Massil. : *Per nostras definitivas sententias declaramus, quod homines burgi S. Zachariæ ab inde inantea non sint ausi transire dictam matrem Vueaunæ, pro pascayrando animalia grossa vel minuta.* Vide supra *Mater* 3.

¶ **VUERE**, *Humere, pinguescere.* Gemma. Gloss. Lat. Gall. Sangerm. : *Uvere, amoitir, encresser.*

* **VUERGIUM**, Annonæ species, secale, ni fallor, f. pro *Yvernagium.* Charta ann. 1225. in Chartul. Arremar. ch. 142 : *Concesserunt ecclesiæ Arremarensi tres minas Vuergii et tres minas avenæ de decima magni Mesnili.* Vide *Hybernagium.*

VUERNAGIUM, pro *Wionagium.* Vide in *Guida.* Locus est in *Scartio.*

* **VUERNATUS**, Idem forte quod *Guarnitus*, instructus. Inventar. ann. 1361. ex Tabul. D. Venciæ : *Item quatuordecim equas Vuernatas.* Vide *Garnire* 1.

¶ **VUETAGIUM.** Vide in *Wactæ.*

* **VUIDANGIA**, Liberatio, expulsio, Gall. *Délivrance, expulsion*, alias *Vuide* et *Wide.* Arest. ann. 1369. 16. Jun. in vol. 5. arestor. parlam. Paris. : *Super variis pecuniarium summis per eundem levatis et receptis, causa Vliberationis seu uidangiæ fortalitii de Velainvilla in Persico, etc.* Lit. remiss. ann. 1391. in Reg. 141. Chartoph. reg. ch. 18 : *Nostre amé et féal chevalier et chambel-*

lan Jehan de Blaisy, par nous commis et ordonné sur le fait des Wides des forteresses occupées par nosdiz ennemis. Aliæ ejusd. ann. ibid. ch. 50 : *Jehan de Blaisy pour le fait de la Vuide des Anglais, par nous ordenée ès pays d'Auvergne, de Givaudan et autres, etc.* Occurrit præterea apud Marten. tom. 1. Ampl. Collect. col. 1523. et 1524.

* **VUIDENGIA**, Evacuatio, Gall. *Vuidange.* Memor. G. Cam. Comput. Paris. ad ann. 1412. fol. 207. v° : *Pro construendo et faciendo unum pontem nemoreum in villa Paris. incepturum in buto vici S. Martini, in loco qui dicitur wlgaliter La Planche de Mibray, transversaturum fluvium Secanæ usque ad S. Dionysium de carcere, iterum recto tramite ad parvum Castelletum Paris..... cum provisione quod rupturæ, quæ occasione prædicta necessariæ erunt fieri pro Vuidengia, cedent ad commodum regis.*

¶ **VUIEGILDUM.** Vide in *Weregeldum.*

¶ **VUILITIVA.** Vide in *Vultava.*

VUITTA. Vide *Wita.*

VULATIO. Charta Ratchisi Regis Longobardor. ann. 746. apud Ughellum in Episcopis Placentinis tom. 2. pag. 250 : *Et firmaverat vobis portum qui dicitur Cotaleo, ubi naves militarem usum habebant Vulatione illa de ripatico, vel justitia, quod et inde in Palatio nostro veniebat, etc.* Ubi legendum forte *cum inlatione illa, etc.*

* **VULCATIO**, Morbus igneus, seu inflammatorius. Annal. Victor. MSS. ad ann. 1361 : *Fuit mortalitas quasi universaliter, sed præcise in regno Franciæ : mortuæque sunt personæ quamplurimæ de bossis, antraxibus, carbunculis et similibus Vulcationibus et inflaturis.*

* **VULCEMENSES**, Incolæ pagi, nescio cujus, monasterio Dervensi subditi. Charta Hugon. comit. Campan. ann. 1114. pro eod. monast. in Reg. 142. Chartoph. reg. ch. 134 : *Apud Sparnacum me existente, quidam frater eorum, nomine Thebaldus, me adiit, remissionem supra consuetudines, quas Vulcemenses, qui in terra SS. Petri et Pauli, sanctique Bercharii commorantur, debebant, petiit.*

VULGAGO. Fulbertus Carnot. Epist. 46 : *Vulgaginem etiam petitam vobis mittimus, quamvis ætatem vestram tali jam vomitu fatigari non suademus; sed eo potius, si opus sit allevari, qui frequenter et sine periculo fieri possit ex oxymelle et raphanis valerianæ, quod seniori magis conducibile est morantem alvum laxativis pilulis incitari.* [Asarum, Gall. *Cabaret, nard sauvage.*]

* Glossar. medic. MS. Simon. Januens. ex Cod. reg. 6959 : *Vulgago est Azarum dictum Græce, Vulgago Latine.*

¶ **VULGALITER**, Lingua vulgari, in Charta Ludovici VII. Reg. Fr. ann. 1117. ex Chartular. Maurigniac. Litteræ Johannis Reg. Franc. ann. 1351. tom. 4. Ordinat. pag. 117 : *Donamus per presentes ad opus dicte domus omnes forefacturas tam in hæreditatibus quam mobilibus, et omnes espavias, seu Espaves Vulgaliter.* Vide *Vulgariter.*

VULGARIA, [Sirmondo ad calcem Supplem. Conc. Gall. pag. 345. dicitur id quod est commune omnibus villæ incolis, videlicet prædia quædam seu prata, queis utuntur indivisim; apud nos *les Communes.* Vide *Communia* 2.] Leo III. PP. Epist. 10 : *Unde et jussistis ut nullus quilibet homo in posterum conquassare, aut in judicio promovere præsumeret, tam de Vulgaria, quam etiam de mansis, quod per vestrum dispositum Herminus... nobis reconsignavit.*

* **VULGARICUS**, Vulgaris. *Vulgarica lingua,* in Vita S. Bonif. tom. 1. Jun. pag. 464. col. 2. *Vulgaument,* pro *Vulgairement*, vulgariter, in Charta Isabel. Rom. regin. ann. 1305. inter Probat. tom. 2. Hist. Burgund. pag. 122. col. 2. Vide supra *Usualiter.*

VULGARIS, *Plebeius*, δημότης, in Gl. Gr. Lat.

Vulgares, Vulgus, plebs. Agobardus Epist. ad Nibridium : *Nonnulli ex Vulgaribus et rusticis abducuntur.* Thomas Walsinghamus in Ricardo II : *Quæ cum audissent responsa Vulgares, in furorem versi etc.* Occurrit etiam apud Amulonem, S. Augustin. Epist. 76. et alibi. [Vide *Vulgaritas.*]

Vulgaris, Colonus. Decreta S. Stephani Regis Hungar. lib. 2. cap. 33 : *Si Comes, si Miles, si Vulgaris quidem alterius sui similis mansiunculas invaserit, 5. juvencos solvat.* Ubi Jo. Sambucus : *Vulgaris, i. est rusticus liber factus : nam servi dominos non possidebant.*

¶ **VULGARISARE.** Vide *Vulgarizare* 1.

¶ **VULGARITAS**, Vulgus, vulgaris mos. Arnulphus in Hist. Mediol. apud Murator. tom. 4. pag. 24. col. 2 : *Hos tales cætera Vulgaritas ironice Patarinos appellat.* Johannes de Monsterolio Epist. 7. apud Marten. tom. 2. Ampl. Collect. col. 1329 : *Animus fuit... cum calamum arriperem tecum jurgari, quod tu Vulgaritatem sectando, quam fugere summopere philosophi nos admonent, mihi theuromata seu tapeta illa misisti.* Vide *Vulgaris.*

¶ **VULGARITER**, Lingua vulgari, vernacula. Chron. Mellicense pag. 329 : *Prior autem, ut expedire viderit, exponat vel literaliter, vel Vulgariter, quæ fuerint dicenda circa materiam.* Vide *Vulgaliter.*

1. **VULGARIZARE**, In vulgarem linguam traducere, ex Ital. *Volgarizare*, in Charta Galeacii Comit. Virtutum ann. 1377. [Statuta MSS. Eccl. S. Laurentii : *Quilibet rector.... constitutionem Concilii generalis quæ incipit, Omnis utriusque sexus, publicare et pœnas in eadem contentas Vulgarizare seu in vulgari dicere teneatur.* Processus de B. Catharina Senensi apud Marten. tom. 6. Ampl. Collect. col. 1275 : *Item, aliud* (volumen) *in quo est dicta legenda Vulgarizata, partim in vulgari Placentino, partim in vulgari Senensi.* Adde eumd. Marten. tom. 4. Anecd. col. 1020. Chron. Domin. de Gravina apud Murator. tom. 12. col. 603. Statuta Vercell. lib. 7. pag. 163. Acta S. Wernheri tom. 2. April. pag. 719. etc.]

¶ Vulgarisare, Eadem notione. Charta ann. 1305. tom. 2. Hist. Dalph. pag. 125 : *Lectum fuit et expositum in vulgari eidem D. Dalphino hoc compromissum factum ejus nomine,... quo compromisso lecto et Vulgarisato idem D. Dalphinus.... ratificavit et approbavit.* Sententia ann. 1497 : *Supradicta sententia... Vulgarisata et data intelligi in vulgari.*

¶ 2. **VULGARIZARE**, Vulgare, publicare. Gaietanus in Ordine Rom. apud Mabill. tom. 2. Musei Ital. pag. 363 : *Alii Cardinales et Prælati possunt differre recipere puramenta, quousque incipiantur processus, vel quousque diaconus cardinalis ipsos incipiat Vulgarizare.* Statuta Perus. fol. 15 : *Anno 1326. Indictione septima, die decimo nono Februarii Vulgarizati ibidem specifice.*

* **VULGIA**, *Labellorum obtortiones*, in vet. Glossar. ex Cod. reg. 7613. pro *Valgia.* Vide in *Valgium.*

* **VULGO**, *Inordinate, confuse, incondite,* in eod. Glossar. Hinc *Vulgo natus.* Illegitime natus, in Charta ann. 1362. ex Reg. 91. Chartoph. reg. 331 : *Quidam ejus* (Joannis de Taillencuria) *generationem ignorantes improperant, quod ipse Vulgo conceptus et natus fuit,.... licet ipse fuerit de legitimo procreatus.*

¶ **VULGULOSUS**, *In vulgo generalis*, in Gemma. Vide Vossium lib. 3. de Vitiis serm. cap. 56. Gl. Lat. Gall. Sangerm. : *Vulgosus, peupliés.*

VULGUS, pro Vulgo. Epistola S. Remigii ad Chlodovæum Regem : *Quia quod Vulgus dicitur, ex fine actus hominis probatur.*

VULMINARE, pro Fulminare : Germani enim V ut F. pronuntiant, uti supra observatum. Conradus de Fabaria de Casibus S. Galli cap. 16 : *Videns Dux circumspectum Abbatis animum circa Regis negotia inconvulsum, verbis eum Vulminare attemptabat opprobriosis.* [Leg. forte *Vulnerare.*] [**Fulminare*, apud Pertz. pag. 180. lin. 47.]

VULNERARIUS Medicus, Qui vulnera curat, in Gloss. S. Bened. cap. de Medicina, ubi exponitur ἰατρὸς * τέτρωτος. Forte τετρωμένων. [Gloss. Lat. Gr. : *Vulnerarius*, τραυματικός. Eædem : *Vulgenarius*, μοιλπόλης : ubi Vulcanius legit, *Vulnerarius*, μολγοπώλης. Hinc fortean emendanda Charta ann. 1069. inter Probationes Historiæ Tullensis pag. 84. quam subscribit *Valterus Vulneratus;* pro *Vulnerarius*, ut videtur.]

* Chirurgus. Mirac. S. Hyacinthi tom. 3. Aug. pag. 372. col. 2 : *Petrus sartor de Casimiria, manu dextra graviter vulneratus, et a medicis Vulnerariis destitutus, post vota sanatur.*

* **VULNERATIO**, Damnum, detrimentum. Stat. Casimiri ann. 1346. inter Leg. Polon. pag. 18 : *Decernimus quod extunc absque Vulneratione causæ, testimonia eorundem testium per judicem recipiantur.*

* **VULNUS** Difficile, Grave, ad curandum haud facile, Gall. *Blessure dangereuse.* Lit. remiss. ann. 1373. in Reg. 105. Chartop. reg. ch. 27 : *Dictus Laurentius super renes seu dorsum dicti Guillelmi semel vel bis leviter duntaxat percussit, absque tamen alio ictu seu Vulnere difficili vel letale.*

* Vulnus Penetratum, Penetrans, Gall. *Blessure qui pénetre.* Charta Phil. comit. Fland. pro libert. castel. Brug. ex Cam. Comput. Insul. : *Qui vulnus in capite, sive in ventre fecerit, quod dicunt penetratum Vulnus, convictus dabit vulnerato sex libras;... de minutis vulneribus et a scabinis cognitis, dabunt tres libras.*

VULPECULAM aliquem appellare, convitii olim species fuit. Lex Salica tit. 32. § 3 : *Si quis alterum Vulpeculam clamaverit, etc.* [Ubi non hominem callidum et vafrum significari, sed timidum et meticulosum, auctor est Eccardus in Notis ad hunc locum : unde Provincialibus *Volpil* meticulosum, et *Volpilatge* inertiæ vitium dici observat ibidem Vir eruditus. At pro versuto homine usurpat] Auctor Vitæ B. Remigii : *Jussit nominari Vulpeculam : quod, cur ita nominari voluerit, qui fraudes et significationes ipsius animalis cognoscit, satis advertit.* Gregorius Turon. lib. 8. cap. 6 : *Multas eis perfidias et perjuria exprobravit, vocans eos sæpius Vulpes ingeniosas.* A voce *Vulpecula*, orta Gallica *Goupil*, qua nostri olim vulpem vocabant. Philippus *Mouskes* in Carolo Simplice :

Et cil Rollans ot dit ançois
A Hastenc tout par son gabois,
Qùe il déslooit la bataille,
Pour çou que jà goupius sans faille
Ne seroit pris d'autre Goupil,
Ne leus par leu mis à escil.

Utitur eadem voce in Carolo M :

Tout ausement com li vilains,
U li pestres loiaus et sains,
Gardent leurs bestes és boins leus,
Pour les Goupius, et pour les leus.

Ibidem :

Fourré de vair et de Goupis.

Galterius Metensis in Mappa mundi MS. cap. 18 :

Adont les en verriés aler,
Teste levée com Goupis,
Qui de proie s'en va saisis.

Le Pelerinage *de l'humaine lignée :*

Car il cuidoit que le Goupil,
Deist acertes, mais nennil.

Gourpille, aliis. *Le Reclus de Moliens*, in suo Miserere MS :

Soutius sont com Gourpilles
Et attraians come formilles.

[Vide alia notione in *Vulpes* 1.]

¶ Vulpeculator, Qui vulpes venatur. Comput. ann. 1202. apud *D. Brussel* tom. 2. de Usu feud. pag. cxc : *Vulpeculator de ultimo tertio*, xix. *l.* vi. *den. minus.*] *Goupilleur*, in Computo Domanii Comitatus Bononiensis ann. 1402 : *A Estevene Denary Goupilleur de Monseigneur le Duc* (de Berry) *en sa Comté de Boulogne aux gages de 6. l. et 4. poquins de froment pour le gouvernement de* 10. *petits chiens qu'il doit parmy ce tenir à ses frais pour prendre les regnars.*

¶ Vulpinosus, Callidus, versutus. Chron. ann. 1414. apud Lobinell. tom. 2. Hist. Britan. col. 884 : *Dicentes quod ipsa erat superba et intractabilis mulier, ac maliciis et Vulpinosis cavillationibus plena.*

¶ Vulpennius, Eodem significatu, in Rythmo satyrico apud Mabill. tom. 3. Analect. pag. 534.

¶ Vulpinose, Malitiose, subdole. Chron. ann. 1411. ibid. col. 881 : *Dux Burgondie una cum Comite Derby Anglico cum magna Francorum... comitiva Vulpinose Parisiensem civitatem intravit.*

* **VULPERARIUS**, ut *Vulpeculator*, Qui vulpes venatur. Lit. remiss. ann. 1352. in Reg. 81. Chartoph. reg. ch. 363 : *Robertus Trouart Vulperarius noster, etc.* Vide supra *Gopillator.*

* **VULPERIUS**, Eodem significatu. Vadia official. reg. ann. 1328. ex Cod. reg. 8406. fol. 288. r° : *Vulperius regis per diem, quatuor solidos; et per annum pro roba, centum solidos.*

1\. **VULPES**, Machinæ bellicæ species. Albertus Aquensis lib. 2. Hist. Hieros. cap. 30 : *Unus de majoribus Alemanniæ Vulpem ex proprio sumptu quercinis trabibus composuerunt, cujus in gyro tutos intexuerunt parietes, ut gravissimos Turcorum sufferret ictus armorum, omniaque jaculorum genera : ac sic in ea manentes tuti, et illæsi urbem fortiter impugnando perforarent. Hoc tandem Vulpis instrumentum, dum ad unguem opere et ligaturis perduceretur, milites prædictorum Principum loricati ad viginti in eadem Vulpis protectione sunt constituti. Sed magna virorum inundatione et conamine juxta muros applicata, non æquo subsedit aggere, etc.*

Vulpecula, Eadem notione, apud Ottonem de S. Blasio cap. 23. Vide *Ericius* 2.

2\. **VULPES**, Aleæ species, nostris etiam haud incognita, vulgo, *le Jeu du Renard.* Jo. Sarisberiensis lib. 1. de Nugis Curialium cap. 5 : *Hinc Tessera, Calculus, Tabula, Urio vel Dardana pugna, Tricolus, Senio, Monarchus, Orbiculi, Taliorchus, Vulpes, quorum artem utilius est dediscere, quam docere.*

* **VULPILIATOR**, ut *Vulperarius*, in Tabulis cereis expens. reg. ann. 1307. ex Bibl. S. Germ. Prat. : *Perrotus Maillart Vulpiliator regis, etc.*

¶ **VULPINOSE**, Vulpinosus. Vide *Vulpecula.*

VULPIO, Vafer, Veterator, apud Apuleium in Apologia : *Nosceretur te... etiam cum matri blandirere, tamen jam tum Vulpionem et impium fuisse.*

¶ **VULSELLA**, Instrumentum ad pilos evellendos. Gloss. Lat. Gr. : *Vulsella*, τριχολαβίς, ἀκανθολαβίς. Est etiam apud Celsum Instrumenti chirurgici genus, quo exscindendis corruptis carnibus utuntur.

¶ **VULSIO**, Surculus, ramus a trunco avulsus. S. Irenæi vetus Interpres lib. 3. cap. 11. num. 1 : *Joannes Domini discipulus, volens per Evangelii annuntiationem auferre eum, qui a Cerintho inseminatus erat hominibus, errorem, et multo prius ab his qui dicuntur Nicolaitæ, qui sunt Vulsio ejus, quæ falso cognominatur scientia, etc.*

¶ **VULSUS**, διάσπασις, in Gloss. Lat. Gr. MSS. in Cod. Regio : *Vulsus, divulsio.*

VULTATICUM, Præstationis species, incertæ mihi prorsus notionis. [Idem quod supra *Volutaticum :* ex vitiosa pronuntiatione scriptum existimo *Vultaticum.*] Charta Dagoberti Regis Franc. apud Doubletum in Hist. Sandionysiana pag. 656 : *Teloneos vel navigios, portaticos, rivaticos, rotaticos, Vultaticos, themonaticos, etc.* [*Wultatious*, in Charta Caroli M. ibid. pag. 709.] Charta ejusdem Imper. ex Tabul. S. Germani Paris. : *Theloneum aut rotaticum, seu Vultaticum, cespitaticum, ripaticum, vel salutaticum accipiat.* In Charta Ludovici Pii Imper. ibid. pag. 732. habetur, *volutaticum : Tam de portatico, et pontatico, et ripatico, et rotatico, et timonatico, et Volutatico, et cispitatico, etc.* Charta Ricardi Comitis Normanniæ apud eumdem Doubletum pag. 816 : *Cum omnibus sibi adjacentibus, portu, teloneis, Vultaticis, piscatoriis, terris cultis et incultis, etc.* Charta Ludovic. Regis Franc. ann. 936. apud Sammarthanos in Episcopis Parisiensibus : *Neque theloneum, neque portaticum, neque piraticum, seu viaticum, nec etiam Vultaticum exinde aliquid accipiat potestas judiciaria.*

VULTAVA, Vultiva, Wulitiva, Cicatrix ; Vulnus in *vultu*, seu facie illatum, unde forte vocis etymon. [** *Wliti*, Vultus, facies, *Wam*, Nævus, macula.] Lex Saxonum tit. 5. § 5 : *Si os fregerit, vel Vultavam fecerit, corpus, vel coxam, vel brachium perforaverit, etc.* Ubi editio Heroldi *Vulitivam*, Tilii *Vultivam.* Lex Frision. Addit. tit. 3. § 16 : *Si ex percussione deformitas faciei illata fuerit, quæ de* 12. *pedum longitudine possit agnosci, quod Wulitivam dicunt, etc.* Edit. Heroldi *Vulitivam.* Lex Anglior. tit. 5. § 10. ubi de Transpunctionibus et membris læsis : *Vultivam* 50. *sol. componat.* Ubi editio Heroldi *Vultivuam* præfert. Vide Sibrandum a Sicama. [** et Grimm. Antiq. Jur. Germ. pag. 630.]

VULTIVOLI dicuntur, (verbis utor Joannis Sarisber. lib. 1. de Nugis Curial. cap. 12.) *qui ad affectus hominum immutandos, in molliori materia, cera forte vel lima, eorum, quos pervertere nituntur, effigies exprimunt.* Eadem verba habet Petrus Blesensis, seu Auctor libri de præstigiis fortunæ. Cujus illusionis in Pharmaceutria Virgilius meminit :

Limus ut hic durescit, et hæc ut cera liquescit,
Uno eodemque igni, sic nostro Daphnis amore.

Naso quoque in libro Heroïdum :

Devovet absentes, simulachraque cerea fingit,
Et miserum tenues in jecur urget acus.

Atque inde forte genus sortilegii, *Defixio*, videtur appellatum, quod scilicet ejusmodi incantatores acus subinde *defigerent* in imagines cereas, iis locis, quibus viros ipsos pungere decreverant, qui puncturas ipsas, ac si ipsi pungerentur, persentiebant. Gloss. Lat. Græc. : *Defixiones*, νεκρομαντεῖαι. Paulus lib. 5. Sentent. tit. 23 : *Qui sacra impia nocturnave, ut quem obcantarent, defigerent, obligarent, fecerint, etc.* Apuleius lib. de Virtutib. herbar. cap. 7 : *Si quis devotatus defixusque fuerit in suis nuptiis, etc.* Vide Cujac. lib. 21. Observ. cap. 22. [** Grimm. Mythol. German. pag. 619.]

Vultuarios ejusmodi incantatores appellat Delrius lib. 6. Disq. magicar. Inde *Invultus*, ipsæ vultivolorum præstigiæ, in Legibus Henrici I. Regis Angl. cap. 71 : *Si quis veneno, vel sortilegio, vel invultu, actione, seu maleficio aliquo faciat homicidium.* Exstant in Archivo Regis Christ. acta varia juridica contra Guichardum Episcopum Trecensem, qui, licet falso, accusabatur, Joannam Reginam Philippi Pulchri uxorem veneficio sustulisse, in quibus asseritur, testes fuisse, qui asseverabant, *quod idem Episcopus fecerat Invultari Reginam, et quod illa invultatione decesserat.* In Regesto Curiæ Parlam. Paris. ann. 1343. hæc legimus : *Sur les paroles, que ledit Messires Jean avoit dites au Roy, c'est assavoir que ledit Messire Henris l'avoit Envulté, ou fait Envulter.* Vide Petrum Blesensem Epist. 65. Continuatorem Chron. Nangii ann. 1315. Balsamonem ad Nomocan. Photii, et Browerum lib. 11. Annal. Trevir. n. 146. 148.

* Reg. visitat. Odon. archiep. Rotomag. ex Cod. reg. 1245. fol. 352. v°: *Galterus, presbiter de Brayo subtus Baudemont,..... confessus fuit se diffamatum esse de quodam Vultu cereo, constructo per sortilegium; super quo juratus dixit se nichil scire, nisi per dictum cujusdam mulieris quæ conceperat et pepererat de ipso, et habuerat duos pueros.* Lit. Phil. V. ann. 1319. in Reg. 59. Chartoph. reg. ch. 20 : *Mandamus.....quatenus, nisi vobis constiterit.... legitime Johannam de Latigniaco in castelleto nostro Paris. carceri mancipatam, esse culpabilem seu vehementer suspectam de Vultibus cereis olim, ut dicitur, factis contra personam dilecti et fidelis Karoli comitis Valesii, patrui nostri, præfatam Johannam a dictó carcere absque dilatione qualibet deliberetis.* Authent. proces. Rob. comit. Atrebat. ex Cam. Comput. fol. 185. v°.: Frere Henri de l'ordre de la Trinité demanda à Robert *que est-ce que voust? C'est un image de cire,* lui répondit-il, *que l'en fait pour baptisier, pour gréver ceux que l'en vuelt gréver. L'en ne les appelle pas en ces pays Voulz,* repliqua le religieux, *l'en les appelle manies.* Vide supra *Baptisare, Imaginatio* 2. et in *Votum* 4.

¶ Vultuare, Veneficio occidere. Charta ann. 1396. apud Lobinell. tom. 2. Hist. Britan. col. 870 : *Et quamvis Dux Burgondie et major pars nacionis Britannie voluisset ipsos suspicatos extorquere, ut ipsi notificarent nomina aliquorum emulorum, qui ipsos, mediante pecunia et arte dyabolica, induxerant ad Vultuandum Ducem prelibatum.*

¶ **VULTIVUA.** Vide supra *Vultava.*

VULTORIUM, Vultur, Gall. *Vautour.* Gloss. Gr. Lat. MS.: Γύψ, *Vultor, Vultorium.* Editum habet *vultur,* [et *Vultor.*]

¶ **VULTUARE**, Vultuarius. Vide in *Vultivoli.*

VULTUOSUS, Superbus. Vita S. Ermenoldi Abb. lib. 1. cap. 6 : *Non despexit ut Vultuosus, aut contumax.*

¶ Vultuosus, *Pulcher, cum gravitate decora,* in Gloss. Gasp. Barthii apud Ludewig. tom. 3. Reliq. MSS. pag. 117. ex Hist. Palæst. Roberti Monachi. *Vultuosus, tristis.* Gloss. Isidori. Gloss. Lat. Gall. Sangerm. : *Vultuosus, biaus de visage, ou tristes.*

¶ **VULTURNALIS.** Chron. Angl. Th. *Otterbourne* pag. 6 : *Quarta* (via) *dicitur Rikenildstreat, tendens ab Africa in Boream Vulturnalem.* Gloss. Lat. Gr. : *Vulturnus,* εὖρος, οὖριος. Vide *Erminstreat.*

VULTUS, Quævis imago, interdum ea, quæ *Pectoralis* et *Thoracata,* ut observatum a Casaubono et Salmasio ad Vopiscum pag. 440. et Jacobo Gothofredo ad leg. 5. Cod. Theodos. Ne quid publicæ lætitiæ, etc. (8,11.) Anastasius in Paschali PP : *Obtulit imaginem ex auro purissimo, habentem Vultum sanctæ Dei Genitricis pens. libr.* 10. *et uncias* 4. *Ibi et ipse fecit vestem de blattin Byzantea, habentem tabulas de chrysoclavo, duas cum Vultu B. Petri, et sanctorum Martyrum Processi et Martiniani,.... illic etiam obtulit vestem holosericam, habentem in medio tabulam de chrysoclavo cum Vultu dominicæ resurrectionis, etc.* Idem in Steph. III. pag. 247 : *Fecit imaginem Dei Genitricis in throno sedentem, gestantem in genibus Wultum Salvatoris D. nostri Jesu Christi.* Et in Valentino II : *Fecit patenam.... habentem in medio Vultum Domini nostri, et a duobus lateribus Vultum ipsius beati Marci, atque ejusdem Præsulis.* Utitur alibi non semel pag. 161. 187. etc. Gauterius Monachus Cluniacensis de Miraculis B. Virginis Mariæ cap. 1 : *Ut quicunque patiens hanc infirmitatem coram B. Virginis Vultu adveniret, etc.* Heribertus Monachus de Hæreticis Petragoricensibus : *Crucem, seu Vultum Domini non adorant; sed adorantes prohibent, ita ut ante Vultum Domini dicant, simulachra Gentilium, etc.* Histor. Monast. Figiac. pag. 298 : *Crucifixi Vultus duas fecit imagines, etc.* Hinc colligitur, cur dicatur

Vultus de Luca, Imago Crucifixi, quæ *Lucæ* in Italia in Ecclesia S. Crucis conspicitur, quam a Nicodemo, Christi discipulo, effictam volunt, cujus meminere ex veteribus Lucas Tudensis lib. 2. contra Valdenses cap. 11. Auctor Vitæ S. Ricardi Regis Anglo-Sax. ex MS. Bodecensi num. 5. Gervasius Tilleberiensis lib. MS. de Otiis Imperial. Decis. seu parte 3. cap. 25. etc. ex recentioribus vero, Cornelius Curtius Eremita in Tractatu de Clavis Christi, Cæsar Franciottus lib. de SS. Lucensibus. Silvanus Razzi de SS. Hetruriæ, Baronius ann. 1099. n. 40. et alii. Historiam præterea Inventionis S. Vultus, et Translationis Lucam, scripsit Leobinus Diaconus, qui interfuit, quam ex MS. Brenensi habet codex Thuanus 773. ex quo sunt sequentia : *Qua vero de causa Vultus Domini nuncupetur, paucis absolvam. Sicut enim facies visa illum, cujus facies videtur, certificat : ita pretiosi Vultus figura Redemptorem nostrum incarnatum, et pro nobis in cruce pendentem, quasi quibusdam lineamentis repræsentatum exprimit, etc.*

Scribit Eadmerus lib. 1. et 2. Hist. Novor. Willelmum Regem Angl. *per sanctum Vultum de Luca jurare consuevisse,* pag. 16. 19. 30. 47. 51. 54. Id etiam testatur Willelmus Malmesbur. lib. 4. Hist. pag. 121. 124. lib. 1. et 3. de Gest. Pontificum Angliæ pag. 217. 277. Doubletus in Hist. Abbat. S. Dionysii lib. 1. cap. 44. refert, in una ex Capellis Ecclesiæ asservari imaginem Christi crucifixi, longiori tunica, aut veste talari induti, quam vulgo *saint Voulst* [vel *le saint Visage de Lucques*] appellant, Latine *sanctum Vultum de Luca* vel *Leuca,* quod ejusdem prototypum magno cultu Lucæ asservetur.

Ejusmodi etiam crucifixi Christi effigies conspicitur apud Ruguenses in Pontivo, Picardiæ pago, a Nicodemo perinde confecta, ut creditur, cujus descriptionem videre est apud Malbrancum lib. 7. de Morinis cap. 11. et lib. 8. cap. 10.

* *Vout,* nostratibus, Quævis imago. Consuet. Genovef. MSS. ad ann. 1263. fol. 56. r° : *Cil de Sainte Genevieve furent resaisi à Contin d'un Vout* (de pendu), *c'est asavoir d'une chemise et d'un chaperon plain de fuerre en une charete.* Pro *Visage,* in Chron. S. Dion. tom. 3. Collect. Histor. Franc. pag. 167 : *Fiertez et leesche estoient ensamble mellées en son Vout et en son regart. Voult,* in Poem. MS. *du Riche homme et du Ladre* :

Il te convient pardouner tout,
Se vues veoir de Diu le Voult.

* Vultus autem species et forma, vulgo *Physionomie, Fizonomie* nuncupatur, in Lit. remiss. ann. 1389. ex Reg. 135. Chartoph. reg. ch. 174 : *Icelles jeunes femmes monstrèrent auxdiz sergenz enseignes de la Fizonomie et estat dudit Estienne, afin qu'ils le cognussent mieulx.*

* Vultus Variati, Larvæ. Lit. remiss. ann. 1386. in Reg. 129. Chartoph. reg. ch. 46 : *Ex ludo quorumdam dictæ villæ* (S. Abundi) *qui Vultibus variatis procedebant, etc.* Vide supra *Visagium falsum.*

* **VULUATICUM**, Mendose ex Charta Dagoberti regis apud *Grosley* in Disquisit. ad Jus Franc. pag. 121. pro *Vultaticum.* Vide in hac voce.

* **VUOED.** Vide infra *Weedt.*

¶ **VUOTANT.** Vide in *Wodan*

¶ **VURDO**, pro Burdo. Gloss. Lat. Græc.: *Vurdo,* ἡμίονος : in MSS. Sangerm. *Burdo.* Vide *Burdones.*

* **UVULA**, Medicis, Gall. *Luette.* Glossar. Lat. Gall. ann. 1352. ex Cod. reg. 4120 : *Uvula, quoddam membrum parvum pendens in gutture.*

* **VUURE**, an pro *Feutre,* Pannus e coactis, lanis? Testam. ann. 1392. inter Probat. tom. 3. Hist. Nem. pag. 169. col. 2 : *A magistro Egidio Viviani, pro uno capello Vuure, xvj. solidos, iiij. denarios.*

¶ **UXELLATUS**, Avibus ornatus, ab Ital. *Uccello,* avis. Statuta Vercell. lib. 4. fol. 85. v° : *De toaliis Uxellatis pro qualibet pariete solidos decem Pap.*

¶ **UXERIUS**, Ostiarius. Vide *Usserius.*

UXORARE, Uxorem dare, maritare, in Statutis Venetor. ann. 1242. lib. 1. cap. 57. lib. 2. cap. 8.

* Libert. S. Joan. Angeriac. ann. 1204. tom. 5. Ordinat. reg. Franc. pag. 671 : *Concedimus etiam, ut eis et eorum hæredibus ad libitum suum, puellas et viduas suas nuptui tradere et juvenes Uxorare.... liceat.* Occurrit etiam in Chron. Alber. monachi tom. 10. Collect. Histor. Franc. pag. 285. Glossar. Gall. Lat. ex Cod. reg. 7684 : *Uxorare, marier, prendre femme à mariage.*

¶ Uxorare, Nubere. Gloss. Lat. Gall. Sangerm. : *Uxorare, prandre femme par mariage, conjoindre à femme.* De viro et muliere itidem dicitur. Tabular. Calense fol. 117 : *Omnes homines ipsius monasterii* (Calensis) *de corpore tenentur ipsi monasterio in forimaritagio, si ipsos maritari seu Uxorari contigerit in alienam uxorem seu mulierem, feminam de corpore dicti monasterii non existentem.* Concil. Coyacense ann. 1040. inter Hisp. tom. 3. pag. 210 : *Intra etiam dextros ecclesiæ laici Uxorati non habitent.* Charta Conani Ducis Britan. ex Tabul. B. M. Andegav. : *Plurimi antecessorum meorum præfatam capellaniam perniciose administrari permiserunt, dantes illam in hominagium Uxoratis sacerdotibus et filiis eorum jure hæreditario.* Charta ann. 1274. tom. 1. Hist. Dalph. pag. 126. col. 2 : *Non permittant.... morari mulierem Uxoratam publice in prostibulo : .... si aliquis cum ea causa adulterii capiatur, non puniatur pœna, qua adulteri consueverunt puniri, nisi constaret quod ille captus, sciret eam esse Uxoratam.* Statutum Johannis Regis Franc. ann. 1360. tom. 3. Ordinat. pag. 468 : *Quilibet Judeus Uxoratus caput domus, etc.* Quæ vernacule ibidem sic redduntur : *Chascun Juyfs chief d'ostel et Marié, etc.*

Uxorum commutationem obtinuisse olim ex abusu in Hibernia, docet Lanfrancus Cantuar. Archiep. in Epistola ad Gothricum Hiberniæ Regem : *In regno vestro prohibentur homines seu de propriarum, seu de mortuarum parentela conjuges ducere : alii legitime sibi copulatas pro arbitrio et voluntate relinquere : nonnulli suas alii dare, et aliorum infanda commutatione recipere.* Eadem habet in Epistola ad Terdelvacum Hiberniæ Regem, apud Baronium ann. 1089. ut et S. Anselmus lib. 3. Epist. 142. 167. Vide Gregor. VII. PP. in Append. Epist. 1. et Joan. Sarisberiensem Epist. 53. Huc forte respexit Beda lib. de Remed. peccat. cap. 7 : *Qui dimiserit uxorem suam alteri conjugi, etc.*

¶ Uxoreus, Conjugalis. Charta Caroli Calvi ann. 862. apud Doubletum Hist. S. Dionysii pag. 800 : *Nec non et in Idibus Decembris, quando Dominus me et dilectam conjugem Hirmintrudem Uxoreo vinculo copulavit.*

¶ Uxoriosus, ὁ τὴν ἰδίαν γυναῖκα φιλῶν. Gl. Lat. Gr.

* **UXORICIDIUM**, Uxoris cædes, occisio. Inquisit. ann. 1269. in Reg. *Olim* parlam. Paris. : *Terræ, quas Robertus Godechar tenebat, ceciderunt in commissum propter Uxoricidium, quod perpetravit dictus Robertus.*

* **UXORISIUS**, Uxorius. Lit. remiss. ann. 1373. in Reg. 105. Chartoph. reg. ch. 206 : *Idem Johannes Uxorisio motus amore, capiendo uxorem suam dictoque domicello auferendo, percussit eundem domicellum.*

UXUS. Fredegarius Scholasticus cap. 64 : *Heraclius... extrahens Uxum, caput Patricii Persarum amputavit.* Ubi loci *Saxum* legit Meursius in Gloss. sed perperam : Ecce enim iterum in collectione Historica apud Canisium tom. 2. Antiq. Lect. : *Gothi fraudulenter Uxos pro baculis in manu ferentes.* (Quidam codd. male *buxos* præferunt.) Aimoinus eamdem Historiam enarrans lib. 4. cap. 20. *ferreos ostii obices* habet. [** Vide Graff. Thes. Ling. Franc. voce *Achus*, tom. 1. col. 136.]

¶ **VYSSERIUM**, Navis qua equi transvehuntur, idem quod *Huisserium*. Vide in hac voce. Informationes de passagio transmarino ex Cod. MS. Sangerm. : *Cum suis navibus, galeis, Vysseriis, et lignis paratis.* Infra : *Primo habebit quodlibet Vysserium* XLIIII. *goas in carena.* Vide *Uscerium*.

¶ **VYTATORIUM**. Vide supra *Vitatorium*.

UZBEC, in Jure Hungarico, Facinorosi ad aliquot dies inviolabiles. Sambucus et Molnarus. [Vide infra *Wzbeg*.]

UZIFUR. Glossæ MSS. ad Alexandrum Iatrosoph. : *Cinnabaris, i. Uzifur, scilicet minium.*

¶ Uzuphar, Eodem significatu, in Carmine de varia Ernesti fortuna, apud Marten. tom. 3. Anecdot. col. 354 :

Hic pigmentorum species,....
Uzuphar et myrrham, thus, quæ portarat avarus
Extremas mundi currens mercator in oras.

W Quod *Theutonicum* vocant, in aliquot antiquis Inscript. Lat. observatum a Scaligero in indice 19. ad Gruterum. Illud Germani ut *ou* efferunt, quomodo etiam Wallones ac Picardi etiamnum. Ægidius Schudius in Descriptione Rhætiæ Alpinæ cap. 36 : *Consonantem V, nos Germani proferimus corrupte instar F, id quod Itali minime faciunt, sed proferunt etiam, ut nos proferre consuevimus literam duplicatam W, quæ gemina videtur esse pronunciatio consonantis V. Excogitaverunt autem Germani literam W, quæ est V, duplicatum, idque ex Græco et Eolico sermone, in quo fuit duplicatum YY, quemadmodum scribit Dionysius Halicarnasseus lib.* 1. Otfridus in Epistola ad Liutbertum Archiepisc. Moguntinum, præfixa versioni Evangeliorum, ait, linguam Theotiscam *in multis dictis scriptu esse difficilem, propter literarum congeriem, aut incognitam sonoritatem : nam interdum tria u u u, ut puto, quærit in sono, duo consonantes mihi videntur priores tertium vocali sono manente.* Somnerus in Gloss. Saxon. : *Franco-Galli semper g, vel, gu, utuntur, pro Saxonum et Germanorum W, etc.*

WAADESAAR. Andreas Suenonis lib. 5. Legum Scaniæ cap. 23 : *Ubi vulnus infligitur sine membri detruncatione, aut descendit in concavum, et ad interiora penetrat, aut non. Si non descendet, quod vulnus in lingua patria Waadesaar appellatur, trium marcarum exigit satisfactionem.* Veteribus Danis apud Pontanum in Descript. Daniæ, *aar*, est annus. Vide *Hulsaar*. [** *Saar*, Vulnus, et *Waada*, quod usurpatur pro damno fortuito et non voluntario. Vide Ihrii Glossar. Suio-Goth. tom. 2. col. 1077.]

¶ **WACARITIA**, ut *Vaccaria*. Vide in hac voce.

* **WACHARMEN**, Belgis, interjectio est, Lat. Heu, nostris, *Helas*; unde *Wacarme*, apud Guill. Guiart. ad ann. 1304. ubi de prælio navali inter Gallos et Belgas :

Cil qui sont de sanc entouchiez,
Sont entre les autres couchiez
O les mors, nul ne les désarme,
En criant Wacarme, Wacarme,
Qui vaut autant com dire, Helas.

¶ **WACHELLUS**, Navis species. Epist. Frederici I. Imper. ann. 1178. apud Marten. tom. 1. Ampliss. Collect. col. 910 : *Rogamus... quatenus idoneos serenitatis tuæ legatos Januam, Venetias, Antiochiam, atque Pisam, et alia loca per galearum atque Wachellorum transmittas præsidia.* Vide *Vacheta* et in *Vas*.

¶ **WACHERIA**, ut *Vaccaria*. Vide ibi.

¶ **WACTA**, Vadum, ni fallor, Gall. *Gué*. Charta Domnoli Episc. Cenoman. apud Baluz. tom. 3. Miscell. pag. 18 : *Per loca designata de Confluentes usque Bucias defluit in Indua usque termino Proliacense,... inde per via Saturniacinse pervenit ad Wacta usque campo Daulfo, etc.*

WACTÆ Wagtæ, Excubiæ, vigiliæ; Germanis *Wachte*, et *Waecke*, nostris *Guet*. Kero Monach. : *Vigiliæ, Wahtono. Vigilias, Wathun, Nathunahohon. Vigiliæ nocturnæ, Watha de naht.* [** Vide Graff. Thes. Ling. Franc. tom. 1. col. 677.] Capitulare 3. ann. 813. cap. 34 : *Si quis Wactam aut wardam dimiserit, quando ille Comes ei cognitum fecerit, etc.* Capitula Caroli M. lib. 3. cap. 68 : *Ut non per aliquam occasionem, nec pro Wacta, nec de scara, nec de wardea... heribannum Comes exactare præsumat.* Charta privilegiorum a Ludovico Pio Hispanis concessorum tom. 2. Hist. Franc. pag. 321 : *Explorationes et excubias, quod usitato vocabulo Wactas dicunt, facere non negligant.* Capit. Caroli C. cap. 31. tit. 27 : *Et in civitate atque marcha Wactas faciant.*

Capitulare de Villis cap. 16 : *Et si judex in exercitu, aut in Wacta, seu in ambasciato, vel alicubi fuerit.* Cap. 27 : *Casæ nostræ indesinenter foca et Wactas habeant, ita ut salvæ sint.* [Codex censualis Irminonis Abb. Sangerm. fol. 53. v° : *Faciunt dies tres in ebdomada et faciunt Wactam et quidquid eis injungitur.*] Tabularium S. Remigii Remensis : *Facit in anno corvadas 8..... facit Wactas pro bove den.* 1. Infra : *Facit idem Wagtas, et excutit annonam dominicarum.* Hinc formatæ voces

Gueta, Guetta, Guayta, Gaita, Excubiæ, vel jus excubiarum, quod competit majoribus Justitiariis. *Droit de Guet*, in Consuetudine Turonensi art. 215. Catalaunensi art. 3. Juliodunensi cap. 28. art. 3. Burbonensi cap. 36. et Britann. art. 392. *Onus vigilum et custodum*, in Charta ann. 1193. apud Marcam in Hist. Benebarn. lib. 6. cap. 12. n. 4. *Murorum vigiliæ*, apud Gregor. M. lib. 7. ind. 1. Epist. 30. *Sujets guetables*; in Consuet. Arvern. cap. 25. art. 17. qui excubias debent. *Wayte fée*, in Charta Anglica, apud Spelmannum in hac voce, tenementum *wactæ* obnoxium. Charta Caroli Calvi pro Barcinonensibus apud *Diago* lib. 2. cap. 4 : *Explorationes et excubias, quas usitato vocabulo Guaytas dicunt, facere non negligant.* Pactum initum inter Philippum Regem et Abbatem S. Germani Paris. ann. 1270 : *Nihil nobis et successoribus nostris juris.... retento, excepto Gueto, tallia, exercitu cavalcata, et banno.* Charta Joannis Regis Franc. ann. 1363. apud Sammarthanos in Episcopis Paris. : *Erant in possessione et saisina custodiendi Ecclesiam B. Mariæ Parisiensis, ac fieri faciendi excubias, seu Guetum in ipsa, etc. Gaitum vel escarguaitam debere*, in Libertatibus Oppidi Jasseronis ann. 1283. apud Guichenonum in Histor. Bressensi pag. 107. Usatici et Libertates Aquarum mortuarum ann. 1246 : *Et sit de eorum officio mandare vel facere mandari Gathas et escargatas, et alias custodias, quando videbitur expedire Curiæ nostræ prædictæ, etc.* Vide Probat. Hist. *des Chasteigners* pag. 43.

Gueta, Guetta, Gaita, ipse Vigil, Speculator. Gloss. Lat. Gall. : *Vigil, Veillant, Gaite.* Vetus Inquesta in Regesto Philippi Aug. Herouvalliano fol. 563 : *Et est Castellanus feodatus, et ponit Gaitam in Castro, et debet exercitum et equitationem, ut alii.* Testamentum Philippi Pulchri Regis ann. 1311 : *Item Adæ, et Stephano Guettis nostris cuilibet* 60. *sol.* In Testamento Ludovici Hutini ann. 1316. et Caroli Pulchri ann. 1324. legata fiunt pariter *Simoni et Adæ Guettis;* in Computo Hospitii ann. 1312. *Guetta Luparæ, Gueta Castelleti, Gueta parvi Pontis.* Ioannes de Condato MS. :

> Quant la Gaite corne le jour.

Chronicon Bertr. Guesclini MS :

> Y avoit une Gaite toute jour à journée,
> Qui sonnoit un bacin, quant la pierre est levée.

* *Vete*, ipse vigil, qui excubias facit. Reg. domus publ. Duac. fol. 110. r°. ubi de solemni introitu Caroli ducis Burg. 15. Maii ann. 1472 : *Et y avoit alumerie de quarante huit flambeaux alumez, que portoient les Vetes de nuict et aultres.*

☞ *Agait*, dixerunt Poetæ nostrates locum, unde quis speculatur, insidias struit, *Aguet*, vulgo. Le Roman *de Robert le Diable* MS :

> Robiers qui fait sa destinée,
> Est saillis hors de son Agait, etc.

Vide *Aguayt.*

Gatha, seu *Præco*. Charta Philippi de Monteforti Dom. Tyri et Toroni ann. 1264. pro Communia villæ de Castris in Occitania : *Item obtinuerunt modo et tempore suprascriptis, quod Consules dictæ villæ mittunt seu constituunt in dicta villa Gatham seu præconem, cum eis videtur expediens et opportunum extitit, qui Gatha seu præco officium sibi commissum debet regere secundum ordinationem Consulum prædictorum, dummodo faciat et exequatur ambaxatas curiæ supradictæ, cum fuerit requisitus, etc.*

Guaytare, Excubare, excubias seu *gaitam* facere. *Guetter et veiller par nuit*, in Charta Gallica ann. 1383. apud Roverium in Reomao pag. 328. *Waitier*, in Magno Recordo Leodiensi pag. 87. Usatici Barcinonenses MSS. cap. 64 : *Omnes homines habentes seniores, nullo ingenio vel ratione, neque per difidamentum, neque per acunidamentum, neque per illorum fevum illis relictum, Guaytent personas eorum, nec encalcent, nec requirant, nec vulnerent, nec capiant, nec captos teneant.* Consuetudines Catalaniæ inter Dominos et Vassallos MSS. cap. 55 : *Debent etiam Gaytare, surgere, et custodire, ac excubias facere, et exigere ad omnem castri sonum.* Ordericus Vitalis lib. 3. pag. 479 : *Multis servitiis eos aggravavit, in ipsos hominesque eorum munitiones suas apud Escalfoium et sanctum Serenicum custodire cuegit.*

¶ Wactare, Eadem notione. Codex censualis Irminonis Abb. Sangerm. fol. 70. col. 1 : *Solvit pullos* III *ova* x.... *Wactat in curte dominica.*

* *Waiter*, eodem sensu, apud Petr. de Font. in Consil. cap. 32. art. 15. pag. 145. Unde etiam *se Waitier*, A re aliqua defendere se, in Mirac. MSS. B. M. V. lib. 1 :

> Nus ne se puet Waitier de mort.

* *Se Contreguetter*, Contra aliquem sese tutari, in Lit. remiss. ann. 1400. ex Reg. 155. Chartoph. reg. ch. 120 : *Icellui Saillant ne voult faire paix ne accort avec ledit Jehan le Comte; et pour ce ledit Jehan le Comte, qui se Contreguettoit, se tint sur sa garde.*

Guetagium, Gaitagium, Vuetagium, Census, qui solvitur pro custodia castri. Charta ann. 1070. in Tabulario Vindocinensi num. 353 : *Ea domus solvit* 2. *den. census, et* 1. *obolum de Gaitagio.* Charta 421 : *Quam quidem eminus omni consuetudine liberam totam, exceptis duobus denar. censualibus, et duobus de Vuetagio.* Infra, Charta mox laudanda ex *Guetagio*, quod ab incolis præstabatur, excubias confectas docet. Idem census et *Wardagium* nuncupatur, et *Warda.* Vide in hac voce. Huc pertinet, quod habet Magna Charta Libertatum Angliæ apud Matthæum Paris ann. 1215. pag. 179 : *Nullus Constabularius distringat nobilem aliquem ad dandum denarios pro custodia castri, si ipse eam facere voluerit in propria persona sua, vel per alium probum hominem, si ipse eam facere non possit per rationabilem causam.*

* *Waitage*, eadem notione, inter Redit. comitat. Namurc. ann. 1265. ex Reg. Cam. Comput. Insul. sign. *Papier velu* fol. 38. v° : *Huns. Et si a li cuens à cascun feu une geline au Noel et un pain, et pour Waitage six deniers.* Pluries ibi. *Wetaige*, in Reg. ejusd. Cam. sign. *Le Papier aux aysselles* ad ann. 1289. fol. 73. r°.

Id porro oneris ex conditione infeudationis vassallis incumbebat, qui tenere per *Castlegarde* dicuntur Littletoni sect. 111 : *Divers tenants teignont de lour Seigniors per service de Chivaler, et uncore ils ne teignent per escuage, come ceux, qui teignont de lours Seigniors per Castlegarde : c'est à scavoire, à garder un tower del cast le lour Seignior, ou un huis, ou un autre lieu del Castle per reasonable garnishment, quant lour Seigniors oiont que ennemies voilent vener, ou sont venus en Engleterre.*

Ut porro ejusmodi excubiæ, *guetæ*, et custodiæ peragerentur a vassalis in castris dominorum, explicat idem Tabularium Vindocinense ch. 104 : *Hæ sunt consuetudines, quas tenebat in suo tempore Comes Burchardus in villa et in Comitatu Vindocini. Imprimis de excubiis Castelli, sicut ipse facere commendaverat, ut per menses ita fuisset custoditus. Ipse vero sicut Comes et major omnibus erat, quinque mensibus faciebat, videlicet Martio, Aprili, et Junio, et Julio, et Augusto. Primi duo menses facti erant de Camera Comitis, et alii tres de Guaitagio, qui prisus erat in burgo Vindocini. September faciebat Otradus pater Salomonis, de quo tenebat Septo et Artis. October faciebat Hervæus de sancto Marcello, de quo tenebat Cathedras et Vias, et Lulmas. November faciebat Hucbertus de Firmitate, de quo tenebat Ciconias et Ecclesiam de Tuscheriaco, atque culturam. December faciebat Gislebertus Dives etc. Isti omnes ita cum Comite custodiebant Castellum, quod in unaquaque nocte habebat intra vetus Castrum* 5. *Gaitas, unam super portam subtus Castellum, alteram super portam juxta mansionem Salomonis, tertiam supra murum juxta mansionem Gisleberti : et aliæ duæ tota nocte circumibant Castellum.* [Vide Observat. *Sauvageau* ad Aresta Britannica Natalis *Dufail* pag. 57. et supra *Gayta* et *Stagium.*]

Sed et Regestum Ludovici Regis Siciliæ continens hominia præstita Reginæ Mariæ ejus matri ann. 1387. et 1388. a nobilibus Andegavensibus, ita varias excubiarum conditiones, vassallis impositas, prosequitur : *Jean des Roches Chev. à cause de sa terre de Brain doit* 20. *jours de garde en la ville d'Angers une fois en sa vie. Dame Isabeau de Clisson en doit* 40. *Messire Guy Amenart à cause de sa terre du Boullay en doit autant avenant semonsse en cas d'éminent peril. Jean de Coulaines Chev. doit* 15. *jours de garde une fois en sa vie, etc.*

Reguayta, alias *Scherguayta*. Charta ann. 1320 : *Si aliqua impositio, factio, guayta, vel Reguayta, seu custodia, eis imponeretur.* Charta ann. 1427. apud Thomasser. in Consuet. Biturig. pag. 128 : *Lesdits bourgeois seront tenus de garder la porte ou portail de ladite ville, y faire le Reguet par nuit, paier les Capitaines, etc.* Vide *Warda*, *Scaraguayta.*

¶ **WADARFIDA**, Consuetudo. Vide *Cadarfreda.*

¶ **WADDA**, Bombycinum tomentum, ab Anglico *Wad*, Gall. *Ouate :* nisi glastum intelligas. Vide *Guaisdium.* Litteræ Ricardi II. ann. 1380. apud Rymer. tom. 7. pag. 233 : *Centum et septuaginta et duas balas Wadde.*

¶ **WADDEMOLE**, Grossioris panni genus. Comput. ann. 1425. apud Kennett. in Antiquit. Ambrosd. pag. 574 : *In quinque virgatis de Waddemole emptis pro coleris equinis hoc anno*, 11. *sol.* 1. *den.*

¶ **WADER**, f. Nemus, silva. Vide *Gualdus.* Charta ann. 1112. apud Calmet. inter Probat. tom. 1. Hist. Lothar. col. 531 : *Nec non in sylvula vel Wader in Talevangero marca dicitur consistere.*

¶ **WADFALTHO**, in Pacto Legis Salicæ edit. Eccardi tit 20. § 7. Emendat doctissimus Editor *Wadpaltho*, quo contusionem fecerit, vel percusserit, significatur. Ipsum consule.

¶ **WADIA**, Wadiare. Vide in *Vadium.*

* **WADICARIUS**. Vide supra *Vuadicarius.*

¶ **WADISCARUM**, Wadiscapum. Vide in *Waterscapum.*

¶ **WADIUM**, Wadius. Vide in *Vadium.*

¶ **WADNA**, in Tabulario S. Bertini : *Stiltvine habet bunnaria* XII. *arat bunnaria* II. *dat carra ad Wadnam et ad monasterium.* Ita fortassis dicitur Vivarii purgatio, a Belgico *Wade*, vivarium, stagnum, Gall. *Vivier, étang.*

* **WADREGANIUS**, Judex, qui de aquarum cursu cognoscit, Belgis *Wateringhe.* Charta ann. 1244. in Chartul. 2. Fland. ex Cam. Comput. Insul. fol. 42. r° : *Dicta ecclesia ponere potest stillicidium sive gotham, ubi voluerit, in teneamento suo;...... et si aliquid esset emendandum de dicto stillicidio sive gotha, nuntiari debet istud dictæ ecclesiæ, et si ecclesia nollet emendare, per Wadreganios et per scabinos de Furnis debet emendari.* Vide *Watergangæ* et *Waterscapum.*

¶ **WADRISCAMPUM**, Wadriscanum, Wadriscapum. Vide *Waterscapum.*

WADRUS, pro *Vadius.* Vide in *Vadium.*

WADTBAND. Andr. Suenonis lib. 7. Legum Scaniæ cap. 6 : *Et ut nullus ei communicet per totam provinciam judicabitur sub pœna trium marcarum, juri regio solvendarum, quod judicium Wadtband lingua patria nominari consuevit.* [** Apud Westphal. tom. 4. col. 2064. *indicabitur* et *Madtband.* Vide Ihrii Glossar. Suio-Goth. voce *Matbaud*, Cibi interdictio, tom. 2. col. 141.]

¶ **WADUM**. Vide supra *Vadum.*

WAERIA. Vide *Wayeria.*

¶ **WAESTYNA**. Vide in *Wastum.*

WAGA, Mensuræ species, apud Anglos et Scotos. Statuta Roberti III. Regis Scotiæ cap. 20. § 7. in Assisa de ponderibus : *Waga sic Waw, debet continere duodecim petras ; cujus pondus continet octo libras.* Fleta lib. 2. cap. 76. § 12 : *Una Waga casei.* Monasticum Anglican. tom. 1. pag. 515 : *Unam Wagam salis de salinis suis, etc.* [Usatici Mechlin. apud Marten. tom. 1. Ampl. Collect. col. 1423 : *Item, de quolibet pondere, quod vulgariter dicitur Waghe, unus denarius Lovaniensis solum solvetur ponderа rationis tenenti.*] [** Vide Graff. Thesaur. Ling. Franc. tom. 1. col. 664. voce *Wâga*, sqq.]

* Locum ex Martenio laudatum sic emenda ex Supplemento ad Miræum pag. 152. col. 2 : *Unus denarius Lovaniensis solum solvetur officium ponderationis tenenti.* Haud scio an huc spectet vox Gallica *Wagua*, quasi ponderis publici custos, in Lit. remiss. ann. 1408. ex Reg. 163. Chartoph. reg. ch. 179 : *Icellui Nicaise commença à moquer ou escharnir le suppliant, disant au Wagua : Et que fera-on de cela?*

Wagaria, Mensuræ jus, seu cognitio mensurarum, a Teutonico *Waeghe*, vel Germ. *Wag*, vel *Weghe*, libra, trutina, statera, in Charta Henrici Imper. ann. 932. Locum vide in *Pergus.* [Occurrit præterea in Charta ann. 1131. apud Marten. tom. 1. Ampl. Collect. col. 710. ubi perperam *Nagaria* editum monet idem Martinius in Glossario ad calcem ejusdem Collectionis.] Apud Hieronymum Fizen. in Hist. Leodiensi, ubi eadem describitur, *Wargaria* scribitur.

¶ **WAGIUM**, ut *Vadium.* Vide in hac voce.

* 1. **WAIDA**, Glastum. Vide supra in *Guaisdium.* [** Graff. Thesaur. Ling. Franc. tom. 1. col. 773. voce *Weit.*]

* 2. **WAIDA**. Glossæ Cæsar. Heisterbac. in Reg. Prum. tom. 1. Hist. Trevir. Joan. Nic. ab *Hontheim* pag. 773. col. 2 : *Qui peculium vacuum habent in nostra Waida, id est pascuis, debent solvere pullum.* Vide infra *Waria.* [** Graff. Thesaur. Ling. Franc. tom. 1. col. 774. voce *Weida*]

* **WAIDARE**, pro *Wadiare*, Vadimonium dare. Gall. *Assigner.* Charta ann. 880. apud Murator. tom. 1. Antiq. Ital. med. ævi col. 920 : *Jussimus ei hoc nostræ auctoritatis præceptum inde conscribi, per quod decernimus atque jubemus, ut si aliqua querimonia ex his omnibus adversum se horta fuerit, quæ sibi damnosa apparuerit, ut liceat sibi suoque advocatori ad placitum Waidare.*

WAINAGIUM, ut *Gagnagium.* Vide ibi.

WAISDA, Glastum. Vide *Guaisdium.*

* **WAISDIA**. Vide supra in *Guaisdium.*

¶ **WAIWIUM**. Vide infra in *Wayf.*

WALAPAUS. Leges Rotharis Regis Longobardor. tit 12. [** 31.] : *Si quis homini libero violentiam injuste fecerit, idem* [id est] *Walapaus*, 80. *sol. componat.* Et mox : *Walapaus est, qui se furtim vestimentum alium induerit, aut sibi caput latrocinandi animo, aut faciem transfiguraverit.* [Varie hæc vox effertur in Codd. MSS. ex Muratorio tom. 1. part. 5. pag. 20. col. 2. *Walapa*, *Walpoz*, *Ewalaput* exhibent.] Lindenbrogius in hunc locum, *Wala*, caput, *panken*, vel *pautzen*, ornare, polire, est Germanis. [Vide Vossium de Vitiis sermonis lib. 2. capite 20.] [** In Glossar. Leg. Longob. Cod. Cavens. *Gualapauz.* A glossatore additam esse interpretationem in Legg. Roth. vidit Muratorius; forte *Wala*, Extraneus, et *Paida*, Goth. Tunica. Vide Grimm. Antiq. Jur. Germ. pag. 635.]

WALARAUPA, vox composita ex Germ. *Wala*, caput, et *rauba*, vestis. Lex Bajwar. tit. 18. cap. 3 : *De vestitu utrorumque, quod Valaraupa dicimus, si ipse abstulerit, qui hos interfecerit, dupliciter componat.*

* Idem quod Germanicum *Volruf*, id est, hominis occisi spolatio, ut monet Verelius Ind. Ling. Goth. in U. [** Vide Graff. Thesaur. Ling. Franc. tom. 1. col. 801. voce *Wâl*, Clades, strages.]

WALAWORF, Wltworf. Lex Bajwar. tit. 7. cap. 3 : *Si autem discriminalia ejecerit de capite, Witworf dicunt, vel virgini libidinose crines de capite extraxerit, etc.* Ubi editio Heroldi, *Vultuurfo dicunt*, cap. 11. tit. 5. *Waltworf*, editio Tilii præferunt. Sichardus vero edidit *Vatwrf.* Codices alii *Walwrst, Welwrst, Wlwrst, Walworft*, ut monet Baluzius. Horum vocabulorum origo Germanica : si enim legatur *Walworf*, erit *capitis dejectio*, ex *Wala*, caput et *werf*, dejectio. Si *Wltworf*, erit capitis tegumentum, quod signat vox *wlt.* Si denique *Vatwrf*, Germani, *Vat*, aut *Vade*, vestimentum dicunt. Spelmannus a Saxonico, ut solet, deducit. [** Vide Graff. Thes. Ling. Franc. tom. 1. col. 1042.]

¶ **WALDA**, Silva. Vide *Gualdus.*

WALDACH. In Nota de membrana in Archivis Regiis Anglic. : *Pretium acr.* 2. *d. non plus, quia terra est in Waldach.* Spelman. forte silvestris, non culta, ex *Wald*, silva. Vide *Gualdus.*

WALDANA, Acies, equitatus. [* Perditorum hominum turma.] Vide *Gualdana.*

WALDEGRAVIUS, vox Germanica *Waldgraf*, Comes *seu* Præfectus silvarum, *Forestarius.* Auctor Panegyrici Berengarii Imp. lib. 2. vers. 234. pag. 37 :

...... Cum multa gementi
Waldegravi curvas perfringit lancea costas.

Ita enim omnino scriptum in codice monet editor, quod nomen librarius inepte in duo divisit, *valde gravis.*

¶ **WALDENSES**, Hæretici. Vide *Valdenses.*

¶ **WALDORA**, Waldus, Silva. Vide *Gualdus.*

¶ **WALECHERIA**. Vide in *Vallesheria.*

WALENGA, Fustis. Vide *Falanga.*

WALISCUS, Servus, Minister. ex Saxon. wealh, *mancipium*, Ælfrico. Leges Inæ Regis cap. 34 : *Si homo Waliscus habeat terræ hidam, wera sua est* 120. *sol.* Cap. 35 : *Regis equi Waliscus, qui nunciare possit ad eum, Veregildum ejus est* 200. *sol.* Ubi *Waliscus* equi regis, est *Equiso regius.* [** *Wali cus servus*, Leg. Henr. 1. cap. 70. § 5. et sæpius, Waliscus natione, e terra Wallia oriundus. Vide *Wallus.*] [Vide *Valeti.*]

WALLA, Wallia, Anglo-Saxonibus vall, Murus, paries, vallum, præsertim agger, Anglis *a wal*, Kiliano *Walle.* Monasticum Anglic. tom. 2. pag. 920 : *Mando vobis.... quatenus justicietis meos homines de.... ut faciant Wallas et watergangas, et clausuras Wallarum, sicut debent facere.* Consuetudines Monasterii de Bello in Anglia fol. 241 : *Tenet* 8. *acras terræ juxta Goreswall, capitant ad prædictam Wallam versus Northest.*

Wallia. Idem Monasticum pag. 334 : *Quod ipsi mariscum prædictum cum perti-*

nentiis assewiare, et secundum legem marisci Valliis includere, et in culturam redigere.... possint. Charta Henrici III. de ordinatione marisci *de Romeney : Debent districtiones fieri super omnes illos, qui terras et tenementa habent in dicto marisco, ad reparandum Wallias et watergangias ejusdem marisci contra maris periculum.* Will. Thorn. ann. 1283 : *Exceptis Walliis contra mare, etc. Wallea,* apud eumdem ann. 1365. Idem ann. 1281 : *Terram, quæ jacet versus orientem inter Gutteram de Borstall et novam Wallam, Joannes Renger construxit in Heystete, quam Wallam per 1. mensem sequentem sumptibus suis contra mare sustinebunt.* Idem ann. 1285 : *Totum pratum, in quo continetur quædam Walla, vocata Walla seu Chasea Cellerarii Ecclesiæ Christi Cantuar. quæ continet 20. perticatas in longitudine, et 20. pedes in latitudine, etc.* Vetus Charta apud Somnerum in Tractatu de *Gavelkind*, pag. 181 : *Sciatis, quod nos concessimus et assignavimus Stephano de... 100. acras de marisco nostro inter Wallas monachorum Pontis Roberti et Oxoniam, etc.*

Wallare, Vallo, vel muro claudere. Eadem Charta : *Reddendo inde nobis 2. marcas argenti,..... pro omni servitio, nisi quod debet Wallare secundum quantitatem illius terræ intus et extra, etc.*

WALLACTOR. Lambertus Ardensis pag. 258 : *Novaculatores sive rasores, cum rasoriis, paratores* (sic enim lego) *quoque et Wallactores, et Deuparii, et hiatores cum convenientibus et necessariis armamentis et instrumentis, etc.* Ubi forte *Wallactores*, pro *Wallatores* editum, i. *wallarum*, seu vallorum confectores. [*Wallatores* edidit Ludewigus tom. 8. Reliq. MSS. pag. 600.] Vide *Walla.*

WALLIA. Vide *Walla.*

WALLROTH. Andreas Suenonis lib. 5. Legum Scaniæ cap. 6 : *Si corpus occisi vestimentis suis vel armis, quod crimen Wallroth in lingua patria nominatur, accusetur aliquis spoliasse, etc.* Adde cap. 26.

* Idem quod *Walruf.* Vide supra *Walaraupa.*

WALLUS, Extraneus, Anglo-Saxonib. Silvester Giraldus in Descriptione Cambriæ cap. 7 : *Saxones occupato regno Britannico, quoniam lingua sua extraneum quemlibet Wallum vocant, et gentes has sibi extraneas Wallenses vocant, et inde usque in hodiernum barbara nuncupatione et homines Wallenses, et terra Wallia vocitatur.* [*Walles*, pro *Wallons*, apud Philippum *Mouskes*, ubi de Ludovico Pio :

Adonc moru li Quens Odacres
Qui tint quitte Flandres et Walles.]

* Hinc *Wallrin*, pro *Wallon*, Wallensis, in Lit. remiss. ann. 1385. ex Reg. 126. Chartoph. reg. ch. 173 : *Lequel Flament appellant ledit Perrin né de Blandin de lez Tournay, sanglaut Francois Wallrin, il respondi que les Francois et li Wallrin estoient aussi bons comme les Flamens.* Et *Walesch*, pro Wallensium lingua, in Charta major. et scabin. Audomar. ann. 1397. ex Reg. 152. ch. 146 : *Lesquelles lettres nous avons fait translater de Flamenc en Walesch.*

WALO. Vetus Scheda de S. Aderaldo Trecensi, apud Camusatum : *Pater ejus nobilium nobilissimus Walo est dictus, qui lingua Austrasiorum interpretatur Bonus.* [** Vide Schmeller. Glossar. Saxon. voce *Wala*, Graff. Thesaur. Ling. Franc. tom. 1. col. 831. voce *Wela.*]

¶ **WALPIRE**, Possessionem rei alicujus dimittere, idem quod *Guerpire.* Vide in hac voce. Charta ann. 1107. apud Calmet. inter Probat. tom. 1. Hist. Lothar. col. 524 : *Jam dictæ ecclesiæ legitimam facio concessionem et investituram, et me exinde foras expulsam Walpivi et absentem me feci.*

¶ **WALPOZ.** Vide in *Walapaus.*

* **WALTMASTA**, Saginatio, seu pastio in silva. Vide supra *Mast.*

¶ **WALVASSORES.** Vide in *Vavassores.*

* **WALVISC**, vox Belgica, Cete, piscis crassior. Charta Phil. comit. ann. 1163. in Chartul. 1. Fland. ch. 325. ex Cam. Comput. Insul. : *Quicumque extraneus partem ceti, id est, Walvisc, emerit de marca una, sex dabit denarios.*

¶ **WALWORFT**, Walwrst. Vide *Walaworf.*

¶ **WAMBA**, *Venter, uterus*, in Gloss. Rabani Mauri et in Codice Ulfilæ. Anglo-Saxones *Wamb* et *Womb* dixerunt, unde Angli *Wombe* habent. Germani *Wampe*, *Wamme*, et *Wanst* eodem sensu hodie utuntur. Vide Notas Eccardi ad tit. 28. leg. Salicæ § 4. et supra in *Gambeso.* [** Vide Graff. Thes. Ling. Franc. tom. 1. col. 853.]

WAMBASIUM, Wanbisius, Wambasarius, etc. Vide *Gambeso.*

* **WAMBITIUS**, Wambosium. Vide supra in *Gambeso.*

* **WANBURTICH**, quasi Male natus, ut notant docti Editores ad Vit. B. Meinwerci tom. 1. Jun. pag. 548. col. 2 : *Idem comes Bernardus, spurius, quod vulgo Wanburtich dicunt, fuit.* [** Vide Graff. Thesaur. Ling. Franc. tom. 1. col. 854. radice *Wan*, Deficiens, imperfectum. Mittermaier. Princip. Jur. German. § 435.]

WANCAPIUM. Charta Hilsundis Comitissæ Striensis ann. 992. apud Miræum in Diplom. Belgic. lib. 1. cap. 24 : *Silvam ad porcos alendos, quemadmodum jacet inter duas marcas, cum omni jure Wancapio, teloneo, molendino, censu, pedagio, etc.* [Vide *Waterscapum.*]

WANCLUGA. Lex Bajwar. tit. 7. cap. 17 : *Si quis liberam feminam suaserit quasi ad conjugem, et in via eam dimiserit, quod Bajwarii Wancluga vocant, etc.* Editio Heroldi, *Wanclugt* præfert. Vox a Germanico *Wackelen*, vacillare, et *lugen*, vel *logen*, mendacium, ut *Wancluga*, sit mendacium vacillantis in negotio matrimonii. Ita Vossius, quem vide. Alias lectiones profert Steph. Baluzius pag. 1017.

WANCSTODAL. Lex Bajwar. tit. 3. cap. 11 : *De simulatis, quod Wancstodal d cunt,* editio Heroldi habet *Warstodal.* Ubi Lindenbrogius : *Wanck*, Germ. inde *Wanclesmodig*, animi dubia minimeque stabilis sententia. [** Vide Schmeller. Glossar. Bavar. tom. 4. pag. 117.]

WANDANGIÆ, vel Vendangiæ, Perones seu indumenti genus tibias et pedes operiens. Rainardus Abbas Cisterc. in Institutis Cisterc. dist. 1. cap 85 : *Directi in viam, si voluerint, Wandangias ad devitandum lutum, sive ad expellendum frigus habere licet eis.* Idem dist. 9. cap. 8 : *Wandangiæ, quibus in via utimur, de panno fiant.* Definitiones ejusdem Ordinis dist. 9. cap. 3 : *In sotularibus quoque, Vendagiis, fibulis, sellis equorum, staphis, omnis superfluitas et notabilis curiositas evitetur.* Vide *Gamacha.*

¶ Wandegiæ, Eadem notione, in Statutis ejusd. Ordin. ann. 1195. apud Marten. tom. 4. Anecdot. col. 1285 : *Pedules de corio omnibus omnino interdicuntur, et de Wandegiis sententia scripta teneatur.*

¶ Vandagia, in aliis Statutis ann. 1258. ibid. col. 1411 : *Inhibetur auctoritate capituli generalis universis Ordinis nostri personis, ne sine corrigiis Vandagia sive sotulares portare præsumant.*

* **WANDELINGHE**, vox Belgica, proprie Ambulatio; dicitur de meretricibus, quæ huc et illuc discurrentes obvios quosque ad se allicere tentant. Chartul. 2. Fland. ex Cam. Comput. Insul. : *Item rappel de Anne Wontslants bannie par le loy de Bruges à trois ans, pour cause de onredèleiker Wandelinghe.* [** Conversatio inhonesta.]

¶ **WANDELUT.** Instrum. ann. 1456. apud Hansizium tom. 2. Germ. sacræ pag. 499 : *Item provideatur de laicis contra clericos auctoritate sua arrestantibus bona, fructus, redditus, et proventus clericorum et clericos, militantibus vulgariter Wandelut.* [** Vide Schmeller. Glossar. Bavar. tom. 4. pag. 98.]

¶ **WANDILUC.** Charta ann. 1076. laudata a Mabillonio tom. 5. Annal. Bened. pag. 102 : *Per cultellum et festucam nodatam, per wantonem et wasonem terræ et ramum arboris seu Wandiluc, etc.* Vide *Andelangus* et *Wantus.*

¶ **WANDINGEIA.** Vita S. Eusebiæ sæc. 2. Bened. pag. 986. et tom. 2. Mart. Act. SS. pag. 458 : *Secus oram fluminis in Orientem longo ordine porrectæ erant civium mansiones per Wandingeias quasi stadiis duobus, quod est quarta pars milliarii.*

* **WANDL.** Charta ann. 1274. apud Pez. tom. 6. Anecd. part. 3. pag. 17. col. 1 : *Præterea debemus locare officialem de consilio plebani et ad voluntatem : et omne lucrum sive acquisitio in tres partes dividi debet, quod Wandl dicitur.*

WANGA. Fredegarii Chronicon cap. 37 : *Uterque falangæ Wangas jungunt ad prælium.* Ad marginem scriptum, *al. Ordines.*

¶ **WANGENETHEOF.** Charta ann. 22. Henrici IV. Reg. Angl. apud Thom. *Blount* in Nomolex. : *Maneriolum de A. sit quietum de gelth et scoth, de wreccho, et de Wangenetheof et danegueld.* f. pro *Outfangenetheof.* Vide *Outfangthief.*

¶ **WANGNALE**, Wangnaule, Ager cultus et satus. Saxon. wang, campus, ager. Leges Balduini Comitis ann. 1200. apud Marten. tom. 1. Anecd. col. 770 : *Si homo moriatur antequam ejus uxor, heres ejus, si ætatem habuerit, succedet patri statim in feodis : ita quod uxor nihil inde retinebit, nisi dotalitium sibi datum, et mobilia illius anni in terra cultibili, quæ vulgariter Wangnaule dicitur. Similiter si femina decesserit, etc. nisi mobilia quæ supra terram suam cultibilem, id est Wangnale, fuerint illius anni.* Vide *Gagnagium.*

¶ Wannabilis Terra, Eodem intellectu. Charta apud *Madox* in Formul. Anglic. pag. 184 : *Confirmavi Roberto filio Hernaldi ... totam coturam meam de Berthfurlong Wannabilem,.... scilicet tantum terræ Wannabilis et prati, quantum habui in Hethul.*

¶ **WANNAGIUM**, Fructus ipse ex agro culto. Charta ann. 1234. apud *Madox* Formul. Anglic. pag. 307 : *Salvo prædicto Jordano vel assignatis suis Wannagio ultimi anni et eorum mobilibus.* Vide *Gagnagium* et *Waanagium*.

¶ **WANSBEISON**, inter utensilia prædii rustici recensetur, f. Vannus. Inventar. de Ruminiaco in Tabul. Compend. : *Quinque mensuræ ad bladum et avenam tam magnæ quam parvæ, et deus paeletis, et deus Wansbeisons et una broia.*

* **WANTONETTO**. Vide mox in *Wantus*.

' **WANTUS**, Wanto, Gwantus, Gantus, etc. Chirotheca, Gallis, *Gant*.

Wantus, Vantus, Papias : *Chirotheca, Vanti, i. manus thecæ. Manicæ, quas vulgo Wantos appellamus*, in Capitul. Aquisgran. in Cod. Helmæstadiensi. Notgerus in Vita S. Hadalini n. 13. al. 10 : *Cumque Wantum in manu, ut moris est, legaliter tradendo teneret, etc.* Acta S. Mambodi Martyr. n. 7 : *Tegumenta manuum quæ Wantos appellant, pro caritate suscepit.* Beda in Vita S. Columbani cap. 14. al. 25 : *Tegumenta manuum, quæ Galli Wantos, id est, chirothecas vocant.* Vita S. Bertharii Episcopi Carnot. : *Nisus est abstrahere a manibus ejus chirothecas, quod vulgo Wantos vocant. Wanti castanei auro parati*, apud Hariulphum l. 3. cap. 3. Testamentum Riculfi Episcopi Helenensis ann. 915 : *Annulum aureum unum gemmis pretiosis, et Wantos paria unum.* Charta Berengarii Regis Italiæ apud Ughellum in Episcopis Veronensibus : *Igitur omnibus volo et statuo, atque per meam hanc paginam testamenti et judicati per wasonem terræ, ramum arboris, et festucam roboratum, atque cultellum, et duos Wantos, totum insimul juxta legem meam Salicam attendere visus sum, et confirmo, etc.* Chronicon Fontanellense cap. ult. etc. pag. 246 : *Ad pelles berbicinas, unde pellicea fiant, sol. 10. ad Wantos lib. 1. ad fasciolas lib. 1. etc.* Ubi male editum *ubantos.* Occurrit præterea in Statutis Adalardi pro Abbat. Corbeiensi lib. 1. cap. 3. in Vita Aldrici Episc. Cenoman. pag. 37. n. 2. apud Sanutum lib. 3. part. 3. cap. 7. in Capitul. Aquisgran. ann. 817. et in Vinea Benedictina refloresc. cap. 22. in Vita S. Aicadri Abb. Gemetic. cap. 27. in Vita S. Filiberti Abb. lib. 1. cap. 11. apud Wolphardum Presbyt. lib. 3. de Miracul. S. Walpurgis n. 6. etc. Vetus Charta pro Episcopo Ambianensi ex Camera Comput. Paris. : *Chascune vente soit de maison ou de terre, il a uns Wans.* Vide *Chirothecæ.*

* Isthæc investituræ seu restitutionis per chirothecam ratio etiam memoratur in Charta ann. circ. 1315. ex Tabul. S. Magl. Paris. ch. 56 : *Le serjant fist la resaisine en la meson dudit Lucas de la prise qui faite y avoit esté par ledit serjant de S. Eloy, en metant son Gant à terre, en signe de resaisine de ladite prise.*

Wanto. Chronic. Novaliciense cap. 32 : *Sceptrum cum Wantonibus indutus tenens in manibus.* In vett. Chartis apud Franciscum Mariam in Mathildi, et apud alios : *Tradidi per wasonem terræ.... atque per coltellum et Wantone, simulque andelagine.* [* In Charta Mathildis sic legitur apud Lam. tom. 3. Delic. erud. pag. 162 : *Per cultellum et Wantonettonem seu andilaginem.*] Vide Perardi Burgundica pag. 189. [Marten. tom. 1. Ampl. Collect. col. 347. Calmet. tom. 1. Hist. Lothar. inter Probat. col. 524. etc.] [** Grimm. Antiq. Jur. German. pag. 152.]

Gwantus, Guantus. Vita MS. Caroli M. scripta sub Friderico I. Imp. lib. 2. cap. 34. cujus lemma est, *de Gwanto Imperiali in aëre suspenso.* Vita S. Philiberti Abb. lib. 1. cap. 12 : *Latro Quantos illius inlicita præsumptione furatus est.* Habetur etiam in Tabulario Casauriensi. Tabular. Absiense : *De his itaque cum Guanto quodam Abbatem investiens, etc.* [Statuta Vercell. lib. 3. fol. 107. v° : *Collarium ferri, Guanti ferri, etc.*]

Gantus. Glossæ MSS. : *Chirotheca, manuum tectura, quod Gantum vocamus.* Tabularium Caroffense : *Ipsi Monachi præfati Cœnobii afferant illi Gantos duos, et duos cereos, cum duobus botis nectare plenis.* Tabularium Deiparæ de Josaphat : *Dederunt cum venditionibus et Gantis.* Tabular. Brivatense fol. 146 : *Investivit inde capitulum traditione unius Ganti.* Regula Monialium Fontis-Ebraldensium cap. 15 : *Ut nunquam induant Gantos.* Vita MS. S. Ildeverti Episcopi Meldensis : *Cumque de manibus Gantos extraxisset, apposuit eos radio solis, etc.* [*Pro Gantis de cervo et aliis Gantis*, XIIII. *lib.* X. *sol.* in Computo ann. 1239. ex Bibl. Reg.]

Gannus. Tabular. Priorat. Neronis villæ fol. 11 : *Et hunc concessum fecit... ponendo librum super altare, et mittendo Gannum suum in manu Garmundi Prioris pro commemoratione.*

* **WAP**, Injuriæ loco habetur, in Lit. remiss. ann. 1379. ex Reg. 114. Chartoph. reg. ch 320 : *Le suppliant se accouta emprès icellui compaignon en disant, Dieu vous gart, seigneur; et lors icellui compaignon dist ainsi, Wap; et lors ledit suppliant respondi ces paroles, Beau sire, vous n'estes pas bien courtois de ainsi dire : et ledit compaignon dist ainsi, Doulz amis, c'est le guise de no païs : et icellui suppliant respondi que la guise n'estoit ne bonne ne honeste. Wapes*, pro Languido, cui vires animusque deficiunt. Le Reclus *de Moliens* in suo *Miserere* :

> Moult aime pain hom qui est sains,
> Et l'enferme est Wapes et vains,
> Et miels aime une pume sure. (*Pome aigre.*)

Vide supra *Vanitas* 2.

WAPELDRINC. Consuetudines Arkarum anno 1135. [1231.] in Tabulario S. Bertini : *Si vulnus in carne fecerit,... quod si armis molutis.... Wapeldrinc*, 3. *libras domino, et* 20. *solidos læso* emendabit. [Consuetud. Furnenses ex eod. Tabul. : *Item qui convictus est ex Wapeldrinc, Comiti tres libras, et cui factum est* XX. *sol.* Idem, Eccardo interprete, quod *Wipida.* Vide in hac voce.] [** Vide Grimm. Antiq. Jur. Germ. pag. 631. supra *Vipida.*]

WAPENTACHIUM, apud Danos Anglicos, idem fuit, quod *Comitatus* seu *Hundredus.* Leges Edwardi Confessoris cap. 32 : *Quod Angli vocant Hundredum, supradicti Comitatus* (qui ultra *Watlingstrete* sunt, scil. Eboracensis, Lincolniensis, Nottinghamensis, Leicestrensis, Northamptonensis, etc.) *vocant Wapentachium : et non sine causa. Cum quis enim accipiebat præfecturam Wapentachii, die statuto in loco, ubi consueverant congregari, omnes majores natu contra eum conveniebant, et descendente eo de equo suo, omnes assurgebant ei. Ipse vero erecta lancea sua ab omnibus secundum morem fœdus accipiebat. Omnes enim quotquot venissent, cum lanceis suis ipsius hastam tangebant, et ita se confirmabant per contactum armorum, pace palam concessa. Anglice enim arma vocantur Wæpnu, et Taccare, confirmare : quasi armorum confirmatio, vel ut magis expresse secundum linguam Anglicanam dicamus, Wapentac, armorum tactus est : Wæpnu enim arma sonat, tac, tactus est. Quamobrem potest cognosci, quod hac de causa totus ille conventus dicitur Wapentac, eo quod per tactum armorum suorum ad invicem confœderati sunt.* Ab Edwardo eadem hausere Rogerus Hovedenus pag. 607. et Auctor Fletæ lib. 2. cap. 61. § 21. 22. Ejusmodi vero mutuam per armorum contactum populorum confœderationem Angli a Danis acceperant : quod inprimis docet Dudo de Moribus et Actis Normannorum lib. 3 : *Reperti sunt autem Bernardo inquirente trecenti viri parati cum Willelmo præliari et mori : qui unanimes ante illum venerunt, judiciumque* (malo *indicium*) *fœderis, fideique, et adjutorium more Danorum facientes, tela mutuæ voluntatis pacto una concusserunt. Cætera gens armis frigida recessit ad præsidium urbis celeri fuga.* Scribit Janus Dolmerus ad cap. 1. Juris antiqui Aulici Norvegici, in Chronico Norvegico, *Baaptnetach*, armorum applausum vel percussionem appellari, quæ fieri solebat cum strepitu armorum, quando incolæ in foro armis percutiebantur, quo facto indicabatur, vere se leges illas in æternum ratas habere, aut illico factum comprobare quod tunc in foro decernebatur, præsertim de Regibus eligendis, aut aliis ejusmodi causis.

At vocis *Wapentachii* originem paulo aliter refert Bromptonus, quo loco ait *Schiram, Hundredum*, et *Wapentake* idem sonare. Tum addit : *Wapentake Anglice, idem est, quod arma capere : eo quod in primo adventu novi domini solebant tenentes pro homagio reddere arma sua.* Infra : *Wapentake et Hundredus idem sunt, quia procinctus centum villarum in adventu novi domini solebat reddere arma sua.* [Hinc Vocabul. Anglic. ex Tabul. Beccensi : *Wapentac, estre quitte de feuté a hundret.* Litteræ Henrici Reg. Angl. ex Chartophyl. Reg. Regesto 92. Ch. 58 : *Liberas et quietas de syre et hundred, et placitis et querelis, et de murdrum et Wapentac, etc.*] Cui quidem etymo favet Somnerus, vocem a Saxonico væpn, telum, et tæcan, dimittere, seu potius betæcan, tradere, committere, deducens. Ita passim pro Comitatu usurpant Leges Ethelredi Regis apud Venetyngum editæ cap. 1. 4. Decreta Guillelmi Nothi pag. 137. Leges Edw. Confess. cap. 13. Leges Henrici I. Regis Angl. cap. 7. Matthæus Paris pag. 109. Monasticum Angl. tom. 1. pag. 47. tom. 3. pag. 262. 267. et alibi.

Wappentagum, apud Bromptonum pag. 1162. et 1173. *Wapentagium*, apud Rogerum Hovedenum pag. 607. [et in Charta ann. 19. Henrici VI. Reg. Angl. apud *Madox* in Formul. Anglic. pag. 147 : *Et omnia castra, maneria, Wapentagia, membra, hameletta, etc.* Adde Kennett. Antiquit. Ambrosd. pag. 389.]

Dimidium Wapentachium. Charta Henrici I. Regis Angl. in Monastico Angl. tom. 3. pag. 463 : *Si Wapentachium Episcopi Lincolniensis de Niwercha defendit se versus me pro dimidio Wapentachio : tunc præcipio, quod non summoneatis inde ad placita mea et Comitatus, nisi solummodo duos homines, etc.*

WAPINSCHAW, Census militum, nostris *Monstre*, vox Angl. *Weapons*, arma, et *show*, Ostendere. Statuta Willel. Regis Scotiæ cap. 23. §. 5. 6 : *Et omnes alii, qui habere poterunt, habeant arcum et sagittas extra forestam, et infra forestam arcum et pyle. Et fiat visus armorum, quod dicitur, Wapinschaw.*

¶ **WAPPENHAUBEN**, Tegmen capitis, cassis, a Germ. *Wappen*, arma et *Haube*, tegmen capitis, Gall. *Coiffe*. Statuta Equitum Teuton. apud R. Duellium tom 2. Miscell. pag. 59 : *Ipse* (treperarius) *tenetur dare fratribus ad arma deputatis spallaria, Wappenrock; kilinge, phavones, Wappenhersunn, Wappenhauben, et cingulos, vestimenta.*

¶ **WAPPENHERSUNN**, Vestis genus, quod aliis superinjiciebatur, seu quasi *dominabatur*; Germ. *herzschung*, dominatio. Vide in *Wappenhauben*. [** Tegumentum quoddam capitis, Germ. alias *Hersenier*.]

¶ **WAPPENROCK**, Germ. *Wapenrock*, Paludamentum, sagum militare, Gall. *Cotte d'arme*, in iisdem Statutis ibidem : *Clypeum et tunicam armorum, quæ dicitur Wappenrock ferre non debet, sicut magister.* Vide *Wappenhauben*.

¶ **WAPPENTAGUM**. Vide *Wapentachium*.

¶ **WAPRA**. Charta ann. 1153. apud Calmet. inter Probat. tom. 2. Hist. Lothar. col. 343 : *Quidquid juris nostri erat infra cruces quas prædicti fratres nostro nostrorumque consilio et laude usque ad grossam Wapram posuerunt.* An Vepres?

1. **WARA**, Modus agri, apud Anglos. Monasticum Anglic. tom. 2. pag. 128 : *Præterea concedimus in eleemosynam eidem Ecclesiæ, eadem libertate totam terram, quam tenuerat Brisardus in Stancs; scilicet Waram et dimidiam cum cotlandis, et insuper medietatem totius nemoris, etc.* Mox : *Ad opus Ecclesiæ vendiderunt, scilicet unam Waram et duas cotelandas cum dominio et prata, etc.*

☞ *Wara* Spicarum manipulus, vulgo, *Gerbe*, dicitur in Regesto Corb. 13. *Habacuc* ad ann. 1509. fol. 7 : *Quant à leurs deux pieches, elles doibvent du cent* XVI. *gerbes ou Waras; mais elles sont en ruyne et non valoir.*

2. **WARA**, Libera Wara. Tabularium Abbatiæ S. Petri de Burgo in Anglia : *Libera Wara est unus redditus, et est talis conditionis, quod si non solvatur suo tempore, duplicatur in crastino, et sic deinceps in dies.*

¶ 3. **WARA**, Bonitas, valor. Vide *Wara* 4.

* **WARACHIA**, Equorum vel animalium pabulum, ex frugum leguminumque miscellanea, idem quod *Ferrago*, Gall. *Fourrage*, alias *Waras*. Comput. ann. 1469. ex Tabul. S. Petri Insul. : *Joanni Crassier pro Warachia, vesches, blado, avena et siligine,* IX. *sol.* Charta ann. 1340. in Reg. 72. Chartoph. reg. ch. 217 : *Pour la terre qui fu Wautier Navet et la demiselle de Betune à Prumeruel, doze deniers et deux cenz de Waras. Un trousseau de Waras de vesse*, in Lit. remiss. ann. 1429. ex Reg. 174. ch. 314. Hinc

* Waratus, Ejusmodi farraginis fasciculus, manipulus, nostris etiam alias *Warat*. Charta ann. 1220. in Chartul. S. Gauger. Camerac. ch. 63 : *Tringinta Warati veciæ etc.* Lit. remiss. ann. 1397. in Reg. 152. ch. 290 : *Lequel tison laditte Marion bouta dessoubz un Warat d'estrain. Deux Waras de vesse*, in aliis ann. 1447. ex Reg. 176. ch. 528. *Cinq ou six Waras de poiz qu'il trouva aux champs*, in aliis ann. 1468. ex Reg. 195. ch. 71.

* *Warrage* vero, Præstationis species videtur, quæ domino solvebatur, ratione domicilii seu tuitionis. Charta Joan. Atrebat. comit. Augæ pro communia S. Valerici ann. 1376. ex Tabul. S. Vulf. Abbavil. : *Item nulle personne laie ne puet ou pourra demourer en ladite ville, qui ne doive Warrage.* Vide in *Warantus*.

¶ **WARACTUM**, ut infra *Warectum* : nisi etiam ita legendum sit. Chartul. Matiscon. fol. 109 : *Terra arabilis quæ conjacet in villa Sanciaco in Waractis ipsius villæ.*

¶ **WARADIA**, *Garantie*. Vide in *Warantus*.

¶ **WARANCHIA**, Rubia, Gall. *Garance*. Charta ann. 1449. ex Tabul. S. Audomari : *Tam citra quam ultra Scaldam decimas Waranchiarum ad decimam nonam.* Chartul. V. S. Vedasti Atrebat. fol. 248 : *Carethei de Warance* II. *den.* Pedagium Peronnæ in Chartul. 21. Corb. fol. 336. et seq. : *Item brouette qui maine waide Warancée, doit* II. *den.* Ibidem fol. 339 : *Item le cheval qui porte Warance, doit* XVIII. *den. ob.* Vide in *Garantia* 1.

* *Warenche*, in Lit. ann. 1378. tom. 6. Ordinat. reg. Franc. pag. 366.

¶ **WARANDA**, Warandare, Warandia, Warandisare, Warandisia, Warandisatio. Vide in *Warantus*.

WARANGI. Vide *Warengangi*.

WARANIO, Equus integer, *varan*, Goldasto : Equus admissarius : Hispanis, Occitanis, et Provincialibus, *Guaragnon*, [Italis *Guaragno*.] Lex Salica tit. 40. § 2 : *Si quis Waranionem homini Franco furaverit, etc.* et § 4 : *Si quis Waranionem Regis furaverit, etc.* [*Varranannionem* et *Warranionem* edidit Eccardus.] Capitulare de Villis cap. 13 : *Ut equos emissarios, id est, Waraniones, bene provideant, etc.* Testamentum Bertichramni Episcopi Cenoman. apud Mabill. tom. 3. Analect. pag. 131 : *Reliquos vero Caballos tam Warannonis, quam spadas, seu poledras, qui inventi fuerint, et characterio sanctæ Ecclesiæ habuerint, etc.* Petrus de Crescentiis lib. 9. de Agricultura cap. 2 : *Sciendum etiam, quod equus debet gigni a stellione, quem Guaragnum vocamus vulgariter, etc.* Michael Molinus in Repertorio Fororum Aragon. v. *Bestia : Bestiæ, quæ vulgariter nuncupantur Guaranyones, equæ, vel pulli bozales, non possunt pignorari per aliquem officialem regni,... quia multiplicatio equorum respicit communem utilitatem propter bellum.* Sunt, qui a *Waranio* putant vocem effictam *Ferrant*, quæ equum sonat. Gloss. MSS. Eccl. Paris. ubi de equorum coloribus : *Cervinus est, quem vulgo Waranem dicunt. Eranem idem vulgus vocat, quod in modum aerei sit coloris.* In vet. Inscriptione apud J. Sponium tom. 3. Itiner. pag. 24. inter equorum nomina occurit A PANIO AF. ubi forte leg. Varanio Africanus.

☞ Equum bellicum interpretatur Eccardus in Notis ad hunc locum Legis Salicæ; vocemque a *Werre* vel *Warre*, bellum, et *Renneo* sive *Reino*, admissarius, formatam docet. [** Vide Graff. Thesaur. Ling. Franc. tom. 1. col. 978.]

Warnio, Eadem notione, in Capitul. 3. ann. 813. cap. 24. Locum vide in *Wirdiria*.

Guaranyo. In Foris Aragon. lib. 8. titulus 8. ita concipitur : *Ut emissarii sive Guaranyones, equæ, vel pulli boçales occasione aliquarum executionum nequeant pignorari.*

¶ **WARANTIA**, Warantisio, Warantizare, Warantizatio. Vide mox in *Warantus*.

WARANTUS, Qui alteri tenetur ad evictionem. Lexicon Cambro-Britannicum : *Gwarant, assertor, vindex.* Spelmannus et Somnerus a Saxon. werian, *tueri* deducunt. Malim a *creantare*, fidem facere, nostri enim *creanter, cranter, et granter* dicebant, unde formata vox *garantir*. Vide *Creantare*.

Aliquando significat eum, qui cavet de evictione, aliquando ipsam cautionem, quæ alias etiam *Warantia* dicitur, inquit Cowellus. Leges Henrici I. Regis Angliæ cap. 43 : *Sic potest ei Warantus esse, qui in servitio suo est.* Adde cap. 82. Vide *Theam*, 1.

Warentis, Eadem notione, in Lege Longob. lib. 2. tit. 28. § 5. [** Otto II. 7. Locum vide mox in *Varens*.] et in Pacto seu fœdere Ethelredi Regis cum Analano, etc. cap. 10. *Prouver par guarans*, in Assisiis Hierosol. MSS. cap. 27. 59. 61. 62. 63. 65. et seqq. ubi statuitur, res omnes posse probari per duos *Warantos* inculpatos, *sans reproche*. Contra, *rebuter guarans*, est dicere *Warantos* culpa haud vacare, adeo ut non sint ejusmodi, qui *Warantiam* ferre, seu fide jubere pro alio possint.

☞ Testem præterea interdum designat, unde Provincialibus *Guarentya*, testis, ex Glossariolo MS. Johannis *Nostradamus* et Statutis MSS. Provincialibus apud Præs. *de Mazaugues : Quand Guarentya seran auzidas*, id est, testibus auditis.

¶ Varens, Qui aliquid verificat, asserit, auctor rei alicujus, Gall. *Garant*. Leges Ottonis I. Imper. apud Eccardum in Lege Salica pag. 198 : *Si quis equum suum, vel cetera animalia, sive rem suam super aliquem repetierit, et ipse Varentem dare dixerit, statim ut ad certum Varentem eum conducat, et super tertium Varentem, et tertium comitatum præcedat.*

¶ WARANDARE, Cavere ab evictione, spondere, præstare, defendere, auctorem esse, Gall. *Garantir.* Charta ann. 1308. apud Miræum tom. 2 pag. 1012. col. 2 : *Supplicantes insuper dominum Ducem, quatenus omnia et singula præmissa approbare, laudare, Warandare, et quantum in ipso est ratificare dignetur.* Charta Rodulphi militis apud Ludewig. tom. 2. Reliq. MSS. pag. 462 : *Volens eosdem ab impetitione quorumlibet Warandare.* Occurrit præterea apud eumdem tom. 5. pag. 47. et tom. 6. pag. 497.

¶ WARENDARE, Eodem intellectu. Charta ann. 1288. apud Eccardum de Orig. Domus Saxon. col. 91 : *De qua proprietate ipsum et ecclesiam Magdeburgensem Warendavimus, prout in privilegiis nostris desuper confectis plenius continetur.*

¶ WERENDARE, Pari sensu, in Charta ann. 1278. apud Schlegelium de Nummis antiq. Gothanis, etc. pag. 193 : *Ab omni impeticione nociva prædictam ecclesiam volumus Werendare.*

¶ WARANDIZARE. Charta ann. 1335. in Hist. Comit. Lossensium part. 2. pag. 37 : *Neque debemus... libertates aut privilegia defendere, vel Warandizare, neque liberos quomodolibet obtinere.*

WARENTIZARE, Bractoni lib. 5. tract. 4. § 2 : *Nihil aliud est quam defendere, et acquietare tenentem, qui Warantum vocavit in saisina sua.* Similia habent Fleta lib. 5. cap. 4. cap. 15. §. 2. lib. 6. cap. 23. § 2. Et Britton. fol. 197. ubi multa de *Warantia*, ut et apud Littletonem cap. 13. sect. 697. et seqq. Leges Edwardi Conf. cap. 36 : *Qui si Warantizaverint, quod recte facta sit justitia de ipso, etc.* Passim in Legibus Scoticis, et apud JC. Anglos. [Charta ann. circ. 1226. apud Hearnium ad calcem Annal. Edwardi II. Reg. Angl. pag. 267 : *Ego et heredes mei in nomine Domini omnes terras prænominatas Deo et hospitali prædicto contra omnes homines Warantizabimus.* Adde Th. *Blount* in Nomolex. Anglic.]

¶ VARENTARE, VARRENTARE, in Charta ann. 1193. apud Murator. delle Antic. Estensi pag. 360 : *Audivit ipsum dicentem et Varentantem, quod ipse et ejus fratres invenerunt in feudum a Ducibus Este, etc.* Statuta Cadubrii lib. 2. cap. 26 : *Ante omnia Varrentatum sit ipsi officiali per aliquem præconem curiæ se non invenire aliqua bona mobillia debitoris, etc.*

¶ VARANTISARE, VARANTIZARE. Charta Ricardi Reg. Angl. ann. 1197. apud D. *Brussel*, tom. 2. de Usu feud. pag. XIX : *Hæc autem omnia quæ idem Archiepiscopus in hoc excambio recepit, Varantisabimus nos et heredes nostri Ecclesiæ Rothomagi et prædicto Archiepiscopo et successoribus suis in perpetuum contra omnes homines. Varantizandum ab omni aida, etc.* in Tabul. Gemmetic. cap. 361.

VARENDATOR, VARENDATIO, VARENDA, in speculo Saxon. lib. 1. art. 9. § 6. art. 15. § 2. art. 46. § 2. lib. 2. art. 15. 16. § 1. art. 36. § 4. 6. [** Vide Haltaus. Glossar. German. voce *Wæren* et seq. col. 2031. sqq.]

¶ WARANDA, Cautio, auctoritas, defensio, Gall. *Garantie.* Charta Alberti Magdeburg. Archiep. ann. 1216. tom. 1. Corp. Diplom. pag. 157 : *Et de bonis ipsorum, quæ in sua habeat Marchio Waranda, finalem faciet justitiam secundum jus fidelium suorum.* Vide *Garandia.*

WARANDIA. Gallis *Garantie.* [Charta Friderici Comit. Terret. ann. 1225. apud Steyerer. in Comment. ad Hist. Alberti II. col. 207 : *Atque pro his omnibus ejus munimen, et defensionem atque debitam Warandiam promitto.* Alia ann. 1259. apud Eccardum in Orig. Habsburgo-Austr. col. 246 : *Nihilominus ad cavendum de evictione, et præstandum sine difficultate qualibet Warandiam super præfatis bonis, etc. Warandie,* in Charta Thomæ de Couciaco ann. 1265. ex Chartul. S. Johannis Laudun.] Historia Archiepiscop. Bremensium ann. 1363 : *Albertus Archiepiscopus, Ducis Magni de Brunswick filius, cum magno exercitu contra potentiam et Warandiam Dom. Mauricii Decani in parte Utheshorne diœcesis Bremensis intravit, et castrum Worde expugnare proposuit.* [Hinc emendanda Charta Henrici Comit. apud Ludewig. tom. 1. Reliq. MSS. pag. 266 : *Volentes eis veram et justam de eodem manso facere Waradium.* Legendum est *Warandiam.*]

¶ WARANDIA DENARIORUM, f. Eorum cursus seu usus publicus, Gall. *Cours.* Charta apud Schannat. in Vindem. litter. pag. 210 : *Consules civitatis A. illustri principi Philippo Regi obedientiam... Non decet vestram Serenitatem ut tam vili denariorum Warandia omne vestri principatus dominium penitus desoletur... Imploramus quatinus hujusmodi desolationem flebilem vestra dignetur magnificentia detegere, terram meliori moneta favorosius intuentes.* Nisi denariorum lex et pondus intelligantur.

* Malim de eorum fabrica et signatura intelligere. Stat. capit. Gandersh. apud Leuckfeld. in Antiq. ejusd. inter Addit. pag. 44 : *Sex marcæ Gandersheimensis Warandiæ.* Vide in *Warantus.*

¶ WARANDISIA, ut *Waranda.* Charta ann. 1291. apud Miræum tom. 2. pag. 874. col. 2 : *Promisimus... prædictis religiosis super præmissis omnibus et singulis justam, debitam et rectam Warandisiam sive Warandiam pro omnibus nostris heredibus et successoribus contra quoscumque. Warandison,* in Charta ann. 1340. ex Chartul. 21. Corb. fol. 300. v°.

¶ WARANDIZATIO, in Charta ann 1177 apud eumd. ibid. pag. 869. col. 1 : *Et promittimus prædictis abbatissæ et conventui rectam et firmam Warandizationem de bonis prænominatis.*

¶ WARANTIZATIO. Charta ann. 1280. apud *Madox* in Formul. Angl. pag. 61 : *Et si contingat quod priorissa et moniales prædictæ... aliquod dampnum seu jacturam incurrerint, pro defectu Warantizationis vel defensionis mei, etc.* Tabul. B. M. de Bono nuntio Rotomag. : *Pro hac etiam donatione, concessione,.... Warantizatione et defensione dederunt mihi... 40. libras sterlingorum.*

¶ WARENTIZATIO, in Charta apud eumdem *Madox* pag. 159 : *Pro hac autem donacione, concessione, confirmacione, Warentizacione, etc.*

¶ WARANTIA, in Charta ann. 1130. ex Tabul. Regniac. : *Promisit etiam per manum Hugonis Episcopi Autisiodorensis et Willelmi Comitis Nivernensis se portaturum Warantiam supradictis fratribus.* Charta apud *Madox* in Formul. Angl. pag. 219 : *Robertus de Wivilla ipsum Simonem traxit in placitum, et unde idem Simon vocavit ad Warantiam prædictum abbatem in eadem curia.* Adde Kennett. in Antiquit. Ambrosd. pag. 477 et Th. *Blount* in Nomolex. Anglic. Vide *Garantia* 2.

¶ WARANTISIO, apud eumd. *Madox*, pag. 195 : *Pro hac igitur concessione, dimissione, Warantisione, et præsentis cartæ meæ confirmatione, dictus Galfridus dedit mihi Agneti 20. libras sterlingorum.*

¶ WARRENTATIO. Statuta Cadubrii lib. 1. cap. 19 : *Credatur et credi debeat cuilibet jurato soli sine alia probatione, et commissionibus sibi factis de citationibus, Varrentationibus, de præceptis per eos factis.* Et lib. 2. cap. 26 : *Qua Varrentatione facta dicto officiali possit ponere in curia seu super curia quilibet creditor habens instrumentum.*

QUO WARENTO, Brevis species, de quo passim Practici Anglici. Vide in *Breve.*

¶ PLACITUM QUO WARANTO, Actio qua quis in *Warantum* appellatur. Charta ann. 1288. apud Kennett. in Antiquit. Ambrosd. pag. 313 : *Johannes filius Nigelli sen. summonitus fuit ad respondendum Domino Regi de placito quo Waranto clamat habere visum franciplegii.*

GUIRENS, pro *Warandus*, passim in Chartis Occitanis, ex Francico *Guarant.* Charta ann. 1248. in Regesto Tolosano Cameræ Comput. Paris. fol. 72 : *Et de prædictis omnibus contentis in venditione Dom. Comes debet et convenit esse Guirens prædicto Raimundo Unaldo, etc.* In Consuetudine Tolosana est titulus, *De nominatione guirentis.* [Vide *Guirens* suo ordine.]

¶ WARENTUM, Charta qua alicui potestas agendi conceditur : vel Chirographum nummularium. Locus est infra in *Warderobarius.*

¶ **WARASCHETUM**, Idem quod infra *Warectum.* Charta Alberti Abbat. Indensis ann. 1248. apud Marten. tom. 1. Anecd. col. 1038 : *Nos autem ad emendationem feodi sui medietatem omnis Warascheti in quo jus habemus.... J. de Audenarde concessimus possidendum.... Promisit etiam nobis prædictus J. dictus dominus de Audenarde quod nos et bona ecclesiæ nostræ et Warascheta in villis prædictis contra quoscumque deffendet,... et propter hoc medietatem ipsorum Waraschetorum contulimus.*

¶ **WARATARE**. Vide in *Warectum.*

* **WARATUS**. Vide supra in *Warachia.*

¶ **WARCINATICUM**. Vide *Varcinaticum.*

** **WARCINUS**, WARCINISCUM, WARCINIUM. Chart. ann. 736. apud Brunett. Cod. Diplom. tom. 1. pag. 488 : *Faichisi seo Pasquale, fratris germani, filii quondam Beninato, qui fuet aldio vestrum S. Saturnini.... tu predicta Pasquale et Faichisi in casa S. Saturnini resedire diveatis in Diano* casa, vel in omni res patris nostro, quondam Veninato, quia manifestum est quod de livera mater natis sumus, et de istuto nostro nulla condicione bovis redivibamus, nisi tantum bonis de ipsa casa vel omni res patris nostro, Warcinisca facere diveamus, sicut bovis pater nostrum quandam Veninatus usum facere fuet, ad pratum sioandi stabulum faciendi in via ubi vovis opum fuerit, sicut unum de Warcini vestri.... Si nos Pasquale et Faichisi vel nostros heredes de ipsa casa exire voluerimus, aut ipsas Warcinia facere minime voluerimus, exeamus bacui et inanis et insuper conpunamus pine nomini auri sol. 20. etc. Confer *Varcinaticum* et *Garcio*.

WARDA, GARDA, Custodia, Gall. *Garde*. Capitulare 3. ann. 813. cap. 34 : *Si quis wactam aut Wardam dimiserit, etc.* Leges Edwardi Confess. cap. 35 : *Et ut Wardæ juste et rite observentur, et ut caute deinceps incendiis sibi illic provideant, cum ad propria redibunt.* Thomas Walsinghamus pag. 120 : *Data suis custodibus soporifera potione, evasit per omnes turris custodias, quas Wardas vocamus.* Pag. 314 : *Cepit insuper ulteriorem custodiam, quam Wardam vocant, Castelli Papæ et gardinum ejus.* Id est, *l'avantgarde.* [** Vide Graff. Thes. Ling. Franc. tom. 1. col. 953. voce *Warta*, sqq.]

¶ GARDIA, Eadem notione. Charta Edwardi I. Reg. Angl. ann. 1296. apud. Rymer. tom. 2. pag. 713 : *Et insuper quod Gardiam seu custodiam castri nostri dictæ civitatis alicui civium prædictorum committeremus.* In Statutis Massil. lib. 5. caput 46. inscribitur *de Gardia vinearum.*

¶ GUARDIA, in Breviario Hist. Pisanæ apud Murator. tom. 6. col. 672 : *Pisani.... fecerumt quinque galeas ad Guardiam maris.* Occurrit rursum col. 175.

¶ GUARDIA, Præsidium, statio, *Corps de garde, Poste.* Chron. Domin. de Gravina apud eumd. Murator. tom. 12. col. 591 : *Et de eorum consilio in muris ipsius terræ scalas apponi, asserentes habere se intus dictam terram quam plures partiales eorum, qui Guardiam suam erant eis dare parati.* Et col. 685 : *Et ecce universus populus civitatis ipsius distribuitur per Guardias mœniorum, ... ne cum scalis ascenderemus per muros.*

¶ GARDARE, Custodire, tueri, defendere. Charta Roberti Delph. ann. 1283. apud Baluz. tom. 2. Hist. Arvern. pag. 300 : *Promittimus bona fide vos et vestra temporalia rationabiliter et benigne Gardare tanquam bonus garderius et superior vester dominus.* Regest. Magn. Dier. Campaniæ fol. 71. ann. 1288 : *Utrum... ad legem apertam (eum) receperat, videlicet de corpore suo defendendo (et de) honore suo Gardando.* Charta Beatricis Delphinæ Viennensis : *Juravit... feudum supradictum Gardare, defendere, et tueri. Fiat bona Garda de suo honore*, apud Stephanotium tom. 2. Antiquit. Bened. Occitan. MSS. pag. 490.

¶ GUARDIARE, in Transact. inter Philippum Pulchrum Reg. Franc. et Episc. Capitulumque Eccl. Vivar. ann. 1307 : *Homines, res, bona, et jura eorum, nos et successores nostri tenebuntur deffendere, et Guardiare ab omnibus injuriis, violentiis, bona fide, modis et remediis quibus bonus dominus et Guardiator debet suos fideles deffendere et etiam Guardiare.*

¶ GUARDATOR, Custos. Barthol. Scribæ Annal. Genuens. ad ann. 1235. apud Murator. tom. 6. col. 474 : *Quæ (navis) nondum tota erat exonerata, per malam custodiam Guardatorum accensa fuit et igne combusta.*

¶ VARDA, in Statutis Cadubrii lib. 1. cap. 73 : *Exceptis pro capitaneis, Vardis, custodibus castrorum Cadubrii, etc.*

¶ GARDA, Protectio, tutela, privilegium principis, quo, ne alicui vis inferatur, cavetur. Consuetud. Norman. apud Marten. tom. 4. Anecd. col. 117 : *Et hæc est justitia domini Normanniæ, quod in curia sua, vel eundo ad curiam, vel redeundo de curia nullus homo Gardam habuit de inimico suo.*

¶ GUARDIA, in Bulla Martini PP. apud Rymer. tom. 2. pag. 243 : *Ne prædictorum Regum* (Siciliæ et Aragoniæ) *Guardiam recipere... præsumas.*

¶ WARDUM, Pari intellectu, in Litteris Edwardi VI. ann. 1550. apud eumdem tom. 15. pag. 206 : *Venditiones, donationes et dispositiones Wardorum nostrorum quorumcumque... remittimus.*

WARDA, Custodia pupillorum nobilium, quæ Regi, aut domino feudali competit. Leges Malcolmi Regis Scotiæ cap. 1. § 3 : *Et ibi omnes Barones concesserunt sibi Wardam et relevium de hærede cujuscumque Baronis defuncti ad sustentationem Domini Regis.* Adde Quoniam attach. cap. 18. et Will. Thorn. ann. 1206. De his *Wardis* plura habes in verbo *Custos* 4.

☞ Quo anno id juris concessum fuerit Angliæ Regi docet Th. *Otterbourne* in Chron. Angl. pag. 78 : *Anno sexto Henrici Regis magnates Angliæ concesserunt eidem Henrico Wardas heredum et terrarum suarum, quod fuit initium in Anglia multorum malorum.*

¶ WARDA, Custodia cujusvis pupilli. Consuetud. Furnenses ex Tabul. S. Audomari : *Quicumque in sua Warda puerum habuerit, qui fuerit infra annos et ipsum maritaverit sine consilio parentum, etc.*

¶ GARDA, Eadem notione. Testam. Guillelmi dom. Motispessulani ann. 1146. apud Acher. tom. 9. Spicil. pag. 146 : *Si Guillelmus major infra ætatem viginti annorum decesserit, quicumque filiorum meorum sibi successerit, similiter in Garda et in baillia dominæ matris meæ usque ad ætatem viginti annorum permaneat. Garde de proisme*, custos proximi, seu consanguineus in successione proximus, custos, et curator bonorum consanguinei absentis, in Consuet. Leod. cap. 11. art. 10. *Gardeur*, pro *Tuteur*, in Charta ann. 1247. ex Chartul. 21. Corb. fol. 115. v° : *Par le volente d'ichiaus nobles homes mes curateurs et Gardeurs de ma terre, etc. Garde*, eodem significatu, in Charta ann. 1393. ex Chartul. Episc. Carnot. : *La dame de la Lande comme Garde de ses enfans.* Vide *Gardiatrix* in *Gardia.*

¶ GARDIA, Pari intellectu. Litteræ Caroli V. Reg. Franc. ann. 1371. tom. 5. Ordinat. pag. 419 : *Cum igitur cives nostri Parisienses... liberi usi fuerint et uti consueverint Gardiis et Ballis liberorum et consanguineorum suorum, etc.* Eædem vernaculæ ibid. pag. 418 : *Adoncques, comme noz citeiens de Paris.... aient usé et accoustumé à user de Gardez et banz d'enfans et de leurs cousins, etc.*

¶ GARDIATOR, Testamenti executor. Testament. ann. 1286. tom. 2. Hist. Dalph. pag. 61. col. 2 : *Ad prædicta omnia et singula exequenda... constituo Gardiatores et executores meos D. Raymundum de Medullione... Si vero unus dictorum Gardiatorum meorum decesserit, sit loco illius executor frater Raymundus Gibosi filius meus de Ordine Prædicatorum.* Vide *Gardiator.*

WARDAS et JUDICIUM PETERE, in Quoniam attachiam. cap. 16. § 5. cap. 34. § 1. 4. cap. 35. § 2. cap. 36. § 3. ubi *Wardas*, interlocutorium, *Judicium*, definitivam sententiam, interpretatur Skenæus.

WARDÆ ECCLESIARUM, seu Bonorum Ecclesiæ tuitio ac custodia, quæ ad Regem et Barones pertinet. Philippus Bellomanerius in Consuetud. Bellovacensi MS. cap. 46. quod *des Gardes des Eglises* inscribitur : *Nul n'a le Garde des Eglises, se n'est li Rois, ou cil qui du Roy tiennent en Baronie.* Deinde magnum statuit discrimen inter *Wardam* et *Justitiam* : cum quis justitiam habeat in aliquo loco, in quo *wardam* non habet. Mox subdit : *Que li Rois generalement a le Garde des Eglises du Royaume, mais especialement cascuns Barons l'a en sa Baronnie, se par renonciations ne s'en est ostez.* Quod si Baro *wardæ* renuntiavit, ad Regem continuo illa revertitur, cui alias *warda* generalis omnium Ecclesiarum regni sui competit : adeo ut si Barones in ea suo minus recte fungantur officio, ad Regem cuivis recurrere liceat : quo pertinent ista ex Charta Ludovici VII. ann. 1172. in Tabul. S. Victor. Paris. n. 24 : *Quoniam decrescente zelo Dei homines secularium rerum amore fervescunt, et si concessa eis potestas fuerit quorumcunque, et maxime Ecclesiæ bona diripiunt, necesse est, ut Majestas Regia Ecclesiis provideat, et protectionem suam omnibus modis apponat.* Et ex alia Regis Ludovici VI. ann. 1133. ex eod. Tabul. n. 30 : *Regiæ incumbit curæ et magnificentiæ Ecclesiis omnibus inpositerum utiliter providere, earumque bona sub sua tutela conservare, et ab omni injuria defensare.* In Regestis Parlamenti exstat Arestum O. SS. ann. 1272. quo *præcepit Dominus Rex, et voluit in pleno Parlamento, quod novæ avoëriæ, seu Gardæ, quas Baillivi et servientes Domini Regis cœperunt de hominibus aliorum dominorum a 12. vel 10. annis citra, revocentur, et cassentur omnino, et pro nullis habeantur, nec nove de cætero recipiantur.* Tabularium Lingonensis Ecclesiæ anno 1239 : *Nos dicimus et recognoscimus, quod idem Episcopus et ejus successores habent de jure in Abbatem, Ecclesiam, villam, et Burgenses Besuenses Gardiam et ressortum, etc.* Infra : *Ratione tamen Gardiæ et ressorti non poterit in villa Besuensi facere extorsionem quamlibet, etc. Gardarum* Ecclesiasticarum ista habetur formula in Tabulario Absiensi fol. 220 : *Cunctosque ad eorum molarias, molendinum et opera venientes, et in veniendo, et in manendo, et in redeundo sub nostræ protectionis defensione suscipimus.* Occurrit ibi non semel. Vide *Commendisia* : præterea Chopinum lib. 2. de Domanio tit. 6. n. 1. Bretium de superioritate Regia, et Duchesnium in Hist. Ducum Burgundiæ pag. 92. 93. 98. 101.

¶ Garda, Gardia, Guarda, Eadem significatione. Charta Mathildis Comit. Nivern. ann. 1244. inter Instr. tom. 4. Gall. Christ. novæ edit. col. 104 : *In omnibus et singulis superius nominatis nobis et nostris successoribus Gardam atque omnimodam justitiam retinuimus.* Litteræ Philippi Pulchri ann. 1290. apud Marten. tom. 1. Anecd. col. 1234 : *Et quia nos dicebamus ad nos pertinere Gardas, seu custodias ecclesiarum et abbatiarum prædictæ terræ : easdem Gardas seu custodias ecclesiarum de Ostrevant in manu nostra posuimus... Guardam etiam ecclesiæ de Faimi in manu nostra posuimus,... et super eadem Guarda veritas inquiretur.* Statutum ejusd. Reg. ann. 1302. tom. 1. Ordinat. pag. 344 : *Item. Prætextu alicujus Gardiæ nostræ antiquæ in personis ecclesiasticis, non impediatis, nec impediri permittatis jurisdictionem ecclesiasticam Prælatorum. In his tamen quæ ad ipsam Gardiam nostram spectant, jus nostrum et illorum qui sunt de nostra antiqua Gardia, conservetis.* Occurrit præterea in Hist. Comit. Ebroic. pag. 29. apud Lobinell. tom. 3. Hist. Paris. pag. 131. col. 2. pag. 473. col. 2. tom. 5. pag. 656. col. 2. tom. 2. Hist. Britan. col. 334. et 452. Baluz. tom. 2. Hist. Arvern. pag. 152. etc.

¶ Gardianus, Idem qui *Advocatus*, defensor, qui jura, bona et facultates Ecclesiarum tuebatur. Vide in *Advocati.* Charta Johannis dom. Castrivillani ann. 1260. inter Instr. tom. 4. Gall. Christ. novæ edit. col. 210 : *Retineo autem gardiam dictorum canonicorum quantum ad temporalia, nec alium quam me et heredes meos dominos Castri villani poterunt pro Gardiano dicti canonici advocare.*

¶ Garda, Guarda, Pari significatu, in Charta Rogerii Comit. Fuxens. ann. 1121. inter Probat. tom. 2. novæ Hist. Occitan. col. 417 : *Solvimus ad ipsas Guardas ipsius loci, ad Raymundum Guillelmum, et ad Guillelmum Bernardum, et ad filios eorum hoc nomine,... ut sint adjutores S. Petri et Abbati et Monachis ipsius loci* (Lezatensis.) *Similiter nos qui sumus Gardas ipsius loci suprascripti nomina, guarpimus et solvimus per istam ipsam convenientiam, etc.*

¶ Gardiator, Guardator, Eodem intellectu. Charta ann. 1280. tom. 2. Macer. Insulæ Barbaræ pag. 534 : *Et ego frater P. Sablera promitto pro me et successoribus meis non ponere in dicta domo super dictum Arthaudum et successores suos alium aliquem Gardiatorem vel deffensorem.* Charta ann. 1288. tom. 2. Hist. Dalph. pag. 45. col. 2 : *Item promittimus nos abbas prædictus modo quo supra, quod in abbatia, villa seu mandamento S. Theuderii, nullum Guardatorem vel avogerium seu etiam deffensorem, sub quocumque nomine apponemus nec apponi faciemus, etc.*

¶ Guarderius, Eadem notione. Charta ann. 1217. tom. 1. Macer. Insulæ Barbaræ pag. 132 : *Promiserunt bona fide quod in empta medietate nullum introducant Guarderium, nec in personam transferant alienam.*

¶ Gardiator, Cui a Rege committebatur custodia Ecclesiarum, quæ sub ejus tuitione erant. Charta Caroli V. Reg. Franc. ann. 1369. apud Lobinell. tom. 3. Hist. Paris. pag. 473. col. 2 : *Dilectos nostros religiosos priorem et conventum monasterii Cælestinorum... in nostris protectione, tuitione ac salva et speciali gardia suscipimus per præsentes; eisdemquo religiosis Gardiatores concedimus et deputamus universos et singulos ostiarios parlamenti nostri, et servientes nostros qui nunc sunt et qui fuerint temporibus affuturis; quibus et eorum cuilibet præsentium serie committimus et mandamus, quatenus prædictos religiosos... defendant ab omnibus injuriis, violentiis, gravaminibus,... et in suis possessionibus, franchisiis,... conservent... Et qui prædictis Gardiatoribus aut eorum alteri Gardiatoris officium exercendo injuriam fecerint vel offensam,... coram dilectis et fidelibus gentibus requestarum palatii nostri Parisius adjournent.* Vide in *Gardia*, pag. 481. col. 1.

Gardæ Ecclesiarum, Quæ vacantibus earum Prælatis in manu regia sunt, ratione regaliorum. Matth. Paris et Matth. Westmonaster. ann. 1248. de Rege Henrico III. Angl. : *Redargutus est insuper, quod Episcopatus et Abbatias, et etiam Gardas vacantes immisericorditer depauperat, contra juramentum suum.* Huc spectant, quæ habet Concilium Lambethense ann. 1261. cap. *De Custodia Cathedralium Ecclesiarum et Conventualium.*

¶ Gardiator, Qui decedente Episcopo a Rege mittebatur, ut colligeret reditus ac proventus temporalitatis Episcopatus, qui de jure ad Regem pertinent, idem qui *Regaliator* et *Custos regaliarum* dicitur in *Regalia* 2. Statutum Philippi Pulchri Reg. Franc. ann. 1302. tom. 1. Ordinat. pag. 359 : *Volumusque quod custodes seu Gardiatores regaliarum predictarum et Ecclesiarum vacantium... compellantur ex nunc summarie et de plano, ad restituenda seu resarcienda damna et gravamina que eos fecisse constiterit.* Aliud Philippi VI. ann. 1338. ibid. tom. 2. pag. 124 : *Item. Edicto perpetuo prohibemus, ne amodo Gardiatores ecclesiarum, aut commissarii a nobis, vel senescallis nostris deputati, penuncellos vel gardias ponant, nisi in rebus de quibus Ecclesiæ fuerunt in possessione pacifica vel quasi.* Vide in *Vicedominus.*

¶ Garda Monetarum, Qui monetæ cudendæ præfectus est, Gall. *Garde de la monnoie.* Charta ann. 1340. tom. 2. Hist. Dalph. pag. 416. col. 2 : *Fiant et fieri debeant per Gardam Dalphinalem ipsarum monetarum deliberationes secundum remedia in qualibet prædictarum monetarum ordinata.... Quibus Gardis etiam dictus dom. Dalphinus statuit et concessit de jure suo, pro qualibet marcha quæ cudetur, unum obolum, sic ut ipsæ Gardæ tam magistri quam subrogati ab eisdem magistris Gardis ipsarum monetarum.... tres obolos habeant. Garda major et magistri monetarum,* in Litteris Clementis VI. PP. ann. 1345. ibid. pag. 516. col. 2. Vide *Custodes Monetæ* in *Custos* 4.

¶ Garderius, *Gardier* vulgo, Idem apud Dalphinates qui *Gastaldus* Longobardis. Vide in hac voce. Charta ann. 1305. tom. 1. Hist. Dalph. pag. 21. col. 2 : *Ludovicus de Villariis primæ Lugdunensis Ecclesiæ Archiepiscopus... creat et ordinat illustres viros dom. Johannem Dalphini Comitem Vapincensem, et dom. Guidonem ejus fratrem, et quemlibet eorum in solidum, custodes et Garderios domus fortis de Bechevelleyn et totius ejusdem domus mandamenti,... volens... quod... ut Garderii et custodes ejusdem... redditus et obventiones, ... qui vel quæ ad dictam domum fortem spectant et pertinent..... per se vel per alium percipiant et habeant ex causa Garderiæ prædictæ.* Litteræ ejusd. ann. 1307. ibid. tom. 2. pag. 136. col. 1 : *Constituimus illustrem virum carissimum consanguineum nostrum D. Guidonem Dalphini Garderium nostrum in villa et civitate Lugdunensi, et in ejus pertinentiis universis, et sibi dare promittimus singulis annis nomine et ex causa salarii annui mille libras Viennensis monetæ, et eidem solvere quandiu officium Garderiæ exercebit.* Vide *Chorier* Hist. Dalph. tom. 2. pag. 216. et *Valbonnais* tom. 1. ejusd. Hist. pag. 7.

¶ Garderia, *Garderii* officium. Vide in *Garderius.*

¶ Gardiator, Lugduni appellabatur Custos, seu Missus regius, qui iis juribus quæ ad Regem spectabant servandis invigilabat. Plura de eo scripserunt in Hist. Lugdun. *de Rubys*, Paradinus et Menesterius, quos consule, si placet.

¶ Gardiata, Custos, defensor. Arestum Parlamenti ann. 1394. apud Menester. Hist. Lugdun. pag. 74 : *Nisi per nos qui Gardiata eorum sumus, vel ad dictam gardiam per nos deputatam, occurreretur, etc.*

Warda, Custodia oppidorum, vel castellorum, ad quam tenentur incolæ et *Tenentes.* [Item, Tributum quod ab iis pensitatur, ut ab hac servitute immunes sint.] *Garde lige*, in Consuetud. Andegavensi art. 174. ubi Chopinus. Monasticum Anglic. tom. 2. pag. 812 : *Sunt quieti de telonio et pontagio,... et hydagio et Wardis, et operibus castellorum, etc.* Pag. 16. 17 : *Et sint liberi a.... placitis, querelis, et Warda, et warpani, etc.* Vide *Wardpeni.*

Wardagium, Eadem notione. Idem Monasticum tom. 1. pag. 372 : *Sed sint quieti in civitatibus, burgis, foris, et nundinis per totam Angliam de quolibet telonio, tallagio, passagio, pedagio, lastagio, hydagio, Wardagio, et omnibus geldis, etc.*

¶ Gardagium, Pari intellectu. Charta ann. 1213. ex Tabul. Majoris Monast. : *Ego Aelidis Ducissa Britanniæ et Comitissa Richemondiæ confirmavi abbati et monachis Majoris Monasterii quidquid habent in villa de Lamballia, nihil mihi retinens, exceptis octo libris mihi per manus prioris in Quadragesima Domini, de Gardagio annuatim solvendis, et quod homines dicti prioris ibunt in exercitu meo et calvachia cum aliis hominibus meis de Lamballia.*

Gardia, Præstatio pro tutela, [quæ et pecunia et rebus aliis usu consumendis pensitabatur. Charta ann. 1000. ex Tabul. S. Victoris Massil. : *Et ipsi dederunt omnia quæ in ea terra sunt, quomodo sunt vineæ, decimum, Gardia, obedimentum, etc.* Charta Godefridi Episc. Lingon. inter Instr. tom. 4. Gall. Christ. novæ edit. col. 179 : *Gardia autem et justitia, et quidquid præter usum molendi reddiderint molendini proprie monachorum erunt.* Inventar. Chartar. Reg. ann. 1482. fol. VIIXX VI. v° : *Littera Alfonsi filii Regis Franciæ Comitis Pictavensis et Tholosæ per quam dat abbati et conventui Majoris Monasterii Gardiam et omne quod habebat in dicta abbatia ex dono Johannis Comitis Blesensis. De anno* 1255.] Charta ann. 1217. apud Gariellum in Episcopis Magalon. pag. 228 : *Et generaliter omnes Gardias, et usatica, quæ habebat nomine et occasione dictarum Gardiarum, etc.* Vide *Commendaria* et *Salvamentum* 1.

¶ Garda, Eodem intellectu. Charta ann. 1229. apud Stephanot. tom. 3. Antiquit. Bened. Pictav. MSS. pag. 807 : *Recognovit.. se nihil juris vel consuetudinis habere in dicta villa de Ferraboet, nisi quatuor sextarios avenæ annuos tantum de Garda.* Charta ann. 1309. tom. 1. Hist. Dalph. pag. 86. col. 2 : *Item habet dominus in parochia de Loco Dei et apud Locum Dei in omnibus et singulis habitatoribus dicti loci Gardam, quæ Garda levatur in hunc modum; videlicet de quolibet hospitio habente carrucam, levatur unum sextarium avenæ; in hospitio habente duos boves vel tres, levatur tantum una hemina avenæ; in hospitio non habente carrucam neque boves, levatur tantum unum quartale avenæ.* Alia ann. 1407. ibid. pag. 87. col. 2 : *Quæ Gardæ sunt talis naturæ, quod quando persona debens Gardam dom. nostro Dalphino moritur, vel recedit à dicta castellania nullis hæredibus relictis, dicta Garda moritur et est expirata; cum dicta Garda proprie debetur pro persona et domicilio suo.* Charta ann. 1426 : *Petrus Jossadi recognoscit se esse hominem ligium, quittum, justiciabilem, burgensem et subditum domini Ducis Borbonii ad causam castri sui Villenovæ absque aliqua Garda seu tributo in persona ejusdem confitentis. Piper, cera et aurum pro Gardis*, in Comput. Grasivod. ann. 1337. Adde Tabul. Aurel. in Lemovic. Charta ann. 1260. ex Chartul. Campan. fol. 389. col. 2 : *Nostre taille de la saint Reme chacun an que nos avons acoutumé à faire por la reison de la Garde que li diz Rois a an nos hommes et an nostre eglise chacun an.*

¶ Guardia, Pari significatione. Charta ann. 1253 : *Promittentes..... quod Guardias seu commandarias nullas recipiamus.* Charta ann. 1298 : *Promisit solvere... tascam, decimam, Guardiam et civatam de blado quod ex eisdem terris contigerit provenire.*

¶ Warda, Eodem sensu. Charta ann. 1227. apud Kennett. in Antiquit. Ambrosd. pag. 203 : *Faciemus eidem Radulpho vel hæredibus suis competens escambium in Wardis et escheatis ad valentiam prædicti manerii.* Charta ann. 1360. apud Lobinell. tom. 2. Hist. Britan. col. 503 : *Liberis consuetudinibus, Wardis, maritagiis, etc.*

Gardarii, Qui *gardas* faciunt. Statuta Delphinalia pag. 40 : *Item voluit ipse Do. Delphinus quietas esse, et quietavit pariter et remisit gardas quascunque, et Gardarios facientes dictas gardas, quas et quos habet in castris, villis, seu mandamentis Baronum et Banneretorum quorumlibet dicti D. Delphini, a decem annis citra receptis, etc.* [*Garderii*, tom. 2. Hist. Dalph. pag. 588.]

¶ Garderii, Qui sub alicujus *Garda* seu protectione sunt, atque eam ob rem præstationi, quæ *Garda* dicitur, obnoxii. Charta ann. 1334. tom. 2. Hist. Dalph. pag. 249. col. 1 : *Quod ipse dom. Dalphinus emendaret aut emendari faceret dicto dom. Regi et regnicolis, ac Garderiis regiis plurima damna et gravamina illata eis... Habita informatione eidem dom. Regi et gentibus ac Garderiis suis faciet emendam aut fieri faciet.* Alia ann. 1342. ibid. pag. 439. col. 2 : *Tuebitur et deffendet a quibuscumque personis, tanquam si essent sui proprii homines, et Garderii speciales.* Alia ann. 1343. ibid. pag. 481. col. 1 : *Necnon et Garderios quos habet de præsenti ipse dom. Dalphinus et in futurum habebit ipse et successores sui prædicti servare, custodire et deffendere teneantur contra omnes personas. Gardoiens*, in Charta ann. 1256. apud D. Brussel de Usu feud. tom. 2. pag. 1017 : *Et si est à savoir que si aucuns de mes homes, ou de mes fihex, ou de mes Gardoiens venoient pour demorer en la comuneté dou Nuef-Chastel, etc.*

* *Gardiers*, eadem acceptione, in Charta ann. 1398. ex Cod. reg. 5186. fol. 61. v° : *Item que nostre sire le conte* (de Savoye) *ne prendra, ne recevra par soy, ses gens, ne officiers quelconques, les hommes et subgetz desdits nombles* (nobles) *en garde ou à Gardiers, saulvegarde ou bourgoigie, sans la volunté ou exprés consentement desdits nombles.*

¶ Guardia, Gromaticis dicuntur quatuor silices ad metas appositi, qui metam esse ostendunt; aliis *Testis termini* nuncupantur. Vide in hac voce. Eodem nomine interdum appellatur quidquid id officii præstat. Charta ann. 990. inter Probat. tom. 2. novæ Hist. Occitan. col. 144 : *Gurpisco etiam atque dimitto villare Berbeiano qui terminat in loco qui vocatur Archas,... aliudque terminum infrontat in petra quæ est in via super portellum de Coteanicis et terminatur in Guardia Judaica.* Charta ann. 1019. ex Tabul. S. Victoris Massil. : *Ab Oriente terminatur usque ad montes majores, a Septentrione usque ad pojoles quos vocant Guardias, etc.*

¶ Guardator, Guardiator, Satelles. Bartholomæi Scribæ Annal. Genuens. ad ann. 1230. apud Murator. tom. 6. col. 461 : *Et quum milites dom. Spini, et octo nobiles, et Guardatores vellent ipsos malefactores de domo, in qua erant, extrahere, et ad supplicium ducere, mulieres cœperunt projicere lapides et impellere Guardatores.* Ibidem col. 524 : *Item quod haberet secum unum judicem et duos scribas ad salarium communis, et Guardatores seu executores duodecim, et servientes sive clientes cum armis* 50. Statuta Castri Redaldi lib. 3. fol. 47 : *Item statutum est quod omnes homines videntes vel audientes cridare camparios seu Guardatores, teneantur currere ad prædictum rumorem, et dare auxilium et favorem campariis vel Guardatoribus capienti malefactores.* Statuta Genuens. lib. 1. cap. 3. fol. 21 : *Si vero nuncius communis, sive Guardiator reum præsentem in Janua vel districtu quæsierit, etc.*

¶ Gardagium, Custodia. *Officium et Gardagium porcorum*, in Charta ann. 1360. ex Memoriali D. Cameræ Comput. Paris. pag. 57. v°.

Guardatores, Gall. *Wardeurs*, et *Eswardeurs*, in urbe Metensi exstitisse olim, observat Meurissius in Præfatione ad Histor. Episcoporum Metensium pag. 19. Sed quale fuerit eorum munus, ignorare se profitetur.

☞ Id facile doceremus ex Litteris Caroli V. Reg. Franc. ann. 1370. pro restauratione Communiæ Tornacensis, tom. 5. Ordinat. pag. 374. et seqq. si ex unius civitatis institutis ad alterius cognoscendos usus legitima foret argumentatio. Ut ut est, hæc annotanda existimo ex laudatis Litteris : *Chacun an à certain jour, les chiefs d'ostel heritez de ladicte ville* (*de Tournay*)*.... à son de cloche,... assemblez .... esliront trente preudommes, appellez les Eswardeurs.... lesquieulx trente.... eslirront vint Jurez,.. desquieulz vint, ils esliront deux Prevostz,... et leur feront faire sairement solennel en la main du Maire des Eswardeurs.... lesdiz trente Eswardeurs esliront quatorze preudommes, bourgois, herité et nez de la ville pour estre Eschevins... Les Jurez et Eschevins et les Eswardeurs, donront les offices de la ville... Seront lesdix Eswardeurs tenuz de venir et assembler en la halle, avecques les Prevostz, Jurez et Eschevins, touz les Mardis, au son de la cloche, pour avoir ensemble avis et conseil des choses et besoingnes touchans le corps de la ville; et ce qui par l'accort des trois concistoires, sera ordonné pour le proufit et utilité de la ville, vaudra et tendra; et se les Prevoz et Jurez pour aucune chose, mandoient lesdiz Eswardeurs à venir à leur hale plus souvant, et en autres journées, ils seront tenuz de venir à leurs mandemens, et que aucune des choses contenues en cest article, ne puissent passer ne estre valables, se il n'y a pas assenz d'accort, onze Jurez, seize Eswardeurs et huit Eschevins du mains... Que aucuns de ceulx qui auront été Eswardeurs une année, ne puissent estre Eswardeur l'autre année ensuivant... Que les Eswardeurs n'aient aucune congnoissance de cause pardevant eulx; fors tant seulement de eslire et creer les Prevoz, Jurez et Eschevins, comme dit est cy-dessus; excepté que se aucuns des Jurez ou Eschevins se meffaisoient contre bien de justice, ou pechoient en leurs offices faisant, que ou lieu de celui ou de ceulx qui se meffairoient, il puissent remettre, et instituer un autre ou plusieurs, et iceulx meffaisans oster et destituer de leur offices... Que lesdiz Prevoz, Jurez, Eswardeurs et Eschevins, ou les trois concistoires seront d'accort, puissent faire toutes manieres de Ordonnances, et ycelle rappeler, muer, accroistre et diminuer en tout ou en partie si comme bon leur semblera; pour le proufit de la paix, la transquilité et le bien du commun peuple de la ville de Tournay.* Ii vero potissimum ita nuncupantur qui ex quolibet artificio electi, rebus quæ venum exponuntur inspiciendis, præfecti sunt, Inspectores, Gall. *Egards. Regardeurs*, in Litteris Caroli V. ann. 1372. ibid. pag. 682. art. 20 : *Le Maire doit mettre Regardeurs sur les bouchers et poissonniers, qui jurent et rap-*

portent se il font choses qui ne soit bien à poinct. Vide in *Probus.*

* Quod apte confirmat Charta ann. 1298. ex Chartul. Montis S. Mart. : *Per appretiationem inspectorum villæ S. Quintini, qui Gallice nominantur les Eswardeurs de le ville, etc Les Wards sur les mestiers*, in Ch. Phil. ducis Burg. ann. 1447. ex Tabul. Audomar. Vide supra in *Regardus.*

Wardæ in urbe Londinensi, et aliquot aliis Angliæ oppidis, dicuntur urbis regiones, quæ pro numero Majoris et 24. Aldermannorum, 25. constitutæ sunt, præter *wardam* Bungi Southwarci, singulorumque *custodiis* singulæ distributæ, unde nomen. Vide Will. Thorn. ann. 1394. et pag. 2019.

¶ **WARDAGIUM.** Vide in *Warda.*

WARDARFIDA. Vide *Cadarfreda.*

* **WARDECOCIUM,** ut *Wardecosia*, Vestis seu tunica superior, quæ pectus constringit et custodit. Stat. provinc. ann. 1310. tom. 2. Hist. Trevir. Ioan. Nic. ab *Hontheim* pag. 77. col. 1 : *Item prædictis personis* (clericis) *Wardecocia seu tunicas superiores, nimis breves aut strictas penitus interdicimus. Warkotium* et *Warhotium*, apud Ant. Matth. Syllog. Epistol. pag. 529.

WARDECORNE, Obligatio tenentis ad faciendam *wardam* cum cornu, de qua actum in voce *Cornagium.* Monastic. Anglic. tom. 1. pag. 976 : *Et sint quieti... de thesauro ducendo, et wardepeny, Wardecorne, Averpeny, Hundredpeny, etc.*

* **WARDECORSUM,** Eadem notione qua *Wardecocium.* Stat. synod. eccl. Atrebat. cap 1. ex Cod. reg. 1610 : *Ad sanctam synodum honeste veniant, prælati videlicet regulares in eorum vestimentis regularibus; seculares vero supertunicalibus et Wardecorsis induti.* Vide supra *Gardecorsium* et *Wardecocium.*

** Warkors. Testam. ann. 1332. in Guden. Syll. pag. 632 : *Lego Alheidi... meum Warkors mixti coloris non furratum. Item lego et ordino Katherinæ... aliam tunicam meam dicto Warkors attinentem.*

** Warkocus. Testam. ann. 1330. apud Guden. Cod. Diplom. tom. 2. pag. 344 : *Lego meliores vestes meas, Warkocum et tunicam blavium.*

¶ **WARDECOSIA,** Pars vestis quæ pectus constringit, idem quod *Gardacorsium;* unde legendum videtur *Wardacorsia.* Statuta Eccl. Leod. ann. 1360. tom. 2. Monument. sacræ Antiquit. pag. 452 : *Circa vero brachia usque ad cubitum et non ultra saltim notabiliter nodis, seu botonibus nodatis, seu botonatis utantur, vel cum illis incedant, nec manicas quicumque circa Wardecosiam deferat.* Inquesta ann. 1278. ex Schedis Præs. *de Mazaugues : Requisitus quæ pignora abstulerunt eis, dixit quod tres capas,... et tres Gardecorps.*

WARDEMOTUS, Wardarum Conventus, seu Curia : vox Saxonica confecta, ex ward custodia, et mote, Conventus, Curia. Charta Henrici I. Regis Angl. pro Londoniensibus post Caput 2. Legum ejusdem Henrici : *Et terras suas, et Wardemotum* [** al. *Vadimonia*] *et debita civibus meis habere faciam infra civitatem, et extra.*

¶ **WARDEPENI.** Vide *Wardpeni.*

¶ **WARDEROBARIUS,** Qui vestiario seu *Garderobæ* præest. Chron. Johan. Whethamstedii pag. 442 : *Jussit eciam* (Rex) *ut de avisamento sani sapidique concilii, warentum conciperet sufficiens, directum suo Warderobario ad providendum de panno aureo magis precioso, vocato vulgariter Crimesyne thissewe.* Infra : *Garderobarius.* Vide *Garderoba* 1.

WARDEWITE, seu Wardwite, ut est in Monastico Anglic. tom. 2. pag. 387. Mulcta ob custodias neglectas, a Saxon. ward, custodia, et wite, mulcta. Præterea in Fleta lib. 1. cap. 47. § 16. definitur *quietantia misericordiæ in casu, quo non invenerit hominem ad wardam faciendam in castro, vel alibi* : Rastallo, *quietum esse de denariis dandis pro wardis faciendis.*

¶ **WARDFEGH,** vel Wardfeoh, Pretium *wardæ*, seu pecunia persoluta, ut quis ab onere *wardarum* sit immunis; Saxon. feoh, pecunia, nummus. Charta apud Th. *Blount* in Nomolex. Anglic.: *Reddendo inde annuatim ad festum S. Michaelis mihi et heredibus meis unum denarium pro omni servitio, herietto, relevio, warda, regali servicio, Wardfegh et pro omnimoda secta curiæ meæ et heredum meorum.* Vide *Wardpeni.*

WARDIREVE. Vide Leges Willelmi Nothi vernaculas cap. 32. [** 28. In Lat. : *Gwardereve, id est prepositus custodum.*]

WARDPENI, Wardepeni, Warpeni, Denarii Vicecomiti, vel aliis Castellanis persolvi soliti, ob castrorum *wardas* seu custodias. Peny autem Sax. denarius. Monast. Angl. tom. 2. pag. 14 : *Liberi sine omni scotto et geldo, et placitis et querelis, et warda, et Wardpani et boreghalpani.* Ita pag. 16. 17. etc. Et Charta ann. 1330. laudata a Spelmanno : *Ric. Burre tenet unum mesnagium,... et reddit inde per annum 3. sol. 4. den. ad prædictos 4. terminos, et ad festum S. Martini 2. Wardepens.* Idem Monasticum pag. 827 : *Et sint insuper liberi scotto, et Wardepeny et burghalpenny, etc.* [** Vide *Warda.* Notit. ann. 17. Edward. II. reg. Angl. Essex. rot. 4. in Abbrev. Rotul. tom. 1. pag. 282 : *Tenuit manerium de Danseye... de nobis per servicium reddendi ad Wardam castri nostri Dovorriensis per quaslibet 20. septimanas 5. solidos, etc.* Alia ejusd. ann. Warr. rot. 7. ibid. pag. 283 : *Tenuit quædam tenementa... per servicium reddendi inde per annum etc. unum obolum, qui dicitur Warthe pro omni servicio etc.* Vide *Warth* et *Wartepain.*]

Warpeni. [Vocabul. Anglic. ex Tabul. Beccensi : *Warpeny, estre quitte de tallage pur warde.*] Monasticum Anglic. tom. 1. pag. 622 : *Cum omnibus consuetudinibus, libertatibus, et quietationibus de Warpeni et nupeni, in bosco et plano, in pratis, et in pasturis, et in terris, etc.* Adde tom. 2. pag. 134.

¶ Warpenig, in Charta Willelmi Reg. Angl. apud *Madox* Formul. Anglic. pag. 176.

¶ Warpent. Charta Henrici I. Reg. Angl. pro Monast. S. Catharinæ Rotomag. in Regesto Norman. sign. P. in Camera Comput. Paris. : *Quietas, liberas et solutas .... de murdris, et de Warpent, et scutagio, et gildis, etc.*

¶ Wartpeny, in Charta Bertrandi Verdon. apud Th. *Blount* in Nomolex. Anglic.: *Retinui vero mihi et hæredibus meis Wartpeny et peterspeny de prædicta terra.*

WARDWITE, Vide in *Wardewite.*

¶ **WAREAGIUM,** perperam, ni fallor, pro *Wardagium.* Vide in *Warda.* Charta Johannis Regis Angl. inter Privilegia Ordin. S. Johannis Hierosol. pag. 5 : *Homines sui liberi sint et quieti de omnibus querelis et placitis, et de.... pontagio, vinagio, et Wareagio, et de omni caragio, etc.*

¶ **WAREC,** Wareck. Vide in *Wreckum.*

¶ **WARECTA,** Warectatio, etc. Vide mox in *Warectum.*

WARECTUM, Terra novalis, seu requieta, quia alternis annis requiescit, sic dicta, inquit Edw. Cokus, *quasi vere novo victum, vel subactum : Gueret*, in Consuet. Pictav. art. 104. et Menetoviensi super Carum art. 8. aliis *Gachere.* Fleta lib. 2. cap. 72. § 4 : *Ut terræ sint tripertitæ, tunc novies 20. acræ faciunt carucatam, eo quod 60. in hyeme, 60. in Quadragesima, et 60. in æstate pro Varecto debent exarari.* Adde § 5. Et cap. 76. § 4 : *Nec in Warectum debent mitti fimi, quia per rebinuram fere subverterentur, et sic ante tempus seminis multum consumerentur.* [Monast. Anglic. tom. 2. pag. 253 : *In Warectis, in brueriis, in boscis, in mariscis, etc.* Charta apud *Madox* Formul. Anglic. pag. 134 : *Abbas et conventus integre percipient dictos decem croppos de terra arabili et chevesces quas receperunt ad Warectum.* Vide *Garachium.*]

¶ Warecta, Eodem significatu. Charta ann. 1363. apud Kennet. Antiquit. Ambrosd. pag. 495 : *Dicunt quod in communi pastura, sicut in bosco et in campis ad Warectam possunt sustentari* XVI. *vaccæ et unus taurus cum boviculis.*

¶ Waretum, in Charta. apud *Madox* Formul. Anglic. pag. 130: *Receperunt... terram Werefeldi in bono Wareto, ita reddendam in fine prædicti termini.* Vide *Waraschetum.* [** *Warettum*, in Not. ann. 10. Edward. I. reg. Angl. Linc. rot. 9. in Abbrev. Rotul. tom. 1. pag. 41.]

* Unde *Estre en Waret*, dicitur ager, qui requiescit, vulgo *Qui est en jachere.* Lit. remiss. ann. 1472. in Reg. 195. Chartoph. reg. ch. 701 : *Les supplians vindrent sur un piece de terre..... estant en Waret, afin de la cultiver.*

¶ Waretabilis, Proscissioni aptus. Charta ann. 1281. apud Kennett. Antiquit. Ambrosd. pag. 297 : *Fieri fecit quoddam inhoc in campo Waretabili utriusque Ernicote.*

¶ Warectatio, Proscissio agri, in Charta ann. 1399. ibid. pag. 530 : *Tam post blada vincta, quam tempore Warectationis omni anno.* Vide *Gascha.* Qua anni tempestate fiat hæc agrorum proscissio, docet Fleta loco mox laudando in *Warectare.*

Warectare, Waretare, Gallis *Gacherer*, vel *Mener à gachere.* Fleta lib. 2. cap. 73. § 10 : *Mense Aprili, tempore videlicet, quo omnia aperiuntur, Warectandi erit tempus idoneum et amœnum, cum terra fregerit post carrucam; rebinandi vero post festum Nat. S. Joan. Bapt. cum terra pullulaverit post carrucam.* Vetus Charta apud Somnerum in Tractatu de *Gavelkind* pag. 17 : *Item sunt 50. juga: quodlibet arabit unam dimidiam acram ad semen frumenti, et seminabit, et* herciabit, et unam acram ad semen hordei, et herciabit, et unam virgatam ad avenam, et herciabit, et Warectabit dimidiam acram ad ordeum, et nihil recipient, et vocatur istud opus Gavelert. Monasticum Anglic. tom. I. pag. 525 : *Et Rogerius de Almereio* 25. *acras unoquoque anno ad seminandum in Blechesdona, ettotidem ad Waretandum.* Charta Guillelmi Episcopi London. in Historia Abbatiæ S. Audoeni Rotomag. : *Ducentas et viginti unam acras Warettatas, de quibus* 51. *acræ et dimidia fuerunt rebinatæ.* [Charta ann. 1292. apud Kennett. Autiquit. Ambrosd. pag. 320 : *Item uno die Warectabunt terram domini prout decet ad unum diem cum carucis suis.*]

¶ Waratare, in Tabul. SS. Trinit. Cadom. fol. 48. v° : *Lewinus pro una virgata debet operari quaque die hebdomadæ sine sabbato cum uno homine, et in æstate Waratant* 2. *acras.*

¶ **WARENDARE.** Vide in *Warantus.*

WARENGANGI, Wareguangi, Advenæ, in Gloss. *Qui non morantur in loco*, seu, qui continuo huc et illuc discurrunt : ex Germanico *Waren*, et *Gang*, incessus, gressus; ut quidam volunt. Sed potius videtur a *Vargis*, de quibus supra egimus, vocem deductam. Rotharis Rex in Edicto [** cap. 390. in Lombard. lib. 3.] tit. 15 : *Omnes Warengangi, qui de exteris finibus in regni nostri finibus advenerint, seque sub scuto potestatis nostræ subdiderint, legibus nostris Longobardorum vivere debeant, nisi legem aliam a pietate nostra meruerint.* [*Gargangi* editum apud Murator. tom. I. part. 2. pag. 48. col. I.] [** *Waregang*, Herold. tit. III.] Capitulare Radelchisi Principis Benevent. cap. 12 : *De Wareguangis, nobilibus, mediocribus et rusticis hominibus, qui usque nunc in terra vestra fugiti sunt, habeatis eos.* [*Waregnangi*, apud laudatum Murator. tom. 2. pag. 261. col. I.] [** Vide Grimm. Antiq. Jur. Germ. pag. 396.]

☞¶ Garagangi, Pari intellectu, in Gloss. ad Constitut. utriusque Siciliæ lib. I. tit. 62. pag. 84. edit. Gabr. Sarayna : *Garagangi, advenæ qui de exteris finibus in regni finibus adveniunt.*

Wargengus, Eadem notione. Capitulare 3. anno 813. cap. 8 : *Si quis Wargengum occiderit, solidos* 600. *in dominico componat.*

WARENNA, Varenna, generaliter est Vivarium cuniculorum, seu leporum, quæ animalium species vulgo *Feræ de Warenna* dicuntur, ut et perdices et phasiani inter aves, quas *Francs oiseaux* vocat vetus Consuetudo Normanniæ cap. 10. Quidam etiam feris adjungunt *capreolos*. Charta Anglica ann. 13. Edw. III : *Videtur tamen Justitiariis hic et Consilio Dom. Regis, quod capreoli sunt bestiæ de Warenna, et non de foresta, eo quod fugant alias bestias de warenna.* [** *Canes prædicti Willelmi non currerunt ad aliquam bestiam de Warrenna, immo ad quendam damum, qui non est bestia de Warrenna, etc.* in Abbrev. Placit. pag. 214. anno 16. Edward. I. reg. Angl. Hertf. rot. 35.] Vita S. Baboleni Abbatis : *Rex ergo Clodovæus virtute divina motus, regali more decrevit scripto atque sigillo, eandem, quam nuperrime incipiebant, Ecclesiam, cum omni Varenna, quam Matronæ girat fluvius, ab ingressu fossarum prædicti castelli veteris, ab aqua in aquam irrefragabiliter ab omni inquietudine cunctorum malorum perpetuo manere liberam atque securam.* [*Garenne à toutes bestes et oyseaulx*, in Litteris ann. 1324. inter Ordinat. Reg. Franc. tom. 5 pag. 380. *Varenne*, in Litteris ann. 1268. ex Chartul. Monast. de Escureio.]

¶ Garennia, Eadem notione. Charta E. Abbatissæ Paraclyti ann. 1233. ex Chartul. Campan. fol. 393. col. I : *Et sciendum quod idem Comes retinet in illis* LX. *arpenta nemoris, totam justiciam et Garenniam suam.*

Libera Warenna, Potestatem significat vel charta Regia, vel præscriptione obtentam venandi cuniculos aut lepores, vel etiam aucupandi phasianos et perdices intra limites feudi sui, Cowello, Rastallo, et aliis Practicis Anglis. Watsio *libera warenna*, est libertas, immunitas, privilegium a Rege, Charta sua concessum, uti has et illas, aut avium, aut ferarum species, aut etiam pisces in hoc vel illo dominii sui loco habeat, et solus fruatur, ita ut nulli alii licebit in illis agris, sive *warenna*, illa animalia venari aut capere. [Charta Johannis Reg. Franc. ann. 1361. ex Tabul. Carnot. : *Item Garena seu venatio ad quascumque feras in boscis et nemoribus prædictis et nonnullis aliis vicinis.*] Matth. Paris ann. 1232 : *Item de libertatibus, quas habuit tunc temporis in forestis, Warennis, Comitatibus, et aliis locis, qualiter custoditæ sint, vel alienatæ.* Idem anno 1247 : *Licentiam venandi in libera Warenna S. Albani, etc.* Et anno 1248 : *Cum enim quibusdam eorum specialiter venatio judicialiter sub pœna decem librarum denegaretur, videbatur aliis non nominatis plena debere gaudere licentia lepores venandi in Warenna memorata.* Charta Edw. III. Reg. : *Quod ipsi et eorum successores habeant liberam Warennam in omnibus dominicis terris suis,... dum tamen terræ illæ non sint infra chacias aut Warennas nostras, ita quod nullus intret terras illas ad fugandum in eis, vel ad aliquid capiendum, quod ad Warennam pertineat, sine licentia et voluntate ipsorum, etc.* Charta Edw. IV. Regis in Monastico Anglic. tom. I. pag. 507 : *Quod ipse et successores sui habeant liberam Warennam in omnibus dominicis terris suis de Staynfeld, etc.* [Vide *Garanna.*]

Warenna Aquarum, Vivarium piscium. Nam et in *libera warenna*, non modo feræ, sed et pisces continentur, ut ex Watsio observatum. Utriusque meminit Consuetudo Perticensis art. 39. posterioris, Tabularium S. Bertini ann. 1186 : *De interclusionibus meatuum aquarum ejusdem Ecclesiæ, quæ vulgo Warren dicuntur, de quibus* 42. *snesas anguillarum annuatim persolvebant.*

Warennæ vocem a Saxon, werian, vel Germanica, *wahren*, custodire, defendere vulgo deducunt viri docti; quod feræ in warennis sint *defensæ*, id est, earum venatio cæteris interdicta, præterquam domino.

☞ Hinc *Warenna* idem quod silva defensa, in qua nempe venari, nisi domino, non licet. Charta ann. 1355. ex Chartul. 21. Corb. fol 324 : *Lequel bos nous disons estre Warenne.... Nous disiesmes estre en saisine de cachier ou faire cachier oudit bos toutefoys qu'il nous plaisoit et que le dit bos n'estoit mie Garenne quant à nous.* Vide *Defensa* 3.

¶ **WARENTIA**, Rubia. Vide *Garantia* I.

¶ **WARENTIS**, Warentisare, Warentisatio, Warentum. Vide in *Warantus.*

¶ **WARESCAPIUM.** Vide *Waterscapum.*

¶ **WARESCHETUM**, ut *Waraschetum.* Vide ibi.

* **WARESCUM**, Jus, quod dominis feudalibus competebat in rebus per maris æstum ad littus ejectis. Charta Joan. regin. Castel. et comitis. Pontiv. ann. 1257. in Reg. 82. Chartoph. reg. ch. 303 : *Damus Ferrando primogenito et hæredi nostro Noellam super Summam.... et quicquid ibi habebamus...... in salinis, in sale, in Waresco, seu laganno.* Vide *Wreckum* et *Laganum.*

¶ **WARETALIS**, Waretare. Vide *Warectum.*

WARFUS, Warphus, Ripa, crepido litoris, sinus aream habens contiguam navibus onerandis et exonerandis idoneam, Anglis *warfe*, in Charta Joannis Abbatis Monasterii S. Augustini Cantuariensis : *Piscarias, vias, chimina, Warphos, vacuos fundos, etc.*

WARGANEUS. Vide *Vargi.*

WARGARIA. Vide in *Waga.*

WARGENGUS. Vide *Warengangi.*

¶ **WARGI**, Waringi. Vide in *Vargi.*

WARGILDA. Vide in *Wera.*

* **WARHOTIUM**, Vestis species. Vide supra *Wardecocium.*

* **WARIA**, Pascuum commune, ut videtur, fossis circumcinctum. Bulla Alex. III. PP. ann. 1180. inter Probat. tom. 2. Annal. Præmonst. col. 169 : *Octavam partem magni prati, quod est in guauria, et duas partes alterius prati in eadem Waria.* Vide supra *Walda* 2. et mox *Waschium.*

¶ **WARINGA**, inter ea, quæ quotidie distribuuntur Canonicis Ecclesiæ Coloniensis, recensetur in Consuetud. MSS. ejusd. Eccl. : *Cuilibet canonico vivo sive mortuo datur equaliter Waringa. Si quis etiam canonicus eligatur in Episcopum, vel in Priorem Coloniensem, quem oporteat vicarium habere, ipsi datur Waringa et non ejus vicario. Quatuor principalibus vicariis datur cuilibet ipsorum dimidia Waringa. Aliis omnibus vicariis nihil datur de Waringa. Fratres S. Margaretæ recipiunt de minori prœbenda scholastici Waringam et unum denarium de quolibet convivio.* Ibidem : *Camerarius debet annuatim* XIIII. *convivia in majori ecclesia et de quolibet convivio desunt* XIIII. D. *quos supplet camerarius de Waringa. De Waringa domini Archiepiscopi recipiunt* VIII. *solidos : similiter de canonicis qui in Episcopos et sacerdotes promoventur.* [** An *Meringa*?]

WARISCAPIUM. Vide *Waterscapum.*

* **WARISCUM**, ut supra *Warescum.* Charta Conani ducis Brit. ex Bibl. S. Germ. Prat. : *Notum sit omnibus me dedisse..... Alano Rupho, meo militi, per servitio suo in expectatione sui, Wariscum.*

WARKOCUS, Warcors. Vide *Wardecorsum.*

* **WARKOTIUM**, Vestis species. Vide supra *Wardecocium.*

WARNIAL. Petrus de Dusburg in Chronico Prussiæ cap. 79 : *Iste dictus fuit Warnial, ab illo panno lineo, dicto Warnial,* *quod instituit fratribus deferendum.* Monet Editor appellari *Pannum Prutenorum* in Chron. Lat. sub Friderico scripto. [** Forte *Wammael,* quod legitur in chart. ann. 1252. apud Lappenb. Init. Hanseat. Probat. pag. 57 : *Centenum pannorum, qui teutonice dicitur Wammael.* V. ibi notat. supra *Waddemole.*]

¶ **WARNIMENTUM**, Apparatus bellicus, Ital. *Guarnimento.* Rolandini Patav. Chronic. Tarvis. apud Murator. tom. 8. col. 286 : *Hic revertitur Ansedisius Potestas Paduæ in Padua, dimisso Warnimento in villa plebis.* Rursum col. 343 : *Quibus duabus causis de facili sperat amodo suos conterere inimicos. Itaque mense Augusti prædicto anno, Warnimentum paravit quammaximum, et amicos suos congregans universos, et singulos, et quoscumque movere potuit proximos et remotos.* Vide *Guarnimentum* in *Garnire.*

* *Warnesture*, pro Munitio, in Charta Joan. comit. Pontiv. vernacule reddita ann. 1184. ex Lib. albo domus publ. Abbavil. fol. 4. r° : *En tele maniere adechertes que par dedens chez mettes nule Warnesture porra estre faite.* Ubi in authentico : *Nulla poterit fieri munitio.*

WARNIO. Vide *Waranio.*

¶ **WARNISIO**, Præsidium militare, Gall. *Garnison.* Adrianus de Veteri-busco de Reb. Leod. apud Marten. tom. 4. Ampl. Collect. col. 1280 : *Combusserunt villas Brabantiæ de banno de Hannunto, tenentes Warnisionem et custodiam in Montenaken.* Ibidem col. 1374 : *Dominus proposuit quod ponerentur homines in Warnisionibus, et quod dominus de Agimont non vellet aperire fortalitium suum, dicens quod bene custodiret.* Vide *Garnisio* in *Garnire.*

WARNITUS. Vide *Garnitus.*

¶ **WARNOTH.** *Terræ de Warnoth*, in Monastico Anglic. tom. 2. pag. 589. dicuntur apud Anglos Prædia obnoxia præstationi quæ duplicatur, quoties exacto solutionis tempore exigitur a domino prædii : hæc maxime circa Dubrim obtinuit. [** Placit. ann. 33. Edward. I. Linc. rot. 46. in Abbrev. Placit. pag. 255 : *Vocatur illud servicium Warnoth, hac scilicet ratione, quod si redditus ille primo die termini non solvitur, duplex in crastinum solvetur, et si in illo crastino non solvatur, tunc tercio die triplum solvetur; et sic de die in diem augmentabitur solucio illius redditus, quousque plene persolvatur. Et dicit quod ipse eadem feoda, etc. tenet de honore castri Dovoriæ, etc.* Vide Grimm. Antiq. Jur. Germ. pag. 387.]

WARPENI. Vide *Wardpeni.*

¶ **WARPHUS.** Vide supra *Warfus.*

¶ **WARPIRE**, Possessionem rei alicujus dimittere. Indicium ann. 960. apud Marten. tom. 1. Ampliss. Collect. col. 171 : *Easdem res cum querela Warpivit, etc.* Vide *Guerpire.*

¶ Warpiscere, Eadem notione. Charta ann. 1067. ex Tabular. S. Victoris Massil. : *Ego Poncius dono et Warpisco ad domum S. Victoris omnes compras quas fecit Bernardus Delphinus frater meus.*

¶ Warpitoria, Warpituria, Guarpitoria, Charta qua quid *Warpitur.* Charta ann. 945. inter Probat. tom. 2. novæ Hist. Occitan. col. 90 : *Facta Guarpitoria ista in mense Aprili, etc.* Alia ann. 1002. ibid. col. 158 : *Notitia Warpitoria qualiter tenetur adscripta.* Charta ann. circ. 1030. ex Tabul. S. Victoris Massil. : *Pro animæ suæ et parentum suorum redemptione hanc cartam Warpituriam fieri jussit.* Vide in *Guerpire.*

¶ **WARRANANNIO**, Warranio. Vide *Waranio.*

WARREN, Vivarium. Vide *Warenna.*

WARSCOT, Præstatio pro bello, ex *Ware*, bellum, guerra, et *Scot*, præstatio, conjectum. Leges Kanuti Regis de Forestis cap. 9 : *Sint liberi... ab omnibus armorum oneribus, quod Warscot Angli dicunt.* Vide *Wardpeni.*

* **WARTA**, Gall. *Warte*, Præstationis species, eadem forsan quæ *Warda.* Vide in hac voce. Charta Milon. *de Marchais* ann. 1210. in Reg. 66. Chartoph. reg. ch. 122 : *Garbagium nostrum et vicecomitatum nostrum et omnes eschies, sicut erant in blado et in denariis et la Warte, et agnum in die Maii, etc.* Vide *Wart.*

WARTEDENIER. Vide mox *Wartepain.*

WARTEPAIN, Warterpain. Consuetudines Arkenses ann. 1231. in Tabulario S. Bertini Audomarensis : *Denarios tamen de porcis, et Wartepain eis remittimus et quittamus.* Charta Mathildis Comitissæ Bononiæ ann. 1253. ibidem : *Videlicet theloneo, motonagio, corveis, denariis, quæ dicuntur Wartedenier, panibus, qui dicuntur Wartepain, fresengagio, ovis, eschanchitis, et aliis universis, ad Justitiam et Comitatum pertinentibus.* Ubi denarii, qui *Wartedenier* dicuntur, videntur iidem, qui in Chartis Anglicis appellantur *Wardepeni*, locis in hac voce allatis; nam peny, Saxonibus est denarius. Vide in hac voce.

WARTH. Charta Edwardi III. Regis in Monastico Angl. tom. 2. pag. 832 : *Ab omnibus secularibus servitiis, et omnimodis curtis, sectis, adventibus ad visum franci plegii, exactionibus, querelis, et demandis universis quiete possidendis, exceptis Warth et scutagio quantum pertinet ad 5. virgatas terræ, quas prædicta Alicia dedit prædictis fratribus in eadem villa.* Infra : *De tribus virgatis terræ, quæ appellantur Libera hida, in Berford, quietis de Warth et scutagio, et ab omni seculari servitio.* [A Saxon. ward, custodia. Vide *Warda.*]

¶ **WARTOLE.** Charta ann. 1028. apud Marten. tom. 1. Ampl. Collect. col. 396 : *Qui etiam ex eadem silva singulis annis in Epiphania Domini ligna, quæ vulgo dicuntur Wartole, ad caminatam abbatis deferent, vel etiam illos, quibus ipsi abbates pro misericordia concesserint.*

* Legendum videtur *Warcole*, et intelligendum de lignis, quæ in fascem collecta, ad collum cum fune portantur. Vide supra *Wercolenum.*

* **WASCHIUM**, Waskium, Gall. *Waschie* et *Waskie*, Idem videtur quod supra *Waria.* Charta Oudardi milit. dom. *de Oesil* ann. 1232. ex Tabul. abbat. Hamensis : *Concessi etiam quod si fiant alicubi in villa de Douchi Wauskire, quod hospites dictæ ecclesiæ habeant suas aisensias in Waskies, dum velint apponere adjumentum et custus, quantum ad illos pertinet, ad faciendum les Waskies.* Alia ann. 1147. in magno Chartul. nig. Corb. fol. 219. r° : *Comme descors fust entre nous... d'une voie et d'un Waschie, que nous clamons à avoir, etc.* Ibid. *Waskie* et *Wasquie.* Vide *Wasshum* et in *Waterscapum.*

* **WASHAYL**, vox Anglica. Testam. Joan. ducis Bedford. ann. 1429. ex Cod. reg. 9484. 2. fol. 597. v° : *Item à Jehan Barton nostre maistre d'hostel un hanap d'argent, couvert et escript de Washayl.* Anglis *Wash*, lavare, purgare sonat; unde vas manibus lavandis aptum intelligi potest, Gall. *Aiguiere.* Vide *Vesseil.*

* **WASKIUM.** Vide supra *Waschium.*

¶ **WASO**, Cespes. Vide *Wazo.*

* **WASONNUS**, Cespes, Gall. *Gazon.* Charta ann. 1280. ex Chartul. S. Vinc. Laudun. : *Item justitiandi caventes Wasonnos, et terram et petras capientes in treffundo suo.* Vide *Wazo.*

* **WASPLEDRING**, Vim vocis exponit Charta Phil. comit. Fland. pro libert. castel. Brug. ex Cam. Comput. Insul. : *De Waspledring. Si homo ecclesiæ hominem liberum injecerit luto vel terræ, emendabit ei sex libras.* Vide *Wapeldrinc.*

WASSHUM, Vadum, terra undis vel mari abluta, ex Anglico *Wash*, lavo, abluo, etc. Henricus de Knyghton ann. 1346 : *Et sic transierunt per unum Wasshum maris ad longitudinem unius leucæ in vigilia S. Bartholomæi, et ex altera parte Wasshii, inimici fuerant parati ad prælium, etc.* Loquitur de Prælio Creciacensi, ubi Angli Somenam fluvium trajecerunt ad vadum, quod *Blanchetaque* vocant.

☞ Neque alia notione accipienda videtur vox *Wasier* in Charta vernacula ann. 1282. tom. 1. Chartul. S. Vandreg. pag. 995 : *Avon baillé et ottroié à hommes religieux Monseignor l'Abbé et le Convent de S. Vandrille nostre Wasier que nos avon à Caudebec, si comme nostre masure se porte en lonc et en lé de la rue jusques à Seigne.* Vide *Vuasilus.*

¶ **WASSO**, Cespes. Vide infra *Wazo.*

¶ **WASSORES**, pro *Vavassores*, in Litteris Philippi Aug. ann. 1221. tom. 5. Ordinat. Reg. Fr. pag. 143.

¶ **WASTA**, Vastator. Vide in *Vastum.*

WASTELLUS, Wastellus, Gastellus, Panis delicatior, vel placentæ species, nostris *Gasteau.* Ita forte dictus a Saxonico witel, tegulum, tegmen; est enim *wastellus*, panis in cinere tectus, coctus. Picardi etiamnum *Watel*, ejusmodi panes vocant, [ut et *Wastelier* qui eos conficit. Statutum pro pistoribus Atrebat. ann. 1355. inter Ordinat. Reg. Franc. tom. 5. pag. 511. § 13 : *Doivent cuire li fournier le fournée de pain et de Wastieux paisiblement,* § 14 : *Doivent li Wastelier qui font Wastiaux con dist razis, etc.* Infra § 15 : *Wastilier.*] Monasticum Anglic. tom. 1. pag. 149. *Habere debent Monachi singulos fiffuls de granario ad Wastellos.* Ibidem : *Et in eisdem festivitatibus singulos fiffuls de frumento ad Wastellos de granario. Panis de Vastello*, in Fleta lib. 2. cap. 9. § 1. Vide *Watellus.*

Vastellum, in Itinere Camerarii Scotici cap. 9. § 4. et alibi.

Guastellus. Statuta Cluniacensia : *Duo Guastelli de granario et de meliori vino communis cellarii in cappa decenti coram eo afferri debet.*

Gastellus. Consuetudines Floriacensis

Monasterii : *Et pitanciam de optimo vino a custode vini, et sero Gastellos habere debet.* Alibi : *Ad cœnam Gastellos et poma habere debemus.* Charta Communiæ Roiensis art. 39 : *Si quis Gastellos, vel flatones, vel hujusmodi, quæ villæ noceant, fecerit, Major potest prohibere, ne amplius fiant.* Ugutio : *Placenta, Gall. Gastel.* Le Roman *de Gaydon* MS :

Ainsi li feud con feist un Gastel.

Philippus *Mouskes* in Hist. Francor. MS :

A force prist tour et castiel,
Lor geus ni valu I. Gastiel.

¶ **WASTINA**, Wastum. Vide in *Vastum*.

* **WATELLUS**, Panis delicatior, vel placentæ species, Gall. *Gateau*, Stat. MSS. eccl. Tullens. fol. 61. v° : *Quarta collatio sit in cœna Domini,..... et loco hostiarum ministrantur cibi seu Watelli, quos oportebit aliquando cessare et redire ad hostias, ut antiquitus fiebat, quia propter aviditatem edendi dictos cibos seu Watellos, jam non sufficiunt nongenti aut mille.* Vide *Wastellus*.

¶ **WATERGAGIA**, ut mox *Watergangæ*. Locus est in *Insetenys*.

WATERGANGÆ, Watergangia, Aquæductus et fossæ, per quas eliciuntur aquæ in palustribus regionibus, Flandris *Watterganck*, a *Water*, aqua, et *Ganc*, ductus, iter. Spelmannus a Saxonicis vocabulis, quæ idem sonant, deducit. Ordinatio Marisci de Romeney facta tempore Henrici III. Reg. Angl. apud Spelmannum : *Non liceat alicui de cætero facere dammas vel fordas, aut alia impedimenta in aliquibus landeis, Watergangiis, fossatis, sive aquagiis communibus, in marisco prædicto.* Monasticum Anglic. tom. 2. pag. 920 : *Mando vobis atque præcipio, quatenus justicietis meos homines de Snargate, ut faciant wallas et Watergangas, et clausuras wallarum, sicut debent facere.*

* Charta Guid. comit. Fland. ann. 1282. ex Chartul. Namurc. in Cam. Comput. Insul. fol. 5. r° : *Avons otroiet à nostre chiere et amée compaigne Ysabelle comtesse de Namur cent bonniers di nostre muer, gisans encostre nostre vile d'Ardenborgh, avoec un Waterganc ki parmi va, k'on claime Waterganc seigneur Jehan.*

¶ **WATERGAVEL**, Præstatio pro jure piscandi exsoluta; a *Water*, aqua, fluvius, et *Gavel*, tributum. Charta ann. 15. Henrici III. Reg. Angl. apud Th. *Blount* in Nomolex. : *Sciatis nos dedisse... Huberto de Burgo Comiti Kantiæ et Margariæ uxori suæ redditum* XXXII. *sol. et* IV. *den. quem homines eorumdem Huberti et Margariæ de manerio suo de Elmour nobis reddere solebant singulis annis per manum balivi nostri de Menstreworth, nomine Watergavel.*

* **WATERINGHE**, Eodem intellectu ut *Watergangæ*, iisdem Flandris. Charta ann. 1331. ex Chartul. 2. Fland. in ead. Cam. ch. 584 : *Ceaux de la ville de Gand et leur adherdans... disoient que chil de Leet-polre et de Haut-polre, nului excepté, doivent payer et contribuer avecques eaux tous cous, tous frés et tous despens que il feroient à les Wateringhes et dikages de leur Leet-polre.*

WATERSCAPUM, Wariscapium, Wadriscapium, Wadiscapum, Aquagium, aquæductus, ex Saxonico waeterschap, compositum ex waeter, aqua, et schap, ductus.

Waterscapus. Vetus Charta Germanica ann. 793. apud Henschenium ad Vitam S. Ludgeri Episc. Mimigard. : *Cum Waterscapis, perviis, communiis, pascuis, etc.* Occurrit præterea apud Miræum in Donat. Belgic. cap. 61.

Wadriscapum. Charta Nevelongi Comitis apud Doubletum pag. 724 : *Perviis, Wadriscapis*, (sic legendum pro *Wadriscanis*) *terminis, elidiatis, etc.* Alia ann. 808. pro Monasterio S. Bertini apud Duchesnium in Historia Guinensi, et Malbrancum lib. 5. de Morinis cap. 45 : *Hoc est mansa cum casa, castitiis, ædificiis, pratis, pascuis, terris, perviis, et Wadriscapiis.* [Occurrit præterea apud Marten. tom. 1. Ampliss. Collect col. 127. Hinc emendanda Charta ann. 818. apud Meichelbec. tom. 2. Histor. Frising. pag. 208. ubi perperam divisis vocibus editum, *Wadris, capis.*]

** Watriscapud, in chart. Einhard. abbat. apud Teulet. in Oper. Einhard. tom. 2. pag. 428. ibique not. 2.

¶ Wadriscampum. Chron. S. Bertini apud Marten. tom. 3. Anecd. col. 522 : *Super fluvium Isara terræ bunaria quinque cum amborum floco parniis et Wadriscampis, etc.* Perperam divisim in Formul. 18. et 20. Lindenbrogii, *Wadris, campis.*

Watriscapum. Charta ann. 711. apud Marten. tom. 1. Ampl. Collect. col. 18 : *Cum Watriscapo, et aratoria terra, mobili cum immobili, etc.*

¶ Watrischapum et Watriscafum, in Chartis ann. 709. et 710. ibidem col. 17.

¶ Widriscapum. Charta ann. 722. ibid. col. 24 : *Hoc sunt sessi cum Widriscapis, casis, campis, etc.*

Warescapium, Wariscapium. Charta ann. 838. pro Sarciniensi in Leodicensi Episcopatu Abbatia, apud Miræum in Donat. Belg. lib. 2. cap. 10 : *Et mansas sex vestitas ad ipsam curtem conspicientes vel pertinentes, cum perviis legitimis, Warescapiis, pratis, pascuis, etc.* Testamentum Henrici III. Ducis Brabant. ann. 1260. apud eumdem in Diplom. Belg. : *Cæterum quidquid deliquimus in Wariscapiis, wastinis, sive pascuis communibus terræ, etc.* Alia apud Ægidium Aureæ-vallis Monachum in Alexandro Episc. Leod. cap. 26 : *Dotavi eam de 4. mansis... et de cursu aquæ Mosæ a prima parte superioris insulæ... usque ad ultimam partem inferioris, quæ est contra Plumborum montem, et de Wariscapio utriusque ripæ.* [Chr. Corn. *Zantfliet* apud Marten. tom. 5. Ampl. Collect. col. 183 : *Sed et Warescapia et pascua communia, vel loca publica sibi usurpabant. Werixhas ou aisemens, Weriscaps et aisemens*, in Charta vernacula ann. 1332. apud *Louvrex* in Collect. Edictorum, et Statutorum tractus Leod. pag. 481. unde patet voce *Warescapium* interdum significari loca publica quæ incolarum usibus permittuntur, idem proinde esse quod *Aisantia*, et *Aisamentum* alibi appellant.]

¶ Waricapium. *Cum omni jure, Waricapio, telonio, etc.* in Charta ann. 997. apud Knippenberg. Hist. Eccl. Geldriæ cap. 58.

Wadiscapum. Formulæ vett. Pithœi cap. 57 : *Super ipso magno posita seu et Wadiscapo, et inter terra et prato et silva bunnaria tanta, et mancipia tanta his nominibus il. et il. boves duas, vacca una cum vitulo, inter porcos et verveces capita tanta, et scapio deintus casa valentes solidos tantos.* Vetus Charta apud Baldricum lib. 1. Chron. Camer. cap. 52 : *Terras cultas et incultas, pervia, Wadiscapia, prata, pascua, etc.* Alia apud Doubletum pag. 730 : *Aquis, aquarumve decursibus, Wadiscapis, exitibus, et regressibus, etc.* [Corrigenda itaque Charta Henrici V. Regis Angl. apud Rymer. tom. 10. pag. 236. ubi perperam editum *una discapo*, pro *Wadiscapo.*]

¶ Wadiscabum, in Charta ann. 828. apud Meichelbec. tom. 2. Hist. Frising. pag. 273 : *Cum domo et curte, curtiferisque et Wadiscabis, et cum omni ædificio.*

Wareschaix. Consuetudo Montensis cap. 50. 51 : *Item que nul sans congé de ladite Seigneurie, ou de personne puissante, ne fache, ne empire le Wareschaix de ladite ville en ladite Seigneurie, sur 7. sols 6. deniers blancs de loix, et remettre celui Wareschaix en estat deu. Item que chascun depuis la my Mars jusques à donc, que les biens seront dépouillez, soit tenu de renclorre et fosser son heritage contre le Wareschaix sur 27. deniers blanc de loix.* Ibid. cap. 54 : *Item qui enclorront son heritage contre chemin ou Wareschaix, où il y auroit bonnes, etc.*

WATLING-STREAT. Vide *Erminstreat.*

WATSPENDA. Charta 86. inter Alemannicas Goldasti, et apud Vadianum pag. 91 : *Denique hanc eamdem ecclesiam præbenda pueri unius de claustro nostro, et una Watspenda, et beneficio unius mansus... dotavi.* Ubi *Watspenda* quibusdam dicitur vestiaria pensio, Monachis præstari solita ab Abbate. Nam apud Germanos *wat* vestem significat, et *watman* dicitur, qui pannos vendit. *Spenda* vero annonam significat.

¶ **WATWRF.** Vide in *Walaworf.*

¶ **WAVASARIA**, Wavassores. Vide *Vavassores.*

¶ **WAUDA.** Teloneum S. Vedasti : *Carethei de waisde 2. den. de warance 2. den.... de Wauda 5. sol.*

* Nostris *Waude*, Annonæ seu glasti species. Charta ann. 1266. ex Chartul. S. Juliani Camerac. : *Quod in curtilibus non amasatis prædictis, cum de blado, vicia, pisis, fabis, waisdia, lenticulis, ordeo, succurione, Wauda seminabuntur, etc.* Vide supra *Waida* in *Guaisdium.*

* *Waudrée* nostri appellarunt, scopas seu linteum, quo furnus abstergitur. Lit. remiss. ann. 1390. in Reg. 140. Chartoph. reg. ch. 147 : *Laquelle Jehanne respondi que le Waudrée moquoit le fourcon, et que s'elle estoit ribaude, aussi estoit ladite Benoite.* Nunc dicimus eodem sensu, *La pelle se moque du fourgon.* Vide Cotgr. Diction. in hac voce.

* **WAULA**, a Gallico *Gaule*, alias *Waule*, Virga. Comput. ann. 1370. ex Tabul. S. Petri Insul. : *Item pro harcellis et Waulis, xij. sol. Fland.* Alius ann. 1362. ibid. : *Item pro iiij*[c.] *de Waules, pro cento iij. gros. valent xij. gross.* Lit. remiss. ann. 1423. in Reg. 172. Chartoph. reg. ch. 411 : *Icelui Jehan et sa mere sont alez par pluseurs et*

diverses foiz ès bois, et en iceulx ont fait pluseurs botes de Waulle. Hinc diminut. *Waulette*, Virgula, in aliis Lit. ann. 1451. ex Reg. 184. ch. 154 : *Laquelle femme s'aproucha près, et frapa le suppliant par le visaige d'une Waulette, etc.*

WAULASSUS. Vetus Inquisitio apud Will. Dugdalum in Antiquitat. Warwicensis Provinciæ pag. 665 : *Et quotiescunque dominus ad venandum venerit, illi custumarii solebant fugare Waulassum, et stabulum in fugatione ferarum bestiarum secundum quantitatem tenuræ suæ, ut illi, qui tenuerunt integram virgatam terræ per 2. dies, et sic de aliis.* Infra : *Et solebant amerciari similiter, si non venerint ad Waulassum, quoties dominus ad venandum venerit.* [Anglis *Wawl* est felinum clamorem edere, Gall. *Miauler.* Porro eo loci agi videtur de incondito clamore quem ad fugandas feras inter venandum ex servitio edere tenebantur vassalli.] [** Forte Volutabrum, ab Angl *to wallow*, Volutare, Sax. wealwian.]

¶ **WAW**, Mensuræ species. Vide *Waga.*

¶ **WAWATUS.** Vide in *Wayf.*

¶ **WAXSCOT**, in Leg. Can. Eccl. cap. 12. Spelmanno est Tributum quod in ecclesiis pendebatur ad subministrationem ceræ et luminarium : ex *Wax*, cera, et *Scot*, symbolum. Idem quod *Ceragium*. Vide in hac voce.

WAYA. Monasticum Angl. tom. 3. pag. 50 : *Nec non et sedem molendini cum pertinentiis super Wayam in dominio meo de Wynfretone cum moltura ville.* Adde pag. 51. [*Way* Anglis viam sonat.]

¶ **WAYDIA**, Glastum, Angl. *Woad*, Picardis *Waide.* Pedagium Peronnæ in Chartul. 21. Corb. fol. 336 : *Waide waranée doit* II. *den.* Litteræ Edwardi III. ann. 1327. apud Rymer. tom. 4. pag. 327 : *Gravem querelam dilecti mercatoris nostri Willielmi de Rydale, de quadam Waydia dicti Willielmi capta et detenta apud Ambianum.* Vide *Wesdia.*

WAYERIA, Waeria. Fleta lib. 4. cap. 1. § 20 : *Fit etiam disseisina de.... bercaria, vaccaria, Wayeria, augmentatione curtis, etc. Waëria*, lib. 4. cap. 20. § 6.

* Vide supra *Vaieria.*

WAYF, Weif, Weyvium, Res derelicta, et quæ a nemine repetitur, ut sua. Bromptonus lib. 1. cap. 10. § 10 : *Dicuntur res in nullius bonis esse, quæ habitæ sunt pro derelicto :.... item de his, quæ pro Wayvio habentur, sicut de averiis, ubi non apparet dominus.* Lib. 3. tract. 2. cap. 11. § 5. et in Fleta lib. 1. cap. 27. § 13. definitur *Wayvium, quod nullus advocat.* Vetus Consuetudo Norman. cap. 19 : *Choses Gaives sont, qui ne sont appropriées à nul usage de home, et qui sont trouvées, que nul ne reclame siennes.* Adde Novam, art. 604. Editio Latina : *Waiva, sunt res, vel alia, quæ nullius proprietati attributa sine possessionis reclamatione sunt inventa.* Occurrit hæc vox in eadem Consuetud. art. 194. 597. et seq. *Res vayvæ*, in Charta Ludovici Regis Franc. et Navarræ anno 1315. pro Normannis, res derelictæ. [*Choses Gayves*, ut redditur in eadem Charta vernacula tom. 1. Ordinat. Reg. Fr. pag. 591. Charta ann. 1123. apud Kennett. Antiquit. Ambrosden. pag. 186 : *Ricognitum est a Militibus et liberis hominibus... quod ad nos spectat le Gwayf.* Ibidem ad ann. 1372 : *Die* XIX *Martii seisitæ fuerunt ibidem tamquam Weyf in manum Prioris.*] *Gaywon* in legibus Maris Oleronensib. art. 34. dicuntur; *Weife*, apud Britton. pag. 72. *Wefve*, præterea in Consuetud. Hannoniensi cap. 77. pro *viduitas* occurrit.

Waivium, proprie, *est pecus vagans, quod nullus petit, sequitur, vel advocat*, ut est in Fleta lib. 1. cap. 43. § 2. Will. Thorn. : *Animalia, quæ dicuntur Weif, etc.* Leges Baronum Scoticorum cap. 48. § 14 : *Est autem et alia escheta de animali invento Wayff, in territorio alicujus domini.* Ubi Skenæus vertit, *errans pecus. Erraticum habere, quod vulgo dicitur Weredif*, (ubi legendum *Weif*) in Concilio Illebon. apud Ordericum Vitalem lib. 5. *Erroneum* et *errans animal*, in Lege Wisigoth. lib. 8. tit. 5. § 6. 7. 8. *Animal vagans*, in Lege Burgund. tit. 49. § 3. *Animal aberrans*, in Legibus forestarum Scoticar. cap. 19. § 1. Ita *asinus errans*, Exodi cap. 23. 4. Hinc emendandum Monasticum Anglic. tom. 2. pag. 187 : *Et omnia animalia advenientia fugitiva, Gallice Withe, etc.* Legendum enim *Weif.* Et pag. 103 : *Una cum mineriis, Weyvis, tolloniis, et stallagiis, etc.*

Jus autem *weyvii* dicitur dominus feudi habere, cui pecora vaga inventa in suo feodo, et a nullo reclamata aut asserta competunt, in Fleta lib. 1. cap. 47. § 1. Quod interdum a Regibus concessum Monasteriis legimus, ut apud Ingulfum pag. 875 : *Cum omni illo, quod appellatur socha, saca, tol, et them, infanthef, Weif, et stray, etc.*

Wayvium autem inter regia ponitur a Bromptono lib. 2. cap. 24. § 1. Dicitur vero esse catallum personale et mobile, felonia seu furto subductum, et a subducente metu captionis derelictum, cujus dominus non apparet; quapropter, si quid tale inveniatur, Regi acquiritur, aut domino feudi, nisi proprietarius a fure per actionem, quam *Sectam* vocant, rem furatam repetat, eamque suam esse probet. Ita Willelm. Stanfordius lib. 3. Placitorum Coronæ cap. 25. Cowellus lib. 2. Instit. tit. 1. § 44. et Rastallus. Placita coram Johanne de Berewel, et sociis suis Justit. Itiner. apud Salop. in Octab. S. Michaël. 20. Edw. 1. rot. 29 : *Ricardus filius Alani Comes Arundel, sommonitus fuit ad respondendum Dom. Regi de placito Quo warento clamat habere placita coronæ, et habere Wayf in manerio suo de Upton, et Comes dicit, quod ipse clamat habere infungete vel et Wayf, et eadem placita et libertates habuerunt ipse et omnes antecessores sui, et eisdem usi sunt, a tempore, quo non extat memoria, etc.... Et Hugo de Louther, qui sequitur pro D. Rege, dicit, quod Wayf est quoddam grossum de corona, ita coronæ D. Regis annexum, quod nullus eo gaudere possit, nisi habeat inde speciale warantum a Domino Rege, vel antecessoribus suis concessum.*

Wayviare, Relinquere, pro derelicto habere : *Abandonner. Guesver l'heritage*, in Consuetud. Aurelian. artic. 121. 132. Bractonus lib. 2. cap. 7. § 4 : *Feoffatus bene poterit Wayviare feodum suum, cum hoc sit ad commodum sui feoffatoris, et ad proprium incommodum suum. Wayvare feodum*, apud eumdem lib. 2. cap. 35. § 12. *Wayvare*, infra eod. § et in Fleta lib. 3. cap. 10. § 3. cap. 12. § 2. Idem Bractonus lib. 3. tract. 2. cap. 11. § 2. ait, *fœminam utlagari non posse, quia non est sub Lege, i. inlaughe Anglice, scilicet in franco plegio, sive decenna, sicut masculus 12. annorum et ulterius; Wayviari tamen posse, et pro derelicta haberi, cum per felonia aliqua fugam fecerit, sive ceperit.* In eo autem differt *Utlagatio* a *Wevwio*, quod si viri seu masculi *Utlagati* capiantur, vel se reddiderint, eorum vita et mors sit in manu Regis, femina autem pro derelicta habeatur.

¶ Waviare, Eodem intellectu, in Charta ann. 1509. apud Rymer. tom. 13. pag. 243 : *Utlagata, Waviata, etc. Catalla Waviata et straiata*, in alia ibid. pag. 788. Hinc emendanda Charta ann. 1526. apud eumdem tom. 14. pag. 165 : *Nec non catalla utlagatarum et Wawatarum et catalla qualiter cumque confiscata.* Leg. *Wayvatarum.*

Weyviari, etiam dicitur femina, quæ si in judicium appellatur, non comparet; tum quippe pro derelicta habetur. Nam femina proprie utlagari non potest, quia in nullius Decena debet contineri, quo casu *Weyvium* utlagario equipollet quoad pœnam. *Utlagatus* et *Weyviata*, capita gerunt lupina, quæ ab omnibus impune poterunt amputari; merito enim sine Lege perire debent, qui secundum Legem vivere recusant. Hæc Fleta lib. 1. cap. 27. § 12. 13. Adde Rastallum verbo *Waive.* [** Vide Grimm. Antiq. Jur. German. pag. 738.]

* Hinc *Wauve femme* nuncupatur, Meretrix, quo sensu *Femme abandonnée* dicimus, in Charta ann. 1355. tom. 2. Hist. Leod. pag. 423 : *Item que Wauves femmes soyent mieses pour honnesteteit en ung certain lieu, ou en plusieurs ad ce convenables, si que plus ne voisent parmi la cité.* Vide supra *Vaivus.*

WAYIA, Genus ponderis apud Anglos, quibus 12. *Wayiæ charrum* conficiunt : et 2. *Wayiæ* lanæ faciunt unum *saccum* lanæ. Vide Fletam lib. 2. cap. 12. § 2. [Vide *Saccus* 2.]

¶ **WAYNSCOTS**, Tabulæ abiegnæ quibus parietes vestiuntur, Germ. *Wandschotten*, a Teuton. *Wand*, paries, et *Schotten*, munire, vestire. Comput. ann. 1425. apud Kenett. Antiquit. Ambrosd. pag. 575 : *Et in* VI. *estregbords, videlicet Waynscots, emptis apud Steresbrugge* II. *sol.* III. *den.*

* **WAYNUM**, Annonæ seu hordei species, nostris *Wain.* Stat. MSS. eccl. Tullens. fol. 56. r° : *Qui quidem* (grenetarius) *præstat juramentum distribuendi grana æqualiter de puro et mixto frumento, Wayno et siligine, hordeo et avena pura et mixta.* Charta ann. 1246. in Chartul. Arremar. ch. 271 : *Duo sextaria bladi, quorum medietas esse debet ordei, et alia medietas de Wain.* Vide supra *Marceschia.*

¶ **WAYVIUM**, Wayware. Vide *Wayf.*

WAZO, Cespes, nostris *Gazon; Wason*, in Consuetud. Hannoniensi cap. 69. et in Consuetud. Castell. Insulensis art. 45. Veteres Chartæ apud Ughellum tom. 3. pag. 49. 61. 415 : *Legitimam facio vestituram per* *cultellum, festucam nodatam, wantonem, et Wazonem terræ, seu ramumarboris me ea indeforis expuli, et verpivi, et absesitum feci.* Alia vide in v. *Investitura.* Jo. Molin. pag. 57 :

Qu'ont emporté de ce moudain Wuason
David, Sanson, Perseus, Hercules, etc.

¶ Waso, Wasso, Eadem notione. Charta inter Probat. tom. 3. Gall. Christ. novæ edit. col. 330 : *Præfatam decimam vendidit et per ramum et Wasonem werpivit.* Adde Acta SS. Bened. sæc. 5. pag. 769. Charta ann. 1107. apud Calmet. inter Probat. tom. 1. Hist. Lothar. col. 524 : *Insuper per cultellum, festucam nodatam, wantonem et Wassonem terræ, atque ramum arboris, jam dictæ ecclesiæ legitimam facio concessionem et investituram. On doit lui livrer terre et Wasson*, in Statutis Lossens. part. 3. ejusd. Hist. pag. 14. *Clorre de Wasons ie peciel*, in Charta ann. 1340. ex Chartul. 23. Corb. [** Vide Graff. Thesaur. Ling. Franc. tom. 1. col. 1063. voce *Waso.*]]

¶ **WEADINC.** Vide infra *Wehadinc.*

¶ **WEALH.** Vide in *Sixhindi.*

WEALREAF, Mortui tumulati exspoliatio. Leges Ethelredi Regis apud Venetyngum editæ cap. 21 : *Wealreaf, i. mortuum referre, est opus inthingi, si quis hoc negare velit, faciat cum* 48. *thaynis plane nobilibus.* Vox composita ex Saxon. wæl, i. strages, et reaf, spoliatio, exspoliatio, quasi dicatur, *strati et extincti spoliatio, exspoliatio.* Vide *Walaraupa.*

* **WEARWITE,** Præstationis seu mulctæ species. Charta Eduardi reg. Angl. ann. 1044. in Suppl. ad Miræum pag. 13. col. 2 : *Concedo eis etiam in omnibus terris suis prænominatis, consuetudines hic Anglice scriptas, scilicet.... Wearwite, etc.* Vide *Wita.*

¶ **WEDBREDRIPA,** Pactum seu conventio dominum inter et tenentem de falcandis pratis, metendis messibus, etc. Vide in *Bederipes.*

¶ **WEDDE,** Mulcta judicialis. Charta Wilbrandi Archiep. Magdeburg. ann. 1247. apud Ludewig. tom. 5. Reliq. MSS. pag. 45 : *Quod dapifer duas partes satisfactionis judicio debite, quod vulgariter Wedde dicitur, et in sententiam sanguinis Wergelt auferret eidem, etc.* [** Vide Haltaus. Glossar. German. voce *Wette,* col. 2089. Grimm. Antiq. Jur. German. pag. 657.]

* **WEDDINGUM,** Placiti seu assisiæ genus. Charta Phil. comit. Fland. pro libert. castel. Brug. ex Cam. Comput. Insul. : *In anno erit semel unum gouding. In anno erunt duo Weddinga.* Belgis *Wedding,* sponsionem, pignus sonat. Vide *Wehadinc.* [** Forte a voce præcedente *Wedde,* mulcta, Consessus ad mulctas irrogandas. Vide Grimm. Antiq. Jur. German. pag. 832.]

¶ **WEDE,** pro *Waisda,* Glastum. *Summarius de Wede* 1. *ob.* in Teloneo S. Bertini. Vide *Guaisdium.*

* Unde *Wedelle,* pro Glasti semen. Lit. remiss. ann. 1386. in Reg 130. Chartoph. reg. ch. 112 : *Icellui Jehan dist audit Huart qu'il alast livrer Wedelle, ditte semence de Wede, qu'il avoit vendu.*

* **WEDIA,** a Belgico *Wed,* Aquarium, Gall. *Abbreuvoir.* Comput. ann. 1475. ex Tabul. S. Petri Insul. : *Item Gerardo Duquesne pro una via supra Wediam, vj. solidos..... Johanni des Fontaines pro una via supra Wediam, iv. sol. Woue,* eadem acceptione, in Lit. remiss. ann. 1405. ex Reg. 160. Chartoph. reg. ch. 205 : *Comme une chambriere, appellée Jehannette, feust venue abuvrer un cheval au Woue ou gué, qui estoit devant l'ostel, etc.* A Lat. *Wadum* dictum videtur.

WEDREDO. Pactus Legis Salicæ tit. 76. § 1 : *Et qui admallatur, si eo venerit, tunc qui eum admallavit, si causa minor fuerit, aut minus, quam 35. solid. componatur, debet ibi sextus Wedredo jurare, etc.* Ubi Wendelinus : Compositum est a *Weder,* quod sonat, *vicissim, contra, juxta,* et *Ede,* quod est *jusjurandum,* ut sit *reciprocum juramentum, etc.* [** Vide Grimm. Antiq. Jur. Germ. pag. 906.]

* **WEEDT,** ut supra *Wede.* Charta ann. 1316. ex Cod. reg. 10197. 2. 2. fol. 82. r° : *Exceptis quatuor mensuris, videlicet mellis, salis et herbarum tinctoriarum, quæ Weedt et mede vocantur. Wuoed* editum apud Marten. tom. 1. Ampl. Collect. col. 1422.

WEGALAUGEN. Capitula ad Legem Alamannor. edita a Baluzio cap. 27 : *Si ancilla fuerit,* 12. *sol. componat, aut cum* 12. *medios electos juret, de Wegalaugen sex solidos solvat. Si litus fuerit, solvat solidos* 4.

¶ **WEGLOSE.** Charta Hermanni Herbipol. Episc. ann. 1334. ex Schedis Mabill. : *Mansum autem ipsum abbas vel procurator ecclesiæ instituendi vel destituendi liberam habeat potestatem, cum eo jure quod Weglose vocatur.* [** Vide Haltaus. Glossar. German. voce *Weglos,* col. 2047.]

WEGORF, Wegoranit. Vide *Oberos.*

¶ **WEGSTURA,** Tributum ab itinerantibus ad reparandas vias exsolutum, apud Germanos. ex *Weg,* via, et *Stura,* idem forte quod *Storium,* copia. Ita B. Rhenanus. lib. 2. Rer. Germ. pag. 171. Vide *Transitus.*

WEHADINC. Les Bajwar. tit. 11. cap. 5 : *Et si alia probatio nusquam inveniri dignoscitur, nec utriusque invasionem compensare voluerint, tunc spondeant invicem Wehadinc, quod dicimus, et in campiones non sortiantur; sed cui Deus dederit fortiam et victoriam, ad ipsius partem designata pars, ut quæritur, pertinent.* Ubi Herold. *Weladinc.* Decretum Tassilonis de Legibus popularib. cap. 5 : *De pugna duorum, quod Weadinc vocatur, etc.* Loccenius lib. 2. Antiq. Suecicar. cap. 8. vocem hanc deducit a *Wehen, Weihen,* sacrare, vel consecrare, quod ejusmodi sponsio quasi sacra haberetur. Spelmannus vero *Wehadinc,* ait esse Saxonibus, pignoris depositionem vel præstionem, ex wead, *pignus;* ita ut fuerit quod nostri appellant *gagium duelli,* seu sponsio ineundi duelli, *le gage de bataille.* Vossius denique scribit, *Wehahinc* esse sacram sponsionem singularem cum aliquo certamine; ex *Weha,* vel *Weihe,* Belgis *Wie,* sacer, et *Ding,* sponsio, contractus. [Vide Schilteri Gloss. Teuton. pag. 224.] [** Graff. Thesaur. Ling. Franc. tom. 5. col. 183.]

* **WEHRGELD,** Idem quod *Weregeldum.* Charta Cunradi archiep. Magdeburg. ann. 1226. apud Ludewig. tom. 12. Reliq. MSS. pag. 321 : *Pro pœna majori, quæ Wehrgeldt appellatur, qui eam inciderit, sex talenta judici exhibebit.*

¶ **WEIDTALA,** Vastatio, invasio, ac præsertim ea quæ in agris fit; *Wieden* Belgis est evellere. Vide *Tala* 1. et *Talare.* Consuetud. Furnenses ex Tabul. Audomar. : *Quicumque fur cum pronuntia captus fuerit debet in vierscara adduci, et ibi debet audire allegationes, id est tala et Weidtala per manum ipsius qui eum cepit et quatuor bonorum virorum.* [** Vide *Tala,* 1.]

¶ **WEIF,** Weife. Vide in *Wayf.*

WEILREF. Leges Henrici I. Regis Angl. cap. 83 : *Qui rectum offerentem occiderit, vel aflixerit in aliquo, emendet wytam, vel vulnus, vel denique sicut egerit, et quicquid adversus eum habeat, forisfaciat; et qui ad aliquem quoquo modo perimit, videat ne Weilref dominis* (deest forte *depereat*)*; si quis mortuum refubit armis aut vestibus, etc.* [** Vide *Wealreaf.*]

¶ **WEKKUM.** Charta Edwardi I. Reg. Angl. ann. 1283. apud Rymer. tom. 2. pag. 238 : *Concessimus Johanni de Britannia libertatem honoris Richemondiæ cum omnibus ad libertatem illam pertinentibus, ut in visu franciplegii, wayviis, Wekkis, et omnibus aliis libertatibus consimilibus.* Legendum videtur *Wrekkis.* Vide *Wrekum.*

¶ **WELADINC.** Vide in *Wehadinc.*

¶ **WELRWST.** Vide in *Walaworf.*

WEMMINGE. Leges Henrici I. Regis Angliæ cap. 33 : *Injusto quoque judicio contradici poterit Wemminge majori et sapientiori, præsertim si in redditione fuerit advocatum.* Adde cap. 64. 67. Somnerus in Glossario Anglo-Saxonico; wem, wemme, labes, macula, menda, vitium. Hinc autem *Wemminga,* alias *Wenunga* in Legibus Henrici I. id est causæ, vel sententiæ frustratio appellationis remedio; vel, si placet, vitii, erroris, falsitatis, et injustitiæ decreti, vel sententiæ per inferiorem judicem in prima, ut vocant, instantia latæ, coram judice superiori ostensio, et judicii abrogatio. Vide *Falsare judicium.*

WENDUS, Procinctus terræ amplior, plura juga in se continens, perambulatio, circuitus, a prisco Anglico *towend,* i. meare, atque hoc a Saxonico wendan, quod est vertere et convertere. Rentale Regalis manerii de *Wy* pag. 31 : *Tres sunt Wendi, videlicet Downewend, Chitoniswend, et Bronsforwend, et in quolibet Wendo sunt* 10. *juga; et sic in tribus Wendis sunt* 30. *juga, quorum* 26. *juga et dimidium sunt in Wy, etc.* Infra : *Quilibet Wendus facit* 10. *averagia semper de tribus septimanis in tres, etc.*

* **WENELACIA,** An idem quod supra *Wenela,* semita, via strictior? Charta Willel. reg. Scot. in Chartul. eccl. Glasg. ex Cod. reg. 5540. fol. 76. r° : *De sic susum usque ad Wenelaciam Ricardi Cumin, et sic deinde susum etc.* Nisi idem sit quod *Venna* 1. Vide in hac voce.

¶ **WENERDON.** Charta apud Lobinell. tom. 2. Hist. Britan. col. 70 : *Dedit istam terram sicut de transmare super scapulas suas in sacco suo detulisset,... sine censu et sine tributo, præter censum Regis et Wenerdon.* Leg. fortassis *Werrerdon,* pro *Guerredon,* merces, munus.

¶ **WEN-MENED,** Aremorica vox quæ

montem album sonat, ex Charta ann. 1137. in Tabul. Eccl. Nannet.

¶ **WENUNGA.** Vide *Wemminge*.

WEPONA, Anglis *Weapon*, idem quod *telum* apud Latinos, sonat. Vide Cowell. lib. 4. Institut. tit. 18. § 47.

¶ 1. **WERA**, Specula, ut videtur, *Guerite*. Litteræ Henrici VII. Reg. Angl. ann. 1509. apud Rymer. tom. 13. pag. 243 : *Pardonavimus... nobis forisfacta... contra formam seu effectum statutorum, actuum sive ordinationum, pro ripariis,... Weris aut mothis factis, ædificatis, etc.*

2. **WERA**, vox Saxonica, were, homo, præterea *hominis*, seu capitis æstimatio, voce *Gelt*, subintellecta, quæ *pretium* sonat. *Pretium nativitatis, seu Wera*, in Legibus Inæ Regis cap. 17. Canuti Regis, et Henrici I. Regum Angl. ut supra docuimus in voce *Pretium*. *Pretium redemptionis*, in Legibus Edw. Confessor. cap. 12. *Forisfactura* cap. 36. Quippe apud Saxones, et Anglos, quomodo etiam apud alias nationes Septentrionales, ut ex Legibus antiquis colligitur, forisfacta irrogata alicui puniebantur mulcta, pro hominis, cui facta fuerat, æstimatione, cum pro dignitate et nativitate cujusque varia esset æstimatio; nobilis enim, seu *Thaini*, æstimatio fuit 20. libr. *villani* centum solidorum, ut est in Legibus vernaculis Will. Nothi cap. 8. Ejusmodi hominum æstimationis mentio est apud Egbertum in Dialogo de Ecclesiastica Instit. pag. 103. in Legibus Inæ Regis cap. 73. edit. Lat. 69. edit. Saxon. et Henrici I. cap. 8. 11. 76. etc. de qua etiam egimus in voce *Hindenus*. Lege Henrici I. cap. 12 : *Ex iis placitis quædam emendantur centum solidis, quædam Wera, quædam Wita, quædam non possunt emendari, etc.* Sed *Weræ* adeo crebra est mentio in Legibus antiquis Anglorum, ut supervacaneum sit locos adducere.

PLENA WERA, Solida. Leges Henrici I. cap. 70 : *Si prægnans occidatur, et puer in ea vivat, uterque plena Wera reddatur.* Infra : *Si infans occidat vel occidatur, sive nomen habeat, sive non habeat, plena Wera conjectetur.*

DIMIDIA WERA, in Legibus ejusdem Henrici I. cap. 51. 70. 75. in Legibus Vernaculis Will. Nothi cap. 13. *demiwere*. *Wera duplex*, in Legibus Edw. Confess. cap. 35. *Dimidium Weregeldum*, in Speculo Saxonico lib. 3. art. 48. § 1. *Media recompensa*, in Wichbild Magdeburg. art. 17. § 6.

WERÆ FRACTIO. Leges Inæ Regis cap. 51 : *Omni homini liceat firmationem et Weræ fractionem negare, si possit et velit.* Ubi Somnerus emendat *were factionem affirmare* ex Saxonica edit. Onsacon, *affirmare*. Præterea *factionem*, pro *fractionem* reponit, ut *Weræ factio*, sit *faidæ*, inimicitiarum scilicet propinqui mei susceptio pro ratione capitis æstimationis, nempe ut eatenus pro eo respondeam, et causam ejus præstem. Leges Inæ Regis apud Spelmannum : *Qui Werefaccionis, id est, homicidii fuerit accusatus, etc.*

¶ **WERDER**, Silva cædua, Germanis. Litteræ Hermanni Episc. Monaster. apud Ludewig. tom. 2. Reliq. MSS. pag. 385 : *Forestum, quod vulgo Werder dicitur, præfato molendino contiguum.* Vide in *Viride* 1.

¶ **WEREDIF**, pro *Welf*. Vide *Wayf*.

¶ **WEREFACCIO.** Vide in *Wera* 2.

WEREGELDUM, vel WEREGILDUM, Idem quod *Wera, weræ*, seu pretii hominis *solutio*, id enim g e l d sonat; proinde idem quod *Wera*. Capitulare 3. ann. 813. cap. 6 : *Si quis Comes in suo Comitatu occisus fuerit, in tres Werigildos, sicut sua nativitas est, componere faciat.* Adde cap. 7. Eginhardus Epist. 18 : *Duo servi de villa Hedabatho... fugerunt ad limina BB. Christi Martyrum Marcellini et Petri, pro eo, quod frater eorum quendam socium suum occidisset; rogantes, ut eis liceat solvere illum Weregeldum pro fratre suo, et ut ei membra perdonentur.* Charta Henrici Claudi Imp. apud Browerum lib. 3. Antiq. Fuldens. cap. 15 : *Si autem aliquis occiditur, vel vulneratur, auctor homicidii, vulneris, obtruncationis, Weregeldum illi Ecclesiæ, cujus homo est occisus vel truncatus, restituet.* Alia Henrici II. Imp. ann. 1023. in Chronico Laurishamensi : *Si autem ibi occiditur, omnes, qui hujus homicidii vel invasionis participes sunt, cute et capillis perditis supradicta combustione sequentur; ac Werigeldum occisi domino suo autor homicidii persolvat, et cum proximis ejusdem interfecti reconciliationem faciat.* Alia Henrici III. ann. 1056. apud Nicol. Zyllesium in S. Maximino : *Si aliquis ex familia interfectus fuerit, pretium illius, id est, Weregelt, si sine advocato acquiri poterit, totum Abbatis erit.* Donationes factæ Eccl. Salisb. cap. 13 : *Saxo quidam debuit unum Weregildum solvere ad Salzburg.* Ita usurpant Concilium Triburiense ann. 895. cap. 3. 4. Leges Inæ cap. 13. 17. (ubi *Weregildum* dicitur *natalis pretium*) 35. 36. 60. Henrici I. Regis Angl. cap. 70. 75. 76. 88. Speculum Saxonicum lib. 1. art. 8. § 4. art. 42. § 3. art. 65. § 4. lib. 2. art. 10. § 2. art. 16. § 6. lib. 3. art. 45. § 3. 7. 8. 9. 16. art. 48. § 1. Wichbild. Magdeb. art. 17. § 8. Burchardus Wormaciensis in Lege familiæ, etc. [** Vide Grimm. Antiq. Jur. Germ. pag. 650.]

WARGILDA, in Capitulis Caroli M. pro partibus Saxoniæ ann. 797. editis ab Holstenio cap. 4.

¶ WERGELDUM. Charta ann. 1095. apud Calmet. tom. 1. Hist. Lothar. inter Probat. col. 501 : *Item approbaverunt, ut si quis de familia ecclesiæ occisus fuerit, si pretium ejus, quod Wergeldum vulgari locutione vocant, etc.*

WERGELT, in Regiam Majestat. lib. 3. cap. 19 [Acta Josephi III. Episc. Frisiug. apud Meichelbec. tom. 1. Hist. ejusd. Eccl. pag. 54 : *Et sciat se alienam invasisse et judice terreno solvat, ut mos est, suum Wergelt.* Vide supra *Wede*.]

¶ WIREGILDUM, in Charta Henrici III. Imper. apud Marten. tom. 1. Anecd. col. 434 : *Si ecclesiæ homo interfectus fuerit, et abbas aut villicus ejus ab homicida Wiregildum exigere poterit, totum sui juris erit.*

WIRGILDUM. Vetus Charta apud Catellum in Comitib. Tolosanis pag. 152 : *Et si quis hanc chartam donationis homo utriusque sexus voluerit infringere, componat tibi ipsi, qui hoc facere voluerit Virgildum, libras mille auri in perpetuum.* Codex MS. quem vidi, præfert *in vinculum.*

¶ WUIEGILDUM. Conc. Berghamst. ann. 697. can. 9. apud Godefridum *Hermant* Clavis ecclesiast. discipl. pag. 448 : *Si quis servum suum ad altare manumiserit, liber esto et habilis sit ad gaudendum hæreditate et Vuiegildo.*

WIDRIGILD. Papias : *Vidrigilth, i. secundum quod appretiatus fuerit.* Decretio Childeberti Regis cap. 10 : *Suum Widrigildum omnino componat.* Decretum Ludovici II. Imp. quod exstat in Histor. Longob. Ignoti Casinensis, edita a Camillo Peregrino, et apud Baluzium in Capitularib. Regum Francor. tom. 2. col. 357 : *Quicumque dem obilibus Widrigild suum habere potest, pergat in hoste. Qui vero medium Widrigild habet, duo juncti in unum qualitatem instruant, ut bene ire possint.*

GUIDRIGILD, Eadem notione. Capitulare Arechisi Princ. Beneventani cap. 13. de viduis, quæ sub Monasticæ vitæ prætextu ad lasciviam prolabuntur : *Si stupri crimine detectæ fuerint, componat Guidrigild suum in Palatium, Princeps videlicet ejusdem temporis cum ipso Guidrigild, rebusque proprius retrudat eas in monasterium.* Postremis his vocibus aliunde etymon accersit Wendelinus : *Wedrigildum* enim dictum putat a Teutonico *Weder*, i. contra, vicissim, juxta, et *Gelt*, i. æstimatio, pecunia; ita ut *Wedregeldum* sit æstimatio, qua caput alicujus, vel res quæpiam taxetur. Sed videtur potius a *Weregildum* detortas arbitrari.

¶ QUIDRIGILD, semel et iterum in Legibus Ludovici Augusti apud Murator. tom. 1. part. 2. pag. 129. col. 1. et 2.

☞ *Weregeldum* et *Widrigildum* distinguit Eccardus in Notis ad Leg. Salicam pag. 97. illud hominis pretium significat, hoc quamlibet compositionem seu quodcumque, quo alia res compensatur. Recte quidem, si vocum originationes consulas : at in usu promiscue utramque vocem usurpatam fuisse docent superius allata.

WEREGELTEF, seu WEREGELT-THEF, Fletæ lib. 1. cap. 47. § 13. *est latro, qui redimi potest; wera enim* (inquit) *idem est in Saxonis lingua, vel pretium vitæ hominis appretiatum.* Quæ quidem ita interpretatur Somnerus, ut *latro, qui redimi potest*, sit is, cujus vita, pretio, pro capitis sui æstimati ratione, persoluto redimatur, siquidem occulti latronicii reus sit, secus autem si manifesti. At Bromptonus *Weregelthef* ait esse, *solutionem latronis evasi, id est,* (Gallice) *soute de larron eschappé.* Quam quidem intrepretationem non video cur improbet idem Somnerus, cum definitioni ex Fleta non repugnet. *Latronis* enim, qui evaserat e carcere, pretium reddere tenebantur, qui ejus custodiam habebant, ut in voce *Escapium* observamus, proinde pretium illud fuerit *Weregelt-thef*, id est, *Weregeldum latronis*; est enim t h e f, latro. Quale autem in Scotia fuerit *Weregeldum*, seu æstimatio furis, habes in Regiam Majestatem lib. 3. cap. 19 : *De unoquoque fure per totam Scotiam est Wergelt 30. vaccæ una juvenca, sive fuerit liber homo, sive servus.*

WERELADA, ad verbum, *Lex weræ;*

quo loco *Lex* idem valet quod *purgatio*. Est igitur *Werelada*, purgatio per tot sacramentales, quot requirit hominis sese a crimine purgantis pretium vel æstimatio, seu dignitas. Quippe pro modo cujusque æstimationis sacramentalium numerus exigebatur. Qui pluris enim æstimabatur, majori compurgatorum numero sese expurgabat, quam qui minoris censebatur. Unde in Legibus Henriri I. cap. 64. *Thayni et Presbyteri de quacunque compellatione capitali vel communi plane jurare* dicuntur, *congruo numero consacramentalium, et qualitate parium suorum retenta. Quia Thayni jusjurandum contra valet jusjurandum sex villanorum.* Ita in Speculo Saxonico lib. 1. art. 8. § 3 : *Testimonium præconis vice stat duorum, ubi testimonium septem virorum agetur, id est, ubi septem testibus probanda venit causa.* Eædem Leges Henrici cap. 12 : *Homicidium wera solvatur, vel Werelada negetur.* Cap. 64 : *Si quis de homicidio accusatur, et idem se purgare velit secundum natale suum, perneget, quæ est Werelada.* Cap. 75 : *Et si placitum in accusatione sit, Werelada sicut ipse dominus natus est, abnegabit.* Cap. 66 : *Si quis ministrum altaris occidat, utlaga sit erga Deum et homines, nisi digna satisfactione pœniteat, et parentibus illius juste componat, vel Werilada perneget, etc.* Cap. 74 : *Si parentes eorum purgare velint eos, qui injuste vel sine judicio fuerint occisi, liceat eis secundum Legem pristinam Werelada pernegare. Si ad 4. libras natus sit, cum 18. ex patre sint, ex matre 4. Si ad 14. libras, cum sexdecim. Si bene juraverint, atrium ei quærat, qui occidit, et emendet ei per omnia, etc.* Adde cap. 75. 88. 92. Eodem sensu *secundum weram suam negare* habent Leges Inæ Regis cap. 17 : *Qui herethaynus, i. est conducens exercitus fuerit accusatus, weregildo, i. natalis sui pretio redimat, vel secundum weram suam neget.*

¶ **WERENDARE**, Defendere. Vide in *Warantus*.

¶ **WERETHENA**, Minister, a Saxon. were, homo, et tenian, minister : idem qui *Thainus*. Vide in hac voce. Hist. MS. Monast. Beccensis pag. 142 : *Dederunt Beccensi cœnobio unum tornatorem in foresta de Conchis et pasnagium de dominicis porcis et unam fabricam apud Perrariam, et apud Achigneum unum burgensem,... et in Anglia magnum Werethenam.*

WERETOFF. Monasticum Anglic. tom. 1. pag. 669 : *Et sint quieti de warpeny, et averpeny, de hundredpeny, et theugdpeny, de Weretoff, et de omnibus quæ contingent facienda per Angliam.* [Th. *Blount* in Nomolex. est accipere pretium hominis occisi, a Saxon. fortassis were, homo, et tofon, capere, accipere.]

¶ **WERGELDUM** Wergelt, etc. Vide *Weregeldum*.

WERHADES, in Legibus Edmundi Regis cap. 1. Virilis sexus, ex Saxon. were, homo, vir, et Had, ordo, sexus, genus, persona : ut wifhades, ibid. muliebris sexus, ex wif, femina, mulier.

¶ **WERILADA**, ut *Werelada*. Vide ibi.

* **WERINA**, Agnominatio, a Germanico *Wehren*, ut notant docti Editores ad vit. S. Verenæ tom. 1. Sept. pag. 169. col. 1 : *Unde contigit, ut cives loci illius eam Werinam vocitarent, quia omnia, quæ ab ea fideliter postulantur, sine dubio impetrantur.*

¶ **WERK-GAVEL.** Vide supra *Gavelwerck*.

¶ **WERLAMSTREAT.** Vide *Erminstreat*.

¶ **WERLUDE** dicti homines qui frumentum exigebant a mansionariis silvæ Vele, nomine abbatum Indensis et Brunwillarensis, ad quos hæc silva pertinebat. Hæc post Martenium in Glossario ad calcem tom. 9. Ampl. Collect. Charta Piligrini Colon. Archiep. ann. 1028. tom. 1. ejusd. Collect. col. 394 : *Nullus autem extraneorum in ea aliquid sibi, quasi pro justitia, usurpandi licentiam habeat, præter illos tantum, quos prædicti abbates in illam silvam pro solvendo sibi frumento consignaverint, qui vulgo dicuntur Werlude, in ea tamen conditione, ut si ipsi homines aliquid contrarii admiserint liceat ipsis abbatibus eos inde expellere, et alios quos voluerint pro eis admittere.* Eadem occurrunt in Diplomate Henrici III. Imper. apud Tolner. Hist. Palat. inter Instr. pag. 27.

¶ **WERPIRE**, Abdicare. Vide in *Guerpire*.

¶ **WERPLANDIUM**, Terra derelicta, vel inculta, a Saxon. wupan, deserere, et land, terra. Charta Balduini Flandr. Comit. ann. 1197. apud Miræum tom. 2. pag. 1321. col. 1 : *Quinque mensuras, partim dunarum, partim Werplandii mei apud Greveninga ad retia desiccanda.*

WERRA, Werrare, Werrire, Werrinus. Vide supra in *Guerra*.

* **WERRA**, Litigium, controversia. Tradit. Diessens. ad ann. 1210. apud Oefelium tom. 2. Script. rer. Boicar. pag. 685. col. 1 : *Litigium sive Werra, quæ fuit intra canonicos Diezzensis ecclesiæ et milites quosdam, etc.* Vide in *Guerra*.

* **WERRARE**, Werriare. *Werram* seu bellum inferre, facere. Vide supra in *Guerra*.

WERVAGIUM, Wharvagium. Charta Henrici III. Regl. Angl. in Monastico Anglic. tom. 1. psg. 550 : *Cum saka et sokna, tol et theam, et infangenethef, et cum omnibus aliis consuetudinibus, legibus, et libertatibus suis, et Wervagio suo bislande et bistrande, et sint quieti de placitis et querelis, etc.* Alia Henrici V. Reg. ibidem pag. 976 : *Quietum de omnimodo panagio, passagio, lestagio,... chiminagio, ankeragio, Wharvagio, et tallagio, etc.* [Legendum fortassis *Wionagium*. Vide in *Guida*.]

* **WERVELA** Vacca, Recens taurum passa. Charta Ludov. comit. ann. 1331. in Chartul. 2. Fland. ch. 573. ex Cam. Comput. Insul. : *Item le tierce part d'une Wervele vache, pour lequel tierch on paie quarente deniers.*

* **WERVUM.** Charta Guid. comit. Fland. ann. 1269. inter Probat. tom. 2. Annal. Præmonst. col. 219 : *Wiginti solidos annui census.... super duas partes mensuræ juxta Wervum suum.* Forte pro *Wernum*, alnetum. Vide supra *Vernetum*.

¶ **WESDIA**, Glastum, Picardis *Waide*. Polyptychus Fiscamn. ann. 1235 : *De ecclesia S. Petri de Vauvrei est abbas patronus, et percipit quatuor partes garbarum Wesdiæ. De ecclesia S. Stephani est similiter patronus, et percipit quatuor partes garbarum bladi et Wesdiarum.* Vide *Waydia*.

¶ Wesdum, Eadem notione. *Super decimis Wesdorum in terris bladiferis crescentium responsurus*, in Hist. MS. Monast. Beccensis pag. 384. Vide *Vesdum*.

WESFELDINGI, Normannorum populi sic dicti, ex ea forte Daniæ regione, quam *Werstarfoldam* nuncupant. Annales Francor. ann. 813. Chronicon Ademari Cabanensis ann. 843 : *Nannetis civitas a Wesfeldingis capitur.* Chronica alia habent *Wesfaldingis*. Vide tom. 2. Biblioth. Labbei pag. 291. 324.

¶ **WESTECROFT.** Vide infra *Wetecroft*.

¶ **WESTLEED**, Decimarum species in Flandria. Vide supra *Oestleed*.

¶ **WESTOC**, Quinquaginta veteribus Francis. Locus est in *Chunna*.

WESTRUM. Vetus Scriptor : *In tantum igitur diebus illis religio illa excrevit, ut illi de Cistercio forent omnium Monachorum exercitium, studiosorum speculum, desidum Westrum.* Legendum *Oestrum*, stimulus, aculeus.

WESTSAXENELEGA. Vide *Lex West-Saxonum*.

¶ **WESTUA.** Charta Edwardi II. Reg. Angl. ann. 1316. apud Rymer. tom. 3. pag. 550 : *Et quod in consuetudine, quæ vocatur Westua, recipienda, pro qua vacca, vel quinque solidi solvuntur, sit in electione ballivorum nostrorum vaccam quam tenentes optulerint, vel quinque solidos recipere.* Vide in *Vestire* 1.

¶ **WETECROFT.** Monast. Anglic. tom. 2. pag. 40 : *Habebit mensuram unam, scilicet Wetecroft, cum orto, ubi possit manere, etc.* Leg. forte *Westecroft*, quo ager ad occidentem positus significatur. Angl. *West*, Occidens, et *Croft*, ager, *clausum*.

* **WETHERNWISTBOOTH**, Mulcta illius, qui ad cædem alterius præsens fuit. Leges Danicæ apud Ludewig. tom. 12. Reliq. MSS. pag. 167 : *Item de Wethernwistbooth, qui morti alicujus interfuerit, solvat hæredibus interfecti sex marcas et regi tres marcas.*

WEYCZ, Loca uda, separata, sagenisque apta, in Legibus Hungaricis, apud Sambucum, et Albertum Molnarum.

WEYF, Weyvum. Vide *Wayf*.

¶ **WEZISTEIN**, *Coscotis*, in Glossis ad calcem Collect. Canonum ex Bibliot. DD. *Chauvelin* regiorum sigillorum Custodis. Vide *Coscez*. [** *Cos, cotis.* Vide Graff. Thesaur. Ling. Franc. tom. 6. col. 689.]

¶ **WHARFA**, Littus ubi merces væneunt et permutantur, a Saxon. hwyrfen, permutare, in Leg. Ethelredi Reg. cap. 4. Spelman.

WHARVAGIUM. Vide *Wervagium*.

WHASSUM. Vide *Wasshum*.

* **WHITEVUEYE.** Charta Joan. I. reg. Angl. ann. 1199. inter Probat. tom. 2. Annal. Præmonst. col. 402 : *Usque ad viam, quæ dicitur Alba via, et Anglice Whitevueye.*

¶ **WIARE**, Eodem sensu atque *Wirpire*, dimittere possessionem rei alicujus. Vide *Guerpire*. Charta Hugonis Episc. Autiss. ann. 1148. ex Tabul. S. Germani Autiss. : *Quædam etiam terra erat apud Linerolias quam idem ipse Iterius calumpniabatur.*

Hanc quoque B. Germano sicut Milo major ejusdem villæ prius Wiaverat, ac postmodum Petrus ejus filius in perpetuum guerpivit.

¶ **WIBORAT**, Germanis, Consilium mulierum, a *Weib*, mulier, et *Rath*, consilium. Hartmannus in Vita S. Wiboradæ sæc. 5. Bened. pag. 44 : *Wiborat Teutonica lingua prolatum, si Latini sermonis translatione mutetur, consilium mulierum sonat.*

WIC. Lex Bajwar. tit. 21. § 6 : *Si vero de minutis silvis de Wic, vel quæcunque kaneio vegetum reciderit, etc.* Tiliana editio : *Si vero de minutis silvis, de luco, vel quacunque kaheir vegetum reciderit.* Ubi Lindenbrogius *de luco* esse interpretationem τοῦ *Wic* ait, et *Wic* Germanis esse silvam, unde *Wicgreve*, forestarius, ἀλσοφύλαξ. [Vide *Wicha.*] [** *Wic* est lat. Vicus. Vide Graff. Thesaur. Ling. Franc. tom. I. col. 721. *Wicgerefa* vel *Burh-gerefa* est Oppidi præfectus. Vide Haltaus. Glossar. Germ. col. 2112.]

Wic, Fluminis ostium Saxonibus significare docet Rhenanus, vel Stationem securam, ut Hadrianus Junius, vel denique Castellum.

¶ **WICHA**, Silva, ut videtur, idem quod *Wic*. Charta apud Th. *Blount* in Nomolex Anglic. : *Ego Isabella Comitissa Penbr. pro salute animæ meæ.... dedi Deo et abbathiæ de Nutteleg. totam Wicham juxta prædictam abbathiam, etc.* Hinc

¶ **WICHARIA**, Wicharisca, f. Servitii genus quod præstant vassalli in silva dominica. Codex censualis Irminonis Abbat. Sangerm. fol. 85. v° : *Carropera quantum ei jubetur, pullos* III. *ova* XV. *arat ad hibernaticum perticas* IIII. *ad tramesum* II. *ad tertium annum Wicharia.* Ibid. pag. 46 : *Faciunt curvadas quantumcumque necesse fuerit, et quando non arant, faciunt tres dies manopera; et faciunt omni anno inter totas tres decanias carrum* I. *ad Wicharis:am, si eis injungitur.* [** Br. 16. sect. 3. et Br. 9. sect. 9. Guerardo Vecturæ genus. German. *Wicca* est Vicia. Vide Graff. Thesaur. Ling. Franc. tom. I. col. 727.]

WICHBILD, ita appellatur jus civitatis Magdeburgensis, cujus compilatorem esse aiunt *Burchardum Mangepheldium*, qui vixit sub Ottone IV. Imperatore, Duce Saxoniæ Brunswicensi, Comiteque Pictaviensi; sic autem appellatum, quasi *jus municipale*, in Vocabulario Juris Saxonici, *Weichbild, etc.* Vide Goldastum in prolegomenis ad idem *Wichbild*, Joannem Gryphiandrum in Commentario de Wichbildis Saxonicis cap. 72. Hermannum Conringium de Origine Juris Germanici, Joan. Winkelmannum in Notitia Saxo-Westphalica, etc. [** Haltaus. Glossar. German. col. 2051. sqq. supra *Banleuca, Burgbannus.*]

WICHENCREF, in Legibus Kanuti Regis cap. 27. edit. Saxon. 5. vox Saxon. wiccan-creft, Ars venefica, a wicca, Anglis *Witch*, saga, venefica, et creft, Angl. *Craft*, ars.

WICHTERTHILA. Leges Henrici I. Regis Angl. cap. 24 : *Nemo de cessione nemoris inoperati jure cogitur respondere per Wichterthilam, nisi domino suo, vel captus in eo.* [Infra ex iisdem Legibus cap. 23. *Withercila.* Vide ibi.]

¶ **WICLEFISTÆ**, Hæretici qui Johannem Wiclefum natione Anglum patrem agnoscunt, cujus notissimos errores damnavit Concilium Constantiense. Consule ejusdem Concilii Historiam auctore *Lenfant.*

* 1. **WIDA**, pro *Guida*, Præstatio, quæ domino exsolvitur pro securo transitu, vel mercium exportatione, per terram illius. Dipl. Frider. I. imper. ann. 1164. apud Murator. tom. 4. Antiq. Ital. med. ævi col. 220 : *Concedimus...... mercatum supra Roccam de Metula in secundo Sabbato uniuscujusque mensis, et Widam stratæ a ponte Cornelii usque Glozam, et si ultra juste habere potuerit.* Aliud ejusd. imper. pro civit. Ferrar. eod. ann. ibid. col. 257 : *Concessimus et confirmavimus, ut de cetero habeant... dimidium ripæ, dimidium quoque fori S. Martini, Widas et tansus omnes a flumine Tartari usque ad mare, etc.* Vide in *Guida*,

* 2. **WIDA**, Germanis *Weide*, Salix. Gloss. Ratisbon. sæculo IX. conscriptæ : *Salix*, *Wida.*

¶ **WIDECOQS.** Vide supra *Videcoqs.*

* **WIDEGLAGE**, Glossæ Cæsar. Heisterbac. in Reg. Prum. tom. I. Hist. Trevir. Joan. Nic. ab *Hontheim* pag. 663. col. 1 : *Pro lignario isto adducet quilibet mansus carradas duodecim; quæ ligna vulgariter appellantur, kunikeges holtz sive Wideglage.*

WIDERBORA, Papiæ, *libera per garathinx.* Est autem *garathinx*, donum, eidem Scriptori. Lex Longob. lib. 2. tit. 1. § 8. 9. [** Roth. 223. Liutpr. 106. (6, 53.)] : *Liberam thingare, et sic facere liberam quod est Widerboram.* Ubi Edictum Rotharis Regis tit. 89. § 2. habet *Wridibora.* Vossius *Widerboran*, renatum interpretatur, ex *wider*, iterum, *boran*, natus; quod libertate donatus, quodammodo renascatur. Vide *Garathinx.*

WIDERDONUM. Tabularium Casauriense anno Imp. Caroli C. 2 : *Quia tu, Dom. Romane Abbas, dedisti mihi Fulchrado pro memorata convenientia Widerdonum, caballum unum, et argentum solidos centum.* [Vox ibrida, *Widar* Teuton. pro, et donum, munus : qua voce significatur id quod pro consensu præstito concedi solet.]

WIDRIGILD, Widrigildum. Vide *Weregeldum.*

* **WIENAGIUM.** Vide supra in *Guida.*

* **WIERENTARE**, Cavere ab evictione, salvum et tutum præstare, Gall. *Garantir.* Charta ann. 1100. apud Lam. in Delic. erudit. inter not. ad Hist. Sicul. Boninconti. part. 2. pag. 333 : *Et si omni tempore, ita ut ipsa cartula legitur, per omnia non observaverimus et non Wierentaverimus et non defensaverimus, tunc dare et componere debeamus...... tibi jam dicto Andreæ abbati, tuisque successoribus pœnam auri optimi libras centum.* Vide *Warantus.*

WIFA, Guifa, Guiffa, Signum, quod prædio, possessioni, vel ædi, cujus possessionem quis adit, vel quam auctoritate judicis sibi vendicat, apponit. Lex Bajwar. tit. 9. cap. 10 : *Qui signum, quod propter defensionem ponitur, aut iter exscindendum, vel pascendum, vel campum defendendum, vel amplificandum, secundum morem antiquum, quod signum Wifam vocamus, abstulerit, vel injuste reciderit, componat, etc.* Lex Longob. lib. 3. tit. 3. § 6. [** Ludov. P. 34.] : *Quod si denuo rebelles vel contradictores esse voluerint, et super ipsam Wifam sua auctoritate præsumpserint introire, etc.* Ubi quidam legunt *hiufam.* [Ratherius Veron. Episc. lib. 4. Præloq. apud Marten. tom. 9. Ampl. Collect. col. 890 : *Wiffam etiam quoddam vocant signum, quod qui regali habuerit dono, et alicujus invasu alicui subjacuerit damno, vindice defenditur gladio.*] [** Vide Graff. Thesaur. Ling. Franc. tom. I. col. 784.]

Guifa, Guiffa, Eadem notione. Statuta Venetorum ann. 1242. lib. 3. cap. 34 : *Nulla investitio valeat, nisi duo testes et ministerialis fuerint præsentes... quando Guiffam imposuerit Riparius, etc.* Hinc

Guiffare, Titulum et signum apponere. Lex Longob. lib. 1. tit. 27. § 8. [** Liutpr. 148. (6, 95.)] : *Si quis sua auctoritate terram alienam sine publico jussu Guiffaverit, dicendo, quod sua debeat esse, et postea non potuerit probare, quod sua sit, etc.* Editio Heroldi habet *Geinfahuerit*, pag. 254. Glossæ vett. ad illa verba rubricæ Cod. Ut nemo privat.... : *Vela regia suspendat; quod vulgo Longobardico more Guiphare dicitur, apud nos saistre, lingua vulgari Eyden.* Vide *Giffare.*

Wifare in eadem Lege lib. 3. tit. 3. § 6 : *Si iterum contemptores existunt, tunc per publicam auctoritatem domus vel casæ eorum Wifentur, etc.* Germanis, ut est apud Lindenbrogium, *Wip*, est signum, quod rei venali affigitur, ut vino hedera.

WIF-HADES. Vide *Werhades.*

¶ **WIFVER.** Charta ann. 1130. apud Calmet. tom. 2. Hist. Lothar. inter Probat. col. 290 : *Si autem fuerint duella, raptus mulierum, quod vulgo Wifver, druga, homicidia, infra prædictos terminos extra atrium evenerint.* Melius unica voce editum *Wifverdragan* ex eadem Charta, apud Miræum tom. 1. pag. 277. col. 2. Occurrit rursum in Charta Caroli Boni ann. 1123. ibid. pag. 374. col. 1 : *Si autem furta, duella, raptus mulierum, quod vulgo dicitur Wifverdragan, homicidia, etc.* Belgis *Wiif*, mulier, et *Verdragen*, ferre aliquid ex loco in alium locum.

* **WIGANIATIO**, idem quod *Pignoratio*, Cautio, pignus, hypotheca, Gall. *Cautionnement, engagement.* Charta ann 838. apud Murator. tom. 2. Antiq. Ital. med. ævi col. 980 : *Scivi Johannem episcopum et Jacobum episcopum abeuntem ecclesiam sancti Fridiani, et imperantes usque ad diem mortis eorum, et Wiganiationem exinde faciebant de res ipsius ecclesiæ, et prandia recipiebat.* Nisi Bonorum ecclesiæ administrationem malis intelligere.

¶ **WIGARIA**, Jurisdictio *viarii.* Vide in *Viarius.*

* **WIGCH**, Mars, bellicosus. Ermoldi Nigel. Carmen de Ludov. Pio tom. 6. Collect. Histor. Franc. pag. 13 :

Nam Hludowicus enim ludi de nomine dictus,
Ludere subjectos pacificando monet.
Seu quis Franciscam mavult reserare loquelam,
Nominis ut possit noscere notitiam.
Nempe sonat Hluto præclarum; Wigch quoque Mars est.

Vide ibi notam docti Editoris. [** lib. 1. vers. 49. Apud Pertz. *Wicgch.* Vide Graff. Thesaur. Ling. Franc. tom. 1. col. 704. voce *Wig.*]

* **WIHEGAZ.** Mirac. S. Verenæ tom. 1. Sept. pag. 168. col. 2 : *Qui etiam, ut ipsi postea referebant, visus est eis se levare a platea, quæ usque hodie dicitur Wihegaz, quod est Sanctitatis via, etc.*

WILDBANN, Wiltban, Vox Germanica, quasi *bannum* seu jurisdictio in silva : *Wild* enim silvam sonat. Browero lib. 16. Annal. Trevir. pag. 905. 1. edit. *Wiltban*, definitur jus piscandi aut venandi. [Schiltero in Gloss. Teuton. pag. 80. col. 1. Bannus ferarum, potestas banni supra feras : *Wild* enim Teuton. est ferus, silvester. Charta Piligrini Archiep. Colon. ann. 1028. apud Marten. tom. 1. Anecd. col. 395 : *Præterea quatuor silvas.... cum omni integritate juris quod vulgariter dicitur Wiltban libera traditione præfato monasterio donavit.* Ita proinde legendum in Charta alia ejusd. Piligrini de eadem re ibid. col. 393. ubi editum *Witkan.*] Charta Henrici VII. Imp. ann. 1234. apud Goldast. tom. 1. Imperial. Constitut. pag. 300 : *Hermannus Marchio de Baden et Egino Comes de Friburg, contendentes de argentifodinis, et custodiis silvarum per Brigaugeran, quod vulgariter Wildbann dicitur, etc.* [Vide *Wiltpenne.*]

* Diploma Ludov. IV. imperat. ann. 1332. tom. 2. Hist. Trevir. Joan. Nic. ab *Hontheim* pag. 121. col. 2 : *Insuper monetas, Judæos, jurisdictiones forestarias, dictas Wildbant, dominia, etc. confirmamus. Wildpant*, in Dipl. Caroli IV. imper. ann. 1346. ibid. pag. 170. col. 2. [** Vide Pfeffing. ad Vitriar. lib. 3. tit. 18. § 8. tom. 3. pag. 1387. sqq. Haltaus. Glossar. Germ. col. 2012. sqq. Mittermaier. Princip. Jur. Germ. § 213. sqq.]

¶ **WILDEHORSE,** Equus idomitus, a *Wild*, ferus, indomitus, et *Horse*, equus. Testam. Radulphi *de Nevill* ann. 1423. apud *Madox* in Formul. Anglic. pag. 432 : *Item do et lego dicto Ricardo filio meo* IIII. *Wildehorsez, ad tunc nuper tractos, vel in stabulo meo existentes.*

¶ **WILDFANGIATUS,** Jus et facultas, ex privilegio Electoratui Palatino competens, retinendi homines alterius dominii, ita ut a propriis dominis repeti non possint : idem quod apud nos *Attractus* dicitur. Vide in hac voce num. 2. Consule *Imhof* Notit. Imperii lib. 2. pag. 70. edit. ann. 1699. Theoph. Maierum Crusian. Tract. de jure venandi cap. 16. pag. 351. et Schilterum in Glossario Teuton. voce *Wilt.* [** Mittermaier. Princip. Jur. Germ. § 106. Grimm. Antiq. Jur. Germ. pag. 399.]

¶ **WILLANI,** ut *Villani*, in Leg. Henrici I. Reg. Angl. cap. 30.

WILLEKEUR, Arbitrium, electio libera. Vox Germanica. Leges Opstalbomicæ cap. 13 : *Pœna centum marcarum puniatur, et puerum restituat, et eidem puero secundum antiquum Willekeur, et novas constitutiones satisfaciat.*

¶ **WILLELMENSES.** Vide *Guillelmenses* in *Monetæ Baronum.*

¶ **WILLELMI,** Willelmiani, Willelmici, Willelmini, Monetæ Germanicæ species, de qua pluribus Schlegel. de nummis Gothanis pag. 82. 83. 84. 85. et 157. *Grossi Willelmi cum capite Judæi pileato* percussi ann. 1439. vel 1440. dicti etiam *Grossi barbati*, quod caput illud Judaicum promissa ut plurimum esset barba, ibid. pag. 79. 81. 116. et 154.

WILLOT. Charta Communiæ Ambianensis ann. 1109. [1209.] : *Qui juratum suum servum recreditum, traditorem, Willot, id est, Coup, appellaverit,* 12. [20.] *sol. persolvet.* Alia MS. habet *Wislot*, et *Cuop.* [*Wisloth* edidit Baluzius tom. 7. Miscell. pag. 324.] Fauchetus lib. 2. de Poëtis Gallic. de Hugone *li Maroniers* scribens, ait, illum ab Simone *d'Athies* petere : *Lequel il aymeroit mieux, que sa femme sceust qu'il la fist Viothe, et elle en fut jalouse, ou elle le fist Wihot, et il n'en sceust rien.* Populares nostri hoc vocabulo *Wihot*, frequenter utuntur in hac significatione. Joann. de Condato MS :

> Il fu debonnaire et francs,
> Car il estait Wihos sofrans.

Infra :

> Car du mestier estoit aprise
> Vrais Wihos estoit ses maris.

* Vir, cujus uxor mœchatur; unde *Wihoterie*, hujusce viri conditio. Lit. remiss. ann. 1397. in Reg. 152. Chartoph. reg. ch. 246 : *En l'appellant par plusieurs fois coux ou Wihot, qui est à dire, selon la coustume dudit lieu de Tournay, coux.* Aliæ ann. 1469. in Reg. 195. ch. 300 : *Icellui Bauldet dist à sa femme que icellui Motoys estoit Wihot, et que par sa Wihoterie il avoit esté privé à la Wirewite.* Occurrit rursum in aliis ann. 1451. ex Reg. 184. ch. 168. *Wilps*, eadem acceptione, in Lit. remiss. ann. 1367. ex Reg. 97. ch. 425 : *Pour diffamer l'estat d'icellui suppliant et donner blaspheme deshonnorable, le clama pour ce Wilps ou coup, en reputant la femme dudit suppliant..... pour ribaude.*

WILPIRE, Dimittere. Vide *Guerpire.*

WILTBAN. Vide *Wildbann.*

¶ **WILTPENNE,** Idem quod *Wilbann.* Charta Caroli VI. Imper. ann. 1354. apud Miræum tom. 1. pag. 221. col. 2 : *Cum omnibus silvis, rubetis,..... bannis, sive inhibitionibus venationum, quæ vulgariter Teutonice Wiltpenne nominantur, et pœnis inde sequentibus, etc.* Vide *Wita.*

WILZ. Lex Bajwar. tit. 13. cap. 10. de equo : *Si mediocris fuerit, quem Wilz vocant, etc.* [*Wlz* edit. Baluzii.]

WIMPLA, Peplum. Vide *Guimpa.*

WINAGIUM, ut mox *Winaticum.* Locus est supra in *Guida.*

* Winagium, pro qualibet præstatione. Vide supra in *Guida.*

¶ **WINATICUM,** Præstatio quæ domino exsolvitur pro securo transitu. Tabular. S. Remigii Remensis : *Si monachi per loca ubi Winaticum et routicum requiritur duxerint, nihil a viris qui super hoc negotium a me constituti sunt, extorquetur.* Vide in *Guida.*

WINCHILSUL, Columna interioris ædificii dicitur, in Lege Bajwar. tit. 9. cap. 6. vox deducta a *Winchel*, angulus, et *Zuyl*, columna, quasi columna angularis.

* **WINDALUM,** a Gallico *Guindal*, Tolleno. Comput. ann. 1367. ex Tabul. S. Petri Insul. : *Item pro quadam rondella ferrea et kavilla ejusdem, quæ est ad Windalum supra chorum, ponderis de decem libris.* Vide mox

¶ **WINDASIUM,** Instrumentum ligneum, quo in exonerandis doliis utuntur, rudentem circa illud obvolvendo, ab Anglico *Wind*, versare, volvere, Gall. *Tourner* : idem, ut videtur quod Nautis *Windlass* dicitur, quo anchoras sustollunt; unde *Windlasium* fortassis legendum est. Vide Skinneri Etymolog. Chartul. S. Vandreges. tom. 1. pag. 998 : *Concesserunt... descarkagium sexaginta doliorum vel aliorum suis instrumentis scilicet caablis et Windasio tantum.*

* Nostri quippe ut *Guindal*, ita et *Guindas* vel *Windas* dixerunt, eodem sensu. Lit. remiss. ann. 1450. in Reg. 184. Chartoph. reg. ch. 46 : *Le suppliant se appuya contre la volée du Windas, estans sur le rivage d'icellui kay* (d'Amiens).

¶ **WINEGIATOR,** Judex viarum, seu qui itinerantium securitati invigilabat : atque adeo *Wionagii* exactor. Vide *Guida.* Charta Thomæ Dom. Codiciac. ann. 1218 : *Mercatores habebunt cheminum quale solent habere et transitum liberum sicut habere solebant et justificabuntur tantummodo per Winegiatores prædicti domini mei.*

* Nostris alias *Wignageur.* Vide supra *Wienagium* in *Guida.*

¶ **WINERICIA.** Vide supra *Vinericia.*

WINILEODES. Capitula Caroli M. de Diversis reb. ann. 789. cap. 3 : *De monasteriis minutis, ubi nonnanes sine regula sedent, volumus, ut.... earum claustra sint bene firmata, et nullatenus Winileodes scribere, vel mittere præsumant.* Videntur esse epistolæ amatoriæ, vulgo *des poulets*, voce conficta ex Saxonico wine, dilectus, charus, et *Leodis*, et *Leuden*, homo; quod ex dilectis scribantur, vel ab hac voce vulgo inciperent, *Dilecte*, et *Dilecta.* Vide *Leudes.* [** Potius *Lied*, Carmen. Vide Graff Thesaur. Ling. Franc. tom. 2. col. 200.]

¶ **WINKINGA.** Monasticum Anglic. tom. 1. pag. 592 : *Et dedi eis totas Winkingas in boschis et planis.*

* **WINLEKE,** Proclamatio vini venalis. Charta ann. 1424. tom. 2. Hist. Leod. pag. 455 : *Ordinons que nuls queilconques vendans vins dedains la citteit de Liege, ne polrat faire nonchier vin etc. Et se le Winleke se faisoit sains le congiés ou mandement de son maistre, etc.*

¶ **WINOAGIUM.** Chron. Bonæ Spei pag. 181 : *Nulli pedagia, Winoagia et rougia, quæ pro hiis a sæcularibus exiguntur, solvere teneamini.* Leg. *Wionagium.* Vide in *Guida.*

¶ **WIPIRE,** Dimittere. Vide *Guerpire.*

WIRDIRA. Capitulare 3. ann. 813. cap. 24 : *De quicquid in casa furaverit, in Wirdira solidos septem. De warnione, in Wirdira solidos septem.* Infra : *De porcis et vervecibus et animalibus juvenibus et de capris tertiam partem, quantum valet in Wirdira.* Adde cap. 25. Codex Navarræus habet *murdera.* Hic vero sumitur forte pro *Weregeldum.*

¶ **WIREGILDUM**, ut *Weregeldum*. Vide ibi.

¶ **WIRPIRE**, Wirpitio, Dimittere, deserere, Dimissio. Vide in *Guerpire*.

WISCARDUS. Vide *Guischardus*.

¶ **WISCHEPELE**. Locus est in *Corus*.

* **WISELEC**, vox Bohemica. Charta Wencesl. reg. Bohem. ann. 1249. inter Probat. tom. 1. Annal. Præmonst. col. 522 : *Si vero aliquis hominum nominatæ ecclesiæ suspensus fuerit vel suspendendus, quod Wiselec dicitur Bohemice, etc. Wiseti, pendere*, in Diction. Bohem. Lat. Germ.

* **WISEVENE**. Glossæ Cæsar. Heisterbac. in Reg. Prum. tom. 1. Hist. Trevir. Joan. Nic. ab *Hontheim* pag. 684. col. 1 : *Ad natalem Christi duo maldera avenæ magnæ mensuræ, quæ appellatur Wisevene.*

¶ **WISLOT**, Wisloth. Vide *Willot*.

¶ **WISSEL**, Fidejussor, ut videtur, qui pro alio spondet. Consuet. Furnenses ex Tabul. Audomar. : *Quicumque per judicium coratorum in obsidium venerint, debent facere per tres quadragenas in domo Comitis, vel ubi ponuntur, vel ipsi, vel Wissel pro eis sine ferro et compedibus, datis etiam tam a Wissel quam obsedibus bonis plegiis quatuor pro quolibet.* Huc spectat vox *Wison* quæ pro Testis, Gall. *Temoin*, usurpari videtur in charta ann. 1378. ex Chartul. 23. Corb : *Et aussi aie prins Wison pour reprendre et deffaire deux routures qui estoient esdites mettes.*

* **WISS-KORN**. Charta ann. 1367. tom. 2. Hontheim. Hist. Trevir. pag. 239. col. 1 : *Assignavimus..... redditus annuos centum maldrorum tritici seu grani, quod vulgariter dicitur Wiss-korn.*

WISTA, Mensura agraria, ex Saxonico wiste, dimidia hida, seu dimidium *carrucatus terræ*. Monasticum Anglicanum tom. 1. pag. 313 : *Octo virgatæ* (al. *virgæ*) *unam hidam faciunt; Wista vero quatuor virgatis constat.* Chronicon MS. Monasterii de Bello : *In Perlea est una Wista in dominio, ista enim 48. acris constat.* Ibidem : *Pretium maxime solenne unius Wistæ est 3. solid.*

WITA, Mulcta, *Amerciamentum:* vox Saxon. wite, quæ idem sonat. Leges Inæ Regis cap. 3 : *Et dominus* (servi) *emendet 30. solidos ad Witam.* Cap. 27: *Vel emendet 36. solidis Witæ, i. forisfacturæ emendationi.* Occurrit non semel in Legibus Henrici I. Regis Angliæ, ubi crebro junguntur *Wera*, *manbota*, et *Wita*, ita ut *Wera*, quæ est pretium hominis, agnatis, *Manbota*, Domino, *Wita*, parti læsæ exsolvi dicantur, in cap. 79. 87. etc. [** Vide Grimm. Antiq. Jur. Germ. pag. 657. num 12.]

Wita Plena, Eadem quæ *Regis*, et 20. mancarum, quæ 50. solidos conficiunt, fuisse dicitur, in Legibus Henrici I. Regis Angl. cap. 11. 35. et 79. cum Episcoporum et Comitum, decem mancarum esset, Thanorum vel Baronum quinque. Eædem Leges cap. 40 : *Si Pundbreche, i. infractura parci fiat in Curia Regis, plena Wita sit, alibi quinque mancæ.* Cap. 51 : *Tertia vice plena Wita sit.* Ita cap. 66. 71. Eadem et *plenæ forefacturæ* nomine donatur in Legibus Edw. Confess. cap. 35 : *Et omnis sit venatione sua dignus in nemore, in campo, in dominio suo, et abstineat omnis homo et venariis Regis, ubicumque pacem eis habere voluerit, super plenam Witam, id est, forisfacturam.* In Legibus vero Willelmi Nothi cap. 64. *Regis forisfactura;* in Legibus ejusd. Henrici cap. 64. *Capitalis* eadem nuncupatur. Vide *Bannum Regis*, et *Bannum plenum*, in *Bannum* 2.

Secundum Witam Jurare, est pro modo *mulctæ* irrogandæ pro crimine, tot adhibere testes, quot criminis qualitas requirit. Leges Inæ Regis cap. 63 : *Juret secundum Witam, quod nec furti conscius vel coadjutor fuerit in eo, vel emendet 36. solid. Witæ, i. est forisfacturæ emendationi.* Vide *Werelada*. Ab hac porro voce formatæ et compositæ complusculæ aliæ, de quibus agimus suis locis, *Blodwita*, *Fintwita*, *Legerwita*, *Ferdwita*, *Childwita*, *Wardwita*, *Heingwita*, *Flitwita*, *Leirwita*, *etc.* Ex prædictis licet colligere quid sit

Witta apud Anastasium in Stephano VI. PP : *In supradicta venerabili basilica cum idem sanctissimus Papa omnium vitiorum fortissimus extirpator, malam consuetudinem inveniret, ut Presbyteri, qui ibidem quotidie Domino sacrificium offerebant, omni anno unam Wittam consuetudinem darent etc.* ubi Baronius ann. 890. n. 7. perperam in *Wactam* emendat. Codex editus habet *mulctam*, recte.

* **WITELLUS**, Mensuræ annonariæ species, dimidia pars quartalis, Alamannis *Vierthel* dicti; unde *Witelata*, modus agri *Witellum* sementis continens, Gallo-Belgis *Witel* et *Witelée*. Charta ann. 1291. in Chartul. Thenol. ex Cod. reg. 5649. fol. 46. r° : *Dicebamus nos habere tres jaletos et unum Witellum frumenti, ad mensuram de Brueriis, super molendinellum ad Barram.... Pro tribus galetis et Witello etc.* Obituar. MS. eccl. Camerac. fol. 54. r° : *Acquisivit eidem ecclesiæ Cameracensi in territorio de Willers dom. Pauli undecim Wytelatas terræ arabilis, decem Wytelatas pratorum et quinque Wytelatas nemorum.* Infra non semel *Witelatas*. Redit. comitat. Hannoniæ ann. 1265. in Reg. Cam. Comput. sign. *Papier velu : Pieres Grebiers pour sept Witeus et demi de terre deseure Biaulin..... xlij. Witeus de bos.... j. Witel de pois...., Et si a encore deux Witeus de terre,.... ki doivent de rente six den. ob.* Charta Margar. comitis. ann. 1274. in Chartul. 1. Fland. ch. 265. ex ead. Cam. : *Encore doit Clarembaus avoir no rente de douze Witeus d'avaine et de douze Witeus de blei.* Hinc *Witelage*, Jus quod ex mensione ad *Witellum* percipitur, in alia ejusd. Margar. Charta eod. ann. ibid. ch. 263 . *Nous avons donné à loïal cense..... nos Witelages, nos Wienages par terre et par ewe.* Charta Guill. comit. Hannon. ann. 1312. ex Cod. reg. 10196. 2. 2. fol. 18. v° : *Nous avons donnei à rente... xxij. Witelées et demie de terre ahanaule;... et pour cest arrentement..... nous en doit.... rendre..... trois muis et Witel et demi d'avaine,..... cascun Witel livré en no ville de Walenchiennes.* Alia ann. 1350. in Chartul. Godefr. dom. Asperim. ex Bibl. reg. fol. 6. r° : *Deux muis, deux Witelées, noef verges et demie de terre ahanaule,..... dont cascune Witelée de tiere est en pris de wit sauls blans par an...... Item xv. muis, siept Witeuls et demi etc.* Vide supra *Octalium*.

* **WITERCH**. Charta Oudardi milit. dom. *de Olesi* ann. 1217. ex Tabul. abbat. Hamens. : *Præterea iidem hospites ad furnum meum coquere panes suos, et annonas suas ad molendinum meum molere tenebuntur; ita quod de duobus sextariis unum boistellum Witerch persolvent.* an Rasus?

WITEREDEN, vox Saxonica, quæ apud Bedæ interpretem lib. 3. cap. 8. wite-hrædenne, effertur. Sic autem punitiones, ibi Saxonice versum. Sed proprie est *Witæ*, seu mulctæ, *redditio*, ex Saxon. wite, mulcta, et redenne, redditio. Charta Ethelwlphi Regis Occidentalium Saxonum apud Willelmum Malmesbur. lib. 2. Hist. Angl. cap. 2 : *Ut sit tuta ac munita ab omnibus secularibus servitutibus, nec non regalibus tributis majoribus et minoribus, sive taxationibus, quod nos dicimus Witereden.* Perperam apud Ingulfum Saxonicum, winterden habetur. Vide Stephanum Skinnerum in Etymologico Anglicano.

WITERSACAN, Apostatæ, transfugæ, qui omnes leges aut divinas aut humanas refugiunt, in Leg. Kanuti Reg. cap. 27. ubi *Utlagæ Dei* etiam dicuntur. Vox Saxon. composita a wider, contra, adversus, et secgan, dicere, loqui, quasi *ablocutores*, qui contra leges divinas et humanas loquuntur.

¶ **WITETHEOU**, vox Saxonica, Mulcta servi, þeow enim servum sonat. in Leg. Inæ cap. 23.

WITHERCILA. Leges Henrici I. Regis Angl. cap. 23 : *Nemo enim de cæsione nemoris inoperati jure cogitur respondere per Withercilam, nisi domino suo, vel captus in eo.* Ubi Somnerus restituit *Witer-tihtlam*, i. est recriminationem contrariam, vel adversam accusationem ex Saxon. witer, contra, et tihtla, accusatio, [Vide *Wichterthila.*]

WITHERLOGH. Vide *Lex Danorum*, in *Lex*.

WITHERNAMIUM. Liber Anglic. inscriptus *Justice af peace* pag. 145 : *De plures replegiando ou le plus avera. Unde Withernamium.* Britton. in Leg. Angl. pag. 54. v. : *Et les bestes soient clos dedans meson, ou dedans parkes, ou si eles soient chosés hors del Counté, ou se le Ballife autre disturbance trove, tantost face prendre des bestes le deforceur à la double vaive come Withernam.* [Idem quod infra *Wythernamium.*]

¶ **WITHEYS**, Salicetum, ut videtur, a Saxon. Wiþig et Angl. *Withy*, Salix. Kennett. in Antiquit. Ambrosd. ad ann. 1325. pag. 395 : *Item tres acræ apud le Whitheyes.* Ibidem pag. 400 : *A quo quidem prato dimidia roda jacet atte Witheyes juxta pratum prioris.*

WITHINGI, Piratæ, Danis. Adam Bremensis cap. 213 : *Ipsi enim piratæ, quos illi Withingos appellant, nostris Ascamonnos, Regi Danico tributum solvunt, ut liceat eis prædam exercere a barbaris, qui circa hoc mare plurimi abundant.* Vide *Ascomanni*, [*Vargi*, *Viccingi* et *Warengangi.*]

¶ **WITISCALCI**. Vide infra *Wittescalchi*.

¶ **WITKAN**. Vide in *Wildbann*.

* **WITRAGIUM**, Tributum pro vino,

quod in urbem adducitur. Vide supra in *Vineragium.*

¶ **WITREPERA**, Quadrivium apud Longobardos, ut videtur. Chron. S. Sophiæ Benevent. pag. 637 : *In quarta manu tradidimus, qui te per nostram jussionem in Witrepera, in galida, et gisil constituit una cum filia tua.* Ubi de ritu manumittendi Longobardis usitato. Eadem formula legitur in Lege Longobard. lib. 2. tit. 35. § 1. [** Roth. 225.]: *Et ipse quartus ducat eum in quadrivium, et thingat in wadia, et gisiles ibi sint.* Vide in *Manumissio*, pag. 253. col. 1. [** Vide *Widerbora.*]

* **WITSCHEPA.** Charta Phil. comit. Fland. pro libert. castel. Brug. ex Cam. Comput. Insul. : *Cum præco vocaverit hominem ad lapidem, debet prius jurare cum Witschepa, vel testimonium a scabinis habere, quod eum submonuerit.* Flandris, *Schepen*, scabinus, judex civilis.

¶ **WITTA**, ut *Wita*. Vide in hac voce.

WITTEMON. Lex Burgund. tit. 66 : *Puella quæ marito traditur, patrem et fratres non habens, nisi patruum et sorores, de Wittemon tertiam partem patrinus accipiat, et alteram tertiam sorores sibi noverint vindicandum.* Adde § 2. tit. 26. § 2. et Addit. 1. ejusdem Legis tit. 14. Gloss. Lat. Theotisc. : *Dos, Widimo.* Saxonibus witumа, weotoma, vel weotuma, *dos*, weotuman, *dotis*, quod coram testibus (Saxon. weotun, vel wittum) facta sit, inquit Spelmannus. [** Vide Grimm. Antiq. Jur. Germ. pag. 424. Graff. Thesaur. Ling. Franc. tom. 1. pag. 777. voce *Widamo.*]

WITTESCALCHI, Ministri, sive præfecti ad irrogandas mulctas, Seldeno in Titul. honor. pag. 261. 262. 1. edit. vel, ut Spelmannus, Ministri Regii, qui jussa Regia exsequebantur, et mulctas a judice decretas exigebant, ex Saxon. wite, mulcta, et scalc, minister. Lex Burgundion. tit. 76. *de Wittescalchis : Comitum nostrorum querela processit, quod aliqui in populo nostro ejusmodi præsumptionibus abutantur, ut pueros nostros, qui judicia exequuntur, quibusque mulctam jubemus exigere, etc.* § 3 : *Mulieres quoque si Witiscalcos nostros contempserint, ad solutionem mulctæ tenebuntur.*

¶ **WITWORD**, vox Saxonica, wit-word, Responsa prudentum, Somnero. Leges Ethelredi Reg. apud Venetyngum editæ § 3 : *Et Landcopum et domini donum, quod per rectum habeat dari, et lacopum et Witword, gewitnessa, hoc ita permaneat, ut nullus evertat.*

¶ **WITWORF.** Vide supra *Walaworf.*

WLADARIUS, Villicus, qui *bladorum* domini curam habet. Statuta Poloniæ pag. 520. de inculpato villico per ipsius dominum : *Prætera cum Dominus suum Wladarium, aut contra alium familiarem pro aliquibus rebus, aut injuriis moverit quæstionem, tunc ipse Wladarius aut familiaris domino suo non deferendo juramentum, teneatur se cum sex testibus expurgare.* Vide *Bladarius.*

¶ Uladarius, Eadem notione, apud Longinum in Vita B. Kingæ tom. 5. Jul. pag. 739 : *Petri Cracoviensis Episcopi Sandeczensis Uladarius Joannes Czudisch.*

¶ **WLGALITER**, pro Vulgariter, in Litteris Caroli V. Reg. Franc. ann. 1368. tom. 5. Ordinat. pag. 151. Vide *Vulgaliter.*

* **WITTO**, f. Circumforaneus pharmacopola, Gall. *Charlatan.* Mirac. S. Vicinii tom. 6. Aug. pag. 192. col. 2 : *Hanc* (catenam) *quidam de Wittonibus, qui medicando terram circumeunt, dum tanti sacramenti* (in propellendis scilicet dæmoniacis spiritibus) *eam ignoraret, furatus est.* Ubi legendum *de viatoribus* suspicantur docti Editores.

* **WLGE**, pro Vulgo, in Charta Ludov. VI. ann. 1124. ex Reg. 108. Chartoph. reg. ch. 272. Vide *Wlgaliter.*

* **WLPIA**, Regio Belgica, interdum a mari circumcincta, cujus incolæ *Wlpingi* nuncupantur. Charta Phil. comit. Fland. pro libert. castel. Brug. ex Cam. Comput. Insul. : *De Wlpingis. Homines de Wlpia sive de Caedslandt submoniti, poterunt se ipsos sinuare* (soniare) *præstito juramento ad diem placiti, ad quem citius pro mari venire poterunt.*

WLPIRE, Dimittere. Vide *Guerpire.*

WLTWRFO, Wlwrst. Vide *Walaworf.*

¶ **WLZ.** Vide supra *Wilz.*

WNCUS. Vita S. Columbani cap. 15 : *Tegumenta manuum, quæ Galli Wancos vocant.* Sed legendum indubie *Wantos.* Vide in hac voce.

¶ **WOARECH**, ut *Wreckum.* Vide ibi.

WODAN, Deus, a populis Septentrionabus cultus, quem rei militari præesse credebant. Vide Paulum Warnefrid. de Gest. Langob. lib. 1. cap. 9. Adamum Bremensem, Saxonem Grammat. lib. 6. et quæ Lindenbrogius annotat ad Warnefridum. Vossius lib. 1. de Idololatria cap. 7. Olaus Wormius in Monumentis Danicis lib. 1. cap. 4. et alii passim. Ab eo etiam Regum suorum originem repetebant Angli, ut auctor est Malmesbur. lib. 1. de Gestis Angl.

¶ Vodanus, apud Jonam in Vita S. Columbani sæc. 2. Bened. pag. 26 : *Illi aiunt Deo suo Vodano, quem Mercurium vocant alii, se velle litare.* Anonymus ibidem in Notis a Mabillonio laudatus : *Qui apud eos Vuotant vocatur; Latini autem Martem illum appellant.* woðen, Mercurius, Somnero.

* Vita S. Kentigerni tom. 1. Jan. pag. 820. col. 1 : *Woden vero, quem principalem Deum crediderunt et Angli, de quo originem duxerant, cui et quartam feriam consecraverant, hominem fuisse mortalem asseruit, et regem Saxonum, a quo plures nationes genus duxerant.* Vide Bekker. in Mundo incantato lib. 1. cap. 2. pag. 18.

Wodenis Dies, Feria 6. Anglis, Wodano Deo sacra. Ordericus Vitalis lib. 7. pag. 639 : *De quo Woden ortus est, a quo Angli feriam 6. Wodenis diem nuncupant.* Ita etiam Willel. Malmesbur. de Gest. Regum Anglor. lib. 1. cap. 1. et Matthæus Westmonast. pag. 155. 1. edit.

WODEGELDUM, [Census vel tributum, quod ratione nemorum in forestis colligitur, a *Wood*, silva, et gild, vectigal, tributum. Vide *Gildum.*] Monasticum Anglicanum tom. 2. pag. 827 : *De omnibus Geldis, et Daneldis, et Wodegeldis, etc.* Vide Edward. Cokum ad Littleton. sect. 378.

WODESPECHES. Monasticum Anglican. tom. 1. pag. 722 : *Et amerciamenta priorum hominum tenentium et servientium suorum, nos et hæredes seu assignatas nostras tangentia in curiis nostris, hundredis, shiris, halemotis, et Wodespeches, infra burgum et extra, etc.* [Legendum forte *Wodespleches*, a *Wood*, silva, et *Esplencha.* Vide in hac voce.]

¶ **WOGIMOTINZA.** Charta ann. 1158. apud Ludewig. tom. 6. Reliq. MSS. pag. 236 : *Sed liberi sint ab omni gravamine et a Wogimotinza, qui census ducis dicitur.*

* **WOLDFOR.** Leges Danicæ apud Ludewig. tom. 12. Reliq. MSS. pag. 172 : *Item violentia, quæ dicitur Woldfor, est talis, si aliquis aliquem violenter tulerit alicui, contra voluntatem, et est potens super eum, tanquam super captum.*

¶ **WONG.** Ager cultus et satus, ut videtur. Anglo-Saxon. *Wong*, Campus, ager. Charta ann. 14. Edwardi III. Reg. apud Th. *Blount* in Nomolex. : *Tres acræ terræ jacentes in lez Wongs.* Vide *Wangnale.*

WOODWARDUS, vox Angl. Silvarius, Viridarius, Saltuarius, proprie *silvæ custos*, Forestarius. Charta scripta sub Edw. I apud Prynn. tom. 3. Libertat. Angl. pag. 1233 : *Constabularius de Windesor nititur omnibus modis compellere Wodewardos nostros de manerio de Weregrave ad præstandum fidelitatis sacramentum de venatione Domini Regis fideliter conservanda, etc.* Vetus Inquisitio apud W. Dugdalum in Antiquit. Warwici pag. 665 : *Et solebant inter eos habere dimidiam partem feodi Woodwardi de venatione capta.* Iter Justitiarior. pro forestis de Pickering. ann. 8. Edw. III : *Quod prædictus Henricus de Percy, et omnes antecessores sui, tenentes manerium prædictum a tempore, quo non exstat memoria, et sine interruptione aliquali tenuerunt prædictum manerium cum pertinentiis extra Regardum forestæ, et habuerunt Woodwardum portantem arcum et sagittas ad præsentandum præsentanda de venatione tantum, etc.*

Woodwardia seu Wodewardia, Silvarum custodia, in Charta Edw. III. Reg. Angl. laudata in *Raglorium.*

* **WOORSEDE-GERDE**, in Legibus Danic. apud Ludew. Reliq. MSS. tom. 12. pag. 175 : *Sepes autem, quæ dibeatæ Walcuntur Woorsede-gerde, debent ante festum burgis sepiri.* Vide *Woodwardus.*

WORDERINDE. Vetus Charta Anglica apud Somnerum in tractatu de *Gavelkinde* pag. 190 : *Item pro cibo Prioris quærendo, et pro servitio, quod dicitur Worderinde, et pro pomis frangendis 12. den. etc.*

WORFIN. Vide *Marahworfi.*

¶ **WOROP.** Vide infra *Worrop.*

¶ **WORPIRE**, Possessionem rei alicujus dimittere. Charta ann. 1125. apud Miræum tom. 2. pag. 817 : *Worpivit proprio et totius curiæ meæ judicio, nihil sibi juris in his quæ donaverat reliquit.* Vide *Guerpire.*

¶ **WORROP.** Charta Wichmanni Archiep. Magdeburg. apud Ludewig. tom. 2. Reliq. MSS. pag. 339 : *De tribus mansis.... quorum hereditas ipsi ecclesiæ prius pertinuit, censum, decimam, et Worrop, cum omnium reliqua justitia ipsi ecclesiæ contradimus.* Alia ibid. pag. 415 : *Insuper decimam persolvet, et pensionem quæ Worop appellatur.*

¶ **WORSTEDE**, Lana texta, ab oppido

Worsted in comitatu Norfolc. ejus opificio nobili, sic dicta. Litteræ Henrici IV. Reg. Angl. ann. 1402. apud Rymer. tom. 8. pag. 277 : *Unum tapetum de rube Worstede brouderatum, et unum lectum de Worstede nigro et blodio cum curtinis.* Vide Skinner. Etymolog.

WORTH, Curtis, sive prædium rusticum. Matth. Westmonast. ann. 870 : *In villa Regia, quæ lingua Anglorum Beodricheswort, Latine vero Beodrici curtis sive habitatio nominatur.* Cambdenus vero in Britannia, *Worth*, Insulam amnicam significare contendit, ex Saxon. weorð.

* **WORTHELDH**. Constit. Erici reg. Daciæ ann. 1282. apud Ludewig. Reliq. MSS. tom. 12. pag. 207 : *Item non debet aliquis, pro aliquo delicto, terram suam amittere, nisi pro crimine læsæ majestatis convictus fuerit, cum juramento Wortheldh.*

WORULD-THEINE, vel *Thegne*, Secularis Thanus, vox Anglo-Saxonica, ex woruld, seculum, et ðein, nobilis, in Concilio Grateleano ann. 928. cap. 13. et in Legibus Adelstani Regis apud Bromptonum pag. 845. Vide *Thainus.*

¶ **WOSTINIA**, perperam pro *Wastina*. Vide in *Vastum*. Charta Caroli Boni Comitis Flandriæ ann. 1119. apud Miræum tom. 1. pag. 680 : *Condonavi duas partes, decimæ, id est, duas garbas totius solitudinis seu deserti, quod Teutonice vocatur utfanc vel Wostinia.*

* Eodem certe sensu quo *Wastina*; sed nequaquam mendose scriptum, ut efficitur ex Charta Frider. I. imper. ann. 1154. apud Ludewig. tom. 10. Reliq. MSS. pag. 145 : *Quatuor mansos terræ incultæ, frutectis tantum et arbustis occupatam, quæ Wostene vocatur, contradidimus.*

WOUNKARLE, Aurigæ, Danis, in Charta Waldemari Regis Daniæ ann. 1326. apud Pontanum lib. 7. Rer. Danicar. pag. 443.

¶ **WOYTIECH**. Vita S. Adalberti sæc. 5. Bened. pag. 850 : *In sacri baptismatis lavacro datum est nomen Woytiech.* Alia ejusdem Adalberti Vita ibid. pag. 865 : *Woytiech, quod nomen interpretatum sonat, Consolatio exercitus.*

* **WOZNY**, Nomen officii apud Polonos. Stat. Casimiri ann. 1347. inter Leg. Polon. tom. 1. pag. 51 : *Subjudex vel officialis, qui dicitur Wozny, habeant facultatem dandi ministerialem ad citandum.*

WRANG et UNLAUCH. Prima Statut. Roberti I. Regis Scotiæ cap. 17. § 1 : *Nulla defensio seu exceptio sit calumniata, nec defendens sit indefensus, quamdiu defendens, aut suus prælocutor defendet tort, et non reasan, quod dicitur Wrang et Unlauch, et damna in certo nominabuntur per querelantem.* Adde § 3. Quoniam attachiamenta cap. 1. § 1 : *Quoniam attachiamenta sunt principium et origo placitorum de Wrang et Unlauch, et aliorum, quæ prosecuta sunt de Sickerborg, ideo de attachiamentis inchoandum.* Ubi Skenæus : *Wrang, id est, injuria, Gallice Tort. Unlauch, id est, sine lege, vel contra legem*, ἀνομία. Quibus verbis intelliguntur actiones civiles, ut criminales per *Sicher-borg*, id est, *securos plegios*. Adde Leges Burgorum Scoticor. cap. 33. 103. et eumdem Skenæum de Verbor. signific. in hac voce.

WRECKUM, inquit Bracton. lib. 3. tract. de Corona cap. 2. § 5. *dici poterit, quasi derelictum, ut si quid navis levandæ causa a nave projectum fuerit ab aliquo, sine animo retinendi, vel repetendi. Id proprie dici poterit Wreckum, cum res projecta habita sit pro derelicta... Item magis proprie dici poterit Wreckum, si navis frangatur, et de qua nullus vivus evaserit, et maxime si dominus rerum submersus fuerit.* Adde Fletam lib. 1. cap. 43. § 2. et cap. 44. Vetus Consuetudo Normanniæ 1. part. sect. 2. cap. 5 : *Toute icele chose est dite Werech, que la mer deboute et gete toute hors à la terre.* Adde novam art. 597. et seq. et 194. *Wreccum maris*, inter jura Regia describit Bracton. lib. 2. cap. 24. § 1. lib. 3. tract. de Corona cap. 2. § 4. 5. et ad solum Regem pertinere ait, quidquid ex naufragiis ad littus appellit, nisi quis *de Wrecko habendo speciali gaudeat privilegio*; cujusmodi exempla aliquot profert Monasticum Anglic. tom. 1. pag. 21. 237. 920. etc. Adde Statuta Alexandri II. Regis Scotiæ cap. 25. Fletam lib. 1. cap. 20. § 11. 52. 76. etc. et quæ annotavimus in vocibus *Ejectus* 2. *Lagan*, et *Naufragium*.

Varie autem vox hæc scribitur : *Wreccum* et *Wreckum* locis laudatis. *Wrec*, in Monastico Angl. tom. 1. pag. 21. (Vide *Ejectus*.) *Wrectum* et *Wreck*, in Statutis Alexandri II. Regis Scotiæ cap. 25. *Werech*, in veteri Consuetud. Norman. *Veriscum*, in Charta Ludovici Regis Franc. anno 1315. pro Normannis, et in Jurib. et Consuetudinib. Norman. cap. 17. *Woarech*, in 1. Regesto Parlamenti Parisiensis fol. 126. v°. [*Varescdum*, in Litteris Joannæ Reginæ Castellæ ann. 1257. tom. 4. Hist. Harcur. pag. 1654. *Veresc*, in Charta Philippi V. Reg. Franc. ann. 1319 : *Decima ..... totius ejectivi, quod in illis finibus dicitur Veresc. Warec*, in Charta ann. 1181. ex Tabul. Eccl. Dolensis : *Jurati dixerunt quod totum le Warec et magni pisces,... sunt de dominio Acrhiepiscopi. Warech*, in Monast. Anglic. tom. 1. pag. 783. *Verecum*, in Tabul. Monast. SS. Trinit. Cadom. *Wreccum*, in Charta Edwardi II. Reg. Angl. apud Rymer. tom. 3. pag. 2. Tabul. S. Vandreg. : *Nous avons portion de dimes à Ruenville.... avec droit de heurtage et Varré sur la mer.* Vide Glossar. Teuton. Schilteri pag. 799. et 885.] Etymon vulgo arcessitur a Saxonico wræc, i. *detortum, abdicatum*, seu, ut Somnerus habet, *Exilium*.

* Charta ann. 1375. in Reg. 173. Chartoph. reg. ch. 548 : *Comme feust venuz et arrivez à Werecq en la parroisse de Morsalmes ou gravage, deux tonneaulx de vin, etc.* Lit. remiss. ann. 1407. in Reg. 162. ch. 113 : *Le suppliant nostre fermier de S^te. Honorine de Pertes et de Coleville, ou diocese de Bayeux, print un certain Wrec de suif et de cire, qui estoit arrivée ès mettes de sa ferme, etc.*

WREZ, Tributi species apud Bohemos. Occurrit in Charta Ottocari Regis ann. 1221. in Bohemia pia pag. 58.

* vel Servitii genus. Charta Wencesl. reg. Bohem. ann. 1249. inter Probat. tom. 1. Annal. Præmonst. col. 522 : *Sint etiam pauperes ab hoc quod dicitur Wrez et a succisione sylvæ..... liberi et absoluti. Wres, sisara, erica*, in Diction. Bohem. Lat. Germ. Unde de servitio intelligendum est, quo subditi dumeta succidere et in culturam redigere tenentur. Vide *Exartus*.

¶ **WRIDDAHIALF**. Charta ann. 811. pro Eccles. Cantuar. : *Duas mansiones et dimidiam, quod Angli dicunt Wriddahialf haga.* [** Leg. *thriddahialf*.]

¶ **WRIDIBORA**. Vide in *Widerbora*.

WRISTE. Carpus, vox Anglica. Leges Athelstani Regis part. ult. cap. 19 : *Immergatur manus post lapidem vel examen usque ad Wriste.*

¶ **WROINDE**. Regest. Prumiense cum Gloss. Cæsarii Heisterbach. : *Mansi absi sunt, qui non habent cultores, sed dominus eos habet in sua potestate, qui vulgariter appellantur Wroinde.* Vide *Absus*.

* **WRONHOFF**. Glossæ Cæsar. Heisterbac. in Reg. Prum. tom. 1. Hist. Trevir. Joan. Nic. ab *Hontheim* pag. 662. col. 2 : *De his fasciculis procurabitur lumen in domo dominica, quam appellamus communiter Wronhoff.*

¶ **WROTEBOLLA**. Vide *Throtebolla*.

¶ **WRTECOC**, Vox Anglica. *Habendum et tenendum (masagium) eidem Laurentio et hæredibus suis,..... libere et hæreditarie, per liberum servitium sex denariorum, per annum et 1. Wrtecoc, pro omni servicio, etc.* in Charta apud *Madox* Formul. Angl. pag. 58.

* **WSTECZ**, Polonica vox. Stat. Casimiri ann. 1347. inter Leg. Polon. tom. 1. pag. 42 : *Quando super judicato dubitabitur et ad judicem recipietur, alias Wstecz. etc.*

WUDEHETH, Nemoris cæsio, in Legibus Henrici I. Regis Angl. cap. 37. ex Saxon. wude, silva.

WUIUGIN. Vita S. Odiliæ n. 21 : *Vas vinarium..... quod secundum idioma Galliensium Wuiugin vocatur.* [*Voviugin* editum apud Eccardum in Orig. Habsburgo-Austr. col. 95.]

WULFESHEOFOD. Vide *Caput Lupinum*.

¶ **WULITIVA**. Vide in *Vultava*.

¶ **WULTATICUS**. Vide *Vultaticum*.

WULTWORF. Vide *Walaworf*.

¶ **WURTPENNINGE**. Charta Wichmanni Archiep. Magdeburg. ann. 1182. apud Ludewig. tom. 5. Reliq. MSS. pag. 3 : *Remittentes etiam censum arearum, qui dicitur Wurtpenninge, in omnibus curiis eorum.* Vide *Worth*.

¶ **WYKA**, Prædium rusticum, vel villula, Angl. *Wick*. Monast. Anglic. tom. 2. pag. 154 : *Et totam Wykam cum hominibus, etc.*

WYKETTUM, Portula, ostiolum, Anglis et Belgis *Wicket*, Gallis *Guichet*. Willel. Thorn. anno 1332 : *Et cum venisset ad portam Ecclesiæ prædictæ, per quam competeret ipsum transire ad Ecclesiam, invenit eam clausam, ita quod non patuit ingressus ad eandem, nisi per unum parvum Wykettum.* Utitur rursum infra.

WYLISCUS. Leges Inæ cap. 70 : *Duodecim mambræ cervisiæ Wyliscæ, 30. hlutres.* Ubi Spelmannus *Whyliscæ*, vertit *potentioris, hlutres*, tenuioris. Vide eumdem Spelmannum in *Blintres* et supra *Hluttres*.

¶ **WYTA**, ut supra *Witta*, Mulcta. Locus est in *Danegeldum*.

* **WYIAZDY**. Vide supra in *Kopce*.

* **WYTELATA.** Vide supra in *Witellus.*

WYTHERNAMIUM, Repressalia, pignoris captio, Saxon. wyðer-nam, ex wiðer, contra, adversus, et nam, captio. Fleta lib. 2. cap. 47. § 10 : *Si catalla capiat serviens Regis de averiis illius in duplum, nomine Withernamii, etc.* [Vide supra *Withernamium.*]

WZBEG, Facinorosus; sed aliquot diebus liber, apud Hungaros, inquit Sambucus. Vide Decreta S. Ladislai Regis Hungar. lib. 2. cap. 2. [Vide supra *Uzbec.*]

LITERA numeralis, quæ decem sonat. Unde versus :

X. duplex denos numero tibi dat retinendos.

Seu ut habet Ugutio :

Duplex X. solito decem jam more putatur.

Eidem literæ si recta linea superaddatur, decem millia significat.

X. inquit Notkerus Balbulus opusc. *Quid singulæ literæ significent in superscriptione cantilenæ : Quamvis Latina verba per se inchoet, tamen expectare expetit.* Vide *A.*

X. pro *Ch.* Inscriptio nummi Ludovici Pii Imper.

XRISTIANA RELIGIO. *Decanus Xristianitatis*, in Charta ann. 1221. apud Perardum. Secundinus Episcop. in Hymno Alphabetico in S. Patricium : *XRS. illum sibi elegit in terris vicarium etc.* Versus antiqui apud Joan. Antonium Castil. de Antiquitate basil. Vincentianæ :

Circulus hic summi comprehendit nomina Regis,
Quem sine principio et sine fine vides.
Principium cum fine simul tibi donat A cum Ω,
X, et P, Xristi nomina sancta tenent.

Joan de Janua : *Xristus, quia Græcum est, per X scribendum est Christus. Sed quia figura X repræsentat Ch, jam multi Latini scribunt Christus, per Ch.* [Vide infra *Xpianus.*]

¶ X. versibus præfigere solent veteres Critici, ut ex antiquis Scholiastis cognoscere est, cum κατάχρησιν vocisque insolentiam indicare volunt. Vide Casaubon. in notis ad Laert. et ejusdem animadversiones in Athenæum lib. 6. cap. 8.

¶ X. interdum pro *S*, vel *Sc*, ut videre est infra in *Xanccio, Xantus, Xexus* et *Xire.*

¶ **XABATENSES,** Hæretici Valdensium asseclæ et sectarii. Vide *Sabatati.*

¶ **XACHIA.** Tabular. Gellonense ann. 1097 : *Raimundus de Nant... usaticum omnem et Xachiam, quam in hominibus et feminis, vel in honore... habet*, tradit S. Salvatori Gellonensi. Leg. fortassis *Tachiam.* Vide *Tasca.*

* **XAINTURA,** nostris *Xainture*, pro *Ceinture*, Cingulum, zona. Lit. remiss. ann. 1397. in Reg. 152. Chartoph. reg. ch. 106 : *Le suppliant print une Xainture de cuir garnie de six clos d'argent.* Vide supra *Centura.*

XAMITUM, Pannus holosericus. Vide *Exametum.*

* **XAMPLUM,** Ager recens exaratus, proscissus, idem quod *Exartus.* Charta ann. 1198. apud Murator. tom. 2. Antiq. Ital. med. ævi col. 85 : *Petebat scilicet..... novalia omnia sive Xampla, et flumina navigabilia.* Vide *Exemplum* 2.

¶ **XANCCIO,** pro Sanctio, *Constitutio pœna vallata*, in Vocabulario Johan. Erlebachensis.

* **XANOTERIUS,** nostris *Xanotier*, pro *Chanotier, X* enim pro *Ch* usurparunt, Cui canalium cura commissa est, a *Chanecia*, alveus, canalis : quod divinando proponimus. Lit. remiss. ann. 1458. in Reg. 188. Chartoph. reg. ch. 39 : *Ilz chargerent une petite coulevrine, que icellui Richart avait ledit jour achattée, et certaine quantité de pouldre de canon du Xanotier de ladite ville* (de S. Maixent).

* **XANTIUM,** *Herba, quæ vocatur Fagasmon, i. gladiolus. Theod. Priscianus*, in Glossar. MS. medic. Simon. Januens. ex Cod. reg. 6959.

XANTUS, pro *Sanctus.* Commodianus Instr. 35 :

Xanta Dei lex est quæ mortuos vivere docet.

¶ **XAPHARDUM,** Tabulatum, ferale pegma, Gall. *Echafaut.* Adrianus de Veteri-busco de Reb. Leod. apud Marten. tom. 4. Ampl. Collect. col. 1214 : *Requisierunt ab officiali Leodiensi eum condemnari, et ad manus villici tradi. Quod factum est, et facto Xaphardo in medio Mosæ, ad vicum tinctorum, decollatus est.* Ibidem col. 1308 : *Fecerunt fieri unum Xaphardum quadrum et altum ad decapitandum homines, ut omnes possent videre.* Occurrit rursum col. 1311. et 1321.

¶ **XECHES,** Regulus, Arabibus. Thuanus lib. 26. Hist. : *Dynasta quidam Solimanus nomine, cujusmodi regulos vulgo Xeches vocant, idque nominis Arabes iis tribuunt, quorum angustæ ditiones regni titulo non habentur.*

XEMPLARE. Charta ann. 781. apud Joan. Petrum Puricellum in Monumentis Ambrosianæ Basilicæ Mediolan. pag. 13 : *Ut acceptet ipse vorsus pro ista donatione a Theoperto Cellerario S. Ambrosii camixiam unum, et bragarum par unum, valentia solido uno, Xemplare unum, valens tremessibus duobus.*

¶ **XEMUS,** Imperfectus, non plenarius, pro *Semus.* Vide in hac voce.

XENIUM, Præstatio muneris vice. Testamentum S. Remigii Remensis Archiepisc. : *Incolæ loci illius multiplicibus Xeniis gravati, etc.* Capitula Caroli M. lib. 1. cap. 146 : *Ut nullus Presbyter ad introitum Ecclesiæ Xenia donet.* Id est, pro facultate *Intitulationis* ad Ecclesiam. Concilium Nannetense cap. 16 : *Ut si quilibet Presbyterorum defunctus fuerit, vicinus Presbyter apud secularem seniorem nulla precatione, vel aliquo Xenio Ecclesiam illam obtineat, etc.* Concilium Trosleianum ann. 909. cap. 6 : *Xeniis ac pastis vel paraveredis seu caballorum saginationibus Presbyteros affligunt.* Flodoardus lib. 1. Hist. Remensis cap. 14 : *Locorumque petentibus incolis, qui multiplicibus erant aggravati Xeniis, etc.* Lib. 2. cap. 11 : *Sic quoque ut nullus judex publicus... quælibet judicia vel Xenia ibidem exigere ullatenus præsumeret.* Ita cap. 17. 19. Leo Ostiensis lib. 2. cap. 8 : *Libellum fecit Leoni Presbytero et Joanni Gento pro Xeniis et servitiis eorum.* Charta Henrici III. Regis Angliæ pro Monasterio S. Valarici in Picardia : *Nulla autem persona parva aut magna... aliquid ab hominibus et possessionibus prædicti Monasterii exigat.... non opera, non tributa, non Xenia, non lestagia, etc.* Vitæ Abbatum S. Albani pag. 36 : *Xenia autem de maneriis annuatim proveniunt, etc.* Charta ann. 1267. in Metropoli Salisburgensi tom. 3. pag. 36 : *Dedit ad eandem domum quoddam prædium in Chriestorf, quod solvit annuatim dimidiam libram, et Xenia.* Adde alias apud Prynneum in Libertatibus Angl. tom. 2. pag. 476. 478. 479. Vide *Exenium*, *Donum* 2. *Visitatio*, et Dissertat. 4. ad Joinvillam pag. 154.

* XENIA REGALIA, Dona, quæ regibus offerri solitum erat. Vita S. Bandar. tom. 1. Aug. pag. 64. col. 1 : *Domine rex, vidimus sæpius, et ab antecessoribus nostris ac-*

cepimus, quod universi pontifices, qui regno vestro post vos præsident, regalia Xenia, quæ tantum deceant virum, vobis mittere vel deferre debent. Est autem Bandaridus Suessorum episcopus, qui ab hac consuetudine videtur esse sequestratus, et aulæ regiæ præsentiam suam subtrahit, et regia munera nullo modo mittit. Vide *Donum* 2.

¶ Xenia, æ, Eadem notione, in Chron. Farf. apud Murator. tom. 2. part. 2. col. 542 : *Et aliam petiam ibi ad quartam et operam unam et Xeniam unam.*

¶ Xenium, Quidquid alicui in subsidium conceditur. Charta ann. 993. apud Miræum tom. 1. pag. 147. col. 1 : *Quatenus benedictione et licentia venerandi abbatis, sacerdos ibidem Deo psalmodiæ et Missarum celebraturus sacrificia, his Xeniis adjatus, pro ereptione animarum nostrarum exoret libentius.*

¶ **XENODOCHARIUS**, Xenodocharia, in Gemma, pro *Xenodochii* præfecto, præfectave. *Xenodochiarius*, eadem notione, in Gloss. MSS. apud Vossium lib. 3. de Vitiis serm. cap. 56. Vide infra *Xenodochus*.

¶ **XENODOCHIUM**, *id est, Locus venerabilis in quo peregrini suscipiuntur*, in lib. 2. Capitul. cap. 29. Occurrit passim.

¶ Xenodochium, pro Monasterium. Vita S. Eugendi tom. 1. Jan. pag. 54 : *Destructis namque mansionum ædiculis, uno cunctos secum Xenodochio quiescere fecit.*

XENODOCHUS, Xenodochii Præfectus, apud Gregorium M. lib. 1. Epist. 9. lib. 3. Epist. 24. [Vide *Xenodocharius*.]

¶ **XENODOXIA**, Vana gloria, a Græco κενοδοξία. Vita S. Johannis Valentin. Episc. apud Marten. tom. 3. Anecd. col. 1697 : *Pauperes ad prandium coram se reficiebat, multos latenter, vitans Xenodoxiam, indumentis operiebat.*

¶ **XENODOZIOLUM**, diminut. a *Xenodochium*. Acta S. Arnulfi Episc. : *Egenorum etiam et maxime leprosorum misertus, iis Xenodoziolum condidit juxta cellulam, ipsisque quævis solatia, etiam usque ad viliora sese obsequia demittens, vir beatus impendit.* Gloss. Lat. Gall. Sangerm. : *Xenodociolum, petit hospital.*

XENOSTORIUM. Durandus lib. 1. Ration. cap. 5. num. 1 : *Loca humanæ necessitati deputata sunt Xenodochium, Xenostorium, quod idem est, etc.* Vox, ni fallor, ibrida, ex Gr. ξένος, et *stare* Lat. ubi peregrini stant.

¶ Xenotrophium, Eadem notione, quia ibi nutriuntur peregrini, in Gloss. Lat. Gall. Sangerm. : *Lieux honorables, c'est assavoir hospital ou conversent pelerins.* Hinc

¶ Xenotropita, in iisdem Glossis, *Hospiteleur de pelerins.*

XERAMPINUS, pro *Xerampelinus*, ex Gr. ξηραμπέλινος, color *inter coccinum et muricem medius*, Scholiastæ Juvenalis Sat. 6. quasi vitis siccæ, ut est apud Scaligerum Exercit. 325. in Cardanum. Errant enim Grammatici recentiores, qui xerampelinas vestes veteres et quasi desiccatas interpretantur, propterea forte quod idem Juvenalis *Xerampelinas veteres* dixerit eadem Sat. Papias et Ugutio : *Xerampelinæ dicuntur veteres vestes et præsiccæ.* [Gloss. Lat. Gall. Sangerm. : *Xeropellina, pel ou vestement melle. Xeropellinus, viel, sec, debrisé.*] Adelmannus Scholasticus in Rythmis :

> Xerapelinos ornatus cum paucis jugeribus
> Præsul durus denegarat.

[Marteniustom. 4. Anecd. col. 114. edidit :

> Xerampelinos ornatus cum paucis regeribus, etc.]

Ubi codex Gemblacensis : *Xerapelinæ vestes dicuntur veteres et præsiccæ, pampineum habentes colorem, et ponuntur hoc loco pro quibuscumque antiquis vestibus.* Χλαμύδες ξηραμπέλιναι τῷ χρώματι, apud Codinum de Orig. pag. 51. edit. Meursii, et Suidam in Ἀτραβατικαί. *Xeranpinum* vero, et *xerampinium*, occurrit in Notis Tyron. pag. 159.

* **XERATUS**, *Locus deambulationis*, in vet. Glossar. ex Cod. reg. 7613.

¶ **XERGA**, vox Hispanica, Pannus *sericolaneus*, Gall. *Serge*. Vide *Sargineum*. Synodus Limæ ann. 1582. inter Conc. Hisp. tom. 4. pag. 249 : *Veste autem utantur nigra (Eremitæ.) Quod si paupertatis causa viliori panno uti velint, quem Hispanice vocamus Xerga, poterunt facile nigro colore inficere.*

XEROMYRRHA. Sedulius in Hymno de Christo :

> Xeromyrrham post Sabbatum
> Quædam vehebant corpori,
> Quas allocutus Angelus,
> Vivum, sepulchro non tegi.

Expressit illud Evangelii : *Et venerunt, ut ungerent Jesum.* An hæc unctio ex liquidis, an vero ex siccis constiterit, incertum. Ac siquidem ex siccis, *Xeromyra*, pro *Xeromyrrham*, si id pateretur ratio carminis, legendum censerem, cum ξηρομύῤῥας nulla quod sciam occurat mentio apud Medicos. [Ξηροσμύρνη, occurrit apud Medicos, ac præ cæteris apud Alexandrum Tralianum lib. 11. cap. ult. extremo.] Est autem ξηρόμυρον, Aëtio lib. 6. unguentum siccis omnibus et in pulverem redactis constans. [Gloss. Lat. Gall. Sangerm. : *Xeromirum, sec oingnement.*] Vide Gorreum in Definit. Medic. [et Cellarium in notis ad Sedulium pag. 110.] [** Ξηρόμυρον, *Rosmarinum*, in Gloss. Lat. Gr.]

☞ Ingeniosa omnino est veroque simillima correctio Fabri in Thesauro ad hanc vocem, ubi rescribendum censet *Xpomyrrham*, id est, *Christo myrrham*, ex antiqua scribendi nomen Christi ratione, ut ex superius dictis animadvertere est; addit pro *corpori* emendandum *compares* ex Alcuino et tres Marias disignari. Hæc fusius dicta, videsis loco citato.

¶ **XEROPHAGIA**, Gr. ξηροφαγία, Aridus victus, arida comestio. Gloss. Lat. Gall. Sangerm. : *Xerofagia, seiche commestion.* Hæc cum athletis ad robur corporis, tum Christianis ad vivendi sobrietatem et castimoniam in usu fuit. Tertull. de Jejuniis cap. 1 : *Arguunt nos quod.... Xerophagias observemus, siccantes cibum ab omni carne, et omni jurulentia, et uvidioribus quibusque pomis.* Idem cap. ult. : *Saginentur pugiles et pyctæ Olympici : illis ambitio corporis competit, quibus et vires necessariæ, et tamen illi quoque Xerophagiis invalescunt.*

¶ **XEXUS**, pro *Sexus*, in Charta Henrici I. Imper. ann. 1014. apud Murator. delle Antic. Estens. pag. 111.

¶ **XIA**, Vestis species. Concil. Tarracon. ann. 1591. inter Hispan. tom. 4. pag. 615 : *Exceptis canonicis cathedralium ecclesiarum,... nullus clericus in sacris ordinibus constitutus vel beneficiatus deferat sericum cujuscumque qualitatis, neque vestes superiores de camelloto, neque Xias de tafatano.*

* vox Hispanica, eadem atque *Chia*, quæ ab Academicis Madritensibus definitur, Capitis tegmen, quod duabus tæniis super dorsum defluentibus constabat. Vide *Chias*.

¶ **XILIVUM**, Xyli bombix, Gall. *Coton*. Statuta Avenion. rubr. 28. art. 1. pag. 100 : *Statuimus quod candelæ fiant ex bono sevo, et illarum ellichnium sit ex bono Xilivo seu bombaci, pœna viginti solidorum Turonensium et perditionis candelarum.*

¶ **XIRE**, Scire. Judicium ann. 873. inter Probat. tom. 1. Hist. Occitan. col. 125 : *Quia nos jam dicti testes Ximus, et bene in veritate notum havemus, et vidimus, etc.*

¶ **XISTUS**, Tribunal, pulpitum. Vita S. Dionysii Mediol. Episc. tam. 6. Maii pag. 46 : *Cumque de Arianorum sævitia quædam improbe loqui voluissent, ita ut quæ illi sævissime agerent, ita digna putaret, et Germinius jam tribunal conscendens resideret; ingrate ferentes religiosi viri, a Xisto eum dejicientes abstraxerunt cum eunucho, et ita ecclesia sunt ejecti.*

¶ **XIUS**, Leges Palat. Jacobi II. Reg. Majoric. inter Acta SS. tom. 3. Jun. pag. XLVIII : *Summe laudabile atque bonum nec non caritati consonum judicamus, ut de iis quæ in mensa nostra pro refectione tam nobis quam aliis in eadem sedentibus apponuntur, partem optimis nostris Xiis Christi pauperibus, immo ipsi a quo omnia recipimus, tribuamus.* Ita expresse scriptum monent Bollandistæ, qui vim vocis ignorant, nisi sit idem quod patronus.

¶ **XOCA**, Xocca, Vestis genus. Ricobaldi Ferrar. Hist. Imp. apud Murator. tom. 6. col. 128 : *Virgines in domibus patrum tunica de pignolato, quæ appellatur sotanum, et paludamento linteo quod dicebant Xoccum, erant contentæ.* Vide *Subtaneum*.

* Eadem est quæ supra *Socca* 1. Vide in hac voce.

¶ **XPIANUS**, *Crestien. Xristus, Crist*, in Gloss. Lat. Gall. Sangerman. Charta apud *Madox* in Formul. Anglic. pag. 244 : *Ricardo Episcopo Cæstriæ, et omnibus prælatis ecclesiæ, et omnibus hominibus suis, et omnibus Xpianis Johannes de Stutewill salutem.* Ubi scribendum cum ρ Græco. Vide in X.

¶ **XSANSSA** Bern. *de Breydenbach* Itor Hierosol. pag. 212 : *Inde ipse quatuor potentissimis regibus suis convicinis encenia transmittit, videlicet Magno Cham de Cathey, Presbytero Joanni, Xsanssa domino Tartarorum, et Magno Turco.*

¶ **XUNGIA**, Unctum, adeps, Gall. *Saindoux*. Statuta Montis Regal. fol. 308 : *Item, pro quolibet rubo olei, sevi candellarum, sevi et salacii Xungiæ, solvat den. octo.*

¶ **XYSTARCHES**, a Gr. ξυςάρχης, Præses certaminis seu xysti. Tertull. ad Mart. cap. 3 : *Bonum agonem subituri estis, in quo agonothetes Deus vivus est : Xystarches Spiritus sanctus.*

LITERA numeralis, quæ 150. denotat. Unde versus :

Argolicus centum quinquaginta facitque character.

Ita Ugutio, et Notæ numerorum antiquæ. At Baronius versum sequentem habet :

Y. dat centenos et quinquaginta novenos.

Id est, 159. Eidem literæ si recta linea superaddatur, 150. millia significat.

Y. Otfridus in Epist. præfixa Evangeliis Theotiscis : *Ea etiam hoc elementum* (Y) *lingua hæc* (Theotisca) *horrescit interdum, nulli se characteri aliquotiens in quodam sono nisi difficiliter jungens.*

¶ **Y**, instar signi Crucis insertum fortasse est in Monogrammatis regiis, et ab Episcopis in suis subscriptionibus usurpatum. Vide Mabill. Diplom. lib. 2. cap. 10. num. 13.

¶ **Y**, nude, ut mox *Ya*, ex Onomastico ad calcem tom. 3. Act. SS. Julii.

YA, Ita : vox Saxonica, ut n a, non. Charta Adelstani Regis Anglor. tom. 1. Monastici Anglic. pag. 173 : *Et quod homines sint credendi et per suum Ya, et per suum na. Ya*, pro *Ita*, obtinet etiam apud omnes Germanicas nationes, imo etiam apud Armoricos et Guallenses.

¶ **YBENNS**, Ligni species, Ebenus, Gall. *Ebene*. Inventar. S. Capellæ Paris. ann. 1363. ex Bibl. Reg. : *Item unus baculus de Ybenus ornatus argento esmaillatus armis Franciæ et Burgondiæ,.... pro officio cantoris dictæ S. Capellæ. Baculus de Ybenns* rursus in Inventar. ann. 1376. Inventar. Gall. : *Item un baston de Ybenns aorné d'argent, esmaillé aus armes de France et de Bourgoigne.... pour l'office du Chantre.* Aliud incerti anni : *Item unus baculus de Ysbernis, etc.* Quod facile ex allatis emendatur.

¶ **YBERNAGIUM**, supra *Hybernagium*. Vide in hac voce.

YBURPANANSECA, Furtum vituli vel arietis, vel quantum quis supra dorsum suum poterit portare de cibo, in Regiam Majestatem lib. 4. cap. 16. Vocis origo Skenæo ignota : quem vide præterea lib. de Verbor. significat. Spelmannus vero ait, compositam ex *y*, pro *te*, prænomen, b y r y i n, *onus*, et s e c a, *saccus*, quasi dicas *onerum saccus*. Vide *Byrthinsak*.

¶ **YCHIGARE**, Redditum annuum dividere, solvere, a voce vulgari *Ychide*, Reditus seu proventus annuus. Consuet. Labourt. tit. 17. art. 4 : *Si par le contrat de l'engagement a esté accordé que le creancier doive donner ou payer à celui de qui est la terre durant l'engagement certaine rente par an, vulgairement appellé Ychide etc. Ychide ou agrer*, in Consuet. Solensi tit. 31. art. 4. Consuet. Brageriac. art. 115 : *Item, si quis receperit animalia quæcumque nutrienda ad lucrum et damnum et ad certum cabal ut supra; dominus dictorum animalium quotiescumque ei visum fuerit poterit mandare dictum nutritorem de Yshic exegar, quo mandato dictus nutritor tenetur et debet post octo dies a tempore dictæ mandationis computandos, adducere dicta animalia in foro seu in villa Brageriaci, ubi dictus dominus animalium maluerit adducenda, et ea ipsi domino adhibere et Ychigare* (alias *Yshiguare*.) *Et nihilominus dare bonos et competentes fidejussores de tenendo, complendo, solvendo dictum Yshic sive lucrum, si quod sit domino memorato.*

* Vulgo *Exiguer*, quod de re pecuaria rationem facere, proprie sonat. Vide *Capitale* 4.

¶ **YCHONIA**, Imago, Gr. εἰκών. Necrolog. B. M. de Argentolio fol. 56 : *Contulit ecclesiæ Ychoniam Beatæ Mariæ cum cœteris imaginibus.* Vide *Hyconia*.

YCONOMUS, pro *Oeconomus*. Vitæ Abbatum S. Albini : *In Ecclesia illa Rex Offa vices agens Yconomi et Custodis specialis, etc.* [*Alexius pincerna et Yconomus D. Adriani summi Pontificis*, in Charta ann. 1158. *Procurator seu Yconomus monasterii Saxivivi*, in Charta Innocentii IV. PP. ann. 1243. apud Fontanin. in Antiquit. Hortæ pag. 405. Infra : *Yconimus*.] Utuntur etiam Scriptores alii e recentioribus. [Occurrit apud Murator. tom. 2. pag. 143. Georg. Christianum tom. 2. Rer. Mogunt. pag. 887. Kenett. in Antiquit. Ambrosd. pag. 616. Rymer. tom. 3. pag. 460. Marten. tom. 3. Anecd. col. 1739. etc.] [** *Ykonomus*, apud Ekkeh. IV. Casus S. Galli cap. 16. Pertz. Scriptor. tom. 2. pag. 141. lin. 25.]

¶ Yconomis, Eodem intellectu. Charta Henrici Comit. Blesensis apud Marten. tom. 1. Ampliss. Collect. col. 622 : *Sive per Yconomem suum decreverint, etc.*

¶ Yconomus, in Charta Stephani Episc. Tornac. ann. 1197. apud Miræum tom. 2. pag. 1202. col. 1.

* **YDAM**, *Arabice, pulmentum*, in Glossar. MS. medic. Simon. Januens. ex Cod. reg. 6959.

* **YDEMPTITAS**, pro *Indemnitas*, in Charta ann. 1240. ex parvo Reg. S. Germ. Prat. fol. 30. v°. col. 1.

¶ **YDIOTA**, Stolidus. *Alienatum a mente et factum penitus Ydiotam*, in Litteris ann. 1353. ex Regesto 82. Chartophylacii Reg. Ch. 61.

** **YDOLAGIA**, Idololatria. Folcuin. Gesta Abbat. Lobiens. in Prolog. : *Franci... Ydologiam in christi tyrocinium commutaverunt.*

* **YDONEUM**, Præstatio quælibet, jus quodvis aut tributum legitimum jurique consonum. Pariag. inter reg. et abb. monast. S. Andr. Avenion. ann. 1292. in Reg. 93. Chartoph. reg. ch. 133 : *Item si contingeret dare leudam, sextayragium, portanagium, vel aliud Ydoneum, quod sit commune sicut jurisdictio, etc.* Vide supra *Idoneare*.

¶ **YDONEUS**, pro Idoneus, in Charta ann. 1204. ex Tabul. Episc. Paris. fol. CIII. et alia Caroli Comit. Provinc. ann. 1290. ex Cod. MS. D. *Brunet* fol. 76. v°. Occurrit non semel alibi.

¶ **YDRIA**, pro *Hydria*, Mensura vini, semel et iterum apud Hansiz. tom. 1. Germ. sacræ pag. 276.

* Metreta frumentaria, interdum liquidorum et vini. *Ydrie*, pro *Cruche*, Urceus, in Testam. Renati reg. Sicil. ann. 1474. tom. 2. Cod. Ital. diplom. col. 1279 : *Une des Ydries, esquelles nostre Seigneur fist miracle en conversion d'eaue en vin ès nopces d'Architriclin.* Vide supra *Hydria*. Hinc

* Ydriata, Quantum *ydria* continetur. Lit. remiss. ann. 1355. in Reg. 84. Chartoph. reg. ch. 166 : *In vindemiis, unam Ydriatam vini, quam in alieno hereditagio ceperat, in dicta domo sua apportaverat.*

* **YEMERIA**. Pactum inter comitis. et capitul. S. Quint. ann. 1211. in Reg. 34. bis Chartoph. reg. part. 1. fol. 84. v° : *Item ex parte comitissæ propositum est, quod burgenses S. Quintini nullam debent emendam pro excommunicatione, nisi peccoris tunsionem et Yemeriam.*

¶ **YEMS**, pro Hiems, apud *Madox* Formul. Angl. pag 138. *Yemale semen*, in Charta apud *Blount* in Nomolexico Anglicano.

* **YERACA**, Hiera, compositionis medicinalis species. Lit. Joan. Presbyt. ad Emanuel. imper. ann. circ. 1165. apud Pez. tom. 6. Anecd. part. 2. pag. 21. col. 1 : *Magnificentia mea eorum, quæ ad gaudia pertinent, copiam indigentiæ tuæ per apocrisiarios nostros largiflue transmittet. Accipe Yeracam in nomine meo, et utere tibi.*

* *Yerre* nostris alias, pro *Lierre*, Hedera. Hist. S. Germ. Prat. inter Instr. part. 2. pag. 149. col. 2 : *Interdum quod crimus ad processionem, subeleemosynarius debet facere chorum juncari de Yerre, etc.*

* *Yeulage* vero, Acclamatio, ut videtur, in Recognit. feud. MS. terræ *de Bovincourt* ann. 1269 : *Et chille sire de ledite ville arrive prisme en sedite ville, iront en devant les hommes et les fillettes en faisant et criant l'Yeulage, comme de droit est.*

¶ **YEROPHAGIA**, male pro *Xerophagia*, in Consuetud. MSS. Cluniac. ex Tabul. B. M. Deauratæ Tolos.

* **YFFANTARIUS**, Erro, qui infantes alienos abducit. Libert. Montis-olivi ann. 1312. tom. 7. Ordinat. reg. Franc. pag. 505. art. 38 : *Latrones autem publici et fautores ipsorum, bucellarii, Yffantarii, et alii insignes latrones, quibuscunque nominibus censeantur, severitati legum subiciantur.*

YGUMINUS, pro *Hegumenus*, ἡγούμενος, Abbas. Utitur non semel Thiotfridus Abbas Epternacensis in Florib. epitaphii Sanctorum in prooemio libri 1. eod. lib. cap. 6. et alibi.

YINGEMAN. Leges Henrici I. cap. 16 : *Danagildum, quod aliquando Yingeman dabatur, i. 12. den. de una quaque hida per annum, si ad terminum non redditur, wita emendetur.* Sic Cottonianus codex et noster, inquit Spelmannus; sed utrique fidem suspectam habeo, ne mendose forte pro *Ynglisman* vel *Englisman*, i. Anglico. [** Thorp. þingemannis, cap. 15. Vide ibi not.]

* **YLLA**, Insula, Gall. *Isle*. Charta ann. 1295 : *Item tres fessoriatas prati cum verneto, sitas in Yllas retro molendinos suos.* Alia ann. 1321. in Reg. 60. Chartoph. reg. ch. 177 : *Retentis etiam domino regi altis et bassis justitiis, mero et mixto imperio in Yllis sive insulis prædictis.*

* **YMACHINATIO**, Instigatio, impulsio. Lit. remiss. ann. 1364. in Reg. 98. Chartoph. reg. ch. 4 : *Cum eidem Johanni impositum extitisset dominos Petrum Ruffi et Guillelmum Ferrals ad jussum seu Ymachinationem dicti Johannis furatos fuisse, etc.*

* **YMACHINATUS**, Qui vices alterius in rebus gerendis implet, et *imaginem* quodammodo refert, suppositítius, in iisd. Lit. : *Idem Johannes tractavit malitiose et calidiose cum quodam alio homine, qui fingens se procuratorem dicti Guillelmi,... ipsum Johannem quittaret ab omnibus, quæ occasione societatis seu comandæ..., tenebat... Qui Johannes una cum dicto homine Ymachinato accessit, per quem se quittari fecit.* Vide *Imaginarius*.

¶ **YMAGINACIO**, Cogitatio. Elmham. in Vita Henrici V. Reg. Angl. cap. 36. pag. 91 : *Regalis nobilitas Ymaginacione multiplici toto corde deliberat et exquirit, quomodo antiqua jura recuperet.* Instrum. ann. 1406. ex Bibl. Reg. : *Un des serviteurs de Messire Guil. Belier vint dire audit Rigolet que il s'en venist tantost en la sainte Chapelle, et que l'uys en estoit ouvert.... Ils apperceurent que les lampiers, qui estoient d'argent en estoient ostez et considererent comment ce pooit avoir este fait et trouverent par Ymagination que ce avoit esté fait tant comme l'en disnoit en cloistre.*

¶ **YMAGINATOR**, Phrygio, *Brodeur*, recensetur in Catalogo Sodalitatis B. M. Deauratæ Tolos.

¶ **YMAGINATURA**, Imago acupicta. Inventar. Eccl. Noviom. ann. 1419 : *Una cappa de Cardinali de Limoges panni aurei cum orfretis de broderie et Ymaginaturis Apostolorum, operata auro et serico.*

* **YMAGINATUS**, Imaginibus adornatus, sculptus, nostris *Ymaginé*; unde *Ymaginerie*, Sculptura seu opus sculptile, et *Ymaginette*, Parva imago, figura. Charta ann. 1351. in Reg. 80. Chartoph. reg. ch. 503 : *Item gobeletum unum cum tribus pedibus, Ymaginatum de uno gallo sursum et tribus cavallieriis.* Inventar. MS. jocal. Eduardi I. reg. Angl. ann. 1297 : *Item une coupe d'argent dorée, dont le piés est une rose à six fuelles, s'est Ymaginée de rois... Item un pot lavoir d'argent à Ymaginettes... Item un autre* (pot) *purement dorei et portrait d'Ymaginerie sans esmail.* Lit. remiss. ann. 1353. in Reg. 81. ch. 766 : *Un gobelet d'argent, esmaillié et doré, à quatre piez, Ymaginez à trois pelerins. Ymagerié,* Acupictus, vulgo *Brodé*, in Testam. Petri ducis Brit. ann. 1457. ex Bibl. reg. : *Deux paremens d'autel de tapisserie d'Arras,... Ymagertez de la Passion, et esquels sommes nous et nostre compagne en presentation.* Vide *Imaginatus*.

¶ **YMATHINATIO**, mendose pro *Intimatio*, declaratio. *Ad jussum seu Ymathinationem*, in Litteris ann. 1364. ex Regesto 98. Chartophylacii Reg. Ch. 4.

* Male lectum pro *Ymachinatio*. Vide supra in hac voce.

¶ **YMBERNAGIUM**, ut supra *Hybernagium*. Charta Petri Episc. Meld. ann. 1226. ex Chartul. ejusdem Eccles. : *Habebit autem capellanus, pro victu et vestitu suo et clerici sui de bonis dictæ domus duos modios bladi Ymbernagii rationabilis.* Occurrit rursum in Charta ann. 1229. Locus est in *Grenerium*.

¶ 1. **YMIUS**, comparat. ab Imus, in Chron. Johan. Whethamstedii pag. 405 : *Dum transisset sabbatum sive solstitium anni istius, descendissetque sol Ymius et Ymius, etc.*

* 2. **YMIUS**, Fossilis. *Terra Ymia*, idem quod Cadmia, Gall. *Calamine*. Charta ann. 1281. apud Murator. tom. 2. Antiq. Ital. med. ævi col. 902 : *Ferri non laborati, plumbi, stagni, rammi, terræ Ymiæ, de qua fit anchalchum* (pro *aurichalcum*).

¶ **YMNISFITH**, Porcellus ablactatus, Schiltero in Gloss. Teuton. Vocem corruptam esse censet Eccardus in Notis ad Leg. Sal. tit. 2. § 5. ubi *Ymnis*, vel potius *Ynnis* solidum interpretatur.

¶ **YMNIZARE**, a Gr. ὑμνίζειν, Laudare, prædicare, hymnos cantare. Pontificale antiquissimum : *Perveniens* (Rex consecrandus) *ad ecclesiam prosternat se coram altare et Ymnizetur* Te Deum laudamus, Te Dominum confitemur, *finetenus : quo Ymnizato erigatur de solo, etc.* Dudo de Ducibus Normannorum :

> Ymnizante melos psallere voce queas.

Vide *Hymnizare* in *Hymnus*.

¶ **YMNODIA**, Canticum. Bibl. Heilsbr. pag. 63 :

> Sit Jesu laus, et gloria sit Virgini Mariæ
> Quod completum est carmen hujus Ymnodiæ.

Vide *Hymnodia*.

¶ **YMPNARE**, Liber hymnos continens, apud Will. Thorn. pag. 1935.

¶ **YMPNUS**, pro *Hymnus*, apud Elmham. in Vita Henrici V. Reg. Angl. cap. 124. pag. 321 : *Laudum Ympnos concinit.*

¶ **YNDARDUS**, Autissiodorensibus *Indard*, Instrumentum quo naves adverso flumine navigant : unde *Yndardus* nuncupatur quidquid ea ratione exsolvitur. Codex censualis Episcopat. Autiss. ann. circ. 1290 : *Yndardi et aqua circa* XII^{xx}. *lib. Yndardus S. Mariani circa* XVI. *lib.* Vide *Indardus*.

¶ **YNOLATUS**, Statuta Vercell. lib. 5. fol. 123. v° : *Item quod fiant singulis sex mensibus duo libri Ynolati pro parte pusterne et parte ursonis, qui vocentur Memoriale.*

¶ **YNSPURUS**, pro Impurus, nothus. Locus est supra in *Vastardus*.

* **YOCRUS**, Alex. Iatrosoph. MS. lib. 2. Passion. cap. 11 : *Si infirmus colore Yocro fuerit, i. colore siligeneo, etc.*

* **YOPA**, Germ. *Yopen*, Vestimenti genus. Privil. sartor. ann. 1288. apud Ludewig. tom. 11. Reliq. MSS. pag. 637 : *Præsertim volumus quod nullus deferat tunicas crustatas, seu capucia, aut coltas vel Yopas in foro rerum venalium venales, præter in nundinas, quod interpretatur forum annuale.*

¶ **YPAPANTI**, Festum Purificationis Beatæ Mariæ. Vide supra *Hypapanti*.

¶ **YPATUS**, Gr. ὕπατος. Vide *Hypatus*.

¶ **YPEPA**, Locus vel prædium a majori dependens, ut videtur. Descriptio bonorum domini de Eska ex Tabular. Audomar. : *In territorio et dominio villæ de Eska et aliarum Ypeparum circumjacentium... Dividitur namque tota terra de Eska et de suis antedictis Ypepis, etc.*

¶ **YPERLIRICUS**, Vox Græca vim comparativi habens a lyricus. Elmham. in Vita Henrici V. Regis Angl. cap. 12. pag. 23 : *Ubi totidem tubarum tumultuosus strepitus partes æthereas tonitruoso rugitu reboare cogebat, citharædorumque Yperlirica melodia, etc.*

¶ **YPERPERATA**, YPERPERUS. Vide *Hyperperum*.

¶ **YPERUS**, ut *Hyperperum*, Moneta Imperatorum Byzantinorum aurea. Bern. Thesaurarius de acquisitione T. S. apud Murator. tom. 7. col. 777 : *Jussit solium in palatio deferri, et Balduinum in eo sedentem, Yperis aureis usque ad verticem cooperiri sive circumdari.*

* **YPIA**, *Morsus gallinæ*, in Glossar. MS. medic. Simon. Januens. ex Cod. reg. 6959.

¶ **YPOCAMISIUM**, Vestimentum quod subtus camisium est. Vide *Hypocamisium*.

¶ **YPOCARE**, pro *Ypothecare*, Obligare, oppignerare. Charta ann. 1308. in Histor. Tull. pag. 470 : *Spontanee confessus est se jam dudum Ypocasse et pignorasse venerabili patri et DD. Conrado tunc Episcopo Tullensi... medietatem villæ de Vannis.*

* **YPOCISIS**, *Aggregatio humidorum circa pupillam densatorum*, in Glossis ad Alex. Iatrosoph. MS. lib. 1. Passion. cap. 94 : *Adhuc autem et senioribus ætate defectum visifici spiritus reparant* (axydorcica) *et renovationem faciunt visui, et incipientes Ypocisis solverunt.*

¶ **YPOCOERCIUM**, vox ibrida, Locus ubi soleis ferreis equorum pedes muniuntur. Vide supra *Hippocoercium*.

* **YPOCRASIUM**, a Gallico *Hypocras*, Submistum vinum. Proces. Egid. *de Rays* ann. 1440. ex Bibl. reg. : *Dictus Ægidius de Rays reus cibariis et vinis delicatis, etiam Ypocrasio et clareto vulgariter nuncupato,... usus fuit.*

¶ **YPODECANUS**, Subdecanus. *Erlanus Ypodecanus* subscribit Chartam Theotolonis Archiepisc. Turon. ann. 943. apud Marten. tom. 1. Anecdot. col. 74.

* **YPODIAC**, Subdiaconus. Charta Ludov. Pii ann. 824. tom. 2. Geneal. Diplom. aug. gentis Habsburg. pag. 20 : *Ego itaque Cospreht immerens Ypodiac... rogatus scripsi et subscripsi.*

¶ **YPODROMUM**, Ypodromus. Vide *Hypodromum*, et *Spidromum*.

* **YPODROMUS**, *Latrina*, *privada*, *Prov.* Glossar. Provinc. Lat. ex Cod. reg. 7657.

* **YPOGAMUS**, Navis species, f. pro *Ypogavus*, in eod. Glossar. Hippegus, navis qua equi transvehuntur. Vide *Ypogaubin*.

YPOGAUBIN, Ypogavus, Navis, ἱππηγος, Papiæ, *Navis, in qua equos vehere solitum est.* Glossar. Saxon. Ælfrici : *Ypogavus*, horsa scip, i. ad verbum, *equi navis.* Somnerus *Hippagus*, vel *Hippago* restituit. [Vide *Huisserium*.]

* **YPOGLOTIA**, *Paulo pillulæ, quæ sub lingua tenentur, quæ bekikiæ dicuntur.* Glossar. MS. medic. Simon. Januens. ex Cod. reg. 6959.

¶ **YPOPANTON**, pro *Ypapanti*, in Charta Paschalis II. PP. ann. 1104. inter Instrum. tom. 1. Gall. Christ. novæ edit. pag. 66. et in Charta Alexandri III. PP. apud Rocchum Pirrum in Sicilia sacra pag. 28. Vide *Hypapanti*.

* **YPOPIA**, *Aggregatio nigri sanguinis ex percussura*, in Glossis ad Alex. Iatrosoph. MS. lib. 1. Passion. cap. 93 : *Nescio an hoc melius sit ad Ypopias aliud collirium.* Et cap. 100 : *Ad Ypopias et myocephala facit cum ovi liquore albo inunctum... Si autem myocephala aut Ypopius* (sic) *fuerit, post inunctionem ligabis oculos aut linteo in aqua infuso frigida, aut spongia in ipsa aqua infusa.* Glossar. MS. medic. Simon. Januens. ex Cod. reg. 6959 : *Ypopium. Theod. Priscianus cap. de Ægritudinibus oculorum : sed aut, inquit, declinantibus oculorum doloribus, quidam tumor circa inferiorem angulum apparuit, quam Ypopisi* (sic) *dicimus.*

* **YPOPIRGIUM**, Area. Glossar. Lat. Gall. ann. 1352. ex Cod. Reg. 4120 : *Ypopirgium*, *Aire.*

* **YPOPYRGIUM**, Gall. *Andier*, in Glossar. Lat. Gall. ex Cod. reg. 521. Aliud Provinc. Lat. ex Cod. 7657. *Guachafaec*, *Prov. Ypopyrgium.* Vide supra *Ipopigerium.*

* **YPOROGIUM**, Vide infra *Yvorye.*

** **YPOSTASIS**, Gr. ὑπόςασις, Substantia, res. Liutprand. Antapod. lib. 3. cap. 41 : *Gezo cum omni sua Ypostasi meis tradatur in manibus.*

¶ **YPOTECA**, Ypotheca, Oppigneratio, obligatio, apud Rymer. tom. 2. pag. 303. Charta ann. 1282. apud Lobinell. tom. 3. Hist. Paris. pag. 272. col. 2 : *Obligaverit titulo specialis Ypothecæ.* Alia ann. 1477. ex Tabul. B. M. de Bononuntio Rotomag. : *Sub suorum omnium et singulorum Ypotheca et obligatione bonorum mobilium et immobilium.*

¶ Ypotecaria, Fundus oppigneratus, Gall. *Hypothecaire.* Charta ann. 1195. apud Cencium inter Census Eccl. Rom. : *Quodcumque itaque jus et quamcumque actionem personalem et in rem sive Ypotecariam adversus Romanam ecclesiam*, etc. Hinc

¶ Ypotecare, Ypothecare, Oppignerare, *Hypotequer*, apud Rymer. loco laudato, Marten. tom. 7. Ampl. Collect. col. 1111. et Lobinell. tom. 5. Hist. Paris. pag. 655. Vide *Hypothecare.*

¶ **YPOTHECARIUS**, pro *Apothecarius.* Vide in hac voce. Computus ab ann. 1333. ad ann. 1336. tom. 2. Hist. Dalph. pag. 283 : *Item, cuidam Lombardo per manus Michaelis Ypothecarii domini pro muscato empto per dominum*, XII. *flor.*

¶ **YPOTHETICE**, Jure *ypothecario* seu oppignerationis. Charta ann. 1246. ex Tabul. Episc. Paris. fol. CCXIII : *Eidem Episcopo Ypothetice titulo specialiter obligavit.* Alia ann. 1256. ex Tabul. S. Crispini in Cavea : *Pro qua summa* x. *lib. Ypothetice obligavit dimidium bladi hyemalis.*

¶ **YPOVICARIUS**, Yppovicarius, Subvicarius, qui Vicarii vices agit. Vide in *Vicarius.*

* **YPOYCARIA**. Charta ann. 1322. in Reg. 61. Chartoph. reg. ch. 126 : *Habent ab aliis personis diversas summas pecuniæ in operatoriis suis, tam de payreria quam de Ypoycaria.* Melius infra : *Ypothecaria ;* pro *Apothecarii* seu pharmacopolæ officina. Vide *Ypothecarius.*

YPSIVREMETA, ex Gr. ὑψιβρεμέτης, Altitonans. Epitaphium Crescentii, qui obiit ann. 1010. apud Baronium ann. 996. n. 11 :

Dic rogo, dic lacrimis pietatis clausula, Jesu,
Parce tuo famulo Ypsivremeta pie.

¶ **YRCUS**, pro Hircus. Statuta Arelat. MSS. art. 37 : *Et pro quolibet porco et porca, ove seu mutone, Yrco et capra dent* II. *den.*

¶ **YRENEUS**, Pacificus, Gr. εἰρηνικός. Acta S. Frederici tom. 4. Jul. pag. 461 : *Episcopum oportet esse irreprehensibilem, sobrium,... doctorem, Yreneum, non vinolentum, etc.*

YRIAS. Indiculus superstitionum et Paganiarum cap. 24 : *De pagano cursu, quem Yrias nominant, scissis pannis, vel calceis.*

¶ **YSARNODORI**, Ostium ferreum, lingua Teutonica seu veteri Gallica, ex Vita S. Eugendi tom. 1. Jan. pag. 50. col. 1.

¶ **YSBERNUS**. Vide supra *Ybenns.*

¶ **YSEMBRUNUS**, Panni species. Vide *Isembrunus.*

¶ **YSENGRINI**, Populi quidam de quibus in Hist. Viconiensis Monast. apud Marten. tom. 6. Ampl. Collect. col. 303 : *Sic Spiritus sancti gratia in vita exstitit debriatus* (Ægidius Abbas) *ut meruerit pacem inter Ysengrinos et Flaventinos, vel Flampedes in partibus Hollandiæ et Zelandiæ, et Flandriæ, quam nullus hominum attentare quibat, sive Rex, sive Comes, aut Baro reformare.*

* Furnensis tractus in Flandria incolæ, factiosi virtute bellica præstantes sub Philippo Augusto, nostris *Ingrins ;* quare vero ita appellati, vide in *Isengrinus.*

* **YSHARTUS**. Vide mox in *Yssartum.*

¶ **YSHIC**, Yshiguare. Vide *Ychigare.*

* **YSHIDA**, Vectigalis species, et maxime illud, quod pro evehendis vinis aliisque mercibus ex aliquo loco persolvitur. Vide supra *Isshac.*

¶ **YSICIUS**, Salmo. Vita S. Kentigerni tom. 1. Jan. pag. 820 : *Nuntio cum hamo ad ripam fluminis Clyd festinare præcepit, et piscem primo extractum scilicet Ysicium, qui et Salmo dicitur, ad se reportare.* Codex MS. Rames. apud Spelman. : *In capite autem Quadragesimæ, octo fratribus Ysicios, etc.*

* **YSITARE**, Exhaurire, ni fallor. Charta ann. 1293. ex Tabul. Montispessul. : *Dominus Raymundus de Polano archidiaconus Fenolheti in ecclesia Narbonensi habens potestatem plenariam.... agotandi scilicet, Ysitandi ac desiccandi stagnum Castri-novi in Narbonesio, etc.*

* **YSMIRALLUS**, Smaragdus, Ital. *Smeraldo*, Gall. *Emeraude.* Invent. ann. 1314. apud Cl. V. Garamp. in Disquis. de sigil. Garfagn. pag. 87 : *Item una mitra solemnis ..... cum zaphiris, balatiis, perlis, Ysmirallis, etc.* Vide supra *Esmaraudus.*

¶ **YSNECA**, Navigii species, scapha, Nostris *Esneche ;* idem quod *Naca* 1. Vide in hac voce. Statuta Massil. lib. 4. cap. 1 : *Puniatur inde taliter quod pro nave qualibet, et Ysneca, vel coca compellatur dare communi Massiliæ pœnam arbitrio rectoris, vel consulum Massiliæ.*

¶ **YSOLUS**, Parva insula, Gall. *Islot.* Charta ann. 1258. ex Tabul. S. Victoris Massil. : *De meridie de dicto verdono descendit usque ad Ysolum, et de Ysolo in verdono.*

* **YSON**. Dialog. creatur. dial. 73 : *Yson, dicit Brito, avis est de genere vulturis, alba et minor quam vultur, sed rapacissima.*

¶ **YSOPUM**, Aspersorium, Gall. *Goupillon.* Vide *Ferratum* et *Hysopus.*

¶ **YSOTONUM**, ut *Ysopum*, mendose, ut suspicor, scriptum in Inventario ann. 1341. ex Tabul. S. Victoris Massil. : *Item feiratum unum cum Ysotono.*

* **YSPIA**, Explorator; unde *Yspiare*, Explorare. Comput. ann. 1362. inter Probat. tom. 2. Hist. Nem. pag. 259. col. 2 : *Cum diceretur quod in loco Lunelli erat capta una Yspia, quod vellet eos certifficare de confessione sua etc.* Ibid. pag. 260. col. 1 : *Ad indagandum et Yspiandum quid in patria faciebant inimici.* Vide *Espia* et *Ispia.*

* **YSSAC**, Vectigalis species, et maxime illud, quod pro evehendis vinis aliisque mercibus ex aliquo loco persolvitur. Vide supra *Isshac.*

* **YSSARTUM**, Ysshartum, Yshartus, Ager exaratus, dumetis purgatus; unde *Ysshartare*, Interlucare silvas, Gall. *Essarter.* Charta ann. 1341. in Reg. 72. Chartoph. reg. ch. 368 : *Idem procurator dicebat quamplurima Yssharta et ignis commissiones quamplurimas in diversis nemoribus et dumis... eos immisisse, et ad novam culturam reduxisse.... Prædictis consulibus* (S. Amancii) *asserentibus se esse in possessione... Ysshartandi, extra tamen forestas supradictas, Yssharta et campos faciendi.* Alia ejusd. ann. in Reg. 80. ch. 466 : *Quod homines castri sive loci de Cabrayrolis... Yssharta quamplurima... inde fecerant et terras ad culturas redegerant.* Charta ann. 1361. in

Reg. 103. ch. 78 : *Hæredes Guillelmi Raimundi serviunt unum sextarium frumenti pro quadam Yshartu, loco dicto ad Caverias.* Vide *Exartus.*

* **YSSEMBRUNUS**, Panni species. Charta Maurit. Cenoman. episc. ann. 1227. ex Tabul. monial. S. Juliani de Prato : *Mantellis etiam non utantur, nisi de præfatis pannis, aut de Yssembruno, aut de essaio de sancto Dionysio.* Vide supra *Isembrunus.*

* **YSSERTUS**, a Gallico, ut videtur, *Issue*, Transitus, exitus. Lit. Lancel. de Roya magist. forest. et aquar. in Occit. ann. 1394. ex Reg. 146. Chartoph. reg. ch. 121 : *In paxeria molendinorum Badacley Tholosæ nullus erat passus sive Yssertus, per quem dicti querelantes cum suis gabarrotis et parvis navibus navigando per flumen Guaronæ.... libere transire poterant nec valebant.... Concedimus licentiam.... in dictis Ysserto sive Ysserthis tendere et pisces regales.... capere.* Vide supra *Passus* 4.

* **YSSHIDIA**, Yssida, Vectigalis species, et maxime illud, quod pro evehendis vinis aliisque mercibus ex aliquo loco persolvitur. Vide supra *Isshac.*

¶ **YSTORIATUS**, Intextus figuris, ornatus, Nostris *Historié.* Inventar. ann. 1416. ex eod. Tabul. : *Cum duobus retaulis desuper Ystoriatis... Item duas postes modicas Ystoriatas nativitatis Domini et Veronissæ.* Vide *Historiatus.*

YSTRAICUS, Funestus. Isidorus Pacensis Episcopus, in Chron. æra 780 : *Sed quia nequaquam eam ignorat omnis Hispania, ideo illa minime recensiti tam Ystraica bella ista decrevit historia, quia jam in alia Epitoma qualiter cuncta extiterunt gesta patenter et paginaliter maneat nostro stylo conscripta.* Ex Lat. forte *Oestraicus.* [** In edit. ann. 1729. *stragica*, a Strages.]

¶ 1. **YSTRIO**, Leno, ut videtur. Statuta Astens. collat. 11. cap. 8. fol. 27. v° : *Ystrio, vel publicus lecator, vel publica meretrix.* Vide *Histriones.*

* 2. **YSTRIO**, pro *Histrio*, qui buccinas inflabat, vel musica instrumenta pulsabat. Lit. remiss. ann. 1355. in Reg. 84. Chartoph. reg. ch. 470 : *Cum Robinus pauper Ystrio sive menestrellus pro ludendo de suo artificio cum corneto ivisset, etc.*

¶ **YUCA**, Plantæ seu radicis species in America. *Nemo vel Hispanus vel Indus... faciat azua ex fora cum mistura Yucæ*, in Synodo Limensi ann. 1585. inter Conc. Hispan. t. 4. p. 426. Occurrit rursump. 761.

* Battata Indica in Diction. Hispan. ad hanc vocem.

YVERNAGIUM. Vide *Hybernagium.*

* **YVERNALE**, f. Ager *yvernagio* seu secali satus. Charta Joan. ducis Bitur. ann. 1401. in Reg. ejusd. ex Cam. Comput. Paris. fol. 179. r° : *Molendina nostra... cum eorum saltibus, aquis, ripperiis, exclusis, alberiis, alberiatis, piscaturis, Yvernalibus, aquæductis, etc.* Vide supra *Hybernagium.*

* **YVORYE.** Joan. Germ. Cabillon. episc. in vita Phil. III. ducis Burg. apud Ludewig. tom. 11. Reliq. MSS. pag. 124 : *Jussionem principis completurus per alpes Cottias et montem Jura viam capit, per yporogium, quum Yvorye appellant ad plana Lumbardiæ se confert.* [** Eporedia, hodie *Ivrea.*]

¶ **YYESIA**, f. Cæcus paterni animi affectus in filium, a Gr. υἱός, filius. Hugonis Cetelli Epist. 54. tom. 2. Monument. sacr. Antiquit. pag. 411 : *Nescis prorsus quid sit Yyesia, vir es discretionis, homo est pacis, nihil inmaniter, nihil inhumaniter agis.*

¶ **YZANES**, inter supellectilem lecti recensetur, in Charta Hispanica æræ 1060. apud Ant. *de Yepez* in Chron. Ordin. S. Bened. tom. 5. pag. 435 : *Literius* 3. *Yzanes* 2. *etc.*

LITERA numeralis, quæ 2000. efficit. Unde versus :

Ultima Z. canens finem bis mille tenebit.

Seu ut habet Ugutio :

Ultima Z. quæ canit finem bis mille tenere.

Eidem literæ, si recta linea superaddatur, bis millies mille significat.

Z. pro X. crebro. *Zenia*, pro *Xenia* : *Zenodochium*, pro *Xenodochium*, in Gloss. Ælfrici pag. 62. 79.

* **Z**, pro R, sæpius in Instr. Hist. Nem. *Cozona*, pro Corona, *Cizateca*, pro Chirotheca, *Ceza*, pro Cera, etc.

* **Z**, pro S, passim occurrit ; *Zabaterius*, *Zandale*, pro Sabaterius, Sandale, etc.

ZA. Charta Italica ann. 1154. apud Puricellum in Ambrosiana Basilica pag. 711. 712 : *Et hoc fuit ab undecim annis in Zà, et a mense in là.* Infra : *Et hoc fuit a* 40. *annis in Zà, et a* 25. *in là.* Vulgare Italicum : Galli dicunt *en çà.*

ZABA, Zava, Lorica. Gloss. Arabico-Lat. : *Lorica, Zaba.* Papias : *Zaba, munimentum in prælio virorum fortium.* Julianus Antecessor cap. 304. *Zabas, sive loricas.* Lexicon Gr. MS. Reg. cod. 2062 : Ζάβα, τὸ λωρίκιον. Ζαβαρεῖον, ἐν ᾧ αἱ ζάβαι. Quod vero ζαβαρεῖον dicitur, θῆκαι et θηκάρια τῶν ζαβῶν sunt Leoni in Tact. cap. 6. § 22. ubi ex corio bubulo esse jubentur. Zabarum vero non semel meminit idem Leo ibidem cap. 6. § 22 : Ἔχειν δὲ δι' ἕκαστον ἄνδρα ὅπλησιν τοιαύτην, Ζάβας τελείας μέχρι τοῦ ἀστραγάλου ἀνασυρομένας διὰ λωρίων καὶ κρικελλίων μετὰ τῶν θηκαρίων αὐτῶν. Adde § 3. 13. 17. 25. et cap. 7. § 73. Ζάβας ἤτοι λωρίκια. Occurrit etiam vox eadem in Nov. 85. et in Chronico Alexandrino pag. 782. Vide Scriverium ad Vegetium pag. 564. præter Rigaltium, et Glossar. med. Græcit. in Ζάβα.

Zava, Idem quod *Zaba.* Lex Wisigoth. lib. 9. tit. 2. § 9 : *Partem aliquam Zavis vel loricis munitam.* Ubi *Fuero juzgo* lib. 9. tit. 2. § 8 : *Muestre los bien armados de lorigas, e perpuntes.* Est igitur *zava* idem quod *perpunctum*, seu *gambasium.* Vide in his vocibus.

Sabea, vel Sabeum, pro *Zaba.* Capitula Herardi Archiep. Turon. cap. 113 : *Clerici... si armis, sagis, vel Sabeis usi fuerint, deponantur.*

Zabatus. Papias : *Cristatus, galeatus, i. Zabatus.* Alibi : *Zabatus, cristatus, galeatus.* Ubi *zabam* pro galea aut casside videtur usurpasse : nisi per *galeam* intelligat *loricam cucullatam*, quæ et corpus et caput tegebat, uti legit Meursius in Gloss.

* **ZABALEGUM**, *apud Aliabatem exponitur Mastix.* Glossar. MS. medic. Sim. Januens. ex Cod. reg. 6959.

* **ZABARA** *vocatur a multis vulgariter planta, unde fit aloes, imitantes Arabicum, quod est Sabi*, in eodem Glossario.

* **ZABATERIUS**, pro *Sabaterius* ; Calceorum sutor vel sartor. Stat. Avenion. ann. 1243. cap. 149. ex Cod. reg. 4659 : *Statuimus quod curia eligat duos viros legales.... de Zabateriis, qui quæstiones quæ orientur inter... Zabaterios possint.... componere.*

ZABERNA, Papias : *Zaberna, ubi vestes ponuntur, aut quodlibet aliud ; Zaberna, arca, vel armariolum.* Gloss. MSS. : *Zaberna, vestiarium.* [Tabul. Eccl. Audomar. : *Privilegia existentia in superiori parte almariæ seu Zabernæ magnæ existentis in thesauro. In prima et superiori parte mediæ seu secundæ Zabernæ sive almariæ,.... in tertia parte secundæ Zabernæ, etc.* Mirac. S. Udalrici cap. 25. sæc. 5. Bened. pag. 468 : *Interim etiam quæsivit Zabernas et calceamenta, et non invenit.*] Hariulfus lib. 3. Chron. Centul. cap. 28. de Capsa, in qua erat corpus S. Vigoris Episcopi Bajoc. : *Hospitem exorat, ut Zabernam, quæ sanctis ossibus erat onusta, diligentissimæ atque fidissimæ traderet custodiæ.* Et mox : *Acceptam vero Zabernam Bernardus tali loco ponere eam nititur, quem latrones adire non possent.* Infra, *Arca* appellatur : *Inquiri citius jubet, cujus esset arca. Zabernam* fortassis hoc loco usurpavit Hariulfus pro taberna, seu arca aut capsa, ex tabulis ligneis compacta. *Tabernæ* enim, auctore Isidoro lib. 15. cap. 2, *dictæ, quod ex tabulis ligneis essent confectæ.* Vide infra in voce *Zabyra.*

¶ TABERNA, Eodem significatu. Drogo in Translat. S. Levinæ tom. 5. Julii pag. 617 : *Novo linteolo ea* (ossa) *involvit,... hospitium venit, in una suarum Tabernarum collocavit.* Infra *Zabernam* vocat.

¶ **ZABOLATICUS**, ZABOLICUS, ZABULITICUS. Vide mox in *Zabulus.*

¶ **ZABULUM**, Sabulum, arena. Charta Henrici VII. Reg. Angl. ann. 1499. apud Rymer. tom. 12. pag. 714 : *Ita quod in velleribus lanarum terram, petras, fimum, Zabulum, arenas, et pilos minime paccent aut involvant.* Alia ann. 1533. apud *Madox* in Formul. Anglic. pag. 151 : *Cum omnibus aliis terris, pratis, pasturis, et omnibus aliis pertinenciis manerio prædicto pertinentibus; excepto Zabulo et lapidibus, etc.*

¶ ZABULINUS CAMPUS, Arenosus, in Inquisitione ann. 1196. apud Cencium inter Census Eccles. Romanæ.

ZABULUS, Diabolus. Sic autem Dorice aiunt appellari. Dorica quippe lingua ζαβάλλειν, idem est quod διαβάλλειν; ut ζάκορος, idem quod διάκορος. Aliter tamen censet Possinus in notis ad orat. Nicetæ in SS Michael. et Gabriel. pag. 60. Papias : *Zabulus, est Satanas, quod Latine sonat adversarius, vel transgressor.* Glossæ vett. : *Zabulus, Satanas, contrarius.* [Gloss. Lat. Gall. Saugerm. : *Zabulus, contraire, transgresseur, diables.*] Glossæ aliæ MSS. : *Zabulus, Satan.* Phœbadius Aginnensis in Epist. contra Arianos : *Cibum desideravit cum tentaretur a Zabolo. Zabolica subtilitas, Zabolicum virus,* apud eumdem. Consultatio Zachæi et Apollonii lib. 3 : *Horum igitur merito venturum Antichristum fides certa est, immo Zabulum sub persona hominis sæviturum.* Titulus memoriæ S. Waldomeris, tom. 1. Histor. Francor. pag. 513 :

Hinc perdunt Zabulus vires, incendia Maurus.

Wandelbertus in Præfat. ad Martyrologium :

Fallens, ne Zabuli vincat iniquitas.

Utuntur passim Veteres, ut et aliquot ævi inferioris Scriptores, S. Cyprianus in Epist. ad Demetrianum, Auctor libri de Aleatorib. Cassianus Collat. 1. cap. 14. 21. S. Hilarius in Matthæi cap. 24. cap. 26. et alibi. S. Augustinus serm. 123. de Diversis, S. Ambrosius lib. 5. de Fide ad Gratianum cap. 1. Lactantius de Mortibus persecutorum cap. 16. S. Patricius Epist. ad Coroticum, Paulinus Nolanus pag. 28. 50. 55. 291. 498. Commodianus Instr. 35. 57. 59. 60. 73. S. Eulogius lib. 1. Memorial. cap. 55. et lib. 2. cap. 4. Thiotfridus Epternac. lib. 4. cap. 2. Notæ Tyronis, Gildas de Excidio Britanniæ, Florus Lugdun. Diacon. carm. 4. Fridegodus in S. Wilfrido cap. 36. Eigil in Vita S. Sturmii n. 6. Edgarus Rex Angl. in Leg. Monachorum Hydensium cap. 4. Vita S. Guthlaci cap. 18. 21. Vita S. Genulfi lib. 1. cap. 3. n. 21. Ordericus Vitalis pag. 460. Hariulfus lib. 3. cap. 18. Chartæ veteres in Bibliotheca Cluniacensi pag. 543. et apud Meurissium in Episcopis Metensib. pag. 349. etc.

¶ ZABOLATICUS, Diabolicus. Epist. encyclica apud Marten. tom. 1. Ampl. Collect. col. 354 : *Perplurimæ simules miseriæ, instigante Zabolatico conatu, perpetratæ sunt.*

¶ ZABULITICUS, Eadem notione. Vita S. Guthlaci tom. 2. April. pag. 42 : *Ille vero Zabuliticum magisterium despiciens, etc.*

ZABYRA. Abdias Babylonicus lib. 4. Hist. Apostol. pag. 46 : *Et haud mora collectis libris magicis, Zabyras plenas ad Apostolum attulit, cervicibus suis et discipulorum impositas, et cœpit eos ignibus coram eo comburere. Sed Jacobus prohibuit, ne forte odor incendii, inquit, vexet incautos. Appende Zabyris lapides, et plumbum, et mitte in mare.* Ubi Meursius emendat *zabarias*, ut fuerint ζαβαρεῖα, Zabarum repositoria. Sed hic non agitur de loricis, nec de eorum thecis; sed de cistis aut capsis : unde malim legere *zabernas*, quomodo ex MS. emendat Salmasius, et apud Ordericum Vitalem lib. 2. pag. 381. ubi eadem verba describuntur, legitur. Vide *Zaberna.*

¶ **ZACCARUM**, Saccharum. Comput. ab ann. 1333. ad ann. 1336. tom. 2. Hist. Dalph. pag. 284 : *Et undecim libris et uno quartone de Zaccaro, etc.*

* **ZACCO**, Gladii species. Instr. apud Lam. in Delic. erudit. inter not. ad Chron. imper. Leon. Urbevet. pag. 149 : *Item fratrem nostrum Ugonem cum Zaccone vulneravit... Item Gallum cum Zaccone in capite et auricula percussit, ita quod sanguis emanavit.* Vide supra *Sacabuta* et *Sachs.*

¶ **ZACHARA**, ZACHARIA, ut *Zaccarum.* Hist. Orient. Jac. de Vitriaco apud Marten. tom. 3. Anecd. col. 279 : *Sunt ibi cannæ, ex quibus fluit fructus dulcissimus, et vocantur cannamelli Zachariæ.* Alter locus exstat in *Canamellæ.* Vide ibi.

* **ZACHARELLUS**, Arundo, ut videtur, unde elicitur *Zacharum.* Charta ann. 1281. apud Murator. tom. 2. Antiq. Ital. med. ævi col. 901 : *De soma datilorum, Zachirellorum et uvæ passæ, quatuor solidi Mutinenses auferantur.* Supra col. 899 : *Zacharellorum.* Vide *Canamellæ*

ZACLUS, Retis ad capiendos pisces species, quæ describitur a Petro de Crescentiis lib. 10. cap. 37.

* Legendum forte *Zachus.* Vide supra *Sachus* 2.

ZACONES, pro *Diacones*, ut *Zabolus*, pro *Diabolus.* Commodianus Instr. 68 :

Ministerium Christi, Zacones, exercete caste,
Idcirco Ministri facite præcepta Magistri.

Sic vero hodie Lacedæmonii, vocabulo a *Lacones* detorto, appellantur a Græcis, ut auctor est Pachymeres lib. 5. cap. 25. Nicephorus Gregoras lib. 4. pag. 70. et Martin. Crusius in Turcogr. lib. 7. pag. 489. Vide Glossar. Meurs. in Τζάκωνες, [et Gl. med. Græcit. in ead. voce.]

ZAFALMERINUS. Vide in *Zavalmedina,*

* **ZAFARANUM**, ZAFFARANUM, Crocus. Ital. *Zafferano*, Gall. *Safran.* Charta ann. 1281. apud Murator. tom. 2. Antiq. Ital. med. ævi col. 901 : *De soma Zafarani,.... sex solidi Mutinenses auferantur.* Alia ann. 1382. tom. 3. Cod. Ital. dipl. col. 1571 : *Habeant singulo anno in Kalendis Januarii pro supradictis eorum solitis et consuetis honoribus mediam libram Zaffarani, libram unam piperis, etc.* Vide *Zafframen.*

¶ **ZAFFARDA**, Capitis operimentum apparitorum proprium, unde vocis etymon : Italis quippe *Zaffo* est Apparitor. Vide mox *Zaffones.* Statuta Placent. lib. 1. fol. 10 : *Portare super caput caputium vel Zaffardum de panno jano cum signo ad arma communis. Quæ caputia seu Zaffarda dentur eis expensis communis Placentiæ quolibet anno.*

* **ZAFFINUS**, Ital. *Zaffiro*, Saphirus, gemma cærulei coloris, pro *Zaffirus*, unde diminut. *Zaffirellus* et *Zaffireolus.* Invent. MS. thes. Sedis Apost. ann. 1295 : *Item unum urceum de opere Venetico ad filum,.... cum diversis lapidibus praxininis, Zaffinis et granatinis.... Item unam cupam cum.... xviij. Zaffireolis de podio.... Item unam cupam de cristallo cum pede, in quo sunt... xij. Zaffirelli;.... coperculum etiam est de cristallo, in quo sunt iiij. esmalta, viiij. Zaphirelli.* Vide *Saphirinus.*

ZAFFONES, Venetis dicuntur Sagittarii, vel apparitores. Rollandinus in Chron. lib. 11. cap. 3 : *Quidam pedites et Zaffones illi, quos vulgo Waldanam dicimus, præcedentes inordinate ante militum acies, etc.* Cap. 5 : *Repente namque supervenerunt Betroarii sive Zaffones quidam, etc.* Denique cap. 16 : *Cum eadem gente, et quibusdam viris prudentibus alieni cupidis, quos appellamus Zaffones.*

ZAFFRAMEN, Crocus, Italis *Zafferano*, vel *Zaffarano*, nostris *Saffran.* Sanutus lib. 2. part. 2. cap. 6 : *Æs, stagnum, seu ramum, Zafframen, coralla, etc.* Caput 7. habet *Zaffranum*, quomodo forte legendum in cap. 6.

¶ ZAFRANUM, Eadem notione. Chron. Parmense ad ann. 1307. apud Murator. tom. 9. col. 867 : *Et propter hoc Zafranum quod ducebatur pro festo Nativitatis non inveniebatur ibi nec haberi potuit.* Vide *Zufferana.*

¶ **ZAGARELLA**, Fimbria, Gall. *Frange*, ab Italico *Zaccherella*, diminut. a *Zacchera*, Academicis Cruscanis *vocabulo generico di tutte le cose di poco pregio*, reculæ, tricæ. Comput. ab ann. 1333. ad ann. 1336, tom. 2. Hist. Dalph. pag. 283 : *Item, pro ornandis caputiis domini et dom. Humberti de Villariis et Zagarellis aureis et setæ, II. s. III. d. gros.*

¶ **ZAGUS**, Nomen officii palatini apud Venetos. Appendix ad Translat. SS. Pauli et Barbari tom. 7. Maii pag. 772 : *Capitaneus major, Zagus, ceremoniarum magister, etc.* Vide *Adalides.*

¶ **ZAHALMEDINA.** Vide *Zavalmedina.*

* **ZAIBAS**, *Arabice*, *Argentum vivum.* Glossar MS. medic. Simon. Januens. ex Cod reg. 6959. Vide infra *Zibatum.*

* **ZAIRUM.** Placit. ann. 1077. apud Murator. tom. 1. Antiq. Ital. med. ævi col. 457 : *Peto vos... ut vallis, quæ est foris hu us*

civitatis Patavi, quæ dicitur Vallis de Mercato, quæ simul se tenet pratum et Zairo voccato, cum valle seu cum casis et ortis simul se tenentibus cum prædicto Zairo, quod fuit antiquitus ædificium magnum.... Ut concedas mihi fodere de Zairo aliquas petras, etc.

ZALA, Incendium, [Depopulatio.] In Gloss. Græco-Lat. ζάλη, est *æstus*, unde forte pro incendio vox usurpata : aliis est turbo, procella, agitatio maris. Capitulare Radelchisi Principis Benevent. ann. 851. § 3 : *Liceat per meam terram transire contra illos hostiliter et cum scara ad vindicandum absque homicidio, vel incendio, et deprædatione seu Zala, de populo et terra mea.* Et § 19 : *De nullo homicidio vel præda atque Zala seu incendiis retroactis fiat aliqua requisitio vel vindicta.* Occurrit iterum § 21. Capitulare Adelchisi Principis Benevent. § 7 : *Sed ea per igne aut a Zalatione seu deprædatione perdidisset.*

ZALARE, Incendere. Chronicon Anonymi Barensis ann. 1036 : *Zalatæ sunt casæ Joannes Icanato.* Ann 1051 : *Zalavit ipse Judæum.* Ann. 1070. *Zalatæ sunt casæ Meli Pezzi et obrutæ.*

¶ **ZALAMELLA**, ZALAMILLA, Instrumentum musicum. Chronic. Mutin. apud Murator. tom. 15. col. 608 : *Ibi fuerunt circa C. tubæ resonantes, Zalamellæ, et instrumenta alia mirabiliter resonantia.* Bern. Thesaurarius de Acquisit. T. S. apud eumd. tom. 7. col. 834 : *Volebant enim sibi facere nomen cum tubis et Zalamillis et vexillis multis progressi.*

* Fistulatorius calamus, idem quod *Calamella* 1. Vide in hac voce.

¶ **ZALANDRIA**, Navigii species. Vide *Chelandium.*

¶ **ZALARE**, Incendere. Vide *Zala.*

¶ **ZALATA**, *Grando.* Joh. de Janua. *Grelle*, in Gloss. Lat. Gall. Sangerm.

* **ZALASKA**, Corylus, vox Polonica. Stat. confirm. ann. 1505. inter Leg. Polon. tom. 1. pag. 331 : *Si aliquis aliquem provocaverit in lite pro corilo, alias Zalaska;.... tunc provocatus ad corinum* (sic), *arbitrium habebit eligendi ut sumat corilnum* (sic) *sive pro tribus marcis, sive pro sex scottis.*

ZALDA. Albertinus Mussatus de gestis Italicorum post Henricum VII. lib. 5. rubrica 2 : *Et insuper electorum balistariorum 5. millia, lancearum cum hastis longissimis, quas Zaldas vocant Italici, 2. millia, etc.* [Cruscanis, *Gialda*, lancea.]

* **ZALDUS**, Luteus, flavus, Ital. *Giallo.* Invent. MS. thes. Sedis Apost. ann. 1295 : *Item unum altare viaticum de diaspro Zaldo et rubeo.*

* **ZALGROSSEN**, Monetæ species. Charta ann. 1356. apud Ludewig. tom. 11. Reliq. MSS. pag. 535 : *Emimus, rationabili emtionis et venditionis contractu hinc inde interveniente, pro mille et septingentis et quinquaginta sexaginta grossorum usualium, qui Zalgrossen vulgari nomine nuncupantur, undecim Hallenses pro grosso computando, etc.*

¶ **ZALLA**, Mantile, linteum quo manus exterguntur, Germ. *Zwelen*, a vet. Theodisco *Zwalla.* Guidonis Discipl. Farf. cap. 16 : *Pueri qui non valent portare charitatem, id est fialas ad mensam, non tergant manus suas ad Zallam in die Sabbatorum in capitulo.* Cap. 19 : *Zallam atque baciles domni Abbatis, etc.*

ZALMEDINA. Vide *Zavalmedina.*

* **ZALOBA**, Polonica vox. Stat. Vladisl. Jagel. ann. 1420. inter. Leg. Polon. tom. 1. pag. 77 : *Provisum est insuper quod postquam unamquamque quæstionem coram judicio expositam, dictam Zaloba, aliquis edixerit, etiamsi plures personæ sint pro parte quarum quæstio agitatur, tantum unum memoriale exigatur.*

¶ **ZALOUS.** Chron. Tarvis. apud Murator. tom. 19. col. 803 : *Qua quidem cum antenna lignea totum id diversorium sustentabatur, Zalois de raza, et mirabilibus tapetis stratum, etc.* Leg. videtur *Zattois.* Vide *Zatouy.*

¶ **ZAMA**, *Genus monstri*, Johanni de Janua.

ZAMBILOTTUS, Pannus ex pilis camelorum confectus : ex Ital. *Zambelotto*, Gall. *Camelot.* Paulus Venetus lib. 1. cap. 64. *Fiunt quoque ibi Zambilotti optimi de pilis camelorum.*

¶ ZAMELLETTUS. Joh. Demussis Chron. Placent. apud Murator. tom. 16. col. 581 : *Et aliqua ex dictis indumentis sunt de veluto, vel de serico de granu, vel de alio colore, vel de Zamelletto.*

¶ ZAMELLOTUS, ZAMELOTUS. Idem Chronic. col. 580 : *Et alium de Zamelloto undato, etc.* Statuta Placent. lib. 6. fol. 81 : *Item de aliquo mantello Zendalis seu Zameloti, etc.*

¶ **ZAMBORIUM.** Conc. Hisp. tom. 4. pag. 176 : *In festis Pentecostes non fiat repræsentatio emissionis Spiritus sancti nisi in primo festo bis, horis Missæ et Vesperarnm, modo tunc temporis non fiant tonitrua cum ballistris quæ damnum non modicum inferunt Zamborio sedis.* Leg. *Zimborio.* Vide in *Ciborium.*

¶ **ZAMBRA**, vox Hispanica, Saltationis Mauricæ species. Conc. Valent. ann. 1565: inter Hisp. tom. 4. pag. 68 : *Neve potissimum in matrimoniis cantilenas in Machometi laudem, præsertim quas Zambras et seilas dicunt, concinant.*

¶ **ZAMBUCA**, Navis Indica. Maff. Hist. Ind. lib. 9 : *Zambucis, aut paronibus quadraginta octo cum magna Mahometanorum cæde potitus est.* [* Vide *Sambucca.*]

* **ZAMENCOEP.** Charta ann. 1316. in Cod. reg. 10197. 2. 2. fol. 82. r° : *Officia, quæ Zamencoep.... Teutonice nominantur, etc.* Ubi Marten. tom. 1. Ampl. Collect. col. 1423. edidit *Zamecoop.* Germ. *Zahmen*, domare, mansuefacere.

¶ **ZAMETUM**, Pannus holosericus. Testam. Guallæ Bicherii Card. Vercell. ann. 1227. apud August. *de la Chieza* in Hist. Eccl. Pedemont. cap. 36 : *Do... unum apparatum de meis,... scilicet planetam, dalmaticam, tunicam de Zameto rubeo.* Vide *Exametum.*

* **ZAMMETTA**, Baculus, qui vicem *gambæ* præstat. Vita B. Joan. Bassandi tom. 5. Aug. pag. 888. col. 1 : *Reatina quædam mulier, Massia nomine, dum sic membris esset contracta, quod vix se movere possit, de terra sua venit cum Zammetis sive potenciis ad corpus venerabilis patris, etc.* Vidi *Gambetta.*

¶ **ZANBRERIUS**, Camerarius, minister cameræ, ab Italico *Zambra*, camera. Charta ann. 1337. in Statutis Perusiæ fol. 9 : *Præsentibus testibus ad hæc specialiter convocatis Peroneto Pasquali, Petro de Sancto Secundo, et Stephanino de Lugduno sartore familiaribus et Zanbreriis illustris dominæ Principissæ* (Sabaudiæ.)

¶ **ZANCA**, ZANCHA. Vide *Tzangæ.*

¶ **ZANCHA**, Tibia. Mirac. B. Henrici Baucenens. tom. 2. Jun. pag. 376 : *Ingottatus in manu dextera et gamba, Zancha.*

¶ **ZANDALE**, ut *Zendale.* Vide *Zendadum.*

* **ZANUS**, f. Niger. Charta ann. 1227. apud Murator. tom. 2. Antiq. Ital. med. ævi col. 903 : *Unum mantellum zendati Zani, coopertum de stanforte brano* (f. bruno), *etc.* Vide in *Zendadum.*

¶ 1. **ZAPA**, ZAPONUS, Ferrea solea. Statuta Montis Regal. fol. 268 : *Item. Statutum est quod omnes ferrarii facientes Zaponos ferreos equorum et asinorum, debeant habere tantummodo pro quolibet ferro bono et sufficienti seu Zapono, et pro ferratura unius ronceni et roncenæ, muli et mulæ magni corporis, solidos duos denarios novem, et de asinis et muletis parvis solidos duos, pro quolibet Zapono, et de asinis et somis parvis, solidum unum denarios novem, et de Zapa bovis, solidos quatuor et non plus.* Vide *Zapatura.*

¶ 2. **ZAPA**, ZAPPA, Ligo, Gall. *Hoyau*, Ital. *Zappa.* Inquisitio ann. 1196. apud Cencium inter Census Eccl. Rom. : *Item dixit quod vinea quæ fuit Marcoaldi et presbyteri Rolandi... est ad* XII. *Zappas... Item dixit quod vinea quæ fuit presbyteri Rollandi de Cocone est de curia et est ad* V. *Zappas.* Id est, tantum vineæ, quantum XII. vel V. *Zappis* seu ligonibus coli potest in anno. Memoriale Potestat. Regiens. ad ann. 1218. apud Murator. tom. 8. col. 1092 : *Et adduxerunt targias, et tabulas, et ostia domorum, Zapas, palleas, et multos mulos oneratos herbarum, quia volebant reimplere fossatum.* Chron. Domin. de Gravina apud eumd. tom. 12. col. 613 : *Habens Zappam in collo et panem illum in bisaciolis et flascum vini, quasi iret ad vineas videbatur.* Anonymus in Annal. Mediol. tom. 16. col. 744 : *Habebat tria millia guastatorum cum Zappis et badilibus. Aratra, Zappæ, badilia, nec aliqua utensilia ad laborandum terras*, in Statutis criminal. Riperiæ cap. 33. fol. 11. Vide *Sapa*, 1. Hinc

¶ ZAPPARE, Italis, Terram *zappa* seu ligone fodere. Statuta Castri Redaldi fol. 22. v° : *Statuimus et ordinamus quod omnes mezadri et terzarini teneantur et debeant omnes arbores fructiferas Zapare ad pedem.* Chronic. Farfense apud Murator. tom. 2. part. 2. col. 563 : *Annuatim* (debet) *operas tres, unam ad arandum, aliam ad metendum, tertiam ad Zappandum.* Mirac. B. Simonis Eremitæ tom 2. April. pag. 828 : *Juravit quod de anno proxime præterito de hebdomade sancta, eo existente in quodam campo ad Zappandum, etc.*

¶ ZAPPATOR, Fossor, Italis, *Zappatore.* Chron. Parmense ad ann. 1308. apud Murator. tom. 9. col. 872 : *In publica concione more solito data fuerunt vexilla vexilliferis militum, et balestrariorum, et Zappatorum per dictum dominum Potestatem.* Chron.

Domin. de Gravina apud eumd. tom. 12. col. 613 : *Habebant autem nuntium eorum fidum quendam nomine Johannem Maryonum virum Zappatorem et vilis conditionis.*

¶ **ZAPATURA**, Ictus calcis equi. Mirac. B. Henrici Baucen. tom. 2. Jun. pag. 378 : *Non bene viderat de oculo dextro propter Zapaturam cujusdam equi.* Vide *Zapa.* 1.

¶ **ZAPELLA**. Statuta Montis Regal. fol. 178 : *Item statutum est, quod nulla persona... præsumat ludere infra domos conventus Fratrum Minorum, Fratrum Prædicatorum, et Ecclesiæ S. Donati, ad aliquem ludum taxillorum, biglarum, pilotæ et Zapellæ, nec ad aliquem ludum inhonestum.*

¶ **ZAPELLUS**, Via imbribus excavata, ut videtur, Gall. *Ravin.* Statuta Mutin. rubr. 2. fol. 1 : *Quælibet villa sive locus districtus Mutinæ, teneatur et debeat vias, pontes et Zapellos aptare.* Ibidem fol. 24 : *Quælibet persona teneatur conferre ad laboreria pontium, Zapellorum, et aggerum.* Rursum fol. 47 : *Statutum est quod in canali Ganaceti ubi transit strata super dictum canalem fieri debeat unus pons lapideus pro communi et expensis communis, cum ibidem sit magnus Zapellus, ita quod plaustra commode conduci non possunt.* Statuta Castri Redaldi lib. 3. fol. 47. v° : *Nihilominus prætextu alicujus Zapelli nemini liceat aliquod vadum vel fossatum levatum explanare.*

* Vel Fossa ad claudendum facta. Stat. Avellæ ann. 1496. cap. 63. ex Cod. reg. 4624 : *Si aliqua persona.... quovismodo disclauserit alienum Zapellum vel alienam clausuram,.... solvat sol. x.*

* **ZAPHIRELLUS**. Vide supra in *Zaffinus.*

¶ **ZAPOLABE**. Statuta Castri Redaldi lib. 1. fol. 20. v° : *Omnes qui laborant terras,... teneantur eas terras arare per quatuor vices congruis temporibus ad minus antequam seminent frumento, vel tribus vicibus antequam seminent spelta, vel hordeo, et seminatas Zapolare, et si opus fuerit mundare et roncare.* An idem quod *Occare?*

¶ **ZAPONUM**, Pondus quoddam. Statuta Ast. de intratis portarum : *Azia sive Zaponum de fillo lini solvat pro libra sol. 10. Azia sive Zaponum de fillo canapis solvat pro qualibet libra ponderis sol. 5.*

¶ **ZAPONUS**, Ligo. Vide supra *Zapa* 2.

¶ **ZAPPA**, Zappare, Zappator. Vide *Zapa* 2.

* **ZAPUSTA**, Polonica vox, *Gajum, dictum Zapusta*, in Stat. Vladisl. Jagel. ann. 1420. inter Leg. Polon. tom. 1. pag. 80.

¶ **ZARABOLLA**, Bracæ, vestis qua crura et tibiæ teguntur, eadem notione qua *Saraballa.* Decreta Placent. ad calcem Statut. fol. 97 : *Ita quod qui cedit, nudus sit, discalciatus, non habens aliquod vestimentum, vel velamen, excepta Zarabolla.*

¶ Zarabulla, Eodem significatu. Joh. Demussis Chron. Placent. ad ann. 1388. apud Murator. tom. 16. col. 581 : *Et etiam desubtus habent Zarabullas lineas strictissimas.*

¶ **ZARABOTANA**, Machinæ jaculatoriæ species. Chalcocond. lib. 7 : *Vehebantur bombardæ plurimæ, quas Zarabotanas nominant.* Statuta criminal. Riperiæ cap. 79. fol. 16 : *Si quis animo percutiendi sagittaverit cum balista vel arcu, vel Zarabotana ærea, vel ferri cum sagittis, etc.*

¶ Zarobotanus, Eodem significatu, apud Gabr. Bareletam in Serm. part. 1. fol. 37. v° col. 1.

1. **ZARDA**, Morbus equorum, *quædam æstuatio ad modum ovi, vel major vel minor, quæ tam in parte interiori quam exteriori nascitur in garectis.* Ita Petrus de Crescentiis lib. 9. de Agricult. cap. 10. et 35. *Zardre*, veteri ejus interpreti Gallico.

2. **ZARDA**, *Alienatus*, in Glossis MSS.

¶ **ZARDENUS**, Zardinus, Hortus, Italis *Giardino.* Charta ann. 1388. ex Tabul. Massil. : *Domibus, furnis, Zardenis, tenementis, etc.* Statuta Mutin. rub. 371. fol. 75 : *Statutum est pro custodiendis broilis et Zardinis et aliis terris positis intra confines civitatis Mutinæ eligantur... custodes sive saltarii.*

¶ **ZAROBOTANUS**. Vide *Zarabotana.*

¶ **ZARZAPARILLA**, Salsaparilla, Gall. *Salsepareille*, Italis *Sarsapariglia.* Acta SS. tom. 4. Jun. pag. 1146. de Canonizat. B. Aloysii : *Qui ante paucas horas ægram inspexerat, eique exsiccantia medicamenta per dies xi. suscipienda ex ligno sancto et Zarzaparilla, ut medicorum verbis utamur, præscripserat.*

¶ **ZATA**, Zatta, Italis, Navis species. Mirac. B. Henrici Baucen. tom. 2. Jun. pag. 387 : *Confracti fuerunt tres remi, quibus gubernabatur dicta Zata.* Jac. Delayto in Annal. Estens. apud Murator. tom. 18. col. 928 : *Cum navigiis multis belligeris et cum duabus Zatis.* Ibidem col. 983 : *Et paratis certis navibus et constructis aliquibus Zattis de arboribus, etc.* Statuta Cadubrii cap. 22. fol. 56. v° : *Quod mercatores forenses non possint ligare Zattas, vel aliud lignamen, nisi solverint id quod tenentur sibi.*

ZATOUY, Zatouin, Pannus sericus rasus, vulgo hodie *Satin. Sateyn*, in Inventario Ecclesiæ Eboracensis ann. 1530. in Monastico Angl. tom. 3. pag. 77. Computus Stephani *de la Fontaine* Argentarii Regis ann. 1350 : *Pour 7. quartiers de Zatouin Ynde, et 7. quartiers de fort velluiau vermeil, pour faire deux cottes à armer, broudées et semées de grosses perles et menues pour ledit Seigneur. Pour 3. aunes de petit cendal à houçer ledit velluyau, et pour 4. aulnes de cendal vermeil et Inde à faire l'envers.* Crebro etiam scribitur *Zatouy.* [Vide *Zalous.*]

¶ **ZATTA**, ut *Zata.* Vide in hac voce.

1. **ZAVA**, Hominum collectio et adunatio. Lex Longobard. lib. 1. tit. 18. § 2. [** Rach. 6.] : *Cognovimus enim, quod per singulas civitates mali homines Zavas, id est, adunationes contra judicem suum agentes faciunt.* Ita præferre tres codices monuit me Stephanus Baluzius : Editio Boerii et Heroldi pag. 253. *tanas*, Lindenbrogii *zanas*, [Boherii habet *ronas.*] Priorem lectionem firmat, (vel certe ita legisse videtur) Papias, in ordine litt. *zau : Zavas, id est, rutas.* In uno codicum MSS. Glossa interlinearis habet, *id est, rixas.* Vide *Rupta.*

2. **ZAVA**, pro Lorica. Vide in *Zaba.*

ZAVALCHENUS. Vitalis Oscensis Episcopus : *Sunt et alii judices, et officiales inter Judæos videlicet et Saracenos. Zavalchen enim Saracenorum judicat causas, dictus a Zaval, Dominus, et Archen, id est, judiciorum. Qui Zavalchen executioni mandat sententias a se latas, et facit citationes, et cæteras compulsiones, quæ in Saracenorum curia imminent faciendæ. Item exercet tabellionatus officium inter eos, ita quod nullus alius inter Saracenos facit publicum instrumentum, etc.*

ZAVALMEDINA, Zalmedina, Calmedina, etc. *Prætor urbis*, tametsi, ut ait Blanca, in Epist. dedicatoria ad Commentar. de Reb. Aragon. non omnino respondeat id muneris Prætori urbano apud Latinos. Idem. pag. 638 : *His ergo rebus compositis Alfonsus Rex novæ urbi* (Cæsar-Augustæ) *Magistratus urbanos præficiendos curavit, etc. Itaque Prætorem urbanum ordinariæ causarum cognitioni præfecit, quem ipso Arabico nomine retento, Zalmedinam vocari passus est.* Vitalis Episcopus Oscensis, apud eumdem pag. 728 : *Et ipsi Rici homines in sibi civitatibus assignatis, Zavalmedinas, et in villis Bajulos, quos sibi placuerint, debent ponere. Qui Zavalmedinæ et Bajuli teneant et regant curias ipsorum locorum pro Ricis hominibus prælibatis.* Idem pag. 783 : *Sunt præterea officiales Domini Regis in prædictorum locorum singulis constituti, qui diversis nominibus appellantur. Quidam enim Zavalmedinæ, id est, Vicedomini civitatum ; zaval enim idem est, quod dominus, et medina idem, quod civitas, lingua Arabica ; a qua hoc vocabulum fuit sumptum.* Vide *Cabet Medina.*

¶ Zahalmedina, in charta ann. 1165. in Append. ad Marcam Hisp. col. 1343 : *Homines sui interfecerant quendam Sarracenum, ipsum scilicet Zahalmedina.*

¶ Cahalmedina. Charta Jacobi Reg. Aragon. ann. 1232. ex Chartul. Campan. fol. 549. col. 2 : *Mandamus itaque firmiter præcipientes Majori domus, senioribus, bajulis, vicariis, merinis, justitiis, Cahalmedinis, judicibus, etc.*

Salmedina appellatur in Charta Alfonsi I. Regis Aragonum, apud eumdem Blancam pag. 789. Ex his emendanda Charta Adelfondi Regis Aragonum contra Valdenses : *Baliviis, Justitiis, Merinis et Zafalmerinis etc.* Legendum enim *Zafalmetinis*, Aliam Adelfonsi Imperatoris Hispaniæ æræ 1156. apud Anton. *de Yepez* in Chron. Ord. S. Benedicti tom. 7. subscribit *Felix Chephalmedina.* Consuetudines Barcinonæ MSS : *Statuimus,..... quod nullus Lesdarius, Pedagiarius, Pensator, Senior, Major domus, Repositarius, Merinus, Calmedina, Justitia, vel Judex, etc.*

¶ **ZAVATTERIUS**, Veteramentarius sutor, Italis *Zavattaro*, Gall. *Savetier.* Chron. Petri Azarii apud Murator. tom. 15. col. 330 : *Non solum homines Perusii stipendiarii, sed etiam mulieres et barberii cum Zavatteriis cucurrerunt.*

¶ **ZAUCEA**, Zauzea, Via strata, ut videtur, Gall. *Chaussée.* Statuta Ast. collat. 19. cap. 15. fol. 66 : *Teneatur Potestas scovari facere omnes Cauzeas sive strenitas de xx. diebus in xx. diebus.* Infra pluries *Zaucea.* Cap 18. fol. 66 : *Teneatur Potestas quod si aliqua ecclesia est juxta aliquam*

Zauceam, quod ipse Potestas teneatur fieri facere pro parte ipsius ecclesiæ vel hospitalis de bonis ipsius ecclesiæ vel hospitalis ipsam Zauceam.

* **ZAUFRAGIUM**, an Balistæ lignea compages, Gall. *Affut?* Hist. Aquil. ad ann. 1442. apud Murator. tom. 6. Antiq. Ital. med. ævi col. 753. in not. : *Duæ bælistæ cum Zaufragiis, non minoris pretii ducatorum sex.*

¶ **ZAUNORRES**, Conc. Legion. ann. 1012. inter Hisp. tom. 3. pag. 192 : *Omnes carnizarii cum consensu concilii carnem porcinam, hircinam... per pensum vendant, et dent prandium concilio una cum Zaunorres.*

* **ZAYMIE**, Polonica vox, cujus sensum docent Statuta confirm. ann. 1505. inter Leg. Polon. tom. 1. pag. 331 : *Si aliquis alicui pecus detinet, alias Zaymie, de damno et noluerit illud dare ad fidejussionem, etc.*

* **ZAYNA**, Vasis genus. Invent. ann. 1389. tom. 3. Cod. Ital. diplom. col. 365 : *Sequuntur vasa auri.... Zayna una auri cooperta cum suprascriptis sursum.*

¶ **ZAZZARA**, vox Italica, cæsaries, Gall. *Chevelure.* Joh. Demussis Chron. Placent. apud Murator. tom. 16. col. 581 : *Juvenes portant barbam rasam et collum a mediis auriculis infra et ab inde supra portant Zazzaram, sive cæsariem capillorum magnam et rotundam.*

* **ZEBBEIP**, f. mendum est pro *Zewerp*, ut in aliis Chartis legitur; certe eodem intellectu, Jactura maris, seu terra ex jactura maris aggesta. Charta Phil. comit. Fland. pro Audomar. ann. 1211. in Reg. 61. Chartoph. reg. ch. 475 : *Omnes qui childam habent et ad illam pertinent et infra cingula villæ suæ manent, liberos omnes facio,... et per totam terram meam a Zebbeip liberi sint.* Vide infra *Zewerp.*

¶ **ZEBELINUS**, Zebellinus, Martes. Henricus Episc. Albanensis in Epist. ad universos Prælatos : *Abjiciant varia grisea, Zebelinos, et pelliculas hujusmodi grandis pretii.* Vide *Sabelum.*

¶ **ZEBUS**, pro Diebus, in vet. Inscrip. apud Mabill. Analect. edit. Paris. ann. 1723. pag. 572. ut *Zabulus*, pro Diabolus. Vide supra.

* **ZEBUTHIZ**, Piscis species. Charta Phil. comit. ann. 1163. in Chartul. 1. Fland. ch. 325. ex Cam. Comput. Insul. : *Centum plaethiz unum denarium centum de Zebuthis obolum.*

¶ **ZECH**, Bohemis, Fraterna clericorum laicorumque sodalitas. Reinerius de Valdensibus apud Freherum Script. Bohemic. pag. 225 : *Confraternitatem clericorum et laicorum, quæ dicitur Zech, dissuadent ; et hæc omnia dicunt agi propter quæstum.* Hinc

* **ZECHA**, Officina monetaria, Ital. *Zecca* Stat. antiq. Florent. lib. 3. cap. 129. ex Cod. reg. 4621 : *Nullus.... aurum sive florenum auri audeat monetari,....... nisi in loco Zechæ seu in Zecha dictæ civitatis.*

¶ **ZECHUM**, pro Sodalitium quodvis, [* Præsertim compotantium, a Germanico *Zeche*, compotatio.] in Epistolis obscurorum virorum pag. mihi 81 : *Et quando sunt in Zechis ad vinum, tunc jurant per Deum et blasphemant et faciunt multa scandala.* Unde

¶ Zechare, Ejusmodi sodalitia frequentare, ibidem pag. 122 : *Relinquite libros vestros, vos nimium studetis, debetis aliquando solatium quærere et Zechare.*

¶ **ZEDA**, pro Scheda, apud Bern. *de Breydenbach* Itin. Hierosol. pag. 230.

ZEDOARIA. Jacobus de Vitriaco in Hist. Hierosol. cap. 85 : *Sunt et aliæ arbores, quarum radices sunt Zinziber, Galanga, et Zedoaria, quæ vulgariter Citouar appellatur.*

* Gall. *Zedoaire*, alias *Citoual* et *Chitoual.* Reg. Cam. Comput. Paris. sign. *Pater* fol. 250. r° : *Pour la bale de Citoual, ij. s. vj. den.* Male *Citonal*, in Lit. ann. 1349. tom. 2. Ordinat. reg. Franc. pag. 320. art. 3. *Cytoal, un denier la livre*, in Chartul. Latiniac. fol. 240. Mirac. MSS. B. M. V. lib. 2 :

Tant i mettent à la foie
De gingembre et de Chitoual,
De gerofle et de garingal, etc.

* **ZEDULA**, pro *Schedula*, Charta. Lit. ann. 1275. apud. Pez. tom. 6. Anecd. part. 2. pag. 123 col. 2 : *In cujus rei testimonium præsentem vobis assignamus Zedulam, sigillorum nostrorum munimine communitam.* Vide *Zeda.*

* **ZEEWERP**. Vide infra in *Zewerp.*

* **ZEHRMPFENNINGE**, vox Germanica, ex *Zehende*, decimæ, et *Pfennig*, nummus, a Saxonico *Peny*, denarius. Charta ann. 1233. apud Pez tom. 6. Anecd. part. 2. pag. 84. sol. 2 : *Decimales denarios, qui vulgo dicuntur Zehrmpfenninge, similiter petiit, ut dicto capellano conferremus.*

¶ **ZEICHEN**, Potus species. Vide *Siden.*

ZEIDLARII, junguntur cum *forestariis*, in Charta Henrici VII. Imp. anno 1310. et in Constitutione Caroli IV. Imp. anno 1358. *De forestariis, et Zeidlariis*, apud Goldastum tom. 1. Constit. Imper. ubi cap. 1 : *Imprimis, quod omnes Officiales, Forestarii, et Mellicidæ, qui Zeidlarii vulgariter nuncupantur, etc.* Vide *Zidelweida.*

¶ 1. **ZELARE**, Zelari, Expetere, peroptare. Epist. S. Ludovici Reg. Franc. apud Acher. tom. 2. Spicil. pag. 548 : *Ut autem sæpius ad memoriam inducatur, et efficaciter hujusmodi præceptum nostrum servetur, sic ut in corde gerimus et Zelamus, etc.* Charta ann. 1399. ex Schedis Præsid. *de Mazaugues* : *Zelantes bonum commune dictæ patriæ Provinciæ, etc.* Anonymus de Gestis Manfredi et Conradi Reg. apud Murator. tom. 8. col. 613 : *Cum esset homo probatæ fidei Zelans pacem et tranquillitatem urbis toto mentis affectu.* Nicolaus de Jamsilla ibid. col. 555 : *Qui honorem principis Zelabantur, etc.*

¶ Zelare, Studere, favere. Laur. Byzynii Diarium belli Hussit. apud Ludewig. tom. 6. pag. 150 : *Nam præfati veritatis æmuli sacerdotes et laicos communionem calicis Zelantes, etc.*

¶ Zelare, Fervere. Conc. Toletanum XVII. inter Hispan. tom. 2. pag. 756 : *Gloriosissimus princeps noster Egica Rex, zelo Zelans pro domino Deo exercituum, inimicos veræ fidei... ita recto judicii tramite digna cernitur ultione percutere.*

¶ Zelare, Amare ut zelotypus. Eccli. cap. 9. *Non Zeles mulierem sinus tui.* Vide *Zelosus.*

¶ Zelare, *Irridere*, in Gloss. Gasp. Barthii apud Ludewig. tom. 3. Reliq. MSS. pag. 141. ex Baldrici Hist. Palæst.

* 2. **ZELARE**, Impense protegere, tueri. Epist. Greg. III. PP. ad Carol. Martel. ann. 741. tom. 4. Collect. Histor. Franc. pag. 93 : *Ut cognoscant omnes gentes tuam fidem et puritatem, atque amorem, quem habes erga Principem Apostolorum beatum Petrum, et nos, ejusque peculiarem populum, Zelando et defendendo.*

¶ **ZELARIA**, E carnibus elixis jus concretum, Gall. *Gelée* Ital. *Zeladina.* Joh. Demussis Chron. Placent. apud Murator. tom. 16. col. 582 : *In æstate in cœnis dant Zelariam de gallinis et capponibus, vitelli, et capredi, et carnium porci, et pullorum, vel Zelariam piscium. Zelatina*, ibidem col. 591. semel et iterum.

* **ZELATIO**, Attenta rei consideratio. Stat. antiq. Florent. lib. 1. cap. 61. ex Cod. reg. 4621, fol. 30. v° : *In condempnationibus, absolutionibus, saldationibus et concuisitionibus, seu Zelationibus et rationum fiendis per ipsos* (rationerios) *debeant omnes, quattuor vel saltem tres ex eis invicem esse.*

¶ **ZELATOR**, Cupidus, in Bulla Innocentii VI. PP. ann. 1356. apud Ludewig. tom. 6. Reliq. MSS. pag. 17.

¶ Zelator, Fautor. *Quod vos reddatis inter optimos ejusdem fidei Zelatores, in Christi militia magis et magis gloriosos*, in Litteris Synodi Constant. ann. 1416. apud eumd. Ludewig. ibid. pag. 74.

¶ Zelatores, Testes synodales dicuntur ex observatione Josephi *de Aguirre* ad calcem Conc. Tolet. ann. 1582. tom. 4. Concil. Hispan. pag. 219.

¶ Zelator, Æmulator, inimicus. Acta S. Urbani PP. tom. 6. Maii pag. 15 : *Denique impiissimus Almachius non sufferens animo, cœpit dona promittere plurima, si quis investigator ac proditor Christianorum extitisset, per qualecumque ingenium aut calliditatem, ejusque auribus nuntiaret. Unde factum est ut tertium post diem quidam legis Dei Zelator præmiique cupidus nuntiasset ei quosdam Christianos sese reperisse, etc.*

* **ZELATUS**, Cupidus, studiosus, Ital. *Zelato*, Gall. *Zelé.* Testam. Romei de Vilanova ann. 1250. ex Tabul. D. Venciæ : *Item constituo et ordino gadiatores meos ad omnia legata et debita solvenda... dom. Grassensem episcopum et Petrum de Camerata canonicum Forojuliensem, de quorum conscientiis plenius confido, quod sint fideles et utiles Zelatosque salustis animæ meæ.* Vide *Zelator.*

ZELGA. Charta Alamannica Goldasti 69 : *In omni Zelga jornale unum arare, et 3. dies a secare, et 3. a madere.* [Mensura agri videtur Schiltero.] [** Vide Grimm. Antiq. Jur. Germ. pag. 353. Gramm. Germ. tom. 3. pag. 416. Graff. Thesaur. Franc. Ling. tom. 6. col. 659.]

* **ZELOPIDITAS**, Zelotypia. Lit. remiss. ann. 1361. in Reg. 97. Chartoph. reg. ch. 588 : *Hugo de Metis civis et burgensis Lingonensis, cujus amasia Ysabellis prædicta dicebatur, nimia Zelopiditate motus prædictæ mulieri dixit, etc.*

ZELOSUS, Zelo ductus, plenus. Gesta S. Hugonis Episcopi Lincolniensis apud Surium 17. Novemb. : *Fuit vero non minus Zelosus contra quoslibet alios pauperum op-*

pressores, Ecclesiasticæque libertatis violatores, etc. Italis *Geloso*, est *amore flagrans*, nostris *Jaloux*.

¶ **ZELOTES**, Æmulator, vel etiam zelo plenus. Exodi cap. 20. 5 : *Dominus Deus tuus, fortis, Zelotes.* Occurrit non semel apud cum sacros tum ecclesiasticos Scriptores. Gloss. Lat. Gall. Sangerm.: *Zelotes vel Zelosus, amoureux, ou envieux, jalous.*

¶ **ZELOTISSA**, Quæ zelum alicujus accendit, in Actis SS. tom. 4. Jul. pag. 517.

¶ **ZELTER**, Tolutarius equus, asturio, ambulator, gradarius, apud Schilter. in Gloss. Teuton. ex Gold. Alam. pag. 126.

** **ZELUM**, Gelu. Annal. Laubac. ad ann. 764 : *Zelum magnum*, ubi Annal. S. Amandi *Gelus pessimus*. Apud Pertz. Scriptor. tom. 1. pag. 10.

¶ 1. **ZELUS**, Studium, amor. Litteræ Innocentii VI. PP. ad Carolum IV. Imper. ann. 1356. apud Ludewig. tom. 6. pag. 19 : *Quæsumus ita magnitudinem tuam, fili carissime, ut nostrum et ipsius ecclesiæ ad te Zelum puræ caritatis attendens, etc.* Gloss. Lat. Gall. Sangerm. : *Zelus, envie, ou amour, ou ferveur bone ou male.*

¶ Zelus, Iracundia. Canones pœnit. apud Acher. tom. 11. Spicil. pag. 74 : *Si quæ fœmina furore Zeli accensa flagellis verberaverit ancillam suam, ita ut infra tertium diem animam cum cruciatu effundat.*

¶ Zelus, *Odium*, in Gloss. Gasp. Barthii apud Ludewig. tom. 3. Reliq. MSS. pag. 197. ex Baldrici Hist. Palæst.

** 2. **ZELUS**. Scelus. Cas. S. Galli Contin. II. cap. 3. apud Pertz. Scriptor. tom. 2. pag. 152 : *Laicos enim quos auxiliatores sui Zeleris invenit, multis beneficiis et donis ditavit.* Occurrit apud Thietmar. lib. 5. cap. 20. et lib. 6. cap. 14.

ZEMA, Illud est, quod nos vulgo *le bouillon*, id est, jusculum dicimus. Papiæ, *Zema* est *olla*. Idem Papias : *Jus coquinæ vel pistorum, quam Græci Zemam vocant.* A ζέω, *ferveo*, et *bullio*. Unde S. Hieronymus lib. 3. in Oseam, ἐπίζεμα, *ferventis ollæ superiores aquas* dixit. Anastasius Biblioth. in Vita S. Joannis Eleemos. n. 34 : *Quanti vellent tingere panem suum in Zemate, quod projiciunt coqui mei?* Ubi codex MS. Aquicinctinus *Zema* interpretatur: *jacturam aquarum, ubi carnes coquuntur, vel fermentum aut fecem.* Apitius lib. 8. de Re culin. cap. 1 : *Et mittitur in Zema, quod est decoctum.* Cap. 6 : *Et bullienti Zema, quod est decoctum, cum modico salis submittetur.* Ubi, *quod est decoctum*, videtur esse glossema, abestque ab editione Humelbergii, qui *zymam* reponendum censet, id est, ζύμην, quod fermentum est. Sed aliud est *zema*, aliud *zyme*. Glossæ MSS. *Zema, aqua saginata, ubi caro coquitur. Zyme, fermentum.* Physica sub nomine Democriti de Tingendis purpuris : Εἶτα λαβὼν ἀπὸ τοῦ πυρὸς τὸ ζέμα, βάλε εἰς λεκάνην, προσβαλὼν τὴν πορφύραν, καὶ ἐπιχέας τὸ ζέμα τῇ πορφύρᾳ ἔα βρέχεσθαι νυχθήμερον ἕν. Ubi quod ζέμα dicitur, *jus* appellat Plinius lib. 35. cap. 6.

Zema, Cacabus, παρὰ τοῦ ζέειν. Servius in 3. Æneid. : *Lebetas, ollas æneas Græce dixit : Zemas enim vulgare est, non Latinum.* Epistola Valeriani apud Trebell. Pollionem in Claudio : *Item in caucos, et scyphos, et Zemas pondo undecim.* Ita restituit Casaubonus, pro *zuma*.

¶ **ZEMBLA**, pro *Embla*, Jumentum sarcinarium, Z addito euphoniæ causa. Leges palat. Jacobi II. Reg. Majoric. inter Acta SS. tom. 3. Jun. pag. XXVI : *A Zemblis seu saumariis nostris, illis præcipue qui nostra deferunt ornamenta, cura debetur solicita, quam volumus per speciales et certos Zemblerios adhiberi.* Hinc

¶ Zemblerius dictus Cui cura *Zemblarum* commissa est, ibidem : *Ordinamus itaque quod in officio isto quatuor assignentur idonei, ad quos nostris pertineat saumariis necessaria procurare; majorem Zemblerium super iis excitando, et eos majori Zemblerio subesse volumus.* Pluries ibi. Vide *Embla*.

¶ **ZENATUM**. Comput. ab ann. 1333. ad ann. 1336. tom. 2. Hist. Dalph. pag. 277 : *Item, pro cannis septem de Zenato pro roba Johannis medici, taren.* XXI. Rursum pag. 282 : *Pro Zenato et seta pro robis ejusdem, gros.* VIII. Leg. *Zendatum*, vel *Zentatum*. Vide mox *Zendadum*.

¶ **ZENDADUM**, Italis *Zendado*, Tela subserica vel pannus sericus, idem quod supra *Cendalum*. Vide in hac voce. Vita S. Petri Parentii tom. 5. Maii pag. 89 : *Sepulto itaque domino Petro Parentii, non lapide, sed cultra Zendadi, coopertum est modico tempore monumentum.*

¶ Zendale, Eodem significatu. Chron. Estense apud Murator. tom. 15. col. 337 : *Cremonenses dictum carrocium conduxerunt super districtum Parmæ... cum tribus pariis bobum coopertis purpura et Zendali.* Vide *Zambilottus*.

¶ Zandale, in Anonymi Annal. Mediolan. apud eumd. tom. 16. col. 810 : *Planeta una drappi nigri ultramarini fodrata Zandali nigro.*

¶ Zendalium. Statuta Eccl. Argentin. ann. 1435. apud Marten. tom. 4. Anecd. col. 550 : *Variorum, Zendaliorum et serricorum forraturas prædictorum sex monasteriorum dominabus... omnino interdicimus.*

¶ Zendallum, in Chron. Placent. Joh. Demussis apud Murator. tom. 16. col. 580 : *Et aliquæ dominæ utuntur mantellis... fodratis de Zendallo vel vairiis.*

¶ Zendardum, in Conc. Budensi cap. 3.

¶ Zendatum. Testam. Hugonis Aycelini Card. ann. 1297 : *Item legamus casulam, dalmaticam et tunicellam, quæ sunt de Zendato duplici... De samitis etiam et Zendatis nostris quæ invenientur in cophinis nostris ordinabunt executores nostri.*

¶ Zentatum, in Computo ab ann. 1333. ad ann. 1336. tom. 2. Hist. Dalph. pag. 283 : *Item, pro quinque alenis de Zentato pro dom. Andrea filio domini ad faciendum duos cursetos*, XXIX. *s. Vienn.*

¶ **ZENGIALUS**, Aper, ni fallor, ab Italico *Cinghiale*, Gall. *Sanglier*. Joh. Demussis Chron. Placent. apud Murator. tom. 16. col. 581 : *Postea dant carnes assatas in magna quantitate, scilicet capponum, pullorum, faxianorum, perdicum, leporum, Zengialorum, et capriolorum et aliarum carnium.*

¶ **ZENICUS**, pro Scenicus, in Hist. Novient. Monast. apud Martenium tom. 3. Anecdot. col. 1127 : *Ipsi cultores fanatici et idolatræ, fanum culturæ deorum suorum et in ipso aram Dianæ et Mercurii construxerunt, et ludis Zenicis dedicaverunt.*

¶ **ZENOBIUM**, pro Cœnobium, in Chron. Episc. Merseburg. apud Ludewig. tom. 4. Reliq. MSS. pagin. 445.

ZENTALA. Petrus de Crescentiis lib. 9. cap. 64 : *Tenendi sunt boves in talibus stabulis... stratis et bene clausis, ut pedes ungulæ conserventur illæsi, ac ipsi defendi possint a Ventalis, muscis et tabanis.* Ubi vetus Gallicus Interpres : *Qu'ils puissent estre defendus de vers, de mouches, et autres bestelettes.* Italis *Zenzara*, est muscula, *mouscheron*. [Vide *Zinzala*.]

¶ **ZENTGRAVIUS** quis propric nuncupatus apud Germanos, videsis Notas Eccardi ad Leg. Salicam pag. 87.

* **ZENTURA**, Zona, cingulum; Gall. *Ceinture*. Charta ann. 1227. apud Murator. tom. 2. Antiq. Ital. med. ævi col. 903 : *Petivit namque dictus Laxatus Mutinensis a Bonizo sindico Bondeni pro ipso communi, sibi restitui.... unam Zenturam arcenti* (f. arienti), *cum una vursa setæ, etc.* Vide supra *Centura*.

¶ **ZEPELLUS**. Statuta Castri Redaldi lib. 3. fol. 90 : *Portet quilibet nuntius... mazzam ligneam sine pœna in manu, ut cognoscatur, nec vadant in Zepellis.* Vide *Zipellus*.

ZERBALARIS Terra, in Bullario Casinensi tom. 2. Constit. 52. 73. pro *herbalaris*, seu herbida. Charta aliæ *gerbida* præferunt, facili ac proclivi lapsu, pro *herbida*.

¶ **ZERBIDUM**, pro *Herbidum*, locus herbosus. Charta ann. 1033. apud Murator. delle Antichita Estensi pag. 88 : *De silvis, et Zerbidis juges centum.* Infra : *Gerbidis.* Vide *Gerba* 1.

¶ **ZERBIUM**, ut *Zerbidum*. Statuta Vercell. lib. 3. fol. 90. v° : *Possint ducere et duci facere per communia et Zerbia locorum et villarum ac territoriorum districtus Vercellarum.* Lib. 5. fol. 119. v° : *Item quod nullus camparius possit accusare in campo stipula vel Zerbio, nisi campus fuerit imblavatus, vel aliquo semine seminatus.* Ibidem fol. 128 : *Item quod quælibet persona civitatis et districtus Vercellarum possit... seminare, ad cultum reducere... possessiones quæ appellantur seghie, Zerbia, etc.*

* **ZERBUS**, Herbidus, vel locus herbosus, pascuus. Charta ann. 1007. apud Murator. tom. 4. Antiq. Ital. med. ævi col. 937 : *De sylvis sullareis et roboreis, seu Zerbis juges decem.* Alia ann. 1396. tom. 3. Cod. Ital. diplom. col. 349 : *Cum omnimoda jurisdiccione, terris, pratis, vineis, baschis* (l. boschis), *Zerbis, castaneis, etc.* Vide *Zerbidum*.

¶ **ZERLA**, Mensuræ genus. Statuta datiaria Riperiæ cap. 2. fol. 7 : *Si aliqua persona habens bulletam conducendi vel conduci faciendi vinum, reperiretur conducere ultra quantitatem comprehensam in dicta bulleta usque ad unam gerulam sive Zerlam, non cadat, nec incidere intelligatur in aliquam pœnam, nisi solum in amissione illius gerulæ sive Zerlæ vini, et ut inde infra.* Italis *Zerlo*, vel *Gerlo* est Sporta dossuaria, Gall. *Hotte*. Hinc

¶ Zerlator, in iisdem Statutis cap. 13. fol. 10 : *Quod quilibet Zerlator, seu mensurator communitatis prædictæ, teneatur et debeat denuntiare seu notificare dicto emptori datti prædicti quantitatem vini quod portabit.*

ZERNÆ, *Impetigines*, *Feræ*, quæ etiam *Lichenes* appellantur. Macer de Virtutibus herbarum cap. 7 :

Zernas et lepras cura compescit eadem.

* **ZEROMA**, inter voces Latino-barbaras, quas collegit sine interpretatione Bern. Maria de Rubeis in Monum. eccl. Aquilej. col. 747.

ZESSUS. B. Odoricus Forojul. in Peregr. num. 18 : *Omnes naves ibi sunt albæ sicut nix Zesso depictæ.* [Italis *Zesso*, pro *Gesso*, gypsi speciem significat.]

1. **ZETA**, Cœnaculum, ex Gr. δίαιτα, ut pridem docuere Cujacius, Turnebus, et alii. Gloss. Græc. Latin. : Δίαιτα τὸ ὑπερῷον, *diæta*, *cœnaculum*. Papias : *Zetæ, domus, quæ subtus pedes habent aquas, harum aliæ hyemales, aliæ æstivales. Zetæ hyemales sunt, quas calidas facit subducta flamma. Zetæ æstivales, quas frigidas facit subducta aqua.* Gloss. Saxon. Ælfrici : *Zetas æstivales* : sumer solde, i. æstivalis sedes. *Zetas hyemales* : winter solde, i. hyemalis sedes. Zetam hyemalem *triclinium hyemale* vocat Sidon. lib. 2. epist. 2. Ordericus Vitalis lib. 2. pag. 412 : *In quinto Zetas hyemales, in sexto Zetas æstivales.* [Descriptio palatii Spoletani ex Chartario Farfensi apud Mabill. tom. 2. Annal. Bened. pag. 410 : *In quinto Zetæ hiemales, id est cameræ hiberno tempore competentes. In sexto Zetæ æstivales, id est cameræ æstivo tempori competentes.* Gloss. Lat. Gall. Sangerm. : *Zeta*, *maison ou chambre.* Osbernus in Vita S. Elphegi Archiep. Cantuar. tom. 2. April. pag. 634 : *Zetam vero cum veluti pransurus intraret, etc.*] Sæpius usurpatur pro quolibet ædis cubiculo, ut apud Plinium lib. 2. epist. 7. lib. 6. epist. 5. cui ita appellatur locus capax unius lecti cum duabus sellis, qui velis obductis et reductis modo adjiciebatur cubiculo, modo auferebatur, cujusmodi sunt *Alcoviæ* nostræ hodiernæ. Acta S. Sebastiani cap. 4 : *Ubi sunt triclinia auro puro radiantia, quæ ex gemmis et margaritis habent Zetas instructas?* Julius Africanus lib. 5. Hist. Apostol. : *Jam enim regnum paratum vobis, et ex coruscantibus gemmis Zetas instructas, plenas gaudiis, plenas epulis, etc.* Lampridius in Heliogabalo : *Odores Indicos sine carbonibus ad vaporandas Zetas jubebat incendi.* Aldelmus libro de Virginitate, ubi de S. Babyla : *Ad Palatinas ducitur Zetas, et Imperialis vestibuli hypodromum.* Translatio S. Joannis Reomaens. cap. 3. de rustico quodam : *Cum maturiori pulli cantu, ob boum custodiam a Zeta propria prosilire contingeret.* *Zetulam* dixit Erkempertus in Hist. Longobard. cap. 46 : *Et sibi in Zetula Episcopali mansionem exhiberi jussit.* Adde Wolphardum Presb. lib. 1. de miracul. S. Walburgis n. 19. [Fridegodum in Vita S. Wilfridi sæc. 3. Bened. part. 1. pag. 177. et Murator. tom. 2. part. 2. col. 1047.]

¶ Zetarium, Triclinium, in Actis SS. tom. 5. Jun. pag. 435. ubi de SS. Petro et Paulo : *Juxta palatium Neronianum in Vaticano, inter Zetarium, id est triclinium triumphale.*

Zetarius. In Martyrol. 26. Martii, et in Actis S. Sebastiani Mart. n. 69. et in Vita S. Castuli n. 1. idem S. Castulus Martyr dicitur fuisse *Zetarius Palatii, et hospes Sanctorum.* Quo loco *zetarium* corrupte pro *Diætario*, seu Atriensi, dici putat Fabrotus ad Cedrenum, quemadmodum *zabolus* pro *diabolus.* At rectius, ni fallor, Molanus ad Usuardum, et Baronius ad Martyrol. Rom. existimant, *zetarium* a *zeta* dictum : ut fuerit *Zetarius Palatii*, cubiculi interioris Palatii Custos. Apud Paulum lib. 3. Sentent. *Zetarii* præterea memorantur, qui *Diætarii* appellantur in L. quæsitum, § idem, etc. de Instruct. vel instrum. leg. [** Chronic. Casinense cap. 8 : *Sichard Beneventanorum princeps a suis interfectus, Radelchis Zetarius palatii successit in principatum.*]

2. **ZETA.** Ordericus Vitalis lib. 8. pag. 674 : *Castellum sancti Serenici..... postmodum tenuit, muris et vallis Zetisque munivit.* Lib. 10. pag. 770 : *Copiosos pecuniæ sumptus erogavit, unde municipia ejus vallis et muris ac multiplicibus Zetis undique clauderentur.* Pag. 775 : *Quidam ad illum de sublimi Zeta lapidem projecit, etc.* Denique pag. 800 : *Arcem, et regiam, et murum in giro, Zetasque minores atque majores jam munite, sollicitèque perscrutamini, aditusque servate, ne quis exeat vel ingrediatur sine vestra consideratione.* Ubi *zetæ* videntur appellari *speculæ*, quæ muris imminent. Ex his, ni fallor, emendandus Laurentius de Leodio in Hist. Episcopor. Virdunens. pag. 316 : *Post prandium socios extra turrim ad ectetas antemurales vocavit, lusu aleæ ibidem eos tenuit, etc.* Legendum enim videtur *zetas*, ut apud Vitalem.

3. **ZETA**, Vitii signum in libris. Paulus Diacon. in epist. ad S. Adelhardum Abbatem Corbeiensem, præfixa S. Gregorii M. Epistolis, quas descripserat et correxerat : 34. *ex eis scito esse relectas, et, prout potui, emendatas esse, præter pauca loca, in quibus minus inveni : et tamen meo ea sensu supplere nolui, ne viderer tanti Doctoris verba immutare : quibus in locis, et forinsecus ad aurem* [f. ad oram] *Zetam, quod est vitii signum, apposui.* Apud Isidorum lib. 14. cap. 26. *zeta* significat in ponderibus *obolum.*

¶ **ZETARIUM**, Zetarius. Vide *Zeta* 1.

ZETHONIUM Vellus. Vetus Epitaphium Mediolani, apud Puccinellum pag. 106 :

Ambrosiana diu pluvialia... venustum
Vellere Zethonio, gemmis, auroque superbum.

Idem quod mox

¶ **ZETONINUM**, Pannus sericus, ex seta. Anonymus in Annal. Mediol. apud Murator. tom. 16. col. 810 : *Lectorinus unus Zetonini albi.*

¶ **ZETULA**, diminut. a *Zeta*, Cœnaculum. Vide in hac voce.

* **ZEUS**, Piscis genus. Vide supra *Citula.*

¶ **ZEWERP**, Jactura maris, idem quod *Swerp.* Vide in hac voce. Charta Philippi Comit. Flandr. ann. 1211 : *Ad portum Graveningiis et per totam terram meam a Zewerp liberi sint.*

* Seu potius Terra ex jactura maris aggesta; a Flandrico *Zée*, mare, et *Werp*, jactus. Charta ann. 1267. in Chartul. 1. Fland. ex Cam. Comput. Insul. : *Totam terram meam, quæ dicitur Zéewerp.* Alia Guid. comit. Fland. ann. 1282. tom. 4. Ordinat. reg. Franc. pag. 260. art. 1 : *Soient franc tout partout par ma terre et de Zewerp.*

¶ **ZEZI**, pro Giezi. Epist. Ægidii Tuscul. Episc. adv. Patriarcham Antiochenum apud Ludewig. tom. 2. Reliq. MSS. pag. 455 : *Utinam apperiret Dominus oculos tuos, sicut aperuit Zezi, videres multo plures nobiscum esse quam tecum.* Ubi respicere videtur ad cap. 6. lib. 4. Reg. v. 16.

* **ZEZOLIUM**, f. ab. Italico *Zezzo*, Extremus, postremus, Locus retro positus. Stat. Taurin. ann. 1360. cap. 93. ex Cod. reg. 4622. A : *Item statuerunt super facto Zezoliorum factorum per beccarios retro bancas beccariæ interea, quod ipsa Zezolia infra tertiam diem post publicationem præsentem destruantur,.... ad evitandum fraudes beccariorum ; quoniam multa committuntur et committi possunt in ipsis Zezoliis; et quod de cetero fieri non possint dicta Zezolia.*

ZIA, Zianus, Vide *Zius.*

* **ZIBATUM**, *alicubi Stephanus scripsit pro Argento vivo*, in Glossar. MS. medic. Sim. Januens. ex Cod. reg. 6959. Vide supra *Zaibas.*

* **ZIBELLINUS**, Pellis muris Pontici, Ital. *Zibellino*, Gall *Zibelline.* Stat. datiar. Riper. fol. 4. r° : *De qualibet fodra.... Zibellinorum, foinorum,... denarii sex.* Vide *Zebelinus.*

¶ **ZIBETHUM**, Italis *Zibetto*, Gall. *Civette*, Aromatis genus. Locus est in *Lascopitium.*

¶ **ZIBIBUM**, ab Italico *Zibibo*, Cruscanis, *Spezie d'uva ottima a seccare*, Passa uva. Joh. Demussis Chron. Placent. apud Murator. tom. 16. col. 582 : *Secunda die in nuptiis dant primo longetos de pasta cum caxeo, et croco, et Zibibo, et speciebus.*

ZIBYNNUS, Zipina. Suidas : Ζιβύνη, ὁλοσιδήριον ἀκόντιον, λόγχη, σπάθη. Ζιβύνη et ζιβύνη, *venabulum*, in vett. Glossis. *Missile*, dicitur in Nov. Justiniani 85. Ubi Julianus Antecessor, Constit. 79. § 4 : *Zybynos, quos Missilia vocant.*

Zipina, *Lancea*, in Glossis MSS. Papias : *Zimbina, lancea.* Ita enim MS. Vide Glossaria Antonii Augustini et Francisci Pithœi ad Julianum Antecess. præterea Gloss. Rigaltii, Meursii [et med. Græcit. in Ζιβύνη.]

ZIDELWEIDA, [Glandes quernæ, quibus pascuntur porci. Meichelbeco interprete, tom. 1. Hist. Frising. pag. 191.] [** Locus, ubi apes curantur. Vide Schmelleri Glossar. Bavar. tom. 4. pag. 226. voce *Zeideln*, 1. supra *Cidularius.*] Charta Ottonis Imp. ann. 995. in Metropoli Salisburgensi tom. 1. pag. 138 : *Cum curtiferis, areis, pratis,... venationibus, piscationibus, Zidelweida, molendinis, exitibus, reditibus, viis et inviis, etc.* In alia Charta ann. 996. pag. 136. habetur *Zudulweiden*, In alia, pag. 143. *Zidilreidis.* Pag. 144. *Zidelvreidis.* Tom. 3. pag. 458. *Sidelvreidis. Sildelweiden*, tom. 1. pag. 140. German. *Weide*, est ager pascuus.

¶ **ZIFFRÆ**, Notæ numerales, Gall. *Chiffres*, Ital. *Ziffera.* Chron. Mellic. ad ann. 1471. pag. 481 : *Collectæ vero, lectiones et evangelia per Ziffras seu numeros notentur, ubi reperiantur.* Statuta Montis Regal. fol. 192 : *Item statuerunt et ordinaverunt quod domini jus dicentes in decretationibus et condemnationibus bannorum per cos fiendis, non utantur Ziffris seu aliis literis brevibus.* Vide *Cifræ.*

¶ **ZIGAR**, *vetus Alamannorum nomen, notat variarum specierum compositionem.* Hæc Goldastus ipsomet vade ex Schiltero in Gloss. Teuton.

* **ZIGEUNI** et ZYGENI, apud Krantzium in Saxonica Historia ad ann. 1417. iidem qui Gallis *Ægyptii* seu *Bohemi*, Italis *Zingani* vel *Zingari*, Hisp. *Gittani* nuncupantur. Errones, præstigiatores, qui fictionibus et mendaciis imperitæ multitudini imponunt. Consule Murator. tom. 5. Antiq. Ital. med. ævi col. 68. et seqq.

¶ **ZILENTI**, *Nisus*, in Gloss. ad calcem vet. Collect. Can. Apost. ex Bibl. DD. *Chauvelin* Regiorum sigillorum Custodis. [** Vide Graff. Thesaur. Ling. Fr. tom. 5. col. 657.]

¶ **ZILIUM**, Lilium, Italis *Giglio*. Anonymus in Annal. Mediolan. apud Murator. tom. 16. col. 807 : *Corona una auri cum Ziliis sex magnis, et Ziliis sex parvis, super cujus friso sunt saphiri sex grossi.* Et col. 808 : *Filum unum paternostrorum auri,... cum certis aliis perlis in capite dicti fili, in quibus sunt botoni* LXXXIV. *Januenses et Zilii sex albi.* Funus Joh. Galeaz. ibid. col. 1035 : *Erant enim prima duo scuta cum sola aquila nigra in auro, alia duo cum Ziliis et vipera in quarteriis.*

* **ZIMA**, *Fermentum, levame, Prov.* Glossar. Provinc. Lat. ex Cod. reg. 7657. Vide *Zymus* 1.

* **ZIMERA**, Pinna, galeæ ornamentum. Anonym. Leob. in Chron. ad ann. 1336. apud. Pez. tom. 1. Script. Austr. col. 945 : *Quem* (comitem) *dux Otto sibi in familiaritatem militaris contubernii combinavit, galeæque suæ decus, quod pinnam sive Zimeram vel glareotam dicunt, in bellis, tornesis et hastiludiis utendum contradidit, coronam scilicet aureæ resplendentiæ galeæ circumductam.* [** Germ. *Zimier.*]

¶ 1. **ZIMUS**, *Fermentum*, in Gloss. ad Doctrinale Alexandri de Villa-Dei. Vide *Zema* et *Zymus.*

* **ZIMUS**. Alex. Iatrosoph. MS. lib. 2. Passion. cap. 112 : *Accipiant pullos et gallinas non satis pingues, inopozimatas, magis quam Zimas.* Ubi Glossæ : *i. cum jure.* Vide *Zema.*

ZIMZIBERATUM, Zinziber, Gall. *Gingembre.* Acta Inquisit. Tolos. ad ann. 1244. inter Probat. tom. 3. Hist. Occit. col. 441 : *Ipse testis habuit inde unam pixidem de Zimziberato.* Vide *Zinziber.*

ZINARUS. Apud Petrum de Crescentiis lib. 5. extremo.

¶ **ZINDARUM**, ut supra *Zendadum.* Testam. ann. 1518. apud Rocchum Pirrum Siciliæ sacræ pag. 187 : *Vestis una Zindari ad instar jubbæ etc.*

* **ZINDOR**, vox vulgaris, qua Auris significatur. Lit. remiss. ann. 1466. in Reg. 202. Chartoph. reg. ch. 110 : *De laquelle pierre il le frappa en la teste en la Zindor, qui est à dire l'oye, etc.*

¶ **ZINESTRA**, Genista, Italis *Ginestra*, Gall. *Genêt.* Funus Joh. Galeaz apud Murator. tom. 16. col. 1035 : *Alia duo* (scuta) *cum divisa Imperatoris videlicet uno capitergio cum una gassa; alia duo cum Zinestra.*

* **ZINGANI**, ZINGARI. Vide supra *Zigeuni.*

* **ZINNIRI**, An idem quod *Essoniari*, excusari? Vide in *Sunnis.* Charta Phil. comit. Fland. pro libert. castel. Brug. ex Cam. Comput. Insul. : *Qui alterum in causam traxerit, tractus potest plegiari usque ad Sabbatum, et non amplius. Et tunc si non venerint, debet banniri et plegius ejus. Nullus in placito hoc potest Zinniri.*

ZINURDONES. Chronicon Montis-Sereni anno 1171 : *Erat hic de familia Ecclesiæ ex eo genere hominum, qui Zinurdones appellantur, tantæ superbiæ, ut mirum esset, rusticam mentem angustis rebus et paupertati assuetam, tantum inflari potuisse.*

ZINZALA, *Parva musca, i. culex : unde zinzalarium, conopeum ad eas arcendas.* Ugutio. [*Zinzala, petite mousche, cincerelle*, in Gloss. Lat. Gall. Sangerm. Vide supra *Zentala.*]

* Glossar. Gall. Lat. ex Cod. reg. 7674 : *Cincenelle. Cincenaude, une petite mouche ainsi appellée, Zinzala. Cincenaudier, Zinzalarium.*

¶ **ZINZIBER**, *Gingimbre*, in iisdem Gloss. Lat. Gall. Comput. ab ann. 1333. ad ann. 1336. tom. 2. Hist. Dalph. pag. 284 : *Item, pro quinque libris de pipere, quinque de Zinzibero, etc.* Adde Rymer. tom. 7. pag. 233.

¶ **ZINZICLA**, Spongia, ut videtur. Hist. Belli sacri apud Mabill. tom. 1. Musei Ital. pag. 141 : *Alii qui remanserunt vivi, fugerunt in castrum. Quod Turci obsederunt continuo, eisque abstulerunt aquam, fueruntque nostri in tanta afflictione sitis, quod flebothomari faciebant suos equos et asinos, quorum sanguinem bibebant. Alii mittebant Zinziclas in piscinam, et ea deprimebant in os suum.* [** Apud Bongars. pag. 2. lin. 7 : *mittebant zonas atque panniculos in etc.* Vide *Cincides.*]

ZINZINARE, *proprium pardorum*, Ugutioni.

* **ZINZITARE**, Merulæ vox. Carmen de Philomela ad calcem Cod. reg. 6816 :

> Et merulus modulans tam pulchris Zinzitat odis,
> Nocte ruente timet, cantica nulla canit.

* **ZINZIZULARE**, Avium vox, quarum mentio fit in eod. Carm. :

> Regulus atque merops et rubro pectore progne
> Consimili modolo Zinzizulare sciunt.

Vide *Zinzulare.*

¶ **ZINZULARE**, Merulæ vocem edere. Histor. Elevat. S. Zenonis tom. 2. April. pag. 75 : *At in itinere positum merula avis strepera voce Zinzulans, callem transvolans, quasi sinistrum omen significans, ab incepto revocabat.*

ZIOPIA, ZIOPIUS, in Gloss. Arabico-Latino.

¶ **ZIPELLUS**. Statuta Placent. lib. 6. fol. 82 : *Et si fuerint zochulæ magnæ et altæ cum Zipello quarto ab hominibus sive a fœminabus et cum corollis largis non possint accipere de pari ultra* 11. *sol.* Vide *Zepellus.*

ZIPINA. Vide *Zibynnus.*

* **ZIPO**, Tunica ex maculis contexta. Stat. Ferrar. ann. 1279. apud Murator. tom. 2. Antiq. Ital. med. ævi col. 487 : *Quod quilibet custos deputatus ad aliquam custodiam alicujus castri vel loci civitatis Ferrariæ vel districtus, teneatur et debeat toto tempore custodiæ habere Ziponem, collarium de ferro, etc.* Vide *Gipo* et *Zuppa* 2.

ZIPPULA, Placenta, Italis *Fogaccia.* [*Zeppola*, Gall. *Bignet.*] Pelagius libello 4. n. 59 : *Fecit de farinula lenticulam et Zippulas.* Quo loco Ruffinus lib. 3. Vit. SS. n. 51. habet *placentas.* Occurrit rursum apud eumdem Pelagium libello 8. n. 15.

ZIRBUS, Omentum, Græcis ἐπίπλοον, pars stomachi. Vide Anatomiam Mundini pag. 70.

* Glossar. MS. medic. Simon. Januens. ex Cod. reg. 6959 : *Zirbus, pinguedo involvens intestina.* Aliud Lat. Gall. ann. 1352. ex Cod. reg. 4120 : *Zirbus, Gall. Oins.* Italis *Zirbo.* [** Reinard. Vulp. lib. 3. vers. 1929 :

> Viscera fissuro non imperat ille cachinno,
> Terque cachinnantur, quinque quaterque novem.
> Jam conante cavas Zirbo transponere fauces,
> Affuit hic abbas, etc.

ZIRO, Propugnaculi species, Italis. Charta anno 1158. apud Ughell. tom. 2. pag. 368. 369 : *Cum plebe et capellis suis et curte sua in integro, et toto Zirone supradicti castri, etc.* Rollandinus in Chron. lib. 5. cap. 15 : *Unde in præsenti Dominus Ecelinus fecit fieri unum Zironem in Anoale, et tres Zirones in Mestre, ubi suprastantibus et custodibus constitutis, et licentiato exercitu, reversus est ipse Paduam.* Cap. 17 : *Fecit quoque fieri Zirones in campo franco, ibique positis suprastantibus et custodibus, etc.* [Paris de Cereta in Chron. Veron. ad ann. 1242. apud Murator. tom. 8. col. 632 : *Dom. Henricus de Egna Potestas Veronæ et dom. Icerinus de Romano cum Veronensibus in eam terram Montagnanæ intraverunt et eam mitigaverunt, et unum Zironem seu rocham fecerunt in ea.*]

* **ZIRONUM**, idem quod *Ziro*, Propugnaculi species. Chron. Patav. ad ann. 1221. apud Murator. tom. 4. Antiq. Ital. med. ævi col. 1129 : *Completum fuit Zironum castri de Cittadella.*

ZIRUM. Charta Dalmatica ann. 1069. apud Joan. Lucium lib. 2. de regno Dalmat. cap. 6 : *De sororibus autem, quæ nunc Domino servituræ ibi ingrediuntur, et quæ eodem invitante ingressuræ aderint suis facultatibus*, * *vino territoriis libera cuncta, quæ in præfato monasterio obtulerint territoria, volumus adesse ab humano cuncta servitia* 1. *et ab illo, quod vulgo Zirum dicitur.* Italis *Ziro*, est amphora olearia major.

¶ **ZITATA**, ZITTATA, Italis *Gittata*, Jactus, mensura agraria. Statuta Placent. lib. 4. fol. 40 : *Ad detegendos et evitandos malefactores qui secus stratas occultantur, firmiter statuimus quod omnes boschi.... existentes juxta stratam Romeam per* L. *Zitatas* (exscindantur.) Anonymus in Annal. Mediolan. apud Murator. tom. 16. col. 735 : *Quælibet Zittata dicti Navilii constabat florenis quatuor.*

ZIUS, Patruus, θεῖος, *Zio*, Italis. Notitia Judicati in Tabulario Casauriensi : *Et cum ipso Ildegario Zio nostro, qui erat Advocatus istius Petri.* In Actis S. Susannæ V. et M. seu Maximi Mart. n. 5. Caius PP. dicitur fuisse *zius* S. Susannæ, qui supra n. 3. ejus *Patruus* nuncupatur.

ZIA, Amita. Bernaldus Presb. de Reconciliatione lapsorum : *Nec otiose notandum, quod multa nobis obscura per diversarum collationum editionum sæpenumero declarantur, ut illud de Nicæno Concilio ; quid sit subintroducta mulier. Hoc alia editio apertius ponit, id est, extraneam, ac si dicat : Clericus nullam feminam habeat secum extraneam ; sed tantum matrem, vel sororem, vel Ziam, quam iterum alia editio apertius vocat amitam. Tusci enim pro amita, dicunt Ziam.*

ZIANUS, Idem qui *Zius.* Petrus Diac. lib. 4. Chron. Casin. cap. 24 : *Henricus frater ejus concesserat prius cuidam Ziano suo terras, etc.*

* **ZIZANEA**, Lolium, Ital. *Zizzania.* Glossar. Lat. Gall. ann. 1352. ex Cod. reg. 4120 : *Zizania, Gergerie, est quædam herba.*

¶ **ZIZANIUM**, Discordia, a Gr. ζιζάνιον, lolium. Monachus Patav. in Chron. apud Murator. tom. 8. col. 697 : *Humani generis inimicus seminavit Zizania inter eos.* Hinc

¶ ZIZANIATOR, Qui *zizania* interserit Charta Nicolai *d'Estouteville* ad calcem tom. 4. Hist. Harcur. post *Errata* : *Et ut ille Zizaniator charitati fidelium invidens,* ¶ *etc.*

ZIZERIUM, pro *Gigerium*, quo nomine Latini appellant gallinarum intestina, et quæ cum iis coquuntur : Galli *Zizier.* Apitius lib. 5. de Re culinaria cap. 3 : *Jecinora et Zizeria pullorum in cacabum mittes.* Humelbergius ad lib. 4. ejusdem Apitii observat legi in vett. codd. *cizeria*, ubi editi perperam præferunt *cirema*, pag. 89. Lucil. *Gigera sunt sine allio, his vescamur alacriter.* Gloss. Lat. Græc. *Gilerus gallinarum,* τὸ ἄκρον τῶν ὀρνίθων. Reponit. Salmasius, *Gigerus,* τὸ ἀκρῶον, etc.

ZIZYPHA, Σιρικά in Glossis Gr. Lat. Codex MS. S. Germani habet *Zizifa.* [Genus est minoris pruni vel olivæ medicis notum vulgo *Jujube.* Sebast. Perus. in Vita B. Columbæ Reatinæ tom. 5. Maii pag. 342 : *Porrexitque illis Zizyphas, jujubas dicunt, quas servabat in gremio.*]

¶ ZIZIPHUM, Eadem notione. Acta S. Onuphrii tom. 2. Jun. pag. 526 : *Erant autem fructus illarum arborum multæ palmæ, citri, punica, sycamina, Zizipha et vites.* Vide Gloss. med. Græcit. in Ζίτζιφα.

* **ZIZZA**, vox Italica, Mamma. Proces. de B. Jacobo Bitect. tom. 3. Apr. pag. 538. col. 2 : *In una mamillarum patiens incurabile malum, etc.* Ubi *Zizza* habet originale instrumentum, ut notant docti Editores.

ZOA, Anima, ex ζωή, vita. Vita S. Udalrici Episc. August. cap. 21 : *Zoam in ultimis temporibus suum salvare cupiendo, etc.* [Fridegodus in Vita S. Wilfridi sæc. 3. Bened. part. 1. pag. 176 :

Utpote præteritæ recolens choragia Zoæ,
Ubi pro vita usurpatur.]

ZOBELLINA PELLIS. Vide *Sabelum.*

* **ZOCA**, Stipes, truncus, Ital. *Zocco.* Stat. Avenion. ann. 1243. cap. 35. ex Cod. reg. 4659 : *Operarius ultra conventionem non audeat accipere ligna, vel vites, vel Zocas, vel gavellos, vel quodcumque aliud.* Vide *Zoccus.*

ZOCCHUS, Stipes, truncus, Italis *Zocco.* Innocentius III. lib. 13. Epist. 95 : *Truncos arborum, quos ipsi* (Ravennates) *Zoccos, vel capitones* vocant, etc. [Statuta Mutin. rubr. 170. fol. 31 : *Cum per navigium Mutinæ naves commode conduci non possint propter impedimenta plurium Zoccorum, palorum,.... statutum est quod.... Zoccos et palos in dicto navigio existentes.... teneatur idem Potestas et debeat incidi facere, deradicari, etc.*] Vide Bullarium Casinense tom. 2. pag. 241. Ab Italis hausere Græci recentiores, τζόκος, eadem notione, quæ vox occurrit apud Joannem Cananum pag. 194. Adde Meursium in Τζόκος. Vide *Zucheus.*

¶ **ZOCHOLÆ**, ZOCHULÆ. Calones, crepidæ ligneæ ; Zocholarius, earum artifex ; voces Italicæ, Gallis *Patins, galoches, soques.* Statuta Vercell. lib. 3. fol. 101. v° : *Vannum, corbes, ceppos Zocholarum, sapas, etc.* Statuta Placent. lib. 6. fol. 82 : *Item provisum est quod Zocholarii et facientes seu vendentes Zochulas non possint accipere videlicet de pari Zochularum ab homine sive a fœmina ultra* xx. *denar.* Vide *Zipellus.*

¶ ZOCHOLI, Eadem notione, in Serm. Gabr. Bareletæ part. 1. fol. 34. col. 2 : *Exemplum de muliere Bergomensi quæ ivit colligere ficus in Zocholo, cecidit tibiis fractis, quæ dixit : Maledictus sit Diabolus... Respondit demon : Maledicta sis tu, non ego. Non scis si in Zocholis debet iri super ficum.*

* **ZOCUS**, ejusdem originis ac *Zoca,* pro Stolidus, ineptus, nostris etiam *Buche*, eadem notione, ut et Latinis, truncus. Barel. serm. 2. in Dom. 1. Quadr. : *Vos, cives, me appellatis Zocum ob damnabile gulæ vitium; ut video, in pluvia crucior.*

¶ **ZODIACTEUS**, Ad Zodiacum pertinens. Epist. Gunzonis ad Augienses ann. 969. apud Marten. tom. 1. Ampl. Collect. col. 310 : *Zodiactea peragratio.* Occurrit etiam apud Mart. Capellam lib. 1. pag. 3.

ZOEKARLE, Nautæ, in Charta Waldemari Danorum Regis ann. 1326. apud Isaacum Pontanum lib. 7. Hist. Danicæ : *Nec per aurigas, qui dicuntur Wounkarle, nec per nautas, qui Zoëkarle, vel Scudemen nuncupantur, etc.* Vide *Huscarla.*

¶ **ZOELLE**, ut *Zoll* infra. Vide in hac voce.

¶ **ZOETA**. Vita S. Johannis Abb. Reomaens. tom. 2. Jan. pag. 867 : *Cum maturiori pulli cantu ad boum custodiam a Zoeta propria prosilire contingeret, etc.* Ronerius legendum censet *Cœta*, lectulo, quasi a κοίτη : at nihil emendandum esse haud male colligitur ex voce *Zotheca* infra.

* **ZOGOLATUS**, perperam, ni fallor, pro *Zololatus* vel *Zoiellatus.* Vide mox *Zoiellare.* Charta ann. 1389. tom. 3. Cod. Ital. diplom. col. 359 : *Comes Virtutum pater noster mittet dictam Valentinam consortem nostram bene Zogolatam, ornatam et jocalibus munitam.* Vide in *Zoia.*

ZOIA, ex Italico *Zoia*, in Statut. Mediolanensibus part. 2. cap. 110. idem quod *Jocalia*, [Monilia. gemmæ, annuli, aliaque id genus pretiosa.] Vide in hac voce.

¶ ZOIELLUS, Eodem intellectu, Ital. *Gioiello.* Statuta datiaria Riperiæ cap. 13. fol. 5. v° : *Exceptis Zoiellis, lapidibus pretiosis, de quibus nihil solvatur.* Anonymus in Annal. Mediolan. apud Murator. tom. 16. col. 807 : *Zoiellus unus auri pro ponendo ad visum cum robinis* v. *diamantibus* vi.

¶ ZOJOLATUS, Ital. *Gioiellato.* Ejusmodi pretiosis ornatus, instructus. Idem Anonymus ibid. col. 806 : *Quod præfatus dominus Comes Virtutum pater noster mittit Valentinam consortem nostram bene Zojolatam, ornatam et jocalibus munitam, etc.* Eadem mox repetuntur.

* **ZOIELLARE**, Monilibus, gemmis, annulis aliisque id genus pretiosis instruere, nostris alias *Enjoieller.* Contract. matrim. inter Ludov. ducem Turon. et Valent. Mediol. ann. 1439. ex Bibl. reg. : *Dominus Joannes Galeas mittet dictam dominam Valentinam bene Zoiellatam, ornatam et jocalibus munitam.* Artic. matrim. inter Joan. Armaniac. et Blanch. de Brit. ann. 1406. ex ead. Bibl. : *Item mondit seigneur de Bretagne vestera, ornera et Enjoiellera madite dame Blanche sa sœur.* Vide supra *Joellus.*

¶ **ZOLL**, Vectigal, idem quod *Telon.* Vide in hac voce. Charta Henrici IV. Imper. ann. 1073. apud Ludewig. tom. 2. Reliq. MSS. pag. 277 : *Thelonium si quidem, quod Theutonica lingua interpretatum est Zoll, quod in omnibus locis regiæ potestati adsignantur,.... Judæi et ceteri Wormatienses solvere prætereuntes debiti erant, Wormatienses ne ulterius solvant Zoll, remisimus.* Infra : *Quam firmationem super præfati Zoll remissione factam, ut nullus successorum nostrorum infirmare velit, rogamus. Zollantuome*, teloneo, in Gloss. Mons. pag. 399.

¶ ZOELLE, Eodem significatu, in Charta ann. 1259. apud Eccardum in Origin. Habsburgo Austr. col. 246 : *Item pedagia, seu thelonea, quæ vulgo dicuntur Zœlle, in Dietinckon hactenus solvi consueta, juri nostro et dominio specialiter excipimus et reservamus.* Hinc

¶ ZOLLENARIUS, Qui *zoll* exigit, portitor, Germ. *Zoller.* Charta Chunradi Reg. apud Pezium tom. 1. Anecd. part. 3. col. 47 : *Pro honore Dei sancto Emmerammo concessimus de nostro jure decimam partem vectigalium, id est de ministerio Zollenarii ad concinnanda luminaria.*

* **ZOLTE**, Polonis, Glaucus. Vide supra in *Judæi.*

ZOMA, Corpus. Vide *Soma* 1.

1. **ZONA**, seu Cingulum. Vestis Sacerdotalis. Alcuinus lib. de Offic. divin. : *Sequitur Zona, quæ cingulum dicitur, qua restringitur poderis, etc.* Riculfus Episcopus Suession. in Statut. ann. 989. cap. 7 : *Cum orariis, id est, stolis duabus nitidis, item Zonis duabus, id est, cinctoriis, ac mappulis totidem nitidis, etc.* Vide Durandi Ration. lib. 3. cap. 4.

ZONA ROMANA dicitur, quod ab Ecclesia Romana zonæ usus in cæteras Ecclesias profluxerit. Alcuinus lib. de Offic. divin. : *Pro baltheo nunc Zonarum, quas Romanas appellant, usus receptus est.*

ZONA PELLICEA, inter vestes monachicas reponitur, apud Bedam in Vita S. Cuthberti Episcopi num. 37. 38. [Cujus Zonæ necessarium monachis usum docet S. Basilius, cap. 11. Reg. § 4. exemplis Eliæ et S. Johannis.] B. Dorotheus Doctr. : Κολόβιον μὴ ἔχον χειρίδια, καὶ ζώνη δερματίνη, καὶ ἀνάλαϐος, καὶ κουκούλιον. Infra, de ejus significatu : Ἡ ζώνη, ἣν φοροῦμεν, σύμϐολόν ἐςι πρῶτον μὲν ὅτι ἐσμεν εὐτρεπισμένοι εἰς ἔργον. Ἕκαςος γὰρ θέλων ἐργάσασθαι, πρῶτον ζώννυται, καὶ οὕτως ἄρχεται τοῦ ἔργου, etc. Adde Palladium in Hist. Laus. cap. 38. Vide Glossar. med. Græcitat. in Ζώνη, col. 470.

¶ Zona, Corrigia, lorum. Statuta Equitum Teuton. apud R. Duellium tom. 2. Miscell. pag. 23 : *Calceos habeant sine Zonis, fibulis et rostris.*

2. **ZONA**, Ignis sacri species, quæ medium hominem ambit, cingitque, Gr. ἕρπες, et ζωςήρ. Scribonius Largus pag. 7 : *Facit hoc medicamentum ad carbunculos, et ad ignem sacrum, et ad Zonam, quam Græci* ἕρπετα *dicunt.* Eadem habet pag. 28. ut et Marcellus Empiricus pag. 89. et 156. Constantinus Africanus lib. 4. de Morbor. cogn. et curat. cap. 17. de Colica passione : *Locus ejus est in dextra parte inferioris ventri, circum cingens sicut zona usque in partem sinistram.* Vide Plinium lib. 3. de Medic. cap. 33.

3. **ZONA** Reginæ, Præstationis species. [Chron. Corn. *Zantfliet* apud Marten. tom. 5. Ampl. Collect. col. 328 : *Eo tempore* (ann. 1385.) *Rex Francorum accepit in conjugem filiam ducis Bavariæ, juvenculam speciosam admodum et moribus ornatam, quam postmodum coronari fecit Parisius, advocatis ab Avenione duobus Cardinalibus de obedientia Clementis. Et imposuit Rex talliam magnam toti regno pro Cinctura Reginæ, velut ex antiqua consuetudine fieri famabatur.*] Regestum Memorialium Cameræ Comput. Paris. signatum E. fol. 217 : *Zona Reginæ dicta, la taille du pin et du vin, de tribus annis videlicet* 600. *ll. pro anno* 1389. Meminit præterea ejusce præstationis Arestum ann. 1415. quod describitur in 2. Regesto *des Mestiers de Paris*, in Camera Comput. Paris. ex quo constat, de dicto subsidio 6. denarios *pro qualibet cauda vini*, et 3. denarios Paris. *pro quolibet modio seu poinsono vini villam Parisiensem per aquam sive terram intrante exsolutas.* Posthoc Arestum subjungitur titulus ita conceptus : *Taille du pain et du vin, dite la Ceinture la Royne, qui se lieve de trois ans en trois ans, etc.* Huc referenda, quæ habet Eustathius in Iliad. pag. 258. edit. Rom.

* 4. **ZONA**, Circuitus, ambitus. Reg. capit. Carnot. ad ann. 1518 : *Ordinavit capitulum quod domini operis..... faciant albo et nigro super telam depingi exemplaria imaginum in Zona ecclesiæ ponendorum.* Et ad ann. 1519 : *Visis in capitulo duobus exemplaribus.... pro perfectione Zonæ seu clausuræ chori, etc.* Galli dicimus, *Le tour du chœur.*

* 5. **ZONA** de Spe, Ordo militaris a Carolo VI. ann. 1390. institutus Tolosæ in ecclesia Carmelitarum, sub invocatione Virginis Mariæ de Spe. Quæ fuerit hujusce institutionis causa et origo, videsis apud *Vaissete* tom. 4. Hist. Occit. pag. 396. et inter Probat. col. 380.

¶ **ZONARIA**, Perperam pro *Tonnaria*, Vivarium, piscaria tynnorum. Vide *Tunnaria.* Statuta Massil. lib 6. cap. 17 : *Statuimus quod nemini liceat, piscem vel pisces emere in Massilia, vel ejus districtu de nocte vel de die causa revendendi in Massilia, vel in territorio ejus, nisi essent tunni, locustæ, seu qui caperentur in Zonaria, et pisces minuti.*

* **ZONATOR**, *Zonarum* seu cingulorum artifex. Lit. remiss. ann. 1350. in Reg. 80. Chartoph. reg. ch. 57 : *Johannes de Floriaco pictor et Johannes de Floriaco Zonator ejus frater.*

¶ **ZONCA**, Zoncata, Placentæ species. Joh. Demussis Chron. Placent. apud Murator. tom. 16. col. 581 : *Postea dant turtas et Zoncatas cum trazea zuchari desupra.... et aliqui loco turtarum et Zoncarum dant in principio prandii turtas, quas appellant turtas factas de ovibus, et caxeo, et lacte, et zucharo.*

¶ Zonchata, Pari intellectu. Annal. Placent. ad ann. 1447. apud Murator. tom. 20. col. 891 : *Die 3. Junii duo ex stipendiariis Alexandri de regno Neapolitano ad domum de Rocho propter Zonchatam ad arma venerunt.*

* **ZONCHARE**, Cædere, forte *Zocas*, stipites, truncos eradicare. Stat. Vallis-Ser. cap. 67. ex Cod. reg. 4619. fol. 117. v° : *Possint ire per totum montem.... ad Zonchandum de lignis.* Et cap. 92. fol. 124. r° : *Non sit aliqua persona,...... quæ audeat...... incidere....... sive Zonchare aliqua ligna in nemoribus.*

* **ZONIA**, *Decoctio*, in Gloss. ad Alex. Iatrosoph. MS. lib. 1. Passion. cap. 136 : *Furfurum et caricarum Zoniam dabis ad gargarizandum.*

* **ZONOXALE**, Armaturæ genus. Charta ann. 1370. apud Murator. tom. 2. Antiq. Ital. med. ævi col. 535 : *Et sit caporalis armatus a capite usque ad pedes; et habeat equitatorem unum armatum pancitono, capello, Zonoxalibus, etc.* Ab Italico fortassis *Ginocchiello*, genuale, quod genua defendat. Vide supra *Genualia.*

¶ **ZOPULUS**. Laur. Byzynius in Diario belli Hussit. apud Ludewig. tom. 6. Reliq. MSS. pag. 168 : *Multotiens enim quinque aut decem ex Pragensibus solum Zopulis induti magnam multitudinem armatorum fugabant.*

* **ZOQUERIUS**, *Zocholarum* artifex. Stat. Avenion. ann. 1243. cap. 129. ex Cod. reg. 4659 : *Statuimus quod de calopedibus sive soccis clavi pedum sint ultrerii et integri, et teneantur Zoquerii dicere ementibus, interrogantibus vel non, quod pata est corii veteris vel novi.* Vide *Zocholæ.*

¶ **ZORA**, Sorbum, Gall. *Corme.* Synodus Limensis ann. 1604. inter Concil. Hispan. tom. 4. pag. 761 : *Item reservamus nobis absolutionem Hispanorum qui vendiderint chicha solius Zoræ, vel mistam juca.* Vide supra *Sora.*

¶ **ZOSTRA**, Italis *Giostra*, Monomachia ludicra, idem quod *Justa* 1. Vide in hac voce. Chron. Andreæ Danduli apud Murator. tom. 12. col. 492 : *Quod mandatum fiat domino Peregrino de Partis et domino Bajamonti Teupulo, quod non faciant simul Zostram in hac terra, nec in districtu Venetiarum.*

ZOTHECA, Atticis Ζωθήκη, quasi ζωοθήκη, Cella, in qua saginantur viva animalia, ut turdi, gallinæ et alia : ὀρνιθοτροφεῖον. Ita Salmasius ad Solinum. Vetus Inscriptio : *S. Sulpitius Trophimus ædem, Zothecam, culinam, pecunia sua a solo restituit,* [*K. Decembr. L. Turpilio Dexro M. Mecio Rufo Cos.* id est, anno Christi 225.] Postea *zothecam* pro quolibet οἰκίσκῳ, et parvo conclavi usurparunt. [** Vide Forcellin.]

¶ Zothecula, diminut. a *Zotheca.* Sidonius lib. 8. Epist. 16 : *Per armariola et Zotheculas nostras non remanserunt digna prolatu.* Et lib. 9. Epist. 11 : *Tamdiu potes uti libello, ut eum non amplius Zothecula tua, quam memoria includat.* Vide ibi Notas Sirmondi.

ZOUGENZUHT. Decretum Tassilonis de Legibus popularibus cap. 13 : *Qui furtivum, quod Zougenzuht dicitur, super furem comprobaverit, furtivo componat more. Suht,* inquit Lindenbrogius, *scrutinium* notat, quid *zougen*, non liquet. [*Zougenzuht*, vel *Zougenzunt* est Testium productio. *Zeugenziehen*, interprete Schiltero in Gloss. Teuton.] [** Vide Graff. Thesaur. Ling. Franc. tom. 5. col. 617.]

* **ZOZENGA**, Offæ species, Consuet. MSS. S. Crucis Burdeg. ante ann. 1305 : *Dat piscionarius... offas factas de astes de porc, nuncupatæ vulgariter Zozenga... Similes offas dat cellerarius, quando facit infirmarias suas.*

* **ZRZEBCA**, Polonica vox. Stat. Casimiri ann. 1347. inter Leg. Polon. tom. 1. pag. 46 : *Ubi vero tertii, quarti vel quinti anni poledrum, vulgariter Zrzebca, occiderit, etc.*

¶ **ZUANUS**, Mensuræ species. Charta Andreæ Reg. Hungar. ann. 1233. apud Cencium inter Census Eccles. Rom. : *Pro salibus vero terrestribus dabimus unam marcham pro centum Zuanis .... Ecclesiæ vero retinebunt de salibus suis ad usus suos hoc modo : abbacia de Egris tres timinos; Præpositus Orodiensis cum capitulo suo duo millia lapidum, monasterium S. Gothardi duo milia et quingentos Zuanos.*

¶ **ZUBER**, Vas vinarium ligneum majus. S. Wilhelmi Constit. Hirsaug. lib. 1. cap. 15 : *Pro signo vasis vinarii, quod a plebe Zuber nuncupatur, generali præmisso, rursum indicem utrumque supradicto modo incurva, quod commune est omnium vasorum, quæ binas aures habere videntur, signumque vini ad ultimum adde.* [** Vide Graff. Thesaur. Ling. Franc. tom. 3. col. 149. voce *Zuibar.*]

** **ZUCANISTRIUM**, Gr. Τζυκανιςήριον, Locus Constantinopoli in quo pilas ludebant in equis, apud Luitpraud. Antapod. lib. 5. cap. 21. Vide Glossar. med. Græcit. col. 1576.

¶ **ZUCARA**, Saccharum, Gallice *Sucre*, in Litteris Philippi Pulchri Reg. Franc. ann. 1304. tom. 1. Ordinat. pag. 422. Vita B. Lidwinæ tom. 2. April. pag. 274 : *Interdum sumebat modicum Zucaræ vel cynnamomi.* Limborchius Sent. Inquisit. Tolos. pag. 173 : *Bibebat aquam cum Zucara quam ipsa ministrabat.* Vide *Zuccura* et *Zucrum.*

¶ Zuccarum, Eadem notione. Comput. ab ann. 1333. ad ann. 1336. tom. 2. Hist. Dalph. pag. 278 : *De Zuccaro albo libras* 12. *taren.* 11. Adde Statuta urbis Saonæ.

¶ Zuchar, Zucharum, Pari intellectu. Leges palat. Jacobi II. Reg. Majoric. inter Acta SS. tom. 3. Jun. pag. xx : *In dicto reservatorio rerum infra scriptarum copia inveniatur, videlicet Zucharis, ziziberi, et aliarum specierum tritarum.* Bern. Thesaurar. de Acquisitione T. S. apud Murator. tom. 7. col. 759 : *Horti in quibus oriuntur cannamellæ, ex quibus nascitur Zucharum.* Vide in *Canamellæ.*

¶ Zucaratus, Saccharo mixtus. Processus de B. Petro de Luxemburgo tom. 1. Jul. pag. 593 : *Excepto quod ponebatur sibi cum pluma aqua Zucarata in ore.*

¶ **ZUCCA.** Inquisitio ann. 1196. apud Cencium inter Census Eccl. Rom. : *Item dixit quod campum zabulinum... est inter viam Guidonis monaci et Zuccam.* Italis *Zucca* est cucurbita, Gall. *Citrouille.*

* **ZUCCURA,** Saccharum, Ital. *Zucchero.* Vita S. Elzear. tom. 7. Sept. pag. 584. col. 2 : *Unde retulit semel suæ sanctæ consorti, quod, cum Corpus Christi sumeret, videbatur sibi in sapore, quod optimam Zuccuram deglutiret.* Vide *Zucara.*

ZUCHEUS, Stipes siccus et aridus, Italis *zocco.* Charta Edw. III. Reg. ann. 4. apud Spelm. : *Rex... quia non est ad damnum,... si concedamus Ricardo de Strelly omnes Zucheos aridos, qui Anglice vocantur Stovene, infra hayam nostram de Breskewode, quæ est infra forestam nostram de Shirewode, etc.* Alia ejusdem Regis ann. 22 : *Rex concessit Thomæ de Colvile omnes Zucheos aridos, stubbes, arborum succisorum in foresta de Galtres, ibidem capiendos per visum... custodum forestæ ultra Trentam.* Vide *Zoccus.*

¶ Zuchus, Zucus, Eodem sensu. Charta ann. 4. Henrici III. Reg. apud Th. *Blount* in Nomolex. : *Auxilium faciendum burgensibus Salop. de veteris Zuchis et de mortuo bosco, etc.* Statuta Montis Regal. fol. 251 : *Teneantur auferre omnes trabes et Zucos ibi positos in bealeriis prædictis, sub pœna juramenti.*

¶ **ZUCRUM,** Zucurium, Saccharum. Charta ann. 1393. apud Rymer. tom. 7. pag. 745 : *Centum triginta et duas libras de Zucurio, etc.* Locus alter exstat in *Canamellæ.* Vide *Zucara.*

¶ **ZUCUS,** ut *Zucheus.* Vide in hac voce.

1. **ZUDA,** Castellum. Charta Raymundi Comit. Barcinon. et Aragonum Princip. ann. 10. Regni Leovici Senioris : *Dono tibi fideli meo Guillelmo Raimundo Dapifero urbem Tortosam, ut tu teneas ipsam Zudam, et habeas senioraticum de ipsa civitate et de ipsa villa, etc.* [Charta ann. 1165. in Append. ad Marcam Hispan. col. 1342 : *In primis conquestus est de Guillelmo Raimundi quod ei Zudam Dertosæ non custodiebat sicut in carta suæ donationis resonabat... Visa igitur carta ac perlecta, judicavit Barchinonensis curia quod ipsam Zudam procul dubio guardare ac custodire debebat.... Tenere autem Zudam, hoc est potestatem de ipsa habere, ita ut per eam possit totam civitatem distringere, et quotiescumque Comes, qui eam sibi donaverat, ipsam requisierit, libere possit eam reddere.*]

* 2. **ZUDA,** Tribunal, forte quod intra castellum sedebat, vel in loco, qui vallo vel sudibus claudebatur, sic dictum. Vide *Suda.* Charta Joan. reg. Bohem. ann. 1336. inter Probat. tom. 1. Annal. Præmonst. col. 525 : *Quod ipsum monasterium et homines ipsorum, bonorum occasione eorum non possint nec debeant trahi ad judicia vel Zudas terrestria, seu etiam provincialia quoquo modo.* Hinc

* **ZUDARIUS,** Hujus tribunalis judex, vel Castellanus. Charta Caroli IV. imper. ann. 1358. ibid. col. 526 : *Incolas omnium bonorum præfati Doxanensis monasterii a jurisdictione et judiciis quorumlibet extraneorum secularium judicum, Zudariorum, beneficiariorum et officialium Pragensium,... eximimus.* Vide *Zuda* 1. et in *Zupa.*

¶ **ZUDULWEDEN.** Vide *Zildelweida.*

* **ZUETA,** inter aves nocturnas recensetur, in Dialogo creaturarum dial. 82. forte a Gallico *Chouette,* monedula.

¶ **ZUFFERANA,** Crocus, Italis *Zafferano.* Vide *Zaffranen.* Comput. ab ann. 1333. ad ann. 1336. tom. 2. Hist. Dalph. pag. 284 : *Una libra cum dimidio de Zufferana, una libra de gariofolio, etc.*

¶ **ZUFFUS.** ab Italico *Zuffo,* Gall. *Toupet,* Cirrus. Joh. de Bazano in Chron. Mutin. apud Murator. tom. 15. col. 606 : *Venit Mutinam quidam Franciscus de Castro Montagnæ cum quodam mirabili animali, quod appellabatur Tassi Barbarinum,... habebat.... Zuffum a latere superiori ad modum barbæ caprinæ, etc.*

¶ **ZUGLARESIUS,** Zuglarius, Zuglarissa, Mimus, scurra, joculator, ut opinor, ab Italico *Giullaro.* Statuta Vercell. lib. 3. fol. 84. v° : *Quod bannum sit cuilibet bibenti et comedenti duplicatum post ultimum sonum campanæ custodiam noctis : exceptis tamen Zuglariis et Zuglaresiis, preconizatoribus et aliis personis quibus dono datum fuerit sine fraude.* Ibidem fol. 96. v° : *Item quod nullus de civitate Vercellarum, vel districtu livret aliquem Zuglarium, vel aliquem hominem de curte, vel Zuglarissam in aliqua curia, vel nuptiis, vel in aliquo convivio, vel festo.* Rursum lib. 7. fol. 147 : *Item quod nullus Zuglarius vel Zuglarissa non habens salarium a communi Vercellarum ponatur in extimo communis Vercellarum nec fodrum, taleam, vel cavalariciam persolvat.*

¶ **ZUMALZISIUS,** Mulus. Vide *Azemila.*

ZUNFTA, [Zunffta, Cœtus, conventus ad tractanda negotia, Germ. *Zunfft,* idem quod alibi *Juncta.* Vide in hac voce. Chron. Wormat. ad ann. 1424. apud Ludewig. tom. 2. Reliq. MSS. pag. 152 : *Dominica die sequenti duo magistri civium hanc litteram Ruperti Regis legent in singulis Zunffitis civitatis.*] Albertus Argentinensis in Chron. pag. 113 : *Hic ordinavit, quod cum uno anno Basileæ Psittacus esset Magister civium, eodem anno Stellifer esset Zunftarum magister, etc.* Occurrit ibi rursum. [** Vide Graff. Thesaur. Ling. Franc. tom. 5. col. 666. voce *Zumft.*]

ZUPA, Zuppa, Jupa, Juppa, dicitur hodie apud Croatos et Dalmatas, Regio aliqua habitata, vel ejusdem regionis homines congregati. Charta Cresimiri Regis Croatiæ et Dalmatiæ ann. 1071. apud Joan. Lucium lib. 3. cap. 12 : *Volumus,... ut dicta Ecclesia habeat suas parochias, scilicet Juppam, quæ fuit sub Alpibus a castro... Murula, etc.* Et infra : *Dedimus Episcopo Novensi Juppam Licchæ, Juppam Buchani etc.* Alia Suinimiri Regis ann. 1078. apud eumdem Lucium cap. 15 : *Juppam eam, quam Centenam aiunt.* Croatia vero et aliæ Slavorum provinciæ in *Zupanias* distinguntur, quibus, qui præsunt, *Zupani* dicti. [** Vide Haltaus. Glossar. German. voce *Saup,* et seq. col. 1596.]

Jupa, Idem quod *Zupa : Jupania,* ut *zupania.* Thomas Archidiac. in Hist. Salonit. cap. 15 : *Castrum Sibinicense cum tota sua Jupa.* Occurrit etiam non semel in Charta Calomani Regis Hungariæ anni 1111. apud Lucium ad Vitam S. Joan. Episcopi Traguriensis.

Zupanus, Regionis præpositus, ζουπάνος Græcis Scriptoribus : vox hac notione familiaris Sclavonicis populis, ut auctor est Constantinus de Administr. Imp. cap. 29. quod etiam firmat Innocentius III. PP. lib. 2. Epistolarum pag. 577. edit. Venetæ, *Zupanos* vero Comitum vicem obtinuisse auctor est Presbyter Diocleates in Hist. Dalmat. ut *Banos* Ducum ; quo loco *Comites* intelligit urbium aut regionum Præfectos, qui pro arbitratu Principis mittebantur, quo urbes aut regiones regerent. Hos autem ad omne Concilium vocatos, simulque cum Ducibus, deinde Regibus, jus deliberandi vel consulendi habuisse, ex veteribus Tabulis tradit Joan. Lucius lib. 2. de Regno Dalmat. cap. 15. unde idem lib. 6. cap. 1. scribit, *Zupanos* loco Comitum nominari in antiquis Chartis. At postquam Croatia et Dalmatia in jura Hungaricorum Regum concesserunt, Zupanorum jurisdictiones Comitibus attributæ sunt, atque inde Zupanorum viluit appellatio, quæ minoribus Præfectis concessa deinceps legitur, vel etiam Judicibus.

¶ Jupanus, in Charta ann. 1171. tom. 1. Corp. Diplom. pag. 89. col. 1 : *Si eorum Jupanus aut judex nobis rectum judicium non judicaverit, sive justitiam non fecerit, etc.*

Supani præsertim appellati Serviæ Principes, Ζουπάνοι Nicetæ in Isaacio lib. 3. n. 4. Willelmus Tyrius lib. 20. cap. 4. de Serviis : *Hi Magistratus habent, quos Suppanos vocant.* Ζουπάνοι γέροντες Constantino de administrando Imperio cap. 29. Ἐκκρίτοι τῶν Ζουπάνων, Annæ Commenæ lib. 9. Alexiados pag. 265. Ἀρχιζουπάνοι τῶν Σερβίων, Cinnamo, et aliis. Iidem et

Megajupani, dicti, in Actis Innocentii III. PP. pag. 65. ex quibus emendanda eadem Acta pag. 68. ubi perperam editum *Magnippanus Serviæ,* nisi legendum sit *Magnus Jupanus.* Stephani Regis Serviæ sigillum apud Jo. Lucium lib. 5. de Regno Dalmat. pag. 256 : Σφραγὶς Στεφάνου Μεγάλου Ζουπάνου Νεμανία, id est, *Stephani Nemanis Magni Zupani sigillum.* Idem Stephanus *Megajupanus* dicitur Thomæ Archid. in Histor. Salonitana cap. 26 : *Stephanus Dominus Serviæ, sive Rasciæ, qui Megajuppanus appellabatur.* Ἀρχιζούπανος, Nicetæ in Manuele lib. 2. num. 7.

Neque apud Dalmatas et Servios tantum hæc dignitas obtinuit; sed et apud Hungaros, quibus ita appellati, quibus proxima a Rege potestas erat, ut auctor est Cinnamus lib. 6. cap. 4. qui Hungaricorum Ζουπάνων præterea meminit lib. 5. cap. 20. et alibi.

Supanos, vel *Sopanos,* etiam habuere Bohemi, ut est apud Godefridum Monachum S. Pantaleonis anno 1212. et in

Historia Australi ann. 1285. et 1290. Vide Chronicon Montis-Sereni ann. 1109. et Notas nostras ad Alexiadem pag. 347.

POSTZUPANI, Zupanorum substituti, Vicarii, vel vicem gerentes. Vide Joannem Lucium pag. 96. 97. 132.

¶ **ZUPARELLUS**, ZUPONARIUS. Vide *Zuppa* 2.

¶ 1. **ZUPPA** SALIS, Fodina salis. Joh. Longinus in Vita B. Kingæ tom. 5. Jul. pag. 743 : *Montes salinos seu Zuppas salis .... cum incendisset ignis, latiusque manans incendium, singulas cameras montium irremediabiliter torreret.* Hinc

¶ ZUPPARIUS, Ejusmodi *zupparum* præfectus, ibidem pag. 745. Charta Uladislai Reg. Poloniæ ann. 1413. in Append. ad Bullar. Carmelit. pag. 617 : *Fratribus monasterii prædicti de viginti marcis annui salarii, in Zuppis nostris Bochnensibus et Wieliciensibus, salis providimus, et providemus tenore præsentium mediante, mandantes tibi Petro Pykarano moderno et aliis, qui pro tempore prædicti salis fuerint Zupparii, quatenus, etc.*

2. **ZUPA**, Sagum militare, ex Gallico *Juppe.* Sanutus lib. 2. part. 4. cap. 8 : *Est necessarium, quod quilibet homo armatæ prædictæ habeat Zuppam unam aptam et dextram protinus ad ferendum.*

¶ ZUPPA, Italis *Giubba*, Tunica. Statuta Placent. lib. 6. fol. 81 : *Item de aliqua Zuppa ab homine cusita per longum sive traversum cum reppo x. sol.*

¶ ZUPARELLUS, Italis *Giubberello*, diminut. a *Zuppa.* Joh. Demussis Chron. Placent. apud Murator. tom. 16. col. 581 : *Salvo quod portant caligas de panno sic longas ligatas in quinque partibus ad Zuparellos curtos et strictos, quos portant de subtus alia indumenta, quæ cooperiunt totas nates, membrum et genitalia cum dictis caligis.*

¶ ZUPONARIUS, *Giuponaro* Italis, Ejusmodi vestium sarcinator. Statuta criminalia Riperi æcap. 126. fol. 19. v° . *Idem intelligatur de quolibet pilipario, seu strazarolo, vel Zuponario circa prædicta delinquente.*

¶ **ZURA**, Confœderatio, conjuratio, *Giura*, eadem notione dicunt Itali. Statuta Vercell. lib. 4. fol. 68 : *Item quod nulla societas, conspiratio seu monopolium, sive Zura aliquo modo vel ingenio fiat, etc.*

ZURAME. Charta Alfonsi III. Regis Portugalliæ ann. 1289 : *Quicumque acceperit alicui cappam, Zurame, pellem ; aut aliquam vestem, etc.*

ZURB, seu ZURBA, *Cespes, terra avulsa*, in Gloss. Latino-Theotisco. Unde cespites ignei *turbes*, vel *tourbes.* Lex Alamannorum tit. 84 : *Tollat de ipsa terra, quod Alamanni Zurb dicunt.* Alii Codd. habent *zturf*, alii *curffodi.* [** Vide Graff. Thesaur. Ling. Franc. tom. 5. col. 706.]

¶ **ZURGIARE**, Mulorum clamor. Vide *Baulare.*

¶ **ZURRA**, vel ZURRUS, Ogerii Panis Annal. Genuens. ad ann. 1204. apud Murator. tom. 6. col. 389 : *Navis quæ vocabatur Regina, et navis quæ vocabatur Dulcis fortuito casu ipso die naufragium passæ fuerunt ... ultra ballas CCCL. pannorum et baldinellarum invenerunt, et de Zurris piperis et lanæ, atque saccis bombacis maximam quantitatem.*

* **ZUZUM**, Deorsum, Ital. *Giuso.* Charta ann. 1228. apud Murator. tom. 2. Antiq. Ital. med. ævi col. 29 : *Quod Francigena undecumque veniat sive de Zuzum, sive de sursum, cum quacumque negotiatione in suo adventu quocumque veniat aut vadat, solvat de avere a soma superius.*

ZWOD, Tributi species apud Bohemos. Occurrit in Charta Ottocari Regis anno 1221. in Bohemia pia lib. 6. pag. 88.

¶ **ZWYNANCIA**, Angina, Gall. *Esquinancie.* Buschius de Reformat. Monast. apud Leibnit. tom. 2. Script. Brunsvic. : *Tandem in quandam incidit infirmitatem, quam Zwynanciam vocamus, etc.*

* **ZYGENI.** Vide supra *Zigeuni.*

¶ **ZYGOSTATES**, Magistratus per singulas civitates a Juliano constitutus, qui exortas de solidis controversias dirimeret, in Cod. Theod. l. 2. de ponderat. (12,7.) Gloss. Gr. Lat.: Ζυγοστάτης, *Libripendens, ponderator.* Alius ejusdem nominis exstitit Alexandriæ, qui admittendo frumento Alexandriam convecto præerat, de quo in leg. 1. de frum. Alexandr. (14,26.) Vide Gothofredum.

¶ ZYGOSTASIUM, *Zygostatæ* munus, ibidem.

* **ZYTHEPSA**, Cerevisiæ coctor a *Zythum*, cerevisia, et πέπτω, coquo, ut notant docti Editores ad Mirac. S. Magni tom. 2. Sept. pag. 764. col. 2 : *Vilsii quædam Maria Ostlerin, ancilla Johannis Hoss Zythepsæ fuit.* Hinc

* **ZYTHOPŒIA**, Officina cerevisiaria, ibid. pag. 766. col. 2 : *Ac deinde Zythopœiæ admotus, in tollendis portandisque oneribus, corporis viribus strenue uteretur, etc.*

www.ingramcontent.com/pod-product-compliance
Lightning Source LLC
Chambersburg PA
CBHW070919100726
47908CB00001B/28